A. Schmidt (Hrsg.)
Hamburger Kommentar zum Insolvenzrecht

Hamburger Kommentar zum Insolvenzrecht

InsO – EuInsVO – EGInsO (Auszug) – InsVV – VbrInsFV – InsOBekV – Insolvenzstrafrecht

Herausgegeben von

Dr. Andreas Schmidt
Insolvenzrichter, AG Hamburg

Unter Mitarbeit von

Dr. Achim Ahrendt, Rechtsanwalt, Dipl.-Kaufmann, Insolvenzverwalter, hww Wienberg Wilhelm, Hamburg

Dr. Gideon Böhm, Rechtsanwalt, European Master in Law and Economics (E.M.L.E.), Fachanwalt für Insolvenzrecht, Insolvenzverwalter, Münzel & Böhm, Hamburg

Peter-Alexander Borchardt, Rechtsanwalt, Fachanwalt für Insolvenzrecht, Insolvenzverwalter, Reimer Rechtsanwälte, Hamburg

Dr. Olaf Büchler, Rechtsanwalt, Insolvenzverwalter, Schwierholz Jarchow Scholz, Hamburg

Joachim Büttner, Rechtsanwalt, Fachanwalt für Insolvenzrecht, Insolvenzverwalter, Henningsmeier Rechtsanwälte, Hamburg

Dr. Christian Dawe, Rechtsanwalt, Fachanwalt für Insolvenzrecht, Insolvenzverwalter, Dawe Insolvenzverwaltung

Dirk Decker, Rechtsanwalt, Insolvenzverwalter, Decker Rechtsanwälte Steuerberater, Hamburg

Stefan Ulrich Denkhaus, Rechtsanwalt, Fachanwalt für Insolvenzrecht, BRL Hamburg

Sylvia Fiebig, Rechtsanwältin, Fachanwältin für Insolvenzrecht, Insolvenzverwalterin, White & Case, Hamburg

Frank Frind, Richter am AG, Insolvenzrichter, AG Hamburg

Christoph Henningsmeier, Rechtsanwalt, Insolvenzverwalter, Henningsmeier Rechtsanwälte, Hamburg

Dr. Axel Herchen, Richter am AG, Insolvenzrichter, AG Hamburg

Prof. Dr. Florian Jacoby, Univ.-Prof., Lehrstuhl für Bürgerliches Recht, Zivilverfahrens-, Insolvenz- u. Gesellschaftsrecht, Universität Bielefeld

Ingmar Jarchow, Rechtsanwalt, Fachanwalt für Insolvenzrecht, Insolvenzverwalter, Schwierholz Jarchow Scholz, Hamburg

Béla Knof, Rechtsanwalt, White & Case, Hamburg

Michael Kuleisa, Rechtsanwalt, Insolvenzverwalter, Schwemer Titz & Tötter, Hamburg

Friederike Leptien, Rechtsanwältin, Insolvenzverwalterin, Kanzlei Leptien, Hamburg

Dr. Jörg Linker, Richter am AG, Insolvenzrichter, AG Hamburg

Markus Lüdtke, Rechtsanwalt, Betriebswirt (WA), Insolvenzverwalter, Johlke Niethammer & Partner, Hamburg

Dr. Ulrich Pohlmann, Rechtsanwalt, Johlke Niethammer & Partner, Hamburg

Dr. Astrid Pohlmann-Weide, Rechtsanwältin, Fachanwältin für Insolvenzrecht, Insolvenzverwalterin, hww Wienberg Wilhelm, Hamburg

Roland Preß, Dipl.-Rechtspfleger, Insolvenzgericht, AG Hamburg

Matthias Ritter, Rechtsanwalt, Fachanwalt für Insolvenzrecht, Insolvenzrichter, Dr. Weiland und Partner, Hamburg

Hendrik Rogge, Rechtsanwalt, Insolvenzverwalter, Rogge + Schöne, Hamburg

Sönke Rüther, Richter am LG, LG Hamburg

Dr. Jens-Sören Schröder, Rechtsanwalt, Insolvenzverwalter, Johlke Niethammer & Partner, Hamburg

Dr. Thilo Streck, Rechtsanwalt, Fachanwalt für Insolvenzrecht, Insolvenzverwalter, Dr. Weiland und Partner, Hamburg

Dr. Tjark Thies, Rechtsanwalt, Fachanwalt für Insolvenzrecht, Insolvenzverwalter, Reimer Rechtsanwälte, Hamburg

Dr. Sven-Holger Undritz, Rechtsanwalt, Betriebswirt (WA), Fachanwalt für Insolvenzrecht, Insolvenzverwalter, White & Case, Hamburg

Jörn Weitzmann, Rechtsanwalt, Fachanwalt für Steuerrecht, Fachanwalt für Insolvenzrecht, Insolvenzverwalter, Kilger & Fülleborn, Hamburg

5. Auflage

Carl Heymanns Verlag 2015

Zitiervorschlag: HambKomm/*Bearbeiter*, § Rn.

Bibliografische Information der Deutschen Nationalbibliothek

Die Deutsche Nationalbibliothek verzeichnet diese Publikation in der Deutschen Nationalbibliografie; detaillierte bibliografische Daten sind im Internet über http://dnb.d-nb.de abrufbar.

ISBN: 978-3-452-28062-6

www.wolterskluwer.de
www.carl-heymanns.de

Alle Rechte vorbehalten.
© 2015 Wolters Kluwer Deutschland GmbH, Luxemburger Straße 449, 50939 Köln.
Carl Heymanns – eine Marke von Wolters Kluwer Deutschland GmbH.

Das Werk einschließlich aller seiner Teile ist urheberrechtlich geschützt. Jede Verwertung außerhalb der engen Grenzen des Urheberrechtsgesetzes ist ohne Zustimmung des Verlages unzulässig und strafbar. Das gilt insbesondere für Vervielfältigungen, Übersetzungen, Mikroverfilmungen und die Einspeicherung und Verarbeitung in elektronischen Systemen.

Verlag und Autor übernehmen keine Haftung für inhaltliche oder drucktechnische Fehler.

Umschlagkonzeption: Martina Busch, Grafikdesign, Homburg Kirrberg
Druck und Weiterverarbeitung: Williams Lea & tag GmbH, München

Gedruckt auf säurefreiem, alterungsbeständigem und chlorfreiem Papier.

Vorwort

Steckte das **ESUG** bei der vierten Auflage, also im Jahr 2012, noch in den Kinderschuhen, so gehört es mittlerweile zum insolvenzrechtlichen Alltag – aber nicht bei allen Gerichten. Es scheint, dass in dem einen oder anderen (Richter-)Kopf immer noch die alte Denke vorherrscht. Ob deswegen aber gleich ganze Insolvenzgerichte als »no-go-areas« gebrandmarkt oder die »Top Ten« der deutschen Insolvenzrichter aufgelistet werden müssen (»Neues Machtgefüge« in: JUVE Nr. 4 2014, S. 70), erscheint fraglich und mir doch etwas zu weitgehend. All dies sind aber Anzeichen einer eindeutigen Tendenz, nämlich der, dass sich die Beteiligten im Vorfeld des Insolvenzantrages Planbarkeit, Berechenbarkeit und Vorhersehbarkeit im Verfahren wünschen, wie es ja auch dem Geist des ESUG entspricht. So wird die Szene sich auch weiterhin auf »Forum-Shopping« und »Richter-Hopping« einstellen müssen, im Guten wie im Schlechten.

Am 1. Juli 2014 ist mit dem »Gesetz zur Verkürzung des Restschuldbefreiungsverfahrens und zur Stärkung der Gläubigerrechte« die **Reform des Privatinsolvenzrechts** in Kraft getreten. Die meisten werden froh sein, dass das Rad nicht neu erfunden worden ist. Vieles Vertrautes & Bewährtes bleibt erhalten. Dies gilt zunächst für die Stundung der Verfahrenskosten (§§ 4a ff.), die Abgrenzung zwischen Regel- und Verbraucherinsolvenz (§ 304) und den gerichtlichen Schuldenbereinigungsplan in der Verbraucherinsolvenz (§§ 307 ff.). Neu ist, dass auch in der Verbraucherinsolvenz fortan ein Insolvenzverwalter bestellt wird, und zwar mit den dazugehörigen Rechten und Pflichten (Anfechtung, Verwertung gemäß § 166). Der Schuldner bekommt die Möglichkeit, Restschuldbefreiung schon nach drei Jahren zu erlangen (§ 300 Abs. 1 S. 2 Nr. 2; sog. 35%-Regelung). Durch die Erweiterung des § 302 Nr. 1 und diverse Änderungen im Bereich der Versagung der Restschuldbefreiung schließlich sollen die Gläubigerrechte gestärkt werden. Ach ja: Es sind ab dem 1. Juli 2014 die neuen Formular gemäß neuer VerbrInsFV zu nutzen (Amtliche Fassung 7/2014, selbstverständlich wie üblich auch in der fünften Auflage komplett abgebildet und mit kurzen Anmerkungen versehen). Die fünfte Auflage des Hamburger Kommentars orientiert sich aufbaumäßig am neuen Recht. Das alte Recht, welches für alle Verfahren anzuwenden ist, die bis zum 30. Juni 2014 beantragt worden sind, findet sich im Anhang zu § 303a und im Anhang zu § 311. Dank gilt insoweit besonders *Thilo Streck* und – neu an Bord – *Matthias Ritter*, die sogar während der Fußball-WM an den Fahnen geackert haben, so dass sich die neue Kommentierung auf einem genauso aktuellen wie hochkarätigen Stand befindet. Das ist weltmeisterlich.

Für das **Autorenteam** war die fünfte Auflage, die Rechtsprechung und Literatur bis Juni 2014 berücksichtigt, erneut ein echter Kraftakt. Gut zwei Jahre sind seit der Vorauflage vergangen, im dynamischen Insolvenzrecht fast eine Ewigkeit. Ausgeschieden aus dem Team sind *Ingo Nies* und *Cornelius Wendler*. Ihnen gilt mein Dank für zehn Jahre exzellente Zusammenarbeit im Rahmen der Auflagen 1 bis 4. Frischen Wind in die Mannschaft bringen *Astrid Pohlmann-Weide*, die den privatinsolvenzrechtlich relevanten Teil der §§ 103 ff. bearbeitet, *Christian Dawe* (§§ 4a ff.), *Stefan Denkhaus* (§§ 26-34, § 55 Abs. 4, § 155) sowie *Bela Knof*, der insbesondere neue Teile in den Anhang zu § 35 einbringt (Kaduzierung, Patronatserklärung). Gerade der Anhang zu § 35, der das gesamte insolvenzrechtlich relevante **gesellschaftsrechtliche Haftungsrecht** beinhaltet, wird dadurch weiter gestärkt und ausgebaut. Mit großer Freude habe ich zur Kenntnis genommen, das gleich mehrere Kommentare zwischenzeitlich diese Idee, die im Hamburger Kommentar bereits in der dritten Auflage 2009 umgesetzt worden ist, neuerdings aufgegriffen haben.

Was bleibt zu sagen? Der Hamburger Kommentar erscheint weiterhin im **Carl Heymanns Verlag**, wo er seine neue Heimat gefunden hat. Besonderer Dank gilt unserer neuen Lektorin *Melike Poda*, die mit großem Engagement ihre vielfältigen Aufgaben hervorragend bewältigt hat. Ich danke auch all denen, die den Hamburger Kommentar auf ihrem Schreibtisch stehen haben und immer dann nutzen, wenn es darum geht, sich einen schnellen Zugriff auf den praxisrelevanten Meinungsstand zu insolvenzrechtlichen Fragestellungen zu verschaffen. Die sechste Auflage wird sicherlich noch vor der nächsten Fußball-WM erscheinen.

Hamburg, im August 2014   Dr. Andreas Schmidt

Im Einzelnen haben bearbeitet

§ 1	A. Schmidt
§§ 2–4	Rüther
§§ 4a–4d	Dawe
§§ 5–10	Rüther
§§ 11–15a	Linker
§§ 16–19	Schröder
§ 20	Herchen
§§ 21, 22	Schröder
§ 22a	Frind
§§ 23–25	Schröder
§§ 26–34	Denkhaus
§ 35	Lüdtke
Anh. zu § 35 (Abschn. A–B I)	Kuleisa
Anh. zu § 35 (Abschn. B III)	Knof
Anh. zu § 35 (Abschn. C–E)	Kuleisa
Anh. zu § 35 (Abschn. F–H)	A. Schmidt
Anh. zu § 35 (Abschn. I)	Kuleisa
Anh. zu § 35 (Abschn. J)	Pohlmann
Anh. zu § 35 (Abschn. K)	Büchler
Anh. zu § 35 (Abschn. L)	Knof
§§ 36–38	Lüdtke
Anh. zu § 38	Knof
§§ 39–46	Lüdtke
§§ 47–52	Büchler
§§ 53–55 Abs. 1–3	Jarchow
§ 55 Abs. 4	Denkhaus
§§ 56–59	Frind
§ 60–62	Weitzmann
§§ 63–65	Büttner
§ 66	Weitzmann
§§ 67–73	Frind
§§ 74–79	Preß
§§ 80–91	Kuleisa

Im Einzelnen haben bearbeitet

§§ 92, 93	Pohlmann
Vorbem. zu §§ 94–96, §§ 94–96	Jacoby
§§ 97–102	Herchen
§§ 103–107	Ahrendt
§§ 108–112	Pohlmann-Weide
Vorbem. zu §§ 113 ff., §§ 113–128	Ahrendt
Vorbem. zu §§ 129 ff., §§ 129–134	Rogge/Leptien
§§ 135, 136	Schröder
§§ 137–147	Rogge/Leptien
§§ 148–154	Jarchow
§ 155	Denkhaus
§§ 156–164	Decker
§§ 165–173	Büchler
§§ 174–178	Preß/Henningstmeier
§§ 179–185	Herchen
§§ 186–188	Preß
§§ 189–192	Herchen
§§ 193–200	Preß
§§ 201, 202	Herchen
§§ 203–206	Preß/Henningstmeier
Vorbem. zu §§ 207 ff., §§ 207–216	Weitzmann
Vorbem. zu §§ 217 ff., §§ 217–269	Thies
Vorbem. zu §§ 270 ff., §§ 270–285	Fiebig
§§ 286–303a, Anh. zu § 303a	Streck
§§ 304–310	Streck/Ritter
§§ 311, Anh. zu §§ 311	Ritter
Vorbem. zu § 315 ff., § 315–334	Böhm
Vorbem. zu § 335 ff., §§ 335–359	Undritz
EuInsVO	Undritz
Art. 102 EGInsO	Undritz
Art. 102a EGInsO	Frind
InsVV	Büttner
VbrInsFV	Streck/Ritter
InsOBekV (§§ 1–5)	Rüther
Insolvenzstrafrecht	Borchardt

Inhaltsverzeichnis

Vorwort V
Im Einzelnen haben bearbeitet. VII
Inhaltsverzeichnis. XI
Abkürzungsverzeichnis XI
Literaturverzeichnis XVII

Insolvenzordnung (InsO)

				Seite
Erster Teil		Allgemeine Vorschriften.	§ 1–10	1
Zweiter Teil		Eröffnung des Insolvenzverfahrens. Erfasstes Vermögen und Verfahrensbeteiligte	§ 11–79	124
Erster Abschnitt		Eröffnungsvoraussetzungen und Eröffnungsverfahren.	§ 11–34	124
Zweiter Abschnitt		Insolvenzmasse. Einteilung der Gläubiger.	§ 35–55	388
		Anhang zu § 35		432
	A.	Gründerhaftung.	Anh. zu § 35	432
	B.	Grundsätze der Kapitalaufbringung/Voreinzahlung	Anh. zu § 35	445
	C.	Verdeckte Sacheinlage	Anh. zu § 35	464
	D.	Hin- und Herzahlen	Anh. zu § 35	479
	E.	Kapitalerhaltung	Anh. zu § 35	489
	F.	Existenzvernichtungshaftung	Anh. zu § 35	508
	G.	Vermögensvermischungshaftung	Anh. zu § 35	515
	H.	Geschäftsführerhaftung.	Anh. zu § 35	519
	I.	Haftung der Aufsichtsratsmitglieder in der GmbH	Anh. zu § 35	542
	J.	D&O-Versicherung	Anh. zu § 35	557
	K.	Beraterhaftung	Anh. zu § 35	565
	L.	Ansprüche aus Patronatserklärung	Anh. zu § 35	571
		Anhang zu § 38 Schuldverschreibung.	Anh. zu § 38	597
Dritter Abschnitt		Insolvenzverwalter. Organe der Gläubiger.	§ 56–79	755
Dritter Teil		Wirkungen der Eröffnung des Insolvenzverfahrens	§ 80–147	1022
Erster Abschnitt		Allgemeine Wirkungen.	§ 80–102	1022
Zweiter Abschnitt		Erfüllung der Rechtsgeschäfte. Mitwirkung des Betriebsrats	§ 103–128	1253
Dritter Abschnitt		Insolvenzanfechtung.	§ 129–147	1361
Vierter Teil		Verwaltung und Verwertung der Insolvenzmasse	§ 148–173	1580
Erster Abschnitt		Sicherung der Insolvenzmasse.	§ 148–155	1580
Zweiter Abschnitt		Entscheidung über die Verwertung.	§ 156–164	1622
Dritter Abschnitt		Gegenstände mit Absonderungsrechten	§ 165–173	1652
Fünfter Teil		Befriedigung der Insolvenzgläubiger. Einstellung des Verfahrens	§ 174–216	1692
Erster Abschnitt		Feststellung der Forderungen	§ 174–186	1692
Zweiter Abschnitt		Verteilung.	§ 187–206	1747
Dritter Abschnitt		Einstellung des Verfahrens	§ 207–216	1801
Sechster Teil		Insolvenzplan	§ 217–269	1842
Erster Abschnitt		Aufstellung des Plans	§ 217–234	1842
Zweiter Abschnitt		Annahme und Bestätigung des Plans	§ 235–253	1911
Dritter Abschnitt		Wirkungen des bestätigten Plans. Überwachung der Planerfüllung	§ 254–269	1965

Inhaltsverzeichnis

Siebter Teil	Eigenverwaltung	§ 270–285	2011
Achter Teil	Restschuldbefreiung	§ 286–303a	2080
Neunter Teil	Verbraucherinsolvenzverfahren	§ 304–311	2173
Zehnter Teil	Besondere Arten des Insolvenzverfahrens	§ 315–334	2214
Erster Abschnitt	Nachlaßinsolvenzverfahren	§ 315–331	2221
Zweiter Abschnitt	Insolvenzverfahren über das Gesamtgut einer fortgesetzten Gütergemeinschaft	§ 332	2247
Dritter Abschnitt	Insolvenzverfahren über das gemeinschaftlich verwaltete Gesamtgut einer Gütergemeinschaft	§ 333–334	2248
Elfter Teil	Internationales Insolvenzrecht	§ 335–358	2252
Erster Abschnitt	Allgemeine Vorschriften	§ 335–342	2255
Zweiter Abschnitt	Ausländisches Insolvenzverfahren	§ 343–353	2259
Dritter Abschnitt	Partikularverfahren über das Inlandsvermögen	§ 354–358	2266
Zwölfter Teil	Inkrafttreten	§ 359	2270

Europäische Verordnung über Insolvenzverfahren (EuInsVO) ... 2271

Kapitel I	Allgemeine Vorschriften	Art. 1–15	2276
Kapitel II	Anerkennung der Insolvenzverfahren	Art. 16–26	2352
Kapitel III	Sekundärinsolvenzverfahren	Art. 27–38	2374
Kapitel IV	Unterrichtung der Gläubiger und Anmeldung ihrer Forderungen	Art. 39–42	2398
Kapitel V	Übergangs- und Schlussbestimmungen	Art. 43–47	2402

Einführungsgesetz zur Insolvenzordnung (EGInsO)
Art. 102 – Durchführung der Verordnung (EG) Nr. 1346/2000 über Insolvenzverfahren ... 2413
Art. 102a – Insolvenzverwalter aus anderen Mitgliedstaaten der Europäischen Union ... 2423

Insolvenzrechtliche Vergütungsverordnung (InsVV)

Erster Abschnitt	Vergütung des Insolvenzverwalters	§ 1–9	2427
Zweiter Abschnitt	Vergütung des vorläufigen Insolvenzverwalters, des Sachverwalters und des Insolvenzverwalters im Verbraucherinsolvenzverfahren	§ 10–13	2495
Dritter Abschnitt	Vergütung des Treuhänders nach § 293 der Insolvenzordnung	§ 14–16	2520
Vierter Abschnitt	Vergütung der Mitglieder des Gläubigerausschusses	§ 17–18	2526
Fünfter Abschnitt	Übergangs- und Schlussvorschriften	§ 19–20	2537

Verordnung zur Einführung von Formularen für das Verbraucherinsolvenzverfahren und das Restschuldbefreiungsverfahren (VbrInsFV) ... 2541

Verordnung zu öffentlichen Bekanntmachungen in Insolvenzverfahren im Internet (InsOBekV) ... 2589

Insolvenzstrafrecht

A.	Vorbemerkung zum Insolvenzstrafrecht		2595
B.	Insolvenzstrafrecht im engeren Sinne	§§ 283–283d StGB, 15a InsO	2596
C.	Insolvenzstrafrecht im weiteren Sinn	§§ 263, 266, 266a StGB	2634

Stichwortverzeichnis ... 2659

Abkürzungsverzeichnis

a. A.	andere Ansicht
a. a. O.	am angegebenen Ort
a. E.	am Ende
a. F.	alte Fassung
abl.	ablehnend
Abs.	Absatz
AG	Amtsgericht/Aktiengesellschaft
AGB	Allgemeine Geschäftsbedingungen
ähnl.	ähnlich
AktG	Aktiengesetz
ALG II	Arbeitslosengeld II
allg.	allgemein
allg. Mg.	allgemeine Meinung
Alt.	Alternative
amtl.	amtlich
AnfG	Anfechtungsgesetz
Anh.	Anhang
Anm.	Anmerkung
AO	Abgabenordnung
ArbG	Arbeitsgericht
ArbGG	Arbeitsgerichtsgesetz
ArbnErfG	Gesetz über Arbeitnehmererfindungen
Art.	Artikel
Aufl.	Auflage
ausführl.	ausführlich
Ausn.	Ausnahme
Az.	Aktenzeichen
BA	Bundesagentur für Arbeit
BAG	Bundesarbeitsgericht
BAGE	Sammlung der Entscheidungen des Bundesarbeitsgerichts
BayObLG	Bayerisches Oberstes Landesgericht
BB	BetriebsBerater (Zs.)
Bd.	Band
BDSG	Bundesdatenschutzgesetz
Begr.	Begründung
Beschl.	Beschluss
BetrAVG	Gesetz zur Verbesserung der betrieblichen Altersversorgung
BFH	Bundesfinanzhof
BFHE	Entscheidungen des Bundesfinanzhofs
BFH/NV	Sammlung nicht veröffentlichter Entscheidungen des Bundesfinanzhofs
BG	Berufsgenossenschaft
BGB	Bürgerliches Gesetzbuch
BGBl.	Bundesgesetzblatt
BGH	Bundesgerichtshof
BGHSt.	Sammlung der Entscheidungen des BGH in Strafsachen
BGHZ	Sammlung der Entscheidungen des BGH in Zivilsachen
BK	Berliner Kommentar
BMF	Bundesministerium der Finanzen
BMJ	Bundesministerium der Justiz
BQG	Beschäftigungs- und Qualifizierungsgesellschaft
BRAGO	Bundesrechtsanwaltsgebührenordnung
BRAK	Bundesrechtsanwaltskammer
BRAO	Bundesrechtsanwaltsordnung
BR-Drucks.	Bundesrats-Drucksache

Abkürzungsverzeichnis

BSG	Bundessozialgericht
bspw.	beispielsweise
BStBl.	Bundessteuerblatt
BT-Drucks.	Bundestags-Drucksache
Buchst.	Buchstabe
BVerfG	Bundesverfassungsgericht
BVerfGE	Sammlung der Entscheidungen des BVerfG
BVerwG	Bundesverwaltungsgericht
BVerwGE	Sammlung der Entscheidungen des BVerwG
bzgl.	bezüglich
bzw.	beziehungsweise
ca.	circa
CD	Compact-Disc
CD-ROM	Compact-Disc-Read-Only-Memory
COMI	Center of Main Interests
d. h.	das heißt
DA Insg.	Durchführungsanweisungen zum Insolvenzgeld
DB	Der Betrieb (Zs.)
DGVZ	Deutsche Gerichtsvollzieherzeitung
Diss.	Dissertation
DöKV	Deutsch-Österreichischer Konkursvertrag
DStR	Deutsches Steuerrecht (Zs.)
DStRE	DStR-Entscheidungsdienst (Zs.)
DZWIR	Deutsche Zeitschrift für Wirtschafts- und Insolvenzrecht
e. V.	eingetragener Verein
EGBGB	Einführungsgesetz zum Bürgerlichen Gesetzbuch
EGInsO	Einführungsgesetz zur Insolvenzordnung
EK	Erfurter Kommentar zum Arbeitsrecht
EstG	Einkommensteuergesetz
ESUG	Gesetz zur weiteren Erleichterung der Sanierung von Unternehmen
etc.	et cetera
EU	Europäische Union
EuGH	Gerichtshof der Europäischen Gemeinschaften
EuGVVO	Verordnung über die gerichtliche Zuständigkeit und die Anerkennung und Vollstreckung von Entscheidungen in Zivil- und Handelssachen
EuInsVO	Europäische Verordnung über Insolvenzverfahren
evtl.	eventuell
EWG	Europäische Wirtschaftsgemeinschaft
EWiR	Entscheidungen zum Wirtschaftsrecht (Zs.)
f.	folgende
FamG	Familiengericht
ff.	fortfolgende
FG	Finanzgericht
FGO	Finanzgerichtsordnung
FK	Frankfurter Kommentar
Fn.	Fußnote
FS	Festschrift
GBA	Grundbuchamt
GBl.	Gesetzblatt
GbR	Gesellschaft bürgerlichen Rechts
gem.	gemäß
GenG	Genossenschaftsgesetz
GesO	Gesamtvollstreckungsordnung

GewStG	Gewerbesteuergesetz
GG	Grundgesetz
ggf.	gegebenenfalls
ggü.	gegenüber
GKG	Gerichtskostengesetz
GmbH	Gesellschaft mit beschränkter Haftung
GmbHG	Gesetz betreffend die Gesellschaften mit beschränkter Haftung
GmbHR	GmbH-Rundschau (Zs.)
grds.	grundsätzlich
GrS	Großer Senat
GrStG	Grundsteuergesetz
GuV	Gewinn und Verlust
GVBl.	Gesetz- und Verordnungsblatt
GVG	Gerichtsverfassungsgesetz
GVGA	Geschäftsanweisung für Gerichtsvollzieher
GV NW	Gesetz- und Verordnungsblatt des Landes Nordrhein-Westfalen
GWB	Gesetz gegen Wettbewerbsbeschränkungen
h. L.	herrschende Lehre
h. M.	herrschende Meinung
HAG	Heimarbeitsgesetz
Halbs.	Halbsatz
HB	Handbuch
HGB	Handelsgesetzbuch
hinsichtl.	hinsichtlich
HintO	Hinterlegungsordnung
HK	Heidelberger Kommentar
HmbAGInsO	Hamburgisches Ausführungsgesetz zur Insolvenzordnung
HOAI	Honorarordnung für Architekten und Ingenieure
HRA	Handelsregisterauszug
HRB	Handelsregisterauszug - Abteilung B
Hrsg.	Herausgeber
i. d. F.	in der Fassung
i. d. R.	in der Regel
i. E.	im Einzelnen
i. H.	in Höhe
i. H. d.	in Höhe der/des
i. H. e.	in Höhe einer/eines
i. H. v.	in Höhe von
i. L.	in Liquidation
i. R. d.	im Rahmen der/des
i. S. d.	im Sinne der/des
i. S. e.	im Sinne einer/s
i. S. v.	im Sinne von
i. Ü.	im Übrigen
i. V.	in Vertretung
i. V. m.	in Verbindung mit
inkl.	inklusive
insb.	insbesondere
InsbürO	Zeitschrift für das Insolvenzbüro
InsO	Insolvenzordnung
InsOÄndG	Änderungsgesetz zur Insolvenzordnung
InsStatG	Insolvenzstatistikgesetz
InsVV	Insolvenzrechtliche Vergütungsverordnung
InVo	Insolvenz und Vollstreckung (Zs.)
IPR	Internationales Privatrecht
IPrax	Praxis des Internationalen Privat- und Verfahrensrechts (Zs.)

Abkürzungsverzeichnis

JBl.	Justizblatt
JMBl.	Justizministerialblatt
JStG	Jahressteuergesetz
JVEG	Justizvergütungs- und -entschädigungsgesetz
JZ	Juristenzeitung
Kap.	Kapitel
KauG	Konkursausfallgeldgesetz
Kfz	Kraftfahrzeug
KG	Kammergericht/Kommanditgesellschaft
KGaA	Kommanditgesellschaft auf Aktien
KindPrax	Kindschaftsrechtliche Praxis (Zs.)
KK	Karlsruher Kommentar
km	Kilometer
KO	Konkursordnung
Komm.	Kommentierung
krit.	kritisch
KSchG	Kündigungsschutzgesetz
KStG	Körperschaftsteuergesetz
KTS	Konkurs, Treuhand, Sanierung (Zs.)
KWG	Kreditwesengesetz
LAG	Landesarbeitsgericht/Lastenausgleichsgesetz
LAGE	Sammlung der Entscheidungen der Landesarbeitsgerichte
lfd.	laufend/e
Lfg.	Lieferung
LG	Landgericht
Lit.	Literatur
LK	Leipziger Kommentar
Ls.	Leitsatz
LSG	Landessozialgericht
LVA	Landesversicherungsanstalt
m.Anm.	mit Anmerkung
m. E.	meines Erachtens
m. w. N.	mit weiteren Nachweisen
max.	maximal
MDR	Monatsschrift des deutschen Rechts (Zs.)
Mio.	Millionen
MitbestG	Mitbestimmungsgesetz
MiZi	Mitteilungen in Zivilsachen
MK	Münchener Kommentar
MoMiG	Gesetz zur Modernisierung des GmbH-Rechts und zur Bekämpfung von Missbräuchen
MuSchG	Mutterschutzgesetz
n. F.	neue Fassung
n.rkr.	nicht rechtskräftig
n. v.	nicht veröffentlicht
NachwG	Gesetz über den Nachweis der für ein Arbeitsverhältnis geltenden wesentlichen Bedingungen
NJW	Neue Juristische Wochenschrift (Zs.)
NJW-RR	NJW-Rechtsprechungsreport (Zs.)
Nr.	Nummer
NStZ	Neue Zeitschrift für Strafrecht
NZA	Neue Zeitschrift für Arbeitsrecht
NZI	Neue Zeitschrift für Insolvenzrecht

o.	oder
o. a.	oben angeführt
o. Ä.	oder Ähnliches
o. g.	oben genannte/r
OFD	Oberfinanzdirektion
OGH	Oberster Gerichtshof
OHG	offene Handelsgesellschaft
OLG	Oberlandesgericht
OVG	Oberverwaltungsgericht
PartG	Partnerschaftsgesetz
PartGG	Gesetz zur Schaffung von Partnerschaftsgesellschaften
PK	PräsenzKommentar Haarmeyer/Wutzke/Förster
PKH	Prozesskostenhilfe
PKW	Personenkraftwagen
PSV	Pension-Sicherungs-Verein
RBerG	Rechtsberatungsgesetz
RefE	Referentenentwurf
RegE	Regierungsentwurf
RegEInsO	Regierungsentwurf Insolvenzordnung
RG	Reichsgericht
RGBl.	Reichsgesetzblatt
rgm.	regelmäßig
RGZ	Sammlung der Entscheidungen des Reichsgerichts in Zivilsachen
RiAG	Richter am Amtsgericht
RiLG	Richter am Landgericht
RiStBV	Richtlinien für das Straf- und Bußgeldverfahren
RL	Richtlinie
Rn.	Randnummer
Rpfleger	Der Deutsche Rechtspfleger (Zs.)
RpflG	Rechtspflegergesetz
RR	Rechtsprechungsreport
Rspr.	Rechtsprechung
RVG	Rechtsanwaltsvergütungsgesetz
RVO	Reichsversicherungsordnung
S.	Seite
s.	siehe
s. a.	siehe auch
s. o.	siehe oben
s. u.	siehe unten
ScheckG	Scheckgesetz
SchlH	Schleswig Holstein
SchwbG	Schwerbehindertengesetz
Senatsurt.	Senatsurteil
SG	Sozialgericht
SGB	Sozialgesetzbuch
sog.	so genannte (r, s)
st. Rspr.	ständige Rechtsprechung
StB	Steuerberater
Stbg	Die Steuerberatung (Zs.)
StDÜV	Steuerdaten-Übermittlungsverordnung
StGB	Strafgesetzbuch
str.	streitig
stopp	Strafprozessordnung
StVO	Straßenverkehrsordnung

Abkürzungsverzeichnis

TOP	Tagesordnungspunkt
u.	und
u. a.	unter anderem/und andere
u. Ä.	und Ähnliches
u. U.	unter Umständen
Überbl.	Überblick
UNCITRAL	United Nations Commission on International Trade Law
Unterabs.	Unterabsatz
UrhG	Urhebergesetz
Urt.	Urteil
USt	Umsatzsteuer
UStG	Umsatzsteuergesetz
UStR	Umsatzsteuerrichtlinien
usw.	und so weiter
UWG	Gesetz gegen den unlauteren Wettbewerb
v.	vom/vor
VerbrKG	Verbraucherkreditgesetz
VerglO	Vergleichsordnung
VergVO	Vergütungsverordnung
Verw.	Verwaltung
VGH	Verwaltungsgerichtshof
vgl.	vergleiche
VglO	Vergleichsordnung
VO	Verordnung
Vorbem.	Vorbemerkung
WEG	Wohnungseigentumsgesetz
WG	Wechselgesetz
Wistra	Zeitschrift für Wirtschafts- und Steuerstrafrecht
WM	Wertpapiermitteilungen (Zs.)
z. B.	zum Beispiel
z. T.	zum Teil
z. Zt.	zur Zeit
Ziff.	Ziffer
ZIK	Zeitschrift für Insolvenzrecht und Kreditschutz
ZInsO	Zeitschrift für das gesamte Insolvenzrecht
ZIP	Zeitschrift für Wirtschaftsrecht
ZPO	Zivilprozessordnung
Zs.	Zeitschrift
zust.	zustimmend
ZVG	Gesetz über die Zwangsversteigerung und Zwangsverwaltung
ZVI	Zeitschrift für Verbraucher- und Privatinsolvenzrecht
ZVK	Zusatzversorgungskasse des Baugewerbes
ZwVwVO	Zwangsverwalterverordnung
zzgl.	zuzüglich
ZZP	Zeitschrift für Zivilprozess

Literaturverzeichnis

Achenbach/Ransiek (Hrsg.)	Handbuch Wirtschaftsstrafrecht, 3. Aufl., Heidelberg 2012
Ahrens, Martin/ Gehrlein, Markus/ Ringstmeier, Andreas	Fachanwaltskommentar Insolvenzrecht, 2. Auflage 2014
Allgayer	Rechtsfolgen und Wirkungen der Gläubigeranfechtung, Köln 2000
Ampferl	Der »starke« vorläufige Insolvenzverwalter in der Unternehmensinsolvenz, Köln 2002
Arbeitskreis für Insolvenz- und Schiedsgerichtswesen e. V. Köln (Hrsg.)	Kölner Schrift zur Insolvenzordnung, 3. Aufl., Münster, Berlin 2009
Arnold/Meyer-Stolte/ Hermann	Kommentar zum Rechtspflegergesetz (RPflG), 7. Aufl., Bielefeld 2009
Backes	Die Insolvenz des Versicherungsunternehmens, Karlsruhe 2003
Balz/Landfermann	Die neuen Insolvenzgesetze, 2. Aufl., Düsseldorf 1999
Bassenge/ Roth	FamFG/RPflG, 12. Aufl., München 2009
Bauer	Festschrift für Peter Schwerdtner zum 65. Geburtstag, München 2003
Baumbach/Hopt (Hrsg.)	Handelsgesetzbuch, 36. Aufl., München 2014
Baumbach/Hueck (Hrsg.)	GmbH-Gesetz, 20. Aufl., München 2013
Baumbach/Lauterbach/ Albers/Hartmann	Zivilprozessordnung, 72. Aufl., München 2014
Beck/Depré	Praxis der Insolvenz, 2. Aufl., München 2010
Berger/Kayser/Pannen	Sanierung, Insolvenz, Berufsrecht der Rechtsanwälte und Notare, Festschrift für Gerhard Ganter zum 65. Geburtstag, München 2010
Van Betteray	Festschrift für Friedrich Wilhelm Metzeler zum 70. Geburtstag, Köln 2003
Biehl	Insider im Insolvenzverfahren, Herne, Berlin 2000
Bindemann	Handbuch Verbraucherkonkurs, 3. Aufl., Baden-Baden 2002
Binz/Hess	Der Insolvenzverwalter, Rechtsstellung, Aufgaben, Haftung, Heidelberg 2004
Bitter	Festschrift für Karsten Schmidt zum 70. Geburtstag, Köln 2009
Bittmann	Insolvenzstrafrecht, Handbuch für die Praxis, Berlin 2004
Blersch/Goetsch/Haas (Hrsg.)	Berliner Kommentar Insolvenzrecht, Stand: 40. Erg. Lfg., Köln 2011
Bode	Der Auskunftsanspruch des (vorläufigen) Insolvenzverwalters gegenüber der Bank des Schuldners, Oldenburg 2007
Böcking/Castan/Heymann/ Pfitzer/Scheffler (Hrsg.)	Beck'sches Handbuch der Rechnungslegung (Loseblattwerk), München, Stand 2014
Borchard/Frind	Die Betriebsfortführung im Insolvenzverfahren, 2. Aufl., Münster 2014
Bork/Schäfer (Hrsg.)	GmbHG: Kommentar zum GmbH-Gesetz, 2. Aufl., Köln 2012
Bork	Handbuch des Insolvenzanfechtungsrechts, Köln 2006
ders.	Einführung in das Insolvenzrecht, 5. Aufl., Tübingen 2009
ders.	Zahlungsverkehr in der Insolvenz, Köln 2002
Bork/Koschmieder	Fachanwaltshandbuch Insolvenzrecht (Loseblattwerk), Köln, Stand 2011
Bormann/Kauka/Ockelmann	Handbuch GmbH-Recht, 2. Aufl., Münster 2011
Braun (Hrsg.)	Insolvenzordnung (InsO) Kommentar, 6. Aufl., München 2014
Breitenbücher/Ehricke	Insolvenzrecht 2003, Tagungsband zum RWS-Forum am 27. und 28. März 2003 in Berlin (zit.: Vortragsautor, Insolvenzrecht 2003, S.)

Literaturverzeichnis

Breuer	Insolvenzrechts-Formularbuch mit Erläuterungen, 3. Aufl., München 2007
Brinkmann	Die Bedeutung der §§ 92, 93 InsO für den Umfang der Insolvenz- und Sanierungsmasse, Köln, Berlin, Bonn, München 2002
Brox/Walker	Allgemeiner Teil des BGB, 38. Aufl., Köln 2013
Brox/Walker	Zwangsvollstreckungsrecht, 10. Aufl., Köln 2014
Büchting/Heussen	Beck'sches Rechtsanwalts-Handbuch, 10. Aufl. 2011 (zit.: Beck, HdRB, Rn.)
Budde/Förschle/Winkeljohann	Sonderbilanzen – Von der Gründungsbilanz bis zur Liquidationsbilanz, 4. Aufl., München 2008
Buth/Hermanns	Restrukturierung, Sanierung, Insolvenz, 4. Aufl., München 2014
Canaris	Bankvertragsrecht, 4. Aufl., Berlin 2005
Carstens	Die internationale Zuständigkeit im Europäischen Insolvenzrecht, Köln 2005
Castendiek	Probleme der durch einstweilige Verfügung und im Konkurseröffnungsverfahren angeordneten Sequestration, Heidelberg 1969
Coenenberg	Jahresabschluss und Jahresabschlussanalyse, Aufgaben und Lösungen, 15. Aufl., Stuttgart 2014
Dahl	Sanierung und Insolvenz, Festschrift für Klaus Hubert Görg zum 70. Geburtstag, München »« 2010
Demharter (Hrsg.)	Grundbuchordnung, 29. Aufl., München 2014
Dieterich u. a. (Hrsg.)	Erfurter Kommentar zum Arbeitsrecht, 14. Aufl., München 2014
Döbereiner	Die Restschuldbefreiung nach der Insolvenzordnung, Bielefeld 1997
Drescher	Die Haftung des GmbH-Geschäftsführers, 7. Aufl., Köln 2013
Duursma-Kepplinger/Duursma/Chalupsky	Europäische Insolvenzverordnung, Wien 2002
Eickmann/Böttcher	Zwangsversteigerungs- und Zwangsverwaltungsrecht, 3. Aufl., München 2013
Ellrott/Förschle/Grottel/Kozikowski/Schmidt/Winkeljohann/Budde/Clemm/Pankow/Sarx	Beck'scher Bilanz-Kommentar, 9. Aufl., München 2014
Engelhardt	Die gerichtliche Entscheidung nach §§ 21 ff. InsO und ihre Auswirkungen auf die vermögensrechtliche Stellung des Insolvenzschuldners, Berlin 2002
Fezer	Markenrecht, 4. Aufl., München 2009
Fischer	Strafgesetzbuch und Nebengesetze, 61. Aufl., München 2014
Flitsch/Hagebusch/Oerle/Seagon/Schreiber	Festschrift für Jobst Wellensiek zum 80. Geburtstag, München 2011
Forsblad	Restschuldbefreiung und Verbraucherinsolvenz im künftigen deutschen Insolvenzrecht, Frankfurt am Main 1997
Förschle/Holland/Kroner	Internationale Rechnungslegung US-GAAP, HGB und IAS, 5. Aufl., Köln 2001
Frege	Der Sonderinsolvenzverwalter, Beiträge zum Insolvenzrecht Band 40, 2. Aufl., Köln 2008
Frege/Keller/Riedel	Insolvenzrecht, 7. Aufl., München 2008
Frotscher	Besteuerung bei Insolvenz, 8. Aufl., Frankfurt am Main 2014
Ganter/Gottwald/Lwowski	Haftung und Insolvenz, Festschrift für Gero Fischer zum 65. Geburtstag, München 2008 (zit.: Bearbeiter FS Fischer, S.)
Geimer/Schütze	Internationaler Rechtsverkehr in Zivil- und Handelssachen (Loseblattwerk), München, Stand 2014

Gelhausen/Hense/Klein	Wirtschaftsprüferhandbuch 2002, Band II, 12. Aufl., Düsseldorf 2003 (zit.: WP HdB 2002, II, S.)
Geiß u. a. (Hrsg.)	Festschrift aus Anlaß des fünfzigjährigen Bestehens von Bundesgerichtshof, Bundesanwaltschaft und Rechtsanwaltschaft beim Bundesgerichtshof, Köln 2000
Gerhardt/Haarmeyer/Kreft	Insolvenzrecht im Wandel der Zeit, Festschrift für Hans-Peter Kirchhof zum 65. Geburtstag, Recklinghausen 2003
Gerhardt/Kreft	Aktuelle Probleme der Insolvenzanfechtung, 10. Aufl., Köln 2006
v. Gerkan/Hommelhoff	Handbuch des Kapitalersatzrechts, 2. Aufl., Köln 2002
Gesellschaftsrechtliche Vereinigung (VGR)	Die GmbH-Reform in der Diskussion, Köln 2006
Gloger	Haftungsbeschränkung versus Gläubigerschutz in der GmbH, Köln 2007
Goette	Einführung in das neue GmbH-Recht, München 2008
ders.	Kapitalaufbringung und Kapitalschutz in der GmbH, München 2004
ders.	Die GmbH, Darstellung anhand der Rechtsprechung des BGH, 3. Aufl., München 2012
ders. (Hrsg.)	Münchener Kommentar zum Aktiengesetz, 3. Aufl., München 2008 - 2011, 4. Aufl., München 2014
Goette/Habersack	Das MoMiG in Wissenschaft und Praxis, Köln 2009
Goette/Kleindiek	Gesellschafterfremdfinanzierung nach MoMiG und das Eigenkapitalersatzrecht in der Praxis, 6. Aufl., Köln 2010
Gotthausen/Hense/Klein	Wirtschaftsprüfer-Handbuch, 13. Aufl., Düsseldorf 2006
Gottwald	Insolvenzrechts-Handbuch, 4. Aufl., München 2010
Graeber	Vergütung in Insolvenzverfahren von A-Z, Münster 2005
ders.	Die Vergütung des vorläufigen Insolvenzverwalters gem. § 11 InsVV, Berlin 2003
Grigoleit/Rieder	GmbH-Recht nach dem MoMiG, München 2009
Gutsche	Eigenkapitalersetzende Leistungen im Konzern und deren Schicksal in der Insolvenz, Baden-Baden 2008
Graf-Schlicker	InsO-Kommentar zur Insolvenzordnung, 4. Aufl., Köln 2014
Grunewald/Römermann	Rechtsdienstleistungsgesetz, Köln 2008
Gulde	Die Anordnung der Eigenverwaltung durch das Insolvenzgericht im Eröffnungsbeschluss, Köln 2005
Haarmeyer/Hirte/Kirchhof/ Graf v. Westphalen	Verschuldung, Haftung, Vollstreckung, Insolvenz, Festschrift für Gerhard Kreft zum 65. Geburtstag, Recklinghausen 2004
Haarmeyer/Pape/Stephan/ Nickert	Formularbuch Insolvenzrecht, 2. Aufl., Münster 2009
Haarmeyer/Wutzke/Förster	Handbuch zur Insolvenzordnung, 4. Aufl., München 2010
dies.	Insolvenzrechtliche Vergütung (InsVV), 5. Aufl., München 2014 (zit.: H/W/F, InsVV § Rn.)
dies.	PräsenzKommentar zur InsO, Online-Kommentar unter www.insolvenzrecht.de/praesenzkommentar (zit.: PK-HWF § [V.1] Rn.)
dies.	Handbuch der vorläufigen Insolvenzverwaltung, München 2011
Hachenburg	Gesetz betreffend die Gesellschaften mit beschränkter Haftung, Großkommentar, 8. Aufl., Berlin 2002
Häger	Checkbuch Überschuldung und Sanierung, 3. Aufl., Köln 2004
Häsemeyer	Insolvenzrecht, 4. Aufl., Köln 2007
Haß/Huber/Gruber/ Heiderhoff	EU-Insolvenzverordnung (EuInsVO), Sonderausgabe Loseblatt-Handbuch, München, Stand 2005

Literaturverzeichnis

Hegmanns	Der Gläubigerausschuß – Eine Untersuchung zum Selbstverwaltungsrecht der Gläubiger im Konkurs, Köln 1986
Henning	Eigenkapitalersetzende Gesellschaftersicherheiten und der Freistellungsanspruch der Gesellschaft, Köln 2005
Herchen	Das Übereinkommen über Insolvenzverfahren der Mitgliedstaaten der Europäischen Union v. 23.11.1995, Würzburg 2000
Henssler/Prütting	Bundesrechtsanwaltsordnung (BRAO), 4. Aufl., München 2014
Hess/Mitlehner	Steuerrecht – Rechnungslegung – Insolvenz, Heidelberg 2001
Hess/Obermüller	Insolvenzplan, Restschuldbefreiung und Verbraucherinsolvenz, 3. Aufl., Heidelberg 2003
Hess/Weis/Wienberg	Kommentar zur Insolvenzordnung mit EGInsO, 3. Aufl., Heidelberg 2006
Heybrock (Hrsg.)	Praxiskommentar zum GmbH-Recht, 2. Aufl., Münster 2010
Heyer	Restschuldbefreiung im Insolvenzverfahren, Baden-Baden 2004
Hirschberger	Die Doppeltreuhand in der Insolvenz und Zwangsvollstreckung, Köln »« 2005
Holzer	Die Entscheidungsträger im Insolvenzverfahren, Zusammenarbeit zwischen Richter, Rechtspfleger und Insolvenzverwalter, 3. Aufl., München 2004
Holzer/Kleine-Cosack/Prütting	Die Bestellung des Insolvenzverwalters, Köln 2001
Homann	Praxis und Recht der Schuldnerberatung, Köln 2009
Hommelhoff/Rawert/K. Schmidt	Festschrift für Hans-Joachim Priester zum 70. Geburtstag, Köln 2007
Hommelhoff/Schmidt-Diemitz/Sigle	Familiengesellschaften, Festschrift für Walter Sigle, Köln 2000
Hommelhoff	Festschrift für Hans-Joachim Priester zum 70. Geburtstag, Köln 2007
Hüffer	Aktiengesetz, 11. Aufl., München 2014
Huntemann	Der Gläubiger im Insolvenzverfahren, Berlin 1999
Jacoby	Der Musterprozessvertrag, Die gewillkürte Bindung am gerichtliche Entscheidungen, Tübingen 2000
Jaeger/Henckel/Gerhardt (Hrsg.)	Insolvenzordnung, Großkommentar, Berlin 2010 (zit.: Jaeger-Bearbeiter § Rn.)
Jarass/Pieroth	Grundgesetz für die Bundesrepublik Deutschland, 13. Aufl., München 2014
Kahlert/Rühland	Sanierung und Insolvenzsteuerrecht, 2. Aufl., Köln 2011
Kayser	Höchstrichterliche Rechtsprechung zum Insolvenzrecht, 6. Aufl., Köln 2012
Keller	Vergütung und Kosten im Insolvenzverfahren, 3. Aufl., Köln 2010 (zit. Keller, Vergütung, Rn.)
ders.	Insolvenzrecht, München 2006
Kessler	Die Aktiengesellschaft in der Eigenverwaltung, Berlin 2006
Kind/Kießner/Frank	Unternehmenskrisen – Der Jurist als Notarzt, Festschrift für Eberhard Braun zum 60. Geburtstag, München 2007
Kindler	Festschrift für Uwe Hüffer zum 70. Geburtstag, München 2010
Kirchhof/Lwowski/Stürner (Hrsg.)	Münchener Kommentar zur Insolvenzordnung, 3. Aufl., München 2013
Klein	Handelsrechtliche Rechnungslegung in Insolvenzverfahren, Düsseldorf 2004
Knüllig-Dingeldey	Nachforderungsrecht oder Schuldbefreiung, Göttingen 1984
Koch	Die Eigenverwaltung nach der Insolvenzordnung, Frankfurt am Main 1998
Köhler/Bornkamm	Gesetz gegen den unlauteren Wettbewerb (UWG), 32. Aufl., München 2014

Köster	Die Bestellung des Insolvenzverwalters: eine vergleichende Untersuchung des deutschen und englischen Rechts, Baden-Baden 2005
Kolmann	Kooperationsmodelle im Internationalen Insolvenzrecht, Bielefeld 2001
Kothe/Ahrens/Grote	Verfahrenskostenstundung, Restschuldbefreiung und Verbraucherinsolvenzverfahren, 6. Aufl., Köln 2013
Kranemann	Insolvenzanfechtung im deutschen Internationalen Insolvenzrecht, Frankfurt am Main 2002
Kreft u. a. (Hrsg.)	Heidelberger Kommentar zur Insolvenzordnung, 7. Aufl., Heidelberg 2014
Kropff/Semler (Hrsg.)	Münchener Kommentar zum Aktiengesetz, 3. Aufl., München 2010
Krüger/Rauscher (Hrsg.)	Münchener Kommentar zur Zivilprozessordnung, 4. Aufl., München 2012
Krug	Der Verbraucherkonkurs, Köln 1998
Kummer/Schäfer/Wagner	Insolvenzanfechtung, Köln 2014
Kübler/Prütting/Bork (Hrsg.)	InsO-Kommentar zur Insolvenzordnung (Loseblattwerk), Stand 2014 (zit.: KPB-Bearbeiter § Rn.)
Landsmann	Die stille Gesellschaft in der Insolvenz, Frankfurt am Main 2007
Laufhütte/Rissing-van-Saan/Tiedemann	Leipziger Kommentar-StGB, 12. Aufl., Berlin 2006 – 2012
Lenenbach	Sicherungsmaßnahmen im Insolvenzeröffnungsverfahren, Frankfurt am Main 2003
Leonhard/Smid/Zeuner (Hrsg.)	Insolvenzordnung (InsO) mit insolvenzrechtlicher Vergütungsverordnung (InsVV), 3. Aufl., Stuttgart 2010
Löwisch	Eigenkapitalersatzrecht, München 2007
Lüke/Mikami/Prütting	Festschrift für Akira Ishikawa zum 70. Geburtstag am 27. November 2001, Berlin, New York 2001
Lutter/Hommelhoff	GmbH-Gesetz, 18. Aufl., Köln 2012
Lutter/Hommelhoff	SE-Kommentar, Köln 2008
Lutter/Ulmer/Zöllner	Festschrift 100 Jahre GmbH-Gesetz, Köln 1992
Maesch	Corporate Governance in der insolventen Aktiengesellschaft, Baden-Baden 2005
Mai	Insolvenzplanverfahren, Münster 2008
Maus	Steuern im Insolvenzverfahren, Recklinghausen 2004
Meyke	Haftung des GmbH-Geschäftsführers, 5. Aufl., Köln 2007
Michalski	Kommentar zum Gesetz betreffend die Gesellschaften mit beschränkter Haftung (GmbH-Gesetz), 2. Aufl., München 2010
Mitlehner	Mobiliarsicherheiten im Insolvenzverfahren, 3. Aufl., Köln 2012
Möhlmann-Mahlau	Die Berichterstattung im neuen Insolvenzverfahren, Köln 1999
Mohrbutter/Ringstmeier	Handbuch der Insolvenzverwaltung, 8. Aufl., Köln 2007
Moll	Festschrift für Hans-Jochem Lüer zum 70. Geburtstag, München 2008
Müller-Gugenberger/Bieneck	Handbuch des Wirtschaftsstraf- und Ordnungswidrigkeitenrechts, 5. Aufl., Köln 2011
Müller-Seils	Rescue Culture und Unternehmenssanierung in »« England und Wales nach dem Enterprise Act 2002, aus der Reihe Schriften zum Insolvenzrecht, Berlin 2006
Musielak	Zivilprozessordnung (ZPO), mit Gerichtsverfassungsgesetz, 11. Aufl., München 2014
Nerlich/Römermann (Hrsg.)	Insolvenzordnung (Loseblattwerk), München, Stand 2013 (zit.: NR-Bearbeiter § Rn.)
Nickert/Lamberti	Überschuldungs- und Zahlungsunfähigkeitsprüfung, 2. Aufl., Münster 2011

Literaturverzeichnis

Obermüller	Insolvenzrecht in der Bankpraxis, 8. Aufl., Köln 2011
Oelrichs	Gläubigermitwirkung und Stimmverbote im neuen Insolvenzverfahren, Köln 1999
Oepen	Massefremde Masse, Tübingen 1999
Onusseit/Kunz	Steuern in der Insolvenz, 2. Aufl., Köln 1997
Palandt	Bürgerliches Gesetzbuch (BGB), 73. Aufl., München 2014
Pape	Gläubigerbeteiligung im Insolvenzverfahren, Münster 2000
Pape/Uhlenbruck	Insolvenzrecht, 2. Aufl., München 2010
Paulus	Europäische Insolvenzordnung, 3 Aufl., Frankfurt am Main 2010
Pelka/Niemann	Praxis der Rechnungslegung im Insolvenzverfahren, 5. Aufl., Köln 2002
Pelz	Strafrecht in Krise und Insolvenz, 2. Aufl., München 2011
Peschke	Die Insolvenz des Girokontoinhabers, aus: KTS–Schriften zum Insolvenzrecht, Köln 2005
Piepenburg u. a.	Festschrift für Günter Greiner, Köln 2005
Pink	Insolvenzrechnungslegung, 1995
Pohlmann	Befugnisse und Funktionen des vorläufigen Insolvenzverwalters, Köln 1998 (zit.: Pohlmann, Rn.)
Prölls	Versicherungsaufsichtsgesetz, 12. Aufl., München 2005
Prütting/Vallender	Insolvenzrecht in Wissenschaft und Praxis, Festschrift für Wilhelm Uhlenbruck zum 70. Geburtstag, Köln 2000
Rebmann u. a. (Hrsg.)	Münchener Kommentar zum Bürgerlichen Gesetzbuch, 5. Aufl., München 2005 – 2010, 6. Aufl., München 2012
Reinhart	Sanierungsverfahren im internationalen Insolvenzrecht, Berlin 1995
Reiß/Kraeusel/Langer	Umsatzsteuergesetz, UstG mit Nebenbestimmungen, Gemeinschaftsrecht (Loseblattwerk), Stand 2011
Roth/Altmeppen	Gesetz betreffend die Gesellschaften mit beschränkter Haftung (GmbHG), 7. Aufl., München 2012
Rühle	Gegenseitige Verträge nach Aufhebung des Insolvenzverfahrens, Berlin 2006
Rugullis	Litispendenz im Europäischen Insolvenzrecht, Köln 2002
Runkel	Anwaltshandbuch Insolvenzrecht, . Aufl. Köln 2013
Säcker/Rixecker (Hrsg.)	Münchener Kommentar zum Bürgerlichen Gesetzbuch, 6. Aufl., München 2010 - 2012
Schall	Kapitalgesellschaftsrechtlicher Gläubigerschutz, München 2009
Schiessler	Der Insolvenzplan, Bielefeld 1997
Schildt	Die Insolvenz des Freiberuflers, Baden-Baden 2006
Schilken u. a. (Hrsg.)	Festschrift für Hans Friedhelm Gaul zum 70. Geburtstag, Bielefeld 1997
Schilken/Kreft/Wagner/Eckhardt	Festschrift für Walter Gerhardt, Köln 2004
Schmidt, Andreas	Privatinsolvenz : Leitfaden für den Weg zur Restschuldbefreiung, 3. Aufl., München 2009
ders.	Meilensteine in Zeiten der InsO, Festschrift für Thomas Wehr, Köln 2013
Schmidt, Karsten	Gesellschaftsrecht, 4. Aufl., Köln, Berlin, Bonn, München 2002
ders.	Insolvenzordnung, 18. Aufl., München 2013
ders.	Handelsrecht, 6. Aufl., Köln, Berlin, Bonn, München 2014
ders.	Liquidationsbilanzen und Konkursbilanzen, Frankfurt am Main 1989
Schmidt, Karsten (Hrsg.)	Münchener Kommentar zum Handelsgesetzbuch, 3. Aufl., München 2010 - 2013

Literaturverzeichnis

Köster	Die Bestellung des Insolvenzverwalters: eine vergleichende Untersuchung des deutschen und englischen Rechts, Baden-Baden 2005
Kolmann	Kooperationsmodelle im Internationalen Insolvenzrecht, Bielefeld 2001
Kothe/Ahrens/Grote	Verfahrenskostenstundung, Restschuldbefreiung und Verbraucherinsolvenzverfahren, 6. Aufl., Köln 2013
Kranemann	Insolvenzanfechtung im deutschen Internationalen Insolvenzrecht, Frankfurt am Main 2002
Kreft u. a. (Hrsg.)	Heidelberger Kommentar zur Insolvenzordnung, 7. Aufl., Heidelberg 2014
Kropff/Semler (Hrsg.)	Münchener Kommentar zum Aktiengesetz, 3. Aufl., München 2010
Krüger/Rauscher (Hrsg.)	Münchener Kommentar zur Zivilprozessordnung, 4. Aufl., München 2012
Krug	Der Verbraucherkonkurs, Köln 1998
Kummer/Schäfer/Wagner	Insolvenzanfechtung, Köln 2014
Kübler/Prütting/Bork (Hrsg.)	InsO-Kommentar zur Insolvenzordnung (Loseblattwerk), Stand 2014 (zit.: KPB-Bearbeiter § Rn.)
Landsmann	Die stille Gesellschaft in der Insolvenz, Frankfurt am Main 2007
Laufhütte/Rissing-van-Saan/Tiedemann	Leipziger Kommentar-StGB, 12. Aufl., Berlin 2006 – 2012
Lenenbach	Sicherungsmaßnahmen im Insolvenzeröffnungsverfahren, Frankfurt am Main 2003
Leonhard/Smid/Zeuner (Hrsg.)	Insolvenzordnung (InsO) mit insolvenzrechtlicher Vergütungsverordnung (InsVV), 3. Aufl., Stuttgart 2010
Löwisch	Eigenkapitalersatzrecht, München 2007
Lüke/Mikami/Prütting	Festschrift für Akira Ishikawa zum 70. Geburtstag am 27. November 2001, Berlin, New York 2001
Lutter/Hommelhoff	GmbH-Gesetz, 18. Aufl., Köln 2012
Lutter/Hommelhoff	SE-Kommentar, Köln 2008
Lutter/Ulmer/Zöllner	Festschrift 100 Jahre GmbH-Gesetz, Köln 1992
Maesch	Corporate Governance in der insolventen Aktiengesellschaft, Baden-Baden 2005
Mai	Insolvenzplanverfahren, Münster 2008
Maus	Steuern im Insolvenzverfahren, Recklinghausen 2004
Meyke	Haftung des GmbH-Geschäftsführers, 5. Aufl., Köln 2007
Michalski	Kommentar zum Gesetz betreffend die Gesellschaften mit beschränkter Haftung (GmbH-Gesetz), 2. Aufl., München 2010
Mitlehner	Mobiliarsicherheiten im Insolvenzverfahren, 3. Aufl., Köln 2012
Möhlmann-Mahlau	Die Berichterstattung im neuen Insolvenzverfahren, Köln 1999
Mohrbutter/Ringstmeier	Handbuch der Insolvenzverwaltung, 8. Aufl., Köln 2007
Moll	Festschrift für Hans-Jochem Lüer zum 70. Geburtstag, München 2008
Müller-Gugenberger/Bieneck	Handbuch des Wirtschaftsstraf- und Ordnungswidrigkeitenrechts, 5. Aufl., Köln 2011
Müller-Seils	Rescue Culture und Unternehmenssanierung in »« England und Wales nach dem Enterprise Act 2002, aus der Reihe Schriften zum Insolvenzrecht, Berlin 2006
Musielak	Zivilprozessordnung (ZPO), mit Gerichtsverfassungsgesetz, 11. Aufl., München 2014
Nerlich/Römermann (Hrsg.)	Insolvenzordnung (Loseblattwerk), München, Stand 2013 (zit.: NR-Bearbeiter § Rn.)
Nickert/Lamberti	Überschuldungs- und Zahlungsunfähigkeitsprüfung, 2. Aufl., Münster 2011

Literaturverzeichnis

Obermüller	Insolvenzrecht in der Bankpraxis, 8. Aufl., Köln 2011
Oelrichs	Gläubigermitwirkung und Stimmverbote im neuen Insolvenzverfahren, Köln 1999
Oepen	Massefremde Masse, Tübingen 1999
Onusseit/Kunz	Steuern in der Insolvenz, 2. Aufl., Köln 1997
Palandt	Bürgerliches Gesetzbuch (BGB), 73. Aufl., München 2014
Pape	Gläubigerbeteiligung im Insolvenzverfahren, Münster 2000
Pape/Uhlenbruck	Insolvenzrecht, 2. Aufl., München 2010
Paulus	Europäische Insolvenzordnung, 3 Aufl., Frankfurt am Main 2010
Pelka/Niemann	Praxis der Rechnungslegung im Insolvenzverfahren, 5. Aufl., Köln 2002
Pelz	Strafrecht in Krise und Insolvenz, 2. Aufl., München 2011
Peschke	Die Insolvenz des Girokontoinhabers, aus: KTS–Schriften zum Insolvenzrecht, Köln 2005
Piepenburg u. a.	Festschrift für Günter Greiner, Köln 2005
Pink	Insolvenzrechnungslegung, 1995
Pohlmann	Befugnisse und Funktionen des vorläufigen Insolvenzverwalters, Köln 1998 (zit.: Pohlmann, Rn.)
Prölls	Versicherungsaufsichtsgesetz, 12. Aufl., München 2005
Prütting/Vallender	Insolvenzrecht in Wissenschaft und Praxis, Festschrift für Wilhelm Uhlenbruck zum 70. Geburtstag, Köln 2000
Rebmann u. a. (Hrsg.)	Münchener Kommentar zum Bürgerlichen Gesetzbuch, 5. Aufl., München 2005 – 2010, 6. Aufl., München 2012
Reinhart	Sanierungsverfahren im internationalen Insolvenzrecht, Berlin 1995
Reiß/Kraeusel/Langer	Umsatzsteuergesetz, UstG mit Nebenbestimmungen, Gemeinschaftsrecht (Loseblattwerk), Stand 2011
Roth/Altmeppen	Gesetz betreffend die Gesellschaften mit beschränkter Haftung (GmbHG), 7. Aufl., München 2012
Rühle	Gegenseitige Verträge nach Aufhebung des Insolvenzverfahrens, Berlin 2006
Rugullis	Litispendenz im Europäischen Insolvenzrecht, Köln 2002
Runkel	Anwaltshandbuch Insolvenzrecht, . Aufl. Köln 2013
Säcker/Rixecker (Hrsg.)	Münchener Kommentar zum Bürgerlichen Gesetzbuch, 6. Aufl., München 2010 - 2012
Schall	Kapitalgesellschaftsrechtlicher Gläubigerschutz, München 2009
Schiessler	Der Insolvenzplan, Bielefeld 1997
Schildt	Die Insolvenz des Freiberuflers, Baden-Baden 2006
Schilken u. a. (Hrsg.)	Festschrift für Hans Friedhelm Gaul zum 70. Geburtstag, Bielefeld 1997
Schilken/Kreft/Wagner/Eckhardt	Festschrift für Walter Gerhardt, Köln 2004
Schmidt, Andreas	Privatinsolvenz : Leitfaden für den Weg zur Restschuldbefreiung, 3. Aufl., München 2009
ders.	Meilensteine in Zeiten der InsO, Festschrift für Thomas Wehr, Köln 2013
Schmidt, Karsten	Gesellschaftsrecht, 4. Aufl., Köln, Berlin, Bonn, München 2002
ders.	Insolvenzordnung, 18. Aufl., München 2013
ders.	Handelsrecht, 6. Aufl., Köln, Berlin, Bonn, München 2014
ders.	Liquidationsbilanzen und Konkursbilanzen, Frankfurt am Main 1989
Schmidt, Karsten (Hrsg.)	Münchener Kommentar zum Handelsgesetzbuch, 3. Aufl., München 2010 - 2013

Schmidt, Ludwig	Einkommensteuergesetz (EstG), 33. Aufl., München 2014
Schmidt-Futterer	Mietrecht-Großkommentar des Wohn- und Gewerberaummietrechts, 11. Aufl., München 2013
Schmidt/Uhlenbruck	Die GmbH in Krise, Sanierung und Insolvenz, 4. Aufl., Köln 2009
Schneider/Herget	Streitwert-Kommentar für Zivilprozess und FamFG-Verfahren, 13. Aufl., Köln 2011
Schöner/Stöber	Grundbuchrecht, 15. Aufl., München 2012
Scholz (Hrsg.)	Kommentar zum GmbH-Gesetz, 10. Aufl., Köln 2006 – 2010
Schönke/Schröder/Cramer u. a.	Strafgesetzbuch-Kommentar, 29. Aufl., München 2014
Schröder, Jens-Sören	Die Reform des Eigenkapitalersatzrechts durch das MoMiG, Köln 2012
Schulte	Das Konkurrenzverhältnis von Insolvenzbeschlag und strafprozessualer Beschlagnahme, Hamburg 2007
Seibert	RWS-Dokumentation 23: Gesetz zur Modernisierung des GmbH-Rechts- und zur Bekämpfung von Missbräuchen – MoMiG, Köln 2008
Sernetz/Haas	Kapitalaufbringung und -erhaltung in der GmbH, Köln 2003
Sinz/Wegener/Hefermehl	Verbraucherinsolvenz und Insolvenz von Kleinunternehmen, 2. Aufl, Köln 2009
Smid	Große Insolvenzrechtsreform 2006, Berlin 2006
Smid/Rattunde	Der Insolvenzplan, 3. Aufl., Stuttgart 2012
Staub	Handelsgesetzbuch Großkommentar, 4. Aufl., Berlin 1995 – 2004, 5. Aufl., Berlin 2008 - 2014
Stein/Jonas	Kommentar zur Zivilprozessordnung, 22. Aufl., Tübingen 2005
Steindorf/Regh	Beck'sches Mandats-Handbuch Arbeitsrecht in der Insolvenz, München 2002
Stöber	Forderungspfändung: Zwangsvollstreckung in Forderungen und andere Vermögensrechte, 16. Aufl., Bielefeld 2013
Stoll	Vorschläge und Gutachten zur Umsetzung des EU-Übereinkommens über Insolvenzverfahren im deutschen Recht, Tübingen 1997
Stracke	Zur Übertragbarkeit des zivilrechtlichen Überschuldungsbegriffs in das Strafrecht, Frankfurt am Main 2007
Thomas/Putzo	Zivilprozessordnung mit FamFG Verfahren in Familiensachen, Gerichtsverfassungsgesetz, Einführungsgesetz und EU-Zivilverfahrensrecht, 3. Aufl., München 2014 (zit.: T/P-Bearbeiter, § Rn.)
Thole	Gläubigerschutz durch Insolvenzrecht, Tübingen 2010
Tipke/Kruse	Abgabenordnung-Finanzgerichtsordnung, Kommentar zur AO (ohne Steuerstrafrecht) und FGO (Loseblattwerk), Köln, Stand 2014
Trendelenburg	Restschuldbefreiung, Baden-Baden 2000
Tröndle/Fischer	Strafgesetzbuch und Nebengesetze, 60. Aufl., München 2013
Uhlenbruck	Insolvenzordnung (InsO), Kommentar, 13. Aufl., München 2010
Uhlenbruck/Klasmeyer/Kübler	Einhundert Jahre Konkursordnung, Festschrift des Arbeitskreises für Insolvenz- und Schiedsgerichtswesen e. V. Köln, Berlin/Bonn/Köln/München 1977
Ulmer/Habersack/Löbbe	Gesetz betreffend die Gesellschaften mit beschränkter Haftung (GmbHG), Großkommentar, Tübingen 2006 – 2010, 2. Aufl., Tübingen 2013
Wabnitz/Janovsky	Handbuch des Wirtschafts- und Steuerstrafrechts, 4. Aufl., München 2014
Wagenknecht-Hose	Vertragliche und umsatzsteuerliche Neuverbindlichkeiten des Schuldners in der Insolvenz, aus: KTS-Schriften zum Insolvenzrecht, Köln 2008

Literaturverzeichnis

Weyand/Diversy	Insolvenzdelikte : Unternehmenszusammenbruch und Strafrecht, 9. Aufl., Berlin 2013
Wilhelm	Die Haftung des Sachverständigen im Insolvenzeröffnungsverfahren, Dresden 2007
Willemer	Vis attractiva concursus und die Europäische Insolvenzverordnung, Tübingen 2006
Wimmer	Frankfurter Kommentar zur Insolvenzordnung, 7. Aufl., Köln 2013 (zit.: FK- Bearbeiter § Rn.)
ders.	Das neue Insolvenzrecht nach der ESUG-Reform, Köln 2012
Winnefeld,	Bilanz-Handbuch Handels- und Steuerbilanz, Rechtsformspezifisches Bilanzrecht, Bilanzielle Sonderfragen, Sonderbilanzen, IAS/USGAAP, 4. Aufl., München 2006
Zeuner	Die Anfechtung in der Insolvenz, 2. Aufl, München 2007
Zöller	Zivilprozessordnung, 30. Aufl., Köln 2014

Insolvenzordnung (InsO)

vom 5. Oktober 1994 (BGBl. I S. 2866), zuletzt geändert durch Artikel 6 des Gesetzes vom 31. August 2013 (BGBl. I S. 3533)

Erster Teil Allgemeine Vorschriften

§ 1 Ziele des Insolvenzverfahrens

¹Das Insolvenzverfahren dient dazu, die Gläubiger eines Schuldners gemeinschaftlich zu befriedigen, indem das Vermögen des Schuldners verwertet und der Erlös verteilt oder in einem Insolvenzplan eine abweichende Regelung insbesondere zum Erhalt des Unternehmens getroffen wird. ²Dem redlichen Schuldner wird Gelegenheit gegeben, sich von seinen restlichen Verbindlichkeiten zu befreien.

Übersicht	Rdn.
A. Normzweck	1
I. Programm der InsO	1
II. Unternehmens- und Verbraucherinsolvenz	2
III. Rechtsentwicklung seit Inkrafttreten der InsO	4
1. Allgemeines	4
2. Rechtsfortbildung durch die Rechtsprechung	5
3. Reformen	7
a) InsOÄndG 2001	8
b) Gesetz zur Vereinfachung des Insolvenzverfahrens 2007	9
c) Gesetz zum Pfändungsschutz der Altersvorsorge und zur Anpassung des Rechts der Insolvenzanfechtung 2007	10
d) MoMiG 2008	11
e) FMStG 2008	12
f) HBeglG 2011	13
g) ESUG 2012	14
h) Gesetz zur Verkürzung des Restschuldbefreiungsverfahrens und zur Stärkung der Gläubigerrechte 2014	15
4. Ausblick: Weitere Reformvorhaben	16
B. Norminhalt	17
I. Gleichmäßige Gläubigerbefriedigung (Satz 1) und Ordnungsfunktion	17
1. Allgemeines	17
2. Maßnahmen gegen die Massearmut	19
a) Gesetzgeberische Maßnahmen ohne nennenswerte Auswirkungen	19
b) Zielführende gesetzgeberische Maßnahmen	20
II. Sanierungsfunktion (Satz 1)	23
1. Allgemeines	23
2. Insb.: Ausschöpfung des Insolvenzgeldzeitraums	25
3. Spannungsverhältnis: Gleichmäßige (bestmögliche?) Gläubigerbefriedigung/Sanierungsfunktion	26
III. Schuldnerschutz	27
1. Überblick	27
2. Insb.: Restschuldbefreiung (Satz 2)	28
a) Ausgangssituation	28
b) (Echte) Restschuldbefreiung (Satz 2, §§ 286 ff.) und unechte Restschuldbefreiung	29
c) Anstieg der Verfahrenszahlen durch die Einführung des § 4a	31
d) Restschuldbefreiung als Verfahrensziel (des Schuldners)	35
IV. Flankierende Maßnahmen zur Sicherung der Verfahrensziele und -funktionen	41
1. Verrechtlichung des Eröffnungsverfahrens/Transparenzanforderungen	41
a) Auswahl des (vorläufigen) Insolvenzverwalters im Anschluss an BVerfG, ZInsO 2004, 913	42
b) Paradigmenwechsel durch BGH ZInsO 2002, 819 (»Einzelermächtigung«)	44
c) Wahrnehmung der mutmaßlichen Gläubigerinteressen im Eröffnungsverfahren durch das Gericht	49
2. Vergütungsrechtliche Aspekte	49a
V. Gläubigerautonomie?	50
1. Gesetzgeberische Vorstellung	50
2. Gläubigerversammlung und Gläubigerausschuss	51
3. Tendenzen in der Praxis	53
VI. Verfahrensfragen, insb.: Justiziabilität der Verfahrensziele?	55

§ 1 InsO   Ziele des Insolvenzverfahrens

A. Normzweck

I. Programm der InsO

1 § 1 normiert – nicht abschließend – das **Programm der InsO**, in dem die wesentlichen Ziele und Funktionen des Insolvenzverfahrens beschrieben werden (zu den **Verfahrensgrundsätzen** der InsO s. Prütting, Kölner Schrift zur InsO, 2. Aufl., S. 1; zur **Geschichte des Insolvenzrechts**, zu **Aufbau, Inhalt und Sprache der InsO** sowie zu **Materialien und Schrifttum** s. Jaeger-Henckel Einl. Rn. 1 ff.).

II. Unternehmens- und Verbraucherinsolvenz

2 Das **Unternehmensinsolvenzrecht** ist spätestens seit dem Inkrafttreten der InsO zum 01.01.1999 Kernbestandteil des Wirtschaftsrechts (instruktiv Pape/Uhlenbruck/Voigt-Salus, Insolvenzrecht, Rn. 1–20). Es entscheidet darüber, welche Unternehmen im Markt bleiben dürfen und welche Unternehmen aus dem Markt ausscheiden müssen. Damit hat das Insolvenzrecht **marktwirtschaftliche Aufgaben** erhalten. Liquidation und Erhalt des Unternehmens stellen grds. gleichwertige Abwicklungsmöglichkeiten dar. Es gilt dabei der Grundsatz der **Marktkonformität des Insolvenzverfahrens**. Nach der Vorstellung des Gesetzgebers hat nicht der Markt, wenn es zur Insolvenz kommt, versagt, sondern der Schuldner. Die Insolvenz ist deshalb kein Anlass, die Marktmechanismen durch hoheitliche Wirtschaftsregulierung zu verdrängen. Die Gesetze des Marktes steuern die Insolvenzabwicklung (zur ökonomischen Analyse des Insolvenzrechts Förster FS Kirchhof, S. 85). Der Wettbewerb zwischen gesunden und insolventen Unternehmen darf nicht zugunsten der insolventen Unternehmen verzerrt werden (vgl. MK-Ganter § 1 Rn. 43; vgl. zur Marktkonformität des Insolvenzverfahrens unter dem Blickwinkel der **Ausschöpfung des Insolvenzgeldzeitraums** [Rdn. 25] die Entscheidung AG Hamburg, ZInsO 2003, 816 und die ausführliche Analyse dieser Entscheidung von Marotzke, ZInsO 2004, 113 sowie ZInsO 2004, 178).

2a ▶ Übersicht: Statistische Angaben zu eröffneten Unternehmensinsolvenzverfahren

(Quelle: Insolvenzbarometer, INDat-Report 10/13)

2011: 10.078

2012: 10.025

2013: 10.292

3 In der **Verbraucherinsolvenz**, daneben aber auch in der Regelinsolvenz über das Vermögen (ehemals) selbstständiger natürlicher Personen (vgl. zur Abgrenzung Regel-/Verbraucherinsolvenz § 304), wird die marktwirtschaftliche Aufgabe des Insolvenzrechts ergänzt. Daneben treten (zusätzlich) **soziale Anliegen**. Das dem Restschuldbefreiungsverfahren vorgeschaltete Insolvenzverfahren stellt insb. in masselosen Verbraucherinsolvenzverfahren lediglich einen vom Gesetzgeber für notwendig erachteten Zwischenschritt dar (vgl. zur Reform 2014 Rdn. 15). Ziel eines die Restschuldbefreiung beantragenden (Verbraucher-) Schuldners ist rgm. nicht die Durchführung des Insolvenzverfahrens über sein Vermögen und eine gleichmäßige Befriedigung der Gläubiger, sondern die **Erlangung der Restschuldbefreiung**, die ihm einen Ausweg aus dem »modernen Schuldturm« verschaffen und einen »fresh start« ermöglichen soll (FK-Schmerbach § 1 Rn. 13; wohl auch HK-Kirchhof § 1 Rn. 7; einschränkend MK-Ganter § 1 Rn. 97 f.; a. A. Jaeger-Henckel § 1 Rn. 20; vgl. zum Ganzen Grote, FS Kirchhof, S. 149).

3a ▶ Übersicht: Statistische Angaben zu den eröffneten Verbraucherinsolvenzverfahren und Regelinsolvenzverfahren über das Vermögen von Verbrauchern und ehemals Selbstständiger

(Quelle: Insolvenzbarometer, INDat-Report 10/13)

2011: 106.660

2012: 100.658

2013: 96.319

III. Rechtsentwicklung seit Inkrafttreten der InsO

1. Allgemeines

Das Insolvenzrecht hat sich seit dem Inkrafttreten der InsO zum 01.01.1999 zu einem **dynamischen Rechtsgebiet** entwickelt. Es ist keinesfalls anhand des bloßen Gesetzestextes zu erfassen. Die Verzahnung von materiellem und formalem Insolvenzrecht, die Komplexität der Materie und das hohe Tempo der Rspr. machen es für **Insolvenzrechtler** (Richter, Rechtspfleger, Insolvenzverwalter, Sanierungsberater) unverzichtbar, sich permanent anhand der einschlägigen Fachzeitschriften zu informieren und sich i. R. d. zahlreichen Fortbildungsveranstaltungen (Fachtagungen, Seminare) über aktuelle Entwicklungen und deren Relevanz für die tägliche Praxis auszutauschen. Entsprechendes gilt für Mitarbeiter von Insolvenzverwaltern (vgl. zum Berufsbild des Insolvenzverwalters Uhlenbruck, FS Wellensiek, S. 361). Aber auch **Rechtsanwälte und Unternehmensjuristen**, die, ohne Insolvenzrechtler im engeren Sinne zu sein, im Bereich des Wirtschaftsrechts tätig sind, sind gezwungen, sich laufend fortzubilden, um die Relevanz insolvenzrechtlicher Fragen für ihren Tätigkeitsbereich erkennen zu können. Durch die unvermindert hohe Anzahl von Insolvenzverfahren über das Vermögen natürlicher Personen bekommen insolvenzrechtliche Fragen schließlich auch Bedeutung für die in diesem Bereich tätigen Schuldnerberater, Mitarbeiter von Schuldnerberatungsstellen, Rechtsanwälte, aber auch für alle im Rechtsverkehr auftretenden Gruppen, die mit solchen Schuldnern in rechtlich relevanter Weise in Kontakt treten. So kommt es, dass das Insolvenzrecht auch in Bereiche wie etwa das Arbeitsrecht, das Mietrecht und das Familienrecht ausstrahlt.

4

2. Rechtsfortbildung durch die Rechtsprechung

Neben den Maßnahmen des Gesetzgebers (Rdn. 19 ff.), der an die Stelle der KO und der GesO die InsO und damit ein modernes Wirtschaftsgesetz geschaffen hat, ist die Rspr. des für das Insolvenzrecht zuständigen **IX. Zivilsenats des BGH** sowie die des für das Gesellschaftsrecht zuständigen **II. Zivilsenats des BGH** für die dynamische Rechtsentwicklung von großer Relevanz. Der BGH hat mittlerweile zu wesentlichen Fragen des Insolvenzrechts Stellung genommen und seine Rspr. mit hohem Tempo immer weiter verfeinert. Die Rspr. des BGH ist gekennzeichnet durch zahlreiche Entscheidungen, in denen er das Insolvenzrecht im Wege **richterlicher Rechtsfortbildung** weiterentwickelt hat. Hiervon betroffen sind sowohl das facettenreiche Eröffnungsverfahren als auch das eröffnete Verfahren. Von herausragender Bedeutung ist in diesem Kontext die **Rspr. zum Anfechtungsrecht, §§ 129 ff.** (vgl. die dortige Kommentierung und unten Rdn. 21).

5

Eine weitere wichtige Rolle, insb. für die Rechtsfortbildung im Eröffnungsverfahren, aber auch für zahlreiche Fragen um die Restschuldbefreiung, spielen die **Insolvenzgerichte**. Die einschlägigen insolvenzrechtlichen Fachzeitschriften enthalten rgm. zahlreiche insolvenzgerichtliche Entscheidungen, die für die Praxis von großer Relevanz sind. Hier sind ergiebige **Synergieeffekte** zu beobachten: Der BGH orientiert sich immer wieder an insolvenzgerichtlichen Entscheidungen, die damit zum Motor der Rspr. des BGH werden. Außerdem erreichen insolvenzgerichtliche Entscheidungen – über die LG – den BGH (§ 6, § 574 ZPO) und tragen auch so zur Rechtsfortbildung entscheidend bei. Umgekehrt ist es Aufgabe der Insolvenzgerichte, die Rspr. des BGH umzusetzen und ggf. weiterzuentwickeln.

6

3. Reformen

Die InsO ist in den »Strudel der permanenten Reformen« geraten (K. Schmidt, BB 2011, 1603). Wichtige **Reformen** der InsO seit ihrem Inkrafttreten zum 01.01.1999 in chronologischer Reihenfolge:
– Gesetz zur Änderung der InsO und anderer Gesetze (InsOÄndG 2001; BGBl. 2001, S. 2710, dazu Rdn. 8);
– Gesetz zur Vereinfachung des Insolvenzverfahrens 2007 (BGBl. 2007, S. 509, dazu Rdn. 9);
– Gesetz zum Pfändungsschutz der Altersvorsorge und zur Anpassung des Rechts der Insolvenzanfechtung 2007 (BGBl. 2007, S. 368; RegE v. August 2005; dazu Rdn. 10);

7

– Gesetz zur Modernisierung des GmbH-Rechts und zur Bekämpfung von Missbräuchen (MoMiG 2008, BGBl. 2008, S. 2026; dazu Rdn. 11);
– Finanzmarktstabilisierungsgesetz (FMStG 2008, BGBl. 2008, S. 1982, dazu Rdn. 12);
– Haushaltbegleitgesetz (HBeglG 2011; BGBl. 2010, S. 1885, dazu Rdn. 13);
– Gesetz zur weiteren Erleichterung der Sanierung von Unternehmen (ESUG 2012; BGBl. 2011, S. 2582, dazu Rdn. 14);
– Gesetz zur Verkürzung des Restschuldbefreiungsverfahrens und zur Stärkung der Gläubigerrechte 2014 (BGBl. 2013, S. 2379, dazu Rdn. 15).

a) InsOÄndG 2001

8   Durch das am 01.12.2001 in Kraft getretene Gesetz zur Änderung der InsO und anderer Gesetze (BGBl. 2001, S. 2710) sollte der Reformbedarf der damals noch jungen InsO beseitigt werden, und zwar insb. für den Bereich der Insolvenzverfahren über das Vermögen natürlicher Personen. Daneben enthält das InsOÄndG 2001 mehrere (kleinere) Änderungen, die eher kosmetischer Natur sind. Durch das Gesetz wurden namentlich folgende Vorschriften eingeführt bzw. geändert: Einführung der **Vorschriften über die Stundung der Verfahrenskosten** (§§ 4a ff.), **Verkürzung der Wohlverhaltensperiode** von ehemals 7 auf nunmehr 6 Jahre und Beginn der Wohlverhaltensperiode bereits mit der Eröffnung des Verfahrens statt mit der Aufhebung (§ 287 Abs. 2); **Neuregelung der Abgrenzung zwischen Regel- und Verbraucherinsolvenz** (§ 304).

b) Gesetz zur Vereinfachung des Insolvenzverfahrens 2007

9   Mit dem am 01.07.2007 in Kraft getretenen Gesetz zur Vereinfachung des Insolvenzverfahrens (BGBl. 2007, S. 509; dazu Wimmer, DB 2006, 2331) sollte dem Anpassungsbedarf der InsO im Bereich des Regelinsolvenzverfahrens Rechnung getragen werden; dieser Bereich war im InsOÄndG 2001, das sich im Wesentlichen mit der Verbraucherinsolvenz beschäftigte, ausgeklammert worden. Das Gesetz beinhaltet als **Schwerpunkte** Neuregelungen zur Auswahl des Insolvenzverwalters, die nur über offene Listen erfolgen soll, sowie zur Stärkung der Sanierungs- und der Ordnungsfunktion des Insolvenzverfahrens im Bereich des Eröffnungsverfahrens durch Einbeziehung aus- und absonderungsberechtigter Gläubiger. Von der Möglichkeit einer gerichtlichen Überprüfung der Anzeige der Masseunzulänglichkeit, wie sie noch im RefE September 2004 vorgesehen war, sieht das Gesetz hingegen ab. Wegen weiterer Einzelheiten wird auf die Ausführungen in der 3. Aufl., § 1 Rn. 11 ff. verwiesen.

c) Gesetz zum Pfändungsschutz der Altersvorsorge und zur Anpassung des Rechts der Insolvenzanfechtung 2007

10   Im Juni 2005 hatte das BMJ – für die Fachwelt überraschend – einen weiteren Entwurf zu Änderungen an der InsO vorgelegt (»Gesetz zum Pfändungsschutz der Altersvorsorge und zur Anpassung des Rechts der Insolvenzanfechtung«, RegE v. August 2005; zuvor: RefE v. Juni 2005, abgedruckt in ZInsO-Kompakt 12/2005, III; Teile des RegE sind am 31.03.2007 in Kraft getreten, (BGBl. 2007, S. 368).

Die Neuregelung betrifft den **Pfändungsschutz der Altersvorsorge** (dazu Wimmer, ZInsO 2007, 281; Holzer, ZVI 2007, 113). Durch dieses Gesetz wurde § 36 dahin gehend geändert, dass nunmehr auch die §§ 851c, 851d ZPO für entsprechend anwendbar erklärt werden. Sie enthalten Pfändungsschutzregeln für Leistungen aus näher bestimmten Renten- und Kapital-Lebensversicherungsverträgen (vgl. § 35 Rdn. 13).

Nicht in Kraft getreten ist demgegenüber der Teil des RegE v. August 2005, der sich mit der **Anpassung des Rechts der Insolvenzanfechtung** beschäftigt. Vgl. dazu die 3. Aufl., § 1 Rn. 12.

d) MoMiG 2008

Durch das am 01.11.2008 in Kraft getretene **Gesetz zur Modernisierung des GmbH-Rechts und zur Bekämpfung von Missbräuchen** (BGBl. 2008, S. 2026) sollen – zunächst – zwei Ziele erreicht werden, nämlich zum einen die Bekämpfung des Missbrauchs der Rechtsform der GmbH, etwa durch sog. Firmenbestattung (vgl. dazu § 3 Rdn. 35 ff.), und zum anderen die Modernisierung des GmbH-Rechts, für die insb. durch die Konkurrenzsituation zu anderen in der EU verbreiteten Formen wie etwa der Limited ein Bedürfnis bestehen soll. Die zunächst erwogene **Absenkung des Mindeststammkapitals** bei der GmbH auf 10.000 € ist nicht Gesetz geworden; es bleibt insoweit alles beim Alten, nämlich bei einem Mindeststammkapital von 25.000 €. Allerdings ist die sog. Unternehmergesellschaft (haftungsbeschränkt) in § 5a GmbHG eingefügt worden; bei dieser darf der Betrag von 25.000 € unterschritten werden. 11

Zahlreiche **Vorschriften der InsO** sind durch das MoMiG geändert worden und zwar: § 10 Abs. 2, §§ 15, 15a (Erweiterung der Antragsrechte und -pflichten auf Gesellschafter bei **Führungslosigkeit** der Gesellschaft; Zentralisierung der bisher verstreut geregelten Antragspflichten – etwa: § 64 Abs. 1 GmbHG a. F. – in der InsO), § 19 (Passivierung von Gesellschafterdarlehn), §§ 26 Abs. 3, 39, 44a, 101 Abs. 2, 135 (Abschaffung des bisherigen zweigliedrigen **Eigenkapitalersatzrechts**, an dessen Stelle rein anfechtungsrechtliche Regelungen treten), §§ 143, 345. Wegen der Einzelheiten wird auf die jeweiligen Kommentierungen verwiesen. 11a

Die Änderungen zahlreicher **Vorschriften des GmbHG** haben teilweise enorme insolvenzrechtliche Relevanz (insb. § 19 GmbHG: Kapitalaufbringung und Kapitalerhaltung; §§ 30, 31 InsO: Kapitalerhaltung; § 64 GmbHG: Geschäftsführerhaftung). 11b

▶ **Hinweis:**

Die vorliegende 5. Aufl. enthält im **Anhang zu § 35** Vollkommentierungen zu Bereichen, die klassischerweise dem Gesellschaftsrecht zugeordnet werden, in der Praxis aber fast ausschließlich im Insolvenzverfahren eine Rolle spielen. Diese ohnehin komplexe Materie ist durch das Inkrafttreten des MoMiG noch unübersichtlicher geworden: Der Insolvenzverwalter muss nicht nur das – insb. für Altverfahren nach wie vor relevante – bisherige, sondern auch das neue Recht beherrschen. Zudem stellen sich in »Übergangsfällen« Fragen zum anwendbaren Recht; nur teilweise finden sich Übergangsregelungen. – Der Anhang zu § 35 enthält folgende Bereiche:
A. Gründerhaftung (Kuleisa)
B. Abschnitt I.-II. Grundsätze der Kapitalaufbringung/Voreinzahlung (Kuleisa)
   Abschnitt III. Ansprüche in Folge Kaduzierung (Knof)
C. Verdeckte Sacheinlage (Kuleisa)
D. Hin- und Herzahlen (Kuleisa)
E. Kapitalerhaltung (Kuleisa)
F. Existenzvernichtungshaftung (A. Schmidt)
G. Vermögensvermischungshaftung (A. Schmidt)
H. Geschäftsführerhaftung (A. Schmidt)
I. Organhaftung (Kuleisa)
J. D&O-Versicherung (Pohlmann)
K. Beraterhaftung (Büchler)
L. Ansprüche aus Patronatserklärung (Knof)

Das bisherige **Eigenkapitalersatzrecht**, das an seine Stelle tretende **Recht der Gesellschafterdarlehen** sowie das nur rudimentär kodifizierte **Übergangsrecht** werden bei § 135 ausführlich kommentiert.

e) FMStG 2008

Infolge der sog. Finanzmarktkrise hat der Gesetzgeber mit dem **Finanzmarktstabilisierungsgesetz vom 17.10.2008** (BGBl. 2008, S. 1982) den »alten« zweistufigen (modifizierten) Überschuldungs- 12 begriff der KO wieder eingeführt, allerdings zunächst nur befristet vom 18.10.2008 bis 31.12.2010; diese Befristung war zunächst bis zum 31.12.2013 verlängert worden; mittlerweile ist die Vorschrift entfristet worden (vgl. zu den Einzelheiten die Kommentierung zu § 19). § 19 Abs. 2 Satz 1 InsO lautet nunmehr wie folgt: »Überschuldung liegt vor, wenn das Vermögen des Schuldners die bestehenden Verbindlichkeiten nicht mehr deckt, es sei denn, die Fortführung des Unternehmens ist nach den Umständen überwiegend wahrscheinlich.« Zu den Anforderungen an eine Prognoserechnung s. die Kommentierung zu § 19. Kritisch zur Änderung des § 19, teilweise auch aus rechtspolitischer Sicht Hirte/Knof/Mock, ZInsO 2008, 1217; Bitter, ZInsO 2008, 1097; Hölzle, ZIP 2008, 2004.

f) HBeglG 2011

13   Durch das am 01.01.2011 in Kraft getretene Haushaltbegleitgesetz (BGBl. 2010, S. 1885) wurden § 14 und § 55 geändert. Über § 14 Abs. 1 Satz 2 soll eine frühere Eröffnung des Verfahrens über insolvente Unternehmen ermöglicht werden, indem der antragstellende Gläubiger dann trotz Erfüllung der Forderung nicht für erledigt erklären muss, wenn in den letzten 2 Jahren vor dem Gläubigerantrag bereits ein weiterer Antrag gestellt worden war: Das Eröffnungsverfahren kann dann fortgesetzt werden (dazu Marotzke, ZInsO 2011, 841; Frind, ZInsO 2010, 1784; vgl. zu weiteren Aspekten die Kommentierung zu § 14). Durch § 55 Abs. 4 werden Steuerverbindlichkeiten sowohl bei starker als auch bei schwacher vorläufiger Insolvenzverwaltung als Masseverbindlichkeiten ausgelöst. Einzelheiten werden bei § 55 kommentiert. – Die im RegE vom 31.08.2010 vorgesehene Änderung des § 96, durch die dem Fiskus die Möglichkeit zur weitreichenden Aufrechnung mit Insolvenzforderungen gegeben werden sollte (sog. Fiskusprivileg), ist dagegen nicht Gesetz geworden (kritisch zu der geplanten Änderung Marotzke, ZInsO 2010, 2163; Stapper, ZInsO 2010, 1880).

g) ESUG 2012

14   Mit dem **Gesetz zur weiteren Erleichterung der Sanierung von Unternehmen** (BGBl. 2011, S. 2582) sollen Unternehmenssanierungen einfacher und effektiver werden. Es soll zu einem Sinneswandel hin zu einer neuen Insolvenzkultur beitragen. Das Insolvenzverfahren soll planbarer und damit effektiver werden und den Rahmen für eine Fortführung sanierungsfähiger Unternehmen und den Erhalt von Arbeitsplätzen bieten (Pressemitteilung des BMJ vom 27.10.2011). Die Änderungen der InsO sind am 01.03.2012 in Kraft getreten (dazu Rdn. 14a, b, c und d), die Änderungen des GVG, des RPflG (dazu Rdn. 14e) sowie das Insolvenzstatistikgesetz (Rdn. 14 f.) zum 01.01.2013. Unter der Federführung von Jacoby hat die Universität Bielefeld das Projekt »ESUG-Evaluation« gestartet (INDat-Report 1/14, S. 10).

14a Das ESUG hatte im Vorfeld beträchtliche Nervosität (s. dazu etwa INDat-Report 3/2011, S. 3 und S. 10 ff.: »Richter verlieren einen großen Teil ihrer gerne genossenen Macht, Verwalter ihren gut eingespielten und bekannten Auftraggeber«), aber auch Euphorie bei den Wirtschaftskanzleien, die im Bereich der Restrukturierung tätig sind (dazu INDat-Report 7/11, S. 12) ausgelöst. Im Fokus steht in erster Linie die in den §§ 22a, 56a kodifizierte **Mitwirkung des vorläufigen Gläubigerausschusses bei der Auswahl des (vorläufigen) Insolvenzverwalters**. Gem. § 22a Abs. 1 muss ein vorläufiger Gläubigerausschuss eingesetzt werden, wenn der Schuldner im vorangegangenen Geschäftsjahr zwei der drei in der Norm aufgeführten Merkmale erfüllt (Bilanzsumme 4.840.000 €, Umsatzerlöse 9.680.000 €, 50 Arbeitnehmer im Jahresdurchschnitt); gem. § 22a Abs. 2 soll ein vorläufiger Gläubigerausschuss eingesetzt werden, wenn dies beantragt wird. Das Insolvenzgericht ist gem. § 56a Abs. 2 an ein einstimmiges Gläubigervotum gebunden, es sei denn, die als (vorläufiger) Insolvenzverwalter vorgeschlagene Person ist nicht geeignet. – **Praxiserfahrungen** zeigen, dass Gläubiger zumindest in Großverfahren offensichtlich bereit und gewillt sind, von diesen Mitwirkungsmöglichkeiten Gebrauch zu machen (AG Hamburg ZInsO 2011, 2372 – Sietas-Werft). Drei Verbände (Verband der Insolvenzverwalter Deutschlands e. V. – www.vid.de; Gravenbrucher Kreis – www.gravenbrucher-kreis.de; Bundesarbeitskreis Insolvenzgerichte e. V. – www.bak-inso.de) haben in einer gemeinsamen Erklärung vom 03.05.2011 als zentrale Kritikpunkte die **bedrohte Unabhängigkeit des Insolvenzverwalters** und den Trend zum genehmen Insolvenzverwalter benannt; der BAKinsO und der VID haben zusätzlich einen Fragebogen zur Unabhängigkeit entwickelt (abzurufen unter www.bak-inso.de; äußerst kritisch dazu Horstkotte, ZInsO 2013, 160). Die Befürchtungen der drei genannten Verbände sind indes nicht begründet. Das Einstimmigkeitsprinzip des § 56a Abs. 2 wirkt sich im Gegenteil positiv auf die Unabhängigkeit aus, weil es für den Insolvenzverwalter kaum möglich sein wird, angesichts der unterschiedliche Interessen verfolgenden und sich wechselseitig kontrollierenden Gläubiger Einzelinteressen durchzusetzen (ähnlich Klaas, INDat-Report 3/11, S. 30; noch weiter gehend A. Schmidt/Hölzle, ZIP 2012, 2238: Verzicht auf die Unabhängigkeit; dagegen Vallender/Zipperer, ZIP 2013, 149; Bork, ZIP 2013, 145). Außerdem hat das Insolvenzgericht hinreichende Möglichkeiten, für Transparenz insbesondere hinsichtlich der beträchtlichen Abflüsse von Vermögenswerten im Vorfeld des Insolvenzverfahrens, indem es strenge Anforderungen an das Gutachten eines »ESUG-Verwalters« stellt (AG Hamburg, ZIP 2012, 339 – Sietas-Werft II).

Ein weiterer wesentlicher Bestandteil des ESUG ist die Neuorientierung im Bereich der **Eigenverwaltung**, insb. die §§ 270a, b. Gem. § 270a Abs. 1 Satz 1 soll das Insolvenzgericht im Eröffnungsverfahren von der Anordnung der vorläufigen Insolvenzverwaltung absehen, wenn der Schuldner Eigenverwaltung beantragt und diese nicht offensichtlich aussichtslos ist. Anstelle eines vorläufigen Insolvenzverwalters wird in diesem Fall ein vorläufiger Sachwalter bestellt, § 270a Abs. 1 Satz 2 (eingehend Hölzle, ZIP 2011, 1889; Mönning, FS Wellensiek, S. 641; zu Entwicklungstendenzen Pape, ZIP 2013, 2285; INDat-Report 2/14 listet im Rahmen eines Sonderdruckes ca. 600 Eigenverwaltungsverfahren im Zeitraum vom 01.03.2012 bis 28.02.2014 auf). Noch weiter geht § 270b: In dem der Vorbereitung einer Sanierung dienenden »**Schutzschirmverfahren**« (dazu A. Schmidt/ Linker, ZIP 2012, 963; Vallender/Zipperer, NZI 2012, 729) kann der Schuldner die Person des vorläufigen Sachwalters vorschlagen; das Insolvenzgericht kann hiervon nur dann abweichen, wenn die vorgeschlagene Person **offensichtlich ungeeignet** ist. Voraussetzung für dieses Verfahren ist, dass der Schuldner seinen Eigenantrag bei bloß drohender Zahlungsunfähigkeit oder Überschuldung gestellt hat, und dass er mit dem Antrag eine Bescheinigung eines in Insolvenzsachen erfahrenen Steuerberaters, Wirtschaftsprüfers, Rechtsanwaltes oder einer Person mit vergleichbarer Qualifikation vorlegt, aus der sich ergibt, dass keine Zahlungsunfähigkeit vorliegt und die angestrebte Sanierung nicht offensichtlich aussichtslos ist. Innerhalb von einer Frist, die zumindest nach dem Wortlaut des Gesetzes 3 Monate nicht überschreiten darf, ist vom Schuldner sodann ein Insolvenzplan vorzulegen (§ 270b Abs. 1 Satz 1, 2). Zum Ablauf des Schutzschirmverfahrens A. Schmidt/ Linker, ZIP 2012, 963. Zu den Anforderungen an einen vorläufigen Sachwalter im Rahmen eines Schutzschirmverfahrens AG Hamburg, ZIP 2014, 237.

Der **Insolvenzplan** sollte nach den Vorstellungen des Gesetzgebers das wichtigste Instrument zur Sanierung im Rahmen eines Insolvenzverfahrens sein; der Wortlaut des § 1 Satz 1 belegt dies. Da Insolvenzpläne aber in der Praxis bislang nur eine äußerst untergeordnete Rolle spielen (Beispiel AG Hamburg: 19 Pläne im Zeitraum 2004 bis 2010; zu Problemen in der Praxis Beutler, FS Wellensiek, S. 627; Smid, FS Wellensiek, S. 665), sind die §§ 217 bis 269 in weiten Teilen neu kodifiziert worden. Wichtige Bestandteile sind die Einbeziehung der Anteilseigner (§§ 217 Satz 2, 222 Ab. 1 Nr. 4) und die Möglichkeit, Forderungen in Anteilsrechte umzuwandeln (sog. debt-equity-swap, § 225a). Die Möglichkeiten zur Einlegung von Rechtsmitteln sind beträchtlich beschränkt worden (§ 253). Zur Zuständigkeit des Richters für das gesamte Verfahren, wenn ein Insolvenzplan vorgelegt wird, s. Rdn. 14e.

Ein weiteres Ziel des ESUG sollte auch eine größere **Konzentration der Zuständigkeit der Insolvenzgerichte** sein (s. dazu auch unten Rdn. 43). So sah der RegE vom 23.02.2011 in § 2 Abs. 2 InsO-RegE noch vor, dass die Landesregierungen ermächtigt werden, zur sachlichen Förderung oder schnelleren Erledigung der Verfahren durch Rechtsverordnungen ein anderes AG zum Insolvenzgericht für den Landesgerichtsbezirk zu bestimmen und die Zuständigkeit eines Insolvenzgerichts über den Landesgerichtsbezirk zu erstrecken. Der Bundesrat hat diese Regelung abgelehnt. Das ESUG lässt § 2 Abs. 2 in seiner bisherigen Fassung unverändert. Es wird also auch weiterhin

Insolvenzgerichte geben, bei denen im Jahr lediglich ca. zehn Unternehmensinsolvenzverfahren eröffnet werden, und bei denen Insolvenzrichter tätig sind, die Insolvenzsachen nur mit einem 10 oder 20%igen Planstellen-Anteil zugewiesen sind. Ein kollegialer Austausch, geschweige denn die regelmäßige Teilnahme an Fortbildungsveranstaltungen, ist so nicht gewährleistet (kritisch auch Heyer, INDat-Report 3/11, S. 34), und ein Diskurs zwischen Insolvenzrichter und -verwalter »auf Augenhöhe« nur eingeschränkt möglich. Vergleicht man ein solches Insolvenzgericht mit einem Großstadtgericht, bei dem die dort tätigen Insolvenzrichter regelmäßig ein hohes insolvenzrechtliches Pensum haben, so ist festzustellen, dass sich längst ein Zwei-Klassen-System gebildet hat, welches durch die (erneute) gesetzgeberische Untätigkeit perpetuiert wird (zu den genauen Zahlen vgl. INDat-Report 10/13 und unten Rdn. 43).

14e Die Änderungen des GVG (Art. 4 ESUG) und des RPflG (Art. 5 ESUG) betreffen zunächst die sog. **Qualifizierungsklauseln** der §§ 22 Abs. 6 GVG, 18 Abs. 4 RPflG. Danach sollen in Insolvenzsachen tätige Richter und Rechtspfleger unter anderem über belegbare Kenntnisse des Insolvenzrechts (!), des Handels- und Gesellschaftsrechts sowie des Rechnungswesens verfügen. Sie dürfen bei Fehlen dieser Kenntnisse nur eingesetzt werden, wenn der Erwerb der Kenntnisse alsbald zu erwarten ist. Ob und inwieweit diese Normen über bloße Lippenbekenntnisse hinausgehen, bleibt abzuwarten. Insb. bei kleinen Insolvenzgerichten, an denen Richter und Rechtspfleger mit kleinen insolvenzrechtlichen Pensen tätig sind (vgl. oben Rdn. 14d), wird eine Umsetzung kaum möglich sein.

In § 18 Abs. 1 Nr. 2 RPflG wird eine **Zuständigkeit des Insolvenzrichters für das Verfahren über einen Insolvenzplan** nach den §§ 217 bis 256 und den §§ 258 bis 269 begründet. Die Übertragung dieser Materie auf den Richter ist zumindest dann sachgerecht, wenn der Plan einen sog. dept-equity-swap vorsieht, weniger bei rein verfahrensabwickelnden Plänen. Unklar ist, ab welchem Zeitpunkt genau es sich um ein »Verfahren über einen Insolvenzplan« handeln soll. Dieser Zeitpunkt ist deshalb von besonderer Relevanz, weil das Verfahren ab diesem Zeitpunkt in die alleinige Zuständigkeit des Richters wechselt. Richtigerweise ist weder auf die bloße Absicht des Schuldners, einen Insolvenzplan einreichen zu wollen, noch auf den Beschluss der Gläubigerversammlung gem. § 218 Abs. 2, durch den der Insolvenzverwalter beauftragt wird, einen Plan vorzulegen abzustellen, sondern auf die Einreichung des Insolvenzplans bei Gericht (so auch Frind, ZInsO 2011, 2249). Scheitert der Insolvenzplan, so ist das Verfahren auf den Rechtspfleger zurückzuübertragen, da es sich dann nicht mehr um ein Verfahren i.S.d. § 18 Abs. 1 Nr. 2 RPflG handelt.

14f Auch das Insolvenzstatistikgesetz (Art. 7 ESUG) ist zum 01.03.2013 Inkrafttreten. Es soll sicherstellen, dass belastbare Angaben über die Ergebnisse von Insolvenzverfahren gewonnen werden.

h) Gesetz zur Verkürzung des Restschuldbefreiungsverfahrens und zur Stärkung der Gläubigerrechte 2014

15 Das Verbraucherinsolvenzrecht war seit der Einführung des Stundungsmodells zum 01.12.2001 fast ein Jahrzehnt lang geprägt von fiskalischen Erwägungen. Schon kurz nach Einführung der Stundung monierten die Länder, dass die Kosten der Stundung von ihnen nicht finanzierbar seien. Welche Kosten für die Länder tatsächlich entstehen, steht bis heute nicht zuverlässig fest. Es gibt keine Statistiken, die flächendeckend aufzeigen, welche Beträge aus der Stundung zurückfließen. Insbesondere aus diesem Grunde bestand seitens des Gesetzgebers keine Bereitschaft, grundlegende Änderungen am Stundungsmodell und dessen Finanzierung vorzunehmen (Graf-Schlicker, ZVI 2014, 202). Stattdessen wurden seitens der Koalition der 17. Legislaturperiode ein anderer Ansatz gewählt. Im Vordergrund sollten die Interessen von gescheiterten Unternehmensgründern stehen (Graf-Schlicker, ZVI 2014, 202).

Das Gesetz zur Verkürzung des Restschuldbefreiungsverfahrens und zur Stärkung der Gläubigerrechte hat diesen Ansatz aufgegriffen und ausgebaut. Einerseits werden für alle verschuldeten natürlichen Personen neue Anreize geschaffen, früher als bisher Restschuldbefreiung zu erlangen (zur Reform aus Sicht der Schuldnerberatung Hofmeister, ZVI 2014, 247). Andererseits sollen nach dem Willen des Gesetzgebers die Rechte der Gläubiger gestärkt werden. Eine Beschränkung des neuen Anreizsystems auf Unternehmensgründer ist aus verfassungsrechtlichen Gründen nicht vorgenommen worden (Graf-Schlicker, ZVI 2014, 202).

Wesentliche Neuerungen im Überblick 15a
- **Geltungsbereich:** Das neue Recht gilt für alle Verfahren, die ab dem 01.07.2014 beantragt werden. In Verbraucherinsolvenzverfahren ist für diese Verfahren zwingend der amtliche Vordruck gemäß neuer Formularverordnung (Amtliche Fassung 7/2014) zu verwenden. Dieser Vordruck ist im Abschnitt VbrInsFV vollständig abgedruckt und mit kurzen Anmerkungen versehen. Weitere Einzelheiten bei A. Schmidt, Privatinsolvenz, 4. Aufl. 2014. – Für Verfahren, die bis zum 30.06.2014 beantragt worden sind, gilt das alte Recht uneingeschränkt weiter.
- Möglichkeiten der **Verkürzung der Wohlverhaltensphase**: Verkürzung auf 5 Jahre bei Begleichung der Verfahrenskosten (§ 300 Abs. 1 Satz 2 Nr. 3), Verkürzung auf 3 Jahre bei zusätzlichem Zufluss von Mitteln i. H. v. 35 % der Forderung (§ 300 Abs. 1 Satz 2 Nr. 2; zum sog. Herkunftsnachweis bei Bereitstellung der Mittel durch Dritte Praß, ZVI 2014, 170); zu den Verkürzungsmöglichkeiten aus Sicht des Schuldners Henning, ZVI 2014, 219, aus Sicht der Gläubiger Jäger, ZVI 2014, 223, aus Sicht des Insolvenzrichters Waltenbereger, ZInsO 2014, 808).
- Möglichkeit eines **Insolvenzplanes** in der Verbraucherinsolvenz (dazu Rein, ZVI 2014, 239; Grote, InsbürO 2014, 203; Musterplan bei Beyer, ZVI 2013, 334).
- **Stärkung der Gläubigerrechte**: Erweiterung des Kataloges des § 302 Nr. 1 InsO auf Unterhaltsforderungen, sofern diese vorsätzlich und pflichtwidrig nicht beglichen worden sind, sowie auf Steuerforderungen bei rechtskräftiger Verurteilung wegen §§ 370, 373 oder 374 AO (s. dazu die Kommentierung zu § 302; kritisch A. Schmidt, Privatinsolvenz, 4. Aufl. 2014, § 7); Einführung der Erwerbsobliegenheit bereits im eröffneten Verfahren (dazu Stephan, ZVI 2014, 214); Möglichkeit für Insolvenzgläubiger, auch nach dem Schlusstermin noch Versagungsanträge gem. § 290 Abs. 1 InsO zu stellen, § 297a (kritisch Pape, ZVI 2014, 234; Ahrens, ZVI 2014, 227).
- **Änderungen im Verfahren**: Fortfall des vereinfachten Verfahrens gem. §§ 312 bis 314 a. F.: Auch im eröffneten Verbraucherinsolvenzverfahren wird ein Insolvenzverwalter bestellt, der sämtliche Rechte und Pflichten eines (Regel-) Insolvenzverwalters hat (insb.: Geltendmachung von Insolvenzanfechtungsansprüchen, Verwertung von Gegenständen mit Absonderungsrechten gem. § 166). – Änderungen im Ablauf des Eröffnungsverfahrens (dazu Blankenburg, ZInsO 2014, 801), insb.: Einführung einer Eingangsentscheidung (§ 287a), durch die die Sperrfrist-Rechtsprechung des BGH partiell kodifiziert wird (dazu Streck, ZVI 2014, 205; kritisch zur Fortgeltung der Sperrfrist-Rechtsprechung A. Schmidt, ZVI 2014, 211); der Beschluss, durch den nach alter Rechtslage die Restschuldbefreiung angekündigt wurde (§ 291 a. F.) wird dadurch obsolet (kritisch dazu Pape, ZVI 2014, 234). – Eintragungen von Entscheidungen zur Restschuldbefreiung in das Schuldnerverzeichnis, § 303a (dazu Heyer, ZVI 2014, 244).

4. Ausblick: Weitere Reformvorhaben

I. R. d. vom Bundesministerium für Justiz auf den Weg gebrachten **dreistufigen Reform des Insol-** 16 **venzrechts** ist Stufe 1 mit dem ESUG »erledigt«. Stufe 2 betrifft insb. die Verbraucherinsolvenz und das Restschuldbefreiungsverfahren. Auch diese Stufe ist durch das »Gesetz zur Verkürzung des Restschuldbefreiungsverfahrens und zur Stärkung der Gläubigerrechte« erledigt. Stufe 3 soll dann die **Konzerninsolvenz** betreffen (vgl. dazu den RegE eines Gesetzes zur Erleichterung von Konzerninsolvenzen vom 30.01.2014, BT-Drucks. 18/407; zum DiskE – Beilage zu ZIP 2/13 Leutheusser-Schnarrenberger, ZIP 2013, 97). Schwerpunkte sind Regelungen über allgemeine Kooperationsrechte und -pflichten, das besondere Koordinationsverfahren (dazu Pleister, ZIP 2013, 1013), Regelungen zum Konzerngerichtsstand sowie zur einheitlichen Insolvenzverwalterbestellung (dazu Zipperer, ZIP 2013, 1007). Allgemein zur Konzerninsolvenz K. Schmidt, FS Ganter, S. 351; Hirte, FS K. Schmidt, 641). Ob der Gesetzgeber dieses Reformvorhaben umsetzen wird, ist unklar (vgl. dazu den Bericht zur Anhörung im Bundestag, INDat-Report 3/14, S. 8).

Ob der Gesetzgeber **Änderungen im Bereich der Insolvenzanfechtung**, insbesondere bei der Vor- 16a satzanfechtung gem. § 133 Abs. 1 vornehmen wird, die im Zeitraum von bis zu 10 Jahren vor der

Antragstellung geltend gemacht werden kann, ist unklar. Im Zentrum der Kritik steht die mit der Entscheidung BGH ZIP 2006, 1261 auf den Weg gebrachte Rechtsprechung, wonach es für die Kenntnis des Anfechtungsgegners vom Benachteiligungsvorsatz des Schuldners schon ausreichen soll, wenn er die bloß drohende Zahlungsunfähigkeit des Schuldners kennt. Hierdurch kommen Zahlungen im Rahmen langjähriger Vertragsbeziehungen und Zahlungen aufgrund von Ratenzahlungsvereinbarungen in den Fokus der Insolvenzverwalter. In der Folgezeit ist die auf diese Entscheidung aufbauende Rechtsprechung des BGH zunehmend in die Kritik geraten, weil sie als zu weitgehend angesehen wird (deutlich enger BAG ZIP 2014; vgl. auch den Bericht zum Vortrag von Bork auf dem 11. Deutschen Insolvenzrechtstag in Berlin 2014 – INDat-Report 3/14, S. 26 sowie das Interview mit Bundesjustizminister Maas – INDat-Report 2/14, S. 12).

B. Norminhalt

I. Gleichmäßige Gläubigerbefriedigung (Satz 1) und Ordnungsfunktion

1. Allgemeines

17 § 1 regelt in Satz 1 zunächst das Verfahrensziel der **gleichmäßigen Gläubigerbefriedigung** durch Verwertung des schuldnerischen Vermögens und Verteilung des Erlöses. Die gleichmäßige Gläubigerbefriedigung ist vor allem als anteilige Befriedigung aller Insolvenzgläubiger im Verhältnis ihrer jeweiligen Insolvenzforderungen aus dem haftenden Vermögen des Schuldners zu verstehen, bedeutet also zugleich: Grundsatz der Gleichbehandlung aller Insolvenzgläubiger (Häsemeyer, InsR, Rn. 2.17 ff.; Jaeger-Henckel § 38 Rn. 3). Kritisch zu einem Berufen auf den Gläubigergleichbehandlungsgrundsatz bei kritischen Nachfragen nach der systematischen und dogmatischen Berechtigung einzelner Vorgehensweisen oder Verfahrensschritte Knospe, ZInsO 2014, 861. Zur Anfechtung als Kernstück der Gläubigergleichbehandlung Bork, ZIP 2014, 797.

18 Die – im Gesetz nicht ausdrücklich geregelte, aber namentlich in § 208 Abs. 3 vorausgesetzte – **Ordnungsfunktion** (dazu Haarmeyer, FS Fischer S. 193) gewährleistet zum einen eine ordnungsgemäße Abwicklung des Schuldnervermögens, und zwar auch dann, wenn keine Verteilungsperspektive vorhanden ist. So sorgt der Insolvenzverwalter etwa für die Erstellung von betrieblichen Arbeitspapieren, die Erledigung von Buchhaltungsarbeiten, die Anfertigung von Steuererklärungen und die Einlagerung von Akten; auch die Gewährleistung einer geordneten Rückgabe gemieteter Räumlichkeiten sowie einer geordneten Abholung von Eigentumsvorbehaltsware durch Lieferanten ist in diesem Kontext zu nennen (AG Hamburg, ZIP 2001, 1885). Zum Zusammenhang von Ordnungsfunktion und Auswahl des Insolvenzverwalters vgl. A. Schmidt, ZInsO 2008, 291). Zum anderen ist es Ausdruck der Ordnungsfunktion, dass insolvenzwidrige Vermögensverschiebungen im Vorfeld der Krise rückabgewickelt werden können. Dies wird insb. gewährleistet durch die Maßnahmen des Gesetzgebers gegen die Massearmut und deren Fortbildung durch die Rspr. des BGH. Als »schärfstes Schwert« ist in diesem Kontext sicherlich die Verschärfung des Anfechtungsrechts (§§ 129 ff.) zu nennen (sogleich Rdn. 21).

2. Maßnahmen gegen die Massearmut

a) Gesetzgeberische Maßnahmen ohne nennenswerte Auswirkungen

19 Der Gesetzgeber hat in § 18 für den Fall der Eigenantragstellung den Insolvenzgrund der **drohenden Zahlungsunfähigkeit** (Drukarczyk/Schüler, Kölner Schrift zur InsO, 2. Aufl., S. 28) geschaffen. Durch § 26 Abs. 3 sollte bei Gesellschaftsinsolvenzen Druck auf die zur Antragstellung verpflichteten Organe ausgeübt werden, da sie den **Massekostenvorschuss** eines Gläubigers (§ 26 Abs. 1 Satz 2) erstatten müssen, wenn sie den Insolvenzantrag pflichtwidrig und schuldhaft nicht gestellt haben. Diese beiden Maßnahmen haben ihr Ziel verfehlt: Eine Antragstellung bereits im Stadium bloß drohender Zahlungsunfähigkeit ist in der Praxis quasi nicht zu beobachten. Noch immer wird in den relevanten Verkehrskreisen offensichtlich die Insolvenz als makelbehaftet (Uhlenbruck, FS Gerhardt, S. 979) und mit dem kaufmännischen Scheitern verbunden empfunden, weshalb Insolvenzeigenanträge häufig viel zu spät, so gut wie nie aber bereits im Stadium bloß drohender Zahlungs-

unfähigkeit i. S. d. § 18 gestellt werden. Ein Umdenken dahin gehend, dass die InsO als modernes Sanierungsgesetz wahrgenommen wird, hat nach wie vor nicht stattgefunden. Die Hoffnung des Gesetzgebers, Gläubiger hätten ein derart starkes Interesse an der Eröffnung des Verfahrens, dass sie bei nicht zur Deckung der Verfahrenskosten ausreichenden Masse Kostenvorschüsse leisten, hat sich nicht realisiert. § 26 Abs. 3 läuft in der Praxis bislang so gut wie leer. Unabhängig davon sind insb. Banken gelegentlich bereit, einen Verfahrenskostenvorschuss zu leisten, um eine freihändige Verwertung einer wertausschöpfend belasteten Immobilie durch den Insolvenzverwalter im eröffneten Insolvenzverfahren zu ermöglichen (vgl. § 165). – Mit dem durch das ESUG (Rdn. 14) eingeführten § 26 Abs. 4 hat der Gesetzgeber einen weiteren Anlauf unternommen. Nach dieser Vorschrift kann der vorläufige Insolvenzverwalter von jeder Person, die entgegen den Vorschriften des Insolvenz- und Gesellschaftsrecht pflichtwidrig und schuldhaft keinen Antrag auf Eröffnung des Insolvenzverfahrens gestellt hat, einen Vorschuss die Kosten des Verfahrens deckenden Vorschuss verlangen. Die Vorschrift spielt in der Praxis keine Rolle.

b) **Zielführende gesetzgeberische Maßnahmen**

Die **Einbeziehung absonderungsberechtigter Gläubiger** in das (eröffnete) Verfahren gem. §§ 165 ff. (dazu Adolphsen, Kölner Schrift, 2. Aufl., S. 1326) führt dazu, dass diese Gläubiger den Absonderungsgegenstand grds. nicht selber verwerten dürfen. Die Verwertung nimmt vielmehr rgm. (vgl. § 166 Abs. 1 für bewegliche Sachen, die der Verwalter in seinem Besitz hat, und § 166 Abs. 2 für zur Sicherheit abgetretene Forderungen) der Insolvenzverwalter vor; die absonderungsberechtigten Gläubiger werden durch die §§ 170, 171 mit Kostenbeiträgen i. H. v. zumindest 4 % Feststellungs- sowie weiteren 5 % Verwertungskosten beteiligt. Nach § 171 Abs. 2 Satz 3 erhöhen sich diese Kosten um die Umsatzsteuerbelastung, die bei der Verwertung anfällt. § 21 Abs. 2 Satz 1 Nr. 5 sieht vor, dass bewegliche Sachen, an denen Aus- bzw. Absonderungsrechte bestehen, in das Eröffnungsverfahren einbezogen werden (zur Verfassungsmäßigkeit der Vorschrift vgl. KG, ZInsO 2009, 35; krit. zur Neuregelung Heublein, ZIP 2009, 11; Pape, FS Fischer S. 427; Kirchhof, ZInsO 2007, 227), und dass die §§ 170, 171 bei der Einziehung sicherungsabgetretener Forderungen im Eröffnungsverfahren entsprechend gelten (vgl. dazu AG Hamburg, ZInsO 2011, 2045). 20

Zur Einbeziehung des **Neuerwerbs** in die Insolvenzmasse (§ 35) s. Henckel, FS Kreft, S. 327; zur **Rückschlagsperre** (§ 88) s. Raebel, FS Kirchhof, S. 443.

Eine besonders effiziente Maßnahme zur Durchsetzung der **Ordnungsfunktion des Insolvenzverfahrens** stellt die gesetzgeberische **Verschärfung des Anfechtungsrechts** (§§ 129 ff. (Henckel, FS Gerhardt, S. 361; zu prozessualen Aspekten Huber, FS Gerhardt, S. 379) und deren konsequente Umsetzung durch die Rspr. insb. des IX. Zivilsenates des BGH dar. Diese Rspr. betrifft zunächst die Deckungsanfechtung gem. § 130 Abs. 1 und § 131 Abs. 1. Begründet wird diese Rspr. insb. mit der **Vorverlagerung des insolvenzrechtlichen Gleichbehandlungsgrundsatzes** und der damit einhergehenden Zurückdrängung des einzelzwangsvollstreckungsrechtlichen Prioritätsprinzips. Die Rspr. betrifft aber außerdem und insbesondere die Vorsatzanfechtung (Bork, ZIP 2004, 1684: »Renaissance des § 133 Abs. 1 InsO«). Zunächst sollten Zahlungen schon aufgrund eines zumindest angedrohten Insolvenzantrages stets, also auch außerhalb des 3-Monats-Zeitraums, zu einer inkongruenten Deckung führen (Fischer, FS Kirchhof, S. 73; Huber, FS Kirchhof, S. 247; Gerhardt, FS Kreft, S. 267): Die Insolvenzantragstellung sei niemals legitimes Mittel zur »Abpressung« von Geldern (BGH, ZInsO 2004, 145). Die Inkongruenz wiederum sei starkes Beweisanzeichen sowohl für den Benachteiligungsvorsatz des Gläubigers als auch für die Kenntnis des Schuldners hiervon (BGH, ZInsO 2004, 385). Das Kalkül öffentlich-rechtlicher Gläubiger, insb. der **Sozialversicherungsträger** (eingehend Frind/A. Schmidt, ZInsO 2001, 1133; dies. ZInsO 2002, 8) und auch gelegentlich der Finanzämter, die von ihnen in der Krise des Unternehmens erlangten Zahlungen könnten, da außerhalb des 3-Monats-Zeitraums der §§ 130, 131 erlangt, anfechtungsfest einbehalten werden, wird so für den Zeitraum des § 133 Abs. 1 (u. U. bis 10 Jahre vor Antragstellung) weitgehend zunichtegemacht. Diese Rechtsprechung findet mittlerweile weitestgehende Zustimmung (s. dazu die Nachweise in der Kommentierung zu § 133). – Mit der Entscheidung 21

BGH, ZIP 2006, 1261 leitete der BGH dann einen Wendepunkt ein. Nach dieser Entscheidung soll es für die Kenntnis des Anfechtungsgegners vom Benachteiligungsvorsatz schon ausreichen, wenn er die bloß drohende Zahlungsunfähigkeit des Schuldners kennt. In der Folgezeit ist die auf diese Entscheidung aufbauende Rechtsprechung des BGH zunehmend in die Kritik geraten, weil sie als zu weitgehend angesehen wird vgl. dazu INDat-Report 3/14, S. 26 sowie das Interview mit Bundesjustizminister Maas in INDat-Report 2/14, S. 12).

22 Konsequent flankiert wird die Rspr. des IX. Zivilsenates des BGH durch die Rspr. zur **PKH für den Insolvenzverwalter**. Unabhängig davon, dass die von **Einzelfallentscheidungen** geprägte Rspr. der OLG zu § 116 ZPO uneinheitlich ist (zur Bedürftigkeit der Masse etwa OLG Hamm, ZInsO 2011, 1947 und OLG Celle, ZIP 2010, 1464; zur Zumutbarkeit von Kostenvorschüssen für wirtschaftlich Beteiligte OLG Dresden, ZInsO 2002, 286 und OLG Hamburg, ZIP 2011, 99), hat der BGH die **Ordnungsfunktion des Insolvenzverfahrens** auch in den Mittelpunkt seiner Rspr. zur PKH gestellt: Seit BGH, ZInsO 2004, 941 ist dem Insolvenzverwalter für einen die Masse betreffenden Aktivprozess grds. PKH zu bewilligen. Er nehme eine im öffentlichen Interesse liegende Aufgabe wahr, mit der es unvereinbar sei, ihm die Führung eines solchen Prozesses auf eigenes Kostenrisiko zuzumuten. Dies gelte auch dann, wenn der Erfolg des Prozesses in erster Linie eigene Vergütungsansprüche des Insolvenzverwalters befriedigen würde. Instruktiv auch BGH, ZInsO 2006, 369: Abwägung der Gesamtumstände; zu weiteren Einzelheiten s. die Kommentierung zu § 80.

II. Sanierungsfunktion (Satz 1)

1. Allgemeines

23 Neben der gemeinschaftlichen Befriedigung der Gläubiger durch Verwertung und Verteilung des Erlöses nennt Satz 1 die Möglichkeit, eine abweichende Regelung zum **Erhalt eines Unternehmens**, rgm. verbunden mit einem **Arbeitsplatzerhalt**, zu treffen, insb. in einem **Insolvenzplan** gem. §§ 217 ff. Mit dem am 01.03.2012 in Kraft getretenen ESUG sollen Unternehmenssanierungen einfacher und effektiver werden, die Sanierungsfunktion (Kirchhof, FS Ganter, S. 443) mithin gestärkt werden (vgl. zu den wesentlichen Änderungen durch das ESUG oben Rdn. 14; zur **übertragenden Sanierung** Wellensiek/Flitsch, FS Ganter, S. 63). Zu den Möglichkeiten und Grenzen vorinsolvenzlicher Unternehmenssanierung Undritz, Kölner Schrift, 2. Aufl., S. 932.

24 Die in Satz 1 postulierte Sanierungsfunktion wird verstärkt durch § 22 Abs. 1 Nr. 2 (Fortführungspflicht des »starken« vorläufigen Verwalters bis zur Eröffnung) und §§ 157, 158 (Gläubigerbeschluss im Berichtstermin über Stilllegung oder Fortführung des Unternehmens). Unabhängig davon, dass die gesetzgeberische Vorstellung insb. des § 157 praxisfern erscheint, weil die entscheidenden Weichenstellungen rgm. bereits im Eröffnungsverfahren vorgenommen werden, zeigen die genannten Normen den hohen Stellenwert des Sanierungsgedankens im Insolvenzrecht.

2. Insb.: Ausschöpfung des Insolvenzgeldzeitraums

25 Wichtigstes Instrument des (vorläufigen) Insolvenzverwalters zur Vorbereitung einer Sanierungslösung ist das Insolvenzgeld. Beschäftigte des schuldnerischen Unternehmens erhalten für die letzten 3 Monate vor Verfahrenseröffnung von der BA nicht bezahltes Arbeitsentgelt nach Maßgabe der §§ 183 ff. SGB III (ausführl. § 22 Rdn. 122 ff.). Sofern es dem vorläufigen Insolvenzverwalter gelingt, Insolvenzgeld vorzufinanzieren (Pape, ZInsO 2002, 1171; Sinz, FS Uhlenbruck, S. 157), kann er das Unternehmen mit den benötigten Arbeitskräften fortführen, ohne dass deren Entgeltforderungen die Masse belasten, und zwar auch nicht bei angeordneter »starker« vorläufiger Insolvenzverwaltung (§ 55 Abs. 3). Es ist mittlerweile weitgehend anerkannt, dass die Ausschöpfung des Insolvenzgeldzeitraums in einem Insolvenzverfahren über das Vermögen eines fortführungs- und sanierungsfähigen Unternehmens dem Willen des Gesetzgebers jedenfalls dann entspricht, wenn ein »starker« vorläufiger Insolvenzverwalter eingesetzt worden ist (AG Hamburg, ZInsO 2004, 630; FK-Schmerbach § 27 Rn. 12; Jaeger-Schilken § 27 Rn. 9; Uhlenbruck § 27 Rn. 12; a. A. HK-Kirchhof § 27 Rn. 14; KPB-Pape § 27 Rn. 56 f.). Der vorläufige Insolvenzverwalter muss allerdings dem

Gericht in einem **Zwischenbericht** zeitnah mitteilen, ob die Eröffnungsvoraussetzungen (Insolvenzgrund und Verfahrenskostendeckung) vorliegen. Er kann aber gleichzeitig begründet anregen, mit der Eröffnungsentscheidung zuzuwarten, bis der Insolvenzgeldzeitraum ausgeschöpft ist (AG Hamburg, ZInsO 2004, 630).

3. Spannungsverhältnis: Gleichmäßige (bestmögliche?) Gläubigerbefriedigung/Sanierungsfunktion

Zwischen dem Verfahrensziel der gleichmäßigen Gläubigerbefriedigung und der Sanierungsfunktion kann ein **Spannungsverhältnis** bestehen. Hierdurch wird deutlich, dass eine gleichmäßige Gläubigerbefriedigung, verstanden als **bestmögliche Gläubigerbefriedigung** zwar erwünscht ist, aber kein absolutes Ziel der InsO darstellt (**a. A.** FK-Schmerbach § 1 Rn. 11; MK-Ganter § 1 Rn. 20; Jaeger-Henckel § 1 Rn. 5, der aber zutreffend darauf hinweist, dass die Gläubigerbefriedigung nur gesichert werden kann, wenn das Unternehmen als gesundes Unternehmen erhalten werden kann, und dass Arbeitsplätze nur in einem solchen Unternehmen mittel- bzw. langfristig erhalten werden können).

26

III. Schuldnerschutz

1. Überblick

Weiteres Bestreben der InsO ist die Erhöhung des **Schuldnerschutzes**. Die InsO wertet ggü. der KO die Interessen des insolventen Schuldners auf. Neben der Ermöglichung der Restschuldbefreiung für natürliche Personen (Satz 2) sollen die Chancen für **einvernehmliche Schuldenregulierungen** in der Unternehmensinsolvenz über den **Insolvenzplan** (§§ 217 bis 269; Jaffé, Kölner Schrift zur InsO, 2. Aufl., S. 743) genutzt und verbessert werden. In diesem Kontext ist auch die Möglichkeit der **Eigenverwaltung** (§§ 270 bis 285; dazu Pape, Kölner Schrift, 2. Aufl., S. 767; krit. zu einzelnen Aspekten Graf-Schlicker, FS Kreft, S. 135) zu nennen.

27

2. Insb.: Restschuldbefreiung (Satz 2)

a) Ausgangssituation

Insolvenzverfahren über das Vermögen natürlicher Personen sind längst zum insolvenzrechtlichen Massengeschäft geworden (vgl. dazu die statistischen Angaben oben Rdn. 3a). Dieser Befund hängt damit zusammen, dass die am 01.01.1999 in Kraft getretene InsO natürlichen Personen die Möglichkeit eröffnet, Restschuldbefreiung zu erlangen. Dass die Möglichkeit der Erlangung der Restschuldbefreiung schon in Satz 2 angesprochen wird, zeigt, wie wichtig sie dem Gesetzgeber erschien (zur historischen Entwicklung Uhlenbruck-Vallender vor § 286 Rn. 1 ff.). Die **hohe Zahl verschuldeter Haushalte** und das Bestreben, dem Schuldner eine Chance zum Neubeginn zu geben, die ihn von der demotivierenden Last befreit, für den Rest seines Lebens von den pfändungsfreien Teilen seines Einkommens zu leben, forderten eine Abkehr von dem zuvor herrschenden Prinzip der lebenslangen persönlichen Haftung (Jaeger-Henckel § 1 Rn. 22).

28

b) (Echte) Restschuldbefreiung (Satz 2, §§ 286 ff.) und unechte Restschuldbefreiung

(Echte) Restschuldbefreiung kann nur auf dem im Gesetz vorgesehenen Weg (§§ 286 ff.) erreicht werden (vgl. A. Schmidt, Privatinsolvenz, 4. Aufl. 2014); Pape, FS Ganter S. 315; zu einer Zwischenbilanz über das Institut der Restschuldbefreiung Vallender, FS Gerhardt, S. 999). Die §§ 286 ff. dienen in erster Linie den Interessen des Schuldners (BGH, ZInsO 2000, 280). § 300 sieht vor, dass dem Schuldner nach dem Ende der Laufzeit der Abtretungserklärung (§ 287) durch gerichtlichen Beschluss die Restschuldbefreiung erteilt wird. Diese Restschuldbefreiung erfasst grds. **sämtliche Insolvenzforderungen** (§ 38), also auch die Forderungen solcher Insolvenzgläubiger, die ihre Forderungen im Insolvenzverfahren nicht zur Tabelle angemeldet haben. **Ausgenommen** von der Restschuldbefreiung sind allerdings Forderungen insb. aus einer vom Schuldner **vorsätzlich begangenen unerlaubten Handlung**, § 302 Nr. 1 (Wagner, FS Gerhardt, S. 1043, 1065 ff.), die

29

als solche angemeldet (§ 174 Abs. 2) und zur Tabelle festgestellt wurden. Durch das Gesetz zur Verkürzung des Restschuldbefreiungsverfahrens und zur Stärkung der Gläubigerrechte (dazu oben Rdn. 15), das für alle Verfahren gilt, die ab dem 01.07.2014 beantragt werden, ist die Vorschrift § 302 Nr. 1 erweitert worden (s. dazu oben Rdn. 15a und die Kommentierung zu § 302).

30 **Keine Restschuldbefreiung** im eigentlichen Sinne kann durch einen **gerichtlichen Schuldenbereinigungsplan** im Verbraucherinsolvenzverfahren (§§ 305 ff.) erreicht werden. Von einem gerichtlichen Schuldenbereinigungsplan werden nur die in dem jeweiligen Plan aufgeführten Gläubiger erfasst; hierbei handelt es sich um die vom Schuldner benannten Gläubiger, die nicht zwingend mit sämtlichen Insolvenzgläubigern übereinstimmen (unbekannte Gläubiger, vergessene Gläubiger). In der Praxis spielt diese **unechte Restschuldbefreiung** nur eine untergeordnete Rolle (zur praktischen Relevanz des gerichtlichen Schuldenbereinigungsverfahrens s. die Kommentierung zu § 306).

c) Anstieg der Verfahrenszahlen durch die Einführung des § 4a

31 Durch die **Einführung des § 4a** (**Stundung der Verfahrenskosten**) durch das am 01.12.2001 in Kraft getretene InsOÄndG werden die zur Eröffnung eines Insolvenzverfahrens erforderlichen Verfahrenskosten (§§ 26, 27) gestundet. Damit ist nunmehr gesetzgeberisch klargestellt, dass auch **mittellose Schuldner** Zugang zum Verfahren erhalten.

32 Die Einführung des § 4a hat in den Jahren 2002 bis etwa 2007 zu einem **explosionsartigen Anstieg** der Verfahrenszahlen geführt. Dieser Befund gilt sowohl für Verbraucherinsolvenzverfahren (§§ 304 ff.) als auch für Regelinsolvenzverfahren über das Vermögen ehemals Selbstständiger. Seit etwa 2008 sind die Fallzahlen in etwa konstant geblieben (vgl. zur Statistik o. Rdn. 3a).

33 Durch die Einführung des § 4a ist die uneinheitliche Rspr. zur **PKH** für das Insolvenzverfahren obsolet geworden (ablehnend insb. BGH, ZInsO 2000, 280; a. A. aber und damit für eine Bewilligung von PKH etwa LG Göttingen, ZInsO 2000, 628).

34 Gem. § 4a werden die Verfahrenskosten gestundet, wenn folgende Voraussetzungen vorliegen:
- Eigenantrag des Schuldners (BGH, ZInsO 2004, 974);
- Restschuldbefreiungsantrag des Schuldners gem. § 287;
- Stundungsantrag des Schuldners gem. § 4a.

d) Restschuldbefreiung als Verfahrensziel (des Schuldners)

35 Während zumindest aus Sicht eines mittellosen Schuldners das dem Restschuldbefreiungsverfahren nach gegenwärtiger Rechtslage vorgeschaltete Regel- bzw. Verbraucherinsolvenzverfahren einen lediglich aus gesetzgeberischer Sicht für notwendig erachteten Zwischenschritt darstellt, ist das eigentliche Ziel dieser Verfahren die Erlangung der Restschuldbefreiung (FK-Schmerbach § 1 Rn. 13; KPB-Prütting § 1 Rn. 36; **a. A.** Jaeger-Henckel § 1 Rn. 20, der die Restschuldbefreiung nicht als Ziel des Insolvenzverfahrens ansieht).

36 Satz 2 gibt **redlichen Schuldnern** die Möglichkeit, die Restschuldbefreiung zu erlangen. Durch die §§ 286 ff. ist dem Schuldner ein subjektives Recht auf Restschuldbefreiung eröffnet. Einen notwendigen Ausgleich mit den tangierten **Interessen der Gläubiger** sollen die Vorschriften über die **Versagung der Restschuldbefreiung** (§ 290, §§ 295, 296) sicherstellen. Diese Vorschriften eröffnen den Insolvenzgläubigern die Möglichkeit, einen Versagungsantrag zu stellen. Dabei ist gesetzessystematisch die Restschuldbefreiung als Regelfall, die Versagung als Ausnahmetatbestand normiert.

37 Vorschriften über die Versagung der Restschuldbefreiung finden sich in **§ 290 Abs. 1** und in den **§§ 295, 296**. Dabei kennzeichnen beide Vorschriften unterschiedliche und in sich abgeschlossene Prüfungsmaßstäbe für die Redlichkeitsanforderungen, nämlich die bis zum Schlusstermin begangenen Pflichtverletzungen (§ 290 Abs. 1) und die in der Wohlverhaltensperiode zu erfüllenden Obliegenheiten (§ 295). Eine Ausnahme bildet die Erwerbsobliegenheit: Ein Verstoß kann in allen Verfahren, die ab dem 01.07.2014 beantragt werden, sowohl im eröffneten Verfahren (§§ 287b, 290 Abs. 1 Nr. 7) als auch in der Wohlverhaltensphase (§ 295 Abs. 1 Nr. 1) zur Versagung der Rest-

schuldbefreiung führen (vgl. dazu auch oben Rdn. 15 ff.). Pflichtverletzungen gem. § 290 können in Verfahren, die ab dem 01.07.2014 beantragt werden, nach dem Schlusstermin unter den Voraussetzungen des § 297a auch später geltend gemacht werden (obsolet daher AG Oldenburg, ZInsO 2002, 389: Goldmünzenfall).

Da nur die ausdrücklich aufgeführten Verhaltensweisen bei Vorliegen der übrigen Versagungsvoraussetzungen zur Versagung der Restschuldbefreiung führen, kann sich die in Satz 2 i. V. m. §§ 290, 295, 296 geregelte Redlichkeit erheblich von der Redlichkeit i. S. e. allgemeinen Sprachgebrauchs unterscheiden. Insb. eine Verurteilung wegen einer Straftat außerhalb des Katalogs des § 290 Abs. 1 Nr. 1, etwa: Betrug, Untreue, nicht zur Versagung der Restschuldbefreiung (a. A. AG München, ZVI 2003, 481, wonach Maßstab § 1 Satz 2 sei; hierbei handelt es sich allerdings um eine vereinzelt gebliebene Entscheidung). 38

Angesichts dieses Befundes verwundert es nicht, dass Restschuldbefreiungsversagungsanträge in der **Praxis** keine sonderlich große Rolle spielen. Lediglich in schätzungsweise 3 % der Verfahren kommt es überhaupt zur Antragstellung. Hierbei fällt der größte Teil der Anträge auf § 290 Abs. 1; die Anzahl von Anträgen, die auf §§ 295, 296 gestützt werden, ist deutlich geringer. 39

Zu beobachten ist, dass zahlreiche Gläubiger dazu übergehen, ihre Forderungen, etwa aus Kaufvertrag, nicht auf die Anspruchsgrundlage des § 433 BGB gestützt anzumelden, sondern aus dem Gesichtspunkt einer **vorsätzlich begangenen unerlaubten Handlung**, § 823 Abs. 2 BGB i. V. m. § 263 StGB (Eingehungsbetrug). Entsprechendes gilt für Sozialversicherungsträger, die ihre Forderungen gestützt auf § 823 Abs. 2 BGB i. V. m. § 266a StGB (Vorenthalten und Veruntreuen von Arbeitsentgelt) anmelden. Auf diese Weise soll ganz offensichtlich erreicht werden, dass die entsprechend angemeldete (§ 174 Abs. 2) Forderung als solche aus vorsätzlich begangener unerlaubter Handlung zur Tabelle festgestellt und so nicht von der Restschuldbefreiung erfasst wird (**§ 302 Nr. 1**). 40

IV. Flankierende Maßnahmen zur Sicherung der Verfahrensziele und -funktionen

1. Verrechtlichung des Eröffnungsverfahrens/Transparenzanforderungen

Durch den Wegfall der das Eröffnungsverfahren zu KO-Zeiten prägenden sog. »vorbereitenden Tätigkeit des Rechtspflegers« ist seit dem Inkrafttreten der InsO ausschließlich der Richter für das Eröffnungsverfahren zuständig. Diese gesetzgeberische Maßnahme hat zu einer zunehmenden **Verrechtlichung des Eröffnungsverfahrens** beigetragen. Der vorläufige Insolvenzverwalter hat den rechtlichen Rahmen, den das Gesetz und die Gerichte abgesteckt haben, zu beachten. Seine Berichtspflichten dem Insolvenzgericht ggü. gewährleisten **Transparenz** in diesem wichtigen Verfahrensabschnitt (vgl. etwa BGH ZIP 2005, 36: Aufführung der vom Insolvenzverwalter beauftragten Fachleute und des an diese entrichteten Entgelts im Vergütungsfestsetzungsantrag, um eine Überprüfung des Insolvenzgerichts zu ermöglichen, ob die Beauftragung gerechtfertigt war; vgl. weiter die »Hamburger Leitlinien für das Eröffnungsverfahren v. 18.12.2003«, ZInsO 2004, 24). Nach modernem insolvenzrichterlichem Selbstverständnis ist es Aufgabe der Insolvenzgerichte, einen rechtlichen Rahmen bereitzustellen, der eine hohe **Qualität** der Insolvenzverwaltung ermöglicht und gewährleistet (Frind/A. Schmidt, NZI 2004, 533). Die Einschätzung, dass Problemkreise überreguliert und Anforderungen in praxisuntauglicher Weise überhöht werden (so Undritz, NZI 2007, 65), verkennt, dass nur der das Eröffnungsverfahren aktiv begleitende Insolvenzrichter die Tätigkeit des vorläufigen Insolvenzverwalters rechtlich beaufsichtigen und so eine sinnvolle Rechtsaufsicht und daran anknüpfend eine nach Qualitätsstandards orientierte Auswahl in zukünftigen Verfahren gewährleisten kann. 41

Besondere Ausprägungen dieser Verrechtlichung des Eröffnungsverfahrens und der erhöhten Transparenzanforderungen sind namentlich:
– Auswahl des (vorläufigen) Insolvenzverwalters im Anschluss an BVerfG, ZInsO 2004, 914;
– Paradigmenwechsel durch BGH, ZInsO 2002, 819 (»Einzelermächtigung«);
– Wahrnehmung der mutmaßlichen Gläubigerinteressen im Eröffnungsverfahren durch das Gericht.

a) Auswahl des (vorläufigen) Insolvenzverwalters im Anschluss an BVerfG, ZInsO 2004, 913

42 Spätestens seit der Entscheidung des BVerfG zur Auswahl des Insolvenzverwalters (BVerfG, ZInsO 2004, 913; zu verfassungsrechtlichen Aspekten der Auswahl des Insolvenzverwalters Gaier, ZInsO 2006, 1177; zur Umsetzung in der Praxis Frind/A. Schmidt, NZI 2004, 533) müssen Insolvenzgerichte ihre Vergabepraxis wesentlich transparenter gestalten. Bei der Ablehnung der Aufnahme eines Bewerbers in die insolvenzgerichtliche Vorauswahlliste handelt es sich nach der Rechtsprechung des BVerfG um einen im Verfahren nach den §§ 23 ff. EGGVG justiziablen Justizverwaltungsakt. Mittlerweile hat das BVerfG in weiteren Entscheidungen vom 23.05.2006 (ZInsO 2006, 765), vom 12.07.2006 (ZInsO 2006, 1102; ZInsO 2006, 1101) und vom 19.07.2006 (ZInsO 2006, 869) zu wesentlichen weiteren Aspekten Stellung genommen. Zu den Einzelheiten s. Kommentierung zu § 56.

42a Um eine Auswahl nach Qualitätsstandards (kritisch zur Qualität der Insolvenzabwicklung Haarmeyer, Kölner Schrift, 2. Aufl., S. 245) zu gewährleisten, ist der Insolvenzrichter gehalten, insb. das ihm zugewiesene Eröffnungsverfahren intensiv zu begleiten. An die Person des Insolvenzverwalters sowie an sein Büro sind i. R. d. Auswahl gem. § 56 namentlich dann besondere Anforderungen zu stellen, wenn eine Unternehmensfortführung und -sanierung möglich erscheint. Die Person des (vorläufigen) Insolvenzverwalters muss darüber hinaus Gewähr dafür bieten, dass Eröffnungsverfahren transparent und unter Berücksichtigung der gerichtlichen Vorgaben gestaltet werden (AG Hamburg, ZInsO 2004, 630). Auch bei sog. reinen Ordnungsverfahren, also Verfahren, in denen kein laufender Geschäftsbetrieb mehr besteht und die Aufgabe des Insolvenzverwalters in erster Linie darin besteht, Masse durch die Geltendmachung insolvenzspezifischer Ansprüche – notfalls unter Zuhilfenahme von PKH – zu generieren, sind an den Insolvenzverwalter hohe Anforderungen zu stellen. Einen wesentlichen Bestandteil seiner Tätigkeit bildet der Insolvenzverwalter gerade in diesen Fällen in seinem Gutachten ab, welches dem Richter u. a. auch als Aufsichtsgrundlage dient. Im Gutachten ist zur Ermittlung der sog. Soll-Masse auch der Zeitpunkt des Eintritts der materiellen Insolvenz so präzise wie möglich festzustellen (BGH, ZInsO 2008, 559). Zum Zusammenhang von Ordnungsfunktion und Auswahl des Insolvenzverwalters vgl. A. Schmidt, ZInsO 2008, 291). Zur Ordnungsfunktion im Lichte der Statistik insolvenzgerichtlicher Eröffnungsquoten Haarmeyer/Beck/Frind, ZInsO 2008, 1178. Zum Nachweis der betriebswirtschaftlichen und der juristischen Qualifikation i. R. d. **Gutachtens eines vorläufigen Insolvenzverwalters** in einem Betriebsfortführungsverfahren vgl. AG Hamburg, ZIP 2012, 339 – Sietas-Werft II).

42b Ob und inwieweit sich die gegenwärtig in der Praxis diskutierten **Qualitätsmanagementsysteme** durchsetzen und bei der Auswahl des Insolvenzverwalters von den Gerichten berücksichtigt werden, bleibt abzuwarten. Zu unterscheiden sind in diesem Kontext Zertifizierungen nach der **ISO 9001**, die vom Verband der Insolvenzverwalter Deutschlands e. V. (www.vid.de) als Mindeststandard gefordert wird, bzw. nach der InsO 9001, die die Umsetzung der steuerbaren Vorgaben der Berufsgrundsätze des VID und der Empfehlungen der Uhlenbruck-Kommission verlangt (dazu Kießner, Insolvenzjahrbuch 2009 – Schultze/Braun, S. 15), sowie InsO Excellence, das Zertifikat des Gravenbrucher Kreises (www.Gravenbrucher-Kreis.de), das die ISO 9001 bzw. InsO 9001 weiterentwickelt. Daneben existieren Leistungszertifikate (ZertRate des »Deutsches Institut für angewandtes Insolvenzrecht e. V.« – www.diai.org; Gütesiegel der Gläubigerschutzvereinigung Deutschland e. V. – www.gsv.eu; kritisch HK-Eickmann § 56 Rn. 21; Förster, ZInsO 2011, 1593; A. Schmidt, INDat-Report 1/12, S. 24 – die zutreffend darauf hinweisen, dass es bislang an einer nachweisbaren Objektivierung fehle. Weiterhin erheben einige Insolvenzgerichte sog. **gerichtliche Kennzahlen** (u. a.: Eröffnungsquote, Quote für ungesicherte und gesicherte Gläubiger, Massemehrung durch Geltendmachung insolvenzspezifischer Ansprüche, erfolgreiche Sanierungen, Anteil der Verwaltungs- und Verwertungskosten; zum Modell des AG Hamburg vgl. Frind, ZInsO 2011, 169 und A. Schmidt, ZInsO 2008, 291; dieses Modell hat nicht die Messung der Leistungen einzelner Insolvenzverwalter zum Ziel, sondern soll die Transparenz über wesentliche Verfahrensergebnisse erhöhen).

Den mit einer an Qualitätsstandards orientierten Auswahl des Insolvenzverwalters verbundenen Anforderungen wird ein Insolvenzrichter am besten gerecht, der an einem **spezialisierten Insolvenzgericht** tätig ist (zum Berufsbild des heutigen Insolvenzrichters Uhlenbruck, FS Fischer S. 509; zu den Anforderungen an ein Insolvenzgericht aus Sicht des Insolvenzverwalters Depre, FS Wellensiek, S. 271). Zu kritisieren ist, dass die Möglichkeiten der Konzentration, die § 2 Abs. 2 bietet, nicht bereits seit Inkrafttreten der InsO in allen Bundesländern hinreichend umgesetzt worden sind (ähnl. auch MK-Ganter § 2 Rn. 14 ff., mit einer Übersicht zur Situation in den einzelnen Bundesländern). So existieren namentlich in Bayern, Baden-Württemberg, Hessen, Niedersachsen, Rheinland-Pfalz und Schleswig-Holstein nach wie vor zahlreiche Insolvenzgerichte, die im Jahr nur um die 20, teilweise sogar weniger als zehn Unternehmensinsolvenzen eröffnen (»Spitzenreiter« sind Cochem mit 2, Holzminden und Korbach mit jeweils 5 sowie Bersenbrück, Idar-Oberstein und Lörrach mit jeweils 6 Verfahren in 2013; demgegenüber wurden beim AG Berlin Charlottenburg 643, beim AG Hamburg 487, beim AG München 348 und beim AG Köln 322 Unternehmensinsolvenzen eröffnet (vgl. INDat-Report, 10/13 – Statistik Gesamtjahr 2013). Eine Spezialisierung der an den kleinen Gerichten tätigen Insolvenzrichter bzw. -rechtspfleger ist deshalb kaum möglich. Leider hat der Gesetzgeber eine weitere Chance, die Vorschrift des § 2 Abs. 2 i. R. d. ESUG zu ändern, verstreichen lassen (dazu Rdn. 14d). 43

b) Paradigmenwechsel durch BGH ZInsO 2002, 819 (»Einzelermächtigung«)

Namentlich im Anschluss an eine der wichtigsten insolvenzrechtlichen Entscheidungen des BGH zur InsO findet eine zunehmende **Verrechtlichung des Eröffnungsverfahrens** statt. In der Entscheidung des BGH (ZInsO 2002, 819) wird klargestellt, dass der »schwache« vorläufige Insolvenzverwalter, der zugunsten eines während des Eröffnungsverfahrens benötigten Gläubigers Masseverbindlichkeiten begründen will, einer gerichtlichen Einzelermächtigung bedarf; eine solche Einzelermächtigung muss er begründet beim Insolvenzgericht beantragen (vgl. § 22 Rdn. 90 ff.). 44

Die Entscheidung (BGH, ZInsO 2002, 819) ist in mehreren **insolvenzgerichtlichen Entscheidungen** (AG Hamburg, ZIP 2003, 43 – UfA; ZInsO 2003, 816 – Tabakwaren eG; Marotzke, ZInsO 2004, 113; ders. ZInsO 2004, 178; AG Hamburg ZInsO 2004, 1270 – Treibholz I) und in den »Hamburger Leitlinien für das Eröffnungsverfahren v. 18.12.2003« (ZInsO 2004, 24; in weiten Teilen zust. Kirchhof, ZInsO 2004, 57) weiterentwickelt worden. 45

Die Einzelermächtigung vermeidet eine im Vergleich zur Anordnung der »starken« vorläufigen Verwaltung (§ 22 Abs. 1) drohende Unverhältnismäßigkeit: Das Gericht bestellt einen »schwachen« vorläufigen Verwalter, ermöglicht diesem aber, anders als dem Sequester z. Zt. der KO (BGH, ZIP 1995, 1204), Masseverbindlichkeiten zu begründen. Die Anordnung der »starken« vorläufigen Insolvenzverwaltung führt zwar ebenfalls dazu, dass durch das Handeln des »starken« vorläufigen Verwalters Masseverbindlichkeiten begründet werden (§ 55 Abs. 2), setzt aber tatbestandlich die Auferlegung eines allgemeinen Verwaltungs- und Verfügungsverbots zulasten des Schuldners voraus und führt damit zu einem intensiveren Eingriff in seine Rechte (BGH, ZInsO 2002, 819). 46

Inzwischen ist weitestgehend anerkannt, dass daneben die Absicherung von im Eröffnungsverfahren benötigten Gläubigern durch ein sog. **Treuhandkonto** in Betracht kommt, sofern das Insolvenzgericht zustimmt (Kirchhof, FS Kreft, S. 359; AG Hamburg, ZInsO 2005, 447 – Treibholz II –; vgl. zu anderen Ansätzen Windel, ZIP 2009, 101 und Büchler, ZInsO 2011, 1240). 47

Die aktive Beteiligung des Gerichts sowohl bei Einzelermächtigungen als auch bei der Verwendung von Treuhandkonten gewährleistet die nach modernem insolvenzrechtlichen Verständnis erforderliche **Transparenz** und stellt eine deutliche Abkehr zum Rechtszustand z. Zt. der KO dar (etwa: LG Köln, ZInsO 2001, 673: Aufsichtsmaßnahmen erst dann, wenn durch das Wirken eines Konkursverwalters Schäden bereits entstanden sind). Durch das ESUG (Rdn. 14) ist für den eigenverwaltenden Schuldner im Rahmen eines Schutzschirmverfahrens die Möglichkeit, sich durch gerichtlichen Beschluss ermächtigen zu lassen, bereits im Eröffnungsverfahren Masseverbindlichkeiten zu begründen, in § 270b Abs. 3 kodifiziert worden. 48

c) Wahrnehmung der mutmaßlichen Gläubigerinteressen im Eröffnungsverfahren durch das Gericht

49 Namentlich bei Rechtshandlungen von besonderer Bedeutung muss der vorläufige Insolvenzverwalter die **Vorwirkung des § 160 im Eröffnungsverfahren** bedenken. Jedenfalls in den Verfahren, in denen kein vorläufiger Gläubigerausschuss im Eröffnungsverfahren bestellt worden ist (vgl. § 22a), ist der Gläubigerschutzgedanke des § 160 in das Eröffnungsverfahren so zu transformieren, dass die in § 160 vorgesehene Zustimmung des Gläubigerausschusses durch die Zustimmung des Insolvenzgerichts ersetzt wird (vgl. BGH, ZInsO 2006, 257; AG Hamburg, ZInsO 2005, 1056; Jaeger-Gerhardt § 22 Rn. 145 f.; Haarmeyer, FS Kreft, S. 278; Pohlmann, Befugnisse des vorläufigen Insolvenzverwalters, Rn. 353; vgl. auch Kübler, FS Kreft, S. 369). So muss der vorläufige Insolvenzverwalter dem Gericht vollständig die Sachlage bei einer in Rede stehenden Verwertungsentscheidung schildern sowie die Notwendigkeit bzw. die Vorteile der beabsichtigten Maßnahme darlegen. Der sodann ergehende »**Verwertungszustimmungsbeschluss**« gewährleistet Transparenz und minimiert die Haftungsgefahren für den vorläufigen Insolvenzverwalter (vgl. BGH, ZIP 1985, 423: Haftung des Verwalters nur bei Vorliegen besonderer Umstände; für einen generellen Haftungsausschluss: KPB-Lüke § 60 Rn. 47; Indiz für sorgfältiges Verwalterhandeln: HK-Lohmann § 60 Rn. 35 ff.; FK-Kind § 60 Rn. 20; Uhlenbruck-Sinz § 60 Rn. 103; nach Jaeger-Gerhardt § 22 Rn. 145 und Uhlenbruck-Vallender § 22 Rn. 44 soll diese Indizwirkung auch bei freiwillig eingeholten »Verwertungszustimmungsbeschlüssen« eintreten).

2. Vergütungsrechtliche Aspekte

49a Nach modernem insolvenzrichterlichen Selbstverständnis besteht die Aufgabe der Insolvenzgerichte darin, einen **Rahmen für qualitativ hochwertige Insolvenzverwaltung** zur Verfügung zu stellen. Um diesen Standard zu genügen, halten insb. die großen Insolvenzverwalterkanzleien kostenintensive Strukturen vor. Es erscheint zwingend geboten, dass die festzusetzende Vergütung gewährleistet, dass diese Strukturen dauerhaft vorgehalten werden können (vgl. zur auskömmlichen Vergütung BGH, ZInsO 2002, 967; ZInsO 2002, 1133; Haarmeyer, FS Kirchhof, S. 165; zur Praxis der Vergütungsfestsetzung Graeber, Kölner Schrift, 2. Aufl., S. 299). Wesentliche Weichenstellungen für das Verfahren insgesamt finden häufig bereits im Eröffnungsverfahren statt. Angesichts dieses Befundes, muss auch für die Vergütung des vorläufigen Insolvenzverwalters ein verlässlicher rechtlicher Rahmen vorhanden sein.

49b In letzter Zeit sind Fragen um die Vergütung des Verwalters immer mehr in die Kritik geraten. Angesichts außerordentlich hoher Vergütungen in einigen Großverfahren und kaum kostendeckender Vergütungen in kleineren »Ordnungsverfahren« ist bereits vorgeschlagen worden, die gesamte InsVV umfassend neu zu regeln. Kern der Kritik: Die InsVV sei – anders als die InsO – nie reformiert worden und daher nach wie vor auf Liquidation ausgerichtet. Sie sei nicht mehr in der Lage, die verschiedenartigen Tätigkeiten eines (vorläufigen) Insolvenzverwalters bzw. eines (vorläufigen) Sachwalters sinnvoll abzubilden (vgl. dazu die Kommentierung zu § 63 und zur InsVV sowie INDat-Report 8/13, S. 8; außerdem: Entwurf des VID für ein Gesetz zur insolvenzrechtlichen Vergütung, Beilage zur ZIP 2014, Heft 28). Zur Vergütungsbestimmung durch Vereinbarungen zwischen Insolvenzverwalter und den weiteren Beteiligten eines Insolvenzverfahrens Graeber, ZIP 2013, 916.

V. Gläubigerautonomie?

1. Gesetzgeberische Vorstellung

50 Der InsO liegt die Vorstellung zugrunde, dass die in ihren Vermögensinteressen betroffenen Gläubiger autonom über den Gang des Verfahrens zu entscheiden haben (krit. Marotzke, FS Kirchhof, S. 321). Das Insolvenzgericht hat sich darauf zu beschränken, die Rechtmäßigkeit des Verfahrens zu überwachen (Pape, ZInsO 1999, 305).

2. Gläubigerversammlung und Gläubigerausschuss

Oberstes Organ ist die **Gläubigerversammlung**, die gem. §§ 157, 159 im Berichtstermin entscheidet, ob das Unternehmen des Schuldners stillgelegt oder fortgeführt und ob Sanierungsmöglichkeiten ausgelotet werden sollen. Diese starke Stellung ist nicht ohne Gefahren (so auch MK-Ganter § 1 Rn. 56), da es im Insolvenzverfahren nicht nur um die Interessen der Gläubiger, sondern auch die des Schuldners und ggf. um die Dritter geht. In der Praxis ist diese starke Stellung dadurch abgemildert, dass der Insolvenzverwalter die Belange des Schuldners bereits im Vorfeld des Berichtstermins zur Geltung bringt. Im Berichtstermin selbst werden dann im Regelfall die Maßnahmen formell beschlossen, die der (vorläufige) Insolvenzverwalter häufig bereits im Eröffnungsverfahren mit dem Schuldner und den maßgeblichen Gläubigern konsentiert und auf den Weg gebracht hat.

Eine wichtige Rolle spielt daneben der **Gläubigerausschuss**, der nach den Vorstellungen des Gesetzgebers ein wichtiges Organ der Gläubigerselbstverwaltung ist. Der Gesetzgeber setzt in die Gläubigerautonomie sehr viel Vertrauen und geht von dem Idealbild einer an der Verfahrensabwicklung sich beteiligenden und interessierten Gläubigerschaft aus (Pape, Gläubigerbeteiligung im Insolvenzverfahren, Rn. 322 ff.). Aufgabe des Gläubigerausschusses ist es, Rechtmäßigkeit der Geschäftsführung, Zweckmäßigkeit und Wirtschaftlichkeit des Verwalterhandelns zu kontrollieren (Uhlenbruck-Uhlenbruck § 69 Rn. 12, zur Haftung der Mitglieder des Gläubigerausschusses Ganter, FS Fischer S. 121). Durch das ESUG (oben Rdn. 14) ist nunmehr in den §§ 22a, 56a ein **vorläufiger Gläubigerausschuss** eingeführt worden, der bereits im Eröffnungsverfahren vom Insolvenzgericht unter den Voraussetzungen des § 22a bestellt wird und befugt ist, insb. bei der Bestellung des (vorläufigen) Insolvenzverwalters entscheidend mitzuwirken. Befürchtungen, dass Gläubiger ihre Befugnisse dazu nutzen, den Insolvenzverwalter von der Geltendmachung der Insolvenzanfechtung abzuhalten (so Wimmer, ZIP 2014, 2038: »Gläubigeranarchie«), erscheinen als zu weitgehend.

3. Tendenzen in der Praxis

Eine Kontrolle der Rechtmäßigkeit der Geschäftsführung sowie der Zweckmäßigkeit und Wirtschaftlichkeit des Verwalterhandelns findet in der Praxis häufig nicht statt (zu möglichen Folgen einer fehlenden Kontrolle exemplarisch OLG Rostock, ZInsO 2004, 814; instruktiv Pape/A. Schmidt, ZInsO 2004, 955). Insb. **Fachleute**, die aufgrund ihrer Qualifikation in Gläubigerausschüssen dringend benötigt werden, ziehen sich mehr und mehr zurück. Eine Vertretung durch kundige **Rechtsanwälte** findet aufgrund der eher unauskömmlichen Stundensätze (gem. § 17 InsVV: 35–95 € pro Stunde; für Stundensätze im Einzelfall bis zu 300 € AG Detmold, NZI 2008, 505; zum Ganzen Zimmer, ZIP 2013, 1309) nur selten statt. Das Niveau von Gläubigerausschüssen droht so insgesamt herabzusinken. Häufig werden sogar keine Gläubigerausschüsse mehr eingesetzt. Durch den beschriebenen Zustand droht die in der InsO angelegte **ausgewogene Balance der Kontrolle des Verwalters durch Gericht, Gläubigerausschuss und Gläubigerversammlung** (vgl. Kübler, FS Kreft, S. 369) aus den Fugen zu geraten (Pape/A. Schmidt, ZInsO 2004, 955). Namentlich dem Gericht ist i. R. d. Rechtsaufsicht das Schließen dieser Lücke nicht vollständig möglich, da es hierfür nicht über die notwendigen personellen Kapazitäten verfügt.

Ob sich dieser Befund durch das **ESUG** (Rdn. 14) entscheidend ändern wird, bleibt abzuwarten. Die bisherigen Erfahrungen sprechen dafür, dass von den Mitwirkungsbefugnissen des (vorläufigen) Gläubigerausschusses (§§ 22a, 56a) sicherlich in Großverfahren Gebrauch gemacht wird (AG Hamburg, ZInsO 2011, 2337 – Sietas-Werft). In kleinen, aber auch in mittleren Verfahren ist indes auch nach Inkrafttreten des ESUG häufig zu beobachten, dass Gläubigerversammlungen ohne teilnehmende Gläubiger stattfinden.

VI. Verfahrensfragen, insb.: Justiziabilität der Verfahrensziele?

§ 1 enthält keine **justiziablen Verfahrensziele und -funktionen** (so auch MK-Ganter § 1 Rn. 7; a. A. KPB-Prütting § 1 Rn. 3). In der Rspr. finden sich dementsprechend auch keine Entscheidungen, die von einer Justiziabilität ausgehen. Eine Ausnahme bildet die Entscheidung AG München, ZVI

2003, 481. In dieser Entscheidung wurde die Versagung der Restschuldbefreiung rechtspolitisch zwar bedenkenswert (»ein rechtskräftig verurteilter Betrüger ist kein redlicher Schuldner«), in der Sache aber angesichts des eindeutigen Wortlauts des § 290 Abs. 1 Nr. 1 jedenfalls nach gegenwärtiger Rechtslage nicht haltbar, unmittelbar auf § 1 Satz 2 gestützt.

56 Einigkeit besteht indes darüber, dass durch § 1 **Leitlinien** aufgezeigt werden, an denen bei Fehlen näherer Bestimmungen Einzelentscheidungen ausgerichtet werden müssen. Die Norm erlangt so Bedeutung, wenn offene Fragen im Wege der teleologischen Auslegung zu beantworten sind (FK-Schmerbach § 1 Rn. 14, Jaeger-Henckel § 1 Rn. 2). So zieht der BGH § 1 etwa heran, wenn eine Vereinbarung zwischen Insolvenzverwalter und einem Gläubiger wegen **Insolvenzzweckwidrigkeit** nichtig ist (BGH, NZI 2008, 365; ähnl. MK-Ganter § 1 Rn. 7: Begrenzung der Rechtsmacht des Insolvenzverwalters durch § 1). Weitere Beispiele sind etwa die **Vorverlagerung des Gläubigergleichbehandlungsgrundsatzes** bei der Abgrenzung zwischen kongruenter und inkongruenter Deckung, §§ 130, 131 (vgl. oben Rdn. 21) und die Vorwirkung der §§ 290, 295, 296 und des § 302 auf die Entscheidung über die Stundung der Verfahrenskosten gem. § 4a (vgl. oben Rdn. 35 ff.). Die Rspr. zieht § 1 ferner heran, um etwa die Rechte und Pflichten des Insolvenzverwalters zu konkretisieren (BVerwG, ZInsO 2005, 709, dazu Herchen/Herchen, EWiR 2005, 747) oder um eine Freigabe durch den Insolvenzverwalter vor dem Hintergrund **bestmöglicher Gläubigerbefriedigung** zu legitimieren (BGH, ZInsO 2005, 594).

§ 2 Amtsgericht als Insolvenzgericht

(1) Für das Insolvenzverfahren ist das Amtsgericht, in dessen Bezirk ein Landgericht seinen Sitz hat, als Insolvenzgericht für den Bezirk dieses Landgerichts ausschließlich zuständig.

(2) ¹Die Landesregierungen werden ermächtigt, zur sachdienlichen Förderung oder schnelleren Erledigung der Verfahren durch Rechtsverordnung andere oder zusätzliche Amtsgerichte zu Insolvenzgerichten zu bestimmen und die Bezirke der Insolvenzgerichte abweichend festzulegen. ²Die Landesregierungen können die Ermächtigung auf die Landesjustizverwaltungen übertragen.

Übersicht	Rdn.			Rdn.
A. Normzweck	1	III.	Funktionelle Zuständigkeit	8
B. Norminhalt	2	IV.	Kompetenzsteigerung bei den Insolvenzgerichten durch das ESUG	13
I. Sachliche Zuständigkeit	2			
II. Abweichende Regelungen (Abs. 2)	6a	V.	Reformbestrebungen	17

A. Normzweck

1 Der Zweck der Norm besteht in der Regelung der sachlichen Zuständigkeit für Insolvenzverfahren sowie der Konzentration der Zuständigkeit für Insolvenzsachen auf bestimmte Amtsgerichte.

B. Norminhalt

I. Sachliche Zuständigkeit

2 Sachlich zuständig für das Insolvenzverfahren ist das **AG** (§ 22 GVG). Es handelt sich um eine **ausschließliche Zuständigkeit**. Abs. 1 umfasst alle dem Insolvenzgericht zugewiesenen Aufgaben, wozu **wegen der größeren Sachnähe** teilweise auch vollstreckungsgerichtliche Entscheidungen gehören (§ 36 Abs. 4: BGH, ZInsO 2004, 391; ZVI 2007, 78; § 89 Abs. 3: BGH, ZInsO 2004, 441; 2008, 39; §§ 148 Abs. 2 Satz 2 und 210: BGH, ZInsO 2006, 1049 u. 1105; § 292 Abs. 1 Satz 3: BGH, ZInsO 2006, 139; zu den näheren Einzelheiten vgl. § 36 Rdn. 51 ff.; § 89 Rdn. 20 ff.; § 148 Rdn. 38 ff.; § 210 Rdn. 9; § 292 Rdn. 7). Dies gilt auch für die Abnahme der eidesstattlichen Versicherung im Insolvenzverfahren (z. B. §§ 98, 153 Abs. 2, HK-Kirchhof § 2 Rn. 4, 5). Für den Streit zwischen Insolvenzverwalter und Schuldner über die Massezugehörigkeit von Lohnanteilen

besteht dagegen nicht die Zuständigkeit des Insolvenzgerichts, wenn er keine Vollstreckungshandlung bzw. Anordnung des Vollstreckungsgerichts betrifft (BGH, ZInsO 2010, 1115).

Die Zuständigkeit des Insolvenzgerichts erstreckt sich dagegen nicht auf materiell-rechtliche Streitigkeiten, **die im Verlauf oder aus Anlass** eines Insolvenzverfahrens entstehen und **außerhalb des Insolvenzverfahrens** selbst zu entscheiden sind. Hierzu gehören etwa Streitigkeiten um Aus- und Absonderungsrechte (§§ 47, 49), Klagen von Gläubigern auf Feststellung einer Forderung zur Insolvenztabelle (§ 180 Abs. 1 Satz 1), die Geltendmachung von Forderungen der Insolvenzmasse gegen Drittschuldner sowie die Geltendmachung insolvenzrechtlicher Anfechtungsansprüche (§§ 129 ff.), der persönlichen Haftung von Vertretungsorganen und Gesellschaftern des Schuldners (z. B. aus §§ 9a, 19 Abs. 5, 43, 64 GmbHG, § 823 Abs. 2 BGB i. V. m. § 15a o. §§ 39 Abs. 1 Nr. 5, 93, 135) und von Haftungsansprüchen gegen den Insolvenzverwalter (§§ 60, 61; HK-Kirchhof § 2 Rn. 6). 3

Die **Zuständigkeit der ArbG** (§§ 2 ff. ArbGG) bleibt durch den Umstand, dass es sich um eine Arbeitssache im Zusammenhang mit einem Insolvenzverfahren handelt, unangetastet. Entsprechendes gilt für Verfahren, die der **Verwaltungs-, Finanz-** und **Sozialgerichtsbarkeit** zugewiesen sind (Uhlenbruck-I. Pape § 2 Rn. 2). Für eine Klage auf Rücknahme eines vom Finanzamt gestellten Insolvenzantrags ist der Finanzrechtsweg gem. § 33 Abs. 1 Nr. 1 FGO gegeben (FG Köln DStRE 2005, 298). 4

Außerhalb der ausdrücklichen gesetzlichen Zuweisungen (vgl. Rdn. 2) bleibt das **Vollstreckungsgericht** für Entscheidungen über Rechtsbehelfe in Zwangsvollstreckungsverfahren zuständig (OLG Düsseldorf, NZI 2002, 388). 5

Abs. 1 bestimmt, dass für das Insolvenzverfahren **grds. das AG zuständig ist, in dessen Bezirk ein LG liegt**. Ausschlaggebender Gesichtspunkt für die Aufrechterhaltung der Zuständigkeitsbestimmung aus der KO (§ 71 KO) war für den Gesetzgeber, dass ein Kollegialgericht für die zügige Verfahrensabwicklung als weniger geeignet angesehen wurde und das bewährte Zusammenwirken von Richter am AG und Rechtspfleger aufrechterhalten werden sollte. 6

II. Abweichende Regelungen (Abs. 2)

Die Landesregierungen sind gem. Abs. 2 ermächtigt, von Abs. 1 **abweichende Regelungen** zu treffen bzw. die Ermächtigung auf die Landesjustizverwaltungen zu übertragen. Gebrauch gemacht haben von dieser Ermächtigung bisher Baden-Württemberg, Bayern, Berlin, Bremen, Hessen, Niedersachsen, Rheinland-Pfalz, Sachsen und Schleswig-Holstein. 6a

Trotz des angestrebten Ziels der Bürgernähe in den Flächenstaaten erscheint eine **stärkere Konzentration** der Insolvenzverfahren und damit einhergehend ein höherer Grad an Spezialisierung der Richter und Rechtspfleger als wünschenswert. Andererseits hat eine empirische Untersuchung der Eröffnungsquoten in den Jahren 2004 bis 2007 ergeben, dass die Größe eines Gerichts die Eröffnungsquote nicht unmittelbar beeinflusst (Haarmeyer/Beck/Frind, ZInsO 2008, 1178).

In Berlin besteht die Besonderheit, dass nur für vom Schuldner beantragte Verbraucherinsolvenzverfahren und sonstige Kleininsolvenzverfahren jedes der 12 AG Insolvenzgericht ist. Dadurch wird trotz der hohen Verfahrenszahlen in diesem Bereich der Gedanke der Zuständigkeitskonzentration konterkariert (MK-Ganter/Lohmann § 2 Rn. 18).

Die in Abs. 2 Satz 1 des Gesetzentwurfes der Bundesregierung vom 04.05.2011 für das **Gesetz zur weiteren Erleichterung der Sanierung von Unternehmen (ESUG)** (BT-Drucks. 17/5712) noch enthaltene einschränkende Ermächtigung für die Landesregierungen, ein anderes als das nach Abs. 1 zuständige AG zum Insolvenzgericht für den Landgerichtsbezirk zu bestimmen und die Zuständigkeit eines Insolvenzgerichts über den Landgerichtsbezirk hinaus zu erstrecken, ist aufgrund des Widerstandes der Länder nicht Gesetz geworden. Trotz der damit in Flächenstaaten verbundenen Entfernungsnachteile wäre eine weitere Konzentration der Insolvenzgerichte als ein Baustein für Stärkung der fachlichen Kompetenz der Insolvenzgerichte zu begrüßen gewesen. Die 6b

Länder bleiben gehalten, ihrer Verpflichtung zur Steigerung der Sachkompetenz (vgl. Rdn. 16) auch ohne Streichung der bisherigen Öffnungsklausel in Abs. 2 Satz 1 nachzukommen.

▶ **Hinweis:**
Welche AG in einem Bundesland jeweils Insolvenzgerichte sind, lässt sich über die Funktion der »Detailsuche« auf www.insolvenzbekanntmachungen.de ermitteln. Die für einen bestimmten Ort zuständigen Gerichte und Behörden können der Funktion »Orts- und Gerichtsverzeichnis« entnommen werden, und zwar nunmehr einschließlich des zuständigen Insolvenzgerichts. Eine systematische Übersicht über die Zuständigkeit und Kontaktdaten der Insolvenzgerichte finden Sie zudem unter http://www.insolvenzrecht.de/inhalte/adressen/insolvenzgerichte/.

7   Die Zuständigkeitskonzentration erstreckt sich nicht auf **Rechtshilfeersuchen auswärtiger Insolvenzgerichte** (§§ 356 ff. ZPO); für diese gelten die allg. Zuständigkeitsregeln (LG Hamburg, ZInsO 2006, 665; LG Dortmund, NZI 2002, 556).

Jedoch kann ein Insolvenzgericht ein Rechtshilfeersuchen nicht an ein anderes AG **in seinem Zuständigkeitsbereich** richten, und zwar auch dann nicht, wenn es sich um eine nicht insolvenzspezifische Amtshandlung wie die Vernehmung von Zeugen handelt (OLG Brandenburg, ZInsO 2002, 372; krit. HK-Kirchhof § 2 Rn. 11).

Die im Wege der Rechtshilfe vorzunehmende Handlung ist hinreichend zu bezeichnen. So muss etwa bei der Vernehmung des Geschäftsführers einer GmbH oder eines Zeugen klargestellt werden, worüber – zu welchen Themen – die Person vernommen werden soll (OLG Köln, ZInsO 2000, 656 [Ls.] = ZIP 1999, 1604). Die Beifügung des gerichtlichen Anhörungsfragebogens ist ausreichend. Das Ersuchen darf nicht abgelehnt werden, weil das ersuchte Gericht die Verfahrensweise des ersuchenden Gerichts für **unzweckmäßig oder untunlich** hält (OLG Köln, ZInsO 2000, 656 [Ls.] = ZIP 1999, 1604). **Zwangsmaßnahmen gegen den Schuldner** wie der Erlass einer Vorführungsanordnung oder eines Haftbefehls können wegen dessen ausschließlicher Zuständigkeit allein vom ersuchenden Insolvenzgericht angeordnet und nicht auf das ersuchte Gericht übertragen werden (OLG Köln, ZInsO 2000, 656 [Ls.] = ZIP 1999, 1604; MK-Ganter/Lohmann, § 4 Rn. 92).

III. Funktionelle Zuständigkeit

8   Die **funktionelle Zuständigkeit** in Insolvenzverfahren ist in §§ 3 Abs. 2e, 18, 19a RPflG geregelt. Im Grundsatz ist der **Richter für das Eröffnungsverfahren** einschließlich der Entscheidung über den Eröffnungsantrag und der Bestellung des Insolvenzverwalters sowie für das gerichtliche Schuldenbereinigungsplanverfahren (vgl. § 18 Abs. 1 Nr. 1 RPflG) zuständig, der **Rechtspfleger für das eröffnete Insolvenzverfahren**.

9   Dieser Grundsatz erfährt zahlreiche **Durchbrechungen**. Danach sind **dem Richter vorbehalten**: Anordnungen der Beeidigung und Abnahme des Eides sowie Androhung und Anordnung der Freiheitsentziehung (§ 98; vgl. § 4 Abs. 2 Nr. 1, 2 RPflG), ab dem 01.01.2013 das Verfahren über einen Insolvenzplan nach den §§ 217 bis 256 und den §§ 258 bis 269 (vgl. den durch das ESUG neu eingeführten § 18 Abs. 1 Nr. 2 RPflG), Entscheidungen über Anträge auf Versagung oder Widerruf der Restschuldbefreiung (§§ 289, 290, 295 bis 297, 303; vgl. § 18 Abs. 1 Nr. 3 RPflG), ab dem 01.07.2014 die Entscheidung über die Zulässigkeit des Restschuldbefreiungsantrags (§ 287a) und die Versagung der Restschuldbefreiung wegen nachträglich bekannt gewordener Versagungsgründe (§ 297a; vgl. § 18 Abs. 1 Nr. 3 RPflG in der durch das Gesetz zur Verkürzung des Restschuldbefreiungsverfahrens und zur Stärkung der Gläubigerrechte vom 15.07.2013 geänderten Fassung), Entscheidungen im Zusammenhang mit ausländischen Insolvenzverfahren (§§ 344 bis 346; vgl. § 18 Abs. 1 Nr. 4 RPflG), über Anträge auf Neufestsetzung des Stimmrechts und Wiederholung der Abstimmung in den Fällen des § 77, wenn sich die Entscheidung des Rechtspflegers über das Stimmrecht auf das Ergebnis der Abstimmung ausgewirkt hat (vgl. § 18 Abs. 3 RPflG), über Akteneinsichtsgesuche Dritter bei entsprechender Delegation durch den Gerichtsvorstand (§ 4 i. V. m. § 299 Abs. 2 ZPO) sowie i. R. d. Amtshilfe (Art. 35 Abs. 1 GG; § 111 AO; §§ 3 bis 7 SGB X), über

Erinnerungen gegen Zwangsvollstreckungsmaßnahmen im Anwendungsbereich der §§ 36 Abs. 4, 89 Abs. 3 (BGH, ZInsO 2004, 391; ZInsO 2005, 708 jeweils unter Hinweis auf § 20 Nr. 17 Satz 2 RPflG; a.A. noch AG Duisburg, NZI 2000, 608; einschränkend für den Fall der Ladung des Schuldners zur Abgabe der eidesstattlichen Versicherung AG Hamburg, ZInsO 2006, 1047).

Für die Bestellung des neu gewählten Verwalters bzw. die Versagung der Bestellung (§ 57) sowie die Abberufung des Verwalters aus wichtigem Grund und die Ernennung eines neuen Verwalters (§ 59) ist der Rechtspfleger zuständig, da sich § 18 Abs. 1 Nr. 1 RPflG nach seinem Wortlaut nur auf die **erstmalige Bestellung** eines Verwalters im Eröffnungsbeschluss bezieht (AG Braunschweig, ZInsO 2009, 97 [für § 59]; Uhlenbruck-Uhlenbruck § 57 Rn. 19 u. § 59 Rn. 22 jeweils m.w.N. zum Streitstand; Arnold/Meyer-Stolte/Hintzen § 18 RPflG Rn. 21 f.; Bassenge/Roth, § 18 RPflG Rn. 6; a.A. LG Hechingen, ZIP 2001, 1970 [für § 57]; AG Göttingen, ZInsO 2003, 289; AG Ludwigshafen, ZInsO 2012, 93 [für § 59]; FK-Schmerbach § 2 Rn. 29; vgl. unten § 57 Rdn. 7, § 59 Rdn. 7). Eine »Fortwirkung« der Richterzuständigkeit für Bestellungs- und Entlassungsentscheidungen im eröffneten Verfahren ist dem Gesetzeswortlaut nicht zu entnehmen. § 18 Abs. 1 Nr. 1 RPflG enthält eine **zeitliche, keine aufgabenbezogene Abgrenzung der Zuständigkeit**. Daran ist trotz des Einwandes, dass – bei unterstellter Richterzuständigkeit – mit dem Rechtspfleger ein unzuständiges Organ der Rechtspflege tätig werde, dessen Entscheidung gem. § 8 Abs. 4 Satz 1 RPflG nichtig sei, festzuhalten. Da es sich bei den Fragen der Abberufung und Neuernennung zumeist um problematische und nicht selten emotionsgeladene Einzelfallentscheidungen handelt, sollte der Rechtspfleger in derartigen Fällen den Kontakt mit dem Richter suchen, auch um dem Richter die Möglichkeit zu geben, das Verfahren ggf. an sich zu ziehen (§ 18 Abs. 2 Satz 1 RPflG).

Der Richter kann sich das Insolvenzverfahren nach § 18 Abs. 2 Satz 1 RPflG ganz oder teilweise **vorbehalten**, wenn er dies für **geboten** erachtet. Denkbar ist dies etwa bei Großverfahren mit überregionaler Bedeutung oder bei Verfahren mit besonderen rechtlichen Schwierigkeiten (Uhlenbruck-I. Pape § 2 Rn. 6). Der Vorbehalt kann sich nicht nur auf das Verfahren insgesamt, sondern auf **einen bestimmten Zeitraum** (z. B. bis einschließlich des Berichtstermins) oder auf **abtrennbare sachliche Bereiche** (z. B. die Vergütungsentscheidung, die Abberufung des Insolvenzverwalters aus wichtigem Grund, die Zurückweisung eines Antrags auf Restschuldbefreiung als unzulässig) erstrecken (AG Duisburg, ZInsO 2002, 736; Uhlenbruck-I.Pape § 2 Rn. 6; Frind, ZInsO 2001, 993; bzgl. thematischer Teilvorbehalte a.A. Fuchs, ZInsO 2001, 1033, 1034). Da § 18 Abs. 2 Satz 1 RPflG für das erstmalige Ansichziehen des Verfahrens nicht auf einen bestimmten Zeitpunkt abstellt, muss der Vorbehalt nicht im Eröffnungsbeschluss erfolgen, sondern kann **jederzeit ausgeübt** werden (Jaeger/Henckel/Gerhardt-Gerhardt § 2 Rn. 55; Uhlenbruck-I.Pape § 2 Rn. 6; Uhlenbruck, NZI 2006, 489, 493 unter Hinweis auf BVerfG, ZInsO 2006, 765; a.A. Arnold/Meyer-Stolte/Hintzen § 18 RPflG Rn. 43). Der Vorbehalt ist nicht formbedürftig, sollte jedoch aktenkundig gemacht werden (Jaeger/Henckel/Gerhardt-Gerhardt § 2 Rn. 58). Hält der Richter den Vorbehalt nicht mehr für erforderlich, kann er das Verfahren auf den Rechtspfleger (zurück-) übertragen (§ 18 Abs. 2 Satz 2 RPflG). Danach kann der Richter das Verfahren gem. § 18 Abs. 2 Satz 3 RPflG jederzeit wieder an sich ziehen (**Evokationsrecht**), wenn er dies für erforderlich hält. Die Ausübung des Vorbehalts- und Evokationsrechts ist **unanfechtbar** (Jaeger/Henckel/Gerhardt-Gerhardt § 2 Rn. 58). Nimmt der Richter eine Amtshandlung vor, für die der Rechtspfleger zuständig gewesen wäre, ist diese wirksam (§ 8 Abs. 1 RPflG).

Das Evokationsrecht darf weder **willkürlich** noch zu dem Zweck ausgeübt werden, eine dem **Richter missliebige Entscheidung des Rechtspflegers** (z. B. Vergütungsbeschluss) zu ändern oder aufzuheben. Auf der anderen Seite ist zu empfehlen, dass der Rechtspfleger die Akte auch nach Änderung des § 5 Abs. 1 Nr. 1 RPflG dem Richter vorlegt oder ihn zumindest informiert, wenn er von einer **ihm bekannten Stellungnahme des Richters abweichen** will, um dem Richter die Gelegenheit zu geben, das Verfahren an sich zu ziehen. **Zuständigkeitsstreitigkeiten** zwischen Richter und Rechtspfleger sollten durch eine von frühzeitiger Kommunikation und gegenseitigem Respekt geprägte Zusammenarbeit vermieden werden. In Zweifelsfällen kann der Richter die Zuständigkeit durch bindenden Beschluss auf den Rechtspfleger **übertragen** (§ 7 RPflG). Die Zuschreibung der Akte im Wege einer innerdienstlichen Verfügung reicht dazu nicht (BGH, ZInsO 2005, 708).

IV. Kompetenzsteigerung bei den Insolvenzgerichten durch das ESUG

13 Mit dem Gesetz zur weiteren Erleichterung der Sanierung von Unternehmen (ESUG) vom 07.12.2011 (BGBl. I, S. 2582) strebt der Gesetzgeber die **Steigerung der Sachkompetenz bei den Insolvenzgerichten** an. Gemäß dem neu eingeführten § 22 Abs. 6 Satz 2 und 3 GVG sollen Richter in Insolvenzsachen über belegbare Kenntnisse auf den Gebieten des Insolvenzrechts, des Handels- und Gesellschaftsrechts sowie über Grundkenntnisse der für das Insolvenzverfahren notwendigen Teile des Arbeits-, Sozial- und Steuerrechts und des Rechnungswesens verfügen. Einem Richter, dessen Kenntnisse auf diesem Gebieten nicht belegt sind, dürfen die Aufgaben nur zugewiesen werden, wenn der Erwerb der Kenntnisse alsbald zu erwarten ist. Eine entsprechende Regelung sieht § 18 Abs. 4 Satz 2 und 3 RPflG für Rechtspfleger vor, wobei die fachlichen Anforderungen im Hinblick auf das Handels- und Gesellschaftsrecht leicht abgesenkt sind. Insoweit soll der Rechtspfleger nur über Grundkenntnisse verfügen.

14 Das Erfordernis von Fachkenntnissen bei Richtern geht nach den Vorstellungen des Gesetzgebers über die allgemeine Befähigung zum Richteramt hinaus. Wie die Kenntnisse von Richtern und Rechtspflegern zu belegen sind, legt das Gesetz nicht fest. Insb. wird nach der Gesetzesbegründung (BT-Drucks. 17/5712 S. 43/44) kein Nachweis durch eine Prüfung verlangt. Der Erwerb der erforderlichen Kenntnisse ist bereits i. R. d. Studiums oder durch systematische berufsbegleitende und sonstige Fortbildung denkbar. Für Rechtspfleger beinhaltet das nach § 2 Abs. 1 RPflG vorausgesetzte Fachhochschulstudium als Ausbildungsinhalt bereits die Vermittlung der Kenntnisse in den vom Gesetzgeber geforderten Bereichen. Da nicht alle in Insolvenzverfahren eingesetzten Rechtspfleger ein entsprechendes Fachhochschulstudium absolviert haben, hielt der Gesetzgeber jedoch die gesetzliche Festschreibung einheitlicher Anforderungen für alle in Insolvenzsachen tätigen Rechtspfleger für erforderlich.

15 Die Vorschriften sind als »Soll-Regelungen« ausgestaltet, um auf **praktische Belange** Rücksicht zu nehmen, insb. im Hinblick auf Insolvenzrichter (und -rechtspfleger), die schon seit Langem in entsprechender Funktion tätig sind und die erforderlichen Kenntnisse durch ihre Tätigkeit erworben haben. Die Übertragung insolvenzrechtlicher Aufgaben ist auch zulässig, wenn mit dem Erwerb einschlägiger Kenntnisse »alsbald« zu rechnen ist. Dies setzt die persönliche Fortbildungsbereitschaft des Richters (bzw. Rechtspflegers) sowie das Bestehen geeigneter berufsbegleitender Fortbildungsangebote der Justizverwaltung voraus. Eine bestimmte Frist für den Erwerb der erforderlichen Kenntnisse sieht das Gesetz nicht vor. Um den Justizverwaltungen der Länder die Schaffung der notwendigen Voraussetzungen zu ermöglichen, sind die Neuregelungen erst am 01.01.2013 in Kraft getreten.

16 Die erstrebte **Stärkung der fachlichen Kompetenz aufseiten der Insolvenzgerichte** ist zu begrüßen, auch wenn die flankierend erstrebte Steigerung der Fallzahlen durch weitere Konzentration der Insolvenzgerichte im Gesetzgebungsverfahren gescheitert ist (Rdn. 6b). Es bleibt abzuwarten, wie die Landesverwaltungen die gesetzlichen Anforderungen in der Praxis umsetzen. Zu bedenken ist, dass für die angestrebte Steigerung der fachlichen Kompetenz von Richtern und Rechtspflegern namentlich die **praktische Berufserfahrung** ein wichtiger Faktor ist, der sich nicht allein durch die Steigerung der Fallzahlen und den Besuch von Fortbildungsveranstaltungen sichern lässt (vgl. Frind, ZInsO 2010, 1473). Hier sind die Gerichte aufgerufen, den Aufbau fachlicher Kompetenz durch die gerichtsinterne Konzentration auf bestimmte Abteilungen/Stellen sowie die Gewährleistung personeller Kontinuität zu fördern, was aber andererseits nicht zu einer vollständigen personellen »Erstarrung« in diesem Bereich führen darf.

V. Reformbestrebungen

In dem Gesetzentwurf der Bundesregierung zur Erleichterung der Bewältigung von Konzerninsolvenzen vom 30.01.2014 (BT-Drucks. 18/407) ist im Hinblick auf den neuen Gruppen-Gerichtsstand (§§ 3a – 3e RegE) die Einführung eines § 2 Abs. 3 vorgesehen, wonach Rechtsverordnungen nach Abs. 2 **je Bezirk eines Oberlandesgerichts ein Insolvenzgericht bestimmen, an dem ein Gruppen-Gerichtsstand nach § 3a begründet werden kann**. Die Zuständigkeit des bestimmten Insolvenzgerichts kann innerhalb eines Landes auch über den Bezirk eines Oberlandesgerichts erstreckt werden. Ziel dieser weiter gehenden Zuständigkeitskonzentration für konzernspezifische Verfahren ist der Erwerb besonderer Sachkunde bei Richtern und Rechtspflegern durch die wiederholte Behandlung ähnlicher Fälle.

17

§ 3 Örtliche Zuständigkeit

(1) ¹Örtlich zuständig ist ausschließlich das Insolvenzgericht, in dessen Bezirk der Schuldner seinen allgemeinen Gerichtsstand hat. ²Liegt der Mittelpunkt einer selbständigen wirtschaftlichen Tätigkeit des Schuldners an einem anderen Ort, so ist ausschließlich das Insolvenzgericht zuständig, in dessen Bezirk dieser Ort liegt.

(2) Sind mehrere Gerichte zuständig, so schließt das Gericht, bei dem zuerst die Eröffnung des Insolvenzverfahrens beantragt worden ist, die übrigen aus.

Übersicht	Rdn.			Rdn.
A. Normzweck	1	V.	Verweisung, Verfahren, Kompetenzkonflikte	27
B. Norminhalt	2			
I. Örtliche Zuständigkeit	2	VI.	Sonderfall Firmenbestattung und Neuregelungen durch das MoMiG	35
II. Mittelpunkt der selbstständigen wirtschaftlichen Tätigkeit (Abs. 1 Satz 2)	8	VII.	Reformbestrebungen für konzernspezifische Insolvenzen	40
III. Allgemeiner Gerichtsstand	17			
IV. Mehrere Zuständigkeiten (Abs. 2)	23			

A. Normzweck

Die Vorschrift regelt die örtliche Zuständigkeit für Insolvenzverfahren. Aus Gründen der Bürgernähe und zum Schutz der Gläubigerschaft soll das Verfahren in erster Linie an dem Ort durchgeführt werden, an dem der Schuldner seinen wirtschaftlichen Schwerpunkt hat, da die Gläubiger üblicherweise an diesem Ort ihre Befriedigung suchen.

1

B. Norminhalt

I. Örtliche Zuständigkeit

Die Regelung bezieht sich auf alle insolvenzfähigen Personen, Gesellschaften und Vermögensmassen i. S. v. § 11. Es handelt sich um eine **ausschließliche Zuständigkeit**, die sowohl Gerichtsstandsvereinbarungen als auch die rügelose Einlassung (§ 40 Abs. 2 Satz 1 ZPO) ausschließt (HK-Kirchhof § 3 Rn. 4). Für die örtliche Zuständigkeit in **Nachlassinsolvenzverfahren** besteht in § 315 eine Sonderregelung (vgl. § 315 Rdn. 1 f.). Für die **internationale Zuständigkeit** vgl. die Kommentierung zu § 348, Art. 102 § 1 EGInsO und zu § 3 EuInsVO.

2

Die Bestimmung der örtlichen Zuständigkeit richtet sich gem. Abs. 1 Satz 2 **in erster Linie** nach dem **Mittelpunkt der selbständigen wirtschaftlichen Tätigkeit** des Schuldners. Nur wenn der Schuldner keine selbständige wirtschaftliche Tätigkeit (mehr) ausübt, ist gem. Abs. 1 Satz 1 auf seinen **allgemeinen Gerichtsstand** abzustellen.

3

Das Gericht hat seine örtliche Zuständigkeit **gem. § 5 von Amts wegen zu prüfen** (OLG Frankfurt am Main, ZInsO 2005, 822; OLG Hamm, ZInsO 1999, 533). Dies bedeutet, dass das Gericht bei

4

Anhaltspunkten für seine örtliche Unzuständigkeit nicht ungeprüft die Angaben des Antragstellers im Antrag zugrunde legen darf, sondern selbst Ermittlungen hierzu anstellen muss (BGH, ZInsO 2006, 146; OLG Celle, ZInsO 2006, 1106). Der Antragsteller muss jedoch alle die örtliche Zuständigkeit des angerufenen Gerichts begründenden Tatsachen angeben, damit die Amtsermittlungspflicht hinsichtlich der örtlichen Zuständigkeit des angerufenen Gerichts einsetzt (BGH, ZInsO 2012, 143 Rn. 12).

5 Sofern ein Gläubigerantrag **i. Ü. zulässig** ist, kann dieser (trotz der möglicherweise bestehenden örtlichen Unzuständigkeit des angerufenen Gerichts) an den Schuldner zugestellt werden. Aus dem Umstand, ob dem Schuldner der Antrag unter der (vermeintlichen) Geschäftsanschrift zugestellt werden kann, bzw. aus den Angaben des Schuldners im gerichtlichen Anhörungsfragebogen lässt sich die Frage der Zuständigkeit bereits häufig klären. Verbleiben dennoch Zweifel, kann das Gericht i. R. d. **Amtsermittlung** einen Sachverständigen – bei erkennbarem Sicherungsbedürfnis und nicht kooperierendem Schuldner auch einen vorläufigen Insolvenzverwalter – bestellen und diesen mit der Prüfung der Zuständigkeit beauftragen (BGH, ZInsO 2007, 440; zu eng LG Göttingen, ZInsO 2008, 191; vgl. § 21 Rdn. 2). Eine Beschwerde des Schuldners gegen die Anordnung von Sicherungsmaßnahmen gem. § 21 kann gem. § 571 Abs. 2 Satz 2 ZPO nicht auf die örtliche Unzuständigkeit des Gerichts gestützt werden (OLG Köln, ZInsO 2000, 211; HK-Kirchhof § 3 Rn. 25).

6 Ist der Eröffnungsantrag dagegen (ungeachtet der möglichen örtlichen Unzuständigkeit) **unzulässig**, weil der antragstellende Gläubiger z. B. entgegen § 14 Abs. 1 seine Forderung oder das Bestehen eines Insolvenzgrundes nicht ausreichend dargelegt oder glaubhaft gemacht hat, hat das Gericht den Antragsteller zunächst **auf die Zulässigkeitsbedenken hinzuweisen** und ihm Gelegenheit zur Nachbesserung zu geben. Die Zustellung eines unzulässigen Gläubigerantrags an den Schuldner nur zur Klärung der örtlichen Zuständigkeit erscheint nicht sachgerecht und könnte den Verfahrenszweck gefährden (vgl. BGH, ZIP 1996, 1516). Werden die Zulässigkeitshindernisse nicht innerhalb der gesetzten Frist beseitigt, ist der Antrag als unzulässig abzuweisen.

7 **Maßgeblicher Zeitpunkt** für die Bestimmung der örtlichen Zuständigkeit ist der **Antragseingang bei Gericht** (BGH, ZInsO 2007, 440; OLG Köln, NZI 2003, 567). Auch beim Gläubigerantrag ist nicht auf den Zeitpunkt der Zustellung des Antrags abzustellen (vgl. BGH, ZInsO 2007, 440; OLG Frankfurt am Main, ZInsO 2003, 33), da die InsO keine Zustellung des Gläubigerantrags an den Schuldner vorschreibt und § 261 Abs. 1 ZPO daher nicht entsprechend gilt (a. A. noch OLG Düsseldorf, ZInsO 2004, 507). Die einmal gegebene örtliche Zuständigkeit des Gerichts entfällt gem. § 261 Abs. 3 Nr. 2 ZPO nicht durch eine **nachträgliche Veränderung** der die örtliche Zuständigkeit begründenden Umstände (BGH, ZInsO 2007, 440; OLG Oldenburg, ZInsO 2007, 1282). Dies gilt i. Ü. auch für die internationale Zuständigkeit, wenn der Schuldner nach Antragstellung, aber vor Eröffnung den Mittelpunkt seiner hauptsächlichen Interessen in das Gebiet eines anderen Mitgliedsstaates der EU verlegt, in dem die Vorschriften der EuInsVO gelten (BGH, ZInsO 2006, 321). Eine Verweisung kommt nicht infrage, wenn das zunächst unzuständige Gericht bis zum Zeitpunkt der Entscheidung über den Eröffnungsantrag **zuständig geworden** ist (AG Köln, ZInsO 2008, 215; AG Göttingen, ZInsO 2010, 254; HK-Kirchhof § 3 Rn. 5). Bei dieser Fallgestaltung ist aber besonderes Augenmerk darauf zu legen, ob eine rechtsmissbräuchliche Zuständigkeitserschleichung vorliegt (vgl. Rdn. 15).

II. Mittelpunkt der selbstständigen wirtschaftlichen Tätigkeit (Abs. 1 Satz 2)

8 Die Feststellung des Mittelpunkts der selbstständigen wirtschaftlichen Tätigkeit richtet sich nach den **tatsächlichen Gegebenheiten**, nicht nach dem Rechtsschein (BayObLG, ZInsO 2004, 1142; AG Göttingen, ZIP 2007, 81).

9 Unter einer **selbstständigen wirtschaftlichen Tätigkeit** ist ein nachhaltig auf Gewinnerzielung gerichtetes Handeln in nicht abhängiger Beschäftigung zu verstehen, ohne dass tatsächlich ein Gewinn erzielt werden muss (OLG Hamm, ZInsO 1999, 533). Die Ausübung eines Gewerbes

im Rechtssinne ist nicht erforderlich, sodass auch Freiberufler, Künstler, Betreiber privater Pflegedienste und Landwirte hierunter fallen (Uhlenbruck-I.Pape § 3 Rn. 4). **Selbstständig** handelt der Schuldner, wenn er im eigenen Namen, für eigene Rechnung und in eigener Verantwortung tätig wird, wie dies z. B. bei Kommissionären (MK-Ganter/Lohmann § 3 Rn. 9), Betreibern von Kurier- und Pflegediensten oder Pächtern von Geschäften der Fall ist. Die Ausübung einer selbstständigen **Nebentätigkeit** reicht aus, sofern diese mehr als nebensächliche Bedeutung im Erwerbsleben des Schuldners hat (KG, ZInsO 2001, 669; Jaeger/Henckel/Gerhardt-Gerhardt § 3 Rn. 21).

Die selbstständige wirtschaftliche Tätigkeit muss **bereits aufgenommen** und darf **noch nicht beendet** sein (OLG Hamm, ZInsO 1999, 533). Der Beginn der Tätigkeit setzt eine gewisse organisatorische Verfestigung voraus. Verbindlichkeiten aus dem **Gründungsstadium** einer juristischen Person oder Gesellschaft können ausreichen, sofern diese bereits auf wirtschaftlicher Tätigkeit beruhen (HK-Kirchhof § 3 Rn. 8). 10

Die selbstständige wirtschaftliche Tätigkeit **endet** mit der **Einstellung der werbenden, nach außen gerichteten Tätigkeit des Schuldners**, wofür aber greifbare Anhaltspunkte vorliegen müssen (BayObLG, ZInsO 2003, 522). Indizien hierfür sind etwa die Aufgabe des Geschäftslokals, die Beendigung der Arbeitsverhältnisse, die Abmeldung des Gewerbes und die Auflösung der Geschäftskonten. Dass noch Geschäftsräume existieren, stellt ein Indiz für die werbende Tätigkeit dar, wirkt allein aber nicht zuständigkeitsbegründend (a. A. OLG Schleswig, ZInsO 2010, 574; FK-Schmerbach § 3 Rn. 12). 11

Abwicklungsmaßnahmen fallen grds. nicht unter Abs. 1 Satz 2, da diese keine wirtschaftliche Tätigkeit darstellen. Ist die werbende Tätigkeit eingestellt, kann ihr Mittelpunkt nicht mehr verlegt werden (BayObLG, NZI 2004, 88; HK-Kirchhof § 3 Rn. 8). Für die Abgrenzung zwischen (noch) wirtschaftlicher Tätigkeit und reinen Abwicklungsmaßnahmen sind die konkreten Umstände des Einzelfalls maßgeblich. Ist das Geschäftslokal noch nicht aufgegeben, werden restliche Warenbestände oder das Inventar verkauft und Außenstände eingezogen, wird sich dies noch der wirtschaftlichen Tätigkeit zuordnen lassen (LG Bonn, ZInsO 2012, 938 »Abwicklungstätigkeit mit Außenwirkung von einigem Gewicht«; MK-Ganter/Lohmann § 3 Rn. 7b). 12

Die Zuständigkeit des für den Wohnsitz des Geschäftsführers zuständigen Insolvenzgerichts wird nicht allein dadurch begründet, dass der Geschäftsführer nach Einstellung des Geschäftsbetriebs und Aufgabe der Geschäftsräume **die Geschäftsunterlagen an seinen Wohnsitz mitgenommen hat und dort verwahrt** (BayObLG, ZInsO 2003, 902 u. 1142; OLG Braunschweig, ZInsO 2000, 286; OLG Celle, ZInsO 2004, 205; 2005, 100; 2006, 503; 2006, 1106; OLG Düsseldorf, NZI 2000, 601; OLG Hamm, ZInsO 1999, 533; OLG Köln, ZInsO 2000, 222; OLG Rostock, ZInsO 2001, 1064; OLG Schleswig, NZI 2004, 264; HK-Kirchhof § 3 Rn. 8; Uhlenbruck-I.Pape § 3 Rn. 11; a. A. KG, NZI 1999, 499; OLG Karlsruhe, ZInsO 2004, 511). Dies gilt entsprechend bei der reinen Liquidation (BayObLG, ZInsO 2001, 669; KG, ZInsO 2003, 628 [Ls.]).

Etwas anderes kann in Ausnahmefällen gelten, wenn der Geschäftsführer im Zuge der **wirtschaftlichen** Abwicklung von seinem Wohnsitz aus etwa noch Restaufträge fertig stellt, Rechnungen erstellt oder Korrespondenz mit Kunden führt, da dies noch Außenwirkung entfaltet (LG Hamburg, ZInsO 2000, 118 [Ls.]; HK-Kirchhof § 3 Rn. 8). Dies soll auch für die Abwicklungstätigkeit eines vom BaFin **gem. § 37 KWG bestellten Abwicklers** gelten (AG Hamburg, ZInsO 2005, 838; 2005, 1003; 2005, 1118). Hierzu sind aber vom Insolvenzgericht konkrete Feststellungen zu treffen (vgl. Rdn. 31).

Erst recht nicht wirkt die **Durchführung und Abwicklung des Insolvenzverfahrens** durch den alten oder einen hierfür neu bestellten Geschäftsführer für sich genommen zuständigkeitsbegründend (BayObLG, ZInsO 2003, 902 und 1142; OLG Celle, ZInsO 2004, 205; OLG Hamm, ZInsO 1999, 533; OLG Rostock, ZInsO 2001, 1064; OLG Stuttgart, ZInsO 2009, 350; OLG Zweibrücken, InVo 2002, 367; HK-Kirchhof § 3 Rn. 8).

13 Der **Mittelpunkt** der selbstständigen wirtschaftlichen Tätigkeit liegt dort, wo unmittelbar Geschäfte geschlossen werden (vgl. § 21 Abs. 1 ZPO). Abzustellen ist auf den **Ort der tatsächlichen Willensbildung**, d.h. von wo aus die unternehmerischen Leitentscheidungen getroffen und in laufende Geschäftsführungsakte umgesetzt werden (OLG Brandenburg, ZInsO 2002, 767; AG Essen, ZInsO 2009, 2207). **Indizien** hierfür sind der Ort, an dem sich die Geschäftsräume und Geschäftsunterlagen befinden, an dem die Gewerbeerlaubnis erteilt ist und an dem sich das zuständige FA befindet (Uhlenbruck-I.Pape § 3 Rn. 4; vgl. zu den Kriterin i.E. das Eröffnungsgutachten im Insolvenzverfahren der Quelle GmbH ZInsO 2009, 2188). In Anlehnung an die Rspr. des EuGH zum COMI (vgl. ZInsO 2006, 484) ist auch für das deutsche Recht aus Gründen der Rechtssicherheit und Vorhersehbarkeit auf die **objektive Erkennbarkeit** für die potenziellen Gläubiger abzustellen (HK-Kirchhof § 3 Rn. 9; Frind, ZInsO 2008, 363, 364 f.; vgl. auch AG Hamburg, ZInsO 2009, 302), sodass die interne Kontrolle oder die Kontrollmöglichkeit der wirtschaftlichen Entscheidungen der Unternehmensleitung durch eine Muttergesellschaft, die ihren Sitz in einem anderen Gerichtsbezirk hat, nicht ausreicht. Andererseits bedeutet dies bei örtlich getrenntem Verwaltungssitz nicht, dass der Mittelpunkt der selbstständigen wirtschaftlichen Tätigkeit stets am Ort der Betriebsstätte liegt. Hat ein Unternehmen mehrere (**unselbstständige**) **Zweigniederlassungen**, ist die Zuständigkeit des Insolvenzgerichts dort begründet, wo sich die Hauptniederlassung befindet, d.h. von wo aus die Geschäfte tatsächlich geleitet werden (Uhlenbruck-I.Pape § 3 Rn. 4).

14 Der (**persönlich haftende**) **Gesellschafter** einer GbR, OHG oder KG teilt den Insolvenzgerichtsstand der Gesellschaft nur dann, wenn der Gesellschaftssitz zugleich den Mittelpunkt seiner selbstständigen wirtschaftlichen Tätigkeit bildet (BayObLG, ZInsO 2001, 669; KG, ZInsO 2000, 44).

15 Auch i.R.v. **Konzerninsolvenzen** ist nach derzeit geltendem Recht der Mittelpunkt der selbstständigen wirtschaftlichen Tätigkeit **jeder Konzerngesellschaft für sich** zu ermitteln, da jede insolvenzfähige Person oder Personenvereinigung (§ 11) grds. einen eigenen Gerichtsstand hat (BGHZ 138, 40 = ZIP 1998, 477; instruktiv zu den Kriterien das Eröffnungsgutachten im Insolvenzverfahren der Quelle GmbH, ZInsO 2009, 2188). Eine einheitliche örtliche Zuständigkeit für alle Konzerngesellschaften kommt nur im Fall **zentraler Lenkung** der Tochterunternehmen durch die Konzernmutter in Betracht (HK-Kirchhof § 3 Rn. 12). Die reine Mitgliedschaft in einem Unternehmensverbund ist ebenso wenig ausreichend wie die allg. Konzernleitungsmacht der Muttergesellschaft (OLG Brandenburg, ZInsO 2002, 767; **a.A.** Braun-Kießner § 3 Rn. 19). Zu weitgehend erscheint es, wenn die zentrale Lenkung einer nicht konzernrechtlich verfassten Unternehmensgruppe durch die Installation eines »**zentralen Lenkungsausschusses**« – teilweise sogar erst nach Antragstellung einzelner Gesellschaften der Gruppe – am Kanzleisitz eines mit der Sanierung beauftragten Unternehmensberaters nachträglich begründet wird, um die einheitliche Zuständigkeit des dortigen Insolvenzgerichts für alle Gesellschaften der Gruppe herbeizuführen (gebilligt von AG Köln, ZInsO 2008, 215 m. zust. Anm. Knof/Mock, ZInsO 2008, 253; 2008, 499 und abl. Anm. Frind, ZInsO 2008, 261; 2008, 363; 2008, 614). Die **willkürliche Verlagerung des wirtschaftlichen Schwerpunkts** einer Unternehmensgruppe in der Krise an den Kanzleisitz eines kurzfristig anstelle der bisherigen Geschäftsleitung eingesetzten Sanierers widerspricht dem Gesetzeszweck (vgl. Rdn. 1) und führt dazu, dass die gesetzlichen Zuständigkeitsregelungen zur freien Disposition des Schuldners stehen. Es obliegt dem Gesetzgeber, zur Vermeidung einer »Zersplitterung« des Verfahrens eine gesetzliche Regelung für das Konzerninsolvenzrecht zu schaffen (vgl. dazu Hirte, ZIP 2008, 444; Vallender, NZI 2009, 825). Zu Reformbestrebungen für die Erleichterung der Bewältigung von Konzerninsolvenzen vgl. Rdn. 40 ff.

15a Nachdem der Gesetzgeber mit dem ESUG vom 01.03.2012 einen Anreiz für eine frühzeitige Insolvenzantragstellung von insolvenzbedrohten Unternehmen schaffen wollte (vgl. das sog. Schutzschirmverfahren, §§ 270a, 270b, die Pflicht/Möglichkeit zur Einsetzung eines vorläufigen Gläubigerausschusses, § 22a sowie die Gläubigerbeteiligung bei der Bestellung des Insolvenzverwalters, § 56a), wirft dies namentlich bei Konzerninsolvenzverfahren u.a. die Frage auf, bei welchem von mehreren gem. § 3 in Betracht kommenden Insolvenzgerichten der Insolvenzantrag mit Antrag auf Eigenverwaltung gestellt wird. Dabei ist dem schuldnerischen Unternehmen bzw. dem von diesem beauftragten Sanierungsspezialisten regelmäßig daran gelegen, vor Einreichung des Insolvenzantrags mit dem zuständigen Insolvenzrichter **Abstimmungen** insb. über die Einhaltung der Formalien des Antrags (§§ 13 Abs. 1 Satz 4–6, 270b), die Person des zu bestellenden vorläufigen Sachwalters und die Besetzung eines vorläufigen Gläubigerausschusses zu treffen, um eine gewisse Planungssicherheit und nach Antragstellung eine möglichst schnelle (positive) Entscheidung über den Eigenverwaltungsantrag zu erlangen (vgl. Buchalik/Lojowski, ZInsO 2013, 1017). Wird dies vonseiten des Gerichts unter Hinweis auf die richterliche Unabhängigkeit oder das Gebot des rechtsstaatlichen Verfahrens verweigert (vgl. zu diesbezüglichen Bedenken Pressemitteilung des BAKInsO e.V. vom 01.10.2012), ist zu befürchten, dass sich die Praxis damit »behilft«, dass der Insolvenzantrag an einem anderen Insolvenzgericht gestellt wird, dessen örtliche Zuständigkeit sich ebenfalls begründen lässt und das sich »kooperativer« zeigt. Auch ist bei einer Geschäftsverteilung an dem zuständigen Insolvenzgericht nach Buchstaben denkbar, dass durch eine kurzfristige Umfirmierung des schuldnerischen Unternehmens versucht wird, die Zuständigkeit eines nicht kooperierenden Richters zu umgehen. Das damit eintretende Ergebnis eines nationalen »**forum shopping**« erscheint unbefriedigend.

Da Vorabstimmungen zwischen dem Eigenantragsteller und dem Insolvenzgericht nicht gesetzlich geregelt sind, bewegen sich alle Beteiligten in einer **rechtlichen Grauzone**, was zu erheblicher Rechtsunsicherheit führt (vgl. nur die Entscheidungen des AG München, ZInsO 2012, 745 zu den Anforderungen an die Person des Bescheinigers im Rahmen des § 270b Abs. 1 Satz 3; AG Stendal, ZIP 2012, 2171 sowie nachgehend LG Stendal, ZIP 2013, 1389 zur Bestellung eines Sonderinsolvenzverwalters zur Prüfung und ggf. Geltendmachung von Schadensersatzansprüchen im Zusammenhang mit der angeordneten Eigenverwaltung sowie zum Nichtbestehen eines Beschwerderechts für den Schuldner dagegen; LG Stendal, ZInsO 2012, 2208 zu den Anforderungen an die Neutralität des Sachwalters; vgl. auch Pape, ZInsO 2013, 2129; Horstkotte, ZInsO 2013, 2354; Fölsing, ZInsO 2012, 2272). Gerade wegen der unsicheren Rechtslage sind sowohl die Eigenverwaltungsantragsteller als auch die zuständigen Insolvenzrichter aufgerufen, im Interesse des vom Gesetzgeber mit dem ESUG angestrebten Sanierungserfolgs mit dem de lege lata bestehenden Zustand konstruktiv umzugehen und nach interessengerechten Lösungen zu suchen. Dies setzt auf Seiten der Insolvenzgerichte voraus, dass anhand der Geschäftsverteilungspläne festgestellt werden kann, welcher Richter für das Insolvenzantragsverfahren zuständig wäre, wie dies etwa bei einer Buchstabenzuständigkeit der Fall ist oder bei einem Turnussystem dadurch ermöglicht werden kann, Eigenverwaltungsantragsentwürfe als AR-Verfahren einzureichen mit der Regelung, dass der mit dem AR-Verfahren befasste Richter wegen Sachzusammenhangs für das nachfolgende Insolvenzantragsverfahren zuständig ist. Darüber hinaus sollten die Insolvenzrichter Abstimmungsgespräche vor Antragstellung nicht von vornherein ablehnen, auch wenn nicht zu verkennen ist, dass aus Richtersicht die Gefahr überflüssiger Abstimmungsgespräche besteht, wenn der Antrag im Anschluss nicht oder an einem anderen Gericht gestellt wird. Gerade komplexe und umfangreiche Eigenverwaltungsantragsentwürfe können ggf. mündlich besser erörtert werden. Hierbei ist von beiden Seiten besondere Sensibilität gefragt. Insbesondere kann von Schuldnerseite nicht erwartet werden, dass der potenziell zuständige Insolvenzrichter den Wünschen, welche Person zum vorläufigen Sachwalter zu bestellen ist, regelmäßig nachkommt. Die von Schuldnern/Beratern geforderte Kooperationsbereitschaft der Insolvenzrichter darf nicht mit Gefügigkeit verwechselt werden. Für den weit überwiegenden Teil der Fälle werden sich für alle Seiten befriedigende Lösungen finden lassen. Mit einer konstruktiven Vorabstimmung zwischen dem Schuldner, der die Eigenverwaltung anstrebt, und dem Insolvenzrichter können zeitliche Verzögerungen bei der Bescheidung des Eigenverwaltungsantrags minimiert und fruchtlose Streitigkeiten über die Formalien des Antrags sowie die Person des vorläufigen Sachwalters vermieden werden. De lege ferenda wäre hier eine gesetzliche Regelung, die zu mehr Rechtssicherheit für alle Beteiligten führt, wünschenswert. Zu Reformbestrebungen für die Erleichterung der Bewältigung von Konzerninsolvenzen vgl. Rdn. 40 ff.

16 ▶ **Hinweis:**

Bei einheitlicher Antragstellung für alle Konzerngesellschaften bei dem für die Konzernmutter zuständigen Gericht neigen die Insolvenzgerichte dazu, ihre örtliche Zuständigkeit auch für die Verfahren über das Vermögen der Tochtergesellschaften zu bejahen, um eine »Zersplitterung« der Verfahren zu vermeiden. Dies setzt jedoch stets voraus, dass über die reine Mitgliedschaft im Unternehmensverbund hinaus Tatsachen vorgetragen werden, die es vertretbar erscheinen lassen, vom Mittelpunkt der selbstständigen wirtschaftlichen Tätigkeit der Tochtergesellschaften am Gerichtsstand der Konzernmutter auszugehen.

III. Allgemeiner Gerichtsstand

17 Sofern die Voraussetzungen des Abs. 1 Satz 2 nicht vorliegen, richtet sich die örtliche Zuständigkeit nach dem **allgemeinen Gerichtsstand** des Schuldners (§ 4 i. V. m. §§ 12 ff. ZPO).

18 Für **natürliche Personen** befindet sich dieser an ihrem **Wohnsitz** (§ 13 ZPO). Auf den Aufenthaltsort oder letzten Wohnsitz (§ 16 ZPO) ist nur abzustellen, wenn der Schuldner auch im Ausland über keinen Wohnsitz verfügt (vgl. BGH, ZInsO 2010, 348; OLG Köln, ZInsO 2001, 622). Unter dem Wohnsitz (§§ 7 ff. BGB) ist der **räumliche Mittelpunkt der gesamten Lebensverhältnisse** einer Person zu verstehen. Die Anmeldung stellt lediglich ein Indiz hierfür dar, da die tatsächlichen Verhältnisse entscheiden (BGH, NJW-RR 1995, 507). Maßgebend ist, ob der Schuldner hauptsächlich in den Räumen lebt und insb. dort schläft (BGH, NJW 1978, 1858). Ein **Wohnsitz an mehreren Orten** (§ 7 Abs. 2 BGB) setzt voraus, dass die an den betreffenden Orten unterhaltenen Wohnungen gleichermaßen den **Schwerpunkt der Lebensverhältnisse** darstellen (AG Köln, NZI 2008, 390). Die Verbüßung von **Straf- oder Untersuchungshaft** wirkt nicht wohnsitzbegründend (BGH, NZI 2008, 121; zum fehlenden Lebensmittelpunkt bei Besuchsaufenthalten vgl. BVerwG, NJW 1986, 674). Befindet sich der Schuldner im **Zeugenschutzprogramm** und verweigert unter Hinweis darauf die Angabe seines aktuellen Wohnsitzes, richtet sich die örtliche Zuständigkeit nicht gem. § 16 ZPO analog nach seinem letzten bekannten Wohnsitz, da § 10 Abs. 1 ZSHG in Insolvenzverfahren keine Anwendung findet (AG Hamburg, ZInsO 2005, 276). Vielmehr hat der Schuldner seine aktuelle Anschrift offenzulegen, wenn er ein Insolvenzverfahren durchführen will (LG Hamburg, NZI 2006, 115; ZInsO 2005, 1000).

19 Der allgemeine Gerichtsstand von **juristischen Personen, nicht rechtsfähigen Vereinen** sowie **von Gesellschaften ohne Rechtspersönlichkeit i. S. d. § 11 Abs. 2 Nr. 1** wird durch ihren Sitz bestimmt (§ 17 Abs. 1 Satz 1 ZPO). Die Vorschrift des § 17 Abs. 1 ZPO findet auch auf die **Außen-GbR** direkte Anwendung, da diese selbst rechts- und parteifähig ist (BGHZ, 146, 341 = ZInsO 2001, 218). Der Sitz lässt sich bei juristischen Personen und Handelsgesellschaften, bei denen die registerliche Eintragung ihres Sitzes gesetzlich vorgeschrieben ist (GmbH: § 10 GmbHG; AG: § 39 AktG; OHG: § 106 HGB; KG: § 162 HGB; e. V.: §§ 57, 59 BGB; e. G.: §§ 6, 11 GenG), aus dem **Handelsregister** (bzw. Vereins- oder Genossenschaftsregister) ersehen.

20 Die beschlossene **Sitzverlegung** einer GmbH oder AG berührt die örtliche Zuständigkeit erst, wenn die Satzungsänderung in das Handelsregister eingetragen wurde, da die Eintragung insoweit konstitutiv wirkt (§ 54 Abs. 3 GmbHG; § 45 Abs. 2 Satz 5, Abs. 3 Satz 3 AktG). Selbst eine eingetragene Sitzverlegung kann wegen Verstoßes gegen das Verbot missbräuchlicher Sitzverlegungen **unbeachtlich** sein, wenn der Geschäftsbetrieb bereits eingestellt war und die Sitzverlegung nur zum Zweck der Zuständigkeitserschleichung im Rahmen einer Firmenbestattung erfolgt ist (BayObLG, ZInsO 2003, 1045 zu § 4a Abs. 2 GmbHG a. F.; vgl. Rdn. 35 ff.).

21 **Auch nach der Löschung** aus dem Handelsregister bleibt der **letzte satzungsmäßige (eingetragene) Sitz** zuständigkeitsbegründend, sofern die juristische Person oder Gesellschaft noch über Vermögen verfügt und ihre Insolvenzfähigkeit damit nach der »Lehre vom Doppeltatbestand« fortbesteht (vgl. BGH, ZInsO 2005, 144; Uhlenbruck-I.Pape § 3 Rn. 11; vgl. § 11 Rdn. 48).

Fehlt ein bestimmter Sitz, richtet sich der allgemeine Gerichtsstand **nach dem tatsächlichen Ver-** 22
waltungssitz (§ 17 Abs. 1 Satz 2 ZPO).

IV. Mehrere Zuständigkeiten (Abs. 2)

Sind gem. § 3 Abs. 1 **mehrere Gerichte** örtlich zuständig, z. B. bei mehreren selbstständigen wirt- 23
schaftlichen Tätigkeiten des Schuldners an verschiedenen Orten ohne Bestehen eines Mittelpunktes
oder mehreren Wohnsitzen des Schuldners (§ 7 Abs. 2 BGB; vgl. Rdn. 18), entscheidet gem. Abs. 2
der Zeitpunkt des frühesten Antragseingangs (**Prioritätsprinzip**). Das betreffende Gericht schließt,
solange das Insolvenzverfahren noch anhängig ist, die übrigen zuständigen Gerichte aus.

Die Ausschlusswirkung des Abs. 2 tritt nicht ein, wenn das Gericht, bei dem der zeitlich erste Antrag 24
anhängig ist, örtlich unzuständig ist. Demgegenüber hindern sonstige Zulässigkeitsmängel des früheren, bei einem örtlich zuständigen Gericht gestellten Antrags den Eintritt der Wirkung des Abs. 2
nicht, da die Vorschrift allein auf den Antragseingang und nicht auf die Zulassung des Antrags
durch das Gericht abstellt. Halten sich mehrere Insolvenzgerichte (allein) für örtlich zuständig (sog.
positiver Kompetenzkonflikt), was in der Praxis selten vorkommt, erfolgt die Zuständigkeitsbestimmung gem. § 36 Abs. 1 Nr. 5, Abs. 2 ZPO durch das übergeordnete Gericht (OLG München,
ZInsO 2014, 902; vgl. Haertlein/Schmidt, ZInsO 2004, 603). Voraussetzung dafür ist jedoch, dass
sich beide Gerichte »rechtskräftig« für zuständig erklärt haben, was ausdrücklich etwa **im Wege**
eines Zwischenbeschlusses (§ 4 i. V. m. § 280 ZPO) geschehen muss. Die Anordnung von Sicherungsmaßnahmen nach § 21 allein reicht hierfür nicht aus (OLG Hamburg, ZInsO 2004, 624).
Eröffnet jedoch eines der Gerichte das Insolvenzverfahren, **erledigt** sich der Kompetenzkonflikt
mit der Rechtskraft dieses Beschlusses, da dadurch ein etwaiger Zuständigkeitsmangel geheilt wird
(vgl. Rdn. 26) und das Gericht für das weitere Verfahren zuständig ist (OLG München, ZInsO
2014, 902; HK-Kirchhof, § 3 Rn. 24 f.). Ein von dem anderen beteiligten Gericht vor Rechtskraft
des Eröffnungsbeschlusses gestellter Antrag auf Zuständigkeitsbestimmung hindert den Eintritt der
Rechtskraft des Eröffnungsbeschlusses nicht.

Ist noch kein Insolvenzverfahren anhängig, hat der Eröffnungsantragsteller zwischen mehreren 25
örtlich zuständigen Gerichten gem. § 35 ZPO ein **Wahlrecht** (HK-Kirchhof § 3 Rn. 18; Jaeger/
Henckel/Gerhardt-Gerhardt § 3 Rn. 43).

Eröffnet ein örtlich nicht zuständiges Gericht das Insolvenzverfahren, wird der Mangel der Zustän- 26
digkeit durch die Rechtskraft des Eröffnungsbeschlusses **geheilt** (BGHZ 138, 44 = ZIP 1998, 477;
OLG Celle, NZI 2007, 465; Jaeger/Henckel/Gerhardt-Gerhardt § 3 Rn. 43). **Rechtsmittel** gegen
die Eröffnung des Insolvenzverfahrens können gem. § 571 Abs. 2 Satz 2 ZPO nicht auf die örtliche Unzuständigkeit des Gerichts gestützt werden (OLG Köln, ZIP 2000, 462; HK-Kirchhof
§ 3 Rn. 25). Dies gilt auch für die Rechtsbeschwerde (§ 576 Abs. 2 ZPO; BGH, NZI 2005, 184).
Deshalb kann die angebliche örtliche Unzuständigkeit des eröffnenden Gerichts auch nicht durch
die Stellung eines Insolvenzantrags bei dem vermeintlich örtlich zuständigen Gericht verfolgt werden (LG Berlin, NZI 2008, 43).

V. Verweisung, Verfahren, Kompetenzkonflikte

Hält sich das Insolvenzgericht nach Ermittlung der maßgeblichen Umstände für örtlich unzustän- 27
dig, hat es den Antragsteller darauf **hinzuweisen** (§ 139 ZPO) und ihm Gelegenheit zu geben, den
Antrag gem. § 281 ZPO auf **Verweisung** an das zuständige Insolvenzgericht zu stellen (Uhlen-
bruck-I.Pape § 3 Rn. 15). Im Verweisungsantrag hat der Antragsteller das Gericht, an das verwiesen
werden soll, bestimmt zu bezeichnen (AG Göttingen, ZInsO 2001, 137).

Wird der Verweisungsantrag nicht gestellt, ist der Eröffnungsantrag **als unzulässig abzuweisen**, 28
sofern der Antragsteller für den Fall, dass der Verweisungsantrag nicht gestellt wird, auf diese Folge
hingewiesen worden ist (Uhlenbruck-I.Pape § 3 Rn. 15). Gegen den Abweisungsbeschluss steht
gem. § 34 Abs. 1 (nur) dem Antragsteller die sofortige Beschwerde zu (HK-Kirchhof § 3 Rn. 25).

29 Wird dagegen Verweisungsantrag gestellt, hat sich das Gericht gem. § 281 ZPO durch Beschluss **für unzuständig zu erklären** und **das Verfahren an das zuständige Gericht zu verweisen** (OLG Köln, ZInsO 2000, 393). Der Verweisung stehen sonstige heilbare Mängel des Antrags nicht entgegen (HK-Kirchhof § 3 Rn. 23). Nach übereinstimmender Erledigungserklärung oder Rücknahme des Insolvenzantrags ist eine Verweisung lediglich zur Kostenentscheidung unstatthaft (OLG Frankfurt am Main, ZInsO 2005, 822). Dies gilt auch bei einer einseitigen Erledigungserklärung des Antragstellers (a. A. OLG Frankfurt am Main, ZInsO 2005, 822). Nach **Rechtskraft des Eröffnungsbeschlusses** ist eine Verweisung des eröffneten Verfahrens an das örtlich zuständige Gericht nicht mehr möglich (OLG Celle, NZI 2007, 465; vgl. Rdn. 26).

30 Der **Verweisungsbeschluss ist unanfechtbar** (§ 281 Abs. 2 Satz 2 ZPO) und für das im Verweisungsantrag genannte Gericht grds. **bindend** (§ 281 Abs. 2 Satz 4 ZPO), woran auch die **inhaltliche Unrichtigkeit** des Beschlusses nichts ändert (BGH, ZInsO 2006, 146; BayObLG, ZInsO 2003, 1045). Dagegen entfällt die Bindungswirkung ausnahmsweise, wenn die Verweisung sich so weit von der gesetzlichen Grundlage entfernt, dass sie im Hinblick auf das Gebot des gesetzlichen Richters und das **Willkürverbot** des GG nicht mehr hingenommen werden kann (BayObLG, ZInsO 2003, 1142) oder unter **schweren Verfahrensverstößen** leidet (MK-Ganter/Lohmann § 3 Rn. 28b).

31 **Willkürlich** ist die Verweisung, wenn ihr jede gesetzliche Grundlage fehlt (OLG Celle, NZI 2007, 465; OLG Hamm, ZInsO 1999, 533; OLG Rostock, ZInsO 2001, 1064; OLG Zweibrücken, InVo 2002, 367) oder wenn sie auf einer offensichtlich unzureichenden Erfassung des Sachverhalts beruht (KG, ZInsO 2009, 1079), was der Fall ist, wenn das verweisende Gericht trotz konkreter Anhaltspunkte für eine **rechtsmissbräuchliche Erschleichung der Zuständigkeit** eines vom Sitz abweichenden Gerichtsstands **keine Umstände ermittelt und dartut**, die seiner Zuständigkeit nach Abs. 1 Satz 1 entgegenstehen (BGH, ZInsO 2006, 146; BayObLG, ZInsO 2003, 1142; OLG Oldenburg, ZInsO 2007, 1282; OLG Stuttgart, ZInsO 2009, 350). Dabei genügt das verweisende Insolvenzgericht seiner Amtsermittlungspflicht nicht, wenn es sich auf **inhaltlich nichtssagende und substanzlose Angaben** der Schuldnerin im Insolvenzantrag zu einer angeblich andernorts stattfindenden »umfangreichen Abwicklungstätigkeit« verlässt (OLG Celle, ZInsO 2006, 1106).

32 **Schwer verfahrensfehlerhaft** ist die Verweisung, wenn sie ohne jede Begründung ergangen ist (BGH, ZInsO 2006, 146; OLG Celle, ZInsO 2005, 100; OLG München, ZInsO 2009, 838; a. A. noch OLG Karlsruhe, ZIP 2005, 1475), die Begründung nicht erkennen lässt, aus welcher Alternative des § 3 Abs. 1 das verweisende Gericht seine örtliche Unzuständigkeit ableitet (OLG Hamm, ZIP 2013, 1144) oder sie auf der Verletzung rechtlichen Gehörs beruht, es sei denn, die erstmalige Unterrichtung des Schuldners i. R. d. Zuständigkeitsprüfung hätte zu einer **Gefährdung des Verfahrenszwecks** führen können (BGH, ZIP 1996, 1516). Dies vermag jedoch nicht die Praxis einiger Insolvenzgerichte zu rechtfertigen, unter Berufung auf die genannte Entscheidung des BGH bei Gläubigeranträgen vor der Verweisung jegliche Amtsermittlung bzgl. der eigenen örtlichen Unzuständigkeit zu unterlassen (OLG Celle, ZInsO 2011, 2004; vgl. Rdn. 4). Eine **Verletzung rechtlichen Gehörs** kann auch darin liegen, dass das angerufene Gericht den Antragsteller vor der Verweisung nur pauschal auf die fehlende Darlegung der örtlichen Zuständigkeit hingewiesen hat, ohne gleichzeitig klarzustellen, welche zusätzlichen Angaben zur Zuständigkeit erwartet werden (OLG Frankfurt am Main, ZInsO 2005, 822).

33 Dem Verweisungsbeschluss fehlt auch die Bindungswirkung, wenn dieser **auf einer Täuschung der beteiligten Richter** über die für den Sitz der Schuldnerin maßgeblichen Umstände beruht, was bei einer eingetragenen Sitzverlegung der Fall sein kann, die nur zum Zweck der Unternehmensbestattung erfolgt und daher wegen Verstoßes gegen das Verbot missbräuchlicher Sitzverlegungen unwirksam ist (BayObLG, ZInsO 2003, 1045 zu § 4a Abs. 2 GmbH a. F.; vgl. BGH, ZInsO 2008, 1140; a. A. MK-Ganter/Lohmann § 3 Rn. 28a). Die Abschaffung von § 4a Abs. 2 GmbH durch das MoMiG hat am Verbot missbräuchlicher Sitzverlegungen nichts geändert (KG, ZIP 2011, 1566). Zu einer Firmenbestattung führende Gesellschafterbeschlüsse sind als Umgehungsgeschäfte gem. § 134 BGB (OLG Zweibrücken, ZInsO 2013, 2165) oder wegen Sittenwidrigkeit gem. § 138 BGB nichtig (vgl. BGH, ZInsO 2013, 555 Rn. 21).

Verneint das Gericht, an das die Sache verwiesen wurde (ggf. nach weiteren Ermittlungen) seine 34
Zuständigkeit und kommt dem Verweisungsbeschluss ausnahmsweise keine Bindungswirkung
zu, kann sich das Gericht **seinerseits für unzuständig erklären** und die Sache dem im Rechtszug zunächst höheren Gericht gem. § 36 Abs. 1 Nr. 6 ZPO **zur Bestimmung der Zuständigkeit vorlegen**. Liegen die beiden Insolvenzgerichte in unterschiedlichen OLG-Bezirken, ist das OLG zuständig, zu dessen Bezirk das erste mit der Sache befasste Gericht gehört (§ 36 Abs. 2 ZPO). Bei Eigenantragsverfahren oder im Fall eines bereits an den Schuldner zugestellten Gläubigerantrags werden der Verweisungs- und der Vorlagebeschluss erst »**rechtskräftig**« i.S.d. § 36 Abs. 1 Nr. 6 ZPO, wenn sie **auch dem Schuldner mitgeteilt** worden sind (KG, NZI 1999, 499; OLG Schleswig, ZInsO 2010, 574; Uhlenbruck-I.Pape § 3 Rn. 7). Eine **formlose akteninterne Rückgabeverfügung** nach Verweisungsbeschluss genügt nicht (OLG Schleswig, ZInsO 2010, 574). Hält sich das verweisende Gericht im Fall der formlosen Rückgabe nach weiteren Ermittlungen nach wie vor für örtlich unzuständig, bedarf es einen neuen Verweisungsbeschlusses (OLG Schleswig, ZInsO 2010, 574). Die Entscheidung des übergeordneten Gerichts über die Zuständigkeit ist unanfechtbar (§ 37 Abs. 2 ZPO).

VI. Sonderfall Firmenbestattung und Neuregelungen durch das MoMiG

In den letzten Jahren haben sich in der Praxis die Fälle von **sog. Firmenbestattungen** gehäuft, die 35
in verschiedenen Erscheinungsformen auftreten (vgl. dazu ausführl. Pape, ZIP 2006, 877; Schmittmann/Gregor InsbürO 2006, 410). Üblicherweise werden die Gesellschaftsanteile insolvenzreifer GmbH nach Einstellung der werbenden Tätigkeit unter Einschaltung **eines professionellen Bestatters** auf einen Strohmann übertragen, der den früheren Geschäftsführer abberuft und sich selbst zum Geschäftsführer bestellt. Gleichzeitig wird zumeist eine Sitzverlegung an einen anderen Ort (sowie häufig eine Umfirmierung) beschlossen. Die Geschäftsunterlagen sind rgm. nicht auffindbar.

Ziel dieses Vorgehens ist es, die Durchführung des Verfahrens weit weg vom Ort des eingetragenen 36
Sitzes (bzw. vom letzten Mittelpunkt der selbstständigen wirtschaftlichen Tätigkeit) zu erreichen, um den Gläubigern die Wahrnehmung und Verfolgung ihrer Rechte zu erschweren und dem ursprünglichen Geschäftsführer die Möglichkeit zu geben, sich aus seiner Haftung zu stehlen (OLG Celle, ZInsO 2004, 91). Es besteht die Gefahr, dass Vermögensverschiebungen nicht aufgedeckt, Insolvenzverschleppungstatbestände nicht verfolgt und Anfechtungsrechte nicht wahrgenommen werden. Selbst eine eingetragene Sitzverlegung kann nur zur Täuschung der Gerichte erfolgen und damit unbeachtlich sein, wenn die Schuldnerin an ihrem angeblichen neuen Sitz keinerlei wirtschaftliche Aktivität beabsichtigt und entfaltet hat (BayObLG, ZInsO 2003, 1045).

Zur **Reichweite der Amtsermittlungspflicht** der Insolvenzgerichte bzgl. der örtlichen Zuständig- 37
keit und zur Unwirksamkeit von willkürlichen Verweisungsbeschlüssen »nach Aktenlage« hat der BGH in seiner auf den Vorlagebeschluss des OLG Karlsruhe vom 30.05.2005 (ZIP 2005, 1475) ergangenen Entscheidung vom 13.12.2005 (ZInsO 2006, 146) für Klarheit gesorgt. Auch wenn nicht zu verkennen ist, dass die Durchführung des Insolvenzverfahrens am Sitz des Schuldners bzw. bei missbräuchlicher Sitzverlegung am ehemaligen Sitz des Schuldners kein »Allheilmittel« gegen die Flut der Firmenbestattungen darstellt, kann sie doch dazu beitragen, die Praxis der gewerblichen Firmenbestattung zu erschweren und zumindest einen minimalen Schutz des Rechts- und Geschäftsverkehrs dagegen zu gewährleisten (Pape, ZIP 2006, 877, 880).

Anhaltspunkte für Firmenbestattungen können sich daraus ergeben, dass der Geschäftsführer dem 38
Gericht aus früheren Insolvenzverfahren als Bestatter oder Strohmann bekannt ist, dass bereits im Eröffnungsantrag die Verweisung an den Ort der »Abwicklung des Insolvenzverfahrens« beantragt wird oder dass noch kurz vor Antragstellung ohne erkennbaren Grund eine Sitzverlegung erfolgt ist, wobei nicht bereits gegen die Annahme einer Bestattung spricht, dass die Sitzverlegung nicht innerhalb der letzten 3 Wochen vor Antragstellung und damit innerhalb der Antragsfrist des § 15a Abs. 1 Satz 1 erfolgt ist (a.A. noch BGHZ 132, 195 = ZIP 1996, 847 zu § 64 GmbHG a.F.).

39 Der Gesetzgeber hat den bestehenden Handlungsbedarf durch das am 01.11.2008 in Kraft getretene **MoMiG** vom 23.10.2008 (BGBl. I S. 2026) Rechnung getragen. Das Gesetz schützt den Gläubiger einerseits dagegen, dass die schuldnerische juristische Person die Rechtsverfolgung gegen sie vereitelt, indem sie keinen organschaftlichen Vertreter mehr hat (»**Führungslosigkeit**«, § 10 Abs. 2 Satz 2). Andererseits wird die Rechtsverfolgung gegen (nicht führungslose) juristische Personen erleichtert, die für den Gläubiger nach Schließung des Geschäftslokals nicht mehr erreichbar sind. Bei »führungslosen« GmbH sieht § 35 Abs. 1 Satz 2 GmbHG vor, dass die **Gesellschafter Empfangsvertreter** für die Abgabe von Willenserklärungen und den Zugang von Schriftstücken werden. Gleiches gilt bei der AG (§ 78 Abs. 1 Satz 2 AktG) und der Genossenschaft (§ 24 Abs. 1 Satz 2 GenG) für den **Aufsichtsrat**. Klagen/Insolvenzanträge gegen die führungslose GmbH, AG oder Genossenschaft sind nicht wegen deren Prozessunfähigkeit unzulässig (vgl. § 4 Rdn. 20a, § 13 Rdn. 12 ff.). Die **Insolvenzantragspflicht** wird bei »Führungslosigkeit« auf die Gesellschafter (GmbH) bzw. den Aufsichtsrat (AG und Genossenschaft) erweitert (§ 15a Abs. 3) einschließlich der **Strafbarkeit** bei Verletzung der Antragspflicht (§ 15a Abs. 4 u. 5) und der **Kostentragungspflicht** bei Nichterfüllung der Auskunfts- und Mitwirkungspflichten, wenn der Antrag abgewiesen wird (§ 101 Abs. 3 InsO). Bei führungslosen juristischen Personen kann das Gericht die an ihr beteiligten Personen **anhören** (§ 10 Abs. 2 Satz 2; vgl. § 10 Rdn. 10 ff.). An eine juristische Person, die zu einer Eintragung einer inländischen Geschäftsanschrift im Handelsregister verpflichtet ist, kann gem. § 185 Nr. 2 ZPO **öffentlich zugestellt** werden, wenn Zustellungen weder unter der eingetragenen inländischen Anschrift bzw. unter einer evtl. eingetragenen Anschrift einer für Zustellungen empfangsberechtigten Person noch unter einer ohne Ermittlungen bekannten sonstigen inländischen Geschäftsanschrift möglich sind. Zu den näheren Einzelheiten des MoMiG vgl. Hirte, ZInsO 2008, 689 und Horstkotte, ZInsO 2009, 209.

VII. Reformbestrebungen für konzernspezifische Insolvenzen

40 Die Bundesregierung hat am 30.01.2014 einen **Regierungsentwurf zur Erleichterung der Bewältigung von Konzerninsolvenzen** vorgelegt (BT-Drucks. 18/407; abgedruckt in ZInsO 2014, 286 ff.). Dabei verfolgt der Gesetzentwurf nach der Begründung des RegE das Ziel, die im Fall einer Konzerninsolvenz zu eröffnenden Einzelverfahren über Vermögen konzernangehöriger Unternehmen besser aufeinander abzustimmen. Der Entwurf verfolgt dabei zwei aufeinander aufbauende Ansätze: Durch differenzierte **Gerichtsstandsregelungen** in § 3a bis § 3e RegE wird die Möglichkeit eröffnet, sämtliche Verfahren an einem Insolvenzgericht anhängig zu machen oder sie für den Fall, dass die Verfahren an mehreren Gericht geführt werden, dorthin zu verweisen. Diese Zuständigkeitskonzentration wird durch eine einheitliche Richterzuständigkeit ergänzt. Für Fälle, in denen Verfahren an mehreren Gerichten geführt werden oder in denen mehrere Verwalter bestellt worden sind, schafft der Entwurf Rechtsgrundlagen für die **Zusammenarbeit zwischen den betroffenen Verwaltern und Gerichten**. Der zweite Ansatz des Regierungsentwurfs betrifft die Schaffung eines sog. **Koordinationsverfahrens** (§§ 269a bis § 269i RegE), das die Abstimmung der Einzelverfahren von Schuldnern, die derselben Unternehmensgruppe angehören, verbessern soll, ohne die Selbstständigkeit der Verfahren infrage zu stellen.

41 Die in § 3a RegE enthaltene Regelung sieht die Einführung eines neuen Gerichtsstandes für den Schuldner vor, der als **Gruppen-Gerichtsstand** bezeichnet wird. Gem. § 3a Abs. 1 Satz 1 RegE erklärt sich das angerufene Insolvenzgericht auf Antrag des Schuldners, der einer Unternehmensgruppe im Sinne von § 3e RegE angehört, für die Insolvenzverfahren über die anderen gruppenangehörigen Schuldner (Gruppen-Folgeverfahren) für zuständig, wenn in Bezug auf den Schuldner ein zulässiger Eröffnungsantrag vorliegt und der Schuldner nicht offensichtlich von untergeordneter Bedeutung für die gesamte Unternehmensgruppe ist. Nach der in § 3 Abs. 1 Satz 2 RegE enthaltenen Regelung ist eine **untergeordnete Bedeutung** in der Regel nicht anzunehmen, wenn kumulativ der Anteil des Schuldners an der Unternehmensgruppe im vorangegangenen abgeschlossenen Geschäftsjahr im Hinblick auf die Bilanzsumme, die Umsatzerlöse und die Zahl der im Jahresdurchschnitt beschäftigten Arbeitnehmer jeweils mehr als 10 % betrug. Stellen mehrere gruppenangehörige Schuldner zugleich einen Antrag nach Satz 1 oder ist bei mehreren Anträgen unklar, welcher Antrag zuerst

gestellt worden ist, ist gem. § 3 Abs. 1 Satz 3 RegE der Antrag des Schuldners maßgeblich, der die größere Bilanzsumme aufweist; die anderen Anträge sind unzulässig. Das Gericht kann bei bestehenden Zweifeln, dass eine Verfahrenskonzentration am angerufenen Insolvenzgericht **im gemeinsamen Interesse der Gläubiger** liegt, den Antrag nach Abs. 1 Satz 1 ablehnen (§ 3a Abs. 2 RegE). Das Antragsrecht geht mit Eröffnung des Insolvenzverfahrens gem. § 3a Abs. 3 auf den Insolvenzverwalter und mit der Bestellung eines vorläufigen Insolvenzverwalters, auf den die Verwaltungs- und Verfügungsbefugnis über das Vermögen des Schuldners übergeht, auf diesen über.

Das Antragsrecht soll auch bei Gläubigeranträgen allein dem Schuldner zustehen und lediglich die Zulässigkeit des Eigenantrags auf Eröffnung des Insolvenzverfahrens voraussetzen, nicht aber auch dessen Begründetheit, da andernfalls vor der Entscheidung über den Gruppen-Gerichtsstand eine zu aufwändige Prüfung erforderlich wäre, was der möglichst frühzeitigen Festlegung des Gruppen-Gerichtsstandes entgegen stünde. Für die Frage, ob der Schuldner nicht von offensichtlich untergeordneter Bedeutung für die Unternehmensgruppe ist, soll neben den in § 3a Abs. 1 Satz 2 RegE genannten quantitativen Kriterien auch auf **qualitative Erklärungen** abgestellt werden, insbesondere in Bezug auf die von dem Unternehmen übernommenen Aufgaben und Funktionen. Ist die Unternehmensgruppe gem. §§ 290 ff. HGB nicht zur Erstellung von Konzernabschlüssen verpflichtet oder liegen diese nicht vor, ist das Vorliegen der quantitativen Schwellen anhand untechnischer Zusammenfassungen der Abschlüsse nach freiem richterlichen Ermessen zu schätzen. Gem. § 3a Abs. 1 Satz 3 RegE gilt für die Antragstellung das **Prioritätsprinzip**, wobei maßgebliches Kriterium bei gleichzeitiger Antragstellung oder nicht mehr aufklärbarer Reihenfolge der Anträge mehrerer gruppenangehöriger Schuldner die Höhe der Bilanzsumme entscheiden soll. Bei der Entscheidung über die Feststellung des Gruppen-Gerichtsstandes soll das Gericht nur auf die Interessen der Gläubiger sämtlicher gruppenangehöriger Schuldner abstellen und die Angaben zugrunde legen, die der antragstellende Schuldner nach § 13a Abs. 1 Nr. 2 RegE zu machen hat. Dass und welche Kooperationsvorteile eine Verfahrenskonzentration erwarten lässt, muss nicht positiv festgestellt werden. Dabei soll **ein Interesse der Gläubiger** immer dann zu bejahen sein, wenn sich durch die koordinierte Abwicklung der Einzelverfahren **Koordinierungsgewinne** erzielen lassen, die einigen Insolvenzmassen zugutekommen, ohne dabei die übrigen Massen zu benachteiligen. Um dem Insolvenzgericht die erforderlichen Angaben für die Prüfung im Rahmen des § 3a RegE zu verschaffen, regelt § 13a RegE die im **Antrag zur Begründung eines Gruppen-Gerichtsstands anzugebenden Angaben**, wobei das Fehlen dieser Angaben oder deren Unvollständigkeit die Feststellung des Gruppen-Gerichtsstandes nicht ausschließen. Allerdings können bei unvollständigen Angaben Zweifel daran bleiben, ob die Begründung des Gruppen Gerichtsstandes im gemeinsamen Interesse der Gläubiger liegt, was gem. § 3a Abs. 2 zur Abweisung des Antrags führen kann.

Gem. § 3b Reg-E bleibt ein nach § 3a begründeter Gruppen-Gerichtsstand von der Nichteröffnung, Aufhebung oder Einstellung des Insolvenzverfahrens über den antragstellenden Schuldner unberührt, solange an diesem Gerichtsstand ein Verfahren über einen anderen gruppenangehörigen Schuldner anhängig ist. 42

Da die Begründung eines Gruppen-Gerichtsstandes nur die Zulässigkeit des Eröffnungsantrages des antragstellenden Schuldners voraussetzt, ist der Bestand des Gruppen-Gerichtsstandes nicht daran geknüpft, dass dieses Verfahren eröffnet oder nach Eröffnung nicht aufgehoben oder eingestellt wird. Dabei geht § 3b RegE über den schon nach derzeit geltendem Recht bestehenden Grundsatz der **perpetuatio fori** (§ 4 InsO i. V. m. § 261 Abs. 3 Nr. 2 ZPO) hinaus, indem er den Gruppen-Gerichtsstand auch für weitere, noch nicht anhängig gemachte Gruppen-Folgeverfahren bestehen lässt, solange dort zumindest noch ein Verfahren über einen gruppenangehörigen Schuldner anhängig ist. Dadurch soll die Notwendigkeit zur erneuten Begründung eines Gruppen-Gerichtsstandes im Interesse der Gläubiger vermieden werden. Hierfür besteht nur dann kein Bedürfnis, wenn zum Zeitpunkt der Beendigung des Verfahrens, in dem der Gruppen-Gerichtsstand begründet worden ist, kein Gruppen-Folgeverfahren anhängig war.

Am Gericht des Gruppen-Gerichtsstands ist nach § 3c Abs. 1 RegE für **Gruppen-Folgeverfahren** der Richter zuständig, der für das Verfahren zuständig ist, in dem der Gruppengerichtsstand begründet 43 wurde. Der Antrag auf Eröffnung eines Gruppen-Folgeverfahrens kann auch bei dem nach § 3 Abs. 1 zuständigen Gericht gestellt werden (§ 3c Abs. 2 RegE).

Der Gruppen-Gerichtsstand tritt neben die nach § 3 Abs. 1 InsO bestehenden Gerichtsstände und entfaltet im Hinblick auf diese keine Sperrwirkung. Jedoch verlieren die Gerichtsstände des § 3 Abs. 1 InsO durch einen erfolgreichen Antrag auf Feststellung des Gruppen-Gerichtsstandes ihren Charakter als ausschließliche Gerichtsstände. Ein in Bezug auf andere gruppenangehörige Schuldner gestellter Eröffnungsantrag geht etwaigen weiteren Anträgen gem. § 3 Abs. 2 InsO vor, wobei gem. § 3d Abs. 2 RegE die Möglichkeit der Weiterverweisung an den Gruppen-Gerichtsstand besteht.

Durch § 3c Abs. 2 RegE wird die **Zuständigkeitskonzentration** für Gruppen-Insolvenzverfahren **auf den Richter erstreckt**, wodurch eine Änderung der Geschäftsverteilung beim Gericht des Gruppen-Gerichtsstandes ermöglicht wird. Nach der Begründung des Regierungsentwurfs ergäbe die Begründung eines Gruppen-Gerichtsstandes wenig Sinn, wenn nicht auch innerhalb des Insolvenzgerichts eine einheitliche Zuständigkeit festgelegt würde. Wären nach Geschäftsverteilung des Insolvenzgerichts des Gruppen-Gerichtsstandes verschiedene Richter desselben für die Verfahren zuständig, müssten diese sich nach § 296b RegE in Bezug auf die koordinierte Verfahrensführung in gleicher Weise abstimmen, wie unterschiedliche Gericht befasst wären. Dies soll vermieden werden, da dies dem Zweck des Gruppen-Gerichtsstandes, den zwischengerichtlichen Abstimmungsbedarf zu minimieren, zuwiderliefe.

44 Wird die Eröffnung eines Insolvenzverfahrens über das Vermögen eines gruppenangehörigen Schuldners bei einem anderen Insolvenzgericht als dem Gericht des Gruppen-Gerichtsstandes beantragt, kann das angerufene Gericht gem. § 3d Abs. 1 Satz 1 RegE das Verfahren **an das Gericht des Gruppen-Gerichtsstandes verweisen**. Die Verweisung muss erfolgen, wenn der Schuldner unverzüglich, nachdem er Kenntnis von dem Eröffnungsantrag des Gläubigers erlangt hat, einen zulässigen Eröffnungsantrag bei dem Gericht des Gruppen-Gerichtsstandes stellt (§ 3d Abs. 1 Satz 2 RegE). Antragsberechtigt ist gem. § 3d Abs. 2 RegE nur der Schuldner, wobei § 3a Abs. 3 RegE entsprechend gilt. Das Gericht des Gruppen-Gerichtsstandes kann den vom Erstgericht bestellten Insolvenzverwalter nach § 3d Abs. 3 RegE entlassen, wenn dies erforderlich ist, um nach § 56b RegE eine Person zum Insolvenzverwalter in mehreren oder allen Verfahren über die gruppenangehörigen Schuldner zu bestellen.

Die Regelung gilt nach der Begründung des Regierungsentwurfs für Gläubiger- und Eigenanträge anderer gruppenangehöriger Schuldner. Die Verweisung liegt im Ermessen des Gerichts, welches zu prüfen hat, ob eine Verweisung auch bei Berücksichtigung des erreichten Verfahrensstandes im Interesse der Gläubiger des Schuldners liegt. Dies soll dann zu verneinen sein können, wenn das Verfahren bereits eröffnet ist und der Verwalter eine Vielzahl von Dispositionen getroffen hat. Durch das Erfordernis der unverzüglichen Eigenantragstellung beim Gericht des Gruppen-Gerichtsstandes soll sichergestellt werden, dass das Verfahren noch nicht in der Weise gefördert wurde, die im Verweisungsfall Nachteile für die weitere Verfahrensführung erwarten lässt. Die Verweisung soll für das Gericht, an welches das Verfahren verwiesen wird, entsprechend den allgemeinen Grundsätzen (bspw. § 281 Abs. 2 Satz 4 ZPO) bindend sein.

45 Eine **Unternehmensgruppe** besteht nach der in § 3e RegE enthaltenen **Legaldefinition** aus rechtlich selbstständigen Unternehmen, die den Mittelpunkt ihrer hauptsächlichen Interessen im Inland haben und die unmittelbar oder mittelbar durch die Möglichkeit der Ausübung eines beherrschenden Einflusses oder eine Zusammenfassung unter einheitlicher Leitung miteinander verbunden sind.

Die Legaldefinition der Unternehmensgruppe ist nach der Begründung des RegE **an § 290 Abs. 1 HGB angelehnt**. Der Unternehmensträger muss den Mittelpunkt seiner hauptsächlichen Interessen i. S. v. Art. 3 Abs. 1 EuInsVO im Inland haben. Der Gruppen-Gerichtsstand gilt für das Mutter- und die Tochterunternehmen. Ob das Mutterunternehmen von seiner Beherrschungsmöglichkeit Gebrauch macht, indem es die untergeordneten Unternehmen unter seiner Leitungsmacht zusammenfasst, ist unerheblich. Das Kriterium der möglichen Beherrschung wird durch die Bestimmungen des § 290 HGB konkretisiert, wobei maßgeblich insbesondere die typisierenden Tatbestände des § 290 Abs. 2 HGB sein sollen, welche unwiderlegliche Vermutungen aufstellen sollen. Allerdings setzt § 3e RegE nicht voraus, dass das Mutterunternehmen als Kapitalgesellschaft verfasst ist. Auch aus § 290 Abs. 5 HGB (Befreiung der Pflicht zur Aufstellung eines Konzernabschlusses) soll keine Einschränkung für den insolvenzrechtlichen Gruppenbegriff folgen. Durch die Erweiterung des Gruppenbegriffs durch § 3e Nr. 2 RegE sollen auch Gleichordnungskonzerne in den Anwendungsbereich der konzerninsolvenzrechtlichen Bestimmungen einzubeziehen sein.

Ob der RegE vom 30.01.2014, der nach erster Beratung im Bundestag am 14.02.2014 zur weiteren Beratung in den Rechtsausschuss sowie im Anschluss an die dort erfolgte Sachverständigenanhörung an die Ausschüsse für Wirtschaft und Soziales sowie Wirtschaft und Energie verwiesen wurde, so Gesetz wird, bleibt abzuwarten. Die Absicht des Gesetzgebers, durch gesetzliche Regelungen u. a. zu einem einheitlichen Konzerngerichtsstand **mehr Rechtssicherheit im Bereich der Insolvenz von Konzernen** zu schaffen, ist grds. zu begrüßen (Verhoeven, ZInsO 2014, 217; gegen das Bestehen eines Regelungsbedarfs Frind, ZInsO 2014, 927). Dabei hat der Gesetzgeber die bisherige **Trennung der Insolvenzmassen** der einzelnen zu dem Konzern gehörenden Gesellschaften beibehalten (kritisch hierzu Humbeck, NZI 2013, 957). Kritisch zu bewerten ist, dass der Gesetzgeber das gem. § 3 Abs. 2 geltende Prioritätsprinzip auch im Rahmen des Gruppen-Gerichtsstandes beibehalten will, was dem schuldnerischen Konzern wegen der relativ niedrigen 10 %-Grenze für die offensichtlich untergeordnete Bedeutung i. S. d. § 3a RegE sehr weitgehende Freiheit einräumt, welches Insolvenzgericht durch die Einreichung des ersten Antrags zum Gruppen-Gerichtsstand gemacht werden soll (**sog. »forum shopping«**). Die Bedenken des Bundesrates, dass aufgrund **der niedrigen Schwellenwerte** insoweit **Missbrauchsgefahr** bestehe (BT-Drucks. 18/407, Anl. 3, S. 47), hat die Bundesregierung in ihrer Gegenäußerung nicht geteilt (BT-Drucks. 18/407, Anl. 4, S. 49). Hinzu kommt, dass sich die Wahl des Gruppen-Gerichtsstands gem. § 3c Abs. 2 RegE ggfs. auf die Person des zuständigen Richters erstrecken kann (kritisch hierzu Zipperer, ZIP 2013, 1007) und selbst frühere Gläubigeranträge unter den Voraussetzungen des § 3d Abs. 1 S. 2 RegE einem Eigenantrag des schuldnerischen Unternehmens im Gruppen-Gerichtsstand nicht entgegenstehen. Mangels einer Anknüpfung des Gruppen-Gerichtsstands an den Insolvenzgerichtsstand der Muttergesellschaft besteht die **Gefahr der Wegverlagerung des Insolvenzverfahrens vom eigentlichen wirtschaftlichen Mittelpunkt der Unternehmensgruppe** (Frind, ZInsO 2014, 927; Verhoeven, ZInsO 2014, 217). Die Kriterien für die Ablehnung eines Antrags im Gruppen-Gerichtsstand durch das Gericht (»offensichtlich untergeordnete Bedeutung für die Unternehmensgruppe« und »widerspricht dem gemeinsamen Interesse der Gläubiger«, § 3a Abs. 1 und 2 RegE) erscheinen unter der Berücksichtigung des Eilcharakters des Insolvenzverfahrens und der eingeschränkten dem Gericht vorliegenden Informationen kein ausreichendes Korrektiv (vgl. Frind, ZInsO 2013, 429).

Zu den weiteren Einzelheiten des RegE und der Kritik insbesondere hinsichtlich des im RegE vorgesehenen einheitlichen Verwalters (§ 56b RegE) sowie des neuen Koordinierungsverfahrens (§§ 296a ff. RegE) vgl. Frind, ZInsO 2014, 927; ZInsO 2013, 429; Harder/Lojowski, NZI 2013, 327; Humbeck, NZI 2013, 957; Lissner, DZWIR 2014, 59; Siemon, NZI 2014, 55; Verhoeven, ZInsO 2014, 217; Zipperer, ZIP 2013, 1007.

§ 4 Anwendbarkeit der Zivilprozeßordnung

Für das Insolvenzverfahren gelten, soweit dieses Gesetz nichts anderes bestimmt, die Vorschriften der Zivilprozeßordnung entsprechend.

Übersicht	Rdn.		Rdn.
A. Normzweck	1	I. Sachliche und örtliche Zuständigkeit	10
B. Geltungsbereich	2	II. Ablehnung und Ausschließung von	
C. Besondere Verweisungen auf die ZPO	8	Gerichtspersonen	12
D. Praxisrelevante Einzelfälle	10	III. Partei- und Prozessfähigkeit, Vertretung	20

IV.	Kostenvorschriften	22
V.	Prozesskostenhilfe	26
VI.	Akteneinsicht	30
	1. Begriff des Beteiligten und rechtliches Interesse	32
	2. Amtshilfe	39

	3. Fall des § 299 Abs. 1 ZPO	40
	4. Fall des § 299 Abs. 2 ZPO	45
	5. Anfragen und Auskunftsersuchen	52
VII.	Überblick über die Anwendbarkeit sonstiger ZPO-Vorschriften	54

A. Normzweck

1 Die Vorschrift ordnet die subsidiäre Geltung der ZPO im Insolvenzverfahren an, ohne die Verfahrensregeln, die für die streitige Gerichtsbarkeit gelten, im Einzelnen zu wiederholen.

B. Geltungsbereich

2 Die Verweisung bezieht sich nur auf **das Insolvenzverfahren** selbst, nicht hingegen auf Streitigkeiten außerhalb oder anlässlich des Insolvenzverfahrens (vgl. § 2 Rdn. 3), auch wenn diese materielles Insolvenzrecht zum Inhalt haben (HK-Kirchhof § 4 Rn. 3). Soweit die **InsO selbst eine Regelung trifft**, werden die entsprechenden Vorschriften der ZPO von dieser **verdrängt**.

3 Bei der entsprechenden Anwendung der ZPO-Vorschriften sind stets die **Besonderheiten des Insolvenzverfahrens** ggü. dem streitigen Parteiverfahren zu beachten, sodass sich eine **schematische Anwendung verbietet**.

4 Die **wichtigsten Unterschiede** zum Erkenntnisverfahren der ZPO sind die Geltung des Untersuchungsgrundsatzes (§ 5 Abs. 1) statt des Beibringungsgrundsatzes, die freigestellte mündliche Verhandlung (§ 5 Abs. 2 Satz 1) statt des Mündlichkeitsgrundsatzes (§ 128 ZPO), die Wirkung des Eröffnungsbeschlusses für alle Insolvenzgläubiger statt nur für die Prozessparteien (§ 325 ZPO) sowie die Gläubigerautonomie im eröffneten Verfahren (HK-Kirchhof § 4 Rn. 3). Zudem gilt im Insolvenzverfahren der Amtsbetrieb, d. h. Zustellungen und Ladungen erfolgen von Amts wegen (MK-Ganter/Lohmann § 5 Rn. 11 f.).

5 Auch im Insolvenzverfahren gelten die **verfassungsrechtlichen Verfahrensgarantien** (gesetzlicher Richter, Willkürverbot, materieller Grundrechtsschutz einschließlich des Rechts auf informationelle Selbstbestimmung; Uhlenbruck-I.Pape § 4 Rn. 41). Insb. ist der Grundsatz der Gewährung **rechtlichen Gehörs** (Art. 103 Abs. 1 GG) im Insolvenzverfahren zu beachten (BVerfG, ZIP 1988, 1409). Dieser hat in zahlreichen Vorschriften, die die Anhörung eines Beteiligten vorsehen, Ausprägung gefunden (z. B. §§ 10, 14 Abs. 2, 59 Abs. 1 Satz 3, 99 Abs. 1 Satz 2, 289 Abs. 1 Satz 1). Wegen des Eilcharakters des Verfahrens können jedoch nur **kurze Äußerungsfristen** beansprucht werden; ggf. kann die Anhörung nachgeholt werden (§ 99 Abs. 1 Satz 3). Das rechtliche Gehör dient nicht dazu, den Verfahrensbeteiligten die Zeit zu geben, veränderte Tatsachen (z. B. durch Erfüllung der Forderung des antragstellenden Gläubigers) zu schaffen (BVerfG, NZI 2002, 30).

6 Aus dem **GVG** finden die Vorschriften über die **Geschäftsverteilung** (§ 21e), Rechtshilfe (§§ 156 ff.; vgl. § 2 Rdn. 7), **Sitzungspolizei** (§§ 176 ff.) und **Gerichtssprache** (§§ 184 ff.) entsprechende Anwendung. Dagegen sind die §§ 169 ff. GVG über die **Öffentlichkeit des Verfahrens** nicht entsprechend anwendbar, es sei denn, es handelt sich um eine in Abweichung von § 5 Abs. 2 angeordnete mündliche Verhandlung zur Vorbereitung einer Entscheidung (Uhlenbruck-I.Pape § 4 Rn. 40). Auch in diesem Fall kann die Öffentlichkeit entsprechend § 172 Nr. 2 GVG **ausgeschlossen** werden.

7 Die Geltung der das Insolvenzverfahren betreffenden Vorschriften des **GKG**, **RVG**, **RPflG** und **ZVG** setzt die InsO ohne ausdrückliche Bezugnahme als selbstverständlich voraus.

C. Besondere Verweisungen auf die ZPO

8 Die InsO enthält nur in einigen Vorschriften eine **ausdrückliche Verweisung** auf die ZPO, und zwar in § 4a Abs. 2 Satz 2 (auf § 121 Abs. 3 bis 5 ZPO hinsichtlich der Beiordnung eines Rechtsanwalts bei Verfahrenskostenstundung), § 4b Abs. 1 Satz 2 und Abs. 2 Satz 3 (auf §§ 115 Abs. 1 und 2, 120 Abs. 2, Abs. 4 Satz 1 und 2 ZPO hinsichtlich Rückzahlung und Anpassung gestundeter Beträge), § 8 Abs. 1 Satz 2 und Abs. 3 Satz 3 (auf § 184 Abs. 2 Satz 1, 2 und 4 ZPO über die Zustellung durch Aufgabe zur Post), § 26 Abs. 2 Satz 2 (auf die §§ 915 bis 915h ZPO über das Schuldnerverzeichnis, jedoch mit längerer Löschungsfrist), § 26a Abs. 2 (auf § 567 Abs. 2 ZPO für die sofortige Beschwerde gegen den Vergütungsbeschluss). § 36 Abs. 1 Satz 2 und Abs. 2 Nr. 2 (auf die §§ 850, 850a, 850c, 850e, 850f Abs. 1, 850g bis 850i und § 811 Abs. 1 Nr. 4 und 9 ZPO über den Umfang der Pfändbarkeit), § 64 Abs. 3 Satz 2 (auf § 567 Abs. 2 ZPO über den Mindestbeschwerdewert), § 85 Abs. 1 Satz 2 (auf § 239 Abs. 2 bis 4 ZPO über die Verzögerung der Aufnahme eines Rechtsstreits), § 98 Abs. 1 Satz 2 und Abs. 3 Satz 1 (auf §§ 478 bis 480, 483 ZPO über die Eidesleistung u. §§ 904 bis 906, 909, 910 und 913 ZPO über die Abgabe eidesstattlicher Versicherung), § 126 Abs. 3 Satz 2 (auf die Vorschriften der ZPO über die Erstattung der Kosten des Rechtsstreits), § 148 Abs. 2 Satz 2 (auf § 766 ZPO über die Erinnerung, jedoch mit Zuständigkeit des Insolvenzgerichts), § 186 Abs. 1 Satz 2 (auf §§ 51 Abs. 2, 85 Abs. 2, 233 bis 236 ZPO die Wiedereinsetzung und die Zurechnung des Verschuldens), § 292 Abs. 1 Satz 5 (auf § 115 ZPO für die Abführung von Geldern an den Schuldner durch den Treuhänder), § 303a Abs. 3 Satz 4 (auf § 882c Abs. 2 und 3 ZPO), § 308 Abs. 1 Satz 2 (auf § 794 Abs. 1 Nr. 1 ZPO über den Prozessvergleich), § 353 Abs. 1 Satz 2 (auf § 722 Abs. 2 und § 723 Abs. 1 ZPO für die Vollstreckbarkeit ausländischer Entscheidungen).

Ausdrücklich ausgeschlossen ist die Anwendung von ZPO-Vorschriften in § 5 Abs. 3 Satz 2 (dort § 227 Abs. 3 Satz 1 ZPO über die Terminsverlegung für die Zeit vom 01.07. bis 31.08.) und § 253 Abs. 4 Satz 1 (kein Abhilfeverfahren gem. § 572 Abs. 1 ZPO bei Rechtsmittel gegen den Insolvenzplan).

9

D. Praxisrelevante Einzelfälle

I. Sachliche und örtliche Zuständigkeit

Im Hinblick auf die sachliche Zuständigkeit verdrängt § 2 die Regelung des § 1 ZPO i. V. m. §§ 23, 71 GVG (vgl. § 2 Rdn. 2). Die Vorschriften der §§ 2 bis 11 ZPO finden daher ebenfalls keine Anwendung.

10

Hinsichtlich der örtlichen Zuständigkeit nimmt § 3 Abs. 1 Satz 1 auf die Regelungen über den Gerichtsstand (§§ 13 bis 19 ZPO) Bezug (vgl. § 3 Rdn. 17). Die Vorschriften über die besonderen Gerichtsstände (§§ 20 bis 34 ZPO) werden durch § 3 Abs. 1 verdrängt. Das Wahlrecht bei mehreren Gerichtsständen (§ 35 ZPO) findet nur entsprechende Anwendung, wenn mehrere Insolvenzgerichte örtlich zuständig sind und noch kein Insolvenzverfahren anhängig ist, da ansonsten § 3 Abs. 2 gilt (vgl. § 3 Rdn. 23 ff.). Ebenso sind die Vorschriften über die Bestimmung des zuständigen Gerichts (§§ 36, 37 ZPO) anwendbar (§ 3 Rdn. 34). Gerichtsstandsvereinbarungen (§§ 38 bis 40 ZPO) sind im Insolvenzverfahren ausgeschlossen, da es sich bei § 3 um eine ausschließliche Zuständigkeit handelt (vgl. § 3 Rdn. 2).

11

II. Ablehnung und Ausschließung von Gerichtspersonen

Die Vorschriften der §§ 41 bis 49 ZPO über die Ablehnung und Ausschließung von Gerichtspersonen sind entsprechend anwendbar (BGH, ZInsO 2007, 326; OLG Köln, ZInsO 2001, 1015; Uhlenbruck-I.Pape § 4 Rn. 5).

12

Abgelehnt werden können neben dem **Richter** auch der **Rechtspfleger** (§ 10 RPflG) und der **Urkundsbeamte der Geschäftsstelle** (§ 49 ZPO). Die Besorgnis der Befangenheit besteht, wenn ein Grund vorliegt, der geeignet ist, Misstrauen gegen die Unparteilichkeit der Gerichtsperson zu rechtfertigen (vgl. § 42 Abs. 2 ZPO). Dabei kommen nur **objektive Gründe** in Betracht, die vom Standpunkt des Ablehnenden bei vernünftiger Betrachtung den Eindruck erwecken können, dass die Gerichtsperson nicht unparteiisch ist (OLG Köln, ZInsO 2001, 1016). Solche Gründe bestehen grds. **nicht bei Verfahrensfehlern, materiell fehlerhaften Entscheidungen** oder **kritischer Erörterung der Sach- und Rechtslage** mit den Beteiligten, es sei denn, die Rechtsfehler beruhen

13

auf Willkür oder Voreingenommenheit ggü. einem Beteiligten (FK-Schmerbach § 4 Rn. 37). Die Besorgnis der Befangenheit ergibt sich z. B. nicht bereits daraus, dass der Richter und der von ihm bestellte vorläufige Insolvenzverwalter Mitautoren eines InsO-Kommentars sind (LG Göttingen, ZIP 1999, 1565) oder aus dem Vorwurf, das Gericht habe den Eröffnungsantrag zu Unrecht als unzulässig abgewiesen (OLG Karlsruhe, ZInsO 2000, 239 [Ls.]).

14 Dagegen kann **weder der vorläufige Insolvenzverwalter noch der Insolvenzverwalter oder der Sonderinsolvenzverwalter** wegen Besorgnis der Befangenheit abgelehnt werden, da insoweit die Vorschriften über die Neuwahl des Verwalters durch die Gläubigerversammlung (§ 57) und das Aufsichts- und Entlassungsrecht des Gerichts (§§ 58, 59) vorgehen (BGH, ZInsO 2007, 326). Auch ggü. dem **Sachverständigen**, der nicht zugleich vorläufiger Insolvenzverwalter ist, besteht kein Ablehnungsrecht des Schuldners oder des antragstellenden Gläubigers, wenn der Sachverständige mit Ermittlungen zum Bestehen eines Insolvenzgrundes und zum Vorhandensein einer die Verfahrenskosten deckenden Masse beauftragt ist. § 406 ZPO ist nicht entsprechend anwendbar, da der Sachverständige im Insolvenzeröffnungsverfahren i. R. d. Amtsermittlung des Gerichts (§ 5) als dessen »verlängerter Arm« tätig wird und daher eher dem vorläufigen Insolvenzverwalter als dem Sachverständigen im ZPO-Verfahren gleicht (vgl. AG Frankfurt an der Oder, ZInsO 2006, 107; MK-Ganter/Lohmann § 4 Rn. 42; **a. A.** LG München, I ZInsO 2001, 813; LG Ulm, ZInsO 2004, 1268). Wird der Sachverständige jedoch **außerhalb des Insolvenzverfahrens** tätig wie z. B. bei der Prüfung der Schlussrechnung, besteht ein Ablehnungsrecht (hier des Verwalters; vgl. LG Stendal, ZInsO 2003, 721; MK-Ganter/Lohmann § 4 Rn. 42).

15 Das **Ablehnungsrecht** steht dem Schuldner, dem Verwalter und jedem einzelnen Gläubiger in jedem Verfahrensstadium zu (Uhlenbruck-I.Pape § 4 Rn. 6). Nach Maßgabe des § 48 ZPO besteht überdies ein Selbstablehnungsrecht der Gerichtsperson. Der **Verwalter** verfügt jedoch auch bei erheblichen Spannungen zwischen ihm und dem Gericht über kein Ablehnungsrecht, es sei denn, dass aufgrund dessen konkrete, verfahrensbezogene Umstände für eine negative Einstellung des Richters oder Rechtspflegers ggü. dem Schuldner sprechen (OLG Zweibrücken, ZInsO 2000, 236) oder dass es um persönliche Ansprüche des Verwalters geht (BVerfG, ZIP 1988, 174), z. B. die Entlassung aus wichtigem Grund oder die Festsetzung der Vergütung. Der Insolvenzverwalter kann einen **Sonderinsolvenzverwalter**, der Schadensersatzansprüche gegen ihn prüfen und geltend machen soll, nicht wegen der Besorgnis der Befangenheit ablehnen (BGH, ZInsO 2007, 326; LG Wuppertal, ZInsO 2005, 950). **Im eröffneten Verfahren** muss der betreffende Gläubiger glaubhaft machen, dass er aufgrund des beanstandeten Verhaltens des Abgelehnten selbst unmittelbar betroffen ist und daraus die Besorgnis der Befangenheit folgt, woran es bei Unmutsäußerungen des Gerichts gegen einen anderen Gläubiger fehlen kann (FK-Schmerbach § 4 Rn. 35).

16 Der Gesuchsteller hat den Ablehnungsgrund **glaubhaft zu machen** (§ 44 Abs. 2 ZPO). Die abgelehnte Gerichtsperson hat sich über den Ablehnungsgrund schriftlich zu äußern (§ 44 Abs. 3 ZPO). Die dienstliche Äußerung sollte sich auf Tatsachen beschränken und ist den Beteiligten zur Kenntnis zu geben.

17 Die abgelehnte Gerichtsperson hat vor der Erledigung des Ablehnungsgesuchs gem. § 47 ZPO nur solche Handlungen vorzunehmen, die **keinen Aufschub** dulden. Hierzu können im Eröffnungsverfahren insb. die Anordnung von Sicherungsmaßnahmen gem. § 21 (OLG Köln, ZIP 1988, 110), im eröffneten Verfahren das Zuendeführen einer Gläubigerversammlung oder die Aufhebung eines kurz bevorstehenden Prüfungstermins gehören (Uhlenbruck-I.Pape § 4 Rn. 11). Dagegen fällt die Abhilfentscheidung bei einer Beschwerde des Schuldners gegen die Ablehnung der Verfahrenseröffnung unter die Wartepflicht des § 47 ZPO (BGH, ZVI 2004, 753). Der Verstoß gegen die Wartepflicht begründet für sich genommen nicht die Besorgnis der Befangenheit (LG Wiesbaden, Beschl. v. 30.05.2011, 4 T 225/11).

18 Über zulässige Ablehnungsgesuche **gegen den Rechtspfleger** (§ 10 Satz 2 RPflG) und den Urkundsbeamten entscheidet der Richter. Über Ablehnungsgesuche gegen den Richter entscheidet gem. § 45 Abs. 2 Satz 1 ZPO der nach dem Geschäftsverteilungsplan des AG hierzu berufene Richter. Dieser

ist auch bei dringendem Handlungsbedarf nicht befugt, anstelle des abgelehnten Richters in dem Verfahren tätig zu werden. Dient das Ablehnungsgesuch lediglich der **Verfahrensverschleppung** (z. B. der Verhinderung, dass der abgelehnte Richter über den Eröffnungsantrag entscheidet) oder werden mit der Ablehnung **verfahrensfremde Zwecke** verfolgt, ist das Ablehnungsgesuch durch den abgelehnten Richter oder Rechtspfleger selbst als unzulässig zu verwerfen (FK-Schmerbach § 4 Rn. 34).

Gegen den das Ablehnungsgesuch zurückweisenden Beschluss ist die sofortige Beschwerde (§§ 46 Abs. 2, 567 ff. ZPO) eröffnet (vgl. § 6 Rdn. 10). Gegen die Zurückweisung der Beschwerde findet die Rechtsbeschwerde nur bei Zulassung statt (BGH, ZInsO 2011, 1032 zu § 7 a. F.). 19

III. Partei- und Prozessfähigkeit, Vertretung

Die Vorschriften der §§ 50 bis 58 ZPO über die **Partei- und Prozessfähigkeit** finden entsprechende Anwendung (OLG Köln, ZInsO 2000, 171). Für den Schuldner wird § 50 ZPO jedoch durch § 11 (bzw. §§ 315 Satz 1, 332 Abs. 1, 333 Abs. 1) verdrängt (vgl. OLG Zweibrücken, ZInsO 2001, 88). Die Parteifähigkeit einer juristischen Person besteht trotz Löschung aus dem Handelsregister fort, wenn diese noch über Vermögen verfügt und daher noch keine Vollbeendigung eingetreten ist (vgl. BGH, ZInsO 2005, 144; § 11 Rdn. 48). 20

Nach bisheriger Rechtslage war ein Insolvenzantrag gegen eine juristische Person, die keinen gesetzlichen Vertreter hatte, mangels Prozessfähigkeit unzulässig (BGH, ZInsO 2007, 97; OLG Köln, ZInsO 2000, 171; vgl. § 13 Rdn. 13 ff.). In dringenden Fällen konnte das Gericht entsprechend § 57 ZPO auf Antrag einen Verfahrenspfleger bestellen (OLG Zweibrücken, ZInsO 2001, 472; LG Berlin, ZInsO 2002, 497; AG Göttingen, ZInsO 2003, 1107; AG München, ZIP 2008, 95; § 13 Rdn. 15).

Durch das **MoMiG vom 23.10.2008** (BGBl. I S. 2026) hat sich diese Rechtslage wie folgt geändert, wobei zwischen Eigenantrags- und Fremdantragsverfahren zu differenzieren ist (vgl. auch § 13 Rdn. 13 ff.): 20a

Bei **Eigenanträgen führungsloser juristischer Personen** enthält § 15a Abs. 1 Satz 2 eine den §§ 51, 52 ZPO für den Bereich des Insolvenzrechts als lex specialis vorgehende Regelung. Danach ist bei führungslosen juristischen Personen jeder Gesellschafter, bei der AG und der Genossenschaft auch jedes Mitglied des Aufsichtsrats zur Antragstellung berechtigt (und bei der GmbH, AG und Genossenschaft nach Maßgabe des § 15a Abs. 3 verpflichtet). In der Sache handelt es sich um eine **gegenständlich beschränkte Prozessfähigkeit**, die durch die Anhörungsvorschrift des § 10 Abs. 2 Satz 2 flankiert wird (Horstkotte, ZInsO 2009, 209, 212; Berger, ZInsO 2009, 1977, 1984). Es erschiene auch sinnlos, den Gesellschafter einer führungslosen GmbH selbst zur Antragstellung zu verpflichten, wenn das Verfahren sodann mangels Verfahrensfähigkeit der GmbH ohne Bestellung eines Notgeschäftsführers nicht durchgeführt werden könnte.

Im **Fremdantragsverfahren** eröffnen die § 35 Abs. 1 Satz 2 GmbHG, § 78 Abs. 1 Satz 2 AktG, § 24 Abs. 1 Satz 2 GenG die **passive Verfahrensfähigkeit** der führungslosen GmbH, AG und Genossenschaft. Die Gesellschafter der GmbH sowie die Aufsichtsratsmitglieder der AG und Genossenschaft sind **Ersatzempfangsvertreter für die Zustellung von Schriftstücken**. Die Vorschrift des § 10 Abs. 2 Satz 2 ermöglicht die Gewährung rechtlichen Gehörs (vgl. § 10 Rdn. 11 f.). Nach Auffassung des BGH ist trotz der Regelung des § 35 Abs. 1 Satz 2 GmbHG nicht von der Prozessfähigkeit der führungslosen GmbH auszugehen, weil die GmbH einen Prozess nur führen könne, wenn ihre Vertreter auch zur Aktivvertretung befugt seien (BGH, ZInsO 2010, 2404). Einer solchen umfassenden Verfahrensfähigkeit der GmbH, AG oder Genossenschaft bedarf es im Insolvenzverfahren als Gesamtvollstreckungsverfahren jedoch nicht, sodass der antragstellende Gläubiger weder die Bestellung eines Notgeschäftsführers noch eines Verfahrenspflegers beantragen muss (Horstkotte, ZInsO 2009, 209, 213; § 13 Rdn. 16; a. A. FK-Schmerbach § 14 Rn. 33; MK-Ganter/Lohmann § 4 Rn. 45a; Berger, ZInsO 2009, 1977, 1979). Bei der Vertretung der führungslosen GmbH, AG und Genossenschaft durch ihre Gesellschafter bzw. Mitglieder des Aufsichtsrats handelt es sich um eine **reine Passivvertretung**, die folglich – mit Ausnahme der Eigenantragstellung – nicht die aktive Vertretung, insb. nicht die Vornahme von Verfahrenshandlungen (Beschwerdeeinlegung gegen die Anordnung von Sicherungsmaßnahmen oder den Eröffnungsbeschluss) ermöglicht (vgl. §6 Rdn. 16a). Die Rechtfertigung dieser stark eingeschränkten Rechtsstellung liegt darin, dass es Gesellschafter und Aufsichtsrat selbst in der Hand haben, die Führungslosigkeit durch die Bestellung eines Vertretungsorgans zu beseitigen.

21 Die Vorschriften über die **Vertretung** (§§ 78 bis 90 ZPO) sind grds. entsprechend anwendbar (HK-Kirchhof § 4 Rn. 6). Die vom einzigen Geschäftsführer für die schuldnerische GmbH erteilte Vollmacht besteht nach dem Tod des Geschäftsführers im Eröffnungsverfahren fort (AG Hamburg, ZInsO 2006, 1120). Mit Ausnahme des Rechtsbeschwerdeverfahrens (dazu BGH, ZVI 2003, 601; Beschl. v. 12.08.2011, IX ZB 202/11) oder bei einer mündlichen Verhandlung vor dem LG im Beschwerdeverfahren (vgl. §6 Rdn. 28; a.A. unter Hinweis auf §571 Abs. 4 Satz 1 ZPO MK-Ganter/Lohmann §4 Rn. 46) besteht im Insolvenzverfahren jedoch kein Anwaltszwang. Die nicht anwaltliche Vertretung ist gem. §79 ZPO zulässig (vgl. §305 Abs. 4 Satz 1). Jedoch hat der nicht anwaltliche Bevollmächtigte gem. §80 ZPO seine Vollmacht durch Vorlage der Originalurkunde nachzuweisen (Uhlenbruck-I.Pape §4 Rn. 4). Es besteht gem. §89 Abs. 2 ZPO die Möglichkeit des Beteiligten, die Verfahrensführung durch den vollmachtlosen Vertreter zu genehmigen (HK-Kirchhof §4 Rn. 6). Dies gilt aber nicht, wenn feststeht, dass sich der Mangel der Vollmacht nicht beseitigen lässt (vgl. zu einem derartigen Fall LG Hamburg, ZInsO 2007, 277). Der Schuldner muss sich das Verschulden seines Verfahrensbevollmächtigten gem. §85 Abs. 2 ZPO zurechnen lassen (BGH, ZInsO 2010, 1295). Ein ungeeigneter Vertreter kann entsprechend §79 Abs. 3 ZPO vom weiteren Verfahren ausgeschlossen werden (BGH, NZI 2004, 456 zu §157 ZPO a.F.). Die allgemeine Prozessvollmacht (§81 ZPO) umfasst wegen der einschneidenden Folgen nicht das Betreiben eines Insolvenzverfahrens (HK-Kirchhof §4 Rn. 6).

IV. Kostenvorschriften

22 Die **Kostenvorschriften** (§§91, 92, 100 ZPO) finden entsprechende Anwendung, soweit ein quasi-streitiges Parteiverfahren vorliegt (BGH, ZInsO 2008, 95; OLG Köln, ZInsO 2000, 403; OLG Zweibrücken, ZInsO 2000, 238), d.h. soweit es um die Kosten des eigentlichen Eröffnungsverfahrens geht (Uhlenbruck-I.Pape §4 Rn. 16). §93 ZPO ist wegen des Amtsermittlungsgrundsatzes nicht entsprechend anwendbar (MK-Ganter/Lohmann §4 Rn. 27). Das Gericht hat entsprechend §308 Abs. 2 ZPO auch ohne ausdrücklichen Antrag über die Kosten zu entscheiden. Im Beschwerdeverfahren gelten die §§97, 99 ZPO entsprechend (BGH, ZInsO 2008, 95; OLG Brandenburg, NZI 2001, 483; OLG Köln, ZInsO 2001, 469; vgl. §6 Rdn. 4, 30).

23 Die Kostenentscheidung nach **übereinstimmender Erledigungserklärung** im Eröffnungsverfahren richtet sich nach §91a ZPO, nach **einseitiger Erledigungserklärung** des antragstellenden Gläubigers nach den §§91 ff. ZPO. Insb. bei einseitiger Erledigungserklärung sind jedoch die Besonderheiten des Insolvenzverfahrens zu berücksichtigen (BGH, ZInsO 2008, 1206; 2005, 39; BGHZ 149, 178 = ZInsO 2002, 29; LG Duisburg, NZI 2004, 150; zu den näheren Einzelheiten §14 Rdn. 67 ff.).

24 **Nimmt** der Antragsteller den Eröffnungsantrag in den zeitlichen Grenzen des §13 Abs. 2 **zurück**, findet §269 Abs. 3 Satz 2 ZPO entsprechende Anwendung (AG Köln, DZWIR 2013, 599; Uhlenbruck-I.Pape §4 Rn. 16; §13 Rdn. 50 ff.). Für das Verbraucherinsolvenzverfahren regelt §305 Abs. 3 Satz 2 die Fiktion der Antragsrücknahme.

25 Bei Geltung der §§91 ff., 269 ZPO sind auch die Vorschriften über die **Kostenfestsetzung** (§§103 bis 107) entsprechend anwendbar (HK-Kirchhof §4 Rn. 7). Eine Verzinsung der Vergütung des Insolvenzverwalters entsprechend §104 Abs. 1 Satz 2 ZPO kommt nicht in Betracht (BGH, ZInsO 2004, 268).

V. Prozesskostenhilfe

Die Vorschriften über die Gewährung der PKH (§§ 114 ff. ZPO) sind im Insolvenzverfahren nur mit zahlreichen Einschränkungen **entsprechend anwendbar** (§ 13 Rdn. 43 ff.; Uhlenbruck-I.Pape § 4 Rn. 17). PKH kann nur **natürlichen Personen**, nicht aber juristischen Personen (zu den Kriterien vgl. BGH, Beschl. v. 07.07.2011, IX ZA 25/11), Vereinen oder Gesellschaften ohne Rechtspersönlichkeit gewährt werden (Uhlenbruck-I.Pape § 4 Rn. 23). 26

Dem **Schuldner** kann für seinen Eigenantrag keine PKH gewährt werden, da er nach Maßgabe der §§ 4a bis d für jeden Verfahrensabschnitt (d.h. das Eröffnungsverfahren, ggf. das gerichtliche Schuldenbereinigungsplanverfahren, das eröffnete Verfahren und die Restschuldbefreiungsphase) die **Stundung der Verfahrenskosten** beantragen kann (BGH, ZInsO 2003, 990) und die Stundungsvorschriften der InsO die PKH-Regelungen der ZPO verdrängen (BGH, ZInsO 2007, 492; HK-Kirchhof § 4 Rn. 9). Die vor dem 01.12.2001 bestehende Streitfrage, ob dem mittellosen Schuldner PKH zu bewilligen ist, um ihm die Verfahrenseröffnung und damit die Restschuldbefreiung zu ermöglichen (vgl. zum Streitstand BGHZ 144, 78 = ZInsO 2000, 280), hat damit ihre praktische Relevanz verloren. Allerdings schließen die Stundungsvorschriften die §§ 114 ff. ZPO nicht völlig aus. Dies gilt insb. für die Gewährung von PKH für den Schuldner im **Beschwerdeverfahren** (BGHZ 156, 92 = ZInsO 2003, 800). Auch ist dem Schuldner zur Vorbereitung seines Eigenantrags nach Maßgabe des § 1 BerHG Beratungshilfe zu gewähren (BGH, ZInsO 2007, 492; in Hamburg ist der Schuldner an die Öffentliche Rechtsauskunft [ÖRA] zu verweisen). Zur Frage der Gewährung von Beratungshilfe für den außergerichtlichen Einigungsversuch vgl. Lissner, ZInsO 2012, 104. Für das **eröffnete Verfahren** kann dem Schuldner mangels eigener Einwirkungsmöglichkeit keine PKH bewilligt werden (Uhlenbruck-I.Pape § 4 Rn. 20). 27

Eine Bewilligung von PKH scheidet für das **Nachlassinsolvenzverfahren** aus, wenn der antragstellende Erbe zur Beschränkung seiner Erbenhaftung (§ 1990 Abs. 1 BGB) die Abweisung des Antrags mangels Masse erstrebt (LG Berlin, ZInsO 2004, 626; LG Neuruppin, ZInsO 2004, 1090; AG Hildesheim, ZInsO 2004, 1154; § 317 Rdn. 8; a.A. LG Göttingen, ZInsO 2000, 619). 28

Dem **Gläubiger** kann **für alle Verfahrensabschnitte** bei Vorliegen der Voraussetzungen des § 114 ZPO (hinreichende Erfolgsaussicht, keine Mutwilligkeit) PKH zu bewilligen sein (BGH, ZInsO 2004, 976). Dies gilt auch für die Forderungsanmeldung (§§ 174 ff.). Die Bewilligung erfolgt für alle Verfahrensabschnitte gesondert (BGH, ZInsO 2004, 976). Dagegen bezieht sich die Gewährung von PKH nicht auf einen **Massekostenvorschuss** gem. § 26 Abs. 1 Satz 2 (Uhlenbruck-I.Pape § 4 Rn. 18). 29

Beim **Eröffnungsantrag eines Gläubigers** besteht die hinreichende Erfolgsaussicht nur, wenn der Gläubiger mit einer **Quote** auf seine Forderung rechnen darf, woran es fehlt, wenn das Vermögen des Schuldners voraussichtlich nicht ausreicht, um die Verfahrenskosten zu decken (BGH, ZInsO 2004, 976). An die Zulässigkeit des Antrags (§ 14 Abs. 1), namentlich an das rechtliche Interesse, sind im Hinblick auf den Zweck des Verfahrens (§ 1 Satz 1) **strenge Anforderungen** zu stellen (LG Hamburg, ZInsO 2011, 1256; Uhlenbruck-I.Pape § 4 Rn. 18). Daher scheidet die Gewährung von PKH insb. aus, wenn der Gläubiger eine einfachere, billigere Möglichkeit der Befriedigung hat (LG Hamburg, ZInsO 2011, 1256), der Gläubiger die Abweisung des Antrags mangels Masse anstrebt, um die tatbestandlichen Voraussetzungen für die Gewährung von Insolvenzgeld (§ 183 Abs. 1 Nr. 2 SGB III) herbeizuführen (LG Freiburg, ZInsO 2003, 954), oder es dem Gläubiger nur um die Löschung der Firma oder die Erleichterung der Zwangsvollstreckung geht (LG Potsdam, ZInsO 2002, 1149).

Für die Frage der **Beiordnung eines Rechtsanwalts** (§ 121 ZPO) ist maßgeblich, ob ein Gläubiger, der diese Kosten aufbringen könnte, in der Situation des Antragstellers einen Rechtsanwalt beauftragen würde (BGH, ZInsO 2004, 976). Daran wird es bei der **Forderungsanmeldung** i.d.R. fehlen (MK-Ganter/Lohmann § 4 Rn. 24). Allein der Umstand, dass der Schuldner anwaltlich vertreten ist, gibt keine Veranlassung, dem Gläubiger einen Rechtsanwalt beizuordnen, da § 121 Abs. 2, 2. Alt. ZPO im Insolvenzverfahren nicht gilt (BGH, ZInsO 2004, 976).

29a **Weiteren Beteiligten** kann im Rechtsmittelverfahren gegen Anordnungen gem. §§ 21, 22 PKH gewährt werden, wenn sie in dem Verfahren eigene Rechte verfolgen können. Der vorläufige Insolvenzverwalter gehört nicht zu diesem Personenkreis (BGH, ZInsO 2008, 203). Zur PKH-Gewährung für den Insolvenzverwalter vgl. § 80 Rdn. 48 ff.

VI. Akteneinsicht

30 Auf die **Akteneinsicht im Insolvenzverfahren** findet § 299 ZPO entsprechende Anwendung (OLG Celle, ZInsO 2004, 154; HK-Kirchhof § 4 Rn. 13). Soweit die InsO jedoch wie in §§ 66 Abs. 2 Satz 2, 150 Satz 2, 154, 175 Abs. 1 Satz 2, 188 Satz 2, 194 Abs. 3 Satz 1, 214 Abs. 1 Satz 2, 234 und 307 Abs. 1 Satz 1 und 2 besondere Regelungen für die Akteneinsicht Verfahrensbeteiligter trifft, gelten diese vorrangig und für die entsprechende Anwendung des § 299 ZPO ist kein Raum (Uhlenbruck-I.Pape § 4 Rn. 29; Heeseler, ZInsO 2001, 873, 882).

31 Im Rahmen des Akteneinsichtsrechts ist das vom BVerfG im Volkszählungsurteil hergeleitete **Recht des Schuldners auf informationelle Selbstbestimmung** zu berücksichtigen (vgl. BVerfGE 65, 1 = NJW 1984, 419). Dessen Rolle darf aber nicht überbetont werden, da der **Schutz des Rechtsverkehrs** vor insolventen Schuldnern sowie der Schutz der Gläubiger höher einzustufen ist (vgl. BVerfG, NJW 1988, 3009; FK-Schmerbach § 4 Rn. 58; Uhlenbruck-I.Pape § 4 Rn. 25; Pape, ZIP 2004, 598, 600). Dem Recht des Schuldners auf informationelle Selbstbestimmung wird ausreichend dadurch Rechnung getragen, dass bei der Akteneinsicht Dritter entsprechend § 299 Abs. 2 ZPO ein rechtliches Interesse glaubhaft gemacht und dieses gegen die Interessen des Schuldners abgewogen werden muss (Uhlenbruck-I.Pape § 4 Rn. 25).

1. Begriff des Beteiligten und rechtliches Interesse

32 Für die Abgrenzung zwischen § 299 Abs. 1, 2 ZPO kommt es darauf an, ob es sich bei dem Gesuchsteller um eine »Partei« (im Insolvenzverfahren: um einen **Beteiligten**) oder einen **Dritten** handelt.

Die InsO verwendet den **Beteiligtenbegriff** zwar mehrfach (vgl. §§ 9 Abs. 3, 60 Abs. 1 Satz 1, 66 Abs. 2 Satz 2, 122 Abs. 2 Satz 2, 126 Abs. 2 Satz 1, Abs. 3 Satz 2, 150 Satz 2, 154, 175 Abs. 1 Satz 2, 188 Satz 2, 194 Abs. 3 Satz 1, 198, 214 Abs. 1 Satz 2, 305 Abs. 5 Satz 1 sowie in zahlreichen Vorschriften über den Insolvenzplan der §§ 217 ff.), enthält aber keine Legaldefinition dieses Begriffes. Da der Beteiligtenbegriff nicht mit dem Begriff des Insolvenzgläubigers (§ 38) identisch ist, bedarf es zur Ermittlung, wer im Bereich der o. g. Normen als Beteiligter anzusehen ist, jeweils einer normbezogenen Auslegung des Begriffes. Hierzu wird auf die jeweiligen Kommentierungen verwiesen.

I. R. d. Akteneinsicht ist wie folgt nach Verfahrensabschnitten zu differenzieren:

33 Im **Eröffnungsverfahren** sind Beteiligte i. S. v. § 299 Abs. 1 ZPO nur der Schuldner (einschließlich seiner Vertretungsorgane, persönlich haftenden Gesellschafter und Abwickler, vgl. § 15 Abs. 2) sowie beim Fremdantrag auch der antragstellende Gläubiger (HK-Kirchhof § 4 Rn. 14). Bei der **führungslosen GmbH, AG und Genossenschaft** sind die Gesellschafter bzw. Mitglieder des Aufsichtsrats nur beim Eigenantrag Beteiligte. Darüber hinaus hat der vom Gericht bestellte Sachverständige bzw. vorläufige Insolvenzverwalter Akteneinsichtsrecht (AG Göttingen, ZInsO 2007, 720; MK-Ganter/Lohmann § 4 Rn. 59). Ein rechtliches Interesse des Schuldners an der Akteneinsicht besteht jedoch noch nicht, solange das Gericht einen Gläubigerantrag nicht für zulässig erachtet hat, da die Beteiligtenstellung des Schuldners erst mit der Zulässigkeit des Gläubigerantrags beginnt.

Die nicht antragstellenden Gläubiger sind mangels Beteiligung am Eröffnungsverfahren als Dritte anzusehen, denen Akteneinsicht gem. § 299 Abs. 2 ZPO nur mit Zustimmung des Schuldners oder bei Glaubhaftmachung eines rechtlichen Interesses gewährt werden kann (AG Göttingen, NZI 2000, 89). In der Praxis sind Akteneinsichtsgesuche im Eröffnungsverfahren selten. Zumeist wird es hier um **Auskünfte** gehen, ob Insolvenzantrag gestellt wurde (vgl. dazu Rdn. 52). Dem gesuchstellenden Dritten fehlt im Eröffnungsverfahren vor der Erstattung des Gutachtens zwar nicht rgm. das rechtliche Interesse (Uhlenbruck-I.Pape § 4 Rn. 26; a. A. FK-Schmerbach § 4 Rn. 61). Bspw. ist es denkbar, dass der nicht geschäftsführende Gesellschafter einer GmbH ein rechtliches Interesse an der Akteneinsicht im Eröffnungsverfahren hat, wenn die GmbH durch ihren Geschäftsführer Eigenantrag gestellt hat. Allerdings bedarf es näherer Begründung des Gesuchstellers, warum ein rechtliches Interesse an der Akteneinsicht schon vor der Erstattung des Gutachtens bestehen soll und die Erstattung des Gutachtens nicht abgewartet werden kann.

▶ Hinweis:

Grundsätzlich sollte vor Akteneinsichtsgesuchen im Eröffnungsverfahren geprüft werden, ob nicht die Erstattung des Gutachtens abgewartet werden kann. Andernfalls muss in dem Gesuch im Einzelnen begründet werden, woraus sich das rechtliche Interesse des Gesuchstellers gerade auf Einsichtnahme schon vor Erstattung des Gutachtens ergibt. Die Gewährung von Akteneinsicht gegenüber einem Dritten ist in diesem Verfahrensstadium ohnehin nur bei einem Eigenantrag des Schuldners zulässig (vgl. Rdn. 46).

Im **eröffneten Insolvenzverfahren** ist der Begriff des Beteiligten **weit auszulegen**. Als Verfahrensbeteiligte sind neben dem Insolvenzverwalter (vgl. LG Göttingen, ZInsO 2008, 982) sämtliche Gläubiger anzusehen, d. h. Insolvenzgläubiger (§ 38) einschließlich der nachrangigen Insolvenzgläubiger (§ 39) sowie Gläubiger mit Aus- und Absonderungsrechten (HK-Kirchhof § 4 Rn. 14). Auch **Massegläubiger** (§ 53) zählen – jedenfalls nach Anzeige der Masseunzulänglichkeit (§ 208) – hierzu, selbst wenn deren Forderungen außerhalb des Insolvenzverfahrens und vorweg aus der Masse zu befriedigen sind (Jaeger/Henckel/Gerhardt-Gerhardt § 4 Rn. 21; a. A. OLG Frankfurt am Main, ZInsO 2010, 1850; LG Düsseldorf, ZIP 2007, 1388; offengelassen von OLGR Köln, 2008, 191). Selbst bei abweichender Betrachtung dürfte es einem Massegläubiger i. d. R. gelingen, sein rechtliches Interesse i. S. d. § 299 Abs. 2 ZPO glaubhaft zu machen (vgl. OLG Frankfurt am Main, ZInsO 2010, 1850; Lackhoff/Vogel, ZInsO 2011, 1974). 34

Die Frage, ob nur die Insolvenzgläubiger, die ihre Forderung **zur Tabelle angemeldet** haben, als Beteiligte anzusehen sind (so OLG Celle, ZIP 2004, 370; OLG Frankfurt am Main, ZInsO 2005, 1327; HK-Kirchhof § 4 Rn. 15; MK-Ganter/Lohmann § 4 Rn. 61; a. A. OLG Celle, ZInsO 2004, 204; LG Karlsruhe, ZInsO 2004, 690; LG Bad Kreuznach, ZInsO 2006, 111; Uhlenbruck-I. Pape § 4 Rn. 29; Heeseler, ZInsO 2001, 873, 883) ist zu verneinen, solange die Forderung noch angemeldet werden könnte (s. 2. Aufl.), im Ergebnis aber von untergeordneter Bedeutung, da bei unbestrittener Forderung stets das rechtliche Interesse i. S. v. § 299 Abs. 2 ZPO zu bejahen ist, wenn der Gläubiger durch die Akteneinsicht prüfen will, ob sich die Anmeldung seiner Forderung zur Tabelle angesichts der bestehenden Quotenaussicht überhaupt lohnt (OLG Celle, ZIP 2004, 370; HK-Kirchhof § 4 Rn. 15). Hat der Verwalter eine angemeldete Forderung im Prüfungstermin **endgültig bestritten**, wird der Gesuchsteller seine Beteiligtenstellung i. S. d. § 299 Abs. 1 ZPO nur dartun können, wenn es sich um eine gem. § 189 Abs. 1, 3 **berücksichtigungsfähige Forderung** handelt, d. h. für die Forderung ein vollstreckbarer Titel bzw. ein Endurteil vorliegt oder der Nachweis geführt wird, dass Feststellungsklage erhoben wurde (LG Karlsruhe, NZI 2003, 327; MK-Ganter/Lohmann § 4 Rn. 61). Ist der Gläubiger aufgrund der Eröffnung des Insolvenzverfahrens über sein eigenes Vermögen gehindert, seine Forderung anzumelden, ist er als Dritter anzusehen (MK-Ganter/Lohmann § 4 Rn. 61; offengelassen von OLG Celle, ZInsO 2006, 501 für den Fall eines insolventen Gesuchstellers, der persönlich für die Verbindlichkeiten des Insolvenzschuldners haftet). Auf die Frage der Anmeldung der Forderung kann es bei **Massegläubigern** naturgemäß nicht ankommen. Begehrt ein Massegläubiger Akteneinsicht, hat er seine Forderung und damit seine Beteiligtenstellung nach den allgemeinen Grundsätzen glaubhaft zu machen.

Dritte haben demgegenüber gem. § 299 Abs. 2 ZPO ein rechtliches Interesse an der Akteneinsicht glaubhaft zu machen. Dieses soll im eröffneten Insolvenzverfahren über eine GmbH & Co. KG auch für den Geschäftsführer der Verwaltungsgesellschaft bestehen, wenn dieser für deren Verbindlichkeiten persönlich mitverpflichtet ist (OLG Celle, ZInsO 2006, 501). Die für den Insolvenzverwalter das Treuhandkonto führende Bank soll ein Einsichtsrecht (nur) in etwaige Beschlüsse gem. § 149 InsO haben (OLG Naumburg, ZInsO 2010, 1804). Das rechtliche Interesse besteht, wenn

§ 4 InsO Anwendbarkeit der Zivilprozeßordnung

sich der Dritte mit den aus der Akteneinsicht gewonnenen Informationen in einem anderweitigen Rechtsstreit verteidigen will, in dem der dortige Kläger aus abgetretenem Recht des Schuldners vorgeht (OLG Frankfurt am Main, ZInsO 2009, 740). Der Arbeitnehmer, der gegen seinen insolventen Arbeitgeber einen Kündigungsschutzprozess führt, verfügt ebenfalls über das rechtliche Interesse (OLG München, Beschl. v. 27.01.2011, 9 VA 8/10). Kein rechtliches Interesse an der Einsicht in die Insolvenzakte hat der **ehemalige Geschäftsführer** der schuldnerischen GmbH, gegen den der Verwalter Schadensersatzklage erhoben hat (OLG Hamburg, ZInsO 2008, 863). Dies gilt auch für einen **Unterhaltsgläubiger** des Schuldners, da dessen Forderungen außerhalb des Insolvenzverfahrens befriedigt werden (§ 40) und die Einsichtnahme daher nur der Ausforschung von Einzelzwangsvollstreckungsmaßnahmen dient (OLG Frankfurt am Main, NZI 2008, 618).

35 Nach der **Beendigung des Insolvenzverfahrens** durch Rücknahme, Erledigungserklärung, Abweisung mangels Masse (§ 26) oder Aufhebung des Eröffnungsbeschlusses im Beschwerdeverfahren sind alle Gläubiger mit Ausnahme des Antragstellers als Dritte i. S. d. § 299 Abs. 2 ZPO anzusehen (Uhlenbruck-I.Pape § 4 Rn. 28; MK-Ganter/Lohmann § 4 Rn. 60). Dies gilt jedoch nicht bei der Einstellung (§§ 207, 212, 213) oder der Aufhebung des Insolvenzverfahrens nach Abhaltung des Schlusstermins (§ 200), da die Gläubiger unabhängig davon, ob die Einstellung wegen nachträglichen Wegfalls des Insolvenzgrundes oder mit ihrer Zustimmung erfolgt, ihre einmal erlangte Beteiligtenstellung nicht einbüßen (MK-Ganter/Lohmann § 4 Rn. 61; a.A. FK-Schmerbach § 4 Rn. 74 f. und die 4. Aufl.).

▶ **Hinweis:**
Auch bei einer Beendigung des Insolvenzeröffnungsverfahrens durch Erledigungserklärung oder Rücknahme ist das rechtliche Interesse eines Gläubigers nicht von vornherein ausgeschlossen, sondern i. R. d. Abwägung zu berücksichtigen (OLG Schleswig, ZInsO 2010, 194; Paulick, ZInsO 2009, 906; a.A. AG Göttingen, ZInsO 2005, 952; vgl. Rdn. 47).

36 Das rechtliche Interesse des Dritten ist nach **Abweisung mangels Masse** bereits dadurch **indiziert**, dass dieser glaubhaft macht, dass er im Fall der Verfahrenseröffnung Insolvenzgläubiger gewesen wäre; der Darlegung eines weiter gehenden Interesses bedarf es nicht (BGH, ZInsO 2006, 598; OLG Schleswig, ZInsO 2010, 194; OLG Frankfurt am Main, ZInsO 2005, 1327; OLG Celle, ZInsO 2007, 150; 2004, 154; OLG Dresden, ZIP 2003, 39; OLG Stuttgart, NZI 2002, 663; Pape, ZIP 2004, 598, 601; a.A. AG Göttingen, ZInsO 2005, 952). Die Glaubhaftmachung der Gläubigerstellung ist nicht von der Titulierung der Ansprüche des Gesuchstellers abhängig (BGH, ZInsO 2006, 598).

37 Dadurch, dass sich zusätzlich **eine selbstständige Mithaftung Dritter** (z. B. aus § 64 Abs. 2 GmbHG) ergeben kann, entfällt das rechtliche Interesse nicht (BGH, ZInsO 2006, 598; OLG Dresden, ZIP 2003, 39; OLG Hamburg, ZInsO 2002, 36; HK-Kirchhof § 4 Rn. 15; a.A. OLG Brandenburg, ZInsO 2001, 961). Der BGH hat in dieser Entscheidung zu Recht darauf hingewiesen, dass das Interesse des Gläubigers an der Feststellung, ob noch Vermögen der Schuldnerin vorhanden ist, und sein rein wirtschaftliches Interesse an der Prüfung der Erfolgsaussichten von Schadensersatzansprüchen gegen Dritte **in einem rechtlich untrennbaren Zusammenhang** mit seiner zugrunde liegenden Forderung steht und daher hinzunehmen ist, dass der Gläubiger durch die Einsicht in die Insolvenzakte sowohl Informationen über die Schuldnerin als auch über sonstige Dritte gewinnen kann. Da der Sachverständige bei der Prüfung der Verfahrenskostendeckung auch derartige Haftungsansprüche zu prüfen hat, handelt es sich bei Ausführungen im Gutachten dazu i. Ü. nicht um »Zufallsfunde«, die in keinem unmittelbaren Zusammenhang mit dem Gutachtenauftrag stehen.

38 Der erforderliche rechtliche Bezug zum Gegenstand der Insolvenzakte und damit das rechtliche Interesse besteht allerdings auch, wenn sich der Gläubiger **ausschließlich** darauf beruft, er wolle das Bestehen persönlicher **Haftungsansprüche gegen den Geschäftsführer oder Gesellschafter** der schuldnerischen GmbH prüfen (HK-Kirchhof § 4 Rn. 15; a.A. OLG Brandenburg, ZInsO 2000, 627; ZInsO 2001, 961; OLG Celle, NZI 2000, 319; OLG Jena, ZVI 2002, 318; Heeseler, ZInsO 2001, 873, 883). Denn zum einen leuchtet es nicht ein, für das Bestehen eines rechtlichen Interes-

ses maßgeblich darauf abzustellen, welchen Grund der Gläubiger für die begehrte Einsichtnahme angibt (so aber OLG Celle, ZInsO 2004, 154), weil ein rechtskundiger Gläubiger dann – unabhängig von seinen wahren Motiven – stets nur vortragen müsste, er wolle prüfen, ob die Schuldnerin noch über Vermögen verfüge. Zum anderen handelt es sich bspw. bei dem Anspruch aus § 823 Abs. 2 BGB i. V. m. § 15a Abs. 1 wegen Insolvenzverschleppung (auch) um **einen Anspruch der schuldnerischen GmbH** gegen ihren Geschäftsführer und damit um Vermögen der Schuldnerin (vgl. BGH, ZInsO 2006, 598; OLG Köln, ZInsO 1999, 542; HK-Kirchhof § 4 Rn. 15). Schließlich ist das berechtigte **Interesse des geschädigten Gläubigers** an der Haftungsrealisierung **höher einzustufen** als das Geheimhaltungsinteresse des Schuldners (Pape, ZIP 2004, 598, 602). Der Gesetzgeber hat durch die in **§ 26 Abs. 3 getroffene Regelung** selbst eine rechtliche Verknüpfung zwischen dem Insolvenzverfahren und dem Erstattungsanspruch desjenigen, der gem. § 26 Abs. 1 Satz 2 den Verfahrenskostenvorschuss geleistet hat, gegen die Gesellschaftsorgane und damit nicht unmittelbar am Verfahren beteiligte Dritte hergestellt, die entgegen den Vorschriften des Gesellschaftsrechts den Antrag auf Eröffnung des Insolvenzverfahrens pflichtwidrig und schuldhaft nicht gestellt haben (HK-Kirchhof § 4 Rn. 15; Uhlenbruck-I.Pape § 4 Rn. 28; Kind/Heinrich, NZI 2006, 433, 434).

Dagegen fehlt das rechtliche Interesse, wenn der Gesuchsteller die Akteneinsicht lediglich begehrt, um ein **Strafverfahren** gegen den Schuldner bzw. dessen Geschäftsführer einzuleiten (AG Hamburg, NZI 2002, 117) oder den ehelichen Zugewinn zu berechnen (OLG Dresden, ZInsO 2003, 1148). 38a

2. Amtshilfe

Gerichte, Behörden (z. B. Finanzämter) und Sozialversicherungsträger können je nach ihrer Beteiligung im jeweiligen Verfahrensstadium zwar Dritte sein (vgl. Rdn. 32 ff.). Sofern diese Akteneinsicht oder Auskünfte jedoch im Wege der **Amtshilfe** (Art. 35 GG i. V. m. §§ 3 bis 7 SGB X, § 111 AO) zur Erfüllung ihrer öffentlich-rechtlichen Aufgaben begehren, ist § 299 Abs. 2 ZPO nicht anwendbar (MK-Ganter/Lohmann § 4 Rn. 68). Die Akteneinsicht (in der Praxis werden zumeist konkrete Auskünfte über das Verfahren und Abschriften ergangener Beschlüsse erbeten) ist rgm. zu gewähren (Uhlenbruck-I.Pape § 4 Rn. 26, 29; **a. A.** OLG Brandenburg, ZInsO 2002, 1085; Zipperer, NZI 2000, 244). Da keine Interessenabwägung stattfindet, ist dem Schuldner kein rechtliches Gehör zu gewähren. Zuständig ist der Vorstand des Gerichts, der diese Aufgabe an den zuständigen Richter delegieren kann. 39

3. Fall des § 299 Abs. 1 ZPO

In den Fällen des § 299 Abs. 1 ZPO hat das Gericht dem gesuchstellenden Beteiligten Akteneinsicht zu gewähren. Bei der Entscheidung besteht **kein Ermessen** (MK-Ganter/Lohmann § 4 Rn. 57). Dem Schuldner ist vor der Gewährung der Akteneinsicht gem. § 299 Abs. 1 ZPO **kein rechtliches Gehör** zu gewähren (BGH, ZIP 1998, 961; Uhlenbruck-I.Pape § 4 Rn. 29). Die Akteneinsicht eines Beteiligten **im eröffneten Verfahren** kann weder mittels einer Abwägung mit den Interessen des Schuldners noch mit Hinweis auf die Möglichkeit, sich in der Gläubigerversammlung über das Verfahren zu informieren, eingeschränkt werden (OLG Celle, ZInsO 2004, 20; **a. A.** LG Magdeburg, Rpfleger 1996, 364 u. 523). 40

Gegenstand der Akteneinsicht ist nach fast einhelliger Meinung auch das vom vorläufigen Insolvenzverwalter gem. § 21 Abs. 1 Satz 2 Nr. 3 erstattete Gutachten, da dieses nicht unter § 299 Abs. 4 ZPO (§ 299 Abs. 3 ZPO a. F.) fällt (OLG Celle, ZInsO 2004, 204; HK-Kirchhof § 4 Rn. 13; **a. A.** AG Potsdam, ZInsO 2001, 477). In begründeten Ausnahmefällen kann das Akteneinsichtsrecht für bestimmte Teile der Insolvenzakte versagt werden, wenn die unbeschränkte Einsicht den **Verfahrenszweck gefährden** würde. Da § 299 ZPO nur entsprechend und unter Berücksichtigung der Besonderheiten des Insolvenzverfahrens anwendbar ist (HK-Kirchhof § 4 Rn. 13), ist z. B. dem Anfechtungsgegner keine Einsicht in die Teile des Gutachtens zu gewähren, in denen der Insolvenzverwalter Ausführungen zu eben diesem Anfechtungsanspruch gegen den Gesuchsteller gemacht hat (MK-Ganter/Lohmann § 4 Rn. 75). Dies geht aber nicht so weit, einem Gläubiger das Eröffnungsgutachten in wesentlichen Teilen nur geschwärzt zu übermitteln, weil sein Verfah- 41 rensbevollmächtigter in Kanzleigemeinschaft mit dem Schuldnervertreter steht und Informationen an den Schuldnervertreter weitergegeben werden könnten (LG Bad Kreuznach, NZI 2006, 111). Auch dem Massegläubiger ist die Akteneinsicht uneingeschränkt zu gewähren, wenn diese dazu dienen soll, Haftungsansprüche gegen den Insolvenzverwalter (§§ 60, 61) bzw. den Massebestand zu prüfen.

42 **Zuständig** für die Gewährung der Akteneinsicht ist grds. der **Urkundsbeamte der Geschäftsstelle** (FK-Schmerbach § 4 Rn. 86). In **Zweifelsfällen** legt der Urkundsbeamte die Akte im Eröffnungsverfahren und nach Beendigung des Verfahrens dem zuständigen Richter bzw. im eröffneten Verfahren dem zuständigen Rechtspfleger vor. Dies gilt insb. wenn Zweifel daran bestehen, ob es sich bei dem Gesuchsteller um einen Verfahrensbeteiligten oder einen Dritten handelt (Uhlenbruck-I. Pape § 4 Rn. 26, 29).

43 Die Gewährung der Akteneinsicht erfolgt grds. **bei Gericht auf der Geschäftsstelle**. Eine Aktenversendung im eröffneten Verfahren kommt grds. nicht in Betracht. Eine Ausnahme kann für Einsichtsgesuche des Gutachters oder des (vorläufigen) Insolvenzverwalters gelten (LG Göttingen, ZInsO 2008, 982; MK-Ganter/Lohmann § 4 Rn. 71). Nach Abschluss des Verfahrens können die Akten an einen auswärtigen Beteiligten versandt werden, wobei die Versendung, auch wenn der Gesuchsteller anwaltlich vertreten ist, rgm. **nur an das örtlich zuständige AG** zur Einsichtnahme auf der dortigen Geschäftsstelle erfolgt (vgl. OLG Celle, ZInsO 2004, 154; FK-Schmerbach § 4 Rn. 83). Eine direkte Übersendung der Akte kommt nur an Gerichte, Behörden oder Sozialversicherungsträger im Wege der Amtshilfe infrage. Die Beteiligten haben gem. § 299 Abs. 1 ZPO Anspruch darauf, dass ihnen aus der Akte auf ihre Kosten **Kopien und Abschriften** erteilt werden (OLG Celle, ZInsO 2007, 150). Hierfür fällt die Dokumentenpauschale an (§ 28 Abs. 1 Satz 1 GKG, i. V. m. GKG KV 9000 Nr. 1; vgl. AG Göttingen, ZInsO 2011, 1019). Die Akteneinsicht i. R. d. Insolvenzverfahrens beinhaltet auch das Recht, Bestandteile der Akten zu scannen oder anders bildlich festzuhalten (vgl. LG Berlin, ZInsO 2011, 1175 zum Zwangsversteigerungsverfahren). Der Beteiligte kann nur dann auf die persönliche Einsichtnahme auf der Geschäftsstelle verwiesen werden, wenn das Gericht **konkret darlegt**, dass seine sachlichen und personellen Mittel durch das Gesuch überfordert sind (OLG Celle, ZInsO 2004, 204; LG Karlsruhe, ZInsO 2004, 690).

44 Wird einem Beteiligten (während des noch nicht abgeschlossenen Verfahrens) die Akteneinsicht versagt oder nicht unbeschränkt gewährt, ist dagegen bei Entscheidung durch den Urkundsbeamten die **Erinnerung** (§ 573 ZPO), bei Entscheidung des Rechtspflegers die Rechtspflegererinnerung (§ 11 Abs. 2 RPflG) und bei Entscheidungen des Richters die **Beschwerde** (§ 567 Abs. 1 Nr. 2 ZPO) eröffnet (OLG Celle, ZInsO 2004, 204; MK-Ganter/Lohmann § 4 Rn. 69). Das Enumerationsprinzip des § 6 gilt nicht (HK-Kirchhof § 4 Rn. 14; vgl. § 6 Rdn. 10).

4. Fall des § 299 Abs. 2 ZPO

45 In den Fällen des § 299 Abs. 2 ZPO hat der Dritte **sein rechtliches Interesse** an der Akteneinsicht **glaubhaft zu machen**, wofür § 294 ZPO entsprechend anzuwenden ist, es sei denn, der Schuldner stimmt der Einsichtnahme zu. Solange der Gesuchsteller sein rechtliches Interesse nicht glaubhaft gemacht hat, obliegt es ihm, die **Zustimmung des Schuldners** einzuholen und dem Gericht vorzulegen. Dies ist nicht Aufgabe des Gerichts. Ein anerkennenswertes rechtliches Interesse besteht, wenn Belange des Gesuchstellers berührt sind, die einen rechtlichen Bezug zu dem Inhalt der einzusehenden Akte haben (BGH, ZInsO 2006, 597 Rn. 15; OLG Naumburg, ZInsO 2010, 1804 Rn. 11; MK-Ganter/Lohmann § 4 Rn. 62).

46 Hat der Gesuchsteller sein rechtliches Interesse glaubhaft gemacht, hat das Gericht im Rahmen seiner zu treffenden **Ermessensentscheidung** die Interessen der Beteiligten gegeneinander abzuwägen und insb. zu prüfen, ob **berechtigte Geheimhaltungsbedürfnisse** des Schuldners der uneingeschränkten Einsicht entgegenstehen (OLG Schleswig, NZI 2008, 690). Eine ermessensfehlerfreie Entscheidung setzt voraus, dass dem Insolvenzschuldner i. R. d. **Möglichen und Zumutbaren Gelegenheit gegeben wird, sein Geheimhaltungsinteresse geltend zu machen** (BGH, ZIP 1998,

961; OLG Köln, NZI 1999, 502; Uhlenbruck-I.Pape § 4 Rn. 26, 32). Dies gilt grds. auch für juristische Personen und Gesellschaften (**a. A.** FK-Schmerbach § 4 Rn. 85). Das Gericht ist aber nicht verpflichtet, **aufwendige Ermittlungen** anzustellen oder das Akteneinsichtsgesuch gar **öffentlich zuzustellen**, wenn sich in der Akte nach Verfahrensbeendigung keine Anschrift der Schuldnerin bzw. ihrer Vertretungsorgane bzw. bei Führungslosigkeit ihrer Gesellschafter, Mitglieder des Aufsichtsrats oder persönlich haftenden Gesellschafter befindet (vgl. OLG Köln, NZI 1999, 502). Im Eröffnungsverfahren ist die Gewährung rechtlichen Gehörs **entbehrlich**, wenn der Schuldner selbst den Eröffnungsantrag gestellt hat (Uhlenbruck-I.Pape § 4 Rn. 26) oder das Gericht das Akteneinsichtsgesuch des Dritten **ablehnt** (FK-Schmerbach § 4 Rn. 85).

Nach Abweisung mangels Masse wird das bestehende rechtliche Interesse eines Gläubigers das Geheimhaltungsinteresse des Schuldners vor Ablauf der Löschungsfrist (§ 26 Abs. 2 Satz 2) **rgm. überwiegen** (HK-Kirchhof § 4 Rn. 15). I. Ü. bedarf es der sorgfältigen Interessenabwägung. I. R. d. Abwägung ist zu berücksichtigen, ob es sich beim Schuldner um eine natürliche Person oder juristische Person handelt und ob das Vorliegen eines Insolvenzgrundes feststeht (OLG Schleswig, ZInsO 2010, 194). Steht fest, dass **kein Insolvenzgrund vorlag** oder ist der Gläubigerantrag bereits **als unzulässig zurückgewiesen** worden, wird i. d. R. das Interesse des Schuldners höher zu bewerten sein (vgl. AG Göttingen, ZInsO 2005, 952; Paulick, ZInsO 2009, 906). Bei Beendigung des Eröffnungsverfahrens durch **Antragsrücknahme oder Erledigungserklärung** sind Abwägungskriterien, ob der Sachverständige bereits das Gutachten erstattet und das Bestehen eines Insolvenzgrundes festgestellt hat, ob die schuldnerische GmbH zwischenzeitlich aus dem Handelsregister gelöscht worden ist und ob das Vorliegen eines Insolvenzgrundes durch eine Vielzahl von Eröffnungsverfahren gegen die Schuldnerin in kurzer Zeit (»Stapelverfahren«) indiziert ist (zu eng AG Göttingen, ZInsO 2005, 952 und Kind/Heinrich, NZI 2006, 433, 435). Zum Gegenstand der Akteneinsicht gilt das unter 3. Ausgeführte (vgl. Rdn. 40 ff.). 47

Zuständig für die Gewährung der Akteneinsicht ist im Fall des § 299 Abs. 2 ZPO der **Vorstand des Gerichts** (Präsident oder Direktor des AG), der die Entscheidungsbefugnis aber **auf den zuständigen Richter delegieren** kann (Uhlenbruck-I.Pape § 4 Rn. 26, 29, 31), wovon verbreitet Gebrauch gemacht wurde. 48

Trotz der fehlenden Erwähnung des Anspruchs auf Erteilung von Abschriften in § 299 Abs. 2 ZPO hat das Gericht auch bei Akteneinsichtsgesuchen Dritter sowohl im eröffneten Verfahren als auch nach Verfahrensbeendigung unter Berücksichtigung der vom Gesuchsteller vorgebrachten Gründe (insb. der räumlichen Entfernung zum Insolvenzgericht) eine **Ermessensentscheidung** zu treffen, ob die Akteneinsicht auch durch **Übersendung von Abschriften** oder Versendung der Akte erfolgen kann (OLG Celle, ZInsO 2007, 150; 2004, 154). **Während des laufenden Verfahrens** kommt eine Versendung der Akte kaum in Betracht, da das Gericht jederzeit Zugriff auf die Akte haben muss (MK-Ganter/Lohmann § 4 Rn. 71). 49

Wird der Antrag des Dritten auf Akteneinsicht vom Gerichtsvorstand bzw. Richter abgelehnt, hat er die Möglichkeit, dagegen **einen Antrag auf gerichtliche Entscheidung gem. §§ 23 ff. EGGVG** zu stellen (OLG Celle, ZInsO 2004, 154), da es sich insoweit um **Justizverwaltungshandeln** des Gerichts handelt (FK-Schmerbach § 4 Rn. 88). Dies gilt auch, wenn die Entscheidung des Insolvenzgerichts fälschlich auf § 299 Abs. 1 ZPO gestützt wird und das Beschwerdegericht die Akte deshalb an das OLG weitergeleitet hat (OLG Celle, ZInsO 2006, 501). Über den Antrag entscheidet gem. § 25 Abs. 1 EGGVG das zuständige OLG. Das OLG prüft die Entscheidung **auf Ermessensfehler** (§ 28 Abs. 3 EGGVG). Aus den Gründen der angefochtenen Entscheidung muss sich ergeben, dass die erforderliche Interessenabwägung vorgenommen wurde (FK-Schmerbach § 4 Rn. 88). Die Antragsfrist beträgt einen Monat (§ 26 EGGVG) nach Zustellung oder schriftlicher Bekanntgabe des Bescheides. Zur Auslösung dieser Frist sollte die ablehnende Entscheidung dem Gesuchsteller daher zugestellt werden. Ist dem Schuldner rechtliches Gehör gewährt worden, ist ihm eine Abschrift der Entscheidung zu übersenden. Ist dem Dritten gegen den Widerspruch des Schuldners entsprechend § 299 Abs. 2 ZPO Akteneinsicht gewährt, ist für den Schuldner ebenfalls der Antrag nach §§ 23 ff. EGGVG eröffnet. 50

51 ▶ **Hinweis:**

Bei Stellung eines Akteneinsichtsgesuchs im eröffneten Verfahren sollte der gesuchstellende Gläubiger angeben, ob er seine Forderung bereits zur Tabelle angemeldet hat, und, wenn dies nicht der Fall ist, seine Gläubigerstellung glaubhaft machen (z. B. durch Beifügung des Titels). Wird das Akteneinsichtsgesuch nach Beendigung des Verfahrens gestellt, sollte der Gläubiger im Gesuch seine Gläubigerstellung glaubhaft machen. Für Auskünfte nach dem Verfahrensstand ist die Internetveröffentlichung (www.insolvenzbekanntmachungen.de) zu nutzen.

5. Anfragen und Auskunftsersuchen

52 Unterhalb der Stufe der Akteneinsicht stehen **Anfragen und Auskunftsersuchen** an das Gericht, ob ein Insolvenzverfahren über das Vermögen eines Schuldners anhängig ist und in welchem Stand sich dieses befindet. Im **Eröffnungsverfahren** ist die Erteilung von Auskünften unbedenklich, wenn der Schuldner **selbst** die Eröffnung des Insolvenzverfahrens über sein Vermögen beantragt oder das Gericht **Sicherungsmaßnahmen angeordnet** hat, die gem. §§ 21 Abs. 2 Nr. 2, 23 Abs. 1 öffentlich bekannt gemacht worden sind (Uhlenbruck-I.Pape § 4 Rn. 27). Auf Verlangen kann dem Gläubiger auf seine Kosten eine Abschrift des Sicherungsbeschlusses übersandt werden. Vorrangig hat der Anfragende jedoch die Internetveröffentlichung als Informationsquelle zu nutzen. I. Ü. hat die Geschäftsstelle **telefonische Auskünfte** zu verweigern, zumal die Person des Anrufers nicht verifizierbar ist.

53 Im **eröffneten Verfahren** ist die Geschäftsstelle nur verpflichtet, Auskunft über die Eröffnung, Fristen, Termine und ggf. die Verfahrenseinstellung oder -aufhebung, nicht aber auch zum Verfahrensstand zu erteilen (Uhlenbruck-I.Pape § 4 Rn. 30; MK-Ganter/Lohmann § 4 Rn. 77). Insoweit ist der anfragende Gläubiger auf die Gläubigerversammlung sowie die Möglichkeit der Akteneinsicht zu verweisen. **Nach Verfahrensbeendigung** ist der Auskunftsersuchende ebenfalls auf die Möglichkeit der Akteneinsicht zu verweisen.

VII. Überblick über die Anwendbarkeit sonstiger ZPO-Vorschriften

54 Bezüglich der entsprechenden Anwendbarkeit der nicht unter C. und D. (Rdn. 8 ff.) behandelten Vorschriften gilt Folgendes (wenn anwendbar: **ja**; wenn nicht anwendbar: **nein**).

55 §§ 59 ff. ZPO (Streitgenossenschaft) und §§ 64 ff. ZPO (Beteiligung Dritter) **nein**, weil das Insolvenzverfahren selbstständig alle Beteiligten einbindet (HK-Kirchhof § 4 Rn. 25); § 129a ZPO (Anträge und Erklärungen zu Protokoll) **ja** (HK-Kirchhof § 14 Rn. 5); § 130a ZPO (elektronisches Dokument) **ja**, aber nur, sofern Bund und Länder von der Verordnungsermächtigung in Abs. 2 Gebrauch gemacht haben (vgl. dazu Prütting/Gehrlein-Prütting § 130a ZPO Rn. 7. Das Computerfax und andere eingescannte Schriftsätze mit eigenhändiger Unterschrift, die als Anhang einer E-Mail verschickt werden, sind keine elektronischen Dokumente i. S. v. § 130a ZPO. Hierfür gilt § 130 ZPO [BGH, NJW 2008, 2649]. Allerdings gilt für den Zeitpunkt des Eingangs § 130a Abs. 3 ZPO entsprechend, vgl. Prütting/Gehrlein-Prütting § 130a ZPO Rn. 2); § 130 Nr. 6 ZPO (Unterschrift) **ja** (BGH, NZI 2011, 59); § 133 ZPO (Beifügen der erforderlichen Durchschriften) **nein** (a. A. AG Gießen, ZInsO 2001, 184 für Gläubigerstellungnahmen zum gerichtlichen Schuldenbereinigungsplan), vgl. auch die Sonderregelung in § 306 Abs. 2 Satz 2; §§ 136, 139 ZPO (Prozessleitung) **ja** (vgl. BGHZ 162, 181 = ZInsO 2005, 310; OLG Frankfurt am Main, ZInsO 2005, 822; OLG Köln, ZInsO 2000, 608; § 141 ZPO (persönliches Erscheinen) **nein**, wird verdrängt von § 97 Abs. 3 Satz 1; § 142 ZPO (Vorlage von Urkunden) **ja** (LG Köln, NZI 2004, 671); § 144 ZPO (Augenschein und Sachverständige) **nein**, wird von § 5 Abs. 1 verdrängt; § 147 ZPO (Verbindung mehrerer Anträge) **ja**, jedoch nicht bereits im Eröffnungsverfahren und nicht in Verfahren gegen unterschiedliche Schuldner (OLG Köln, ZInsO 2000, 393; krit. Holzer, NZI 2007, 432); §§ 148 ff. ZPO (Aussetzung) **nein**, wegen des Eilcharakters des Eröffnungsverfahrens (BGH, NZI 2006, 642); §§ 159 bis 165 ZPO (Protokollierung) **ja** (Jaeger/Henckel/Gerhardt-Gerhardt § 4 Rn. 6).

59 § 300 Abs. 1 ZPO (Entscheidungsreife) **ja**, Ausnahme bei Zuwarten mit der Eröffnung zum Ermöglichen der Ausschöpfung des dreimonatigen Insolvenzgeldzeitraums wenn dadurch die Sanierungschancen erheblich verbessert werden (AG Hamburg, ZInsO 2004, 630); § 303 ZPO (Zwischenurteil) **ja** bei Feststellung der Unwirksamkeit der Erledigungserklärung (LG Duisburg, ZInsO 2009, 336 zw.); § 318 ZPO (Bindung) **nein** vor Ablauf der Beschwerdefrist (BGH, ZInsO 2006, 996); § 319 ZPO (Berichtigung) **ja** (LG Deggendorf, ZInsO 2002, 336), auch für falschen »Alias«-Namen des Schuldners im Eröffnungsbeschluss (AG Marburg/Lahn, ZInsO 2010, 1806), Tabellenberichtigungen (vgl. BGH, ZInsO 2011, 2278; LG Göttingen, ZInsO 2003, 815) sowie für die versehentlich vergessene Zulassung der Rechtsbeschwerde (BGH, ZInsO 2014, 517); § 320 ZPO (Tatbestandsberichtigung) **ja** im Hinblick auf die mögliche Rechtsbeschwerde; § 321 ZPO (Ergänzung) **ja** bei vergessener Kostenentscheidung (FK-Schmerbach § 4 Rn. 18); § 321a ZPO (Anhörungsrüge) **ja** (BGHZ 150, 136 = ZInsO 2002, 371; AG Göttingen, ZVI 2011, 470) bei willkürlicher Nichtzulassung der Rechtsbeschwerde (BGH, ZInsO 2009, 885) sowie gegen die Mitteilung der Rücknahmefiktion im Verbraucherinsolvenzverfahren (AG Duisburg, NZI 2011, 863); § 322 ZPO (materielle Rechtskraft) **nein** hinsichtl. der Bejahung oder Verneinung des Insolvenzgrundes, der Abweisung mangels Masse (BGH, ZInsO 2005, 144; vgl. § 26 Rdn. 71) sowie der Aufhebung oder Einstellung des Insolvenzverfahrens (MK-Ganter/Lohmann § 4 Rn. 80c u. d), **ja** für die Bindung anderer Gerichte an den formell rechtskräftigen Eröffnungsbeschluss (BGHZ 113, 218 = ZIP 1991, 233), vgl. dazu auch die Sondervorschrift in § 183 Abs. 1, und soweit insolvenzgerichtliche Entscheidungen die bürgerlich-rechtlichen Beziehungen zwischen Personen festlegen, z. B. §§ 26 Abs. 3, 64 (HK-Kirchhof § 6 Rn. 38); § 329 ZPO (Beschlüsse) **ja** für die Änderungsbefugnis von Beschlüssen von Amts wegen vor Unanfechtbarkeit (BGH, ZInsO 2006, 996), die Beschlussform (BGHZ 137, 49 = ZIP 1997, 2126) und für das Zustellungserfordernis des Abs. 2 Satz 2 (OLG Köln, ZInsO 2001, 378); §§ 330 ff. ZPO (Versäumnisurteil) **nein**, wegen des Amtsermittlungsgrundsatzes (§ 5 Abs. 1).

60 §§ 355 ff. ZPO (Beweisaufnahme) **ja**, erfolgt allerdings gem. § 5 Abs. 1 von Amts wegen; §§ 383, 384 ZPO (Zeugnisverweigerung) **ja** (vgl. § 5 Rdn. 13), nicht für gem. §§ 97, 101 Abs. 1 auskunftspflichtige Personen; § 385 Abs. 2 ZPO (Entbindung von der Schweigepflicht) **ja** (vgl. § 5 Rdn. 13); § 390 ZPO (Folgen der Zeugnisverweigerung) **ja** (LG Köln, NZI 2004, 671); §§ 402 ff. (Sachverständiger) **ja** (BGHZ 158, 212 = ZInsO 2004, 550); § 406 ZPO (Ablehnung des Sachverständigen) **nein** für den Sachverständigen im Eröffnungsverfahren (LG München I, ZInsO 2001, 813; vgl. Rdn. 14); § 407a Abs. 2 Satz 2 ZPO (Anzeige der Beauftragung von Hilfskräften durch den Sachverständigen ggü. dem Gericht) **ja** (AG Hamburg, ZInsO 2006, 448); §§ 421 ff. ZPO (Urkundenvorlegung durch Dritte) **ja** (AG Mönchengladbach, ZInsO 2003, 42); §§ 445 ff. ZPO (Parteivernehmung) **nein**, wird verdrängt durch §§ 97, 101 Abs. 1.

61 § 496 ZPO (Form von Erklärungen) **ja**, nur sofern die InsO wie z. B. in §§ 174 Abs. 1 Satz 1, 305 Abs. 1 Satz 1 keine Schriftform verlangt; §§ 567 ff. ZPO (Beschwerde) **ja**, wenn keine insolvenzspezifische Entscheidung i. S. d. § 6 vorliegt (vgl. § 6 Rdn. 9 ff.); §§ 574 ff. ZPO (Rechtsbeschwerde) **ja** uneingeschränkt nach Aufhebung des § 7 (BGH, ZInsO 2012, 218; vgl. § 7 Rdn. 1 ff.); §§ 578 ff. ZPO (Wiederaufnahme) **ja** nach Eintritt der Rechtskraft eines streitentscheidenden Beschlusses (BGH, ZInsO 2007, 97; 2006, 259).

62 Die Vorschriften über die Einzelzwangsvollstreckung (§§ 704 ff. ZPO) sind zwar grds. auf das Insolvenzverfahren als Gesamtvollstreckungsverfahren nicht anwendbar (Jaeger/Henckel/Gerhardt-Gerhardt § 4 Rn. 56). Im Insolvenzverfahren können jedoch Maßnahmen der Einzelzwangsvollstreckung erforderlich werden (vgl. z. B. § 148 Abs. 2). Im Einzelnen: § 705 ZPO (formelle Rechtskraft) **ja** für insolvenzgerichtliche Entscheidungen (vgl. § 6 Rdn. 32) wie z. B. Versagung der Restschuldbefreiung, die einen erneuten Eigenantrag des Schuldners mit identischen Gläubigern ausschließt (BGH, ZInsO 2007, 1223); §§ 724 ff. ZPO (Klauselerteilung) **ja** (a. A. für die Herausgabevollstreckung durch den vorläufigen Insolvenzverwalters bei allg. Verfügungsverbot unter Hinweis auf § 929 Abs. 1 ZPO: AG Duisburg, ZInsO 2005, 105; vgl. auch die Sonderregelung in § 202); §§ 739, 758, 758a ZPO (Gewahrsamsvermutung und Durchsuchung) **ja** bei der Vollstreckung

§§ 166 ff. ZPO (Zustellungen) **ja**, sofern §§ 8, 9, 307 Abs. 1 Satz 3 keine Sonderregelungen enthalten; § 185 ZPO (öffentliche Zustellung) **nein**, wegen § 9 Abs. 3 Ausnahme: im Verbraucherinsolvenzverfahren bei der Zustellung des gerichtlichen Schuldenbereinigungsplans (AG Saarbrücken, ZInsO 2002, 247); §§ 214 ff. ZPO (Ladungen und Termine) **ja** (LG Göttingen, ZInsO 2002, 683), sofern nicht spezielle Fristenregelungen bestehen (vgl. §§ 28 bis 30, 74 Abs. 2, 75 Abs. 2, 197 Abs. 2, 214, 215); § 217 ZPO (Ladungsfrist) im Eröffnungsverfahren **nein**, wegen des Eilcharakters des Verfahrens, sonst (z. B. für Gläubigerversammlungen) **ja** (FK-Schmerbach § 4 Rn. 13); § 227 Abs. 1 ZPO (Terminsänderung) **ja** (AG Hohenschönhausen, ZInsO 2000, 168); § 230 ZPO (allgemeine Versäumungsfolge) **nein** (BGH, ZInsO 2008, 924).

§ 232 (Rechtsbehelfsbelehrung) **ja** (BT-Drucks. 17/10940, vgl. § 6 Rdn. 24a); §§ 233 ff. ZPO (Wiedereinsetzung bei Versäumung von Notfristen) **ja** (OLG Köln, ZInsO 2000, 608; OLG Zweibrücken, ZInsO 2001, 811; auch bei fehlender oder unrichtiger Rechtsbehelfsbelehrung, vgl. § 6 Rdn. 24a), analog, wenn Gläubiger wegen unzureichender Erläuterung der Suchmaske der Internetveröffentlichung öffentlich bekannt gemachte Frist zur Stellungnahme zum Restschuldbefreiungsantrag des Schuldners versäumt (BGH, ZInsO 2014, 88), Sonderregelung für die Wiedereinsetzung wegen Versäumung des Prüfungstermins in § 186 Abs. 2; §§ 239 ff. ZPO (Unterbrechung und Aussetzung des Verfahrens) **nein**, wegen der Eilbedürftigkeit des Insolvenzverfahrens (BGH, ZInsO 2008, 453). Stirbt der Schuldner, gelten die Vorschriften über das Nachlassinsolvenzverfahren (§§ 315 ff.). Verstirbt nach Eigenantrag der einzige Geschäftsführer der anwaltlich vertretenen Schuldnerin, wird das Insolvenzverfahren nicht unterbrochen (vgl. zur Rechtslage vor Inkrafttreten des MoMiG am 01.11.2008 AG Hamburg, ZInsO 2006, 1120 und 2. Aufl.). Es liegt ein Fall der Führungslosigkeit vor, der Bestellung eines Notgeschäftsführers (§ 29 BGB) oder Verfahrenspflegers (§ 57 ZPO) bedarf es bei der GmbH, AG und Genossenschaft nicht (vgl. Rdn. 20a). Verstirbt der antragstellende Gläubiger, kann das Verfahren von dessen Erben fortgesetzt werden. § 251 ZPO (Ruhen des Verfahrens) **nein**, und zwar weder im Eröffnungsverfahren noch im eröffneten Verfahren (Jaeger/Henckel/Gerhardt-Gerhardt § 4 Rn. 57), aber Sonderregelung in § 306 Abs. 1 Satz 1, Abs. 3 Satz 2.

§ 253 Abs. 2 Nr. 1 ZPO (Angabe der Anschrift des Schuldners) **ja**, sonst Glaubhaftmachung der Voraussetzungen des § 185 ZPO (LG Hamburg, ZInsO 2010, 1560); § 253 Abs. 2 Nr. 2 ZPO (Klageschrift) **ja** für die Darlegung des Insolvenzgrundes beim Eigenantrag (BGHZ 153, 205 = ZInsO 2003, 217; ZInsO 2007, 887); § 260 ZPO (Hilfsantrag) **ja** (AG Köln, NZI 2008, 390); § 261 Abs. 1 ZPO (Rechtshängigkeit) **nein** (vgl. § 3 Rdn. 7; a. A. OLG Düsseldorf, ZInsO 2004, 507); § 261 Abs. 3 Nr. 1 ZPO (Rechtshängigkeitswirkung) **ja** für neue Insolvenzanträge, solange das eröffnete Insolvenzverfahren nicht aufgehoben ist (BGH, ZInsO 2004, 739; LG Berlin, NZI 2008, 43) oder die Wohlverhaltensperiode noch läuft und nicht das Vorhandensein von Neuvermögen glaubhaft gemacht wird (AG Köln, NZI 2008, 386; AG Oldenburg, ZInsO 2004, 1154; a. A. AG Göttingen, ZInsO 2007, 1164) sowie für mehrere gleichzeitige Eröffnungsanträge desselben Antragstellers (AG Potsdam, ZInsO 2002, 340), **nein** für mehrere Eröffnungsanträge verschiedener Gläubiger; § 261 Abs. 3 Nr. 2 ZPO **ja** (OLG Köln, NZI 2003, 567; vgl. § 3 Rdn. 7); §§ 263 ff. ZPO (Klageänderung) **ja** in Form des Auswechselns und Nachschiebens von Forderungen im Eröffnungsverfahren (BGH, ZIP 2004, 1466; vgl. § 14 Rdn. 13); § 280 ZPO (Zwischenbeschluss) **ja** bei positivem Kompetenzkonflikt (vgl. § 3 Rdn. 24); § 281 ZPO (Verweisung) **ja** (vgl. § 3 Rdn. 27 ff.); § 286 ZPO (freie Beweiswürdigung) **ja**, z. B. muss der Eröffnungsgrund (HK-Kirchhof § 16 Rn. 9) oder der Restschuldversagungsgrund (BGHZ 156, 139 = ZInsO 2003, 941) zur Überzeugung des Gerichts feststehen; § 287 ZPO (Höhe der Forderung) **ja**, z. B. i. R. d. Vergütungsfestsetzung (LG Mannheim, ZInsO 2001, 795), bei der Feststellung des Umfangs der Istmasse nach Antragsrücknahme (BGH, ZInsO 2005, 757) oder bei der Wertberichtigung von Forderungen der Masse im Rahmen der Vergütungsfestsetzung (BGH, ZInsO 2012, 1236); § 288 ZPO (Geständnis) **nein** (OLG Köln, ZInsO 2000, 393); § 291 ZPO (Offenkundigkeit) **ja**; § 294 ZPO (Glaubhaftmachung) **ja** (BGHZ 156, 139 = ZInsO 2003, 941; LG Potsdam, ZInsO 2007, 999) in den Fällen, in denen die InsO die Glaubhaftmachung ausreichen lässt (z. B. §§ 14 Abs. 1, 15 Abs. 2).

insolvenzgerichtlicher Entscheidungen (BGH, ZInsO 2008, 268; HK-Kirchhof §4 Rn. 18); §764 ZPO (Vollstreckungsgericht) **nein**, wird verdrängt durch §§ 2 Abs. 1, 36 Abs. 4 Satz 1, 89 Abs. 3 Satz 1, 148 Abs. 2 Satz 2, 210; §765a ZPO (Vollstreckungsschutz) **ja** (BGH, ZInsO 2008, 1383; HK-Kirchhof §4 Rn. 19; MK-Ganter/Lohmann §4 Rn. 34; offengelassen noch von BGH, ZInsO 2008, 41), aber nur im eröffneten Verfahren über das Vermögen natürlicher Personen i. R. d. Herausgabevollstreckung gem. §148 Abs. 2 in seltenen Ausnahmefällen (z. B. gutachterlich belegter Suizidgefahr bei Wohnungsräumung); §766 ZPO (Erinnerung) **ja**, z. B. im Fall des §89 Abs. 3 Satz 1 (BGH, ZInsO 2004, 391); §775 Nr. 1 und 2 ZPO (Einstellung der Zwangsvollstreckung), **ja** bei der Anordnung von Sicherungsmaßnahmen (§21 Abs. 2 Nr. 3) bzw. der Eröffnung des Insolvenzverfahrens (vgl. §89); §788 ZPO (Kosten der Zwangsvollstreckung) **nein**; §793 (Beschwerde) **ja**, wenn das Insolvenzgericht wegen größerer Sachnähe als Vollstreckungsgericht entscheidet (BGH, ZInsO 2004, 391; vgl. §6 Rdn. 11); §794 Abs. 1 Nr. 1 ZPO (Vergleich) **nein**, vgl. aber §308 Abs. 1 Satz 2; §794 Abs. 1 Nr. 3 ZPO (Vollstreckungstitel) **ja** für den Eröffnungsbeschluss (vgl. §148 Abs. 2 Satz 1); §§883 ff. ZPO (Herausgabe beweglicher Sachen) **ja** im Fall des §148 Abs. 2 Satz 2; §807 ZPO (Eidesstattliche Versicherung) **ja** bei Abnahme gem. §98 Abs. 3 Satz 1; Schutzschrift bei Arrest oder einstweiliger Verfügung (§§916 ff. ZPO) **nein**, da dafür wegen der Pflicht zur Anhörung (§14 Abs. 2) kein Bedürfnis besteht.

§4a Stundung der Kosten des Insolvenzverfahrens

(1) ¹Ist der Schuldner eine natürliche Person und hat er einen Antrag auf Restschuldbefreiung gestellt, so werden ihm auf Antrag die Kosten des Insolvenzverfahrens bis zur Erteilung der Restschuldbefreiung gestundet, soweit sein Vermögen voraussichtlich nicht ausreichen wird, um diese Kosten zu decken. ²Die Stundung nach Satz 1 umfasst auch die Kosten des Verfahrens über den Schuldenbereinigungsplan und des Verfahrens zur Restschuldbefreiung. ³Der Schuldner hat dem Antrag eine Erklärung beizufügen, ob ein Versagungsgrund des §290 Absatz 1 Nummer 1 vorliegt. ⁴Liegt ein solcher Grund vor, ist eine Stundung ausgeschlossen.

(2) ¹Werden dem Schuldner die Verfahrenskosten gestundet, so wird ihm auf Antrag ein zur Vertretung bereiter Rechtsanwalt seiner Wahl beigeordnet, wenn die Vertretung durch einen Rechtsanwalt trotz der dem Gericht obliegenden Fürsorge erforderlich erscheint. ²§ 121 Abs. 3 bis 5 der Zivilprozessordnung gilt entsprechend.

(3) ¹Die Stundung bewirkt, dass
1. die Bundes- oder Landeskasse
   a) die rückständigen und die entstehenden Gerichtskosten,
   b) die auf sie übergegangenen Ansprüche des beigeordneten Rechtsanwalts
   nur nach den Bestimmungen, die das Gericht trifft, gegen den Schuldner geltend machen kann;
2. der beigeordnete Rechtsanwalt Ansprüche auf Vergütung gegen den Schuldner nicht geltend machen kann.

²Die Stundung erfolgt für jeden Verfahrensabschnitt besonders. ³Bis zur Entscheidung über die Stundung treten die in Satz 1 genannten Wirkungen einstweilig ein. § 4b Abs. 2 gilt entsprechend.

Übersicht	Rdn.		Rdn.
A. Normzweck	1	a) Antragstellung	9
B. Norminhalt	5	b) Zulässigkeit des Restschuldbefreiungsantrags	10
I. Voraussetzungen der Stundung (Abs. 1 Satz 1)	5	c) Sonstige Fälle der Zweckverfehlung	11
1. Natürliche Person	5	d) Fälle des Verfahrensmissbrauchs und Umgehungstatbestände	13
2. Antrag auf Stundung	6		
3. Antrag auf Restschuldbefreiung	7		

4. Erweiterter Stundungsausschluss analog § 4a Abs. 1 Satz 4 (die sog. Vor- und Nachwirkungsrechtsprechung des BGH)	14
a) Grundlagen	15
b) Entwicklung	16
aa) Vorwirkungsrechtsprechung	16
bb) Nachwirkungsrechtsprechung	17
c) Erweiterter Stundungsausschluss im neuen Recht	18
5. Fehlende Verfahrenskostendeckung .	22
a) Kosten des Insolvenzverfahrens. .	23
b) Der Vermögensbegriff des § 4a . .	24
aa) Pfändbares Vermögen	25
bb) kurzfristige Verwertbarkeit. .	27
cc) Einmalzahlung	30
c) Stundungsspezifische Auskunftspflicht des Schuldners.	31
aa) Inhaltlicher Umfang der Auskunftspflicht	32
bb) Behandlung unvollständiger Auskünfte	35
6. Erklärung zum Versagungsgrund des § 290 Abs. 1 Nr. 1.	36
II. Umfang der Stundung (Abs. 1 Satz 2, Abs. 2)	37
1. Betroffenes Verfahren.	37
2. Beiordnung eines Rechtsanwalts (Abs. 2)	40
III. Wirkung der Stundung (Abs. 3)	45
C. **Verfahrensfragen**	48

A. Normzweck

1 Die Kostenstundung (in Anlehnung an die Prozesskostenhilfe auch als »Verfahrenskostenhilfe« bezeichnet, BT-Drucks. 14/5680, 1) soll dem mittellosen Schuldner den **raschen, unkomplizierten Zugang zum Insolvenz- und Restschuldbefreiungsverfahren** verschaffen und ihm so die Chance zu einer schnellen Entschuldung (BT-Drucks. 17/11268, 13) als Voraussetzung für einen wirtschaftlichen Neuanfang geben (BT-Drucks. 14/5680, 11). Demgemäß gewährleistet die Kostenstundung die Eröffnung des Insolvenzverfahrens trotz Fehlens einer kostendeckenden Masse (§ 26 Abs. 1 Satz 2, 2. Alt.), verhindert seine Einstellung mangels Masse (§ 207 Abs. 1 Satz 2, 2. Alt.) und steht einer Versagung der Restschuldbefreiung entgegen, wenn in der Wohlverhaltensperiode die Mindestvergütung des Treuhänders nicht gedeckt ist (§ 298 Abs. 1 Satz 2). Ist dem Schuldner die Restschuldbefreiung erteilt, werden die Verfahrenskosten zur Zahlung fällig, es sei denn, das Gericht verlängert wegen der fortbestehenden Vermögens- und Einkommensinsuffizienz die Stundung (§ 4b Abs. 1). Spätestens 4 Jahre nach Erteilung der Restschuldbefreiung ist der Schuldner auch von den Kosten des Verfahrens »befreit« (§ 4b Abs. 1 Satz 2, § 115 Abs. 2 Satz 5 ZPO).

Die Stundung der Verfahrenskosten ist allein durch die Aussicht auf Restschuldbefreiung legitimiert. Daher besteht zwischen beiden Regelungsbereichen eine enge **Mittel-Zweck-Beziehung**, die die Auslegung der Stundungsvorschriften über ihren Wortlaut hinaus bestimmt: Ist die Restschuldbefreiung für den Schuldner nicht zu erreichen, hat der Einsatz öffentlicher Mittel sein Rechtfertigung verloren.

2 Die Zahl eröffneter Verbraucherinsolvenzverfahren stieg nach Inkrafttreten der Stundungsregeln im Jahr 2001 von 9.070 auf 108.798 im Jahr 2010 und ist im Jahr 2013 auf 91.200 gesunken (Quelle: Statistisches Bundesamt, Insolvenzen von Unternehmen und übrigen Schuldnern). Die stundungsgetriebene Eröffnung und Durchführung masseloser Verbraucherinsolvenzverfahren und die damit verbundene personelle Beanspruchung der Insolvenzgerichte und finanzielle Belastung der Landeshaushalte riefen im Jahr 2005 die Bund-Länder-Arbeitsgruppe »Reform der Verbraucherentschuldung« auf den Plan. Aus der Diskussion ging der Regierungs-«Entwurf eines Gesetzes zur Entschuldung mittelloser Personen, zur Stärkung der Gläubigerrechte sowie zur Regelung der Insolvenzfestigkeit von Lizenzen« vom 05.12.2007 (BT-Drucks. 16/7416) hervor. Er sah die ersatzlose Streichung der §§ 4a bis d vor sowie Sperrfristen für ein neuerliches Insolvenz- und Restschuldbefreiungsverfahren bei Verletzung »verfahrensrechtlicher Pflichten« durch den Schuldner vor (BT-Drucks. 16/7416, 35). Parallel zur Reformdiskussion entwickelte der BGH mit der Entscheidung vom 16.12.2004 (ZInsO 2005, 207) seine sog. **Vorwirkungsrechtsprechung** und legte mit seinem Beschl. v. 16.07.2009 (ZInsO 2009, 1777) unter ausdrücklichem Bezug auf den Regierungsentwurf vom 05.12.2007 den Grundstein für seine **sog. Nachwirkungs- oder Sperrfristrechtsprechung**. Sie sanktioniert verfahrensineffizientes Schuldnerverhalten und soll einer Belastung der Insolvenzge-

richte mit wiederholten Insolvenzeröffnungs- und Restschuldbefreiungsanträgen ein und desselben Schuldners entgegenwirken.

Der Regierungsentwurf vom 05.12.2007 ist nicht Gesetz geworden. In eingehender Auseinandersetzung mit der Vor- und Nachwirkungsrechtsprechung des BGH hat sich der Regierungsentwurf eines **Gesetzes zur Verkürzung des Restschuldbefreiungsverfahrens und zur Stärkung der Gläubigerrechte vom 31.10.2012** für die **Konzeption normierter Sperrfristen** (§ 287a Abs. 2) und für ein Festhalten an dem Grundsatz **gläubigerautonomer Stundungsaufhebung** (§§ 4c Nr. 5, 290 Abs. 2 Satz 1; vgl. ausführl. BT-Drucks. 17/11268, 24 ff.) entschieden. Der Gesetzgeber hat damit die **Fortgeltung der Vor- und Nachwirkungsrechtsprechung insgesamt infrage gestellt.**

Ob der **BGH** diese Restitution des ursprünglichen Stundungsmodells nachvollziehen wird, ist derzeit völlig offen. In seinen jüngsten Judikaten erkennt er zwar die Absicht des Gesetzgebers an, mit § 287a Abs. 2 eine abschließende Regelung der Sperrfristen getroffen zu haben. Gleichzeitig schafft er sich die Regelungslücke für die Fortgeltung seiner Rechtsprechung, indem er dem Gesetzgeber vorhält, in seinen Erwägungen nicht alle Fallkonstellationen behandelt zu haben (BGH, Beschl. v. 20.03.2014 – IX ZB 17/13, Rn. 11). Der Rechtsanwender wird daher bei der Auslegung neuen wie alten Rechts die Vor- und Nachwirkungsrechtsprechung zu bedenken haben. Nach der hier vertretenen Auffassung hat diese **Rechtsprechung mit der Reform ihr Ende gefunden** und ist auch **nicht mehr auf die am 01.07.2014 bereits anhängigen Stundungsverfahren anzuwenden** (ausführl. Rdn. 14 ff.). An die Stelle der Vor- und Nachwirkungsrechtsprechung tritt nun die ursprünglich vom Gesetzgeber intendierte Konzeption der gläubigerautonomen Stundungsaufhebung und – neu – gesetzlich normierten Sperrfristen.

Stellt man die zum überkommenen Recht von der Vor- und Nachwirkungsrechtsprechung erfassten Fallgruppen denen des neuen Rechts gegenüber (vgl. dazu die Tabelle im Anhang), bleibt dem Willen des Gesetzgebers entsprechend **bloß verfahrensineffizientes** (mit den Worten der Regierungsbegründung: »nachlässiges«) **Schuldnerverhalten im Erst- für ein Folgeinsolvenzverfahren unbeachtlich.** Die prima facie im neuen Recht sanktionslos hinzunehmenden krassen Fälle des **Verfahrensmissbrauchs** (BGH, ZInsO 2014, 795: Rücknahme RSB-Antrag, um im Folgeinsolvenzverfahren auch von Schulden befreit zu werden, die nach Eröffnung des Erstinsolvenzverfahrens entstanden sind) oder **Umgehungstatbestände** (BGH, ZInsO 2011, 1127: Rücknahme RSB-Antrag, um Versagungsantrag zuvorzukommen) lassen sich **ohne Rückgriff auf die Sperrfristrechtsprechung des BGH** als Ausnahmetatbestände erfassen, die nach allgemeinen Rechtsgrundsätzen mit einer **Sperrfrist analog § 287a Abs. 2 Satz 2 Nr. 2** zu belegen sind (Rdn. 13).

B. Norminhalt

I. Voraussetzungen der Stundung (Abs. 1 Satz 1)

1. Natürliche Person

Kostenstundung erhalten natürlichen Personen, da allein sie Restschuldbefreiung erlangen können. Dies ergibt sich bereits aus dem Erfordernis eines Antrags auf Restschuldbefreiung in Abs. 1.

Eine Kostenstundung in Nachlass- oder Gesamtgutsinsolvenzverfahren ist ausgeschlossen, da es sich um **verselbstständigte, insolvenzfähige Sondervermögen** handelt (Uhlenbruck-Mock Rn. 6; ausführl. zur Sondervermögenstheorie Dawe, Der Sonderkonkurs des internationalen Insolvenzrechts, S. 9 ff., 26 ff.). Dies gilt auch für das nach § 35 Abs. 2 freigegebene Sondervermögen (zur Insolvenzfähigkeit BGH, ZInsO 2011, 1349).

Verstirbt der Schuldner während des Hauptverfahrens, ist sein Antrag auf Restschuldbefreiung und damit auch die gewährte Stundung gegenstandslos. Das Insolvenzverfahren ist nach § 207 einzustellen. Die Erben sind auf die zivilrechtlichen Möglichkeiten der Haftungsbeschränkung verwiesen. Gleiches gilt bei **Versterben des Schuldners im Restschuldbefreiungsverfahren**. Gegen eine Verfahrenskostenstundung zugunsten der Erben spricht in allen Fällen, dass das das Verfahrensziel, dem Schuldner einen wirtschaftlichen Neuanfang zu ermöglichen, hinfällig geworden ist (a. A. FK-

Ahrens § 286 Rn. 54 ff.; instruktiv zur Vorfrage der Restschuldbefreiung zugunsten der Erben AG Leipzig, ZInsO 2013, 615).

2. Antrag auf Stundung

6 Stundung wird nicht von Amts wegen gewährt. Üblicherweise stellt der Schuldner den Stundungsantrag zusammen mit dem Antrag auf Eröffnung des Insolvenzverfahrens und dem Restschuldbefreiungsantrag **schriftlich** (Stundungsantrag auch formfrei möglich, BGH, ZInsO 2003, 800 ff.), **zu Protokoll der Geschäftsstelle** (§ 4 i. V. m. § 129a ZPO) oder als elektronisches Dokument (§ 4 i. V. m. § 130a ZPO). Formularzwang besteht für den Stundungsantrag nicht (BGH, ZInsO 2005, 45), wohl aber für den Insolvenzantrag des Verbrauchers (§ 305 Abs. 5 Satz 2). Sind die Angaben des Schuldners unvollständig, so hat das Gericht die **Mängel konkret zu bezeichnen** und dem Schuldner eine **angemessene Frist für deren Behebung** zu setzen (BGH, ZInsO 2004, 1307). Fragen, die für die Entscheidung über den Stundungsantrag nicht relevant sind, muss der Schuldner nicht beantworten (BGH, ZInsO 2005, 264, vgl. auch Rdn. 32 ff.).

Wegen des **höchstpersönlichen Charakters** des Verfahrens hat der Schuldner den Antrag stets selbst zu stellen. Ist er krankheitsbedingt dazu nicht in der Lage, kann der für die Vermögenssorge eingesetzte Betreuer den Antrag für den Schuldner stellen (LG Bochum, ZInsO 2003, 132).

3. Antrag auf Restschuldbefreiung

7 Kann der Schuldner die Restschuldbefreiung nicht erreichen und somit das Insolvenzverfahren die Grundlage für einen wirtschaftlichen Neuanfang nicht schaffen, verbietet sich der Einsatz öffentlicher Mittel zur Durchführung des Verfahrens (vgl. oben Rdn. 1). Der zulässige Restschuldbefreiungsantrag ist daher notwendige Bedingung der Kostenstundung (vgl. BT-Drucks. 17/11268, 20 zu § 4a) und im Stundungsantragsverfahren vom Gericht inzident zu prüfen.

Die gerichtliche Prüfung des Restschuldbefreiungsantrags erstreckt sich auf die **Erteilung der Restschuldbefreiung** (§ 287a Abs. 2 Satz 1 Nr. 1, 1. Alt.) sowie ihre **Versagung in einem früheren Verfahren** (§ 287a Abs. 2 Satz 1 Nr. 1, Alt. 2, 3, Nr. 2). All diese Tatbestände wirken zulasten des anhängigen Restschuldbefreiungsantrags nach, begründen seine Unzulässigkeit und führen mittelbar zur Unzulässigkeit des Stundungsantrags.

8 Zu berücksichtigen hat das Gericht ferner sonstige, sich aus der Mittel-Zweck-Beziehung von Restschuldbefreiung und Kostenstundung ergebende Fälle der Zweckverfehlung (Rdn. 11 f.) und Sachverhalte des Verfahrensmissbrauchs (Rdn. 13). Ob darüber hinaus nach neuem Recht die **sog. Vor- und Nachwirkungsrechtsprechung des BGH** Anwendung findet, ist noch nicht entschieden, nach der hier vertretenen Auffassung jedoch sowohl für Alt- (vor dem 01.07.2014 beantragte, nicht beschiedene Stundungsanträge; relevant wohl eher im Rahmen der Stundungsaufhebung, vgl. dazu § 4c Rdn. 25 ff.) als auch für Neufälle (Stundungsanträge nach dem 01.07.2014) **abzulehnen** (ausführl. Rdn. 18 ff.).

a) Antragstellung

9 Der Restschuldbefreiungsantrag wird gewöhnlich mit dem Eigenantrag auf Eröffnung des Insolvenzverfahrens und dem Stundungsantrag verbunden. Geschieht dies nicht, so kann er noch innerhalb einer **Ausschlussfrist von 2 Wochen** gestellt werden, nachdem der Schuldner einen gerichtlichen Hinweis erhalten hat (§§ 287 Abs. 1 Satz 2, 20 Abs. 2). Beim Fremdantrag ergibt sich aus der **Fürsorgepflicht des Gerichts**, den Schuldner auf die Möglichkeit der Restschuldbefreiung und die dafür erforderlichen Anträge unter Fristsetzung hinzuweisen (BGH, NZI 2005, 271: Für den Insolvenzantrag des Schuldners nicht länger als 4 Wochen ab Zugang der Verfügung).

b) Zulässigkeit des Restschuldbefreiungsantrags

Nur wenn der Schuldner einen zulässigen (A/G/R-Ahrens Rn. 21) Antrag auf Restschuldbefreiung gestellt hat, ist sein Antrag auf Verfahrenskostenstundung zulässig.

10

Der Stundungsantrag ist somit zu verwerfen, wenn der Restschuldbefreiungsantrag nach § 287a Abs. 2 Satz 1 unzulässig ist. Dazu hat sich der Schuldner zu erklären (§ 287 Abs. 1 Satz 3, vgl. auch II. 2. VbrFV-VO): Ist dem Schuldner **in den letzten 10 Jahren** vor seinem jetzt zur Entscheidung stehenden Eröffnungsantrag oder danach die **Restschuldbefreiung erteilt** oder **in den letzten 5 Jahren** oder nach Antragstellung **nach § 297 versagt** worden oder ist dem Schuldner **in den letzten 3 Jahren** vor dem Eröffnungsantrag oder danach die Restschuldbefreiung nach **§ 290 Abs. 1 Nr. 5** (Verletzung von Auskunfts- und Mitwirkungspflichten), **Nr. 6** (unrichtige oder unvollständige Verzeichnisse gem. § 305 Abs. 1 Nr. 3), **Nr. 7** (verschuldete Verletzung der Erwerbsobliegenheit des § 287b), nach **§ 296** (Obliegenheitsverletzung im Restschuldbefreiungsverfahren) oder nachträglich gem. **§ 297a i. V. m. § 290 Abs. 1 Nr. 5, 6 oder 7** versagt worden, so ist auch sein Stundungsantrag unzulässig. Vor seiner Entscheidung hat das Gericht dem Schuldner Gelegenheit zu geben, seinen Eröffnungsantrag zurückzunehmen (vgl. § 287a Abs. 2 Satz 2).

c) Sonstige Fälle der Zweckverfehlung

Eine **Kostenstundung** ist ferner **ausgeschlossen** bei tatsächlicher oder fingierter (§ 305 Abs. 3 Satz 2) **Rücknahme des Insolvenzantrags**, da sie zur Unzulässigkeit des Antrags auf Restschuldbefreiung führen (§ 287 Abs. 1; zudem fehlen dann die tatbestandliche Voraussetzung des Abs. 1 Satz 1).

11

Eine Abweisung des Stundungsantrags wegen Vorliegens **nach § 302 von der Restschuldbefreiung ausgenommener Forderungen** »erheblichen Umfangs« kommt dagegen nicht in Betracht (a. A. AG Düsseldorf, ZInsO 2013, 83, bestätigt durch LG Düsseldorf, ZInsO 2012, 2305; vgl. auch BGH, ZInsO 2005, 207 Rn. 9). Der Reformgesetzgeber hat sein ursprüngliches **Modell der gläubigerautonomen Stundungsaufhebung** durch das Gesetz zur Verkürzung des Restschuldbefreiungsverfahrens und Stärkung der Gläubigerrechte vom 15.07.2013 bekräftigt (dazu ausführl. Rdn. 18 ff.). Eine gerichtautonome Abweisung des Stundungsantrags griffe in die Entscheidungskompetenz des Gläubigers ein, seine Forderung mit dem Deliktsattribut in das Verfahren einzuführen. In der Praxis ist nicht selten der Verzicht von Gläubigern auf die Geltendmachung des Deliktsattributs zu beobachten. Wie der Sachverhalt zur Entscheidung des AG Düsseldorf, a. a. O., deutlich macht, kann die Tatsachenfeststellung bei der Vorsatzprüfung kompliziert sein, möglicherweise die Anhörung des Schuldners erforderlich machen und das Stundungsantragsverfahren gegen die Intention des Gesetzgebers (vgl. Rdn. 1) verzögern.

Ist die Stundung erteilt und das Insolvenzverfahren eröffnet, führen die **Rücknahme des Restschuldbefreiungsantrags**, die **Einstellung des Insolvenzverfahrens nach den §§ 212, 213**, die **Aufhebung gem. § 258** sowie das **Bestehen von der Restschuldbefreiung ausgeschlossener Forderungen (§ 302)** in einem Umfang, der nach pflichtgemäßem Ermessen des Gerichts einen wirtschaftlichen Neuanfang des Schuldners unmöglich macht, zur **Aufhebung der Stundung analog § 4c Nr. 5** (dazu § 4c Rdn. 25 ff.).

12

d) Fälle des Verfahrensmissbrauchs und Umgehungstatbestände

Der Reformgesetzgeber hat durch Einführung der Zulässigkeitsvoraussetzungen des § 287a Abs. 2 Satz 1 Nr. 2 die **sog. Nachwirkungs- oder Sperrfristrechtsprechung des BGH** (dazu ausführl. Rdn. 17) **in einzelnen Fällen kodifiziert**. Aus der Begründung des Regierungsentwurfs ersichtlich sollen mit der Vorschrift missbräuchlich wiederholte Restschuldbefreiungsverfahren für einen Zeitraum von 3 Jahren ausgeschlossen werden (BT-Drucks. 17/11268, 25). Die Vorschrift knüpft dabei an die Versagung der Restschuldbefreiung in einem früheren Verfahren an.

13

In der Praxis sind Sachverhalte bekannt geworden, in denen Schuldner bei absehbarer Versagung der Restschuldbefreiung ihren Restschuldbefreiungsantrag zurückgenommen haben, um der Versagung zuvor zu kommen und nach Aufhebung oder Einstellung dieses Insolvenzverfahrens in einem Folgeinsolvenzverfahren erneut mit Kostenstundung die Restschuldbefreiung zu erreichen (vgl. BGH, ZInsO 2011, 1127). Mit anderer Akzentuierung, aber gleichartiger Motivation erfolgt die Rücknahme des Restschuldbefreiungsantrags, um sich zusätzlich von den nach Eröffnung des Insolvenzverfahrens begründeten Neuverbindlichkeiten in einem Folgeverfahren zu befreien, wenn die Befreiung allein von den Altverbindlichkeiten wegen der aufgehäuften Neuverbindlichkeiten einen wirtschaftlichen Neuanfang nicht gewährleisten kann (so der Sachverhalt BGH, ZInsO 2014, 795).

Beide Sachverhalte sind vom Wortlaut des § 287a Abs. 2 Satz 1 Nr. 2 nicht erfasst, da der Schuldner durch sein Verhalten die Versagung bzw. Erteilung der Restschuldbefreiung missbräuchlich und in Umgehung des § 287a Abs. 2 Satz 1 verhindert. In dem einen Fall wären, verhielte sich der Schuldner redlich, erneute Insolvenz-, Restschuldbefreiungs- und Stundungsverfahren für die Dauer eines Jahres, im anderen Fall von 10 Jahren unzulässig. Der Schuldner vereitelt somit unter bewusster Umgehung der normierten Unzulässigkeitstatbestände die Versagung bzw. Erteilung der Restschuldbefreiung. Er verhält sich dem in **§ 162 Abs. 1 BGB** zum Ausdruck kommenden allgemeinen Rechtsgedanken zuwider und muss sich daher so behandeln lassen, als wäre ihm die Restschuldbefreiung erteilt bzw. versagt worden. Die **3-jährige Sperrfrist analog § 287a Abs. 2 Satz 1 Nr. 2** beginnt in diesen Fällen mit der Rücknahme des Restschuldbefreiungsantrags im Erstverfahren (vgl. BGH, ZInsO 2011, 1127; 2014, 795).

4. Erweiterter Stundungsausschluss analog § 4a Abs. 1 Satz 4 (die sog. Vor- und Nachwirkungsrechtsprechung des BGH)

14 Die Stundung ist ausgeschlossen, wenn der Versagungsgrund des § 290 Abs. 1 Nr. 1 vorliegt. Darüber hat sich der Schuldner in seinem Stundungsantrag zu erklären (Satz 3). Verschweigt er den vorliegenden Versagungsgrund, kann das Gericht die Stundung nach § 4c Nr. 1, 1. Alt. oder im Anschluss an die Versagung der Restschuldbefreiung (§ 290 Abs. 1 Nr. 6) nach § 4c Nr. 5 aufheben. Über den Versagungsgrund des § 290 Abs. 1 Nr. 1 hinaus war die Kostenstundung im alten Recht nach der Rechtsprechung des BGH in weiteren Fällen ausgeschlossen:

a) Grundlagen

15 Die Stundung der Verfahrenskosten erfolgt ausschließlich zum Zweck der Restschuldbefreiung (vgl. § 4a Abs. 1 Satz 1; BT-Drucks. 14/5680, 20). Kann der Schuldner dieses Verfahrensziel nicht erreichen, ist der Grund für den Einsatz öffentlicher Mittel entfallen. Der Gesetzgeber sieht im Prinzip alle Versagungsgründe des § 290 Abs. 1 als stundungsausschließend an, da bei Vorliegen eines jeden von ihnen die Restschuldbefreiung gefährdet ist und damit die Rechtfertigung für die öffentliche Finanzierung des Verfahrens infrage steht (BR-Drucks. 14/5680, 12, 20). Gleichwohl tritt das **Sparsamkeitsgebot** nach dem Willen des Gesetzgebers hinter den **Gedanken des beschleunigten Zugangs zum Verfahren** zurück: Abs. 1 Sätze 3, 4 nehmen nur Bezug auf den Versagungsgrund des § 290 Abs. 1 Nr. 1 (nach altem Recht auch auf Nr. 3, der jetzt in § 287a Abs. 2 Satz 1 Nr. 1 aufgegangen ist). **Andere Versagungsgründe** sollen erst **bei der Stundungsaufhebung nach § 4c Abs. 1 Nr. 5** zu berücksichtigen sein (BT-Drucks. 14/5680, 21). Das Konzept des Gesetzgebers sieht somit **bei den sonstigen gläubigerantragsabhängigen Versagungsgründen keine gerichtsautonome Stundungsablehnung oder -aufhebung** vor. Allein die Gläubiger sollen über das Schicksal des Restschuldbefreiungs- und damit auch des Stundungsantrags entscheiden (so grundsätzlich bereits BT-Drucks. 12/2443, 190: »Abs. 1 (§ 239 InsO-E, dessen Wortlaut dem geltenden § 290 Abs. 1 entspricht, Anm. d. Verf.) legt fest, dass Versagungsgründe vom Insolvenzgericht nur geprüft werden, wenn die Versagung der Erteilung der Restschuldbefreiung von einem Insolvenzgläubiger beantragt wird. (...) Allein die Gläubiger sollen darüber entscheiden, ob Versagungsgründe zu überprüfen sind, weil es um den Verlust ihrer Forderungen geht.« Ebenso BT-Drucks. 14/5680, 23 f.).

Von dieser Konzeption löste sich der BGH in mehreren Schritten und schuf ein eigenes System vor- (vorwirkend im selben Verfahren) und nachwirkender (nachwirkend auf ein Folgeinsolvenzverfahren), die Stundung ausschließender Regeln.

b) Entwicklung

aa) Vorwirkungsrechtsprechung

Der grundlegenden Entscheidung BGH, ZInsO 2005, 207, zufolge ist der Verweis in § 4a Abs. 1 Satz 4 auf die Versagungsgründe der § 290 Abs. 1 Nr. 1, 3 nicht abschließend. **Auch andere Versagungsgründe des § 290 Abs. 1** wirkten auf die Stundungsbewilligung vor (»Vorwirkung«), wenn sie nur bereits zu diesem Zeitpunkt »**zweifelsfrei**« vorliegen. Der Einsatz öffentlicher Mittel verbiete sich, wenn die Versagung der Restschuldbefreiung von Anfang feststehe.

16

In einem weiteren Schritt postulierte der BGH die Befugnis des Insolvenzgerichts, die bereits bewilligte Stundung aufzuheben, wenn ein Grund vorliegt, der das Gericht zur Abweisung des Stundungsantrags berechtigt hätte (BGH, ZInsO 2008, 111, 112). Unabhängig von einem Versagungsantrag eines Gläubigers (vgl. § 4c Nr. 5) ist danach die **Stundungsaufhebung** bei zweifelsfreiem Vorliegen eines Versagungsgrundes des § 290 Abs. 1 möglich (vgl. auch § 4c Rdn. 6).

Eine konsequente Weiterentwicklung dieser Rechtsprechung ist ihre **Übertragung auf die Wohlverhaltensperiode**: Stellt das Gericht eine Verletzung der Obliegenheiten des § 295 Abs. 1 zweifelsfrei fest, ist die Stundung aufzuheben (LG Göttingen, ZInsO 2007, 1159 f.; Pape/Pape, InsBüro 2010, 163, 169 f.). Auch hier verbietet sich die staatliche Verfahrensfinanzierung, da die Restschuldbefreiung – so die Argumentation des IX. Zivilsenats – nicht zu erreichen sei.

bb) Nachwirkungsrechtsprechung

Während die Vorwirkungsrechtsprechung Fehlverhalten des Schuldners in ein und demselben Insolvenzverfahren sanktioniert, führt die sog. Nachwirkungsrechtsprechung (auch »**Sperrfristrechtsprechung**«) darüber hinaus zu Sanktionen dieses Fehlverhaltens auch für ein künftiges Insolvenzverfahren. Ziel ist es, **den Schuldner zur Beachtung seiner Verfahrenspflichten und -obliegenheiten zu motivieren**, deren Nichtbeachtung folgenlos bliebe, wenn er die Restschuldbefreiung in einem nachfolgenden Insolvenzverfahren unmittelbar weiterverfolgen könnte (grundlegend BGH, ZInsO 2009, 1777).

17

Nach § 290 Abs. 1 Nr. 3 a. F. ist der Schuldner für 10 Jahre von der Restschuldbefreiung ausgeschlossen, wenn ihm in einem früheren Verfahren die Restschuldbefreiung erteilt oder nach § 296 oder § 297 (nur Obliegenheitsverletzungen in der Wohlverhaltensperiode) versagt worden ist. Darüber hatte sich der Schuldner zu erklären (§ 4a Abs. 1 Satz 3 a. F.). Lag einer dieser Tatbestände vor, war der Stundungsantrag unzulässig (§ 4a Abs. 1 Satz 4 a. F.).

Unter Vorgriff auf die seinerzeit diskutierte – letztlich aber Regierungsentwurf (»eines Gesetzes zur Entschuldung mittelloser Personen, zur Stärkung der Gläubigerrechte sowie zur Regelung der Insolvenzfestigkeit von Lizenzen« vom 22.08.2007) gebliebene – Reform des Restschuldbefreiungsverfahrens betrachtet der BGH **§ 290 Abs. 1 Nr. 3 a. F. nicht** als **abschließend**. In einem ersten Schritt konstatierte er analog § 290 Abs. 1 Nr. 3 eine 3-jährige Sperrfrist auch bei Versagung der Restschuldbefreiung nach den §§ 289 Abs. 2 Satz 1, 290 Abs. 1 Nr. 5, da nach seiner Auffassung die Gründe, die zu einer Versagung der Restschuldbefreiung nach § 290 Abs. 1 führen, nicht weniger schwer wögen als die Obliegenheitsverletzungen des § 295 (BGH, ZInsO 2009, 1777; fortgeführt in ZInsO 2013, 1949).

Nach BGH, ZInsO 2010, 490, löst nicht nur die nach § 290 Abs. 1 oder § 296 Abs. 1 versagte Restschuldbefreiung, sondern lösen auch vorwirkende Versagungsgründe (zur Vorwirkungsrechtsprechung Rdn. 16), mit denen der Stundungsantrag abgelehnt und so der Eröffnungsantrag nach § 26 abgewiesen wird, die 3-jährige Sperrfrist für ein Folgeinsolvenzverfahren aus (BGH, ZInsO 2010, 490).

Jüngst ordnete der BGH eine **3-jährige Sperrfrist** auch für den Fall der **Versagung nach § 298 Abs. 1** an (ZInsO 2013, 1949): Stellt der Schuldner weder Stundungsantrag und zahlt er auch nicht die Mindestvergütung des Treuhänders, ignoriert er die verfahrensfördernde Funktion der

Aufforderungen nach § 298 Abs. 1 Satz 1 und des gerichtlichen Hinweises nach § 298 Abs. 2 Satz 2. Um die Versagung der Restschuldbefreiung nicht durch unmittelbare Beantragung eines neuen und ggf. mit Kostenstundung durchzuführenden Insolvenz- und Restschuldverfahrens zu unterlaufen, bedarf es nach Auffassung des BGH auch in diesem Fall einer Sperrfrist. In dieser Entscheidung stellt sich zudem der BGH auf den Standpunkt, dass – nach altem Recht – die Anwendung der **Nachwirkungsrechtsprechung unredliches Verhalten des Schuldners nicht voraussetze**, eine bloße »Nachlässigkeit in eigenen Angelegenheiten« also zur Auslösung der Sperrfrist genüge (BGH ZInsO 2013, 1949; so auch BGH, ZInsO 2010, 140 [RSB-Antrag im Erstverfahren unzulässig]; ZInsO 2010, 344 [gerichtlicher Hinweis auf Möglichkeit des RSB-Antrags bei Fremdantrag im Erstverfahren]).

Zum alten Recht (noch) nicht höchstrichterlich entschieden ist die Anordnung einer **Sperrfrist bei Auslösung der Rücknahmefiktion des § 305 Abs. 3 Satz 2**. Auf der Grundlage der bisherigen Rechtsprechung wäre dies ohne Weiteres zu bejahen, da auch in diesem Fall der Schuldner einen verfahrensfördernden gerichtlichen Hinweis missachtet und seine Motivation dabei nach der Rechtsprechung des BGH zum überkommenen Recht unbeachtlich ist (so AG Hamburg, NZI 2011, 981; dagegen AG Hamburg, ZInsO 2011, 2048; dagegen auch AG Köln, NZI 2013, 498, 499).

c) Erweiterter Stundungsausschluss im neuen Recht

18 Schon die amtliche Begründung zum **InsO-ÄndG 2001** lehnt eine auf die Versagungsgründe des § 290 Abs. 1 gestützte gerichtsautonome Aufhebung einer einmal gewährten Kostenstundung ab (BT-Drucks. 14/5680, 23 f.). Die **Aufhebung der Kostenstundung** ist der Systematik nach **an eine auf Gläubigerantrag hin erfolgte Versagung oder einen Widerruf der Restschuldbefreiung als notwendige Bedingung gebunden** (vgl. Rdn. 1). Die Gläubiger sollen – ohne dass Ihnen das Gericht zuvorkommt – autonom entscheiden, ob die Verwirklichung eines Versagungsgrundes so schwerwiegend ist, dass sie die Versagung der Restschuldbefreiung beantragen (BT-Drucks. 14/5680, 23). Erst wenn das Gericht daraufhin die Restschuldbefreiung versagt oder widerruft, ist die Stundung nach § 4c Nr. 5 aufzuheben (vgl. auch BT-Drucks. 12/2443, 190: »Abs. 1 [§ 239 InsO-E, dessen Wortlaut dem geltenden § 290 Abs. 1 entspricht, Anm. d. Verf.] legt fest, dass Versagungsgründe vom Insolvenzgericht nur geprüft werden, wenn die Versagung der Erteilung der Restschuldbefreiung von einem Insolvenzgläubiger beantragt wird. (...) Allein die Gläubiger sollen darüber entscheiden, ob Versagungsgründe zu überprüfen sind, weil es um den Verlust ihrer Forderungen geht.«).

19 Das **InsO-ÄndG 2013** hat die **Konzeption der gläubigerautonomen Stundungsaufhebung** durch die zeitliche und förmliche Flexibilisierung des Antragsrechts in § 290 Abs. 2 Satz 1 (auch schriftlich bis zum Schlusstermin) **bekräftigt**. Der gesetzgeberisch intendierten Stärkung der Gläubigerrechte im Stundungs- und Restschuldbefreiungsverfahren widerspräche eine Auslegung des **§ 287a Abs. 1 Satz 1**, nach der das Gericht im Sinne der überkommenen Vorwirkungsrechtsprechung in seiner »Eingangsentscheidung« auch eine materiellrechtliche Prüfung von Versagungstatbeständen des § 290 Abs. 1 vornehmen müsse (so Frind, ZInsO 2013, 1448, 1451 f.; dagegen: Grote/Pape, ZInsO 2013, 1433, 1439 f.; Blankenburg, ZInsO 2014, 801, 802 f.; Waltenberger, ZInsO 2013, 1458, 1561). Weder die Gesetzesgenese noch die Begründung des Regierungsentwurfs geben dafür etwas her (vgl. BT-Drucks. 17/11268, 24). Ein Bedürfnis für eine gerichtsautonome »vorweggenommene« Stundungsaufhebung besteht auch nicht mehr: Die **Vorwirkungsrechtsprechung** konnte eine wirkungsvolle Sanktion schuldnerischen Fehlverhaltens nur durch Kombination mit der 3-jährigen Sperrfrist für ein Folgeinsolvenzverfahren gewährleisten. Anderenfalls wäre es dem Schuldner sofort nach Einstellung des Insolvenzverfahrens möglich, einen neuen Insolvenz-, Restschuldbefreiungs- und Stundungsantrag zu stellen. Gerade diese wichtigste Folge der Vorwirkungsrechtsprechung schließt das InsO-ÄndG 2013 der Regierungsbegründung zufolge aber aus (so ausdrücklich BT-Drucks. 17/11268, 25): **Nur die gläubigerautonome, also die auf einen Gläubigerantrag gestützte Versagung der Restschuldbefreiung kann eine Sperrfrist für ein Folgeinsolvenzverfahren legitimieren**. Die weitere Anwendung der Vorwirkungsrechtsprechung ohne Sperrfrist führte diese

daher selbst ad absurdum. Die Abweisung des Stundungsantrags ist nach neuem Recht daher nicht mehr auf vorwirkende Versagungsgründe zu stützen.

Die Begründung des Regierungsentwurfs sieht die in § 287a Abs. 2 normierten Nachwirkungssachverhalte als **abschließend** an (InsO-ÄndG Begr. BReg, BT-Drucks. 17/11268, 25: »Sperrfristen für anderweitige Fälle vorhergehenden Fehlverhaltens des Schuldners sind nicht vorzusehen.«). Hatte noch der BGH bei seiner **Nachwirkungsrechtsprechung** allein auf die Effizienz von Verfahrensnormen und verfahrensfördernder gerichtlicher Hinweise abgestellt, richtet das neue Recht die Nachwirkung schuldnerischen Fehlverhaltens an der Motivation des Schuldners aus: Dem bloß »nachlässigen«, nicht aber unredlichen Schuldner soll die Möglichkeit eines alsbaldigen erneuten Restschuldbefreiungsversuchs nicht genommen werden (BT-Drucks. 17/11268, 25). Für die gerichtliche Feststellung unredlichen Schuldnerverhaltens ist der Gläubigerversagungsantrag im Vorverfahren notwendige Bedingung. Daher belegt das neue Recht den Schuldner mit einer Sperrfrist nur, wenn ihm im Erstverfahren die Restschuldbefreiung versagt worden ist (§ 287a Abs. 2 Satz 1; BT-Drucks. 17/11268, 25).

Ist **nach neuem Recht der Gläubigerversagungsantrag notwendige** und die **gerichtliche Feststellung des Versagungsgrundes hinreichende Bedingung der Verwirkung einer Sperrfrist** für ein Folgeinsolvenzverfahren, scheiden folgende im alten Recht anerkannte Sperrfristtatbestände künftig aus: **Unterlassene RSB-Antragstellung im Vorverfahren** (BGH, ZInsO 2010, 344), **Abweisung des RSB-Antrags im Vorverfahren als unzulässig** (BGH, ZInsO 2010, 140), **Nichtbezahlung der Treuhändermindestvergütung im Vorverfahren** (BGH, ZInsO 2013, 1949). Auch die **Auslösung der Rücknahmefiktion des § 305 Abs. 3 Satz 2 im Vorverfahren** kann demzufolge eine Sperrfrist für das Folgeverfahren nicht rechtfertigen (so schon zum alten Recht AG Hamburg, ZInsO 2011, 2048; AG Köln, NZI 2013, 498, a. A. – zum alten Recht zutreffend – AG Hamburg, NZI 2011, 981).

Der Reformgesetzgeber 2013 hat somit – in bewusster Abgrenzung zur überkommenen Vor- und Nachwirkungsrechtsprechung des BGH – ein **3-stufiges Sperrfristsystem** geschaffen: **Missbräuchliches Vorverhalten** des Schuldners begründet nach allgemeinen Rechtsgrundsätzen die Sperrfrist (Rdn. 13), **unredliches Vorverhalten** schließt den Schuldner nach § 287a Abs. 2 Satz 1 Nr. 2 von einem Folgeinsolvenzverfahren aus, **bloß »nachlässiges«** (verfahrensineffizientes, aber nicht befriedigungsbeeinträchtigendes, vgl. BT-Drucks. 17/11268, 25) **Vorverhalten** des Schuldners bleibt dagegen sanktionslos.

5. Fehlende Verfahrenskostendeckung

Das Institut der Verfahrenskostenstundung steht in einem **Spannungsverhältnis** zwischen dem Bedürfnis, dem Schuldner einen schnellen Zugang zum Insolvenz- und Restschuldbefreiungsverfahren zu ermöglichen einerseits (»Verfahrensvereinfachung und -beschleunigung«, Begr. RegE InsÄndG 2001, BT-Drucks. 14/5680, S. 12) und dem Gebot sparsamen Umgangs mit staatlichen Mitteln andererseits (Kostenstundung als »ultima ratio«, so Begr. RegE InsÄndG 2001, a. a. O., 20). Für die Praxis stellt sich daher die Frage, **welches Vermögen** überhaupt zur Beurteilung der Kostendeckung nach Abs. 1 heranzuziehen ist und **welche Ermittlungsintensität** das Gericht im Stundungsantragsverfahren aufzubringen hat.

a) Kosten des Insolvenzverfahrens

Das Gericht ermittelt die Kosten des Verfahrens i. R. d. Abs. 1 **gesondert für jeden Verfahrensabschnitt**. Verfahrensabschnitt ist jeder Teil des Verfahrens, der besondere Kosten verursacht und für den bei der ursprünglichen Stundung noch nicht alle einer Restschuldbefreiung entgegenstehenden Umstände geprüft werden konnten (»**gebührenrechtlicher Verfahrensabschnittsbegriff**«, BT-Drucks. 14/5680, 21). Im Anwendungsbereich des Verbraucherinsolvenzverfahrens (§§ 304 ff.) fallen hierunter das »Eröffnungsverfahren«, das »gerichtliche Schuldenbereinigungsplanverfahren«, das »eröffnete Verbraucherinsolvenzverfahren« und das »Restschuldbefreiungsverfahren« (vgl. BGH, ZInsO 2003, 990).

Im Eröffnungsverfahren fallen eine Gebühr (Nr. 2310 KV-GKG) und Auslagen (Nr. 9004, 9005 KV-GKG) an, dazu ist die Vergütung des vorläufigen Insolvenzverwalters zu berücksichtigen. Für das gerichtliche Schuldenbereinigungsplanverfahren sind Auslagen nach Nr. 9000, 9002 KV-GKG anzusetzen. Im Insolvenzverfahren müssen die Verfahrenskosten des § 54 gedeckt sein. Zwar werden für die Wohlverhaltensperiode keine Gerichtskosten erhoben, doch müssen Vergütung und Auslagen des Treuhänders nach § 293 Abs. 1 gedeckt sein.

b) Der Vermögensbegriff des § 4a

24 Das Insolvenzgericht hat bei der Entscheidung über den Stundungsantrag nach Abs. 1 nur **pfändbares Vermögen** des Schuldners zu berücksichtigen, das **kurzfristig verwertbar** ist und mit dem die Verfahrenskosten für den jeweiligen Verfahrensabschnitt durch eine **Einmalzahlung** zu decken sind.

aa) Pfändbares Vermögen

25 Der **Vermögensbegriff des § 4a Abs. 1** entspricht im Grundsatz dem der Insolvenzmasse, wie sie die §§ 35 bis 37 umfänglich bestimmen (BT-Drucks. 14/5680, 20; BGH, ZInsO 2003, 990). Wenn die Gesetzesbegründung meint, die Stundung sei zu gewähren, wenn ohne sie der Eröffnungsantrag nach § 26 Abs. 1 abzuweisen wäre, ist das ungenau: Ansprüche, die erst durch die Eröffnung des Insolvenzverfahrens entstehen, wie etwa **Insolvenzanfechtungsansprüche** oder die **Kostenbeiträge nach § 171**, sind **nicht Vermögen im Sinn des Abs. 1**, wohl aber bei § 26 Abs. 1 zu berücksichtigen. Der BGH prüft demgemäß den Umfang des im Stundungsantragsverfahren anzusetzenden Vermögens allein am Maßstab der §§ 35 bis 37 (s. zu den in Betracht kommenden Vermögensgegenständen i. E. § 35 Rdn. 31 ff.).

Nach § 35 Abs. 1 Halbs. 2 zählt auch der **Neuerwerb** des Schuldners während des Insolvenzverfahrens zu seinem Vermögen. Neuerwerb ist daher auch grundsätzlich (zu den künftigen pfändbaren Einkommensanteilen s. Rdn. 30) i. R. d. Abs. 1 zu berücksichtigen, wenn der Erwerb neuer Vermögensgegenstände zum Zeitpunkt der Entscheidung absehbar ist und die sonstigen Kriterien für seine Heranziehung erfüllt sind.

26 Der Schuldner ist nicht verpflichtet, **Rücklagen** für die zu erwartenden Kosten eines Insolvenzverfahrens zu bilden. Den Erlös aus dem Verkauf eines Kfz für den Unterhalt der Familie aufzuwenden, führt deshalb nicht zur Ablehnung der Stundung (BGH, ZInsO 2006, 1103). Dabei wird ein **Rückgriff auf die von der Rechtsprechung zur PKH entwickelten allg. Grundsätze zur herbeigeführten Vermögenslosigkeit** als **nicht zulässig** erachtet, da diese auf die Stundung der Verfahrenskosten gem. § 4a InsO nicht übertragbar sind (BGH a. a. O.; Aufhebung der st. Rspr. des LG Duisburg, ZInsO 2004, 1044).

bb) kurzfristige Verwertbarkeit

27 Das zu berücksichtigende Schuldnervermögen muss **kurzfristig zu realisieren** sein (BGH, ZInsO 2010, 1224) (in Anlehnung an § 306 Abs. 1 Satz 2 A/G/R-Ahrens Rn. 33: 3 Monate). Nach LG Kleve, NZI 2011, 332, ist der **Miteigentumsanteil des Schuldners an einem Grundstück** selbst dann zu berücksichtigen, wenn seine Verwertung erst innerhalb eines Zeitraums von »deutlich mehr als einem halben Jahr« zu erwarten ist. Die Vermögensverwertung findet im eröffneten Insolvenzverfahren statt, nicht etwa darf der Schuldner vor Entscheidung über seinen Stundungsantrag darauf verwiesen werden, bestehende Ansprüche zunächst außerhalb des Verfahrens gerichtlich durchzusetzen. Davon weicht der BGH allerdings beim Kostenvorschussanspruch nach § 1360a Abs. 4 BGB ab (Rdn. 29).

Zweifel an Bestand, zügiger Verwertbarkeit oder Durchsetzbarkeit des Vermögensgegenstandes dürfen nicht bestehen: Das Stundungsantragsverfahren soll **nicht mit aufwendigen Prüfungen belastet** werden, die schon ansatzweise mit Unsicherheiten tatsächlicher Art behaftet und geeignet sind, das

Verfahren zu verzögern und Rechtsmittel im Eröffnungsverfahren provozieren (BGH, ZInsO 2006, 1103). Beides stünde der Intention des Gesetzgebers entgegen, mittellosen Personen einen zügigen, zumutbaren Zugang zum Insolvenzverfahren ermöglichen (vgl. Rdn. 1).

Danach sind **fällige oder kurzfristig fällig werdende Ansprüche gegen solvente Drittschuldner** stets anzusetzen, wie etwa der mit Eröffnung des Insolvenzverfahrens – unter den Voraussetzungen des § 67c GenG – entstehende **Anspruch auf das Auseinandersetzungsguthaben des (Wohnungsbau-)Genossenschaftsmitglieds** (BGH, ZInsO 2009, 826), **Steuererstattungsansprüche** (BGH, ZInsO 2010, 1224) oder der **Kostenvorschussanspruch nach § 1360a Abs. 4 BGB/§ 5 LPartG**. 28

Der Schuldner ist im Stundungsantragsverfahren gehalten, **kurzfristige Möglichkeiten zur Verbesserung seiner Vermögenslage** auszunutzen (BGH, ZInsO 2010, 1224). Verhindert der Schuldner selbst den Eintritt der Fälligkeit eines Anspruchs, indem er etwa seine zweifelsfrei zu einer Erstattung führende Steuererklärung nicht abgibt, ist sein Stundungsantrag abzuweisen. Unbegründet ist der Stundungsantrag daher auch dann, wenn es der Schuldner unterlässt, den bestehenden Kostenerstattungsanspruch nach **§ 1360a Abs. 4 BGB** gegen seinen Ehegatten geltend zu machen. Da jedoch der gerichtliche Verweis des Schuldners auf die klagweise Durchsetzung des Kostenerstattungsanspruchs vor Entscheidung über seinen Stundungsantrag dem Grundsatz des zumutbaren Zugangs mittelloser Personen zum Insolvenzverfahren widerspräche, hat sich der BGH dafür entschieden, vor Entscheidung über den Stundungsantrag die Bescheidung des Antrags auf **einstweilige Anordnung nach §§ 644, 621 Abs. 1 Nr. 5, § 620a Abs. 2 ZPO** abzuwarten. Erst bei dessen Abweisung kann das Gericht den Erstattungsanspruch nach § 1360a Abs. 4 BGB im Stundungsverfahren unberücksichtigt lassen (BGH, ZInsO 2007, 324). 29

Der Kostenerstattungsanspruch besteht **nicht**, wenn der Unterhaltsverpflichtete eine Gefährdung des eigenen Unterhalts zu besorgen hat (BGH, ZInsO 2003, 125) oder wenn die Schulden aus der Zeit vor der Ehe stammen (LG Köln, ZInsO 2002, 684). Der Ehegatte ist nur vorleistungspflichtig, wenn das Gros der Schulden in der ehelichen Zeit entstanden ist oder mit der gemeinsamen Lebensführung in Zusammenhang steht (BGH, ZInsO 2003, 800). Ob der Ehegatte zur Zahlung eines Vorschusses zur Durchführung eines Insolvenzverfahrens verpflichtet ist, hängt auch davon ab, ob die Verbindlichkeiten zum Aufbau oder zur Erhaltung einer wirtschaftlichen Existenz beider Ehegatten eingegangen wurden (LG Gera, ZInsO 2005, 385).

Auch der Kostenerstattungsanspruch nach § 1360a Abs. 4 BGB ist bei der Entscheidung über den Stundungsantrag nur zu berücksichtigen, wenn konkrete Anhaltspunkte dafür bestehen, dass es dem Ehegatten möglich ist, die Verfahrenskosten aus seinem pfändbaren Vermögen oder Einkommen durch eine Einmalzahlung (dazu Rdn. 30) zu begleichen. Der Unterhaltsverpflichtete soll nicht stärker in Anspruch genommen werden als er dies in einem eigenen Stundungsantragsverfahren würde (BGH, ZInsO 2007, 324).

cc) Einmalzahlung

Die Kostenstundung ist nur dann ausgeschlossen, wenn das pfändbare, kurzfristig verwertbare Vermögen des Schuldners die Verfahrenskosten durch eine **Einmalzahlung** deckt (BGH, ZInsO 2003, 1041; missverständlich RegE InsÄndG 2001, BT-Drucks. 14/5680, 20). 30

Zum Neuerwerb zählen insbesondere **künftige pfändbare Einkommensanteile**. Der Pfändungsbetrag **eines** Monatseinkommens muss also die Kosten für den fraglichen Verfahrensabschnitt decken, nicht etwa die voraussichtliche Summe der in diesem Verfahrensabschnitt zu erwartenden Pfändungsbeträge. Die Stundungsvorschriften sehen in den tatbestandlichen Voraussetzungen eine ratierliche Kostendeckung nicht (»Vermögen«), sondern erst nach Erteilung der Restschuldbefreiung vor (§ 4b Abs. 1). Zudem wäre eine Prognose der schuldnerischen Einkommensentwicklung mit Unsicherheiten behaftet, die sich mit dem Prüfungsmaßstab im Stundungsantragsverfahren nicht vertragen.

Da das pfändbare Vermögen des Schuldners die Verfahrenskosten durch eine Einmalzahlung decken muss, kann das Gericht die Kosten auch nicht teilweise stunden, etwa i. H. d. Deckungslücke zwischen pfändbarem Vermögen und Verfahrenskosten (BGH, ZInsO 2006, 773). Eine Kostenstundung kommt nur vollen Umfangs oder gar nicht in Betracht.

c) **Stundungsspezifische Auskunftspflicht des Schuldners**

31 Das neue Recht wird die Insolvenzgerichte gerade bei der in der Praxis bedeutsamen Verletzung von Auskunfts- und Mitwirkungspflichten künftig zu noch genauerer Differenzierung veranlassen: Konnte das Gericht noch unter Geltung der Vorwirkungsrechtsprechung des BGH (dazu Rdn. 16 ff.) Auskunfts- und Mitwirkungspflichtverletzungen im Eröffnungsverfahren (BGH, ZInsO 2005, 207) pauschal analog § 4a Abs. 1 Satz 4 i. V. m. § 290 Abs. 1 Nr. 5 mit der Abweisung des Stundungsantrags und Verwirkung einer 3-jährigen Sperrfrist sanktionieren, ist dies nach neuem Recht nicht mehr möglich, sondern insoweit die gläubigerautonome Versagung der Restschuldbefreiung abzuwarten (dann auch mit der 3-jährigen Sperrfrist, vgl. § 287a Abs. 2 Satz 1 Nr. 2).

aa) **Inhaltlicher Umfang der Auskunftspflicht**

32 Eine Abweisung des Stundungsantrags ist nach neuem Recht nur noch bei Verletzung stundungsspezifischer Auskunftspflichten möglich. Der **Inhalt der Auskunftspflicht im Stundungsverfahren** unterscheidet sich von der Auskunftspflicht des Schuldners im Insolvenz(eröffnungs-)verfahren. Nach § 4a Abs. 1 Satz 1, § 20 Abs. 1 hat der Schuldner dem Insolvenzgericht alle Angaben zu machen, die es zur Beurteilung benötigt, ob sein Vermögen voraussichtlich nicht ausreicht, die Kosten des Verfahrens zu decken. Dazu hat der Schuldner dem Insolvenzgericht ein Verzeichnis seiner Gläubiger und Schuldner vorzulegen und eine geordnete Übersicht seiner Vermögensgegenstände einzureichen (BGH, ZInsO 2003, 800). Ein zeitnahes Gutachten des Sachverständigen kann Grundlage zur Beurteilung der Mittellosigkeit sein (BGH, ZInsO 2004, 1307).

Genügen die Darlegungen des Schuldners den Anforderungen des § 20 Abs. 1, so genügen sie auch den Erfordernissen des Stundungsverfahrens. Umgekehrt darf das Insolvenzgericht den Stundungsantrag nach neuem Recht nicht mit der Verletzung insolvenzverfahrensspezifischer Auskunftspflichten abweisen. Nach altem Recht war dies unter Anwendung der Vorwirkungsrechtsprechung (§ 290 Abs. 1 Nr. 5) möglich. Überhöhte Anforderungen an die Auskunftspflicht des Schuldners zu stellen, hat der Regierungsentwurf moniert (BT-Drucks. 17/11268, 44; vgl. auch AG Köln, NZI 2013, 498).

33 Macht der Schuldner im Stundungsantragsverfahren etwa keine Angaben zu möglicherweise anfechtbaren Handlungen, kann das Gericht den Antrag nicht mit dieser Begründung abweisen. Anfechtungsansprüche sind nicht Vermögen i. S. d. § 4a Abs. 1. Derartiges Schuldnerverhalten ist im neuen Recht nur durch Versagung der Restschuldbefreiung nach § 290 Abs. 1 Nr. 5 und ihr folgend Aufhebung der Kostenstundung nach § 4c Nr. 5 im laufenden und Sperrfrist für ein künftiges Restschuldbefreiungsverfahren nach § 287a Abs. 2 Satz 1 zu sanktionieren. Die gerichtsautonome Stundungsabweisung i. S. d. überkommenen Vorwirkungsrechtsprechung ist wirkungslos, da sie allein – ohne einen Gläubigerversagungsantrag – einen Sperrfrist nicht legitimieren kann (BT-Drucks. 17/11268, 25).

34 Freilich reichen die insolvenzverfahrensspezifischen Auskunftspflichten des Schuldners im Verbraucherinsolvenzverfahren auch neuem Recht mittelbar doch in das Stundungsantragsverfahren hinein. Die Konsequenzen für den Schuldner sind jedoch weitaus weniger gravierend als noch unter altem Recht. Musste der Verbraucherschuldner bei fingierter Rücknahme seines Restschuldbefreiungsantrags nach § 305 Abs. 3 Satz 2 wegen Nichterfüllung seiner insolvenzspezifischen Auskunftspflicht mit der Abweisung seines Stundungsantrags und der Auferlegung einer 3-jährigen Sperrfrist für einen erneuten Restschuldbefreiungsantrag rechnen (so AG Hamburg, NZI 2011, 981; vgl. aber AG Hamburg, ZInsO 2011, 2048 und AG Köln, NZI 2013, 498, 499), muss er nach neuem Recht zwar die Abweisung seines Stundungsantrags hinnehmen, kann aber unmittelbar im Anschluss daran erneut Stundungsantrag stellen, da die Rücknahme des Insolvenzantrags in einem vorangegangenen Insolvenzverfahren im Katalog des § 287a Abs. 2 nicht enthalten ist. Dem Reformgesetzgeber zufolge »soll dem zwar (gegenüber dem Insolvenzgericht, Anm. d. Verf.)

nachlässigen, seinen Gläubigern gegenüber aber redlichen Schuldner eine alsbaldige Restschuldbefreiung nicht verwehrt werden« (BT-Drucks. 17/11268, 25).

Liegen dem Gericht aus Feststellungen des Sachverständigen Anhaltspunkte für das Vorliegen des Versagungsgrundes des § 290 Abs. 1 Nr. 1 oder für Umstände vor, die nach § 287a Abs. 2 Satz 1 zur Unzulässigkeit des Restschuldbefreiungsantrags führen, ist es verpflichtet, von Amts wegen zu ermitteln (BGH, ZInsO 2005, 207).

bb) Behandlung unvollständiger Auskünfte

Aus der **besonderen Fürsorgepflicht des Insolvenzgerichts** gegenüber dem Schuldner (§ 4a Abs. 2 Satz 1) leitet der BGH das Erfordernis ab, den Schuldner bei Unvollständigkeit oder Widersprüchlichkeit seiner Angaben zur fehlenden Verfahrenskostendeckung **auf diese Mängel konkret hinzuweisen** und ihm eine **angemessene Frist zu ihrer Behebung** zu setzen (ZInsO 2003, 800). Erst nach fruchtlosem Fristablauf kann das Gericht den Stundungsantrag abweisen. 35

Wenn der Schuldner keine vollständigen Angaben über die Einkünfte seiner selbstständig tätigen Ehefrau macht und die Schulden nicht aus der vorehelichen Zeit stammen, ist mangels Vorlage eines geordneten Einnahmenverzeichnisses der Ehefrau von deren Leistungsfähigkeit im Sinne von § 1360a Abs. 4 BGB auszugehen (LG Hamburg, Beschl. v. 03.11.2009 – 326 T 86/09).

6. Erklärung zum Versagungsgrund des § 290 Abs. 1 Nr. 1

Dem Schuldner soll die Stundung nicht gewährt werden, wenn der Versagungsgrund des § 290 Abs. 1 Nr. 1 vorliegt. Darüber hat sich der Schuldner in seinem Stundungsantrag zu erklären. Nach neuem Recht sind der Versagungsgrund und damit die Erklärungspflicht beschränkt auf Verurteilungen zu einer Geldstrafe von mindestens 90 Tagessätzen oder einer Freiheitsstrafe von mehr als 3 Monaten, sofern die Verurteilung nicht länger als 5 Jahre vor dem Insolvenzantrag zurückliegt. Die Erklärung zu § 290 Abs. 1 Nr. 3 a. F. ist aufgegangen in dem als Zulässigkeitsvoraussetzung für den Restschuldbefreiungsantrag gestalteten § 287a Abs. 2 Satz 1 Nr. 1. Ist dem Schuldner in den letzten 10 Jahren vor dem Insolvenzantrag die Restschuldbefreiung erteilt oder innerhalb der letzten 5 Jahre vor dem Insolvenzantrag nach § 297 versagt worden, ist danach sein Restschuldbefreiungsantrag als unzulässig abzuweisen. Aus der Unzulässigkeit des Restschuldbefreiungsantrags ergibt sich der Ausschluss der Stundung (BT-Drucks. 17/11268, 20). Eine Erklärungspflicht zu sonstigen Versagungstatbeständen ergibt sich zwar nicht aus Abs. 1, wohl aber aus § 287 Abs. 1 Satz 3. Liegt einer der dort aufgeführten Versagungsgründe vor, ist der Stundungsantrag unzulässig. 36

II. Umfang der Stundung (Abs. 1 Satz 2, Abs. 2)

1. Betroffenes Verfahren

Sind dem Schuldner die Kosten des Verfahrens gestundet, darf ein Insolvenzantrag nicht nach § 26 Abs. 1 abgewiesen, ein eröffnetes Insolvenzverfahren nicht nach § 207 eingestellt und die Restschuldbefreiung nicht nach § 298 Abs. 1 mangels Deckung der Treuhändermindestvergütung versagt werden. Auch für das **Eröffnungsverfahren** ist eine Stundung möglich (LG Bochum, ZInsO 2003, 92), eine Entscheidung über den Stundungsantrag ist daher nicht zu verschieben (NR-Becker § 4a Rn. 41; KPB-Wenzel § 4a Rn. 22a; Jaeger/Henckel/Gerhardt/Eckhardt Rn. 30, 48, 56 zu § 4a). Es ist aber rechtlich möglich, ein Insolvenzverfahren auch ohne Entscheidung über den Stundungsantrag zu eröffnen (BGH, ZInsO 2007, 1277 mit Hinweis auf AG Hamburg, ZVI 2002, 211). 37

Über einen bereits anhängigen Stundungsantrag für das Insolvenzverfahren hat der **Richter** im Eröffnungsverfahren zu entscheiden. Wird bei der Eröffnung nicht über den Stundungsantrag entschieden, weil eine die Verfahrenskosten deckende Masse zu erwarten ist, so liegt in der Eröffnung keine konkludente (ablehnende) Entscheidung über den Stundungsantrag (BGH, ZInsO 2007, 1277).

Die **Kosten** eines etwa vorangegangenen Schuldenbereinigungsplanverfahrens werden von der Stundung mit erfasst.

38 Die gewährte Stundung erfasst außer dem **Hauptverfahren** auch das **Restschuldbefreiungsverfahren** (BT-Drucks. 14/5680, 12). Nach Erteilung der Restschuldbefreiung ist gem. § 4b Abs. 1 auf Antrag des Schuldners über die Verlängerung der Stundung zu befinden. Die Regelung, dass die Stundung für jeden Verfahrensabschnitt besonders erfolgt (Abs. 3 Satz 2), steht dem nicht entgegen: Sie soll nur ermöglichen, dass nicht nur beim Eröffnungsantrag, sondern in jedem Verfahrensabschnitt ein Stundungsantrag gestellt werden kann. Die Bestimmung betrifft daher nur die »Herkunft« der Kosten (NR-Becker § 4a Rn. 55, 57) und erlaubt bei einer **Korrektur der ursprünglichen Kostendeckungsprognose** einen **erneuten Stundungsantrag**, um die Einstellung mangels Masse abzuwenden (Kohte/Ahrens/Grote § 4a Rn. 27).

39 Hat der Schuldner mit seinem Insolvenzantrag gleichzeitig »Verfahrenskostenstundung« beantragt, ist sie ihm ohne Beschränkung auf einzelne Verfahrensabschnitte (etwa nur für das Eröffnungs- und Hauptverfahren) bis zur Erteilung der Restschuldbefreiung zu gewähren (KPB-Wenzel § 4a Rn. 44). Sie reicht damit – wie in Abs. 1 Satz 1 der Norm vorgesehen – bis zur Erteilung der Restschuldbefreiung. Nach Aufhebung des Hauptverfahrens ist daher nicht erneut für das Restschuldbefreiungsverfahren über die Stundung zu entscheiden, wenn bereits anlässlich der Eröffnung Stundung »für das Insolvenzverfahren« bewilligt wurde.

Fallen in den Verfahrensabschnitten Kosten durch Einlegung von Rechtsmitteln und Rechtsbehelfen an, so sind diese Kosten dem Abschnitt zuzuordnen, in dem sie entstehen (NR-Becker § 4a Rn. 59).

2. Beiordnung eines Rechtsanwalts (Abs. 2)

40 Für das **außergerichtliche Schuldenbereinigungsverfahren** kommt eine Beiordnung nicht infrage, da es sich nicht um ein gerichtliches Verfahren handelt. Aus demselben Grunde ist die Gewährung von PKH abzulehnen (BGH, ZInsO 2007, 492 mit Hinweis auf mögliche Beratungshilfe nach dem BerHG). Die Kosten eines **gerichtlichen Schuldenbereinigungsplanverfahrens** werden von der Stundungsgewährung erfasst, somit auch die bereits entstandenen Rechtsanwaltskosten im Fall einer späteren Beiordnung. Bei der Beurteilung der Leistungsfähigkeit des Schuldners muss das Gericht daher auch diese Kosten mit einbeziehen.

Erst wenn sich das Gericht zur Kostenstundung entscheidet, hat es sich mit dem Antrag auf Beiordnung zu befassen. Bei nur einstweiligem Eintritt der Stundungswirkungen (Abs. 3 Satz 3) kommt eine Beiordnung nicht in Betracht (K. Schmidt-Stephan Rn. 30).

Nach der Vorstellung des Gesetzgebers kann der Schuldner im Insolvenzverfahren – einschließlich des Eröffnungsverfahrens – seine Rechte wegen der **Fürsorgepflicht des Gerichts** selbst wahrnehmen (BT-Drucks. 14/5680, 12). Das Insolvenzgericht belehrt den Schuldner zu jedem erforderlichen Zeitpunkt über seine Rechte und Möglichkeiten und wirkt auf die sachdienliche Antragstellung des Schuldners hin.

41 **Fehlende Deutschkenntnisse** allein rechtfertigen die Beiordnung eines Rechtsanwalts nicht (LG Bochum, ZInsO 2003, 91), auch nicht, wenn der Schuldner einen Insolvenzplan vorlegen möchte. Nötigenfalls wird ein Dolmetscher hinzugezogen (BGH, ZInsO 2003, 124; LG Bochum a. a. O.). Steht der **Schuldner unter Betreuung**, ist regelmäßig ebenfalls kein Grund für die Beiordnung eines Rechtsanwalts gegeben, da der Betreuer anstelle des Schuldners handeln kann (LG Bochum, ZInsO 2003, 132). Rechtsfragen des Schuldners zur Abwicklung des eröffneten Insolvenzverfahrens lösen eine Beiordnung keinesfalls aus (K. Schmidt-Stephan Rn. 34).

Eine Beiordnung kann dagegen im Einzelfall erforderlich sein, wenn der Schuldner der **Anmeldung einer Deliktsforderung** widersprechen will und nicht in der Lage ist, die Bedeutung seines Widerspruchs einzuschätzen (BGH, ZInsO 2003, 1044; BGH, NZI 2004, 39; K. Schmidt-Stephan Rn. 33).

42 Für die Frage der Beiordnung ist nicht allein auf das Eröffnungsverfahren, sondern auf die Einbettung des Verfahrens in einen komplexen Gesamtzusammenhang abzustellen. Das LG Bonn (ZVI 2009, 444) hat dies angenommen für den Fall, dass der Schuldner gegen eine Untersagungsverfügung und für die Weiterführung seines Unternehmens streitet.

Nach AG Mannheim (ZVI 2004, 489) soll eine Beiordnung ungeachtet des strafrechtlichen Verwertungsverbotes angezeigt sein, wenn der Schuldner aufgrund seiner Auskunftspflichten befürchten muss, strafrechtlich verfolgt zu werden oder aufgrund der Auskünfte Anfechtungsklagen gegen Angehörige in Betracht kommen.

Nach AG Darmstadt (Beschl. v. 27.10.2009 – K 188/09; Anm. Beier in NZI Beiheft 3/2010, 24) ist die Voraussetzung für eine Beiordnung insb. dann gegeben, wenn der Treuhänder vormals massezugehöriges Wohnungseigentum gem. § 35 Abs. 2 InsO freigegeben hat.

Die Erforderlichkeit einer Beiordnung – auch für einzelne Angelegenheiten – kann sich in jedem Verfahrensabschnitt ergeben, so etwa nach Vorliegen eines Antrags auf Versagung der Restschuldbefreiung mit schwieriger Rechtslage (Uhlenbruck-Mock § 4a Rn. 34). Für die Beiordnung gilt § 121 Abs. 3 bis 5 ZPO entsprechend.

Für ein **Rechtsmittelverfahren** im Zusammenhang mit der Frage der Rechtsanwaltsbeiordnung im Eröffnungsverfahren gelten zwar die Vorschriften der ZPO über das PKH-Verfahren (BGH, NZI 2002, 574), jedoch ist für das Beschwerdeverfahren gegen die abgelehnte Beiordnung kein Rechtsanwalt beizuordnen (LG Bochum ZInsO 2003, 92). 43

Hatte der Schuldner bereits vor der Eröffnung des Insolvenzverfahrens einen Rechtsanwalt beauftragt, so kann bei einer nicht gewährten Beiordnung der **Rechtsanwalt** seine **Honorarforderung** nur noch als Insolvenzgläubiger geltend machen.

Für den antragstellenden **Gläubiger** gelten die Vorschriften über die Bewilligung der PKH (BGH, ZInsO 2004, 976). PKH ist jedoch nur zu gewähren, wenn der Gläubiger mit einer Quote auf seine Forderung rechnen kann (BGH a. a. O.). Wie bei der Stundung wird ihm PKH nur abschnittsweise gewährt und kommt grds. nur in Betracht, wenn wegen der **Schwierigkeit der Sach- und Rechtslage** die Vertretung trotz des im Insolvenzverfahren geltenden Amtsermittlungsprinzips geboten ist (BGH a. a. O.). 44

III. Wirkung der Stundung (Abs. 3)

Die gewährte Stundung bewirkt, dass der Schuldner von der Vorschusspflicht auf sämtliche Kosten des Verfahrens bzw. des Verfahrensabschnitts befreit ist. Die **Gerichtskosten** bleiben zunächst unerhoben, die **Kosten des Verwalters/Treuhänders** und ggf. des **Sachverständigen** werden von der Staatskasse verauslagt (Nr. 9018 KV GKG); dadurch gehen die Ansprüche auf die Staatskasse über (§ 59 RVG). Eventuell entstehende **Steuerberatungskosten** gehören in Stundungsverfahren gem. BGH, ZInsO 2004, 1093, ebenfalls zu den – durch die Stundung abgedeckten – Kosten des Verfahrens, während sie ansonsten als Auslagen gem. § 54 Nr. 2 zu behandeln sind; diese Rspr. begegnet jedoch mitunter praktischen Bedenken (dazu § 54 Rdn. 23, 24). Noch weiter gehend AG Dresden (ZIP 2006, 1686), das von einer Erstreckung der Stundung auf alle Kosten ausgeht, die der Insolvenzverwalter in Erfüllung **hoheitlicher Pflichten** aufzuwenden hat. 45

Nur im Fall einer **Aufhebung der Stundung** (§ 4c) entfallen deren Wirkungen. Keinen Einfluss hat die Stundung auf die Pflicht des Verwalters, aus der Masse zunächst die Massekosten gem. § 53 zu begleichen. Es ist daher zum Schlusstermin so viel Masse zurückzubehalten, wie für die Deckung der Verfahrenskosten voraussichtlich benötigt wird. Der Treuhänder erhält ggf. den Differenzbetrag zur Deckung seiner Mindestvergütung und seiner Auslagen aus der Staatskasse (§ 63 Abs. 2). Das Gericht wird daher nur einer Verteilung an die Gläubiger zustimmen (§ 196 Abs. 2), wenn zuvor die Verfahrenskosten ausgeglichen werden können. Im Ergebnis gilt das Gleiche für das Restschuldbefreiungsverfahren (§ 292 Abs. 1 Satz 2 a. E.). Der »**Motivationsrabatt**« kann gem. § 292 Abs. 1 Satz 5 a. F. überdies dem Schuldner bis zur Deckung der Verfahrenskosten zumindest teilweise verloren gehen. 46

Bereits der **Eingang des Stundungsantrags** bewirkt zunächst – bis zur Entscheidung – eine **vorläufige Stundung** (Abs. 3 Satz 3). Damit ist für den Schuldner einstweilen die Gefahr einer Beendigung des Verfahrens wegen fehlender Masse (§§ 26 Abs. 1, 207 Abs. 1, 298) gebannt. Diese vorläufige Stundung ist – wie die bereits gewährte – vom Gericht abänderbar (Abs. 3 Satz 4 i. V. m. § 4b Abs. 2).

Wird für den Abschnitt der Wohlverhaltensphase wider Erwarten die Stundung nicht gewährt, so hat nach LG Göttingen, NZI 2009, 257, der Treuhänder aufgrund der Regelung des Abs. 3 Nr. 2 Satz 3 die begründete Erwartung der »einstweiligen Geltung der Stundung« und hat mithin für das erste Jahr Anspruch auf Vergütung aus der Staatskasse.

In masselosen Verfahren werden die Kosten einer etwaigen **Überwachung** des Schuldners (§ 292 Abs. 2) **nicht** von der Stundung erfasst, sodass ein Vorschuss aus der Staatskasse nicht verlangt werden kann.

47 Prognostiziert der vorläufige Verwalter ausreichende Masse und gewährt das Insolvenzgericht gleichwohl die Stundung, so erhält der endgültige Verwalter nach Ansicht des LG Braunschweig (ZInsO 2010, 732) nur die Mindestvergütung, wenn sich zum Ende des Verfahrens Massearmut herausstellt. Dies wird damit begründet, dass der Schutz des § 63 Abs. 2 InsO nicht dazu missbraucht werden soll, den Insolvenzverwalter besser zu stellen als in masselosen Insolvenzverfahren ohne Stundung.

Die Bundes- oder Landeskasse kann die Gerichtskosten sowie die auf sie übergegangenen Ansprüche eines beigeordneten Rechtsanwalts nur nach den Bestimmungen (z. B. Ratenzahlung) geltend machen, die das Insolvenzgericht bei der Stundung getroffen hat (Abs. 3 Satz 1). Soweit die Staatskasse für die Vergütung in Vorlage getreten ist, hat der Insolvenzverwalter aus etwa später vorhandener Masse vorrangig diese übergegangenen Ansprüche der Staatskasse neben den Gerichtskosten zu befriedigen (§§ 53, 54).

C. Verfahrensfragen

48 Die Spezialregelungen in §§ 4a bis 4d gehen als gesetzliche Sonderregelung der allg. Vorschrift des § 4 i. V. m. §§ 114 ff. ZPO vor und schließen deren Anwendung aus (KPB-Wenzel § 4a Rn. 2 m. w. N.). Die Regelungen passen jedoch die allg. Elemente des PKH-Rechts jeweils in spezifischer Weise an die Situation der Insolvenz an (Kohte/Ahrens/Grote vor §§ 4a Rn. 8).

49 Über den Stundungsantrag entscheidet bis zur Eröffnung des Insolvenzverfahrens der **Richter**, im eröffneten Verfahren der **Rechtspfleger** (§ 18 Abs. 1 Nr. 1 RpflG). Gegen die ablehnende Entscheidung ist die **sofortige Beschwerde** gegeben (§ 4d). Eine ablehnende Entscheidung schließt nach Ansicht des LG Berlin (ZInsO 2003, 718) trotz ihrer Rechtskraft eine erneute Antragstellung grds. nicht aus. Das nicht ausgenutzte Rechtsmittel der sofortigen Beschwerde gem. § 4d Abs. 1 InsO soll dabei genauso unschädlich sein wie im Fall des § 127 ZPO Abs. 2 Satz 2 ZPO. Mit Hinweis auf Baumbach/Lauterbach/Albers/Hartmann, § 127 ZPO Rn. 102 wird dies damit begründet, dass ein belastender Beschluss im PKH-Verfahren nicht in materielle Rechtskraft erwachse (ebenso Zöller/Philippi § 127 ZPO Rn. 31 u. 43). Dieser Ansicht ist zuzustimmen.

Ist bei der Eröffnung des Verfahrens nicht über den Stundungsantrag entschieden worden kann auch noch in einem späteren Verfahrensabschnitt der Stundungsantrag zurückgewiesen werden, wenn die Voraussetzungen für eine Aufhebung gem. § 4c vorliegen (LG, Hamburg v. 29.11.2007 – 326 T 91/07 n. v.); denn die vorläufige Stundung ist aus den gleichen Gründen zu beenden wie die gewährte Stundung aufzuheben ist.

Wird der Antrag des Schuldners auf Stundung der Kosten für das Restschuldbefreiungsverfahren zurückgewiesen, kann der Treuhänder nicht mehr darauf vertrauen, dass eine Stundung erfolgt und seine Vergütung von der Landeskasse ersetzt wird (LG Göttingen, ZInsO 2011, 397).

Ist der Schuldner i. R. d. Kostenstundungsverfahrens zur Abgabe einer Erklärung über seine wirtschaftlichen Verhältnisse aufgefordert worden, so ist eine nach Ablauf der gesetzten Frist eingehende Erklärung noch zu berücksichtigen (LG Göttingen, NZI 2011, 909).

Mit rechtskräftiger Erteilung der Restschuldbefreiung nach § 300 endet die Wirksamkeit einer bei Eröffnung des Verfahrens gewährten Stundung. Die fällig werdenden Beträge können aber gem. § 4b Abs. 1 über diesen Zeitpunkt hinaus gestundet werden.

Anhang zu § 4a InsO
Übersicht Sperrfristen nach altem und neuem Recht

Verfahrensstadium		Rspr.	Altes Recht		Begründung/Rechtsgrundlage	Neues Recht	
			Beginn 3-jährige Sperrfrist			Beginn 3-jährige Sperrfrist	
Eröffnungsverfahren	Schuldnerverhalten im Erstverfahren						
	Unterlassene RSB-Antragstellung	BGH, ZInsO 2010, 344	ab Insolvenzeröffnung auf Gläubigerantrag und nach Ablauf der Sperrfrist erst nach Aufhebung Erstinsolvenzverfahren		BT-Drucks. 17/11268, 25	Keine Sperrfrist, da nur unredliches, nicht aber nachlässiges Schuldnerverhalten zu sanktionieren ist	
Eröffnetes Verfahren	Rücknahme RSB-Antrag, um Versagungsantrag zuvorzukommen	BGH, ZInsO 2011, 1127	ab Rücknahme RSB-Antrag		keine ausdrückliche Regelung, aber als Missbrauchs- oder Umgehungstatbestand	ab Rücknahme RSB-Antrag	
	Unrichtige oder unvollständige Angabe über wirtschaftliche Verhältnisse (§ 290 Abs. Nr. 2)	BGH, ZInsO 2013, 262	*keine Sperrfrist*, da 3-Jahresfrist tatbestandsimmanent		BT-Drucks. 17/11268, 25	*keine Sperrfrist*, da 3-Jahresfrist tatbestandsimmanent; erfolgt Antrag des Zweitverfahrens innerhalb der 3-Jahresfrist, Hinweis nach § 287a Abs. 2 Satz 2	
	Verletzung von Auskunfts- und Mitwirkungspflichten (Versagung RSB nach § 290 Abs. 1 Nr. 5), unrichtige oder unvollständige Verzeichnisse nach § 305 Abs. 1 Nr. 3 (§ 290 Abs. 1 Nr. 6)	BGH, ZInsO 2009, 1777	ab Rechtskraft des RSB-Versagungsbeschlusses		§ 287a Abs. 2 Satz 1 Nr. 2	ab Rechtskraft des RSB-Versagungsbeschlusses	
	Abweisung des RSB-Antrags als unzulässig	BGH, ZInsO 2010, 140	ab Rechtskraft des Abweisungsbeschlusses		BT-Drucks. 17/11268, 25	keine Sperrfrist, da nur unredliches, nicht aber nachlässiges Schuldnerverhalten zu sanktionieren ist	

Anhang zu § 4a InsO

RSB	Verletzung der Erwerbsobliegenheit	BGH, ZInsO 2013, 1949	Nichtbezahlung TH-Mindestvergütung (Versagung RSB nach § 298 Abs. 1)	§ 287a Abs. 2 Satz 2 Nr. 2 i. V. m. § 287b	keine Sperrfrist, da kein Gläubigerversagungsantrag und keine Beeinträchtigung der Befriedigungsaussichten der Insolvenzgläubiger
	Verletzung der Erwerbsobliegenheit	BGH, ZInsO 2014, 795	Rücknahme RSB-Antrag, um im Folgeinsolvenzverfahren auch von Schulden befreit zu werden, die nach Eröffnung des Erstinsolvenzverfahrens entstanden sind	ab Rücknahme RSB-Antrag	§ 287a Abs. 2 Satz 2 Nr. 2 n. F. i. V. m. § 287b n. F.	keine ausdrückliche Regelung, aber als Missbrauchs- oder Umgehungstatbestand mit 3-jähriger Sperrfrist ab Rücknahme RSB-Antrag zu sanktionieren	(...)
verfahrensabschnittsübergreifend	Stundungsaufhebung wegen »zweifelsfreien Vorliegens eines Versagungsgrundes« (»Vorwirkungsrechtsprechung«)	BGH, ZInsO 2005, 207		BT-Drucks. 17/11268, 25	keine Sperrfrist, da nur die gläubigerautonome, d.h. auf einem Gläubigerantrag beruhende RSB-Versagung, nicht aber die nur gerichtsautonome Feststellung eine Sperrfrist legitimieren ka

§ 4b Rückzahlung und Anpassung der gestundeten Beträge

(1) ¹Ist der Schuldner nach Erteilung der Restschuldbefreiung nicht in der Lage, den gestundeten Betrag aus seinem Einkommen und seinem Vermögen zu zahlen, so kann das Gericht die Stundung verlängern und die zu zahlenden Monatsraten festsetzen. ²§ 115 Absatz 1 bis 3 sowie § 120 Absatz 2 der Zivilprozessordnung gelten entsprechend.

(2) ¹Das Gericht kann die Entscheidung über die Stundung und die Monatsraten jederzeit ändern, soweit sich die für sie maßgebenden persönlichen oder wirtschaftlichen Verhältnisse wesentlich geändert haben. ²Der Schuldner ist verpflichtet, dem Gericht eine wesentliche Änderung dieser Verhältnisse unverzüglich anzuzeigen. ³§ 120a Absatz 1 Satz 2 und 3 der Zivilprozessordnung gilt entsprechend. ⁴Eine Änderung zum Nachteil des Schuldners ist ausgeschlossen, wenn seit der Beendigung des Verfahrens vier Jahre vergangen sind.

Übersicht	Rdn.		Rdn.
A. Normzweck 1		IV. Ratenfestsetzung	6
B. Norminhalt 2		V. Verfahren	8
I. Verlängerung der Stundung (Abs. 1) 2		VI. Mitteilungspflicht (Abs. 2)	9
II. Anwendungsbereich 3		C. **Verfahrensfragen**	11
III. Voraussetzungen 4			

A. Normzweck

Abs. 1 der Vorschrift soll dem Schuldner eine nachhaltige Restschuldbefreiung gewährleisten. Es widerspräche dem Ziel der Stundungsregelungen, dem mittellosen Schuldner zur einem wirtschaftlichen Neuanfang zu verhelfen, ihn aber nach Erteilung der Restschuldbefreiung durch Fälligkeit der gestundeten Verfahrenskosten erneut in wirtschaftliche Not zu versetzen (BT-Drucks. 14/5680, 12, 21). Abs. 2 ermöglicht eine jederzeitige (vgl. § 4a Abs. 3 Satz 4, der die entsprechende Anwendung des Abs. 2 bis zur Erteilung der Restschuldbefreiung angeordnet) Anpassung der Stundungsentscheidung an geänderte persönliche oder wirtschaftliche Verhältnisse des Schuldners. 1

B. Norminhalt

I. Verlängerung der Stundung (Abs. 1)

Mit Erteilung der Restschuldbefreiung endet die Stundung nach § 4a. Die gestundeten, bis dahin nicht beglichenen Verfahrenskosten werden fällig. Bei einem durchschnittlichen masselosen Verbraucherinsolvenzverfahren mit weniger als 10 Tabellengläubigern sind **für das gesamte Verfahren nach neuem Recht etwa 1.900 €** anzusetzen (105 € Gerichtsgebühren zuzüglich Auslagen, vgl. Nr. 2310 ff., 9000 ff. KV GKG, 800 € Vergütung Insolvenzverwalter, vgl. § 13 InsVV, nebst Auslagenpauschale von 120 €, § 8 Abs. 3 Satz 1 InsVV, beides zzgl. 19 % USt, sowie für die Dauer des Restschuldbefreiungsverfahrens jährlich 100 € Vergütung des Treuhänders zzgl. 19 % USt). Ist der Schuldner nicht in der Lage, die Kostenforderung zu begleichen, kann das Gericht die Stundung verlängern und die Rückzahlungsraten festsetzen. 2

II. Anwendungsbereich

Nach dem Wortlaut der Vorschrift kommt eine Stundungsverlängerung nur bei erteilter Restschuldbefreiung in Betracht. Obwohl nach dem Sinn und Zweck der Stundungsregelungen, dem Schuldner durch Zugang zum Insolvenzverfahren zu einem wirtschaftlichen Neuanfang zu verhelfen, auch andere Verfahrensbeendigungstatbestände einen »fresh start« ermöglichen, ist eine **entsprechende Anwendung der Stundungsverlängerungsregelungen** ausgeschlossen. Die schuldenbereinigende Verfahrensbeendigung durch Insolvenzplan (§ 227 Abs. 1), die Verfahrenseinstellungen nach §§ 212, 213 verlangen vom Insolvenzverwalter, die unstreitigen Masseverbindlichkeiten, zu denen die Verfahrenskosten zählen, vor Einstellung zu berichtigen (vgl. § 214 Abs. 3, § 258 Abs. 2 3

Satz 1). Die Stundungsverlängerung in diesen Fällen verletzte die Befriedigungsrangfolge des § 53 (BGH, ZInsO 2011, 1064 Rn. 12 [Insolvenzplan]; MK-Ganter/Lohmann Rn. 3). Für die Fälle vorzeitiger Erteilung der Restschuldbefreiung hat der Gesetzgeber nun in § 300 Abs. 1 Satz 2 das Erfordernis vorheriger Verfahrenskostenberichtigung klargestellt. Eine Stundungsverlängerung ist damit ausgeschlossen. Jedenfalls für die praxisrelevanten **Fälle fehlender Forderungsanmeldungen oder Forderungsfeststellungen** besteht kein Grund zur Versagung der Stundungsverlängerung analog § 4b Abs. 1, da hier eine Verletzung der Verteilungsordnung ausgeschlossen ist. Für die **analoge Anwendung nach einem angenommenem Schuldenbereinigungsplan** spricht die der amtlichen Begründung zufolge bestehenden Gleichwertigkeit der Entschuldung durch Restschuldbefreiung und Schuldenbereinigungsplan (BT-Drucks. 14/5680, 22; dafür auch AG Hamburg, ZVI 2009, 268; offen gelassen in BGH, ZInsO 2011, 1064 Rn. 12).

III. Voraussetzungen

4   Der Schuldner darf nicht in der Lage sein, die gestundeten Kosten durch eine **Einmalzahlung** (vgl. BT-Drucks. 14/5680, 21; § 4a Rdn. 30) aus seinem Einkommen oder Vermögen zu bezahlen. Die Verlängerung der Stundung kann auch gewährt werden, wenn der Schuldner nur einen Teil der Kosten tragen kann.

Da Abs. 1 Satz 2 auf § 115 Abs. 1 und 2 ZPO verweist – der fehlende Verweis auf § 115 Abs. 3 ZPO wird allgemein als Redaktionsversehen verstanden (FK-InsO-Kothe Rn. 6; MK-Ganter/Lohmann Rn. 4; LG Dresden, ZInsO 2010, 146) – gilt für die Stundungsverlängerung der **sozialrechtliche Einkommens- und Vermögensbegriff**. Daher muss der Schuldner sein (durchschnittliches Monats-) **Einkommen** (§ 115 Abs. 1 Satz 1 ZPO) einsetzen, ebenso sein **Vermögen**, soweit dies zumutbar ist (Abs. 1 Satz 2, § 115 Abs. 3 ZPO).

5   Einsatzfähiges Einkommen oder Vermögen wird häufig nicht, kann aber schon während des Restschuldbefreiungsverfahrens vorhanden sein. So ist die Erbschaft i. H. d. nicht nach § 295 Abs. 1 Nr. 2 an den Treuhänder abzuführenden Teils zur Kostendeckung einzusetzen ebenso wie Einkünfte des selbständig tätigen Schuldners, die den fiktiven Pfändungsbetrag (§ 295 Abs. 2) übersteigen. Alsbald durchsetzbare **Lohn- oder Unterhaltsforderungen** sind dem Einkommen zuzurechnen (BVerwG, NDV 65, 342; BVerwGE 21, 208 = MDR 1967, 560). Als Einkommen zählt nur dasjenige des Schuldners, nicht das Familieneinkommen (Zöller/Philippi § 115 ZPO Rn. 7). Zum Vermögen zählt auch der Kostenvorschussanspruch gegen den Ehegatten aus § 1360a Abs. 4 BGB.

IV. Ratenfestsetzung

6   Die Zahl der gewährten **Monatsraten** ist auf **48** begrenzt (§ 115 Abs. 2 Satz 4 ZPO). Die Frist beginnt mit der Erteilung der Restschuldbefreiung (Hulsmann, ZVI 2006, 200). Danach ist der Schuldner von seiner Zahlungspflicht endgültig befreit. Die Monate, in denen keine Raten gezahlt werden, zählen nach herrschender Meinung mit (**so** HK-Kirchhof § 4b Rn. 10; Uhlenbruck-Mock § 4b Rn. 5 m.w. N.; K. Schmidt-Stephan § 4b Rn. 12; **dagegen** KPB-Wenzel § 4b Rn. 14). Statt Zahlung der Pfändungsbeträge an den Treuhänder, zahlt der Schuldner diese Beträge nun an die Landeskasse (§ 120 Abs. 2 ZPO).

7   Für die Festsetzung der Raten gilt § 120 ZPO. Jedoch gilt nicht die Beschränkung des § 115 Abs. 4 ZPO hinsichtl. der Mindestbelastung von 4 Monatsraten, da Abs. 1 Satz 2 auf diese Regelung nicht verweist. Die Höhe der festzusetzenden Raten ergibt sich aus der Tabelle zu § 115 Abs. 1 Satz 4 ZPO. Dabei wird zunächst das Einkommen um die nach § 115 Abs. 1 Satz 3 Nr. 1 bis 5 ZPO abzugsfähigen Beträge bereinigt. Bei den nach § 115 Abs. 1 Nr. 5 ZPO abzusetzenden Beträgen sind Zahlungsverpflichtungen des Schuldners zur Erfüllung des angenommenen Schuldenbereinigungsplans – soweit man hier die Stundungsverlängerung zulässt, vgl. Rdn. 3 a. E. – zu berücksichtigen sowie die nach § 302 von der Restschuldbefreiung ausgenommenen Verbindlichkeiten (A/G/R-Ahrens, Rn. 22).

Mit dem verbleibenden Nettobetrag ergibt sich aus der Tabelle des § 115 Abs. 1 ZPO die monatliche Rate.

V. Verfahren

Ein **Antrag des Schuldners** ist in der Norm nicht erwähnt, gleichwohl notwendig (BGH, ZInsO 2011, 1064 Rn. 10). Das Gericht darf dem Schuldner die Folgen der Stundungsverlängerung nicht ohne oder gegen seinen Willen aufdrängen (Jaeger-Eckardt, Rn. 23). Hat das Gericht aus dem Restschuldbefreiungsverfahren Erkenntnisse gewonnen oder sonstige Anhaltspunkte für die Leistungsunfähigkeit des Schuldners, hat es ihn auf die Möglichkeit eines neuerlichen Stundungsantrags hinzuweisen (BGH, ZInsO 2011, 1064 Rn. 10). In der Praxis machen Insolvenzgericht oder Insolvenzverwalter den Schuldner auf die Möglichkeit aufmerksam, schon während des Insolvenz- und Restschuldbefreiungsverfahrens Beträge aus seinem unpfändbaren Einkommen anzusparen, um sie nach Erteilung der Restschuldbefreiung für die noch offenen Kosten zu verwenden und damit evtl. nach Erteilung der Restschuldbefreiung auch von den Verfahrenskosten befreit zu sein. Soweit der Schuldner dies freiwillig tut, ist diese Praxis nicht zu beanstanden. 8

Für den Beschluss ist der **Rechtspfleger** funktionell zuständig (§§ 3 Nr. 2e, 4 RPflG).

VI. Mitteilungspflicht (Abs. 2)

Der Schuldner hat – anders als § 120a Abs. 1 Satz 3 ZPO – **selbstständig** dem Gericht eine wesentliche Änderung seiner Verhältnisse unverzüglich anzuzeigen (Abs. 2 Satz 2). Zweckmäßigerweise belehrt ihn das Gericht über diese Pflicht bei Gewährung der Stundung. Der Gesetzgeber hat jedoch auf eine Sanktion gegen den Schuldner für den Fall der Unterlassung verzichtet. 9

Wenn dem Gericht auf andere Weise Umstände bekannt werden, die eine Änderung der Stundungsmodalitäten angezeigt erscheinen lassen, wird es von Amts wegen näher ermitteln und eine Änderung vornehmen. Es kann dazu jederzeit vom Schuldner eine **Erklärung über seine Verhältnisse einfordern** (Abs. 2 Satz 3, § 120a Abs. 1 Satz 3 ZPO), um zu prüfen, ob sich die wirtschaftlichen Verhältnisse des Schuldners verbessert haben und die Entscheidung über die Stundung deshalb gem. § 4b Abs. 2 InsO zu ändern ist (BGH, ZInsO 2009, 2405).

Gerät der Schuldner mit der Zahlung einer Monatsrate oder mit der Zahlung eines sonstigen Betrages länger als 3 Monate in Verzug, kann das Gericht gem. § 4c Nr. 3 die Stundung aufheben. Damit werden alle rückständigen Kosten sofort fällig.

Die Anzeigepflicht des Schuldners besteht auch bei vorläufige Stundung gem. § 4a Abs. 3 Satz 4.

Ein Änderungsantrag des Schuldners mit Bezug auf die nach § 115 Abs. 1 Satz 3 Nr. 1 Buchst. b und Nr. 2 ZPO (Abziehbarkeit in Höhe dort einzeln bezeichneter SGB-Regelsätze) hat nur Aussicht auf Erfolg, wenn die Änderung dazu führt, dass keine Monatsraten mehr zu zahlen sind (so § 120a Abs. 1 Satz 2 ZPO i. V. m. Abs. 1 Satz 2). 10

Auch eine Änderung hinsichtlich der Frage einer Beiordnung fällt unter Abs. 2 (NR-Becker § 4b Rn. 29).

Wird die Stundung nach Erteilung der Restschuldbefreiung weiterhin bewilligt, kann eine Aufhebung der Stundung nach Widerruf der Restschuldbefreiung gemäß § 303 i. V. m. § 4c Nr. 5 (zum alten Recht LG Göttingen, NZI 2011, 909) erfolgen.

Für die max. 4-jährige Laufzeit wird das Gericht je nach Aktenlage zur turnusmäßigen Überprüfung höchstens Zeitabstände von jeweils einem Jahr wählen. Dabei werden sich die Zeitabstände zur Wiedervorlage der Akte an der persönlichen und wirtschaftlichen Situation bzw. Perspektive des Schuldners zum Zeitpunkt der Erteilung der Restschuldbefreiung orientieren. Aufschluss sollte hierüber der Schlussbericht des Treuhänders am Ende der Wohlverhaltensperiode geben.

C. Verfahrensfragen

11 Die Entscheidung über die Stundung darf **nur für die Zukunft** und nur dann abgeändert werden, wenn sich die wirtschaftlichen und persönlichen Verhältnisse des Schuldners geändert haben (Uhlenbruck-Mock § 4a Rn. 45). Von einer **Verbesserung der Verhältnisse** ist auszugehen, wenn sie den wirtschaftlichen und sozialen Lebensstandard prägt (MK-Ganter § 4b Rn. 9). Die **Monatsrate** sollte sich dabei mindestens um **5 bis 10 % erhöhen** (KPB-Wenzel § 4b Rn. 23).

Eine **Verschlechterung** dagegen ist bereits wesentlich, wenn die Anwendung der Tabelle zu § 115 Abs. 1 Satz 4 ZPO zu einer günstigeren Einstufung führt (Uhlenbruck-Mock § 4b Rn. 15). Dass Abs. 2 Satz 1 sprachlich auch eine Änderung der Entscheidung »über die Stundung« ermöglicht, bedeutet nicht, dass aufgrund dieser Vorschrift auch eine Aufhebung der Stundung – unter leichteren Voraussetzungen als in § 4c – erfolgen kann (HK-Kirchhof § 4b Rn. 11).

12 Eine **Änderung zum Nachteil des Schuldners** ist gem. Abs. 2 Satz 4 ausgeschlossen, wenn seit Beendigung des Verfahrens 4 Jahre vergangen sind. Damit lehnt sich die Bestimmung sprachlich an die des § 120a Abs. 1 Satz 4 ZPO an, sodass als zeitlicher Beginn die rechtskräftige Erteilung der Restschuldbefreiung anzusehen ist (MK-Ganter § 4b Rn. 10; NR-Becker § 4b Rn. 49; **a.A.** HK-Kirchhof § 4b Rn. 23). Eine Unterbrechung oder Verlängerung der Frist ist nicht vorgesehen.

13 Gegen den **Anpassungsbeschluss** kann der Schuldner **sofortige Beschwerde** gem. § 4d Abs. 1 einlegen mit der Begründung, dass eine Teilaufhebung des Stundungsbeschlusses vorliege (NR-Becker § 4b Rn. 3).

§ 4c Aufhebung der Stundung

Das Gericht kann die Stundung aufheben, wenn
1. der Schuldner vorsätzlich oder grob fahrlässig unrichtige Angaben über Umstände gemacht hat, die für die Eröffnung des Insolvenzverfahrens oder die Stundung maßgebend sind, oder eine vom Gericht verlangte Erklärung über seine Verhältnisse nicht abgegeben hat;
2. die persönlichen oder wirtschaftlichen Voraussetzungen für die Stundung nicht vorgelegen haben; in diesem Fall ist die Aufhebung ausgeschlossen, wenn seit der Beendigung des Verfahrens vier Jahre vergangen sind;
3. der Schuldner länger als drei Monate mit der Zahlung einer Monatsrate oder mit der Zahlung eines sonstigen Betrages schuldhaft in Rückstand ist;
4. der Schuldner keine angemessene Erwerbstätigkeit ausübt und, wenn er ohne Beschäftigung ist, sich nicht um eine solche bemüht oder eine zumutbare Tätigkeit ablehnt und dadurch die Befriedigung der Insolvenzgläubiger beeinträchtigt; dies gilt nicht, wenn den Schuldner kein Verschulden trifft; § 296 Absatz 2 Satz 2 und 3 gilt entsprechend;
5. die Restschuldbefreiung versagt oder widerrufen wird.

Übersicht

	Rdn.		Rdn.
A. Grundlagen	1	III. Zahlungsverzug (Nr. 3)	18
I. Normzweck	1	IV. Verletzung der Erwerbsobliegenheit (Nr. 4)	20
II. Überblick	5	1. Nr. 4 Halbs. 1	21
III. Das Verhältnis zur Vorwirkungsrechtsprechung im alten und neuen Recht	6	2. Nr. 4 Halbs. 2 i.V.m. § 296 Abs. 2 Satz 3	23
B. Norminhalt	7	V. Versagung oder Widerruf der Restschuldbefreiung (Nr. 5)	24
I. Unrichtige oder unterlassene Angaben (Nr. 1)	7	1. Nr. 5	24
1. Unrichtige Angaben (Alt. 1)	7	2. Nr. 5 Alt. 1 analog (Zweckverfehlung)	25
2. Unterlassene Erklärung über persönliche oder wirtschaftliche Verhältnisse (Alt. 2)	12	C. Aufhebungsverfahren	30
3. Qualifiziertes Verschulden	15	D. Rechtsfolgen der Aufhebung	32
II. Fehlende Voraussetzungen (Nr. 2)	16		

A. Grundlagen

I. Normzweck

Die Kostenstundung soll dem mittellosen Schuldner den raschen, unkomplizierten Zugang zum Insolvenz- und Restschuldbefreiungsverfahren ermöglichen. Die Prüfung des Stundungsantrags erfolgt daher nur kursorisch. Komplizierte, verfahrensverzögernde oder Rechtsmittel provozierende Prüfungen soll das Insolvenzgericht im Stundungsantragsverfahren nicht durchführen (vgl. § 4a Rdn. 27). Das gilt vor allem für die Versagungsgründe des § 290 Abs. 1 Nr. 2 – 7, deren Prüfung der **gesetzgeberischen Konzeption einer gläubigerautonomen Stundungsaufhebung** zufolge in das Verfahren nach Nr. 5 verlagert ist (so ausdrücklich BT-Drucks. 14/5680, 21; anders die überkommene sog. Vorwirkungsrechtsprechung des BGH, die im Widerspruch zu den Motiven des Reformgesetzgebers steht, vgl. BT-Drucks. 17/11268, 25 sowie ausführl. § 4a Rdn. 18 ff.). 1

Mit Rücksicht auf die existentielle Bedeutung der für mittellose Schuldner nur über die Kostenstundung zu erreichenden Restschuldbefreiung ist der **Katalog der Aufhebungsgründe abschließend** (BT-Drucks. 14/5680, 22). Der Gesetzgeber hat bewusst davon abgesehen, die allein auf Gläubigerantrag zur Versagung der Restschuldbefreiung führenden Pflicht- und Obliegenheitsverstöße in § 290 Abs. 1 oder § 295 Abs. 1 (mit der wichtigen Ausnahme der Erwerbsobliegenheit in Nr. 4) oder § 298 Abs. 1 in den Katalog der Aufhebungsgründe aufzunehmen (BT-Drucks. 14/5680, 23). 2

Wenn auch die einzelnen Aufhebungsgründe **im Grundsatz nicht analogiefähig** sind, folgt dennoch aus dem Rechtsgedanken der Stundungsvorschriften bzw. allgemeinen Rechtsgrundsätzen ausnahmsweise eine **autonome Aufhebungsbefugnis des Gerichts**, wenn die Restschuldbefreiung unabhängig von einem Gläubigerversagungsantrag nicht zu erreichen ist. Bei diesen Fallgruppen handelt es sich um **eng auszulegende Ausnahmetatbestände**, wie etwa die **Fallgruppen der Zweckverfehlung bzw. des Rechtsmissbrauchs**, in denen der Schuldner durch eigenes Verhalten die Voraussetzungen der Restschuldbefreiung nach den §§ 286 ff. bewusst vereitelt (unzulässiger oder zurückgenommener Restschuldbefreiungsantrag, Rdn. 25), die **Befreiung von seinen Restverbindlichkeiten auf anderem Wege erreicht** (Verfahrenseinstellung nach den §§ 212, 213 oder im Insolvenzplanverfahren, Rdn. 25) sowie des **Ausschlusses eines wesentlichen Teils der Gläubigerforderungen von der Restschuldbefreiung nach § 302** (Rdn. 26). 3

Die Aufhebung der Stundung ist **Ermessensentscheidung** (»kann ... aufheben«) und soll den Besonderheiten des Einzelfalls und der Bedeutung der Stundung für mittellose Schuldner zur Erlangung der Restschuldbefreiung Rechnung tragen. Bei der Reform der Restschuldbefreiung verfolgt die Entwurfsbegründung ein **Konzept mit jedem Verfahrensabschnitt graduell steigender Anforderungen an ihre Versagung** (BT-Drucks. 17/11268, 26). So soll das mit Abschluss eines jeden Verfahrensabschnitts wachsende **Vertrauen des Schuldners in die Erteilung der Restschuldbefreiung** geschützt werden. Die Wertungskonkordanz von Restschuldbefreiung und Stundung (A/G/R-Ahrens Rn. 3) verlangt eine entsprechende Ermessensausübung auch im Stundungsaufhebungsverfahren. 4

II. Überblick

Die Aufhebungsgründe sollen **eine von Anfang an zu Unrecht gewährte Stundung** beseitigen (Nr. 1 Alt. 1; BT-Drucks. 14/5680, 22; zur zeitlichen Wirkung der Stundungsaufhebung ex nunc oder ex tunc s. Rdn. 33), Änderungen der persönlichen und wirtschaftlichen Verhältnisse des Schuldners während des Verfahrens berücksichtigen (Nr. 1 Alt. 2, Nr. 2), den Schuldner dazu anhalten, zumutbare Anstrengungen zur Begleichung der Verfahrenskosten und Befriedigung der Insolvenzgläubiger zu unternehmen (Nr. 4), sich über die Dauer des Verfahrens redlich zu verhalten (Nr. 5) und nach Erteilung der Restschuldbefreiung für eine zügige Rückführung des Stundungsbetrags zu sorgen (Nr. 3). 5

III. Das Verhältnis zur Vorwirkungsrechtsprechung im alten und neuen Recht

6 Nach der **sog. Vorwirkungsrechtsprechung des BGH zum alten Recht** (dazu ausführl. § 4a Rdn. 16) konnten neben den in § 4c geregelten Tatbeständen auch die Versagungsgründe des § 290 Abs. 1 Nr. 2, 4, 5, 6 a. F. zur Aufhebung der einmal gewährten Kostenstundung führen, wenn sie denn nach Auffassung des Gerichts »zweifelsfrei« vorlagen: Gründe, mit denen das Gericht den Stundungsantrag hätte abweisen können, berechtigten es auch zur Aufhebung der Stundung (so grundlegend BGH, ZInsO 2008, 111, 112). Auf diese Weise wirkte die Vorwirkungsrechtsprechung in den Regelungsbereich des § 4c stark erweiternd ein. Demgegenüber sah und sieht der Gesetzgeber die Berücksichtigung von Versagungsgründen nur im Rahmen des § 4c Nr. 5 vor (BT-Drucks. 14/5680, 12, 20; BT-Drucks. 17/11268, 25). Dieses **Konzept der gläubigerautonomen Stundungsaufhebung** – Versagungsgründe führen nur auf Gläubigerantrag und nur über § 4c Nr. 5 zur Stundungsaufhebung – hat der Reformgesetzgeber bekräftigt, indem er das Versagungsantragsrecht formal vereinfacht (§ 290 Abs. 2 Satz 1) und zeitlich ausgedehnt hat (§ 297a Abs. 1). Die Regierungsbegründung schließt zudem eine Sperrfrist für Folgeanträge nach einer bloß gerichtsautonomen Stundungsaufhebung aus: Notwendige Bedingung einer Sperrfrist ist stets ein **Versagungsantrag eines Gläubigers, nur er kann eine Sperrfrist legitimieren** (so ausdrückl. BT-Drucks. 17/11268, 25). Daher knüpfen die einschlägigen Tatbestände des § 287a Abs. 2 Satz 1 Nr. 1 und 2 an die im Vorverfahren – auf Gläubigerantrag – versagte Restschuldbefreiung an und sind abschließend (BT-Drucks., a. a. O.). Ziel des Gesetzgebers ist die **Stärkung der Gläubigerautonomie auch im Restschuldbefreiungsversagungsverfahren**, um einer Erteilung der Restschuldbefreiung trotz evidenter Unredlichkeit des Schuldners allein durch Passivität der Gläubiger entgegen zu wirken (BT-Drucks. 17/11268, 15). Die systematische Verknüpfung von Restschuldbefreiung und Kostenstundung führt daher nach neuem Recht zu einem **Ausschluss der gerichtautonomen Stundungsaufhebung aufgrund vorwirkender Versagungsgründe**, mögen sie auch zweifelsfrei vorliegen (a. A. Frind, ZInsO 2013, 1448, 1451; wie hier Grote/Pape, ZInsO 2013, 1433, 1439 f.; Blankenburg, ZInsO 2014, 801, 802 f.; ausführl. § 4a Rdn. 19).

B. Norminhalt

I. Unrichtige oder unterlassene Angaben (Nr. 1)

1. Unrichtige Angaben (Alt. 1)

7 Der Schuldner soll sich die Stundung und damit die Möglichkeit zu einem wirtschaftlichen Neuanfang nicht durch falsche Angaben erschleichen. Mit Blick auf den **Zweck der Vorschrift, den Schuldner zu einer ordnungsgemäßen Verfahrensführung anzuhalten**, sind auch **unvollständige Angaben** »unrichtig«, da auch sie eine falsche Entscheidungsgrundlage für die Stundungsgewährung bilden können (BGH, ZInsO 2009, 297: Verschweigen der Bestellung zum Geschäftsführer; Nichtangabe eines parallel anhängigen Restschuldbefreiungsverfahrens, AG Göttingen, ZVI 2008, 341). Tatbestandsmäßig sind **schriftliche Angaben**, auch in den nach § 305 Abs. 1 Nr. 3 einzureichenden Verzeichnissen (LG Göttingen, ZInsO 2009, 276: Nichtangabe einer Gläubigerforderung), oder **mündliche Erklärungen** in einem gerichtlichen Anhörungstermin. **Erklärungen eines Verfahrensbevollmächtigten** sind dem Schuldner zuzurechnen, wenn er i. S. d. § 290 Abs. 1 vorsätzlich oder grob fahrlässig handelt, also etwa von diesem vervollständigte oder vorbereitete Erklärungen, Formulare oder Verzeichnisse ungeprüft unterschreibt (BGH, ZInsO 2010, 1151), nicht aber, wenn der Verfahrensbevollmächtigte nach Unterzeichnung durch den Schuldner ohne sein Wissen Änderungen vornimmt (BGH, ZInsO, 2011, 572). Diese zu § 290 Abs. 1 entwickelte Rechtsprechung ist auf Erklärungen im Stundungsverfahren übertragbar (so auch A/G/R-Ahrens Rn. 9).

8 Der unrichtig oder unvollständig angegebene Sachverhalt muss für die Eröffnung des Insolvenzverfahrens (1. Var.) oder die Stundungsgewährung (2. Var.) maßgeblich gewesen sein. »Maßgebend« bedeutet **kausal** (BGH, ZInsO 2009, 113 Rn. 9; nach MK-Ganter/Lohmann Rn. 7 schon »Beeinflussung« der gerichtlichen Entscheidung ausreichend; anders auch AG Göttingen, ZInsO 2009,

2070 Rn. 16: »nicht bedeutungslos«). Die Stundung ist daher nur dann aufzuheben, wenn richtige Angaben des Schuldners die Abweisung seines Eröffnungs- oder Stundungsantrags begründet hätten, so etwa bei tatsächlich nicht bestehender (drohender) Zahlungsunfähigkeit oder Erschleichung eines inländischen Insolvenzgerichtsstands durch Vorgabe eines inländisches Wohnsitzes (BT-Drucks. 14/5680, 22). Allein das **Verschweigen einer Gläubigerforderung** dürfte die Stundungsaufhebung nicht tragen, wenn der Eröffnungsgrund schon aus den angegebenen Zahlungspflichten herzuleiten ist (a. A. LG Götingen, ZInsO 2009, 276). Das Verschweigen einer Gläubigerforderung muss auch nicht in jedem Fall die Kostenprognose nach § 26 Abs. 1 Satz 1 beeinflussen (vgl. die Kostensprünge in § 2 Abs. 2 InsVV, § 13 Abs. 1 Satz 3 ff.). Unrichtigen Angaben in den Verzeichnissen können freilich über § 290 Abs. 1 Nr. 6 zur Stundungsaufhebung nach § 4c Nr. 5 führen.

Nicht vom Tatbestand erfasst sind Angaben, die, wären sie richtig gewesen, zwar zur Eröffnung des Insolvenzverfahrens, allerdings in einer abweichenden Verfahrensart geführt hätten. Hätte etwa aufgrund der angegebenen Zahl der Gläubiger das **Regel-, nicht aber das Verbraucherinsolvenzverfahren** beschritten werden müssen, ändert dies an der Tatsache der Verfahrenseröffnung als solcher nichts (ebenso A/G/R-Ahrens Rn. 11). Auch hier – und dies auch nur im Verbraucherinsolvenzverfahren – kommt nur eine Stundungsaufhebung über § 4c Nr. 5 i. V. m. § 290 Abs. 1 Nr. 6 in Betracht.

Von besonderer Bedeutung für die Bewilligung der Stundung ist die Angabe über das Vorliegen des in § 4a Abs. 1 Satz 3 genannten stundungsausschließenden **Versagungsgrundes gem. § 290 Abs. 1 Nr. 1** (nach altem Recht auch § 290 Abs. 1 Nr. 3), zu dem sich der Schuldner ausdrücklich zu erklären hat. Das Verschweigen einer früheren Restschuldbefreiung bezieht sich auch auf ihre **vorzeitige Erteilung nach Befriedigung der zur Insolvenztabelle festgestellten Forderungen** (BGH, ZInsO 2010, 1151). Auch sie zieht eine 10-jährige Sperrfrist für ein Folgeinsolvenzverfahren nach sich (§ 290 Abs. 1 Nr. 3, § 287a Abs. 2 Satz 1 Nr. 1). Ihr kann der Schuldner nur entgehen, wenn er bei absehbarer Vollbefriedigung der zur Tabelle festgestellten Forderungen seinen Restschuldbefreiungsantrag zurücknimmt oder auf eine Einstellung des Verfahrens nach § 212 oder § 213 hinwirkt.

Nach neuem Recht begründet die nachträgliche Kenntnis von Umständen, die zur **Unzulässigkeit des Restschuldbefreiungsantrags nach § 287a Abs. 2 Satz 1** und damit Abweisung des Stundungsantrags geführt hatten, die Stundungsaufhebung nach Nr. 1 Alt. 1. Über ihr Vorliegen hat sich der Schuldner in seinem Restschuldbefreiungsantrag zu erklären (§ 287 Abs. 1 Satz 3). Verschweigt er in § 287 Abs. 2 Satz 1 aufgeführte Sachverhalte, ist die Stundung aufzuheben, da bei ihrer Kenntnis Restschuldbefreiung nicht zu erlangen gewesen wäre.

2. Unterlassene Erklärung über persönliche oder wirtschaftliche Verhältnisse (Alt. 2)

Die Nichtabgabe einer vom Gericht verlangten Erklärung über seine Verhältnisse ist in Zusammenhang mit § 4b Abs. 2 Satz 2 zu sehen: Danach hat der Schuldner dem Gericht unaufgefordert jede wesentliche Veränderung seiner – stundungsrelevanten – persönlichen oder wirtschaftlichen Verhältnisse mitzuteilen. Kommt er dieser Verpflichtung nicht nach und hat das Gericht etwa durch Mitteilung eines Gläubigers Anhaltspunkte für eine solche Veränderung, rechtfertigt die Verletzung der Mitteilungspflicht in § 4b Abs. 2 Satz 2 allein nicht die Aufhebung der Stundung. Das Gericht hat den Schuldner zuvor zur Erklärung aufzufordern. Bleibt dieser die Erklärung schuldig, kann das Gericht die Stundung nach Nr. 1 2. Alt. aufheben.

Zurecht verlangt das Schrifttum mit Rücksicht auf die Folgen der Stundungsaufhebung für die Restschuldbefreiung, den Schuldner bei Einholung der Auskunft über ebendiese Folgen zu belehren (A/G/R-Ahrens Rn. 19) und ihm eine angemessene Frist zur Antwort zu setzen. Da der Schuldner nach § 4b Abs. 2 Satz 2 von sich aus eine wesentliche Änderungen seiner persönlichen oder wirtschaftlichen Verhältnisse »unverzüglich« hätte anzeigen müssen, diese Mitteilungspflicht also latent verletzt hat, ist eine **Frist von 10 Tagen** ausreichend.

14 Das Auskunftsverlangen des Gerichts muss sich auf die persönlichen und wirtschaftlichen Verhältnisse des Schuldners beziehen, soweit sie für die Stundungsgewährung oder -aufrechterhaltung von Bedeutung sind. Hat das Gericht etwa einen Hinweis auf einen bereits bei Bewilligung der Stundung bestehenden Kostenerstattungsanspruch nach § 1360a Abs. 4 BGB oder auf verheimlichtes, kostendeckendes Vermögen des Schuldners erhalten, ist es gehalten, dazu beim Schuldner Auskunft einzuholen. Deren Verweigerung rechtfertigt die Stundungsaufhebung nach Nr. 1 Alt. 2. **Nicht tatbestandsmäßig** ist die Verletzung der allgemeinen insolvenzrechtlichen Auskunftspflicht der §§ 20 Abs. 1, 97 Abs. 1, soweit die verlangten Angaben des Schuldners nicht eröffnungs- oder stundungsrelevant sind. Daher sollte das Auskunftsverlangen konkret abgefasst und der Bezug zu den Aufhebungsgründen in Nr. 1 deutlich sein.

Ist der Schuldner wegen eines **nicht mitgeteilten Wohnsitzwechsels** für das Gericht nicht erreichbar, kann die Stundung nicht nach § 4c Nr. 1 Alt. 2, sondern nur gläubigerautonom (§ 4c Nr. 5 i. V. m. § 290 Abs. 1 Nr. 5 bzw. § 295 Abs. 1 Nr. 3) aufgehoben werden. Die gerichtsautonome Stundungsaufhebung ohne Beteiligung der Gläubiger bleibt nach neuem Recht – auch für Altfälle – wirkungslos, da sie eine Sperrfrist für ein Folgeverfahren nicht auslösen kann (vgl. BT-Drucks. 17/11268, 25). Eine **nachhaltige Sanktion** ist daher **nur durch einen Gläubigerversagungsantrag** zu erreichen.

Hat der Schuldner die vom Gericht erbetene **Erklärung abgegeben**, kommt eine Aufhebung nach Nr. 1 Alt. 2 nicht mehr in Betracht. Dies gilt auch für den Fall, dass die Auskunft des Schuldners etwa den Bezug pfändbaren Einkommens ergibt, das die Kostenstundung im Restschuldbefreiungsverfahren ausgeschlossen hätte (so der Fall LG Göttingen, ZInsO 2008, 1032). Auf der Grundlage dieser Auskunft kommt allerdings eine gläubigerautonome Stundungsaufhebung gemäß Nr. 5 infolge der Versagung nach § 295 Abs. 1 Nr. 3 (Verheimlichen von Bezügen) in Betracht.

3. Qualifiziertes Verschulden

15 Der Schuldner muss die stundungs- oder eröffnungsrelevanten Erklärungen oder die vom Gericht verlangte Erklärung vorsätzlich oder grob fahrlässig unrichtig oder nicht abgegeben haben. »**Grobe Fahrlässigkeit**« beschreibt ein Verhalten, bei dem die im Verkehr erforderliche Sorgfalt in ungewöhnlich hohem Maße verletzt worden ist, ganz nahe liegende Überlegungen nicht angestellt oder beiseite geschoben worden sind und dasjenige unbeachtet geblieben ist, was im gegebenen Fall sich jedem aufgedrängt hätte; es handelt sich um eine subjektiv schlechthin unentschuldbare Pflichtverletzung (BGH, ZInsO 2010, 1151).

Verspätet abgegebene Erklärungen rechtfertigen die Aufhebung der Stundung nicht, wenn die angeforderten Erklärungen auch noch mit dem Beschwerdeschriftsatz eingereicht werden (LG Göttingen, ZInsO 2005, 1340).

II. Fehlende Voraussetzungen (Nr. 2)

16 Lagen die persönlichen oder wirtschaftlichen Voraussetzungen für die Gewährung der Stundung nicht vor, ohne dass dem Schuldner – wie bei Nr. 1 Alt. 1 – Vorsatz oder grobe Fahrlässigkeit dafür vorzuwerfen ist, kommt eine Aufhebung der Stundung nur nach Nr. 2 in Betracht. Mit der 4-jährigen Aufhebungsfrist, nach deren Ablauf die Stundungsbewilligung jedenfalls bei Nichtvorliegen der persönlichen und wirtschaftlichen Voraussetzung für die Stundungsgewährung unabänderlich ist, orientiert sich der Gesetzgeber an § 5 GKG. Wegen der für mittellose Schuldner so existentiellen Bedeutung der Stundung für die Erlangung der Restschuldbefreiung soll das Gericht den Zeitablauf, während dessen das Nichtvorliegen der Stundungsvoraussetzungen unbeachtlich blieb, bei Ausübung seines Ermessens berücksichtigen (BT-Drucks. 14/5680, 23). Den darin zum Ausdruck kommenden **Rechtsgedanken des mit zunehmendem Zeitablauf stärker zu schützenden Vertrauens des Schuldners in die bevorstehende Erteilung der Restschuldbefreiung** hat der Änderungsentwurf bekräftigt (BT-Drucks. 17/11268, 26).

1. Nr. 4 Halbs. 1

21 Die Erwerbsobliegenheit trifft den Schuldner, dem Stundung gewährt wurde, sofort **nach Stundungsbewilligung** (BGH, ZInsO 2009, 2210 Rn. 10), nicht erst ab Eröffnung des Insolvenzverfahrens (§ 287b) bzw. nach altem Recht erst im Restschuldbefreiungsverfahren (§ 295 Abs. 1 Nr. 1). Ihre Verletzung kann daher schon im Eröffnungsverfahren zur Stundungsaufhebung führen. Andererseits setzt sie auch erst mit der Stundungsbewilligung ein. Sie besteht daher weder schon ab Antragstellung, erst recht nicht davor und auch die nach § 4a Abs. 3 Satz 4 bis zur Entscheidung über den Stundungsantrag nur einstweilig eintretenden Stundungswirkungen vermögen sie nicht auszulösen (A/G/R-Ahrens Rn. 32). Die Erwerbsobliegenheit **endet mit Ausgleich der Kostenforderung**, mag dies auch erst nach Erteilung der Restschuldbefreiung geschehen, **spätestens nach Ablauf der Vierjahresfrist** des § 4b Abs. 1 Satz 2 i. V. m. § 115 Abs. 2 ZPO (HK-Kirchhof Rn. 22).

22 **Nach neuem Recht** setzt auch die Verletzung der stundungsspezifischen Erwerbsobliegenheit ein Verschulden des Schuldners und eine Beeinträchtigung der Gläubigerbefriedigung voraus. Mit der Gesetzesänderung schließt sich die Entwurfsbegründung ausdrücklich der zutreffenden Erwägung an, die zur Restschuldbefreiung führende Kostenstundung dürfe zur Vermeidung eines Wertungswiderspruchs hinsichtlich der Erwerbsobliegenheit keine strengeren Anforderungen an den Schuldner stellen als das Restschuldbefreiungsverfahren selbst (so der BGH, der im alten Recht § 296 Abs. 1 Satz 1 auf § 4c Nr. 4 analog anwendet, vgl. ZInsO 2009, 2210 Rn. 12 ff.).

Zur Feststellung einer konkreten Beeinträchtigung der Gläubigerbefriedigungsaussichten müssen den Gläubigern durch die Obliegenheitsverletzung pfändbare Einkünfte entgangen sein (Näheres dazu § 296 Rdn. 11 ff.; zum Inhalt der Erwerbsobliegenheit im Einzelnen s. § 295 Rdn. 3 ff.).

2. Nr. 4 Halbs. 2 i. V. m. § 296 Abs. 2 Satz 3

23 Zur Überprüfung, ob der Schuldner seine Erwerbsobliegenheit erfüllt, stehen dem Gericht dieselben Mittel zur Verfügung, die es auch im Restschuldbefreiungsverfahren hat: Es kann den Schuldner zur Auskunft über die Erfüllung seiner Erwerbsobliegenheit auffordern und die Auskunft an Eides statt versichern lassen.

Ebensowenig wie im Restschuldbefreiungsverfahren begründet das Auskunftsrecht des Gerichts im Stundungsverfahren eine Überwachungspflicht (BT-Drucks. 14/5680, 23), auch nicht des Insolvenzverwalters/Treuhänders. Das Gericht ist nur dann gehalten tätig zu werden, wenn etwa Mitteilungen von Gläubigern oder des Insolvenzverwalters/Treuhänders Anhaltspunkte für eine Obliegenheitsverletzung enthalten. Bei bestehendem Anfangsverdacht einer Obliegenheitsverletzung hat das Gericht von Amts wegen den Schuldner zur Auskunftserteilung auffordern (BGH, ZInsO 2008, 736 Rn. 5).

Durch den Verweis auf § 296 Abs. 2 Satz 3 enthält § 4c Nr. 4 Halbs. 2 einen weiteren selbstständigen Aufhebungsgrund (BGH, ZInsO 2008, 736). Systematisch handelt es sich wie in § 4c Nr. 1 Alt. 2 um die Verletzung einer Auskunftspflicht gegenüber dem Gericht.

V. Versagung oder Widerruf der Restschuldbefreiung (Nr. 5)

1. Nr. 5

24 Da die Kostenstundung allein der Erlangung der Restschuldbefreiung dient (vgl. § 4a Rdn. 1), ist sie aufzuheben, wenn die Restschuldbefreiung auf Gläubigerantrag versagt (§ 290, §§ 296 bis 298) oder widerrufen (§ 303) worden ist.

2. Nr. 5 Alt. 1 analog (Zweckverfehlung)

25 Die Kostenstundung ist darüber hinaus im Wege der Rechtsanalogie bei **Zweckverfehlung** aufzuheben. Darunter sind all die Sachverhalte zu fassen, in denen der Schuldner **unabhängig von einem Gläubigerversagungsantrag** (dann Nr. 5 direkt) die Restschuldbefreiung nach den §§ 286 ff. und

Beurteilungszeitpunkt für das Nichtvorliegen der persönlichen und wirtschaftlichen Voraussetzungen der Stundung ist die **letzte Tatsachenentscheidung über die Stundung** (BGH, ZInsO 2007, 1278 Rn. 8). Bei seiner Entscheidung über die Aufhebung hat sich das Gericht gedanklich in die Lage der Bewilligung zurückzuversetzen und sich unter Berücksichtigung der neuen Erkenntnisse zu fragen, ob dem Stundungsantrag stattzugeben wäre. Ist das nicht der Fall, ist die Stundung aufzuheben.

17

Wenn seit Beendigung des Insolvenzverfahrens **4 Jahre** vergangen sind, kann aufgrund der fehlenden Voraussetzungen die Stundung nicht mehr aufgehoben werden. Wurde also die Stundung – wie in der Praxis fast ausschließlich – bei der Eröffnung des Verfahrens gewährt, so beginnt demnach die Frist mit der rechtskräftigen Erteilung der Restschuldbefreiung (§ 300).

Wenn die Stundung für einen bestimmten Verfahrensabschnitt gewährt wurde, ist die Frist von 4 Jahren ab Beendigung des Verfahrensabschnitts zu berechnen (KPB-Wenzel § 4c Rn. 26).

III. Zahlungsverzug (Nr. 3)

Zur Aufhebung der Stundung kann gem. Nr. 3 ein Zahlungsrückstand des Schuldners i. H. v. **einer Monatsrate** über den Zeitraum von 3 Monaten führen. Damit soll der Schuldner – wie in § 124 Nr. 4 ZPO – zu einer pünktlichen Ratenzahlung angehalten werden. Von Bedeutung sind hier die in der Verlängerung der Stundung gem. § 4b Abs. 1 zu zahlenden Beträge: Sind **Raten nur teilweise gezahlt** worden, kommt es auf die rückständig geschuldete Summe an. Überschreitet sie insgesamt die Höhe einer Monatsrate und die dreimonatige Frist, liegt ein Aufhebungsgrund vor. Die Fälligkeit der Monatsraten ergibt sich aus dem zugrunde liegenden Beschluss.

18

Der in Nr. 3 genannte »**sonstige Betrag**« kann ein dem Schuldner aufgegebener Betrag sein, der nicht als Monatsrate zu zahlen ist (z. B. ein zu zahlender Ablösungsbetrag gem. § 314 Abs. 1 Satz 2). Für den Fall nicht abgeführter pfändbarer Einkommens**anteile** hat das LG Berlin (ZInsO 2007, 824) entschieden, dass die Stundung nicht aufzuheben ist (= Abhilfe der Beschwerde), wenn der Schuldner mit Einlegung der Beschwerde den rückständigen Betrag an die Masse zahlt. Dem ist zuzustimmen.

19

Allerdings ist die Aufhebung nur begründet, wenn die **Zahlung schuldhaft unterblieben** ist. Ist der Schuldner durch eine Verschlechterung seiner Lebensumstände nicht mehr zur Zahlung der festgelegten Raten imstande, so sollte statt einer Aufhebung der Stundung mit einer Anpassung des Beschlusses gem. § 4b Abs. 2 Satz 1 reagiert werden.

IV. Verletzung der Erwerbsobliegenheit (Nr. 4)

Durch die Statuierung einer Erwerbsobliegenheit des Schuldners zur Aufrechterhaltung der gewährten Stundung bekräftigt der Gesetzgeber das Erfordernis persönlichen Einsatzes des Schuldners zum Zwecke der Gläubigerbefriedigung. Auch der mittellose Schuldner soll die Restschuldbefreiung und die Stundung als notwendige Voraussetzung ihrer Erlangung nicht »**zum Nulltarif**« erhalten (BT-Drucks. 14/5680, 23) und dadurch dem Institut der Restschuldbefreiung zu Akzeptanz bei den Gläubigern verhelfen. Da der Aufhebungsgrund inhaltlich denen der § 290 Abs. 1 Nr. 7 und § 295 Abs. 1 Nr. 1 entspricht, jedoch unabhängig von einem Gläubigerantrag zur Stundungsaufhebung führt, könnte man hier von einem (dem einzigen) **gesetzlich geregelten Fall eines vorwirkenden Versagungsgrundes** sprechen. Bei der Erfüllung der Erwerbsobliegenheit steht der Schuldner somit unter Beobachtung der Gläubiger wie des Insolvenzgerichts, was ihre besondere Bedeutung unterstreicht.

20

Die **Normstruktur** entspricht der des § 4c Nr. 1 Alt. 2 i. V. m. § 4b Abs. 2 Satz 2: Dem Schuldner werden primär Obliegenheiten auferlegt, deren Erfüllung sekundär durch Auskunftspflichten flankiert ist, deren alleinige Verletzung wiederum die Stundungsaufhebung rechtfertigt.

damit den wirtschaftlichen Neuanfang auf diesem Wege nicht erreichen kann. Der Einsatz staatlicher Mittel verfehlt seinen Zweck. Dies ist im eröffneten Insolvenzverfahren der Fall bei **Rücknahme des Restschuldbefreiungsantrags, Einstellung nach den §§ 212, 213** (die Einstellung nach § 211 schließt die Restschuldbefreiung nicht aus, s. § 289), **Aufhebung des Insolvenzverfahrens** nach Rechtskraft des Planbestätigungsbeschlusses gem. § 258 sowie bei einem Umfang **nach § 302 von der Restschuldbefreiung ausgeschlossener Forderungen**, der nach pflichtgemäßem Ermessen des Gerichts einen wirtschaftlichen Neuanfang des Schuldners ausschließt.

Die **Verfahrenseinstellung nach den §§ 212, 213** und die **Verfahrensaufhebung nach § 258** setzen die Berichtigung der unstreitigen Masseverbindlichkeiten voraus (vgl. § 214 Abs. 3, § 258 Abs. 2). Zu ihnen zählen die Verfahrenskosten nach § 54. Die Aufrechterhaltung der Stundung bei vorheriger Befriedigung der Massegläubiger im Rang des § 55 bedeutete eine Durchbrechung der Befriedigungsrangfolge und scheidet daher systematisch aus (zu § 258 BGH, ZInsO 2011, 1064). 26

Der Ausschluss der Verfahrenskostenstundung in den Fällen, in denen »die wesentlichen am Verfahren teilnehmenden Forderungen **gem. § 302 von der Restschuldbefreiung ausgenommen sind**« (BGH, ZInsO 2005, 207 Rn. 9), ist ein Eckpfeiler zur Begründung der sog. Vorwirkungsrechtsprechung des BGH und somit gerichtsautonomer Stundungsaufhebung. Nach der Restitution der gläubigerautonomen Stundungsaufhebung durch das Gesetz zur Verkürzung des Restschuldbefreiungsverfahrens und Stärkung der Gläubigerrechte vom 15.07.2013 ist hier zu **differenzieren**: Die Stundungsaufhebung analog Nr. 5 kommt erst dann in Betracht, wenn der Ausschluss der Forderung von der Restschuldbefreiung im Insolvenzverfahren festgestellt ist (abzulehnen daher AG Düsseldorf, ZInsO 2013, 83). **Für eine Stundungsaufhebung** ist so lange **kein Raum**, wie der »Deliktsgläubiger« im Verfahren auf die Ausnahme seiner Forderung von der Restschuldbefreiung nicht hinwirkt. 27

Nach AG Düsseldorf, ZInsO 2013, 83, soll die Stundung ausgeschlossen sein, wenn der Anteil der nach § 302 ausgenommenen Forderungen 45% oder mehr der Gesamtverschuldung beträgt, da dies einen wirtschaftlichen Neuanfang des Schuldners ausschließe. Dies ist abzulehnen: Das Verhältnis von ausgenommenen zu sonstigen Forderungen ermöglicht keinen Rückschluss auf das Gelingen eines wirtschaftlichen Neuanfangs. Vielmehr ist die **Summe der ausgenommenen Forderungen auf Tilgungsfähigkeit des Schuldners nach Verfahrensaufhebung zu beziehen**. Kann der Schuldner nach Überzeugung des Gerichts (Ermessen, vgl. Wortlaut:»Das Gericht kann [kursiv] die Stundung aufheben ...«) darlegen, dass er die ausgenommenen Forderungen **innerhalb von 4 Jahren nach Aufhebung des Verfahrens** (vgl. § 4b Abs. 2 Satz 4) tilgen kann, ist die Stundung nach § 4b zu verlängern. Dass der Schuldner (Insolvenz-)Gläubiger und Verfahrenskosten »gleichrangig« bedient, steht nicht entgegen, da die Befriedigungsreihenfolge des Insolvenzverfahrens über die Erteilung der Restschuldbefreiung hinaus nicht gilt.

Zeichnet sich der Ausschluss von Verbindlichkeiten von der Restschuldbefreiung in einem Umfang ab, den der Schuldner nach Aufhebung des Insolvenzverfahrens nicht bewältigen kann – so typischerweise bei **personalintensiven einzelkaufmännischen Dienstleistungsunternehmen** (§ 823 Abs. 2 BGB i. V. m. § 266a StGB!) –, führt **nur der Insolvenzplan** den Schuldner in die Restschuldbefreiung. Die anderenfalls dauerhafte Aussichtslosigkeit weiterer unternehmerischer Tätigkeit könnte den Schuldner zur überobligatorischen Anstrengungen zugunsten der Gläubiger motivieren und bietet so Ansatzpunkte für die Plangestaltung. 28

Verstirbt der Schuldner während des Hauptverfahrens, ist sein Antrag auf Restschuldbefreiung und damit auch die gewährte Stundung gegenstandslos. Das Insolvenzverfahren ist nach § 207 einzustellen. Die Erben sind auf die zivilrechtlichen Möglichkeiten der Haftungsbeschränkung verwiesen. Gleiches gilt bei **Versterben des Schuldners im Restschuldbefreiungsverfahren**. Gegen die Aufrechterhaltung der Stundung zugunsten der Erben spricht in allen Fällen, dass das das Verfahrensziel, dem Schuldner einen wirtschaftlichen Neuanfang zu ermöglichen, hinfällig geworden ist (a. A. FK-Ahrens § 286 Rn. 54 ff.; instruktiv zur Vorfrage der Restschuldbefreiung zugunsten der Erben AG Leipzig, ZInsO 2013, 615). 29

C. Aufhebungsverfahren

30 **Funktionell zuständig** für die Entscheidung ist vor der Eröffnung der Richter, nach der Eröffnung der Rechtspfleger (§ 3 Nr. 2e RPflG), soweit nicht der Richter von seinem Vorbehaltsrecht (§ 18 Abs. 2 RPflG) Gebrauch macht.

Es besteht keine Pflicht des Insolvenzgerichts, den Schuldner zur Feststellung von Aufhebungsgründen zu überwachen. Liegen aufhebungsbegründende Anhaltspunkte vor, wird das Gericht von Amts wegen tätig. Steht die unterlassene Anzeige einer Änderung der persönlichen oder wirtschaftlichen Verhältnisse des Schuldners infrage (§ 4b Abs. 2 Satz 2) oder die Verletzung der Erwerbsobliegenheit nach Nr. 4, wird das Gericht beim Schuldner unter Fristsetzung konkrete Angaben einholen. Deren Verweigerung allein begründet die Stundungsaufhebung (Nr. 1 Alt. 2, Nr. 4 Alt. 2). Auch bei sonstigen Aufhebungstatbeständen ist dem Schuldner vor der Entscheidung Gelegenheit zur Stellungnahme zu geben.

Bei Verletzung stundungsspezifischer Auskunftspflichten (Nr. 1 Alt. 2, Nr. 4 Alt. 2) kann der Schuldner die Auskunft noch im Beschwerdeverfahren nachholen (LG Göttingen, NZI 2011, 909).

31 Die Aufhebung liegt im **Ermessen des Gerichts**. Bei Ausübung seines Ermessens wird das Gericht eine Gesamtwürdigung der Umstände vornehmen und dabei den Grad des Verschuldens und den Zeitablauf berücksichtigen. Den Stundungsregelungen liegt die Annahme eines mit Zeitablauf und Verfahrensabschnittsbeendigung zunehmend schützenswerten Vertrauens des Schuldners in die Erteilung der Restschuldbefreiung zugrunde (BT-Drucks. 17/11268, 26). Bei Nr. 3 wird das Gericht das bisherige Zahlungsverhalten des Schuldners würdigen und zu prüfen haben, ob es über § 4b Abs. 2 Satz 1 eine Verschlechterung der wirtschaftlichen Verhältnisse des Schuldners durch eine Anpassung der Zahlungsauflagen als milderes Mittel als die Aufhebung berücksichtigen kann (HK-Kirchof Rn. 19, 27).

D. Rechtsfolgen der Aufhebung

32 Mit Aufhebung der Stundung werden die gestundeten Kostenforderungen sofort fällig. Kann der Schuldner die Kosten nicht aufbringen, ist der Eröffnungsantrag mangels Masse nach § 26 abzuweisen, das eröffnete Verfahren nach § 207 einzustellen oder in der Wohlverhaltensperiode die Restschuldbefreiung nach § 298 Abs. 1 Satz 1 zu versagen. Ist die **Restschuldbefreiung bereits erteilt**, wird eine aufgrund der Verlängerung der Stundung ggf. bewilligte Ratenzahlung (§ 4b Abs. 1) hinfällig. Eine Beiordnung gem. § 4a Abs. 2 Satz 1 ist von dem Aufhebungsbeschluss hinsichtlich der anwaltlichen Vergütung ebenfalls betroffen.

33 Der Verwalter behält analog § 63 Abs. 2 auch bei Aufhebung der Stundung seinen Vergütungsanspruch gegen die Staatskasse (BGH, ZInsO 2008, 111 Rn. 7 ff.; Pape, ZInsO 2008, 143). Anderenfalls trüge der Verwalter wirtschaftlich das Risiko mangelnden Wohlverhaltens des Schuldners.

34 Da die Kostenstundung verfahrensabschnittsweise gewährt wird (§ 4a Rdn. 23), wird entsprechend für die Aufhebung eine auch nur verfahrensabschnittsweise Aufhebung (»ex nunc«) angenommen (so MK-Ganter/Lohmann Rn. 17) . Die Gegenmeinung erstreckt die Wirkung der Aufhebung auf alle vorherigen Verfahrensabschnitte (AG Göttingen, ZInsO 2009, 2070 Rn. 24; LG Dresden, Beschl. v. 08.10.2010, 5 T 554/10). Der BGH hat die Frage bislang offen gelassen (BGH, ZInsO 2010, 2099 Rn. 17).

35 Wird aber z. B. die Treuhändervergütung erst nach Rechtskraft des Aufhebungsbeschlusses fällig, so richtet sich der Anspruch des Treuhänders direkt gegen den Schuldner.

Die Norm enthält keine Frist; daher wird § 4c erst unanwendbar, wenn alle gestundeten Kosten beglichen sind oder wenn die Kostenforderung verjährt ist (§ 5 Abs. 1, 3 GKG).

36 Gegen die Aufhebung der Stundung kann (nur) der Schuldner **sofortige Beschwerde** einlegen (§ 4d Abs. 1), auch wenn der Rechtspfleger entschieden hat (§ 11 Abs. 1 RPflG). Das Rechtsmittel hat aber keine aufschiebende Wirkung (§ 4 i. V. m. § 570 Abs. 1 ZPO).

In der Wohlverhaltensperiode hat der Treuhänder bei Nichtgewährung der diesbezüglichen Stundung gem. § 4a Abs. 3 Nr. 2 Satz 3 die begründete Erwartung der »einstweiligen Geltung der Stundung« und hat mithin für das erste Jahr Anspruch auf Vergütung aus der Staatskasse. Er darf nach § 4a Abs. 3 darauf vertrauen, dass die Stundung der Verfahrenskosten für das Restschuldbefreiungsverfahren erfolgt und er demgemäß seine Vergütung und Auslagen aus der Landeskasse erhält (LG Göttingen, NZI 2009, 257). 37

§ 4d Rechtsmittel

(1) Gegen die Ablehnung der Stundung oder deren Aufhebung sowie gegen die Ablehnung der Beiordnung eines Rechtsanwalts steht dem Schuldner die sofortige Beschwerde zu.

(2) ¹Wird die Stundung bewilligt, so steht der Staatskasse die sofortige Beschwerde zu. ²Diese kann nur darauf gestützt werden, dass nach den persönlichen oder wirtschaftlichen Verhältnissen des Schuldners die Stundung hätte abgelehnt werden müssen.

Übersicht	Rdn.			Rdn.
A. Normzweck	1	II.	Sofortige Beschwerde der Staatskasse (Abs. 2)	4
B. Norminhalt	2			
I. Sofortige Beschwerde des Schuldners (Abs. 1)	2	C.	Verfahrensfragen	5

A. Normzweck

Für mittellose Schuldner führt der Weg in die Restschuldbefreiung nur über die Kostenstundung. Ihre Gewährung ist daher Voraussetzung für einen wirtschaftlichen Neuanfang des Schuldners, ihre Aufhebung ein massiver Eingriff in seine Rechte (BT-Drucks. 14/5680, S. 13, 24). Daher räumt die Vorschrift dem Schuldner die sofortige Beschwerde gegen die Ablehnung oder Aufhebung der Stundung sowie gegen die Ablehnung der Beiordnung eines Rechtsanwalts ein. 1

Der an § 127 Abs. 3 ZPO angelehnte Abs. 2 sieht ein Beschwerderecht der Staatskasse vor. Es soll einer allzu großzügigen Stundungsgewährungspraxis der Insolvenzgerichte entgegenwirken. Die Beschwerdegründe der Staatskasse sind nach Satz 2 auf die unzutreffende Feststellung der persönlichen und wirtschaftlichen Verhältnisse des Schuldners beschränkt.

Dritte sind nicht beschwerdeberechtigt, da sie weder die Gewährung noch die Ablehnung der Kostenstundung beschwert (LG Göttingen, ZInsO 2004, 496).

B. Norminhalt

I. Sofortige Beschwerde des Schuldners (Abs. 1)

Die Beschwerde setzt eine ausdrückliche Aufhebungsentscheidung des Gerichts voraus. Eine **konkludente Entscheidung** ist für den Schuldner regelmäßig nicht erkennbar und ließe das Rechtsmittel praktisch leer laufen (BGH, ZInsO 2007, 1277 Rn. 6). Aus der Eröffnung des Insolvenzverfahrens allein kann der Schuldner keine Schlüsse auf die Ablehnung seines Stundungsantrags ziehen, da die Verfahrenseröffnung – ohne Entscheidung über den Stundungsantrag – gestützt auf die nach § 4a Abs. 3 Satz 3 einstweilig eintretenden Stundungswirkungen erfolgen kann (AG Hamburg, ZInsO 2002, 594). Dies bedeutet für den Schuldner keinen Rechtsnachteil, da er die Beschwerde noch dann einlegen kann, wenn es im weiteren Verlauf des Verfahrens zu einer Abweisung seines Stundungsantrags kommen sollte. Hat das Gericht den Stundungsantrag zurückgewiesen, da es kostendeckendes Vermögen prognostiziert hatte, stellt sich aber im Lauf des Verfahrens Massearmut heraus, kann der Schuldner aufgrund dieses neuen Sachverhalts erneut Stundungsantrag stellen. Der abweisende Beschluss erwächst nicht in Rechtskraft (A/G/R-Ahrens § 4a Rn. 19). Die Beschwerde setzt eine ausdrückliche Aufhebungsentscheidung des Gerichts voraus. 2

3 Das Rechtsmittel des Schuldners kann sich sowohl gegen die Entscheidung des Richters (im **Eröffnungsverfahren**) als auch gegen die Ablehnung der Stundung durch den Rechtspfleger (im **eröffneten Verfahren**) richten (§ 11 Abs. 1 RPflG). Es kann eingelegt werden gegen die Ablehnung der Stundung (§ 4a Abs. 1), gegen die Aufhebung der Stundung (§ 4c) und gegen die Ablehnung der Beiordnung eines Rechtsanwalts (§ 4a Abs. 2). Eine Beschwerde gegen die nichtgewährte Stundungsverlängerung (§ 4b Abs. 1) sieht der Wortlaut des Abs. 1 nicht vor, wird jedoch befürwortet (MK-Ganter/Lohmann Rn. 3; A/G/R-Ahrens Rn. 17).

Die sofortige Beschwerde ist binnen einer **Notfrist von 2 Wochen** einzulegen (§ 4 i. V. m. § 569 Abs. 1 Satz 1 ZPO).

II. Sofortige Beschwerde der Staatskasse (Abs. 2)

4 Die Staatskasse kann ihre sofortige Beschwerde nur auf unzutreffende Feststellungen zu den persönlichen und wirtschaftlichen Verhältnissen des Schuldners stützen. Dabei kann es sich z. B. um einen unberücksichtigten Kostenerstattungsanspruch nach § 1360a Abs. 4 BGB, eine unzutreffende Beurteilung der schuldnerischen Unterhaltspflichten oder übergangenes pfändbares Vermögen handeln. Die mangelhaften Feststellungen müssen zu einer Stundungsbewilligung geführt haben, obwohl der Stundungsantrag hätte abgelehnt werden müssen. Darüber hinaus kann die Staatskasse ihre Beschwerde mit einer erkennbar unvollständigen oder lückenhaften Sachverhaltsermittlung des Gerichts begründen (LG Bochum, Beschl. v. 08.10.2007, JurionRS 2007, 55939: Pfändbarkeit eines Versicherungsanspruchs offengelassen).

Auch für die Staatskasse gilt die **Notfrist von 2 Wochen** (§ 4 i. V. m. § 569 Abs. 1 Satz 1 ZPO) für die Einlegung des Rechtsmittels.

Da die Entscheidungen des Insolvenzgerichts der Staatskasse nicht übermittelt werden, beschränkt sich deren Kontrolle auf Stichproben.

C. Verfahrensfragen

5 Die **sofortige Beschwerde** hat **keine aufschiebende Wirkung** (§ 4 i. V. m. § 570 Abs. 1 ZPO). Möglich ist eine Aussetzung der Vollziehung des angefochtenen Beschlusses durch das Insolvenzgericht oder das Beschwerdegericht (§ 570 Abs. 2, 3 ZPO), damit die Erhebung von Verfahrenskosten zunächst unterbleibt. Auch eine einstweilige Anordnung durch das Beschwerdegericht ist möglich (§ 570 Abs. 3 ZPO).

Die positive Entscheidung über die sofortige Beschwerde ergeht kostenfrei; für die abschlägige Entscheidung werden gem. Nr. 2361 KV GKG **60 €** Gebühren erhoben.

§ 5 Verfahrensgrundsätze

(1) Das Insolvenzgericht hat von Amts wegen alle Umstände zu ermitteln, die für das Insolvenzverfahren von Bedeutung sind. Es kann zu diesem Zweck insbesondere Zeugen und Sachverständige vernehmen.

(2) ¹Sind die Vermögensverhältnisse des Schuldners überschaubar und ist die Zahl der Gläubiger oder die Höhe der Verbindlichkeiten gering, wird das Verfahren schriftlich durchgeführt. ²Das Insolvenzgericht kann anordnen, dass das Verfahren oder einzelne seiner Teile mündlich durchgeführt werden, wenn dies zur Förderung des Verfahrensablaufs angezeigt ist. ³Es kann diese Anordnung jederzeit aufheben oder ändern. ⁴Die Anordnung, ihre Aufhebung oder Abänderung sind öffentlich bekannt zu machen.

(3) ¹Die Entscheidungen des Gerichts können ohne mündliche Verhandlung ergehen. ²Findet eine mündliche Verhandlung statt, so ist § 227 Abs. 3 Satz 1 der Zivilprozeßordnung nicht anzuwenden.

(4) ¹Tabellen und Verzeichnisse können maschinell hergestellt und bearbeitet werden. ²Die Landesregierungen werden ermächtigt, durch Rechtsverordnung nähere Bestimmungen über die Führung der Tabellen und Verzeichnisse, ihre elektronische Einreichung sowie die elektronische Einreichung der dazugehörigen Dokumente und deren Aufbewahrung zu treffen. ³Dabei können sie auch Vorgaben für die Datenformate der elektronischen Einreichung machen. ⁴Die Landesregierungen können die Ermächtigung auf die Landesjustizverwaltungen übertragen.

Übersicht	Rdn.			Rdn.
A. Normzweck	1		4. Urkunden und Auskünfte	21
B. Norminhalt	2		5. Kosten und Rechtsmittel	24
I. Amtsermittlungspflicht (Abs. 1)	2	III.	Grenzen der Amtsermittlung	26
II. Ermittlungsmittel	10	IV.	Schriftliches Verfahren (Abs. 2)	33
1. Zeugen	11	V.	Freigestellte mündliche Verhandlung	
2. Sachverständige	14		(Abs. 3)	36
3. Anhörung des Schuldners	19	VI.	Tabellen und Verzeichnisse (Abs. 4)	39

A. Normzweck

Die Vorschrift regelt die umfassende und beschleunigte Tatsachenermittlung in Insolvenzverfahren im Wege der Amtsermittlung. **1**

Abs. 2 und Abs. 4 Satz 2 bis 4 wurden durch das Gesetz zur Vereinfachung des Insolvenzverfahrens vom 13.04.2007 (BGBl. I S. 509 ff.) neu eingefügt. Abs. 2 wurde geändert durch das Gesetz zur Verkürzung des Restschuldbefreiungsverfahrens und zur Stärkung der Gläubigerrechte vom 15.07.2013 (BGBl. I S. 2379).

B. Norminhalt

I. Amtsermittlungspflicht (Abs. 1)

Abs. 1 führt den Amtsermittlungsgrundsatz in Insolvenzverfahren ein. Dem Gericht obliegt es als **2** **Amtspflicht** (§ 839 BGB), zur gemeinschaftlichen Befriedigung der Gläubiger (§ 1 Satz 1 Halbs. 1) das Schuldnervermögen **vollständig zu erfassen** und alle hierfür wesentlichen Tatsachen zu ermitteln.

Die Amtsermittlungspflicht greift in den Fällen, in denen das Gericht **nur auf Antrag** tätig wird, **3** erst ein, wenn ein solcher **Antrag gestellt** worden ist (z. B. §§ 4a, 13 Abs. 1, 15 Abs. 1, 15a Abs. 1 und 3, 59 Abs. 1 Satz 2, 70, 75, 78 Abs. 1, 99 Abs. 1, 173 Abs. 1, 203 Abs. 1, 212, 213, 248a Abs. 3, 251, 259a Abs. 1, 270 Abs. 2 Nr. 1, 270b, 271, 272, 277, 287, 290, 296 bis 298, 300 Abs. 2, 303, 309 Abs. 1 Satz 1, 317, 318, 333, 344 Abs. 1, 345 Abs. 1, 346, 354, 356 Abs. 2) bzw. eine vom Gesetz zusätzlich verlangte **Glaubhaftmachung** erfolgt ist (vgl. §§ 14 Abs. 1, 15 Abs. 2, 212, 251 Abs. 2, 272 Abs. 2, 290 Abs. 2, 296 Abs. 1 Satz 3, 297a Abs. 1 Satz 3, 300 Abs. 2 Satz 3, 303 Abs. 2 Satz 2, Abs. 2, 309 Abs. 2 Satz 2 und Abs. 3, 317 Abs. 2 Satz 1, 318 Abs. 2 Satz 1, 333 Abs. 2 Satz 1, 354 Abs. 2 Satz 2).

Für die **Vorlage eines Insolvenzplans** gilt der Beibringungsgrundsatz (§ 218). Die Forderungsprüfung (§ 179) unterfällt den eigenverantwortlichen Befugnissen des Verwalters und der Gläubiger.

Die Pflicht des Insolvenzgerichts zur Amtsermittlung greift erst ein, wenn ein **zulässiger Insolvenz- 4 antrag** vorliegt (BGH, ZInsO 2011, 1499; ZInsO 2012, 143, Rn. 11). Auch beim **Eigenantrag** des Schuldners setzt die **Amtsermittlungspflicht** erst ein, wenn der Antrag zulässig ist (BGHZ 153, 205 = ZInsO 2003, 217; 2007, 887). Eine Ausnahme gilt für die Ermittlung der Verfahrensart, wenn der Antragsteller nicht ausdrücklich die Eröffnung eines Verbraucherinsolvenzverfahrens (§§ 304 ff.) beantragt (Uhlenbruck-I.Pape § 5 Rn. 8). Bei Bedenken an der Zulässigkeit des Antrags hat das Gericht den Antragsteller darauf **hinzuweisen** und ihm gem. § 139 ZPO Gelegenheit zu ergänzendem Vortrag zu geben. Lässt der Schuldner diesen Hinweis unbeachtet, ist sein Eröffnungsantrag als unzulässig abzuweisen (BGHZ 153, 205 = ZInsO 2003, 217; 2007, 887).

5   Ein Insolvenzverfahren wird **nur auf Antrag** des Schuldners oder eines Gläubigers eingeleitet (**Dispositionsmaxime**; § 13 Abs. 1). Erst mit **Eröffnung** ist das Verfahren – mit Ausnahme der Einstellung des Verfahrens mit Zustimmung aller Gläubiger (§ 213) und der Bestätigung eines Insolvenzplans (§ 258) – der **Disposition** des antragstellenden Gläubigers bzw. des Schuldners **entzogen**. Bis dahin kann der Antrag vom Antragsteller jederzeit zurückgenommen (§ 13 Abs. 2) oder für erledigt erklärt werden (BGH, ZInsO 2007, 206; § 14 Rdn. 67 ff.; **a. A.** AG Hamburg, ZInsO 2002, 1100). Einschränkungen können sich allerdings im Fall des **Rechtsmissbrauchs** ergeben, wenn ein organschaftlicher Vertreter den von einem anderen noch im Amt befindlichen organschaftlichen Vertreter gestellten Insolvenzantrag zurücknimmt (vgl. BGH, ZInsO 2008, 922). Entsprechendes gilt auch für den Eigenantrag der **führungslosen juristischen Person** durch ihre Gesellschafter bzw. der **führungslosen AG und Genossenschaft** durch ihren Aufsichtsrat (§ 15 Abs. 1 Satz 2).

6   Die Amtsermittlungspflicht bezieht sich auf das **gesamte Insolvenzverfahren**. Im **Eröffnungsverfahren** gilt Abs. 1 insb. bei der Prüfung der Zuständigkeit des Gerichts (§§ 2, 3) sowie bei der Prüfung, ob ein Insolvenzgrund (§§ 16 ff.) besteht, die Verfahrenskosten durch das Vermögen des Schuldners voraussichtlich gedeckt sind (§ 26 Abs. 1 Satz 2) und die Bestellung eines Sachverständigen oder die Anordnung von Sicherungs- (§ 21) oder Zwangsmaßnahmen (§§ 98, 99) erforderlich erscheint.

6a Beim Gläubigerantrag besteht die Amtsermittlungspflicht auch bei **Unauffindbarkeit des Schuldners** bzw. des Vertretungsorgans einer juristischen Person (BGH, NZI 2006, 405). Dies gilt auch in den Fällen, in denen der Eröffnungsantrag noch wirksam an den Schuldner zugestellt werden konnte und sich dieser danach dem weiteren Verfahren entzieht. An dieser Rechtslage hat auch das zum 01.11.2008 in Kraft getretene MoMiG nichts geändert, da es für die Führungslosigkeit juristischer Personen allein auf die objektive Rechtslage ankommt (vgl. § 10 Rdn. 11).

Erweist sich die vom Gläubiger im Eröffnungsantrag angegebene Anschrift des Schuldners **als nicht zustellfähig**, hat das Gericht den Antragsteller aufzufordern, eine zustellfähige Anschrift des Schuldners bzw. bei juristischen Personen ohne Geschäftsanschrift des evtl. gem. §§ 10 Abs. 2 Satz 2 GmbHG n. F., 39 Abs. 1 Satz 2 AktG n. F., 13e Abs. 2 Satz 4 HGB n. F. im Handelsregister eingetragenen Empfangsberechtigten bzw. des Vertretungsorgans des Schuldners anzugeben.

Ist der Schuldner eine **natürliche Person** und kommt der Gläubiger dieser Aufforderung nicht nach bzw. macht auch nicht entsprechend § 185 ZPO die Unauffindbarkeit des Schuldners glaubhaft (§ 13 Rdn. 10), ist der Eröffnungsantrag ohne Weiteres als unzulässig zurückzuweisen (LG Hamburg, ZInsO 2010, 1560). Ist der Schuldner dagegen **unauffindbar**, wird die Frage der örtlichen Zuständigkeit im Vordergrund der weiteren Ermittlungen des Gerichts stehen. Kann diese im Zuge der Ermittlungen nicht festgestellt werden, was bei unbekannt verzogenen oder untergetauchten natürlichen Personen häufig der Fall sein wird, und liegen auch die Voraussetzungen des grds. anwendbaren § 16 ZPO nicht vor (vgl. § 3 Rdn. 18), ist der Eröffnungsantrag ebenfalls als unzulässig zurückzuweisen.

Handelt es sich bei dem Schuldner um eine **juristische Person**, besteht die Amtsermittlungspflicht auch, wenn der Aufenthalt des derzeitigen Vertretungsorgans der Schuldnerin unbekannt ist und bleibt (BGH, NZI 2006, 405). Auf die vorgeschriebene Anhörung des Schuldners (§ 14 Abs. 2) kann gem. § 10 Abs. 2 Satz 1 in diesem Fall verzichtet werden (§ 10 Rdn. 4). Hat die schuldnerische juristische Person keinen organschaftlichen Vertreter (**Führungslosigkeit**, § 10 Abs. 2 Satz 2), erstreckt sich die Amtsermittlungspflicht nicht auf den Aufenthalt der an ihr beteiligten Personen, da das Gericht diese nicht anhören muss, sondern ihm insoweit Ermessen eingeräumt ist (vgl. § 10 Rdn. 12) und die Anhörung von Personen unbekannten Aufenthalts keinen Erfolg verspricht. Zu den näheren Einzelheiten des Insolvenzeröffnungsverfahrens über das Vermögen einer führungslosen juristischen Person vgl. § 13 Rdn. 12 ff. und § 4 Rdn. 20a.

Eine andere Frage ist allerdings, ob die glaubhaft gemachten Angaben aus dem Gläubigerantrag ggf. zusammen mit sonstigen Ermittlungsergebnissen (z. B. einem Sachverständigengutachten oder der Auskunft des zuständigen Gerichtsvollziehers) ausreichen, um die **Überzeugung des Insolvenzgerichts vom Vorliegen eines Insolvenzgrundes** (sowie der fehlenden Deckung der Verfahrenskosten) zu begründen (vgl. dazu BGH, NZI 2006, 405). Ist dies nicht der Fall, ist der Insolvenzantrag als unbegründet abzuweisen (vgl. § 13 Rdn. 10).

Darüber hinaus gilt Abs. 1 im **eröffneten Verfahren** bei der Bestellung und Entlassung des Insolvenzverwalters (§§ 57, 59) und des Gläubigerausschusses (§§ 67, 70), der gerichtlichen Aufsicht über den Verwalter (§ 58; allerdings nur bei konkreten Hinweisen auf Unregelmäßigkeiten, vgl. im Einzelnen § 58 Rdn. 2), Einberufung und Leitung der Gläubigerversammlung (§ 74), Einstellung oder Aufhebung des Insolvenzverfahrens (§§ 201, 207 ff.), Zurückweisung, Genehmigung und Überwachung eines Insolvenzplans (§§ 231, 248 ff.), Anordnung und Aufhebung der Eigenverwaltung (§§ 270 ff.), Entscheidung über die Restschuldbefreiung (§§ 286 ff.; BGH, ZInsO 2013, 1095) und über die Annahme des Schuldenbereinigungsplans (§§ 308 f.) sowie bei der Vergütungsfestsetzung (vgl. BGH, ZInsO 2009, 1030). 7

Im **Beschwerdeverfahren** trifft die Amtsermittlungspflicht auch das Beschwerdegericht, weswegen dieses im Fall der Beschwerde eines Gläubigers gegen die Abweisung des Insolvenzantrags als unbegründet eigene Feststellungen zum Vorliegen eines Eröffnungsgrundes sowie ggf. zur fehlenden Deckung der Verfahrenskosten treffen muss (BGH, NZI 2006, 405). Legt der Schuldner gegen den Eröffnungsbeschluss sofortige Beschwerde ein, weil kein Insolvenzgrund vorgelegen habe, kann es sich für das Beschwerdegericht empfehlen, im Zuge seiner Amtsermittlung eine ergänzende Stellungnahme des Sachverständigen/vorläufigen Insolvenzverwalters zu den Einwänden des Schuldners einzuholen. 7a

Im Insolvenzverfahren herrscht **Amtsbetrieb**, d. h. das Insolvenzgericht hat bei Vorliegen eines zulässigen Antrags das Verfahren durch Entscheidungen, Zustellungen, Bekanntmachungen, Eintragungen und Terminierungen von Amts wegen fortzuführen (MK-Ganter/Lohmann § 5 Rn. 8 f.). 8

Bei der Frage, wann (weitere) Ermittlungen erforderlich sind, hat das Gericht einen gewissen **Ermessensspielraum**. Das Gericht ist nicht dazu verpflichtet, ohne jeden konkreten Anhaltspunkt »ins Blaue hinein« Ermittlungen anzustellen (BGH, ZInsO 2012, 143, Rn. 11). Keiner Ermittlungen bedarf es bei **offenkundigen Tatsachen** (§ 291 ZPO), die dem Gericht z. B. aus einem früheren Insolvenz(antrags)verfahren oder Parallelverfahren bekannt sind. **Geständnisse** haben jedoch nicht die Wirkung des § 288 ZPO (OLG Köln, ZInsO 2000, 393). Das Gericht muss Ermittlungen anstellen, wenn **konkrete Anhaltspunkte** bestehen, die im Fall ihres Vorhandenseins gerichtliche Maßnahmen erforderlich erscheinen lassen würden (BGH, ZInsO 2012, 143; HK-Kirchhof § 5 Rn. 8). Dies ist etwa der Fall, wenn der Schuldner beim Gläubigerantrag seinen Aufklärungs- und Mitwirkungspflichten nicht nachkommt, insb. keine Vermögensübersicht aufstellt, oder das Bestehen der Forderung und/oder des Insolvenzgrundes bestreitet, ohne deren Glaubhaftmachung durch den antragstellenden Gläubiger zu erschüttern (vgl. MK-Ganter/Lohmann § 5 Rn. 21 f.). Je stärker die Beteiligten ein Verfahren emotionalisieren und das Gericht zu einer bestimmten Entscheidung drängen, desto sorgfältiger hat das Gericht seine Ermittlungen zu führen. 9

II. Ermittlungsmittel

Das Gericht ist hinsichtl. der Ermittlungsmittel nicht an die in Abs. 1 Satz 2 nur **beispielhaft** genannte Vernehmung von Zeugen und Sachverständigen gebunden und hat zwischen den zulässigen Aufklärungsmitteln im Einzelfall nach **pflichtgemäßem Ermessen** unter dem Gesichtspunkt der **Zweckmäßigkeit** zu wählen (BGH, ZInsO 2013, 1095; HK-Kirchhof § 5 Rn. 10). Formlos ergangene Beweisanordnungen kann das Gericht jederzeit ebenso formlos wieder aufheben (BGH, NZI 2008, 100). 10

1. Zeugen

11 Bereits nach dem Wortlaut des Abs. 1 Satz 2 kann das Gericht Zeugen vernehmen. Als Zeugen kommen vor allem die Angestellten und auskunftspflichtigen ehemaligen Angestellten des Schuldners (§ 101 Abs. 2), aber auch Angestellte des Gläubigers oder der Hausbank des Schuldners in Betracht.

12 Das **Beweisverfahren** richtet sich grds. nach den §§ 355 ff. ZPO, die über § 4 entsprechend anwendbar sind. Es bedarf jedoch **keines förmlichen Beweisbeschlusses** (HK-Kirchhof § 5 Rn. 18). Den Zeugen sollte das **Beweisthema** entsprechend § 377 Abs. 2 Nr. 2 ZPO mit der Ladung mitgeteilt werden, damit sie sich auf ihre Aussage vorbereiten und ggf. relevante Unterlagen zum Termin mitbringen können. Dem Schuldner ist entsprechend § 357 ZPO die Anwesenheit bei der Vernehmung zu ermöglichen (HK-Kirchhof § 5 Rn. 18).

13 Die Vorschriften über Ordnungsmittel und **Zeugnisverweigerungsrechte** (§§ 380 ff. ZPO) gelten entsprechend. Anstelle des Schuldners kann der Insolvenzverwalter Zeugen gem. § 383 Abs. 1 Nr. 6 ZPO von der Pflicht zur Verschwiegenheit befreien (BGHZ 109, 270 = ZIP 1990, 48; LG Hamburg, ZIP 1988, 590). Dieselbe Befugnis hat im Eröffnungsverfahren der vorläufige Insolvenzverwalter nur bei zugleich angeordnetem allgemeinen Verfügungsverbot (§ 22 Abs. 1) bzw. der »schwache« vorläufige Insolvenzverwalter bei entsprechender Ermächtigung durch das Gericht (HK-Kirchhof § 5 Rn. 16). Zeugenvernehmungen können außerhalb des Bezirks des Insolvenzgerichts gem. §§ 156 ff. GVG im Wege der Rechtshilfe erfolgen (§ 2 Rdn. 7).

2. Sachverständige

14 Das zumindest in Regelinsolvenzverfahren in der Praxis **häufigste und wichtigste Ermittlungsmittel** des Gerichts ist der Sachverständige, der rgm. mit der Prüfung beauftragt wird, ob ein Insolvenzgrund besteht und eine die Verfahrenskosten deckende Masse vorhanden ist. Zu den Aufgaben des Sachverständigen gehört es nicht, den Schuldner mit dem Ziel der **Erledigung des Insolvenzantrags** zur Begleichung der Forderung des antragstellenden Gläubigers zu veranlassen oder mit dem antragstellenden Gläubiger über eine Zahlungsvereinbarung mit dem Schuldner zu verhandeln (OLG Köln, ZVI 2004, 305). Die »Vernehmung« des Sachverständigen erfolgt normalerweise in der Form, dass dieser ein **schriftliches Gutachten** erstattet.

15 Die InsO räumt dem Sachverständigen im Eröffnungsverfahren **keine Sonderrechte** ein. Er hat daher nur die in §§ 402 ff. ZPO normierten Befugnisse (BGHZ 158, 212 = ZInsO 2004, 550; OLG Nürnberg, ZInsO 2006, 761; HK-Kirchhof § 5 Rn. 13). Der Sachverständige ist zwar berechtigt und verpflichtet, **eigene Ermittlungen** anzustellen, da er sich nicht auf die Angaben des Schuldners allein verlassen darf. Auskunfts- und Mitwirkungspflichten des Schuldners bestehen im Eröffnungsverfahren gem. §§ 20, 22 Abs. 3 Satz 3, 97 nur ggü. dem Gericht und dem vorläufigen Insolvenzverwalter (OLG Jena, ZInsO 2011, 732), sodass der Sachverständige grds. auf die **Mitwirkung des Schuldners** angewiesen ist. Allerdings gibt das Gericht dem Schuldner im Beweisbeschluss rgm. auf, dem Sachverständigen als »verlängertem Arm« des Gerichts alle zur Aufklärung seiner Einkommens- und Vermögensverhältnisse erforderlichen Auskünfte zu erteilen, sodass der Schuldner die Kooperation mit dem Sachverständigen nicht mit der Begründung verweigern kann, er sei nur ggü. dem Gericht selbst auskunftspflichtig. Der Sachverständige kann Auskunftspersonen nicht von ihrer Verschwiegenheitspflicht befreien (LG Göttingen, ZInsO 2002, 1093) und Auskünfte bei Banken, dem FA oder der Staatsanwaltschaft nur mit Zustimmung des Schuldners erlangen (Uhlenbruck-I.Pape § 5 Rn. 13; v. Sethe, ZInsO 2008, 607). Allerdings soll bereits dem Sachverständigen gem. § 475 StPO ein uneingeschränktes Akteneinsichtsrecht in die Strafakten zur Klärung von Schadensersatzansprüchen der zukünftigen Insolvenzmasse gegen den Angeklagten zustehen (OLG Dresden, ZInsO 2014, 242). Kooperiert der Schuldner nicht, können Zwangsmaßnahmen (§§ 22 Abs. 3, 97, 98, 101) nur durch das Gericht angeordnet werden (OLG Jena, ZInsO 2011, 732).

16 Das Gericht ist im Eröffnungsverfahren nicht befugt, den Sachverständigen zu ermächtigen, die **Wohn- und Geschäftsräume des Schuldners** zu betreten und dort Nachforschungen anzustellen,

da die in §§ 21, 22 vorgesehenen Maßnahmen nur zugunsten des vorläufigen Insolvenzverwalters getroffen werden können (BGHZ 158, 212 = ZInsO 2004, 550; a. A. AG Duisburg, NZI 2004, 388). Die streitige Frage, ob das Gericht gem. § 21 generell berechtigt ist, die **Befugnisse des Sachverständigen** hinsichtl. der Auskunfts-, Einsichts- und Betretensrechte **im Bestellungsbeschluss** bis zur Grenze der Befugnisse des vorläufigen Insolvenzverwalters aus § 22 Abs. 3 **zu erweitern** (dagegen: BGHZ 158, 212 = ZInsO 2004, 550; dafür: AG Duisburg, NZI 2004, 388), ist in der Praxis insofern von untergeordneter Bedeutung, als das Gericht den Sachverständigen zum vorläufigen Insolvenzverwalter bestellen wird, wenn entweder der Schuldner nicht kooperiert oder dies zur Erlangung von Auskünften von Dritten erforderlich erscheint (Vallender, ZInsO 2010, 1457, 1460; vgl. § 21 Rdn. 32).

Der Beschluss über die Anordnung eines Sachverständigengutachtens ist grds. **unanfechtbar** (BGH, ZInsO 2011, 1499; OLG Köln, NZI 2001, 598). Werden die Befugnisse des Sachverständigen allerdings gem. § 21 Abs. 1 durch den gerichtlichen Beschluss erweitert, ist dem Schuldner dagegen die Beschwerde eröffnet (BGHZ 158, 212 = ZInsO 2004, 550). Dagegen steht dem Schuldner keine Beschwerde gegen die Anordnung eines Sachverständigengutachtens dazu, wo sich der Mittelpunkt der hauptsächlichen Interessen des Schuldners befindet (BGH, ZInsO 2012, 1472) und zur Zulässigkeit eines Sekundärinsolvenzverfahrens in Deutschland zu, wenn ihm im ausländischen Primärinsolvenzverfahren Restschuldbefreiung erteilt wurde (BGH, ZInsO 2011, 1499). Der Sachverständige, der mit der Ermittlung beauftragt ist, ob ein Insolvenzgrund vorliegt und die Verfahrenskosten gedeckt sind, kann nicht wegen **Besorgnis der Befangenheit** abgelehnt werden (§ 4 Rdn. 14).

17

Der Sachverständige hat das Gutachten eigenverantwortlich zu erstatten (§ 407a Abs. 2 Satz 1 ZPO). Trotz der **Verpflichtung zur höchstpersönlichen Gutachtenerstattung** kann der Sachverständige Hilfskräfte beauftragen. Beauftragt der Sachverständige einen **Industriegutachter bzw. ein Auktionshaus mit der Taxierung des Anlagevermögens** des Schuldners, hat er dies dem Gericht gem. § 407a Abs. 2 Satz 2 ZPO anzuzeigen, da es sich hierbei nicht um Hilfsdienste von untergeordneter Bedeutung handelt (Vallender, ZInsO 2010, 1457, 1467; Wiester/Wilke, NZI 2007, 12, 14). Einer förmlichen Beauftragung des Industriegutachters durch das Gericht bedarf es auch dann nicht, wenn dessen Ergebnisse für die Frage der Eröffnungsfähigkeit von tragender Bedeutung sind (a. A. AG Hamburg, ZInsO 2014, 1071 [obiter dictum]; Wiester/Willke, NZI 2007, 12, 14). Zum einen ist der Sachverständige rgm. in der Lage, die Erkenntnis- und Bewertungsakte eingeschalteter Industriegutachter aufgrund eigener Sachkunde eigenverantwortlich nachzuvollziehen, sodass das Merkmal der Höchstpersönlichkeit gewahrt ist. Zum anderen wäre der Sachverständige ansonsten gezwungen, das Gutachten mit Ausnahme der Bewertung des Anlagevermögens fertig zu stellen, um prüfen zu können, ob es für die Eröffnungsfähigkeit überhaupt entscheidend auf die Bewertung des Anlagevermögens ankommt und er dem Gericht die Anzeige nach § 407a Abs. 1 Satz 2 ZPO zu machen hat. Die Kosten für den als Hilfskraft beauftragten Industriegutachter, die sich gem. § 9 Abs. 1 JVEG i. d. R. auf Stundensätze zwischen 75,00 und 90,00 € belaufen sollen (AG Hamburg, ZInsO 2014, 1071), sind mit dem Vergütungsantrag geltend zu machen (§ 12 Abs. 1 Satz 2 Nr. 1 JVEG, vgl. aber AG Hamburg, ZInsO 2007, 448; für den Fall, dass der Sachverständige zugleich zum vorläufigen Insolvenzverwalter bestellt wurde, vgl. § 22 Rdn. 70 f.).

Die **Haftung** des Sachverständigen wegen vorsätzlich oder grob fahrlässig unrichtiger Gutachtenerstattung ist in § 839a BGB geregelt. Die Tätigkeit des Sachverständigen, der zugleich zum »starken« vorläufigen Insolvenzverwalter bestellt wurde, wird gem. § 9 Abs. 2 JVEG seit dem 01.08.2013 mit einem Stundensatz von 80,00 € vergütet (zuvor 65,00 €). Dies gilt gem. § 9 Abs. 2 JVEG in der Fassung des 2. KostRMoG zum 01.08.2013 auch, wenn der Sachverständige zugleich als »schwacher« vorläufiger Insolvenzverwalter bestellt war (vgl. Krösch, ZInsO 2013, 1562). Zuvor war § 9 Abs. 2 JVEG bereits entsprechend auf diesen Fall angewendet worden (vgl. die Vorauflage). Die streitige Frage, ob sich die **Vergütung des isolierten Sachverständigen im Insolvenzeröffnungsverfahren** nach § 9 Abs. 2 JVEG analog (AG Hamburg, ZInsO 2004, 1141) oder § 9 Abs. 1 Satz 2 bzw. Satz 3 JVEG richtet (OLG Hamburg, ZInsO 2010, 634; OLG Nürnberg, ZInsO 2006, 761; OLG Bamberg, ZInsO 2005, 202: im Regelfall 65,00 €/Stunde; OLG Frankfurt am Main, ZInsO 2006, 540; OLG Koblenz, ZInsO 2006, 31; OLG München, ZIP 2005, 1329; LG Hamburg, ZInsO 2011, 1078; AG Hamburg, ZInsO 2010, 734: 80,00 €/Stunde), hat der Gesetzgeber auch durch das 2. KostRMoG nicht ausdrücklich geregelt. Der Gesetzgeber hat die genannte Rechtsprechung in der Gesetzesbegründung ausdrücklich erwähnt und festgestellt, dass bei der Bemessung der Vergütung des isolierten Sachverständigen in Insolvenzsachen zukünftig regelmäßig ein Sachgebiet einschlägig sein wird, das in der neuen Sachgebietsliste unter Nr. 6 »Betriebswirtschaft« aufgeführt ist. Daraus lassen sich Vergütungshöhen von 75,00 € (Gruppe 3), 115,00 € (Gruppe 11) und 125,00 € (Gruppe 13) entnehmen. Erste instanzengerichtliche Entscheidungen gehen von einer Vergütungshöhe von i. d. R. 95,00 € (AG Darmstadt, ZInsO 2013, 2400) und 105,00 € (AG Stuttgart, ZInsO 2014, 364) aus. Vorzugswürdig erscheint eine Zuordnung zu der Honorargruppe 11 (»Unternehmensbewertung«) mit einem **Stundensatz von 115,00 €** (vgl. auch § 11 InsVV Rn. 52).

18   Wurden Ermittlungen durch Bestellungen eines Sachverständigen in **mehreren parallelen Antragsverfahren** angeordnet, haften die Antragsteller gem. § 31 Abs. 1 GKG als Gesamtschuldner für die Sachverständigenkosten, wenn es nicht zur Eröffnung des Verfahrens kommt (MK-Schmahl § 13 Rn. 169; a. A. Uhlenbruck-Uhlenbruck § 13 Rn. 76: nach Kopfteilen). Für die **Mithaftung** reicht es allerdings bereits aus, wenn das Gericht einem Antragsteller mitteilt, dass das Gutachten des im Parallelverfahren bereits beauftragten Sachverständigen auch in seinem Antragsverfahren berücksichtigt werden solle (AG und LG Duisburg, Rpfleger 1990, 534, 535; FK-Schmerbach § 13 Rn. 51; a. A. Uhlenbruck-Uhlenbruck § 13 Rn. 76: nur bei jeweils förmlicher Bestellung des Sachverständigen).

3. Anhörung des Schuldners

19   Der Schuldner sowie seine gesetzlichen Vertreter und persönlich haftenden Gesellschafter sind im Insolvenzverfahren nicht Zeugen, sondern gem. §§ 20 Abs. 1 Satz 2, 97 Abs. 1, 101 Abs. 1 umfassend zur Auskunft und Mitwirkung verpflichtet (vgl. BGH, ZInsO 2012, 751; ZInsO 2010, 477 zur Pflicht, ungefragt Umstände zu offenbaren, die eine Insolvenzanfechtung begründen können). Dies gilt gem. § 101 Abs. 1 Satz 2 auch für Personen, die in **den letzten 2 Jahren** vor Antragstellung aus ihrer Stellung als Vertretungsorgan oder persönlich haftender Gesellschafter ausgeschieden sind. Durch das **MoMiG** vom 23.10.2008 wurde der Kreis dieser Auskunfts- und Mitwirkungspflichtigen bei Fehlen eines Vertreters **auf Personen erweitert, die an dem Schuldner beteiligt sind**. Die auskunftspflichtigen Personen haben sogar Tatsachen zu offenbaren, die geeignet sind, eine Verfolgung **wegen einer Straftat** oder einer Ordnungswidrigkeit herbeizuführen (§ 97 Abs. 1 Satz 2). Die Auskunftspflicht besteht außer ggü. dem Gericht und dem Insolvenzverwalter gem. §§ 23 Abs. 3 Satz 3, 97 Abs. 1 auch bereits ggü. dem vorläufigen Insolvenzverwalter.

20   Kommt der Schuldner seinen Auskunfts- und Mitwirkungspflichten nicht nach, hat das Gericht diese gem. § 98 **zwangsweise durchzusetzen** und ist befugt, dem Schuldner zur Herbeiführung einer wahrheitsgemäßen Aussage die eidesstattliche Versicherung abzunehmen. Die Gläubiger sind berechtigt, bei natürlichen Personen gem. § 290 Abs. 1 Nr. 5 einen Antrag auf Versagung der Restschuldbefreiung zu stellen.

4. Urkunden und Auskünfte

21   Für die Ermittlungen des Gerichts und des Sachverständigen sind die **Geschäftsunterlagen** des Schuldners von großer Bedeutung. Auch wenn diese Unterlagen oft unvollständig und nicht aktuell sind (»Waschkorbbuchhaltung«), lassen sich hieraus wichtige Erkenntnisse über die wirtschaftliche Tätigkeit und Lage des Schuldners ziehen.

22   Sind die Geschäftsunterlagen des Schuldners im Rahmen eines Ermittlungsverfahrens **von der Staatsanwaltschaft beschlagnahmt** worden, hat der vorläufige Insolvenzverwalter jedenfalls ein Einsichtsrecht (HK-Kirchhof § 22 Rn. 65; vgl. § 148 Rdn. 19). Dieses darf im Hinblick darauf, dass der Schuldner gem. §§ 20 Abs. 2, 23 Abs. 3 Satz 2, 97 Abs. 1 umfassend auskunfts- und mit-

wirkungspflichtig ist, nicht unter Hinweis auf das informationelle Selbstbestimmungsrecht des Schuldners verweigert werden (FK-Schmerbach § 5 Rn. 21). Im eröffneten Verfahren kann der Verwalter wegen des absoluten Vorrangs der Insolvenzabwicklung vor dem strafrechtlichen Sicherungsbedürfnis die Herausgabe der Unterlagen verlangen (Uhlenbruck-Uhlenbruck § 148 Rn. 15 ff.; vgl. § 148 Rdn. 20). Befinden sich **Geschäftsunterlagen beim Steuerberater** und beruft sich dieser wegen offener Honorarforderungen auf ein Zurückbehaltungsrecht, ist das Gericht gem. § 142 ZPO berechtigt, die Vorlage der Unterlagen anzuordnen, sofern der Schuldner bzw. der (starke vorläufige) Insolvenzverwalter den Steuerberater von seiner Schweigepflicht entbunden hat (LG Köln, NZI 2004, 671). Die Herausgabepflicht bezieht sich jedoch nicht auch auf die vom Steuerberater vertragsgemäß erstellten Arbeitsergebnisse (LG Düsseldorf, ZIP 1997, 1657; vgl. § 148 Rdn. 23 f.). Soweit es nicht um die eigenen Arbeitsergebnisse geht, kann der Insolvenzverwalter vom ehemaligen Prozessbevollmächtigten des Schuldners die Herausgabe der **Handakten** verlangen (OLG Hamburg, ZInsO 2005, 550). Verweigert die **Hausbank des Schuldners** trotz Entbindung von der Schweigepflicht durch den Schuldner bzw. den (starken vorläufigen) Insolvenzverwalter die Herausgabe der **Kontoauszüge**, ist das Gericht ebenfalls gem. § 142 ZPO befugt, die Herausgabe der Unterlagen anzuordnen. Notfalls kann ein instruierter Bankangestellter bzw. der Steuerberater nach Entbindung von der Schweigepflicht vom Gericht als Zeuge vernommen werden. Zu weitgehend ist die Auffassung, dass sich die Bank von vornherein nicht auf das Bankgeheimnis berufen könne, weil die Entbindung durch den Schuldner davon bereits gem. §§ 20, 97 Abs. 1 kraft Gesetzes erfolge (v. Stethe, ZInsO 2007, 607; vgl. § 97 Rdn. 3; a. A. MK-Schmahl § 20 Rn. 81). Ist der Schuldner **niedergelassener Arzt, Rechtsanwalt oder Steuerberater**, kann er dem vorläufigen Insolvenzverwalter die Einsicht in die Geschäftsunterlagen nicht im Hinblick auf seine gesetzliche Schweigepflicht verweigern (BGHZ 162, 187 = ZInsO 2005, 436; LG Berlin, ZInsO 2004, 817; vgl. § 97 Rdn. 3).

Als **weitere Urkunden**, die das Gericht verwerten kann, kommen z. B. Protokolle über Pfändungen oder die Abgabe der eidesstattlichen Versicherung des Schuldners sowie Nachlass- und Handelsregisterakten in Betracht. Das Gericht ist befugt, bei öffentlichen Stellen **Auskünfte**, z. B. in Form von Grundbuch-, Handelsregister- und Gewerberegisterauszügen oder Anfragen beim zuständigen Gerichtsvollzieher über Vollstreckungsmaßnahmen gegen den Schuldner, einzuholen. Über § 273 Abs. 2 Nr. 2 ZPO kommt auch die Einholung von Auskünften bei **auskunftsbereiten Privatpersonen** (z. B. bei Gläubigern) in Betracht (AG Duisburg, ZInsO 2002, 737). I. R. d. Ermittlungen über das Bestehen von **Ansprüchen der Insolvenzmasse gegen Dritte** durch den (vorläufigen) Insolvenzverwalter können diese Dritten im Hinblick auf das Gebot der Waffengleichheit nur in den Grenzen der §§ 421, 422 ZPO zur **Urkundenvorlegung** von Unterlagen verpflichtet werden (AG Mönchengladbach, ZInsO 2003, 42; zu den Einzelheiten vgl. Rdn. 27 f.). 23

5. Kosten und Rechtsmittel

Für die Amtsermittlung fallen keine gesonderten Gerichtskosten an. Die Auslagen (vgl. Nr. 9000 ff. KV GKG) sind im Fall der Eröffnung Massekosten (§ 54 Nr. 1), im Fall der Abweisung des Eröffnungsantrags (oder der Antragsrücknahme) fallen sie gem. § 23 Abs. 1 Satz 2 GKG dem Antragsteller zur Last (für den Fall der Erledigungserklärung vgl. § 14 Rdn. 67 ff.). 24

Gegen die Anordnung i. R. d. Amtsermittlung ist (ebenso wie gegen ihre Ablehnung) grds. **kein Rechtsmittel** eröffnet, da die Ermittlungen nur der Vorbereitung einer gerichtlichen Entscheidung dienen (BGH, ZInsO 2003, 1099; vgl. § 6 Rdn. 5 ff.). Die Verletzung des § 5 kann allenfalls mit dem Rechtsmittel gegen die **den Verfahrensabschnitt beendende Entscheidung** geltend gemacht werden (Uhlenbruck-I.Pape § 5 Rn. 26). 25

III. Grenzen der Amtsermittlung

Bei zulässigen Eigenanträgen **nicht antragspflichtiger Schuldner** erfährt die Amtsermittlungspflicht **keine Begrenzung**, wenn der Schuldner seinen Auskunfts- und Mitwirkungspflichten im Eröffnungsverfahren nicht (mehr) nachkommt (BGHZ 153, 205 = ZInsO 2003, 217; vgl. § 20 26

Rdn. 4). Dies gilt erst recht für Eigenanträge bei Bestehen einer Antragspflicht (z. B. aus § 15a Abs. 1 bis 3). Reichen die vorliegenden Unterlagen bzw. Auskünfte nicht für die Überzeugungsbildung des Gerichts darüber aus, ob ein Insolvenzgrund vorliegt oder nicht, hat das Gericht die gesetzlichen Pflichten des Schuldners aus §§ 20 Abs. 1 Satz 2, 97 **mit den Zwangsmitteln des § 98** durchzusetzen (BGHZ 153, 205 = ZInsO 2003, 217; LG Cottbus, ZInsO 2010, 962). Die Anordnung von Zwangsmitteln ist trotz der jederzeitigen Möglichkeit der Antragsrücknahme durch den Schuldner (§ 13 Abs. 2) **nicht als unverhältnismäßig** anzusehen, gerade weil der Schuldner den angeordneten Zwangsmitteln durch die Rücknahme des Insolvenzantrags die Grundlage entziehen könnte (Beth, NZI 2014, 487; **a. A.** LG Hamburg, ZInsO 2010, 1651; LG Potsdam, ZInsO 2002, 885; AG Dresden, ZIP 2002, 862). Macht der Schuldner von dieser Möglichkeit keinen Gebrauch, besteht kein Grund, ihn im Eröffnungsverfahren anders zu behandeln als einen Schuldner im Fremdantragsverfahren. Nach Erledigung des Insolvenzantrags durch Rücknahme hat eine **amtswegige Feststellung der Istmasse** grds. nicht zu erfolgen (BGH, ZInsO 2005, 757). Bei einem in sich stimmigen **Stundungsantrag** des Schuldners hat das Gericht die Gründe, die zur Verarmung des Schuldners geführt haben, und – außer bei konkreten gegenteiligen Anhaltspunkten – die Wahrheitsgemäßheit und Vollständigkeit der Angaben nicht zu prüfen (BGH, ZInsO 2005, 264).

27 Der gerichtlichen Amtsermittlung sind durch die **Kompetenzverteilung** zwischen dem Gericht und dem Insolvenzverwalter Grenzen gesetzt. Die Verwaltung und Verwertung der Masse obliegt dem Insolvenzverwalter (§§ 80 ff., 159), sodass Amtsermittlungsmaßnahmen in diesem Bereich nur i. R. d. gerichtlichen Aufsichtspflicht (§§ 58 ff.) zulässig sind (Jaeger/Henckel/Gerhardt-Gerhardt § 5 Rn. 8). Dies bedeutet jedoch nicht, dass eine vom (vorläufigen) Insolvenzverwalter angeregte Zeugenvernehmung zur Klärung der Voraussetzungen für insolvenzrechtliche Anfechtungs- oder gesellschaftsrechtliche Haftungsansprüche damit grds. unzulässig wäre, weil die **rechtliche Klärung von Zahlungsansprüchen** der Masse gegen Dritte im **Zivilprozess** zu erfolgen hat (so aber Uhlenbruck-I.Pape § 5 Rn. 22; MK-Ganter/Lohmann § 5 Rn. 17). Vielmehr handelt es sich bei derartigen Ansprüchen um Umstände, die für das Insolvenzverfahren für Bedeutung sind, zumal die Frage, ob die Verfahrenskosten gedeckt sind und das Insolvenzverfahren eröffnet werden kann, häufig vom Bestehen und der Durchsetzbarkeit derartiger Ansprüche abhängt (vgl. OLG Hamm, ZInsO 2005, 217; FK-Schmerbach § 5 Rn. 25; Jaeger/Henckel/Gerhardt-Gerhardt § 5 Rn. 7). Der (vorläufige) Insolvenzverwalter wird allerdings, bevor er die gerichtliche Vernehmung anregt, zunächst die sonstigen ihm zur Verfügung stehenden Ermittlungsmöglichkeiten auszuschöpfen haben, da die gerichtliche Vernehmung nicht der Arbeitserleichterung des Verwalters dient.

28 Als **unzulässig** ist die angeregte Vernehmung anzusehen, wenn der (vorläufige) Insolvenzverwalter die Anspruchsvoraussetzungen bereits ermittelt hat und es ihm zur Einschätzung des Prozessrisikos ausschließlich darum geht, in **Vorwegnahme der Beweisaufnahme** des Zivilprozesses die Durchsetzbarkeit des Anspruchs zu prüfen (Jaeger/Henckel/Gerhardt-Gerhardt § 5 Rn. 9). Erst recht unzulässig ist daher die gerichtliche Vernehmung des späteren Prozessgegners (nur) zu seinen Vermögensverhältnissen, um die **wirtschaftliche Werthaltigkeit** bereits ermittelter Ansprüche zu klären. Ist das zivilrechtliche Verfahren vor dem Prozessgericht bereits anhängig, kommt eine parallele Zeugenvernehmung durch das Insolvenzgericht nicht mehr in Betracht (MK-Ganter/Lohmann, § 5 Rn. 17).

29 Im Rahmen der Zeugenvernehmung hat das Insolvenzgericht den im Zivilprozess geltenden **Grundsatz der prozessualen Waffengleichheit** zu beachten, der im Insolvenzverfahren bereits eine **Vorwirkung** entfaltet. Die vom (vorläufigen) Insolvenzverwalter angeregte gerichtliche Vernehmung eines Zeugen darf nicht dazu führen, dass auf diesem Weg Informationen über das Bestehen von insolvenzrechtlichen Anfechtungs- oder gesellschaftsrechtlichen Haftungsansprüchen beschafft werden, wenn der Schuldner nach den zugrunde liegenden **vertraglichen Vereinbarungen** (z. B. AGB-Banken, Allgemeine Versicherungsbedingungen) oder den einschlägigen **gesetzlichen Bestimmungen** (z. B. §§ 259, 371, 402, 666, 716, 810 BGB, §§ 118 Abs. 1, 157 Abs. 3 HGB) über keinen diesbezüglichen Auskunftsanspruch gegen den Zeugen verfügt. Für die Frage, ob das Gericht einen instruierten Mitarbeiter der Hausbank des Schuldners (nach Entpflichtung vom Bankgeheimnis,

vgl. Rdn. 22) zu der Frage vernehmen darf, wann, in welcher Form und in welchem Umfang aus dem Gesellschafterkreis der Schuldnerin **Sicherheiten gestellt** worden sind, ist maßgeblich, ob sich die Gewährung von Sicherheiten **zum Bereich der geschäftlichen Beziehungen** des Schuldners zum Kreditinstitut zuordnen lässt (vgl. LG Hamburg, ZIP 1988, 590). Daran kann es z. B. fehlen, wenn die Bank die Drittsicherheiten ohne Kenntnis des Schuldners bzw. seiner organschaftlichen Vertreter erhalten hat (MK-Ganter/Lohmann § 5 Rn. 30).

Diese Grundsätze gelten erst recht, wenn der (vorläufige) Insolvenzverwalter die Anordnung der Vorlage von Urkunden, die sich im Besitz eines Dritten befinden, durch das Gericht anregt, um Ansprüche der Masse **gerade gegen diesen Dritten** zu ermitteln. Hier ist der Dritte nicht schlechter zu stellen, als er als Beklagter im Zivilprozess stünde, und entsprechend § 422 ZPO nur dann verpflichtet, ihn möglicherweise belastende Unterlagen herauszugeben, wenn er materiell-rechtlich ggü. dem Schuldner zur Herausgabe oder Vorlage der Urkunde verpflichtet ist (BGH, ZIP 2008, 565; AG Mönchengladbach, ZInsO 2003, 42). Auch die Zeugenvernehmung des späteren Prozessgegners zur Ermittlung von gegen diesen selbst gerichteten Ansprüchen ist unzulässig (vgl. BGH, ZIP 2008, 565; Jaeger/Henckel/Gerhardt-Gerhardt § 5 Rn. 10). 30

Eine praktisch wichtige Ausnahme besteht für **Auskunftsbegehren des Insolvenzverwalters gegen Sozialversicherungsträger zur Ermittlung von Anfechtungssachverhalten**. Der Insolvenzverwalter verfügt gem. **§ 1 Abs. 1 Informationsfreiheitsgesetz (IFG)** über einen Auskunftsanspruch bzgl. vom Schuldner geleisteter Zahlungen gegen Krankenkassen als bundesunmittelbare Körperschaft des öffentlichen Rechts (vgl. Art. 87 Abs. 2 Satz 1 GG), da er als »jeder« i. S. d. § 1 IFG anspruchsberechtigt ist und der Anspruch aus dem IFG in der Insolvenz **nicht subsidiär** ggü. den in §§ 97, 101 bzw. § 242 BGB geregelten Auskunftsansprüchen ist (OVG Hamburg, ZInsO 2012, 989; OVG Nordrhein-Westfalen, ZInsO 2008, 927). Der Anspruch ist nicht gem. § 3 Nr. 1 Buchst. g) IFG wegen nachteiliger Auswirkungen auf ein laufendes Gerichtsverfahren ausgeschlossen, da die Vorschrift nicht auf bevorstehende Gerichtsverfahren anwendbar ist (BVerwG, ZInsO 2011, 41; vgl. § 143 Rdn. 88a). Für die allein auf § 1 Abs. 1 IFG gestützte Klage eines Insolvenzverwalters wegen Auskunft über abgeführte Sozialversicherungsbeiträge ist allein der Verwaltungsrechtsweg eröffnet (BSG, ZInsO 2012, 1789). Dies gilt auch für die gerichtliche Geltendmachung des Anspruchs auf **Einsicht in die Steuerakten** und Auskünfte über steuerliche Daten des Schuldners (BVerwG, ZInsO 2012, 2140-VG; BFH, Beschluss v. 08.01.2013, VII ER-S 1/12; ZInsO 2013, 500 [Ls.]). Das BVerwG hatte in der genannten Entscheidung, die zu § 4 Abs. 1 HmbIFG ergangen ist, zur Frage des Rechtsweges den Gemeinsamen Senat der obersten Gerichtshöfe des Bundes angerufen. Auf dessen Anfrage hat der BFH seine zuvor abweichende Rechtsprechung aufgegeben. Nach der Rechtsprechung des BVerwG wird ein gegenüber dem Finanzamt geltend gemachter Informationsanspruch des Insolvenzverwalters, der anschließend einen Anfechtungsanspruch durchsetzen will, nicht vom Regelungsbereich der AO erfasst, weswegen der Auskunftsanspruch nach Landes-IFG nicht ausgeschlossen ist (BVerwG, ZInsO 2012, 1268). In den Bundesländern, in denen kein Landes-IFG existiert (Baden-Württemberg, Bayern, Hessen, Niedersachsen und Sachsen), besteht nach derzeitiger Rechtslage kein Auskunftsanspruch gegen die Landesfinanzverwaltung und andere Behörden auf Landesebene (vgl. Baatz, ZInsO 2013, 1269; Blank, ZInsO 2013, 663). 30a

Lassen sich aufgrund der zu beachtenden Grenzen der Amtsermittlung bestimmte für das Bestehen von Ansprüchen der Masse gegen Dritte relevante Umstände nicht aufklären, kann die zivilprozessuale Geltendmachung des Anspruchs durch den Insolvenzverwalter dennoch aussichtsreich erscheinen, da im Zivilprozess die Behauptung einer nur **vermuteten Tatsache** zulässig ist, wenn sich aufgrund von unstreitigen oder unter Beweis gestellten Indizien greifbare Anhaltspunkte für das Vorliegen eines bestimmten Sachverhalts ergeben (BGH, ZInsO 2002, 721 in einem insolvenzrechtlichen Anfechtungsprozess zur Frage der Inkongruenz der Zahlung des Schuldners; zu den näheren Einzelheiten der sog. **Verdachtsklage** vgl. § 143 Rdn. 88b). 31

Der **Schuldner** bzw. eine gem. § 101 Abs. 1 auskunftspflichtige Person hat uneingeschränkt über alle das Insolvenzverfahren betreffenden Verhältnisse Auskunft zu geben, auch wenn sich dadurch **Haftungsansprüche gegen sie selbst** (z. B. als Gesellschafter der schuldnerischen GmbH) oder eine 32 ihnen nahestehende Person (z. B. den Ehegatten) ergeben (Uhlenbruck-Uhlenbruck § 80 Rn. 13). Wenn der Schuldner sogar Tatsachen offenbaren muss, die geeignet sind, eine **Verfolgung wegen einer Straftat** oder Ordnungswidrigkeit herbeizuführen (§ 97 Abs. 1 Satz 2), muss er erst recht Tatsachen offenbaren, aus denen sich gegen ihn gerichtete zivilrechtliche Ansprüche ergeben können. Im Gegensatz zum Strafrecht existiert kein zivilrechtliches »Verwendungsverbot« (vgl. § 97 Abs. 1 Satz 3).

IV. Schriftliches Verfahren (Abs. 2)

33 Aufgrund des durch das Gesetz zur Vereinfachung des Insolvenzverfahrens eingefügten und durch das Gesetz zur Verkürzung des Restschuldbefreiungsverfahrens und zur Stärkung der Gläubigerrechte mit Wirkung vom 01.07.2014 geänderten Abs. 2 **wird das Verfahren schriftlich durchgeführt**, wenn die Vermögensverhältnisse des Schuldners überschaubar und die Zahl der Gläubiger oder die Höhe der Verbindlichkeiten gering sind. Damit wurde das bisher bestehende **Regel-/Ausnahmeverhältnis** zwischen mündlichem und schriftlichem Verfahren **umgekehrt**. Der Gesetzgeber wollte damit die Rechtslage der bestehenden Praxis der Insolvenzgerichte insbesondere in Verbraucherinsolvenzverfahren anpassen und diese von der bisher erforderlichen Anordnung des schriftlichen Verfahrens entlasten.

Die Voraussetzungen des Abs. 2 Satz 1 liegen rgm. bei Verbraucherinsolvenzverfahren vor, werden aber auch häufig bei **kleineren Regelinsolvenzverfahren** (typischerweise Verfahren über das Vermögen natürlicher Personen, die nur aufgrund der bewilligten Stundung der Verfahrenskosten (§ 4a) eröffnet worden sind) zu bejahen sein. Eine Beschränkung des schriftlichen Verfahrens nur auf Insolvenzverfahren über das Vermögen natürlicher Personen besteht jedoch nicht.

Auch wenn es **keiner gesonderten Anordnung** des schriftlichen Verfahrens mehr bedarf, ist für das schriftliche Verfahren nach wie vor erforderlich, dass das Insolvenzgericht die Überschaubarkeit der Vermögensverhältnisse bejaht und entweder die Anzahl der Gläubiger oder die Höhe der Verbindlichkeiten als gering ansieht. Einer Begründung im Eröffnungsbeschluss, dass das Verfahren schriftlich durchgeführt wird, bedarf es nicht (Blankenburg, ZInsO 2014, 801, 805: ggf. klarstellender Vermerk). Da die Insolvenzgerichte bereits in der Vergangenheit von der Anordnung des schriftlichen Verfahrens in größerem Umfang Gebrauch gemacht haben, wird es in der Praxis nicht zu größeren Verschiebungen hin zu schriftlichen Verfahren kommen (vgl. Grote/Pape, ZInsO 2012, 409, 413).

34 Das Insolvenzgericht prüft die Voraussetzungen für die Anordnung des schriftlichen Verfahrens **von Amts wegen**. Nach der Gesetzesbegründung (BT-Drucks. 17/11268, S. 21) bildet **der in § 304 Abs. 2 vorgesehene Grenzwert** (weniger als 20 Gläubiger) zur Bestimmung der **Überschaubarkeit der Vermögensverhältnisse** für den Regelfall ein Indiz für die Handhabung des Abs. 2 Satz 1 (a. A. FK-Schmerbach § 5 Rn. 36; MK-Ganter/Lohmann § 5 Rn. 64b). Die einzelnen Tatbestandsmerkmale der Überschaubarkeit der Vermögensverhältnisse und der geringen Anzahl der Gläubiger oder der geringen Höhe der Verbindlichkeiten lassen sich nicht randscharf voneinander abgrenzen. Vielmehr ist eine **Gesamtschau** vorzunehmen. Für die Unüberschaubarkeit der Vermögensverhältnisse kann es sprechen, wenn zahlreiche Widersprüche gegen die Forderungsfeststellung zu erwarten sind oder mit der komplexen Erörterung von Forderungen aus vorsätzlich begangener unerlaubter Handlung zu rechnen ist (A/G/R-Ahrens § 5 Rn. 37; MK-Ganter/Lohmann § 5 Rn. 64c) oder komplexe Anfechtungstatbestände bestehen (FK-Schmerbach § 5 Rn. 35). Wann **die Höhe der Verbindlichkeiten als gering** anzusehen ist, hat der Gesetzgeber betragsmäßig nicht festgelegt. Auch aus der Gesetzesbegründung ergibt sich kein Richtwert. Als gering ist die Höhe der Verbindlichkeiten jedenfalls dann anzusehen, wenn diese 10.000,00 € nicht überschreiten. Teilweise wird auch ein Richtwert von bis zu 25.000,00 € genannt (HK-Kirchhof, § 5 Rn. 28; ähnlich MK-Ganter/Lohmann § 5 Rn. 64b). Verbindlichkeiten in sechsstelliger Höhe noch als gering anzusehen, dürfte dagegen zu weit gehen (A/G/R-Ahrens § 5 Rn. 41). Den Insolvenzgerichten bleibt ein **erheblicher Beurteilungsspielraum**. Entscheidend sind stets die gesamten Umstände des Einzelfalls.

Das Insolvenzgericht kann nach Abs. 2 Satz 2 auch bei Vorliegen der Voraussetzungen des Satzes 1 anordnen, dass das Verfahren oder einzelne seiner Teile mündlich durchgeführt werden, wenn dies zur Förderung des Verfahrensablaufs angezeigt ist. Damit bleibt den Insolvenzgerichten die Möglichkeit zu einer **flexiblen Handhabung** erhalten, was zu begrüßen ist. Die Anordnung, das Verfahren oder einzelne Termine mündlich zu führen, wird in Betracht kommen, wenn sich das Verfahren wider Erwarten als problematisch erweist und das Insolvenzgericht bspw. im Hinblick auf ein Restschuldbefreiungsversagungsverfahren (A/G/R-Ahrens § 5 n. F. Rn. 5) oder Streitigkeiten zwischen dem Schuldner und einem Gläubiger um die Qualifizierung einer angemeldeten Forderung als aus vorsätzlich begangener unerlaubter Handlung stammend den Bedarf für einen mündlichen Termin sieht. 35

Die **Anordnung des mündlichen Verfahrens** sowie deren Aufhebung und Änderung sind wegen der damit verbundenen Rechtsfolgen für die Gläubiger **öffentlich bekanntzumachen**. Die Anordnung des mündlichen Verfahrens erfolgt zweckmäßigerweise bereits zusammen mit dem Eröffnungsbeschluss, kann aber auch noch nach der Eröffnung des Insolvenzverfahrens durch den dann zuständigen Rechtspfleger erfolgen, es sei denn, der Richter hat sich das Verfahren vorbehalten. Ordnet das Insolvenzgericht **im Eröffnungsbeschluss** das schriftliche Verfahren an und bestimmt es einen dem Berichtstermin entsprechenden Zeitpunkt, hat es auf Antrag eines Insolvenzgläubigers die Wahl eines neuen Insolvenzverwalters auf schriftlichem Wege durchzuführen oder in das regelmäßige Verfahren überzugehen (BGH, ZInsO 2013, 1307). Anordnungen nach Abs. 2 sind nicht mit der Beschwerde (§ 6) angreifbar (vgl. BGH, NZI 2006, 481, Tz. 10 zu § 312 a. F.). Gegen die Anordnung durch den Rechtspfleger ist allerdings die Erinnerung (§ 11 Abs. 2 RPflG) eröffnet (MK-Ganter/Lohmann § 5 Rn. 64e).

V. Freigestellte mündliche Verhandlung (Abs. 3)

Nach Abs. 3 Satz 1 ist eine **mündliche Verhandlung** im Insolvenzverfahren in Abweichung des im Erkenntnisverfahren herrschenden Mündlichkeitsgrundsatzes (§ 128 ZPO) nicht erforderlich. Die in der InsO vorgeschriebenen Termine (§§ 29, 75, 156, 160 Abs. 1 Satz 2, 176, 197, 235, 241) dienen der Gläubigerselbstverwaltung und stellen daher keine gerichtlichen Verhandlungen dar (HK-Kirchhof § 5 Rn. 23). In den Fällen, in denen eine **Anhörung** in einem solchen Termin vorgesehen ist (z. B. § 289 Abs. 1 Satz 1), reicht die **Gelegenheit zur mündlichen Stellungnahme**. Die von der InsO vorgeschriebenen Anhörungen (z. B. §§ 10, 14, 15 Abs. 2) können schriftlich erfolgen (§ 10 Rdn. 4). 36

Die Anordnung der mündlichen Verhandlung steht **im Ermessen des Gerichts**, ohne dass das Gericht an Anträge gebunden wäre. Maßgeblicher Gesichtspunkt ist, ob eine mündliche Verhandlung der **Verfahrensbeschleunigung** dient. Beraumt das Gericht eine mündliche Verhandlung an, gelten für diese die §§ 79 f., 136, 157, 159 ff., 357 ZPO entsprechend (HK-Kirchhof § 5 Rn. 24), wobei das Gericht gem. Abs. 2 Satz 2 auch in den Monaten Juli und August nicht den Einschränkungen des § 227 Abs. 3 Satz 1 ZPO unterliegt. 37

Die Entscheidungen des Gerichts ergehen als **Beschluss**, der bei Vorausgehen einer fakultativen mündlichen Verhandlung gem. § 4 i. V. m. § 329 ZPO zu verkünden ist. Sind Beschlüsse nicht zu verkünden, werden sie mit der Entäußerung durch das Gericht existent und **sofort wirksam** (HK-Kirchhof § 5 Rn. 25). Wird ein nach dem Gesetz möglicher Antrag ganz oder z. T. abgelehnt oder ist ein Rechtsmittel gegen die Entscheidung statthaft, ist der Beschluss zu begründen, wobei die Begründung ggf. noch i. R. d. Abhilfe nachgeholt werden kann (BVerfG, NZI 2002, 30; FK-Schmerbach § 5 Rn. 45). 38

VI. Tabellen und Verzeichnisse (Abs. 4)

Durch Abs. 4 Satz 1 wird klargestellt, dass die Tabelle der Insolvenzforderungen (§ 175) und die Stimmliste (§ 239) im Wege der **elektronischen Datenverarbeitung** oder mit anderen maschinellen 39

Einrichtungen erstellt werden können. Damit trägt das Gesetz dem Fortschritt moderner Bürotechnik Rechnung.

40 Dass der **Verwalter** berechtigt ist, das Verzeichnis der Massegegenstände, das Gläubigerverzeichnis und die Vermögensübersicht (§§ 151 bis 153) sowie die Verteilungsverzeichnisse (§ 188) **maschinell zu erstellen**, wird als selbstverständlich vorausgesetzt. Bei angeordneter Eigenverwaltung hat der Schuldner dieselbe Befugnis (vgl. § 281 Abs. 1 Satz 1).

41 Die Ergänzung des Abs. 4 um die Sätze 2 bis 4 durch das Gesetz zur Vereinfachung des Insolvenzverfahrens ist vor dem Hintergrund erfolgt, den Ländern die Möglichkeit zu eröffnen, ähnlich wie im Handelsrecht (§ 8a HGB) die maschinelle Herstellung und Bearbeitung von Tabellen und Verzeichnissen operabel auszugestalten. Die voll elektronische Abwicklung soll nach der Vorstellung des Gesetzgebers wesentlich zu dessen Effektivität beitragen.

§ 6 Sofortige Beschwerde

(1) Die Entscheidungen des Insolvenzgerichts unterliegen nur in den Fällen einem Rechtsmittel, in denen dieses Gesetz die sofortige Beschwerde vorsieht. Die sofortige Beschwerde ist bei dem Insolvenzgericht einzulegen.

(2) Die Beschwerdefrist beginnt mit der Verkündung der Entscheidung oder, wenn diese nicht verkündet wird, mit deren Zustellung.

(3) ¹Die Entscheidung über die Beschwerde wird erst mit der Rechtskraft wirksam. ²Das Beschwerdegericht kann jedoch die sofortige Wirksamkeit der Entscheidung anordnen.

Übersicht	Rdn.			Rdn.
A. Normzweck	1	4.	Abhilfe	25
B. Norminhalt	2	5.	Keine aufschiebende Wirkung	27
I. Statthaftigkeit der Beschwerde (Abs. 1)	2	6.	Entscheidung des Beschwerdegerichts	28
II. Beschwerdeverfahren (Abs. 2, 3)	15	7.	Wirksamkeit der Entscheidung	
1. Beschwerdeberechtigung	16		(Abs. 3 Satz 1)	31
2. Form	20	III.	Rechtskraft	32
3. Frist (Abs. 2)	22			

A. Normzweck

1 § 6 dient der Beschleunigung des Ablaufs des Insolvenzverfahrens bei Gewährung angemessenen Rechtsschutzes.

B. Norminhalt

I. Statthaftigkeit der Beschwerde (Abs. 1)

2 Die Beschwerde ist nach Abs. 1 nur in den Fällen eröffnet, in denen das Gesetz die **Anfechtungsmöglichkeit** gegen eine Entscheidung des Gerichts **ausdrücklich vorsieht**.

3 Dies ist in folgenden Vorschriften der InsO der Fall: §§ 4d Abs. 1 und 2 Satz 1, 21 Abs. 1 Satz 2, 26a Abs. 3 Satz 1, 34 Abs. 1 und 2, 57 Satz 4 (auch i. V. m. § 274 Abs. 1), 58 Abs. 2 Satz 3 und Abs. 3 (auch i. V. m. §§ 21 Abs. 2 Satz 1 Nr. 1, 274 Abs. 1), 59 Abs. 2 Satz 1 und 2 (auch i. V. m. §§ 21 Abs. 2 Satz 1 Nr. 1, 274 Abs. 1, 292 Abs. 3 Satz 2), 64 Abs. 3 Satz 1 (auch i. V. m. §§ 21 Abs. 2 Satz 1 Nr. 1, 73 Abs. 2, 274 Abs. 1, 293 Abs. 2), 70 Satz 3 Halbs. 2, 75 Abs. 3, 78 Abs. 2 Satz 2 und 3, 98 Abs. 3 Satz 3 (auch i. V. m. §§ 20 Abs. 1 Satz 2, 21 Abs. 3 Satz 3, 22 Abs. 3 Satz 3 Halbs. 2, 101 Abs. 1 Satz 1 und 2, 153 Abs. 2 Satz 2, 261 Abs. 1 Satz 3, 274 Abs. 2 Satz 2), 99 Abs. 3 Satz 1 (auch i. V. m. §§ 21 Abs. 2 Satz 1 Nr. 4, 101 Abs. 1 Satz 1), 194 Abs. 2 Satz 2 und Abs. 3 Satz 2, 197 Abs. 3, 204 Abs. 1 Satz 2 und Abs. 2 Satz 2 (auch i. V. m. § 211 Abs. 3 Satz 2), 216 Abs. 1 u. 2, 231 Abs. 3, 248a Abs. 4

Satz 1, 253 Abs. 1, 272 Abs. 2 Satz 3, 287a Abs. 1 Satz 3, 290 Abs. 3 Satz 1, 292 Abs. 3 Satz 2, 296 Abs. 3 Satz 1 (auch i. V. m. §§ 297 Abs. 2, 297a Abs. 2, 298 Abs. 3), 297 Abs. 2, 297a Abs. 2, 298 Abs. 3, 300 Abs. 4 Satz 2, 303 Abs. 3 Satz 2, 309 Abs. 2 Satz 3, 344 Abs. 2, 345 Abs. 3 Satz 3, 346 Abs. 2 Satz 2 und Abs. 3.

Das Gesetz unterscheidet für die Statthaftigkeit der Beschwerde nicht danach, ob die jeweilige Entscheidung durch den Richter oder Rechtspfleger erlassen wurde. Ist die sofortige Beschwerde statthaft, ändert sich daran nichts, wenn das Gericht nach einseitiger oder übereinstimmender Erledigungserklärung (§ 91a ZPO) nur noch über die Kosten zu entscheiden hat (HK-Kirchhof § 6 Rn. 4). Dagegen ist die **selbstständige Anfechtung der Kostenentscheidung** entsprechend § 99 ZPO auch dann unzulässig, wenn gegen die gerichtliche Entscheidung die Beschwerde gegeben ist (BGH, ZInsO 2008, 1206; ZVI 2007, 68; OLG Brandenburg, NZI 2001, 483; vgl. aber OLG Köln, ZInsO 2001, 469, wenn ein **am Verfahren nicht beteiligter Dritter** durch eine Beschwerdeentscheidung nach § 6 erstmals beschwert ist). 4

Die sofortige Beschwerde ist gem. § 6 ausgeschlossen gegen insolvenzspezifische Entscheidungen, gegen die das Gesetz generell oder für den konkreten Beschwerdeführer **keine Beschwerde vorsieht** sowie gegen **vorbereitende oder verfahrensleitende Entscheidungen**, insb. i. R. d. Amtsermittlung (§ 5). Weigert sich das Insolvenzgericht, einen Termin anzuberaumen, um über den Restschuldbefreiungsantrag des Schuldners zu entscheiden, hat der Schuldner kein Beschwerderecht, da keine »Entscheidung« vorliegt (BGH, ZInsO 2010, 1011). 5

Deshalb ist die sofortige Beschwerde z. B. nicht eröffnet gegen die Zulassung des Eröffnungsantrags (BGH, ZInsO 2006, 828; OLG Köln, ZInsO 2000, 104), gegen die Annahme der örtlichen Zuständigkeit während des Eröffnungsverfahrens (OLG Celle, ZInsO 2001, 128), für andere Beteiligte als den Schuldner gegen die Anordnung von Sicherungsmaßnahmen gem. § 21 Abs. 1 Satz 2 (BayObLG, ZInsO 2001, 754; LG Göttingen, ZInsO 2004, 1046), für den Schuldner gegen die Ablehnung von Sicherungsmaßnahmen (BGH, ZInsO 2013, 460: Ablehnung des Antrags auf Ermächtigung zur Begründung von Masseverbindlichkeiten im Eigenverwaltungs- und Schutzschirmverfahren), für den starken vorläufigen Insolvenzverwalter gegen die Aufhebung des allgemeinen Verfügungsverbots nach Abweisung mangels Masse (BGH, ZInsO 2007, 34), gegen die Anforderung des Massekostenvorschusses gem. § 26 Abs. 1 Satz 2 (LG Göttingen, NZI 2000, 438), gegen die Zurückweisung des Antrags auf Eigenverwaltung (BGH, ZIP 2007, 394), selbst wenn diese im Eröffnungsbeschluss erfolgt (BGH, ZInsO 2007, 207; LG Mönchengladbach, ZInsO 2003, 95), gegen die Anordnung des mündlichen Verfahrens gem. § 5 Abs. 2 Satz 2 bzw. deren Aufhebung, gegen die Auswahl des Verwalters (§ 56; LG Münster, ZInsO 2002, 777), für den vorläufigen Insolvenzverwalter gegen die Bestellung einer anderen Person zum Insolvenzverwalter (LG Potsdam, ZInsO 2005, 501), für einen Konkurrenten des bestellten Insolvenzverwalters gegen dessen Bestellung (BVerfG, ZInsO 2006, 765), für den Insolvenzverwalter gegen die Aufhebung des Eröffnungsbeschlusses durch das Beschwerdegericht (BGH, ZInsO 2007, 373) oder die Ablehnung der Einstellung des Insolvenzverfahrens gem. § 207 (BGH, NZI 2007, 406), gegen die Ablehnung von Aufsichtsmaßnahmen i. S. v. § 58 (LG Göttingen, ZInsO 2000, 349), bei der Ablehnung ihres Antrags auf Bestellung eines Sonderinsolvenzverwalters für einen Insolvenzgläubiger (BGH, ZInsO 2010, 2088; 2009, 476) sowie den Schuldner (BGH, ZInsO 2009, 1393). Im Rahmen der sofortigen Beschwerde des Insolvenzverwalters gegen ein vom Insolvenzgericht verhängtes Zwangsgeld, mit der er zu einer bestimmten Handlung angehalten werden soll, findet keine Kontrolle der Zulässigkeit der gerichtlichen Aufsichtsanordnung (§ 58 Abs. 2) statt (LG Göttingen, ZInsO 2013, 795). 6

Weitere Beispielsfälle für die **fehlende Statthaftigkeit der Beschwerde** sind die bloße Androhung von Zwangsmitteln (§ 98), die Einberufung und Vertagung der Gläubigerversammlung bzw. die Ablehnung der Vertagung (BGH, ZInsO 2006, 547), die Feststellung des Stimmrechts durch den Rechtspfleger (§ 77 Abs. 2 Satz 2) und die Entscheidung des Richters gem. § 18 Abs. 3 Satz 2 RPflG (BGH, ZInsO 2009, 34; BVerfG, 2010, 34), Entscheidungen der Gläubigerversammlung, des Gläubigerausschusses und des Verwalters sowie die Einstellung des Insolvenzverfahrens nach § 211 (HK-Kirchhof § 6 Rn. 6 u. 7), die Nichteinsetzung des vom Schuldner gem. § 270b Abs. 2 S. 2

vorgeschlagenen Sachwalters im Schutzschirmverfahren (AG Hamburg, ZInsO 2013, 1533). Fasst das Insolvenzgericht **mehrere Maßnahmen**, die teils anfechtbar, teils unanfechtbar sind, zu **einem einheitlichen Beschluss** zusammen, erweitert dies die Rechtsschutzmöglichkeiten ggü. der einzelnen Maßnahme nicht (BGH, ZInsO 2007, 207; ZIP 2007, 394).

7   Im **Verbraucherinsolvenzverfahren** ist gegen die Mitteilung des Gerichts gem. § 305 Abs. 3 Satz 2, dass der Eröffnungsantrag kraft Gesetzes **als zurückgenommen gelte**, weil er unvollständig gewesen und trotz gerichtlicher Aufforderung nicht fristgerecht ergänzt worden sei, grds. keine sofortige Beschwerde eröffnet (BGH, ZInsO 2009, 2262; 2003, 1040; AG Duisburg, NZI 2011, 863: Umdeutung in Anhörungsrüge). Dies gilt auch, wenn der Schuldner auf die Aufforderung Ergänzungen nachreicht, die nicht den Anforderungen entsprechen (BGH, ZInsO 2005, 484). Die Beschwerde ist nicht analog § 34 eröffnet, wenn das Gericht dem Schuldner in Überschreitung seiner Prüfungskompetenz nach § 305 Abs. 3 Satz 1 **erfüllbare Auflagen** gemacht hat, ohne gegen das Willkürverbot zu verstoßen (BGH, ZInsO 2009, 2262). Ob etwas anderes gilt, wenn die Auflage, Erklärungen oder Unterlagen zu ergänzen, unerfüllbar ist oder dem **Willkürverbot** unterfällt (so LG Bonn, NZI 2010, 863), hat der BGH offen gelassen. Nicht anfechtbar ist der Eröffnungsbeschluss, weil das Gericht gegen den Willen des Schuldners von der Durchführung des gerichtlichen Schuldenbereinigungsplanverfahrens abgesehen hat (LG Berlin, ZInsO 2003, 188). Wird das auf Antrag des Schuldners eröffnete Verbraucherinsolvenzverfahren in ein Regelinsolvenzverfahren übergeleitet, hat der Schuldner hiergegen das Rechtsmittel der sofortigen Beschwerde (BGH, ZInsO 2013, 1100).

8   Grundsätzlich besteht ebenfalls keine Beschwerdemöglichkeit gegen **Beweisanordnungen im Eröffnungsverfahren** i. R. d. Amtsermittlung bzw. deren Ablehnung (BGH, ZInsO 2012, 1472, Rn. 6; ZInsO 2003, 1099; NZI 2008, 100). Vom Enumerationsprinzip des Abs. 1 lässt der BGH analog 21 Abs. 1 Satz 2 lediglich Ausnahmen zu, wenn das Insolvenzgericht im Eröffnungsverfahren eine Maßnahme anordnet, die von vornherein außerhalb seiner gesetzlichen Befugnisse liegt und in den grundrechtlich geschützten Bereich des Schuldners eingreift (BGH, ZInsO 2012, 1472, Rn. 7). Einen derartigen Ausnahmefall hat der BGH bei der Ermächtigung des Sachverständigen durch das Gericht, die Wohn- und Geschäftsräume des Schuldners zu betreten und dort Nachforschungen anzustellen, anerkannt, da es sich um eine **dem Gesetz fremde, in den grundrechtlich gem. Art. 13 Abs. 2 GG geschützten räumlichen Bereich des Schuldners eingreifende Maßnahme** handele (BGHZ 158, 212 = ZInsO 2004, 550; zust. MK-Ganter/Lohmann § 6 Rn. 71b: § 21 Abs. 1 Satz 2 analog; abl. HK-Kirchhof § 6 Rn. 16: nur Gehörsrüge gem. § 321a ZPO eröffnet). Einen weiteren Ausnahmefall hat der BGH bejaht, wenn das Insolvenzgericht den vorläufigen Insolvenzverwalter ermächtigt, Räume am Insolvenzverfahren nichtbeteiligter Dritter zu durchsuchen (BGH, ZInsO 2009, 2053). Dagegen wurde das Vorliegen eines die Beschwerdebefugnis eröffnenden Ausnahmefalls vom BGH abgelehnt bei einem Eingriff in Art. 13 GG bei Betroffenheit von Mitbewohnern des Schuldners durch die Durchsuchung, da Mitgewahrsamsinhaber die Durchsuchung zu dulden haben (§ 758a Abs. 3 ZPO) (BGH, ZInsO 2008, 268), in Art. 10 Abs. 1 GG durch Anordnung einer vorläufigen Postsperre (BGH, ZInsO 2006, 1212), in Art. 2 Abs. 1, 14 Abs. 1 GG durch die Ermächtigung des vorläufigen Insolvenzverwalters, in Bezug auf das Betriebsgrundstück der Schuldner Betretungsverbote auszusprechen (BGH, ZInsO 2007, 267), in Art. 2 Abs. 1, 20 Abs. 3 GG, wenn ein absolut unzuständiges Rechtspflegeorgan die Nichtigkeit eines Beschlusses der Gläubigerversammlung feststellt (BGH, ZInsO 2010, 1225), bei der Anordnung eines Sachverständigengutachtens im Eröffnungsverfahren zur Klärung der Zulässigkeit eines Gläubigerantrages (BGH, ZInsO 2011, 1499) sowie gegen die Anordnung eines Sachverständigengutachtens zu der Frage, wo sich der Mittelpunkt der hauptsächlichen Interessen des Schuldners befindet (BGH, ZInsO 2012, 1472).

8a Keine Ausnahme vom Enumerationsprinzip des § 6 Abs. 1 besteht, wenn das Insolvenzgericht von der Einsetzung eines vorläufigen Gläubigerausschusses (§ 21 Abs. 2 Satz 1 Nr. 1a) absieht (A/G/R-Sander § 21 Rn. 20; FK-Schmerbach § 21 Rn. 51, 193i; Frind, ZInsO 2013, 279, 284 ff.; **a. A.** Römermann/Praß, ZInsO 2013, 482; Horstkotte, ZInsO 2012, 1930, 1932). Dies gilt sowohl für den Fall des Pflichtausschusses (§ 22a Abs. 1) also auch den Fall des Antragsausschusses (§ 22a Abs. 2) (A/G/R-Sander § 21 Rn. 20). Ein Ausnahmefall (vgl. Rdn. 8) oder ein außerordentliches Beschwerderecht der Gläubiger gem. § 4 i. V. m. § 567 ZPO ist hier nicht anzuerkennen. Ein solches Beschwerderecht hätte der Gesetzgeber vorsehen müssen.

Die Ausschlusswirkung des Abs. 1 bezieht sich nicht auf **nicht insolvenzspezifische Entscheidungen**, deren Rechtsgrundlage außerhalb der InsO bzw. des über § 4 anwendbaren Bereichs der ZPO liegt, da diese nicht »im Insolvenzverfahren«, sondern nur aus Anlass des Verfahrens getroffen werden (Uhlenbruck-I.Pape § 6 Rn. 7). Ebenfalls nicht von der Reichweite der Unanfechtbarkeitsregelung des Abs. 1 erfasst werden Entscheidungen des Insolvenzgerichts, die ihre Rechtsgrundlage in über § 4 im Insolvenzverfahren anwendbaren ZPO-Normen haben. Die Rechtsbehelfe richten sich in diesem Fall nach den jeweils einschlägigen ZPO-Vorschriften, da diese § 6 als speziellere Normen vorgehen (Jaeger/Henckel/Gerhardt-Gerhardt § 6 Rn. 11). 9

So richtet sich z. B. die sofortige Beschwerde gegen die **Ablehnung der Gewährung von PKH** nach § 127 Abs. 2 und 3 ZPO (vgl. BGHZ 144, 78 = ZInsO 2000, 280), gegen die **Zurückweisung eines Ablehnungsgesuchs** nach § 46 Abs. 2 ZPO (BGH, ZInsO 2011, 1032) und gegen die **Ablehnung des Akteneinsichtsgesuchs** eines Beteiligten (§ 299 Abs. 1 ZPO) nach § 567 Abs. 1 Nr. 2 ZPO (OLG Celle, ZInsO 2004, 204). Die vom Gericht in den Fällen der **übereinstimmenden Erledigungserklärung** (§ 91a ZPO) sowie der **Antragsrücknahme** (§ 269 Abs. 3 ZPO) zu treffende Kostengrundentscheidung ist gem. §§ 91a Abs. 2, 269 Abs. 5 ZPO mit der sofortigen Beschwerde angreifbar (BGH, ZInsO 2008, 1206; LG Memmingen, NZI 2000, 278). Dagegen ist gegen die Entscheidung des Gerichts nach einseitiger Erledigungserklärung des Antragstellers im Eröffnungsverfahren gem. §§ 6, 34 die Beschwerde eröffnet (BGH, ZInsO 2008, 1206; a. A. noch die 2. Aufl.). 10

Sind **vollstreckungsrechtliche Entscheidungen** dem Insolvenzgericht wegen der größeren Sachnähe zugewiesen (z. B. gem. §§ 36 Abs. 4, 89 Abs. 3), richtet sich der Rechtsmittelzug **nach allgemeinen vollstreckungsrechtlichen Vorschriften** (§§ 766, 793 ZPO), da das Insolvenzgericht funktional als Vollstreckungsgericht entscheidet (zu § 36 Abs. 4: BGH, ZInsO 2004, 391; ZVI 2007, 78; zu § 89 Abs. 3: BGH, ZInsO 2008, 39; 2004, 441; zu § 148 Abs. 2 Satz 2 und § 210: BGH, ZInsO 2006, 1049 u. 1105; zu § 292 Abs. 1 Satz 3: BGH, ZInsO 2006, 139; für die näheren Einzelheiten hierzu vgl. § 36 Rdn. 58 ff.; § 89 Rdn. 24; § 148 Rdn. 38; § 210 Rdn. 9). Die Erinnerung gegen den Kostenansatz und die Beschwerde gegen die Festsetzung des Gegenstandswerts richten sich nach den §§ 66, 68 GKG (HK-Kirchhof, § 6 Rn. 11). 11

Da die Verfahrensrechte **Drittbetroffener** nicht durch Abs. 1 geschmälert werden sollen, richten sich deren Rechtsmittel ebenfalls nach den allg. Vorschriften. Dies gilt etwa bei der Festsetzung von Ordnungsmitteln gegen Zeugen oder Sachverständige (§§ 380, 390, 409 ZPO), hinsichtl. der Festsetzung der Vergütung des Sachverständigen (§ 4 Abs. 3 JVEG) oder bei der Zurückweisung des Akteneinsichtsgesuchs eines Dritten i. S. d. § 299 Abs. 2 ZPO (vgl. § 4 Rdn. 50). 12

Entscheidungen des Rechtspflegers sind stets anfechtbar. Die Rechtsmittel richten sich gem. § 11 Abs. 1 RPflG nach den allgemeinen Vorschriften. Ist danach kein Rechtsmittel gegeben, kann gegen die Entscheidung des Rechtspflegers gem. § 11 Abs. 2 RPflG die **befristete Rechtspflegererinnerung** eingelegt werden. Hilft der Rechtspfleger der Erinnerung nicht ab, entscheidet abschließend der Richter. Das Enumerationsprinzip des § 6 Abs. 1 gilt für die Rechtspflegererinnerung nicht (Jaeger/Henckel/Gerhardt-Gerhardt § 6 Rn. 22). Ausnahmsweise (auch) nicht mit der Erinnerung anfechtbar ist gem. § 11 Abs. 3 Satz 2 RPflG die **Stimmrechtsfestsetzung** gem. § 77 (BGH, ZInsO 2004, 1314; ZIP 2008, 2428; vgl. aber § 18 Abs. 3 Satz 2 RPflG: ggf. Antrag auf Neufestsetzung des Stimmrechts und Anordnung der Wiederholung der Abstimmung durch den Richter). 13

Ist die Beschwerde nicht eröffnet, kann das Gericht bei **Verstößen gegen verfassungsrechtliche Verfahrensrechte** oder **greifbarer Gesetzeswidrigkeit** auf fristgebundene **Gegenvorstellung** entsprechend § 321a ZPO hin verpflichtet sein, seine Entscheidung selbst zu korrigieren, da eine außerordentliche Beschwerde zum BGH in diesen Fällen nach der Neuregelung des Beschwerderechts im 14

ZPO-Reformgesetz vom 01.07.2002 nicht mehr in Betracht kommt (BGHZ 150, 133 = ZInsO 2002, 371; HK-Kirchhof § 6 Rn. 16; vgl. aber Rdn. 8 zu Ausnahmefällen).

II. Beschwerdeverfahren (Abs. 2, 3)

15 Das Beschwerdeverfahren richtet sich über § 4 grds. nach den §§ 567 ff. ZPO, soweit § 6 keine abweichenden Bestimmungen enthält.

1. Beschwerdeberechtigung

16 Die Beschwerdeberechtigung ergibt sich jeweils **aus den einzelnen Vorschriften der InsO**, die die Beschwerde für statthaft erklären (vgl. Rdn. 3). Der entlassene vorläufige Insolvenzverwalter kann gegen seine Entlassung Rechtsmittel nur im eigenen Namen, nicht für die Masse einlegen (BGH, ZInsO 2010, 2093). In den Fällen der §§ 64 Abs. 3, 75 Abs. 3 besteht die Beschwerdeberechtigung grds. bereits, wenn der Beschwerdeführer seine Forderung zur Tabelle angemeldet hat, ohne dass es auf das tatsächliche Bestehen dieser Forderung ankommt (BGH, ZInsO 2007, 259; 2004, 1312). Die in § 64 Abs. 3 nicht genannte Staatskasse hat kein Beschwerderecht (AG Nürnberg, ZVI 2004, 314; AG Dresden, ZVI 2003, 414). Gegen die Ablehnung seines Antrags auf Einberufung einer Gläubigerversammlung steht dem Gläubiger die sofortige Beschwerde zu, auch wenn die Ablehnung darauf gestützt worden ist, dass nach der Schätzung des Gerichts das Quorum verfehlt worden ist (BGH, ZInsO 2007, 271). Ist der Schuldner eine juristische Person oder Gesellschaft ohne Rechtspersönlichkeit, übt er das Beschwerderecht durch seine Organe bzw. den persönlich haftenden Gesellschafter aus (BGH, ZInsO 2006, 822; NZI 2008, 121; HK-Kirchhof § 6 Rn. 24). Hat **der nach § 37 Abs. 2 KWG bestellte Abwickler** den Insolvenzantrag gestellt, kann die Schuldnerin durch ihren nach Gesellschaftsrecht berufenen gesetzlichen Vertreter sofortige Beschwerde gegen den Eröffnungsbeschluss einlegen (BGH, ZInsO 2006, 825). **Gesellschafter einer GbR** haben kein eigenes Beschwerderecht (BGH, ZInsO 2006, 822).

16a Im Fall **des Eigenantrags einer führungslosen juristischen Person gem. § 15 Abs. 1 Satz 2** übt diese ihr Beschwerderecht durch ihre Gesellschafter bzw. bei der AG und Genossenschaft durch die Mitglieder des Aufsichtsrats aus (vgl. § 13 Rdn. 18). Dies ist die Folge des Antragsrechts. Demgegenüber kann die führungslose GmbH, AG oder Genossenschaft **bei einem Gläubigerantrag** aufgrund der reinen Passivvertretung durch ihre Gesellschafter bzw. Aufsichtsratsmitglieder kein Rechtsmittel gegen Entscheidungen des Gerichts einlegen, auch wenn dagegen ein Beschwerderecht für den Schuldner eröffnet wäre. Die Rechtfertigung für diese Verfahrenshandlungsunfähigkeit liegt darin, dass die an der juristischen Person Beteiligten (z. B. die Gesellschafter einer GmbH) die Pflicht und die Möglichkeit haben, für eine ordnungsgemäße Vertretung zu sorgen (vgl. auch Horstkotte, ZInsO 2009, 209; § 4 Rdn. 20a).

17 Darüber hinaus muss der Beschwerdeführer zur Zulässigkeit der Beschwerde durch die Entscheidung **in rechtserheblicher Weise beschwert** sein. Nach den über § 4 entsprechend anzuwendenden allgemeinen verfahrensrechtlichen Grundsätzen der ZPO ist der Antragsteller grds. nur dann beschwert, wenn das Gericht (nicht lediglich in der Kostenentscheidung oder in den Gründen) **eine von seinem Antrag abweichende Entscheidung getroffen hat** (sog. formelle Beschwer), wohingegen der Antragsgegner (= der Schuldner beim Gläubigerantrag) beschwert ist, wenn seine **materielle Rechtsstellung durch die Entscheidung beeinträchtigt wird** (BGH, ZInsO 2007, 206 m. w. N.). Bei der sofortigen **Beschwerde des Schuldners gegen den Eröffnungsbeschluss (§ 34 Abs. 2)** ist umstritten, ob und in welchen Fällen die materielle Beschwer ausreicht, wenn das Verfahren aufgrund eines Eigenantrags des Schuldners eröffnet worden ist (zu den Einzelheiten s. § 34 Rdn. 15 ff.). Nach der Rspr. des BGH fehlt dem Schuldner grds. die erforderliche Beschwer, wenn das Verfahren **auf seinen Antrag hin eröffnet** wurde (BGH, ZInsO 2007, 206; 2008, 859; 2012, 504). Dies gilt namentlich für die Fälle, in denen der Schuldner die sofortige Beschwerde darauf stützt, das Insolvenzgericht habe das Bestehen eines Insolvenzgrundes zu Unrecht angenommen (BGH, ZInsO 2007, 206) oder geltend macht, dass sein Antrag mangels einer die Kosten des Verfahrens deckenden Masse (§ 26) hätte abgewiesen werden müssen (BGH, ZInsO 2007, 663;

21 Die Beschwerdeschrift muss die angegriffene Entscheidung bezeichnen und erkennen lassen, welche Änderung der Entscheidung in der Beschwerdeinstanz begehrt wird. Gem. § 571 Abs. 1 ZPO soll die Beschwerde begründet werden. Ein **Begründungszwang** besteht jedoch nicht (Uhlenbruck-I. Pape § 6 Rn. 13). Kündigt der Beschwerdeführer eine Begründung binnen einer bestimmten Frist an, hat das Gericht diese abzuwarten oder ihm eine **angemessene kürzere Frist** zu setzen (BVerfG, ZIP 1988, 1409). Eine Frist von 2 Wochen zur Begründung der Beschwerde ist ausreichend (BGH, ZInsO 2011, 92). Geht die Begründung nicht innerhalb der vom Gericht gem. § 571 Abs. 3 ZPO gesetzten Frist ein, kann der Beschwerdeführer damit gem. § 571 Abs. 3 Satz 2 ZPO präkludiert sein. Da die Beschwerdeinstanz eine vollwertige zweite Tatsacheninstanz ist (BGH, ZInsO 2009, 872), ist ein erst in der Beschwerdeschrift gestellter antragserweiternder Hilfsantrag stets zulässig und vom Beschwerdegericht zu entscheiden, wenn der Beschwerdeführer mit seinem Hauptbegehren nicht durchdringt (BGH, ZInsO 2007, 86).

3. Frist (Abs. 2)

22 Die **Beschwerdefrist** beträgt mangels abweichender Regelung in Abs. 2 entsprechend § 569 Abs. 1 Satz 1 ZPO **2 Wochen**. Es handelt sich um eine **Notfrist** (§ 224 Abs. 1 ZPO), gegen deren Versäumung Wiedereinsetzung gewährt werden kann (§ 233 ZPO). Für die Fristberechnung gelten die §§ 222 ff. ZPO, 187, 188 BGB.

23 Die Frist beginnt gem. Abs. 2 mit der Verkündung (§ 329 Abs. 1 ZPO), ansonsten mit der Zustellung der Entscheidung (§ 329 Abs. 3 ZPO). Da das Insolvenzgericht im Hinblick auf § 5 Abs. 3 zumeist ohne mündliche Verhandlung entscheidet, beginnt die Frist rgm. mit der **Zustellung**. Im Fall des § 194 Abs. 3 Satz 3 beginnt die Beschwerdefrist abweichend bereits mit dem Tag, an dem die Entscheidung über die **Berichtigung des Verteilungsverzeichnisses** auf der Geschäftsstelle niedergelegt ist. Die Zustellung an die einzelnen Beteiligten richtet sich nach § 8, kann aber gem. § 9 Abs. 3 durch **öffentliche Bekanntmachung** mit Wirkung gegen alle Beteiligten ersetzt werden. Dies gilt selbst dann, wenn das Gericht eine gesetzlich vorgeschriebene Zustellung der Entscheidung unterlassen hat (BGH, ZInsO 2004, 199). Die öffentliche Bekanntmachung muss, um wirksam zu sein, die Entscheidung hinreichend erkennen lassen und gilt gem. § 9 Abs. 1 Satz 3 als bewirkt, sobald nach dem Tag der Veröffentlichung zwei weitere Tage verstrichen sind (vgl. § 9 Rdn. 8). Ist die öffentliche Bekanntmachung fehlerhaft und besitzt daher keine Zustellungswirkung (§ 9 Abs. 3), beginnt die Beschwerdefrist **nicht mit Ablauf von 5 Monaten** nach dem Erlass der Entscheidung zum Nachteil derjenigen Beteiligten, welchen die Entscheidung nicht individuell bekannt gemacht worden ist (BGH, ZInsO 2012, 49).

24 Die Zustellung bleibt jedoch für den Beginn der Beschwerdefrist maßgebend, wenn diese nachweislich vor dem Zeitpunkt erfolgt ist, an dem die öffentliche Bekanntmachung als bewirkt gilt (BGH, ZInsO 2009, 2414; 2003, 374; MK-Ganter/Lohmann § 6 Rn. 38; a. A. FK-Schmerbach § 9 Rn. 14; Jaeger/Henckel/Gerhardt-Gerhardt § 6 Rn. 32). **Zustellungsmängel** werden, wenn eine Zustellung erfolgen sollte, gem. § 189 ZPO durch den **tatsächlichen Zugang geheilt**, auch wenn durch die Zustellung Notfristen in Lauf gesetzt werden (Zöller-Stöber § 189 ZPO Rn. 17). Die Beschwerdefrist beginnt dann mit dem Zugang der Entscheidung. Mangels anderer Anhaltspunkte kann davon ausgegangen werden, dass dem Beschwerdeführer die Entscheidung jedenfalls unter dem Datum seiner Beschwerdeschrift zugegangen ist. Lässt sich der Zugang hingegen nicht beweisen, muss die Entscheidung neu zugestellt werden (a. A. HK-Kirchhof § 6 Rn. 19: § 569 Abs. 1 Satz 2 ZPO analog).

24a Durch das **Gesetz zur Einführung einer Rechtsbehelfsbelehrung im Zivilprozess** vom 05.12.2012 (BGBl. I S. 2418) hat der Gesetzgeber mit Wirkung vom 01.01.2014 eine **allgemeine Rechtsbehelfsbelehrungspflicht** (§ 232 ZPO) eingeführt. Danach hat **jede anfechtbare gerichtliche Entscheidung** eine Belehrung über das statthafte Rechtsmittel, den Einspruch, den Widerspruch oder die Erinnerung sowie über das Gericht, bei dem der Rechtsbehelf einzulegen ist, über den Sitz des Gerichts und die einzuhaltende Form und Frist zu enthalten. Nach der Gesetzesbegründung gilt die Belehrungspflicht gem. § 232 ZPO über § 4 auch **für streitige Entscheidungen des Insol-

2008, 859). Dies gilt auch bei Bestehen einer Antragspflicht des Schuldners. **Nicht beschwert ist der Schuldner** durch den Eröffnungsbeschluss, wenn neben ihm ein Gläubiger einen Insolvenzantrag gestellt hat und die Anträge mit Eröffnung des Verfahrens verbunden wurden (BGH, ZInsO 2012, 504) oder wenn der Schuldner die Eröffnung ausschließlich im Verbraucherinsolvenzverfahren beantragt hat und das Gericht von einer Überführung in das Regelinsolvenzverfahren absieht (BGH, ZInsO 2008, 1324). Dagegen verfügt der Schuldner **über die erforderliche Beschwer**, wenn das Insolvenzgericht das Verfahren als Regelinsolvenzverfahren eröffnet, obwohl der Schuldner an seinem Verbraucherinsolvenzantrag festhält oder das auf den Antrag des Schuldners hin eröffnete Verbraucherinsolvenzverfahren auf Antrag eines Gläubigers verfahrenswidrig in ein Regelinsolvenzverfahren übergeleitet (BGH, ZInsO 2013, 1100, Rn. 8).

Soweit der BGH dazu neigt, die bisher offengelassene Frage zu verneinen, ob der Schuldner über die erforderliche Beschwer verfügt, wenn dieser die Beschwerde darauf stützt, dass der **im Eröffnungszeitpunkt bestehende Insolvenzgrund nachträglich entfallen** sei (vgl. BGH, ZInsO 2007, 663; BGHZ 169, 17 = ZInsO 2006, 1051 [obiter dictum]; ZVI 2006, 564), erscheint dies zweifelhaft. Denn ein Einstellungsantrag gem. § 212, auf den der Schuldner dann zu verweisen wäre, setzt ein rechtskräftig eröffnetes Verfahren voraus (vgl. die Nachweise in der 1. Aufl. sowie Jaeger/Henckel/Gerhardt-Schilken, § 34 Rn. 23 und Nöll, ZInsO 2007, 249, 253). Die sofortige Beschwerde kann entsprechend § 571 Abs. 2 Satz 2 ZPO nicht allein darauf gestützt werden, dass das Gericht seine **Zuständigkeit** zu Unrecht angenommen habe (vgl. OLG Köln, ZInsO 2000, 21 [Ls.] = ZIP 2000, 462).

Die Beschwer darf zum **Zeitpunkt der Beschwerdeentscheidung** noch nicht entfallen sein. Dies ist grds. **bei verfahrensmäßiger Überholung** des Begehrens der Fall, z.B. bei der sofortigen Beschwerde des Schuldners gegen die Anordnung von Sicherungsmaßnahmen gem. § 21 Abs. 2 durch die zwischenzeitliche Eröffnung des Insolvenzverfahrens (BGH, ZInsO 2008, 268; 2007, 267; OLG Köln, ZIP 2000, 1221) oder deren Aufhebung (BGH, ZInsO 2006, 1212 zur vorläufigen Postsperre; **a.A.** Zipperer NZI 2006, 688 unter Hinweis auf Art. 19 Abs. 4 GG). Das Rechtsschutzinteresse des Beschwerdeführers soll trotz verfahrensmäßiger Überholung ausnahmsweise bei einer tiefgreifenden Grundrechtsverletzung zu seinem Nachteil (z.B. aus Art. 13 Abs. 1 und 2, 104 Abs. 2 und 3 GG) oder einer fortwirkenden Beeinträchtigung, welche eine Sachentscheidung trotz Erledigung des ursprünglichen Rechtsschutzziels ausnahmsweise erfordert, fortbestehen (**Fortsetzungsfeststellungsinteresse:** BGHZ 158, 212 = ZInsO 2004, 550; 2007, 267; 2008, 268; 2009, 2053; zu den Einzelheiten vgl. Rdn. 8; zu weitgehend bejaht dies LG Göttingen, ZInsO 2007, 499 bei einem Verstoß gegen das Verhältnismäßigkeitsprinzip durch einen gerichtlichen Durchsuchungsbeschluss für die Geschäfts- und Privaträume des Schuldners anstelle der Ladung zu einem Anhörungstermin). Liegt ein solcher Ausnahmefall nicht vor, hat der Beschwerdeführer die Beschwerde **für erledigt zu erklären**, um einer Zurückweisung als unzulässig zu entgehen. Das Gericht entscheidet sodann gem. § 91a ZPO über die Kosten (Uhlenbruck-I.Pape § 6 Rn. 12). Die Beschwer kann wegen ihres Gegenstandes **von der Fortdauer des Insolvenzverfahrens unabhängig** sein, z.B. bei Einwendungen gegen das Verteilungsverzeichnis oder Beschwerden gegen die Vergütung des Insolvenzverwalters (HK-Kirchhof § 6 Rn. 26).

Auf die Erreichung des Beschwerdewertes (§ 567 Abs. 2 ZPO) kommt es nur bei Beschwerden über Kosten an (vgl. § 64 Abs. 3 Satz 2).

2. Form

Die Beschwerde kann gem. Abs. 1 Satz 2 in Abweichung von § 569 Abs. 1 Satz 1 ZPO und der früheren Rechtslage **nur beim Insolvenzgericht**, d.h. dem Gericht, das die angefochtene Entscheidung erlassen hat, eingelegt werden. Die Regelung wurde mit dem Gesetz zur weiteren Erleichterung der Sanierung von Unternehmen (ESUG) eingeführt, um zu erreichen, dass der Insolvenzrichter sofort überprüfen kann, ob er der Beschwerde abhilft. Im Fall der Abhilfe verkürzt dies das Verfahren und entlastet das Beschwerdegericht. Die Beschwerde ist gem. § 569 Abs. 2 und 3 Nr. 1 ZPO schriftlich oder zu Protokoll der Geschäftsstelle einzulegen.

lichen Abhilfeprüfung (§ 572 Abs. 1 Satz 1 Halbs. 2 ZPO) hat das Gericht zuvor nicht gewährtes rechtliches Gehör nachzuholen (LG München, I ZInsO 2001, 813). Wird der Beschwerde **abgeholfen**, was im Hinblick auf die Bindungswirkung des § 318 ZPO nur bei zulässigen Beschwerden möglich ist, erfolgt dies durch formlose Mitteilung an den Beschwerdeführer bzw., wenn ein anderer Beteiligter (Beschwerdegegner, Dritter) durch die Abhilfe **erstmals beschwert** wird, durch begründeten Beschluss, der dem beschwerten Beteiligten zuzustellen ist. Dieser Beteiligte kann gegen den Abhilfebeschluss sofortige Beschwerde einlegen, wenn für ihn die Beschwerde auch eröffnet gewesen wäre, falls die Abhilfeentscheidung als Erstentscheidung ergangen wäre (Jaeger/Henckel/Gerhardt-Gerhardt § 6 Rn. 37; MK-Ganter/Lohmann § 6 Rn. 49).

26　Die **Nichtabhilfe** ist zu begründen, wenn der Beschwerdeführer neue Tatsachen vorgebracht hat oder der angefochtene Beschluss keine Begründung enthielt (OLG Celle, ZInsO 2001, 757). In diesem Fall ist dem Beschwerdeführer formlos eine Abschrift der Nichtabhilfentscheidung zu übersenden (§ 329 Abs. 2 Satz 1 ZPO). Eine wirksame Entscheidung über die Nichtabhilfe liegt auch vor, wenn der Richter zwar zum Zeitpunkt der Nichtabhilfentscheidung wegen Besorgnis der Befangenheit abgelehnt war und der Beschwerde entgegen der Wartepflicht des § 47 ZPO nicht abgeholfen hat, das Befangenheitsgesuch zum Zeitpunkt der Beschwerdeentscheidung aber bereits rechtskräftig zurückgewiesen worden ist (BGH, ZVI 2004, 753).

5. Keine aufschiebende Wirkung

27　Die sofortige Beschwerde nach § 6 hat gem. § 570 Abs. 1 Satz 1 ZPO **keine aufschiebende Wirkung**. Sowohl das Gericht, dessen Entscheidung angefochten wird, als auch das Beschwerdegericht können die **Aussetzung der Vollziehung** anordnen (§ 570 Abs. 2 und 3 ZPO), was jedoch nur erfolgen sollte, wenn die Beschwerde zulässig und die Rechtslage zweifelhaft ist und dem Beschwerdeführer durch die Vollziehung der angefochtenen Entscheidung größere Nachteile drohen als den anderen Beteiligten im Fall der Aussetzung (vgl. BGH, ZInsO 2002, 370; 2010, 432).

6. Entscheidung des Beschwerdegerichts

28　Zuständig für die Entscheidung ist das LG (§ 72 GVG), dort der **Einzelrichter** (§ 568 ZPO), der die Entscheidung gem. § 568 Satz 2 Nr. 1 oder 2 ZPO auf die Kammer übertragen kann. Das Beschwerdegericht kann ohne mündliche Verhandlung entscheiden (§ 128 Abs. 4 ZPO). Auch bei Anordnung einer mündlichen Verhandlung besteht kein **Anwaltszwang** (§§ 78 Abs. 3, 571 Abs. 4, 569 Abs. 3 Nr. 1 ZPO; FK-Schmerbach § 6 Rn. 72; a. A. noch die Vorauﬂ.). Hatte das Insolvenzgericht das rechtliche Gehör eines Beteiligten verletzt, kann das Beschwerdegericht dies nachholen und den Verstoß dadurch heilen (BVerfG, NZI 2002, 30; OLG Köln, ZInsO 2000, 393). I. R. d. Beschwerdeentscheidung gilt die **Amtsermittlungspflicht** (§ 5 Abs. 1) für das Beschwerdegericht (BGH, NZI 2006, 405; vgl. § 5 Rdn. 7a). Ist die sofortige Beschwerde jedenfalls unbegründet und hat ihre Zurückweisung keine weiter gehenden Folgen als ihre Verwerfung und stehen auch i. Ü. die Interessen der am Beschwerdeverfahren beteiligten Parteien nicht entgegen, kann unabhängig von der Zulässigkeit der sofortigen Beschwerde eine Sachentscheidung über sie ergehen (vgl. BGH, ZInsO 2006, 549, 550).

28a　**Maßgeblicher Zeitpunkt** für die rechtliche Beurteilung durch das Beschwerdegericht ist grds. der **Zeitpunkt der Beschwerdeentscheidung** (BGH, ZIP 2008, 1034). Dagegen soll bei der sofortigen Beschwerde des Schuldners gegen den Eröffnungsbeschluss für das Vorliegen eines Insolvenzgrundes ausnahmsweise allein der **Zeitpunkt der Eröffnung** maßgebend sein (BGHZ 169, 17 = ZInsO 2006, 1051 m. krit. Anm. Nöll, ZInsO 2007, 249). Lagen die Eröffnungsvoraussetzungen im Zeitpunkt der Eröffnung nicht vor, ist der Eröffnungsbeschluss aufzuheben und der Eröffnungsantrag nach Auffassung des BGH zwingend abzuweisen, auch wenn zum Zeitpunkt der Beschwerdeentscheidung ein Insolvenzgrund vorliegt. Das vom BGH aus Gründen des effektiven Rechtsschutzes des Schuldners (Art. 19 Abs. 4 GG) statuierte **Verbot der Neubescheidung des Gläubigerantrags durch das Beschwerdegericht** erscheint jedoch nicht unproblematisch, da so ein insolventer Schuldner sehenden Auges am Markt belassen wird (Nöll, ZInsO 2007, 249). Zwar ist anzuerkennen, dass

venzgerichts, gegen die die sofortige Beschwerde (§ 6) oder die Rechtsbeschwerde statthaft ist; bei Entscheidungen des Rechtspflegers, gegen die die sofortige Beschwerde nicht statthaft ist, ist über das Recht zur Erinnerung gem. § 11 Abs. 2 RPflG zu belehren (BT-Drucks. 17/10490 S. 14; vgl. Zipperer, NZI 2013, 865). Da in Insolvenzverfahren die Vertretung durch einen Rechtsanwalt regelmäßig nicht vorgeschrieben ist, greift die Ausnahmevorschrift für den Anwaltsprozess (§ 232 Satz 2 ZPO) nicht.

Die Rechtsbehelfsbelehrung muss den **statthaften Rechtsbehelf** bezeichnen, ohne dass auf daran ankommt, ob dieser zulässig wäre (Zöller-Greger § 232 Rn. 3). Bei schriftlich ergehenden Beschlüssen muss die **schriftliche Belehrung** in den Beschluss oberhalb der Unterschrift des Richters oder Rechtspflegers eingefügt werden (BT-Drucks. 17/10490 S. 13). Das Insolvenzgericht hat folglich jeweils zu prüfen, welche Beteiligten gegen die Entscheidung beschwerdeberechtigt wären und diese zu belehren. Die zu belehrenden Beteiligten ergeben sich zumeist aus der jeweiligen Bestimmung der InsO, die die Beschwerde für statthaft erklärt (vgl. Rdn. 3). Wegen der Einzelheiten wird auf die jeweilige Kommentierung verwiesen. Sieht das Insolvenzgericht die Beschwerde gegen eine Entscheidung als nicht statthaft an, kann die Rechtsbehelfsbelehrung **nicht vorsorglich oder hilfsweise** erteilt werden, da sich das Insolvenzgericht in diesem Fall widersprüchlich verhalten würde. Dass in Insolvenzverfahren vor dem Hintergrund der gesetzlichen Rechtsbehelfsbelehrungspflicht weitere Belehrungspflichten aus verfassungsrechtlichen Gründen auch außerhalb gerichtlicher Entscheidungen bestehen sollen (vgl. Zipperer, NZI 2013, 685), erscheint zu weitgehend. Allein in der **Beifügung** einer Rechtsmittelbelehrung liegt **keine Zulassung der Rechtsbeschwerde**, wenn sowohl der Ausspruch als auch die Gründe der Beschwerdeentscheidung zur Frage der Zulassung der Rechtsbeschwerde schweigen (BGH, ZInsO 2014, 797).

Jedoch stellt sich in Insolvenzverfahren die Frage, ob auch **öffentliche Bekanntmachungen** in Insolvenzverfahren (§ 9) mit einer Rechtsbehelfsbelehrung versehen sein müssen. Dies gilt nicht im Hinblick auf die Publizitätswirkung, die mit der öffentlichen Bekanntmachung erreicht werden soll (vgl. § 9 Rdn. 1), ist aber zu bejahen, wenn die Zustellung (§ 8) durch die öffentliche Bekanntmachung ersetzt wird (§ 9 Abs. 3; vgl. Rdn. 23 f.).

Fehlt die Rechtsmittelbelehrung oder ist diese unrichtig, hat dies auf die Wirksamkeit, Rechtmäßigkeit und Länge der Beschwerdefrist keinen Einfluss und führt auch nicht zur Statthaftigkeit eines nicht statthaften Rechtsmittels (Zöller-Greger § 232 Rn. 1). Jedoch kann eine fehlende oder unrichtige Rechtsmittelbelehrung gem. § 233 Satz 2 ZPO einen **Wiedereinsetzungsgrund** bilden. In diesem Fall wird gesetzlich vermutet, dass diejenige Partei, die keine oder nur eine fehlerhafte Rechtsbehelfsbelehrung erhalten hat, die Einlegung des Rechtsbehelfs unverschuldet versäumt hat. Die Vermutung ist widerleglich. Eine Wiedereinsetzung ist ausgeschlossen, wenn der Beteiligte wegen vorhandener Kenntnis über ihre Rechtsbehelfe keiner Unterstützung durch eine Rechtsbehelfsbelehrung bedarf (BT-Drucks. 17/10490 S. 14). Ist der Beteiligte **durch einen Rechtsanwalt** vertreten, entfällt nicht schon allein deshalb die Kausalität zwischen dem Fehler in der Belehrung und der Fristversäumung. Vielmehr ist nach Art des Fehlers zu differenzieren und darauf abzustellen, ob der Fehler in der gerichtlichen Darstellung der Rechtslage nachvollziehbar und daher auch verständliche den Irrtum des Rechtsanwalts verursacht hat. Insbesondere wird sich ein Rechtsanwalt grundsätzlich auf die in der Belehrung mitgeteilten Rechtsbehelfsfristen vertrauen dürfen (BT-Drucks. 17/10490 S. 14 f.).

4. Abhilfe

Das Insolvenzgericht hat gem. § 572 Abs. 1 ZPO die Befugnis, der Beschwerde **abzuhelfen**. Dies gilt sowohl für den Richter als auch für den Rechtspfleger (OLG Köln, ZInsO 2002, 238). Lediglich bei Beschwerden gegen den Insolvenzplan besteht gem. § 253 Abs. 4 keine Abhilfebefugnis des Insolvenzgerichts. Die Akte ist unverzüglich dem Beschwerdegericht vorzulegen (vgl. § 253 Rdn. 25 ff.). Über einen erst in der Beschwerdeschrift gestellten Hilfsantrag des Beschwerdeführers darf das Gericht i. R. d. Abhilfe nicht entscheiden, da der Hilfsantrag in diesem Fall in erster Instanz nicht Verfahrensgegenstand ist (BGH, ZInsO 2007, 86). Trotz der Verpflichtung zur **unverzüg-**

durch das strikte Abstellen auf den Eröffnungszeitpunkt die als unbefriedigend empfundene Folge vermieden wird, dass die Insolvenz des Schuldners erst aufgrund der für ihn einschneidender Folgen des (rechtswidrigen) Eröffnungsbeschlusses eintritt. Es erscheint jedoch zweifelhaft, ob der Schuldner in einem derartigen Fall seine Zahlungsfähigkeit bei Aufhebung des Eröffnungsbeschlusses und Abweisung des Insolvenzantrages wirklich wiedererlangen kann. Überdies ist der antragstellende Gläubiger nicht gehindert, sofort einen neuen Insolvenzantrag gegen den Schuldner zu stellen, der kurzfristig zur Eröffnung des Insolvenzverfahrens führen würde, da der Schuldner nunmehr insolvent ist. Soweit der BGH obiter dictum ausgeführt hat, dass der nachträgliche Wegfall der im Eröffnungszeitpunkt noch vorliegenden Eröffnungsvoraussetzungen **nur im Verfahren des § 212** geltend gemacht werden kann (BGHZ 169, 17 = ZInsO 2006, 1051), begegnet dies ebenfalls Bedenken, da § 212 ein rechtskräftig eröffnetes Verfahren voraussetzt (vgl. Rdn. 17) und es nicht gerechtfertigt erscheint, den Schuldner auf § 212 zu verweisen, wenn dieser so zeitnah nach der Eröffnung des Insolvenzverfahrens das Bestehen des Insolvenzgrundes beseitigen konnte. Auch im Fall der **Abweisung des Insolvenzantrags mangels Masse** soll im Beschwerdeverfahren die nach Erlass des Ablehnungsbeschlusses erfolgte Befriedigung der Forderung durch den Insolvenzantrag stellenden Gläubiger nicht zu berücksichtigen sein (BGH, ZInsO 2011, 92).

Die Entscheidung des Beschwerdegerichts ist, wenn wie im Regelfall keine mündliche Verhandlung vorausgegangen ist, den Beteiligten **zuzustellen** (§ 329 Abs. 3 ZPO; § 8). Sie muss – schon im Hinblick auf eine etwaige Rechtsbeschwerde – den **Sachverhalt vollständig darstellen** und **mit Gründen versehen** sein (vgl. BGH, ZInsO 2002, 724; NZI 2005, 414). Es gilt das Verbot der »reformatio in peius« (BGHZ 159, 122 = ZInsO 2004, 669; 2006, 1162; Uhlenbruck-I.Pape § 6 Rn. 20). Da das Beschwerdegericht als solches ebenfalls Insolvenzgericht ist, ist es nicht daran gehindert, die angefochtene Entscheidung mit einer anderen Begründung zu bestätigen (BGH, NZI 2009, 864). Erachtet das Beschwerdegericht die Beschwerde für begründet, kann es entweder selbst in der Sache entscheiden oder die Entscheidung des Insolvenzgerichts aufheben und die Sache gem. § 572 Abs. 3 ZPO an das Insolvenzgericht **zurückverweisen**. Das Insolvenzgericht ist in diesem Fall entsprechend § 563 Abs. 2 ZPO bei seiner neu zu treffenden Entscheidung an die **tragenden Gründe** der Beschwerdeentscheidung gebunden (BGH, ZInsO 2011, 1566; HK-Kirchhof § 6 Rn. 34). 29

Das Gericht hat gem. § 97 ZPO oder, sofern ein Beschwerdegegner vorhanden ist, gem. §§ 91 ff. ZPO über die **Kosten** zu befinden (OLG Celle, ZInsO 2001, 711; HK-Kirchhof § 6 Rn. 35). Existiert bei erfolgreicher Beschwerde kein Beschwerdegegner, ist keine Kostenentscheidung zu treffen (Jaeger/Henckel/Gerhardt-Gerhardt § 4 Rn. 45). Bei Zurückverweisung kann die Kostenentscheidung auf das Insolvenzgericht übertragen werden, wenn der Erfolg der Beschwerde noch nicht feststeht (HK-Kirchhof § 6 Rn. 35). Die **Gerichtskosten** richten sich nach Nr. 2360, 2361 KV GKG, etwaige **Rechtsanwaltskosten** nach Nr. 3500, 3513 VV RVG. Die Festsetzung des **Beschwerdewertes** erfolgt nach §§ 58, 47 GKG, § 28 RVG. 30

7. Wirksamkeit der Entscheidung (Abs. 3 Satz 1)

Die Beschwerdeentscheidung wird gem. Abs. 3 Satz 1 erst mit **Rechtskraft** wirksam. Der Grund dafür liegt darin, dass ein wiederholter Wechsel von u. U. mit weitreichenden Folgen verbundenen Entscheidungen vermieden werden soll. Hat das Insolvenzgericht das Insolvenzverfahren eröffnet und das LG den Eröffnungsbeschluss in der Beschwerde aufgehoben, bestehen die Wirkungen des Eröffnungsbeschlusses **ununterbrochen** fort, wenn der BGH den Eröffnungsbeschluss in der Rechtsbeschwerde bestätigt (HK-Kirchhof § 6 Rn. 36). Das Beschwerdegericht kann jedoch gem. Abs. 3 Satz 2 die sofortige Wirksamkeit seiner Entscheidung anordnen und damit – vorbehaltlich der Aufhebung in der Rechtsbeschwerde – deren volle Wirksamkeit herbeiführen. Diese Anordnung ist nicht selbstständig anfechtbar. 31

III. Rechtskraft

Die Entscheidungen des Insolvenzgerichts werden nach Ablauf der Beschwerdefrist bzw. bei Verzicht aller Berechtigten auf die Beschwerde **formell rechtskräftig**. Der rechtskräftige Beschluss über 32

§ 7 InsO [Rechtsbeschwerde]

die Insolvenzeröffnung bindet daher die Gerichte in jedem anderen Verfahren, sofern er nicht nichtig ist (vgl. BGHZ 113, 216 = ZIP 1991, 233; vgl. BGH, ZInsO 2006, 549, 550). Der **materiellen Rechtskraft** sind insolvenzrechtliche Entscheidungen nur fähig, soweit sie bürgerlich-rechtliche Beziehungen unter bestimmten Personen festlegen, was etwa bei Vergütungsentscheidungen (§ 64) der Fall ist.

§ 7 [Rechtsbeschwerde]

(weggefallen)

Übersicht

		Rdn.			Rdn.
A.	Aufhebung des § 7 InsO	1	1.	Form	12
B.	Norminhalt der §§ 574 ff. ZPO	2	2.	Frist	13
I.	Statthaftigkeit und Zulassungsentscheidung	2	3.	Beschwer	14
			4.	Begründung	15
II.	Besondere Zulässigkeitsvoraussetzungen	6	5.	Verfahren	18
III.	Beschwerdeverfahren	11	6.	Entscheidung	23

A. Aufhebung des § 7 InsO

1 Die Vorschrift wurde durch Art. 2 des am 26.10.2011 verkündeten Gesetzes zur Änderung des § 522 ZPO (BGBl. I S. 2082) **mit Wirkung vom 27.10.2011** aufgehoben und gilt gem. Art. 103f EGInsO nur noch für alle **vor dem Inkrafttreten des neuen Gesetzes ergangenen Beschwerdeentscheidungen**, sofern die Frist für die Rechtsbeschwerde (§ 575 ZPO) nicht schon vorher abgelaufen war. Für alle ab diesem Stichtag ergangenen Beschwerdeentscheidungen in Insolvenzsachen gelten uneingeschränkt die Vorschriften über die Rechtsbeschwerde (§§ 574 ff. ZPO). Der BGH legt die **Übergangsvorschrift Art. 103f EGInsO** entsprechend der Vorstellung des Gesetzgebers dahin gehend aus, dass das Zulassungserfordernis sich auf Rechtsbeschwerden gegen solche Beschwerdeentscheidungen bezieht, die seit dem Inkrafttreten des neuen Rechts erlassen worden sind (BGH, ZInsO 2012, 1185; 2012, 218). Abzustellen ist folglich auf das **Ergehen der Beschwerdeentscheidung**, nicht auf die Einlegung der sofortigen Beschwerde (Kirchhof, ZInsO 2012, 16; Wenz, ZInsO 2011, 2120; a. A. Zimmer, ZInsO 2011, 1689, 1695). Der Gesetzgeber sah für die zulassungsfreie Rechtsbeschwerde in Insolvenzsachen keine Notwendigkeit mehr, da die wesentlichen Streitfragen geklärt seien (vgl. BT-Drucks. 17/5334 S. 8). Dies erscheint angesichts der zahlreichen Änderungen der InsO durch das ESUG sowie durch das Gesetz zur Verkürzung des Restschuldbefreiungsverfahrens und zur Stärkung der Gläubigerrechte vom 15.07.2013 (BGBl. I S. 2379) trotz der kritisierten Überlastung des BGH nicht unbedenklich.

Wegen der Kommentierung zu § 7 wird auf die 3. Aufl. verwiesen. Wegen der Konsequenzen der Neuregelung auf das Rechtsbeschwerdeverfahren in Insolvenzverfahren vgl. auch Kirchhof, ZInsO 2012, 16; Humberg, ZInsO 2014, 702; Zimmer, ZInsO 2011, 1689.

B. Norminhalt der §§ 574 ff. ZPO

I. Statthaftigkeit und Zulassungsentscheidung

2 Nach § 4 i. V. m. § 574 Abs. 1 Satz 1 ZPO findet die Rechtsbeschwerde gegen einen Beschluss statt, wenn dies im Gesetz **ausdrücklich bestimmt** ist oder das Beschwerdegericht sie **ausdrücklich zugelassen** hat. Da die InsO die Zulassung der Rechtsbeschwerde nicht bestimmt, bedarf diese zur Zulässigkeit nunmehr stets der Zulassung. Auf die i. R. d. § 7 maßgebliche Entscheidung, ob Gegenstand der Rechtsbeschwerde eine Entscheidung ist, die aufgrund des § 6 Abs. 1 ergangen ist oder hätte ergehen müssen (vgl. 3. Aufl. Rn. 3), kommt es nicht mehr an.

3 Gegenstand der Rechtsbeschwerde kann grds. nur eine **Endentscheidung** (auch in Form der Zurückverweisung, § 572 Abs. 3 ZPO) sein, die zumindest über Teile des Beschwerdegegenstandes

ergangen ist. Jedoch kann die Rechtsbeschwerde gem. § 576 Abs. 2 ZPO nicht allein darauf gestützt werden, das Insolvenzgericht habe seine **Zuständigkeit** zu Unrecht angenommen oder verneint (vgl. BGH, NZI 2005, 184; vgl. ZInsO 2007, 1226 – jeweils zu § 7 a. F.). Gegen die **selbständige Ablehnung eines Wiedereinsetzungsantrages** ist über § 238 Abs. 2 Satz 1 ZPO die Rechtsbeschwerde eröffnet (BGH, NZI 2006, 544), sofern diese zugelassen wird. Die Rechtsbeschwerde gegen eine Kostenentscheidung gem. § 91a ZPO darf nicht **aus materiell-rechtlichen Gründen** zugelassen werden, da es nicht Zweck des Kostenverfahrens ist, Rechtsfragen von grds. Bedeutung zu klären oder das Recht fortzubilden, soweit es um Fragen des materiellen Rechts geht (BGH, WuM 2012, 332; WM 2008, 2201).

Das Beschwerdegericht hat **von Amts wegen** zu prüfen, ob es die Rechtsbeschwerde zulässt. Hat die Sache grundsätzliche Bedeutung oder erfordert die Fortbildung des Rechts oder die Sicherung einer einheitlichen Rechtsprechung eine Entscheidung des Rechtsbeschwerdegerichts (§ 574 Abs. 2 ZPO), so hat das Beschwerdegericht die Rechtsbeschwerde von Amts wegen zuzulassen (§ 574 Abs. 3 Satz 1 ZPO), ohne dass ihm insoweit ein Ermessen eingeräumt ist (Kirchhof, ZInsO 2012, 16; Zimmer, ZInsO 2011, 1689, 1692). Lässt das Beschwerdegericht die Rechtsbeschwerde zu, muss die Entscheidung aufgrund des mit dem Gesetz zur Einführung einer Rechtsbehelfsbelehrung im Zivilprozess vom 05.12.2012 (BGBl. I S. 2418) mit Wirkung vom 01.01.2014 eingeführten § 232 ZPO eine **Rechtsbehelfsbelehrung** enthalten. Die Belehrungspflicht gem. § 232 ZPO gilt nach der Gesetzesbegründung nach § 4 auch für streitige Entscheidungen des Insolvenzgerichts, gegen die die Rechtsbeschwerde statthaft ist (BT-Drucks. 17/10490 S. 14). Jedoch liegt in der **Beifügung einer Rechtsmittelbelehrung keine Zulassung**, wenn sowohl der Ausspruch als auch die Gründe einer Beschwerdeentscheidung zur Frage der Zulassung der Rechtsbeschwerde schweigen (BGH, ZInsO 2014, 797). Wegen der Einzelheiten der Rechtsbehelfsbelehrung vgl. § 6 Rdn. 24a. 4

Zuständig für die Zulassungsentscheidung ist die **voll besetzte Kammer** des LG, nicht der Einzelrichter. Dies ergibt sich aus § 568 Satz 2 Nr. 2 ZPO, wonach der Einzelrichter Rechtssachen von grundsätzlicher Bedeutung auf die Kammer zu übertragen hat. Lässt gleichwohl der Einzelrichter die Rechtsbeschwerde zu, führt dies wegen eines unheilbaren Verfahrensfehlers zur Aufhebung und Zurückverweisung der Entscheidung durch den BGH als Rechtsbeschwerdegericht (BGHZ 154, 202 = ZInsO 2003, 317). **Schweigt** das Beschwerdegericht über die Zulassung, bedeutet dies Nichtzulassung; eine **nachträgliche Zulassung** etwa im Wege der Ergänzung gem. § 321 ZPO ist grds. ausgeschlossen (BGH, ZInsO 2014, 517; NZI 2014, 334). Etwas anderes gilt in Ausnahmefällen analog § 321a ZPO, wenn in der Beschwerdeentscheidung durch **willkürliche Nichtzulassung** ein Verfahrensgrundrecht des Beschwerdeführers verletzt worden ist (BGH, ZInsO 2009, 885; a. A. MK-Ganter/Lohmann § 6 [Anh.] Rn. 93: überholt). Darüber hinaus kann die unterbliebene Zulassung der Rechtsbeschwerde als solche die Garantie des rechtlichen Gehörs nicht verletzen, es sei denn, auf die Zulassungsentscheidung bezogener Vortrag der Parteien wäre verfahrensfehlerhaft übergangen worden (vgl. BGH, NJW-RR 2012, 306; NJW 2011, 1516 – jeweils zur Zulassung der Revision). Ergibt sich auch für einen Dritten aus dem Zusammenhang der Beschwerdeentscheidung selbst oder mindestens aus den Vorgängen bei der Beschlussfassung, dass die Zulassung der Rechtsbeschwerde versehentlich unterblieben ist, kommt eine **Berichtigung gem. § 319 ZPO** in Betracht (BGH, ZInsO 2014, 517; NZI 2014, 334; NJW 2005, 156). Die Entscheidung über die Zulassung der Rechtsbeschwerde kann nicht vom Rechtsbeschwerdegericht nachgeholt werden, wenn das Beschwerdegericht verkannt hat, dass ihm diese Entscheidung obliegen hat (BGH, ZInsO 2012, 1085).

An die **Zulassung** der Rechtsbeschwerde als Zulässigkeitsvoraussetzung **ist das Rechtsbeschwerdegericht gem. § 574 Abs. 3 Satz 2 ZPO gebunden.** Jedoch ist die irrige Zulassung der Rechtsbeschwerde durch das Beschwerdegericht unbeachtlich, wenn ein Rechtsmittel schlechthin ausgeschlossen ist, da eine Entscheidung, die der Anfechtung entzogen ist, auch bei irriger Rechtsmittelzulassung unanfechtbar bleibt (BGH, ZInsO 2013, 460, Rn. 7; MK-Ganter/Lohmann, § 6 [Anh.] Rn. 100). Bei Zulassung der Rechtsbeschwerde ist die Entscheidung stets **mit Gründen zu** 5

§ 7 InsO [Rechtsbeschwerde]

versehen, wobei die Bezugnahme auf die Gründe erstinstanzlichen Beschlusses nicht ausreichend ist (BGH, NZI 2008, 1034), und **zuzustellen** (§ 8 Abs. 1) (Kirchhof, ZInsO 2012, 16).

Die **Nichtzulassung** der Rechtsbeschwerde ist nicht anfechtbar, selbst wenn das Beschwerdegericht rechtsirrig davon ausgegangen ist, dass die Rechtsbeschwerde kraft Gesetzes eröffnet ist (BGH, ZInsO 2014, 797 Rn. 10 f.; FamRZ 2011, 1582). Eine **außerordentliche Rechtsbeschwerde** zum BGH neben § 574 Abs. 1 ZPO ist auch in den Fällen der Verletzung von Verfahrensgrundrechten des Beschwerdeführers oder greifbarer Gesetzeswidrigkeit der Entscheidung nicht eröffnet (BGHZ 150, 133 = ZInsO 2002, 371). Dem Beschwerdeführer verbleibt insoweit nur die Möglichkeit, beim Beschwerdegericht die **Gehörsrüge gem.** § 321a ZPO zu erheben (vgl. Rdn. 4).

II. Besondere Zulässigkeitsvoraussetzungen

6 § 574 Abs. 2 ZPO setzt als **spezielle Zulässigkeitsregelung** voraus, dass die Rechtssache grds. Bedeutung hat (Nr. 1) oder die Fortbildung des Rechts (Nr. 2, 1. Alt.) bzw. die Sicherung einer einheitlichen Rspr. (Nr. 2, 2. Alt.) eine Entscheidung des Rechtsbeschwerdegerichts erforderlich macht.

7 Eine **Rechtsfrage** liegt vor, wenn es um die Subsumtion eines verallgemeinerungsfähigen Lebenssachverhalts unter einen Normtatbestand und die sich daraus ergebenden Rechtsfolgen geht (HK-Kirchhof § 7 Rn. 11). Die Rechtsfrage ist von der Tatfrage abzugrenzen. Bei dem richtigen Verständnis **unbestimmter Rechtsbegriffe** wie z. B. Zahlungsunfähigkeit (§ 17), rechtliches Interesse (§ 14 Abs. 1), Erforderlichkeit anwaltlicher Vertretung i. S. v. § 4a Abs. 2 Satz 1 (vgl. BGHZ 152, 96 = ZInsO 2003, 800) und dem Maßstab für Zu- und Abschläge bei der Vergütung des vorläufigen Insolvenzverwalters (BGH, ZInsO 2008, 373) handelt es sich um eine Rechtsfrage (HK-Kirchhof § 7 Rn. 11). Dagegen handelt es sich bei der Frage, ob **die tatsächlichen Grundlagen** des Begriffs erfüllt sind, um eine Tatfrage (MK-Ganter, 2. Aufl., § 7 Rn. 33), etwa bei der Bewertung, ob die vorgelegten Beweismittel zur Glaubhaftmachung der Zahlungsunfähigkeit ausreichend sind (OLG Celle, ZInsO 2001, 1106), oder einzelne Zu- und Abschläge bei der Vergütung des vorläufigen Insolvenzverwalters richtig bemessen worden sind (BGH, ZInsO 2007, 370). **Entscheidungserheblich** ist die Rechtsfrage, wenn die Lösung des Streitfalls von ihrer Klärung abhängt (vgl. BGH, NJW 2003, 831) und kein anderer Lösungsweg zum selben Ergebnis wie die angefochtene Entscheidung führt. Die Rechtsfrage muss **klärungsfähig** sein, was der Fall ist, wenn sie zu dem gem. § 576 Abs. 3 i. V. m. § 560 ZPO berücksichtigungsfähigen Recht gehört.

8 **Grundsätzliche Bedeutung** hat eine Sache, wenn sie eine entscheidungserhebliche, klärungsbedürftige und klärungsfähige Rechtsfrage aufwirft, die sich in einer **unbestimmten Vielzahl** von Fällen stellen kann (BGHZ 151, 221 = ZInsO 2002, 896 [Ls.] = ZIP 2002, 1826), oder wenn andere Auswirkungen des Verfahrens auf die Allgemeinheit deren Interesse in besonderem Maße berühren (BGHZ 152, 182 = ZIP 2002, 2148). Dieses Interesse kann sich aus dem **hohen tatsächlichen oder wirtschaftlichen Gewicht** für den Rechtsverkehr ergeben oder daraus, dass der angegriffene Beschluss **offensichtlich so schwerwiegende Verfahrensfehler** aufweist, dass das Vertrauen der Allgemeinheit in die Rspr. dadurch beschädigt werden kann (BGHZ 152, 182 = ZIP 2002, 2148).

9 Zur **Fortbildung des Rechts** ist eine Entscheidung erforderlich, wenn im Einzelfall Anlass besteht, Leitsätze für die Auslegung von Gesetzesbestimmungen aufzustellen oder Gesetzeslücken auszufüllen (BGHZ 151, 221 = ZInsO 2002, 896 [Ls.] = ZIP 2002, 1826).

10 Die **Sicherung einer einheitlichen Rspr.** erfordert eine Entscheidung, wenn ansonsten **schwer erträgliche Unterschiede** in der Rspr. entstehen oder fortbestehen (BGHZ 151, 42 = ZIP 2002, 1506) oder über den Einzelfall hinaus die **Interessen der Allgemeinheit** nachhaltig berührt werden (BGHZ 151, 221 = ZInsO 2002, 896 [Ls.] = ZIP 2002, 1826). Diese Voraussetzungen liegen vor, wenn die angefochtene Entscheidung dieselbe Rechtsfrage anders beantwortet als die Entscheidung eines höherrangigen oder eines gleichgeordneten Gerichts (**Divergenz**; BGHZ 151, 42 = ZIP 2002, 1506; auch wenn diese erst nachträglich eintritt: BGH, ZInsO 2007, 663), wenn bei der fehlerhaften Anwendung des Rechts **Wiederholungen und Nachahmungen** zu besorgen sind (BGHZ 152, 182 = ZIP 2002, 2148), wenn in ständiger Praxis **höchstrichterliche Rspr. nicht berücksichtigt**

wird (BGHZ 151, 42 = ZIP 2002, 1506) oder wenn die Entscheidung des Beschwerdegerichts offensichtlich auf einem **Verstoß gegen Verfahrensgrundrechte** (insb. auf Gewährung rechtlichen Gehörs, auf wirkungsvollen Rechtsschutz und auf objektiv willkürfreies Verfahren) beruht (BGHZ 151, 221 = ZInsO 2002, 896 [Ls.] = ZIP 2002, 1826). Eine Rechtsbeschwerde ist nicht wegen Verletzung des rechtlichen Gehörs zuzulassen, wenn es der Beschwerdeführer versäumt hat, den Verstoß im Rahmen eines vorinstanzlichen Rechtsmittels zu rügen (BGH, ZInsO 2010, 1156). **Fehlentscheidungen im Einzelfall allein** reichen dagegen nicht aus, selbst wenn diese offensichtlich sind (BGHZ 151, 42 = ZIP 2002, 1506).

III. Beschwerdeverfahren

Das Beschwerdeverfahren richtet sich nach § 4 i. V. m. §§ 574 ff. ZPO. 11

1. Form

Die Rechtsbeschwerde ist **ausschließlich beim BGH** als Rechtsbeschwerdegericht einzulegen (§ 575 Abs. 1 Satz 1 ZPO, § 133 GVG). Von daher besteht auch **keine Abhilfebefugnis** des LG. Die Rechtsbeschwerdeschrift muss gem. § 575 Abs. 1 Satz 2 ZPO die angefochtene Entscheidung bezeichnen und die Erklärung enthalten, dass gegen diese Rechtsbeschwerde eingelegt wird. Die Rechtsbeschwerde muss durch einen beim BGH zugelassenen Rechtsanwalt unterzeichnet sein (BGH, Beschl. v. 12.08.2011, IX ZB 202/11). **Allgemeine Rechtsbehelfe** von vor dem BGH nicht postulationsfähigen Personen können nicht ohne Weiteres in (unzulässige) Rechtsbeschwerden **umgedeutet** werden (BGH, NJW 2002, 1958; HK-Kirchhof § 7 Rn. 30). I. Ü. richten sich die Formalien nach den allgemeinen Vorschriften für bestimmende Schriftsätze (§§ 130 ff. ZPO). Die Vorlage einer Ausfertigung oder beglaubigten Abschrift der angefochtenen Entscheidung (§ 575 Abs. 1 Satz 3 ZPO) stellt keine Zulässigkeitsvoraussetzung dar (HK-Kirchhof, § 7 Rn. 30). 12

2. Frist

Die Frist für die Einlegung der Rechtsbeschwerde beträgt gem. § 575 Abs. 1 Satz 1 ZPO **einen Monat**. Es handelt sich um eine **Notfrist** (§ 224 ZPO), die nicht verlängert werden kann. Die Frist wird **ausschließlich durch die Zustellung** des Beschlusses des Beschwerdegerichts in Lauf gesetzt und nur gewahrt, wenn die Rechtsbeschwerde durch **einen beim BGH zugelassenen Rechtsanwalt** eingelegt wird (BGH, ZVI 2003, 601). Die Zulassung der Rechtsbeschwerde im Wege der Berichtigung gem. § 319 ZPO hat ausnahmsweise Einfluss auf den Beginn der Rechtsmittelfrist, weil der Beschwerdeführer erst dadurch Kenntnis von der ausdrücklichen Zulassung der Rechtsbeschwerde erlangt (BGH, ZInsO 2013, 549 Rn. 7). Der Schuldner ist trotz der Wirkungen der Eröffnung des Insolvenzverfahrens über sein Vermögen (§ 80) zur Einlegung eines Rechtsmittels gegen den Eröffnungsbeschluss prozessführungsbefugt kann daher wirksam einen Rechtsanwalt damit beauftragen oder für die Rechtsbeschwerde PKH beantragen (BGH, NZI 2010, 63). Ist eine wirksame Zustellung nicht erfolgt und die fehlerhafte Zustellung auch nicht gem. § 189 ZPO geheilt worden, beginnt die Frist nicht analog § 569 Abs. 1 Satz 2 ZPO analog spätestens 5 Monate nach Verkündung zu laufen (vgl. § 6 Rdn. 24; a. A. HK-Kirchhof § 7 Rn. 27; MK-Ganter/Lohmann § 6 [Anh.] Rn. 104). Sofern der Beschwerdeführer nach seinen persönlichen und wirtschaftlichen Mitteln nicht in der Lage ist, einen beim BGH zugelassenen Rechtsanwalt zu mandatieren, ist ihm wegen unverschuldeter Fristversäumung **Wiedereinsetzung** (§ 233 ZPO) zu gewähren, wenn er noch innerhalb der Beschwerdefrist PKH-Antrag gestellt hat (MK-Ganter/Lohmann § 6 [Anh.] Rn. 105). 13

3. Beschwer

Der Beschwerdeführer muss über die erforderliche Beschwer verfügen, die rgm. bei **verfahrensmäßiger Überholung** der angefochtenen Beschwerdeentscheidung entfällt (MK-Ganter/Lohmann § 6 [Anh.] Rn. 102; zu den Einzelheiten s. § 6 Rdn. 18). Bei Erfolg der (Erst-) Beschwerde kann derje- 14 nige, der durch diese Entscheidung **erstmals beschwert** wurde, gegen die Beschwerdeentscheidung Rechtsbeschwerde einlegen, wenn diese vom Beschwerdegericht zugelassen worden ist.

4. Begründung

15   Die Rechtsbeschwerde ist gem. § 575 Abs. 2 Satz 1 und 2 ZPO binnen eines Monats seit Zustellung der angefochtenen Entscheidung und damit innerhalb der Einlegungsfrist zu begründen. Diese Frist, bei der es sich nicht um eine **Notfrist** handelt, kann vom Vorsitzenden ohne Einwilligung des Gegners um bis zu 2 Monate, mit Einwilligung des Gegners auch darüber hinaus verlängert werden (§ 575 Abs. 2 Satz 3 ZPO i. V. m. § 551 Abs. 2 Satz 5 und 6 ZPO). Gegen die Fristversäumung kann **Wiedereinsetzung** beantragt werden (BGH, ZInsO 2010, 1295), die zu gewähren sein kann, wenn dem Verfahrensbevollmächtigten des Beschwerdeführers die Verfahrensakten nicht vollständig zur Verfügung standen (vgl. BGH, NJW-RR 2005, 143; HK-Kirchhof § 7 Rn. 33). Zudem kann bei **fehlender oder unrichtiger Rechtsbehelfsbelehrung** Wiedereinsetzung zu gewähren sein (§ 4 i. V. m. §§ 232, 233 Satz 2 ZPO; zu den Einzelheiten vgl. § 6 Rdn. 24a).

16   Die Begründung der Rechtsbeschwerdeschrift muss nach § 575 Abs. 3 Nr. 2 ZPO eine **schlüssige und substanziierte Darlegung zu den Zulässigkeitsvoraussetzungen nach § 574 Abs. 2 ZPO** enthalten, was erfordert, dass **konkret** auf die zu überprüfende Rechtsfrage, ihre Klärungsbedürftigkeit und ihre über den Einzelfall hinausgehende Bedeutung einzugehen ist (BGHZ 152, 182 = ZIP 2002, 2148). Der BGH prüft nur die in der Rechtsmittelbegründung nach § 575 Abs. 3 Nr. 2 ZPO dargelegten Gründe (BGH, ZVI 2006, 564). Hat das Beschwerdegericht die sofortige Beschwerde gegen einen Eröffnungsbeschluss als unzulässig verworfen und hilfsweise deren Begründetheit verneint, ist die Rechtsbeschwerde nur zulässig, wenn hinsichtl. beider Begründungen die Voraussetzungen des § 574 Abs. 2 ZPO dargelegt werden (BGH ZInsO 2006, 549). Wurde die angefochtene Entscheidung des Beschwerdegerichts auf zwei selbstständig tragende Gründe gestützt, müssen die Zulässigkeitsvoraussetzungen bzgl. beider Gründe dargetan werden (BGH, ZInsO 2005, 1213). Die Beschwerde kann gem. § 576 Abs. 1 ZPO nur auf die Verletzung von Bundesrecht gestützt werden. **Neuer Tatsachenvortrag** sowie die Rüge, dass das erstinstanzliche Gericht seine Zuständigkeit zu Unrecht angenommen habe (§ 576 Abs. 2 ZPO), sind ausgeschlossen.

17   Darüber hinaus muss die Begründung gem. § 575 Abs. 3 Nr. 3 ZPO die **Rechtsbeschwerdegründe** angeben. Für die bestimmte Bezeichnung der Umstände, aus denen sich die **Rechtsverletzung** ergibt (Buchst. a), ist die Erörterung von Rechtsfragen und erforderlichenfalls deren Entscheidungserheblichkeit, Klärungsbedürftigkeit und -fähigkeit notwendig (BGH, NJW 2003, 831). Ergibt sich eine **Wiederholungs- oder Nachahmungsgefahr** aus der rechtlichen Begründung des Beschwerdegerichts, weil diese sich verallgemeinern und auf eine nicht unerhebliche Zahl künftiger Sachverhalte übertragen lässt, sind entsprechende Darlegungen in der Beschwerdebegründung entbehrlich (BGHZ 159, 135 = ZIP 2005, 502). Im Fall der **Verfahrensrüge** (Buchst. b) muss der Beschwerdeführer abgesehen von den Fällen »absoluter Rechtsbeschwerdegründe« (§§ 575 Abs. 5, 541 ZPO) dazu vortragen, dass der Verfahrensverstoß für die angefochtene Entscheidung **ursächlich** geworden ist (BGH, WM 2003, 702). Wird die Beschwerde auf die **Verletzung der Amtsermittlungspflicht** (§ 5 Abs. 1) gestützt, ist darzulegen, welche weiteren Erkenntnisquellen das Gericht bei pflichtgemäßer Entscheidung hätte ausschöpfen müssen und welches Ergebnis sich daraus hätte ergeben sollen (HK-Kirchhof § 7 Rn. 40). Wird eine **Verletzung des Anspruchs auf rechtliches Gehör** (Art. 103 GG) gerügt, bedarf es der Darlegung, was der Rechtsbeschwerdeführer bei ordnungsgemäßer Gewährung rechtlichen Gehörs vorgetragen hätte (HK-Kirchhof § 7 Rn. 40).

5. Verfahren

18   Die Rechtsbeschwerde hat zwar **keine aufschiebende Wirkung** (§ 575 Abs. 5 i. V. m. § 570 Abs. 1 ZPO). Der BGH kann jedoch **einstweilige Anordnungen** erlassen (§ 575 Abs. 5 i. V. m. § 570 Abs. 3 ZPO), wozu auch die Aussetzung der Vollziehung der erstinstanzlichen Entscheidung des Insolvenzgerichts gehört (HK-Kirchhof § 7 Rn. 44; zu den Kriterien hierfür vgl. § 6 Rdn. 27). Hierzu gehört auch die Aussetzung der Vollziehung des Eröffnungsbeschlusses (BGH, ZInsO 2009, 432).

6. Entscheidung

23 Die Entscheidung erfolgt i.d.R. **nicht aufgrund mündlicher Verhandlung** (§ 577 Abs. 6 ZPO; HK-Kirchhof § 7 Rn. 55). Ist die Rechtsbeschwerde zulässig und begründet, entscheidet der BGH durch Endentscheidung, wenn die Sache **entscheidungsreif** ist (§ 577 Abs. 5 ZPO). Der häufigere Fall ist jedoch die **Aufhebung und Zurückverweisung** (§ 577 Abs. 4 ZPO), die sowohl an das LG als auch an das Insolvenzgericht erfolgen kann, wenn bereits das LG die Sache vernünftigerweise oder wegen eines Verfahrensfehlers hätte zurückverweisen müssen (BGH, ZInsO 2005, 804; OLG Celle, ZInsO 2001, 128). Das Gericht, an das die Sache zurückverwiesen wurde, ist bei seiner Entscheidung an die rechtliche Beurteilung des BGH **gebunden** (§ 577 Abs. 4 Satz 4 ZPO). Gegen die Entscheidung des BGH ist **kein Rechtsmittel** eröffnet. Sie ist daher sofort formell rechtskräftig.

24 Über die Kosten der Rechtsbeschwerde entscheidet das Gericht, an das zurückverwiesen wurde (Uhlenbruck-I.Pape § 7 Rn. 25). Die Kostengrundentscheidung ergeht nach §§ 91, 92, 97 ZPO. Die **Gerichtskosten** richten sich nach Nr. 2362 bis 2364 KV GKG, die **Rechtsanwaltsgebühren** nach Nr. 3502, 3503 VV RVG. Die Festsetzung des **Beschwerdewertes** erfolgt für die Gerichtskosten nach §§ 58, 47 GKG, für die Rechtsanwaltsgebühren nach § 28 RVG.

§ 8 Zustellungen

(1) ¹Die Zustellungen erfolgen von Amts wegen, ohne dass es einer Beglaubigung des zuzustellenden Schriftstücks bedarf. ²Sie können dadurch bewirkt werden, dass das Schriftstück unter der Anschrift des Zustellungsadressaten zur Post gegeben wird; § 184 Abs. 2 Satz 1, 2 und 4 der Zivilprozessordnung gilt entsprechend. ³Soll die Zustellung im Inland bewirkt werden, gilt das Schriftstück drei Tage nach Aufgabe zur Post als zugestellt.

(2) ¹An Personen, deren Aufenthalt unbekannt ist, wird nicht zugestellt. ²Haben sie einen zur Entgegennahme von Zustellungen berechtigten Vertreter, so wird dem Vertreter zugestellt.

(3) ¹Das Insolvenzgericht kann den Insolvenzverwalter beauftragen, die Zustellungen nach Absatz 1 durchzuführen. ²Zur Durchführung der Zustellung und zur Erfassung in den Akten kann er sich Dritter, insbesondere auch eigenen Personals, bedienen. ³Der Insolvenzverwalter hat die von ihm nach § 184 Abs. 2 Satz 4 der Zivilprozessordnung angefertigten Vermerke unverzüglich zu den Gerichtsakten zu reichen.

Übersicht	Rdn.		Rdn.
A. Normzweck	1	II. Zustellung an Personen unbekannten Aufenthalts (Abs. 2)	10
B. Norminhalt	3	III. Zustellung durch den Insolvenzverwalter (Abs. 3)	13
I. Zustellung von Amts wegen (Abs. 1)	3		

A. Normzweck

1 Die Vorschrift regelt – zusammen mit § 9 – die Art und Weise, wie den Betroffenen die Kenntnisnahme von insolvenzgerichtlichen Maßnahmen, Entscheidungen und Ladungen zu ermöglichen ist, um der Insolvenz und ihren rechtlichen Folgen nach außen hin Geltung zu verschaffen. Zugleich dient § 8 der Erleichterung von Verfahrensvorgängen und damit der Entlastung der Gerichte.

Abs. 1 und Abs. 3 wurden durch das Gesetz zur Vereinfachung des Insolvenzverfahrens vom 13.04.2007 (BGBl. I S. 509 ff.) ergänzt und neu gefasst.

2 Das **Verhältnis zur öffentlichen Bekanntmachung** (§ 9) stellt sich wie folgt dar:

Wie sich aus § 9 Abs. 3 ergibt, genügt in Insolvenzverfahren grds. die öffentliche Bekanntmachung zum **Nachweis der Zustellung** an alle Beteiligten, auch wenn die InsO neben ihr eine besondere Zustellung vorschreibt. Durch diese Formulierung wird allerdings klargestellt, dass das Gericht

Dies setzt jedoch voraus, dass die Rechtsbeschwerde zulässig ist (BGH, ZInsO 2003, 1099). Einstweilige Anordnungen können nur in Bezug auf die Wirkungen der angefochtenen Entscheidung getroffen werden, weswegen der BGH etwa gehindert ist, Sicherungsmaßnahmen gem. § 21 anzuordnen, wenn er in der Hauptsache mit der vom Beschwerdegericht bestätigten Zurückweisung eines Insolvenzantrags befasst ist (BGH, ZInsO 2006, 267).

Die Zulässigkeit der Rechtsbeschwerde wird **von Amts wegen** geprüft (§ 577 Abs. 1 ZPO), wobei sich 19 die Prüfung nur auf die in der Beschwerdebegründung dargelegten Zulassungsgründe beschränkt (§ 577 Abs. 2 Satz 1 ZPO). An deren rechtliche Einordnung ist der BGH nicht gebunden (§ 577 Abs. 2 Satz 2 ZPO). I. R. d. Zulässigkeitsprüfung ist auch die **Entscheidungserheblichkeit** zu prüfen, an der es fehlt, wenn sich der Beschluss unabhängig von dem gerügten Zulassungsgrund als richtig erweist (OLG Celle, ZInsO 2001, 948). Der BGH prüft gem. § 577 Abs. 2 Satz 3 ZPO, ob die Beschwerde zulässig war, weil es andernfalls an einem gültigen und rechtswirksamen Verfahren vor dem Rechtsbeschwerdegericht fehlt (BGH, ZInsO 2012, 1640). Wird die Rechtsbeschwerde mit **einheitlichem Verfahrensgegenstand** (Vergütungsbeschluss) auf mehrere Gesichtspunkte gestützt, so ist sie insgesamt zulässig, falls auch nur einer der Gesichtspunkte eine Rechtsfrage von grds. Bedeutung berührt (BGH, ZInsO 2004, 265). Wird die der Rechtsbeschwerde zugrunde liegende streitige Rechtsfrage **nach Einlegung der Rechtsbeschwerde** durch eine Entscheidung des BGH geklärt, wird die Rechtsbeschwerde dadurch nicht unzulässig, da die Sicherung einer einheitlichen Rspr. es erfordert, dass die höchstrichterlicher Rspr. widersprechende Beschwerdeentscheidung n. rk. wird (BGH, ZInsO 2006, 1160; ZVI 2005, 99).

Maßgeblicher Zeitpunkt für die Prüfung der Zulassungsgründe gem. § 574 Abs. 2 ZPO ist der 20 Zeitpunkt der Entscheidung über die Rechtsbeschwerde. Ist ein bei Beschwerdeeinlegung noch vorhandener Zulassungsgrund vor der Entscheidung entfallen, muss die Rechtsbeschwerde für erledigt erklärt werden, es sei denn, die Sicherung einer einheitlichen Rspr. (§ 574 Abs. 2 Nr. 2 ZPO) erfordert, dass die der Rspr. des BGH widersprechende Beschwerdeentscheidung n. rk. wird (vgl. BGH, ZInsO 2006, 1160).

Ist die Rechtsbeschwerde **unzulässig**, wird sie durch Beschluss verworfen (§ 577 Abs. 1 Satz 2 21 ZPO). Dies gilt auch, wenn bereits die sofortige Beschwerde unzulässig war und dennoch vom Beschwerdegericht sachlich verbeschieden worden ist (BGH, ZInsO 2007, 86). War jedoch die Rechtsbeschwerde zulässig und lediglich die sachlich beschiedene sofortige Beschwerde unzulässig, hebt das Rechtsbeschwerdegericht die Beschwerdeentscheidung auf und verwirft die Beschwerde (BGH, ZInsO 2007, 86). Ein Gläubigerantrag auf Eröffnung des Insolvenzverfahrens kann vor dem Rechtsbeschwerdegericht nicht mehr in der Hauptsache einseitig für erledigt erklärt werden, wenn die Rechtsbeschwerde unzulässig ist (BGH, ZInsO 2005, 39).

Bei der **Prüfung der Begründetheit** gilt, dass der BGH Verfahrensmängel nach Maßgabe des § 577 22 Abs. 2 Satz 3 ZPO nur auf ordnungsgemäße Rüge hin berücksichtigen darf, an die tatsächlichen Feststellungen des LG gebunden ist (§ 577 Abs. 2 Satz 4 i. V. m. § 559 ZPO), in den Tatsacheninstanzen unterbliebenes rechtliches Gehör nicht nachholen kann und tatrichterliche Ermessensentscheidungen nur auf Ermessensfehler überprüfen darf (zu den Einzelheiten vgl. HK-Kirchhof § 7 Rn. 49 ff.). Ob in Analogie zur st. Rspr. des BGH zu § 559 ZPO (BGH, NJW 2009, 3783) Tatsachen, die sich erst während des Rechtsbeschwerdeverfahrens ereignen, zu berücksichtigen sind, wenn diese unstreitig oder offensichtlich sind, hat der BGH offen gelassen (BGH, ZInsO 2011, 92). Zur Aufhebung der Beschwerdeentscheidung und Zurückverweisung führt rgm. das Fehlen der Darstellung des maßgeblichen Sachverhalts in der Beschwerdeentscheidung (BGH, ZInsO 2002, 724; ZIP 2004, 1466; NZI 2005, 414) sowie die Verletzung rechtlichen Gehörs (OLG Celle, ZInsO 2001, 711). Bei Verfahrensverstößen besteht der erforderliche Zusammenhang zwischen der Rechtsverletzung und der Entscheidung bereits dann, wenn ohne den Verstoß **möglicherweise** eine andere Entscheidung getroffen worden wäre (MK-Ganter, 2. Aufl., § 7 Rn. 94). Dagegen ist die Rechtsbeschwerde gem. § 577 Abs. 3 ZPO zurückzuweisen, wenn zwar eine Rechtsverletzung vorliegt, sich die angefochtene Entscheidung aber **aus anderen Gründen** als richtig herausstellt (OLG Celle, ZInsO 2000, 556).

nicht befugt ist, vorgeschriebene Zustellungen im Hinblick auf eine zusätzlich erfolgte öffentliche Bekanntmachung einfach zu unterlassen (Uhlenbruck-I.Pape § 8 Rn. 2). Dies wäre pflichtwidrig, zumal wenn die Zustellung schneller als die Bekanntmachung bewirkt werden könnte (FK-Schmerbach § 9 Rn. 15). Die Veröffentlichung heilt Zustellungsmängel ex nunc, nicht mit rückwirkender Kraft (MK-Ganter/Lohmann § 8 Rn. 38a). Die **Bedeutung der Einzelzustellung** gem. § 8 beschränkt sich neben dem gerichtlichen Schuldenbereinigungsplanverfahren (§ 307 Abs. 1 Satz 4) darauf, dass bei einer nachweisbar **vor** Eintritt der Wirkungen der Bekanntmachung (§ 9 Abs. 1 Satz 3) erfolgten Einzelzustellung die Beschwerdefrist bereits ab dem Zeitpunkt der Zustellung beginnt (BGH, ZInsO 2003, 374; vgl. § 6 Rdn. 24). Erfolgt die Einzelzustellung dagegen erst nach Eintritt der Bekanntmachungswirkung, bleibt die öffentliche Bekanntmachung für den Beginn der Beschwerdefrist maßgeblich (BGH, ZInsO 2013, 2577; 2012, 1640).

B. Norminhalt

I. Zustellung von Amts wegen (Abs. 1)

Durch Abs. 1 wird klargestellt, dass erforderliche Zustellungen im Insolvenzverfahren **von Amts wegen** erfolgen (vgl. § 166 Abs. 2 ZPO). 3

§ 8 enthält keine Regelung darüber, **in welchen Fällen** eine Zustellung erforderlich ist. Die Zustellung an bestimmte Beteiligte ist in §§ 23 Abs. 1 Satz 2, 25 Abs. 1, 26a Abs. 1 Satz 4, 30 Abs. 2, 64 Abs. 2 Satz 1, 73 Abs. 2, 186 Abs. 2, 194 Abs. 2 Satz 1 und Abs. 3 Satz 1, 204 Abs. 1 Satz 1, Abs. 2 Satz 1, 208 Abs. 2 Satz 2, 307 Abs. 1 und Abs. 3 Satz 2 und 3 und 308 Abs. 1 Satz 3 sowie in den Fällen des § 329 Abs. 2 Satz 2 und Abs. 3 ZPO vorgeschrieben. Auch wenn die InsO von einer **besonderen Ladung** spricht (z. B. in §§ 177 Abs. 3 Satz 2, 235 Abs. 3 Satz 1, 241 Abs. 2 Satz 1 und 296 Abs. 3 Satz 2), ist diese zuzustellen (vgl. § 214 ZPO). Über § 4 ist § 329 Abs. 3 ZPO entsprechend anwendbar, wonach Entscheidungen, die der sofortigen Beschwerde unterliegen, stets zuzustellen sind (vgl. aber § 6 Rdn. 23). Darüber hinaus sollte die **gerichtliche Ergänzungsaufforderung** im Rahmen eines Verbraucherinsolvenzverfahrens (§ 305 Abs. 1 Satz 1) an den Schuldner zugestellt werden, um deren Zugang und damit den Beginn der Monatsfrist (§ 305 Abs. 1 Satz 2) nachzuweisen (für eine Zustellungspflicht BayObLG, ZInsO 2001, 1013). 4

Der jeweilige **Zustellungsadressat** ergibt sich aus der betroffenen Norm der InsO. Überdies ist an jede Person zuzustellen, die **durch die Entscheidung** beschwert ist, z. B. im Fall des § 59 Abs. 2 Satz 1 an den Insolvenzverwalter (MK-Ganter/Lohmann § 8 Rn. 10). Bei juristischen Personen ist an das Vertretungsorgan, bei Gesellschaften ohne Rechtspersönlichkeit an jeden persönlich haftenden Gesellschafter zuzustellen (FK-Schmerbach § 8 Rn. 24). Aufgrund des MoMiG vom 23.10.2008 ist in am 01.11.2008 noch nicht eröffneten Verfahren (Art. 103d Satz 1 EGInsO) im Fall der **Führungslosigkeit** bei der GmbH an einen Gesellschafter (§ 35 Abs. 1 Satz 2 GmbHG), bei der AG und der Genossenschaft an ein Aufsichtsratsmitglied (§ 78 Abs. 1 Satz 2 AktG; § 24 Abs. 1 Satz 2 GenG) zuzustellen. 4a

Zuständig für die Vornahme der Zustellung ist – vorbehaltlich des Abs. 3 – die Geschäftsstelle (§ 4 i. V. m. § 168 Abs. 1 ZPO). Die Zustellung richtet sich nach den §§ 166 bis 190 ZPO mit der Einschränkung, dass es gem. Abs. 1 Satz 1 in Abweichung zu § 169 Abs. 2 ZPO **keiner Beglaubigung** des zuzustellenden Schriftstücks bedarf. Das Insolvenzgericht hat die **zweckmäßigste Zustellungsart** nach pflichtgemäßem Ermessen auszuwählen (BGH, ZInsO 2003, 216). Dies gilt auch für die Wahl, ob die Zustellung förmlich oder durch Aufgabe zur Post erfolgen soll (BGH, ZInsO 2008, 320). 5

Die **förmliche Zustellung** erfolgt rgm. mit **Postzustellungsurkunde** (§§ 176 bis 181 ZPO) bzw. an Behörden oder bei anwaltlicher Vertretung gegen Empfangsbekenntnis (§ 174 ZPO). 6

▶ **Hinweis:** 7

> Bestehen Anhaltspunkte dafür, dass der Empfänger zwar unter einer bestimmten Anschrift wohnt, Zustellungen mit Zustellungsurkunde unter dieser Anschrift aber fehlgeschlagen

sind, kann sich die Zustellung durch Gerichtswachtmeister (§ 168 Abs. 1 Satz 2, 2. Alt. ZPO) empfehlen.

Weitere Zustellungsarten sind die Zustellung durch Aushändigung auf der Geschäftsstelle (§ 173 ZPO) sowie durch Telefax oder E-Mail (§ 174 Abs. 2 u. 3 ZPO). Der öffentlichen Zustellung (§§ 185 ff. ZPO) bedarf es wegen Abs. 2 Satz 1 nur im Fall des § 307 Abs. 1 Satz 3. Genügt die Zustellung den Voraussetzungen der vorstehend genannten Normen, ist diese auch dann bewirkt, wenn der Empfänger sie nie erhalten hat (MK-Ganter/Lohmann § 8 Rn. 21).

8 Aufgrund der Änderung des Abs. 1 erfolgt die **Zustellung eilbedürftiger Sendungen im Insolvenzverfahren jetzt rgm. durch Aufgabe zur Post** (§ 184 Abs. 1 Satz 2 ZPO). Unter »Post« ist nicht allein die Deutsche Post AG, sondern jedes nach § 33 Abs. 1 PostG mit Zustellungsaufgaben beliehene Unternehmen gemeint (vgl. § 168 Abs. 1 Satz 2 ZPO). Die Zustellung **im Inland** gilt gem. Abs. 1 Satz 3 in diesem Fall **nach 3 Tagen** als erfolgt. Diese an den üblichen Postlaufzeiten orientierte Frist ist angemessen, wobei »drei Tage« hier als »drei Werktage« zu lesen ist (FK-Schmerbach § 8 Rn. 8; **a. A.** HK-Kirchhof § 8 Rn. 7). Vor der Änderung des Abs. 1 war die Zustellung durch Aufgabe zur Post für Inlandszustellungen seit Inkrafttreten des Zustellreformgesetzes am 01.07.2002 praktisch entwertet gewesen, da das Schriftstück gem. § 184 Abs. 2 Satz 1 ZPO a. F. erst frühestens **2 Wochen** nach Aufgabe zur Post als zugestellt galt. Für die Bestimmung einer kürzeren Frist fehlte es an einer gesetzlichen Grundlage, da § 270 Satz 2 ZPO nur für formlose Mitteilungen gilt und eine analoge Anwendung des § 9 Abs. 1 Satz 3 nicht in Betracht kam (BGH, ZInsO 2008, 320).

▶ Hinweis:

Durch die auf Anregung des Bundesrates erfolgte Aufnahme des § 8 in die Übergangsregelung des Art. 103c EGInsO gilt die Frist von 3 Tagen bei Zustellungen durch Aufgabe zur Post im Inland auch für Insolvenzverfahren, die vor Inkrafttreten des Gesetzes zur Vereinfachung des Insolvenzverfahrens am 01.07.2007 eröffnet worden sind. Von daher empfiehlt es sich, von dieser einfachen und günstigen Zustellungsform auch in bereits eröffneten »Altverfahren« Gebrauch zu machen.

9 An Personen im **Ausland** kann ebenfalls durch Aufgabe zur Post zugestellt werden, da Abs. 1 Satz 2 den Sonderregelungen der §§ 183, 184 ZPO über die Auslandszustellung vorgeht (Jaeger/Henckel/Gerhardt-Gerhardt § 8 Rn. 9). In diesem Fall gilt unverändert die Zwei-Wochen-Frist des § 184 Abs. 2 Satz 1 ZPO. I. Ü. richten sich **Auslandszustellungen** grds. nach den §§ 183, 184 ZPO. Für Zustellungen **in den Bereich der EU** gilt die VO 1348/2000/EG, wonach die Mitgliedsstaaten Direktzustellungen durch die Post nicht widersprechen, sondern lediglich Bedingungen dafür festlegen können (Art. 14 VO 1348/2000/EG). Zustellungen in EU-Staaten wie auch in Nicht-EU-Staaten, in die Schriftstücke aufgrund **völkerrechtlicher Abkommen** unmittelbar versandt werden dürfen, können nur durch **Einschreiben mit Rückschein** erfolgen (§ 183 Abs. 1 Nr. 1, Abs. 3 Satz 2 i. V. m. § 175 ZPO). Ist eine Zustellung im Ausland nicht möglich oder nicht Erfolg versprechend (§ 185 Nr. 2 ZPO), wird das Insolvenzgericht sein Ermessen rgm. dahin gehend auszuüben haben, dass **keine öffentliche Zustellung**, sondern die öffentliche Bekanntmachung (§ 9) erfolgt.

9a Nach Abs. 1 Satz 2 Halbs. 2 i. V. m. § 184 Abs. 2 Satz 4 ZPO hat der Urkundsbeamte der Geschäftsstelle die Anschrift des Zustellungsadressaten und den Zeitpunkt der Aufgabe bei der Post in einem Aktenvermerk festzuhalten.

II. Zustellung an Personen unbekannten Aufenthalts (Abs. 2)

10 Das Zustellungserfordernis entfällt gem. Abs. 2 Satz 1, wenn der **Aufenthalt des Adressaten** trotz Nachforschungen des Gerichts **unbekannt** ist. Dazu sind aktuelle Auskünfte des für den letzten bekannten Wohnort des Adressaten zuständigen Einwohnermelde- und Postamts einzuholen (vgl. BGH, ZInsO 2003, 271; MK-Ganter/Lohmann § 8 Rn. 27). Die Zustellung wird dann durch die öffentliche Bekanntmachung (§ 9) ersetzt. Dagegen ist das Insolvenzgericht im Restschuldbefreiungsverfahren jedenfalls in der Wohlverhaltensperiode nicht verpflichtet, Nachforschungen

nach dem Wohnsitz des Schuldners anzustellen, wenn der Schuldner seiner Auskunftsobliegenheit gem. § 295 Abs. 1 Nr. 3 nicht nachkommt (BGH, ZInsO 2013, 1310). Einer öffentlichen Zustellung bedarf es nur im Fall des § 307 Abs. 1 Satz 3.

Verfügt eine **juristische Person** nach Amtsniederlegung oder Abberufung ihres Vertretungsorgans über keinen gesetzlichen Vertreter, liegt kein Fall des Abs. 2 Satz 1 vor (AG Hamburg, ZInsO 2008, 1331). Aufgrund des **MoMiG** können Zustellungen in diesen Fällen der **Führungslosigkeit einer GmbH, AG oder Genossenschaft** für am 01.11.2008 noch nicht eröffnete Verfahren an einen Gesellschafter (GmbH) bzw. ein Aufsichtsratsmitglied (AG und Genossenschaft) erfolgen (vgl. Rdn. 4a). In am 01.11.2008 bereits eröffneten Verfahren müssen die Zustellungen an den bestellten Notgeschäftsführer (§ 29 BGB) oder Verfahrenspfleger (§ 57 ZPO) erfolgen. Ist die juristische Person bereits **aus dem Handelsregister gelöscht** (vgl. § 394 Abs. 1 Satz 1 FamFG), ist an den zu bestellenden Nachtragsliquidator zuzustellen. 11

Ist dem Gericht bekannt, dass die Person, an die die Zustellung erfolgen soll, einen **zustellungsbevollmächtigten Vertreter** hat, ist gem. Abs. 2 Satz 2 an diesen zuzustellen. Die Zustellung an den Vertreter richtet sich nach Abs. 1 (HK-Kirchhof § 8 Rn. 9). Die Vertretungsbefugnis muss **feststehen**, was etwa der Fall ist, wenn sich der Vertreter selbst zur Akte legitimiert hat (§ 172 ZPO; vgl. FK-Schmerbach § 8 Rn. 25). Das Gesetz differenziert nicht danach, ob der Zustellungsbevollmächtigte im In- oder Ausland wohnt. 12

III. Zustellung durch den Insolvenzverwalter (Abs. 3)

Das Insolvenzgericht kann den Insolvenzverwalter gem. Abs. 3 Satz 1 beauftragen, die Zustellungen vorzunehmen. Ob die Übertragung überhaupt bzw. für einen Teil oder alle Zustellungen erfolgt, steht im **pflichtgemäßen Ermessen** des Gerichts (HK-Kirchhof § 8 Rn. 10). Vor dem Hintergrund der mit Abs. 3 verfolgten Entlastung der Gerichte und der ständig wachsenden Arbeitsbelastung der Geschäftsstellen wird das Gericht **i. d. R.** von der Ermächtigung des Abs. 3 Gebrauch machen. Dies entspricht der gängigen Praxis der überwiegenden Anzahl der Insolvenzgerichte (Graeber, ZInsO 2005, 752, 753). Namentlich in **Großverfahren** mit mehreren hundert Gläubigern ist dies zur Aufrechterhaltung der gerichtlichen Arbeitsfähigkeit unerlässlich. 13

Die Übertragung erfolgt zweckmäßigerweise im Eröffnungsbeschluss. Hat die Übertragung dort nicht stattgefunden, kann diese im eröffneten Verfahren **auch durch den zuständigen Rechtspfleger** erfolgen (Uhlenbruck-I.Pape § 8 Rn. 8). Eines förmlichen Beschlusses bedarf es aber grds. nicht, die Übertragung muss nur in der Akte dokumentiert sein (HK-Kirchhof § 8 Rn. 10; FK-Schmerbach § 8 Rn. 33; a. A. MK-Ganter/Lohmann § 8 Rn. 32). Der Insolvenzverwalter hat gegen die Übertragung der Zustellungen **kein Beschwerderecht**, sondern kann dieser nur entgehen, indem er um seine Entlassung (§ 59) bittet (HK-Kirchhof § 8 Rn. 10; a. A. K/P/B-Prütting § 8 Rn. 10). 14

Der Insolvenzverwalter kann sich nach erfolgter Übertragung **aller Zustellungsformen** bedienen, die auch dem Gericht im Amtsbetrieb eröffnet gewesen wären (HK-Kirchhof § 8 Rn. 11). Der Gesetzgeber hat durch die neu eingeführten Sätze 2 und 3 des Abs. 3 ausdrücklich klargestellt, dass sich der mit der Zustellung beauftragte (vorläufige) Insolvenzverwalter auch der **Zustellung durch Aufgabe zur Post** bedienen kann, da dieser durch die Übertragung der Zustellung wie ein beliehener Unternehmer tätig wird und ohne Weiteres von der erforderlichen Zuverlässigkeit des gerichtlich ausgewählten und bestellten Insolvenzverwalters ausgegangen werden kann. Bei der Zustellung durch Aufgabe zur Post hat der Verwalter Zeit und Anschrift, unter der das Schriftstück zur Post gegeben wurde, entsprechend § 184 Abs. 2 Satz 4 ZPO schriftlich zu vermerken und zum Nachweis der Zustellung zur Gerichtsakte zu reichen (Uhlenbruck-I.Pape § 8 Rn. 8). Da es unökonomisch wäre, wenn der Insolvenzverwalter die erforderlichen Vermerke in eigener Person vornehmen müsste, stellt Abs. 3 Satz 2 klar, dass sich der Insolvenzverwalter hierfür Dritter, insbesondere **eigener Angestellter** bedienen kann. Die Übertragung muss in nachweisbarer Form dokumentiert werden und kann auch bei anderen **vereinfachten Zustellungsformen** erfolgen. Die Beauftragung eines Drittunternehmens mit den Zustellungen durch den Verwalter oder Treuhänder hat jedoch 15 zu unterbleiben, wenn es dem Verwalter möglich und zumutbar ist, die Zustellungen selbst durchzuführen, und dies die Masse weniger belastet (BGH, ZInsO 2012, 928 Rn. 21). Der Verwalter handelt pflichtwidrig, wenn er die Beauftragung des Drittunternehmens mit der Durchführung der Zustellungen dem Insolvenzgericht nicht sogleich anzeigt (BGH, ZInsO 2012, 928 Rn. 14).

16 Zustellungen können gem. § 21 Abs. 2 Satz 1 Nr. 1 bereits dem **vorläufigen Insolvenzverwalter** übertragen werden, was zweckmäßigerweise im Sicherungsbeschluss erfolgt. In diesem Fall ist der vorläufige Insolvenzverwalter bereits dafür zuständig, den Sicherungsbeschluss dem Schuldner sowie den Drittschuldnern mit der Aufforderung, nur noch unter Beachtung des Beschlusses zu leisten, zuzustellen (§ 23 Abs. 1 Satz 2 u. 3) (MK-Ganter/Lohmann § 8 Rn. 34; enger FK-Schmerbach § 8 Rn. 36). Bis zur Bestellung eines vorläufigen Insolvenzverwalters bleibt das Gericht für Zustellungen zuständig.

17 Auch der **Sachwalter (§ 274)** und der **Treuhänder (§§ 313, 292)** können mit der Vornahme der Zustellungen beauftragt werden (vgl. BGH, ZInsO 2013, 894 [für Treuhänder], HK-Kirchhof § 8 Rn. 12; FK-Schmerbach § 8 Rn. 35; **a.A.** [für Sachwalter] Graeber, ZInsO 2005, 752, 755; [für Treuhänder] K/P/B-Prütting § 8 Rn. 11). Beide sind von ihrer Rechtsstellung her dem Insolvenzverwalter angenähert (vgl. §§ 274 Abs. 1, 313 Abs. 1 Satz 3; K/P/B-Prütting § 8 Rn. 11a). Die Anwendbarkeit des Abs. 3 wird durch die Regelungen über die Eigenverwaltung (§§ 270 ff.) nicht ausgeschlossen. Dass der Treuhänder durch die Zustellungen gemessen an der Höhe seiner Vergütung und den Haftungsgefahren »**überfordert**« wäre und das Gericht beim Treuhänder i. d. R. von der Übertragung absehen sollte (so MK-Ganter/Lohmann § 8 Rn. 35; K/P/B-Prütting § 8 Rn. 11a), ist nicht ersichtlich, jedenfalls aber nach der Erhöhung der Regelvergütung durch die zum 07.10.2004 erfolgte Änderung der InsVV (BGBl. I S. 2569) nicht aufrechtzuerhalten (vgl. BGH, ZInsO 2008, 555). Dass auch dem Treuhänder gem. § 8 Abs. 3 die Zustellungen übertragen werden können, setzt der BGH als selbstverständlich voraus (BGH, ZInsO 2013, 894; KTS 2012, 466). Einem Sachverständigen darf das Insolvenzgericht die Zustellungen dagegen nicht übertragen (MK-Ganter/Lohmann, § 8 Rn. 35).

18 Nach der Übertragung gem. Abs. 3 gehört die Durchführung der Zustellungen **zu den Amtspflichten** des Insolvenzverwalters (§§ 58 bis 60, 63). Macht der Treuhänder die Ausführung der Zustellungen von der Zahlung einer Vergütung von 10,00 € abhängig, stellt dies eine schwere Störung des Vertrauensverhältnisses zwischen Insolvenzgericht und Treuhänder dar, die dessen Entlassung rechtfertigt (BGH, KTS 2012, 466). Zur Berücksichtigung des Mehraufwandes bei Übertragung der Zustellung bei der Vergütung vgl. für den Insolvenzverwalter BGH, ZInsO 2007, 86 m. Anm. Graeber; ZInsO 2007, 82; 2007, 202 m. Anm. Graeber; ZInsO 2007, 204; für den Treuhänder BGH, ZInsO 2013, 894; 2008, 555: Bestimmung nach sachlichem Personal- und Sachaufwand; sowie allgemein § 4 InsVV Rdn. 32 ff.).

19 Das **Beschwerdegericht** ist nach Sinn und Zweck des Abs. 3 nicht zu Übertragungen befugt, da gemessen an der Anzahl der Insolvenzverfahren wesentlich weniger Beschwerden anfallen, der Beteiligtenkreis dort überschaubar ist, es durch die Übermittlung der zuzustellenden Beschlüsse vom LG an den Insolvenzverwalter zu Verzögerungen kommen könnte und der Insolvenzverwalter selbst häufig an Beschwerdeverfahren beteiligt ist (HK-Kirchhof § 8 Rn. 14; **a.A.** NR-Becker § 8 Rn. 21).

20 Gesetzlich vorgeschriebene **Mitteilungen des Insolvenzverwalters** (vgl. z. B. §§ 158 Abs. 2 Satz 1, 195 Abs. 2) unterfallen nicht dem Zustellungserfordernis und daher auch nicht Abs. 3 (HK-Kirchhof § 8 Rn. 15). Im Hinblick auf seine Haftung hat der Verwalter selbst dafür Sorge zu tragen, das Bewirken der Mitteilung nachweisen zu können.

§ 9 Öffentliche Bekanntmachung

(1) ¹Die öffentliche Bekanntmachung erfolgt durch eine zentrale und länderübergreifende Veröffentlichung im Internet[1]; diese kann auszugsweise geschehen. ²Dabei ist der Schuldner genau zu bezeichnen, insbesondere sind seine Anschrift und sein Geschäftszweig anzugeben. ³Die Bekanntmachung gilt als bewirkt, sobald nach dem Tag der Veröffentlichung zwei weitere Tage verstrichen sind.

(2) ¹Das Insolvenzgericht kann weitere Veröffentlichungen veranlassen, soweit dies landesrechtlich bestimmt ist. ²Das Bundesministerium der Justiz wird ermächtigt, durch Rechtsverordnung mit Zustimmung des Bundesrates die Einzelheiten der zentralen und länderübergreifenden Veröffentlichung im Internet zu regeln. ³Dabei sind insbesondere Löschungsfristen vorzusehen sowie Vorschriften, die sicherstellen, dass die Veröffentlichungen
1. unversehrt, vollständig und aktuell bleiben,
2. jederzeit ihrem Ursprung nach zugeordnet werden können.

(3) Die öffentliche Bekanntmachung genügt zum Nachweis der Zustellung an alle Beteiligten, auch wenn dieses Gesetz neben ihr eine besondere Zustellung vorschreibt.

Übersicht	Rdn.		Rdn.
A. Normzweck	1	II. Regelmäßige Bekanntmachung (Abs. 1)	3
B. Norminhalt	2	III. Weitere Veröffentlichungen (Abs. 2)	9
I. Pflicht zur öffentlichen Bekanntmachung	2	IV. Wirkung der Bekanntmachung (Abs. 3)	12

A. Normzweck

Die Vorschrift dient demselben Zweck wie § 8, wobei die Publizitätswirkung auch ggü. Personen erreicht werden soll, an die nicht zugestellt wird. Zugleich regelt die Vorschrift, dass Bekanntmachungen rgm. **ausschließlich im Internet** erfolgen und führt zu einer Zentralisierung der öffentlichen Bekanntmachungen in Insolvenzverfahren durch eine zentrale und länderübergreifende Internetplattform.

Abs. 1 Satz 1 und Abs. 2 wurden durch das Gesetz zur Vereinfachung des Insolvenzverfahrens vom 13.04.2007 (BGBl. I S. 509 ff.) gekürzt und neu gefasst. Dabei hat der Gesetzgeber übersehen, dass der Wortlaut von Abs. 2 Satz 2 bereits durch Art. 12 Abs. 2 des Gesetzes über elektronische Handelsregister und Genossenschaftsregister sowie das Unternehmensregister (EHUG) vom 10.11.2006 (BGBl. I S. 2553) dahin gehend ergänzt worden war, dass die Verordnungsermächtigung auch für die Datenübermittlung an das Unternehmensregister gelten sollte. Durch das Gesetz zur Vereinfachung des Insolvenzverfahrens ist diese Verordnungsermächtigung unabsichtlich wieder gestrichen worden, sodass z. Zt. keine Verordnungsermächtigung für die Regelung der Datenübermittlung an das Unternehmensregister besteht.

B. Norminhalt

I. Pflicht zur öffentlichen Bekanntmachung

§ 9 regelt nicht, in welchen Fällen die öffentliche Bekanntmachung zu erfolgen hat oder erfolgen kann, sondern nur deren **Ausgestaltung**. Die InsO schreibt die öffentliche Bekanntmachung in den §§ 5 Abs. 2 Satz 4, 23 Abs. 1 Satz 1 (auch i. V. m. § 25 Abs. 1), 26 Abs. 1 Satz 3, 30 Abs. 1, 34 Abs. 3 Satz 1, 35 Abs. 3 Satz 2, 64 Abs. 2 Satz 1 (auch i. V. m. §§ 73 Abs. 2, 274 Abs. 1, 293 Abs. 2), 74 Abs. 2 Satz 1, 78 Abs. 2 Satz 1, 177 Abs. 3 Satz 1, 188 Satz 3, 197 Abs. 2, 200 Abs. 2 Satz 1, 208 Abs. 2 Satz 1, 214 Abs. 1 Satz 1, 215 Abs. 1 Satz 1, 235 Abs. 2 Satz 1, 241 Abs. 2 Satz 2, 258 Abs. 3 Satz 1, 267 Abs. 1 und 2, 268 Abs. 2 Satz 1, 273, 277 Abs. 3 Satz 1, 287a Abs. 1 Satz 2, 290 Abs. 3

---

[1] www.insolvenzbekanntmachungen.de

Satz 2, 296 Abs. 3 Satz 2 (auch i. V. m. §§ 297 Abs. 2, 297a Abs. 2, 298 Abs. 3), 300 Abs. 4 Satz 1, 303 Abs. 3 Satz 3 und 345 Abs. 1 Satz 2 für das Gericht und in § 188 Satz 3 für den Verwalter vor (zu weiteren Fällen der Veröffentlichung vgl. Rdn. 9 ff.). Darüber hinaus kann das Insolvenzgericht die öffentliche Bekanntmachung **nach pflichtgemäßem Ermessen** neben einer vorgeschriebenen Zustellung oder in Fällen, in denen keine Einzelzustellung vorgeschrieben ist, durch Beschluss anordnen (MK-Ganter/Lohmann § 9 Rn. 8 f.), etwa in den Fällen des § 8 Abs. 2 Satz 1 (LG Göttingen, ZInsO 2007, 1160).

2a Ob in den Fällen der §§ 270a, 270b die **Bestellung eines vorläufigen Sachwalters** öffentlich bekannt gemacht werden darf, ist **streitig** und bedarf noch der Klärung durch die Praxis. Eine Pflicht zur öffentlichen Bekanntmachung sehen die §§ 270a, 270b nicht vor, da diese nicht auf § 23 verweisen. Soweit durch Abs. 2 Satz 1 weitere Veröffentlichungen ermöglicht werden, fehlt es an der erforderlichen landesgesetzlichen Regelung (MK-Ganter/Lohmann § 9 Rn. 8; a. A. AG Göttingen, ZInsO 2012, 2297, Rn. 13; FK-Schmerbach § 23 Rn. 4). Daher wird die öffentliche Bekanntmachung der Bestellung eines vorläufigen Sachwalters z. T. generell abgelehnt (Horstkotte, ZInsO 2012, 1161; Keller, ZInsO 2012, 1895; vgl. § 23 Rdn. 4; zweifelnd: MK-Ganter/Lohmann § 9 Rn. 8). Nach anderer Auffassung besteht aus Gründen des Schutzes ahnungsloser Neugläubiger eine Pflicht zur Veröffentlichung (Buchalik, ZInsO 2012, 349, 354; Frind, ZIP 2012, 1591). Zutreffend dürfte die vermittelnde Ansicht sein, dass es gem. § 21 Abs. 1 Satz 1 **im Ermessen des Gerichts liegt, im Einzelfall die öffentliche Bekanntmachung zu veranlassen oder zu unterlassen** (A/G/R-Ringstmeier § 270b Rn. 29a). Dabei ist das Grundrecht des Schuldners auf informationelle Selbstbestimmung sowie sei Interesse an einer effektiven Sanierung abzuwägen mit der Information und Warnung des Rechtsverkehrs. Aufgrund der bestehenden Unsicherheiten ist der Gesetzgeber aufgerufen, hier für eine Klarstellung zu sorgen (zumal sich auch aus der Gesetzesbegründung zu dieser Frage nichts Erhellendes ergibt), wie dies durch § 26 Abs. 1 Satz 3 für die einstmalige Streitfrage erfolgt ist, ob der Beschluss über die Abweisung des Insolvenzantrags mangels Masse öffentlich bekannt zu machen ist (vgl. Rdn. 11).

II. Regelmäßige Bekanntmachung (Abs. 1)

3 Die rgm. öffentliche Bekanntmachung in Insolvenzverfahren erfolgt nur noch auf einer **gemeinsamen Internetplattform** aller Bundesländer unter **www.insolvenzbekanntmachungen.de** (vgl. zu den Internetveröffentlichungen Mäusezahl InsbürO 2004, 53) und nicht mehr durch Veröffentlichung im jeweiligen Amtsblatt des Bundeslandes sowie auszugsweise im Bundesanzeiger (vgl. zur alten Rechtslage die Übersicht bei Keller ZIP 2003, 149). Zu den Zeitpunkten, seit wann die einzelnen Bundesländer die Möglichkeit der Internetveröffentlichung nutzen, vgl. die **Länderübersicht** unter www.insolvenzbekanntmachungen.de.

3a Die Neuregelung findet gem. Art. 103c Abs. 1 EGInsO ab dem Inkrafttreten des Insolvenzvereinfachungsgesetzes am **01.07.2007** ausdrücklich auf **alle anhängigen Insolvenz(eröffnungs)verfahren Anwendung**, d. h. auch auf die Verfahren, die zu diesem Zeitpunkt bereits eröffnet waren. Dies gilt auch für die geänderte InsOBekV, insb. die auf 6 Monate verlängerte Löschungsfrist (§ 3 InsO-BekV). Dadurch wird ein jahrelanges Nebeneinander unterschiedlicher Regelungen und Fristen für die öffentliche Bekanntmachung in Insolvenzverfahren vermieden.

3b Damit sich die Beteiligten auf die Neuregelung einstellen konnten und zur Abmilderung der nachteiligen wirtschaftlichen Folgen für die lokalen Zeitungen, in denen bisher weitere öffentliche Bekanntmachungen in Insolvenzverfahren erfolgt sind, hatte der Gesetzgeber in Art. 103c Abs. 2 Satz 1 EGInsO eine **Übergangsfrist bis zum 31.12.2008** vorgesehen, binnen derer die Veröffentlichung zusätzlich zu der elektronischen Bekanntmachung nach Abs. 1 Satz 1 **in einem am Wohnort oder Sitz des Schuldners periodisch erscheinenden Blatt** erfolgen konnte.

4 Die näheren Einzelheiten der Internetveröffentlichung sind in der auf der Grundlage der in Abs. 2 Satz 2 enthaltenen Ermächtigung erlassenen »Verordnung zu öffentlichen Bekanntmachungen in Insolvenzverfahren im Internet« (**InsOBekV** bzw. **InsNetV**) vom 12.02.2002 (BGBl. I S. 677) gere-

gelt worden. Die Verordnungsermächtigung bezieht sich derzeit nicht auch auf die in § 8b Abs. 2 Nr. 11 HGB vorgesehene Veröffentlichung im **Unternehmensregister** unter **www.unternehmensregister.de** (vgl. Rdn. 1). Aufgrund dieser durch das **Gesetz über elektronische Handelsregister und Genossenschaftsregister sowie das Unternehmensregister (EHUG)** eingeführten Vorschrift erfolgen öffentliche Bekanntmachungen in Insolvenzverfahren seit dem 01.01.2007 parallel auf zwei zentralen Internetseiten (mit Ausnahme der Insolvenzverfahren nach dem 9. Teil der InsO, die nicht im Unternehmensregister bekannt zu machen sind).

Zu den Einzelheiten der InsOBekV vgl. die dortige Kommentierung.

Die Verordnungsermächtigung wurde durch Streichung des ehemaligen Abs. 2 Satz 3 Nr. 3 mit Wirkung zum 01.01.2007 dahin gehend modifiziert, dass in der InsOBekV keine Vorschriften mehr vorzusehen sind, die sicherstellen, dass Veröffentlichungen nach dem Stand der Technik durch Dritte **nicht kopiert** werden können. Diese Änderung erscheint aus Gründen des **Datenschutzes** nicht unproblematisch. Denn der Grund für die Streichung bestand nicht darin, dass der Gesetzgeber den Kopierschutz zur Verhinderung einer unkontrollierten Weiterverbreitung der Daten des Schuldners im Internet nach Ablauf der Löschungsfristen für nicht mehr erforderlich hielt. Vielmehr sah der Gesetzgeber die Regelung als überflüssig an, da **der Kopierschutz nach dem gegenwärtigen Stand der Technik nicht zu gewährleisten** sei und daher weitgehend leerlaufe. Ob ein wirksamer Kopierschutz nach dem gegenwärtigen Stand der Technik wirklich nicht zu gewährleisten ist, erscheint zweifelhaft. Es bleibt abzuwarten, ob im Zuge der geplanten Novellierung des Bundesdatenschutzgesetzes eine neue Kopierschutzregelung eingeführt wird.

4a

Der Gesetzgeber hat sich aufgrund der folgenden **Vorteile der Internetveröffentlichung** entschieden, die Bekanntmachung rgm. nur noch auf diesem Wege erfolgen zu lassen: Ggü. dem Einrücken in das jeweilige Amtsblatt und der auszugsweisen Veröffentlichung im Bundesanzeiger fallen bei der Internetveröffentlichung erheblich geringere Kosten an, die sich rechnerisch auf unter 1,00 € belaufen (vgl. dazu LG Duisburg, NZI 2005, 43). Nach Ziff. 9004 KV GKG fallen für eine Veröffentlichung über das Internet **Gerichtsgebühren von 1,00 €** an, sodass sich insb. in den Stundungsfällen, in denen die Auslagen zunächst von der Staatskasse zu verauslagen sind, angesichts von den sonst anfallenden Kosten für die Veröffentlichung in Printmedien von rund 100,00 € pro Verfahren ein **erhebliches Einsparpotenzial** für die Haushalte der Länder ergibt. Darüber hinaus verfügt das Internet inzwischen über einen weit **höheren Verbreitungsgrad** als Printmedien und ist für die interessierten Gruppen einfacher zugänglich als der Bundesanzeiger (vgl. LG Duisburg, NZI 2005, 43). Rund 50 % der Haushalte und 99 % der Unternehmen mit 250 oder mehr Mitarbeitern in Deutschland verfügen über einen Internetzugang. Dem Umstand, dass auch Personen ohne Internetzugang die Kenntnisnahme der Internetveröffentlichung durch die Gerichte ermöglicht werden muss, trägt § 4 InsOBekV Rechnung (zu den Einzelheiten s. dort). Zudem wird den Gläubigern die Recherche durch die Internetveröffentlichung deutlich erleichtert, da die Bekanntmachungen aller Bundesländer auf ein **einheitliches Veröffentlichungsmedium konzentriert** sind und die Internetveröffentlichung zumeist noch am Tag ihrer Anordnung und damit sehr zeitnah bewirkt wird.

5

Angesichts der ohnehin erfolgten Konzentration der öffentlichen Bekanntmachungen aller Bundesländer auf das Internet und dessen ggü. den Printmedien überlegenem Verbreitungsgrad hat der Gesetzgeber konsequenterweise die Vorschriften gestrichen, die **zusätzlich die auszugsweise Veröffentlichung** von **grundlegenden Entscheidungen** über die Eröffnung, Aufhebung oder Einstellung des Insolvenzverfahrens **im Bundesanzeiger** vorsahen (vgl. §§ 30 Abs. 1 Satz 2, 34 Abs. 3 Satz 2, 200 Abs. 2 Satz 2, 215 Abs. 1 Satz 3 und 258 Abs. 3 Satz 3 a. F.).

6

Gem. Abs. 1 Satz 1 Halbs. 2 kann die Veröffentlichung nur **auszugsweise** geschehen. **Unverzichtbare Angaben** sind die genaue Bezeichnung des Schuldners nebst Anschrift und Geschäftszweig (Abs. 1 Satz 2), wozu bei natürlichen Personen gem. bzw. entsprechend § 27 Abs. 2 Nr. 1 auch die Vornamen, das Geburtsjahr und der kaufmännische Name des Schuldners (BGH, ZInsO 2014, 88 Rn. 11) sowie ggf. das Registergericht und die Handelsregisternummer und bei juristischen Personen bzw. Gesellschaften die Angabe der vertretungsberechtigten Personen bzw. Gesellschafter sowie

7

das Registergericht und die Registernummer gehört (FK-Schmerbach § 9 Rn. 18). Die Regelung des § 2 Abs. 1 Satz 1 Nr. 3a InsOBekVO, die nur Mindesterfordernisse für die Abfrage im Internet enthält, untersagt nicht die Veröffentlichung des Vornamens des Schuldners (BGH, ZInsO 2014, 88 Rn. 11). Die einzelnen gerichtlichen Maßnahmen sind **inhaltlich zutreffend und vollständig** in dem Umfang bekannt zu machen, dass jeder Beteiligte seine Rechte wahrnehmen kann (BGH, ZInsO 2014, 88 Rn. 12; Uhlenbruck-I.Pape § 9 Rn. 4). Wird gegen diese Mindestvoraussetzungen verstoßen, setzt die öffentliche Bekanntmachung nicht die Beschwerdefrist in Lauf; diese beginnt dann auch nicht nach Ablauf von 5 Monaten ab Erlass der Entscheidung zum Nachteil solcher Beteiligten, welchen die Entscheidung nicht individuell mitgeteilt worden ist (BGH, ZInsO 2014, 88 Rn. 12; 2012, 49; HK-Kirchhof § 9 Rn. 6). Bei der ersten Gläubigerversammlung ist jedoch nicht die Veröffentlichung der vollständigen Tagesordnung erforderlich, da sich diese aus § 157 ergibt; die schlagwortartige Bezeichnung der Beschlussgegenstände reicht aus (Uhlenbruck-I.Pape § 9 Rn. 4). Bei einem Vergütungsbeschluss bedarf es nicht der Veröffentlichung der festgesetzten Beträge (BGH, ZInsO 2004, 199). Die öffentliche Bekanntmachung nur des Beschlusses, mit der die Aufhebung des Verfahrens angekündigt wird, reicht jedoch nicht aus (BGH, NZI 2011, 978).

8   Die ordnungsgemäße öffentliche Bekanntmachung gilt gem. Abs. 1 Satz 3 als bewirkt, sobald ab dem Tag der Veröffentlichung im Internet **zwei weitere Tage** verstrichen sind. Der Tag der Veröffentlichung zählt bei der Fristberechnung nicht mit, §§ 222 Abs. 1 ZPO, 187 Abs. 1 BGB (BGH, ZInsO 2013, 2577 Rn. 9 f.; NZI 2014, 431; **a. A.** noch OLG Rostock, ZInsO 2006, 884). Ist die Bekanntmachung z. B. am 12. eines Monats im Internet erfolgt, gilt diese mit Ablauf des 14. (bzw. anders ausgedrückt am 15. um 0.00 Uhr) als bewirkt, sodass die Beschwerdefrist am 15. zu laufen beginnt. Diese Frist kann sich entsprechend § 222 Abs. 2 ZPO bis zum Ablauf des nächsten Werktags **verlängern**, wenn das Ende der Frist auf einen Sonnabend, Sonntag oder allgemeinen Feiertag fällt (BGH, ZInsO 2013, 2577 Rn. 7). Für den Beginn der Beschwerdefrist gilt § 187 Abs. 2 BGB, für den Ablauf § 188 Abs. 2 Fall 2 BGB (Beispiel nach BGH, ZInsO 2013, 2577: öffentliche Bekanntmachung am 25.03.; der 27.03. war ein Samstag; die öffentliche Bekanntmachung galt mit Ablauf des 29.03. [Montag] als bewirkt; die zweiwöchige Beschwerdefrist begann am 30.03. zu laufen und lief mit dem 12.04. ab; Beispiel nach BGH, NZI 2014, 431: öffentliche Bekanntmachung am 28.04.; der 30.04. war am Samstag; die öffentliche Bekanntmachung galt mit Ablauf des 02.05. [Montag] als bewirkt; die zweiwöchige Beschwerdefrist begann am 03.05. zu laufen und lief mit dem 16.05. [Montag] ab).

III. Weitere Veröffentlichungen (Abs. 2)

9   Nach Abs. 2 Satz 1 ist dem Gericht die Möglichkeit eröffnet, **weitere Veröffentlichungen** zu veranlassen, allerdings nur, wenn und soweit dies landesrechtlich bestimmt ist. Damit hat der Gesetzgeber den Ländern die Möglichkeit erhalten, etwaigen regionalen Besonderheiten Rechnung zu tragen, die bspw. die weitere Veröffentlichung in der **örtlichen Tageszeitung** erforderlich erscheinen lassen. Bisher hat kein Bundesland von der Ermächtigung Gebrauch gemacht, wovon auch zukünftig nicht auszugehen ist, zumal Tageszeitungen in ihrem redaktionellen Teil ohnehin häufig über Insolvenzen in ihrer Region berichten. Etwaige vom Insolvenzgericht angeordnete weitere Veröffentlichungen haben nicht die Wirkung des Abs. 3 (BGH, ZInsO 2006, 92, 94).

10 Die Möglichkeit zu **wiederholten Veröffentlichungen** sieht das Gesetz nach der Änderung des Abs. 2 Satz 1 nicht mehr vor, da hierfür angesichts der Internetveröffentlichung, die den Zugriff auf die Daten nicht nur am Tag der Einstellung ermöglicht, kein Bedürfnis besteht.

11 Der Beschluss über die **Abweisung mangels Masse** (§ 26) ist in jedem Fall öffentlich bekannt zu machen, wie der Gesetzgeber durch den mit dem Insolvenzvereinfachungsgesetz eingeführten § 26 Abs. 1 Satz 3 klargestellt hat. Damit hat sich die frühere Streitfrage, ob und unter welchen Voraussetzungen die bis dahin im Gesetz nicht ausdrücklich vorgesehene öffentliche Bekanntmachung zulässig war (vgl. dazu die 1. Aufl. § 9 Rdn. 11), erledigt. Die Abweisung eines Insolvenzantrags mangels Masse ist für die Gläubiger des Schuldners und den Geschäftsverkehr von hohem Interesse und war bisher Gegenstand zahlreicher Anfragen an das Insolvenzgericht. Die Gesetzesänderung

hat zu einer spürbaren Entlastung der Gerichte geführt. Aufgrund der geringen Kosten für die Internetveröffentlichung vermochte der Hinweis auf die zusätzlichen Veröffentlichungskosten ohnehin schon seit Längerem nicht mehr zu überzeugen.

IV. Wirkung der Bekanntmachung (Abs. 3)

Die öffentliche Bekanntmachung wirkt gem. Abs. 3 als **Nachweis der Zustellung an alle Beteiligten**, selbst wenn das Gericht pflichtwidrig eine vorgeschriebene Zustellung an einen Beteiligten unterlassen hat (BGH, ZInsO 2004, 199). Mängel der Einzelzustellung werden durch die formgerechte öffentliche Bekanntmachung mit Wirkung ex nunc **geheilt**. **Rechtsmittelfristen** beginnen spätestens in dem Zeitpunkt zu laufen, in dem die öffentliche Bekanntmachung ordnungsgemäß bewirkt wurde (Abs. 1 Satz 3). Dies gilt auch, wenn die Entscheidung nach der öffentlichen Bekanntmachung dem Beschwerdeführer noch persönlich zugestellt wurde (BGH, NZI 2014, 431; ZInsO 2013, 2577; 2012, 1640; zum Beginn der Beschwerdefrist bei früherer Zustellung vgl. § 6 Rdn. 24; zum Verhältnis zwischen § 8 und § 9 vgl. § 8 Rdn. 2; zu den Rechtsfolgen von Mängeln der öffentlichen Bekanntmachung vgl. Rdn. 7). Ist für die Rechtsmittelfrist nicht die Zustellung, sondern die öffentliche Bekanntmachung maßgebend, muss diese konsequenterweise eine **Rechtsbehelfsbelehrung** enthalten. Aufgrund des mit dem Gesetz zur Einführung einer Rechtsbehelfsbelehrung im Zivilprozess vom 05.12.2012 (BGBl. I S. 2418) mit Wirkung vom 01.01.2014 eingeführten § 232 ZPO, der nach § 4 auch für streitige Entscheidungen des Insolvenzgerichts gilt, gegen die die sofortige Beschwerde oder Rechtsbeschwerde statthaft ist, hat jede anfechtbare gerichtliche Entscheidung eine Belehrung über das statthafte Rechtsmittel zu enthalten. Fehlt die Rechtsbehelfsbelehrung oder ist diese unrichtig, kann Wiedereinsetzung zu gewähren sein (§ 4 i. V. m. § 233 Satz 2 ZPO; vgl. § 6 Rdn. 24a). Die Frage der Rechtsmittelbelehrung in einer öffentlich bekannt gemachten Entscheidung stellt sich, wenn das Insolvenzgericht entweder ganz von einer Zustellung (§ 8) der Entscheidung abgesehen hat oder im Zeitpunkt des Eingangs der sofortigen Beschwerde oder Rechtsbeschwerde die Beschwerdefrist nur berechnet nach der (früheren) öffentlichen Bekanntmachung, nicht aber berechnet nach einer zusätzlich erfolgten (späteren) Zustellung abgelaufen ist.

Der BGH hat entscheiden, dass einem Gläubiger **entsprechend den Vorschriften über die Wiedereinsetzung in den vorigen Stand** Wiedereinsetzung in die Frist zur Stellungnahme zu dem **Antrag des Schuldners auf Restschuldbefreiung** zu gewähren sein kann, wenn der Gläubiger glaubhaft macht, dass er den Beschluss über die Ingangsetzung der Anhörungsfrist nicht entdeckt hat, weil er aufgrund der unzureichenden Erläuterungen auf der Suchmaske des länderübergreifenden Justizportals nicht bemerkt hat, dass er den Vornamen des Schuldners nicht eingeben darf, um vollständige Suchergebnisse zu erhalten (BGH, ZInsO 2014, 88 mit zust. Anm. Hafemeister ZInsO 2014, 447). Im konkreten Fall hatte das Insolvenzgericht in dem Verfahren zweimal Entscheidungen mit vorangestelltem Vornamen des Schuldners, zweimal mit durch Komma abgetrenntem Vornamen des Schuldners eingestellt, was zur Folge hatte, dass nur bei Eingabe des Familiennamens in die Suchmaske »Detail-Suche« vollständige Ergebnisse erzielt werden konnten (vgl. BGH, ZInsO 2014, 88 Rn. 23). Der BGH hielt die **Hinweise zur Detail-Suche bei der Suchmaske für unzureichend**, weil sich diesen nicht entnehmen lasse, dass bei den Suchkriterien nur der Familienname verwendet werden dürfe (BGH, ZInsO 2014, 88 Rn. 25). Eine Überarbeitung der Hinweise zur Detail-Suche in der Suchmaske ist noch nicht erfolgt, was aus Gründen der Rechtssicherheit und Anwendungsfreundlichkeit der länderübergreifenden Internetplattform www.insolvenzbekanntmachungen.de wünschenswert wäre.

Die Publizitätswirkung ist **auf das Insolvenzverfahren beschränkt** und stellt für eine nach materiellem Recht verlangte Kenntnis lediglich ein Indiz dar (BGH, ZInsO 2010, 2296).

§ 10 Anhörung des Schuldners

(1) ¹Soweit in diesem Gesetz eine Anhörung des Schuldners vorgeschrieben ist, kann sie unterbleiben, wenn sich der Schuldner im Ausland aufhält und die Anhörung das Verfahren übermäßig verzögern würde oder wenn der Aufenthalt des Schuldners unbekannt ist. ²In diesem Fall soll ein Vertreter oder Angehöriger des Schuldners gehört werden.

(2) ¹Ist der Schuldner keine natürliche Person, so gilt Absatz 1 entsprechend für die Anhörung von Personen, die zur Vertretung des Schuldners berechtigt oder an ihm beteiligt sind. ²Ist der Schuldner eine juristische Person und hat diese keinen organschaftlichen Vertreter (Führungslosigkeit), so können die an ihm beteiligten Personen gehört werden; Absatz 1 Satz 1 gilt entsprechend.

Übersicht	Rdn.		Rdn.
A. Normzweck	1	II. Entbehrlichkeit der Anhörung (Abs. 1 Satz 1 Halbs. 2, Abs. 2)	6
B. Norminhalt	2		
I. Gesetzliche Anhörungspflichten (Abs. 1 Satz 1 Halbs. 1)	2	III. Anhörung bei Führungslosigkeit (Abs. 2 Satz 2)	11

A. Normzweck

1 Die Vorschrift regelt im Interesse der Verfahrensbeschleunigung Einschränkungen von der Verpflichtung, dem Schuldner im Insolvenzverfahren rechtliches Gehör zu gewähren.

B. Norminhalt

I. Gesetzliche Anhörungspflichten (Abs. 1 Satz 1 Halbs. 1)

2 Die **Pflicht** zur Anhörung des Schuldners ergibt sich aus §§ 14 Abs. 2, 15 Abs. 2 Satz 3, Abs. 3, 98 Abs. 2 (auch i. V. m. §§ 20 Satz 2, 21 Abs. 3 Satz 3, 101 Abs. 1 Satz 1 und 2), 99 Abs. 1 Satz 2 und 3 (auch i. V. m. § 101 Abs. 1 Satz 1), 214 Abs. 2 Satz 1, 232 Abs. 1 Nr. 2, 248 Abs. 2, 248a Abs. 2, 272 Abs. 2 Satz 2, 296 Abs. 2 Satz 1, 298 Abs. 2 Satz 1, 300 Abs. 1 Satz 1, 303 Abs. 3 Satz 1, 317 Abs. 2 Satz 2 und Abs. 3, 318 Abs. 2 Satz 2, 332 Abs. 1, 333 Abs. 2 Satz 2 Halbs. 2.

3 Darüber hinaus kann sich die Pflicht zur Anhörung des Schuldners auch aus den über § 4 anwendbaren ZPO-Vorschriften oder aus Art. 103 Abs. 1 GG ergeben. In diesen Fällen gelten die in § 10 enthaltenen Einschränkungen der Anhörungspflicht entsprechend (MK-Ganter/Lohmann § 10 Rn. 4). Der Schuldner ist z. B. anzuhören, wenn der antragstellende Gläubiger den Eröffnungsantrag für erledigt erklärt (§ 91a ZPO). Die Anhörungspflicht besteht auch vor der Entscheidung über den Gläubigerantrag, wenn der Schuldner das Bestehen eines Insolvenzgrundes bestritten hat und der Sachverständige die Eröffnung des Insolvenzverfahrens anregt (LG München, I ZInsO 2001, 813; Uhlenbruck-I. Pape § 5 Rn. 6).

4 § 10 betrifft nur die besondere Form der Anhörung des Schuldners **zur Gewährung rechtlichen Gehörs**. Hierzu reicht es aus, wenn das Gericht dem Schuldner die befristete **Gelegenheit** gibt, sich in mündlicher oder schriftlicher Form zu äußern, wobei es dem Schuldner freisteht, von dieser Möglichkeit Gebrauch zu machen (HK-Kirchhof § 10 Rn. 4). Die für die Äußerung zu setzende Frist muss **angemessen** sein, wobei diese vor dem Hintergrund der Eilbedürftigkeit insb. im Eröffnungsverfahren kurz zu bemessen sind (FK-Schmerbach § 10 Rn. 7). Die Fristlänge sollte i. d. R. **2 Wochen** nicht überschreiten. Die Gewährung rechtlichen Gehörs dient nicht dazu, dem Schuldner Zeit dafür zu geben, z. B. durch Erfüllung der Forderung des antragstellenden Gläubigers veränderte Tatsachen zu schaffen und dadurch die Entscheidung zu seinen Gunsten zu beeinflussen (BVerfG, NZI 2002, 30). Von daher sind vom Schuldner beantragte Fristverlängerungen nur zurückhaltend und bei nachvollziehbarer Begründung zu gewähren. Die **vorherige Anhörung** kann unterbleiben, wenn diese den Zweck von Sicherungs- oder Zwangsmaßnahmen (§§ 21, 98, 99) vereiteln würde, ist dann aber unverzüglich nachzuholen (AG München, ZInsO 2014, 1072

zur Anordnung von Aufenthaltsbeschränkungen; vgl. § 99 Abs. 1 Satz 3 für die Postsperre; Uhlenbruck-I. Pape § 10 Rn. 3).

Dagegen bezieht sich § 10 nicht auf die **Anhörung** des Schuldners, seiner Vertretungsorgane, persönlich haftenden Gesellschafter oder im Fall der Vertreterlosigkeit der an ihm beteiligten Personen gem. §§ 20 Abs. 1 Satz 2, 97, 101 Abs. 1 **i. R. d.** gerichtlichen Amtsermittlung gem. § 5 Abs. 1 (Uhlenbruck-I. Pape § 10 Rn. 3). In diesem Fall ist der Schuldner zur Auskunft verpflichtet und die Erfüllung dieser Pflicht kann mit Zwangsmitteln (§ 98) durchgesetzt werden. In der Praxis erfolgt die Anhörung des Schuldners üblicherweise **zugleich** zur Gewährung rechtlichen Gehörs und zur Amtsermittlung, etwa wenn dem Schuldner ein zulässiger Gläubigerantrag zur Stellungnahme übersandt wird (§ 14 Abs. 2), ihm aber zugleich unter Hinweis auf seine Auskunfts- und Mitwirkungspflichten aufgegeben wird, den beigefügten gerichtlichen Anhörungsfragebogen binnen bestimmter Frist vollständig ausgefüllt wieder bei Gericht einzureichen.

5

II. Entbehrlichkeit der Anhörung (Abs. 1 Satz 1 Halbs. 2, Abs. 2)

Die Anhörung des Schuldners kann gem. Abs. 1 Satz 1, 1. Alt. **unterbleiben**, wenn der Schuldner eine natürliche Person ist und sein **Aufenthaltsort** trotz der vom Gericht von Amts wegen anzustellenden Ermittlungen (§ 5 Abs. 1 Satz 1) **unbekannt** geblieben ist (HK-Kirchhof § 10 Rn. 6). Dies kann etwa der Fall sein, wenn der Schuldner **untergetaucht** oder ein ausländischer Schuldner mit unbekanntem Aufenthalt in sein Heimatland zurückgekehrt ist (AG Hamburg, ZInsO 2010, 444). Grds. gilt derselbe Maßstab wie bei der **öffentlichen Zustellung** (§ 185 ZPO), wobei bei Fehlen weiterer Ermittlungsansätze die Einholung einer Auskunft des für den letzten bekannten Wohnort des Schuldners zuständigen Einwohnermeldeamts ausreicht (HK-Kirchhof § 10 Rn. 6).

6

Hält sich der Schuldner dagegen mit **bekanntem Aufenthalt** im Ausland auf, kann das Gericht gem. Abs. 1 Satz 1, 2. Alt. von seiner Anhörung **absehen**, wenn dies das Verfahren **übermäßig verzögern** würde. Da das Gesetz nur auf die übermäßige Verzögerung abstellt, kommt es nicht darauf an, aus welchem Grund sich der Schuldner im Ausland aufhält (HK-Kirchhof § 10 Rn. 7). Von einer übermäßigen Verzögerung des Verfahrens ist angesichts der verhältnismäßig kurzen Fristen im Insolvenzrecht (von 2 Wochen bis 3 Monaten, vgl. §§ 6 Abs. 1, 28 Abs. 1, 29 Abs. 1, 235 Abs. 1) auszugehen, wenn aufgrund des Aufenthaltsorts des Schuldners und der zur Verfügung stehenden Kommunikationsmittel eine Verzögerung von mehr als **4 Wochen** zu erwarten ist (Uhlenbruck-I. Pape § 10 Rn. 4). Im Eröffnungsverfahren kann diese Frist kürzer sein, wenn die zukünftige Insolvenzmasse noch nicht gesichert ist (HK-Kirchhof § 10 Rn. 7; höchstens 2 Wochen).

7

Wird von der Anhörung abgesehen, ist nach Abs. 1 Satz 2 grds. **ein Vertreter oder ein Angehöriger des Schuldners** anzuhören, es sei denn, solche Personen sind nicht bekannt oder ihre Anhörung würde das Verfahren übermäßig verzögern (HK-Kirchhof § 10 Rn. 8). Der Begriff des Vertreters ist eng auszulegen, daher kommen zwar Zustellungsbevollmächtigte (§§ 173, 176, 177 ZPO) und für das Insolvenzverfahren mandatierte Verfahrensbevollmächtigte, nicht aber Handlungsbevollmächtigte, Prokuristen oder der Scheidungsanwalt des Schuldners in Betracht (Uhlenbruck-I. Pape § 10 Rn. 7). Der Begriff des Angehörigen bestimmt sich wie in § 383 Abs. 1 Nr. 1 bis 3 ZPO und schließt auch den Lebenspartner des Schuldners mit ein.

8

Für den Fall, dass es sich beim Schuldner um eine **juristische Person** oder gem. § 11 Abs. 2 insolvenzfähige Gesellschaft bzw. Vermögensmasse handelt, gilt nach Abs. 2 Satz 1 die Regelung des Abs. 1 entsprechend für die Personen, die zur Vertretung des Schuldners berechtigt oder an ihm beteiligt sind. Der anzuhörende Personenkreis ergibt sich aus den gesetzlichen Regelungen über die Anhörung in §§ 15 Abs. 2 und 3 Satz 1, 317 Abs. 2 Satz 2, 318 Abs. 2 Satz 2 und 332 Abs. 3 Satz 2, sodass das Gericht z. B. grds. **alle Mitglieder des Vertretungsorgans**, alle Gesellschafter bzw. alle persönlich haftenden Gesellschafter oder alle Erben anhören muss (HK-Kirchhof § 10 Rn. 10, 11). Soweit der Gesellschaftsvertrag gegenseitige Vertretung vorsieht, genügt die Anhörung des **Vertretungsberechtigten** (Uhlenbruck-I. Pape § 10 Rn. 8). Die Ausnahme des Abs. 1 bezieht sich nur auf das jeweils betroffene Mitglied des Vertretungsorgans der juristischen Person.

9

10 Die Streitfrage, ob Abs. 2 Satz 1 Anwendung fand, wenn eine juristische Person über keinen gesetzlichen Vertreter verfügte, weil z. B. der Geschäftsführer abberufen wurde oder wirksam sein Amt niedergelegt hat (vgl. 2. Aufl.), hat sich mit der Einführung des Abs. 2 Satz 2 durch das am 01.11.2008 in Kraft getretene **MoMiG** erledigt. In der Gesetzesbegründung zu Abs. 2 Satz 2 wird das Fehlen eines gesetzlichen Vertreters als Hinderungsgrund i. S. v. Abs. 1 Satz 1 bezeichnet.

III. Anhörung bei Führungslosigkeit (Abs. 2 Satz 2)

11 Die durch das MoMiG eingeführte Neuregelung enthält die **Legaldefinition der Führungslosigkeit** juristischer Personen. Für das Fehlen eines gesetzlichen Vertreters kommt es auf die **objektive Rechtslage** an. Wie sich aus der Gesetzesbegründung zu § 15a Abs. 3 ergibt, reicht es nicht aus, dass der Aufenthalt des Geschäftsführers für die Gesellschafter unbekannt ist. Die noch im RefE für diesen Fall im Vorfeld der Führungslosigkeit vorgesehene Antragspflicht der Gesellschafter ist ausdrücklich fallen gelassen worden. Die Führungslosigkeit lässt sich auch nicht dadurch konstruieren, dass das Untertauchen des Geschäftsführers als »konkludente« Amtsniederlegung ausgelegt wird (AG Hamburg, ZInsO 2008, 1331; Römermann, NZI 2008, 641, 645; **a. A.** Gehrlein, BB 2008, 846, 848). Erst recht fehlt es an der Führungslosigkeit, wenn der Geschäftsführer für den Gesellschafter einer evtl. insolvenzreifen GmbH nicht zu erreichen ist, weil er sich auf einer Forschungsreise befindet (AG Potsdam, ZInsO 2013, 515).

12 Durch Abs. 2 Satz 2 wird dem Gericht **Ermessen** eingeräumt, im Fall der Führungslosigkeit der schuldnerischen juristischen Person die an ihr beteiligten Personen anzuhören. Dazu gehören nicht nur die Gesellschafter, sondern bei der AG und Genossenschaft auch die Mitglieder des Aufsichtsrats, da diese bei Gläubigeranträgen als Passivvertreter der AG bzw. der Genossenschaft fungieren (vgl. § 4 Rdn. 20a). Maßstab für die Ermessensausübung ist, ob die Anhörung der Gesellschafter im konkreten Einzelfall **notwendig und sinnvoll** ist. Dies wird häufig bei kleinen und überschaubaren Kapitalgesellschaften – namentlich GmbH – der Fall sein, wenn die Anhörung der beteiligten Personen Erfolg verspricht, seltener bei großen Publikumsgesellschaften. Zum Verfahren beim Gläubigerantrag gegen eine führungslose GmbH, AG oder Genossenschaft vgl. § 4 Rdn. 20a).

13 Hält sich der Gesellschafter bzw. das Aufsichtsratsmitglied im Ausland auf und würde die Anhörung das Verfahren übermäßig verzögern oder ist der Aufenthaltsort des Gesellschafters bzw. des Aufsichtsratsmitglieds unbekannt, kann die Anhörung darüber hinaus ebenfalls unterbleiben, da Abs. 2 Satz 2 Halbs. 2 auf Abs. 1 Satz 1 verweist.

Zweiter Teil Eröffnung des Insolvenzverfahrens. Erfaßtes Vermögen und Verfahrensbeteiligte

Erster Abschnitt Eröffnungsvoraussetzungen und Eröffnungsverfahren

§ 11 Zulässigkeit des Insolvenzverfahrens

(1) ¹Ein Insolvenzverfahren kann über das Vermögen jeder natürlichen und jeder juristischen Person eröffnet werden. ²Der nicht rechtsfähige Verein steht insoweit einer juristischen Person gleich.

(2) Ein Insolvenzverfahren kann ferner eröffnet werden:
1. über das Vermögen einer Gesellschaft ohne Rechtspersönlichkeit (offene Handelsgesellschaft, Kommanditgesellschaft, Partnerschaftsgesellschaft, Gesellschaft des Bürgerlichen Rechts, Partenreederei, Europäische wirtschaftliche Interessenvereinigung);

2. nach Maßgabe der §§ 315 bis 334 über einen Nachlaß, über das Gesamtgut einer fortgesetzten Gütergemeinschaft oder über das Gesamtgut einer Gütergemeinschaft, das von den Ehegatten gemeinschaftlich verwaltet wird.

(3) Nach Auflösung einer juristischen Person oder einer Gesellschaft ohne Rechtspersönlichkeit ist die Eröffnung des Insolvenzverfahrens zulässig, solange die Verteilung des Vermögens nicht vollzogen ist.

Übersicht	Rdn.		Rdn.
A. Normzweck	1	7. Europäische wirtschaftliche Interessenvereinigung	41
B. Norminhalt	2		
I. Natürliche Person (Abs. 1)	5	IV. Sonderinsolvenzen (Abs. 2 Nr. 2)	42
II. Juristische Person (Abs. 1)	7	1. Nachlass	43
III. Gesellschaften ohne Rechtspersönlichkeiten (Abs. 2 Nr. 1)	20	2. Gesamtgut einer fortgesetzten Gütergemeinschaft	44
1. OHG und KG	21	3. Gemeinschaftlich verwaltetes Gesamtgut	45
2. GmbH & Co. KG	27	V. Ende der Insolvenzfähigkeit	46
3. Stille Gesellschaft und Bruchteilsgemeinschaft	28	1. Natürliche Person	46
4. GbR	30	2. Juristische Person und Gesellschaft ohne Rechtspersönlichkeit (Abs. 3)	48
5. Partnerschaftsgesellschaft	35		
6. Partenreederei	38		

A. Normzweck

Die Norm regelt die **Insolvenz(verfahrens)fähigkeit**. Sie bestimmt, welche Rechtsträger und welche Vermögensmassen Gegenstand eines Insolvenzverfahrens sein können. 1

B. Norminhalt

Das Insolvenzverfahren betrifft das gesamte haftungsrechtliche Vermögen eines Schuldners, der als Träger des Vermögens an dem Verfahren beteiligt ist. Eine Unterscheidung zwischen »Geschäfts-« und »Privatvermögen« eines Schuldners erfolgt nicht. In das Insolvenzverfahren ist immer das gesamte Vermögen des Schuldners einbezogen, es sei denn, es ist auf ein haftungsrechtliches Sondervermögen (z. B. Nachlass) beschränkt. 2

Die Insolvenz(verfahrens)fähigkeit des § 11 tritt an die Stelle der **Parteifähigkeit** des § 50 ZPO (HK-Kirchhof § 11 Rn. 4). 3

Hiervon zu unterscheiden ist die Verfahrensfähigkeit (**Prozessfähigkeit** i. S. d. §§ 51 ff. ZPO), die auch für das Insolvenzverfahren erforderlich ist (§ 4). Von der Verfahrensfähigkeit hängt ab, wer zur Vornahme oder Entgegennahme von Verfahrenshandlungen befugt ist. Etwaige Zweifel an der Prozessfähigkeit sind in jedem Stadium des Verfahrens von Amts wegen zu überprüfen (§ 56 ZPO i. V. m. § 4). Zur Frage der Verfahrensfähigkeit einer führungslosen Gesellschaft s. § 4 Rdn. 20a. 4

I. Natürliche Person (Abs. 1)

Jede natürliche Person – unabhängig von ihrer Tätigkeit – ist ab Vollendung der Geburt (§ 1 BGB) insolvenzfähig. Bei Geschäfts- oder Prozessunfähigkeit handelt für sie der gesetzliche Vertreter; bei angeordneter rechtlicher **Betreuung** (§ 1896 BGB) mit dem Aufgabenkreis »Vermögenssorge« ist der Schuldner im Insolvenzverfahren prozessfähig, es sei denn, der Betreuer vertritt ihn im Insolvenzverfahren (§ 53 ZPO, § 1902 BGB) oder es ist ein Einwilligungsvorbehalt angeordnet (§ 53 ZPO, §§ 1902, 1903 Abs. 1 BGB). Auch ausländische natürliche Personen sind, solange ein deutsches Insolvenzgericht zuständig ist, insolvenzfähig, und zwar unabhängig davon, ob sie nach ihrem Heimatrecht insolvenzfähig wären (Uhlenbruck-Hirte § 11 Rn. 6). 5

6   Lediglich verfahrensrechtlich finden bei natürlichen Personen, die keine selbstständige Tätigkeit ausüben oder ausgeübt haben, die Vorschriften der Verbraucherinsolvenz gem. §§ 304 ff. Anwendung, während bei früherer selbstständiger Tätigkeit, sofern Forderungen aus Arbeitsverhältnissen bestehen oder die Vermögensverhältnisse unüberschaubar sind (s. § 304 Abs. 1), die allgemeinen Vorschriften über das (Regel-) Insolvenzverfahren Anwendung findet.

6a Ist bereits über das Vermögen einer weiterhin wirtschaftlich selbstständig tätigen natürlichen Person das Insolvenzverfahren eröffnet und hat der Insolvenzverwalter diese Tätigkeit nach § 35 Abs. 2 freigegeben, bildet der Geschäftsbetrieb ein **Sondervermögen**, dessen Träger die natürliche Person ist und über das ein eigenständiges (weiteres) Insolvenzverfahren eröffnet oder mangels Masse abgelehnt werden kann (BGH, ZInsO 2011, 1349).

II. Juristische Person (Abs. 1)

7   Insolvenzfähig sind juristische Personen. Hierzu gehören insb. die **AG** (§ 1 AktG), die **KGaA** (§ 278 Abs. 1 AktG), die **GmbH** (§ 13 GmbHG), die **eingetragene Genossenschaft** (§ 2 GenG), der **rechtsfähige Verein** (§§ 21, 22 BGB), der **VVaG** (§ 15 VAG), die **rechtsfähige Stiftung** (§ 80 BGB) sowie die **in einem EU-Mitgliedstaat gegründeten rechtsfähigen Gesellschaften** (zur Anerkennung der Rechts- und Parteifähigkeit EuGH, ZIP 2002, 2037; BGHZ 154, 185; zur Insolvenzfähigkeit der **englischen Limited**: LG Duisburg, NZI 2007, 475; OLG Jena, NZI 2008, 260 m. Anm. Mock; s. a. Walterscheid, DZWIR 2006, 95; Art. 4 Abs. 2 Satz 2 a) EuInsVO; nach erfolgter Löschung s. Rdn. 48).

Die SE (societa europaea) ist als juristische Person, Art. 1 Abs. 3 SE-VO (Verordnung (EG) Nr. 2157/2001 des Rates vom 08.10.2001), insolvenzfähig. Für eine SE mit Sitz in Deutschland gilt deutsches Insolvenzrecht (Lutter/Hommelhoff-Ehricke, SE-Kommentar, Art. 63 SE-VO Rn. 45).

8   Maßgeblicher Zeitpunkt für die Verfahrensfähigkeit ist bei der AG, der KGaA und der GmbH die Eintragung in das Handelsregister (§§ 41 Abs. 1, 278 Abs. 3 AktG; § 11 Abs. 1 GmbHG), bei der Genossenschaft die Eintragung in das Genossenschaftsregister (§ 13 GenG), bei dem rechtsfähigen Verein die Eintragung in das Vereinsregister (§ 21 BGB), bei der Stiftung das Stiftungsgeschäft und die landesbehördliche Anerkennung (§ 80 BGB).

9   Der nicht rechtsfähige Verein (§ 54 BGB) ist gem. § 11 Abs. 1 Satz 2 insolvenzrechtlich der juristischen Person gleich gestellt.

10 Eine in Vollzug gesetzte, wegen Mängel bei der Errichtung fehlerhafte Gesellschaft ist insolvenzfähig (BGH, ZInsO 2006, 1208; s. Rdn. 22).

11 Ein **Konzern** ist derzeit nicht selbstständig insolvenzfähig; insolvenzfähig sind die dem Konzern zugehörigen einzelnen, rechtlich selbstständigen Gesellschaften (HK-Kirchhof § 11 Rn. 8; FK-Schmerbach § 11 Rn. 38). Mit dem Entwurf eines Gesetzes zur Erleichterung der Bewältigung von Konzerninsolvenzen (BT-Drucks. 18/407) soll ein gesetzliches Konzerninsolvenzrecht geschaffen werden (hierzu näher unter § 3 Rdn. 40 ff.).

12 Die Eröffnung des Insolvenzverfahrens oder die Abweisung mangels Masse hat für die AG (§ 262 AktG), die KGaA (§ 289 AktG, §§ 161 Abs. 2, 131 HGB), die GmbH (§ 60 GmbHG), die Genossenschaft (§§ 101, 81a GenG), den Verein und die Stiftung bei Eröffnung (§§ 42, 86 BGB) sowie den VVaG (§ 42 VAG) die Auflösung und den Eintritt in das Liquidationsverfahren zur Folge.

13 Auf juristische Personen finden immer die Vorschriften der Regelinsolvenz Anwendung; eine Restschuldbefreiung gibt es für sie nicht (§ 286).

14 Haben sich mehrere Personen zunächst nur verbindlich geeinigt, eine juristische Person zu gründen, liegt je nachdem, welche Rechtsform gewählt werden soll, eine **Vorgründungsgesellschaft**, **Vorgründungsgenossenschaft** oder ein **Vorgründungsverein** vor. Diese sind bei fehlendem eigenen Vermögen als reine Innengesellschaften **nicht insolvenzfähig** (Jaeger-Ehricke § 11 Rn. 18). Erst bei Erwerb eigenen Vermögens und rechtsgeschäftlichem Auftreten nach außen werden sie zur GbR

oder OHG und damit in dieser Form insolvenzfähig gem. Abs. 2 Nr. 1 (Uhlenbruck-Hirte § 11 Rn. 36; HK-Kirchhof § 11 Rn. 11).

Ein allgemeiner Vermögensübergang der Vorgründungsgesellschaft auf die nachfolgende Vorgesellschaft bzw. die juristische Person erfolgt nicht. Die Aktiva und Passiva müssen vielmehr übertragen und übernommen werden (BGHZ 91, 148 = ZIP 1984, 950; BGH, NJW 1998, 1645), wobei §§ 414, 415 BGB zu beachten sind. 15

Bereits mit dem formgerechten Abschluss des Gesellschaftsvertrages (§ 2 Abs. 1 Satz 1 GmbHG), der Satzung (§ 23 Abs. 1 Satz 1 AktG, § 25 BGB), des Statuts (§ 5 GenG) und der Aufnahme der Tätigkeit liegt eine **Vorgesellschaft** vor (Baumbach/Hueck-Hueck/Fastrich § 11 GmbHG Rn. 3; MK/AktG-Pentz § 41 Rn. 22), ohne dass es auf die Registeranmeldung ankommt (so aber Jaeger-Ehricke § 11 Rn. 19). Es handelt sich um ein eigenständiges, körperschaftlich strukturiertes Gebilde mit eigenen Rechten und Pflichten (BGHZ 117, 323 = ZIP 1992, 689; BGH, NJW 1998, 1079), deren Aktiva und Passiva im Gegensatz zur Vorgründungsgesellschaft nach Eintragung »nahtlos« auf die juristische Person übergehen (BGHZ 80, 129 = ZIP 1981, 394; BGHZ 91, 148 = ZIP 1984, 950; BGHZ 117, 323 = ZIP 1992, 689) und auf die bereits die gesetzlichen Bestimmungen der beabsichtigten Rechtsform Anwendung finden (MK-Ott/Vuia § 11 Rn. 14 m. w. N.). Die Vorgesellschaft ist dementsprechend auch insolvenzfähig (BGH, ZInsO 2003, 990; Uhlenbruck-Hirte § 11 Rn. 40). 16

Demgegenüber ist das Entstehen einer eigenständigen **Vorstiftung** (Stiftung im Errichtungsstadium zwischen Vornahme des Stiftungsgeschäfts und der landesbehördlichen Anerkennung) mit eigenen Rechten und Pflichten abzulehnen (zutreffend MK/BGB-Reuter § 80 Rn. 62 ff.). Sie ist daher nicht insolvenzfähig (Bach/Knof, ZInsO 2005, 729, 730). 17

Die **Wohnungseigentümergemeinschaft** ist zwar (teil-)rechtsfähig (§ 10 Abs. 6, Abs. 7 WEG), aber nicht insolvenzfähig (§ 11 Abs. 3 WEG). Zur Insolvenz des **Wohnungseigentümers** s. Lüke, ZWE 2006, 370; ZWE 2010, 62. 18

Auf **Krankenkassen** und **Krankenkassenverbände** findet seit 01.01.2010 die InsO Anwendung; sie sind damit insolvenzfähig (§§ 171b, 171f SGB V). Das Vorliegen eines Insolvenzgrundes einschließlich der drohenden Zahlungsunfähigkeit hat der Vorstand der zuständigen Aufsichtsbehörde unverzüglich anzuzeigen; allein die Aufsichtsbehörde ist antragsbefugt, bei dauernder Leistungsunfähigkeit soll stattdessen die Krankenkasse geschlossen werden (§ 171b Abs. 2 SGB V n. F. seit 01.01.2010). 19

III. Gesellschaften ohne Rechtspersönlichkeiten (Abs. 2 Nr. 1)

Insolvenzfähig sind die **OHG**, die **KG**, die **Partnerschaftsgesellschaft**, die **GbR**, die **Partenreederei** und die **Europäische Wirtschaftliche Interessenvereinigung**. Das Insolvenzverfahren betrifft nur das Vermögen der Gesellschaften als insolvenzrechtliches Sondervermögen und nicht auch die Vermögen der Gesellschafter. Umgekehrt erstreckt sich ein Insolvenzverfahren über das Vermögen eines Gesellschafters nicht auch auf das Vermögen der Gesellschaft; erfasst wird lediglich der Vermögenswert der Beteiligung des Gesellschafters an der Gesellschaft. 20

1. OHG und KG

Die OHG und KG sind Personenhandelsgesellschaften, die unter ihrer Firma Rechte erwerben und Verbindlichkeiten eingehen können und ein eigenes, vom Vermögen der Gesellschafter rechtlich streng getrenntes Vermögen haben (§§ 124, 161 Abs. 2 HGB). Die Abgrenzung zwischen OHG und KG einerseits sowie der GbR andererseits erfolgt nach dem **Zweck der Gesellschaft**. Liegt dieser im Handelsgewerbe (wobei nach § 1 Abs. 2 HGB jedes Gewerbe als Handelsgewerbe gilt, es sei denn, das Unternehmen erfordert nach Art oder Umfang keinen in kaufmännischer Weise eingerichteten Geschäftsbetrieb) ist bei persönlicher Haftung aller Gesellschafter eine OHG, bei Haftung zumindest eines Gesellschafters nur mit seiner Einlagepflicht eine KG gegeben. Die Ein- 21 tragung im Handelsregister (§ 105 Abs. 1 HGB) ist nicht konstitutiv (Baumbach/Hopt § 105 HGB Rn. 12; § 106 Rn. 1), es sei denn, es wird kein Handelsgewerbe betrieben (§ 105 Abs. 2 HGB). Liegt der Geschäftsbeginn vor der Eintragung, entsteht die Handelsgesellschaft bereits mit der Aufnahme der Tätigkeit (§ 123 Abs. 2 HGB).

22 Die Entstehung der Gesellschaft setzt einen – wenn auch möglicherweise fehlerhaften – **Gesellschaftsvertrag** voraus, der formfrei und auch konkludent abgeschlossen werden kann (BGHZ 11, 190 = NJW 1954, 231). Ist der Gesellschaftsvertrag unwirksam oder anfechtbar, handelt es sich um eine **fehlerhafte Gesellschaft**, die nach ihrer Invollzugsetzung (z.B. Aufnahme des Geschäftsbetriebes) aus Gründen des Bestandsschutzes und Verkehrsschutzes nicht mehr rückwirkend beseitigt werden kann. Das Gesellschaftsverhältnis wird als wirksam angesehen und kann nur für die Zukunft durch fristlose Kündigung, Auflösungsklage (§ 133 HGB) oder durch eine etwaige Ausschließungs-/Übernahmeklage (§ 140 HGB) beendet werden (Baumbach/Hopt § 105 HGB Rn. 88). Die fehlerhafte Gesellschaft kann somit eigenes Vermögen begründen und ist daher insolvenzfähig (BGH, ZInsO 2006, 1208; MK-Ott/Vuia § 11 Rn. 45, 47).

23 Ein reines faktisches Zusammenwirken ohne einvernehmliche Grundlage (**faktische Gesellschaft**) führt nicht zu einer gesellschaftsrechtlichen Einheit und ist nicht insolvenzfähig (MK-Ott/Vuia § 11 Rn. 47; Jaeger-Ehricke § 11 Rn. 64; MK/BGB-Ulmer § 705 Rn. 1: »die Lehre von der faktischen Gesellschaft ist überholt«; a. A. FK-Schmerbach § 11 Rn. 28).

24 Ist die Gesellschaft nur zum Schein gegründet worden (§ 117 BGB) oder trotz Auftretens nach außen ein Gesellschaftsverhältnis nicht gewollt, fehlt es an einem Gesellschaftsvertrag. Es handelt sich um eine **Scheingesellschaft** (Baumbach/Hopt § 105 HGB Rn. 98). Die Gesellschafter der Scheingesellschaft haften nach den Grundsätzen der Rechtsscheinhaftung entsprechend § 128 HGB. Ein insolvenzfähiges Sondervermögen wird durch die Scheingesellschaft nicht gebildet, sodass ein Insolvenzverfahren über das Vermögen der Scheingesellschaft ausscheidet (HK-Kirchhof § 11 Rn. 14; MK-Ott/Vuia § 11 Rn. 47; Uhlenbruck-Hirte § 11 Rn. 239; zweifelnd FK-Schmerbach § 11 Rn. 30: insolvenzfähige GbR; dem steht jedoch entgegen, dass mangels Gesellschaftsvertrag auch kein Gesamthandseigentum einer GbR entstanden ist, MK/BGB-Ulmer § 705 Rn. 377).

25 Die **persönliche Haftung der Gesellschafter** einer OHG oder der Komplementäre einer KG für die Verbindlichkeiten der Gesellschaft (§§ 128, 161 Abs. 2 HGB) kann während des Insolvenzverfahrens nur vom Insolvenzverwalter/Sachwalter geltend gemacht werden (§§ 93, 280). **Kommanditisten** haften nicht, sofern sie ihre Einlage erbracht haben, anderenfalls bis zur Höhe ihrer im Handelsregister eingetragenen Einlagesumme (§§ 171, 172 HGB).

Hat die Gesellschaft ihre Geschäfte begonnen, bevor sie in das Handelsregister eingetragen ist, haftet jeder Kommanditist, der dem Geschäftsbeginn zugestimmt hat, für die bis zur Eintragung begründeten Verbindlichkeiten der Gesellschaft gleich einem persönlich haftenden Gesellschafter, es sei denn, seine Beteiligung als Kommanditist war dem Gläubiger bekannt (§ 176 HGB). Während des Insolvenzverfahrens kann die Haftung gem. § 171 Abs. 2 HGB ebenfalls nur vom Insolvenzverwalter/Sachwalter geltend gemacht werden, während für die Haftung aus § 176 HGB wiederum §§ 93, 280 Anwendung finden.

26 Mit der Eröffnung des Insolvenzverfahrens wird die Gesellschaft **aufgelöst** (§§ 131 Abs. 1 Nr. 3, 161 Abs. 2 HGB). Bei Abweisung mangels Masse (§ 26) wird sie nur aufgelöst, wenn kein persönlich haftender Gesellschafter eine natürliche Person ist (§§ 131 Abs. 2 Nr. 1, 161 HGB).

2. GmbH & Co. KG

27 Die **GmbH & Co. KG** ist, obwohl es sich bei der Komplementärin um eine juristische Person handelt, nur als Personengesellschaft ohne Rechtspersönlichkeit insolvenzfähig. Zwischen der Gesellschaft (KG) und der Komplementärin (GmbH) ist daher insb. auch insolvenzrechtlich zu unterscheiden. Ein Insolvenzverfahren über das Vermögen der KG oder eines über das Vermögen

der GmbH erstreckt sich nicht auf das Vermögen der jeweils anderen Gesellschaft. Es bedarf vielmehr jeweils eigener Insolvenzanträge.

3. Stille Gesellschaft und Bruchteilsgemeinschaft

Die **Stille Gesellschaft** (§§ 230 ff. HGB) ist nach allgemeiner Ansicht nicht insolvenzfähig (Uhlenbruck-Hirte § 11 Rn. 384). Sie besteht aus dem Inhaber des Handelsgeschäfts und dem stillen Gesellschafter, dessen Einlage in das Vermögen des Inhabers übergeht. Sie ist somit eine reine Innengesellschaft und nicht Trägerin eines Vermögens. 28

Die **Bruchteilsgemeinschaft** (§§ 741 ff. BGB) ist ebenfalls nicht insolvenzfähig (Bork, ZIP 2001, 545; KPB-Prütting § 11 Rn. 53; NR-Mönning § 11 Rn. 110; **a. A.** AG Göttingen, ZInsO 2001, 45; FK-Schmerbach § 11 Rn. 22). Sie kann weder als Schuldnerin Verbindlichkeiten eingehen, noch ist sie Trägerin eines Sondervermögens oder parteifähig. 29

4. GbR

Die **GbR**, die mittlerweile auch als parteifähig anerkannt ist (BGHZ 146, 341 = ZInsO 2001, 218), ist mit ihrem Sondervermögen insolvenzfähig (zur Bezeichnung s. § 13 Rdn. 8). 30

Zur Bestimmung der Insolvenzfähigkeit ist zwischen **Innengesellschaft und Außengesellschaft** zu unterscheiden. Während die Innengesellschaft nicht nach außen auftritt und Rechtswirkungen nur im Innenverhältnis zwischen den Gesellschaftern, die nach außen im eigenen Namen und auf eigene Rechnung handeln, begründet, tritt die Außengesellschaft nach außen auf und bildet eigenes Vermögen (Jaeger-Ehricke § 11 Rn. 67 ff.). Innengesellschaften sind nicht insolvenzfähig (Uhlenbruck-Hirte § 11 Rn. 374; HK-Kirchhof § 11 Rn. 16). 31

Im Hinblick auf § 1 HGB (Rdn. 21) erschöpft sich der Anwendungsbereich der insolvenzrechtlichen Vorschriften auf die GbR im Wesentlichen auf kleingewerbliche sowie nach außen auftretende nichtgewerbliche Gesellschaften. Die rechtlichen Voraussetzungen einer GbR entsprechen im Grundsatz denjenigen der OHG einschließlich des Vorliegens einer fehlerhaften Gesellschaft und der Scheingesellschaft. Allerdings tritt an die Stelle der Auflösungsklage das Recht zur außerordentlichen Kündigung nach § 723 Abs. 1 Satz 2 BGB. 32

Die **persönliche Haftung der Gesellschafter**, deren persönliches Vermögen von dem Insolvenzverfahren über das Vermögen der GbR nicht erfasst wird und über deren Vermögen eigenständige Insolvenzverfahren zu führen sind, kann während des Insolvenzverfahrens nur vom Insolvenzverwalter/Sachwalter geltend gemacht werden (§§ 93, 280). 33

Mit der Eröffnung des Insolvenzverfahrens wird die GbR aufgelöst (§ 728 Abs. 1 Satz 1 BGB), nicht jedoch bei Abweisung mangels Masse. 34

5. Partnerschaftsgesellschaft

Die **Partnerschaft** ist eine Gesellschaft, zu der sich Angehörige freier Berufe zusammenschließen können. Es müssen natürliche Personen sein, die kein Handelsgewerbe ausüben. In Betracht kommen u. a. Ärzte, Mitglieder der Rechtsanwaltskammern, Steuerberater, Ingenieure, Architekten, Journalisten, Dolmetscher, Wissenschaftler, Künstler, Schriftsteller, Lehrer (§ 1 Abs. 1, 2 PartGG). Es bedarf des schriftlichen Partnerschaftsvertrages (§ 3 PartGG). Ggü. Dritten wird die Partnerschaftsgesellschaft, die mindestens den Namen eines Partners mit dem Zusatz »und Partner« oder »Partnerschaft« führen muss (§ 2 PartGG), erst mit Eintragung in das Partnerschaftsregister wirksam (§ 7 PartGG). 35

Das Insolvenzverfahren berührt nur das Vermögen der Gesellschaft und erfasst nicht das Vermögen der Partner, die als Gesamtschuldner neben der Partnerschaft haften; die Haftung der Partner ist allerdings insoweit privilegiert, als nur derjenige Partner haftet, der mit der Bearbeitung des Auftrages befasst war (§ 8 PartGG). 36

37 Mit der Eröffnung des Insolvenzverfahrens wird die Partnerschaft aufgelöst (§ 9 PartGG, § 131 Abs. 1 Nr. 3 HGB).

6. Partenreederei

38 Die **Partenreederei** (Reederei) ist die Beteiligung mehrerer Personen an einem ihnen gemeinschaftlich zustehenden Schiff zu dessen Verwendung für gemeinschaftliche Rechnung zum Erwerb durch die Seefahrt (§§ 489 ff. HGB). Keine Reederei, sondern ein einzelkaufmännisches Gewerbe oder eine Gesellschaft liegen vor, wenn das Schiff im Eigentum einer Person oder einer Gesellschaft steht, auch wenn die Branchenbezeichnung »Reederei« geführt wird (Jaeger-Ehricke § 11 Rn. 78).

39 Das Insolvenzverfahren erstreckt sich nur auf das Vermögen der Reederei. Die Gesellschafter (Mitreeder) haften nur neben ihr und nur in Höhe ihres jeweiligen Schiffsparts als Teilschuldner (§ 507 Abs. 1 HGB, § 420 BGB).

40 Mit der Eröffnung des Insolvenzverfahrens wird die Reederei aufgelöst (§ 506a HGB); ein Insolvenzverfahren über das Vermögen eines Mitreeders hat nicht die Auflösung der Reederei zur Folge (§ 505 Abs. 2 HGB).

7. Europäische wirtschaftliche Interessenvereinigung

41 Die **Europäische wirtschaftliche Interessenvereinigung** (EWIV) ist die rechtliche Form der grenzüberschreitenden Zusammenarbeit von Personen, Gesellschaften u. a. juristischen Einheiten (Verordnung [EWG] Nr. 2137/85 v. 25.07.1985 nebst Ausführungsgesetz v. 14.04.1988). Auf sie ist vorbehaltlich der Verordnung das Recht des Staates anzuwenden, in dem sie ihren vertraglichen Sitz hat und in dessen Register (hier: Handelsregister) sie anzumelden ist (Art. 2, 6 EWIVVO, § 2 EWIVAG). Neben den Bestimmungen der Verordnung und des Ausführungsgesetzes sind die Vorschriften der OHG anzuwenden (§ 1 EWIVAG). Die EWIV kann ab Eintragung eigenes Vermögen bilden (Art. 1 Abs. 2 EWIVVO) und unterliegt gem. Art. 36 EWIVVO dem innerstaatlichen Insolvenzrecht.

IV. Sonderinsolvenzen (Abs. 2 Nr. 2)

42 Gegenstand der Sonderinsolvenzen sind sog. Sonderinsolvenzmassen, bei denen an die Stelle der allgemeinen insolvenzrechtlichen Regeln z. T. besondere formelle und materielle Vorschriften treten (§§ 315 bis 334).

Zu Sonderinsolvenzmassen bei beendeter Gesellschaft ohne Rechtspersönlichkeit und beendeter zweigliedriger KG s. u. Rdn. 50, 51; bei vom Insolvenzverwalter freigegebener selbstständiger Tätigkeit s. o. Rdn. 6a.

1. Nachlass

43 Mit dem Tod des Erblassers (Erbfall) geht sein Vermögen (Erbschaft) auf den (die) Erben über (§ 1922 BGB), der für die Nachlassverbindlichkeiten haftet. Der Erbe haftet nach dem **Grundsatz der Universalsukzession** nicht nur mit dem ererbten, sondern auch mit seinem sonstigen Vermögen (einheitliches Haftungsvermögen). Der Erbe hat allerdings die Möglichkeit, seine Haftung auf den Nachlass zu begrenzen und damit sein Eigenvermögen und den Nachlass haftungsrechtlich zu trennen. Hierzu steht ihm neben der Nachlassverwaltung das Nachlassinsolvenzverfahren zur Verfügung (§ 1975 BGB). Im Nachlassinsolvenzverfahren wird nicht das gesamte Vermögen des Erben für seine sämtlichen Gläubiger (Eigengläubiger und Nachlassgläubiger) verwertet, sondern nur der Nachlass als Sondervermögen für die Nachlassgläubiger (§ 325).

2. Gesamtgut einer fortgesetzten Gütergemeinschaft

44 Bei der fortgesetzten Gütergemeinschaft (§§ 1416, 1419, 1483 ff. BGB) setzt der überlebende Ehegatte die Gemeinschaft mit den gemeinsamen Abkömmlingen fort. Der Anteil des Verstorbenen am

Gesamtgut (§ 1416 BGB) fällt nicht in den Nachlass (§ 1483 Abs. 1 BGB); der überlebende Ehegatte hat die Stellung des allein verwaltenden Ehegatten und haftet für die Gesamtgutsverbindlichkeiten persönlich (§§ 1487, 1489 BGB). Die Haftung kann entsprechend der Haftungsbeschränkung des Erben beschränkt werden (§ 1489 Abs. 2 BGB), sodass das Gesamtgut der fortgesetzten Gütergemeinschaft insolvenzfähig ist. Gem. § 332 mit den dort normierten Abweichungen gelten für das Insolvenzverfahren die Vorschriften der Nachlassinsolvenz.

3. Gemeinschaftlich verwaltetes Gesamtgut

Ehegatten, die den Güterstand der Gütergemeinschaft vereinbart haben, können regeln, wer von ihnen das Gesamtgut verwalten soll oder ob sie dies gemeinsam tun. Treffen sie keine Vereinbarung, verwalten sie gemeinschaftlich (§ 1450 BGB). Bei gemeinschaftlicher Verwaltung ist über das Gesamtgut als Sonderinsolvenzmasse ein Insolvenzverfahren zulässig. Dies ist in §§ 333, 334 geregelt.

V. Ende der Insolvenzfähigkeit

1. Natürliche Person

Mit dem **Tod** endet die Insolvenzfähigkeit natürlicher Personen. Allerdings beendet der Tod des Insolvenzschuldners ein anhängiges Insolvenzverfahren nicht. Ab Eintritt des Erbfalls gelten die für das Nachlassinsolvenzverfahren maßgeblichen Bestimmungen. Das Verfahren wird durch klarstellenden Beschluss übergeleitet und von dem bereits mit dem Verfahren befassten Insolvenzgericht als Nachlassinsolvenzverfahren fortgeführt (BGH, ZInsO 2004, 270; bei Verbraucherinsolvenzverfahren war nach der Rechtslage bis zum 01.07.2014 statt des Treuhänders nunmehr ein Insolvenzverwalter zu bestellen, vgl. § 313 InsO: BGH, ZInsO 2008, 453; vgl. Vorbemerkung zu §§ 315 ff. Rdn. 16). Ein **Antrag auf Restschuldbefreiung** wird gegenstandslos. Durch das Nachlassinsolvenzverfahren wird die Haftung des Erben auf das Sondervermögen beschränkt. Eine etwaige **Stundungsbewilligung** gem. § 4a wird ex nunc wirkungslos, das Nachlassinsolvenzverfahren ist ggf. nach § 207 einzustellen.

Sofern der nunmehrige Erbe einziger Gläubiger des Erblassers war, erlischt im Eröffnungsverfahren die Forderung durch Konfusion. Der Insolvenzantrag als nunmehriger Eigenantrag wird damit unzulässig. Im eröffneten Verfahren ist demgegenüber im Hinblick auf § 1976 BGB keine Konfusion eingetreten und damit der Eröffnungsgrund nicht gem. § 212 weggefallen. In Betracht kommt allerdings eine Einstellung nach § 213.

2. Juristische Person und Gesellschaft ohne Rechtspersönlichkeit (Abs. 3)

Die **juristische Person** endet nicht bereits mit ihrer Auflösung, sondern nach der Lehre vom Doppeltatbestand erst mit ihrer Vermögenslosigkeit und ihrer Löschung im Register (BGHZ 48, 303, 307; BGH, NJW 2001, 304; Uhlenbruck-Hirte § 11 Rn. 46). Die Eröffnung eines Insolvenzverfahrens ist sowohl über eine **Liquidationsgesellschaft** mit dem Liquidator als Vertretungsorgan (z. B. §§ 66, 70 GmbHG) als auch über eine bereits im Register **gelöschte Gesellschaft** möglich, sofern deren Vermögen nicht vollständig verteilt ist (s. a. LG Zweibrücken, NZI 2005, 397; zur **gelöschten Ltd.** OLG Düsseldorf, ZIP 2010, 1852; OLG Jena, NZI 2008, 260 m. Anm. Mock; allerdings dürfte angesichts des Auslandsbezugs für die Organstellung weiterhin das Gesellschaftsstatut der erloschenen Ltd. maßgeblich sein: s. Staudinger-Großfeld IntGesR Rn. 863).

Für den Fall der gelöschten Gesellschaft ist darzulegen, dass noch verteilbares Vermögen vorhanden ist (BGH, ZInsO 2005, 144). Es bedarf nicht der vorherigen Bestellung eines Nachtragsliquidators durch das Registergericht (a. A. noch die 3. Aufl.), da sie angesichts des Vermögens als aufgelöste Gesellschaft weiter besteht und, da mit der Löschung die Vertretungsmacht der organschaftlichen Vertreter endet (h. M., s. Scholz GmbHG § 60 Rn. 58 m. w. N.), sie ohne gesetzlichen Vertreter und damit führungslos (§ 10 Abs. 2 Satz 2) ist. Zur insolvenzrechtlichen Verfahrensfähigkeit bei Führungslosigkeit s. § 13 Rdn. 12 ff.

49 Die **Gesellschaft ohne Rechtspersönlichkeit** ist voll beendet, wenn das Vermögen insgesamt verteilt und sie – sofern eingetragen – im Register gelöscht ist (Jaeger-Ehricke § 11 Rn. 96).

50 Haben sich sämtliche Gesellschaftsanteile in der Hand eines Gesellschafters vereinigt, ist die Gesellschaft beendet. Es kann allerdings zugunsten der Gesellschaftsgläubiger weiterhin ein Insolvenzverfahren über noch vorhandenes Gesellschaftsvermögen erfolgen; Träger dieses insolvenzrechtlichen Sondervermögens ist der letzte Gesellschafter (HK-Kirchof § 11 Rn. 26; FK-Schmerbach § 11 Rn. 45; Gundlach/Schmidt/Schirrmeister, DZWIR 2004, 449, 451; s. a. unten Rdn. 51; a. A. AG Potsdam, ZInsO 2001, 478; Uhlenbruck-Hirte § 11 Rn. 244).

51 Wird das Insolvenzverfahren über das Vermögen des Komplementärs oder des Kommanditisten einer nur aus ihnen bestehenden **zweigliedrigen KG** eröffnet, ist die KG liquidationslos beendet und erloschen, sofern keine abweichende vertragliche Regelung erfolgt ist (§§ 161 Abs. 2, 131 Abs. 3 Nr. 2 HGB; s. a. BVerwG, ZIP 2011, 1868). Ihr Vermögen geht im Wege der Gesamtrechtsnachfolge – Anwachsung – auf den verbleibenden Gesellschafter über (§§ 161 Abs. 2, 131 Abs. 3 Nr. 2 HGB, § 738 Abs. 1 Satz 1 BGB). In Analogie zu den Vorschriften über das Nachlassinsolvenzverfahren (§§ 315 ff.) ist das übergegangene Vermögen als Sondervermögen partikularinsolvenzfähig (bei Ausscheiden des Komplementärs: LG Dresden, ZInsO 2005, 384; Albertus/Fischer, ZInsO 2005, 246; bei Ausscheiden des/der Kommanditisten: AG Hamburg, ZInsO 2005, 838; AG Köln, NZI 2009, 621; s. a. BGH, ZInsO 2004, 615; FK-Schmerbach § 11 Rn. 46; MK-Ott/Vuia § 11 Rn. 26, 71b; Liebs, ZIP 2002, 1716; K. Schmidt, GmbHR 2002, 1209; ders. GmbHR 2003, 1404).

§ 12 Juristische Personen des öffentlichen Rechts

(1) Unzulässig ist das Insolvenzverfahren über das Vermögen
1. des Bundes oder eines Landes;
2. einer juristischen Person des öffentlichen Rechts, die der Aufsicht eines Landes untersteht, wenn das Landesrecht dies bestimmt.

(2) Hat ein Land nach Absatz 1 Nr. 2 das Insolvenzverfahren über das Vermögen einer juristischen Person für unzulässig erklärt, so können im Falle der Zahlungsunfähigkeit oder der Überschuldung dieser juristischen Person deren Arbeitnehmer von dem Land die Leistungen verlangen, die sie im Falle der Eröffnung eines Insolvenzverfahrens nach den Vorschriften des Dritten Buches Sozialgesetzbuch über das Insolvenzgeld von der Agentur für Arbeit und nach den Vorschriften des Gesetzes zur Verbesserung der betrieblichen Altersversorgung vom Träger der Insolvenzsicherung beanspruchen könnten.

Übersicht	Rdn.		Rdn.
A. Normzweck	1	1. Verfassungsrechtlicher Ausschluss	4
B. Norminhalt	2	2. Landesrechtlicher Ausschluss	6
I. Bund und Länder (Abs. 1 Nr. 1)	2	3. Ausgleichsansprüche für Arbeitnehmer	9
II. Juristische Person des öffentlichen Rechts, die der Aufsicht eines Landes untersteht, wenn das Landesrecht dies bestimmt (Abs. 1 Nr. 2)	3		

A. Normzweck

1 Die Vorschrift soll als Ausnahme zu § 11 sicherstellen, dass die Funktionsfähigkeit des Staates und seiner Verwaltung in finanziellen Krisen nicht durch insolvenzrechtliche Maßnahmen beeinträchtigt wird. Für das materielle Recht sowie die Einzelzwangsvollstreckung finden sich entsprechende Regelungen in § 395 BGB und § 882a ZPO sowie eine Ermächtigungsgrundlage in § 15 Nr. 3 EGZPO.

B. Norminhalt

I. Bund und Länder (Abs. 1 Nr. 1)

Ein Insolvenzverfahren über Vermögen des Bundes oder der Länder ist unzulässig. Statt einer Insolvenz kommt der **Staatsbankrott** infrage, der nicht die (haftungsrechtliche) Abrechnung für die Vergangenheit, sondern die Schaffung einer Grundlage für die Zukunft bezweckt (BVerfGE 15, 126 = NJW 1963, 23; Jaeger-Ehricke § 12 Rn. 9). 2

II. Juristische Person des öffentlichen Rechts, die der Aufsicht eines Landes untersteht, wenn das Landesrecht dies bestimmt (Abs. 1 Nr. 2)

Zu den juristischen Personen des öffentlichen Rechts gehören die Körperschaften, Anstalten und Stiftungen des öffentlichen Rechts. Sie sind grds. insolvenzfähig, es sei denn, ihre Insolvenzfähigkeit ist **verfassungsrechtlich ausgeschlossen** oder sie unterliegen der **Aufsicht eines Landes** und im Landesrecht ist bestimmt, dass sie insolvenzunfähig sind. 3

1. Verfassungsrechtlicher Ausschluss

Kirchen und ihre Organisationen sind, soweit sie als Körperschaft des öffentlichen Rechts anerkannt sind, aufgrund ihres in Art. 140 GG, Art. 137 Abs. 3 WRV gewährleisteten Selbstbestimmungsrechts nicht insolvenzfähig (BVerfGE 66, 1 = NJW 1984, 2401; AG Potsdam, DZWIR 2001, 526). Denn mit der Ausübung der Verwaltungs- und Verfügungsrechte durch den Insolvenzverwalter wird in die innerkirchlichen Beziehungen eingegriffen und werden schwerwiegende Störungen im Wirkungsbereich der Kirche, zu dem auch der Einsatz der finanziellen Mittel gehört, verursacht. 4

Ebenfalls nicht insolvenzfähig sind **Rundfunkanstalten** des öffentlichen Rechts, soweit dies nicht bereits landesrechtlich bestimmt ist (BVerfGE 89, 144 = NJW 1994, 1466). 5

2. Landesrechtlicher Ausschluss

Alle **Körperschaften, Anstalten und Stiftungen** des öffentlichen Rechts stehen unter Landesaufsicht, sofern sie nicht der Bundesaufsicht unterliegen (MK-Ott/Vuia § 12 Rn. 14). Von ihrem Ermessen, eine solche juristische Person als insolvenzfähig zu erklären, haben die Länder Gebrauch gemacht (s. z. B. Bayern: Art. 77 Abs. 3 GO, § 71 Abs. 3 LKrO, 25 AGGVG; Hamburg: § 1 Hamburgisches Insolvenzunfähigkeitsgesetz; Nordrhein-Westfalen: § 78 Abs. 3 VwVG NRW, § 128 Abs. 2 GO, § 57 Abs. 3 LKrO; Übersicht bei MK-Ott/Vuia § 12 Rn. 23 ff.; Jaeger-Ehricke § 12 Rn. 20 ff.). 6

Die Insolvenzunfähigkeit gilt auch für als Sondervermögen geführte **Eigenbetriebe**, es sei denn, sie sind als privatrechtliche Gesellschaften (z. B. GmbH) eingerichtet. Dann sind sie insolvenzfähig (ausführl. Gundlach/Frenzel/Schmidt, NZI 2000, 561). 7

Auf **Krankenkassen und Krankenkassenverbände** findet § 12 Abs. 1 Nr. 2 seit 01.01.2010 keine Anwendung mehr (§§ 171b, 171f SGB V). Insolvenzantragsberechtigt ist nur die Aufsichtsbehörde, vorrangig ist jedoch eine etwaige mögliche Schließung (im Einzelnen Holzer, InsBüro 2009, 11; Heeg/Kehbel, ZIP 2009, 302). 8

Politische Parteien und Gewerkschaften werden nicht von § 12 erfasst und sind damit insolvenzfähig (FK-Schmerbach § 12 Rn. 4a m. w. N.) 8a

3. Ausgleichsansprüche für Arbeitnehmer

Juristische Personen, deren Vermögen einem Insolvenzverfahren entzogen sind, unterliegen nicht den Beitrags- und Umlageverpflichtungen für das Insolvenzgeld und für den Pensions-Versicherungs-Verein (PSVaG) nach §§ 358, 359 SGB III, § 17 Abs. 2 BetrAVG. Dies bedeutet, dass ihren Arbeitnehmern im Fall der Insolvenz weder Insolvenzgeld nach § 183 SGB III noch Ersatzzahlungen des PSVaG gem. §§ 7, 14 BetrAVG zustehen. Dieser fehlende Schutz wird durch § 12 Abs. 2 9 ausgeglichen, indem das Land, welches die Insolvenzunfähigkeit bestimmt hat, zu entsprechenden Leistungen an den Arbeitnehmer verpflichtet wird.

Dieser Ausgleichsanspruch des Arbeitnehmers besteht angesichts der gesetzlichen Regelung nicht, wenn sich die Insolvenzunfähigkeit bereits aus der Verfassung gibt (s. Rdn. 3). Allerdings dürfte für den Fall der Insolvenz einer öffentlich-rechtlichen Rundfunkanstalt eine Einstandspflicht des jeweiligen Bundeslandes entsprechend § 12 Abs. 2 bestehen (MK-Ott/Vuia § 12 Rn. 21a, s. Rdn. 5).

§ 13 Eröffnungsantrag

(1) ¹Das Insolvenzverfahren wird nur auf schriftlichen Antrag eröffnet. Antragsberechtigt sind die Gläubiger und der Schuldner. ²Dem Antrag des Schuldners ist ein Verzeichnis der Gläubiger und ihrer Forderungen beizufügen. ³Wenn der Schuldner einen Geschäftsbetrieb hat, der nicht eingestellt ist, sollen in dem Verzeichnis besonders kenntlich gemacht werden
1. die höchsten Forderungen,
2. die höchsten gesicherten Forderungen,
3. die Forderungen der Finanzverwaltung,
4. die Forderungen der Sozialversicherungsträger sowie
5. die Forderungen aus betrieblicher Altersversorgung.

⁴Der Schuldner hat in diesem Fall auch Angaben zur Bilanzsumme, zu den Umsatzerlösen und zur durchschnittlichen Zahl der Arbeitnehmer des vorangegangenen Geschäftsjahres zu machen. ⁵Die Angaben nach Satz 4 sind verpflichtend, wenn
1. der Schuldner Eigenverwaltung beantragt,
2. der Schuldner die Merkmale des § 22a Absatz 1 erfüllt oder
3. die Einsetzung eines vorläufigen Gläubigerausschusses beantragt wurde.

⁶Dem Verzeichnis nach Satz 3 und den Angaben nach den Sätzen 4 und 5 ist die Erklärung beizufügen, dass die enthaltenen Angaben richtig und vollständig sind.

(2) Der Antrag kann zurückgenommen werden, bis das Insolvenzverfahren eröffnet oder der Antrag rechtskräftig abgewiesen ist.

(3) ¹Das Bundesministerium der Justiz wird ermächtigt, durch Rechtsverordnung mit Zustimmung des Bundesrates für die Antragstellung durch den Schuldner ein Formular einzuführen. ²Soweit nach Satz 1 ein Formular eingeführt ist, muss der Schuldner dieses benutzen. ³Für Verfahren, die von den Gerichten maschinell bearbeitet, und für solche, die nicht maschinell bearbeitet werden, können unterschiedliche Formulare eingeführt werden.

Übersicht	Rdn.			Rdn.
A. Normzweck	1		b) Schuldner	47
B. Norminhalt	2	III.	Antragsrücknahme (Abs. 2)	50
I. Eröffnungsantrag (Abs. 1 Satz 1)	3		1. Rücknahme bei Gläubigerantrag	56
1. Prozesshandlung	3		2. Rücknahme bei Schuldnerantrag	59
2. Bezeichnung der Beteiligten	8		a) Wechsel des alleinigen organschaftlichen Vertreters	60
3. Fehlen oder Wegfall eines Vertretungsorgans bei juristischen Personen als Schuldner (Führungslosigkeit)	12		b) Mehrgliedrige Vertretung/Gesellschafter bei Gesellschaft ohne Rechtspersönlichkeit	62
4. Verfahrensart	21			
5. Antragshäufung	22		c) Juristische Personen ohne organschaftliche Vertretung (Führungslosigkeit)	67
II. Antragsberechtigung (Abs. 1 Satz 2)	25			
1. Schuldner	25	IV.	Kosten des Eröffnungsverfahrens	69
2. Gläubiger	36		1. Gerichtskosten	69
3. Sonderfälle	37		a) Gebühren	70
4. Insolvenzkostenhilfe (PKH)	43		b) Auslagen	71
a) Gläubiger	44			

2. Außergerichtliche Kosten	74	b) Außergerichtliche Kosten	83
3. Kostenschuldner	77	C. **Verfahrensfragen**	86
a) Gerichtskosten	77		

A. Normzweck

Mit § 13 ist gesetzlich geregelt, dass ein Insolvenzverfahren nicht von Amts wegen, sondern nur auf Antrag eines Gläubigers (**Fremdantrag**) oder des Schuldners (**Eigenantrag**) eingeleitet und eröffnet werden kann. Das Verfahren unterliegt bis zur Entscheidung über die Eröffnung (§§ 26, 27) als **kontradiktorisches Verfahren** (BGH, ZInsO 2006, 1051, 1054; ZInsO 2006, 828; ZInsO 2007, 206) der Privatautonomie und der Disposition des das Verfahren mit seinem Antrag betreibenden Gläubigers oder Schuldners, auch wenn nach zulässigem Antrag (§ 14) die Pflicht des Gerichts zur Amtsermittlung (§§ 5 Abs. 1, 20 Abs. 1) und zur Sicherung des Vermögens (§§ 21 ff.) einsetzt. Dieses Nebeneinander von Privatautonomie und Amtsermittlung bedeutet, dass die am Verfahren beteiligten Parteien zwar grds. das »Ob« des Insolvenzverfahrens bestimmen können, nicht jedoch das »Wie«. Nach Eröffnung geht das Verfahren von der Privatautonomie der am Eröffnungsverfahren Beteiligten auf ein Amtsverfahren mit der Gläubigerautonomie der nunmehr in ihrer Gesamtheit beteiligten Gläubiger (s. z. B. §§ 57, 68, 76 Abs. 2, 78 Abs. 1, 79) über. 1

Abs. 1 Satz 3 bis Satz 7 und Abs. 3 Satz 3 wurden durch das ESUG (BGBl. 2012, Teil I, S. 2582) mit Wirkung ab 01.03.2012 eingefügt und sollen zu einem ordnungsgemäßen Ablauf des Insolvenzverfahrens mit frühestmöglicher Einbeziehung der Gläubiger beitragen.

B. Norminhalt

Die Anforderungen gelten für alle Arten eines Insolvenzverfahrens, es sei denn, es sind Sonderregelungen normiert (Verbraucher- und Kleininsolvenz: § 305; Nachlassinsolvenz: § 317; Insolvenz des Gesamtguts: §§ 318, 332, 333; Partikular- und Sekundärinsolvenz: §§ 354, 356). 2

I. Eröffnungsantrag (Abs. 1 Satz 1)

1. Prozesshandlung

Der **Eröffnungsantrag** ist Prozesshandlung und zwingend schriftlich einzureichen. Der Antrag muss durch den Schuldner bzw. den organschaftlichen Vertreter eigenhändig unterzeichnet sein (vgl. BGH, NJW 1962, 1505; MK-Schmahl/Vuia § 13 Rn. 90), insbesondere eine eingescannte Unterschrift reicht deshalb nicht aus (OLG Celle, NJW 2012, 2365). 3

Der Antrag muss unbedingt und unbefristet sein und kann weder angefochten noch widerrufen werden (NR-Mönning § 13 Rn. 14). Ein nur hilfsweise gestellter Antrag des Schuldners für den Fall, dass das Insolvenzgericht einen bereits vorliegenden Antrag eines Gläubigers für zulässig und begründet hält, ist unbeachtlich, auch wenn er ihn mit einem Antrag auf Restschuldbefreiung verbindet (BGH, ZInsO 2010, 828). Der Antrag eines Gläubigers unter der Bedingung der Bewilligung von Insolvenzkostenhilfe ist zulässig (Uhlenbruck-Uhlenbruck § 13 Rn. 7, 37, 106; **a.A.** Jaeger-Gerhardt § 13 Rn. 34), nicht jedoch unter der Bedingung, dass kein Sachverständiger beauftragt wird, keine Sicherungsmaßnahmen (vorläufige Insolvenzverwaltung) angeordnet werden oder im Fall der Eröffnung die Eigenverwaltung angeordnet wird, falls hiermit nicht nur eine schlichte Anregung gemeint ist (HK-Kirchhof § 13 Rn. 4; MK-Schmahl/Vuia § 13 Rn. 72 ff.). Aufklärungs- und Sicherungsmaßnahmen unterliegen im Hinblick auf die gerichtliche Amtsermittlung allein dem Ermessen des Gerichts, ohne dass es hierfür der vorherigen Anhörung des Antragstellers oder Einholung seiner Zustimmung bedarf. Hierunter fällt auch der Zeitpunkt der gerichtlichen Maßnahme, sodass ein Ruhen des Verfahrens unzulässig ist; allein ein kurzfristiges Abwarten, z. B. bei angekündigter Zahlung oder kurz vor Abschluss stehenden Sanierungsmaßnahmen, ist noch zulässig. 4

§ 13 InsO Eröffnungsantrag

5 Zur Stellung des Eröffnungsantrages bedarf es der **Prozessfähigkeit des Antragstellers**; bei Prozessunfähigen oder juristischen Personen haben deren gesetzliche Vertreter zu handeln; ein Mangel der Vertretungsmacht kann noch nachträglich durch Genehmigung geheilt werden BGH, ZIP 2003, 1007; ZVI 2003, 224). Zur Antragsfähigkeit bei führungslosen juristischen Personen (§ 10 Abs. 2 Satz 2) s. § 15 Rdn. 11.

6 Bei gewillkürter Vertretung aufgrund einer Verfahrensvollmacht ist diese einzureichen (§ 4, § 80 ZPO); sie ist bei Vertretung durch einen Rechtsanwalt nur auf Rüge zu prüfen (§ 4, § 88 ZPO).

7 Abs. 2 Satz 3 begründet einen Formularzwang, soweit ein entsprechendes Formular durch das BMJ eingeführt wird. Dieses hat am 28.02.2014 den »Entwurf einer Verordnung zur Einführung eines Formulars für den Antrag des Schuldners auf Eröffnung des Insolvenzverfahrens und zur Änderung der Verordnung zu öffentlichen Bekanntmachungen in Insolvenzverfahren im Internet« vorgelegt. Der Entwurf begegnet aus Sicht der Praxis zahlreichen Bedenken, insbesondere erscheint der Entwurf des Antragsformulars unübersichtlich und die darin vorgesehenen Erläuterungen sind für den juristischen Laien nicht ohne Weiteres nachvollziehbar. Ob es bei dieser Fassung bleibt, ist abzuwarten.

2. Bezeichnung der Beteiligten

8 Im Antrag ist der Schuldner – bei einem Fremdantrag auch der antragstellende Gläubiger – zwecks **Individualisierung** genau zu bezeichnen mit Name/Firma, Rechtsform (s. a. BGH, WM 2008, 2128). Allerdings ist, sofern es sich nicht um einen Eigenantrag handelt, bei juristischen Personen und auch bei der GbR nicht unbedingt die namentliche Bezeichnung der gesetzlichen Vertreter bzw. Gesellschafter und deren Adressen erforderlich; es genügt vielmehr die Firma mit der bloßen Angabe der Organstellung wie z.B. »vertreten durch den Geschäftsführer«, oder bei der GbR die Bezeichnung, unter der sie auftritt, sofern ihre Geschäftsanschrift angegeben wird (s. a. BGH, NJW 1993, 2811; BGHZ 146, 341 = ZInsO 2001, 218 zur GbR; Uhlenbruck-Uhlenbruck § 13 Rn. 48).

9 Bei einem Eigenantrag ist demgegenüber die Angabe der gesetzlichen Vertreter bzw. Gesellschafter erforderlich, um bereits die Antragsberechtigung des Antragstellers prüfen zu können. Das Antragsrecht des Vertretungsorgans ist in § 15 normiert (s. dort). Bei Fehlen eines Vertretungsorgans s. Rdn. 12 ff., im Fall des Eigenantrags s. § 15 Rdn. 11 ff.

10 Sofern bei einem Gläubigerantrag die **Anschrift** des Schuldners unbekannt ist, ist dies entsprechend den Anforderungen an eine öffentliche Zustellung (§ 185 ZPO) darzulegen (LG Hamburg, ZInsO 2010, 1560); ob die für eine Abweisung mangels Masse oder Eröffnung des Insolvenzverfahrens erforderlichen Feststellungen getroffen werden können, berührt – abgesehen von § 3 (s. hierzu BGH, ZInsO 2007, 440) – nicht die Zulässigkeit des Antrags, sondern erst dessen Begründetheit (s. a. BGH, ZIP 2006, 1056; KPB-Pape § 14 Rn. 20).

11 Unzulässig ist ein Insolvenzantrag eines Schuldners, der gemäß dem »**Gesetz zur Harmonisierung des Zeugenschutzes**« (ZSHG) geschützt wird und währenddessen einen Antrag auf Eröffnung des Insolvenzverfahrens stellt, ohne jedoch Angaben zu seiner derzeitigen Wohnanschrift und den Namen sowie der Anschrift seines Arbeitgebers zu machen. Bei den Angaben zur Wohnung, zum Vermögen, zum Arbeitgeber und Einkommen handelt es sich um zentrale Informationen für das Verfahren, für welches es entscheidend auf die Vermögensverhältnisse des Schuldners und ihre vollständige Offenlegung ankommt (s. a. AG Hamburg, ZInsO 2004, 561; ZInsO 2005, 276; LG Hamburg, ZInsO 2005, 1000; Frind, ZVI 2005, 57).

3. Fehlen oder Wegfall eines Vertretungsorgans bei juristischen Personen als Schuldner (Führungslosigkeit)

12 Sofern im Registerauszug ein Vertretungsorgan eingetragen ist, kann im Hinblick auf die Publizitätswirkung (§ 15 Abs. 1 HGB, § 29 Abs. 1 GenG, § 68 BGB) von der Richtigkeit der Eintragung ausgegangen werden.

Ist kein organschaftlicher Vertreter mehr eingetragen oder besteht anderweitige Kenntnis, dass die **13** noch bestehende Eintragung unzutreffend ist und **keine organschaftliche Vertretung** besteht (Niederlegung des Amts, Abberufung oder Tod des eingetragenen Organs ohne Neubestellung), fehlte es nach der **Rechtslage vor Inkrafttreten des MoMiG** am 01.11.2008 (BGBl. 2008, Teil I, S. 2026) an der insolvenzrechtlichen Verfahrens-/Prozessfähigkeit (BGH, ZInsO 2007, 97; OLG Dresden, NZI 2000, 136; OLG Köln, ZInsO 2000, 171 [Ls.] = ZIP 2000, 280, dazu v. Gerkan, EWiR 2000, 399; Uhlenbruck-Hirte, 12. Aufl., § 11 Rn. 60). Denn eine Amtsniederlegung oder Abberufung ist zunächst wirksam (BGHZ 121, 257 = ZIP 1993, 430; BGH, ZIP 1995, 1334; s. a. § 84 Abs. 3 Satz 3 AktG), es sei denn, es liegt ein Fall des Rechtsmissbrauchs bei Amtsniederlegung durch den geschäftsführenden Alleingesellschafter einer GmbH ohne Bestellung eines neuen Geschäftsführers vor (OLG Zweibrücken, ZInsO 2006, 662; BayObLG, ZIP 1999, 1599; OLG Düsseldorf, ZInsO 2001, 323; Uhlenbruck-Hirte § 11 Rn. 119).

Bei einem Gläubigerantrag war es Aufgabe des Gläubigers, beim Registergericht entsprechend § 29 **14** BGB die Bestellung eines organschaftlichen **Notvertreters** zu beantragen (OLG Köln, ZIP 2000, 280), da das Insolvenzgericht hierzu weder verpflichtet noch berechtigt ist.

In Betracht kam allenfalls die Bestellung eines hierzu bereiten **Verfahrenspflegers** gem. § 4, § 57 **15** ZPO (LG Berlin, ZInsO 2002, 497; AG Göttingen, ZInsO 2003, 1107; KPB-Pape § 14 Rn. 24; FK-Schmerbach § 14 Rn. 33; Kutzer, ZIP 2000, 654; Henckel, ZIP 2000, 2045, 2046; zum Verhältnis der Bestellungsmöglichkeiten Notgeschäftsführer und Verfahrenspfleger OLG Zweibrücken, ZInsO 2001, 472, dazu Pape, EWiR 2002, 223; s. a. OLG Dresden, ZInsO 2003, 855). Allerdings mussten nach § 57 ZPO für die Bestellung eines Verfahrenpflegers im kontradiktorischen Eröffnungsverfahren ein entsprechender Antrag sowie die erforderliche Voraussetzung des Gefahrenverzugs (s. a. für § 29 BGB: »in dringenden Fällen«) vorliegen, da die Zulässigkeitsanforderungen an einen Insolvenzantrag gem. § 14 und damit allein die Glaubhaftmachung der Forderung sowie der Zahlungsunfähigkeit oder Überschuldung hierfür nicht ausreichen (a. A. im Zivilrechtsstreit OLG Dresden, ZInsO 2003, 855 a. E.). Die Möglichkeit, von der Anhörung des Schuldners abzusehen (§ 10), ersetzt, da das kontradiktorische Eröffnungsverfahren als Parteienstreit des antragstellenden Gläubigers mit dem Schuldner geführt wird (BGH, ZInsO 2006, 1051; 2006, 828; 2002, 29, 30), nicht das Fehlen eines organschaftlichen Vertreters oder die Bestellung eines Verfahrenpflegers (nur zur Verzögerungsüberbrückung bis zur Bestellung: HK-Kirchhof § 14 Rn. 4, 44; a. A. anscheinend Haas, NZI 04/2001, S. V; unklar v. Gerkan, EWiR 2000, 399).

Auch nach Inkrafttreten des MoMiG am 01.11.2008 ist im Zivilprozess bei Führungslosigkeit **16** weiterhin von fehlender Prozessfähigkeit auszugehen, da sich die Prozessführung einer Partei nicht nur passiv in der Entgegennahme von Willenserklärungen und Schriftstücken erschöpft, sondern sie auch aktiv handlungsfähig sein muss (vgl. BGH, ZInsO 2010, 2404 Rn. 12–14; K. Schmidt, GmbHR 2011, 113; Münnich, GmbHR 2011, 86; Fest, NZG 2011, 130). Für das Insolvenzverfahren als Gesamtvollstreckungsverfahren ist dieser Grundsatz jedoch zu relativieren, da es in den Fällen der Führungslosigkeit angesichts der als lex specialis anzusehenden insolvenzrechtlichen Regelungen (§§ 10 Abs. 2 Satz 2, 15 Abs. 1, 15a Abs. 3) einer umfassenden Verfahrensfähigkeit nicht bedarf. Insolvenzrechtlich ist vielmehr von einer Verfahrens(Prozess-)fähigkeit auszugehen und hierbei zwischen Gläubiger- und Eigenantrag sowie zwischen aktiver und passiver Verfahrensfähigkeit zu unterscheiden (s. a. § 4 Rdn. 20a; eingehend Horstkotte, ZInsO 2009, 209; Berger, ZInsO 2009, 1977).

Bei einem **Gläubigerantrag** über das Vermögen einer führungslosen GmbH, AG oder Genossen- **17** schaft ist der Schuldner **passiv verfahrensfähig** (Horstkotte, ZInsO 2009, 209, 213; a. A. FK-Schmerbach § 10 Rn. 17; § 14 Rn. 33; Berger, ZInsO 2009, 1977, 1979). Da die Gesellschafter/ der Aufsichtsrat gem. §§ 10 Abs. 2 Satz 2, 14 Abs. 2 anzuhören und sie für die Entgegennahme von Willenserklärungen und Zustellungen von Schriftstücken vertretungsbefugt sind (§ 35 Abs. 1 Satz 2 GmbHG; § 78 Abs. 1 Satz 2 AktG; § 24 Abs. 1 Satz 2 GenG), ist ihnen der Insolvenzantrag bekannt zu geben. Allerdings kann der Schuldner in dem Verfahren keine Prozesshandlungen vornehmen, insbesondere keine Rechtsmittel gegen gerichtliche Entscheidungen einlegen (s. § 6 Rdn. 16a).

Diese beschränkte Vertretungspflicht findet keine Anwendung bei einer bereits gelöschten GmbH, AG oder Genossenschaft, bei der noch Vermögen vorhanden und die somit insolvenzfähig ist (s. § 11 Rdn. 48). In diesem Fall bedarf es eines vom Registergericht zu bestellenden Nachtragsliquidators (§ 273 Abs. 4 AktG; BGHZ 53, 264; OLG Jena, ZIP 2001, 377).

18 Bei einem **Eigenantrag** ist die führungslose juristische Person, AG oder Genossenschaft im Hinblick auf das Antragsrecht der Gesellschafter/Aufsichtsratsmitglieder nach § 15 Abs. 1 Satz 2 nicht nur **passiv**, sondern auch (eingeschränkt) **aktiv verfahrensfähig**, nämlich, soweit, wie das Antragsrecht als solches berührt ist. Dies bedeutet, dass die Gesellschafter/Aufsichtsratsmitglieder (nur) zu sämtlichen mit dem Antragsrecht direkt in Zusammenhang stehenden Verfahrens(Prozess-) handlungen wie der Stellung des Insolvenzantrags und seiner Rücknahme sowie Verweisung oder Einlegung von Rechtsmitteln, soweit diese den Antrag (z. B. bei Zurückweisung wegen verneinter Gesellschafterstellung, mangelnder Darlegung eines Insolvenzgrundes oder Glaubhaftmachung der Führungslosigkeit) betreffen, befugt sind (Horstkotte, ZInsO 2009, 209, 212).

19 Die rechtliche Problematik der **faktischen Organtätigkeit** mit der weiteren Frage der etwaigen eigenen Antragspflicht und -befugnis wird in diesem Zusammenhang nur dann relevant, wenn es an einem förmlichen Bestellungsakt fehlt und ein sog. faktischer Geschäftsführer lediglich mit Billigung der Gesellschafter für die Gesellschaft nach außen auftritt (s. hierzu § 15 Rdn. 15 ff.). Es handelt sich dann um eine führungslose und damit bei einem Gläubigerantrag nur passiv oder bei einem Eigenantrag eingeschränkt aktiv verfahrensfähige Gesellschaft.

20 Bei einer **Vertretung durch einen Verfahrens(Prozess-)bevollmächtigten** endet gem. § 86 ZPO, § 4 die Verfahrensvollmacht nicht bei einer Veränderung in der Prozessfähigkeit oder der gesetzlichen Vertretung. Das Verfahren ist fortzusetzen, ohne dass es der Bestellung eines Notgeschäftsführers oder Verfahrenspflegers bedarf (bei Tod des einzigen Geschäftsführers: AG Hamburg, ZInsO 2006, 1120).

4. Verfahrensart

21 Ob das Verfahren nach den Vorschriften der **Regel-** oder denjenigen der **Verbraucherinsolvenz** (§§ 304 ff.) durchzuführen ist, muss im Antrag nicht angegeben zu werden. Im Zweifel gelten für den Eröffnungsantrag zunächst die Vorschriften der Regelinsolvenz, es sei denn, eine andere Verfahrensart ist ausdrücklich beantragt. Es ist Aufgabe des Gerichts, die richtige Verfahrensart i. R. d. Amtsermittlung zu bestimmen und ggf. das Verfahren nach einem entsprechenden Hinweis dementsprechend fortzuführen (BGH, ZInsO 2008, 1324). Eines besonderen (Überleitungs-) Antrags bedarf es hierfür nicht (LG Hamburg, ZInsO 2012, 180). Lediglich wenn trotz gerichtlichen Hinweises durch den Antragsteller auf einer unzutreffenden Verfahrensart beharrt wird, ist der Antrag als im beantragten Verfahren unzulässig zurückzuweisen (BGH, ZVI 2004, 27; ZInsO 2009, 682).

5. Antragshäufung

22 Jeder Antrag leitet ein **eigenständiges Eröffnungsverfahren** ein. Es sind sowohl Anträge verschiedener Gläubiger gegen einen Schuldner als auch ein Eigenantrag eines Schuldners parallel zu einem Antrag eines Gläubigers gegen ihn zulässig (s. a. §§ 20 Abs. 2, 287 Abs. 1). Die Anträge werden verfahrensmäßig getrennt mit eigenen Aktenzeichen geführt. Aufklärungs- (z. B. Sachverständigenbestellung) und Sicherungsmaßnahmen können entweder einheitlich zu allen oder aber nur zu einem Verfahren erfolgen; im letzteren Fall erstrecken sich die Anordnungen, da sie die im Eröffnungsverfahren maßgeblichen Vermögensverhältnisse und -befugnisse des Schuldners betreffen, auch auf die anderen Verfahren, soweit die dortigen Eröffnungsanträge zulässig sind. Sie sind den jeweiligen weiteren Beteiligten mitzuteilen (**a. A.** Uhlenbruck-Uhlenbruck § 13 Rn. 75). Zur Kostenhaftung s. Rdn. 78. Eine **Verbindung** der Verfahren erfolgt bei Abweisung mangels Masse oder Eröffnung des Insolvenzverfahrens (§ 4, § 147 ZPO; BGH, ZInsO 2010, 828 Rn. 8; OLG Köln, ZInsO 2000, 393). Geschieht das nicht, werden die Anträge, über die mangels Verbindung nicht entschieden

worden ist, unzulässig, sofern sie nicht für erledigt erklärt worden sind (vgl. BGH, ZInsO 2008, 924; BGH, ZInsO 2010, 828).

Beantragen **mehrere Gläubiger** in einem Antrag die Eröffnung des Verfahrens über das Vermögen eines Schuldners, so sind die Anträge, sofern sie nicht Gesamt- (§ 428 BGB), Mit- (§ 432 BGB) oder Gesamthandsgläubiger sind, i. d. R. zunächst verfahrensmäßig zu trennen (§ 4, § 145 ZPO) und erst im Fall der Abweisung mangels Masse oder Eröffnung zu verbinden. 23

Insolvenzanträge über das Vermögen **mehrerer Schuldner**, wie insb. bei der KG, wenn in einem Antrag die Eröffnung des Insolvenzverfahrens sowohl über das Vermögen der KG als auch des Komplementärs beantragt wird, sind verfahrensrechtlich ebenfalls zu trennen und auch im Fall der Abweisung oder Eröffnung nicht wieder zu verbinden (s. a. AG Göttingen, ZInsO 2002, 498). 24

II. Antragsberechtigung (Abs. 1 Satz 2)

1. Schuldner

In der InsO gibt es für den Insolvenzeröffnungsantrag des Schuldners außer in den Sonderfällen der §§ 15 Abs. 2, 317 Abs. 2, 332 Abs. 1, 333 Abs. 2 keine dem § 14 Abs. 1 (Gläubigerantrag) entsprechenden gesetzlichen Vorgaben zur Darlegung oder gar Glaubhaftmachung eines Insolvenzgrundes (mit den durch das ESUG in Abs. 1 eingefügten Sätzen 3 bis 7 wird lediglich bestimmt, dass dem Antrag ein Verzeichnis der Gläubiger und ihrer Forderungen mit der Erklärung der Richtigkeit und Vollständigkeit beizufügen ist und ggf. weitere Angaben zu machen sind, s. Rdn. 28 ff.). Dies ist aus dem Gesichtspunkt des Rechtsschutzes auch nicht notwendig, da der Schuldner eigenverantwortlich handelt und davon ausgegangen werden kann, dass er sich über die Bedeutung und Auswirkungen eines Insolvenzantrags im Klaren ist, während er beim Gläubigerantrag von dritter Seite mit dem Insolvenzverfahren konfrontiert wird. 25

Für die Zulässigkeit eines Eröffnungsantrags des Schuldners ist erforderlich, dass er **ernsthaft auf Eröffnung gerichtet ist** und nicht allein insolvenzfremden Zwecken wie z. B. der Vermeidung der Strafverfolgung wegen Insolvenzverschleppung (AG Dresden, ZIP 2002, 862) oder der Vortäuschung der Vermögenslosigkeit, um Vermögen durch einen Abweisungsbeschluss nach § 26 dem Zugriff der Gläubiger zu entziehen (AG Duisburg, ZIP 2007, 690), dient. 26

Des Weiteren ist ein Eröffnungsgrund in **substanziierter, nachvollziehbarer Form** darzulegen. Hierfür sind die Tatsachen mitzuteilen, die die wesentlichen Merkmale eines Eröffnungsgrundes i. S. v. §§ 17, 18 erkennen lassen. Der Schuldner muss seine Finanzlage zumindest nachvollziehbar darstellen; das tatsächliche Vorliegen eines Eröffnungsgrundes muss sich hieraus nicht ergeben und ist vom Schuldner auch nicht glaubhaft zu machen. Die Amtsermittlungspflicht (§ 5) greift erst ein, wenn ein zulässiger Eröffnungsantrag vorliegt und damit die »Schwelle vom Zulassungs- zum Eröffnungsverfahren überschritten« (BGHZ 153, 205 = ZInsO 2003, 217) ist. Sofern der Antrag noch nicht den Zulässigkeitsanforderungen entspricht, ist der Schuldner hierauf hinzuweisen und ihm eine Frist zur Behebung zu setzen; nach fruchtlosem Ablauf ist der Antrag als unzulässig zurückzuweisen. 27

Der Schuldner hat seinem Antrag nach § 13 Abs. 1 Satz 3 stets (!) ein **Verzeichnis seiner Gläubiger und ihrer Forderungen** beizufügen sowie zu erklären, dass dieses Verzeichnis **vollständig und richtig** ist, § 13 Abs. 1 Satz 7. Das Verzeichnis soll zu einem ordnungsgemäßen Ablauf des Insolvenzverfahrens beitragen und es dem Insolvenzgericht ggf. erleichtern, Gläubiger frühzeitig einzubeziehen, etwa bei der Bestellung des vorläufigen Gläubigerausschusses (§§ 21 Abs. 2 Nr. 1a, 22a), der nach § 56a Abs. 2 zu den Anforderungen an und die Person des Verwalters und nach § 270 Abs. 3 zur Anordnung der Eigenverwaltung zu hören ist. 28

Der notwendige Inhalt des Gläubiger- und Forderungsverzeichnisses ist umstritten. Z. T. werden bei den Gläubigern neben Angaben zur Rechtsform auch solche zu den Vertretungsverhältnissen und zur ladungsfähigen Anschrift verlangt, wobei indes nicht jede Unvollständigkeit zur Unzulässigkeit des Antrags führen soll (LG Potsdam, ZInsO 2013, 2501; weniger restriktiv Blankenburg, ZInsO 2013, 2196).

Der vom BMJ vorgelegten »Entwurf einer Verordnung zur Einführung eines Formulars für den Antrag des Schuldners auf Eröffnung des Insolvenzverfahrens und zur Änderung der Verordnung zu öffentlichen Bekanntmachungen in Insolvenzverfahren im Internet«, der nach erfolgter Einführung gem. § 13 Abs. 3 Satz 2 zwingend zu verwenden wäre, sieht in dem Verzeichnis der Gläubiger und ihrer Forderung gemäß dortiger Anlage 3 lediglich Spalten für Gläubiger und Forderungen vor, ohne dass konkretisiert wird, welche Angaben im Einzelnen erforderlich sind. Auch der Gesetzesbegründung (BT-Drucks. 17/5712, S. 23) können konkrete Anforderungen an das Gläubiger- und Forderungsverzeichnis nicht entnommen werden. Ausweislich der Begründung soll eine umfassende Mitteilung über die vorhandenen Gläubiger und die Höhe ihrer Forderungen gemacht werden; die Angabe sämtlicher Gläubiger und die genaue Bezifferung der Forderungen soll jedoch nicht zwingend sein.

Zu fordern ist, dass die Gläubiger ausreichend individualisiert werden, also mit vollständigem Namen bzw. vollständiger Firmenbezeichnung benannt werden. Weitere Angaben, insbesondere zu einer etwaigen kurzfristigen Erreichbarkeit bei Rückfragen, sind zwar wünschenswert, im Rahmen des § 13 Abs. 1 Satz 3 jedoch nicht erforderlich (vgl. Blankenburg a. a. O.). Soweit einzelne Gläubiger nicht benannt werden können, ist dies schon nach der Gesetzesbegründung für die Zulässigkeit des Antrags unschädlich (so auch FK-Schmerbach § 13 Rn. 20c; K. Schmidt-Gundlach § 13 Rn. 19), umgekehrt reicht es aber nicht aus, wenn nur exemplarisch bestimmte Gläubiger benannt werden und darauf hingewiesen wird, dass weitere Gläubiger existieren oder lediglich darauf verwiesen wird, dass mangels Zugriff auf die Geschäftsunterlagen Angaben nicht gemacht werden können.

Außerdem ist in dem Verzeichnis die Höhe der Hauptforderung des jeweiligen Gläubigers mitzuteilen. Sollte bei einigen Gläubigern die genaue Forderungshöhe nicht bekannt sein, sind Schätzungen zulässig (kritisch H/W/F, InsO, § 13 Rn. 5a wegen dem daraus resultierenden Unsicherheitspotential und etwaigen Missbrauchsmöglichkeiten, großzügiger Blankenburg a. a. O., der aber die Angabe von schlichten Schätzwerten ohne weitere Darlegungen nicht mit der nach § 13 Abs. 1 Satz 7 erforderlichen Erklärung vereinbar hält).

Der Schuldner persönlich hat zu erklären, dass das vorgelegte Gläubiger- und Forderungsverzeichnis vollständig und richtig ist. Fehlen in dem Verzeichnis einzelne Gläubiger oder kann dies nicht ausgeschlossen werden, so ist dies mitzuteilen, entsprechendes gilt für Forderungen, die nur schätzungsweise angegeben worden sind (so auch Blankenburg a. a. O.).

Eine in der Praxis häufig vorgelegte »**Offene Posten-Listen**« ist demnach als Gläubiger- und Forderungsverzeichnis nur dann ausreichend, wenn sich ihr - auch - die einzelnen Gläubiger namentlich entnehmen lassen, wobei auch in diesem Fall die Erklärung nach § 13 Abs. 1 Satz 7 beizufügen ist.

Das Gericht ist weder verpflichtet noch ist es für die Zulässigkeit des Antrages erforderlich, die Angaben im Einzelnen zu überprüfen. Entspricht der Antrag nicht den genannten Anforderungen, so ist er unzulässig. Vor einer Zurückweisung ist durch das Gericht Gelegenheit zur Nachbesserung zu geben (s. Rdn. 27).

29 Bei einem **noch nicht eingestellten Geschäftsbetrieb** soll der Schuldner die höchsten Forderungen, die höchsten gesicherten Forderungen und die Forderungen der institutionellen Gläubiger (Finanzverwaltung, Sozialversicherungsträger, betriebliche Altersversorgung wie z. B. Pensions-Sicherungs-Verein) besonders kennzeichnen (Abs. 1 Satz 4); hierdurch wird es dem Gericht erleichtert, die Gläubigergruppen zu bilden, aus denen es die Mitglieder für den vorläufigen Gläubigerausschuss auswählt (§§ 21 Abs. 2 Nr. 1a, 67 Abs. 2). Einer besonderen Kennzeichnung der Arbeitnehmer bedarf es nicht, da von ihnen regelmäßig einer als Mitglied des vorläufigen Gläubigerausschusses bestellt werden soll (§ 67 Abs. 2 Satz 1); allerdings ist es angezeigt, die Mitglieder eines etwaigen Betriebsrates zu benennen. Zudem hat der Schuldner – im Hinblick auf die für die Bestellung eines vorläufigen Gläubigerausschusses erforderlichen Kriterien (§ 22a Abs. 1) – zwingend Angaben zur

Bilanzsumme, zu den Umsatzerlösen und zur durchschnittlichen Zahl der Arbeitnehmer des vorangegangenen Geschäftsjahres zu machen (Abs. 1 Satz 5, der insoweit nicht mit § 22a Abs. 2 Nr. 1 und 2 korrespondiert); diese sind ggf. zu schätzen. Nach Abs. 1 Satz 6 ist die besondere Kennzeichnung (Abs. 1 Satz 4) verpflichtend, wenn der Schuldner die Eigenverwaltung beantragt, er die Merkmale des § 22a Abs. 1 erfüllt oder die Einsetzung eines vorl. Gläubigerausschusses beantragt »wurde«, womit ein Antrag des Schuldners gemeint sein dürfte.

Auch den Angaben nach Satz 4 und 5 ist eine Erklärung beizufügen, dass sie vollständig und richtig sind, § 13 Abs. 1 Satz 7. Sind im Einzelfall Schätzungen erfolgt, ist dies darzulegen und zu erläutern.

Die gerichtliche Anwendung sollte – insb. bei einem noch nicht eingestellten Geschäftsbetrieb – praxisnah und mit Augenmaß erfolgen (vgl. auch Müller/Rautmann, ZInsO 2012, 918, 920). Liegt z. B. schon ein Gläubigerantrag vor, aufgrund dessen bereits Ermittlungen zur Vermögenslage erfolgen (§ 5 Abs. 1), und stellt der Schuldner erst nachfolgend einen Eigenantrag, bedarf es nicht mehr zwingend der Einreichung eines Gläubiger- und Forderungsverzeichnisses. Läuft bei einem Eigenantrag des Schuldners der Geschäftsbetrieb noch, muss insb. abgewogen werden zwischen den sich aus § 13 Abs. 1 Sätze 4, 5 und 6 ergebenden Anforderungen und dem Erfordernis, möglichst schnell erforderliche Maßnahmen zu treffen (§ 21, vgl. Blankenburg, ZInsO 2013, 2196, 2198). 30

Hat das Insolvenzgericht wegen **unzureichender Angaben und fehlender Unterlagen** noch nicht die Überzeugung vom Vorliegen eines Eröffnungsgrundes gewonnen, so darf es nicht deswegen den Eröffnungsantrag mangels Mitwirkung zurückweisen; vielmehr muss es versuchen, die Ergänzung der Angaben und die Vorlage der Unterlagen mit den Mitteln des § 20 Abs. 1 zu erzwingen (BGHZ 153, 205 = ZInsO 2003, 217). 31

Der Entscheidung des BGH ist zuzustimmen. Ein Eröffnungsantrag des Schuldners ist bei – trotz gerichtlicher Aufforderung – fehlenden oder unsubstanziierten Angaben als unzulässig abzuweisen (BGH, ZInsO 2008, 887), während demgegenüber bei anschließenden fehlenden Mitwirkungshandlungen, sofern diese für die gerichtliche Entscheidung, ob ein Eröffnungsgrund vorliegt, erforderlich sind, Zwangsmaßnahmen (§§ 20 Abs. 1, 98, 101 Abs. 1 Satz 1, 2, Abs. 2) anzuordnen sind (vgl. auch BGH, ZInsO 2008, 1278; **a. A.** LG Hamburg, ZInsO 2010, 1651; LG Potsdam, ZInsO 2008, 1096 für natürliche Personen mangels Antragspflicht). Der in § 5 normierte Amtsermittlungsgrundsatz differenziert nicht zwischen Schuldner- und Gläubigeranträgen. Dies ist auch nicht notwendig, da der Amtsermittlung zunächst eine gerichtliche Vorprüfung – bei einem Gläubigerantrag durch § 14 Abs. 1 und bei einem Eigenantrag durch das Erfordernis der substanziierten Darlegung – vorgeschaltet ist. Wenn auch die i. R. d. Amtsermittlung zu erfolgenden Zwangsmaßnahmen keinen Erfolg haben (z. B. Schuldner wird nicht angetroffen) oder versprechen (z. B. unbekannter Aufenthaltsort), ist der weiterhin zulässige Insolvenzantrag als unbegründet abzuweisen, da dann das Vorliegen eines Eröffnungsgrundes nicht zur Überzeugung des Gerichts festgestellt werden kann. 32

Stellte der Schuldner in einem früheren Insolvenzverfahren trotz gerichtlichen Hinweises nach § 20 Abs. 2 keinen Antrag auf Erteilung der Restschuldbefreiung (§ 287 Abs. 1), fehlte nach früherer Rechtsprechung des BGH das **Rechtsschutzbedürfnis** für einen erneuten Insolvenzantrag mit nunmehrigem Antrag auf Restschuldbefreiung (**nachfolgendes Zweitinsolvenzverfahren**), sofern keine neuen Gläubiger hinzugekommen sind (BGH, ZInsO 2006, 821; ZInsO 2007, 1223; anders jedoch für den Fall, dass zuvor ein Gläubigerantrag mangels Masse abgewiesen worden war (BGH, ZInsO 2006, 99). 33

Diese Rechtsprechung hat der BGH aufgegeben, wendet jedoch im Wege der richterlichen Rechtsfortbildung eine – auf 3 Jahre verkürzte – **Sperrfrist analog § 290 Abs. 1 Nr. 3** an, sofern in dem früheren Insolvenzverfahren der Versagungsgrund des § 290 Abs. 1 Nr. 5 oder Nr. 6 festgestellt worden war (grundlegend BGHZ 183, 13 = ZInsO 2009, 1777 = NJW 2009, 3650 zur Unzulässigkeit eines innerhalb von 3 Jahren nach einer wegen Verletzung der Auskunfts- oder Mitwirkungspflichten rechtskräftigen Versagung der Restschuldbefreiung gestellten neuen Antrages auf Restschuldbefreiung und demzufolge Abweisung des Antrages auf Stundung der Verfahrenskosten); unerheblich für einen neuen Antrag nach Ablauf der Sperrfrist ist, ob neue **Verbindlichkeiten** begründet worden sind (BGH, ZInsO 2010, 140; 347). Die 3-jährige Sperrfrist wendet der BGH an bei einem früheren Insolvenzverfahren aufgrund eines Gläubigerantrages ohne **Eigenantrag** trotz gem. § 20 Abs. 2 erfolgter Belehrung – beginnend ab dem Zeitpunkt der Eröffnung und die Aufhebung des früheren Verfahrens voraussetzend – (BGH, ZInsO 2010, 344), bei früherer Ablehnung des Antrages auf Stundung der Verfahrenskosten wegen Vorliegen eines Versagungsgrundes gem. § 290 Abs. 1 Nr. 5 oder Nr. 6 und Abweisung mangels Masse (BGH, ZInsO 2010, 490; 491; 587; 783) oder mit nachfolgender Rücknahme des Insolvenzantrages (BGH, ZInsO **2011, 2198**), bei Rücknahme des Antrages auf Restschuldbefreiung in einem aufgehobenen früheren Insolvenzverfahren – Fristbeginn mit der Rücknahme – (BGH, ZInsO 2011, 1127). Die **Sperrfrist** findet keine Anwendung i. R. d. Rücknahmefiktion des § 305 Abs. 3 (LG Düsseldorf, ZInsO **2013**, 893; LG Frankenthal, ZInsO 2012, 2399; AG Hamburg, ZInsO 2011, 2048; a. A. AG **Hamburg**, ZInsO 2012, 195; AG Ludwigshafen, ZInsO 2012, 1586), da die fehlende Nachreichung von Unterlagen oder Erklärungen nicht mit den vom BGH entschiedenen Fallgruppen vergleichbar ist.

Die **Sperrfristrechtsprechung** des BGH (zustimmend LG Lübeck, **ZInsO** 2011, 1029; ablehnend AG Göttingen, ZInsO 2011, 1612 m. w. N.; FK-Schmerbach § 13 **Rn.** 67) geht über eine lediglich analoge Anwendung des § 290 Abs. 1 Nr. 3 hinaus. Ihr **ist nur zu folgen, soweit sie die Stundung der Verfahrenskosten (§§ 4a ff.) betrifft**, nicht jedoch hinsichtlich der Zulässigkeit des Antrages auf Restschuldbefreiung (BGH, ZInsO 2011, 1127) oder gar der Zulässigkeit des Insolvenzantrages (BGH, ZInsO 2010, 344; 783). Nach der gesetzlichen Regelung führt das Vorliegen von Versagungsgründen des § 290 Abs. 1 lediglich zur Versagung der vom Schuldner beantragten Restschuldbefreiung, sofern ein Gläubiger einen entsprechenden Antrag stellt; eine allein amtswegige Versagung ist gesetzlich nicht eröffnet. Demzufolge ist einem Schuldner, wenn kein Versagungsantrag gestellt wird, die beantragte Restschuldbefreiung anzukündigen und nachfolgend zu erteilen, selbst wenn ihm zuvor innerhalb der 10-jährigen Frist des § 290 Abs. 1 Nr. 3 bereits einmal die Restschuldbefreiung erteilt oder gem. §§ 295, 296 versagt worden war. Das Vorliegen eines Versagungsgrundes berührt somit weder die Zulässigkeit des Insolvenzantrages noch die Zulässigkeit des Antrages auf Restschuldbefreiung, sondern allein deren Ankündigung. Mit seiner Sperrfristrechtsprechung in analoger Anwendung des § 290 Abs. 1 Nr. 3 führt der BGH demgegenüber nicht nur einen neuen Versagungsgrund ein, sondern verleiht ihm, indem er bei Vorliegen dieses Versagungsgrundes bereits die Zulässigkeit des Insolvenzantrages sowie des Antrages auf Restschuldbefreiung für die Dauer von 3 Jahren verneint, sogar amtswegige Berücksichtigung ohne Versagungsantrag eines Gläubigers. Dies ist abzulehnen, stattdessen ist in solchen Fällen in entsprechender Anwendung der Mutwilligkeit des § 114 Abs. 1 Satz 1 ZPO lediglich die vom Schuldner für das neue Verfahren innerhalb der 3-jährigen Sperrfrist beantragte Stundung der Verfahrenskosten (§ 4a) zurückzuweisen.

34 Durch das »Gesetz zur Verkürzung des Restschuldbefreiungsverfahrens und zur Stärkung der Gläubigerrechte« (BGBl. 2013, Teil I, S. 2379) wird mit Wirkung zum 01.07.2014 § 287a in die InsO eingefügt. Diese Vorschrift, mit welcher eine Vorabprüfung etwaiger Versagungsgründe schon vor Verfahrenseröffnung eingeführt wird, nimmt die Sperrfristrechtsprechung des BGH modifizierend und einschränkend auf (Schmerbach, NZI 2013, 566, 569; vgl. auch Frind, Praxishandbuch Privatinsolvenz, Rn. 294 m. w. N.). Wurde dem Schuldner in den letzten 3 Jahren vor seinem Eröffnungsantrag oder nach diesem Antrag die Restschuldbefreiung nach § 290 Abs. 1 Nr. 5 oder Nr. 6 versagt, so hat dies nach der gesetzlichen Neuregelung nunmehr nur noch Auswirkungen auf den Antrag auf Erteilung der Restschuldbefreiung, welcher unzulässig wird. Das Gericht hat dem Schuldner in diesen Fällen Gelegenheit zu geben, seinen Eröffnungsantrag zurückzunehmen, bevor über ihn entschieden wird. Mangels zulässigen Antrags auf Restschuldbefreiung kommt eine Stundung der Verfahrenskosten in dieser Konstellation nicht in Betracht, § 4a Abs. 1.

35 Zum Fall bereits anhängiger (Antrags-) Verfahren (**gleichzeitige Insolvenz-[antrags-]verfahren**) s. Rdn. 22, § 11 Rdn. 6a. Hat ein Gläubiger einen Insolvenzantrag gestellt, ist ein vom Schuldner noch vor der Abweisung mangels Masse oder der Eröffnung des Insolvenzverfahrens, aber erst nach

Ablauf der ihm gem. § 20 Abs. 2 gesetzten richterlichen Frist (s. hierzu BGH, ZInsO 2005, 310) gestellter Antrag nicht unzulässig (BGH, ZInsO 2008, 924); die Verfahren sind dann miteinander i. R. d. gerichtlichen Entscheidung zu verbinden.

2. Gläubiger

Antragsberechtigt ist angesichts der allgemein gehaltenen Bestimmung zunächst jeder Gläubiger und damit jeder, der einen Anspruch auf ein Tun oder Unterlassen gegen den Schuldner hat (s. §§ 194 Abs. 1, 241 BGB). Dieses generelle Antragsrecht ist allerdings – sei es über das fehlende rechtliche Interesse (§ 14 Abs. 1) oder über eine teleologische Reduktion – dahin einzuschränken, dass nur Gläubiger mit persönlichen – nicht dinglichen – vermögensrechtlichen (§ 38) oder in Geldwert umrechenbaren (§ 45) Ansprüchen antragsberechtigt sind, nicht aber aussonderungs- (§ 47), ersatzaussonderungs- (§ 48) oder ohne gleichzeitige persönliche Haftung des Schuldners absonderungsberechtigte (§§ 49, 50, 51, 52) Gläubiger; sie können ihre dinglichen Rechte im Wege der Aussonderung oder Absonderung insolvenzrechtlich geltend machen, haben aber kein eigenes Insolvenzantragsrecht (MK-Schmahl/Vuia § 13 Rn. 32 f.; Jaeger-Gerhardt § 13 Rn. 4). 36

Insolvenzrechtliche Zulässigkeitsvoraussetzungen eines Gläubigerantrags sind das rechtliche Interesse an der Eröffnung des Insolvenzverfahrens sowie die Glaubhaftmachung der Forderung des Gläubigers und der Zahlungsunfähigkeit oder Überschuldung des Schuldners (s. im Einzelnen § 14).

3. Sonderfälle

Der **BaFin** steht das alleinige Insolvenzantragsrecht über das Vermögen der ihrer Aufsicht unterliegenden **Institute der Kredit- und Finanzdienstleistungen einschließlich der Bausparkassen sowie der Versicherungsunternehmen** zu (§ 46b Abs. 1 Satz 4 KWG, § 3 Abs. 1 BspKG, § 88 Abs. 1 VAG), sodass Anträge eines Gläubigers oder des Schuldners unzulässig sind (zum Antragsrecht eines von der BaFin eingesetzten Abwicklers s. § 15 Rdn. 5). Da allerdings zweifelhaft sein kann, ob ein Institut dem Anwendungsbereich insbes. des § 46b KWG unterliegt (z. B. § 37 KWG: Betreiben der Bank- oder Finanzdienstleistungsgeschäfte ohne Erlaubnis; §§ 2 Abs. 3 bis 5, 7, 8 KWG), sollte ggf. eine diesbezügliche Auskunft bei der BaFin eingeholt werden, die den Antrag nachträglich genehmigen kann (MK-Schmahl/Vuia § 13 Rn. 55). 37

Insolvenzgründe sind bei Kredit- und Finanzdienstinstituten Zahlungsunfähigkeit, Überschuldung und auch drohende Zahlungsunfähigkeit (§ 46b Abs. 1 Satz 3 KWG); im letzteren Fall darf die BaFin den Antrag jedoch nur stellen, wenn das Institut zustimmt und Maßnahmen nach §§ 46, 46a KWG keinen Erfolg versprechen (§ 46b Abs. 1 Satz 5 KWG). Um Kenntnis der BaFin vom Vorliegen der Insolvenzgründe zu gewährleisten, sind die Institute verpflichtet, dies unverzüglich anzuzeigen; die Anzeigepflicht ersetzt ansonsten bestehende Insolvenzantragspflichten (s. § 15a); der Verstoß ist strafbewehrt (§§ 46b Abs. 1 Satz 1, 2, 55 KWG). 38

Der von der BaFin nachvollziehbar darzulegende Insolvenzantrag bedarf keiner weiteren Glaubhaftmachung (§ 14 Abs. 1), da es sich nicht um einen reinen Gläubigerantrag handelt und davon auszugehen ist, dass ein Antrag nur bei hinreichenden Anhaltspunkten für eine Insolvenz gestellt wird; das Insolvenzgericht ist allerdings an die Bewertung der BaFin nicht gebunden und hat im Eröffnungsverfahren die Eröffnungsvoraussetzungen selbst zu prüfen (Uhlenbruck-Uhlenbruck § 13 Rn. 86) sowie der Schuldnerin in entsprechender Anwendung des § 14 Abs. 2 rechtliches Gehör zu gewähren (s. BGH, ZInsO 2006, 825, 827 [Beschwerderecht]). Der Eröffnungsbeschluss ist der BaFin besonders zuzustellen; vor der Bestellung des Insolvenzverwalters ist der BaFin rechtliches Gehör zu gewähren (§ 46b Abs. 1 Satz 6, 7 KWG). 39

Auf **Krankenkassen** und **Krankenkassenverbände** findet seit dem 01.01.2010 die InsO Anwendung (§§ 171b, 171f SGB V i. d. F. gem. Art. 1 Nr. 7, Nr. 8, Art. 7 Abs. 7 GKV-OrgWG [BGBl. 2008 Teil I, S. 2426]). 40

Das Vorliegen eines Insolvenzgrundes einschließlich der drohenden Zahlungsunfähigkeit hat der Vorstand der zuständigen Aufsichtsbehörde (**BaFin**) unverzüglich anzuzeigen; allein die Aufsichtsbehörde ist antragsbefugt; bei dauernder Leistungsunfähigkeit soll anstatt der Beantragung eines Insolvenzverfahrens die Krankenkasse geschlossen werden (§ 171b Abs. 2 und 3 SGB V).

41 **Arbeitnehmer**, die wegen rückständigen Arbeitsentgelts Insolvenzgeld beantragt haben, sind nicht antragsberechtigt, da der Anspruch auf Arbeitslohn bereits mit der Stellung des Antrags auf Insolvenzgeld auf die Bundesagentur für Arbeit übergeht und damit diese antragsberechtigt ist (§ 169 SGB III; BSG, ZIP 1980, 126). Der Betriebsrat hat kein eigenständiges Insolvenzantragsrecht.

42 Der **Pensions-Versicherungs-Verein** (PSVaG) ist aufgrund Forderungsübergangs nur antragsberechtigt, wenn er als Träger der Insolvenzsicherung (§ 14 Abs. 1 BetrAVG) dem Versorgungsberechtigten seine Eintrittspflicht für Versorgungszusagen des insolventen Arbeitgebers wegen vollständiger Beendigung der Betriebstätigkeit und offensichtlich fehlender Verfahrenskostendeckung (§ 26) mitgeteilt hat (§§ 7 Abs. 1 Satz 4 Nr. 3, 9 Abs. 2 BetrAVG); in den übrigen Insolvenzsicherungsfällen der Abweisung mangels Masse oder Eröffnung des Insolvenzverfahrens erfolgt der Forderungsübergang erst mit der entsprechenden gerichtlichen Entscheidung, sodass der PSVaG bis dahin nicht Gläubiger und damit auch nicht antragsberechtigt ist (str.; ebenso MK-Schmahl/Vuia § 13 Rn. 47 für den Sicherungsfall der Eröffnung; weiter gehend für ein allgemeines Antragsrecht: Jaeger-Gerhardt § 13 Rn. 5; kein Antragsrecht FK-Schmerbach § 13 Rn. 16). Allerdings ist im Hinblick auf die bereits prognostizierte Masseaarmut wie bei einer gelöschten Gesellschaft (s. § 11 Rdn. 48) darzulegen, dass noch zu verteilendes Vermögen besteht.

4. Insolvenzkostenhilfe (PKH)

43 Die InsO enthält außer den Vorschriften über die Kostenstundung (§§ 4a bis d) keine Regelungen zur PKH, die im Insolvenzverfahren, welches keinen Prozess im eigentlichen Sinn darstellt, als **Insolvenzkostenhilfe** zu bezeichnen ist. Für die Gewährung von Insolvenzkostenhilfe ist gem. § 4, §§ 114 ff. ZPO auf die Vorschriften über die PKH zurückzugreifen und nach Gläubiger und Schuldner zu differenzieren.

a) Gläubiger

44 Dem Gläubiger kann für einen Insolvenzantrag **Insolvenzkostenhilfe** bewilligt werden (BGH, ZInsO 2004, 976). Der Antrag auf Bewilligung von Insolvenzkostenhilfe ist abzulehnen, wenn die Rechtsverfolgung keine hinreichende Aussicht auf Erfolg bietet oder mutwillig erscheint. § 114 Abs. 1 Satz 1 ZPO i. V. m. § 4. Maßgeblich ist, ob der Gläubiger mit einer Quote auf seine Forderung rechnen kann (BGH a. a. O.). Hiervon ist nicht auszugehen, wenn Fruchtlosigkeitsbescheinigungen über die Vollstreckung vorliegen oder bereits eine Abweisung mangels Masse erfolgt war, es sei denn, der Gläubiger legt zumindest hinreichend dar, dass noch genügend Vermögenswerte vorhanden sind (KPB-Pape § 13 Rn. 93, 94; a. A. AG Göttingen, ZInsO 2003, 530; FK-Schmerbach § 13 Rn. 121). Die Vermögenswerte des Schuldners müssen die zur Eröffnung des Verfahrens erforderliche Deckung der Verfahrenskosten übersteigen, um mit einer Quote rechnen zu können; sofern der Gläubiger selbst einen Kostenvorschuss einzahlen kann, ist dessen Bedürftigkeit für die Bewilligung von Insolvenzkostenhilfe nicht erkennbar (missverständlich BGH, ZInsO 2004, 976). Eine Ausnahme ist zu machen, wenn ein Arbeitnehmer mit seinem Insolvenzantrag zwar nur eine Abweisung mangels Masse (§ 26) erreichen kann, dies aber im Hinblick auf § 165 Abs. 1 Nr. 2 SGB III (ehemals § 183 Abs. 1 Nr. 2 SGB III) Voraussetzung für die Zahlung von Insolvenzgeld ist (Uhlenbruck-Uhlenbruck § 13 Rn. 105; Jaeger-Gerhardt § 13 Rn. 74; a. A. LG Potsdam, ZInsO 2002, 1149).

45 Insolvenzkostenhilfe ist für jeden insolvenzrechtlichen Verfahrensabschnitt (Schuldenbereinigungsverfahren, Eröffnungsverfahren, Insolvenzverfahren, Insolvenzplan, Restschuldbefreiungsverfahren bis zur Aufhebung des Insolvenzverfahrens, Wohlverhaltensperiode) gesondert zu bewilligen, § 119 Abs. 1 Satz 1 ZPO, § 4; die Beiordnung eines Rechtsanwalts ist nur dann erforderlich, wenn eine

wirtschaftlich denkende, vermögende Partei vernünftigerweise einen Rechtsanwalt beauftragen würde, selbst wenn der Schuldner anwaltlich vertreten wird (BGH ZInsO 2004, 976).

Die Bewilligung von Insolvenzkostenhilfe erfasst nicht die für eine Verfahrenseröffnung nach § 26 erforderliche Kostendeckung (LG Koblenz, ZInsO 1998, 93 [Ls.] = NJW-RR 1998, 339; KPB-Pape § 13 Rn. 94 a. E.). 46

b) Schuldner

Insolvenzkostenhilfe kann dem Schuldner im Eröffnungsverfahren zur Verteidigung gegen einen Insolvenzantrag eines Gläubigers gewährt werden. 47

Bei einem **Eigenantrag** schließen die Stundungsvorschriften §§ 4a bis 4d als leges speciales die Anwendung der §§ 114 ff. ZPO mit Ausnahme für das Rechtsmittelverfahren (BGHZ 156, 92 = ZInsO 2003, 800) aus (zur möglichen Beratungshilfe nach dem BerHG s. BGH, ZInsO 2007, 492), und zwar auch dann, wenn der Schuldner nicht zugleich Antrag auf Restschuldbefreiung stellt und ihm daher aus diesem Grund Stundung nicht gewährt werden kann. Ein Rechtsschutzbedürfnis des Schuldners für eine Bewilligung von Insolvenzkostenhilfe ist nicht erkennbar, wenn er mit seinem Insolvenzantrag nicht zugleich auch Restschuldbefreiung erlangen will. 48

Insolvenzkostenhilfe kommt bei Eigenanträgen in Verfahren der Unternehmensinsolvenz nicht in Betracht (Uhlenbruck-Uhlenbruck § 13 Rn. 112; KPB-Pape § 13 Rn. 110). 49

III. Antragsrücknahme (Abs. 2)

Der Eröffnungsantrag kann bis zur Eröffnung des Insolvenzverfahrens oder der rechtskräftigen Abweisung des Insolvenzantrags zurückgenommen werden; in der Verbraucherinsolvenz gilt er zudem bei Annahme des Schuldenbereinigungsplans als zurückgenommen (§ 308 Abs. 2). Außerdem kann der Eröffnungsantrag entweder vom Gläubiger und Schuldner übereinstimmend oder aber auch nur einseitig vom Gläubiger für erledigt erklärt werden (BGH, ZInsO 2005, 39; s. a. ZIP 2004, 1466; ZInsO 2002, 29), hierzu ausführlich § 14 Rdn. 67 ff. 50

Sowohl der Gläubiger als auch der Schuldner können ihre Insolvenzanträge zurücknehmen. Maßgebliche zeitliche Grenze ist entweder die Eröffnung des Insolvenzverfahrens oder aber die Rechtskraft des Abweisungsbeschlusses, mit dem der Insolvenzantrag als unzulässig oder als unbegründet oder mangels Masse abgewiesen wird. 51

Eine Antragsrücknahme nicht mehr möglich, wenn der Eröffnungsbeschluss wirksam ist; die Rechtskraft muss noch nicht eingetreten sein (BGH, ZVI 2006, 564). Wirksamkeit tritt bereits dann ein, wenn der Beschluss die Geschäftsstelle des Gerichts mit der unmittelbaren Zweckbestimmung verlassen hat, den Parteien bekannt gegeben zu werden (BGH, NJW-RR 2004, 1575) oder unabhängig hiervon bekannt gemacht ist (Uhlenbruck-Uhlenbruck § 13 Rn. 115; LG Karlsruhe, NZI 2002, 608), sei es auch nur durch telefonische Mitteilung an einen Verfahrensbeteiligten (BGH, NJW-RR 2000, 877), wie z. B. an den Insolvenzverwalter (LG Karlsruhe a. a. O.), oder durch eine bereits erfolgte Veröffentlichung im Internet (§ 9 Abs. 1, 2, § 1 InsIntBekV). Eine Rücknahme des Insolvenzantrags kann daher auch nicht mehr innerhalb eines Beschwerdeverfahrens gegen den Eröffnungsbeschluss erfolgen. 52

Sofern das Insolvenzverfahren allerdings vom LG erst im Beschwerdeverfahren gegen einen abweisenden Beschluss des Insolvenzgerichts eröffnet wird, wird die Eröffnung erst mit der Rechtskraft der Beschwerdeentscheidung wirksam, es sei denn, die sofortige Wirksamkeit ist angeordnet (§ 6 Abs. 3). Damit kann eine Rücknahme des Insolvenzantrags noch bis zu diesem Zeitpunkt erfolgen. 53

Ist die Eröffnung des Verfahrens oder eine Abweisung des Insolvenzantrags erfolgt, obwohl bereits zuvor die Rücknahme des Insolvenzantrages bei Gericht eingegangen war, ist der Beschluss wirkungslos, ohne dass es einer Aufhebung bedarf. Dies ist deklaratorisch auf Antrag entsprechend § 269 Abs. 4 ZPO i. V. m. § 4 oder im Rahmen des Beschwerdeverfahrens auszusprechen. Die für 54 den Fall der Eröffnung des Insolvenzverfahrens vertretene Gegenauffassung, der trotz Rücknahme ergangene Eröffnungsbeschluss sei wegen seiner auch Dritte betreffenden, rechtsgestaltenden Wirkung wirksam und bedürfe der gerichtlichen Aufhebung, die vom Schuldner mit der Beschwerde geltend zu machen sei (MK-Schmahl/Vuia § 13 Rn. 122; wohl auch KPB-Pape § 13 Rn. 120), lässt unberücksichtigt, dass der Beschluss in einem nicht mehr anhängigen Verfahren ergangen ist, somit keine materielle Wirkungen auslösen und daher insb. auch nicht in Rechtskraft erwachsen kann. Der Eröffnungsbeschluss würde nach der Gegenansicht bei Versäumung der Beschwerdefrist wirksam werden, obwohl auch nach dieser Meinung ein bei einer Abweisung mangels Masse ebenfalls in die Rechte des Schuldners eingreifender Beschluss (Eintragung ins Schuldnerverzeichnis, ggf. Auflösung sowie Löschung im Handelsregister) wirkungslos ist.

55 Angeordnete **Sicherungsmaßnahmen** sind Nebenentscheidungen und keine Entscheidungen in der Sache (s. § 269 Abs. 3 ZPO: »Urteil«), sodass sie bei einer Antragsrücknahme wegen Wegfalls einer Verfahrensvoraussetzung von Amts wegen aufzuheben sind (nach MK-Schmahl/Vuia § 13 Rn. 124 sind sie »wirkungslos«, aber ebenfalls – deklaratorisch – von Amts wegen aufzuheben). Aus diesem Grund kann auch der Ansicht, eine Antragsrücknahme durch den Schuldner sei bei Anordnung eines allgemeinen Verfügungsverbots (§ 21 Abs. 2 Nr. 2, 1. Alt.) ausgeschlossen, solange die Anordnung nicht aufgehoben ist (NR-Mönning § 13 Rn. 95; v. Sethe, ZInsO 2009, 218), nicht zugestimmt werden.

1. Rücknahme bei Gläubigerantrag

56 Die Rücknahme bedarf nicht der Zustimmung des Schuldners, da eine etwaige mündliche Verhandlung (§ 5 Abs. 2 Satz 2) keine Verhandlung i. S. d. § 269 Abs. 1 ZPO ist (KPB-Pape § 13 Rn. 120). Einer Zustellung der Rücknahme an den Schuldner bedarf es zumindest im Hinblick auf § 269 Abs. 2 Satz 3 ZPO, § 4 nicht.

57 Die Pflicht des Gläubigers zur Kostentragung folgt zunächst aus § 269 Abs. 3 Satz 2 ZPO, § 4 sowie § 23 GKG, ohne dass es hierüber einer Entscheidung bedarf, es sei denn, eine Kostenentscheidung gem. § 269 Abs. 4, Abs. 3 Satz 2, 3 ZPO wird beantragt. Da im Insolvenzverfahren keine Rechtshängigkeit eintritt, sondern es bei der mit Eingang des Insolvenzantrags eintretenden Anhängigkeit verbleibt, kommt eine etwaige Kostentragungspflicht des Schuldners nach § 269 Abs. 4 Satz 3 ZPO nur in Betracht, wenn der Anlass für den Insolvenzantrag vor Eingang des Insolvenzantrages weggefallen ist (FK-Schmerbach § 13 Rn. 28).

58 Zu den Kosten gehören auch die Kosten eines vorläufigen Insolvenzverwalters (s. Rdn. 83 ff.; **a. A.** BGH, ZInsO 2006, 204; ZInsO, 2008, 151; LG Stuttgart, ZIP 2004, 2395; OLG Celle, ZInsO 2000, 223; AG Köln, NZI 2000, 384, dort auch zum Antragsrecht des vorläufigen Insolvenzverwalters zur Kostentragungspflicht; FK-Schmerbach § 13 Rn. 93, 94).

Die Gegenmeinung verkennt, dass bei einer Rücknahme die Pflicht zur Kostentragung nach § 269 Abs. 3 Satz 2 ZPO die gesamte Kostenerstattung im Innenverhältnis zwischen Schuldner und Gläubiger und nicht allein die Kosten und Auslagen nach dem GKG umfasst. Die Kosten des vorläufigen Insolvenzverwalters sind nach dem GKG nicht vom Gläubiger zu tragen (s. Rdn. 73). Sie sind zunächst vom Schuldner zu tragen, er kann sie allerdings vom Gläubiger erstattet verlangen (s. Rdn. 83 f.; so auch AG Hamburg, ZInsO 2001, 1122). Will der Gläubiger dies vermeiden, muss er ggf. den Antrag für erledigt erklären, statt ihn zurückzunehmen.

2. Rücknahme bei Schuldnerantrag

59 Von Bedeutung ist für die Rücknahme des Schuldnerantrags insb. die Frage der Rücknahmeberechtigung bei einem Wechsel des organschaftlichen Vertreters oder bei einer mehrgliedrigen Vertretung bzw. bei Gesellschaften ohne Rechtspersönlichkeit, wenn nur ein organschaftlicher Vertreter oder Gesellschafter den Insolvenzantrag gestellt hat (§ 15).

a) Wechsel des alleinigen organschaftlichen Vertreters

Wird der alleinige organschaftliche Vertreter, nachdem er den Insolvenzantrag gestellt hat, abberufen oder legt er sein Amt nieder, bleibt der Insolvenzantrag wirksam (zur Frage der Wirksamkeit der Niederlegung bei geschäftsführendem Alleingesellschafter: BayObLG, ZIP 1999, 1599; OLG Düsseldorf, ZInsO 2001, 323). Nimmt der neu bestellte organschaftliche Vertreter anschließend den Insolvenzantrag zurück, besteht Streit, ob eine Rücknahme ausgeschlossen ist (FK-Schmerbach § 15 Rn. 29; MK-Schmahl/Vuia § 13 Rn. 116 – nur für den Fall des Rechtsmissbrauchs –; so offenbar auch LG Dortmund, ZIP 1985, 1341; AG Duisburg, NZI 2002, 209; AG Magdeburg, ZInsO 1998, 43) oder aber hierzu entweder trotz seiner jetzt fehlenden Vertretungsbefugnis nur der frühere organschaftliche Vertreter, der den Antrag gestellt hatte (so anscheinend KPB-Pape § 13 Rn. 122), oder nunmehr allein der neue organschaftliche Vertreter befugt ist (HK-Kirchhof § 13 Rn. 16; Uhlenbruck-Uhlenbruck § 13 Rn. 121, 122; Jaeger-Müller § 15 Rn. 58; s. a. BGH, ZInsO 2008, 922). 60

Die beiden erstgenannten Auffassungen stellen darauf ab, dass anderenfalls der Missbrauchsmöglichkeit Vorschub und der Schutz der Gläubiger unterlaufen wird, wenn der antragstellende organschaftliche Vertreter, der z. B. seiner Antragspflicht nach § 15a nachgekommen ist, abberufen wird, um den Insolvenzantrag durch den neu bestellten Vertreter zurücknehmen zu lassen. Mit der letztgenannten Ansicht ist dem jedoch entgegen zu halten, dass Gegenstand des Insolvenzverfahrens die Schuldnerin mit ihrem Vermögen und nicht ihr organschaftlicher Vertreter ist. Die GmbH wird von ihrem Geschäftsführer (§ 35 Abs. 1 Satz 1 GmbHG), die AG von ihrem Vorstand (§ 78 Abs. 1 Satz 1 AktG) gerichtlich vertreten, sodass demzufolge die Rücknahme des Insolvenzantrags, die eine Prozesshandlung darstellt, für die juristische Person wirksam ist. Ob bei der GmbH die Rücknahme des Insolvenzantrages strafrechtliche Auswirkungen hat (§ 15a Abs. 4) oder sich der Geschäftsführer anschließend nach § 64 GmbHG haftbar macht, ist für die Wirksamkeit der Prozesshandlung irrelevant; mangels anderweitiger Regelung in der InsO ist vielmehr – auch im Hinblick auf die Privatautonomie und Dispositionsmaxime – die verfahrensrechtliche Wirksamkeit der Rücknahme hinzunehmen. 61

b) Mehrgliedrige Vertretung/Gesellschafter bei Gesellschaft ohne Rechtspersönlichkeit

Die Ausführungen in Rdn. 60, 61 gelten im Wesentlichen auch für die Rücknahme bei einer mehrgliedrigen Vertretung (gilt entsprechend für Gesellschafter einer Gesellschaft ohne Rechtspersönlichkeit); allerdings erhält hier § 15 Relevanz. 62

Im Wesentlichen besteht zwischen den o. a. Meinungen im Hinblick auf § 15 darin Einigkeit, dass die weiteren organschaftlichen Vertreter einen von einem organschaftlichen Vertreter gestellten Insolvenzantrag nicht zurücknehmen können; hierzu ist nur der antragstellende organschaftliche Vertreter befugt (s. a. AG Potsdam, NZI 2000, 328; BGH, ZInsO 2008, 922, Uhlenbruck-Hirte § 15 Rn. 6; a. A. Uhlenbruck-Uhlenbruck § 13 Rn. 125: nur einheitliche Rücknahme durch alle organschaftlichen Vertreter). 63

Ansonsten verbleibt es für die Frage der Wirksamkeit der Rücknahme bei dem obigen Meinungsstreit, wobei insoweit noch weiter zu differenzieren ist. Auch hier ist von dem Grundsatz der organschaftlichen Vertretungsbefugnis und damit der Wirksamkeit der Prozesshandlung auszugehen, allerdings unter Berücksichtigung des Rechtsgedankens des § 15. 64

Ist der antragstellende organschaftliche Vertreter eines mehrgliedrigen Vertretungsorgans ausgeschieden und besteht das Vertretungsorgan dann nur aus den weiteren organschaftlichen Vertretern oder dem weiteren organschaftlichen Vertreter fort, sind diese in ihrer Gesamtheit bzw. der nunmehrige alleinige Vertreter als das für die Schuldnerin handelnde Vertretungsorgan befugt, den Insolvenzantrag zurückzunehmen (so auch BGH, ZInsO 2008, 922, allerdings mit der Einschränkung bei Rechtsmissbrauch; s. demgegenüber oben Rdn. 61). 65

66 Ist bei mehrgliedriger Vertretung für den ausgeschiedenen organschaftlichen Vertreter ein anderer organschaftlicher Vertreter als dessen Nachfolger bestellt worden, wofür eine zeitliche Nähe spricht, ist dieser zur Zurücknahme berechtigt (so auch Uhlenbruck-Hirte § 15 Rn. 6).

c) **Juristische Personen ohne organschaftliche Vertretung (Führungslosigkeit)**

67 Die Ausführungen in Rdn. 60 ff. gelten entsprechend bei Rücknahme eines bei Führungslosigkeit (§ 10 Abs. 2 Satz 2) von einem Gesellschafter/Aufsichtsratsmitglied gem. § 15 Abs. 1 Satz 2 gestellten Insolvenzantrags.

68 Hatte allerdings der organschaftliche Vertreter bereits den Insolvenzantrag gestellt und kommt es erst anschließend zur Führungslosigkeit, ist der Gesellschafter/Aufsichtsrat nicht zur Rücknahme befugt, da es sich bei ihrem Insolvenzantragsrecht nur um ein subsidiäres Antragsrecht/Antragspflicht handelt, während der organschaftliche Vertreter demgegenüber seinem originären Antragsrecht/Antragspflicht nachgekommen war (s. § 15 Rdn. 11 ff.). Es bedarf vielmehr der Neubestellung eines organschaftlichen Vertreters, der dann als solcher zur Rücknahme entsprechend den Ausführungen in Rdn. 60 ff. berechtigt ist.

IV. Kosten des Eröffnungsverfahrens

1. Gerichtskosten

69 Die gerichtlichen Kosten (Gebühren und Auslagen) werden nach dem GKG erhoben (§ 1 Nr. 1d GKG). Ihre Zahlung ist nicht Voraussetzung für das Betreiben des Verfahrens; insb. dürfen amtswegige Ermittlungen, wie z. B. die Beauftragung eines Sachverständigen, nicht von ihrer Zahlung abhängig gemacht werden (§§ 10 ff. GKG).

a) **Gebühren**

70 Gemäß Nr. 2310 f. KV GKG beträgt sowohl für den Schuldner- als auch den Gläubigerantrag die Gerichtsgebühr 0,5 der Wertgebühr (§§ 2, 34 GKG); bei einem Gläubigerantrag allerdings mindestens 150,00 € (Nr. 2311 KV GKG). Die Höhe der Wertgebühr richtet sich bei einem Schuldnerantrag nach dem Wert der Insolvenzmasse (§ 58 Abs. 1 GKG), bei einem Gläubigerantrag nach dem Betrag seiner Forderung – ohne Nebenforderungen (§ 43 GKG) –, es sei denn, die Insolvenzmasse ist geringer (§ 58 Abs. 2 GKG). Die Gebühr wird mit der Antragstellung fällig (§ 6 Abs. 1 Nr. 2 GKG).

b) **Auslagen**

71 Zu den Auslagen gehören zunächst Zustellungskosten, soweit Auslagen für mehr als zehn Zustellungen anfallen (Nr. 9002 KV GKG), und Veröffentlichungskosten, deren Erhebung sich nach Nr. 9004 KV GKG richtet.

72 Daneben gehören zu den Auslagen auch die Vergütung eines gem. § 5 gerichtlich beauftragten Sachverständigen (§§ 8 ff. JVEG) sowie die Entschädigung von Zeugen (§§ 19 ff. JVEG).

73 Die Vergütung des vorläufigen Insolvenzverwalters gehört nicht zu den gerichtlichen Auslagen (auch keine Ausfallhaftung des Staates: BGH, ZInsO 2004, 336). Sind jedoch dem Schuldner die Kosten für das Insolvenzverfahren gestundet (§ 4a), gehören die Kosten einer vorläufigen Insolvenzverwaltung zu den Auslagen; diese sind jedoch der Staatskasse ggü. nur vom Schuldner zu erstatten (§ 23 Abs. 1 Satz 3 GKG i. V. m. Nr. 9017 KV GKG).

2. Außergerichtliche Kosten

74 An außergerichtlichen Kosten können im Eröffnungsverfahren insb. die Gebühren eines Rechtsanwalts anfallen.

Bei Mandatierung durch den Schuldner entsteht eine 1,0 Verfahrensgebühr (Nr. 3313 VV RVG) nach § 13 RVG; gem. § 28 Abs. 1 RVG richtet sich der für die Berechnung maßgebliche Gegenstandswert nach dem Wert der Insolvenzmasse (§ 58 GKG), er beträgt jedoch mindestens 4.000,00 €. 75

Bei Auftragserteilung durch einen Gläubiger entsteht eine 0,5 Verfahrensgebühr (Nr. 3314 VV RVG) nach § 13 RVG; gem. § 28 Abs. 2 RVG richtet sich der für die Berechnung maßgebliche Gegenstandswert nach dem Nennwert der Insolvenzmasse nebst Nebenforderungen. 76

3. Kostenschuldner

a) Gerichtskosten

Kostenschuldner ist zunächst der Antragsteller des Insolvenzantrages hinsichtl. der Gerichtsgebühr (§ 23 Abs. 1 Satz 1 GKG), bei einer Rücknahme oder Abweisung des Antrags auch der Auslagen mit Ausnahme der bei einer Stundung der Verfahrenskosten als Auslagen entstehenden Kosten eines vorläufigen Insolvenzverwalters (§ 23 Abs. 1 Satz 3 GKG i. V. m. Nr. 9017 KV GKG). 77

Bei mehreren anhängigen Antragsverfahren sind die einheitlich für die Verfahren entstandenen Auslagen (Sachverständigenkosten) auf die verschiedenen Verfahren aufzuteilen (HK-Kirchhof § 14 Rn. 61). Es ist nicht erforderlich, dass für jedes Verfahren eine ausdrückliche Bestellung zum Sachverständigen erfolgt ist (FK-Schmerbach § 13 Rn. 51; a. A. Jaeger-Gerhardt § 13 Rn. 65). Den übrigen Antragstellern ist lediglich die Sachverständigenbestellung mitzuteilen. Die Aufteilung geschieht nach Kopfteilen mit gesamtschuldnerischer Haftung der weiteren Antragsteller gem. § 31 Abs. 1 GKG (FK-Schmerbach a. a. O.; Jaeger-Gerhardt a. a. O.). 78

Sofern eine gerichtliche Kostenentscheidung erfolgt ist, haftet vorrangig als Erstschuldner der Beteiligte, dem die Kosten auferlegt sind, während der Antragsteller nur als Zweitschuldner haftet (§§ 29 Nr. 1, 31 GKG), es sei denn, das Antragsverfahren war gem. § 14 Abs. 1 Satz 2 fortgeführt und als unbegründet mit der Kostenfolge des § 14 Abs. 3 abgewiesen worden (§ 23 Abs. 1 Satz 4 GKG). 79

Streitig ist, ob eine **Zweitschuldnerhaftung für gerichtliche Auslagen** dann besteht, wenn **bei einer Erledigungserklärung** des antragstellenden Gläubigers die Kosten dem Schuldner auferlegt sind, da der Antragsteller nach § 23 Abs. 1 Satz 2 GKG nur dann Kostenschuldner der Auslagen ist, wenn der Antrag abgewiesen wird oder er den Antrag zurücknimmt (gegen eine Haftung: OLG Hamburg, Beschl. v. 21.03.2007 – 8 W 49/07, n. v.; OLG Köln, ZInsO 2007, 610; ZInsO 2006, 46; OLG Düsseldorf, NZI 2006, 708; KPB-Pape § 13 Rn. 131a; HK-Kirchhof § 14 Rn. 61; FK-Schmerbach § 13 Rn. 88; Uhlenbruck-Uhlenbruck § 14 Rn. 130; für eine Haftung: AG Paderborn, JurBüro 1992, 468; AG Frankfurt am Main, ZVI 2003, 615; LG Dresden, ZInsO 2005, 947; AG Düsseldorf, ZInsO 2006, 1116; MK-Schmahl/Vuia § 13 Rn. 161). 80

Für eine Zweitschuldnerhaftung spricht, dass eine Erledigungserklärung kostenrechtlich einer Rücknahme des Insolvenzantrags gem. § 23 Abs. 1 Satz 2 GKG entspricht. Denn sowohl die übereinstimmende als auch – entgegen der vergleichbaren Lage im Erkenntnisverfahren – die einseitige Erledigungserklärung des Insolvenzantrags hindern eine weitere Sachaufklärung, ob der Insolvenzantrag begründet war (BGH, ZInsO 2005, 39; ZInsO 2008, 1206). Es ist nur auf die Zulässigkeit des Insolvenzantrages und gerade nicht auf einen voraussichtlichen oder – bei einseitiger Erledigungserklärung – noch aufzuklärenden Ausgang des Insolvenzverfahrens abzustellen (BGH a. a. O.; a. A. LG Frankenthal, ZInsO 2002, 497, 498; LG Göttingen, ZInsO 2004, 819, 820 a. E.). Zudem hätte es der Antragsteller ansonsten kostenrechtlich allein zulasten der Staatskasse in der Hand, seinen weiterhin zulässigen Insolvenzantrag bei einer drohenden Abweisung mangels Masse (§ 26) für erledigt zu erklären, um seiner anderenfalls bestehenden Haftung als Zweitschuldner zu entgehen (unklar AG Göttingen ZInsO 2004, 632: auch bei einer Abweisung mangels Masse mit einer Kostenentscheidung zulasten des Schuldners besteht nach § 23 Abs. 1 Satz 2 GKG die Zweithaftung des Antragstellers; ihm brauchen für seine Haftung nicht die Kosten auferlegt zu werden). 81

Bei Eröffnung des Insolvenzverfahrens sind die Gerichtskosten und Kosten der vorläufigen Insolvenzverwaltung Massekosten (§§ 53 f.). 82

b) Außergerichtliche Kosten

83 Ergeht im Eröffnungsverfahren eine Kostenentscheidung, so erfasst diese nicht nur die Gerichtskosten, sondern im Hinblick auf § 54 Nr. 2 neben den weiteren zur **Rechtsverfolgung** oder **Rechtsverteidigung** notwendigen Kosten (§ 4, § 91 ZPO) auch die Vergütung und Auslagen eines etwaigen **vorläufigen Insolvenzverwalters** (AG Hamburg, ZInsO 2001, 1121, 1122; HK-Kirchhof § 14 Rn. 63; MK-Schmahl/Vuia § 13 Rn. 168; a. A. BGH, ZInsO 2008, 151; ZInsO 2010, 107, Festsetzung aber durch das Insolvenzgericht, § 26a; FK-Schmerbach **§ 13 Rn. 89 ff.**).

84 Die Gegenansicht würdigt nicht ausreichend, dass der Gläubiger das Insolvenzeröffnungsverfahren mit seinem Insolvenzantrag eingeleitet hat und die Bestellung eines vorläufigen Insolvenzverwalters allein zur Vermeidung einer den Gläubigern nachteiligen Veränderung der Vermögenslage erforderlich war. Die Verpflichtung des vorläufigen Insolvenzverwalters mit Verfügungsbefugnis (§ 21 Abs. 2 Nr. 1 Halbs. 1), vor Aufhebung seiner Bestellung zunächst die entstandenen Kosten und damit neben den Verfahrenskosten (§ 54 Nr. 1) auch seine eigenen Kosten (§ 54 Nr. 2) aus dem von ihm verwalteten (Schuldner-)Vermögen zu berichtigen (§ 25 Abs. 2), steht dem nicht entgegen (BGH, ZInsO 2008, 151). Zum einen trifft diese Verpflichtung nur den »starken« und nicht auch den »schwachen« vorläufigen Insolvenzverwalter (Verfügungsbeschränkung lediglich mit Zustimmungsvorbehalt § 21 Abs. 2 Nr. 2 Halbs. 2). Zum anderen ist weder Inhalt noch weitere Rechtsfolge dieser den »starken« Verwalter treffenden Verpflichtung, dass der Schuldner hinsichtl. dieser Kosten allein auf die Geltendmachung eines etwaigen Schadensersatzanspruchs gegen den Gläubiger zu verweisen ist. Dies wird dadurch deutlich, dass § 25 Abs. 2 Satz 1 nicht zwischen den in § 54 als Kosten des Insolvenzverfahrens bestimmten Gerichtskosten (§ 54 Nr. 1) und der Vergütung des vorläufigen Insolvenzverwalters (§ 54 Nr. 2) differenziert. So hat der »starke« vorläufige Insolvenzverwalter auch die Gerichtskosten zu berichtigen, selbst wenn diese mit der gerichtlichen Kostenentscheidung dem Gläubiger auferlegt sind oder auferlegt werden.

85 Eine gerichtliche Kostenentscheidung, die dem Gläubiger die **Kosten des Verfahrens** auferlegt, hat daher im Hinblick auf § 4, §§ 91, 91a, 103 ff. ZPO die Folge, dass der Schuldner die ihm durch das Insolvenzantragsverfahren entstandenen Kosten und damit auch die gegen ihn nach § 26a festgesetzte Vergütung eines vorläufigen Insolvenzverwalters (vergleichbar mit der Festsetzung der Vergütung gegen den eigenen Mandanten gem. § 11 RVG) gegen den Gläubiger zur Erstattung festsetzen lassen kann (a. A. BGH, ZInsO 2008, 151, 152); eines ausdrücklichen Ausspruchs in der Kostenentscheidung zu dieser Kostenfolge bedarf es nicht, mag zur Klarstellung jedoch dienlich sein. Darauf, dass es sich bei den Kosten des vorläufigen Insolvenzverwalters zutreffend nicht um gerichtliche Auslagen i. S. d. Nr. 9007 KV GKG handelt, ist für die Kostenfestsetzung des Schuldners ggü. dem Gläubiger nach §§ 4 InsO, 103 ff. ZPO unerheblich. Da der vorläufige Insolvenzverwalter seine gem. § 26a festgesetzte Vergütung nur ggü. dem Schuldner geltend machen kann, besteht, sofern der Schuldner nicht zahlt, für den vorläufigen Insolvenzverwalter die Möglichkeit, sich den Erstattungsanspruch des Schuldners gegen den Gläubiger abtreten oder ihn pfänden und sich überweisen zu lassen.

C. Verfahrensfragen

86 Bei Abweisung des Insolvenzantrages als unzulässig oder unbegründet (Fehlen eines Eröffnungsgrundes) ist das insolvenzrechtliche Rechtsmittel der **sofortigen Beschwerde** eröffnet (§ 34 Abs. 1 Satz 1 Halbs. 2, 6).

§ 14 Antrag eines Gläubigers

(1) ¹Der Antrag eines Gläubigers ist zulässig, wenn der Gläubiger ein rechtliches Interesse an der Eröffnung des Insolvenzverfahrens hat und seine Forderung und den Eröffnungsgrund glaubhaft macht. ²War in einem Zeitraum von zwei Jahren vor der Antragstellung bereits ein Antrag auf Eröffnung eines Insolvenzverfahrens über das Vermögen des Schuldners gestellt worden, so wird

der Antrag nicht allein dadurch unzulässig, dass die Forderung erfüllt wird. ³In diesem Fall hat der Gläubiger auch die vorherige Antragstellung glaubhaft zu machen.

(2) Ist der Antrag zulässig, so hat das Insolvenzgericht den Schuldner zu hören.

(3) Wird die Forderung des Gläubigers nach Antragstellung erfüllt, so hat der Schuldner die Kosten des Verfahrens zu tragen, wenn der Antrag als unbegründet abgewiesen wird.

Übersicht	Rdn.			Rdn.
A. Normzweck	1		dd) Bagatellforderungen	53
B. Norminhalt	2	II.	Anhörung des Schuldners (Abs. 2)	54
I. Gläubigerantrag (Abs. 1)	3	III.	Erledigung	67
1. Allgemeine Voraussetzungen	3		1. Erledigung des Eigenantrags	67
2. Besondere Voraussetzungen	4		2. Erledigung des Gläubigerantrags	67a
a) Forderung	6		a) Keine Erledigungserklärung trotz Zahlung	68
aa) Nicht titulierte Forderung	14		aa) Ohne angeordnete Verfügungsbeschränkung	68
bb) Titulierte Forderung	19			
b) Eröffnungsgrund	23		bb) Nach angeordneter Verfügungsbeschränkung	69
c) Öffentlich-rechtliche Gläubiger	37			
d) Rechtliches Interesse	44		cc) Nach Eröffnung	75
aa) Keine insolvenzrechtliche Verbesserung der Rechtsstellung des Gläubigers	46		b) Erledigungserklärung	76
			c) Kostenentscheidung	79
bb) Einfachere und billigere Möglichkeit der Befriedigung	50	IV.	Fortführung des Insolvenzantrages trotz Erfüllung der Insolvenzforderung (Abs. 1 Satz 2 Satz 3, Abs. 3)	83
cc) Missbrauch des Insolvenzantrages	52	C.	Verfahrensfragen	96

A. Normzweck

§ 14 schränkt die in § 13 normierte Antragsbefugnis des Gläubigers ein und macht diese davon abhängig, dass sowohl eine eigene Forderung des Gläubigers als auch das Vorliegen eines Insolvenzgrundes dargelegt und glaubhaft gemacht werden und der Eröffnungsantrag nicht zur Verfolgung insolvenzfremder Zwecke dient. Diese weiter gehenden Anforderungen bezwecken den Schutz des Schuldners, in dessen Vermögenslage durch den Eröffnungsantrag eines Gläubigers in potenziell kreditschädigender Weise eingegriffen wird. Das Insolvenzgericht prüft die Zulässigkeit des Antrages, bevor der Schuldner hierzu gem. Abs. 2 gehört wird. Abs. 1 Satz 2, 3, Abs. 3, eingefügt durch das Haushaltsbegleitgesetz 2011 (BGBl. I 2010, S. 1885), tragen dem Umstand Rechnung, dass insb. Forderungen sog. öffentlich-rechtlicher Zwangsgläubiger vom Schuldner nach Insolvenzantragstellung trotz Vorliegen eines Insolvenzgrundes immer wieder gezielt befriedigt werden, um eine Eröffnung des Insolvenzverfahrens zu vermeiden. Durch die Neufassung soll vermieden werden, dass diese Gläubiger in solchen Fällen immer wieder Folgeanträge stellen müssen. 1

B. Norminhalt

Die Zulässigkeitsvoraussetzungen eines Gläubigerantrages sowie die Pflicht zur Anhörung des Schuldners gelten für alle Verfahrensarten, allerdings ergänzt um Vorschriften bei den besonderen Verfahrensarten der Nachlassinsolvenz (§§ 319, 325), der Insolvenz des Gesamtgutes (§§ 332 Abs. 2, 333 Abs. 1) und des Partikularverfahrens über das Inlandsvermögen (§ 354 Abs. 2). 2

I. Gläubigerantrag (Abs. 1)

1. Allgemeine Voraussetzungen

Der Insolvenzantrag eines Gläubigers ist eine **Prozesshandlung** (s. § 13 Rdn. 3). Er ist auch dann zulässig, wenn bereits ein anderer Antrag auf Eröffnung des Insolvenzverfahrens über das Vermö- 3 gen des Schuldners gestellt ist (s. § 13 Rdn. 22). In dem Antrag sind der antragstellende Gläubiger sowie der Schuldner genau zu bezeichnen (LG Hamburg, ZInsO 2010, 1560; s. § 13 Rdn. 8). Einer genauen Bezeichnung der Verfahrensart (Regel- oder Verbraucher-insolvenz) bedarf es nicht (s. § 13 Rdn. 21). Dem Antrag sind entsprechend § 4, § 253 Abs. 5 ZPO die für die Anhörung des Schuldners erforderlichen Abschriften beizufügen, anderenfalls sind diese vom Insolvenzgericht auf Kosten des Antragstellers zu fertigen (OLG Köln, ZInsO 2000, 43, 44; Uhlenbruck-Uhlenbruck § 14 Rn. 32).

2. Besondere Voraussetzungen

4   Die besonderen Voraussetzungen für die Zulässigkeit eines Gläubigerantrages sind das **rechtliche Interesse** an der Insolvenzeröffnung sowie das **Glaubhaftmachen der Forderung** und des **Vorliegens eines Eröffnungsgrundes**. Diese Voraussetzungen müssen während des gesamten Eröffnungsverfahrens und damit auch nach Anhörung des Schuldners vorliegen, da bis zur Eröffnung des Insolvenzverfahrens, einer Abweisung mangels Masse oder einer Erledigungserklärung ein zulässiger Insolvenzantrag vorliegen oder vorgelegen haben muss (s. BGH, ZInsO 2002, 29, 30; ZIP 2004, 425; ZIP 2004, 1466; ZInsO 2005, 39; MK-Schmahl/Vuia § 14 Rn. 19).

5   Sind Forderung und Eröffnungsgrund (Zahlungsunfähigkeit oder Überschuldung) glaubhaft gemacht, so liegt das erforderliche rechtliche Interesse in aller Regel vor (BGH, ZInsO 2006, 824). Da bereits mit dem Fehlen oder Entfallen der Forderung oder des Eröffnungsgrundes eine besondere Zulässigkeitsvoraussetzung fehlt, sind bei der Prüfung nur besondere weitere Umstände zu berücksichtigen, die zumindest ernsthafte Zweifel am Vorliegen eines rechtlichen Interesses begründen (MK-Schmahl/Vuia § 14 Rn. 19).

a) Forderung

6   Zur Glaubhaftmachung (§ 4, § 294 ZPO) gehört zunächst die **schlüssige Darlegung** der Forderung (HK-Kirchhof § 14 Rn. 6; FK-Schmerbach § 14 Rn. 90, 106; LG Dessau-Roßlau, Beschl. v. 23.10.2012, Az. 1 T 280/12, zitiert nach juris; LG Potsdam, ZInsO 2002, 780; s. a. BGH, ZIP 2004, 1466).

7   Es muss sich um eine **persönliche** – nicht dingliche –, gegen das Vermögen des Schuldners gerichtete, zumindest in Geldwert umrechenbare **Forderung** handeln (§§ 38, 45). Ansprüche auf Vornahme unvertretbarer Handlungen sowie Forderungen aussonderungs- (§ 47), ersatzaussonderungs- (§ 48) oder ohne gleichzeitige persönliche Haftung des Schuldners absonderungsberechtigter (§§ 49, 50, 51, 52) Gläubiger begründen kein Insolvenzantragsrecht (s. a. § 13 Rdn. 36).

8   Ob die Forderung noch **betagt** oder **bedingt** ist, ist im Hinblick auf §§ 41, 42, 191 unerheblich (MK-Schmahl/Vuia § 13 Rn. 35; HK-Kirchhof § 14 Rn. 7), kann aber i. R. d. rechtlichen Interesses von Bedeutung sein (vgl. MK-Schmahl/Vuia § 14 Rn. 26).

9   Gleiches gilt im Hinblick auf § 45 auch für **künftige Rückgriffsansprüche** von Bürgen oder mithaftenden Gesamtschuldnern, sofern glaubhaft gemacht wird, dass der Gläubiger der Hauptforderung auf eine Teilnahme am Insolvenzverfahren verzichtet (§ 44), sowie für Befreiungsansprüche wie z. B. §§ 415 Abs. 3, 775 Abs. 1, 257 BGB (MK-Schmahl/Vuia § 13 Rn. 37; Jaeger-Gerhardt § 13 Rn. 8, allerdings zweifelnd zum rechtlichen Interesse § 14 Rn. 11; Uhlenbruck-Uhlenbruck § 13 Rn. 80; **a. A.** NR-Mönning § 14 Rn. 28).

10 Auch auf eine – etwa nach § 214 BGB – einredebehaftete Forderung kann der Eröffnungsantrag gestützt werden, es sei denn, die Einrede ist bereits erhoben (LG Göttingen, ZInsO 2005, 832; vgl. auch BGH, ZInsO 2007, 604 Rn. 10; ebenso mit zutreffender Begr. Jaeger-Gerhardt § 14 Rn. 12; **a. A.** im Hinblick auf ein fehlendes rechtliches Interesse OLG Köln, KTS 1970, 226; KPB-Pape § 14 Rn. 106; MK-Schmahl/Vuia § 14 Rn. 25; NR-Mönning § 14 Rn. 18 ff.). Solange die Einrede nicht erhoben ist, ist die Forderung durchsetzbar und ihre Geltendmachung im Antragsverfahren daher zulässig. Ob die vom Schuldner nicht geltend gemachte Einrede im eröffneten Verfahren vom

Insolvenzverwalter erhoben wird, mag zwar wahrscheinlich sein, reicht aber im Hinblick auf die im Eröffnungsverfahren geltende Dispositionsmaxime (§ 13 Rdn. 1) noch nicht aus, um bereits das Antragsrecht des Gläubigers verneinen zu können. Lediglich dann, wenn der Gläubiger bereits im Antrag mitteilt, der Schuldner habe die Einrede erhoben, und die weiteren Ausführungen ergeben, dass die Einrede durchgreift, fehlt es an einer durchsetzbaren Forderung, ohne dass der Schuldner die Einrede noch einmal im Eröffnungsverfahren erheben muss.

Eine **gepfändete** (§ 835 Abs. 1 ZPO) oder eine **verpfändete Forderung** ab Pfandreife (§ 1282 BGB) eröffnet dem Pfändungs-/Pfandgläubiger das Antragsrecht; bis zur Pfandreife der verpfändeten Forderung sind sowohl der Pfandgläubiger als auch der Gläubiger antragsberechtigt (Uhlenbruck-Uhlenbruck § 13 Rn. 80; Jaeger-Gerhardt § 13 Rn. 7). **11**

Darauf, ob eine Forderung in einer bestimmten Höhe besteht, kommt es nicht an (s. aber Rdn. 53). Ausreichend ist bereits das Bestehen der Forderung (LG Berlin, ZInsO 2005, 499). Wird der Insolvenzantrag allerdings nur auf einen **bestimmten Teilbetrag** einer Forderung gestützt, wird die Zulässigkeit des Insolvenzantrages nicht bereits in Bezug auf die Glaubhaftmachung der Forderung infrage gestellt, sondern allenfalls hinsichtl. des rechtlichen Interesses (HK-Kirchhof § 14 Rn. 11; Jaeger-Gerhardt § 13 Rn. 9; weiter gehend FK-Schmerbach § 14 Rn. 41; s. Rdn. 52). **12**

Die dem Insolvenzantrag zugrunde liegende **Forderung** kann im Eröffnungsverfahren **ausgewechselt** werden; es kann auch eine neu entstandene Forderung **nachgeschoben** werden; und zwar auch dann, wenn die Forderung, auf die der Antrag zunächst gestützt wurde, während des Eröffnungsverfahrens getilgt worden ist (BGH, ZInsO 2012, 593; BGH, ZIP 2004, 1466; HK-Kirchhof § 14 Rn. 10; Uhlenbruck-Uhlenbruck § 14 Rn. 14; KPB-Pape § 14 Rn. 74). Dabei kommt es nicht darauf an, ob eine solche Vorgehensweise einem sorgfältigen und auf Förderung des Verfahrens bedachten Handeln entspricht (BGH, ZIP 2004, 1466). Allerdings müssen für diese Forderung erneut sämtliche Zulässigkeitsanforderungen des Abs. 1 erfüllt sein und dem Schuldner ist zu dieser Forderung gem. Abs. 2 wiederum rechtliches Gehör zu gewähren. **13**

aa) Nicht titulierte Forderung

Die Forderung muss nicht notwendigerweise tituliert sein. Wie bei den Anforderungen im Erkenntnisverfahren für den Erlass eines Versäumnisurteils gegen den Beklagten (§ 331 Abs. 2 ZPO) ist eine – angesichts der noch nicht erfolgten Anhörung des Schuldners aus sich selbst heraus – **schlüssige Darlegung** des Forderungsgrundes einerseits ausreichend, andererseits aber auch erforderlich. **14**

Die schlüssige Darlegung der Forderung reicht angesichts der nach Abs. 1 für die Zulässigkeit des Insolvenzantrages ausdrücklich erforderlichen **Glaubhaftmachung** und der gem. Abs. 2 erst nach (!) Vorliegen eines zulässigen Antrages zu erfolgenden Anhörung des Schuldners alleine nicht aus (s. a. Jaeger/Gerhardt § 14 Rn. 17; MK-Schmahl/Vuia § 14 Rn. 67; **a. A.** BGH, ZInsO 2012, 2148; BGH, ZInsO 2009, 1533 für den Fall, dass das antragstellende Finanzamt die Steuerforderung genau beschreibt und der Gläubiger diese Forderung nicht bestreitet; LG Duisburg, ZInsO 2002, 988; fehlendes Bestreiten des Schuldners erst bei seiner Anhörung soll ausreichen: FK-Schmerbach § 14 Rn. 90, 106; HK-Kirchhof § 14 Rn. 14). **15**

Die über eine nur schlüssige Darlegung der Forderung hinausgehende Glaubhaftmachung bedeutet, dass es nicht des vollen Beweises des Bestehens der Forderung bedarf, sondern bereits die **überwiegende Wahrscheinlichkeit** ausreicht (BayObLG, ZInsO 2001, 1012; OLG Köln, ZInsO 2002, 772, 773 f.; LG Potsdam, ZInsO 2005, 499, 500; HK-Kirchhof § 14 Rn. 12). Zur Glaubhaftmachung kann sich der Gläubiger aller präsenten Beweismittel bedienen (§ 4, § 294 ZPO). Zulässig ist damit insb. die Vorlage von Urkunden wie Verträge, Rechnungen, Lieferscheine oder Schreiben, mit denen der Schuldner das Bestehen der Forderung anerkennt. Außerdem kommt in Betracht die Vorlage der eigenen eidesstattlichen Versicherung oder die von Dritten, wobei die eidesstattliche Versicherung nicht lediglich aus einer Bezugnahme auf einen anwaltlichen Schriftsatz bestehen darf, sondern eine eigene Tatsachenschilderung enthalten muss (BGH, NJW 1988, 2045). Urkunden, die im Original oder zumindest als beglaubigte Ablichtungen einzureichen sind **16**

(Jaeger-Gerhardt § 14 Rn. 18), sind in ihrer Wertigkeit höher anzusetzen als eine eigene eidesstattliche Versicherung, wobei allerdings auch die Aussage und damit die Wertigkeit einer Urkunde stets von ihrem jeweiligen Inhalt abhängig ist.

17 Die Glaubhaftmachung eines Teilbetrages der Insolvenzforderung kann genügen (BGH, ZIP 2004, 1466; OLG Naumburg, NZI 2000, 263; HK-Kirchhof § 14 Rn. 15; KPB-Pape § 14 Rn. 73).

18 Zu dem Ausnahmefall, dass sich ausnahmsweise bereits aus dem Insolvenzantrag ergibt, dass der Schuldner das Bestehen der glaubhaft gemachten Forderung allgemein bestreitet und für den Fall ihres Bestehens nur wegen dieser Forderung ein Insolvenzgrund vorliegt, s. Rdn. 65 f.

bb) Titulierte Forderung

19 Sofern die Forderung des Gläubigers tituliert ist, bedarf es zur **Glaubhaftmachung**, unabhängig davon, ob es sich um einen rechtskräftigen oder nur vorläufig vollstreckbaren Titel handelt, lediglich der **Vorlage des Titels** und der Darlegung, dass **wegen dieser titulierten Forderung** Insolvenzantrag gestellt wird (s. a. LG Duisburg, ZVI 2004, 396, 397; OLG Köln, ZInsO 2002, 772, 773 f.; ZInsO 2000, 393, 396; MK-Schmahl/Vuia § 14 Rn. 71, 68; Uhlenbruck-Uhlenbruck § 14 Rn. 69; HK-Kirchhof § 14 Rn. 8, 14).

20 Dies gilt auch für ein noch nicht rechtskräftiges und damit nur **vorläufig vollstreckbares Versäumnisurteil**. Zwar bedarf es für den Erlass eines Versäumnisurteils nur der Schlüssigkeit des klägerischen Sachvortrags und im Gegensatz zu Abs. 1 auch der Glaubhaftmachung. Dem kommt aber insofern keine besondere Bedeutung mehr zu, als dem Erlass des Versäumnisurteils eine gerichtliche Schlüssigkeitsprüfung vorausgegangen ist und der Beklagte rechtliches Gehör hatte (§§ 253, 275, 276, 331 ZPO), während Abs. 1 nur die allgemeinen Zulässigkeitsvoraussetzungen eines Insolvenzantrages bestimmt, bevor dann dem Schuldner rechtliches Gehör zu gewähren ist (§ 14 Abs. 2). Allerdings ist angezeigt, dem Schuldner zunächst rechtliches Gehör zu gewähren, bevor weiter gehende Aufklärungs- oder Sicherungsmaßnahmen erfolgen.

21 Die Vorlage eines **nicht rechtskräftigen Vollstreckungsbescheids reicht nicht aus**, da seinem Erlass im Gegensatz zum Versäumnisurteil keine Schlüssigkeitsprüfung der geltend gemachten Forderung vorausgegangen ist (AG Hamburg, ZInsO 2007, 504; LG Potsdam, NZI 2000, 233; Jaeger-Gerhardt § 14 Rn. 18; **a. A.** MK-Schmahl/Vuia § 14 Rn. 68). Der Gläubiger hat daher entweder seine Forderung - entsprechend dem Prozedere bei einer nicht titulierten Forderung - darzulegen und glaubhaft zu machen oder aber ein **Rechtskraftzeugnis** (§ 706 ZPO) einzureichen (vgl. AG Hamburg, ZInsO 2007, 504; einschränkend HK-Kirchhof § 14 Rn. 14: Glaubhaftmachung der Rechtskraft ist ausreichend).

22 Einwendungen gegen eine titulierte Forderung hat der Schuldner in dem dafür prozessual vorgesehenen Verfahren zu verfolgen; diese sind nicht vom Insolvenzgericht zu prüfen (BGH, ZInsO 2010, 291; BGH, ZInsO 2008, 103; ZInsO 2009, 2072), es sei denn, sie sind unstreitig oder nach dem Sachverhalt unzweifelhaft zutreffend. Ist die **Vollstreckung** aus dem Titel für **unzulässig erklärt** oder **vorläufig eingestellt**, sei es ohne Sicherheitsleistung oder gegen erbrachte Sicherheitsleistung, ist die alleinige Vorlage des Titels mangels dessen Vollstreckbarkeit keine Grundlage mehr für einen Insolvenzantrag (BGH, ZInsO 2010, 291; FK-Schmerbach § 14 Rn. 61; so wohl auch Uhlenbruck-Uhlenbruck § 14 Rn. 70).

b) Eröffnungsgrund

23 Zur **Glaubhaftmachung** (§ 4, § 294 ZPO) gehört zunächst die **schlüssige Darlegung** eines Eröffnungsgrundes (Jaeger-Gerhardt § 14 Rn. 22). Infrage kommen für den Gläubigerantrag die **Zahlungsunfähigkeit** (§ 17) und die **Überschuldung** (§ 19), nicht jedoch die drohende Zahlungsunfähigkeit, die nur bei einem Eigenantrag des Schuldners in Betracht kommt (§ 18).

24 Die bei einem Gläubigerantrag für eine schlüssige und glaubhafte Darlegung eines Eröffnungsgrundes eher in Betracht kommende Zahlungsunfähigkeit setzt zunächst dem Grunde nach die Fällig-

keit zumindest wesentlicher Zahlungsverpflichtungen des Schuldners voraus (HK-Kirchhof § 14 Rn. 22). Die für eine Zahlungsunfähigkeit sprechenden Umstände haben indizielle Bedeutung; sie können ggf. nur in einer **Gesamtbetrachtung** von Bedeutung sein (s. BGH, ZInsO 2001, 1049) und sind jeweils im Einzelfall zu würdigen (FK-Schmerbach § 14 Rn. 124). Ein zunächst im Wege der **Einzelzwangsvollstreckung** erfolgter fruchtloser Vollstreckungsversuch ist **nicht zwingend erforderlich** (BGH, ZInsO 2012, 1418; BGH, ZIP 2004, 1466), denn Grundlage eines Insolvenzantrages kann auch eine nicht titulierte Forderung sein.

Der Umstand, dass der Schuldner die glaubhaft gemachte Forderung bereits seit einem längeren Zeitraum nicht befriedigt hat, reicht für sich allein nicht zur schlüssigen Darlegung der Zahlungsunfähigkeit aus, da dies auch nur auf einer **Zahlungsunwilligkeit** des Schuldners beruhen kann (s. a. HK-Kirchhof § 14 Rn. 22; a. A. FK-Schmerbach § 14 Rn. 125; vgl. hierzu auch BGH, ZInsO 2012, 1418). Gleiches gilt für etwaige Vertragsklauseln, wonach der Schuldner (Raten-) Zahlungen nur bei Zahlungsunfähigkeit einstellt (s. LG Cottbus, ZIP 1995, 234). 25

Ausreichend ist eine **Individualerklärung des Schuldners**, der nach ihrem objektiven Aussagegehalt zu entnehmen ist, dass er zahlungsunfähig ist (s. BGH, ZInsO 2006, 1210, 1211). 26

Ferner genügt ein i. d. R. im letzten halben Jahr vor Antragstellung erfolgter fruchtloser Vollstreckungsversuch in das Vermögen des Schuldners (**Unpfändbarkeitsprotokoll oder Bescheinigung nach § 63 GVGA**) oder die Abgabe der eidesstattlichen Offenbarungsversicherung (AG Leipzig, ZInsO 2011, 2097, 2098; FK-Schmerbach § 14 Rn. 131; für einen längeren zurückliegenden Zeitraum bis zu einem Jahr: LG Düsseldorf, NZI 2007, 530; HK-Kirchhof § 14 Rn. 23; Uhlenbruck-Uhlenbruck § 14 Rn. 82). Sind jedoch weitere Anhaltspunkte für eine Zahlungsunfähigkeit glaubhaft gemacht, so kann trotz schwächerer Indizwirkung auch eine ältere Fruchtlosbescheinigung bzw. eidesstattliche Offenbarungsversicherung unter Berücksichtigung der weiteren Indizien zur Glaubhaftmachung einer Zahlungsunfähigkeit ausreichend sein (Jacobi, ZInsO 2011, 1094, 1096). 27

Bei **Gesellschaften** oder **Einzelkaufleuten** bedarf es des Vollstreckungsversuchs im Geschäftslokal oder am Ort der Hauptverwaltung (Uhlenbruck-Uhlenbruck § 14 Rn. 83); bei mehreren Geschäftslokalen genügt der Vollstreckungsversuch in einem Lokal (s. a. Rdn. 29; FK-Schmerbach § 14 Rn. 132; a. A. HK-Kirchhof § 14 Rn. 25; Uhlenbruck-Uhlenbruck § 14 Rn. 83). 28

Bei einem **Einzelkaufmann** bedarf es darüber hinaus keines vergeblichen fruchtlosen Vollstreckungsversuchs in einer etwaigen anderweitigen Privatwohnung, da der Gerichtsvollzieher vor Beginn der Zwangsvollstreckung zur freiwilligen Leistung aufzufordern (§ 105 Nr. 2 GVGA) und nur zu pfänden hat, soweit keine Leistung erfolgt; dafür, dass der Schuldner möglicherweise noch über anderweitiges Vermögen, z. B. in der Privatwohnung, verfügt und deshalb nicht zahlungsunfähig ist, spricht angesichts des vergeblichen Vollstreckungsversuchs nichts (s. a. FK-Schmerbach § 14 Rn. 132; a. A. Uhlenbruck-Uhlenbruck § 14 Rn. 83; HK-Kirchhof § 14 Rn. 23). 29

[derzeit unbesetzt] 30

Ein **erfolgloser Pfändungsversuch in eine Forderung** des Schuldners, insb. in ein vom Schuldner unterhaltenes Konto, reicht i. d. R. für sich allein nicht aus, es sei denn, anhand der Drittschuldnererklärung werden weitere Anhaltspunkte dargelegt, die eine Zahlungsunfähigkeit des Schuldners schlüssig erscheinen lassen (HK-Kirchhof § 14 Rn. 23; BGH, Beschl. v. 13.06.2006 – IX ZB 220/05, zitiert nach juris). 31

Ist **bereits** ein **Eröffnungsverfahren** über das Vermögen des Schuldners **anhängig** und in dem Verfahren ein Eröffnungsgrund glaubhaft gemacht, ist dies gerichtsbekannt (§ 4, § 291 ZPO), sodass es keiner weiteren Glaubhaftmachung bedarf. 32

Bei einer **GbR** genügt der vergebliche Vollstreckungsversuch in das gesamthänderisch gebundene Sondervermögen der Gesellschaft; ein Vollstreckungsversuch in das Vermögen der Gesellschafter ist nicht erforderlich (HK-Kirchhof § 14 Rn. 25; FK-Schmerbach § 14 Rn. 132). 33

34 Wie bei der **Glaubhaftmachung** der Forderung (s. Rdn. 15, 16) bedarf es nicht des vollen Beweises, dass ein Eröffnungsgrund vorliegt, sondern es reicht bereits die **überwiegende Wahrscheinlichkeit** aus (BGH, ZInsO 2003, 941; LG Dessau-Roßlau, Beschl. v. 14.11.2012, Az. 1 T 319/12, zitiert nach juris). Ob tatsächlich ein Eröffnungsgrund gegeben ist, ist anschließend von Amts wegen zu ermitteln (§ 5 Abs. 1) und erst Voraussetzung für die Eröffnung des Insolvenzverfahrens (§ 16), sofern dann noch ein zulässiger Antrag vorliegt und damit noch das Bestehen der Forderung glaubhaft gemacht ist, falls diese nicht der alleinige Grund für das Vorliegen des Eröffnungsgrundes ist (s. Rdn. 65), und das rechtliche Interesse besteht (s. Rdn. 4, 5).

35 Zur Glaubhaftmachung des Eröffnungsgrundes kann sich der Gläubiger aller präsenten Beweismittel bedienen (§ 4, § 294 ZPO). Hierzu gehören insb. Urkunden, die das Vorbringen zur Zahlungsunfähigkeit belegen, wie die Unpfändbarkeitsbescheinigung (§ 63 GVGA), das Protokoll über den fruchtlosen Pfändungsversuch oder die eidesstattliche Offenbarungsversicherung, aber auch eine etwaige eigene eidesstattliche Versicherung oder die eines Dritten (s. Rdn. 16).

36 Beruht der Eröffnungsgrund allein auf dem tatsächlichen Bestehen der glaubhaft gemachten Forderung, wird hierdurch nicht die Zulässigkeit des Antrags infrage gestellt. Dies ist allein bedeutsam für die Frage der Begründetheit des Antrags und damit der notwendigen richterlichen Überzeugung vom Bestehen der Forderung (s. Rdn. 65 f.).

c) Öffentlich-rechtliche Gläubiger

37 Die vorstehenden Anforderungen an die Glaubhaftmachung der Forderung und des Eröffnungsgrundes gelten grds. auch für Anträge öffentlich-rechtlicher Gläubiger und damit gleichermaßen für **Sozialversicherungsträger und Finanzämter** (HK-Kirchhof § 14 Rn. 40; Uhlenbruck-Uhlenbruck § 14 Rn. 71 ff.; vgl. BGH, ZInsO 2012, 1418). Allerdings handelt es sich um Forderungen öffentlich-rechtlicher Hoheitsträger, die an Gesetz und Recht gebunden sind (Art. 20 Abs. 3 GG), sodass an die Glaubhaftmachung ihrer Forderungen keine nach dem Zweck des Gesetzes nicht veranlassten formalen Anforderungen zu stellen sind (BGH, ZIP 2004, 1466; ZInsO 2006, 97; s. a. Schmahl, NZI 2007, 20).

38 Der **Sozialversicherungsträger** hat zur schlüssigen Darlegung die Forderung nach Monaten und Arbeitnehmern aufzuschlüsseln (BGH, ZIP 2004, 1466). Säumniszuschläge, Vollstreckungskosten und Kosten der Rechtsverfolgung (Mahngebühren) sind gesondert auszuweisen. Darüber hinaus ist anzugeben, ob die Beitragsforderung auf Beitragsnachweisen des Schuldners oder auf Leistungsbescheiden beruht.

39 Zur Glaubhaftmachung sind entsprechende Leistungsbescheide oder die vom Schuldner per gesetzlich vorgeschriebener Datenübertragung übermittelten Beitragsnachweise anhand von sog. Softcopys der von der zuständigen Annahmestelle übermittelten Daten einzureichen (§ 28 f. Abs. 3 Satz 3 SGB IV, §§ 16, 23 Abs. 1 DEÜV); ein Auszug aus dem »Heberegister« oder »Beitragskonto« reicht nicht aus (BGH a. a. O.).

40 Zur schlüssigen **Darlegung und Glaubhaftmachung eines Eröffnungsgrundes** reichen i. d. R. im Hinblick auf die Strafandrohung des § 266a StGB rückständige Sozialversicherungsbeiträge von insgesamt mehr als 6 Monaten aus (h. M.: BGH, ZInsO 2006, 827; LG Dessau-Roßlau, Beschl. v. 14.11.2012, Az. 1 T 319/12, zitiert nach juris; FK-Schmerbach § 14 Rn. 126; Uhlenbruck-Uhlenbruck § 14 Rn. 78; einschränkend: LG Hamburg, ZInsO 2010, 1650; AG München, ZIP 2009, 820).

41 Das **Finanzamt** (allgemein zur Insolvenzantragstellung durch das Finanzamt Schmittmann, InsbürO 2006, 341) hat seinen Anspruch aus dem Steuerschuldverhältnis (§ 37 AO) darzulegen – bei Steueranmeldungen und ergangenen Haftungs- oder Steuerbescheiden genügt eine Bezugnahme – und mit den entsprechenden Belegen und Urkunden oder durch sog. Softcopys der vom Schuldner übermittelten Daten (§ 18 Abs. 1 Satz 1 UStG, § 150 Abs. 6 AO i. V. m. StDÜV) glaubhaft zu

machen; ein Kontoauszug reicht nicht aus (BGH, ZInsO 2006, 97; ZInsO 2006, 828; ZInsO 2009, 1533; ZInsO 2011, 1614; KPB-Pape § 14 Rn. 79; einschränkend Schmahl, NZI 2007, 20).

Zur **Darlegung und Glaubhaftmachung eines Eröffnungsgrundes** gelten die Ausführungen zu den allgemeinen Anforderungen bei einem Gläubigerantrag entsprechend (s. Rdn. 23 ff.). Allein die Erklärung, die Beitreibung der Steuerforderung sei erfolglos geblieben, reicht nicht aus, da das Insolvenzgericht für die Glaubhaftmachung die Art und Weise des Vollstreckungsversuchs zu prüfen hat (a. A. LG Chemnitz, ZInsO 2011, 684 m. Anm. Jacobi, ZInsO 2011, 1094). 42

Die **Bestandskraft** eines Bescheides hat das Insolvenzgericht nicht zu überprüfen (BGH, ZVI 2006, 564; zur Steuerschätzung unter Vorbehalt der Nachprüfung: AG Hamburg, ZInsO 2007, 950). Wird die **Vollziehung** des Bescheids durch die Finanz-, Sozial- oder Verwaltungsgerichtsbarkeit ausgesetzt, stellt er insolvenzrechtlich keine Grundlage mehr für einen Insolvenzantrag dar (s. Rdn. 22). Erlangt der Schuldner ggü. dem öffentlich-rechtlichen Gläubiger Rechtsschutz auf **Rücknahme** des gestellten Eröffnungsantrages (s. BFH, DZWIR 2011, 322; ZInsO 2011, 975; HK-Kirchhof § 14 Rn. 41; Uhlenbruck-Uhlenbruck § 14 Rn. 152 ff.; ablehnend AG Göttingen, ZInsO 2011, 1258; KPB-Pape § 14 Rn. 90 ff.), gilt der Antrag – nur bei Rechtskraft der Entscheidung (§ 151 FGO, § 167 VwGO, § 198 SGG, § 894 ZPO) – als zurückgenommen, es sei denn, das Insolvenzverfahren ist bereits eröffnet oder der Insolvenzantrag bereits rechtskräftig abgewiesen (§ 13 Abs. 2; s. MK-Schmahl/Vuia § 14 Rn. 118). Ein Ruhen oder Aussetzen des Insolvenzantragsverfahrens bis zur Entscheidung über einen vom Schuldner gestellten vorstehenden Antrag kommt nicht in Betracht. 43

d) Rechtliches Interesse

Voraussetzung für die Zulässigkeit des Insolvenzantrages eines Gläubigers ist sein rechtliches Interesse an der Eröffnung des Insolvenzverfahrens und damit die zumindest anteilige Befriedigung seiner Forderung in einem gesetzlich geregelten Insolvenzverfahren, das wiederum der gemeinschaftlichen Befriedigung aller Gläubiger des Schuldners dient (§ 1). Kommt es ihm demgegenüber allein auf seine eigene Befriedigung an, besteht für ihn die gesetzliche Möglichkeit der Einzelzwangsvollstreckung. Will er sich für seine Befriedigung jedoch die rechtlichen Möglichkeiten eines Insolvenzverfahrens zunutze machen, erfolgt diese nur mit der Maßgabe, dass nicht nur er, sondern zugleich auch die anderen Gläubiger (teil-)befriedigt werden. Dieses Nebeneinander des Selbst- und Fremdzweckes eines Insolvenzantrages bedeutet, dass der antragstellende Gläubiger die Tilgung seiner Forderung im Eröffnungsverfahren weder ablehnen noch verhindern darf, da er sich ansonsten im Hinblick auf den Selbstzweck seines Insolvenzantrages widersprüchlich verhalten würde. 44

Ein rechtliches Interesse fehlt, wenn eine Eröffnung des Insolvenzverfahrens nicht geeignet ist, dem Gläubiger die Durchsetzung seines Rechts zu erleichtern, wenn dem Gläubiger ein einfacherer und billigerer Weg eröffnet ist, um eine Befriedigung seiner Forderung durchzusetzen, oder wenn der Insolvenzantrag missbräuchlich zu verfahrensfremden Zwecken gestellt wird (OLG Köln, ZInsO 2002, 728, 730; HK-Kirchhof § 14 Rn. 28, 30, 31; Uhlenbruck-Uhlenbruck § 14 Rn. 39 ff.). 45

aa) Keine insolvenzrechtliche Verbesserung der Rechtsstellung des Gläubigers

Dem Gläubiger, der nicht Inhaber eines persönlichen vermögensrechtlichen (§ 38) oder in Geldwert umrechenbaren (§ 45) Anspruchs ist, fehlt das rechtliche Interesse an einer Eröffnung eines Insolvenzverfahrens (vgl. hierzu bereits § 13 Rdn. 36). 46

Absonderungsberechtigten, denen der Schuldner auch persönlich haftet (§ 52 Satz 1) und die somit als persönliche Gläubiger antragsberechtigt sind, fehlt das rechtliche Interesse, wenn sie bereits aufgrund ihres Absonderungsrechts vollständig und zweifelsfrei gesichert sind, darlegungspflichtig ist der Schuldner (BGH, ZInsO 2008, 103; NZI 2011, 632; ZInsO 2011, 1216; HK-Kirchhof § 14 Rn. 28; Uhlenbruck-Uhlenbruck § 14 Rn. 50; FK-Schmerbach § 14 Rn. 58). 47

Nachrangige Insolvenzgläubiger (§ 39) haben ein rechtliches Interesse (BGH, ZInsO 2010, 2091 m. Anm. Gundlach/Müller, ZInsO 2011, 84; KPB-Pape § 13 Rn. 32; § 14 Rn. 99; a. A. 3. Aufl.; 48

Linker

Uhlenbruck-Uhlenbruck § 14 Rn. 51), obwohl ihre Forderungen nur auf besondere Aufforderung des Insolvenzgerichts anzumelden sind, wenn davon ausgegangen werden kann, dass sie ebenfalls zumindest teilweise befriedigt werden (§ 174 Abs. 3).

49 **Ist über das Vermögen des Schuldners bereits das Insolvenzverfahren eröffnet**, fehlt weiteren Insolvenzanträgen – außer im Ausnahmefall des § 35 Abs. 2 (s. § 11 Rdn. 6a) – das rechtliche Interesse, da das eröffnete Insolvenzverfahren das gesamte schuldnerische pfändbare Vermögen einschließlich des neu erworbenen Vermögens (§§ 35, 36) erfasst (BGH, ZInsO 2004, 739; ZInsO 2008, 924; rechtliches Interesse jedoch im Zeitraum der **Wohlverhaltensperiode** AG Göttingen, ZInsO 2007, 1164; KPB-Pape § 14 Rn. 52; FK-Schmerbach § 14 Rn. 61; **a. A. 3. Aufl.**; AG Oldenburg, ZInsO 2004, 1154; ZVI 2009, 196; AG Köln, NZI 2008, 386). Die durch den Antrag entstandenen Kosten hat der Gläubiger zu tragen, dem es wie für eine Forderungsanmeldung zuzumuten ist, sich hierüber angesichts der erfolgten öffentlichen Bekanntmachung (**§ 9**) vor Stellung des Antrages zu erkundigen (**a. A.** AG Göttingen, ZInsO 2005, 157).

bb) Einfachere und billigere Möglichkeit der Befriedigung

50 Ein Rechtsschutzinteresse für die Stellung eines Insolvenzantrages **ist** nicht gegeben, wenn der Gläubiger auf einfachere und billigere Art und Weise seine Forderung befriedigen kann. Dies ist anzunehmen bei ausreichenden, nicht nach § 88 gefährdeten Sicherungsrechten oder bereits geleisteten **Sicherheiten** (s. Rdn. 47; MK-Schmahl/Vuia § 14 Rn. 27).

51 Allerdings ist der Gläubiger bei einer titulierten Forderung **nicht gehalten**, vor der Stellung des Insolvenzantrages zunächst im Wege der **Einzelzwangsvollstreckung** vorzugehen, sofern er den Insolvenzgrund auf andere Weise glaubhaft machen kann (BGH, ZIP 2004, 1466; s. a. BGH, ZInsO 2012, 1418), oder alle etwaigen Vollstreckungsmöglichkeiten auszuschöpfen (MK-Schmahl/Vuia § 14 Rn. 28; FK-Schmerbach § 14 Rn. 55, 56; Jaeger-Gerhardt § 14 Rn. 10).

cc) Missbrauch des Insolvenzantrages

52 Das rechtliche Interesse fehlt, wenn mit dem Insolvenzantrag **ein nicht schutzwürdiger verfahrensfremder Zweck** verfolgt wird (MK-Schmahl/Vuia § 14 Rn. 29).

Rechtsmissbräuchlich ist insb. der Einsatz des Insolvenzantrages **als Druckmittel**, um den Schuldner zur zumindest teilweisen Tilgung der mit dem Insolvenzantrag geltend gemachten Forderung zu drängen (AG Duisburg, NZI 2003, 161; AG Hamburg, ZInsO 2001, 1121; HK-Kirchhof § 14 Rn. 32). Indizien hierfür können sein die Beschränkung des Insolvenzantrages auf nur einen Teil der Forderung oder das nur sukzessive Einführen von weiteren Forderungen nach Tilgung der ursprünglichen Forderung, statt diese sogleich geltend zu machen (vgl. AG Wuppertal, ZInsO 2012, 1531); die Bitte, vor Kosten auslösenden gerichtlichen Maßnahmen Rücksprache zu halten oder das Verfahren ruhen zu lassen (MK-Schmahl/Vuia § 14 **Rn. 30**). Zumeist werden etwaige Anhaltspunkte dafür, dass der Antrag nur als Druckmittel diente, erst anlässlich der im Fall der Erledigung zu treffenden Kostenentscheidung erkennbar (s. hierzu Rdn. 80). Ebenso rechtsmissbräuchlich ist der Insolvenzantrag, der ausschließlich den Zweck verfolgt, einen Konkurrenten aus dem Wettbewerb zu entfernen (BGH, ZInsO 2011, 1063).

dd) Bagatellforderungen

53 Einem Antrag, der auf eine Bagatellforderung gestützt wird, fehlt ebenfalls das rechtliche Interesse (LG Hamburg, Beschl. v. 20.06.2013, Az. 326 T 62/13 n. v.; a. A. MK-Schmahl/Vuia § 14 Rn. 39 m. w. N.).

II. Anhörung des Schuldners (Abs. 2)

54 Bei Vorliegen eines zulässigen Insolvenzantrages ist der Schuldner zu dem Antrag gerichtlich zu hören (Abs. 2). Es handelt sich um ein **Recht des Schuldners auf rechtliches Gehör**; zu seiner Wahr-

nehmung ist er nicht verpflichtet, er kann hierzu auch nicht gezwungen werden. Die Anhörung ist insb. nicht mit der insolvenzrechtlichen Auskunftspflicht gem. §§ 20 Abs. 1, 97, 101 Abs. 1 Satz 1, die allerdings gem. § 98 zwangsweise durchgesetzt werden kann, identisch; beide werden aber im Regelfall aus Gründen der Zweckmäßigkeit und der Eilbedürftigkeit durch gleichzeitige Übersendung des Antrages und eines Fragebogens zu den wirtschaftlichen Verhältnissen verbunden.

Eine Anhörung des Schuldners kann unter den Voraussetzungen des § 10 unterbleiben. Bei **Führungslosigkeit** liegt die Anhörung der am Schuldner beteiligten Personen im Ermessen des Gerichts (s. hierzu § 10 Rdn. 12). 55

Einer vorherigen ausdrücklichen gerichtlichen Entscheidung über die Zulässigkeit des Antrages bedarf es nicht; die »**Zulassung des Insolvenzantrages**« erfolgt vielmehr lediglich konkludent durch Gewährung des rechtlichen Gehörs und/oder der Anordnung von Sicherungsmaßnahmen gem. § 21 (Uhlenbruck-Uhlenbruck § 14 Rn. 91 ff.). Ein Vermerk in der Verfahrensakte über die Zulassung des Antrages ist nicht erforderlich, mag aber zur Klarstellung dienlich sein (KPB-Pape § 14 Rn. 149). 56

Mit der Anhörung erhält der Schuldner die Möglichkeit, zu dem Antrag Stellung zu nehmen und ggf. im Wege der Gegenglaubhaftmachung Umstände darzulegen und glaubhaft zu machen, die gegen die Zulässigkeit des Antrages sprechen. Zu diesem Zweck ist ihm der Insolvenzantrag zur Kenntnis zu geben; eine **Zustellung** des Antrages ist weder insolvenzrechtlich vorgeschrieben noch verfahrensrechtlich erforderlich (BGH, Beschl. v. 13.06.2006 – IX ZB 212/05, n. v.; KPB-Pape § 14 Rn. 155; a. A. Uhlenbruck-Uhlenbruck § 14 Rn. 94; MK-Schmahl/Vuia § 14 Rn. 132), bietet sich aber im Regelfall unter Verwendung der Zustellungsurkunde (§§ 176, 182 ZPO) an, um im Zweifelsfall die Gewährung des rechtlichen Gehörs nachweisen zu können. Die Zulässigkeit des Verfahrens ist nicht davon abhängig, ob sich der Schuldner äußert, kann aber für die etwaige zwangsweise Durchsetzung der Mitwirkungspflichten von Bedeutung sein. 57

Durch Einreichung einer **Schutzschrift** bei Gericht kann der Schuldner sich bereits vor Eingang des Gläubigerantrags zum Bestehen der Forderung und dem Vorliegen eines Insolvenzgrundes äußern, auch um ggf. eine Anordnung von Sicherungsmaßnahmen nach § 21 zu verhindern (FK-Schmerbach § 14 Rn. 161; K. Schmidt-Gundlach § 14 Rn. 27). Bereits Art. 103 Abs. 1 GG gebietet die inhaltliche Auseinandersetzung des Gerichts mit der Schutzschrift (MK-Schmahl/Vuia § 14 Rn. 136). Schutzschriften der Gesellschafter gegen einen Eigenantrag der Gesellschaft sind indes unzulässig (Uhlenbruck-Uhlenbruck § 14 Rn. 151), wobei das Gericht nach Eintritt in die Amtsermittlung verfahrenserhebliche Umstände, die sich aus einer solchen unzulässigen Schutzschrift ergeben, berücksichtigen muss. Mit Zeitablauf schwindet die Bedeutung der Schutzschrift (MK-Schmahl/Vuia a. a. O. gehen davon aus, dass eine Schutzschrift einen Monat nach Einreichung regelmäßig ihre Aktualität verliert). 58

Auch ein Gläubiger kann eine Schutzschrift einreichen, um bei einem erwarteten Eigenantrag des Schuldners bereits im Vorfeld etwa Stellung zu der Frage zu nehmen, ob Umstände vorliegen, welche die Anordnung einer Eigenverwaltung als für die Gläubiger nachteilig erscheinen lassen, § 270 Abs. 2 Nr. 2 (FK-Schmerbach § 14 Rn. 161a; a. A. Uhlenbruck-Uhlenbruck § 14 Rn. 151 m. w. N.) oder ob die Anordnung von Sicherungsmaßnahmen aus Gläubigersicht geboten erscheint.

Die Anhörung hat ggü. dem Schuldner zu erfolgen. Dies bedeutet allerdings nicht, dass der Antrag insb. bei einer **juristischen Person** oder einer **Gesellschaft ohne Rechtspersönlichkeit** sämtlichen Vertretungsorganen oder Gesellschaftern zu übersenden ist. Es reicht vielmehr aus, wenn ihr der Antrag unter dem Namen, unter dem sie verklagt werden kann, bekannt gemacht und sie hierzu gehört wird. Es obliegt dann den jeweiligen Vertretungsorganen oder Gesellschaftern, hiervon Kenntnis zu nehmen und sich ggf. zu äußern; eine ausdrückliche Anhörung sämtlicher Vertretungsorgane oder Gesellschafter ist gem. § 15 Abs. 2 nur bei einem Eigenantrag gesetzlich bestimmt (wie hier MK-Schmahl/Vuia § 14 Rn. 123 f.; HK-Kirchhof § 14 Rn. 46; **a. A.** Uhlenbruck-Uhlenbruck § 14 Rn. 100; Jaeger-Gerhardt § 14 Rn. 33). 59

60 Die Anhörung kann entweder **mündlich oder schriftlich** geschehen; ein Anspruch auf mündliche Anhörung besteht nicht (FK-Schmerbach § 14 Rn. 154). Sie hat vom Gericht zu erfolgen und kann nicht einem Sachverständigen übertragen oder allein von ihm im Rahmen seiner Ermittlungen durchgeführt werden (HK-Kirchhof § 14 Rn. 46).

Bei einer mündlichen Anhörung ist der Gläubiger berechtigt, im Termin anwesend zu sein; er hat jedoch ohne Erlaubnis des Gerichts kein Fragerecht, da der Schuldner i. R. d. Anhörung nach Abs. 2 nicht verpflichtet ist, Angaben zu machen, und seine insolvenzrechtliche Auskunftspflicht nur ggü. dem Gericht, dem Sachverständigen und dem vorläufigen Insolvenzverwalter besteht (§§ 5, 20 Abs. 1, 97, 98, 101 Abs. 1 Satz 1; MK-Schmahl/Vuia § 14 Rn. 137).

61 Die **Anhörungsfrist** kann angesichts des Eilcharakters eines Insolvenzverfahrens kurz bemessen sein (FK-Schmerbach § 14 Rn. 154). Sie dient nicht dazu, dem Schuldner Gelegenheit zu geben, die Forderung zu begleichen (BVerfG, NZI 2002, 30).

62 **Bestreitet der Schuldner** das Bestehen der Forderung oder das Vorliegen des vom Gläubiger glaubhaft gemachten Insolvenzgrundes, hat er dies schlüssig darzulegen und ebenfalls glaubhaft (§ 4, § 294 ZPO) zu machen (LG Potsdam, ZInsO 2005, 499, 500). Ist sein Vorbringen erheblich und ausreichend glaubhaft, um bei summarischer Prüfung und Bewertung (MK-Schmahl/Vuia § 14 Rn. 83) die Glaubhaftmachung des Gläubigers zu erschüttern, ist der Antrag nunmehr trotz der vorherigen konkludenten Zulassung als unzulässig abzuweisen (vgl. KPB-Pape § 14 Rn. 83; FK-Schmerbach § 14 Rn. 90; HK-Kirchhof § 14 Rn. 15, 50; bei glaubhaften Einwendungen gegen die Forderung MK-Schmahl/Vuia § 14 Rn. 83). Es ist nicht Aufgabe des Insolvenzgerichts zu überprüfen, ob Forderungen tatsächlich begründet sind (BGH, ZInsO 2008, 103; NZI 2007, 350; ZInsO 2007, 604; ZInsO 2006, 145). Allerdings hat das Gericht, sofern der Schuldner das Vorliegen eines Insolvenzgrundes glaubhaft bestreitet, für seine Entscheidung, ob das Verfahren fortgesetzt wird oder der Antrag als unzulässig abgewiesen wird, alle bis dahin bereits erlangten anderweitigen Erkenntnisse, zu denen auch die eines möglicherweise bereits beauftragten Sachverständigen gehören, zu berücksichtigen (weiter gehend Uhlenbruck-Uhlenbruck § 14 Rn. 107, 145; MK-Schmahl/Vuia § 14 Rn. 148: mit der Zulassung des Insolvenzantrages und der somit ausreichenden Glaubhaftmachung des Insolvenzgrundes hat das Gericht auch bei einer Gegenglaubhaftmachung weiter von Amts wegen zu ermitteln, ob ein Eröffnungsgrund vorliegt). Die weiter gehende Ansicht führt jedoch dazu, dass dem Schuldner entgegen dem Anhörungszweck des Abs. 2 die Möglichkeit der Gegenglaubhaftmachung genommen wird und ggf. weitere ihn belastende Aufklärungs- oder sogar Sicherungsmaßnahmen erfolgen. Richtigerweise ist die Frage der Gegenglaubhaftmachung und damit die an sie zu stellenden Anforderungen allein davon abhängig zu machen, ob sich der Schuldner bereits gegen die Glaubhaftmachung des Eröffnungsgrundes und damit gegen die Zulässigkeit des Antrages wendet, oder ob das tatsächliche Vorliegen eines Eröffnungsgrundes infrage gestellt wird (unklar MK-Schmahl/Vuia a. a. O.).

63 Handelt es sich um eine **titulierte Forderung**, bedarf es zur Gegenglaubhaftmachung für vom Gläubiger bestrittene Einwendungen der Vorlage einer gerichtlichen Entscheidung, durch welche die Vollstreckung für unzulässig erklärt oder vorläufig eingestellt wurde; das Insolvenzgericht ist nicht dazu berufen, Einwendungen gegen titulierte Forderungen zu prüfen (BGH, ZInsO 2008, 103; ZInsO 2006, 824).

64 Der Schuldner kann im Wege der einstweiligen Verfügung **negatorischen Rechtsschutz** erhalten, wenn sich der Gläubiger dem Schuldner durch einen in Schädigungsabsicht vorsätzlich unberechtigt gestellten Insolvenzantrag schadensersatzpflichtig machen würde (OLG Koblenz, ZInsO 2005, 1338).

65 Sind Forderung und Eröffnungsgrund dergestalt miteinander verknüpft, dass das Vorliegen des **Eröffnungsgrundes allein auf der glaubhaft gemachten Forderung beruht**, ist zwischen der Zulässigkeit und der Begründetheit des Insolvenzantrages zu differenzieren.

Für die **Zulässigkeit des Insolvenzantrages** reicht die Glaubhaftmachung der Forderung mit dem damit zugleich glaubhaft gemachten Eröffnungsgrund aus, während für die **Begründetheit des Insolvenzantrages** und damit für eine Abweisung mangels Masse oder Eröffnung des Insolvenzverfahrens (§§ 16, 26) die richterliche Überzeugung vom Vorliegen eines Insolvenzgrundes erforderlich ist (BGH, ZInsO 2010, 1091; ZInsO 2010, 331; ZInsO 2006, 824; ZInsO 2006, 828; ZVI 2006, 564). Dies bedeutet, dass der Insolvenzantrag bei einer derartigen Verknüpfung der Forderung mit dem Eröffnungsgrund zulässig bleibt, falls das Bestehen der Forderung weiterhin glaubhaft ist, er jedoch im Hinblick auf § 16 als unbegründet abzuweisen ist, wenn das tatsächliche Bestehen der Forderung nicht bewiesen ist (BGH, ZInsO 2008, 103; ZInsO 2006, 145; MK-Schmahl/Vuia § 14 Rn. 87; Uhlenbruck-Uhlenbruck § 14 Rn. 66; Henkel, ZInsO 2011, 1237). Ob eine Forderung tatsächlich besteht (bewiesen ist), obliegt allein der Klärung durch die Parteien im ordentlichen Prozessverfahren und hat – von eindeutigen Fällen abgesehen (BGH, ZInsO 2007, 604; ZInsO 2007, 1275) – nicht durch das Insolvenzgericht zu erfolgen; die Feststellungslast trifft bei nicht titulierten – sofern nicht bereits die Glaubhaftmachung gescheitert ist – oder nur vorläufig vollstreckbar titulierten Forderungen den Gläubiger, bei titulierten den Schuldner (BGH, ZInsO 2008, 103; ZInsO 2007, 604; NZI 2007, 350; NZI 2006, 642; ZInsO 2006, 824; ZInsO 2006, 145; Henkel a. a. O.). 66

III. Erledigung

1. Erledigung des Eigenantrags

Da es sich bei dem auf einen Eigenantrag hin eingeleiteten Insolvenzeröffnungsverfahren nicht um ein kontradiktorisches Verfahren handelt, ist für eine Erledigungserklärung kein Raum. Stellt sich im Eröffnungsverfahren heraus, dass ein Insolvenzgrund nicht vorliegt, ist der Eigenantrag als unbegründet abzuweisen, wenn der Schuldner ihn nicht zurücknimmt. 67

2. Erledigung des Gläubigerantrags

Bei den Rechtsfolgen der Erledigung des Gläubigerantrags ist zu differenzieren zwischen dem Ausgleich der dem Antrag zugrunde liegenden Forderung ohne eine entsprechende Erledigungserklärung des Gläubigers, der einseitigen Erledigungserklärung des Gläubigers und schließlich der übereinstimmenden Erledigungserklärung (ausführl. FK-Schmerbach § 13 Rn. 143 ff.; s. a. Pape, InsbürO 2006, 344). 67a

a) Keine Erledigungserklärung trotz Zahlung

aa) Ohne angeordnete Verfügungsbeschränkung

Erfolgt die Zahlung des Schuldners vor Eröffnung des Insolvenzverfahrens, ist der Insolvenzantrag des Gläubigers als **unzulässig abzuweisen**, da mit der Tilgung der Forderung (§ 362 BGB) eine gesetzliche Voraussetzung des § 14 für die Eröffnung des Insolvenzverfahrens nicht mehr gegeben ist (BGH, ZIP 2004, 1466), **es sei denn, § 14 Abs. 1 Satz 2, 3 führt zu einer Fortsetzung des Antragsverfahrens** (Rdn. 83 ff.). 68

bb) Nach angeordneter Verfügungsbeschränkung

Waren im Zeitpunkt der Zahlung bereits **Sicherungsmaßnahmen** angeordnet, die dem Schuldner ein allgemeines Verfügungsverbot auferlegen oder seine Verfügungen nur mit Zustimmung des vorläufigen Insolvenzverwalters wirksam werden lassen (§ 21 Abs. 2 Nr. 2), führt die Zahlung des Schuldners nicht zur Erfüllung der Forderung des Gläubigers (§§ 24 Abs. 1, 81 Abs. 1 Satz 1). Bei der Zahlung handelt es sich um eine Verfügung, die aufgrund der angeordneten Verfügungsbeschränkung unwirksam bzw. solange der vorläufige Insolvenzverwalter nicht zugestimmt hat, schwebend unwirksam ist; eine Zustimmung des vorläufigen Insolvenzverwalters wird im Regelfall nicht erfolgen, es sei denn, mit dem Erlöschen der Forderung entfiele der Insolvenzgrund. 69

70 Sofern der Gläubiger den **Insolvenzantrag** – unter Hinweis auf die fehlende Erfüllungswirkung – nicht für erledigt erklärt oder zurücknimmt, ist er als **unzulässig abzuweisen**, es sei denn, § 14 Abs. 1 Satz 2, 3 führt auch hier zu einer Fortsetzung des Antragsverfahrens (Rdn. 83 ff.). Dem Antrag fehlt es nunmehr an dem nach § 14 Abs. 1 Satz 1 erforderlichen rechtlichen Interesse des Gläubigers für die Eröffnung des Insolvenzverfahrens, denn er kann sein mit dem Insolvenzantrag bezwecktes Ziel, seinen Anspruch durchzusetzen (s. Jaeger-Gerhardt § 14 Rn. 2; Uhlenbruck-Uhlenbruck § 14 Rn. 49), durch eigenes Handeln erreichen (a. A. AG Hamburg, ZInsO 2005, 158 [bestätigt v. LG Hamburg – 326 T 106/04 unter Bezugnahme auf die amtsgerichtlichen Gründe]: Eröffnung des Insolvenzverfahrens, obwohl Gläubiger bereits zuvor vollständige Zahlung mitgeteilt hatte, seinen Antrag aber erst nach Eröffnung verfahrensrechtlich für erledigt erklärte; HK-Kirchhof § 14 Rn. 30; Schmahl, NZI 2002, 177, 183 f.: bei angeordneter Verfügungsbeschränkung wird die Annahme von Zahlungen auch bei Vollzahlung als Druckantrag bewertet). Nach der Gegenmeinung müsste der Gläubiger Zahlungen zurückweisen. Hierfür besteht jedoch kein Bedürfnis, da der Gläubiger bei einer Teilzahlung noch nicht voll befriedigt werden würde und damit sein aufrechterhaltener Antrag nicht unzulässig wäre, während er demgegenüber bei Vollzahlung den seinem Insolvenzantrag zugrunde liegenden Zweck (Rdn. 44) durch eigenes Handeln (s. Rdn. 71) erreichen kann.

71 Der Gläubiger hat es in der Hand, mit einer Erledigungserklärung oder Rücknahme die Erfüllungswirkung der Zahlung herbeizuführen. Ein für erledigt erklärter (alleiniger) Insolvenzantrag kann nicht mehr zur Eröffnung des Insolvenzverfahrens führen (BGH, ZInsO 2002, 29, 30; ZIP 2004, 425; ZIP 2004, 1466, 1467; ZInsO 2005, 39), sodass bei einer Erledigungserklärung wegen Wegfalls des Sicherungsgrundes die Verfügungsbeschränkung zwingend aufzuheben ist. Mit der Aufhebung erlangt der Schuldner die volle Verfügungsbefugnis über sein Vermögen zurück und die in der Zahlung liegende Verfügung wird im Zeitpunkt der Aufhebung der Verfügungsbeschränkung wirksam (BGHZ 123, 58 = ZIP 1993, 1187; Palandt-Ellenberger § 185 BGB Rn. 11b), ohne dass es erst noch einer zusätzlichen Genehmigung des Schuldners bedarf (MK/BGB-Bayreuther § 185 Rn. 52; a. A. AG Hamburg, ZInsO 2006, 1118).

72 Erklärt der Gläubiger seinen Antrag nicht für erledigt, fehlt ihm das rechtliche Interesse an der Eröffnung des Insolvenzverfahrens, es sei denn, § 14 Abs. 1 Satz 2, 3 führt zu einer Fortsetzung des Antragsverfahrens. Das Insolvenzverfahren dient – neben einer etwaigen Möglichkeit zur Restschuldbefreiung – der zumindest anteiligen Befriedigung sowohl des antragstellenden Gläubigers als auch weiterer Gläubiger (§ 1). Das Eröffnungsverfahren wird allerdings als Parteienstreit des antragstellenden Gläubigers mit dem Schuldner geführt (BGH, ZInsO 2002, 29, 30; ZInsO 2007, 206; s. § 13 Rdn. 1), wie das Vorliegen eines Insolvenzantrags als verfahrensrechtliche Voraussetzung für eine Eröffnung des Insolvenzverfahrens (§§ 13 Abs. 1, 14) mit dem Erfordernis des rechtlichen Interesses des antragstellenden Gläubigers an der Eröffnung des Insolvenzverfahrens sowie die jederzeitige Möglichkeit der Antragsrücknahme (§ 13 Abs. 2) und der Erledigungserklärung (BGH, a. a. O.; s. a. ZIP 2004, 1466; ZInsO 2005, 39) zeigen; erst ab Eröffnung des Insolvenzverfahrens wird der Gläubigerantrag für das weitere Verfahren bedeutungslos. Wenn nun der antragstellende Gläubiger statt einer nur – wenn überhaupt – anteiligen Befriedigung im Eröffnungsverfahren eine volle Befriedigung seiner Forderung durch Rücknahme oder Erledigungserklärung des Insolvenzantrags erlangen kann, fehlt ihm das rechtliche Interesse an der Eröffnung des Insolvenzverfahrens. Das rechtliche Interesse kann auch nicht daraus hergeleitet werden, dass die Forderung möglicherweise im Wege der Anfechtung in einem etwaigen späteren Insolvenzverfahren herausgegeben werden muss (BGH, ZIP 2004, 1466). Ebensowenig wird ein rechtliches Interesse an der Aufrechterhaltung des Insolvenzantrages dadurch begründet, dass sich der Gläubiger mit einer Erledigungserklärung oder Rücknahme ggfls. wegen Teilnahme an einer Gläubigerbegünstigung (§§ 283c, 26, 27 StGB) strafbar macht, denn die Annahme der Zahlung, zu deren rechtlichen Voraussetzungen bei einem Verfügungsverbot oder Zustimmungsvorbehalt die Rücknahme- oder Erledigungserklärung gehören, reicht hierfür noch nicht aus (BGH, NJW 1993, 1278).

Entsprechendes gilt auch, wenn **mehrere Gläubiger** Insolvenzanträge gestellt haben und die Verfügungsbeschränkung angeordnet ist. Zwar erfolgt dann mit der Zahlung einer Forderung und anschließender Erledigungserklärung des betreffenden Gläubigers noch keine Tilgung, da die Verfügungsbeschränkung im Hinblick auf die weiteren Anträge bestehen bleibt. Dennoch entfällt das Rechtsschutzbedürfnis des betreffenden Gläubigers, wenn er nicht durch eine Erledigungserklärung oder Rücknahme das ihm Mögliche tut, um für den Fall der Aufhebung der Verfügungsbeschränkung die Erfüllungswirkung der Zahlung herbeizuführen (zur Frage der Kostentragung bei Erledigungserklärung in diesem Fall s. Rdn. 82). 73

Für Anträge von **Sozialversicherungsträgern** oder **Finanzbehörden** gibt es keine Erleichterungen (vgl. LG Hamburg, ZInsO 2012, 225, 226; a. A. Brückl/Kersten, NZI 2004, 422, 429). Zwar sind diese »Zwangsgläubiger« in dem Sinne, dass ihre Forderungen ohne ihr Mitwirken entstehen (s. z. B. § 22 SGB IV, § 5 SGB V, § 1 SGB VI, § 20 SGB XI) und sie daher ein Interesse haben könnten, dass insolvente Schuldner durch das Insolvenzverfahren bei einer Eröffnung oder Abweisung mangels Masse aufgelöst und ggf. gelöscht werden (s. z. B. § 60 GmbHG). Dieser Beweggrund ist jedoch nur dann ein im Insolvenzantragsverfahren durch § 14 Abs. 1 Satz 2 geschütztes Interesse, wenn die Voraussetzungen des § 14 Abs. 1 Satz 3 vorliegen. Ansonsten handelt es sich nur eine anderweitig normierte Nebenfolge, wobei i. Ü. dieser Beweggrund nur bei juristischen Personen oder Gesellschaften ohne Rechtspersönlichkeit zum Tragen kommen könnte, da natürliche Personen hiervon nicht betroffen sind. Außerdem bestehen andere, hierfür rechtlich auch vorgesehene Möglichkeiten wie z. B. die Gewerbeuntersagung nach § 35 GewO. 74

cc) Nach Eröffnung

Zahlt der Schuldner erst nach Eröffnung des Insolvenzverfahrens (zum Wirksamwerden des Eröffnungsbeschlusses s. § 13 Rdn. 52), ist die Zahlung angesichts der bereits erfolgten Eröffnung unerheblich und kann nicht mehr im Rechtsmittelverfahren geltend gemacht werden, es sei denn, hierdurch entfällt der Eröffnungsgrund (str.: so auch LG Karlsruhe, NZI 2002, 608; s. a. BGH, ZInsO 2006, 1051; MK-Schmahl/Vuia § 13 Rn. 129, 150; a. A. LG Düsseldorf, NJW 1977, 813; LG Köln, ZIP 1980, 34; LG Kiel, ZIP 1987, 870; NR-Mönning § 14 Rn. 70). 75

b) Erledigungserklärung

Ein vom Gläubiger für erledigt erklärter Insolvenzantrag kann nicht mehr zur Eröffnung des Insolvenzverfahrens führen (BGH, ZInsO 2002, 29, 30; ZIP 2004, 425; ZIP 2004, 1466, 1467; ZInsO 2005, 39); das »Erkenntnisverfahren« über den Insolvenzantrag ist damit beendet. Besonders die einseitige Erledigungserklärung kann vor allem bei Zahlungen – auch bei Teilzahlungen – nicht unter dem Gesichtspunkt der Rechtsmissbräuchlichkeit außer Betracht bleiben (HK-Kirchhof § 14 Rn. 59), auch dann nicht, wenn ansonsten das Antragsverfahren gem. § 14 Abs. 1 Satz 2, 3 hätte fortgeführt werden können. 76

Die Erledigungserklärung kann sowohl einseitig nur vom Gläubiger als auch beidseitig und damit übereinstimmend abgegeben werden. Eine einseitige Erledigungserklärung des Schuldners ist keine verfahrensrechtlich relevante **Prozesshandlung**, da er mit dieser Erklärung das über sein Vermögen und damit gegen ihn gerichtete Verfahren nicht einseitig beenden kann; maßgeblich für das weitere Verfahren kann nur sein, aus welchem Grund er den Antrag des Gläubigers für erledigt erachtet. Möglich ist allerdings, dass anschließend der Gläubiger seinen Antrag für erledigt erklärt, sodass dann eine übereinstimmende Erledigungserklärung vorliegt. Die Erledigungserklärung ist als Prozesshandlung grds. **bedingungsfeindlich** (anders bei innerprozessualer Bedingung, vgl. KG, NJW-RR 1998, 1074). Die einseitige Erledigungserklärung ist frei widerruflich, solange sich die andere Partei der Erklärung nicht angeschlossen hat oder eine Entscheidung des Gerichts in der Sache ergangen ist (BGH, NJW 2002, 442). 77

Ein **Schweigen des Schuldners** zur Erledigungserklärung des Gläubigers bedeutet keine Zustimmung, sodass nur eine einseitige und keine übereinstimmende Erledigungserklärung gegeben ist, 78 es sei denn, dem Schuldner ist die Erledigungserklärung zugestellt und er widerspricht ihr nicht binnen 2 Wochen, obwohl er auf diese Möglichkeit gerichtlich hingewiesen worden ist (§ 4, § 91a Abs. 1 Satz 2 ZPO; BGH, ZInsO 2005, 39).

c) Kostenentscheidung

79 Gegenstand des Verfahrens ist ab Erledigungserklärung, unabhängig davon, ob nur eine einseitige oder eine übereinstimmende Erledigungserklärung vorliegt, letztendlich nur noch die Frage, wer die **Verfahrenskosten** zu tragen hat. Darüber, ob der Antrag begründet gewesen ist, hat keine Sachaufklärung mehr zu erfolgen; es ist auf den bisherigen Sach- und Streitstand abzustellen (BGH, ZInsO 2008, 1206 augenscheinlich nur missverständlich formuliert »... zulässig und begründet ...«, da nach den weiteren Ausführungen keine weiteren Ermittlungen mehr stattzufinden haben und allein der Sach- und Streitstand im Zeitpunkt der Erledigungserklärung zugrunde zu legen ist; HK-Kirchhof § 14 Rn. 58). Eine Differenzierung, ob nur eine einseitige oder eine übereinstimmende Erledigungserklärung vorliegt, ist für die Entscheidung zur Kostentragungspflicht nicht erforderlich (**a. A.** AG Hamburg, ZInsO 2004, 458; die dortigen Erwägungen zur Kostentragung hätten auch bei übereinstimmender Erledigungserklärung erfolgen können). Sowohl für die einseitige (hierzu BGH, ZInsO 2005, 39; ZInsO 2008, 1206) als auch für die übereinstimmende Erledigungserklärung ist nur maßgeblich, ob bis zur Erledigungserklärung ein zulässiger Insolvenzantrag des Gläubigers vorgelegen hatte. Ist dies der Fall, so ist bei der einseitigen Erledigungserklärung die Erledigung festzustellen (AG Mönchengladbach, ZInsO 2011, 1752), andernfalls abzuweisen, jeweils mit der Kostenfolge gem. § 4, § 91 ZPO, während bei der übereinstimmenden Erledigungserklärung die Kosten nach billigem Ermessen gem. § 4, § 91a Abs. 1 Satz 2 ZPO durch Kostenbeschluss entweder dem Schuldner oder dem Gläubiger aufzuerlegen sind.

80 Der **Erledigungsgrund** ist für die Entscheidung nur insofern von Bedeutung, als hierdurch die Zulässigkeit des Insolvenzantrages infrage gestellt sein kann. Der einseitige Erledigungsantrag ist nicht bereits deswegen mit der Kostenfolge gem. § 4, § 91 ZPO als unbegründet abzuweisen, weil der Gläubiger z. B. nur eine Teilzahlung erhalten oder während des Verfahrens eine Zahlungsvereinbarung mit dem Schuldner getroffen hat (AG Göttingen, ZInsO 2001, 722; **a. A.** anscheinend AG Köln, ZInsO 1999, 724; HK-Kirchhof § 14 Rn. 59 bei angeordneter Verfügungsbeschränkung) oder die Zahlung anfechtbar sein könnte (BGH, ZIP 2004, 1466; **a. A.** AG Hamburg, ZInsO 2004, 458, 459). Diese Umstände können anhand des Vorbringens der Beteiligten sowohl bei der einseitigen als auch bei der übereinstimmenden Erledigungserklärung allein maßgeblich für die Prüfung sein, ob bis zur Erledigungserklärung überhaupt ein zulässiger Insolvenzantrag vorgelegen hat. Denn wird das Verfahren im Hinblick auf eine Teilzahlung oder eine zwischenzeitlich geschlossene Zahlungsvereinbarung und nicht erst nach vollständiger Zahlung für erledigt erklärt, kann dies nachträglich ein starkes Indiz dafür sein, dass der Insolvenzantrag nur gestellt worden ist, um auf den Schuldner Druck (**Druckantrag**) auszuüben, damit er zur Vermeidung eines Insolvenzverfahrens die Forderung teilweise befriedigt, und nicht, weil der antragstellende Gläubiger ein rechtliches Interesse an der Eröffnung des Verfahrens hatte (§ 14 Abs. 1). Für den Gläubiger, der sich dazu entschlossen hat, einen Insolvenzantrag zu stellen, besteht zunächst kein begründeter Anlass, den Insolvenzantrag für erledigt zu erklären, es sei denn, seine Forderung ist vollständig erfüllt (s. hierzu auch AG Hamburg, ZInsO 2001, 1121; weiter gehend AG Göttingen, ZInsO 2001, 722: auch bereits bei einer Zahlungsvereinbarung). Bei von »Zwangsgläubigern« (s. Rdn. 74 – insb. von **Sozialversicherungsträgern** – in Kenntnis, dass das Antragsverfahren andernfalls gem. § 14 Abs. 1 Satz 2, 3 fortgeführt worden wäre, für erledigt erklärten Anträgen besteht ein starker Anhaltspunkt dafür, dass ein sog. Druckantrag vorgelegen hat (vgl. AG Hamburg, ZInsO 2011, 2092), es sei denn, es wird dargelegt, aus welchen Gründen davon auszugehen ist, dass künftig keine Beitragsverbindlichkeiten mehr entstehen (z. B. endgültige Betriebsaufgabe; nicht aber Wechsel des Sozialversicherungsträgers) oder diese erfüllt werden.

81 Gleiches gilt **bei gerichtlich angeordneter Verfügungsbeschränkung**, und zwar sowohl bei nur einem alleinigen Insolvenzantrag als auch bei mehreren antragstellenden Gläubigern. Bei Vorliegen nur eines Insolvenzantrags ist rechtliche Folge der Erledigungserklärung die zwingende Aufhebung der angeordneten Verfügungsbeschränkung durch das Insolvenzgericht, da eine Eröffnung des Insolvenzverfahrens nicht mehr erfolgen darf (s. Rdn. 71). Die zur Erfüllungswirkung führende Aufhebung der Verfügungsbeschränkung ist somit bei der Entscheidung über den einseitigen Erledigungsantrag oder die übereinstimmende Erledigungserklärung mit einzubeziehen (a. A. LG Duisburg, ZVI 2004, 59, 61; AG Hamburg, ZInsO 2006, 1118; LG Hamburg, ZInsO 2008, 679).

Bei **mehreren Insolvenzanträgen** führt die Erledigungserklärung zwar nicht notwendigerweise zur Aufhebung der angeordneten Verfügungsbeschränkung, sodass bei weiter bestehender Verfügungsbeschränkung keine Erfüllungswirkung eintritt. Dies bedeutet jedoch nicht, dass ein einseitiger Erledigungsantrag mit der Kostenfolge gem. §4, §91 ZPO abzuweisen oder bei übereinstimmender Erledigungserklärung dem Gläubiger die Kosten aufzuerlegen sind (§4, §91a ZPO). Maßgeblich für die Entscheidung ist vielmehr auch insoweit nur, ob der Gläubigerantrag bis zum Zeitpunkt der Erledigungserklärung zulässig war (Rdn. 79). Die Erledigungserklärung aufgrund vollständiger Zahlung – sei es mit oder ohne Tilgungswirkung – lässt aber nicht nachträglich die Zulässigkeit des Insolvenzantrags entfallen, da sie kein Indiz für einen Druckantrag ist (s. Rdn. 80); der Gläubiger ist vielmehr gerade auch bei weiter bestehender Verfügungsbeschränkung gehalten, seinen Antrag für erledigt zu erklären (Rdn. 73). 82

IV. Fortführung des Insolvenzantrages trotz Erfüllung der Insolvenzforderung (Abs. 1 Satz 2 Satz 3, Abs. 3)

Durch die mit dem »Haushaltsbegleitgesetz 2011« vom 09.12.2011 (BGBl. I 2010, S. 1885) in Abs. 1 eingefügten Sätze 2 und 3 sowie den neu geschaffenen Abs. 3 soll erreicht werden, dass möglichst frühzeitig – insb. im Interesse der Sozialversicherungsträger und Steuergläubiger als institutionelle Gläubiger (sog. öffentlich-rechtliche Zwangsgläubiger) – die wirtschaftliche Tätigkeit insolventer Unternehmen eingeschränkt und die Zahlungsfähigkeit des Schuldners abgeklärt wird. Durch die Fortdauer des Insolvenzantrags trotz Ausgleichs der ihm zugrunde liegenden Insolvenzforderung werde insb. verhindert, dass künftig weitere, vom Schuldner aufgrund seiner wirtschaftlichen Lage nicht zu befriedigenden Beitrags- oder Steuerforderungen entstehen und dies fortlaufend zu immer wieder neuen Insolvenzanträgen führt (s. RegE BT-Drucks. 17/3030, S. 42); allerdings sollen solche Schuldner nicht erfasst werden, die ihre Verbindlichkeiten lediglich aufgrund einer »temporären Liquiditätslücke« nicht erfüllen können, aber »aus eigener Kraft« noch sanierungsfähig sind (Haushaltsausschuss BT-Drucks. 17/3452 S. 6). 83

Die Notwendigkeit einer gesetzlichen Regelung und/oder ihre gesetzliche Umsetzung wird zutreffend überwiegend kritisch gesehen (KPB-Pape § 14 Rn. 2 ff., 108 ff.; FK-Schmerbach § 14 Rn. 168a ff.; s. a. u. a. Jungclaus/Keller, NZI 2010, 808; Marotzke, ZInsO 2010, 2163; ZInsO 2011, 841 [Fortführung eines Insolvenzantrages]; Frind, ZInsO 2010, 2183; ZInsO 2011, 412 [zum Gläubigerinsolvenzantrag unter Berücksichtigung der Neuregelung]; Gundlach/Rautmann, NZI 2011, 315; a. A. Kollbach/Lodyga/Zanthoff, NZI 2010, 932). Es ist zudem zu befürchten, dass die vom Gesetzgeber gewählte Lösung dadurch unterlaufen wird, dass der Schuldner künftig nicht erst den Insolvenzantrag abwartet, sondern bereits kurz vor dem sich anbahnenden und häufig durch den institutionellen Gläubiger bereits angekündigten Insolvenzantrag zahlen wird, um damit die von Abs. 1 Satz 2 Satz 3 ausgehende »Gefahr« zu vermeiden.

Voraussetzung für die Fortführung des den Anforderungen des § 14 Abs. 1 Satz 1 genügenden und damit zulässig gestellten Insolvenzantrages trotz hiernach erfolgter Erfüllung der Insolvenzforderung – nicht bei Zahlung trotz angeordneter Sicherungsmaßnahmen gem. §21 Abs. 2 Nr. 2 – ist zunächst, dass in den letzten 2 Jahren vor dem nunmehrigen Antrag bereits ein Antrag auf Eröffnung des Insolvenzverfahrens über das Vermögen des Schuldners gestellt worden ist. Obwohl in der gesetzlichen Begründung zuvorderst auf die sog. öffentlich-rechtlichen »Zwangsgläubiger« abgestellt wird, findet dies im Gesetzestext keine Entsprechung. Indem ohne weitere Konkretisierung oder Beschränkung lediglich allgemein auf einen früheren Antrag auf Eröffnung eines Insolvenzverfahrens abgestellt wird, genügt nach dem Gesetzeswortlaut jeglicher innerhalb des 2-jährigen Zeit- 84 raums gestellte Insolvenzantrag, um den nunmehrigen Antrag fortzuführen. Da dies jedoch dazu führen würde, dass z. B. auch Anträge, die noch nicht einmal zur »Zulassung des Insolvenzantrages« (Rdn. 56) geführt haben, ausreichen, um den nunmehrigen Antrag fortzuführen, ist Abs. 1 Satz 2 restriktiv anzuwenden (s. a. Marotzke, ZInsO 2011, 841).

85 Als **früherer Antrag** genügt grds. jeder (zulässige) **Gläubigerantrag**, ohne dass es darauf ankommt, um was für eine Gläubigerforderung es sich gehandelt hat. Es ist weder bestimmt noch geboten, dass es sich bei dem früheren Gläubigerantrag ebenfalls um einen zur Fortführung »privilegierten« gehandelt haben muss, auf den Abs. 1 Satz 2 ebenfalls Anwendung gefunden hätte, sofern auch dieser ein Folgeantrag gewesen wäre. Für eine teleologische Reduktion des § 14 Abs. 1 Satz 2 spricht sich das LG München, ZInsO 2014, 362 f., aus, wenn der Schuldner nach Stellung des Erstantrags den Nachweis erbringt, dass der Insolvenzgrund nachträglich entfallen ist, da dies eine Zäsur darstelle, welche den Zurechnungszusammenhang zwischen Erst- und Zweitantrag entfallen lässt; dem ist zuzustimmen, da diese Konstellation vergleichbar ist mit dem Fall, dass bereits der Erstantrag wegen Nichtvorliegens eines Insolvenzgrundes als unbegründet abgewiesen wurde (vgl. Rdn. 89). Erst- und Folgeantrag müssen sich zudem auf das identische **Vermögen** beziehen. Dies ist nicht der Fall bei einem Antrag auf Eröffnung des Insolvenzverfahrens über das nach § 35 Abs. 2 freigegebene Sondervermögen und einem Antrag über das Vermögen einer **natürlichen** Person.

86 Nicht ausreichend ist ein früherer **Eigenantrag des Schuldners** (a. A. KPB-Pape § 14 Rn. 118). Zum einen regelt § 14 seinem gesamten Kontext nach nur den Gläubigerantrag mit ggü. einem Eigenantrag strengeren Zulässigkeitsanforderungen, sodass die Fortführung eines Gläubigerantrages nur bei einem Gläubigerantrag als Vorantrag in Betracht kommt. Zum andern ist zwar zutreffend, dass sich der Schuldner bei einem früheren Eigenantrag selbst für zunächst zahlungsunfähig oder überschuldet gehalten hat (KPB-Pape a. a. O.); ob er aber dann feststellte, dass seine Annahme doch nicht zutreffend war oder er den Insolvenzgrund später beseitigen konnte, ist offengeblieben. Zudem kann im Umkehrschluss davon ausgegangen werden, dass er, der immerhin selber einen Eigenantrag gestellt hat, sich dann mit der gleichen Berechtigung wieder für zahlungsfähig und nicht überschuldet hält; die Gefahr fortlaufender, immer wieder neuer Insolvenzanträge ist hierdurch nicht indiziert.

87 Zu berücksichtigen ist im Rahmen des § 14 Abs. 1 Satz 2 jeder **dem nunmehrigen Antrag vorangehende Gläubigerantrag**, unabhängig davon, ob er noch anhängig (Parallelverfahren, § 13 Rdn. 22) oder bereits erledigt/beendet ist, denn Abs. 1 Satz 2 ist insoweit keine Beschränkung zu entnehmen (KPB-Pape § 14 Rn. 118). Soweit entgegengehalten wird, dass mit der 2-Jahres-Regelung eine »Anlehnung an eine Regelung im Mietrecht« (Haushaltsausschuss BT-Drucks. 17/3452 S. 6) und damit an § 569 Abs. 3 Nr. 2 BGB beabsichtigt gewesen sei (AG Göttingen, ZInsO 2011, 1515; ZInsO 2011, 2090; FK-Schmerbach § 14 Rn. 175a ff.), bedeutet dies nicht, dass nur ein durch Zahlung bereits erledigtes Vorverfahren in Betracht kommen kann. Der Gesetzgeber will frühzeitig die wirtschaftliche Tätigkeit insolventer Unternehmen einschränken und die Zahlungsfähigkeit des Schuldners abklären, hiervon allerdings bei einer lediglich temporär aufgetretenen Liquiditätslücke absehen (s. Rdn. 83). Diesem Anliegen entspricht die normierte Fristenregelung. Denn bei einem Schuldner, gegen den in einem Zeitraum von 2 Jahren insgesamt nur ein Insolvenzantrag gestellt wird und der diese Insolvenzforderung ausgleicht, kann zunächst davon ausgegangen werden, dass es sich nur um eine einmalige temporäre Liquiditätslücke gehandelt hat. Sofern allerdings mehrere Insolvenzanträge gestellt sind, kann hiervon nicht mehr ausgegangen werden, es sei denn, die Insolvenzanträge lassen etwas anderes erkennen, wie z. B. wenn die Insolvenzforderungen im Wesentlichen den gleichen Zeitraum betreffen oder der Gläubiger seinen ursprünglichen Antrag trotz weiterer entstandener Verbindlichkeiten für erledigt erklärt, statt diese im Wege der Antragserweiterung oder -änderung geltend zu machen (Rdn. 13), und dann einen neuen Insolvenzantrag stellt, um eine Fortführung gem. Abs. 1 Satz 2 zu erreichen. Dies ist i. R. d. Rechtsschutzbedürfnisses zu würdigen (Rdn. 90).

88 Die **Art der etwaigen Erledigung** des vorangehenden Verfahrens ist – außer im Fall der Zurückweisung wegen Unzulässigkeit oder Unbegründetheit (Rdn. 89) – ohne Bedeutung. Infrage kommen

Erledigung oder Rücknahme aufgrund Zahlung oder sonstigen Ausgleichs, Abweisung mangels Masse – bei anhängigen Parallelverfahren sind allerdings die Anträge zur gemeinsamen Entscheidung zu verbinden (§ 13 Rdn. 22), sofern eine Fortführung nicht in Betracht kommt –, Einstellung eines eröffneten Verfahrens (vgl. KPB-Pape § 14 Rn. 121).

Vorausgehende Gläubigeranträge, die als **unzulässig** oder mangels Vorliegens eines Insolvenzgrundes als **unbegründet** zurückgewiesen worden sind, sind nicht zu berücksichtigen. Ein unzulässiger Antrag hat insolvenzrechtlich keine indizielle Bedeutung, dass der Schuldner insolvent sein könnte, während bei einem unbegründeten Antrag sogar festgestellt worden ist, dass kein Insolvenzgrund vorlag und somit kein Anhaltspunkt besteht, dass der Schuldner »fortlaufend« seinen finanziellen Verpflichtungen nicht nachkommt (ebenso KPB-Pape § 14 Rn. 119, 120). Für die Entscheidung, ob ein in Betracht kommender Insolvenzantrag unzulässig ist/war (Abs. 1 Satz 1), ist allein das vorausgegangene Antragsverfahren mit den dort ergangenen Anordnungen maßgeblich, z. B., ob eine Anhörung des Schuldners (Abs. 2) erfolgt ist, Maßnahmen gem. § 5 Abs. 1 bestimmt sind oder ein etwaiger Kostenbeschluss (§§ 4 InsO, 91a ZPO) zulasten des Gläubigers ergangen ist. 89

Um den nunmehrigen Insolvenzantrag fortzuführen, ist angesichts der gesetzlichen Formulierung »allein« erforderlich, dass das **rechtliche Interesse** des Gläubigers an einer Eröffnung des Insolvenzverfahrens trotz der Zahlung nicht entfallen ist. Ein lediglich altruistisches Interesse, den Insolvenzantrag im Interesse übriger Gläubiger fortzuführen, reicht nicht aus. Vielmehr kommt es im Hinblick auf den nicht geänderten S. 1 weiterhin auf das rechtliche Interesse des antragstellenden Gläubigers an. 90

Ein **fortdauerndes Interesse** besteht nur dann, wenn davon auszugehen ist, dass der Schuldner ggü. dem Gläubiger weiterhin Verbindlichkeiten begründen wird, die er nicht erfüllen kann. Hierbei sind angesichts der Privatautonomie allerdings nur diejenigen künftigen Verbindlichkeiten zu berücksichtigen, die der Schuldner einseitig begründet, wie z. B. ggü. Sozialversicherungs- und Steuergläubigern (»**Zwangsgläubiger**«). Aus diesem Grund besteht einerseits nur bei diesen Gläubigern ein rechtliches Interesse, den nunmehrigen Insolvenzantrag fortzuführen (s. BGH, ZInsO 2012, 1565, 1566; Klages/Pape, NZI 2013, 561, 566; a. A. Frind, NJW 2013, 2478, 2481). Unbeachtlich ist andererseits allerdings, ob davon auszugehen ist, dass künftig gerade ggü. dem antragstellenden Gläubiger einseitig Verbindlichkeiten begründet werden. Bei Gesamtsozialversicherungsbeiträgen ist z. B. die antragstellende Krankenkasse nur Einzugsstelle (§ 28h SGB IV), sodass der etwaige Wechsel der Krankenkasse das rechtliche Interesse an der Fortführung des nunmehrigen Antrages trotz Zahlung nicht entfallen lässt. Lediglich dann, wenn der Schuldner darlegt und glaubhaft macht, dass die Gefahr des Entstehens weiterer derartiger Verbindlichkeiten nicht mehr besteht, z. B. bei Einstellung des Geschäftsbetriebs, bedarf es der gegenteiligen Darlegung und Glaubhaftmachung durch den Gläubiger.

Wenn der Gläubiger seinen Antrag nach Zahlung durch den Schuldner unter Berufung auf § 14 Abs. 1 Satz 2 fortführen will, hat er nach der Rechtsprechung des BGH (ZInsO 2013, 1087) glaubhaft zu machen, dass ein Insolvenzgrund weiterhin vorliegt, da die Vorschrift den Satz 1 nur insoweit modifiziert, als bei der Zulässigkeit des Antrags auf das Bestehen einer Forderung verzichtet wird. Den Schuldner soll in diesem Fall keine sekundäre Darlegungslast dahin gehend treffen, dass der zunächst durch den Gläubiger glaubhaft gemachte Insolvenzgrund nicht mehr besteht (so aber AG Köln, ZInsO 2011, 1517). Allerdings soll eine nach außen getretene und glaubhaft gemachte Zahlungsunfähigkeit nur dadurch beseitigt werden können, dass der Schuldner darlegt, seine Zahlungen insgesamt wieder aufgenommen zu haben. Ob dies nur für den Fall gilt, in dem die Zahlungsunfähigkeit durch glaubhaft gemachte Nichtabführung von Sozialversicherungsbeiträgen für einen längeren Zeitraum indiziert wird – diese Konstellation lag der Entscheidung des BGH zugrunde – wird vom BGH indes offen gelassen. Damit wird durch die Hintertür aber im Ergebnis doch eine sekundäre Darlegungslast des Schuldners eingeführt, der regelhaft Schwierigkeiten haben dürfte darzulegen, dass er die Zahlungen gegenüber sämtlichen Gläubigern wieder aufgenommen hat (so auch Frind, NJW 2013, 2478, 2480). Das Fortbestehen der Indizwirkung von für einen längeren Zeitraum rückständigen Sozialversicherungsbeiträgen nach Zahlung durch den Schuldnern 91 erscheint zweifelhaft, die Indizwirkung wird durch eine Zahlung zumindest abgeschwächt (Beth, ZInsO 2013, 1680; kritisch auch Frind a. a. O.).

Konsequent erscheint es, aufgrund dieser rechtlichen und tatsächlichen Unwägbarkeiten auf das Erfordernis einer erneuten Glaubhaftmachung nach Zahlung ganz zu verzichten (so auch AG Göttingen, ZInsO 2011, 2090; K. Schmidt-Gundlach § 14 Rn. 16; KBP-Pape § 14 Rn. 136 ff.; FK-Schmerbach § 14 Rn. 88j; Hackländer/Schur, ZInsO 2012, 901, 905). Eine solche Glaubhaftmachung dürfte dem Gläubiger im Rahmen des als Eilverfahren ausgestalteten Eröffnungsverfahrens kurzfristig auch nicht möglich sein (vgl. hierzu Frind, NJW 2013, 2478, 2479; Pape, ZInsO 2011, 2154, 2163). Ein rechtliches Interesse an der Fortführung des Antrags besteht allerdings nicht, wenn der Vorantrag und der nunmehrige Antrag im Wesentlichen den gleichen Forderungszeitraum betreffen und die Anträge zeitnah gestellt werden, oder statt einer Antragserweiterung oder -änderung ein Folgeantrag gestellt wird; dies spricht nämlich für eine nur temporär aufgetretene Liquiditätslücke (Rdn. 87).

92 Der vorhergehende Antrag muss innerhalb von 2 Jahren vor der Antragstellung des nunmehrigen Antrages gestellt sein. Für die **Fristberechnung** ist § 139 entsprechend anzuwenden (a. A. KPB-Pape § 14 Rn. 116: §§ 186 ff. BGB). Die zurückzurechnende 2-jährige Frist beginnt an dem Tag, der datumsmäßig dem Tag entspricht, an dem der nunmehrige Antrag anhängig geworden ist; Sonn- und Feiertage sowie Sonnabende sind bei der Fristberechnung nicht zu beachten (s. § 139 Rdn. 6 ff.).

93 Der nunmehrige Antrag ist unter entsprechender Mitteilung an den Gläubiger und den Schuldner **von Amts wegen fortzuführen**, es sei denn, er wird vom Gläubiger – zusammen mit seiner Mitteilung oder Bestätigung, dass die Insolvenzforderung erfüllt ist – für erledigt erklärt oder zurückgenommen. Einer ausdrücklichen Erklärung des Gläubigers, den Antrag aufrechtzuerhalten, bedarf es nicht. Der Fortführung liegt weiterhin der zulässige Antrag gem. Abs. 1 Satz 1 zugrunde, wie die Bezugnahme in S. 2 »so wird der Antrag nicht allein dadurch unzulässig« zeigt. Der Gläubiger kann seine **Erledigungserklärung**, solange sie wegen fehlender Zustimmung des Schuldners (§§ 4 InsO, 91a Abs. 1 ZPO) noch einseitig ist, frei **widerrufen** (vgl. Rdn. 77); der Insolvenzantrag ist dann wieder fortzuführen. Im Umkehrschluss kann der Gläubiger demzufolge trotz einer etwaigen Erklärung, der Antrag solle fortgeführt werden, im Nachhinein den Antrag für erledigt erklären. Sofern durch die nicht sogleich erklärte Erledigung weitere Kosten wie z. B. diejenigen eines zwischenzeitlich bestellten Sachverständigen angefallen sind, ist hierüber i. R. d. Kostenentscheidung zu befinden (§ 91a Abs. 1 Satz 1 ZPO).

94 Einer **Glaubhaftmachung des vorherigen Antrages** (Abs. 1 Satz 3) bedarf es nicht, wenn das Gericht bereits mit dem vorherigen Antrag – wie im Regelfall – bereits befasst war/ist. Für das Gericht besteht im Hinblick auf §§ 4 InsO, 299 Abs. 2 ZPO die Pflicht, auf frühere Verfahren, die den Anforderungen des Abs. 1 Satz 2 entsprechen, hinzuweisen (KPB-Pape § 14 Rn. 124, 125), um dem Gläubiger die Entscheidung zu ermöglichen, ob er seinen Antrag nach Zahlung für erledigt erklärt.

War der vorherige Antrag bei einem anderen Gericht anhängig, ist ausreichend, wenn sich die Darlegung und Glaubhaftmachung darauf beschränkt, dass in den letzten 2 Jahren vor der jetzigen Antragstellung ein Insolvenzantrag über das Vermögen des Schuldners gestellt worden war und dieser nicht als unzulässig oder unbegründet abgewiesen worden ist (KPB-Pape § 14 Rn. 126, 127); ob der vorige Antrag den weiteren an ihn zu stellenden Anforderungen entsprach, hat das nunmehrige – den Antrag fortführende – Gericht zu prüfen.

95 Wird der **Insolvenzantrag** nach Erfüllung der ihm zugrunde liegenden Forderung **als unbegründet abgewiesen** wird, hat der Schuldner die **Verfahrenskosten** zu tragen (Abs. 3). Um in diesem Fall auch eine etwaige subsidiäre Belastung des Gläubigers zu vermeiden, schließt § 23 Abs. 1 Satz 4 GKG die **Zweitschuldnerhaftung** des Gläubigers aus.

Heftig umstritten sind die Verfassungskonformität der Vorschrift sowie die Frage, ob durch sie Missbrauchsmöglichkeiten für Antragsteller eröffnet werden (vgl. AG Deggendorf, ZInsO 2011,

1801 – nachfolgend BVerfG, NZI 2013, 1000 [da der Vorlagebeschluss des Amtsgerichts nicht ausreichend begründet war, erfolgte eine Entscheidung des BVerfG in der Sache nicht], die Auffassung des AG Deggendorf kritisierend Kollbach, ZInsO 2011, 2154; Marotzke, DB 2012, 617, 618 und ZInsO 2010, 2163, 2168; Pape, ZInsO 2011, 2154, 2158, 2163). Der Anwendungsbereich der Vorschrift ist jedenfalls dahin gehend einzuschränken, dass nur der nach Abs. 1 Satz 2, Satz 3 **fortgeführte Insolvenzantrag** erfasst wird, da ein trotz Zahlung nicht für erledigt erklärter oder zurückgenommener Antrag, bei dem die Voraussetzungen zur Fortführung nicht vorliegen, als unzulässig (geworden) und nicht als unbegründet abzuweisen ist (zutreffend KPB-Pape § 14 Rn. 166 ff.). Soweit befürchtet wird, dass die Vorschrift Gläubiger zur Stellung missbräuchlicher Eröffnungsanträge veranlassen könnte, so sind solche unlauteren Motive bei der Prüfung des rechtlichen Interesses in Abs. 1 zu berücksichtigen.

Die praktische Relevanz des § 14 Abs. 1 Satz 2 und 3, Abs. 2 erscheint gering: Obwohl die »Zwangsgläubiger« bereits mit der Stellung des Eröffnungsantrags regelmäßig das Vorliegen eines Vorantrags i. S. d. § 14 Abs. 1 Satz 2 abfragen, wird nach Erfüllung der Gläubigerforderung nur vergleichsweise selten die Fortführung des Antragsverfahrens beantragt, sondern zumeist eine Erledigungserklärung abgegeben. Dies mag auch mit der noch nicht abschließend geklärten Frage zusammenhängen, ob bzw. wie nach der erfolgten Zahlung des Schuldners das Fortdauern des Insolvenzgrundes glaubhaft zu machen ist (s. Rdn. 91).   95a

C. Verfahrensfragen

Die »Zulassung« des Insolvenzantrages (s. Rdn. 56) ist nicht anfechtbar. Die Abweisung des Insolvenzantrages als unzulässig wegen fehlender Antragsvoraussetzungen ist gem. § 34 mit der **sofortigen Beschwerde** anfechtbar, da mit dieser Entscheidung bereits auf der Ebene der Zulässigkeit über den Antrag auf Eröffnung des Insolvenzverfahrens entschieden wird.   96

Bei einseitiger Erledigungserklärung ist gegen die feststellende oder abweisende Entscheidung das insolvenzrechtliche Rechtsmittel der sofortigen Beschwerde – bei Feststellung gem. §§ 6, 34 Abs. 2, bei Abweisung gem. §§ 6, 34 Abs. 1 – gegeben (BGH, ZInsO 2008, 1206). Bei übereinstimmender Erledigungserklärung ist gegen die nur noch zu treffende Kostenentscheidung das zivilprozessuale Rechtsmittel der sofortigen Beschwerde nach § 4 InsO, § 91a Abs. 2 ZPO gegeben (BGH a. a. O.).

Eine **Aussetzung** des grds. eilbedürftigen Insolvenzantragsverfahrens ist nicht zulässig (BGH, ZInsO 2007, 604; NZI 2006, 642; s. Rdn. 43).   97

§ 15 Antragsrecht bei juristischen Personen und Gesellschaften ohne Rechtspersönlichkeit

(1) ¹Zum Antrag auf Eröffnung eines Insolvenzverfahrens über das Vermögen einer juristischen Person oder einer Gesellschaft ohne Rechtspersönlichkeit ist außer den Gläubigern jedes Mitglied des Vertretungsorgans, bei einer Gesellschaft ohne Rechtspersönlichkeit oder bei einer Kommanditgesellschaft auf Aktien jeder persönlich haftende Gesellschafter, sowie jeder Abwickler berechtigt. ²Bei einer juristischen Person ist im Fall der Führungslosigkeit auch jeder Gesellschafter, bei einer Aktiengesellschaft oder einer Genossenschaft zudem auch jedes Mitglied des Aufsichtsrats zur Antragstellung berechtigt.

(2) ¹Wird der Antrag nicht von allen Mitgliedern des Vertretungsorgans, allen persönlich haftenden Gesellschaftern, allen Gesellschaftern der juristischen Person, allen Mitgliedern des Aufsichtsrats oder allen Abwicklern gestellt, so ist er zulässig, wenn der Eröffnungsgrund glaubhaft gemacht wird. ²Zusätzlich ist bei Antragstellung durch Gesellschafter einer juristischen Person oder Mitglieder des Aufsichtsrats auch die Führungslosigkeit glaubhaft zu machen. ³Das Insolvenzgericht hat die übrigen Mitglieder des Vertretungsorgans, persönlich haftenden Gesellschafter, Gesellschafter der juristischen Person, Mitglieder des Aufsichtsrats oder Abwickler zu hören.

(3) ¹Ist bei einer Gesellschaft ohne Rechtspersönlichkeit kein persönlich haftender Gesellschafter eine natürliche Person, so gelten die Absätze 1 und 2 entsprechend für die organschaftlichen Ver-

treter und die Abwickler der zur Vertretung der Gesellschaft ermächtigten Gesellschafter. ²Entsprechendes gilt, wenn sich die Verbindung von Gesellschaften in dieser Art fortsetzt.

Übersicht	Rdn.			Rdn.
A. Normzweck	1		3. Abs. 1 Satz 2 (Führungslosigkeit)	11
B. Norminhalt	2	II.	Faktischer organschaftlicher Vertreter	15
I. Antragsberechtigte	5	III.	Einzelantrag bei mehrheitlichem Antragsrecht/Glaubhaftmachung der Führungslosigkeit (Abs. 2, 3)	
1. Abs. 1 Satz 1	5			
2. Abs. 3	8			18

A. Normzweck

1 Während § 14 den Insolvenzantrag eines Gläubigers regelt, definiert § 15 die insolvenzrechtlichen Voraussetzungen für den Eigenantrag einer juristischen Person oder einer Gesellschaft ohne Rechtspersönlichkeit. Die Norm korrespondiert mit den in § 15a normierten Antragspflichten. Um einerseits zu vermeiden, dass die Stellung des Insolvenzantrages durch etwaige Meinungsverschiedenheiten der organschaftlichen Vertreter oder antragsbefugten Gesellschafter über das Vorliegen eines Insolvenzgrundes verzögert wird, andererseits jedem aufgrund spezialgesetzlicher Regelungen hierzu Verpflichteten auch die Möglichkeit zu geben, einen Insolvenzantrag stellen zu können, eröffnet die Norm das entsprechende insolvenzrechtliche Antragsrecht.

B. Norminhalt

2 Die in § 15 aufgeführten Antragsberechtigten handeln bei der Antragstellung nicht im eigenen Namen, sondern **im Namen der juristischen Person oder Gesellschaft ohne Rechtspersönlichkeit** (LG Berlin, ZInsO 2002, 884; HK-Kirchhof § 15 Rn. 4 m. w. N.; Jaeger-Müller § 15 Rn. 6). Die Antragsberechtigung kann im Außenverhältnis nicht durch Satzungsregelungen oder sonstige Vereinbarungen eingeschränkt werden und besteht – außer für den Fall der drohenden Zahlungsunfähigkeit (§ 18 Abs. 3) – auch dann, wenn ein persönlich haftender Gesellschafter gem. § 125 Abs. 1 HGB von der Vertretung ausgeschlossen ist (MK-Klöhn § 15 Rn. 10, 44). Dies gilt auch, wenn bei Auflösung der Gesellschaft der persönlich haftende Gesellschafter aufgrund einer Satzungsregelung entgegen der gesetzlichen Grundregel (§§ 714, 730 Abs. 2, Satz 2 BGB, § 146 Abs. 1 HGB) nicht Abwickler wird; sein eigenständiges Antragsrecht bleibt erhalten (Jaeger-Müller § 15 Rn. 7).

3 Der **Betreuer** (§§ 1896 ff. BGB) eines Antragsberechtigten ist nur dann für den Betreuten antragsberechtigt, wenn dem Betreuten wegen seines Einstehens für die Verbindlichkeiten der Gesellschaft als persönlich haftender Gesellschafter das Antragsrecht zukommt und die Antragstellung vom Aufgabenkreis der rechtlichen Betreuung erfasst wird. Ist der Betreute demgegenüber nur als organschaftlicher Vertreter antragsbefugt, kann der Betreuer dieses Antragsrecht nicht wahrnehmen, da es sich bei der Insolvenz der vom Betreuten vertretenen Rechtspersönlichkeit nicht um eine dem Aufgabenkreis des Betreuers unterliegende eigene Angelegenheit des Betreuten handelt (MK-Klöhn § 15 Rn. 10).

4 Ein **Ausscheiden des Antragsberechtigten** aus seiner Stellung als organschaftlicher Vertreter oder Gesellschafter lässt die Wirksamkeit eines zuvor von ihm gestellten Insolvenzantrages unberührt (HK-Kirchhof § 15 Rn. 15; MK-Klöhn § 15 Rn. 9).

Zur **Rücknahme** eines Insolvenzantrages nach Wechsel des antragstellenden organschaftlichen Vertreters oder Gesellschafters oder bei einem von mehreren Berechtigten gestellten Insolvenzantrag s. § 13 Rdn. 59 ff.

I. Antragsberechtigte

1. Abs. 1 Satz 1

Alleinige Antragsberechtigte für die jeweiligen juristischen Personen oder Gesellschaften ohne 5
Rechtspersönlichkeit als Schuldner sind (wird der Eröffnungsantrag auf den Insolvenzgrund der
drohenden Zahlungsunfähigkeit gestützt, ist § 18 Abs. 3 zu beachten):

- **AG:** jedes Mitglied des Vorstands (§§ 76, 78 AktG); bei Auflösung jeder Abwickler (§§ 264, 265 AktG). Nicht antragsberechtigt sind Aktionäre und Aufsichtsrat. Zur Antragspflicht s. § 15a InsO.
- **KGaA:** jeder persönlich haftende Gesellschafter (§ 278 Abs. 2 AktG, §§ 161 Abs. 2, 170, 125 Abs. 1 HGB); bei Auflösung jeder Abwickler (§ 290 AktG). Nicht antragsberechtigt sind Aufsichtsrat und Kommanditaktionäre. Zur Antragspflicht s. § 15a InsO.
- **GmbH:** jeder Geschäftsführer (§ 35 GmbHG); bei Auflösung jeder Liquidator (§ 66 GmbHG). Nicht antragsberechtigt sind der oder die Gesellschafter. Die GmbH ist und bleibt auch dann als juristische Person selber Schuldnerin, wenn sämtliche Geschäftsanteile einem einzigen Gesellschafter gehören (HK-Kirchhof § 11 Rn. 7); antragsberechtigt ist auch dann nur der Geschäftsführer oder Liquidator. Zur Antragspflicht s. § 15a InsO.
- **Genossenschaft:** jedes Vorstandsmitglied (§ 24 GenG); bei Auflösung jeder Liquidator (§ 83 GenG). Nicht antragsberechtigt sind die Mitglieder (Genossen), und zwar auch dann, wenn sie unbeschränkt nachschusspflichtig (§ 105 GenG) sind (Uhlenbruck-Hirte § 15 Rn. 2; a. A. Jaeger-Müller § 15 Rn. 4; Beuthin/Titze, ZIP 2002, 1116). Zur Antragspflicht s. § 15a InsO.
- **Eingetragener Verein:** jedes Vorstandsmitglied (§ 26 BGB); bei Auflösung der Liquidator (§ 48 BGB). Nicht antragsberechtigt sind die Vereinsmitglieder.
- **Nicht rechtsfähiger Verein** (§ 54 BGB, § 11 Abs. 1 Satz 2): jedes nach der Satzung zur gerichtlichen und außergerichtlichen Vertretung befugtes Mitglied und der Liquidator (MK-Klöhn § 15 Rn. 29). Nicht antragsberechtigt sind die übrigen Mitglieder.
- **Stiftung:** jedes Vorstandsmitglied (§§ 86, 26 BGB).
- **Vorgründungsgesellschaft** (s. § 11 Rdn. 14): jeder Gesellschafter; nicht ein bereits vorgesehener organschaftlicher Vertreter (MK-Klöhn § 15 Rn. 31). Zur Antragspflicht s. § 15a InsO.
- **Vorgesellschaft** (s. § 11 Rdn. 16): jeder bestellte organschaftliche Vertreter und angesichts der Innenhaftung der Gesellschafter einer Vorgesellschaft (Vor-GmbH; BGHZ 134, 133 = ZIP 1997, 679; BGHZ 152, 290 = ZIP 2002, 2309) jeder Gesellschafter (Jaeger-Schmahl § 15 Rn. 20); bei Auflösung wegen Zurückweisung der Registeranmeldung oder Aufgabe der Eintragungsabsicht jeder organschaftliche Vertreter als Liquidator und jeder Gesellschafter, es sei denn, die Vorgesellschaft wird trotzdem fortgesetzt (zur Gesellschafterhaftung: BGHZ 152, 290 = ZIP 2002, 2309), dann nur noch jeder Gesellschafter (Jaeger-Schmahl § 15 Rn. 21). Zur Antragspflicht s. § 15a InsO.
- **Nachgesellschaft (bereits im Register gelöschte Gesellschaft):** jeder vom Registergericht bestellte Liquidator/Abwickler, da die Rechtsstellung der zuvor amtierenden organschaftlichen Vertreter mit der Löschung beendet ist (Uhlenbruck-Hirte § 11 Rn. 47; s. aber auch Rdn. 12). Zur etwaigen Antragspflicht s. § 15a Rdn. 21a.
- **GbR** (s. § 11 Rdn. 30 ff.): jeder persönlich haftende Gesellschafter, auch wenn er von der Vertretung ausgeschlossen ist (s. Rdn. 2). Zur etwaigen Antragspflicht s. § 15a Rdn. 13.
- **OHG, KG** (s. § 11 Rdn. 21 f.): jeder persönlich haftende Gesellschafter. Nicht antragsberechtigt sind die Kommanditisten, unabhängig davon, ob gem. § 176 HGB wegen fehlender Eintragung noch eine persönliche Haftung besteht (Jaeger-Müller § 15 Rn. 26; NR-Mönning § 15 Rn. 26; a. A. MK-Klöhn § 15 Rn. 49). Zur etwaigen Antragspflicht s. § 15a Rdn. 13.
- **Partnerschaftsgesellschaft** (s. § 11 Rdn. 35 ff.): jeder Partner (auch wenn im Hinblick auf § 8 Abs. 2 PartGG nur derjenige Partner persönlich haftet, der mit der Bearbeitung des Auftrages befasst war), unabhängig davon, ob er von der Vertretung ausgeschlossen ist (§ 7 Abs. 3 PartGG, § 125 Abs. 1 HGB; s. Rdn. 2).

- **Partenreederei** (s. § 11 Rdn. 38 ff.): jeder Mitreeder (§§ 489, 490, 507 HGB). Nicht antragsbefugt ist der Korrespondentreeder, der nicht gleichzeitig Mitreeder ist (s. §§ 492, 493, 494 HGB).
- **Europäische wirtschaftliche Interessenvereinigung EWIV** (s. § 11 Rdn. 41): jeder persönlich haftende Gesellschafter (Art. 24 Abs. 1 EWIVVO, § 1 EWIVAG) und jeder Geschäftsführer/ Abwickler (Art. 20 EWIVVO, § 11 EWIVAG).
- **Stille Gesellschaft** (s. § 11 Rdn. 28 f.): Mangels eigenständiger Insolvenzfähigkeit können der Inhaber und der stille Gesellschafter nur jeweils Eigenanträge über ihr eigenes Vermögen oder einen Fremdantrag (§ 14) über das Vermögen des jeweiligen anderen stellen.
- **Kreditwesengesetz** (s. § 13 Rdn. 37 f.): Der **BaFin** steht das alleinige Insolvenzantragsrecht über das Vermögen der ihrer Aufsicht unterliegenden Institute der Kredit- und Finanzdienstleistungen einschließlich der Bausparkassen sowie der Versicherungsunternehmen zu. Hat die BaFin gem. § 37 Abs. 1 KWG einen Abwickler bestellt, ist dieser antragsbefugt (§ 37 Abs. 2 KWG). Die Antragsbefugnis ist unabhängig davon, ob die Schuldnerin neben den ungesetzlichen Geschäften auch Geschäfte betreibt, auf die sich der Aufgabenbereich des Abwicklers nicht bezieht (BGH, ZInsO 2003, 848, 849). Dem organschaftlichen Vertreter der Schuldnerin ist zum Antrag des Abwicklers entsprechend Abs. 2 Satz 2 rechtliches Gehör zu gewähren (AG Hamburg, ZInsO 2005, 838; ZInsO 2005, 1118; a. A. AG Hamburg, ZIP 2005, 1748; anscheinend auch BGH, ZInsO 2003, 848, 850 unter Nr. 3; s. aber wiederum BGH, ZInsO 2006, 825, 827 [Beschwerderecht]). Der Abwickler ist lediglich »berechtigt« (§ 37 Abs. 2 KWG) und damit befugt, einen Insolvenzantrag zu stellen. Diesen Schritt wird oder hat der Abwickler zu gehen, wenn er davon ausgehen muss, dass der Geschäftsbetrieb bereits insolvent ist oder durch die Abwicklung wird, sodass eine zur Abwicklung aufgegebene Rückzahlung von z. B. Anlagegeldern aus diesem Grund nicht möglich ist (BGH, ZInsO 2003, 848, 849). Hierzu ist dem organschaftlichen Vertreter des Schuldners genauso wie bei einem mehrgliedrigen Vertretungsorgan Gelegenheit zur Stellungnahme zu geben. Allerdings umfasst das rechtliche Gehör nicht die Frage, ob die Abwicklungsanordnung rechtmäßig ergangen oder sie bereits bestandskräftig ist (vgl. hierzu BGH, ZInsO 2003, 848, 849; AG Hamburg, ZIP 2005, 1748, 1751), sondern nur das Vorliegen eines Insolvenzgrundes.

6 Für die Antragsberechtigung ist die materielle Rechtslage maßgeblich. Im Hinblick auf die Publizitätswirkung (§ 15 Abs. 1 HGB, § 29 Abs. 1 GenG, § 68 BGB) ist von der materiellen Richtigkeit der Eintragung im Registerauszug (Handelsregister) auszugehen, es sei denn, die Unrichtigkeit der Eintragung wird durch entsprechende Urkunden (z. B. Abberufung und Neubestellung) nachgewiesen oder das Insolvenzgericht hat hiervon anderweitig Kenntnis (s. a. § 13 Rdn. 12 ff.). Eine etwaige zwischen den Antragsberechtigten vereinbarte interne Zuständigkeitsverteilung ist unbeachtlich.

7 **Nicht antragsberechtigt** sind (Jaeger-Müller § 15 Rn. 31 ff.):
- der nicht persönlich haftende Gesellschafter (insbes. der Kommanditist),
- der Aufsichtsrat oder dessen Mitglieder,
- der Handlungsbevollmächtigte und der Prokurist, auch wenn sie die Gesellschaft zusammen mit einem organschaftlichen Vertreter vertreten können (s. a. MK-Klöhn § 15 Rn. 70),
- im Konzern die Muttergesellschaft über das Vermögen einer Tochtergesellschaft.

2. Abs. 3

8 Ist bei einer Gesellschaft **ohne Rechtspersönlichkeit** (s. § 11 Rdn. 20 ff.) keiner der persönlich haftenden Gesellschafter eine natürliche Person, sondern eine juristische Person (z. B. GmbH bei einer GmbH & Co. KG als Schuldnerin) oder auch eine Gesellschaft ohne Rechtspersönlichkeit (z. B. GmbH & Co. KG als Komplementärin der schuldnerischen KG), ist jede natürliche Person antragsberechtigt, die als Gesellschafter oder organschaftlicher Vertreter der jeweils persönlich haftenden Gesellschafterin einen Insolvenzantrag über deren Vermögen stellen könnte (Abs. 3 Satz 1). So ist bei der GmbH & Co. KG jeder Geschäftsführer der Komplementär-GmbH berechtigt, Insolvenzantrag über das Vermögen der KG zu stellen.

Entsprechendes gilt für den Fall einer **führungslosen** (Rdn. 11) **Komplementärin**. Ist bei einer GmbH & Co. KG die Komplementär-GmbH führungslos, sind die Gesellschafter der Komplementär-GmbH befugt, Insolvenzantrag über das Vermögen der KG zu stellen. 9

Sofern nicht bereits die Anwendung des Abs. 3 Satz 1 eine antragsbefugte natürliche Person ergibt, ist nach Satz 2 die Bestimmung der Antragsbefugnis stufenweise so lange fortzusetzen, bis sie zu einer natürlichen Person führt. Ist Schuldnerin z. B. eine KG, deren Komplementärin wiederum eine GmbH & Co. KG ist, ist antragsbefugt diejenige natürliche Person, die berechtigt wäre, Insolvenzantrag über das Vermögen der Komplementär-KG zu stellen: dies wäre der organschaftliche Vertreter der GmbH. 10

3. Abs. 1 Satz 2 (Führungslosigkeit)

Besteht keine organschaftliche Vertretung (Führungslosigkeit, § 10 Abs. 2 Satz 2), fehlt es am originären Antragsrecht (s. o. Rdn. 5), über das Vermögen einer juristischen Person einen Insolvenzantrag zu stellen. Dies gilt auch für den ehemaligen organschaftlichen Vertreter, selbst wenn seine Abberufung oder Amtsniederlegung in Kenntnis der Insolvenz erfolgt ist, da die Abberufung oder Amtsniederlegung wirksam ist (BGHZ 121, 257 = ZIP 1993, 430; BGH, ZIP 1995, 1334), wobei es ausreicht, wenn die Amtsniederlegung (empfangsbedürftige Willenserklärung) nur einem Gesellschafter ggü. erklärt wird (BGHZ 149, 28 = ZIP 2001, 2227). Es ist allein auf die formale organschaftliche Vertretung abzustellen. Eine Amtsniederlegung ist wegen Rechtsmissbrauchs nur dann unwirksam, wenn sie durch den geschäftsführenden Alleingesellschafter einer GmbH ohne Bestellung eines neuen Geschäftsführers erfolgt ist (OLG Düsseldorf, GWR 2011, 233; OLG Zweibrücken, ZInsO 2006, 662; BayObLG, ZIP 1999, 1599; s. a. § 13 Rdn. 13 ff.). 11

Gem. § 15 Abs. 1 Satz 2 ist bei einer **führungslosen** (s. § 10 Rdn. 11) **juristischen Person** (s. § 11 Rdn. 7 ff.) auch jeder Gesellschafter zur Stellung des Eröffnungsantrags berechtigt. Dieses subsidiäre Antragsrecht soll die zur ebenfalls subsidiären Antragspflicht nach § 15a Abs. 3 korrespondierende notwendige verfahrensrechtliche Ergänzung sein (BT-Drucks. 16/6140 S. 55, 71); dementsprechend beschränkt wird z. T. auch die Antragsbefugnis verstanden (HK-Kirchhof § 15 Rn. 6). Dies ist angesichts des eindeutigen Gesetzeswortlauts zu relativieren. In § 15a Abs. 3 ist die **Antragspflicht** nur bei Führungslosigkeit einer GmbH, einer AG oder einer Genossenschaft normiert, während demgegenüber in § 15 Abs. 1 Satz 2 weiter gehend das **Antragsrecht** allgemein für eine führungslose juristische Person geregelt ist. Das bedeutet, dass nur bei einer führungslosen GmbH, AG und Genossenschaften die § 15a Abs. 3 aufgeführten Antragspflichtigen allein antragsbefugt sind, während bei anderen führungslosen juristischen Personen – und damit insb. bei etwaigen führungslosen ausländischen Gesellschaften, bei denen der tatsächliche Mittelpunkt ihrer hauptsächlichen Interessen in Deutschland liegt (»Schein-Auslandsgesellschaft«; wie z. B. einer allein in Deutschland tätigen Ltd. nach englischem Recht) bei denen keine Antragspflicht nach § 15a Abs. 3 besteht – alle Gesellschafter antragsbefugt sind. 12

Die gesetzliche Formulierung »zudem« ist fehlerhaft und auch irreführend, denn weder eine AG noch eine Genossenschaft haben Gesellschafter (zutreffend ebenfalls krit. zur gesetzlichen Formulierung Schmahl, NZI 2008, 6 ff.).

Auch bei **Löschung wegen Vermögenslosigkeit** (§ 394 FamFG) besteht ein Antragsrecht des Gesellschafters, sofern tatsächlich noch Vermögen vorhanden ist. Nach der Lehre vom »Doppeltatbestand« (BGHZ 48, 303, 307; BGH, NJW 2001, 304) ist eine juristische Person erst beendet, wenn sie gelöscht **und** vermögenslos ist. Ist sie im Register trotz tatsächlich noch vorhandenen Vermögens wegen Vermögenslosigkeit gelöscht, besteht sie angesichts des Vermögens als aufgelöste Gesellschaft weiter und ist, da mit der Löschung die Vertretungsmacht der organschaftlichen Vertreter endet (h. M., s. Scholz § 60 GmbHG Rn. 58 m. w. N.), ohne gesetzlichen Vertreter und damit führungslos (§ 10 Abs. 2 Satz 2); der Bestellung eines Nachtragsliquidators bedarf es daher für das Insolvenzverfahren nicht. Zur insolvenzrechtlichen Verfahrensfähigkeit bei Führungslosigkeit s. § 13 Rdn. 12 ff.

13 Antragsberechtigt ist bei einer führungslosen GmbH »**auch**« jeder Gesellschafter, bei einer führungslosen AG oder Genossenschaft »**auch**« jedes Mitglied des Aufsichtsrats.

Bei der Gesetzesformulierung »auch« handelt es sich nicht um **ein Redaktionsversehen**, obwohl bei einer führungslosen juristischen Person keine organschaftliche Vertretung und somit kein gesetzlich normiertes originäres Antragsrecht besteht und nur deswegen **der Gesellschafter/das Aufsichtsratsmitglied** antragsbefugt/-verpflichtet ist. Mit der Formulierung soll die Rechtsprechung und die weitere Rechtsentwicklung zur **faktischen Geschäftsführung** unberührt bleiben (BT-Drucks. 16/6140 zu Art. 9 zu Nr. 3, S. 56). Dies bedeutet, dass die **Antragsbefugnis des Gesellschafters/Aufsichtsratsmitgliedes** auch dann besteht, sofern ein insolvenzrechtliches Antragsrecht des faktischen Geschäftsführers bejaht wird (s. hierzu Rdn. 12 ff.).

14 Die Antragsbefugnis als Gesellschafter/Aufsichtsratmitglied **ist nachzuweisen**, da angesichts des Abs. 2 Satz 2 nur hinsichtlich der Führungslosigkeit eine Glaubhaftmachung ausreicht. Der Nachweis kann durch aktuellen Auszug der zum Handelsregister **eingereichten** Liste (§ 9 Abs. 4 HGB, § 40 GmbHG, §§ 37 Abs. 4 Nr. 3a, 106 AktG) bzw. bei der **Genossenschaft** durch Vorlage einer Abschrift der Niederschrift der Generalversammlung (§§ 36, **43,** 47 GenG) erbracht werden. Maßgeblich und wie bei der organschaftlichen Vertretung (s. Rdn. 6) **nachzuweisen** ist eine möglicherweise anderweitige materielle Rechtslage (FK-Schmerbach **§ 15** Rn. 43; Uhlenbruck-Hirte § 15 Rn. 2; Berger, ZInsO 2009, 1977, 1982; a. A. Horstkotte, ZInsO 2009, 209, 214; Römermann, NZI 2010, 241, 243).

II. Faktischer organschaftlicher Vertreter

15 Für das Antragsrecht kann von Bedeutung sein, ob auch Dritte, **die nicht** als organschaftliche Vertreter bestellt sind, berechtigt sind, für den Schuldner einen **Insolvenzantrag** zu stellen. Dies wird insb. für die GmbH unter dem Stichwort des »faktischen **Geschäftsführers**« im Hinblick auf eine Antragspflicht nach § 64 Abs. 1 GmbHG a. F. einerseits und **einem hiermit** ggf. korrespondierenden Antragsrecht nach § 15 andererseits diskutiert.

16 **Faktischer Geschäftsführer** (organschaftlicher Vertreter) ist derjenige, **der** entweder aufgrund einer unwirksamen, nichtigen oder anfechtbaren Bestellung als Geschäftsführer berufen worden ist, oder aber mit Billigung der Gesellschafter allein oder neben einem **bestellten** Geschäftsführer wie ein solcher nach Außen die Geschäfte der Gesellschaft führt (BGHZ 104, 44 = ZIP 1988, 771; BGHZ 150, 61 = ZInsO 2002, 582; BGHSt 46, 62 = ZInsO 2000, 391; **Roth/Altmeppen** § 43 GmbHG Rn. 95; weiter gehend Baumbach/Hueck § 64 GmbHG Rn. 9: **bereits nachhaltiger** Einfluss auf die Geschäftsführung ohne Auftreten nach Außen reicht aus).

Ob dem faktischen Geschäftsführer ein **insolvenzrechtliches Antragsrecht** zukommt, bestimmt sich danach, ob ein **Bestellungsakt** als solcher überhaupt **vorliegt** oder aber ob der faktische Geschäftsführer allein mit Wissen und Wollen der Gesellschafter **ohne einen** Bestellungsakt für die Gesellschaft auftritt.

Im ersten Fall ist der faktische Geschäftsführer allein aufgrund des formellen Bestellungsaktes antragsberechtigt (allgemeine Ansicht: Uhlenbruck-Hirte § 15 **Rn. 2;** § 15a Rdn. 8; Jaeger-Müller § 15 Rn. 37; FK-Schmerbach § 15 Rn. 17; KPB-Pape § 15 Rn. **4a**).

Ist **kein förmlicher Bestellungsakt** erfolgt, reicht bereits aus **Gründen der** für das insolvenzrechtliche Antragsrecht unerlässlichen formalen Rechtssicherheit und **-klarheit** die allein mit Billigung der Gesellschafter erfolgte rein faktische Geschäftsführung nicht aus, **um ein** Antragsrecht begründen zu können (ebenso Baumbach/Hueck § 64 GmbHG Rn. 172; **s. a. BGH**, ZInsO 2007, 97). Der faktische Geschäftsführer hat vielmehr, wenn er sich schon **nicht förmlich** bestellen lässt, dafür Sorge zu tragen, dass der Insolvenzantrag von dem formal **bestellten Vertretungsorgan** oder – bei Führungslosigkeit – von einem Gesellschafter gestellt wird (**s. a.** Jaeger-Müller § 15 Rn. 38; MK-Klöhn § 15 Rn. 11; HK-Kirchhof § 15 Rn. 10; **a. A.** FK-Schmerbach § 15 Rn. 18; KPB-Pape § 15 Rn. 4a, 14; Gundlach/Müller, ZInsO 2011, 1055).

Hieran hat der **Übergang von der – auch den faktischen Geschäftsführer erfassenden – gesellschaftsrechtlichen Antragspflicht (§ 64 Abs. 1 GmbHG a. F.) zur insolvenzrechtlichen (§ 15a Abs. 1) Antragspflicht** nichts geändert. Aufgrund der bestehenden Antragspflicht/Antragsbefugnis entweder des formell bestellten Vertretungsorgans (Rdn. 5, 6) oder aber – bei Führungslosigkeit – des Gesellschafters (Rdn. 11 ff.) besteht keine rechtliche Notwendigkeit, einem ohne förmlichen Bestellungsakt auftretenden faktischen Geschäftsführer ebenfalls ein insolvenzrechtliches Antragsrecht einzuräumen. Im Fall der Führungslosigkeit einer GmbH mit faktischer Geschäftsführung ohne förmlichen Bestellungsakt obliegt es dem Gesellschafter, sich aufgrund seiner eigenen Antragspflicht und der daraus folgenden Haftung ständig darüber Kenntnis zu verschaffen, ob ein Insolvenzgrund vorliegt (ist der faktische Geschäftsführer zugleich Gesellschafter, ist er bereits aufgrund seiner Gesellschafterstellung zur Antragstellung berechtigt bzw. verpflichtet). Der Gesellschafter mag, will er seine eigene Antragspflicht vermeiden, einen organschaftlichen Vertreter bestellen (s. amtl. Begr. BT-Drucks. 16/6140 S. 55). 17

III. Einzelantrag bei mehrheitlichem Antragsrecht/Glaubhaftmachung der Führungslosigkeit (Abs. 2, 3)

Wird der Insolvenzantrag von sämtlichen Antragsberechtigten gestellt, gelten die gleichen Anforderungen an die Zulässigkeit wie bei einem Eigenantrag (s. § 13 Rdn. 25 ff.). Einer **Glaubhaftmachung** bedarf es lediglich im Hinblick auf die Führungslosigkeit (Rdn. 20). 18

Stellen den Insolvenzantrag nicht alle Antragsberechtigten, ist er gem. Abs. 2 Satz 1 wie bei einem Gläubigerantrag erst zulässig, wenn ein Insolvenzgrund glaubhaft gemacht ist (s. § 14 Rdn. 23 ff.). Den übrigen Antragsberechtigten ist zu dem Antrag rechtliches Gehör zu gewähren (Abs. 2 Satz 3).

Gleiches gilt bei einer Gesellschaft ohne Rechtspersönlichkeit, wenn keiner der persönlich haftenden Gesellschafter eine natürliche Person ist. Stellt den Insolvenzantrag nicht jede der allein antragsberechtigten natürlichen Personen (s. Rdn. 11, 15), ist der Insolvenzgrund glaubhaft zu machen und es sind die übrigen Antragsberechtigten zu hören (Abs. 3). 19

Die **Führungslosigkeit** ist auf jeden Fall – unabhängig davon, ob alle Antragsberechtigten den Antrag stellen – glaubhaft zu machen (Abs. 2 Satz 2), z. B. durch Vorlage eines aktuellen Auszugs aus dem Handelsregister, sofern sich hieraus mangels Eintragung (durch Löschung) eines organschaftlichen Vertreters die Führungslosigkeit ergibt (§ 15 HGB), oder durch Vorlage entsprechender Urkunden betreffend die Abberufung oder Niederlegung. 20

§ 15a Antragspflicht bei juristischen Personen und Gesellschaften ohne Rechtspersönlichkeit

(1) ¹Wird eine juristische Person zahlungsunfähig oder überschuldet, haben die Mitglieder des Vertretungsorgans oder die Abwickler ohne schuldhaftes Zögern, spätestens aber drei Wochen nach Eintritt der Zahlungsunfähigkeit oder Überschuldung, einen Eröffnungsantrag zu stellen. ²Das Gleiche gilt für die organschaftlichen Vertreter der zur Vertretung der Gesellschaft ermächtigten Gesellschafter oder die Abwickler bei einer Gesellschaft ohne Rechtspersönlichkeit, bei der kein persönlich haftender Gesellschafter eine natürliche Person ist; dies gilt nicht, wenn zu den persönlich haftenden Gesellschaftern eine andere Gesellschaft gehört, bei der ein persönlich haftender Gesellschafter eine natürliche Person ist.

(2) Bei einer Gesellschaft im Sinne des Absatzes 1 Satz 2 gilt Absatz 1 sinngemäß, wenn die organschaftlichen Vertreter der zur Vertretung der Gesellschaft ermächtigten Gesellschafter ihrerseits Gesellschaften sind, bei denen kein persönlich haftender Gesellschafter eine natürliche Person ist, oder sich die Verbindung von Gesellschaften in dieser Art fortsetzt.

(3) Im Fall der Führungslosigkeit einer Gesellschaft mit beschränkter Haftung ist auch jeder Gesellschafter, im Fall der Führungslosigkeit einer Aktiengesellschaft oder einer Genossenschaft

ist auch jedes Mitglied des Aufsichtsrats zur Stellung des Antrags verpflichtet, es sei denn, diese Person hat von der Zahlungsunfähigkeit und der Überschuldung oder der Führungslosigkeit keine Kenntnis.

(4) Mit Freiheitsstrafe bis zu drei Jahren oder mit Geldstrafe wird bestraft, wer entgegen Absatz 1 Satz 1, auch in Verbindung mit Satz 2 oder Absatz 2 oder Absatz 3, einen Eröffnungsantrag nicht, nicht richtig oder nicht rechtzeitig stellt.

(5) Handelt der Täter in den Fällen des Absatzes 4 fahrlässig, ist die Strafe Freiheitsstrafe bis zu einem Jahr oder Geldstrafe.

(6) Auf Vereine und Stiftungen, für die § 42 Absatz 2 des Bürgerlichen Gesetzbuchs gilt, sind die Absätze 1 bis 5 nicht anzuwenden.

Übersicht	Rdn.			Rdn.
A. Normzweck	1		3. Antragsfrist	15
B. Norminhalt	2		4. Antragsinhalt	18
I. Übersicht	2	III.	Subsidiäre Antragspflicht bei Führungs-	
II. Originäre Antragspflicht (Abs. 1, 2)	8		losigkeit (Abs. 3)	19
1. Antragsverpflichtete nach Abs. 1 Satz 1	8		1. Antragsverpflichtete	19
			2. Beginn der Antragspflicht	26
2. Antragsverpflichtete nach Abs. 1 Satz 2, Abs. 2	13		3. Antragsinhalt	30
			4. Ende der Antragspflicht	31

▶ Hinweis:
Die strafrechtliche Haftung bei Verstoß gegen die Antragspflicht (Abs. 4 und 5) wird im Teil Insolvenzstrafrecht kommentiert. Die zivilrechtliche Haftung wird im Anhang zu § 35, Abschnitt H Geschäftsführerhaftung, Rdn. 38 ff., 57 ff. kommentiert.

A. Normzweck

1 Die Norm wurde durch das MoMiG (BGBl. I 2008, S. 2026) in die InsO eingefügt. Mit dem ESUG (BGBl. I 2011, 2582) erfolgt in Abs. 1 und Abs. 4 eine redaktionelle Änderung: »Eröffnungsantrag« statt »Insolvenzantrag« sowie in Abs. 2 mit den Worten »persönlich haftender« lediglich die klarstellende Ergänzung, dass die Pflicht zur Stellung des Insolvenzantrages nur entfällt, wenn eine natürliche Person persönlich haftet.

Mit **Abs. 1 und 2** werden die **originären Insolvenzantragspflichten der Organe** für die juristische Person sowie die Gesellschaft ohne Rechtspersönlichkeit (s. § 11 Abs. 2 Nr. 1), bei der keine natürliche Person als Gesellschafter unbeschränkt haftet, normiert. Die strafbewehrte Antragspflicht bezweckt die rechtzeitige Einleitung des Insolvenzverfahrens, um sowohl Altgläubiger vor weiterer Verringerung der Haftungsmasse als auch Neugläubiger vor einem Vertragsabschluss mit einer bereits notleidenden Gesellschaft zu schützen (BT-Drucks. 16/6140 S. 55; BGH, ZInsO 2010, 2323). Die zuvor in gesellschaftsrechtlichen Gesetzen enthaltenen Insolvenzantragspflichten sind nunmehr – den korrespondierenden Antragsrechten des § 15 folgend – insolvenzrechtlich geregelt und zusammengefasst (Uhlenbruck-Hirte § 15a Rn. 2). Mit der insolvenzrechtlichen Gestaltung sollen auch vergleichbare Auslandsgesellschaften, auf die das deutsche Insolvenzrecht anzuwenden ist (s. Art. 3, 4 EuInsVO, 102 EGInsO), erfasst werden (BT-Drucks. a. a. O.; zweifelnd Uhlenbruck-Hirte § 15a Rn. 3).

Mit **Abs. 3** werden die **subsidiären Antragspflichten** der Gesellschafter einer GmbH und der Mitglieder des Aufsichtsrats einer AG oder Genossenschaft bestimmt. Hiermit sollen die Gesellschafter/Aufsichtsratsmitglieder bei fehlender organschaftlicher Vertretung zum Schutz der Gläubiger in die Pflicht genommen werden, bei Zahlungsunfähigkeit bzw. Überschuldung selber Insolvenzantrag zu stellen. Außerdem soll für die Gesellschafter/Aufsichtsratsmitglieder angesichts ihrer nur subsidiären Antragspflicht sowohl der Anreiz geschaffen als auch ihre Verpflichtung deutlich werden, wieder organschaftliche Vertreter zu bestellen (BT-Drucks. 16/6140 S. 55).

Mit den **Abs. 4 und 5** werden Verstöße gegen die in Abs. 1–3 normierten originären und subsidiären Antragspflichten strafbewehrt, vgl. dazu Kommentierung zum Insolvenzstrafrecht [Borchardt] § 15a Rdn. 1 ff.

B. Norminhalt

I. Übersicht

Spezialgesetzliche Antragspflichten bestehen bei der/dem 2
– Juristischen Person des öffentlichen Rechts, soweit sie insolvenzfähig ist (s. § 12 Rdn. 3): §§ 89 Abs. 2, 42 Abs. 2 BGB;
– Stiftung: §§ 86, 42 Abs. 2 BGB; § 15a ist nach dem durch Art. 1 Nr. 4 des Gesetzes zur Verkürzung des Restschuldbefreiungsverfahrens und zu Stärkung der Gläubigerrechte (BGBl. I 2013, S. 2379) neu eingefügten Abs. 6 nicht anwendbar.
– Verein: §§ 48 Abs. 2, 42 Abs. 2 BGB; auch hier schließt § 15a Abs. 6 die Anwendung des § 15a aus.
– Europäischen wirtschaftlichen Interessenvereinigung EWIV: § 11 Satz 2 EWIVAG, § 15a Abs. 1 Satz 2 InsO).

Insolvenzrechtliche Antragspflichten nach § 15a bestehen bei der 3
– AG;
– Genossenschaft;
– GmbH einschließlich der Unternehmergesellschaft (§ 5a GmbHG); zur Vor-GmbH s. KPB-Preuß § 15a Rn. 15;
– KGaA;
– OHG und KG, bei der keiner der persönlich haftenden Gesellschafter eine natürliche Person ist (z. B. GmbH & Co KG).

Die insolvenzrechtliche Antragspflicht findet auf vergleichbare **ausländische Gesellschaften**, die 4 dem deutschen Insolvenzrecht unterliegen, wie z. B. bei der **Limited nach englischem Recht (Ltd.)**, ebenfalls Anwendung, wenn der tatsächliche Mittelpunkt ihrer hauptsächlichen Interessen in Deutschland liegt und somit gem. Art. 3, 4 EuInsVO das deutsche Insolvenzrecht anzuwenden ist (»Schein-Auslandsgesellschaft«), s. amtl. Begr. BT-Drucks. 16/6140 S. 55; HK-Kleindiek § 15a Rn. 6; Poertzgen, NZI 2008, 9, 10; zweifelnd Hirte, ZInsO 2008, 689, 699; Uhlenbruck-Hirte § 15a Rn. 3. Umgekehrt bedeutet dies allerdings auch, dass sich die Antragspflicht für eine deutsche Gesellschaft, deren tatsächlicher Mittelpunkt der hauptsächlichen Interessen nicht in Deutschland liegt, nach dem insoweit maßgeblichen ausländischen Recht und nicht nach § 15a richtet (Hirte a. a. O.).

Spezialgesetzliche Anzeigepflichten bestehen gem. § 46b Abs. 1 KWG (strafbewehrt gem. 55 5 KWG) ggü. der **BaFin** bei den ihrer Aufsicht unterliegenden Instituten der Kredit- und Finanzdienstleistungen einschließlich der Bausparkassen sowie der Versicherungsunternehmen (s. § 13 Rdn. 37 ff.).

Bei Vermögensmassen **natürlicher Personen** besteht hinsichtl. des **Nachlasses** eine **Antragspflicht** 6 für den Erben (§ 1980 BGB) und den Nachlassverwalter (§ 1985 BGB) sowie bei dem **Gesamtgut der fortgesetzten Gütergemeinschaft** für den überlebenden Ehegatten (§ 1489 Abs. 2 BGB).

Unterhaltsrechtliche Obliegenheiten zur Stellung eines Insolvenzantrages können in familien- 7 rechtlichen Unterhaltsfällen zur Erfüllung der gesteigerten Unterhaltspflicht ggü. einem minderjährigen Kind für den leistungsunfähigen Unterhaltspflichtigen bestehen (BGHZ 162, 234 = ZInsO 2005, 433; OLG Stuttgart, ZInsO 2003, 622; s. a. OLG Koblenz, ZVI 2005, 626; Schwarz, ZVI 2006, 380, 384; Keller, NZI 2007, 143, 147 ff.).

Keine unterhaltsrechtliche Obliegenheit besteht ggü. dem Trennungs- oder nachehelichen Unterhalt begehrenden Ehegatten (BGHZ 175, 67 = ZVI 2008, 52 = NZI 2008, 193) und bei Unterhaltsanspruch der nichtehelichen Mutter gem. § 1615l BGB (OLG Koblenz, ZVI 2005, 626).

II. Originäre Antragspflicht (Abs. 1, 2)

1. Antragsverpflichtete nach Abs. 1 Satz 1

8 Die insolvenzrechtliche Antragspflicht **juristischer Personen** trifft ihre organschaftlichen Vertreter oder Abwickler. Antragsverpflichtet sind bei der
– AG: jedes Mitglied des Vorstands (§§ 76, 78 AktG; zur Überwachungspflicht des Aufsichtsrates s. BGH, ZInsO 2009, 876); bei Auflösung jeder Abwickler (§§ 264, 265 AktG)
– Genossenschaft: jedes Vorstandsmitglied (§ 24 GenG); bei Auflösung jeder Liquidator (§ 83 GenG);
– GmbH: jeder Geschäftsführer (35 GmbHG); bei Auflösung jeder Liquidator (§ 66 GmbHG);
– KG a. A. jeder persönlich haftende Gesellschafter (§ 278 Abs. 2 AktG, §§ 161 Abs. 2, 170, 125 Abs. 1 HGB); bei Auflösung jeder Abwickler (§ 290 AktG).

9 Bei **ausländischen Gesellschaften**, die dem deutschen Insolvenzrecht unterliegen (s. o. Rdn. 4), ist der organschaftliche Vertreter antragsverpflichtet, bei der Ltd. z. B. der »director«.

10 Die **Antragspflicht** besteht für jeden einzelnen gesetzlich Verpflichteten und ohne Berücksichtigung einer etwaigen internen Zuständigkeitsverteilung (BGH NJW 1994, 2149). Sie entfällt nicht dadurch, dass bereits ein Gläubiger einen Insolvenzantrag gestellt hat (Uhlenbruck-Uhlenbruck § 13 Rn. 95; BGH, ZInsO 2008, 1385). Darauf, ob noch Vermögen vorhanden ist oder dieses ausreicht, um die Kosten eines Insolvenzverfahrens zu decken, kommt es nicht an (MK-Klöhn § 15a Rn. 116).

Die Antragspflicht endet, wenn einer der gesetzlich Verpflichteten einen Insolvenzantrag gestellt hat (Jaeger-Müller § 15 Rn. 93) oder das Insolvenzverfahren eröffnet oder die Eröffnung mangels Masse abgewiesen ist (Uhlenbruck-Hirte § 15a Rn. 18).

Die Antragspflicht lebt für alle Antragspflichtige wieder auf, wenn der Insolvenzantrag als unzulässig zurückgewiesen ist oder zurückgenommen wird, obwohl die Antragspflicht nicht entfallen war.

11 Eine **Amtsniederlegung** oder **Abberufung** lässt zwar ex nunc die Antragsberechtigung entfallen, beseitigt jedoch nicht die zivil- und strafrechtliche Haftung für eine bereits eingetretene Versäumnis der Antragspflicht (Uhlenbruck-Hirte § 15a Rn. 12).

12 Zur Antragspflicht eines **faktischen Geschäftsführers** s. § 15 Rdn. 11 ff.

2. Antragsverpflichtete nach Abs. 1 Satz 2, Abs. 2

13 Bei einer **Gesellschaft ohne Rechtspersönlichkeit** (s. § 11 Abs. 2 Nr. 1), bei der kein persönlich haftender Gesellschafter eine natürliche Person ist, sind die organschaftlichen Vertreter oder Abwickler (Liquidatoren) der zur Vertretung ermächtigten Gesellschafter antragsverpflichtet. Für den Fall eines Insolvenzverfahrens über das Vermögen des antragsverpflichteten Gesellschafters (z. B. einer Komplementär-GmbH) ist der Insolvenzverwalter antragsverpflichtet (Uhlenbruck-Hirte § 15a Rn. 10; Gundlach/Müller, ZInsO 2011, 900).

Erfasst werden insb. die **OHG** und **KG**, sofern keine natürliche Person als Gesellschafter persönlich haftet wie z. B. die GmbH & Co. KG, AG & Co. KG und die Ltd. & Co. KG; aber auch die **GbR** ist gleichermaßen antragspflichtig, sofern keiner der Gesellschafter eine natürliche Person ist (z. B. eine bauwirtschaftliche Arbeitsgemeinschaft [ARGE] in der Rechtsform einer GbR mit nur Kapitalgesellschaften als Gesellschafter).

Die Bestimmung des Antragsverpflichteten ist so lange fortzusetzen, bis sie zu einer natürlichen Person als organschaftlicher Vertreter oder Abwickler führt. Ist Schuldnerin z. B. eine KG, deren

Komplementärin wiederum eine GmbH & Co. KG ist, ist antragsverpflichtet diejenige natürliche Person, die berechtigt wäre, einen Insolvenzantrag über das Vermögen der Komplementär-KG zu stellen; dies wäre der organschaftliche Vertreter der GmbH, s. a. § 15 Rdn. 8 ff.).

Keine Antragspflicht besteht gem. Abs. 1 Satz 2 Halbs. 2, wenn an der persönlich haftenden (Komplementär-) Gesellschaft eine natürliche Person als persönlich haftender Gesellschafter beteiligt ist, wie z. B. bei der KG & Co KG mit einer natürlichen Person als persönlich haftender Gesellschafter der Komplementär-KG (ebenso KPB-Preuß § 15a Rn. 18). 14

3. Antragsfrist

Der Antrag ist **ohne schuldhaftes Zögern**, spätestens aber **innerhalb von 3 Wochen** nach Eintritt der Zahlungsunfähigkeit (§ 17) oder Überschuldung (§ 19) zu stellen. Die erst drohende Zahlungsunfähigkeit (§ 18) lässt die Frist noch nicht beginnen und führt somit noch nicht zu einer Antragspflicht, auch wenn ein Insolvenzantrag geboten erscheinen mag, um auf diesem Weg eine Sanierungschance zu finden oder zu erhöhen. 15

Die **Dreiwochenfrist beginnt** nach dem mit § 64 Abs. 1 GmbHG a. F., § 92 Abs. 2 AktG a. F., § 130a Abs. 1 HGB a. F., § 99 Abs. 1 GenG a. F. inhaltsgleichen Gesetzeswortlaut objektiv mit Eintritt der Zahlungsunfähigkeit oder Überschuldung. Entgegen der strengen Auffassung, nach der bereits bei objektivem Vorliegen der Antragspflicht die gesetzliche Frist zu laufen beginnt (MK-Klöhn § 15a Rn. 119), sowie der zu weitgehenden Meinung, die erst bei positiver Kenntnis von der Antragspflicht die Antragsfrist beginnen lässt (BGHZ 75, 96 = NJW 1979, 1823; Baumbach/Hueck § 64 GmbHG Rn. 50; Roth/Altmeppen § 64 GmbHG Rn. 47), beginnt die Antragsfrist **mit Erkennbarkeit des Insolvenzgrundes der Zahlungsunfähigkeit oder Überschuldung** (BGHZ 143, 184 = NJW 2000, 668; KPB-Preuß § 15a Rn. 55; HK-Kleindiek § 15a Rn. 13). Der Beginn der Antragsfrist bereits bei einem objektiven Vorliegen der Antragspflicht kann insb. bei Überschuldung dazu führen, dass, sofern sie ohne Verschulden erst nach Ablauf der Antragsfrist festgestellt wird, der Insolvenzantrag sofort zu stellen ist, ohne dass zuvor eine mögliche Sanierung noch geprüft und unternommen werden dürfte. Andererseits besteht bei einer erst positiven Kenntnis die Gefahr, dass sich der Antragspflichtige ersten ihm erkennbaren Anhaltspunkten verschließt und nichts zur Aufklärung unternimmt. 16

Bei den 3 Wochen handelt es sich um die **Höchstfrist**, innerhalb derer der Insolvenzantrag zu stellen ist. Sie dient der ernstlichen Prüfung und Durchführung von außergerichtlichen Sanierungsmaßnahmen und darf nicht überschritten werden, selbst wenn zu diesem Zeitpunkt noch Erfolg versprechende Sanierungsverhandlungen geführt (BGH, ZInsO 2007, 374, 376 a. E.; BGHZ 75, 96, 108) oder ausgeschöpft werden, obwohl keine Beseitigung des Insolvenzgrundes mehr möglich erscheint (Uhlenbruck-Hirte § 15a Rn. 16; KPB-Preuß § 15a Rn. 51; HK-Kleindiek § 15a Rn. 12). 17

▶ Hinweis:

> Kommen keine ernsthaften Sanierungsmaßnahmen in Betracht oder zerschlagen sie sich noch vor Ablauf der Dreiwochenfrist, ist **unverzüglich** (»ohne schuldhaftes Zögern«) Insolvenzantrag zu stellen.

4. Antragsinhalt

Der Insolvenzantrag muss, wie auch die Strafandrohung des Abs. 3 für einen »nicht richtig« gestellten Antrag zeigt, den in § 13 Rdn. 25 ff. dargelegten Anforderungen genügen. Nicht ausreichend ist daher ein Antrag, in dem das Vorliegen eines Insolvenzgrundes nicht nachvollziehbar dargelegt ist. Gleichermaßen dürfen aber auch keine falschen oder verfälschend unvollständige Angaben erfolgen (HK-Kirchhof § 15a Rn. 8). 18

III. Subsidiäre Antragspflicht bei Führungslosigkeit (Abs. 3)

1. Antragsverpflichtete

19 Im Fall der **Führungslosigkeit** einer GmbH ist jeder Gesellschafter, im Fall der Führungslosigkeit einer **AG** (nicht KGaA, s. Rdn. 24) oder **Genossenschaft** jedes Mitglied des Aufsichtsrats – »auch« – **insolvenzantragsverpflichtet**. Auf ihn geht die originäre Antragspflicht über. Andere juristische Personen oder Gesellschaften sind nicht erfasst (ausführlich zur Antragspflicht bei Führungslosigkeit: Berger, ZInsO 2009, 1977 ff.). Zur insolvenzrechtlichen Verfahrensfähigkeit bei Führungslosigkeit s. § 13 Rdn. 12 ff.

20 Sofern sie der Aufsicht der **BaFin** unterliegen (s. § 13 Rdn. 37 ff.), tritt im Hinblick auf § 46b KWG an die Stelle der Antragspflicht die **Anzeigepflicht an die BaFin**.

21 Nach der Legaldefinition des § 10 Abs. 2 Satz 2 liegt »**Führungslosigkeit**« nur dann vor, wenn der gesetzliche Vertreter fehlt. Nicht ausreichend ist, dass den Gesellschaftern/Mitgliedern des Aufsichtsrats der Aufenthalt des gesetzlichen Vertreters lediglich unbekannt oder dieser untergetaucht ist (s. § 10 Rdn. 11). Allerdings gibt ihnen dies Veranlassung, sich darüber Kenntnis zu verschaffen, ob ein Insolvenzgrund vorliegt, um den gesetzlichen Vertreter dann ggf. durch öffentliche Zustellung (§ 132 Abs. 2 BGB) abzuberufen.

21a Auch bei **Löschung wegen Vermögenslosigkeit** (§ 394 FamFG) besteht eine Antragspflicht des Gesellschafters, sofern tatsächlich noch Vermögen vorhanden ist. Nach der Lehre vom »Doppeltatbestand« (BGHZ 48, 303, 307; BGH, NJW 2001, 304) ist eine juristische Person erst beendet, wenn sie gelöscht **und** vermögenslos ist. Ist sie im Register trotz tatsächlich noch vorhandenen Vermögens wegen Vermögenslosigkeit gelöscht, besteht sie angesichts des Vermögens als aufgelöste Gesellschaft weiter und ist, da mit der Löschung die Vertretungsmacht der organschaftlichen Vertreter endet (h. M., s. Scholz GmbHG § 60 Rn. 58 m. w. N.), ohne gesetzlichen Vertreter und damit führungslos (§ 10 Abs. 2 Satz 2; s. a. § 15 Rdn. 12).

22 Die Gesetzesformulierung »auch« entspricht derjenigen in § 15 Abs. 1 Satz 2 (s. hierzu § 15 Rdn. 13).

23 Ist über das Vermögen des antragsverpflichteten Gesellschafters das Insolvenzverfahren eröffnet, ist der **Insolvenzverwalter antragsverpflichtet** (Göcke, ZInsO 2008, 1305; Berger, ZInsO 2009, 1977, 1982; Gundlach/Müller, ZInsO 2011, 900; a. A. in diesem Fall anscheinend Uhlenbruck-Hirte § 15a Rn. 62).

24 Eine **Kommanditgesellschaft auf Aktien** (KGaA, §§ 278 ff. AktG) unterliegt nicht der für die führungslose AG normierten Antragspflicht. Im Fall des ersatzlosen Ausscheidens des geschäftsführungsbefugten und vertretungsberechtigten persönlich haftenden Gesellschafters wird die KGaA aufgelöst (s. MK-AktG § 289 Rn. 143; Hüffer AktG § 289 Rn. 9) und durch die zu bestellenden Abwickler vertreten (§§ 278 Abs. 3, 264 ff. AktG). Ist einzige persönlich haftende **Komplementärin eine führungslose GmbH** (s. BGHZ 134, 392 zur Zulässigkeit einer »kapitalistischen« GmbH & Co. KGaA), kann die GmbH & Co. KGaA zwar wegen Fehlens eines organschaftlichen Vertreters der GmbH nicht mehr vertreten werden, es fehlt jedoch an der der subsidiären Antragspflicht maßgeblich zugrunde liegenden gesetzlichen Befugnis (s. o. Rdn. 1) des Aufsichtsrats der KGaA, einen organschaftlichen Vertreter für die GmbH oder aber einen Vertreter für die KGaA zu bestellen.

25 Auf **(Schein-) Auslandsgesellschaften** (s. o. Rdn. 4) findet die subsidiäre Antragspflicht keine Anwendung, da von Abs. 3 – anders als bei der originären Antragspflicht nach Abs. 1 – nur die GmbH, die AG und die Genossenschaft erfasst sind.

2. Beginn der Antragspflicht

26 Die **Antragspflicht beginnt** für den Antragsverpflichteten **mit Kenntnis** der Führungslosigkeit und des Vorliegens des Insolvenzgrundes der Zahlungsunfähigkeit **oder** (in Abs. 3 Halbs. 2 heißt es demgegenüber missverständlich »und«) Überschuldung.

Erforderlich ist positive Kenntnis; nur »Kennenmüssen« reicht nicht aus, allerdings dürfen sich Gesellschafter/Aufsichtsratsmitglieder nicht der Kenntnisnahme verschließen (BT-Drucks. 16/6140 S. 55; HK-Kirchhof § 15a Rn. 18). Für den Fall der Kenntnis der Führungslosigkeit besteht Veranlassung, sich über die Vermögenslage kundig zu machen, während bei Kenntnis der Überschuldung oder Zahlungsunfähigkeit angesichts der originären Antragspflicht des gesetzlichen Vertreters Veranlassung zur Überprüfung besteht, ob nicht der Fall der Führungslosigkeit vorliegt (BT-Drucks. 16/6140 S. 55).

Hat der Geschäftsführer einer GmbH nur ggü. einem von mehreren Gesellschaftern die Niederlegung seines Amtes erklärt (zur Wirksamkeit s. BGHZ 149, 28) und folgt hieraus die Führungslosigkeit, besteht zunächst nur für diesen Gesellschafter Veranlassung, sich über die Vermögenslage zu vergewissern, bis auch der weitere Gesellschafter hiervon Kenntnis erhält. Gleiches gilt auch für die Kenntnis von der Überschuldung oder Zahlungsunfähigkeit. 27

Die **Beweislast** für seine fehlende Kenntnis oder mangelnde Veranlassung, sich Kenntnis zu verschaffen, trägt der Antragspflichtige. Dass ein »kleinbeteiligter« Gesellschafter mit z. B. 10 % Geschäftsanteil des Stammkapitals weniger oder keinen Anlass haben soll, sich Kenntnis zu verschaffen, und ihm daher rgm. und ohne Schwierigkeiten die Entlastung gelingen wird (so BT-Drucks. 16/6140 S. 55), erscheint zweifelhaft. 28

Die **Dreiwochenfrist** des Abs. 1 Satz 1 (Rdn. 15 ff.) findet entsprechende Anwendung, da die originäre Antragspflicht des Abs. 1 auf die nach Abs. 3 Antragsverpflichteten übergeht. Demzufolge ist **ohne schuldhaftes Zögern** innerhalb dieser ab Beginn der Antragspflicht (Rdn. 26) laufenden Höchstfrist der Insolvenzantrag zu stellen oder die Antragspflicht zu beenden (Rdn. 31). 29

3. Antragsinhalt

Der Insolvenzantrag muss ebenso wie bei den originär Antragsverpflichteten den insolvenzrechtlichen Anforderungen genügen (s. o. Rdn. 18). 30

4. Ende der Antragspflicht

Die **Antragspflicht endet** entweder mit der Neubestellung eines organschaftlichen Vertreters oder dem Entfallen des Insolvenzgrundes. 31

Ein Ausscheiden des Gesellschafters/Aufsichtsratsmitglieds lässt seine bis zu diesem Zeitpunkt bestehende Antragspflicht nicht rückwirkend, sondern nur ex nunc entfallen. 32

Hat bereits ein Antragspflichtiger einen zulässigen Insolvenzantrag gestellt, endet die Antragspflicht; Gleiches gilt, wenn das Insolvenzverfahren eröffnet oder die Eröffnung mangels Masse abgewiesen ist. 33

Die **Antragspflicht lebt wieder auf** für alle Antragspflichtige, wenn der Insolvenzantrag als unzulässig zurückgewiesen ist oder zurückgenommen wird, obwohl die Antragspflicht nicht entfallen war. 34

§ 16 Eröffnungsgrund

Die Eröffnung des Insolvenzverfahrens setzt voraus, daß ein Eröffnungsgrund gegeben ist.

Übersicht	Rdn.		Rdn.
A. Normzweck	1	II. Keine Antragsbindung des Gerichts	12
B. Norminhalt	4	III. Zeitpunkt der Feststellung	14
I. Regelungsgehalt	4	IV. Beweisfragen	16
II. Einzelne Eröffnungsgründe gem. §§ 17 bis 19	5	V. Besonderheiten bei Verbraucher-/Kleininsolvenzen	17
C. Verfahrensfragen	8	VI. Besonderheiten bei Insolvenzverfahren mit Auslandsbezug	18
I. Gerichtliche Feststellung des Eröffnungsgrundes	8	VII. Rechtsbehelfe	19

§ 16 InsO Eröffnungsgrund

A. Normzweck

1 Die Vorschrift stellt klar, dass für die Eröffnung eines Insolvenzverfahrens ein Eröffnungsgrund gem. §§ 17 bis 19 vorliegen muss. Eröffnungsgründe sind Zahlungsunfähigkeit (§ 17), drohende Zahlungsunfähigkeit (§ 18) und Überschuldung (§ 19), wobei nicht alle Eröffnungsgründe in allen Fällen gelten (vgl. dazu Rdn. 5 f.).

2 Die Eröffnungsgründe in §§ 17 und 19 waren vom Gesetzgeber ggü. der KO und GesO bewusst verschärft worden, um im Interesse der Gläubigerbefriedigung und zur Verbesserung der Sanierungschancen eine frühere Verfahrenseinleitung und -eröffnung zu erreichen (BegrRegE BT-Drucks. 12/2443 S. 81). Diese Verschärfungen sind durch die Entwicklung der BGH-Rspr. zu § 17 z. T. abgemildert (vgl. § 17 Rdn. 4 ff.) bzw. durch die Wiedereinführung des »alten« zweistufigen Überschuldungsbegriffs durch das Finanzmarktstabilisierungsgesetz (dazu § 19 Rdn. 1a ff.) rückgängig gemacht worden.

3 Der Eröffnungsgrund ist neben einem zulässigen Insolvenzantrag (§§ 11 ff.) und der voraussichtlichen Verfahrenskostendeckung (§ 26) eine von drei Voraussetzungen für die Eröffnung eines Insolvenzverfahrens (vgl. § 27 Rdn. 2 ff.). Das **Vorliegen eines Eröffnungsgrundes** hat dabei **zentrale Bedeutung für die Rechtfertigung der Durchführung eines Insolvenzverfahrens** (ausführl. Uhlenbruck-Uhlenbruck § 16 Rn. 1–3). Das Insolvenzverfahren führt zu weitreichenden Eingriffen in die Rechte insb. des Schuldners, der die Verwaltungs- und Verfügungsbefugnis über sein Vermögen verliert (§ 80), jedoch auch der Gläubiger, denen die Möglichkeit der individuellen Haftungsverfolgung genommen wird (vgl. §§ 87 bis 89, 166). Die Zahlungsunfähigkeit oder Überschuldung, also die unzureichende Liquidität bzw. das unzureichende Vermögen des Schuldners, geben die Rechtfertigung dafür, von der individuellen zur kollektiven Haftungsverwirklichung überzugehen (BGH, ZInsO 2007, 939, 940; Uhlenbruck-Uhlenbruck § 16 Rn. 1; HK-Kirchhof § 16 Rn. 3). Das Insolvenzverfahren löst mit dem Grundsatz der Gleichbehandlung aller Gläubiger (par condicio creditorum) das einzelzwangsvollstreckungsrechtliche Prioritätsprinzip ab. Zugleich erhöht es als Kollektivverfahren die Sanierungschancen durch koordiniertes Vorgehen.

B. Norminhalt

I. Regelungsgehalt

4 Die Vorschrift hat abgesehen von der **deklaratorischen Feststellung**, dass die Eröffnung eines Insolvenzverfahrens das Vorliegen eines Eröffnungsgrundes voraussetzt, keinen eigenen Regelungsgehalt, da die einzelnen Eröffnungsgründe in §§ 17 bis 19 geregelt sind.

II. Einzelne Eröffnungsgründe gem. §§ 17 bis 19

5 Die **Zahlungsunfähigkeit** (§ 17) ist Eröffnungsgrund bei allen gem. § 11 insolvenzfähigen Rechtsträgern und sowohl bei einem Eigenantrag des Schuldners, als auch bei einem Gläubigerantrag. Sie wird deshalb in § 17 Abs. 1 als **allgemeiner Eröffnungsgrund** bezeichnet.

6 Demgegenüber werden die **Überschuldung** (§ 19) und die **drohende Zahlungsunfähigkeit** (§ 18) als **besondere Eröffnungsgründe** bezeichnet, da sie nicht in allen Fällen einen Eröffnungsgrund darstellen (K. Schmidt-K. Schmidt § 16 Rn. 5). Die Überschuldung ist zwar ebenfalls sowohl bei einem Eigen-, als auch bei einem Gläubigerantrag Eröffnungsgrund, jedoch nur bei Insolvenzverfahren über das Vermögen haftungsbeschränkter Rechtsträger (juristische Personen [§ 19 Abs. 1], Gesellschaften ohne Rechtspersönlichkeit, bei denen kein persönlich haftender Gesellschafter eine natürliche Person ist [§ 19 Abs. 3, z. B. GmbH & Co. KG]), sowie bei den besonderen Insolvenzverfahren über einen Nachlass (§ 320) oder das Gesamtgut einer fortgesetzten Gütergemeinschaft (§ 332). Hingegen ist die drohende Zahlungsunfähigkeit Eröffnungsgrund für alle gem. § 11 insolvenzfähigen Rechtsträger, jedoch nur im Fall eines Eigenantrages des Schuldners. Bei drohender Zahlungsunfähigkeit besteht ein Antragsrecht des Schuldners, jedoch keine Antragspflicht (näher dazu § 18 Rdn. 4).

Auch das Kreditwesengesetz (KWG) und das Versicherungsaufsichtsgesetz (VAG), die die Insolvenzantragsrechte und -pflichten besonders regeln (vgl. § 46b KWG, § 88 VAG), nehmen auf §§ 16 ff. Bezug. Bei der Genossenschaft schränkt § 98 GenG ein, dass die Überschuldung nur dann Eröffnungsgrund ist, wenn eine Nachschusspflicht besteht, die Überschuldung jedoch ein Viertel des Gesamtbetrags der Haftsummen aller Genossen übersteigt (Nr. 1), die Genossen keine Nachschüsse zu leisten haben (Nr. 2) oder die Genossenschaft aufgelöst ist (Nr. 3).

C. Verfahrensfragen

I. Gerichtliche Feststellung des Eröffnungsgrundes

Der **Eröffnungsgrund** muss **zur Überzeugung des Insolvenzgerichts** festgestellt werden (§ 4 i. V. m. § 286 ZPO). Die Prüfung des Insolvenzgrundes hat, wenn der Insolvenzantrag nicht aus anderen Gründen abzuweisen ist, wegen der rechtlichen und wirtschaftlichen Tragweite der Eröffnung eines Insolvenzverfahrens zentrale Bedeutung (vgl. Rdn. 1) und ist deswegen mit besonderer Sorgfalt durchzuführen (ausführl. MK-Schmahl/Vuia § 16 Rn. 11 f. m. w. N.). Das Gericht ist dabei grds. nicht an den mit dem Insolvenzantrag geltend gemachten Eröffnungsgrund gebunden (Ausn. bei drohender Zahlungsunfähigkeit, näher dazu Rdn. 13).

Es reicht aus, dass nur ein **einziger Gläubiger** vorhanden ist, wenn dessen Forderung zur Überzeugung des Insolvenzgerichts feststeht und einen Eröffnungsgrund begründet, eine Gläubigermehrheit ist nicht erforderlich (HK-Kirchhof § 16 Rn. 9 m. w. N.).

Bei der Feststellung des Eröffnungsgrundes stellt sich nicht selten die Frage, wie mit streitigen oder sonst ungewissen Verbindlichkeiten umzugehen ist. Im Rahmen der Zahlungsunfähigkeitsprüfung kommt es rechtlich auf das objektive Bestehen oder Nichtbestehen der jeweiligen fälligen Verbindlichkeiten an (näher § 17 Rdn. 6), während im Rahmen der Überschuldungsprüfung Rückstellungen für ungewisse Verbindlichkeiten zu bilden sind (näher § 19 Rdn. 41).

Für die gerichtliche Feststellung des Eröffnungsgrundes gem. § 16 hat die Rspr. zudem die nachfolgenden **Beweisregeln** aufgestellt, die darin wurzeln, dass das Insolvenzverfahren ein Vollstreckungsverfahren und kein Erkenntnisverfahren ist (ausführl. zum Eröffnungsgrund bei streitigen Verbindlichkeiten: Henkel, ZInsO 2011, 1237).

Soll der **Eröffnungsgrund aus einer einzigen Forderung** des antragstellenden Gläubigers **abgeleitet** werden und ist diese bestritten, muss die Forderung für die Eröffnung des Insolvenzverfahrens voll bewiesen sein, d. h. zur Überzeugung des Insolvenzgerichts feststehen (BGH, ZInsO 2009, 2072, Tz. 3; ZInsO 2006, 824, 825; ZInsO 2006, 145, 146). Entsprechendes gilt, wenn der Eröffnungsgrund von **mehreren ernsthaft bestrittenen Forderungen** des antragstellenden Gläubigers abhängt (BGH, ZInsO 2006, 828), und muss auch gelten, wenn der Eröffnungsgrund von bestrittenen Forderungen anderer Gläubiger abhängt. In allen diesen Fällen hängt die Überzeugung des Insolvenzgerichts vom Eröffnungsgrund von der Überzeugung des Bestehens der bestrittenen Forderungen ab. Sind eine oder mehrere Forderungen nur z. T. streitig, kann sich der Eröffnungsgrund jedoch ggf. aus unstreitigen Teilbeträgen ergeben.

Die Überzeugung des Insolvenzgerichts vom Eröffnungsgrund kann sich grds. auch **auf nicht titulierte Forderungen** stützen, jedoch gehen Zweifel zulasten des Antragstellers. Das Insolvenzverfahren ist kein Erkenntnisverfahren, sondern ein Vollstreckungsverfahren und eilbedürftig (BGH, ZInsO 2002, 818 f.). Bei **ernsthaft bestrittenen oder rechtlich zweifelhaften Forderungen** sind die Parteien grds. auf den **Prozessrechtsweg** zu verweisen (BGH, ZInsO 2006, 145, 146). Dieser und nicht das Insolvenzeröffnungsverfahren ist für die Klärung streitiger Forderungen vorgesehen (BGH, ZIP 1992, 947). Ob der Schuldner Anspruchsvoraussetzungen bestreitet oder Gegenrechte (z. B. Verjährung) geltend macht, ist dabei nicht von Bedeutung (BGH, ZInsO 2007, 604, 605). Verbleiben Zweifel am Eröffnungsgrund, d. h. fällt die tatsächliche oder rechtliche Beurteilung nicht eindeutig aus, hat das Insolvenzgericht den Insolvenzantrag als unbegründet (oder bei einem Gläubigerantrag ggf. bereits als unzulässig gem. § 14) abzuweisen (BGH a. a. O.). Eine Schlüssigkeitsprüfung im technischen Sinn ist nicht erforderlich (BGH, NZI 2007, 350). Jedoch kann das Insolvenzgericht streitige Forderungen auch selbst klären und muss dies nicht dem Erkenntnisverfahren vorbehalten, wenn die Entscheidung zu seiner Überzeugung eindeutig ausfällt (AG Köln, NZI 2007, 666; zust. HK-Kirchhof § 16 Rn. 16 Fn. 32). Eine solche Eindeutigkeit wird wegen der Eilbedürftigkeit des Eröffnungsverfahrens und der insofern begrenzten Ermittlungsmöglichkeiten jedoch die Ausnahme sein.

9a Andererseits sind **titulierte Forderungen**, für die ein vollstreckbarer Titel oder ein Endurteil i. S. d. § 179 Abs. 2 vorliegt, für das Insolvenzeröffnungsverfahren grds. **als bewiesen anzusehen, wenn der Schuldner keinen Rechtsbehelf** dagegen erhoben hat (BGH, ZInsO 2009, 2072, Tz. 5; ZInsO 2006, 824, 825). Dies gilt nicht nur für rechtskräftig titulierte Forderungen (HK-Kirchhof § 16 Rn. 16), sondern **auch für nur vorläufig vollstreckbar titulierte Forderungen** (BGH a. a. O.).

Einwendungen gegen die titulierte Forderung oder gegen deren Vollstreckbarkeit können – von offensichtlichen Fällen abgesehen – grds. nur in den für den jeweiligen Einwand vorgesehenen Verfahren geltend gemacht werden (BGH a. a. O.). Jedoch braucht das Insolvenzgericht die Einwendungen des Schuldners nach neuerer Rspr. nicht zu berücksichtigen, auch wenn dieser einen **Rechtsbehelf eingelegt** hat, solange die **Vollstreckbarkeit nicht beseitigt** ist (BGH, ZInsO 2010, 1091, Tz. 6; ZInsO 2009, 2072, Tz. 5; ähnl. ZInsO 2010, 331, wenn der Schuldner nach einstweiliger Einstellung der Zwangsvollstreckung gegen Sicherheitsleistung diese nicht erbringt; a. A. noch BGH, ZIP 1992, 947: freie Beweiswürdigung der Rechtsbehelfsaussichten; ähnl. Uhlenbruck, ZInsO 2006, 338, 340 ff.). Gleichwohl darf das Insolvenzgericht etwaige Einwendungen und die Rechtsbehelfsaussichten i. R. d. freien Beweiswürdigung gem. § 4 i. V. m. § 286 ZPO berücksichtigen, da eine rechtliche Bindung des Insolvenzgerichts an den Titel nicht besteht (AG Hamburg, ZInsO 2007, 950; AG Köln, NZI 2007, 666). Die Entscheidung schwieriger rechtlicher oder tatsächlicher Fragen ist jedoch nicht Aufgabe des Insolvenzgerichts, sondern des Erkenntnisverfahrens (BGH, NZI 2007, 350). Zweifel gehen insoweit zulasten des Antragstellers (vgl. BGH, NZI 2007, 350). Ebenso ist es nicht Sache des Insolvenzgerichts, rechtlich oder tatsächlich zweifelhaften Einwendungen gegen titulierte Forderungen nachzugehen (BGH, ZInsO 2006, 824, 825). Auch i. R. d. Beweiswürdigung ist jedoch zu berücksichtigen, dass titulierte Forderungen je nach Art und Begründung des Titels ein mehr stärkeres oder schwächeres – Indiz für das Bestehen der Forderung darstellen (vgl. AG Hamburg, ZInsO 2004, 991 zu OLG Urteil). Ist hingegen ein **Rechtsbehelf eingelegt und** die **Vollstreckbarkeit beseitigt** (z. B. gem. §§ 719, 769 ZPO), sind die Parteien nach den o. g. Grundsätzen auf das Erkenntnisverfahren zu verweisen.

9b Die vorgenannten Grundsätze gelten auch für **öffentlich-rechtliche Forderungen** (BGH, ZInsO 2010, 1091, Tz. 7; ZInsO 2009, 2072, Tz. 5), die durch Verwaltungsakt tituliert (z. B. Steuern, vgl. BGH, ZInsO 2010, 1091, Tz. 7 f., oder Sozialversicherungsbeiträge) oder sonst begründet sind (z. B. durch Abwicklungsanordnung der BaFin gem. § 37 KWG, vgl. LG Hamburg, ZInsO 2006, 1338). Das Insolvenzgericht hat grds., d. h. von Ausnahmen wie Nichtigkeit o. Ä. abgesehen, von der Wirksamkeit des zugrunde liegenden Bescheides auszugehen, solange dieser nicht durch die zuständige Behörde oder das zuständige Fachgericht aufgehoben ist (BGH, ZInsO 2003, 848, 849; LG Hamburg, ZInsO 2006, 1338; ähnl. BGH, ZInsO 2006, 1219, 1220 zu §§ 94 ff.). Das Insolvenzgericht darf also die Eröffnung des Insolvenzverfahrens auf vollstreckbare öffentlich-rechtliche Steuerforderungen aus einem vollziehbaren Steuerbescheid stützen, auch wenn über die betreffenden Forderungen ein finanzgerichtliches Verfahren anhängig ist (BGH, ZInsO 2010, 1091, Tz. 6 f.).

Die **Außervollzugsetzung** eines Bescheides hemmt nach herrschender Meinung lediglich seine Vollziehung, nicht jedoch seine Wirksamkeit (vgl. BVerwG, NJW 1983, 776, 777). Bei Außervollzugsetzung ist die Forderung jedoch **nicht »ernstlich eingefordert«** (dazu § 17 Rdn. 13d.) und kann bei der Zahlungsunfähigkeitsprüfung insofern außer Betracht bleiben. I. Ü. darf der Hoheitsträger bzw. die Behörde bei Außervollzugsetzung den Insolvenzantrag nicht weiterverfolgen. Auf die bloßen Aussichten eines steuerlichen **Erlassverfahrens** kommt es nicht an (a. A. LG Hildesheim, ZIP 2008, 325).

Das Insolvenzgericht hat den Eröffnungsgrund i. R. d. **Amtsermittlungspflicht** gem. § 5 zu prüfen   10
und ggf. festzustellen (BGH, ZIP 2006, 1056). Dazu stehen ihm ggf. die Mittel des § 20 Abs. 1
Satz 2 i. V. m. §§ 97, 98, 101 zur Verfügung (BGH, ZIP 2007, 1868). Die Amtsermittlungspflicht
trifft ggf. auch das Beschwerdegericht (BGH, ZIP 2006, 1056, 1057, Tz. 6). Bei der Feststellung des
Eröffnungsgrundes reicht ein für das praktische Leben brauchbarer Grad an Gewissheit (BGH, ZIP
2006, 1056, 1057, Tz. 14Die Ablehnung der Insolvenzeröffnung wegen bloßer Unerreichbarkeit
des Schuldners ist, ohne dass sonstige Ermittlungsmöglichkeiten ausgeschöpft sind, nicht zulässig
(BGH, ZIP 2006, 1056, 1057, Tz. 7 ff. dort auch näher zum Umfang der Amtsermittlungspflicht).

Die Amtsermittlungspflicht hinsichtl. des Eröffnungsgrundes besteht im Hinblick auf Missbrauchsmöglichkeiten insb. im Zusammenhang mit Insolvenzplan- bzw. Restschuldbefreiungsverfahren **auch, wenn der Schuldner den Eröffnungsgrund ausdrücklich oder konkludent zugesteht** (MK-Schmahl/Vuia § 16 Rn. 6; HK-Kirchhof § 16 Rn. 11). Allerdings kann das Zugeständnis ein wichtiges **Indiz** für das Gericht sein (HK-Kirchhof § 16 Rn. 11). **Schweigen des Schuldners** hat keine Geständniswirkung, sondern gilt vielmehr als Bestreiten (LG Köln, KTS 1964, 247; HK-Kirchhof § 16 Rn. 11; Uhlenbruck-Uhlenbruck § 16 Rn. 9 m. w. N.; a. A. Rugullis, KTS 2008, 283 ff.). Das Gericht setzt i. R. d. Prüfung der Eröffnungsgründe jedenfalls bei Unternehmensinsolvenzen i. d. R. einen Sachverständigen bzw. einen vorläufigen Insolvenzverwalter gem. §§ 5, 21, 22 ein und beauftragt diesen mit den entsprechenden gutachterlichen Feststellungen (BGH, KTS 1957, 13; ausführl. MK-Schmahl/Vuia § 16 Rn. 39 ff.; vgl. zu den diesbezügl. Anforderungen an ein Insolvenzgutachten LG München, ZInsO 2010, 1009). Verbraucher- oder Kleininsolvenzverfahren werden demgegenüber nicht selten bereits aufgrund der Angaben des Schuldners im sog. Verbraucherinsolvenzvordruck eröffnet.

Der **Schuldner** und die in § 101 genannten Personen sind dem Gericht und einem vorläufigen   11
Insolvenzverwalter ggü. gem. § 20 bzw. § 22 Abs. 3 **umfassend auskunfts- und mitwirkungspflichtig**. Die Auskunfts- und Mitwirkungspflichten ggü. einem sog. isolierten Sachverständigen muss das Gericht festlegen, da sie nicht im Gesetz geregelt sind (MK-Schmahl/Vuia § 16 Rn. 57 ff.). **Verschwiegenheitspflichten von Dritten** wie Rechtsanwälten, Steuerberatern, Finanzämtern oder Kreditinstituten gelten auch im Insolvenzeröffnungsverfahren. Von ihnen kann nur der Schuldner befreien, der dazu aufgrund seiner umfassenden Auskunfts- und Mitwirkungspflichten gem. § 20 jedoch verpflichtet ist, oder ein sog. starker vorläufiger Insolvenzverwalter gem. § 22 Abs. 1, der insoweit an die Stelle des Schuldners tritt (§ 20 Rdn. 10; HK-Kirchhof § 16 Rn. 13; weiter gehend MK-Schmahl/Vuia § 16 Rn. 56).

II. Keine Antragsbindung des Gerichts

Grundsätzlich ist das Gericht aufgrund des **Amtsermittlungsgrundsatzes** des § 5 (Rdn. 10) **an die**   12
Geltendmachung eines bestimmten Eröffnungsgrundes im Insolvenzantrag **nicht gebunden**, sondern muss von sich aus alle in Betracht kommenden Eröffnungsgründe prüfen (LG Frankenthal, RPfleger 1986, 104; HK-Kirchhof § 16 Rn. 8). Das Gericht kann und muss also z. B. ein wegen Zahlungsunfähigkeit beantragtes Insolvenzverfahren über das Vermögen einer GmbH ggf. eröffnen, wenn statt der Zahlungsunfähigkeit deren Überschuldung festgestellt wird. Auch darf ein vom Schuldner wegen drohender Zahlungsunfähigkeit gem. § 18 beantragtes Insolvenzverfahren wegen Zahlungsunfähigkeit gem. § 17 eröffnet werden, wenn diese bereits eingetreten ist.

Zu diesem Grundsatz besteht jedoch eine **Einschränkung**: Das Gericht darf eine Verfahrens-   13
eröffnung nur auf drohende Zahlungsunfähigkeit gem. § 18 stützen, wenn der Schuldner einen Eigenantrag gestellt und sich (auch) auf den Eröffnungsgrund der drohenden Zahlungsunfähigkeit berufen hat, denn die drohende Zahlungsunfähigkeit begründet lediglich ein Antragsrecht des Schuldners und keine Antragspflicht (Jaeger-Müller § 16 Rn. 9; MK-Schmahl/Vuia § 16 Rn. 34; a. A. A/G/R-Kadenbach, § 18 Rn. 3).

III. Zeitpunkt der Feststellung

14 Die Eröffnung des Insolvenzverfahrens setzt voraus, dass ein **Eröffnungsgrund im Zeitpunkt der Verfahrenseröffnung** besteht (BGH, ZInsO 2010, 872, Tz. 7; ZInsO 2006, 1051). Demgegenüber kommt es nicht darauf an, ob der Eröffnungsgrund bereits bei Eingang des Eröffnungsantrags vorlag (BGH, ZInsO 2007, 1275). Fällt der Eröffnungsgrund vor der Eröffnungsentscheidung weg, ist der Insolvenzantrag für erledigt zu erklären, wenn der Antrag nicht abgewiesen werden soll.

Bei einer **Verfahrenseröffnung im Beschwerdeverfahren** kommt es nach allgemeinen Regeln auf den Sach- und Streitstand im Zeitpunkt der Beschwerdeentscheidung an, wenn das Insolvenzgericht den Antrag auf Eröffnung des Insolvenzverfahrens abgewiesen hatte (BGH, ZIP 2008, 1034). Hatte demgegenüber das Insolvenzgericht das Insolvenzverfahren zu Unrecht eröffnet, ohne dass ein Eröffnungsgrund vorlag, soll eine erneute Eröffnung des Insolvenzverfahrens im Beschwerdeverfahren nicht möglich sein, auch wenn ein Eröffnungsgrund während des Beschwerdeverfahrens entsteht (BGH, ZInsO 2006, 1051).

Bestand der Eröffnungsgrund im Zeitpunkt der Verfahrenseröffnung und fällt er danach weg (z. B. durch Stundungen oder Rangrücktritte von Gläubigern), kann der **nachträgliche Wegfall des Eröffnungsgrundes** nicht i. R. d. Beschwerde gem. § 34 Abs. 2, sondern nur i. R. d. Einstellung nach § 212 geltend gemacht werden (BGH, ZInsO 2006, 1051). Ausführlich zum Ganzen § 34 Rdn. 15.

15 Der **Wegfall der Antragsberechtigung des Gläubigers nach Verfahrenseröffnung** ist unbeachtlich. Sobald sich das Gericht vom Vorliegen eines Insolvenzgrundes überzeugt und das Insolvenzverfahren eröffnet hat, geht das sog. quasistreitige Eröffnungsverfahren in ein reines Amtsverfahren über (LG Karlsruhe, NZI 2002, 608; Uhlenbruck-Uhlenbruck § 16 Rn. 10 m. w. N.; K/P/B-Pape § 16 Rn. 3; **a. A.** NR-Mönning § 14 Rn. 65; früher auch OLG Celle, KTS 1972, 264, überholt durch OLG Celle, ZIP 2000, 673). Dies wird überwiegend damit begründet, dass im Interesse der Gleichbehandlung der Gläubiger eine vorzeitige Beendigung des Insolvenzverfahrens durch nachträgliche Einzelbefriedigung des Antragstellers verhindert werden soll. Insofern gehen nach Verfahrenseröffnung auch eine Erledigungserklärung (LG Potsdam, ZInsO 2002, 778) oder eine Rücknahmeerklärung des Insolvenzantragstellers ins Leere (Uhlenbruck-Uhlenbruck § 16 Rn. 10 m. w. N.; K/P/B-Pape § 16 Rn. 3).

IV. Beweisfragen

16 Wegen des Amtsermittlungsgrundsatzes des § 5 (Rdn. 10) gibt es im Insolvenzeröffnungsverfahren **keine formelle Beweislast**. Bei der Feststellung des Eröffnungsgrundes reicht ein für das praktische Leben brauchbarer Grad an Gewissheit (BGH, ZIP 2006, 1056). Lässt sich ein Eröffnungsgrund nicht zur Überzeugung des Gerichts feststellen, ist der Insolvenzantrag als unbegründet zurückzuweisen. Die **Nichterweislichkeit des Eröffnungsgrundes** trifft also **den Antragsteller** (sog. materielle Beweislast; ausführl. Uhlenbruck-Uhlenbruck § 16 Rn. 8 m. w. N.; Jaeger-Müller § 16 Rn. 15).

V. Besonderheiten bei Verbraucher-/Kleininsolvenzen

17 Auch bei Verbraucher- und sonstigen Kleininsolvenzen gem. §§ 304 ff. setzt die Verfahrenseröffnung einen Eröffnungsgrund voraus, wobei hier nur die Zahlungsunfähigkeit gem. § 17 und bei Schuldnerantrag auch die drohende Zahlungsunfähigkeit gem. § 18, nicht hingegen die Überschuldung gem. § 19, Eröffnungsgrund sind. Das Gericht kann bereits **während des gerichtlichen Schuldenbereinigungsverfahrens das Vorliegen der (drohenden) Zahlungsunfähigkeit gem. §§ 17, 18** prüfen, um eine missbräuchliche Inanspruchnahme des Schuldenbereinigungsverfahrens zu verhindern (AG Göttingen, ZInsO 1999, 477 für die Zustimmungsersetzung nach § 309; Uhlenbruck-Uhlenbruck § 16 Rn. 12 m. w. N.; K/P/B-Pape § 16 Rn. 6–8; **a. A.** Fuchs, Kölner Schrift zur InsO, S. 1703 Rn. 72; Jaeger-Müller § 16 Rn. 19: Prüfung i. R. d. § 309 Abs. 1 Nr. 2).

VI. Besonderheiten bei Insolvenzverfahren mit Auslandsbezug

Bei der **Eröffnung eines Sekundärinsolvenzverfahrens** ist gem. Art. 27 EuInsVO, § 356 Abs. 3 ausnahmsweise keine Feststellung eines Eröffnungsgrundes erforderlich, wenn im Ausland bereits ein im Inland anerkanntes Hauptinsolvenzverfahren eröffnet worden ist (vgl. auch Art. 27 EuInsVO Rdn. 5). Nach der Rspr. des EuGH zu Art. 27 EuInsVO darf das mit dem Antrag auf Eröffnung des Sekundärinsolvenzverfahrens befasste Gericht den Eröffnungsgrund sogar nicht mehr prüfen und dies selbst dann nicht, wenn der Eröffnungsgrund bei Eröffnung des Hauptinsolvenzverfahrens nicht geprüft wurde, weil das Hauptinsolvenzverfahren einem besonderen Schutzzweck dient wie das französische Sauvegarde-Verfahren (EuGH, ZInsO 2012, 2380, 2384; zust. K. Schmidt-Brinkmann, Art. 27 EuInsVO Rn. 11). 18

Hingegen ist bei **Eröffnung eines Hauptinsolvenzverfahrens** im Inland (Art. 3 EuInsVO) sowie eines **Partikularinsolvenzverfahrens** gem. §§ 354 ff. die Feststellung eines Eröffnungsgrundes gem. § 16 erforderlich (HK-Kirchhof § 16 Rn. 4). Wegen der Berücksichtigung der Liquiditäts- bzw. Vermögenslage im Ausland näher. § 17 Rdn. 31 ff. bzw. § 19 Rdn. 51 ff.

VII. Rechtsbehelfe

Die Feststellung oder Ablehnung eines Eröffnungsgrundes kann nur **inzident** i. R. d. **Beschwerde gem.** § 34 gegen die Eröffnung des Insolvenzverfahrens oder dessen Ablehnung angegriffen werden (ausführl. dazu bei § 34). **Beweisanordnungen** zur Feststellung der Eröffnungsgründe, z. B. die Beauftragung eines Sachverständigen oder deren Ablehnung, sind als richterliche Vorbereitungshandlungen zur Entscheidung über die Verfahrenseröffnung **nicht isoliert anfechtbar** (BGH, ZInsO 1998, 336). 19

§ 17 Zahlungsunfähigkeit

(1) Allgemeiner Eröffnungsgrund ist die Zahlungsunfähigkeit.

(2) ¹Der Schuldner ist zahlungsunfähig, wenn er nicht in der Lage ist, die fälligen Zahlungspflichten zu erfüllen. ²Zahlungsunfähigkeit ist in der Regel anzunehmen, wenn der Schuldner seine Zahlungen eingestellt hat.

Übersicht	Rdn.			Rdn.
A. Normzweck	1		b) Bloße Zahlungsstockung	15
B. Norminhalt	2		c) Geringfügige Liquiditätslücken	17
I. Allgemeiner Eröffnungsgrund (Abs. 1)	2		d) Nichtberücksichtigung von Insolvenzanfechtungsansprüchen	24
II. Definition der Zahlungsunfähigkeit (Abs. 2 Satz 1)	4		e) Nichtberücksichtigung der persönlichen Gesellschafterhaftung (§ 93)	25
III. Einzelmerkmale der Zahlungsunfähigkeit	5			
1. Zahlungspflichten	5	IV.	Zahlungseinstellung als gesetzliche Vermutung (Abs. 2 Satz 2)	26
2. Fälligkeit	7	V.	Insolvenzverfahren mit Auslandsbezug	31
a) Allgemeines	7	C.	Verfahrensfragen	34
b) Fälligkeit gem. § 271 BGB	9	I.	Methoden der Zahlungsunfähigkeitsprüfung	34
c) Sonstige Durchsetzbarkeit	11			
d) »Ernsthaftes Einfordern«	13a	II.	Beweisfragen	39
3. Unfähigkeit zur Erfüllung	14			
a) Mangel an Zahlungsmitteln	14			

A. Normzweck

§ 17 bestimmt die Zahlungsunfähigkeit als **allgemeinen Eröffnungsgrund** (Abs. 1) und gibt in Abs. 2 eine **gesetzliche Definition** des insolvenzrechtlichen Rechtsbegriffes der Zahlungsunfähigkeit (vgl. auch Rdn. 3). Dabei hat der Gesetzgeber ggü. der von der Rspr. zu § 102 KO, § 1 GesO entwickelten Definition der Zahlungsunfähigkeit in einzelnen Punkten bewusste Verschärfungen 1 vorgenommen, um durch eine **frühzeitigere Verfahrenseinleitung und -eröffnung** die Chancen der Gläubigerbefriedigung und der Unternehmenssanierung zu verbessern (BegrRegE BT-Drucks. 12/2443 S. 81). Diese Verschärfungen sind durch die Rspr. z. T. abgemildert worden (vgl. Rdn. 23).

B. Norminhalt

I. Allgemeiner Eröffnungsgrund (Abs. 1)

2 Abs. 1 bestimmt die Zahlungsunfähigkeit als **allgemeinen Eröffnungsgrund**, da er für alle Rechtsträger und Vermögensmassen und sowohl bei einem Eigenantrag des Schuldners, als auch bei einem Gläubigerantrag gilt (vgl. BegrRegE BT-Drucks. 12/2443 S. 114).

3 Bei § 17 handelt es sich um den **insolvenzrechtlichen Begriff** der Zahlungsunfähigkeit. Der Begriff der Zahlungsunfähigkeit ist im Insolvenzrecht (§§ 17, 129 ff. InsO) einheitlich zu verstehen (BGH, ZInsO 2006, 827, Tz. 6). Er gilt ferner für insolvenzrechtliche Regelungen außerhalb der InsO, so z. B. für § 64 GmbHG (BGH a. a. O.), §§ 92, 401 AktG, §§ 99, 148 GenG, §§ 130a, 130b HGB, nicht jedoch für § 96 Abs. 1 Nr. 4 OWiG (LG Potsdam, ZInsO 2006, 1114). Der strafrechtliche Begriff der Zahlungsunfähigkeit ist infolge der o. g. Rechtsprechungsentwicklung Rdn. 1) paradoxerweise z. T. strenger (vgl. BGH, ZInsO 2007, 1115; krit. dazu auch Pape, WM 2008, 1949, 1956). Vgl. zum Ganzen ferner: Pohl, Der Insolvenzgrund der Zahlungsunfähigkeit, Diss. 2011; zu betriebswirtschaftlichen Aspekten des Begriffs der Zahlungsunfähigkeit näher Plagens/Wilkes, ZInsO 2010, 2107.

II. Definition der Zahlungsunfähigkeit (Abs. 2 Satz 1)

4 Nach Abs. 2 Satz 1 **ist der Schuldner zahlungsunfähig, wenn er nicht in der Lage ist, seine fälligen Zahlungspflichten zu erfüllen**. Der Gesetzgeber hat bei der Neudefinition der Zahlungsunfähigkeit bewusst von den Merkmalen der Dauer, des ernsthaften Einforderns und der Wesentlichkeit abgesehen, wobei es in der Begründung zum RegE allerdings ausdrücklich heißt, dass vorübergehende Zahlungsstockungen und ganz geringfügige Liquiditätslücken außer Betracht bleiben sollen (BegrRegE BT-Drucks. 12/2443 S. 114). Nach der **Grundsatzentscheidung des BGH v. 24.05.2005** (BGHZ 163, 134 = ZInsO 2005, 807) liegt Zahlungsunfähigkeit im Rechtssinne rgm. jedenfalls dann vor, wenn der Schuldner **10 %** oder mehr **seiner fälligen Gesamtverbindlichkeiten länger als 3 Wochen** nicht erfüllen kann, sofern nicht ausnahmsweise mit an Sicherheit grenzender Wahrscheinlichkeit zu erwarten ist, dass die Liquiditätslücke demnächst vollständig oder fast vollständig beseitigt werden wird und den Gläubigern ein Zuwarten nach den besonderen Umständen des Einzelfalls zuzumuten ist. Beträgt die innerhalb von 3 Wochen nicht zu beseitigende Liquiditätslücke weniger als 10 % liegt Zahlungsunfähigkeit nur vor, wenn bereits absehbar ist, dass die Lücke demnächst mehr als 10 % erreichen wird (BGH a. a. O.).

III. Einzelmerkmale der Zahlungsunfähigkeit

1. Zahlungspflichten

5 Nach dem Gesetzeswortlaut und -zweck kommt es ausschließlich auf die Zahlungspflichten des Schuldners an, also **nur** auf seine **Geldschulden**, und nicht auch auf seine sonstigen Verpflichtungen, z. B. Lieferverpflichtungen. Eine Geldschuld kann auch ein Anspruch auf Hinterlegung sein (HK-Kirchhof § 17 Rn. 6; Jaeger-Müller § 17 Rn. 6). Sonstige Verpflichtungen des Schuldners werden erst bedeutsam, wenn aus ihnen Zahlungspflichten, z. B. auf Schadensersatz, entstehen (HK-Kirchhof § 17 Rn. 6; Jaeger-Müller § 17 Rn. 6). Zahlungspflichten, die erst durch die Verfahrenseröffnung entstehen, müssen bei der vorherigen Prüfung, ob ein Eröffnungsgrund vorliegt, außer Betracht bleiben (AG Göttingen, ZInsO 2002, 945). Allerdings sind Zahlungspflichten, die während des Insolvenzeröffnungsverfahrens entstehen und fällig werden, zu berücksichtigen (zum Stichtag der Zahlungsunfähigkeitsbeurteilung § 16 Rdn. 14). Fällige Zahlungspflichten sind grds. mit ihrem **Nennwert** anzusetzen.

Bei **streitigen oder sonst ungewissen Zahlungspflichten** kommt es rechtlich darauf an, inwieweit die jeweiligen Zahlungspflichten objektiv bestehen oder nicht (so K. Schmidt-K. Schmidt, § 17 Rn. 8 mit ausführl. Begründung; ähnl. FK-Schmerbach, § 17 Rn. 8; A/G/R-Kadenbach, § 17 Rn. 11). Das schließt nicht aus, den Umfang der objektiv fälligen Verbindlichkeiten im Rahmen der prognostischen Zahlungsunfähigkeitsprüfung ex ante (vgl. zu Methoden der Zahlungsunfähigkeitsprüfung Rdn. 34) im Einzelfall mangels besserer Erkenntnis zu schätzen (K. Schmidt-K. Schmidt a. a. O.). Die gegenteilige Auffassung der Vorauflage, für ungewisse Verbindlichkeiten einen Schätzwert nach der Wahrscheinlichkeit der drohenden Inanspruchnahme zu bilden (so HK-Kirchhof § 17 Rn. 7; vgl. zur Behandlung str. Rechtsverhältnisse bei der Insolvenzreifeprüfung ferner: Henkel, ZInsO 2011, 1237; Schmidt/Roth, ZInsO 2006, 236; Primozic/Fleckl, GmbHR 2005, 160, 163 f.), wird jedoch aufgegeben. Die Zahlungsunfähigkeitsprüfung gem. § 17 unterscheidet sich insofern von der Überschuldungsprüfung gem. § 19, bei der wie im Bilanzrecht (vgl. § 249 Abs. 1 Satz 1 HGB) die Bildung von Rückstellungen für ungewisse Verbindlichkeiten anerkannt ist (vgl. dazu § 19 Rdn. 37). 6

Für die gerichtliche Feststellung des Eröffnungsgrundes gem. § 16 hat die Rspr. darüber hinaus **Beweisregeln** aufgestellt, wenn der Eröffnungsgrund auf (ggf. auch nur vorläufig vollstreckbar) **titulierte Forderungen** gestützt oder aus streitigen **Forderungen abgeleitet** werden soll (ausführl. dazu § 16 Rdn. 9).

2. Fälligkeit

a) Allgemeines

»**Fällige Zahlungspflicht**« i. S. d. § 17 bedeutet zunächst, dass die Forderung **fällig gem. § 271 BGB** (Rdn. 8) **und frei von Einwendungen und Einreden** (Rdn. 11 ff.), d. h. rechtlich durchsetzbar ist (MK-Eilenberger § 17 Rn. 7). Es ist nicht erforderlich, dass der Schuldner sich bereits im Zahlungsverzug befindet (BGH, ZInsO 2005, 807, 808). 7

Nach der Rspr. des BGH muss zur »Fälligkeit« i. S. d. § 17 zu der **zivilrechtlichen Fälligkeit** ergänzend hinzukommen, dass die jeweiligen Zahlungsforderungen vom Gläubiger »**ernstlich eingefordert**« sind (BGHZ 173, 286 = ZInsO 2007, 939; ausführl. dazu Rdn. 13 a ff.). 8

b) Fälligkeit gem. § 271 BGB

Ist für eine Zahlung eine Zeit weder bestimmt, noch aus den Umständen zu entnehmen, ist sie sofort fällig (§ 271 Abs. 1 BGB). Eine Rechnung ist grds. keine Fälligkeitsvoraussetzung (Palandt-Heinrichs § 271 BGB Rn. 7). Unter Umständen können sich durch Gläubigerbestimmung (»zahlbar bis«), konkludentes Verhalten oder Verkehrssitte **Zahlungsziele** ergeben, die die Fälligkeit hinausschieben (HK-Kirchhof § 17 Rn. 9; Palandt-Heinrichs § 271 BGB Rn. 9). Wechsel und Schecks werden erst mit Vorlage fällig (Art. 38 WG, Art. 28 ScheckG). Die Fälligkeit entfällt grds. nicht dadurch, dass der Gläubiger **Sicherheiten** hält (HK-Kirchhof § 17 Rn. 12). 9

Besonderheiten bestehen bei **öffentlich-rechtlichen Forderungen** (näher dazu § 16 Rdn. 9b). Durch eine Abwicklungsanordnung der Bundesanstalt für Finanzdienstleistungsaufsicht (BaFin) gem. § 37 KWG ggü. einem Kapitalanlagefonds können sofort fällige, öffentlich-rechtlich begründete Rückzahlungsansprüche der Anleger entstehen, die zur Zahlungsunfähigkeit des Fonds führen können (BGH, ZInsO 2003, 848; LG Hamburg, ZInsO 2006, 1338; AG Hamburg, ZInsO 2005, 1003). Etwaige Rangrücktrittserklärungen der Anleger können die Fälligkeit der öffentlich-rechtlich begründeten Rückzahlungsverpflichtungen nicht beseitigen (BGH, ZInsO 2003, 848, 850).

Stundungen im Rechtssinne schieben die Fälligkeit hinaus. In der Literatur wird z. T. zwischen echten und erzwungenen Stundungen bzw. ausdrücklichen und stillschweigenden Stundungen differenziert, wobei nur echte bzw. ausdrückliche Stundungen die Fälligkeit i. R. d. Zahlungsunfähigkeitsprüfung entfallen lassen sollen (so insb. Uhlenbruck-Uhlenbruck § 17 Rn. 8 m. w. N.). **Maßgebend** ist jedoch die **zivilrechtliche Wirksamkeit** der Stundung und nicht deren Form. Die 10

Stundung ist eine vertragliche Abrede und grds. auch formfrei und konkludent möglich (BGH, ZInsO 2007, 939, 941; Bork, KTS 2005, 1, 4). Bei der Annahme stillschweigender Stundungen ist allerdings Zurückhaltung geboten (BGH, ZInsO 2008, 378, 380; OLG Hamm, ZInsO 2008, 511, 513). Eine Stundung liegt auch in der Annahme einer Leistung erfüllungshalber (Palandt-Heinrichs § 364 BGB Rn. 9; so wohl auch HK-Kirchhof § 17 Rn. 9). Nicht auseichend sind »**erzwungene Stundungen**«, die dadurch zustande kommen, dass die Gläubiger nicht sofort klagen und vollstrecken, weil sie dies für aussichtslos halten oder nicht den sofortigen Zusammenbruch des Schuldners verantworten wollen (BGH, ZInsO 2008, 378, Tz. 22). Dies gilt insb. für »erzwungene Stundungen« von Arbeitnehmern wegen Lohn- und Gehaltsforderungen (BGH a.a.O., Tz. 23). Eine **rückwirkende Stundung** kann nicht die Zahlungsfähigkeit für die Vergangenheit wieder herstellen (OLG Brandenburg, ZInsO 2013, 987, 989).

Einer **Stundung gem. § 222 AO** kommt die gleiche Bedeutung zu wie einer zivilrechtlichen Stundung, da sie die Fälligkeit hinausschiebt (BGH, ZInsO, 2014, 1326, 1329, Tz. 26; Schröder, EWiR 2013, 415, 416 mit Hinw. auf BFH, BStBl. II 2005, 7, 9; a.A. OLG Brandenburg, ZInsO 2013, 987, 989). Demgegenüber ändert eine **Aussetzung der Vollziehung** nichts an der öffentlich-rechtlichen Fälligkeit, die betreffende Forderung ist jedoch nicht mehr ernstlich eingefordert und damit nicht mehr insolvenzrechtlich fällig i.S.v. Abs. 2 Satz 1 (BGH, ZInsO 2014, 1326, 1330, Tz. 30). Ein von der BaFin erlassenes vorübergehendes Zahlungsverbot gem. § 46 KWG entfaltet keine Stundungswirkung (BGH, ZInsO 2013, 772).

»**Tatsächliche**« **Stundungen, Stillhalteabkommen und zeitweilige Vollstreckungsverzichte** hindern die Fälligkeit i.S.d. § 271 BGB nicht. Hier fehlt es nach der Rspr. des BGH jedoch am »ernstlichen Einfordern« und damit an der insolvenzrechtlichen Fälligkeit i.S.v. § 17 (dazu Rdn. 13a). **Ratenzahlungsvereinbarungen** bewirken je nach Inhalt der Vereinbarung rechtliche oder zumindest tatsächliche Stundungen und können so der Zahlungsunfähigkeit entgegenwirken (BGH, ZInsO 2013, 190, 193, Tz. 29f.). Das betrifft nicht nur die Vermeidung des Eintritts der Zahlungsunfähigkeit, sondern auch deren nachträgliche Bereinigung (BGH a.a.O.; a.A. bei Ratenabrede in Kenntnis offengelegter Zahlungsunfähigkeit OLG Saarbrücken, ZIP 2012, 1973, 1974).

▶ Hinweis:

In der Praxis empfehlen sich aus Beweisgründen schriftliche Stundungsvereinbarungen.

c) Sonstige Durchsetzbarkeit

11 An der rechtlichen Durchsetzbarkeit einer Zahlungsforderung fehlt es, wenn **Einwendungen oder Einreden bestehen**, z.B. Verjährung, Zurückbehaltungsrecht usw., es sei denn, der Schuldner lehnt die Geltendmachung einer entsprechenden Einrede ab. Auch eine erst während des Insolvenzeröffnungsverfahrens eintretende Verjährung ist zu berücksichtigen; der Antrag auf Eröffnung des Insolvenzverfahrens hemmt die Verjährung nicht (LG Göttingen, ZInsO 2005, 832).

12 Nach herrschender Meinung bleiben **Verbindlichkeiten ggü. Gesellschaftern, bei denen gesellschaftsrechtliche Auszahlungsverbote bestehen** (z.B. aus § 30 GmbHG), grds. unberücksichtigt, da sie rechtlich nicht durchsetzbar sind (Uhlenbruck-Uhlenbruck § 17 Rn. 7 m. ausführl. N.; Jaeger-Müller § 17 Rn. 11; K/P/B-Pape § 17 Rn. 7; **a.A.** Roth-Altmeppen Vorbem. § 64 GmbHG Rn. 8).

Demgegenüber besteht der Nachrang für **Gesellschafterforderungen nach dem MoMiG** erst ab Verfahrenseröffnung (§ 39 Abs. 1 Nr. 5), sodass auch fällige Gesellschafterforderungen bei der Zahlungsunfähigkeitsprüfung mit anzusetzen sind (BGH, ZInsO 2012, 2291, 2291, Tz. 10ff.). Das soll nach der Rspr. des BGH aus Gläubigerschutzgründen auch dann gelten, wenn der Gesellschaft ein Leistungsverweigerungsrecht gem. §§ 92 Abs. 2 AktG, 64 Satz 3 GmbHG, 130a Abs. 1 Satz 3 HGB zusteht (BGH a.a.O., Tz. 12, 18; a.A. K. Schmidt-K. Schmidt, § 17 Rn. 10; krit. auch Bork, EWiR 2013, 76, 77).

Bei schuldrechtlichen **Nachrangvereinbarungen** hängt, sofern sie wirksam sind (vgl. zur AGB-Kontrolle von Nachrangklauseln in Genussrechtsbedingungen AG Itzehoe, ZInsO 2014, 1106, 1108; ferner Bork, ZIP 2014, 997, 1005, und Bitter/Rauhut, ZIP 2014, 1005, 1015 f.), die Frage der Passivierung im Rahmen der Zahlungsunfähigkeitsprüfung entscheidend von der Auslegung der vereinbarten Nachrangklausel ab (Bork, a.a.O., S. 1003; Bitter/Rauhut, a.a.O., S. 1012 ff.). Sie führen im Falle ihrer Wirksamkeit in der Regel dazu, dass die betreffenden Forderungen zwar nicht gestundet sind, jedoch vorinsolvenzlich nicht »ernstlich eingefordert« i.S.d Abs. 2 Satz 1 werden können (Bork, a.a.O., S. 1003 f.; **a.A.**: AG Itzehoe, ZInsO 2014, 1106, 1107; Bitter/Rauhut, a.a.O., S. 1011 ff.). Demgegenüber ist eine doppelt analoge Anwendung des § 19 Abs. 2 Satz 2 auf schuldrechtliche Nachrangvereinbarungen mit Drittgläubigern im Rahmen der Zahlungsunfähigkeitsprüfung nach § 17 mangels gesetzlicher Regelungslücke abzulehnen (Bork, a.a.O., S. 1004 f.; Bitter/Rauhut, a.a.O., S. 1012).

12a

Ehemals eigenkapitalersatzrechtliche Auszahlungssperren analog §§ 30, 31 GmbHG gibt es seit Inkrafttreten des MoMiG am 01.11.2008 nicht mehr (§ 30 Abs. 1 Satz 3 GmbHG). Für die Zeit davor sind Verbindlichkeiten aus eigenkapitalersetzenden Gesellschafterleistungen bei der Zahlungsunfähigkeitsprüfung genau wie bei der Überschuldungsprüfung (dazu BGH, ZInsO 2001, 260) mit zu berücksichtigen, solange kein Rangrücktritt vorliegt (Jaeger-Müller, § 17 Rn. 12; a.A. BGH, ZInsO 2009, 1235, Tz. 20, m. krit. Anm. Keller, EWiR 2009, 579).

13

d) »Ernsthaftes Einfordern«

Mit Urt. v. 19.07.2007 hat der BGH überraschend das bereits überkommen geglaubte Merkmal des »ernstlichen Einforderns« wieder eingeführt (BGH, ZInsO 2009, 1254; BGHZ 173, 286 = ZInsO 2007, 939; krit. dazu: Bork, ZIP 2008, 1041, 1047; Schröder, EWiR 2007, 665; z.T. krit. auch Schulz, ZIP 2009, 2281), das Teil der vom BGH in st. Rspr. verwendeten Definition der Zahlungsunfähigkeit i.S.d. § 102 KO war (vgl. etwa BGHZ 118, 171, 174). Danach ist eine Forderung ernsthaft eingefordert, wenn eine Gläubigerhandlung feststeht, aus der sich der Wille, vom Schuldner Erfüllung zu verlangen, im Allgemeinen ergibt (BGH a.a.O., Tz. 18). An die »**Einforderung**« werden jedoch nur geringe Anforderungen gestellt, hierfür genügend, jedoch nicht erforderlich ist die Übersendung einer Rechnung (BGHZ 173, 286, 293 Rn. 19). Das Merkmal des »ernsthaften Einforderns« dient damit lediglich dem Zweck, solche Forderungen auszunehmen, die rein tatsächlich – also auch ohne rechtlichen Bindungswillen oder erkennbare Erklärung – gestundet sind (BGH a.a.O., Tz. 14 f.). Bei **kalendermäßiger Fälligkeit** ist ein Zahlungsverlangen entbehrlich, z.B. wenn ein befristetes Darlehen durch Zeitablauf fällig wird (BGH, ZInsO 2013, 76, 77), ebenso, wenn der Schuldner z.B. ein Darlehen durch Kündigung selbst fällig stellt und von sich aus ggü. dem Gläubiger die alsbaldige Erfüllung zusagt (BGH, ZInsO 2009, 1235, Tz. 24). Bei **Forderungen aus gesetzlichen Schuldverhältnissen** bedarf es i.d.R. nicht einmal einer Einforderung (Scholz-K. Schmidt/Bitter, Vor § 64 Rn. 9; a.A. G. Fischer, FS Ganter, S. 153, 157; näher zu deliktischen Forderungen Baumert, NZI 2013, 131 f.). Eine Wiederholung des Zahlungsverlangens ist nicht erforderlich (BGHZ 173, 286 = ZInsO 2007, 939, Tz. 17; BGH, ZInsO 2009, 1254 Tz. 26). Lediglich Forderungen, deren Gläubiger sich für die Zeit vor Eröffnung eines Insolvenzverfahrens mit einer späteren oder nachrangigen Befriedigung einverstanden erklärt haben, sind bei der Prüfung der Zahlungsunfähigkeit nicht zu berücksichtigen (BGHZ 173, 286 = ZInsO 2007, 939, Tz. 17).

13a

Das Insolvenzgericht hat dem bei entsprechenden Anhaltspunkten i.R.d. Amtsermittlung nach § 5 nachzugehen (BGHZ 173, 286 = ZInsO 2007, 939, Tz. 18). Ansonsten sind gem. § 271 BGB fällige Forderungen grds. als »ernstlich eingefordert« anzusehen (ähnl. HK-Kirchhof § 17 Rn. 10).

Im Ergebnis geht es dem BGH also darum, die **Fälle von sog. tatsächlichen Stundungen** bei der Zahlungsunfähigkeitsprüfung auszunehmen (BGH, ZInsO 2008, 273, 275). Eine sog. tatsächliche Stundung liegt vor, wenn es am Rechtsbindungswillen oder einer erkennbaren Erklärung fehlt oder nur ein Stillhalteabkommen vorliegt (BGH a.a.O.). Der **Begriff** »**ernstliches Einfordern**« ist insofern **verfehlt** (HK-Kirchhof § 17 Rn. 10). Er kann zu Fehlinterpretationen führen (Tetzlaff, ZInsO

13b

2007, 1134, 1137). Der Begriff des »ernstlichen Einforderns« sollte aufgegeben werden und durch den o. g. Begriff der »tatsächlichen Stundung« ersetzt werden. Abgesehen davon lassen sich die allermeisten Fälle bereits mit Mitteln des allg. Zivilrechts lösen, d. h. mit der Annahme konkludenter Stundungen bzw. Gewährung entspr. Einreden (Bork, ZIP 2008, 1041, 1047; FK-Schmerbach § 17 Rn. 12; Schröder, EWiR 2007, 665).

13c Ein **Stillhalteabkommen** kann selbstverständlich auch noch wirksam geschlossen werden, nachdem die Forderung zunächst ernstlich eingefordert war (BGH, ZInsO 2008, 273). Demgegenüber beseitigen »**erzwungene Stundungen**«, die dadurch entstehen, dass der Gläubiger aufgrund der Umstände stillhält und nicht sofort klagt (z. B. Arbeitnehmer wegen Lohnforderungen), die Fälligkeit i. S. d. § 17 Abs. 2 nicht (BGH a. a. O.; ähnl. OLG Hamm, ZInsO 2008, 511, 513).

13d Die **Aussetzung der Vollziehung eines Bescheides** hemmt zwar nach h. M. lediglich seine Vollziehung, nicht jedoch seine Wirksamkeit (BGH, ZInsO 2014, 1326, 1330, Tz. 30).). Bei Aussetzung der Vollziehung ist eine festgesetzte Forderung jedoch nicht »ernstlich eingefordert« i. S. v. Abs. 2 Satz 1 (BGH a. a. O.). Entsprechendes gilt bei **Vollstreckungsaufschub** (BGH, ZInsO 2012, 732, 733). I. Ü. darf der öffentlich-rechtliche Gläubiger seinen Insolvenzantrag bei Außervollzugsetzung nicht weiterverfolgen. Auf die bloßen Aussichten eines steuerlichen Erlassverfahrens kommt es demgegenüber nicht an (a. A. LG Hildesheim, ZIP 2008, 325).

3. Unfähigkeit zur Erfüllung

a) Mangel an Zahlungsmitteln

14 Die Unfähigkeit des Schuldners, seine fälligen Zahlungspflichten zu erfüllen, muss **objektiv auf einem Mangel an verfügbaren Zahlungsmitteln** beruhen. Nach der BGH-Rspr. kommt es nicht darauf an, aus welchen Quellen die Zahlungsmittel stammen, ob der Schuldner sie sich auf redliche oder unredliche Weise beschafft hat, selbst aus Straftaten herrührende Mittel sollen als liquide Mittel zu berücksichtigen sein (BGH, ZInsO 2009, 1235, Tz. 19). Bei Rechtsverstößen sind jedoch **ggf. entsprechende Gegenansprüche als fällige Verbindlichkeit zu passivieren**. An der Verfügbarkeit der Zahlungsmittel kann es z. B. bei Arrest oder Beschlagnahme von Bankkonten oder Barmitteln fehlen (vgl. LG Bielefeld, ZInsO 2010, 1194, 1196).

14a Fällige Zahlungspflichten können nur mit Geld oder anderen üblichen Zahlungsmitteln (vgl. § 270 BGB) erfüllt werden (BGH, ZInsO 2007, 939, Tz. 29). Deshalb sind bei der **retrograden Zahlungsunfähigkeitsprüfung** (**ex-post-Betrachtung**) nur die verfügbaren Zahlungsmittel des Schuldners zu berücksichtigen (so generell Uhlenbruck-Uhlenbruck, § 17 Rn. 7 ff. m. w. N.; a. A. Graf-Schlicker/Bremen, § 17 Rn. 12), d. h. **Bar- und Buchgeld** sowie **abrufbare Kredite** (Uhlenbruck-Uhlenbruck § 17 Rn. 6; Jaeger-Müller § 17 Rn. 16). So reicht bei der retrograden Zahlungsunfähigkeitsprüfung im Insolvenzanfechtungsrecht das bloße Bestehen von Ausstattungsforderungen aus einer Patronatserklärung nicht aus, es kommt auf die konkrete Liquiditätszufuhr an (BGH, ZInsO 2011, 1115, Tz. 21 ff.).

Hingegen sind bei der **prognostischen Zahlungsunfähigkeitsprüfung** (**ex-ante-Betrachtung**) ausnahmsweise auch liquide Mittel zu berücksichtigen, die der Schuldner sich durch **Verwertung von Vermögensbestandteilen** (BGH, ZInsO 2007, 939, Tz. 29) oder **Aufnahme von Krediten** kurzfristig beschaffen kann (BGH a. a. O.; Kayser, Höchstrichterliche Rechtsprechung, Rn. 19), um die Zahlungsunfähigkeit von der bloßen Zahlungsstockung abgrenzen zu können (a. A. Graf-Schlicker/Bremen, § 17 Rn. 12). Kurzfristig heißt in diesem Zusammenhang i. d. R. innerhalb von 3 Wochen (LG München, ZInsO 2009, 1009, 1010 f.; ferner Rdn. 15 f.). Grds. ist es i. R. d. prognostischen Zahlungsunfähigkeitsprüfung also nicht erforderlich, dass der Schuldner sich die liquiden Mittel auch tatsächlich kurzfristig verschafft (BGH a. a. O.; LG München a. a. O.; HK-Kirchhof § 17 Rn. 18; ähnl. Braun-Bußhardt, § 17 Rn. 21; differenzierend; a. A. Graf-Schlicker/Bremen, § 17 Rn. 12; FK-Schmerbach § 17 Rn. 33 f.; K/P/B-Pape, § 17 Rn. 11; Uhlenbruck-Uhlenbruck, § 17 Rn. 7 ff.). Anders ist es, wenn der Schuldner eine mögliche Veräußerung oder Kreditaufnahme ablehnt und dadurch illiquide bleibt (ähnl. Pape, WM 2008, 1949, 1957).

Bloße **Zahlungsunwilligkeit**, z. B. weil der Schuldner die Forderung für unbegründet hält, reicht hingegen nicht (BGH, ZInsO 2001, 617), ebenso reicht nicht ein bloßer Irrtum des Schuldners über seine fälligen Zahlungspflichten (HK-Kirchhof § 17 Rn. 13). Allerdings kann die Zahlungsverweigerung des Schuldners ein Indiz für seine Zahlungsunfähigkeit sein (Pape, WM 2008, 1949, 1957; Uhlenbruck-Uhlenbruck § 17 Rn. 11).

Verfügbare Zahlungsmittel können sich auch aus einer **Patronatserklärung ggü. dem Schuldner** ergeben, wenn sich der Patron ggü. dem Schuldner verpflichtet, ihm die zur Erfüllung seiner fälligen Forderungen benötigten Mittel zur Verfügung zu stellen und die Mitteil liquide zur Verfügung stehen, z. B. weil der Schuldner ungehinderten Zugriff auf die Mittel hat (z. B. im Rahmen eines Cash-Pools) oder der Patron der Ausstattungspflicht aus der Patronatserklärung tatsächlich nachkommt (BGH, ZInsO 2013, 2055, Tz. 7 ff.; BGH, ZInsO 2011, 1115, Tz. 21 ff.; näher dazu Krüger/Pape, NZI 2011, 617; vgl. auch Rdn. 14a). Demgegenüber ist eine **Patronatserklärung ggü. einem Gläubiger** nach der BGH-Rspr. erst dann zu berücksichtigen, wenn der Patron die ggü. dem Gläubiger eingegangene Verpflichtung tatsächlich erfüllt (BGH a. a. O., Tz. 22). 14b

Besonderheiten bestehen bei **Cash-Pooling**, sowohl bei der den Cash-Pool führenden Gesellschaft, als auch bei den am Cash-Pool teilnehmenden Gesellschaften. Hier kommt es vor allem auf die Cash-Pool-Vereinbarungen sowie der Gesamtliquidität des Cash-Pools an (näher IDW-Prüfungsstandard PS 800, Rn. 38 ff.). 14c

b) Bloße Zahlungsstockung

Zahlungsunfähigkeit liegt nicht vor bei einer nur **vorübergehenden Zahlungsstockung**, d. h. wenn der Schuldner die fehlenden liquiden Mittel kurzfristig erhält bzw. sich beschaffen kann, z. B. durch Kredit (BegrRegE BT-Drucks. 12/2443 S. 114; vgl. zur bloßen Möglichkeit der Liquiditätsbeschaffung auch Rdn. 14). Insofern setzt die Zahlungsunfähigkeit eine sog. Zeitraumilliquidität und nicht nur eine Zeitpunktilliquidität voraus (Uhlenbruck-Uhlenbruck § 17 Rn. 10; **a. A.** NR-Mönning § 17 Rn. 14). Auf das Merkmal des »andauernden Unvermögens« hat der Gesetzgeber andererseits bewusst verzichtet (Rdn. 4). 15

Nach der Grundsatzentscheidung des BGH vom 24.05.2005 (BGHZ 163, 134 = ZInsO 2005, 807) ist eine bloß vorübergehende Zahlungsstockung anzunehmen, wenn der Schuldner sich binnen 3 Wochen die benötigten liquiden Mittel beschaffen kann. Ob noch von einer vorübergehenden Zahlungsstockung oder schon einer (endgültigen) Zahlungsunfähigkeit auszugehen ist, muss allein aufgrund objektiver Umstände beantwortet werden (BGH a. a. O.). Der Zeitraum von (2 bis) 3 Wochen sei für die Kreditbeschaffung erforderlich, aber auch ausreichend, und entspreche der Wertung des § 64 Abs. 1 GmbHG (BGH a. a. O.). 16

Bei der Zahlungsunfähigkeitsprüfung sind nach zutreffender h.L. auch die im 3-Wochen-Zeitraum bzw. im Planungszeitraum des Finanzplanes (s. u. Rdn. 35 f.) **fällig werdenden Zahlungspflichten** mit zu berücksichtigen (sog. **Passiva II**; Ganter, ZInsO 2011, 2297, 2302; MK-Eilenberger, § 17 Rn. 18 ff., 20; P/U-Sikora, § 19 Rn. 33; Prager/Jungclaus, FS Wellensiek, S. 101, 115 ff.; Frystatzi, NZI 2010, 389, 391 f.; Pape, WM 2008, 1949, 1952; Bork, ZIP 2007, 1749; IDW-Prüfungsstandard PS 800, WPg-Supplement 2/2009, S. 42 ff., Tz. 44). Dabei ist grds. zu unterstellen, dass im Planungszeitraum fällig werdende Zahlungspflichten auch ernstlich eingefordert (Rdn. 13a f.) werden (Pape, a. a. O., S. 1955). Der **BGH** hält demgegenüber trotz erheblicher Kritik bisher daran fest, dass den zum Stichtag der Zahlungsunfähigkeitsprüfung verfügbaren und innerhalb von 3 Wochen flüssig zu machenden Mittel in Beziehung zu den am selben Stichtag fälligen und eingeforderten Verbindlichkeiten sind (BGH, ZInsO 2013, 190, 192, Tz. 1909, 2148, Tz. 11; ebenso G. Fischer, FS Ganter, S. 153, 159 f.; **sog. »Bugwellentheorie«**).

Gelingt die Wiederherstellung der Liquidität ex post betrachtet nicht, liegt objektiv von Anfang an und nicht erst nach 3 Wochen Zahlungsunfähigkeit vor; insoweit bedarf es im Nachhinein auch keiner Prognose (BGH, ZInsO 2006, 1210, 1212; **a. A.** Neumaier, NJW 2005, 3041, 3043). Für die Verletzung der Insolvenzantragspflicht des § 15a InsO bzw. die Masseschmälerungshaftung des

§ 64 GmbHG müssen auf der subjektiven Seite jedoch Verschulden bzw. ein Verstoß gegen die Sorgfalt eines ordentlichen Geschäftsmannes hinzukommen (BGHZ 163, 134 = ZInsO 2005, 807, 808, z.T. krit. zur Anwendung auf § 64 GmbHG: Bitter/Redeker, WuB VI. A. § 17 InsO 1.05, S. 793 f.).

c) Geringfügige Liquiditätslücken

17 Zahlungsunfähigkeit ist nach dem Gesetzeswortlaut anzunehmen, wenn der Schuldner seine – d. h. wörtlich genommen nicht alle seine – fälligen Zahlungspflichten erfüllen kann. Von dem Merkmal eines »wesentlichen Teils« der fälligen Zahlungspflichten hat der Gesetzgeber bewusst abgesehen. Allerdings heißt es in der Gesetzesbegründung, dass »**ganz geringfügige Liquiditätslücken außer Betracht** bleiben müssen« (Begr. RegE BT-Drucks. 12/2443 S. 114).

18 Von einer nur **geringfügigen Liquiditätslücke** ist nach der Grundsatzentscheidung des BGH v. 24.05.2005 (BGHZ 163, 134 = ZInsO 2005, 807) rgm. bis zu einer **Unterdeckung von weniger als 10 %** der fälligen Gesamtverbindlichkeiten auszugehen, es sei denn, es ist bereits absehbar, dass die Lücke demnächst mehr als 10 % erreichen wird. Es reicht, dass bereits eine oder mehrere fällige Zahlungspflichten zusammen den vorgenannten Schwellenwert von 10 % überschreiten und nicht beglichen werden können (BGH, ZInsO 2006, 1210, 1212).

Zum Teil wird der liquiditätsmäßige Deckungsgrad auch mit einer sog. **Liquiditätskennzahl** ausgedrückt, wobei die Liquiditätskennzahl 1 eine 100 %ige Deckung der fälligen Geldschulden und eine Liquiditätskennzahl von 0,9 eine 90 %ige Deckung bzw. 10 %ige Unterdeckung ausweist (ausführl. zum Begriff der Liquiditätskennzahl MK-Eilenberger § 17 Rn. 17 ff.).

19 Der Schwellenwert von 10 % begründet **keine starre Grenze**, sondern eine **widerlegliche Vermutung** (BGHZ 163, 134, 144 ff. = ZInsO 2005, 807, 809 ff.). Ist der **Schwellenwert von 10 % unterschritten**, ist rgm. von einer nur geringfügigen Liquiditätslücke auszugehen, es sei denn, es ist bereits absehbar, dass die Lücke demnächst mehr als 10 % erreichen wird (BGH a. a. O.). Allerdings kann ein dauerhafter oder längerfristiger Zahlungsrückstand von unter 10 % der fälligen Gesamtverpflichtungen ein Indiz für Zahlungsunfähigkeit sein, insb. bei strafbewehrten Zahlungspflichten wie Sozialversicherungsbeiträgen (OLG Rostock, ZInsO 2006, 1110).

20 Ist der **Schwellenwert von 10 % überschritten**, ist rgm. von Zahlungsunfähigkeit auszugehen, sofern nicht ausnahmsweise mit an Sicherheit grenzender Wahrscheinlichkeit zu erwarten ist, dass die Liquiditätslücke »demnächst« vollständig oder fast vollständig beseitigt werden wird und den Gläubigern ein Zuwarten nach den besonderen Umständen des Einzelfalls zuzumuten ist (BGH a. a. O.). Bei einem unternehmerisch tätigen Schuldner hängt die **Zumutbarkeit** nach der BGH-Entscheidung v. 24.05.2005 davon ab, inwieweit ihm im Hinblick auf die Auftrags- und Ertragslage eine »**gute Zukunftsprognose**« gestellt werden kann (BGH a. a. O.). Unter besonderen Umständen, insb. starken saisonalen Schwankungen, kann die Beseitigung einer nicht nur geringfügigen Liquiditätslücke ausnahmsweise auch nach wenigen Monaten noch »demnächst« und den Gläubigern zumutbar sein (BGH a. a. O.). Voraussetzung für die Annahme einer positiven Zukunftsprognose sollte ähnl. wie bei § 19 (vgl. dazu OLG Naumburg, ZInsO 2004, 512) grds. eine dementsprechende und hinreichend dokumentierte Ertrags- und Finanzplanung sein.

Der BGH hat weder in zeitlicher Hinsicht, noch hinsichtl. der Höhe der Unterdeckung eine Grenze festgelegt. Die **zeitliche Grenze** dürfte sich bei 3 bis allenfalls 6 Monaten bewegen (Fischer, ZGR 2006, 403, 408; HK-Kirchhof § 17 Rn. 20; wohl enger AG Hamburg, ZInsO 2008, 52: »sehr zeitnah«). Entscheidend sind jedoch immer die besonderen Umstände des Einzelfalls (BGH a. a. O.).

21 Je näher die Unterdeckung dem Schwellenwert von 10 % kommt, desto geringere **Anforderungen** sind **an das Gewicht der besonderen Umstände** zu richten, mit denen die jeweiligen Vermutungen entkräftet werden können (BGH, ZInsO 2005, 807, 810). Umgekehrt müssen umso schwerer wiegende Umstände vorliegen, je größer der Abstand der Unterdeckung zu dem Schwellenwert von 10 % ist (BGH a. a. O.).

Ein gewichtiger Umstand kann in diesem Zusammenhang eine **Finanzmarktkrise** sein (Hirte/ Knof/Mock, ZInsO 2008, 1217, 1223; ähnl. Böcker/Poertzgen, GmbHR 2008, 1289, 1291). Gerade im Falle einer Finanzmarktkrise dürfte es jedoch häufig an einer »guten Zukunftsprognose« (Rdn. 20) fehlen. Wegen der ungewissen Dauer und Auswirkungen einer Finanzmarktkrise dürfte es den Gläubigern i. d. R. nicht zumutbar sein, Liquiditätslücken über den vorgenannten Rahmen (Rdn. 17 ff.) hinaus hinzunehmen (a. A. offenbar Hirte/Knof/Mock a. a. O.). 21a

Das Insolvenzgericht muss solche etwaigen besonderen Umstände bei der Entscheidung über die Eröffnung eines Insolvenzverfahrens ggf. von Amts wegen (§ 5 Abs. 1) ermitteln und feststellen (BGH a. a. O.). In Prozessrechtsstreitigkeiten muss nach allg. Regeln derjenige die besonderen Umstände darlegen und beweisen, der sich auf sie beruft (BGH a. a. O.). 22

Der BGH kommt mit seiner Grundsatzentscheidung vom 24.05.2005 einem unabweisbaren Bedürfnis der Praxis nach Rechtssicherheit nach, auch wenn der Gesetzgeber an sich keine festen Grenzwerte festlegen wollte (vgl. BegrRegE BT-Drucks. 12/2443 S. 114). Die Eckwerte von 3 Wochen für die Abgrenzung zur bloßen Zahlungsstockung bzw. von 10 % der fälligen Verbindlichkeiten für die Abgrenzung zur geringfügigen Liquiditätslücke sind sachgerecht und weithin akzeptiert (für eine Flexibilisierung bzw. Verlängerung der 3-Wochen-Frist jedoch z. B. Bitter/Redeker, WuB VI. A. § 17 InsO 1.05 S. 793 und Kamm/Köchling, ZInsO 2006, 732). 23

Kritisch anzumerken ist, dass der Wortlaut des § 17 Abs. 2 Satz 1 an sich die Erfüllung »der fälligen Zahlungspflichten«, d. h. aller fälligen Zahlungspflichten, verlangt, was auch der betriebswirtschaftlichen Terminologie der Zahlungsunfähigkeit entspricht (vgl. Borup, BB 1986, 1883 m. w. N.). Der Gesetzgeber wollte die Eröffnungsgründe im Interesse einer frühzeitigeren Verfahrenseinleitung und -eröffnung bewusst verschärfen (Rdn. 1) und die Gläubiger nicht mit zusätzlichen Prognoserisiken belasten (so BegrRAussch BT-Drucks. 12/7302 S. 157 zu § 19). Aus diesen Gründen hatte er bei dem Eröffnungsgrund der Überschuldung die Fortbestehensprognose, die der »Zukunftsprognose« i. R. d. Zahlungsunfähigkeitsbegriffs des BGH entspricht, gerade zum bloßen Bewertungsmaßstab zurückgestuft (vgl. dazu § 19 Rdn. 9 f.). Durch die vom BGH vorgenommenen Relativierungen des Zahlungsunfähigkeitsbegriffs nach der »Zumutbarkeit« bzw. nach der »Zukunftsprognose« verliert dieser Insolvenzeröffnungsgrund einiges von seiner Funktion als einigermaßen trennscharfer Auffangtatbestand ggü. der meist früher eintretenden, jedoch häufig mit Bewertungsschwierigkeiten belasteten Überschuldung (vgl. zu den Funktionen des Zahlungsunfähigkeitsbegriffs K. Schmidt, JZ 1982, 165, 267 f.). Die »Vermutungslösung« des BGH führt in Prozessrechtsstreitigkeiten ex post zu tragfähigen Ergebnissen, wegen der neu eingeführten unbestimmten Rechtsbegriffe (»demnächst«, »nach den besonderen Umständen des Einzelfalls zuzumuten« usw.) bietet sie jedoch ex ante nicht immer eine verlässliche Entscheidungsgrundlage für Unternehmensleitungen und kann zu Fehlinterpretationen verleiten. Darunter leidet die Appellfunktion des Zahlungsunfähigkeitsbegriffs als Insolvenzauslösetatbestand (vgl. dazu K. Schmidt, a. a. O.).

Vor diesem Hintergrund und wegen der restriktiven Formulierungen in der BGH-Entscheidung v. 24.05.2005 (»mit an Sicherheit grenzender Wahrscheinlichkeit«, »besondere Umstände des Einzelfalls« usw.) ist davon auszugehen, dass die Rspr. die Zahlungsunfähigkeit bei Überschreitung des Schwellenwertes von 10 % **nur in besonderen Ausnahmefällen** verneinen wird (ähnl. Pape, ZInsO 2009, 1, 4).

d) Nichtberücksichtigung von Insolvenzanfechtungsansprüchen

Unter keinen Umständen dürfen liquide Mittel berücksichtigt werden, die erst nach Eröffnung des Insolvenzverfahrens durch Insolvenzanfechtung gem. §§ 129 ff. realisiert werden können (BGH, ZInsO 2007, 939, 941). 24

e) Nichtberücksichtigung der persönlichen Gesellschafterhaftung (§ 93)

Bei Insolvenzanträgen über das Vermögen von **Personengesellschaften** ist lediglich auf das Vermögen der schuldnerischen Gesellschaft und **nicht** ihrer z. B. nach § 128 HGB mithaftenden Gesell- 25 schafter abzustellen, da die **Einbeziehung der Gesellschafterhaftung gem.** § 93 erst mit Verfahrenseröffnung erfolgt (Uhlenbruck-Uhlenbruck § 17 Rn. 20 m. w. N.; Jaeger-Müller § 17 Rn. 18).

IV. Zahlungseinstellung als gesetzliche Vermutung (Abs. 2 Satz 2)

26 Abs. 2 Satz 2 begründet die **widerlegliche Vermutung**, dass der Schuldner bei Zahlungseinstellung zahlungsunfähig ist (BGH, ZInsO 2011, 1410, Tz. 20; Kayser, Höchstrichterliche Rechtsprechung, Rn. 44). Die Zahlungseinstellung spielt in der Praxis vor allem bei der Glaubhaftmachung im Rahmen von Gläubigeranträgen gem. § 14 sowie im Insolvenzanfechtungsrecht (§§ 129 ff.) eine Rolle. Die Eröffnungsentscheidung wird in der Praxis i. d. R. nicht allein auf Zahlungseinstellung gestützt, sondern die Zahlungsunfähigkeit vom Gericht i. R. d. Amtsermittlung gem. § 5 umfassend geprüft, ggf. mithilfe eines Sachverständigengutachtens. Gleichwohl kann das Insolvenzgericht die Eröffnungsentscheidung auch auf die Vermutungswirkung der Zahlungseinstellung stützen, die sich ihrerseits aus Indizien ergeben kann (BGH, ZIP 2006, 1056, 1057).

27 Zahlungseinstellung i. S. d. Abs. 2 Satz 2 liegt vor, wenn sich mindestens für die beteiligten Verkehrskreise der berechtigte Eindruck aufdrängt bzw. mindestens **für die beteiligten Verkehrskreise nach außen hin erkennbar geworden** ist, dass der Schuldner seine fälligen Zahlungspflichten wegen eines Mangels an Zahlungsmitteln nicht mehr erfüllen kann (BGH, ZInsO 2011, 1410, Tz. 12 m. w. N.). Zahlungseinstellung ist dasjenige äußere Verhalten, in dem sich die Zahlungsunfähigkeit typischerweise ausdrückt (BGH, ZInsO 2006, 1210, 1211; BGHZ 149, 178, 184 f. = ZInsO 2002, 29, 30).

28 Schon die **Nichtzahlung einer einzigen**, für die Verhältnisse des Schuldners nicht unerheblichen, **Schuld** kann die Zahlungseinstellung zum Ausdruck bringen (BGH, ZInsO 2011, 1410, Tz. 12; BGHZ 149, 178, 185 = ZInsO 2002, 29, 30). Die Erkennbarkeit für einen einzigen Gläubiger kann ausreichen (BGH, ZIP 1985, 363; HK-Kirchhof § 17 Rn. 28). Der Zahlungseinstellung steht nicht entgegen, dass der Schuldner noch **einzelne Zahlungen, ggf. sogar beträchtliche Zahlungen**, leistet, die jedoch im Verhältnis zu den fälligen Gesamtschulden nicht den wesentlichen Teil ausmachen (BGH, ZInsO 2011, 1410, Tz. 12; BGHZ 149, 178, 188 = ZInsO 2002, 29, 31). Haben im fraglichen Zeitpunkt fällige Verbindlichkeiten bestanden, die **bis zur Verfahrenseröffnung nicht mehr beglichen** worden sind, ist rgm. von Zahlungseinstellung auszugehen (BGH, ZInsO 2011, 1410, Tz. 12). Eine bloß vorübergehende Zahlungsstockung liegt nicht vor, wenn es dem Schuldner über mehrere Monate nicht gelingt, seine fälligen Verbindlichkeiten spätestens innerhalb von 3 Wochen auszugleichen und die rückständigen Beträge insgesamt so erheblich sind, dass von lediglich geringfügigen Liquiditätslücken keine Rede sein kann (BGH, ZInsO 2010, 673, Tz. 43).

29 Auf die Zahlungseinstellung kann ggf. aus **Indizien** geschlossen werden (BGH, ZIP 2006, 1056). Eine Zahlungseinstellung kann aus einem einzelnen, jedoch auch aus einer Gesamtschau mehrerer darauf hindeutender, in der Rspr. entwickelter Beweisanzeichen gefolgert werden (BGH, ZInsO 2013, 2109, 2110, Tz. 10). Sind derartige Indizien vorhanden, bedarf es nicht einer darüber hinausgehenden Darlegung und Feststellung der genauen Höhe der gegen den Schuldner bestehenden Verbindlichkeiten oder einer Unterdeckung von mindestens 10 % (BGH a. a. O.; a. A. OLG Frankfurt am Main, ZInsO 2010, 1328, 1329).

Einzelfälle, die eine Zahlungseinstellung zum Ausdruck bringen können: Erklärungen des Schuldners, z. B. Stundungsbitte (BGH, ZInsO 2006, 1210, 1211 f.); beträchtliche Zahlungsrückstände, die bis zur Verfahrenseröffnung nicht mehr beglichen werden (BGH a. a. O.; BGH, ZInsO 2011, 1410, Tz. 15); ständiges »Schieben« fälliger Verbindlichkeiten (BGH, ZInsO 2011, 1410, Tz. 16); dauerhaft schleppende Zahlungsweise (BGH, ZInsO 2013, 2109, 2110, Tz. 12 f.); Ratenzahlungsvereinbarung mit dem Finanzamt (BGH a. a. O., Tz. 17), Nichtbegleichung fälliger Forderungen ggü. Hauptlieferant/Großgläubiger (BGH, ZInsO, 2013, 190, 192, Tz. 13); Teilzahlungen bzw. Abstimmung von Zahlungen mit Gläubigern wegen ungünstiger Liquiditätslage (BGH a. a. O., Tz. 34); Nichteinhaltung von Ratenzahlungsvereinbarungen (BGH a. a. O., Tz. 31) bzw. Nichtzahlung der ersten Rate (BGH, ZInsO 2012, 2048); Abgabe der eidesstattlichen Versicherung (OLG

Celle, ZInsO 2001, 1106); konkludentes Verhalten des Schuldners, z. B. Flucht vor Gläubigern (BGH, WM 1996, 1747, 1750), Schließung des Geschäftsbetriebs ohne ordnungsgemäße Abwicklung (BGH, ZIP 2006, 1056); schleppende Zahlung von Löhnen und Gehältern (BGH, ZInsO 2008, 378, 380); Nichterfüllung strafbedrohter bzw. sonst wichtiger Zahlungspflichten wie z. B. Sozialversicherungsbeiträge (BGH, ZInsO 2006, 827, 828; einschränkend BGH, ZInsO 2013, 2014, Tz. 13: nicht bei verspäteter Bezahlung von Sozialversicherungsbeiträgen um jeweils 3 bis 4 Wochen), Steuern (BGH, ZInsO 2008, 1019), Energiekosten (BGH, WM 1955, 470); Häufung gekürzter Zahlungen ohne Begründung, Herausgabe von Eigentumsvorbehaltsware in großem Umfang (OLG Stuttgart, ZIP 1997, 652); Häufung von Zwangsvollstreckungsmaßnahmen (BGH, ZIP 2006, 1056) oder Wechselprotesten bzw. Nichteinlösung von Schecks (BGH, WM 1975, 6; ZInsO 2011, 1410, Tz. 17) oder Lastschriften (BGH, ZInsO 2013, 190, 193, Tz. 31).

Eine **einmal eingetretene Zahlungseinstellung** wird rgm. erst beseitigt, wenn die geschuldeten Zahlungen an die Gesamtheit der Gläubiger im Allgemeinen wieder aufgenommen werden können. Das erfordert, dass – bis auf unwesentliche Ausnahmen – alle Zahlungen geleistet werden können (BGH, ZInsO 2012, 2244, 2245, Tz. 18). Daran fehlt es, wenn der Schuldner sich durch die Befriedigung seiner gegenwärtigen Gläubiger der Mittel entäußert, die er zur Begleichung seiner künftigen, alsbald fällig werdenden Verbindlichkeiten entäußert (BGH a. a. O., Tz. 11). Die Vermutung der Zahlungsunfähigkeit aufgrund Zahlungseinstellung kann nicht durch den Nachweis der Zahlungsunwilligkeit, sondern nur durch den Nachweis der Zahlungsfähigkeit erfolgen (BGH, ZInsO 2012, 696, 698, Tz. 18). 30

Die Wiederaufnahme der Zahlungen hat grds. derjenige zu beweisen, der sich auf einen nachträglichen Wegfall der Zahlungsunfähigkeit beruft (BGH, ZInsO 2006, 827; BGHZ 149, 100 = ZInsO 2001, 1150).

V. Insolvenzverfahren mit Auslandsbezug

Besonderheiten können sich bei Insolvenzverfahren mit Auslandsbezug ergeben, die zunehmend an Bedeutung gewinnen. Soll über das Vermögen eines Schuldners im Inland ein Insolvenzverfahren als sog. **Hauptinsolvenzverfahren** eröffnet werden, sind i. R. d. Zahlungsunfähigkeitsprüfung auch die Auslandsaktivitäten, also z. B. Zahlungsmittel und fällige Verbindlichkeiten unselbstständiger ausländischer Niederlassungen, zu berücksichtigen. Dies folgt auch aus dem sog. Universalitätsprinzip (vgl. dazu § 335 Rdn. 2). 31

Ist demgegenüber im Ausland bereits ein anerkanntes Hauptinsolvenzverfahren eröffnet, muss der Eröffnungsgrund für ein inländisches **Sekundärinsolvenzverfahren** gem. Art. 27 EuInsVO § 356 Abs. 3 vom Gericht nicht mehr festgestellt werden (dazu § 16 Rdn. 18). 32

Streitig ist die Rechtslage, wenn es um ein **Partikularinsolvenzverfahren (§§ 354 ff.) einer inländischen Niederlassung** eines ausländischen Schuldners geht, ohne dass ein anerkanntes Hauptinsolvenzverfahren eröffnet ist. Nach bisher herrschender Meinung ist anstelle des weltweiten Zahlungsverhaltens aus Praktikabilitätsgründen auf das Zahlungsverhalten im Inland, der Hauptniederlassung oder allenfalls der Zweigniederlassungen in anderen europäischen Ländern abzustellen (BGH, NJW 1992, 624 [zu § 30 KO]; zust. HK-Kirchhof § 16 Rn. 4; ähnl. allerdings in Form einer Beweiserleichterung MK-Reinhart § 354 Rn. 25). Die bisher herrschende Meinung erscheint im Zuge der Globalisierung der Wirtschaft immer weniger zeitgemäß (ähnl. K/P/B-Kemper Art. 102 EGInsO Rn. 270). Ferner führt sie zu Wertungswidersprüchen zur Überschuldungsprüfung, bei der nach ganz herrschender Meinung auf die weltweite Vermögenslage abzustellen ist (vgl. § 19 Rdn. 53). Richtigerweise ist daher auch bei der Zahlungsunfähigkeit grds. eine weltweite Prüfung vorzunehmen (so auch Uhlenbruck-Lüer Art. 102 EGInsO Rn. 205; Braun-Liersch § 354 Rn. 18). 33

C. Verfahrensfragen

I. Methoden der Zahlungsunfähigkeitsprüfung

34 Die Methode und der Umfang der Zahlungsunfähigkeitsprüfung sind gesetzlich nicht vorgeschrieben und hängen auch von den wirtschaftlichen Verhältnissen im Einzelfall ab. Im Zivilrecht wird grds. die Aufstellung eines entsprechenden Finanzplanes (Liquiditätsplanes) verlangt (näher dazu Rdn. 35 ff., zu Ausnahmen Rdn. 38). Je nachdem, ob diese wie ex ante z. B. in der Beratung oder ex post wie z. B. in Prozessen erfolgt, wird von einer **prognostischen** bzw. einer **retrograden Zahlungsunfähigkeitsprüfung** gesprochen. Die retrograde Zahlungsunfähigkeitsprüfung hat die Besonderheit, dass ex post eine Finanzplanrechnung für einen vergangenen Zeitraum erstellt wird (K. Schmidt-K. Schmidt, § 17 Rn. 32: »simulierte ex post-Prognose«; näher zur retrograden Zahlungsunfähigkeitsprüfung IDW-Prüfungsstandard PS 800, WPg-Supplement 2/2009, S. 42 ff., Tz. 46 ff.). Im Strafrecht unterscheidet die Rspr. die sog. betriebswirtschaftliche Methode i. S. d. vorgenannten Finanzplanrechnung und die sog. wirtschaftskriminalistische Methode, die sich ähnlich der Zahlungseinstellung i. S. d. § 17 Abs. 2 Satz 2 an typischen Krisensignalen orientiert (BGH, ZInsO 2013, 2107, 2108, Tz. 14 f.).

Im Insolvenzeröffnungsverfahren wird seitens des Gerichts wird i. d. R. ein Sachverständiger bestellt oder ein vorläufiger Insolvenzverwalter mit entsprechenden gutachterlichen Feststellungen beauftragt. Die Methode der Zahlungsunfähigkeitsprüfung hat sich vor allem an der o. g. BGH-Rspr. zu orientieren (ausführl. zur Ermittlung der Zahlungsunfähigkeit: Staufenbiel/Hoffman, ZInsO 2008, 785 ff., 838 ff., 891 ff.; Nickert/Lamberti [Hrsg.], Überschuldungs- und Zahlungsunfähigkeitsprüfung; Knolle/Tetzlaff, ZInsO 2005, 897). Eine ergänzende methodische Orientierung kann der **IDW-Prüfungsstandard** »Empfehlungen zur Prüfung eingetretener oder drohender Zahlungsunfähigkeit bei Unternehmen« (IDW-Prüfungsstandard PS 800, WPg-Supplement 2/2009, S. 42 ff., abrufbar unter www.idw.de/Verlautbarungen) geben, auch wenn dieser selbstverständlich keine Rechtsnormqualität hat und soweit er mit der Rspr. übereinstimmt (zu Abweichungen Frysatzki, NZI 2010, 389).

35 Grundlage für die Beurteilung der Zahlungsunfähigkeit ist grds. ein **Finanzplan** (Liquiditätsplan; BGH, ZInsO 2006, 1210, 1212: »Liquiditätsbilanz«). Im Finanzplan werden ausgehend von einem bestimmten Stichtag liquide Mittel sowie künftige Einzahlungen und Auszahlungen (fällige Zahlungspflichten) dargestellt und daraus eine etwaige Unter- bzw. Überdeckung ermittelt. Dabei sind künftige Geschäftsvorfälle im Planungszeitraum (z. B. Einzahlungen aus künftigen Umsätzen) zu berücksichtigen, soweit sie hinreichend konkret sind und hinreichend sicher erwartet werden können (vgl. IDW PS 800 n. F. Tz. 21, 22). Der Planungs- bzw. Prüfungszeitraum für die Zahlungsunfähigkeitsprüfung beträgt grds. 3 Wochen (BGHZ 163, 134 = ZInsO 2005, 807; s. o. Rdn. 15 ff.). Dabei sind sowohl erwartete Einzahlungen als auch fällig werdende Auszahlungen im 3-Wochen-Zeitraum zu berücksichtigen (s. o. Rdn. 16). Der Detaillierungsgrad hängt vom Einzelfall ab, insb. der Größe der möglichen Liquiditätslücke und der Dauer des Planungszeitraums (vgl. IDW-Prüfungsstandard PS 800 Tz. 23).

Muster: Finanzplan zur Zahlungsunfähigkeitprüfung

36

	Stichtag T€	Woche 1 T€	Woche 2 T€	Woche 3 T€
A. Anfangsbestand/ Liquiditätsbestand aus Vorperiode				
I. Liquide Mittel				
II. Offene Kreditlinien				
Summe Liquiditätsbestand				
B. Einzahlungen				
I. aus lfd. Geschäftsbetrieb				
1. Barverkäufe				
2. Kundenrechnungen				
3. abzgl. Skontoaufwand				
II. aus dem Finanzbereich				
1. Zinserträge				
2. Beteiligungserträge				
Summe Einzahlungen				
C. Auszahlungen (fällige Zahlungspflichten)				
I. für lfd. Geschäftsbetrieb				
1. Löhne u. Gehälter				
2. Sozialversicherung				
3. Lieferantenverbindlichkeiten				
4. abzgl. Skontoertrag				
5. Miete, Leasing				
6. Fuhrpark				
7. Reparaturen, Wartungen				
8. Versicherungen u. Beiträge				
9. Steuern u. Abgaben				
10. sonstige Auszahlungen				
II. für Investitionen				
1. Sachinvestitionen				
2. Finanzinvestitionen				
III. i.R.d. Finanzverkehrs				
1. lfd. Kredittilgung				
2. Zinsen				
Summe Auszahlungen				
D. Liquiditätsüberschuss/-unterdeckung				
E. Ausgleichs- u. Anpassungsmaßnahmen (ggf.)				
bei Unterdeckung z.B. Einzahlungen aus:				
1. Eigenkapitalerhöhung				
2. Kreditaufnahme				
3. Rückführg. gewährter Darlehen				
4. Desinvestitionen				
a) Anlagenverkäufe				
b) Auflösung Finanzinvestitionen				
Summe Ausgleichsmaßnahmen				
F. Liquiditätsüberschuss/-unterdeckung nach Ausgleich-/Anpassungsmaßnahmen				
G. Liquiditätsüberschuss/-unterdeckung in Prozent				

Ein **Finanzstatus** (Liquiditätsstatus), der lediglich auf einen Stichtag bezogen die liquiden Mittel und fälligen Zahlungspflichten gegenüberstellt, reicht wegen der Abgrenzung zur nur vorübergehenden Zahlungsstockung grds. nicht (Pape, WM 2008, 1949, 1951). Allerdings kann sich aus mehreren Finanzstatus zu aufeinanderfolgenden Stichtagen ex post die Zahlungsunfähigkeit ergeben. Ungenauer als ein Liquiditätsplan ist eine sog. Liquiditätsbilanz, in die ergänzend zum Finanzstatus nur zusammengefasste Ansätze für künftig verfügbare liquide Mittel und fällige Zahlungspflichten im Planungszeitraum eingestellt werden (MK-Eilenberger § 17 Rn. 21).

37

§ 18 InsO Drohende Zahlungsunfähigkeit

38 Die **Aufstellung** eines Finanzplans ist **entbehrlich**, wenn die Zahlungsunfähigkeit anderweitig festgestellt werden kann (BGH, ZInsO 2006, 1210, 1212), z. B. wenn der Schuldner bereits einzelne, nicht nur geringfügige, Verbindlichkeiten (dazu Rdn. 17 ff.; z. B. Steuerschulden oder gekündigte Bankkredite) binnen 3 Wochen nicht erfüllen kann (Rdn. 15 ff.) oder die Vermutungswirkung der Zahlungseinstellung gem. Abs. 2 (dazu Rdn. 26 ff.) eingreift. Insb. in Anfechtungssachen lässt sich die Zahlungsunfähigkeit häufig erst ex post anhand von Indizien feststellen, ohne dass es der Aufstellung eines Liquiditätsplans bedarf (BGH, ZInsO 2006, 1210, 1212; näher Rdn. 39 ff.).

II. Beweisfragen

39 Eine formelle Beweislast gibt es im **Insolvenzeröffnungsverfahren** wegen des Amtsermittlungsgrundsatzes (§ 5) nicht, die Nichterweislichkeit der Zahlungsunfähigkeit geht jedoch zulasten des Antragstellers (§ 16 Rdn. 16). Bei der Feststellung des Eröffnungsgrundes der Zahlungsunfähigkeit reicht ein für das praktische Leben brauchbarer Grad an Gewissheit (BGH, ZIP 2006, 1056). Das Insolvenzgericht kann die Eröffnungsentscheidung auch auf die Vermutungswirkung der Zahlungseinstellung stützen, die sich ihrerseits aus Indizien ergeben kann (BGH a.a.O.; näher dazu Rdn. 26 ff.).

In **Prozessrechtsstreitigkeiten** muss nach allg. Regeln grds. derjenige die Zahlungsunfähigkeit darlegen und beweisen, der sich auf sie beruft (näher zur Zahlungsunfähigkeit im Anfechtungs- und Haftungsprozess Krüger/Wigand, ZInsO 2011, 314). Zu den **Anforderungen** an Darlegung und Feststellung der Zahlungsunfähigkeit **im Rahmen einer Anfechtungsklage** s. BGH, ZInsO 2007, 1046 m. Anm. Frind, EWiR 2007, 691, BGH, ZInsO 2006, 1210, ferner OLG Köln, NZI 2005, 112 und Hölzle, ZIP 2006, 101 sowie ZIP 2007, 613. Die Tatsache, dass zum Zeitpunkt der Vornahme der anfechtbaren Rechtshandlung fällige Verbindlichkeiten bestanden, die bis zur Verfahrenseröffnung nicht mehr beglichen wurden, indiziert grds. die Zahlungsunfähigkeit (BGH a.a.O.). Zum Beweis der Insolvenzreife nach den Grundsätzen der Beweisvereitelung wegen Verletzung der Buchführungspflichten BGH, ZIP 2012, 723.

40 Die Zahlungsunfähigkeit wird widerleglich vermutet, wenn der Schuldner 10 % oder mehr seiner fälligen Verbindlichkeiten länger als 3 Wochen nicht erfüllen kann (BGH, ZInsO 2005, 807; näher dazu Rdn. 19 ff.). Zur **Vermutungswirkung der Zahlungseinstellung** Rdn. 26 ff.

41 Eine **einmal eingetretene Zahlungsunfähigkeit** wird rgm. erst beseitigt, wenn die geschuldeten Zahlungen an die Gesamtheit der Gläubiger im Allgemeinen wieder aufgenommen werden können; dies hat grds. derjenige zu beweisen, der sich auf einen nachträglichen Wegfall der Zahlungsunfähigkeit beruft (BGHZ 149, 178 = ZInsO 2002, 29). Entsprechendes gilt für eine **einmal eingetretene Zahlungseinstellung** (BGHZ 149, 100, 101 = ZInsO 2001, 1150, 1152).

§ 18 Drohende Zahlungsunfähigkeit

(1) Beantragt der Schuldner die Eröffnung des Insolvenzverfahrens, so ist auch die drohende Zahlungsunfähigkeit Eröffnungsgrund.

(2) Der Schuldner droht zahlungsunfähig zu werden, wenn er voraussichtlich nicht in der Lage sein wird, die bestehenden Zahlungspflichten im Zeitpunkt der Fälligkeit zu erfüllen.

(3) Wird bei einer juristischen Person oder einer Gesellschaft ohne Rechtspersönlichkeit der Antrag nicht von allen Mitgliedern des Vertretungsorgans, allen persönlich haftenden Gesellschaftern oder allen Abwicklern gestellt, so ist Absatz 1 nur anzuwenden, wenn der oder die Antragsteller zur Vertretung der juristischen Person oder der Gesellschaft berechtigt sind.

B. Norminhalt

I. Eröffnungsgrund bei Schuldnerantrag (Abs. 1)

4 Nach Abs. 1 ist die drohende Zahlungsunfähigkeit **nur bei einem Insolvenzantrag des Schuldners** Eröffnungsgrund (vgl. entsprechend § 320 Abs. 1 Satz 2 für den Nachlass und §§ 332 Abs. 1, 333 Abs. 2 Satz 3 für das Gesamtgut der ehelichen Gütergemeinschaft). Die drohende Zahlungsunfähigkeit begründet **keine Antragspflicht für den Schuldner** und gewährt **kein Antragsrecht für Gläubiger**. Demgemäß darf das Gericht die drohende Zahlungsunfähigkeit als Eröffnungsgrund nur bei einem Eigenantrag des Schuldners zugrunde legen und auch nur dann, wenn dieser sich darauf beruft (Jaeger-Müller § 16 Rn. 9; MK-Schmahl § 16 Rn. 34; näher zur Antragsbindung des Gerichts § 16 Rdn. 8).

Der Eröffnungsgrund der drohenden Zahlungsunfähigkeit gilt **grds. für alle Rechtsträger und Vermögensmassen**, auch für den Verein (vgl. zu Letzterem Rugullis, DZWIR 2008, 404 m.w.N.). Eine **Ausnahme** besteht für **Versicherungsunternehmen**, bei denen gem. § 88 Abs. 2 VAG nur Zahlungsunfähigkeit und Überschuldung Eröffnungsgrund sind (MK-Schmahl § 13 Rn. 66; Prölss-Kollhosser, VAG, § 88 Rn. 5; a. A. Backes, Die Insolvenz des Versicherungsunternehmens, S. 17 ff.). Zu **Besonderheiten** bei **Kredit- und Finanzdienstleistungsinstituten und Versicherungsunternehmen** vgl. Rdn. 11.

II. Definition der drohenden Zahlungsunfähigkeit (Abs. 2)

1. Allgemeines

5 Gem. Abs. 2 droht der Schuldner zahlungsunfähig zu werden, wenn er voraussichtlich nicht in der Lage sein wird, die bestehenden Zahlungspflichten im Zeitpunkt der Fälligkeit zu erfüllen. Zahlungsunfähigkeit droht also, wenn nach der Finanzplanung absehbar ist, dass die Zahlungsmittel zur Erfüllung der fällig werdenden (Rdn. 6) Zahlungspflichten nicht mehr ausreichen werden und dies auch durch Ausgleichs- und Anpassungsmaßnahmen nicht mehr ausgeglichen werden kann (IDW PS 800, Rn. 16, vgl. dazu auch unten Rdn. 16).

Der Begriff der drohenden Zahlungsunfähigkeit unterscheidet sich von der eingetretenen Zahlungsunfähigkeit darin, dass nicht auf die gegenwärtige, sondern auf die künftige **Liquiditätssituation** abgestellt wird (HK-Kirchhof § 18 Rn. 5). Insofern und mit diesem Unterschied gelten die Erläuterungen zu § 17 sinnentsprechend. Ausführlich zum Ganzen: Möser, Die drohende Zahlungsunfähigkeit des Schuldners als neuer Eröffnungsgrund, 2006.

2. Bestehende Zahlungspflichten

6 Sehr umstritten ist, ob bei der Prüfung der drohenden Zahlungsunfähigkeit nur die zum Prüfungszeitpunkt **bereits bestehenden Verbindlichkeiten** zu berücksichtigen (so K. Schmidt-K. Schmidt, § 18 Rn. 16; A/G/R-Kadenbach, § 18 Rn. 9; FK-Schmerbach, § 18 Rn. 10, anders jedoch Rn. 17, 20) oder auch im Prognosezeitraum **neu hinzukommende Verbindlichkeiten** mit anzusetzen sind (so MK-Drukarczyk, § 18 Rn. 53 ff.; Jaeger-Müller, § 18 Rn. 10 ff.; P/U-Sikora, § 18 Rn. 9, 17). Der BGH hat die Streitfrage bisher nicht entschieden, sondern nur klargestellt, dass bei der Prüfung der drohenden Zahlungsunfähigkeit bestehende Zahlungspflichten zu berücksichtigen sind, deren Fälligkeit im Prognosezeitraum nicht sicher, jedoch überwiegend wahrscheinlich ist (BGH, ZInsO 2014, 77, 78, Tz. 10; fortgeführt in BGH, ZInsO 2014, 1326, 1330, Tz. 33).

Stellungnahme: Der Wortlaut lässt beide Auslegungen zu (a. A. K. Schmidt-K. Schmidt, § 18 Rn. 14), da auch Prognosezeitraum neu hinzukommende Verbindlichkeiten im Zeitpunkt ihrer Fälligkeit selbstverständlich bestehen. Nach der Gesetzesbegründung sind jedoch ausdrücklich auch die »zukünftigen, noch nicht begründeten Verbindlichkeiten zu berücksichtigen« (Begr. RegE BT-Drucks. 12/2443 S. 115). Nur so kann sinnvoll eine Liquiditätsplanung für den Prognosezeitraum erstellt werden, denn auch neu hinzukommende fällige Verbindlichkeiten sind liquiditätswirksam und beeinflussen insofern die Zahlungsfähigkeit (MK-Drukarczyk, § 18 Rn. 53 ff.; P/U-Sikora,

Übersicht	Rdn.			Rdn.
A. Normzweck	1		4. Voraussichtliche Unfähigkeit zur Erfüllung	8
B. Norminhalt	4	III.	Antragsbefugnis bei juristischen Personen und Personengesellschaften (Abs. 3)	11
I. Eröffnungsgrund bei Schuldnerantrag (Abs. 1)	4	C.	Verfahrensfragen	15
II. Definition der drohenden Zahlungsunfähigkeit (Abs. 2)	5	I.	Methoden der Ermittlung drohender Zahlungsunfähigkeit	15
1. Allgemeines	5	II.	Beweisfragen	19
2. Bestehende Zahlungspflichten	6			
3. Zeitpunkt der Fälligkeit	7			

A. Normzweck

Der mit Inkrafttreten der InsO eingeführte Eröffnungsgrund der drohenden Zahlungsunfähigkeit gibt dem Schuldner das Recht, nicht jedoch die Pflicht, bei sich abzeichnender Zahlungsunfähigkeit frühzeitig verfahrensrechtliche Maßnahmen einzuleiten (Begr. RegE BT-Drucks. 12/2443 S. 114). Durch die Möglichkeit einer **frühzeitigeren Verfahrenseinleitung und -eröffnung** sollen insb. die **Chancen der Sanierung von Unternehmen bzw. Schuldenbereinigung** natürlicher Personen, jedoch auch die **Befriedigungsaussichten** der Gläubiger verbessert werden (Begr. RegE BT-Drucks. 12/2443 S. 81). Insofern ist der Eröffnungsgrund ein Angebot an den Schuldner. Der Schuldner kann sich stattdessen allerdings auch um eine außergerichtliche Sanierung bzw. Schuldenbereinigung bemühen (Begr. RegE BT-Drucks. 12/2443 S. 114). 1

Die Anreize zur frühzeitigen Insolvenzantragstellung schon bei drohender Zahlungsunfähigkeit werden durch das **ESUG** verstärkt (K. Schmidt-K. Schmidt, § 18 Rn. 5). Nach § 270a Abs. 2 kann der Schuldner seinen Insolvenzantrag auf Hinweis des Gerichts zurücknehmen, wenn er den Insolvenzantrag frühzeitig bei drohender Zahlungsunfähigkeit gestellt hat und das Gericht gleichwohl die Voraussetzungen der beantragten **Eigenverwaltung** nicht als gegeben ansieht (vgl. § 270a Rdn. 11). Darüber hinaus ist die nur drohende Zahlungsunfähigkeit neben der Überschuldung die Voraussetzung dafür, dass der Schuldner Zugang zum sog. **Schutzschirmverfahren** nach § 270b erhält (ausführl. dazu § 270b Rdn. 3).

Nach dem Willen des Gesetzgebers soll die Definition auch für das Insolvenzstrafrecht (§§ 283, 283d StGB) größere Klarheit bringen (Begr. RegE BT-Drucks. 12/2443 S. 114; vgl. zum strafrechtlichen Begriff die Kommentierung zum Insolvenzstrafrecht, § 283 StGB Rdn. 7).

Der insolvenzrechtliche Begriff der drohenden Zahlungsunfähigkeit wird in Abs. 2 definiert. Eine wesentliche praktische Bedeutung hat die drohende Zahlungsunfähigkeit gem. § 18 im **Insolvenzanfechtungsrecht**, konkret bei § 133. Nach § 133 Abs. 1 Satz 2 wird die Kenntnis des Anfechtungsgegners vom Gläubigerbenachteiligungsvorsatz des Schuldners gesetzlich vermutet, wenn der Anfechtungsgegner wusste, dass der Schuldner (mindestens) drohend zahlungsunfähig war und die angefochtene Rechtshandlung die Gläubiger benachteiligte (näher dazu § 133 Rdn. 20 ff.; eine parallele Regelung besteht für die Gläubigeranfechtung in § 3 Abs. 1 Satz 2 AnfG). Darüber hinaus stellt nach der Rspr. bereits die drohende Zahlungsunfähigkeit ein starkes Beweisanzeichen für den Gläubigerbenachteiligungsvorsatz des Schuldners gem. § 133 Abs. 1 Satz 1 dar, wenn sie ihm bei der Vornahme der Rechtshandlung bekannt war (vgl. BGH, ZInsO 2014, 1326, 1328, Tz. 15). 2

Seit Inkrafttreten des **MoMiG** markiert die drohende Zahlungsunfähigkeit ferner den zeitlichen Beginn für das neue **Sanierungsprivileg** des § 39 Abs. 4 (dazu § 39 Rdn. 50). 2a

Demgegenüber spielte die drohende Zahlungsunfähigkeit als **Eröffnungsgrund** bisher keine wesentliche Rolle. Dies liegt i. d. R. daran, dass entweder bereits Zahlungsunfähigkeit eingetreten ist, auch wenn der Schuldner seinen Insolvenzantrag nur auf drohende Zahlungsunfähigkeit stützt, (keine Bindung des Gerichts an den geltend gemachten Eröffnungsgrund, vgl. § 16 Rdn. 8) oder die Zahlungsunfähigkeit infolge des Insolvenzantrags eintritt, z. B. weil dann rgm. Kredite gekündigt und fällig gestellt werden. 3

§ 18 Rn. 9; insoweit auch K. Schmidt-K. Schmidt, § 18 Rn. 25). In diese Richtung ist wohl auch der BGH zu verstehen, wenn er in Anlehnung an die Gesetzesbegründung (vgl. Begr. RegE a. a. O.) davon spricht, dass bei der Prüfung der drohenden Zahlungsunfähigkeit »die gesamte Finanzlage des Schuldners bis zur Fälligkeit aller bestehenden Verbindlichkeiten einbezogen« werden muss (BGH a. a. O.).

Streitige oder sonst ungewisse **fällige Verbindlichkeiten** sind nach allg. Regeln (§ 17 Rdn. 6) zu berücksichtigen (HK-Kirchhof § 18 Rn. 6).

3. Zeitpunkt der Fälligkeit

Der Begriff der Fälligkeit versteht sich wie bei § 17 (ausführl. dazu § 17 Rdn. 7 ff.). 7

4. Voraussichtliche Unfähigkeit zur Erfüllung

Der Eintritt der Zahlungsunfähigkeit muss wahrscheinlicher sein als der Nichteintritt (BGH, ZInsO 2014, 77, 78, Tz. 10). d. h. die **Wahrscheinlichkeit des Eintritts der Zahlungsunfähigkeit muss über 50 %** liegen (h. M., vgl. HK-Kirchhof § 18 Rn. 13; Jaeger-Müller § 18 Rn. 14; FK-Schmerbach § 18 Rn. 13). In der Prognose sind nach diesem Wahrscheinlichkeitsmaßstab die künftig fällig werdenden Verbindlichkeiten den künftig vorhandenen liquiden Mittel gegenüberzustellen (BGH a. a. O.). 8

Streitig ist die **Dauer des Prognosezeitraums.** (ausdrückl. offengelassen in BGH, ZInsO 2014, 1326, 1331, Tz. 33). Zum Teil wird vertreten, **dass die Dauer des Prognosezeitraumes sich ausschließlich nach der längsten Fälligkeit der im Prognosezeitpunkt bestehenden Verbindlichkeiten bestimme und insofern auch mehrjährige Prognosezeiträume denkbar und zulässig seien** (OLG Hamm, ZInsO 2010, 1004, 1006; MK-Drukarczyk § 18 Rn. 44; NR-Mönning § 18 Rn. 25: BK-Goetsch § 18 Rn. 11). Demgegenüber wird zu Recht darauf hingewiesen, dass die tatsächliche Prognostizierbarkeit eine notwendige zweite Grenze bilde, wobei die Literatur im Einzelnen uneinheitlich ist. Überwiegend werden ein bis 2 Jahre als prognostizierbarer Zeitraum angesehen (HK-Kirchhof § 18 Rn. 8: ein bis 2 Jahre; K/P/B-Pape § 18 Rn. 9; Jaeger-Müller § 18 Rn. 7: max. 2 Jahre; ähnl. Uhlenbruck-Uhlenbruck § 18 Rn. 19 m. w. N.; P/U-Sikora, § 18 Rn. 19; Graf-Schlicker-Bremen, § 18 Rn. 10; IDW-Prüfungsstandard PS 800, WPg-Supplement 2009, 42, 48, Tz. 49, und Vorauflg.: i. d. R. laufendes und folgendes Geschäftsjahr; weiter gehend FK-Schmerbach § 18 Rn. 13: max. 3 Jahre). Andere Stimmen stellen demgegenüber ohne feste Grenzen allein auf die Prognosefähigkeit im Einzelfall ab (K. Schmidt-K. Schmidt, § 18 Rn. 27; Braun-Bußhardt, § 18 Rn. 8). 9

In der Gesetzesbegründung zu § 18 (Begr. RegE BT-Drucks. 12/2443 S. 115) heißt es, dass in die Prognose die gesamte Entwicklung der Finanzlage des Schuldners bis zur **Fälligkeit aller bestehenden Verbindlichkeiten** einbezogen werden muss (so auch BGH, ZInsO 2014, 77, 78, Tz. 10). Das kann jedoch nur soweit gelten, als eine belastbare Prognose auch tatsächlich möglich ist, da Unmögliches nach allg. Grundsätzen nicht verlangt werden kann. Insofern ist der letztgenannten Auffassung zuzustimmen, die auf Fälligkeit der bestehenden Verbindlichkeiten und die Prognosefähigkeit im Einzelfall abstellt. Das entspricht der Entwicklung in der Parallelthematik der Dauer der Fortführungsprognose im Rahmen der Überschuldungsprüfung, wo zu Recht zunehmend auf den »**betriebswirtschaftlich überschaubaren Zeitraum**« abgestellt wird, wobei hier wie dort i. d. R. das laufende und folgende Geschäftsjahr als überschaubar angesehen werden und branchen- und unternehmensspezifische Besonderheiten entsprechend zu berücksichtigen sind (näher dazu Rdn. § 19 Rdn. 18). 10

III. Antragsbefugnis bei juristischen Personen und Personengesellschaften (Abs. 3)

Gem. § 15 Abs. 1 ist zu einem Eigenantrag auf Eröffnung des Insolvenzverfahrens über das Vermögen einer juristischen Person oder einer Gesellschaft ohne Rechtspersönlichkeit i. S. d. § 11 Abs. 2 Nr. 1 jedes Mitglied des Vertretungsorgans bzw. jeder persönlich haftende Gesellschafter sowie jeder Abwickler nach Maßgabe des § 15 Abs. 2 allein berechtigt, unabhängig davon, ob er i. Ü. nach 11

Vertrag oder Gesetz allein oder gemeinsam mit anderen zur Vertretung der juristischen Person oder Gesellschaft berechtigt ist (ausführl. § 15 Rdn. 5 ff.). Abs. 3 schränkt den Grundsatz des § 15 Abs. 1 zur Vermeidung von Missbrauchsgefahren (Begr. RAussch BT-Drucks. 12/7302 S. 157) ein: Wird der Antrag nicht von allen Mitgliedern des Vertretungsorgans, allen persönlich haftenden Gesellschaftern oder allen Abwicklern gestellt, müssen der oder die antragstellenden Personen (allein oder gemeinsam) vertretungsberechtigt sein.

Besonderheiten bestehen im Zusammenhang mit dem Sonderantragsrecht der BaFin **bei Kredit- und Finanzdienstleistungsinstituten**. Bei Kredit- und Finanzdienstleistungsinstituten darf die BaFin den Insolvenzantrag wegen drohender Zahlungsunfähigkeit gem. § 46b Abs. 1 Satz 5 KWG nur stellen, wenn das Institut zustimmt und Maßnahmen nach §§ 46, 46a KWG nicht Erfolg versprechend erscheinen.

12 § 15 Abs. 2 bleibt unberührt, d. h. ggf. ist der Eröffnungsgrund glaubhaft zu machen und sind die übrigen Vertretungsberechtigten anzuhören. Faktische Organe sind wegen der weitreichenden Folgen nicht zum Insolvenzantrag wegen nur drohender Zahlungsunfähigkeit berechtigt (HK-Kirchhof § 18 Rn. 18).

13 Zur Rücknahme des Insolvenzantrags ausführl. § 13 Rdn. 52 ff.

14 Vertretungsberechtigte Personen können sich nicht nur durch einen zu späten, sondern auch durch einen zu frühen Insolvenzantrag ggf. schadensersatzpflichtig machen (Tetzlaff, ZInsO 2008, 226 ff.; Henssler, ZInsO 1999, 121; zu Haftungsfragen bei drohender Zahlungsunfähigkeit auch Ehlers, ZInsO 2005, 169). Der Geschäftsführer einer GmbH bedarf im **Innenverhältnis** eines entsprechenden Gesellschafterbeschlusses, auch wenn der Insolvenzantrag nach § 18 im Außenverhältnis keine Voraussetzung für die Antragstellung oder Verfahrenseröffnung ist (OLG München, NZI 2013, 542, 545; a. A. Hölzle, ZIP 2013, 1846, 1851). Ohne **zustimmenden Gesellschafterbeschluss** verletzt der Geschäftsführer mit einem eigenmächtigen Antrag nach § 18 seine Geschäftsführerpflichten und kann sich schadensersatzpflichtig machen (OLG München a. a. O.; näher auch zu den Beschlussanforderungen Geißler, ZInsO 2013, 919 ff.; a. A. Hölzle a. a. O.). Auch bei einer Personengesellschaft bedarf es eines entsprechenden Gesellschafterbeschlusses, während bei der AG umstritten ist, ob ein Beschluss der Hauptversammlung oder des Aufsichtsrates erforderlich ist (vgl. K. Schmidt-K. Schmidt § 18 Rn. 31 m. w. N.).

C. Verfahrensfragen

I. Methoden der Ermittlung drohender Zahlungsunfähigkeit

15 Die Art und Weise der Ermittlung der drohenden Zahlungsunfähigkeit ist gesetzlich nicht vorgeschrieben und hängt auch von den wirtschaftlichen Verhältnissen im Einzelfall ab. In aller Regel ist die **Aufstellung eines Finanzplans** (Liquiditätsplans) erforderlich, den das Gericht gem. § 20 vom Schuldner verlangen kann (Begr. RegE BT-Drucks. 12/2443 S. 115).

▶ **Hinweis:**

Ein Muster für einen Finanzplan (Liquiditätsplan) zur Prüfung (drohender) Zahlungsunfähigkeit findet sich bei § 17 Rdn. 36. Der Planungszeitraum ist entsprechend dem zugrunde gelegten Prognosezeitraum (Rdn. 9 f.) anzupassen.

16 Seitens des Gerichts wird i. d. R. ein Sachverständiger bestellt oder ein vorläufiger Insolvenzverwalter mit entsprechenden gutachterlichen Feststellungen beauftragt (ausführl. dazu MK-Schmahl/Vuia, § 16 Rn. 45 ff.). Diese bzw. das Gericht können sich **methodisch** an dem **IDW-Prüfungsstandard**: Empfehlungen zur Prüfung eingetretener oder drohender Zahlungsunfähigkeit bei Unternehmen (IDW-Prüfungsstandard PS 800, WPg-Supplement, 2/2009, 42 ff.; abrufbar unter www.idw.de/Verlautbarungen) orientieren, auch wenn dieser selbstverständlich keine Rechtsnormqualität hat und soweit er mit der Rspr. übereinstimmt (zu Abweichungen Frystatzki, NZI 2010, 389).

Die im Liquiditätsplan (Finanzplan) abgebildete Ein- und Auszahlungsentwicklung ist auf solche Planannahmen zu stützen, deren Eintritt mit überwiegender Wahrscheinlichkeit zu erwarten ist (vgl. Rdn. 8). Bei Unternehmen gilt wie in vergleichbaren Fällen die **Sicht des sog. ordentlichen Kaufmanns**. In Zweifelsfällen sind sowohl hinsichtl. künftiger Einzahlungen als auch Auszahlungen Abschläge je nach Eintrittswahrscheinlichkeit zu machen. Wegen der weiteren Einzelheiten § 17 Rdn. 6 ff. 17

Die Vorlage von Plan-Gewinn- und Verlustrechnungen (Plan-GuV) und von Planbilanzen, wie z. B. nach § 229, ist zunächst nicht gefordert. Allerdings wird die Erstellung von Plan-GuV und Planbilanzen zur Entwicklung und Plausibilisierung der Finanzplanung und deren Planprämissen häufig erforderlich sein (so auch Uhlenbruck-Uhlenbruck § 18 Rn. 12 ff. m. ausführl. N.). 18

II. Beweisfragen

Eine formelle Beweislast gibt es im **Insolvenzeröffnungsverfahren** wegen des Amtsermittlungsgrundsatzes (§ 5) nicht; die Nichterweislichkeit der drohenden Zahlungsunfähigkeit geht jedoch zulasten des antragstellenden Schuldners (§ 16 Rdn. 16). 19

In **Prozessrechtsstreitigkeiten** muss grds. derjenige die drohende Zahlungsunfähigkeit (vgl. auch § 17 Rdn. 39) darlegen und beweisen, der sich auf sie beruft. Nach der Rspr. steht i. R. d. Insolvenzanfechtung nach § 133 Abs. 1 der Kenntnis der drohenden Zahlungsunfähigkeit die Kenntnis von Umständen gleich, die zwingend auf die drohende Zahlungsunfähigkeit schließen lassen (BGH, ZInsO 2010, 1598, Tz. 9). Maßgebend ist eine Gesamtbetrachtung der für den Anfechtungsgegner ersichtlichen Umstände, insb. unter Berücksichtigung der Art der Forderung, der Person des Schuldners und dem Zuschnitt seines Geschäftsbetriebs (BGH a. a. O., Tz. 10; ausführl. dazu § 133 Rdn. 28 ff.).

§ 19 Überschuldung

(1) Bei einer juristischen Person ist auch die Überschuldung Eröffnungsgrund.

(2) ¹Überschuldung liegt vor, wenn das Vermögen des Schuldners die bestehenden Verbindlichkeiten nicht mehr deckt, es sei denn, die Fortführung des Unternehmens ist nach den Umständen überwiegend wahrscheinlich. ²Forderungen auf Rückgewähr von Gesellschafterdarlehen oder aus Rechtshandlungen, die einem solchen Darlehen wirtschaftlich entsprechen, für die gemäß § 39 Abs. 2 zwischen Gläubiger und Schuldner der Nachrang im Insolvenzverfahren hinter den in § 39 Abs. 1 Nr. 1 bis 5 bezeichneten Forderungen vereinbart worden ist, sind nicht bei den Verbindlichkeiten nach Satz 1 zu berücksichtigen.

(3) ¹Ist bei einer Gesellschaft ohne Rechtspersönlichkeit kein persönlich haftender Gesellschafter eine natürliche Person, so gelten die Absätze 1 und 2 entsprechend. ²Dies gilt nicht, wenn zu den persönlich haftenden Gesellschaftern eine andere Gesellschaft gehört, bei der ein persönlich haftender Gesellschafter eine natürliche Person ist.

Fassung des Abs. 2 bis 17.10.2008 (InsO 1999)

Überschuldung liegt vor, wenn das Vermögen des Schuldners die bestehenden Verbindlichkeiten nicht mehr deckt. Bei der Bewertung des Vermögens des Schuldners ist jedoch die Fortführung des Unternehmens zu Grunde zu legen, wenn diese nach den Umständen überwiegend wahrscheinlich ist.

Übersicht	Rdn.		Rdn.
A. Normzweck und Normentwicklung....	1	2. Früherer Überschuldungsbegriff der InsO 1999 (bis 17.10.2008)	9
B. Norminhalt	2		
I. Anwendungsbereich (Abs. 1, 3).......	2	3. Stichtag der Überschuldungsprüfung	11
II. Definition der Überschuldung (Abs. 2)..	5	III. Einzelmerkmale der Überschuldung....	12
1. Geltender Überschuldungsbegriff...	5	1. Fortführungsprognose	12

2.	Aktiva	19		hh) Aktive Rechnungsabgrenzungsposten	33
a)	Bewertungsgrundsätze	19		ii) Sonderfälle	34
b)	Definition Liquidationswert	21	3.	Passiva	37
c)	Definition Fortführungswert	22		a) Bewertungsgrundsätze	37
d)	Bewertung einzelner Aktiva	23		b) Bewertung einzelner Passiva	40
	aa) Ausstehende Einlagen	23	IV.	Besonderheiten bei der GmbH & Co. KG	47
	bb) Sonstige Ansprüche gegen Gesellschafter und Geschäftsführer	24	V.	Maßnahmen zur Überschuldungsbeseitigung	49
	cc) Immaterielle Vermögensgegenstände	28	VI.	Besonderheiten bei Insolvenzverfahren mit Auslandsbezug	51
	dd) Sachanlagen	29	C.	**Verfahrensfragen**	54
	ee) Finanzanlagen	30	I.	Methoden der Überschuldungsprüfung	54
	ff) Vorräte	31	II.	Beweisfragen	58
	gg) Forderungen und sonstige Vermögensgegenstände	32			

A. Normzweck und Normentwicklung

1 § 19 bestimmt die Überschuldung als zusätzlichen **Eröffnungsgrund** neben § 17 für juristische Personen (Abs. 1) und Personengesellschaften ohne natürliche Person als Vollhafter (Abs. 3). Darüber hinaus gibt Abs. 2 eine **gesetzliche Definition** des Rechtsbegriffes der Überschuldung.

Es handelt sich dabei um den **Rechtsbegriff der insolvenzrechtlichen Überschuldung** Er ist von der Überschuldung laut Handelsbilanz gem. §§ 247 ff. HGB (sog. bilanzielle Überschuldung) wegen der unterschiedlichen Bewertungsgrundsätze (dazu Rdn. 19 ff.) ebenso wie von den Begriffen Unterbilanz bzw. Unterkapitalisierung zu trennen (allg. Mg.; ausführl. Uhlenbruck-Uhlenbruck § 19 Rn. 4, 11, 12 m. w. N.; grundlegend zur Überschuldung und Bilanzierung Crezelius, FS Röhricht, S. 787 ff.). Dieser gilt auch für insolvenzrechtliche Regelungen außerhalb der InsO, so z. B. §§ 64, 84 GmbHG, §§ 92, 401 AktG, §§ 99, 148 GenG, §§ 130a, 130b HGB. Zum strafrechtlichen Begriff der Überschuldung s. § 283 StGB Rdn. 6 ff. (vgl. auch Stracke, Zur Übertragbarkeit des zivilrechtlichen Überschuldungsbegriffs in das Strafrecht; ferner Büttner, ZInsO 2009, 841).

1a Die Überschuldung begründet vor allem **bei haftungsbeschränkten Rechtsträgern**, d. h. juristischen Personen (Abs. 1) und Gesellschaften ohne Rechtspersönlichkeit, bei denen kein persönlich haftender Gesellschafter eine natürliche Person ist (Abs. 3) einen Insolvenzeröffnungsgrund (§ 19) und eine Insolvenzantragspflicht (§ 15a). Dort stellt sie mit Blick auf das beschränkte Haftungsvermögen ein zentrales **Element des präventiven Gläubigerschutzes** dar (K. Schmidt-K. Schmidt, § 19 Rn. 2 Rn. 6), da die Überschuldung regelmäßig früher Eintritt als der gem. § 17 Abs. 1 allgemeine Insolvenzgrund der Zahlungsunfähigkeit (Uhlenbruck-Uhlenbruck, § 19 Rn. 1). Im internationalen Vergleich ist eine Insolvenzantragspflicht bei Überschuldung gleichwohl eher die Ausnahme (vgl. K/P/B-Pape, § 19 Rn. 16 m. w. N.). Weiterhin begründet die Überschuldung einen Insolvenzeröffnungsgrund **beim Nachlass** (§ 320) und **beim Gesamtgut einer fortgesetzten Gütergemeinschaft** (§ 322, §), wo entsprechende Haftungsbeschränkungsmöglichkeiten bestehen (K. Schmidt-K. Schmidt, § 320 Rn. 1, § 332 Rn. 2); weiter zum Anwendungsbereich sogleich Rdn. 29).

1b Der Überschuldungsbegriff in Abs. 2 hat infolge der sog. Finanzmarktkrise eine stürmische Entwicklung genommen. Mit dem **Finanzmarktstabilisierungsgesetz** vom 17.10.2008 (FMStG, BGBl. I 2008, S. 1982) hatte der Gesetzgeber zunächst befristet an den neuen »alten« (modifiziert) zweistufigen Überschuldungsbegriff der KO/GesO angeknüpft (Art. 5 FMStG), den die Rspr. zur KO/GesO im Anschluss an K. Schmidt (vgl. AG 1978, 337 ff.) verwendet hatte (vgl. BGHZ 119, 201 = NJW 1992, 2891; sog. Dornier-Fall). Die Befristung ist inzwischen aufgehoben worden (zur Entfristung näher Rdn. 1d). Hintergrund war die Sorge des Gesetzgebers, dass wegen der durch die Finanzmarktkrise verursachten Wertverluste, insb. bei Aktien und Immobilien, Unternehmen in ein Insolvenzverfahren gezwungen werden könnten, bei denen die überwiegende Wahrscheinlichkeit besteht, dass sie weiter am Markt operieren können und deren Finanzkraft mittelfristig zur Fortführung ausreicht (BT-Drucks. 16/10600). Bei diesem Überschuldungsbegriff treten Schuldendeckungsprinzip und Fortführungsprognose gleichwertig nebeneinander (ausführl. dazu Rdn. 5 ff.).

Von diesem Überschuldungsbegriff war der Gesetzgeber der **Insolvenzordnung 1999** im Interesse eines verbesserten Gläubigerschutzes zuvor bewusst abgewichen und hatte ihn dahin gehend verschärft, dass die Fortführungsprognose nach § 19 Abs. 2 Satz 2 InsO a. F. nur noch den Bewertungsmaßstab für die Vermögensbewertung (Fortführungs- oder Liquidationswerte) bestimmte, eine sich bei Gegenüberstellung von Aktiva und Passiva gem. § 19 Abs. 2 Satz 1 InsO a. F. ergebende rechnerische Überschuldung jedoch nicht mehr kompensieren konnte. Damit wollte der damalige Gesetzgeber dem Schuldendeckungsprinzip bei haftungsbeschränkten Rechtsträgern besser Rechnung tragen und das Risiko der Fortführungsprognose nicht den Gläubigern zuweisen (Begr. RA BT-Drucks. 12/7302, S. 157). Dies ging mit dem gesetzgeberischen Ziel einher, im Interesse der Gläubigerbefriedigung und zur Verbesserung der Sanierungschancen eine frühzeitigere Verfahrenseinleitung und -eröffnung zu erreichen (Begr. RegE BT-Drucks. 12/2443, S. 81). 1c

Die Wiedereinführung des neuen »alten« (modifiziert) zweistufigen Überschuldungsbegriffes durch das Finanzmarktstabilisierungsgesetz galt zunächst zeitlich befristet vom 18.10.2008 bis 31.12.2010 (Art. 6 Abs. 3, 7 Abs. 2 FMStG) und war sodann mit dem »Gesetz zur Erleichterung der Sanierung von Unternehmen« vom 29.10.2009 (BGBl. I, S. 3151) zunächst bis zum 31.12.2013 verlängert worden. Mit dem Gesetz zur Einführung einer Rechtsbehelfsbelehrung im Zivilprozess und zur Änderung anderer Vorschriften v. 05.12.2012 (BGBl. I 2012, S. 2418, hat der Gesetzgeber die Befristung sodann aufgehoben (sog. **Entfristung des Überschuldungsbegriffs**). 1d

Dem war eine vom Bundesjustizministerium in Auftrag gegebenen Expertenbefragung zur Zukunft des Überschuldungsbegriffs von Bitter/Hommerich/Reiß vorausgegangen (vgl. Bitter/Hommerich, Die Zukunft des Überschuldungsbegriffs, 2012; Bitter/Hommerich/Reiß, ZIP 2012, 1201 ff.). Damit dürfte auch die vorangegangene Diskussion über eine Abschaffung oder Änderung des Überschuldungsbegriffs zumindest vorerst beendet sein (für die Abschaffung des Insolvenzgrundes der Überschuldung und Einführung einer Insolvenzantragspflicht bei drohender Zahlungsunfähigkeit: Frystatzki, NZI 2011, 521, 526; Hunkemöller/Tymann, ZInsO 2011, 712; Rokas, ZInsO 2009, 18, 21; Hölzle, ZIP 2008, 2003, 2004 f.; Böcker/Poertzgen, GmbHR 2008, 1289, 1294; Leithaus, NZI 11/2008, VIII; für eine Reform des Überschuldungsbegriffes Beck/Brucklacher, FS Wellensiek, S. 5 ff.; Gross, KSI 2011, 49).

Die Wiedereinführung des »alten« zweistufigen Überschuldungsbegriff wirkt nicht auf vor dem 18.10.2008 liegende »**Altfälle**«, da die Regelung nach dem FMStG nur für den Zeitraum davor keine Geltung beansprucht (BGH, ZInsO 2009, 876, Tz. 10; OLG Schleswig, ZInsO 2010, 530).

B. Norminhalt

I. Anwendungsbereich (Abs. 1, 3)

Gem. Abs. 1 ist die Überschuldung Eröffnungsgrund für alle **juristischen Personen** und den nach § 11 Abs. 1 Satz 2 gleichgestellten nicht rechtsfähigen Verein (Begr. RegE BT-Drucks. 12/2443 S. 115), auch für die Unternehmergesellschaft (UG) haftungsbeschränkt gem. § 5a GmbHG (Hirte/Knof/Mock, ZInsO 2008, 1217, 1224; zum Überschuldungsstatus bei der UG: W. Müller, FS Hüffer, S. 701, 704 ff.). Umstritten ist die Anwendung auf Vorgesellschaften (bejahend: K. Schmidt-K. Schmidt, § 19 Rn. 9; verneinend: Uhlenbruck-Hirte, § 11 Rn. 41). 2

Gem. Abs. 3 ist die Überschuldung ferner Eröffnungsgrund bei **Gesellschaften ohne Rechtspersönlichkeit** i. S. d. § 11 Abs. 2 Nr. 1, **bei denen kein persönlich haftender Gesellschafter eine natürliche Person ist**. Dies betrifft in der Praxis insb. die **GmbH & Co. KG**. Aus § 320 bzw. § 332 ergibt sich, dass die Überschuldung ferner bei Insolvenzverfahren über den **Nachlass** bzw. **das Gesamtgut einer fortgesetzten Gütergemeinschaft** Eröffnungsgrund ist.

§ 19 InsO Überschuldung

§ 19 gilt auch für **Scheinauslandsgesellschaften**, sofern sie als juristische Personen (z. B. Ltd.) aufgrund EU-Recht oder aufgrund staatsvertraglicher Regelungen (z. B. Deutsch-Amerikanischer Freundschafts-, Handels- und Schiffahrtsvertrag v. 29.10.1954, BGHZ 153, 353) als solche anerkannt werden. Für Scheinauslandsgesellschaften aus sonstigen »Drittstaaten« gilt weiterhin die sog. Sitztheorie, sie werden als Personengesellschaft behandelt (BGH, NJW 2009, 289 = DStR 2009, 59 m. Anm. Goette). Bei »echten« Auslandsgesellschaften richten sich die Eröffnungsgründe nach dem Recht des für die Insolvenzeröffnung zuständigen Drittstaates (HK-Kirchhof § 16 Rn. 4). Zu weiteren Besonderheiten bei **Insolvenzverfahren mit Auslandsbezug** Rdn. 51 ff.

§ 19 gilt wie § 17 sowohl für Schuldner- als auch für Gläubigeranträge.

3 Bei der **Genossenschaft** besteht die Besonderheit, dass eine Überschuldung gem. § 98 GenG nur Eröffnungsgrund ist, wenn eine Nachschusspflicht besteht, die Überschuldung jedoch ein Viertel des Gesamtbetrages der Haftsummen aller Genossen übersteigt (Nr. 1) oder die Genossen keine Nachschüsse zu leisten haben (Nr. 2) oder die Genossenschaft aufgelöst ist.

4 Bei einem **Kreditinstitut** ist die Überschuldung aus Gläubigerschutzgründen ausnahmsweise auch dann Eröffnungsgrund, wenn Inhaber des Kreditinstituts ein Einzelkaufmann oder eine Personenhandelsgesellschaft (OHG, KG) ist (§ 46b Abs. 1 Satz 3 KWG).

II. Definition der Überschuldung (Abs. 2)

1. Geltender Überschuldungsbegriff

5 Nach dem geltenden Überschuldungsbegriff des Abs. 2 Satz 1 liegt eine insolvenzrechtliche Überschuldung vor, wenn das Vermögen des Schuldners die bestehenden Verbindlichkeiten nicht mehr deckt, es sei denn, die Fortführung des Unternehmens ist nach den Umständen überwiegend wahrscheinlich.

6 Es besteht eine grds. **zweistufige Prüfungsreihenfolge**: Auf der ersten Stufe ist die **rechnerische Überschuldung zu Liquidationswerten** zu prüfen (Begr. RegE BT-Drucks. 16/10600, S. 13.; ausführl. zum Begriff und zur Bewertung Rdn. 19 ff.) und, wenn die Prüfung zu einer rechnerischen Überschuldung führt, auf der zweiten Stufe, ob eine **positive Fortführungsprognose** besteht, d. h. die Fortführung des Unternehmens ist nach den Umständen überwiegend wahrscheinlich ist. Die Fortführungsprognose wird dabei von der h. M. als mittelfristige Zahlungsfähigkeitsprognose verstanden (ausführl. zur Fortführungsprognose Rdn. 12 ff.). Der Schuldner ist also im insolvenzrechtlichen Sinn nicht überschuldet, wenn er trotz rechnerischer Überschuldung zu Liquidationswerten mittelfristig zahlungsfähig ist.

7 Eine Prüfung der rechnerischen Überschuldung ist rechtlich entbehrlich, wenn die positive Fortführungsprognose feststeht, zur Selbstprüfung der Geschäftsleitung und Plausibilisierung der Gesamtrechnung jedoch gleichwohl regelmäßig sinnvoll (K. Schmidt-K. Schmidt, § 19 Rn. 14 ff.), zumal die Vermögenssituation auch Einfluss auf die Finanzplanung haben kann, z. B. die Kreditwürdigkeit.

8 Die Prüfung der rechnerischen Überschuldung bedarf regelmäßig der Aufstellung eines entsprechenden **Überschuldungsstatus** (Überschuldungsbilanz; näher dazu Rdn. 54 ff.), die Prüfung der Fortführungsprognose regelmäßig einer entsprechenden **Finanzplanung** (näher dazu Rdn. 14 ff.).

2. Früherer Überschuldungsbegriff der InsO 1999 (bis 17.10.2008)

9 Demgegenüber war die Fortführungsprognose (Rdn. 12 ff.) nach dem früheren Überschuldungsbegriff lediglich Bewertungsmaßstab für die Prüfung der rechnerischen Überschuldung, wenn es in § 19 Abs. 2 a. F. hieß: »Überschuldung liegt vor, wenn das Vermögen des Schuldners die bestehenden Verbindlichkeiten nicht mehr deckt. Bei der Bewertung des Vermögens des Schuldners ist jedoch die Fortführung des Unternehmens zu Grunde zu legen, wenn diese nach den Umständen überwiegend wahrscheinlich ist.«

Danach bestand also eine **zweistufige Prüfungsreihenfolge**: In der **ersten Stufe** war die **Fortführungsprognose** i. S. d. Abs. 2 Satz 2 zu treffen und sodann auf der **zweiten Stufe** die **Vermögensbewertung und -gegenüberstellung** aller Aktiva und Passiva zu Fortführungs- bzw. Liquidationswerten je nach Ausgang der Fortführungsprognose vorzunehmen (OLG Naumburg, ZInsO 2004, 512, 513; MK-Drukarczyk/Schüler § 19 Rn. 51, 57; NR-Mönning § 19 Rn. 17; a. A. dreistufige Prüfung, Nachweise zum Streitstand bei K/P/B-Pape, § 19 Rn. 29 ff.).

3. Stichtag der Überschuldungsprüfung

Die Überschuldungsprüfung erfolgt stichtagsbezogen. Der Stichtag hängt vom Zweck der Überschuldungsprüfung ab (z. B. Eröffnung des Insolvenzverfahrens gem. § 27, Prüfung der Insolvenzreife durch die Geschäftsführung gem. § 15a InsO bzw. Haftung des Geschäftsführers gem. § 64 GmbHG usw.). Für die Eröffnung eines Insolvenzverfahrens bzw. die Abweisung eines Insolvenzantrages ist grds. der Zeitpunkt der gerichtlichen Entscheidung über die Verfahrenseröffnung maßgeblich (näher dazu § 16 Rdn. 14). Aus praktischen Gründen lässt sich der Überschuldungsstatus jedoch i. d. R. nicht auf den Stichtag der gerichtlichen Entscheidung aufstellen. Die Praxis lässt insoweit grds. Stichtage zwischen dem Insolvenzantrag und der gerichtlichen Entscheidung zu. Entscheidend ist, dass das Gericht sich zum Zeitpunkt seiner Entscheidung von der Überschuldungssituation überzeugen kann (§ 4 i. V. m. § 286 ZPO), d. h. es darf zwischen dem gewählten Stichtag der Überschuldungsprüfung und der gerichtlichen Entscheidung keine entscheidungserheblichen Veränderungen geben.

III. Einzelmerkmale der Überschuldung

1. Fortführungsprognose

Der Schuldner hat eine positive Fortführungsprognose, wenn die Fortführung den Umständen nach überwiegend wahrscheinlich ist. Diese Prognose wird z. T. im Anschluss an die Dornier-Entscheidung synonym auch als Fortbestehensprognose bezeichnet (so K. Schmidt-K. Schmidt, § 19 Rn. 46 ff.). Vorzugswürdig ist der **Begriff** der Fortführungsprognose, da das Gesetz den Begriff der »Fortführung« in Abs. 2 Satz 1 verwendet und auch die Gesetzesmaterialien zum FMStG von der »Fortführungsprognose« sprechen (vgl. Regr. Begr BT-Drucks. 16/10600, S. 13).

Die Fortführungsprognose ist in den fraglichen Fällen der **Kern der Überschuldungsprüfung** (Hirte/Knof/Mock, ZInsO 2008, 1217, 1221; ähnl. K. Schmidt, ZIP 2013, 485, 489), d. h. von ihr hängt in den fraglichen Fällen i. d. R. das Ergebnis der insolvenzrechtlichen Überschuldungsprüfung ab.

Der Begriff der insolvenzrechtlichen Fortführungsprognose ist trotz gewisser Parallelen zu trennen vom bilanzrechtlichen Begriff der Fortführungsprognose gem. § 252 Abs. 1 Nr. 2 HGB (sog. going-concern-Prämisse bei der Vermögensbewertung im Jahresabschluss; vgl. zur Abgrenzung das Positionspapier des IDW, KSI 2013, 70 f., ferner Groß, KSI 2013, 64 ff.).

Überwiegende Wahrscheinlichkeit der Fortführung des Unternehmens bedeutet, dass diese zu **mehr als 50 %** wahrscheinlich sein muss (K. Schmidt-K. Schmidt, § 19 Rn. 48; HK-Kirchhof § 19 Rn. 8; K/P/B-Pape, § 19 Rn. 37). Die rechtliche Bestimmung eines derartigen Prozentsatzes ist selbstverständlich scheingenau, wenn man sich die tatsächlichen Unsicherheiten bei der Unternehmensplanung und bei der Bewertung der Eintrittswahrscheinlichkeit vor Augen führt (ausführl. und krit. zum Begriff der überwiegenden Wahrscheinlichkeit Groß/Amen, WPg 2003, 67, ferner MK-Drukarczyk/Schüler, § 19 Rn. 77 ff.). In der Sache geht es um eine Zukunftsprognose und damit eine wertende Gesamtbetrachtung im Einzelfall (Lutter/Hommelhoff-Kleindiek, GmbHG, Anh zu § 64 Rn. 28 mit Hinweis auf IDW-FAR 1/1996: Empfehlungen zur Überschuldungsprüfung bei Unternehmen, WPg 1997, 22, Rn. 3.3.; ähnl. Bork, ZIP 2000, 1709, 1712 f.). Folgerichtig billigt die Rechtsprechung der Geschäftsleitung auch einen gewissen Prognosespielraum zu (vgl. BGHZ 126, 181, 199).

§ 19 InsO Überschuldung

14 Nach h. M. handelt es sich bei der Fortführungsprognose im Kern um eine **Zahlungsfähigkeitsprognose,** die neben dem Fortführungswillen des Schuldners einer nachvollziehbaren Vermögens-, Ertrags- und Finanzplanung bedarf (so OLG Hamburg, ZInsO 2013, 2447, 2449; ausführl. zum Ganzen K. Schmidt, ZIP 2013, 485, 491, m. w. N. in Fn. 93; Bitter/Kresser, ZIP 2012, 1733, 1736 f. m. w. N. in Fn. 31; Groß/Amen, WPg 2002, 225; Bork, ZIP 2000, 1709; vgl. auch die vom Fachausschuss Recht des IDW herausgegebenen Empfehlungen zur Überschuldungsprüfung bei Unternehmen, IDW FAR 1/1996, WPg 1997, 22).

Der **BGH** hat die Anforderungen an die Fortführungsprognose dahin gehend formuliert, dass eine positive Fortführungsprognose subjektiv den Fortführungswillen des Schuldners und objektiv einen Ertrags- und Finanzplan mit einem schlüssigen und realisierbaren Unternehmenskonzept für einen angemessenen Prognosezeitraum voraussetzt, aus dem sich ergibt, dass die Finanzkraft der Gesellschaft mittelfristig zur Fortführung des Unternehmens ausreicht (BGH, ZInsO 2010, 2396, Tz. 13 m. w. N.). Zwar ist diese Rspr. noch zu dem vorherigen Überschuldungsbegriff des Abs. 2 a. F. ergangen. Hinsichtlich der Anforderungen an die Fortführungsprognose ergeben sich jedoch insoweit keine Unterschiede. Unter ausreichender Finanzkraft versteht sich, dass das Unternehmen mittelfristig zahlungsfähig ist (s. Rdn. 18) zur Dauer des »mittelfristigen« Prognosezeitraums).

Ganz ähnlich heißt es in der **OLG-Rechtsprechung**, eine positive Fortführungsprognose setze neben dem subjektiven Fortführungswillen des Unternehmens bzw. seiner Organe in objektiver Hinsicht voraus, dass eine dokumentierte Ertrags- und Finanzplanung vorliege und die überwiegende Wahrscheinlichkeit bestehe, dass das Unternehmen mittelfristig Einnahmeüberschüsse erzielen werde, aus denen die gegenwärtigen und künftigen Verbindlichkeiten gedeckt werden können (OLG Schleswig, ZInsO 2010, 530, 531; KG, ZInsO 2006, 437, 438; OLG Naumburg, ZInsO 2004, 512, 513). Mit »Verbindlichkeiten« sind dabei nur die fälligen Verbindlichkeiten gemeint, wie sich aus dem Sachzusammenhang mit der »Finanzkraft« des Unternehmens ergibt.

15 Die positive Fortführungsprognose entfällt also bei eingetretener oder drohender Zahlungsunfähigkeit. Die **Überschneidung zur (drohenden) Zahlungsunfähigkeit** ist vom Gesetzgeber an sich nicht gewollt (Begr RAussch BT-Drucks. 12/7302 S. 157), ergibt sich jedoch aus der Natur der Sache (MK-Drukarczyk/Schüler § 19 Rn. 148 ff.; Jaeger-Müller § 19 Rn. 36). Letztlich entscheidend kommt es nach alledem auf die **Finanzplanung** an. Das Unternehmenskonzept und die Ertragsplanung sind demgegenüber nur von mittelbarer, wenngleich regelmäßig großer Bedeutung, insoweit als sich aus ihnen die Finanzplanung ableiten und plausibilisieren lassen muss (ähnl. K. Schmidt-K. Schmidt, § 19 Rn. 51 ff., 53).

16 **Umstritten** ist, ob für positive Fortführungsprognose neben einer Zahlungsfähigkeitsprognose **zusätzlich eine Ertragsfähigkeitsprognose** erforderlich ist, d. h. sich die Zahlungsfähigkeit aus den von dem Unternehmen erwirtschafteten Einnahmen ergeben muss (so AG Hamburg, ZInsO 2012, 183, 184; Wolf, DStR, 2009, 2682, 2683 ff.; auch Voraufl.). Die h. M. verneint dies (vgl. Rdn. 14). Für die Gegenauffassung spricht, dass es dem Gesetzeswortlaut des Abs. 2 auf alle relevanten »Umstände« und nicht nur auf die Zahlungsfähigkeit ankommt. Hinzu kommt, dass es dem Gesetzgeber nach den Gesetzesmaterialien darum ging, »das ökonomisch völlig unbefriedigende Ergebnis zu vermeiden, dass auch Unternehmen, bei denen die überwiegende Wahrscheinlichkeit besteht, dass sie weiter erfolgreich am Markt operieren können, zwingend ein Insolvenzverfahren zu durchlaufen haben.« (Begr. RegE, BT-Drucks. 16/10600, S. 13). Auch ist in der Regierungsbegründung die Rede davon, Unternehmen vor der Insolvenzantragspflicht wegen Überschuldung zu schützen, »wenn für das Unternehmen an sich eine positive Fortführungsprognose gestellt werden kann und der Turnaround sich bereits in wenigen Monaten abzeichnet.« (Begr. RegE, BT-Drucks. a. a. O.)

16a **Stellungnahme:** Nach der hier vertretenen Auffassung ist eine positive Ertragsfähigkeitsprognose gleichwohl nicht zwingend erforderlich (insoweit auch K. Schmidt-K. Schmidt, § 19 Rn. 46, 52). Entscheidend ist unter dem Gesichtspunkt des von § 19 bezweckten Gläubigerschutzes vielmehr, dass es durch die weitere Fortführung nicht zu einer Erhöhung der rechnerischen Überschuldung und damit zu einer Erhöhung des Ausfallrisikos der Gläubiger kommt, also das Fortführungsrisiko nicht auf die Gläubiger verlagert wird (ausführl. Schröder, in: Meilensteine, FS Wehr, S. 27, 40 ff.).

Insoweit ist die Fortführungsprognose) zwar im Kern eine Zahlungsunfähigkeitsprognose, jedoch keine reine Zahlungsfähigkeitsprognose. Nach der hier vertretenen Auffassung setzt eine positive Fortführungsprognose i. S. d. § 19 Abs. 2 InsO voraus, dass die überwiegende Wahrscheinlichkeit besteht, dass das Unternehmen mittelfristig zahlungsfähig bleibt und keine Erhöhung der rechnerische Überschuldung eintritt (Schröder, a. a. O., S. 42, 47). Die Wahrung der Zahlungsfähigkeit kann daher sowohl durch Erwirtschaftung entsprechender Erträge als auch durch entsprechende Finanzierungsmaßnahmen wie Zuführung von Eigenkapital oder nachrangigem Fremdkapital (Rangrücktritt) erfolgen.

Zu einer positiven Fortführungsprognose gehört grds. auch der **Fortführungswille des Schuldners bzw. seiner Organe** (BGH, ZInsO 2007, 36, 37; KG, ZInsO 2006, 437, 438; HK-Kirchhof § 19 Rn. 9), es sei denn, das Unternehmen kann zum Zweck der Fortführung veräußert werden (FK-Schmerbach § 19 Rn. 20a; NR-Mönning § 19 Rn. 19; i. E. ähnl. Jaeger-Müller § 19 Rn. 32). Insofern kann die Fortführungsprognose i. S. d. Abs. 2 sich auch auf eine mögliche sog. übertragende Sanierung stützen (FK-Schmerbach a. a. O.; NR-Mönning a. a. O.). Hat ein Unternehmen mehrere Niederlassungen und ist nach dem zugrunde zu legenden Unternehmenskonzept die Fortführung des Unternehmens unter Schließung einzelner unrentabler Niederlassungen vorgesehen, sind für einzelne Niederlassungen, die geschlossen werden sollen, Liquidationswerte und i. Ü. Fortführungswerte anzusetzen. Eine positive Fortbestehensprognose kann nicht auf ein vom Schuldner entworfenes und von der Zustimmung eines Gläubigers abhängiges **Sanierungskonzept** gestützt werden, wenn dieser seine Zustimmung verweigert hat (BGH, ZInsO 2004, 679 zu §§ 30 ff. GmbHG). Ausführlich zur Beurteilung von Sanierungskonzepten IDW FAR 1/1991: Anforderungen an Sanierungskonzepte, FN 1991, 319 ff.; WP-Handbuch 2002, Abschnitt F: Sanierungsprüfung, S. 325–517; Buth/Hermanns, Restrukturierung, Sanierung, Insolvenz, §§ 20, 21, S. 437–475.

17

Streitig ist die **Dauer des Prognosezeitraumes**, d. h. Frage, wie weit die »mittelfristige« Ertrags- und Finanzplanung reichen muss. Der Gesetzgeber hat auf die Festlegung eines Prognosezeitraumes verzichtet (Uhlenbruck-Uhlenbruck, § 19 Rn. 47).

18

Die **Untergrenze** der Prognosedauer wird in der **Literatur** überwiegend mit **i. d. R. 12 Monaten** angegeben, beginnend mit dem Stichtag der Überschuldungsprüfung (K. Schmidt-K. Schmidt, § 19 Rn. 49; K/P/B-Pape, § 19 Rn. 40; Uhlenbruck-Uhlenbruck, § 19 Rn. 29 f.; Bork, ZIP 2000, 1709, 1710; so auch IDW FAR 1/1996, WPg 1997, 22, 24; a. A. Vodrazka in: Jahrbuch für Rechnungswesen und Controlling, 1995, S. 527: 6 Monate; OLG Köln, ZIP 2009, 808, 809: 2 Jahre). Die Begründung dafür liegt darin, dass kürzere Zeiträume betriebswirtschaftlich i. d. R. keine ausreichende Basis für eine Fortführungsprognose bilden (IDW FAR 1/1996, WPg 1997, 22, 24; Ausnahme nach BGH, ZInsO 2007, 660 möglicherweise bei einem Start-up-Unternehmen; auch im Dornier-Fall ging es nur um 5 Monate (vgl. BGHZ 119, 201, 210 ff.).

Da das Gesetz keine **Obergrenze** für den Prognosezeitraum nennt, ist insoweit je nach Branche und Unternehmen auf die Prognostizier- bzw. Planbarkeit im Einzelfall abzustellen (K. Schmidt, DB 2008, 2467, 2470: »Finanzplanprognose, soweit sie irgend reichen kann, voll ausschöpfen«; Uhlenbruck-Uhlenbruck, § 19 Rn. 48: »betriebswirtschaftlich kalkulierbarer Planungszeitraum«). Die neuere Rspr. stellt demgemäß überwiegend zu Recht auf den im Einzelfall »**betriebswirtschaftlich überschaubaren Zeitraum**« ab (OLG Schleswig, ZInsO 2010, 530; KG, ZInsO 2006, 437, 438; OLG Naumburg, ZInsO 2004, 512, 513).

Überwiegend wird davon ausgegangen, dass abgesehen von branchen- und unternehmensspezifischen Besonderheiten, i. d. R. zumindest das **laufende und folgende Geschäftsjahr** überschaubar sind (OLG Hamburg, ZInsO 2013, 2447, 2449; HK-Kirchhof § 19 Rn. 12; Uhlenbruck-Uhlenbruck § 19 Rn. 50; Bork, ZIP 2000, 1709, 1710; IDW FAR 1/1996, WPg 1997, 22, 24).

2. Aktiva

a) Bewertungsgrundsätze

19 Die Gesetzesbegründung spricht davon, dass das vorhandene Vermögen realistisch zu bewerten sei, damit das Ziel einer rechtzeitigen Verfahrenseröffnung nicht gefährdet werde (Begr. RegE BT-Drucks. 12/2443 S. 115). Ausgehend vom Schuldendeckungsprinzip heißt das, dass **wahre Werte, d. h. realistische Veräußerungs- bzw. Einziehungswerte**, anzusetzen sind, je nach Überschuldungsbegriff und Fortführungsaussichten (s. o. Rdn. 5 ff. bzw. 9 ff.) realistische Fortführungs- oder Liquidationswerte (näher dazu Rdn. 21 ff.). Dabei gilt der Grundsatz der Einzelbewertung (HK-Kirchhof § 19 Rn. 17 m. w. N.).

Handelsrechtliche Ansatz- und Bewertungsvorschriften (§§ 246 ff., 252 ff. HGB) gelten dabei nicht (Jaeger-Müller § 19 Rn. 43 m. w. N.). Eine im handelsrechtlichen Jahresabschluss ausgewiesene sog. bilanzielle Überschuldung kann allenfalls ein Indiz für eine Überschuldung i. S. d. § 19 sein (BGH, ZInsO 2005, 486; BGHZ 147, 283 = ZInsO 2001, 467; vgl. dazu auch Rdn. 59). Maßgebend für die Bewertung i. R. d. § 19 ist die **Verwertbarkeit i. R. d. zugrunde liegenden Unternehmens- bzw. Liquidationskonzepts** (IDW FAR 1/1996, WPg 1997, 22, 24). Demgemäß sind auch **stille Reserven bzw. stille Lasten** mit zu berücksichtigen und auch handelsrechtlich nicht bilanzierungsfähige Vermögensgegenstände mit anzusetzen, soweit ihnen ein Veräußerungswert zukommt (Uhlenbruck-Uhlenbruck § 19 Rn. 30; Winnefeld, Bilanz-Handbuch, N 842).

20 Unsicherheiten hinsichtl. des rechtlichen Bestandes oder der wirtschaftlichen Realisierbarkeit eines Vermögensgegenstandes müssen ggf. mit entsprechenden Abschlägen in die Bewertung einfließen (vgl. zur Behandlung str. Rechtsverhältnisse bei der Überschuldungsprüfung Primozic/Feckl, GmbHR 2005, 160).

b) Definition Liquidationswert

21 Nach dem geltenden zweistufigen Überschuldungsbegriff hat die Prüfung der rechnerischen Überschuldung auf der ersten Stufe definitionsgemäß stets zu Liquidationswerten zu erfolgen (Begr. RegE BT-Drucks. 16/10600, S. 13), d. h. auch in Fortführungsfällen, bevor dann auf der zweiten Stufe die Fortführungsprognose geprüft wird, wenn sich eine rechnerische Überschuldung ergibt (vgl. Rdn. 5 ff.). Liquidationswert ist der Veräußerungswert eines Wirtschaftsgutes bei Liquidation des Unternehmens, wobei jeweils die Verwertungskosten sowie die USt in Abzug zu bringen sind (HK-Kirchhof § 19 Rn. 15; IDW FAR 1/1996, WPg 1997, 22, 25). Dabei ist eine reguläre, d. h. außergerichtliche, Liquidation und nicht etwa eine sog. Sonderliquidation im Rahmen eines Insolvenzverfahrens zugrunde zu legen (K. Schmidt-K. Schmidt, § 19 Rn. 24). Die Überschuldungsprüfung soll gerade klären, ob das schuldnerische Aktivvermögen im Rahmen einer regulären Liquidation die Schulden noch deckt oder ggf. ein Insolvenzverfahren durchzuführen ist (MK-Drukarczyk/Schüler a. a. O.). Bei verschiedenen Liquidationsmöglichkeiten (z. B. Einzelverwertung, Gesamtverwertung usw.) ist die wahrscheinlichste zugrunde zu legen (Uhlenbruck-Uhlenbruck § 19 Rn. 34; IDW FAR 1/1996, WPg 1997, 22, 25).

c) Definition Fortführungswert

22 Nach dem alten Überschuldungsbegriff des Abs. 2 a. F. (InsO 1999) waren demgegenüber bei der Prüfung der rechnerischen Überschuldung dort auf der zweiten Stufe Fortführungswerte anzusetzen, wenn auf der ersten Stufe die Fortführungsprognose positiv ausfiel (vgl. Rdn. 9 f.). Fortführungswert ist der anteilige Wert eines Wirtschaftsgutes, der diesem als Bestandteil des Gesamtkaufpreises eines Unternehmens bei dessen Gesamtveräußerung und Fortführung beizulegen wäre (Jaeger-Müller § 19 Rn. 46; IDW FAR 1/1996, WPg 1997, 22, 25; Winnefeld, Bilanz-Handbuch, N 840). Es ist mithin eine Einzelbewertung der jeweiligen Vermögensgegenstände vorzunehmen. Der Fortführungswert entspricht dem sog. Teilwert des § 6 Abs. 1 Nr. 1 Satz 3 EStG (Jaeger-Müller § 19 Rn. 46; ausführl. zum steuerlichen Teilwert L. Schmidt/Glanegger § 6 EStG Rn. 215 ff). Hier wie dort handelt es sich, sofern keine Unternehmensveräußerung konkret ansteht, sowohl hinsichtl.

des angenommenen Gesamtkaufpreises als auch hinsichtl. der Aufteilung auf die Einzelwirtschaftsgüter um Schätzungen (vgl. L. Schmidt/Glanegger § 6 EStG Rn. 216 für den Teilwert). Durch das Abstellen auf den Gesamtveräußerungspreis des Unternehmens fließt der Ertragswert des Unternehmens i. d. R. stark in die Bewertung der einzelnen Wirtschaftsgüter ein (krit. dazu HK-Kirchhof § 19 Rn. 14). Dies ändert jedoch nichts daran, dass der Fortführungswert – wie auch der steuerliche Teilwert – ein Substanzwert ist (Uhlenbruck-Uhlenbruck § 19 Rn. 34 bzw. L. Schmidt/Glanegger § 6 EStG Rn. 215). Auf die sog. Wiederbeschaffungskosten kommt es demgegenüber nach dem Schuldendeckungsprinzip und dem vorstehend Gesagten direkt nicht an (MK-Drukarczyk/Schüler § 19 Rn. 101; Jaeger-Müller § 19 Rn. 47; Winnefeld, Bilanz-Handbuch, N 840), allerdings können diese einen Anhaltspunkt für den Fortführungswert liefern (HK-Kirchhof § 19 Rn. 14; NR-Mönning § 19 Rn. 19).

d) Bewertung einzelner Aktiva

aa) Ausstehende Einlagen

Einlageforderungen gegen Gesellschafter auf das Stammkapital, Grundkapital, Kommanditkapital usw. sind im Überschuldungsstatus zu aktivieren, soweit sie rechtlich bestehen und wirtschaftlich durchsetzbar sind (allg. Mg.), ebenso Ansprüche aus beschlossenen Nachschüssen (Uhlenbruck-Uhlenbruck § 19 Rn. 41; Jaeger-Müller § 19 Rn. 65). 23

bb) Sonstige Ansprüche gegen Gesellschafter und Geschäftsführer

Entsprechendes gilt nach allg. Mg. für sonstige zum Stichtag der Überschuldungsprüfung, d. h. bereits vor einer möglichen Verfahrenseröffnung, bestehende Ansprüche gegen Gesellschafter oder Organe (ausführl. dazu Frystatzki, NZI 2013, 165 ff.), z. B. aus **Kapitalerhaltung** (z. B. §§ 30, 31 GmbHG, vgl. BGH, ZInsO 2005, 1043, 1045; § 62 AktG) oder **Organhaftung** (z. B. § 43 GmbHG, vgl. BGH a. a. O.; § 93 AktG), nicht jedoch für die Kommanditistenhaftung gem. §§ 171 Abs. 1, 172 Abs. 4, 176 HGB (näher dazu Rdn. 47 ff.). 24

Ansprüche aus **Patronatserklärungen** können im Überschuldungsstatus (ausführl. dazu Haußer/Heeg, ZIP 2010, 1427; Ringstmeier, FS Wellensiek, S. 133 ff.) aktiviert werden, wenn es sich um eine sog. harte Patronatserklärung ggü. dem Schuldner (interne Patronatserklärung – nicht bei externer Patronatserklärung ggü. einem Gläubiger) handelt (BGH, ZInsO 2011, 1115; Tz. 20 f.) und dem Schuldner daraus ein eigener und realisierbarer Ausstattungsanspruch zusteht (Haußer/Heeg, a. a. O., S. 1432). Der Ausweis ist im Überschuldungsstatus jedoch »bilanzneutral«, wenn dem Patron im Sicherungsfall ein Ausgleichsanspruch zusteht, es sei denn, es liegt dafür ein Rangrücktritt vor (Haußer/Heeg, a. a. O.; a. A. Uhlenbruck-Uhlenbruck, § 19 Rn. 79). Bei gekündigten Patronatserklärungen (vgl. zur Kündigung BGH, ZInsO 2010, 2137) können nur die bis dahin entstandenen Ausstattungsansprüche aktiviert werden (vgl. BGH a. a. O. Tz. 42). Welche das sind, hängt von dem Inhalt der Patronatserklärung ab (z. B. für alle begründeten, alle fälligen oder auch nur für bestimmte Verbindlichkeiten; näher zur Kündbarkeit von Patronatserklärungen und Überschuldungsprüfung: Kaiser, ZIP 2011, 2136, Tetzlaff, ZInsO 2011, 226). 24a

Ansprüche aus einer sonstigen Finanzierungszusage, die nicht im Insolvenzfall gilt, sind nur so lange zu berücksichtigen, wie eine positive Fortführungsprognose besteht (OLG Köln, ZIP 2009, 808).

Schadensersatzansprüche gegen den Geschäftsführer wegen Insolvenzverschleppung gem. § 823 Abs. 2 BGB i. V. m. § 15a (sog. **Insolvenzverschleppungshaftung**) sind im Überschuldungsstatus nicht zu aktivieren (Uhlenbruck-Uhlenbruck § 19 Rn. 70), da sie vor Eröffnung des Insolvenzverfahrens den geschädigten Einzelgläubigern und nicht der Gesellschaft zustehen (vgl. dazu BGHZ 126, 181; 138, 211 = ZInsO 1998, 41). Hingegen sind Ansprüche aus **Masseschmälerungshaftung** (§ 92 Abs. 2 AktG; § 64 GmbHG; § 130a Abs. 2 HGB; ausführl. dazu Anh. zu § 35, Abschnitt H: Geschäftsführerhaftung, Rdn. 2 ff.) bei der Überschuldungsprüfung zwar zu aktivieren, da der Anspruch bereits mit der Vornahme der verbotenen Zahlung entsteht und nicht von der Eröffnung des Insolvenzverfahrens abhängig ist (BGH, ZInsO 2010, 2101, Tz. 13 ff.). Dies ist jedoch 25 im Überschuldungsstatus »bilanzneutral«, da parallel dazu der Erstattungsanspruch des Geschäftsführers (vgl. dazu BGHZ 146, 264 = ZInsO 2001, 260) zu passivieren ist.

26 Im Überschuldungsstatus können auch Ansprüche aus **Existenzvernichtungshaftung gem. § 826 BGB** aktiviert werden (a. A. Frystatzki, NZI 2013, 161, 164), nachdem der BGH diese Rechtsfigur inzwischen als Innenhaftung ggü. der Gesellschaft konzipiert hat (BGHZ 173, 246 = ZInsO 2007, 881 – Trihotel –; ausführl. dazu Anh. zu § 35 Abschnitt F: Existenzvernichtungshaftung).

27 Ansprüche aus der **persönlichen Haftung von Gesellschaftern** (z. B. § 128 HGB) sind im Überschuldungsstatus nicht zu aktivieren, da die persönliche Gesellschafterhaftung vor der Verfahrenseröffnung rechtlich allein dem Gläubiger zusteht und § 93 erst ab Insolvenzeröffnung wirkt (Jaeger-Müller § 19 Rn. 62; Uhlenbruck-Uhlenbruck § 19 Rn. 63).

cc) Immaterielle Vermögensgegenstände

28 Immaterielle Vermögensgegenstände können sich sowohl im Anlagevermögen (z. B. Patente, Marken, Lizenzen, Firma, Know-how usw.) als auch im Umlaufvermögen finden (z. B. selbst geschaffene Software zum Verkauf; ausführl. zu immateriellen Vermögensgegenständen in der Insolvenz Berger, ZInsO 2013, 569 ff.). Die **Aktivierbarkeit** immaterieller Vermögensgegenstände im Überschuldungsstatus ist heute grds. **anerkannt**. Nach herrschender Meinung gilt dies auch für den selbst geschaffenen (sog. originären) Geschäfts- oder Firmenwert (so jetzt ausdrückl. auch Begr. RegE zu Art. 5 FMStG: »Einbeziehung ... des Firmenwerts und des good will« (BT-Drucks. 16/10600, S. 21). Nach dem BilMoG sind selbst geschaffene immaterielle Vermögensgegenstände heute sogar handelsrechtlich aktivierbar (dazu Schülke, DStR 2010, 992). Entscheidend ist, inwieweit ein Veräußerungswert besteht (OLG Frankfurt am Main, NZG 2001, 173, 174). Bei Unternehmen, bei denen eine Überschuldungsprüfung vorzunehmen ist, wird ein selbstständiger Firmenwert, d. h. ein über die Substanzwerte hinausgehender Wert, jedoch die Ausnahme sein (so auch Baumbach-Hueck/Schulze-Osterloh § 64 GmbHG Rn. 63). D. h. jedoch nicht, dass nicht bspw. die **Firmierung** oder der **Kundenstamm** (Kundenliste) auch dann als Einzelwirtschaftsgut einen separaten Veräußerungswert haben kann, der zu aktivieren ist.

dd) Sachanlagen

29 Bei den Sachanlagegütern ist eine **Einzelbewertung** nach den o. g. Bewertungsgrundsätzen (Rdn. 19 ff.) durchzuführen. Der Buchwert ist, zumal wenn Sonderabschreibungen in Anspruch genommen wurden, unbeachtlich. Insb. bei Grundstücken, jedoch auch bei alten Anlagen und Maschinen usw., ist zu berücksichtigen, dass sich ggü. den Buchwerten sowohl erhebliche stille Reserven als auch erhebliche stille Lasten, z. B. durch Altlasten, ergeben können (Winnefeld, Bilanz-Handbuch, N 842).

ee) Finanzanlagen

30 Finanzanlagen, d. h. Wertpapiere, Beteiligungen usw., sind mit ihrem **Kurs- oder sonstigen Veräußerungswert** im Überschuldungsstatus anzusetzen (Uhlenbruck-Uhlenbruck, § 19 Rn. 74). Auch eigene Anteile sind nach den oben dargestellten Bewertungsgrundsätzen aktivierbar, wenn ihnen ein realistischer Veräußerungswert zukommt (Jaeger-Müller, § 19 Rn. 58; a. A. K. Schmidt-K. Schmidt, § 19 Rn. 28). Das wird nach Maßgabe der für die Vermögensbewertung geltenden Liquidationsprämisse (vgl. Rdn. 5 ff., 21) jedoch nur ausnahmsweise der Fall sein, wenn ein kalkulierbarer Liquidationserlös auf die Anteile zu erwarten ist (vgl. z. B. § 72 GmbHG).

ff) Vorräte

31 Die Vorratsbewertung hängt davon ab, wie die Vorräte im Rahmen einer regulären Liquidation (Rdn. 21) verwertet werden können (K. Schmidt-K. Schmidt, § 19 Rn. 26). Auch hier sind ggf. Besonderheiten wie z. B. überhöhte oder überalterte Bestände, stille Lasten wegen Entsorgungslasten usw. zu berücksichtigen (Uhlenbruck-Uhlenbruck § 19 Rn. 84).

gg) Forderungen und sonstige Vermögensgegenstände

Die Aktivierung einer Forderung i. R. d. Überschuldungsprüfung setzt voraus, dass sie durchsetzbar ist, d. h. einen realisierbaren Vermögenswert darstellt (BGH, ZInsO 2010, 2396, Tz. 17). Die Bewertung von Forderungen und sonstigen Vermögensgegenständen i. S. d. § 266 Abs. 2 HGB kann sich also zunächst **an den Buchwerten orientieren**; wobei ggf. sind **entsprechende Wertberichtigungen** nach der Realisierbarkeit vorzunehmen (Uhlenbruck-Uhlenbruck § 19 Rn. 85). Forderungen aus schwebenden Geschäften können nur aktiviert werden, wenn mit ihrer Erfüllung auch unter Liquidationsgesichtspunkten (Rdn. 21) realistischerweise zu rechnen ist (K. Schmidt-K. Schmidt, § 19 Rn. 32). 32

hh) Aktive Rechnungsabgrenzungsposten

Ansprüche aus aktiven Rechnungsabgrenzungsposten i. S. d. § 250 Abs. 1 HGB, z. B. aus vorausgezahlten Mieten oder Versicherungsprämien, sind im Überschuldungsstatus zu aktivieren, wenn sie auch unter Liquidationsprämisse (Rdn. 21) einen realisierbaren Vermögenswert darstellen (OLG Frankfurt am Main, NZG 2001, 173, 174; Uhlenbruck-Uhlenbruck § 19 Rn. 86). 33

ii) Sonderfälle

Im Überschuldungsstatus sind solche Vermögenspositionen, die erst mit Verfahrenseröffnung zugunsten der Insolvenzmasse entstehen, nicht zu aktivieren. Dies betrifft namentlich **Anfechtungsansprüche** gem. §§ 129 ff. (vgl. BGH, ZInsO 2007, 939, 941 zu § 17) und die Durchsetzung der **persönlichen Gesellschafterhaftung** gem. § 93 (Rdn. 27), jedoch z. B. auch die **Insolvenzverschleppungshaftung** des Geschäftsführers gem. § 823 Abs. 2 BGB i. V. m. § 15a und die Masseschmälerungshaftung gem. § 64 GmbHG (vgl. Rdn. 25). Forderungen aus Patronatserklärungen sind im Überschuldungsstatus (nur) dann zu aktivieren, wenn sie dem Unternehmen einen einklagbaren Anspruch zuweisen und dieser werthaltig ist (OLG Celle, ZIP 2008, 2416, 2417; näher Tetzlaff, ZInsO 2008, 337 ff.). 34

Ingangsetzungsaufwendungen i. S. d. früheren, durch das BilMoG abgeschafften § 269 HGB a. F. können im Überschuldungsstatus nicht aktiviert werden (OLG Hamburg ZInsO 2013, 2247, 2249, dort nach § 19 a. F. noch offengelassen für Fortführungsfall), sondern lediglich Vermögenswerte, die im Zeitpunkt der Überschuldungsprüfung noch vorhanden sind und Verkehrswert haben. 35

Streitig ist, wie Vermögenspositionen im Überschuldungsstatus anzusetzen sind, denen **Sicherungs- oder Aufrechnungsrechte** gegenüberstehen, z. B. sicherungsübereignete Anlagegüter. Aus Transparenzgründen empfiehlt es sich, anstelle einer Saldierung auf der Aktivseite, die jeweiligen Positionen auf der Aktiv- und auf der Passivseite jeweils ungekürzt auszuweisen, zumal dies für das Ergebnis der Überschuldungsprüfung ergebnisneutral ist (Uhlenbruck-Uhlenbruck § 19 Rn. 48; HK-Kirchhof § 19 Rn. 22). 36

Nicht zu aktivieren sind Vermögenspositionen, die in einem Insolvenzverfahren **Aussonderungsrechte** begründen, da diese nicht zum Vermögen des Schuldners gehören, z. B. Leasinggüter oder Ware unter einfachem Eigentumsvorbehalt (HK-Kirchhof, § 19 Rn. 16; K/P/B-Pape, § 19 Rn. 59).

3. Passiva

a) Bewertungsgrundsätze

Auf der Passivseite sind die bestehenden **Verbindlichkeiten** mit ihrem **Nennwert** anzusetzen (OLG Hamburg, ZIP 2010, 2448, 2449; K. Schmidt-K. Schmidt, § 19 Rn. 40). Darüber hinaus sind **Rückstellungen** für ungewisse Verbindlichkeiten nach der Wahrscheinlichkeit der Inanspruchnahme (BGH, ZIP 2003, 2068; HK-Kirchhof, § 19 Rn. 23; K/P/B-Pape, § 19 Rn. 64; a. A. Wiester, FS Wellensiek, S. 155, 164 ff.). Entsprechendes gilt für Rückstellungen wegen drohender Verluste (OLG München, ZInsO 2014, 248, 254; Uhlenbruck-Uhlenbruck § 19 Rn. 106; a. A. K. Schmidt-K. Schmidt, § 19 Rn. 41). Indessen finden Aufwands- und Kulanzrückstellungen gem. 37

§ 249 Abs. 1 Satz 2 Nr. 1 und 2, Satz 3, Abs. 2 HGB, für die handelsrechtlich Passivierungswahlrechte bestehen, bei der Überschuldungsprüfung keine Berücksichtigung, da ihnen keine rechtliche Verpflichtung zugrunde liegt (Jaeger-Müller § 19 Rn. 77).

38 Demgegenüber sind im Überschuldungsstatus **keine Eigenkapitalpositionen** i. S. d. § 266 Abs. 3 A. HGB anzusetzen (Jaeger-Müller § 19 Rn. 85; Uhlenbruck-Uhlenbruck § 19 Rn. 96), da der Überschuldungsstatus durch die Gegenüberstellung von Aktiv- und Passivvermögen gerade zeigen soll, ob noch ein positives Eigenkapital vorhanden ist oder eine Überschuldung besteht. Auch ein in der Handelsbilanz gebildeter Sonderposten mit Rücklageanteil ist bei der Überschuldungsprüfung nicht zu passivieren, da ihm keine Verbindlichkeit zugrunde liegt (BFH, GmbHR 2005, 1571, dazu Beck, EWiR 2006, 19).

39 Anzusetzen sind **alle Passiva, die nach der zugrunde zulegenden Liquidationsprämisse (Rdn. 21) bestehen oder wahrscheinlich entstehen**. Unzutreffend ist es, nur diejenigen Verbindlichkeiten zu berücksichtigen, die im Fall einer Insolvenzeröffnung Insolvenzforderungen i. S. d. § 38 darstellen würden (Uhlenbruck-Uhlenbruck § 19 Rn. 90; a. A. K/P/B-Pape § 19 Rn. 13; HK-Kirchhof § 19 Rn. 23). Maßgebend ist vielmehr, ob bei Umsetzung der zugrunde zulegenden Liquidationsprämisse das Aktivvermögen die Schulden deckt oder nicht. Die Überschuldungsprüfung darf die Wirkungen eines Insolvenzverfahrens nicht vorwegnehmen (Uhlenbruck-Uhlenbruck a. a. O.). Insofern sind z. B. **künftige Sozialplankosten** zu passivieren, wenn das zugrunde gelegte Liquidationskonzept sozialplanpflichtige Betriebsänderungen durch den Schuldner vorsieht (Jaeger-Müller § 19 Rn. 79; Graf-Schlicker/Bremen, § 19 Rn. 28; ausführl. Budde/Förschle-Förschle/Hoffman, Sonderbilanzen, N 117 m. w. N., str.). Nicht anzusetzen sind die **Verfahrenskosten (§ 54)** eines etwaigen Insolvenzverfahrens (AG Göttingen, ZInsO 2002, 945; Jaeger-Müller § 19 Rn. 78; FK-Schmerbach § 19 Rn. 26). Es ist jedoch eine Rückstellung für die regulären Liquidationskosten zu bilden (Graf-Schlicker/Bremen, § 19 Rn. 28).

b) Bewertung einzelner Passiva

40 Auch **betagte Verbindlichkeiten** sind im Überschuldungsstatus zu passivieren, allerdings abgezinst (vgl. dazu § 41 Rdn. 5). **Pensionsverpflichtungen**, d. h. laufende Pensionsverpflichtungen und Pensionsanwartschaften, sind mit ihrem versicherungsmathematischen Barwert anzusetzen (K. Schmidt-K. Schmidt, § 19 Rn. 39). **Bedingte Verbindlichkeiten** sind nach der Wahrscheinlichkeit des Bedingungseintritts zu passivieren.

41 Bei **streitigen Verbindlichkeiten** ist je nach Wahrscheinlichkeit der Inanspruchnahme, insb. unter Berücksichtigung des Prozessrisikos, eine entsprechende Rückstellung zu bilden (Uhlenbruck-Uhlenbruck § 19 Rn. 99 m. w. N.; K. Schmidt-K. Schmidt, § 19 Rn. 40; vgl. zur Behandlung str. Rechtsverhältnisse bei der Überschuldungsprüfung auch Höffner, DStR 2008, 1787; Schmidt/Roth, ZInsO 2006, 236; Primozic/Feckl, GmbHR 2005, 160).

Für die gerichtliche Feststellung des Eröffnungsgrundes gem. § 16 hat die Rspr. darüber hinaus **Beweisregeln** aufgestellt, wenn der Eröffnungsgrund auf (ggf. auch nur vorläufig vollstreckbar) **titulierte Forderungen** gestützt oder aus streitigen **Forderungen abgeleitet** werden soll (ausführl. dazu § 16 Rdn. 9).

41a Durch eine Abwicklungsanordnung der Bundesanstalt für Finanzdienstleistungsaufsicht (BaFin) gem. § 37 KWG ggü. einem Kapitalanlagefonds können öffentlich-rechtlich begründete Rückzahlungsansprüche der Anleger entstehen, die zur Überschuldung des Fonds führen können (BGH, ZInsO 2003, 848, 849 f.; LG Hamburg, ZInsO 2006, 1338). Etwaige Rangrücktrittserklärungen der Anleger können die Fälligkeit der öffentlich-rechtlich begründeten Rückzahlungsverpflichtung nicht beseitigen (BGH a. a. O., S. 850).

42 Zu passivieren sind grds. auch **durch Dritte gesicherte Verbindlichkeiten**. Allerdings kann ein entsprechender Freistellungsanspruch gegen den Sicherungsgeber aktiviert werden, wenn ein solcher besteht und wirtschaftlich durchsetzbar ist (OLG Stuttgart, GmbHR 2007, 369; Jaeger-Müller

§ 19 Rn. 73). Die Passivierungspflicht entfällt (erst), wenn der Sicherungsgeber hinsichtl. seines Regressanspruchs einen Verzicht oder einen Rangrücktritt (§ 39 Abs. 2) ausgesprochen hat (OLG Stuttgart a. a. O.).

Bis zum Inkrafttreten des **MoMiG** am 01.11.2008 (vgl. ergänzend Art. 103d EGInsO) ergab sich bei eigenkapitalersetzenden Sicherheiten ein entsprechender Freistellungsanspruch analog §§ 30, 31 GmbHG (BGH, NJW 1992, 1166; zur Behandlung im Überschuldungsstatus ausführl. Meyer-Löwy, ZIP 2003, 1920). Nach Inkrafttreten des MoMiG kann sich eine Freistellungsverpflichtung wegen § 30 Abs. 1 Satz 3 GmbHG nur noch aus einer entsprechenden vertraglichen Vereinbarung ergeben (näher zu gesellschafterbesicherten Drittdarlehen im Überschuldungsstatus K. Schmidt, BB 2008, 1966, 1971).

Nicht zu passivieren sind Forderungen, für die ein **Rangrücktritt** gem. § 39 Abs. 2 vereinbart ist (OLG Schleswig, ZInsO 2009, 1768, 1770; ausführl. zu insolvenzrechtlichen Anforderungen an Rangrücktrittserklärungen Frystatzki, NZI 2013, 609 ff.). Das gilt für Gesellschafter ebenso wie für Fremdgläubiger (Frystatzki, NZI 2013, 609, 611 m. w. N.). Ansonsten sind **Gesellschafterdarlehen** und Forderungen aus gleichgestellten Rechtshandlungen, auch aus sog. »gesplitteten« Einlagen (BGH, ZInsO 2010, 1069), im Überschuldungsstatus zu passivieren, solange kein Rangrücktritt vorliegt (BGH, ZInsO 2010, 1069, Tz. 6 m. w. N.). Notwendig und ausreichend ist ein Rangrücktritt **hinter die in § 39 Abs. 1 Nr. 5 genannten Forderungen** notwendig, (HK-Kirchhof § 19 Rn. 26; Biebinger, GmbHR 2008, R305). Ausführlich zur Passivierung von Gesellschafterdarlehen im Überschuldungsstatus: Haas, DStR 2009, 326. 43

Vor Inkrafttreten des MoMiG (vgl. ergänzend § 103d EGInsO) verlangte die Rspr. für Forderungen aus eigenkapitalersetzenden Gesellschafterleistungen demgegenüber noch einen sog. **qualifizierten Rangrücktritt** hinter alle Gesellschaftsgläubiger einschließlich nachrangiger Gläubiger i. S. d. § 39 Abs. 1 und Abs. 2, also in oder wohl auch vor den Rang des § 199 Satz 2 (BGHZ 146, 264, 271 = ZInsO 2001, 260, 261 f.; KG, NZI 2006, 596; vgl. auch Goette, KTS 2006, 217, 229). Dies galt auch, wenn der Gesellschafter zugleich Geschäftsführer war (OLG Schleswig, GmbHR 2005, 1124). Eines Verzichts oder Erlasses seitens des Gesellschafters bzw. des gleichgestellten Dritten bedurfte es indessen nicht (BGH a. a. O.). 43a

Der **Rangrücktritt eines Gesellschafters** lässt die Pflicht zur Passivierung in der **Handels- und Steuerbilanz** gem. §§ 246 Abs. 1, 249 Abs. 1 Satz 1 unberührt (BFH, ZInsO 2006, 212, 214), lediglich »haftungslose« Darlehen sind handelsrechtlich nicht zu passivieren (BFH, ZIP 2005, 492). Dies gilt für den einfachen und für den qualifizierten Rangrücktritt (vgl. BMF-Schreiben v. 08.09.2006, ZInsO 2006, 991). Eine Rangrücktrittsvereinbarung führt grds. nicht zur erfolgswirksamen Auflösung der betreffenden Verbindlichkeit nach § 5 Abs. 2a EStG (BFH a. a. O.; vgl. dazu und den Auswirkungen des BMF-Schreibens v. 08.09.2006 auch Kahlert/Rühland, ZInsO 2006, 1009 und Heerma/Heerma, ZIP 2006, 2202). Das gilt auch nach Inkrafttreten des MoMiG für den Rangrücktritt gem. § 19 Abs. 2 Satz 2 n. F. (Kahlert/Gehrke, ZIP 2008, 2392). Dementsprechend führt der Rangrücktritt i. d. R. auch nicht zu nachträglichen Anschaffungskosten des Gesellschafters für seine Beteiligung (BFH a. a. O.). 43b

Einlagen des typisch stillen Gesellschafters sind Fremdkapital und demgemäß zu passivieren, soweit sie nicht durch die Beteiligung am Verlust aufgezehrt sind (Jaeger-Müller § 19 Rn. 104). Auch **atypisch stille Beteiligungen** sind zu passivieren, solange kein Rangrücktritt gem. § 39 Abs. 2 vorliegt (teilw. a. A. K-Schmidt-K. Schmidt, § 19 Rn. 36). 44

Ansprüche aus Genussrechten sind bei der Überschuldungsprüfung grds. zu passivieren, wenn keine wirksame Nachrangvereinbarung vorliegt (AG Itzehoe, ZInsO 2014, 1106, 1107; Jaeger-Müller § 19 Rn. 107; ausführl. zu Genussrechten bei der Überschuldungsprüfung Bork, FS Röhricht, S. 47 ff.). 44a

45 **Eventualverbindlichkeiten** (z. B. aus Bürgschaft, Gewährleistung usw.) sind nach der Wahrscheinlichkeit der Inanspruchnahme zu passivieren; bei Sicherheitenstellung für Dritte ist jedoch eine Rückgriffsforderung zu aktivieren, wenn sie werthaltig ist (Uhlenbruck-Uhlenbruck § 19 Rn. 100).

46 Verpflichtungen aus **passiven Rechnungsabgrenzungsposten** i. S. d. § 250 Abs. 2 HGB, z. B. aus im Voraus erhaltenen Leasingraten, sind zu passivieren, entweder als Erfüllungs- oder als Ersatzverpflichtung (K/P/B-Pape, § 19 Rn. 66; Jaeger-Müller § 19 Rn. 72).

IV. Besonderheiten bei der GmbH & Co. KG

47 Nach Abs. 3 Satz 1 ist die Überschuldung auch bei der GmbH & Co. KG Insolvenzgrund. Die Überschuldungsprüfung hat für die KG und die Komplementär-GmbH getrennt zu erfolgen. Dabei sind einige Besonderheiten zu beachten (ausführl. m. w. N. Scholz/K. Schmidt vor § 64 GmbHG Rn. 146 ff.; allgemein zu Besonderheiten der insolventen GmbH & Co. KG Schmittmann, ZInsO 2005, 1314).

Im **Überschuldungsstatus der KG** ist die persönliche Haftung der Komplementär-GmbH gem. §§ 161, 128 HGB grds. nicht zu aktivieren, da es sich um eine Außenhaftung ggü. den Gläubigern der Gesellschaft handelt, die neben der Haftung der Gesellschaft besteht, und § 93 erst ab Verfahrenseröffnung gilt (Scholz/K. Schmidt vor § 64 GmbHG Rn. 147). Etwas anderes kann sich ausnahmsweise ergeben, wenn sich aus dem Innenverhältnis zwischen KG und GmbH ein realisierbarer Freistellungsanspruch der KG gegen die GmbH ergibt (Scholz/K. Schmidt a. a. O.). Entsprechendes gilt für die persönliche Haftung der Kommanditisten gem. §§ 171 Abs. 1, 172 Abs. 4, 176 HGB, die gem. § 171 Abs. 2 HGB bzw. § 93 ebenfalls erst ab Verfahrenseröffnung vom Insolvenzverwalter geltend zu machen ist (Scholz/K. Schmidt vor § 64 GmbHG Rn. 148). Aktiviert werden können jedoch etwaige offene Einlageforderungen der KG gegen die GmbH, wenn solche vereinbart und diese werthaltig sind.

48 In einem **Überschuldungsstatus der Komplementär-GmbH** sind die Verbindlichkeiten der KG erst zu passivieren, wenn die KG insolvenzreif ist und eine Inanspruchnahme der GmbH droht (Scholz/K. Schmidt vor § 64 GmbHG Rn. 151). Zu passivieren sind die gesamten KG-Verbindlichkeiten und nicht nur der ungedeckte Teil (a. A. NR-Mönning § 19 Rn. 44), da es sich bei der persönlichen Gesellschafterhaftung um eine unbeschränkte akzessorische Außenhaftung handelt und der Gesellschafter den Gläubiger grds. nicht auf das Gesellschaftsvermögen verweisen kann (vgl. dazu MK/HGB-K. Schmidt § 128 Rn. 20 m. w. N.). Erstattungsansprüche der Komplementär-GmbH wegen der Inanspruchnahme für Verbindlichkeiten der KG (vgl. §§ 161, 110 HGB) oder sonstige Ansprüche der GmbH gegen die KG sind wegen der wirtschaftlichen Situation der KG häufig nicht werthaltig.

V. Maßnahmen zur Überschuldungsbeseitigung

49 Eine eingetretene Überschuldung kann kurzfristig vor allem durch **finanzwirtschaftliche Maßnahmen** beseitigt werden, ggf. auch durch **gesellschaftsrechtliche Maßnahmen** (z. B. Umwandlung, dazu Heckschen, ZInsO 2008, 824; ausführl. zu gesellschaftsrechtlichen Sanierungsmaßnahmen Buth/Hermanns-Jobsky, Restrukturierung, Sanierung, Insolvenz, S. 257 ff.). **Leistungswirtschaftliche Sanierungsmaßnahmen** (z. B. Umstellung der Produktion) greifen i. d. R. erst mittelfristig (ausführl. zu leistungswirtschaftlichen Sanierungsmaßnahmen Buth/Hermanns-Jobsky a. a. O., S. 148 ff.).

50 Im finanzwirtschaftlichen Bereich ist zwischen **Eigenkapitalmaßnahmen** (z. B. Kapitalerhöhung, Verzicht bzw. Rangrücktritt von Gesellschaftern usw.) und **Fremdkapitalmaßnahmen** (z. B. Forderungsumwandlung in Kapital, Forderungsverzicht mit Besserungsschein usw.) zu differenzieren. Als gesellschaftsrechtliche Maßnahme zur Überschuldungsbeseitigung kommen insb. **Umwandlungen** in Betracht (z. B. Formwechsel von GmbH in OHG, Verschmelzung usw.).

VI. Besonderheiten bei Insolvenzverfahren mit Auslandsbezug

Besonderheiten können sich bei Insolvenzverfahren mit Auslandsbezug ergeben, die zunehmend an Bedeutung gewinnen. Soll über das Vermögen eines Schuldners im Inland ein Insolvenzverfahren als **Hauptinsolvenzverfahren** eröffnet werden, ist i. R. d. Überschuldungsprüfung auf die weltweite Vermögenslage abzustellen. Dies folgt u. a. aus dem sog. Universalitätsprinzip (vgl. dazu § 335 Rdn. 2). 51

Ist demgegenüber im Ausland bereits ein anerkanntes Hauptinsolvenzverfahren eröffnet, ist der Eröffnungsgrund für ein inländisches **Sekundärverfahren** gem. Art. 27 EuInsVO, § 356 Abs. 3 vom Gericht nicht mehr zu prüfen. Nach der Rspr. des EuGH zu Art. 27 EuInsVO darf das mit dem Antrag auf Eröffnung des Sekundärinsolvenzverfahrens befasste Gericht den Eröffnungsgrund nicht mehr prüfen und dies selbst dann nicht, wenn der Eröffnungsgrund bei Eröffnung des Hauptinsolvenzverfahrens nicht geprüft wurde, weil das Hauptinsolvenzverfahren einem besonderen Schutzzweck dient wie das französische Sauvegarde-Verfahren (EuGH, ZInsO 2012, 2380, 2384; zust. K. Schmidt-Brinkmann, Art. 27 EuInsVO Rn. 11). 52

Wenn es um ein **Partikularinsolvenzverfahren** (§§ 354 ff.) einer unselbstständigen **inländischen Niederlassung** eines Schuldners mit Sitz im Ausland geht, ohne dass im Ausland ein anerkanntes Hauptinsolvenzverfahren eröffnet ist, ist auf die **weltweite Vermögenslage** abzustellen (HK-Kirchhof § 16 Rn. 4; ausführl. m. w. N.: MK-Reinhart Art. 102 EGInsO Rn. 227, 228; Uhlenbruck-Lüer Art. 102 EGInsO Rn. 203, 204). 53

C. Verfahrensfragen

I. Methoden der Überschuldungsprüfung

Die Methode und der Umfang der Überschuldungsprüfung sind gesetzlich nicht vorgeschrieben und hängen auch von den wirtschaftlichen Verhältnissen im Einzelfall ab. In Insolvenzeröffnungsverfahren wird seitens des Gerichts wird i. d. R. ein Sachverständiger bestellt oder ein vorläufiger Insolvenzverwalter mit entsprechenden gutachterlichen Feststellungen beauftragt. Grundlage für die Beurteilung der Überschuldung ist nach der zweistufigen Prüfungsreihenfolge auf der ersten Stufe zunächst ein **Überschuldungsstatus** (Überschuldungsbilanz; vgl. auch Begr. RegE BT-Drucks. 12/2443 S. 115), der zu Liquidationswerten aufzustellen ist (vgl. Rdn. 5 ff., 21). aus. Im Fall der rechnerischen Überschuldung ist sodann auf der zweiten Stufe die positive Fortführungsprognose anhand einer entsprechender **Finanzplanung** (Liquiditätsplanung) zu prüfen (vgl. Rdn. 12 ff.). 54

Methodische Hilfe geben die vom Fachausschuss Recht des IDW herausgegebenen Empfehlungen zur Überschuldungsprüfung bei Unternehmen (IDW FAR 1/1996, WPg 1997, 22), auch wenn diese keine Rechtsnormqualität haben (vgl. zur Überschuldungsprüfung und Erstellung eines Überschuldungsstatus auch Möhlmann-Mahlau/Schmitt, NZI 2009, 19; noch ohne FMStG: Nickert/Lamberti [Hrsg.], Überschuldungs- und Zahlungsunfähigkeitsprüfung; Harz/Baumgartner/Conrad, ZInsO 2005, 1304, 1308 ff.).

Erster Orientierungspunkt für den Überschuldungsstatus ist in der Praxis rgm. die **letzte Handelsbilanz**, sofern sie vorliegt und zeitnah ist (vgl. auch OLG Hamburg, ZIP 2010, 2448, 2449). Sodann ist eine aktuelle Vermögenserfassung und **Neubewertung nach insolvenzrechtlichen Bewertungsgrundsätzen** (ausführl. Rdn. 19 ff.) vorzunehmen. Der Überschuldungsstatus unterscheidet sich in Funktion und Aufbau von der Vermögensübersicht gem. § 153 (unzutreffend NR-Breuer Anh. I Muster 6). Die **Gliederung des Überschuldungsstatus** wird aus Gründen der Übersichtlichkeit üblicherweise an die Gliederung der Handelsbilanz (§ 266 HGB) angelehnt. Eine Inventaraufstellung i. S. d. § 240 HGB ist grds. nicht und nur ausnahmsweise erforderlich, soweit die Wertansätze im Überschuldungsstatus anders nicht ermittelt und nachgewiesen werden können (Budde/Förschle-Förschle/Hoffmann, Sonderbilanzen, N 84). 55

§ 19 InsO Überschuldung

56 **Muster: Überschuldungsstatus**

Überschuldungsstatus per .... Muster GmbH

Aktiva	Wert	Passiva	Wert
A. Ausstehende Einlagen Stammeinlage (W. Mustermann)	_____	A. Rückstellungen I. Pensionsrückstellungen Direktzusagen Arbeitnehmer	_____
B. Anlagevermögen I. Immaterielle Vermögenswerte 1. Firma, Goodwill, Kundenstamm 2. Patente, Schutzrechte		II. Steuerrückstellungen	_____
		III. sonstige Rückstellungen 1. Jahresabschluss 2. Gewährleistungen	_____
II. Grundvermögen Betriebsimmobilie	_____	B. Verbindlichkeiten I. ggü. Kreditinstituten 1. A-Sparkasse 2. B-Bank	_____
III. bewegliche Sachanlagen 1. Betriebs- u. Geschäftsausstattg. a) Standort A b) Standort B 2. Techn. Anlagen u. Maschinen 3. Fuhrpark	_____	II. Erhaltene Anzahlungen 1. Projekt 1 2. Projekt 2	_____
		III. aus Lieferungen u. Leistungen 1. ggü. Warenlieferanten 2. ggü. Dienstleistern 3. ggü. Vermieter	
IV. Finanzanlagen Tochter-GmbH	_____	IV. sonstige Verbindlichkeiten 1. Umsatzsteuer 2. Sozialversicherungsbeiträge	_____
C. Umlaufvermögen I. Vorräte 1. Roh-, Hilfs- u. Betriebsstoffe 2. Unfertige Erzeugnisse u. Leistungen 3. Fertige Erzeugnisse u. Waren	_____	V. ggü. Gesellschaftern (ohne Rangrücktrittserklärung) W. Mustermann (Darlehen)	_____
II. Forderungen und sonst. Vermögensgegenstände 1. Forderungen aus Lieferungen u. Leistungen 2. Forderungen an Gesellschafter W. Mustermann (Verr. Kto) 3. Sonstige Vermögensgegenstände a) Steuerforderungen b) Arbeitnehmer-Darlehen c) geleistete Kautionen	_____	C. Über-/Unterdeckung	
III. Flüssige Mittel 1. Kassen 2. Bankguthaben Geschäftskonten a) A-Sparkasse b) B-Bank			
Summe		Summe	
		Verbindlichkeiten ggü. Gesellschaftern mit Rangrücktrittserklärung W. Mustermann (Miete)	

57 Checklisten zur Überschuldungsprüfung und -beseitigung mit Beraterhinweisen für die Praxis finden sich bei Häger, Checkbuch Überschuldung und Sanierung.

II. Beweisfragen

58 Im **Insolvenzeröffnungsverfahren** gibt es wegen des Amtsermittlungsgrundsatzes (§ 5) keine formelle Beweislast; die Nichterweislichkeit der Überschuldung geht jedoch zulasten des Antragstellers

(§ 16 Rdn. 16). Bei der Feststellung des Eröffnungsgrundes reicht ein für das praktische Leben brauchbarer Grad an Gewissheit (BGH, ZIP 2006, 1056).

Das Gericht und ein vom Gericht eingesetzter vorläufiger Insolvenzverwalter bzw. Sachverständiger müssen gem. § 5 ggf. von sich aus die Frage der Fortführungsprognose prüfen, auch wenn der Schuldner dazu keine entsprechenden Unterlagen vorlegt, da das Gesetz keine schriftlich dokumentierte Prognose verlangt (K. Schmidt-K. Schmidt, § 19 Rn. 50; a. A. K/P/B-Pape. § 19 Rn. 48). Andererseits beeinflussen Inhalt und Umfang der Auskünfte, die der Schuldner i.R. seiner Mitwirkungspflicht gem. § 20 InsO erbringt, die Reichweite der Amtsermittlungspflicht. So wird der vorläufige Insolvenzverwalter bzw. gerichtliche Sachverständige kaum verpflichtet sein, ein Unternehmenskonzept für den Schuldner mit darauf aufbauender Ertrags- und Finanzplanung an dessen Stelle zu erstellen (K/P/B-Pape a. a. O., Rn. 48, 51).

In **Prozessrechtsstreitigkeiten** muss nach allgemeinen Regeln grds. derjenige die Überschuldung beweisen, der sich auf sie beruft (vgl. BGH, ZInsO 2009, 917, Tz. 14; ZInsO 2007, 374, 375). Allerdings trägt die Darlegungs- und Beweislast für eine **positive Fortführungsprognose** nach immer die Geschäftsleitung (BGH, ZInsO 2010, 2396). Der BGH leitet das aus dem gesetzlichen Regel-Ausnahme-Verhältnis in Abs. 2 ab (BGH, ZIP 2010, 2400, 2401, Tz. 11). Bei der positiven Fortführungsprognose ist der Geschäftsleitung ein gewisser Beurteilungsspielraum zuzubilligen. Maßgebend ist dabei die ex ante-Sicht eines ordentlichen Geschäftsleiters, auf nachträgliche Erkenntnisse kommt es insoweit nicht an (BGHZ 126, 181, 199; OLG Hamburg, ZIP 2010, 2448, 2449; OLG Schleswig, ZInsO 2010, 530, 532; OLG Naumburg, ZInsO 2004, 512; OLG Koblenz, ZInsO 2003, 523). Nicht erforderlich ist jedoch, dass die Geschäftsleitung bereits zum fraglichen Zeitpunkt ex ante eine Fortführungsprognose dokumentiert hatte, da das Gesetz eine solche Verpflichtung nicht vorschreibt (K. Schmidt-K. Schmidt, § 19 Rn. 50; Bork, ZIP 2000, 1709, 1712 f.; Drescher, Die Haftung des GmbH-Geschäftsführers, Rn. 341; Schäfer, Der Eröffnungsgrund der Überschuldung, 2012, S. 134; krit. Kübler/Prütting/Bork-Pape, InsO, Stand: 9/12, § 19 Rn. 51 m. w. N.).

Ist eine Gesellschaft zu einem bestimmten Zeitpunkt überschuldet und wird später das Insolvenzverfahren wegen Überschuldung eröffnet, besteht eine Vermutung dahin gehend, dass sie auch im Zeitraum zwischen diesen beiden Zeitpunkten überschuldet war (OLG Hamburg, GmbHR 2007, 1036). Die **Verletzung der Buchführungs- Aufbewahrungspflichten** für Bücher und Belege (§ 257 HGB, § 74 Abs. 2 GmbHG) kann zu einer Beweislastumkehr führen (BGH, ZInsO 2007, 1243, Tz. 14).

Nach der Rechtsprechung ist die Überschuldung grds. durch Vorlage einer Überschuldungsbilanz bzw. eines Überschuldungsstatus darzulegen (BGH, ZInsO 2009, 876, Tz. 10). Eine im handelsrechtlichen Jahresabschluss ausgewiesene **bilanzielle Überschuldung** hat **lediglich indizielle Bedeutung** für eine Überschuldung i. S. d. § 19 (BGH, ZIP 2014, 168, 170, Tz. 17 m. w. N.; BGH, ZInsO 2012, 732, 733, Tz. 5). Der Insolvenzverwalter genügt seiner Darlegungslast danach rgm., wenn er eine Handelsbilanz vorlegt und erläutert, ob und ggf. welche Abweichungen nach Insolvenzrecht bestehen (BGH a. a. O.). Weist der handelsrechtliche Abschluss einen nicht durch Eigenkapital gedeckten Fehlbetrag aus, muss zur Darlegung einer insolvenzrechtlichen Überschuldung entweder ein Überschuldungsstatus mit Ansatz der Wirtschaftsgüter zu Veräußerungswerten und Aufdeckung etwaiger stiller Reserven aufgestellt oder dargelegt werden, dass stille Reserven und sonstige aus der Handelsbilanz nicht ersichtlichen Veräußerungswerte nicht vorhanden sind (BGH a. a. O.). Dabei müssen nicht alle denkbaren Möglichkeiten stiller Reserven und sonstiger aus der Handelsbilanz nicht ersichtlicher Veräußerungswerte ausgeschlossen werden, sondern nur naheliegende Anhaltspunkte – z. B. stille Reserven im Grundvermögen – und die vom Geschäftsführer insoweit ggf. aufgestellten Behauptungen widerlegt werden (BGH, ZIP 2014, 168, 170, Tz. 17). Ist der Anspruchsteller diesen Anforderungen nachgekommen, ist es Sache des Anspruchsgegners im Rahmen der **sekundären Darlegungslast**, im Einzelnen vorzutragen, welche stillen Reserven oder sonstigen für eine Überschuldungsbilanz maßgeblichen Werte in der Handelsbilanz nicht abgebildet sind (BGH a. a. O.).

§ 20 Auskunfts- und Mitwirkungspflicht im Eröffnungsverfahren. Hinweis auf Restschuldbefreiung

(1) ¹Ist der Antrag zulässig, so hat der Schuldner dem Insolvenzgericht die Auskünfte zu erteilen, die zur Entscheidung über den Antrag erforderlich sind, und es auch sonst bei der Erfüllung seiner Aufgaben zu unterstützen. ²Die §§ 97, 98, 101 Abs. 1 Satz 1, 2, Abs. 2 gelten entsprechend.

(2) Ist der Schuldner eine natürliche Person, so soll er darauf hingewiesen werden, dass er nach Maßgabe der §§ 286 bis 303a Restschuldbefreiung erlangen kann.

Übersicht	Rdn.		Rdn.
A. Normzweck	1	5. Inhalt der Auskunftspflicht	9
B. Norminhalt	3	6. Mitwirkungspflichten	10
I. Auskunfts- und Mitwirkungspflichten (Abs. 1)	3	7. Durchsetzung der Auskunfts- und Mitwirkungspflichten	12
1. Zulässiger Insolvenzantrag	3	II. Hinweis auf Restschuldbefreiung (Abs. 2)	13
2. Anwendungsbereich	6	C. Verfahrensfragen	18
3. Insolvenzgericht als Adressat	7	I. Anordnung von eidesstattlicher Versicherung bzw. Zwangsmaßnahmen	18
4. Auskunfts- und Mitwirkungsverpflichtete	8	II. Rechtsmittel	19

A. Normzweck

1 Abs. 1 regelt die **Auskunftspflichten** und ausweislich seiner zum 01.07.2007 erweiterten Überschrift sowie des Verweises auf § 97 Abs. 2, 3 die **Mitwirkungspflichten** (zur früheren Rechtslage vgl. die 4. Aufl. § 20 Rn. 19) des Schuldners ggü. dem Insolvenzgericht sowie deren Durchsetzung im Eröffnungsverfahren. Die Vorschrift **unterstützt** insofern die **Amtsermittlungspflicht** des Gerichts (§ 5). Eine Verletzung der Auskunfts- und Mitwirkungspflichten kann zu Zwangsmaßnahmen gem. §§ 20, 98 und einer Gefährdung der Verfahrenskostenstundung und Restschuldbefreiung führen (vgl. etwa BGH, ZInsO 2008, 1278; AG Magdeburg, Beschl. v. 19.03.2013 – 340 IN 967/12, sowie Rdn. 12) und ggf. sogar strafbar sein (§ 283 StGB).

2 Abs. 2 normiert eine **Hinweispflicht des Insolvenzgerichts an den Schuldner** wegen der **Möglichkeit der Restschuldbefreiung** gem. §§ 286 bis 303 bereits im Eröffnungsverfahren, damit der Schuldner möglichst frühzeitig auf einen möglichen Restschuldbefreiungsantrag sowie die Frist hierfür hingewiesen wird und nicht aus Rechtsunkenntnis seine Restschuldbefreiungsmöglichkeit nach §§ 286 ff. verliert (vgl. BGH, ZInsO 2005, 310, 311). Eine weitere, ausdrücklich normierte Hinweispflicht findet sich in § 184 Abs. 2 Satz 3 (dazu § 184 Rdn. 4, 11b).

B. Norminhalt

I. Auskunfts- und Mitwirkungspflichten (Abs. 1)

1. Zulässiger Insolvenzantrag

3 **Voraussetzung** für die Auskunftspflicht ist gem. Abs. 1 Satz 1 ein **zulässiger Insolvenzantrag** (BGH, ZInsO 2008, 1278; ZInsO 2005, 264; BGHZ 153, 205 = ZInsO 2003, 217). § 20 gilt bei Eigen- und Gläubigeranträgen (BGH, ZInsO 2008, 1278). Einer besonderen Feststellung der Zulässigkeit durch das Insolvenzgericht bedarf es nicht (BGH, ZInsO 2008, 1278). Der Insolvenzantrag muss hinsichtl. der Zulässigkeit den gesetzlichen Mindestanforderungen genügen, d. h. insb. ernsthaft auf Eröffnung gerichtet sein, nicht sachfremden Zwecken dienen und den Eröffnungsgrund gem. § 4 i. V. m. § 253 Abs. 2 Nr. 2 ZPO in nachvollziehbarer Form darlegen; die Schlüssigkeit des Insolvenzantrags im technischen Sinn wird nicht verlangt (BGH ZInsO, 2005, 264; BGHZ 153, 205, 207 = ZInsO 2003, 217, 218; **a. A.** LG Potsdam, ZInsO 2002, 885: schlüssige Darlegung des Eröffnungsgrundes und Vorlage der notwendigen Unterlagen). Sobald ein i. d. S. zulässiger Insolvenzantrag

gestellt ist, entstehen die **Auskunfts- und Mitwirkungspflichten** des Schuldners und sind **ggf. nach §§ 20, 97 ff. durchzusetzen** (BGHZ 153, 205 = ZInsO 2003, 217; AG Hamburg, NZI 2000, 238).

Dies gilt nach h. M. aufgrund des Amtsermittlungsgrundsatzes **auch bei Eigenantrag eines nicht antragspflichtigen Schuldners** (BGH a. a. O., S. 218; LG Cottbus, ZInsO 2010, 962; ausführl. dazu § 13 Rdn. 25 ff.; a. A. LG Hamburg, ZInsO 2010, 1651; AG Dresden, ZIP 2002, 862). Ist der Antrag zulässig, setzt die Amtsermittlungspflicht folglich ein, ändert eine nachfolgende Verletzung der Auskunfts- und Mitwirkungspflichten durch den antragstellenden Schuldner nichts mehr an der Zulässigkeit. Wegen dieser Art der Pflichtverletzung kann der Antrag nur noch als unbegründet, nicht aber als unzulässig zurückgewiesen werden, wenn und weil die Vermögensverhältnisse ohne Mitwirkung des Schuldners nicht aufklärbar sind (für unzulässig aber: LG Hamburg, ZInsO 2010, 1651; AG Dresden, ZIP 2002, 862 m. zust. Anm. Schmahl, EWiR 2002, 721: Zurückweisung als unzulässig mangels Rechtsschutzbedürfnis; AG Göttingen, ZInsO 2002, 43; AG Mönchengladbach, ZInsO 2013, 536; K. Schmidt-Hölzle § 20 Rn. 4; Frind, NZI 2010, 749, 751; für unbegründet: FK-Schmerbach § 20 Rn. 3; A/G/R-Sander § 20 Rn. 3; ausführl. zum auskunftsunwilligen Schuldner im Eigenantragsverfahren Graeber, ZInsO 2003, 55; Schmerbach, InsbürO 2006, 27).

Gelegentlich wird es für die Entstehung der Pflichten des § 20 offenbar für ausreichend gehalten, dass das Gericht den Insolvenzantrag – zumindest konkludent, z. B. durch Bestellung eines Sachverständigen – tatsächlich zugelassen hat (vgl. K. Schmidt-Hölzle § 20 Rn. 3 unter Verweis auf OLG Köln, ZIP 1988, 664). Nach dem Wortlaut des Gesetzes kommt es jedoch auf die objektive Zulässigkeit des Antrags und nicht auf die Zulassung durch das Insolvenzgericht an vgl. etwa HK-Kirchhof § 20 Rn. 3; A/G/R-Sander § 20 Rn. 3). Zwar werden zulässige Insolvenzanträge in der Praxis regelmäßig ausdrücklich für zulässig erklärt und damit gewissermaßen zugelassen, dies ist jedoch weder rechtlich geboten noch Voraussetzung für die Entstehung der Auskunfts- und Mitwirkungspflichten (BGH, ZInsO 2008, 1278). Stellt sich nach Zulassung des Insolvenzantrags dessen Unzulässigkeit heraus oder fällt die Zulässigkeit im weiteren Eröffnungsverfahren weg, entfällt auch die Auskunfts- und Mitwirkungspflicht (MK-Schmahl § 20 Rn. 25; **a. A.** Uhlenbruck-Uhlenbruck § 20 Rn. 4).

2. Anwendungsbereich

§ 20 gilt neben dem Regelinsolvenzverfahren grds. auch im **Klein- bzw. Verbraucherinsolvenzverfahren** gem. §§ 304 ff. Während des gerichtlichen Schuldenbereinigungsverfahrens ruht das Eröffnungsverfahren gem. § 306 Abs. 1 Satz 1 jedoch. Während des Ruhens des Verfahrens muss der Schuldner dem Gericht ggü. daher nach herrschender Meinung nur Auskünfte und Mitwirkung zur Aufklärung der Zulässigkeit des Insolvenzantrags leisten (MK-Schmahl § 20 Rn. 21 ff.; Uhlenbruck-Vallender § 306 Rn. 7 ff.). Weiter gehende Auskunfts- und Mitwirkungspflichten können sich allerdings ggü. einem vorläufigen Insolvenzverwalter gem. § 22 Abs. 3 ergeben, da das Ruhen des Eröffnungsverfahrens der Anordnung von Sicherungsmaßnahmen nach § 306 Abs. 2 nicht entgegensteht.

Die Auskunfts- und Mitwirkungspflichten bestehen auch bei vorläufiger Eigenverwaltung (so für § 97 etwa A/G/R-Piekenbrock § 97 Rn. 4; § 99 Rn. 5). Dies ergibt sich bereits aus systematischen Erwägungen, da die Sonderregelung des § 270a Abs. 1 Satz 1 lediglich die allgemeinere Vorschrift des § 21 Abs. 2 Nr. 2 verdrängt, die Sicherungsmaßnahmen der §§ 21, 22 i. Ü. aber weiterhin zulässt. Dies zeigt, dass im Grundsatz sämtliche allgemeinen Regelungen der Insolvenzordnung – einschließlich des § 20 – auch in der Eigenverwaltung gelten. Deutlich wird dies auch durch § 270b Abs. 2 Satz 3, der selbst im Schutzschirmverfahren eine – über die Eingriffsintensität der Auskunfts- und Mitwirkungspflichten weit hinausgehende – vorläufige Postsperre ausdrücklich zulässt (vgl. auch § 21 Rdn. 63). Daraus ist abzuleiten, dass im Grundsatz die weiteren Mittel zur Durchsetzung der Auskunfts- und Mitwirkungspflichten, d. h. vor allem Vorführung und Haft, auch in der Eigenverwaltung zur Verfügung stehen. Praktisch sollte in ordnungsgemäß ablaufenden Eigenverwaltungsverfahren dazu kein Bedürfnis bestehen. Bei Verhaltensänderungen des Schuldners nach Einleitung des Verfahrens mag jedoch ein Bedürfnis nach Zwangsmaßnahmen entstehen. Rechtlich dürfte die Anordnung weder bei vorläufiger noch bei endgültiger Eigenverwaltung am Verhältnismäßigkeitsgebot scheitern, da auch die Bestellung eines vorläufigen Insolvenzverwalters (und damit die Beendigung der vorläufigen Eigenverwaltung) Zwangsmaßnahmen gegen den Schuldner nicht ausschließt. Im Fall endgültiger Eigenverwaltung gilt dies wegen der fehlenden Möglichkeit, diese von Amts wegen zu beenden (§ 272), erst recht A/G/R-Piekenbrock § 99 Rn. 5).

3. Insolvenzgericht als Adressat

7   Die Auskunfts- und Mitwirkungspflichten aus § 20 bestehen ggü. dem **Insolvenzgericht**. Das Insolvenzgericht kann seine Auskunfts- und Mitwirkungsansprüche jedoch grds. **auch auf einen Sachverständigen** als gerichtlichen Gehilfen gem. § 4 i. V. m. § 404a ZPO, § 5 **übertragen** (K. Schmidt-Hölzle § 20 Rn. 2; MK-Schmahl § 20 Rn. 54, Uhlenbruck-Uhlenbruck § 20 Rn. 9; wohl auch LG Hamburg, ZInsO 2010, 1651, 1652; **a. A.** wohl OLG Jena, ZInsO 2011, 732, 733), was in der Praxis häufig geschieht. Dann ist der Schuldner dem Sachverständigen entsprechend zur Auskunft und Mitwirkung verpflichtet (MK-Schmahl a. a. O.; nach Uhlenbruck-Uhlenbruck § 20 Rn. 9 mit der Einschränkung der Offenbarung strafbarer bzw. ordnungswidriger Handlungen). Der Sachverständige hat als solcher nur die in §§ 402 ff. ZPO normierten Befugnisse (näher § 5 Rn. 15). Das Gericht kann z. B. den Sachverständigen, der nicht zugleich vorläufiger Verwalter ist, wegen Art. 13 GG jedoch nicht zum Betreten der Wohn- und Geschäftsräume des Schuldners ermächtigen (BGHZ 158, 212 = ZInsO 2004, 550; **a. A.** AG Duisburg, NZI 2004, 388). Zur zwangsweisen Durchsetzung der Auskunfts- und Mitwirkungspflichten des Schuldners ist gem. §§ 20, 98 nur das Gericht befugt (vgl. dazu Rdn. 12). Sollte der Schuldner gegenüber dem Sachverständigen die Auskunfts- und Mitwirkungspflicht verletzen, dürfte regelmäßig die Bestellung eines vorläufigen Insolvenzverwalters angezeigt sein. Die Auskunfts- und Mitwirkungspflichten ggü. einem vorläufigen Insolvenzverwalter regelt § 22 Abs. 3 (vgl. § 22 Rdn. 190 ff.). Das der Gesetzgeber diese Regelung für notwendig erachtet hat, zeigt letztlich auch, dass trotz der Gesamtverweisung auf § 97 die dort Genannten (Insolvenzverwalter, Gläubigerausschuss, ggf. Gläubigerversammlung) im Insolvenzeröffnungsverfahren nicht Adressaten der Pflichten des § 20 sind. Gläubiger, auch ein Fremdantragsteller, haben ohnehin keinen verfahrensrechtlichen Auskunfts- und Mitwirkungsanspruch gegen den Schuldner (MK-Schmahl § 20 Rn. 59).

4. Auskunfts- und Mitwirkungsverpflichtete

8   Hinsichtlich der Auskunfts- und Mitwirkungsverpflichteten ergeben sich zwischen § 20 Abs. 1 Satz 1 und § 97 Abs. 1 keine Unterschiede. Zusätzlich verweist § 20 Abs. 1 Satz 2 auf § 97 sowie – zur Erweiterung des persönlichen Anwendungsbereichs der Auskunfts- und Mitwirkungspflichten – auf den für die Pflichten aus § 97 Abs. 1 ohnehin geltenden § 101. Zu den Auskunfts- und Mitwirkungsverpflichteten kann daher auf die dortige Kommentierung in § 97 Rdn. 3 verwiesen werden.

5. Inhalt der Auskunftspflicht

9   Nach Abs. 1 Satz 1 alle Auskünfte zu erteilen, die zur Entscheidung über den Antrag erforderlich sind. **Entscheidungen über den Antrag** sind nicht nur die **Eröffnungs- bzw. Abweisungsentscheidung** gem. §§ 26 ff. einschließlich ggf. anstehender Entscheidungen zur Eigenverwaltung (§ 270) bzw. in einem Insolvenzplanverfahren (§§ 217 ff.), sondern auch **sonstige gerichtliche Entscheidungen** im Insolvenzeröffnungsverfahren, **z. B. die Anordnung von Sicherungsmaßnahmen** gem. §§ 21 ff., Entscheidungen zur örtlichen Zuständigkeit, Entscheidungen i. R. d. Kostenstundung gem. §§ 4a ff. usw. (MK-Schmahl § 20 Rn. 27, 28).

Obgleich der Wortlaut des § 20 Abs. 1 Satz von dem des § 97 Abs. 1 Satz 1 abweicht, bestehen keine relevanten Unterschiede zwischen Inhalt und Umfang der Auskunftspflicht im Eröffnungsverfahren einerseits und im eröffneten Verfahren andererseits. Die **Auskunftspflicht** des Schuldners und der in § 101 Abs. 1 Satz 1, Abs. 2 genannten Personen ist **umfassend** (BGH, ZInsO 2008, 1278). Sie umfasst alle rechtlichen, wirtschaftlichen und tatsächlichen Verhältnisse, die für das Verfahren in irgendeiner Weise von Bedeutung sein können (BGH, ZInsO 2012, 751; 2013, 138). Auf die Kommentierung bei § 97 Rdn. 5 kann daher verwiesen werden.

6. Mitwirkungspflichten

Bereits zu § 20 a. F. schloss die herrschende Meinung aus dem Verweis in Abs. 1 Satz 2 auf § 97 Abs. 2 f., dass der Schuldner und die in § 101 Abs. 1 genannten Personen, mangels Verweises nicht jedoch Angestellte nach § 101 Abs. 2, über die Auskunft hinaus zur Mitwirkung ggü. dem Insolvenzgericht verpflichtet sind, sowie der Schuldner im eröffneten Verfahren ggü. dem Insolvenzverwalter (MK-Schmahl § 20 Rn. 39 ff., 60 ff.; Uhlenbruck-Uhlenbruck § 20 Rn. 11; KPB-Pape § 20 Rn. 6; FK-Schmerbach § 20 Rn. 15 ff.; a. A. HK-Kirchhof § 20 Rn. 8; Jaeger-Gerhardt § 20 Rn. 10; zum Umfang der Mitwirkungspflichten ausführl. § 97 Rdn. 8 f.). Dies stellt § 20 i. d. F. des Gesetzes zur Vereinfachung des Insolvenzverfahrens vom 13.04.2007 jetzt ausdrücklich durch die Ergänzung in der Überschrift und in Abs. 1 klar. 10

Hinsichtlich der Mitwirkungspflicht ergeben sich zwischen § 20 Abs. 1 Satz 1 und § 97 Abs. 2 keine Unterschiede. Zusätzlich verweist § 20 Abs. 1 Satz 2 auf § 97 sowie – zur Erweiterung des persönlichen Anwendungsbereichs der Auskunfts- und Mitwirkungspflichten – auf den für die Pflichten aus § 97 Abs. 2 ohnehin geltenden § 101. Zum Inhalt der Mitwirkungspflicht des Schuldners und der in § 101 genannten Personen kann daher auf die dortige Kommentierung in § 97 Rdn. 8 f. verwiesen werden. 11

7. Durchsetzung der Auskunfts- und Mitwirkungspflichten

Die Auskunfts- und Mitwirkungspflichten des § 20 können gegen den Schuldner und die in § 101 Abs. 1 genannten Personen ggf. durch die Zwangsmittel der **zwangsweisen Vorführung und Haft** durchgesetzt werden (§§ 20 Abs. 1 Satz 2, 98 Abs. 2 f.; ausführl. Frind, NZI 2010, 749 ff.), auch im Verbraucher-/Kleininsolvenzeröffnungsverfahren (OLG Celle, ZInsO 2002, 232). Wegen der näheren Einzelheiten kann auf die Kommentierung bei § 98 Rdn. 2 ff. verwiesen werden. Zur Vorbereitung und Sicherung der Auskunfts- und Mitwirkungspflichten soll das Insolvenzgericht auch den Reisepass des Schuldners einziehen und ihm ein Ausreiseverbot auferlegen können (z. B. AG München, ZIP 2013, 2074; dazu auch § 97 Rdn. 24 m. w. N. auch zur a. A.), was wegen des Wegfalls der Residenzpflicht fragwürdig ist. Abgesehen davon kann der Schuldner darauf hingewiesen werden, dass eine Verletzung der Auskunfts- und Mitwirkungspflichten auch im Eröffnungsverfahren die Verfahrenskostenstundung und Restschuldbefreiung gefährden kann (BGH, ZInsO 2008, 1278; LG Bielefeld, ZInsO 2010, 1661; vgl. auch BGH, ZInsO 2011, 197 zur Nachholung der gebotenen Auskünfte). 12

II. Hinweis auf Restschuldbefreiung (Abs. 2)

Nach Abs. 2 soll das Insolvenzgericht den Schuldner auf die Möglichkeit der Restschuldbefreiung nach §§ 286 bis 303 hinweisen, damit der Schuldner nicht aus Rechtsunkenntnis seine Restschuldbefreiungsmöglichkeit verliert (BGH, ZInsO 2005, 310, 311). Nach § 287 Abs. 1 setzt die Erteilung der Restschuldbefreiung voraus, dass der Schuldner fristgerecht einen eigenen Insolvenzantrag und einen Restschuldbefreiungsantrag stellt (BGH a. a. O.). Die Antragsfrist des §§ 287 Abs. 1 Satz 2 frühzeitig auszulösen, ist der Zweck der Hinweispflicht. Ist der Schuldner ordnungsgemäß gem. Abs. 2 belehrt worden, kann ein isolierter Restschuldbefreiungsantrag zulässig sein (BGH a. a. O.; ausführl. § 287 Rdn. 9 ff.). Hat der ordnungsgemäß belehrte Schuldner in einem früheren Insolvenzverfahren den Antrag auf Erteilung der Restschuldbefreiung nicht rechtzeitig gestellt, führt die Präklusion des früheren Antrags zur Unzulässigkeit eines erneuten Restschuldbefreiungsantrags jedenfalls dann, wenn kein neuer Gläubiger hinzugekommen ist (BGH, ZInsO 2006, 821). 13

Die Hinweispflicht besteht **sowohl bei Schuldner-, als auch bei Gläubigeranträgen** und gilt **sowohl für das Regelinsolvenzverfahren, als auch für Klein-/Verbraucherinsolvenzverfahren** (BGH, ZInsO 2005, 310; ausführl. KPB-Pape § 20 Rn. 20 bis 23), auch wenn sie bei Letzteren wegen 14

§§ 305 Abs. 1 Nr. 2, Abs. 3, 306 Abs. 3 überflüssig erscheint. Der Hinweis soll so früh wie möglich gegeben bzw. nachgeholt werden (Begr. RegE InsOÄndG, BT-Drucks. 14/5680, S. 24; AG Köln, NZI 2002, 618; KPB-Pape § 20 Rn. 28). Der Hinweis gem. Abs. 2 ist **entbehrlich**, wenn eine Restschuldbefreiung rechtlich nicht möglich ist (AG Göttingen, NZI 2011, 861 für **Zweitinsolvenzverfahren nach Freigabe** gem. § 35 Abs. 2; AG Göttingen, NZI 2012, 198 für Zweitinsolvenzverfahren; AG Göttingen, NZI 2011, 160 für Partikularinsolvenzverfahren).

Form und Inhalt des Hinweises schreibt das Gesetz nicht ausdrücklich vor, d. h. der Hinweis kann ggf. auch durch Formblatt oder mündlich gegeben werden (BGH, ZInsO 2004, 974; MK-Schmahl § 20 Rn. 98). Ein vom Insolvenzgericht verwendetes Merkblatt muss die für einen Schuldner maßgebliche Rechtslage in einer für nicht juristisch vorgebildete Personen klaren und eindeutigen Weise erläutern (BGH, ZInsO 2006, 370 zu § 290). Die reine Wiederholung des Wortlauts des Abs. 2 reicht nicht (LG Memmingen, NZI 2004, 44; **a. A.** BK-Goetsch § 20 Rn. 16).

15 Bei einem **Eigenantrag** des Schuldners ist der Hinweis nur ordnungsgemäß erteilt, wenn er vollständig ist, d. h. insb. über das **Erfordernis eines Restschuldbefreiungsantrags** belehrt und den Zeitpunkt des Fristablaufs benennt (BGH, ZInsO 2004, 974). Die Ausschlusswirkung des Abs. 2, § 287 tritt nur ein, wenn der Schuldner auf die Notwendigkeit eines besonderen Restschuldbefreiungsantrags beim Insolvenzgericht, das Erfordernis der Abtretungserklärung und ihres vorgeschriebenen Inhalts, den Beginn und die Länge der Frist für Antrag und Abtretungserklärung sowie die Folgen der Fristversäumung hingewiesen worden ist (LG Memmingen, NZI 2004, 44; AG Duisburg, ZInsO 2002, 736).

16 Bei einem **Fremdantrag** eines Gläubigers ist der Schuldner sowohl bei Regelinsolvenzverfahren, als auch bei Klein-/Verbraucherinsolvenzverfahren **ferner darauf hinzuweisen**, dass er zur Erreichung der Restschuldbefreiung nicht nur einen Restschuldbefreiungsantrag, sondern auch einen **eigenen Insolvenzantrag** stellen muss (BGH, ZInsO 2009, 1171, 1172, Tz. 6; ZInsO 2005, 310). D. h. selbstverständlich nicht, dass das Gericht den Schuldner zwingt, einen eigenen Insolvenzantrag zu stellen (LG Hamburg, ZInsO 2007, 335, 336). Dem Schuldner ist in diesem Fall eine angemessene **richterliche Frist zur Stellung eines Eigenantrags** auf Insolvenzeröffnung zu setzen, die i. d. R. nicht mehr als 4 Wochen ab Zugang der Verfügung betragen sollte und bei Bedarf gem. § 4 i. V. m. § 224 Abs. 2 ZPO verlängert werden kann (BGH, ZInsO 2009, 1171, 1172, Tz. 6; ZInsO 2005, 310). Die vorgenannte richterliche Frist ist **keine Ausschlussfrist**, auf die § 230 ZPO entsprechend anzuwenden ist, d. h. der Schuldner kann auch nach Fristablauf bis zur Verfahrenseröffnung einen Eigenantrag stellen (BGH, ZInsO 2009, 1171, 1172, Tz. 6; ZInsO 2008, 1976). Hat ein Fremdantrag bereits zur Verfahrenseröffnung geführt, kann der Schuldner keinen Eigenantrag mehr stellen (BGH a. a. O.). Allerdings ist in diesem Fall ausnahmsweise ein **sog. isolierter Restschuldbefreiungsantrag** zulässig, wenn das Gericht die erforderlichen Hinweise zur Restschuldbefreiung fehlerhaft, unvollständig oder verspätet erteilt hat (BGH, ZInsO 2005, 310; vgl. auch § 287 Rdn. 9 ff.).

17 Der Hinweis muss **dem Schuldner tatsächlich zugegangen** sein, Zustellung ist nicht erforderlich (BGH, ZInsO 2004, 974). Der Hinweis ist aktenkundig zu machen und nur durch den Inhalt der Akten zu beweisen (§ 4, § 139 Abs. 4 ZPO). **Zustellung des Hinweises an den Verfahrensbevollmächtigten** reicht aus (§§ 4, 171 f. ZPO; HK-Kirchhof § 20 Rn. 25). Aufgrund gerichtlicher Fürsorgepflicht sollte erwogen werden, auch dem Schuldner selbst den Hinweis zu erteilen.

C. Verfahrensfragen

I. Anordnung von eidesstattlicher Versicherung bzw. Zwangsmaßnahmen

18 Zu Verfahrensfragen bei der Anordnung von eidesstattlicher Versicherung und Zwangsmaßnahmen vgl. § 98 Rdn. 2 ff., 13 ff.; zu Fragen den Verhältnismäßigkeit § 98 Rdn. 11 f.

II. Rechtsmittel

In **Haftsachen**, d. h. gegen die Haftanordnung bzw. die Abweisung des Antrags auf Aufhebung des Haftbefehls findet die **sofortige Beschwerde** statt (§§ 6 Abs. 1, 20 Abs. 1, 98 Abs. 3 Satz 3). Die sofortige Beschwerde gegen die Anordnung der Haft durch das Insolvenzgericht hat gem. § 4 i. V. m. § 570 Abs. 1 ZPO keine aufschiebende Wirkung (LG Göttingen, NZI 2005, 339), jedoch kann die Vollziehung gem. § 4 i. V. m. § 570 Abs. 2 f. ZPO ausgesetzt werden. I. Ü. sind **gerichtliche Anordnungen im Zusammenhang mit** den Auskunfts- und Mitwirkungspflichten des § 20 **nicht anfechtbar**, da ein Rechtsmittel hiergegen nicht vorgesehen ist (vgl. § 6 Abs. 1), um die Ermittlungen im Insolvenzeröffnungsverfahren nicht zu verzögern (MK-Schmahl § 20 Rn. 88 f.). Entsprechendes gilt für die Ablehnung gerichtlicher Anordnungen (MK-Schmahl § 20 Rn. 85). Ebenso gibt es keine Rechtsmittel gegen Auskunfts- und Mitwirkungsverlangen eines gerichtlich bestellten Sachverständigen, sondern ggf. nur die Anregung von Aufsichtsmaßnahmen nach § 4 i. V. m. § 404a ZPO (MK-Schmahl § 20 Rn. 91). Vgl. zu den Rechtsmitteln ausführlich die Kommentierung bei § 98 Rdn. 19 ff.

19

§ 21 Anordnung vorläufiger Maßnahmen

(1) ¹Das Insolvenzgericht hat alle Maßnahmen zu treffen, die erforderlich erscheinen, um bis zur Entscheidung über den Antrag eine den Gläubigern nachteilige Veränderung in der Vermögenslage des Schuldners zu verhüten. ²Gegen die Anordnung der Maßnahme steht dem Schuldner die sofortige Beschwerde zu.

(2) ¹Das Gericht kann insbesondere

1. einen vorläufigen Insolvenzverwalter bestellen, für den § 8 Abs. 3 und die §§ 56, 56a, 58 bis 66 entsprechend gelten;

1a. einen vorläufigen Gläubigerausschuss einsetzen, für den § 67 Absatz 2 und die §§ 69 bis 73 entsprechend gelten; zu Mitgliedern des Gläubigerausschusses können auch Personen bestellt werden, die erst mit Eröffnung des Verfahrens Gläubiger werden;

2. dem Schuldner ein allgemeines Verfügungsverbot auferlegen oder anordnen, daß Verfügungen des Schuldners nur mit Zustimmung des vorläufigen Insolvenzverwalters wirksam sind;

3. Maßnahmen der Zwangsvollstreckung gegen den Schuldner untersagen oder einstweilen einstellen, soweit nicht unbewegliche Gegenstände betroffen sind;

4. eine vorläufige Postsperre anordnen, für die die §§ 99, 101 Abs. 1 Satz 1 entsprechend gelten;

5. anordnen, dass Gegenstände, die im Falle der Eröffnung des Verfahrens von § 166 erfasst würden oder deren Aussonderung verlangt werden könnte, vom Gläubiger nicht verwertet oder eingezogen werden dürfen und dass solche Gegenstände zur Fortführung des Unternehmens des Schuldners eingesetzt werden können, soweit sie hierfür von erheblicher Bedeutung sind; § 169 Satz 2 und 3 gilt entsprechend; ein durch die Nutzung eingetretener Wertverlust ist durch laufende Zahlungen an den Gläubiger auszugleichen. ²Die Verpflichtung zu Ausgleichszahlungen besteht nur, soweit der durch die Nutzung entstehende Wertverlust die Sicherung des absonderungsberechtigten Gläubigers beeinträchtigt. Zieht der vorläufige Insolvenzverwalter eine zur Sicherung eines Anspruchs abgetretene Forderung anstelle des Gläubigers ein, so gelten die §§ 170, 171 entsprechend.

³Die Anordnung von Sicherungsmaßnahmen berührt nicht die Wirksamkeit von Verfügungen über Finanzsicherheiten nach § 1 Abs. 17 des Kreditwesengesetzes und die Wirksamkeit der Verrechnung von Ansprüchen und Leistungen aus Zahlungsaufträgen, Aufträgen zwischen Zahlungsdienstleistern oder zwischengeschalteten Stellen oder Aufträgen zur Übertragung von Wertpapieren, die in Systeme nach § 1 Abs. 16 des Kreditwesengesetzes eingebracht wurden. ⁴Dies gilt auch dann, wenn ein solches Rechtsgeschäft des Schuldners am Tag der Anordnung getätigt

und verrechnet oder eine Finanzsicherheit bestellt wird und der andere Teil nachweist, dass er die Anordnung weder kannte noch hätte kennen müssen; ist der andere Teil ein Systembetreiber oder Teilnehmer in dem System, bestimmt sich der Tag der Anordnung nach dem Geschäftstag im Sinne des § 1 Absatz 16b des Kreditwesengesetzes.

(3) ¹Reichen andere Maßnahmen nicht aus, so kann das Gericht den Schuldner zwangsweise vorführen und nach Anhörung in Haft nehmen lassen. ²Ist der Schuldner keine natürliche Person, so gilt entsprechendes für seine organschaftlichen Vertreter. ³Für die Anordnung von Haft gilt § 98 Abs. 3 entsprechend.

Übersicht

		Rdn.
A.	Normzweck	1
B.	Norminhalt	2
I.	Generalklausel des Abs. 1	2
	1. Zulässigkeit des Insolvenzantrags	2
	2. Verhinderung nachteiliger Veränderungen des Schuldnervermögens	3
	3. Sicherungsmaßnahmen gegen den Schuldner	6
	4. Sicherungsmaßnahmen gegen Dritte	11
	5. Erforderlichkeit der Sicherungsmaßnahme	14
	6. Verhältnismäßigkeitsgrundsatz	22
	7. Anordnungspflicht des Gerichts	24
II.	Einzelne Sicherungsmaßnahmen gem. Abs. 2 Satz 1	28
	1. Bestellung eines vorläufigen Insolvenzverwalters (Nr. 1)	28
	2. Bestellung eines vorläufigen Sachwalters (§ 270a Abs. 1 Satz 2, 270b Abs. 2 Satz 1)	39a
	3. Einsetzung eines vorläufigen Gläubigerausschusses (Nr. 1a)	39d
	4. Anordnung eines allgemeinen Verfügungsverbots oder eines Zustimmungsvorbehaltes (Nr. 2)	40
	5. Verbot von Einzelzwangsvollstreckungsmaßnahmen (Nr. 3)	51
	6. Vorläufige Postsperre (Nr. 4)	63
	7. Verwertungsstopp und Nutzungsbefugnis für künftige Aus- und Absonderungsgüter; Einziehungsbefugnis (Nr. 5)	69a
	a) Allgemeines	69a
	b) Aus- und absonderungsbelastete Sachen im Besitz des Schuldners	69c
	c) Einziehung aus- und absonderungsbelasteter Forderungen	69h
	8. Sonstige Sicherungsmaßnahmen	69m
III.	Besonderheiten bei Finanzsicherheiten (Abs. 2 Satz 2)	70
IV.	Zwangsmaßnahmen gem. Abs. 3	72
C.	Verfahrensfragen	76
I.	Anordnungsverfahren und Aufhebung von Sicherungsmaßnahmen	76
II.	Rechtsbehelfe	82
III.	Kosten	85
IV.	Haftung des Gerichts	90
V.	EuInsVO	91

A. Normzweck

1 Der Gesetzgeber hat die gerichtlichen Maßnahmen im Insolvenzeröffnungsverfahren und die vorläufige Insolvenzverwaltung in §§ 21 bis 25 ausführl. geregelt, da ihm die knappen Regelungen im alten Recht (§ 106 KO, § 2 Abs. 3 GesO, §§ 11 ff. VglO) als unzureichend erschienen (Begr. RegE BT-Drucks. 12/2443 S. 116). § 21 ist der Ausgangspunkt der Regelungen zum Eröffnungsverfahren. Die Norm regelt die **Anordnung gerichtlicher Sicherungsmaßnahmen** (Abs. 1, Abs. 2 Satz 1 Nr. 1, 2, 3, 4, 5) und die durch das ESUG neu geregelte Möglichkeit der **Einsetzung eines vorläufigen Gläubigerausschusses** (Abs. 2 Satz 1 Nr. 1a i. V. m. § 22a) sowie die **Anordnung von Zwangsmaßnahmen** (Abs. 3).

Die Anordnung gerichtlicher Sicherungsmaßnahmen verfolgt den Zweck, nach einem zulässigen Insolvenzantrag durch die Anordnung gerichtlicher Sicherungsmaßnahmen eine den Gläubigern nachteilige Veränderung in der Vermögenslage des Schuldners zu verhindern, bis über die Verfahrenseröffnung entschieden werden kann, also insb. die Fragen des Eröffnungsgrundes (§§ 16 bis 19) und der Verfahrenskostendeckung bzw. -stundung (§§ 26, 4a ff.) geklärt sind (Begr. RegE BT-Drucks. 12/2443 S. 116). § 21 bezweckt also den **Schutz der künftigen Insolvenzmasse** für den Fall der Verfahrenseröffnung (Jaeger-Gerhardt § 21 Rn. 4; näher dazu unten Rdn. 3 ff.). Der Schutz richtet sich **gegen Zugriffe des Schuldners** ebenso wie gegen Zugriffe von Gläubigern bzw. Dritten

(HK-Kirchhof § 21 Rn. 2; MK-Haarmeyer § 21 Rn. 11 f.), auch wenn die Sicherungsanordnungen des Gerichts sich grds. an den Schuldner und nur ausnahmsweise an Dritte richten (vgl. dazu Rdn. 11 ff.).

Durch die Möglichkeit der Einsetzung eines vorläufigen Gläubigerausschusses sollen die Gläubigerautonomie und der **Einfluss der Gläubiger**, insb. bei der Auswahl der (vorläufigen) Insolvenzverwalters, gestärkt werden (Begr. RegE BT-Drucks. 17/5712, S. 17), da häufig bereits im Eröffnungsverfahren weitreichenden Entscheidungen zu treffen sind, insb. bei Betriebsfortführungen (Begr. RegE BT-Drucks. 17/5712, S. 24). Die Einzelheiten zum vorläufigen Gläubigerausschuss regelt § 22a.

Mit der Möglichkeit von Zwangsmaßnahmen nach Abs. 3 sollen die Auskunfts- und Mitwirkungspflichten des Schuldners im Eröffnungsverfahren erforderlichenfalls zwangsweise durchgesetzt werden.

B. Norminhalt

I. Generalklausel des Abs. 1

1. Zulässigkeit des Insolvenzantrags

Sicherungsmaßnahmen setzen **grds.** einen **zulässigen Insolvenzantrag** voraus, wobei eine förmliche Zulassung des Antrages nicht erforderlich ist (BGH, ZInsO 2007, 440; OLG Köln, ZInsO 2000, 104, 105). **Ausnahmsweise** darf das Gericht im Sicherungsinteresse und wegen der daraus folgenden Eilbedürftigkeit jedoch Sicherungsmaßnahmen auch bereits anordnen, **wenn noch nicht alle Zulässigkeitsvoraussetzungen abschließend geklärt, jedoch mit überwiegender**, auf gesicherter Grundlage beruhender **Wahrscheinlichkeit gegeben** sind (BGH, ZInsO 2007, 440, 441; bestätigt in BGH, ZInsO 2010, 1013, Tz. 5; **a. A.** Smid, DZWIR 2007, 485, 486 f.). Dies gilt insb. für Zulässigkeitsvoraussetzungen, die – wie **Zuständigkeitsfragen** (der örtlichen, wie der internationalen Zuständigkeit) – in der Sphäre des Schuldners wurzeln (BGH a. a. O.). Bei solchen Zulässigkeitsvoraussetzungen kann es für die Anordnung von Sicherungsmaßnahmen im Einzelfall sogar ausreichen, dass sie nicht sicher zu verneinen sind, wenn der Schuldner zur Sachverhaltsaufklärung nichts beiträgt, obwohl er dazu in der Lage wäre (BGH a. a. O.). Das Gericht muss nach pflichtgemäßem Ermessen im Einzelfall prüfen und eine **Abwägung** treffen, inwieweit die Zweifel an der Zulässigkeit des Antrags oder das Sicherungsbedürfnis überwiegen (so auch Pape, EWiR 2007, 599, 600 und NR-Mönning § 21 Rn. 19). Ggf. kann sich zur weiteren Aufklärung zunächst auch die Einsetzung eines Sachverständigen gem. § 5 empfehlen. – Hat das Insolvenzgericht einen Insolvenzantrag als zulässig bewertet und dies, was nicht erforderlich ist, auch aktenkundig gemacht, ist das Gericht dadurch im weiteren Verlauf des Eröffnungsverfahrens nicht von der Prüfung der Zulässigkeitsvoraussetzungen entbunden (BGH, ZInsO 2006, 828). Angeordnete Sicherungsmaßnahmen sind wieder aufzuheben, wenn der Insolvenzantrag sich später als unzulässig erweist (vgl. Rdn. 80).

Die Unzulässigkeit kann sich auch aus der **mangelnden Prozess- bzw. Verfahrensfähigkeit** des Schuldners ergeben, die allerdings durch gerichtliche Maßnahmen behoben werden kann, z. B. Bestellung eines Verfahrenspflegers (AG München, ZIP 2008, 95; vgl. auch § 4 Rdn. 20).

2. Verhinderung nachteiliger Veränderungen des Schuldnervermögens

Nach dem Gesetzeswortlaut sollen die Sicherungsmaßnahmen eine den Gläubigern nachteilige Veränderung in der Vermögenslage des Schuldners verhüten. Es soll also für den Fall der Verfahrenseröffnung die **künftige Insolvenzmasse für die Gläubiger geschützt** werden. Der Sicherungszweck hat jedoch nach herrschender Meinung eine doppelte Schutzrichtung, d. h. er soll das Schuldnervermögen nicht nur für die Gläubiger, sondern **auch für den Schuldner** schützen (BGHZ 146, 165, 172 = ZInsO 2001, 165; ausführl. Pohlmann, Befugnisse und Funktionen des vorläufigen Insolvenzverwalters, Rdn. 94–99). Der Schuldner soll vor unwiederbringlichen Vermögenseinbußen geschützt werden, solange die Insolvenzeröffnung noch nicht feststeht (BGH a. a. O.).

4 Der Schutz des Schuldnervermögens schließt den **Schutz des Unternehmens des Schuldners** ein; ein Unternehmen des Schuldners soll im Eröffnungsverfahren im Regelfall fortgeführt werden (Begr. RegE BT-Drucks. 12/2443 S. 116). Geschützt wird sowohl für die Gläubiger, als auch für den Schuldner die **Chance zum Erhalt des Unternehmens** (vgl. §§ 1 Satz 1, 217 ff.).

5 Mit dem Schutz der künftigen Insolvenzmasse ist die **künftige Ist-Masse** (vgl. zum Begriff § 35 Rdn. 1) gemeint. Sicherungsmaßnahmen nach § 21 betreffen daher rgm. **auch mit Aus- und Absonderungsrechten belastete Vermögenswerte** (ausführl. Rdn. 69a ff.). Die Klärung bestehender Fremdrechte gem. §§ 47 ff. ist grds. dem eröffneten Insolvenzverfahren vorbehalten (BGHZ 146, 165, 173 = ZInsO 2001, 165, 167; Jaeger-Gerhardt § 21 Rn. 4; HK-Kirchhof § 21 Rn. 5). Geschützt werden sollen auch **künftiger Neuerwerb** des Schuldners (HK-Kirchhof § 21 Rn. 5; MK-Haarmeyer § 21 Rn. 12) sowie etwaiges **Auslandsvermögen** (h. M. unter Hinweis auf BGHZ 118, 151 = NJW 1992, 2026 zu § 106 KO, vgl. z. B. Jaeger-Gerhardt § 21 Rn. 109).

Nicht betroffen ist das **unpfändbare Vermögen des Schuldners** (BGH, ZIP 2008, 1685, 1686; vgl. auch § 22 Rdn. 56).

3. Sicherungsmaßnahmen gegen den Schuldner

6 Nach Abs. 1 Satz 1 hat das Gericht alle zum Schutz des Schuldnervermögens erforderlichen Sicherungsmaßnahmen zu treffen. Die wichtigsten gerichtlichen Sicherungsmaßnahmen hat der Gesetzgeber in Abs. 2 genannt und dort durch das Wort »insbesondere« zum Ausdruck gebracht, dass auch andere Maßnahmen i. R. d. Sicherungszwecks zulässig sind (Begr. RegE BT-Drucks. 12/2443 S. 116), es sich bei **Abs. 1** mithin um eine **Generalklausel** handelt. Dabei ist als weitere **Grenze** neben dem **Sicherungszweck** zu beachten, dass die Wirkungen angeordneter Sicherungsmaßnahmen **nicht weiterreichen** dürfen **als die Wirkungen des eröffneten Insolvenzverfahrens** und diese, soweit möglich, auch nicht vorwegnehmen sollen (Jaeger-Gerhardt § 21 Rn. 5, 15; HK-Kirchhof § 21 Rn. 7; MK-Haarmeyer § 21 Rn. 15, 44).

7 Die **in Abs. 2 ausdrücklich genannten Sicherungsmaßnahmen beherrschen** auch **die gerichtliche Praxis** (dazu ausführl. Rdn. 28 ff.). Zur Anordnung sonstiger Sicherungsmaßnahmen näher Rdn. 69m.

8 Die **Einsetzung eines Sachverständigen** stellt **keine Sicherungsmaßnahme** gem. Abs. 1 Satz 1, sondern eine Maßnahme der Amtsermittlung nach § 5 dar, weswegen hiergegen auch keine Beschwerde gem. Abs. 1 Satz 2 gegeben ist (BGHZ 158, 212 = ZInsO 2004, 550). Erscheinen Sicherungsmaßnahmen gem. Abs. 1 Satz 1 erforderlich, reicht die Einsetzung eines sog. isolierten Sachverständigen nicht aus (ausführl. zu Rechtsgrundlagen und Amtsermittlungsbefugnissen des sog. isolierten Sachverständigen im Insolvenzeröffnungsverfahren: Uhlenbruck, FS Wellensiek, S. 381 ff.).

9 Reichen die Sicherungsmaßnahmen nach Abs. 1 f. nicht aus, kann das Gericht **Zwangsmaßnahmen nach Abs. 3** anordnen (vgl. dazu Rdn. 72 ff.).

10 Aus dem Begriff »**alle Maßnahmen**« folgt, dass das Gericht Sicherungsmaßnahmen je nach Erforderlichkeit einzeln oder kombiniert anordnen kann (allgemeine Meinung). Allerdings muss das Gericht, wenn es kein allgemeines Verfügungsverbot ausspricht, die Befugnisse eines vorläufigen Insolvenzverwalters selbst im Einzelnen festlegen und darf den vorläufigen Verwalter nicht umfassend zu allen Maßnahmen ermächtigen, die dieser nach seinem Ermessen für nötig und zweckmäßig hält (BGH, ZInsO 2007, 267, 268). Die pauschale Ermächtigung an einen sog. schwachen vorläufigen Verwalter, mit rechtlicher Wirkung für den Schuldner zu handeln, ist unzulässig und unwirksam (BGHZ 151, 353 = ZInsO 2002, 819; zu weitgehend AG Bonn, ZIP 2007, 832).

4. Sicherungsmaßnahmen gegen Dritte

11 Sicherungsmaßnahmen sind grds. gegen den Schuldner anzuordnen, zumal das Insolvenzeröffnungsverfahren anders als das eröffnete Verfahren noch ein Parteiverfahren ist (vgl. dazu BGH, ZInsO 2006, 828). Insofern sieht Abs. 1 Satz 2 auch ein Beschwerderecht gegen Sicherungsanord-

nungen nur für den Schuldner vor (BGH, ZInsO 2009, 2053, Tz. 14; vgl. Rdn. 82 ff.). Dabei darf jedoch nicht übersehen werden, dass einzelne Sicherungsmaßnahmen, die zwar formell an den Schuldner adressiert sind, sich materiell gegen den Zugriff einzelner Gläubiger richten und damit auch bewusst in Rechte Dritter eingreifen, z. B. das Verbot der Einzelzwangsvollstreckung gem. Abs. 2 Satz 1 Nr. 3 oder die Anordnung des Verwertungsstopps und der Nutzungsbefugnis für künftige Aus- und Absonderungsgüter gem. Abs. 2 Satz 1 Nr. 5. Demgegenüber greift ein gerichtliches Verbot an die Drittschuldner, an den Schuldner zu zahlen, sowie das Gebot, an den vorläufigen Verwalter zu zahlen, noch nicht in die Rechte von Sicherungsnehmern ein, sondern regelt lediglich die Empfangszuständigkeit zwischen Schuldner und vorläufigem Verwalter ggü. den Drittschuldnern (BGH, ZInsO 2003, 318, 321).

Nach der Rspr. des BGH sind gerichtlichen **Sicherungsmaßnahmen gegen Dritte unzulässig**, da § 21 dafür keine hinreichende Rechtsgrundlage biete (BGH, ZInsO 2009, 2053, Tz. 14 ff. m. abl. Anm. Frind, EWiR, 2010, 21). 12

Demgegenüber sehen eine Reihe von **Insolvenz- und Beschwerdegerichten** sowie die **wohl herrschende Lehre** (vgl. Nachweise BGH a. a. O., Tz. 15) Sicherungsmaßnahmen gegen Dritte als **zulässig in Ausnahmefällen** an. Sie stützen sich zu Recht darauf, dass das Gericht nach Abs. 1 »alle Maßnahmen« zu treffen hat, die erforderlich erscheinen, und der Gesetzgeber in Abs. 2 nur die regelhaften Maßnahmen »insbesondere« näher regeln wollte (Frind, EWiR 2010, 21, 22). 13

Einzelfälle: Durchsuchung von Räumen Dritter, wenn erhebliche tatsächliche Anhaltspunkte für schwerwiegende Verdunkelungshandlungen des Dritten im Zusammenwirken mit dem Schuldner vorliegen (LG Mainz, ZInsO 2001, 629; AG Korbach, ZInsO 2005, 1060; AG Duisburg, ZInsO 1999, 720). **Mitbewohner des Schuldners** haben Durchsuchungen beim Schuldner gem. § 4 i. V. m. § 758 Abs. 3 ZPO zu dulden (BGH, ZInsO 2008, 268, 269 m. Anm. Frind, EWiR 2008, 351). Zur Durchsuchung in der **Wohnung des Geschäftsführers** LG Göttingen, ZInsO 2007, 459. **Kontosperre gegen den Dritten**, wenn erhebliche Anhaltspunkte für schwerwiegende Verdunkelungshandlungen oder Vermögensverschiebungen des Dritten im Zusammenwirken mit dem Schuldner vorliegen (AG München, ZVI 2007, 23; ZIP 2003, 1995). 13a

Gem. § 4 i. V. m. § 142 ZPO kann das Gericht auch die **Vorlage von Urkunden** anordnen, die sich **im Besitz eines Dritten**, z. B. des Steuerberaters, befinden (LG Köln, NZI 2004, 671; zur Entbindung des Dritten von Verschwiegenheitspflichten gem. §§ 142 Abs. 2, 383 ff. ZPO vgl. Rdn. 10). Das Gericht ist nicht befugt, den mit der Vollstreckung eines Haftbefehls beauftragten Gerichtsvollzieher zum Betreten der Wohnung eines Dritten zu ermächtigen (LG Göttingen, ZInsO 2006, 1280; zur Beschwerdemöglichkeit Rdn. 83).

5. Erforderlichkeit der Sicherungsmaßnahme

Zentrale Tatbestandsvoraussetzung für die Anordnung von Sicherungsmaßnahmen ist, dass diese **erforderlich erscheinen**, um nachteilige Veränderungen in der Vermögenslage des Schuldners zu verhindern. Der Schutz des Schuldnervermögens schließt ein, dass ein Unternehmen des Schuldners im Eröffnungsverfahren im Regelfall fortgeführt werden sollte (Begr. RegE BT-Drucks. 12/2443 S. 116). Das Merkmal der Erforderlichkeit ist Teil und **Ausprägung des verfassungsrechtlichen Verhältnismäßigkeitsgrundsatzes** (Uhlenbruck-Vallender § 21 Rn. 3; MK-Haarmeyer § 21 Rn. 19; Pohlmann, Befugnisse und Funktionen des vorläufigen Insolvenzverwalters, Rn. 21; vgl. zum Verhältnismäßigkeitsgrundsatz auch Rdn. 21 f.). 14

Eine Sicherungsmaßnahme ist »**erforderlich**«, wenn ohne die Maßnahme eine nachteilige Veränderung des Schuldnervermögens droht und keine mildere, ebenso geeignete Maßnahme bereitsteht. Einigkeit besteht insoweit, dass **Sicherungsmaßnahmen nicht routinemäßig** angeordnet werden dürfen. Ebenso reicht jedoch die routinemäßige Einsetzung eines sog. isolierten Sachverständigen nicht aus, wenn Sicherungsmaßnahmen gem. Abs. 1 Satz 1 erforderlich erscheinen. Insofern ist stets eine **Prüfung im Einzelfall** erforderlich (vgl. zu den Anforderungen an die Erforderlichkeit bei einzelnen Sicherungsmaßnahmen Rdn. 28 ff.). Allerdings kann das Gericht, solange es selbst 15 keine hinreichenden Anhaltspunkte für die Erforderlichkeit von Sicherungsmaßnahmen hat, **ggf. zunächst** einen **Sachverständigen** einsetzen und diesen auch um Mitteilung bitten, ob bzw. wenn nach dessen Ermittlungen Sicherungsmaßnahmen erforderlich erscheinen (FK-Schmerbach § 21 Rn. 5; § 22 Rdn. 123). Die **Unterscheidung zwischen Eigen- und Fremdantrag** ist für die Frage der Erforderlichkeit von Sicherungsmaßnahmen rechtlich nicht entscheidend (so auch Lenenbach, Sicherungsmaßnahmen im Insolvenzverfahren, S. 113). Allerdings wird das Gericht bei einem Fremdantrag vor der Anordnung von Sicherungsmaßnahmen i. d. R. den Schuldner gem. § 14 Abs. 2 anhören oder einen Sachverständigen einsetzen, wenn es sonst keine hinreichenden Anhaltspunkte für die Erforderlichkeit von Sicherungsmaßnahmen hat. Dies kann anders sein, wenn der Schuldner dem Gericht bereits aus vorangegangenen Eröffnungsverfahren bekannt ist.

16 Voraussetzung für die Anordnung von Sicherungsmaßnahmen ist dabei eine **konkrete Gefahr** der nachteiligen Veränderung des Schuldnervermögens (ausführl. Engelhardt, Die gerichtliche Entscheidung nach §§ 21 ff. InsO, S. 203 ff.; weiter gehend Lenenbach, Sicherungsmaßnahmen im Insolvenzverfahren, S. 107 ff., 110: ggf. auch generalisierte Betrachtungsweise). Würde bereits die abstrakte Gefahr ausreichen, würde die nach Abs. 1 Satz 1 vorgeschriebene Erforderlichkeitsprüfung weitgehend leerlaufen. Die **Anforderungen an den Grad der konkreten Gefahr** hängen vor allem von **Art und Umfang des Schuldnervermögens** ab (ausführl. zu Anforderungen an die Erforderlichkeitsprüfung Lenenbach, Sicherungsmaßnahmen im Insolvenzverfahren, S. 103 ff. m. w. N.). Je größer z. B. das Schuldnervermögen ist, umso eher sind rgm. Sicherungsmaßnahmen angezeigt.

17 Im Hinblick auf den Eilcharakter des Eröffnungsverfahrens und insb. von Sicherungsentscheidungen nach § 21 ist es ausreichend, dass Sicherungsmaßnahmen erforderlich »**erscheinen**«, d.h. die **Erforderlichkeit** der Maßnahme muss nicht abschließend feststehen, sondern wie bei anderen Eilverfahren (vgl. z. B. §§ 916 ff. ZPO) nur **glaubhaft i. S. v.** § 294 ZPO, d.h. **überwiegend wahrscheinlich**, sein (HK-Kirchhof § 21 Rn. 51; Engelhardt, Die gerichtliche Entscheidung nach §§ 21 ff. InsO, S. 227).

18 Die Erforderlichkeit muss sich aus entsprechenden **Tatsachen** ergeben; Befürchtungen Dritter, der Schuldner werde Vermögen beiseiteschaffen oder einzelne Gläubiger sich bevorzugte Befriedigung verschaffen, können nur Indizwirkung haben (Uhlenbruck-Vallender § 21 Rn. 4).

19 Sicherungsmaßnahmen können grds. auch **bei Gläubigeranträgen wegen Kleinforderungen** erforderlich erscheinen (FK-Schmerbach § 21 Rn. 34).

20 Bei Anträgen auf Durchführung eines **Klein-/Verbraucherinsolvenzverfahrens** sind Sicherungsmaßnahmen – abgesehen von ggf. der Einstellung bzw. Untersagung von Zwangsvollstreckungsmaßnahmen – jedoch i. d. R. nicht erforderlich, es sei denn, der Schuldner verfügt z. B. über wesentliches Vermögen oder behindert die Vermögensermittlung (FK-Schmerbach § 21 Rn. 35). Erscheinen bei Klein-/Verbraucherinsolvenzverfahren ausnahmsweise Sicherungsmaßnahmen erforderlich, kann ein vorläufiger Treuhänder bzw. ein vorläufiger Insolvenzverwalter eingesetzt werden (vgl. dazu Rdn. 38).

21 Nach herrschender Meinung kann das Gericht auch **bei Eigenverwaltungsanträgen** vorläufige Insolvenzverwaltung anordnen, ausnahmsweise sogar ein allgemeines Verfügungsverbot, wenn dies erforderlich erscheint; einen vorläufigen Sachwalter kennt das Gesetz demgegenüber nicht (ausführl. dazu m. N. Rdn. 39).

6. Verhältnismäßigkeitsgrundsatz

22 Bei der Anordnung von Sicherungsmaßnahmen ist der Verhältnismäßigkeitsgrundsatz zu beachten, da jeder staatliche Eingriff in den grundrechtlich geschützten Bereich unter dem rechtsstaatlichen Gebot der Verhältnismäßigkeit gem. Art. 20 Abs. 3 GG steht (BVerfG, NJW 2001, 745; BGH, ZInsO 2002, 819, 822). Eine Sicherungsmaßnahme gem. Abs. 1 Satz 1 ist im verfassungsrechtlichen Sinn verhältnismäßig (im weiteren Sinn), wenn sie **geeignet, erforderlich und verhältnismäßig im engeren Sinn (angemessen)** ist.

Sicherungsmaßnahmen, die gem. Abs. 1 Satz 1 erforderlich erscheinen, genügen i. d. R. auch dem 23
verfassungsrechtlichen Verhältnismäßigkeitsgrundsatz. Der Gesetzgeber hat die **Verhältnismäßigkeitsprüfung** hinsichtl. der Merkmale Geeignetheit und Erforderlichkeit durch die Aufnahme des Begriffs der »Erforderlichkeit« in den Tatbestand des Abs. 1 Satz 1 bereits **weitgehend in § 21 vorverlagert** (so auch Lenenbach, Sicherungsmaßnahmen im Insolvenzverfahren, S. 117). Bei der Entscheidung über die Anordnung von Sicherungsmaßnahmen hat das Gericht also namentlich die Verhältnismäßigkeit im engeren Sinn oder die Angemessenheit zu prüfen (BGH, ZInsO 2006, 267). Dabei ist jedoch die gesetzgeberische Wertentscheidung in Abs. 1 Satz 1 zu berücksichtigen, dass alle Sicherungsmaßnahmen anzuordnen sind, die zur Sicherung des Schuldnervermögens erforderlich erscheinen, d. h. nach Abs. 1 Satz 1 erforderliche Sicherungsmaßnahmen sind rgm. auch verhältnismäßig im engeren Sinn bzw. angemessen (so auch Lenenbach, Sicherungsmaßnahmen im Insolvenzverfahren, S. 117). Zur Verhältnismäßigkeitsprüfung bei Haftanordnung gem. §§ 20, 22, 97 f. wegen Auskunftsverweigerung vgl. OLG Celle, ZInsO 2001, 322 (vgl. auch Rdn. 74) bzw. bei Durchsuchungsanordnung ohne vorherigen Anhörungstermin LG Göttingen, ZInsO 2007, 499.

7. Anordnungspflicht des Gerichts

Erscheinen Sicherungsmaßnahmen nach Abs. 1 Satz 1 erforderlich (ausführl. dazu Rdn. 14 ff.), hat 24
das Gericht sie **von Amts wegen** anzuordnen, wobei die Auswahl der jeweiligen Sicherungsanordnungen dem pflichtgemäßen Ermessen des Gerichts unterliegt (BGH, ZInsO 2006, 267, 268; HK-Kirchhof § 21 Rn. 10). Das Gericht hat, wenn Sicherungsmaßnahmen erforderlich erscheinen, ein **Auswahlermessen, kein Entschließungsermessen** (MK-Haarmeyer § 21 Rn. 19; **a. A.** LG Berlin, ZInsO 2002, 837). Wenn angeordnete Sicherungsmaßnahmen nicht mehr erforderlich oder zweckmäßig erscheinen, kann das Gericht sie jederzeit mit Wirkung für die Zukunft aufheben oder abändern (BGH a. a. O.).

An etwaige »Anträge« ist das Gericht nicht gebunden, diese stellen rechtlich nur Anregungen dar 25
(BGH, ZInsO 2006, 267). Insofern bedarf ein entsprechender »Antrag« auch keiner förmlichen Zurückweisung durch das Gericht (Jaeger-Gerhardt § 21 Rn. 81).

Die Bestellung eines vorläufigen Insolvenzverwalters hängt nicht von der voraussichtlichen Deckung 26
der Kosten der vorläufigen Verwaltung ab (vgl. Rdn. 37; **a. A.** AG Potsdam, DZWIR 2004, 439).

Die **Einsetzung eines Sachverständigen** stellt **keine Sicherungsmaßnahme** gem. Abs. 1 Satz 1, 27
sondern eine Maßnahme der Amtsermittlung nach § 5 dar. Gegen die Anordnung eines Sachverständigengutachtens im Eröffnungsverfahren gibt es daher auch keine Beschwerdemöglichkeit (BGH, ZInsO 2011, 1499, Tz. 7; BGHZ 158, 212 = ZInsO 2004, 550). Erscheinen Sicherungsmaßnahmen gem. Abs. 1 Satz 1 jedoch erforderlich, reicht die Einsetzung eines sog. isolierten Sachverständigen nicht aus. Ausführl. zu Rechtsgrundlagen und Amtsermittlungsbefugnissen des sog. isolierten Sachverständigen im Insolvenzeröffnungsverfahren: Uhlenbruck, FS Wellensiek, S. 381 ff.

II. Einzelne Sicherungsmaßnahmen gem. Abs. 2 Satz 1

1. Bestellung eines vorläufigen Insolvenzverwalters (Nr. 1)

Eine der häufigsten Sicherungsmaßnahmen in der Praxis ist die Bestellung eines vorläufigen Insolvenzverwalters. 28

Wegen der Bestellung, Aufsicht, Entlassung, Haftung, Vergütung und Rechnungslegung des vorläufigen Insolvenzverwalters verweist Abs. 2 Satz 1 Nr. 1 auf die entsprechenden Normen des eröffneten Verfahrens (§§ 56, 58 bis 66). Die Aufgaben und Befugnisse des vorläufigen Verwalters sind im Wesentlichen in § 22 geregelt (ausführl. dazu dort).

Nach dem **ESUG** darf das Gericht von einem **einstimmigen Vorschlag des vorläufigen Gläubigerausschusses** (vgl. zu dessen Einsetzung Rdn. 39d ff. und § 22a) nur abweichen, wenn die vorgeschlagene Person für die Übernahme des Amtes nicht geeignet ist (Abs. 2 Satz 1 Nr. 1 i. V. m. § 56a Abs. 2 Satz 1). Die Anforderungen an die **Eignung** des Verwalters ergeben sich insb. aus Abs. 2

Satz 1 Nr. 1 i. V. m. § 56 Abs. 1 Satz 1 (Begr. RegE BT-Drucks. 17/5712, S. 26). Insofern gelten die dazu entwickelten Anforderungen fort (ausführl. dazu § 56 Rdn. 12 ff.). Insb. die **Unabhängigkeit** eines vom Gläubigerausschuss vorgeschlagenen Insolvenzverwalters ist eingehend zu prüfen (Begr. RA BT-Drucks. 17/7511, S. 48; vgl. auch den Fragebogen zur Unabhängigkeit des Insolvenzverwalters, ZInsO 2012, 368). Ob eine einstimmig vorgeschlagene Person auf einer **Vorauswahlliste** eines Insolvenzgerichts steht, soll demgegenüber nach der Regierungsbegründung »gleichgültig« sein (vgl. Begr. RegE BT-Drucks. 17/5712, S. 26), was angesichts der Eilsituation der Bestellungsentscheidung, derentwegen das Vorauswahlverfahren vom BVerfG gerade eingeführt worden war (vgl. dazu § 56 Rdn. 4 ff.), fragwürdig erscheint. Liegt kein einstimmiger Vorschlag des vorläufigen Gläubigerausschusses vor, hat das Gericht bei der **Auswahl** des Verwalters jedoch die **vom vorläufigen Gläubigerausschuss** ggf. **beschlossenen Anforderungen** an die Person des Verwalters zugrunde zu legen (Abs. 2 Satz 1 Nr. 1 i. V. m. § 56a Abs. 2 Satz 2). Wegen der Einzelheiten wird auf die Kommentierungen der §§ 56, 56a und 22a verwiesen.

Nach dem **ESUG** soll das Gericht gem. §§ 270a, 270b von der Bestellung eines vorläufigen Insolvenzverwalters absehen und stattdessen einen **vorläufigen Sachwalter** bestellen, wenn der Schuldner **Antrag auf Eigenverwaltung** gestellt hat und die weiteren dort genannten Voraussetzungen vorliegen (näher dazu Rdn. 39a ff. und bei §§ 270a, 270b).

29 Die vorläufige Insolvenzverwaltung hat das Ziel, zum Schutz des Schuldnervermögens eine geeignete Person (§§ 21, 56) mit dessen Verwaltung zu betrauen, bis das Gericht über die Eröffnung des Insolvenzverfahrens entscheidet, um eine Verminderung des Schuldnervermögens durch den Schuldner oder auch durch Gläubiger zu verhindern (Jaeger-Gerhardt § 21 Rn. 16 und § 22 Rn. 4). Das Gericht regelt die Aufgaben und Befugnisse des vorläufigen Verwalters im Wesentlichen dadurch, dass es entweder ein allgemeines Verfügungsverbot gegen den Schuldner mit den Rechtsfolgen des § 22 Abs. 1 anordnet (**sog. starke vorläufige Insolvenzverwaltung**) oder die Aufgaben und Befugnisse des vorläufigen Verwalters nach § 22 Abs. 2 bestimmt (**sog. schwache vorläufige Insolvenzverwaltung**), z. B. durch Anordnung eines allgemeinen Zustimmungsvorbehaltes sowie ggf. weitere Einzelanordnungen zur Verwaltung der liquiden Mittel, zum Forderungseinzug usw. Das Gericht kann auch einen vorläufigen Insolvenzverwalter ohne jede Verwaltungs- und Verfügungsbefugnis einsetzen (BGH, ZInsO 2011, 1463, Tz. 48; näher dazu § 22 Rdn. 3).

Nach allg. Mg. rechtlich zulässig, jedoch wegen der damit verbundenen Kompetenzprobleme wenig sinnvoll ist die Bestellung eines vorläufigen Verwalters ohne Verfügungsbeschränkungen ggü. dem Schuldner (MK-Haarmeyer § 21 Rn. 48). Entsprechendes gilt für die Anordnung von Verfügungsbeschränkungen ohne gleichzeitige Bestellung eines vorläufigen Insolvenzverwalters (s. Rdn. 40). **Unzulässig** ist hingegen die **Bestellung eines »starken Gutachters«**, der berechtigt wäre, Außenstände des Schuldners einzuziehen und Vermögensgegenstände zu verwerten (OLG Nürnberg, ZInsO 2006, 761).

30 Die **Erforderlichkeit für die Bestellung eines vorläufigen Insolvenzverwalters** muss sich aus Art und Umfang des zu sichernden Vermögens ergeben, wobei der Schutz des Schuldnervermögens einschließt, dass ein Unternehmen des Schuldners im Eröffnungsverfahren im Regelfall fortgeführt werden sollte (Begr. RegE BT-Drucks. 12/2443 S. 116). Ebenso unzulässig wie die routinemäßige Bestellung eines vorläufigen Insolvenzverwalters ist die routinemäßige Bestellung zunächst nur eines sog. isolierten Sachverständigen (vgl. Rdn. 15). Die Bestellung eines Sachverständigen ist eine Maßnahme der Amtsermittlung gem. § 5 und keine Sicherungsmaßnahme gem. § 21 (vgl. zur Differenzierung BGHZ 158, 212 = ZInsO 2004, 550). Auf Sicherungsmaßnahmen darf das Gericht gem. Abs. 1 Satz 1 jedoch nur verzichten, wenn sie nicht erforderlich erscheinen.

31 Die Bestellung eines vorläufigen Insolvenzverwalters erscheint rgm. erforderlich, wenn nicht nur unerhebliches Vermögen beim Schuldner vorhanden zu sein scheint oder der Geschäftsbetrieb des Schuldners noch läuft. Die **Erheblichkeit des Vermögens** ist aufgrund des gesetzgeberischen Ziels, möglichst Abweisungen mangels Masse zu vermeiden, rgm. bereits dann zu bejahen, wenn durch

das zu sichernde Vermögen die Kosten des Insolvenzverfahrens voraussichtlich gedeckt werden können.

Die **Annahme sicherungspflichtigen Vermögens** kann sich z. B. bereits aus dem Insolvenzantrag oder Anhörungen des Schuldners im laufenden Eröffnungsverfahren, jedoch auch aus Erkenntnissen aus früheren Insolvenzeröffnungsverfahren ergeben. Unter Umständen kann das Gericht auch aus der mangelhaften Erfüllung der Auskunfts- und Mitwirkungspflichten auf entsprechendes Vermögen des Schuldners bzw. ein Sicherungserfordernis schließen (vgl. zu möglichen Einschränkungen bei Eigenanträgen § 20 Rdn. 4). 32

Insb. ein **laufender Geschäftsbetrieb** bedarf rgm. des Schutzes einer vorläufigen Insolvenzverwaltung und zwar unabhängig von der Vertrauenswürdigkeit des Schuldners, da der Rechts- und Wirtschaftsverkehr in dieser Situation rgm. einen kompetenten Ansprechpartner verlangt. 33

Nach LG Düsseldorf (NZI 2004, 96) und LG Berlin (ZInsO 2002, 837) ist die Bestellung eines vorläufigen Verwalters rgm. erforderlich und verhältnismäßig, wenn die **Vermögensverhältnisse nicht überschaubar** sind und die Seriosität und **Vertrauenswürdigkeit des Schuldners infrage** steht. Jedoch kann ein vorläufiger Insolvenzverwalter grds. auch unabhängig davon bestellt werden, wenn nennenswertes Vermögen vorhanden und zu sichern ist, da auch ein an sich vertrauenswürdiger Schuldner rgm. nicht über hinreichende insolvenzrechtliche Kenntnisse zum Schutz seines Vermögens unter den Bedingungen eines Insolvenzeröffnungsverfahrens verfügt. 34

Erforderlichkeit ist ferner gegeben bei **Verdacht der »Firmenbestattung«** (BGH, EWiR 2008, 181).

Die Anordnung einer vorläufigen Insolvenzverwaltung mit dem alleinigen Ziel, über eine **Insolvenzgeldvorfinanzierung** künftige Masse zu generieren, ist unzulässig (AG Potsdam, DZWIR 2004, 439). Allerdings wird eine Insolvenzgeldvorfinanzierung (dazu § 22 Rdn. 122 ff.) rgm. nur bei Betriebsfortführung eingerichtet, die ihrerseits einen entsprechenden Sicherungsbedarf auslöst (s. o. Rdn. 33). 35

Ebenso wie die Bestellung eines vorläufigen Insolvenzverwalters selbst, richtet sich auch die **Entscheidung zwischen sog. starker und schwacher vorläufiger Insolvenzverwaltung** nach Erforderlichkeit und Verhältnismäßigkeit (BGHZ 151, 353 = ZInsO 2002, 819; ausführl. dazu Rdn. 41 ff.). 36

Die Bestellung eines vorläufigen Insolvenzverwalters **hängt nicht davon ab, inwieweit die Kosten der vorläufigen Verwaltung** durch das schuldnerische Vermögen voraussichtlich **gedeckt sind**, zumal dies bei Anordnung der vorläufigen Verwaltung häufig noch nicht absehbar ist (Umkehrschluss aus § 26 Abs. 1; a. A. AG Potsdam, DZWIR 2004, 439). I. Ü. ist der vorläufige Verwalter nach der BGH-Rspr. berechtigt und verpflichtet, seine Tätigkeit gar nicht erst aufzunehmen oder jedenfalls sofort wieder einzustellen, wenn er erkennt, dass nicht einmal die Kosten der vorläufigen Verwaltung gedeckt sind (BGHZ 157, 370, 379 = ZInsO 2004, 336). Auch darf die Bestellung eines vorläufigen Verwalters nicht allein aus Kostengründen unterbleiben, zumal die Vergütung des vorläufigen Verwalters gem. § 3 Abs. 2a InsVV rgm. zu einem Abschlag bei der Festsetzung der Vergütung des Insolvenzverwalters im eröffneten Verfahren führt (BGH, ZInsO 2006, 642). 37

Bei Verbraucher-/Kleininsolvenzen entspricht es den gesetzlichen Leitbildern, anstelle eines vorläufigen Insolvenzverwalters ggf. einen **vorläufigen Treuhänder** einzusetzen, wenn dies erforderlich erscheint. Entscheidend ist indes nicht die Amtsbezeichnung, sondern wie das Gericht die Rechte und Pflichten des Amtsinhabers gem. Abs. 1, § 22 Abs. 1 f. bestimmt. Zum vorläufigen Treuhänder gem. § 289a InsO-E nach dem RegE zur Entschuldung mittelloser Personen Stephan, ZVI 2007, 441. 38

[derzeit unbesetzt] 39

2. Bestellung eines vorläufigen Sachwalters (§ 270a Abs. 1 Satz 2, 270b Abs. 2 Satz 1)

Im **Eigenverwaltungsverfahren gem.** § 270a soll das Gericht gem. § 270a Abs. 1 Satz 2 von der Bestellung eines vorläufigen Insolvenzverwalters absehen und stattdessen einen vorläufigen Sach- 39a walter bestellen, wenn der Schuldner Antrag auf Eigenverwaltung gestellt hat und der Antrag nicht offensichtlich aussichtslos ist. Parallel dazu soll das Gericht in diesem Fall von der Anordnung eines allgemeinen Verfügungsverbotes oder allgemeinen Zustimmungsvorbehaltes i. S. d. Abs. 2 Satz 1 Nr. 2 absehen (§ 270a Abs. 1 Satz 1).

Nach h. M. kann das Gericht den Schuldner nach pflichtgemäßen Ermessen zur **Begründung von Masseverbindlichkeiten** ermächtigen (LG Duisburg, ZInsO 2012, 2346; AG München, ZIP 2012, 1470; a. A. AG Hamburg, ZIP 2012, 787: vorläufigen Sachwalter; ausführl. zum Ganzen § 270a Rdn. 34 ff.). Dabei kann auf die Rspr. zur Einzelermächtigung zurückgegriffen werden (ausführl. Klinck, ZInsO 2014, 365, 369 ff.).

39b Im **Schutzschirmverfahren gem. § 270b** hat das Gericht anstelle eines vorläufigen Insolvenzverwalters einen vorläufigen Sachwalter zu bestellen, wenn der Schuldner den Insolvenzantrag bei drohender Zahlungsunfähigkeit oder Überschuldung gestellt, die Eigenverwaltung beantragt hat und die angestrebte Sanierung nicht offensichtlich aussichtslos ist (§ 270b Abs. 2 Satz 1). Das Gericht kann dabei von einem Vorschlag des Schuldners zur Person des vorläufigen Sachwalters nur abweichen, wenn die vorgeschlagene Person offensichtlich für die Übernahme des Amtes nicht geeignet ist (§ 270b Abs. 2 Satz 2). Parallel dazu ist in diesem Fall die Anordnung von Verfügungsbeschränkungen i. S. d. Abs. 2 Satz 1 Nr. 2 ausgeschlossen (arg. § 270b Abs. 2 Satz 3 Halbs. 1). Auf Antrag des Schuldners hat das Gericht jedoch Maßnahmen der Einzelzwangsvollstreckung i. S. d. Abs. 2 Satz 1 Nr. 3 einzustellen (§ 270b Abs. 2 Satz 3 Halbs. 2).

Auf Antrag des Schuldners hat das Gericht gem. § 270b Abs. 3 die **Begründung von Masseverbindlichkeiten** durch den Schuldner entsprechend § 55 Abs. 2 anzuordnen (vgl. dazu § 270b Rdn. 25 f.; zur Übertragbarkeit der Rspr. zur Einzelermächtigung ausführl. Klinck, ZInsO 2014, 365, 369 ff.).

39c Auf die **Rechtsstellung des vorläufigen Sachwalters** sind in beiden Fällen die Vorschriften der §§ 274, 275 entsprechend anwendbar (§§ 270a Abs. 1 Satz 2, 270b Abs. 2 Satz 1). Wegen der weiteren Einzelheiten wird auf die Kommentierung der §§ 270a, 270b verwiesen.

3. Einsetzung eines vorläufigen Gläubigerausschusses (Nr. 1a)

39d Nach Abs. 2 Satz 1 Nr. 1a »kann« das Gericht einen vorläufigen Gläubigerausschuss einsetzen. Das ist insofern ungenau, als dies gem. § 22a Abs. 1 **obligatorisch** ist, wenn mindestens **zwei der drei** dort genannten **Größenmerkmale (mind. 4,84 Mio. € Bilanzsumme/mind. 9,68 Mio. € Umsatz/mind. 50 Arbeitnehmer)** erfüllt sind (sog. **Pflichtausschuss**, dazu § 22a Rdn. 3 ff.).

Ferner soll das Gericht nach §§ 22a Abs. 2 **auf Antrag des Schuldners, des vorläufigen Insolvenzverwalters oder eines Gläubigers** einen vorläufigen Gläubigerausschuss einsetzen, wenn Personen benannt werden, die als Mitglieder des vorläufigen Gläubigerausschusses in Betracht kommen und dem Antrag Einverständniserklärungen der benannten Personen beigefügt werden (sog. **Antragsausschuss**, dazu § 22a Rdn. 10 ff.).

39e Hingegen erfolgt gem. § 22a Abs. 3 keine Einsetzung eines vorläufigen Gläubigerausschusses, wenn der Geschäftsbetrieb des Schuldners eingestellt ist, die Einsetzung des vorläufigen Gläubigerausschusses im Hinblick auf die zu erwartenden Insolvenzmasse unverhältnismäßig ist oder die mit der Einsetzung verbundene Verzögerung zu einer nachteiligen Veränderung der Vermögenslage des Schuldners führt (dazu § 22a Rdn. 16 ff.).

39f Unabhängig davon kann das Gericht auch **unabhängig von § 22a** einen vorläufigen Gläubigerausschuss **gem. Abs. 2 Nr. 1a** nach pflichtgemäßem Ermessen einen vorläufigen Gläubigerausschuss einsetzen (vgl. § 22a Rdn. 2).

39g Nach Abs. 2 Satz 1 Nr. 1a Halbs. 2 können zu **Mitgliedern des vorläufigen Gläubigerausschusses** neben Personen, die bereits Gläubiger sind, auch solche bestellt werden, die erst mit Eröffnung des Verfahrens Gläubiger werden. Die Regelung ist enger als im eröffneten Verfahren, wo nach § 67 Abs. 3 auch externe Personen zu Mitgliedern des Gläubigerausschusses bestellt werden können, die keine Gläubiger sind oder werden. Demgegenüber knüpft Abs. 2 Satz 1 Nr. 1a Halbs. 2 für den vorläufigen Gläubigerausschuss bewusst an die **bestehende oder mit Eröffnung des Verfahrens eintretende Gläubigerstellung** an. Vor Verfahrenseröffnung kommt es auf die zivilrechtliche Gläubigerstellung i. S. d. § 241 BGB an. »Erst mit Eröffnung des Verfahrens Gläubiger werden« bezieht sich auf Insolvenzgläubiger (arg. § 67 Abs. 2 Satz 1). Der Gesetzgeber hat hier an den Pensionssicherungsverein (PSVaG) gedacht (so Begr. RA BT-Drucks. 17/5712, S. 24), auf den gem. § 9 Abs. 2 BetrAVG mit Eröffnung des Insolvenzverfahrens die Ansprüche und Anwartschaften des Berechtigten gegen den Schuldner übergehen und der dadurch zum Insolvenzgläubiger wird. Entsprechendes muss für die BA gelten, auch wenn gem. § 187 SGB III erst mit dem Antrag auf Insolvenzgeld die Ansprüche auf Arbeitsentgelt gegen den Schuldner übergehen und nicht direkt mit Verfahrenseröffnung.

I. Ü. gelten hinsichtlich **Zusammensetzung, Aufgaben, Entlassung, Haftung, Beschlussfassung und Vergütung** die §§ 67 Abs. 2, 69 bis 73 entsprechend (Abs. 2 Nr. 1a Halbs. 1). Wegen der Einzelheiten wird auf die dortigen Kommentierungen sowie die Kommentierung zu § 22a verwiesen. 39h

4. Anordnung eines allgemeinen Verfügungsverbots oder eines Zustimmungsvorbehaltes (Nr. 2)

Das Gericht kann und wird die Bestellung eines vorläufigen Insolvenzverwalters rgm. durch Verfügungsbeschränkungen gegen den Schuldner flankieren, d. h. ein **allgemeines Verfügungsverbot** anordnen oder bestimmen, dass Verfügungen des Schuldners nur mit der Zustimmung des vorläufigen Insolvenzverwalters wirksam sind, sog. **allgemeiner Zustimmungsvorbehalt**. Verfügungen des Schuldners, die gegen ein gem. Abs. 2 Satz 2 angeordnetes allgemeines Verfügungsverbot oder allgemeinen Zustimmungsvorbehalt verstoßen, sind gem. §§ 24 Abs. 1, 81 Abs. 1 **absolut (schwebend) unwirksam** (BGH, ZInsO 2006, 261, 263; ausführl. dazu § 24 Rdn. 2 ff.). 40

Die Anordnung eines allgemeinen Verfügungsverbots gegen den Schuldner ohne gleichzeitige Bestellung eines vorläufigen Insolvenzverwalters ist zwar grds. denkbar (**a. A.** Jaeger-Gerhardt § 21 Rn. 18; NR-Mönning § 21 Rn. 53 f.), jedoch wenig sinnvoll, um das betroffene Vermögen nicht jeglicher Verfügungsmöglichkeit zu entziehen (OLG Jena, ZInsO 2000, 566; K/P/B-Pape § 23 Rn. 1). **Unzulässig** ist hingegen die **Bestellung eines »starken Gutachters«**, der berechtigt wäre, Außenstände des Schuldners einzuziehen und Vermögensgegenstände zu verwerten (OLG Nürnberg, ZInsO 2006, 761).

Nach dem **ESUG** soll die Anordnung eines allgemeinen Verfügungsverbotes oder allgemeinen Zustimmungsvorbehaltes unterbleiben, wenn der Schuldner einen **Antrag auf Eigenverwaltung** gestellt hat und dieser nicht offensichtlich aussichtslos erscheint (§ 270a Abs. 1 S.). Im sog. **Schutzschirmverfahren** nach § 270b ist die Anordnung von Verfügungsbeschränkungen i. S. d. Abs. 2 Satz 1 Nr. 2 ausgeschlossen (§ 270b Abs. 2 Satz 3). Wegen der weiteren Einzelheiten wird auf die Kommentierungen zu §§ 270a, 270b verwiesen.

Gem. Abs. 1 kann das Gericht auch **besondere Verfügungsverbote** und **besondere Zustimmungsvorbehalte** anordnen. Dies geschieht in der Praxis jedoch kaum, da besondere Verfügungsbeschränkungen nur für einzelne Vermögensgegenstände keinen umfassenden Schutz des Schuldnervermögens bewirken und außerdem von der herrschenden Meinung nur als relative Verfügungsbeschränkung gem. §§ 135, 136 BGB verstanden werden, das zu sichernde Vermögen also nicht vor gutgläubigem Erwerb Dritter gem. § 135 Abs. 2 BGB schützen (vgl. § 24 Rdn. 12 ff.). Ordnet das Gericht ein besonderes Verfügungsverbot für einen Vermögensgegenstand an, kommt dem vorläufigen Verwalter die Verwaltungs- und Verfügungsbefugnis für den betreffenden Vermögensgegenstand zu (so wohl BGH, ZInsO 2012, 693, Tz. 18). Das umfasst ggf. auch die entsprechende Prozessführungsbefugnis (BGH a. a. O.). 41

Das Insolvenzgericht kann den vorläufigen Verwalter im Wege eines besonderen Verfügungsverbotes auch zum **Forderungseinzug** ermächtigen (BGH a. a. O., Tz. 10). Das soll nach der BGH-Rspr. jedoch nur zulässig sein, um drohender Verjährung oder Uneinbringlichkeit vorzubeugen (BGH

a. a. O., Tz. 11). Der vorläufige Verwalter ist dann zur Entgegennahme aller Erklärungen befugt, die die von ihm einzuziehende Forderung betreffen (BGH a. a. O., Tz. 18).

42 Bei Anordnung eines allgemeinen Verfügungsverbots spricht man von **starker vorläufiger Insolvenzverwaltung** (ausführl. dazu § 22 Rdn. 19 ff.), bei Anordnung eines allgemeinen Zustimmungsvorbehaltes von **schwacher vorläufiger Insolvenzverwaltung** (ausführl. dazu § 22 Rdn. 80 ff.). Weder aus dem Umfang der gesetzlichen Regelungen in § 22 Abs. 1, noch aus dem diesbezüglichen Umfang der amtlichen Gesetzesbegründung (vgl. Begr. RegE BT-Drucks. 12/2443 S. 115 f.) ist zu schließen, dass der Gesetzgeber die sog. starke vorläufige Insolvenzverwaltung als gesetzlichen Regelfall vorgesehen hat; **maßgebend für die Entscheidung zwischen sog. starker vorläufiger Insolvenzverwaltung und** sog. **schwacher vorläufiger Insolvenzverwaltung** sind vielmehr **Erforderlichkeit und Verhältnismäßigkeit** im Einzelfall (BGH, ZInsO 2002, 819, 822; **a. A.** K/P/B-Pape § 21 Rn. 23).

43 Erlässt das Gericht kein allgemeines Verfügungsverbot, so ist eine **dem sog. schwachen vorläufigen Insolvenzverwalter erteilte umfassende Ermächtigung »für den Schuldner zu handeln« unzulässig** (BGHZ 151, 353 = ZInsO 2002, 819). Ein entsprechender Beschluss des Gerichts wäre anfechtbar, jedoch nicht nichtig (BGH a. a. O.). Zum Vertrauensschutz auf eine vor der vorgenannten BGH-Entscheidung erteilte umfassende Ermächtigung s. BGH, ZInsO 2005, 804.

44 Das Gericht kann den vorläufigen Verwalter jedoch auch ohne allgemeines Verfügungsverbot ermächtigen, einzelne, im Voraus genau festgelegte Verpflichtungen zulasten der späteren Masse einzugehen (BGH a. a. O.; sog. **Einzelermächtigung**, ausführl. dazu § 22 Rdn. 90 ff.).

45 In der **Praxis** ist die Bestellung eines vorläufigen Insolvenzverwalters bei gleichzeitiger Anordnung eines allgemeinen Zustimmungsvorbehaltes, d. h. die sog. **schwache vorläufige Insolvenzverwaltung**, der Regelfall. Hintergrund ist, dass die künftige Insolvenzmasse möglichst wenig mit Masseverbindlichkeiten aus dem Eröffnungsverfahren belastet (§§ 22 Abs. 1, 55 Abs. 2) und die Haftungsrisiken für den vorläufigen Verwalter begrenzt werden sollen (Abs. 2 Satz 1 Nr. 1, § 61). Allerdings kann eine zunächst sog. schwache vorläufige Verwaltung das Bedürfnis für eine Verstärkung der Sicherungsmaßnahmen, namentlich den Erlass eines allgemeinen Verfügungsverbots, aufdecken (BGH, ZInsO 2002, 819, 822). Ein **Bedürfnis für eine** sog. **starke vorläufige Verwaltung** kann sich insb. **bei Betriebsfortführungen oder** aus der **mangelnden Mitwirkung des Schuldners** ergeben (BGH a. a. O.; MK-Haarmeyer § 22 Rn. 16). Eine sog. starke vorläufige Verwaltung zur rechtlichen Absicherung von Betriebsfortführungen kann z. B. erforderlich sein, wenn Lieferanten des Schuldners die Weiterbelieferung davon abhängig machen oder für die Betriebsfortführung eine unüberschaubare Vielzahl von Lieferanten benötigt wird, sodass Einzelermächtigungen untunlich sind (AG Hamburg, ZIP 2003, 43 »UfA«). Bedenken gegen die Verhältnismäßigkeit der sog. starken vorläufigen Insolvenzverwaltung können durch die Zustimmung des Schuldners ausgeräumt werden (AG Hamburg a. a. O.). Die Anordnung einer sog. starken vorläufigen Verwaltung kann auch dadurch erforderlich werden, dass der Schuldner sein Vermögen im Eröffnungsverfahren zum Nachteil der Gläubiger mit neuen Verbindlichkeiten belastet, denn daran ist er auch durch die Anordnung eines allgemeinen Zustimmungsvorbehaltes i. S. d. Satz 1 Nr. 2 nicht gehindert, da der Abschluss schuldrechtlicher Verträge keine Verfügung im Rechtssinn darstellt (HK-Kirchhof § 21 Rn. 18; § 24 Rdn. 10).

46 Der Begriff der **Verfügung** in Abs. 2 Satz 1 Nr. 2 entspricht dem **Begriff des allgemeinen Zivilrechts**, wie er auch in § 81 verwendet wird (ausführl. § 24 Rdn. 3). Unter Verfügung ist jedes Rechtsgeschäft zu verstehen, durch das der Verfügende auf ein Recht unmittelbar einwirkt, es also entweder auf einen Dritten überträgt oder mit einem Recht belastet oder das Recht aufhebt oder es sonst wie in seinem Inhalt verändert (BGHZ 101, 24, 26 = NJW 1987, 3177; HK-Kirchhof § 21 Rn. 17; Jaeger-Gerhardt § 21 Rn. 20). Verfügungen sind auch Gestaltungserklärungen wie Kündigungen (vgl. BAG, ZInsO 2003, 817), nicht jedoch die Besitzaufgabe als tatsächlicher Vorgang (HK-Kirchhof § 21 Rn. 18). Die **Wirksamkeit von Verpflichtungsgeschäften** hindern Verfügungsbeschränkungen nicht (vgl. § 22 Rdn. 86).

Die **Rechtswirkungen von Verfügungsbeschränkungen** nach Satz 1 Nr. 2 bestimmt § 24 durch **Verweisung auf §§ 81 ff.**, d. h. Verfügungen des Schuldners entgegen angeordneter Verfügungsbeschränkungen sind grds. absolut unwirksam (vgl. ausführl. § 24 Rdn. 2), während **Leistungen an den Schuldner** den Leistenden befreien, wenn er z. Zt. der Leistung die Verfügungsbeschränkung nicht kannte (vgl. ausführl. § 24 Rdn. 15). Zu **Vorausverfügungen des Schuldners** ausführl. § 24 Rdn. 7 ff. 47

Bei **kollidierenden Verfügungsverboten** gilt das **Prioritätsprinzip** (allgemein für richterliche Verfügungsverbote BGH, ZIP 2007, 1557, 1579).

Zahlungen des Schuldners an den Insolvenzantragsteller nach Anordnung eines allgemeinen Verfügungsverbots oder allgemeinen Zustimmungsvorbehaltes sind rechtlich unwirksam, wenn der vorläufige Verwalter ihnen nicht zugestimmt hat; sie haben keine Erfüllungs- und keine Erledigungswirkung (näher dazu § 24 Rdn. 4). 48

Aufrechnungen von Gläubigern hindert § 24 Abs. 1 nicht, sie sind im Insolvenzeröffnungsverfahren wirksam, jedoch ggf. nach Verfahrenseröffnung gem. §§ 129 ff. anfechtbar (BGH, ZInsO 2004, 852; ausführl. § 24 Rdn. 10). 49

Zum **Gutglaubensschutz** bei Verfügungen des Schuldners bzw. Dritter sowie zum Wirksamwerden der Verfügung durch Genehmigung des vorläufigen Verwalters bzw. Aufhebung der Verfügungsbeschränkung vgl. § 24 Rdn. 12. 50

5. Verbot von Einzelzwangsvollstreckungsmaßnahmen (Nr. 3)

Weder das bloße Stellen eines Insolvenzantrags, noch die Bestellung eines vorläufigen Insolvenzverwalters noch die Anordnung von Verfügungsbeschränkungen nach Abs. 2 Satz 1 Nr. 2 hindern die Einzelzwangsvollstreckung von Gläubigern im Insolvenzeröffnungsverfahren. Hierzu bedarf es vielmehr dementsprechender Anordnungen nach Abs. 2 Satz 1 Nr. 3. Das Verbot von Einzelzwangsvollstreckungsmaßnahmen in das bewegliche Vermögen des Schuldners hat den **Zweck**, das Vermögen vor dem Zugriff einzelner Gläubiger zu schützen und ein vorzeitiges Auseinanderreißen des Schuldnervermögens zu verhindern (Begr. RegE BT-Drucks. 12/2443 S. 116). Es ergänzt die Rückschlagsperre des § 88. Zugleich kann ein Vollstreckungsverbot verhindern, dass Gegenstände des Schuldnervermögens, die im Insolvenzeröffnungsverfahren z. B. zur Betriebsfortführung benötigt werden, durch Pfändungen blockiert werden (Jaeger-Gerhardt § 21 Rn. 30, 32). 51

Die einstweilige Einstellung betrifft laufende Vollstreckungsmaßnahmen, die Untersagung künftige Vollstreckungsmaßnahmen. Bereits ausgebrachte Vollstreckungsmaßnahmen darf das Gericht aufgrund Abs. 2 Satz 1 Nr. 3 nicht wieder aufheben, ggf. jedoch die weitere Vollziehung einstweilen einstellen, wenn die Vollstreckung noch nicht abgeschlossen ist (HK-Kirchhof § 21 Rn. 36). Lediglich **vorbereitende Maßnahmen** wie Klauselerteilung werden nicht von der Einstellung/Untersagung erfasst (vgl. BGH, ZIP 2008, 527, 528). 52

An die **Erforderlichkeit** der Einstellung bzw. Untersagung von Zwangsvollstreckungsmaßnahmen (Abs. 2 Nr. 3) werden überwiegend nur **geringe Anforderungen** gestellt (Uhlenbruck-Vallender § 21 Rn. 5; MK-Haarmeyer § 21 Rn. 74). Umstritten ist, ob die Einstellung bzw. Untersagung von Zwangsvollstreckungsmaßnahmen im Sicherungsinteresse generell angeordnet werden kann und sollte (so z. B. Uhlenbruck-Vallender § 21 Rn. 5, MK-Haarmeyer § 21 Rn. 74) oder ob die Einstellung bzw. Untersagung voraussetzt, dass Vollstreckungsmaßnahmen bereits ausgebracht sind bzw. zumindest drohen (so HK-Kirchhof § 21 Rn. 36). 53

Nach dem **ESUG** hat das Gericht im sog. **Schutzschirmverfahren** nach § 270b auf Antrag des Schuldners Maßnahmen der Einzelzwangsvollstreckung i. S. d. Abs. 2 Satz 1 Nr. 3 einzustellen (§ 270b Abs. 2 Satz 3 Halbs. 2).

Abs. 2 Satz 1 Nr. 3 betrifft zunächst die **Zwangsvollstreckung wegen Geldforderungen in das bewegliche Vermögen** (§§ 803 ff. ZPO) ebenso wie die **Herausgabevollstreckung** (§§ 883 ff. ZPO). 54

Das Vollstreckungsverbot nach Abs. 2 Nr. 3 soll sich nicht auf Pfändung der (möglichen künftigen) Rückgewähransprüche des Schuldners gegen den vorläufigen Verwalter nach Aufhebung der Sicherungsmaßnahmen erstrecken (AG Hamburg, ZInsO 2007, 1166).

Das Vollstreckungsverbot erfasst **auch** die **Räumungsvollstreckung bei Grundvermögen**, da die Einschränkung in Abs. 2 Satz 1 Nr. 3 hinsichtl. unbeweglichen Vermögens nur die Immobiliarvollstreckung (ZVG) betrifft (AG Köln, NJW-RR 1999, 1278; HK-Kirchhof § 21 Rn. 24). Die einstweilige Einstellung der Zwangsvollstreckung in ein eingetragenes **Seeschiff** ist unzulässig, da ein Seeschiff nach deutschem Recht einer unbeweglichen Sache (vgl. Rdn. 61 zur Zwangsvollstreckung in das unbewegliche Vermögen) gleichgestellt wird (Joos, EWiR 2012, 387, 388; a. A. LG Bremen, ZIP 2012, 1189 für ein im Ausland befindliches Seeschiff).

Die einstweilige Einstellung bzw. Untersagung von Vollstreckungsmaßnahmen, erstreckt sich auch auf die **Zwangsvollstreckung zur Erwirkung von Handlungen oder Unterlassungen** gem. §§ 887 ff. ZPO (AG Göttingen, ZInsO 2003, 770; HK-Kirchhof § 21 Rn. 39; **a. A.** LG Mainz, ZInsO 2002, 639). Das Vollstreckungsverbot ist jedoch ggf. entsprechend einzuschränken, wenn die Maßnahme zur Sicherung des Schuldnervermögens nicht erforderlich erscheint (App, EWiR 2003, 177). Unter Abs. 2 Satz 1 Nr. 3 fällt auch die **Vollziehung von Arresten und einstweiligen Verfügungen** gem. §§ 928, 936 ZPO (AG Göttingen, ZInsO 2003, 770, 772; Pape-Uhlenbruck Rn. 385).

55 Die einstweilige Einstellung bzw. Untersagung von Vollstreckungsmaßnahmen erfasst, wenn sie nicht entsprechend eingeschränkt wird, auch die **Erzwingung der eidesstattlichen Versicherung des Schuldners** gem. §§ 807 ff. ZPO (LG Darmstadt, NJW-RR 2003, 1493; AG Wilhelmshaven, NZI 2001, 436; Uhlenbruck-Vallender § 21 Rn. 27; vgl. zur Unzulässigkeit nach Verfahrenseröffnung BGH, NZI 2012, 560; **a. A.** LG Würzburg, NJW-RR 2000, 781; AG Rostock, NJW-RR 2000, 716; HK-Kirchhof § 21 Rn. 41). Das Gericht hat jedoch zu prüfen, ob das Vollstreckungsverbot zur Sicherung des Schuldnervermögens auch insoweit erforderlich erscheint oder ggf. einzuschränken ist.

56 Die einstweilige Einstellung bzw. Untersagung von Vollstreckungsmaßnahmen erstreckt sich nach allgemeiner Ansicht auch auf **Vollstreckungsmaßnahmen absonderungsberechtigter Gläubiger** (so ausdrücklich Begr. RegE BT-Drucks. 12/2443 S. 116; HK-Kirchhof § 21 Rn. 40; Uhlenbruck-Vallender § 21 Rn. 28; MK-Haarmeyer § 21 Rn. 72; Jaeger-Gerhardt § 21 Rn. 53; K/P/B-Pape § 21 Rn. 29), um ein vorzeitiges Auseinanderreißen des schuldnerischen Istvermögens zu verhindern und die Klärung der Absonderungsrechte dem eröffneten Verfahren vorzubehalten (vgl. BGHZ 146, 165, 173 = ZInsO 2001, 165, 167; vgl. zu Absonderungsrechten im Eröffnungsverfahren ausführl. Rdn. 69a ff.). Ist der Gläubiger durch ein Vollstreckungsverbot des Gerichts an der Verwertung des Gegenstandes gehindert worden, hat er analog § 169 Satz 2 f. Anspruch auf Zinsen und analog § 172 Anspruch auf Wertersatz (Begr. RegE BT-Drucks. 12/2443 S. 116; HK-Kirchhof § 21 Rn. 45; MK-Haarmeyer § 21 Rn. 72; Jaeger-Gerhardt § 21 Rn. 54; FK-Schmerbach § 21 Rn. 207; **a. A.** hinsichtl. Wertersatz BK-Blersch § 21 Rn. 36).

57 Die Untersagung bzw. einstweilige Einstellung der Zwangsvollstreckung hindert Sicherungsnehmer jedoch nicht, ihre Rechte ohne Vollstreckungsmaßnahmen durchzusetzen, z. B. durch **Offenlegung einer Forderungsabtretung** (BGHZ 154, 72 = ZInsO 2003, 318), anders bei Einziehungsverbot nach Abs. 2 Satz 1 Nr. 5 (dazu Rdn. 69h ff.). Ein Vollstreckungsverbot gem. Satz 1 Nr. 3 hindert Gläubiger auch nicht an einer **Aufrechnung** im Eröffnungsverfahren, die jedoch nach Verfahrenseröffnung ggf. gem. §§ 129 ff. anfechtbar sein kann (BGH, ZInsO 2004, 852; s. o. Rdn. 49).

58 Wenn das Gericht die einstweilige Einstellung bzw. Untersagung von Vollstreckungsmaßnahmen anordnet, erstreckt sich die Anordnung, wenn sie nicht entsprechend eingeschränkt wird, schon vom Tenor her auch auf **Vollstreckungsmaßnahmen aussonderungsberechtigter Gläubiger** (AG Köln, NJW-RR 1999, 1278; Uhlenbruck-Vallender § 21 Rn. 28; MK-Haarmeyer § 21 Rn. 72; K/P/B-Pape § 21 Rn. 29; Hintzen, ZInsO 2001, 575; einschränkend auf § 107 Abs. 2: HK-Kirchhof § 21 Rn. 40; ähnl. FK-Schmerbach § 21 Rn. 205; **a. A.** AG Mainz, ZInsO 2001, 574; Jaeger-Gerhardt § 21 Rn. 54; Jaeger-Henckel § 47 Rn. 169; MK-Ganter § 47 Rn. 493). Die Einstellung

bzw. Untersagung von Vollstreckungsmaßnahmen von Gläubigern, die nach Verfahrenseröffnung zur Aussonderung berechtigt sind, ist rgm. auch geboten, da sich die Pflicht zur Sicherung des Vermögens des Schuldners auch auf fremde Sachen im Besitz des Schuldners erstreckt und die Klärung fremder Rechte rgm. dem eröffneten Verfahren vorbehalten ist (vgl. BGHZ 146, 165, 173 = ZInsO 2001, 165, 167; l; vgl. zu Aussonderungsrechten im Eröffnungsverfahren auch Rdn. 69a ff.).

In einem Insolvenzeröffnungsverfahren über das Vermögen einer Gesellschaft ohne Rechtspersönlichkeit (§ 11 Abs. 2 Nr. 1) können **Zwangsvollstreckungsmaßnahmen** von Gläubigern **gegen persönlich haftende Gesellschafter** der Schuldnerin zur Sicherung der Rechte des künftigen Insolvenzverwalters aus § 93 nicht eingestellt bzw. untersagt werden (vgl. § 93 Rdn. 39 f.). 59

Dem Schuldner bzw. dem vorläufigen Insolvenzverwalter steht bei Zwangsvollstreckungsmaßnahmen, die gegen die Untersagung bzw. einstweilige Einstellung der Zwangsvollstreckung gem. Abs. 2 Satz 1 Nr. 3 verstoßen, der Rechtsbehelf der **Vollstreckungserinnerung** nach § 766 ZPO zu. **Zuständig** ist wegen Sachnähe analog § 89 Abs. 3 das **Insolvenzgericht** (AG Göttingen, ZInsO 2003, 770; Jaeger-Gerhardt § 21 Rn. 59; MK-Haarmeyer § 21 Rn. 75; K/P/B-Pape § 21 Rn. 31; FK-Schmerbach § 21 Rn. 215 ff.; Uhlenbruck-Vallender § 21 Rn. 50; HK-Kirchhof § 21 Rn. 42; a. A.; AG Dresden, ZIP 2004, 778; AG Rostock, NZI 2000, 142; AG Köln, ZInsO 1999, 419). 60

Zwangsvollstreckungen in das unbewegliche Vermögen des Schuldners kann anstelle des Insolvenzgerichts das Vollstreckungsgericht einstweilen einstellen (vgl. § 30d Abs. 4 ZVG). Die Norm gilt nicht nur für **Zwangsversteigerungen**, sondern **analog auch für** die **Zwangsverwaltungen** (HK-Kirchhof § 21 Rn. 47; Jaeger-Gerhardt § 21 Rn. 43; Uhlenbruck-Vallender § 21 Rn. 32; NR-Mönning § 21 Rn. 94; a. A. FK-Schmerbach § 21 Rn. 210). Hingegen kann die Eintragung einer Zwangshypothek nicht unterbunden werden, sondern nur die Vollstreckung daraus; bei Verfahrenseröffnung greift allerdings § 88 (Jaeger-Gerhardt § 21 Rn. 45). Voraussetzung für die einstweilige Einstellung der Zwangsversteigerung bzw. auch Zwangsverwaltung (s. o.) ist nach § 30d Abs. 4 ZVG, dass dies zur Verhütung nachteiliger Veränderungen des Schuldnervermögens erforderlich ist, z. B. wenn ein Betriebsgrundstück zur Betriebsfortführung benötigt wird. Gem. § 30e Abs. 1 Satz 2 ZVG ist die **Einstellung mit der Auflage der Zahlung von Zinsen** spätestens von dem Zeitpunkt an anzuordnen, der 3 Monate nach der ersten einstweiligen Einstellung liegt. Analog § 30e Abs. 2 u. Abs. 3 ZVG ordnet das Vollstreckungsgericht ferner auf Antrag des betreibenden Gläubigers ggf. einen **Ausgleich des Wertverlustes** durch laufende Zahlungen an (Jaeger-Gerhardt § 21 Rn. 46 m. w. N.). 61

Eine **Räumungsvollstreckung** kann gem. Abs. 2 Satz 1 Nr. 3 eingestellt bzw. untersagt werden, da sie keine Immobiliarvollstreckung ist (s. Rdn. 54). 62

Abs. 2 Nr. 3 dürfte zumindest entsprechend für **strafprozessuale Vollstreckungsmaßnahmen** gem. §§ 111b StPO ff. gelten, nicht jedoch für Beschlagnahmen gem. §§ 98 ff. StPO. (vgl. zur Wirkung nach Verfahrenseröffnung § 80 Rdn. 62; ausführl. zum Ganzen Schulte, Das Konkurrenzverhältnis von Insolvenzbeschlag und strafprozessualer Beschlagnahme, Diss. 2007; zur strafprozessualen Vermögensabschöpfung ferner Greier, ZInsO 2007, 953). 62a

6. Vorläufige Postsperre (Nr. 4)

Die vorläufige Postsperre dient dazu, die Vermögenslage des Schuldners aufzuklären und eine nachteilige Veränderung des Schuldnervermögens zu verhindern (Abs. 2 Satz 1 Nr. 4, § 99 Abs. 1 Satz 1). Sie ist ggf. auch bei **Klein-/Verbraucherinsolvenzen** zulässig (OLG Celle, ZIP 2000, 468, 472), ebenso auch bei **Antrag auf Eigenverwaltung** gem. § 270a und nach dem Gesetzeswortlaut sogar im sog. **Schutzschirmverfahren** nach § 270b (§ 270b Abs. 2 Satz 3 Halbs. 1; vgl. dazu § 270b), wobei es im Fall der angestrebten Sanierung i. d. R. an den tatbestandlichen Voraussetzungen für eine Postsperre fehlen dürfte. 63

Die materiellen Voraussetzungen einer Postsperre im Eröffnungsverfahren unterscheiden sich nicht von denen im eröffneten Verfahren (BGH, NZI 2010, 260).

64 Der Begriff der Postsendung ist nach dem ausdrücklichen Willen des Gesetzgebers weit auszulegen und umfasst **neben Briefen, Paketen, Päckchen usw. auch die unkörperliche Übermittlung von Informationen durch Telefax, Telex und Telegramm**, nicht jedoch Telefon (Begr. RegE BT-Drucks. 12/2443 S. 143). Daher ist die Anordnung einer vorläufigen Postsperre **auch für E-Mails möglich** (Uhlenbruck-Vallender § 21 Rn. 37; ausführl. Münzel/Böhm, ZInsO 1998, 363). Die Postsperre kann nicht nur Sendungen der Deutschen Post AG, sondern auch von anderen **privaten Postdienstleistern** erfassen, wie sich aus § 99 Abs. 1 Satz 1 i. d. F. des Gesetzes zur Vereinfachung des Insolvenzverfahrens vom 13.04.2007 ergibt. Sofern das Insolvenzgericht nichts anderes bestimmt, erstreckt die Postsperre sich auch auf die an einen inhaftierten Schuldner gerichtete **Verteidigerpost** (AG Duisburg, ZVI 2004, 353). Die Erstreckung der Postsperre auf die Verteidigerpost ist verfassungsrechtlich zulässig (BVerfG, NJW 2001, 745).

65 Die Anordnung einer Postsperre setzt voraus, dass konkrete und im Licht des Art. 10 GG hinreichende Anhaltspunkte für eine Gefährdung des Schuldnervermögens vorliegen (OLG Celle, ZInsO 2000, 557). Dabei ist zu berücksichtigen, dass die Gefahr von Vermögensverschiebungen unmittelbar nach Stellung des Insolvenzantrags besonders groß ist (LG Göttingen, DZWIR 1999, 471). Hauptsächlicher **Anknüpfungspunkt** für eine vorläufige Postsperre war in der Rspr. bisher die unzureichende Erfüllung der **Auskunfts- und Mitwirkungspflichten des Schuldners** (so ausdrückl. OLG Celle, ZInsO 2002, 131), etwa wenn der Schuldner die Arbeit des vorläufigen Verwalters behindert oder unzureichende Angaben über seine Vermögensverhältnisse macht (BGH, ZInsO 2006, 1212, 1214 = ZIP 2006, 2233, 2234) oder den vorläufigen Verwalter hinhält und ihm Unterlagen nicht aushändigt (LG Bonn, ZInsO 2004, 818; LG Göttingen a. a. O. und NZI 2001, 44; vgl. auch OLG Celle, ZInsO 2000, 684 bei Vermengungsgefahr mit Nachfolgeunternehmen von Familienangehörigen des Schuldners bzw. LG Deggendorf EWiR 2006, 85 bei Vermengungsgefahr mit Nachfolgeunternehmen mit sich zumindest teilweise deckendem Geschäftsgegenstand).

66 Die Anordnung einer vorläufigen Postsperre verlangt **zugleich die Bestellung eines vorläufigen Verwalters oder vorläufigen Sachwalters**, da ihm die betroffenen Postsendungen anstelle des Schuldners zuzuleiten sind (Abs. 2 Satz 1 Nr. 4, § 99 Abs. 1 Satz 1). Die gleichzeitige Anordnung eines allgemeinen Verfügungsverbots ist hingegen nicht Voraussetzung (HK-Kirchhof § 21 Rn. 12; FK-Schmerbach § 21 Rn. 219a; **a. A.** OLG Celle, ZInsO 2001, 128). Der vorläufige Verwalter darf die Post ohne den Schuldner öffnen (OLG Celle a. a. O.).

67 Das **Verfahren bei Anordnung einer vorläufigen Postsperre** und weitere Einzelheiten zur Postsperre ergeben sich aus der **Verweisung in Abs. 2 Satz 1 Nr. 4 auf §§ 99, 101 Abs. 1 Satz 1**. Die vorläufige Postsperre kann gegen den Schuldner und die in § 101 Abs. 1 Satz 1 genannten Vertretungs- und Aufsichtsorgane bzw. vertretungsberechtigten persönlich haftenden Gesellschafter angeordnet werden, nicht jedoch gegen ausgeschiedene Personen und nicht gegen Angestellte (Abs. 2 Satz 1 Nr. 4, § 101 Abs. 1 Satz 1). Die Anordnung ergeht grds. nach **Anhörung** des Schuldners. Wenn die Anhörung jedoch wegen besonderer Umstände den Sicherungszweck gefährdet, kann und muss die Anhörung nachgeholt werden (Abs. 2 Satz 1 Nr. 4, § 99 Abs. 1 Satz 2 f.). Der **Anordnungsbeschluss** und ggf. gesondert der Verzicht auf eine vorherige Anhörung sind **zu begründen** (Abs. 2 Satz 1 Nr. 4, § 99 Abs. 1 Satz 2 f.). Die Begründung kann nach im Beschwerdeverfahren nicht nachgeholt werden (LG Bonn, ZInsO 2009, 2299; a. a. O. auch zu den Anforderungen an die Begründung; zust. Anm. Voß, EWiR 2009, 753). Etwaige Interessen Dritter, z. B. ähnl. firmierender Unternehmen, müssen zurückstehen (LG Lübeck, DZWIR 2001, 394).

68 Das Gericht hat die Anordnung nach Anhörung des vorläufigen Verwalters aufzuheben, sobald ihre Voraussetzungen weggefallen sind (Abs. 2 Satz 1 Nr. 4, § 99 Abs. 3 Satz 2). Gegen die Anordnung steht dem **Schuldner** die **sofortige Beschwerde** zu (Abs. 2 Satz 1 Nr. 4, § 99 Abs. 3 Satz 2). Zur Beschwerdemöglichkeit nach Aufhebung der vorläufigen Postsperre vgl. Rdn. 82.

▶ **Hinweis:** 69

Eine Postsperreanordnung erledigt sich mit der Entscheidung über den Insolvenzantrag, also mit Verfahrenseröffnung oder Ab- bzw. Zurückweisung des Insolvenzantrags (OLG Köln, ZInsO 2000, 410). Gleichwohl empfiehlt sich in der Praxis ein klarstellender Aufhebungsbeschluss.

7. Verwertungsstopp und Nutzungsbefugnis für künftige Aus- und Absonderungsgüter; Einziehungsbefugnis (Nr. 5)

a) Allgemeines

Aufgrund der durch das Gesetz zur Vereinfachung des Insolvenzverfahrens vom 13.04.2007 eingeführten Nr. 5 kann das Gericht anordnen, dass Gegenstände, die im Fall der Eröffnung des Insolvenzverfahrens von § 166 erfasst würden oder deren Aussonderung verlangt werden könnte, vom Gläubiger nicht verwertet oder eingezogen werden dürfen und dass solche Gegenstände zur Fortführung des Unternehmens eingesetzt werden können, soweit sie hierfür von erheblicher Bedeutung sind (ausführl. zum Ganzen: Weigelt, Sicherungsanordnungen gegenüber. aus- und absonderungsbrechtigten Gläubigern gem. § 21 Abs. 2 Satz 1 Nr. 5 InsO, Diss. 2010). Hat das Gericht die Einziehungsbefugnis für sicherungsabgetretene Forderungen dem vorläufigen Insolvenzverwalter übertragen und zieht dieser eine zur Sicherung eines Anspruchs abgetretene Forderung anstelle des Gläubigers ein, so gelten §§ 170 und 171 entsprechend. 69a

Der Regelung liegt die **gesetzgeberische Absicht** zugrunde, das dem unternehmerischen Zweck gewidmete materielle Substrat zusammenzuhalten (so BGH, ZInsO 2010, 714, Tz. 39 mit Hinweis auf Begr. RegE BT-Drucks. 16/3227, S. 15). Sowohl im Interesse einer möglichen Fortführung, als auch um möglichst günstige Bedingungen für die Verwertung zu schaffen, soll der wirtschaftliche Verbund des Unternehmens erhalten werden (Begr. RegE BT-Drucks. a. a. O.).

Anordnungen nach Abs. 2 Satz 1 Nr. 5 sind in **Regelinsolvenzverfahren** zulässig, auch bei **Antrag auf Eigenverwaltung** gem. § 270a und sogar im sog. **Schutzschirmverfahren** nach § 270b (vgl. § 270b Abs. 2 Satz 3 Halbs. 1; vgl. dazu § 270b Rdn. 16 wegen § 313 Abs. 3 jedoch **nicht in Klein-/ Verbraucherinsolvenzverfahren**.

Durch Anordnungen nach Abs. 2 Satz 1 Nr. 5 werden die **Wirkungen der §§ 166 ff. z. T.** in das Eröffnungsverfahren **vorverlagert** und hinsichtl. der Nutzungsbefugnis auf künftige **Aussonderungsgüter** erstreckt. Durch die Anordnung sollen das Schuldnervermögen im Interesse der Erhaltung der Sanierungschancen und bestmöglichen Verwertung zusammengehalten sowie die Betriebsfortführung im Eröffnungsverfahren erleichtert werden (KG, ZInsO 2009, 35, 36; vgl. auch Begr. RegE BT-Drucks. 16/3227 S. 27).

Die **Anordnung eines Verwertungs- und Einziehungsverbotes** gem. Abs. 2 Satz 1 Nr. 5 darf nicht pauschal erfolgen, insb. nicht durch bloße Wiederholung des Gesetzestextes, sondern bedarf einer **individualisierenden Anordnung für bestimmte Gläubiger und Gegenstände**, wobei bestimmte Arten von Gläubigern und Gegenständen **ggf. zusammenfassend** bezeichnet werden können (BGH, ZInsO 2010, 136, Tz. 19 f.). Bei Vorliegen einer Globalzession ist die Anordnung eines Einziehungsverbotes für sämtliche zur Sicherheit abgetretene Forderungen hinreichend (AG Hamburg, ZInsO 2011, 2045, 2046).

Eine zu **pauschale Anordnung** ist wegen mangelnder Bestimmtheit **unwirksam** (BGH a. a. O. Tz. 19.). Dem betroffenen Aus- bzw. Absonderungsberechtigten stehen jedoch gleichwohl aus Gründen des Vertrauensschutzes die gesetzlichen Ausgleichsansprüche zu BGH a. a. O. Tz. 19).

Die Anordnung setzt zunächst voraus, dass das Unternehmen überhaupt fortgeführt wird (BGH a. a. O., Tz. 20). Die Anordnung kann also nicht bei eingestellten Betrieben getroffen werden, auch nicht im isolierten Interesse des Erhalts von Kostenbeiträgen (vgl. insoweit BGH, ZInsO 2003, 318). Das Gericht muss sodann **Feststellungen** treffen, welche Aus- und Absonderungsgüter für die Betriebsfortführung eingesetzt werden sollen und welche für die Betriebsfortführung von erheblicher Bedeutung sind (BGH a. a. O., Tz. 19; vgl. jedoch bei Einziehungsverbot Rdn. 69h). Das setzt i. d. R. entsprechende Darlegungen des Sachverständigen oder vorläufigen Insolvenzverwalters ggü. dem Gericht voraus (BGH a. a. O., Tz. 20). Eine **Begründung** im Anordnungsbeschluss ist nicht erforderlich (a. A. wohl Voß, EWiR 2010, 155, 156).

Dem betroffenen Aus- oder Absonderungsberechtigten muss vor Erlass der Anordnung nach Abs. 2 Satz 1 Nr. 5 **kein rechtliches Gehör** gewährt werden (BGH a. a. O. Tz. 21; krit. K/P/B-Pape, § 21 Rn. 40k). Ihm stehen auch **keine Rechtsmittel** gegen die Anordnung zu (BGH a. a. O. Tz. 21).

Die **Erstreckung auf Aussonderungsgüter** ist **verfassungsgemäß** (BVerfG, ZInsO 1220, 1221 f.; BGH, ZInsO 2010, 136, Tz. 43; vgl. zu Zweifelsfragen der Einbeziehung von Aussonderungsgütern Pape, FS Fischer, S. 427 ff.). Der Aussonderungsstopp im Eröffnungsverfahren entsprach auch schon vor der Neuregelung – ohne dass es auf die erhebliche Bedeutung für die Betriebsfortführung ankam und außerhalb von § 22 Abs. 1 ohne Ausgleichsansprüche im Range von Masseforderungen (dazu Rdn. 69e) – der gefestigten BGH-Rspr. (BGH a. a. O., Tz. 44; Heublein, ZIP 2009, 11, 16). Das erklärt auch, warum bisher sehr selten Sicherungsmaßnahmen nach Abs. 2 Nr. 5 angeregt und angeordnet werden (ebenso Heublein, a. a. O., S. 17). Gleichwohl erfordert die Anordnung nach Abs. 2 Nr. 5 bei Aussonderungsgütern eine **besondere Prüfung der Erforderlichkeit bzw. Verhältnismäßigkeit** (§ 21 Rdn. 22) durch das Gericht (Ganter, NZI 2007, 549, S. 555; Pape, NZI 2007, 425, 430).

Die Regelung gilt nicht nur für bewegliche Sachen, die der Schuldner in Besitz hat und an denen bei Verfahrenseröffnung Aus- oder Absonderungsrechte bestehen, sondern auch für **Grundvermögen**, das bei Verfahrenseröffnung der Aussonderung unterliegt, also z. B. gemietete Immobilien (Kirchhof, ZInsO 2007, 227, 230; krit. MK-Haarmeyer § 21 Rn. 100). Bei grundpfandrechtsbelasteten Immobilien kann der vorläufige Insolvenzverwalter gem. § 30d Abs. 4 ZVG die einstweilige Einstellung der Zwangsversteigerung beantragen, wenn dies zur Verhütung nachteiliger Veränderungen in der Vermögenslage des Schuldners erforderlich ist (Kirchhof a. a. O., S. 231).

69b Anordnungen nach Abs. 2 Satz 1 Nr. 5 können **bei sog. starker vorläufiger Verwaltung und bei sog. schwacher vorläufiger Verwaltung** getroffen werden (vgl. BGH, ZInsO 2010, 714, Tz. 38; Ganter, NZI 2007, 549, 551). Bei sog. starker vorläufiger Verwaltung können die Masseforderungen gem. § 55 Abs. 2 (z. B. Miet- oder Leasingforderungen) jedoch weiter reichen als die Ausgleichsansprüche nach Abs. 2 Nr. 5 (**a. A.** Heublein, ZIP 2009, 11, 17).

Unzulässig ist hingegen die Bestellung eines »starken Gutachters«, der berechtigt wäre, Außenstände des Schuldners einzuziehen (OLG Nürnberg, ZInsO 2006, 761).

b) Aus- und absonderungsbelastete Sachen im Besitz des Schuldners

69c Die Möglichkeit der **Anordnung eines Verwertungsstopps** für künftige Aus- und Absonderungsgüter bringt als solches zunächst wenig Neues (vgl. BGH, ZInsO 2010, 136, Tz. 44; Ganter, NZI 2007, 549, 550, 552). **Neu** ist hingegen die Möglichkeit, dem Schuldner bzw. dem vorläufigen Verwalter durch gerichtliche Sicherungsanordnung die **Nutzungsbefugnis** einzuräumen (dazu Rdn. 69d ff.).

Schon vor Inkrafttreten der neuen Nr. 5 entsprach es der herrschenden Meinung, dass sich Sicherungsmaßnahmen, wenn sie nicht entsprechend eingeschränkt sind, auch auf Vermögensgegenstände erstrecken, die nach Verfahrenseröffnung mit Aus- und Absonderungsrechten belastet sind. Der Grund hierfür liegt darin, dass ein vorzeitiges Auseinanderreißen des schuldnerischen »Istvermögens« verhindert werden soll (vgl. BGHZ 165, 266, 269 = ZIP 2006, 621) und die Klärung fremder Rechte rgm. dem eröffneten Verfahren vorbehalten ist (BGH, ZInsO 2010, 136, Tz. 44; vgl. auch BGHZ 146, 165, 173 = ZInsO 2001, 165, 167). Für die Zugehörigkeit zum schuldnerischen »Istvermögen« reicht mittelbarer Besitz, d. h. es gehören auch Gegenstände dazu, die der Schuldner weitervermietet hat (BGH, ZInsO 2006, 1320, 1321).

Folgerichtig wird überwiegend angenommen, dass sich die allgemeine Einstellung bzw. Untersagung auch gegen Einzelzwangsvollstreckungsmaßnahmen aus- und absonderungsberechtigter Gläubiger richtet (BGH, ZInsO 2010, 136, Tz. 44; vgl. Rdn. 56 ff.). Ferner wird der vorläufige Verwalter allgemein als berechtigt und i. d. R. auch verpflichtet angesehen, die Herausgabe von Vermögensgegenständen zu verweigern, an denen im eröffneten Verfahren Aus- oder Absonderungsrechte bestehen, wenn ihm bei sog. starker vorläufiger Verwaltung von Gesetzes wegen (§ 22 Abs. 1 Satz 2 Nr. 1) oder bei sog. schwacher vorläufiger Verwaltung durch gerichtliche Anordnung (§ 22 Abs. 2) die Aufgabe übertragen ist, das Vermögen des Schuldners zu sichern und zu erhalten (BGH, ZInsO 2010, 136, Tz. 44; BGHZ 146, 165, 173 = ZInsO 2001, 165, 167). Gesonderte Anordnungen ggü. dem Schuldner, die ihm die »freiwillige« Herausgabe an Dritte verbieten (vgl. Begr. RegE BT-Drucks. 12/2443 S. 116), sind in der Praxis selten erforderlich. Da Abs. 2 Satz 1 Nr. 5 die Rechtsposition des vorläufigen Verwalters stärken und nicht schwächen wollte (vgl. OLG Naumburg, ZInsO 2009, 1538), ist anzunehmen, dass die isolierte Anordnung eines Verwertungsstopps nach der Generalklausel des Abs. 1 Satz 1 auch künftig möglich ist, auch wenn die Sachen für die Fortführung des Unternehmens des Schuldners im Insolvenzeröffnungsverfahren nicht von erheblicher Bedeutung sind.

Hat ein Aus- oder Absonderungsgläubiger im Eröffnungsverfahren Sachen im Wege verbotener Eigenmacht in Besitz genommen, kann der Schuldner bzw. der vorläufige Verwalter die Herausgabe im Wege einstweiliger Verfügung geltend machen (LG Leipzig, ZInsO 2006, 1003).

Die Anordnung eines Verwertungsstopps hat keine Auswirkung auf etwaige Kündigungsrechte des Gläubigers und die Herausgabe im eröffneten Verfahren (Begr. RegE BT-Drucks., a. a. O. S. 30), hier sind jedoch die §§ 103 ff. zu beachten, insb. § 107 Abs. 2 und § 112.

Neu ist hingegen die Möglichkeit des Gerichts, dem Schuldner bzw. dem vorläufigen Verwalter gem. Abs. 2 Satz 1 Nr. 5 zugleich die **Nutzungsbefugnis** einzuräumen, wenn die Sachen **für die Fortführung** des Unternehmens des Schuldners im Insolvenzeröffnungsverfahren **von erheblicher Bedeutung** sind. Ohne eine solche Anordnung richtet sich die Nutzungsbefugnis des Schuldners bzw. des vorläufigen Verwalters nach allgemeinem Zivilrecht (vgl. BGHZ 146, 165, 173 = ZInsO 2001, 165, 167: »vertragliche sowie gesetzliche Grenzen«), also z. B. nach dem Sicherungsvertrag, dem Leasingvertrag, dem Kaufvertrag oder etwaigen Absprachen mit den absonderungsberechtigten Gläubigern bzw. den Aussonderungsberechtigten im Eröffnungsverfahren. Untersagt der Aus- oder Absonderungsgläubiger die weitere Nutzung, kann das Gericht anordnen, dass solche Gegenstände zur Fortführung des Unternehmens eingesetzt werden können, wenn die Sachen dafür von erheblicher Bedeutung sind. Die Anordnung setzt i. d. R. entsprechende Darlegungen des Sachverständigen oder vorläufigen Insolvenzverwalters ggü. dem Gericht voraus (BGH, ZInsO 2010, 136, Tz. 20). Trotz des Gesetzeswortlautes sollten an die »erhebliche Bedeutung« im Fortführungs- und Sanierungsinteresse keine überspannten Anforderungen gestellt werden. Eine erhebliche Bedeutung für die Fortführung des Unternehmens des Schuldners ist bereits dann zu bejahen, wenn der Betriebsablauf ohne die Nutzungsmöglichkeit der fraglichen Sache nicht nur geringfügig gestört würde.

69d

Ordnet das Gericht die Nutzungsbefugnis für den vorläufigen Verwalter gem. Abs. 2 Satz 1 Nr. 5 an, entsteht nach der Rspr. ein **durch insolvenzgerichtliche Ermächtigung hoheitlich begründetes, besonderes privatrechtliches Nutzungsverhältnis** zwischen dem Schuldner (§ 22 Abs. 2) bzw. dem vorläufigen Insolvenzverwalter (§ 22 Abs. 1) und dem Nutzungsgeber (BGH, ZInsO 2012, 1421, 1424, Tz. 22), das neben das bestehende Nutzungsverhältnis tritt.

Nach wohl **h. M.** soll die Nutzungsbefugnis **auch Verarbeitung, Veräußerung und Verbrauch von Eigentumsvorbehaltsware** i. R. d. gewöhnlichen Geschäftsbetriebs erlauben, soweit das Sicherungsrecht nicht beeinträchtigt wird (so HK-Kirchhof § 21 Rn. 30; K/P/B-Pape § 21 Rn. 40x; MK-Haarmeyer § 21 Rn. 99; K. Schmidt-Hölzle § 21 Rn. 75; Ganter, NZI 2007, 549, 552). Dem ist jedoch neben dem Hinweis auf den Willen des Gesetzgebers (s. o. Begr. RegE, a. a. O.) entgegenzuhalten, dass Veräußerung, Verarbeitung und Verbrauch auch vom Wortlaut »Nutzung« nicht erfasst, sondern eine Verwertung im weiteren Sinne (zum Begriff Rdn. 38 ff.) sind (Begr. RegE BT-Drucks. 12/2443 S. 29; Uhlenbruck-Vallender § 21 Rn. 38j; Graf-Schlicker-Voß § 21 Rn. 27; vgl. auch Andres/Hees, NZI 2011, 881 ff.). Die Verarbeitungs- und Veräußerungsbefugnis richtet sich vielmehr nach allgemeinem Zivilrecht, d. h. rgm. den betreffenden schuldrechtlichen Vereinbarungen (s. o. Rdn. 69c). Dem Schuldner bzw. dem vorläufigen Verwalter sollen durch die Anordnungen der Nutzungsbefugnis gem. Abs. 2 Satz 1 Nr. 5 nicht mehr Rechte eingeräumt werden, als ihnen aufgrund der zugrunde liegenden vertraglichen Vereinbarungen und ohne den Insolvenzantrag zustünden (Begr. RegE BT-Drucks., a. a. O. S. 29). Widerruft der Sicherungsgläubiger die Veräußerungs- und Verarbeitungsermächtigung im Eröffnungsverfahren, muss sich der vorläufige Verwalter um eine entspr. Vereinbarung mit diesem bemühen, woran der Sicherungsgläubiger zur Vermeidung von Wertverlusten am Sicherungsgut rgm. ein Interesse hat.

69e   Ordnet das Gericht einen Verwertungsstopp und die Nutzungsbefugnis gem. Abs. 2 Satz 1 Nr. 5 an, hat der vorläufige Insolvenzverwalter einen **wirtschaftlichen Ausgleich** in zwei Formen, nämlich **Zinsen/Nutzungsentgelt und Wertersatz**, an den Gläubiger zu leisten. Die Ausgleichszahlungen stellen eine gesetzliche geregelte Entschädigung dar, die das Gericht nicht ausschließen kann (KG, ZInsO 2009, 35, 36).

Der Gläubiger kann zum einen gem. Abs. 2 Satz 1 Nr. 5 Satz 1 Teils. 2 nach Maßgabe des § 169 Satz 2 und Satz 3 bei Absonderungsgütern die Zahlung der laufend **geschuldeten Zinsen** bzw. bei Aussonderungsgütern das laufende **Nutzungsentgelt** verlangen, jedoch **erst beginnend 3 Monate nach gerichtlicher Anordnung** der Nutzungsbefugnis (BGH, ZInsO 2010, 136, Tz. 30 ff.; OLG Braunschweig, ZInsO 2011, 1895, 1897). Die gesetzliche Begrenzung des Anspruchs auf Nutzungsentschädigung ist verfassungsgemäß (BVerfG, ZInsO 2012, 1220, 1221 f.). Wurde das Aussonderungsgut aufgrund eines Nutzungsvertrages überlassen (z. B. Miete oder Leasing), ist für die **Höhe des Nutzungsentgelts** nach § 169 Satz 2 das vertraglich vereinbarte Nutzungsentgelt maßgeblich (BGH, ZInsO 2012, 701, 702, Tz. 16; OLG Braunschweig, ZInsO 2011, 1895, 1897). Besteht keine Nutzungsvereinbarung, wird man das verkehrsübliche Nutzungsentgelt ansetzen müssen (i. E. ebenso Heublein, ZIP 2009, 11, 13, 15). Zur Anwendung des Abs. 2 Satz 1 Nr. 5 im Insolvenzeröffnungsverfahren über das Vermögen des Leasingnehmers ausführl. Bork, NZI 2012, 590 ff.

Zum anderen (d. h. daneben) ist **Wertersatz** für einen etwaigen Wertverlust zu leisten, der durch die Benutzung der Sache eintritt (Abs. 2 Nr. 5 Satz 1 Teils. 3, Satz 2, vgl. auch Begr. RegE BT-Drucks. 12/2443 S. 29 f.). Der Wertersatzanspruch gilt für **Aus- und Absonderungsberechtigte** (BGH, ZInsO 2012, 701, 702, Tz. 13 ff.). Allerdings entsteht kein ausgleichspflichtiger Wertverlust durch die Nutzung, wenn und soweit der Wertverlust bereits in das laufende Nutzungsentgelt einkalkuliert und durch dessen Zahlung abgegolten wird (BGH, ZInsO 2012, 701, 703, Tz. 22 f.). Ein Wertersatzanspruch kommt damit vor allem für die ersten 3 Monate nach Anordnung in Betracht, solange nach Abs. 2 Satz 1 Nr. 5 i. V. m. § 169 Satz 2 noch kein Nutzungsentgelt zu zahlen ist, ferner wenn der Gegenstand über die vertragliche Abrede hinaus genutzt wird oder eine Beschädigung erleidet und dadurch an Wert verliert (BGH a. a. O.).

Nach Abs. 2 Nr. 5 Satz 2 besteht die Verpflichtung zum Wertersatz bei Absonderungsrechten entsprechend § 172 Abs. 1 Satz 2 jedoch nur, soweit der durch die Nutzung entstehende Wertverlust die Sicherung des absonderungsberechtigten Gläubiger beeinträchtigt.

Der Wertverlust wird bestimmt durch einen **Wertvergleich zu Beginn und Ende der Nutzung** (OLG Braunschweig, ZInsO 2011, 1895, 1899; vgl. zur Berechnung auch § 172 Rdn. 4 ff.). Die **Darlegungs- und Beweislast** für den Wertersatzanspruch ist nach allg. Regeln der Aus- bzw. Absonderungsgläubiger als Anspruchsteller (ZInsO 2012, 1421, 1424, Tz. 25; so inzident auch OLG Braunschweig a. a. O. S. 1900). Dabei sind jedoch nach der Rspr. **beweisrechtliche Besonderheiten** zu beachten, die sich durch das aufgrund insolvenzgerichtlicher Ermächtigung hoheitlich begründete Nutzungsverhältnis ergeben (BGH a. a. O., Tz. 25 ff.). Danach ist der Schuldner/vorläufige Insolvenzverwalter verpflichtet, zu Beginn des durch die gerichtliche Ermächtigung begründeten

Nutzungsverhältnisses den Zustand der genutzten Sache festzuhalten (BGH a. a. O., Tz. 27). Tut er dies nicht, ist dem nach der Rspr. durch eine Beweiserleichterung zugunsten des Nutzungsgebers hinsichtlich der Schadensverursachung Rechnung zu tragen (BGH a. a. O., Tz. 29).

Der Anspruch auf die beiden vorgenannten **Ausgleichszahlungen, d. h. Zinsen/Nutzungsentschädigung und Wertersatz**, entsteht aufgrund gerichtlicher Anordnung gem. Abs. 2 Satz 1 Nr. 5 als **Masseforderung** im Rang des § 55 Abs. 2 (BGH, ZInsO 2012, 701, 703, Tz. 25 ff.).). Der parallel bestehende vertragliche Entgeltanspruch bleibt hingegen Insolvenzforderung (BGH, ZInsO 2010, 136, Tz. 46.), nach der Rspr. ebenso der Rückgabeanspruch nach Beendigung des Nutzungsverhältnisses bzw. Schadensersatzansprüche wegen Verletzung der Rückgabepflicht (BGH, ZInsO 2012, 1421, Ls. 2).

Der vorläufige Verwalter haftet jedenfalls für die geschuldeten Zinsen bzw. das laufende Nutzungsentgelt entsprechend § 169 Satz 2 und Satz 3 nicht persönlich gem. Abs. 2 Satz 1 Nr. 1, § 61, da diese Forderungen aufgrund gerichtlicher Anordnung im Interesse der Unternehmensfortführung und nicht durch Rechtshandlung des vorläufigen Verwalters entstehen (Vallender, EWiR 2011, 507, 508). Anders dürfte dies im Fall des Wertersatzanspruchs sein, wenn der vorläufige Verwalter erkennt, dass die künftige Masse den Wertersatz voraussichtlich nicht wird leisten können. Wegen möglicher Schäden während der Nutzung sollte der vorläufige Verwalter ggf. für entsprechenden Versicherungsschutz sorgen (Vallender a. a. O.). 69f

Das Gericht wird, wenn es dazu nicht eigene Ermittlungen vorgenommen hat, i. d. R. erst nach entsprechender Zwischenberichterstattung des vorläufigen Verwalters entscheiden, ob und ggf. für welche Sachen eine Anordnung nach Abs. 2 Satz 1 Nr. 5 zur Unternehmensfortführung im Eröffnungsverfahren geboten ist und inwieweit die gesetzlich vorgesehenen Ausgleichszahlungen dargestellt werden können. Der vorläufige Verwalter kann, anstatt eine Anordnung nach Abs. 2 Satz 1 Nr. 5 anzuregen, auch eine Vereinbarung mit dem betreffenden Aus- oder Absonderungsgläubiger treffen, bei sog. schwacher vorläufiger Verwaltung ggf. flankiert mit einer Einzelermächtigung (dazu § 22 Rdn. 90). 69g

c) Einziehung aus- und absonderungsbelasteter Forderungen

Durch das **Einziehungsverbot für zur Sicherung abgetretenen Forderungen** soll verhindert werden, dass Sicherungsgläubiger Abtretungen sofort nach dem Insolvenzantrag offenlegen und Forderungen einziehen, bevor der Insolvenzverwalter nach Verfahrenseröffnung die Möglichkeit hat, die Wirksamkeit der Sicherungsabtretung zu prüfen. Dadurch droht der Betriebsfortführung im eröffneten Verfahren ein möglicherweise unberechtigter Abfluss von Liquidität, zumindest jedoch der Verlust der Kostenbeiträge gem. §§ 170, 171 (Begr. RegE, BT-Drucks. 12/2443 S. 15). Die Anordnung ist rgm. sinnvoll, da insb. zu Anfang eines Insolvenzeröffnungsverfahrens häufig noch nicht geklärt ist, ob und inwieweit Sicherungsabtretungen vorliegen und wirksam sind. Die Konzentration des Forderungseinzugs beim vorläufigen Insolvenzverwalter vermeidet zudem unnötige Reibungsverluste mit Sicherungsgläubigern und bei Drittschuldnern. 69h

Nach wohl herrschender Meinung setzt das Einziehungsverbot nicht voraus, dass die eingezogenen Forderungen »**für die Fortführung des Unternehmens von erheblicher Bedeutung**« sind, denn die Norm liefe sonst weitgehend leer, da die eingezogenen Forderungen nach BGH-Rspr. (vgl. BGH, ZInsO 2010, 714) nicht für die Betriebsfortführung im Eröffnungsverfahren eingesetzt werden dürfen (AG Hamburg, ZInsO 2011, 2045, 2046; K/P/B-Pape, § 21 Rn. 40y; Uhlenbruck-Vallender, § 21 Rn. 38d; a. A. AG Hamburg, ZInsO 2011, 1158). Dem ist i. E. zuzustimmen. Nach dem o. g. gesetzgeberischen Willen soll das Einziehungsverbot die Liquidität für die Betriebsfortführung nach Verfahrenseröffnung schützen. Die erhebliche Bedeutung für die Betriebsfortführung wird gesetzlich vermutet.

Parallel zu dem Einziehungsverbot für den Sicherungsgläubiger sollte das Gericht dem vorläufigen Verwalter (zumindest klarstellend) die **Einziehungsbefugnis** übertragen, auch wenn die Gesetzesmaterialien hier offensichtlich von einer automatischen Einziehungsbefugnis des vorl. Verwalters ausgehen (vgl. Begr. RegE, a.a.O., S. 16; so auch Uhlenbruck-Vallender, § 21 Rn. 38d). Die Ermächtigung zur Einziehung sicherungsabgetretener Forderungen dürfte wie im eröffneten Verfahren (dazu BGH, ZIP 2013, 35, 36, Tz. 2), das Recht des vorläufigen Verwalters einschließen, ggf. Dritten eine Einziehungsermächtigung zu erteilen, im Rahmen der vorläufigen Verwaltung jedoch gleichwohl die Ausnahme bleiben.

Nach der umstrittenen Rspr. des BGH unterliegen der Sicherungsabtretung und einem Einziehungsverbot nach Abs. 2 Satz 1 Nr. 5 auch Forderungen, die im Voraus abgetreten worden sind, jedoch erst nach Anordnung der Verfügungsbeschränkung entstehen (vgl. BGH, ZInsO 2009, 2336; näher dazu § 24 Rdn. 8). Wieder »einsetzen« für die Betriebsfortführung darf der vorläufige Verwalter solche Mittel jedoch ebenfalls nur aufgrund entspr. Vereinbarung mit dem Sicherungsgläubiger (näher dazu Rdn. 69j).

Dem Wortlaut nach scheint Abs. 2 Nr. 5 auch für fremde **Forderungen, die der Aussonderung unterliegen**, zu gelten, allerdings ist kaum denkbar, dass sie zur Betriebsfortführung von erheblicher Bedeutung sind (Ganter, NZI 2007, 2007, 549, 554). Hier gilt nach den Gesetzesmaterialien im Gegenteil die Vermutung, dass sie für die Betriebsfortführung nicht von erheblicher Bedeutung sind, da sie weder rechtlich noch wirtschaftlich zum Vermögen des Schuldners gehören (vgl. Begr. RegE, a.a.O., S. 16 mit Hinw. auf [echtes] Factoring; vgl. zum Factoring in der vorläufigen Insolvenzverwaltung auch Bette, ZInsO 2010, 1628 ff.). Kostenbeiträge fallen nach Abs. 2 Nr. 5 Satz 3 nur bei sicherungsabgetretenen Forderungen an (Ganter a.a.O.).

69i Zieht der vorläufige Verwalter sicherungsabgetretene Forderungen aufgrund einer entsprechenden Anordnung nach Abs. 2 Satz 1 Nr. 5 ein, fallen die **Kostenbeiträge nach §§ 170 ff.** an, d. h. 4 % Feststellungskosten und pauschal 5 % Verwertungskosten, es sei denn die tatsächlichen Verwertungskosten waren erheblicher niedriger oder höher (vgl. zur Berechnung § 171 Rdn. 4 ff.). Zieht der Sicherungsgläubiger trotz des Einziehungsverbots ein, ist die Einziehung objektiv rechtswidrig (vgl. BGHZ 154, 72, 77 f. = ZInsO 2003, 318). Der vorläufige Verwalter kann in einem solchen Fall die Zahlung genehmigen und 4 % Feststellungskosten von dem Sicherungsgläubiger (BGHZ 154, 72, 78 = ZInsO 2003, 318, 320) oder erneute Zahlung von dem Drittschuldner an sich verlangen und dann Feststellungs- und Verwertungskosten abziehen (Ganter, NZI 2007, 549, 552; MK-Haarmeyer § 21 Rn. 102). Ebenso besteht nur Anspruch auf 4 % Feststellungskosten, wenn der Drittschuldner in Unkenntnis des Einziehungsverbotes, jedoch gem. §§ 24 Abs. 1, 82 InsO Schuld befreiend an den Sicherungsgläubiger zahlt, z. B. weil die Abtretung schon vor Anordnung des Einziehungsverbotes offengelegt war (Ganter a.a.O.; MK-Haarmeyer a.a.O.).

69j Ein wichtiger Punkt ist die **Behandlung der eingezogenen Forderungsbeträge**. Der vorläufige Insolvenzverwalter ist ohne Absprache mit dem Sicherungsgläubiger nicht befugt, abgetretene Zahlungseingänge für den laufenden Geschäftsbetrieb einzusetzen, (BGH, ZInsO 2010, 714, Tz. 28; näher zu mögl. Vereinbarung Ganter, FS Wellensiek, S. 399, 400, 404: »Liquiditätsvereinbarung«, ders. zum Ganzen NZI 2010, 551 ff.; ausführl. zu dem Spannungsverhältnis zwischen Fortführungsauftrag und Absonderungspflicht auch Johlke/Jensen, FS Wellensiek, S. 563 ff., und Flöther/Wehner, NZI 2010, 554 ff.). Das Sicherungsrecht setzt sich vielmehr am Einziehungserlös fort (BGH a.a.O., Tz. 38 ff.). Der Anspruch auf Herausgabe der eingezogenen Forderungsbeträge ist nach Verfahrenseröffnung Absonderungsrecht gem. § 51, nicht nur Masseforderung gem. § 55 (BGH a.a.O., Tz. 38). Es besteht deshalb selbst bei Massearmut i. S. d. § 207 (BGH a.a.O.). Der vorläufige Verwalter ist zur Sicherung der Rechte des Sicherungsgläubigers verpflichtet, die eingezogenen Beträge an den Sicherungsnehmer **abzuführen oder** sie **jedenfalls unterscheidbar zu verwahren** (BGH a.a.O., Tz. 28). Dem Sicherungsgläubiger steht – bereits im Eröffnungsverfahren, jedoch auch nach Verfahrenseröffnung – ein **Herausgabeanspruch analog § 170 Abs. 2 Satz 1** zu (BGH a.a.O., Tz. 38, 41; krit.: Mitlehner, ZIP 2010, 1934 ff.; Smid, DZWIR, 2010, 309 ff.). Die Verwahrung anstelle der sofortigen Abführung im Eröffnungsverfahren bietet sich insb. an, wenn die Wirksamkeit der geltend gemachten Abtretung nach Verfahrenseröffnung weiter zu prüfen ist (s. o. Rdn. 69h). Für die gesonderte Verwahrung ist die Einrichtung eines gesonderten Treuhandkontos erforderlich (BGH a.a.O., Tz. 28). Die Einrichtung eines gemeinsamen Treuhandkontos für mehrere Sicherungsnehmer soll jedoch zulässig sein (BGH a. a. O.). Die Entnahme der Kostenbeiträge ist analog § 170 Abs. 1 Satz 1 im Zusammenhang mit der Herausgabe der eingezogenen Beträge an den Gläubiger vorzunehmen, ggf. also auch nach Verfahrenseröffnung, selbst wenn der Forderungseinzug bereits durch den vorläufigen Verwalter im Eröffnungsverfahren erfolgt ist.

Verstößt der vorläufige Verwalter gegen diese Pflichten zulasten des Sicherungs-/Absonderungsgläubigers, kann er sich gem. §§ 21 Abs. 2 Satz 1 Nr. 1 i. V. m. § 60 schadensersatzpflichtig machen (näher zu Haftungsrisiken bei Verwertung von Sicherungsgut Ganter, FS Wellensiek, S. 399 ff.).

Verzögert der vorläufige Verwalter den Forderungseinzug oder die Erlösauskehr, hat er dem Sicherungsgläubiger nach Maßgabe des § 169 Satz 2 und Satz 3 die **geschuldeten Zinsen** zu zahlen, jedoch erst **beginnend 3 Monate nach gerichtlicher Anordnung** (vgl. zur Berechnung § 169 Rdn. 2 ff.). Der Zinsanspruch entsteht aufgrund besonderer Anordnung gem. Abs. 2 Satz 1 Nr. 5 als **Masseforderung** im Rang des § 55 (näher dazu Rdn. 69e). Voraussetzung für die Zinspflicht ist jedoch, dass der Sicherungsgläubiger die Forderung früher hätte eintreiben können, wenn er daran nicht durch das Einziehungsverbot gehindert worden wäre (vgl. BGHZ 154, 72, 86 f. = ZInsO 2003, 318, 322). Eine etwaige persönliche Haftung des vorläufigen Insolvenzverwalters gem. Abs. 2 Satz 1 Nr. 1, § 61 besteht nicht (s. Rdn. 69d). 69k

Zu **Besonderheiten** mit **Sicherungsabtretungen bei teilfertigen Leistungen** insb. im Rahmen von Betriebsfortführungen vgl. § 22 Rdn. 55. **Zur Rechtslage ohne gerichtliche Einziehungsanordnung** ausführl. § 22 Rdn. 52 ff. 69l

Bei **Aufhebung der Sicherungsanordnung** muss der vorläufige Verwalter die eingezogenen Beträge analog § 25 Abs. 2 an den Sicherungsgläubiger herausgeben (Uhlenbruck-Vallender, § 25 Rn. 17). Bei Prätendentenstreit kann der vorläufige Verwalter gem. § 372 BGB hinterlegen (vgl. BGH, ZIP 2007, 827, 829, Tz. 20 f.; HK-Kichhof, § 25 Rn. 11).

8. Sonstige Sicherungsmaßnahmen

Die **Anordnung besonderer Verfügungsverbote bzw. Zustimmungsvorbehalte** spielt in der Praxis keine besondere Rolle, da sie i. d. R. keinen umfassenden Schutz des Schuldnervermögens bewirkt. Die Anordnung der **Durchsuchung der Wohn- bzw. Geschäftsräume des Schuldners und die Beschlagnahme von Unterlagen des Schuldners** (Vollziehung jeweils durch den Gerichtsvollzieher) haben in der Praxis eine gewisse Bedeutung (vgl. BGH, ZInsO 2008, 268 m. Anm. Frind, EWiR 2008, 351, dort auch zur Duldungspflicht von Mitbewohnern bei Durchsuchung). 69m

Zulässig ist auch die Anordnung einer **Kontensperre**, mit der der Bank Verfügungen über und Verrechnungen mit Guthaben und Zahlungseingängen untersagt wird (MK-Haarmeyer § 21 Rn. 89; FK-Schmerbach § 21 Rn. 270), auch bei Konten eines Dritten, wenn tatsächliche Anhaltspunkte für schwerwiegende Verdunklungshandlungen oder Vermögensverschiebungen im Zusammenwirken mit dem Schuldner vorliegen (AG München, ZVI 2007, 22).

Auch die Anordnung einer **Siegelung** durch den Gerichtsvollzieher kommt in Betracht, wobei diese analog § 150 auch vom vorläufigen Verwalter veranlasst werden kann (§ FK-Schmerbach § 21 Rn. 275).

Zum **Betreten der Wohn- und Geschäftsräume** des Schuldners ist der vorläufige Insolvenzverwalter gem. § 22 Abs. 3 Satz 1 ohne weitere Anordnungen berechtigt (BGH a. a. O., dort auch zur Duldungspflicht von Mitbewohnern). Das Gericht darf jedoch auch den sog. isolierten Sachverständigen zum Betreten der Wohn- und Geschäftsräume ermächtigen (BGHZ 158, 212 = ZInsO 2004, 550; a. A. AG Duisburg, NZI 2004, 388). Das Insolvenzgericht kann den sog. schwachen vorläufigen Verwalter auch ermächtigen, in Bezug auf Betriebsgrundstücke des Schuldners **Betretungsverbote** auszusprechen (BGH, ZInsO 2007, 267). Auch können Geschäfts- und Betriebsräume des Schuldners geschlossen werden (FK-Schmerbach § 21 Rn. 277). Dem sog. starken vorläufigen Verwalter steht ohnehin das Hausrecht zu (BGH a. a. O.).

Darüber hinaus werden überwiegend auch **aufenthaltsbeschränkende Maßnahmen**, z. B. die Einziehung des Reisepasses (AG München, ZIP 2013, 2074) oder Meldeauflagen, für zulässig erachtet (vgl. HK-Kirchhof § 21 Rn. 24; FK-Schmerbach § 21 Rn. 278 f.; Jaeger-Gerhardt § 21 Rn. 15; **a. A.** MK-Haarmeyer § 21 Rn. 93), obwohl die frühere Residenzpflicht (vgl. § 101 KO) weggefallen ist.

Ist eine Gesellschaft Schuldnerin, kann das Insolvenzgericht den vorläufigen Verwalter **nicht** zu einem Eingriff in die organschaftliche Stellung der Vertreter ermächtigen, also z. B. zur **Abberufung eines GmbH-Geschäftsführers** (BGH a. a. O.).

III. Besonderheiten bei Finanzsicherheiten (Abs. 2 Satz 2)

70 Im Zuge der **Umsetzung der EU-Richtlinie 2002/47/EG über Finanzsicherheiten vom 06.06.2002** sind verschiedene Vorschriften in die InsO aufgenommen worden, deren gemeinsamer Zweck es ist, die in Abs. 2 Satz 2 genannten Finanzsicherheiten von den Vorschriften des Insolvenzrechts auszunehmen, um deren freie Verwertbarkeit sicherzustellen und so den freien Dienstleistungs- und Kapitalverkehr im Finanzbinnenmarkt zu fördern (vgl. RL 2002/47/EG, Abs. 3 und 5 der Erwägungsgründe; ausführl. zur Umsetzung der Richtlinie Kieper, ZInsO 2003, 1109). In Umsetzung der sog. Finanzsicherheitenrichtlinie hat der Gesetzgeber die betroffenen Finanzsicherheiten insb. von Aufrechnungsverboten freigestellt (§ 96 Abs. 2) und sie teilweise der Insolvenzanfechtung entzogen (§ 130 Abs. 1 Satz 2). Abs. 2 Satz 2 soll die freie Verwertbarkeit der betroffenen Finanzsicherheiten auch im Eröffnungsverfahren gewährleisten. Da die vorgenannten Vorschriften ein der InsO ansonsten fremdes Sonderrecht schaffen (ausführl. und krit. dazu Meyer/Rein, NZI 2004, 367), sind sie **eng auszulegen**.

Der **RegE** des **ESUG** sah in § 104a-E als eine Neuregelung für das Clearing bei Börsengeschäften über eine sog. zentralen Kontrahenten vor, die nach einem neuen § 21 Abs. 2 Satz 3-E bereits im Eröffnungsverfahren entsprechend hätte gelten sollen. Beide Regelungsentwürfe sind auf Empfehlung des Rechtsausschusses gestrichen worden und sollen nach Klärung verbliebener Fragen zu einem späteren Zeitpunkt wieder aufgegriffen werden (Begr. Rechtsausschuss BT-Drucks. 17/7511, S. 48).

71 Die **praktische Relevanz** des Abs. 2 Satz 2 für das Insolvenzeröffnungsverfahren ist **begrenzt**. Abs. 2 Satz 2, 2. Alt. betrifft nur Verrechnungen zwischen Kredit- bzw. Finanzdienstleistungsinstituten (§ 1 Abs. 16 KWG i. V. m. §§ 24b, 1 Abs. 1b KWG). Auch die Frage der Wirksamkeit von Verfügungen über Finanzsicherheiten i. S. d. § 1 Abs. 17 KWG gem. § 21 Abs. 2 Satz 2, 1. Alt. betrifft vor allem den sog. Interbankenverkehr. Gleichwohl können die Vorschriften ausnahmsweise auch im Verhältnis der Bank zum Kunden gelten. Voraussetzung ist jedoch, dass eine Finanzsicherheit nach § 1 Abs. 17 KWG Satz 1 betroffen ist (z. B. Barguthaben, Wertpapiere, Geldmarktinstrumente sowie sonstige Schuldscheindarlehen) und die Sicherheit der Besicherung von Verbindlichkeiten aus Verträgen über Finanzinstrumente i. S. d. § 1 Abs. 17 Satz 3 KWG (z. B. von Wertpapierpensionsgeschäften) dient (vgl. § 1 Abs. 17 Satz 2 KWG). Das herkömmliche Kreditgeschäft mit den dort üblichen Kreditsicherheiten Sicherungsübereignung, Globalzession u. Ä. wird von Abs. 2 Satz 2 nicht erfasst (Wimmer, ZInsO 2004, 1, 3).

IV. Zwangsmaßnahmen gem. Abs. 3

72 Nach Abs. 3 Satz 1 ist zwangsweise Vorführung oder die Inhaftierung des Schuldners zulässig, wenn andere Maßnahmen nicht ausreichen. Nach Abs. 3 Satz 2 können auch die aktuellen – anders als in § 101 Abs. 1 nicht die ausgeschiedenen – organschaftlichen Vertreter des Schuldners vorgeführt bzw. inhaftiert werden. Darunter werden allgemein auch die vertretungsberechtigten persönlich haftenden Gesellschafter einer Gesellschaft ohne Rechtspersönlichkeit (§ 11 Abs. 2 Nr. 1) verstanden (Uhlenbruck-Vallender § 21 Rn. 52; Jaeger-Gerhardt § 21 Rn. 78), auch wenn sie keine Organe im technischen Sinn sind und die Norm nicht ausdrücklich auf § 101 Abs. 1 Satz 1 verweist.

73 Da es sich auch bei den Zwangsmaßnahmen gem. Abs. 3 Satz 1 um **Sicherungsmaßnahmen** i. S. d. Abs. 1 Satz 1 handelt, ist wesentliche Anordnungsvoraussetzung auch hier die **Erforderlichkeit**

zur Sicherung des Schuldnervermögens, z. B. zur Verhinderung von Vermögensverschiebungen. Davon rechtlich zu trennen sind **Beugemaßnahmen** zur Durchsetzung der Auskunfts- und Mitwirkungspflichten des Schuldners ggü. dem Gericht (§§ 20 Abs. 1, 98 Abs. 2) bzw. dem vorläufigen Insolvenzverwalter (§§ 22 Abs. 3, 98 Abs. 2). Allerdings kann es Überschneidungen geben, z. B. bei Auskünften, die (auch) zur Massesicherung erforderlich sind (Jaeger-Gerhardt § 21 Rn. 74). Aufgrund des freiheitsentziehenden bzw. -beschränkenden Charakters der Maßnahmen ist besonders zu prüfen, ob mildere Mittel (z. B. Meldeauflagen, Einziehung des Reisepasses usw.) ausreichen, und ob die Maßnahme im Verhältnis zu dem zu sichernden Vermögen steht (Uhlenbruck-Vallender § 21 Rn. 52; Jaeger-Gerhardt § 21 Rn. 78). Wenn die Voraussetzungen vorliegen, ist eine Inhaftierung des Schuldners grds. auch im Verbraucher-/Kleininsolvenzeröffnungsverfahren zulässig (OLG Celle, ZInsO 2002, 232, dort zur Durchsetzung der Auskunfts- und Mitwirkungspflichten ggü. dem vorläufigen Treuhänder). Zu streitigen Einschränkungen bei Eigenanträgen nicht antragspflichtiger Schuldner vgl. § 20 Rdn. 4.

Abs. 3 Satz 1 schreibt für die Verhaftung anders als bei der Vorführung vor, dass der Schuldner bzw. seine organschaftlichen Vertreter **vor der Inhaftnahme anzuhören** sind. Anders als bei der Haftanordnung nach §§ 20, 97 ff. handelt es sich nicht um eine Beugehaft zur Durchsetzung der Auskunfts- und Mitwirkungspflichten, sondern um eine **Sicherungsmaßnahme** mit dem Ziel, eine nachteilige Veränderung des Vermögens des Schuldners i. S. v. Abs. 1 Satz 1 zu verhindern (FK-Schmerbach § 21 Rn. 284). 74

Um das Sicherungsmittel durch die damit verbundene Warnung des Schuldners nicht ineffektiv werden zu lassen, wird es als zulässig angesehen, den Haftbefehl ausnahmsweise ohne Anhörung zu erlassen und die Anhörung erst bei Verkündung des Haftbefehls bzw. der Verhaftung vorzunehmen (Uhlenbruck-Vallender, § 21 Rn. 53; HK-Kirchhof § 21 Rn. 54). Andere empfehlen, den Schuldner ggf. zunächst vorführen zu lassen, ihn im Zuge dessen anzuhören und ggf. in Haft zu nehmen (so Jaeger-Gerhardt § 21 Rn. 76).

Für die **Anordnung der Haft** gilt § 98 Abs. 3 entsprechend (Abs. 3 Satz 3, vgl. dazu ausführl. § 98). Der Haftbefehl ist von Amts wegen aufzuheben, wenn die Voraussetzungen weggefallen sind. **Rechtsmittel** ist die sofortige Beschwerde. Die sofortige Beschwerde gegen die Anordnung der Haft durch das Insolvenzgericht hat gem. § 4 i. V. m. § 570 Abs. 1 ZPO keine aufschiebende Wirkung (LG Göttingen, NZI 2005, 339), jedoch kann die Vollziehung gem. § 570 Abs. 2 f. ZPO ausgesetzt werden. Die Haft darf die Dauer von 6 Monaten nicht übersteigen (§§ 21 Abs. 3 Satz 3, 98 Abs. 3 Satz 1 i. V. m. § 913 ZPO). 75

C. Verfahrensfragen

I. Anordnungsverfahren und Aufhebung von Sicherungsmaßnahmen

Zuständig für Anordnung von Sicherungsmaßnahmen im Insolvenzeröffnungsverfahren ist das Insolvenzgericht bzw. das ggf. an seine Stelle tretende Gericht der ersten Beschwerde (BGH, ZInsO 2006, 267). Das Rechtsbeschwerdegericht ist auch dann nicht zur Anordnung von Sicherungsmaßnahmen befugt, wenn es in der Hauptsache mit einer Rechtsbeschwerde gegen die vom Beschwerdegericht bestätigte Zurückweisung eines Insolvenzantrags befasst ist (BGH a. a. O.). 76

Die Entscheidung des Gerichts über Sicherungsmaßnahmen ergeht **von Amts wegen**, etwaige Anträge stellen rechtlich nur Anregungen dar, an die das Gericht nicht gebunden ist (BGH, ZInsO 2006, 267; Uhlenbruck-Vallender § 21 Rn. 42 f.; Jaeger-Gerhardt § 21 Rn. 81). Insofern bedarf ein entsprechender »Antrag« auch keiner förmlichen Zurückweisung durch das Gericht (Jaeger-Gerhardt a. a. O.).

Vor der Anordnung von Sicherungsmaßnahmen ist dem Betroffenen **rechtliches Gehör** nur zu gewähren (Art. 103 Abs. 1 GG), wenn dadurch der Sicherungszweck nicht gefährdet wird, andernfalls ist die Anhörung unverzüglich nachzuholen (BGH, ZInsO 2011, 1742, Tz. 13 m. w. N.). I. d. R. können Sicherungsmaßnahmen also ohne vorherige Anhörung angeordnet werden, kon- 77 krete Anhaltspunkte für eine Gefährdung des Sicherungszwecks müssen nicht vorliegen (BGH a. a. O.; ähnl. Jaeger-Gerhardt § 21 Rn. 90; FK-Schmerbach § 21 Rn. 40 – Rn. 45: generalisierende Betrachtungsweise). Dem Schuldner ist in diesem Fall nach Zustellung des Sicherungsbeschlusses rechtliches Gehör zu gewähren (BGH a. a. O.). Dies gilt insb. bei Gläubigeranträgen, grds. jedoch auch bei Eigenanträgen (Uhlenbruck-Vallender, § 21 Rn. 46; Jaeger-Gerhardt § 21 Rn. 90). Eine Anhörung des Schuldners vor Erlass von Sicherungsmaßnahmen ist insb. bei angekündigter Abwesenheit im Anhörungstermin nicht erforderlich (LG Göttingen, ZInsO 2003, 337). Ausreichend für eine vorherige Anhörung des Schuldners ist die Anhörung nach § 14 Abs. 2, wenn dabei auf die Möglichkeit von Sicherungsmaßnahmen nach § 21 hingewiesen wurde (HK-Kirchhof § 21 Rn. 52). Die nachträgliche Anhörung kann durch Zustellung des Sicherungsbeschlusses erfolgen (FK-Schmerbach § 21 Rn. 41). Ausnahmen hinsichtl. des rechtlichen Gehörs bestehen bei der Anordnung einer vorläufigen Postsperre und der Haft (s. Rdn. 63 f. bzw. Rdn. 74 ff.).

78 **Sicherungsbeschlüsse** werden **analog § 27 Abs. 2 f. mit Erlass**, d. h. mit der im Beschluss angegebenen Uhrzeit (BGH, NZI 2001, 203 zu § 106 KO), bei Nichtangabe zur Mittagsstunde des Tages **wirksam**, an dem der Beschluss erlassen wird; auf eine Zustellung beim Schuldner kommt es nicht an (HK-Kirchhof § 21 Rn. 56; Jaeger-Gerhardt § 21 Rn. 100; Uhlenbruck-Vallender § 21 Rn. 48). Der Sicherungsbeschluss ist erlassen, wenn er vom Richter unterzeichnet ist und den inneren Geschäftsgang des Gerichts verlassen hat, also vom zuständigen Beamten der Geschäftsstelle in den Ausgang gegeben oder einem Verfahrensbeteiligten anders (z. B. telefonische Information des vorläufigen Verwalters) bekannt gemacht wird (vgl. BGH, ZInsO 2004, 387; OLG Celle, ZIP 2000, 673, 675; weiter gehend AG Hamburg, ZInsO 2005, 669: mit Übergabe des Beschlusses an die Geschäftsstelle). Das Amt eines bestellten vorläufigen Insolvenzverwalters beginnt jedoch erst mit dessen Amtsannahme (HK-Kirchhof a. a. O.; Uhlenbruck-Vallender a. a. O.). Eines Zugangs der Annahmeerklärung beim Gericht bedarf es für die Wirksamkeit der Bestellung nicht (Jaeger-Gerhardt § 22 Rn. 12).

Aufgrund des Gesetzes zur Einführung einer Rechtsbehelfsbelehrung im Zivilprozess und zur Änderung anderer Vorschriften vom 05.12.2012 (BGBl. I, S. 2418 ff.) sind gerichtliche Sicherungsbeschlüsse gem. § 4 i. V. m. § 232 ZPO mit einer **Rechtsbehelfsbelehrung** zu versehen (näher dazu § 6 Rdn. 24a).

79 Angeordnete **Verfügungsbeschränkungen** sind **nach § 23 bekannt zu machen**.

80 Das Gericht kann **Sicherungsmaßnahmen** grds. nach pflichtgemäßem Ermessen jederzeit **abändern oder aufheben**, wenn die Voraussetzungen für ihre Anordnung entfallen sind (BGH, ZInsO 2007, 97, 98) bzw. sie nicht mehr erforderlich oder zweckmäßig erscheinen, vgl. § 25 Abs. 1 (BGH, ZInsO 2006, 267). Gegen die Aufhebung von Sicherungsmaßnahmen besteht kein Beschwerderecht (vgl. Rdn. 82 f.). Gem. §§ 21, 99 Abs. 3, 98 Abs. 3 sind die Anordnung einer vorläufigen Postsperre bzw. von Haft aufzuheben, sobald die Voraussetzungen für den Erlass weggefallen sind. Dies gilt sinnentsprechend auch für andere Sicherungsmaßnahmen (Jaeger-Gerhardt § 22 Rn. 108). Bei Eröffnung des Insolvenzverfahrens treten die Sicherungsmaßnahmen automatisch außer Kraft (HK-Kirchhof § 21 Rn. 64). **Bei Abweisung, Rücknahme oder Erledigung des Insolvenzantrags** erlöschen sie nicht automatisch, sondern sind **gesondert aufzuheben** (BGH, NZI 2008, 100).

81 Bei **kollidierenden Sicherungsanordnungen zweier Gerichte** gilt das **Prioritätsprinzip** (allgemein für richterliche Verfügungsverbote BGH, ZIP 2007, 1557, 1579; vgl. auch Haertlein/Schmidt, ZInsO 2004, 603).

II. Rechtsbehelfe

82 Gem. Abs. 1 Satz 2 steht nur **dem Schuldner gegen die Anordnung von Sicherungsmaßnahmen** die **sofortige Beschwerde** zu (vgl. BGH, ZInsO 2008, 268, 269, dort auch zur möglichen PKH-Gewährung). **Kein Beschwerderecht** besteht **gegen die Unterlassung von Sicherungsmaßnahmen** (BGH, ZInsO 2013, 460, Tz. 6). Das gilt auch für die Ablehnung eines Antrages auf Ermächtigung zur Begründung von Masseverbindlichkeiten im Eigenverwaltungs- oder Schutzschirmverfahren

(BGH a. a. O.). Der Schuldner ist auch nicht zur Beschwerde gegen die Aufhebung von Sicherungsmaßnahmen befugt (LG München I, NZI 2003, 215). Der Schuldner kann sich gegen die Bestellung eines vorläufigen Verwalters beschweren, nicht jedoch gegen dessen Person, da die Auswahl gem. Abs. 2 Satz 1 Nr. 1, § 56 dem Gericht obliegt (Jaeger-Gerhardt § 21 Rn. 106; HK-Kirchhof § 21 Rn. 58). Ein Antrag nach §§ 23 EGGVG gegen die Bestellung eines vorläufigen Insolvenzverwalters ist unzulässig (OLG Frankfurt am Main, ZInsO 2009, 242).

Umstritten ist, inwieweit Rechtsbehelfe im Zusammenhang mit der **Einsetzung eines vorläufigen Gläubigerausschusses** bestehen (vgl. dazu LG Kleve, NZI 2013, 599 sowie § 22a Rdn. 24).

Das Rechtsschutzinteresse des Schuldners für eine sofortige Beschwerde entfällt grds. bei der Eröffnung des Insolvenzverfahrens bzw. der Abweisung des Insolvenzantrags. Eine Beschwerde mit **Fortsetzungsfeststellungsantrag** ist weder in der ZPO noch in der InsO allgemein vorgesehen und nur **ausnahmsweise** aus verfassungsrechtlichen Gründen geboten und **zulässig**, wenn das Interesse des Betroffenen an der Feststellung in besonderer Weise schutzwürdig ist, z. B. bei Wiederholungsgefahr, fortwirkender Beeinträchtigung durch einen an sich beendeten Eingriff oder in Fällen tief eingreifender Grundrechtseingriffe (BGH, ZInsO 2008, 268, 269; NZI 2008, 100). Dies kann wegen Art. 13, 104 GG insb. bei Eingriffen in die Unverletzlichkeit der Wohnung bzw. von Geschäftsräumen sowie freiheitsbeschränkenden Sicherungsmaßnahmen der Fall sein (BGHZ 158, 212 = ZInsO 2004, 550). Inwieweit dies auch für eine Beschwerde gegen die Anordnung einer vorläufige Postsperre nach deren Aufhebung gilt, hat der BGH offengelassen (NZI 2007, 34 m. Anm. Zipperer).

Auch nach Anordnung der Sicherungsmaßnahme bekannt werdende Umstände sind im Beschwerdeverfahren zu berücksichtigen (LG Berlin, ZInsO 2009, 526). Sie rechtfertigen die Aufhebung der Sicherungsmaßnahme insb., wenn deren Anordnung nicht mehr erforderlich i. S. d. Abs. 1 erscheint (**a. A.** LG Berlin a. a. O.: wenn sie Eröffnung ausschließen und Anordnung als fehlerhaft erscheinen lassen).

Vollstreckungsschutz gegen gerichtliche Sicherungsmaßnahmen gem. § 4 i. V. m. § 765a ZPO ist wegen der Beschwerdemöglichkeit nach Abs. 1 Satz 2 kaum denkbar (Schur, KTS 2008, 471, 476 f. m. w. N.), anders jedoch Vollstreckungsschutz gegen einzelne Vollstreckungsmaßnahmen des vorläufigen Insolvenzverwalters (dazu Rdn. 84a).

Grundsätzlich kein Beschwerderecht nach § 6 Abs. 1, weder gegen die Anordnung noch gegen die Unterlassung bzw. Aufhebung von Sicherungsmaßnahmen, haben **Dritte** (BGH, ZInsO 2009, 2053, Tz. 14), also weder Gläubiger (vgl. LG Göttingen, ZInsO 2004, 1046 zur Anordnung der Sicherstellung eines möglicherweise schuldnerfremden KfZ), noch der vorläufige Insolvenzverwalter (BGH, ZInsO 2008, 203). 83

Dritte haben daher grds. nur die Möglichkeit einer Gegenvorstellung beim Gericht. Ferner steht ihnen ausnahmsweise ein Beschwerderecht gegen objektiv willkürliche Eingriffsmaßnahmen zu, für die es an jeder rechtlichen Grundlage fehlt, z. B. gegen die Ermächtigung des mit der Vollstreckung eines Haftbefehls beauftragten Gerichtsvollziehers zum Betreten der Wohnung eines Dritten (LG Göttingen, ZInsO 2006, 1280 mit Hinweis auf BGH, ZInsO 2004, 550).

Kein Rechtsbehelf ist **gegen reine Amtsermittlungsmaßnahmen** gem. § 5 gegeben, wie z. B. die Bestellung eines Sachverständigen, die keine Sicherungsmaßnahmen darstellen (BGH, ZInsO 2011, 1499; BGHZ 158, 212 = ZInsO 2004, 550).

Kein Beschwerderecht gem. § 6 besteht auch **gegen Handlungen des vorläufigen Insolvenzverwalters**, sie können jedoch als Anregung von Aufsichtsmaßnahmen oder Entlassung des vorläufigen Verwalters gem. Abs. 2 Satz 1 Nr. 1, 58 f. auszulegen sein (LG Gera, ZIP 2002, 1737). 84

Dem Schuldner stehen jedoch die **vollstreckungsrechtlichen Rechtsbehelfe gegen Vollstreckungsmaßnahmen des vorläufigen Verwalters** zu, insb. § 766 ZPO, ggf. auch Vollstreckungsschutz gem. 84a

§ 765a ZPO (dazu BGH, ZInsO 2008, 1383). Zuständig ist analog § 89 Abs. 3 das Insolvenzgericht (vgl. § 89 Rdn. 22).

III. Kosten

85 Kosten des Eröffnungsverfahrens im kostenrechtlichen Sinn sind die **gerichtlichen Kosten**, d. h. die Gerichtsgebühren und gerichtlichen Auslagen (§ 23 Abs. 2 Satz 1, 2 GKG). Dazu gehören auch die gerichtlichen Kosten von Sicherungsanordnungen gem. § 21. Ausführlich zu den Kosten des Eröffnungsverfahrens § 13 Rdn. 76 ff.

86 Die **Vergütung und Auslagen des vorläufigen Insolvenzverwalters bzw. Treuhänders** gehören hingegen im kostenrechtlichen Sinn grds. nicht zu den Kosten des Eröffnungsverfahrens, da sie grds. keinen Gebühren- oder Auslagentatbestand des GKG erfüllen (BGH, ZInsO 2008, 151; ZInsO 2006, 204; BGHZ 157, 370 = ZInsO 2004, 336; näher Rdn. 89).

Nur ausnahmsweise bei Verfahrenskostenstundung gem. § 4a stellen Vergütung und Auslagen des vorläufigen Insolvenzverwalters bzw. Treuhänders eine gerichtliche Auslage gem. Nr. 9018 KV GKG dar, die jedoch gem. § 23 Abs. 2 Satz 3 GKG nur der Insolvenzschuldner schuldet.

87 Wird das **Insolvenzverfahren eröffnet**, sind die Kosten des Eröffnungsverfahrens wie auch die Vergütung und Auslagen des vorläufigen Insolvenzverwalters bzw. Treuhänders **Masseverbindlichkeit gem. § 54 Nr. 2** und aus der Insolvenzmasse zu begleichen. Auch wenn später Massearmut gem. § 207 eintritt, haftet der antragstellende Gläubiger nur für die Gerichtsgebühren des Eröffnungsverfahrens (§ 23 Abs. 1 Satz 1 i. V. m. Nr. 2311 KV GKG).

88 Wird das **Insolvenzverfahren nicht eröffnet** und der Insolvenzantrag abgewiesen oder zurückgenommen, trägt die Kosten des Eröffnungsverfahrens grds. der **Antragsteller**. Eine **Ausnahme besteht bei Abweisung mangels Masse**: Hier sind die Kosten des Eröffnungsverfahrens stets dem Schuldner aufzuerlegen, bei Fremdantrag bleibt der antragstellende Gläubiger jedoch Zweitschuldner gem. §§ 23 Abs. 1, 31 GKG (str., ausführl. dazu § 13 Rdn. 86 f.). Bei **Erledigung** ist die Kostenentscheidung nach § 4 i. V. m. § 91a ZPO maßgebend. Im Fall der übereinstimmenden Erledigungserklärung besteht keine Zweitschuldnerhaftung des antragstellenden Gläubigers gem. § 23 Abs. 1 Satz 2 GKG (OLG Köln, ZInsO 2006, 46).

89 Die **Vergütung und Auslagen des vorläufigen Insolvenzverwalters bzw. Treuhänders** hat nach Rspr. des BGH immer der **Schuldner** zu tragen, da die Vergütung nicht zu den nach § 23 Abs. 1 Satz 2 GKG erstattungsfähigen Auslagen gehört (BGH, ZInsO 2008, 151; ZInsO 2006, 204; BGHZ 157, 370, 374 = ZInsO 2004, 336, 338; a. A. AG Hamburg, ZInsO 2008, 1167, 1168 und ZInsO 2001, 1121, 1122; ausführl. und abl. § 13 Rdn. 90 ff.). Danach soll die Kostengrundentscheidung des Insolvenzgerichts nie die Vergütung und Auslagen des vorläufigen Verwalters betreffen (BGH a. a. O.; **a. A.** AG Hamburg a. a. O.; § 13 Rdn. 90 ff.). Es soll vielmehr nur ein materiell-rechtlicher Vergütungsanspruch gegen den Schuldner analog §§ 1835, 1836, 1915, 1987, 2221 BGB bestehen (BGH, ZInsO 2008, 151, 153). Dessen Höhe richtet sich nach §§ 10 ff. InsVV. Wenn der Schuldner nicht leisten kann, besteht keine Ausfallhaftung des Staates (BGH, ZInsO 2008, 151; BGHZ 157, 370 = ZInsO 2004, 336).

War der Insolvenzantrag unberechtigt, kann der Schuldner deswegen vom antragstellenden Gläubiger ggf. bei Vorsatz, nicht jedoch bei Fahrlässigkeit, aus § 826 BGB Schadensersatz verlangen (BGHZ 36, 18, 21 = WM 1961, 1216; BGHZ 74, 9, 13 ff. = NJW 1979, 1351; OLG Koblenz, ZInsO 2006, 1338; vgl. auch BGH, ZInsO 2008, 151, 153).

IV. Haftung des Gerichts

90 Sowohl die fehlerhafte Anordnung, als auch die fehlerhafte Unterlassung von Sicherungsmaßnahmen kann eine Amtshaftung nach § 839 BGB, Art. 34 GG auslösen (Uhlenbruck-Vallender § 21 Rn. 56; HK-Kirchhof § 21 Rn. 8). Dies gilt auch für die mangelhafte Auswahl oder Überwachung des vorläufigen Insolvenzverwalters (Uhlenbruck-Vallender a. a. O.).

V. EuInsVO

Sicherungsmaßnahmen nach § 21 sind gem. Art. 25 Abs. 1 EuInsVO **in den anderen Mitglieds-** 91
staaten anzuerkennen (vgl. Art. 25 EuInsVO Rdn. 8 f.). Ein vom gem. Art. 3 Abs. 1 EuInsVO
zuständigen Gericht bestellter vorläufiger Insolvenzverwalter ist gem. Art. 38 EuInsVO berechtigt,
zur Sicherung und Erhaltung des Schuldnervermögens, das sich in einem anderen Mitgliedsstaat
befindet, die dort vorgesehenen Sicherungsmaßnahmen zu beantragen (näher Art. 38 EuInsVO
Rdn. 2 f.). Zur Reichweite der Befugnisse des vorläufigen Verwalters in diesen Fällen AG Hamburg,
ZInsO 2007, 829.

Ebenso kann ein im Ausland bestellter vorläufiger Insolvenzverwalter gem. § 344 beim zuständigen deutschen Gericht Sicherungsmaßnahmen gem. § 21 zur Sicherung des von einem inländischen Sekundärverfahren erfassten Vermögens beantragen (näher dazu bei § 344). Ausführlich zur EuInsVO im Eröffnungsverfahren Reinhart, NZI 2009, 73 ff.

Die **Bestellung eines vorläufigen Insolvenzverwalters und Anordnung von Verfügungsbeschrän-** 92
kungen gem. § 21 stellt bereits eine »**Entscheidung über die Eröffnung eines Insolvenzverfahrens**«
i. S. d. Art. 16 Abs. 1 EuInsVO dar und schließt damit die Eröffnung eines Hauptinsolvenzverfahrens in einem anderen Mitgliedstaat gem. Art. 3 Abs. 3 EuInsVO aus. Das gilt ohne Weiteres bei
Anordnung sog. starker vorläufiger Verwaltung gem. § 22 Abs. 1 (OLG Innsbruck, ZIP 2007, 1647;
County Court Croydon, NZI 2009, 136; AG Köln, NZI 2009, 133) und wird auch bei Anordnung
der sog. schwachen vorläufigen Verwaltung zu Recht überwiegend angenommen (LG Patra, ZIP
2007, 1875; ähnl. Arrondissementsgericht Amsterdam, ZIP 2007, 492 für vorläufigen Zahlungsaufschub nach niederländ. Konkursrecht; Reinhart, NZI 2009, 201, 202; Damman/Müller, NZI
2011, 752; Herchen, NZI 2006, 435, 437; a. A. Paulus, EWIR 2008, 653; Duursma-Kleppinger,
DZWIR 2006, 178, 182; Smid, NZI 2009, 150; ders. DZWIR 2006, 45; grundlegend: EuGH,
ZInsO 2006, 484 »Eurofood«; vgl. auch Art. 3 EuInsVO Rdn. 9).

Ausführlich zur Bedeutung der **EuInsVO im Insolvenzeröffnungsverfahren** und Besonderheiten
paralleler Eröffnungsverfahren Reinhart, NZI 2009, 201, ausführlich zu den Aufgaben und Befugnissen des Insolvenzrichters in Verfahren nach der EuInsVO Vallender, KTS 2005, 283 ff.

§ 22 Rechtsstellung des vorläufigen Insolvenzverwalters

(1) ¹Wird ein vorläufiger Insolvenzverwalter bestellt und dem Schuldner ein allgemeines Verfügungsverbot auferlegt, so geht die Verwaltungs- und Verfügungsbefugnis über das Vermögen
des Schuldners auf den vorläufigen Insolvenzverwalter über. ²In diesem Fall hat der vorläufige
Insolvenzverwalter:
1. das Vermögen des Schuldners zu sichern und zu erhalten;
2. ein Unternehmen, das der Schuldner betreibt, bis zur Entscheidung über die Eröffnung
des Insolvenzverfahrens fortzuführen, soweit nicht das Insolvenzgericht einer Stilllegung
zustimmt, um eine erhebliche Verminderung des Vermögens zu vermeiden;
3. zu prüfen, ob das Vermögen des Schuldners die Kosten des Verfahrens decken wird; das
Gericht kann ihn zusätzlich beauftragen, als Sachverständiger zu prüfen, ob ein Eröffnungsgrund vorliegt und welche Aussichten für eine Fortführung des Unternehmens des Schuldners bestehen.

(2) ¹Wird ein vorläufiger Insolvenzverwalter bestellt, ohne daß dem Schuldner ein allgemeines
Verfügungsverbot auferlegt wird, so bestimmt das Gericht die Pflichten des vorläufigen Insolvenzverwalters. ²Sie dürfen nicht über die Pflichten nach Absatz 1 Satz 2 hinausgehen.

(3) ¹Der vorläufige Insolvenzverwalter ist berechtigt, die Geschäftsräume des Schuldners zu
betreten und dort Nachforschungen anzustellen. ²Der Schuldner hat dem vorläufigen Insolvenzverwalter Einsicht in seine Bücher und Geschäftspapiere zu gestatten. ³Er hat ihm alle erforderlichen Auskünfte zu erteilen und ihn bei der Erfüllung seiner Aufgaben zu unterstützen; die §§ 97,
98, 101 Abs. 1 Satz 1, 2, Abs. 2 gelten entsprechend.

§ 22 InsO Rechtsstellung des vorläufigen Insolvenzverwalters

Übersicht

	Rdn.
A. **Normzweck**	1
B. **Norminhalt**	3
I. Allgemeines	3
1. Arten der vorläufigen Insolvenzverwaltung	3
2. Auswahl, Bestellung, Aufsicht und Entlassung des vorläufigen Insolvenzverwalters	6
3. Amtsstellung des vorläufigen Insolvenzverwalters	8
4. Rechnungslegung des vorläufigen Insolvenzverwalters	9
5. Vergütung des vorläufigen Insolvenzverwalters	14
II. »Starke« vorläufige Insolvenzverwaltung (Abs. 1)	19
1. Übergang der Verwaltungs- und Verfügungsbefugnis (Abs. 1 Satz 1)	19
a) Übergang der Verfügungsbefugnis (Abs. 1 Satz 1)	19
b) Begründung von Masseverbindlichkeiten (Abs. 1 Satz 1)	23
c) Auswirkungen auf bestehende Vertragsverhältnisse	28
2. Sicherung und Erhaltung des Schuldnervermögens (Satz 2 Nr. 1)	30
a) Maßnahmen zur Sicherung und Erhaltung	30
b) Verwertungsmaßnahmen	38
c) Behandlung künftiger Aus- und Absonderungsrechte	42
aa) Aussonderungsrechte	42
bb) Absonderungsrechte	46
d) Behandlung unpfändbarer Vermögensgegenstände	56
3. Unternehmensfortführung (Abs. 1 Satz 2 Nr. 2)	57
4. Prüfungsaufgaben, Sachverständigentätigkeit (Abs. 1 Satz 2 Nr. 3)	68
a) Allgemeines	68
b) Prüfung der Fortführungsaussichten	72
III. »Schwache« vorläufige Insolvenzverwaltung (Abs. 2)	80
1. Erscheinungsformen	80
2. Allgemeiner Zustimmungsvorbehalt	84
a) Rechtliche Bedeutung	84
b) Keine Begründung von Masseverbindlichkeiten	87
aa) Grundsatz	87
bb) Ausnahme bei Einzelermächtigung	90
cc) Sicherheitenbestellung	97
dd) Treuhandkontenmodell	98
c) Auswirkungen auf bestehende Vertragsverhältnisse	104

	Rdn.
3. Sicherung und Erhaltung des Schuldnervermögens	105
a) Maßnahmen zur Sicherung und Erhaltung	105
b) Verwertungsmaßnahmen	107
c) Behandlung künftiger Aus- und Absonderungsrechte	108
d) Behandlung unpfändbarer Vermögensgegenstände	111
4. Unternehmensfortführung	112
5. Prüfungsaufgaben, Sachverständigentätigkeit	114
IV. Einzelgebiete	115
1. Arbeitsrecht	115
a) Arbeitsrechtliche Stellung des vorläufigen Insolvenzverwalters	115
b) Insolvenzgeldvorfinanzierung	122
2. Steuerrecht	135
a) Allgemeines	135
b) »Starke« vorläufige Insolvenzverwaltung	136
c) »Schwache« vorläufige Insolvenzverwaltung	146
3. Bankrecht	152
a) Girokonto	152
b) Kreditverhältnis	166
c) Kontoführung des vorläufigen Insolvenzverwalters	166a
4. Prozessrecht	167
a) »Starke« vorläufige Insolvenzverwaltung	167
b) »Schwache« vorläufige Insolvenzverwaltung	174
V. Anfechtbarkeit von Rechtshandlungen des vorläufigen Insolvenzverwalters	180
1. »Starke« vorläufige Insolvenzverwaltung	180
2. »Schwache« vorläufige Insolvenzverwaltung	183
VI. Auskunfts- und Mitwirkungspflichten des Schuldners ggü. dem vorläufigen Insolvenzverwalter (Abs. 3)	190
1. Geltungsbereich	190
2. Betreten der Geschäftsräume des Schuldners (Satz 1)	191
3. Einsichtnahme in Bücher und Geschäftspapiere (Satz 2)	194
4. Auskunftspflichten (Satz 3)	197
5. Sonstige Mitwirkungspflichten (Satz 3)	199
6. Durchsetzung der Auskunfts- und Mitwirkungspflichten (Satz 3)	202
C. **Verfahrensfragen**	203
I. Vorläufiger Gläubigerausschuss	203
II. Zustimmung des Insolvenzgerichts	204
III. Rechtsbehelfe	207

IV. Beendigung der vorläufigen Insolvenzverwaltung 210	1. Allgemeines 213
V. Haftung des vorläufigen Insolvenzverwalters 213	2. Einzelfälle 221
	VI. EuInsVO 227

A. Normzweck

§ 22 regelt die **Rechte und Pflichten des vorläufigen Insolvenzverwalters**. Die Norm unterscheidet danach, ob dem Schuldner ein allgemeines Verfügungsverbot auferlegt worden ist (Abs. 1, sog. starke vorläufige Insolvenzverwaltung) oder nicht (Abs. 2, sog. schwache vorläufige Insolvenzverwaltung: vgl. Begr. RegE BT-Drucks. 12/2443 S. 116). Der Zweck der vorläufigen Insolvenzverwaltung ergibt sich aus dem **Sicherungszweck** des § 21 (vgl. dazu auch § 21 Rdn. 3 ff.) und ist in Abs. 1 Satz 2 Nr. 1 und Nr. 2 für die sog. starke vorläufige Verwaltung nochmals ausdrücklich formuliert. Der Sicherungszweck hat eine **doppelte Schutzrichtung**: das **Schuldnervermögen** soll **für die Gläubiger** (vgl. § 21 Abs. 1 Satz 1) **und für den Schuldner geschützt** werden (BGHZ 146, 165, 172 = ZInsO 2001, 165; ausführl. Pohlmann, Befugnisse und Funktionen des vorläufigen Insolvenzverwalters, Rdn. 94–99). Der Schutz des Schuldnervermögens schließt den **Schutz des Unternehmens des Schuldners und der Chancen für dessen Erhalt** ein; ein Unternehmen des Schuldners soll im Eröffnungsverfahren im Regelfall fortgeführt werden (Begr. RegE BT-Drucks. 12/2443 S. 116). 1

Abs. 3 regelt die **Auskunfts- und Mitwirkungspflichten des Schuldners** und der in § 101 Abs. 1 Satz 1 und 2, Abs. 2 genannten Personen **ggü. dem vorläufigen Insolvenzverwalter** und flankiert so den Sicherungszweck der vorläufigen Insolvenzverwaltung. 2

B. Norminhalt

I. Allgemeines

1. Arten der vorläufigen Insolvenzverwaltung

Das Gesetz trennt zwischen vorläufiger Insolvenzverwaltung mit allgemeinem Verfügungsverbot (**Abs. 1, sog. »starke« vorläufige Insolvenzverwaltung**) und ohne allgemeines Verfügungsverbot gegen den Schuldner (**Abs. 2, sog. »schwache« vorläufige Insolvenzverwaltung**). Bei sog. starker vorläufiger Verwaltung regelt das Gesetz in Abs. 1 die Aufgaben und Befugnisse des vorläufigen Verwalters (ausführl. dazu Rdn. 19 ff.), während bei sog. schwacher vorläufiger Verwaltung das Gericht die Aufgaben und Befugnisse des vorläufigen Verwalters nach Abs. 2 bestimmen muss (ausführl. dazu Rdn. 80 ff.), z. B. durch Anordnung eines allgemeinen Zustimmungsvorbehaltes. Rechtlich zulässig (vgl. BGH, ZInsO 2011, 1468, Tz. 48), jedoch wegen der damit verbundenen Kompetenzprobleme wenig sinnvoll, ist die Bestellung eines vorläufigen Verwalters ohne Verfügungsbeschränkungen ggü. dem Schuldner (MK-Haarmeyer § 21 Rn. 48; vgl. jedoch AG Düsseldorf, ZInsO 2011, 438 zu Einzelanordnungen ohne Verfügungsbeschränkung wg. § 55 Abs. 4; zust. Vallender, EWiR 2011, 259, 260). 3

Die Entscheidung, ob und ggf. welche Form der vorläufigen Insolvenzverwaltung anzuordnen ist, bestimmt das Gericht je nach Erforderlichkeit gem. § 21 Abs. 1 Satz 1 und unter Berücksichtigung des **Verhältnismäßigkeitsgrundsatzes** nach pflichtgemäßem Ermessen (ausführl. dazu § 21 Rdn. 22 ff.). 4

Bei Verbraucher-/Kleininsolvenz entspricht es dem gesetzlichen Leitbild, einen **vorläufigen Treuhänder** und nicht einen vorläufigen Insolvenzverwalter einzusetzen, obwohl auch Letzteres nicht unzulässig wäre. Zum vorläufigen Treuhänder gem. § 289a InsO-E nach dem RegE zur Entschuldung mittelloser Personen Stephan, ZVI 2007, 441. 5

Bei Anträgen auf Eigenverwaltung hat das ESUG den **vorläufigen Sachwalter** in §§ 270a, 270b eingeführt. Zu dessen Rechten und Pflichten wird auf die dortigen Kommentierungen verwiesen. 5a

2. Auswahl, Bestellung, Aufsicht und Entlassung des vorläufigen Insolvenzverwalters

6 Wegen der Auswahl, Bestellung, Aufsicht und Entlassung des vorläufigen Insolvenzverwalters verweist § 21 Abs. 2 Nr. 1 auf die entsprechenden Normen über das eröffnete Verfahren (§§ 56, 56a, 58, 59). Zum vorläufigen Insolvenzverwalter ist gem. §§ 21 Abs. 2 Nr. 1, 56 eine für den jeweiligen Einzelfall geeignete, insb. geschäftskundige und von den Gläubigern und dem Schuldner unabhängige natürliche Person zu bestellen.

Durch das **ESUG** ist der Gläubigereinfluss bei der Auswahl des vorläufigen Insolvenzverwalters gestärkt worden. Gem. §§ 21 Abs. 2 Satz 1 Nr. 1, 56a Abs. 1 ist der vorläufige Gläubigerausschuss (§ 22a) vor der Bestellung des vorläufigen Verwalters anzuhören. Von einem einstimmigen Vorschlag des vorläufigen Gläubigerausschusses darf das Gericht nur abweichen, wenn die vorgeschlagene Person nicht geeignet ist (§§ 21 Abs. 2 Satz 1 Nr. 1, 56a Abs. 2 Satz 1). Das Gericht hat gem. §§ 21 Abs. 2 Satz 1 Nr. 1, 56a Abs. 2 Satz 2 bei der Auswahl die vom vorläufigen Gläubigerausschuss beschlossenen Anforderungen an die Person des vorläufigen Verwalters zugrunde zu legen.

Die **Bestellung** erfolgt durch gerichtlichen Beschluss nach § 21 Abs. 2 Nr. 1, der analog § 27 Abs. 2, 3 bereits mit Erlass und Amtsannahme durch den vorläufigen Verwalter (HK-Kirchhof § 22 Rn. 36; Uhlenbruck-Vallender § 22 Rn. 4) wirksam wird (vgl. § 21 Rdn. 78), nicht erst mit Zustellung des Beschlusses an den Schuldner. Eines Zugangs der Annahmeerklärung des vorläufigen Verwalters beim Gericht bedarf es für die Wirksamkeit der Bestellung nicht (Jaeger-Gerhardt § 22 Rn. 12). Der vorläufige Verwalter erhält eine Urkunde über seine Bestellung (§§ 21 Abs. 2 Nr. 1, 56 Abs. 2 Satz 1), die sog. **Bestallungsurkunde**. Der Beschluss, durch den ein vorläufiger Insolvenzverwalter bestellt wird, ist gem. § 23 Abs. 1 Satz 1 öffentlich bekannt zu machen (ausführl. dazu § 23 Rdn. 2 ff.). Wegen der **Rechtsmittel** gegen die Bestellung eines vorläufigen Insolvenzverwalters vgl. § 21 Rdn. 82 ff.

7 Der vorläufige Verwalter steht gem. §§ 21 Abs. 2 Nr. 1, 58 unter der **Aufsicht** des Insolvenzgerichts (ausführl. dazu § 58 Rdn. 2 ff.). Das Amt des vorläufigen Insolvenzverwalters endet von Gesetzes wegen mit Verfahrenseröffnung, ferner mit Aufhebung der Sicherungsmaßnahme durch das Gericht bei Abweisung, Rücknahme oder Erledigung des Insolvenzantrages (HK-Kirchhof § 21 Rn. 62, 64; zur Aufhebung s. a. § 25) sowie bei **Entlassung** (§§ 21 Abs. 2 Nr. 1, 59, ausführl. dazu § 59 Rdn. 7 ff.) oder Tod des vorläufigen Verwalters. Wird der vorläufige Verwalter vom Gericht entlassen und ein neuer vorläufiger Verwalter bestellt, liegt in der Aufhebung der Entlassung des ersten Verwalters im Beschwerdeverfahren zugleich die Entlassung des neu bestellten Verwalters, gegen die diesem wiederum die Beschwerdemöglichkeit zusteht (BGH, ZInsO 2010, 2093).

3. Amtsstellung des vorläufigen Insolvenzverwalters

8 Wie der Insolvenzverwalter im eröffneten Verfahren übt auch der vorläufige Verwalter ein privates Amt im eigenen Namen mit Wirkung für das von ihm vorläufig verwaltete Vermögen des Schuldners aus, sog. **Amtstheorie** (ausführl. dazu Pohlmann, Befugnisse und Funktionen des vorläufigen Insolvenzverwalters, Rn. 547 ff.; MK-Haarmeyer § 22 Rn. 24 für den sog. starken vorläufigen Verwalter; **a. A.** Ampferl, Der starke vorläufige Insolvenzverwalter, Rn. 256 ff., 259: Vertretertheorie). Der vorläufige Verwalter ist nicht einseitig der Vertreter des Schuldners oder der Gläubiger, sondern als Amtswalter allen Beteiligten ggü. zur Unabhängigkeit verpflichtet (Pohlmann, a. a. O., Rn. 565).

Der VID hat **Grundsätze ordnungsgemäßer Insolvenzverwaltung (GOI)** verabschiedet, die sich auch auf vorläufige Insolvenzverwalter beziehen (veröffentl. in ZIP 2011, 197). Diese Grundsätze haben zwar keine Rechtsnormqualität, sie liefern jedoch einen Beitrag zur Konkretisierung von Verhaltens- und Sorgfaltsmaßstäben. Zu **Verschwiegenheitspflichten** des Insolvenzverwalters: Deckenbrock/Fleckner, ZIP 2005, 2290. Zur **Öffentlichkeitsarbeit** des (vorläufigen) Insolvenzverwalters: Frind, NZI 2005, 654 mit Erwiderung von Huff, NZI 2005, 661 f., ferner § 80 Rdn. 65 ff.

4. Rechnungslegung des vorläufigen Insolvenzverwalters

Wegen der **insolvenzrechtlichen Rechnungslegungspflicht** des vorläufigen Verwalters verweist § 21 Abs. 2 Nr. 1 auf § 66, d. h. der vorläufige Insolvenzverwalter hat bei Beendigung seines Amtes Rechnung zu legen (ausführl. dazu Uhlenbruck, NZI 1999, 289). Die Rechnungslegungspflicht des vorläufigen Verwalters besteht **unabhängig von der Form der Beendigung der vorläufigen Verwaltung**, also nicht nur bei Verfahrenseröffnung, sondern auch bei Aufhebung der Sicherungsmaßnahmen nach Abweisung, Rücknahme oder Erledigung des Antrages oder bei Amtsentlassung (Uhlenbruck-Vallender § 22 Rn. 216; Jaeger-Gerhardt § 22 Rn. 220; **a. A.** FK-Schmerbach § 21 Rn. 167 ff.). Die Rechnungslegung gem. §§ 21, 66 hat **ggü. dem Insolvenzgericht** zu erfolgen, da eine Gläubigerversammlung im Eröffnungsverfahren noch nicht vorhanden ist (Uhlenbruck-Vallender § 22 Rn. 217; Jaeger-Gerhardt § 22 Rn. 221). Daneben besteht eine Rechnungslegungspflicht ggü. dem Schuldner gem. §§ 259, 666 BGB (vgl. OLG Oldenburg, ZIP 2013, 786, 787 f.; a. A. Nicht, NZI 2013, 924 ff.), die jedoch auch durch Verweis auf die erfolgte Rechnungslegung ggü. dem Insolvenzgericht gem. §§ 21, 66 erfüllt werden kann (i. E. ebenso Nicht, a. a. O., 926).

9

An **Art und Umfang** der Rechnungslegung des vorläufigen Verwalters werden in der Literatur unterschiedliche Anforderungen gestellt (vgl. den Überbl. bei Uhlenbruck, NZI 1999, 289, 290 ff. m. w. N.). Die Frage nach Art und Umfang der Rechnungslegung beantwortet sich nach dem gesetzlichen Maßstab des § 259 BGB. Der vorläufige Verwalter hat in geordneter Form über die Einnahmen und Ausgaben sowie den sich daraus ergebenden Geldbestand Rechnung zu legen und dazu vorhandene Belege vorzulegen (sog. **Einnahmen-/Ausgabenrechnung nebst Bestandsnachweis**; ähnl. Rechnungslegungshinweis des IDW: Insolvenzspezifische Rechnungslegung im Insolvenzverfahren (IDW RH HFA 1.011, Tz. 7, veröffentl. in ZInsO 2009, 130). Die Aufstellung von Vermögensverzeichnissen entsprechend §§ 151 bis 153 oder eine Berichterstattung entsprechend § 156 verlangt das Gesetz nicht (**a. A.** MK-Haarmeyer § 22 Rn. 205); das Gericht kann sie jedoch im Wege der Aufsicht gem. §§ 21 Abs. 2 Nr. 1, 58 verlangen. Dies gilt auch bei sog. **starker vorläufiger Insolvenzverwaltung**, da §§ 21 Abs. 2 Nr. 1, 66 nicht nach der Art der vorläufigen Verwaltung differenzieren und das Gesetz auch in Abs. 1 keine entsprechenden Regelungen oder Verweisungen vorsieht. Ebenso sieht das Gesetz nicht vor, dass das Gericht den vorläufigen Verwalter von der Rechnungslegungspflicht ganz oder teilweise befreien kann (**a. A.** Uhlenbruck-Vallender § 22 Rn. 219 und MK-Haarmeyer § 22 Rn. 206). Die Praxis ist dabei, sich auf einen einheitlichen Standardkontenrahmen zu verständigen (»SKR-InsO«, vgl. ZInsO-Aktuell, 2012, IV).

10

Hat der vorläufige Verwalter keine Einnahmen und Ausgaben getätigt und keine Geldmittel verwaltet, ist dies zum Zwecke der Schlussrechnung mitzuteilen. Den isolierten Sachverständigen trifft keine Rechnungslegungspflicht.

11

Hat der vorläufige Verwalter neben dem Verwalteranderkonto ein sog. **Treuhandkonto** zur Bezahlung von Lieferungen und Leistungen aus dem Eröffnungsverfahren eingerichtet, ist auch über das Treuhandkonto mit Rechnung zu legen (ausführl. dazu und zum sog. Treuhandkontenmodell § 22 Rdn. 98 ff.).

12

Von der insolvenzrechtlichen Rechnungslegungspflicht nach §§ 21 Abs. 2 Nr. 1, 66 sind die **handels- und steuerrechtlichen Rechnungslegungspflichten** nach §§ 238 ff. HGB bzw. §§ 140 ff. AO zu unterscheiden. Diese treffen im Insolvenzeröffnungsverfahren grds. den **Schuldner**, da der Übergang auf den Verwalter gem. § 155 erst ab Verfahrenseröffnung gilt (Uhlenbruck-Vallender § 22 Rn. 218; MK-Haarmeyer § 22 Rn. 202; Pohlmann, Befugnisse und Funktionen des vorläufigen Insolvenzverwalters, Rn. 248). Eine **Ausnahme** gilt jedoch **bei sog. starker vorläufiger Verwaltung**, da der sog. starke vorläufige Verwalter steuerrechtlich Vermögensverwalter gem. § 34 Abs. 3 AO ist und insofern gem. § 34 Abs. 1 AO die steuerlichen Pflichten des Schuldners, also auch die steuerlichen Buchführungspflichten nach §§ 140 ff. AO, zu erfüllen hat (Uhlenbruck-Vallender a. a. O.; MK-Haarmeyer a. a. O.; Pohlmann, Befugnisse und Funktionen des vorläufigen Insolvenzverwalters, Rn. 547 ff.; ausführl. zur steuerrechtlichen Stellung des vorläufigen Insolvenzverwalters Rdn. 135 ff.).

13

5. Vergütung des vorläufigen Insolvenzverwalters

14 Die Vergütung des vorläufigen Verwalters bestimmt sich nach §§ 21 Abs. 2 Satz 1 Nr. 1, 63 f. i. V. m. der Insolvenzrechtlichen Vergütungsverordnung (InsVV). Gem. § 63 Abs. 3, § 11 Abs. 1 InsVV erhält der vorläufige Insolvenzverwalter **i. d. R. 25 % der Regelvergütung** i. S. d. § 2 Abs. 1 InsVV bezogen auf das Vermögen, auf das sich seine Tätigkeit während des Eröffnungsverfahrens erstreckt. Die **Mindestvergütung** des § 2 Abs. 2 Satz 1 InsVV von 1.000,00 € gilt auch für den vorläufigen Verwalter grds. ungekürzt (BGH, ZInsO 2006, 811, 816, auch in sog. Altverfahren; vgl. BGH, ZInsO 2007, 88; zur Erhöhung der Mindestvergütung aufgrund Gläubigerzahl gem. §§ 10, 2 Abs. 2 Satz 2 vgl. BGH, ZInsO 2010, 493).

Gem. § 11 Abs. 3 InsVV sind Art, Dauer und Umfang der Tätigkeit des vorläufigen Verwalters bei der Vergütungsfestsetzung zu berücksichtigen. Gem. §§ 10, 3 InsVV können **je nach Sachlage Zu- bzw. Abschläge** festgesetzt werden. Besondere Umstände, die die Tätigkeit des vorläufigen Verwalters erleichtern oder erschweren, verringern oder erhöhen unmittelbar den entsprechenden Bruchteil für den vorläufigen Verwalter (BGH, ZInsO 2013, 840, 841, Tz. 13).

Die **Verjährungsfrist** für den Vergütungsanspruch beträgt nach neuerer Rspr. gem. § 195 BGB 3 Jahre (BGH, ZInsO 2010, 2103, Tz. 27), sie ist jedoch bis zum Abschluss des Insolvenzverfahrens gehemmt (BGH a. a. O., Tz. 30 ff.). Verjährungshemmung ferner durch Stellung des Vergütungsantrages (BGH, ZInsO 2007, 539; vgl. § 63 Rdn. 9). Eine etwaige Verjährung ist vom Gericht im Vergütungsfestsetzungsverfahren **von Amts wegen** zu berücksichtigen (LG Hamburg, ZInsO 2010, 540; LG Hannover, ZInsO 2009, 2355; **a. A.** LG Karlsruhe, ZInsO 2009, 2358; LG Gießen, ZIP 2009, 2398; näher dazu Graeber/Graeber, ZInsO 2010, 465 ff.).

15 Maßgebend für Wertermittlung, d. h. für die Ermittlung der **Berechnungsgrundlage**, sind § 63 Abs. 3, § 11 Abs. 1 InsVV. § 63 Abs. 3 ist durch das Gesetz zur Verkürzung der Restschuldbefreiung und zur Stärkung der Gläubigerrechte vom 15.07.2013 (BGBl. I, S. 2379 ff.) in das Gesetz gekommen als Reaktion auf die vom Gesetzgeber als verfehlt betrachtete BGH-Entscheidung vom 15.11.2012 zur Nichtigkeit von § 11 Abs. 1 Satz 4 a. F., der zufolge § 63 a. F. keine hinreichende Ermächtigungsgrundlage zur Einbeziehung künftiger Aussonderungsgüter in die Berechnungsgrundlage gem. § 11 Abs. 1 Satz 4 a. F. darstellte (vgl. BGH, ZInsO 2013, 44). Der Gesetzgeber hat seine gegenteilige Auffassung jetzt noch einmal in der Gesetzesbegründung zu § 63 Abs. 3 klargestellt (Begr. RA BT-Drucks. 17/13535, S. 31). Die **Gesetzesänderung** ist am 19.07.2013 in Kraft getreten.

Nach § 63 Abs. 3 richtet sich die Wertermittlung nach dem Vermögen, auf das sich seine Tätigkeit während des Eröffnungsverfahrens erstreckt. Das betrifft nach § 11 Abs. 1 Satz 2 InsVV auch Gegenstände, an denen bei Verfahrenseröffnung **Aus- oder Absonderungsrechte** bestehen, sofern sich der vorläufige Verwalter in erheblichem Umfang mit ihnen befasst und der Schuldner die Gegenstände nicht lediglich aufgrund eines Besitzüberlassungsvertrages in Besitz hat. Ausführl. zum Ganzen bei § 63 Rdn. 68 ff. und § 11 InsVV Rdn. 2 ff.

Künftige Ansprüche zur Masseanreicherung im eröffneten Verfahren aus Insolvenzanfechtung gem. §§ 129 ff. sind grds. nicht in die Berechnungsgrundlage einzubeziehen, allerdings ist insoweit die Gewährung eines Zuschlags nicht ausgeschlossen (BGH, ZInsO 2004, 672). Ausführlich zum Ganzen bei § 11 InsVV.

16 Neben der Vergütung können **Auslagen** des vorläufigen Verwalters gesondert festgesetzt werden (§§ 10, 8 InsVV), wobei die allgemeinen Geschäftskosten und grds. auch die Kosten der Haftpflichtversicherung mit der Vergütung abgegolten sind (§§ 10, 4 InsVV). Zusätzlich zur Vergütung und den Auslagen wird ein Betrag i. H. d. vom vorläufigen Insolvenzverwalter zu zahlenden USt festgesetzt (§§ 10, 7 InsVV). Der **gültige Umsatzsteuersatz** (16 % oder 19 %) richtet sich gem. § 13 UStG nach der Ausführung der Leistung, d. h. dem Zeitpunkt der Beendigung der vorläufigen Verwaltung (näher dazu Janca, ZInsO 2006, 1191).

Im Fall der **Verfahrenseröffnung** gehören nach Rspr. des BGH die Vergütung und Auslagen des vorläufigen Verwalters zu den **Verfahrenskosten** (§ 54 Nr. 2). Mit der Eröffnung des Insolvenzverfahrens geht die **funktionelle Zuständigkeit** zur Festsetzung der Vergütung auf den **Rechtspfleger** über, sofern sich der Richter die Entscheidung nicht vorbehalten hat (BGH, ZInsO 2010, 2103). Zur Vergütung des vorläufigen Insolvenzverwalters bei **Nichteröffnung** des Insolvenzverfahrens vgl. § 26a. 17

Der Vergütungsanspruch des vorläufigen Verwalters aus einem nicht eröffneten Insolvenzverfahren ist in einem später eröffneten Insolvenzverfahren nur Insolvenzforderung gem. § 38, bzw. die Vereinnahmung der Vergütung ggf. nach § 130 InsO anfechtbar (BGH, ZInsO 2012, 241, Tz. 11 ff.; dazu Graeber/Graeber, NZI 2012, 129).

Eine **Ausfallhaftung des Staates** für die Vergütung des vorläufigen Verwalters besteht außerhalb der Stundungsfälle (§ 4a) nicht (BGHZ 157, 370 = ZInsO 2004, 336). Nach dem BGH (BGHZ 157, 370, 379 = ZInsO 2004, 336, 339) ist der vorläufige Verwalter jedoch berechtigt und verpflichtet, seine Tätigkeit sofort zu beenden oder von einem Kostenvorschuss abhängig zu machen, wenn er erkennt, dass nicht einmal die Kosten der vorläufigen Verwaltung gedeckt sind.

Hat das Gericht den vorläufigen Verwalter daneben als **Sachverständigen** bestellt, bleibt seine Vergütung nach dem **JVEG** unberührt (§ 11 Abs. 4 InsVV; ausführl. § 11 InsVV Rdn. 146 ff.). Das JVEG ist durch das 2. KostRMoG vom 29.07.2013 (BGBl. I, S. 2586 ff.) mit Wirkung zum 01.08.2013 geändert worden (ausführl. dazu für den Sachverständigen in Insolvenzverfahren: Krösch, ZInsO 2013, 1562). Gem. § 9 Abs. 2 JVEG erhält der Sachverständige, der zugleich vorläufiger Insolvenzverwalter bestellt ist, einen Stundensatz von 80,– €. Die Höhe des Stundensatzes des sog. isolierten Sachverständigen ist weiterhin nicht gesondert geregelt und richtet sich nach der allgemeinen Honorargruppe des § 9 Abs. 1 JVEG (AG Darmstadt, ZInsO 2013, 2400). In der Praxis werden unterschiedliche Stundensätze festgesetzt. Ausführl. zur Vergütung des Sachverständigen § 11 InsVV Rdn. 50 ff.). 18

II. »Starke« vorläufige Insolvenzverwaltung (Abs. 1)

1. Übergang der Verwaltungs- und Verfügungsbefugnis (Abs. 1 Satz 1)

a) Übergang der Verfügungsbefugnis (Abs. 1 Satz 1)

Nach Abs. 1 geht die Verwaltungs- und Verfügungsbefugnis über das Vermögen des Schuldners auf den vorläufigen Insolvenzverwalter über, wenn dem Schuldner ein allgemeines Verfügungsverbot auferlegt wird. Im **Außenverhältnis** erhält der vorläufige Insolvenzverwalter damit rechtlich insoweit die **Stellung des Insolvenzverwalters im eröffneten Verfahren nach §§ 80 bis 82** (BGH, ZInsO 2007, 267, 268; ausführl. § 24 Rdn. 2 ff.). Der Begriff der **Verfügung** in Abs. 1 Satz 1 entspricht dem **Begriff des allgemeinen Zivilrechts**, wie er auch in § 81 verwendet wird (vgl. zum Begriff der Verfügung § 24 Rdn. 3). Verfügungen des Schuldners sind gem. §§ 24 Abs. 1, 81 absolut und nicht nur relativ i. S. d. §§ 135 ff. BGB unwirksam (vgl. § 24 Rdn. 2 m. w. N.). Entsprechendes gilt für Leistungen an den Schuldner, es sei denn der Leistende kannte das allgemeine Verfügungsverbot z. Zt. der Leistung nicht (§§ 24 Abs. 1, 82). In verfügungsrechtlicher Hinsicht werden damit die Eröffnungswirkungen in das Eröffnungsverfahren vorverlagert (MK-Haarmeyer § 22 Rn. 23). 19

Allerdings darf der vorläufige Verwalter **im Innenverhältnis** zum Schuldner von der Verwaltungs- und Verfügungsbefugnis **nur i. R. d. Sicherungszwecks** (vgl. Rdn. 1) Gebrauch machen (BAG, ZInsO 2006, 388, 389; Kichhof, ZInsO 1999, 436, 438). Rechtliches Können und rechtliches Dürfen sind also nicht deckungsgleich (BAG a. a. O.; Kirchhof a. a. O.). 20

Ist eine Maßnahme des vorläufigen Verwalters mit dem Sicherungszweck nicht vereinbar, ist sie zwar grds. gleichwohl wirksam, kann jedoch für den vorläufigen Verwalter Haftungsfolgen und Aufsichtmaßnahmen bis hin zur Entlassung nach sich ziehen (§ 21 Abs. 2 Nr. 1 i. V. m. §§ 58 bis 61). Die **Grenze der Wirksamkeit** bildet die sog. **Insolvenzzweckwidrigkeit**, d. h. eine Rechtshandlung des vorläufigen Verwalters ist in Anlehnung an die Regeln über den Missbrauch der Vertre- 21 tungsmacht ausnahmsweise unwirksam, wenn sich dem Geschäftspartner aufgrund der Umstände des Einzelfalls ohne Weiteres begründete Zweifel an der Vereinbarkeit der Handlung mit dem Sicherungszweck aufdrängen mussten (so BGHZ 150, 353 = ZInsO 2002, 577 zur Insolvenzzweckwidrigkeit im eröffneten Verfahren; Jaeger-Gerhardt § 22 Rn. 24–26; MK-Haarmeyer § 22 Rn. 25 f.; HK-Kirchhof § 22 Rn. 37). Dies ist z. B. bei der Erfüllung bzw. Bestellung von Sicherheiten für sog. Altforderungen aus der Zeit vor der vorläufigen Verwaltung der Fall, sofern dies nicht ausnahmsweise im Interesse der Gläubigergesamtheit erforderlich oder wenigstens zweckmäßig ist, um den Betrieb des Schuldners vorläufig fortzuführen (BGH, ZInsO 2005, 40, 42; BGHZ 118, 374 = NJW 1992, 2483 zu § 106 KO; ausführl. zur Anfechtbarkeit solcher Zahlungen bzw. Sicherheitenbestellungen sowie generell zur Anfechtung von Rechtshandlungen des sog. starken vorläufigen Insolvenzverwalters Rdn. 179 ff.).

22   Zu den weiteren **Auswirkungen auf die arbeits-, steuer- und prozessrechtliche Stellung des vorläufigen Verwalters** sowie auf die Bankverbindung des Schuldners s. Rdn. 115 ff.

22a Eine **Besonderheit** regelt das WpHG: Nach **§ 11 Abs. 2 WpHG** ist der sog. starke vorläufige Verwalter gesetzlich verpflichtet, den Schuldner bei der Erfüllung seiner Pflichten nach dem WpHG zu unterstützen und die dafür erforderlichen Mittel aus dem von ihm verwalteten Vermögen zur Verfügung zu stellen (zur Rolle des Insolvenzverwalters im Aktien-, Börsen und Kapitalmarktrecht Siebel, NZI 2007, 498).

b) Begründung von Masseverbindlichkeiten (Abs. 1 Satz 1)

23   Nach § 55 Abs. 2 Satz 1 gelten Verbindlichkeiten, die **von einem sog. starken vorläufigen Insolvenzverwalter begründet** worden sind, nach Insolvenzeröffnung als Masseverbindlichkeiten. Dies gilt auch für Umsatzsteuerverbindlichkeiten aus Geschäften der Betriebsfortführung (Begr. RegE BT-Drucks. 12/2443 S. 126). Ebenfalls als Masseverbindlichkeiten im eröffneten Verfahren gelten **Verbindlichkeiten aus Dauerschuldverhältnissen**, soweit der vorläufige Verwalter die Gegenleistung für das von ihm verwaltete Vermögen in Anspruch genommen hat (vgl. auch § 55 Rdn. 26 ff.). Der vorläufige Verwalter darf von ihm begründete Verbindlichkeiten unter dem Gesichtspunkt des Bargeschäfts auch bereits im Eröffnungsverfahren erfüllen (Jaeger-Gerhardt § 22 Rn. 68), muss dies gem. §§ 53, 55 Abs. 2 Satz 1 jedoch erst nach Verfahrenseröffnung. Der vorläufige Verwalter ist grds. nicht befugt, Forderungen, deren Begründung er zuvor als sog. schwacher vorläufiger Verwalter zugestimmt hatte, nach Erlass eines allgemeinen Verfügungsverbotes durch Genehmigung zur künftigen Masseforderung aufzuwerten (Bork, ZIP 2003, 1421 f.; HK-Kirchhof § 22 Rn. 46).

24   **Ungerechtfertigte Bereicherungen** des Schuldnervermögens vor Verfahrenseröffnung begründen nach herrschender Meinung lediglich eine Insolvenzforderung gem. § 38 und keinen Massebereichungsanspruch gem. § 55 Abs. 1 Nr. 3 (MK-Hefermehl § 55 Rn. 200; K/P/B-Pape § 55 Rn. 62; HK-Eickmann § 55 Rn. 26; NR-Andres § 55 Rn. 123; **a. A.** Jaeger-Henckel § 55 Rn. 92). Besonderheiten sind bei Fehlüberweisungen zu beachten, dazu Rdn. 154a.

25   Eine Anzeige der **Masseunzulänglichkeit im Eröffnungsverfahren** kennt das Gesetz nicht (AG Hamburg, ZInsO 2002, 1197). Dies ist auch insoweit konsequent, als Masseverbindlichkeiten gem. §§ 53, 55 Abs. 2 Satz 1 erst nach Verfahrenseröffnung berichtigt werden müssen. Nur so kann bei ggf. eintretender Masseunzulänglichkeit die Rangfolge des § 209 eingehalten werden (MK-Haarmeyer § 22 Rn. 70; MK-Hefermehl § 208 Rn. 37). Insofern besteht auch keine Regelungslücke im Gesetz, die eine analoge Anwendung der §§ 208 ff. erfordern würde (AG Hamburg a. a. O.; **a. A.** Jaeger-Gerhardt § 22 Rn. 69; HK-Kirchhof § 25 Rn. 7).

26   Wird das Insolvenzverfahren nicht eröffnet, sind die gem. § 55 Abs. 2 begründeten Masseverbindlichkeiten vor der Aufhebung der Bestellung des vorläufigen Verwalters aus dem verwalteten Vermögen zu begleichen (§ 25 Abs. 2).

27   Eine **Besonderheit** gilt gem. **§ 55 Abs. 3** für Ansprüche auf Arbeitsentgelt und Sozialversicherungsbeiträge, wenn diese wegen **Insolvenzgeldzahlungen** gem. § 187 SGB III auf die BA übergegangen

genommenen Sachen beim Schuldner, wird der vorläufige Verwalter unmittelbarer **Fremdbesitzer** und der Schuldner **mittelbarer Eigenbesitzer** (HK-Kirchhof § 22 Rn. 9; Uhlenbruck-Vallender § 22 Rn. 19).

Verweigert der Schuldner die Herausgabe, kann der vorläufige Verwalter im Wege der **Herausgabevollstreckung** nach §§ 883 ff. ZPO vorgehen. Der Beschluss über die Anordnung der sog. starken vorläufigen Insolvenzverwaltung ist analog § 148 Abs. 2 Herausgabetitel i. S. d. § 794 Abs. 1 Nr. 3 ZPO ggü. dem Schuldner, nicht jedoch ggü. Dritten; er erlaubt auch die vorbereitende Durchsuchung der Wohn- und Geschäftsräume des Schuldners (HK-Kirchhof § 22 Rn. 9; Uhlenbruck-Vallender § 22 Rn. 19). Für Einwendungen gegen die Herausgabevollstreckung gem. § 4 i. V. m. § 766 ZPO ist analog § 148 Abs. 2 das Insolvenzgericht zuständig (AG Duisburg, ZInsO 2005, 105). Nach AG Duisburg a. a. O. soll der gerichtliche Sicherungsbeschluss als Herausgabetitel analog § 929 Abs. 1 ZPO keiner Vollstreckungsklausel bedürfen.

31a Zum sicherungspflichtigen Schuldnervermögen gehören auch die **Buchhaltungs- und Geschäftsunterlagen** des Schuldners (vgl. § 36 Abs. 2 Nr. 1, näher dazu § 36 Rdn. 40 ff.). Zur Herausgabe ist auch die Muttergesellschaft der Schuldnerin verpflichtet, wenn sie Besitzmittlerin ist (AG Villingen-Schwenningen, NZI 2007, 296). Wegnahme gegen deren Willen ist verbotene Eigenmacht (a. A. AG Villingen-Schwenningen a. a. O.), erforderlich ist vielmehr eine Herausgabevollstreckung (Rdn 31)

Nach LG Berlin (ZIP 2006, 962) hat der sog. starke vorläufige Verwalter gegen den Steuerberater des Schuldners Anspruch auf Herausgabe der **Buchhaltungs- und Steuerdaten**, den er ggf. im Wege einstweiliger Verfügung geltend machen kann, wenn er diese zur Sicherung des Schuldnervermögens benötigt, auch wenn noch Honorarrückstände beim Steuerberater bestehen (allg. Bruns/Hartz, DStR 2011, 330 ff. zum Herausgabeanspruch und einstweiligen Verfügungsverfahren gegen den Steuerberater wegen Unterlagen). Bei sog. schwacher vorläufiger Verwaltung ist aus Sicht des Steuerberaters die Zustimmung des Schuldners als Mandant erforderlich (Weber, DStR 2011, 2168, 2172).

Zurückbehaltungsrechte des Steuerberaters gem. §§ 66 Abs. 2 StBerG, 273, 320 BGB können nur insoweit bestehen, als es sich um Arbeitsergebnisse des Steuerberaters handelt, aber nicht soweit es sich um Unterlagen oder Daten handelt, die der Schuldner als Mandant dem Steuerberater zur Verfügung gestellt hat (LG Hannover, DStR 2009, 1416; LG Cottbus, ZInsO 2002, 635). Etwaige Zurückbehaltungsrechte sind jedoch nicht insolvenzfest (arg. § 51 Nr. 3) und erlöschen mit Eröffnung des Insolvenzverfahrens (ausführl. zu Zurückbehaltungsrechten des Steuerberaters Weber, DStR 2011, 2168 ff. und Olbing/Wollweber, DStR 2009, 2700 ff.).

32 Der vorläufige Verwalter kann zur Sicherung analog § 150 auch die **Siegelung** der Sachen des Schuldners durch den Gerichtsvollzieher betreiben. Eine **Inventarisierung** des Schuldnervermögens wie nach § 151 verlangt das Gesetz nicht ausdrücklich. Allerdings ergibt sich eine Inventarisierungspflicht grds. mittelbar aus der Sicherungspflicht, da die Sicherung des Schuldnervermögens seine vollständige Erfassung voraussetzt (Uhlenbruck-Vallender § 22 Rn. 21; Pohlmann, Befugnisse und Funktionen des vorläufigen Insolvenzverwalters, Rn. 130). Die Art und Weise der Inventarisierung sollte sich grds. an dem Vorbild des § 240 HGB orientieren. Demgegenüber gilt § 151 erst ab Insolvenzeröffnung. Für eine analoge Anwendung im Eröffnungsverfahren besteht weder Notwendigkeit noch Raum angesichts der klaren gesetzlichen Verweisungen (a. A. Uhlenbruck-Vallender § 22 Rn. 21; Pohlmann, Befugnisse und Funktionen des vorläufigen Insolvenzverwalters, Rn. 131). Daher bedarf es auch keiner Befreiung durch das Insolvenzgericht bei überschaubaren Vermögensverhältnissen analog § 151 Abs. 3 Satz 1 (a. A. Uhlenbruck-Vallender a. a. O.; Pohlmann a. a. O.).

33 Insolvenzanfechtungen sind gem. §§ 129 ff. dem Insolvenzverwalter im eröffneten Verfahren vorbehalten, das Insolvenzgericht kann den vorläufigen Verwalter dazu nicht ermächtigen (OLG Hamm, ZInsO 2005, 217). Gleichwohl kann sich die Tätigkeit des vorläufigen Verwalters auch auf **künftige Anfechtungsansprüche** erstrecken, wenn es gilt, die Durchsetzung künftiger Anfechtungsansprüche zu sichern oder vorzubereiten (BGH, ZInsO 2006, 143, 145).

sind. Damit werden auf die BA übergegangene Ansprüche aus einer sog. Insolvenzgeldvorfinanzierung in den Rang einer Insolvenzforderung nach § 38 zurückgestuft, um dem sog. starken vorläufigen Insolvenzverwalter die Betriebsfortführung im Eröffnungsverfahren nicht zu erschweren.

c) **Auswirkungen auf bestehende Vertragsverhältnisse**

Bei Erlass des allgemeinen Verfügungsverbotes bereits bestehende Verträge (sog. Altverträge) bleiben bestehen, die **§§ 103 bis 128 gelten grds. erst ab Insolvenzeröffnung** (BGH, DZWIR 2008, 87 zu § 103; MK-Haarmeyer § 22 Rn. 59–63; K/P/B-Pape § 22 Rn. 64). Dies gilt auch für das Recht zur Kündigung von Arbeits- und sonstigen Dienstverhältnissen nach § 113 (näher dazu Rdn. 116).

28

Allerdings entfalten einzelne Vorschriften der §§ 103 ff. **Vorwirkung** für das Eröffnungsverfahren, namentlich die Kündigungssperre des **§ 112 für Miet- und Pachtverhältnisse**, die bereits ab Insolvenzantrag gilt. Die fristlose Kündigung wegen eines im Eröffnungsverfahrens eingetretenen Zahlungsverzuges ist allerdings möglich (BGH, ZInsO 2002, 819) Ferner soll § 112 einer fristlosen Kündigung im Eröffnungsverfahren nicht entgegenstehen, wenn der vorläufige Verwalter über das Vermögen eines Zwischenvermieters sich weigert, vereinnahmte Mieten weiterzuleiten (BGH, ZIP 2005, 1085; vgl. dazu auch BGH, ZInsO 2002, 819).

Nach herrschender Meinung hat **auch § 107 Abs. 2 für Eigentumsvorbehaltsware** eine entsprechende Vorwirkung, d. h. der vorläufige Verwalter muss Eigentumsvorbehaltsware zur Sicherung seines Wahlrechts gem. §§ 103, 107 Abs. 2 im Eröffnungsverfahren nicht herausgeben (AG Mühldorf, ZInsO 1999, 481; HK-Kirchhof § 22 Rn. 16; Uhlenbruck-Vallender § 22 Rn. 39; MK-Haarmeyer § 22 Rn. 49; **a. A.** Bork, Fachanwaltshandbuch Insolvenzrecht, 2.91; Pohlmann, Befugnisse und Funktionen des vorläufigen Insolvenzverwalters, Rn. 440). Die analoge Anwendung des § 107 Abs. 2 auf andere Aussonderungsrechte, z. B. wegen Miet-, Pacht- oder Leasinggegenständen, ist streitig (vgl. HK-Marotzke § 107 Rn. 37 ff. m. w. N.).

Der sog. starke vorläufige Verwalter kann für bestehende Vertragsverhältnisse des Schuldners auch **Kündigungen** aussprechen, darf diese endgültige Maßnahme im Innenverhältnis zum Schuldner jedoch nur treffen, soweit dies zur Erfüllung des Sicherungszwecks erforderlich ist (Jaeger-Gerhardt § 22 Rn. 51–53; MK-Haarmeyer § 22 Rn. 59–63; vgl. auch BAG, ZInsO 2002, 1198 zur Kündigung von Arbeitsverhältnissen durch den sog. starken vorläufigen Insolvenzverwalter).

29

2. Sicherung und Erhaltung des Schuldnervermögens (Satz 2 Nr. 1)

a) **Maßnahmen zur Sicherung und Erhaltung**

Nach Abs. 1 Satz 2 Nr. 1 hat der sog. starke vorläufige Insolvenzverwalter das Vermögen des Schuldners zu sichern und zu erhalten. Gehört zum Vermögen des Schuldners ein Unternehmen, umfasst die Sicherungs- und Erhaltungspflicht insb. auch die **Aufrechterhaltung und Fortführung des laufenden Geschäftsbetriebes**, wie sich auch aus Abs. 1 Satz 2 Nr. 2 ergibt (dazu Rdn. 57, 112). Betriebsnotwendige Geräte sind im Bedarfsfall zu warten oder zu reparieren, sogar wenn sie zur Sicherheit an Dritte übereignet sind (BGHZ 146, 165, 173 = ZInsO 2001, 165, 167). Einen Überbl. über die Tätigkeiten des vorläufigen Insolvenzverwalters geben Titz/Tötter, ZInsO 2006, 976.

30

Für Gelder des verwalteten Schuldnervermögens ist ein **separates Ander- oder Sonderkonto** analog § 149 anzulegen. Vorzugswürdig ist ein sog. Sonderkonto, da es sich beim Anderkonto nach der Rspr. um ein Treuhandkonto des vorläufigen Verwalters persönlich handelt (BGH, ZInsO 2008, 1228; vgl. auch § 149 Rdn. 10 f.).

Die Sicherung des Schuldnervermögens hat in tatsächlicher Hinsicht i. d. R. durch **Inbesitznahme** analog § 148 Abs. 1 zu erfolgen (Uhlenbruck-Vallender § 22 Rn. 19). D. h. nicht, dass der vorläufige Verwalter die Sachen des Schuldners zur Sicherung an einen anderen Ort verbringen muss, was häufig gar nicht möglich ist, z. B. bei laufenden Betrieben. Inbesitznahme heißt vielmehr, dass der vorläufige Verwalter die tatsächliche Sachherrschaft übernehmen muss. Belässt er die in Besitz

31

Die Sicherung des Schuldnervermögens kann auch **grundbuchliche oder registerliche Maßnahmen** erfordern, wie z. B. die Eintragung des allgemeinen Verfügungsverbotes in das Grundbuch gem. §§ 23 Abs. 3, 32. 33a

Zur Sicherung des Schuldnervermögens gehört insb. auch der Abschluss bzw. Unterhalt der üblichen **Versicherungen**, d. h. sichern heißt grds. auch versichern (BGHZ 105, 230, 237 = NJW 1989, 1034; HK-Kirchhof § 22 Rn. 11; vgl. auch Homann/Neufeld, ZInsO 2005, 741, 745 ff. zum Versicherungsschutz im Eröffnungsverfahren und Vorliegen einer qualifizierten Mahnung nach § 39 VVG. Dies ist für den vorläufigen Verwalter auch deshalb von besonderer Bedeutung, da Vermögensschadenhaftpflichtversicherungen das Risiko der fehlenden oder unzureichenden Versicherung des verwalteten Vermögens häufig ausschließen. Die Versicherungspflicht umfasst auch Vermögenswerte, die im eröffneten Verfahren mit Absonderungsrechten belastet sind (BGHZ 146, 165, 173 = ZInsO 2001, 165, 167). Inwieweit die Versicherungspflicht auch für Vermögensgegenstände gilt, die im eröffneten Verfahren der Aussonderung unterliegen, ist, soweit ersichtlich, noch nicht entschieden. Es erscheint jedoch konsequent, eine Versicherungspflicht anzunehmen, wenn der Vermögensgegenstand der vorläufigen Verwaltung unterworfen und nicht an den Gläubiger herausgegeben wird (vgl. zur Reichweite der Sicherungsanordnungen auch § 21 Rdn. 11 ff.). 34

Der sog. starke vorläufige Verwalter ist wie der endgültige Verwalter, auch zur **Freigabe** einzelner Vermögensgegenstände berechtigt (vgl. zur Freigabe auch § 35 Rdn. 63 ff.), wenn dadurch das vorläufig verwaltete Vermögen entlastet wird, z. B. bei Altlastenproblematik (Jaeger-Gerhardt § 22 Rn. 35; HK-Kirchhof § 22 Rn. 10; ausführl. Heinze, ZInsO 2013, 1173 ff.). Hierbei ist für den vorläufigen Verwalter jedoch Zurückhaltung geboten (Jaeger-Gerhardt a. a. O.). 35

Der Sicherungs- und Erhaltungspflicht stehen auch **Unterhaltszahlungen an den Schuldner und seine Familie** analog § 100 Abs. 2 nicht entgegen (LG Bonn, ZInsO 2013, 833; HK-Kirchhof § 22 Rn. 11; FK-Schmerbach § 22 Rn. 48; Keller, NZI 2007, 316, 317 m. w. N.). 36

Hingegen ist der vorläufige Verwalter nicht befugt, **Zahlungen** für den Schuldner **zur Erledigung des Insolvenzantrages** zu leisten bzw. solche Zahlungen des Schuldners zu genehmigen. Dies wäre **insolvenzzweckwidrig** wie die Zahlung an einen einzelnen Insolvenzgläubiger außerhalb des gesetzlich vorgeschriebenen Verteilungsverfahrens (vgl. zur Insolvenzzweckwidrigkeit der Erfüllung von künftigen Insolvenzforderungen BGH, ZInsO 2005, 40, 42; ZInsO 2004, 1353, 1355). Zur mangelnden Erfüllungswirkung solcher Zahlungen des Schuldners entgegen entsprechenden Verfügungsbeschränkungen sowie verfahrensrechtlichen Konsequenzen s. § 24 Rdn. 4 f. 37

b) Verwertungsmaßnahmen

Der vorläufige Verwalter ist verpflichtet, das Vermögen des Schuldners zu sichern und zu erhalten, er ist **rgm. nicht berechtigt, das Schuldnervermögen i. S. d. §§ 159 ff., 165 ff. zu verwerten** (BGHZ 146, 165 = ZInsO 2001, 165). Dadurch soll zum einen der Schuldner vor unwiederbringlichen Vermögenseinbußen geschützt werden, solange die Verfahrenseröffnung noch nicht feststeht, zum anderen soll der Entscheidung der Gläubiger gem. § 157 nicht vorgegriffen werden (BGH, ZInsO 2011, Tz. 51; BGHZ 146, 165, 172 = ZInsO 2001, 165, 167). Rgm. unzulässig ist jedoch nur eine **Verwertung im technischen Sinn** (BGH a. a. O. und BGHZ 154, 72, 81 = ZInsO 2003, 318, 320), nicht etwa jede Veräußerungshandlung oder Forderungseinziehung. 38

Der Begriff der Verwertung im technischen Sinn ist in der InsO in Gegensatz zur Unternehmensfortführung gestellt und i. S. d. endgültigen Umwandlung des Schuldnervermögens in Geld zum Zweck der Gläubigerbefriedigung zu verstehen (BGHZ 154, 72, 81 = ZInsO 2003, 318, 320). Insofern ist die Verwertungstätigkeit **abzugrenzen ggü.** der dem vorläufigen Insolvenzverwalter gebotenen **Verwaltungstätigkeit**, zu der insb. auch die Fortführung eines Unternehmens des Schuldners und i. R. d. die Verarbeitung von Rohstoffen, der Verkauf von Waren, die Einziehung von Forderungen usw. gehört (BGHZ 146, 165, 173 f. = ZInsO 2001, 165). Der laufende Umsatz aus Lieferungen und Leistungen eines fortgeführten Unternehmens ist keine Verwertung im vorgenannten Sinn (BGHZ 154, 72, 81 = ZInsO 2003, 318, 320). Was ein ordentlicher Kaufmann 39 unter den gegebenen Umständen zur Unternehmensfortführung tun würde, ist Verwaltungstätigkeit, was darüber hinausgeht Verwertungstätigkeit (HK-Kirchhof § 22 Rn. 13 ff.). Außerhalb des laufenden Geschäftsbetriebes soll der vorläufige Verwalter fällige Forderungen des Schuldners gegen Drittschuldner grds. nur einziehen, um drohender Verjährung oder Uneinbringlichkeit vorzubeugen, nicht jedoch allgemein zur Masseanreicherung (BGH, NZI 2004, 381). Anders ist dies jedoch, wenn das Gericht den vorläufigen Verwalter im Sicherungsbeschluss wie häufig zur Forderungseinziehung ermächtigt hat.

40 Die Abgrenzung zwischen Verwertungs- und Verwaltungstätigkeit verläuft also nicht zwingend an der Grenze zwischen Anlage- und Umlaufvermögen. Die Veräußerung nicht betriebsnotwendigen Anlagevermögens kann eine Maßnahme der Liquiditätsbeschaffung i. R. d. Unternehmensfortführung darstellen, die Veräußerung aller Warenvorräte en bloc eine Verwertungsmaßnahme. Nach der BGH-Rspr. ist die **Grenze zur unzulässigen Verwertung** erst überschritten, wenn mehr Massebestandteile abgegeben werden, als es der Erhalt des Schuldnervermögens als Ganzes erfordert, oder wenn Massebestandteile veräußert werden, die für die spätere Fortführung des Schuldnerunternehmens von wesentlicher Bedeutung sind (BGH, ZInsO 2011, 1463, Tz. 51).

41 Eine **Verwertung im technischen Sinn** ist **nur ausnahmsweise zulässig**, wenn und soweit ein Aufschub der Verwertung bis nach Insolvenzeröffnung die künftige Insolvenzmasse schädigen würde (BGH, ZInsO 2011, 1463, Tz. 51; BGHZ 146, 165, 173 = ZInsO 2001, 165, 167). Die Begr. RegE (BT-Drucks. 12/2443 S. 117) nennt z. B. den Verkauf verderblicher Waren. Nach BGH ist der vorläufige Verwalter sogar verpflichtet sein, einer besonders günstigen Verwertung zuzustimmen, wenn diese Gelegenheit sich nach Verfahrenseröffnung voraussichtlich nicht mehr bietet (BGH, ZInsO 2011, 1463, Tz. 52 ff.). Nach dem AG Hamburg (ZInsO 2005, 1056) bedürfen Verwertungsmaßnahmen im Eröffnungsverfahren generell der Zustimmung des Insolvenzgerichts.

Nach den vorgenannten Grundsätzen ist insb. eine **Betriebsveräußerung im Eröffnungsverfahren rgm. unzulässig**. Die Literatur will in seltenen Ausnahmefällen mit Blick auf Abs. 2 Nr. 2 eine Betriebsveräußerung vor Eröffnung zulassen, wenn sich die Betriebsveräußerung als Minus ggü. einer ansonsten drohenden Betriebsstilllegung darstellt sowie der Schuldner und das Insolvenzgericht zustimmen (Jaeger-Gerhardt § 22 Rn. 89; MK-Haarmeyer § 22 Rn. 81; Uhlenbruck-Vallender § 22 Rn. 33; offengelassen in BGHZ 104, 151 = NJW 1988, 1912 zu § 106 KO). In diese Richtung weist jetzt auch BGH, ZInsO 2006, 257, 259. Vor dem Hintergrund, dass eine entsprechende Ergänzung des Abs. 2 Nr. 2, wie sie noch DiskE Ins = ÄndG 2003 in Art. 1 Nr. 7 vorsah, jedoch im darauffolgenden RefE InsOÄndG 2004 (abgedruckt in: ZInsO 2004, 1016) nicht mehr vorgesehen wird, ist hier jedoch deutliche Zurückhaltung geboten, zumal sich eine dringende Betriebsveräußerung i. d. R. auch nach einer zeitnahen Verfahrenseröffnung verwirklichen lässt. Abgesehen davon ist eine Betriebsveräußerung bereits im Eröffnungsverfahren in aller Regel kaum sinnvoll, da der Erwerber die Haftungsprivilegierungen eines Erwerbs im eröffneten Verfahren nicht in Anspruch nehmen kann und insofern erheblichen Haftungsrisiken für Altverbindlichkeiten des Schuldners ausgesetzt ist. Dies gilt insb. für Haftungsfolgen aus § 613a BGB und § 25 HGB (BAG, ZInsO 2003, 139 bzw. BGHZ 104, 151 = NJW 1988, 1912; **a. A.** Jaeger-Gerhardt § 22 Rn. 93 f.). Allerdings haftet ein Betriebserwerber nicht gem. § 75 AO für rückständige Steuern des Schuldners (BFH, ZIP 1998, 1845).

c) Behandlung künftiger Aus- und Absonderungsrechte

aa) Aussonderungsrechte

42 Die Behandlung von Vermögensgegenständen, deren Aussonderung im Fall der Eröffnung des Insolvenzverfahrens verlangt werden könnte, hängt auch bei sog. starker vorläufiger Verwaltung davon ab, ob und inwieweit das Insolvenzgericht Sicherungsanordnungen nach § 21 Abs. 2 Satz 1 Nr. 5 getroffen hat (ausführl. dazu § 21 Rdn. 69a ff.).

Die Sicherungs- und Erhaltungspflicht umfasst auch bei Vermögensgegenständen, deren Aussonderung im Fall der Verfahrenseröffnung verlangt werden kann, grds. auch die Versicherungspflicht (Rdn. 34). 43

Zur **Veräußerung und Verarbeitung** fremder Sachen, die in einem eröffneten Insolvenzverfahren Aussonderungsrechten unterliegen, ist der vorläufige Verwalter grds. nicht befugt. Auch eine eingeräumte Nutzungsbefugnis gem. § 21 Abs. 2 Satz 1 Nr. 5 verleiht dem vorläufigen Verwalter nicht das Recht zur Weiterveräußerung bzw. -verarbeitung, Verbrauch oder Verwertung (Begr. REgE BT-Drucks. 16/3227 S. 29). Dieses richtet sich vielmehr nach allgemeinem Zivilrecht, d.h. rgm. den betreffenden schuldrechtlichen Vereinbarungen (ausführl. dazu § 21 Rdn. 69d). 44

Veräußert oder verarbeitet ein sog. starker vorläufiger Insolvenzverwalter Eigentumsvorbehaltsware, ist die Kaufpreisforderung des Eigentumsvorbehaltsverkäufers Masseforderung gem. §§ 22 Abs. 1, 55 Abs. 2. Veräußert ein vorläufiger Verwalter unberechtigterweise Vorbehaltsware, kommen Ersatzaussonderungsansprüche gem. bzw. analog § 48 (vgl. auch § 48 Rdn. 17 f.; zu Zweifelsfragen bei der Ersatzaussonderung und Ersatzabsonderung Ganter NZI 2005, 1), vertragliche Schadensersatzansprüche und Bereicherungsansprüche gem. § 816 BGB (vgl. OLG Koblenz, ZInsO 2004, 929) gegen das Schuldnervermögen sowie Schadensersatzansprüche gegen den vorläufigen Verwalter gem. §§ 21 Abs. 2 Nr. 1, 60 in Betracht. 45

bb) Absonderungsrechte

Die Sicherungspflicht des vorläufigen Verwalter erstreckt sich auch auf Vermögensgegenstände, die im eröffneten Verfahren mit Absonderungsrechten belastet sind (BGH, ZInsO 2011, 1463, Tz. 29). Die Sicherungs- und Erhaltungspflicht umfasst auch die Versicherungspflicht (Rdn. 34). Der vorläufige Verwalter hat auch dafür zu sorgen, dass der absonderungsbelastete Vermögensgegenstand nicht einen Wertverlust durch vermeidbare Rechtsmängel erleidet (BGH, ZInsO 2006, 429). 46

I. Ü. hängt die Behandlung von Vermögensgegenständen, deren Absonderung im Fall der Eröffnung des Insolvenzverfahrens verlangt werden könnte, maßgeblich davon ab, ob und inwieweit das Insolvenzgericht Sicherungsanordnungen nach § 21 Abs. 2 Satz 1 Nr. 5 getroffen hat (ausführl. zum Ganzen § 21 Rdn. 69a ff.).

Der vorläufige Verwalter ist zum Schutz der künftigen Insolvenzmasse berechtigt und i. d. R. auch verpflichtet, im Eröffnungsverfahren die **Herausgabe** von Vermögenswerten zu verweigern, an denen im eröffneten Verfahren Absonderungsrechte bestehen (ausführl. § 21 Rdn. 69c). Die Untersagung bzw. einstweilige Einstellung der Zwangsvollstreckung gem. § 21 Abs. 2 Nr. 3 erfasst auch Zwangsvollstreckungsmaßnahmen künftiger Absonderungsberechtigter (ausführl. § 21 Rdn. 56). Gibt der vorläufige Verwalter im Eröffnungsverfahren gleichwohl heraus, kann er sich wegen der der künftigen Insolvenzmasse entgehenden Kostenbeiträge gem. §§ 170 ff. schadensersatzpflichtig gem. §§ 21 Abs. 2 Nr. 1, 60 machen. 47

Bei **Inbesitznahme** von sicherungsübereigneten Gegenständen **durch den absonderungsberechtigten Gläubiger** vor Insolvenzeröffnung fallen keine Kostenbeiträge gem. §§ 170 ff. an (BGHZ 154, 72 = ZInsO 2003, 318). Die Inbesitznahme ist auch nicht mit der Begründung anfechtbar, der künftigen Masse seien dadurch die gesetzlichen Kostenbeiträge gem. §§ 170 ff. entgangen (BGH, ZInsO 2005, 148). Nach OLG Düsseldorf (ZInsO 2006, 154) soll die Inbesitznahme durch den Sicherungsnehmer jedoch wegen der Belastung der künftigen Insolvenzmasse mit USt anfechtbar sein, wenn das Sicherungsgut erst nach Verfahrenseröffnung verwertet wird und nach der sog. Doppelumsatztheorie des BFH USt (auch) zulasten der Masse anfällt. 48

Die **Nutzungsbefugnis** des Schuldners bzw. des vorläufigen Verwalters richtet sich entweder nach den gem. § 21 Abs. 2 Satz 1 Nr. 5 getroffenen Anordnungen (ausführl. dazu § 21 Rdn. 69d ff.) bzw., falls solche nicht getroffen sind, nach allgemeinem Zivilrecht, also z. B. dem Sicherungsvertrag (vgl. BGHZ 146, 165, 173 = ZInsO 2001, 165, 167: »vertragliche sowie gesetzliche Grenzen«). Der Gläubiger hat Anspruch auf wirtschaftlichen Ausgleich gem. § 21 Abs. 2 Satz 1 Nr. 5 Halbs. 2 und 3 49 (ausführl. zur Nutzungsentschädigung § 21 Rdn. 69e). Der vorläufige Verwalter haftet dafür jedoch grds. nicht persönlich gem. §§ 21 Abs. 2 Satz 1 Nr. 1, 61 (§ 21 Rdn. 69 f.).

50 Zur Befugnis des vorläufigen Verwalters zur **Veräußerung und Verarbeitung** von Sachen, die im Fall der Verfahrenseröffnung der Absonderung unterliegen s. Rdn. 44 f. und § 21 Rdn. 69d.

Veräußert der vorläufige Verwalter unberechtigt Gegenstände, deren Absonderung im eröffneten Verfahren hätte verlangt werden können, kommen Ersatzabsonderungsansprüche analog § 48 (vgl. z. B. BGH, NZI 2004, 209 zum Vermieterpfandrecht; zu Zweifelsfragen bei der Ersatzaussonderung und Ersatzabsonderung Ganter NZI 2005, 1; vgl. auch § 48 Rdn. 35 ff.), vertragliche Schadensersatzansprüche und Bereicherungsansprüche gem. § 816 BGB (vgl. dazu OLG Koblenz, ZInsO 2004, 929) gegen das Schuldnervermögen sowie Schadensersatzansprüche gegen den vorläufigen Verwalter gem. §§ 21 Abs. 2 Nr. 1, 60 in Betracht.

51 Nach dem neu eingeführten § 21 Abs. 2 Satz 1 Nr. 5 kann das Insolvenzgericht dem Sicherungsgläubiger im Eröffnungsverfahren die **Einziehung sicherungsabgetretener Forderungen** i. S. d. § 166 Abs. 2 untersagen und die Einziehungsbefugnis dem vorläufigen Verwalter übertragen (ausführl. zum Ganzen § 21 Rdn. 69h ff.). Die Sicherungsabtretung umfasst nach BGH-Rspr. auch Forderungen, die erst nach Anordnung der Verfügungsbeschränkung entstanden sind, d. h. auch **Forderungen aus** dem **Eröffnungsverfahren** (str., ausführl. dazu § 24 Rdn. 8).

52 Anders ist die Rechtslage **ohne gerichtliche Einziehungsanordnung** gem. § 21 Abs. 2 Satz 1 Nr. 5. Hier ist der vorläufige Verwalter i. R. d. vertraglichen Rechte des Schuldners zur **Einziehung sicherungsabgetretener Forderungen** befugt, **solange** der Sicherungsgläubiger die **Einziehungsbefugnis nicht widerrufen hat** (BGHZ 146, 165, 174 = ZInsO 2001, 165; Uhlenbruck-Vallender, § 22 Rn. 209; Kirchhof ZInsO 1999, 436; **a. A.** K/P/B-Pape § 22 Rn. 22 f.). Kostenbeiträge analog §§ 170 ff. fallen in diesem Fall jedoch nicht an (BGHZ 154, 72 = ZInsO 2003, 318). Der Sicherungsgläubiger ist ohne Anordnung nach § 21 Abs. 2 Satz 1 Nr. 5 auch nicht gehindert, die Einziehungsbefugnis zu widerrufen, die Abtretung offenzulegen und die Forderung selbst einzuziehen (BGHZ 144, 192, 199 = ZInsO 2000, 330 zu § 106 KO; Kirchhof, ZInsO 1999, 436 f.). Auch die Untersagung bzw. einstweilige Einstellung der Zwangsvollstreckung hindert den Sicherungsnehmer nicht, seine Rechte ohne Vollstreckungsmaßnahmen durchzusetzen, z. B. durch Offenlegung einer Forderungsabtretung (BGHZ 154, 72 = ZInsO 2003, 318). Ein Vollstreckungsverbot gem. § 21 Abs. 2 Nr. 3 hindert Gläubiger auch nicht an Aufrechnungen, die jedoch ggf. gem. §§ 129 ff. anfechtbar sein können (BGH, ZInsO 2004, 852). Zur effizienten Bearbeitung von Sicherungsabtretungen in der Insolvenz: Schmidt/Büchler, InsbürO 2006, 362.

53 Das gerichtliche Verbot an die Drittschuldner, an den Schuldner zu zahlen, sowie das Gebot, an den vorläufigen Verwalter zu zahlen, regelt lediglich die Empfangszuständigkeit zwischen Schuldner und vorläufigem Verwalter ggü. den Drittschuldnern und greift nicht in die Rechte von Sicherungsnehmern und deren etwaiges Einziehungsrecht ein (BGH, ZIP 2007, 827, 828; ZInsO 2003, 318, 321).

54 Der vorläufige Insolvenzverwalter hat **ohne Absprache** mit dem Sicherungsgläubiger **keine Befugnis zum Einsatz abgetretener Zahlungseingänge für den laufenden Geschäftsbetrieb** (BGH, ZInsO 2010, 714, Tz. 28; näher zu mögl. Vereinbarung Ganter, FS Wellensiek, S. 399, 400, 404: »Liquiditätsvereinbarung«, ders. zum Ganzen NZI 2010, 551 ff.; ausführl. zudem Spannungsverhältnis zwischen Fortführungsauftrag und Absonderungspflicht auch Johlke/Jensen, FS Wellensiek, S. 563 ff., und Flöther/Wehner, NZI 2010, 554 ff.). Das Sicherungsrecht setzt sich vielmehr am Einziehungserlös fort (BGH a. a. O., Tz. 38 ff.). Der Anspruch auf Herausgabe der eingezogenen Forderungsbeträge ist nach Verfahrenseröffnung Absonderungsrecht gem. § 51, nicht nur Masseforderung gem. § 55 (BGH a. a. O., Tz. 38). Es besteht deshalb selbst bei Masseamut i. S. d. § 207 (BGH a. a. O.). Der vorläufige Verwalter hat zur Sicherung der Rechte des Sicherungsgläubigers die **Pflicht**, die eingezogenen Beträge an den Sicherungsnehmer **abzuführen oder** sie **jedenfalls unterscheidbar zu verwahren** (BGH a. a. O., Tz. 28). Dem Sicherungsgläubiger steht – bereits im Eröffnungsverfahren, jedoch auch nach Verfahrenseröffnung – ein **Herausgabeanspruch analog § 170**

Abs. 2 Satz 1 zu (BGH a. a. O., Tz. 38, 41; krit.: Mitlehner, ZIP 2010, 1934 ff.; Smid, DZWIR, 2010, 309 ff.). Die Verwahrung anstelle der sofortigen Abführung im Eröffnungsverfahren bietet sich insb. an, wenn die Wirksamkeit der geltend gemachten Abtretung nach Verfahrenseröffnung weiter zu prüfen ist (s. o. Rdn. 69h). Für die gesonderte Verwahrung ist die Einrichtung eines gesonderten Treuhandkontos erforderlich (BGH a. a. O., Tz. 28). Die Einrichtung eines gemeinsamen Treuhandkontos für mehrere Sicherungsnehmer soll jedoch zulässig sein (BGH a. a. O.). Die Entnahme der Kostenbeiträge ist analog § 170 Abs. 1 Satz 1 im Zusammenhang mit der Herausgabe der eingezogenen Beträge an den Gläubiger vorzunehmen, ggf. also auch nach Verfahrenseröffnung, selbst wenn der Forderungseinzug bereits durch den vorläufigen Verwalter im Eröffnungsverfahren erfolgt ist.

Verstößt der vorläufige Verwalter gegen diese Pflichten zulasten des Sicherungs-/Absonderungsgläubigers, kann er sich gem. §§ 21 Abs. 2 Satz 1 Nr. 1 i. V. m. § 60 schadensersatzpflichtig machen (näher zu Haftungsrisiken bei Verwertung von Sicherungsgut Ganter, FS Wellensiek, S. 399 ff.).

Gehen beim sog. starken vorläufigen Verwalter Zahlungen auf sicherungsabgetretene Forderungen ein, die ihm nicht zustehen, kann dies ferner ggf. zu **Massebereicherungsansprüchen** im eröffneten Verfahren führen. Inwieweit § 55 Abs. 2 Satz 1 auch Massebereicherungsansprüche aus dem Eröffnungsverfahren erfasst, ist umstritten (dafür: OLG Brandenburg, ZInsO 2004, 806, das allerdings § 55 Abs. 2 Satz 1 unzutreffend für den sog. schwachen vorläufigen Verwalter analog anwendet; Jaeger-Henckel § 55 Rn. 92; dagegen: K/P/B-Pape § 55 Rn. 62; MK-Hefermehl § 55 Rn. 200).

Hat der vorläufige Verwalter Forderungen eingezogen, steht dem Sicherungsgläubiger im Fall der **Nichteröffnung bzw. Aufhebung der Sicherungsmaßnahmen** ein **Bereicherungsanspruch** analog § 25 Abs. 2, § 816 Abs. 2 BGB **gegen den vorläufigen Verwalter** zu (BGH, ZIP 2007, 827, 828). Bei Prätendentenstreit kann der vorläufige Verwalter gem. § 372 BGB hinterlegen (vgl. BGH, ZIP 2007, 827, 829, Tz. 20 f.; HK-Kichhof, § 25 Rn. 11). 54a

Das sog. **Werthaltigmachen sicherungsabgetretener Forderungen** kann gem. § 130 anfechtbar sein (BGH, ZInsO 2008, 801; ZInsO 2007, 91); ebenso die Forderungsentstehung selbst, wenn nicht bereits §§ 24, 81 entgegenstehen (BGH, ZInsO 2008, 91). **Bei teilfertigen Leistungen** empfiehlt sich daher für den vorläufigen Verwalter aus Praktikabilitäts- und Beweisgründen eine rechtzeitige **Abgrenzungsvereinbarung** mit dem Sicherungsnehmer. 55

d) Behandlung unpfändbarer Vermögensgegenstände

Eine Ausnahme von dem Grundsatz, dass das gesamte Vermögen des Schuldners einschließlich fremder Sachen zu sichern und zu erhalten ist, bilden unpfändbare Vermögensgegenstände gem. § 36 (vgl. BGH, ZIP 2008, 1685, 1686). Wie sich aus § 36 Abs. 4 Satz 3 ergibt, ist der Pfändungsschutz bereits im Eröffnungsverfahren zu beachten. Für Entscheidungen, inwieweit Arbeitseinkommen und sonstige Vergütungen gem. §§ 850 ff. ZPO pfändbar sind, ist gem. § 36 Abs. 4 Satz 3 das Insolvenzgericht zuständig. Bei unpfändbaren Sachen i. S. d. § 36 ist das Insolvenzgericht analog § 148 Abs. 2 auch zuständig für eine Erinnerung des Schuldners gegen eine Herausgabevollstreckung des sog. starken vorläufigen Verwalters. 56

3. Unternehmensfortführung (Abs. 1 Satz 2 Nr. 2)

Der sog. starke vorläufige Insolvenzverwalter hat ein Unternehmen, das der Schuldner betreibt, bis zur Entscheidung über die Eröffnung des Insolvenzverfahrens fortzuführen, soweit nicht das Insolvenzgericht einer Stilllegung zustimmt, um eine erhebliche Verminderung des Vermögens zu vermeiden. Die **Fortführung** ist also der **Regelfall**, die Stilllegung bereits im Eröffnungsverfahren der begründungs- und zustimmungspflichtige Ausnahmefall. Die Fortführungspflicht hat den Sinn und Zweck, zum einen den Schuldner vor unwiederbringlichen Vermögenseinbußen durch eine vorzeitige Betriebsstilllegung zu schützen, solange die Verfahrenseröffnung noch nicht feststeht, zum anderen soll der Entscheidung der Gläubiger gem. § 157 nicht vorgegriffen werden (BGHZ 57

146, 165, 172 = ZInsO 2001, 165, 167). Insoweit sind grds. alle Optionen zum Erhalt des Unternehmens offenzuhalten (vgl. auch § 1 Satz 1).

58 Vom **Umfang** her berechtigt und verpflichtet die Fortführungspflicht den vorläufigen Verwalter grds. alles zu tun, was für die Fortführung des Unternehmens erforderlich ist und eine vorzeitige Stilllegung vermeidet bzw. alles zu unterlassen, was dem schadet. Dabei hat er jedoch den Bedingungen des Insolvenzeröffnungsverfahrens und dem Wirtschaftlichkeitsprinzip Rechnung zu tragen, d. h. die Fortführungspflicht rechtfertigt grds. weder die Befriedigung von Altforderungen, noch unwirtschaftliches Verhalten.

59 Forderungen einzelner Gläubiger darf der vorläufige Verwalter nur begründen und erfüllen, soweit dies, insb. zur Fortführung des Schuldnerunternehmens, im Interesse der Gläubigergemeinschaft erforderlich oder wenigstens zweckmäßig erscheint (BGH, ZInsO 2004, 1353, 1355). Dies betrifft namentlich **Forderungen aus Lieferungen und Leistungen zur Betriebsfortführung**. Die **Bezahlung** rechtfertigt sich auch aus dem Bargeschäftsgedanken des § 142 (Kirchhof, ZInsO 2004, 57 f.). Anstelle der Bezahlung kann der vorläufige Verwalter dem Gläubiger auch eine entsprechende Sicherheit am Schuldnervermögen bestellen, also z. B. einem Lieferanten die Forderung aus dem künftigen Weiterverkauf der gelieferten Ware i. H. d. Einkaufspreises zur Sicherheit abtreten; der Bargeschäftsgedanken lässt auch eine **Sicherheitenbestellung** zu (HK-Kreft § 142 Rn. 3; vgl. auch Rdn. 97). Entscheidend ist, dass für die Zahlung oder Sicherheitenbestellung mindestens gleichwertige Vermögensgegenstände ins Schuldnervermögen gelangen (Kirchhof a. a. O.).

59a Der vorläufige Verwalter ist **grds. weder berechtigt noch verpflichtet, Insolvenzforderungen zu erfüllen** (BGH ZInsO 2008, 754, 755). Eine **Ausnahme** besteht, soweit dies – insb. zur Fortführung des Schuldnerunternehmens – im Interesse der Gläubigergemeinschaft erforderlich oder wenigstens zweckmäßig erscheint (BGH, ZInsO 2004, 1353, 1355), also für die künftige Insolvenzmasse mehr Vor- als Nachteile zu erwarten sind; z. B. bei Mietzahlungen zur Vermeidung der Kündigung (BGH, ZInsO 2008, 754, 755). Hier gilt wegen § 87 jedoch ein **strenger Maßstab**. Zur ausnahmsweisen Befriedigung von Altforderungen unter dem Vorbehalt späterer Anfechtung Rdn. 179 ff.

60 Die Fortführungspflicht umfasst neben den üblichen betrieblichen Angelegenheiten wie z. B. Aufrechterhaltung der Produktion, Ein- und Verkauf, Forderungseinziehung usw. auch die insolvenzspezifischen Aufgaben wie z. B. die der Einrichtung einer Insolvenzgeldvorfinanzierung (ausführl. dazu Rdn. 122 ff.) und ggf. die Beschaffung eines Massekredits (ausführl. zum Massekredit im Insolvenzeröffnungsverfahren Grub, FS Lüer, S. 377 ff., Schönfelder, WM 2007, 1489; ferner Huber, NZI 2014, 439 unter besonderer Berücksichtigung des sog. unechten Massekredits). Der vorläufige Insolvenzverwalter darf das Unternehmen auch nicht faktisch zum Erliegen bringen, indem er z. B. keine Aufträge mehr annimmt oder keine Bestellungen mehr auslöst. Betriebsnotwendige Geräte sind im Bedarfsfall zu warten oder zu reparieren, sogar wenn sie zur Sicherheit an Dritte übereignet sind (BGHZ 146, 165, 173 = ZInsO 2001, 165, 167).

60a Eine **Gewerbeuntersagung** wegen ungeordneter Vermögensverhältnisse ist während der Zeit, in der Sicherungsmaßnahmen nach § 21 angeordnet sind, gem. **§ 12 GewO** unzulässig. Der aus dem Schutzzweck des § 12 GewO folgende Sperrwirkung wirkt sich auch i. R. d. Abwägung zur sofortigen Vollziehbarkeit aus (VGH Bayern, ZInsO 2011, 1846). Eine Gewerbeuntersagung ist trotz § 12 GewO möglich, wenn die gewerberechtliche Unzuverlässigkeit auf andere Gründe als ungeordnete Vermögensverhältnisse zurückzuführen ist (OVG Nordrhein-Westfalen, ZIP 2010, 746).

61 Die InsO nimmt dabei grds. in Kauf, dass bei einer Betriebsfortführung im Eröffnungsverfahren Verluste entstehen und die künftige Masse dadurch geschmälert werden könnte. Allerdings kann es im Einzelfall geboten sein, ein Unternehmen bereits im Eröffnungsverfahren ganz oder teilweise stillzulegen, wenn erhebliche Verluste erwirtschaftet werden und keine Aussicht auf eine Sanierung besteht (Begr. RegE BT-Drucks. 12/2443 S. 117; AG Aachen, ZInsO 1999, 482). In einem solchen Fall ist es das Recht und zur Sicherung der künftigen Masse auch die Pflicht des vorläufigen Verwalters, die **Stilllegung des Unternehmens oder von Unternehmensteilen** mit Zustimmung des

Gerichts vorzunehmen, wenn durch die Unternehmensfortführung eine **erhebliche Verminderung des Schuldnervermögens** einzutreten droht.

Umstritten ist, ab wann von einer **erheblichen Verminderung des Schuldnervermögens** auszugehen ist. Die überwiegende Literatur nennt einen **Richtwert von 25 %** des Schuldnervermögens (vgl. Jaeger-Gerhard, § 22 Rn. 84; MK-Haarmeyer § 22 Rn. 114; Uhlenbruck-Vallender § 22 Rn. 26; NR-Mönning § 22 Rn. 178; **a. A.** HK-Kirchhof § 22 Rn. 23 und K/P/B-Pape § 22 Rn. 58: 10 %). Da es sich notwendigerweise um eine **Prognoseentscheidung** handelt, ist dem vorläufigen Verwalter und dem Gericht ein gewisser Prognosespielraum einzuräumen. Es ist ein **Vermögensvergleich** zwischen dem Zeitpunkt der Anordnung der vorläufigen Verwaltung und der Entscheidung über die Verfahrenseröffnung anzustellen (Uhlenbruck-Vallender § 22 Rn. 26). Dabei sind nicht nur das Aktivvermögen des Schuldners, sondern auch alle Passiva bei dem Vermögensvergleich zu berücksichtigen, einschließlich ggf. bei Stilllegung notwendiger Rückstellungen für Stilllegungsaufwand und Drohverluste. Verzehrt also z. B. eine Betriebsfortführung im Eröffnungsverfahren mehr als 25 % des Aktivvermögens des Schuldners, kann es gleichwohl an einer erheblichen Vermögensverminderung i. S. d. Abs. 2 Nr. 2 fehlen, wenn die Betriebsfortführung im Eröffnungsverfahren Voraussetzung z. B. für eine übertragende Sanierung im eröffneten Verfahren ist und durch die übertragende Sanierung hohe Belastungen im Fall einer Stilllegung vermieden werden können.

Solange das Gericht die Zustimmung nicht erteilt hat, darf der vorläufige Verwalter keine Maßnahmen zur Stilllegung vornehmen (so wohl auch HK-Kirchhof § 22 Rn. 27), z. B. Kündigungen aussprechen, auch wenn der Kündigungstermin erst später liegt (vgl. Rdn. 118).

Abs. 2 Nr. 2 betrifft nicht nur die Stilllegung des Unternehmens insgesamt, sondern auch **Teilstilllegungen** (Begr. RegE BT-Drucks. 12/2443 S. 117).

Für eine Differenzierung zwischen zustimmungspflichtigen »Teilunternehmensstilllegungen« und zustimmungsfreien »Teilbetriebsstilllegungen« ist dabei kein Raum (**a. A.** Uhlenbruck-Vallender § 22 Rn. 31), zumal die Verwendung der Begriffe Unternehmen und Betrieb in der InsO ohnehin nicht stringent ist (vgl. dazu Jaeger-Gerhardt § 22 Rn. 153). Selbstverständlich ist der vorläufige Verwalter unterhalb der Teilstilllegung auch ohne gerichtliche Zustimmung berechtigt, z. B. eine unrentable Filiale zu schließen oder eine von mehreren Produktreihen nicht weiterzuführen. Auch kann der vorläufige Verwalter einzelne Arbeitnehmer bereits im Eröffnungsverfahren kündigen und freistellen, wenn sie auch bei einer Sanierung des Unternehmens nicht mehr benötigt werden (HK-Kirchhof § 22 Rn. 20). Dies darf jedoch ohne die vorgenannten gesetzlichen Voraussetzungen nicht zur Stilllegung des Unternehmens oder Teilstilllegung von Unternehmensteilen führen.

Zur **Wiederaufnahme eines bereits eingestellten Betriebes** ist der vorläufige Verwalter nicht verpflichtet (HK-Kirchhof § 22 Rn. 19; MK-Haarmeyer § 22 Rn. 93; Uhlenbruck-Vallender § 22 Rn. 24). Zur Zulässigkeit einer **Betriebsveräußerung als Minus zur Stilllegung** s. Rdn. 41.

Arbeitsrechtliche Stilllegungsvoraussetzungen, z. B. nach §§ 111 ff. BetrVG, §§ 17 ff. KSchG usw., werden durch die Zustimmung nach Abs. 2 Nr. 2 nicht ersetzt.

Die gerichtliche Zustimmung zur Stilllegung setzt einen entsprechenden **Antrag des vorläufigen Verwalters** an das Gericht voraus, in dem die drohende erhebliche Vermögensverminderung entsprechend dargelegt werden muss (Uhlenbruck-Vallender § 22 Rn. 29). Dazu muss der vorläufige Verwalter i. d. R. insb. eine die Besonderheiten des Insolvenzeröffnungsverfahrens (z. B. Insolvenzgeldvorfinanzierung) berücksichtigende Ertragsplanung für den Fortführungszeitraum bis zur voraussichtlichen Entscheidung über die Verfahrenseröffnung vorlegen (Uhlenbruck-Vallender a. a. O.). Die gerichtliche Zustimmung zur Stilllegung oder deren Ablehnung ergehen durch Beschluss. Einen Rechtsbehelf gegen den Beschluss sieht die InsO nicht vor. Lehnt das Gericht die Stilllegung ab, besteht die Fortführungspflicht fort (HK-Kirchhof § 22 Rn. 27).

Zur **Haftung des vorläufigen Verwalters** im Zusammenhang mit der Fortführungspflicht in diesem Fall und allgemein s. Rdn. 212 ff.

4. Prüfungsaufgaben, Sachverständigentätigkeit (Abs. 1 Satz 2 Nr. 3)

a) Allgemeines

68 Abs. 1 Satz 2 Nr. 3 wird von der herrschenden Meinung so verstanden, dass die **Prüfung der Verfahrenskostendeckung** zu den **gesetzlichen Pflichten des sog. starken vorläufigen Verwalters** gehört und nur die **Prüfung der Eröffnungsgründe und der Fortführungsaussichten** vom Gericht ggf. gesondert zu beauftragende **Sachverständigentätigkeit** ist (HK-Kirchhof § 22 Rn. 33 f.; Jaeger-Gerhardt § 22 Rn. 147–149; Uhlenbruck-Vallender § 22 Rn. 198; K/P/B-Pape § 22 Rn. 61). In der Sache sind jedoch alle Prüfungsaufgaben nach Abs. 1 Satz 2 Nr. 3 Sachverständigentätigkeit, unabhängig davon ob sich der Gutachtenauftrag aus dem Gesetz oder einem gerichtlichen Auftrag ergibt; sie sind insofern rechtlich, d. h. vergütungsrechtlich, haftungsrechtlich sowie hinsichtl. der Auskunfts- und Einsichtsbefugnisse einheitlich zu behandeln (so auch MK-Haarmeyer § 22 Rn. 140 ff.; NR-Mönning § 22 Rn. 195 f.). Über die Prüfung der Eröffnungsgründe und der Fortführungsaussichten hinaus kann das Gericht gem. § 5 Abs. 1 weitere Gutachtenaufträge erteilen, z. B. zur Abgrenzung zwischen Regel- und Kleinverfahren oder zu den Voraussetzungen einer Eigenverwaltung.

Die Sachverständigentätigkeit ist eine persönliche Aufgabe (§ 4 i. V. m. § 407a Abs. 1 ZPO). Mitarbeitern dürfen gem. § 4 i. V. m. § 407a Abs. 2 ZPO nur Tätigkeiten von untergeordneter Bedeutung übertragen werden. Im Gutachten sind diese namhaft zu machen und der Umfang ihrer Tätigkeit anzugeben (§ 4 i. V. m. § 407a Abs. 2 ZPO; vgl. zum Einsatz von **Mitarbeitern** durch den vorläufigen Verwalter im Rahmen seiner Sachverständigentätigkeit auch Hofmann, ZIP 2006, 1080). Der Sachverständige darf aus den v.g. Gründen auch keine **externen Dienstleister** (»Untersachverständigen«) einschalten (z. B. zur Bewertung des Anlagevermögens), da die Entscheidung über die Beauftragung von Sachverständigen steht gem. § 5 dem Insolvenzgericht zusteht (AG Hamburg, ZIP 2014, 338).

Als **Informationsquellen** stehen dem vorläufigen Insolvenzverwalters/Gutachter insb. der **Schuldner** einschließlich seiner **Geschäfts- und Buchhaltungsunterlagen** sowie **EDV-Daten** zur Verfügung, ferner **Dritte**, die vom Gericht ggf. als Zeugen gem. § 5 i. V. m. §§ 373 ff. ZPO vernommen werden können. Dem vorläufigen Insolvenzverwalters/Gutachter kann auch ein Informationsanspruch nach § 1 **Informationsfreiheitsgesetz (IFG)** des Bundes bzw. der Länder zustehen, da nach § 1 Abs. 1 Satz 1 IFG jeder nach Maßgabe des IFG ggü. den Behörden des Bundes einen Anspruch auf Zugang zu amtlichen Informationen hat (Haarmeyer/Wutzke/Förster, Handbuch der vorläufigen Insolvenzverwaltung, § 8 Rn. 9 ff.). Die Informationsansprüche nach dem IFG werden nicht durch die Auskunftsansprüche nach der InsO oder aus § 242 BGB verdrängt (BVerwG ZInsO 2011, 41; vgl. dazu auch Gundlach/Flöther, NZI 2009, 719 und Dauernheim/Behler/Heutz, ZIP 2008, 2298). Der Rechtsweg für Ansprüche nach IFG besteht zu den Verwaltungsgerichten, auch bei Auskunftsverlangen ggü. Finanzämtern (BFH, ZInsO 2013, 500; BVerwG, ZIP 2012, 2417) und Krankenkassen (BSG, ZIP 2012, 2137); ausführl. zu Ansprüchen des Insolvenzverwalters nach IFG: Schmittmann, NZI 2012, 633 ff.

Dem vorläufigen Insolvenzverwalter, nicht jedoch dem sog. isolierten Gutachter steht dazu die Auskunfts- und Mitwirkungsansprüche gegen den Schuldner gem. Abs. 3 zur Verfügung (OLG Celle, ZIP 2013, 1040; OLG Jena, ZInsO 2011, 732, 733). Das Insolvenzgericht kann dem sog. isolierten Gutachter gem. § 4 i. V. m. § 404a ZPO jedoch die Weisung erteilen, eigene Ermittlungen durch Kontaktaufnahme mit dem Schuldner oder Dritten vorzunehmen, Zwangsbefugnisse stehen dem sog. isolierten Gutachter indessen nicht zu (OLG Jena a. a. O.).

Zur **Ablehnung des vorläufigen Insolvenzverwalters/Gutachters** wegen Befangenheit vgl. § 4 Rdn. 14.

Für Sachverständigentätigkeit besteht eine **Haftung** des vorläufigen Verwalters nicht nach §§ 21 Abs. 2 Nr. 1, 60, sondern nur nach § 839a BGB (Uhlenbruck-Vallender, § 22 Rn. 199; vgl. auch

Wilhelm, DZWIR 2007, 361 und ders., Die Haftung des Sachverständigen im Insolvenzeröffnungsverfahren).

Ausführlich zur **Rechtsstellung und Tätigkeit des Gutachters im Insolvenzeröffnungsverfahren**: Uhlenbruck, Die Rechtsstellung des gerichtlich bestellten Sachverständigen im Insolvenzeröffnungsverfahren, FS Greiner, S. 317 ff.; Vallender, ZInsO 2010, 1457; MK-Haarmeyer § 22 Rn. 138 ff. Zum **Einsatz von betriebswirtschaftlichen Instrumenten** bei der Erstellung des Insolvenzgutachtens: Dobler/Lamert, ZInsO 2010, 1819 ff. Zur Praxis der Gutachtenerstellung im Insolvenzeröffnungsverfahren: Haarmeyer, ZInsO 2009, 1335 ff.

Eine **Checkliste des BAKInsO zur Gutachtenerstellung in Unternehmensinsolvenzverfahren** ist veröffentlicht in ZInsO 2009, 22 = NZI 2009, 37, dort mit ergänzenden Erläuterungen des BAKInsO, a. a. O., S. 41. Weitere Checklisten bei Haarmeyer/Wutzke/Förster, Handbuch der vorläufigen Insolvenzverwaltung, § 9 Rn. 1a ff. 69

Aufbau- und Gestaltungshinweise für das Insolvenzgutachten finden sich in der BAKInsO-Entschließung: Grundsätze der Gutachtenerstellung im Eröffnungsverfahren, ZInsO 2007, 1211, den Heidelberger Leitlinien, ZInsO 2009, 1848 ff. sowie in den Arbeitshinweisen des AG Duisburg für Insolvenzsachverständige im Eröffnungsverfahren, NZI 1999, 308). Mustergutachten z. B. bei Frege/Keller/Riedel, Insolvenzrecht, Rn. 566 ff.; Haarmeyer/Wutzke/Förster, Handbuch der vorläufigen Insolvenzverwaltung, § 12 Rn. 36; Breuer, Insolvenzrechts-Formularhandbuch, A. 32 S. 70 ff.

Neben den Fragen, die für die Entscheidung über den Insolvenzantrag erheblich sind, sollte das Insolvenzgutachten auch Ausführungen zum Eintritt der materiellen Insolvenz und ihren Ursachen sowie zu wesentlichen Anfechtungs- und Haftungsfragen im Vorfeld der Insolvenz enthalten (AG Hamburg, ZIP 2012, 339). Ferner sollte das Gutachten insbesondere in Betriebsfortführungsfällen auch über die Tätigkeit des vorläufigen Verwalters berichten, da es dem Insolvenzgericht zugleich als Aufsichtsgrundlage dient (AG Hamburg a. a. O.).

Der vorläufige Insolvenzverwalter/Gutachter ist berechtigt ist, das Verhalten des Insolvenzschuldners im Eröffnungsverfahren zu bewerten, allerdings nicht, gegen den Schuldner ehrenrührige tatsächliche Behauptungen gegen den Schuldner ohne ausreichende Tatsachengrundlage aufzustellen und das Verhalten des Schuldners mit beleidigenden Kommentaren zu versehen (BGH, ZInsO 2009, 1491).

Zur **inhaltlichen Prüfung** der Eröffnungsgründe ausführl. bei §§ 16 bis 19, der Fortführungsaussichten Rdn. 72 ff., ergänzend § 19 Rdn. 12 ff., und der voraussichtlich Verfahrenskostendeckung § 26 Rdn. 6 ff.

Für die **Sachverständigentätigkeit** wird der vorläufige Verwalter **gem. §§ 8 ff. JVEG nach Zeitaufwand vergütet**. Ausführl. zu Vergütung des Sachverständigen § 11 InsVV Rdn. 50 ff. 70

Der Anspruch auf Sachverständigenvergütung besteht neben der Vergütung für die vorläufige Insolvenzverwaltung, soweit das Gericht den vorläufigen Insolvenzverwalter entsprechend als Sachverständigen beauftragt hat (vgl. § 11 Abs. 2 InsVV; zur Abgrenzung Rdn. 68). Die Sachverständigenvergütung führt i. d. R. auch nicht zu einem Abschlag auf die Verwaltervergütung im eröffneten Verfahren (BGH, ZInsO 2009, 1367). 71

b) Prüfung der Fortführungsaussichten

Die Prüfung der Fortführungsaussichten des Unternehmens des Schuldners ist **gesetzlich nicht näher geregelt**. Nach den Beratungen im Rechtsausschuss und entgegen den ursprünglichen Vorstellungen des RegE (vgl. Begr. RegE BT-Drucks. 12/2443 S. 117) soll bereits das Insolvenzeröffnungsverfahren auch zur **Prüfung der Sanierungschancen und ggf. Vorbereitung von Sanierungen** genutzt werden (Begr. RAus BT-Drucks. 12/7302 S. 158). Dies kann der Grund dafür sein, die Eröffnung des Insolvenzverfahrens entsprechend hinauszuschieben (Begr. RAus BT-Drucks. 12/7302 S. 158; AG Hamburg, ZInsO 2004, 630, dort auch zur Ausschöpfung des Insolvenzgeld- 72 zeitraums; krit. Uhlenbruck-Vallender § 22 Rn. 207). Die **Ausschöpfung des Insolvenzgeldzeitraums** bei einem fortführungs- und sanierungsfähigen Unternehmen entspricht jedenfalls dann dem Willen des Gesetzgebers, wenn sog. starke vorläufige Verwaltung angeordnet ist (AG Hamburg a. a. O.; vgl. auch § 1 Rdn. 25).

73 Wenn Abs. 1 Satz 2 Nr. 3 von den Fortführungsaussichten des Unternehmens des Schuldners spricht, ist dies zumindest ungenau, je nachdem wie man den umstrittenen Unternehmensbegriff auslegt (vgl. zum Unternehmensbegriff K. Schmidt, Handelsrecht, § 4 Abs. 4 Satz 2, S. 81 ff.). Für das Verständnis des Abs. 1 Satz 2 Nr. 3 ist entscheidend, dass hierunter nicht nur die **Fortführungsaussichten des Unternehmensträgers**, also des unternehmenstragenden Rechtssubjekts, sondern auch die **Fortführungsaussichten des Betriebes** zu verstehen sind, also der organisatorischen Einheit, die die jeweiligen Produktions-, Handels- oder Dienstleistungsfunktionen erfüllt (Jaeger-Gerhardt § 22 Rn. 153; MK-Haarmeyer § 22 Rn. 91).

74 Bei der **Prüfung der Fortführungsaussichten** i. S. d. § 22 geht es um die insolvenzverfahrensmäßigen Fortführungsaussichten im Fall der Eröffnung des Insolvenzverfahrens, also konkret um die Frage, ob und ggf. welche Aussichten für einen Insolvenzplan oder eine übertragende Sanierung bestehen.

75 Davon zu trennen sind der Begriff der nachhaltigen Fortführungsaussichten i. S. d. IDW-Prüfungsstandards S 6 (nachhaltige Wettbewerbsfähigkeit und Renditefähigkeit) ebenso wie der Begriff der insolvenzrechtlichen Fortführungsaussichten i. R. d. Überschuldungsprüfung nach § 19 (dazu § 19 Rdn. 12 ff.). Die Prüfung der Fortführungsaussichten (§ 22) ist verfahrensorientiert, während die Prüfung der nachhaltigen Fortführungsaussichten i. S. d. IDW S 6 kapitalmarktorientiert (»fresh money« durch Eigen- oder Fremdkapitalgeber) und die Prüfung der Fortführungsaussichten (§ 19) gläubigerorientiert i. S. d. Schuldendeckungspotenzials ist. Gleichwohl spielen auch für die Frage der verfahrensmäßigen Perspektive für einen Insolvenzplan oder eine übertragende Sanierung selbstverständlich die zugrunde liegenden finanz- und/oder leistungswirtschaftlichen Sanierungsaspekte eine entscheidende Rolle.

76 Die Finanzkraft eines angeschlagenen Unternehmens kann vor allem durch **finanzwirtschaftliche Sanierungsmaßnahmen** und/oder **leistungswirtschaftliche Sanierungsmaßnahmen** wiederhergestellt werden. Zu **gesellschaftsrechtlichen Sanierungsmaßnahmen** zählt insb. die Umwandlung (näher dazu Heckschen, ZInsO 2008, 824).

Als erster Schritt ist eine sorgfältige Analyse des Unternehmens, der Krisenursachen und des Marktumfeldes erforderlich (Buth/Hermanns, Restrukturierung, Sanierung, Insolvenz, S. 115 ff.). Dabei ist zwischen internen und externen Krisenursachen zu differenzieren. Von dort aus können Maßnahmen zur Sanierung entwickelt werden (»Diagnose vor Therapie«).

77 **Finanzwirtschaftliche Sanierungsmaßnahmen** können durch **Eigenkapitalmaßnahmen** (z. B. Kapitalerhöhungen, stille Beteiligungen usw.), **Fremdkapitalmaßnahmen** (z. B. Forderungsverzicht, Rangrücktritt, Forderungsumwandlung in Kapital, Stundung, sale and lease back usw.) oder **staatliche Fördermaßnahmen** (vgl. z. B. die Förderprogramme ERP, DtA, GA usw.) erfolgen. In der Praxis sind die Möglichkeiten und Bereitschaft zu finanzwirtschaftlichen Sanierungsmaßnahmen häufig begrenzt, sobald es erst einmal zu einem Insolvenzantrag gekommen ist. Entscheidende Bedeutung kommt daher rgm. den leistungswirtschaftlichen Sanierungsmöglichkeiten zu.

78 **Leistungswirtschaftliche Sanierungsmaßnahmen** können alle Unternehmensbereiche betreffen, d. h. den operativen Bereich (Produktion/Dienstleistung, Vertrieb, Einkauf), den Personalbereich, den Verwaltungsbereich (Finanzen/Controlling, EDV, allgemeine Verwaltung) sowie ggf. den Bereich Forschung und Entwicklung. Da nachhaltige Umsatzsteigerungen nach einem Insolvenzantrag i. d. R. zunächst nicht möglich sind, haben **unter Insolvenzbedingungen** zunächst rgm. **insb. Kostensenkungsmaßnahmen** Bedeutung.

79 Beim **Prüfungsumfang** ist die begrenzte Dauer des Eröffnungsverfahrens zu berücksichtigen, d. h. eine allumfassende Sanierungsprüfung ist im Eröffnungsverfahren häufig kaum möglich (Uhlen-

bruck-Vallender § 22 Rn. 207b) und auch nicht erforderlich, da gem. § 157 erst die erste Gläubigerversammlung über den Fortgang des Verfahrens entscheidet.

III. »Schwache« vorläufige Insolvenzverwaltung (Abs. 2)

1. Erscheinungsformen

Die Anordnung der sog. starken vorläufigen Insolvenzverwaltung nach Abs. 1 ist in der Praxis bisher die Ausnahme, um die künftige Insolvenzmasse nicht zu sehr mit Masseverbindlichkeiten gem. Abs. 1, § 55 Abs. 2 und den vorläufigen Verwalter mit diesbezüglichen Haftungsgefahren gem. §§ 21 Abs. 2 Nr. 1, 61 zu belasten. Vielmehr stellt in der **Praxis** die Anordnung der sog. schwachen vorläufigen Insolvenzverwaltung den **Regelfall** dar (ausführl. zu deren Entwicklung Fritsche, DZWIR 2005, 265). 80

Hierbei hat das Insolvenzgericht die Rechte und Pflichten des vorläufigen Verwalters gem. Abs. 2 Satz 1 zu bestimmen. Diese dürfen jedoch gem. Abs. 2 Satz 2 nicht über die Pflichten eines sog. starken vorläufigen Verwalters nach Abs. 1 Satz 2 hinausgehen. In der Praxis wird ganz überwiegend die sog. schwache vorläufige Insolvenzverwaltung **mit allgemeinem Zustimmungsvorbehalt** gem. § 21 Abs. 2 Nr. 2, 2. Alt. angeordnet. Die Anordnung besonderer Verfügungsverbote oder besonderer Zustimmungsvorbehalte bzw. die Bestellung eines vorläufigen Insolvenzverwalters ohne Verfügungsbeschränkungen ggü. dem Schuldner spielt demggü. in der Praxis keine Rolle (vgl. § 21 Rdn. 28 ff. zu den verschiedenen Sicherungsmaßnahmen und Kombinationsmöglichkeiten). 81

Die Anordnung einer sog. schwachen vorläufigen Insolvenzverwaltung mit allgemeinem Zustimmungsvorbehalt kann vom Gericht durch **zusätzliche Ermächtigungen** des vorläufigen Verwalters ergänzt werden, z. B. sog. Einzelermächtigung zur Begründung künftiger Masseverbindlichkeiten (ausführl. dazu Rdn. 90 ff.) oder Ermächtigung zur Prozessführung (näher dazu Rdn. 174). Indes kann das Gericht den vorläufigen Insolvenzverwalter nicht zur Insolvenzanfechtung ermächtigen, da diese gem. §§ 129 ff. dem Insolvenzverwalter im eröffneten Verfahren vorbehalten ist (OLG Hamm, ZInsO 2005, 217). 82

Einen Überblick über die Tätigkeiten des vorläufigen Insolvenzverwalters geben Titz/Tötter, ZInsO 2006, 976. Zu den **Auswirkungen auf die arbeits-, steuer- und prozessrechtliche Stellung des vorläufigen Verwalters** sowie auf die Bankverbindung des Schuldners s. u. Rdn. 115 ff. 83

Eine **Besonderheit** regelt das WpHG: Nach **§ 11 Abs. 2 WpHG** ist der sog. schwache vorläufige Verwalter gesetzlich verpflichtet, den Schuldner bei der Erfüllung seiner Pflichten nach dem WpHG zu unterstützen und der Verwendung der dafür erforderlichen Mittel zuzustimmen (zur Rolle des Insolvenzverwalters im Aktien-, Börsen und Kapitalmarktrecht Siebel, NZI 2007, 498).

2. Allgemeiner Zustimmungsvorbehalt

a) Rechtliche Bedeutung

Die Anordnung eines allgemeinen Zustimmungsvorbehalts gem. § 21 Abs. 2 Nr. 2, 2. Alt. bedeutet, dass **Verfügungen des Schuldners nur noch mit Zustimmung des vorläufigen Insolvenzverwalters wirksam** sind (ausführl. zum Begriff der Verfügung s. § 24 Rdn. 3). Die Verfügungsbefugnis verbleibt also beim Schuldner, dieser ist nur bei seinen Verfügungen entsprechend beschränkt. Erlässt das Gericht kein allg. Verfügungsverbot, so ist eine dem vorläufigen Insolvenzverwalter erteilte umfassende Ermächtigung »für den Schuldner zu handeln« unzulässig (BGHZ 151, 353 = ZInsO 2002, 819). 84

Bei einem allgemeinen Zustimmungsvorbehalt kann der vorläufige Verwalter Verfügungen des Schuldners verhindern, jedoch selbst keine Verfügungen anstelle des Schuldners vornehmen. Der sog. schwache vorläufige Verwalter kann nicht in eigenem Namen für den Schuldner handeln (HK-Kirchhof § 22 Rn. 50). Kündigt er z. B. im eigenen Namen, ist die Kündigung mangels Kündigungsbefugnis unwirksam; eine nachträgliche Genehmigung gem. §§ 180, 177 BGB scheidet 85 aus, wenn er seinen angeblichen Vertreterwillen ggü. dem Kündigungsempfänger nicht erkennbar gemacht hat (LAG Hamm, ZInsO 2004, 403).

86 Den **Abschluss von Verpflichtungsgeschäften** während des Eröffnungsverfahrens durch den Schuldner vermag der Zustimmungsvorbehalt nicht zu verhindern, wobei die Verpflichtungen daraus in einem künftigen Insolvenzverfahren nur Insolvenzforderungen gem. § 38 begründen (BGHZ 151, 353 = ZInsO 2002, 819, 821). Der sog. schwache vorläufige Insolvenzverwalter ist auch nicht befugt, den Schuldner daran zu hindern, während des Eröffnungsverfahrens die Leistungen aus Dauerschuldverhältnissen in Anspruch zu nehmen, soweit damit keine rechtsgeschäftliche Verfügung verbunden ist (BGH a. a. O.). Gläubigerbenachteiligende Verpflichtungsgeschäfte des Schuldners können allerdings nach Verfahrenseröffnung ggf. gem. §§ 129 ff. angefochten werden. Wegen Zahlungen des Schuldners zur Erledigung des Insolvenzantrages vgl. § 24 Rdn. 4.

b) **Keine Begründung von Masseverbindlichkeiten**

aa) **Grundsatz**

87 Der sog. schwache vorläufige Insolvenzverwalter kann anders als der sog. starke vorläufige Insolvenzverwalter **grds. keine Masseverbindlichkeiten** mit Wirkung für das eröffnete Verfahren begründen (BGH, ZInsO 2011, 388, Tz. 9 f.; ZInsO 2009, 1102, Tz. 12 f.; zu Ausnahmen Rdn. 90 ff.). Dies ist einerseits der Grund für ihre häufige Anordnung (Rdn. 80) und begründet zugleich **Regelungsbedarf bei Betriebsfortführungen** im Insolvenzeröffnungsverfahren (ausführl. zur Betriebsfortführung in Insolvenzeröffnungs- und Schutzschirmverfahren, insbesondere zur rechtlichen Absicherung der Lieferanten: Ganter, NZI 2012, 433 ff.). Die Praxis hilft sich, wenn die Anordnung einer sog. starken vorläufigen Verwaltung nicht in Betracht kommt, insb. mit der sog. Einzelermächtigung (Rdn. 90 ff.) und dem umstrittenen Treuhandkontenmodell (Rdn. 98 ff.).

88 Erlässt das Gericht kein allgemeines Verfügungsverbot, so ist eine dem vorläufigen Insolvenzverwalter erteilte **umfassende Ermächtigung** »für den Schuldner zu handeln« unzulässig (BGHZ 151, 353 = ZInsO 2002, 819). Ein entsprechender Beschluss des Gerichts war jedenfalls bis zur vorgenannten Entscheidung des BGH v. 18.07.2002 nur anfechtbar, jedoch nicht nichtig (BGH a. a. O., 823).

89 **Ungerechtfertigte Bereicherungen** des Schuldnervermögens vor Verfahrenseröffnung begründen bei sog. schwacher vorläufiger Insolvenzverwaltung lediglich eine Insolvenzforderung gem. § 38 (BGH, ZInsO 2007, 1228; OLG Hamm, NZI 2011, 636; vgl. zu Fehlüberweisungen Rdn. 154a).

bb) **Ausnahme bei Einzelermächtigung**

90 Das Gericht kann den vorläufigen Verwalter ermächtigen, einzelne, **im Voraus** genau festgelegte Verpflichtungen zulasten der späteren Masse einzugehen (sog. **Einzelermächtigung**; BGHZ 151, 353 = ZInsO 2002, 819; a. A. Jaeger-Gerhardt § 22 Rn. 131; abl. auch Pape/Uhlenbruck, ZIP 2005, 417, 419: systemwidrig, vgl. zur Einzelermächtigung auch § 1 Rdn. 44 ff.). Sollen eine Vielzahl von Ermächtigungen einzeln erteilt werden, kann der vorläufige Verwalter eine Liste mit konkretisierenden Einzelangaben erstellen und dem Gericht vorlegen (vgl. Hamburger Leitlinien zum Insolvenzeröffnungsverfahren, ZInsO 2004, 24; zust. Kirchhof, ZInsO 2004, 57, 61). Ausführl. zu Voraussetzungen und Rechtsfolgen der Einzelermächtigung: Laroche, NZI 2010, 965.

91 Umstritten ist, ob Einzelermächtigungen ausscheiden und eine sog. starke vorläufige Verwaltung anzuordnen ist, wenn für eine Betriebsfortführung eine unüberschaubare Vielzahl von Gläubigern benötigt werden und Ermächtigungen zugunsten einzelner Gläubiger dem Grundsatz der Gleichbehandlung aller Gläubiger widersprächen (so AG Hamburg, ZIP 2003, 43 – UfA).

92 Nach der Rspr. des BGH (BGHZ 151, 353, 362 = ZInsO 2002, 819, 821) obliegt es dem vorläufigen Insolvenzverwalter nicht vorrangig, von sich aus für die volle Befriedigung von Gläubigern zu sorgen, die während des Eröffnungsverfahrens Leistungen an den Schuldner erbringen, er soll vielmehr nach Möglichkeit eine Verminderung der künftigen Insolvenzmasse durch Erfüllung von

Verbindlichkeiten des Schuldners verhindern (vgl. auch Kirchhof, ZInsO 2004, 57 f., demzufolge der Gleichbehandlungsgrundsatz erst ab Verfahrenseröffnung gilt; a. A. zur Geltung des Gleichbehandlungsgrundsatzes bereits im Eröffnungsverfahren: Pape/Uhlenbruck, ZIP 2005, 417, 419).

Eine insolvenzgerichtliche Ermächtigung kann auch für bestimmte, abgrenzbare Arten von Maßnahmen erteilt werden, wobei zum einen aus Gründen der Rechtsklarheit sowie des gebotenen Schutzes der Vertragspartner für diese jeweils aus der gerichtlichen Anordnung selbst unmissverständlich zu erkennen sein muss, mit welchen Einzelbefugnissen – nach Art und Umfang – der vorläufige Verwalter ausgestattet ist. Zum anderen darf die Grenze zur unzulässigen Pauschalermächtigung nicht verletzt werden (BGH, ZInsO 2002, 819, 823). Die Einzelheiten zum Bestimmtheitserfordernis sind noch nicht abschließend geklärt (so auch Kirchhof, ZInsO 2004, 60). Die Praxis lässt auch **sog. Gruppenermächtigungen** (Bsp.: »... alle Energielieferungen an die Schuldnerin ...«), u. a. auch in Form einer **sog. Projektermächtigung** (Bsp.: »... alle Lieferungen und Leistungen für das Bauvorhaben ...«), zu (vgl. Hamburger Leitlinien zum Insolvenzeröffnungsverfahren, ZInsO 2004, 24, 25; zust. Kirchhof, ZInsO 2004, 61). Zur Erteilung einer Einzelermächtigung im Zusammenhang mit einer Verwertungsvereinbarung im Eröffnungsverfahren vgl. AG Hamburg, ZInsO 2005, 1056. Zur Erteilung einer Einzelermächtigung im Zusammenhang mit der Konto- und Depotführung sowie der Insolvenzgeldvorfinanzierung s. Vallender, FS Greiner, S. 327 ff. 93

Das Gericht muss bei der Erteilung von Einzelermächtigungen prüfen und sich deshalb vom vorläufigen Verwalter darlegen lassen, inwieweit die neu zu begründenden Verbindlichkeiten erfüllt werden können, um so Vermögensschäden bei den künftigen Vertragspartnern möglichst zu vermeiden (Kirchhof, ZInsO 2004, 58 f.; a. A. Horstkotte/Martini, ZInsO 2010, 750, 751 f.). Dazu empfiehlt sich i. d. R. die **Anforderung einer** entsprechenden **Liquiditätsvorschau** vom vorläufigen Verwalter bis zur voraussichtlichen Eröffnung (vgl. Hamburger Leitlinien zum Insolvenzeröffnungsverfahren a. a. O.; zust. Kirchhof, ZInsO 2004, 59). Die wirtschaftliche Zweckmäßigkeit hat hingegen allein der vorläufige Verwalter zu prüfen und zu verantworten (Kirchhof a. a. O.). 94

Ist eine Einzelermächtigung erteilt, entstehen die von ihr erfassten Verbindlichkeiten **analog § 55 Abs. 2 als Masseverbindlichkeit**, d. h. der vorläufige Verwalter hat kein Wahlrecht, ob er erteilte Einzelermächtigungen in Anspruch nehmen will oder nicht. Wie Masseverbindlichkeiten bei sog. starker vorläufiger Verwaltung müssen auch Masseverbindlichkeiten aufgrund Einzelermächtigung insolvenzrechtlich erst nach Verfahrenseröffnung berichtigt werden. Dies ergibt sich aus §§ 53, 55 Abs. 2 Satz 1 und dem Erfordernis, bei ggf. eintretender Masseunzulänglichkeit die Rangfolge des § 209 einzuhalten (MK-Haarmeyer § 22 Rn. 70). Wie andere Sicherungsmaßnahmen nach § 21 kann die Einzelermächtigung nicht rückwirkend erteilt werden. 95

Keine hinreichende Absicherung für Lieferungen und Leistungen im Eröffnungsverfahren mit den entsprechenden Haftungsrisiken für den vorläufigen Verwalter gem. §§ 21 Abs. 2 Satz 1 Nr. 1, 61 bietet die Einzelermächtigung, **wenn** nach Verfahrenseröffnung **Masseunzulänglichkeit** gem. § 208 Abs. 1 **droht**. In diesem Fall wird das im Einzelnen umstrittene sog. Treuhandkontenmodell (Rdn. 98 ff.) ganz überwiegend als Ausweg angesehen (vgl. AG Hamburg ZInsO 2005, 1056; ausführl. zur Regulierung von sog. Fortführungsverbindlichkeiten mittels Treuhandkonto bei Masseunzulänglichkeit Mönning/Hage, ZInsO 2005, 1185; a. A. AG Hamburg, ZInsO 2004, 1270: sog. Vorrangermächtigung; krit. dazu Marotzke, ZInsO 2005, 561). Zur Masseunzulänglichkeit im Insolvenzeröffnungsverfahren vgl. Rdn. 25. 96

Der RegE eines Gesetzes zur Entschuldung mittelloser Personen, zur Stärkung der Gläubigerrechte sowie zur Regelung der Insolvenzfestigkeit von Lizenzen v. 22.08.2007 (veröffentlicht in NZI, Beilage zu Heft 10/2007) hat die Rechtsfigur der Einzelermächtigung aufgegriffen und qualifiziert in § 55 Abs. 2 InsO-E auch die betr. öffentlich-rechtlichen Verbindlichkeiten (insb. USt) als Masseverbindlichkeiten (näher dazu Frind, NZI 2007, 559). 96a

cc) Sicherheitenbestellung

97 Wenn eine Einzelermächtigung nicht in Betracht kommt oder nicht ausreicht, z. B. weil nach Verfahrenseröffnung Masseunzulänglichkeit droht, kann der vorläufige Verwalter auch der Bestellung einer entsprechenden Sicherheit, d. h. künftigen Absonderungsrechten, am Schuldnervermögen zustimmen, also z. B. einem Lieferanten die Forderung aus dem künftigen Weiterverkauf der gelieferten Ware i. H. d. Einkaufspreises zur Sicherheit abtreten. Selbstverständlich kann auch für einen Massekredit eine entsprechende Sicherheit bestellt werden (vgl. zur Besicherung von Massekrediten Strotmann/Tetzlaff, ZInsO 2011, 599). Nach dem Bargeschäftsgedanken des § 142 ist entscheidend, dass für die Sicherheitengewährung mindestens gleichwertige Gegenwerte ins Schuldnervermögen gelangen (Kirchhof, ZInsO 2004, 57 f.; vgl. auch Rdn. 59). Die Bestellung von Einzelsicherheiten für Lieferungen und Leistungen im Eröffnungsverfahren ist allerdings allenfalls bei kleineren Betriebsfortführungen oder in besonderen Konstellationen praktikabel, z. B. wenn es wie bei sog. Zentralregulierung im Handel nur einen wesentlichen Lieferanten gibt.

dd) Treuhandkontenmodell

98 Umstritten ist, inwieweit im Eröffnungsverfahren begründete Verbindlichkeiten, namentlich im Rahmen einer Betriebsfortführung, auch durch die Errichtung eines sog. Treuhandkontos abgesichert werden können bzw. dürfen. Beim sog. Treuhandkontenmodell setzt der vorläufige Verwalter üblicherweise einen Treuhänder zur treuhänderischen Verwaltung eines bestimmten Bankguthabens mit der Abrede ein, daraus im Insolvenzeröffnungsverfahren begründete Verbindlichkeiten aus Lieferungen und Leistungen nach Anweisung zu erfüllen und die nicht benötigten Mittel danach an die Insolvenzmasse auszukehren. Dazu wird neben dem regulären Anderkonto des vorläufigen Verwalters ein gesondertes sog. Treuhandkonto eingerichtet und dort vom vorläufigen Verwalter aus dem verwalteten Vermögen ein gewisser Betrag eingezahlt. Zum Teil werden dem Treuhänder auch die Forderungen vorausabgetreten, die mit den Lieferungen und Leistungen der sog. Weiterlieferer in der Betriebsfortführung erwirtschaftet werden (ausführl. Windel, ZIP 2009, 101, 106 ff.). Zum Sonderfall des Treuhandkontos im Zusammenhang mit einer Verwertungsvereinbarung im Eröffnungsverfahren AG Hamburg, ZInsO 2005, 1056.

99 Das Treuhandkontenmodell ist ein **Fall der mehrseitigen rechtsgeschäftlich begründeten Sicherheitentreuhand** (Windel, ZIP 2009, 101, 103 ff.). In der Praxis gibt es verschiedene Fallgestaltungen und Konstruktionen des Treuhandkontos (vgl. Kirchhof, FS Kreft, S. 359, 363 ff. sowie § 47 Rdn. 50 ff.). Als **Treuhänder** kommen grds. sowohl eine dritte Person als auch die Person des vorläufigen Insolvenzverwalters, d. h. als natürliche Person und nicht in ihrer Amtseigenschaft als vorläufiger Verwalter, in Betracht (Kirchhof a. a. O., S. 364 f.). Vorzugswürdig ist es mit Blick auf die Justizförmigkeit des Eröffnungsverfahrens, wenn die Person des vorläufigen Verwalters Treuhänder wird (Windel a. a. O., S. 105; vgl. dazu auch Hirschberger, Die Doppeltreuhand in der Insolvenz und Zwangsvollstreckung).

Die Einrichtung eines Treuhandkontos bedarf in diesem Fall analog § 181 BGB der **Zustimmung des Insolvenzgerichts** (AG Hamburg, ZInsO 2005, 1056; Kirchhof a. a. O., S. 365; Frind, ZInsO 2004, 470, 475; **a. A.** Bork, NZI 2005, 530; Marotzke, ZInsO 2004, 721, der stattdessen eine gerichtliche Zustimmung gem. § 21 Abs. 2 Satz 1 Nr. 2, 2. Alt. vorschlägt).

100 Die **zivilrechtlichen Einzelheiten** sind ebenso **umstritten** (ausführl. dazu Windel ZIP 2009, 101, 103 ff.) wie die Frage, ob beim sog. Treuhandkontenmodell Aussonderungsrechte (so z. B. AG Hamburg, ZInsO 2005, 1056; Uhlenbruck-Vallender, § 22 Rn. 194; Frind, ZInsO 2004, 470, 475 ff.) oder Absonderungsrechte (so Windel, ZIP 2009, 103, 106; Bork, ZIP 2003, 1421, 1424) begründet werden (vgl. ausführl. § 47 Rdn. 50 ff.).

101 Das **Treuhandkontenmodell** wird von der bisher **herrschenden Meinung** als generell **zulässig** angesehen (Jaeger-Gerhardt § 22 Rn. 132; Kirchhof a. a. O., S. 367; Werres, ZInsO 2005, 1233, 1239 ff. und ZInsO 2006, 918; Mönning/Hage, ZInsO 2005, 1185, 1191; Bork, ZIP 2003, 1421, 1424 f.; Undritz, NZI 2003, 136; grds. auch Uhlenbruck-Vallender § 22 Rn. 194 – einschränkend bei Ein-

schaltung Dritter Rdn. 194a). Die von der herrschenden Meinung teilweise zur Begründung der Zulässigkeit des Treuhandkontenmodells angeführten früheren Entscheidungen des BGH (BGHZ 109, 47 = ZIP 1989, 1466; BGH, ZInsO 2002, 278), die lediglich die Finanzierung eines einzelnen Bauvorhabens betrafen, können allerdings auf die Treuhandkontenmodelle der o. g. neueren Art nicht übertragen werden (Kirchhof a. a. O. FS Kreft, S. 359, S. 363). Das wesentliche Argument der herrschenden Meinung für diese neueren Treuhandkontenmodelle ist vielmehr der Bargeschäftsgedanke des § 142 (Kirchhof a. a. O. FS Kreft, S. 359, S. 366 ff.).

Nach einer im Vordringen befindlichen und vorzugswürdigen a. A. ist das sog. Treuhandkontenmodell insolvenzrechtlich **nur in Ausnahmefällen und mit Zustimmung des Insolvenzgerichts zulässig**, wenn die gesetzlich vorgesehenen (Abs. 1, § 55 Abs. 2) oder richterrechtlich geschaffenen (Einzelermächtigung, s. Rdn. 90) Instrumente ausnahmsweise nicht ausreichen (Hamburger Leitlinien zum Insolvenzeröffnungsverfahren, ZInsO 2004, 24; AG Hamburg, ZInsO 2004, 517; Frind, ZInsO 2005, 1296, 1303 und ZInsO 2004, 473) und dem vorläufigen Insolvenzverwalter deshalb Haftungsgefahren drohen (vgl. AG Hamburg, ZInsO 2005, 322 und ZInsO 2004, 517; vgl. auch § 1 Rdn. 47). Die Begrenzung auf Ausnahmefälle wird vor allem damit begründet, dass das Treuhandkontenmodell die gesetzlichen Regelungen der §§ 21, 22, 55 umgeht und der Treuhänder der gerichtlichen Aufsicht gem. §§ 21 Abs. 2 Nr. 1, 58 entzogen ist (Frind a. a. O.). Ein Ausnahmefall liegt insb. vor, wenn die Begründung von Masseverbindlichkeiten, sei es gem. Abs. 1, § 55 Abs. 2 oder durch Einzelermächtigung, den Gläubiger wegen nach Verfahrenseröffnung drohender Masseunzulänglichkeit nicht hinreichend sichert (vgl. AG Hamburg, ZInsO 2005, 1056; Hamburger Leitlinien zum Insolvenzeröffnungsverfahren a. a. O., S. 25). Die gerichtliche Mitwirkung und Aufsicht wird durch das Zustimmungserfordernis ermöglicht (näher dazu § 58 Rdn. 4c). 102

Generell ablehnend ggü. dem sog. Treuhandkontenmodell: AG Hamburg, ZIP 2003, 43 – UfA; Jaeger-Henckel § 55 Rn. 84; Pape/Uhlenbruck, ZIP 2005, 417, 419: systemwidrig; Pape, ZInsO 2003, 1061, 1062 f.; ferner Heidelberger Leitlinien, NZI 2009, 593, 594; krit. auch Windel (ZIP 2009, 101 ff.), der stattdessen die Bildung einer Sondermasse durch gerichtliche Anordnung gem. § 21 Abs. 1 in Ergänzung entsprechender Einzelermächtigungen vorschlägt, allerdings nur projektbezogen und außerdem nicht bei absehbarer Masseunzulänglichkeit (Windel, ZIP 2009, S. 107 ff.), was bereits wegen der Einschränkungen häufig nicht viel helfen dürfte. 102a

Versäumt es der sog. schwache vorläufige Insolvenzverwalter für eine während des Eröffnungsverfahrens begründete Forderung im Voraus eine Einzelermächtigung zu beantragen, kann ihm das Insolvenzgericht nicht im Nachhinein dafür die Einrichtung eines Treuhandkontos gestatten (AG Hamburg, ZInsO 2006, 218). 102b

Die **Rechnungslegung** des vorläufigen Verwalters gem. §§ 21 Abs. 2 Nr. 1, 66 muss auch das Treuhandkonto umfassen, da sonst die gerichtliche Rechnungskontrolle verkürzt wird (AG Hamburg, ZInsO 2004, 517) und Ein- und Auszahlungen auf dem Treuhandkonto wie im Steuerrecht (vgl. § 39 Abs. 2 Nr. 1 Satz 2 AO) auch insolvenzrechtlich dem Treugeber zuzurechnen sind. Zum Treuhandkonto in vergütungsrechtlicher Hinsicht Frind, ZInsO 2004, 840. 103

c) Auswirkungen auf bestehende Vertragsverhältnisse

Die Anordnung eines allgemeinen Zustimmungsvorbehalts hat grds. keine weiteren Auswirkungen auf bestehende Vertragsverhältnisse, da die §§ 103 bis 128 grds. erst ab Verfahrenseröffnung gelten. Wegen der weiteren Einzelheiten und der Vorwirkung der §§ 107 Abs. 2, 112 gilt das oben zum sog. starken vorläufigen Insolvenzverwalter Gesagte entsprechend (vgl. Rdn. 28 ff.). 104

3. Sicherung und Erhaltung des Schuldnervermögens

a) Maßnahmen zur Sicherung und Erhaltung

Die Pflichten des sog. schwachen vorläufigen Verwalters zur Sicherung und Erhaltung des Vermögens des Schuldners hängen **entscheidend** von den diesbezüglichen **gerichtlichen Anordnun-** 105 gen gem. Abs. 2 ab. Legt das Gericht dem sog. schwachen vorläufigen Verwalter die Pflicht zur Sicherung und Erhaltung des Schuldnervermögens entsprechend Abs. 1 Satz 2 Nr. 1 auf, gilt das zu Rdn. 30 ff. Gesagte entsprechend.

105a Kernaufgabe eines jeden vorläufigen Insolvenzverwalters, auch eines mitbestimmenden oder mit keiner Verwaltungs- und Verfügungsbefugnis ausgestatteten vorläufigen Insolvenzverwalters die **Überwachung des Schuldners** (BGH ZInsO 2011, 1463, Tz. 49). Daraus folgt, dass jedem vorläufigen Insolvenzverwalter ungeachtet einer spezifischen gerichtlichen Pflichtenzuweisung bereits kraft seiner Funktion als originäre Pflicht die Sicherung und Erhaltung des Schuldnervermögens obliegt (BGH a. a. O.). Diese bezieht sich auch auf Vermögensgegenstände, die nach Verfahrenseröffnung mit Aus- und Absonderungsrechten belastet sind (BGH a. a. O., Tz. 29). Die Sicherungspflicht enthält auch die Pflicht, dem Gericht ein die Masse gefährdendes Verhalten des Schuldners anzuzeigen, damit das Gericht die Sicherungsmaßnahmen verstärken kann (BGH a. a. O., Tz. 54). Mit Blick auf die Möglichkeit und Aufgabe des Gerichts, die Rechte und Pflichten des vorläufigen Verwalters gem. §§ 21, 22 festzulegen, sollte die Annahme ungeschriebener Pflichten auch aus haftungsrechtlichen Gründen gleichwohl nicht überspannt werden.

105b Rgm. wird der vorläufige Verwalter vom Gericht gem. Abs. 2 ermächtigt, Bankguthaben oder sonstige Forderungen des Schuldners einzuziehen sowie eingehende Gelder entgegenzunehmen (vgl. zur Kontoführung des vorläufigen Verwalters Vallender, FS Greiner, S. 327 ff.). Der sog. schwache vorläufige Verwalter hat das Vermögen des Schuldners ohne entsprechende Anordnung (z. B. gem. § 21 Abs. 2 Satz 1 Nr. 5) des Gerichts jedoch nicht selbst in **Besitz** zu nehmen (OLG Celle, ZInsO 2003, 31). Gleichwohl darf der Schuldner aufgrund der Sicherungspflicht des vorläufigen Verwalters (Rdn. 105a) auch künftige Aussonderungsgüter nicht ohne Zustimmung des vorläufigen Insolvenzverwalters herausgeben (a. A. OLG Naumburg, ZInsO 2009, 1538). Hat ein Gläubiger oder sonstiger Dritter Sachen des Schuldners im Eröffnungsverfahren im Wege verbotener Eigenmacht in Besitz genommen, soll jedoch der Schuldner selbst die Herausgabe im Wege der einstweiligen Verfügung geltend machen (LG Leipzig, ZInsO 2006, 1003). Der sog. schwache vorläufige Verwalter kann nicht zur Herausgabe von Mieträumen verpflichtet werden, wenn er daran keinen Besitz hat (LG Lübeck, ZInsO 2011, 391).

106 Zu **Auszahlungen im Rahmen von Betriebsfortführungen** durch bzw. mit Zustimmung des vorläufigen Verwalters s. Rdn. 59.

106a Hingegen ist der vorläufige Verwalter **nicht befugt, Zahlungen** des Schuldners **zur Erledigung des Insolvenzantrages zuzustimmen**. Dies würde dem Sicherungszweck zuwiderlaufen und wäre **insolvenzzweckwidrig** (Rdn. 37). Zur Anfechtbarkeit solcher Zahlungen s. Rdn. 179 ff., zur mangelnden Erfüllungswirkung solcher Zahlungen des Schuldners sowie verfahrensrechtlichen Konsequenzen § 24 Rdn. 4.

b) Verwertungsmaßnahmen

107 Wie der sog. starke vorläufige Verwalter ist auch der sog. schwache vorläufige Verwalter **rgm. nicht berechtigt, das Schuldnervermögen i. S. d. §§ 159 ff., 165 ff. zu verwerten** bzw. Verwertungsmaßnahmen des Schuldners zuzustimmen (BGHZ 146, 165 = ZInsO 2001, 165; BGHZ 154, 72 = ZInsO 2003, 318). Hier wie dort ist jedoch nur eine **Verwertung im technischen Sinn** (BGHZ 146, 165, 172 f. = ZInsO 2001, 165, 167 f.; BGHZ 154, 72, 81 f. = ZInsO 2003, 318, 320 f.) gemeint. Wegen der Einzelheiten gilt das oben zum sog. starken vorläufigen Insolvenzverwalter Gesagte sinnentsprechend (Rdn. 38 ff.).

c) Behandlung künftiger Aus- und Absonderungsrechte

108 Die Behandlung künftiger Aus- und Absonderungsrechte hängt **entscheidend** von den diesbezüglichen **gerichtlichen Anordnungen** gem. Abs. 2 ab (ausführl. zum Ganzen § 21 Rdn. 69a ff.). Hat das Gericht dem sog. schwachen vorläufigen Verwalter die Pflicht zur Sicherung und Erhaltung des Schuldnervermögens auferlegt, sowie dies für den sog. starken vorläufigen Verwalter in Abs. 1

Satz 2 Nr. 1 gesetzlich geregelt ist, gelten die dortigen Ausführungen sinnentsprechend für den sog. schwachen vorläufigen Verwalter (Rdn. 42 ff.).

Auch wenn das Gericht keine gesonderte Anordnung nach § 21 Abs. 2 Satz 1 Nr. 5 getroffen hat, entspricht es allg. Mg., dass sich die rgm. angeordnete **Pflicht zur Sicherung und Erhaltung des Schuldnervermögens** grds. auch auf Vermögensgegenstände erstreckt, an denen nach Verfahrenseröffnung Aus- und Absonderungsrechte bestehen (BGH, ZInsO 2011, 1463, Tz. 29). Dementsprechend wird überwiegend auch angenommen, dass sich die allgemeine Einstellung bzw. Untersagung auch gegen Einzelzwangsvollstreckungsmaßnahmen aus- und absonderungsberechtigter Gläubiger richtet (Rdn. 56 ff.). 109

Hat das Gericht keine gesonderte Anordnung nach § 21 Abs. 2 Satz 1 Nr. 5 getroffen, richten sich die Rechte und Pflichten des Schuldners bzw. des vorläufigen Verwalters zur bzw. bei **Nutzung, Weiterveräußerung/-verarbeitung, Verbrauch** (ausführl. dazu § 21 Rdn. 69d) nach allgemeinem Zivilrecht (vgl. BGHZ 146, 165, 173 = ZInsO 2001, 165, 167: »vertragliche sowie gesetzliche Grenzen«), also z. B. nach dem Sicherungs-, Leasing- oder Kaufvertrag oder etwaigen Absprachen mit den absonderungsberechtigten Gläubigern bzw. den Aussonderungsberechtigten im Eröffnungsverfahren. Entsprechendes gilt für die **Forderungseinziehung** (zur Forderungseinziehung bei Sicherungsanordnung nach § 21 Abs. 2 Satz 1 Nr. 5, ausführl. § 21 Rdn. 69h ff., zur Rechtslage ohne entsprechende Sicherungsanordnung ausführl. Rdn. 52 ff.).

Die Nutzungsüberlassung des Sicherungsguts an einen Dritten ist keine Verwertung (BGH, ZInsO 2006, 938). Dem Sicherungseigentümer steht kein Anspruch auf Herausgabe des Entgelts zu, das im Eröffnungsverfahren durch Vermietung der sicherungsübereigneten Sache erzielt worden ist (BGH a. a. O.). Die Zahlungszusage des sog. schwachen vorläufigen Verwalters begründet keine Masseverbindlichkeit (BGH a. a. O.).

Hat das Gericht lediglich angeordnet, dass der sog. schwache vorläufige Verwalter die Aufgabe hat, durch Überwachung des Schuldners dessen Vermögen zu sichern, ist er aufgrund seiner **Überwachungs- und ggf. Anzeigepflichten** (Rdn. 105) verpflichtet, dem Gericht anzuzeigen, wenn die künftige Insolvenzmasse sich durch die Geltendmachung von Fremdrechten bereits im Eröffnungsverfahren nachteilig zu verändern droht, und ggf. weiter gehende Sicherungsanordnungen anzuregen (BGH, ZInsO 2011, 1463, Tz. 54). 110

d) Behandlung unpfändbarer Vermögensgegenstände

Eine Ausnahme von dem Grundsatz, dass das gesamte Vermögen des Schuldners einschließlich fremder Sachen zu sichern und zu erhalten ist, bilden unpfändbare Vermögensgegenstände gem. § 36. Wie sich auch aus § 36 Abs. 4 Satz 3 ergibt, ist der Pfändungsschutz bereits im Eröffnungsverfahren zu beachten. Für Entscheidungen, inwieweit Arbeitseinkommen und sonstige Vergütungen gem. §§ 850 ff. ZPO pfändbar sind, ist gem. § 36 Abs. 4 Satz 3 das Insolvenzgericht zuständig. 111

4. Unternehmensfortführung

Gem. Abs. 2 kann das Gericht auch die Fortführung des Unternehmens des Schuldners entsprechend Abs. 1 Satz 2 Nr. 3 anordnen (dazu ausführl. Rdn. 57 ff.). Da bei sog. schwacher vorläufiger Verwaltung die Verwaltungs- und Verfügungsbefugnis jedoch beim Schuldner verbleibt, hat die Anordnung einen anderen Inhalt als die Unternehmensfortführung bei sog. starker vorläufiger Insolvenzverwaltung und muss dem Zusammenwirken von Schuldner und vorläufigem Verwalter Rechnung tragen (Pohlmann, Befugnisse und Funktionen des vorläufigen Insolvenzverwalters, Rn. 230). Der sog. schwache vorläufige Insolvenzverwalter muss den Schuldner bei der Fortführung überwachen (vgl. BGH, ZIP 2007, 1330, 1331) und sein Zustimmungsverhalten an der Fortführung des Unternehmens orientieren. Wegen weiterer Einzelheiten vgl. Rdn. 57 ff., die sinngemäß gelten. 112

113 Hat das Gericht die Fortführung des Unternehmens des Schuldners entsprechend Abs. 1 Satz 2 Nr. 3 nicht angeordnet, trifft den sog. schwachen vorläufigen Verwalter zwar aus diesem Rechtsgrund keine dementsprechende Fortführungspflicht (BGHZ 151, 353 = ZInsO 2002, 819, 821). Jedoch schließt die allgemeine Pflicht zur Sicherung und Erhaltung des Schuldnervermögens grds. den **Schutz des Unternehmens des Schuldners** ein, d. h. zu schützen ist sowohl für die Gläubiger als auch für den Schuldner die **Chance zum Erhalt des Unternehmens** (vgl. §§ 1 Satz 1, 217 ff.; vgl. auch Rdn. 57). Der vorläufige Verwalter ist auch ohne gesonderte gerichtliche Anordnung den Zielen des Insolvenzverfahrens gem. § 1 Satz 1 und damit dem Ziel des Unternehmenserhaltes verpflichtet. Dieser Sicherungszweck ist zwar nur für die sog. starke vorläufige Verwaltung in Abs. 1 Satz 2 Nr. 1 und 2 ausdrücklich formuliert, liegt jedoch über § 21 auch den Sicherungsanordnungen nach Abs. 2 zugrunde (unzutreffend demgegenüber LG Hamburg, ZInsO 2003, 1094).

Zum Erhalt des Unternehmens oder erhaltungsfähiger Teile ist die Fortführung im Insolvenzeröffnungsverfahren im Regelfall unerlässlich. Im Rahmen seiner Sicherungs- und Erhaltungspflicht darf der sog. schwache vorläufige Verwalter der Erfüllung von Verbindlichkeiten des Schuldners im Eröffnungsverfahren zustimmen, soweit dies, insb. zur Fortführung des Schuldnerunternehmens, im Interesse der Gläubigergemeinschaft erforderlich oder wenigstens zweckmäßig erscheint (BGH, ZInsO 2004, 1353, 1355; vgl. zur ausnahmsweisen Befriedigung von Altforderungen unter dem Vorbehalt späterer Anfechtung Rdn. 182 ff.). Einer vorzeitigen Unternehmensstillegung darf der vorläufige Verwalter nur mit Zustimmung des Gerichts zustimmen (AG Hamburg, ZInsO 2005, 1056; vgl. auch Rdn. 61 ff.).

113a Der vorläufige Verwalter ist **grds. weder berechtigt noch verpflichtet, Insolvenzforderungen zu erfüllen** oder deren Erfüllung zuzustimmen (BGH, ZInsO 2008, 754, 755). Eine **Ausnahme** besteht, soweit dies – insb. zur Fortführung des Schuldnerunternehmens – im Interesse der Gläubigergemeinschaft erforderlich oder wenigstens zweckmäßig erscheint (BGH, ZInsO 2004, 1353, 1355), also für die künftige Insolvenzmasse mehr Vor- als Nachteile zu erwarten sind, z. B. bei Mietzahlungen zur Vermeidung der Kündigung (BGH, ZInsO 2008, 754, 755). Hier gilt wegen § 87 jedoch ein **strenger Maßstab**. Zur ausnahmsweisen Befriedigung von Altforderungen unter dem Vorbehalt späterer Anfechtung Rdn. 179 ff.

113b Eine **Gewerbeuntersagung** wegen ungeordneter Vermögensverhältnisse ist während der Zeit, in der Sicherungsmaßnahmen gem. § 21 angeordnet sind, gem. **§ 12 GewO** unzulässig. Die aus dem Schutzzweck des § 12 GewO folgende Sperrwirkung wirkt sich auch i. R. d. Abwägung zur sofortigen Vollziehbarkeit aus (VGH Bayern, ZInsO 2011, 1846). Eine Gewerbeuntersagung ist trotz § 12 GewO möglich, wenn die gewerberechtliche Unzuverlässigkeit auf andere Gründe als die ungeordneten Vermögensverhältnisse zurückzuführen ist (OVG Nordrhein-Westfalen, ZIP 2010, 746).

5. Prüfungsaufgaben, Sachverständigentätigkeit

114 Das Gericht kann gem. Abs. 2 entsprechend Abs. 1 Satz 2 Nr. 3 anordnen, dass der sog. schwache vorläufige Verwalter zu prüfen hat, ob das Vermögen des Schuldners die Kosten des Verfahrens decken wird, und beauftragt ihn zusätzlich, als Sachverständiger zu prüfen, ob ein Eröffnungsgrund vorliegt und welche Aussichten für eine Fortführung des Unternehmens des Schuldners bestehen (dazu entsprechend Rn. 68 ff.). In der Sache ist das Sachverständigentätigkeit (näher dazu Rdn. 68). In der Praxis beauftragt das Gericht nicht den vorläufigen Insolvenzverwalter, als Sachverständiger zu prüfen, ob ein Eröffnungsgrund vorliegt, die Verfahrenskosten voraussichtlich gedeckt sind und Fortführungsaussichten für das schuldnerische Unternehmen bestehen. Wegen der Einzelheiten zu den Prüfungsaufgaben und der Sachverständigentätigkeit vgl. Rdn. 68 ff.

IV. Einzelgebiete

1. Arbeitsrecht

a) Arbeitsrechtliche Stellung des vorläufigen Insolvenzverwalters

Die arbeitsrechtliche Stellung des vorläufigen Insolvenzverwalters hängt von den gerichtlichen Sicherungsanordnungen gem. §§ 21 ff. ab. Auf den sog. starken vorläufigen Insolvenzverwalter geht gem. Abs. 1 mit der Verwaltungs- und Verfügungsbefugnis nach allg. Mg. auch die **Arbeitgeberstellung** über; er nimmt insoweit eine Rechtsposition ein, die der des Insolvenzverwalters nach Verfahrenseröffnung gem. § 80 gleicht (BAG, ZInsO 2002, 998; LAG Hamm, ZIP 2002, 579). Bei sog. schwacher vorläufiger Insolvenzverwaltung verbleibt die Arbeitgeberstellung hingegen beim Schuldner (BAG, ZInsO 2003, 817). Das Gericht kann den sog. schwachen vorläufigen Verwalter jedoch zur Kündigung von Arbeitsverhältnissen ermächtigen (BGH, ZInsO 2002, 819, 823). 115

Lohn- und Gehaltsansprüche aus der Zeit vor Insolvenzeröffnung begründen grds. nur eine Insolvenzforderung, es sei denn es ist ein sog. starker vorläufiger Insolvenzverwalter (Abs. 1) bestellt; dieser begründet Masseverbindlichkeiten gem. § 55 Abs. 2 Satz 2 (BAG, NZI 2014, 38, 41, Tz. 41 ff.; zur insolvenzrechtlichen Einordnung von Sonderleistungen ausführl. BAG, NZI 2014, 38 [Haltepämie]). Für **Lohn- und Gehaltszahlungen** kann nach Maßgabe der §§ 183 ff., 188 Abs. 4 Satz 1 SGB III jedoch eine Insolvenzgeldvorfinanzierung eingerichtet werden (näher dazu Rdn. 122 ff.).

Lohn- und Gehaltszahlungen seitens oder mit Zustimmung des vorläufigen Insolvenzverwalters unterliegen aus Gründen des Vertrauensschutzes grds. nicht der **Insolvenzanfechtung** (vgl. BGH, ZInsO 2013, 551, 552, 17 ff.). Auch sonst sind Lohn- und Gehaltszahlungen des Schuldners sind zumindest im Rahmen des Bargeschäftsprivilegs des § 142 nicht gem. § 130 anfechtbar (BAG, ZInsO 2012, 37, 39, Tz. 14 ff.; näher dazu Bork, ZIP 2007, 2337). Bei der Vorsatzanfechtung gem. § 133 sind die subjektiven Voraussetzungen nicht stets schon dann zu bejahen, wenn der Arbeitgeber zahlungsunfähig war und der Arbeitnehmer dies wusste (ausführl. BAG, ZInsO 2014, 659, 663, Tz. 45 ff.; zur Vorsatzanfechtung der Zusage einer Haltepämie BAG, ZIP 2014, 37, 41, Tz. 45 ff.). Auch stellt die Kenntnis von größeren Lohn- und Gehaltsrückständen nicht zwingend ein hinreichendes Indiz für die drohende Zahlungsunfähigkeit des Arbeitgebers dar (BAG, ZInsO 2012, 37, 43, Tz. 38).

Im Insolvenzeröffnungsverfahren **gelten grds. die außerhalb des Insolvenzverfahrens geltenden vertraglichen Vereinbarungen und arbeitsrechtlichen Bestimmungen.** 116

Der **Insolvenzantrag** selbst ist **kein Kündigungsgrund**, weder für den Arbeitgeber noch für den Arbeitnehmer. Der **Arbeitnehmer** ist jedoch gem. § 626 BGB **zur fristlosen Kündigung** seines Arbeitsvertrages **berechtigt, wenn** als wichtiger Grund **erhebliche Lohnrückstände** vorliegen (BAG, NZA 2007, 1419, dort: zwei bis drei Monatsgehälter nach zuvor schleppender Zahlung; LAG Hamm, ArbRB 2006, 329: dort 3 Monate). Die künftige Gewährung von Insolvenzgeld führt nicht zum Wegfall des Kündigungsrechts (BAG a. a. O., LAG Hamm a. a. O.). Eine vorherige Abmahnung durch den Arbeitnehmer ist entbehrlich, wenn sie wegen der Insolvenz nicht Erfolg versprechend ist (BAG a. a. O.; LAG Hamm a. a. O.). 116a

Dem Arbeitnehmer kann ferner ein **Zurückbehaltungsrecht** (§ 273 BGB) **wegen offener Lohn- u. Gehaltszahlungen** zustehen. Die Ausübung des Zurückbehaltungsrechts kann jedoch rechtsmissbräuchlich sein (§ 242 BGB), wenn die Bezahlung der offenen Ansprüche durch eine zeitnahe Insolvenzgeldvorfinanzierung gesichert ist (so auch Blank, ZInsO 2007, 426 mit Hinweis auf BAG, ZIP 1985, 302 ff., allerdings beschränkt auf sog. starke vorläufige Verwaltung).

Die arbeitsrechtlichen Regelungen der **§§ 113, 120 bis 128 gelten erst ab Verfahrenseröffnung**. So gilt insb. die **verkürzte Kündigungsfrist des § 113** – auch für den sog. starken vorläufigen Verwalter – **nicht analog** (BAG, ZInsO 2005, 1342; LAG Hamburg, ZIP 2004, 869; Jaeger-Gerhardt § 22 Rn. 55; MK-Haarmeyer § 22 Rn. 63; K/P/B-Pape § 22 Rn. 66; a. A. MK-Caspers vor §§ 113 bis 128 Rn. 30; K/P/B-Moll § 113 Rn. 25 f.); erst recht nicht für den sog. schwachen vorläufigen 116b

Verwalter (LAG Hamm, ZInsO 2004, 403). Auch § 125 gilt nicht analog im Eröffnungsverfahren, d. h. ein zwischen dem Schuldner und dem Betriebsrat mit Zustimmung des vorläufigen Insolvenzverwalters geschlossener Interessenausgleich mit Namensliste führt nicht zu der erleichterten Kündigungsmöglichkeit gem. § 125 Abs. 1 (LAG Hamm ZInsO 2002, 1104), vgl. jedoch § 1 Abs. 5 KSchG. Der vorläufige Verwalter kann Arbeitnehmer im Eröffnungsverfahren von der Arbeitspflicht freistellen bzw. einer **Freistellung** durch den Schuldner zustimmen (vgl. zur Freistellung und Kündigung im Eröffnungsverfahren Berscheid, FS Greiner, S. 1 ff.). Für die sog. starke vorläufige Verwaltung ergibt sich dies unmittelbar aus § 55 Abs. 2 Satz 2 (Uhlenbruck-Berscheid § 22 Rn. 83).

117 Auch **§ 613a BGB** gilt vor Verfahrenseröffnung uneingeschränkt, d. h. die Haftungsbeschränkung beim Erwerb vom Insolvenzverwalter gilt nicht für den Erwerb vom vorläufigen Verwalter (BAG, ZInsO 2003, 139). Dies gilt unabhängig davon, ob sog. starke oder schwache vorläufige Insolvenzverwaltung angeordnet ist (BAG a. a. O., S. 142). Lässt der vorläufige Verwalter den künftigen »Übernehmer« im Eröffnungsverfahren bereits im Betrieb des Schuldners agieren, stehen Verfügungsbeschränkungen gem. § 21 Abs. 2 Nr. 2 einem Übergang der Betriebsmittel entgegen (LAG Niedersachen, ZInsO 2009, 49).

118 Bei sog. starker vorläufiger Insolvenzverwaltung geht mit der Arbeitgeberstellung auch die **Kündigungsbefugnis** auf den sog. starken vorläufigen Verwalter über (BAG, ZInsO 2002, 1198). Die Zustimmung des Insolvenzgerichts gem. § 22 Abs. 1 Satz 2 Nr. 2 ist keine Wirksamkeitsvoraussetzung für die Kündigung durch den sog. starken vorläufigen Verwalter (BAG, ZInsO 2006, 388; dazu Kolbe, ZIP 2009, 450). Bei sog. schwacher vorläufiger Insolvenzverwaltung verbleibt die Kündigungsbefugnis, wenn das Gericht nicht gem. Abs. 2 Satz 1 anderes anordnet, beim Schuldner, der jedoch zur Wirksamkeit seiner Kündigung bei entsprechendem Zustimmungsvorbehalt der Zustimmung des vorläufigen Verwalters bedarf, da es sich auch bei der Kündigung eines Arbeitsverhältnisses um eine Verfügung über das Vermögen des Schuldners handelt (BAG, ZInsO 2003, 817). Kündigt der Schuldner ein Arbeitsverhältnis ohne die Zustimmung des vorläufigen Verwalters in schriftlicher Form vorzulegen, kann der Arbeitnehmer die Kündigung analog §§ 182 Abs. 3, 111 Satz 2 f., 623 BGB zurückweisen (BAG a. a. O.). Kündigt der sog. schwache vorläufige Verwalter im eigenen Namen, ist die Kündigung mangels Kündigungsbefugnis unwirksam und eine nachträgliche Genehmigung gem. §§ 180, 177 BGB ausgeschlossen, wenn er seinen angeblichen Vertreterwillen ggü. dem Kündigungsempfänger nicht erkennbar gemacht hat (LAG Hamm, ZInsO 2004, 403).

Die **Insolvenz des Arbeitgebers** kann ein wichtiger Grund i. S. d. § 144 SGB III für die Mitwirkung des Arbeitnehmers an der Aufhebung des Arbeitsverhältnisses sein, sodass dann **keine Sperrzeit beim Arbeitslosengeld I** droht (vgl. DA 9.11 Abs. 1 Nr. 4; näher dazu Pohlmann-Weide/Ahrendt, ZIP 2008, 589). Die Regelung soll bereits für Eigenantrag und zulässigen Fremdantrag (§ 14) im Eröffnungsverfahren gelten (Pohlmann-Weide/Ahrendt a. a. O.).

119 Eine **Kündigungsschutzklage** im Insolvenzeröffnungsverfahren ist gegen den Inhaber der Arbeitgeberstellung zu richten, d. h. bei sog. starker vorläufiger Verwaltung gegen den vorläufigen Verwalter und i. Ü. gegen den Schuldner, wenn das Gericht nicht gem. Abs. 2 Satz 1 anderes angeordnet hat. Ein bereits anhängiger Kündigungsrechtsstreit wird durch die Anordnung einer sog. starken vorläufigen Insolvenzverwaltung unterbrochen (vgl. BAG, ZIP 2007, 745 zur Unterbrechung durch Verfahrenseröffnung). Eine Klage gegen die falsche Partei wahrt die Klagefrist nicht; eine Rubrumsberichtigung ist möglich, wenn sich aus der Klageschrift oder aus dem beigefügten Kündigungsschreiben ergibt, dass die Parteibezeichnung irrtümlich erfolgt ist (BAG, ZIP 2007, 1078; BAG, ZInsO 2002, 1202). Eine alternative Kündigungsschutzklage gegen den Schuldner und den sog. schwachen vorläufigen Verwalter ist unzulässig (LAG Hamm, ZIP 2002, 579).

120 Wenn eine geplante Betriebsänderung i. S. d. § 111 BetrVG bereits vor Eröffnung des Insolvenzverfahrens begonnen wurde und auch die betreffenden Kündigungen noch vor Verfahrenseröffnung zugegangen sind, ist ein etwaiger **Nachteilsausgleichsanspruch** (§ 113 BetrVG) nur Insolvenzforderung gem. § 38, auch wenn ein sog. schwacher vorläufiger Insolvenzverwalter zugestimmt hat

(BAG, ZInsO 2003, 670; zu Interessenausgleichsverhandlungen und Nachteilsausgleichsansprüchen im Eröffnungsverfahren Schrader/Straube, ZInsO 2005, 910). Auf den Kündigungstermin kommt es insoweit nicht an (BAG, ZInsO 2003, 670, 671).

Honoraransprüche des Beraters des Betriebsrates im Eröffnungsverfahren sind nach Eröffnung Insolvenzforderungen, wenn keine sog. starke vorläufige Verwaltung angeordnet oder entsprechende Einzelermächtigung (vgl. § 22 Rdn. 90 ff.) erteilt ist (LAG München, ZInsO 2007, 1004).

Ist die sog. starke vorläufige Verwaltung angeordnet, bevor das Arbeitsverhältnis geendet hat, ist der vorläufige Verwalter zur **Erteilung des Arbeitszeugnisses** unabhängig davon verpflichtet, ob und wie lange er den Arbeitnehmer beschäftigt hat und eigene Kenntnisse über dessen Arbeitsleistung gewinnen konnte (BAG, ZIP 2004, 1974). Hingegen richtet sich der Zeugnisanspruch im Eröffnungsverfahren gegen den Schuldner, wenn das Arbeitsverhältnis vor Anordnung der sog. starken vorläufigen Verwaltung geendet hat oder nur sog. schwache vorläufige Verwaltung angeordnet ist. 121

b) Insolvenzgeldvorfinanzierung

Ein wichtiges Instrument zur Finanzierung von Betriebsfortführungen im Insolvenzeröffnungsverfahren ist die sog. Insolvenzgeldvorfinanzierung. Das **Insolvenzgeld** ist in §§ 183 ff. SGB III geregelt. 122

Die Praxis wird neben der Sozialgerichtsrechtsprechung vor allem von den **Durchführungsanweisungen der BA zum Insolvenzgeld** geprägt (InsG-DA, im Internet abrufbar unter: www.arbeitsagentur.de/zentraler-Content/A07-Geldleistung/A073-Insolvenzgeld/Publikation/pdf/DA-Insolvenzgeld.pdf.). Europarechtliche Bedenken gegen die deutsche Insolvenzgeldregelung bestehen seit Verabschiedung der RL 2002/74/EG nicht mehr (dazu Pape, ZInsO 2002, 1173). 123

Insolvenzgeldberechtigt sind nur **Arbeitnehmer**, nicht z. B. der Vorstand einer AG, während es beim GmbH-Geschäftsführer vom Einzelfall abhängt (näher zum persönlichen Anwendungsbereich Anh. zu § 113 Rdn. 2 ff.). In zeitlicher Hinsicht sind die **letzten 3 Monate vor dem Insolvenzereignis** bzw., wenn das Arbeitsverhältnis vorher geendet hat, die letzten 3 Monate des Arbeitsverhältnisses **geschützt**. Grds. sind auch **nach Insolvenzantrag neu eingestellten Arbeitnehmer** insolvenzgeldberechtigt (LSG Stuttgart, ZIP 2009, 777, 778; anders InsG-DA zu § 183 SGB III, 2.2 [14]). 124

Insolvenzereignisse sind gem. § 183 Abs. 1 Nr. 1 bis 3 SGB III die **Eröffnung** des Insolvenzverfahrens über das Vermögen des Arbeitgebers, die **Abweisung mangels Masse** oder in den Fällen der Nr. 3 die vollständige Beendigung der Betriebstätigkeit (dazu auch Anhang zu § 113 Rdn. 5 ff.). Der Tag des Insolvenzereignisses wird nicht zum Insolvenzgeldzeitraum gezählt (InsG-DA zu § 183 SGB III, 4.1[1]). Kein Insolvenzgeldanspruch besteht bei Folgeinsolvenz durch Scheitern eines Insolvenzplanes, wenn die auf einem bestimmten Insolvenzereignis beruhende Zahlungsunfähigkeit des Arbeitgebers andauert (näher dazu BAG, ZInsO 2013, 830, vgl. auch Anhang zu § 113 Rdn. 8).

Bei einem Sekundärinsolvenzverfahren i. S. d. Art. 3 Abs. 3 **EuInsVO** stellen die Arbeitsagenturen rgm. gem. § 183 Abs. 1 Satz 2 SGB III auf den Zeitpunkt der Eröffnung des ausländischen Hauptinsolvenzverfahrens ab. Sachgerechter wäre jedoch, entsprechend § 183 Abs. 1 Nr. 1 SGB III auf den Zeitpunkt der Eröffnungsentscheidung im hiesigen Sekundärinsolvenzverfahren abzustellen, wenn ein solches beantragt ist.

Die **Höhe des Insolvenzgeldes** bestimmt sich gem. § 185 SGB III nach dem Nettoarbeitsentgelt, das sich ergibt, wenn das auf die monatliche Beitragsbemessungsgrenze (§ 341 Abs. 4 SGB III; in 2012: 5.600 € [West] bzw. 4.800 € [Ost]) begrenzte Bruttoarbeitsentgelt um die gesetzlichen Abzüge vermindert wird. Dabei ist auf eine monatliche Betrachtung abzustellen (BSG, ZInsO 2014, 1333). Das Insolvenzgeld umfasst **grds. alle Formen des Arbeitsentgelts**, also auch vermögenswirksame Leistungen, Urlaubsentgelte, Sonderzahlungen, Reisekosten usw. (ausführl. InsG-DA zu § 183 SGB III, 5.2[1]); vgl. auch Anh. zu § 113 Rdn. 11 ff.; auch variable Vergütungsanteile, soweit sie 125 den Insolvenzgeldzeitraum betreffen (BSG, ZIP 2006, 1414). Maßgebend ist die Erarbeitung im Dreimonatszeitraum (sog. **Erarbeitungsgrundsatz**; näher dazu Anh. zu § 113 Rdn. 15 ff.).

Insolvenzgeld ist gem. § 3 Nr. 2 EStG **steuerfrei**. Es unterliegt jedoch dem Progressionsvorbehalt nach § 32b EStG und ist deshalb grds. in der Einkommensteuererklärung anzugeben. Das gilt auch für die im Rahmen einer Insolvenzgeldvorfinanzierung von der Bank darlehensweise vorfinanzierten Arbeitsentgelte (BFH, ZIP 2012, 1309). Die Agentur für Arbeit zahlt gem. § 208 SGB III auch die **Sozialversicherungsbeiträge** im Insolvenzgeldzeitraum.

126 Ansprüche auf Leistungen, die einen Anspruch auf Insolvenzgeld begründen, gehen gem. § 187 Satz 1 SGB III mit Antrag auf Insolvenzgeld auf die Bundesagentur über. Die **übergegangenen Entgeltansprüche** können im eröffneten Insolvenzverfahren jedoch gem. § 55 Abs. 3 nur als **Insolvenzforderung** gem. § 38 geltend gemacht werden.

127 Die **Vorfinanzierung** des Insolvenzgeldes ist in § 188 SGB III vorgesehen, um die Mittel zur Bezahlung der Arbeitnehmer bereits vor dem Insolvenzereignis, d. h. im Eröffnungsverfahren, zur Verfügung zu haben. Eine Umgehung des § 188 SGB III durch vorläufige Bewilligung von Insolvenzgeld gem. § 328 SGB III ist unzulässig (SG Aachen, NZI 1999, 383). Die Vorschussregelung des § 186 SGB III ist zur Betriebsfortführung im Eröffnungsverfahren anders als die Insolvenzgeldvorfinanzierung ungeeignet, da sie gem. § 186 SGB III Abs. 1 Nr. 2 die Beendigung des Arbeitsverhältnisses voraussetzt.

128 In der Praxis wird die Insolvenzgeldvorfinanzierung üblicherweise so vorgenommen, dass eine Bank die insolvenzgeldfähigen Arbeitsentgeltansprüche der Arbeitnehmer regresslos ankauft und sich gegen entsprechende Kaufpreiszahlung die insolvenzgeldfähigen Nettoarbeitsentgeltansprüche von den Arbeitnehmern abtreten lässt (sog. **Ankauflösung**; Muster bei Förster, ZInsO 1998, 238). Zum Teil gewährt auch die vorfinanzierende Bank den Arbeitnehmern ein Darlehen i. H. d. künftigen insolvenzgeldfähigen Arbeitsentgeltansprüche und lässt sich rückzahlungshalber die insolvenzgeldfähigen Nettoentgeltansprüche abtreten (sog. **Darlehenslösung**). Nach Eintritt des Insolvenzereignisses kann die Bank aufgrund der Abtretung das Insolvenzgeld innerhalb der Ausschlussfrist von 2 Monaten nach dem Insolvenzereignis beantragen (§§ 323 Abs. 1, 324 Abs. 3 SGB III). Die Insolvenzgeldvorfinanzierung kann auch durch eine Gläubigerbank des Schuldners erfolgen (vgl. ehem. InsG-DA zu § 183 SGB III, 5.1 [1]).

129 Gem. **§ 188 Abs. 4 Satz 1 SGB III** bedarf die sog. kollektive Insolvenzgeldvorfinanzierung der **Zustimmung der Agentur für Arbeit**. Die sog. individuelle Insolvenzgeldvorfinanzierung auf Betreiben des Arbeitnehmers selbst bleibt demgegenüber von dem Zustimmungserfordernis unberührt (so ausdrücklich auch InsG-DA zu § 188 SGB III, 3.1 [2]). Die Zustimmung nach § 188 Abs. 4 Satz 1 SGB III kann sowohl in Form einer vorherigen Einwilligung als auch einer nachträglichen Genehmigung erteilt werden (so jetzt auch InsG-DA zu § 188 SGB III, 3.2 [5]).

Gem. § 188 Abs. 4 Satz 2 SGB III darf die Zustimmung nur erteilt werden, **wenn** Tatsachen die Annahme rechtfertigen, dass durch die Vorfinanzierung der Arbeitsentgelte ein **erheblicher Teil der Arbeitsplätze erhalten bleibt**. Als Orientierung für die Auslegung des Merkmals »erheblicher Teil der Arbeitsplätze« zieht die BA die Größenverhältnisse des § 112a BetrVG entsprechend heran (InsG-DA zu § 188 SGB III, 3.2 [8]). In besonders gelagerten Fällen lässt sie auch eine geringere Quote ausreichen, z. B. bei regionalen Strukturproblemen (InsG-DA zu § 188 SGB III, 3.2 [9]). Die Arbeitsplätze müssen auf Dauer erhalten bleiben (vgl. dazu InsG-DA zu § 188 SGB III, 4.2 [11]). Bei einer beabsichtigten übertragenden Sanierung prüft die BA ggf. auch, ob der potenzielle Erwerber die Erhaltungsprognose rechtfertigt (InsG-DA zu § 188 SGB III, 3.2 [12]).

130 Da es sich um eine **Prognoseentscheidung** handelt, lässt sie ausreichen, dass der Erhalt eines wesentlichen Teils der Arbeitsplätze entsprechend § 294 ZPO glaubhaft gemacht wird (InsG-DA zu § 188 SGB III, 3.2 [6]). Nach den neuen Geschäftsanweisungen für die Arbeitsagenturen zur Vorfinanzierung von Insolvenzgeld (abgedruckt in ZInsO 2006, 1137) müssen der Arbeitsagentur dazu **konkrete Tatsachen** mitgeteilt werden, die den Erhalt eines erheblichen Teils der Arbeits-

plätze (Rdn. 129) überwiegend wahrscheinlich erscheinen lassen, z. B. Erarbeitung eines Sanierungsplans oder Unternehmensexposés, Umsetzung erster Sanierungsmaßnahmen, Akquirierung bzw. Verhandlung mit Übernahmeinteressenten (mit Namensnennung) oder Stellungnahme des vorläufigen Insolvenzverwalters mit nachvollziehbar günstiger Fortführungsprognose. Allgemeine Angaben, z. B. eine Sanierung sei geplant oder Übernahmeinteressenten würden gesucht, reichen nicht. Bleibt trotz positiver Prognose später kein erheblicher Teil der Arbeitsplätze erhalten, prüfen die Arbeitsagenturen die Rücknahme der Zustimmungsentscheidung gem. § 45 SGB X.

Für den **Entgeltzeitraum bis zur Anordnung der vorläufigen Insolvenzverwaltung** wird die Zustimmung der Arbeitsagentur i. d. R. auch ohne entsprechende Erhaltungsprognose gegeben, wenn noch weitere Informationen zur Situation und den Perspektiven des Unternehmens erforderlich sind, keine erhebliche Verminderung des Schuldnervermögens droht und die Arbeitsverhältnisse noch ungekündigt sind (so InsG-DA zu § 188 SGB III, 3.2 [15]). **131**

Der Antrag auf Zustimmung gem. § 188 Abs. 4 SGB III ist von dem vorfinanzierenden Dritten, nicht vom vorläufigen Insolvenzverwalter, bei der zuständigen Arbeitsagentur zu stellen. **Zuständig** für das Insolvenzgeld und damit auch für die Zustimmungsentscheidung ist gem. § 327 Abs. 3 SGB III die **Arbeitsagentur, in deren Bezirk die Lohnabrechnungsstelle des Arbeitgebers liegt**. **132**

Die **Kosten der Insolvenzgeldvorfinanzierung** (Zinsen und Bearbeitungsgebühren bei der Bank) werden in der Praxis üblicherweise als Maßnahme i. R. d. Betriebsfortführung vom schuldnerischen Unternehmen und nicht vom einzelnen Arbeitnehmer getragen. Da die Insolvenzgeldabrechnung erst nach Verfahrenseröffnung erfolgt, bedarf der sog. schwache vorläufige Verwalter insoweit ggf. einer entsprechenden Einzelmächtigung durch das Gericht (so auch Vallender, FS Greiner, S. 327 ff., 333 ff.). Zum Teil verlangen vorfinanzierende Banken auch einen Kostenvorschuss. **133**

Die **Ausschöpfung des Insolvenzgeldzeitraums** bei einem fortführungs- und sanierungsfähigen Unternehmen entspricht jedenfalls dann dem Willen des Gesetzgebers, wenn eine sog. starke vorläufige Verwaltung angeordnet ist (AG Hamburg, ZInsO 2004, 630; vgl. auch § 1 Rdn. 25). Andererseits ist die Anordnung einer vorläufigen Insolvenzverwaltung mit dem alleinigen Ziel, über eine Insolvenzgeldvorfinanzierung künftige Masse zu generieren, unzulässig (AG Potsdam, DZWIR 2004, 439). Näher zur sog. **revolvierenden Insolvenzgeldvorfinanzierung** AG Hamburg, ZIP 2014, 1091 sowie Sinz, FS Uhlenbruck, S. 157 ff. **134**

2. Steuerrecht

a) Allgemeines

Nach der InsO gehen die steuerrechtlichen Pflichten des Schuldners gem. § 155 Abs. 1 erst mit Eröffnung des Insolvenzverfahrens auf den Insolvenzverwalter über, sodass den vorläufigen Insolvenzverwalter **nach der InsO keine steuerrechtlichen Pflichten** des Schuldners treffen. Für eine analoge Anwendung des § 155 Abs. 1 im Eröffnungsverfahren ist mangels Regelungslücke kein Raum (Jaeger-Gerhardt § 22 Rn. 269). **Steuerrechtliche Pflichten des vorläufigen Verwalters** können sich jedoch abhängig von der Ausgestaltung seiner Rechte und Pflichten gem. §§ 21 ff. **nach der AO** ergeben (§§ 34, 35 AO). **135**

Das Recht zum sog. **Lastschriftwiderspruch** in der Insolvenz (dazu Rdn. 157 ff.) gilt auch ggü. dem Finanzamt (OLG Hamm, ZIP 2010, 996; FG Münster, ZInsO 2010, 1896; ausführl. zu Haftungsfragen bei Lastschriftwiderspruch ggü. dem Finanzamt: Bäumer, ZInsO 2011, 1857 ff. mit Erwiderung Weßeler/Schneider, ZInsO 2012, 301). Allerdings nimmt die Rspr. beim Lastschrifteinzug von laufenden Steuerforderungen z. T. bereits nach einigen Bankarbeitstagen eine konkludente Genehmigung an (vgl. FG Münster, ZIP 2011, 2212). Der »schwache« vorläufige Insolvenzverwalter haftet nicht gem. § 69 i. V. m. §§ 34, 35 AO für eine ggf. unberechtigten Lastschriftwiderspruch (FG Münster, 2011, 1731, 1734; vgl. auch Rdn. 146). Zu Auskunftsersuchen der Finanzverwaltung gegen den vorläufigen Insolvenzverwalter im Zusammenhang mit dem Widerspruch gegen Lastschriften FG Münster ZInsO 2012, 343. **135a**

Mit dem Lastschriftwiderspruch lebt die nach der finanzgerichtlichen Rechtsprechung bestehende Pflicht des Schuldners wieder auf, auf den vorläufigen Insolvenzverwalter einzuwirken, der Begleichung der rückständigen Steuern zuzustimmen (FG Münster, ZIP 2010, 233) vgl. auch Rdn. 147).

b) »Starke« vorläufige Insolvenzverwaltung

136 Nach § 34 Abs. 3 AO hat der sog. starke vorläufige Verwalter als **Vermögensverwalter** die steuerlichen Pflichten des Schuldners zu erfüllen (Maus, Steuern im Insolvenzverfahren, Rn. 160; Tipke/Kruse/Loose § 34 AO Rn. 25). Die Pflichten als Verfügungsberechtigter gem. § 35 AO treten ggü. den Pflichten als Vermögensverwalter gem. § 34 als subsidiär zurück (Maus, Steuern im Insolvenzverfahren, Rn. 158; Tipke/Kruse/Loose § 34 AO Rn. 25; **a. A.** K/P/B-Pape § 22 Rn. 74). Steuerpflichtiger gem. § 33 Abs. 1 AO, d. h. Steuersubjekt bleibt der Schuldner; der vorläufige Verwalter nimmt lediglich aufgrund seiner Verwaltungsbefugnis gem. § 34 Abs. 3 AO die steuerrechtlichen Pflichten des Schuldners wahr (Maus, Steuern im Insolvenzverfahren, Rn. 368).

137 Der Umfang der steuerrechtlichen Pflichten des sog. starken vorläufigen Verwalters regelt sich nach der AO und ergänzend nach den Einzelsteuergesetzen (z. B. §§ 18a, 22 UStG). Der sog. starke vorläufige Verwalter hat für den Schuldner insb. die **Steuererklärungspflichten gem. §§ 149 ff. AO** und ggf. die **Berichtigungspflicht gem. § 153 AO** zu erfüllen, ferner die **Mitwirkungspflichten gem. §§ 90 ff. AO**, die **Anzeigepflichten nach §§ 137 ff. AO** sowie die **Buchführungs- und Aufzeichnungspflichten nach §§ 140 ff. AO**.

138 Die Steuererklärungspflichten sowie die Buchführungs- und Aufzeichnungspflichten betreffen jedoch nur den Zeitraum der vorläufigen Verwaltung und **nicht** auch **Zeiträume vor Anordnung der sog. starken vorläufigen Verwaltung**, da der Vermögensverwalter die steuerlichen Pflichten des Steuerpflichtigen gem. § 34 Abs. 3 AO nur zu erfüllen hat, »soweit seine Verwaltung reicht« (str.; wie hier Onusseit/Kunz, Steuern in der Insolvenz, Rn. 140 zum Sequester; **a. A.** Frotscher, Besteuerung bei Ins., S. 45 ff.). Anders als im eröffneten Verfahren (§ 155 Rdn. 33 ff.) handelt es sich auch bei sog. starker vorläufiger Verwaltung nur um eine vorläufige Verwaltung zur Sicherung und Erhaltung des Schuldnervermögens (vgl. §§ 21, 22 Abs. 1). Der sog. starke vorläufige Verwalter muss also im Insolvenzeröffnungsverfahren namentlich die laufenden USt- und Lohnsteuervoranmeldungen abgeben. Zur Abgabe von Jahressteuererklärungen ist er hingegen rgm. nicht verpflichtet, auch wenn die Abgabefrist im Zeitraum der vorläufigen Verwaltung endet. Im Streitfall kann der vorläufige Verwalter das Eröffnungsverfahren ggf. mit Fristverlängerungen zur Einreichung der Jahreserklärungen überbrücken (§ 109 AO).

139 Eine **Steuerzahlungspflicht** bzw. die Steuerabführungspflicht gem. § 34 Abs. 3 i. V. m. Abs. 1 Satz 2 AO trifft auch den sog. starken vorläufigen Verwalter **im Eröffnungsverfahren noch nicht**. Auch wenn der sog. starke vorläufige Verwalter im Eröffnungsverfahren künftige Masseforderungen gem. § 55 Abs. 4 Satz 1 z. B. durch umsatzsteuerpflichtige Lieferungen und Leistungen begründet, sind diese erst nach Eröffnung des Insolvenzverfahrens aus der Insolvenzmasse zu berichten. Dies ergibt sich aus § 53 (Maus, Steuern im Insolvenzverfahren, Rn. 265) und dem Erfordernis, bei ggf. eintretender Masseunzulänglichkeit die Rangfolge des § 209 einzuhalten (MK-Haarmeyer § 22 Rn. 70). Dies gilt trotz § 42d EStG auch für die Lohnsteuer, sofern im Eröffnungsverfahren Arbeitsentgelt vom vorläufigen Verwalter gezahlt wird und keine Vorfinanzierung des gem. § 3 Nr. 2 EStG steuerfreien Insolvenzgeldes erfolgt (Maus, Steuern im Insolvenzverfahren, Rn. 447).

140 Etwaige **Steuerbescheide** und sonstige Verwaltungsakte sind gem. § 122 AO dem sog. starken vorläufigen Verwalter und nicht dem Schuldner bekannt zu geben (Maus, Steuern im Insolvenzverfahren, Rn. 110). Ein Bescheid an den Schuldner wäre offenkundig mit einem besonders schweren Fehler behaftet und damit gem. § 125 AO nichtig. Die Anordnung der sog. starken vorläufigen Verwaltung **unterbricht analog § 240 Satz 2 ZPO anhängige Steuerfestsetzungs- und Rechtsbehelfsverfahren** (Jaeger-Gerhardt § 22 Rn. 262; Uhlenbruck-Maus § 22 Rn. 192). Die Geltendmachung künftiger Insolvenzforderungen gem. § 38 kann gem. § 87 nur noch über die Insolvenztabelle erfolgen (Jaeger-Gerhardt a. a. O.; Uhlenbruck-Vallender § 4 Rn. 45; **a. A.** Bartone, AO-StB 2002, 22).

Im Hinblick auf das **Steuergeheimnis gem.** § 30 AO gilt, dass das Finanzamt dem sog. starken vorläufigen Verwalter aufgrund seiner Stellung als Vermögensverwalter gem. § 34 Abs. 3 AO auch ohne Zustimmung des Schuldners gem. § 30 Abs. 4 Nr. 3 AO alle Auskünfte über dessen Verhältnisse erteilen darf, die der vorläufige Verwalter zur Erfüllung seiner steuerlichen Pflichten benötigt (§ 30 Abs. 4 Nr. 1 AO); i. Ü. darf das Finanzamt dem vorläufigen Verwalter ohne Zustimmung keine Auskünfte erteilen (Uhlenbruck-Maus § 22 Rn. 191), zumal die Auskunftserteilung durch die InsO nicht ausdrücklich zugelassen ist, wie § 30 Abs. 4 Nr. 2 AO verlangt. Der Schuldner ist jedoch aufgrund seiner Auskunfts- und Mitwirkungspflichten gem. §§ 20 Abs. 1, 22 Abs. 3 zur Erteilung der Zustimmung verpflichtet (vgl. auch § 20 Rdn. 11). 141

Besondere Bedeutung hat im Insolvenzeröffnungsverfahren die **USt.** Für **Neuforderungen**, die im Rahmen der vorläufigen Insolvenzverwaltung entstehen, gilt § 55 Abs. 4 (ausführl. dazu § 55 Rdn. 82 ff.). Bei Einzug von **Altforderungen** aus der Zeit vor Anordnung der vorläufigen Verwaltung entsteht die USt bei Entgeltvereinnahmung vor Verfahrenseröffnung gem. § 55 Abs. 2 als Masseverbindlichkeit, bei Entgeltvereinnahmung nach Verfahrenseröffnung gem. § 55 Abs. 1 (vgl. BFH, NZI 2013, 992). 142

Im Insolvenzeröffnungsverfahren kann USt sowohl aus **Lieferungen und Leistungen des schuldnerischen Unternehmens**, als auch aus **Verwertungshandlungen von Sicherungsnehmern** entstehen (Maus, Steuern im Insolvenzverfahren, Rn. 259; Herget/Kreuzberg, NZI 2013, 118, 199 ff.). Der sog. starke vorläufige Verwalter hat entsprechende Umsatzsteuervoranmeldungen abzugeben, jedoch die USt erst im eröffneten Verfahren an das Finanzamt abzuführen (Rdn. 139).

Nach der sog. **Doppelumsatztheorie** des BFH (ZIP 1993, 1247; ausnahmsweise sogar Dreifachumsatz, vgl. BFHE 212, 146 = NZI 2006, 251) entsteht bei der Verwertung von Sicherungsgut **grds. USt auch zulasten des Sicherungsgebers**, wenn der Sicherungsnehmer oder der Sicherungsgeber für den Sicherungsnehmer das Sicherungsgut verwertet (ausführl. dazu Maus, Steuern im Insolvenzverfahren, Rn. 271 ff.; de Weerth, ZInsO 2008, 1252 ff.).

Da die Verwertung von Sicherungsgut für oder durch den Sicherungsnehmer sich **i. R. d. vorläufigen Verwaltung** jedoch »außerhalb des Insolvenzverfahrens« vollzieht, schuldet gem. § 13b Abs. 2 UStG i. V. m. § 13b Abs. 1 Nr. 2 UStG ausnahmsweise der **Sicherungsnehmer** die USt aus beiden Umsätzen (zu den Einzelheiten und zur Abrechnung Maus a. a. O. und de Weerth a. a. O., S. 1254 ff.). Eine Ausnahme bildet die Veräußerung des Sicherungsguts durch den sog. starken vorläufigen Verwalter, hier liegt nur ein »Einfachumsatz« vor, die USt ist Masseschuld gem. § 55 Abs. 4 (de Weerth a. a. O., S. 1256). Streitig ist die Anwendung des § 13b UStG ferner, wenn der Sicherungsgeber oder der vorläufige Verwalter das Sicherungsgut ohne Absprache mit dem Sicherungsnehmer veräußert (vgl. LG Wuppertal, ZInsO 2007, 447; de Weerth, a. a. O.).

Ausführlich zur umsatzsteuerlichen Behandlung der Verwertung sicherungsübereigneter Gegenstände vgl. die Rundverfügung der OFD Frankfurt am Main v. 25.05.2007, veröffentlicht in ZInsO 2007, 1039 m. Anm. de Weerth; ferner de Weerth, ZInsO 2008, 1252, 1254 ff.

Eine **umsatzsteuerliche Organschaft** gem. § 2 Abs. 2 Nr. 2 UStG endet, wenn der Organgesellschaft ein allgemeines Verfügungsverbot auferlegt wird, da dadurch rgm. die Eingliederung in das Unternehmen des Organträgers wegfällt (BFH, ZInsO 2011, 1262, 1263; BFH, ZInsO 2004, 618; vgl. zur Beendigung umsatzsteuerlichen Organschaft auch die Rundverfügung der OFD Frankfurt am Main, ZInsO 2013, 1243). Demgegenüber dauert die Organschaft bei Anordnung eines allgemeinen Verfügungsverbots über das Vermögen des Organträgers grds. fort (Onusseit, ZInsO 2006, 1084, 1095 m. w. N.). 143

Der vorläufige Insolvenzverwalter erbringt mit seiner Tätigkeit eine umsatzsteuerpflichtige Leistung an den Schuldner. Gegen entsprechende Rechnung (BFH, ZInsO 2013, 354) gem. § 14 UStG besteht hinsichtl. der Vergütung des vorläufigen Verwalters das **Vorsteuerabzugsrecht** gem. § 15 UStG. Das Finanzamt darf gegen den entsprechenden Vorsteueranspruch mit Insolvenzforderun- 144 gen nach geänderter Rspr. gem. § 96 Abs. 1 Nr. 3 nicht aufrechnen (BFH, ZIP 2011, 181 m. Anm. Kahlert; vgl. dazu auch Jatzke, DStR 2011, 919 ff.; a. A. noch BFHE 208, 296 = ZInsO 2005, 638).

145 Bei Verletzung der steuerrechtlichen Pflichten kann sich eine **persönliche Haftung des vorläufigen Verwalters aus §§ 69, 34 f. AO bzw. §§ 21 Abs. 2 Nr. 1, 60 f.** ergeben (ausführl. Jatzke, ZIP 2007, 1977 zur Haftung nach §§ 69, 34 f. AO). Dabei verdrängt § 69 AO als lex specialis den § 60, wenn der vorläufige Insolvenzverwalter steuerspezifische Pflichten verletzt, während § 60 nur bei insolvenzspezifischen Pflichtverletzungen eingreift (BGHZ 106, 134 = NJW 1989, 303 zu § 82 KO; MK-Brandes §§ 60, 61 Rn. 81; ausführl. dazu § 60 Rdn. 27). Bei der Lohnsteuer kann die Arbeitgeberhaftung gem. § 42d EStG hinzukommen, beim vorläufigen Verwalter z. B. wegen fehlerhafter Lohnsteuerbescheinigungen.

c) »Schwache« vorläufige Insolvenzverwaltung

146 Die steuerrechtliche Stellung des sog. schwachen vorläufigen Verwalters nach der AO hängt von der Ausgestaltung seiner Rechte und Pflichten durch das Gericht gem. §§ 21, 22 Abs. 2 ab. Wenn ein sog. allgemeiner oder auch nur ein besonderer Zustimmungsvorbehalt angeordnet ist, bleibt mit dieser Beschränkung der Schuldner verwaltungs- und verfügungsbefugt über sein Vermögen, sodass der sog. schwache vorläufige Verwalter dadurch **weder Vermögensverwalter nach § 34 Abs. 3 AO, noch Verfügungsberechtigter gem. § 35 AO** wird (BFH, ZIP 2009, 2255). Daran ändert auch der neue § 55 Abs. 4 nichts (Onusseit, ZInsO, 2011, 641, 646). Auch die Erteilung von sog. Einzelermächtigungen an den vorläufigen Verwalter (vgl. Rdn. 90 ff.) ändert an der steuerrechtlichen Stellung des sog. schwachen vorläufigen Verwalters nichts. Sofern der vorläufige Verwalter das Unternehmen des Schuldners faktisch leitet, soll eine Haftung nach § 35 AO i. V. m. § 69 in Betracht kommen können (so Jatzke a. a. O.).

146a Gleichwohl gelten nach **§ 55 Abs. 4** (näher § 55 Rdn. 82 ff.) auch Verbindlichkeiten des Schuldners aus dem Steuerschuldverhältnis, die vom Schuldner mit Zustimmung eines vorläufigen Insolvenzverwalters begründet worden sind, nach Eröffnung des Insolvenzverfahrens als **Masseverbindlichkeit** (ausführl. zum Ganzen: Onusseit, ZInsO 2011, 641; Heinze, ZInsO 2011, 603; Nawroth, ZInsO 2011, 107; Staats, ZInsO 2011, 2173; Rennert-Bergenthal/Dähling, ZInsO 2011, 1922; Zimmer, ZInsO 2010, 2299; Kahlert, ZIP 2011, 401; Beck, ZIP 2011, 551). § 55 Abs. 4 wurde durch das Haushaltbegleitgesetz 2011 (BGBl. I, S. 1885) eingeführt und gilt in allen ab dem 01.01.2011 beantragten Insolvenzverfahren. Davor waren die betr. Steuerforderungen bei »schwacher« vorläufiger Verwaltung nur Insolvenzforderung gem. § 38. Umstritten ist die Anwendung des § 55 Abs. 4 in Eigenverwaltungsverfahren (vgl. dazu § 55 Rdn.).

146b § 55 Abs. 4 gilt **für alle Steuerarten** (vgl. § 55 Rdn. 83a). Der Begriff der »Zustimmung« in § 55 Abs. 4 ist weit auszulegen (vgl. § 55 Rdn. 84). Wie bei § 55 Abs. 2 (Rdn. 139) sind die Masseverbindlichkeiten aus § 55 Abs. 4 erst nach Verfahrenseröffnung gem. § 53 zu berichtigen (§ 55 Rdn. 88). Zur **Anwendung des § 55 Abs. 4** (dazu auch § 55 Rdn. 85) hat das BMF ein Rundschreiben v. 17.01.2012 (Gz. IV A 3 – S 0550/10/10020-05) verfasst (veröffentlicht in ZInsO, 2012, 213), das zahlreiche Anwendungsfragen anspricht (vgl. dazu auch Dobler, ZInsO 2012, 208).

146c Besondere Bedeutung hat im Insolvenzeröffnungsverfahren die USt. Für **Neuforderungen**, die im Rahmen der vorläufigen Insolvenzverwaltung entstehen, gilt § 55 Abs. 4 (ausführl. dazu § 55 Rdn. 82 ff.).

Für **Altforderungen** aus der Zeit vor Anordnung der vorläufigen Verwaltung ist zu differenzieren: Im Fall der **Entgeltvereinnahmung vor Verfahrenseröffnung**, stellt die Umsatzsteuerforderung daraus nur eine Insolvenzforderung gem. § 38 dar, da der Umsatzsteueranspruch davor vollständig verwirklicht ist (BFH, ZIP 2013, 1292, Tz. 49). Ist die eingezogene Forderung abgetreten und wird der Erlös an den Abtretungsempfänger weitergeleitet, haftet der Abtretungsempfänger gem. § 13c UStG für die im vereinnahmten und weitergeleiteten Forderungsbetrag enthaltene USt. (BFH, ZIP 2013, 1289). Bei **Entgeltvereinnahmung nach Verfahrenseröffnung** stellt die USt. sowohl bei Ist-Versteuerung (BFH, ZInsO 2013, 1847; ZInsO 2009, 920), als auch bei Soll-Versteuerung

(BFH, ZInsO 2011, 822) eine Masseverbindlichkeit gem. § 55 Abs. 1 begründet. Die BFH-Rspr. geht davon aus, dass spätestens mit Anordnung eines allgemeinen Zustimmungsvorbehaltes die bis dahin entstandenen Forderungen des Schuldners, soweit diese nicht beglichen werden, für den Schuldner uneinbringlich werden und erst nach Verfahrenseröffnung bei Einziehung durch den Insolvenzverwalter wieder einbringlich werden (BFH, ZInsO 2013, 1847, Tz. 42). Das ist nach der BFH-Rspr. durch eine **doppelte Umsatzsteuerkorrektur** gem. § 17 Abs. 2 Nr. 1 Satz 2 UStG entsprechend berücksichtigen, die erste für den vom BFH sog. vorinsolvenzrechtlichen Unternehmensteil und die zweite nach Verfahrenseröffnung bei Vereinnahmung (BFH, ZInsO 2011, 823, Tz. 31 f.). Die vorgenannte BFH-Rspr. ist in der Literatur vielfach und zu Recht insb. als systemwidrig kritisiert worden (ausführl. Kahlert, DStR 2011, 1973; Dobber, ZInsO 2011, 1098; Schmittmann, ZIP 2011, 1125; Welte/Wache, ZIP 2011, 1595; abl. zur Kritik Wäger, DStR, 2011, 1925), jedoch nach BMF-Rundscheiben v. 09.12.2011 (veröffentl. in ZInsO 2011, 25) in allen **Insolvenzverfahren**, die **nach dem 31.12.2011 eröffnet** worden sind, anzuwenden.

Nach geänderter BFH-Rspr. endet eine **umsatzsteuerliche Organschaft** gem. § 2 Abs. 2 Nr. 2 UStG auch dann, wenn der Organgesellschaft kein allgemeines Verfügungsverbot, sondern nur ein allgemeiner Zustimmungsvorbehalt auferlegt wird (BFH, ZInsO 2013, 1847; vgl. zur Beendigung der umsatzsteuerlichen Organschaft auch die Rundverfügung der OFD Frankfurt am Main, ZInsO 2013, 1243; ferner Onusseit, ZInsO 2014, 59 ff.). Zur Beendigung der umsatzsteuerlichen Organschaft in der vorläufigen Eigenverwaltung FG Kassel, ZInsO 2014, 681, sowie Lenger/Khanian, NZI 2014, 385. 147

Die Anordnung der sog. schwachen vorläufigen Verwaltung lässt das Steuerrechtsverhältnis ansonsten grds. unberührt, wobei Forderungen aus der Zeit vor der Bestellung eines vorläufigen Insolvenzverwalters nach Verfahrenseröffnung nur als Insolvenzforderung gem. § 38 geltend gemacht werden können und der Fiskus seine Forderungen nicht mehr zwangsweise gegen den Schuldner durchsetzen kann, wenn Einzelzwangsvollstreckungsmaßnahmen gegen den Schuldner gem. § 21 Abs. 2 Nr. 3 untersagt oder einstweilen eingestellt sind. Die Bestellung eines sog. schwachen vorläufigen Verwalters lässt unterbricht auch ein finanzgerichtliches Verfahren nicht (BFH, ZInsO 2013, 2217). 148

Die finanzgerichtliche Rspr. verlangt vom Schuldner grds. auf den vorläufigen Insolvenzverwalter dergestalt einzuwirken, dass dieser die Steuerschulden erfüllt (BFH, ZInsO 2010, 1652; dazu Kahlert, EWiR 2011, 3). Ob und wie ein Einwirken erforderlich ist, hängt von den Umständen des Einzelfalls ab (BFH a. a. O., Tz. 11). Davon abgesehen kann es haftungsrechtlich an der Kausalität fehlen, wenn der vorläufige Verwalter seine Zustimmung trotzdem nicht gegeben hätte (FG Münster, ZIP 2010, 233, 236).

Ordnet das Gericht ein **besonderes Verfügungsverbot** an, was in der Praxis allerdings kaum vorkommt, treffen den vorläufigen Verwalter insoweit die Pflichten als **Verfügungsberechtigter gem. § 35 AO** (a. A. Maus, Steuern im Insolvenzverfahren, Rn. 162, der auch hier § 34 Abs. 3 AO anwenden will). 149

Der sog. schwache vorläufige Verwalter haftet ggü. dem Finanzamt nicht gem. § 69, sondern nur für die Erfüllung insolvenzspezifischer Pflichten gem. §§ 21 Abs. 2 Nr. 1, 60, wenn er wie rgm., namentlich auch bei allgemeinem Zustimmungsvorbehalt, nicht Vermögensverwalter bzw. Verfügungsberechtigter i. S. d. §§ 34 ff. AO ist und ihn deshalb keine steuerspezifischen Pflichten treffen (vgl. Rdn. 146). Eine Haftung gem. §§ 21 Abs. 2 Nr. 1, 55 Abs. 4, 61 besteht hingegen nicht, da § 61 nur Gläubiger schützt, die eine konkrete Gegenleistung in die Masse bzw. das Schuldnervermögen erbringen (Onusseit, ZInsO 2011, 641, 647). 150

Zum Vorsteuerabzug aus der Vergütungsrechnung des vorläufigen Verwalters und Aufrechnungsmöglichkeiten des Finanzamts s. Rdn. 144.

Im Hinblick auf das **Steuergeheimnis gem. § 30 AO** gilt, dass das Finanzamt dem sog. schwachen vorläufigen Verwalter wegen des Steuergeheimnisses gem. § 30 AO ohne Zustimmung des Schuld- 151 ners gem. § 30 Abs. 4 Nr. 3 AO keine Auskünfte über dessen Verhältnisse erteilen darf (Uhlenbruck-Maus § 22 Rn. 191), zumal die Auskunftserteilung durch die InsO nicht ausdrücklich zugelassen ist, wie § 30 Abs. 4 Nr. 2 AO verlangt. Der Schuldner ist jedoch aufgrund seiner Auskunfts- und Mitwirkungspflichten gem. §§ 20 Abs. 1, 22 Abs. 3 zur Erteilung der Zustimmung verpflichtet (vgl. § 20 Rdn. 11).

3. Bankrecht

a) Girokonto

152 Der **Girovertrag** (§ 676f BGB) des Schuldners bleibt auch bei Anordnung von Sicherungsmaßnahmen gem. §§ 21 ff. bestehen und erlischt nicht nach §§ 115 ff. (BGH, ZInsO 2006, 92), da die §§ 103 ff., abgesehen von einigen Vorwirkungen, erst nach Verfahrenseröffnung gelten (Rdn. 28). Allerdings ist die Bank nach ihren AGB rgm. befugt, den Girovertrag bei Insolvenzantragstellung wegen wesentlicher Verschlechterung der Vermögensverhältnisse fristlos zu kündigen (vgl. Nr. 19 Abs. 3 AGB-Banken bzw. Nr. 26 Abs. 2 AGB-Sparkassen). Allgemein zur Kontenführung im Insolvenzverfahren, sowohl der Schuldnerkonten als auch des Verwalteranderkontos: Kießling, NZI 2006, 440.

153 Üblicherweise besteht für das Girokonto zugleich eine **Kontokorrentabrede** (ausführl. zu den rechtlichen Grundlagen Bork, Zahlungsverkehr, Rn. 6 ff.; Peschke, Die Kontokorrentverrechnung in der Insolvenz des Girokontoinhabers, S. 5 ff.). Durch die Anordnung eines allgemeinen Verfügungsverbotes erlischt die darin enthaltene Vorausverfügungsvereinbarung, da die Vorausverfügung des Schuldners mit Übergang der Verwaltungs- und Verfügungsbefugnis auf den sog. starken vorläufigen Verwalter unwirksam wird (Jaeger-Gerhardt § 22 Rn. 63; MK-Haarmeyer § 22 Rn. 60; K/P/B-Pape § 22 Rn. 82; **a. A.** Bork, Zahlungsverkehr, Rn. 40). Bei sog. schwacher vorläufiger Verwaltung mit entsprechendem Zustimmungsvorbehalt bleibt die Kontokorrentverrechnung ohne Zustimmung des vorläufigen Verwalters unwirksam. Die Bank kann jedoch unabhängig davon mit Zahlungseingängen im Eröffnungsverfahren gem. § 387 BGB aufrechnen, wobei **Aufrechnungen** nach Verfahrenseröffnung unter den Voraussetzungen der §§ 130 ff. angefochten werden können (BGH, ZInsO 2004, 852; vgl. auch § 21 Rdn. 57; zur Insolvenzanfechtung von Zahlungseingängen auf debitorischem Bankkonto ausführl. § 131 Rdn. 33). Anders ist dies bei Anordnung einer **Kontensperre** gem. § 21 Abs. 1 (dazu § 21 Rdn. 69m).

154 **Überweisungen** des Schuldners (§ 676a BGB) sind kein Verfügungs- sondern ein Verpflichtungsgeschäft (BGH, ZInsO 2014, 33, 34, Tz. 14; BGH, ZInsO 2009, 659, Tz. 21; ausführl. zur Überweisung in der Insolvenz: Bork, a. a. O., Rn. 89 ff.; Obermüller, ZInsO 2010, 8). Bei Anordnung der »starken« vorläufigen Verwaltung steht dem vorläufigen Verwalter gem. Abs. 1 auch dafür die Verwaltungs- und Verfügungsbefugnis zu. Bereits bestehende Überweisungsaufträge bleiben analog § 116 Satz 3 bestehen (Obermüller, ZInsO 1999, 693; differenzierend Bork a. a. O., Rn. 148 ff.). Allerdings ist die Bank zur Kündigung des Überweisungsauftrages analog § 676 Abs. 3 BGB berechtigt (HK-Kirchhof § 24 Rn. 7; **a. A.** Bork a. a. O., Rn. 150; Obermüller, ZInsO 1999, 693). Zur Verrechnung von Überweisungseingängen auf dem Konto des Schuldners durch die Bank s. o. Rdn. 153.

Bei Anordnung der »schwachen« vorläufigen Verwaltung kann der Schuldner grds. auch ohne Zustimmung eines »schwachen« vorläufigen Verwalters mit der Bank Überweisungsverträge abschließen (BGH a. a. O.). Führt die Bank jedoch in Kenntnis des Zustimmungsvorbehalts einen Überweisungsvertrag aus, so kann sie jedoch den Überweisungsbetrag nicht in das Kontokorrent einstellen, weil die Belastung des Kontos an der fehlenden Genehmigung scheitert (BGH a. a. O.; zur Kondizierung einer von der Bank trotz allg. Zustimmungsvorbehaltes veranlassten Überweisungszahlung vom Empfänger durch den Insolvenzverwalter BGH, ZInsO 2014, 33).

154a **Fehlüberweisungen** an den Schuldner oder auf ein Sonderkonto des vorläufigen Verwalters (vgl. Rdn. 166a) begründen bei sog. schwacher vorläufiger Insolvenzverwaltung lediglich eine Insolvenzforderung gem. § 38 (BGH, ZInsO 2007, 1228; OLG Hamm, NZI 2011, 636). Anders ist dies bei

Fehlüberweisungen auf ein Ander- oder Sonderkonto des vorläufigen Verwalters, wo eingehende Zahlungen nicht in das Schuldnervermögen, sondern in das Vermögen des Kontoinhabers persönlich gelangen (BGH, ZInsO 2009, 521, Tz. 10; vgl. insoweit auch OLG Bremen, ZInsO 2005, 323; zur ungerechtfertigten Bereicherung des Schuldnervermögens bei sog. starker vorläufiger Insolvenzverwaltung Rdn. 24).

Weitreichende Bedeutung hat die Anordnung von Sicherungsmaßnahmen auch für **Lastschriften**. Im Lastschriftverkehr ist zwischen Abbuchungsauftragsverfahren und dem gebräuchlicheren Einziehungsermächtigungsverfahren zu unterscheiden (vgl. zu den bankrechtlichen Grundlagen Fischer, FS Gerhardt, S. 223, 224 ff.). 155

Im **Abbuchungsauftragsverfahren** werden vom Schuldner erteilte und noch nicht ausgeführte Abbuchungsaufträge mit Anordnung der sog. starken vorläufigen Verwaltung wegen der damit verbundenen Vorausverfügung unwirksam (ähnl. Bork, Zahlungsverkehr, Rn. 278 ff., dort auch zu den Rechtsfolgen gleichwohl eingelöster Lastschriften; vgl. zum Abbuchungsauftragsverfahren auch § 82 Rdn. 17). Bei Anordnung einer sog. schwachen vorläufigen Verwaltung mit entsprechendem Zustimmungsvorbehalt ist ein Abbuchungsauftrag des Schuldners ohne Zustimmung des vorläufigen Verwalters unwirksam. Ist der Abbuchungsauftrag bereits vor Anordnung der Sicherungsmaßnahmen ausgeführt, haben weder der Schuldner noch der vorläufige Verwalter ein Widerspruchsrecht (Fischer, a. a. O., S. 225; ausführl. d'Avoine, ZInsO 2006, 225). 156

Anders ist bzw. war dies teilweise im **Einziehungsermächtigungsverfahren** (ausführl. zum Ganzen § 82 Rdn. 18 ff.). Heute sind nach dem **SEPA-Lastschriftverfahren** bewirkte Zahlungen **insolvenzfest** (BGHZ 186, 269 = ZInsO 2010, 1538; Nobbe, ZIP 2012, 1937, 1946; Obermüller/Kuder, ZIP 2010, 349 ff.). 157

Beim **früheren Einziehungsermächtigungsverfahren** wird eine Lastschriftbuchung nach der Rspr. erst wirksam, wenn der Schuldner sie (ausdrücklich oder konkludent) genehmigt oder die Genehmigung gem. Art. 7 Abs. 3 AGB-Banken bzw. Art. 7 Abs. 4 AGB-Sparkassen fingiert wird (BGHZ 186, 242 Tz. 6 bzw. BGHZ 186, 269, Tz. 10). Nach diesen Grundsatzentscheidungen hat die Rspr. zum Schutz des Lastschriftverkehrs durch eine **weitreichende Rspr. zur konkludenten Genehmigung** die Folgen des Genehmigungstheorie bewusst stark eingegrenzt (Nobbe, ZIP 2012, 1937, 1945). 157a

Solange die Genehmigung nicht vorliegt, können jedoch der »starke« vorläufige Insolvenzverwalter sowie der Insolvenzverwalter die Genehmigung aus eigenem Recht verweigern und der »schwache« vorläufige Insolvenz den Eintritt der Genehmigungswirkung verhindern, indem sie der Belastungsbuchung widersprechen (BGHZ 186, 242 Tz. 7 bzw. BGHZ 186, 269, Tz. 11; vgl. zum »eigenmächtigen Lastschriftwiderspruch« des »schwachen« vorläufigen Verwalters ohne Mitwirkung des Schuldners: Wagner, NZI 2010, 471 ff.). Das Recht zum Lastschriftwiderspruch besteht für den (vorläufigen) Insolvenzverwalter aus insolvenzrechtlichen Gründen und unabhängig davon, ob dem Schuldner eine sachliche Einwendung gegen die Gläubigerforderung zusteht oder nicht (BGHZ 186, 242 Tz. 7 bzw. BGHZ 186, 269, Tz. 12; sog. pauschaler Lastschriftwiderspruch). Es besteht keine Prüfungspflicht des (vorläufigen) Verwalters, vor dem Widerspruch zu prüfen, ob der Schuldner einzelne Lastschriften schon konkludent genehmigt hat (OLG München, ZInsO 2011, 529, 530). Der Widerspruch ist ggü. dem Schuldner oder der Schuldnerbank (Zahlstelle) abzugeben (BGH, ZInsO 2010, 2089, 2091), nicht ggü. dem Lastschriftgläubiger (BGH, ZInsO 2011, 2129). Der Widerspruch ist unwiderruflich (BGH, ZInsO 2011, 2129, Tz. 21). Ausgeschlossen ist der Widerspruch bei Personenidentität zwischen Zahlungspflichtigem und Zahlungsempfänger (BGH, NZI 2011, 870, Tz. 14).

Eine Einschränkung besteht jedoch bei Insolvenz(eröffnungs)verfahren über das Vermögen natürlicher Personen. Hier hat der (vorläufige) Insolvenzverwalter vorab zu prüfen, ob die jeweilige Lastschrift unter Verwendung des unpfändbaren Schuldnervermögens eingelöst worden ist, da dem (vorläufigen) Insolvenzverwalter die Rechtsmacht fehlt auf das Schonvermögen des Schuldners zuzugreifen (BGHZ 186, 242 = ZInsO 2010, 1534, Tz. 13 ff.; bestätigt in BGH, ZInsO 2011, 2129, Tz. 8; näher dazu § 35 Rdn. 225 f.).

157b Die **Genehmigung** kann jedoch auch schon vor Ablauf der 6-Wochen-Frist **ausdrücklich oder konkludent** erfolgt sein (BGH, ZInsO 2011, 576, Tz. 14). **Maßgebend** ist jeweils der **objektive Erklärungswert des Verhaltens** des Erklärenden im Zeitpunkt der Kenntnisnahme durch den Erklärungsempfänger (BGH, ZInsO 2011, 1980, Tz. 20 f.). Die Rspr. stellt jedenfalls im unternehmerischen Geschäftsverkehr keine »zu hohen Anforderungen an die Genehmigung durch schlüssiges Verhalten« (vgl. BGH, ZInsO 2011, 2330, Tz. 15), um die Schärfen der Genehmigungstheorie abzumildern. Demgegenüber kann die Bank bei einem Verbraucher nicht ohne weiteres davon ausgehen, dass die Kontobewegungen zeitnah geprüft werden (BGH, ZInsO 2011, 1308, Tz. 12 ff.). Zur konkludenten Genehmigung hat sich eine umfangreiche **Einzelfallrechtsprechung** entwickelt (ausführl. dazu mit umfangreichen Nachweisen § 82 Rdn. 21a ff.). Die Rspr. hat z.T. eine Prüfungs- und Überlegungsfrist von 3 Tagen (OLG München, ZIP 2011, 43, 46; Miete, Telekommunikationskosten; unbeanstandet durch BGH, ZInsO 2012, 931, 935, Tz. 44) bzw. 2 Wochen (BGH, ZInsO 2012, 135; Sozialversicherungsbeiträge) ausreichen lassen; näher zur Rechtsprechungsentwicklung zur konkludenten Genehmigung Nobbe, ZIP 2012, 1937, 1943 ff.; ausführl. zum Ganzen § 82 Rdn. 21b ff.

Die **Darlegungs- und Beweislast** für die konkludente Genehmigung trägt die Bank, und zwar konkret für jede Belastungsbuchung (OLG München, ZInsO 2011, 528, 530; zust. Gantenberg/Grochowski, EWiR 2011, 191, 192). Es besteht auch keine Rechtspflicht des (vorläufigen) Verwalters, vor dem Widerspruch zu prüfen, ob der Schuldner einzelne Lastschriften schon konkludent genehmigt hat (OLG München a.a.O.).

158 Wird die Genehmigung nicht erteilt, ist die Bank zur **Berichtigung der Belastungsbuchung**, d.h. Rückgängigmachung, auf dem Konto des Schuldners verpflichtet (BGHZ 186, 269 = ZInsO 2010, 1538 Tz. 10; zum **Bereicherungsausgleich** zwischen Schuldnerbank und Gläubiger: BGH, NZI 2011, 321 und BGH, NZI 2011, 402; zum Bereicherungsausgleich nach zu Unrecht erfolgtem Lastschriftwiderspruch: Jungclaus/Keller, ZIP 2011, 941 ff.). Nach Verfahrenseröffnung kann sich der Insolvenzverwalter keinen Anspruch auf Wertersatz wegen ungerechtfertigter Bereicherung verschaffen, indem er nach Eröffnung des Insolvenzverfahrens nur eine Buchposition des Gläubigers, nicht aber dessen Lastschrifteinzug selbst genehmigt (BGH, ZInsO 2010, 2296).

159 Der Lastschriftwiderspruch durch einen »schwachen« vorläufigen Verwalter begründet keine Schadensersatzansprüche als Masseverbindlichkeit (BGH a.a.O.). Eine persönliche Haftung des (vorläufigen) Insolvenzverwalters gem. §§ 21 Abs. 2 Satz 1 Nr. 1, 60 besteht hingegen nicht, wenn und soweit dieser sich an der damals herrschenden Rspr. (vgl. BGHZ 161, 49 = ZInsO 2004, 1353) orientiert hat.

160 Den (vorläufigen) Verwalter trifft keine **Haftung wegen Lastschriftwiderspruch**, weder nach § 60, noch nach § 826 BGB schadensersatzpflichtig (BGHZ 186, 269, Tz. 12; zur Haftung bei Lastschriftwiderspruch ggü. dem Finanzamt vgl. Rdn. 135a).

Vielmehr handelt der (vorläufige) Insolvenzverwalter, der eine nicht genehmigte Belastungsbuchung genehmigt bzw. der Genehmigung durch den Schuldner zustimmt, grds. insolvenzzweckwidrig (BGH, ZInsO 2004, 1355), wobei es zur Nichtigkeit wegen Insolvenzzweckwidrigkeit deren Evidenz bedarf (BGHZ 150, 353 = ZInsO 2002, 577), und kann sich einer **Haftung wegen unterlassenen Lastschriftwiderspruchs** aussetzen (vgl. Rdn. 160). Der vorläufige Insolvenzverwalter hat nach der o.g. Rspr. nämlich nicht nur das Recht, sondern dadurch grds. auch die gem. §§ 21 Abs. 2 Nr. 1, 60 haftungsbewehrte Pflicht, durch Widerspruch bzw. Nichtgenehmigung gegen entsprechende Belastungsbuchungen auf dem Konto des Schuldners insolvenzrechtlich nicht gerechtfertigte Geldabflüsse aus dem Schuldnervermögen auf Insolvenzforderungen zu vermeiden (Fischer, FS Gerhardt, S. 223, S. 231 f.). Allerdings ist der vorläufige Verwalter ausnahmsweise zur Genehmigung bzw. Zustimmung berechtigt, soweit dies, insb. zur Fortführung des Schuldnerunternehmens, im Interesse der Gläubigergemeinschaft erforderlich oder wenigstens zweckmäßig erscheint (BGH, ZInsO 2004, 1353, 1355).

Eine **Sicherung der künftigen Insolvenzmasse** tritt nur ein, wenn das Konto des Schuldners durch den Lastschriftwiderruf einen positiven Saldo erreicht oder durch die Reduzierung des negativen Saldos Kreditsicherheiten für die künftige Insolvenzmasse frei werden. Ansonsten wird durch den Lastschriftwiderruf auf Schuldnerseite ein reiner Passivtausch bewirkt. Ein Lastschriftwiderruf kann **ausnahmsweise schadensersatzbegründend** sein, wenn er aus Sicht der künftigen Insolvenzmasse zu einem reinen sog. **Passivtausch** führt und allein der Bank des Schuldners zugutekommen soll (BGH, ZInsO 2004, 1353, 1356). 161

Anstelle des Lastschriftwiderspruchs kann der vorläufige Insolvenzverwalter auch den begünstigten Gläubiger von dem Insolvenzantrag in Kenntnis setzen und die Belastungsbuchung genehmigen, damit nach Verfahrenseröffnung eine **Insolvenzanfechtung ggü. dem Gläubiger** gem. §§ 130 ff. erfolgen kann (BGH, ZInsO 2010, 2133, Tz. 10; allg. zu Handlungsoptionen des [vorläufigen] Insolvenzverwalters nach der neuen Lastschriftrechtsprechung: Wagner, ZIP 2011, 846 ff.). Maßgeblicher Zeitpunkt für die Anfechtung ist gem. § 140 der Zeitpunkt der Genehmigung, nicht der Buchung (BGH a. a. O.), während es für die Frage des Bargeschäfts gem. § 142 auf den Zeitpunkt des Lastschrifteinzuges ankommt (BGH, ZInsO 2008, 1241). **Insolvenzanfechtungsansprüche ggü. der Bank** bestehen demgegenüber nicht (BGH, ZInsO 931, 934, Tz. 35 ff.). 162

Ungeklärt ist, inwieweit für Organe insolvenzantragspflichtiger Verbände eine **Masseschmälerungshaftung wegen unterlassenem Lastschriftwiderruf** in Betracht kommt (vgl. § 92 Abs. 2 AktG, § 64 GmbHG; vgl. dazu Dahl, NZI 2005, 102). Nach der Entwicklung der BGH-Rspr. ist erscheint dies jedoch denkbar (vgl. BGH, ZInsO 2007, 1216; ähnl. Schulte-Kaubrügger, ZIP 2008, 2348, 2349 f.). 163

Zum **Kassenverkehr** und **Scheckverkehr** in der Insolvenz ausführl. Bork, Zahlungsverkehr, Rn. 163 ff. und Rn. 189 ff. 164

Das **Bankgeheimnis** (vgl. Nr. 2 Abs. 1 AGB-Banken bzw. AGB-Sparkassen) gilt auch im Insolvenzeröffnungsverfahren (ausführl. zum Bankgeheimnis im Insolvenzverfahren Stephan, WM 2009, 241 ff.). Der sog. starke vorläufige Verwalter kann wegen des Übergangs der Verwaltungs- und Verfügungsbefugnis alle Auskünfte von der Bank verlangen, der sog. schwache vorläufige Verwalter nur, wenn das Gericht ihn dazu gem. §§ 21, 22 Abs. 2 (ggf. auch durch Anordnung eines besonderen Verfügungsverbots) ermächtigt oder der Schuldner zugestimmt hat. Der Schuldner ist jedoch aufgrund seiner Auskunfts- und Mitwirkungspflichten gem. §§ 20 Abs. 1, 22 Abs. 3 zur Erteilung der Zustimmung verpflichtet (s. § 20 Rdn. 11; ausführl. dazu Bode, Der Auskunftsanspruch des [vorläufigen] Insolvenzverwalters ggü. der Bank des Schuldners). 165

b) Kreditverhältnis

Bestehende Kreditverträge (§ 488 BGB) des Schuldners bleiben auch bei Anordnung von Sicherungsmaßnahmen gem. §§ 21 ff. bestehen und erlöschen nicht nach §§ 103 ff., da §§ 103 ff. abgesehen von einigen Vorwirkungen erst nach Verfahrenseröffnung gelten (Rdn. 28). Allerdings ist die Bank nach ihren AGB rgm. befugt, Kredite bei Insolvenzantragstellung wegen wesentlicher Verschlechterung der Vermögensverhältnisse fristlos zu kündigen (vgl. Nr. 19 Abs. 3 AGB-Banken bzw. Nr. 26 Abs. 2 AGB-Sparkassen). Wegen der Kreditsicherheiten aus dem Vermögen des Schuldners ausführl. Rdn. 46 zur Behandlung künftiger Absonderungsrechte im Insolvenzeröffnungsverfahren. 166

Insb. zur Finanzierung von Betriebsfortführungen können auch **Neukredite (Massekredite)** erforderlich sein (ausführl. zum Massekredit im Insolvenzeröffnungsverfahren Grub, FS Lüer, S. 377 ff., Schönfelder, WM 2007, 1489; ferner Huber, NZI 2014, 439 unter besonderer Berücksichtigung des sog. unechten Massekredits). Ein Neukredit (Massekredit) bzw. der Rückzahlungsanspruch daraus wird bei Anordnung der sog. starken vorläufigen Verwaltung (§ 55 Abs. 2 Satz 1) oder einer entsprechenden Einzelermächtigung an den sog. schwachen vorläufigen Verwalter (Rdn. 90) im eröffneten Insolvenzverfahren Masseforderung. Eine etwaige Sicherheitenbestellung ausschließlich für den Neukredit ist im eröffneten Verfahren als Bargeschäft gem. § 142 unanfechtbar (Uhlenbruck-Vallender § 22 Rn. 34).

c) Kontoführung des vorläufigen Insolvenzverwalters

166a Der vorläufige Insolvenzverwalter muss für die eingehenden Gelder ein Konto anlegen. Dabei sollte es sich um ein Sonderkonto auf seinen Namen als vorläufiger Insolvenzverwalter handeln (Büttner, ZInsO 2012, 2309, 2317; Schulte-Kaubrügger, ZIP 2011, 1400, 1402, 1405; Stahlschmidt, NZI 2011, 272, 275 f.). Bei dem **Sonderkonto** handelt es sich bankrechtlich um ein **offenes Treuhandkonto** (Kuder, ZInsO 2009, 584, 586). Zahlungen, die auf dem Sonderkonto eingehen, fallen in das verwaltete Schuldnervermögen (BGH, ZInsO 2009, 521, Tz. 10; vgl. auch § 149 Rdn 11 ff.; ausführl. zur Kontenführung im Insolvenz[eröffnungs]verfahren Büttner, ZInsO 2012, 2309 ff.).

Die Ermächtigung zur Einrichtung und Verfügung über das Sonderkonto ergibt sich bei »starker« vorläufiger Verwaltung aus Abs. 1, bei »schwacher« vorläufiger Verwaltung wird sie teilweise gem. Abs. 2 mit angeordnet. Wo dies nicht der Fall ist, ergibt sie sich konkludent aus der Anordnung, Bankguthaben und Forderungen des Schuldners einzuziehen und Gelder entgegenzunehmen (Schulte-Kaubrügger, a. a. O., S. 1403; a. A. Vallender, FS Greiner, S. 328, der eine gesonderte Anordnung verlangt; Stahlschmidt, NZI 2011, 272, 276).

Demgegenüber ist das früher gebräuchliche **Anderkonto**, das ebenfalls ein offenes Treuhandkonto darstellt, jedoch nur von bestimmten Berufsgruppen wie Rechtsanwälte, Notare, Wirtschaftsprüfer, Steuerberater usw. eingerichtet werden kann (Schulte-Kaubrügger, a. a. O., S. 1401 m. w. N.), für die vorläufige Insolvenzverwaltung untauglich, da Zahlungen, die auf dem Anderkonto eingehen, nicht in das Schuldnervermögen, sondern in das Vermögen des Kontoinhabers persönlich (z. B. des Insolvenzverwalters) fallen (BGH, ZInsO 2009, 521, Tz. 10; BFH, ZIP 2013, 2370, Tz. 2 ff.).

166b Die kontoführende Bank hat ein rechtliches Interesse auf Einsicht in die Insolvenzakten gem. § 4 i. V. m. § 299 Abs. 2 ZPO (OLG Naumburg, ZInsO 2010, 1804).

4. Prozessrecht

a) »Starke« vorläufige Insolvenzverwaltung

167 Ist sog. starke vorläufige Insolvenzverwaltung gem. Abs. 1 angeordnet und damit die Verwaltungs- und Verfügungsbefugnis auf den vorläufigen Insolvenzverwalter übergegangen, werden dadurch anhängige **Zivilrechtsstreitigkeiten** gem. § 240 Satz 2 ZPO unterbrochen (BGH, ZInsO 2013, 1516, 1517, Tz. 12).

Entsprechendes gilt kraft gesetzlicher Verweisung grds. auch für **Arbeits-, Verwaltungs-, Finanz- und Sozialrechtsstreitigkeiten** (§§ 46 Abs. 2, 64 Abs. 6, 72 Abs. 5 ArbGG, § 173 VwGO, § 155 FGO, § 202 SGG). Behördliche **Verwaltungsverfahren** werden grds. nicht unterbrochen (BPatG, NZI 2012, 291, 292; vgl. auch § 85 Rdn. 24), anders bei steuerlichen Verfahren (BFHE 183, 365 = ZIP 1997, 2160).

Einzelfälle: Unterbrochen werden PKH-Verfahren (BGH, NZI 2006, 543; anders im finanzgerichtlichen Verfahren: BFH, ZIP 2006, 2333), **Kostenfestsetzungsverfahren** (BGH, NZI 2006, 128), Zwangsvollstreckungsverfahren (BGH, ZIP 2007, 983; ggf. aber § 21 Abs. 2 Nr. 3; Vollstreckungsabwehrklage (BGH, ZIP 2008, 1941). **Nicht unterbrochen** werden selbstständige Beweisverfahren nach §§ 485 ff. ZPO (BGH, ZInsO 2004, 85); Klauselerteilungsverfahren (BGH, ZIP 2008, 527); keine Unterbrechung vor Klagezustellung (BGH, ZInsO 2009, 202). Ausführlich zur **Unterbrechungswirkung und einzelnen Verfahren** s. Vorbem. zu §§ 85 bis 87.

168 **Entscheidungen**, die **trotz Verfahrensunterbrechung** ergehen, sind nicht nichtig, sondern lediglich mit den statthaften Rechtsbehelfen anfechtbar (BGH, ZIP 2004, 1120). Ausführlich zu den

hat (LG Leipzig, ZInsO 2006, 1003). Eine gegen den sog. schwachen vorläufigen Verwalter gerichtete Klage ist grds. unzulässig (LAG Hamm, ZIP 2002, 579, 581).

175 Das Gericht kann den sog. schwachen vorläufige Verwalter jedoch **gem. Abs. 2 Satz 1 zur Prozessführung ermächtigen** (BGH, ZInsO 2013, 1516, 1517, Tz. 13 f.; OLG Köln, ZIP 2004, 2450). Da die Prozessführungsbefugnis rgm. zugleich die materielle Verfügungsbefugnis über das geltend gemachte Recht verlangt, ist jedoch erforderlich, dass dem Schuldner insoweit ein **besonderes Verfügungsverbot** auferlegt und die Verwaltungs- und Verfügungsbefugnis über den Prozessgegenstand auf den vorläufigen Verwalter übertragen wird (so auch HK-Kirchhof § 22 Rn. 61; Uhlenbruck-Vallender § 22 Rn. 195). Ist dies der Fall, tritt damit zugleich die Unterbrechungswirkung entsprechend § 240 Satz 2 ZPO ein (BGH, ZInsO 2013, 1516, 1517, Tz. 15 f.).

176 Die Ermächtigung zur Prozessführung setzt gem. § 21 Abs. 1 voraus, dass dies zur Sicherung des künftigen Schuldnervermögens erforderlich erscheint. Anders als nach der Rspr. zu § 106 KO (vgl. OLG Stuttgart, ZInsO 1999, 474) ist es nach § 21 Abs. 1 nicht mehr erforderlich, dass es sich um unaufschiebbare Maßnahmen zur Sicherung des Schuldnervermögens handelt. Vielmehr ist nach § 22 Abs. 2 eine Ermächtigung des sog. schwachen vorläufigen Verwalters durch das Insolvenzgericht zur Prozessführung erforderlich und zugleich hinreichend (Uhlenbruck-Vallender, § 22 Rn. 195).

177 Das Prozessgericht ist an eine entsprechende Ermächtigung durch das Insolvenzgericht gebunden (OLG Köln, ZIP 2004, 2450; HK-Kirchhof a. a. O.; Uhlenbruck-Vallender a. a. O.; **a. A.** OLG Dresden, ZInsO 1998, 285 m. abl. Anm. Johlke/Schröder, EWiR 1998, 1808).

178 Ermächtigt das Insolvenzgericht den sog. schwachen vorläufigen Verwalter zur Prozessführung, tritt er im Prozess als **gewillkürter Prozessstandschafter** auf (OLG Köln a. a. O.; HK-Kirchhof a. a. O.). Insoweit kann der sog. schwache vorläufige Verwalter unter den Voraussetzungen der §§ 114 ff. ZPO auch **PKH** erhalten (OLG Köln a. a. O.).

179 Allerdings kann das Gericht den vorläufigen Insolvenzverwalter nicht zur Insolvenzanfechtung bzw. entsprechenden Anfechtungsklagen ermächtigen, da diese gem. §§ 129 ff. dem Insolvenzverwalter im eröffneten Verfahren vorbehalten ist (OLG Hamm, ZInsO 2005, 217).

V. Anfechtbarkeit von Rechtshandlungen des vorläufigen Insolvenzverwalters

1. »Starke« vorläufige Insolvenzverwaltung

180 Die Anfechtbarkeit von Rechtshandlungen des sog. starken vorläufigen Insolvenzverwalters nach Verfahrenseröffnung gem. §§ 129 ff. wurde lange mit der Begründung generell verneint, dass seine Rechtsstellung der des Insolvenzverwalters weitestgehend angenähert sei (HK-Kreft § 129 Rn. 32; Pohlmann, Befugnisse und Funktionen des vorläufigen Insolvenzverwalters, Rn. 519). Ferner gebietet der Vertrauensschutz, dass gem. § 55 Abs. 2 begründete Masseverbindlichkeiten nicht im eröffneten Verfahren vom Insolvenzverwalter angefochten werden (OLG Celle, ZInsO 2005, 148; HK-Kreft a. a. O.; MK-Haarmeyer § 22 Rn. 191; Jaeger-Gerhardt § 22 Rn. 226 ff.; K/P/B-Pape § 22 Rn. 97 ff.; Bork-Ehricke, Handbuch des Insolvenzanfechtungsrechts, Kap. 3 Rn. 25; Pohlmann a. a. O.).

181 Nach neuerer BGH-Rspr. ist jedoch **zu differenzieren**: Die Anfechtung ist – insoweit wie beim sog. schwachen vorläufigen Verwalter (vgl. Rdn. 183 ff.) – ausgeschlossen, soweit der Gläubiger auf die Rechtsbeständigkeit des Verhaltens des vorläufigen Verwalters tatsächlich vertraut hat und dieses Vertrauen schutzwürdig ist (BGH, ZInsO 2014, 598, 599, Tz. 11 f.). Ein schutzwürdiges Vertrauen besteht danach, wenn der sog. starke vorläufige Verwalter gem. Abs. 1, § 55 Abs. 2 künftige **Masseverbindlichkeiten** begründet, erfüllt oder sichert (BGH a. a. O.). Hingegen besteht grds. kein Vertrauensschutz für die Erfüllung oder Besicherung von sog. Altforderungen, die nach Verfahrenseröffnung als **Insolvenzforderungen** gem. § 38 InsO zu bewerten sind (BGH a. a. O., Tz. 12).

Unterbrechungswirkungen und zu Prozesshandlungen trotz Unterbrechung bei Vorbem. zu §§ 85 bis 87 Rdn. 26 ff.

Mit der Verwaltungs- und Verfügungsbefugnis geht die Prozessführungsbefugnis auf den sog. starken vorläufigen Verwalter über. Dieser wird nach der herrschenden Amtstheorie **Partei kraft Amtes** (Rdn. 8). 169

Mit Anordnung der »starken« vorläufigen Verwaltung steht die **Prozessführungsbefugnis** nur noch vorläufige Verwalter zu (BFH, ZInsO 2009, 2394, Tz. 9). Nur ihm und nicht mehr dem Schuldner steht auch das **Akteneinsichtsrecht** zu (BFH a. a. O.). Dies gilt unabhängig davon, ober der Rechtsstreit bereits aufgenommen ist oder nicht (BFH a. a. O., Tz. 6).

Unterbrochene Aktivprozesse können gem. §§ 24, 85 Abs. 1 Satz 1 nur vom sog. starken vorläufigen Insolvenzverwalter aufgenommen werden. Da § 24 nicht auf § 85 Abs. 2 verweist, können sie weder vom Gegner noch vom Schuldner aufgenommen werden. Die **Aufnahme** erfolgt durch Zustellung eines bei Gericht einzureichenden Schriftsatzes (§ 250 ZPO). Allerdings erfordert der Sicherungszweck die Aufnahme eines unterbrochenen Rechtsstreits noch im Eröffnungsverfahren nur ausnahmsweise. 170

Unterbrochene Passivprozesse können gem. §§ 24, 86 sowohl vom vorläufigen Insolvenzverwalter als auch vom Gegner aufgenommen werden, wenn sie künftige Aus- bzw. Absonderungsrechte oder künftige Masseverbindlichkeiten betreffen (§ 86 Abs. 1 Nr. 1 bis 3). Rechtsstreitigkeiten über künftige Insolvenzforderungen kann weder der vorläufige Verwalter noch der Gegner aufnehmen. Der Sicherungszweck wird auch die Aufnahme unterbrochener Passivprozesse durch den vorläufigen Insolvenzverwalter nur ausnahmsweise erfordern. Auch für den Gegner ist die Aufnahme bereits im Eröffnungsverfahren rgm. nicht sinnvoll, da die Aus- und Absonderung grds. dem eröffneten Verfahren vorbehalten ist (vgl. ausführl. Rdn. 42 ff.) und Masseverbindlichkeiten gem. §§ 53, 55 erst nach Verfahrenseröffnung zu erfüllen sind. 171

Der sog. starke vorläufige Verwalter ist i. R. d. Sicherungszwecks auch berechtigt, **neue Rechtsstreitigkeiten** anhängig zu machen. Zur **Zustimmung des Insolvenzgerichts analog § 160 Abs. 2 Nr. 3** zu Prozessmaßnahmen des vorläufigen Verwalters vgl. Rdn. 203 ff. 172

Der sog. starke vorläufige Verwalter kann aufgrund seiner Stellung als Partei kraft Amtes (Rdn. 8) gem. § 116 Abs. 1 Nr. 1 unter den Voraussetzungen der §§ 114 ff. ZPO **PKH** erhalten, ohne dass es sich insoweit um eine unaufschiebbare Prozessmaßnahme zur Sicherung der künftigen Insolvenzmasse handeln muss (AG Göttingen, ZInsO 2002, 386).

Für die nicht von § 21 Abs. 2 Nr. 3 erfasste **Zwangsvollstreckung in das unbewegliche Vermögen** des Schuldners muss der Titel gem. § 727 ZPO auf den sog. starken vorläufigen Verwalter umgeschrieben werden (LG Cottbus, ZInsO 2000, 107). 173

b) »Schwache« vorläufige Insolvenzverwaltung

Ein **anhängiger Rechtsstreit wird nicht gem. § 240 Satz 2 ZPO unterbrochen**, wenn dem Schuldner kein allgemeines Verfügungsverbot, sondern wie häufig nur ein **allgemeiner Zustimmungsvorbehalt** auferlegt wird (BGH, ZInsO 2013, 1516, 1517, Tz. 12). Entsprechendes gilt bei Eigenverwaltung im Eröffnungsverfahren (§ 270a, vgl. LG Freiburg, ZInsO 2014, 1229) und im Schutzschirmverfahren (§ 270b). Die Prozessführungsbefugnis verbleibt in diesem Fall beim Schuldner. Eine erteilte Prozessvollmacht bleibt bestehen; so auch die Empfangs- und Zustellungsvollmacht, da § 117 erst nach Verfahrenseröffnung gilt (FG Hamburg, ZInsO 2011, 1985), allerdings muss der Prozessbevollmächtigte in der Sache etwaige Verfügungsbeschränkungen nach § 24 beachten. 174

Der Schuldner bleibt grds. auch für neue Rechtsstreitigkeiten prozessführungsbefugt. Hat z. B. ein Aus- oder Absonderungsgläubiger im Eröffnungsverfahren Sachen im Wege verbotener Eigenmacht in Besitz genommen, kann der Schuldner selbst die Herausgabe im Wege der einstweiligen Verfügung geltend machen, wenn das Insolvenzgericht keine entgegenstehenden Anordnungen getroffen

Kein schutzwürdiges Vertrauen besteht auch auf einen etwaigen Verzicht des vorläufigen Insolvenzverwalters auf das künftige Anfechtungsrecht, wie es manchmal z. B. von Lieferanten i. R. d. Verhandlungen über die Weiterbelieferung i. R. d. Betriebsfortführung im Eröffnungsverfahren gefordert wird. Der vorläufige Insolvenzverwalter kann und darf nicht auf das Anfechtungsrecht des Insolvenzverwalters im eröffneten Verfahren verzichten (Bork, ZIP 2006, 589, 594 ff.). 181a

Zur Anfechtbarkeit der Abführung von Sozialversicherungsbeiträgen durch den sog. starken vorläufigen Verwalter ausführl. Röpke/Rothe, NZI 2004, 432. 182

2. »Schwache« vorläufige Insolvenzverwaltung

Rechtshandlungen, denen ein sog. schwacher vorläufiger Insolvenzverwalter zugestimmt hat, sind nach Verfahrenseröffnung unter den Voraussetzungen der §§ 129 ff. anfechtbar, es sei denn, der Gläubiger hat auf die Rechtsbeständigkeit des Verhaltens des vorläufigen Verwalters tatsächlich vertraut und dieses Vertrauen ist nach Treu und Glauben (§ 242 BGB) schutzwürdig (BGH, ZInsO 2013, 551, 552, 17 f.; ZInsO 2006, 208; ZInsO 2005, 209). Dies gilt auch, wenn der Insolvenzverwalter selbst zuvor zum vorläufigen Verwalter bestellt war (BGH a. a. O.). 183

Das **Vertrauen** des Gläubigers in einen Vertragsschluss und die betreffenden Erfüllungshandlungen ist **schutzwürdig**, wenn der vorläufige Verwalter dem Vertragsschluss und den Erfüllungshandlungen vorbehaltlos zugestimmt hat, auch wenn in diesem Zusammenhang noch Erfüllungszusagen für Altverbindlichkeiten gegeben wurden (BGH a. a. O.). Ebenso schutzwürdig sind die Begründung, Erfüllung und Sicherung künftiger Masseverbindlichkeiten, die ein sog. schwacher vorläufigen Verwalter aufgrund gerichtlicher Einzelermächtigung vornimmt (BGH, ZInsO 2014, 598, 599, Rn. 11). ausführl. zur Einzelermächtigung Rdn. 90 ff.). 184

Nicht anfechtbar sind ferner Leistungen des Schuldners i.R.v. Bargeschäften gem. § 142, für die also unmittelbar eine gleichwertige Gegenleistung in das Schuldnervermögen gelangt (z. B. Bezahlung von laufenden Versorgungsleistungen wie Strom oder Telefon). 185

Hingegen besteht nach der **Rspr. des BGH kein schutzwürdiges Vertrauen**, wenn der vorläufige Verwalter sich die spätere Anfechtung bzw. Rückforderung ggü. dem Gläubiger vorbehalten hatte (BGH a. a. O.). Ferner besteht kein schutzwürdiges Vertrauen, wenn der vorläufige Insolvenzverwalter einen gegen die Zustimmung zur Tilgung oder Besicherung von Altforderungen zunächst erklärten Widerstand aufgegeben hat, weil dies infolge der Marktmacht des Gläubigers zur Fortführung des Unternehmens erforderlich war (BGH, ZInsO 2006, 208). Dafür trägt der Insolvenzverwalter die Darlegungs- und Beweislast (BGH a. a. O.). Verzichtet der Gläubiger im Zuge der Bezahlung der Altforderungen auf Aus- oder Absonderungsrechte, kann es an einer Gläubigerbenachteiligung fehlen (BGH a. a. O.). 186

Nach der **Rspr. des BAG** (BAGE 112, 266 = ZInsO 2005, 388) besteht darüber hinaus auch ohne einen entsprechenden Vorbehalt der Anfechtung bzw. Rückforderung durch den vorläufigen Insolvenzverwalter kein schutzwürdiges Vertrauen des Gläubigers, wenn er die Weiterarbeit oder Weiterbelieferung von der Erfüllung von Altforderungen abhängig macht. Daher sind Zahlungen des Schuldners an einen Arbeitnehmer auf sog. Altforderungen grds. anfechtbar, auch wenn der sog. schwache vorläufige Verwalter ihnen zugestimmt hat (BAG a. a. O.; vgl. dazu Stiller, ZInsO 2005, 529). Dies gilt jedenfalls dann, wenn die Zahlung nicht zur Fortführung des Schuldnerunternehmens erfolgte, weil das Arbeitsverhältnis zum Zeitpunkt der Zahlung bereits beendet war (BAG a. a. O.). 187

Kein schutzwürdiges Vertrauen besteht in aller Regel ferner, wenn der vorläufige Verwalter der Erfüllung von Altforderungen zustimmt, die nicht im Zusammenhang mit einem neuen Vertragsschluss oder einer noch zu erbringenden Leistung an den Schuldner stehen (BGH, ZInsO 2005, 409). Ebenso besteht kein schutzwürdiges Vertrauen auf einen etwaigen Verzicht des vorläufigen Insolvenzverwalters auf das künftige Anfechtungsrecht (vgl. Rdn. 181). 188

189　Noch nicht abschließend geklärt ist, inwieweit die Tilgung von Altforderungen unabhängig von der Anfechtbarkeit oder daneben wegen Insolvenzzweckwidrigkeit nichtig sein kann (bejahend: Spliedt, ZInsO 2007, 409, 411 f.). Der BGH hat dies ausdrücklich offengelassen (vgl. BGH, ZIP 2006, 431, 433 = ZInsO 2006, 208, 210 f.; BGHZ 154, 190, 194; ebenso BAGE 112, 266 = ZInsO 2005, 388; ausführl. zu Zahlungen aufgrund wirtschaftlichen Drucks auf den vorläufigen Insolvenzverwalter und Insolvenzzweckwidrigkeit bejahend Ganter, FS Gerhardt, S. 237 ff., 249 ff., dort auch zu Konkurrenzfragen, S. 255 ff.; ferner Spliedt, ZInsO 2007, 405 ff.).

VI. Auskunfts- und Mitwirkungspflichten des Schuldners ggü. dem vorläufigen Insolvenzverwalter (Abs. 3)

1. Geltungsbereich

190　Die Auskunfts- und Mitwirkungspflichten des Schuldners ggü. dem vorläufigen Insolvenzverwalter gem. Abs. 3 knüpfen an das Verwalteramt an und bestehen unabhängig davon, inwieweit daneben Verfügungsverbote oder Zustimmungsvorbehalte angeordnet werden (HK-Kirchhof § 22 Rn. 69 ff.). Wegen der Auskunftspflichten ggü. dem Insolvenzgericht vgl. § 20. Für den sog. isolierten Sachverständigen gilt Abs. 3 nicht. Er muss wegen der Auskunfts- und Mitwirkungspflichten des Schuldners ggf. das Gericht nach § 20 einschalten (vgl. dazu § 20 Rdn. 7). Andererseits kann der vorläufige Verwalter seine Auskunfts- und Mitwirkungsrechte gem. Abs. 3 Satz 1 bis 3 auch für Prüfungsaufgaben gem. Abs. 1 Satz 2 Nr. 3 einsetzen (HK-Kirchhof a. a. O.). Die Auskunfts- und Mitwirkungspflichten nach Abs. 3 treffen den Schuldner und über die Verweisung gem. Abs. 3 Satz 3, § 101 Abs. 1 Satz 1 f. die dort genannten **Mitglieder von Vertretungs- und Aufsichtsorganen juristischer Personen** (z. B. Geschäftsführer, Vorstands- und Aufsichtsratsmitglieder, Liquidatoren) und **vertretungsberechtigte persönlich haftende Gesellschafter** (z. B. OHG-Gesellschafter, Komplementär einer KG), soweit sie nicht früher als 2 Jahre vor dem Insolvenzantrag ausgeschieden sind. Gegenwärtige und nicht früher als 2 Jahre vor dem Insolvenzantrag ausgeschiedene **Angestellte des Schuldners** sind **nur auskunfts- und nicht mitwirkungspflichtig**, da § 101 Abs. 2 nur auf § 97 Abs. 1 Satz 1 verweist. Gegen sie können auch hinsichtl. der Auskunftspflicht keine Zwangsmaßnahmen nach § 98 angeordnet werden, da § 101 Abs. 2 nicht auf § 98 verweist (Rdn. 201).

2. Betreten der Geschäftsräume des Schuldners (Satz 1)

191　Der vorläufige Verwalter ist gem. Abs. 3 Satz 1 berechtigt, die **Geschäftsräume des Schuldners zu betreten und dort Nachforschungen anzustellen** – auch ohne besondere Anordnung des Insolvenzgerichts (BGH, ZInsO 2008, 268, 269 m. Anm. Frind, EWiR 2008, 351, dort auch zur Duldungspflicht von Mitbewohnern). Demgegenüber ist das Gericht nicht befugt, den sog. isolierten Sachverständigen im Eröffnungsverfahren zu ermächtigen, die Wohn- und Geschäftsräume des Schuldners zu betreten und dort Nachforschungen anzustellen (BGH, ZInsO 2004, 550; **a. A.** AG Duisburg, NZI 2004, 388).

Die Bestellung des vorläufigen Verwalters enthält zugleich eine Durchsuchungsanordnung i. S. d. Art. 13 Abs. 2 GG, sodass es wegen der Geschäftsräume des Schuldners keines gesonderten Durchsuchungsbeschlusses bedarf (HK-Kirchhof § 22 Rn. 66). Der Bestellungsbeschluss ist zugleich Vollstreckungstitel i. S. d. § 794 Abs. 1 Nr. 3 ZPO, sodass das Betretungsrecht ggf. analog §§ 883, 885 ZPO mithilfe des Gerichtsvollziehers zu vollstrecken ist (HK-Kirchhof a. a. O.; Uhlenbruck-Vallender § 22 Rn. 211). Ferner kann auch eine Durchsuchung durch den Gerichtsvollzieher angeordnet werden (BGH, ZInsO 2008, 268 m. Anm. Frind, EWiR 2008, 351).

192　Für **Privaträume** des Schuldners ist grds. ein gesonderter richterlicher Durchsuchungsbeschluss erforderlich. Umstritten ist, ob dies auch dann gilt, wenn in den Privaträumen des Schuldners auch Geschäftsbetrieb stattfindet (dafür: K/P/B-Pape § 22 Rn. 106; NR-Mönning § 22 Rn. 244; Ampferl, Der starke vorläufige Insolvenzverwalter, Rn. 877 ff., 893; dagegen: HK-Kirchhof § 22 Rn. 65; Uhlenbruck-Vallender § 22 Rn. 211; wohl auch MK-Haarmeyer § 22 Rn. 180). Diese Frage stellt sich nicht, wenn sog. starke vorläufige Verwaltung angeordnet ist, da der Bestellungsbeschluss wie der Eröffnungsbeschluss ohne zusätzliche richterliche Anordnung zum Betreten der Wohnung des Schuldners berechtigt (Pohlmann, Befugnisse und Funktionen des vorläufigen Insolvenzverwalters, Rn. 128 mit Hinweis auf Begr. RegE BT-Drucks. 12/2443 S. 170; a. A. Ampferl, Der starke vorläufige Insolvenzverwalter, Rn. 892).

Für **Streitigkeiten über das Betretungsrecht** ist das Insolvenzgericht, nicht das Prozess- oder Vollstreckungsgericht zuständig (LG Duisburg, ZInsO 1999, 421). Der Schuldner bzw. die in § 101 Abs. 1 Satz 1, Abs. 2 genannten Personen dürfen den vorläufigen Verwalter weder beim Betreten der Geschäftsräume noch bei den dortigen Nachforschungen behindern (Abs. 3, § 97 Abs. 3 Satz 2). 193

3. Einsichtnahme in Bücher und Geschäftspapiere (Satz 2)

Der Schuldner bzw. die in § 101 Abs. 1 Satz 1 f. genannten Personen (Rdn. 189) haben dem vorläufigen Verwalter die Einsichtnahme in die Bücher und Geschäftspapiere des Schuldners zu gestatten (vgl. zum Begriff der Geschäftsbücher § 36 Rdn. 41). Die Berechtigung zur Einsichtnahme in Bücher und Geschäftspapiere erstreckt sich auf Datenträger, wenn der Schuldner seine Bücher und Geschäftspapiere auch auf Datenträgern gespeichert hat (HK-Kirchhof § 22 Rn. 68; Uhlenbruck-Vallender § 22 Rn. 212). 194

Das Einsichtnahmerecht verpflichtet nicht zur Überlassung der Unterlagen, die jedoch bei sog. starker vorläufiger Verwaltung aufgrund des Übergangs der Verwaltungs- und Verfügungsbefugnis bzw. sonst bei gerichtlicher Anordnung verlangt werden kann. Die Einsichtnahme nach Satz 2 hat grds. dort zu erfolgen, wo sich die Bücher und Geschäftspapiere befinden. Zu weiter gehenden Auskunfts- und Mitwirkungspflichten des Schuldners gem. Abs. 3 Satz 3 s. Rdn. 196 ff. 195

Wurden Bücher und Papiere des Schuldners für ein Ermittlungs- oder Strafverfahren **beschlagnahmt**, kann der vorläufige Verwalter i. R. d. strafprozessualen Regelungen dort Einsicht verlangen (HK-Kirchhof § 22 Rn. 68; Uhlenbruck-Vallender § 22 Rn. 212). 196

4. Auskunftspflichten (Satz 3)

Der Schuldner bzw. die in § 101 Abs. 1 Satz 1 f. und Abs. 2 genannten Personen (Rdn. 189) haben dem vorläufigen Verwalter alle erforderlichen Auskünfte zu erteilen. Die Auskunftspflicht umfasst **alle zur Erfüllung der Aufgaben des vorläufigen Insolvenzverwalters notwendigen Informationen**. Sie umfasst gem. Abs. 3 Satz 3, § 97 Abs. 1 Satz 2 grds. auch Tatsachen, die geeignet sind, eine Verfolgung wegen einer Straftat oder Ordnungswidrigkeit herbeizuführen. Letzteres gilt jedoch nicht für Angestellte des Schuldners, da § 101 Abs. 2 nur auf § 97 Abs. 1 Satz 1 verweist. Aufgrund der Auskunftspflicht ist der Schuldner auch verpflichtet, erforderliche Unterlagen oder Daten selbst zu beschaffen und dem vorläufigen Verwalter zu übermitteln. Nach dem LG Duisburg (ZInsO 2001, 522) kann das Gericht dem Schuldner die Auflage erteilen, geordnete schriftliche Aufzeichnungen über seine laufenden Geschäfte anzufertigen und diese dem vorläufigen Verwalter in bestimmten Abständen zur Verfügung zu stellen (dort wöchentlich). Bei Umständen, die für den Schuldner erkennbar von Bedeutung, jedoch nicht Gegenstand von Nachfragen sein können, weil sie dem vorläufigen Verwalter nicht bekannt sind, besteht eine aktive Auskunftspflicht des Schuldners, diese Umstände auch ohne Nachfrage mitzuteilen (AG Erfurt, ZInsO 2006, 1173; AG Oldenburg, ZInsO 2001, 1170, beide zu § 290 Abs. 1 Nr. 5). 197

Schuldner, die namentlich als **Arzt, Rechtsanwalt, Wirtschaftsprüfer oder Steuerberater** gesetzlichen Schweigepflichten unterliegen, müssen Auskunft über Honorarforderungen und eingehende Patienten- bzw. Mandantengelder geben und verletzen damit nicht ihre Verschwiegenheitspflichten (BGH, ZInsO 2004, 550). Der vorläufige Insolvenzverwalter darf die auf diese Weise gewonnenen Erkenntnisse jedoch nur verwerten, soweit dies zur Erfüllung der ihm übertragenen Aufgaben erforderlich ist (BGH a. a. O.). Ein Schuldner, der der ärztlichen Schweigepflicht unterliegt, muss dem vorläufigen Insolvenzverwalter Einsicht in seine Bücher und Geschäftspapiere gestatten, da das individuelle Recht des Patienten auf informationelle Selbstbestimmung hinter dem schwerer wiegenden Informationsinteresse der Gläubigergemeinschaft zurücktritt (LG Berlin, ZInsO 2004, 817). 198

5. Sonstige Mitwirkungspflichten (Satz 3)

199 Der Schuldner bzw. die in § 101 Abs. 1 Satz 1 f. genannten Personen (Rdn. 189) haben den vorläufigen Verwalter durch die Verweisung auf § 97 bei dessen Aufgaben zu unterstützen (vgl. auch Abs. 3 Satz 3 i. V. m. § 97 Abs. 2, sog. **aktive Mitwirkungspflicht**; HK-Kirchhof § 22 Rn. 71 ff.; Uhlenbruck-Vallender § 22 Rn. 214; Jaeger-Gerhardt § 22 Rn. 184; MK-Haarmeyer § 22 Rn. 171 f.; K/P/B-Pape § 22 Rn. 106–108; FK-Schmerbach §§ 22 Rn. 140; **a. A.** Vallender, FS Uhlenbruck, S. 133 ff., 140; Pohlmann, Befugnisse Rn. 205; ausführl. zu den Mitwirkungspflichten § 97 Rdn. 16 f.), sich auf Anordnung des Gerichts jederzeit zur Verfügung zu stellen, um ihre Auskunfts- und Mitwirkungspflichten zu erfüllen (Abs. 3 Satz 3 i. V. m. § 97 Abs. 3 Satz 1, **Bereitschaftspflicht**; ausführl. dazu § 97 Rdn. 21 ff.), und alle Handlungen zu unterlassen, die der Erfüllung dieser Pflichten zuwiderlaufen (Abs. 3 Satz 3 i. V. m. § 97 Abs. 3 Satz 2, sog. **passive Mitwirkungspflicht**).

200 Die verfahrensrechtlichen Mitwirkungspflichten nach Abs. 3 sind als gesetzliche Pflichten unentgeltlich zu erfüllen, sie verpflichten jedoch nicht zur Mitarbeit im dienstvertraglichen Sinn (vgl. BAG 2013, 1806; HK-Kirchhof § 22 Rn. 72; vgl. zur Abgrenzung zwischen unentgeltlicher Mitwirkung und ggf. entgeltlicher Mitarbeit MK-Schmahl § 20 Rn. 79). Eine über die Mitwirkungspflichten hinausgehende Mitarbeit des Schuldners kann jedoch vergütet werden (vgl. BGH, ZInsO 2006, 703). Geschieht dies, handelt es sich um Vergütung i. S. d. §§ 850 ff. ZPO und nicht um Unterhalt analog § 100 (BGH a. a. O.).

201 Keine Mitwirkungspflichten nach Abs. 3, § 97 Abs. 2 und 3 treffen gegenwärtige und frühere Angestellte des Schuldners, da § 101 Abs. 2 nur auf § 97 Abs. 1 Satz 1 verweist.

6. Durchsetzung der Auskunfts- und Mitwirkungspflichten (Satz 3)

202 Wegen der Durchsetzung sowohl der in Abs. 3 Satz 1 und Satz 2 gesondert geregelten Mitwirkungspflichten als auch wegen der sonstigen Auskunfts- und Mitwirkungspflichten verweist Abs. 3 Satz 3 auf § 98. Die Auskunfts- und Mitwirkungspflichten können gegen den Schuldner und die in § 101 Abs. 1 Satz 1 f. genannten Mitglieder von Vertretungs- und Aufsichtsorganen juristischer Personen bzw. vertretungsberechtigten persönlich haftenden Gesellschaftern durch die Zwangsmittel der **zwangsweisen Vorführung und Haft** durchgesetzt werden (Abs. 3 Satz 3, § 98 Abs. 2 f.), ggf. auch im Verbraucher-/Kleininsolvenzeröffnungsverfahren (OLG Celle, ZInsO 2002, 232). Ausführlich zur zwangsweisen Durchsetzung der Auskunfts- und Mitwirkungspflichten s. § 98 Rdn. 7 ff.

202a Keine Zwangsmaßnahmen dürfen gegen gegenwärtige und frühere Angestellte angeordnet werden, da § 101 Abs. 2 nicht auf § 98 verweist. Sie können jedoch vom Insolvenzgericht gem. § 5 als Zeugen vernommen werden.

C. Verfahrensfragen

I. Vorläufiger Gläubigerausschuss

203 Nach dem **ESUG** besteht gem. §§ 21 Satz 1 Nr. 1a, 22a die Möglichkeit und bei Erreichen der Schwellenwerte des §§ 22a Abs. 1 die Pflicht zur Einsetzung eines vorläufigen Gläubigerausschusses im Eröffnungsverfahren. Wegen der Einzelheiten wird auf die dortigen Kommentierungen verwiesen.

Demgegenüber kann ein formloser Gläubigerbeirat allenfalls unterstützend tätig sein und hat keine verfahrensrechtlichen Kompetenzen.

II. Zustimmung des Insolvenzgerichts

204 Nach einer im Vordringen befindlichen Auffassung hat im Insolvenzeröffnungsverfahren das Insolvenzgericht die Interessen der Gläubigerschaft analog § 160 wahrzunehmen, wenn kein vorläufiger Gläubigerausschusses bestellt ist, (AG Hamburg, ZInsO 2007, 260, 261; ZInsO 2005, 1056; Jaeger-Gerhardt § 22 Rn. 145 f., 175; **a. A.** HK-Kirchhof § 22 Rn. 3; vgl. auch § 1 Rdn. 49). In diese

Richtung weist auch BGH, ZInsO 2006, 257, 259 im Fall der gerichtlichen Zustimmung zur ausnahmsweisen Unternehmensveräußerung im Eröffnungsverfahren.

Unabhängig davon ist die Zustimmung des Insolvenzgerichts in jedem Fall erforderlich, wenn das Unternehmen des Schuldners bereits im Eröffnungsverfahren zur Vermeidung einer erheblichen Vermögensverminderung stillgelegt werden soll. Dies gilt gem. § 22 Abs. 2 Nr. 2 ausdrücklich für den sog. starken vorläufigen Verwalter und muss analog für die Zustimmung des sog. schwachen vorläufigen Verwalters gelten (AG Hamburg, ZInsO 2005, 1056). Entsprechend ist die Zustimmung des Insolvenzgerichts in jedem Fall erforderlich, wenn ausnahmsweise eine Betriebsveräußerung bereits im Eröffnungsverfahren erfolgen soll (vgl. Rdn. 41). 205

Ferner bedarf die Einrichtung eines Treuhandkontos der Zustimmung des Insolvenzgerichts (vgl. Rdn. 99, 102).

In jedem Fall sollte der vorläufige Verwalter sich um eine transparente Verfahrensgestaltung ggü. dem Gericht bemühen, auch um Aufsichtsmaßnahmen gem. §§ 21 Abs. 2 Satz 1 Nr. 1, 58 und das Risiko persönlicher Haftung gem. §§ 21 Abs. 2 Satz 1 Nr. 1, 60 möglichst gering zu halten (vgl. § 1 Rdn. 41 ff., 49; Hamburger Leitlinien zum Insolvenzeröffnungsverfahren, ZInsO 2004, 24). 206

III. Rechtbehelfe

Dem **Schuldner** steht gegen die Bestellung eines vorläufigen Insolvenzverwalters wie gegen sonstige **gerichtliche Sicherungsmaßnahmen** gem. § 21 Abs. 1 Satz 2 die sofortige **Beschwerde** zu (vgl. § 21 Rdn. 82 ff.). Der Schuldner kann sich gegen die Bestellung eines vorläufigen Verwalters beschweren, nicht jedoch gegen dessen Person, da die Auswahl gem. §§ 21 Abs. 2 Nr. 1, 56 allein dem Gericht obliegt (Jaeger-Gerhardt § 21 Rn. 106; HK-Kirchhof § 21 Rn. 58). Kein Beschwerderecht gegen die Bestellung eines vorläufigen Insolvenzverwalters haben jedoch Dritte, namentlich Gläubiger (LG Göttingen, ZInsO 2004, 1046). Sie haben jedoch die Möglichkeit einer Gegenvorstellung beim Gericht. 207

Kein Beschwerderecht besteht auch gegen die Unterlassung oder Aufhebung der Bestellung eines vorläufigen Insolvenzverwalters (vgl. § 21 Rdn. 83). Der vorläufige Insolvenzverwalter hat auch kein Recht zur Beschwerde gegen Erlass oder Aufhebung von Sicherungsmaßnahmen (BGH, ZInsO 2008, 203). 208

Die **Handlungen des vorläufigen Insolvenzverwalters** sind rechtlich nicht mit der Beschwerde angreifbar; eine solche kann jedoch als Anregung von Aufsichtsmaßnahmen oder einer Entlassung des vorläufigen Verwalters gem. §§ 21 Abs. 2 Nr. 1, 58 f. auszulegen sein (LG Gera, ZIP 2002, 1737). Dem Schuldner stehen jedoch die **vollstreckungsrechtlichen Rechtsbehelfe gegen Vollstreckungsmaßnahmen des vorläufigen Verwalters** zu, insb. § 766 ZPO, ggf. auch Vollstreckungsschutz gem. § 765a ZPO (dazu BGH, ZInsO 2008, 1383). Zuständig ist analog § 89 Abs. 3 das Insolvenzgericht (vgl. § 89 Rdn. 22). 209

IV. Beendigung der vorläufigen Insolvenzverwaltung

Die vorläufige Verwaltung endet automatisch mit Eröffnung des Insolvenzverfahrens gem. § 27, ansonsten mit Aufhebung ihrer Anordnung, insb. nach Abweisung, Rücknahme oder Erledigung des Insolvenzantrags (s. o. § 21 Rdn. 80). Die Wirkungen von Rechtshandlungen, die vom vorläufigen Insolvenzverwalter oder ihm ggü. vorgenommen worden sind, werden durch die Beendigung der vorläufigen Verwaltung analog § 34 Abs. 3 Satz 3 nicht berührt (HK-Kirchhof § 25 Rn. 4; Uhlenbruck-Vallender § 22 Rn. 221). 210

Vor Aufhebung der sog. starken vorläufigen Insolvenzverwaltung hat der vorläufige Verwalter gem. § 25 Abs. 2 aus dem von ihm verwalteten Vermögen die entstandenen Kosten zu berichtigen und die von ihm begründeten Verbindlichkeiten, auch aus der Inanspruchnahme von Leistungen aus Dauerschuldverhältnissen, zu erfüllen (vgl. ausführl. § 25 Rdn. 7). 211

V. Haftung des vorläufigen Insolvenzverwalters

1. Allgemeines

212 Zur gerichtlichen Entscheidung über die Verfahrenskosten des Eröffnungsverfahrens ausführl. § 13 Rdn. 76 ff. und § 21 Rdn. 85.

213 Eine persönliche Haftung des vorläufigen Insolvenzverwalters kann sich aus der Verletzung insolvenzspezifischer Pflichten und aus der Verletzung sonstiger, d. h. nicht insolvenzspezifischer Pflichten ergeben (ausführl. zu den haftungsrechtlichen Grundlagen und Haftungsfolgen bei §§ 60 bis 62).

214 Wegen der persönlichen Haftung des vorläufigen Insolvenzverwalters wegen **Verletzung seiner insolvenzspezifischen Pflichten** verweist § 21 Abs. 2 Nr. 1 auf §§ **60, 61**. Beide Vorschriften regeln eine Verschuldenshaftung. § 60 begrenzt den Verschuldensmaßstab ggü. dem allgemeinen Zivilrecht, § 61 verschärft die Haftung durch eine Beweislastumkehr hinsichtl. des Verschuldens. Zur Verringerung der Haftungsrisiken des vorläufigen Verwalters durch Einbeziehung des Insolvenzgerichts vgl. § 1 Rdn. 49 und § 67 Rdn. 2. Die Verwalterhaftung nach § 60 ist nicht subsidiär ggü. einem Schadensersatzanspruch gegen die Masse (BGH, ZInsO 2006, 100; BAG, ZInsO 2007, 781). Anders ist dies bei § 61. Hier gehört es zu den Anspruchsvoraussetzungen, dass eine Masseverbindlichkeit aus der Masse nicht erfüllt werden kann.

215 Schadensersatzansprüche aus persönlicher Haftung können zugunsten einzelner Beteiligter (sog. Einzelschaden) oder zugunsten der künftigen Insolvenzmasse entstehen (sog. Gesamtschaden). Der Gesamtschaden ist im Insolvenzverfahren gem. § 92 vom Insolvenzverwalter geltend zu machen. Beteiligte des Eröffnungsverfahrens i. S. d. §§ 21 Abs. 2 Nr. 1, 60 Abs. 1 Satz 1 sind alle Gläubiger einschließlich künftiger Aus- und Absonderungsgläubiger, nicht jedoch Bürgen. Beteiligte im haftungsrechtlichen Sinn sind ferner Schuldner, bei Gesellschaften auch deren Gesellschafter (MK-Brandes §§ 60, 61 Rn. 69–70), nicht jedoch deren Vertretungs- und Aufsichtsorgane wie z. B. Geschäftsführer (K/P/B-Lüke § 60 Rn. 25). Die Haftung des vorläufigen Verwalters aus §§ 60 ff. verjährt gem. §§ 21 Abs. 2 Nr. 1, 62 spätestens 3 Jahre nach Beendigung der vorläufigen Verwaltung.

216 Neben der Haftung für insolvenzspezifische Pflichtverletzungen gem. §§ 60 ff. kann sich eine persönliche Haftung des vorläufigen Insolvenzverwalters aus der **Verletzung nicht insolvenzspezifischer Pflichten** ergeben. Eine persönliche **zivilrechtliche Haftung** des vorläufigen Insolvenzverwalters wegen Verletzung nicht insolvenzspezifischer Pflichten kann sich aus Delikt gem. **§§ 823 ff. BGB** ergeben, ferner aus § 280 BGB als **Verhandlungs- und Vertragspartner eines Dritten**, wenn der vorläufige Verwalter besonderes persönliches Eigeninteresse an dem Geschäft hat oder besonderes persönliches Vertrauen in Anspruch genommen hat (BGHZ 100, 346 = NJW 1987, 3133 zu § 82 KO; MK-Brandes §§ 60, 61 Rn. 72 ff.). Es ist denkbar, wenn auch mit dem Amt des vorläufigen Verwalters rgm. nicht vereinbar, dass der vorläufige Verwalter persönlich Verpflichtungen ggü. Beteiligten übernommen hat und aus deren Verletzung auf Schadensersatz haftet (vgl. OLG Celle, NZI 2004, 89 m. abl. Anm. Undritz, EWiR 2004, 445 und krit. Anm. Nöll, ZInsO 2004, 1058 zur umstrittenen Garantiehaftung für sog. Zahlungszusagen).

217 Eine persönliche **steuerrechtliche Haftung** des vorläufigen Verwalters besteht nach § 69 AO, wenn er Vermögensverwalter gem. § 34 AO bzw. Verfügungsberechtigter gem. § 35 AO ist (ausführl. dazu Rdn. 136 ff.).

218 Eine persönliche **sozialrechtliche Haftung** kann sich für den vorläufigen Insolvenzverwalter aus § 321 SGB III ergeben, z. B. wenn er im Rahmen einer Insolvenzgeldvorfinanzierung fehlerhafte Auskünfte ggü. der BA macht oder wenn er als sog. starker vorläufiger Verwalter, auf den die Arbeitgeberstellung übergeht (vgl. Rdn. 115 ff.), Arbeitsbescheinigungen zum Arbeitslosengeld nicht, nicht richtig oder nicht vollständig ausfüllt. Den sog. starken vorläufigen Verwalter trifft unter den Voraussetzungen der **§ 823 Abs. 2 BGB**, **§ 266a StGB** auch eine persönliche sozialversicherungsrechtliche Haftung für die Arbeitnehmerbeiträge zur Sozialversicherung.

HK-Kirchhof § 22 Rn. 81). Welche Überprüfungen der vorläufige Verwalter dabei im Einzelnen vornehmen muss, ist eine Frage des Einzelfalls (BGH, ZInsO 2012, 138). Auf die Finanz(liquiditäts-)planung des Schuldners darf auch der vorläufige Verwalter sich allein allerdings nicht verlassen (OLG Karlsruhe, ZInsO 2003, 229 zu § 61). Bei der Erstellung der Finanz(liquiditäts-)planung kann der vorläufige Verwalter nach pflichtgemäßem Ermessen auch den Wirtschaftsprüfer oder Steuerberater des Schuldners hinzuziehen, was insb. zu Beginn des Eröffnungsverfahrens wegen dessen Einarbeitung sinnvoll sein kann; er muss dessen Arbeit jedoch sorgfältig prüfen (OLG Celle, ZInsO 2003, 334). In diesem Fall spricht einiges für eine Haftungsbeschränkung analog §§ 21 Abs. 2 Satz 1 Nr. 1, 60 Satz 2. Zieht der vorläufige Verwalter einen geeigneten externen Wirtschaftsprüfer oder Steuerberater hinzu, darf er auf dessen Finanz(liquiditäts-)planung grds. vertrauen (LG Köln, NZI 2002, 607). Für deren Verschulden haftet er jedoch nach herrschender Meinung nach § 278 BGB, wobei hier in der Literatur z.T. Differenzierungen vorgenommen werden (vgl. Uhlenbruck-Sinz § 60 Rn. 99 m. w. N.; MK-Brandes, §§ 60, 61 Rn. 94).

Das Fehlen einer entsprechenden Finanz- bzw. Liquiditätsplanung kann auch den Versicherungsschutz der **Berufshaftpflichtversicherung** gefährden wegen sog. Vorsatzausschlusses, nicht hingegen eine lediglich fahrlässig fehlerhafte Prognose (LG Dortmund, RuS 2011, 113).

Der sog. starke vorläufige Verwalter haftet gem. §§ 21 Abs. 2 Nr. 1, 61 nur auf das **negative Interesse** (BGH, ZInsO 2004, 609), auch im Rahmen von Arbeitsverhältnissen (BAG, ZIP 2006, 1058). Der Anspruch umfasst nicht die **USt**, da die Ersatzzahlung nicht auf einem Leistungsaustausch beruht (BGH, ZInsO 2005, 1269). Die Haftung bezieht sich auf die primären Erfüllungsansprüche und umfasst **keine Sekundäransprüche**, die auf dem normalen Geschäftsrisiko beruhen (BGH, ZIP 2008, 2126).

Eine persönliche Haftung des vorläufigen Verwalters wegen **Garantie oder culpa in contrahendo** gem. §§ 280, 311 Abs. 2 BGB besteht grds. nicht (ausführl. dazu Rdn. 224; a. A. OLG Rostock, ZIP 2005, 220).

223 Der **sog. schwache vorläufige Verwalter mit Einzelermächtigung** (vgl. zur Einzelermächtigung Rdn. 90 ff.) haftet unter den Voraussetzungen der §§ 21 Abs. 2 Nr. 1, 61 persönlich, soweit er aufgrund der Einzelermächtigung Masseverbindlichkeiten begründet hat, die später nicht oder nicht voll erfüllt werden (HK-Kirchhof § 22 Rn. 82; Pape, ZInsO 2003, 1061, 1068).

224 Auf den **sog. schwachen vorläufigen Verwalter ohne Einzelermächtigung** findet § 61 weder direkte, noch analoge Anwendung, da er keine Masseverbindlichkeiten begründen kann (MK-Haarmeyer, § 22 Rn. 82; a. A. Marotzke, FS Kreft, S. 411, 424). Die **OLG-Rspr.** hat sog. schwache vorläufige Verwalter jedoch z.T. für sog. **Zahlungszusagen** aus **Garantie** (OLG Celle, NZI 2004, 89 m. abl. Anm. Undritz, EWiR 2004, 445 und krit. Anm. Nöll, ZInsO 2004, 1058) bzw. **culpa in contrahendo** gem. §§ 280, 311 Abs. 2 BGB (OLG Frankfurt am Main, ZInsO 2007, 548, abl. Hinkel/Flitsch, ZInsO 2007, 1018; OLG Schleswig, NJW 2004, 1257 m. krit. Anm. Undritz, EWiR 2004, 393) haften lassen. Der Hinweis des vorläufigen Verwalters, er sei gut versichert, begründet keine Garantieerklärung (BAG, ZInsO 2009, 1648).

Die vorgenannte OLG-Rspr. ist abzulehnen: Sie berücksichtigt nicht hinreichend, dass der vorläufige Verwalter ein gerichtlich übertragenes Amt ausübt und das Vertrauen des Geschäftspartners typischerweise an das Amt des vorläufigen Verwalters und nicht an die bestellte Person anknüpft (so ausdrücklich BGH, ZInsO 2005, 209 in Zusammenhang mit der Anfechtbarkeit von Rechtshandlungen des vorläufigen Verwalters; ähnl. LG Trier, ZInsO 2009, 1208, zust. Webel, EWiR 2009, 683, 684). I. Ü. setzt eine persönliche Haftung des (vorläufigen) Verwalters wegen Garantie oder Inanspruchnahme besonderen persönlichen Vertrauens nach der BGH-Rspr. voraus, dass der (vorläufige) Verwalter klar zum Ausdruck gebracht hat, er wolle eine über die gesetzliche Haftung hinausgehende Einstandspflicht übernehmen (BGH, ZInsO 2004, 609, 614; LG Trier a.a.O., S. 120 f.; Webel a.a.O.). Davon kann ohne Hinzutreten besonderer Umstände nicht ausgegangen werden (BGH, ZInsO 2005, 885; LG Trier a.a.O., S. 120 f.). Die allgemein ggü. Lieferanten und

Die Haftung des vorläufigen Insolvenzverwalters richtet sich allein nach § 839a BGB und nicht nach §§ 21 Abs. 2 Nr. 1, 60, soweit er **als Sachverständiger** ein unrichtiges Gutachten ggü. dem Gericht erstattet. § 839a BGB ist insoweit abschließend (Palandt-Sprau § 839a BGB Rn. 1). § 839a BGB gilt also auch, soweit der vorläufige Verwalter Prüfungsaufgaben gem. Abs. 1 Satz 2 Nr. 3 wahrnimmt und dort unabhängig davon, ob es sich um den gesetzlichen Auftrag der Prüfung der Verfahrenskostendeckung oder die zusätzliche Prüfung der Eröffnungsgründe und der Fortführungsaussichten handelt (str., vgl. Rdn. 68). 219

Der vorläufige Verwalter kann wegen seiner persönlichen Haftung eine **Vermögensschadenhaftpflichtversicherung** abschließen (ausführl. zur Vermögensschadenhaftpflichtversicherung Zimmermann, NZI 2006, 386 und van Bühren, NZI 2003, 465). Teilweise wird der Nachweis einer entsprechenden Versicherung auch von den Gerichten verlangt. Die Kosten der Vermögensschadenhaftpflichtversicherung sind gem. § 4 Abs. 3 InsVV als Auslagen nur zu erstatten, wenn die vorläufige Verwaltung mit einem besonderen Haftungsrisiko verbunden war, ansonsten sind sie mit der Vergütung abgegolten. Für den vorläufigen Verwalter ist dabei wichtig, inwieweit die Versicherungsbedingungen der Vermögensschadenhaftpflichtversicherung Risiken kaufmännischer Geschäftsführung einschließen. 220

2. Einzelfälle

Hinsichtlich der Haftung des vorläufigen Verwalters ist vor allem die **persönliche Haftung für Verbindlichkeiten aus Betriebsfortführungen** im Eröffnungsverfahren umstritten (vgl. Überbl. bei Wallner/Neuenhahn, NZI 2004, 63). Zu den Anforderungen an die Betriebsfortführung im Insolvenz(eröffnungs)verfahren ausführl. Schneider, FS Braun, S. 55 ff., zur Notwendigkeit der Nutzung betriebswirtschaftlicher Techniken: Ehlers, ZInsO 2005, 902; zur entsprechenden Anwendung der business judgement rule in Insolvenzverfahren (vgl. § 93 Abs. 1 Satz 2 AktG): Berger/Frege, ZIP 2008, 204; Jungmann, NZI 2009, 80; zur deren praktischer Anwendung: Lutter, ZIP 2007, 841). 221

Der **sog. starke vorläufige Verwalter** haftet auch bei Betriebsfortführungen nach wohl herrschender Meinung für die **Nichterfüllung von Masseverbindlichkeiten** unter den Voraussetzungen der §§ 21 Abs. 2 Nr. 1, 61 persönlich (OLG Brandenburg, NZI 2003, 552 m. zust. Anm. Vallender; MK-Brandes §§ 60, 61 Rn. 36; K/P/B-Lüke § 61 Rn. 15; Pape, ZInsO 2003, 1061). Nach a. A. soll die Haftung des vorläufigen Verwalters aus § 61 so lange entfallen, wie er gem. Abs. 1 Satz 2 Nr. 2 zur Fortführung des Unternehmens des Schuldners gesetzlich verpflichtet war und nicht die Stilllegung beim Gericht hätte beantragen müssen (Uhlenbruck-Vallender § 22 Rn. 224; Jaeger-Gerhardt § 22 Rn. 212). Richtigerweise erlaubt jedoch die Fortführungspflicht keinen grds. Ausschluss der gesetzlich angeordneten Haftung gem. §§ 21 Abs. 2 Nr. 1, 61, sondern gebietet vielmehr wie andere Umstände des Eröffnungsverfahrens (wie z. B. die Dauer der Einarbeitungszeit und die Möglichkeiten der Informationsbeschaffung) eine angemessene Berücksichtigung beim Verschulden bzw. beim Entlastungsbeweis des § 61 Satz 2 (so auch Pape a. a. O., S. 1069; ähnl. Braun-Kind § 61 Rn. 12). 222

Keine Haftung besteht jedoch **bei sog. oktroyierten Masseverbindlichkeiten**, die ohne Beteiligung des vorläufigen Insolvenzverwalters entstanden sind (BAG, ZIP 2006, 1830). Eine oktroyierten Masseverbindlichkeit liegt jedoch nicht vor, wenn der vorläufige Verwalter die Gegenleistung aus einem Dauerschuldverhältnis (z. B. Arbeitsleistung, Überlassung der Mietsache) in Anspruch nimmt (BGHZ 154, 358, 364 ff. = ZInsO 2003, 465).

Die Rspr. verlangt auch vom vorläufigen Verwalter für den **Entlastungsbeweis** gem. §§ 21 Abs. 2 Nr. 1, 61 Satz 2 einen zur Liquiditätssteuerung geeigneten **Finanzplan (Liquiditätsplan)** unter Gegenüberstellung des Mittelbedarfs und den zu dessen Deckung vorhandenen und zu erwartenden Mitteln, der laufend fortzuschreiben ist (OLG Brandenburg, NZI 2003, 552); zu den Anforderungen an den Entlastungsbeweis und die Liquiditätsplanung des Insolvenzverwalters im eröffneten Verfahren ausführl. BGH, ZInsO 2005, 205, ausführl. zur Liquiditätsplanung: Staufenbiel, ZInsO 2010, 259). Die Anforderungen an die Liquiditätsplanung dürfen insb. zu Beginn des Eröffnungsverfahrens nicht überspannt werden, sie steigen jedoch im Lauf des Eröffnungsverfahrens (ähnl.

Gläubigern gemachte Aussage, die Zahlung aller Lieferungen und Leistungen sei gesichert, reicht dafür nicht (BGH, ZInsO 2004, 609, 614).

Entgegen früherer herrschender Meinung macht sich der vorläufige Verwalter durch einen sog. **Lastschriftwiderruf** grds. weder nach § 60 noch nach § 826 BGB schadensersatzpflichtig (Rdn. 157 ff.). Ausnahmsweise kann der Lastschriftwiderruf jedoch schadensersatzbegründend sein, wenn er aus Sicht der künftigen Insolvenzmasse zu einem reinen sog. Passivtausch führt (vgl. Rdn. 160) und allein der Bank des Schuldners zugutekommen soll (BGH, ZInsO 2005, 40, 42; ZInsO 2004, 1353, 1356). 225

Nach dem BGH (ZInsO 2011, 1493) soll der vorläufige Insolvenzverwalter ausnahmsweise verpflichtet sein, eine **besonders günstige Verwertungschance** wahrzunehmen, wenn diese sich nach Verfahrenseröffnung voraussichtlich nicht mehr bietet (BGH, ZInsO 2011, 1463, Tz. 52 ff.; zweifelhaft, vgl. auch die abl. Anm. Hackenberg, EWIR 2011, 603).

Der vorläufige Verwalter haftet nicht persönlich, auch wenn er objektiv unbegründete Zweifel an der Durchführbarkeit eines Vertrages äußert und dies zum Rücktritt des Vertragspartners und dadurch zum Wegfall sicherungshalber abgetretener Forderungen des Schuldners führt, da er damit keine insolvenzspezifische Pflicht verletzt (BGH, ZIP 2003, 1303 zu § 106 KO). 226

VI. EuInsVO

Nach Art. 38 EuInsVO ist der vorläufige Insolvenzverwalter in einem beantragten Hauptinsolvenzverfahren i. S. d. Art. 16 Abs. 1 berechtigt, zur Sicherung und Erhaltung des Schuldnervermögens, das sich in einem anderen Mitgliedstaat befindet, jede Maßnahme zu beantragen, die nach dem Recht dieses Staates für die Zeit zwischen Beantragung und Eröffnung eines Liquidationsverfahrens vorgesehen ist (vgl. Art. 38 EuInsVO Rdn. 2 f.). 227

Sicherungsmaßnahmen des Insolvenzgerichts gem. § 21 in einem inländischen Hauptinsolvenzverfahren sind gem. Art. 25 Abs. 1 in den anderen Mitgliedstaaten anzuerkennen und vollstreckbar (vgl. Art. 25 EuInsVO Rdn. 8). 228

§ 22a Bestellung eines vorläufigen Gläubigerausschusses

(1) Das Insolvenzgericht hat einen vorläufigen Gläubigerausschuss nach § 21 Absatz 2 Nummer 1a einzusetzen, wenn der Schuldner im vorangegangenen Geschäftsjahr mindestens zwei der drei nachstehenden Merkmale erfüllt hat:
1. mindestens 4 840 000 Euro Bilanzsumme nach Abzug eines auf der Aktivseite ausgewiesenen Fehlbetrags im Sinne des § 268 Absatz 3 des Handelsgesetzbuchs;
2. mindestens 9 680 000 Euro Umsatzerlöse in den zwölf Monaten vor dem Abschlussstichtag;
3. im Jahresdurchschnitt mindestens fünfzig Arbeitnehmer.

(2) Das Gericht soll auf Antrag des Schuldners, des vorläufigen Insolvenzverwalters oder eines Gläubigers einen vorläufigen Gläubigerausschuss nach § 21 Absatz 2 Nummer 1a einsetzen, wenn Personen benannt werden, die als Mitglieder des vorläufigen Gläubigerausschusses in Betracht kommen und dem Antrag Einverständniserklärungen der benannten Personen beigefügt werden.

(3) Ein vorläufiger Gläubigerausschuss ist nicht einzusetzen, wenn der Geschäftsbetrieb des Schuldners eingestellt ist, die Einsetzung des vorläufigen Gläubigerausschusses im Hinblick auf die zu erwartende Insolvenzmasse unverhältnismäßig ist oder die mit der Einsetzung verbundene Verzögerung zu einer nachteiligen Veränderung der Vermögenslage des Schuldners führt.

(4) Auf Aufforderung des Gerichts hat der Schuldner oder der vorläufige Insolvenzverwalter Personen zu benennen, die als Mitglieder des vorläufigen Gläubigerausschusses in Betracht kommen.

§ 22a InsO Bestellung eines vorläufigen Gläubigerausschusses

Übersicht	Rdn.			Rdn.
A. Normzweck	1	IV.	Die »Einsetzungsbremse« (Abs. 3)	16
B. Norminhalt	2	1.	Kein laufender Geschäftsbetrieb (1. Alt.)	17
I. Anwendungsbereich	2	2.	Kosten-Nutzen-Abwägung (2. Alt.)	18
II. Der Pflichtausschuss (Abs. 1)	3	3.	Die nachteilige Zeitverzögerung (3. Alt.)	21
1. Die »Schwellenwerte«	4	C.	Verfahrenshinweise	22
2. Ermittlung der »Schwellenwerte« und möglicher Ausschussmitglieder	5	I.	Aufforderung zur Mitgliederbenennung (Abs. 4)	22
III. Der Antragsausschuss (Abs. 2)	10	II.	Bescheidungsweise und -frist	23
1. Antrag	11	III.	Rechtsmittel	24
2. Zulässigkeitsvoraussetzungen	12			
3. Gerichtliche Entscheidung	14			

A. Normzweck

1   Die im Jahr 2011 vom Bundestag i. R. d. Gesetzes zur weiteren Erleichterung der Sanierung (»ESUG«, BGBl. I, S. 2582 ff.) beschlossene Regelung regelt die Modalitäten einer Einsetzung des nunmehr in § 21 Abs. 2 Nr. 1a ausdrücklich ermöglichten (und vor gesetzlicher Regelung nach h. M. nicht statthaften) Gläubigerausschusses im Eröffnungsverfahren. Die Norm war wegen der Bedeutung für die Mitbestimmung des Gläubigerausschusses bei der Auswahl des vorläufigen Verwalters bis zuletzt im Vorfeld des Gesetzgebungsprozesses stark umstritten (vgl. Pape, ZInsO 2011, 1033) und muss i. V. m. § 56a betrachtet werden. Der Rechtsausschuss des Bundestages hat die Norm zuletzt noch verändert (s. BT-Drucks. 17/7511 v. 26.10.2011).

Der vorläufige Gläubigerausschuss ist mit seinen weitreichenden Kompetenzen bei Verwalterauswahl (§ 56a) und Überwachung des Schuldners (§§ 21 Abs. 2 Nr. 1a, 69) seit gesetzlicher Einführung zu einem **zentralen Instrument des Eröffnungsverfahrens mit Betriebsfortführungsfällen** geworden. Allerdings wird bereits nach wenigen Jahren **praktischer Erfahrungen** mit dem »ESUG« davor gewarnt, dass es über eine schuldnerseitig gesteuerte »Besetzungsmacht« bzgl. der Mitglieder des Ausschusses es zu einer »kalten Übernahme« des Verfahrens komme könne (u. U. mit Erzwingung einer weitgehend unkontrollierten Eigenverwaltung), mit der Konsequenz, dass eine unabhängige Insolvenzverwaltung/Sachwaltung ausgeschaltet werde (Pape, ZInsO 2013, 2077, 2079, 2080; ders., ZInsO 2013, 2129; a. A. Seibt/Westphal, ZIP 2013, 2333, 2340). Insofern ist eine **gerichtliche Besetzungsprüfung vorgeschlagener Ausschusszusammensetzungen** (Rdn. 14) unabdingbar (Pape, ZInsO 2013, 2129, 2131; eine treffende Zusammenfassung der wesentlichen zu bedenkenden Eckpunkte zum vorläufigen Ausschuss findet sich in der BAKinso-Entschließung v. 02.12.2013, ZInsO 2013, 2548).

B. Norminhalt

I. Anwendungsbereich

2   Geregelt werden ein zwingend vom Gericht einzusetzender Ausschuss (**Abs. 1; Pflichtausschuss**) und ein optionaler **Antragsausschuss (Abs. 2)** mit einer für beide Ausschussvarianten geltenden »**Einsetzungsbremse« (Abs. 3)** und einer **Mitwirkungsverpflichtung** bei der Mitgliederfindung (**Abs. 4**) (zusammenfassend: Ehlers, BB 2013, 259; Frind, ZInsO 2011, 2249). Durch die ausdrückliche Bezugnahme auf § 21 Abs. 2 Nr. 1a in den ersten beiden Absätzen ist klargestellt, dass die Regelungen nur für den Ausschuss des Eröffnungsverfahrens gelten, nicht für den Interimsausschuss nach § 67 oder den endgültigen Ausschuss nach § 68 InsO (zur Unterscheidung der Erscheinungsformen s. § 67 Rdn. 2).

Dies muss auch für die Regelungen in den Abs. 3 und 4 gelten, da diese in unmittelbarem Zusammenhang mit den Regelungsinhalten der ersten Absätze stehen. Somit sperrt Abs. 3 nicht die Einsetzung eines Gläubigerausschusses nach Eröffnung gem. § 67. Vom gesetzlichen Wortlaut her nicht eindeutig ist, ob der Anwendungsbereich der Norm auch abschließend den **amtswegig möglicherweise einzusetzenden vorläufigen Gläubigerausschuss**, der als »vorläufige Maßnahme« nach

§ 21 Abs. 2 Nr. 1a jederzeit vom Gericht eingesetzt werden kann, regeln soll (s. dazu Rdn. 16). Dies ist mangels Verweis in § 21 Abs. 2 Nr. 1a auf die hiesige Norm aber nicht anzunehmen (so auch Haarmeyer/Horstkotte, ZInsO 2012, 1441).

Die Regelung ist in **Verfahren auf Gläubigerantrag** faktisch nicht oder nur mit zeitlichen Verzögerungen umsetzbar, da das Gericht i. d. R. hier die Zusammensetzung der Gläubigerschaft, aber ggf. auch die Angaben zur Beurteilung der »Schwellenwerte« des Abs. 1 nicht rasch und/oder nicht freiwillig vom Schuldner erhalten wird (s. Rdn. 4); sie gilt daher von ihrem Sinn her in erster Linie **bei Eigenanträgen** (Pape, ZInsO 2011, 2154, 2156 meint, der Schuldner könne bei nachträglicher Eigenantragstellung auf Gläubigerantrag die Angaben nachreichen).

In **Eigenverwaltungs- und Schutzschirmverfahren** (§§ 270a, 270b InsO) – insbesondere bei beabsichtigter Planperspektive- ist der vorläufige Gläubigerausschuss **zusätzliches Kontrollinstrument** des Schuldnerunternehmens ergänzend zum vorläufigen Sachwalter (s. § 69 Rdn. 5b, 6). Dieses gesonderte Verfahren sollten daher im Eröffnungsverfahren **möglichst nicht ohne Ausschuss betrieben werden**, da Eigenverwaltung auch nicht »regelhaft« anzuordnen ist (hierzu Frind, DB 2014, 165, 166, 169 m. w. N.; ders., WM 2014, 590, 594; Pape, ZInsO 2013, 2077; AG Hamburg v. 02.07.2013, ZInsO 2013, 1533). Das Eigenverwaltungsverfahren ist auch nach Änderung des § 270a InsO im Eröffnungsverfahren nur **für wohlvorbereitete Anträge und geeignete Antragsteller** »als Eigenverwalter« geeignet (BAKinso, ZInsO 2013, 2549; Frind, WM 2014, 590; AG Hamburg v. 28.02.2014, ZInsO 2014, 566, 568 m. w. N. zum Regel-/Ausnahmeverhältnis).

2a

Bereits der Antrag auf »vorläufige« Eigenverwaltung (§ 270a) sollte mit einer positiven Stellungnahme des vorläufigen Gläubigerausschusses unterlegt sein, oder, wenn ein solcher zunächst nicht bestellt werden kann, einer gründlichen Prognoseabwägung seitens des Gerichtes unterzogen werden (h. M.; AG Hamburg v. 28.02.2014, ZInsO 2014, 566; Frind, WM 2014, 590, 594; Haarmeyer, ZInsO 2013, 2345).

Allerdings ist zuweilen die **Beteiligungsbereitschaft maßgeblicher Gläubiger**, Mitglieder zu entsenden, gering (Portisch, Prozesshandbuch Sanierung, Rn. 428; Gutmann, AnwBl. 2013, 615; zu einem solchen Fall AG Hamburg v. 06.05.2013, ZIP 2013, 1135 = NZI 2013, 701 = ZInsO 2013, 1804) und die Kontrolleffizienz wird beklagt (Siemon, ZInsO 2014, 172, 181). Finden sich keine möglichen Ausschussmitglieder muss selbst im nachstehend erläuterten »Pflichtausschuss-Fall« die Bestellung des Gläubigerausschusses naturgemäß unterbleiben (AG Hamburg v. 03.05.2013, ZIP 2013, 1391 = ZInsO 2013, 1804; zustimmend Pape, ZInsO 2013, 2129, 2131).

2b

II. Der Pflichtausschuss (Abs. 1)

Der Gesetzgeber hält in jedem Verfahren in dem der Geschäftsbetrieb bei Antragstellung noch läuft bzw. ersichtlich nicht kurzfristig eingestellt werden muss, einen vorläufigen Gläubigerausschuss für notwendig, soweit eine bestimmte Größenordnung des Betriebes überschritten ist. Der Gesetzgeber wollte damit nur »bedeutendere« Verfahren und Betriebsfortführungsverfahren mit einem zwingenden vorläufigen Gläubigerausschuss abwickeln (BT-Drucks. 17/5712, S. 24, re.Sp.).

3

▶ Hinweis:

Im sog. **Schutzschirmverfahren** soll § 270b Abs. 2 S. 3 die Anwendung von § 22a Abs. 1 als »Muss«-Vorschrift aber ausschließen, da dort nur ein »kann« für alle Maßnahmen nach § 21 Abs. 2 Nr. 1a geregelt ist (Braun-Böhm § 22 Rn. 14; Schmittmann/Lemken, VR 2013, 217, 219; möglich ist hier aber immer der »Antragsausschuss« als Lösung, Landfermann, WM 2012, 869, 876).

Die Größenordnung des Verfahrens für das Eingreifen der verpflichtenden Anordnung sollen die sog. **Schwellenwerte** in Abs. 1 bestimmen. Im Gegensatz zum RegE (BT-Drucks. 17/5712) in dem die Schwellenwerte noch niedriger als in der nunmehrigen Regelung waren (kritisch Urlaub, ZIP 2011, 1040; Stellungnahme des VID v. 21.04./02.05.2011 unter www.vid.de; Stellungnahme BAKinso, VID und Gravenbrucher Kreis v. 28.04.2011 unter www.bak-inso.de), hat der Rechtsausschuss die Werte im Gesetzgebungsverfahren abweichend vom RegE (BT-Drucks. 17/5712) leicht angehoben (BT-Drucks. 17/5712). Sie sind nunmehr an § 267 Abs. 1 Nr. 1–3 HGB »angelehnt« (Begründung BT-Drucks. 17/7511, S. 46), d. h. sie entsprechen diesen. Übersehen hat der Gesetzgeber, dass auch in Verfahren ohne laufenden Geschäftsbetrieb zuweilen große Massen vorhanden sind (z. B. Nachlassverfahren, Verfahren von natürlichen Personen mit vielen Grundstücken, etc.); diese Verfahren unterfallen der Vorschrift nicht.

Die Notwendigkeit der Einsetzung eines vorläufigen Gläubigerausschusses in jedem der so definierten Verfahren ist **in jedem Fall nach § 22a Abs. 3 InsO zu prüfen**, weshalb die vormalige Diskussion, ob die Schwellenwerte »zu niedrig« sind (Pape, ZInsO 2011, 1033; Zuleger, NZI 2011, 136; Steinwachs ZInsO 2011, 410; Gemeinsame Stellungnahme des VID e. V., des GK und des BAKinso e. V. zu Antragshürden und Gläubigerbeteiligung an der Verwalterauswahl v. 03.05.2011, ZInsO 2011, 913), zwar berechtigt war, aber nunmehr in diesem Rahmen ihren Niederschlag findet (s. Rdn. 11 f.).

1. Die »Schwellenwerte«

4 Jeweils zwei der in Nr. 1–3 genannten Werte sind zur Auslösung der Pflichteinsetzung **kumulativ zu erfüllen**. Weiterhin muss der **Geschäftsbetrieb bei Antragstellung noch laufen**, was aus Abs. 1 nicht folgt, sondern erst aus Abs. 3, erste Alternative.

Allerdings müssen die vorgenannten Werte nicht bei Antragseingang vorliegen, sondern im **vorangegangenen Geschäftsjahr** (es gilt das »Geschäftsjahr« nach welchem der Betrieb zu bilanzieren oder abzurechnen hat), sodass sie u. U. bei Antragstellung (= Antragseingang) bereits weit unterschritten oder eventuell auch überschritten sind. Es kommt hier ein beträchtlicher zeitlicher Abstand von bis zu über 11 Monaten in Betracht. Unklar ist weiterhin, ob das »abgelaufene« Geschäftsjahr oder, bei weit vorangeschrittenem Geschäftsjahr auch das noch laufende maßgeblich sein soll. Im ersteren Fall entstünde u. U. ein noch weiterer Zeitraum weg vom Zeitpunkt der Antragstellung. Dies ist nach dem Sinn der Gesamtkonzeption (Gläubigerausschuss in »wichtigen Fällen« – also auch bei Antragstellung noch »wichtigen« Fällen) abzulehnen.

Die **Angaben zu den Arbeitnehmern** müssen nur dem »Jahresdurchschnitt« entsprechen, wobei auch hier gem. § 22a Abs. 1 Satz 1, erster Halbs., das »**Geschäftsjahr**« vor der Antragstellung gilt, nicht das Zeitjahr vor der Antragstellung. Die zeitliche Fixierung korrespondiert mit § 13 Abs. 1 Satz 5. Da Betriebe in Krisennähe zumindest meist Arbeitsplätze abbauen, wenn nicht auch Umsatz einbüßen, werden mit dieser Regelung ohnehin Unternehmen dem Pflichtausschuss unterworfen, die bei Antragstellung längst nicht mehr die eigentlich gemeinten Größenordnungen haben (kritisch Frind, ZInsO 2011, 269; ders., ZInsO 2011, 373). Es erscheint allerdings umgekehrt auch ein »Hineinwachsen« in den theoretischen Anwendungsbereich denkbar, sodass »Schwellenwert«-Betriebe bei Antragstellung (= Antragseingang) tatsächlich vorhanden sind, aber der Vorschrift nicht unterfallen, da es eben auf diesen Zeitpunkt nicht ankommt. Die Vorschrift bricht damit in wenig sinnvoller Weise mit einem ansonsten im Anwendungsbereich der InsO generell geltenden Prinzip, dass nur auf die Umstände bei Antragstellung (Eingang bei Gericht) abzustellen ist (z. B. bei den Beurteilungen gem. bei § 3 Abs. 1 oder § 304 InsO).

Durch die Anhebung der Schwellenwerte im Gesetzgebungsverfahren ist die **Anwendungsrelevanz** der Vorschrift deutlich gesunken: Im Jahr 2011 hatten 80 % der 30.200 antragstellenden Unternehmen höchstens fünf Mitarbeiter und 64,8 % der Unternehmen hatten einen Umsatz bis nur zu 500.000 € (creditreform, ZInsO 2012, 117, 122, 123). Damit kommen für den Pflichtausschuss selbst jenseits des am schwierigsten zu erreichenden Merkmales zur Bilanzsumme nur höchstens ca. 2.000 Unternehmen als »Schnittmenge« in Betracht. Nach bisherigen Praxiserfahrungen gab es auch an größeren Insolvenzgerichten bisher pro Jahr nur 5–6 »Pflichtausschuss-Fälle«.

2. Ermittlung der »Schwellenwerte« und möglicher Ausschussmitglieder

Um die Regelung mit Leben zu füllen, muss das Gericht eine **gesicherte Erkenntnisbasis zum Vorliegen der Schwellenwerte** des Abs. 1 haben nach dem Gläubigerverzeichnis auch mögliche Ausschussmitglieder erkennen können. Das Gericht soll diese Kenntnis durch die Angaben des Schuldners nach **§ 13 Abs. 1 Satz 3 – Satz 5** erlangen. Danach soll jeder Schuldnerantrag **regelhaft ein** substanziiertes (Anschriften, Vertretungsverhältnisse: AG Mannheim v. 21.02.2014, ZIP 2014, 484; LG Potsdam v. 04.09.2013, ZInsO 2013, 2501) **Gläubiger- und Forderungsverzeichnis** enthalten müssen (§ 13 Abs. 1 Satz 3; hierzu Linker § 13 Rdn. 28), sonst ist der **Antrag unzulässig** (AG Hamburg v. 01.06.2012, ZInsO 2012, 1482; AG Mönchengladbach v. 04.10.2012, ZInsO 2012, 2299; Blankenburg, ZInsO 2013, 2196; Obermüller, ZInsO 2012, 19; a. A. Müller/Rautmann, ZInsO 2012, 918). Diese Anforderung gilt unabhängig davon, ob die Bestellung eines »Pflichtausschusses« konkret in Rede steht (AG Mannheim v. 21.02.2014, ZIP 2014, 484, 486), denn die Bestimmung des § 13 Abs. 1 will dem Gericht für jede Verfahrenskonstellation den Überblick über die bisherig entstandene Gläubigerschaft aktuell verschaffen. Zu Recht verweist Paulus (NZI 2008, 705, 709) darauf, dass in Zeiten des grassierenden Forderungshandels die Gläubiger von heute nicht mehr die von morgen zu sein brauchen.

Fehlen die notwendigen Angaben oder das gesamte Verzeichnis, muss das Gericht eine kurze **Nachbesserungsfrist** setzen, die aber die Antragsfrist des § 15a Abs. 1 InsO nicht verlängert (Römermann/Praß, GmbHR 2012, 425, 429; a. A. Marotzke, DB 2012, 560, 566; Rönnau, ZInsO 2014, 1025, 1027, 1032 m. w. N.). Eine solche Verzögerung lässt es häufig bei ersichtlichen Sicherungsnotwendigkeiten nicht zu, zunächst den vorläufigen Gläubigerausschuss und dann erst den vorläufigen Insolvenzverwalter/Sachwalter zu bestellen (AG Hamburg v. 26.09.2013, ZInsO 2013, 2166).

Weiterhin sind die **Angaben zur Betriebsstruktur nach** § 13 Abs. 1 Satz 5, die zur Beurteilung des Zutreffens der in Nr. 1–3 der hiesigen Norm geregelten Voraussetzungen erforderlich sind, im Regelfall nicht Pflichtangaben, da § 13 Abs. 1 Satz 6 in den dort genannten Fällen nur die Angabe der substanziierten Gläubigergliederung (*Gläubigerstruktur*) nach § 13 Abs. 1 Satz 4 verpflichtend macht (»Scharfschaltung«).

Die Anschlusssentenz in § 13 Abs. 1 Satz 5 »hat *in diesem Fall*« bezieht sich nur auf den Satz 4 von § 13 Abs. 1 und dort ist nur ein »Soll« des Schuldners bei **Eigenantrag mit laufendem Geschäftsbetrieb** vorgesehen. Da § 13 Abs. 1 Satz 6 somit nicht die Angaben zu Satz 5 mit einbezieht, bleibt es für diese mangels ausdrücklicher Verpflichtung beim ursprünglich in Bezug genommenen »Soll«, d. h. der Schuldner muss gerade die zur Beurteilung der Erfüllung der Schwellenwerte notwendigen Angaben auch bei Vorliegen der Alternativen in § 13 Abs. 1 Satz 6 nicht verpflichtend im Eigenantrag machen. Ein gesetzlicher Antragsvordruck in Form einer Verordnung (InsFormV) über § 13 Abs. 3 InsO soll hier Abhilfe schaffen.

Der Schuldner muss gem. § 13 Abs. 1 Satz 5 auch nur Angaben »zur Bilanzsumme« und »zu den Umsatzerlösen« machen, wohingegen das Gericht zur Prüfung des Vorliegens der Voraussetzungen nach § 22a Abs. 1 Nr. 1 und 2 genauere Angaben benötigt, nämlich die »Bilanzsumme nach Abzug eines auf der Aktivseite ausgewiesenen Fehlbetrages im Sinne des § 268 Abs. 3 HGB« bzw. »Umsatzerlöse in den zwölf Monaten vor dem Abschlussstichtag« (der also dem Gericht benannt werden müsste und der innerhalb des »vorangegangenen Geschäftsjahres« liegen kann). Das Gericht sollte diese Angaben, soweit im Antrag nicht enthalten, per Auflage dem Schuldner zur Beantwortung nennen.

▶ **Hinweis:**

> Soweit die Vorschrift des § 13 Abs. 1 als verlässlicher »Lieferant« der notwendigen Angaben für die Einsetzung des Gläubigerausschusses versagt, ist das Insolvenzgericht nicht gehalten, über amtswegige Ermittlungen nach § 5 InsO die Angaben zu beschaffen, da gem. § 13 Abs. 1 Satz 6 Nr. 2 InsO im Fall des Erreichens der »Schwellenwerte« der Schuldner (im Eigenantragsverfahren) selbst das Eingreifen der Norm zu erkennen und entsprechend mit Angaben zu handeln hat.

Streitig ist, ob während der »schwebenden Unzulässigkeit« des Antrages bereits Sicherungsmaßnahmen getroffen werden können (zweifelnd: Zipperer, NZI 2012, 385, 388; abl. Blankenburg, ZInsO 2013, 2196, 2198; dafür Frind, ZInsO 2012, 386, 387), was in Betriebsfortführungsfällen zugunsten der gleichmäßigen Gläubigerbefriedigung, die im »ESUG« an vorderster Stelle als Ziel genannt ist (RegE 17/5712, S. 17), zu bejahen ist.

Nachdem die Praxis seit Inkrafttreten des »ESUG« zahlreiche Fälle verzeichnet, in denen »Pflichtausschussfälle« behauptet, aber später als »erfunden« entdeckt wurden, muss das Gericht dem vorläufigen Verwalter/Sachwalter oder dem Insolvenzsachverständigen aufgeben, **die Frage des Zutreffens der Schuldnerangaben zu überprüfen**, da die Einsetzung des Ausschusses mit u. U. hohen Kosten für die Masse (Rdn. 18, 19) verbunden ist. Diese Prüfung erfolgt nachgeschaltet (all dies verkennend MK-Haarmeyer § 22a Rn. 62), ggf. ist der Ausschuss bei Nichtzutreffen der Angaben zu entlassen.

6 Das System der **vollständigen Information des Gerichtes zwecks Ausschussbesetzung** kann versagen, wenn die notwendigen Angaben im Sinne des Vorliegens eines »Pflichtausschuss-Falles« nach § 13 Abs. 1 Satz 6 Nr. 2 InsO bei Antragstellung nur der Schuldner bzw. seine Organe kennen (gesetzlicher Zirkelschluss).

Eine **Nachforschungspflicht des Gerichtes zur Beibringung** etwaiger Angaben zu den »Schwellenwerten«, mithin zum »Zulässigmachen« des Antrages (die Angaben sind, wenn die Werte tatsächlich gegeben sind, immer zwingend zu machen, Kübler-Neußner, HRI, § 5 Rn. 88; Landfermann, WM 2012, 821, 825 Fn. 32; A/G/R-Kadenbach § 13 Rn. 35; Braun-Bußhardt § 13 Rn. 10), **besteht aber auch dann nicht**, da die Angaben als Zulässigkeitsvoraussetzungen in § 13 Abs. 1 ausgestaltet sind, soweit sie in Wirklichkeit relevant wären, d. h. der Schuldner müsste sie eigenständig vorbringen. Allerdings kann und sollte das Gericht *vorliegende* Angaben ggf. nachprüfen (Musterbeschluss bei Frind, ZInsO 2012, 386), da Manipulationen der Angaben zu den Gläubigern die gerichtliche Besetzungsentscheidung beeinflussen (H. Huber, ZInsO 2013, 1, 2; Vallender, DB 2012, 1609, 1611), wenn nicht gar determinieren (s. zur Frage der »Schuldnerdominanz« Pape, ZInsO 2013, 2129).

7 ▶ Hinweis:

Da zudem die Angaben nach § 13 Abs. 1 Satz 4 und 5 nur als richtig und vollständig versichert werden müssen (MK-Schmahl/Vuia § 13 Rn. 110: § 13 Abs. 1 *Satz 7 ist* Zulässigkeitsvoraussetzung; a. A. Rönnau, ZInsO 2014, 1025, 1030), aber eine eidesstattliche Versicherung, trotz Kritik dieser Einschränkung im Gesetzgebungsverfahren, nicht implementiert worden ist, empfiehlt es sich ohnehin in jedem Fall, dass das Gericht bei Antragstellung eines größeren Unternehmens mit laufendem Geschäftsbetrieb das Vorliegen der Schwellenwerte, sofern dazu Angaben gemacht werden, amtswegig nach § 5 Abs. 1 mithilfe eines **Sachverständigen** ermittelt und/oder verifiziert (BAKinso v. 15.11.2011, ZInsO 2011, 2223), da es um Fragen des Eingreifens der Tatbestandsmerkmale gerichtlicher Pflichten und die Vermeidung ansonsten unnötiger Kosten durch einen unnötig eingesetzten Ausschuss geht (dies übersieht Obermüller, ZInsO 2012, 18, 19). Besteht bereits ersichtlicher Sicherungsbedarf, ist in Kombination damit ein vorläufiger Verwalter einzusetzen (vgl. Rdn. 9; Musterbeschluss bei Frind, ZInsO 2012, 386 ff.).

8 Eine Aufgabe des Pflichtausschusses ist dessen regelhafte **Mitwirkung bei der Auswahl des vorläufigen Verwalters**, soweit die generellen oder temporären Ausnahmen nach Abs. 3 (Rdn. 16 ff.) oder § 56a Abs. 1 (s. dort Rdn. 19) nicht greifen.

Der Ausschuss ist daher auch dann einzusetzen, nachdem schon ein vorläufiger Verwalter/Sachwalter bereits bestellt worden ist, da er dann vor der Verfahrenseröffnung gem. § 56a anzuhören ist; die Pflicht zur Einsetzung erlischt dadurch nicht (Frind, ZInsO 2011, 2249, 2253; Obermüller, ZInsO 2012, 18, 20), denn der Ausschuss hat noch andere Aufgaben, als die Mitwirkung bei der Verwalterauswahl (s. § 69 Rdn. 3, 4). Nur in diesem Zusammenhang ist wohl die Bindung des Gerichtes (»hat einzusetzen«) zu verstehen (dazu kritisch: Siemon, ZInsO 2011, 381).

des formellen und materiellen Insolvenzrechtes voraussetzt (Frind, BB 2013; Steinwachs/Vallender-Flitsch, a.a.O., S. 252; a.A. MK-Haarmeyer §22a Rn. 49, während in Rn. 52 wiederum die Bestellung von »Laien« als »wirklichkeitsfern« bewertet wird). Vor Bestellung hat das Gericht sich darüber zu vergewissern (Frind, ZInsO 2013, 279, 283).

III. Der Antragsausschuss (Abs. 2)

10 Der optionale Antragsausschuss ist erst auf Betreiben des Rechtsausschusses in das Gesetz gekommen (BT-Drucks. 17/7511, S. 11). Diesem wurde im Gesetzgebungsverfahren die vorgebliche Notwendigkeit »nahegebracht«, auch in kleineren Verfahren als denen nach den Schwellenwerten des Abs. 1 zu beurteilenden Unternehmen, einen Gläubigerausschuss einsetzen zu können. Dieses Ziel ist allerdings bereits ohnehin durch § 21 Abs. 2 Nr. 1a verwirklicht (»amtswegiger Ausschuss« jederzeit möglich). Die Vorschrift ist daher nunmehr im Vergleich zu der vorgenannten Grundregelung als »Soll«-Vorschrift auf Antrag, allerdings ohne Rechtsmittelmöglichkeit, ausgestaltet.

1. Antrag

11 **Antragsberechtigt** sind der Schuldner (bei Unternehmen folglich jeder organschaftliche Vertreter mit Alleinvertretungsbefugnis), der vorläufige Verwalter und jeder Gläubiger. Letzteres dürfte auf jeden Insolvenzgläubiger i. S. v. § 38, der bereits eine Forderung hat, zielen (a.A. Obermüller, ZInsO 2012, 18, 20: auch Massegläubiger, diese könnten aber gem. § 21 Abs. 2 Nr. 1a i.V. m. § 67 Abs. 2 nicht Mitglied werden). Weiter müssen auch **Absonderungs- und Aussonderungsberechtigte** als antragsberechtigt angesehen werden, weil gerade sie im Eröffnungsverfahren einen Ausschuss als Kontrollorgan erhalten können sollen. Der »Gläubiger in spe« gem. § 21 Abs. 2 Nr. 1a Halbs. 2 und der Massegläubiger sind nicht antragsberechtigt. Die Nennung des vorläufigen Insolvenzverwalters als Antragsteller zeigt, dass gesetzlich auch die Bestellung des vorläufigen Insolvenzverwalters *vor* der Einsetzung des vorläufigen (Antrags-) Gläubigerausschusses durchaus als regelhafter Fall angesehen wird.

2. Zulässigkeitsvoraussetzungen

12 **Zulässigkeitsvoraussetzung** für einen Antrag ist die Benennung geeigneter »Personen« für den Ausschuss (Musterantrag bei Haarmeyer, ZInsO 2012, 370 dort allerdings mit nicht korrekten Vorschlägen zu Vergütung, Verwalterauswahlverfahren und Versicherung). Mit dieser Formulierung hat der Gesetzgeber nur auf eine Mehrzahl von Vorgeschlagenen abgehoben. Gem. Begründung des Rechtsausschusses (BT-Drucks. 17/7511, S. 46, li.Sp.; s.a. BAKinso-Entschließung, 15.11.2011, ZInsO 2011, 2223 = NZI 23/2011, VII) ist aber eine **»volle Repräsentativbesetzung«** gem. § 67 Abs. 2 InsO vorzuschlagen (AG Hamburg, ZIP 2013, 1135 = ZInsO 2013, 1804; K. Schmidt-Hölzle § 22a Rn. 8; HRI-Ampferl § 8 Rn. 85; A/G/R-Sander § 22a Rn. 8; a.A. Martini, ZInsO 2013, 1782; FK-Schmerbach § 22a Rn. 21, da § 67 Abs. 2 nur »Soll«-Vorschrift sei [s. dagegen bei § 67 Rdn. 4]; ohne Begründung N.M. Schmidt, ZInsO 2012, 1107). Geist der Norm ist es, dass dem Gericht ein geeigneter Ausschuss »auf dem Tablett« vorgeschlagen werden soll. Der Antrag ist mithin erst zulässig, wenn die mindestens vier notwendigen Personen gem. § 67 Abs. 2 namentlich und mit zustellfähigen Anschriften, idealerweise mit Telefonnummern, benannt werden (so wohl auch Obermüller, ZInsO 2012, 18, 21; s. zu Ausnahmen von der Mindestbesetzung § 67 Rdn. 4).

13 Weitere Zulässigkeitsvoraussetzung des Antrages ist es, dass die vorgeschlagenen Personen **Einverständniserklärungen** mit der Annahme des Amtes im Fall der Bestellung abgeben und diese zusammen mit dem Antrag eingeliefert werden. Da diese nur »beigefügt« werden müssen, ist der Antrag somit schriftlich zu stellen und entweder **Originale** oder beglaubigte Abschriften der Einverständnisse sind als Anlage beizufügen.

▶ Hinweis:

Die Einverständniserklärungen sind keine vorweggenommenen Annahmeerklärungen (A/G/R-Sander § 22a Rn. 9), d.h. die Amtsannahme ist nach Bestellung noch zu erklären.

Jenseits des Eingreifens der Tatbestände des Abs. 3, der eine Verhältnismäßigkeits- und eine Zeitmomentabwägung eröffnet, besteht daher kein gerichtliches Ermessen zur Disponibilität der Einsetzung während des Eröffnungsverfahrens, sofern das Insolvenzeröffnungsverfahren noch einen laufenden Geschäftsbetrieb bei Einsetzungsreife zum Gegenstand hat (AG Hamburg v. 26.09.2013, ZInsO 2013, 2166).

Durch die Aufgabenbandbreite des vorläufigen Ausschusses (§ 69 Rdn. 5; vgl. den Verweis in § 21 Abs. 2 Nr. 1a auf alle Regelungen des eröffneten Verfahrens mit Ausnahme v. § 68) entsteht somit in Betriebsfortführungsverfahren der anvisierten Größenordnung eine vom vorläufigen Verwalter ständig beizuziehende Institution, die auch die Masse belastende Kosten in nicht unbeachtlichem Ausmaß auslösen wird (vgl. § 73 Rdn. 4, 5; § 17 InsVV).

Die **Zusammensetzung des Ausschusses** hat der **Repräsentativ-Regelung** des § 67 Abs. 2 i. V. m. § 21 Abs. 2 Nr. 1a Halbs. 2 zu genügen (s. § 67 Rdn. 4 u. Rdn. 7; Begründung des Rechtsausschusses BT-Drucks. 17/7511, S. 46; Steinwachs/Vallender-Flitsch, Der Gläubigerausschuss, 2012, S. 252). Da der Ausschuss wichtige Weichenstellungen im Eröffnungsverfahren mitbestimmen muss, ist nach dem Willen des Gesetzgebers vom Gericht strikt auf **Repräsentativität** für die verschiedenen Gläubigergruppen zu achten (Beth, ZInsO 2012, 1974, 1975 m. w. N.; A/G/R-Sander, § 21 Rn. 20; MK-Haarmeyer, § 22a Rn. 47); insbesondere ein Vertreter der Kleingläubiger sollte immer berücksichtigt werden (FK-Schmerbach, § 22a Rn. 56; a. A. ausweislich der dortigen Zusammensetzung AG Hamburg, ZInsO 2011, 2337). Eine Bestellung der immer gleichen Ausschussmitglieder oder »institutioneller« Gläubiger bei vielen, nicht zusammenhängenden Verfahren nährt die Besorgnis von Manipulation (H. Huber, ZInsO 2013, 1, 3; Ringelspacher, FP 2014, 110, 111).   9

▶ Hinweis: 9a

Die Bestellungsentscheidung erfolgt mit gerichtlichem Beschluss, die Amtseigenschaft der Mitglieder entsteht erst mit Amtsannahme (§ 67 Rdn. 8). Der Bestellungsbeschluss hat genau zu unterscheiden, zwischen der Bestellung juristischer oder natürlicher Personen (§ 67 Rdn. 6). Das Gericht darf bei zusammenhängenden Unternehmen nicht einen »einheitlichen« Ausschuss unter Verletzung des Verbotes, dass Nicht-Gläubiger nicht Mitglied werden dürfen (hierzu § 67 Rdn. 7), bestellen. Die Gläubigereigenschaft der Mitglieder ist für jedes Verfahren gesondert zu prüfen.

▶ Hinweis:

Eine **sukzessive Besetzung** je nach gerichtlicher Erkenntnislage ist zulässig (Frind, ZIP 2013, 2244, 2246), gerade bei Kleingläubigern kann eine spätere Nachbestellung sinnvoll sein (FK-Schmerbach § 22a Rn. 56). Aber der zunächst sukzessiv besetzte Ausschuss kann die »einstimmigen« Voten gem. § 56a Abs. 2, Abs. 3 oder § 270 Abs. 3 Satz 2 InsO nicht abgeben, er ist nur eingeschränkt handlungsfähig (Frind, ZIP 2013, 2244, 2246; FK-Wimmer/Jahntz, § 56a Rn. 37).

Das Gericht ist in der Findung geeigneter Ausschussmitglieder frei, es muss **Vorschlägen**, insb. vonseiten des Schuldners, des Antragstellers i. S. v. § 22a Abs. 2 oder »Eigenbewerbungen« nicht folgen (s. a. Rdn. 14), wie der Gesetzgeber in der Gesetzesbegründung ausdrücklich ausführt (BT-Drucks. 17/5712, S. 25; s. a.: Ehlers, BB 2013, 259; H. Huber, ZInsO 2013, 1, 5 m. w. N.; Beth, ZInsO 2012, 1974, 1975; Marotzke, DB 2012, 560, 561; Neubert, GmbHR 2012, 439, 442; A/G/R-Sander, § 21 Rn. 20, § 22a Rn. 8; Uhlenbruck, § 67 Rn. 18; a. A. Haarmeyer, ZInsO 2012, 2109, 2113) und wie es aus dem Gebrauch der Worte »in Betracht kommen« in Abs. 2 auch folgt (s. Rechtsausschuss BT-Drucks. 17/7511, S. 46).   9b

Trotzdem können diese Vorschläge insbesondere beim »Pflichtausschuss« hilfreich sein, weil damit bereits die Bereitschaft bestimmter Personen signalisiert wird (Steinwachs/Vallender-Voss, Der Gläubigerausschuss, 2012, S. 43). Maßstab der Ermessensentscheidung sind Repräsentativität, Neutralität und Sachkunde (AG Kaiserslautern, NZI 2004, 676; FK-Schmitt, § 67 Rn. 6) der vorgeschlagenen Mitglieder. In jedem Fall müssen die Mitglieder des vorläufigen Gläubigerausschusses in der Lage sein, ihre Aufgaben nach § 69 InsO wahrzunehmen, was grundlegende Kenntnisse

3. Gerichtliche Entscheidung

Die gerichtliche Entscheidung über den Antrag kann erst ergehen, wenn das Gericht die Zusammensetzung der Gläubigerschaft im Eröffnungsverfahren einigermaßen abschätzen kann (s. Rdn. 4; zur Zusammensetzung vgl. Rdn. 9); dazu dienen die Angaben nach § 13 Abs. 1 Satz 3 ff. InsO.

Maßgebender *Entscheidungs- und Beurteilungszeitpunkt* für die Frage der Einsetzung ist derjenige, zu dem Erkenntnisse über bestellbare Ausschussmitglieder ausreichend vorliegen (AG Hamburg, ZInsO 2013, 2166 m. w. N.). Sofern das Gericht später weitere Erkenntnisse über die Gläubigerschaft gewinnt, ist es an einer Nachbesetzung auch ohne Entlassung eines bereits bestellten Mitgliedes nicht gehindert (LG Kleve, ZInsO 2013, 1037 = NZI 2013, 599; s. dazu auch Rdn. 9a u. § 67 Rdn. 4; a. A. Haarmeyer, ZInsO 2013, 1039).

Mangels anfänglich pflichtiger Angaben des Schuldners in den Antragskonstellationen von »Nicht-Schwellenwertbetrieben« (s. § 13 Abs. 1 Satz 6 Nr. 1 i. V. m. Nr. 2) hat der Gesetzgeber in § 13 Abs. 6 Nr. 3 den Antrag nach §§ 22a Abs. 2 zu einem die Pflicht auslösenden »Erhöhungstatbestand« für die Angaben des Schuldners im Eigenantragsverfahren gem. § 13 Abs. 1 Satz 4 gemacht. Dies führt zu der absurden Situation, dass der Schuldnereigenantrag, anfänglich ohne Gläubigergliederung nach § 13 Abs. 1 Satz 4 gestellt (reine Sollbestimmung), nunmehr durch einen zulässigen Antrag nach § 22a Abs. 2, der i. d. R. erst im Laufe des Eröffnungsverfahrens von Gläubigern gestellt werden wird, wenn diese von dem Verfahren erfahren, unzulässig wird (a. A. wegen falscher Zählung der Sätze in § 13 Abs. 1 Obermüller, ZInsO 2012, 18, 21; a. A. auch Römermann/Praß, GmbHR 2012, 425, 429: es sei nur der bei Antragstellung des Schuldners gestellte Schuldnerantrag nach § 22a Abs. 2 InsO gemeint; den könnte aber dann nur der Schuldner stellen, denn Gläubiger wissen noch nichts von dem Antrag und einen vorläufigen Verwalter gibt es dann noch nicht).

▶ **Hinweis:**

Das Gericht müsste nun eventuelle Sicherungsmaßnahmen aufheben und/oder dem Schuldner eine kurze Frist zur Ergänzung der Angaben nach § 13 Abs. 1 Satz 4 setzen. Letzteres ist vorzuziehen, aber auch unvermeidlich, da ein gem. § 22a Abs. 2 antragstellender Gläubiger eben nicht verpflichtet ist, dem Gericht eine gegliederte Gesamtübersicht aller in Betracht kommender Gläubiger zu geben.

Das Gericht muss prüfen, ob die vorgeschlagenen Personen überhaupt für Gläubigergruppen i. S. v. § 67 Abs. 2 InsO repräsentativ sind und, ob die Zusammensetzung, die vom Antragsteller vorgeschlagen ist, insgesamt repräsentativ für die gesamte Gläubigerstruktur ist. Das Gericht kann sich dazu, sofern andere zeitnahe und verlässliche Erkenntnismöglichkeiten fehlen, eines Sachverständigen i. S. v. § 5 Abs. 1 InsO bedienen (Musterbeschluss bei Frind, ZInsO 2012, 386).

Das Gericht ist **an den Besetzungsvorschlag nicht gebunden** (s. den Wortlaut »in Betracht kommen«), es kann andere Personen und andere Gläubiger für repräsentativer oder neutraler erachten (s. bereits Rdn. 9b; Wroblewski, ZInsO 2014, 115; Neubert, GmbHR 2012, 439, 442 mit Hinweisen gegen eine vorabbesprochene »einheitliche Linie« des vorgeschlagenen Ausschusses; Beth, ZInsO 2012, 1974, 1975; Marotzke, DB 2012, 560, 561; Obermüller, ZInsO 2012, 18, 20; a. A. Haarmeyer, ZInsO 2012, 2109, 2113; unklar Meyer-Löwy/Bruder, GmbHR 2012, 432, S. 434 zu S. 435).

In Anbetracht der auch von der Gegenmeinung konzedierten »**multipolaren Interessen**« der Gläubigerschaft (MK-Haarmeyer § 22a Rn. 36; Haarmeyer, ZInsO 2012, 2109, 2112) besteht eben keine Verpflichtung nur Gläubiger in den Ausschuss zu nehmen, die »schuldnerkonzeptaffin« sind (Ehlers, BB 2013, 259; Frind, ZInsO 2013, 279, 282; zum **Arbeitnehmervertreter und zur Gewerkschaftsvertretung** vgl. § 67 Rdn. 7). Die Gläubigerschaft kann durchaus völlig unterschiedliche »Sanierungsansätze« bevorzugen (instruktiv Pluta, ZInsO 2013, 1404). Bei Abweichung des Gerichtes von einem Zusammensetzungsvorschlag muss aber die Gläubigergruppen-Repräsentativität gem. § 67 Abs. 2 InsO erhalten werden. Eine Abweichung ist nicht begründungspflichtig (Ringelspacher, FP 2014, 110, 111), da auch nicht rechtsmittelbewehrt (s. Rdn. 24).

Der Ausschuss kommt erst mit Bestellungsentscheidung des Gerichtes, Kenntniserlangung durch die Bestellten und – ggf. vorweg erklärter – Amtsannahme zustande (§ 67 Rdn. 8). Ein nicht i. S. d. § 67 Abs. 2 InsO repräsentativ besetzter Ausschuss kann bis zur vollständigen Nachbesetzung auch keinen »einstimmigen« Verwaltervorschlag im Sinne v. § 56a Abs. 2 InsO entäußern, denn der gesetzliche Sinn der Verweisung auf § 67 Abs. 2 InsO ist die Herstellung eines der jeweiligen Gläubigerschaft entsprechenden Organs, dass für alle Gläubigergruppen »sprechen« kann (Frind, ZIP 2013, 2244 m. w. N.).

Die Ablehnung des Antrages auf Einsetzung eines Ausschusses bedarf keiner Begründung und sollte nicht in Beschlussform ergehen (Rdn. 23; a. A. Beth, ZInsO 2012, 1974, 1981), da dies den Eindruck der – nicht gegebenen – Rechtsmittelmöglichkeit (Rdn. 24) erwecken könnte.

15 ▶ **Hinweis:**
Die Formulierung »in Betracht kommen« in § 22a Abs. 2 InsO zeigt, **dass das Gericht nicht an die vorgeschlagenen Personen bei seiner Besetzungsentscheidung gebunden ist.** Das Gesetz formuliert lediglich eine Zulässigkeitshürde für den Antrag. Das Gericht ist nach einem zulässigen Antrag frei darin, ggf. nach § 22a Abs. 4 weitere oder andere mögliche Gläubigerausschussmitglieder sich vorschlagen zu lassen oder zu ermitteln (Frind, ZInsO 2013, 279). Da beim Antragsausschuss i. d. R. keine dringend Entscheidung anstehen wird, die eine Bestellung des Ausschusses unverzüglich erfordert, besteht dafür auch genügend Zeit.

IV. Die »Einsetzungsbremse« (Abs. 3)

16 Die Regelung des § 22a Abs. 3 normiert nach Wortlaut und systematischer Stellung für beide »Arten« des vorläufigen Ausschusses drei Verbotstatbestände, bei deren Vorliegen ein Gläubigerausschuss – teilweise nur zunächst – »nicht einzusetzen ist« (H. Huber, ZInsO 2013, 1, 3; Beth, ZInsO 2012, 1974; Frind, ZInsO 2012, 2028, 2034; Braun-Böhm § 22a Rn. 9; a. A. Haarmeyer/Horstkotte, ZInsO 2012, 1441; abschwächend A/G/R-Sander § 22a Rn. 11 entgegen Wortlaut sei es nur eine »Soll«-Bestimmung).

Die **Geltungsreichweite des Abs. 3** betrifft daher beide in § 22a geregelten Ausschussformen (AG Hamburg, ZIP 2013, 1135 = ZInsO 2013, 1804; A/G/R-Sander § 22a Rn. 11), nicht jedoch den »amtswegigen« Ausschuss nach § 21 Abs. 2 Nr. 1a (AG Hamburg, ZInsO 2013, 2166 = NZI 2014, 31; Borchardt/Frind-Kühne, Betriebsfortführung, Rn. 724 mit Beispielen; vgl. auch Rdn. 2). Eine historisch-systematische Auslegung ergibt, dass der Gesetzgeber, wie die Antragsbefugnis nach § 22a Abs. 2 und die Auskunftspflicht nach § 22a Abs. 4 für den vorläufigen Verwalter zeigen, den Fall, dass der vorläufige Verwalter vor dem vorläufigen Gläubigerausschuss eingesetzt ist, durchaus als gesetzlich zulässigen und möglichen Fall angesehen hat (Frind, ZInsO 2012, 2028).

Es geht um ein **gesetzliches Verbot** bei Eingreifen der Tatbestandsmerkmale ohne Ermessen für das Gericht; Ermessen besteht nur zur Frage, ob die Tatbestandsmerkmale vorliegen (unklar A/G/R-Sander § 22a Rn. 11 der von einer Soll-Bestimmung mit Ermessenspflicht zur Nachforschung ausgeht), wobei die ersten beiden Tatbestände endgültig zur Nichteinsetzung führen, der dritte nur temporär (s. u.). Nach dem Wortlaut handelt es sich nicht lediglich um eine »Soll-Bestimmung« (so aber Haarmeyer/Horstkotte, ZInsO 2012, 1441), denn der Gesetzgeber hat im Rahmen des »ESUG« die Normen durchaus fein nach »kann«, »soll« und »muss« abgestuft, und in Abs. 3 ein »ist« gesetzt (Beth, ZInsO 2012, 1974, 1979; Frind, ZInsO 2012, 2028). Die Einsetzung eines vorläufigen Gläubigerausschusses entgegen dem gesetzlichen Verbot des Abs. 3 kann zur Haftung des Insolvenzrichters wegen dadurch entstehender – unnötiger – Kosten und Verfahrensverzögerungen führen (N.M. Schmidt, ZInsO 2012, 1107).

1. Kein laufender Geschäftsbetrieb (1. Alt.)

17 Diese Alt. zielt nicht nur auf den Antragsausschuss, da der Pflichtausschuss, wie vorseitig gezeigt, generell v. den Schwellenwerten her zuweilen auch bei eingestellten Geschäftsbetrieben eingesetzt

werden müsste (Auseinanderfallen der Beurteilungszeit für die Tatbestandsmerkmale von § 22a Abs. 1 und § 13 Abs. 1 Satz 4). Undefiniert lassen Normwortlaut, aber auch Begründung des Rechtsausschusses (BT-Drucks. 17/7511, S. 46), was unter einem »eingestellten« Geschäftsbetrieb zu verstehen sein wird.

Hier empfiehlt sich, auf die Definitionsrechtsprechung zur »wirtschaftlichen Tätigkeit« nach § 3 Abs. 1 Satz 2 InsO zu rekurrieren (AG Hamburg, ZInsO 2013, 2166 = NZI 2014, 31; HRI-Ampferl § 8 Rn. 31, 32; K. Schmidt-Hölzle, § 22a Rn. 25; Frind, ZInsO 2011, 2249, 2254) (s. zum Definitionsbereich dort bei Rdn. 12): Danach ist damit gemeint, dass »kein werbender Geschäftsbetrieb«, der aktiv betrieben wird, vorliegt (Graf-Schlicker § 22a Rn. 11). Abwicklungsmaßnahmen stehen der Annahme der »Einstellung« nicht entgegen (A/G/R-Sander § 22a Rn. 12). Die herrschende Meinung klammert auch bei § 3 Abs. 1 Satz 2 InsO Liquidationsmaßnahmen oder »Restverwertung« aus (BayObLG, ZInsO 2003, 902; ZInsO 2003, 1142; OLG Düsseldorf, NZI 2000, S. 601, OLG Braunschweig, NZI 2000, S. 266; OLG Hamm, ZInsO 1999, S. 533; OLG Schleswig, NZI 2004, 264; OLG Karlsruhe, ZIP 2005, 1475; AG Hamburg ZInsO 2009, 302 = ZIP 2009, 634; OLG Stuttgart ZIP 2009, 1928).

Wird der Geschäftsbetrieb **erst im Laufe des Eröffnungsverfahrens eingestellt**, wird der Ausschuss dem zufolge im Regelfall zu entlassen und aufzulösen sein (§§ 21 Abs. 1 Nr. 1a mit § 70 InsO; so K. Schmidt-Hölzle § 22a Rn. 26; Vallender, MDR 2012, 61, 63; Frind, ZInsO 2011, 2249, 2254), wenn nicht amtswegig der Ausschuss aufrechtzuerhalten ist (AG Hamburg, ZInsO 2013, 2166 = NZI 2014, 31). Vorher werden aber im Einzelfall bereits seine zwischenzeitliche Funktion und Sinnhaftigkeit abzuwägen sein, da § 22a Abs. 3, 1. Alt. InsO eigentlich nur den Fall des von Anfang an bereits eingestellten Geschäftsbetriebes regelt, aber bei einem Geschäftsbetrieb, der definitiv kurz vor der Einstellung steht, auch die eigentliche Funktion des vorläufigen Ausschusses, an der Weichenstellung für die wichtigen Sanierungsmaßnahmen mitwirken zu können, infrage gestellt ist (keine Einsetzung bei kurzfristiger und sicherer Einstellung des Geschäftsbetriebes: AG Hamburg v. 03.05.2013, ZIP 2013, 1391 = ZInsO 2013, 1803; zust. Pape, ZInsO 2013, 2129, 2131; a. A. Martini, ZInsO 2013, 1782 unter Verkennung der Definitionsbezugnahme auf § 3 Abs. 1 Satz 2 InsO). Denn der Gesetzgeber wollte zumindest einen »verpflichtend« einzusetzenden Ausschuss nur in Betriebsfortführungsverfahren. Maßgebend für die Frage der »Einstellung« ist der Zeitpunkt der Entscheidungsreife über die Einsetzung des vorläufigen Ausschusses (AG Hamburg, ZInsO 2013, 2166 = NZI 2014, 31; A/G/R-Sander § 22a Rn. 12), so z. B. bei einer notwendigen vorherigen Anforderung von Ausschussvorschlägen gem. Abs. 4 (mangels bei Antragseingang ersichtlicher »bereiter« Mitglieder) der Ablauf der Vorschlagsfrist.

2. Kosten-Nutzen-Abwägung (2. Alt.)

Die wohl für die Praxisanwendung schwierigste Alternative ist diejenige des »Kosten-Nutzen«-Abwägungsgebotes nach § 22a Abs. 3 zweite Alternative InsO (ausführlich Frind, ZInsO 2012, 2028, 2034 für eine empirische Erhebung der Verhältnismäßigkeitsschwellen).

18

Hier wird das Gericht die **freie Insolvenzmasse zu prognostizieren haben**, die nach Abzug der Verfahrenskosten inkl. der Vergütung des (vorläufigen) Insolvenzverwalters und der Gläubigerausschüsse im eröffneten Verfahren verbleibt und mit den voraussichtlichen Kosten des vorläufigen Gläubigerausschusses des Eröffnungsverfahrens ins Verhältnis zu setzen haben. Die Kosten des vorläufigen Gläubigerausschusses sind Verfahrenskosten im Sinne von § 54 Nr. 2 InsO (s. Kommentierung Jarchow zu § 54 Rdn. 25). Der Gesetzgeber hat lediglich vergessen, hier den neu geschaffenen Ausschuss des Eröffnungsverfahrens ausdrücklich mit zu erwähnen.

Das Gericht hat bei der **Prognose** als Bezugsgröße (die Begründung des Regierungsentwurfes hilft hier zur Auslegung nicht recht weiter; S. 35: Bezugsgröße sei das »Restvermögen des Schuldners«) **für die »zu erwartende Insolvenzmasse«** definitorisch vom Zweck der Regelung her diejenige Masse zu nehmen, die als *freie Masse* zur Verteilung an die Gläubiger prognostisch zur Verfügung stehen wird (Frind, ZInsO 2012, 2028, 2034; Beth, ZInsO 2012, 1974, 1977; Haarmeyer/Horstkotte,

ZInsO 2012, 1441, 1447; a.A. HRI-Ampferl, § 8 Rn. 42: Masse inkl. Aus- und Absonderungsrechten). Denn es geht um die Frage, inwiefern und um wie viel diese durch die Kosten des Ausschusses geschmälert werden wird und, welches Verhältnis der Kosten zur verbleibenden Masse der Gläubigerschaft noch zumutbar ist.

19 Bei der Abwägung zum Umfang der letztgenannten Kosten sind die **Aufgaben des vorläufigen Gläubigerausschusses** (§ 69 Rdn. 6) in den Blick zu nehmen, da diese die Häufigkeit der notwendigen voraussichtlichen Sitzungstermine, die Dauer der Sitzungen, den Schwierigkeitsgrad der Aufgaben und damit die Stundensatzhöhe und die Höhe der notwendigen **Haftpflichtversicherung** (s. Kommentierung Büttner zu § 18 InsVV Rdn. 2; Rdn. 20) bestimmen wird; außerdem ist die **Zahl der notwendigen Mitglieder** zu bedenken (auch hierzu ist abstrakt von der notwendigen Anzahl nach § 67 Abs. 2 auszugehen [s. bei § 67 Rdn. 4], der Fall BGH, ZInsO 2009, 716 betraf einen Sonderfall mit ganz geringer Gesamtgläubigeranzahl).

Über § 21 Abs. 2 Nr. 1a InsO hat der Gläubigerausschuss des Eröffnungsverfahrens die **gesamte Aufgabenbandbreite des § 69 InsO** zu bewältigen und nicht nur an der Auswahl des vorläufigen Verwalters gem. § 56a mitzuwirken (s. § 69 Rdn. 5, 6). Nur Letztere Aufgabe ist gem. § 17 InsVV Abs. 2 Satz 1 (Neufassung) mit 300,–€ abgegolten. I. Ü. gilt für die Abwägung (dazu Rdn. 20) der Ansatz nach den die »normalen« **Stundensatzvergütungen** (vgl. dazu Kommentierung Büttner zu § 17 InsVV Rdn. 16–21; § 73 Rdn. 5a), wobei § 17 Abs. 2 Satz 2 InsVV ungenau formuliert dazu zur Voraussetzung macht, dass ein »vorläufiger Verwalter« eingesetzt sein müsse, was aber so auszulegen ist, dass der Gesetzgeber an die Alternative eines Gläubigerausschusses nur mit einem Sachverständigen nicht gedacht hat.

Für die Weichenstellungen im Verfahrensverlauf und die Abwägung zum Umfang der Aufgaben am bedeutsamsten sind die Zustimmungsregelungen in *§§ 158, 160 InsO* (s. § 69 Rdn. 3, 6). Beider Bereiche werden regelmäßig bereits im Eröffnungsverfahren tangiert sein (Beth, ZInsO 2012, 1974, 1976; Rauscher, ZInsO 2012, 1201, 1202; Zimmermann, ZInsO 2012, 245) und erfordern dort eine hohe Tagungsdichte des Ausschusses in der Anfangsphase. Weiter zu beachten ist der gesetzliche Auftrag zur Kassenprüfung. Die Begründung zum RegE (BT-Drucks. 17/5712, S. 43) spricht bei Art. 2 (17 InsVV) von »möglicherweise arbeitsintensiven Aufgaben«.

Der Ausschuss wird daher **im Eröffnungsverfahren weit öfter zu tagen und beschließen haben**, als im eröffneten Verfahren. Er wird z.B. bei der Entscheidung zur Insolvenzgeldfinanzierung und Betriebsfortführung, bei der Beantragung von Masseverbindlichkeitsbegründungskompetenzen im Wege der Einzelermächtigung, zumindest bei solchem größeren Umfang, bei Anträgen gem. § 21 Abs. 2 Nr. 5 und bei Verhandlungen mit ernsthaften Betriebsübernahmeinteressenten vorher zu konsultieren sein (AG Ludwigshafen, ZInsO 2012, 987). Weiterhin wird das Gericht zu prognostizieren haben, ob auch nach Eröffnung ein Kosten produzierender Ausschuss Masse schmälernd notwendig sein wird, da dies die Gesamtmasse am Ende beeinflussen wird (Beth, ZInsO 2012, 1974, 1977; insofern vorbildlich in der Abwägung AG Ludwigshafen, ZInsO 2012, 987).

20 Wichtig ist, dass der vorläufige Verwalter den Ausschuss auch **zeitnah, umfassend und belegbar (Haftungsbegrenzung) informiert** (Siemon, ZInsO 2012, 2009, 2016). Ggf. kann der vorläufige Verwalter die Einsetzung des Ausschusses gem. § 22a Abs. 2 auch erst beantragen. Er wird aber dann bereits eine Kosten-Verhältnismäßigkeits-Berechnung i. S. d. Vorschrift des § 22a Abs. 3, 2. Alt., mit vorzulegen haben, da ihm die Berechnungsgrundlagen am Besten bekannt sein werden. Ggf. kann die **Kostenberechnung** bei ihm abgefordert werden (§ 5 Abs. 1; Beth, ZInsO 2012, 1974, s. AG Ludwigshafen, ZInsO 2012, 987).

Ansonsten muss das Gericht in anderen Fällen diese selbst oder unter **Beauftragung eines speziellen Sachverständigen** erstellen (BAKinso-Empfehlung v. 15.11.2011, ZInsO 2011, 2223 = NZI 23/2011, VII; Musterbeschluss bei Frind, ZInsO 2012, 386; Rauscher, ZInsO 2012, 1201), sofern der Antragsteller nicht bereits umfassend und substanziiert zu den möglichen Ausschlussgründen nach Abs. 3 vorträgt, was anzuraten ist (Trams, NJW-Spezial 2012, 149; BK-Blersch § 22a Rn. 16) und das Gericht an den vorgebrachten Tatsachen nicht zweifelt. Streitig ist, ob hier eine **Interessen-**

dürfen die Kosten für einen vorläufigen Gläubigerausschuss nicht zur Abweisung mangels Masse führen, sie sollten aber auch prognostisch das Verfahren nicht in die Gefahren des §§ 207, 208 steuern.

3. Die nachteilige Zeitverzögerung (3. Alt.)

21   Dieses Merkmal wird i. d. R. nur beim Pflichtausschuss nach § 22a Abs. 1 InsO in Betracht kommen und nur zu einer **temporären Verzögerung** von dessen Einsetzung führen. Diesbezüglich denkbare Umstände sind ein laufender Geschäftsbetrieb und die Notwendigkeit, rasch Sicherungsmaßnahmen in Form der vorläufigen Insolvenzverwaltung zu ergreifen, um die Verunsicherung von Kunden, Lieferanten und Öffentlichkeit zu verhindern und die vorhandene Masse zu sichern, sowie die Belegschaft unverzüglich »bei der Stange zu halten« (Kollbach/Lodyga/Zanthoff, INDAT-Report 6/2011, 22; Pape, ZInsO 2011, 1033; Stellungnahme des BAKinso e. V. v. 18.04.2011, www.bak-inso.de; Frind, ZInsO 2011, 757; Uhlenbruck, INDAT-Report 3/2011, 16; Preuß, ZIP 2011, 933, 940; Riggert, NZI 2011, 121; Zuleger, NZI 2011, 136; Steinwachs, ZInsO 2011, 410).

Der **Antragsausschuss** nach Abs. 2 **kann jederzeit eingesetzt werden**, sobald die Voraussetzungen erfüllt sind und die Einsetzung sinnvoll erscheint. Sofern die Schuldnerangaben nach § 13 Abs. 1 Satz 4 und 5 nicht vorhanden (Gläubigerantrag), lückenhaft oder überprüfungswürdig erscheinen, ist vom Eintritt der Verzögerungsgefahr bei laufenden Geschäftsbetrieben, aber auch bereits bei Massesicherungsnotwendigkeiten, auszugehen. Verzögern die Ausschussmitglieder voraussichtlich die Amtsannahme und die konstituierende Sitzung, indem z. B. nicht alle notwendigen Mitglieder vor Ort oder zeitlich unabkömmlich sind, liegt ebenfalls eine beachtliche Verzögerung vor. Die Regelung meint objektiv eintretende Umstände, nicht nur solche, die von den Mitgliedern des Ausschusses »verschuldet« sind.

Zu beachten ist, dass die Regelung des § 56a Abs. 1 Halbs. 2 InsO dementsprechend erst auf einer zweiten Ebene (nachteilige Verzögerung durch Anhörung, aber Ausschuss ist vorhanden) ggf. erneut zu prüfen ist (RegE-Begründung, BT-Drucks. 17/5712, S. 26 ausdrücklich).

C. Verfahrenshinweise

I. Aufforderung zur Mitgliederbenennung (Abs. 4)

22   Das Gericht kann sich nach Abs. 4 sowohl vom Schuldner oder, sofern schon bestellt, dem vorläufigen Verwalter Vorschläge für geeignete Mitglieder des Ausschusses unterbreiten lassen (formlose Aufforderung). Die Nennung des vorläufigen Verwalters durch den Rechtsausschuss zeigt, dass der Gesetzgeber nicht davon ausgeht, dass in jedem Fall der vorläufige Verwalter erst nach Konstituierung des Ausschusses bestellt wird. Nach der Begründung im RegE zeigt die Norm weiter, dass das Gericht nicht an die »in Betracht kommende« Besetzung gebunden ist, sondern in der Zusammensetzung des Ausschusses **ermessensfrei** bleibt (BT-Drucks. 17/5712, S. 25). Die Benennung muss gruppenorientiert und begründet i. S. v. § 67 Abs. 2 erfolgen. Erfolgt eine Benennung geeigneter Mitglieder nicht, kann eine Bestellung unterbleiben, auch beim »Pflichtausschuss«.

II. Bescheidungsweise und -frist

23   Das Gericht kann den Antrag nach Abs. 2 formlos durch einfaches Schreiben bescheiden (nur »Vermerk« in der Akte: HRI-Ampferl § 8 Rn. 80). Dies sollte zeitnah ggü. dem Antragsteller geschehen. Die Ablehnung durch Beschluss könnte den Eindruck eines gegebenen Rechtsmittels erwecken (dazu: BGH v. 07.04.2005, NZI 2005, 403, BGH v. 16.10.2003, ZInsO 2003, 1040; a. A. Beth, ZInsO 2012, 1974, 1981: Beschlussform angebracht; ohne jedes Verständnis für die Differenzierung zwischen einem erläuterndem Schreiben und einem Beschluss: Römermann, GmbHR 2013, 337, 341). Eine vorherige Anhörung von Antragstellern nach gerichtlichen Ermittlungen ist zu empfehlen, sofern substanziierte Einwendungen zu erwarten sind (Beth, ZInsO 2012, 1974, 1980).

kollision zu bedenken ist (für Trennung der sachverständigen Beantwortung dieser Frage vom Verwalteramt: Haarmeyer, ZInsO 2012, 1204; a. A. in diesem Punkt Beth, ZInsO 2012, 1974, 1980).

Ein Interessenwiderspruch zwischen dem Sachverständigen, der zugleich vorläufiger Insolvenzverwalter ist, und einem zu bildenden vorläufigen Gläubigerausschuss besteht nicht automatisch, sondern nur, wenn das Gericht Anhaltspunkte dafür hat, dass ein Ausschuss beantragt wird, um den vorläufigen Verwalter abzuwählen (Beth, ZInsO 2012, 1974, 1980), was nach dem Wortlaut des § 56a Abs. 3 ohnehin als Kompetenz des nachträglich eingesetzten Ausschusses fraglich ist (vgl. § 56a Rdn. 20).

Die **Haftpflichtversicherungsnotwendigkeiten** (s. Büttner zu § 18 InsVV Rdn. 2; § 71 Rdn. 7) folgen insbesondere im Eröffnungsverfahren der Aufgabenbedeutung (§ 69 Rdn. 3, 5) und sind dabei in der Höhe konkret nach Verfahrensumfang und nach Verfahrensabschnitten zu schätzen und mit ein zu beziehen (Grell/Klockenbrink, DB 2013, 1038, 1044; Beth, ZInsO 2012, 1974, 1976; zuweilen wird bereits eine Deckung von 10 Mio. € pro Ausschussmitglied gefordert: Wroblewski, AuR 2012, 188, 194; a. A. Hirte, ZInsO 2012, 820, der eine Versicherung nicht für notwendig erachtet; dazu ausführlich § 71 Rdn. 7).

Nicht nachvollziehbar sind in diesem Zusammenhang die Ansicht von der **Disponibilität der Haftpflichtversicherung** (einerseits sei die Haftpflichtversicherung der Ausschussmitglieder dringend notwendig, andererseits könne das Gericht anfragen, ob die Mitglieder nicht auch ohne Versicherung arbeiten wollten, Cranshaw, ZInsO 2012, 1151, 1156, 1157). Richtig ist stattdessen, dass das Gericht vor der Einsetzung des Ausschusses die Prüfung gem. § 22a Abs. 3., 2. Alt., vorzunehmen hat, und mithin nicht auf konkrete Interessen und Wünsche von bereits bestimmten Ausschussmitgliedern eingehen kann (die Mitglieder könnten ja auch wechseln, § 70 InsO). Vielmehr ist bei der Kostenkalkulation, wie bei jeder Kalkulation der objektive Ansatz zu wählen. Ausschussmitglieder »in spe« sind daher nicht zu befragen.

Weiterhin ist bei größeren Verfahren als **Kalkulationsbasis** bei der Prognose zumindest nach der Vorsichtsmethode, die bei insolvenzrechtlichen Bewertungen immer gilt, von einer Beanspruchung der Stundensatzhöchstgrenze von 95,– €/Std. (die bisweilen durchaus überschritten zu werden pflegt, vgl. § 73 Rdn. 5) auszugehen (Beth, ZInsO 2012, 1974, 1976; a. A. Haarmeyer, ZInsO 2012, 1204). Gesamtkosten allein für die Versicherung des vorläufigen Ausschusses i. H. v. 20.000,– bis 30.000,– € bei mittelgroßen Verfahren werden demgemäß keine Seltenheit sein (Rauscher, ZInsO 2012, 1201, 1202 berichtet von durchschnittlich 10.000,– € reinen Stundensatzkosten); es sei denn, es liegt Verzicht bei Bestellungsannahme vor (Rauscher, ZInsO 2012, 1201; Haarmeyer, ZInsO 2012, 1204). Da nach jüngsten empirischen Erhebungen bei Verfahren über 250.000,– € Teilungsmasse ein Verwaltungs- und Verfahrenskostenanteil für Verwaltervergütung und »Umfeld« von ca. 20 % insgesamt als angemessen anzusehen ist (Verfahrenskennzahluntersuchung bei Frind, ZInsO 2011, 1913), können die Kosten des vorläufigen Ausschusses nur mit diesem Verhältnismäßigkeitsrahmen in größeren Verfahren betrachtet werden. Eine endgültige »Kostengrenze« wird nach Verfahrensgrößen nur im Wege der künftigen empirischen Erhebung der Kosten von Ausschüssen gefunden werden können (Frind, ZInsO 2012, 2028), wobei auch der Nutzen des Ausschusses zu bedenken ist (Beth, ZInsO 2012, 1974, 1978).

▶ Hinweis:

Die »Unverhältnismäßigkeit« der Kosten des vorläufigen Ausschusses ist eine Einzelfallentscheidung, die sich aber anhand der Größenklassen nach InsVV zumindest verobjektivieren lässt: Im Verhältnis zur Masse sollte daher ein Kostenanteil von max. 1 % für die gesamten Kosten des *vorläufigen Ausschusses in Verfahren mit voraussichtlichen Teilungsmassen von mehr als 250.000,– € nicht überschritten werden*; in Verfahren mit kleineren Massen kann aufgrund der dortigen Progression der Verwaltervergütung mit bis zu 5 % gearbeitet werden (Fußnote: Frind, ZInsO 2011, 2249, 2255), jedenfalls ist ein Anteil von 7 % der Teilungsmasse nur für Kosten des vorläufigen Ausschusses unverhältnismäßig (AG Ludwigshafen, Beschl. 04.05.2012, 3 f IN 103/12, ZInsO 2012, 987; a. A. Rauscher, ZInsO 2012, 1201: bis zu 10 % sei tolerabel). Selbstverständlich

werden müsste (Auseinanderfallen der Beurteilungszeit für die Tatbestandsmerkmale von § 22a Abs. 1 und § 13 Abs. 1 Satz 4). Undefiniert lassen Normwortlaut, aber auch Begründung des Rechtsausschusses (BT-Drucks. 17/7511, S. 46), was unter einem »eingestellten« Geschäftsbetrieb zu verstehen sein wird.

Hier empfiehlt sich, auf die Definitionsrechtsprechung zur »wirtschaftlichen Tätigkeit« nach § 3 Abs. 1 Satz 2 InsO zu rekurrieren (AG Hamburg, ZInsO 2013, 2166 = NZI 2014, 31; HRI-Ampferl § 8 Rn. 31, 32; K. Schmidt-Hölzle, § 22a Rn. 25; Frind, ZInsO 2011, 2249, 2254) (s. zum Definitionsbereich dort bei Rdn. 12): Danach ist damit gemeint, dass »kein werbender Geschäftsbetrieb«, der aktiv betrieben wird, vorliegt (Graf-Schlicker § 22a Rn. 11). Abwicklungsmaßnahmen stehen der Annahme der »Einstellung« nicht entgegen (A/G/R-Sander § 22a Rn. 12). Die herrschende Meinung klammert auch bei § 3 Abs. 1 Satz 2 InsO Liquidationsmaßnahmen oder »Restverwertung« aus (BayObLG, ZInsO 2003, 902; ZInsO 2003, 1142; OLG Düsseldorf, NZI 2000, S. 601, OLG Braunschweig, NZI 2000, S. 266; OLG Hamm, ZInsO 1999, S. 533; OLG Schleswig, NZI 2004, 264; OLG Karlsruhe, ZIP 2005, 1475; AG Hamburg ZInsO 2009, 302 = ZIP 2009, 634; OLG Stuttgart ZIP 2009, 1928).

Wird der Geschäftsbetrieb **erst im Laufe des Eröffnungsverfahrens eingestellt**, wird der Ausschuss dem zufolge im Regelfall zu entlassen und aufzulösen sein (§§ 21 Abs. 1 Nr. 1a mit § 70 InsO; so K. Schmidt-Hölzle § 22a Rn. 26; Vallender, MDR 2012, 61, 63; Frind, ZInsO 2011, 2249, 2254), wenn nicht amtswegig der Ausschuss aufrechtzuerhalten ist (AG Hamburg, ZInsO 2013, 2166 = NZI 2014, 31). Vorher werden aber im Einzelfall bereits seine zwischenzeitliche Funktion und Sinnhaftigkeit abzuwägen sein, da § 22a Abs. 3, 1. Alt. InsO eigentlich nur den Fall des von Anfang an bereits eingestellten Geschäftsbetriebes regelt, aber bei einem Geschäftsbetrieb, der definitiv kurz vor der Einstellung steht, auch die eigentliche Funktion des vorläufigen Ausschusses, an der Weichenstellung für die wichtigen Sanierungsmaßnahmen mitwirken zu können, infrage gestellt ist (keine Einsetzung bei kurzfristiger und sicherer Einstellung des Geschäftsbetriebes: AG Hamburg v. 03.05.2013, ZIP 2013, 1391 = ZInsO 2013, 1803; zust. Pape, ZInsO 2013, 2129, 2131; a. A. Martini, ZInsO 2013, 1782 unter Verkennung der Definitionsbezugnahme auf § 3 Abs. 1 Satz 2 InsO). Denn der Gesetzgeber wollte zumindest einen »verpflichtend« einzusetzenden Ausschuss nur in Betriebsfortführungsverfahren. Maßgebend für die Frage der »Einstellung« ist der Zeitpunkt der Entscheidungsreife über die Einsetzung des vorläufigen Ausschusses (AG Hamburg, ZInsO 2013, 2166 = NZI 2014, 31; A/G/R-Sander § 22a Rn. 12), so z. B. bei einer notwendigen vorherigen Anforderung von Ausschussvorschlägen gem. Abs. 4 (mangels bei Antragseingang ersichtlicher »bereiter« Mitglieder) der Ablauf der Vorschlagsfrist.

2. Kosten-Nutzen-Abwägung (2. Alt.)

Die wohl für die Praxisanwendung schwierigste Alternative ist diejenige des »Kosten-Nutzen«-Abwägungsgebotes nach § 22a Abs. 3 zweite Alternative InsO (ausführlich Frind, ZInsO 2012, 2028, 2034 für eine empirische Erhebung der Verhältnismäßigkeitsschwellen).

18

Hier wird das Gericht die **freie Insolvenzmasse zu prognostizieren haben**, die nach Abzug der Verfahrenskosten inkl. der Vergütung des (vorläufigen) Insolvenzverwalters und der Gläubigerausschüsse im eröffneten Verfahren verbleibt und mit den voraussichtlichen Kosten des vorläufigen Gläubigerausschusses des Eröffnungsverfahrens ins Verhältnis zu setzen haben. Die Kosten des vorläufigen Gläubigerausschusses sind Verfahrenskosten im Sinne von § 54 Nr. 2 InsO (s. Kommentierung Jarchow zu § 54 Rdn. 25). Der Gesetzgeber hat lediglich vergessen, hier den neu geschaffenen Ausschuss des Eröffnungsverfahrens ausdrücklich mit zu erwähnen.

Das Gericht hat bei der **Prognose** als Bezugsgröße (die Begründung des Regierungsentwurfes hilft hier zur Auslegung nicht recht weiter; S. 35: Bezugsgröße sei das »Restvermögen des Schuldners«) **für die »zu erwartende Insolvenzmasse«** definitorisch vom Zweck der Regelung her diejenige Masse zu nehmen, die als *freie Masse* zur Verteilung an die Gläubiger prognostisch zur Verfügung stehen wird (Frind, ZInsO 2012, 2028, 2034; Beth, ZInsO 2012, 1974, 1977; Haarmeyer/Horstkotte,

ZInsO 2012, 1441, 1447; a.A. HRI-Ampferl, § 8 Rn. 42: Masse inkl. Aus- und Absonderungsrechten). Denn es geht um die Frage, inwiefern und um wie viel diese durch die Kosten des Ausschusses geschmälert werden wird und, welches Verhältnis der Kosten zur verbleibenden Masse der Gläubigerschaft noch zumutbar ist.

19 Bei der Abwägung zum Umfang der letztgenannten Kosten sind die **Aufgaben des vorläufigen Gläubigerausschusses** (§ 69 Rdn. 6) in den Blick zu nehmen, da diese die Häufigkeit der notwendigen voraussichtlichen Sitzungstermine, die Dauer der Sitzungen, den Schwierigkeitsgrad der Aufgaben und damit die Stundensatzhöhe und die Höhe der notwendigen **Haftpflichtversicherung** (s. Kommentierung Büttner zu § 18 InsVV Rdn. 2; Rdn. 20) bestimmen wird; außerdem ist die **Zahl der notwendigen Mitglieder** zu bedenken (auch hierzu ist abstrakt von der notwendigen Anzahl nach § 67 Abs. 2 auszugehen [s. bei § 67 Rdn. 4], der Fall BGH, ZInsO 2009, 716 betraf einen Sonderfall mit ganz geringer Gesamtgläubigeranzahl).

Über § 21 Abs. 2 Nr. 1a InsO hat der Gläubigerausschuss des Eröffnungsverfahrens die **gesamte Aufgabenbandbreite des § 69 InsO** zu bewältigen und nicht nur an der Auswahl des vorläufigen Verwalters gem. § 56a mitzuwirken (s. § 69 Rdn. 5, 6). Nur Letztere Aufgabe ist gem. § 17 InsVV Abs. 2 Satz 1 (Neufassung) mit 300,– € abgegolten. I. Ü. gilt für die Abwägung (dazu Rdn. 20) der Ansatz nach den die »normalen« **Stundensatzvergütungen** (vgl. dazu Kommentierung Büttner zu § 17 InsVV Rdn. 16–21; § 73 Rdn. 5a), wobei § 17 Abs. 2 Satz 2 InsVV ungenau formuliert dazu zur Voraussetzung macht, dass ein »vorläufiger Verwalter« eingesetzt sein müsse, was aber so auszulegen ist, dass der Gesetzgeber an die Alternative eines Gläubigerausschusses nur mit einem Sachverständigen nicht gedacht hat.

Für die Weichenstellungen im Verfahrensverlauf und die Abwägung zum Umfang der Aufgaben am bedeutsamsten sind die Zustimmungsregelungen in *§§ 158, 160 InsO* (s. § 69 Rdn. 3, 6). Beider Bereiche werden regelmäßig bereits im Eröffnungsverfahren tangiert sein (Beth, ZInsO 2012, 1974, 1976; Rauscher, ZInsO 2012, 1201, 1202; Zimmermann, ZInsO 2012, 245) und erfordern dort eine hohe Tagungsdichte des Ausschusses in der Anfangsphase. Weiter zu beachten ist der gesetzliche Auftrag zur Kassenprüfung. Die Begründung zum RegE (BT-Drucks. 17/5712, S. 43) spricht bei Art. 2 (17 InsVV) von »möglicherweise arbeitsintensiven Aufgaben«.

Der Ausschuss wird daher **im Eröffnungsverfahren weit öfter zu tagen und beschließen haben**, als im eröffneten Verfahren. Er wird z. B. bei der Entscheidung zur Insolvenzgeldfinanzierung und Betriebsfortführung, bei der Beantragung von Masseverbindlichkeitsbegründungskompetenzen im Wege der Einzelermächtigung, zumindest bei solchem größeren Umfang, bei Anträgen gem. § 21 Abs. 2 Nr. 5 und bei Verhandlungen mit ernsthaften Betriebsübernahmeinteressenten vorher zu konsultieren sein (AG Ludwigshafen, ZInsO 2012, 987). Weiterhin wird das Gericht zu prognostizieren haben, ob auch nach Eröffnung ein Kosten produzierender Ausschuss Masse schmälernd notwendig sein wird, da dies die Gesamtmasse am Ende beeinflussen wird (Beth, ZInsO 2012, 1974, 1977; insofern vorbildlich in der Abwägung AG Ludwigshafen, ZInsO 2012, 987).

20 Wichtig ist, dass der vorläufige Verwalter den Ausschuss auch **zeitnah, umfassend und belegbar (Haftungsbegrenzung) informiert** (Siemon, ZInsO 2012, 2009, 2016). Ggf. kann der vorläufige Verwalter die Einsetzung des Ausschusses gem. § 22a Abs. 2 auch erst beantragen. Er wird aber dann bereits eine Kosten-Verhältnismäßigkeits-Berechnung i. S. d. Vorschrift des § 22a Abs. 3, 2. Alt., mit vorzulegen haben, da ihm die Berechnungsgrundlagen am Besten bekannt sein werden. Ggf. kann die **Kostenberechnung** bei ihm abgefordert werden (§ 5 Abs. 1; Beth, ZInsO 2012, 1974, s. AG Ludwigshafen, ZInsO 2012, 987).

Ansonsten muss das Gericht in anderen Fällen diese selbst oder unter **Beauftragung eines speziellen Sachverständigen** erstellen (BAKinso-Empfehlung v. 15.11.2011, ZInsO 2011, 2223 = NZI 23/2011, VII; Musterbeschluss bei Frind, ZInsO 2012, 386; Rauscher, ZInsO 2012, 1201), sofern der Antragsteller nicht bereits umfassend und substanziiert zu den möglichen Ausschlussgründen nach Abs. 3 vorträgt, was anzuraten ist (Trams, NJW-Spezial 2012, 149; BK-Blersch § 22a Rn. 16) und das Gericht an den vorgebrachten Tatsachen nicht zweifelt. Streitig ist, ob hier eine **Interessen-**

§ 23 InsO Bekanntmachung der Verfügungsbeschränkungen

(3) Für die Eintragung der Verfügungsbeschränkung im Grundbuch, im Schiffsregister, im Schiffsbauregister und im Register über Pfandrechte an Luftfahrzeugen gelten die §§ 32, 33 entsprechend.

Übersicht	Rdn.			Rdn.
A. Normzweck	1	III.	Übermittlung an Registergerichte (Abs. 2)	6
B. Norminhalt	2	IV.	Eintragung der Verfügungsbeschränkung ins Grundbuch und Register für Schiffe und Luftfahrzeuge (Abs. 3)	7
I. Öffentliche Bekanntmachung von Verfügungsbeschränkungen (Abs. 1 Satz 1)	2			
II. Zustellung an Schuldner und Drittschuldner, Zahlungsaufforderung (Abs. 1 Satz 2 und 3)	5	V.	Bekanntmachung der Aufhebung von Verfügungsbeschränkungen	13

A. Normzweck

1 Die Vorschrift soll sicherstellen, dass angeordnete Verfügungsbeschränkungen dem Rechts- und Geschäftsverkehr bekannt werden (vgl. Begr. RegE BT-Drucks. 12/2443 S. 117). Dies dient der **Sicherung des Schuldnervermögens**, indem die Möglichkeiten gutgläubigen Erwerbs eingeschränkt werden (BGH, ZInsO 2006, 92, 93). Damit wird zugleich der Rechtsverkehr geschützt, da der gute Glaube an die Verfügungsbefugnis des Schuldners nicht geschützt wird (HK-Kirchhof, § 23 Rn. 2).

B. Norminhalt

I. Öffentliche Bekanntmachung von Verfügungsbeschränkungen (Abs. 1 Satz 1)

2 Die öffentliche Bekanntmachung erfolgt gem. § 9 durch **Veröffentlichung in dem für die amtliche Bekanntmachung des Gerichts bestimmten Blatt oder** in einem für das Gericht bestimmten elektronischen Informations- und Kommunikationssystem, Letzteres nach Maßgabe der Verordnung zu öffentlichen Bekanntmachungen in Insolvenzverfahren **im Internet** (InsOBekV; s. hierzu die dortige Kommentierung). Die öffentliche Bekanntmachung im Internet ist verfassungsrechtlich nicht zu beanstanden (LG Duisburg, NJW-RR 2005, 57).

3 ▶ Hinweis:

Öffentliche Bekanntmachungen in Insolvenz- und Insolvenzeröffnungsverfahren erfolgen im Internet unter www.insolvenzbekanntmachungen.de.

4 Die Veröffentlichung ist zwingend vorgeschrieben, wenn ein **allgemeines Verfügungsverbot** oder ein **allgemeiner Zustimmungsvorbehalt** gem. § 21 Abs. 2 Nr. 2 angeordnet und zugleich ein **vorläufiger Insolvenzverwalter** bestellt ist. Eine sog. stille Sequestration wie nach der KO ist in den vorgenannten Fällen damit nicht mehr zulässig (ähnl. HK-Kirchhof § 23 Rn. 3). I. Ü. also z.B. bei besonderem Verfügungsverbot, isolierter Anordnung eines allgemeinen Verfügungsverbotes, steht die Veröffentlichung analog § 23 im Ermessen des Gerichts (HK-Kirchhof § 23 Rn. 3; a.A. K. Schmidt-Hölzle, § 23 Rn. 3). Keine Veröffentlichung erfolgt bei isolierter Bestellung eines Sachverständigen, da es sich um eine Amtsermittlungs- und nicht um eine Sicherungsmaßnahme handelt (BGHZ 158, 212 = ZInsO 2004, 550). Die öffentliche Bekanntmachung ist weder für die Anordnung der Verfügungsbeschränkung noch für deren Aufhebung Wirksamkeitsvoraussetzung (vgl. § 21 Rdn. 78 ff.).

Keine Veröffentlichungspflicht besteht im **Schutzschirmverfahren gem. § 270b**, da hier keine Verfügungsbeschränkungen angeordnet werden und kein vorläufiger Insolvenzverwalter bestellt wird (FK-Schmerbach, § 23 Rn. 4a; K. Schmidt-Hölzle, § 23 Rn. 4; Keller, ZIP 2012, 1895, 1899 ff.; Buchalik, ZInsO 2012, 349, 354; a. A. Frind, ZIP 2012, 1591, 1595). Umstritten ist, ob ein Veröffentlichungsrecht nach pflichtgemäßem Ermessen des Insolvenzgerichts besteht (so AG Göttingen, ZInsO 2012, 2297, 2298; wohl auch P/U-Stapper/Schädlich, § 23 Rn. 1). Dies ist zu verneinen, da keine entsprechende Rechtsgrundlage besteht und eine Veröffentlichung ohne entsprechende

Wird der Pflichtausschuss nicht eingesetzt, weil das Gericht die Voraussetzungen nach Abs. 1 nicht für gegeben erachtet, ist dies mangels »Antragstellern« ggü. keinem Verfahrensbeteiligten zu rechtfertigen, sollte jedoch auch durch gerichtliches Schreiben, sofern deklaratorische Anträge vorliegen, erläutert werden (a. A. diejenigen, die ein Rechtsmittel für gegeben erachten, vgl. Rdn. 24).

III. Rechtsmittel

Ein Rechtsmittel sieht die Regelung nicht vor, daher besteht gem. § 6 Abs. 1 **keine Möglichkeit der sofortigen Beschwerde** von Antragstellern nach § 22a Abs. 2 oder Gläubigern gegen eine Nicht-Einsetzungsentscheidung oder eine vom Vorschlag abweichende Einsetzung des Gerichtes (Ehlers, BB 2013, 259; Beth ZInsO 2012, 1974, 1981; Graf-Schlicker/Kexel, § 6 Rn. 3; Braun-Böhm § 22a Rn. 8). Es handelt sich hierbei um eine bewusste Entscheidung des Gesetzgebers (N.M. Schmidt, ZInsO 2012, 1107; LG Dessau-Roßlau, Az. 1 T 116/12, n. v.). Denn die Regelung des § 6 InsO ist lex specialis zu § 567 ZPO, was bereits aus § 4 InsO folgt. Über § 4 InsO mag eine Gegenvorstellung analog § 321a ZPO denkbar sein.

24

Ein **Rechtsmittel des Schuldners** ist gem. § 21 Abs. 1 Satz 2 InsO nur »gegen eine Anordnung« gegeben, die zudem der »Sicherung« dienen müsste. Es ist fraglich, ob der vorläufige Gläubigerausschuss überhaupt der »Sicherung« der Masse dient, denn der Gesetzgeber hat die gesetzliche Überschrift des § 21 InsO mit Hereinnahme der Regelung des § 21 Abs. 2 Nr. 1a InsO extra deswegen auf »vorläufige Maßnahmen« geändert. Soweit ein Rechtsmittel des Schuldners bzgl. des »Ob« der Einsetzung für zulässig erachtet wird, besteht es nicht gegen eine nachträgliche Erweiterung des vorläufigen Ausschusses (LG Kleve, ZInsO 2013, 1037).

Ungeregelte Rechtsmittel: Nach anderer Ansicht (Römermann/Praß, ZInsO 2012, 1923) soll im Bereich des Pflichtausschusses nach Abs. 1 ein »Justizverwaltungsakt« gegeben sein und demzufolge bei Ablehnung der **Rechtsweg gem. § 23 EGGVG zum OLG eröffnet** sein oder bei Verzögerung, wobei eine Bescheidung binnen Wochenfrist erwartet wird, eine einstweilige Anordnung gem. §§ 23 Abs. 2, 27 EGGVG (a. A. Horstkotte, ZInsO 2012, 1930). Bei Ablehnung des Antrages gem. § 22a Abs. 2 InsO soll die zivilprozessuale Beschwerde gem. § 567 ZPO gegeben sein (Römermann/Praß, ZInsO 2012, 1923; Horstkotte, ZInsO 2012, 1930). Diese Ansicht verkennt neben der Spezialitätsfunktion v. § 6 Abs. 1 InsO, dass der BGH zudem diese Vorschrift restriktiv auslegt (zusammenfassend: Frind, ZInsO 2013, 279, 284; BGH, Beschl. v. 07.02.2013, ZInsO 2013, 460; BGH v. 19.07.2012, ZInsO 2012, 1472 = NZI 2012, 823 zu § 5 Abs. 1 Satz 2; BGH v. 14.07.2011, ZInsO 2011, 1499, Rn. 7; zu § 305 Abs. 3: BGH v. 16.10.2003, ZInsO 2003, 1040 = NJW 2004, 67; BGH v. 22.10.2009, ZInsO 2009, 2262; bestätigend: BGH v. 10.02.2011, LNR 2011, 10807) und eine »außerordentliche Beschwerde« in Insolvenzsachen bisher nur bei direkten gesetzwidrigen Grundrechtseingriffen zugelassen hat (BGH v. 14.07.2011, ZInsO 2011, 1499, Rn. 7; BGH v. 07.04.2005, NZI 2005, 414 = ZInsO 2005, 484). Die Nichteinsetzung eines Gläubigerausschusses ist aber keinem Eingriff in Art. 14 GG bzgl. des Rechtskreises der Gläubiger gleichzusetzen, da damit keine Eigentumsbeeinträchtigung verbunden ist. Weiterhin erfordert Art. 19 Abs. 4 GG keinen Instanzenzug (Beth, ZInsO 2012, 1974, 1981 m. w. N.).

§ 23 Bekanntmachung der Verfügungsbeschränkungen

(1) ¹Der Beschluß, durch den eine der in § 21 Abs. 2 Nr. 2 vorgesehenen Verfügungsbeschränkungen angeordnet und ein vorläufiger Insolvenzverwalter bestellt wird, ist öffentlich bekanntzumachen. ²Er ist dem Schuldner, den Personen, die Verpflichtungen gegenüber dem Schuldner haben, und dem vorläufigen Insolvenzverwalter besonders zuzustellen. ³Die Schuldner des Schuldners sind zugleich aufzufordern, nur noch unter Beachtung des Beschlusses zu leisten.

(2) Ist der Schuldner im Handels-, Genossenschafts-, Partnerschafts- oder Vereinsregister eingetragen, so hat die Geschäftsstelle des Insolvenzgerichts dem Registergericht eine Ausfertigung des Beschlusses zu übermitteln.

Rechtsgrundlage im Hinblick auf das Grundrecht auf informationelle Selbstbestimmung unzulässig ist (Horstkotte, ZInsO 2012, 1161, 1164; Keller, ZIP 2012, 1895, 1899 ff.; K. Schmidt-Hölzle, § 23 Rn. 4; wohl auch MK-Haarmeyer, § 23 Rn. 7). Entsprechendes gilt für das **Eigenverwaltungsverfahren gem. § 270a** (Horstkotte, ZInsO 2012, 1161, 1164; K. Schmidt-Undritz, § 270a Rn. 5; a. A. Frind, ZIP 2012, 1591, 1595), solange keine Verfügungsbeschränkungen angeordnet sind.

II. Zustellung an Schuldner und Drittschuldner, Zahlungsaufforderung (Abs. 1 Satz 2 und 3)

Die gem. Abs. 1 Satz 2 vorgeschriebenen Zustellungen des Beschlusses an den Schuldner und die Schuldner des Schuldners (Drittschuldner) erfolgen gem. § 8. I. d. R. werden sie dem vorläufigen Verwalter übertragen, der dies durch Aufgabe zur Post erledigen kann. Drittschuldner sind nicht nur die Schuldner des Schuldners aus Lieferungen und Leistungen (sog. Debitoren), sondern alle, denen ggü. der Schuldner eine Forderung hat. Die Zustellungen sind gesetzlich vorgeschrieben, auch wenn sie bisweilen die Betriebsfortführung im Eröffnungsverfahren stören können. Gem. Abs. 1 Satz 3 sind die Drittschuldner mit der Zustellung zugleich aufzufordern, nur noch unter Beachtung der gem. § 21 Abs. 2 Nr. 2 angeordneten Verfügungsbeschränkungen zu leisten.

Abs. 1 Satz 2 u. 3 regeln allein das Rechtsverhältnis zwischen Schuldner und vorläufigem Insolvenzverwalter ggü. Drittschuldnern; beide Regelungen betreffen dagegen nicht eine etwaige Rechtsbeziehung des Schuldners zu Sicherungsnehmern (BGH, ZIP 2007, 827, 828, Tz. 13).

Bei sicherungsabgetretenen Forderungen hat die Zustellung an Drittschuldner grds. nur zu erfolgen, wenn dem vorläufigen Insolvenzverwalter die Einziehungsbefugnis gem. § 21 Abs. 2 Satz 1 Nr. 5 übertragen ist (vgl. BGH, ZInsO 2003, 318, 321; Uhlenbruck-Uhlenbruck, § 23 Rn. 3; K. Schmidt-Hölzle § 23 Rn. 5; a. A. FK-Schmerbach, § 23 Rn. 14). Bei Zweifeln am Vorliegen oder der Wirksamkeit der Sicherungsabtretung sollte vorsorglich zugestellt werden (Uhlenbruck-Uhlenbruck, a. a. O.; K. Schmidt-Hölzle, a. a. O.).

III. Übermittlung an Registergerichte (Abs. 2)

Im Fall des Abs. 1 hat die Geschäftsstelle des Insolvenzgerichts eine Ausfertigung des gerichtlichen Sicherungsbeschlusses an das Handels-, Genossenschafts-, Partnerschafts- oder Vereinsregister zu übermitteln, wenn der Schuldner dort eingetragen ist. Weitere Mitteilungspflichten für das Gericht ergeben sich aus den Anordnungen über Mitteilungen in Zivilsachen, dort Nr. XII a. 1. MiZi (abgedruckt in NZI 1999, 405).

IV. Eintragung der Verfügungsbeschränkung ins Grundbuch und Register für Schiffe und Luftfahrzeuge (Abs. 3)

Hinsichtlich der Eintragung von Verfügungsbeschränkungen in das **Grundbuch bzw. Schiffsregister, Schiffbauregister und Register über Pfandrechte an Luftfahrzeugen** verweist Abs. 3 auf §§ 32 ff.

Eine Eintragung der Verfügungsbeschränkung in die **Gesellschafterliste** i. S. d. § 40 GmbHG ist im Gesetz nicht vorgesehen und nicht erforderlich, da das Gesetz den guten Glauben an das Nichtbestehen von Verfügungsbeschränkungen nicht schützt (Roth/Altmeppen-Altmeppen, § 16 Rn. 60; Scholz-Seibt, Nachtrag MoMiG, § 16 Rn. 76; Ulmer/Habersack/Winter-Löbbe, Ergänzungsband MoMiG, § 16 Rn. 135; a. A. Wicke, GmbHG, Rn. 20; Vossius, DB 2007, 299, 2302).

Gem. Abs. 3, § 32 Abs. 2 Satz 1 hat das Gericht das Grundbuchamt von Amts wegen um Eintragung der Verfügungsbeschränkung zu ersuchen, wenn ihm Grundstücke des Schuldners oder eingetragene Rechte des Schuldners daran oder an eingetragenen Rechten bekannt werden, wobei die Eintragung auch vom vorläufigen Verwalter gem. Abs. 3, § 32 Abs. 3 Satz 2 beim Grundbuchamt beantragt werden kann. Der **Eintragungsantrag** des vorläufigen Verwalters gem. § 13 GBO **bedarf** gem. § 30 GBO **nicht der notariellen Form** des § 29 GBO (vgl. ausführl. § 32 Rdn. 21 ff.).

9   Abs. 3 gilt anders als Abs. 1, 2 für alle Arten von Verfügungsbeschränkungen, für einen Zustimmungsvorbehalt ebenso wie für ein allg. Verfügungsverbot (LG Duisburg, ZIP 2006, 1594), und unabhängig davon, ob ein vorläufiger Verwalter bestellt ist, denn Abs. 3 spricht nur von Verfügungsbeschränkung und der Sicherungszweck verlangt eine weite Auslegung (HK-Kirchhof §23 Rn. 11; MK-Schmahl §23 Rn. 9; K/P/B-Pape §23 Rn. 7). Die Grundbucheintragung muss die Verfügungsbeschränkung und etwaige Befugnisse des vorläufigen Verwalters unmissverständlich erkennen lassen (vgl. LG Flensburg, ZInsO 2002, 1145).

10 Das Grundbuchamt darf eine Verfügung des Schuldners auch nicht mehr eintragen, wenn es nach dem diesbezüglichen Eintragungsantrag, jedoch vor Eingang des Ersuchens bzw. Antrages auf Eintragung der Verfügungsbeschränkung auf sonstige Weise Kenntnis von der Verfügungsbeschränkung erlangt hat, es sei denn, die Voraussetzungen des §878 BGB liegen vor (HK-Kirchhof §23 Rn. 12; MK-Haarmeyer §23 Rn. 20; a. A. Uhlenbruck-Uhlenbruck §23 Rn. 6; vgl. ausführl. m. w. N. §32 Rdn. 18). Der Erwerbsinteressent kann jedoch ggf. nach Verfahrenseröffnung die Bewilligung der Eintragung vom Insolvenzverwalter gem. §81 Satz 2 i. V. m. §§892 ff. BGB verlangen (HK-Kirchhof §23 Rn. 12).

11 Ist eine **Gesamthand**, z. B. **GbR, OHG, KG, Vor-GmbH und Erbengemeinschaft**, als Eigentümer im Grundbuch eingetragen und ist gegen die Gesamthand eine Verfügungsbeschränkung angeordnet, ist diese bei der Gesamthand in das Grundbuch einzutragen.

Gehört das Grundstück bzw. das eingetragene Recht einer **Bruchteilsgemeinschaft** gem. §§ 741 ff. BGB und ist nur gegen einen Miteigentümer eine Verfügungsbeschränkung angeordnet, ist diese nur betreffend den Miteigentumsanteil des betreffenden Miteigentümers in das Grundbuch einzutragen (vgl. §4 i. V. m. §864 Abs. 2 ZPO; ähnl. MK-Schmahl §32 Rn. 19). Der Vermerk muss zu erkennen geben, dass sich die Verfügungsbeschränkung nur auf den Anteil des betreffenden Miteigentümers bezieht (z. B.: »nur lastend auf dem Anteil ...«).

Entsprechendes gilt bei **Gesamthänderinsolvenzen**, d. h. wenn sich die **Verfügungsbeschränkung gegen einen der Gesamthänder** (z. B. GbR-Gesellschafter) richtet (vgl. OLG Naumburg, ZInsO 2014, 518, OLG München, ZInsO 2011, 536, OLG Dresden, ZIP 2012, 439, jeweils zu §32; ausführl. Raebel, FS Kreft, S. 483 ff., ferner §32 Rdn. 6 ff.).

> ▶ Hinweis:
> Trotz der teilweise noch umstrittenen Rechtslage zur Eintragung von Verfügungsbeschränkungen bei Gesamthänderinsolvenzen tragen viele Grundbuchämter die Verfügungsbeschränkung ein, da die Nichteintragung haftungsträchtiger als die Eintragung ist.

12 Bei einem **ausländischen Insolvenzverfahren** hat das Insolvenzgericht auf Antrag des dortigen vorläufigen Insolvenzverwalters das Grundbuchamt um Eintragung von Verfügungsbeschränkungen aufgrund von Sicherungsmaßnahmen nach §343 Abs. 2 oder §344 Abs. 1 zu ersuchen, wenn glaubhaft gemacht wird, dass die tatsächlichen Voraussetzungen für die Anerkennung der Verfahrenseröffnung vorliegen (§346 Abs. 2). Für die Löschung gilt §32 Abs. 3 Satz 1 entsprechend (§346 Abs. 2 Satz 3). Zuständig ist gem. §18 Abs. 1 Nr. 3 RPflG der Richter (Uhlenbruck-Uhlenbruck, §23 Rn. 9).

V. Bekanntmachung der Aufhebung von Verfügungsbeschränkungen

13 Werden Verfügungsbeschränkungen aufgehoben, so gilt gem. §25 Abs. 1 für deren Bekanntmachung §23 entsprechend, d. h. die Aufhebung ist zu veröffentlichen und etwaige Eintragungen in Registern und Grundbüchern sind zu löschen (HK-Kirchhof, §23 Rn. 5).

§ 24 Wirkungen der Verfügungsbeschränkungen

(1) Bei einem Verstoß gegen eine der in § 21 Abs. 2 Nr. 2 vorgesehenen Verfügungsbeschränkungen gelten die §§ 81, 82 entsprechend.

(2) Ist die Verfügungsbefugnis über das Vermögen des Schuldners auf einen vorläufigen Insolvenzverwalter übergegangen, so gelten für die Aufnahme anhängiger Rechtsstreitigkeiten § 85 Abs. 1 Satz 1 und § 86 entsprechend.

Übersicht	Rdn.		Rdn.
A. Normzweck	1	III. Prozessuale Wirkungen von Verfügungs-	
B. Norminhalt	2	beschränkungen (Abs. 2)	19
I. Verfügungen des Schuldners (Abs. 1)	2	1. Unterbrechung von Rechtsstreitigkeiten	19
II. Leistungen an den Schuldner (Abs. 1)	15	2. Aufnahme von Rechtsstreitigkeiten	22

A. Normzweck

§ 24 dient wie §§ 21 ff. insgesamt dem Schutz der künftigen Insolvenzmasse (BGH, ZInsO 2012, 1123, 1124, Tz. 13). Die Norm regelt die materiell-rechtlichen und prozessualen Wirkungen von Verfügungsbeschränkungen im Insolvenzeröffnungsverfahren und ergänzt insofern § 21 Abs. 2 Satz 1 Nr. 2. Der Wortlaut des Abs. 1 (»§ 21 Abs. 2 Nr. 2«) ist bei Einführung des § 21 Abs. 2 Satz 2 durch das Gesetz v. 13.02.2004 zur Umsetzung des Finanzsicherheitsrichtlinie (dazu § 21 Rdn. 70 f.) aufgrund eines Redaktionsversehens nicht angepasst worden. 1

§ 24 ist zur Sicherung der künftigen Insolvenzmasse erforderlich, da § 91 im Eröffnungsverfahren weder direkt noch analog gilt (BGH, ZInsO 2012, 1123, Tz. 6; ausführl. zu Verfügungsbeschränkungen im Insolvenz[eröffnungs]verfahren: Gehrlein, WM 2014, 485 ff.; ders., ZIP 2011, 5 ff.).

B. Norminhalt

I. Verfügungen des Schuldners (Abs. 1)

Verfügungen des Schuldners, die gegen ein gem. § 21 Abs. 2 Satz 1 Nr. 2 angeordnetes allgemeines Verfügungsverbot oder allgemeinen Zustimmungsvorbehalt verstoßen, sind gem. §§ 24 Abs. 1, 81 Abs. 1 **absolut (schwebend) unwirksam**, d. h. ggü. jedermann und nicht nur relativ gem. §§ 135 ff. BGB (BGH, ZInsO 2006, 261, 263; OLG Frankfurt am Main, ZInsO 2006, 612, 614; HK-Kirchhof § 24 Rn. 3; Uhlenbruck-Uhlenbruck § 24 Rn. 1; Jaeger-Gerhardt § 24 Rn. 2, 4; MK-Haarmeyer § 24 Rn. 10). 2

Besondere Verfügungsverbote und Zustimmungsvorbehalte, die in der Praxis allerdings selten sind, werden von dem Wortlaut des Abs. 1 nicht erfasst und von der herrschenden Meinung daher nur als relative Verfügungsbeschränkungen i. S. d. §§ 135 Abs. 1 Satz 1, 136 BGB verstanden (HK-Kirchhof § 24 Rn. 4; Uhlenbruck-Uhlenbruck § 24 Rn. 1; Jaeger-Gerhardt § 21 Rn. 9 f.; K/P/B-Pape § 24 Rn. 2; FK-Schmerbach § 24 Rn. 22; Braun-Kind § 24 Rn. 3; **a. A.** MK-Haarmeyer § 24 Rn. 8 f.; Pohlmann, Befugnisse und Funktionen des vorläufigen Insolvenzverwalters, Rn. 259; zum Gutglaubenschutz s. Rdn. 12, 15). Da § 24 nicht auf § 91 verweist, bleibt ein sonstiger Rechtserwerb zulasten des Schuldnervermögens, der nicht auf einer Verfügung des Schuldners oder Vollstreckungsmaßnahmen für einen Gläubiger beruht, möglich (BGH, ZInsO 2007, 91). So entsteht das gesetzliche **Vermieterpfandrecht** mit Einbringung der pfändbaren Sachen des Mieters, auch soweit es erst künftig entstehende Forderungen aus dem Mietverhältnis sichert (BGH a. a. O.), Einbringung ist jedoch ggf. gem. § 131 anfechtbar.

Bei **kollidierenden Verfügungsverboten** gilt das **Prioritätsprinzip** (allgemein für richterliche Verfügungsverbote BGH, ZIP 2007, 1557, 1579; vgl. auch § 21 Rdn. 81).

3   Der Begriff der **Verfügung** in §§ 24 Abs. 1, 81 entspricht dem **Begriff des allgemeinen Zivilrechts** (BGH, ZInsO 2010, 133, Tz. 26; vgl. auch § 81 Rdn. 4 ff.). Unter Verfügung ist jedes Rechtsgeschäft zu verstehen, durch das der Verfügende auf ein Recht unmittelbar einwirkt, es also entweder auf einen Dritten überträgt oder mit einem Recht belastet oder das Recht aufhebt oder es sonst wie in seinem Inhalt verändert (BGH a. a. O. ; vgl. zum zivilrechtlichen Verfügungsbegriff BGHZ 101, 24, 26 = NJW 1987, 3177).

Bei Grundstücken, Grundstücksrechten und grundstücksgleichen Rechten kann der Erwerber gem. § 878 BGB geschützt sein. Die Schutzwirkung des § 878 BGB setzt jedoch voraus, dass alle materiell-rechtlichen Wirksamkeitsvoraussetzungen, insb. auch Genehmigungen Dritter, vor Eintritt der Verfügungsbeschränkung vorliegen (OLG Frankfurt am Main, ZInsO 2006, 612).

Einzelfälle: Banküberweisung (LG Offenburg, ZInsO 2004, 559), Genehmigung einer Belastungsbuchung im Einziehungsermächtigungsverfahren (vgl. BGH, ZInsO 2010, 1538, Tz. 11); näher zum Lastschriftwiderspruch (§ 22 Rdn. 157 ff.); Anerkennung eines Kontokorrentsaldos (BGH, ZInsO 2009, 1492, Tz. 9; vgl. dazu § 22 Rdn. 153); Gestaltungserklärungen wie Kündigung (BAG, ZInsO 2003, 817 zur Kündigung eines Arbeitsverhältnisses); Nutzungsüberlassung (so LAG Nds., ZInsO 2009, 50, Tz. 28, a. a. O. bei Betriebsübergang), nicht jedoch Realakte wie Besitzaufgabe (HK-Kirchhof § 21 Rn. 17) oder Einbringen von Sachen in Mieträume (vgl. zur Entstehung und Anfechtbarkeit des Vermieterpfandrechts BGH, ZInsO 2007, 91).

Die **Wirksamkeit von Verpflichtungsgeschäften** hindern Verfügungsbeschränkungen nicht (BGH, ZInsO 2010, 133, Tz. 26; vgl. auch BGH, ZInsO 2014, 33, 34, Tz. 8, zum Überweisungsvertrag). Nicht betroffen ist ferner das **unpfändbare Vermögen des Schuldners** (vgl. § 22 Rdn. 56).

4   **Zahlungen des Schuldners an den Insolvenzantragsteller** nach Anordnung eines allgemeinen Verfügungsverbotes oder allgemeinen Zustimmungsvorbehaltes gem. § 21 Abs. 2 Nr. 2 sind unwirksam und haben keine Erfüllungswirkung, sie sind deshalb auch kein erledigendes Ereignis (LG Hamburg, ZInsO 2008, 679; AG Göttingen, NZI 2011, 594, 595 m. w. N.). Es bedarf nicht der Zustimmung des vorläufigen Verwalters gem. §§ 24, 81, wenn der Schuldner sich einer Erledigungserklärung des Gläubigers anschließt (arg. § 13 Abs. 2; **a. A.** AG Göttingen, ZIP 2007, 1281; ausführl. zur Erledigung des Insolvenzantrags § 13 Rdn. 60 ff.).

5   Die Unwirksamkeit einer Erledigungserklärung kann durch Zwischenentscheidung gem. § 4 i. V. m. § 303 ZPO festgestellt werden (AG Duisburg a. a. O.; AG Hamburg, ZInsO 2002, 1100).

6   Zahlungen des vorläufigen Verwalters zur Erfüllung der Insolvenzantragsforderung oder seine Zustimmung zu einer Zahlung des Schuldners verletzen den Sicherungszweck und sind ggf. insolvenzzweckwidrig (vgl. § 22 Rdn. 37, 106; zur Anfechtbarkeit solcher Zahlungen s. § 22 Rdn. 180 ff.).

7   Hat das Verfügungsgeschäft außer der Willenserklärung noch weitere Wirksamkeitserfordernisse, die erst später eintreten, so musste nach älterer Rspr. die Verfügungsbefugnis noch z. Zt. des Eintritts des letzten Tatbestandsmerkmals gegeben sein (BGH, ZInsO 2010, 810, Tz. 14, für den Fall einer Abtretungsanzeige). Von diesem Grundsatz machte die Rspr. jedoch Ausnahmen, z. B. wenn schon ein Anwartschaftsrecht bestand (BGHZ 27, 360, 366 f.; BGH, NJW 1995, 544), ferner bei Bedingung und Befristung, auch wenn der Eintritt der Bedingung noch vom Willen des Schuldners abhing (BGH, ZInsO 2010, 133, Tz. 25 ff.).

Die **neuere Rspr. differenziert** demgegenüber zwischen der **Verfügungshandlung** des Schuldners und dem **Verfügungserfolg** (BGH, ZInsO 2012, 1123, 1124, 11 ff.). Danach hindert die Anordnung von Verfügungsbeschränkungen gem. § 21 den Eintritt des Verfügungserfolges gem. §§ 24, 81 nicht, wenn die Verfügungshandlung des Schuldners vor Anordnung der Verfügungsbeschränkung erfolgt ist, der Verfügungserfolg jedoch noch vom Eintritt einer Bedingung (BGH ZInsO 2009, 2336, Tz. 9) oder der Eintragung im Grundbuch (BGH, ZInsO 2012, 1123, 1124, 10; krit. Mitlehner, EWiR, 2012, 629, 630 unter Hinweis auf § 878 BGB) abhängt.

rechnungsverbot gem. § 21 Abs. 1 anordnen (a. A. noch: BayObLG, ZInsO 2001, 754). Praktische Bedeutung hat dies insb. für Verrechnungen von Banken auf debitorischen Schuldnerkonten (vgl. zur Anfechtbarkeit § 131 Rdn. 33).

11 Durch **Genehmigung des vorläufigen Verwalters** wird die Verfügung des Schuldners gem. §§ 185 Abs. 2, 184 Abs. 1 BGB ex tunc wirksam (OLG Köln, ZInsO 2009, 391, 392; HK-Kirchhof § 24 Rn. 10; MK-Haarmeyer § 24 Rn. 11). Dies gilt auch bei allg. Zustimmungsvorbehalt (ausführl. Mankowski, NZI 2000, 572). Bei **Aufhebung der Verfügungsbeschränkung** werden entgegenstehende Verfügungen des Schuldners nach § 185 Abs. 2 BGB wirksam, nach herrschender Meinung jedoch nur ex nunc (HK-Kirchhof § 24 Rn. 11; FK-Schmerbach § 24 Rn. 17; Rückwirkung offengelassen in BGH, NJW 2001, 1500 zu § 106 KO).

12 Beim **Gutglaubensschutz** ist zu differenzieren: Bei **Verfügungen des Schuldners** entgegen einer allgemeinen Verfügungsbeschränkung gem. § 21 Abs. 2 Satz 1 Nr. 2 gibt es einen gutgläubigen Erwerb gem. Abs. 1, § 81 Abs. 1 Satz 2 nur bei Immobilien, Schiffen und Pfandrechten an Luftfahrzeugen bzw. entsprechenden Rechten daran i. Ü. nicht (HK-Kirchhof § 24 Rn. 14 f.; K/P/B-Pape § 24 Rn. 1). Bei besonderen Verfügungsverboten und Zustimmungsvorbehalten, die von der herrschenden Meinung nur als relative Verfügungsbeschränkung gem. §§ 135 ff. BGB verstanden werden (vgl. HK-Kirchhof § 24 Rn. 4; K/P/B-Pape § 24 Rn. 2), ist ein gutgläubiger Erwerb gem. § 135 Abs. 2 BGB auch bei beweglichem Vermögen des Schuldners möglich. Bei **Verfügungen Dritter** finden §§ 24, 81 keine Anwendung, sodass ein gutgläubiger Erwerb insoweit ohne Einschränkung möglich ist (HK-Kirchhof § 24 Rn. 9).

13 Die **Anordnung von Verfügungsbeschränkungen** wird wie andere Sicherungsbeschlüsse **analog § 27 Abs. 2, 3 mit Erlass wirksam**, d. h. mit der im Beschluss angegebenen Uhrzeit (BGH, NZI 2001, 203 zu § 106 KO), bei Nichtangabe zur Mittagsstunde des Tages, an dem der Beschluss erlassen wird; auf eine Zustellung beim Schuldner kommt es nicht an (HK-Kirchhof § 21 Rn. 56; Jaeger-Gerhardt § 21 Rn. 100; Uhlenbruck-Uhlenbruck § 21 Rn. 48). Bei **Aufhebung der Verfügungsbeschränkung** werden unwirksame Verfügungen des Schuldners entsprechend § 185 Abs. 2 BGB ex nunc wirksam (BGH, ZIP 2001, 28 f.).

14 Hat der Schuldner am Tag der Anordnung der Verfügungsbeschränkung verfügt, wird gem. Abs. 1, § 81 Abs. 3 Satz 1 vermutet, dass er nach Anordnung der Verfügungsbeschränkung verfügt hat. Ausnahmen bei Finanzsicherheiten i. S. d. § 1 Abs. 17 KWG regeln Abs. 1, § 81 Abs. 3 Satz 2. Der Empfänger der unwirksamen Leistung ist zur Rückgewähr gem. §§ 812 ff. BGB verpflichtet (LG Gera, NJW-RR 2000, 937 zu § 2 GesO; HK-Kirchhof § 24 Rn. 16). Der Empfänger hat gem. Abs. 1, § 81 Abs. 1 Satz 3 Anspruch auf die Gegenleistung, soweit das Schuldnervermögen durch sie bereichert ist. Der Bereicherungsanspruch des Empfängers begründet vor Verfahrenseröffnung ein Zurückbehaltungsrecht, nach Verfahrenseröffnung jedoch grds. nur eine Insolvenzforderung gem. § 38; vgl. jedoch ausnahmsweise § 51 Nr. 3. Ausführl. zu weiteren Einzelheiten bei § 81.

II. Leistungen an den Schuldner (Abs. 1)

15 Nach Anordnung eines allg. Verfügungsverbotes oder allg. Zustimmungsvorbehaltes kann an den Schuldner grds. nicht mehr mit schuldbefreiender Wirkung geleistet werden (vgl. § 23 Abs. 1 Satz 3), es sei denn, der Leistende kannte die Verfügungsbeschränkung z. Zt. der Leistung nicht (Abs. 1, § 82 Satz 1). Die Vorschrift **schützt** entsprechend dem Rechtsgedanken der §§ 407, 408 BGB den **gutgläubig leistenden Drittschuldner**. Das gilt jedoch nicht bei Zahlung an einen Scheinzessionar bei unwirksamer Abtretung infolge Anordnung eines allgemeinen Verfügungsverbotes (BGH, NZI 2012, 807, Tz. 10). Nur Kenntnis von der Verfügungsbeschränkung lässt die Erfüllungswirkung entfallen, weder grob fahrlässige Unkenntnis von der Verfügungsbeschränkung, noch Kenntnis von einer Zahlungseinstellung oder eines Eröffnungsantrages kann sie ersetzen (OLG Rostock, ZInsO 2006, 884). Letzteres kann jedoch zur Anfechtbarkeit nach §§ 129 ff. führen. Die Darlegungs- und Beweislast für die Unkenntnis trifft den Leistenden (BGH, ZInsO 2006, 92).

Das hat erhebliche Bedeutung insbesondere bei der **Vorausabtretung von Forderungen**. Die Frage 8
hat insb. für Betriebsfortführungen im Eröffnungsverfahren und damit für die Sanierungsfunktion
des Insolvenzrechts zentrale Bedeutung, z.B. bei Globalzession (ausführl.: Flöther/Wehner, NZI
2010, 554; Ganter, NZI 2010, 551 ff.; Johlke/Jensen, FS Wellensiek, S. 563 ff.). Nach neuerer Rspr.
des BGH hindert die Anordnung von Verfügungsbeschränkungen im Eröffnungsverfahren den
Erwerb einer zuvor abgetretenen, erst nach Anordnung entstandenen Forderungen des Schuldners
nicht (BGH, ZInsO 2010, 133, Tz. 25, und ZInsO 2009, 2336, Tz. 10; vgl. dazu auch Gehrlein,
ZIP 2011, 5, 6; **a.A.** OLG Naumburg, ZInsO 2008, 1022; OLG Dresden, ZInsO 2006, 1057;
Mitlehner, Rn. 400 f. m. w. N.; Uhlenbruck-Uhlenbruck, § 24 Rn. 4; MK-Haarmeyer, § 24 Rn. 12b;
K. Schmidt-Hölzle, § 24 Rn. 11; Simokat, NZI 2012, 57, 58 ff.). Dies soll unabhängig davon gelten, dass bei der Abtretung der Rechtsübergang insoweit unstr. erst mit Entstehen der Forderung
erfolgt (vgl. BGH, ZInsO 2010, 1001, Tz. 9 m. w. N.).

Die BGH-Rspr. begegnet zu Recht **Kritik**, sie überzeugt weder zivil-, noch insolvenzrechtlich.
Zivilrechtlich entspricht es jedenfalls der älteren BGH-Rspr., dass »...die Verfügungsbefugnis noch
zur Zeit des Eintritts des letzten Tatbestandsmerkmals gegeben sein ...« muss«, »...bei Abtretung
künftig entstehender Forderungen noch zur Zeit der Forderungsentstehung ...« (so wörtl. BGHZ
27, 360, 366; ausführl. Simokat, NZI 2012, 57, 59 ff.). Zudem verlangen ein möglichst wirksamer
Schutz der künftigen Insolvenzmasse (so auch K/P/B-Pape, § 24 Rn. 5 f.) sowie die Sanierungsfunktion (dazu § 1 Rdn. 23 ff.) des Insolvenzverfahrens (so auch Flöther/Wehner, NZI 2010, 554,
556 ff.) eine entsprechende Anwendung der §§ 24, 81, da andernfalls die Betriebsfortführung im
Eröffnungsverfahren massiv belastet wird (MK-Haarmeyer, § 24 Rn. 12b; K. Schmidt-Hölzle, § 24
Rn. 11; im Ansatz auch Ganter, NZI 2010, 551, 553 f., der jedoch auf die Möglichkeit entspr.
Vereinbarungen mit dem Zessionar [häufig der Bank] verweist). Diese Möglichkeit reicht jedoch
nicht, wenn sich derartige Vereinbarungen nicht oder nicht in der erforderlichen Zeit erreichen
lassen, da eine Betriebsfortführung ohne gesicherten Zugriff auf die erwirtschafteten Erlöse i. d. R.
weder liquiditätsmäßig darstellbar, noch mit Blick auf den Sicherungszweck des § 21 verantwortbar
ist. Aus diesem Grunde hilft auch der Verweis auf etwaige spätere Anfechtungsmöglichkeiten gem.
§§ 129 ff. nicht weiter (K. Schmidt-Hölzle, § 24 Rn. 11; Ganter a.a.O.), auch wenn – erst nach
Verfahrenseröffnung und ggf. mit Prozessrisiken belastet – das Werthaltigmachen sicherungsabgetretener Forderungen gem. § 130 anfechtbar sein kann (BGH, ZInsO 2008, 801; ZInsO 2007, 91;
vgl. auch BGH, ZInsO 2011, 778 zur Forderungsabtretung im Rahmen bei verlängerten Eigentumsvorbehalt); ebenso die Forderungsentstehung selbst, wenn nicht nach der hier vertretenen
Auffassung bereits die §§ 24, 81 entgegenstehen (BGH, ZInsO 2008, 91).

Ausnahmsweise erklärt das Gesetz jedoch Vorausverfügungen des Schuldners über **Miet- und** 9
Pachtzinsen bzw. Bezüge aus einem Dienstverhältnis i. R. d. §§ 110, 114 für wirksam, obwohl
auch hier die abgetretenen Forderungen jeweils monatlich (bei monatlicher Zahlung) entstehen
(BGH, NZI 2013, 42, 43 für Dienstverhältnisse bzw. OLG Hamm, ZInsO 2006, 776 für Mietverhältnisse). Bei den §§ 110, 114 handelt es sich insofern um Ausnahmeregelungen (vgl. BGH
a. a. O., Tz. 15 zu § 114; krit. dazu Flöther/Bräuer, NZI 2006, 136, 141, dort auch zur Anfechtbarkeit der Abtretung). Sie sind im Eröffnungsverfahren »erst Recht« entsprechend zu beachten.
Zur Beendigung der Kontokorrentabrede bei Anordnung einer Verfügungsbeschränkung vgl. § 22
Rdn. 153. Auch eine Direktzahlungsermächtigung gem. § 16 Nr. 6 VOB/B wird mit Anordnung
allg. Verfügungsbeschränkungen gem. § 21 Abs. 2 Nr. 2 unwirksam (BGHZ 142, 75 = NJW 1999,
2969 zu § 106 KO).

Abs. 1 hindert Gläubiger nicht an der **Aufrechnung**. Sie ist im Insolvenzeröffnungsverfahren möglich, jedoch ggf. nach Verfahrenseröffnung gem. §§ 129 ff. anfechtbar (BGH, ZInsO 2012, 693,
696, Tz. 25; ZInsO 2004, 852). Auch die Untersagung bzw. einstweilige Einstellung der Zwangsvollstreckung gem. § 21 Abs. 2 Satz 1 Nr. 3 ändert an der Zulässigkeit der Aufrechnung im Eröffnungsverfahren nichts (BGH a.a.O.). Die InsO enthält zum Aufrechnungsausschluss in §§ 95 ff.
abschließende Regelungen, die auch nicht durch eine entsprechende Anwendung von § 394 BGB
erweitert werden können (BGH a. a. O.). Aus diesem Grund kann das Gericht auch kein Auf-

2. Aufnahme von Rechtsstreitigkeiten

22 Wegen der Aufnahme des bei sog. starker vorläufiger Insolvenzverwaltung unterbrochenen Rechtsstreits verweist Abs. 2 auf §§ 85 ff. Unterbrochene Aktivprozesse können gem. §§ 24, 85 Abs. 1 Satz 1 nur vom vorläufigen Insolvenzverwalter aufgenommen werden, da § 24 nicht auf § 85 Abs. 2 verweist. Die Aufnahme erfolgt durch Zustellung eines bei Gericht einzureichenden Schriftsatzes (§ 250 ZPO). Unterbrochene Passivprozesse können gem. §§ 24, 86 sowohl vom vorläufigen Insolvenzverwalter, als auch vom Gegner aufgenommen werden, wenn sie künftige Aus- bzw. Absonderungsrechte oder künftige Masseverbindlichkeiten betreffen (§ 86 Abs. 1 Nr. 1 bis 3). Rechtsstreitigkeiten über künftige Insolvenzforderungen kann weder der vorläufige Verwalter noch der Gegner aufnehmen. Ausführlich zum Prozessrecht in der vorläufigen Insolvenzverwaltung § 22 Rdn. 167 ff., sowie zur Aufnahme unterbrochener Rechtsstreitigkeiten bei §§ 85, 86.

§ 25 Aufhebung der Sicherungsmaßnahmen

(1) Werden die Sicherungsmaßnahmen aufgehoben, so gilt für die Bekanntmachung der Aufhebung einer Verfügungsbeschränkung § 23 entsprechend.

(2) ¹Ist die Verfügungsbefugnis über das Vermögen des Schuldners auf einen vorläufigen Insolvenzverwalter übergegangen, so hat dieser vor der Aufhebung seiner Bestellung aus dem von ihm verwalteten Vermögen die entstandenen Kosten zu berichtigen und die von ihm begründeten Verbindlichkeiten zu erfüllen. ²Gleiches gilt für die Verbindlichkeiten aus einem Dauerschuldverhältnis, soweit der vorläufige Insolvenzverwalter für das von ihm verwaltete Vermögen die Gegenleistung in Anspruch genommen hat.

Übersicht	Rdn.		Rdn.
A. Normzweck	1	1. Pflichten des Gerichts	3
B. Norminhalt	2	2. Pflichten des sog. starken vorläufigen Verwalters	7
I. Öffentliche Bekanntmachung der Aufhebung (Abs. 1)	2	3. Analoge Anwendung auf sog. schwachen vorläufigen Verwalter	10
II. Vorherige Berichtigung von Verbindlichkeiten aus dem Eröffnungsverfahren (Abs. 2)	3		

A. Normzweck

1 Die Aufhebung von Sicherungsmaßnahmen ist im Gesetz nur fragmentarisch geregelt. § 25 erfasst die Aufhebung von Sicherungsmaßnahmen nach Ab- bzw. Zurückweisung, Rücknahme oder Erledigung des Insolvenzantrages ebenso wie die Aufhebung wegen Wegfalls des Sicherungserfordernisses, nicht jedoch den Fall der Beendigung der Sicherungsmaßnahmen durch Verfahrenseröffnung (Jaeger-Gerhardt § 25 Rn. 10), und regelt für diese Fälle zwei Teilaspekte: zum einen die öffentliche Bekanntmachung der Aufhebung von Verfügungsbeschränkungen als actus contrarius zur Bekanntmachung der Anordnung gem. § 23, zum anderen die Berichtigung von Verbindlichkeiten aus dem Insolvenzeröffnungsverfahren bei sog. starker vorläufiger Verwaltung. Durch Letzteres soll Streit über die Erfüllung der entstandenen Verfahrenskosten und die vom sog. starken vorläufigen Verwalter begründeten Verbindlichkeiten nach Rückfall der Verfügungsbefugnis auf den Schuldner vermieden werden (BGH, ZInsO 2007, 34 mit Hinweis auf Begr. RegE BT-Drucks. 12/2443 S. 118). Ziel der Vorschrift ist eine sachgerechte Beendigung der sog. starken vorläufigen Verwaltung (BGH a. a. O.).

Eine Leistung an den Schuldner liegt auch in der Überweisung der Bank des Schuldners zulasten seines Guthabens an einen Dritten (BGH, ZInsO 2006, 92), ferner in einer Direktzahlung gem. § 16 Nr. 6 VOB/B (HK-Kirchhof § 24 Rn. 17 f.). Eine **Ausnahme** gilt für **Leistungen auf im Grundbuch eingetragene Rechte**. Gem. Abs. 1, § 81 Abs. 1 i. V. m. §§ 892 ff. BGB wird der Leistende nur frei, wenn die Verfügungsbeschränkung nicht im Grundbuch eingetragen war und er sie auch sonst nicht kannte. Zur Wirkung qualifizierter Legitimationspapiere (z. B. Versicherungsschein einer Kapitallebensversicherung) vgl. BGH, ZInsO 2010, 810.

16

Hat der Dritte vor öffentlicher Bekanntmachung geleistet, wird gem. Abs. 1, § 82 Satz 2 vermutet, dass er die Verfügungsbeschränkung z. Zt. der Leistung nicht kannte. Die Vermutung knüpft im Regelfall an die **Internetveröffentlichung** (www.insolvenzbekanntmachungen.de) bzw. früher im jeweiligen Amtsblatt, nicht an Veröffentlichungen in der Tagespresse (BGH, ZInsO 2006, 92). Allerdings besteht auch bei Banken und Versicherungen nach Treu und Glauben noch keine Informationsobliegenheit, vor Zahlungen eine Abfrage der Internetveröffentlichungen unter www. insolvenzbekanntmachungen.de durchzuführen (BGH, ZInsO 2009, 912, 913, Tz. 13 ff.; näher zu **Organisationsobliegenheiten** bei Insolvenzbekanntmachungen Wittmann/Kinzl, ZIP 2011, 2232 ff.; ferner § 82 Rdn. 28).

17

Die öffentliche Bekanntmachung gilt gem. § 9 Abs. 1 Satz 3 als bewirkt, wenn nach dem Tag der Veröffentlichung 2 weitere Tage verstrichen sind. Die **Kenntnis von Vertretern** wird dem Leistenden gem. § 166 BGB zugerechnet. **Bei juristischen Personen** genügt analog § 28 Abs. 2 BGB die **Kenntnis** auch **nur eines Organs** (BGHZ 109, 327, 330 = NJW 1990, 975, 976). Ähnliches gilt im Ergebnis **bei Personengesellschaften** für die **Kenntnis nur eines Gesellschafters**, wobei die Einzelheiten umstritten sind (BGHZ 140, 54 = ZInsO 1998, 392 zu § 106 KO).

Eine Bank muss sich die **Kenntnis von angestellten Mitarbeitern** in der Filiale zurechnen lassen, solange sie nicht organisatorisch Vorsorge dafür getroffen hat, dass die Informationen über ihre Kunden betreffende Sicherungsmaßnahmen gem. § 21 von ihren Entscheidungsträgern zur Kenntnis genommen werden (BGH, ZInsO 2006, 92). Dies gilt nach einer Entscheidung des OLG Rostock jedoch nicht für (Handels-) Unternehmen, die keinen bankmäßig eingerichteten Betrieb unterhalten (OLG Rostock, ZInsO 2006, 884).

Kann der vorläufige Verwalter die Leistung an den Schuldner noch bei diesem erlangen, soll der Leistende nachträglich frei werden, wobei die Anforderung beim Schuldner noch keine Genehmigung der unwirksamen Zahlung darstellt (HK-Kirchhof § 24 Rn. 23; Uhlenbruck-Uhlenbruck § 24 Rn. 12). Zur möglichen Treuwidrigkeit ggü. dem Leistenden bei unterlassener Anforderung beim Schuldner vgl. HK-Kirchhof a. a. O. und Uhlenbruck-Uhlenbruck a. a. O.

18

III. Prozessuale Wirkungen von Verfügungsbeschränkungen (Abs. 2)

1. Unterbrechung von Rechtsstreitigkeiten

Ist sog. starke vorläufige Insolvenzverwaltung gem. § 22 Abs. 1 angeordnet und damit die Verfügungsbefugnis auf den vorläufigen Insolvenzverwalter übergegangen, werden dadurch anhängige **Zivilrechtsstreitigkeiten** gem. § 240 Satz 2 ZPO unterbrochen, während die Anordnung der sog. schwachen vorläufigen Insolvenzverwaltung anhängige Rechtsstreitigkeiten nicht unterbricht.

19

Dies gilt kraft gesetzlicher Verweisung auch für **Arbeits-, Verwaltungs-, Finanz- und Sozialrechtsstreitigkeiten**, in analoger Anwendung ferner für **Steuerfestsetzungsverfahren und steuerliche Rechtsbehelfsverfahren** (vgl. § 22 Rdn. 140).

20

Ausführlich zu den betreffenden Rechtsstreitigkeiten und Ausnahmen sowie zum Umfang der Unterbrechungswirkungen § 22 Rdn. 167 ff. und Vorbem. zu §§ 85 bis 87.

21

B. Norminhalt

I. Öffentliche Bekanntmachung der Aufhebung (Abs. 1)

Gem. Abs. 1 ist die **Aufhebung der Verfügungsbeschränkung in gleicher Weise bekannt zu machen wie deren Anordnung** (Begr. RegE BT-Drucks. 12/2443 S. 118). Die Verweisung bezieht sich auf die öffentliche Bekanntmachung nach 23 Abs. 1 Satz 1 ebenso wie auf die Benachrichtigung der in § 23 Abs. 2 genannten Register sowie die Eintragung ins Grundbuch bzw. die in § 23 Abs. 3 genannten Register. Nach herrschender Meinung ist eine Zustellung des Aufhebungsbeschlusses an die Drittschuldner entsprechend § 23 Abs. 1 Satz 2 nicht erforderlich, da Abs. 1 nur auf die Bekanntmachung und nicht auf jene Zustellungen verweist (Uhlenbruck-Uhlenbruck § 25 Rn. 17; MK-Haarmeyer § 25 Rn. 28; HK-Kirchhof § 25 Rn. 3; FK-Schmerbach § 25 Rn. 12; a. A. Jaeger-Gerhardt § 25 Rn. 9). Die Bekanntmachung der Aufhebung wirkt wie die der Anordnung nur deklaratorisch. Weitere Mitteilungspflichten für das Gericht ergeben sich aus den Anordnungen über Mitteilungen in Zivilsachen, dort Nr. XII a. 1. MiZi (abgedruckt in NZI 1999, 405).

II. Vorherige Berichtigung von Verbindlichkeiten aus dem Eröffnungsverfahren (Abs. 2)

1. Pflichten des Gerichts

Abs. 2 knüpft an die Befugnis des sog. starken vorläufigen Verwalters an, im Eröffnungsverfahren gem. §§ 22 Abs. 1, 55 Abs. 2 Masseverbindlichkeiten zulasten der künftigen Insolvenzmasse zu begründen, und betrifft den Fall, dass das Insolvenzverfahren nicht zur Eröffnung kommt. Für diesen Fall verpflichtet Abs. 2 das Insolvenzgericht, die Bestellung des sog. starken vorläufigen Verwalters grds. erst aufzuheben, wenn dieser die entstandenen Kosten und die von ihm begründeten Verbindlichkeiten berichtigt hat. § 25 Abs. 2 erlaubt jedoch nicht, die vorläufige Insolvenzverwaltung so lange fortzuführen, bis diese gedeckt sind (K/P/B-Pape, § 25 Rn. 15; Uhlenbruck-Uhlenbruck, § 25 Rn. 18). Auch begründet die Vorschrift keine unmittelbaren Ansprüche der dort genannten Gläubiger (BGH, ZInsO 2007, 34). Mit entstandenen Kosten sind die Verfahrenskosten des Eröffnungsverfahrens i. S. d. § 54 gemeint. Kein Fall des Abs. 2 ist die Verfahrenseröffnung mit der Bestellung eines mit dem vorläufigen Verwalter nicht personenidentischen Insolvenzverwalters (Jaeger-Gerhardt § 25 Rn. 10). Eine vorzeitige Aufhebung kann Amtshaftungsansprüche ggü. geschädigten Gläubigern und dem vorläufigen Verwalter begründen (HK-Kirchhof § 25 Rn. 5).

Die Rechtshandlungen des sog. starken vorläufigen Verwalters bleiben bei Aufhebung seiner Bestellung analog § 34 Abs. 3 Satz 3 wirksam (allg. M.).

Abs. 2 kollidiert mit dem Grundsatz, dass Sicherungsmaßnahmen unverzüglich aufzuheben sind, sobald das Sicherungserfordernis weggefallen ist. Zur Lösung dieses Zielkonflikts werden in der Literatur verschiedene Lösungsmöglichkeiten vorgeschlagen, z. B. die Vorankündigung der Aufhebung durch das Gericht mit Fristsetzung (so K/P/B-Pape § 25 Rn. 9 f.), die Anordnung einer Nachtragsverteilung analog § 211 Abs. 3 (NR-Mönning § 25 Rn. 28) oder die Hinterlegung eines entsprechenden Betrages durch den Schuldner bei der Gerichtskasse unter Verzicht auf die Rücknahme (FK-Schmerbach § 25 Rn. 22).

Richtig ist, dass aus Verhältnismäßigkeitsgründen ausnahmsweise eine frühere Aufhebung der Verwalterbestellung geboten sein kann, insb. wenn sich bzw. der vorläufige Verwalter die Berichtigung der entstandenen Kosten und von ihm begründeten künftigen Masseverbindlichkeiten unzumutbar verzögert. Das Gericht ist dann befugt, anstelle der Aufrechterhaltung der sog. starken vorläufigen Verwaltung die Sicherungsmaßnahmen so einzuschränken, dass sie die Berichtigung der entstandenen Kosten und der vom vorläufigen Verwalter begründeten Masseverbindlichkeiten ermöglichen (ähnl. MK-Haarmeyer § 25 Rn. 19; wohl auch HK-Kirchhof § 25 Rn. 5; Prager/Thiemann, NZI 2001, 634). In der Praxis wird häufig das allgemeine Verfügungsverbot aufgehoben und nur die Verfügungsbefugnis des vorläufigen Verwalters für das verwaltete schuldnerische Barvermögen im erforderlichen Umfang angeordnet bzw. aufrechterhalten. Dem vorläufigen Verwalter steht kein

Beschwerderecht gegen die Aufhebung des allgemeinen Verfügungsverbotes zu (BGH, ZInsO 2007, 34).

2. Pflichten des sog. starken vorläufigen Verwalters

7 Der vorläufige Verwalter ist verpflichtet, die entstandenen **Verfahrenskosten und die von ihm begründeten Verbindlichkeiten unverzüglich zu berichtigen**, um die nach Wegfall des Sicherungserfordernisses gebotene Aufhebung der sog. starken vorläufigen Verwaltung nicht zu verzögern (ausführl. zu Rechten und Pflichten des vorläufigen Insolvenzverwalters nach Aufhebung der Verfügungsbefugnis Haarmeyer FS Greiner, S. 103 ff.). § 25 Abs. 2 begründet selbst keine unmittelbaren Ansprüche der dort genannten Gläubiger (BGH, ZInsO 2007, 34).

Zu den vom sog. starken vorläufigen Verwalter begründeten Verbindlichkeiten gehören gem. Abs. 2 Satz 2 auch die Verbindlichkeiten aus einem Dauerschuldverhältnis, soweit der vorläufige Insolvenzverwalter für das von ihm verwaltete Vermögen die Gegenleistung in Anspruch genommen hat. Die Entnahme der Vergütung und Auslagen für die vorläufige Verwaltung bedarf gem. §§ 10, 8 Abs. 1 InsVV der vorherigen Festsetzung durch das Insolvenzgericht.

8 Auch wenn die Verwaltungs- und Verfügungsbefugnis des vorläufigen Verwalters im Außenverhältnis noch uneingeschränkt fortbesteht (**rechtliches Können**), ist der vorläufige Verwalter ggü. dem Schuldner verpflichtet, hiervon nur noch eingeschränkt i. R. d. Abwicklungszwecks des Abs. 2 Gebrauch zu machen (**rechtliches Dürfen**). Rechtliches Können und rechtliches Dürfen des vorläufigen Insolvenzverwalters sind nicht deckungsgleich (vgl. dazu allgemein BAG, ZInsO 2006, 388; Kirchhof, ZInsO 1999, 436, 438). Dies betrifft insb. auch die Begründung neuer Verbindlichkeiten, die so weit wie möglich unterbleiben sollte. Reichen die liquiden Mittel nicht aus, darf der vorläufigen Verwalter sonstiges Vermögen des Schuldners grds. nicht mehr verwerten (FK-Schmerbach § 25 Rn. 19a; K/P/B-Pape § 25 Rn. 12; MK-Schmahl § 34 Rn. 105; **a. A.** Uhlenbruck-Uhlenbruck § 25 Rn. 13). In diesem Fall sind die Verfahrenskosten und die von ihm begründeten Verbindlichkeiten vielmehr analog § 209 Abs. 1 Nr. 1, 3 zu berichtigen (HK-Kirchhof § 25 Rn. 7) und i. Ü. nach Aufhebung der Sicherungsmaßnahmen vom Schuldner zu begleichen. § 209 Abs. 1 Nr. 2 ist im Eröffnungsverfahren nicht anwendbar, da es keine Anzeige der Masseunzulänglichkeit im Eröffnungsverfahren gibt (HK-Kirchhof § 25 Rn. 7; K/P/B-Pape § 25 Rn. 16; vgl. auch § 22 Rdn. 25).

9 Für eine Zurückhaltung von Beträgen wegen streitiger oder ungewisser Verbindlichkeiten gibt es keine ausdrückliche gesetzliche Grundlage, der vorläufige Verwalter kann jedoch analog § 198 hinterlegen (FK-Schmerbach, § 25 Rn. 23; HK-Kichhof, § 25 Rn. 8; anders Voraufl.).

3. Analoge Anwendung auf sog. schwachen vorläufigen Verwalter

10 Die Regelung des Abs. 2 ist grds. nicht bei sog. schwacher vorläufiger Verwaltung anwendbar, da der sog. schwache vorläufige Verwalter grds. keine künftigen Masseverbindlichkeiten begründen kann, die er vor Aufhebung noch erfüllen müsste (OLG Celle, ZInsO 2001, 377).

11 Abs. 2 ist jedoch **ausnahmsweise analog** anzuwenden, soweit auch bei sog. schwacher vorläufiger Verwaltung ausnahmsweise künftige Masseverbindlichkeiten begründet worden sind (BGH, NZI 2007, 338, 339), d. h. insbesondere im Fall der gerichtlichen **Einzelermächtigung** (BGH a. a. O.; dazu § 22 Rdn. 90 ff.). Abs. 2 ist darüber hinaus analog anzuwenden, auch wenn keine Befugnis zur Begründung künftiger Masseverbindlichkeiten bestand, jedoch dem vorläufigen Insolvenzverwalter die **Kassenführung** (BGH a. a. O.) bzw. die **Befugnis zum Einzug von Bankguthaben und sonstigen Forderungen** des Schuldners (LG Frankenthal, ZInsO 2013, 2013, 2015) übertragen wurde, da Abs. 2 Satz 1 auch die Berichtigung der entstandenen Verfahrenskosten sichern soll.

Das Insolvenzgericht kann dazu den allg. Zustimmungsvorbehalt aufheben und den vorläufigen Verwalter ermächtigen, analog Abs. 2 entsprechende Beträge aus dem von ihm verwalteten Vermögen zur Begleichung der vorgenannten Verbindlichkeiten zurückzubehalten und zu verwenden

(LG Duisburg, ZIP 2001, 1020 m. abl. Anm. Vallender, EWiR 2002, 69; AG Duisburg, DZWIR 2000, 306 m. zust. Anm. Smid; FK-Schmerbach § 22 Rn. 22a).

Hat der vorläufige Verwalter vom Schuldner **zur Sicherheit abgetretene Forderungen unberechtigt eingezogen**, so steht dem Sicherungsgläubiger bei Aufhebung der Sicherungsmaßnahmen ein Anspruch unmittelbar gegen den vorläufigen Verwalter auf Herausgabe der eingezogenen Beträge analog § 25 Abs. 2 i. V. m. § 816 Abs. 2 BGB unabhängig davon zu, ob die Verfügungsbefugnis über das Vermögen des Schuldners auf ihn übergegangen war (BGH, ZIP 2007, 827). Auch bei **Einziehung abgetretener Forderungen gem. § 21 Abs. 2 Satz 1 Nr. 5** muss der vorläufige Verwalter die eingezogenen Beträge analog § 25 Abs. 2 an den Sicherungsgläubiger herausgeben (Uhlenbruck-Uhlenbruck, § 25 Rn. 17). Bei Prätendentenstreit kann der vorläufige Verwalter gem. § 372 BGB hinterlegen (BGH, ZIP 2007, 827, 829, Tz. 20 f.; HK-Kichhof, § 25 Rn. 11).

§ 26 Abweisung mangels Masse

(1) ¹Das Insolvenzgericht weist den Antrag auf Eröffnung des Insolvenzverfahrens ab, wenn das Vermögen des Schuldners voraussichtlich nicht ausreichen wird, um die Kosten des Verfahrens zu decken. ²Die Abweisung unterbleibt, wenn ein ausreichender Geldbetrag vorgeschossen wird oder die Kosten nach § 4a gestundet werden. ³Der Beschluss ist unverzüglich öffentlich bekannt zu machen.

(2) ¹Das Gericht ordnet die Eintragung des Schuldners, bei dem der Eröffnungsantrag mangels Masse abgewiesen worden ist, in das Schuldnerverzeichnis nach § 882b der Zivilprozessordnung an und übermittelt die Anordnung unverzüglich elektronisch dem zentralen Vollstreckungsgericht nach § 882h Abs. 1 der Zivilprozessordnung. ²§ 882c Abs. 3 der Zivilprozessordnung gilt entsprechend.

(3) ¹Wer nach Absatz 1 Satz 2 einen Vorschuß geleistet hat, kann die Erstattung des vorgeschossenen Betrages von jeder Person verlangen, die entgegen den Vorschriften des Insolvenz- oder Gesellschaftsrechts den Antrag auf Eröffnung des Insolvenzverfahrens pflichtwidrig und schuldhaft nicht gestellt hat. ²Ist streitig, ob die Person pflichtwidrig und schuldhaft gehandelt hat, so trifft sie die Beweislast.

(4) ¹Zur Leistung eines Vorschusses nach Absatz 1 Satz 2 ist jede Person verpflichtet, die entgegen den Vorschriften des Insolvenz- oder Gesellschaftsrechts pflichtwidrig und schuldhaft keinen Antrag auf Eröffnung des Insolvenzverfahrens gestellt hat. ²Ist streitig, ob die Person pflichtwidrig und schuldhaft gehandelt hat, so trifft sie die Beweislast. ³Die Zahlung des Vorschusses kann der vorläufige Insolvenzverwalter sowie jede Person verlangen, die einen begründeten Vermögensanspruch gegen den Schuldner hat.

Übersicht	Rdn.
A. Normzweck	1
B. Norminhalt	3
I. Abweisung des Insolvenzantrages mangels Masse (Abs. 1)	3
1. Allgemeines	3
2. Vermögen des Schuldners	9
3. Kosten des Verfahrens	18
a) Verfahrenskosten gem. § 54	18
b) Keine Masseverbindlichkeiten gem. § 55	23
c) Behandlung sog. notwendiger Verwaltungskosten	24
4. Prognosezeitraum	27
5. Verfahrenskostenvorschuss/-stundung	31
a) Verfahrenskostenvorschuss	31
aa) Art und Höhe des Verfahrenskostenvorschusses	31
bb) Person des Vorschussleistenden	36
cc) Vorschussanforderung	37
dd) Behandlung des Kostenvorschusses	39
b) Verfahrenskostenstundung	41
II. Eintragung der Abweisung ins Schuldnerverzeichnis (Abs. 2)	42
1. Eintragung ins Schuldnerverzeichnis	42
2. Löschung der Eintragung	44
3. Auskünfte aus dem Schuldnerverzeichnis	45

III.	Erstattungsanspruch des Vorschussleistenden (Abs. 3)	46	I.	Abweisungsbeschluss. 56
	1. Allgemeines	46		1. Voraussetzungen 56
	2. Anspruchsvoraussetzungen	50		2. Rechtliches Gehör 58
	3. Anspruchsinhalt	54		3. Zustellung, Bekanntmachung und Mitteilungen 61
	4. Verjährung	55	II.	Sonstige Wirkungen der Abweisung 64
IV.	Vorschusspflicht bei schuldhafter Verletzung der Insolvenzantragspflicht (Abs. 4)	55a	III.	Kosten 67
			IV.	Rechtsmittel 69
C.	Verfahrensfragen	56	V.	Erneuter Insolvenzantrag 71

A. Normzweck

1 **§ 26 regelt die Abweisung des Insolvenzantrages mangels Masse**, also die – ausnahmsweise – Abweisung eines Eröffnungsantrags trotz seiner Zulässigkeit und Begründetheit. Abweisungsgrund ist allein, dass das Schuldnervermögen als nicht hinreichend angesehen wird, um zumindest die Kosten des Insolvenzverfahrens zu decken (vgl. MK-Haarmeyer § 26 Rn. 1). Die Abs. 1 und 3 sollen dabei ein zentrales Anliegen der Insolvenzrechtsreform, nämlich die **rechtzeitigere und leichtere Verfahrenseröffnung** (vgl. Begr. RegE BT-Drucks. 12/2443 S. 80f., 84f.), verwirklichen. Dazu wird namentlich gem. Abs. 1 die Kostendeckungsprognose auf die Verfahrenskosten gem. § 54 beschränkt (s. Rdn. 18 ff.). Das hat sich als wirksames Mittel erwiesen. Im Bereich der Kapitalgesellschaften bewegt sich die Abweisungsquote bei etwa 30–40 %, wobei diese regional sowie nach der Größe der Gerichte stark schwankt (vgl. Haarmeyer, ZInsO 2009, 1745 ff. zur Insolvenzstatistik für Kapitalgesellschaften für die Jahre 2004–2008). Bei den Insolvenzen natürlicher Personen liegt der Anteil der Abweisungen mangels Masse wegen der Möglichkeit der Verfahrenskostenstundung gem. § 4a noch deutlich niedriger.

Abs. 1 schützt zugleich die Kostengläubiger des § 54, namentlich den Fiskus und den Insolvenzverwalter vor der Durchführung eines Verfahrens, bei dem nicht einmal die Kosten gesichert sind (vgl. LG Leipzig, ZInsO 2007, 278, 279). § 26 schützt indessen nicht das Verteilungsinteresse der Insolvenzgläubiger, da aufgrund der **Ordnungsfunktion** des Insolvenzverfahrens (§ 1 Rdn. 17 f.) auch Verfahren ohne Verteilungsperspektive für die Insolvenzgläubiger durchzuführen sind, wenn nur die Verfahrenskosten gedeckt sind (vgl. auch § 208 Abs. 3; a. A. Jaeger/Henckel/Gerhardt-Schilken Bd. 1 § 26 Rn. 6). Ebenso schützt § 26 nicht Interessen des Schuldners (LG Leipzig a. a. O.).

2 Abs. 2 regelt – in Fortführung der Schutzfunktion des § 107 Abs. 2 KO – die **Eintragung** der Abweisung **in das Schuldnerverzeichnis** zur Warnung des Geschäftsverkehrs (Begr. RegE BT-Drucks. 12/2443 S. 118; s. Rdn. 42 ff.).

2a Nach wie vor wird kaum von der in Abs. 3 geregelte **Erstattungspflicht für Verfahrenskostenvorschüsse bei schuldhafter Verletzung der Insolvenzantragspflicht** gem. § 15a (s. Rdn. 46 ff.) Gebrauch gemacht. Dem hat der Gesetzgeber des **ESUG** mit dem neu eingeführten Abs. 4 zu begegnen versucht und eine **Vorschusspflicht** bei schuldhafter Verletzung der Insolvenzantragspflicht (§ 15a) eingeführt (s. Rdn. 55a ff.).

B. Norminhalt

I. Abweisung des Insolvenzantrages mangels Masse (Abs. 1)

1. Allgemeines

3 Gemäß Abs. 1 ist ein Insolvenzantrag trotz seiner Zulässigkeit mangels Masse abzuweisen, wenn das Vermögen des Schuldners voraussichtlich nicht ausreichen wird, um die Kosten des Verfahrens zu decken, es sei denn, es wird ein ausreichender Verfahrenskostenvorschuss nach Abs. 3 oder Abs. 4 geleistet oder die Verfahrenskosten gem. § 4a werden gestundet.

4 Die Vorschrift gilt für alle Verfahrensarten, auch für das Sekundärinsolvenzverfahren gem. §§ 343 ff. und das Partikularinsolvenzverfahren gem. §§ 354 ff. (LG Stuttgart, ZInsO 2000, 296).

Die Verfahrenskosten sind voraussichtlich nicht gedeckt, wenn wahrscheinlich ist, dass kein für die Verfahrenskostendeckung ausreichendes Vermögen vorhanden ist (BGH, ZIP 2006, 1056, 1057 f.). In der Sache handelt es sich um eine **Prognoseentscheidung**, die gem. § 34 Abs. 1 im Beschwerdeverfahren überprüfbar ist, bei der jedoch wie bei anderen Prognoseentscheidungen ein gewisser Beurteilungsspielraum des Gerichts besteht (Jaeger/Henckel/Gerhardt-Schilken Bd. 1 § 26 Rn. 26). 5

Dabei ist eine **dreifache Prognose** zu treffen: Sie bezieht sich auf die voraussichtliche freie Masse (dazu Rdn. 14 ff.), die voraussichtlichen Verfahrenskosten (dazu Rdn. 18 ff.) und den voraussichtlichen Zeitpunkt des Vorhandenseins hinreichender liquider Mittel (dazu Rdn. 27 ff.). Die Abweisung mangels Masse setzt eine vollständige Amtsermittlung nach § 5 voraus, d. h. behebbare Zweifel an der voraussichtlichen Verfahrenskostendeckung rechtfertigen die Abweisung mangels Masse nicht (OLG Köln, ZInsO 2000, 606). 6

Umstritten ist, ob der Insolvenzantrag mangels Masse (so AG Göttingen, ZVI 2008, 388; ZInsO 2003, 1156) oder wegen Nichterweislichkeit des Insolvenzgrundes (so AG Magdeburg, ZInsO 1999, 358) abzuweisen ist (unklar LG Erfurt, ZInsO 2001, 473), **wenn die wirtschaftlichen Verhältnisse des Schuldners nach Ausschöpfung aller Ermittlungsmöglichkeiten unklar** bleiben, z. B. bei sog. »GmbH-Bestattung« (vgl. dazu auch Zipperer, NZI 2003, 590). Bei einem Eigenantrag kommt auch die Abweisung als unzulässig in Betracht, wenn der Schuldner nach einem gerichtlichen Hinweis den Eröffnungsgrund nicht substanziiert und nachvollziehbar darlegt (LG Stendal, NZI 2008, 45; vgl. § 13 Rdn. 30 ff.). Die Ablehnung der Insolvenzeröffnung wegen bloßer **Unerreichbarkeit des Schuldners** ist, ohne dass sonstige Ermittlungsmöglichkeiten ausgeschöpft sind, nicht zulässig (BGH, ZIP 2006, 1056, dort auch näher zum Umfang der Amtsermittlungspflicht). 7

Maßgebend für die Frage der voraussichtlichen Verfahrenskostendeckung ist der **Zeitpunkt** der **Entscheidung über den Insolvenzantrag** (BGH, ZInsO 2011, 92, 93, Tz. 3). Erweist sich die Kostendeckungsprognose nach Verfahrenseröffnung als unzutreffend, ist das Insolvenzverfahren nach § 207 wieder einzustellen. 8

2. Vermögen des Schuldners

Zur Verfahrenskostendeckung ist die künftige Insolvenzmasse heranzuziehen (zum Umfang der Insolvenzmasse ausführl. bei § 35), d. h. 9
- vorhandenes **Vermögen des Schuldners bei Verfahrenseröffnung** (§ 35, 1. Alt.), bei Gesellschaften einschließlich **Ansprüchen** der Gesellschaft **gegen Gesellschafter und Organe** im Zusammenhang mit der Kapitalaufbringung, Kapitalerhaltung, Kapitalersatz bzw. aus Organhaftung gem. §§ 43, 64 Satz 1 und Satz 3 GmbHG usw. (ergänzend § 37 zum Gesamtgut der ehelichen Gütergemeinschaft),
- **Neuerwerb des Schuldners** während des Insolvenzverfahrens (§ 35, 2. Alt.),
- Ansprüche aus **Insolvenzanfechtung** (§§ 129 ff.),
- **Geltendmachung von Haftungsansprüchen**, deren Geltendmachung dem Insolvenzverwalter zugewiesen ist (§§ 92, 93, § 171 Abs. 2 HGB).

Der Begriff des »Vermögens des Schuldners« in § 26 ist nicht wörtlich zu verstehen, gemeint ist die gesamte »künftige Insolvenzmasse« (MK-Haarmeyer § 26 Rn. 20). Er umfasst zusätzlich zu dem gesamten **Aktivvermögen** des Schuldners inkl. Ansprüchen gegen Gesellschafter und Organe (ausführl. dazu Anhang zu § 35; vgl. zu insolvenzbedingten Sonderaktiva im Insolvenzgutachten ferner Brünkmans, ZInsO 2011, 2167 ff.), auch den **Neuerwerb** des Schuldners, Ansprüche aus **Insolvenzanfechtung** (vgl. OLG Hamm, ZInsO 2005, 217) sowie die Geltendmachung von Haftungsansprüchen, die dem Insolvenzverwalter gem. §§ 92, 93, § 171 Abs. 2 HGB zugewiesen ist. 10

Hauptanwendungsfall für Gesamtschadensansprüche i. S. d. § 92, die i. R. d. Kostendeckungsprognose gem. § 26 zu berücksichtigen sind, ist die **Insolvenzverschleppungshaftung** gem. § 823 Abs. 2 BGB i. V. m. § 15a (ausführl. dazu § 92 Rdn. 6 ff., 21 ff. und Anh. zu § 35, Abschnitt H Geschäftsführerhaftung). Bei strikter Befolgung der Insolvenzantragspflichten dürfte es bei beschränkt haftenden Rechtssubjekten nicht zu einer masselosen Insolvenz kommen (BGH, ZInsO 2008, 859 f.).

Wird der Antrag in unzulässiger Weise verzögert, können darauf beruhende Haftungsansprüche gegen Gesellschaftsorgane oder Dritte zu einer jedenfalls die Kosten deckenden Anreicherung der Masse führen (BGH a.a.O.; ausführl. zur Haftungsprüfung von Gesellschaftern und Organen im Insolvenzverfahren und Organen: Pape, ZInsO 2007, 1080).

Der Geltendmachung nach § 93 unterliegen alle **Ansprüche aus akzessorischer Gesellschafterhaftung** bei Personengesellschaften (z. B. § 128 HGB, vgl. § 93 Rdn. 5 ff.; zur Anwendbarkeit auf Ansprüche gem. § 303 AktG vgl. Bork, ZIP 2012, 1001 ff.). Zwar haftet der Gesellschafter einer Gesellschaft ohne Rechtspersönlichkeit nicht persönlich für die Verfahrenskosten (BGH, ZInsO 2009, 2198). Gleichwohl können die von den Gesellschaftern aufgrund ihrer persönlichen Haftung für andere Verbindlichkeiten eingezogenen Mittel nach dem Willen des Gesetzgebers zur Verfahrenskostendeckung herangezogen werden (AG Hamburg, ZInsO 2007, 1283; MK-Brandes/Gehrlein § 93 Rn. 1; Schaltke, ZInsO 2010, 1249, 1252 ff.; Pohlmann, ZInsO 2008, 21, 22 f. a. A. Marotzke, ZInsO 2008, 57; Floeth, EWiR 2008, 281; offengelassen in BGH a.a.O., Tz. 25 ff. m.w. N.; ausführl. zum Ganzen § 93 Rdn. 18 ff.).

11 Zum Vermögen des Schuldners gem. § 35, 1. Alt. kann auch ein **unterhaltsrechtlicher Anspruch auf Kostenvorschuss** gegen den Ehegatten gem. § 1360a Abs. 4 BGB gehören (BGHZ 156, 92 = ZInsO 2003, 800; vgl. auch BGH, ZInsO 2007, 324, 325 zum Antrag auf einstweilige Anordnung gem. § 644 ZPO). Dies ist nicht der Fall, wenn die Insolvenz im Wesentlichen auf vorehelichen Schulden oder Verbindlichkeiten beruht, die weder zum Aufbau oder zur Erhaltung einer wirtschaftlichen Existenz der Eheleute eingegangen wurden, noch aus sonstigen Gründen mit der gemeinsamen Lebensführung in Zusammenhang stehen (BGH a.a.O.).

12 Beauftragt das Gericht einen **vorläufigen Insolvenzverwalter** oder **Sachverständigen** mit der Begutachtung der voraussichtlichen Verfahrenskostendeckung, so hat das Gericht im Rahmen seiner Amtsermittlungspflicht das Gutachten wegen der weitreichenden Rechtsfolgen einer Entscheidung nach § 26 Abs. 1 Satz 1 sorgfältig zu prüfen und darf seine Entscheidung darauf nur stützen, wenn es das **Gutachten** für **nachvollziehbar** und in sich **widerspruchsfrei** hält (BGH, ZInsO 2009, 433, 434, Tz. 14). Dazu gehört auch, dass die **Wertansätze** im Gutachten auf Begründung und Plausibilität sorgfältig zu prüfen sind (LG Berlin, ZInsO 2000, 224). Dies gilt in besonderem Maße dann, wenn eine Abweisung mangels Masse empfohlen wird (AG Hamburg, ZInsO 2006, 51, 52). Wird die Abweisung mangels Masse mit der mangelnden Solvenz eines Drittschuldners begründet, ist diese wegen des Ausnahmecharakters detailliert zu belegen. So kann insbesondere eine Auskunft einer Wirtschaftsauskunftei (z. B. Creditreform) oder ein notarielles Vermögensverzeichnis vorzulegen sein, um die fehlende Solvenz angemessen zu belegen. Eine einfache – ggf. mit dem Wissen um die »steuernde« Bedeutung aufgestellte – Vermögensaufstellung des Drittschuldners soll demgegenüber nicht genügen (AG Hamburg, ZInsO 2006, 51, 53). Stellt sich der Anspruch im eröffneten Verfahren als nicht durchsetzbar oder liquidierbar heraus, kann die Einstellung mangels Masse nach § 207 InsO erfolgen. Diese Pflicht trifft spiegelbildlich den vorläufigen Insolvenzverwalter oder Sachverständigen, der das Gutachten in entsprechender Tiefe zu erstatten hat.

13 Zum Vermögen des Schuldners gehört nach dem **Universalitätsprinzip** grds. auch sein Auslandsvermögen (ausführl. dazu und zu Einschränkungen bei Sekundär- und Partikularinsolvenzverfahren § 335).

14 Zur Verfahrenskostendeckung steht nicht das gesamte Vermögen des Schuldners, d.h. nicht die ganze sog. Istmasse, zur Verfügung, sondern **nur die sog. freie Masse**. Bei der Prüfung der voraussichtlichen Verfahrenskostendeckung sind also unpfändbare Gegenstände (§ 36; z. B. zertifizierte Rentenversicherungen des Schuldners, vgl. LG Frankenthal, ZInsO 2010, 1293) und auszusondernde Vermögenswerte (§ 47) nicht zu berücksichtigen. Vermögenswerte, die im eröffneten Verfahren mit Absonderungsrechten belastet sind (§§ 49 bis 51), sind nur mit der sog. freien Spitze oder, wenn der Vermögensgegenstand wertausschöpfend belastet ist, **mit** den gesetzlichen (§§ 170 f.) oder den im Verhandlungswege **erzielbaren Kostenbeiträgen** anzusetzen (BGH, WM 2011, 505; LG Berlin, ZInsO 2000, 224). Die Frage, ob eine freihändige Verwertung und der Abschluss einer ent-

§ 26 InsO Abweisung mangels Masse

20 ▶ **Muster: Verfahrenskostenprognose gem. §§ 26, 54 (Regelinsolvenz)**

I. **Gerichtskosten** gem. §§ 3 Abs. 2, 34, 58 GKG i. V. m.
- KV-Nr. 2310 (0,5 Gebühren à ..... €) ..... €
- KV-Nr. 2320 (2,5 Gebühren à ..... €) ..... €
- KV-Nr. 9004 Veröffentlichungskosten ..... €
(neben Internetveröffentlichung, geschätzt)

Zwischensumme ..... €

II. **Vergütung und Auslagen des Sachverständigen** gem. JVEG
- Leistungen des Sachverständigen (§§ 8 Abs. 1 Nr. 1 i. V. m. § 9 Abs. 2 JVEG)
..... Stunden à 80,00 € (vgl. § 22 Rdn. 70) ..... €
- Aufwendungen für Hilfskräfte (§§ 8 Abs. 1 Nr. 4 i. V. m. § 12 Abs. 1 Nr. 1 JVEG)
..... Stunden à ..... € ..... €
- Fahrtkostenersatz Kfz (§ 8 Abs. 1 Nr. 2 i. V. m. § 5 Abs. 2 JVEG)
..... km à 0,30 € ..... €
- Anfertigung von Ablichtungen (§ 8 Abs. 1 Nr. 4 i. V. m. § 7 Abs. 2 JVEG) (für die ..... €
ersten 50 Seiten 0,50 €/Stck., danach 0, 15 €/Stck.)
- Schreibaufwendungen (§ 8 Abs. 1 Nr. 4 i. V. m. § 12 Abs. 1 Nr. 3 JVEG) 0,75 € je ..... €
angefangene 1.000 Anschläge (hier: .....)
- zzgl. 19 % USt. (§ 12 JVEG), wenn kein Vorsteuerabzug gem. § 15 UStG besteht ..... €

Zwischensumme ..... €

III. **Vergütung und Auslagen des vorläufigen Insolvenzverwalters**
gem. §§ 10, 11 InsVV
- Berechnungsgrundlage: ..... €
- 25 % der entspr. Verwaltervergütung gem. §§ 11 Abs. 1, 2 Abs. 1 InsVV ..... €
- Auslagen (pauschaliert gem. §§ 10, 8 Abs. 3 InsVV)
(im 1. Jahr 15 %, danach jährlich 10 % der anteiligen Regelvergütung, max. ..... €
250,00 € je angef. Tätigkeitsmonat bzw. 7,5 % d. Regelvergütung; vgl. § 8 InsVV
Rdn. 31)
- zzgl. 19 % USt. (§§ 10, 7 InsVV), wenn kein Vorsteuerabzug gem. § 15 UStG ..... €
besteht

Zwischensumme ..... €

IV. **Vergütung und Auslagen des Insolvenzverwalters**
gem. §§ 2 ff. InsVV
- Berechnungsgrundlage: ..... €
- Regelvergütung gem. § 2 Abs. 1 InsVV
- Auslagen (pauschaliert gem. § 8 Abs. 3 InsVV) ..... €
(im 1. Jahr 15 %, danach jährlich 10 % der Regelvergütung max. 250,00 € je angef. ..... €
Tätigkeitsmonat bzw. 30 % d. Regelvergütung)
- zzgl. 19 % USt. (§ 7 InsVV), wenn kein Vorsteuerabzug gem. § 15 UStG besteht ..... €

sprechenden Verwertungsabrede zu erwarten ist, ist im Rahmen einer einzelfallbezogenen Prognoseentscheidung anhand der jeweiligen Umstände des konkreten Falls zu beurteilen (BGH a.a.O.). Zu den zu berücksichtigenden Kostenbeiträgen nach der Befriedigungsreihenfolge des § 209 dürfte jedenfalls nach BGH (vgl. ZInsO 2010, 2188, 2189, Tz. 12 ff.) auch der bei der Verwertung anfallende **Umsatzsteueranteil** gem. § 172 Abs. 2 Satz 3 gehören. Eine persönliche Haftung wegen der Umsatzsteuerschuld soll dem Verwalter nach BGH nicht drohen (BGH a.a.O., Tz. 13), wobei die Frage der steuerlichen Haftung dem Finanzrechtsweg unterfällt.

Der **Bewertungsmaßstab** richtet sich nach der Fortführungsperspektive, d.h., es sind auch für die Bewertung des Schuldnervermögens i.R.d. Prüfung der voraussichtlichen Verfahrenskostendeckung Fortführungswerte anzusetzen, wenn die Fortführung überwiegend wahrscheinlich ist, ansonsten nach der Liquidationsperspektive. Zur Frage, zu welchem Zeitpunkt liquide Mittel aus dem Schuldnervermögen zur Verfahrenskostendeckung bereitstehen müssen, Rdn. 27 ff. 15

Ist ein Vermögenswert voraussichtlich nur mit gerichtlicher Hilfe realisierbar und sonstige freie Masse voraussichtlich nicht vorhanden, ist **ggf. die Möglichkeit der PKH gem. §§ 114, 116 ZPO** inzident zu prüfen und zu bewerten (vgl. AG Hamburg, ZInsO 2006, 51, 53). Neben den Erfolgsaussichten ist dabei entscheidend, inwieweit den wirtschaftlich Beteiligten die Aufbringung der Prozesskosten zumutbar ist. Dem Insolvenzverwalter ist die Aufbringung nicht zuzumuten (BGH, ZIP 2003, 2036), ebenso nicht Massegläubigern gem. § 55 (Zöller-Phillipi, ZPO, § 116 Rn. 10b). Die Rspr. zur Zumutbarkeit für die Insolvenzgläubiger ist uneinheitlich (vgl. z.B. Zöller-Phillipi, ZPO, § 116 Rn. 5 ff. m. ausführl. N.). 16

Zur Kostendeckungsprüfung bei einem erneuten Insolvenzantrag nach Abweisung mangels Masse s. Rdn. 55. 17

3. Kosten des Verfahrens

a) Verfahrenskosten gem. § 54

Die Kosten des Verfahrens ergeben sich aus § 54 und setzen sich aus den **Gerichtskosten** für das Insolvenzverfahren inklusive der Auslagen des Gerichtes (hierzu gehören nach AG Hamburg, ZIP 2014, 338 auch die Kosten der Bewertung des schuldnerischen Anlage- und Umlaufvermögens) sowie den **Vergütungen und Auslagen** des vorläufigen Insolvenzverwalters, des Insolvenzverwalters und der Mitglieder des Gläubigerausschusses zusammen. 18

Bei der **Berechnung** der voraussichtlichen Verfahrenskosten ist gem. § 58 Abs. 1 Satz 1 GKG, § 1 Abs. 1 Satz 1 InsVV auf den voraussichtlichen Wert der Insolvenzmasse bei Beendigung des Verfahrens abzustellen (BGH, ZInsO 2003, 706, 707), wobei Vermögensgegenstände, die der Absonderung unterliegen, nach Maßgabe der § 58 Abs. 1 Satz 2 GKG, § 1 Abs. 2 Nr. 1 InsVV abzusetzen sind. Bei der Verfahrenskostenprognose sind grds. auch etwaige Zu- und Abschläge gem. §§ 3, 10 InsVV bei der Vergütung des Insolvenzverwalters und des vorläufigen Insolvenzverwalters zu berücksichtigen, wenn die begründenden Umstände bereits zum Zeitpunkt der gerichtlichen Entscheidung gem. §§ 26 ff. ersichtlich sind. Allerdings ist dabei im Interesse des gesetzgeberischen Ziels einer leichteren und rechtzeitigeren Verfahrenseröffnung Zurückhaltung geboten, zumal Zu- und Abschläge auf die Verwaltervergütung sich vor Verfahrenseröffnung häufig noch schwer abschätzen lassen. Ausführlich zu den Verfahrenskosten bei § 54. 19

Bei der Kostenprognose ist grds. auch die auf die Vergütungen des vorläufigen Insolvenzverwalters, des Insolvenzverwalters und des Gläubigerausschusses anfallende **USt** mit anzusetzen (vgl. §§ 7, 10, 18 Abs. 2 InsVV). Anders ist dies, wenn die künftige Insolvenzmasse die USt als Vorsteuer gem. § 15 UStG liquide zurückerhält. Das ist grds. der Fall, wenn der Schuldner Unternehmer i.S.d. § 2 UStG ist; anders z.B. bei der Vergütung des vorläufigen Verwalters, wenn das Finanzamt mit dem Vorsteuererstattungsanspruch aufrechenbare Steuerforderungen aus der Zeit vor Verfahrenseröffnung hat, wobei die Aufrechnung mit BFH, BeckRS 2011, 94145 regelmäßig gem. §§ 96, 130, 131 InsO unzulässig sein dürfte (dazu § 22 Rdn. 144).

Zwischensumme	..... €

V. **Vergütung und Auslagen der Mitglieder des Gläubigerausschusses**
  gem. §§ 17, 18 InsVV

- Vergütung (regelmäßig 35,00 bis 95,00 € pro Stunde gem. § 17 Abs.1 InsVV, ggf. zzgl. einmalig 300,- € gem. § 17 Abs.2 InsVV) ca.	..... €
- ggf. zzgl. Vermögensschadenhaftpflichtversicherung	..... €
- sonstige Auslagen gem. § 18 InsVV	..... €
- zzgl. 19 % USt. (§§ 18, 7 InsVV), wenn kein Vorsteuerabzug gem. § 15 UStG	..... €
Zwischensumme	..... €
Summe der voraussichtlichen Verfahrenskosten gem. §§ 26, 54	..... €

In der Praxis weichen die **Berechnungsgrundlagen für die Vergütung** des vorläufigen Verwalters 21
und des Insolvenzverwalters häufig deutlich voneinander ab, insb. da Aus- und Absonderungsgüter
und Anfechtungsansprüche unterschiedlich zu berücksichtigen sind. Wegen der diesbezüglichen
Einzelheiten wird auf die Kommentierung der InsVV verwiesen.

Die **Verfahrenskosten eines vorangegangenen** und nicht zur Eröffnung gelangten **Verfahrens** zäh- 22
len nicht dazu, sondern sind im späteren Insolvenzverfahren Insolvenzforderungen gem. § 38 (vgl.
BGH, ZInsO 2008, 1201).

b) Keine Masseverbindlichkeiten gem. § 55

Um eine leichtere und rechtzeitigere Verfahrenseröffnung zu ermöglichen, hängt die Verfahrens- 23
eröffnung anders als früher (vgl. § 107 KO i.V.m. §§ 58, 59 Abs. 1 Nr. 1 u. 2, 60 KO) **nicht** von
der **Deckung sonstiger Masseverbindlichkeiten gem. § 55** ab (Begr. RegE BT-Drucks. 12/2443
S. 84/85). Dies gilt grds. auch für sog. notwendige Verwaltungskosten für die Verwaltung, Verwertung und Verteilung der Insolvenzmasse (LG Berlin, ZInsO 2000, 224, 226; AG Hamburg,
NZI 2000, 140; AG Neuruppin, ZIP 1999, 1687; AG Neu-Ulm, NZI 2000, 386; HK-Kirchhof
§ 26 Rn. 16; Uhlenbruck-Uhlenbruck § 26 Rn. 12; Jaeger/Henckel/Gerhardt-Schilken Bd. 1 § 26
Rn. 19; K/P/B-Pape § 26 Rn. 2, 9c, d; MK-Haarmeyer § 26 Rn. 6; FK-Schmerbach § 26 Rn. 2;
Kaufmann, ZInsO 2006, 961; inzwischen auch NR-Mönning/Zimmermann § 26 Rn. 51 a.A. AG
Charlottenburg, ZIP 1999, 1687; zur Behandlung notwendiger Verwaltungskosten als Auslagen
sogleich Rdn. 24).

c) Behandlung sog. notwendiger Verwaltungskosten

Umstritten ist, inwieweit der Verwalter sog. **notwendige Verwaltungskosten als Auslagen** gem. 24
§ 4 Abs. 2 InsVV geltend machen kann, wodurch diese i. R. d. Verfahrenskosten nach § 54 Nr. 2 zu
berücksichtigen wären. Grds. ist der Umweg, notwendige Kosten der Verwaltung der Insolvenzmasse als Auslagen des Insolvenzverwalters anzusehen, als unzulässige Umgehung der gesetzgeberischen Wertung anzusehen, dass die Verfahrenseröffnung von der Deckung der Verfahrenskosten
und nicht der sonstigen Masseverbindlichkeiten abhängen soll (s. o. Rdn. 23). Gleichwohl wird in
der Literatur z.T. eine großzügige Anwendung des Auslagenbegriffs gefordert, um das Dilemma zu
lösen, dass der Verwalter aufgrund seiner Amtsstellung insb. öffentlich-rechtliche Verpflichtungen
zu erfüllen hat, auch wenn zu deren Erfüllung keine hinreichenden Mittel in der Insolvenzmasse
zur Verfügung stehen (so Jaeger/Henckel/Gerhardt-Schilken Bd. 1 § 26 Rn. 24; Uhlenbruck-Uhlenbruck § 26 Rn. 9; HK-Kirchhof § 26 Rn. 17; wohl auch K/P/B-Pape § 24 Rn. 9c).

Soweit dazu Rspr. vorliegt, ist sie überwiegend ablehnend. So sind **Kosten der Altlastenentsor-** 25
gung nicht als notwendige Verwaltungskosten auslagefähig (AG Neuruppin, ZIP 1999, 1687; a.A.
HK-Kirchhof § 26 Rn. 17). Dies gilt umso mehr, seit die Freigabemöglichkeit für den Verwalter

anerkannt ist und insofern keine unzumutbare Inanspruchnahme des Verwalters mehr droht (vgl. dazu BVerwG, ZInsO 2004, 1206; näher zur Freigabe § 35 Rdn. 60 ff.).

26 Nach einer Entscheidung des BGH kann der Verwalter jedoch in masselosen Stundungsverfahren (§ 4a) im eigenen Namen einen Steuerberater mit der Erledigung der steuerlichen Angelegenheiten des Schuldners beauftragen und die Steuerberatungskosten als Auslagen geltend machen, wenn die Erledigung der steuerlichen Aufgaben besondere Kenntnisse erfordert oder dem Umfang nach über das hinausgeht, was mit der Erstellung einer Steuererklärung allg. verbunden ist, und der Fiskus trotz Hinweises auf die Masseunzulänglichkeit nicht bereit ist, den Verwalter von der Erfüllung der steuerlichen Pflichten des Schuldners zu befreien oder diese einzuschränken (BGH, ZInsO 2004, 970; anders bei Einsatz eigenen Büropersonals des Verwalters: BGH, NZI 2006, 586). Streitig ist, ob dies nur für sog. Stundungsverfahren (so AG Hamburg, ZInsO 2004, 1093) oder auch für andere Insolvenzverfahren gilt (so Pape, ZInsO 2004, 1049, 1051, K/P/B-Pape § 24 Rn. 9c). Nach AG Dresden (ZIP 2006, 1686) soll die o. g. BGH-Entscheidung auf die Erstellung von Insolvenzgeldbescheinigungen, Lohnsteuer- und Sozialversicherungsangelegenheiten entsprechend anwendbar sein. Hieran bestehen jedoch Zweifel, da die Sachverhalte nicht vollends vergleichbar sein dürften. Schon im Interesse der Arbeitnehmer wird der Insolvenzverwalter von der Erfüllung der genannten Aufgaben nicht befreit werden können. Die Übernahme der Tätigkeiten kann jedoch unabhängig von vorstehender Streitfrage einen Zuschlag gem. § 3 Abs. 1 InsVV begründen.

4. Prognosezeitraum

27 Das zur Verfahrenskostendeckung erforderliche Vermögen des Schuldners muss nicht schon am Anfang des Verfahrens, sondern erst **in angemessener Zeit nach Verfahrenseröffnung liquide vorhanden** sein (BGH, ZInsO 2003, 706). Insofern kommt es auch auf die Fälligkeit der Verfahrenskosten nicht an (a. A. HK-Kirchhof § 26 Rn. 9). Ob das Vermögen des Schuldners voraussichtlich zur Verfahrenskostendeckung ausreichen wird, berechnet sich durch einen Vergleich zwischen den voraussichtlichen Verfahrenskosten mit dem liquide vorhandenen und in angemessener Zeit in Geld umwandelbaren Vermögen des Schuldners (BGH a. a. O., S. 707). Das liquide vorhandene oder in angemessener Zeit liquidierbare Vermögen des Schuldners ist rgm. geringer als der Wert der Insolvenzmasse bei Beendigung des Verfahrens (BGH a. a. O.).

28 Das Gesetz nennt keine feste zeitliche Grenze, in der das zur Verfahrenskostendeckung erforderliche Vermögen liquide vorhanden sein muss. Der BGH hat einen **Zeitraum von einem Jahr nach Verfahrenseröffnung** für **unbedenklich** gehalten (BGH a. a. O.). Andere Gerichte haben – insbesondere angesichts des Ausnahmecharakters der Abweisung nach § 26 und der Ordnungsfunktion des Insolvenzverfahrens – einen Zeitraum von mehr als 2 Jahren nach Verfahrenseröffnung noch als angemessen angesehen (LG Leipzig, ZInsO 2002, 576; AG Hamburg, ZInsO 2006, 51; NZI 2000, 140). Das gilt **auch bei Neuerwerb** (AG Göttingen, ZInsO 2009, 190; **a. A.** OLG Köln, ZInsO 2000, 606: weniger als 7 Monate).

29 Nach der hier vertretenen Auffassung ist eine **einzelfallbezogene Angemessenheitsprüfung** geboten, d. h. der angemessene Zeitraum i. S. d. o. g. BGH-Rspr. ist jeweils anhand der Umstände des Einzelfalls dezidiert zu ermitteln (so auch AG Göttingen, ZInsO 2009, 190, 191). Dabei sind das gesetzgeberische Ziel einer rechtzeitigeren und leichteren Verfahrenseröffnung (s. Rdn. 1) und die Zumutbarkeit für den Insolvenzverwalter im Einzelfall gegeneinander abzuwägen. Das Zumutbarkeitskriterium wird auch sonst in Rspr. (AG Hamburg, ZInsO 2006, 51) und Literatur (z. B. HK-Kirchhof § 26 Rn. 8; Uhlenbruck-Uhlenbruck § 26 Rn. 14) herangezogen.

30 Die Zumutbarkeit für den Insolvenzverwalter ist von Bedeutung, da seine Vergütung rgm. die größte Verfahrenskostenposition ausmacht und der Verwalter nicht nur durch Abs. 1, sondern auch grundrechtlich durch Art. 12 Abs. 1 GG vor der Inanspruchnahme ohne angemessene Vergütung geschützt wird (vgl. BVerfG, NJW 1980, 2179), wobei zur Angemessenheit der Vergütung neben der Höhe auch der Zahlungszeitpunkt gehört (vgl. zu den verfassungsrechtlichen Anforderungen an die Insolvenzverwaltervergütung BGH ZInsO 2004, 257). I. R. d. Zumutbarkeitsprüfung sind

die relevanten Umstände des Einzelfalls abzuwägen, z. B. der voraussichtliche Wert des Vermögens, die voraussichtliche Dauer, bis hinreichend liquide Mittel zu Verfügung stehen, der voraussichtliche Arbeitsaufwand im Verfahren bis dahin, das Maß der Prognosesicherheit usw.

5. Verfahrenskostenvorschuss/-stundung

a) Verfahrenskostenvorschuss

aa) Art und Höhe des Verfahrenskostenvorschusses

Nach Abs. 1 Satz 2, 1. Alt. unterbleibt die Abweisung, wenn ein ausreichender, d. h. zur Deckung der voraussichtlichen Verfahrenskosten gem. § 54 ausreichender, Geldbetrag vorgeschossen wird. Die **Einzahlung** hat, da der Kostenvorschuss an das Gericht zu leisten ist, grds. **bei der Justizkasse** zu erfolgen, auch wenn in der Praxis Gläubiger den Kostenvorschuss bisweilen an den vorläufigen Verwalter zahlen. Der eingezahlte Vorschuss darf nicht mit Zweckbestimmungen versehen sein, die über Abs. 1 hinausgehen (BGH, NZI 2006, 34). 31

Nach Art. 30 EuInsVO kann ein Kostenvorschuss **auch für ein Sekundärinsolvenzverfahren** angefordert werden (näher zur Vorschussanforderung Rdn. 37 f.). 32

§ 26 Abs. 1 Satz 2 setzt im Regelfall voraus, dass der erforderliche Geldbetrag durch Zahlung tatsächlich vorgeschossen wird (BGH, ZInsO 2002, 818; LG Göttingen, ZInsO 2007, 1358). Es liegt im Ermessen des Gerichts, ob und wann es sich ausnahmsweise mit einer (notariellen) **Massekostengarantie oder -zusage** begnügt (BGH a. a. O.). Die Massekostengarantie oder -zusage muss in jedem Fall rechtlich bindend und unbedingt sein (BGH a. a. O.). Ferner wird man eine hinreichende Bonität des Zusagenden verlangen müssen. Absichtserklärungen reichen nicht aus (BGH, NZI 2006, 34). Eine unter der Bedingung der Anordnung der Eigenverwaltung, erklärte Absicht zur Leistung eines Verfahrenskostenvorschusses ist nicht ausreichend (BGH a. a. O.). Ferner ist zu beachten, dass die Zusage eines Verfahrenskostenvorschusses regelmäßig als Schenkungsversprechen gem. § 518 Abs. 1 BGB der notariellen Beurkundung bedarf (LG Hamburg, ZVI 2002, 362; NR-Mönning/Zimmermann § 26 Rn. 7), da zum Zeitpunkt der Massekostengarantie oder -zusage (noch) nicht feststeht, ob eine spätere Rückzahlung bei Erreichen einer anderweitigen Kostendeckung in Betracht kommt. 33

Der Kostenvorschuss kann auch noch **im Beschwerdeverfahren nachgeholt** werden (LG Cottbus, ZInsO 2002, 296; LG Potsdam, ZInsO 2002, 779). Zur verfahrensrechtlichen Behandlung des eingezahlten Verfahrenskostenvorschusses vgl. Rdn. 39. 34

Die **Höhe des Verfahrenskostenvorschusses** ist vom Gericht festzusetzen und unter Fristsetzung anzufordern (LG Göttingen, ZInsO 2007, 1358, 1359; zur Vorschussanforderung näher Rdn. 37 ff.). Das Gericht kann die Kosten dabei schätzen, wobei wie bei allen Kostenschätzungen ein gewisser Sicherheitszuschlag eingerechnet werden kann und sollte (LG Berlin, ZInsO 2001, 718; HK-Kirchhof § 26 Rn. 22; Uhlenbruck-Uhlenbruck § 26 Rn. 21). Dabei kann das Gericht sich an dem rgm. eingeholten Insolvenzgutachten orientieren, in dem der Sachverständige die voraussichtlichen Verfahrenskosten ggf. sogar schon berechnet hat (vgl. § 22 Abs. 1 Nr. 3). Wenn voraussichtlich keine freie Masse zur Verfahrenskostendeckung zur Verfügung steht, ist die Höhe des Kostenvorschusses auf Basis der gesetzlichen Mindestgebühren bzw. -vergütungen zu kalkulieren. In der Praxis bewegen sich die Vorschussanforderungen in diesen Fällen i. d. R. zwischen 2.000,00 € und 3.000,00 € bei einer Unternehmensinsolvenz bzw. ca. 1.500,00 € bei einer Verbraucher-/Kleininsolvenz, wobei die Vorschussanforderung bei natürlichen Personen wegen der Möglichkeit der Verfahrenskostenstundung gem. § 4a kaum praktische Bedeutung hat. Ist zu wenig freie Masse zur voraussichtlichen Verfahrenskostendeckung vorhanden, ist nur der fehlende Differenzbetrag als Vorschuss zu leisten (HK-Kirchhof § 26 Rn. 22). Stellt sich im Laufe des Insolvenzverfahrens heraus, dass der Kostenvorschuss nicht ausreicht, besteht **keine Nachschusspflicht**, vielmehr ist das Verfahren ggf. gem. § 207 einzustellen. 35

bb) Person des Vorschussleistenden

36 Grds. kann **jeder, auch unbeteiligte Dritte**, den Verfahrenskostenvorschuss leisten, da das Gesetz in § 26 keine Einschränkung vornimmt. Lediglich die Vorschussleistung durch den in Aussicht genommenen Insolvenzverwalter wird als unzulässig angesehen (HK-Kirchhof § 26 Rn. 32; Uhlenbruck-Uhlenbruck § 26 Rn. 24). Richtigerweise kann dieser jedoch den Vorschuss leisten, dann allerdings mangels Unabhängigkeit gem. § 56 nicht mehr zum Insolvenzverwalter bestellt werden.

cc) Vorschussanforderung

37 Haben ein oder mehrere Gläubiger einen **Fremdantrag** gestellt, ist das Gericht unter dem Gesichtspunkt rechtlichen Gehörs verpflichtet, dem bzw. den Antragstellern mitzuteilen, dass der Insolvenzantrag mangels Masse abgewiesen werden wird, wenn nicht ein bestimmter Vorschuss geleistet wird. Dies wird allg. als **Vorschussanforderung** bezeichnet, obwohl weder für Gläubiger, noch für den Schuldner eine Vorschusspflicht besteht (HK-Kirchhof § 26 Rn. 22).

Bei mehreren Antragstellern ist der Vorschuss in voller Höhe von jedem anzufordern; die einmalige – alleinige oder gemeinschaftliche – Zahlung reicht jedoch aus (HK-Kirchhof a.a.O.). Hat der Schuldner einen **Eigenantrag** gestellt, ist das Gericht nach freiem Ermessen berechtigt, jedoch nicht verpflichtet, von ihm einen Vorschuss anzufordern, da sein Vermögen die Verfahrenskosten gerade nicht deckt und die Beschaffung von Drittmitteln durch den Schuldner einen atypischen Sachverhalt darstellt, der eine regelmäßige Vorschussanforderung beim Schuldner nicht rechtfertigt (KG, NZI 2001, 379; HK-Kirchhof a.a.O.).

38 Die Vorschussanforderung kann nach freiem Ermessen des Gerichts **formlos oder durch Beschluss** erfolgen, da Abs. 1 keine Form vorschreibt (HK-Kirchhof § 26 Rn. 23; Uhlenbruck-Uhlenbruck § 26 Rn. 28; Jaeger/Henckel/Gerhardt-Schilken Bd. 1 § 26 Rn. 67; MK-Haarmeyer § 26 Rn. 28; inzwischen auch BK-Goetsch § 26 Rn. 37f.). Sie muss jedoch eine **Fristsetzung** enthalten, damit nach Fristablauf entschieden werden kann (LG Göttingen, ZInsO 2007, 1358, 1359).

Die Vorschussanforderung ist **nicht isoliert anfechtbar**, sondern ggf. nur inzident mit der Beschwerde gegen den Abweisungsbeschluss, da ein Rechtsmittel gegen die Vorschussanforderung im Gesetz nicht vorgesehen ist (vgl. § 6; LG Berlin, ZInsO 2002, 680; LG Göttingen, NZI 2000, 438;; Uhlenbruck-Uhlenbruck a.a.O.; MK-Haarmeyer a.a.O.; Jaeger/Henckel/Gerhardt-Schilken Bd. 1 § 26 Rn. 66).

dd) Behandlung des Kostenvorschusses

39 Der Verfahrenskostenvorschuss wird nicht Teil der Insolvenzmasse, sondern stellt ein **treuhänderisches Sondervermögen** dar, das der Vorschussgeber der Justizkasse bzw. dem Insolvenzverwalter als Treuhänder zweckgebunden zur Verfahrenskostendeckung gem. Abs. 1, § 54 zur Verfügung stellt (HK-Kirchhof § 26 Rn. 34; Uhlenbruck-Uhlenbruck § 26 Rn. 26; Jaeger/Henckel/Gerhardt-Schilken Bd. 1 § 26 Rn. 60; MK-Haarmeyer § 26 Rn. 29). Ein vom Schuldner geleisteter Kostenvorschuss wird jedoch nur dann Sondervermögen, wenn die zur Verfügung gestellten Mittel nicht ohnehin zum insolvenzbefangenen Vermögen des Schuldners gehören, also entweder aus dem pfändungs- bzw. insolvenzfreien Vermögen des Schuldners stammen oder dem Schuldner treuhänderisch von einem Dritten zur Verfügung gestellt worden sind (ähnl. HK-Kirchhof a.a.O.; Uhlenbruck-Uhlenbruck § 26 Rn. 26.). Versieht der Vorschussleistende den Vorschuss mit weiteren Zweckbindungen, werden diese von der herrschenden Meinung als unwirksam angesehen (so HK-Kirchhof § 26 Rn. 33; Uhlenbruck-Uhlenbruck a.a.O.; MK-Haarmeyer § 26 Rn. 31.). Richtigerweise ist hier jedoch nicht die Zweckbindung unwirksam, sondern der Kostenvorschuss selbst unzureichend i.S.d. Abs. 1 Satz 2.

40 Das Gesetz trifft keine Regelung über die **Rückzahlung des Verfahrenskostenvorschusses**. Ein nicht benötigter Vorschuss ist an den Vorschussgeber zurückzuzahlen. Hat der Schuldner den Kostenvorschuss eingezahlt, ist zu differenzieren: Stammte der Kostenvorschuss aus dem pfändungs- bzw.

Rn. 39; Jaeger/Henckel/Gerhardt-Schilken Bd. 1 § 26 Rn. 87; inzwischen wohl auch NR-Mönning/Zimmermann § 26 Rn. 144). **Umstritten** ist, ob eine **vorzeitige Löschung bei Befriedigung aller zum Zeitpunkt der Abweisungsentscheidung bestehenden Forderungen** entsprechend § 882e Abs. 2 Nr. 2 ZPO zu erfolgen hat (im Hinblick auf den alten § 915a ZPO dafür: HK-Kirchhof § 26 Rn. 38; Jaeger/Henckel/Gerhardt-Schilken Bd. 1 § 26 Rn. 88; krit. Uhlenbruck-Uhlenbruck § 26 Rn. 48 f.; dagegen: AG Duisburg, ZInsO 2001, 573; MK-Haarmeyer § 26 Rn. 44; K/P/B-Pape § 26 Rn. 40; FK-Schmerbach § 26 Rn. 98).

3. Auskünfte aus dem Schuldnerverzeichnis

45 Die Auskunft aus dem Schuldnerverzeichnis richtet sich nach § 882f ZPO (vgl. dazu ausführl. MK-ZPO-Eickmann §§ 822 ff. Rn. 2 f.; Musielak-Voit, ZPO, § 882 f. Rn. 2 ff.).

III. Erstattungsanspruch des Vorschussleistenden (Abs. 3)

1. Allgemeines

46 Abs. 3 legt organschaftlichen Vertretern von Gesellschaften bei schuldhafter **Verletzung der Insolvenzantragspflicht** eine Erstattungspflicht für geleistete Verfahrenskostenvorschüsse auf. Mit Aufnahme dieser Vorschrift verfolgte der Gesetzgeber das Ziel, die Bereitschaft von Gläubigern zu Verfahrenskostenvorschüssen zu steigern und so zu einer leichteren und rechtzeitigeren Verfahrenseröffnung beizutragen (Begr. RegE BT-Drucks. 12/2443 S. 118; s. a. Rdn. 1).

47 In der Praxis spielt Abs. 3 nach wie vor keine große Rolle (s. a. NR-Mönning/Zimmermann § 26 Rn. 160; MK-Haarmeyer § 26 Rn. 56b f.), da die Regelung den Vorschussleistenden mit dem Prozess- und Vollstreckungsrisiko belastet, bisweilen nicht dem Gläubigerkalkül entspricht und außerdem die Bonität organschaftlicher Vertreter in der Insolvenz häufig durch vielfache Haftungsinanspruchnahmen belastet ist (ähnl. K. Schmidt, NJW 2011, 1255, 1256 f.).

48 Die Vorschrift regelt den Erstattungsanspruch wegen eines geleisteten Verfahrenskostenvorschusses gem. Abs. 1 Satz 2. Der Sache nach handelt es sich um einen **deliktsähnlichen Anspruch** wegen Verletzung der Insolvenzantragspflicht (ähnl. Uhlenbruck-Hirte § 26 Rn. 59). **Mehrere erstattungspflichtige Personen haften daher analog §§ 830 Abs. 1, 840 Abs. 1 BGB** (HK-Kirchhof § 26 Rn. 42; Uhlenbruck-Hirte § 26 Rn. 66; Jaeger/Henckel/Gerhardt-Schilken Bd. 1 § 26 Rn. 91). Es handelt sich um einen **Individualanspruch des Vorschussleistenden**, nicht um einen Gesamtschadensanspruch gem. § 92 (Uhlenbruck-Hirte § 26 Rn. 61; Jaeger/Henckel/Gerhardt-Schilken Bd. 1 § 26 Rn. 98). Pflichtwidrigkeit und Verschulden werden nach Abs. 3 Satz 2 widerleglich vermutet (vgl. Rdn. 53).

49 Abs. 3 gilt **gem. § 207 Abs. 1 Satz 2 Halbs. 2 entsprechend** bei einem Verfahrenskostenvorschuss zur Abwendung der **Verfahrenseinstellung mangels Masse**.

2. Anspruchsvoraussetzungen

50 Der Anspruch aus Abs. 3 hat drei Anspruchsvoraussetzungen: Der Anspruchsteller muss einen **Verfahrenskostenvorschuss** gem. Abs. 1 Satz 2 geleistet haben (vgl. Rdn. 37 ff.), der Anspruchsgegner seine insolvenz- oder gesellschaftsrechtliche **Insolvenzantragspflicht verletzt** haben und dies muss **pflichtwidrig und schuldhaft** geschehen sein.

50a Die insolvenzrechtlichen Antragspflichten ergeben sich aus § 15a sowie den verschiedenen spezialgesetzlichen Regelungen (z. B. § 42 Abs. 2 BGB; ausführl. § 15a Rdn. 2 ff.). Daneben ist die gesellschaftsrechtliche Anknüpfung beibehalten worden, um auch eine durch Vorschriften des internationalen Insolvenzrechts evtl. erfolgende gesellschaftsrechtliche Einordnung der Antragspflicht ausländischer Rechtsordnungen mit abzudecken.

51 Der Erstattungspflicht wird nur durch die Leistung eines echten Verfahrenskostenvorschusses gem. Abs. 1 Satz 2 und nicht durch rechtlich anders zu qualifizierende Zahlungen ausgelöst, z. B. einen

insolvenzfreien Vermögen des Schuldners, fällt der Rückzahlungsanspruch in die Insolvenzmasse (vgl. auch zum Insolvenzbeschlag von sog. Surrogationserwerb § 35 Rdn. 50). Hat ein Dritter dem Schuldner die Mittel für den Kostenvorschuss treuhänderisch zur Verfügung gestellt, ist der Rückzahlungsbetrag an den Dritten auszusondern. Der Vorschuss wird erst dann nicht mehr benötigt, wenn feststeht, dass die gesamten Verfahrenskosten gem. § 54 gedeckt sind (Uhlenbruck-Uhlenbruck § 26 Rn. 32; HK-Kirchhof § 26 Rn. 31). Bei Masseunzulänglichkeit gem. § 208 tritt der Vorschussgeber i. R. d. Befriedigung der Massegläubiger mit seinem Rückzahlungsanspruch an die Rangstelle des § 209 Abs. 1 Nr. 1 wegen der mit seinem Vorschuss getilgten Verfahrenskosten (HK-Kirchhof a. a. O.; Uhlenbruck-Uhlenbruck a. a. O.; Jaeger/Henckel/Gerhardt-Schilken Bd. 1 § 26 Rn. 61). Der Vorschussgeber kann mit seinem Rückzahlungsanspruch gegen eine Forderung der Insolvenzmasse aufrechnen, da eine Berufung auf die fehlende Gegenseitigkeit und § 96 treuwidrig wäre (Jaeger/Henckel/Gerhardt-Schilken Bd. 1 § 26 Rn. 61, und MK-Haarmeyer § 26 Rn. 31, jeweils mit Hinweis auf OLG Frankfurt am Main, ZIP 1986, 931 zu § 55 KO).

b) Verfahrenskostenstundung

Bei natürlichen Personen kann das Insolvenzverfahren auch eröffnet werden, wenn die Verfahrenskosten gem. §§ 4a ff. gestundet werden (ausführl. zur Verfahrenskostenstundung bei §§ 4a bis 4d). Das Gericht muss einen gestellten Kostenstundungsantrag bei seiner Abweisungs- bzw. Eröffnungsentscheidung in jedem Fall berücksichtigen (OLG Köln, ZInsO 2002, 236). Umstritten ist, ob bereits ein wirksam gestellter Stundungsantrag eine Verfahrenseröffnung ermöglicht, da die Stundungswirkungen gem. § 4 Abs. 3 Satz 3 bereits mit Antragstellung einstweilen eintreten (AG Hamburg, ZInsO 2002, 594; Jaeger/Henckel/Gerhardt-Schilken Bd. 1 § 26 Rn. 68), oder ob das Gericht vor der Abweisungs- bzw. Eröffnungsentscheidung über den Stundungsantrag entscheiden muss (AG Göttingen, NZI 2002, 567). Beim sog. Zweitinsolvenzverfahren nach Freigabe der selbstständigen Tätigkeit gem. § 35 Abs. 2 scheidet nach richtiger Auffassung eine Verfahrenskostenstundung gem. § 4a aus (AG Göttingen, NZI 2012, 198).

II. Eintragung der Abweisung ins Schuldnerverzeichnis (Abs. 2)

1. Eintragung ins Schuldnerverzeichnis

Gemäß Abs. 2 Satz 1 ordnet das Gericht für Schuldner, bei denen der Eröffnungsantrag mangels Masse abgewiesen worden ist, die Eintragung des Schuldners in das Schuldnerverzeichnis an (§ 882b ZPO), damit der Geschäftsverkehr vor Schuldnern gewarnt ist, bei denen das Vermögen nicht ausgereicht hat, um die Kosten eines Insolvenzverfahrens zu decken (Begr. RegE BT-Drucks. 12/2443 S. 118; AG Köln, ZInsO 2003, 957); Die Anordnung übermittelt das Gericht unverzüglich elektronisch dem zentralen Vollstreckungsgericht (§ 882h Abs. 1 ZPO); § 882c Abs. 3 ZPO gilt entsprechend.

In der Literatur wird schon zur alten Fassung des Abs. 2 wegen der Publizitätswirkungen der Eintragung überwiegend empfohlen, die Eintragung erst **mit Rechtskraft der Abweisungsentscheidung** vorzunehmen (Heyer, ZInsO 2004, 1127, 1128 m. w. N.), obwohl das Gesetz nur auf die Abweisung abstellt.

2. Löschung der Eintragung

Die **reguläre Löschung** der Eintragung erfolgt seit der gesetzlichen Neufassung von Amts wegen **nach 3 Jahren** seit dem Ende des Jahres, in dem die Abweisungsentscheidung erfolgte (Abs. 2 Satz 2 i. V. m. § 882e Abs. 1 Satz 1 ZPO). Wird die Abweisungsentscheidung z. B. im Wege der Abhilfe oder im Beschwerdeverfahren aufgehoben, ist die Eintragung wegen Wegfalls des Eintragungsgrundes entsprechend § 882e Abs. 3 Nr. 2 ZPO zu löschen. Offenbare Unrichtigkeiten sind jederzeit gem. § 4 i. V. m. § 319 ZPO zu berichtigen. Eine vorzeitige Löschung wegen Befriedigung der dem früheren Insolvenzantrag zugrunde gelegenen Forderung wurde schon zum inhaltsgleichen § 915a ZPO ganz überwiegend abgelehnt (AG Köln, ZInsO 2003, 957; Uhlenbruck-Uhlenbruck § 26

§ 26a InsO   Vergütung des vorläufigen Insolvenzverwalters

(3) ¹Gegen den Beschluss steht dem vorläufigen Verwalter und demjenigen, der die Kosten des vorläufigen Insolvenzverwalters zu tragen hat, die sofortige Beschwerde zu. ²§ 567 Absatz 2 der Zivilprozessordnung gilt entsprechend.

Übersicht	Rdn.		Rdn.
A. Normzweck	1	II. Sofortige Beschwerde (Abs. 3)	5
B. Norminhalt	2	C. Verfahrensfragen	7
I. Vergütungsfestsetzung bei Nichteröffnung (Abs. 1 und 2)	2		

A. Normzweck

1 § 26a ist durch das ESUG neu eingeführt worden und regelt die Zuständigkeit des Insolvenzgerichts für die Festsetzung der Vergütung und Auslagen des vorläufigen Insolvenzverwalters im Fall der Nichteröffnung des Insolvenzverfahrens (Begr. RA BT-Drucks. 17/7511, S. 46). Die Kostentragungslast wird nach dem Wortlaut der Norm auch materiell-rechtlich durch § 26a dem Schuldner auferlegt (so auch: K/P/B-Prasser § 26a Rn. 7; MK-Haarmeyer § 26a Rn. 6 a.A. noch Schröder in Vorauflage unter Verweis auf Wimmer, ESUG-Reform, S. 30). Die Regelung ist eine Reaktion des Gesetzgebers auf die vielfach als sachwidrig und nicht verfahrensökonomisch kritisierte Entscheidung des BGH v. 03.12.2009 – IX ZB 280/08 (ZInsO 2010, 107 ff.), die den vorläufigen Insolvenzverwalter im Fall der Nichteröffnung des Insolvenzverfahrens wegen seines Vergütungsanspruchs materiell-rechtlich auf eine Analogie zu §§ 1835, 1836, 1915, 1987, 2221 BGB und verfahrensrechtlich auf den ordentlichen Rechtsweg verwies (Begr. RA BT-Drucks. a. a. O.).

B. Norminhalt

I. Vergütungsfestsetzung bei Nichteröffnung (Abs. 1 und 2)

2 Die Festsetzung der Höhe der Vergütung und Auslagen des vorläufigen Insolvenzverwalters durch das Insolvenzgericht entspricht den allg. Regelungen (§§ 21 Abs. 2 Nr. 1, 64 Abs. 1) und gilt nun ausdrücklich auch für den Fall der Nichteröffnung des Insolvenzverfahrens (Rdn. 1). **Nichteröffnung des Insolvenzverfahrens** liegt vor bei Abweisung, Rücknahme oder Erledigung des Insolvenzantrages.

2a Die funktionelle **Zuständigkeit für die Festsetzung** (Richter oder Rechtspfleger) bei Nichteröffnung des Insolvenzverfahrens richtet sich danach, wer im Festsetzungszeitpunkt für das Verfahren gem. § 18 RPflG zuständig ist. In der Gesetzesbegründung ist zugleich klargestellt, dass für die Vergütungsfestsetzung durch die Verweisung in § 21 Abs. 2 Satz 1 Nr. 1 die **§§ 63 bis 65** Anwendung finden (Begr. RA BT-Drucks. 17/7511, S. 46). Damit ergibt sich der **Vergütungsanspruch** des vorläufigen Insolvenzverwalters materiell aus § 65 i. V. m. **§§ 10 ff. InsVV** (a. A. Wimmer, ESUG-Reform, S. 31, der den Vergütungsanspruch materiellrechtlich weiterhin auf die analoge Anwendung der §§ 1835, 1836, 1915, 1987, 2221 BGB stützt).

Nach § 18 Abs. 1 Nr. 1 RPflG ist dem Richter das Verfahren bis zur Entscheidung über den Eröffnungsantrag unter Einschluss dieser Entscheidung vorbehalten. Da die **Nichteröffnung des Verfahrens** gerade **Voraussetzung** der Festsetzung nach § 26a ist, bleibt es nach vordringenden Stimmen in der Literatur bei der funktionalen Zuständigkeit des § 18 Abs. 1 Nr. 1 RPflG (so auch: K/P/B-Prasser § 26a Rn. 5; Braun-Herzig § 26a Rn. 3, K. Schmidt-Vuia § 26a Rn. 5). Eine Überleitung auf den Rechtspfleger findet insoweit nicht statt. Auch die im Rahmen des § 64 herangezogenen zeitliche Abgrenzungskomponenten (s. § 64 Rdn. 3a) sind durch die Nichteröffnung des Verfahrens gerade nicht übertragbar (K. Schmidt-Vuia a. a. O.). Demgegenüber vertreten andere Stimmen die Auffassung, dass die Entscheidung über die Ablehnung mangels Masse bereits Entscheidung i. S. d. § 18 Abs. 1 Nr. 1 RPflG sei, sodass die Überleitung auf den Rechtspfleger gem. § 18 Abs. 1 Nr. 1 RPflG erfolgt (AG Düsseldorf, NZI 2000, 37, ZInsO 2010, 1807; so auch Vorauflage § 64 Rn. 3a).

Wertung der Massearmutsfeststellung als erledigendes Ereignis nach § 91a ZPO s.: MK-Haarmeyer § 26 Rn. 33 f. m. w. N.).

Die Kostenentscheidung umfasst jedoch nicht die **Vergütung und Auslagen des vorläufigen Insolvenzverwalters bzw. Treuhänders** gem. InsVV (BGH, ZInsO 2008, 151; NR-Mönning/Zimmermann § 26 Rn. 155). Für die Vergütung haftet im Außenverhältnis zum vorläufigen Verwalter stets der Schuldner (BGH a. a. O.; näher § 21 Rdn. 89). Zur **Vergütungsfestsetzung bei Nichteröffnung** des Insolvenzverfahrens vgl. § 26a. 68

Ausführl. zu Kosten und Kostentragung im Eröffnungsverfahren § 13 Rdn. 76 ff.

IV. Rechtsmittel

Gegen den Abweisungsbeschluss stehen dem Antragsteller und bei Gläubigerantrag auch dem Schuldner die **sofortige Beschwerde** gem. § 34 Abs. 1 zu (ausführl. dazu § 34 Rdn. 2 ff.). Die Kostenentscheidung ist gem. § 4 i. V. m. § 99 Abs. 1 ZPO nicht isoliert anfechtbar (OLG Köln, NZI 2001, 664; OLG Brandenburg, NZI 2001, 483; OLG Zweibrücken, ZInsO 2001, 87). Nach neuerer BGH-Rspr. können Beschlüsse des Insolvenzgerichts, die mit der sofortigen Beschwerde angreifbar sind, grds. innerhalb laufender Beschwerdefrist auch **von Amts wegen geändert** werden (BGH, ZInsO 2006, 871). Ob das auch für die Abweisungsentscheidung mangels Masse gilt, ist noch nicht entschieden. 69

Unter den Voraussetzungen der §§ 578 ff. ZPO ist auch eine **Wiederaufnahme** des Verfahrens möglich (BGH, ZInsO 2006, 259), z. B. wegen Fehlens eines gesetzlichen Vertreters (BGH, ZInsO 2007, 97). 70

V. Erneuter Insolvenzantrag

Wurde ein Eröffnungsantrag mangels kostendeckender Masse abgewiesen, so ist ein erneuter Insolvenzantrag nur zulässig, wenn glaubhaft gemacht wird, dass zwischenzeitlich ausreichendes Schuldnervermögen ermittelt wurde oder ein Kostenvorschuss eingezahlt wird (BGH, ZInsO 2002, 818). Verbleiben ernsthafte rechtliche Zweifel am Bestand von Schuldnervermögen, kann das Gericht dieses als nicht glaubhaft gemacht ansehen (BGH a. a. O.). Die Abweisung eines früheren Insolvenzantrags mangels Masse steht auch der Zulässigkeit eines mit einem Antrag auf Restschuldbefreiung verbundenen erneuten Insolvenzantrags nicht entgegen (BGH, ZInsO 2006, 99). 71

Auch nach Abweisung eines Eigenantrages mangels Masse kann auf Antrag eines Gläubigers das Insolvenzverfahren über das Vermögen einer gem. § 60 Abs. 1 Nr. 5 GmbHG aufgelösten GmbH eröffnet werden, wenn zwischenzeitlich ausreichendes Schuldnervermögen ermittelt wurde bzw. ein Kostenvorschuss geleistet wird und noch keine Vollbeendigung der GmbH eingetreten ist (BGH, ZInsO 2005, 144; LG Zweibrücken, NZI 2005, 397). 72

§ 26a Vergütung des vorläufigen Insolvenzverwalters

(1) Wird das Insolvenzverfahren nicht eröffnet, setzt das Insolvenzgericht die Vergütung und die zu erstattenden Auslagen des vorläufigen Insolvenzverwalters durch Beschluss fest.

(2) ¹Die Festsetzung erfolgt gegen den Schuldner, es sei denn, der Eröffnungsantrag ist unzulässig oder unbegründet und den antragstellenden Gläubiger trifft ein grobes Verschulden. ²In diesem Fall sind die Vergütung und die zu erstattenden Auslagen des vorläufigen Insolvenzverwalters ganz oder teilweise dem Gläubiger aufzuerlegen und gegen ihn festzusetzen. ³Ein grobes Verschulden ist insbesondere dann anzunehmen, wenn der Antrag von vornherein keine Aussicht auf Erfolg hatte und der Gläubiger dies erkennen musste. ⁴Der Beschluss ist dem vorläufigen Verwalter und demjenigen, der die Kosten des vorläufigen Insolvenzverwalters zu tragen hat, zuzustellen. ⁵Die Vorschriften der Zivilprozessordnung über die Zwangsvollstreckung aus Kostenfestsetzungsbeschlüssen gelten entsprechend.

bungsmerkmale von dem zuständigen AG an die zuständige Stelle zu übermitteln (§ 4 Abs. 3 Nr. 1 InsStatG). Das Insolvenzstatistikgesetz ist seit dem **01.01.2013 in Kraft** (Art. 10 ESUG). Rückwirkung gem. § 6 InStatG gilt nur für die nach dem 31.12.2008 eröffneten Insolvenzverfahren. Bis dahin basiert die statistische Erhebung auf § 39 EGGVG.

II. Sonstige Wirkungen der Abweisung

64 Bei Kapitalgesellschaften sowie Personenhandelsgesellschaften, bei denen kein persönlich haftender Gesellschafter eine natürliche Person ist, und Genossenschaften hat die rechtskräftige Abweisung eines Insolvenzantrages die **gesellschaftsrechtliche Auflösung** zur Folge (vgl. § 60 Abs. 1 Nr. 5 GmbHG, §§ 262 Abs. 1 Nr. 4, 278 Abs. 3 AktG, §§ 131 Abs. 2 Nr. 1, 161 Abs. 2 HGB, § 81a Abs. 1 Satz 1 GenG). Umstritten ist, ob eine **Fortsetzung der aufgelösten Gesellschaft** möglich ist, wenn die Insolvenzeröffnungsgründe beseitigt werden. Die Rspr. verneint dies überwiegend, die Literatur bejaht dies zunehmend (vgl. OLG Köln, ZInsO 2010, 682, 683 mit umfassenden Nachweisen zum Streitstand).

Juristische Personen oder Personengesellschaften, für die die Auflösung bei Abweisung des Insolvenzantrages mangels Masse im Gesetz nicht geregelt ist (wie z. B. bei Verein oder GbR), bleiben bestehen (MK-Haarmeyer § 26 Rn. 48; zweifelnd für Verein und Stiftung Jaeger/Henckel/Gerhardt-Schilken Bd. 1 § 26 Rn. 40). Die massearme Liquidation aufgelöster Gesellschaften ist nach wie vor nur unzureichend geregelt (vgl. ausführl. Gottwald-Haas, InsRHdb, § 92 Rn. 130 ff. zur massearmen Liquidation bei der GmbH). Wenn die aufgelöste Gesellschaft vermögenslos ist, wird sie gem. § 394 FamFG gelöscht.

65 Gläubiger des Schuldners haben nach Abweisung des Insolvenzantrages mangels Masse ein rechtliches Interesse an der Einsicht in die Insolvenzakten gem. § 4 i. V. m. § 299 Abs. 2 ZPO, auch um festzustellen, ob ihnen Durchgriffs- oder Schadensersatzansprüche gegen Dritte, insb. Geschäftsführer oder Gesellschafter des Schuldners, zustehen (BGH, ZInsO 2006, 597).

66 Die Abweisung mangels Masse ist gem. § 183 Abs. 1 Nr. 2 SGB III zugleich anspruchsbegründendes Insolvenzereignis zum Bezug von **Insolvenzgeld**, sofern für die vorausgehenden 3 Monate des Arbeitsverhältnisses noch Ansprüche auf Arbeitsentgelt bestehen. Die Abweisung des Insolvenzantrages als unzulässig oder wegen fehlenden Eröffnungsgrundes als unbegründet reicht nicht (InsG-DA zu § 183 SGB III, 3.2). Die Abweisung des Insolvenzantrages mangels Masse kann auch **berufsrechtliche Folgen** haben wie z. B. den Widerruf der Bestellung zum Notar, Wirtschaftsprüfer und Steuerberater bzw. der Zulassung zur Rechtsanwaltschaft wegen Vermögensverfalls (§ 50 BNotO, §§ 20 Abs. 2 Nr. 5, 34 WPO, § 46 StBerG, § 14 BRAO;). Bei Gewerbetreibenden kann es zu einer **Gewerbeuntersagung bzw. Entziehung der Gewerbeerlaubnis** wegen wirtschaftlicher Unzuverlässigkeit kommen (vgl. z. B. §§ 34b, 34c, 35 GewO), zumal § 12 GewO nach Abweisung mangels Masse nicht schützt.

III. Kosten

67 Neben der Abweisung des Insolvenzantrages muss das Gericht auch über die Kosten des Insolvenzeröffnungsverfahrens entscheiden. Bei einem **Eigenantrag** des Schuldners trägt dieser die Kosten. Wird ein **Gläubigerantrag** mangels Masse abgewiesen, sind die Kosten ebenfalls dem Schuldner aufzuerlegen, da der antragstellende Gläubiger mit der Behauptung »obsiegt«, der Antragsgegner und Schuldner sei zahlungsunfähig und/oder überschuldet, wenn durch dessen Vermögen nicht einmal die Kosten des Verfahrens gedeckt sind (vgl. MK-Haarmeyer § 26 Rn. 33). Der antragstellende Gläubiger bleibt jedoch in der **Zweitschuldnerhaftung** gem. §§ 23 Abs. 1, 31 GKG. Das gilt nach herrschender Meinung auch für die **Sachverständigenkosten** gem. JVEG (OLG Köln, ZInsO 2010, 539; OLG Düsseldorf, ZIP 2009, 1172; **a. A.** AG Göttingen, ZInsO 2009, 981), auch wenn das Sachverständigengutachten von einem vorläufigen Insolvenzverwalter erstattet worden ist, wenn dieser dazu vom Gericht i. S. d. § 22 Abs. 1 Satz 2 Nr. 3 Halbs. 2 als Sachverständiger zusätzlich beauftragt worden ist (OLG Düsseldorf, a. a. O.; vgl. auch § 11 Abs. 4 InsVV; zum Streitstand der

ten ist; der Bestellung eines Notgeschäftsführers oder Prozesspflegers bedarf es nicht (AG Hamburg, ZInsO 2006, 1120; krit. Pape, ZInsO 2007, 173, 184).

2. Rechtliches Gehör

Gem. Art. **103 Abs. 1 GG** ist dem Schuldner vor der Abweisungsentscheidung rechtliches Gehör zu gewähren. Dies gilt **sowohl bei einem Gläubigerantrag** (BGH, ZInsO 2004, 274) **als auch bei einem Schuldnerantrag** (NR-Mönning/Zimmermann §26 Rn. 125; HK-Kirchhof §26 Rn. 20; Jaeger/Henckel/Gerhardt-Schilken Bd. 1 §26 Rn. 35; K/P/B-Pape §26 Rn. 11 f.; MK-Haarmeyer §26 Rn. 24; FK-Schmerbach §26 Rn. 59; K. Schmidt-Keller §26 Rn. 32 a. A. soweit dem Schuldner als Antragsteller bereits im Rahmen der Vorschussanforderung rechtliches Gehör gewährt wurde: Uhlenbruck, InsRHdb, §16 Rn. 5, 6; Uhlenbruck-Uhlenbruck §26 Rn. 35; wohl auch Vallender, Kölner Schrift zur InsO, S. 249, 265 Rn. 49). I. d. R. genügt eine Stellungnahmefrist von wenigen Tagen, bei übermäßigen Verzögerungen durch die Anhörung gilt §10 entsprechend (HK-Kirchhof a. a. O.). In welcher Weise einem Schuldner vor der Abweisungsentscheidung rechtliches Gehör zu gewähren ist, lässt sich nicht allg. beantworten, sondern hängt von den Umständen des Einzelfalls ab (BGH a. a. O.). Ausreichend ist, wenn dem Schuldner das Sachverständigengutachten mit einem Hinweis übersandt wird, dass nach dem Gutachten, dem das Gericht zu folgen beabsichtige, das schuldnerische Vermögen voraussichtlich nicht zur Verfahrenskostendeckung ausreiche, und Gelegenheit zur Einzahlung eines bestimmten Kostenvorschusses gegeben wird (BGH a. a. O.).

58

Nach erfolgter Anhörung ist ein erneuter Hinweis, dass ein von einem Gläubiger angeforderter Kostenvorschuss nicht eingegangen ist, nicht erforderlich (BGH a. a. O.).

59

Die Anhörung ist nach verbreiteter Auffassung in der Literatur ausnahmsweise entbehrlich, wenn der Schuldner die voraussichtlich fehlende Verfahrenskostendeckung einräumt bzw. sich mit dem Inhalt eines entsprechenden Sachverständigengutachtens einverstanden erklärt (so HK-Kirchhof §26 Rn. 20; MK-Haarmeyer §26 Rn. 24; FK-Schmerbach §26 Rn. 63). Eine fehlende Anhörung kann im Beschwerdeverfahren nachgeholt werden (BGH, ZVI 2004, 94).

60

3. Zustellung, Bekanntmachung und Mitteilungen

Der Abweisungsbeschluss ist dem Antragsteller und bei Gläubigerantrag auch dem Schuldner zuzustellen, da er von diesen Beteiligten mit der sofortigen Beschwerde gem. §34 Abs. 1 angefochten werden kann (§4 i. V. m. §329 Abs. 3 ZPO). Die **Zustellung** erfolgt **gem. §8**. Das Gericht kann nach seinem pflichtgemäßen Ermessen auswählen, ob es »förmlich« oder durch Aufgabe zur Post zustellt (BGH, ZInsO 2003, 216).

61

Eine **öffentliche Bekanntmachung** nach §9 war im Gesetz früher nicht vorgesehen und daher insoweit mangels gesetzlicher Grundlage wegen des Grundrechts des Schuldners auf informationelle Selbstbestimmung überwiegend als unzulässig angesehen worden. Dies hat das Gesetz zur Vereinfachung des Insolvenzverfahrens vom 13.04.2007 geändert. Gem. §26 Abs. 1 Satz 3 ist der Beschluss unverzüglich und nicht erst nach Eintritt der Rechtskraft gem. §9 öffentlich bekannt zu machen. Dies dient dem Informationsinteresse des Rechts- und Wirtschaftsverkehrs und löst zugleich die Zustellungsfiktion des §9 Abs. 3 aus.

62

Unabhängig davon wird bei Handelsgesellschaften die Auflösung mit Rechtskraft der Abweisung in das Handelsregister eingetragen (vgl. §65 Abs. 1 GmbHG, §§263 Satz 3, 278 Abs. 3 AktG, §§143 Abs. 1 Satz 3, 161 Abs. 2 HGB) und dann vom Handelsgericht gem. §10 HGB bekannt gemacht. Entsprechendes gilt gem. §82 GenG für Genossenschaften. Dem **Registergericht** ist in diesen Fällen gem. **§31 Nr. 2** eine Ausfertigung des abweisenden Beschlusses zu übersenden. Weitere Mitteilungspflichten für das Insolvenzgericht ergeben sich aus den Anordnungen über Mitteilungen in Zivilsachen, dort Nr. XII a. 2. MiZi (abgedruckt in: NZI 1999, 405).

63

Ferner sind nach dem mit dem **ESUG** eingeführten **Insolvenzstatistikgesetz** (InsStatG) innerhalb von 2 Wochen nach Ablauf des Monats der Abweisungsentscheidung die in §2 genannten Erhe-

63a

voraus, dass ein Insolvenzeröffnungsverfahren anhängig ist und das Vermögen des Schuldners (vgl. dazu Rdn. 9 ff.) die Kosten eines Insolvenzverfahrens nach Abs. 1 Satz 1 voraussichtlich nicht deckt (Hirte/Knof/Mock, DB 2011, 632, 635). In der zeitlichen Begrenzung auf das Eröffnungsverfahren liegt zugleich das wohl größte Anwendungsproblem, da kaum ein organschaftlicher Vertreter den Vorschuss freiwillig zahlen wird und das Eröffnungsverfahren als gesetzliches Eilverfahren für ein **Klagverfahren** mit ggf. anschließender Zwangsvollstreckung zu kurz ist (ähnl. Pape a. a. O., Hirte/Knof/Mock, a. a. O.; K. Schmidt, a. a. O.; vgl. dazu und zu weiteren prozessualen Schwierigkeiten wie Prozessführungsbefugnis, Prozesskostenfinanzierung, Bezifferung des Klagantrages Zimmermann, ZInsO 2012, 396, 399 ff.). Eine **einstweilige Verfügung** in Form einer Leistungsverfügung (erwogen von HK-Kirchhof, § 26 Rn. 47) dürfte nach dem strengen Maßstab des § 940 ZPO nicht in Betracht kommen.

55c **Anspruchsberechtigt** sind der **vorläufige Insolvenzverwalter** und jede Person, die nach Eröffnung des Insolvenzverfahrens **Insolvenzgläubiger** i. S. d. § 38 wäre (BT-Drucks. 17/5712), wobei auch die Insolvenzgläubiger des § 39 zugleich Insolvenzgläubiger i. S. d. § 38 sind (BGH, ZIP 2010, 2055, 2056, Tz. 10).

55d Der **Anspruchsinhalt** ist auf einen zur Eröffnung des Insolvenzverfahrens ausreichenden **Kostenvorschuss i. S. d. Abs. 1 Satz 2** gerichtet. Darüber hinaus kann nach allg. Regeln Kostenerstattung von dem organschaftlichen Vertreter verlangt werden. Im nachfolgenden Insolvenzverfahren über das Vermögen der Gesellschaft ist der Aufwendungsersatzanspruch des Gläubigers hingegen nur Insolvenzforderung gem. § 38 (vgl. zur Kostentragungslast auch Hirte/Knof/Mock, a. a. O.).

Kommt nach Verfahrenseröffnung hinreichend Masse zusammen, besteht nach allg. Regeln ein Rückgewähranspruch des Vorschussgebers, gegen den der Insolvenzverwalter jedoch ggf. mit Haftungsansprüchen aufrechnen kann, wenn deren Voraussetzungen vorliegen (Zimmermann, ZInsO 2012, 396, 398).

55e Der Vorschussanspruch besteht nicht bei Eintritt der Massearmut nach Verfahrenseröffnung, da § 207 Abs. 1 nur auf § 26 Abs. 3 und nicht auf § 26 Abs. 4 verweist (Hirte/Knof/Mock, a. a. O.).

C. Verfahrensfragen

I. Abweisungsbeschluss

1. Voraussetzungen

56 Die Abweisung mangels Masse erfolgt durch Beschluss. Sie setzt neben, genauer gesagt vor der voraussichtlich fehlenden Verfahrenskostendeckung die Zulässigkeit des Insolvenzantrages und das Vorliegen eines Eröffnungsgrundes voraus (BGH, ZInsO 2011, 931), da die Abweisung für die Kreditwürdigkeit des Schuldners nicht zuletzt durch die Eintragung in das Schuldnerverzeichnis gem. Abs. 2 weitreichende Folgen hat und bei Kapitalgesellschaften bzw. Personengesellschaften ohne persönlich haftende natürliche Person zur Auflösung führt (dazu Rdn. 64). Maßgebend für die Frage der voraussichtlichen Verfahrenskostendeckung ist der Zeitpunkt der Entscheidung über den Insolvenzantrag (BGH, ZInsO 2011, 92, 93, Tz. 3).

Ein Gläubiger hat keinen Anspruch darauf, dass die Entscheidung über den Eröffnungsantrag hinausgeschoben wird bis die voraussichtliche Verfahrenskostendeckung oder sonstige Eröffnungsvoraussetzungen vorliegen (BGH, ZInsO 2006, 1051). Über den Eröffnungsantrag wird vielmehr entschieden, wenn die Ermittlungen des Insolvenzgerichts gem. § 5 abgeschlossen sind (BGH a. a. O.).

57 Fehlt es einer schuldnerischen GmbH an einem gesetzlichen Vertreter, ist die GmbH nicht prozessfähig (§ 4 i. V. m. § 51 Abs. 1 ZPO) und der Insolvenzantrag grds. als unzulässig zurückzuweisen (BGH, ZInsO 2007, 97). Bei Tod des einzigen Geschäftsführers der schuldnerischen GmbH kann die Abweisung mangels Masse gem. § 26 jedoch erfolgen, wenn die Schuldnerin anwaltlich vertre-

Massekredit (Kayser, Höchstrichterliche Rechtsprechung, Rn. 234), wobei die Bezeichnung der Zahlung oder eine Vereinbarung darüber zwischen dem einzahlenden Gläubiger und dem Insolvenzverwalter unbeachtlich sind (BGH, ZInsO 2009, 433, 434, Tz. 11; BGH, ZInsO 2003, 28). Ein echter **Verfahrenskostenvorschuss** setzt an sich voraus, dass der Vorschuss zur Verfahrenskostendeckung tatsächlich **erforderlich** war, also das Vermögen des Schuldners die Verfahrenskosten voraussichtlich sonst nicht deckt (OLG Brandenburg, ZInsO 2003, 223). Der Ersatzanspruch nach Abs. 3 besteht jedoch auch, wenn das Gericht zu Unrecht eine voraussichtlich fehlende Verfahrenskostendeckung angenommen und vom Gläubiger einen Vorschuss »angefordert« (vgl. zum Begriff Rdn. 37) hatte (BGH, ZInsO 2009, 433).

Allgemein wird eine analoge Anwendung auf vergleichbare Insolvenzantragspflichten wie z. B. §§ 42 Abs. 2, 86 BGB bejaht (HK-Kirchhof § 26 Rn. 42; Uhlenbruck-Hirte § 26 Rn. 64; Jaeger/Henckel/Gerhardt-Schilken Bd. 1 § 26 Rn. 93). Umstritten ist die analoge Anwendung auf die Insolvenzantragspflicht des Erben bzw. des Nachlassverwalters gem. §§ 1980, 1985 Abs. 2 BGB (dafür: Uhlenbruck-Hirte § 26 Rn. 64; Jaeger/Henckel/Gerhardt-Schilken Bd. 1 § 26 Rn. 93; dagegen: HK-Kirchhof, a. a. O. mit Hinweis auf die Dürftigkeitseinrede gem. § 1990 BGB). 52

Ist die Insolvenzantragspflicht objektiv verletzt, was der Vorschussleistende darlegen und ggf. beweisen muss, trifft den organschaftlichen Vertreter gem. Abs. 3 Satz 2 die Beweislast dafür, dass er sich nicht pflichtwidrig und schuldhaft verhalten hat (Beweislastumkehr). 53

3. Anspruchsinhalt

Der Erstattungsanspruch entsteht unter den vorgenannten Voraussetzungen mit der Vorschussleistung und richtet sich auf Erstattung in voller Höhe, jedoch nur Zug um Zug gegen Abtretung etwaiger Rückzahlungsansprüche des Vorschussleistenden wegen eines ggf. nicht benötigten Vorschussanteils (vgl. BGHZ 146, 264 = ZInsO 2001, 260 zu § 64 Abs. 2 GmbHG). Ist der Vorschuss bereits teilweise zurückgezahlt worden, ermäßigt sich der Erstattungsanspruch entsprechend (Jaeger/Henckel/Gerhardt-Schilken Bd. 1 § 26 Rn. 97). Die Verzinsung richtet sich nach allg. Regeln (§§ 286, 288, 291 BGB). 54

4. Verjährung

Der Erstattungsanspruch unterliegt nach §§ 195, 199 BGB der **3-jährigen Regelverjährung** der §§ 195, 199 BGB, nachdem Abs. 3 Satz 3 a. F. durch das Gesetz zur Anpassung von Verjährungsvorschriften an das Gesetz zur Modernisierung des Schuldrechts aufgehoben wurde (Gesetz vom 09.12.2004, BGBl. I, S. 3214). Die Verjährungsfrist beginnt gem. § 199 Abs. 1 BGB **mit dem Schluss des Jahres**, in dem der **Vorschuss geleistet wurde**. 55

IV. Vorschusspflicht bei schuldhafter Verletzung der Insolvenzantragspflicht (Abs. 4)

Mit dem **ESUG** hat der Gesetzgeber einen Vorschussanspruch gegen Personen neu eingeführt, die entgegen den Vorschriften des Insolvenz- oder Gesellschaftsrechts pflichtwidrig und schuldhaft keinen Antrag auf Eröffnung des Insolvenzverfahrens gestellt haben (vgl. dazu Abs. 4 Satz 1). Die Einführung ist eine Reaktion des Gesetzgebers darauf, dass das Verfahren nach Abs. 3 insb. wegen des Kostenrisikos von Gläubigern selten genutzt wird, und soll nach dem Willen des Gesetzgebers die Möglichkeit schaffen, Personen, die pflichtwidrig und schuldhaft ihre Insolvenzantragspflicht verletzt haben, direkt zur Einzahlung eines zur Verfahrenseröffnung führenden Vorschusses nach Abs. 1 Satz 2 heranziehen zu können (Begr. REgE. BT-Drucks. 17/5712, S. 25). Ob sich die gesetzgeberischen Erwartungen insoweit erfüllen, darf allerdings bezweifelt werden (krit. NR-Mönning/Zimmermann § 26 Rn. 161; so auch schon in ZInsO 2012, 396; Pape, ZInsO 2011, 1033, 1039; Hirte/Knof/Mock, DB 2011, 632, 635 f.; ferner K. Schmidt, NJW 2011, 1255, 1258, mit Alternativvorschlägen de lege ferenda). 55a

Die **Anspruchsvoraussetzungen und Beweislast** entsprechen zunächst denen des Erstattungsanspruchs nach Abs. 3 (vgl. dazu Rdn. 50 ff.). Zudem setzt der Vorschussanspruch ungeschrieben 55b

Da die gesetzgeberische Intention der Neufassung des § 26a gerade die Verfahrensbeschleunigung ist (K/P/B-Prasser § 26a Rn. 3; MK-Haarmeyer § 26 Rn. 3), sprechen verfahrensökonomische Gründe für die funktionale Zuständigkeit des Richters. Dieser ist bereits im Eröffnungsverfahren mit den maßgeblichen Faktoren befasst. Die Befassung des Rechtspflegers würde durch die Einarbeitungsnotwendigkeit daher schon rein praktisch eine Verfahrensverzögerung mit sich bringen. Auch eine Entscheidung des Amtsgericht Hamburg wurde jüngst durch den funktional zuständigen Richter entschieden (AG Hamburg, ZIP 2014, 237, 238) und im Übrigen festgestellt, dass die Regelung des § 26a InsO auf den vorläufigen Sachwalter (analoge) Anwendung findet. Es sei als Redaktionsversehen zu bewerten, dass § 26a InsO von der Verweiskette des § 274 Abs. 1 InsO nicht erfasst sei. Denn die § 26a InsO zugrunde liegende Interessenlage sei auch im Fall der Nichteröffnung nach einem Eröffnungsverfahren in Eigenverwaltung identisch, da auch hier die Zuständigkeit des bereits mit der Sache befassten Insolvenzgerichts insoweit vorteilhaft sei, als die allgemeinen Zivilrichte und die Verwalter, welche ansonsten einen Prozesskostenvorschuss leisten müssten, entlastet würden (so auch bereits AG Göttingen, ZIP 2013, 36).

Der Vergütungsfestsetzungsbeschluss stellt einen **vorläufig vollstreckbaren Titel** i. S. d. § 794 Abs. 1 Nr. 3 ZPO für den vorläufigen Verwalter dar (Begr. RA BT-Drucks. 17/7511, S. 46). Nach dem Gesetzeswortlaut in Abs. 1 richtet sich die Vergütungsfestsetzung bis zum 01.07.2014 immer »**gegen den Schuldner**« (krit. dazu Frind, ZInsO 2011, 2249, 2250). Mit Inkrafttreten des Gesetzes zur Verkürzung des Restschuldbefreiungsverfahrens und zur Stärkung der Gläubigerrechte zum 01.07.2014 wird der Gesetzeswortlaut »gegen den Schuldner« durch die Einfügung von Abs. 2 modifiziert. Gleichwohl bleibt der Grundsatz der schuldnerischen Haftung gegenüber dem vorläufigen Insolvenzverwalter auch nach dem 01.07.2014 beibehalten. Nur im Fall eines gänzlich unberechtigten Eröffnungsantrags eines Gläubigers wird mit Abs. 2 Satz 1 Halbs. 2 sowie Satz 2 die Möglichkeit einer im Einzelfall zu prüfenden vergütungsrechtlichen Direkthaftung des antragstellenden Gläubigers gegenüber dem vorläufigen Insolvenzverwalter eröffnet. Voraussetzung hierfür ist die Erkennbarkeit der von vornherein fehlenden Erfolgsaussicht des Antrages (s. a. A/G/R-Sander § 26a n. F. Rn. 1; Beschl. E-BT-Drucks. 17/13535 S. 26). Dem Gläubiger billigt Abs. 3 n. F. ein eigenes Beschwerderecht gegen die Kostenentscheidung zu.

Gemäß Abs. 1 Satz 2 ist der Vergütungsfestsetzungsbeschluss dem vorläufigen Verwalter und dem Schuldner gem. § 8 besonders zuzustellen. Eine öffentliche Bekanntmachung gem. § 9 ist anders als nach § 64 Abs. 2 Satz 1 nicht vorgesehen.

II. Sofortige Beschwerde (Abs. 3)

Abs. 3 gibt dem **vorläufigen Insolvenzverwalter und** demjenigen, der die Kosten laut Beschluss zu tragen hat, die Möglichkeit der sofortigen Beschwerde gem. § 6. Vor dem Hintergrund der stets gegebenen Zweitschuldnerhaftung des antragstellenden Gläubigers nach § 23 GKG ist die Nichtaufnahme des antragstellenden Gläubigers auch im Fall der grundsätzlichen Kostentragung durch den Schuldner in den Kreis der Berechtigten verwunderlich. Sie wird daher als gesetzgeberisches Übersehen gewertet werden müssen (so MK-Haarmeyer § 26a Rn. 7; Frind, ZInsO 2011, 2249, 2250).

Die Beschwerde ist gem. Abs. 2 Satz 2 i. V. m. § 567 Abs. 2 ZPO nur zulässig, wenn der **Wert des Beschwerdegegenstands** 200,– € übersteigt. Zur **Rechtsbeschwerde** gem. § 4 i. V. m. § 574 ZPO nach Aufhebung von § 7 ausführl. § 7 Rdn. 2 ff.

C. Verfahrensfragen

Die Regelung gilt gem. Art. 3, 10 ESUG für alle nach dem **Inkrafttreten** des ESUG am 01.03.2012 beantragten Insolvenzverfahren. Die durch das Gesetz zur Verkürzung des Restschuldbefreiungsverfahrens und zur Stärkung der Gläubigerrechte eingeführten Änderungen treten am 01.07.2014 in Kraft. Für »**Altfälle**« bleibt es bei der trotz der o. g. BGH-Rechtsprechung (Rdn. 1) umstrittenen

Rechtslage (weiterhin abl. z. B. LG Koblenz, ZInsO 2011, 1805; vgl. ferner Frind, ZInsO 2010, 109 ff.; Riewe, NZI 2010, 131 ff.; Uhlenbruck, NZI 2010, 161 ff.).

§ 27 Eröffnungsbeschluß

(1) ¹Wird das Insolvenzverfahren eröffnet, so ernennt das Insolvenzgericht einen Insolvenzverwalter. ²§ 270 bleibt unberührt.

(2) Der Eröffnungsbeschluß enthält:
1. Firma oder Namen und Vornamen, Geburtsdatum, Registergericht und Registernummer, unter der der Schuldner in das Handelsregister eingetragen ist, Geschäftszweig oder Beschäftigung, gewerbliche Niederlassung oder Wohnung des Schuldners;
2. Namen und Anschrift des Insolvenzverwalters;
3. die Stunde der Eröffnung;
4. die Gründe, aus denen das Gericht von einem einstimmigen Vorschlag des vorläufigen Gläubigerausschusses zur Person des Verwalters abgewichen ist; dabei ist der Name der vorgeschlagenen Person nicht zu nennen.

(3) Ist die Stunde der Eröffnung nicht angegeben, so gilt als Zeitpunkt der Eröffnung die Mittagsstunde des Tages, an dem der Beschluß erlassen worden ist.

Übersicht	Rdn.		Rdn.
A. Normzweck	1	I. Wirksamwerden des Eröffnungsbeschlusses	27
B. Norminhalt	2		
I. Voraussetzungen der Eröffnung	2	II. Zustellung, Bekanntmachung und Mitteilungen	29
II. Zeitpunkt der Eröffnung (Abs. 2 Nr. 3, Abs. 3)	5	III. Rechtswirkungen des Eröffnungsbeschlusses	31
III. Inhalt des Eröffnungsbeschlusses (Abs. 2)	10	IV. Nachträgliche Änderungen, Ergänzungen und Berichtigungen	36
1. Zwingender Inhalt	10	V. Rechtsbehelfe	39
2. Ergänzender Inhalt gem. §§ 28, 29	21	VI. Rechtskraft	41
3. Fakultativer Inhalt	23	VII. EuInsVO	44
4. Besonderheiten bei Eigenverwaltung und Klein-/Verbraucherinsolvenz	25		
C. Verfahrensfragen	27		

A. Normzweck

1 § 27 bestimmt zusammen mit den nachfolgenden §§ 28 und 29 den regelmäßigen **Inhalt des Eröffnungsbeschlusses**. Der Eröffnungsbeschluss hat zentrale Bedeutung für das Insolvenzverfahren und sowohl rechtsgestaltende (vgl. z. B. §§ 80 ff.) als auch verfahrensleitende (vgl. z. B. §§ 28 ff.) Funktion (Jaeger/Henckel/Gerhardt-Schilken Bd. 1 § 27 Rn. 3 f.; MK-Schmahl/Busch § 27 bis 29 Rn. 1).

B. Norminhalt

I. Voraussetzungen der Eröffnung

2 Für den Erlass des Eröffnungsbeschlusses ist der **Richter zuständig** (§ 18 Abs. 1 Nr. 1 RPflG). Nach herrschender Rspr., insb. des BVerfG, erfolgt nur die Eröffnungsentscheidung in Ausübung rechtsprechender Gewalt, während die Auswahl und Bestellung nicht zur Rspr. im materiellen Sinn gehört (BVerfG, ZInsO 2006, 765, 768; **a. A.** . § 56 Rdn. 31).

Die Eröffnung des Insolvenzverfahrens hat folgende **Voraussetzungen:** 3

▶ **Übersicht: Voraussetzungen für die Eröffnung eines Insolvenzverfahrens**

  I. Zulässigkeit des Insolvenzantrages (§§ 2, 3, 4, 11 bis 15)
  II. Begründetheit des Insolvenzantrages
  1. Eröffnungsgrund (§§ 16 bis 19, 320):
     – immer Zahlungsunfähigkeit (§§ 17, 320)
     – ferner Überschuldung bei jur. Personen und Personengesellschaften ohne natürliche Person als persönlich haftenden Gesellschafter sowie beim Nachlass (§§ 19, 320)
     – bei Schuldnerantrag: auch drohende Zahlungsunfähigkeit (§§ 18, 320)
     – bei Sekundärinsolvenzverfahren gem. § 356 keine gesonderte Feststellung erforderlich
  2. Voraussichtlich hinreichendes Vermögen des Schuldners zur Verfahrenskostendeckung bzw. Verfahrenskostenvorschuss oder -stundung (§ 26)

Der Eröffnungsbeschluss über das Vermögen eines nicht existenten Schuldners (z. B. einer vollbeendeten GbR, vgl. § 11 Rdn. 51) ist nichtig und bindet auch die Prozessgerichte grds. nicht (BGH, NZI 2008, 612). Anders liegt der Fall, wenn bei einer zweigliedrigen Personengesellschaft (z. B. auch zweigliedrige GmbH & Co. KG) vor Verfahrenseröffnung der vorletzte Gesellschafter ausscheidet (z. B. durch Insolvenzeröffnung über dessen Vermögen) und das Vermögen dem verbliebenen Gesellschafter als Sondervermögen anwächst (BGH, ZInsO 2008, 973; näher zur Verfahrenseröffnung bei beendeten Personengesellschaften § 11 Rdn. 51.).

Eine gesonderte **Anhörung des Schuldners (rechtliches Gehör) vor Verfahrenseröffnung** ist beim 4 **Schuldnerantrag** nicht erforderlich, da die Eröffnung dem gestellten Antrag entspricht (Vallender, Kölner Schrift, S. 134 Rn. 59). Beim **Gläubigerantrag** ist eine erneute Anhörung grds. nur erforderlich, wenn der Schuldner dem Antrag entgegengetreten ist und sich i. R. d. Ermittlungen gem. § 5 neue Erkenntnisse ergeben haben, die das Gericht verwerten will und zu denen der Schuldner noch nicht gem. § 14 Abs. 2 gehört wurde (K/P/B-Pape § 27 Rn. 8; Vallender a.a.O., Rn. 60), anders, wenn der Schuldner dem Gläubigerantrag nicht substanziiert entgegengetreten ist (AG Hamburg, ZInsO 2008, 53; MK-Schmahl/Vuia § 16 Rn. 25 ff.; FK-Schmerbach § 27 Rn. 18; weiter gehend LG Frankfurt an der Oder, DZWIR 2005, 348). Anhörung durch den Sachverständigen oder vorläufigen Insolvenzverwalter genügt nicht, da Art. 103 Abs. 1 GG rechtliches Gehör durch das Gericht verlangt (a. A. Vallender a.a.O., Rn. 60). Ist vor Verfahrenseröffnung (erneut) rechtliches Gehör zu gewähren, ist dem Schuldner i. d. R. das Gutachten zu übersenden und Gelegenheit zur Stellungnahme zu geben (Vallender a.a.O., Rn. 60). Die **Anhörungsfrist** kann wegen des Eilcharakters des Verfahrens kurz sein, je nach Sachlage auch nur wenige Tage (AG Hamburg, ZInsO 2005, 669, 670; MK-Schmahl/Busch § 16 Rn. 28; FK-Schmerbach a.a.O.). Das rechtliche Gehör kann auch **im Beschwerdeverfahren** nachgeholt werden (BVerfG, NZI 2002, 30).

II. Zeitpunkt der Eröffnung (Abs. 2 Nr. 3, Abs. 3)

Gemäß Abs. 2 Nr. 3 muss **im Eröffnungsbeschluss** die Stunde der Eröffnung angegeben sein. Aus 5 § 27 Abs. 3 ist zu schließen, dass der **Tag und der Zeitpunkt,** d. h. die genaue Uhrzeit der Verfahrenseröffnung anzugeben ist. Ist der Zeitpunkt der Eröffnung nicht angegeben, so gilt gem. Abs. 3 die Mittagsstunde, d. h. 12:00 Uhr des Tages, an dem der Beschluss erlassen worden ist, als Eröffnungszeitpunkt.

Ein im Eröffnungsbeschluss angegebener **Eröffnungszeitpunkt »24:00 Uhr«** ist so auszulegen, dass 6 die Eröffnung jedenfalls noch zum Ende des betreffenden Tages erfolgt ist (LG Duisburg, ZInsO 2002, 988). Die Verjährungsfrist des § 146 Abs. 1 berechnet sich nach §§ 187 Abs. 1, 188 Abs. 2, 1. Alt. BGB auch dann, wenn das Insolvenzverfahren um »0.00 Uhr« eines bestimmten Tages eröffnet worden ist (BGH, ZInsO 2005, 204).

Eine Beschwerde gegen den Eröffnungszeitpunkt mit dem bloßen Ziel, einen anderen Eröffnungs- 7 zeitpunkt zu erreichen, ist unzulässig (LG Duisburg, ZInsO 2002, 988).

8   Als Zeitpunkt der Eröffnung hat der Richter den Zeitpunkt anzugeben, in dem er den Eröffnungsbeschluss unterzeichnet, eine **Vordatierung** ist **unzulässig** (BGH, ZInsO 2005, 204 und ZInsO 2004, 387; inzwischen auch MK-Schmahl/Busch §§ 27 bis 29 Rn. 41, **a. A.** bei Vordatierung um wenige Stunden: K/P/B-Pape § 27 Rn. 58). Ein vordatierter Eröffnungsbeschluss ist nach der Rechtsprechung anfechtbar, jedoch jedenfalls bis zur Entscheidung des BGH vom 17.12.2004 (ZInsO 2004, 387) nicht nichtig (BGH, ZInsO 2005, 204). Wird z. B. aus Gründen der Insolvenzgeldabrechnung ein besonderer Eröffnungstermin angestrebt, ist es dem Richter unbenommen, den Eröffnungsbeschluss auch außerhalb der üblichen Dienstzeit und des Gerichts zu unterzeichnen.

9   Das Insolvenzgericht entscheidet über den Eröffnungsantrag, wenn seine Ermittlungen gem. § 5 abgeschlossen sind (BGH, ZInsO 2006, 1051). Die **Vorschriften über die Aussetzung des Verfahrens (§§ 148 ff. ZPO)** sind wegen der grundsätzlichen Eilbedürftigkeit des Insolvenzverfahrens **nicht anwendbar** (BGH, NZI 2006, 642). Umstritten ist, ob dem Gericht ausnahmsweise ein **Ermessen bei der Wahl des Eröffnungszeitpunkts** zusteht.

Dies betrifft namentlich die Frage, ob das Gericht die Verfahrenseröffnung hinausschieben und das Insolvenzverfahren erst nach **Ausschöpfung des Insolvenzgeldzeitraums** eröffnen darf, **um Sanierungschancen zu erhöhen**, auch wenn ein Eröffnungsgrund und die voraussichtliche Verfahrenskostendeckung bereits vorher feststehen (dafür: AG Hamburg, ZIP 2001, 1885 m. zust. Anm. Spliedt, EWiR 2001, 1099; AG Hamburg, ZInsO 2004, 630; K. Schmidt-Keller § 27 Rn. 54 jedenfalls bei sog. starker vorläufiger Verwaltung; Hamburger Leitlinien zum Insolvenzeröffnungsverfahren ZInsO 2004, 24; FK-Schmerbach § 27 Rn. 8a; differenzierend Münzel, ZInsO 2006, 1238; sowie Uhlenbruck-Uhlenbruck § 27 Rn. 11, der das Abweichen vom Grundsatz der sofortigen Eröffnungspflicht nicht ohne besonderen Anlass als zulässig erachtet; dagegen: HK-Kirchhof § 27 Rn. 16; insb. unter Hinweis auf den Eilcharakter des Insolvenzeröffnungsverfahrens: K/P/B-Pape § 27 Rn. 56). Der befürwortenden Auffassung ist zuzustimmen. Entgegen der ursprünglichen Vorstellung des RegE, dass das Verfahren vor Eröffnung so kurz wie möglich gehalten werden solle (vgl. Begr. RegE BT-Drucks. 12/2443 S. 117), hat der Rechtsausschuss deutlich gemacht, dass das Insolvenzeröffnungsverfahren auch dazu dienen soll, Sanierungen vorzubereiten, und dazu die Eröffnung des Verfahrens entsprechend hinausgeschoben werden kann (Begr. RA BT-Drucks. 12/7302 S. 158).

»**Abwarten wegen wirtschaftlicher Erholung**« des Schuldners ist allerdings nur dann geboten, wenn es zeitnah und den Gläubigern zumutbar ist (AG Hamburg, ZInsO 2008, 52; zust. FK-Schmerbach § 27 Rn. 8a.). **Erledigungserklärungen** müssen nicht abgewartet werden (LG Hamburg, ZInsO 2007, 335, 336; Pape, ZInsO 2005, 1140, 1145). Es besteht keine Amtspflicht des Insolvenzgerichts, bei der Wahl des Eröffnungszeitpunktes **Gläubigerinteressen** zu berücksichtigen (LG Hamburg a. a. O.), z. B. möglichen Versicherungsschutz des Insolvenzgläubigers für seine Forderung (LG Münster, NZI 2005, 632).

III. Inhalt des Eröffnungsbeschlusses (Abs. 2)

1. Zwingender Inhalt

10 Der zwingende Inhalt des Eröffnungsbeschlusses ergibt sich aus Abs. 2: Bezeichnung des Schuldners (Nr. 1), Bezeichnung des Insolvenzverwalters bzw. Treuhänders (Nr. 2), Zeitpunkt der Eröffnung (Nr. 3) und – bis zum 30.06.2014 – einen Hinweis, ob der Schuldner einen Antrag auf Restschuldbefreiung gestellt hat (Nr. 4). Zu weiteren Inhalten s. Rdn. 21–24, zu Möglichkeiten der Änderung, Ergänzung oder Berichtigung s. Rdn. 36.

Die **Bezeichnung des Schuldners** (Nr. 1) muss möglichst **genau** sein. Bei juristischen Personen und anderen Gesellschaften sind auch die gesetzlichen Vertreter, bei Personengesellschaften alle persönlich haftenden Gesellschafter anzugeben (HK-Kirchhof § 27 Rn. 19; MK-Schmahl/Busch §§ 27 bis 29 Rn. 22; FK-Schmerbach § 27 Rn. 18b, 19). Auch **firmenähnliche Zusatzbezeichnungen** können mit aufgenommen werden (MK-Schmahl/Busch a. a. O. Rn. 22 für die GbR). Entsprechendes gilt ebenso für **frühere Firmennamen**, wenn die Änderung erst kürzlich erfolgt ist (HK-Kirchhof § 27 Rn. 19; MK-Schmahl/Busch a. a. O. Rn. 22).

Die genaue und eindeutige Bezeichnung des Schuldners muss aus dem Text des vom Richter unterzeichneten Eröffnungsbeschlusses unmittelbar ersichtlich sein (BGH, ZInsO 2003, 178, Tz. 14), vollständige Ausfertigungen der Geschäftsstelle oder Veröffentlichungen im Internet reichen insoweit nicht (BGH a. a. O., Tz. 15). Ist das nicht der Fall, z. B. weil der vom Richter unterzeichnete Eröffnungsbeschluss lediglich auf ein Blatt der Akten Bezug nimmt, ist der Beschluss fehlerhaft, jedoch nicht nichtig, sondern gleichwohl wirksam, wenn sich die Person des Schuldners aus der Inbezugnahme eindeutig ergibt und der Beschluss auch i. Ü. einen eindeutigen, alle in Abs. 2 genannten Merkmale umfassenden Inhalt hat (BGH a. a. O.). Im Eröffnungsbeschluss ist die aktuelle Anschrift des Schuldners anzugeben (LG Hamburg, ZInsO 2005, 1000). Zur Eröffnung unter einem »Aliasnamen« AG Marburg a.d. Lahn, ZInsO 2010, 1086.

Bei natürlichen Personen ist bislang die Angabe des Geburtsjahres des Schuldners, nicht aber des vollständigen Geburtsdatums (krit. dazu Prütting/Brinkmann, ZVI 2006, 477), bzw. der Handelsregisternummer, wenn der Schuldner im Handelsregister eingetragen ist, erforderlich gewesen. Mit Inkrafttreten des Gesetzes zur Verkürzung des Restschuldbefreiungsverfahrens und zur Stärkung der Gläubigerrechte am 01.07.2014 ist die Angabe des vollen Geburtsdatums verpflichtend. Damit soll die schon mit der letzten Gesetzesänderung bezweckte Vermeidung von Verwechselungen (Begr. RegE BT-Drucks. 16/3227 S. 31; A/G/R-Sander § 27 n. F. Rn. 1) weiter vorangetrieben, größere Rechtssicherheit geschaffen und der Zuverlässigkeit der Angaben von Auskunfteien Vorschub geleistet werden (Begr. RegE BT-Drucks. 17/11268 S. 21). 11

Bis zum 30.06.2014 ist gem. Nr. 4 aufzunehmen, ob der Schuldner einen Antrag auf Restschuldbefreiung gestellt hat. Der Hinweis soll der möglichst frühzeitigen Information der Gläubiger dienen (Begr. RegE BT-Drucks. 16/3227 S. 31). Diese Regelung wird mit Inkrafttreten des Gesetzes zur Verkürzung des Restschuldbefreiungsverfahrens und zur Stärkung der Gläubigerrechte am 01.07.2014 gestrichen, da dem Informationsbedürfnis der Gläubiger mit der Vorverlagerung der Entscheidung über die Zulässigkeit des Restschuldbefreiungsverfahrens gem. Neufassung des § 287a, genüge getan ist (vgl. auch A/G/R-Sander § 27 n. F. Rn. 1). 12

Ein schriftlicher, d. h. nicht förmlich verkündeter, Beschluss ist nichtig, wenn die **Unterschrift des Richters** fehlt (BGH, ZInsO 2003, 178). Die fehlende Unterschrift des Richters kann mit ex nunc Wirkung nachgeholt werden (BGH, ZIP 1997, 2126). Lesbarkeit der Unterschrift ist nicht erforderlich, Erkennbarkeit des Unterzeichnenden und der Absicht, die Unterschrift leisten zu wollen, reichen, bewusste Namensabkürzung (Handzeichen, Paraphe) nicht (BGH, NZI 2010, 59, 60). 13

Zu den Anforderungen an den Inhalt des Eröffnungsbeschlusses bei Schuldnern, die sich in einem sog. Zeugenschutzprogramm befinden s. LG Hamburg a. a. O.; AG Hamburg, ZInsO 2005, 276 und Frind, ZVI 2005, 57 f. 14

Gem. § 27 Abs. 2 Nr. 2 muss der Eröffnungsbeschluss **Name und Anschrift des Insolvenzverwalters** enthalten. In der Praxis werden darüber hinaus auch dessen Telefon- und Faxnummer sowie E-Mail-Adresse angegeben. 15

Das Gericht darf gem. § 56a Abs. 2 Satz 1 von einem einstimmigen Vorschlag zur Person des Verwalters durch den (vor-)vorläufigen Gläubigerausschuss nur abweichen, wenn die vorgeschlagene Person zur Übernahme des Amtes nicht geeignet ist (ausführl. dazu § 56a). Die Ungeeignetheit der vorgeschlagenen Person ist – dessen Unabhängigkeit vorausgesetzt – dabei insbesondere an den vom (vor-)vorläufigen Gläubigerausschuss beschlossenen Anforderungen an die Person des Verwalters zu messen (s. hierzu auch NR-Mönning/Schweizer § 27 Rn. 16). Das **Abweichen von einem einstimmigen Vorschlag des (vor-)vorläufigen Gläubigerausschuss** zur Person des Verwalters hat das Gericht gem. Nr. 5 zu begründen.

Die **Begründung** hat schriftlich **im Eröffnungsbeschluss** zu erfolgen und soll den Beteiligten die Möglichkeit geben, sich mit den Gründen der gerichtlichen Entscheidung auseinanderzusetzen und in der ersten Gläubigerversammlung gem. § 57 dennoch die einstimmig zum Verwalter vorgeschlagene und zunächst abgelehnte Person zum Verwalter zu wählen (Begr. RegE BT-Drucks. 17/5712, S. 25; NR-Mönning/Schweizer § 27 Rn. 39). An diesem Zweck muss sich Inhalt und Umfang der Begründung orientieren. Zu begründen ist daher die **mangelnde Eignung des vorgeschlagenen Verwalters** i. S. d. § 56 Abs. 1, **nicht die Auswahl des bestellten Verwalters**. Letztere ist weder begründungspflichtig, noch (isoliert) rechtsmittelfähig (vgl. § 34 Rdn. 9). Im Hinblick auf die öffentliche Bekanntmachung des Eröffnungsbeschlusses gem. § 30 ist in der Begründung gem. § 27 Abs. 2 Nr. 5 Halbs. 2 die abgelehnte Person aus Gründen des Persönlichkeitsschutzes **nicht namentlich** zu nennen (Begr. RegE BT-Drucks. 17/5712, S. 25).

Nach herrschender Meinung ist die **Bestellung des Insolvenzverwalters** nach Eröffnung des Insolvenzverfahrens **nachholbar** (K/P/B-Pape § 27 Rn. 21; HK-Kirchhof § 27 Rn. 21; MK-Schmahl/Busch § 27 bis 29 Rn. 36; Uhlenbruck-Uhlenbruck § 27 Rn. 7; **a. A.** NR-Mönning/Schweizer § 27 Rn. 13). Entsprechendes muss auch für die **Begründung** gem. § 27 Abs. 2 Nr. 5 gelten. Trotz des funktionalen Zuständigkeitswechsels bei der Eröffnung (§ 18 Abs. 1 Nr. 1 RPflG) wird für die Nachholung der Begründung indes der Richter zuständig bleiben müssen, da im Regelfall der Richter bei Anordnung der Sicherungsmaßnahmen die einstimmig vorgeschlagene Person als ungeeignet beurteilt hat. Nach der Eröffnung ist gem. § 18 Abs. 1 RPflG jedoch der Rechtspfleger für die Bestellung des Insolvenzverwalters zuständig, soweit kein Richtervorbehalt gem. § 18 Abs. 2 RPflG besteht (K/P/B-Pape a. a. O.HK-Kirchhof a. a. O.; Uhlenbruck-Uhlenbruck a. a. O.).

16 Der Eröffnungsbeschluss ist wegen der Beschwerdemöglichkeit gem. § 34 Abs. 1 und des weitreichenden Eingriffs in die Rechte des Schuldners zumindest kurz zu begründen (MK-Schmahl/Busch §§ 27 bis 29 Rn. 114 ff.). Der konkrete Umfang der **Begründung** hängt vom Einzelfall ab, insb. davon, inwieweit der Schuldner substanziierte Einwendungen gegen die Verfahrenseröffnung vorgebracht hat (MK-Schmahl/Busch §§ 27 bis 29 Rn. 114). Die Verwalterauswahl ist nur im Fall der § 27 Abs. 2 Nr. 4 (dazu Rdn. 15; § 56a) zu begründen.

17 Mit Inkrafttreten des **ESUG** ist ferner die Ablehnung, nicht die Anordnung der **Eigenverwaltung** gem. § 270 Abs. 4 schriftlich zu begründen (näher Rdn. 25).

18 Zur Begründungspflicht bei Insolvenzverfahren nach der **EuInsVO** vgl. Rdn. 44.

19 Eine **Kostenentscheidung** enthält der Eröffnungsbeschluss nicht, da die Verfahrenskosten gem. §§ 53, 54 Nr. 2 von der Masse zu tragen sind.

20 Zur **Verfahrenseröffnung durch das Beschwerdegericht** vgl. § 34 Rdn. 30 ff.

2. Ergänzender Inhalt gem. §§ 28, 29

21 **Ergänzende Inhalte** des Eröffnungsbeschlusses regeln § 28 (**Aufforderungen an die Gläubiger und Schuldner**) und § 29 (**Terminbestimmungen**), wobei deren Angaben nachholbar sind und ein Fehlen deshalb nicht zur Nichtigkeit führt.

Die **Tagesordnung** der Gläubigerversammlungen muss die **Beschlussgegenstände zumindest schlagwortartig** bezeichnen, die bloße Angabe von Gesetzesvorschriften reicht nicht (BGH, ZInsO 2011, 1609, Tz. 7; näher dazu § 74 Rdn. 6 f.). Entsprechende Mängel in der Tagesordnung führen dazu, dass das Gericht in der Gläubigerversammlung darüber nicht beschließen lassen darf und ein gleichwohl getroffener Beschluss nichtig ist (BGH a. a. O.). In die Einladung zur Gläubigerversammlung ist ferner ein **Hinweis auf die Fiktion der Beschlüsse der Gläubigerversammlung bei Beschlussunfähigkeit gem. § 160 Abs. 1 Satz 3** aufzunehmen (vgl. § 160 Rdn. 3a).

Den Gläubigern muss eine sachgerechte Vorbereitung der Versammlung und eine Entscheidung, ob sie an der Versammlung teilnehmen wollen, möglich sein (BGH, ZInsO 2008, 504, 505, Tz. 3 mit Hinw. auf BGH, ZIP 2007, 1970 zur Vereinsversammlung). Konkrete Beschlussvorschläge sind nicht erforderlich, die zumindest schlagwortartige Angabe des Beschlussgegenstandes reicht.

Anstelle einer Gläubigerversammlung kann auch in Regelinsolvenzverfahren ein **schriftliches Verfahren** gem. § 5 Abs. 2 angeordnet werden, wenn die Vermögensverhältnisse überschaubar und die Zahl der Gläubiger oder die Höhe der Verbindlichkeiten gering sind (näher dazu § 5 Rdn. 33 ff.). Die Anordnung kann, aber muss nicht bereits im Eröffnungsbeschluss erfolgen. An die Stelle des Termins zur Gläubigerversammlung tritt ein Stichtag, bis zu dem die Beteiligten die entsprechenden Erklärungen abgeben können (FK-Schmerbach § 5 Rn. 26g).

Besonderheiten gelten bei Insolvenzverfahren über das Vermögen von Lebens-, Kranken- und Unfallversicherern (vgl. §§ 78 ff. VAG), Kreditinstituten (vgl. §§ 45 ff. KWG), Verwahrern von Wertpapieren (§ 32 Abs. 5 DepotG), Ausstellern von Schuldverschreibungen (§ 18 Abs. 2 SchuldverschrG) und Genossenschaften (§ 108 GenG). 22

3. Fakultativer Inhalt

Das Gericht kann in dem Eröffnungsbeschluss nach pflichtgemäßem Ermessen weitere Anordnungen treffen, z. B. einen vorläufigen Gläubigerausschuss einsetzen (§ 67 Abs. 1), eine Postsperre anordnen (§ 99 Abs. 1), eine Hinterlegungsstelle bestimmen (§ 149 Abs. 1), den Insolvenzverwalter mit Zustellungen beauftragen (§ 8 Abs. 3) oder zur Anmeldung nachrangiger Insolvenzforderungen auffordern (§ 174 Abs. 3). Regelmäßig wird diesen weiteren Anordnungen eine entsprechende Empfehlung im Insolvenzeröffnungsgutachten vorausgegangen sein. 23

Der Antragsteller und das Antragsdatum können, aber müssen im Eröffnungsbeschluss nicht genannt werden. 24

4. Besonderheiten bei Eigenverwaltung und Klein-/Verbraucherinsolvenz

Liegt ein Antrag auf Eigenverwaltung vor, ist darüber gem. Abs. 1 Satz 2, § 270 Abs. 1 Satz 1 im Eröffnungsbeschluss zu entscheiden (MK-Schmahl/Busch §§ 27 bis 29 Rn. 33). Bei Anordnung der Eigenverwaltung ist gem. § 270 Abs. 3 anstelle des Insolvenzverwalters ein Sachwalter zu bestellen. Mit Inkrafttreten des **ESUG** ist die Ablehnung und nicht die Anordnung der **Eigenverwaltung** gem. § 270 Abs. 4 schriftlich zu begründen (ausführl. dazu § 270 Rdn. 2 ff.). Die **Begründung der Ablehnung** ist entsprechend § 27 Abs. 2 Nr. 5 **in den Eröffnungsbeschluss** mit aufzunehmen (§ 270 Abs. 4 Halbs. 2). Dadurch soll der Gläubigerversammlung ermöglicht werden, auf Basis der Begründung der Ablehnung eine Entscheidung zu treffen, ob dennoch Eigenverwaltung von ihr nachträglich gem. § 271 Satz 1 beantragt werden soll (Begr. RegE BT-Drucks. 17/5712, S. 39). 25

Vor der Entscheidung über den Antrag auf Eigenverwaltung soll eine **Anhörung des vorläufigen Gläubigerausschusses** gem. § 270 Abs. 3 Satz 1 erfolgen, wenn dies nicht offensichtlich zu einer nachteiligen Veränderung in der Vermögenslage des Schuldners führt (näher dazu § 270 Rdn. 29a). Wird der Antrag von einem einstimmigen Beschluss des vorläufigen Gläubigerausschusses unterstützt, so gilt die Anordnung gem. § 270 Abs. 3 Satz 2 nicht als nachteilig für die Gläubiger. Die Ablehnung der Eigenverwaltung ist auch dann begründungspflichtig, wenn keine Unterstützung seitens der Gläubiger besteht (Begr. RegE BT-Drucks. 17/5712, S. 39). Gegen die Anordnung oder Ablehnung der Eigenverwaltung gibt es mit Blick auf die Entscheidungsmöglichkeiten der Gläubigerversammlung gem. §§ 271, 272 auch nach dem ESUG weiterhin **kein Rechtsmittel** (Begr. RegE BT-Drucks. 17/5712, S. 39).

In Verbraucherinsolvenzverfahren ist infolge der Aufhebung der §§ 312 bis 314 InsO ab dem 01.07.2014 nun auch ein Insolvenzverwalter zu bestellen. 26

C. Verfahrensfragen

I. Wirksamwerden des Eröffnungsbeschlusses

Der Eröffnungsbeschluss wird **mit Erlass** wirksam. Der Eröffnungsbeschluss ist erlassen, wenn er vom Richter verkündet ist (vgl. FK-Schmerbach, § 30 Rn. 7) oder wie im Regelfall ohne Verkündung vom Richter unterzeichnet ist und den inneren Geschäftsgang des Gerichts verlassen hat, also 27 vom zuständigen Beamten der Geschäftsstelle in den Ausgang gegeben oder einem Verfahrensbeteiligten auf andere Weise (z. B. telefonische Information des Insolvenzverwalters) bekannt gemacht wird (vgl. BGH, ZInsO 2004, 387; OLG Celle, ZInsO 2000, 217; LG Hamburg, ZInsO 2007, 335, 336; HK-Kirchhof § 27 Rn. 28; FK-Schmerbach a. a. O.; **a. A.** AG Hamburg, ZInsO 2005, 669: bereits mit der Übergabe an die Geschäftsstelle). Die Wirksamkeit des Eröffnungsbeschlusses hängt weder von der Zustellung beim Schuldner gem. § 8, noch von der öffentlichen Bekanntmachung gem. § 30 ab (FK-Schmerbach, a. a. O.). Für die Rechtswirkungen kommt es auf den im Eröffnungsbeschluss genannten (ggf. früheren) Zeitpunkt (Rdn. 5 ff.) an (HK-Kirchhof § 27 Rn. 23).

28 Das Amt des Insolvenzverwalters beginnt erst mit dessen Amtsannahme (Uhlenbruck-Uhlenbruck § 56 Rn. 89). Die Annahme kann auch konkludent erfolgen. Eines Zugangs der Annahmeerklärung beim Gericht bedarf es für die Wirksamkeit der Bestellung nicht.

II. Zustellung, Bekanntmachung und Mitteilungen

29 Der Eröffnungsbeschluss ist den **Gläubigern und Schuldnern** des Schuldners sowie dem Schuldner gem. § 8 besonders zuzustellen (§ 30 Abs. 2). Ferner ist er gem. §§ 30 Abs. 1, 9 durch Veröffentlichung im Internet öffentlich bekannt zu machen (vgl. www.insolvenzbekanntmachungen.de). In der Praxis nimmt das Gericht i. d. R. eine »förmliche« Zustellung an den Schuldner vor, während es mit den Zustellungen an die Gläubiger und Schuldner des Schuldners den Insolvenzverwalter gem. § 8 Abs. 3 beauftragt, der dies i. d. R. durch Aufgabe zur Post durchführt.

30 Ist der Schuldner im **Handels-, Genossenschafts-, Partnerschafts- oder Vereinsregister** eingetragen, hat die Geschäftsstelle des Insolvenzgerichts dem jeweiligen Register gem. § 31 Nr. 1 eine Ausfertigung des Eröffnungsbeschlusses zu übermitteln. Weitere Mitteilungspflichten für das Gericht ergeben sich aus den Anordnungen über Mitteilungen in Zivilsachen, dort Nr. XII a. Nr. 3 MiZi (abgedruckt in: NZI 1999, 405).

Ferner sind nach dem mit dem **ESUG** eingeführten **Insolvenzstatistikgesetz** (InsStatG) innerhalb von 2 Wochen nach Ablauf des Monats der Verfahrenseröffnung die in § 2 InsStatG genannten Erhebungsmerkmale von dem zuständigen AG an die zuständige Stelle zu übermitteln (§ 4 Abs. 3 Nr. 1 InsStatG). Seit dem 01.01.2013, gilt das InsStatG gem. seinem § 6 rückwirkend für alle nach dem 31.12.2008 eröffneten Insolvenzverfahren.

III. Rechtswirkungen des Eröffnungsbeschlusses

31 Mit Erlass des Eröffnungsbeschlusses treten insb. die **Rechtswirkungen der §§ 35 ff., 80 ff.** ein. Der Eröffnungsbeschluss ist gem. § 148 Abs. 2 Herausgabetitel für die Sachen, die sich im Gewahrsam des Schuldners befinden, mit dem der Insolvenzverwalter die Herausgabe im Wege der Herausgabevollstreckung gem. §§ 883 ff. ZPO betreiben kann (BGH, ZInsO 2006, 1105; vgl. zur Herausgabevollstreckung aus dem Eröffnungsbeschluss auch Holzer, DGVZ 2008, 69). Bezogen auf Forderungen wirkt der Eröffnungsbeschluss wie ein Pfändungs- und Überweisungsbeschluss im Einzelzwangsvollstreckungsverfahren (BAG, ZInsO 2008, 869).

32 Die **funktionelle Zuständigkeit bei Gericht** geht mit Eröffnung des Insolvenzverfahrens gem. § 18 Abs. 1 Nr. 1 RPflG auf den Rechtspfleger über, wobei der Richter sich das Insolvenzverfahren gem. § 18 Abs. 2 RPflG ganz oder teilweise vorbehalten bzw. wieder an sich ziehen kann.

33 Der Eröffnungsbeschluss ist **für alle Beteiligten bindend**, solange er nicht nichtig ist oder im Beschwerdewege aufgehoben wird; dies gilt **auch für Prozessgerichte** (vgl. dazu BGHZ 113, 216, 218 = ZIP 1991, 233; BGH, ZInsO 2003, 178). Der Eröffnungsbeschluss ist **rechtskraftfähig** (§ 4 i. V. m. § 705 ZPO; allg. Meinung, vgl. HK-Kirchhof § 27 Rn. 35; Uhlenbruck-Uhlenbruck § 27 Rn. 16; Jaeger/Henckel/Gerhardt-Schilken Bd. 1 § 27 Rn. 4 f.). Die Rechtskraft heilt grds. alle Mängel der Verfahrenseröffnung einschließlich der mangelnden Prozessfähigkeit, nicht jedoch das Fehlen der deutschen Gerichtsbarkeit (HK-Kirchhof a. a. O.). Fehlte der Eröffnungsgrund, kann

das Verfahren entsprechend § 212 wieder eingestellt werden (HK-Kirchhof a. a. O.). In besonderen Fällen kommt auch eine Wiederaufnahme des Verfahrens in Betracht (s. dazu Rdn. 42).

Der Zeitpunkt des Eröffnungsbeschlusses ist auch entscheidend für das **international-rechtliche Prioritätsprinzip** gem. § 16 EuInsVO (LG Hamburg, ZInsO 2005, 1052; zum Prioritätsprinzip im internationalen Insolvenzrecht Herchen, ZIP 2005, 1401). Bei **juristischen Personen und Personengesellschaften** hat die Eröffnung des Insolvenzverfahrens i. d. R. die **Auflösung** zur Folge (vgl. §§ 42 Abs. 1 Satz 1, 86 Satz 1, 728 Abs. 1 Satz 1 BGB, § 60 Abs. 1 Nr. 4 GmbHG, §§ 262 Abs. 1 Nr. 3, 278 Abs. 3 AktG, §§ 131 Abs. 1 Nr. 3, 161 Abs. 2 HGB). Die **Insolvenz eines Gesellschafters** führt je nachdem entweder zur Auflösung der Gesellschaft (vgl. z. B. § 728 Abs. 2 BGB), vorbehaltlich anderslautender Regelungen des Gesellschaftsvertrages zum Ausscheiden des Gesellschafters aus der Gesellschaft (vgl. z. B. §§ 131 Abs. 3, 161 Abs. 2 HGB) bzw. zu satzungsmäßigen Einziehungsrechten wie häufig bei der GmbH. 34

Die Verfahrenseröffnung kann darüber hinaus **berufsrechtliche Folgen** haben wie z. B. den Widerruf der Bestellung zum Notar, Wirtschaftsprüfer und Steuerberater bzw. der Zulassung zur Rechtsanwaltschaft wegen Vermögensverfalls (§ 50 BNotO, dazu BVerfG, ZVI 2004, 297 und BGH, ZInsO 2007, 104; § 14 BRAO, dazu BGH, ZInsO 2011, 2234 m. w. N.; BGH, ZInsO 2005, 213; § 46 StBerG, dazu BFH, ZIP 2008, 657; § 20 WPO, dazu Fölsing, DStR 2009, 2386 ff.). Bei Gewerbetreibenden kann es zu einer **Gewerbeuntersagung bzw. Entziehung von Gewerbeerlaubnissen** wegen wirtschaftlicher Unzuverlässigkeit kommen (vgl. z. B. §§ 34b, 34c, 35 GewO), wobei hier jedoch § 12 GewO während des Insolvenzverfahrens weitreichenden Schutz bietet. 35

IV. Nachträgliche Änderungen, Ergänzungen und Berichtigungen

Das Gericht ist gem. § 4 i. V. m. § 318 ZPO **grds. an den Eröffnungsbeschluss gebunden**, d. h. es darf ihn grds. nicht wieder aufheben oder ändern. Dies betrifft jedoch nur den zwingenden Inhalt des Abs. 2 sowie die Entscheidung über die Anordnung bzw. Ablehnung einer beantragten Eigenverwaltung gem. § 270 Abs. 1 Satz 1. Allerdings ist die Bestellung des Insolvenzverwalters bzw. Treuhänders nach herrschender Meinung nachholbar, wenn sie im Eröffnungsbeschluss fehlt (HK-Kirchhof § 27 Rn. 21; Uhlenbruck-Uhlenbruck § 27 Rn. 6; Jaeger/Henckel/Gerhardt-Schilken Bd. 1 § 27 Rn. 41; MK-Schmahl/Busch §§ 27 bis 29 Rn. 129 f.; a. A. NR-Mönning § 27 Rn. 11). Ebenso kann und muss das Gericht einen neuen Insolvenzverwalter bzw. Treuhänder ernennen, wenn der zunächst bestellte das Amt ablehnt. 36

Änderungen oder Ergänzungen verfahrensleitender Anordnungen gem. §§ 28 ff. wie Terminsbestimmungen usw. sind auch noch nach Rechtskraft des Eröffnungsbeschlusses mit Wirkung für die Zukunft jederzeit möglich (Uhlenbruck-Uhlenbruck § 27 Rn. 16; Jaeger/Henckel/Gerhardt-Schilken Bd. 1 § 27 Rn. 44 f.; MK-Schmahl/Busch §§ 27 bis 29 Rn. 130). 37

Ferner kann gem. § 4 i. V. m. § 319 ZPO die **Berichtigung** offenbarer Unrichtigkeiten vorgenommen werden (BGH, ZInsO 2003, 178, Tz. 23). 38

V. Rechtsbehelfe

Gegen die Eröffnung des Insolvenzverfahrens steht gem. § 34 Abs. 2 nur dem **Schuldner** die **sofortige Beschwerde** zu. Eine sog. isolierte Beschwerde wegen formaler Mängel des Eröffnungsbeschlusses gem. §§ 27 bis 29, z. B. wegen fehlender oder fehlerhafter Termine und Fristen, ist unzulässig (HK-Kirchhof § 34 Rn. 10; **a. A.** Jaeger/Henckel/Gerhardt-Schilken Bd. 1 § 34 Rn. 22 und MK-Schmahl/Busch § 34 Rn. 82: beschwerdefähig, wenn Schuldner materiell beschwert). Ausführlich zur Beschwerde gegen den Eröffnungsbeschluss § 34 Rdn. 9 ff. 39

Nach BGH-Rspr. können Beschlüsse des Insolvenzgerichts, die mit der sofortigen Beschwerde angreifbar sind, grds. innerhalb laufender Beschwerdefrist auch von Amts wegen geändert werden (BGH, ZInsO 2006, 871). Ob das auch für die Eröffnungsentscheidung gilt, ist noch nicht ent- 40 schieden, jedoch wegen der privatrechtsgestaltenden Wirkungen des Eröffnungsbeschlusses abzulehnen (so auch MK-Ganter/Lohmann § 6 Rn. 89).

40a Streitig ist, ob gegen den Eröffnungsbeschluss **Vollstreckungsschutz** gem. § 4 i. V. m. **§ 765a ZPO** gewährt werden kann. Dies wird im Ergebnis überwiegend verneint (ausführl. Schur, KTS 2008, 471, 477 ff. m. w. N.), anders bei Vollstreckungsschutz gegen einzelne Vollstreckungsmaßnahmen des Insolvenzverwalters, insb. bei natürlichen Personen, z. B. Räumungsvollstreckung (BGH, ZInsO 2008, 1383).

VI. Rechtskraft

41 Der Eröffnungsbeschluss wird mit Ablauf der Beschwerdefrist gem. § 34 Abs. 2 formell-rechtskräftig (§ 4 i. V. m. § 705 ZPO). Die **formelle Rechtskraft** des Beschlusses heilt grds. alle Mängel der Eröffnungsvoraussetzungen, des Eröffnungsverfahrens und des Eröffnungsbeschlusses, auch fehlende Insolvenzfähigkeit gem. § 11, sofern der Eröffnungsbeschluss nicht nichtig ist oder es an der deutschen Gerichtsbarkeit fehlt (HK-Kirchhof § 27 Rn. 35; Jaeger/Henckel/Gerhardt-Schilken Bd. 1 § 27 Rn. 47; MK-Schmahl/Busch § 34 Rn. 110, 116 f.). Auch Prozessgerichte sind an die Rechtskraft des Eröffnungsbeschlusses gebunden (BGHZ 113, 216, 218 = ZIP 1991, 233; BAG, ZInsO 2003, 722). Nach Rechtskraft des Eröffnungsbeschlusses kann eine Verweisung gem. § 4 i. V. m. § 281 ZPO nicht mehr erfolgen (OLG Celle, ZIP 2007, 1922).

42 Unter den Voraussetzungen der §§ 578 ff. ZPO kann hinsichtl. des Eröffnungsbeschlusses auch die **Wiederaufnahme** des Verfahrens betrieben werden, da das Wiederaufnahmerecht gem. § 4 i. V. m. §§ 578 ff. ZPO auch auf Beschlüsse im Insolvenzverfahren anwendbar ist (BGH, ZInsO 2006, 259 und ZInsO 2004, 669; vgl. auch § 4 i. V. m. § 569 Abs. 1 Satz 3 ZPO).

43 Bei Wegfall des Eröffnungsgrundes oder der Verfahrenskostendeckung nach Rechtskraft kommt eine Einstellung des Verfahrens gem. § 212 bzw. § 207 in Betracht.

VII. EuInsVO

44 Ist anzunehmen, dass sich Vermögen des Schuldners in einem anderen Mitgliedsstaat der EU befindet, sollen gem. Art. 102 EGInsO § 2 im Eröffnungsbeschluss die tatsächlichen und rechtlichen Erwägungen kurz dargestellt werden, aus denen sich eine Zuständigkeit nach Art. 3 EuInsVO ergibt (vgl. Art. 102 EGInsO § 2 Rdn. 1 ff. m. w. N.). Der Inhalt der **Begründung** richtet sich danach, ob es sich um ein Haupt- oder ein Partikularverfahren handelt (HK-Stephan Art. 102 EGInsO § 2 Rn. 8). Im Fall der Eröffnung eines Sekundärinsolvenzverfahrens muss der Eröffnungsgrund nicht erneut festgestellt werden (Art. 27 EuInsVO, § 356 Abs. 3). Erkennt das Gericht einen grenzüberschreitenden Vermögensbezug, ist das Verfahren aktenmäßig als »IE«-Verfahren zu führen (AG Hamburg, ZInsO 2009, 539).

Ausführlich zu den Aufgaben und Befugnissen des deutschen Insolvenzrichters in Verfahren nach der EuInsVO: Vallender, KTS 2005, 283.

45 Der Zeitpunkt des Eröffnungsbeschlusses gem. § 27 Abs. 2 Nr. 3 ist entscheidend für das **international-rechtliche Prioritätsprinzip** gem. § 16 EuInsVO (LG Hamburg, ZInsO 2005, 1052; zum Prioritätsprinzip im internationalen Insolvenzrecht: Herchen, ZIP 2005, 1401).

Die Eröffnung eines inländischen Insolvenzverfahrens in Kenntnis der Eröffnung eines Hauptinsolvenzverfahrens nach Art. 16 Abs. 1 EuInsVO in einem anderen Mitgliedsstaat ist zumindest schwebend unwirksam (BGH, ZIP 2008, 1338 m. Anm. Herchen, EWiR 2009, 17; vgl. zu den Rechtswirkungen von Handlungen des »Scheinverwalters« auch BGH, ZIP 2008, 2029). Zur Eröffnung des Sekundärinsolvenzverfahrens Art. 3 EuInsVO Rdn. 43 f. Ein entgegen Art. 102 irrtümlich eröffnetes Hauptinsolvenzverfahren darf nicht fortgesetzt werden und ist gem. Art. 102 einzustellen (vgl. BGH a. a. O.).

§ 28 Aufforderungen an die Gläubiger und die Schuldner

(1) ¹Im Eröffnungsbeschluß sind die Gläubiger aufzufordern, ihre Forderungen innerhalb einer bestimmten Frist unter Beachtung des § 174 beim Insolvenzverwalter anzumelden. ²Die Frist ist auf einen Zeitraum von mindestens zwei Wochen und höchstens drei Monaten festzusetzen.

(2) ¹Im Eröffnungsbeschluß sind die Gläubiger aufzufordern, dem Verwalter unverzüglich mitzuteilen, welche Sicherungsrechte sie an beweglichen Sachen oder an Rechten des Schuldners in Anspruch nehmen. ²Der Gegenstand, an dem das Sicherungsrecht beansprucht wird, die Art und der Entstehungsgrund des Sicherungsrechts sowie die gesicherte Forderung sind zu bezeichnen. ³Wer die Mitteilung schuldhaft unterläßt oder verzögert, haftet für den daraus entstehenden Schaden.

(3) Im Eröffnungsbeschluß sind die Personen, die Verpflichtungen gegenüber dem Schuldner haben, aufzufordern, nicht mehr an den Schuldner zu leisten, sondern an den Verwalter.

Übersicht

	Rdn.		Rdn.
A. Normzweck	1	2. Mitteilungspflicht des Gläubigers (Abs. 2 Satz 2)	7
B. Norminhalt	2	3. Schadensersatzpflicht bei nicht unverzüglicher Mitteilung (Abs. 2 Satz 3)	8
I. Aufforderung an Gläubiger zur Forderungsanmeldung (Abs. 1)	2	III. Aufforderung an Drittschuldner (Abs. 3)	10
II. Aufforderung an Gläubiger zur Mitteilung von Mobiliarsicherheiten (Abs. 2)	5	IV. EuInsVO	12
1. Aufforderung des Gerichts (Abs. 2 Satz 1)	5		

A. Normzweck

§ 28 bestimmt weitere Inhalte des Eröffnungsbeschlusses und ergänzt insoweit §§ 27, 29. Die Aufforderung an die Gläubiger zur Forderungsanmeldung beim Insolvenzverwalter gem. § 174 dient der Ermittlung der Schuldenmasse (Abs. 1). Die Aufforderung an die Gläubiger zur Mitteilung von Mobiliarsicherheiten (Abs. 2) dient demgegenüber der Bereinigung der sog. Istmasse um Mobiliarsicherheiten, die sich aus den Angaben und Unterlagen des Schuldners häufig nicht vollständig ergeben. Die Aufforderung an die Drittschuldner nach Abs. 3 soll die Drittschuldner vor einer nicht Schuld befreienden Leistung an den Schuldner bzw. die Insolvenzmasse vor einer Schuld befreienden Leistung an den Schuldner in Unkenntnis der Verfahrenseröffnung schützen (vgl. § 82). Sie unterstützt zugleich den Forderungseinzug durch den Insolvenzverwalter.

B. Norminhalt

I. Aufforderung an Gläubiger zur Forderungsanmeldung (Abs. 1)

Der Eröffnungsbeschluss muss gem. Abs. 1 Satz 1 eine **Frist zur Anmeldung der Insolvenzforderungen gem.** § 38 bestimmen und die Gläubiger auffordern, ihre Insolvenzforderungen unter Beachtung dieser Frist und der Anforderungen des § 174 (vgl. ausführl. dazu § 174 Rdn. 11) schriftlich beim Insolvenzverwalter anzumelden. Bei Eigenverwaltung erfolgt die Anmeldung beim Sachwalter (§ 270 Abs. 3 Satz 2).

Die **Anmeldefrist** ist gem. Abs. 1 Satz 2 auf einen Zeitraum von mindestens 2 Wochen und höchstens 3 Monaten festzusetzen, gerechnet ab Bewirkung der öffentlichen Bekanntmachung, d. h. bei der **Fristberechnung** ist § 9 Abs. 1 Satz 3 zu berücksichtigen (MK-Schmahl/Busch §§ 27 bis 29 Rn. 48; HK-Kirchhof § 28 Rn. 4). Mit Blick auf die Stimmrechtsgewährung nach § 77 Abs. 1 sollte die Anmeldefrist günstigerweise vor der ersten Gläubigerversammlung enden. Zwingend ist dies jedoch nicht, da ein späterer Ablauf das Recht der Gläubiger auf vorherige Anmeldung und Teilnahme an Abstimmungen nicht verkürzt (MK-Schmahl/Busch §§ 27 bis 29 Rn. 49; HK-Kirchhof § 28 Rn. 4). Ferner sollte das Gericht jedenfalls bei größeren Verfahren einen gewissen Zeitraum zwischen dem Ablauf der Anmeldefrist und dem Prüfungstermin vorsehen, da die Tabelle mit den Anmeldungen sowie den beigefügten Urkunden gem. § 175 Abs. 1 Satz 2 innerhalb des ersten Drittels zwischen Ablauf der Anmeldefrist und Prüfungstermin auf der Geschäftsstelle des Insolvenzgerichts niederzulegen ist. Nachträgliche Forderungsanmeldungen nach Ablauf der Anmeldefrist sind möglich, deren Prüfung ist jedoch kostenpflichtig (vgl. § 177 Rdn. 3 ff.).

3 **Nachrangige Insolvenzforderungen gem. § 39** sind nur anzumelden, wenn das Gericht besonders zur Anmeldung auffordert (§ 174 Abs. 3).

4 Das **Fehlen der Anmeldefrist oder der Aufforderung zur Forderungsanmeldung** macht den Eröffnungsbeschluss nicht nichtig (vgl. § 27 Rdn. 21) und auch nicht anfechtbar (HK-Kirchhof § 28 Rn. 6; MK-Schmahl/Busch §§ 27 bis 29 Rn. 50), da den Gläubigern kein Rechtsmittel gegen den Eröffnungsbeschluss zusteht (§§ 6 Abs. 1, 34 Abs. 2) und der Schuldner durch das Fehlen der nachholbaren Angaben nicht beschwert ist. Der Beschluss ist entsprechend zu ergänzen. Bei **Unterschreitung der 2-Wochen-Grenze** des Abs. 1 Satz 2 gilt diese als gesetzliche Mindestfrist, bei **Überschreitung der 3-Monats-Grenze** die tatsächlich festgesetzte Frist (HK-Kirchhof § 28 Rn. 6; Jaeger/Henckel/Gerhardt-Schilken Bd. 1 § 28 Rn. 8; MK-Schmahl/Busch §§ 27 bis 29 Rn. 50).

II. Aufforderung an Gläubiger zur Mitteilung von Mobiliarsicherheiten (Abs. 2)

1. Aufforderung des Gerichts (Abs. 2 Satz 1)

5 Die Aufforderung des Gerichts an die Gläubiger, dem Verwalter die in Anspruch genommenen Sicherungsrechte am beweglichen Vermögen unverzüglich mitzuteilen, umfasst nicht nur **Absonderungsrechte** gem. §§ 50 ff., sondern auch solche **Aussonderungsrechte mit Sicherungscharakter**, wie z. B. den einfachen Eigentumsvorbehalt, nicht jedoch sonstige Aussonderungsrechte z. B. aufgrund Miete (HK-Kirchhof § 28 Rn. 8; Jaeger/Henckel/Gerhardt-Schilken Bd. 1 § 28 Rn. 13; MK-Schmahl/Busch §§ 27 bis 29 Rn. 59). Entsprechendes gilt für **Ersatzabsonderungs- und Ersatzaussonderungsrechte** (MK-Schmahl/Busch a. a. O.). Anders als bei § 166 Abs. 1 kommt es nicht darauf an, wer die Sache in Besitz hat. Die Aufforderung zur Mitteilung von Immobiliarsicherheiten wurde vom Gesetzgeber für entbehrlich gehalten, da diese Rechte sich aus dem Grundbuch bzw. entsprechenden Registern (vgl. §§ 31 ff.) ergeben (Jaeger/Henckel/Gerhardt-Schilken Bd. 1 § 28 Rn. 2).

6 Bei **Eigenverwaltung** hat die Mitteilung an den Sachwalter zu erfolgen (so auch MK-Schmahl/Busch §§ 27 bis 29 Rn. 63), damit dieser die wirtschaftliche Lage des Schuldners gem. § 274 Abs. 2 prüfen, seine Prüfungs- und Stellungnahmepflichten gem. § 281 sowie sein Einvernehmen bei der Verwertung von Sicherungsgut gem. § 282 Abs. 2 ausüben kann. Bei **Verbraucher-/Kleininsolvenz** tritt der Treuhänder an die Stelle des Insolvenzverwalters (§ 313 Abs. 1).

2. Mitteilungspflicht des Gläubigers (Abs. 2 Satz 2)

7 Die Mitteilung des Gläubigers hat von Gesetzes wegen **unverzüglich**, d. h. ohne schuldhaftes Zögern (§ 121 Abs. 1 Satz 1 BGB) zu erfolgen. Das Gericht kann eine Mitteilungsfrist deswegen weder bestimmen, noch verlängern. Die Mitteilung ist nach dem Gesetz **formlos** möglich, muss jedoch den **Inhalt des Abs. 2 Satz 2** haben, d. h. den Gegenstand, an dem das Sicherungsrecht beansprucht wird, die Art und den Entstehungsgrund des Sicherungsrechts sowie die gesicherte Forderung bezeichnen (HK-Kirchhof § 28 Rn. 10; Uhlenbruck-Uhlenbruck, § 28 Rn. 4; a. A. Smid, NZI 2009, 669, 671: Schriftform). Nachweise für das in Anspruch genommene Recht sind i. R. d. Mitteilung noch nicht erforderlich (HK-Kirchhof § 28 Rn. 10; **a. A.** MK-Schmahl/Busch §§ 27 bis 29 Rn. 62).

3. Schadensersatzpflicht bei nicht unverzüglicher Mitteilung (Abs. 2 Satz 3)

8 Die schuldhafte Unterlassung oder Verzögerung der Mitteilung durch den Gläubiger hat in zwei Richtungen schadensersatzrechtliche Wirkung: Zum einen löst sie nach Abs. 2 Satz 3 ggf. **Schadensersatzansprüche der Insolvenzmasse** (§ 92 S. 1) für den Gesamtschaden der Gläubiger aus

(HK-Kirchhof § 28 Rn. 11; Jaeger/Henckel/Gerhardt-Schilken Bd. 1 § 28 Rn. 22; MK-Schmahl/Busch §§ 27 bis 29 Rn. 66). Zum anderen kann sie eine **Entlastung des Insolvenzverwalters** von möglichen Schadensersatzpflichten wegen der Verletzung nicht bzw. nicht rechtzeitig mitgeteilter Sicherungsrechte bringen (Jaeger/Henckel/Gerhardt-Schilken Bd. 1 § 28 Rn. 21).

Die **Schadensersatzpflicht des Gläubigers** setzt Verschulden gem. §§ 276, 278 BGB und einen adäquat verursachten Schaden gem. §§ 249 ff. BGB voraus. Auch § 254 BGB ist anwendbar. Durch die öffentliche Bekanntmachung des Eröffnungsbeschlusses gem. § 9 wird insoweit keine Kenntnis von der Insolvenzeröffnung und der Mitteilungspflicht vermutet (HK-Kirchhof § 28 Rn. 11; MK-Schmahl/Busch § 29 Rn. 68). An der Verursachung eines eingetretenen Schadens fehlt es, wenn der Insolvenzverwalter bereits Kenntnis von dem Sicherungsrecht hatte. Als Schaden kommt auch die Verjährung des Anfechtungsrechts bei anfechtbaren Sicherungsrechten in Betracht (Jaeger/Henckel/Gerhardt-Schilken Bd. 1 § 28 Rn. 22). Die Darlegungs- und Beweislast für den Schadensersatzanspruch richtet sich nach allg. Grundsätzen und liegt daher grds. beim Insolvenzverwalter. 9

III. Aufforderung an Drittschuldner (Abs. 3)

Die Aufforderung an die Drittschuldner hat nur **deklaratorische Bedeutung** und keine materiell-rechtliche Wirkung (HK-Kirchhof § 28 Rn. 15; Jaeger/Henckel/Gerhardt-Schilken Bd. 1 § 28 Rn. 25; MK-Schmahl/Busch §§ 27 bis 29 Rn. 72). Sie soll im Hinblick auf § 82 die Drittschuldner vor einer nicht Schuld befreienden Leistung an den Schuldner bzw. die Insolvenzmasse vor einer Schuld befreienden Leistung an den Schuldner in Unkenntnis der Verfahrenseröffnung schützen. 10

Bei Anordnung der **Eigenverwaltung** entfällt die Aufforderung an die Drittschuldner gem. Abs. 3, da der Schuldner grds. verwaltungs- und verfügungsbefugt über sein Vermögen bleibt (MK-Schmahl/Busch §§ 27 bis 29 Rn. 74, dort auch zur Übernahme der Kassenführung gem. § 274 Abs. 2). Bei **Verbraucher-/Kleininsolvenz** ist zur Leistung an den Treuhänder aufzufordern (§ 313 Abs. 1). 11

IV. EuInsVO

Nach Art. 102 § 11 Satz 1 EGInsO ist den Gläubigern, die in einem anderen Mitgliedstaat der EU ihren gewöhnlichen Aufenthalt, Wohnsitz oder Sitz haben, ein Hinweis zuzustellen, mit dem sie über die Folgen einer nachträglichen Forderungsanmeldung gem. § 177 unterrichtet werden. Ein entsprechendes Formblatt findet sich in den verschiedenen Sprachen unter www.bmj.bund.de. Die Zustellung kann dem Insolvenzverwalter gem. § 8 übertragen werden (Art. 102 § 11 Satz 1 EGInsO). 12

§ 29 Terminbestimmungen

(1) Im Eröffnungsbeschluß bestimmt das Insolvenzgericht Termine für:
1. eine Gläubigerversammlung, in der auf der Grundlage eines Berichts des Insolvenzverwalters über den Fortgang des Insolvenzverfahrens beschlossen wird (Berichtstermin); der Termin soll nicht über sechs Wochen und darf nicht über drei Monate hinaus angesetzt werden;
2. eine Gläubigerversammlung, in der die angemeldeten Forderungen geprüft werden (Prüfungstermin); der Zeitraum zwischen dem Ablauf der Anmeldefrist und dem Prüfungstermin soll mindestens eine Woche und höchstens zwei Monate betragen.

(2) ¹Die Termine können verbunden werden. ²Das Gericht soll auf den Berichtstermin verzichten, wenn die Vermögensverhältnisse des Schuldners überschaubar sind und die Zahl der Gläubiger oder die Höhe der Verbindlichkeiten gering ist.

Übersicht	Rdn.		Rdn.
A. Normzweck	1	II. Verbindung von Berichts- und Prüfungstermin (Abs. 2)	8
B. Norminhalt	2		
I. Bestimmung von Berichts- und Prüfungstermin (Abs. 1)	2		

§ 29 InsO Terminbestimmungen

A. Normzweck

1 § 29 **ergänzt die Regelungen der §§ 27, 28 zu den Inhalten des Eröffnungsbeschlusses** hinsichtl. der Bestimmung des Berichts- und des Prüfungstermins. § 29 dient zugleich der **Verfahrensbeschleunigung**, indem bereits im Eröffnungsbeschluss der Berichtstermin und der Prüfungstermin zeitnah angesetzt werden und der Berichtstermin nach pflichtgemäßem Ermessen des Gerichts mit dem Prüfungstermin verbunden werden kann (Begr. RegE BT-Drucks. 12/2443 S. 119). Die Verbindung von Berichts- und Prüfungstermin dient zugleich der **Kostenersparnis** (vgl. dazu Begr. RegE BT-Drucks. a. a. O.).

B. Norminhalt

I. Bestimmung von Berichts- und Prüfungstermin (Abs. 1)

2 Gemäß Abs. 1 Nr. 1 soll nicht später als 6 Wochen und darf **nicht später als 3 Monate nach Verfahrenseröffnung eine Gläubigerversammlung** angesetzt werden, in der auf der Grundlage eines Berichts des Insolvenzverwalters (§ 156) über den Fortgang des Insolvenzverfahrens gem. § 157 beschlossen wird (sog. **Berichtstermin**). Ferner ist ein **Prüfungstermin** (§§ 176 ff.) zu bestimmen, wobei zwischen dem Ablauf der Anmeldefrist und dem Prüfungstermin mindestens eine Woche und höchstens 2 Monate liegen sollen (Abs. 1 Nr. 2). Der Prüfungstermin kann nach pflichtgemäßem Ermessen des Gerichts mit dem Berichtstermin verbunden werden (Abs. 2, vgl. dazu Rdn. 8). Es empfiehlt sich, im Eröffnungsbeschluss mit den Terminen zugleich die genaue Zeit, den Ort und die Tagesordnungen festzulegen, da diese wie der Eröffnungsbeschluss (§ 30 Abs. 1) öffentlich bekannt zu machen sind (§ 74 Abs. 2 Satz 1).

Der **Prüfungstermin** kann wie nach der KO (vgl. LG Düsseldorf, ZIP 1985, 628, 629) grds. **nicht vor dem Berichtstermin** stattfinden, da die Prüfung der angemeldeten Forderungen dem endgültigen Insolvenzverwalter vorbehalten ist (§ 57) und die Entscheidung über die Wahl eines anderen Verwalters grds. Berichterstattung gem. § 156 erfordert (MK-Schmahl/Busch §§ 27 bis 29 Rn. 81, 96; Hess § 29 Rn. 14; wohl auch FK-Schmerbach § 29 Rn. 3; **a. A.** Uhlenbruck-Uhlenbruck § 29 Rn. 3; wohl auch K/P/B-Pape § 29 Rn. 8, der dieselbe Reihenfolge i. E. jedoch aus Zweckmäßigkeitserwägungen vorgegeben sieht).

Die **Tagesordnung** der Gläubigerversammlungen muss die **Beschlussgegenstände zumindest schlagwortartig** bezeichnen, die bloße Angabe von Gesetzesvorschriften reicht nicht (BGH, ZIP 2008, 1030; näher § 27 Rdn. 21 u. § 74 Rdn. 6 f.). In die Einladung zur Gläubigerversammlung ist ferner ein **Hinweis auf die Fiktion der Beschlüsse der Gläubigerversammlung bei Beschlussunfähigkeit gem. § 160 Abs. 1 Satz 3** aufzunehmen (vgl. § 160 Rdn. 3a).

Anstelle einer Gläubigerversammlung kann auch in Regelinsolvenzverfahren das **schriftliche Verfahren** gem. § 5 Abs. 2 angeordnet werden, wenn die Vermögensverhältnisse überschaubar und die Zahl der Gläubiger oder die Höhe der Verbindlichkeiten gering sind (näher dazu § 5 Rdn. 33 ff.). Die Anordnung kann, aber muss nicht bereits im Eröffnungsbeschluss erfolgen (§ 5 Rdn. 33). An die Stelle des Termins zur Gläubigerversammlung tritt ein Stichtag, bis zu dem die Beteiligten die entsprechenden Erklärungen abgeben können (FK-Schmerbach § 5 Rn. 26g). Das Gericht kann die Anordnung jederzeit aufheben oder ändern. Ferner können die in § 75 genannten Beteiligten eine Gläubigerversammlung beantragen. Das Regel-Ausnahmeverhältnis wird sich mit Inkrafttreten des Gesetzes zur Verkürzung des Restschuldbefreiungsverfahrens und zur Stärkung der Gläubigerrechte zum 01.07.2014 umkehren (§ 5 Abs. 2 Satz 1). Das Gesetz zur Verkürzung des Restschuldbefreiungsverfahrens und zur Stärkung der Gläubigerrechte sieht zur Vereinfachung und Beschleunigung des Verfahrens vor, Verbraucher- und Regelverfahren, in denen die Vermögensverhältnisse des Schuldners überschaubar und die Zahl der Gläubiger oder die Höhe der Verbindlichkeiten gering sind, grundsätzlich schriftlich durchzuführen. Für die Überschaubarkeit sind nach dem gesetzgeberischen Willen (Begr. RegE. BT-Drucks. 17/11268 S. 21 f.) die in § 304 Abs. 2 bereits jetzt vorgesehenen Grenzwerte (weniger als 20 Gläubiger) heranzuziehen (krit. wegen der Begriffsparallelität in § 5 und § 302: A/G/R-Sander § 29 Rn. 1; § 5 Rn. 36 f.). Die Bestimmung des Begriffs der »überschaubaren

Vermögensverhältnisse« soll im Einzelfall durch das Insolvenzgericht erfolgen. Zentrales Kriterium soll dabei die Förderung des Verfahrensablaufs sein (Begr. RegE. BT-Drucks. a. a. O.).

Gem. § 4 i. V. m. § 227 ZPO sind **Terminsänderungen** wie Aufhebung, Verlegung und Vertagung **aus erheblichen Gründen** zulässig (HK-Kirchhof § 29 Rn. 4). 3

Zu den Inhalten des Berichtstermins vgl. auch §§ 156, 157, zur Teilnahme und Abstimmungen in Gläubigerversammlungen §§ 74 ff. sowie zum Forderungsprüfungsverfahren §§ 174 ff. 4

Das **Fehlen der Terminsbestimmungen** macht den Eröffnungsbeschluss nicht nichtig (vgl. § 27 Rdn. 21) und auch nicht anfechtbar (HK-Kirchhof § 29 Rn. 7; a. A. MK-Schmahl/Busch § 27 bis 29 Rn. 50, 88), da den Gläubigern kein Rechtsmittel gegen den Eröffnungsbeschluss zusteht (vgl. §§ 6 Abs. 1, 34 Abs. 2) und der Schuldner durch das Fehlen der nachholbaren Terminsbestimmung nicht beschwert ist. Der Beschluss ist entsprechend zu ergänzen. Bei **Überschreitung der 3-Monats-Grenze für den Berichtstermin** ist der Berichtstermin auf Antrag entsprechend vorzuverlegen (HK-Kirchhof § 29 Rn. 4). Von dieser Termingrenze abgesehen, handelt es sich bei den Terminvorgaben des § 29 lediglich um Sollvorschriften, die in begründeten Fällen auch überschritten werden können, so z. B. bei einem Prüfungstermin in einem Großverfahren (HK-Kirchhof § 29 Rn. 6; Jaeger/Henckel/Gerhardt-Schilken Bd. 1 § 29 Rn. 8 f.). 5

Bei **Vorlage eines Insolvenzplanes** darf der Erörterungs- und Abstimmungstermin nicht vor dem Prüfungstermin stattfinden, wobei beide Termine gem. § 236 Satz 2 miteinander und gem. Abs. 2 auch mit dem Berichtstermin verbunden werden können. Allerdings soll der Erörterungs- und Abstimmungstermin gem. § 235 Abs. 1 Satz 2 nicht über einen Monat hinaus angesetzt werden. 6

§ 29 gilt auch bei Anordnung der **Eigenverwaltung** gem. § 270 Abs. 1. Bei **Verbraucher-/Kleininsolvenzverfahren** entfällt der Berichtstermin gem. § 312 Abs. 1 Satz 2. Ferner kann das Gericht unter den Voraussetzungen des § 312 Abs. 2 die Durchführung des Verfahrens oder einzelner Teile im schriftlichen Verfahren anordnen. Zur Terminierung wird vom Gericht dabei ein sog. Prüfungsstichtag bestimmt. 7

II. Verbindung von Berichts- und Prüfungstermin (Abs. 2)

Die Verbindung von Berichts- und Prüfungstermin liegt im pflichtgemäßen Ermessen des Gerichts. Nach den Vorstellungen des Gesetzgebers ist die Verbindung i. d. R. möglich und im Interesse der Verfahrensbeschleunigung wünschenswert (Begr. RegE BT-Drucks. 12/2443 S. 119, 120). Die Verbindung hat nach Abs. 2 anders als früher § 110 Abs. 2 KO nicht mehr zur Voraussetzung, dass die Insolvenzmasse oder die Zahl der Insolvenzgläubiger gering sind. Gleichwohl ist die Zahl der erwarteten Forderungsanmeldungen nach wie vor ein wichtiges Kriterium für oder gegen die Verbindung. 8

Seit dem 01.07.2014 ist mit Inkrafttreten des Gesetzes zur Verkürzung des Restschuldbefreiungsverfahrens und zur Stärkung der Gläubigerrechte der neue Abs. 2 Satz 2 eingeführt. Entsprechend soll das Insolvenzgericht künftig in geeigneten Fällen auf den **Berichtstermin** nach Abs. 1 Nr. 1 **verzichten**. Zweck der Neuregelung ist die Beschleunigung der Verfahren und die Entlastung der Gerichte (Begr. RegE BT-Drucks. a. a. O. S. 22). Da in Verbraucherinsolvenzverfahren regelmäßig keine Entscheidung nach § 157 zu treffen ist, ist der Berichtstermin dort in aller Regel ohnehin überflüssig (Begr. RegE. BT-Drucks. a. a. O.). Für Ausnahmefälle, etwa eine trotz Scheitern des Einigungsversuches in Betracht zu ziehende Sanierung im Insolvenzverfahren, kann das Gericht im Rahmen seines Ermessens (»**soll**«) einen Berichtstermin anordnen. Gleiches gilt für Kleinstunternehmen, so kein Insolvenzplan angestrebt wird (a. a. O.). Die Grenzwerte des § 304 Abs. 2 und die Handhabung des Begriffs der »überschaubaren Vermögensverhältnisse« im Rahmen des § 5 Abs. 2 dienen nach dem gesetzgeberischen Willen im Rahmen der Ermessensausübung des Insolvenzgerichts als Indizien, ohne dass sie feste Grenzen darstellen (a. a. O.). Durch die zeitgleich mit der Einführung des Abs. 2 Satz 2 einhergehende Umkehrung des Regel-Ausnahme-Verhältnisses in § 5 9

Abs. 2 Satz 1 wird – insbesondere in Verbraucherinsolvenzverfahren – künftig nur noch im Ausnahmefall eine Anordnung des Berichtstermins durch das Insolvenzgericht notwendig sein.

§ 30 Bekanntmachung des Eröffnungsbeschlusses

(1) Die Geschäftsstelle des Insolvenzgerichts hat den Eröffnungsbeschluß sofort öffentlich bekanntzumachen.

(2) Den Gläubigern und Schuldnern des Schuldners und dem Schuldner selbst ist der Beschluß besonders zuzustellen.

(3) (aufgehoben)

Übersicht	Rdn.		Rdn.
A. Normzweck	1	1. Öffentliche Bekanntmachung gem. § 9	2
B. Norminhalt	2	2. EuInsVO	8
I. Bekanntmachungen des Eröffnungsbeschlusses (Abs. 1)	2	II. Zustellungen des Eröffnungsbeschlusses (Abs. 2)	11

A. Normzweck

1 § 30 hat den Zweck, die Eröffnung des Insolvenzverfahrens, den Inhalt des Eröffnungsbeschlusses und einen möglichen Restschuldbefreiungsantrag des Schuldners dem Rechts- und Geschäftsverkehr bekannt zu machen (MK-Schmahl/Busch § 30 Rn. 1 f.).

B. Norminhalt

I. Bekanntmachungen des Eröffnungsbeschlusses (Abs. 1)

1. Öffentliche Bekanntmachung gem. § 9

2 Gem. § 30 Abs. 1 Satz 1 hat die **Geschäftsstelle des Insolvenzgerichts** den Eröffnungsbeschluss sofort öffentlich bekannt zu machen. Die Wirksamkeit des Eröffnungsbeschlusses hängt von der Veröffentlichung nicht ab (HK-Kirchhof, § 30 Rn. 1 m. w. N.). Gem. § 9 Abs. 1 Satz 1 erfolgt die öffentliche Bekanntmachung durch eine zentrale und länderübergreifende Veröffentlichung im Internet. Die auszugsweise Veröffentlichung im Bundesanzeiger ist durch das Gesetz zur Vereinfachung des Insolvenzverfahrens vom 13.04.2007 weggefallen. Auch bei Verfahrenseröffnung durch das Beschwerdegericht (dazu auch § 34 Rdn. 30 f.) ist die Geschäftsstelle des Insolvenzgerichts für die öffentliche Bekanntmachung und die Zustellungen zuständig (ausführl. zu den geänderten Bekanntmachungsvorschriften sowie zu Bekanntmachungen in Konkurs- und Gesamtvollstreckungs- sowie Vergleichsverfahren Holzer, ZIP 2008, 391 ff.).

3 ▶ **Hinweis:**
Öffentliche Bekanntmachungen in Insolvenz- und Insolvenzeröffnungsverfahren erfolgen im Internet unter www.insolvenzbekanntmachungen.de.

4 Der Eröffnungsbeschluss kann gem. § 30 Abs. 1 Satz 1, § 9 Abs. 1 **auszugsweise** öffentlich bekannt gemacht werden. Dabei müssen die **Inhalte** nach § 27 Abs. 2 Nr. 1 bis 3 sowie die verfahrensleitenden Anordnungen bekannt gemacht werden (vgl. K/P/B-Pape § 30 Rn. 16; ausführl. zur öffentlichen Bekanntmachung Keller, ZIP 2003, 149 ff.). Das gilt auch für Schuldner im Zeugenschutzprogramm, da die Durchführung eines Insolvenzverfahrens für einen Schuldner, dessen derzeitiger Name und/oder aktuelle Anschrift aufgrund laufender Maßnahmen gemäß Zeugenschutzgesetz nicht bekannt sind, nicht möglich ist (LG Hamburg, NZI 2006, 115 f.). Auch das BVerwG geht im Hinblick auf § 30 von einem unabdingbaren Publizitätserfordernis aus und stellt weiter fest, dass hierdurch fremden Nachrichtendiensten erleichtert wird, in finanziellen Zwangslagen ste-

ckende Personen für Anbahnungs- und Werbungsversuche zu identifizieren (vgl. hierzu BVerwG, 26.11.2013 – BVerwG 1 WB 57.12, JurionRS 2013, 51807). Die Veröffentlichung weiterer Inhalte steht im pflichtgemäßen Ermessen des Gerichts.

Mit Inkrafttreten des Gesetzes zur Verkürzung des Restschuldbefreiungsverfahrens und zur Stärkung der Gläubigerrechte ab dem 01.07.2014 entfällt im Hinblick auf den dann in Kraft tretenden § 287a das Erfordernis, den Antrag nach § 287 InsO öffentlich bekannt zu machen (BT-Drucks. 17/11268 S. 22; BGBl. I-2379). Da der Beschluss des Insolvenzgerichts über die Zulässigkeit des Antrages auf Restschuldbefreiung jedenfalls im zeitlichen Zusammenhang mit dem Eröffnungsbeschluss veröffentlicht wird, entfällt das weitere Hinweisbedürfnis gegenüber den Gläubigern (s. a. A/G/R-Sander § 30 n. F. Rn. 1; vgl. auch Pape, NWB 2014, 610, 612). 4a

Sind nicht bereits im Eröffnungsbeschluss Zeit, Ort und Tagesordnung des Berichtstermins und des Prüfungstermins gem. § 29 Abs. 1 festgelegt, empfiehlt es sich, diese Punkte zeitnah mit einem gesonderten Beschluss festzulegen und diesen gem. § 74 Abs. 2 Satz 1 zusammen mit dem Eröffnungsbeschluss bekannt zu machen. 4b

Nachträgliche Änderungen, Ergänzungen und Berichtigungen des Eröffnungsbeschlusses sind entsprechend öffentlich bekannt zu machen (HK-Kirchhof § 30 Rn. 3; MK-Schmahl/Busch § 30 Rn. 7; K/P/B-Pape § 30 Rn. 2, 14 f.). § 74 Abs. 2 Satz 2 bleibt unberührt. Unrichtige Veröffentlichungen können Vertrauensschutz begründen (Jaeger/Henckel/Gerhardt-Schilken Bd. 1 § 30 Rn. 8; MK-Schmahl/Busch § 30 Rn. 8). 5

Spätestens 2 Tage nach der Veröffentlichung beginnt der Lauf der zweiwöchigen **Beschwerdefrist** gegen den Eröffnungsbeschluss (§§ 34 Abs. 2, 6 Abs. 2, 9 Abs. 3, 9 Abs. 1 Satz 2, 4 i. V. m. § 569 Abs. 1 ZPO), wobei die Frist bereits mit der Zustellung des Beschlusses an den Schuldner beginnt, wenn die öffentliche Bekanntmachung später erfolgt ist (BGH, ZInsO 2003, 374). 6

Die **Wirkung** der öffentlichen Bekanntmachung gem. § 9 Abs. 3 knüpft an die **ordnungsgemäße Regelveröffentlichung im Internet** (www.insolvenzbekanntmachungen.de), nicht an Veröffentlichungen in der Tagespresse (vgl. auch BGH, ZInsO 2006, 92; näher zu den Wirkungen der Veröffentlichung § 9 Rdn. 12), auch wenn das Gericht **weitere Veröffentlichungen** (z. B. in der Tagespresse) veranlassen kann, soweit dies landesrechtlich bestimmt ist (§ 9 Abs. 2, vgl. § 9 Rdn. 9). 7

2. EuInsVO

Besondere Vorschriften gelten z. T. für die Veröffentlichungen bei grenzüberschreitenden Insolvenzverfahren in der EU. Die **öffentliche Bekanntmachung der Eröffnung eines inländischen Haupt- oder Sekundärinsolvenzverfahrens** richtet sich nach § 30 Abs. 1. Gem. Art. 21 Abs. 1 EuInsVO ist es Sache des Insolvenzverwalters, die Veröffentlichung der Verfahrenseröffnung in den anderen Mitgliedsstaaten nach seinem Ermessen und nach den Bestimmungen des Mitgliedsstaates zu veranlassen (s. auch MK-Schmahl/Busch § 30 Rn. 12 ff.). 8

Demgegenüber erfolgt die **öffentliche Bekanntmachung eines ausländischen Hauptinsolvenzverfahrens**, das in einem anderen Mitgliedstaat eröffnet worden ist und gem. Art. 16 Abs. 1 EuInsVO anerkannt wird, grds. nicht von Amts wegen, sondern auf Antrag des dortigen Verwalters (Art. 21 Abs. 1 EuInsVO, Art. 102). Nur wenn der Schuldner eine Niederlassung im Inland besitzt, erfolgt die öffentliche Bekanntmachung von Amts wegen (Art. 21 Abs. 2 EuInsVO, Art. 102). Die öffentliche Bekanntmachung der ausländischen Verfahrenseröffnung ist jedoch keine Voraussetzung für die Anerkennung im Inland gem. Art. 16 Abs. 1 EuInsVO (vgl. MK-Schmahl/Busch § 30 Rn. 19 ff.).

Die Veröffentlichung erfolgt im Internet (Art. 102 § 5 Abs. 1 Satz 3 i. V. m. § 9 Abs. 1). Das Gericht kann weitere Veröffentlichungen veranlassen, soweit dies landesrechtlich bestimmt ist (Art. 102 § 5 Abs. 1 Satz 3 i. V. m. § 9 Abs. 2). Zum Zwecke der Veröffentlichung kann das Gericht eine beglaubigte Übersetzung des Eröffnungsbeschlusses verlangen (Art. 102 § 5 Abs. 1 Satz 2). Funktionell zuständig ist die Geschäftsstelle (Art. 102 i. V. m. § 30 Abs. 1). 9

10 Wegen der weiteren Einzelheiten wird auf die entsprechenden Kommentierungen zu Art. 102 EGInsO § 5 Rn. 1 ff. verwiesen.

II. Zustellungen des Eröffnungsbeschlusses (Abs. 2)

11 Gem. § 30 Abs. 2 ist der Eröffnungsbeschluss den **Gläubigern** und **Drittschuldnern** sowie dem **Schuldner** selbst besonders zuzustellen. Eine Zustellung des Eröffnungsbeschlusses an den Insolvenzverwalter ist nicht vorgeschrieben, jedoch üblich. Bei Gesellschaften reicht die Zustellung an die entsprechende vertretungsberechtigte Person bzw. bei gemeinsamer Vertretung an diese; eine Zustellung an alle in § 15 Abs. 1 genannten Personen ist wegen der Beschwerdebefugnis nach § 34 ggf. tunlich, jedoch nicht vorgeschrieben (ähnl. HK-Kirchhof § 30 Rn. 9).

12 Die Zustellungen erfolgen gem. § 8. Das Gericht kann nach seinem freien Ermessen wählen, ob die **Zustellung »förmlich« oder durch Aufgabe zur Post** erfolgt (BGH, ZInsO 2003, 216). In der Praxis stellt das Gericht i. d. R. den Eröffnungsbeschluss »förmlich« dem Schuldner zu, während es mit den Zustellungen an die Gläubiger und Drittschuldner den Insolvenzverwalter gem. § 8 Abs. 3 beauftragt, der dies rgm. durch Aufgabe zur Post gem. § 8 Abs. 1 Satz 2 erledigt.

13 Zuzustellen ist der **Eröffnungsbeschluss, d. h. der gesamte Inhalt** (HK-Kirchhof § 30 Rn. 8; Uhlenbruck-Uhlenbruck § 30 Rn. 4; Jaeger/Henckel/Gerhardt-Schilken Bd. 1 § 30 Rn. 12; **a. A.** MK-Schmahl/Busch § 30 Rn. 11). Gem. § 8 Abs. 1 Satz 3 reicht die Zustellung einer unbeglaubigten Kopie des Eröffnungsbeschlusses. Werden im Laufe des Verfahrens weitere Gläubiger bzw. Drittschuldner bekannt, ist der Eröffnungsbeschluss auch diesen gem. § 30 Abs. 2 zuzustellen.

14 Die **Beschwerdefrist** beginnt bereits mit Zustellung an den Schuldner gem. § 8 zu laufen, auch wenn die öffentliche Bekanntmachung gem. § 9 später erfolgt ist (BGH, ZInsO 2003, 374).

15 Wird im Inland ein grenzüberschreitendes Hauptinsolvenzverfahren i. S. d. Art. 16 EuInsVO eröffnet, sind die Gläubiger in den anderen Mitgliedsstaaten gem. **Art. 40 EuInsVO** zu unterrichten. Nach Art. 102 § 11 EGInsO ist den Gläubigern in den anderen Mitgliedsstaaten von Amts wegen durch das Insolvenzgericht neben dem Eröffnungsbeschluss ein Hinweis zuzustellen, mit dem sie über die Folgen einer nachträglichen Forderungsanmeldung gem. § 177 unterrichtet werden. Das Insolvenzgericht kann gem. § 8 Abs. 3 den Insolvenzverwalter mit der Zustellung beauftragen. Das BMJ hat dafür ein Formblatt entwickelt (abrufbar unter: www.bmj.bund.de).

§ 31 Handels-, Genossenschafts-, Partnerschafts- oder Vereinsregister

Ist der Schuldner im Handels-, Genossenschafts-, Partnerschafts- oder Vereinsregister eingetragen, so hat die Geschäftsstelle des Insolvenzgerichts dem Registergericht zu übermitteln:
1. im Falle der Eröffnung des Insolvenzverfahrens eine Ausfertigung des Eröffnungsbeschlusses;
2. im Falle der Abweisung des Eröffnungsantrags mangels Masse eine Ausfertigung des abweisenden Beschlusses, wenn der Schuldner eine juristische Person oder eine Gesellschaft ohne Rechtspersönlichkeit ist, die durch die Abweisung mangels Masse aufgelöst wird.

Übersicht	Rdn.			Rdn.
A. Normzweck	1	II.	Übermittlung des Abweisungsbeschlusses	
B. Norminhalt	2		(Nr. 2)	11
I. Übermittlung des Eröffnungsbeschlusses		III.	Sonstige Mitteilungspflichten	14
(Nr. 1)	2			

A. Normzweck

1 Die Mitteilung der Eröffnung des Insolvenzverfahrens bzw. der Abweisung des Eröffnungsantrages an das betreffende Registergericht dient der **Richtigkeit und Vollständigkeit des** jeweiligen **Registers**, damit dieses seine Informationsfunktion erfüllen kann.

B. Norminhalt

I. Übermittlung des Eröffnungsbeschlusses (Nr. 1)

Gemäß Nr. 1 hat die **Geschäftsstelle des Insolvenzgerichts** dem betreffenden Registergericht im Fall der Eröffnung des Insolvenzverfahrens eine **Ausfertigung des Eröffnungsbeschlusses** zu übermitteln, wenn der Schuldner im Handels-, Genossenschafts-, Partnerschafts- oder Vereinsregister eingetragen ist. Auch bei Verfahrenseröffnung durch das Beschwerdegericht (dazu auch § 34 Rdn. 30 ff.) ist die Geschäftsstelle des Insolvenzgerichts für die Übermittlung zuständig. Die inzwischen wohl herrschende Literatur lässt unter Hinweis auf die Gesetzesbegründung (RegE, BT-Drucks. 12/2443, S. 120) anstelle der im Gesetz genannten Ausfertigung entsprechend der alten Rechtslage nach KO die Übermittlung einer beglaubigten Abschrift genügen (HK-Kirchhof § 31 Rn. 6; MK-Schmahl/Busch § 31 Rn. 26; Uhlenbruck-Uhlenbruck § 31 Rn. 5; FK-Schmerbach § 31 Rn. 2; K. Schmidt-Keller § 31 Rn. 12; K/P/B-Holzer § 31 Rn. 5 a. A. A/G/R-Sander § 31 Rn. 4). Dies erscheint praxisgerecht.

Die Übermittlungspflicht besteht auch, wenn die Eintragung des Schuldners ins Register zu Unrecht erfolgt ist, maßgebend ist die tatsächliche Eintragung (HK-Kirchhof § 31 Rn. 3; Uhlenbruck-Uhlenbruck § 31 Rn. 4). Die Übermittlungspflicht gilt auch für eingetragene Zweigniederlassungen (HK-Kirchhof § 31 Rn. 3; Uhlenbruck-Uhlenbruck § 31 Rn. 4; K/P/B-Holzer § 31 Rn. 5; **a. A.** Jaeger/Henckel/Gerhardt-Schilken Bd. 1 § 31 Rn. 6; MK-Schmahl/Busch § 31 Rn. 25), es sei denn der Schuldner ist nicht mit Hauptniederlassung oder Sitz im Inland eingetragen), da § 31 nicht zwischen dem Register der Hauptniederlassung und dem Register der Zweigniederlassung differenziert.

Die Übermittlung ist **formlos** möglich, da das Gesetz keine formellen Anforderungen stellt. Die Übermittlung hat nach dem Gesetz und im Interesse der Informationsfunktion des Registers bei Verfahrenseröffnung, d. h. **unverzüglich** und nicht erst nach Rechtskraft des Eröffnungsbeschlusses, zu erfolgen (so auch MK-Schmahl/Busch § 31 Rn. 32 NR-Mönning § 31 Rn. 15; **a. A.** Uhlenbruck-Uhlenbruck § 31 Rn. 5; K/P/B-Holzer § 31 Rn. 6; ähnl. HK-Kirchhof § 31 Rn. 6).

Die jeweiligen Register haben den Insolvenzvermerk gem. Nr. 1 bzw. den Auflösungsvermerk gem. Nr. 2 von Amts wegen einzutragen (vgl. § 32 Abs. 1 Satz 1 HGB, § 65 Abs. 1 Satz 3 GmbHG, § 263 Satz 3 AktG, § 278 Abs. 3 AktG, § 102 Abs. 1 Satz 1 GenG, § 2 Abs. 2 PartGG, § 75 Satz 1 BGB sowie die Verordnung zur Anpassung registerrechtlicher Vorschriften an die InsO vom 08.12.1998, BGBl. I, S. 3580, abgedruckt in NZI 1999, 60).

Das Insolvenzgericht ist nicht zur Prüfung verpflichtet, inwieweit die Eintragung in das Register erfolgt ist (HK-Kirchhof § 31 Rn. 6; Uhlenbruck-Uhlenbruck a. a. O.).

Die Übermittlungspflicht gilt auch, wenn ein **Insolvenzplan** vorliegt oder vorgelegt werden soll (HK-Kirchhof § 31 Rn. 4), ferner für die Bekanntmachung der Überwachung der Erfüllung eines Insolvenzplans bzw. deren Aufhebung (§§ 267 Abs. 3 Satz 1, 268 Abs. 2 Satz 2).

Sie gilt darüber hinaus bei Anordnung der **Eigenverwaltung**, zumal § 270 Abs. 3 Satz 3 nur §§ 32, 33 für unanwendbar erklärt (so auch MK-Schmahl/Busch § 31 Rn. 16; **a. A.** HK-Kirchhof § 31 Rn. 4 und FK-Schmerbach § 31 Rn. 2: nur bei Anordnung gem. § 277). Bei Eigenverwaltung ist gem. § 277 Abs. 3 Satz 2 auch die Anordnung der Zustimmungsbedürftigkeit von Rechtshandlungen des Schuldners entsprechend § 31 zu veröffentlichen.

§ 31 gilt entsprechend bei **Aufhebung oder Einstellung des Insolvenzverfahrens** (§§ 200 Abs. 2 Satz 3, 258 Abs. 3 Satz 3, 215 Abs. 1 Satz 1).

Ist der Schuldner im Geltungsbereich der **EuInsVO** in ein Register eingetragen, ist die Verfahrenseröffnung auf Antrag des Insolvenzverwalters in das betreffende Register des anderen Mitgliedstates einzutragen (§ 22 Abs. 1 EuInsVO). Die Einzelheiten der Eintragung ausländischer Verfahrenseröffnungen im Inland regelt Art. 102 EGInsO § 6.

II. Übermittlung des Abweisungsbeschlusses (Nr. 2)

11 Gemäß Nr. 2 hat die Geschäftsstelle des Insolvenzgerichts bei Abweisung des Eröffnungsantrages mangels Masse den Abweisungsbeschluss an entsprechende Handels-, Genossenschafts-, Partnerschafts- oder Vereinsregister zu übermitteln, wenn der Schuldner eine juristische Person oder eine Gesellschaft ohne Rechtspersönlichkeit (§ 11 Abs. 2 Nr. 1) ist, in dem betreffenden Register eingetragen ist und die Abweisung zur Auflösung führt.

12 Letzteres ist mit Rechtskraft des Abweisungsbeschluss bei der GmbH (§ 60 Abs. 1 Nr. 5 GmbHG), der AG (§ 262 Abs. 1 Nr. 4 AktG), der KGaA (§§ 278 Abs. 3, 262 Abs. 1 Nr. 4 AktG), der Genossenschaft (§ 81a Nr. 1 GenG), dem VVaG (§ 42 Nr. 4 VAG) sowie bei der OHG und KG der Fall, wenn kein persönlich haftender Gesellschafter eine natürliche Person ist (§§ 131 Abs. 2 Nr. 1, 161 Abs. 2 HGB). Da die Auflösung von der Rechtskraft der Abweisung abhängt, ist der Abweisungsbeschluss den Registern auch **erst nach Rechtskraft der Abweisung** zu übermitteln (Jaeger/Henckel/Gerhardt-Schilken Bd. 1 § 31 Rn. 11; MK-Schmahl/Busch § 31 Rn. 21; NR-Mönning § 31 Rn. 14).

13 Juristische Personen oder Personengesellschaften, für die die Auflösung im Fall der Abweisung des Insolvenzantrages mangels Masse im Gesetz nicht geregelt ist (wie z. B. bei Verein bzw. Stiftung), werden bei Abweisung mangels Masse wegen fehlender gesetzlicher Grundlage nicht aufgelöst (MK-Haarmeyer § 26 Rn. 48; NR-Mönning § 31 Rn. 13, zweifelnd für Verein und Stiftung Jaeger/Henckel/Gerhardt-Schilken Bd. 1 § 26 Rn. 40). Insoweit besteht zwar keine gesetzliche Übermittlungspflicht gem. Nr. 2 (MK-Schmahl/Busch § 31 Rn. 23; a. A. Uhlenbruck-Uhlenbruck § 31 Rn. 6); sie sollte jedoch jedenfalls unter dem Gesichtspunkt des Gläubigerschutzes vorgenommen werden.

III. Sonstige Mitteilungspflichten

14 Weitere Mitteilungspflichten für das Gericht im Zusammenhang mit der Eröffnung des Insolvenzverfahrens bzw. Abweisung des Insolvenzantrages ergeben sich aus den **Anordnungen über Mitteilungen in Zivilsachen**, Nr. XII a. Nr. 2 und 3 MiZi (abgedruckt in: NZI 1999, 405). Ferner besteht gem. § 22a FamFG eine Mitteilungspflicht an das Familien- oder Betreuungsgericht, wenn der Schuldner, Betreuer, Pfleger oder Inhaber der elterlichen Sorge ist. Eine Mitteilungspflicht ggü. dem Güterstandregister besteht nicht (Jaeger/Henckel/Gerhardt-Schilken Bd. 1 § 31 Rn. 10).

15 Ferner sind nach dem mit dem **ESUG** eingeführten **Insolvenzstatistikgesetz** (InStatG) innerhalb von 2 Wochen nach Ablauf des Monats der Verfahrenseröffnung die in § 2 genannten Erhebungsmerkmale von dem zuständigen AG an die zuständige Stelle zu übermitteln (§ 4 Abs. 3 Nr. 1 InStatG). Das Insolvenzstatistikgesetz ist seit 01.01.2013 in Kraft (Art. 10 ESUG) und gilt **rückwirkend für alle nach dem 31.12.2008 eröffneten Insolvenzverfahren** (§ 6 InStatG).

§ 32 Grundbuch

(1) Die Eröffnung des Insolvenzverfahrens ist in das Grundbuch einzutragen:
1. bei Grundstücken, als deren Eigentümer der Schuldner eingetragen ist;
2. bei den für den Schuldner eingetragenen Rechten an Grundstücken und an eingetragenen Rechten, wenn nach der Art des Rechts und den Umständen zu befürchten ist, daß ohne die Eintragung die Insolvenzgläubiger benachteiligt würden.

(2) ¹Soweit dem Insolvenzgericht solche Grundstücke oder Rechte bekannt sind, hat es das Grundbuchamt von Amts wegen um die Eintragung zu ersuchen. ²Die Eintragung kann auch vom Insolvenzverwalter beim Grundbuchamt beantragt werden.

(3) ¹Werden ein Grundstück oder ein Recht, bei denen die Eröffnung des Verfahrens eingetragen worden ist, vom Verwalter freigegeben oder veräußert, so hat das Insolvenzgericht auf Antrag das Grundbuchamt um Löschung der Eintragung zu ersuchen. ²Die Löschung kann auch vom Verwalter beim Grundbuchamt beantragt werden.

Übersicht	Rdn.			Rdn.
A. Normzweck	1		2. Eintragungsantrag des Insolvenzverwalters	21
B. Norminhalt	2	III.	Löschung des Insolvenzvermerks	25
I. Eintragung des Insolvenzvermerks (Abs. 1)	2		1. Löschung gem. Abs. 3	25
1. Eintragung bei Grundstücken (Nr. 1)	3		a) Löschung auf Ersuchen des Insolvenzgerichts	27
a) Grundstücke und grundstücksgleiche Rechte des Schuldners	3		b) Löschung auf Antrag des Insolvenzverwalters	28
b) Besonderheiten bei Gesamthand und Gemeinschaft	6		2. Sonstige Löschungsmöglichkeiten	29
2. Eintragung bei sonstigen Grundstücksrechten (Nr. 2)	13	IV.	Ausländische Insolvenzverfahren	30
3. Rechtswirkungen der Eintragung	16	V.	Sonstige Anwendungsfälle	32
a) Ausschluss gutgläubigen Erwerbs	16	C.	**Verfahrensfragen**	33
b) Grundbuchsperre	17	I.	Rechtsbehelfe	33
II. Eintragungsverfahren (Abs. 2)	19	II.	Kosten	34
1. Eintragungsersuchen des Insolvenzgerichts	19			

A. Normzweck

Abs. 1 soll dafür sorgen, dass die Eröffnung des Insolvenzverfahrens aus dem Grundbuch ersichtlich ist (vgl. Begr. RegE BT-Drucks. 12/2443 S. 120), um die **Insolvenzmasse bei Grundstücken und Grundstücksrechten vor einem gutgläubigen Erwerb Dritter** zu schützen (vgl. § 81 Abs. 1 Satz 2, §§ 892, 893 BGB). Abs. 2 regelt das Eintragungsverfahren und Abs. 3, als actus contrarius zur Eintragung, die Löschung nach Veräußerung oder Freigabe.   1

B. Norminhalt

I. Eintragung des Insolvenzvermerks (Abs. 1)

Die Eintragung des Insolvenzvermerks erfolgt gem. § 10 Abs. 1a GBV als Verfügungsbeschränkung des Eigentümers oder Rechtsinhabers in Abt. II des Grundbuchs, gem. Abs. 2 entweder auf Ersuchen des Insolvenzgerichts oder Antrag des Insolvenzverwalters. Die Pflicht zur Eintragung der Eröffnung des Insolvenzverfahrens in das Grundbuch (sog. **Insolvenzvermerk**) gilt auch bei Insolvenzplanverfahren und bei der Verbraucherinsolvenz. Im Fall der Nachlassinsolvenz ist der Insolvenzvermerk ungeachtet der fehlenden Voreintragung der Erben (vgl. § 39 GBO) bei dem auf dem Namen des Erblassers eingetragenen Grundstück einzutragen (OLG Düsseldorf, NJW-RR 1998, 1267 zu § 113 KO).   2

Bei Anordnung der **Eigenverwaltung** erfolgt gem. § 270c Satz 3 keine Eintragung der Verfahrenseröffnung in das Grundbuch.

1. Eintragung bei Grundstücken (Nr. 1)

a) Grundstücke und grundstücksgleiche Rechte des Schuldners

Die Eintragung hat bei **Grundstücken** zu erfolgen, als deren Eigentümer der Schuldner **eingetragen** ist. Dies gilt auch, wenn die Eintragung im Register zu Unrecht besteht, maßgebend ist nach dem Gesetz die tatsächliche Eintragung. Trotzdem muss die Eintragung trotz des Gesetzeswortlauts in solchen Fällen, in denen die **materielle Berechtigung** des Schuldners **unzweifelhaft** ist, aus Gläubigerschutzgründen zulässig sein. Dies gilt insbesondere im Fall der echten **Treuhand**, auch wenn der Treuhänder anstelle des Schuldners im Grundbuch steht (ebenso: FK-Schmerbach § 32 Rn. 2; Jaeger/Henckel/Gerhardt-Schilken Bd. 1 § 32 Rn. 6; MK-Schmahl/Busch §§ 32, 33 Rn. 15; **a. A.** Vorauflage unter Verweis auf den klaren Wortlaut; K. Schmidt-Keller § 32 Rn. 17; A/G/R-Sander § 32 Rn. 5).   3

Bei Grundstücken hängt die Eintragungspflicht nach Nr. 1 anders als bei eingetragenen Rechten des Schuldners an Grundstücken und an eingetragenen Rechten nach Nr. 2 nicht davon ab, dass nach der Art des Rechts und den Umständen zu befürchten ist, dass ohne die Eintragung die Insolvenzgläubiger benachteiligt würden.

4 Die Eintragungspflicht gilt nach allgemeiner Meinung (vgl. z.B. Uhlenbruck-Uhlenbruck, §32 Rn. 10; MK-Schmahl/Busch §§ 32, 33 Rn. 18) über den Wortlaut der Nr. 1 hinaus auch bei **grundstücksgleichen Rechten** wie z.B. Erbbaurecht, Wohnungs-/Teileigentum, selbstständigem Gebäudeeigentum gem. Art. 231 §5 EGBGB, während Nr. 2 beschränkt dingliche Rechte an Grundstücken bzw. eingetragenen Rechten betrifft (z.B. Grundpfandrechte).

5 Der Insolvenzvermerk ist auch einzutragen, **wenn nach Verfahrenseröffnung Grundstücke** oder eingetragene Rechte an Grundstücken **in die Masse gelangen**, z.B. aufgrund Erbschaft, wegen sonstigen Neuerwerbs gem. §35 Satz 2, schwebender Rechtsgeschäfte gem. §§103 Abs. 1, 106 Abs. 1 oder Rückgewähr infolge Insolvenzanfechtung (BayObLG, ZIP 1981, 41, 42 zu §113 KO; Jaeger/Henckel/Gerhardt-Schilken Bd. 1 §32 Rn. 9; MK-Schmahl/Busch §§ 32, 33 Rn. 17).

b) Besonderheiten bei Gesamthand und Gemeinschaft

6 Ist eine **Gesamthand**, z.B. GbR oder eine OHG als Eigentümer im Grundbuch eingetragen und über deren Vermögen das Insolvenzverfahren eröffnet, ist der Insolvenzvermerk in das Grundbuch einzutragen.

7 Gehört das Grundstück bzw. das eingetragene Recht einer **Bruchteilsgemeinschaft** gem. §§741ff. BGB und ist über das Vermögen eines Miteigentümers das Insolvenzverfahren eröffnet, ist der Insolvenzvermerk nur betreffend den Miteigentumsanteil des insolventen Miteigentümers in das Grundbuch einzutragen (vgl. §4 i.V.m. §864 Abs. 2 ZPO; ähnl. MK-Schmahl/Busch §§ 32, 33 Rn. 19).

8 Besonderheiten bestehen bei **Gesamthänderinsolvenzen**, wenn sich ein Gesamthänder im Insolvenzverfahren befindet und nicht die Gesamthandsgemeinschaft (ausführl. dazu Raebel FS Kreft, S. 483ff.).

9 Bei der **Erbengemeinschaft** ist der Insolvenzvermerk gem. §32 auch dann in das Grundbuch einzutragen ist, wenn das Grundstück im Eigentum der Erbengemeinschaft steht und nur über das Vermögen eines der Miterben das Insolvenzverfahren eröffnet wird (BGH, ZInsO 2011, 1212 = NZI 2011, 650 m. zust. Anm. Keller, NZI 2011, 651f.). Der Vermerk muss allerdings zu erkennen geben, dass das Insolvenzverfahren nur über das Vermögen des Miterben eröffnet worden ist und sich die Verfügungsbeschränkung nur auf seinen Anteil bezieht (BGH a.a.O., Tz. 12: »nur lastend auf dem Anteil ...«).

10 Entsprechendes gilt nach Inkrafttreten des §899a BGB (ausführl. dazu Ulmer, ZIP 2011, 1689ff.) für die Eintragung des Insolvenzvermerks im Grundbuch der **GbR** im Fall der Insolvenzeröffnung über das Vermögen eines mit eingetragenen Gesellschafters (OLG Dresden, NZI 2012, 112; OLG München, ZInsO 2011, 536 m.w.N.; str., ebenso HK-Kirchhof, §32 Rn. 7; Uhlenbruck-Uhlenbruck, §32 Rn. 8; Keller, NZI 2011, 651f.). Das gilt unabhängig von der Rechts- und Grundbuchfähigkeit der GbR, deren Verfügungsbefugnis über das Grundstück trotz der Eröffnung des Insolvenzverfahrens über das Vermögen eines Mitgesellschafters als solche bestehen bleibt (KG, ZIP 2011, 370), zum Schutz der Gläubiger, z.B. hinsichtl. des Auseinandersetzungsguthabens (OLG München a.a.O., S. 537; Uhlenbruck-Uhlenbruck a.a.O.). Nach der Gegenmeinung ändert die Einführung des Gutglaubensschutzes nach §899a BGB, §47 Abs. 2 GBO nichts daran, dass die BGB-Gesellschaft selbst Eigentümerin des Grundstücks ist, sodass die Gesellschafterinsolvenz mit den Verfügungsbeschränkungen für den Gesellschafter das Gesellschaftsvermögen der GbR nicht betrifft (s.: FK-Schmerbach §32 Rn. 3; Braun-Herzig, §32 Rn. 10; A/G/R-Sander §32 Rn. 6; **a.A.** Vorauflage; LG Duisburg, NZI 2006, 534). Die Gegenmeinung übersieht hierbei jedoch den Grundsatz des §728 BGB, nach dem die Gesellschaft durch die Eröffnung des Insolvenzverfahrens

über das Vermögen eines Gesellschafters aufgelöst wird. Schon das Interesse der Gläubiger an der Durchsetzung der Ansprüche des Schuldners im Rahmen der Auseinandersetzung der BGB-Gesellschaft rechtfertigt die Eintragung des Insolvenzvermerks im Grundbuch der GbR. So auch OLG Dresden (OLG Dresden, NZI 2012, 112), dass die Notwendigkeit der Eintragung des Insolvenzvermerks bei einer GbR mit § 728 BGB begründet. Wird die mangelnde Vertretungsmacht des insolventen Gesellschafters vom Gesetz [vgl. § 728 BGB] wie eine Verfügungsbeschränkung behandelt, muss diese auch, um gutgläubigen Erwerb zu verhindern, ins Grundbuch eingetragen werden können. Das OLG Dresden weist darauf hin, dass etwas anderes dann gelten könne, wenn der insolvente Gesellschafter von selbst aus der Gesellschaft ausgeschieden wäre mit der Folge, dass die Mitgesellschafter dessen Anteil liquidationslos übernehmen würden (vgl. hierzu auch BGH, NJW 2008, 2992).

In Anbetracht des Umstandes, dass die Eröffnung des Insolvenzverfahrens über das Vermögen des OHG Gesellschafters gem. § 131 HGB nicht mehr Auflösungsgrund für die **OHG** ist, kann entsprechendes nicht für OHG und die **KG** gelten. 11

▶ Hinweis: 12

Trotz der umstrittenen Rechtslage zur Eintragung von Insolvenzvermerken bei Gesamthänderinsolvenzen tragen viele Grundbuchämter den Insolvenzvermerk ein, da die Nichteintragung haftungsträchtiger als die Eintragung ist.

2. Eintragung bei sonstigen Grundstücksrechten (Nr. 2)

Für den Schuldner eingetragene Rechte an Grundstücken und an eingetragenen Rechten sind **beschränkt dingliche Rechte**, z.B. Grundpfandrechte einschließlich Eigentümergrundschulden, Nießbrauch, Dienstbarkeiten, dingliche Vorkaufsrechte und Reallasten (Jaeger/Henckel/Gerhardt-Schilken Bd. 1 § 32 Rn. 10). Abs. 1 Nr. 2 gilt **entsprechend für** eine **Vormerkung** des Schuldners (MK-Schmahl/Busch §§ 32, 33 Rn. 22). 13

Voraussetzung für die Eintragung ist gem. Abs. 1 Nr. 2 Halbs. 2 eine **Gläubigerbenachteiligungsgefahr**, d.h. es muss nach der Art des Rechts und den Umständen zu befürchten sein, dass ohne die Eintragung die Insolvenzgläubiger benachteiligt werden können. Die Voraussetzung ist durch das ersuchende Insolvenzgericht oder den antragstellenden Insolvenzverwalter nach pflichtgemäßem Ermessen und nicht vom Grundbuchamt zu prüfen (HK-Kirchhof § 32 Rn. 7; Jaeger/Henckel/Gerhardt-Schilken Bd. 1 § 32 Rn. 13; Demharter § 38 GBO Rn. 74). Im Interesse einer vorsorglichen Massesicherung ist die Gläubigerbenachteiligungsgefahr i.d.R. zu bejahen und von einem **Grundsatz der notwendigen Eintragung** (FK-Schmerbach § 32 Rn. 4) auszugehen. Zum Beispiel können auch sog. Schornsteinhypotheken noch einen sog. Lästigkeitswert für die Masse haben. Die Gläubigerbenachteiligungsgefahr kann ausnahmsweise fehlen, z.B. bei Briefrechten, wenn der Verwalter den Brief in Besitz hat (HK-Kirchhof § 32 Rn. 12). 14

Bei **Briefgrundpfandrechten** (Hypothek, Grundschuld, Rentenschuld) soll der Insolvenzvermerk gem. § 57 Abs. 1 Satz 1 GBO auch in den Brief aufgenommen werden. Dies hat ggf. das Grundbuchamt von Amts wegen zu veranlassen (MK-Schmahl/Busch §§ 32, 33 Rn. 56). 15

3. Rechtswirkungen der Eintragung

a) Ausschluss gutgläubigen Erwerbs

Mit Eintragung des Insolvenzvermerks ist im Interesse der Massesicherung ein gutgläubiger Erwerb vom Schuldner ausgeschlossen (vgl. § 81 Abs. 1 Satz 2, §§ 892, 893 BGB). Dem Insolvenzverwalter ist es unbenommen, mögliche Erwerber auch unabhängig von der Eintragung des Insolvenzvermerks von der Verfahrenseröffnung in Kenntnis zu setzen und dadurch bösgläubig i.S.d. §§ 892, 893 BGB zu machen. 16

b) Grundbuchsperre

17 Eintragungsanträge des Schuldners gem. § 13 Abs. 1 GBO sind vom Grundbuchamt zurückzuweisen. Die Eintragung bewirkt also eine sog. Grundbuchsperre für Verfügungen des Schuldners. Dies gilt gem. §§ 17, 45 GBO auch für Eintragungsanträge, die nach Eingang des Eintragungsersuchens des Insolvenzgerichts oder des Eintragungsantrages des Insolvenzverwalters eingehen.

18 Zum Teil umstritten ist die **Behandlung** vor Eintragung des Insolvenzvermerks bzw. des Eintragungsersuchens/-antrages **bereits anhängiger Eintragungsanträge**. Liegen die Voraussetzungen des § 878 BGB vor, ist die beantragte Eintragung vom Grundbuchamt vorzunehmen (§ 91 Abs. 2). Die Schutzwirkung des § 878 BGB setzt jedoch voraus, dass alle materiell-rechtlichen Wirksamkeitsvoraussetzungen, insb. auch Genehmigungen Dritter vor Eintritt der Verfügungsbeschränkung vorliegen (OLG Frankfurt am Main, ZInsO 2006, 612 zu § 24). Indes darf das Grundbuchamt außerhalb des § 878 BGB eine Verfügung nicht mehr eintragen und keinen Rechtserwerb mehr herbeiführen, der sich nur kraft guten Glaubens vollziehen könnte, auch wenn der Insolvenzvermerk noch nicht eingetragen ist, das Grundbuchamt jedoch in sonstiger Weise Kenntnis von der Verfahrenseröffnung erlangt hat (BayObLG, Rpfleger 1994, 453; OLG Dresden, BNotZ 1999, 261; OLG Karlsruhe, NJW-RR 1998, 68; OLG Frankfurt am Main, ZInsO 2006, 269, 271 zu § 24; Palandt-Bassenge § 892 BGB Rn. 1 m. w. N.; Demharter § 13 GBO Rn. 12 m. w. N.; entsprechend HK-Kirchhof § 23 Rn. 12; inzwischen auch: MK-Schmahl/Busch §§ 32, 33 Rn. 69 ff; a. A. Uhlenbruck-Uhlenbruck § 32 Rn. 3; Jaeger/Henckel/Gerhardt-Schilken Bd. 1 § 32 Rn. 33; MK-BGB-Wacke § 892 Rn. 69 ff.). Der Erwerbsinteressent kann jedoch ggf. die Bewilligung der Eintragung vom Insolvenzverwalter gem. §§ 81 Satz 2, 91 Abs. 2 verlangen (vgl. HK-Kirchhof a. a. O.). Zur Rechtslage, wenn der Insolvenzvermerk nicht eingetragen ist und der Insolvenzverwalter dem Grundbuchamt formlos die Freigabe mitgeteilt hat LG Berlin, ZInsO 2004, 557.

II. Eintragungsverfahren (Abs. 2)

1. Eintragungsersuchen des Insolvenzgerichts

19 Das Eintragungsersuchen ist vom Gericht im Interesse der Massesicherung **unverzüglich** und nicht erst nach Rechtskraft des Eröffnungsbeschlusses zu stellen, sobald bei oder nach Verfahrenseröffnung Grundstücke oder in Abs. 1 Nr. 2 genannte eingetragene Rechte des Schuldners bekannt werden. Zuständig für das Eintragungsersuchen ist nach der Verfahrenseröffnung grds. der **Rechtspfleger** (§ 18 Abs. 1 Satz 1 RPflG). Das Eintragungsersuchen ist gem. § 29 Abs. 3 GBO vom zuständigen Rechtspfleger bzw. in Fällen des § 18 Abs. 2 RPflG vom zuständigen Richter zu unterschreiben und mit Siegel oder Stempel zu versehen. Allgemein wird es als ausreichend angesehen, das Grundbuchamt von der Verfahrenseröffnung zu benachrichtigen und um Eintragung des Insolvenzvermerks bei allen betroffenen Grundstücken und Rechten des Schuldners zu ersuchen, da § 28 GBO nicht für Eintragungsersuchen gilt (sog. Insolvenzanzeige; Jaeger/Henckel/Gerhardt-Schilken Bd. 1 § 32 Rn. 19; MK-Schmahl/Busch §§ 32, 33 Rn. 26; K/P/B-Holzer § 32 Rn. 13). Eine Begründung des Eintragungsersuchens ist nicht erforderlich. Ausführlich zu grundbuchlichen Aspekten des Eintragungsersuchens Demharter § 38 GBO Rn. 2 ff.

20 § 32 betrifft durch seine Bezugnahme auf das Grundbuchamt unmittelbar nur inländisches Grundvermögen des Schuldners bzw. entsprechende Rechte daran. Bei **ausländischem Grundvermögen** bzw. entsprechenden Rechten daran steht das Eintragungsersuchen im Ermessen des Gerichts (HK-Kirchhof § 32 Rn. 15; FK-Schmerbach § 32 Rn. 30). Im Geltungsbereich der EuInsVO ist der Insolvenzvermerk gem. Art. 22 Abs. 1 EuInsVO auf Antrag des Insolvenzverwalters in das Grundbuch des betreffenden Mitgliedsstaates einzutragen.

2. Eintragungsantrag des Insolvenzverwalters

21 Es gehört zu den Amtspflichten des Insolvenzverwalters, Grundvermögen des Schuldners bzw. entsprechende eingetragene Rechte gem. Abs. 1 Nr. 1, 2 sofort nach Verfahrenseröffnung zu ermitteln und zu sichern (vgl. § 148 Abs. 1). Dazu gehört, dass der Verwalter entweder unverzüglich die

Eintragung des Insolvenzvermerks beim Grundbuchamt gem. Abs. 2 Nr. 2 beantragt oder sich vergewissert, dass das Gericht das Grundbuchamt um Eintragung gem. Abs. 2 Nr. 1 ersucht.

Bei dem Eintragungsantrag des Insolvenzverwalters handelt es sich grundbuchlich um einen Berichtigungsantrag gem. § 22 Abs. 1 GBO, da das Grundbuch durch die Verfahrenseröffnung unrichtig geworden ist (BGHZ 144, 181 = ZInsO 2000, 332 zu § 7 Abs. 3 GesO). 22

Für den Antrag des Insolvenzverwalters gelten §§ 13 ff. GBO, d. h. der Eintragungsantrag muss gem. §§ 13 Abs. 2, 30 GBO schriftlich oder zur Niederschrift gestellt werden, gem. § 28 GBO das betreffende Grundstück bzw. eingetragene Recht genau bezeichnen und die Unrichtigkeit des Grundbuchs in der Form des § 29 GBO nachweisen, z. B. durch Vorlage einer Ausfertigung oder öffentlich beglaubigten Abschrift des Eröffnungsbeschlusses (BGH a. a O.). Der **Eintragungsantrag** selbst **bedarf nicht der notariellen Form** (OLG Dresden, ZIP 2011, 1378, 1379), da er keine weitere Erklärung i. S. d. § 29 GBO enthält. 23

Im Geltungsbereich der EuInsVO ist der Insolvenzvermerk gem. **Art. 22 Abs. 1 EuInsVO** auf Antrag des Insolvenzverwalters in das Grundbuch des betreffenden Mitgliedsstaates einzutragen. 24

III. Löschung des Insolvenzvermerks

1. Löschung gem. Abs. 3

Abs. 3 regelt als actus contrarius zur Eintragung gem. Abs. 1 die Löschung des Insolvenzvermerks gem. § 46 Abs. 1 GBO bei Veräußerung oder Freigabe auf Ersuchen des Insolvenzgerichts oder Antrag des Insolvenzverwalters. Die Freigabe selbst bedarf keiner besonderen Form, sie muss dem Schuldner lediglich zugehen (OLG Dresden, ZIP 2011, 1378, 1379). In der Praxis vollzieht sich die Löschung bei Veräußerung häufig i. R. d. Veräußerungsgeschäftes aufgrund Löschungsbewilligung des Insolvenzverwalters gem. §§ 13, 19, 29 GBO. 25

Die Freigabe eines Grundstücks ist trotz des sog. **Vollabwicklungsgrundsatzes** auch bei juristischen Personen und Gesellschaften ohne Rechtspersönlichkeit zulässig, bei denen kein persönlich haftender Gesellschafter eine natürliche Person ist (näher zur Freigabe § 35 Rdn. 60 ff.). Auch eine etwaige **Altlastenbelastung** steht einer Freigabe nicht entgegen (BVerwG, ZInsO 2004, 1206). 26

a) Löschung auf Ersuchen des Insolvenzgerichts

Das Gericht hat das Löschungsersuchen gem. Abs. 3 Satz 1 auf Antrag an das Grundbuchamt zu richten. Antragsberechtigt ist jeder, der ein rechtliches Interesse an der Löschung hat, unabhängig davon, wer die Eintragung veranlasst hat, also je nach Sachlage der Insolvenzverwalter, der Schuldner, der Erwerber oder auch ein dinglicher Gläubiger (ähnl. HK-Kirchhof § 32 Rn. 22 f.; Jaeger/Henckel/Gerhardt-Schilken Bd. 1 § 32 Rn. 40; MK-Schmahl/Busch §§ 32, 33 Rn. 76 ff.). Die Freigabe oder Veräußerung sind Voraussetzung für das Löschungsersuchen und dem Insolvenzgericht daher in geeigneter Form nachzuweisen; § 29 GBO gilt ggü. dem Insolvenzgericht allerdings nicht. Wenn der Insolvenzverwalter die Löschung bereits gem. Abs. 3 beantragt oder gem. § 19 GBO bewilligt hat, fehlt es am Rechtsschutzbedürfnis für den Antrag an das Gericht. Für das Löschungsersuchen des Gerichts gilt § 38 GBO entsprechend. Zur Sicherung des Löschungsanspruchs kann ein Widerspruch gem. § 899 BGB eingetragen werden (Jaeger/Henckel/Gerhardt-Schilken Bd. 1 § 32 Rn. 40). 27

b) Löschung auf Antrag des Insolvenzverwalters

Die Löschung des Insolvenzvermerks kann gem. Abs. 3 Satz 3 auch vom Insolvenzverwalter beantragt werden. Der Antrag auf Löschung des Insolvenzvermerks gem. Abs. 3 ist ein Berichtigungsantrag gem. § 22 Abs. 1 GBO und ohne notarielle Beglaubigung möglich (OLG Dresden, ZIP 2011, 1378; HK-Kichhof § 32 Rn. 24). Eine Verpflichtung des Insolvenzverwalters, das Grundbuchamt um Löschung zu ersuchen, ergibt sich aus § 32 Abs. 3 nicht (AG Celle, ZInsO 2005, 50). 28

§ 33 InsO Register für Schiffe und Luftfahrzeuge

2. Sonstige Löschungsmöglichkeiten

29 Unabhängig von Abs. 3 kann die Löschung des Insolvenzvermerks auch **aufgrund Löschungsbewilligung des Insolvenzverwalters gem. §§ 13, 19, 29 GBO** direkt beim Grundbuchamt beantragt werden. Das Grundbuchamt kann den Insolvenzvermerk ggf. auch wegen **Gegenstandslosigkeit gem. § 84 Abs. 1, 3 GBO** von Amts wegen löschen. Bei Veräußerung im Wege der **Zwangsversteigerung** ersucht das Vollstreckungsgericht gem. § 130 Abs. 1 Satz 1 ZVG das Grundbuchamt um Eintragung des Erstehers und Löschung des Insolvenzvermerks.

IV. Ausländische Insolvenzverfahren

30 Bei einem ausländischen Insolvenzverfahren hat das Insolvenzgericht das Grundbuchamt auf Antrag des ausländischen Insolvenzverwalters um Eintragung des Insolvenzvermerks wie auch von Verfügungsbeschränkungen aufgrund von Sicherungsmaßnahmen nach § 343 Abs. 2 oder § 344 Abs. 1 zu ersuchen, wenn glaubhaft gemacht wird, dass die tatsächlichen Voraussetzungen für die Anerkennung der Verfahrenseröffnung vorliegen (§ 346 Abs. 2). Für die Löschung gilt § 32 Abs. 3 Satz 1 entsprechend (§ 346 Abs. 2 Satz 3). Zuständig ist gem. § 18 Abs. 1 Nr. 3 RPflG der **Richter**.

31 Im Geltungsbereich der EuInsVO ist der Insolvenzvermerk gem. **Art. 22 Abs. 1 EuInsVO** auch auf Antrag des ausländischen Insolvenzverwalters in das hiesige Grundbuch einzutragen. Die Einzelheiten der Eintragung ausländischer Verfahrenseröffnungen in das Grundbuch regelt Art. 102 EGInsO § 6.

V. Sonstige Anwendungsfälle

32 § 32 gilt aufgrund gesetzlicher Verweisung entsprechend bei Anordnung und Aufhebung von Verfügungsbeschränkungen aufgrund Sicherungsmaßnahmen im Insolvenzeröffnungsverfahren (§§ 23 Abs. 3, 25 Abs. 1), Aufhebung der Verfahrenseröffnung bzw. des Insolvenzverfahrens (§§ 34 Abs. 3 Satz 2, 200 Abs. 2 Satz 2, 258 Abs. 3 Satz 3), Einstellung des Verfahrens (§§ 215 Abs. 1 Satz 3, 200 Abs. 2 Satz 2), Anordnung und Aufhebung von Zustimmungsvorbehalten bei Eigenverwaltung (§ 277 Abs. 3 Satz 3), Anordnung von Zustimmungsvorbehalten bei Insolvenzplanüberwachung und Aufhebung (§§ 267 Abs. 3 Satz 2, 268 Abs. 2 Satz 2). Zur entsprechenden Anwendung des § 32 bei Wechsel zwischen Eigen- und Regelverwaltung sowie bei Vorbehalt der Nachtragsverteilung vgl. MK-Schmahl/Busch §§ 32, 33 Rn. 2 f.

C. Verfahrensfragen

I. Rechtsbehelfe

33 Gegen die Entscheidungen des Rechtspflegers am Insolvenzgericht im Zusammenhang mit dem Eintragungsersuchen ist gem. § 11 Abs. 2 RPflG die **Erinnerung** gegeben, gegen Entscheidungen des Grundbuchamtes je nach Sachlage Erinnerung gem. § 12c Abs. 2 Nr. 3 GBO bzw. **Beschwerde** gem. § 71 GBO. Gegen Entscheidungen des Grundbuchamtes ist auch das Insolvenzgericht beschwerdeberechtigt gem. § 71 GBO (LG Flensburg, ZInsO 2002, 1145; Demharter § 38 GBO Rn. 79).

II. Kosten

34 Eintragungen oder Löschungen des Grundbuchamtes aufgrund § 32 sind gem. § 69 Abs. 1, Abs. 2 Satz 2 KostO **gebührenfrei**. Auslagen bleiben unberührt.

§ 33 Register für Schiffe und Luftfahrzeuge

[1]Für die Eintragung der Eröffnung des Insolvenzverfahrens in das Schiffsregister, das Schiffsbauregister und das Register für Pfandrechte an Luftfahrzeugen gilt § 32 entsprechend. [2]Dabei treten

an die Stelle der Grundstücke die in diese Register eingetragenen Schiffe, Schiffsbauwerke und Luftfahrzeuge, an die Stelle des Grundbuchamts das Registergericht.

Übersicht	Rdn.			Rdn.
A. Normzweck	1	II.	Register für Pfandrechte an Luftfahrzeugen	5
B. Norminhalt	2			
I. Schiffsregister und Schiffbauregister	2	III.	Exkurs: Markenregister, sonstige gewerbliche Schutzrechte, Gesellschafterliste	8

A. Normzweck

§ 33 soll die Insolvenzmasse bei Schiffen, Schiffsbauten und Registerpfandrechten an Luftfahrzeugen vor einem gutgläubigen Erwerb Dritter schützen, da die entsprechenden Register öffentlichen Glauben genießen (vgl. § 81 Abs. 1 Satz 2, §§ 16, 17 SchRG, §§ 16, 17 LuftfzG).

B. Norminhalt

I. Schiffsregister und Schiffbauregister

Im Schiffsregister sind **Seeschiffe und Binnenschiffe** eingetragen, die die Bundesflagge führen oder führen dürfen (§ 3 SchRegO). Aufgrund der gesetzlichen Verweisung in Satz 1 gilt § 32 entsprechend (ausführl. dazu dort). **Nicht eingetragene Schiffe** unterliegen dem Recht der beweglichen Sachen gem. §§ 929 ff. BGB (vgl. §§ 929a, 932a BGB; BGHZ 112, 4, 5 = NJW 1990, 3209). Deshalb ist ein gutgläubiger Erwerb an nicht eingetragenen Schiffen im Insolvenzverfahren ausgeschlossen (vgl. § 81 Abs. 1 Satz 2; Jaeger/Henckel/Gerhardt-Schilken Bd. 1 § 33 Rn. 5; MK-Schmahl/Busch §§ 32, 33 Rn. 90; HK-Kirchhof § 33 Rn. 4). Der Insolvenzverwalter kann das Schiff jedoch gem. §§ 9 ff. SchRegO zur Eintragung in das Schiffsregister anmelden und dann den Insolvenzvermerk eintragen lassen.

Im Schiffsbauregister sind **Schiffsbauwerke und Schwimmdocks** eingetragen (§§ 65 ff., 81a SchRegO). Auch insoweit gilt die Verweisung in Satz 1 auf § 32 (ausführl. dazu dort). **Nicht eingetragene Schiffsbauwerke oder Schwimmdocks** unterliegen wie nicht eingetragene Schiffe dem Recht der beweglichen Sachen gem. §§ 929 ff. BGB (vgl. Rdn. 2). Der Insolvenzverwalter kann diese jedoch gem. §§ 68 ff. SchRegO zur Eintragung in das Schiffsbauregister anmelden und dann den Insolvenzvermerk eintragen lassen, wobei das nach § 66 SchRegO für die Eintragung erforderliche Sicherungsbedürfnis sich entsprechend aus der Eröffnung des Insolvenzverfahrens ergibt (Jaeger/Henckel/Gerhardt-Schilken Bd. 1 § 33 Rn. 5; MK-Schmahl/Busch §§ 32, 33 Rn. 92; FK-Schmerbach § 33 Rn. 2; K/B/P-Holzer § 33 Rn. 3).

Das **Verfahrensrecht** für die Eintragungen bzw. Löschungen in das Schiffsregister bzw. Schiffbauregister richtet sich nach §§ 23 ff., 37 Abs. 3 SchRegO und entspricht im Wesentlichen den grundbuchlichen Anforderungen (vgl. dazu § 32 Rdn. 19 ff.). Im Geltungsbereich der EuInsVO ist der Insolvenzvermerk gem. **Art. 22 Abs. 1 EuInsVO** auf Antrag des Insolvenzverwalters in das Schiffs- bzw. Schiffbauregister des betreffenden Mitgliedsstaates einzutragen. Die Einzelheiten der Eintragung ausländischer Verfahrenseröffnungen im Inland regelt Art. 102 EGInsO § 6.

II. Register für Pfandrechte an Luftfahrzeugen

Nach dem Gesetz über Rechte an Luftfahrzeugen (LuftFzG) werden in dem beim Amtsgericht Braunschweig (§ 78 LuftFzG) zentral geführten Register für Pfandrechte an Luftfahrzeugen nicht die Luftfahrzeuge selbst, sondern nur **Pfandrechte an Luftfahrzeugen** eingetragen (§§ 1 ff., 78 ff. LuftFzG; vgl. auch MK-Schmahl/Busch §§ 32, 33 Rn. 96 f.). Luftfahrzeuge selbst sind bewegliche Sachen i.S.d. §§ 929 ff. BGB, die nicht im einem zivilrechtlichen Register, sondern nur in der Luftfahrzeugrolle (§ 64 LuftVG) eingetragen sind. Die Eintragung in der Luftfahrzeugrolle ist verwaltungsrechtlicher Natur und eine Voraussetzung für die Zulassung zum Luftverkehr. In der Luftfahrzeugrolle eingetragene Luftfahrzeuge sind nur mit dem Registerpfandrecht gem. § 1 LuftFzG belastbar (Palandt-Bassenge Einführung von § 1204 BGB Rn. 6). Das Registerpfandrecht an einem Luftfahrzeug oder Rechte daran können auch im Insolvenzverfahren gutgläubig erworben werden (§§ 81 Abs. 1 Satz 2, 16, 17 LuftFzG). Zum Schutz der Insolvenzmasse davor gilt aufgrund der gesetzlichen Verweisung in Satz 1 insoweit § 32 entsprechend (ausführl. dazu dort).

6 **Pfandrechte an nicht in das Register eingetragenen Luftfahrzeugen** unterliegen den §§ 1204 ff. BGB (Palandt-Bassenge a. a. O.), d. h. insoweit ist ein gutgläubiger Erwerb im Insolvenzverfahren ausgeschlossen (vgl. § 81 Abs. 1 Satz 2; MK-Schmahl/Busch §§ 32, 33 Rn. 100; K. Schmidt-Keller § 33 Rn. 8).

7 Das **Verfahrensrecht** für Eintragungen bzw. Löschungen in das Register für Pfandrechte an Luftfahrzeugen richtet sich nach §§ 18, 78 ff. LuftFzG. Das Register für Pfandrechte an Luftfahrzeugen wird gem. 78 LuftFzG zentral beim AG Braunschweig, geführt. Im Geltungsbereich der EuInsVO ist der Insolvenzvermerk gem. **Art. 22 Abs. 1 EuInsVO** auf Antrag des Insolvenzverwalters in ein entsprechendes Register des betreffenden Mitgliedsstaates einzutragen. Die Einzelheiten der Eintragung Verfahrenseröffnungen anderer EU-Mitgliedstaaten im Inland regelt Art. 102 EGInsO § 6.

III. Exkurs: Markenregister, sonstige gewerbliche Schutzrechte, Gesellschafterliste

8 Wird das durch die Eintragung einer **Marke** erfasste Recht durch ein Insolvenzverfahren erfasst, so wird dies gem. § 29 Abs. 3 MarkenG auf Ersuchen des Insolvenzgerichts oder Antrag des Insolvenzverwalters, bei Eigenverwaltung des Sachwalters, in das Markenregister eingetragen. Allerdings genießt das Markenregister keinen öffentlichen Glauben, d. h. einen gutgläubigen Markenerwerb gibt es nicht (Fezer § 28 MarkenG Rn. 8). § 29 Abs. 1 MarkenG beinhaltet jedoch eine Vermutung der Rechtsinhaberschaft für den im Markenrechtsregister Eingetragenen, sodass die Eintragung des Insolvenzvermerkes sinnvoll erscheint (Braun-Herzig § 33 Rn. 11).

9 Ein schriftlicher Antrag an das Markenregister mit entsprechenden Nachweisen – Kopie der Bestallungsurkunde/des Insolvenzeröffnungsbeschlusses in Ausfertigung – genügt, § 34 Abs. 2 MarkenV. Notarielle Form ist nicht vorgeschrieben. Das deutsche Markenregister wird beim Deutschen Patent- und Markenamt in München geführt (www.dpma.de).

§ 29 Abs. 3 MarkenG gilt entsprechend für internationale Registrierungen von Marken nach dem Madrider Markenabkommen (§§ 107 ff. MarkenG) und europäische Gemeinschaftsmarken (§§ 125a ff. MarkenG). Im **Geltungsbereich der EuInsVO** ist der Insolvenzvermerk gem. Art. 22 Abs. 1 EuInsVO auf Antrag des Insolvenzverwalters in das **nationale Markenregister** des betreffenden Mitgliedsstaates einzutragen.

10 Für **sonstige gewerbliche Schutzrechte** (z. B. Patente, Gebrauchs- und Geschmacksmuster) fehlt es an einer entsprechenden gesetzlichen Regelung, sodass keine Eintragung in das jeweilige Register erfolgt (Braun-Herzig, § 33 Rn. 14; Uhlenbruck-Uhlenbruck § 33 Rn. 5; K/P/B-Holzer § 33 Rn. 11). Das Deutsche Patent- und Markenamt beachtet die Eröffnung des Insolvenzverfahrens jedoch und ändert die Zustellanschrift, sodass der Insolvenzverwalter gem. § 148 gehalten ist, dort eine entsprechende Mitteilung über die Insolvenzeröffnung zu machen.

§ 34 Rechtsmittel

(1) Wird die Eröffnung des Insolvenzverfahrens abgelehnt, so steht dem Antragsteller und, wenn die Abweisung des Antrags nach § 26 erfolgt, dem Schuldner die sofortige Beschwerde zu.

(2) Wird das Insolvenzverfahren eröffnet, so steht dem Schuldner die sofortige Beschwerde zu.

(3) ¹Sobald eine Entscheidung, die den Eröffnungsbeschluß aufhebt, Rechtskraft erlangt hat, ist die Aufhebung des Verfahrens öffentlich bekanntzumachen. ²§ 200 Abs. 2 Satz 2 gilt entsprechend. ³Die Wirkungen der Rechtshandlungen, die vom Insolvenzverwalter oder ihm gegenüber vorgenommen worden sind, werden durch die Aufhebung nicht berührt.

Übersicht

		Rdn.
A.	Normzweck	1
B.	Norminhalt	2
I.	Beschwerde gegen die Ablehnung der Verfahrenseröffnung (Abs. 1)	2
	1. Zulässigkeit der Beschwerde	2
	2. Begründetheit der Beschwerde	7
	a) Allgemeines	7
	b) Einzelfälle	8
II.	Beschwerde gegen die Verfahrenseröffnung (Abs. 2)	9
	1. Zulässigkeit der Beschwerde	9
	2. Begründetheit der Beschwerde	15
	a) Allgemeines	15
	b) Einzelfälle	18
III.	Wirkungen der Aufhebung des Eröffnungsbeschlusses	19
	1. Allgemeine Wirkungen	19
	2. Rechtshandlungen des Insolvenzverwalters (Abs. 3 Satz 3)	21
IV.	Bekanntmachungen und Mitteilungen bei Aufhebung des Eröffnungsbeschlusses, Löschungsersuchen wegen Insolvenzvermerk (Abs. 3 Satz 1, 2)	25
C.	Verfahrensfragen	27
I.	Beschwerdeverfahren	27
II.	Verfahrenseröffnung durch das Beschwerdegericht	30
III.	Kosten	31
IV.	Rechtsbeschwerde	32
V.	Sonstige Rechtsbehelfe	34

A. Normzweck

Die Abs. 1 und 2 regeln die sofortige Beschwerde gem. § 6 Abs. 1 gegen die Entscheidung über die Verfahrenseröffnung oder deren Ablehnung, da diese Entscheidungen wegen ihrer Bedeutung beschwerdefähig sein sollen (Begr. RegE BT-Drucks. 12/2443 S. 121). Abs. 3 Sätze 1 und 2 wollen für ausreichende Publizität bei Aufhebung des Eröffnungsbeschlusses im Beschwerdewege sorgen; Abs. 3 Satz 3 soll das Vertrauen des Rechts- und Geschäftsverkehrs auf die Wirksamkeit vorheriger Handlungen des Insolvenzverwalters schützen (Begr. RegE BT-Drucks. a. a. O.). 1

B. Norminhalt

I. Beschwerde gegen die Ablehnung der Verfahrenseröffnung (Abs. 1)

1. Zulässigkeit der Beschwerde

Gemäß Abs. 1 ist die Beschwerde **statthaft** gegen die **Ablehnung der Eröffnung** des Insolvenzverfahrens. Diese kann durch Zurückweisung des Insolvenzantrages als unzulässig oder als unbegründet sowie durch die Abweisung mangels Masse erfolgen. Statthaft ist auch die Beschwerde des Antragstellers gegen die **Entscheidung** des Insolvenzgerichts, nach einseitiger Erledigungserklärung die **Erledigungsfeststellung abzulehnen** und ihm die Kosten aufzuerlegen (BGH, ZInsO 2008, 1206, 1207). 2

Unzulässig ist gem. § 4 i. V. m. § 99 Abs. 1 ZPO die **sog. isolierte Beschwerde gegen** die **Kostenentscheidung** (BGH, ZVI 2007, 68). Die Ablehnung der Eigenverwaltung kann auch im Wege der sofortigen Beschwerde gegen die Abweisung des Insolvenzantrags mangels Masse nicht angefochten werden (BGH, ZIP 2007, 394).

In **Verbraucherverfahren** ist die Beschwerde grds. nicht statthaft gegen die gerichtliche Mitteilung der Rücknahmefiktion gem. § 305 Abs. 3 Satz 2 wegen nicht erfüllter Ergänzungsaufforderung, da das Gesetz insoweit kein Rechtsmittel vorsieht (BGH, ZInsO 2003, 1040). In Ausnahmefällen kommt jedoch eine analoge Anwendung des § 34 Abs. 1 in Betracht, wenn unerfüllbare Auflagen erteilt werden, die gegen das Willkürverbot verstoßen (BGH, NJW-RR 2010, 1068). Zulässig ist die Beschwerde, mit der sich der Schuldner, der die Eröffnung des Verbraucherinsolvenzverfahrens beantragt hat, gegen die Überleitung in ein Regelinsolvenzverfahren wehrt. Unzulässig ist hingegen die Beschwerde des Gläubigers, der das Ziel verfolgt, dass ein als Verbraucherinsolvenz eröffnetes Verfahren als Regelinsolvenz fortgeführt wird (BGH, ZInsO 2013, 1100 Tz. 14; so auch: A/G/R-Sander § 34 Rn. 10). 3

Die Beschwerde ist ferner nicht statthaft gegen die Fortsetzungsanordnung gem. § 306 Abs. 1 Satz 3, mit der das Gericht die Fortsetzung des Verfahrens über den Eröffnungsantrag anordnet und damit die weitere Durchführung des gerichtlichen Schuldenbereinigungsplanes ablehnt (LG Berlin, ZInsO 2003, 286).

4   **Beschwerdeberechtigt** sind der Insolvenzantragsteller sowie bei Abweisung mangels Masse ausnahmsweise auch der Schuldner, nicht aber der Insolvenzverwalter (BGH, ZInsO 2007, 373, 374). Bei juristischen Personen und Gesellschaften ohne Rechtspersönlichkeit ist analog § 15 Abs. 1 jedes Mitglied des Vertretungsorgans bzw. jeder persönlich haftende Gesellschafter für den Schuldner beschwerdeberechtigt, grds. unabhängig von den Vertretungsregelungen des Gesellschaftsvertrages (BGH, NZI 2008, 121 und BGH, ZInsO 2006, 822 für GbR-Gesellschafter; BGH, NZI 2006, 700 für GmbH-Geschäftsführer). Ein Beschwerderecht im eigenen Namen besteht nicht (MK-Schmahl/Busch § 34 Rn. 58). Eine »namens beider Gesellschafter« eingelegte Beschwerde ist als Beschwerde der Schuldnerin (im Fall: GbR) auszulegen (BGH, NZI 2008, 121). Nicht beschwerdeberechtigt sind ferner ausgeschiedene Vertretungsorgane bzw. ehemalige persönlich haftende Gesellschafter (BGH, NZI 2006, 700).

Soweit bei Kreditinstituten und Versicherungen allein die Bundesaufsichtsämter für das Kreditwesen bzw. das Versicherungswesen insolvenzantragsberechtigt sind, sind auch nur sie beschwerdeberechtigt (vgl. § 46b KWG, § 88 VAG). Nach LG Duisburg (ZIP 2006, 1507) soll dem Pensions-Sicherungs-Verein analog § 9 Abs. 5 BetrAVG eine Beschwerderecht auch gegen die Abweisung mangels Masse zustehen.

5   Die Beschwerde ist in schriftlicher **Form** oder zu Protokoll der Geschäftsstelle **beim Insolvenzgericht** (§ 6 Abs. 1 Satz 2) einzulegen (näher § 6 Rdn. 20). Es besteht grds. **kein Anwaltszwang**, Ausnahme bei mündlicher Verhandlung vor dem Beschwerdegericht (vgl. § 4 i. V. m. §§ 78 Abs. 1, 569 Abs. 3, 571 Abs. 4 ZPO). Die im Eröffnungsverfahren erteilte Vollmacht eines Schuldners zur Vertretung im Insolvenzverfahren gilt fort und erlischt nicht gem. § 117 Abs. 1 (BGH, ZIP 2011, 1014, 1015, Tz. 4).

Die **Beschwerdefrist** beträgt 2 Wochen (§ 4 i. V. m. § 569 Abs. 1 ZPO) ab Verkündung der Entscheidung oder sonst ab deren Zustellung (näher dazu § 6 Rdn. 23 f.).

6   Die **Beschwer** des Insolvenzantragstellers ergibt sich aus der Zurück- bzw. Abweisung seines Insolvenzantrages. Die Beschwer des Schuldners bei Abweisung mangels Masse ergibt sich aus der Eintragung in das Schuldnerverzeichnis gem. § 26 Abs. 2 sowie den ggf. sonstigen Folgen der Abweisung mangels Masse (vgl. zur Auflösung von Gesellschaften und berufsrechtlichen Folgen für natürliche Personen § 26 Rdn. 66). Keine Beschwer des Schuldners bei Abweisung eines Verbraucherinsolvenzantrages als unzulässig wegen unterlassener Überführung ins Regelinsolvenzverfahren (BGH, ZInsO 2008, 1324).

2. Begründetheit der Beschwerde

a) Allgemeines

7   Die Beschwerde kann auf ein **Fehlen der materiellen Voraussetzungen** für die Zurückweisung des Insolvenzantrages bzw. die Abweisung mangels Masse gestützt werden, d. h. darauf, dass die Unzulässigkeit oder Unbegründetheit des Insolvenzantrages bzw. die voraussichtliche fehlende Verfahrenskostendeckung nicht bzw. nicht mehr gegeben sind. Ferner kann die Beschwerde darauf gestützt werden, dass die Ablehnung auf einem **Verfahrensfehler** beruht, z. B. Verletzung rechtlichen Gehörs (HK-Kirchhof § 34 Rn. 20) oder unzureichender Amtsermittlung gem. § 5 (LG Göttingen, ZInsO 2002, 590).

7a Maßgebend ist nach allg. verfahrensrechtlichen Grundsätzen grds. der Sach- und Streitstand im **Zeitpunkt der Beschwerdeentscheidung** (BGH, NZI 2008, 391; ZInsO 2007, 97, 98; anders ausnahmsweise bei Beschwerde gegen Eröffnung gem. § 34 Abs. 2, vgl. Rdn. 15). Das Beschwerdeverfahren ist eine vollwertige zweite Tatsacheninstanz (BGH, ZInsO 2009, 872, Tz. 7 m. w. N.).

In der Beschwerdeinstanz können **neue Angriffs- und Verteidigungsmittel** vorgebracht werden (§ 4 i. V. m. § 571 Abs. 2 ZPO), unabhängig davon, ob diese vor oder nach der erstinstanzlichen Entscheidung entstanden sind. (BGH, NZI 2008, 391). Das Beschwerdegericht ist nicht auf eine rechtliche Nachprüfung der Entscheidung des Insolvenzgerichts beschränkt, sondern muss i. R. d. Amtsermittlungspflicht gem. § 5 ggf. eigene Ermittlungen anstellen (BGH, ZIP 2006, 1056). Das Beschwerdegericht kann die angefochtene Entscheidung auch mit anderer Begründung bestätigen (BGH, NZI 2009, 864). Liegen die Eröffnungsvoraussetzungen im Zeitpunkt der Beschwerdeentscheidung erstmals vor, ist das Insolvenzverfahren zu eröffnen (BGH, NZI 2008, 391; vgl. zur Eröffnung durch das Beschwerdegericht auch Rdn. 30). Allerdings ist die nach Abweisung des Insolvenzantrages mangels Masse erfolgte Befriedigung der Antragsforderung nicht zu berücksichtigen (BGH, ZInsO 2011, 92).

Die Ablehnung der Insolvenzeröffnung wegen bloßer Unerreichbarkeit des Schuldners und infolgedessen mangelnder Überzeugungsbildung zum Eröffnungsgrund und zur Verfahrenskostendeckung ist, ohne dass sonstige Ermittlungsmöglichkeiten ausgeschöpft sind, nicht zulässig (BGH, ZIP 2006, 1056O., dort auch näher zum Umfang der Amtsermittlungspflicht). 7b

Bis zur Rechtskraft des Abweisungsbeschlusses ist auch die Rücknahme oder Erledigung des Insolvenzantrages in der Beschwerdeinstanz möglich (FK-Schmerbach § 34 Rn. 12; K/P/B-Pape § 34 Rn. 47 ff.). Dies gilt auch für den Fall der Abweisung mangels Masse nach § 26a (Pape a. a. O., Rn. 48). 7c

b) Einzelfälle

Die fehlende **örtliche Zuständigkeit** des Insolvenzgerichts kann gem. § 4 i. V. m. § 571 Abs. 2 Satz 2 ZPO nicht gerügt werden, wohl jedoch die fehlende internationale Zuständigkeit (BGHZ 153, 82, 84 f. = ZIP 2003, 685, 686 zu § 545 Abs. 2 ZPO). Der antragstellende Gläubiger kann geltend machen, das Gericht habe die **Glaubhaftmachung** der Antragsforderung bzw. des Eröffnungsgrundes gem. § 14 zu Unrecht verneint (OLG Köln, ZInsO 2000, 43). Mit der Beschwerde kann gerügt werden, das Gericht habe die **voraussichtliche Massekostendeckung** nicht verneinen dürfen. Die voraussichtliche Verfahrenskostendeckung kann noch im Beschwerdeverfahren nachgeholt werden, auch durch Kostenvorschuss (LG Cottbus, ZInsO 2002, 296). Mit der Beschwerde kann ferner gerügt werden, dass der angeforderte Verfahrenskostenvorschuss zu hoch sei (HK-Kirchhof § 34 Rn. 21; MK-Schmahl/Busch § 34 Rn. 48). Ein antragstellender Gläubiger kann die Abweisung mangels Masse auch angreifen, wenn das Gericht keinen Verfahrenskostenvorschuss angefordert hat (Jaeger/Henckel/Gerhardt-Schilken Bd. 1 § 34 Rn. 15; vgl. auch § 26 Rdn. 37). 8

II. Beschwerde gegen die Verfahrenseröffnung (Abs. 2)

1. Zulässigkeit der Beschwerde

Gemäß Abs. 2 ist die Beschwerde **statthaft gegen die Verfahrenseröffnung**, d. h. den Eröffnungsbeschluss. Die Beschwerde muss sich allerdings gegen die Verfahrenseröffnung insgesamt richten, d. h. der Schuldner muss die Aufhebung des Eröffnungsbeschlusses begehren. Statthaft ist auch eine Beschwerde des Schuldners gegen die Entscheidung des Insolvenzgerichts, nach einseitiger Erledigungserklärung des Antragstellers die **Erledigung** festzustellen und ihm die Kosten aufzuerlegen (BGH, ZInsO 2008, 1206). 9

Unzulässig ist die **sog. isolierte Beschwerde** gegen einzelne Anordnungen des Eröffnungsbeschlusses. So ist die isolierte Beschwerde gegen die **Person des Insolvenzverwalters** unzulässig (A/G/R-Sander § 34 Rn. 23; K. Schmidt-Keller § 34 Rn. 24; LG Münster, ZInsO 2002, 777; a. A. MK-Schmahl/Busch § 34 Rn. 80, 82), ebenso gegen den **Eröffnungszeitpunkt** (LG Duisburg, ZInsO 2002, 988; AG Köln, ZInsO 2005, 1006). Die Ablehnung eines Antrags auf Anordnung der **Eigenverwaltung** kann weder isoliert noch mit der sofortigen Beschwerde gegen den Eröffnungsbeschluss angefochten werden (BGH, ZInsO 2007, 207). In diesem Fall ist mangels formeller Beschwer auch die Beschwerde gegen die Verfahrenseröffnung selbst unzulässig, wenn der Schuldner selbst den Insolvenzantrag gestellt hatte (LG Mönchengladbach, ZInsO 2003, 95). Auch eine isolierte Beschwerde wegen formaler Mängel des Eröffnungsbeschlusses, z. B. fehlender oder fehlerhafter Termine und Fristen, ist unzulässig (HK-Kirchhof § 34 Rn. 10; a. A. Jaeger/Henckel/Gerhardt-Schilken Bd. 1 § 34 Rn. 22 und MK-Schmahl/Busch § 34 Rn. 82: beschwerdefähig, wenn Schuldner materiell beschwert).

10 Allerdings ist die **Einstufung des Gerichts als Regel- bzw. Verbraucherinsolvenzverfahren** im Eröffnungsbeschluss grds. mit der Beschwerde angreifbar (OLG Köln, ZInsO 2000, 649; OLG Naumburg, NZI 2000, 603; OLG Schleswig, ZInsO 2000, 155; LG Göttingen, ZInsO 2007, 166, vgl. jedoch Rdn. 6). Nicht mit der Beschwerde gerügt werden kann, das Gericht hätte zunächst das gerichtliche Schuldenbereinigungsverfahren fortsetzen müssen (LG Berlin, ZInsO 2003, 188).

11 **Beschwerdeberechtigt** ist grds. **nur der Schuldner** (vgl. jedoch auch Rdn. 13). Das Beschwerderecht steht dem Schuldner selbst zu, d. h. dieser ist zur Einlegung der Beschwerde trotz § 80 Abs. 1 prozessführungsbefugt und es bedarf dafür auch nicht der Bestellung eines Prozesspflegers (BGH, NZI 2010, 63). Eine Besonderheit besteht bei juristischen Personen und Gesellschaften ohne Rechtspersönlichkeit. Bei juristischen Personen und Gesellschaften ohne Rechtspersönlichkeit ist analog § 15 Abs. 1 **jedes Mitglied des Vertretungsorgans bzw. jeder persönlich haftende Gesellschafter** für den Schuldner beschwerdeberechtigt, grds. unabhängig von den Vertretungsregelungen des Gesellschaftsvertrages (BGH, NZI 2008, 121 und ZInsO 2006, 822 für GbR-Gesellschafter; BGH, NZI 2006, 700 für GmbH-Geschäftsführer). Ein Beschwerderecht im eigenen Namen besteht nicht (MK-Schmahl/Busch § 34 Rn. 58). Eine »namens beider Gesellschafter« eingelegte Beschwerde ist als Beschwerde der Schuldnerin (im Fall: GbR) auszulegen (BGH, NZI 2008, 121). Nicht beschwerdeberechtigt sind ferner ausgeschiedene Vertretungsorgane bzw. ehemalige persönlich haftende Gesellschafter (BGH, NZI 2006, 700). Ausnahmsweise beschwerdeberechtigt sind gem. § 9 Abs. 5 BetrAVG der Pensions-Sicherungs-Verein sowie die Bundesanstalt für Finanzdienstleistungsaufsicht (BaFin) gem. § 46b KWG, § 88 VAG (s. a. A/G/R-Sander § 34 Rn. 25). Bei einer Verfahrenseröffnung aufgrund eines Insolvenzantrages gem. § 32 KWG durch einen von der BaFin bestellten Abwickler, sind die Vertretungsorgane des Schuldners beschwerdeberechtigt (BGH, ZInsO 2006, 825).

11a Eine von einem **Gläubiger** eingelegte Beschwerde ist unzulässig (MK-Schmahl/Busch § 34 Rn. 59) und als Gegenvorstellung auszulegen (LG Zweibrücken, NZI 2005, 397). Einem Gläubiger, der seinerseits Insolvenzantrag in einem anderen Mitgliedstaat der EU gestellt hat, kommt weder nach der InsO, noch nach der EuInsVO eine Beschwerdebefugnis gegen die Eröffnung des Hauptinsolvenzverfahrens zu (LG Hamburg, ZInsO 2005, 1052).

12 Die **Beschwer des Schuldners** ergibt sich bei einem **Gläubigerantrag** aus der Eröffnung des Verfahrens (sog. formelle Beschwer). Dem Schuldner kann dabei auch das Rechtsschutzbedürfnis für eine Beschwerde mit dem Ziel der Abweisung mangels Masse grds. nicht abgesprochen werden (BGH, ZInsO 2004, 923), ebenso nicht die Beschwer (a. A. LG Leipzig, ZInsO 2007, 278, 279).

13 Hat das Gericht das Insolvenzverfahren auf **Eigenantrag des Schuldners** eröffnet, steht diesem mangels formeller Beschwer grds. kein Beschwerderecht hiergegen zu (BGH, ZInsO 2007, 206). Das gilt auch, wenn sie auf die Rüge einer die Verfahrenskosten nicht deckenden Masse gestützt wird, auch bei Gesellschaften, deren Organe einer gesetzlichen Antragspflicht (insb. § 15a) nachkommen (BGH, ZInsO 2008, 859). Zulässig ist die Beschwerde allerdings, wenn mit der Beschwerde geltend gemacht wird, der Eigenantrag sei vor Eröffnung zurückgenommen worden (BGH, ZInsO 2007, 206, 207; OLG Brandenburg, ZInsO 2001, 1155). Einen Wegfall des Eröffnungsgrundes nach Verfahrenseröffnung kann der Schuldner nur noch im Rahmen einer Einstellung gem. § 212 geltend machen (BGH, ZInsO 2006, 1051).

14 Die **Beschwerdefrist** beträgt **2 Wochen** (§ 4 i. V. m. § 569 Abs. 1 ZPO) ab Verkündung der Entscheidung oder sonst mit deren Zustellung (vgl. dazu § 6 Rdn. 22). Die Beschwerdefrist beginnt bereits mit Zustellung an den Schuldner gem. § 8 zu laufen, auch wenn die öffentliche Bekanntmachung gem. § 9 später erfolgt ist (BGH, ZInsO 2003, 374). Wegen der **sonstigen Zulässig-**

keitsvoraussetzungen der Beschwerde vgl. Rdn. 2 ff. sowie ausführl. § 6 Rdn. 2 ff. sowie die ausf. Darstellung bei MK-Schmahl/Busch § 34 Rn. 11 ff.

2. Begründetheit der Beschwerde

a) Allgemeines

Die Beschwerde kann auf ein **Fehlen der materiellen Voraussetzungen** für die Verfahrenseröffnung gestützt werden, d. h. darauf, dass die Zulässigkeit und Begründetheit des Insolvenzantrages bei Verfahrenseröffnung nicht gegeben waren.

15

Nach allg. verfahrensrechtlichen Grundsätzen ist grds. die Sach- und Rechtslage im **Zeitpunkt der Beschwerdeentscheidung** maßgebend. Nach der Rspr. des BGH kommt es jedoch für die Frage, ob ein Eröffnungsgrund gem. § 16 vorliegt, **ausnahmsweise auf den Zeitpunkt der Verfahrenseröffnung** an (BGHZ 169, 17 = ZInsO 2006, 1051 m. zust. Anm. Gundlach; bestätigt durch BGH, ZInsO 2011, 1614, Tz. 3; ebenso MK-Schmahl/Busch § 34 Rn. 73 **a. A.** HK-Kichhof § 34 Rn. 23; krit. auch Noll, ZInsO 2007, 249). Waren die Eröffnungsvoraussetzungen im Zeitpunkt der Verfahrenseröffnung erfüllt, kann der nachträgliche Wegfall des Eröffnungsgrundes nur noch i. R. d. Einstellung nach § 212 geltend gemacht werden (BGHZ 169, 17 = ZInsO 2006, 1051). Lagen die Eröffnungsvoraussetzungen im Zeitpunkt der Eröffnung nicht vor, ist der Eröffnungsbeschluss aufzuheben und der Insolvenzantrag abzuweisen (BGH, NZI 2006, 693). Dies soll im Interesse effektiven Rechtsschutzes des Schuldners gem. Art. 19 Abs. 4 GG auch gelten, wenn die Eröffnungsvoraussetzungen im Beschwerdeverfahren eintreten und das Beschwerdegericht den angefochtenen Beschluss aufheben und das Verfahren selbst eröffnen könnte (BGH, ZInsO 2006, 1051, 1054; anders nach vorangegangener Abweisung mangels Masse, vgl. Rdn. 7a).

In der Beschwerdeinstanz können gleichwohl **neue Angriffs- und Verteidigungsmittel** vorgebracht werden (§ 4 i. V. m. § 571 Abs. 2 ZPO; vgl. BGH, ZInsO 2009, 872, Tz. 7), hinsichtl. der Frage des Eröffnungsgrundes müssen sie sich jedoch entsprechend auf den Zeitpunkt der Verfahrenseröffnung beziehen (BGH a. a. O.).

Das Beschwerdegericht ist nicht auf eine rechtliche Nachprüfung der Entscheidung des Insolvenzgerichts beschränkt, sondern muss i. R. d. Amtsermittlungspflicht gem. § 5 ggf. auch eigene Ermittlungen anstellen (BGH, ZIP 2006, 1056). Das Beschwerdegericht kann die angefochtene Entscheidung auch mit anderer Begründung bestätigen (BGH, NZI 2009, 864).

Die Beschwerde kann wegen der Maßgeblichkeit des Zeitpunktes der Verfahrenseröffnung (vgl. Rdn. 15) und wegen § 13 Abs. 2 nicht darauf gestützt werden, dass der Antragsteller **nach Verfahrenseröffnung** den Insolvenzantrag zurückgenommen habe oder die **Antragsforderung beglichen** sei (OLG Celle, ZInsO 2000, 217; LG Karlsruhe, NJW-RR 2002, 1627). Entsprechendes gilt für eine Erledigungserklärung des Antragstellers nach Verfahrenseröffnung (LG Potsdam, ZInsO 2002, 778). Wie § 13 Abs. 2 zeigt, kommt es auf den Insolvenzantrag und damit auch auf die Antragsforderung nur bis zur Verfahrenseröffnung an. Danach wandelt sich das Verfahren aufgrund des mit der Verfahrenseröffnung festgestellten Eröffnungsgrundes in ein Offizialverfahren im Interesse aller Gläubiger (Jaeger/Henckel/Gerhardt-Schilken Bd. 1 § 34 Rn. 25). Insofern sind auch im Beschwerdeverfahren erstmals erhobene Einwendungen gegen den Bestand der Antragsforderung unerheblich, wenn aufgrund der Feststellungen des Insolvenzgerichts ein Eröffnungsgrund unabhängig von der Forderung des Gläubigers besteht (OLG Celle, ZInsO 2001, 266).

16

Die Beschwerde kann ferner darauf gestützt werden, dass die Verfahrenseröffnung auf einem **Verfahrensfehler** beruht, z. B. Verletzung rechtlichen Gehörs (HK-Kirchhof § 34 Rn. 20) oder unzureichender Amtsermittlung gem. § 5 (LG Göttingen, ZInsO 2002, 590).

17

b) Einzelfälle

Der Schuldner kann mit der Beschwerde hinsichtl. der Zulässigkeit des Insolvenzantrages nur die mangelnde Glaubhaftmachung der Antragsforderung gem. § 14 Abs. 1 rügen, des Vollbeweises des

18

Bestehens der Forderung bedarf es für die Zulässigkeit des Insolvenzantrages nicht; anders hinsichtl. der Feststellung der Zahlungsunfähigkeit gem. § 17 Abs. 2, wenn diese von der Antragsforderung abhängt (LG Duisburg, ZVI 2004, 396). Bestreitet der Schuldner den Eröffnungsgrund durch Vortrag zu einzelnen Positionen, kann dies gegenteilige Feststellungen des vorläufigen Insolvenzverwalters im Insolvenzgutachten grds. nicht erschüttern, wenn der Schuldner keine umfassende Darstellung seiner Vermögensverhältnisse gibt (LG Duisburg a. a. O.). Da das Gericht an die Geltendmachung eines bestimmten Eröffnungsgrundes im Insolvenzantrag nicht gebunden ist (vgl. § 16 Rdn. 12 ff.), ist die Beschwerde grds. nur begründet, wenn überhaupt kein Eröffnungsgrund vorliegt (LG Frankenthal, Rpfleger 1986, 104; HK-Kirchhof § 34 Rn. 22); eine Ausnahme gilt beim Eröffnungsgrund der drohenden Zahlungsunfähigkeit (vgl. dazu auch § 16 Rdn. 13).

III. Wirkungen der Aufhebung des Eröffnungsbeschlusses

1. Allgemeine Wirkungen

19 Mit Rechtskraft der Aufhebungsentscheidung (§ 6 Abs. 3 Satz 1) bzw. Anordnung ihrer sofortigen Wirksamkeit (§ 6 Abs. 3 Satz 2) **entfallen rückwirkend grds. alle Rechtswirkungen der Verfahrenseröffnung**, wobei gem. Abs. 3 Satz 3 davon Rechtshandlungen des Insolvenzverwalters unberührt bleiben (HK-Kirchhof § 34 Rn. 40; Uhlenbruck-Pape § 34 Rn. 31; Jaeger/Henckel/Gerhardt-Schilken Bd. 1 § 34 Rn. 28; MK-Schmahl/Busch § 34 Rn. 94; vgl. zu Rechtshandlungen des Insolvenzverwalters Rn. 21). Die Verfügungsbefugnis des Schuldners lebt rückwirkend wieder auf (HK-Kirchhof a. a. O.; Jaeger/Henckel/Gerhardt-Schilken Bd. 1 § 34 Rn. 29; MK-Schmahl/Busch § 34 Rn. 93 FK-Schmerbach § 34 Rn. 58; A/G/R-Sander § 34 Rn. 37). Rechtshandlungen des Schuldners werden grds. rückwirkend wirksam. **Kollidiert** eine frühere, rückwirkend wirksam gewordene Verfügung des Schuldners mit einer Verfügung des Insolvenzverwalters, geht nach dem Rechtsgedanken des Abs. 3 Satz 3 die Verfügung des Verwalters vor (HK-Kirchhof § 34 Rn. 40; Uhlenbruck-Pape § 34 Rn. 32; MK-Schmahl/Busch § 34 Rn. 96), kollidierende Verpflichtungen bleiben beide wirksam und verpflichten den Schuldner (MK-Schmahl/Busch a. a. O.).

20 Eine **Ausnahme** bilden aus Gründen der Rechtssicherheit für den Empfänger **einseitige Gestaltungserklärungen** des Schuldners; Dritte bleiben allerdings ihrerseits an eine einseitige Willenserklärung ggü. dem Schuldner gebunden (MK-Schmahl/Busch § 34 Rn. 93.). Hat das Beschwerdegericht nicht zugleich mit der Aufhebung der Verfahrenseröffnung den Insolvenzantrag zurück- oder abgewiesen, sondern die Sache an das Insolvenzgericht zurück verwiesen, ist dort das Eröffnungsverfahren fortzusetzen (Jaeger/Henckel/Gerhardt-Schilken Bd. 1 § 34 Rn. 30).

2. Rechtshandlungen des Insolvenzverwalters (Abs. 3 Satz 3)

21 Gemäß Abs. 3 Satz 3 werden die Wirkungen von Rechtshandlungen, die vom Insolvenzverwalter oder ihm ggü. vorgenommen wurden, von der Aufhebung der Verfahrenseröffnung nicht berührt. Dies gilt z. B. auch für Erklärungen gem. §§ 103 ff. und Kündigungen gem. §§ 109, 113 (HK-Kirchhof § 34 Rn. 40; Uhlenbruck-Pape § 34 Rn. 31; Jaeger/Henckel/Gerhardt-Schilken Bd. 1 § 34 Rn. 33; MK-Schmahl/Busch § 34 Rn. 95). Arbeitsrechtlich kann jedoch ggf. ein Wiedereinstellungsanspruch bestehen. Eine Ausnahme bildet § 104 bei Fixgeschäften und Finanzleistungen (K/P/B-Pape § 34 Rn. 82; FK-Schmerbach § 34 Rn. 58). Vom Verwalter begründete Rechtsverhältnisse, z. B. Verträge wirken ggü. dem Schuldner und können ggf. nur nach den allg. Regeln beendet werden. Vom Verwalter begründete Verbindlichkeiten verpflichten den Schuldner.

22 Zu **kollidierenden Rechtsgeschäften des Insolvenzverwalters und des Schuldners** s. Rdn. 19.

23 Ordnet das Beschwerdegericht nicht gem. § 6 Abs. 3 Satz 2 die sofortige Wirksamkeit seiner Entscheidung an, ist der Insolvenzverwalter **zwischen Erlass und Wirksamwerden der Aufhebungsentscheidung** durch Rechtskraft noch verwaltungs- und verfügungsbefugt gem. § 80 Abs. 1. In dieser Zeit kann er, wie der sog. starke vorläufige Verwalter nach § 25 Abs. 2, insb. noch **Masseverbindlichkeiten berichtigen** (HK-Kirchhof § 34 Rn. 41; Jaeger/Henckel/Gerhardt-Schilken Bd. 1 § 34 Rn. 37). Eine Verpflichtung dazu wie in § 25 Abs. 2 bestimmt das Gesetz jedoch nicht, auch wenn

von einem beachtlichen Teil der Literatur eine Analogie befürwortet wird (so z. B. HK-Kirchhof § 34 Rn. 41 und MK-Schmahl/Busch § 34 Rn. 106). Besteht Massearmut bzw. Masseunzulänglichkeit, hat der Verwalter die §§ 207 Abs. 3, 209 Abs. 1 Nr. 1, 3 zu beachten und ggf. zunächst die Verfahrenskosten zu berichten. Auch solange die Verwaltungs- und Verfügungsbefugnis des Insolvenzverwalters im Außenverhältnis noch fortbesteht (rechtliches Können), ist der Verwalter gleichwohl ggü. dem Schuldner verpflichtet, hiervon nur noch eingeschränkt i. R. d. Abwicklungszwecks des Abs. 3 Satz 3 Gebrauch zu machen (rechtliches Dürfen). Dies betrifft insb. auch die Begründung neuer Verbindlichkeiten, die so weit wie möglich unterbleiben sollte. Zur weiteren Verwertung des Schuldnervermögens ist der Insolvenzverwalter grds. nicht mehr berechtigt (ähnl. Jaeger/Henckel/Gerhardt-Schilken Bd. 1 § 34 Rn. 37; MK-Schmahl/Busch § 34 Rn. 105).

Nach rechtskräftiger Aufhebung des Eröffnungsbeschlusses ist das verwaltete Vermögen an den Schuldner herauszugeben und analog § 66 Abs. 1 ggü. dem Insolvenzgericht Rechnung zu legen. Anders als nach §§ 116 Satz 2, 191 KO ist der Insolvenzverwalter grds. nicht berechtigt, wegen offener oder streitiger Masseverbindlichkeiten Massegegenstände zurückzuhalten (MK-Schmahl/Busch § 34 Rn. 105, 107). Jedoch steht ihm wegen seiner ggf. noch festzusetzenden Vergütung ein Zurückbehaltungsrecht gem. § 273 BGB ggü. dem Schuldner zu. 24

IV. Bekanntmachungen und Mitteilungen bei Aufhebung des Eröffnungsbeschlusses, Löschungsersuchen wegen Insolvenzvermerk (Abs. 3 Satz 1, 2)

Die Aufhebung der Verfahrenseröffnung ist (erst) mit Rechtskraft des Eröffnungsbeschlusses gem. § 9 **öffentlich bekannt zu machen** (Abs. 1 Satz 1). Die auszugsweise Veröffentlichung im Bundesanzeiger ist durch das Gesetz zur Vereinfachung des Insolvenzverfahrens vom 13.04.2007 gestrichen worden. 25

Ferner sind entsprechend § 31 **Mitteilungen** an das Handels-, Genossenschafts-, Partnerschafts- oder Vereinsregister zu machen und ggf. entsprechend §§ 32, 33 **Löschungsersuchen** wegen des Insolvenzvermerks an das Grundbuchamt bzw. das Schiffsregister, Schiffsbauregister oder Register für Pfandrechte an Luftfahrzeugen zu richten (Abs. 3 Satz 2, § 200 Abs. 2 Satz 3). Zuständig für alles dies ist das Insolvenzgericht, nicht das Beschwerdegericht, wie sich aus den vorgenannten gesetzlichen Verweisungen ergibt. Die Löschung des Insolvenzvermerks im Grundbuch bzw. den in § 33 genannten Registern kann nicht mehr vom ehemaligen Insolvenzverwalter beantragt werden, da er nach rechtskräftiger Verfahrensaufhebung kein Amt und keine Amtsbefugnisse mehr hat (a. A. Jaeger/Henckel/Gerhardt-Schilken Bd. 1 § 34 Rn. 32; MK-Schmahl/Busch § 34 Rn. 102). Weitere Mitteilungspflichten für das Gericht im Zusammenhang mit der Eröffnung des Insolvenzverfahrens bzw. Abweisung des Insolvenzantrages ergeben sich aus den Anordnungen über Mitteilungen in Zivilsachen, Nr. XII a. Nr. 4 MiZi (abgedruckt in NZI 1999, 405). Eine gesonderte **Mitteilung an Gläubiger bzw. Drittschuldner** ist nicht vorgeschrieben, nach pflichtgemäßen Ermessen des Gerichts jedoch möglich (Jaeger/Henckel/Gerhardt-Schilken Bd. 1 § 34 Rn. 32). 26

C. Verfahrensfragen

I. Beschwerdeverfahren

Das Insolvenzgericht hat gem. § 4 i. V. m. § 572 Abs. 1 ZPO über die **Abhilfe** zu entscheiden, d. h. ggf. abzuhelfen oder die Sache unverzüglich dem Beschwerdegericht vorzulegen. **Beschwerdegericht** ist das LG (§ 72 GVG). Das Insolvenzgericht hat dabei umfassende Abhilfebefugnis (vgl. zum alten Streitstand K/B/P-Pape § 34 Rn. 13) Das Beschwerdegericht ist im Insolvenzverfahren als solches ebenfalls Insolvenzgericht (BGH, NZI 2009, 864). Es kann die angefochtene Entscheidung auch mit anderer Begründung bestätigen (BGH a. a. O.). 27

Auch bei Insolvenzverfahren mit Auslandsbezug ist das LG und nicht gem. § 119 Abs. 1 Nr. 1 b) GVG das OLG zuständig (BGH, ZIP 2009, 48; OLG Köln, ZIP 2007, 2097).

Gem. § 4 i. V. m. § 571 Abs. 1 ZPO soll die Beschwerde begründet werden. Eine **Begründungsfrist** von 2 Wochen gem. § 4 i. V. m. § 571 Abs. 3 ZPO ist ausreichend (BGH, ZInsO 2011, 92, 93, Tz. 4; vgl. auch BGH, NZI 2010, 998 zum Abwarten einer angemessenen Frist bei Ankündigung oder Vorbehalt einer Begründung).

28 Die Beschwerde hat **keine aufschiebende Wirkung** (K/B/P-Pape § 34 Rn. 76). Das Insolvenzgericht bzw. das Beschwerdegericht können jedoch die Vollziehung der angefochtenen Entscheidung aussetzen (§ 4 i. V. m. § 570 Abs. 2, Abs. 3 ZPO). Das Beschwerdegericht kann auch sonstige **einstweilige Anordnungen** erlassen (§ 4 i. V. m. § 570 Abs. 3 ZPO). Eine Aussetzung kommt grds. nur in Betracht, wenn durch die weitere Vollziehung dem Beschwerdeführer größere Nachteile drohen als anderen Beteiligten im Fall der Aussetzung, die Rechtslage zumindest zweifelhaft ist und die Beschwerde zumindest zulässig erscheint (vgl. BGH, ZInsO 2009, 432); in aller Regel kann dies ohne ordnungsgemäße Begründung der Beschwerde nicht angenommen werden (vgl. BGH, ZInsO 2002, 370). Einstweilige Anordnungen nach § 570 Abs. 3 ZPO haben nicht den Charakter einer einstweiligen Verfügung (BGH, ZInsO 2006, 267 = NZI 2006, 122). Durch die Aussetzung der Vollziehung wird der Eröffnungsbeschluss nicht unwirksam, insb. nicht hinsichtl. seiner von Gesetzes wegen eintretenden Wirkungen (z. B. § 240 Satz 2 ZPO, §§ 89, 115), er darf lediglich nicht weiter vollzogen werden (HK-Kirchhof § 34 Rn. 26). Die Verwaltungs- und Verfügungsbefugnis bleibt gem. § 80 beim Insolvenzverwalter und fällt nicht an den Schuldner zurück; der Verwalter kann und darf sie lediglich während der Aussetzung der Vollziehung nicht ausüben (FK-Schmerbach § 34 Rn. 43). Erachtet das Beschwerdegericht die Beschwerde für begründet, kann es eine **Entscheidung in der Sache** treffen oder die **Übertragung an das Insolvenzgericht** beschließen (§ 4 i. V. m. § 572 Abs. 3 ZPO), wobei das Beschwerdegericht im Interesse der Verfahrensbeschleunigung nach Möglichkeit selbst entscheiden sollte (vgl. Zöller-Gummer § 572 ZPO Rn. 27). Zur Verfahrenseröffnung durch das Beschwerdegericht s. Rdn. 30.

Das Beschwerdegericht ist nicht verpflichtet, sich mit jedem vorgetragenen Umstand, wenn es ihn zur Kenntnis genommen und erwogen hat, ausdrücklich auseinanderzusetzen (BGH, ZInsO 2008, 1382).

29 Die **Beschwerdeentscheidung** wird gem. § 6 Abs. 3 Satz 1 erst **mit Rechtskraft wirksam**, wobei das Beschwerdegericht gem. § 6 Abs. 3 Satz 2 die **sofortige Wirksamkeit** der Entscheidung **anordnen** kann (vgl. § 6 Rdn. 31). Die Beschwerdeentscheidung gem. § 34 muss wie andere Beschlüsse, die der Rechtsbeschwerde unterliegen, den maßgeblichen Sachverhalt, über den entschieden wird, wiedergeben, und den Streitgegenstand sowie die in den Vorinstanzen gestellten Anträge erkennen lassen (BGH, ZInsO 2011, 1614, Tz. 2; vgl. zum **notwendigen Inhalt der Beschwerdeentscheidung** auch § 6 Rdn. 29).

II. Verfahrenseröffnung durch das Beschwerdegericht

30 Im Fall einer erfolgreichen Beschwerde gegen die Abweisung oder Zurückweisung eines Insolvenzantrages gem. § 34 Abs. 1 kann das Beschwerdegericht gem. § 4 i. V. m. § 572 ZPO das Insolvenzverfahren eröffnen oder die Sache dem Insolvenzgericht übertragen (vgl. BGH, NZI 2008, 391). Das Beschwerdegericht ist im Insolvenzverfahren als solches ebenfalls Insolvenzgericht (BGH, NZI 2009, 864). Anders ist dies im Fall einer Beschwerde gegen die Verfahrenseröffnung gem. § 34 Abs. 2. Lagen die Eröffnungsvoraussetzungen im Zeitpunkt der Eröffnung nicht vor, ist der Eröffnungsbeschluss aufzuheben und der Insolvenzantrag abzuweisen (BGH, ZInsO 2006, 1051, 1054). Dies soll im Interesse effektiven Rechtsschutzes des Schuldners gem. Art. 19 Abs. 4 GG auch gelten, wenn die Eröffnungsvoraussetzungen im Beschwerdeverfahren eintreten und das Beschwerdegericht den angefochtenen Beschluss aufheben und das Verfahren selbst eröffnen könnte (BGH a. a. O.).

Das Beschwerdegericht kann bei seiner Verfahrenseröffnung auch die verfahrensleitenden Anordnungen dem Insolvenzgericht übertragen, jedoch muss die Eröffnungsentscheidung den zwingenden Inhalt des § 27 Abs. 2 haben, d. h. auch einen Insolvenzverwalter bzw. Treuhänder benennen (MK-Schmahl/Busch §§ 27 bis 29 Rn. 151 f.). Eine auch nur zeitweilig »verwalterlose« Verfahrenseröffnung kennt das Gesetz nicht (ebenso: A/G/R-Sander § 34 Rn. 20; K. Schmidt-Keller § 34 Rn. 46; MK-Schmahl/Busch § 34 Rn. 151; a. A. LG Potsdam, ZInsO 2002, 779; FK-Schmerbach § 34 Rn. 46). Das Beschwerdegericht sollte bei einer eigenen Eröffnungsentscheidung die sofortige Wirksamkeit seiner Entscheidung gem. § 6 Abs. 3 Satz 3 anordnen (HK-Kirchhof § 34 Rn. 31), da die Verfahrenseröffnung sonst erst bei Rechtskraft der Beschwerdeentscheidung bzw. zur Mittagsstunde des betreffenden Tages wirksam wird (vgl. § 27 Abs. 3). Für die Mitteilungen und Veröffentlichungen gem. §§ 30 bis 33 bleibt das Insolvenzgericht zuständig.

III. Kosten

Die Kostenentscheidung im Beschwerdeverfahren richtet sich nach § 4 i. V. m. §§ 91 ff. ZPO, insb. § 97 Abs. 1, 2 ZPO (vgl. dazu § 6 Rdn. 30). Die Kosten des Beschwerdeverfahrens sind keine Verfahrenskosten gem. § 54 (OLG Celle, ZInsO 2001, 266). Die Kosten einer erfolglosen Beschwerde sind daher auch bei Verfahrenseröffnung dem Schuldner persönlich aufzuerlegen (OLG Celle a. a. O.). 31

IV. Rechtsbeschwerde

Gegen die Entscheidung des Beschwerdegerichts ist die **Rechtsbeschwerde zum BGH** gem. § 4 i. V. m. §§ 574 ff. ZPO gegeben, wenn das Beschwerdegericht sie gem. § 4 i. V. m. § 574 Abs. 1 Satz 1 Nr. 2 ZPO zugelassen hat (A/G/R-Sander § 34 Rn. 34; K. Schmidt-Keller § 34 Rn. 59; ausführl. zum Ganzen § 7 Rdn. 2 ff.). Die Nichtzulassung ist nicht anfechtbar (dazu § 7 Rdn. 4). Der frühere § 7 ist mit Wirkung zum 27.10.2011 durch das Gesetz zur Änderung des § 522 ZPO aufgehoben worden (BGBl. I, S. 2082) und gilt nur noch für davor ergangene Beschwerdeentscheidungen (vgl. dazu § 7 Rdn. 1). 32

Zur Rechtsbeschwerde berechtigt sind die Parteien des Beschwerdeverfahrens gem. § 34. Der Insolvenzverwalter ist nicht befugt, Rechtsbeschwerde gegen die Aufhebung des Eröffnungsbeschlusses durch das Beschwerdegericht einzulegen (BGH, ZIP 2010, 856, Bestätigung von BGH, ZInsO 2007, 373).

Hat das Beschwerdegericht die sofortige Beschwerde gegen den Eröffnungsbeschluss als unzulässig verworfen und hilfsweise deren Begründetheit verneint, ist die Rechtsbeschwerde nur zulässig, wenn hinsichtl. beider Begründungen die Zulässigkeitsvoraussetzungen des § 574 Abs. 2 ZPO dargelegt werden und vorliegen (BGH, ZInsO 2006, 549).

Das Rechtsbeschwerdegericht kann im Wege der einstweiligen Anordnung gem. § 4 i. V. m. §§ 575 Abs. 5, 570 Abs. 3 ZPO die Vollziehung des Eröffnungsbeschlusses aussetzen (BGH, ZInsO 2006, 1051; ZInsO 2002, 370). Eine **Aussetzung** kommt allerdings nur in Betracht, wenn durch die weitere Vollziehung dem Rechtsbeschwerdeführer größere Nachteile drohen als anderen Beteiligten im Fall der Aussetzung, die Rechtslage zumindest zweifelhaft ist und die Rechtsbeschwerde zumindest zulässig erscheint; in aller Regel kann dies ohne ordnungsgemäße Begründung der Rechtsbeschwerde nicht angenommen werden (BGH, ZInsO 2002, 370). **Sicherungsanordnungen gem. § 21** kann – auch während des Rechtsbeschwerdeverfahrens gegen die Verfahrenseröffnung bzw. deren Ablehnung – nur das Insolvenzgericht bzw. das ggf. an seine Stelle tretenden Gericht der ersten Beschwerde anordnen (BGH, ZInsO 2006, 267, 268). 33

Bei unzulässiger Rechtsbeschwerde kann der Eröffnungsantrag nicht mehr einseitig für erledigt erklärt werden (BGH, ZInsO 2005, 39).

V. Sonstige Rechtsbehelfe

Unter den Voraussetzungen der §§ 578 ff. ZPO kann hinsichtl. des Eröffnungsbeschlusses auch die **Wiederaufnahme** des Verfahrens betrieben werden, da das Wiederaufnahmerecht gem. § 4 i. V. m. §§ 578 ff. ZPO auch auf Beschlüsse im Insolvenzverfahren anwendbar ist (BGH, ZInsO 2007, 97; 34

ZInsO 2006, 259; BGHZ 159, 122 = ZInsO 2004, 669; vgl. auch § 4 i. V. m. § 569 Abs. 1 Satz 3 ZPO).

Streitig ist, ob gegen den Eröffnungsbeschlusses **Vollstreckungsschutz** gem. § 4 i. V. m. § 765a ZPO gewährt werden kann (vgl. § 27 Rdn. 40a). Jedenfalls ist ein erstmals im Rechtsbeschwerdeverfahren gestellter Vollstreckungsschutzantrag gem. § 765a ZPO unbeachtlich (BGH, ZVI 2008,215).

35 Eine sog. **außerordentliche Beschwerde wegen greifbarer Gesetzeswidrigkeit** gibt es nach dem Zivilprozessreformgesetz vom 27.07.2001 nicht mehr (BGHZ 150, 133 = ZInsO 2002, 371).

Zweiter Abschnitt Insolvenzmasse. Einteilung der Gläubiger

§ 35 Begriff der Insolvenzmasse

(1) Das Insolvenzverfahren erfaßt das gesamte Vermögen, das dem Schuldner zur Zeit der Eröffnung des Verfahrens gehört und das er während des Verfahrens erlangt (Insolvenzmasse).

(2) ¹Übt der Schuldner eine selbstständige Tätigkeit aus oder beabsichtigt er, demnächst eine solche Tätigkeit auszuüben, hat der Insolvenzverwalter ihm gegenüber zu erklären, ob Vermögen aus der selbstständigen Tätigkeit zur Insolvenzmasse gehört und ob Ansprüche aus dieser Tätigkeit im Insolvenzverfahren geltend gemacht werden können. ²§ 295 Absatz 3 gilt entsprechend. ³Auf Antrag des Gläubigerausschusses oder, wenn ein solcher nicht bestellt ist, der Gläubigerversammlung ordnet das Insolvenzgericht die Unwirksamkeit der Erklärung an.

(3) ¹Die Erklärung des Insolvenzverwalters ist dem Gericht gegenüber anzuzeigen. ²Das Gericht hat die Erklärung und den Beschluss über ihre Unwirksamkeit öffentlich bekannt zu machen.

Bei dem Verweis in Abs. 2 Satz 2 auf einen Abs. 3 des § 295 handelt es sich um ein **redaktionelles Versehen** des Gesetzgebers des Gesetzes zur Verkürzung des Restschuldbefreiungsverfahrens und zur Stärkung der Gläubigerrechte (s. dazu § 1 Rdn. 15 ff.), da auf eine nicht existente Norm verwiesen wird. Zeitweilig war geplant, § 295 umzugestalten (BT-Drucks. 17/11268, S. 2, 28 f.), wovon später wieder abgesehen wurde (BT-Drucks. 17/13535, S. 10). § 35 sollte letztlich nicht geändert werden. Abs. 2 Satz 2 muss daher so gelesen werden, als ob er wie zuvor auf § 295 Abs. 2 verweist.

Übersicht	Rdn.			Rdn.
A. Normzweck	1	C.	Die einzelnen Gegenstände der Insolvenzmasse	72
B. Begriff der Insolvenzmasse (Abs. 1)	4			
I. Allgemeines	4	I.	Ausstehende Einlagen	73
1. Rechtsnatur der Insolvenzmasse	4		1. Kapitalgesellschaften	78
2. Insolvenzbeschlag	6		2. Personengesellschaften	91
3. Sonderinsolvenz, Sondermasse	7	II.	Anlagevermögen	94
II. Tatbestand	11		1. Immaterielle Vermögensgegenstände	94
1. Umfassende Haftungszuweisung	14		a) Unternehmen	94
a) Subjektive Rechte	15		aa) Gewerbliche Betriebe	97
b) Zuweisung aufgrund Gläubigergleichbehandlung	26		bb) Freiberufliche Praxen	102
			b) Firma	108
2. Vermögens-Erfordernis	34		c) Geistiges Eigentum	111
3. Pfändbarkeits-Voraussetzung (§ 36)	38		d) Sonstige immaterielle Vermögensgegenstände	120
4. Zeitliche Eingrenzung	46			
5. Freigabe	52		2. Immobilien und grundstücksgleiche Rechte	122
a) Begriffsabgrenzung	52			
b) Zulässigkeit der Freigabe	60		3. Bewegliche Sachanlagen	131
c) Durchführung der Freigabe	66		4. Beteiligungen	137
d) Folgen der Freigabe	69		a) Kapitalgesellschaftsanteile	138

	b) Anteile an Personengesellschaften	142
	c) Genossenschaftsanteile	146
III.	Umlaufvermögen	147
	1. Vorräte	147
	2. Forderungen	149
	a) Lieferungen und Leistungen	150
	b) Darlehen	153
	c) Ansprüche gegen Versicherungen	155
	3. Sonstige Vermögensgegenstände	162
	4. Liquide Mittel	167
IV.	Sonderaktiva	170
	1. Insolvenzanfechtung	172
	2. Gesellschafterhaftung	173
	a) Kapitalgesellschaften	173
	aa) Kapitalaufbringung	174
	bb) Kapitalerhaltung	181
	cc) Kreditfinanzierung aus Gesellschafterhand	184
	dd) Sonstige Haftungstatbestände	186
	b) Personengesellschaften	187
	3. Haftung der Organe	191
	a) Insolvenzverschleppung	192
	b) Masseschmälerung	194
	c) Allgemeine Organhaftung	195
D.	**Besonderheiten in der Insolvenz natürlicher Personen**	201
I.	Vermögen	201a
	1. Grundvermögen und bewegliche Sachen	201a
	2. Altersversorgung und Versicherungsansprüche	207
	3. Familien- und erbrechtliche Ansprüche	215
	4. Steuererstattungen	223
	5. Bankguthaben und Bargeld	224
	6. Sonstige Rechte	227
II.	Neuerwerb	228
	1. Grundlagen	228
	2. Arbeitseinkommen	231
	3. Leistungen aus öffentlichen Kassen	233
	4. Sonstiger Rechtserwerb	236
III.	»Freigabe« einer selbstständigen Tätigkeit (Abs. 2 und 3)	240
	1. Anwendungsbereich	241
	2. Handlungsoptionen	244
	a) Betriebsfortführung	245
	b) Selbstständiges Wirtschaften des Schuldners	248
	c) Enthaftung durch »Freigabe«	251
	3. Die Erklärung des Verwalters	252
	4. Rechtsfolgen der »Freigabe«	257
	5. Unwirksamkeitsanordnungen (Abs. 2 Satz 3)	266
	6. Öffentliche Bekanntmachung (Abs. 3)	268
	7. Verwalterhaftung	269
E.	**Streit über Massezugehörigkeit**	272

A. Normzweck

Die Vorschrift definiert den **Umfang** der Insolvenzmasse. Der Begriff der (Insolvenz-) Masse wird in der InsO und in der Insolvenzpraxis nicht einheitlich verwendet. In § 35 ist die sog. **Sollmasse** gemeint, also der Umfang der Gegenstände, der den Gläubigern haftungsrechtlich zugewiesen ist (§§ 1, 38) und von Rechts wegen vom Insolvenzbeschlag erfasst wird. Im Unterschied dazu werden mit dem Begriff der **Istmasse** diejenigen Gegenstände bezeichnet, welche der Insolvenzverwalter tatsächlich in Besitz hat oder (auch rechtsirrtümlich) für die Masse in Anspruch nimmt. Die Istmasse kann damit sowohl über die Sollmasse hinausgehen als auch hinter ihr zurückbleiben. 1

Die **Legaldefinition** bleibt in § 35 **unvollständig**. Eine Konkretisierung erfolgt zunächst durch die beiden folgenden Paragrafen: § 36 Abs. 1 enthält das negative Abgrenzungskriterium der Pfändbarkeit. § 36 Abs. 2 und 3 bilden hierzu Rückausnahmen für die an sich unpfändbaren Geschäftsbücher, die Betriebsmittel einer Landwirtschaft und Apotheke sowie für gewöhnlichen Hausrat. In § 37 wird der Begriff um das (eigentlich schuldnerfremde) Gesamtgut bei ehelicher Gütergemeinschaft erweitert. Eine genaue Bestimmung des Umfangs ist dennoch erst möglich unter Rückgriff auf die **Funktion** der Insolvenzmasse, die sich vor allem aus den §§ 1, 38 ergibt. 2

Die Abs. 2 und 3 wurden nachträglich aufgenommen. Hiermit wollte der Gesetzgeber bestehende Rechtsunsicherheiten bei der Abwicklung von Insolvenzen selbstständig tätiger natürlicher Personen beseitigen und zugleich solche selbstständigen Tätigkeiten von Insolvenzschuldnern fördern. 3

B. Begriff der Insolvenzmasse (Abs. 1)

I. Allgemeines

1. Rechtsnatur der Insolvenzmasse

4 Die Insolvenzeröffnung berührt nicht die Geschäftsfähigkeit des Insolvenzschuldners oder gar die Rechtsfähigkeit z. B. bei juristischen Personen. Jedoch verliert er gem. § 80 Abs. 1 hinsichtlich seines zur Insolvenzmasse gehörenden Vermögens die »Verwaltungs- und Verfügungsbefugnis«. Sie geht auf den Insolvenzverwalter über. Es kommt zu keiner Änderung der dinglichen Rechtslage, der Schuldner bleibt Eigentümer, Forderungsinhaber etc. Diese Trennung von Rechtsträgerschaft und Eigentümerbefugnis zeigt sich z. B. im Grundbuch: Einzutragen ist der Schuldner, die Massezugehörigkeit verdeutlicht der Insolvenzvermerk des § 32 (K/P/B-Holzer § 35 Rn. 9).

5 Die Insolvenzmasse ist daher kein (rechtsfähiges) Rechtssubjekt und auch kein einheitliches Rechtsobjekt, sondern ein **Sondervermögen** des Insolvenzschuldners (Jaeger-Henckel § 35 Rn. 71; Uhlenbruck-Hirte § 35 Rn. 1; A/G/R-Ahrens § 35 Rn. 9). Sie ist nicht parteifähig (Thomas/Putzo-Hüßtege ZPO § 50 Rn. 9). Sowohl im Aktiv- als auch Passivprozess lautet die Parteibezeichnung:

»*Herr/Frau ... als Insolvenzverwalter über das Vermögen des/der ...*«.

2. Insolvenzbeschlag

6 Die Insolvenzmasse dient der gemeinschaftlichen Befriedigung der Gläubiger (vgl. §§ 1, 38). Diese haftungsrechtliche Zuweisung erfolgt durch den Übergang der Verwaltungs- und Verfügungsbefugnis auf den Insolvenzverwalter in § 80 Abs. 1. Sie wird in den Folgenormen gegen Zugriffe des Schuldners, einzelner Gläubiger und Dritter abgesichert durch umfängliche Verpflichtungs-, Verfügungs-, Prozessführungs- und Vollstreckungsverbote. Diese durch den Insolvenzverwalter auszuübende **pfandähnliche Rechtsposition der Gesamtheit der Gläubiger** wird mit dem Begriff des Insolvenzbeschlags gekennzeichnet (Häsemeyer, InsR, Rn. 9.05; K/P/B-Holzer § 35 Rn. 10).

3. Sonderinsolvenz, Sondermasse

7 Es gilt der Grundsatz »Eine Person, ein Vermögen, eine Insolvenz« (Jaeger-Henckel § 35 Rn. 131). **Sonderinsolvenzen** über separate Vermögensmassen eines Rechtsträgers gibt es grds. nicht. Einzelunternehmer haften mit ihrem Privatvermögen und dem gesamten Betriebsvermögen aller ihrer Unternehmungen. Gesellschaften können kein Insolvenzverfahren für rechtlich unselbstständige Betriebe oder Niederlassungen beantragen. Es gibt keine Konzerninsolvenz (MK-Peters § 35 Rn. 72; Häsemeyer, InsR, Rn. 32.03; K. Schmidt, KTS 2010, 1).

8 Von dieser Regel hat der Gesetzgeber nur wenige Ausnahmen zugelassen, bei denen nicht das gesamte Vermögen eines Rechtsträgers in die Masse fällt. Drei Sonderinsolvenzfälle enthält § 11 Abs. 2 Nr. 2 (zu weiteren Ausnahmen Jaeger-Henckel § 35 Rn. 133 ff.). Bedeutung in der Praxis hat vor allem die **Nachlassinsolvenz**, § 11 Abs. 2 Nr. 2, §§ 315 ff. (Rechtsträger der Masse in der Nachlassinsolvenz ist der Erbe, nicht der Erblasser).

9 Weiterhin gibt es **Partikularinsolvenzverfahren** als weitere Form der Sonderinsolvenz, die nur das in Deutschland belegene Vermögen des Schuldners erfassen. Sie sind sowohl möglich als isoliertes Partikularverfahren (§ 354) als auch als Sekundärinsolvenzverfahren parallel zu einem ausländischen Hauptinsolvenzverfahren (§ 356).

10 Eine **Sondermasse** bilden Teile einer Insolvenzmasse, die nur oder vorrangig der Befriedigung bestimmter Gläubiger dienen. Sie sind insb. bei Realisierung der den §§ 92, 93 unterfallenden Ansprüche zu bilden.

II. Tatbestand

Ein Gegenstand ist Bestandteil der Insolvenzmasse, wenn fünf Voraussetzungen erfüllt sind: 11
(1) Er muss dem Schuldner **gehören** oder als fremdes Recht der Masse anderweitig **gesetzlich zugewiesen** sein (dazu Rdn. 14 ff.).
(2) Er muss zum **Vermögen** zählen, d. h. nicht allein zu den Persönlichkeitsrechten (dazu Rdn. 34 ff.).
(3) Er darf nicht aus sozialen Gründen oder zum Schutz Dritter von der **Zwangsvollstreckung** ausgenommen sein (dazu Rdn. 38 ff.).
(4) In zeitlicher Hinsicht muss der Schuldner ihn **vor Verfahrensbeendigung** erworben haben (dazu Rdn. 46 ff.).
(5) Der Gegenstand darf nicht im Wege der **Freigabe** durch den Insolvenzverwalter enthaftet sein (dazu Rdn. 52 ff., 240 ff.).

Wie sich auch aus der Ausnahmeregelung für Hausrat in § 36 Abs. 3 ergibt, spielt die **Verwertbarkeit** für die Feststellung der Massezugehörigkeit keine Rolle (so im Erg. auch Uhlenbruck-Hirte § 35 Rn. 70; Jaeger-Henckel § 36 Rn. 2). Bei unverwertbaren Gegenständen hat der Insolvenzverwalter die Möglichkeit der Freigabe. 12

Dabei gibt es grds. **keine räumliche Beschränkung**. Die Masse erfasst nach dem Universalitätsprinzip nicht nur das Inlandsvermögen des Schuldners, sondern grds. auch dessen Auslandsvermögen (Ausnahmen: §§ 354, 356). Zum Insolvenzverfahren mit Auslandsbezug vgl. die Kommentierungen zu §§ 335 ff., Art. 102 EGInsO und der EuInsVO sowie § 36 Rn. 25a und Oberer, ZVI 2009, 49. 13

1. Umfassende Haftungszuweisung

§ 35 Abs. 1 stellt auf das Vermögen des Schuldners ab, das ihm bei Insolvenzeröffnung »gehört« und das er während des Verfahrens »erlangt«. Eine daraus etwa zu entnehmende Beschränkung des Haftungsverbandes auf das Eigentum greift zu kurz. Vielmehr sind nach dem Zweck der Masse (vgl. § 38 Rdn. 1 f.) ihr grds. sämtliche **subjektiven Rechte** des Insolvenzschuldners zugewiesen (Häsemeyer, InsR, Rn. 9.14). Über die Grenzen der Rechtsinhaberschaft des Schuldners hinaus gibt es spezielle Erweiterungen, die sich auf das Verfahrensprinzip der **Gläubigergleichbehandlung** zurückführen lassen. 14

a) Subjektive Rechte

Erfasst sind zunächst sowohl die subjektiven Rechte i. e. S., d. h. die Herrschaftsrechte, als auch die Gestaltungsrechte des Schuldners. 15

Die **Herrschaftsrechte** umfassen *absolute*, ggü. jedermann wirkende Rechte an Personen, Sachen und sonstigen Rechtsgütern (dingliche Rechte und Immaterialgüterrechte) sowie *relative*, nur ggü. bestimmten Personen bestehende Rechte (insb. Forderungen). Einschränkungen dieser umfänglichen Haftungszuweisung erfolgen durch das Tatbestandsmerkmal »Vermögen« insb. hinsichtl. der Personenrechte (s. u. Rdn. 34) und durch die Pfändbarkeits-Voraussetzung in § 36 Abs. 1 (s. u. Rdn. 38 ff.). 16

Bei den **dinglichen Rechten** ist zu unterscheiden zwischen den Vollrechten in Form von Allein- und Mitberechtigungen, den beschränkt dinglichen Rechten und den »Zwischenrechten« (Anwartschaftsrechte, hierzu Rdn. 48). 17

Alle Alleinberechtigungen des Schuldners gehören zur Masse, vor allem das Alleineigentum an beweglichen und unbeweglichen Sachen sowie die Inhaberschaft von Rechten, Forderungen und Sachgesamtheiten wie einem Unternehmen. Einschränkungen ergeben sich aus § 83 Abs. 2 für Gegenstände aus einer **Vorerbschaft** (Häsemeyer, InsR, Rn. 9.14). 18

19 Schuldrechtliche Bindungen und auch dingliche Belastungen eines Vollrechts hindern die Massezugehörigkeit nicht, sie können allenfalls Absonderungsrechte (§§ 49 bis 51) oder Masseverbindlichkeiten (§ 55 ggf. i. V. m. §§ 103 ff.). begründen.

20 Mitberechtigungen treten auf als Bruchteils- und Gesamthandsgemeinschaften:

21 Ist der Schuldner Teilhaber einer **Bruchteilsgemeinschaft** (§§ 741 ff. BGB), gehören die Bruchteile an den einzelnen Vermögensgegenständen, insb. Miteigentumsanteile (§§ 1008 ff. BGB), zur Masse. Der Verwalter kann sie veräußern (§ 747 Satz 1 BGB). Ferner kann er nach § 84 i. V. m. §§ 749, 752 ff. BGB die Auseinandersetzung der Gemeinschaft betreiben, nicht jedoch beim Wohnungseigentum, § 11 Abs. 2 WEG (s. a. Rdn. 124).

22 Bei der **Gesamthand** gibt es keinen rechtlich abgrenzbaren Anteil an den einzelnen Gegenständen des Vermögens. In die Masse fällt nur der ideelle Anteil am Gesamthandsvermögen (Häsemeyer, InsR, Rn. 9.17). Hierzu zählen Personengesellschaften (dazu Rdn. 142), Erbengemeinschaften (s. Rdn. 220) und die (fortgesetzte) Gütergemeinschaft (Sonderregelung in § 37).

23 Auch die **beschränkt dinglichen Rechte** gehören zur Masse. Es handelt sich um dingliche *Nutzungsrechte* in Form des Nießbrauchs und der Dienstbarkeiten (s. Rdn. 127 f.). Ferner sind dies dingliche *Sicherungsrechte*, sowohl als Grund- (s. Rdn. 129) als auch als Vertragspfandrechte. Schließlich gehören die *Erwerbsrechte* dazu wie dingliche Vorkaufsrechte (s. Rdn. 163) und Vormerkungen (s. Rdn. 48).

24 Der Nießbrauch gewährt ein zeitlich beschränktes umfassendes Nutzungsrecht an Gegenständen und Sachgesamtheiten, z. B. Unternehmen. Als solches »Nutzungseigentum« gehört nicht dessen Substanz zur Masse, sondern nur die Erträge, wobei die Ausübungsbefugnis vom Verwalter veräußert werden kann (BGHZ 62, 133, 139; Einzelheiten bei HK-Keller § 36 Rn. 40; Eickmann FS Gerhardt, S. 211 ff. und Jaeger-Henckel § 36 Rn. 48 ff.).

25 **Gestaltungsrechte** des Schuldners (Rücktritt, Kündigung, Anfechtung, Aufrechnung etc.) sind zwar nicht selbstständig verwertbar, können aber verwertbare Gegenstände zum Entstehen bringen (Kilger/K. Schmidt KO § 1 Anm. 2 C d aa) oder dadurch kommerzialisiert werden, dass der Insolvenzverwalter gegen Entgelt auf die Ausübung verzichtet (Braun-Bäuerle § 35 Rn. 41). Beschränkungen bildet wiederum das Persönlichkeitsrecht des Schuldners, so z. B. bei einer Erbschaft (§ 83 Abs. 1).

b) Zuweisung aufgrund Gläubigergleichbehandlung

26 Die Massedefinition bleibt in § 35 mit den erfassten subjektiven Rechten des Schuldners lückenhaft. Die InsO weist der Masse weitere Rechte zu, deren Inhaber der Schuldner nicht ist (grundlegend: Oepen, Massefremde Masse, Diss. 1999). Es handelt sich vor allem um:
– Ansprüche aus Insolvenzanfechtung (§§ 129 ff.),
– Gesamtschadensliquidation (§ 92),
– akzessorische Gesellschafterhaftung (§ 93) und
– im Besitz des Verwalters befindliche bewegliche Sachen, die vom Insolvenzschuldner sicherungsübereignet worden sind oder noch unter fremdem erweitertem Eigentumsvorbehalt stehen sowie zur Sicherheit abgetretene Forderungen (§ 166).

Gemeinsames Prinzip dieser Haftungszuordnungen ist die gemeinschaftliche Gläubigerbefriedigung (»par conditio creditorum«, vgl. § 1 Rdn. 17).

27 Die **Insolvenzanfechtung** soll bestimmte, dinglich wirksam vorgenommene Vermögensverschiebungen rückabwickeln, die im Interesse der gleichmäßigen Gläubigerbefriedigung als ungerechtfertigt gewertet werden (Häsemeyer, InsR, Rn. 1.15; 12.01; s. a. Rdn. 172).

28 § 92 weist Ersatzansprüche der Gläubiger, die durch eine Verkürzung der Masse bedingt sind (sog. **Gesamt- oder Quotenschäden**), der Masse zu. Der Gesetzgeber wollte hiermit verhindern, dass sich einzelne Gläubiger Sondervorteile verschaffen (Begr. zu § 103 RegE, BT-Drucks. 12/2443, S. 139).

Diese Motivation führte ebenfalls dazu, in § 93 die Ansprüche der Gesellschaftsgläubiger, die ihren Rechtsgrund in der **akzessorischen Gesellschafterhaftung** haben, der Masse zuzuweisen (Begr. zu § 105 RegE, BT-Drucks. 12/2443, S. 140). **29**

Sicherungsabtretung und -übereignung sind rechtssystematisch den echten Treuhandverhältnissen zuzuordnen, die durch die Vollrechtsübertragung des Treugutes auf den Treunehmer (Treuhänder) gekennzeichnet sind. Sie gehören dort zur Kategorie der – für den Treunehmer – eigennützigen (Sicherungs-) Treuhand, im Unterschied zur fremdnützigen (Verwaltungs-) Treuhand. Trotz Vollrechtsübertragung auf den Treuhänder gehört das Treugut gem. § 166 in der Insolvenz des Treugebers als Absonderungsgut zur Masse bzw. muss in der Treuhänderinsolvenz ausgesondert werden (s. § 47 Rdn. 31 f., 35 f., 49). Nach dem Willen des Gesetzgebers sollen so die Sanierungschancen verbessert und höhere Verwertungserlöse erzielt werden (Begr. zu § 191 RegE, BT-Drucks. 12/2443, S. 178 f.), was im Interesse der Gläubigergesamtheit liegt. **30**

Bei den übrigen **Treuhandverhältnissen** weicht die Haftungszuweisung hingegen nicht von der Rechtsinhaberschaft ab: **31**

Die **fremdnützige (Verwaltungs-) Treuhand** erfolgt im Interesse des Treugebers, weil er sein Recht nicht ausüben kann oder will. Beispiele sind die Inkassozession, Rechtsanwalts- und Notaranderkonten oder Übertragungen, um Gläubigerzugriff zu verhindern (Palandt-Bassenge § 903 BGB Rn. 35). In der Insolvenz des Treugebers fällt nicht das Treugut selbst in die Masse, sondern nur ein diesbezüglicher Rückübertragungsanspruch (der wiederum zu den subjektiven Rechten zählt). Da das Treuhandverhältnis mit Insolvenzeröffnung nach §§ 115, 116 erlischt (vgl. § 116 Rdn. 5), kann der Treuhänder sich nicht auf seine dingliche Berechtigung berufen (Häsemeyer, InsR, Rn. 11.15b; HK-Ries § 35 Rn. 11). **32**

Bei **unechten Treuhandverhältnissen** (Vollmachts- oder Ermächtigungstreuhand, vgl. Palandt-Bassenge § 903 BGB Rn. 34) bleibt der Treugeber Vollrechtsinhaber. Das Treugut gehört damit schon kraft seines subjektiven Rechts zur Masse. Zu Treuhandverhältnissen s. ausführl. § 47 Rdn. 34 ff. **33**

2. Vermögens-Erfordernis

Von allem, was der Rechtszuständigkeit des Insolvenzschuldners unterfällt, gehört zur Insolvenzmasse nur dasjenige, was seinem »Vermögen« zuzuordnen ist. Unter Vermögen wird im Zivilrecht die Gesamtheit der einer Person zustehenden **geldwerten Rechte** verstanden (MK/BGB-Stresemann § 90 Rn. 43). Die tatsächliche Werthaltigkeit eines Gegenstandes ist für die Frage der Massezugehörigkeit allerdings unerheblich (s. o. Rdn. 12). Aufgabe dieses Tatbestandsmerkmals ist daher allein die **Ausgrenzung der Güter des höchstpersönlichen Bereichs** vom wirtschaftlichen Vermögensbereich (Häsemeyer, InsR, Rn. 9.06). Eigenständige Bedeutung hat das Merkmal folglich nur im Insolvenzverfahren natürlicher Personen. **34**

Das verfassungsmäßig garantierte **allgemeine Persönlichkeitsrecht** (Art. 2 Abs. 1 GG) bleibt damit gewahrt. So sind z. B. persönliche Briefe, Tagebücher etc. nicht Bestandteil der Masse. **35**

Auch gehören deshalb Erwerbschancen wie die **Arbeitskraft** als solche nicht zur Masse, wohl aber die daraus erzielten pfändbaren Entgelte (vgl. Rdn. 151 und § 36 Rdn. 23 ff.). Beim **Namensrecht** überwiegt grds. das Personenrecht, es sei denn, es wurde vom Schuldner kommerzialisiert, z. B. bei der Firma (s. Rdn. 108 ff.). Personenrechtlichen Bezug hat auch »**geistiges Eigentum**« wie Erfindungen, Urheberrechte oder Marken (hierzu Rdn. 111 ff.). **36**

Familienrechtliche Ansprüche und ein **Erbrecht** des Schuldners gehören nicht zur Masse. Aus ihnen entstehende vermögensrechtliche Folgeansprüche nur dann, wenn sie pfändbar sind und der Schuldner seinen Willen zur Forderungsdurchsetzung dokumentiert hat (hierzu Rdn. 215 ff.). **37**

3. Pfändbarkeits-Voraussetzung (§ 36)

38 Das Insolvenzverfahren tritt an die Stelle der Einzelzwangsvollstreckung, wenn der Schuldner nicht in der Lage ist, allen Haftungsverpflichtungen nachzukommen. Den Gläubigern soll damit grds. nicht mehr zugewiesen werden, als was sie auch im Wege der Einzelzwangsvollstreckung hätten erlangen können. Diesem Umstand trägt die InsO in § 36 Abs. 1 Rechnung.

39 Die auf die Einzelzwangsvollstreckung zugeschnittenen Pfändungsregeln sind jedoch nicht schematisch zu übertragen. Wegen des Prinzips der **Gesamtvollstreckung** kommt es auf die Vollstreckungsunterworfenheit nur dann an, wenn sie auf Pfändungsschranken beruht, die dem **sozialen Mindestschutz** des Schuldners dienen:

40 – Das Tatbestandsmerkmal ist daher grds. nur in der Insolvenz natürlicher Personen relevant, es sei denn, die Unpfändbarkeit bezweckt den Schutz Dritter (vgl. § 36 Rdn. 5 f.);

41 – dass die Firma (§ 17 HGB) oder tatsächliche Werte wie Kundenstamm, Lagevorteil oder ein Betriebsgeheimnis nicht der Einzelzwangsvollstreckung zugänglich sind, steht ihrer Massezugehörigkeit nicht entgegen (Jaeger-Henckel § 35 Rn. 20; K/P/B-Holzer § 35 Rn. 70);

42 – andererseits fällt ein Gegenstand nicht in die Masse, wenn er nur für bestimmte Gläubiger pfändbar ist (vgl. § 36 Rdn. 14).

43 Wenn sich während des Insolvenzverfahrens die **Pfändbarkeit ändert**, gilt Folgendes:

44 Wird etwas im Laufe des Verfahrens unpfändbar, entfällt der Insolvenzbeschlag nicht nachträglich (K/P/B-Holzer § 35 Rn. 18; BK-Zilkens § 36 Rn. 6; a. A. Braun-Bäuerle § 35 Rn. 5). Für die Beurteilung der Massezugehörigkeit von dem Schuldner gehörenden Gegenständen kommt es grds. auf den Zeitpunkt der Insolvenzeröffnung an (§ 35 Abs. 1 Halbs. 1).

45 Zur Masse gehört jedoch auch das, was der Schuldner während des Verfahrens erlangt (§ 35 Abs. 1 Halbs. 2). Als Folge dessen fallen auch Gegenstände in die Masse, die erst im Laufe des Verfahrens pfändbar werden, auch wenn sie dem Schuldner bereits bei Eröffnung gehörten (Jaeger-Henckel § 36 Rn. 4; BK-Zilkens § 36 Rn. 6).

4. Zeitliche Eingrenzung

46 Kommt es auf den Zeitpunkt des Erwerbs für die Frage der Massezugehörigkeit an, ist das **Verfahrensende** ausschlaggebend, da auch das nach Insolvenzeröffnung Erworbene Bestandteil der Masse ist. Verwirklicht sich der Erwerbstatbestand vollständig nach dem Ende des Insolvenzverfahrens, ist das Erworbene insolvenzfreies Vermögen (Häsemeyer, InsR, Rn. 9.21; MK-Peters § 35 Rn. 71). Entscheidender Zeitpunkt ist die Beschlussfassung des Aufhebungs- (§ 200) oder Einstellungsbeschlusses (§ 215), wobei § 27 Abs. 3 analog gilt, wenn keine Uhrzeit angegeben ist; die Zeitpunkte der nachfolgenden Bekanntmachung sowie eines vorherigen Beschlusses über die Ankündigung der Restschuldbefreiung gem. §§ 291 Abs. 1, 289 Abs. 2 Satz 1 sind unerheblich (BGH, ZInsO 2010, 1496; BFH, ZInsO 2006, 875).

47 Deshalb sind auch der auflösend bedingte (BK-Amelung/Wagner § 35 Rn. 91) und der anfechtbare (§ 142 BGB) Erwerb des Schuldners zwar Teil der Masse, bleiben aber bis zum Verfahrensende unsicher und sind nach Eintritt des auflösenden Umstands ggf. auszusondern oder nach § 48 zu behandeln. Ebenso gehören Vermögensgegenstände, denen sich der Schuldner bereits durch aufschiebend bedingte Verfügung entäußert hat, trotz § 91 nicht zur Masse, wenn die Bedingung während des Verfahrens eintritt (BGH, ZInsO 2006, 35). Wegen § 81 bleiben dabei Umstände, die vom Willen des Schuldners abhängen, unberücksichtigt (Jaeger-Henckel § 35 Rn. 91).

48 **Anwartschaftsrechte**, d. h. Rechtspositionen des Schuldners, die der Veräußerer nicht mehr zerstören kann, sind bereits massezugehörig (BGHZ 35, 85; NJW 1965, 1475). Der Verwalter kann über § 103 durch Erfüllung des zugrunde liegenden Vertrags das Vollrecht für die Masse erwerben. In der Praxis sind vor allem die Vormerkung gem. § 883 BGB von Bedeutung und vom Schuldner gekaufte Eigentumsvorbehaltsware, deren befristete Nutzung zudem nach § 107 der Masse zugewiesen ist.

Anders als nach dem alten Recht der KO, VerglO und GesO erweitert die InsO in § 35 Abs. 1 Halbs. 2 die Masse auf dasjenige, was der Schuldner während des Verfahrens erwirbt, den sog. **Neuerwerb**. 49

Der schon für das alte Recht anerkannte **Surrogationserwerb** soll jedoch fortgelten, wonach aus der Verwaltung, Verwertung oder Verletzung von Masserechten entstehende neue Rechte automatisch in die Masse fallen (Begr. zu § 42 RegE, BT-Drucks. 12/2443, S. 122; Häsemeyer, InsR, Rn. 9.20, 9.28). 50

Als Neuerwerb gilt daher nur das Hinzuerworbene, welches auf **Rechtshandlungen des Schuldners** nach Insolvenzeröffnung beruht (Häsemeyer, InsR, Rn. 9.20, 9.28). Damit hat der Neuerwerb nahezu nur Bedeutung im **Insolvenzverfahren natürlicher Personen** (s. dazu Rdn. 228 ff., insb. zur zeitlichen Begrenzung Rdn. 230). Bei juristischen Personen und Gesellschaften ist von Neuerwerb wohl nur bei Kapitalerhöhungen oder freiwilligen Gesellschafternachschüssen zu sprechen (Uhlenbruck-Hirte § 35 Rn. 121, 304); anderweitig Hinzuerworbenes fällt unter den Surrogationserwerb Rdn. 50). 51

5. Freigabe

a) Begriffsabgrenzung

Mit dem Oberbegriff der Freigabe werden verschiedene Handlungen des Insolvenzverwalters in Zusammenhang gebracht: 52
– Die **echte Freigabe** entlässt einen bestimmten Massegegenstand aus dem Haftungsverband und gibt dem Schuldner die Verfügungsbefugnis zurück; sie hat daher konstitutive Wirkung. Ihr Zweck ist die Befreiung der Masse von Masseverbindlichkeiten gem. § 55, die der Gegenstand verursacht. Die echte Freigabe wird daher treffend als »positive Verringerung der Masse« bezeichnet (Gottwald-Klopp/Kluth, InsRHdb, § 27 Rn. 7). 53
– Lediglich deklaratorischen Charakter hat es, wenn der Insolvenzverwalter in Anerkennung der bestehenden Rechtslage erklärt, dass ein Gegenstand nicht zur Masse gehört bzw. ihn an den Aussonderungsberechtigten herausgibt, was vielfach **unechte Freigabe** genannt wird (Uhlenbruck-Hirte § 35 Rn. 85; HK-Ries § 35 Rn. 59; K/P/B-Holzer § 35 Rn. 25). 54
– Eine **modifizierte Freigabe** ist eine echte Freigabe, die mit der Vereinbarung verbunden ist, dass der Schuldner die Erlöse aus dem freigegebenen Gegenstand an die Masse abführen muss. Geschieht dies nur, um das Prozesskostenrisiko von der Masse auf das insolvenzfreie Vermögen des Schuldners abzuwälzen, ist die Freigabe gem. § 138 BGB unzulässig (K/P/B-Holzer § 35 Rn. 26). 55
– Die **Negativerklärung gem. Abs. 2 Satz 1** bzgl. des Neuerwerbs des Schuldners aus selbstständiger beruflicher Tätigkeit und der daraus resultierenden Verbindlichkeiten wird ebenfalls vielfach als »Freigabe« bezeichnet (s. Rdn. 254). 56
– Als **erkaufte Freigabe** wird schließlich die entgeltliche echte Freigabe bezeichnet (Häsemeyer, InsR, Rn. 13.17; FK-Bornemann § 35 Rn. 33). 57
– In § 170 Abs. 2 wird ferner die Möglichkeit der **Freigabe von Absonderungsgut** an den Sicherungsgläubiger zur Eigenverwertung vorausgesetzt. 58

Für den Umfang der Masse ist damit in erster Linie die echte Freigabe relevant. 59

b) Zulässigkeit der Freigabe

Der Hauptanwendungsfall der (echten) Freigabe betrifft Massegegenstände, deren **Verwertung nicht sinnvoll oder nicht möglich** erscheint, so z. B. weil die Kosten der Verwaltung und Verwertung den erwarteten Erlös übersteigen. Bei über Wert belasteten Grundstücken ist die Androhung der Freigabe ein Druckmittel, um Kostenbeiträge für eine freihändige Verwertung von den Grundpfandrechtsinhabern zu erzielen, denen sonst nur die langwierige und weniger zu beeinflussende Zwangsversteigerung bleibt (Lwowski/Tetzlaff, WM 1999, 2336, 2338). 60

61 Der Verwalter kann in den vorgenannten Fällen zur Freigabe **verpflichtet** sein, um die Masse zu schützen (NR-Andres § 36 Rn. 51; BK-Amelung/Wagner § 35 Rn. 106). Es gibt aber **keinen Anspruch** eines Gläubigers (Pape, ZInsO 2008, 465, 471; LG Halle/Saale, ZInsO 2001, 270) oder des Insolvenzschuldners (BGH, ZInsO 2007, 545) auf Freigabe.

62 Die Freigabe streitbefangener Gegenstände kann auch durch Ablehnung der Aufnahme eines Aktivprozesses erfolgen (§ 85 Abs. 2). Die Masse verpflichtende **Vertragsverhältnisse** können nicht freigegeben werden; hierfür gibt es Sonderregelungen in den §§ 103 ff. Bei selbstständiger Tätigkeit des Insolvenzschuldners s. aber Rdn. 262.

63 Auch in der **Nachlassinsolvenz** ist eine Freigabe möglich. Der Schuldner, auf den die Verwaltungs- und Verfügungsbefugnis dann übergeht, ist der Erbe (s. Vorbem. §§ 315 ff. Rdn. 13). Schlägt er das Erbe aus, wird der nächstrangige Erbe Eigentümer des Freigabeguts, zuletzt der Fiskus (§ 1936 BGB).

64 Die Freigabe ist **auch in der Gesellschaftsinsolvenz** zulässig. Nach einer von K. Schmidt (zuletzt in: K. Schmidt Einl. Rn. 23, § 1 Rn. 14; NJW 2010, 1489, 1492 f.) begründeten Ansicht wird dies zwar bestritten, da nur bei natürlichen Personen insolvenzfreies Vermögen denkbar sei, da der Gesetzgeber in § 199 Satz 2 den Verwalter neben der insolvenzrechtlichen Abwicklung auch mit der gesellschaftsrechtlichen Liquidation beauftragt habe (so auch Jaeger-H.-F. Müller § 35 Rn. 148; Bork, Einführung in das Insolvenzrecht, Rn. 135; K/P/B-Holzer § 35 Rn. 21). Die Rspr. folgt dem richtigerweise nicht. Zum einen wird die Möglichkeit der Freigabe in § 32 Abs. 3, § 85 Abs. 2 und letztlich auch § 207 Abs. 3 Satz 2 einschränkungslos vorausgesetzt; zum anderen darf der Nebenzweck der Vollliquidation nicht die optimale Gläubigerbefriedigung als Hauptziel der InsO (§ 1) dadurch konterkarieren, dass die Masse mit Gegenständen belastet wird, die mehr Kosten verursachen als sie einbringen (BGHZ 163, 32 = ZInsO 2005, 594; BGHZ 148, 252, 258 = ZInsO 2001, 751; BVerwG, ZInsO 2004, 1206, 1209).

65 Damit ist auch bei **umweltbelasteten Grundstücken** und Sachen eine Freigabe zulässig (a. A. in Rdn. 64 bei Gesellschaften). Eine andere Frage ist, ob damit zugleich eine öffentlich-rechtliche Haftung im Rang einer Masseverbindlichkeit gem. § 55 endet (so die h. M.; Einzelheiten bei § 55 Rdn. 75).

c) Durchführung der Freigabe

66 Die (echte) Freigabe erfolgt durch einseitige empfangsbedürftige Willenserklärung des Insolvenzverwalters (BGH, ZInsO 2007, 545 Tz. 18; **a. A.** A/G/R-Ahrens § 35 Rn. 33: Verfahrenshandlung). Erklärungsempfänger ist der Insolvenzschuldner bzw. sein gesetzlicher Vertreter (bei fehlendem Empfänger s. Heyn InsbürO 2011, 12). Wie jede Willenserklärung kann sie auch durch schlüssiges Handeln erfolgen (BK-Amelung/Wagner § 35 Rn. 105 m. w. N.), wenn sie den Willen dauernden Verzichts auf die Massezugehörigkeit bekundet (BGH, ZInsO 2007, 94 Tz. 20). Eine Formbedürftigkeit besteht nicht (Uhlenbruck-Hirte § 35 Rn. 73), auch nicht z. B. bei Grundstücken nach § 311b BGB, da durch die Freigabe kein Eigentumsübergang erfolgt. Zur Löschung des Insolvenzsperrvermerks im Grundbuch: Wipperfürth, InsbürO 2012, 471. § 35 Abs. 2 und 3 sind mangels Regelungslücke nicht analog anwendbar. Die Erklärung bedarf keiner Annahme, da das freigegebene Recht dem Schuldner ohnehin zusteht (Häsemeyer, InsR, Rn. 13.15).

67 Als verfahrensrechtliche Erklärung ist die Freigabe aus Gründen der Rechtssicherheit unwiderruflich (BGH, ZInsO 2007, 94, 96) und bedingungsfeindlich. Eine Anfechtung nach §§ 119 ff. BGB ist grds. möglich (MK-Peters § 35 Rn. 100; Uhlenbruck-Hirte § 35 Rn. 73; **a. A.** keine Irrtumsanfechtung: A/G/R-Ahrens § 35 Rn. 33; K/P/B-Holzer § 35 Rn. 27; Braun-Bäuerle § 35 Rn. 6); die irrige Annahme, der Gegenstand sei nicht massezugehörig, überbelastet oder unverwertbar, ist jedoch unbeachtlicher Motivirrtum (Hoepfner, ZIP 2000, 1517, 1520 auch zur Insolvenzanfechtung).

68 Über die Freigabe entscheidet der Verwalter nach eigenem wirtschaftlichem Ermessen. In schwierigen Fällen sollte er aus Haftungsgründen (§ 60) die Zustimmung der Gläubigerorgane nach § 160

75a Zur Einziehung ist nach § 80 der Insolvenzverwalter berufen, er ist dabei an gesetzliche oder vertragliche Beschränkungen zur Art (z. B. Beschluss der Gesellschafter oder von Organen) und Zeit (Fälligkeit) der Geltendmachung nicht mehr zu leisten als zur Gläubigerbefriedigung erforderlich ist, wobei der Gesellschafter die Beweislast für die Einrede der Massezulänglichkeit trägt (Jaeger-H.-F. Müller § 35 Rn. 153, 202; Uhlenbruck-Hirte § 35 Rn. 309, 380).

76 Beim eingetragenen und nicht eingetragenen **Verein** gehören rückständige Mitgliedsbeiträge zur Masse. Nach Insolvenzeröffnung werden keine weiteren Beiträge geschuldet, wenn der Satzung nichts anderes zu entnehmen ist (BGH, ZIP 2007, 1462; Jaeger-H.-F. Müller § 35 Rn. 200).

77 In der Insolvenz der **Genossenschaft** hat der Verwalter die rückständigen Pflichteinlagen (§ 7 Nr. 1 GenG) einzuziehen (BGH, ZInsO 2009, 1211). Ferner besteht eine unbeschränkte Nachschusspflicht der Genossen, wenn sie nicht im Statut ausgeschlossen ist (§ 105 Abs. 1 GenG). Für ausgeschiedene Genossen gilt § 73 Abs. 2 Satz 3 GenG.

1. Kapitalgesellschaften

78 Die in der Insolvenzpraxis häufigste Kapitalgesellschaft ist die **GmbH**. Ihr Insolvenzverwalter hat zu prüfen, ob das Stammkapital wirksam erbracht ist, und ggf. offene Einlage- und Haftungsansprüche durchzusetzen. Es ist zu unterscheiden zwischen Ansprüchen, die sich aus einer **vorzeitigen Geschäftstätigkeit** vor Eintragung im Handelsregister ergeben, die eine persönliche Haftung der Gesellschafter für Gesellschaftsverbindlichkeiten auslösen können (Vorgründungsgesellschaft, Vor-GmbH, Vorbelastungshaftung; dazu Rdn. 176 ff.) und Ansprüchen aus **Einlagemängeln**, die keine Befreiung von der Einlageschuld bewirken:

79 Die Stammeinlageverpflichtungen der Gesellschafter werden durch notariellen Gesellschaftsvertrag (§§ 2 Abs. 1, 3 GmbHG) bzw. Kapitalerhöhungsbeschluss (§ 55 GmbHG) begründet, die zugleich Art und Umfang festlegen.

80 **Sacheinlagen** müssen im Gesellschaftsvertrag bestimmt sein (§ 5 Abs. 4 GmbHG). Einlagefähig sind grds. alle Wirtschaftsgüter. Ausnahmen ergeben sich aus § 27 Abs. 2 AktG analog und daraus, dass Sacheinlagen vollständig vor Anmeldung der GmbH zu leisten sind (§ 7 Abs. 3 GmbHG). Für Wertdifferenzen haftet der Gesellschafter nach § 9 GmbHG sowie bei Verschulden die übrigen Gesellschafter und die Geschäftsführer nach § 9a GmbHG.

81 ▶ Übersicht: Einlagemängel bei Bareinlagen

Bei Bareinlagen ist sowohl für Gründung als auch Kapitalerhöhung auf folgende praxisrelevanten Einlagemängel zu achten:

82 – Direkte **Zahlungen an Gesellschaftsgläubiger** haben nach § 8 Abs. 2 GmbHG nur dann Erfüllungswirkung für die Einlageschuld, wenn sie mit Einverständnis des Geschäftsführers erfolgen und der Gesellschaft der Wert der Einlage zufließt, d. h. die Gläubigerforderung fällig und unbestritten ist (Lutter/Hommelhoff-Bayer § 7 GmbHG Rn. 16; § 19 GmbHG Rn. 45).

83 – Ob dies auch für das Mindestkapital gilt, ist höchstrichterlich noch nicht geklärt. Bei Kapitalerhöhungen lässt der BGH die **Zahlung auf debitorische Bankkonten** zu, wenn die Bank dem Geschäftsführer faktisch die Möglichkeit einräumt, über Liquidität i. H. d. Einlage frei zu verfügen, sei es aufgrund stillschweigender Duldung oder im Rahmen eines Kredites (BGH, ZInsO 2005, 315; BGHZ 150, 197 = NJW 2002, 1716; vgl. aber bei Vorabzahlungen Rdn. 84).

84 – Bei **Vorleistungen** auf spätere Einlageschulden (insb. bei Kapitalerhöhungen) handelt es sich grds. um die unzulässige Sacheinlage der Rückforderung; sie sind nur ausnahmsweise zulässig, wenn der Betrag bei Fassung des Erhöhungsbeschlusses noch in der Kasse oder als Bankguthaben vorhanden ist (BGHZ 158, 283 = NJW 2004, 2592). In dringenden Sanierungsfällen macht der BGH hiervon nur eine weitere Ausnahme, wenn der Beschluss sofort nachgeholt wird und andere Maßnahmen sowie der ordnungsgemäße Gang der Kapitalerhö-

einholen (Braun-Bäuerle § 35 Rn. 7). Die Wirksamkeit der Freigabe ist davon aber unabhängig (§ 164).

d) Folgen der Freigabe

Durch die (echte) Freigabe wird der Gegenstand ex nunc endgültig aus dem Insolvenzbeschlag überführt in das insolvenzfreie Vermögen des Schuldners, der wieder die volle Verwaltungs- und Verfügungsbefugnis zurückerlangt (BGHZ 35, 180 = NJW 1961, 1528; Häsemeyer, InsR, Rn. 13.14). Unselbständige Nebenrechte werden entsprechend § 401 BGB mit erfasst (BGH, ZInsO 2007, 94). Die Freigabe bewirkt jedoch nicht, dass die Masse von bereits titulierten Masseverbindlichkeiten befreit wird, die der Gegenstand verursacht hat (BGH, ZInsO 2006, 326). Prozessual wird der Schuldner nicht Rechtsnachfolger des Verwalters (K/P/B-Holzer § 35 Rn. 30). Den aus Grundvermögen folgenden Verpflichtungen kann sich der Schuldner durch eine Eigentumsaufgabe nach § 928 BGB nur eingeschränkt entziehen (vgl. du Carrois, ZInsO 2005, 472; Wilhelm V/v. Gösseln, ZInsO 2005, 358). Die Zwangsvollstreckung in freigegebene Vermögensgegenstände ist für Insolvenzgläubiger gem. § 89 Abs. 1 nicht möglich, sondern nur für sog. Neugläubiger (vgl. § 89 Rdn. 7), für Absonderungsberechtigte (bei Grundvermögen vgl. § 165 Rdn. 3 ff.) und z. T. für Massegläubiger (s. § 90 Rdn. 12 f.).

69

Surrogate wie auch Rechtsfrüchte fallen nicht als Neuerwerb wieder in die Masse (MK-Peters § 35 Rn. 58; Henckel FS Kreft, S. 291, 296 ff.; a. A. Jaeger-Windel § 80 Rn. 32: Auslegungsfrage). Jedoch sind insoweit schuldrechtliche Bindungen des Schuldners begrenzt möglich (s. Rdn. 55).

70

Steuerliche Folge der Freigabe eines belasteten Grundstücks soll nach Rechtsprechung des BFH sein, dass bei Veräußerung durch den Schuldner USt-Masseverbindlichkeiten entstehen können, s. dazu § 55 Rdn. 60. Für die Kfz-Steuer hält der zuständige BFH-Senat nicht an der bisherigen umstr. Rechtsprechung fest, wonach allein die Haltereigenschaft des Schuldners Masseverbindlichkeiten begründet (BFH, ZInsO 2011, 1502), sodass nun entgegen BFH, ZInsO 2010, 497 und ZInsO 2008, 211 die echte Freigabe eines Kfz die Masse entlastet (BFH, ZInsO 2011, 2339, 2340); s. dazu § 55 Rdn. 65.

71

C. Die einzelnen Gegenstände der Insolvenzmasse

Die nachfolgende Darstellung der einzelnen als Teil der Masse infrage kommenden Gegenstände orientiert sich an der Gliederung des Verzeichnisses der Massegegenstände gem. § 151. Entsprechend dem gesetzgeberischen **Leitbild der Unternehmensinsolvenz** folgt diese dem § 266 HGB. Zusätzliche Besonderheiten gelten in der Insolvenz natürlicher Personen Rdn. 201 ff.).

72

I. Ausstehende Einlagen

Im Insolvenzverfahren der **Kapital-** wie der **Personengesellschaft** gehören Ansprüche auf rückständige Bar- und Sacheinlagen sowie Beiträge einschließlich Verzugszinsen, etwaiger Vertragsstrafen und Nebenleistungen zur Masse (Jaeger-H.-F. Müller § 35 Rn. 150, 202; Uhlenbruck-Hirte § 35 Rn. 308, 318, 380).

73

Zur Einziehung ist nach § 80 der Insolvenzverwalter berufen, er ist dabei an gesetzliche oder vertragliche Beschränkungen zur Art (z. B. Beschluss der Gesellschafter oder von Organen) und Zeit (Fälligkeit) der Geltendmachung wie auch an eine Gleichbehandlung der Gesellschafter nicht gebunden (BGH, ZInsO 2008, 42; Jaeger-H.-F. Müller § 35 Rn. 151, 154, 202; Uhlenbruck-Hirte § 35 Rn. 308, 309).

74

Es ist Insolvenzverfahren der **Kapital-** wie der **Personengesellschaft** gehören Ansprüche auf rückständige Bar- und Sacheinlagen sowie Beiträge einschließlich Verzugszinsen, etwaiger Vertragsstrafen und Nebenleistungen zur Masse (Jaeger-H.-F. Müller § 35 Rn. 150, 202; Uhlenbruck-Hirte § 35 Rn. 308, 318, 380).

75

hung die Sanierung hätte scheitern lassen (BGHZ 168, 201 = NJW 2007, 515). Ausführl. hierzu im Anh. zu § 35, Abschnitt B Voreinzahlungen auf das Stammkapital.
- Die von der Rechtsprechung anhand von § 19 Abs. 5 GmbHG a. F. entwickelte Figur der (unzulässigen) **verdeckten Sacheinlage** ist dadurch gekennzeichnet, dass bei objektiv-wirtschaftlicher Betrachtung anstelle der geschuldeten Bareinlage ein anderer Gegenstand geleistet wird. Mit dem MoMiG wurde der Tatbestand in § 19 Abs. 4 GmbHG gesetzlich normiert, allerdings in seinen Rechtsfolgen abgemildert. Ausführl. hierzu im Anh. zu § 35, Abschnitt C Verdeckte Sacheinlage. 85
- Verwendungsabsprachen des Gesellschafters mit der Geschäftsführung schließen die freie Verfügbarkeit i. S. d. § 8 Abs. 2 GmbHG über die Bareinlage nicht grds. aus. Etwas anderes galt nach der Rechtsprechung, wenn die Gelder demgemäß an den Gesellschafter zurückflossen, sog. **Hin- und Herzahlen**, was insb. auch auf Cash-Pool-Systeme erstreckt wurde. Auch hierzu ist mit dem MoMiG eine in den Rechtsfolgen abgeschwächte gesetzliche Regelung geschaffen worden (§ 19 Abs. 5 GmbHG). Vgl. zur alten und neuen Rechtslage im Anh. zu § 35, Abschnitt D: Hin- und Herzahlen. 86

Nach Kaduzierung des Geschäftsanteils des säumigen Gesellschafters (§ 21 GmbHG) durch den Insolvenzverwalter besteht eine **Ausfallhaftung** seiner Vorgesellschafter (§ 22 GmbHG) und danach seiner Mitgesellschafter (§ 24 GmbHG). 87

Die **Beweislast** für die Erfüllung der Einlageschuld trägt der Gesellschafter, auch wenn die Vorgänge lange zurückliegen. Hierzu bedarf es grds. des Einzahlungsbelegs, d. h. den Bankkontoauszug o. Ä., eine Quittung reicht nicht (OLG Dresden, ZInsO 2000, 673). Gleichwohl ist das anzulegende Beweismaß eine der tatrichterlichen Beurteilung unterliegende Frage des Einzelfalls, sodass der Nachweis, insb. nach Ablauf der 10-jährigen Aufbewahrungsfrist (§ 257 Abs. 4 HGB), auch durch – i. d. R. mehrere – Indiztatsachen erbracht werden kann, wie fehlende Hinweise auf offene Einlagen in Jahresabschlüssen, Prüfberichten und Geschäftsunterlagen sowie in Notarurkunden enthaltene Erklärungen früherer Gesellschafter (BGH, ZInsO 2007, 1111 = NJW 2007, 3067). Eine Klage des Verwalters »ins Blaue hinein« hat danach bei großem zeitlichen Abstand zur Fälligkeit nur geringe Erfolgsaussichten (KG, ZInsO 2009, 1294; anders noch OLG Brandenburg, ZIP 2006, 1343; OLG Frankfurt am Main, NZG 2005, 898; OLG Koblenz, NZG 2002, 821). Ausführl. dazu Plathner/Sajogo, ZInsO 2010, 2218. 88

Für die **Verjährung** der Kapitalaufbringungsansprüche gilt seit 15.12.2004 eine einheitliche Frist von 10 Jahren. Bei der unterbewerteten Sacheinlage beginnt sie mit Eintragung (§ 9 Abs. 2 GmbHG), bei Bareinlagen mit Fälligkeit (§ 19 Abs. 6 GmbHG). Da nur die Mindestquoten des § 7 Abs. 2 GmbHG mit der Anmeldung gesetzlich fällig gestellt sind und der Rest erst nach Maßgabe der Satzung bzw. auf entsprechenden Gesellschafterbeschluss (§ 46 Nr. 2 GmbHG), können Einlageforderungen auch noch Jahrzehnte nach Gründung unverjährt bestehen. Bei Altfällen ist die Überleitungsvorschrift des Art. 229 § 12 Abs. 2 EGBGB dahin auszulegen, dass die 10-Jahres-Frist rückwirkend ab dem 01.01.2002 gerechnet wird, sofern die bis dahin geltende 30-jährige Frist des § 195 BGB a. F. nicht am 14.12.2004 bereits abgelaufen war (BGH, ZIP 2008, 643 = DStR 2008, 831; GmbHR 2008, 931). 89

Die vollwertige Erbringung des Grundkapitals der **AG** sichern insb. die Vorschriften über das Verbot der Unterpariemission (§ 9 Abs. 1 AktG), Sacheinlagen und -übernahmen (§§ 26, 27 AktG), die Gründungsprüfung (§§ 32 ff. AktG) und die Nachgründung (§§ 52, 53 AktG). Die Lehre von der verdeckten Sacheinlage gilt wie bei der GmbH (BGHZ 118, 83 = NJW 1992, 2222; Hüffer, AktG, § 27 Rn. 12). 90

2. Personengesellschaften

Bei Personengesellschaften ist die Leistung von **Einlagen** zur Aufbringung eines Haftkapitals grds. wegen der unbeschränkten persönlichen Haftung der Gesellschafter nicht vorgeschrieben, wird aber häufig durch Vertrag vereinbart. Obligatorisch sind hingegen **Beiträge** der Gesellschafter zur 91

Förderung des gemeinsamen Zwecks (K. Schmidt, GesR, § 20 II 1, § 47 II 1). Die Beitragspflicht endet wegen Auflösung der Gesellschaft mit Insolvenzeröffnung. Rückständige Einlagen und Beiträge gehören zur Masse, haben wegen der umfassenden Gesellschafterhaftung aber kaum eigenständige Bedeutung (hierzu Rdn. 187 ff. und § 93).

92 Eine Ausnahme besteht für den **Kommanditisten**, der stets zur Leistung einer Einlage verpflichtet ist (§ 161 Abs. 1 HGB). Der Gesellschaftsvertrag bestimmt Art und Umfang der Einlage (sog. Pflichteinlage), dem Handelsregister ist die für das Außenverhältnis maßgebliche Haftsumme (sog. Hafteinlage) zu entnehmen, § 172 Abs. 1 HGB (ausführl. Heckel InsbürO 2007, 9). Wurde die Einlage nicht erbracht oder zurückgewährt (§ 172 Abs. 4 HGB), kann der Insolvenzverwalter wahlweise die (Sach-) Einlage oder die Haftsumme fordern (Häsemeyer, InsR, Rn. 31.43; differenzierend K. Schmidt, GesR, § 54 V 2 c).

93 Ein passives Kapitalkonto (negativer Kapitalanteil) eines Gesellschafters stellt keine Verbindlichkeit ggü. der Gesellschaft dar; es bestimmt nur die interne Ausgleichsverpflichtung ggü. den Mitgesellschaftern bei Auseinandersetzung der Gesellschaft (BGHZ 26, 126, 128 = NJW 1958, 299; Jaeger-H.-F. Müller § 35 Rn. 204; Uhlenbruck-Hirte § 35 Rn. 381).

II. Anlagevermögen

1. Immaterielle Vermögensgegenstände

a) Unternehmen

94 Das Unternehmen ist eine Gesamtheit von Sachen (z. B. Betriebsimmobilie, technische Anlagen, Vorräte), Rechten (z. B. Forderungen, Patente, Lizenzen) und auch tatsächlichen Vermögenswerten (z. B. Know-how, Lage, Kundenstamm, Betriebsgeheimnisse). Rechtsträger ist entweder eine natürliche Person oder eine Gesellschaft.

95 Wie sich aus den §§ 128, 157 f., 160 Abs. 2 Nr. 1, 162 Abs. 1, 163 Abs. 1 ergibt, ist das **Unternehmen als solches** zunächst vom Insolvenzbeschlag erfasst und damit grds. Masse (MK-Peters § 35 Rn. 464; Uhlenbruck-Hirte § 35 Rn. 268; Häsemeyer, InsR, Rn. 9.09; **a. A.** nur die jeweiligen Einzelbestandteile: BK-Amelung/Wagner § 35 Rn. 17). Hier zeigt sich die Besonderheit des Insolvenzverfahrens als Gesamtvollstreckung (Jaeger-Henckel § 35 Rn. 9). Das entbindet den Insolvenzverwalter jedoch nicht davon, die Bestandteile des Unternehmens im Verzeichnis der Massegegenstände gem. § 151 einzeln zu erfassen und zu bewerten nebst eines etwaigen überschießenden immateriellen Mehrwertes als gesonderte Position (sog. Firmenwert).

96 **Ausnahmen** hinsichtl. einzelner Vermögensgegenstände bestehen insb. im Insolvenzverfahren **natürlicher Personen**, vor allem im Hinblick auf geistiges Eigentum (Rdn. 111) und das Inventar von kleinen Einzelunternehmen (Rdn. 132).

aa) Gewerbliche Betriebe

97 Ein Gewerbebetrieb gehört als Unternehmen zur Masse. Sofern eine **Gewerbeerlaubnis** erforderlich ist, gilt im Hinblick auf die Fortführung und Verwertung des Unternehmens Folgendes:

98 Eine **personenbezogene Erlaubnis** (z. B. §§ 30 ff. GewO, § 2 GastG, § 3 GüKG) besteht fort. Denn nach § 12 Satz 1 GewO sind Verwaltungsvorschriften, welche die Gewerbeausübung wegen Unzuverlässigkeit aufgrund ungeordneter Vermögensverhältnisse ausschließen, während des Insolvenz(eröffnungs)verfahrens nicht anzuwenden (Einzelheiten bei Antoni, NZI 2003, 246 ff.; vgl. auch Blank, EWiR 2003, 1033 f.).

99 Daher kann der Schuldner den Betrieb fortführen, wenn keine anderen Versagungsgründe in seiner Person vorliegen. Bei einer Betriebsfortführung durch den Insolvenzverwalter ist auf diesen abzustellen (a. A. VG Lüneburg, ZInsO 2009, 973). In der Praxis wird ihm zwar häufig die spezialgesetzlich normierte Eignung fehlen. Dann kann der Verwalter aber das Gewerbe als »Stellvertreter«

(§ 45 GewO, § 9 GastG) ausüben, wenn er einen geeigneten Betriebsleiter stellt (MK-Peters § 35 Rn. 513; Jaeger-Henckel § 35 Rn. 13).

Eine Verwertung der personenbezogenen Genehmigung ist jedoch nicht möglich; der Erwerber des vom Verwalter veräußerten Betriebes benötigt eine eigene Erlaubnis (Jaeger-Henckel § 35 Rn. 12). 100

Etwas anderes gilt für **Sachgenehmigungen** (z. B. § 4 BImSchG). Sie sind an die Anlage und nicht an die Person des Betreibers gebunden und können daher als Massebestandteil mit der Anlage verwertet werden. 101

bb) Freiberufliche Praxen

Nach mittlerweile ganz herrschender Meinung ist auch die Praxis des Freiberuflers wie z. B. der Ärzte, Rechtsanwälte, Notare, Wirtschaftsprüfer und Steuerberater wegen ihrer Veräußerbarkeit in den Unternehmensbegriff der InsO einbezogen und Teil der Masse (AG Köln, ZInsO 2003, 667; Jaeger-Henckel § 35 Rn. 14f.; Uhlenbruck-Hirte § 35 Rn. 276; MK-Peters § 35 Rn. 507). Gleichwohl bestehen besondere Hemmnisse bzgl. der Fortführung und Verwertung. 102

Anders als bei Gewerbetreibenden sieht ein Teil des Berufsrechts der Freiberufler bei Insolvenz den **Entzug der Zulassung** vor (z. B. § 14 Abs. 2 Nr. 7 BRAO, § 50 Abs. 1 Nr. 6 BNotO, § 20 Abs. 1 Nr. 5 WPO, § 46 Abs. 2 Nr. 4 StBerG), was allerdings nicht zwingend ist (Runkel, ZVI 2007, 45, 48; Notare: BVerfG, NJW 2005, 3057; Vallender, FS Gero Fischer, 2008, S. 535 ff.; Rechtsanwälte: BGH, ZVI 2014, 144; ZInsO 2012, 140; ZInsO 2011, 2234; DStR 2010, 1499; Steuerberater: BFH, ZInsO 2010, 1138; ZInsO 2009, 1405; Ärzte: BVerfG, ZInsO 2013, 1028; Runkel, FS Gerhardt, S. 839, 845; Architekten: BVerwG, ZInsO 2009, 1811; OVG Nordrhein-Westfalen, ZInsO 2010, 481). 103

Wird die Zulassung entzogen, ist eine **Fortführung** des Praxisbetriebes durch den Insolvenzverwalter selbst dann nicht zulässig, wenn der Verwalter über die entsprechende berufliche Qualifikation verfügt (Jaeger-Henckel § 35 Rn. 15; A/G/R-Ahrens § 35 Rn. 134; a. A. Braun-Bäuerle § 35 Rn. 46). Da die jeweiligen Mandate nach §§ 115, 116 mit Insolvenzeröffnung erlöschen, müsste der Verwalter neue in eigener Person begründen, was seiner Verpflichtung zur Unabhängigkeit (§ 56) zuwiderläuft. Die Stellung des amtlich bestellten Kanzleiabwicklers (§ 55 BRAO) wird durch den Insolvenzverwalter nicht beeinträchtigt; das aus der Abwicklung Erlangte gehört zur Masse, die Vergütung des Abwicklers ist Masseverbindlichkeit (BGH, ZInsO 2005, 929; OLG Köln, ZInsO 2009, 2253; Sattler/Rickert, ZInsO 2006, 76). Zum Neuerwerb bei Selbstständigen s. Rdn. 232. Zur Betriebsfortführung speziell bei Freiberuflern Ries, ZVI 2004, 221; Kluth, NJW 2002, 186; Hess/Röpke, NZI 2003, 233. Zu Notaren s. Vallender FS Gero Fischer, 2008, S. 535. 104

Setzt der Schuldner seine Tätigkeit fort, gehört das dafür erforderliche Inventar gem. § 36 i. V. m. § 811 Abs. 1 Nr. 5 und 7 ZPO währenddessen nicht zur Masse (Uhlenbruck-Hirte § 35 Rn. 278; Jaeger-Henckel § 35 Rn. 14). Zum Fall der Sicherungsübereignung s. § 36 Rdn. 20a. 105

Ob der Verwalter zur **Verwertung** der Praxis i. Ü. die Zustimmung des Schuldners benötigt, ist strittig. Dies wird teilweise wegen der persönlichen Vertrauensbeziehung zu den Mandanten bzw. Patienten verlangt (Häsemeyer, InsR, Rn. 9.09; NR-Andres § 35 Rn. 73). Richtigerweise ist aber dem Gläubigerinteresse der Vorrang einzuräumen (so auch MK-Peters § 35 Rn. 158, 509; Uhlenbruck-Hirte § 35 Rn. 288); das Vertrauen der Kunden bestimmt nicht die Veräußerbarkeit des Unternehmens als solches, sondern nur den Kaufpreis (MK-Peters § 35 Rn. 509). Die berufliche Geheimhaltungspflicht ist dadurch zu wahren, dass eine Weitergabe der Praxisunterlagen mit den Mandanten-/Patientendaten nur nach deren Einwilligung erfolgt (allgemeine Auffassung: Peters a. a. O.; Hirte a. a. O. Rn. 280; Andres a. a. O. Rn. 74). Zum Insolvenzplan bei Arztpraxen s. Bange, ZInsO 2006, 362. 106

Zur Massezugehörigkeit der Honorarforderungen s. Rdn. 151, zum Inventar s. Rdn. 132. 107

b) Firma

108 Vom Insolvenzbeschlag des Unternehmens wird grds. auch die Firma i. S. d. § 17 Abs. 1 HGB erfasst. Der Insolvenzverwalter ist berechtigt, den Betrieb unter der bisherigen Firma fortzuführen (Braun-Bäuerle § 35 Rn. 50). Zur Verwertung durch Veräußerung zusammen mit dem Unternehmen (§ 23 HGB) ist er jedenfalls bei einer **Sachfirma** befugt (NR-Andres § 35 Rn. 76). Bei einer **Personenfirma** kann die Zustimmung des Namensträgers erforderlich sein, da dessen höchstpersönliches Namensrecht (§ 12 BGB, Art. 2 Abs. 1 GG) nicht zur Masse gehört (s. Rdn. 34). Entscheidend ist nach dem BGH, ob der Namensträger sich dieses Rechts durch freiwillige Kommerzialisierung seines Namens begeben hat (zuletzt BGHZ 109, 364, 367 = NJW 1990, 1605, 1607).

109 Da nach der Reform des Firmenrechtes zum 01.01.1999 auch bei Einzelkaufleuten und Personengesellschaften nach §§ 18, 19 HGB die freie Wahl- und Kombinationsmöglichkeit zwischen Personal- und Sachfirma besteht, ist diese Freiwilligkeit zu unterstellen (Häsemeyer, InsR, Rn. 9.08; im Ergebnis ebenso Barnert, KTS 2003, 523, 537 ff.). Dies gilt mittlerweile auch für vor 1999 gebildete Firmen (K/P/B-Holzer § 35 Rn. 71a; Barnert a. a. O.; **a.A.** Herchen, ZInsO 2004, 1112, 1115), da genügend Zeit für eine Firmenänderung bestand (Uhlenbruck, ZIP 2000, 401, 403 f.). Eine Zustimmung ist daher wegen des § 2 Abs. 2 Satz 1 PartGG nur noch bei **Partnerschaftsgesellschaften** erforderlich (Uhlenbruck-Hirte § 35 Rn. 422; BK-Amelung/Wagner § 35 Rn. 25).

110 Nach Veräußerung der Firma im Wege übertragender Sanierung kann es nach § 30 Abs. 1 HGB nötig sein, eine Abwicklungs- bzw. Ersatzfirma für die schuldnerische Gesellschaft bis zur Vollbeendigung zu bilden. Hierzu bedarf der Insolvenzverwalter nicht der Mitwirkung der Gesellschafter oder der Organe (LG Essen, ZIP 2009, 1583; Herchen, ZInsO 2004, 1112, 1115 ff. m. w. N.).

c) Geistiges Eigentum

111 Der Massezugehörigkeit von dem Schuldner zuzurechnenden geistigen Leistungen können sowohl **Persönlichkeitsrechte** (vgl. Rdn. 34) als auch mangelnde **Pfändbarkeit** entgegenstehen. Grds. kommt es darauf an, ob sich die Leistung schon in vermögenswerter Form verkörpert hat und dieser Gegenstand nach seinen spezialgesetzlichen Regelungen pfändbar ist (Häsemeyer, InsR, Rn. 9.07).

112 Bei **Erfindungen** des Schuldners setzt die Massebefangenheit nach herrschender Meinung erst ein, wenn er seine Absicht der kommerziellen Nutzung kundgetan hat (BGHZ 16, 172 = NJW 1955, 383; MK-Peters § 35 Rn. 285 ff. m. w. N.).

113 Ist die Erfindung patentfähig, sind das Recht auf das Patent, der Patenterteilungsanspruch und das Recht aus dem **Patent** gem. § 15 PatG übertragbar, damit pfändbar (BGHZ 125, 334 = NJW 1994, 3099) und Teil der Masse (Jaeger-Henckel § 35 Rn. 58; K/P/B-Holzer § 35 Rn. 97). Zum Vorbenutzungsrecht gem. § 12 PatG s. BGH, ZInsO 2009, 2246.

114 **Arbeitnehmererfindungen** gehören zur Insolvenzmasse des Arbeitgebers, wenn er sie gem. §§ 6, 7 ArbnErfG unbeschränkt in Anspruch genommen hat (OLG Karlsruhe, ZIP 2013, 380). Zum Schutz des Arbeitnehmers sind diesem in § 27 ArbnErfG bevorrechtigte Vergütungsansprüche und Vorkaufsrechte eingeräumt (näher Berger, ZInsO 2013, 569, 575 f.; Paul, ZInsO 2009, 1839).

115 Für ein **Gebrauchsmuster** genügt eine geringere erfinderische Leistung als beim Patent, zudem ist der Schutz schneller zu erlangen. Ab der Anmeldung beim Patentamt sind die Rechte gem. § 22 Abs. 1 GebrMG übertragbar und damit Masse (MK-Peters § 35 Rn. 293; HK-Keller § 36 Rn. 33).

116 Das **Geschmacksmuster** gewährt das gewerbliche Nutzungsrecht an ästhetischen Gestaltungen, die neu sind und Eigenart haben, wie z. B. bei Tapetenmustern, Vasen oder Elektroschaltern. Ab der Anmeldung beim Patentamt gehören die Rechte gem. §§ 29, 30, 32 GeschmMG zur Masse. Zur Massezugehörigkeit des Anwartschaftsrechts s. BGH, ZIP 1998, 830. Daneben kann Schutz nach dem UrhG bestehen.

117 **Marken**, d. h. Zeichen zur Unterscheidung von Waren oder Dienstleistungen (§ 3 MarkenG), erlangen Schutz mit Eintragung im Markenregister, durch Benutzung oder bei sog. notorischer

Bekanntheit (§ 4 MarkenG). Sie unterliegen nach § 29 MarkenG dem Insolvenzbeschlag, nach herrschender Meinung auch, wenn sie einen Personennamen enthalten (BK-Amelung/Wagner § 35 Rn. 30; K/P/B-Holzer § 35 Rn. 102). Der Verwalter kann sie selbstständig verwerten (§ 27 MarkenG). Ihre Massebefangenheit kann durch Eintragung eines Insolvenzvermerkes im Markenregister verlautbart werden (§ 29 Abs. 3 MarkenG). Eingehend auch zu weiteren Kennzeichen i. S. v. § 1 MarkenG: Bergmann FS Kreft, S. 207.

Das über § 2 UrhG geschützte **Urheberrecht** an Werken der Kunst, Wissenschaft und Literatur kann nach § 7 UrhG nur natürlichen Personen zustehen. Es ist als solches zu Lebzeiten nicht übertragbar (§ 29 UrhG), der Urheber kann aber Anderen Nutzungsrechte überlassen (§§ 31 bis 44 UrhG). Im Insolvenzverfahren sind Urheberrechte daher nicht gegen den Willen des Urhebers oder seiner Erben (§§ 113, 115 UrhG) und auch nur in ihrer Nutzungskomponente verwertbar. Hingegen gehören Vergütungsansprüche (§ 32 UrhG) oder Schadensersatz wegen Urheberrechtsverletzungen zur Masse (näher Schwab, KTS 1999, 49; Stickelbrock, WM 2004, 549; Hoffmann, ZInsO 2003, 732, 734 f.). 118

Bei vertraglich eingeräumten Nutzungsrechten an Patenten (§ 15 Abs. 2 PatG), Gebrauchsmustern (§ 22 GebrMG), Geschmacksmustern (§ 3 GeschmMG), Marken (§ 30 MarkenG) und Urheberrechten (§ 31 UrhG), den sog. **Lizenzen**, bemisst sich der Umfang der Insolvenzbefangenheit nach dem jeweiligen Lizenzvertrag. Entscheidend ist vor allem, ob das Nutzungsrecht dem Lizenznehmer nur schuldrechtlich überlassen worden ist (sog. einfache Lizenz) oder aber, ob der Lizenzgeber mit dinglicher Wirkung verfügt hat (sog. ausschließliche Lizenz), wobei auch dann analog § 9 VerlG teilweise Ausnahmen vom Abstraktionsprinzip zugelassen werden (so LG Mannheim, ZIP 2004, 576; vgl. Berger, ZInsO 2013; Pleister/Wündisch, ZIP 2012, 1792; Ganter, NZI 2011, 833; Koehler/Ludwig, NZI 2007, 79; weiter gehend Frentz/Masch, ZIP 2011, 1245; s. a. Rdn. 135). 119

d) Sonstige immaterielle Vermögensgegenstände

Die **Spielberechtigung** von Sportvereinen und Gesellschaften zur Teilnahme am Ligabetrieb von Sportverbänden unterliegt als vermögenswertes Recht dem Insolvenzbeschlag (BGH, ZIP 2001, 889 ff. = ZInsO 2001, 555 Ls.), problematisch ist im Einzelfall aber der Umfang. Die Berechtigung leitet sich entweder aus der Verbandssatzung oder aus einem Lizenzvertrag ab. Beide sehen rgm. Lösungsklauseln für den Insolvenzfall vor, deren Wirksamkeit im Hinblick auf §§ 1, 103 ff., 119 überwiegend bejaht wird, sofern sie keinen Automatismus beinhalten (Korff, ZInsO 2013, 1277; Adolphsen, KTS 2005, 53, 71 f.; Walker, KTS 2003, 169, 183 ff. m. w. N.). Der Insolvenzverwalter kann die Berechtigung daher i. d. R. nur für die Masse ausüben, nicht aber veräußern. Sanierungslösungen eröffnen sich dann nicht über die sog. übertragende Sanierung, sondern nur durch Insolvenzplan (näher dazu Zeuner/Nauen, NZI 2009, 213.) 120

Vergabe und Verwaltung von **Internet-Domains** sind privatwirtschaftlich organisiert, für die nationalen ».de«-Domains ist die Denic e.G. (*www.denic.de*) zuständig. Die Ansprüche des Inhabers ggü. der Vergabestelle sind nach § 857 ZPO pfändbar (BGH, NJW 2005, 3353; ausf. Stöber, Forderungspfändung, Rn. 1645 ff.) und grds. Teil der Masse, sofern nicht § 811 Abs. 1 Nr. 5 ZPO entgegensteht. Aus- und Absonderungsrechte können sich aus dem Namens-, Firmen- und Markenrecht von Dritten sowie durch Pfändung und Sicherungsabtretung ergeben (BGHZ 155, 273 = NJW 2003, 2978; BAG, NZA 2005, 105; Niesert/Kairies, ZInsO 2002, 510). Zur Verwertung: Müller/Obermüller/Weiß, ZInsO 2012, 780. 121

2. Immobilien und grundstücksgleiche Rechte

Grundstücke, die Eigentum des Schuldners sind, gehören zur Insolvenzmasse. Um gutgläubigen Erwerb Dritter zu verhindern, hat der (vorläufige) Insolvenzverwalter unverzüglich gem. §§ 23 Abs. 3, 32 einen Insolvenzvermerk ins Grundbuch eintragen zu lassen. Zur Sicherung, Verwaltung und Verwertung bei Mitberechtigungen an Immobilien s. Wischemeyer, ZInsO 2009, 116. Ist das Grundstück wertausschöpfend belastet, sind nachrangige Grundpfandrechtsgläubiger, die in der 122

Zwangsversteigerung offensichtlich keine Aussicht auf anteilige Befriedigung hätten, bei beabsichtigter freihändiger Verwertung durch den Insolvenzverwalter verpflichtet, ihre Grundschuld an die Masse zurückzugewähren und Löschungsbewilligung zu erteilen; die Vereinbarung der Zahlung einer »Lästigkeitsprämie« ist wegen Insolvenzzweckwidrigkeit nichtig, es sei denn, der Betrag geht ausschließlich zu Lasten eines damit einverstandenen vorrangigen Grundpfandgläubigers (BGH, ZInsO 2014, 1009; OLG Nürnberg, ZInsO 2014, 93; Wipperfürth, ZInsO 2014, 1263; Oster/Steinwachs, ZInsO 2011, 1638).

123 Gleiches gilt für das selbstständige Gebäudeeigentum in den neuen Bundesländern (Art. 233 § 2 Abs. 1, § 4 Abs. 1, 3, § 8 EGBGB).

124 **Wohnungseigentum** und Teileigentum an sonstigen Räumen nach §§ 1, 2 WEG gehören zur Masse. Auch vom Insolvenzverwalter sind vereinbarte Veräußerungsbeschränkungen zu beachten (§ 12 Abs. 3 Satz 2 WEG). Ferner kann er nicht die Aufhebung der Gemeinschaft nach § 84 verlangen, § 11 Abs. 2 WEG (näher Vallender NZI 2004, 401).

125 Auch **Erbbaurechte** sind Teil der Masse. Eine Veräußerung kann jedoch gem. §§ 5, 8 ErbbRVO nur mit Zustimmung des Eigentümers zulässig sein, deren Erteilung bzw. Ersetzung wiederum nach § 7 Abs. 1 und 3 ErbbRVO vom Insolvenzverwalter durchgesetzt werden kann (BGHZ 33, 76 = WM 1960, 973; näher dazu Keller, NZI 2012, 777). In der Insolvenz des Grundstückseigentümers gehören der Heimfallanspruch (§ 2 Nr. 4 ErbbRVO) und der Erbbauzins (§ 9 ErbbRVO) zur Masse (ausführl. Meyer, NZI 2007, 487).

126 Ferner sind die sonstigen **grundstücksgleichen Rechte** i. S. d. § 864 Abs. 1 ZPO wie Bergwerkseigentum (§ 9 BBergG), Jagd- und Fischereirechte massezugehörig (K/P/B-Holzer § 35 Rn. 46; HK-Keller § 36 Rn. 38).

127 **Dingliche Wohnrechte** aufgrund von Nießbrauch nach §§ 1030 ff. BGB (dazu Rdn. 24), einer beschränkt persönlichen Dienstbarkeit gem. § 1093 BGB oder als Dauerwohnrecht (§§ 31 bis 42 WEG) zählen ebenfalls zur Masse, wenn die Ausübung einem Dritten überlassen werden kann. Nur schuldrechtlich wirkende Wohnrechte sind als Leihe i. S. d. §§ 598, 604 BGB zu qualifizieren, auch wenn sie lebenslänglich gewährt sind (BGHZ 82, 354 = NJW 1982, 821); nach § 603 Satz 2 BGB sind sie grds. nicht übertragbar und damit gem. § 851 Abs. 1 ZPO nicht pfändbar und nicht massezugehörig (AG Hamburg, ZInsO 2008, 1150).

128 Die **Grunddienstbarkeit** (§§ 1018 bis 1029 BGB) gehört nach § 96 BGB zur Masse des herrschenden Grundstücks. Die **beschränkt persönliche Dienstbarkeit** (§§ 1090 bis 1093 BGB) ist hingegen nur dann Teil der Masse des Berechtigten, wenn nach § 1092 Abs. 1 Satz 2 BGB die Ausübung einem anderen gestattet ist (BGH, ZInsO 2006, 1324; OLG München, ZInsO 2011, 534) oder Insolvenzschuldner eine juristische Person bzw. Gesellschaft ist, § 1092 Abs. 2, 3 i. V. m. § 1059a Abs. 1 Nr. 3, § 873 BGB (so auch Kesseler, ZIP 2006, 2323, 2325).

129 Auch **Grundpfandrechte** des Schuldners an fremden Grundstücken gehören zur Insolvenzmasse. Dazu zählen auch die Verwertungsrechte an den nach §§ 1120 ff. BGB in den Haftungsverband fallenden fremden beweglichen Sachen (Erzeugnisse, Bestandteile, Zubehör).

130 Registerfähige **Schiffe** und **Schiffsbauwerke** werden, obwohl beweglich, wie Grundstücke behandelt (§ 864 Abs. 1 ZPO) und gehören zur Masse (Jaeger-Henckel § 36 Rn. 67 f.). Zur Sicherung ist nach § 33 ein Insolvenzvermerk in das Schiffsregister einzutragen.

3. Bewegliche Sachanlagen

131 In der Unternehmensinsolvenz gehören die im Eigentum des Schuldners stehenden technischen Anlagen und Maschinen sowie die Betriebs- und Geschäftsausstattung grds. zur Masse. Bei natürlichen Personen sind nach § 36 die Pfändungsschranken des § 811 Abs. 1 Nr. 5 bis 7 ZPO zu beachten.

Nach § 811 Abs. 1 Nr. 5 und 7 ZPO ist das **Arbeitsgerät von Selbstständigen** unpfändbar, wenn ihre persönliche Tätigkeit überwiegende Bedeutung hat ggü. der Leistung ihrer Mitarbeiter und dem Einsatz von Maschinen; nicht geschützt ist die überwiegende Kapitalnutzung und Organisation fremder Arbeitsleistungen (Zöller/Stöber § 811 ZPO Rn. 25 m. w. N.). Damit greift der Schutz umso eher ein, je kleiner das Einzelunternehmen ist. Die Judikatur hierzu ist unübersehbar, letztlich ist auf den Einzelfall abzustellen. Teilweise wird die Übertragbarkeit dieser Rechtsprechung auf das Insolvenzverfahren abgelehnt, § 811 Abs. 1 Nr. 5 ZPO sei teleologisch zu reduzieren. Es führe zu einer einseitigen Zurückdrängung der Gläubigerinteressen, dem Schuldner den wesentlichen Teil seines Vermögens zu belassen und ihn zugleich über die §§ 286 ff. zu entschulden (MK-Peters § 36 Rn. 25 ff.; Tetzlaff, ZVI 2004, 2, 7 und EWiR 2003, 1151 f.; Runkel, FS Gerhardt, S. 839, 840 ff.). Diese Befürchtung ist jedoch unberechtigt. In den Händen des Schuldners können die Sachen effektiver für die Masse genutzt werden, da der mit ihnen erzielte Neuerwerb in die Masse fällt oder der Schuldner nach Abs. 2 bzw. auch im Restschuldbefreiungsverfahren zu entsprechenden Zahlungen verpflichtet ist (§ 295 Abs. 2). Hält der Schuldner sich nicht daran, ist ihm nach § 290 Abs. 1 Nr. 5 und § 296 die Restschuldbefreiung auf Antrag zu versagen. (Im Ergebnis wie hier: Jaeger-Henckel § 36 Rn. 4; Ries, ZVI 2004, 221, 224; Voigt/Gerke, ZInsO 2002, 1054, 1057). Zur Massezugehörigkeit bei Sicherungsübereignung s. § 36 Rdn. 20a.

132

Sind bewegliche Sachen **wesentlicher Bestandteil** eines Grundstücks oder Gebäudes i. S. d. §§ 93 bis 95 BGB gehören sie zur Masse, wenn auch die Immobilie Massebestandteil ist. Ein anderenfalls ggf. bestehender Entschädigungsanspruch nach § 951 BGB ist stets Masse. Das **Zubehör** i. S. v. §§ 97 f. BGB ist dagegen sonderrechtsfähig, kann aber nach §§ 1120 ff. BGB dem Absonderungsrecht der Grundpfandrechtsinhaber unterfallen (vgl. § 49 Rdn. 4 ff.).

133

Vom Schuldner **sicherungsübereignete Sachen** gehören trotz des formal nicht bestehenden Schuldnereigentums zur Masse, wenn sie pfändbar sind (vgl. § 36 Rdn. 20a) und der Verwalter sie in Besitz hat. Allerdings unterliegen sie dem Absonderungsrecht des Sicherungsnehmers (§§ 166 Abs. 1, 51 Nr. 1). Sicherungseigentum des Schuldners ist hingegen auszusondern (s. a. Rdn. 30).

134

Zwar unterliegt **Software** nach § 69a UrhG dem Urheberschutz, sodass wegen § 29 UrhG das Urheberrecht selbst insolvenzfrei ist. Jedoch ist das Verwertungsrecht, unabhängig von der streitigen Einordnung der Software als Sache oder Recht, pfändbar (Thomas/Putzo-Seiler § 857 ZPO Rn. 6) und unterfällt damit dem Insolvenzbeschlag. In der Insolvenz des Herstellers gehört es auch dann zur Masse, wenn Mitarbeiter ein Urheberrecht erlangt haben, da der Arbeitgeber nach § 69b UrhG Nutzungsberechtigter ist. Um ein Programm (erneut) zu verwerten, hat der Insolvenzverwalter zu prüfen, inwieweit er bestehende Lizenzverträge mit Nutzern nach §§ 103 ff. beenden kann, wobei das Wahlrecht nur schuldrechtliche Nutzungsrechte erfasst, nicht eine bereits vor Eröffnung (auch aufschiebend bedingt) erfolgte dingliche Verfügung des Herstellers (BGH, ZInsO 2006, 35; Berger, NZI 2006, 380; Huber/Riewe, ZInsO 2006, 290; Wallner, ZIP 2004, 2073). So kommt es auch in der Insolvenz des Nutzers darauf an, ob die Software bereits in Erfüllung eines Kauf- bzw. Werkvertrags erworben wurde oder nur aufgrund Dauerschuldverhältnisses (einfacher Lizenzvertrag) genutzt wird (dazu Weber/Hötzel, NZI 2011, 432). Vgl. auch Rdn. 119.

135

Geschäftsunterlagen gehören stets zur Insolvenzmasse (§ 36 Abs. 2 Nr. 1).

136

4. Beteiligungen

Im Insolvenzverfahren des Gesellschafters gilt Folgendes:

137

a) Kapitalgesellschaftsanteile

Der Bestand einer GmbH oder AG als juristische Person wird durch die Insolvenz eines Gesellschafters nicht berührt. § 84 gilt nicht. Der Geschäftsanteil an der GmbH gehört wie auch die Aktie zur Masse und kann vom Insolvenzverwalter veräußert werden (statt aller: Uhlenbruck-Hirte § 35 Rn. 160; MK-Peters § 35 Rn. 240, 250 f.).

138

139 Eine **Vinkulierung** von GmbH-Anteilen (§ 15 Abs. 5 GmbHG) oder Namensaktien (§ 68 Abs. 2 AktG) steht dem nach ganz herrschender Meinung nicht entgegen (Roth/Altmeppen § 15 GmbHG Rn. 64; Scholz-Seibt § 15 GmbHG Rn. 254; Baumbach/Hueck AktG § 68 Rn. 7; **a. A.** Liebscher/Lübke, ZIP 2004, 241). Die Gesellschaft hat jedoch ein Widerspruchsrecht aus wichtigem Grund bei einer Veräußerung an einen untragbaren Dritten (Jaeger-Henckel § 36 Rn. 58).

140 Sieht die GmbH-Satzung die **Einziehung des Anteils** (§ 34 GmbHG) für den Fall der Pfändung bzw. der Gesellschafterinsolvenz vor, ist dies wirksam. Der Masse steht dann ein Abfindungsanspruch zu. Dieser beläuft sich grds. auf den vollen Verkehrswert. Eine anderweitige Regelung ist nur zulässig, wenn sie die gleiche Abfindung auch für den freiwilligen Austritt bzw. Ausschluss aus wichtigem Grund vorsieht (BGH, ZIP 2002, 258; BGHZ 144, 365 = NJW 2000, 2819; Bergmann, FS Kirchhof, S. 15, 17 ff.). Näher dazu wie auch zu Zwangsabtretung und Ausschluss: Heckschen, NZG 2010, 521.

141 Zur Masse gehören ferner der **Gewinnanspruch** sowie das **Auskunfts- und Einsichtsrecht** nach § 51a GmbHG. Nach § 80 geht auch die Ausübung des **Stimmrechts** auf den Verwalter über (OLG München, ZInsO 2010, 1744; Bergmann, ZInsO 2004, 225, 228 f.). Zum Ganzen: Heckschen, ZIP 2010, 1319.

b) Anteile an Personengesellschaften

142 Auch Gesellschaftsanteile des Schuldners an einer (Gesamthands-) Personengesellschaft sind Teil der Masse, zumal sie auch der Einzelzwangsvollstreckung zugänglich sind, vgl. § 859 Abs. 1 ZPO (Häsemeyer, InsR, Rn. 9.18a).

143 Eine Verwertung des Anteils durch **Veräußerung** ist wegen § 719 Abs. 1 BGB, §§ 105 Abs. 3, 161 Abs. 2 HGB, § 1 Abs. 4 PartGG nur mit Zustimmung der Mitgesellschafter möglich, die bereits im Gesellschaftsvertrag erklärt sein kann (Palandt-Sprau § 736 Rn. 1).

144 Die Insolvenz eines Gesellschafters führt bei der GbR grds. zur **Auflösung der Gesellschaft** (§ 728 Abs. 2 BGB). Verbleibt mehr als ein Gesellschafter, kann der Gesellschaftsvertrag abweichend das **Ausscheiden des Gesellschafters** vorsehen (§ 736 BGB), was bei der OHG der gesetzliche Regelfall ist (§ 131 Abs. 3 Nr. 2 HGB), ebenso bei der KG (§ 161 Abs. 2 HGB) und der Partnerschaftsgesellschaft, § 9 Abs. 1 PartGG (beachte aber § 9 Abs. 3 PartGG). Anderweitige Regelungen sind im Gesellschaftsvertrag und auch noch im Abwicklungsstadium mit dem Insolvenzverwalter möglich, nach herrschender Meinung aber nicht die Fortsetzung mit dem insolventen Gesellschafter (Palandt-Sprau § 728 BGB Rn. 2; Schäfer, in: Staub § 131 HGB Rn. 86; MK/HGB-Ott/Vuia § 118 Rn. 6; **a. A.** K. Schmidt GesR § 50 II 3 a).

145 Im Fall der Auflösung gehört ein auf den Vermögensanteil entfallender Liquidationsüberschuss (§§ 730 BGB, 145 ff. HGB) zur Masse, im Fall des Ausscheidens das Abfindungsguthaben (§ 738 Abs. 1 Satz 2 bis § 740 BGB, § 105 Abs. 3 HGB). Zur Auseinandersetzung i. Ü. s. die Kommentierung zu § 84.

c) Genossenschaftsanteile

146 Die Insolvenz des Genossen berührt den Bestand der Genossenschaft nicht. Die Mitgliedschaft ist zwar nicht übertragbar, aber das Geschäftsguthaben des Schuldners (§ 19 Abs. 1 Satz 2 GenG) kann nach Maßgabe des § 76 GenG vom Insolvenzverwalter veräußert werden. Ferner gehört nach § 66a GenG das Kündigungsrecht gem. § 66 GenG zur Einziehung des Auseinandersetzungsguthabens (§ 73 GenG) zur Masse. Trotz berechtigter Kritik (AG Duisburg, ZInsO 2011, 934; LG Dresden, ZVI 2008, 493) lehnt der BGH eine analoge Anwendung von § 109 Abs. 1 Satz 2 auf die Mitgliedschaft eines Schuldners in einer **Wohnungsgenossenschaft** ab, selbst wenn ihm durch die Beendigung der Mitgliedschaft die Obdachlosigkeit droht (BGH, ZInsO 2009, 2104; ZInsO 2009, 826). Auch könne dem Schuldner nicht über § 765a ZPO aus dem Auseinandersetzungsguthaben ein Anteil für die Mietkaution einer neuen Wohnung belassen werden (BGH, ZInsO 2011, 93).

Der Gesetzgeber hat daraufhin seit 19.07.2013 (Semmelbeck, ZInsO 2013, 1785) in dem neuen §67c GenG die Kündigung ausgeschlossen, wenn die Mitgliedschaft Voraussetzung für die vom Schuldner selbst genutzte Hauptwohnung ist und soweit das Geschäftsguthaben nicht höher ist als 2.000 € oder das vierfache monatliche Nutzungsentgelt. Diese Grenze wird gerade in Großstädten häufig überschritten, sodass die Praxis weiterhin sozialverträgliche Lösungen suchen wird über eine erkaufte Freigabe (Dahl, NZI 2009, 376) oder Inanspruchnahme von Sozialleistungen (du Carrois, InsbürO 2009, 458).

III. Umlaufvermögen

1. Vorräte

Bei unverarbeiteten Roh-, Hilfs- und Betriebsstoffen sowie (un)fertigen Erzeugnissen und Waren können Sicherungsrechte Dritter der Massezugehörigkeit entgegenstehen: | 147

Der einfache Eigentumsvorbehalt schließt die Massebefangenheit aus und gewährt ein Aussonderungsrecht nach §47. Vorräte, die unter erweitertem Eigentumsvorbehalt stehen oder sicherungsübereignet sind, gehören hingegen zur Masse, sind aber absonderungsbehaftet (vgl. §51 Rdn. 14, 3). Strittig ist das Schicksal der Vorräte, nach Verbindung, Vermischung oder Verarbeitung gem. §§946 ff. BGB bei Geltung einer Weiterverarbeitungsklausel (hierzu §51 Rdn. 17 ff.). | 148

2. Forderungen

Forderungen des Insolvenzschuldners gehören zur Masse, es sei denn sie sind unpfändbar, §36 Abs. 1 (s. dort Rdn. 7 ff.). | 149

a) Lieferungen und Leistungen

Forderungen aus Lieferungen und Leistungen sind Teil der Masse. Zur Behandlung der Absonderungsrechte aufgrund Globalzession und verlängertem Eigentumsvorbehalt s. §51 Rdn. 24, 37, 32 ff. | 150

Die Massezugehörigkeit der **Honorarforderungen schweigepflichtiger Berufsgruppen** wie Rechtsanwälte, Steuerberater und Ärzte wird teilweise infrage gestellt wegen des im jeweiligen Standesrecht geregelten oder sich aus §134 BGB i.V.m. §203 StGB ergebenden Abtretungsverbots aus dem sich ein Pfändungsverbot nach §851 Abs. 1 ZPO ergeben könnte. Der BGH räumt jedoch in ständiger Rechtsprechung den Interessen der Gläubiger i.d.R. den Vorrang ggü. denen der Mandanten (ZInsO 2003, 1099 – Rechtsanwalt; ZInsO 1999, 280, 283 – Steuerberater) und Patienten ein (ZInsO 2009, 734 – Psychotherapeut; ZInsO 2005, 436 – Internist; ZInsO 2003, 413, 416 – Psychologin; so auch die herrschende Lehre, vgl. Uhlenbruck-Hirte §36 Rn. 24 ff.; Jaeger-Henckel §35 Rn. 14, §36 Rn. 36). | 151

Ob vor Insolvenzeröffnung erfolgte Abtretungen, Verpfändungen und Pfändungen auch nach Eröffnung erbrachte Leistungen erfassen, und damit Aus- oder Absonderungsrechte gewähren, bestimmt sich nach Streichung des §114 danach, ob §91 Abs. 1 eingreift. Bei Honoraransprüchen von Ärzten wird dies vom BGH bejaht, sodass es sich um freie Masse handelt (BGH, ZInsO 2010, 567; ZInsO 2006, 708). | 152

b) Darlehen

Ein **Darlehensrückzahlungsanspruch** des Insolvenzschuldners gehört zur Masse. Der Insolvenzverwalter ist gem. §108 Abs. 2 jedoch an die Laufzeitabrede gebunden und kann den Darlehensvertrag nicht vorzeitig kündigen (Gehrlein, ZInsO 2012, 101). | 153

Für einen **Darlehensauszahlungsanspruch** gilt Folgendes: Zwar kann eine offene Kreditlinie nach der Rechtsprechung des BGH pfändbar sein (BGHZ 147, 193 = NJW 2001, 1937; BGH ZIP 2001, 1248; zum geduldeten Überziehungskredit Vendolsky, ZIP 2005, 786, 787.; Scholl, DZWIR | 154

2005, 353), woraus ihre Zugehörigkeit zur Masse folgt. Gleichwohl hat dies keine praktische Bedeutung, da die Bank den Darlehensvertrag nach § 490 Abs. 1 BGB bzw. Nr. 19 AGB-Banken oder Nr. 26 AGB-Sparkassen bereits im Eröffnungsverfahren kündigen kann (Obermüller, InsR Bankpraxis, Rn. 5.354, 5.364, 5.370) bzw. ansonsten der Rückzahlungsanspruch der Bank Masseverbindlichkeit wäre (Spliedt, ZInsO 2002, 208, 210).

c) Ansprüche gegen Versicherungen

155 Ansprüche aus Versicherungsverträgen, einschließlich der Kündigungs-, Rückkaufs- und Widerrufsrechte, gehören grds. zur Masse des Berechtigten, also i. d. R. des Versicherungsnehmers. Dies gilt auch, wenn der Versicherungsfall erst nach Insolvenzeröffnung eintritt, sofern der Versicherer nicht wegen Prämienverzugs nach §§ 37, 38 VVG frei geworden ist (Uhlenbruck-Hirte § 35 Rn. 207). Besteht der Vertrag bei Eröffnung noch, unterfällt er dem Wahlrecht des Verwalters nach § 103. Zu beachten ist, dass bei Erfüllungsablehnung die Leistungspflicht der Versicherung nach herrschender Meinung sofort entfällt, auch wenn der Vertrag noch zeitweilig durch gezahlte Prämien gedeckt ist (Jaeger-Henckel § 35 Rn. 41; MK-Peters § 35 Rn. 413).

156 Erfasst sind zum einen die Ansprüche aus dem Bereich der **Schadensversicherung i. w. S.** (§§ 74 bis 149 VVG), z. B. gegen Feuer, Wasser, Hagel, Sturm, Einbruch, Zahlungsunfähigkeit, Transport, Haftpflicht etc. Die Versicherungsansprüche bzgl. unpfändbarer Sachen des Schuldners gehören aber nach § 17 VVG nicht zur Masse (MK-Peters § 36 Rn. 47). Besteht bei einer Sachversicherung eine Wiederherstellungsklausel, kann der Verwalter gem. § 93 VVG jedenfalls den Zeitwert verlangen, einen Mehrbetrag darüber hinaus aber nur bei zweckentsprechender Verwendung (Uhlenbruck-Hirte § 35 Rn. 223). Ein gesetzliches Absonderungsrecht zugunsten geschädigter Dritter besteht bei der Haftpflichtversicherung (§ 110 VVG). Handelt es sich um eine Pflichtversicherung, gibt § 115 Abs. 1 Nr. 2 VVG einen Direktanspruch gegen den Versicherer.

157 Zum anderen sind auch Ansprüche der **Personenversicherungen** (Leben, Unfall, Krankheit, Erwerbsunfähigkeit) grds. Teil der Masse. In der Unternehmensinsolvenz ist hier vor allem die Direktversicherung zur betrieblichen Altersversorgung der Arbeitnehmer von Bedeutung. Zur betrieblichen Altersvorsorge des Geschäftsführers in der GmbH-Insolvenz: Lüdtke, InsVZ 2010, 392. Zur betrieblichen Altersvorsorge bei Doppelinsolvenz von Arbeitgeber und versicherter Person: Büchler, ZVI 2013, 254. Zu den Personenversicherungen i. Ü. s. Rdn. 209 ff.

158 Bei der **Direktversicherung** ist der Arbeitgeber Versicherungsnehmer einer Kapital-Lebensversicherung, versicherte Person ist der Arbeitnehmer. Im Versicherungsfall kann der Arbeitnehmer bzw. können seine Erben gem. §§ 330 f. BGB, 159 VVG die Versicherungsleistung beanspruchen, sog. Bezugsrecht (§ 1b Abs. 2 BetrAVG). Die Versicherungsbeiträge werden entweder vom Arbeitgeber als zusätzliches Arbeitsentgelt oder vom Arbeitnehmer im Wege der Entgeltumwandlung erbracht (ausführl. Güther/Kohly, ZIP 2006, 1229; Stahlschmidt, NZI 2006, 375; Kayser, ZInsO 2004, 1321). Nach ständiger Rechtsprechung hängt die Massezugehörigkeit der Versicherungsleistungen allein von der Ausgestaltung des Versicherungsvertrages ab, entgegenstehende Verpflichtungen aus dem Arbeitsvertrag und dem BetrAVG binden den Insolvenzverwalter nicht und können allenfalls Schadensersatzansprüche des Arbeitnehmers – in der Arbeitgeberinsolvenz im Rang einer Insolvenzforderung – begründen (BGH, ZInsO 2002, 878; BAG, ZInsO 2013, 33):

159 Ist mit dem Versicherer ein **unwiderrufliches Bezugsrecht** des Arbeitnehmers vereinbart, kann der Bezugsberechtigte in der Arbeitgeberinsolvenz nach § 47 Aussonderung verlangen, die Versicherungsleistungen gehören nicht zur Masse (BAG, ZInsO 2011, 185 Tz. 22; BGH, NJW 2003, 2679). Die Gewährung des Bezugsrechts kann jedoch der Insolvenzanfechtung unterfallen (BAG, ZInsO 2004, 284; BGHZ 156, 350 = ZInsO 2003, 1096; Lind/Stegmann, ZInsO 2004, 413; Elfring, NJW 2004, 483; Armbrüster/Pilz, KTS 2004, 481, 495 ff.; s. a. Vorbem. §§ 129 ff. Rdn. 26).

160 Ein **widerrufliches Bezugsrecht** (§ 159 VVG) gewährt dem Berechtigten nur eine ungesicherte Hoffnung auf den Erwerb eines künftigen Anspruchs, ist mithin rechtlich ein Nullum (BGH, ZInsO 2010, 997). Ist der Versicherungsfall bei Insolvenzeröffnung noch nicht eingetreten, gehö-

ren die Versicherungsansprüche damit zur Masse. Der Insolvenzverwalter sollte das Widerrufsrecht ggü. dem Versicherer ausüben und hat dann mehrere Verwertungsoptionen: Er kann durch Kündigung des Versicherungsvertrages gem. § 168 VVG den Rückkaufswert (§ 169 VVG) vereinnahmen (Kayser, ZInsO 2004, 1321, 1322; Viegener, ZInsO 2006, 352, 354). Er kann auch nach § 103 die Erfüllung verlangen und den Vertrag prämienfrei stellen oder auf Kosten der Masse fortführen, um so einen höheren Wert zu realisieren, wenn der Versicherungsfall voraussichtlich während des Verfahrens eintritt (Janca, ZInsO 2003, 449, 450). Ferner kann er die Versicherung nach § 170 VVG an den Bezugsberechtigten veräußern oder darauf spezialisierte Unternehmen. Hatte der Arbeitnehmer bereits nach §§ 1b Abs. 1, 30f. BetrAVG eine unverfallbare Anwartschaft auf die betriebliche Altersversorgung erworben, greift die Insolvenzsicherung des Pensions-Sicherungs-Vereins a.G. (PSV), was der Verwalter dem PSV gem. § 11 Abs. 3 BetrAVG zu melden hat. Ist der Versicherungsfall hingegen bereits vor Insolvenzeröffnung eingetreten, gehören die Versicherungsleistungen nicht zur Masse; der Bezugsberechtigte hat nach §§ 328, 330, 331 Abs. 1 BGB unmittelbar das Recht erworben, die Leistungen vom Versicherer zu verlangen (BGH a.a.O.; Uhlenbruck-Hirte § 35 Rn. 218).

Ferner gibt es das **eingeschränkt unwiderrufliche Bezugsrecht**. Dies ist i.d.R. als grds. unwiderruflich ausgestaltet, wobei sich der Versicherungsnehmer im Versicherungsvertrag den Widerruf unter bestimmten Voraussetzungen vorbehält. Zumeist handelt es sich um den Fall, dass das Beschäftigungsverhältnis vor Eintritt der Unverfallbarkeit der Anwartschaft gem. §§ 1b Abs. 1, 30f BetrAVG endet (ausführl. Viegener, ZInsO 2006, 352). Nach Rechtsprechung des BGH dient eine solche Regelung bei Arbeitnehmern dazu, sie zur Betriebstreue anzuhalten und ist daher eng dahin auszulegen, dass der Vorbehalt nicht bei insolvenzbedingter Beendigung des Arbeitsverhältnisses gilt, wozu auch ein Betriebsübergang nach § 613a BGB zählt, also die Versicherungsleistungen dann nicht zur Masse gehören (BGH, ZInsO 2006, 710 – übertragende Sanierung; ZInsO 2005, 768 – Betriebseinstellung; ZIP 2005, 1836; dazu krit. Hiecke/Vorwerk, DZWIR 2005, 448). Das BAG wollte zunächst von dieser Rechtsprechung zulasten der Arbeitnehmer abweichen und hatte die Rechtsfrage dem Gemeinsamen Senat vorgelegt (ZInsO 2008, 515; dazu Löser, ZInsO 2008, 649), hat dann aber doch anders entschieden (ZInsO 2011, 185). Das BAG folgt nicht der Betriebstreueargumentation, sondern stellt allein auf die betriebsrentenrechtlichen Wertungen ab und kommt damit für den Fall der übertragenden Sanierung dennoch zum gleichen Ergebnis wie der BGH. Wie das BAG bei Betriebsstilllegung entscheiden würde, bleibt offen; vermutlich wird es von der BGH-Rechtsprechung abweichen (so auch Priebe, ZInsO 2010, 2307, 2312; Klasen, EWiR 2010, 767). Bei Gesellschafter-Geschäftsführern, die nicht unter § 17 Abs. 1 Satz 2 BetrAVG fallen, gelten keine insolvenzbedingten Einschränkungen für den Widerruf (OLG München, ZInsO 2009, 351 [LS] = ZIP 2008, 1738; vgl. auch OLG Hamm, ZInsO 2006, 881; Lüdtke, InsVZ 2010, 392, 400). 161

3. Sonstige Vermögensgegenstände

Steuererstattungen an die Gesellschafter einer insolventen Personenhandelsgesellschaft aufgrund Zahlung von Kapitalertragsteuer durch die Gesellschaft sind als unzulässige Entnahme an die Masse auszukehren (LG Freiburg, ZIP 1999, 2063 m. zust. Anm. Onusseit, EWiR 1999, 1169). 162

Von den **Vorkaufsrechten** fällt nach herrschender Meinung nur das subjektiv-dingliche i.S.d. § 1094 Abs. 2 BGB zusammen mit dem herrschenden Grundstück in die Masse, das schuldrechtliche und das subjektivpersönlich-dingliche Vorkaufsrecht (§§ 463 ff. und 1094 Abs. 1 BGB) sollen hingegen auch in der Insolvenz juristischer Personen gem. § 36 Abs. 1 nicht massezugehörig sein, da sie nicht pfändbar (§ 473 BGB i.V.m. § 851 Abs. 1 ZPO; §§ 1098 Abs. 3, 1059b BGB) sind (Jaeger-Henckel § 36 Rn. 41; MK-Peters § 35 Rn. 439; HK-Keller § 36 Rn. 48; Uhlenbruck-Hirte § 35 Rn. 185). Hierbei ist aber zu bedenken, dass die Unpfändbarkeit nicht dem Schutz des Schuldners dient, sondern dem Verpflichteten. Dieser ist jedoch insoweit nicht schutzwürdig, als der Insolvenzverwalter die Vorkaufsrechte für den Schuldner bzw. die Masse ausübt, auch wenn er den Kaufgegenstand dann veräußert, da der Verpflichtete dies auch außerhalb des Insolvenzverfahrens nicht 163 verhindern kann. Eine Veräußerung der Vorkaufsrechte selbst ist dem Verwalter selbstverständlich verwehrt, solange nicht die §§ 1094 Abs. 1, 1098 Abs. 3, 1059a BGB greifen.

164 **Unterlassungsansprüche** des Schuldners (z.B. aus §1004 BGB, Wettbewerbsverbote) gehören dann zur Masse, wenn sie dem Schutz eines Massegegenstandes dienen (Jaeger-Henckel §35 Rn. 65; Uhlenbruck-Hirte §35 Rn. 196).

165 **Schuldbefreiungsansprüche** (§257 BGB) wandeln sich bei Insolvenz des Befreiungsgläubigers in einen zur Masse gehörenden Zahlungsanspruch, dem Hauptgläubiger steht nur eine Insolvenzforderung zu (st. Rspr. BGH, NJW 1994, 49; Häsemeyer, InsR, Rn. 9.13). Keine Forderung der Masse besteht ausnahmsweise, wenn der Befreiungsschuldner zugleich auch dem Hauptgläubiger haftet, da er durch die Insolvenz nicht schlechter gestellt werden soll (OLG Hamburg, ZIP 1994, 477; Ehricke, KTS 2008, 257). Ferner ist auf §110 VVG hinzuweisen, wonach dem Geschädigten ein Absonderungsrecht an dem Haftpflichtversicherungsanspruch des insolventen Schädigers zusteht.

166 Bei der **Patronatserklärung** einer Muttergesellschaft (Patronin) kommt es in der Insolvenz der Tochtergesellschaft zunächst darauf an, ob es sich um eine sog. harte Erklärung handelt, die einen unmittelbar durchsetzbaren Anspruch gegen die Patronin gewähren soll, oder um eine sog. weiche, die eine rechtlich unverbindliche Absichtserklärung darstellt (zur Auslegung Maier-Reimer/Etzbach, NJW 2011, 1110). Weiterhin ist zu unterscheiden, ob die harte Patronatserklärung nach außen ggü. den Gläubigern oder konzernintern ggü. der Schuldnerin abgegeben wurde. Im ersten Fall können nur die Gläubiger die Ansprüche gegen die Patronin verfolgen, §92 findet keine Anwendung (BGH, ZInsO 2011, 1115 Tz. 20). Im zweiten Fall, der sog. Verlustdeckungszusage oder -übernahmeerklärung, steht der Anspruch der Masse zu, er geht nicht mit Insolvenzeröffnung unter (BGH a.a.O. Tz. 19). Zwar kann die Kündigung einer solchen Patronatserklärung auch in der Krise möglich sein, jedoch nur mit Wirkung für die Zukunft (BGH, ZInsO 2010, 2137; Anm. Tetzlaff, ZInsO 2011, 226). Zur Anfechtung der Aufhebung einer Patronatserklärung Paul, ZInsO 2004, 1327.

4. Liquide Mittel

167 **Bargeld** gehört zur Masse, bei natürlichen Personen gilt §811 Abs. 1 Nr. 5 ZPO (Wechselgeld, s. Zöller-Stöber §811 Rn. 44) und §811 Abs. 1 Nr. 8 ZPO.

168 Bei **Bankkonten** des Insolvenzschuldners erlöschen Kontokorrentverhältnisse nach §§116, 115 mit Insolvenzeröffnung (s. §116 Rdn. 8). Es ist ein außerordentlicher Saldenabschluss vorzunehmen. Später kann die Bank Fehlbuchungen nicht mehr stornieren (Obermüller, InsR Bankpraxis, Rn. 2.105 f.). Auch Fehlüberweisungen, die vor Eröffnung auf das Konto des Schuldners gelangt sind, gehören zur Masse (OLG Hamm, ZInsO 2011, 2043; OLG Jena, ZIP 1999, 2026ff.), danach gilt §55 Abs. 1 Nr. 3. Zu Fehlüberweisungen auf das Konto des (vorläufigen) Insolvenzverwalters s. §55 Rdn. 19. Ferner sind nach entsprechendem Lastschriftwiderruf des (vorläufigen) Insolvenzverwalters dem Konto die Belastungen wieder gutzuschreiben, die aufgrund von Einziehungsermächtigungen erfolgt sind, die noch nicht als genehmigt galten (zu Einzelheiten s. §22 Rdn. 157 ff.; zu Privatkonten natürlicher Personen s. Rdn. 224).

169 Ist der Schuldner Mitinhaber eines Gemeinschaftskontos in Form eines »Und-« oder »Oder-Kontos« gehört das Kontoguthaben nicht zur Masse, die Auseinandersetzung ist nach §84 vorzunehmen (Obermüller, InsR Bankpraxis, Rn. 2.124; s. §84 Rdn. 16).

IV. Sonderaktiva

170 Als Sonderaktiva werden hier Ansprüche bezeichnet, die sich auf **Haftung** oder **Rückgewähr** richten und entweder erst mit Insolvenzeröffnung entstehen oder typischerweise nicht im werbenden Geschäftsgang eines Unternehmens aufgedeckt und verfolgt werden, sondern erst vom Insolvenzverwalter zur Anreicherung der Masse.

Neben der Insolvenzanfechtung handelt es sich in der Insolvenz von Verbänden vor allem um die Haftung der Gesellschafter und der Organe.

1. Insolvenzanfechtung

Zur Masse gehört der mit Insolvenzeröffnung entstehende Rückgewähranspruch (§ 143) bzgl. der Gegenstände, die in anfechtbarer Weise dem Vermögen des Schuldners entzogen wurden. Der Insolvenzanfechtung unterfallen insb. die Gläubigergesamtheit benachteiligende Maßnahmen des Schuldners und der Gläubiger im Vorfeld der Insolvenz. Zu den einzelnen Tatbeständen s. die Kommentierung der §§ 129 bis 147. Die Anfechtung wird ergänzt durch die Rückschlagsperre des § 88.

2. Gesellschafterhaftung

a) Kapitalgesellschaften

Die gesetzlichen Pflichten der Gesellschafter von Kapitalgesellschaften beschränken sich darauf, ihre versprochene Einlage ordnungsgemäß zu erbringen (s. Rdn. 78) und der Gesellschaft zu belassen (Rdn. 181). Bei Erfüllung dieser Pflichten haften sie grds. nicht für die Schulden der Gesellschaft (§ 13 Abs. 2 GmbHG, § 1 Abs. 1 Satz 2 AktG), sofern nicht bereits vor der Registereintragung Verbindlichkeiten begründet werden (dazu Rdn. 174). Zu einer weiteren Finanzierung der Gesellschaft sind sie nicht verpflichtet, haben sie sich aber anstelle der Bereitstellung von weiterem Eigenkapital für eine Fremdkapitalfinanzierung entschieden, drohen Haftungs- und Erstattungsansprüche (vgl. Rdn. 184). Darüber hinaus hat die Rechtsprechung Lücken des normierten Gläubigerschutzsystems geschlossen über die Haftungstatbestände des existenzvernichtenden Eingriffs und der Vermögensvermischung (Rdn. 186).

aa) Kapitalaufbringung

Die Haftungsbeschränkung zugunsten der Gesellschafter beginnt grds. erst mit dem wirksamen Entstehen der Kapitalgesellschaft, also mit ihrer Eintragung im Handelsregister (§§ 11 Abs. 1 GmbHG, 41 Abs. 1 Satz 1 AktG). Im Gründungsstadium kann daher eine Haftung der Gesellschafter für Gesellschaftsverbindlichkeiten entstehen, die in der Insolvenz vom Insolvenzverwalter zugunsten der Masse durchzusetzen ist. Ausführlich hierzu im Anh. zu § 35, Abschnitt A Gründerhaftung.

Bei der **GmbH** stellt sich dies im chronologischen Kurzüberblick wie folgt dar:

In dem Zeitraum zwischen dem Entschluss, eine GmbH zu gründen, und dem notariellen Abschluss des Gesellschaftsvertrages besteht eine sog. **Vorgründungsgesellschaft** als GbR bzw. OHG (BGH, NJW 1984, 2164; zur Gesellschafterhaftung s. Rdn. 187). Diese Personengesellschaft hat keine Identität mit der späteren Vor-GmbH und GmbH, jedoch können Rechte und Verbindlichkeiten durch konkludentes Rechtsgeschäft, z. B. durch die Art der Verbuchung, in die spätere Gesellschaft eingebracht werden (BGH a. a. O.; Lutter/Hommelhoff-Bayer, GmbHG, § 11 Rn. 2).

Ab dem Abschluss des Gesellschaftsvertrages bis zur Eintragung der GmbH im Handelsregister besteht dann die sog. **Vor-GmbH** oder Vorgesellschaft. Die Gesellschafter trifft eine unbeschränkte Verlustdeckungshaftung ggü. der Gesellschaft (Innenhaftung) entsprechend ihrer Beteiligung (pro rata), d. h. keine Gesamtschuldnerschaft (BGH, NJW 1997, 1507). Diese Haftung hat in der Insolvenz der Vor-GmbH gem. § 80 der Verwalter geltend zu machen. Wenn die Inanspruchnahme der Vor-GmbH für Gläubiger offensichtlich aussichtslos oder unzumutbar ist, kommt es ausnahmsweise auch zur Außenhaftung, so bei der Einmann-Vor-GmbH, bei nur einem Gläubiger oder bei Vermögenslosigkeit der Gesellschaft (BGH a. a. O.; Lutter/Hommelhoff-Bayer, GmbHG, § 11 Rn. 18 f.). Die Geltendmachung steht entsprechend § 93 allein dem Verwalter zu. Wenn der Eintragungswille der Gesellschafter schon ursprünglich nicht bestand oder später aufgegeben wurde, sie aber dennoch eine werbende Gesellschaft betrieben haben, haften sie im Außenverhältnis unbeschränkt und gesamtschuldnerisch, sog. unechte Vor-GmbH (BGH, NJW 2003, 429).

178 Mit Eintragung der GmbH endet die Vor-GmbH und die Verlustdeckungshaftung der Gesellschafter, alle Rechte und Pflichten der Vor-GmbH gehen auf die GmbH über (BGH, NJW 1981, 1373). Die eintretende Haftungsbegrenzung für Gesellschaftsverbindlichkeiten auf das Gesellschaftsvermögen (§ 13 Abs. 2 GmbHG) ist aber nur dann gerechtfertigt, wenn das satzungsmäßige Haftkapital der Gesellschaft unversehrt vorhanden war. Für Sacheinlagen gelten spezielle gesetzliche Bestimmungen (s. o. Rdn. 80). Für Bargründungen hat der BGH zur Sicherstellung dieses Unversehrtheitsgrundsatzes zunächst ein sog. Vorbelastungsverbot angewendet, welches dann durch die sog. **Unterbilanz- oder Vorbelastungshaftung** abgelöst wurde (BGH a. a. O.). Danach haften die Gesellschafter der Gesellschaft ggü. für etwaige Wertdifferenzen zwischen dem nominalen Stammkapital und dem noch vorhandenen Kapital; die Stammeinlagen müssen also nicht mehr gegenständlich, sondern nur wertmäßig noch vorhanden sein, was eine Geschäftsaufnahme bereits vor Eintragung ermöglicht. Maßgeblicher Bewertungszeitpunkt ist nach der Rechtsprechung die Eintragung (BGH a. a. O.; NJW 1989, 710), die Literatur fordert überwiegend, auf die Anmeldung abzustellen (Sernetz/Haas, Kapitalaufbringung, Rn. 110 ff. m. w. N.). Der Bewertungsmaßstab deckt sich weitgehend mit dem des Überschuldungsstatus nach § 19 (s. dort Rdn. 19, 37) (BGH, ZInsO 2006, 374; NJW 1999, 283). Der Anspruch erlischt nicht durch spätere nachhaltige Vermögensbildung, es gilt das Aufrechnungsverbot des § 19 Abs. 2 GmbHG (BGH, ZInsO 2006, 374). Bei Kapitalerhöhungen kommt es nur auf die wirksame Erbringung der Einlagen an (s. o. Rdn. 81), eine Unterbilanzhaftung besteht nicht (BGH, NJW 1992, 3300, 3302 m. w. N.). Zur Darlegungs- und Beweislastverteilung s. BGH, ZInsO 2003, 323 f. Es besteht eine Ausfallhaftung der Mitgesellschafter nach § 24 GmbHG (Lutter/Hommelhoff-Bayer, GmbHG, § 11 Rn. 38). Für die Verjährung wird auf § 9 Abs. 2 GmbHG abgestellt (BGH, NJW 1989, 710).

179 Entsprechendes gilt bei der erstmaligen Ausstattung einer **Vorrats-GmbH** mit einem Unternehmen und bei der Reaktivierung einer gebrauchten **Mantelgesellschaft** (BGH, ZInsO 2010, 585; NJW 2003, 892): Im Gläubigerinteresse sind die Kapitalaufbringungsregeln erneut anzuwenden. Die Geschäftsaufnahme ist mit der Versicherung des § 8 Abs. 2 GmbHG beim Registergericht anzumelden. Im Fall einer späteren Insolvenzeröffnung kommt zugunsten der Masse die Unterbilanzhaftung zur Anwendung bezogen auf diesen Stichtag der Offenlegung ggü. dem Handelsregister (ausführl. Wicke, NZG 2005, 409; Böing/Schmittmann, InsbürO 2005, 333). Fehlt es an der Offenlegung, ist maßgeblicher Stichtag die Geschäftsaufnahme, sofern die Gesellschafter mit ihr einverstanden waren (BGH, NJW 2012, 1875). Fehlt es an der Zustimmung der Gesellschafter zur Geschäftsaufnahme, besteht die Handelndenhaftung (s. Rdn. 198; BGH, ZInsO 2011, 1755).

180 Bei der **Aktiengesellschaft** entsprechen die Haftungsgrundsätze der entstehenden juristischen Person sowie der Kapitalaufbringung im Wesentlichen denen der GmbH (BAG, ZIP 2005, 350 ff.; K. Schmidt, GesR, § 27 II 3).

bb) Kapitalerhaltung

181 Ist der Kapitalaufbringungsvorgang ordnungsgemäß abgeschlossen, greifen die Vorschriften über die Kapitalerhaltung nach §§ 30 GmbHG, 57 bis 60 AktG (BGH, ZInsO 2002, 229), bei deren Verletzung die Gesellschafter eine Rückgewährpflicht trifft (§§ 31 GmbHG, 62 AktG).

182 Zentrale Norm für die GmbH-Praxis ist **§ 30 Abs. 1 GmbHG**. Er verbietet Leistungen aller Art, aus dem durch das Stammkapital gebundenen Vermögen an die Gesellschafter, denen keine gleichwertige Gegenleistung gegenübersteht. Die Bestimmung wurde allerdings durch das MoMiG um drei Ausnahmen ergänzt. Ausführlich dazu im Anh. zu § 35, Abschnitt E: Kapitalerhaltung.

183 Anders als bei der GmbH erfasst die Kapitalbindung bei der **AG** das gesamte Gesellschaftsvermögen auch jenseits des Grundkapitals mit Ausnahme des im Jahresabschluss festgestellten Gewinns. Ausschüttungen an die Aktionäre dürfen grds. nur aus diesem Kapitalanteil erfolgen (Hüffer § 62 AktG Rn. 7), wobei auch hier durch das MoMiG gesetzliche Aufweichungen erfolgt sind. Zur Rückforderung bei falschen Jahresabschlüssen s. Bange, ZInsO 2006, 519.

(BGH, NJW 1995, 1960; K. Schmidt, GesR, § 56 V 1 b). In Altfällen findet über §§ 129a, 172a HGB a. F. noch das Eigenkapitalersatzrecht entsprechende Anwendung (s. dazu § 135, dort zum Übergangsrecht Rdn. 87 ff.). Ansonsten gelten für sie die durch das MoMiG neu gefassten Haftungsnormen der § 39 Abs. 1 Nr. 5, Abs. 4 und 5, §§ 44a, 135, 143 Abs. 3 (vgl. § 39 Rdn. 21 f.).

3. Haftung der Organe

191 Bei Ersatzansprüchen ggü. den Organen der Insolvenzschuldnerin ist zu differenzieren zwischen der **Innenhaftung**, deren Ansprüche kraft subjektiven Rechts der Schuldnerin zustehen und damit zur Masse gehören, und den Ansprüchen der Gläubiger (**Außenhaftung**), die nur unter den Voraussetzungen des § 92 oder kraft spezialgesetzlicher Anordnung der Masse zugewiesen sind.

a) Insolvenzverschleppung

192 Besteht bei einer insolvenzfähigen Vermögensmasse (§ 11) keine unbeschränkte gesetzliche Haftung einer natürlichen Person, ist bei Zahlungsunfähigkeit (§ 17) oder Überschuldung (§ 19) Insolvenzantrag zu stellen. Für entsprechende Gesellschaften einschließlich der Genossenschaft und für Auslandsgesellschaften, die dem deutschen Insolvenzrecht unterliegen (Art. 3 EuInsVO), ist dies nun in § 15a geregelt. Verpflichtete sind grds. die organschaftlichen Vertreter bzw. Abwickler. Gibt es diese nicht, trifft es die GmbH-Gesellschafter und Aufsichtsratsmitglieder der AG und Genossenschaft. Spezialgesetzliche Regelungen gelten nach wie vor für Vereine (§§ 31a, 42 Abs. 2, 48 Abs. 2 BGB), Stiftungen (§ 86 BGB), insolvenzfähige Körperschaften öffentlichen Rechts (§ 89 Abs. 2 BGB), den Erben und Nachlassverwalter (§§ 1980, 1985 Abs. 2 BGB) und den überlebenden Ehegatten bei fortgesetzter Gütergemeinschaft (§ 1489 Abs. 2 BGB). Kommen die Pflichtigen ihrer Antragspflicht nicht rechtzeitig nach, machen sie sich ggü. den Gläubigern nach § 823 Abs. 2 BGB schadensersatzpflichtig.

193 Für die Massemehrung hat diese Insolvenzverschleppungshaftung aber nur geringe Bedeutung. Denn nach der Rechtsprechung des BGH (zuletzt für die GmbH: ZInsO 2005, 1043) ist dem Insolvenzverwalter über § 92 lediglich die Durchsetzung des Quotenschadens der Altgläubiger zugewiesen, deren Forderung vor Insolvenzreife begründet worden ist. Dieser Schaden, i. H. d. Differenz zwischen tatsächlicher und bei rechtzeitiger Antragstellung erzielbarer Insolvenzquote (s. § 92 Rdn. 21 ff.), ist in der Praxis nur in seltensten Fällen darlegbar und beweisbar, da die fiktive Masse nebst den zu berücksichtigenden Insolvenzforderungen sowie Aus- und Absonderungsrechten (BGH, NJW 1998, 2667, 2670) für die Vergangenheit rekonstruiert werden muss, wofür es meist an hinreichender Dokumentation fehlt. Zu Einzelheiten im Zusammenhang mit der Insolvenzverschleppungshaftung des GmbH-Geschäftsführers s. Anh. zu § 35, Abschnitt H: Geschäftsführerhaftung Rdn. 38 ff.

b) Masseschmälerung

194 Bei Verbänden mit beschränkter Gesellschafterhaftung soll ab Einsetzen der Insolvenzantragspflicht das Vermögen den Gläubigern in diesem Zustand erhalten bleiben. Veranlassen die Organe danach noch Masseschmälerungen, haben sie diese der Gesellschaft zu ersetzen, sofern diese nicht ausnahmsweise zur Abwendung größerer Nachteile für die Masse geboten waren und innerhalb einer dreiwöchigen Frist für realistische Sanierungsbemühungen erfolgten. Dies ergibt sich aus § 64 GmbHG, §§ 92 Abs. 2, 93 Abs. 3 Nr. 6 AktG, §§ 130a, 177a HGB (GmbH & Co. KG), § 99 GenG. Das MoMiG hat bei der GmbH und der AG diese Erstattungspflicht auf Zahlungen an Gesellschafter, die zur Zahlungsunfähigkeit der Gesellschaft führen mussten, erweitert. Exemplarisch für den praxisrelevantesten Fall der **GmbH** s. die ausführliche Darstellung im Anh. zu § 35, Abschnitt H: Geschäftsführerhaftung Rdn. 1 ff. Zu **Aufsichtsräten** bei GmbH und AG s. Altmeppen, ZIP 2010, 1973. Für **Vereinsvorstände** besteht keine Masseschmälerungshaftung (BGH, ZInsO 2010, 915; ZInsO 2010, 1003). Für **Stiftungsvorstände** liegt noch keine BGH-Rechtsprechung vor (dafür: Roth/Knof, KTS 2009, 163, 178 ff.; Passarge, NZG 2008, 605; dagegen: Müller, ZIP 2010, 153; Burghard, ZIP 2010, 358).

cc) Kreditfinanzierung aus Gesellschafterhand

Zur Masse gehören ferner die Ansprüche nach dem alten **Eigenkapitalersatzrecht**. Das Kapitalersatzrecht sollte zum Schutz der außenstehenden Gesellschaftsgläubiger die Umgehung der strengen Vorschriften über die Kapitalaufbringung und -erhaltung dadurch verhindern, dass es eine den Gesellschaftern zurechenbare Fremdkapitalfinanzierung haftendem Eigenkapital gleichstellt, wenn die Gesellschaft in die Krise geraten ist und die Gesellschafter weder Eigenkapital bereitstellen, noch die Gesellschaft ordentlich oder durch Einleitung eines Insolvenzverfahrens liquidieren. Zu den einzelnen Tatbeständen s. die Darstellung bei § 135 Rdn. 94 ff. Dieses Rechtsinstitut, basierend auf der analogen Anwendung der §§ 30, 31 GmbHG a. F. und den §§ 32a, b GmbHG a. F., §§ 129a, 172a HGB a. F. wurde durch das MoMiG (s. § 1 Rdn. 11 ff.) zum 01.11.2008 abgeschafft. Für gewisse Altfälle gelten die Regeln jedoch noch fort (hierzu § 135 Rdn. 87 ff.). 184

Mit dem MoMiG wurden die Haftungsbestimmungen zur Kreditfinanzierung aus Gesellschafterhand nun vom Tatbestand der »Krise der Gesellschaft« losgelöst und in **§ 39 Abs. 1 Nr. 5, Abs. 4 und 5, §§ 44a, 135, 143 Abs. 3** rein insolvenzrechtlich geregelt. Die Gesellschafter trifft eine Erstattungspflicht ggü. der Masse, wenn sie im letzten Jahr vor Insolvenzantrag oder danach eine Kredittilgung erhalten haben oder aus einer Sicherheitenbestellung für den Kredit eines Dritten frei geworden sind (hierzu § 135 Rdn. 10 ff.). 185

dd) Sonstige Haftungstatbestände

Die Verwendung einer Kapitalgesellschaft erlaubt es den Gesellschaftern unter dem Schutz einer Haftungsbeschränkung zu wirtschaften. Dieser volkswirtschaftlich nützliche Schutz muss sich gerade auch in der Gesellschaftsinsolvenz bewähren. Andererseits erfordert eine solche Trennung von wirtschaftlicher Berechtigung und Haftung auch ein ausgewogenes Gläubigerschutzsystem. Erweiterungen zu den gesetzliche ausdrücklich normierten Haftungstatbeständen werden von der Rechtsprechung nur unter sehr engen Voraussetzungen vorgenommen. Anerkannt sind die Rechtsfiguren des **existenzvernichtenden Eingriffs**, die nunmehr als Fallgruppe des § 826 BGB angesehen wird (vgl. dazu Anh. zu § 35, Abschnitt F: Existenzvernichtungshaftung), und die Durchgriffshaftung aufgrund von **Vermögensvermischung** (dazu ausführl. Anh. zu § 35, Abschnitt G: Vermögensvermischungshaftung). 186

b) Personengesellschaften

Die **Gesellschafter der GbR und der OHG** haften für die Verbindlichkeiten der Gesellschaft den Gläubigern nach §§ 128 bis 130 HGB akzessorisch, unbeschränkt und wie Gesamtschuldner (für die GbR s. Palandt-Sprau § 714 BGB Rn. 11 ff.). Gleiches gilt nach § 161 Abs. 2 HGB für den **Komplementär** sowie nach § 8 Abs. 1 PartGG für die **Partner der Partnerschaftsgesellschaft**, wobei für Verstöße gegen Berufspflichten nur die Bearbeiter haften (§ 8 Abs. 2 PartGG). **Kommanditisten** haften nach ihrer Eintragung im Handelsregister grds. nur beschränkt bis zu ihrer Haftsumme (§ 172 Abs. 1 HGB), soweit sie ihre Einlage nicht geleistet oder zurückerhalten (§ 172 Abs. 4 HGB) haben (s. a. Rdn. 92); vor der Eintragung gilt § 176 HGB. 187

Neu eingetretene OHG-Gesellschafter haften gem. § 130 HGB auch für **Altschulden**. Ggü. den Ausgeschiedenen besteht nach § 160 HGB eine 5-jährige Weiterhaftung für bis dahin begründete Ansprüche. Dies gilt auch bei der GbR (§ 736 Abs. 2 BGB), für den Komplementär (§ 161 Abs. 2), die Haftung des Kommanditisten (§ 173 HGB) und für Partner (§ 8 Abs. 1 PartGG). 188

Anstelle den Gläubigern ist die Geltendmachung dieser Ansprüche gem. § 93 bzw. § 171 Abs. 2 HGB allein dem Insolvenzverwalter zugewiesen. Zu prozessualen Fragen und zur Verteilung s. die Kommentierung von § 93. 189

Ferner gelten bei der »kapitalistischen« Personengesellschaft, bei der juristische Personen die Rolle der persönlich haftenden Gesellschafter übernehmen (insb. **GmbH & Co. KG**), die Vorschriften über die Kapitalerhaltung in der Kapitalgesellschaft, z. B. §§ 30, 31 GmbHG; hierzu Rdn. 181 190

c) Allgemeine Organhaftung

Neben der insolvenzspezifischen Haftung stehen der Masse auch die Ansprüche des insolventen Verbands ggü. seinen Organen aus Haftungstatbeständen zu, die auch im werbenden Geschäftsbetrieb gelten. **195**

Bei **Personengesellschaften** hat die Organhaftung (§§ 713, 708 BGB, 105 Abs. 3, 161 Abs. 2 HGB) in der Insolvenz kaum praktische Bedeutung, da Geschäftsführungs- und Vertretungsorgane ohnehin nur persönlich haftende Gesellschafter sein können. Zum Sonderfall der GmbH & Co. KG s. Bärwaldt/Jedlitschka, GmbHR 2005, 509. **196**

Von den Körperschaften ist die **GmbH** am insolvenzanfälligsten. Die Haftung ihrer Geschäftsführer stellt sich neben der Insolvenzverschleppungs- und Masseschmälerungshaftung (s. Rdn. 192, 194) wie folgt dar: **197**

Im Gründungsstadium haftet der Geschäftsführer bei der Vorgründungsgesellschaft (s. Rdn. 176) nur nach § 179 BGB, bei der Vor-GmbH (s. Rdn. 177) trifft ihn die Handelndenhaftung nach § 11 Abs. 2 GmbHG. Beides sind Außenhaftungen, die der Masse auch nicht über § 92 oder § 93 zustehen (Gottwald-Haas/Hossfeld, InsRHdb, § 92 Rn. 566). Für falsche Angaben bei der Gründung besteht eine Innenhaftung nach § 9a Abs. 1 GmbHG, die gem. § 80 vom Insolvenzverwalter durchzusetzen ist (Häsemeyer, InsR, Rn. 30.67). **198**

Zentrale Haftungsnorm ggü. der Masse ist daneben § 43 **Abs. 2** GmbHG. S. hierzu die Kommentierung in Anh. zu § 35, Abschnitt H: Geschäftsführerhaftung Rdn. 60 ff. **199**

Die allgemeine Organhaftung bei der **AG** ergibt sich aus §§ 93, 116 AktG, beim **Verein** aus §§ 27 Abs. 3, 31a, 40 BGB, ebenso bei der **Stiftung** (§ 86 Satz 1 BGB); und bei der **Genossenschaft** aus §§ 34, 41, 99 GenG. **200**

D. Besonderheiten in der Insolvenz natürlicher Personen

Auch im Insolvenzverfahren natürlicher Personen können, selbst wenn sie nicht unternehmerisch tätig sind oder waren, die vorgenannten Vermögensgegenstände zur Masse gehören. Das gilt vor allem für **immaterielle Vermögensgegenstände** (Rdn. 94), Immobilien und grundstücksgleiche Rechte (Rdn. 122), **bewegliche Sachen** (Rdn. 131), **Beteiligungen** (Rdn. 137), **Forderungen** (Rdn. 149) und die Insolvenzanfechtung. Zusätzlich gelten folgende Besonderheiten, die in der Insolvenz von Verbänden keine Rolle spielen: **201**

I. Vermögen

1. Grundvermögen und bewegliche Sachen

Die dem Schuldner gehörende **Immobilie** ist Teil der Masse (vgl. Rdn. 122). Wird sie von ihm **selbst bewohnt**, hat er gem. § 812 Abs. 1 Satz 1 BGB eine Nutzungsentschädigung aus seinem unpfändbaren Einkommen an die Masse zu zahlen (vgl. BGH, NJW 1985, 1082; OLG Nürnberg, ZInsO 2005, 892), seine Angehörigen aber nur dann, wenn dies besonders vereinbart ist oder sie ihm zur Zahlung von Unterhalt verpflichtet sind (OLG Nürnberg, a. a. O.). Der Anspruch unterliegt nicht der Absonderung an Grundpfandrechtsinhaber und kann von ihnen aufgrund § 149 Abs. 1 ZVG auch nicht durch eine Zwangsverwaltung vereinnahmt werden (Wipperfürth, InsbürO 2013, 88). **201a**

Hausrat gehört nur zur Masse, wenn der Schutz des § 36 Abs. 1 i. V. m. § 811 Abs. 1 Nr. 1 ZPO und § 36 Abs. 3 ausnahmsweise nicht greifen (s. dazu § 36 Rdn. 48 ff.). Zugunsten der Masse gilt die Vermutung des § 1362 BGB, wobei der Ehegatte des Schuldners nur seinen Eigentumserwerb und nicht dessen Fortbestand beweisen muss (Pape/Uhländer-Roth § 36 Rn. 33). **202**

Für **Kfz** von Arbeitnehmern gilt auch § 811 Abs. 1 Nr. 5 ZPO, d. h. ein Fahrzeug ist nur dann Teil der Masse, wenn es für die Erwerbstätigkeit des Schuldners nicht erforderlich ist (hierzu Winter, **203**

ZVI 2005, 569, 576 ff.); u. U. ist auch auf die Erwerbstätigkeit des Ehegatten abzustellen (BGH, MDR 2010, 405). Bei einem gehbehindertem Schuldner kann § 811 Abs. 1 Nr. 12 ZPO greifen (BGH, ZInsO 2011, 1420).

204 Privat gehaltene **Tiere** sind grds. nach § 811 Abs. 1 Nr. 3 und § 811c ZPO i. V. m. § 36 Abs. 1 massefrei.

205 **Briefe** mit privatem Charakter sowie andere **private Aufzeichnungen** unterliegen unabhängig von einem kommerziellen Wert dem verfassungsrechtlichen Schutz der Geheimsphäre und sind damit kein insolvenzbefangenes Vermögen, vgl. Rdn. 34 (MK-Peters § 35 Rn. 154). Geschäftliche Korrespondenz hingegen wird durch § 36 Abs. 2 Nr. 1 der Masse zugewiesen.

206 Zur Möglichkeit der Austauschpfändung s. § 36 Rdn. 21.

2. Altersversorgung und Versicherungsansprüche

207 Für die Ansprüche aus einer **Schadensversicherung** gilt Rdn. 156.

208 Höchstrichterlich noch immer ungeklärt ist, ob eine **Restschuldversicherung** für einen Verbraucherkredit i. S. v. § 491 BGB des Insolvenzschuldners zur Massemehrung beitragen kann. Restschuldversicherungen sind Risiko-Lebensversicherungen, die die Rückzahlungspflicht des Darlehens- und Versicherungsnehmers ggü. dem Kreditinstitut absichern sollen für Versicherungsfälle wie Tod, Arbeitslosigkeit und -unfähigkeit. Dabei treten die Verbraucherkreditbanken rgm. als Vermittler des Versicherungsvertrags auf, wobei sie den Versicherungsbeitrag in Form einer Einmalprämie mit dem Darlehen kreditieren und direkt an den Versicherer auszahlen. Aufgrund solcher Ausgestaltungen handelt es sich bei den beiden Verträgen häufig um verbundene Geschäfte i. S. v. § 358 Abs. 3 Satz 1 BGB (vgl. BGH, NJW 2010, 531; ZInsO 2011, 578), was angesichts unzureichender Widerrufsbelehrung im Darlehensvertrag (vgl. § 358 Abs. 5 BGB, § 6 Abs. 3 Nr. 5 PreisangabenVO) zur Folge hat, dass der Lauf der Widerrufsfrist gem. § 355 Abs. 3 Satz 3 BGB nicht begonnen hat und der Widerruf nach § 495 BGB noch vom Insolvenzverwalter oder Treuhänder erklärt werden kann. Damit haben sich alle drei Parteien gem. §§ 357 Abs. 1 Satz 1, 346 BGB die empfangenen Leistungen aus beiden Verträgen (§ 358 Abs. 4 Satz 1 BGB) zurückzugewähren mit der Besonderheit, dass gem. § 358 Abs. 4 Satz 3 BGB die Bank ggü. dem Verbraucher auch für die Rückabwicklung des Versicherungsvertrags zuständig ist. Deswegen wird in der Literatur überwiegend angenommen, dass die Bank den vollen Versicherungsbeitrag an die Masse zu zahlen hat (Weiß, ZInsO 2011, 903; Kleinschmidt/Burchard, ZInsO 2011, 513; Goraj, ZInsO 2011, 497; Gessner, NZI 2011, 385; Sänger/Wigand, ZInsO 2009, 2043; Hackländer, ZInsO 2009, 497; Ismar/Janca, InsbürO 2009, 180; Dawe, NZI 2008, 513). Allerdings soll das auch zur Folge haben, dass der Rückgewähranspruch der Bank hinsichtl. der Darlehensvaluta zur Masseverbindlichkeit wird (Dawe a. a. O. S. 517 f.; a. A. Goraj a. a. O. S. 499 ff.), womit ein solches Vorgehen noch nicht einmal im sog. Nullmasseverfahren statthaft sein dürfte. Richtigerweise soll der Verbraucher aber durch den Widerruf allenfalls so gestellt werden, wie er stünde, wenn er die verbundenen Geschäfte nicht eingegangen wäre (BGHZ 172, 147 = NJW 2007, 2401). In diesem Fall wäre der Versicherungsbeitrag jedoch nie im Vermögen des Verbrauchers gewesen, sondern im Vermögen der Bank geblieben, weshalb ein solcher Rückgewähranspruch auch nicht durch den Widerruf entstehen kann (so zuerst AG Schöneberg, Urt. v. 12.11.2008 – 104a C 227/08; OLG Celle, ZInsO 2011, 490; ebenso Bales, ZInsO 2010, 1787 unter zutreffendem Hinweis auf BGH, NJW 2009, 1114). Dennoch kann ein Widerruf angebracht sein, da dann nach § 358 Abs. 4 Satz 2 BGB die Bank nicht die Restdarlehensforderung, sondern nur den tatsächlich an den Schuldner ausbezahlten Betrag, vermindert um die erhaltenen Zinsen und Tilgung, als Insolvenzforderung geltend machen kann, was die Passivmasse entlastet. Vielfach haben sich Verbraucherbanken zudem weder ein Absonderungsrecht noch ein unwiderrufliches Bezugsrecht an den Versicherungsleistungen gesichert, so wenn es in den Versicherungsbedingungen lediglich heißt, dass im Kündigungsfall der nicht verbrauchte Einmalbetrag bzw. Rückkaufswert dem Kreditkonto gutgeschrieben wird (AG Düsseldorf, ZInsO 2008, 1146; AG Mosbach, NJW-RR 2011, 59; **a. A.** LG Göttingen, ZInsO 2011, 1749). Dann sollte der Verwalter

auf den Widerruf verzichten und stattdessen den Rückkaufswert zur Masse ziehen (vgl. Rdn. 160; so auch Gessner, ZVI 2012, 397).

Die Leistungen der privaten und gesetzlichen **Krankenversicherung** sind gem. § 850b Abs. 1 Nr. 4 ZPO nur bedingt pfändbar (Stöber, Forderungspfändung Rn. 1019) und damit nur unter Billigkeitsgesichtspunkten massezugehörig, vgl. § 36 Rdn. 28, was zumindest bei Kostenerstattungsansprüchen nicht der Fall ist (BGH, ZInsO 2014, 833). Bei öffentlichen Kassen geht der Pfändungsschutz nach § 54 SGB I vor (Stöber a. a. O.; zu Sozialleistungen s. Rdn. 234). 209

Bei **Lebens-, Unfall- und Berufsunfähigkeitsversicherungen** sind die Renten gem. § 850 Abs. 3 ZPO wie Arbeitseinkommen pfändbar und massezugehörig (hierzu § 36 Rdn. 23 ff.). Zu privaten Berufsunfähigkeitsrenten: OLG Hamm, ZInsO 2009, 223; LG Dortmund, ZVI 2010, 395; a. A. Wollmann, ZInsO 2009, 2319. Ablaufleistungen gehören voll zur Masse (OLG Hamburg, ZInsO 2012, 978). Im Übrigen gehören etwaige Rückkaufswerte zur Masse, sofern der Schuldner unwiderruflich bezugsberechtigt ist oder als Versicherungsnehmer Dritten kein unwiderrufliches Bezugsrecht eingeräumt hat (vgl. Rdn. 158 ff.). Es ist durch Auslegung der Abtretungserklärung zu ermitteln, ob die isolierte Abtretung der Todesfallansprüche auch den Rückkaufswert erfasst. Sieht ein Abtretungsformular neben der Abtretung der Todesfallansprüche auch die Abtretung der Ansprüche für den Erlebensfall vor, ist der Rückkaufswert grds. nicht erfasst (BGH, ZInsO 2007, 772; Janca, ZInsO 2009, 161 m. w. N.). Pfändungsschutz kann sich bei Kapital-Lebensversicherungen aus §§ 850 Abs. 3 Buchst. b), 851c, 851d ZPO, 97 EStG ergeben (s. Rdn. 213). Der Pfändungsschutz für sog. Sterbegeldversicherungen nach § 850b Abs. 1 Nr. 4 Halbs. 2 ZPO greift nach Sinn und Zweck nicht, wenn damit die Beerdigungskosten des Insolvenzschuldners abgedeckt werden, da bei Kündigung ohnehin kein Rückkaufswert anfällt bzw. im Versicherungsfall diese Kosten gem. § 324 Abs. 1 Nr. 2 Masseverbindlichkeit sind (a. A. Jaeger-Henckel § 35 Rn. 22; Armbrüster/Pilz, KTS 2004, 481, 483; s. a. BGH, ZInsO 2009, 915; Grote, InsbürO 2014, 103). 210

Ausnahmen gelten bei einer **Direktversicherung** zur Absicherung der betrieblichen Altersversorgung (s. Rdn. 158 ff.) in der Insolvenz des Arbeitnehmers. Hier ist der Rückkaufswert rgm. nicht oder nur in geringem Umfang massezugehörig: Bei einem widerruflichen Bezugsrecht des Arbeitnehmers gehört der Anspruch auf die Versicherungsleistungen wegen § 159 Abs. 2 VVG nicht zu seinem Vermögen. Ist das Bezugsrecht unwiderruflich ausgestaltet, besteht gem. § 2 Abs. 2 Satz 4 und 5 BetrAVG i. V. m. § 851 ZPO insoweit Pfändungsschutz, als der Rückkaufswert auf Leistungen des Arbeitgebers beruht (BGH, ZInsO 2014, 31). 211

Die Anwartschaft an der **gesetzlichen Rentenversicherung** ist unpfändbar (dazu im Einzelnen W. Schmidt, RVaktuell 2009, 13), erst die monatlichen Rentenzahlungen an den Schuldner sind als laufende Geldleistung i. S. d. § 54 Abs. 4 SGB I wie Arbeitseinkommen nach §§ 850 ff. ZPO massezugehörig (näher Stöber, Forderungspfändung, Rn. 1322, 1362). Ist der Schuldner Mitglied in einem **berufsständischen Versorgungswerk**, kann sein Kapitalstock nicht zur Masse gezogen werden (BGH, ZInsO 2008, 204; Ganter, NZI 2009, 265, 270), die Rentenzahlungen sind über §§ 54 Abs. 4 SGB I, 850 ff. ZPO wie Arbeitseinkommen pfändbar, auch wenn sie nach dem jeweiligen Landesgesetz zu dem Versorgungswerk nicht übertragbar sind (BGH, ZVI 2007, 522; NJW 2004, 3770); der Verwalter ist nicht befugt, vorgezogene Altersrente für den Schuldner zu beantragen (OVG Münster, ZInsO 2012, 1473). Die Einkünfte von Rentnern und Hinterbliebenen aus einer **betrieblichen Altersversorgung** sind Arbeitseinkommen i. S. d. § 850 ZPO (Zöller/Stöber ZPO § 850 Rn. 8a). 212

Mit dem am 31.03.2007 in Kraft getretenen Gesetz zum Pfändungsschutz der Altersvorsorge wurde der allgemein als verfassungswidrig angesehene Zustand beendet, dass Selbständige – abgesehen von Versorgungswerken einzelner Berufsstände – bis dahin keine Möglichkeit hatten, eine pfändungs- und damit insolvenzfeste **private Altersvorsorge** aufzubauen, da vor allem private Renten- und Kapital-Lebensversicherungen keinem besonderen Pfändungsschutz unterlagen (ausführl. v. Gleichenstein, ZVI 2004, 149; so auch RegE vom 12.08.2005, BR-Drucks. 618/05, S. 5 f.). In dem neuen **§ 851c ZPO** werden seitdem dort näher qualifizierte Vorsorgeverträge geschützt (näher 213 dazu Wollmann, ZInsO 2013, 902; Elster, ZVI 2013, 369; Stöber, NJW 2007, 1242). Die Verträge dürfen insb. nicht als Kreditsicherheit einsetzbar sein und müssen eine lebenslange Rentenzahlung ab frühestens dem 60. Lebensjahr oder bei Berufsunfähigkeit ohne Kapitalwahlrecht vorsehen. Der Schutz erfolgt in zweifacher Hinsicht: In der Ansparphase wird das angesammelte Vorsorgevermögen einem vom Lebensalter abhängigen progressiven Pfändungsschutz unterstellt (s. Flitsch, ZVI 2007, 161, 162 f.). In der Rentenphase werden die laufenden Zahlungen den Pfändungsschutzregeln für Arbeitseinkommen nach §§ 850 ff. ZPO unterworfen. Altverträge können nach § 167 VVG in Verträge nach den Anforderungen des § 851c ZPO umgewandelt werden (hierzu, auch zur Anfechtbarkeit Flitsch, ZVI 2007, 161).

214 Für den überwiegenden Teil steuerlich geförderter Rentenversicherungsverträge ergibt sich ein gleichartiger Pfändungsschutz bzgl. der laufenden Renten aus § 850 Abs. 3 Buchst. b) ZPO, der allerdings nur für abhängig Beschäftigte gilt. Bei (ehemals) Selbstständigen lehnt der BGH einen Pfändungsschutz nach § 850 Abs. 3 Buchst. b) ZPO und auch nach § 765a ZPO ab (ZInsO 2008, 40). Der neue § 851d ZPO soll diese Lücke für Selbstständige und Nichterwerbstätige schließen. Ein Pfändungsschutz des angesparten Vorsorgekapitals solcher Verträge kann sich aus § 97 EStG i. V. m. § 10a EStG (»Riesterrente«) und § 10 Abs. 1 Nr. 2 Buchst. b), §§ 79 ff. EStG (»Rüruprente«) ergeben (s. Stöber, NJW 2007, 1242, 1245 f.). Zu Absonderungsrechten bei anderen privaten Vorsorgeverträgen Lüdtke, ZVI 2013, 46.

3. Familien- und erbrechtliche Ansprüche

215 Rein familienrechtliche Ansprüche wie das Recht auf Ehescheidung oder Anfechtung der Ehelichkeit eines Kindes haben zwar Vermögensrelevanz, gehören aber dennoch nicht zum Vermögen i. S. d. § 35 (vgl. Rdn. 34).

216 Ist der Schuldner verheiratet, ergeben sich bei den Güterständen der Zugewinngemeinschaft und der Gütertrennung keine Besonderheiten, nur das jeweilige Vermögen des insolventen Ehegatten gehört zur Masse (s. a. § 37 Rdn. 18 f.). Eine Abweichung der haftungsrechtlichen von der dinglichen Zuordnung besteht aber bei der Gütergemeinschaft (s. § 37).

217 Der mit Beendigung des Güterstands entstehende Anspruch auf **Zugewinnausgleich** (§§ 1371 f., 1378 Abs. 3 Satz 1 BGB) ist wegen seines höchstpersönlichen Charakters gem. § 852 ZPO erst pfändbar, wenn er vertraglich anerkannt oder rechtshängig ist. Beim ebenfalls von § 852 ZPO erfassten Pflichtteilsanspruch geht der BGH von einer vorgreiflichen Massezugehörigkeit aus, bedingt durch die Schuldnerhandlung (s. Rdn. 221). Entsprechendes muss für den Zugewinnausgleich gelten (Häsemeyer Rn. 9.10; A/G/R-Ahrens § 35 Rn. 97).

218 Gesetzliche **Unterhaltsansprüche** des Insolvenzschuldners unterfallen auch nach vertraglicher Modifikation und in Rentenform der Pfändungsbeschränkung des § 850b ZPO. Nach neuerer BGH-Rechtsprechung sind sie damit nur nach Billigkeitsmaßstäben bedingt massezugehörig (s. § 36 Rdn. 28).

219 Aufgrund des Bezugs zum Insolvenzverfahren gehört aber ein **Unterhaltsanspruch auf Zahlung der Verfahrenskosten gem. § 54** gegen den Ehegatten des Insolvenzschuldners nach § 1360a Abs. 4 Satz 1 BGB uneingeschränkt zur Masse (G. Pape, ZVI 2010, 1, 3; AG Dresden, ZVI 2008, 120; s. a. § 4a Rdn. 16 ff.). Der Anspruch setzt lediglich die Leistungsfähigkeit des Verpflichteten voraus (LG Duisburg, ZInsO 2013, 1532), die bei Gefährdung des eigenen Unterhalts entfällt (LG Bochum, ZInsO 2002, 1038; Palandt-Brudermüller § 1360a Rn. 12). Die vom BGH aufgestellte Voraussetzung, dass der Verpflichtete in der Lage sein muss, den Betrag in einer Summe aufzubringen (ZInsO 2007, 324 Rn. 10 ff.), kann nur i. R. d. Entscheidung über den Stundungsantrag nach § 4a gelten. Nach Eröffnung schließen mögliche Raten- oder Teilzahlungen den Anspruch nicht aus. Entsprechendes gilt für getrennt lebende Ehegatten gem. § 1361 Abs. 4 Satz 4 BGB und für Partner einer eingetragenen Lebenspartnerschaft gem. §§ 5 Satz 2, 12 Satz 2 LPartG, es sei denn der Schuldner lebt in einer neuen verfestigten Lebensgemeinschaft (AG Duisburg, ZVI 2008, 477). Zudem besteht der Masseanspruch gem. §§ 1610, 1615a BGB ggü. Eltern für ihre insolventen

Kinder, die noch in der Ausbildung sind oder noch keine unabhängige Lebensstellung erreicht haben (Schwarz, ZVI 2006, 380, 381), nicht aber ggü. (volljährigen) Kindern für ein insolventes Elternteil (LG Duisburg, NJW 2004, 299).

Eine **Erbschaft** (§§ 1942 ff. BGB) und ein **Vermächtnis** (§§ 2176 ff. BGB) gehören erst bei Annahme des Schuldners zur Masse (§ 83 Abs. 1). Handelt es sich um einen Miterbenanteil kann ihn der Insolvenzverwalter veräußern (§§ 2033 Abs. 1 BGB, 859 Abs. 2 ZPO) oder nach § 84 die Auseinandersetzung der **Erbengemeinschaft** (§ 2042 BGB) betreiben (ausführl. Messner, ZVI 2004, 433 ff.). 220

Auch der **Pflichtteilsanspruch** (§ 2303 BGB) ist wegen des Persönlichkeitsbezuges erst dann pfändbar, wenn der Schuldner nach § 852 Abs. 1 ZPO seinen Willen zur Rechtsverfolgung bekundet hat. Der BGH lässt schon vorher eine Pfändung zu, nur die Verwertbarkeit sei aufschiebend bedingt durch die Schuldnerhandlung (NJW-RR 2009, 997). Bei einem Erbfall vor oder während des Insolvenzverfahrens ist der Anspruch damit massezugehörig, sobald der Schuldner ihn ggü. dem Erben geltend gemacht hat; geschieht dies nach Verfahrensende (s. Rdn. 46), kommt eine Nachtragsverteilung gem. § 203 in Betracht (BGH, ZInsO 2011, 45). Beim Erbfall während der Wohlverhaltensperiode gilt § 295 Abs. 1 Nr. 2. S. a. § 83 Rdn. 8. 221

Im Insolvenzverfahren des Erben (kein Nachlassinsolvenzverfahren) hindert **Testamentsvollstreckung** (§§ 2197 ff. BGB) nicht die Zugehörigkeit des Erbteils zur Masse (BGH, ZInsO 2006, 705; Gottwald-Eickmann, InsRHdb, § 31 Rn. 129; **a. A.** Braun-Bäuerle § 35 Rn. 42). Der Erbteil bildet eine Sondermasse für die Nachlassgläubiger, § 1967 Abs. 2 BGB (BGH a. a. O.), nur eine freie Spitze dient den Erbengläubigern. Solange die Testamentsvollstreckung andauert, kann der Insolvenzverwalter jedoch nicht über einzelne **Gegenstände** des Nachlasses verfügen, sondern nur über den Erbteil als Ganzes, z. B. durch Erbschaftsverkauf nach §§ 2371 ff. BGB. S. a. § 83 Rdn. 5 und § 331. 222

4. Steuererstattungen

Steuerguthaben, die nicht durch Aufrechnung des Finanzamts erlöschen, gehören zur Masse, unabhängig davon, ob die Steuern vor oder nach Insolvenzeröffnung gezahlt wurden (HK-Ries § 35 Rn. 29; Braun-Bäuerle § 35 Rn. 60). Dies gilt auch für Lohn- und ESt natürlicher Personen, da der Erstattungsanspruch nicht als Arbeitseinkommen i. S. d. §§ 850 ff. ZPO anzusehen ist (BFH, ZInsO 2010, 768; BGH, ZInsO 2006, 139; vgl. auch § 287 Rdn. 18). Ein sich für das Jahr, in dem das Insolvenzverfahren endet, ergebender Einkommensteuererstattungsanspruch gehört wegen eines bestehenden Anwartschaftsrechts noch anteilig zur Masse, obwohl der Anspruch gem. § 36 Abs. 1 EStG erst danach mit Ablauf des 31. Dezember entsteht (BGH, ZInsO 2006, 139; BFH, ZInsO 2006, 875; Stahlschmidt, ZInsO 2006, 629; krit. Welsch, DZWIR 2006, 406; **a. A.** Hackenberg, InsbürO 2005, 444). Eine Ausnahme besteht nur für Steuern, die aus freigegebenem insolvenzfreien Vermögen gezahlt wurden (NR-Andres § 35 Rn. 61; s. a. Rdn. 70). Die missbräuchliche Wahl einer ungünstigen Lohnsteuerklasse unterfällt § 850h ZPO, d. h. das massezugehörige Einkommen berechnet sich nach der günstigeren Einstufung (vgl. BGH, ZInsO 2005, 1212; Grote, InsbürO 2006, 42). 223

Das Ehegatten-Wahlrecht zur steuerlichen Getrennt- oder Zusammenveranlagung gem. § 26 EStG ist nicht höchstpersönlicher Natur, sondern geht vom insolventen Ehegatten auf den Insolvenzverwalter über (BFH, ZInsO 2011, 1263). Dabei hat der Verwalter § 1353 Abs. 1 BGB zu respektieren, d. h. er darf weder eine Zusammenveranlagung verweigern, wenn der nicht insolvente Ehegatte die Masse von etwaigen steuerlichen Nachteilen freistellt, noch darf er eine Beteiligung der Masse an Steuervorteilen des anderen Ehegatten verlangen (BGH, ZInsO 2011, 1460; ZInsO 2011, 47). Überzahlungen von Einkommensteuer-Vorauszahlungen zusammen veranlagter Eheleute ohne ausdrückliche Tilgungsbestimmung sind auch bei Insolvenz hälftig zu teilen (BFH, ZVI 2009, 76). 223a

5. Bankguthaben und Bargeld

224 Die Massezugehörigkeit von **Bargeld** richtet sich gem. § 36 Abs. 1 Satz 1 nach § 811 Abs. 1 Nr. 8 ZPO. Zu **Bankkonten** s. zunächst Rdn. 168. Ein bei Insolvenzeröffnung vorhandenes Guthaben auf einem »normalen« Bankkonto gehört mit der Neuregelung des Kontopfändungsschutzes seit 01.01.2012 grds. zur Masse.

224a Ausnahmen gelten allein für Guthaben auf einem **Pfändungsschutzkonto** (sog. P-Konto). Die Regelungen hierfür finden sich in § 850k ZPO, der über § 36 Abs. 1 Satz 2 ausdrücklich auch im Insolvenzverfahren entsprechend anwendbar ist, sowie in §§ 835 Abs. 4, 850l ZPO (ausführ. dazu Günther, ZInsO 2013, 859; Stritz, InsbürO 2012, 207; Bitter, ZIP 2011, 149).

224b Ein P-Konto wird dadurch begründet, dass der Bankkunde sein Girokonto ggü. der Bank als P-Konto deklariert. Bei Gemeinschaftskonten ist das nicht möglich (BT-Drucks. 16/7615, S. 20). Hat der Schuldner gesetzeswidrig mehrere P-Konten (§ 850k Abs. 8 ZPO), steht das Recht, nach § 850k Abs. 9 ZPO zu bestimmen, für welches Konto der Pfändungsschutz entfällt, über § 36 Abs. 4 Satz 2 dem Insolvenzverwalter zu (FK-Bornemann § 36 Rn. 45; Deppe, InsbürO 2011, 50, 55).

224c Ob wie bei allen Bankkonten auch beim P-Konto gem. §§ 116, 115 das Vertragsverhältnis mit der Bank bei Insolvenzeröffnung endet (s. § 116 Rdn. 8), ist umstr. Überwiegend wird vertreten, das P-Konto sei insolvenzfest (LG Verden, ZIP 2013, 1954; Obermüller InsR-Bankpraxis Rn. 2.185; Sudergat, ZVI 2013, 169; Büchel, ZInsO 2010, 20, 26; Bitter, ZIP 2011, 149, 158; Jaquemoth/Zimmermann, ZVI 2010, 113, 116). Dies ist abzulehnen, da ein solcher Wille des Gesetzgebers sich nicht einmal eindeutig aus den Materialien entnehmen lässt; zudem wird nicht das gesamte Guthaben, sondern nur ein unpfändbarer Anteil durch § 36 Abs. 1 Satz 2 vom Insolvenzbeschlag ausgenommen; das Schicksal des Vertrages selbst bestimmt sich nicht nach §§ 35, 36 sondern nach §§ 103 ff. (du Carrois, ZInsO 2010, 2276, 2279 f.; Knees, ZInsO 2011, 511; HK-Keller § 36 Rn. 83). Da die Umwandlung in ein P-Konto vom Schuldner aber auch noch nach erfolgter Kontopfändung verlangt werden kann (§ 850k Abs. 7 ZPO), kann er im Verhältnis zum Verwalter den Schutz auch noch nach Insolvenzeröffnung beanspruchen (so wohl auch FK-Bornemann § 36 Rn. 45). Führt die Bank das Schuldnerkonto nach Insolvenzeröffnung als P-Konto fort, ist dies als Abschluss eines neuen Vertrages mit dem Schuldner zu werten.

224d Grundkonzept des P-Kontos ist, dass im Guthaben erfolgende Zahlungseingänge bis zum **Sockel- oder Grundfreibetrag** des § 850c Abs. 1 Satz 1 ZPO von derzeit 1.045,04 € pro Kalendermonat stets pfändungsfrei sind, unabhängig vom Zeitpunkt der Pfändung oder der Insolvenzeröffnung. Ohne Bedeutung sind Art und Herkunft der Zahlungseingänge, sodass auch Einkommen von Selbstständigen oder Zahlungen Dritter geschützt sind. Bei einem im Soll geführten Konto kann Pfändungsschutz nur über § 765a ZPO erlangt werden; Kindergeld und Sozialleistungen stehen den Berechtigten jedoch für 14 Tage zur Verfügung (§ 850k Abs. 6 ZPO). Der Grundfreibetrag erhöht sich individuell um die in § 850k Abs. 2 ZPO aufgeführten **Aufstockungsbeträge** (ausführ. Somberg, ZVI 2010, 169). Dies sind:
1. die weiteren Mindestfreibeträge des § 850c Abs. 1 Satz 2 bei Erfüllung gesetzlicher Unterhaltspflichten,
2. Arbeitslosengeld II und Sozialhilfe, das der Schuldner auf seinem Konto für mit ihm in Bedarfsgemeinschaft lebende Personen entgegennimmt, denen er nicht zum Unterhalt verpflichtet ist,
3. einmalige Sozialleistungen sowie wiederkehrende Sozialleistungen für Körper- oder Gesundheitsschäden,
4. Kindergeld und andere Geldleistungen für Kinder.

Die Aufstockung erfolgt kraft Gesetz ohne Antrag und gerichtliche Entscheidung. Zur Vermeidung eigener Haftung ggü. dem Pfandgläubiger bzw. Insolvenzverwalter darf die Bank Verfügungen des Schuldners über die Aufstockungsbeträge verweigern, bis er geeignete Bescheinigungen seines Arbeitgebers, Sozialleistungsträgers oder Person/Stelle i. S. d. § 305 Abs. 1 Nr. 1 vorlegt (§ 850k Abs. 5 ZPO). Auch der Insolvenzverwalter kann derartige Bescheinigungen ausstellen (HK-Keller § 36 Rn. 94; a. A. Stritz, InsbürO 2012, 207, 212). Im Streitfall und wenn es dem Schuldner nicht zeitnah gelingt, die Bescheinigung beizubringen, entscheidet gem. § 36 Abs. 4 das Insolvenzgericht. Eine **weitere Erhöhung oder Senkung** des Freibetrages unter Anwendung anderer Pfändungsnormen ist nach § 850k Abs. 3 u. 4 ZPO möglich, auch hierüber entscheidet das Insolvenzgericht auf Antrag des Schuldners oder Insolvenzverwalters. Nach dem BGH kann bei schwankendem Arbeitseinkommen auch ein unbezifferter Freibetrag hinsichtlich der Zahlungen des Arbeitgebers gewährt werden (BGH, ZInsO 2012, 145).

Verbraucht der Schuldner in einem Kalendermonat den ihm zustehenden Freibetrag nicht vollständig, wird der verbleibende Guthabenrest gem. § 850k Abs. 1 Satz 3 ZPO einmal in den **Folgemonat** übertragen. Im Folgemonat sind Kontobelastungen zunächst dem neuen Monatsfreibetrag zu entnehmen und erst dann dem übertragenen Restbetrag aus dem Vormonat, ein hiernach am Monatsende noch verbleibender Rest aus dem Vormonat ist dann pfändbar bzw. massezugehörig (HK-Keller § 36 Rn. 91). Der kundige Schuldner wird daher seinen Freibetrag jeweils zum Monatsende vollständig vom Konto nehmen. Zum Ansparen s. a. Rdn. 237. 224e

Die als »Kinderkrankheit« der Neuregelung aufgetretene **Monatsanfangsproblematik** wurde durch die nachträgliche Einfügung der §§ 835 Abs. 4, 850k Abs. 1 Satz 2 gelöst (BT-Drucks. 17/4776 S. 8 f.; dazu Ahrens, NZI 2011, 183). Das Problem trat auf, wenn der Schuldner in einem Monat bereits seinen Freibetrag verbraucht hatte und dann noch vor Monatswechsel eine Gutschrift erfolgte, die wirtschaftlich für den Folgemonat bestimmt war, wie z. B. bei Sozialleistungen. Nach dem Vorstehenden kann dieser Betrag nicht auf den Folgemonat übertragen werden. Nach § 835 Abs. 4 ZPO darf das Guthaben eines P-Kontos am Monatsende nun nur insoweit an den Gläubiger oder Insolvenzverwalter ausgezahlt werden, als es den Freibetrag für den Folgemonat übersteigt (BGH, ZInsO 2011, 2145 Tz. 13), im Übrigen ist bis zum übernächsten Monat zu warten. Der dieser antragsunabhängigen Auszahlungssperre unterfallende Betrag gilt nach § 850k Abs. 1 Satz 2 ZPO auch als ein in den Folgemonat übertragbarer Freibetrag, sodass beim Schuldner kein Engpass eintritt. 224f

Die zuvor uneinheitlich gehandhabte Praxis zur Massegenerierung durch **Lastschriftwiderspruch bei natürlichen Personen** (vgl. 3. Aufl. Rn. 225 f.) wurde durch die konsentierten Urteile des Banken- und Insolvenzrechtssenats des BGH vom 20.07.2010 weitgehend beendet und zugleich erheblich eingeschränkt (ZInsO 2010, 1534; ZInsO 2010, 1538). Nahezu bedeutungslos wurde das Thema mit Änderung der AGB für das Einzugsermächtigungsverfahren durch die Kreditwirtschaft zum 09.07.2012 (vgl. Nobbe, ZIP 1012, 1937, 140 ff.). 225

Auch für das nunmehr geltende **SEPA-Lastschriftverfahren** ist jedenfalls für Insolvenzverfahren natürlicher Personen nicht erkennbar, dass der Lastschriftwiderruf zur Anreicherung der Masse eine Renaissance erleben sollte (vgl. BGH ZInsO 2010, 1538 Tz. 18; Nobbe ZIP 2012, 1937, 1042, 1946; Braun InsbürO 2013, 476; **a. A.** Priebe InsbürO 2014, 6). 226

6. Sonstige Rechte

Ansprüche auf **Schadensersatz** und **Schmerzensgeld** (§ 253 BGB) gehören zur Masse, egal, ob sie vor (LG Bochum, ZInsO 2007, 1156) oder nach Insolvenzeröffnung entstanden sind, es sei denn sie werden als Rente abgegolten (vgl. Rdn. 238). Auch Entschädigungen für Strafverfolgungsmaßnahmen nach § 17 StrRehaG sind massezugehörig, nicht aber die sog. Opferrente nach § 17a StrRehaG (BGH, ZInsO 2012, 147) und Entschädigungen wegen Menschenrechtsverletzungen nach dem EMRK (BGH, ZInsO 2011, 772). 227

Erstattungsansprüche des Schuldners aus einer **Vermieter-Nebenkostenabrechnung** sind massezugehörig, soweit sie aus dem Zeitraum vor Wirksamwerden der Erklärung gem. § 109 Abs. 1 Satz 1 resultieren (Pohlmann-Weide/Ahrendt, EWiR 2014, 453) und auch wenn die Vorauszahlungen aus dem unpfändbaren Einkommen stammten (LG Göttingen, NZI 2010, 544), es sei denn er bezieht Arbeitslosengeld II, da dann der Anspruch bei der Bedarfsermittlung gem. § 22 Abs. 3 Satz 1 SGB II angerechnet wird (BGH, ZInsO 2013, 1408). Zur **Mietkaution** s. § 109 Rdn. 32 f. 227a

II. Neuerwerb

1. Grundlagen

228 Als Preis für die mit der InsO neu eingeführte Restschuldbefreiung (§§ 286 ff.) bzw. den Insolvenzplan (§§ 217 ff.) sowie in Angleichung an internationales Recht, hat der Gesetzgeber in § 35 Abs. 1 Halbs. 2 die Insolvenzmasse auch auf den vom Schuldner während des Insolvenzverfahrens hinzuerlangten (pfändbaren) Neuerwerb erweitert (Begr. § 42 RegE, BT-Drucks. 12/2443, S. 122).

229 Der Neuerwerb ist zu unterscheiden von der allgemeinen Massesurrogation, wonach aus Rechten der Masse entstehende neue Rechte automatisch massezugehörig sind (s. Rdn. 50). Der Neuerwerb umfasst die aufgrund eines **Handelns des Schuldners** während des Insolvenzverfahrens hinzuerworbenen Vermögensgegenstände (Häsemeyer InsR Rn. 9.20, 9.28). Soweit sie pfändbar sind (§ 36), gehören sie zu Masse. Dem Insolvenzverwalter steht die Befugnis zu, den Erwerb entsprechend § 333 BGB für die Masse zurückzuweisen (Jaeger-Henckel § 35 Rn. 118 m. w. N.).

230 Die fortwährende Massemehrung durch den Neuerwerb rechtfertigt kein »Endlosverfahren« (§ 196 Abs. 1). Der Einbezug des Neuerwerbs soll beim redlichen Schuldner determiniert werden durch die Dauer der Verwertung der Masse i. S. v. § 35 Abs. 1 Halbs. 1 und entsprechend § 287 Abs. 2 nach max. 6 Jahren enden. Die BGH-Rspr., welche dieses Prinzip und die sich daraus ergebenden Konsequenzen herausgearbeitet hat (BGH, ZInsO 2010, 102; ZInsO 2010, 1011; dazu Büttner, ZInsO 2010, 1025), wurde nun in § 300a kodifiziert.

2. Arbeitseinkommen

231 Zum Neuerwerb gehört damit in erster Linie das nach § 36 Abs. 1 Satz 2 **pfändbare Arbeitnehmereinkommen** (Einzelheiten bei § 36 Rdn. 23 ff.). Hierzu gehören nach Maßgabe des § 850i ZPO auch Abfindungen für den Verlust des Arbeitsplatzes. Verschleiertes Arbeitsentgelt kann über § 850h ZPO i. V. m. § 36 Abs. 1 und 4 zur Masse gezogen werden (s. § 36 Rdn. 36). Vor Insolvenzeröffnung erfolgte Gehaltsabtretungen oder -pfändungen gewähren nach Streichung des § 114 gem. § 91 Abs. 1 kein Absonderungsrecht mehr (vgl. BGH, ZInsO 2013, 254 Tz. 14). Rentenansprüche und Pensionen sind nicht erst als Neuerwerb, sondern zumeist schon aufgrund der bei Eröffnung bestehenden Anwartschaft insolvenzbefangen, soweit sie pfändbar sind (HK-Ries § 35 Rn. 44). Zu Einkünften von Strafgefangenen s. BGH, ZInsO 2013, 1485; Deppe, InsbürO 2013, 277; Heyer, NZI 2010, 81.

232 Schwierigkeiten bereitet der Einbezug des Neuerwerbs bei **Selbstständigen**. Hier sind zunächst sämtliche Einkünfte ohne Abzug für betriebliche Aufwendungen oder persönlichen Bedarf als Neuerwerb Teil der Masse (BGH, ZInsO 2011, 1412; ZVI 2007, 78; ZInsO 2004, 739). Konsequent umgesetzt hätte dies zur Folge, dass dem selbstständig tätigen Schuldner keine Mittel verbleiben, um seine Geschäftspartner zu bezahlen, was eine Selbstständigkeit faktisch unmöglich macht. Sinnvoll wäre es, nur den Netto-Neuerwerb nach Abzug der betriebsbedingten Aufwendungen als Masse zu definieren. Dies lässt sich allerdings nicht im Wege der Auslegung erreichen (so aber NR-Andres § 35 Rn. 133 ff.; dagegen Runkel FS-Uhlenbruck S. 315, 328 f.), sondern nur im Wege der Gesetzesänderung (so der Vorschlag von Smid in: Große InsRsReform 2006, S. 193, 210 f.). Der Gesetzgeber hat sich hingegen bzgl. dieses Problems für die in Abs. 2 neu eingeführte Freigabelösung entschieden (hierzu Rdn. 240 ff.).

3. Leistungen aus öffentlichen Kassen

233 Der Anspruch auf **Insolvenzgeld** (§ 165 SGB III) ist nach § 171 SGB III wie Arbeitseinkommen pfändbar und insoweit Teil der Masse.

234 **Sozialleistungen** der SGB I bis XII gehören nur zur Masse, sofern es sich um »laufende Geldleistungen« i. S. d. § 54 Abs. 4 SGB I handelt und soweit sich nach §§ 850 ff. ZPO, insb. der Tabelle zu § 850c ZPO, ein pfändbarer Anteil ergibt. Dies kann der Fall sein bei ALG I und II, Krankengeld, Verletzten- und Hinterbliebenenrente sowie Rente wegen Berufs-, Erwerbsunfähigkeit oder Alter

(vgl. Darstellung bei Zöller/Stöber § 850i ZPO Rn. 6 ff.). § 36 Abs. 4 gilt auch hierfür. Praxisrelevante Pfändungseinschränkungen bestehen nach § 54 Abs. 3 SGB I für Eltern-, Mutterschafts- und Wohngeld sowie für Gelder für Mehraufwand bei Körper- oder Gesundheitsschäden. Sozialhilfe ist gem. § 17 Abs. 1 SGB XII unpfändbar. Kindergeld ist gem. § 54 Abs. 5 SGB I nur für das Kind pfändbar und darf daher nicht zum pfändbaren Einkommen des Empfängers gerechnet werden.

Nachzahlungen von Sozialleistungen in einer Summe von vorinsolvenzlich entstandenen Einzelansprüchen werden von der Rechtsprechung nicht in vollem Umfang als massezugehöriger Neuerwerb angesehen, es handelt sich auch nicht um (unpfändbare) einmalige Leistungen gem. § 55 Abs. 1 SGB I a. F. (aufgehoben zum 21.12.2011); vielmehr sind sie grds. i. H. d. Summe der einzelnen monatlichen Freibeträge unpfändbar (LG Bielefeld, ZVI 2005, 138 f.), wobei allerdings die vollumfängliche Pfändbarkeit von Bargeld und Kontoguthaben nach Ablauf der siebentägigen Sperrfrist gem. § 55 Abs. 1 SGB I a. F. (vgl. nun § 850k Abs. 6 ZPO) zu beachten ist (vgl. LG Lübeck, ZInsO 2005, 155; LG Landshut, ZVI 2004, 678).

235

4. Sonstiger Rechtserwerb

Auch der Erwerb aufgrund von **Verträgen** ist Masse, soweit nicht für den erworbenen Gegenstand wieder der Schutz des § 36 Abs. 1 oder 3 eingreift. Der Lottogewinn nach Insolvenzeröffnung ist Neuerwerb. Eine »**negative Surrogation**« dahin gehend, dass das mit unpfändbaren Mitteln Erworbene ebenfalls nicht dem Insolvenzbeschlag unterfällt, findet nicht statt (BGH, ZInsO 2013, 1095 Tz. 19; AG Hamburg, ZInsO 2006, 1232; Uhlenbruck-Hirte § 36 Rn. 51a; MK-Peters § 35 Rn. 45). Eine solche Regelung ist schon dem allgemeinen Zwangsvollstreckungsrecht fremd. Hingegen sind die Surrogate freigegebener Gegenstände massefrei (s. Rdn. 70).

236

Das hat zur Konsequenz, dass der Schuldner während des Insolvenzverfahrens aus seinen unpfändbaren Einkünften grds. keinen größeren **Geldbetrag ansparen** kann, da dieser, sobald und soweit die Grenze der §§ 811 Abs. 1 Nr. 8, 850k ZPO überschritten ist, als Neuerwerb zur Masse gehört (BGH, ZInsO 2013, 2274). Das gilt auch, wenn er damit dringend benötigte Anschaffungen tätigen will, denen Pfändungsschutz zukommt, wie z. B. Zahnersatz, Winterreifen für den beruflich benötigten Pkw oder die Reparatur eines solchen Fahrzeugs. Hierbei handelt es sich allerdings nicht um eine Besonderheit des Insolvenzrechts, die gleiche Situation besteht auch in der Einzelzwangsvollstreckung. Dieses Problem kann so gelöst werden, dass der Schuldner in Absprache mit dem Verwalter bei ihm auf einem Sonderkonto die Sparbeträge hinterlegt, und der Verwalter dann die gesetzlich gebilligte Verwendung sicherstellt, oder – wenn der Bedarf zwischenzeitlich nicht mehr besteht – die Gelder für die Masse vereinnahmt. Ferner ist es möglich, dass der Schuldner mit seinem Vertragspartner die Zahlung in Raten per Vorkasse vereinbart. Eine Finanzierung solcher Anschaffungen aus Mitteln der Masse kann in seltenen Ausnahmefällen aus sozialen Gründen nach § 100 zulässig sein oder auch, um zukünftigen Neuerwerb zu sichern.

237

Eine »negative Surrogation« besteht auch nicht für **deliktische Ansprüche** des Schuldners wegen Verletzung seiner körperlichen Unversehrtheit oder seines massefreien Vermögens (BK-Amelung/Wagner § 35 Rn. 97; a. A. Häsemeyer, InsR, Rn. 9.23). Trotz der Höchstpersönlichkeit der Rechte ist ein Wille zur Rechtsverfolgung entsprechend § 852 ZPO für die Pfändbarkeit und damit Massezugehörigkeit seit der zwischenzeitlichen Neufassung des § 847 BGB a. F. für Schmerzensgeld, bzw. jetzt sog. immaterieller Schäden gem. § 253 BGB, nicht mehr erforderlich (BGH, NJW 1995, 783; MK-Peters § 35 Rn. 51). Werden solche Ansprüche jedoch als Rente abgefunden (z. B. § 843 BGB), sind sie gem. § 850b ZPO nur bedingt pfändbar und damit nur nach Billigkeitsmaßstäben massezugehörig, vgl. § 36 Rdn. 28.

238

Wegen des engen Bezugs zum Persönlichkeitsrecht obliegt dem Schuldner aber die Entscheidung, ob er eine **Erbschaft** oder ein **Vermächtnis** zugunsten der Masse annimmt oder – zum Nutzen anderer – ausschlägt, § 83 Abs. 1. Gleiches gilt für die Annahme einer **Schenkung** (MK-Peters § 35 Rn. 48).

239

III. »Freigabe« einer selbstständigen Tätigkeit (Abs. 2 und 3)

240 Die Abs. 2 und 3 wurden mit dem am 01.07.2007 in Kraft getretenen Insolvenzverfahrensvereinfachungsgesetz (vgl. § 1 Rdn. 9) neu geschaffen. Sie gehen auf den RefE Sept. 2004 zurück (abgedruckt mit Begr. in NZI 2004, 549; zur Entstehungsgeschichte Holzer, ZVI 2007, 289). Der Gesetzgeber hat damit die zuvor nach herrschender Meinung schon mögliche Freigabe des Neuerwerbs von selbstständig tätigen Schuldnern auf eine gesetzliche Grundlage gestellt und dazu im Interesse der Gläubiger und des Geschäftsverkehrs Verfahrensregelungen eingeführt. Damit wurde ferner inzident klargestellt, welche Haftungsgefahren für die Masse und den Insolvenzverwalter bei einem eigenständigen Wirtschaften des Schuldners bestehen. Sinn und Zweck der Norm ist nach dem Willen des Gesetzgebers, selbstständige Erwerbstätigkeiten von Insolvenzschuldnern zu fördern und dabei eine Gefährdung der Masse zu verhindern (RegE BT-Drucks. 16/3227, S. 17).

1. Anwendungsbereich

241 Nach ganz herrschender Meinung gelten Abs. 2 und 3 nur im Insolvenzverfahren **natürlicher Personen** (Bartels, KTS 2012, 381, 401 f.; Berger, ZInsO 2008, 1101, 1104; Haarmeyer, ZInsO 2007, 696, 697; Holzer, ZVI 2007, 289, 291; Ahrens, NZI 2007, 622, 623 f.; **a.A.** Heinze, ZVI 2007, 349, 351). Nur eine natürliche Person kann auch im Insolvenzverfahren selbstständig tätig sein. Bei allen anderen Insolvenzsubjekten (§ 11) ist nur eine Betriebsfortführung durch den Insolvenzverwalter möglich, da sie nicht selbst rechtsgeschäftlich tätig werden können, sondern nur durch fremde Personen, d. h. durch ihre Organe bzw. den Erben oder verwaltenden Ehegatten bei den Sonderinsolvenzen des § 11 Abs. 2 Nr. 2. Diesen Personen ist aber gem. § 80 die diesbezügliche Verwaltungs- und Verfügungsbefugnis entzogen.

242 Unter einer »**selbstständigen Tätigkeit**« i. S. d. § 35 Abs. 2 Satz 1 ist nach Wortlaut und Zweck der Norm jede berufliche Betätigung zu verstehen, die nicht in abhängiger Beschäftigung ausgeübt wird, wie z. B. nach § 611 BGB (Holzer, ZVI 2007, 289, 291). Erfasst sind damit Gewerbetreibende, Freiberufler und sonstige Einzelunternehmer, auch wenn die Tätigkeit nur nebenberuflich ausgeübt wird (Ahrens, NZI 2007, 622, 526) oder sozialversicherungsrechtlich als sog. Scheinselbstständigkeit zu qualifizieren ist (BK-Amelung/Wagner § 35 Rn. 133).

243 Die Normen gelten ferner nur für den Insolvenzverwalter bzw. Treuhänder (»beabsichtigt«) im **eröffneten Verfahren** (Wischemeyer, ZInsO 2009, 2121, 2122; Berger, ZInsO 2008, 1101, 1104; Ahrens, NZI 2007, 622, 623). Eine analoge Anwendung auf den sog. »starken« vorläufigen Insolvenzverwalter, um die spätere Insolvenzmasse von Masseverbindlichkeiten freizuhalten, ist nicht geboten (so aber BK-Amelung/Wagner § 35 Rn. 131; Heinze, ZVI 2007, 349, 355). Nach dem Konzept des Abs. 2 werden vom Schuldner im Rahmen seiner selbstständigen Tätigkeit begründete Verbindlichkeiten nur dadurch zu Masseverbindlichkeiten, dass der Verwalter die Tätigkeit duldet, d. h. die »Freigabe« trotz Handlungspflicht aus Abs. 2 unterlässt (vgl. Rdn. 249). Mit der entsprechenden Anwendung der Norm im Eröffnungsverfahren würden daher erst die Haftungsgefahren geschaffen, die sie lösen soll. Auch in der Wohlverhaltensperiode bedarf es des § 35 Abs. 2 nicht (Zimmer, InsbürO 2011, 253). Auch gilt die Vorschrift nicht in der Wohlverhaltensphase (BGH, ZInsO 2013, 1586 Tz. 14).

2. Handlungsoptionen

244 Ist der Schuldner eine natürliche Person, die bei Insolvenzeröffnung selbstständig tätig ist, oder beabsichtigt, während des Verfahrens eine solche Tätigkeit aufzunehmen, hat der Insolvenzverwalter – außerhalb des Insolvenzplanverfahrens – nur drei Optionen, hiermit umzugehen: Er kann die Tätigkeit gemeinsam mit dem Schuldner als Betriebsfortführung organisieren, er kann das Wirtschaften des Schuldners dulden (und sollte es dann überwachen) oder er kann die Tätigkeit freigeben. Die Entscheidung hierüber ist **obligatorisch**. Eine weitere Option gibt es nicht, insb. ist es nicht statthaft, die Ausübung einer selbstständigen Tätigkeit ohne veröffentlichte Erklärung

i. S. d. § 35 Abs. 2 zu tolerieren. Eine zeitliche Vorgabe besteht nicht, Verzögerungen sind allein i. R. d. § 60 relevant, s. Rdn. 271 (RA-Bericht, BT-Drucks. 16/4194, S. 14).

a) Betriebsfortführung

Sicherlich sollte durch die Neuregelung in § 35 Abs. 2 und 3 nicht die Möglichkeit des Verwalters abgeschafft werden, mit dem Schuldner eine Betriebsfortführung seines Einzelunternehmens einzurichten (zu Ausn. s. Rdn. 99, 104). Zwar sind nach dem Wortlaut des § 35 Abs. 2 Satz 1 nur zwei andere Alternativen statthaft. Diese Formulierung (»... *hat ... zu erklären, ob* ...« statt »... *kann ... erklären, dass* ...«) ist jedoch nur auf Anregung des Rechtsausschusses gewählt worden, um eindeutig klarzustellen, dass Masseverbindlichkeiten entstehen, wenn der Verwalter der selbstständigen Tätigkeit des Schuldners für die Masse zustimmt (Holzer, ZVI 2007, 289, 290 m. w. N.), und nicht, um eine Betriebsfortführung auszuschließen (so auch A/G/R-Ahrens § 35 Rn. 130). 245

Eine Betriebsfortführung unterscheidet sich grundlegend von einem selbstständigen Wirtschaften des Schuldners. Bei einer Betriebsfortführung des schuldnerischen Unternehmens durch den Insolvenzverwalter werden die Neugeschäfte im Namen des Verwalters getätigt, wobei der Schuldner ggf. als sein ausdrücklich, konkludent oder durch Duldungsvollmacht bevollmächtigter Vertreter handeln kann, solange die maßgeblichen Entscheidungen vom Verwalter getroffen werden. Eine solche Betriebsfortführung setzt das Einverständnis und die Kooperation des Schuldners voraus. Die Betriebseinnahmen gehören dann als **Surrogationserwerb** (vgl. Rdn. 50 f.) zur Masse. Die betrieblichen Verpflichtungen einschließlich der Steuern sind »durch Handlungen des Insolvenzverwalters« begründete **Masseverbindlichkeiten** gem. § 55 Abs. 1 Nr. 1. Die persönlichen Bedürfnisse des Schuldners können als Tätigkeitsvergütung i. R. d. Betriebsausgaben oder über § 100 berücksichtigt werden. Die Masse erhält damit den vollen wirtschaftlichen Erfolg, trägt aber auch das unternehmerische Risiko. 246

Eine Veröffentlichung wie in Abs. 3 ist in solchen Fällen nicht vorgesehen. Die Geschäftspartner kontrahieren mit dem Insolvenzverwalter. Die sich hierdurch ergebenden Rechtsfolgen müssen nicht gesondert publiziert werden. 247

b) Selbstständiges Wirtschaften des Schuldners

Nach der Regelung des Abs. 2 Satz 1 unterscheidet sich davon ein vom Insolvenzverwalter geduldetes selbstständiges Weiterwirtschaften des Schuldners in den wirtschaftlichen Konsequenzen kaum. Wie vor der Neuregelung sind die Bruttoeinnahmen als **Neuerwerb** gem. Abs. 1 Halbs. 2 massezugehörig (s. Rdn. 232), wenngleich für den Verwalter oftmals die praktische Schwierigkeit besteht, diese auch tatsächlich zu vereinnahmen. 248

Neu zu beantworten ist jedoch die Frage, inwieweit dadurch **Masseverbindlichkeiten** entstehen. Vor Einführung des Abs. 2 konnte ein Schuldner im Rahmen seiner selbstständigen Tätigkeit nach herrschender Meinung aufgrund §§ 80, 81 die Masse nicht verpflichten (Landfermann in: Kölner Schrift zur InsO, 2. Aufl. 2000, S. 159, 164 Rn. 13; Runkel FS-Uhlenbruck, S. 315, 327; Tetzlaff, ZInsO 2005, 393, 396; NR-Andres § 35 Rn. 131; a. A. FK-Schumacher, 6. Aufl. 2011, § 55 Rn. 22; Maus, ZIP 2004, 389, 391). Nunmehr entstehen jedoch zum einen Masseverbindlichkeiten, wenn der Verwalter ausdrücklich durch sog. Positiverklärung eine Haftung wählt (RA-Bericht, BT-Drucks. 16/4194, S. 14). Zum anderen steht dem das Dulden der selbstständigen Tätigkeit durch den Verwalter gleich; da den Verwalter nach Abs. 2 Satz 1 eine Rechtspflicht zum Handeln trifft (»hat zu erklären«), und zwar entweder eine Haftungserklärung abzugeben oder eine Betriebsfortführung zu organisieren, begründet sein pflichtwidriges Unterlassen eine Haftung der Masse nach § 55 Abs. 1 Nr. 1, 1. Alt. (Jaeger-Windel § 80 Rn. 33; A/G/R-Ahrens § 35 Rn. 156; Berger, ZInsO 2008, 1101, 1103, 1105; Wischemeyer, ZInsO 2009, 2121, 2122; RegE BT-Drucks. 16/3227, S. 17; RA-Bericht, a. a. O.; a. A. Pape/Uhländer-Roth § 35 Rn. 27 ff.). Die Verpflichtung der Masse gilt nach der Gesetzesbegründung auch für Verbindlichkeiten, die der Schuldner unter Einsatz von massefreien Sachen begründet (RegE, a. a. O.; K. Schmidt-Büteröwe § 35 Rn. 51), womit entgegen 249 der vorherigen Rechtsprechung des BFH (ZInsO 2005, 774) in diesen Fällen auch die USt Masseverbindlichkeit ist.

250 Eine solche Duldung setzt die **Kenntnis des Insolvenzverwalters** von der selbstständigen Tätigkeit voraus (so auch BFH, ZInsO 2010, 1556; Holzer, ZVI 2007, 289, 293; Pape, NZI 2007, 481, 82; Andres, NZI 2006, 198, 199; **a. A.** MK-Peters § 35 Rn. 47). Erfasst werden demgemäß nur Verbindlichkeiten, die nach seiner Kenntniserlangung entstehen. Bei Unkenntnis werden nur Neuverbindlichkeiten des Schuldners begründet. Teilweise wird zudem auch eine Erkennbarkeit als ausreichend angesehen (Jaeger-Windel § 80 Rn. 33; Berger, ZInsO 2008, 1101, 1105). Richtig ist, dass der Verwalter z. B. Hinweisen des Finanzamts nachzugehen hat (so Schmerbach, InsbürO 2007, 202, 210). Gibt ihm aber der Schuldner ansonsten eine plausible Erklärung dafür, woraus er seinen Lebensunterhalt bestreitet, hat der Verwalter keine weiteren Nachforschungspflichten. Die Beweislast für Kenntnis oder Kennenmüssen trifft den Gläubiger, der eine Masseverbindlichkeit geltend macht (Berger a. a. O.; K. Schmidt-Büteröwe § 35 Rn. 51).

c) Enthaftung durch »Freigabe«

251 Vielfach ist jedoch eine Betriebsfortführung und auch ein beaufsichtigtes selbstständiges Wirtschaften des Schuldners nicht angebracht, etwa wenn Überschüsse nicht zu erwarten sind und auch keine Aussicht auf eine (übertragende) Sanierung besteht oder der Schuldner unzuverlässig bzw. nicht kooperativ ist. Dem Insolvenzverwalter steht dann aufgrund Art. 12 GG kein Recht zu, die Berufsausübung des Schuldners zu unterbinden (Sinz/Hiebert, ZInsO 2012, 63, 63; Berger, ZInsO 2008, 1101, 1102; Grabau/Miehe, ZVI 2006, 232, 233; Tetzlaff, ZInsO 2005, 393; Andres/G. Pape, NZI 2005, 141, 142, 144 f.; K. Schmidt-Büteröwe § 35 Rn. 52; **a. A.** Uhlenbruck-Hirte § 35 Rn. 282; Zimmermann, ZInsO 2011, 2057; Runkel, ZVI 2007, 45, 50; Henning, ZInsO 2004, 585, 592), zumal die Arbeitskraft des Schuldners nicht dem Insolvenzbeschlag unterfällt (s. Rdn. 36) und die Betriebsmittel vielfach gem. §§ 36 Abs. 1 InsO, 811 Abs. 1 Nr. 5 und 7 ZPO insolvenzfreies Vermögen des Schuldners sind. Einziges Instrument des Verwalters, die Haftung der Masse und seine Haftung für die Quotenschmälerung (s. Rdn. 270 f.) auszuschließen, ist dann die in Abs. 2 geregelte »Freigabe« des Neuerwerbs aus der selbstständigen Tätigkeit.

3. Die Erklärung des Verwalters

252 Jede Erklärung des Insolvenzverwalters nach Abs. 2 muss auf einer manchmal schwierigen wirtschaftlichen **Prognoseentscheidung** über die selbstständige Tätigkeit des Schuldners basieren (Ehlers, ZInsO 2014, 53; Berger, ZInsO 2008, 1101, 1104 ff.; Frind, ZInsO 2004, 1064, 1065; Andres/Pape, NZI 2005, 141, 145; Grote/Pape, ZInsO 2004, 993, 997). Der Verwalter hat die ihm innerhalb eines angemessenen Zeitraums zur Verfügung stehenden Erkenntnisquellen auszuschöpfen, um die Ertragschancen und Risiken einer Betriebsfortführung oder überwachten Duldung der Tätigkeit zu ermitteln und zu bewerten, um sie dem ebenfalls einzuschätzenden Masseanspruch aus § 295 Abs. 2 ggü. zu stellen. Die Frist ist einzelfallabhängig, z. B. davon, ob der Verwalter bereits im Eröffnungsverfahren als Gutachter oder vorläufiger Insolvenzverwalter tätig war; 4 Wochen sollten grds. ausreichen. Hierbei treffen den Schuldner gem. § 97 umfangreiche Auskunfts- und Mitwirkungspflichten, deren Verletzung nach § 290 Abs. 1 Nr. 5 mit der Versagung der Restschuldbefreiung sanktioniert werden kann. Die auf Basis dieser Prognose vom Verwalter zu treffende unternehmerische Entscheidung hat er frei von Eigeninteressen am Wohl der Insolvenzgläubiger zu orientieren. Aufgrund der planerischen Unwägbarkeiten und der Verpflichtung zur masseschonenden Verwaltung ist in der Praxis die »Freigabe« nach Abs. 2 zur Regel geworden.

253 Abs. 2 Satz 1 ist in doppelter Hinsicht unglücklich formuliert: Zunächst wechselt der Gesetzgeber mitten im Satz die Perspektive, wenn er einerseits von massezugehörigem »Vermögen« aus der selbstständigen Tätigkeit spricht und dem geltend zu machende »Ansprüche« aus dieser Tätigkeit gegenüberstellt. Richtigerweise hätte es an zweiter Stelle »Verbindlichkeiten« heißen müssen (so auch Berger, ZInsO 2008, 1101, 1103). Zudem lässt es der Wortlaut aufgrund der zweimaligen Verwendung des Wortes »ob« zu, den beruflichen Neuerwerb für die Masse zu beanspruchen, die

dadurch veranlassten Verbindlichkeiten aber zurückzuweisen. Nach ganz herrschender Meinung kann der Verwalter für Aktiva und Passiva aus der selbstständigen Tätigkeit aber nur gleichgerichtete Erklärungen abgeben (Berger a. a. O.; Haarmeyer, ZInsO 2007, 696, 697; Jaeger-Windel § 80 Rn. 33; HK-Ries § 35 Rn. 73 f.; Holzer, ZVI 2007, 289, 291; a. A. Wagenknecht-Hose, Vertragliche und umsatzsteuerliche Neuverbindlichkeiten des Schuldners in der Insolvenz, Diss. 2008, S. 57 ff.).

Für die Bezeichnung der Erklärung nach Abs. 2 Satz 1 hat sich in der Praxis der **Begriff** »Freigabe« etabliert und wird deshalb auch hier verwendet. Gleichwohl unterscheidet sich die **Rechtsnatur** der Erklärung wesentlich von der echten Freigabe, wie sie unter Rdn. 52 ff. dargestellt ist (hierzu Berger, ZInsO 2008, 1101, 1103). Während sich die echte Freigabe auf einen einzelnen konkreten Gegenstand bezieht, erfasst die Erklärung nach Abs. 2 mit dem beruflichen Neuerwerb eine unbestimmte Rechtsgesamtheit. Treffender bezeichnet wird die Erklärung daher als Haftungserklärung in den Erscheinungsformen der Negativ- und Positiverklärung (so zuerst Ahrens, NZI 2007, 622 und weiter Berger a. a. O.). 254

Bei der **Ausführung** der Haftungserklärung bestehen hingegen keine essenziellen Unterschiede zur echten Freigabe. Es handelt sich um eine ggü. dem Schuldner abzugebende einseitige empfangsbedürftige Willenserklärung. Als verfahrensrechtliche Erklärung ist sie bedingungsfeindlich (RegE BT-Drucks. 16/3227, S. 17) und kann auch konkludent erfolgen (A/G/R-Ahrens § 35 Rn. 149). Nach einer Positiverklärung ist zwar noch eine »Freigabe« möglich; eine Negativerklärung ist dagegen unwiderruflich (Holzer, ZVI 2007, 289, 293). Nach herrschender Meinung soll eine Anfechtung gem. §§ 119 ff. BGB ausgeschlossen (Holzer, a. a. O.; Berger ZInsO 2008, 1101, 1105; krit. dazu BK-Amelung/Wagner § 35 Rn. 136) und eine Korrektur nur nach Abs. 2 Satz 3 möglich sein. 255

Eine **Frist** ist nicht bestimmt, Verzögerungen können gleichwohl zur Haftung führen (s. Rdn. 271). Auch ist keine bestimmte **Form** vorgeschrieben. Es empfiehlt sich jedoch, die Erklärung zumindest schriftlich zu wiederholen und einen Zugangsnachweis einzuholen. Eine Kopie hiervon sollte mit der Anzeige nach Abs. 3 Satz 1 beim Gericht eingereicht werden. Der **Inhalt** der Erklärung sollte über den missverständlichen gesetzlichen Wortlaut hinaus die konkrete Tätigkeit umschreiben (s. Rdn. 260) und den Schuldner näher über die Rechtsfolgen informieren. Mit Blick auf die Haftungsfragen und die Entscheidung der Gläubigerorgane nach Abs. 2 Satz 3 empfiehlt es sich, eine **Begründung** für die jeweilige Haftungserklärung zumindest im Bericht zur ersten Gläubigerversammlung abzugeben (weiter Ehlers, ZInsO 2014, 53, 58; Hinweispflicht ggü. Schuldner auf mangelnde Sanierungsfähigkeit). 256

4. Rechtsfolgen der »Freigabe«

Mit Zugang der Negativerklärung beim Schuldner wird die **Haftung der Masse ex nunc beendet**. Es gibt keine Rückwirkung etwa auf den Zeitpunkt der Kenntniserlangung des Verwalters von der Tätigkeit oder auf die Insolvenzeröffnung (so auch Berger, ZInsO 2008, 1101, 1106; LAG Schleswig-Holstein, ZInsO 2011, 445 Tz. 32, **a. A.** Bartels, KTS 2012, 381, 394 ff.). Gleichwohl setzt das Entstehen von Masseverbindlichkeiten eine pflichtwidrige Duldung des Verwalters voraus (s. Rdn. 249), sodass innerhalb einer angemessenen Prüfungsphase für die Prognoseentscheidung (s. Rdn. 252) nur Neuverbindlichkeiten des Schuldners entstehen (so auch A/G/R-Ahrens § 35 Rn. 156; a. A. MK-Peters § 35 Rn. 47: Masseverbindl.). 257

Gleiches gilt für den beruflichen **Neuerwerb**. Auch hier wirkt die »Freigabe« nach Abs. 2 nicht zurück; das bis dahin vom Schuldner erworbene Neuvermögen bleibt in vollem Umfang massezugehörig. Erst die danach aus der selbstständigen Tätigkeit neu erworbenen Gegenstände sind einschließlich ihrer Surrogate insolvenzfrei (BGH, ZInsO 2013, 1146 Tz. 23; v. Gleichenstein, ZVI 2013, 409, 410 ff.; Berger, ZInsO 2008, 1101, 1103, 1106), zur Masse gehört nur noch anderweitiger Neuerwerb. Dieses nach der Negativerklärung erworbene berufliche Vermögen steht den Neugläubigern als Haftungsmasse zur Verfügung, für die Insolvenzgläubiger gilt weiterhin § 89 Abs. 1. Abzulehnen ist daher die Rechtsprechung des BFH (ZInsO 2011, 2037; ZInsO 2011, 51), dass der Fiskus vom Schuldner neu erwirtschaftete Steuerguthaben mit Steuer-Insolvenzforderungen 258 aufrechnen könne; es fehlt aufgrund der unterschiedlichen Haftungsmassen an der Gegenseitigkeit gem. § 387 BGB (Kahlert, EWiR 2011, 53; MK-Peters § 35 Rn. 47h; a. A. Schmittmann, InsbürO 2011, 246: Guthaben gehört zur Masse). Zur Besteuerung s. auch Krüger, ZInsO 2011, 593.

258a Nach dem neuen § 12 Satz 2 GewO entfällt mit der »Freigabe« die Sperrwirkung des § 12 (Satz 1) GewO, sodass eine **Gewerbeuntersagung** gem. § 35 GewO möglich ist, allerdings nur wegen erneuter Unzuverlässigkeit. Das entspricht der vorherigen Praxis (vgl. OLG Münster, ZInsO 2011, 1359; VG Neustadt, ZInsO 2013, 1202).

259 Auf Antrag eines Neugläubigers kann noch während des Insolvenzverfahrens ein **Zweitinsolvenzverfahren** eröffnet werden (BGH, ZInsO 2011, 1349). Gegenstand des Zweitverfahrens ist das freigegebene Sondervermögen (AG Hamburg, ZInsO 2008, 680, 681), also die Bruttoeinkünfte des Schuldners aus der freigegebenen selbstständigen Tätigkeit nebst sonstigem pfändbaren Betriebsvermögen. Teilnahmeberechtigt sind nur Neugläubiger (BGH a. a. O. Tz. 7). Eine erneute Freigabe gem. § 35 Abs. 2 ist statthaft (so auch Wischemeyer, ZInsO 2009, 2121, 2129; Montag, ZVI 2013, 453, 459). Die Verfahrenskostendeckung wird zumeist nur aus Insolvenzanfechtungsansprüchen zu bestreiten sein, z. B. wegen Zwangsvollstreckungen im Dreimonatszeitraum gem. § 131. Der Abführungsbetrag gem. §§ 35 Abs. 2 Satz 2, 295 Abs. 2 steht den Altgläubigern zu. Der Schuldner sollte dazu im Zweitverfahren nach § 36 Abs. 4 i. V. m. §§ 850 Abs. 2, 850i ZPO Pfändungsschutz beantragen (Montag, a. a. O. S. 456 f., vgl. auch BGH, ZInsO 2013, 625 Tz. 6), um seine Verpflichtung im Erstverfahren erfüllen zu können und seine Restschuldbefreiung nicht zu gefährden. Macht er das nicht, ist der Anspruch für den Insolvenzverwalter des Erstverfahrens nur als Insolvenzforderung im Zweitverfahren verfolgbar (**a. A.** AG Hamburg a.a.O; Zipperer, ZVI 2007, 541, 543 f.: Absonderung gem. § 51 Nr. 1).

260 Die »Freigabe« kann sich nur auf die dem Verwalter bekannte und damit die vom Schuldner konkret ausgeübte oder beabsichtigte selbstständige Tätigkeit erstrecken und nicht abstrakt-generell auf jedwede selbstständige Betätigung (**a. A.** Berger, ZInsO 2008, 1101, 1103; ihm folgend Wischemeyer, ZInsO 2009, 2121, 2123 f.). Es empfiehlt sich daher, die Tätigkeit in der Erklärung zu bezeichnen. Bei einem **Wechsel der Geschäftstätigkeit** hat der Verwalter somit erneut eine Entscheidung nach Abs. 2 zu treffen (Haarmeyer, ZInsO 2007, 696, 697; Schmerbach, InsbürO 2007, 202, 210; K. Schmidt-Büteröwe § 35 Rn. 53; A/G/R-Ahrens § 35 Rn. 158, 164; FK-Bornemann § 35 Rn. 18).

261 Anders als die echte Freigabe ist die Haftungserklärung des Abs. 2 nicht gegenstandsbezogen und erstreckt sich damit nicht auf **Sachen und sonstige Vermögensgegenstände**, die der Schuldner für seine selbstständige Tätigkeit nutzt oder benötigt. Gehören sie nach allgemeinen Regeln zur Masse, ändert die »Freigabe« nach Abs. 2 daran nichts (BFH, ZInsO 2011, 2339; AG Göttingen, ZInsO 2011, 1659; v. Gleichenstein, ZVI 2013, 409, 410 ff.; Wischemeyer, ZInsO 2009, 2121, 2126; Berger, ZInsO 2008, 1101, 1104, 1106; Kupka/Schmittmann, InsbürO 2007, 386; **a. A.** Ahrens, NZI 2007, 622, 624; A/G/R-Ahrens § 35 Rn. 159; MK-Peters § 35 Rn. 47e). Gleichwohl ist ein Großteil der Betriebsmittel rgm. unpfändbar und daher massefrei, insb. nach § 811 Abs. 1 Nr. 5 und 7 ZPO (s. Rdn. 132). Stellt der Schuldner hingegen seine Tätigkeit während des Verfahrens ein, werden sie massezugehörig (s. Rdn. 45); eine echte Freigabe ist daher grds. nicht opportun. Gegenstände, die keinem Pfändungsschutz unterliegen, wie z. B. die Firma (s. Rdn. 108), kann der Verwalter damit trotz Negativerklärung grds. verwerten.

262 Stark umstritten war zunächst, wie sich die Negativerklärung auf bei Insolvenzeröffnung bestehende berufsbezogene **Vertragsverhältnisse** des Schuldners auswirkt. Teilweise wird vertreten, dass § 35 Abs. 2 keine lex specialis zu §§ 103 ff., 108, 109 sei, d. h. der Verwalter müsse sämtliche Dauerschuldverhältnisse kündigen, um die Masse abzusichern; innerhalb der Fristen der §§ 109, 113 könnten Vermieter und Arbeitnehmer des Schuldners damit auch nach der »Freigabe« die Zahlung ihrer fortlaufenden Vertragsentgelte vom Verwalter als Masseverbindlichkeit verlangen (Wischmeyer, ZInsO 2009, 2121, 2124 f.; Wischmeyer/Schur, ZInsO 2007, 1240; ihnen folgend BK-Amelung/Wagner § 35 Rn. 139; Berger, ZInsO 2008, 1101, 1107; ähnl. Gutsche, ZVI 2008, 41). Zu recht herrschend ist jedoch mittlerweile die Sichtweise, dass die »Freigabe« auch Dauerschuldverhältnisse

erfasst wie Miet-, Leasing-, Arbeits-, Belieferungs-, Versorgungs- oder Versicherungsverträge und der Schuldner damit wieder die Verfügungsbefugnis über solche Verträge erhält, wobei Insolvenzforderungen ihm ggü. weiterhin nicht durchgesetzt werden können (BGH, ZInsO 2012, 481; BAG, ZInsO 2014, 507; Stiller, ZInsO 2010, 1374; Ries, ZInsO 2009, 2030; Haarmeyer, ZInsO 2007, 696, 697; Ahrens, NZI 2007, 622, 625; Zipperer, ZVI 2007, 541, 542). Gestützt wird dies vom Wortlaut des Abs. 2 Satz 1, der Ratio der öffentlichen Bekanntmachung gem. Abs. 3 und der Gesetzesbegründung, wo es heißt, bei der Negativerklärung handele es sich um »eine Art 'Freigabe' des Vermögens, das der gewerblichen Tätigkeit gewidmet ist, einschließlich der dazu gehörenden Vertragsverhältnisse« (RegE, BT-Drucks. 16/3227, S. 17). Sinn und Zweck des § 35 Abs. 2 ist es, die Selbstständigkeit des Schuldners zu fördern und die Masse zu schützen (s. Rdn. 240). Dem Schuldner würde aber die Existenzgrundlage entzogen, wenn sämtliche berufsbezogenen Verträge dauerhaft beendet werden, da es ihm im Insolvenzverfahren kaum möglich ist, neue Verträge zu angemessenen Konditionen abzuschließen. Zudem soll die Masse nur den Gläubigern dienen, deren Forderung vor Insolvenzeröffnung begründet worden ist (§ 38), vorrangige Masseverbindlichkeiten sind nur zu rechtfertigen, wenn eine Gegenleistung zur Masse fließt. Wegen der sich hieraus ergebenden Einzelheiten zu den jeweiligen Vertragstypen s. die Kommentierung bei § 103 Rdn. 54, § 108 Rdn. 2, § 109 Rdn. 6, § 112 Rdn. 1 u. Vorbem. §§ 113 ff. Rdn. 2.

Abzulehnen ist hingegen die BGH-Rspr. zur Auswirkung des Abs. 2 auf **Vorausverfügungen**, wonach eine vor Insolvenzeröffnung vereinbarte Globalzession auch die nach »Freigabe« erwirtschafteten Neuforderungen erfasst, weil § 91 Abs. 1 nicht eingreift (BGH, ZInsO 2013, 1146). Die Durchsetzung des Normzwecks, selbstständige Erwerbstätigkeiten von Insolvenzschuldnern zu fördern (Rdn. 240), wird dadurch unmöglich, da keine Mittel für Betriebsausgaben und Lebensunterhalt verbleiben (so auch v. Gleichenstein, ZVI 2013, 419 ff.; Heinze, DZWIR 2013, 386). Richtigerweise steht der Vorausabtretung § 89 Abs. 1 i. V. m. § 400 BGB entgegen. Für die Praxis ist betroffenen Schuldnern anzuraten, Vollstreckungsschutz nach § 89 Abs. 3 i. V. m. § 850i ZPO zu beantragen, bei dem auch die Betriebsausgaben und die Ausgleichsverpflichtungen gem. §§ 35 Abs. 2 Satz 2, 295 Abs. 2 zu berücksichtigen sind. Näher zum Ganzen Lüdtke, ZVI 2013, 228.

263

Die Anordnung der entsprechenden **Anwendung des § 295 Abs. 2** (s. Vorbemerkung vor Rdn. 1) in Abs. 2 Satz 2 könnte vom Wortlaut her auch bei der Positiverklärung gelten, sie passt funktional aber nur bei der Negativerklärung (Ahrens, NZI 2007, 622, 626). Der Gesetzgeber wollte hiermit eine sonst bestehende Besserstellung der Selbstständigen ggü. abhängig Beschäftigten verhindern (RegE, BT-Drucks. 16/3227, S. 17). Der vom Schuldner für die »Freigabe« an die Masse zu leistende Ausgleich orientiert sich daher nicht am realen wirtschaftlichen Ergebnis seiner selbstständigen Tätigkeit sondern – fiktiv – an dem, was er nach seiner beruflichen Qualifikation aufgrund Ausbildung und Vortätigkeiten als Arbeitnehmer verdienen könnte (vgl. § 295 Rdn. 24 ff.). Der Höhe ach ist die Verpflichtung allerdings begrenzt auf den tatsächlichen Gewinn aus der selbstständigen Tätigkeit (BGH, ZInsO 2014, 824 Tz. 21; ZInsO 2013, 1586 Tz. 16 ff.). Die Masse partizipiert damit zwar nicht an einem – i. d. R. nicht zu erwartenden – wirtschaftlichen Erfolg des Schuldners, nimmt aber auch nicht an dem Risiko teil. Durch die »entsprechende« Geltung der Norm handelt es sich nicht wie in der Wohlverhaltensperiode nur um eine Obliegenheit des Schuldners, sondern auch um eine vom Insolvenzverwalter vor dem Prozessgericht einklagbare und in das insolvenzfreie Vermögen des Schuldners vollstreckbare Verpflichtung (RegE a. a. O.: »Abführungspflicht«; BGH, ZInsO 2014, 824 Tz. 13 ff.; ZInsO 2013, 1586 Tz. 20). Auskunftspflichtig ist der Schuldner in jedem Fall zu den Umständen, die zur Bestimmung des pfändbaren Anteils des fiktiven Einkommens gem. § 295 Abs. 2 erforderlich sind, zum wirtschaftlichen Ergebnis seiner selbstständigen Tätigkeit aber nur dann, wenn er keine Zahlungen leistet, die den Maßstab des § 295 Abs. 2 erfüllen, wobei i. d. R. jährliche Zahlungen geboten sind (BGH, ZInsO 2014, 824 Tz. 23 ff.; ZInsO 2013, 1586 Tz. 20 ff.). Verstößt der Schuldner gegen die Abführungspflicht oder die Auskunftspflicht sind dies zudem Rechtsschuldbefreiungsversagungsgründe i. S. d. § 290 Abs. 1 Nr. 5 (BGH, ZInsO 2013, 1586 Tz. 20). Durch die Vorverlegung der Erwerbsobliegenheit in den Zeitraum ab Insolvenzeröffnung in § 287b ändert sich der Umfang des Masseanspruchs nicht (so auch v. Gleichenstein, ZVI 2013, 409, 421 f.; **a. A.** Ahrens, NZI 2013, 800). Allein für die Restschuldbefreiung i. R. d. § 290

264

Abs. 1 Nr. 7 und die Kostenstundung gem. § 4c Nr. 4 ist zu verlangen, dass ein Schuldner, der keinen Gewinn erwirtschaftet, um Zahlungen i. H. d. § 295 Abs. 2 zu leisten, sich parallel um ein solches abhängiges Arbeitsverhältnis bemüht und seine Selbstständigkeit dafür dann ggf. aufgibt (vgl. BGH, ZInsO 2013, 1586 Tz. 15; BGH, ZInsO 2009, 1217).

265 Eine »**modifizierte Freigabe**« (vgl. Rdn. 55), bei der eine von § 295 Abs. 2 abweichende Kompensationsregelung getroffen wird, bzw. die Beträge und Modalitäten konkretisiert werden, ist zulässig (FK-Bornemann § 35 Rn. 24; so wohl auch Schmerbach/Wegener, ZInsO 2006, 400, 406), bedarf aber der Zustimmung des Schuldners.

5. Unwirksamkeitsanordnungen (Abs. 2 Satz 3)

266 Abs. 2 Satz 3 soll das Prinzip der Gläubigerautonomie (§ 1 Rdn. 50 ff.) sichern (RegE BT-Drucks. 16/3227, S. 17). Die Gläubigerorgane können nach den Regeln der §§ 72, 75 bis 77 beschließen, dass das Insolvenzgericht die Unwirksamkeit der Verwaltererklärung durch Beschluss anordnet. Der Beschluss des Gerichts ist nicht rechtsmittelfähig (§ 6). Eine Frist gibt es nicht, die Entscheidung muss daher nicht zwingend in der nächsten auf die Verwaltererklärung folgenden Gläubigerversammlung oder -ausschusssitzung getroffen werden (Mäusezahl, InsbürO 2007, 152 f.; a. A. A/G/R-Ahrens § 35 Rn. 165; max. 1 Jahr). Nach dem Wortlaut der Norm kann nicht nur die Freigabe, sondern auch eine Erklärung des Verwalters, nicht freizugeben, revidiert werden, was den Kompetenzen der Gläubiger in § 157 entspricht. Wird eine Positiverklärung für unwirksam erklärt, ist damit aber noch keine »Freigabe« bewirkt, da diese nur der Verwalter erklären kann; er ist daher gem. § 58 in dem Beschluss entsprechend anzuweisen. Eine Missbrauchskontrolle der Entscheidung der Gläubigerversammlung durch das Gericht ist über § 78 zu erreichen (so auch LG Duisburg, ZIP 2010, 2113).

267 Die Wortwahl legt nahe, dass bei »Unwirksamkeit« der Negativerklärung der in Rdn. 248 f. dargestellte Zustand mit **Rückwirkung** wiederhergestellt wird, d. h. der – noch vorhandene – Neuerwerb des Schuldners zur Masse zurückgeholt wird, und noch nicht befriedigte betriebliche Verbindlichkeiten des Schuldners nach § 55 zu berücksichtigen sind (ähnlich HK-Ries § 35 Rn. 82). Überwiegend wird jedoch unter Hinweis auf angeblich unlösbare Rückabwicklungsprobleme eine solche ex-tunc-Wirkung abgelehnt (AG Duisburg, NZI 2010, 905; Schmerbach, InsbürO 2007, 202, 211; Uhlenbruck-Hirte § 35 Rn. 103; Graf-Schlicker/Kexel § 35 Rn. 30; BK-Amelung/Wagner § 35 Rn. 145; FK-Bornemann § 35 Rn. 25), wobei Rechtshandlungen des Schuldners analog § 34 Abs. 3 Satz 3 wirksam bleiben sollen (Haarmeyer, ZInsO 2007, 696, 698; Berger, ZInsO 2008, 1101, 1105). Da eine solche Reversion aber wohl nur aus ökonomischen Gründen erfolgen dürfte, also bei wirtschaftlichem Erfolg sowie Zuverlässigkeit und Kooperation des Schuldners, ergeben sich diese Probleme in der Praxis nicht. Zudem wäre es systemfremd, dem Schuldner den erwirtschafteten Überschuss trotz Unwirksamkeit der »Freigabe« dauerhaft zu belassen.

6. Öffentliche Bekanntmachung (Abs. 3)

268 Die Publizitätsverpflichtung nach Abs. 3 dient der Information der Geschäftspartner des Schuldners (RegE BT-Drucks. 16/3227, S. 17). Veröffentlicht wird sowohl eine Negativ- als auch eine Positiverklärung des Verwalters sowie etwaige Unwirksamkeitsbeschlüsse hierzu. Die Veröffentlichung erfolgt **rein deklaratorisch**, sie ist keine Wirksamkeitsvoraussetzung (BGH, ZInsO 2012, 481 Tz. 24). Unterbleibt die Bekanntmachung einer Erklärung, besteht kein Gutglaubensschutz des Rechtsverkehrs; wird eine tatsächlich nicht erfolgte Erklärung publiziert, treten die Rechtsfolgen des Abs. 2 nicht ein (Berger, ZInsO 2008, 1101, 1104 f.). Eine verspätete Anzeige des Verwalters ist allein i. R. d. § 60 relevant (s. Rdn. 271). Entsprechendes gilt für den Unwirksamkeitsbeschluss. Die Veröffentlichung erfolgt gem. § 9 im Internet auf *www.insolvenzbekanntmachungen.de*.

7. Verwalterhaftung

Nach einer sog. **Negativerklärung** (»Freigabe«) entstehen keine Masseverbindlichkeiten. Daher kommt eine Haftung des Insolvenzverwalters allenfalls nach § 60 in Betracht, nicht aber nach § 61. Der Vorwurf wird lauten, dass sich die Verwalterentscheidung als masseschädlich herausgestellt hat, weil der Schuldner aus seiner beruflichen Tätigkeit erhebliche Überschüsse erwirtschaftet hat. Dabei ist zu beachten, dass den Verwalter keine Erfolgsgarantie für seine Prognoseentscheidung trifft, da § 60 eine Verschuldenshaftung enthält. Der Verwalter haftet daher nur für verschuldete Fehler bei der Prognoseerstellung und für eine unvertretbare Entscheidung auf Basis einer korrekt erstellten Prognose (zu den Anforderungen s. Rdn. 252). 269

Bei einer sog. **Positiverklärung** (»Nicht-Freigabe«) kommt bei Masseschädlichkeit der Entscheidung ebenfalls eine Verwalterhaftung ggü. der Gesamtheit der Insolvenzgläubiger gem. §§ 60, 92 in Betracht, wenn die vom Schuldner begründeten Masseverbindlichkeiten höher sind als der zur Masse fließende Neuerwerb. Die Haftungsgrundsätze entsprechen denen bei Rdn. 269. Massegläubiger können sich dagegen bzgl. einer Verwalterhaftung nur auf § 61 stützen (s. § 60 Rdn. 6). Die Norm ist jedoch nicht anwendbar. § 61 stellt auf eine Rechtshandlung des Verwalters ab, die Positiverklärung des Verwalters begründet aber noch keine Masseverbindlichkeiten, vielmehr muss erst noch eine Rechtshandlung des Schuldners hinzukommen (BK-Amelung/Wagner § 35 Rn. 147; Berger ZInsO 2008, 1101, 1106). Wie aus § 61 Satz 2 deutlich wird, ist die Norm zudem auf eine Betriebsfortführung durch den Verwalter ausgerichtet, nicht auf eine durch den Schuldner (Berger a.a.O.). 270

In der Praxis werden sich Haftungsfragen vor allem wegen **Untätigkeit** und **Verspätungen** des Verwalters bei der Erklärungsabgabe oder der Anzeige ggü. dem Gericht stellen. § 61 ist dann aus den gleichen Gründen wie bei Rdn. 270 nicht anwendbar, da die Masseverbindlichkeiten nicht unmittelbar durch das Unterlassen des Verwalters begründet werden, sondern erst durch das Schuldnerhandeln (BK-Amelung/Wagner § 35 Rn. 147; **a. A.** NR-Andres § 35 Rn. 103). Zudem greift § 61 nur bei rechtsgeschäftlicher Begründung von Masseverbindlichkeiten durch den Verwalter (s. § 61 Rdn. 2). Es droht aber eine Haftung nach § 60 ggü. den Insolvenzgläubigern wegen einer Quotenverminderung durch die Masseverbindlichkeiten, die infolge pflichtwidriger Duldung der selbstständigen Tätigkeit entstanden sind. Dabei kommt es zunächst darauf an, ob überhaupt Masseverbindlichkeiten entstanden sind, was erst einmal von der strittigen Frage abhängt, ob man positive Kenntnis des Verwalters von der selbstständigen Tätigkeit des Schuldners verlangt oder auch fahrlässige Unkenntnis ausreichen lässt (s. Rdn. 250). Besteht danach eine Pflicht zum Tätigwerden des Verwalters, d.h. zuerst eine Prognose anzustellen (s. Rdn. 252), entstehen nach der hier vertretenen Auffassung die Masseverbindlichkeiten erst nach Ablauf einer angemessenen Frist zur Ermittlung der Entscheidungsgrundlagen, da erst danach von einer Duldung gesprochen werden kann (s. Rdn. 257). Hiernach hat der Verwalter dann aber unverzüglich (§ 121 BGB) seine Entscheidung zu treffen und umzusetzen, also eine nach außen hin erkennbare Betriebsfortführung zu organisieren oder eine Erklärung i. S. d. Abs. 2 abzugeben und dem Gericht anzuzeigen, ansonsten setzt die Haftung des § 60 ein (Berger, ZInsO 2008, 1101, 1105; BK-Amelung/Wagner § 35 Rn. 149). Teilweise wird vertreten, dass eine Pflichtwidrigkeit des Verwalters ausscheidet, wenn der Schuldner seinen Informationspflichten aus § 97 (s. Rdn. 252) nicht nachkommt (Holzer ZVI 2007, 289, 293; BK-Amelung/Wagner § 35 Rn. 148). Richtigerweise hat der Verwalter aber wohl eine vorsorgliche Negativerklärung abzugeben, wenn er diese Mitwirkungspflichten ggü. dem Schuldner nicht innerhalb der genannten Frist durchsetzen kann (Berger a.a.O.). 271

E. Streit über Massezugehörigkeit

Teilt der Insolvenzschuldner die Auffassung des Verwalters zur Massezugehörigkeit eines Gegenstandes nicht, kann er gegen den Verwalter **Feststellungs-, Unterlassungs- oder Leistungsklage** vor den ordentlichen Prozessgerichten erheben (BGH, ZInsO 2010, 1115; ZInsO 2008, 204; ZInsO 2007, 1207). Die Inanspruchnahme und Verwertung von Gegenständen des Schuldners durch den Verwalter ist keine Maßnahme der Zwangsvollstreckung, da der Verwalter, anders als ein 272

Gerichtsvollzieher, kein mit Zwangsbefugnissen ausgestattetes Vollzugsorgan ist (Jaeger-Henckel § 35 Rn. 129). Auch ist das Insolvenzgericht mit seiner Aufsichts- und Organisationsfunktion grds. nicht zur verbindlichen Entscheidung von Streitigkeiten zwischen den Verfahrensbeteiligten berufen (Henckel a. a. O.). Ausnahmen gelten nach **§ 36 Abs. 4** und **§ 89 Abs. 3** für die Entscheidung über die Pfändbarkeit und damit Massezugehörigkeit von Arbeits- und gleichgestellten Einkünften des Schuldners sowie bei Zwangsvollstreckung des Verwalters gegen den Schuldner (**§ 148 Abs. 2**).

273 Bei Widerstand des Schuldners gegen die Inbesitznahme von Massegegenständen durch den (vorläufigen) Insolvenzverwalter ist dieser zwar nicht zur gewaltsamen Durchsetzung berechtigt, hat aber auch nicht zunächst den Klageweg zu beschreiten, sondern kann direkt aus dem Sicherungs- bzw. Eröffnungsbeschluss als Vollstreckungstitel mithilfe des Gerichtsvollziehers die Herausgabe erzwingen (§ 148). Dem Schuldner steht die Erinnerung entsprechend § 766 ZPO zu, die beim Insolvenzgericht einzulegen ist (zu Einzelheiten s. die Kommentierung von § 148).

274 Befindet sich ein vom Verwalter als Masse erachteter Gegenstand im Gewahrsam eines Dritten, haben Sicherungs- und Eröffnungsbeschluss keine Titelfunktion. Der Verwalter hat einen solchen Titel ggf. erst im Zivilprozess zu erstreiten (Arg. ex § 148 Abs. 2 Satz 1; vgl. auch LG Trier, ZInsO 2005, 780).

275 Ansprüche Dritter gegen den Verwalter wegen unberechtigter Inanspruchnahme von Gegenständen für die Masse sind im Zivilprozess nach den Regelungen über die Aussonderung (§ 47) bzw. Ersatzaussonderung (§ 48) zu verfolgen.

Anhang zu § 35

Inhaltsübersicht   Seite
- A. Gründerhaftung 432
- B. Grundsätze der Kapitalaufbringung/Voreinzahlung 445
- C. Verdeckte Sacheinlage 464
- D. Hin- und Herzahlen 479
- E. Kapitalerhaltung 489
- F. Existenzvernichtungshaftung 508
- G. Vermögensvermischungshaftung 515
- H. Geschäftsführerhaftung 519
- I. Haftung der Aufsichtsratsmitglieder in der GmbH 542
- J. D&O-Versicherung 557
- K. Beraterhaftung 565
- L. Ansprüche aus Patronatserklärung 572

A. Gründerhaftung

I. Vorgründungsgesellschaft

1 Zwischen dem Entschluss von zwei oder mehreren Personen, eine GmbH zu gründen, und der notariellen Beurkundung des Gesellschaftsvertrags besteht eine sog. **Vorgründungsgesellschaft** (BGHZ 91, 148, 151; Roth/Altmeppen, GmbHG, § 11 Rn. 68). Diese entsteht mit dem Vorvertrag, durch den sich die künftigen Gesellschafter verpflichten, eine GmbH zu gründen. Der Vorvertrag bedarf der Form des § 2 Abs. 1 GmbHG, wenn Gegenstand des Vertrags die Errichtung der GmbH ist und nicht nur zur Vorbereitung und Planung verpflichten soll (Scholz-K. Schmidt, GmbHG, § 11 Rn. 12; Lutter/Hommelhoff-Bayer, GmbHG, § 11 Rn. 4). Die Vorgründungsgesellschaft ist keine Vorstufe zur GmbH, sondern eine **selbstständige Gesellschaft**, die rgm. durch Zweckerreichung (Abschluss des GmbH-Vertrags, spätestens mit der Errichtung der GmbH) gem. § 726 BGB endet (Scholz-K. Schmidt, GmbHG, § 11 Rn. 14). Zum Übergang der Aktiva und Passiva von der Vorgründungsgesellschaft auf die Vor-GmbH und schließlich auf die GmbH ist eine

Einzelübertragung (BGH, WM 1981, 1301; 1984, 929) bzw. Schuldübernahme (BGH, GmbHR 1998, 633; GmbHR 2001, 293) erforderlich. Leistungen der Gründer an die Vorgründungsgesellschaft befreien daher nicht von der Einlagepflicht (Scholz-K. Schmidt, GmbHG, §11 Rn. 26; Roth/Altmeppen, GmbHG, §11 Rn. 73; OLG Köln, ZIP 1989, 238).

Die Vorgründungsgesellschaft ist rgm. **GbR** oder, bei Betrieb eines vollkaufmännischen Handelsgewerbes, **OHG** (zur Unterscheidung von Innen- und Außengesellschaft vgl. Scholz-K. Schmidt, GmbHG, §11 Rn. 15). Die **Gründer haften** nach den Regeln der §§ 705 ff. BGB, §§ 105 ff. HGB **unbeschränkt und persönlich** (BGH, GmbHR 1985, 114; BGH, NJW 1998, 1645; Roth/Altmeppen, GmbHG, §11 Rn. 71, 73). Die Haftung erlischt nicht mit Errichtung oder Eintragung der Gesellschaft (Lutter/Hommelhoff-Bayer, GmbHG, §11 Rn. 2), sondern erst mit Erfüllung (BGH, GmbHR 1992, 164; 1998, 633, 634). Haben die Gründer **im Namen der zu gründenden GmbH gehandelt**, muss diese nach Entstehung gem. § 177 BGB genehmigen. Ein Handeln mit der Haftungsbeschränkung nur für die künftige GmbH setzt Offenlegung des Sachverhaltes und Vereinbarung der aufschiebenden Bedingung (Eintragung der GmbH) voraus, sodass das Auftreten mit der künftigen Firmierung und dem Zusatz i.G. nicht genügt (BGH, ZIP 1998, 646; OLG Stuttgart, NZG 2001, 86). Verpflichtet wird bei Fehlen dieser Voraussetzungen die Vorgründungsgesellschaft mit der persönlichen Haftungskonsequenz für die Gründer. Die Vorschriften des GmbHG sind auf die Vorgründungsgesellschaft nicht anwendbar (BGHZ 91, 148, 151). Insb. gilt § 11 Abs. 2 GmbHG für das Vorgründungsstadium nicht (Rowedder/Schmidt-Leithoff, GmbHG, § 11 Rn. 102). Zur **Insolvenzfähigkeit** wird auf § 11 Rdn. 14 verwiesen. Die o. g. Grundsätze sind auch bei einer **Einpersonengründung** entsprechend anzuwenden, wobei eine eingliedrige Vorgründungsgesellschaft ausgeschlossen ist (Roth/Altmeppen, GmbHG, § 11 Rn. 75).

II. Vor-GmbH

1. Allgemeines

Nach Abschluss des Gesellschaftsvertrags besteht die Vor-GmbH, welche bis zur Eintragung in das Handelsregister fortbesteht. Über die Rechtsnatur der Vor-GmbH besteht heute weitgehende Übereinstimmung (Rechtsform eigener Art, s. Roth/Altmeppen, GmbHG, § 11 Rn. 39). Sie ist Vorstufe und notwendige Durchgangsstation zur GmbH. Mit Erlangung der Rechtsfähigkeit (Eintragung) gehen alle Aktiva und Passiva in die GmbH über (**Identität zwischen Vor-GmbH und GmbH:** BGHZ 80, 138; Lutter/Hommelhoff-Bayer, GmbHG, § 11 Rn. 5). Auf die Vor-GmbH sind die Regeln des GmbHG, mit Ausnahme der Vorschriften, die ihre Rechtsfähigkeit voraussetzen (BGHZ 20, 281; 21, 242: 51, 30; BGH, NJW 1993, 459), anwendbar. Die Vor-GmbH ist voll handlungsfähig. Sie wird als Trägerin von Rechten und Pflichten anerkannt (BGHZ 80, 129, 132) und als beschränkt rechtsfähig oder teilrechtsfähig bezeichnet. Insb. kann die Vor-GmbH ohne Rücksicht darauf, dass sie bereits nach HGB die Kaufmannseigenschaft hat, eine Firma mit dem Zusatz »in Gründung« führen (BGHZ 120, 103, 106; BGH, NJW 1998, 1079, 1080; Roth/Altmeppen, GmbHG, § 11 Rn. 41 ff.), ist grundbuchfähig (BGHZ 45, 338, 348), parteifähig (BGH, ZIP 1998, 109; BGH, ZIP 2003, 2123) und insolvenzfähig (vgl. § 11 Rdn. 16).

2. Vertretung der Vor-GmbH

Die Vor-GmbH wird durch ihre Geschäftsführer nach den Regeln des Gesellschaftsvertrags und des Gesetzes (§ 35 GmbHG) vertreten. Streitig ist, ob die Vertretungsmacht der Geschäftsführer bereits unbeschränkt i. S. d. §§ 35, 37 GmbHG ist. Die herrschende Meinung befürwortet eine **beschränkte Vertretungsmacht** (BGHZ 80, 129, 139; 80, 182, 183; Lutter/Hommelhoff-Bayer, GmbHG, § 11 Rn. 14; Baumbach/Hueck-Fastrich, GmbHG, § 11 Rn. 19 f.; **a. A.** unbeschränkte Vertretungsmacht: Scholz-K. Schmidt, GmbHG, § 11 Rn. 60, 72; Beuthin, NJW 1997, 565). Danach wird die **Vertretungsmacht durch den Zweck der Vor-GmbH beschränkt**. Bei Bargründungen ist die Vertretungsbefugnis auf solche Rechtshandlungen beschränkt, die für die Eintragung notwendig sind. Wird bereits in der Gründungsphase ein Handelsgeschäft ausgeübt, deckt sich die Vertretungsmacht rgm. mit § 37 Abs. 2 GmbHG (unbeschränkt; vgl. Roth/Altmeppen, GmbHG,

§ 11 Rn. 47). Wird die Vor-GmbH wirksam verpflichtet, haftet sie nach den allg. Regeln (Scholz-K. Schmidt, GmbHG, § 11 Rn. 79). Für Altverbindlichkeiten aus dem Zeitraum der Vorgründungsgesellschaft besteht eine Haftungsverantwortung nur, wenn hierfür eine gesetzliche oder vertragliche Grundlage besteht (BGH, GmbHR 1998, 633). Von besonderer Bedeutung ist § 25 HGB. Diese Vorschrift greift nach herrschender Meinung nur, wenn die Vor-GmbH das eingebrachte Unternehmen mit dessen bisheriger Firma fortführt (BGH, NJW 1982, 1647; Scholz-K. Schmidt, GmbHG, § 11 Rn. 81).

3. Handelnden-Haftung

5 Von der Haftung der Vor-GmbH ist die persönliche Haftung der Beteiligten zu unterscheiden. **Gem. § 11 Abs. 2 GmbHG haftet der Handelnde neben der Vor-GmbH persönlich und unbeschränkt.** Der BGH hat nach Aufgabe des Vorbelastungsverbots (BGHZ 80, 129) den **Begriff des Handelnden** eingeengt. Handelnder ist nur noch, wer als Geschäftsführer oder wie ein solcher für die künftige GmbH tätig wird (BGHZ 66, 359; 75, 178 zum Abschluss durch eine Hilfsperson; Roth/Altmeppen, GmbHG, § 11 Rn. 30). Erfasst wird folglich auch der faktische Geschäftsführer, der vermeintliche Geschäftsführer bei unwirksamer Bestellung und der vollmachtlose Vertreter (Scholz-K. Schmidt, GmbHG, § 11 Rn. 112 ff.). Daher unterliegen Bevollmächtigte (auch Prokuristen) sowie Gründer, die zwar die Geschäftsaufnahme veranlasst haben, indessen nicht verantwortlich tätig geworden sind, nicht dem Anwendungsbereich des § 11 Abs. 2 GmbHG (Lutter/Hommelhoff-Bayer, GmbHG, § 11 Rn. 26).

6 Erforderlich ist außerdem, **dass der Handelnde »im Namen der Gesellschaft« tätig geworden ist**. Nach überwiegender Auffassung ist damit ein Handeln im Namen der künftigen, noch nicht eingetragenen GmbH gemeint (BGHZ 51, 30; 65, 378; 66, 359; 72, 45, 47; OLG Hamm, WM 1985, 660). Eine Haftung nach § 11 Abs. 2 GmbHG soll indessen ausgeschlossen sein, wenn im Namen der Vor-GmbH aufgetreten wird (OLG Stuttgart, NZG 2001, 86). Zutreffend wird darauf hingewiesen, dass nach Aufgabe des Vorbelastungsverbots ein Handeln im Namen der Vor-GmbH ebenfalls die Haftung begründen kann (Scholz-K. Schmidt, GmbHG, § 11 Rn. 118; Baumbach/Hueck-Fastrich; GmbHG, § 11 Rn. 48; a. A. Roth/Altmeppen, GmbHG, § 11 Rn. 24). Die Verwendung des Firmenzusatzes »in Gründung« ist nach dieser Literaturmeinung für die Haftung weder erforderlich, noch schließt dies umgekehrt eine Haftung aus. Soll nur die künftige GmbH unter Vermeidung einer Haftung aus § 11 Abs. 2 GmbHG verpflichtet werden, ist der gesamte Sachverhalt offenzulegen und die Vereinbarung unter der aufschiebenden Bedingung der GmbH-Entstehung (Eintragung) zu schließen (Scholz-K. Schmidt, GmbHG, § 11 Rn. 118; Lutter/Hommelhoff-Bayer, GmbHG, § 11 Rn. 27). Die Handelnden-Haftung bezieht sich nur auf **rechtsgeschäftliches und rechtsgeschäftsähnliches Handeln ggü. Dritten** (BGHZ 53, 214; 65, 380; 76, 320, 325; Lutter/Hommelhoff-Bayer, GmbHG, § 11 Rn. 27), **nicht auf gesetzliche Verbindlichkeiten** (BSG, ZIP 1986, 645; BAG, ZIP 1995, 1892; 1997, 154; 2006, 1044 für Sozialversicherungsbeiträge; BFH, DStR 1998, 1129; Roth/Altmeppen, GmbHG, § 11 Rn. 35).

7 **Anspruchsinhaber sind nur Dritte**. Gesellschafter gehören nicht zum geschützten Gläubigerkreis, auch wenn sie eine Drittgläubigerforderung haben (BGHZ 76, 320, 325; Lutter/Hommelhoff-Bayer, GmbHG, § 11 Rn. 28). Im Insolvenzfall steht der Anspruch aus § 11 Abs. 2 GmbHG weiterhin dem Gläubiger zu, da es sich um eine **reine Außenhaftung** handelt. Eine Haftungskonzentration über §§ 92, 93 besteht nicht (Gottwald-Haas, InsR Hdb, § 93 Rn. 181). Die Haftung ist **akzessorisch zur Verantwortung der Vor-GmbH**. Ein Wahlrecht des Gläubigers nach § 179 BGB entfällt folglich (Scholz-K. Schmidt, GmbHG, § 11 Rn. 123). Der Handelnde kann gegen die Haftungsinanspruchnahme die gleichen Einwendungen/Einreden geltend machen, die der Gesellschaft zustehen (Rowedder/Schmidt-Leithoff, GmbHG, § 11 Rn. 125). Da die Handelnden-Haftung den Gläubiger nicht schlechter, aber auch nicht besser stellen soll, als wenn die GmbH bei Vertragsschluss bereits eingetragen gewesen wäre (BGHZ 53, 210, 214; 69, 95, 104), gelten für die Handelnden-Haftung die gleichen **Verjährungsfristen** wie für die GmbH nach ihrer Eintragung (Lutter/Hommelhoff-Bayer, GmbHG, § 11 Rn. 28). Verjährungshemmende Maßnahmen ggü. der

A. Gründerhaftung **Anhang zu § 35 InsO**

Gesellschaft wirken indessen nicht für den nach § 11 Abs. 2 GmbHG haftenden Handelnden (LAG Berlin, GmbHR 1985, 218). Die Haftung des Handelnden ist unbeschränkt. Sie **erlischt** nach überwiegender Auffassung **mit der Eintragung der GmbH** (BGHZ 80, 182; Baumbach/Hueck-Fastrich, GmbHG, § 11 Rn. 53; Roth/Altmeppen, GmbHG, § 11 Rn. 33). Aufgrund der Identität von Vor-GmbH und eingetragener GmbH steht der Gläubiger so, als wenn er mit der GmbH kontrahiert hätte. Die praktische Bedeutung der Handelndenhaftung ist dadurch erheblich eingeschränkt. Die Handelnden-Haftung besteht nur fort, wenn die GmbH-Gründung gescheitert ist (Baumbach/Hueck-Fastrich, GmbHG, § 11 Rn. 53; Lutter/Hommelhoff-Bayer, GmbHG, § 11 Rn. 29).

Wird der Handelnde in Anspruch genommen, hat er **Befreiungs- und Regressansprüche** gegen die Gesellschaft gem. §§ 611, 675, 670 BGB, wenn er pflichtgemäß vorgegangen ist (BGHZ 86, 122; Baumbach/Hueck-Fastrich, GmbHG, § 11 Rn. 54; Roth-Altmeppen, GmbHG, § 11 Rn. 34). Ob auch die Gründer persönlich für den Regressanspruch des Handelnden haften, ist streitig (bejahend: Scholz-K. Schmidt, GmbHG, § 11 Rn. 127 f.; verneinend: Lutter/Hommelhoff-Bayer, GmbHG, § 11 Rn. 30; bejahend bis zur Höhe der versprochenen Einlage: BGHZ 86, 122, 126). Der direkte Regress gegen die Gründer ist aber dann gegeben, wenn sie ausnahmsweise im Außenverhältnis unbeschränkt haften (s. Rdn. 10). 8

4. Vor-Gesellschafterhaftung

Der BGH hat die Konzeption einer auf die Einlagepflicht beschränkten persönlichen Außenhaftung der Gründer (BGHZ 65, 378; 72, 45; 80, 129) aufgegeben und durch eine einheitliche Gründerhaftung im Innenverhältnis als Verlustdeckungshaftung ersetzt (BGHZ 134, 333; zust. BFH, BSG und BAG: ZIP 1996, 1548; NJW 1998, 628, 629; ZIP 2000, 494, 497; NJW 1998, 2926, 2927). Die auf den Eintragungsstichtag bezogene Unterbilanzhaftung (vgl. Rdn. 12 ff.) der Gesellschafter wird auf eine ihrem Umfang nach gleiche Gründerhaftung bei der Vor-GmbH vorverlagert. Diese den Gesellschafter treffende **unbeschränkte Verlustdeckungshaftung** greift grds. nur **im Innenverhältnis** (BGHZ, 134, 133; BGH, ZIP 2005, 2257; Scholz-K. Schmidt, GmbHG, § 11 Rn. 142; Ulmer, GmbHG, § 11 Rn. 80 ff.; **a.A.** Lutter/Hommelhoff-Bayer, GmbHG, § 11 Rn. 19: unbeschränkte Außenhaftung; krit. ebenfalls Roth/Altmeppen, GmbHG, § 11 Rn. 55 f.). Folglich haften die Gründer zwischen Gründung und Eintragung anteilig für den Verlust entsprechend ihrer Beteiligung (**keine Gesamtschuldnerschaft**). Sie haften ggü. der Gesellschaft für alle am Gesellschaftsvermögen nicht abgedeckten Verluste, und zwar unabhängig davon, ob die Einlagen bereits erbracht wurden oder nicht (Baumbach/Hueck-Fastrich, GmbHG, § 11 Rn. 23 ff.). Der Gesellschaftsgläubiger kann nicht unmittelbar gegen den Gründer vorgehen, sondern muss zunächst die Vor-GmbH in Anspruch nehmen und deren Anspruch gegen den Gesellschafter pfänden lassen (Lutter/Hommelhoff-Bayer, GmbHG, § 11 Rn. 17). **Bei Insolvenz** obliegt nach § 80 dem Insolvenzverwalter die Anspruchsverfolgung. Darüber hinaus gelten im Gründungsstadium auch die Grundsätze des Eigenkapitalersatzes (anwendbar für Altfälle bis zum Inkrafttreten des MoMiG, die durch die Unterbilanzhaftung nicht ausgeschlossen werden (BGH, ZInsO 2009, 1258 Rn. 18; Scholz/K. Schmidt, GmbHG, § 11 Rn. 143). 9

Ausnahmsweise haften die Gründer im **Außenverhältnis unbeschränkt**, wenn die Eintragungsabsicht aufgegeben oder ihre Verwirklichung unmöglich ist (sog. unechte Vor-GmbH – BGHZ 152, 290). Auch bei Vermögenslosigkeit der Gesellschaft (Lutter/Hommelhoff-Bayer, GmbHG, § 11 Rn. 18; BGH, ZIP 1997, 679; BAG, ZIP 2006, 1044 Rn. 31 zur Einstellung mangels Masse), einer Einmann-Vor-GmbH sowie bei nur einem Gesellschaftsgläubiger kommt ausnahmsweise eine Außenhaftung in Betracht (BGH, NJW 2001, 2092; Baumbach/Hueck-Fastrich, GmbHG, § 11 Rn. 27; Roth/Altmeppen, GmbHG, § 11 Rn. 53). Im **Insolvenzfall** steht die Anspruchsverfolgung bei einer ausnahmsweise vorliegenden Außenhaftung analog. § 93 dem Insolvenzverwalter zu (Lutter/Hommelhoff-Bayer, GmbHG, § 11 Rn. 19). 10

Mit Eintragung endet die Verlustdeckungshaftung der Gründer. Eine in der Gründungsphase bestehende Verlustdeckungshaftung geht in der Unterbilanzhaftung (Rdn. 12 ff.) auf. Verlust- 11 deckungshaftung und Unterbilanzhaftung sind terminologisch, jedoch nicht inhaltlich zu unterscheiden (Lutter/Hommelhoff-Bayer, GmbHG, § 11 Rn. 17). Die Enthaftung tritt daher nicht ein, wenn das satzungsgemäße Haftkapital der Gesellschaft nicht unversehrt im Eintragungszeitpunkt vorhanden war. Im Außenverhältnis gilt nach der Eintragung § 13 Abs. 2 GmbHG. Für die Verbindlichkeiten der GmbH haftet nur noch das Gesellschaftsvermögen. **Unterbleibt die Eintragung** der Gesellschaft in das Handelsregister, tritt eine unbeschränkte Außenhaftung der Gesellschafter ein, wenn nicht die Geschäftstätigkeit unverzüglich eingestellt wird (BGHZ 152, 290; 155, 318; eingehend Lutter/Hommelhoff, GmbHG, § 11 Rn. 20 ff. zur unechten Vor-GmbH). Die unbeschränkte Außenhaftung gilt dann nicht nur für Neuverbindlichkeiten nach Scheitern der Eintragung, sondern auch für zuvor entstandene Altschulden. Die Verlustdeckungshaftung ist daher nur praxisrelevant, wenn die Eintragung der GmbH gescheitert ist. Entsteht die GmbH mit der Eintragung, wird der Verlust als Unterbilanzhaftung geltend gemacht. Wegen des Haftungsumfangs, der Feststellung des Haftungsvolumens, der Beweislast und der Verjährung wird auf die Ausführungen zur Unterbilanzhaftung verwiesen.

5. Unterbilanzhaftung

a) Allgemeines

12   Die Haftungsbeschränkung des § 13 Abs. 2 GmbHG ist auf die Vor-GmbH nicht anwendbar (BGH, ZIP 1997, 680). Für die Vor-GmbH gilt der Grundsatz der Unversehrtheit (BGHZ 80, 136; 80, 184). Das Kapital muss bei der Eintragung vollständig vorhanden sein. Hat die Vor-GmbH bereits in der Gründungsphase die Geschäftstätigkeit aufgenommen, besteht die Gefahr einer Kapitalunterdeckung. Dies sollte nach früherer Ansicht durch ein sog. Vorbelastungsverbot (Einschränkung der Handlungsfähigkeit der Vor-GmbH) verhindert werden. Nach nunmehr herrschender Meinung begründet die Kapitalunterdeckung eine Unterbilanzhaftung der Gründer entsprechend ihrer Beteiligung (BGHZ 134, 333). Kommt es zur Eintragung, haften die Gründer für die Differenz zwischen dem statuarischen Stammkapital abzgl. den satzungsmäßig festgestellten Gründungsaufwand und dem Wert des Gesellschaftsvermögens im Zeitpunkt der Eintragung (grundlegend BGHZ 80, 129, 141 und 105, 300, 303; bestätigt BGH, ZIP 2012, 817 Rn. 15; BGH, ZIP 2006, 668). I. H. d. unterdeckten Betrages trifft die **Gründer** der Vor-GmbH eine **unbeschränkte Innenhaftung pro rata**. Die Gesellschafter haften ggü. der Gesellschaft für alle vom Gesellschaftsvermögen nicht abgedeckten Verluste, unabhängig davon, ob sie ihre Einlagen bereits erbracht haben oder nicht. Der Gläubiger der Gesellschaft kann nicht unmittelbar gegen den Gründer vorgehen (keine Außenhaftung), sondern muss zunächst die Vor-GmbH in Anspruch nehmen und deren Ausgleichsansprüche gegen die Gründer pfänden lassen. Voraussetzung ist nach herrschender Meinung allerdings, dass der Gründer der Geschäftsaufnahme zugestimmt hat (Lutter/Hommelhoff-Bayer, GmbHG, § 11 Rn. 33; Rowedder/Schmidt-Leithoff, GmbHG, § 11 Rn. 30; Goette, DStR 1997, 924; 1999, 207). Rechtsnachfolger haften gem. § 16 Abs. 2 GmbHG (OLG München, ZIP 2010, 579; Ulmer, GmbHG, § 11 Rn. 33).

b) Entstehung des Anspruchs

13   Abzustellen ist auf den **Zeitpunkt der Eintragung** in das Handelsregister (BGHZ 80, 129, 141; 80, 182, 184; Lutter/Hommelhoff-Bayer, GmbHG, § 11 Rn. 32; **a. A.** Scholz-K. Schmidt, GmbHG, § 11 Rn. 142: Differenzierung zwischen Unterbilanzhaftung bis zur Anmeldung und Vorbelastungshaftung bis zur Eintragung). Der Anspruch entsteht für die Gesellschaft mit der Eintragung (BGHZ 134, 333; Rowedder/Schmidt-Leithoff, GmbHG, § 11 Rn. 28; **a. A.** Scholz-K. Schmidt, GmbHG, § 11 Rn. 142: Anspruch auf Ausgleich der Unterbilanz ab Anmeldung). Sie ist **weder auf den Betrag des Stammkapitals noch auf den Betrag der übernommenen Stammeinlage beschränkt** (BGHZ 105, 300, 303; Lutter/Hommelhoff-Bayer, GmbHG, § 11 Rn. 33; Rowedder/Schmidt-Leithoff, GmbHG, § 11 Rn. 28). Der Anspruch ist von der Gesellschaft, im **Insolvenzfall durch den Insolvenzverwalter**, geltend zu machen.

c) Anwendung der Kapitalaufbringungsregeln

Der Anspruch auf Ausgleich der Unterbilanz unterliegt den **Regeln der Kapitalaufbringung**, insb. gilt § 19 GmbHG (BGH, ZIP 2012, 817 Rn. 34; BGH, ZInsO 2006, 374; OLG Düsseldorf, ZIP 2012, 2011; 2013; Baumbach/Hueck-Fastrich, GmbHG, § 11 Rn. 1). Der Gesellschafter kann folglich nicht einseitig mit seinen Forderungen aufrechnen (OLG Brandenburg, ZInsO 2010, 202, 205; a. A. Scholz-K. Schmidt, GmbHG, § 19 Rn. 150). Möglich ist allenfalls eine Verrechnung durch die Gesellschaft, die allerdings nur zulässig ist, wenn der Gegenanspruch des Gesellschafters vollwertig, fällig und liquide ist (BGH, ZInsO 2006, 374; BGH, ZIP 2009, 662, 663; Veil, ZIP 2007, 1241, 1246). Da die Unterbilanzhaftung rgm. durch den Insolvenzverwalter geltend gemacht wird, scheitert die Verrechnungsmöglichkeit an der wegen § 39 Abs. 1 Nr. 5 wertlosen Gesellschafterforderung. Die originäre Haftungsverantwortung trifft den Gesellschafter nur pro rata. **Fallen Mitgesellschafter aus, erweitert sich die Haftungsverantwortung anteilig nach § 24 GmbHG** (BGHZ 80, 129, 141; Lutter/Hommelhoff-Bayer, GmbHG, § 11 Rn. 38; Roth/Altmeppen, GmbHG, § 11 Rn. 12a).

14

d) Haftungsumfang

Die Gesellschafter haben die Differenz anteilig auszugleichen, die sich durch solche Überlastungen zwischen dem Stammkapital und dem Wert des Gesellschaftsvermögens zum Zeitpunkt der Eintragung ergibt (BGHZ 80, 129; Lutter/Hommelhoff-Bayer, GmbHG, § 11 Rn. 33). **Auszugleichen ist der Fehlbetrag, um den das Reinvermögen im Zeitpunkt der Eintragung hinter der Stammkapitalziffer zurückbleibt.** Dieser errechnet sich aus der Differenz zwischen Aktiva und Passiva einschließlich Stammkapital und kann daher auch über die Höhe des Stammkapitals hinausgehen (Roth/Altmeppen, GmbHG, § 11 Rn. 13). Die Unterbilanz ist von dem Gesellschafter anteilig nach dem Verhältnis der von ihm übernommenen Stammeinlage auszugleichen.

15

Der **Haftungsumfang ist bilanziell zu ermitteln** (BGHZ 140, 35). Die **Aktiva** werden zu **Fortführungswerten** angesetzt (BGHZ 124, 282, 285; 140, 35; BGH, ZIP 1997, 2008; BGH, WM 2002, 967; OLG Celle, GmbHR 2000, 1265, 1266; Fleischer, GmbHR 1999, 752), es sei denn, die Fortführungsprognose ist negativ (dann Liquidationswerte). Das Unternehmen ist ausnahmsweise im Ganzen nach einer hierfür betriebswirtschaftlich anerkannten, vom Tatrichter auszuwählenden, Bewertungsmethode zu bewerten (Ertragswertmethode), wenn die Ingangsetzung der Vor-GmbH durch Aufnahme der Geschäftstätigkeit bereits ausnahmsweise zu einer Organisationseinheit geführt hat, die als Unternehmen anzusehen ist und einen eigenen Vermögenswert repräsentiert (BGH, ZIP 1993, 1160; GmbHR 2002, 545, 546; ZInsO 2006, 374; krit. Werner, GmbHR 2006, 486). Dies ermöglicht, z. B. den Firmenwert zu aktivieren. Eine in das Marktgeschehen eingebettete Organisationseinheit liegt aber nur dann vor, wenn sich das von den Gründungsgesellschaftern verfolgte Konzept am Markt vor der Eintragung bewährt hat (sog. Markttest, BGHZ 165, 391, 397; zust. Bayer/Lieder ZGR 2006, 875, 896). Auf der **Passivseite** sind **sämtliche Verbindlichkeiten, auch Gesellschafterdarlehen**, soweit nicht gem. § 19 Abs. 2 Satz 3 qualifiziert subordiniert, zu berücksichtigen (BGH, ZIP 1994, 295; weiter gehend Scholz-K. Schmidt, GmbHG, § 11 Rn. 144; Baumbach/Hueck-Fastrich; GmbHG, § 11 Rn. 64 a. E.; Roth/Altmeppen, GmbHG, § 11 Rn. 13a: selbst bei Rangrücktritt zu passivieren, da der Nachrang die Unterbilanz nicht entfallen lässt). Hierzu ist krit. anzumerken, dass die Gesellschafter für den eingetretenen Verlust doppelt haften. Die sodann zu ermittelnde Differenz zwischen Stammkapital und Vermögen ist von den Gesellschaftern anteilig auszugleichen.

16

Streitig ist, ob bestimmte Vermögenseinbußen haftungsunerheblich sind. Vorherrschend ist die strenge Auffassung, wonach im Rahmen einer echten Unterbilanzhaftung die vollständige Differenz zu erstatten ist (BGHZ 105, 300, 303). Nach dieser Ansicht beschränkt sich die Unterbilanzhaftung nicht nur auf die operativen Verluste, sondern beinhaltet auch **Wertverluste des Anlagevermögens** (Lutter/Hommelhoff-Bayer, GmbHG, § 11 Rn. 35; Baumbach/Hueck-Fastrich, GmbHG, § 11 Rn. 64; Roth/Altmeppen, GmbHG, § 11 Rn. 10–17; nur bezogen auf den Stichtag der Anmeldung Scholz-K. Schmidt, GmbHG, § 19 Rn. 146). Umgekehrt kommen **Wertsteigerungen** den

17

Gesellschaftern haftungsrechtlich zugute. Eine vermittelnde Ansicht will zumindest die **Ingangsetzungskosten** von der Unterbilanzhaftung ausnehmen (Priester, ZIP 1982, 1142; ablehnend Scholz-K. Schmidt, GmbHG, § 19 Rn. 146). Nach wiederum a. A. begrenzt sich die Haftung auf solche (operativen) Verluste, die durch Vorwegnahme der Geschäftstätigkeit herbeigeführt worden sind (Ulmer, GmbHG, § 11 Rn. 107; K. Schmidt, ZHR 156 [1992], 93; Lieb, FS Zöllner 1998, S. 353). **Die Haftung entfällt nicht »durch Zweckerreichung«**, wenn die Gesellschaft nach dem Stichtag aus anderen Gründen über ein die Stammkapitalziffer deckendes Vermögen verfügt (BGH, ZInsO 2006, 374; zust. Gehrlein, BB 2006, 910; Werner, GmbHR 2006, 486, 487; Paul, ZInsO 2007, 589; krit. Scholz-K. Schmidt, GmbHG, § 11 Rn. 150; Lutter/Hommelhoff-Bayer, GmbHG, § 11 Rn. 38; ausführl. Bayer/Lieder, ZGR 2006, 875, 880).

e) Prozessuale Aspekte

aa) Beweislast

18   Der Anspruchsinhaber (Gesellschaft/Insolvenzverwalter) hat die Unterbilanz zum Eintragungsstichtag nachzuweisen (BGH, ZIP 1997, 2008; für Gesellschafter: Roth/Altmeppen, GmbHG, § 11 Rn. 18; Ulmer, GmbHG, § 11 Rn. 117). Sodann obliegt dem Gesellschafter die Darlegungspflicht, dass die von der Gesellschaft/dem Insolvenzverwalter bewiesene Unterbilanz keine Vorbelastungshaftung auslöst. Der BGH lässt zur Beweislastumkehr allerdings Anhaltspunkte für eine Unterbilanz genügen, wenn weder eine Zwischenbilanz zum Stichtag der Eintragung noch geordnete und vollständige Geschäftsunterlagen vorhanden sind (BGH, ZIP 2003, 625; ebenso OLG Brandenburg, ZInsO 2010, 202; Baumbach/Hueck-Fastrich, GmbHG, § 11 Rn. 63). Der Gesellschafter ist auch insoweit beweispflichtig, als er sich ausnahmsweise auf die Ertragswertmethode zur Ermittlung der Unterbilanz beruft (BGH, ZInsO 2006, 374 Rn. 18). Er muss dann die Organisationseinheit beweisen, die ausnahmsweise zur Anwendung der Ertragswertmethode führt (Lutter/Hommelhoff-Bayer, GmbHG, § 11 Rn. 40). Das pauschale Bestreiten der inhaltlichen Richtigkeit von vorgetragenen Bilanzpositionen durch den Gesellschafter ist prozessual unzulässig. Er hat substanziiert darzulegen, weshalb die vom Kläger angesetzten Werte nicht zutreffend sein sollen (BGH, ZInsO 2006, 374 Rn. 18). Für haftungsausschließende Tatsachen, insb. das fehlende Einverständnis zur Geschäftsaufnahme, trägt der Gesellschafter die Beweislast (Lutter/Hommelhoff-Bayer, GmbHG, § 11 Rn. 40; Baumbach/Hueck-Fastrich, GmbHG, § 11 Rn. 65).

bb) Verjährung

19   Für die Verjährung **gilt § 9 Abs. 2 GmbHG** mit einer nunmehr 10-jährigen Frist, welche **mit der Eintragung beginnt** (BGHZ 105, 300, 304 und BGH, ZIP 2008, 217 zur alten Rechtslage mit einer 5-jährigen Verjährungsfrist). Problematisch ist die Behandlung von sog. **Altfällen, die zeitlich vor dem 15.12.2004** (Inkrafttreten des Verjährungsanpassungsgesetzes) entstanden sind. Für diese Altansprüche gilt Art. 229 § 12 Abs. 1 i. V. m. § 6 Abs. 3 EGBGB. Der Gesetzgeber hat die Verjährungsfrist mit dem Verjährungsanpassungsgesetz von 5 Jahren auf 10 Jahre verlängert, weshalb Art. 229 § 12 Abs. 2 EGBGB auf die Unterbilanzhaftung keine Anwendung findet (OLG Brandenburg, ZInsO 2010, 203 04; OLG Schleswig, ZInsO 2007, 948; Lutter/Hommelhoff, GmbHG, § 9 Rn. 8). Ein vor dem 15.12.2004 entstandener Haftungsanspruch verjährt folglich binnen 5 Jahren ab Eintragung der GmbH. Für die Unterbilanzhaftung bei Eintragungen ab dem 15.12.2004 gilt die 10-jährige Verjährungsfrist der gesetzlichen Neufassung (Abgrenzung zu BGH, ZIP 2008, 643; 2008, 1379 betreffend § 19 Abs. 6 GmbHG; ausführl. zur Verjährungsproblematik Bräuer, ZInsO 2007, 966, 971 ff.).

f) Flankierende Ansprüche

20   Der Geschäftsführer der GmbH haftet für die Unterbilanz gem. § 43 Abs. 2 GmbHG, wenn er diese nicht realisiert oder hat verjähren lassen. Der Geschäftsführer ist verpflichtet, die Unterbilanzhaftung geltend zu machen und einen Verjährungseintritt zu verhindern. Die Aktivierung des Haftungsanspruchs in der Bilanz kann für den Neubeginn in einer Verjährung nach § 212 Abs. 1

Nr. 1 BGB ausreichend sein, wenn der Jahresabschluss durch die Gesellschafter festgestellt wurde (ebenso Scholz-K. Schmidt, GmbHG, § 11 Rn. 149).

6. Besonderheiten bei Mantelkauf/Vorrats-GmbH

a) Allgemeines

Vorrats-GmbH: Die Gründung einer GmbH zur späteren eigenen Verwendung oder zur Weiterveräußerung an einen Dritten ist grds. zulässig. Der zunächst zur AG ergangenen Grundsatzentscheidung des BGH (BGHZ 117, 323) sind Rspr. und herrschende Lehre gefolgt. Mit Urt. v. 09.12.2002 (BGH, ZIP 2003, 251) hat der BGH diese Rspr. auch auf die GmbH erweitert. Zulässig sind jedoch nur sog. offene Vorratsgründungen, bei denen der vorläufige Unternehmensgegenstand mit »Verwaltung eigenen Vermögens« angegeben wird (Priester, DB 1983, 2291, 2298; zur Unzulässigkeit von verdeckten Vorratsgründungen: Baumbach/Hueck-Fastrich, GmbHG, § 3 Rn. 11b). Vorratsgründungen sind deshalb häufig umgesetzt worden, um nicht in Gefahr zu laufen, persönlich aus der Vorbelastungshaftung oder der Handelndenhaftung gem. § 11 Abs. 2 GmbHG in Anspruch genommen zu werden. Durch deutlich verkürzte Bearbeitungszeiträume zwischen Anmeldung und Eintragung der Gesellschaft hat sich die Haftungsgefahr in der jüngeren Vergangenheit abgeschwächt. Dennoch werden weiterhin auf Vorrat gegründete GmbHs verwendet, um sogleich vermeintlich ohne Haftungsrisiken mit der operativen Geschäftstätigkeit beginnen zu können. 21

Mantelverwendung: Im Unterschied zur Vorrats-GmbH war eine Gesellschaft, deren Mantel verwendet wird, bereits geschäftlich aktiv und ist zeitweise nicht mehr unternehmerisch tätig gewesen (Herresthal/Servatius, ZIP 2012, 197, 198). **Die Mantelverwendung unterscheidet sich somit von der Vorrats-GmbH dadurch, dass die Gesellschaft nicht erstmalig mit einem Unternehmen ausgestattet, sondern vielmehr reaktiviert wird.** Die Beliebtheit von Mantelkäufen ergab sich in der Vergangenheit daraus, dass Verluste aus früheren Geschäftstätigkeiten steuerlich geltend gemacht werden konnten. Die Möglichkeit des Verlustabzuges ist seit einiger Zeit weggefallen (dazu Sistermann/Brinkmann, DStR 2009, 2633). Die insolvenzrechtliche Praxis zeigt, dass Haftungsszenarien bei Mantelverwendungen weiterhin eine erhebliche Bedeutung haben. 22

Vorbelastungshaftung bei Vorratsgründung/Mantelverwendung: Der BGH hat mit Anerkennung einer offenen Vorratsgründung (BGHZ 153, 158 = ZIP 2003, 251; dazu Keil, EWiR 2003, 327) und der Zulässigkeit einer Mantelverwendung (07.07.2003 – BGHZ 155, 318 = ZIP 2003, 1698; dazu Keil, EWiR 2003, 967) entschieden, dass die **Grundsätze der Vorbelastungshaftung auch bei erstmaliger Ausstattung einer Vorrats-GmbH mit einem Unternehmen oder bei Reaktivierung einer gebrauchten Mantelgesellschaft gelten** (BGH, NZI 2011, 776 Rn. 10; NZG 2006, 390; NJW 1997, 1507; eingehend Herresthal/Servatius, ZIP 2012, 197, 198 f.). Die Verwendung einer auf Vorrat gegründeten Gesellschaft stellt eine wirtschaftliche Neugründung dar. Erstmals wird die GmbH mit einem Unternehmen ausgestattet und der Geschäftsbetrieb aufgenommen. Dieser Grundsatz ist auf die Verwendung einer ruhenden und sodann aktivierten Gesellschaft übertragbar. Beide Vorgänge sind wirtschaftlich betrachtet gleichwertig. Jeweils wird ein Rechtsträger mit einem Unternehmen entweder erstmalig oder nochmals ausgestattet. Im Gläubigerinteresse sind die **Kapitalaufbringungsregeln erneut anzuwenden** (bestätigt BGH, ZIP 2012, 817 Rn. 9; BGH, ZInsO 2014, 400 Rn. 10 auch bei Gesellschaft in Liquidation). Durch die entsprechende Anwendung der Gründungsvorschriften auf die wirtschaftliche Neugründung soll im Interesse des Geschäftsverkehrs vermieden werden, dass ein leer gewordener Mantel seinen Gesellschaftern nur dazu dient, unter Vermeidung der rechtlichen Neugründung mit ihren präventiv wirkenden gläubigerschützenden Regeln eine neue Geschäftstätigkeit aufzunehmen (BGH, ZIP 2010, 621 Rn. 6; BGH, ZIP 2003, 1698). Die entsprechende Anwendung der Gründungsvorschriften auf die wirtschaftliche Neugründung führt dazu, dass diese gegenüber dem Registergericht offenzulegen ist (BGH, ZIP 2003, 1698; bestätigt BGH, ZIP 2012, 817 Rn. 13). Im Zeitpunkt der Anmeldung der wirtschaftlichen Aktivität darf das Gesellschaftsvermögen den Betrag des statutarischen Stammkapitals nicht unterschreiten (herrschende Meinung für satzungsmäßiges Stammkapital: BGHZ 155, 318 = ZIP 23

2003, 1698; 1701; Lutter/Hommelhoff-Bayer, GmbHG, § 3 Rn. 12; Baumbach/Hueck – Fastrich, GmbHG, § 3 Rn. 13b; Goette, DStR 2004, 461, 464; a. A. nur Mindesteinzahlungsbetrag Wicke, NZG 2005, 409, 411). In entsprechender Anwendung von § 8 Abs. 2 GmbHG ist zu versichern, dass die in § 7 Abs. 2, 3 GmbHG bezeichneten Leistungen bewirkt sind. Diese Offenlegung ist maßgeblich für den Stichtag zur Ermittlung der Unterbilanzhaftung (Lutter/Hommelhoff – Bayer, GmbHG, § 3 Rn. 8 ff.; Krolop, ZIP 2011, 305). Diese Rspr. ist überwiegend auf Zustimmung gestoßen (Baumbach/Hueck – Fastrich, GmbHG, § 9 Rn. 11 ff.; Lutter/Hommelhoff-Bayer, GmbHG, § 9 Rn. 8 ff.; Priester, ZHR 168 [2004], 248, 258 ff.). Die hieran geübte **Kritik** ist ebenso beachtlich (Altmeppen, DB 2003, 2050, 2052; Heidenhain, NZG 2003, 1051; K. Schmidt, ZIP 2010, 857, 864; ders. NJW 2004, 1345; Kalss, ZGR 2009, 74, 88; Kleindiek in FS Priester 2007, 369, 374 ff.; Wicke, NZG 2005, 409, 411 f.; Heidinger/Meyding, NZG 2003, 1129).

24 **Leitlinien zur Haftungsvermeidung**: Die vom BGH in den Leitentscheidungen aufgestellten Regeln bei Verwendung eines leeren oder leer gewordenen Gesellschaftsmantels enthalten folgende zur Haftungsvermeidung zu beachtende Gebote:
– Offenlegung der Verwendung eines leeren Gesellschaftsmantels ggü. dem Registergericht;
– verbunden mit der Versicherung, dass die gesetzlich gebotenen Leistungen auf die Stammeinlage im Anmeldezeitpunkt bewirkt sind und sich der Leistungsgegenstand weiterhin endgültig in der freien Verfügung des Geschäftsführers befindet.

Der wirtschaftliche Neustart wird der rechtlichen Gründung gleichgestellt. Folglich ist die Geschäftsaufnahme mit der Versicherung nach § 8 Abs. 2 GmbHG beim Registergericht anzumelden. In diesem Zeitpunkt muss die Gesellschaft noch das Mindestvermögen bezogen auf die statutarische Stammkapitalziffer besitzen, über das der Geschäftsführer frei verfügen kann und was der anmeldende Geschäftsführer zu versichern hat. Nur bei Offenlegung des wirtschaftlichen Neubeginns ist das Registergericht in der Lage zu prüfen, ob das zur Deckung des Stammkapitals erforderliche Vermögen noch vorhanden ist. Wird bspw. bei einer Vorratsgründung die wirtschaftliche Neugründung zwar offengelegt, ist aber das eingezahlte Stammkapital nicht mehr vorhanden, da der Erwerber das ihm im Notartermin übergebene Barkapital an den Anteilsveräußerer als Kaufpreis zurückgewährt, haftet der Gesellschafter (OLG Düsseldorf, ZIP 2012, 2011). Unterbleibt die Offenlegung der wirtschaftlichen Neugründung, ist die Haftung der Gesellschafter allerdings auf den Umfang einer Unterbilanz begrenzt, zu dem die wirtschaftliche Neugründung nach außen tritt, um eine Endloshaftung der Gesellschafter zu vermeiden (BGH, ZInsO 2012, 817 Rn. 14; s. Rdn. 27).

b) **Anforderungen an die Offenlegung**

25 Bisher ist nicht abschließend geklärt, welche Anforderungen an die Offenlegung gestellt werden. Reicht hierfür bereits aus, dem Registergericht die Änderung der Firma, des Geschäftszweckes und ggf. des Geschäftssitzes sowie der Gesellschafter mitzuteilen (offen gelassen vom KG, ZIP 2010, 582; ablehnend OLG München, ZIP 2010, 579)? Der BGH hat hierzu beiläufig in seiner Leitentscheidung (BGHZ 153, 158) erwähnt, die rgm. mit einer Mantelverwendung einhergehenden Änderungen des Unternehmensgegenstandes, der Firma, des Geschäftssitzes und/oder die Neubestimmung der Organmitglieder sei für das Registergericht hinreichendes Indiz dafür, dass sich die Verwendung des bisher »unternehmenslosen« Mantels vollziehen soll (ebenso KG, ZIP 2012, 1863). Auch in einer weiteren Entscheidung (BGHZ 153, 158) ist erwähnt worden, dass die Neuaufnahme der unternehmerischen Tätigkeit nach außen durch die im Handelsregister eingetragene Verlegung des Gesellschaftssitzes dokumentiert werde. Den Beteiligten ist jedoch zur Vermeidung jeglicher Haftungsrisiken zu empfehlen, eine Vorrats- oder Mantelverwendung bei der Anmeldung explizit zu erwähnen (ebenso Lutter/Hommelhoff-Bayer, GmbHG, § 3 Rn. 21; OLG München, ZIP 2010, 579). Nur bei ausdrücklicher Offenlegung kann das Registergericht die von ihm geforderte Prüfung durchführen wie bei einer Gründungsanmeldung.

GmbHR 2010, 684, 687), wird nach der klarstellenden Entscheidung künftig die Abgrenzung zu einer wirtschaftlichen Neugründung in Einzelfällen schwierig bleiben.

d) Haftungsumfang bei erfolgter Offenlegung

27 Bezogen auf den Anmeldezeitpunkt der wirtschaftlichen Neugründung ist eine Unterbilanzhaftung zu ermitteln. Hierfür gelten die unter Rdn. 15, 16 dargestellten Grundsätze entsprechend. **Stichtag für die Ermittlung der Unterbilanz ist grds. derjenige der Erklärung analog §§ 7 Abs. 3, 8 Abs. 2 GmbHG** (OLG Jena, ZIP 2004, 2327; OLG Jena, ZInsO 2007, 159, 161; Krolop, ZIP 2011, 305; eingehend Lutter/Hommelhoff-Bayer, GmbHG, § 3 Rn. 8 ff.). Dem Unterbilanzhaftungskonzept entspricht, dass die Gesellschafter, wenn sie mit der sofortigen Aufnahme der Geschäfte bei Anmeldung und Offenlegung einverstanden waren, für Verluste eintreten müssen, die bis zu dem genannten Stichtag entstanden sind (ebenso OLG Jena, ZIP 2004, 2327; dazu Werner, EWiR 2005, 179; OLG Jena, ZIP 2007, 124, 125; dazu Naraschewski, EWiR 2007, 433). Der BGH hebt ausdrücklich hervor, dass nicht das gesetzliche Mindestkapital, sondern das **satzungsmäßige Kapital maßgebend** ist (BGHZ 155, 318; ebenso Herresthal/Servatius, ZInsO 2012, 197, 201; für Begrenzung auf Mindesteinlagebetrag des § 7 Abs. 2 GmbHG Ulmer, GmbHG, § 3 Rn. 146 ff.). Auch hier ist weitere haftungsbegründende Voraussetzung, dass die Gesellschafter der Geschäftsaufnahme vor der Anmeldung zugestimmt haben. Zweck der Rechtsprechung des BGH, die mit den Gründungsvorschriften verfolgte Regelungsabsicht des Gesetzgebers in Vorgänge der wirtschaftlichen Neugründungen einzubeziehen, ist, die Ausstattung der Gesellschaft mit dem gesetzlich vorgeschriebenen Haftungsfonds sicherzustellen. Das Registergericht hat daher analog § 9c GmbHG in eine Gründungsprüfung einzutreten. Entscheidender verfahrensrechtlicher Anknüpfungspunkt für die Kontrolle durch das Registergericht ist die auch anlässlich einer wirtschaftlichen Neugründung abzugebende Anmeldeversicherung nach § 8 Abs. 2 GmbHG. Danach ist zu versichern, dass die in § 7 Abs. 2 und Abs. 3 GmbHG bezeichneten Leistungen auf die Geschäftsanteile bewirkt sind und dass der Gegenstand der Leistung sich – weiterhin oder wieder – endgültig in der freien Verfügung der Geschäftsführer befindet (BGH, ZIP 2011, 1761 Rn. 9). Auf der materiell-rechtlichen Haftungsebene wird das Modell der Unterbilanzhaftung im Fall einer wirtschaftlichen Neugründung nach der Rechtsprechung des BGH mit der Maßgabe zur Anwendung gebracht, dass maßgeblicher Stichtag für die Haftung der Gesellschafter die mit der Versicherung entsprechend § 8 Abs. 2 GmbHG und der Anmeldung etwaiger mit der wirtschaftlichen Neugründung einhergehender Satzungsänderungen zu verbindende Offenlegung gegenüber dem Handelsregister ist. Eine Gewährleistung der Unversehrtheit des Stammkapitals über diesen Zeitpunkt hinaus ist bei der ordnungsgemäß offengelegten wirtschaftlichen Neugründung nicht veranlasst. Anders als bei der rechtlichen Gründung, die erst mit der Eintragung vollzogen ist (§ 11 Abs. 1 GmbHG), bedarf es bei der Verwendung einer Vorratsgesellschaft oder eines leeren Gesellschaftsmantels als bereits zuvor wirksam entstandenen Rechtsträgers zu seiner weiteren rechtlichen Existenz keiner zusätzlichen »konstitutiven« Eintragung mehr. Dem Gläubigerschutz ist bei Unversehrtheit des Stammkapitals im Zeitpunkt der Offenlegung hinreichend Genüge getan (BGH, ZIP 2012, 817 Rn. 19; BGH, ZIP 2011, 1761 Rn. 10).

e) Haftungsumfang bei fehlender Offenlegung

28 Ist die **Offenlegung der wirtschaftlichen Neugründung unterblieben**, folgt hieraus nicht die zeitlich unbeschränkte Haftung der Gesellschafter auf vollen Verlustausgleich (so aber OLG München, ZIP 2010, 579; OLG Jena, ZIP 2007, 124; OLG Jena, ZIP 2004, 2327; Bachmann, NZG 2011, 411, 443; Hüffer, NJW 2011, 1772, 1773; Bayer, FS Goette, 2011, S. 15, 22). Eine unbeschränkte und zeitlich unbefristete persönliche Haftung bei unterbliebener Offenlegung widerspricht dem Rechtsgedanken des § 13 Abs. 2 GmbHG (BGH, ZInsO 2012, 817; Herresthal/Servatius, ZIP 2012, 197, 202; Altmeppen, DB 2003, 2050, 2051; Roth/Altmeppen, GmbHG, § 3 Rn. 14c; K. Schmidt, NJW 2004, 1345, 1350; ders., ZIP 2010, 859, 861 ff.; Wicke, NZG 2005, 409, 411). Die strikte Anwendung der Unterbilanzhaftung würde zu dem **unverhältnismäßigen Ergebnis führen**, dass Gesellschafter für die Verluste der Gesellschaft, die sich über mehrere Jahre angehäuft haben,

c) Begriff der wirtschaftlichen Neugründung

Wesentlicher Kritikpunkt der die Rspr. ablehnenden Meinung war insb. die **Abgrenzungsfrage, wann ein wirtschaftlicher Neustart vorliegt**. Dies ist bei Vorrats-GmbHs rgm. unproblematisch, wirft bei **Mantelverwendungen jedoch erhebliche Schwierigkeiten** auf. Der BGH hat hierzu Anfang 2010 mehr Klarheit geschaffen (ZIP 2010, 621). Eine wirtschaftliche Neugründung liegt nur dann vor, wenn die Gesellschaft als völlig »leere Hülse« für ein neues Projekt verwendet wird. Von einer wirtschaftlichen Neugründung ist dann nicht auszugehen, wenn die Gründer die Absicht haben, einen dem satzungsmäßigen Unternehmensgegenstand entsprechenden Geschäftsbetrieb innerhalb eines absehbaren Zeitraumes zu verwirklichen, wobei die üblichen Anlauf- und Vorlaufzeiten außer Betracht zu bleiben haben (BGH, ZIP 2010, 621 Rn. 2; BGH, ZInsO 2014, 400 Rn. 14; zust. K. Schmidt, ZIP 2010, 857, 859). Eine Mantelverwendung kommt danach nur in Betracht, wenn die **Gesellschaft eine »leere Hülse« ist**, also kein aktives Unternehmen betreibt, an das die Fortführung des Geschäftsbetriebs in irgendeiner wirtschaftlich noch gewichtbaren Weise anknüpfen kann (BGH, ZInsO 2014, 440 Rn. 12; BGH, ZIP 2012, 817 Rn. 11; Lutter/Hommelhoff-Bayer, GmbHG, § 3 Rn. 17; OLG Celle, GmbHR 2005, 1496, 1497). Eine »leere Hülse« in diesem Sinne liegt dann nicht vor, wenn die Gesellschaft nach Gründung und Eintragung konkrete Aktivitäten zur Planung und Vorbereitung der Aufnahme ihrer nach außen gerichteten Geschäftstätigkeit i. R. d. statutarischen Unternehmensgegenstandes entfaltet (ebenso bereits BGHZ 155, 318, 324) oder aber mit der Abwicklung des Geschäftsbetriebes noch befasst ist (KG, ZIP 2012, 1863). Mit der gründungsrechtlichen Unterbilanzhaftung wird nicht die späte, sondern die frühe Ingangsetzung des Unternehmens bestraft, wenn eine Unterbilanz entstanden ist. Verlangt wird nicht, dass sich die Gründer einer GmbH, um nicht persönlich zu haften, nach der Eintragung der Gesellschaft mit der operativen Tätigkeit beeilen müssen (K. Schmidt, ZIP 2010, 857, 861). **Solange sich die verspätete Aufnahme des Geschäftsbetriebes mit dem satzungsmäßigen Unternehmensgegenstand deckt, kann von der Verwendung einer zuvor »leeren Hülle« keine Rede sein**. Diese Grundsätze der wirtschaftlichen Neugründung finden auch Anwendung auf eine **in der Liquidation befindliche Gesellschaft**, allerdings mit Einschränkungen. In der Abwicklungsphase ist darauf abzustellen, ob noch nennenswerte Liquidationsaufgaben i. S. d. § 70 GmbHG wahrgenommen werden, die auf den Schluss der Liquidation zusteuern, oder ob die Abwicklung über längere Zeit nicht mehr betrieben wurde und deshalb vom Vorliegen eines leeren Gesellschaftsmantels ohne Geschäftsbetrieb auszugehen ist (BGH, ZInsO 2014, 440 Rn. 15). Die vom BGH befürwortete Anwendung der Grundsätze der Unterbilanzhaftung auf Verwendung von Vorrats- und Mantelgesellschaften sollen Vorkehrungen im Interesse des Geschäftsverkehrs dagegen schaffen, dass ein leer gewordener Geschäftsmantel ohne Geschäftsbetrieb seinen neuen oder alten Gesellschaftern nur dazu dient, unter Vermeidung der rechtlichen Neugründung mit ihren präventiv wirkenden gläubigerschützenden Regeln mit einer die beschränkte Haftung gewährleistenden Kapitalgesellschaft eine gänzlich neue Geschäftstätigkeit aufzunehmen. Durch diese klarstellenden Entscheidungen des BGH dürften Stimmen, die unüberwindbare Abgrenzungsschwierigkeiten beklagt haben, weniger werden. Weiterhin wird jedoch die Abgrenzung der Mantelverwendung von der Umorganisation, Einschränkung bzw. Erweiterung des Tätigkeitsgebietes oder Sanierung auch künftig nicht einfach sein. Treten bspw. in der Gründungsphase Schwierigkeiten bei der Umsetzung des Geschäftszweckes auf, entscheiden sich die Gründer, ein anderes Geschäftsfeld aufzubauen, ist dieser Vorgang durch die Rspr. des BGH nur gedeckt, wenn der statutarische Unternehmensgegenstand weit genug definiert worden ist und veränderte Unternehmenstätigkeit erfasst. Problematisch dürfte aber sein, wenn die Gründer die bisherigen Vorbereitungsgeschäfte einstellen und nach einer gewissen Ruhephase auf ihre Gründungsaktivitäten zurückgreifen. Weiter: Ist bereits die Änderung des Geschäftszweckes ohne Unterbrechung einer operativen Geschäftstätigkeit schädlich? Ebenso problematisch dürfte die Beurteilung des Falles sein, wenn das bisherige Unternehmen im Wege eines asset deals veräußert und die Gesellschafter im Namen der fortbestehenden GmbH ein neues Geschäft aufbauen oder ein solches hinzu erwerben (ausführl. zu diesen Abgrenzungsproblemen: K. Schmidt, ZIP 2010, 857, 861; Lutter/Hommelhoff-Bayer, GmbHG, § 3 Rn. 21). Auch wenn die meisten Sachverhalte einigermaßen eindeutig zugeordnet werden können (so Podewils,

26

uneingeschränkt haften würden. Die Haftung ist bei unterlassener Offenlegung auf den **Umfang der Unterbilanz beschränkt, zu dem die wirtschaftliche Neugründung nach außen in Erscheinung tritt** (BGH, ZIP 2012, 817 Rn. 14; Herresthal/Servatius, ZIP 2012, 197, 202; Schütze, NZG 2004, 746, 748; Bärwaldt/Balder, GmbHR 2004, 350, 353; ausf. zum Meinungsstand vor der BGH-Entscheidung Kuleisa, DB 2011, 575, 579). Die Offenlegung ist daher nicht wesentlich für den Wegfall der uneingeschränkten persönlichen Haftung der Gesellschafter. Eine zeitlich unbeschränkte Haftung der Gesellschafter bis zur restlosen Befriedigung aller Gesellschaftsgläubiger ist abzulehnen. Das Haftungsmodell, entwickelt für die rechtliche Gründung einer GmbH, lässt sich nicht uneingeschränkt auf die Situation der bloß wirtschaftlichen Neugründung übertragen. Anders als bei der rechtlichen Neugründung einer GmbH besteht im Zeitpunkt der wirtschaftlichen Neugründung bereits eine eingetragene GmbH als ein von seinen Gesellschaftern zu trennender Rechtsträger, für den grundsätzlich die Haftungsbeschränkung auf das Gesellschaftsvermögen nach § 13 Abs. 2 GmbHG gilt (BGH, ZIP 2012, 817 Rn. 16; dazu Ulmer, ZIP 2012, 1265; Bachmann, NZG 2012, 579; Gottschalk, DStR 2012, 1458). Der BGH misst der Offenlegung der wirtschaftlichen Neugründung dogmatisch nicht die Bedeutung bei, welche die Eintragung einer neugegründeten GmbH hat, nämlich die Entstehung der GmbH und die Haftungsbeschränkung gem. § 13 Abs. 2 GmbH zu bewirken (ebenso Tavakoli, NJW 2012, 1855, 1856). Der tragende Zweck, die Gründungsvorschriften des GmbH-Gesetzes auf die wirtschaftliche Neugründung anzuwenden, ist, der Umgehung der Kapitalaufbringungsregeln bei Verwendung eines bereits existenten, aber unternehmenslosen Rechtsträgers entgegenzuwirken. Diese analoge Anwendung rechtfertigt jedoch nicht, die Gesellschafter über den Zeitpunkt, zu dem die wirtschaftliche Neugründung durch die Anmeldung möglicher mit der wirtschaftlichen Neugründung einhergehender Satzungsänderungen oder durch die Aufnahme der wirtschaftlichen Tätigkeit erstmals nach außen in Erscheinung tritt, hinaus für die Aufbringung des Stammkapitals persönlich haften zu lassen. Sinn und Zweck der analogen Anwendung ist vielmehr, die Kapitaldeckung der Gesellschaft im Zeitpunkt der wirtschaftlichen Neugründung sicherzustellen. Die Offenlegung der wirtschaftlichen Neugründung gegenüber dem Registergericht kann deshalb nicht mit der die rechtliche Existenz der GmbH begründenden und die Haftungsbeschränkung nach § 13 Abs. 2 GmbHG bewirkenden Ersteintragung gleichgesetzt werden (BGH, ZIP 2012, 817 Rn. 23; a. A. Bachmann, NZG 2011, 441, 445; Hüffer, NJW 2011, 1772, 1773; Bayer, FS Goette, 2011, 15, 23). Im Verfahren der Ersteintragung der Gesellschaft geht es vielmehr um Risiken, die sich aus einer dem rechtlichen Entstehen der Gesellschaft vorgelagerten, über den eigentlichen Zweck der Vorgesellschaft hinausgehenden Geschäftsaufnahme für den Rechtsverkehr ergeben. Bei Verwendung eines bereits bestehenden Rechtsträgers im Rahmen einer wirtschaftlichen Neugründung ergibt sich eine potenzielle Gläubigergefährdung dagegen nicht aus etwaigen Vorbelastungen des Gesellschaftsvermögens aus dem Zeitraum zwischen dem Entschluss der Gesellschafter, den schon entstandenen Rechtsträger wieder oder erstmals für unternehmerische Zwecke einzusetzen und dem Abschluss der Prüfung des Registergerichts. Durch die entsprechende Anwendung der Gründungsvorschriften mit der Pflicht zur Offenlegung der wirtschaftlichen Neugründung gegenüber dem Registergericht soll vielmehr verhindert werden, dass zum Zweck der Aktivierung der Gesellschaft die Kapitaldeckung wegen möglicher Verluste aus der früheren wirtschaftlich werbenden Tätigkeit nicht gewährleistet ist.

Allerdings tragen bei fehlender Offenlegung der wirtschaftlichen Neugründung die Gesellschafter die **Darlegungs- und Beweispflicht dafür, dass keine Differenz zwischen dem statuarischen Stammkapital und dem Wert des Gesellschaftsvermögens in dem Zeitpunkt bestanden hat**, in welchem die wirtschaftliche Neugründung nach außen in Erscheinung getreten ist (BGH, ZIP 2012, 817 Rn. 42). Die »normale« Beweislastverteilung ist bei unterlassener Offenlegung einer wirtschaftlichen Neugründung nicht sach- und interessengerecht. Der Begrenztheit der Erkennbarkeit wirtschaftlicher Neugründung trägt der BGH dadurch Rechnung, dass er deren Offenlegung gegenüber dem Registergericht verlangt. Unterbleibt die gebotene Offenlegung, wird es den Gesellschaftern ermöglicht, mit einer inaktiven haftungsbeschränkten Gesellschaft, deren Vermögen das statuarische Stammkapital nicht deckt, von einer registergerichtlichen Kontrolle unbehelligt, wieder am Wirtschaftsleben teilzunehmen. Ungeachtet dessen, dass die Offenlegung in den

29

Pflichtenkreis des Geschäftsführers fällt, haben die Gesellschafter die haftungsrechtlichen Folgen fehlender Offenlegung zu verantworten, wenn sie der Geschäftsaufnahme zugestimmt haben. Diese Umstände rechtfertigen eine Beweislastumkehr.

30 **Vertrauensschutz bei Altfällen:** Streitig ist, ob für sog. Altfälle, deren Sachverhalte sich vor Veröffentlichung der Grundsatzentscheidungen des BGH vom 09.12.2002 (Vorrats-GmbH) bzw. 07.07.2003 (Mantelverwendung) ereignet haben, ein haftungsausschließender Vertrauensschutz bei unterbliebener Offenlegung gewährt werden soll (grds. befürwortend: Baumbach/Hueck – Fastrich, GmbHG, § 3 Rn. 13c). Hierbei ist zwischen der Verwendung von **Vorrats- und Mantelgesellschaften zu differenzieren:**

31 **Vorrats-GmbH:** Überwiegend wird ein genereller Vertrauensschutz für Altfälle befürwortet (Bärwaldt/Balder, GmbHR 2004, 50, 52; Ulrich, WM 2004, 915, 920; Wicke, NZG 2005, 409, 414; Schumacher, DStR 2003, 1884, 1886). Dagegen wird zutreffend eingewandt, bereits seit der Entscheidung des BGH zur Vorratsgründung einer AG (BGHZ 117, 323) sei bekannt, dass die Gründungsvorschriften einschließlich der Vorbelastungshaftung analoge Anwendung auf Vorratsgesellschaften finden. Vor der Grundsatzentscheidung vom 09.12.2002 war überwiegend anerkannt, dass der Gesellschafter i. H. d. Differenz zwischen Stammkapital und dem aktuellen Vermögen der GmbH haftet. Deshalb wird ein Vertrauensschutz bei Erwerb einer Vorratsgesellschaft nach a. A. abgelehnt (Lutter/Hommelhoff-Bayer, GmbHG, § 3 Rn. 23).

32 **Mantelverwendung:** Vor der Entscheidung des BGH vom 07.07.2003 war stark umstritten, ob und inwieweit die Gründungsvorschriften bei einer Mantelverwendung anwendbar sind. Insb. die Pflicht zur Offenlegung wurde von zahlreichen Obergerichten ausdrücklich abgelehnt (BayObLG, GmbHR 1999, 607, 608; OLG Frankfurt am Main, GmbHR 1992, 456; ausführl. zur Entwicklung Ulmer, GmbHG, § 3 Rn. 134 ff.). Eine ausdrückliche Offenlegungserklärung zur Haftungsbeschränkung kann daher erst nach Veröffentlichung der Grundsatzentscheidung verlangt werden (OLG Jena, ZIP 2004, 2327, 2328; OLG Jena, ZInsO 2007, 159, 161; OLG Köln, ZIP 2008, 973, 974; andeutend BGH, ZIP 2008, 217).

f) Prozessuale Aspekte

33 Hinsichtlich der **Beweislast** kann insoweit auf Rdn. 18 und 29 Bezug genommen werden.

34 **Flankierende Ansprüche:** Bei einer wirtschaftlichen Neugründung kommt eine Haftung der handelnden Person **analog § 11 Abs. 2 GmbHG** nur dann in Betracht, wenn die Geschäfte vor Offenlegung der wirtschaftlichen Neugründung aufgenommen worden sind und dem nicht alle Gesellschafter zugestimmt haben (BGH, NZI 2011, 776; NZG 2003, 972; ablehnend auch bei fehlender Zustimmung Herresthal/Servatius, ZIP 2012, 197, 204; Lutter/Hommelhoff-Bayer, GmbHG, § 11 Rn. 22; Habersack, AG 2010, 845, 850). Die Geschäftsführer haben die wirtschaftliche Neugründung gegenüber dem Registergericht offenzulegen und zu versichern, dass das satzungsmäßige Stammkapital wertmäßig gedeckt ist. Bei falschen Angaben haften sie nach **§ 9a GmbHG** (BGH, NZI 2011, 776 Rn. 13; Lutter/Hommelhoff-Bayer, GmbHG, § 3 Rn. 19).

35 Die Verjährung richtet sich nach § 9 Abs. 2 GmbHG (BGH, ZIP 2008, 217; OLG Schleswig, ZInsO 2007, 948). Verjährungsbeginn in Altfällen ist aus Gründen des Vertrauensschutzes der Zeitpunkt der wirtschaftlichen Wiederbelebung und nicht erst später durch die vom BGH geforderte Offenlegung (BGH, ZIP 2008, 217; dazu Ostermeier, EWiR 2008, 535). Ist zur Haftungseinschränkung der Zeitpunkt die nach außen tretende wirtschaftliche Neugründung maßgeblich (s. Rdn. 28), ist für den Verjährungsbeginn konsequent auf diesen Zeitpunkt abzustellen. Für sog. Altfälle (Entstehung der Unterbilanzhaftung vor dem 15.12.2004) gilt das zu Rdn. 19 Gesagte entsprechend (ebenso Bräuer, ZInsO 2007, 966, 974). Für die Abgrenzung zwischen 5-jähriger und 10-jähriger Verjährungsfrist ist maßgebend, ob die Offenlegung ggü. dem Registergericht oder die äußere Erkennbarkeit der wirtschaftlichen Wiederbelebung vor oder nach dem 15.12.2004 erfolgten.

B. Grundsätze der Kapitalaufbringung/Voreinzahlung

I. Bareinlagepflicht

§ 19 GmbHG regelt die Pflicht zur Leistung der Stammeinlagen. Die Vorschrift sichert die Kapitalaufbringung. Mit den §§ 30, 31 GmbHG kommt der Norm eine zentrale Bedeutung für den Gläubigerschutz zu.

1. Grundsatz der Gleichbehandlung

§ 19 Abs. 1 GmbHG verlangt gleichmäßige Behandlung der Gesellschafter bei Bareinlagen hinsichtl. des Einzahlungsbetrages und -zeitpunktes (Baumbach/Hueck-Fastrich, GmbHG, § 19 Rn. 9). Der Grundsatz der Gleichbehandlung gilt auch in der Insolvenz und Liquidation. Das Gebot ist für alle Leistungen auf die Stammeinlage, die in Geld zu erbringen sind und bei denen Teilleistungen in Betracht kommen, zu berücksichtigen (Roth/Altmeppen, GmbHG, § 19 Rn. 4). Der Grundsatz gilt bereits im Gründungsstadium als auch bei der Kapitalerhöhung, **nicht jedoch für Sacheinlagen**, da diese gem. § 7 Abs. 3 GmbHG vollständig zu erbringen sind (allg. M.). Der **Gesellschaftsvertrag sowie spätere Beschlüsse aller betroffenen Gesellschafter können Abweichungen** vom Grundsatz der gleichmäßigen Behandlung vorsehen (Baumbach/Hueck-Fastrich, GmbHG, § 19 Rn. 10). Möglich sind daher **unterschiedliche Zahlungszeitpunkte** als auch **ungleiche Einzahlungsquoten**. Die nachträglichen Veränderungen dürfen aber nicht auf eine unzulässige Stundung hinauslaufen (Scholz-Veil, GmbHG, § 19 Rn. 20). Wird gegen den Gleichbehandlungsgrundsatz verstoßen, ist der Einforderungsbeschluss anfechtbar (Scholz-Veil, GmbHG, § 19 Rn. 25; Ulmer/Ulmer, GmbHG, § 19 Rn. 32; Roth/Altmeppen, GmbHG, § 19 Rn. 5). Unterbleibt die Anfechtung des Beschlusses, müssen die benachteiligten Gesellschafter diesen gegen sich gelten lassen (Baumbach/Hueck-Fastrich, GmbHG, § 19 Rn. 11). Lässt die Zahlungsaufforderung eine gleichmäßige Inanspruchnahme der Gesellschafter nicht erkennen, kann der in Anspruch genommene Gesellschafter Auskunft über die Gleichbehandlung verlangen und kommt bis zur Erteilung der Auskunft nicht in Verzug (RGZ 65, 435; Lutter/Hommelhoff-Bayer, GmbHG, § 19 Rn. 7). Ist ein Mitgesellschafter zahlungsunfähig oder nicht zur Einlageleistung aufgefordert worden, begründet dies kein Leistungsverweigerungsrecht des in Anspruch genommenen Gesellschafters (Scholz-Veil, GmbHG, § 19 Rn. 25). Hat ein Gesellschafter in Unkenntnis des Verstoßes gegen den Gleichbehandlungsgrundsatz zu viel gezahlt, kann er den Mehrbetrag von der Gesellschaft nicht zurückfordern. Die Überzahlung ist aber bei künftiger Einforderung anzurechnen (Baumbach/Hueck-Fastrich, GmbHG, § 19 Rn. 11; Scholz-Veil, GmbHG, § 19 Rn. 27).

2. Fälligkeit

Von den Geldeinlagen muss kraft Gesetzes ein Viertel (§ 7 Abs. 2 GmbHG) oder die sich aus § 7 Abs. 2 Satz 2 GmbHG ergebende höhere Quote im Gründungsstadium eingezahlt werden. Wird eine Kapitalerhöhung durchgeführt, ist ein Viertel des Erhöhungskapitals auch dann einzuzahlen, wenn dieser Betrag noch durch Einzahlungen auf den bestehenden Geschäftsanteil zu einem Viertel gedeckt ist (BGH, ZInsO 2013, 1647 Rn. 13). § 7 Abs. 2 Satz 1 GmbHG ist auf die Kapitalerhöhung entsprechend anwendbar. Eine »Anrechnung« aus der bereits vollständig erbrachten und noch vorhandenen vorherigen Einlage erfolgt nicht. Die Mindesteinzahlung nach § 7 Abs. 2 GmbH kann von dem Geschäftsführer ohne Weiteres angefordert werden. Ein Gesellschafterbeschluss ist insoweit entbehrlich (Baumbach/Hueck-Fastrich, GmbHG, § 19 Rn. 7; Roth/Altmeppen, GmbHG, § 19 Rn. 6). Die Fälligkeit weiterer Zahlungen entsteht entweder durch eine Terminbestimmung im Gesellschaftsvertrag oder durch eine spätere Satzungsänderung, ansonsten durch eine Rechtshandlung der Gesellschaft selbst (OLG Naumburg, NZG 2000, 44, 47). Sieht die Satzung keine festen Einzahlungstermine vor, ist ein Gesellschafterbeschluss nach § 46 Nr. 2 GmbHG erforderlich. Der Gesellschafterbeschluss konkretisiert die mit dem Geschäftsanteil übernommene Einzahlungspflicht zeitlich in der Höhe des eingeforderten Betrages und ist Voraussetzung für dessen Fälligkeit. In dessen Ausführung hat dann der Geschäftsführer die Beiträge einzufordern (Roth/Altmeppen,

GmbHG, § 19 Rn. 7). **Außerhalb des Mindesteinzahlungsbetrages liegt die Bestimmung der Fälligkeit, soweit statutarisch ungeregelt, im Ermessen der Gesellschafter** (BFHE 93, 414). Der **Einforderungsbeschluss gem. § 46 Nr. 2 GmbHG** ist **entbehrlich** bei **Pfändung** der Einlageforderung sowie in **Insolvenz/Liquidation** (BGH, ZIP 2007, 2416; OLG Jena, NZG 2007, 717; Ulmer/Ulmer, GmbHG, § 19 Rn. 29; Scholz-Veil, GmbHG, § 19 Rn. 29). Streitig ist, ob ein Hinausschieben der Fälligkeit im Gesellschaftsvertrag zu beachten ist. Teilweise wird ein solches Hinausschieben der Fälligkeit für zulässig erachtet, obwohl die Stundung untersagt ist (Scholz-Veil, GmbHG, § 19 Rn. 15). Überwiegend ist anerkannt, dass i. R. d. Mindeststammkapitals (§ 5 Abs. 1 GmbHG) sowie bei Insolvenz/Einzelvollstreckung ein derartiges Hinausschieben der Fälligkeit keine Wirkung hat (Roth/Altmeppen, GmbHG, § 19 Rn. 9; Baumbach/Hueck-Fastrich, GmbHG, § 19 Rn. 8). Ist der Einlagebetrag fällig, hat der Geschäftsführer diesen einzufordern. Ist der Gesellschafter bei der Beschlussfassung anwesend, ist eine solche förmliche Anforderung entbehrlich (OLG Hamburg, GmbHR 1991, 578; OLG Dresden, GmbHR 1999, 233; Lutter/Hommelhoff-Bayer, GmbHG, § 21 Rn. 7; a. A. Baumbach/Hueck-Fastrich, GmbHG, § 19 Rn. 7). Die Anforderung der Einlage, soweit den Mindestbetrag übersteigend, durch den Geschäftsführer ist unwirksam, wenn die Fälligkeitsvoraussetzungen der Satzung nicht vorliegen oder ein Einforderungsbeschluss fehlt (Scholz-Veil, GmbHG, § 19 Rn. 13; Roth/Altmeppen, GmbHG, § 20 Rn. 3).

3. Tilgungsbestimmung

4   Die Leistung auf die Einlageschuld muss **zweifelsfrei erkennbar** sein (BGH, NJW 1992, 2698; 1996, 2306; ZIP 2001, 513; OLG Oldenburg, ZIP 1996, 2026; OLG Schleswig, GmbHR 1998, 1226). Der Tilgungszweck muss nicht ausdrücklich erwähnt sein. Ausreichend ist, wenn sich aus den **Umständen die Leistungsbestimmung ergibt** (BGH, ZIP 2001, 1997 bei Betragsübereinstimmung; OLG München, GmbHR 2006, 935 sogar wenn der Einzahlungsbetrag höher ist als die Einlagepflicht; BGH, ZIP 2005, 2203; 2006, 331; 2006, 1679 zur Korrektur der rechtsirrtümlichen Tilgungsbestimmung). Die Zweckerklärung kann nachgeholt werden, solange die Zahlung der GmbH noch unverbraucht zur Verfügung steht (OLG Hamburg, WM 1976, 1986, 740; ZIP 1991, 928; OLG Köln, GmbHR 2001, 627, Lutter/Hommelhoff-Bayer, GmbHG, § 19 Rn. 12). Eine **nachträgliche Änderung der zuvor getroffenen ausdrücklichen Zweckbestimmung** ist indessen **nicht möglich** (BGH, DStR 1995, 1158; Baumbach/Hueck-Fastrich, GmbHG, § 19 Rn. 12). Zulässig ist auch, dass die Einlageschuld **durch einen Dritten geleistet** wird (BGH, NJW 1992, 2698; ZIP 1994, 1855; OLG Naumburg, NZG 2000, 44, 47; OLG Jena, ZIP 2007, 130). Entscheidend ist, dass der Einlagebetrag der Gesellschaft uneingeschränkt und zur freien Verfügung zufließt. Mit der Einlageleistung verbundene Vorbehalte oder Bedingungen sind unwirksam (Lutter/Hommelhoff-Bayer, GmbHG, § 19 Rn. 11; Baumbach/Hueck-Fastrich, GmbHG, § 19 Rn. 12). Verwendungsabsprachen im Zusammenhang mit der Kapitalaufbringung sind unschädlich, soweit die Einlage nicht unmittelbar oder mittelbar an den Gesellschafter zurückfließt (BGH, ZIP 2011, 1159 Rn. 12; BGH, ZInsO 2010, 1062 Rn. 14; BGH, ZIP 2007, 528 Rn. 10; BGH, ZIP 2003, 211). Eine absprachegemäße Abverfügung der eingezahlten Beträge steht der Wirksamkeit der Einlageleistung nicht entgegen, solange diese nicht an den Inferenten zurückfließen oder ihm sonst zugutekommen (BGH, ZIP 2011, 1159 Rn. 12; ZInsO 2010, 1062 Rn. 14; ZIP 2007, 528 Rn. 10; 2003, 211; Lutter/Hommelhoff-Bayer, GmbHG, § 19 Rn. 61 ff.).

4. Zahlungsempfänger

5   Die Einzahlung hat zur freien Verfügung der Geschäftsführung zu erfolgen (§ 8 Abs. 2 GmbHG). Maßgebend für die Erfüllungswirkung ist die unbeschränkte und freie Zugriffsmöglichkeit auf den Vermögenszufluss zugunsten des Geschäftsführers. Keine Erfüllung tritt daher bei Zahlung mit Mitteln ein, welche die Gesellschaft zur Verfügung stellt, bspw. durch Darlehensgewährung an den Inferenten. Gleiches gilt für bloße Scheinzahlungen, die sogleich wieder an den Leistenden zurückfließen, sei es mittelbar oder als Darlehen (dazu näher Anhang § 35 D Rdn. 5 ff.; BGH, ZIP 2014, 261 Rn. 6). Bei der **unmittelbaren Leistung der Einlage an Dritte**, insb. Gläubiger der GmbH, liegt keine Leistung der Mindesteinlage zur freien Verfügung der Geschäftsführung vor (BGH,

ZIP 2002, 799; ZIP 2011, 1159 Rn. 12; Scholz-Veil, GmbHG, § 19 Rn. 40; Baumbach/Hueck-Fastrich, GmbHG, § 19 Rn. 13). Die Zahlung direkt an einen Gläubiger kann aber, anders als im Gründungsstadium, erfüllungswirksam, nur soweit den Mindesteinlagebetrag übersteigend, sein, wenn sie auf Veranlassung der Geschäftsführung erfolgt und der GmbH einen vollwertigen Vermögensvorteil verschafft. **Die Gläubigerforderung muss ebenso wie bei der Aufrechnung durch die Gesellschaft vollwertig sein** (BGH, ZInsO 2011, 1159 Rn. 12; BGH, ZIP 1986, 161, 162; Roth/Altmeppen, GmbHG, § 19 Rn. 18; Scholz-Veil, GmbHG, § 19 Rn. 41). Die Einlageschuld wird bei Einverständnis des Geschäftsführers mit dem abgekürzten Leistungsweg dann nicht getilgt, wenn die Forderung des Dritten gegen die Gesellschaft, mit der die Zahlung des Inferenten verrechnet wird, nicht vollwertig ist (Lutter/Hommelhoff-Bayer, GmbHG § 19 Rn. 37; Rowedder/Schmidt-Leithoff/Pentz, GmbHG, § 19 Rn. 52). Unter Beachtung dieser Grundsätze kann auch die **Einzahlung auf ein debitorisches Bankkonto** als Leistung an den Gläubiger Erfüllungswirkung haben (Lutter/Hommelhoff-Bayer, GmbHG, § 19 Rn. 37). Maßgebend ist, ob die Bank eine neue Verfügung über den gutgeschriebenen Betrag zulässt (BGH, ZInsO 2005, 315). Daran fehlt es, wenn die Bank den gutgeschriebenen Betrag lediglich mit ihrem Anspruch auf Kreditrückführung verrechnet (Ulmer/Ulmer, GmbHG, § 19 Rn. 59; Baumbach/Hueck-Fastrich, GmbHG, § 7 Rn. 11). Bei Einzahlung auf ein debitorisches Konto wird die Einlagepflicht folglich nur erfüllt, wenn und insoweit die Kreditlinie noch nicht ausgeschöpft ist oder das Kreditinstitut auf einem anderen Konto entsprechenden Kredit zur Verfügung stellt (BGH, ZIP 2002, 799) oder den Geschäftsführer über den gutgeschriebenen Betrag i. H. d. Einlageleistung anderweitig verfügen lässt, sei es im Rahmen einer formalen Kreditzusage oder aufgrund stillschweigender Gestattung (BGH, ZInsO 2005, 315; OLG Oldenburg, ZInsO 2008, 1086: wirksame Einlageleistungen bei Zahlung auf ein debitorisches Konto bereits dann, wenn nachfolgend ein den Einlagebetrag übersteigender Habensaldo vorhanden ist). Die befreiende Wirkung entfällt bei Kündigung der Kreditlinie auch ohne Kenntnis des Gesellschafters (Lutter/Hommelhoff-Bayer, GmbHG, § 7 Rn. 18; a. A. Scholz-Veil, GmbHG, § 19 Rn. 33). Ist die Einlagepflicht bei Zahlung auf ein debitorisches Konto unerfüllt, da die Bank keine Verfügungen mehr zugelassen hat, besteht indessen keine Einlageforderung des Insolvenzverwalters, wenn er die durch die Bank vorgenommene Verrechnung der Einlagezahlung mit dem Anspruch auf Kreditrückführung erfolgreich angefochten hat (OLG Hamburg, ZInsO 2005, 442). Wird auf ein **gemeinsames Konto des Gesellschafters und der Gesellschaft** gezahlt, ist die Einlageleistung solange nicht erbracht, als der Gesellschafter noch verfügungsberechtigt ist und die Einlageleistung abziehen kann (BGH, NJW 1991, 1294, 1295; OLG München, GmbHR, 2006, 935).

5. Verbot der Befreiung von der Leistungspflicht

§ 19 Abs. 2 Satz 1 GmbHG untersagt die Befreiung von der Leistungspflicht. Gemeint sind nach dem erklärten Willen des Gesetzgebers der **Erlass** (§ 397 Abs. 1 BGB) und die **Stundung** (Begr. RegE, BT-Drucks. 8/1347, S. 38). Die Vorschrift erfasst **jedes gleichwertige Rechtsgeschäft**, z. B. das **negative Schuldanerkenntnis** (§ 397 Abs. 2 BGB), die Umwandlung in eine andersartige Forderung, die Annahme einer anderen Leistung an Erfüllung statt (Roth/Altmeppen, GmbHG, § 19 Rn. 21; Scholz-Veil, GmbHG, § 19 Rn. 52). Das Verbot der Disposition über den Einlageanspruch gilt sowohl für Bar- als auch Sacheinlagen (Baumbach/Hueck-Fastrich, GmbHG, § 19 Rn. 16). Rechtsfolge des § 19 Abs. 2 Satz 1 GmbHG ist die uneingeschränkte Unwirksamkeit des betreffenden Rechtsgeschäftes (Roth/Altmeppen, GmbHG, § 19 Rn. 23). Der Inferent bleibt unverändert zur Einlageleistung verpflichtet. Kenntnis vom Verbot oder Umgehungsbewusstsein des Gesellschafters ist nicht erforderlich (Baumbach/Hueck-Fastrich, GmbHG, § 19 Rn. 17). Unzulässig ist vor allem der Erlass als völlige oder teilweise Befreiung von der satzungsmäßig festgelegten Einlagepflicht. Das Erlassverbot gilt auch für die Differenz-, Verlustdeckungs-, Vorbelastungs- und Ausfallhaftung (Baumbach/Hueck-Fastrich, GmbHG, § 19 Rn. 19). Als Stundung verboten ist das rechtsgeschäftliche Hinausschieben der Fälligkeit. **Keine unzulässige Stundung enthalten jedoch Regelungen von Zahlungsterminen** in der Satzung oder im Kapitalerhöhungsbeschluss, da vorher noch keine Fälligkeit bestand (Baumbach/Hueck-Fastrich, GmbHG, § 19 Rn. 21). Die unzulässige

6

Stundung setzt vorherige Fälligkeit voraus. Es steht daher im Ermessen der Gesellschafter, wann die Einlageforderung, soweit das Mindestkapital übersteigend, durch Beschluss nach § 46 Nr. 2 GmbHG fällig gestellt wird. Erst wenn die Fälligkeitsvoraussetzungen vorliegen, ist ein erneutes Hinausschieben der Fälligkeit nach § 19 Abs. 2 GmbHG unzulässig. Möglich ist jedoch ein **Vergleich i. S. d. § 779 BGB** bei ernsthaftem Streit oder Ungewissheit über die Einlageforderung (Roth/Altmeppen, GmbHG, § 19 Rn. 23; Rowedder/Schmidt-Leithoff/Pentz, GmbHG, § 19 Rn. 57; krit. Baumbach/Hueck-Fastrich, GmbHG, § 19 Rn. 20). Nach verbreiteter Ansicht ist ein Vergleich möglich, wenn Zweifel an der ordnungsgemäßen Erfüllung bestehen, zweifelhaft ist, ob die Resteinlage bereits gezahlt wurde (Scholz-Veil, GmbHG, § 19 Rn. 64) oder bei Streit über den Wert/Mängeln von Sacheinlagen (Scholz-Schneider/Westermann, GmbHG, § 19 Rn. 465). Ob eine Einlageschuld entstanden ist, ist i. d. R. eine Rechtsfrage, über die ein Vergleich nicht in Betracht kommt. Ist der **Inferent leistungsschwach**, ist ein Vergleich über die Höhe oder über den Zeitpunkt der Zahlung mit § 19 Abs. 2 Satz 1 GmbHG unvereinbar (Scholz-Veil, GmbHG, § 19 Rn. 66; Lutter/Hommelhoff-Bayer, GmbHG, § 19 Rn. 16; Rowedder/Schmidt-Leithoff/Pentz, GmbHG, § 19 Rn. 58). Zur **Einbeziehung einer vergleichenden Regelung in einen Insolvenzplan** im Verfahren über das Vermögen des Inferenten werden wegen der Ausfallhaftung der Mitgesellschafter Bedenken vorgebracht (Scholz-Veil, GmbHG, § 19 Rn. 67; Roth/Altmeppen, GmbHG, § 19 Rn. 23). Ist der Abschluss des Vergleiches gestattet, führt dies zu einer Minderung der Zahlungspflicht, was sich auch entlastend auf die Mithaftung nach §§ 22, 24 GmbHG auswirkt (Scholz-Veil, GmbHG, § 19 Rn. 68; Roth/Altmeppen, GmbHG, § 19 Rn. 23).

6. Abtretung/Verpfändung/Pfändung

7   Abtretung, Verpfändung und Pfändung von Einlageforderungen sind nach allg. M. zulässig (BGHZ 53, 71, 73; 69, 282; Ulmer/Ulmer, GmbHG, § 19 Rn. 140 ff.; Lutter/Hommelhoff-Bayer GmbHG, § 19 Rn. 38). Es gilt jedoch eine Einschränkung: Entsprechend dem Regelungsinhalt von § 19 GmbHG muss die **Gegenleistung vollwertig** sein (OLG Hamburg, ZIP 2006, 1677; OLG Celle, NZG 2001, 128; Roth/Altmeppen, GmbHG, § 19 Rn. 11). Die Vollwertigkeit der Gegenleistung ist Wirksamkeitsvoraussetzung (Lutter/Hommelhoff-Bayer, GmbHG, § 19 Rn. 32). Die Vollwertigkeit der Gegenleistung ist in besonderen Fällen, in denen ein schutzwürdiges Interesse an ungeschmälerter Kapitalaufbringung nicht mehr besteht, nicht erforderlich. Dies ist insb. der Fall in der Liquidationsphase, bei Zurückweisung eines Insolvenzantrages mangels Masse und Löschung der Gesellschaft wegen Vermögenslosigkeit (BGH, NJW 1992, 2229; OLG Celle, NZG 2000, 148; Baumbach/Hueck-Fastrich, GmbHG, § 19 Rn. 42). Die Abtretung/Verpfändung oder Pfändung lässt die Rechtsstellung des Inferenten unberührt. Die Fälligkeit richtet sich weiterhin nach der Satzung. Liegt danach keine Fälligkeit vor, ist ein Einforderungsbeschluss gem. § 46 Nr. 2 GmbHG erforderlich. Nach herrschender Meinung. ist der Einforderungsbeschluss nach § 46 Nr. 2 GmbHG weder für die Pfändung der Einlageforderung noch für deren Einziehung Voraussetzung (Baumbach/Hueck-Fastrich, GmbHG, § 19 Rn. 44; vgl. Rdn. 3). Das Aufrechnungsverbot für Forderungen gegen den Gesellschafter (§ 19 Abs. 2 Satz 2 GmbHG) besteht fort, erfasst aber nicht Forderungen gegen den Zessionar. Im Rechtsverhältnis zum Zessionar kann der Gesellschafter aufrechnen (Ulmer/Ulmer, GmbHG, § 19 Rn. 43; Lutter/Hommelhoff-Bayer, GmbHG, § 19 Rn. 40). Für den Zessionar gilt das Verbot der Befreiung von der Einlagepflicht aus § 19 Abs. 2 Satz 1 GmbHG nicht, da die Einlageforderung nach dem Rechtsübergang nicht mehr der Kapitalaufbringung dient (Baumbach/Hueck-Fastrich, GmbHG, § 19 Rn. 43; Roth/Altmeppen, GmbHG, § 19 Rn. 13). Die Kaduzierung und ihre Folgen scheiden nach Abtretung, Verpfändung und Pfändung aus (Scholz-Veil, GmbHG, § 19 Rn. 115; Lutter/Hommelhoff-Bayer, GmbHG, § 19 Rn. 40).

7. Beweislast

8   Die Darlegungs- und Beweislast für die Erfüllung der Einlageschuld hat der Gesellschafter (BGH, ZIP 2005, 28; ZInsO 2007, 1111 Rn. 2; OLG Brandenburg, GmbHR 2005, 1608; OLG Jena, ZIP 2006, 1862). Dies gilt grds. auch dann, wenn die **Zahlungsvorgänge bereits längere Zeit zurückliegen** (BGH, ZInsO 2014, 261 Rn. 3; BGH, ZInsO 2007, 1111; OLG Jena, ZInsO 2014,

42). Aus einem längeren Zeitlauf ergibt sich keine Umkehr der Beweislast. Bei unstreitiger oder bewiesener Einlageleistung ist von Erfüllung auszugehen, solange nicht vom Insolvenzverwalter konkrete Anhaltspunkte dafür vorgebracht werden, dass die Gesellschaft gehindert war, über den eingezahlten Betrag zu verfügen. Danach obliegt dem Insolvenzverwalter lediglich die gesteigerte Vortragslast. Die Beweislast verbleibt beim Inferenten, wenn der Insolvenzverwalter seiner gesteigerten Vortragslast nachgekommen ist (BGH, ZInsO 2014, 261 Rn. 4). Davon zu unterscheiden ist aber, welches Beweismaß im Einzelfall für die mehr oder weniger lange zurückliegende Einzahlung der Stammeinlage zu fordern ist. Dies ist Sache **tatrichterlicher Beurteilung**. Für die Führung des Beweises findet § 286 ZPO Anwendung (BGH, ZInsO 2007, 1111; OLG Jena, ZInsO 2014, 42). Dem Tatrichter ist nicht verwehrt, den einer Partei obliegenden Beweis aufgrund unstreitiger oder erwiesener Tatsachen als geführt anzusehen und auf die Erhebung des Strengbeweises zu verzichten, wenn nicht gegenteilige Indizien erkennbar sind oder der Prozessgegner seinerseits keinen Gegenbeweis anbietet. Insb. nach Ablauf der handelsrechtlichen Aufbewahrungsfristen (§ 257 HGB) hat eine erleichterte Darlegungs- und Beweislast für den Erfüllungsnachweis zu gelten. Die Verpflichtung, den Nachweis durch Zahlungsbeleg zu erbringen, schränkt sich mit zunehmendem Zeitablauf ein. Der Vollbeweis ist mehrere Jahre nach der Zahlung nicht mehr zumutbar. Liegen die Einzahlungen längere Zeit zurück, obliegt dem Tatrichter das Beweismaß zu bestimmen, welche Umstände als Indizien darzulegen und zu beweisen sind. Erforderlich ist ein Maß an Gewissheit, welches den Zweifeln Schweigen gebietet, ohne sie völlig auszuschließen (Zöller/Greger, ZPO, § 286 Rn. 17–20). Dem Inferenten können auch die Grundsätze über die sekundäre Beweislast zugutekommen (BGH, DStR 2004, 2112; DStR 2005, 297). Allein der Erfüllungsausweis in der Jahresbilanz reicht aber ohne Weiteres nicht aus (BGH, DStR 2004, 2112; OLG Jena, ZInsO 2014, 42; OLG Koblenz, NZG 2002, 821; OLG Frankfurt am Main, NZG 2005, 898; anders OLG Frankfurt am Main, NJW-RR 2001, 402 nach 20 Jahren). Der Erfüllungsausweis im Jahresabschluss ist zum Nachweis der Einlagepflicht schlechthin ungeeignet und reicht nicht einmal für eine substanziierte Darlegung der Einzahlung aus, wenn nicht zugleich erkennbar wird, ob die Gesellschaft gehindert und in welcher Art und Weise sich der Bilanzersteller von der tatsächlichen Erbringung der Stammeinlage überzeugt hat (OLG Jena, ZInsO 2014, 40; OLG Jena, ZIP 2009, 1759). Ist der Jahresabschluss mit einem Prüfvermerk des Steuerberaters (»aufgestellt anhand der vorgelegten Buch- und Inventurunterlagen«) versehen, ist er als Zeuge für die Aufbringung zu hören (BGH, ZIP 2005, 28). Auch die Versicherung der Stammkapitaleinzahlung bei der Anmeldung zur Eintragung reicht isoliert für den Erfüllungsnachweis nicht aus (OLG Jena, ZInsO 2014, 42, 43; OLG Düsseldorf, ZInsO 2002, 631). Die Anforderungen an die Beweisführung des Gesellschafters schwächen sich im Laufe der Zeit bei länger zurückliegenden Einzahlungen ab. Vielfach wird das kumulative Vorliegen von Indizien, welche die Einlageleistung bestätigen, als ausreichend angesehen.

8. Verjährung

Die **Verjährung** richtet sich nach § 19 Abs. 6 GmbHG. Danach verjährt der Anspruch auf Einlageleistung in 10 Jahren. Verjährungsbeginn ist die Fälligkeit des Anspruches (kraft Satzung oder Gesellschafterbeschluss). Bei einer Voreinzahlung wird der Kapitalerhöhungsbeschluss die sofortige Fälligkeit beinhalten. Wird das Insolvenzverfahren über das Vermögen der Gesellschaft eröffnet, sieht § 19 Abs. 6 Satz 2 GmbHG eine Ablaufhemmung vor, wonach die Verjährung vor Ablauf von 6 Monaten ab dem Zeitpunkt der Eröffnung nicht eintritt. Dies setzt jedoch voraus, dass bei Verfahrenseröffnung keine Verjährung vorliegt. Vor Inkrafttreten des Schuldrechtmodernisierungsgesetzes zum 01.01.2002 galt die Regelverjährung von 30 Jahren. Diese Frist wurde mit diesem Gesetz auf 3 Jahre verkürzt. Seit dem Inkrafttreten des Verjährungsanpassungsgesetzes am 15.12.2002 gilt nunmehr die zuvor dargestellte Rechtslage (10-Jahres-Frist). Problematisch ist die Behandlung von sog. **Altfällen**, Einlageansprüchen, die vor dem 01.01.2002 entstanden sind. Waren diese bis zum 31.12.2004 noch nicht verjährt, trat Verjährung nach Maßgabe des am 15.12.2004 in Kraft getretenen § 19 Abs. 6 GmbHG i. V. m. Art. 229 § 12 Abs. 2 EGBGB am 31.12.2011 ein. Die für Altfälle noch nicht verjährter Einlageforderungen maßgebliche besondere Überleitungsvorschrift des Art. 229 ist verfassungskonform dahin auszulegen, dass in die ab 15.12.2004 laufende neue 10-jährige Verjährungsfrist des § 19 Abs. 6 GmbHG die seit Inkrafttreten des Schuldrechtsmodernisierungsgesetzes, mithin die ab 01.01.2002 verstrichenen Zeiträume der zuvor geltenden 3-jährigen Regelfrist des § 195 BGB, einzurechnen sind (BGH, ZIP 2008, 643; 2008, 1379). Für fällige und zum 31.12.2004 noch nicht verjährte Einlageforderungen beginnt damit die Verjährungsfrist des § 19 Abs. 6 GmbHG am 01.01.2002 zu laufen und endete am 31.12.2011 (ausführl. zur Verjährungsproblematik Bräuer, ZInsO 2007, 966).

II. Voreinzahlungen

1. Entwicklung der Rechtsprechung

10 **Voreinzahlungen an die sog. Vorgründungsgesellschaft** erfüllen die Einlagepflicht nicht und genügen nicht den gesetzlichen Anforderungen an Mindesteinzahlungen (OLG Köln, ZIP 1989, 238; OLG Hamm, GmbHR 1992, 750; OLG Düsseldorf, GmbHR 1994, 398; Baumbach/Hueck-Fastrich, GmbHG, § 7 Rn. 8). Die fehlende Identität von Vorgründungsgesellschaft und Vor-GmbH bzw. GmbH schließt eine Anrechnungswirkung aus. Die Zahlung an die Vorgründungsgesellschaft ist keine Bareinlage, sondern eine **verdeckte Sacheinlage**, wenn der Inferent an die Vorgründungsgesellschaft zahlt und die Einlage anschließend auf die GmbH übertragen wird (BGH, NJW 1992, 2698; OLG Celle, ZInsO 2010, 1843; Roth/Altmeppen, GmbHG, § 56a Rn. 18; dagegen Ehlke, ZIP 2007, 749). Die bereicherungsrechtliche Forderung muss dann als Sacheinlage durch eine entsprechende (nochmalige) Kapitalerhöhung eingebracht werden (BGH, ZInsO 2012, 1847 Rn. 16; BGH, ZIP 2000, 2021; OLG Schleswig, NZG 2000, 318). Geschieht dies nicht, liegt eine verdeckte Sacheinlage i. S. d. § 19 Abs. 4 GmbHG vor. Denn bei wirtschaftlicher Betrachtung wird die Einlage nicht durch Geldleistung, sondern durch Einbringung der Bereicherungsforderung des Gesellschafters erbracht (Goette, FS Priester, 2007, S. 95, 98). Zahlt der Inferent den Einlagebetrag nach Fassung des Kapitalerhöhungsbeschlusses ein zweites Mal an die Gesellschaft verbunden mit der Anweisung, die Zahlung an ihn zur Tilgung seiner Bereicherungsforderung aus dem ersten, fehlgeschlagenen Erfüllungsversuch zurück zu überweisen, liegt darin eine verdeckte Sacheinlage in der Form des Hin- und Herzahlens (BGH, ZInsO 2012, 1847 Rn. 18). Die Erfüllung der Einlageleistung setzt dann voraus, dass die Bereicherungsforderung aus der fehlgeschlagenen Einlageleistung im Zeitpunkt der Anmeldung des Kapitalerhöhungsbeschlusses vollwertig i. S. d. § 19 Abs. 5 GmbHG ist.

Die Voreinzahlung ist **ausnahmsweise zulässig**, wenn diese mit einer klaren Zweckbestimmung getroffen wurde und der Stammeinlagebetrag z. Zt. der Übernahme durch die Vor-GmbH noch **als unterscheidbarer Vermögensgegenstand unangetastet vorhanden sowie vom übrigen Vermögen isoliert/abgrenzbar ist** (OLG Düsseldorf, GmbHR 1994, 398; OLG Stuttgart, GmbHR 1995, 118; OLG Frankfurt am Main, ZIP 2005, 1596). Es bedarf hierbei zusätzlich der Übertragung des separierten Barvermögens in der Gründungsurkunde auf die GmbH (ebenso Baumbach/Hueck-Fastrich, GmbHG, § 7 Rn. 8; Scholz-Veil, GmbHG, § 7 Rn. 27).

11 Der BGH hat zunächst **Voreinzahlungen auf künftige Einlageschulden der GmbH** wegen **Verstoßes gegen den Grundsatz der realen Kapitalaufbringung/den Unversehrtheitsgrundsatz** bzw. wegen Umgehung der Vorschriften über die Sachgründung als unzulässig angesehen (BGHZ 51, 57). Diese Rspr. ist in der Literatur auf Kritik gestoßen, da bei Kapitalerhöhungen zur Sanierung die notwendige Zufuhr von Eigenkapital nicht darstellbar ist. Insb. wurde auf die zeitliche Diskrepanz zwischen der Antragspflicht des § 92 Abs. 2 AktG a. F. und die zwingend einzuhaltende 30-tägige Einberufungsfrist des § 123 Abs. 1 AktG verwiesen (Lutter/Hommelhoff/Timm, BB 1980, 737). Sowohl der BGH als auch die obergerichtliche Rspr. haben die Zulässigkeit von Voreinzahlungen auf Einlageverpflichtungen grds. anerkannt, diese aber von unterschiedlichen Mindestvoraussetzungen abhängig gemacht (BGH, ZIP 1995, 28; 96; 1466; 2000, 2021; 2004, 849; OLG Köln, ZIP 1992, 928; 2001, 1243).

Der BGH hat zur praxisrelevanten Kapitalerhöhung fallbezogen elementare Mindestvoraussetzungen herausgearbeitet, an denen die Zulässigkeit einer Vorauszahlung aber bereits scheiterte. Einigkeit hat darüber bestanden, dass eine **tilgende Wirkung** nur dann eintreten kann, wenn der verfrüht eingezahlte Betrag **im Zeitpunkt des Erhöhungsbeschlusses noch als solcher im Vermögen der Gesellschaft vorhanden ist** (BGH, ZIP 1996, 1466; 2004, 849; OLG Nürnberg, DZWIR 2011, 167; OLG Celle, ZInsO 2010, 1843). Maßgeblicher Zeitpunkt ist der Kapitalerhöhungsbeschluss. Die Kapitalerhöhung verwirklicht sich bei der GmbH in mehreren Stadien: Vom Kapitalerhöhungsbeschluss (§ 53 GmbHG) über die Annahmeerklärung hinsichtl. der neuen Stammeinlage (§ 55 GmbHG), die Einzahlung der Mindesteinlage (§ 56a GmbHG), die Anmeldeversicherung der Geschäftsführung über die Einzahlung (§ 57 Abs. 2 GmbHG) bis zur Eintragung der Kapitalerhöhung in das Handelsregister (§ 54 Abs. 3 GmbHG). **Der Kapitalerhöhungsbeschluss bildet hierbei die maßgebliche Zäsur** (BGH, ZIP 2004, 849; 2005, 121; 2006, 2214; OLG Köln, ZIP 2001, 1243). Erst nach Eintritt dieser Voraussetzung kann die Einlage geleistet werden. Davon ist eine Ausnahme zu machen, wenn die Zahlung als solche im Zeitpunkt der Beschlussfassung über die Kapitalerhöhung noch zweifelsfrei im Gesellschaftsvermögen vorhanden ist (BGH, ZIP 2004, 849; 2006, 2214; Roth/Altmeppen, GmbHG, § 56a Rn. 19). Ist die Voreinzahlung bei Beschlussfassung über die Kapitalerhöhung verbraucht, entfaltet sie nach früherer Rspr. keine Tilgungswirkung (krit. hierzu bei akuter Sanierungslage Baumbach/Hueck-Zöllner, GmbHG, § 56a Rn. 13; Roth/Altmeppen, GmbHG, § 56a Rn. 21a für Werterhaltung statt Unversehrtheit). Würden derartige Vorleistungen zugelassen werden, bestünde die Gefahr, dass die geschuldete Bareinlage durch die als Sacheinlage anzusehende Rückzahlungsforderung des Gesellschafters aus der rechtsgrundlosen, verfrühten Leistung ersetzt würde, ohne dass die der Sicherstellung und Kontrolle der Werthaltigkeit der Sacheinlage dienenden Vorschriften beachtet werden müssten (BGH, ZIP 2004, 849; 2006, 2214). Der BGH hatte nachfolgend offengelassen, ob und unter welchen Voraussetzungen eine Durchbrechung der gesetzlichen Reihenfolge zulässig ist.

Diese Kriterien sind nunmehr mit der Entscheidung des BGH vom 26.06.2006 (ZIP 2006, 2214; dazu krit. Ehlke, ZIP 2007, 749; ebenso OLG Nürnberg, DZWIR 2011, 167; OLG Celle, ZInsO 2010, 1843; Baumbach/Hueck-Zöllner, GmbHG, § 56a Rn. 14; Goette FS Priester 2007, 95 ff.) herausgearbeitet worden. Voreinzahlungen haben auf künftige Einlagepflichten **Tilgungswirkung, wenn der eingezahlte Betrag im Zeitpunkt der Beschlussfassung/Übernahmeerklärung noch als solcher im Gesellschaftsvermögen zweifelsfrei vorhanden ist** (1. Alt.). Ein solcher Kapitalerhalt ist in einem **akuten Sanierungsfall** entbehrlich. In dieser zweiten Variante müssen dafür kumulativ erfüllt sein:
– Vorliegen eines akuten Sanierungsfalls;
– Handeln des Gesellschafters mit Sanierungswillen, objektive Sanierungsfähigkeit der Gesellschaft und objektive Geeignetheit der Vorauszahlung, die Gesellschaft nachhaltig zu sanieren;
– eindeutige Kennzeichnung der Vorauszahlung als künftige Einlagepflicht;
– enger zeitlicher Zusammenhang zwischen Voreinzahlung und späterer Kapitalerhöhung;
– Offenlegung der Voreinzahlung sowohl in dem Kapitalerhöhungsbeschluss als auch in der Anmeldung.

Der BGH hält es entgegen a. A. nicht für erforderlich, dass die Vorausleistung zusätzlich mit einem Rangrücktritt zu versehen ist, weil die auf die Sanierung bezogene Zweckbestimmung der Leistung als künftiges Stammkapital bereits den Rangrücktritt in sich trägt (ebenso Werner, GmbHR 2002, 530, 533). Entbehrlich ist auch eine notariell beurkundete Erklärung des Übernehmers, dass der Betrag auf die künftige Einlagepflicht gezahlt wird (ebenso Karollus, DStR 1995, 1065, 1068; Ehlke, ZGR 1995, 426, 438).

2. Voraussetzungen im Einzelnen

a) Vorhandensein des eingezahlten Betrags

Die schuldtilgende Wirkung tritt nur ein, wenn der eingezahlte Betrag im Zeitpunkt des Erhöhungsbeschlusses als solcher noch im Vermögen der Gesellschaft vorhanden ist (BGH, ZIP 2004,

849; OLG Celle, ZInsO 2010, 1843; krit. Baumbach/Hueck-Zöllner, GmbHG, § 56a Rn. 13; Roth/Altmeppen, GmbHG, § 56a Rn. 21a für Werterhaltung statt Unversehrtheit). Diese Voraussetzung ist erfüllt, wenn der geschuldete Betrag sich entweder in der Kasse der Gesellschaft befindet oder wenn der Gesellschafter auf ein Konto der Gesellschaft einzahlt und dieses anschließend und fortdauernd bis zur Fassung des Kapitalerhöhungsbeschlusses ein Guthaben in entsprechender Höhe ausweist (BGHZ 158, 283; OLG Nürnberg, DZWIR 2011, 167). **Ungenügend ist die Einzahlung auf ein debitorisches Konto** auch dann, wenn die Bank nach Verrechnung der Gutschrift eine Verfügung über den Einlagebetrag zulässt (BGH, ZIP 2004, 849; OLG Celle, ZInsO 2010, 1843; anders zur »normalen« Kapitalaufbringung s. Rdn. 5; BGH, NZG 2005, 118; ZIP 2002, 799; OLG Oldenburg, ZIP 2009, 424, wonach eine freie Verfügbarkeit i. S. d. § 8 Abs. 2 GmbHG auch dann gewahrt ist, wenn nach der Zahlung auf ein debitorisches Konto die Bank über den Einlagebetrag verfügen lässt). Die Voreinzahlung auf ein debitorisches Gesellschaftskonto ist nach Auffassung des BGH bei Zulassung einer Verfügung über den Einzahlungsbetrag anders zu beurteilen, da andernfalls der grundlegende Zweck der Kapitalaufbringungsvorschriften nicht erreicht würde.

b) Akuter Sanierungsfall

16 Die Anerkennung der Tilgungswirkung setzt in der 2. Alt. zunächst einen akuten Sanierungsfall voraus, in dem die Kapitalerhöhung die **Insolvenzreife abwenden** soll **und andere Maßnahmen nicht zum Ziel führen würden**. Die Kapitalerhöhung wird als **ultima ratio** zur Abwendung der Überschuldung/Zahlungsfähigkeit angesehen (BGH, ZIP 2006, 2214 Rn. 16; 1995, 28). Für die Anerkennung der Tilgungswirkung von vor der Beschlussfassung über die Kapitalerhöhung erbrachten Voreinzahlungen besteht allenfalls in akuten Sanierungsfällen, in denen die Kapitalmaßnahme eine Überschuldung oder Zahlungsunfähigkeit abwenden soll, und nur dann ein billigenswertes Bedürfnis, wenn andere Maßnahmen wie die Einzahlung von Mitteln in die Kapitalrücklage oder auf ein gesondertes, der Haftung für einen bestehenden Bankkredit nach den bankrechtlichen Regeln nicht unterliegendes Sonderkonto nicht zum Ziel führen und die Gesellschaft wegen des engen zeitlichen Rahmens des § 64 Abs. 1 GmbHG sofort über die frischen Mittel verfügen muss (OLG Nürnberg, DZWIR 2011, 167).

c) Sanierungsfähigkeit

17 Erforderlich ist zudem, dass der **Gesellschafter mit Sanierungswillen** handelt, die Gesellschaft **objektiv sanierungsfähig** und die Voreinzahlung zur **Erreichung des Zwecks objektiv geeignet** ist (vgl. BGH, ZIP 2006, 279 zum Sanierungsprivileg des § 32a Abs. 3 Satz 3 GmbHG). Die Durchbrechung der gesetzlichen Reihenfolge (Rdn. 12) ist nur zulässig, wenn die Voreinzahlung allein geeignet/notwendig ist, den Sanierungserfolg herbeizuführen, und eine spätere Kapitalzufuhr die Sanierung zum Scheitern bringen würde. Die geplante Kapitalerhöhung muss geeignet sein, die Gesellschaft in überschaubarer Zeit **durchgreifend zu sanieren**. Eine Erfüllungswirkung entfällt folglich, wenn mehrere Maßnahmen nur durch ihr Zusammenwirken die Krise beseitigen. Gleiches gilt, wenn das Sanierungskonzept auf Dauer nicht tragfähig ist (OLG Nürnberg, DZWIR 2011, 167).

d) Tilgungszweck

18 Die Vorleistung ist **eindeutig und für Dritte erkennbar** mit dem Tilgungszweck der Kapitalerhöhung zu verbinden. Die mit der Voreinzahlung bezweckte Erfüllung der künftigen Einlageschuld **hat zweifelsfrei festzustehen** (Karollus, DStR 1995, 1065, 1068; Baumbach/Hueck-Zöllner, GmbHG, § 56a Rn. 10). Die Zahlung ist in der Weise zu kennzeichnen, dass die damit bezweckte Erfüllung der künftigen Einlageschuld außer jedem Zweifel steht (OLG Nürnberg, DZWIR 2011, 167). Dies soll verhindern, dass der Gesellschafter zu anderen Zwecken (»auf Vorrat«) vorgenommene Zahlungen in eine Voreinzahlung auf die Kapitalerhöhung umdwidmet (zu diesen Bedenken bereits BGH, ZIP 1995, 28).

e) Enger zeitlicher Zusammenhang

Zwischen der Voreinzahlung und der nachfolgenden formgerechten Kapitalerhöhung muss ein enger zeitlicher Zusammenhang bestehen (so bereits BGH, ZIP 1995, 28; NJW 2001, 67). Der BGH legt hierbei **strenge Maßstäbe** an. Möglichst soll die Einberufung der Gesellschafterversammlung bei der Voreinzahlung bereits in die Wege geleitet worden sein (Baumbach/Hueck-Zöllner, GmbHG, § 56a Rn. 11: konkrete Vorbereitungen zur Kapitalerhöhung bereits getroffen). Die Durchbrechung der gesetzlichen Abfolge einer Kapitalerhöhung kann auch in Sanierungsfällen nur hingenommen werden, sofern die Kapitalerhöhung im Zahlungszeitpunkt bereits konkret – etwa durch die Einberufung der Gesellschafterversammlung – in die Wege geleitet worden ist, die Gesellschafterversammlung mit aller gebotenen Beschleunigung, d. h. innerhalb der durch die Satzung oder mangels einer Satzungsbestimmung durch das Gesetz (§ 51 Abs. 1 Satz 2 GmbHG) vorgegebenen Mindestladungsfrist, zur Beschlussfassung über die Kapitalerhöhung zusammentritt und – wie bei einer regulären Kapitalerhöhung üblich – der betroffene Gesellschafter im Rahmen dieser Gesellschafterversammlung zugleich die förmliche Übernahmeerklärung abgibt. Zumindest aber muss die Gesellschafterversammlung in der vorgegebenen Mindestladungsfrist (§ 51 Abs. 1 Satz 2 GmbHG) zur Beschlussfassung über die Kapitalerhöhung zusammentreten. Nicht ausreichend sind 3 Wochen zwischen Zahlung und Beschlussfassung für die Wahrung eines engen zeitlichen Zusammenhangs (OLG Celle, ZInsO 2010, 1843). Zu berücksichtigen sind die Besonderheiten eines konkreten Einzelfalls, insb. wie viele Gesellschafter die GmbH hat. Bei einer aus wenigen Gesellschaftern bestehenden, personalistisch strukturierten GmbH darf selbst die satzungsmäßige oder gesetzliche Mindestladungsfrist nicht ausgeschöpft werden, wenn sich die (über die Modalitäten der Kapitalerhöhung einigen) Gesellschafter ohne Schwierigkeiten zu einer Universalversammlung (§ 51 Abs. 3 GmbHG) einfinden können (OLG Nürnberg, DZWIR 2011, 167). Bei einer Einpersonengesellschaft können keinerlei einladungsbedingte Verzögerungen hingenommen werden (BGH, ZIP 2006, 2214).

f) Offenlegung der Voreinzahlung

Im Interesse hinreichender Publizität und vor allem einer wirksamen Registerkontrolle ist die Voreinzahlung sowohl in dem Kapitalerhöhungsbeschluss als auch in der Anmeldung offenzulegen (OLG Nürnberg, DZWIR 2011, 167; Baumbach/Hueck-Zöllner, GmbHG, § 56a Rn. 12). In dem Kapitalerhöhungsbeschluss ist unter Darlegung der finanziellen Schwierigkeiten der Gesellschaft der **tatsächliche Zahlungszeitpunkt anzugeben**. Daran anknüpfend hat die Geschäftsführung in der Anmeldung der Kapitalerhöhung mitzuteilen, zu welchem Zeitpunkt vor der Beschlussfassung der Einlagebetrag zwecks Überwindung einer finanziellen Krise eingezahlt worden ist. Bei der Kapitalerhöhung hat der Geschäftsführer dem Registergericht mitzuteilen, zu welchem Zeitpunkt vor der Beschlussfassung der Einlagebetrag zur Krisenbewältigung eingezahlt wurde (BGH, ZIP 2006, 2214 Rn. 19).

▶ Praxistipp:

> Die Voreinzahlung sollte mit dem Verwendungszweck »Einlageleistung auf demnächst noch zu beschließende Kapitalerhöhung« versehen sein (Baumbach/Hueck-Zöllner, GmbHG, § 56a Rn. 15). Im Erhöhungsbeschluss sollte der Hinweis aufzunehmen sein, dass die Gesellschaft in einer Krise ist, zu deren Behebung der Erhöhungsbeschluss dient und die Inferenten die Zahlung der Kapitalerhöhung bereits erbracht haben (genaues Datum und Angabe des Kontos). Die in der Anmeldung abzugebende Versicherung ist dahin gehend zu ergänzen, dass die Leistung aufgrund der Krise bereits erbracht wurde (ebenfalls Datum und Konto angeben).

3. Rechtsfolge

Hat die Voreinzahlung keine Erfüllungswirkung, bleibt der Inferent weiterhin zur Einlageleistung verpflichtet. Ein aus einer »fehlgeschlagenen« Voreinzahlung auf eine künftige Kapitalerhöhung resultierender Bereicherungsanspruch des Gesellschafters (§ 812 Abs. 1 Satz 2, 2. Alt. BGB) kann als verdeckte Sacheinlage (§ 19 Abs. 4 Satz 1 GmbHG) nur dann auf die Einlageschuld des Gesellschafters gem. § 19 Abs. 4 GmbHG angerechnet werden, wenn er vollwertig, fällig und liquide ist. Dies ist nicht der Fall, wenn einem solchen Anspruch die Einrede des Wegfalls der Bereicherung (§ 818 Abs. 3 BGB) oder der Kapitalerhaltungsgrundsatz des § 30 GmbHG entgegengehalten werden kann (OLG Nürnberg, DZWIR 2011, 167). Da die Vorauszahlung meist erfolgt, um einen Liquiditätsengpass in der Krise kurzfristig auszugleichen, wird es i. d. R. an der Vollwertigkeit des Bereicherungsanspruches fehlen.

4. Prozessuale Aspekte

a) Beweislast

22 Die Gesellschaft/der Insolvenzverwalter hat lediglich darzulegen, dass eine unzulässige Voreinzahlung vorliegt. Sie/Er muss nur beweisen, dass der Zahlungszeitpunkt vor dem Erhöhungsbeschluss liegt. Den Inferenten trifft die Darlegungs- und Beweislast dafür, dass und welche konkreten Umstände die Voreinzahlung abweichend von dem gesetzlichen Leitbild rechtfertigen. Ihm obliegt es, substanziiert vorzutragen und zu beweisen, dass die zuvor genannten Anforderungen an eine zulässige Voreinzahlung (1. Alt.: Rdn. 15; 2. Alt.: Rdn. 16 bis 20) auf die künftige Kapitalerhöhung vorgelegen haben (BGH, ZIP 2006, 2214 Rn. 15). Die vom BGH aufgestellten Anforderungen werden **als wenig praxistauglich kritisiert** (Ehlke, ZIP 2007, 749). Insb. wird gerügt, dass der Inferent kaum werde nachweisen können, dass genau seine Voreinzahlung zur Rettung des Unternehmens erforderlich und allein notwendig gewesen ist. Auch die Feststellung der Sanierungsfähigkeit wird schwierig und aufwendig sein. Einer Voreinzahlung wird praktisch keine Tilgungswirkung zukommen, wenn nicht der eingezahlte Betrag im Zeitpunkt des Erhöhungsbeschlusses unversehrt vorhanden ist.

> ▶ **Praxistipp:**
>
> Häufig kann die anwaltliche Beauftragung erfolgen, wenn die Voreinzahlung durch den Inferenten bereits geleistet wurde, ein Kapitalerhöhungsbeschluss jedoch noch nicht gefasst worden ist. War die Vorleistung nicht mit einem deutlich erkennbaren Tilgungszweck versehen, kommt es für die Tilgungswirkung auf die weiteren Anforderungen (akuter Sanierungsfall, Sanierungsfähigkeit, enger zeitlicher Zusammenhang) nicht mehr an. Ohne nachfolgenden Kapitalerhöhungsbeschluss ist die Voreinzahlung rechtsgrundlos erfolgt und kann nach den Regeln des Bereicherungsrechts wieder aus der Gesellschaft entnommen werden. Die Rechtsprechungs-Regeln (§§ 30, 31 GmbHG analog) sperren eine solche Rückzahlung nach Inkrafttreten des MoMiG nicht mehr (vgl. zur alten Rechtslage OLG Hamm, 03.09.2007 – 8 U 52/07). Nach neuem Recht wäre dem Ratsuchenden zu empfehlen, die durch die nicht hinreichend bestimmte Voreinzahlung in Gang gesetzte Kapitalerhöhung abzubrechen (vgl. Ehlke, ZIP 2007, 749, 751). Ein solches Vorgehen beinhaltet jedoch das Risiko, dass die Kondizierung der rechtsgrundlos erfolgten Voreinzahlung und die nachfolgend wirksame Einzahlung auf die Kapitalerhöhung als verdeckte Sacheinlage (Verwendung einer Gesellschafterforderung) beurteilt werden könnte. Die Anrechnungswirkung nach § 19 Abs. 4 GmbHG n. F. wird i. d. R. nicht helfen, da der Bereicherungsanspruch des Gesellschafters in einer Krise entwertet ist. Die ohne hinreichenden Tilgungszweck vorgenommene Voreinzahlung dürfte für den Gesellschafter zu einem Dilemma führen, wenn dieser Betrag im Zeitpunkt des Kapitalerhöhungsbeschluss nicht mehr unversehrt vorhanden ist.

b) Verjährung

23 Zur Verjährung wird auf Rdn. 9 verwiesen.

c) Zuständigkeit

24 Die **örtliche Zuständigkeit** bestimmt sich nach den §§ 13, 22 ZPO. Die Gesellschaft oder der Insolvenzverwalter haben das Wahlrecht, den Inferenten an seinem Wohnsitz oder am Sitz der

Gesellschaft zu verklagen. § 22 ZPO wurde dahin gehend ergänzt, dass der Insolvenzverwalter nunmehr ausdrücklich erwähnt wird.

5. Flankierende Ansprüche

Hat die Voreinzahlung keine Tilgungswirkung, war die Versicherung des Geschäftsführers nach § 8 Abs. 2 GmbHG bzw. § 57 Abs. 2 GmbHG unrichtig. Gem. § 9a GmbHG (bei Kapitalerhöhung über § 57 Abs. 4 GmbHG anwendbar) haftet der Geschäftsführer neben dem Inferenten gesamtschuldnerisch für den eingetretenen Schaden. 25

III. Ansprüche infolge Kaduzierung

In die Insolvenzmasse nach § 35 fallen auch die Ansprüche infolge Kaduzierung nach § 21 GmbHG. Die §§ 21 bis 24 GmbHG dienen der Sicherung der Kapitalaufbringung, indem sie in einem abgestuften Verfahren die Leistung der Einlagen sicherstellen. Die Kaduzierung führt auf erster Stufe nach § 21 Abs. 2 GmbHG zum »kompensationslosen« Ausschluss des säumigen Gesellschafters (dazu unten Rdn. 38 ff.), sie stellt also einen weitreichenden Eingriff dar, der Sanktionscharakter hat und ein erhebliches Druckmittel darstellt. Es schließt sich eine »stufenweiser Haftung« an, im Zuge derer die Rechtsvorgänger persönlich (§ 22 GmbHG), der Geschäftsanteil »gegenständlich« (§ 23 GmbHG) und auch die Mitgesellschafter persönlich (§ 24 GmbHG) für die Schuld des säumigen und in der Folge ausgeschlossenen Gesellschafters haften. Allerdings folgt die Inanspruchnahme einer strengen Subsidiarität. 26

Es gilt folgende Reihenfolge: 27
– *Ausgangspunkt:* fälliger Anspruch gegen Gesellschafter auf Leistung der Einlage (unten Rdn. 29 ff.)
– *1. Stufe:* Ausschluss des Gesellschafters infolge Nichtleistung trotz Aufforderung und Fristsetzung, § 21 Abs. 2 GmbHG (unten Rdn. 38 ff.)
– *2. Stufe:* Haftung der Rechtsvorgänger, und zwar
  a) des unmittelbaren Rechtsvorgängers, § 22 Abs. 1 GmbHG (unten Rdn. 60 ff.)
  b) des früheren Rechtsvorgänger, § 22 Abs. 1, Abs. 2 GmbHG (unten Rdn. 60 ff.)
– *3. Stufe:* Haftung des Geschäftsanteils (»Zwangsverwertung«), § 23 GmbHG (unten Rdn. 68 ff.)
– *4. Stufe:* Ausfallhaftung des ausgeschlossene Gesellschafters, § 21 Abs. 3 GmbHG (unten Rdn. 79 ff.)
– *5. Stufe:* Haftung der Mitgesellschafter, § 24 GmbHG (unten Rdn. 83 ff.)

Von den in den §§ 21 bis 24 GmbHG bezeichneten Rechtsfolgen können die Gesellschafter nicht befreit werden. Den **zwingenden Charakter** stellt § 25 GmbHG ausdrücklich klar. 28

1. Ausgangspunkt: fällige Einlageforderung

Die Kaduzierung nimmt ihren Ausgangspunkt immer mit einer fälligen **Einlageforderung** gegen den Gesellschafter. Die Einlageforderung wird im Rahmen der Gesellschaftsgründung oder der Kapitalerhöhung rechtsgeschäftlich durch die Übernahme des Geschäftsanteils begründet (§ 14 Satz 1 GmbHG). 29

Die **Fälligkeit** ergibt sich entweder aus einer Terminbestimmung im Gesellschaftsvertrag (sie kann anfänglich vereinbart oder durch spätere Änderung des Gesellschaftsvertrag nachträglich aufgenommen worden sein) oder durch Einforderungsbeschluss nach § 46 Nr. 2 GmbHG, in dessen Folge der Geschäftsführer die Einlage »anfordert«. Die »Einforderung« erfolgt durch besagten Beschluss der Gesellschafter, während die »Anforderung« durch den Geschäftsführer die konkrete Zahlungsaufforderung des Geschäftsführers beim Schuldner meint, bewirkt durch Zugang einer entsprechenden Zahlungsaufforderung beim Gesellschafter. Eine solche »Anforderung« kann entbehrlich sein, wenn der schuldende Gesellschafter bei der »Einforderung« mitgewirkt hat, also bei dem Gesellschafterbeschluss mit abgestimmt hat (s. dazu MK-GmbHG-Märtens, § 19 Rn. 18; a. A. Baumbach/Hueck-Fastrich, GmbHG, § 19 Rn. 7). 30

31 In der **Insolvenz der Gesellschaft** kann der Insolvenzverwalter die restliche Einlage auch ohne Gesellschafterbeschluss einfordern und damit fällig stellen (vgl. OLG Hamburg, NZG 2002, 53; zum Ganzen auch MK-GmbHG-Schütz, § 21 Rn. 34). Die Zahlungsaufforderung nach § 21 Abs. 1 Satz 1 GmbHG ist zur Vorbereitung einer wirksamen Kaduzierung hingegen nicht verzichtbar, d. h. auch der Insolvenzverwalter muss den Einlageschuldner zur Zahlung unter Androhung des Ausschlusses auffordern; hierbei ist zwingend wenigstens die Monatsfrist des § 21 Abs. 1 Satz 3 GmbHG einzuhalten (OLG Jena, NZG 2007, 717; in dem Fall des OLG Jena war der Einlageschuldner eine bereits im Handelsregister gelöschte GmbH. Dann soll nach Ansicht des OLG Jena »vieles dafür sprechen«, dass die Aufforderung gem. § 21 Abs. 1 Satz 1 GmbHG an den Verwahrer der Bücher und Schriften i. S. d. § 74 Abs. 2 Satz 2 GmbHG gerichtet werden kann, eine Nachtragsliquidation somit entbehrlich ist).

32 Fraglich ist schließlich, ob in der Insolvenz der Insolvenzverwalter die Einlage auch zum **Zwecke der Betriebsfortführung** einfordern darf oder nur zur **Deckung eines Liquidationsverlustes**. Richtig dürfte sein, dass der Insolvenzverwalter die Einlageforderung auch im Fall der Insolvenz der Gesellschaft einziehen darf, wenn er die bestmögliche Gläubigerbefriedigung durch Erhalt des Unternehmens zu erreichen versucht (a. A. MK-GmbHG-Schütz, § 21 Rn. 54).

33 Die in § 7 Abs. 2 GmbHG für eine Eintragung der Gesellschaft vorausgesetzte Mindesteinzahlung bei Geldeinlagen und die in § 7 Abs. 3 GmbHG vollständige Sacheinlage (Entsprechendes gilt im Fall der Kapitalerhöhung nach § 56a GmbHG) sind vor Anmeldung der Gesellschaft (bzw. der Kapitalerhöhung) zu bewirken. Die **Mindesteinlagen** können von den Geschäftsführern mithin sofort und ohne vorherigen Gesellschafterbeschluss angefordert werden (MK-GmbHG-Märtens, § 19 Rn. 14).

34 **Schuldner der Leistungen auf die Stammeinlage** ist derjenige Gesellschafter, der im Fälligkeitszeitpunkt Inhaber des Geschäftsanteils ist. Die Rechtsvorgänger haften für diese Schuld nach § 22 GmbHG (unten Rdn. 60 ff.); der Mitgesellschafter haftet für diese Schuld nach § 24 GmbHG (unten Rdn. 83 ff.) und Rechtsnachfolger nach § 16 Abs. 2 GmbHG. Die Haftung des Erwerbers nach § 16 Abs. 2 GmbHG (freilich zusammen mit dem Veräußerer als Gesamtschuldner) setzt aber eine »rückständige« Einlageverpflichtung bei Erwerb voraus, d. h. eine Fälligkeit der Einlageforderung im Zeitpunkt der Eintragung in die Gesellschafterliste und Aufnahme der aktualisierten Gesellschafterliste in das Handelsregister (vgl. § 16 Abs. 1 Satz 1 GmbHG).

35 Wird die fällige Einlageforderung nicht rechtzeitig beglichen, wird die Säumnis des Gesellschafters zunächst »nur« mit der **Pflicht zur Zahlung des gesetzlichen Verzugszinses nach § 20 GmbHG** sanktioniert (anders als bei § 286 Abs. 4 BGB verschuldensunabhängig und ohne vorherige Mahnung; vgl. OLG Brandenburg, NZG 2001, 366). Nicht rechtzeitig eingezahlt ist die Einlage, wenn sie nicht sofort nach Fälligkeit geleistet wird wie geschuldet; es gilt der objektive Maßstab des § 271 Abs. 1 BGB (OLG Brandenburg, NZG 2001, 366; zum Ganzen auch MK-GmbHG-Märtens, § 19 Rn. 10). Der § 20 GmbHG sieht als Rechtsfolge die Pflicht »zur Entrichtung von Verzugszinsen von Rechts wegen« vor. Ob hiermit auf den Verzugszinssatz entsprechend § 288 Abs. 1 BGB (so etwa OLG Köln, NJW-RR 1995, 552) oder auf einen bloßen Fälligkeitszinssatz im Sinne von § 246 BGB verwiesen wird, ist strittig (s. dazu Roth/Altmeppen, GmbHG, § 20 Rn. 9 f. m. w. N.).

36 Im **Fall der Differenzhaftung oder Vorbelastungshaftung** (**Unterbilanzhaftung**) sind die §§ 21 bis 25 GmbHG auf die Ausgleichsansprüche der Gesellschaft gegen die Gesellschafter entsprechend anwendbar (BGH, ZIP 2003, 625; zum Ganzen auch MK-GmbHG-Schütz, § 21 Rn. 15).

37 Dagegen kann eine Kaduzierung nicht anknüpfen an einen **Fall der Nichterfüllung sonstiger Gesellschafterverbindlichkeiten**, z. B. Anspruch auf Zahlung eines Agios, Rückzahlungsverpflichtungen nach den §§ 30 ff. GmbHG oder die Mithaftung nach § 24 GmbHG (MK-GmbHG-Schütz, § 21 Rn. 16; s. zur Mithaftung nach § 24 GmbHG auch unten Rdn. 83 ff.). Ebenfalls unanwendbar sind die §§ 21 bis 25 GmbHG, wenn die Gesellschaft ihre Einlageforderung an einen Dritten abgetreten hat (MK-GmbHG-Schütz, § 21 Rn. 18).

2. Erste Stufe: Ausschluss des Gesellschafters (§ 21 GmbHG)

Nach § 21 Abs. 2 GmbHG droht dem säumigen Gesellschafter, der nach Maßgabe des § 21 Abs. 1 GmbHG eine fällige Einlageforderung (oben Rdn. 29 ff.) trotz erneuter Aufforderung zur Zahlung binnen einer zu bestimmenden Nachfrist unter Androhung seines Ausschlusses mit dem Geschäftsanteil nicht leistet, der Verlust »seines« Geschäftsanteils und damit der Ausschluss aus der Gesellschaft. 38

a) Erneute Aufforderung zur Zahlung

Zur Einleitung der Kaduzierung bedarf es einer *erneuten* Aufforderung zur Zahlung. Die Aufforderung nach § 21 Abs. 1 Satz 1 GmbHG ist nicht identisch mit der »Einforderung« bzw. der »Anforderung«, welche die Fälligkeit der Einlageforderung bewirken (oben Rdn. 30). Allerdings kann die Aufforderung nach § 21 Abs. 1 GmbHG ausnahmsweise dann die erste Aufforderung zur Zahlung sein, wenn eine »Einforderung« bzw. »Anforderung« entbehrlich ist, etwa weil sich ein Fälligkeitstermin aus dem Gesellschaftsvertrag ergibt (oben Rdn. 30). Eine erste Zahlungsaufforderung ist jedenfalls in einer Klageerhebung zu sehen. 39

Die Sanktionierung der Säumnis des Gesellschafters durch Einleitung des Kaduzierungsverfahrens ist jedoch kein Automatismus, sondern steht im pflichtgemäßen **Ermessen des Geschäftsführers**, der bei der Ausübung seines Ermessens freilich die Sorgfaltsanforderungen nach § 43 GmbHG zu beachten hat. Die Gesellschafterversammlung kann eine den Geschäftsführer bindende Weisung erteilen, gerichtet auf die Einleitung eines Kaduzierungsverfahrens gegen einen säumigen Mitgesellschafter. Bei der Kaduzierung ist der Gleichbehandlungsgrundsatz bei mehreren säumigen Gesellschaftern zu beachten, was aber sachlich gerechtfertigte Differenzierungen zulässt (s. OLG Hamm, GmbHR 2010, 707). 40

In der Insolvenz der Gesellschaft kann der **Insolvenzverwalter** zunächst die restliche Einlage einfordern (oben Rdn. 31) und kann dann ggf. auch durch erneute Aufforderung zur Zahlung gegenüber dem säumigen Gesellschafter die Kaduzierung einleiten. 41

Die Aufforderung zur Zahlung binnen einer zu bestimmenden Nachfrist unter Androhung seines Ausschlusses mit dem Geschäftsanteil hat nach Abs. 1 Satz 2 des § 21 GmbHG **mittels eingeschriebenen Briefes** zu erfolgen. Die Nachfrist muss nach Abs. 1 Satz 3 des § 21 GmbHG mindestens einen Monat betragen. Das Erfordernis der Setzung einer Nachfrist entfällt auch nicht etwa dann, wenn ein Insolvenzverfahren über das Vermögen des auszuschließenden Gesellschafters eröffnet wurde (s. OLG Jena, ZIP 2007, 1571). 42

Adressat der Zahlungsaufforderung i.S.v. § 21 Abs. 1 Satz 1 GmbHG ist der Gesellschafter als Schuldner der Stammeinlageforderung. Maßgeblich ist die Eintragung in der Gesellschafterliste nach § 16 Abs. 1 GmbHG (MK-GmbHG-Schütz, § 21 Rn. 40). 43

In der **Insolvenz des säumigen Gesellschafters** können die Insolvenzgläubiger ihre Forderungen gem. § 87 zwar nur nach den Vorschriften über das Insolvenzverfahren verfolgen. D.h. jedoch nicht, dass die Insolvenz des säumigen Gesellschafters das Kaduzierungsverfahren unterbricht. Vielmehr wird die Kaduzierung ungeachtet der Eröffnung eines Insolvenzverfahrens über das Vermögen des säumigen Gesellschafters gegenüber dem Insolvenzverwalter fortgesetzt. Der Insolvenzverwalter des säumigen Gesellschafters kann den kompensationslosen Verlust des Geschäftsanteils nur durch Zahlung der vollen ausstehenden Einlage abwenden. Nicht ausreichend ist die Zahlung einer Quote auf die Einlageforderung. Der Insolvenzplan kann hier keine abweichende Regelung treffen, sodass auch die Zahlung einer »Planquote« dem säumigen und insolventen Gesellschafter nicht sein Geschäftsanteil erhält (zum Ganzen MK-GmbHG-Schütz, § 21 Rn. 44). 44

b) Nachfrist unter Androhung seines Ausschlusses

Die Aufforderung zur Zahlung an den säumigen Gesellschafter ist nach § 21 Abs. 1 Satz 1 GmbHG zu verbinden mit einer **Nachfrist unter Androhung seines Ausschlusses** mit dem Geschäftsanteil. 45

46 Die **Nachfrist** zur Zahlung muss nach Satz 3 des § 21 Abs. 1 GmbHG mindestens einen Monat betragen (nicht 4 Wochen). Die Frist beginnt mit Zugang der Zahlungsaufforderung. Es kann daher etwa wie folgt formuliert werden: »...binnen einer Frist von einem Monat ab Zugang dieser Zahlungsaufforderung.« (zu diesem Vorschlag s. etwa Roth/Altmeppen, GmbHG, § 21 Rn. 12).

47 Durch die ebenfalls erforderliche **Androhung des Ausschlusses** muss dem säumigen Gesellschafter die Gefahr des Verlustes seines Geschäftsanteils klar und deutlich vor Augen geführt werden. Der vage Hinweis auf »Nachteile« oder »Rechtsverluste« reicht nicht aus. Allerdings sind auch keine Erläuterungen der Rechtsfolgen im Detail erforderlich. In Anlehnung an die Formulierung des Gesetzes dürfte der knappe Hinweis hinreichend sein, dass bei fruchtlosem Ablauf der Nachfrist der »Ausschluss« oder der »Verlust des Geschäftsanteils« drohen.

c) Ausschlusserklärung nach fruchtlosem Ablauf der Nachfrist

48 Nach fruchtlosem Ablauf der Nachfrist eröffnet sich für die Gesellschaft nach Abs. 2 von § 21 GmbHG die Möglichkeit, den säumigen Gesellschafter seines Geschäftsanteils und der geleisteten Teilzahlungen zugunsten der Gesellschaft verlustig zu erklären. Auf beide Rechtsfolgen (Verlust Geschäftsanteil *und* der geleisteten Teilzahlungen) muss der Inhalt der **Erklärung** hinreichend deutlich Bezug nehmen. Die Erklärung gibt der Geschäftsführer ab. Die Möglichkeit des säumigen Gesellschafters, den Verlust seines Geschäftsanteils durch Zahlung der ausstehenden Einlage abzuwenden, geht mit dem Zugang der Kaduzierungserklärung verloren.

49 Die **Frist** läuft fruchtlos ab, wenn die Einlage nicht zur freien Verfügung der Geschäftsführer innerhalb der Frist geleistet wird. Der Ablauf der Frist berechnet sich nach Maßgabe der §§ 187 ff. BGB. Maßgeblich ist der Geldeingang bei der Gesellschaft. Nicht erforderlich ist die Zahlung etwaiger Verzugszinsen oder Vertragsstrafen (MK-GmbHG-Schütz, § 21 Rn. 85).

50 Hinsichtlich der zu wahrenden **Form** gilt nach Abs. 2 Satz 2 des § 21 GmbHG für die Kaduzierungserklärung dieselbe Formvorschrift wie für die erneute Zahlungsaufforderung: die Kaduzierungserklärung ist mindestens in der Form eines eingeschriebenen Briefes abzugeben.

51 Die Kaduzierungserklärung steht im **Ermessen** der Gesellschaft (der Wortlaut des § 21 Abs. 2 GmbHG deutet insoweit etwas irreführend auf eine Pflicht zur Erklärung hin: »*ist* [...] verlustig zu erklären.«). Regelmäßig wird aber die Kaduzierung erklärt werden, nicht zuletzt um die Möglichkeit des Zugriffs auf einen der Rechtsvorgänger des säumigen Gesellschafters oder (subsidiär) auf den Geschäftsanteil selbst oder subsidiär auf einen der Mitgesellschafter zu eröffnen.

d) Rechtsfolge: »kompensationsloser« Ausschluss

52 Mit dem Zugang der Kaduzierungserklärung (Gestaltungserklärung) wird die Rechtslage unmittelbar im Sinne von Abs. 2 Satz 1 des § 21 GmbHG gestaltet. Der säumige Gesellschafter verliert seinen Geschäftsanteil und die geleisteten Teilzahlungen zugunsten der Gesellschaft. Das kann im Einzelfall dazu führen, dass bereits erbrachte Leistungen in einem erheblichen Umfang verloren gehen, selbst wenn der Teil, mit dem der Gesellschafter im Rückstand ist, verhältnismäßig gering ist. Ob der Gesellschafter seine Gesellschafterstellung infolge der Kaduzierung ganz verliert, hängt davon ab, ob er neben dem kaduzierten Geschäftsanteil noch weitere, nicht kaduzierte Geschäftsanteile innehat.

53 Fraglich (und umstritten) ist, ob die Gesellschaft nach dem Ausschluss des Gesellschafters dessen Geschäftsanteil infolge der Kaduzierung als eigenen Anteil hält (ausf. zum Streitstand MK-GmbHG-*Schütz*, § 21 Rn. 100 f.). Die Frage ist zu bejahen. Die Gesellschaft hat deshalb konsequenterweise auch das Recht, sich als Inhaberin eines eigenen Geschäftsanteiles in die Gesellschafterliste eintragen zu lassen, um einen gutgläubigen Erwerb des Geschäftsanteils durch einen Dritten ausschließen zu können (Baumbach/Hueck-Fastrich, GmbHG, § 21 Rn. 12).

54 **Rechte Dritter am Geschäftsanteil** (Pfandrechte, Pfändungspfandrechte, Nießbrauch) erlöschen (Roth/Altmeppen, GmbHG, § 21 Rn. 21; MK-GmbHG-Schütz, § 21 Rn. 108). Zur Wahrung

ihrer Rechte bleibt den Dritten daher nur, die Einlageforderung für den säumigen Gesellschafter rechtzeitig zu erbringen.

Der Ausschluss nach § 21 Abs. 2 GmbHG erfolgt »kompensationslos«, d. h. anders als etwa im Fall der Einziehung nach § 34 GmbHG entsteht mit dem Ausscheiden des Gesellschafters kein Abfindungsanspruch. Die rechtsgestaltende Wirkung der Kaduzierungserklärung ist der Disposition der Beteiligten entzogen (vgl. § 25 GmbHG). 55

Nach erfolgter Kaduzierung ist der ausgeschlossene Gesellschafter nicht mehr Schuldner der ursprünglichen Einlageforderung. Der ausgeschlossene Gesellschafter unterliegt noch der **Ausfallhaftung nach Abs. 3 von § 21 GmbHG** (unten Rdn. 79 ff.). In der Bilanz ist die aktivierte Forderung der Gesellschaft auf die ausstehende Einlage gegen den säumigen Gesellschafter entsprechend auszubuchen. Kompensiert wird das durch einen Ansatz der unterschiedlichen Haftungsansprüche infolge der Kaduzierung. 56

Andere vor Kaduzierung entstandene **andere Leistungspflichten** bleiben hingegen bestehen, insbesondere Nebenleistungspflichten im Sinne von § 3 Abs. 2 GmbHG oder zuvor entstandene Verzugszinsen nach § 20 GmbHG. 57

Umgekehrt bleibt der ausgeschlossene Gesellschafter Gläubiger eines etwaigen **Gewinnanspruchs**, wenn vor dem Verlust des Geschäftsanteils bereits ein Gewinnverwendungsbeschluss getroffen wurde (dazu Roth/Altmeppen, GmbHG, § 21 Rn. 18). Fraglich ist, wem das Gewinnbezugsrecht aus dem kaduzierten Geschäftsanteil nach Eintritt der Wirkungen der Kaduzierung zusteht (ausf. zu dieser Frage MK-GmbHG-Schütz, § 21 Rn. 102 ff.). Richtig dürfte sein, dass die Mitgliedschaftsrechte für einen eigenen Anteil der GmbH insoweit ruhen, als sie kein Gewinnbezugsrecht und deshalb auch bei der Entscheidung über die Gewinnfeststellung und -verwendung kein Stimmrecht haben (im Ergebnis ebenso MK-GmbHG-Schütz, § 21 Rn. 103; vgl. auch BGH, ZIP 1995, 374). Der auf den eigenen Anteil der Gesellschaft rechnerisch entfallende Gewinn kann mithin unter den übrigen Gesellschaftern sofort nach Gesetz und Satzung verteilt werden. 58

Einen besonderen **Rechtsbehelf zur Abwehr einer Kaduzierung** sieht das Gesetz nicht vor. Regelmäßig wird jedoch die Feststellungsklage das geeignete Rechtsschutzinstrument sein, gerichtet auf die Feststellung, dass die Mitgliedschaft fortbesteht (Roth/Altmeppen, GmbHG, § 21 Rn. 22). Fehler des Kaduzierungsverfahrens führen nämlich zur Unwirksamkeit der fehlerhaften Verfahrenshandlung und letztlich zur Unwirksamkeit der Kaduzierung selbst, sodass ihre Wirkungen nicht eintreten (MK-GmbHG-Schütz, § 21 Rn. 139). In Betracht kommt auch eine Anfechtungsklage, wenn ein fehlerhafter Gesellschafterbeschluss in Rede steht, bspw. eine gegen den Gleichbehandlungsgrundsatz verstoßende Gesellschafterweisung an die Geschäftsführer (MK-GmbHG-Schütz, § 21 Rn. 141; keinen Raum für eine Anfechtungsklage sieht Baumbach/Hueck-Fastrich, GmbHG, § 21 Rn. 18). 59

3. Zweite Stufe: Haftung der Rechtsvorgänger (§ 22 GmbHG)

Nach Ausschluss des säumigen Gesellschafters haftet dessen *unmittelbarer* Rechtsvorgänger primär, ohne dass es auf eine Zahlungsunfähigkeit des ausgeschlossenen Gesellschafters ankommt (Roth/Altmeppen, GmbHG, § 22 Rn. 12). 60

Dagegen haftet nach § 22 Abs. 2 GmbHG ein frühere Rechtsvorgänger nur dann, wenn der unmittelbare Rechtsvorgänger oder ein jeweils vorheriger Rechtsvorgänger in der Kette der Inhaber des Geschäftsanteils nicht zahlungsfähig ist. Für die Reihenfolge der Haftung ist die Reihenfolge der Inhaberschaft des Geschäftsanteils maßgeblich, wobei § 16 GmbHG zu beachten ist. 61

62 Begrifflich ist mithin zwischen dem unmittelbaren Rechtsvorgänger und den früheren Rechtsvorgängern zu unterscheiden:

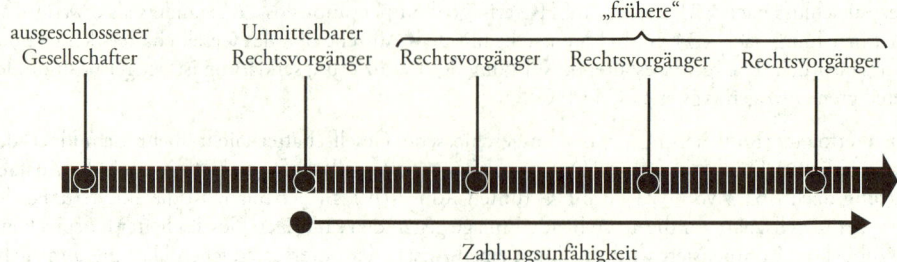

63 Die Zahlungsunfähigkeit ist materielle Voraussetzung der Haftung (nur) eines früheren Rechtsvorgängers. Sie wird nach § 22 Abs. 2 Halbs. 2 GmbHG widerlegbar (»bis zum Beweis des Gegenteils«) vermuten, wenn die Zahlung nicht bis zum Ablauf eines Monats geleistet wurde, nachdem an den früheren Rechtsvorgänger die Zahlungsaufforderung und an den noch früheren Rechtsvorgänger die Benachrichtigung von derselben erfolgt ist. Die Benachrichtigung dient der »Vorwarnung« des jeweiligen Rechtsvorgängers des aktuell in Anspruch genommenen Rechtsvorgängers, der als nächstes Glied der Regresskette an der Reihe ist. Gelingt der »Beweis des Gegenteils« wird die Regresskette unterbrochen und eine Inanspruchnahme des nächsten Rechtsvorgängers als dem nächsten Glied in der Kette ist ausgeschlossen.

64 Die Haftung der Rechtsvorgänger nach § 22 GmbHG geht ins Leere, wenn auch von dem ersten Inhaber des Geschäftsanteils eine Zahlung der Einlageforderung nicht erlangt werden kann. Hinzu kommt eine Beschränkung der Regressmöglichkeit entlang der Kette der Rechtsvorgänger in zeitlicher Hinsicht: Nach § 22 Abs. 3 GmbHG ist die Haftung des Rechtsvorgängers auf die Einlageforderung beschränkt, die innerhalb einer Frist von 5 Jahren seit dem Zeitpunkt, ab dem der Rechtsnachfolger im Verhältnis zur Gesellschaft als Inhaber des Geschäftsanteils gilt (vgl. § 16 Abs. 1 GmbHG), eingefordert worden ist. Maßgeblich ist dabei die Einforderung gegenüber dem Rechtsnachfolger (zu einem solchen Fall LG Osnabrück, ZInsO 2010, 1846).

65 Die Haftung der Rechtsvorgänger endet, wenn ein Rechtsvorgänger in der Kette die Einlageforderung vollständig befriedigt. Die Haftung endet ebenfalls, wenn der Geschäftsanteil nach Maßgabe des § 23 GmbHG verwertet wurde. Im Verwertungsfall endet die Haftung der Rechtsvorgänger unabhängig von dem erzielten Verwertungserlös und einem eventuellen Ausfall. Sie wandelt sich mithin nicht in eine Ausfallhaftung um (Roth/Altmeppen, GmbHG, § 22 Rn. 9). Eine Haftung des Rechtsvorgängers aus anderem Rechtsgrund bleibt freilich unberührt, insbesondere auch eine Haftung für Beitragsrückstände nach § 16 Abs. 2 GmbHG.

66 Nach Abs. 4 des § 22 GmbHG erwirbt der Rechtsvorgänger im Fall der Zahlung des (gesamten) rückständigen Betrages den Geschäftsanteil des ausgeschlossenen Gesellschafters kraft Gesetzes mit allen Rechte und Pflichten. Bereits auf die rückständige Einlageforderung geleistete Teilbeträge des ausgeschlossenen Gesellschafters oder von früheren Rechtsvorgängern, die in der Kette der Rechtsvorgänger vor dem Rechtsvorgänger stehen, der die letzte Zahlung vornimmt, kommen diesem zugute (Roth/Altmeppen, GmbHG, § 22 Rn. 21).

67 Der Erwerb des Geschäftsanteils nach § 22 Abs. 4 GmbHG soll sämtliche die Nachteile des betreffenden Rechtsvorgängers kompensieren. Deshalb findet – zumindest nach dem Gesetz – **kein Ausgleich der Rechtsvorgänger untereinander** statt, insbesondere nicht nach den Maßgaben der Gesamtschuld nach § 426 Abs. 1 BGB (Roth/Altmeppen, GmbHG, § 22 Rn. 25). In Ausnahmefällen kann sich ein Ausgleichanspruch aus Vertrag oder auch aus unerlaubter Handlung nach §§ 823 ff. BGB ergeben. Ein Innenausgleich nach Maßgabe einer Gesamtschuld kommt allerdings bei mehreren gemeinschaftlichen Inhabern des Geschäftsanteils in Betracht (dabei handelt es sich

4. Dritte Stufe: Versteigerung des Geschäftsanteils (§ 23 GmbHG)

Auf dritter Stufe des Kaduzierungsverfahrens erfolgt die **zwangsweise Versteigerung** des Geschäftsanteils. 68

Die **Verwertungsentscheidung liegt im Ermessen des Geschäftsführers der Gesellschaft**, der entscheidet, *wann* die Gesellschaft angesichts des Werts des Geschäftsanteils und der wirtschaftlichen Lage einer Branche einen Zwangsverkauf nach § 23 GmbHG vornimmt (OLG Nürnberg, NZG 2002, 578). Die Frage danach, *ob* überhaupt ein Zwangsverkauf nach § 23 GmbHG erfolgen soll oder nicht, liegt ebenfalls im Ermessen des Geschäftsführers, wobei der pflichtgemäßen Ausübung dieses Ermessens durch das Gebot der Kapitalaufbringung im Interesse der Gesellschaft Grenzen gesetzt werden (s. a. Baumbach/Hueck-Fastrich, GmbHG, § 23 Rn. 3: Pflicht zur Verwertung besteht [nur] im Interesse der Gesellschaft, dagegen weder gegenüber den Gesellschaftern noch dem Ausgeschlossenen oder dessen Rechtsvorgängern; dagegen strenger: MK-GmbHG-Schütz, § 23 Rn. 16, der aus dem Grundsatz zur Kapitalaufbringung sogar eine Pflicht der Gesellschaft zur Verwertung folgert). In der Praxis wird das weitere Vorgehen gegen die Mitgesellschafter nach § 24 GmbHG oder den Ausgeschlossenen nach § 22 Abs. 3 GmbHG erschwert werden, wenn jeglicher Versuch der Verwertung nach Maßgabe des § 23 GmbHG unterbleibt (zur Subsidiarität s. a. oben Rdn. 26 und unten Rdn. 80 sowie unten Rdn. 83). Anders liegen die Dinge freilich in der Insolvenz der Gesellschaft, weil der Verkauf eines Geschäftsanteils an einer insolventen GmbH in den allermeisten Fällen offenkundig aussichtslos ist (MK-GmbHG-Schütz, § 23 Rn. 18; vgl. auch OLG Hamm, GmbHR 1993, 326). 69

Der Zwangsverkauf erfolgt in der Regel im Namen der Gesellschaft und im Wege der **öffentlichen Versteigerung** nach Maßgabe der §§ 383 Abs. 3, 156 BGB (nicht nach §§ 814 ff. ZPO oder §§ 1233 ff. BGB). Allerdings gilt § 1238 Abs. 1 BGB entsprechend, sodass der Geschäftsanteil nur mit der Bestimmung verkauft werden darf, dass der Käufer den Kaufpreis sofort bar zu entrichten hat und seiner Rechte verlustig sein soll, wenn dies nicht geschieht (Roth/Altmeppen, GmbHG, § 23 Rn. 8 a. E.). Ebenfalls entsprechend anwendbar ist § 1242 Abs. 2 BGB, sodass der Geschäftsanteil im Wege der Versteigerung frei von Pfand- und anderen dinglichen Rechten übertragen wird (Roth/Altmeppen, GmbHG, § 23 Rn. 14). 70

Als Ort der Versteigerung kann der Ort gewählt werden, an dem die beste Erlöserwartung besteht, insbesondere kommt eine Versteigerung mithin nicht nur am Sitz der Gesellschaft in Betracht. Nach § 383 Abs. 3 BGB sind Zeit und Ort der Versteigerung unter allgemeiner Bezeichnung der Sache öffentlich bekannt zu machen. 71

Neben dem **Gerichtsvollzieher und anderen Amtspersonen** (auch Notare nach § 20 Abs. 3 BNotO) sind die von den zuständigen Landesbehörden nach § 34b Abs. 5 GewO bestellten Personen zur Versteigerung befugt. Der Begriff der öffentlichen Versteigerung i. S. v. § 383 Abs. 3 BGB setzt nicht voraus, dass der Versteigerer, der eine Auktion durchführt, auch Veranstalter der Auktion ist (BGH, NJW-RR 2010, 1210). 72

Der Kaufvertrag kommt mit dem **Zuschlag** zustande (§ 156 BGB). Der kaduzierte Geschäftsanteils wird sodann an den Ersteigerer gem. §§ 398, 413 BGB abgetreten. Die Abtretung erfolgt formfrei. Die Formvorschriften nach § 15 Abs. 3 und 4 GmbHG sowie etwaige gesellschaftsvertragliche Abtretungsbeschränkungen nach § 15 Abs. 5 GmbHG finden keine Anwendung (Roth/Altmeppen, GmbHG, § 23 Rn. 9; MK-GmbHG-Schütz, § 23 Rn. 37). Vorkaufsrechte sind ebenfalls nicht durchsetzbar (Roth/Altmeppen, GmbHG, § 23 Rn. 9). 73

Als **Bieter** zugelassen ist auch der ausgeschlossene Gesellschafter, weil für ihn – anders als für die Gesellschaft – das Verbot nach § 33 Abs. 1 GmbHG nicht gilt, nach dem der Erwerb von Antei- 74

75 Nach § 23 Satz 2 GmbHG ist eine **andere Art des Verkaufs** zulässig, freilich nur mit Zustimmung des ausgeschlossenen Gesellschafters. Damit ist ein freihändiger Verkauf möglich. Ob in diesem Fall die Formvorschriften nach § 15 Abs. 3 und 4 GmbHG Anwendung finden, ist umstritten (dazu Roth/Altmeppen, GmbHG, § 23 Rn. 11). Etwaige gesellschaftsvertragliche Abtretungsbeschränkungen nach § 15 Abs. 5 GmbHG sind zwar zu beachten, aber weitgehend unproblematisch, wenn die Gesellschaft Verkäufer ist.

76 Der Kaufpreis, den der Erwerber eines kaduzierten Geschäftsanteils der Gesellschaft zu zahlen verspricht, dient der **Deckung der rückständigen Einlageforderung** (vgl. BGH, NJW 1964, 1954). Der Erwerber haftet nicht für einen Ausfall, der entsteht, weil der Kaufpreis zur Deckung der rückständigen Einlageforderung nicht genügt. Insoweit greift allein die Ausfallhaftung des ausgeschlossenen Gesellschafters nach § 21 Abs. 3 GmbHG und der Mitgesellschafter nach § 24 GmbHG. Ein Mehrerlös steht der Gesellschaft zu und wird wie ein Agio behandelt (Roth/Altmeppen, GmbHG, § 23 Rn. 16).

77 Tritt später **erneute Säumnis** ein, droht dem Erwerber ebenfalls die Kaduzierung. Rechtsvorgänger sind dann nicht vorhanden (vgl. BGH, NJW 1964, 1954). Der zuvor ausgeschlossene Gesellschafter soll dann aber immerhin noch subsidiär haften, soweit rückständige Einlagen vom ausgeschlossenen Erwerber nicht zu erlangen sind (Roth/Altmeppen, GmbHG, § 23 Rn. 18; a. A. für Gesamtschuld mit Innenausgleich nach § 426 BGB etwa: MünchHdb GmbH-Gummert § 50 Rn. 183).

78 Vertragspartner des Erwerbers ist die Gesellschaft. Nach Maßgabe des § 16 Abs. 3 GmbHG ist ein **gutgläubiger Erwerb** des kaduzierten Anteils durch den Ersteigerer im Verfahren nach § 23 GmbHG möglich. Leidet die Kaduzierung mithin unter einem Mangel und ist sie deshalb unwirksam, ist die Gesellschaft zwar nicht verfügungsbefugt, gleichwohl kann der Ersteigerer Inhaber des zwangsweise verwerteten Geschäftsanteils werden (zum Ganzen auch MK-GmbHG-Schütz, § 23 Rn. 38).

5. Vierte Stufe: Ausfallhaftung des ausgeschiedenen Gesellschafters (§ 21 Abs. 3 GmbHG)

79 Nach erfolgter Kaduzierung ist der ausgeschlossene Gesellschafter nicht mehr Schuldner der ursprünglichen Einlageforderung (oben Rdn. 56). Er unterliegt aber noch der **Ausfallhaftung nach Abs. 3 von § 21 GmbHG**. Der ausgeschiedene Gesellschafter haftet für den rückständigen Betrag und die später eingeforderten Einlageteile sowie die Kosten des Kaduzierungsverfahrens (Roth/Altmeppen, GmbHG, § 21 Rn. 25).

80 Der **Charakter als Ausfallhaftung** ergibt sich daraus, dass die Haftung nur dann besteht, wenn und soweit auf dem Wege der §§ 22, 23 GmbHG keine Deckung zu erlangen war: Die Gesellschaft muss mithin zuerst die Rechtsvorgänger des ausgeschlossenen Gesellschafters in Anspruch nehmen (§ 22 GmbHG) und dann den Geschäftsanteil des ausgeschlossenen Gesellschafters verwerten bzw. die Verwertung versuchen (§ 23 GmbHG). Mit der Verwertung des Geschäftsanteils erlischt die Haftung des Rechtsvorgängers. Für einen etwaigen Ausfall haftet mithin der ausgeschiedene Gesellschafter allein (Roth/Altmeppen, GmbHG, § 21 Rn. 25). Die (ehemaligen) Mitgesellschafter haften nur subsidiär nach § 24 GmbHG (unten Rdn. 83 ff.). Der Erwerber des Geschäftsanteils haftet gar nicht für den Ausfall (Roth/Altmeppen, GmbHG, § 21 Rn. 25 a. E.; s. a. oben Rdn. 76).

81 In dem Fall, dass der Geschäftsanteil (bislang) nicht nach Maßgabe des § 23 GmbHG verwertet wurde, kann der ausgeschlossene Gesellschafter die zwangsweise Verwertung nicht erzwingen, weil insoweit den Geschäftsführern der Gesellschaft ein Ermessen eingeräumt ist, wann sie einen Verkauf vornehmen wollen (oben Rdn. 69; s. a. OLG Nürnberg, NZG 2002, 578). In Ausnahmefällen ist dem ausgeschlossenen Gesellschafter ein **Schadensersatzanspruch** zuzuerkennen, der darauf gestützt wird, dass ein wirtschaftlich sinnvoller Verkauf vom Geschäftsführer pflichtwidrig unterlassen wurde (OLG Nürnberg, NZG 2002, 578).

Der **gesetzliche Erwerbstatbestand des § 22 Abs. 4 GmbHG**, nach dem der Rechtsvorgänger den Geschäftsanteil des ausgeschlossenen Gesellschafters infolge Zahlung auf den rückständigen Betrag erwirbt, ist nicht entsprechend auf die Zahlung durch den ausgeschlossenen Gesellschafter selbst aufgrund seiner Ausfallhaftung nach § 21 Abs. 3 GmbHG anwendbar. 82

6. Fünfte Stufe: Haftung der Mitgesellschafter infolge Kaduzierung (§ 24 GmbHG)

Das letzte Glied der »Haftungskette« sind die Mitgesellschafter, die nach § 24 GmbHG für Fehlbeträge haften, d. h. für rückständige (Bar-) Einlageforderungen, und zwar auch solche Forderungen, die erst nach dem Ausschluss fällig geworden sind, und auch Ansprüche aus Differenzhaftung oder Vorbelastungshaftung/Unterbilanzhaftung (Roth/Altmeppen, GmbHG, § 24 Rn. 2; s. a. oben Rdn. 36). Vom Haftungsumfang nicht mehr erfasst werden jedoch Zinsen, Vertragsstrafen oder sonstige Ansprüche auf Geldleistungen gegen den säumigen Gesellschafter (Roth/Altmeppen, GmbHG, § 24 Rn. 4). 83

Maßgeblicher Zeitpunkt für die Beantwortung der Frage, wer »Mitgesellschafter« i. S. v. § 24 GmbHG ist und damit für den Ausfall haftet, ist der Zeitpunkt der Fälligkeit der Einlageforderung (OLG Köln, ZIP 1993, 1389; ausf. MK-GmbHG-Schütz, § 24 Rn. 24 ff.). Ein etwaiger Erwerber des Geschäftsanteils nach § 23 GmbHG haftet demnach nicht als Mitgesellschafter nach § 24 GmbHG (Roth/Altmeppen, GmbHG, § 24 Rn. 10). Ist die Gesellschaft selbst noch Inhaberin des Geschäftsanteils, weil ein Zwangsverkauf nach § 23 GmbHG nicht vollzogen werden konnte, haftet sie gleichwohl nicht nach § 24 GmbHG (MK-GmbHG-Schütz, § 24 Rn. 45). 84

Der **Umfang der Haftung** ist auch nicht auf den Anteil des Mitgesellschafters am Stammkapital der GmbHG beschränkt oder gar wegen einer nur geringen Beteiligungshöhe ganz ausgeschlossen. Die Privilegierung von Gesellschaftern mit Kleinbeteiligungen von weniger als 10 % des Stammkapitals (§ 39 Abs. 5 InsO bzw. vormals § 32a Abs. 3 Satz 2 GmbHG) ist nicht auf die Haftung nach § 24 GmbHG anwendbar (OLG Hamm, GmbHR 2011, 588; s. a. Roth/Altmeppen, GmbHG, § 24 Rn. 18). 85

Ebenso wie sich ein Bürge das zulasten des Hauptschuldners ergangene Urteil grundsätzlich nicht entgegenhalten lassen muss (BGHZ 76, 222 = NJW 1980, 1460), besteht auch im Fall der Ausfallhaftung nach einer Kaduzierung gem. kein Grund für eine **Rechtskrafterstreckung** (dazu und zum Folgenden BGH, ZIP 2005, 121). Der auf Zahlung in Anspruch genommene Gesellschafter kann die Rechtmäßigkeit der Kaduzierung ohne Rücksicht auf ein im Verhältnis zwischen seinem Mitgesellschafter und der Gesellschaft bzw. dem Insolvenzverwalter ergangenes Urteil infrage stellen. Die Gesellschaft bzw. der Insolvenzverwalter hat die Möglichkeit, nach einer Kaduzierung sämtliche übrigen Gesellschafter in einem Prozess gemeinsam in Anspruch zu nehmen und so das vorgreifliche Rechtsverhältnis nur einmal erneut zur Entscheidung zu stellen. 86

Der in Anspruch genommene Mitgesellschafter kann bei dem ausgeschlossenen Gesellschafter Regress nehmen (Roth/Altmeppen, GmbHG, § 24 Rn. 26). Nach h. M. ist im Ergebnis auch ein Regressanspruch gegen die Mitgesellschafter begründet, die *pro rata* (vgl. § 24 Satz 2 GmbHG) haften (MK-GmbHG-Schütz, § 24 Rn. 91, mit dem Hinweis auf unterschiedliche Ansätze zur Begründung des Regressanspruchs). Der ausgleichspflichtige Mitgesellschafter kann sich seiner Ausgleichspflicht nicht durch eine Übertragung des Geschäftsanteils entziehen, denn er haftet dann nach § 16 Abs. 3 GmbHG neben dem Erwerber aus § 24 GmbHG. Kein Regressanspruch besteht im Verhältnis zu den Rechtsvorgängern i. S. d. § 23 GmbHG (MK-GmbHG-Schütz, § 24 Rn. 92). 87

Der **gesetzliche Erwerbstatbestand des § 22 Abs. 4 GmbHG**, nach dem der Rechtsvorgänger den Geschäftsanteil des ausgeschlossenen Gesellschafters infolge Zahlung auf den rückständigen Betrag erwirbt, ist nicht entsprechend auf die Zahlung durch einen Mitgesellschafter nach § 24 GmbHG anwendbar (Roth/Altmeppen, GmbHG, § 24 Rn. 25). 88

89 Gem. § 19 Abs. 6 GmbHG gilt eine **10-jährige Verjährungsfrist** für Einlageforderungen ab dem Zeitpunkt ihrer Entstehung. Diese 10-jährige Verjährungsfrist gilt für die Ausfallhaftung nach § 24 GmbHG entsprechend (MK-GmbHG-Schütz, § 24 Rn. 85–87).

C. Verdeckte Sacheinlage

Die zentrale Änderung im Kapitalaufbringungsrecht durch das MoMiG erfolgte durch § 19 Abs. 4 GmbHG. Die Vorschrift lautet:

§ 19 GmbHG Einzahlung auf die Stammeinlage

(4) ¹Ist eine Geldeinlage eines Gesellschafters bei wirtschaftlicher Betrachtung und aufgrund einer im Zusammenhang mit der Übernahme der Geldeinlage getroffenen Abrede vollständig oder teilweise als Sacheinlage zu bewerten (verdeckte Sacheinlage), so befreit dies den Gesellschafter nicht von seiner Einlageverpflichtung. ²Jedoch sind die Verträge über die Sacheinlage und die Rechtshandlungen zu ihrer Ausführung nicht unwirksam. ³Auf die fortbestehende Geldeinlagepflicht des Gesellschafters wird der Wert des Vermögensgegenstandes im Zeitpunkt der Anmeldung der Gesellschaft zur Eintragung in das Handelsregister oder im Zeitpunkt seiner Überlassung an die Gesellschaft, falls diese später erfolgt, angerechnet. ⁴Die Anrechnung erfolgt nicht vor Eintragung der Gesellschaft in das Handelsregister. ⁵Die Beweislast für die Werthaltigkeit des Vermögensgegenstandes trägt der Gesellschafter.

I. Allgemeines

1 Bei GmbH-Gründungen bildet die Bareinlage nach § 5 Abs. 1 bis Abs. 3 GmbHG den regelmäßigen Leistungsgegenstand. Selten wird das Stammkapital durch **Sacheinlagen gem. § 5 Abs. 4 GmbHG** geleistet. Nach dieser Vorschrift kann statt der Bareinlage eine Sacheinlage erbracht werden. Als Gegenstand einer Sacheinlage kommen Sachen, aber auch Rechte (Patente, Forderungen) in Betracht. Im Interesse einer Missbrauchsvermeidung, der Publizität und Registerprüfung gelten erschwerte **Voraussetzungen für die wirksame Sacheinlage:**
   – Festsetzung des Gegenstands und des Betrags der Stammeinlage in der Satzung (§ 5 Abs. 4 Satz 1 GmbHG),
   – Sachgründungsbericht, der die wertbestimmenden Faktoren des Gegenstands darlegt (§ 5 Abs. 4 Satz 2 GmbHG),
   – vollständige Bewirkung der Sacheinlage vor der Anmeldung (§ 7 Abs. 3 GmbHG),
   – der Anmeldung zum Handelsregister müssen Anlagen beigefügt sein, aus denen die Werthaltigkeit der Sacheinlage hervorgeht (§ 8 Abs. 1 Nr. 5 GmbHG).

2 Das Registergericht hat die richtige Bewertung der Sacheinlage vor der Eintragung zu prüfen (§ 9c Abs. 1 GmbHG). Soll die Sacheinlage gesetzeskonform geleistet werden, ist dies kompliziert und zeitaufwendig. Zudem droht eine Differenzhaftung, wenn der Wert der Sacheinlage zum Zeitpunkt der Anmeldung den Betrag des übernommenen Geschäftsanteils nicht erreicht (Ulmer-Ulmer, GmbHG, § 9 Rn. 15). GmbH-Gründer haben daher in der Vergangenheit mit viel Kreativität versucht, die strengen Sacheinlagevorschriften zu umgehen. Die von der Rspr. und der Literatur entwickelte Rechtsfigur der verdeckten Sacheinlage ist die Antwort auf das Umgehungsgeschick vieler Gesellschafter, die das Haftungsprivileg der GmbH erreichen wollen, indessen die Sacheinlagenvorschriften nicht einhalten.

II. Entwicklung der Rechtsprechung

3 Nach der Rechtsprechung des BGH zum alten Recht hatte die Barzahlung bei Vorliegen einer verdeckten Sachanlage keine Erfüllungswirkung (BGH, ZIP 2007, 1751, 1753 Rn. 14, 20; ZIP 2008, 643, 644 Rn. 12; ZIP 2009, 713, 714 Rn. 8; Scholz/Winter-Veil, GmbHG, § 19 Rn. 116). Verdeckte Einlagen waren wegen Verstoßes gegen § 19 Abs. 5 GmbHG a. F. und Umgehung der strengen Sacheinlagevorschriften unzulässig. Der Inferent war weiterhin zur Einlageleistung, und

zwar in Geld, verpflichtet (BGHZ 28, 317; 113, 345). Die verdeckte Sacheinlage hat zur **Doppelnichtigkeit des schuldrechtlichen und des dinglichen Rechtsgeschäftes analog § 27 Abs. 3 AktG** geführt (BGHZ 125, 141, 149 ff.; 155, 329, 338). Die Gesellschaft hat einen Bereicherungsanspruch auf die geleistete Vergütung gehabt. Der Inferent konnte die Sachleistung, wenn noch vorhanden, zurückverlangen (§ 985 BGB) und im Insolvenzfall aussondern (BGH, ZIP 2003, 1540; ausführlich zu den gegenseitigen Ansprüchen BGH, ZInsO 2009, 1344). Bei zwischenzeitlichem Untergang oder Veräußerung der Sachleistung bestanden Schadenersatzansprüche gegen die Gesellschaft nach §§ 989, 990 BGB, wofür Bösgläubigkeit der Gesellschaft bei Besitzerwerb notwendig war, die jedoch im Allgemeinen bejaht werden sollte (Langner, GmbHR 2004, 298, 299; Heidenhain, GmbHR 2006, 455, 456). Der Gesellschaft haben gegen die Herausgabe- und Bereicherungsansprüche des Gesellschafters Zurückbehaltungsrechte aus § 273 BGB aufgrund der geleisteten Vergütung zugestanden. Auf die sich gegenüberstehenden bereicherungsrechtlichen Ansprüche findet die Saldotheorie Anwendung (BGH, ZIP 1998, 780, 782; 2007, 1751 Rn. 20; a. A. Bayer, ZIP 1998, 1985; Lieb, ZIP 2002, 2013). Die aus der Unwirksamkeit des schuldrechtlichen Verkehrsgeschäftes entstandenen gleichartigen Bereicherungsansprüche wurden saldiert, ohne dass es einer Aufrechnung bedurfte. Ein etwaiger Saldo zugunsten des Gesellschafters wäre im Insolvenzverfahren einfache Insolvenzforderung (§ 38 InsO). Mit dieser Saldoforderung konnte er nicht gegen die bestehende Einlagepflicht aufrechnen (§ 19 Abs. 2 GmbHG). Diese Rechtsprechung wurde als katastrophal gebrandmarkt und heftig kritisiert (Lutter/Gehling, WM 1989, 1145, 1453; Brandner FS Boujong 1996 S. 37, 42; Heidenhain, GmbHR 2006, 455).

III. Gesetzliche Neuregelung § 19 Abs. 4 GmbHG

1. Begriff der verdeckten Sacheinlage

Tatbestand und Rechtsfolge der verdeckten Sacheinlage sind nunmehr in § 19 Abs. 4 GmbHG nominiert. Die Vorschrift enthält folgende bedeutsame Regelungen: 4
- Legaldefinition der verdeckten Sacheinlage, wie sie von der BGH-Rechtsprechung entwickelt wurde;
- eine verdeckte Sacheinlage steht der wirksamen Kapitalaufbringung grds. nicht entgegen;
- schuldrechtliches und dingliches Rechtsgeschäft sind nunmehr wirksam;
- der Wert einer verdeckt eingebrachten Sacheinlage wird auf die Geldeinlagepflicht des Gesellschafters angerechnet;
- Anrechnungswirkung nicht vor Eintragung der Gesellschaft in das Handelsregister;
- die Beweispflicht für die Werthaltigkeit der Sacheinlage trifft den Gesellschafter.

§ 19 Abs. 4 GmbHG verdeutlicht die bewusste **Rückkehr zur bilanziellen Betrachtungsweise**. Die Gesellschaft erhält wertmäßig, nicht gegenständlich, das, was ihr zusteht. Nach dem Willen des Gesetzgebers soll sichergestellt sein, dass der Gesellschafter die **Einlage wertmäßig nur einmal leistet** (Begr. RegE, BR-Drucks. 354/07, S. 91). Maßgebend ist der Wert der verdeckten Sacheinlage, welcher der Gesellschaft statt der Bareinlage zugeflossen ist. Der Gesellschafter muss nur noch die Wertdifferenz zwischen geschuldeter Bareinlage und Sachwert leisten. Die Anrechnung erfolgt automatisch, also ohne dass es einer Willenserklärung einer Partei bedarf. Sie geschieht auch in dem Fall, in dem die Sache bereits vor Eintragung der Gesellschaft in das Handelsregister verdeckt eingebracht worden ist. In diesem Fall tritt die Anrechnungswirkung mit Eintragung ein. 5

§ 19 Abs. 4 GmbHG enthält für die verdeckte Sacheinlage eine Legaldefinition, in der die von der Rechtsprechung entwickelten Voraussetzungen einer verdeckten Sacheinlage wiedergegeben werden und daher zu keinen Veränderungen hinsichtlich des Tatbestandes führen (Begr. RegE, BR-Drucks. 354/07, S. 92). Eine verdeckte Sacheinlage liegt danach vor, wenn die gesetzlichen Regeln für Sacheinlagen dadurch unterlaufen werden, dass zwar eine Bareinlage beschlossen/vereinbart wird, die Gesellschaft aber bei wirtschaftlicher Betrachtung von dem Einleger aufgrund einer im Zusammenhang mit der Übernahme der Einlage getroffenen Verwendungsabsprache einen Sachwert erhalten soll (BGH, ZInsO 2010, 1062 Rn. 11; ZInsO 2009, 775 Rn. 10; ZIP 2010, 423 Rn. 15). Bei einer Ein-Personen-Gesellschaft tritt an die Stelle der Verwendungsabsprache ein entsprechendes Vor- 6

haben des Alleingesellschafters (BGH, ZIP 2008, 643 Rn. 12; Pentz in FS K. Schmidt 2009, 1265, 1270). Unerheblich ist, ob die Bareinlage und der Wert der verdeckt eingebrachten Sache **betragsmäßig voneinander abweichen**. Auch wenn der für den verdeckt eingelegten Gegenstand vereinbarte Preis den Betrag der Einlageverpflichtung deutlich übersteigt, ändert dies an der Anwendung der für die Sacheinlagen geltenden Regelungen auf das gesamte Rechtsgeschäft nichts, wenn eine unteilbare Leistung aufgrund der Parteivereinbarung in Rede steht (BGH, ZInsO 2010, 1062 Rn. 11; BGHZ 175, 265 Rn. 14; BGHZ 173, 145 Rn. 15; BGHZ 170, 47 Rn. 17). Entscheidend ist, dass die schuldrechtliche Absprache zwischen dem Inferenten oder der Gesellschaft dann schädlich ist, wenn sie dazu bestimmt ist, die eingezahlten Mittel wieder an den Inferenten, sei es teilweise oder sogar in übersteigender Höhe, zurückfließen zu lassen (BGHZ 171, 113 Rn. 10; BGHZ 153, 107, 110). § 19 Abs. 4 GmbHG gilt auch für die nicht vorabgesprochene Tilgung von Restbarleistungen durch Sachleistung (Baumbach/Hueck-Fastrich, GmbHG, § 19 Rn. 53). Der Wortlaut passt zwar hierauf nicht, eine analoge Anwendung ist jedoch geboten, um Wertungswidersprüche zu vermeiden. Praxisrelevant sind zwei Fallgruppen der verdeckten Sacheinlage:
– zeitnahe Gesellschaftergeschäfte,
– Verwendung von Forderungen des Gesellschafters, vorkommend meist bei Kapitalerhöhungen.

2. Fallgruppe Gesellschaftergeschäft

7   Eine Aufspaltung des wirtschaftlich einheitlich gewollten Vorgangs einer Sacheinbringung in mehrere rechtlich getrennte Geschäfte, bei denen der Gesellschaft zwar formell Bargeld als Einlage zugeführt, dieses jedoch im Zusammenhang mit einem Rechtsgeschäft gegen die Übertragung eines Gegenstandes zurückgewährt wird, ist als verdeckte Sacheinlage zu beurteilen. Regelmäßig verkauft der Gesellschafter zeitnah nach der Gründung der Gesellschaft einen Gegenstand. **Die eingezahlte Stammeinlage wird zur Kaufpreistilgung verwendet oder es erfolgt eine Verrechnung**. Unerheblich ist die Reihenfolge (BGH, ZIP 2003, 1540, 1541; OLG Frankfurt am Main, ZInsO 2009, 1852; OLG Köln, NZG 2000, 489; Lutter/Hommelhoff-Bayer, GmbHG, § 19 Rn. 52). In diesem Fall hat die Gesellschaft **wirtschaftlich betrachtet nur den Kaufgegenstand**, nicht jedoch die geschuldete Bareinlage erhalten. **Betragsmäßige Abweichung** sind unerheblich (Scholz/Winter-Veil, GmbHG, § 19 Rn. 124). Auch wenn der Betrag der Kapitalerhöhung und der Kaufpreis auseinanderliegen, steht dies einer verdeckten Sacheinlage nicht entgegen (BGH, ZInsO 2010, 1062).

8   Streitig ist, ob **gewöhnliche Umsatzgeschäfte** mit dem Gesellschafter, die im laufenden Geschäftsverkehr getätigt werden, von dem Umgehungsverbot ausgenommen werden sollen (befürwortend: OLG Hamm, BB 1990, 1222; OLG Karlsruhe, ZIP 1991, 27; Ulmer-Ulmer, GmbHG, § 15 Rn. 171a; 47; Henze ZHR 154 [1990], 113; einschränkend Baumbach/Hueck-Fastrich, GmbHG, § 19 Rn. 29; Roth/Altmeppen, GmbHG, § 19 Rn. 52a). Für das Rechtsverhältnis Gesellschaft/Gesellschafter muss nach den Befürwortern zulässig sein, dass unverdächtige Rechtsgeschäfte auch zeitnah nach der Einzahlung der Stammeinlage vorgenommen werden können. Der BGH hat zuletzt offen gelassen, ob der Einwand eines Umsatzgeschäftes zulässig ist (BGH, NJW 2007, 765 Rn. 22; NZG 2008, 311 Rn. 14). Angedeutet wird aber, dass zur Durchsetzung der Kapitalschutzvorschriften es nicht in jedem Fall zwingend geboten ist, dem Inferenten den Nachweis des Fehlens einer Vorabsprache aufzuerlegen, der einige Zeit nach der Gründung der Gesellschaft mit ihr ein normales Umsatzgeschäft des laufenden Geschäftsverkehrs wie mit jedem Dritten abschließt. Steht eine Umgehungsabrede indessen fest, kommt es auf das Vorliegen eines Verkehrsgeschäftes nicht mehr an. **Bei Vorliegen der Umgehungsabrede ist stets von einer verdeckten Sacheinlage auszugehen** (BGH, NJW 2007, 765 Rn. 26; BGHZ 132, 133, 140). Abgesehen davon hat der BGH im vorgenannten Streitfall (NJW 2007, 765; Verkauf eines Warenlagers) ein gewöhnliches Verkehrsgeschäft verneint. Der Erwerb im Gründungsstadium schließt rgm. einen schützenswerten bereits laufenden Geschäftsverkehr aus. Auch die Höhe des abgeflossenen Kaufpreises (60 % des Grundkapitals) hat gegen die Annahme eines Verkehrsgeschäfts gesprochen (ebenso BGH, NZG 2008, 311 Rn. 14 bei Erwerb der betriebsnotwendigen Anfangsausstattung). Aufgrund der nunmehr deutlich abgemilderten Rechtsfolge dürfte nach Inkrafttreten des MoMiG für eine solche Ausnahme indes-

sen generell kein Bedürfnis mehr bestehen, da der Wert der verdeckt eingebrachten Sacheinlage zur Anrechnung gelangt (Henkel, NZI 2010, 6, 7; Roth/Altmeppen, GmbHG, § 19 Rn. 52a).

3. Fallgruppe Verwendung von Gesellschafterforderungen

Die weitere Fallgruppe, Verwendung von Forderungen des Gesellschafters, ist **bei Kapitalerhöhungen praxisrelevant** (Baumbach/Hueck-Fastrich, GmbHG, § 19 Rn. 51). Finanziert der Inferent die Erfüllung der Einlagepflicht durch vorherige Rückzahlung eines Gesellschafterdarlehens/ Tilgung von Gesellschafteransprüchen oder aber mit Verrechnung dieser Altforderungen, erhält die Gesellschaft unter wirtschaftlicher Betrachtung keine neuen liquiden Mittel (Fallgruppe des Her- und Hinzahlens). Hier ist im Ergebnis nur die **Befreiung von der Verbindlichkeit** ggü. dem Gesellschafter als verdeckte Sacheinlage zugeflossen (BGH, ZIP 2006, 665 Rn. 11 – Cash-Pool I –; Lutter/Hommelhoff-Bayer, GmbHG, § 19 Rn. 58; Roth/Altmeppen, GmbHG, § 19 Rn. 49, 55). Nach herrschender Meinung ist als verdeckte Sacheinlage auch einzuordnen, wenn die Forderung des Gesellschafters im Zeitpunkt der Einlagepflicht noch nicht bestand (Neuforderung), sie aber absehbar war und die Beteiligten zu diesem Zeitpunkt bereits das Kopplungsgeschäft verabredet hatten (BGHZ 132, 141, 145; BGHZ 152, 37, 42; Lutter/Hommelhoff-Bayer, GmbHG, § 19 Rn. 58; Roth/Altmeppen, GmbHG, § 19 Rn. 57). In der Fallgruppe Verwendung von Gesellschafterforderungen ist oftmals schwierig, die Abgrenzung zum Hin- und Herzahlen i. S. d. § 19 Abs. 5 GmbHG vorzunehmen. Insb. durch die Cash-Pool-Entscheidung II des BGH (BGH, ZInsO 2009, 1546) wurden eindeutige Abgrenzungskriterien entwickelt, die indessen bei praktischer Umsetzung auf erhebliche Schwierigkeiten stoßen dürften (dazu eingehend Rdn. 14 bis 17). Nicht sacheinlagefähig sind jedoch Ansprüche auf Dienstleistungen oder Vergütungsansprüche hierauf (BGH, ZInsO 2009, 775, 776 Rn. 9; s. Rdn. 11).

4. Weitere Voraussetzungen

Voraussetzungen einer verdeckten Sacheinlage sind die wirtschaftliche Entsprechung sowie das Bestehen einer Umgehungsabrede. Insoweit kann auf die bisherige Rspr. zurückgegriffen werden. Dies gilt auch für die Vermutung einer Abrede bei Bestehen eines engen zeitlichen und sachlichen Zusammenhangs zwischen Gründung und Rechtsgeschäft mit dem Gesellschafter (Roth/Altmeppen, GmbHG, § 19 Rn. 41: Bormann/Urlichs, GmbHR, Sonderheft Oktober 2008, S. 37, 39; Heinze, GmbHR 2008, 1065, 1066). Im Einzelnen:

a) Sacheinlagefähigkeit

Gegenstand einer verdeckten Sacheinlage kann nur eine sacheinlagefähige Leistung sein (BGH, ZInsO 2009, 775, 776 Rn. 9; dazu Pentz, GmbHR 2009, 505; BGH, ZIP 2010, 423 Rn. 15; dazu Bruckhoff, NZI 2010, 255; eingehend Roth/Altmeppen, GmbHG, § 5 Rn. 38 ff. zur Frage, was Gegenstand einer Sacheinlage sein kann; Bayer, GmbHR 2004, 445, 451). **Verpflichtungen zu Dienstleistungen** sind daher nicht Gegenstand von Sacheinlagen oder Sachübernahmen (BGH, ZIP 2010, 423; dazu Oppermann/Fölsing, NZI 2010, 513). Ist der Vermögensgegenstand nicht einlagefähig, hat der Inferent keine Möglichkeit, sich normkonform zu verhalten (Benecke, ZIP 2010, 105, 108). **Obligatorische Ansprüche gegen den Einlageschuldner** sind unabhängig davon, worauf sie gerichtet sind, per se nicht einlagefähig. Versucht der Inferent eine solche Forderung als Einlageleistung zu erbringen, würde nur die gesellschaftsrechtliche Verpflichtung gegen seine schuldrechtliche ausgetauscht werden (BGH, ZInsO 2005, 1267). Da weder Dienstleistungen als solche noch Ansprüche auf deren Vergütung als Sacheinlage eingebracht werden können, stellen nachfolgende Vergütungszahlungen keine verdeckte Sacheinlage dar (ebenso Lutter/Hommelhoff-Bayer, GmbHG, § 19 Rn. 53; Scholz/Winter-Veil, GmbHG, § 19 Rn. 127). Aus der fehlenden Sacheinlagefähigkeit von Dienstleistungen lässt sich folglich kein Verbot der Verabredung entgeltlicher Dienstleistungen des Inferenten im Zusammenhang mit der Begründung seiner Bareinlageschuld ableiten. Der BGH stellt in diesem Zusammenhang klar, dass anderenfalls der Gesellschafter keine Möglichkeit hätte, nach der Bareinlage auch als Geschäftsführer für die GmbH entgeltlich tätig zu werden (BGH, ZInsO 2009, 775 Rn. 12). Wird mit der Bareinlage ein **Darlehen abgelöst, für das der Inferent bürgt,** liegt hierin keine verdeckte Sacheinlage (BGH, ZInsO 2011, 1159 Rn. 14; ZIP 2002, 799, 801). Der künftige Regressanspruch des Bürgen ist nicht sacheinlagefähig, da er aufschiebend bedingt mit der Inanspruchnahme entsteht. Aufschiebend bedingte Forderungen sind keine tauglichen Sacheinlagegegenstände, solange die Bedingung nicht eingetreten ist (MK-Märtens, GmbHG, § 5 Rn. 117; Scholz-Winter/Veil, GmbHG, § 19 Rn. 127). Eigene Anteile können ebenfalls nicht als Sacheinlage eingebracht werden (BGH, ZIP 2011, 2097).

b) Umgehungsabrede

12 Die Umgehung der auf Publizität und Wertdeckungskontrolle zielenden Vorschriften über die Leistung von Sacheinlagen setzt eine Abrede des Einlageschuldners mit den Mitgesellschaftern oder dem Geschäftsführer voraus, die den wirtschaftlichen Erfolg einer Sacheinlage erfasst (BGHZ 132, 133; Lutter/Hommelhoff-Bayer, GmbHG, § 19 Rn. 54). Eine **Umgehungsabsicht** ist nach allg. Mg. **nicht erforderlich** (Baumbach/Hueck-Fastrich, GmbHG, § 19 Rn. 49; Roth/Altmeppen, GmbHG, § 19 Rn. 61). Es reicht aus, dass der Zweck der umgangenen Normen objektiv verletzt wird, ob bewusst oder nicht (Begr. RegE, BT-Drucks. 16/6140, S. 40; Lutter/Hommelhoff-Bayer, GmbHG, § 19 Rn. 54). Verlangt wird nur, dass die Parteien bei der Übernahme das Ergebnis gewollt haben, das dann eine Bewertung des Vorganges als Sacheinlage trägt. Die Vorstellung der Parteien muss sich lediglich darauf beziehen, dass der Gesellschaft der Vermögenswert als oder anstelle der versprochenen Einlageleistung zufließen soll (Roth/Altmeppen, GmbHG, § 19 Rn. 61). Liegt ein **enger zeitlicher und sachlicher Zusammenhang** zwischen Leistung der Einlage und Erfüllung des zwischen Gesellschafter und Gesellschaft vereinbarten Rechtsgeschäfts vor, begründet das eine **tatsächliche, aber widerlegbare Vermutung** für das Vorliegen einer derartigen Abrede (BGH, ZIP 2006, 665; BGHZ 132, 133, 138; Roth/Altmeppen, GmbHG, § 19 Rn. 69 insb. zum Gegenbeweis). Die zeitliche und sachliche Nähe ist beweiskräftiges Indiz für eine derartige Vereinbarung (BGHZ 125, 141, 144). Gewichtiges Indiz für das Vorliegen eines sachlichen Zusammenhangs ist z. B. die betragsmäßige Übereinstimmung von Einlage und Kaufpreis (OLG Düsseldorf, NJW-RR 1997, 485). Aber auch größere Betragsunterschiede sind dann irrelevant, wenn eine entsprechende Abrede getroffen wurde (BGH, ZIP 2007, 1751 zur gemischten verdeckten Sacheinlage; Roth/Altmeppen, GmbHG, § 19 Rn. 52, 66). Sowohl eine **gering- als auch höherwertigere Sache** kann daher dann teilweise auf die Einlage angerechnet werden. Auf eine gegenständliche Identität der von dem Inferenten ein- und der an ihn zurückgezahlten Leistungen kommt es nicht an. Gleichgültig ist daher, ob die Einlageleistung bereits verbraucht war oder der Rückfluss von einem anderen Konto vorgenommen wurde (BGH, ZIP 2008, 788 Rn. 13; ZInsO 2009, 1167 Rn. 11). Ein Zeitraum von **6 Monaten** reicht nach überwiegender Ansicht aus, das Vorliegen einer solchen Abrede und damit eine Beweislastumkehr zulasten des Einlegers zu vermuten (Scholz-Winter/Veil, GmbHG, § 19 Rn. 129; Baumbach/Hueck-Fastrich, GmbHG, § 19 Rn. 49; OLG Hamburg, ZIP 2007, 580; OLG Köln, ZIP 1999, 399, 400; BGH, NJW 2002, 3774, 3777 verneint bei 8 Monaten Zeitdifferenz). Der Gesetzgeber hat insb. Forderungen über eine gesetzliche Limitierung des zeitlichen Zusammenhangs abgelehnt (Begr. RegE BR-Drucks. 354/07, S. 92; dazu kritisch Sernetz, ZIP 2010, 2173, 2181). Als Begründung wird angeführt, dass eine gesetzliche Frist leicht zu unterlaufen wäre und außerdem das Bedürfnis nach einer solchen Regelung angesichts der Abmilderung der Rechtsfolgen sinke (zu diesen Bedenken bereits OLG Hamburg, ZIP 2007, 580). Vielmehr bleibt es weiterhin der Rspr. überlassen, die Voraussetzungen der verdeckten Sacheinlage innerhalb der vorgegebenen Definition zu entwickeln und Beweisregeln mit Zeitfaktoren zu verbinden. Auf die **Reihenfolge der wechselseitigen Zahlungen** kommt es nicht an (BGHZ 113, 335; BGHZ 118, 83; Roth/Altmeppen, GmbHG, § 19 Rn. 54). Bei einer **Einmann-GmbH** kann es von der Natur der Sache her keine Verwendungsabsprache geben, weil es an einer Mehrzahl von Gesellschaftern fehlt. In dieser Sonderkonstellation reicht ein entsprechendes Vorhaben des alleinigen Gründungsgesellschafters aus (BGH, NZG 2008, 311 Rn. 12; Rowedder/Schmidt-Leithoff, GmbHG, § 19 Rn. 122; Lutter/Hommelhoff-Bayer, GmbHG, § 19 Rn. 56; Scholz/Winter-Veil, GmbHG, § 19 Rn. 130).

c) Gleichgestellter Dritter

Der Vermögensabfluss hat an den Gesellschafter oder einen **gleichgestellten Dritten** zu erfolgen. Der BGH hat auch nach Inkrafttreten des MoMiG entschieden, dass die Umgehung der Kapitalaufbringungsregeln keine personelle Identität zwischen Inferent und Auszahlungsempfänger voraussetzt (BGH, ZInsO 2009, 1546 Rn. 32). Ob eine Gleichstellung zu erfolgen hat, kann anhand der von der Rspr. zu § 32a GmbHG a. F. entwickelten Grundsätze festgestellt werden. Von einer Entsprechung ist daher auszugehen, wenn ein Gesellschafter an der Darlehen nehmenden und der Darlehen gebenden Gesellschaft beteiligt ist und auf die Gewährung oder den Abzug von Krediten bestimmenden Einfluss ausüben kann. Entscheidend ist, ob der Inferent Geschicke des Zahlungsbegünstigten bestimmen und durch Gesellschafterbeschlüsse Weisungen an dessen Geschäftsführer durchsetzen kann. Ausreichend **ist, dass der Inferent durch die Leistung des Dritten bzw. an den Dritten mittelbar in gleicher Weise begünstigt wird wie durch unmittelbare Leistung an sich selbst** (BGH, NJW 2007, 765; NJW 2003, 825; Roth/Altmeppen, GmbHG, § 19 Rn. 59). Dies gilt insb. für die Einbindung eines vom Inferenten beherrschten Unternehmens in den Kapitalaufbringungsvorgang (BGH, NJW 2007, 765; NJW 2007, 3285). Dem Gesellschafter in diesem Sinne gleichgestellt ist ein Unternehmen, wenn er an ihm **maßgeblich beteiligt** ist (BGH, ZIP 2008, 1230; BGH, ZIP 2006, 660; ZIP 2001, 115; zum Meinungsstand und Entwicklung der Rspr. Schall, ZIP 2010, 205). Der BGH hat zunächst auf eine Unternehmensbeteiligung nach §§ 15 ff. AktG abgestellt, nunmehr ist das Kriterium der maßgeblichen Beteiligung in den Vordergrund gerückt (BGH, ZIP 2008, 1230). Vorbehaltlich einer gegenteiligen Regelung im Gesellschaftsvertrag reicht eine Beteiligung an der leistenden Gesellschaft von mehr als 50 % im Regelfall aus (BGH, ZIP 2008, 1230 Rn. 10; BGH, ZIP 2005, 660, 661; BGH, ZIP 1999, 1593). Eine Beteiligung von genau »nur« 50 % ist ausreichend, wenn der Gesellschafter zugleich Geschäftsführer der hilfeleistenden Gesellschaft ist (BGH, ZInsO 2013, 1573 Rn. 24; BGH, ZIP 2012, 865 Rn. 19). Eine maßgebliche Beteiligung von 25 % des Aktienkapitals genügt, weil hierdurch das unternehmerische Interesse zum Ausdruck kommt (BGH, ZIP 2005, 1316; OLG Frankfurt am Main, ZIP 2009, 808 weniger als 25 % ausreichend, wenn er aber mittelbar über 25 % des Kapitals verfügt). Ebenso ausreichend sind **mittelbare Beteiligungen**. Kann der Dritte als nicht unmittelbar Beteiligter aufgrund seiner beherrschenden Stellung Einfluss sowohl auf die kreditgebende als auch kreditnehmende Gesellschaft infolge seiner qualifizierten Anteilsmehrheiten ausüben, ist er einem Gesellschafter gleichzustellen (BGH, ZIP 2013, 582 Rn. 21). **Ein Vermögensabfluss – auch im Rahmen einer Verwendungsabsprache – an sonstige, nicht gleichgestellte Dritte ist aber grds. unschädlich** (BGH, ZInsO 2009, 775 Rn. 18; Baumbach/Hueck-Fastrich, GmbHG, § 19 Rn. 27). Schuldrechtliche Absprachen zwischen dem Inferenten und der Gesellschaft über die Verwendung der Einlagemittel bei einer Kapitalaufbringung sind folglich unerheblich, wenn sie nur zur Erreichung bestimmter Zwecke dienen und nicht dazu bestimmt sind, die eingezahlten Mittel wieder an den Inferenten zurückfließen zu lassen (BGH, ZIP 2011, 1159 Rn. 12; ZInsO 2010, 1062 Rn. 14; ZIP 2007, 528 Rn. 10; ZIP 2003, 211). Es ist daher nicht untersagt, mit einer Bareinlage eine vorausgeplante Mittelverwendung zu verbinden, solange die Einlage nicht an den Inferenten zurückfließt oder ihm sonst zugutekommt (BGH, NJW 1992, 2698; Lutter/Hommelhoff-Bayer, GmbHG, § 19 Rn. 61 ff.). Eine verdeckte Sacheinlage liegt bspw. nicht vor, wenn die von einer Konzerngesellschaft an ihre Tochter-GmbH geleistete Bareinlage absprachegemäß zum Erwerb des Unternehmens einer Schwester-Gesellschaft verwendet wird, an der die Inferentin weder unmittelbar noch mittelbar beteiligt ist (BGH, ZIP 2007, 528; BGH, ZInsO 2009, 775 Rn. 18). Ebenso entfällt eine verdeckte Sacheinlage, wenn die Kapitalmittel zur Rückführung eines Bankdarlehens verwendet werden. Dies gilt selbst dann, wenn der Inferent für den Bankkredit bürgt (BGH, ZInsO 2011, 1159 Rn. 14; OLG Köln, NZI 2011, 376); anders aber dann, wenn die Gesellschaft des Einlagebetrags zur Tilgung einer Verbindlichkeit des Inferenten verwendet (OLG Nürnberg, DZWIR 2011, 167). Die Kapitalaufbringung ist dann abgeschlossen, es können jedoch Ansprüche aus § 135 Abs. 2 bestehen. Ein **Eheverhältnis** allein reicht zur Gleichstellung nicht aus (BGH, ZInsO 2009, 1258 Rn. 18). Ein Ehe- oder Verwandtschaftsverhältnis ist nicht einmal Beweiserleichterung für die Annahme einer mittelbaren Beteiligung/Einflussnahme. Das verwandtschaftliche Näheverhältnis

13

allein ist für eine Gleichstellung unzureichend. Dies gilt auch dann, wenn Geschäftsführer der eine und Alleingesellschafter der andere Ehepartner ist (BGH, ZIP 1991, 366; NJW 1999, 2123, 2125; ZInsO 2009, 1258 Rn. 9). Wird das Darlehen des Ehegatten aus der Bareinlage des Inferenten getilgt, liegt hierin noch keine verdeckte Sacheinlage. Eine andere Bewertung ist aber dann vorzunehmen, wenn das Darlehen wirtschaftlich vom Inferenten gewährt wurde oder die Einlage mit Mitteln bewirkt wird, die dem Inferenten vom Ehegatten zur Verfügung gestellt werden (BGH, ZIP 2011, 1159 Rn. 15; Scholz/Winter-Veil, GmbHG, § 19 Rn. 126).

5. Abgrenzung zum Hin- und Herzahlen

14 Vor Inkrafttreten des MoMiG konnte eine saubere Grenzziehung zwischen den Fallgruppen der verdeckten Sacheinlage und dem Hin- und Herzahlen unterbleiben. Die Rechtsfolgen waren deckungsgleich, sodass fehlerhafte Einordnungen nicht zur falschen Rechtsanwendung führten. Die nicht aufeinander abgestimmten Rechtsfolgen von verdeckter Sacheinlage und Hin- und Herzahlen verlangen jedoch eine eindeutige Abgrenzung. **Unterschiedlich geregelt sind:**
– § 19 Abs. 4 GmbHG enthält lediglich eine Anrechnungswirkung, während bei § 19 Abs. 5 GmbHG Erfüllung eintritt;
– § 19 Abs. 4 GmbHG führt auch bei einer teilweisen Werthaltigkeit der Sacheinlage zu einer Teilanrechnung, sodass nur noch die Differenz geschuldet wird. Die Erfüllungswirkung nach § 19 Abs. 5 GmbHG tritt indessen ausschließlich bei Vollwertigkeit ein. Ist der Gesellschafter nur teilweise leistungsfähig, hilft ihm § 19 Abs. 5 GmbHG nicht weiter;
– § 19 Abs. 5 GmbHG enthält anders als § 19 Abs. 4 GmbH eine Anzeigepflicht ggü. dem Handelsregister für den Geschäftsführer. Die schwierigen Abgrenzungsfragen, welche von der Rspr. bisher nicht einheitlich gelöst worden sind, stellen den i. d. R. rechtlich unerfahrenen Geschäftsführer künftig vor unlösbare Probleme;
– Von einer Haftung nach § 9a GmbHG kann sich der Geschäftsführer beim Hin- und Herzahlen befreien, wenn er die Vereinbarung bei Anmeldung nach § 8 GmbHG angibt und die Voraussetzungen zur Erfüllungswirkung (vollwertig/fällig) vorliegen. Bei einer verdeckten Sacheinlage besteht das Haftungsrisiko für den Geschäftsführer fort, da keine Erfüllungswirkung eintritt, sondern nur nach Eintragung in das Handelsregister eine Anrechnung erfolgt.

15 § 19 Abs. 4 GmbHG geht als **speziellere Vorschrift** dem § 19 Abs. 5 GmbHG vor. Es heißt in § 19 Abs. 5 Satz 1 GmbHG: »*und die nicht als verdeckte Sacheinlage im Sinne von Abs. 4 zu beurteilen ist ...*«. In der gerichtlichen Praxis hatte sich teilweise die Fehlvorstellung verfestigt, alle Formen des Hin- und Herzahlens seien ebenfalls Anwendungsfälle der verdeckten Sacheinlage (darauf hinweisend Goette ZInsO 2007, 1177, 1178). Beim **Hin- und Herzahlen** ist jedoch für die fehlende Erfüllungswirkung entscheidend, dass die **Leistung nicht zur endgültig freien Verfügung** der Geschäftsleitung gestanden hat. Die **verdeckte Sacheinlage** ist dadurch gekennzeichnet, dass bei wirtschaftlicher Betrachtung **anstelle der Barleistung ein anderer einlagefähiger Vermögenswert** eingebracht wird (BGH, ZIP 2005, 2203). Bei einer Darlehenskonstruktion (Hin- und Herzahlen) kann die Darlehensforderung nicht Gegenstand der Einlage sein, da diese nicht einlagefähig ist. Nicht alle Fälle gegenläufiger Zahlungen sind von § 19 Abs. 5 GmbHG erfasst, sondern nur solche, in denen die Gesellschaft mit der Rücküberweisung einen Anspruch gegen den Gesellschafter erwirbt (BGH, ZIP 2014, 261 Rn. 6; BGH, ZInsO 2012, 1847 Rn. 18).

16 Der BGH hat sich in der Cash-Pool-Entscheidung II (BGH, ZInsO 2009, 1546; dazu Altmeppen ZIP 2009, 1545) schwerpunktmäßig mit der Abgrenzung zwischen verdeckter Sacheinlage und Hin- und Herzahlen bei der Kapitalaufbringung einer Gesellschaft, die in das Cash-Pool-System einbezogen ist, befasst. Die entwickelten Kriterien sind auch auf »normale« Kapitalaufbringungsvorgänge übertragbar. Ist der Saldo auf dem Zentralkonto bei Weiterleitung des Einlagebetrages aus Sicht der Gesellschaft negativ, liegt eine verdeckte Sacheinlage vor (ebenso Roth/Altmeppen, GmbHG, § 19 Rn. 101; Lutter/Hommelhoff-Bayer, GmbHG, § 19 Rn. 105; Bormann/Urlichs, DStR 2009, 641, 643; Maier-Reimer/Wenzel, ZIP 2008, 1449, 1454). Der Gesellschaft fließt im wirtschaftlichen Ergebnis durch Weiterleitung der Bareinlage auf das Zentralkonto nicht der verein-

barer Kapitalbetrag, sondern die Befreiung von der Verbindlichkeit aus der Cash-Pool-Vereinbarung zu. Sie erhält nicht die Barleistung, sondern eine Entlastung auf der Passivseite. Weist das Zentralkonto des Inferenten indessen einen ausgeglichenen oder positiven Saldo zugunsten der Gesellschaft aus, liegt in der Weiterleitung der Einlage ein Hin- und Herzahlen (ebenso Altmeppen, ZIP 2009, 1545, 1546; Lutter/Hommelhoff-Bayer, GmbHG, § 19 Rn. 105; Bormann/Urlichs, DStR 2009, 641, 643). Mit der Weiterleitung auf das Zentralkonto i. R. d. täglichen Clearings gewährt die Gesellschaft ein Darlehen. Bei einer Darlehenskonstruktion kann die Darlehensforderung keine verdeckte Sacheinlage sein, da diese nicht einlagefähig ist (BGH, ZInsO 2009, 775 Rn. 10; Seibert/Decker, ZIP 2008, 1208, 1210). Übertragen auf einen »normalen« Kapitalaufbringungsvorgang bedeutet dies:

– Wird die Einlageleistung zeitnah an den Gesellschafter als neues Darlehen oder aufgrund einer Treuhandabrede abverfügt, liegt der klassische Fall eines Hin- und Herzahlens vor. Ein solcher Fall wird unmittelbar von § 19 Abs. 5 GmbHG erfasst, es sei denn, die Neu-Forderung des Gesellschafters ist im Zeitpunkt der Einlagepflicht absehbar und die Beteiligten haben zu diesem Zeitpunkt bereits das Kopplungsgeschäft verabredet.
– Gewährt die Gesellschaft dem Gesellschafter vor der Kapitalaufbringung ein (Neu-) Darlehen, damit der Inferent die Einlageleistung hieraus erbringen kann, handelt es sich um ein sog. Her- und Hinzahlen. Auch insoweit findet § 19 Abs. 5 GmbHG Anwendung.
– Tilgt die Gesellschaft indessen vor der Kapitalaufbringung ein (Alt-) Darlehen des Inferenten, woraus dieser sodann die Einlageleistung finanziert, handelt es sich um eine verdeckte Sacheinlage (Fallgruppe Verwendung von Gesellschafterdarlehen, s. Rdn. 9). Im Ergebnis wird die Gesellschaft von einer Verbindlichkeit befreit.

Im Rahmen eines Cash-Pools wird es kompliziert, wenn die Einlageleistung den negativen Saldo zulasten der Gesellschaft im Zentralkonto übersteigt. Dann ist der Vorgang teilweise als verdeckte Sacheinlage, teilweise als Hin- und Herzahlen zu beurteilen (BGH, ZInsO 2009, 1546 Rn. 15; ebenso Bormann/Urlichs, DStR 2009, 641, 645; Meier-Reimer/Wenzel, ZIP 2008, 1449, 1454).

Zweck des MoMiG war in Bezug auf die Neuregelung des § 19 Abs. 5 GmbHG insb., den Aufbau eines ökonomisch sinnvollen Cash-Pools zu erleichtern und den durch die Rechtsprechung entstandenen Rechtsunsicherheiten und Einschränkungen entgegenzuwirken. Der sich zufällig ergebende Saldo der Gesellschaft ggü. dem Inferenten auf dem Zentralkonto entscheidet nunmehr darüber, ob der Inferent in den Genuss der leichteren Anforderungen des § 19 Abs. 4 GmbHG gelangt oder die Vollwertigkeit nach § 19 Abs. 5 GmbHG erforderlich ist. Zur Vermeidung jeglicher Haftungsrisiken wäre bei einer Kapitalaufbringung an Gesellschaften, die einem Cash-Pool-System angeschlossen sind, empfohlen, diese für einen Zeitraum von bis zur 12 Monaten aus dem Cash-Pool herauszunehmen (so Bormann/Urlichs, DStR 2009, 641, 644), was jedoch nicht Anliegen des Gesetzgebers war. Ist die Kapitalaufbringung als verdeckte Sacheinlage zu beurteilen, kann der Inferent von der Anrechnungslösung profitieren. Maßgeblich ist dann, ob die Verbindlichkeit, von der die Gesellschaft befreit wurde, für den Inferenten werthaltig war. Ob der Inferent weiterhin zur Einlageleistung verpflichtet ist, hängt davon ab, ob und in welcher Höhe die Gesellschaft durch die Einlageleistung von einer Verbindlichkeit ggü. dem Inferenten befreit wurde, die sie ohne die Einlagezahlung aus ihrem Vermögen hätte erfüllen können (BGH, ZInsO 2009, 1546 Rn. 38). War die Gesellschaft bei Weiterleitung der Einlageleistung auf das Zentralkonto auch ohne gutgeschriebenen Einlagebetrag solvent, wäre die verdeckt eingebrachte Befreiung von einer Verbindlichkeit wertangemessen (Altmeppen, ZIP 2009, 1545, 1547). Ist die Kapitalaufbringung als Hin- und Herzahlen einzuordnen, ist diese abgeschlossen, wenn bei Anmeldung nach § 8 GmbHG die Darlehensgewährung/Cash-Pool-Vereinbarung aufgedeckt wurde und i. Ü. der Rückgewähranspruch vollwertig sowie fällig bzw. fristlos kündbar war. Während bei einer verdeckten Sacheinlage eine teilweise Werthaltigkeit zur Teilanrechnung genügt, kommt es bei § 19 Abs. 5 GmbHG darauf an, ob der Rückgewähranspruch uneingeschränkt vollwertig war.

6. Rechtsfolgen

a) Fortbestehende Einlagepflicht

18 Der Gesellschafter wird bei Vorliegen einer verdeckten Sacheinlage nicht von seiner Bareinlagepflicht befreit. Die Zahlungspflicht besteht fort. Im RegE war noch vorgesehen, dass die verdeckte Sacheinlage der Erfüllung der Einlageschuld nicht entgegensteht (dazu Veil, ZIP 2007, 1241, 1242; Gehrlein, Der Konzern 2007, 771, 783; Gesell, BB 2007, 2241, 2244; Seibert/Decker, ZIP 2008, 1208, 1210). Diese Erfüllungslösung ist im Schrifttum auf erhebliche Kritik gestoßen (Ulmer, ZIP 2008, 45, 50 ff.; Priester, ZIP 2008, 55, 56). Eingewandt wurde, der Gesetzesentwurf sei Ermunterung zu Gesetzesverstößen. Die Unterscheidung zwischen Sach- und Bareinlage werde pulverisiert. Gesetzestreue sei bei einer Erfüllungswirkung weder vom Geschäftsführer noch von dem Gesellschafter zu erwarten gewesen, da bei Umgehung keine Sanktionen drohten. Diesem diskutierten Missbrauch steht nur die bloße Anrechnung entgegen, welche erst nach Registereintragung erfolgt. Die **Verjährung** des Einlageanspruchs richtet sich nach § 19 Abs. 6 GmbHG (vgl. zur Problematik bei sog. Altfällen Anhang zu § 35 B Rdn. 9).

b) Anrechnungswirkung

aa) Allgemeines

19 Der Gesetzgeber hat sich für eine Anrechnungslösung entschieden. Auf die **fortbestehende Bareinlagepflicht** wird der Wert der verdeckt geleisteten Sacheinlage angerechnet. **Die Anrechnung hat i. H. d. bewiesenen Wertes des verdeckt eingelegten Gegenstandes Schuld befreiende Wirkung.** Die Anrechnung erfolgt **automatisch**, ohne dass es einer Willenserklärung der Parteien bedarf (Begr. RegE, BT-Drucks., 16/9737, S. 97; Lutter/Hommelhoff-Bayer, GmbHG, § 19 Rn. 66). Zweck des § 19 Abs. 4 GmbHG ist, dass der Gesellschaft bei einer verdeckten Sacheinlage wertmäßig die Leistung zufließt, die ursprünglich als Bareinlage geschuldet war. Die Anrechnung gilt auch für den **Mindesteinlagebetrag** nach § 7 Abs. 2 GmbHG (Baumbach/Hueck-Fastrich, GmbHG, § 19 Rn. 58). Für die Bewertung ist entweder auf den Zeitpunkt der Übertragung des Sachelagegegenstandes oder auf den der Anmeldung zum Handelsregister abzustellen, je nachdem, welcher Zeitpunkt der spätere ist (§ 19 Abs. 4 Satz 4 GmbHG). Die Beweislast für die Werthaltigkeit trägt der Gesellschafter (§ 19 Abs. 4 Satz 5 GmbHG). Maßgebend ist der **objektive Wert, nicht der vereinbarte Kaufpreis** (Lutter/Hommelhoff-Bayer, GmbHG, § 19 Rn. 67; Scholz/Winter-Veil, GmbHG, § 19 Rn. 141). Wurde jedoch ein **geringerer Kaufpreis als der objektive Wert** vereinbart, kommt lediglich eine Anrechnung i. H. d. vereinbarten Kaufpreises in Betracht (Scholz/Winter-Veil, GmbHG, § 19 Rn. 157; Roth/Altmeppen, GmbHG, § 19 Rn. 82).

bb) Fallgruppen

20 Die Anrechnungswirkung ist unproblematisch, wenn der Wert des überlassenen Vermögensgegenstandes der geschuldeten Bareinlage entspricht, geringer oder höher als die übernommene Bareinlagepflicht ist. Entspricht der Wert der Sache der geschuldeten Bareinlage, wird der Gesellschafter von seiner Einlagepflicht befreit. War jedoch der **Wert** des überlassenen Vermögensgegenstandes **geringer** als die übernommene Bareinlagepflicht, besteht diese i. H. d. Wertdifferenz fort. **Übersteigt der Wert** des verdeckt eingebrachten Vermögensgegenstands die Einlageschuld, hat der **Gesellschafter keinen Anspruch auf Ausgleich** des der Gesellschaft über die Bareinlageverpflichtung hinaus zugeflossenen Werts, da § 19 Abs. 4 Satz 3 GmbHG nur die Anrechnung auf die fortbestehende Einlagepflicht regelt (ebenso Bormann/Urlichs, GmbHR, Sonderheft Oktober 2008, S. 37, 40).

21 Problematisch ist die Einordnung einer **gemischten verdeckten Sacheinlage**. Hierunter ist die Übertragung eines Vermögensgegenstandes zu verstehen, dessen Wert den Betrag der übernommenen Einlage übersteigt und für den der Gründer ein über den tatsächlichen Wert hinausgehendes Entgelt erhalten hat (BGH, NJW 2007, 765 Rn. 17; BGH, ZInsO 2009, 1167 Rn. 10). In der Sache handelt es sich um eine **Kombination von Sacheinlage und Sachübernahme**. Die Grundsätze zur gemischten verdeckten Sacheinlage sind nur dann anwendbar, wenn der Sacheinlagegegenstand

unteilbar ist (BGH, ZIP 2007, 178; ZIP 2008, 788; dazu Stiller/Redeker, ZIP 2010, 865, 869). Wird der Wert des Vermögensgegenstands angerechnet, würde nach wortgenauer Anwendung des § 19 Abs. 4 GmbHG eine Schuld befreiende Wirkung eintreten, obwohl der Gesellschafter für seine verdeckt eingebrachte Sache mehr erhalten hat, als diese wert ist. **Vor einer Anrechnung ist von dem tatsächlichen Wert der eingelegten Sache der Betrag abzuziehen, welcher von der Gesellschaft aus deren Vermögen über den Nominalbetrag der Bareinlage hinaus als Gegenleistung aufgewendet wurde** (BGH, ZInsO 2010, 1062 Rn. 57; Lutter/Hommelhoff-Bayer, GmbHG, § 19 Rn. 77; Scholz/Winter-Veil, GmbHG, § 19 Rn. 146 ff.; Veil/Werner, GmbHR 2009, 729, 735; ähnlich Stiller/Redeker, ZIP 2010, 865, 868). Eine Anrechnung auf die Bareinlage erfolgt daher erst, wenn und soweit die eingebrachte Sache einen höheren Wert hat als der die Bareinlage übersteigende Kaufpreisanteil. Im Übrigen besteht teilweise eine Anrechnungssperre, die in eine Differenzhaftung des Inferenten i. H. d. verbliebenen Wertdeckungsdefizits mündet (Strohn, DB 2012, 1137, 1140). Bestand oder entsteht im Zeitpunkt des Vermögensabflusses bei einer verdeckten gemischten Sacheinlage eine Unterbilanz, können auf den Teil der Gegenleistung der Gesellschaft, der den Nominalbetrag der Bareinlage übersteigt, die §§ 30, 31 GmbHG Anwendung finden (BGH, ZInsO 2010, 1062 Rn. 48 ff.; Baumbach/Hueck-Fastrich, GmbHG, § 19 Rn. 58; Roth/Altmeppen, GmbHG, § 19 Rn. 88 bei Sacheinbringung ohne vorherige Umgehungsabrede). Da die die Sacheinlage verdeckenden Rechtsgeschäfte nicht mehr nach § 19 Abs. 4 Satz 2 GmbHG unwirksam sind und ein Rückgriff auf die §§ 812 ff. BGB entfällt, muss zur Vermeidung einer Schutzlücke für das Gesellschaftsvermögen auf die Anwendung der auch für eine gegründete GmbH geltenden §§ 30, 31 GmbHG zurückgegriffen werden, wenn bei dem Vermögensabfluss eine Unterbilanz bereits bestanden hat oder hierdurch erst entsteht (anders noch BGH, ZInsO 2008, 96 Rn. 10; ZIP 2007, 1751 Rn. 20; ZInsO 2005, 1267: Auf Grundlage des damaligen Rechts kamen Ansprüche aus §§ 30, 31 GmbHG neben solchen aus §§ 812 ff. BGB nicht in Betracht).

▶ **Beispiel:**

Der Gesellschafter, der eine Bareinlage von TEUR 100 übernommen hat, verkauft einen Sachwert für TEUR 150 an die Gesellschaft, welcher einen tatsächlichen Wert von TEUR 120 hat. Der Inferent schuldet der Gesellschaft dann noch nach § 19 Abs. 4 GmbHG TEUR 30 (tatsächlicher Wert TEUR 120 ./. [tatsächliche Gegenleistung TEUR 150 ./. Nominalbetrag der Einlage TEUR 100] = Anrechnungsbetrag TEUR 70), obwohl der Sachwert den Bareinlagebetrag überschreitet. Eine Anrechnung auf die Bareinlageforderung findet nur insoweit statt, als der Wert der verdeckt eingebrachten Sache höher ist, als der Kaufpreisanteil, welcher aus der Bareinlage finanziert wurde. Hat der Kaufpreis indessen TEUR 250 betragen, ist der Anrechnungsbetrag negativ (TEUR 30), sodass eine Anrechnung entfällt. Der Inferent schuldet weiterhin die Einlage von TEUR 100. Darüber hinaus kommt für den Mittelabfluss, soweit den Nominalbetrag übersteigend, eine Haftung gem. §§ 30, 31 GmbHG in Betracht. Aufgrund der bilanziellen Betrachtungsweise ist der Wert der verdeckt eingebrachten Sache abzusetzen, sodass im Beispielsfall ein Haftungsvolumen nach §§ 30, 31 GmbHG von TEUR 30 verbleibt.

cc) Dogmatische Einordnung

Das Rechtsinstitut »Anrechnung« ist den BGB-Erfüllungssurrogaten unbekannt (Ulmer, ZIP 2008, 45, 52; Priester, ZIP 2008, 55, 56, Winter, FS Priester 2007, 867, 876 ff.). Die gesetzlich angeordnete Anrechnung kann nicht als Erfüllung qualifiziert werden, da dies dem Anrechnungsmodell des Gesetzgebers widerspricht. Gegen die Annahme einer Leistung an Erfüllung statt (§ 364 Abs. 1 BGB) spricht, dass die Erbringung der geschuldeten Sache durch den Inferenten bereits der Erfüllung seiner Verpflichtung aus dem kraft Gesetzes verselbstständigten Verkehrsgeschäft dient (Ulmer, ZIP 2009, 293, 295; Veil/Werner, GmbHR 2009, 729, 730; Baumbach/Hueck-Fastrich, GmbHG, § 19 Rn. 62). Auch eine Leistung erfüllungshalber (§ 364 Abs. 2 BGB) scheidet aus, denn dann bliebe die Bareinlageforderung trotz Anrechnungswirkung bestehen. Die Anrechnung kann auch nicht als Aufrechnung eingeordnet werden, ohne dass es zu Wertungswidersprüchen mit den weiterhin geltenden Anforderungen an eine Sachgründung kommen würde (Ulmer, ZIP 2008, 45,

22

52; Markwardt, BB 2008, 2414, 2416). Da bei einer verdeckten Sacheinlage nach Inkrafttreten des MoMiG das Verkehrsgeschäft wirksam ist, kann der Wert des Einlageobjektes nicht noch einmal auf die bestehen gebliebene Einlageschuld angerechnet werden. In der Vergangenheit sind in der Literatur mehrere Lösungsansätze vorgeschlagen worden (zum Meinungsstand Sernetz, ZIP 2010, 2173, 2174f.; Baumbach/Hueck-Fastrich, GmbHG, § 19 Rn. 62; Ulmer, ZIP 2009, 293 ff.: Rechtsgedanke des Vorteilsausgleiches; Pentz, GmbHR 2009, 126 ff., der dem Kondiktionsanspruch des Gesellschafters wegen unwirksamer Einlageleistung den Einwand der Entreicherung entgegen hält; Bormann/Urlichs, GmbHR, Sonderheft Oktober 2008, 37, 40 halten den Anspruch des Gesellschafters auf Kondiktion seiner Bareinlage aus teleologischen Gründen für gesperrt; Heinze, GmbHR 2008, 1065, 1066 für schuldrechtliche Doppelwirkung; Maier-Reimer/Wenzel, ZIP 2008, 1449, 1452, dieselben ZIP 2009, 1185: Leistung an Erfüllung statt; für Umgestaltung der Rechtsverhältnisse: Scholz/Winter-Veil, GmbHG, § 19 Rn. 137 ff.; Veil/Werner, GmbHR 2009, 729; Stiller/Redeker, ZIP 2010, 865, 868; Sernetz, ZIP 2010, 2173 für Anrechnung des Bereicherungsanspruchs). Im Ergebnis besteht indessen Einigkeit darüber, dass bei einer gemischten verdeckten Sacheinlage § 19 Abs. 4 GmbHG nicht wortgenau anzuwenden ist. Der Inferent hat die Differenz zwischen dem Wert der Sache und dem hierfür gezahlten Entgelt auszugleichen. Die Anrechnung des Wertes der verdeckt eingelegten Sache auf die bestehende Bareinlageverpflichtung darf im Fall der verdeckten gemischten Sacheinlage nicht zulasten des übrigen Gesellschaftsvermögens gehen. Daher ist vor einer Anrechnung von dem tatsächlichen Wert der eingelegten Sache der Betrag abzusetzen, der von der Gesellschaft aus dem Gesellschaftsvermögen über den Nominalbetrag der Bareinlage hinaus als Gegenleistung aufgewendet worden ist (BGH, ZInsO 2010, 1062 Rn. 56 ff.; Lutter/Hommelhoff-Bayer, GmbHG, § 19 Rn. 77; Scholz/Winter-Veil, GmbHG, § 19 Rn. 146 ff.).

c) **Auswirkungen auf schuldrechtliche/dingliche Rechtsgeschäfte**

23 Nach § 19 Abs. 4 Satz 2 GmbHG sind die Verträge über die Sacheinlagen und die Rechtshandlungen zu ihrer Ausführung **nicht unwirksam** (anders die Rspr. vor Inkrafttreten des MoMiG BGHZ 125, 141, 149 ff.; 155, 329, 338). Eine analoge Anwendung des § 27 Abs. 2 Satz 1 AktG ist daher ausgeschlossen. Die neue Rechtsfolge ist im Ergebnis konsequent (Markwardt, BB 2008, 2414, 2416; Bormann/Urlichs, GmbHR, Sonderheft Oktober 2008, S. 37, 39). § 3 Abs. 4 EGGmbHG ordnet die Wirksamkeit der auf die Überlassung der verdeckten Sacheinlage gerichteten Verpflichtungs- und Verfügungsgeschäfte ex tunc neu an. Indem die Überleitungsnorm deren Wirksamkeit angeordnet, greift sie in seinerzeit bestehende Forderungen der Gesellschaft und Eigentumsrechte des Inferenten aus der Rückabwicklung der nach altem Recht unwirksamen Rechtsgeschäfte ein. Nach seinem Wortlaut regelt § 3 Abs. 4 EGGmbHG zwar nur die Rückwirkung der gesellschaftsrechtlichen Erfüllungswirkung der Einlageleistung. Der untrennbare Zusammenhang zwischen dem Schicksal der Einlageforderung und den die verdeckte Sacheinlage betreffenden Rechtsgeschäften erfordert aber, § 3 Abs. 4 EGGmbHG ergänzend auszulegen, weil der Gesellschafter sonst die durch Anrechnung verbrauchte Sacheinlage nach § 812 Abs. 1 Satz 1, § 985 BGB herausverlangen könnte. Die gesetzliche Neuregelung wirkt daher auf die bis zum Inkrafttreten des MoMiG unwirksamen schuldrechtlichen und dinglichen Rechtsgeschäfte gestaltend zurück (BGH, ZInsO 2010, 1062 Rn. 29). Es bestehen folglich keine wechselseitigen Ansprüche aus den früher unwirksamen Rechtsgeschäften zwischen Gesellschaft und Gesellschafter mehr. Die Diskussion, ob für die Zeit zwischen der nicht erfüllungstauglichen Erbringung der Einlage auf der Basis des alten Rechts und des Inkrafttreten des MoMiG die §§ 812 ff., 987 ff. BGB Anwendung finden (dazu Fuchs, BB 2009, 170, 173; Heinze, GmbHR 2008, 1073, 1063; Bormann, GmbHR 2007, 897, 901), hat sich somit erledigt.

d) **Erhöhtes Haftungsrisiko für Geschäftsführer**

24 Da die Anrechnung nicht vor der Eintragung in das Handelsregister erfolgt, hat dies zur Folge, dass der Geschäftsführer in der **Anmeldung nach § 8 GmbHG nicht versichern darf, die Einlagepflicht sei zumindest durch Anrechnung erloschen und damit erfüllt.** Der Geschäftsführer darf daher

bei Vereinbarung einer verdeckten Sacheinlage die Versicherung nach § 8 Abs. 2 GmbHG nicht abgeben (Scholz/Winter-Veil, GmbHG, § 19 Rn. 159). Die verdeckte Sacheinlage wird hierdurch ggü. der Erfüllungslösung des Regierungsentwurfes stärker sanktioniert. Der Geschäftsführer kann daher, wenn der verdeckte Sachwert auch vor der Anmeldung eingebracht wurde, nicht nach § 8 GmbHG versichern, dass die Einlagepflicht ordnungsgemäß erfüllt sei. Für ihn besteht das Risiko, sich nach **§ 82 GmbHG strafbar** zu machen (Scholz/Winter-Veil, GmbHG, § 19 Rn. 159; Maier-Reimer/Wenzel, ZIP 2008, 1449, 1454; Römermann, NZI 2008, 641, 642; Seibert/Decker, ZIP 2008, 1208, 1210; Ulmer, ZIP 2009, 293, 301; Pentz, GmbHR 2009, 126, 127; a. A. Altmeppen, ZIP 2009, 1545, 1549; Wälzholz, GmbHR 2008, 841, 845). Die Begründung des Regierungsentwurfes zum MoMiG enthält die Ausführung, § 82 GmbHG solle auf den Fall einer vorsätzlich verdeckten Sacheinlage unanwendbar sein, weil dies unangemessen wäre (BT-Drucks. 16/6140, S. 92). Dem liegt jedoch noch die Erfüllungslösung in der Fassung des Regierungsentwurfes zugrunde, welche durch die Anrechnungswirkung abgelöst wurde. Nach der in Kraft getretenen Fassung darf ein Geschäftsführer bei einer verdeckten Sacheinlage, und zwar auch bei voller Werthaltigkeit, nicht versichern, dass die Geldeinlage durch Anrechnung erloschen und damit erfüllt sei. Gibt ein Geschäftsführer in Kenntnis einer verdeckt vorgenommenen Einlage die Versicherung ab, ist diese fehlerhaft. Dies zieht einerseits strafrechtliche Konsequenzen nach sich, der **Geschäftsführer haftet darüber hinaus gem. § 9a GmbHG** (Markwardt, BB 2008, 2414, 2418; Scholz/Winter-Veil, GmbHG, § 19 Rn. 159). Legt er die verdeckte Sacheinlage bei der Anmeldung offen, besteht ein **Eintragungshindernis** (Roth/Altmeppen, GmbHG, § 19 Rn. 75, 83), welches durch Satzungsänderung oder Verzicht auf die abgesprochene Sacheinlage beseitigt werden kann (Baumbach/Hueck-Fastrich, GmbHG, § 19 Rn. 54 f.).

e) **Auswirkungen auf die Heilungsrechtsprechung**

Der BGH hat die Anforderungen zur wirksamen Heilung einer verdeckten Sacheinlage durch **nachträglichen Gesellschafterbeschluss** entwickelt (BGH, ZIP 1996, 668; BGHZ 155, 329, 337; dazu: Scholz-Winter/Veil, GmbHG, § 19 Rn. 162 f.; Baumbach/Hueck-Fastrich, GmbHG, § 5 Rn. 52 f.; § 19 Rn. 66 ff.; Roth/Altmeppen, GmbHG, § 19 Rn. 90 ff.). Die Heilungswirkung tritt mit Wirkung ex nunc unter nachstehenden Voraussetzungen ein: 25
– Gesellschafterbeschluss mit satzungsändernder Mehrheit über die Umwandlung der Bareinlage in eine Sacheinlage. Der neue Sacheinlagegegenstand ist genau zu bezeichnen;
– Geschäftsführer und Gesellschafter haben über die Änderung der Einlageleistung Bericht zu erstatten;
– Nachweis über die Werthaltigkeit der Sacheinlage durch eine vom Wirtschaftsprüfer testierte Bilanz;
– Versicherung des Geschäftsführers zur Werthaltigkeit und zur endgültig freien Verfügbarkeit.

Die Heilungsmöglichkeit wurde, da praktisch bedeutungslos, auch »**Schönwetterlösung**« genannt (K. Schmidt, GmbHR 2007, 1072, 1073). Denn: Die verdeckte Sacheinlage wird fast immer erst durch den Insolvenzverwalter aufgedeckt und die sich hieraus ergebenden Rechtsfolgen von ihm geltend gemacht. Eine Heilung ist **im Insolvenzfall regelmäßig ausgeschlossen** (BGH, ZIP 2007, 528 Rn. 14). Einlagegegenstand war nach der früheren Rechtslage vor Inkrafttreten des MoMiG die Bereicherungsforderung des Inferenten auf Herausgabe der zur Erfüllung übereigneten Sache bzw. bei Untergang/Veräußerung der Schadenersatzanspruch aus §§ 989, 990 BGB. Der Bewertungsstichtag ist der Zeitpunkt der Änderung der Einlagedeckung. Zu bewerten war somit der Bereicherungsanspruch, nicht der Wert der ursprünglich verdeckt eingebrachten Sache. Wertverluste gingen folglich zulasten des Inferenten. Die Verschlechterung der wirtschaftlichen Verhältnisse schließen gerade im Insolvenzfall eine Heilung aus, da der Bereicherungsanspruch entwertete Insolvenzforderung (sogar nachrangig gem. § 39 Abs. 1 Nr. 5) ist. Wille des Gesetzgebers ist, dass die **Heilungsmöglichkeiten uneingeschränkt fortgelten**. Dies ist problematisch, da die Einlagepflicht durch die gesetzlich angeordnete Anrechnung zuvor zumindest teilweise erfüllt wurde und die erfüllte Bareinlagepflicht wieder aufgehoben werden müsste (Baumbach/Hueck-Fastrich, GmbHG, § 19 Rn. 69). Da schuldrechtliche und dingliche Rechtsgeschäfte nunmehr wirksam sind, hat der Gesellschafter auch nichts mehr, was er nach der Heilungsrechtsprechung noch einlegen könnte (Roth/Altmeppen, GmbHG, § 19 Rn. 92). Die **Heilungs-Rspr. dürfte durch das MoMiG aus Sicht der Gesellschafter obsolet geworden sein.** Da nach der Heilungsrechtsprechung der Zeitpunkt der Anmeldung der Satzungsänderung für die Bewertung des verdeckt geleisteten Vermögensgegenstands maßgebend ist (Baumbach/Hueck-Fastrich, GmbHG, § 19 Rn. 69), wirkt sich die Möglichkeit einer Heilung i. d. R. nachteilig für den Inferenten aus (Roth/Altmeppen, GmbHG, § 19 Rn. 90). Nach den neuen gesetzlichen Regelungen ist auf einen früheren Zeitpunkt zur Bewertung abzustellen. Da der Vermögensgegenstand rgm. Werteinbußen erleidet, wird die Heilung keine Vorteil bringen (Markwardt, BB 2008, 2414, 2418). Anderes könnte bei Grundstücken gelten: Bei einem verdeckt eingebrachten Grundstück wäre bei einer Wertsteigerung eine Heilungsmöglichkeit zu prüfen. Von Interesse ist die Heilung jedoch für den Geschäftsführer, da hierdurch dessen Strafbarkeit nach § 82 GmbHG entfallen könnte. Die richterrechtlichen Voraussetzungen der Heilungsmöglichkeit sind dann aber z.T. zu modifizieren (Lutter/Hommelhoff-Bayer, GmbHG, § 19 Rn. 80 ff.).

f) Anwendbarkeit auf Unternehmergesellschaft

26 Bei Unternehmergesellschaften ist die Erbringung von Sacheinlagen ausgeschlossen (§ 5a Abs. 2 Satz 2 GmbHG). Streitig ist, welche Rechtsfolgen gelten sollen, wenn bei einer Unternehmergesellschaft verdeckt eine Sacheinlage erbracht wird. Gegen eine analoge Anwendung des § 19 Abs. 4 GmbHG bei einer Unternehmergesellschaft spricht, dass die Form dieser Einlageleistung bei der vom Gründer gewählten Gesellschaftsform ausdrücklich untersagt ist (ebenso Bormann/Urlichs, GmbHR, Sonderheft Oktober 2008, 37, 42; Markwardt, BB 2008, 2414, 2421; Baumbach/Hueck-Fastrich, GmbHG, § 19 Rn. 48). Nach dieser Auffassung dürfen sich die Gesellschafter nicht auf § 19 Abs. 4 GmbHG berufen, weil sie eine Einlage verdeckt erbracht haben, die für die gewählte Form unzulässig ist. § 19 Abs. 4 GmbHG werde durch § 5a Abs. 2 Satz 2 GmbHG als speziellere Norm verdrängt und regelt lediglich den Fall, dass eine Sacheinlage überhaupt zulässig ist (Weber, BB 2009, 842, 845; Schall, ZGR 2009, 126, 151; Heckschen, DStR 2009, 166, 171). Nach anderer Auffassung gilt § 19 Abs. 4 GmbHG ungeachtet dieser Bedenken (Roth/Altmeppen, GmbHG, § 5a Rn. 15; Lutter/Hommelhoff-Bayer, GmbHG, § 19 Rn. 59; Römmermann/Passarge, ZIP 2009, 1497, 1502; Witt, ZIP 2009, 1102, 1104). Nach dieser Meinung diene das Sacheinlageverbot des § 5a Abs. 2 Satz 2 GmbHG nur der Vereinfachung und Beschleunigung des Gründungsprozesses, nicht aber dem Gläubigerschutz. Wird eine Anwendung von § 19 Abs. 4 GmbHG abgelehnt, gelten nach dieser Ansicht die bisherigen Grundsätze der Rechtsprechung zur verdeckten Sacheinlage fort (Hirte, ZInsO 2008, 933, 935; Heckschen, DStR 2009, 166, 171; Weber, BB 2009, 842, 845).

7. Flankierende Ansprüche

27 Die Verantwortlichkeit des Geschäftsführers wegen falscher Angaben gem. **§ 9a GmbHG bleibt bestehen** (Veil, ZIP 2007, 1241, 1243; Markwardt, BB 2008, 2414, 2418; Gundlach/Frenzel/Strandmann, NZI 2008, 647, 648; **a. A.** K. Schmidt, GmbHR 2008, 449, 452). Dieser Anspruch mindert sich nach der Eintragung aber um den angerechneten Wert der verdeckt eingebrachten Sache. Mit der Eintragung wird die Einlageschuld durch Anrechnung ggf. teilweise getilgt, sodass der Schaden insoweit entfällt (Strohn, ZInsO 2009, 1417). Verbleibt nach Anrechnung des Sachwertes eine offene Einlageschuld, haften hierfür die Mitgesellschafter nach Maßgabe des **§ 24 GmbHG anteilig** (Veil, ZIP 2007, 1241, 1243; Lutter/Hommelhoff-Bayer, GmbHG, § 19 Rn. 70). Fraglich ist, ob der Geschäftsführer aus **§ 43 Abs. 2 GmbHG** haftet, wenn er statt der Bareinlage eine verdeckte Sacheinlage annimmt. Dagegen spricht, dass der Gesetzgeber die verdeckte Sacheinlage quasi legitimiert. Aber auch nach der Neuregelung bedeutet dies eine Umgehung der gesetzlichen Vorschriften, die nur insoweit als zulässig angesehen wird, als ein vergleichbarer Vermögenswert zufließt. Bei einer Wertdifferenz dürfte der Geschäftsführer pflichtwidrig handeln und neben dem Gesellschafter gem. § 43 Abs. 2 GmbHG haften (im Ergebnis ebenso K. Schmidt, GmbHR 2008, 449, 452; Baumbach/Hueck-Fastrich, GmbHG, § 19 Rn. 59). Die amtl. Begründung zu § 19 Abs. 4 GmbHG schließt ebenfalls die Anwendung des § 43 Abs. 2 GmbHG nicht aus, misst

dieser Vorschrift als Sanktion sogar weiterhin Bedeutung bei (vgl. ebenso Ulmer ZIP 2008, 45, 51; die Ausführungen beziehen sich indessen noch auf die ursprünglich geplante Erfüllungswirkung).

8. Prozessuale Aspekte

a) Beweislast

Die Gesellschaft/der Insolvenzverwalter hat das Vorliegen einer verdeckten Sacheinlage darzulegen und zu beweisen. Die Beweislast für die Werthaltigkeit des eingebrachten Vermögensgegenstands trägt der Gesellschafter (§ 19 Abs. 4 Satz 5 GmbHG). Dies gilt auch bei Mithaftung nach § 24 GmbHG für die Mitgesellschafter (Heinze, GmbHR 2008, 1065, 1067). Der maßgebliche Zeitpunkt bestimmt sich nach § 19 Abs. 4 Satz 3 GmbHG. Der Gesetzgeber lässt offen, welche konkreten Anforderungen an die Qualität des zu erbringenden Beweises zu stellen sind. Im Interesse des Gesellschafters müsste bei Vornahme der verdeckten Sacheinlage ein **Wertgutachten** angefertigt werden. Dies wird in der Praxis häufig unterbleiben, da sich die Gesellschafter und Geschäftsführer bei einer verdeckten Sacheinlage nach eigener Einschätzung regelkonform verhalten. Liegt dennoch ein Wertgutachten vor, lässt dies Zweifel an einer »verdeckten« Sacheinlage aufkommen. Ein eingeholtes Wertgutachten lässt vielmehr den Schluss zu, dass die vom MoMiG unberührt gebliebenen strengen Sacheinlagevorschriften bewusst umgangen werden sollten (ebenfalls krit. zum »Schubladengutachten«: Lutter/Hommelhoff-Bayer, GmbHG, § 19 Rn. 68; Baumbach/Hueck-Fastrich, GmbHG, § 19 Rn. 65; Gehrlein, Der Konzern, 2007, 771, 781; weniger krit. Scholz/Winter-Veil, GmbHG, § 19 Rn. 141). Es stellt sich dann die Frage, ob die Beteiligten bei Vorsatz in den Genuss der Anrechnungswirkung des § 19 Abs. 4 GmbHG kommen sollen.

28

b) Verjährung

Da der Einlageanspruch der Gesellschaft unerfüllt bleibt, der Wert der verdeckt eingebrachten Sache auf die offene Einlagepflicht nur angerechnet wird, gilt für die Einlageforderung weiterhin § 19 Abs. 6 GmbHG. Zur Behandlung von sog. Altfällen wird auf die Ausführungen im Anhang zu § 35 B Rdn. 9 verwiesen.

29

c) Örtliche Zuständigkeit

Es gelten die §§ 13, 22 ZPO. Durch Änderung des § 22 ZPO können Klagen des Insolvenzverwalters gegen die Gesellschafter am Gerichtsstand der Mitgliedschaft erhoben werden, ohne dass es auf deren Rechtsgrund ankommt (Begr. Beschlussempfehlung und Bericht des Rechtsausschusses, BT-Drucks. 16/9737, S. 103 im Anschluss an Habersack ZIP 2007, 2145, 2142).

30

9. Übergangsregelung § 3 Abs. 4 EGGmbHG

§ 19 Abs. 4 GmbHG gilt auch für Einlageleistungen, die vor dem Inkrafttreten des MoMiG bewirkt worden sind, soweit sie nach altem Recht keine Erfüllung bewirkt haben. Diese **Rückwirkung** gilt nicht, wenn über die aus der Unwirksamkeit folgenden Ansprüche zwischen der GmbH und dem Gesellschafter bereits zuvor ein rechtskräftiges Urteil ergangen ist bzw. eine Vereinbarung getroffen wurde. § 19 Abs. 4 GmbHG wirkt somit auf die vor Inkrafttreten des MoMiG vereinbarten Einlageleistungen zurück, wenn keine Ausnahme nach § 3 Abs. 4 Satz 2 EGGmbHG vorliegt. Eine solche Rückwirkung ist auf Bedenken gestoßen (Veil/Werner, ZIP 2009, 729, 737; Pentz, GmbHR 2009, 129, 130; Heinze, GmbHR 2008, 1065, 1073; Wedemann, GmbHR 2008, 1131, 1133. Fuchs, BB 2009, 170, 174, Nagel/Meder, ZInsO 2009, 944, 950). Nach anderer Auffassung ist die Rückwirkung nur dann verfassungskonform, wenn sie dahin gehend ausgelegt wird, dass § 19 Abs. 4 GmbHG für Altfälle erst ab dem 01.11.2008 Anwendung findet mit der Maßgabe, dass auch die Beurteilung der Werthaltigkeit zu diesem Zeitpunkt zu erfolgen hat (Badenhop, ZInsO 2009, 793, 797). Der BGH hat den Meinungsstreit nunmehr entschieden (BGH, ZInsO 2010, 1062 Rn. 19 ff.). Zwar berührt § 3 Abs. 4 EGGmbHG den Schutzbereich des Art. 14 GG, da zum geschützten Eigentum auch Forderungen, in die bestandsverändernd eingegriffen wird, gehören.

31

Die mit § 3 Abs. 4 EGGmbHG verbundene Inhalts- und Schrankenbestimmung ist jedoch gerechtfertigt. **Nach Auffassung des BGH begegnet die in § 3 Abs. 4 EGGmbHG angeordnete rückwirkende Anwendung keinen durchgreifenden verfassungsrechtlichen Bedenken.** Die Grundsätze eines fairen Verfahrens und die Fürsorgepflicht des Gerichts gebieten, dass der durch die Rückwirkung benachteiligten Partei ein Hinweis auf Schlüssigkeitsbedenken erteilt wird und die Rechtslage nunmehr anders zu beurteilen ist (BGH, ZInsO 2012, 1847; ebenso zu den Folgen schwebender Prozesse: Pentz, GmbHR 2009, 126, 130 f.; Nagel/Meder, ZInsO 2009, 944).

10. Kritik an der Neuregelung

a) Mehr-/Minderheitskonflikte

32   Die kraft Gesetzes angeordnete Anrechnungslösung entspricht u. U. nicht dem Willen der Mitgesellschafter. Erbringt ein Mitgesellschafter eine verdeckte Sacheinlage in Abstimmung mit der Geschäftsleitung, ist für die weiteren Mitgesellschafter, die sich an das satzungsgemäße Gebot der Barausstattung gehalten haben, die Anrechnungswirkung nicht einsehbar. Sie werden mit dem Risiko einer Ausfallhaftung gem. § 24 GmbHG belastet. Teilweise wird deshalb gefordert, dass aus Gründen des Minderheitenschutzes die gesetzlich angeordnete Anrechnungswirkung unter dem Vorbehalt der Zustimmung durch alle Gesellschafter steht (Ulmer, GmbHG, § 19 Rn. 138; Scholz-Winter/Veil, GmbHG, § 19 Rn. 161). Ein solches Erfordernis ist aus dem Gesetzeswortlaut nicht ersichtlich. Der Gesellschafter wird daher im Wege der **actio pro socio** seinen Mitgesellschafter oder die Gesellschaft **auf Unterlassung** des verdeckten Geschäfts in Anspruch nehmen können (Baumbach/Hueck-Fastrich, GmbHG, § 19 Rn. 60; Markwardt, BB 2008, 2414, 2417). Der Unterlassungsanspruch ist auch im vorläufigen Rechtsschutz im Wege einer einstweiligen Verfügung durchsetzbar. Wurde das Geschäft mit dem Gesellschafter bereits vollzogen, dürfte eine Klage auf Naturalrestitution an der gesetzlichen Wertung des § 19 Abs. 4 Satz 2 GmbHG scheitern (Markwardt, BB 2008, 2414, 2417). Die weitere Diskussion wird klären, wie ein effektiver Minderheitenschutz gewährleistet werden kann (vgl. zu Mehr-/Minderheitskonflikten ebenso Veil, ZIP 2007, 1241, 1244).

b) Verantwortlichkeit des Geschäftsführers

33   Durch das MoMiG wird die Haftungsverantwortung von den Gesellschaftern auf den Geschäftsführer verlagert (dazu Römermann, NZI 2008, 641; Lutter/Hommelhoff-Bayer, GmbHG, § 19 Rn. 51, 73). Für ihn ergeben sich zusätzliche Belastungen. Trotz einer Anrechnungswirkung wird er haftungsrechtlichen Sanktionen ausgesetzt, da die Anrechnungswirkung erst mit Eintragung der Gesellschaft in das Handelsregister erfolgt (vgl. Rdn. 24). Handelt der Geschäftsführer korrekt und legt die verdeckte Sacheinlage bei der Anmeldung offen, gelangt die GmbH nicht zur Eintragung (Begr. Rechtsausschuss BT-Drucks. 16/9737, S. 97; Baumbach/Hueck-Fastrich, GmbHG, § 19 Rn. 54: Eintragungshindernis). Die Gesellschafter profitieren von der gesetzlichen Neuregelung nur, wenn der Geschäftsführer in Unkenntnis oder bewusst falsche Angaben macht. Dies verdeutlicht die Widersprüchlichkeit der gesetzlichen Neuregelung (Lutter/Hommelhoff-Bayer, GmbHG, § 19 Rn. 73; Herrler, DB 2008, 2347, 2352).

c) Fortbestehender Wertungswiderspruch

34   Trotz Korrektur der ursprünglichen Erfüllungs- zur derzeitigen Anrechnungswirkung bleibt der Gesetzgeber seiner eigenen Wertung nicht treu. Er möchte an der Unterscheidung zwischen Bar- und Sacheinlagen festhalten. Die Sondervorschriften für Sacheinlagen, insb. § 5 Abs. 4 GmbHG, werden unverändert beibehalten. An der zentralen Unterscheidung zwischen Bar- und Sacheinlagen soll folglich nicht gerüttelt werden (Ulmer, ZIP 2008, 45, 50). Die Rechtsfolge des § 19 Abs. 4 GmbHG steht hierzu im Widerspruch (ebenso Büchel, GmbHR 2007, 1065, 1070; Pentz, GmbHR 2009, 505, 511; Markwardt, BB 2008, 2414, 2416; Lutter/Hommelhoff-Bayer, GmbHG, § 19 Rn. 51). Dem Gesetzgeber ist lediglich zuzubilligen, dass die ursprünglich geplante Erfüllungswirkung, welche die Unterscheidung zwischen Bar- und Sacheinlagen gänzlich pulverisiert hätte

(zur Kritik am RegE insb. Ulmer, ZIP 2008, 45, 53), nicht beibehalten wurde. Dennoch bleibt es dabei, dass die Differenzierung durch die Anrechnungswirkung teilweise durchgebrochen wird.

d) Abgrenzungsprobleme

Für den Geschäftsführer bestehen bei einem zeitnahen Gesellschaftergeschäft Abgrenzungsprobleme zwischen einer verdeckten Sacheinlage und einer Hin- und Herzahlung (vgl. zur Differenzierung Rdn. 14 bis 17). Bei einem Hin- und Herzahlen wird der Geschäftsführer von seiner Haftungsverantwortung nur frei, wenn er diesen Vorgang bei der Anmeldung nach § 8 Abs. 2 GmbH angegeben hat (§ 19 Abs. 5 Satz 2 GmbHG). Die Anrechnungswirkung und somit eine Haftungsbeschränkung für den Geschäftsführer tritt indessen auch dann ein, wenn verdeckt eingebrachte Sachen nicht beim Handelsregister angemeldet wurden. § 19 Abs. 4 GmbHG enthält eine solche Anzeigepflicht nicht. Da § 19 Abs. 4 GmbHG dem § 19 Abs. 5 GmbHG vorgeht, wird der Geschäftsführer **stets zu prüfen haben, ob eine solche Anzeige zur eigenen Haftungsvermeidung erforderlich ist.** Goette (ZInsO 2007, 1177, 1178) hat bereits zutreffend darauf hingewiesen, dass in der gerichtlichen Praxis Fehlvorstellungen dahin gehend bestehen, dass alle Formen des Hin- und Herzahlens Anwendungsfälle der verdeckten Sacheinlage seien. Der Gesetzgeber verlangt von den Geschäftsführern mehr, als Rechtskundige bisher leisten konnten. Die nicht einmal von den Obergerichten zutreffend gelösten Abgrenzungsfragen sollen nach der Vorstellung des Gesetzgebers aber von den Geschäftsführern richtig beantwortet werden, da sie anderenfalls Haftungsrisiken ausgesetzt sind. Von dem Geschäftsführer wird nunmehr zusätzlich verlangt, dass er den Vorrang des § 19 Abs. 4 GmbHG erkennt. Er wird mit dem MoMiG vor unlösbare Abgrenzungsprobleme gestellt.

D. Hin- und Herzahlen

§ 19 Abs. 5 GmbHG regelt die von der Rspr. entwickelte Fallgruppe des Hin- und Herzahlens neu. Die Vorschrift lautet:

§ 19 GmbHG Einzahlung auf die Stammeinlage

(5) ¹Ist vor der Einlage eine Leistung an den Gesellschafter vereinbart worden, die wirtschaftlich einer Rückzahlung entspricht und die nicht als verdeckte Sacheinlage im Sinne von Absatz 4 zu beurteilen ist, so befreit dies den Gesellschafter von seiner Einlageverpflichtung nur dann, wenn die Leistung durch einen vollwertigen Rückgewähranspruch gedeckt ist, der jederzeit fällig ist oder durch fristlose Kündigung durch die Gesellschaft fällig werden kann. ²Eine solche Leistung oder die Vereinbarung einer solchen Leistung ist in der Anmeldung nach § 8 anzugeben.

I. Allgemeines

Der Grundsatz der realen Kapitalaufbringung bei Eintragung der GmbH bildet nicht nur bei Sach-, sondern auch bei Bareinlagen einen Grundpfeiler der GmbH. Da nach § 13 Abs. 2 GmbHG eine etwaige Außenhaftung der Gesellschafter mit Eintragung der GmbH entfällt, sollen die Vorschriften zur Kapitalaufbringung sicherstellen, dass die GmbH mit einem Mindesthaftungsfonds gegründet wurde, auf den die Gläubiger zugreifen können. Auf jede Stammeinlage ist vor Anmeldung der GmbH ein Viertel, insgesamt jedoch mindestens so viel einzuzahlen, dass der Haftungsfonds die Hälfte des Mindeststammkapitals (folglich 12.500 €) erreicht. Abgesichert wird dieses Einzahlungserfordernis durch § 8 Abs. 2 GmbHG, wonach die Geschäftsführer zu versichern haben, dass die Mindesteinlage bewirkt wurde und diese sich endgültig zur freien Verfügung der Geschäftsführer befindet. Bisher war bei Ein-Personen-Gründungen erforderlich, dass für den noch offenen Restbetrag Sicherheit geleistet wird (§ 7 Abs. 2 Satz 3 GmbHG a. F.). Gesellschafter haben in der Vergangenheit häufig dazu geneigt, gegen den Grundsatz der realen Kapitalaufbringung zu verstoßen, indem die eingebrachten Mittel entweder **zeitnah an sie abverfügt** wurden (**Hin- und Herzahlen**) oder, praxisrelevant bei Kapitalerhöhungen, **aus zuvor abgezogenen Mitteln der Gesellschaft finanziert wurden** (**Her- und Hinzahlen**). Der Tatbestand der verdeckten Sacheinlage ist in diesem Fall nicht verwirklicht, da die Gegenleistung (i.d.R. Darlehensanspruch) nicht sacheinlagefähig ist. Gleichwohl wurde der zeitnahe Rückfluss an den Gesellschafter oder gleichgestellten Dritten sanktioniert und als Verstoß gegen die Grundsätze der realen Kapitalaufbringung betrachtet.

II. Entwicklung der Rechtsprechung

2 Die Rspr. hat, wenn die eigene Leistung aufgrund vorheriger Absprache wieder an den Gesellschafter zurückfließt, einen **Verstoß gegen das Erfordernis endgültig freier Verfügbarkeit** über die Einlageleistung angenommen (BGH, ZIP 2005, 2203; 2006, 331; 2006, 1633). Diese Rechtsfolge wurde vom BGH auch auf die Konstellation der **Weitergabe der GmbH-Einlage an die KG als Darlehen im Fall einer GmbH & Co. KG** angewendet (BGH, GmbHR 2008, 203). Ein Hin- und Herzahlen des Einlagebetrags in geringem zeitlichen Abstand tilgt die Einlageschuld nicht, weil in einem solchen Fall nicht davon ausgegangen werden kann, dass die Leistung zur freien Verfügung der Geschäftsleitung gestanden hat. Dies gilt auch dann, wenn die Rückzahlung der Einlage als Darlehensgewährung deklariert wurde. Anderenfalls könnte die unverzichtbare Einlageforderung durch eine schwächere Darlehensforderung ersetzt werden, was dem Sinn und Zweck des § 19 Abs. 2 GmbHG widersprechen würde (BGHZ 153, 107, 110; BGH, ZIP 2005, 2203). Das bloße Versprechen, das Darlehen zurückzuzahlen, ist keine taugliche Einlage (Maier-Reimer/Wenzel, ZIP 2008, 1449, 1453; vgl. Anhang zu § 35 C Rdn. 11). Normativer Anknüpfungspunkt für die Rspr. war vor Inkrafttreten des MoMiG § 8 Abs. 2 GmbHG, da bei einem geplanten zeitnahen Mittelabfluss an den Gesellschafter die zunächst eingezahlte Bareinlage nicht zur endgültig freien Verfügung der Geschäftsleitung gestanden hat. Rechtsfolge war, dass die Einlageforderung unerfüllt ist, wenn der Gesellschafter den zuvor eingezahlten Einlagebetrag zeitnah zurückerlangt (BGH, ZIP 2001, 1997; ZIP 2005, 2203; ZIP 2006, 665). Der Inferent war weiterhin zur Leistung seiner Einlage verpflichtet. Ebenso wie bei der verdeckten Sacheinlage waren schuldrechtliche Abrede und dingliche Verfügung wegen Verstoßes gegen die Regeln der Kapitalaufbringung unwirksam analog § 27 Abs. 3 Satz 1 AktG. Wurde die Einlageleistung als Darlehen an den Gesellschafter wieder ausgezahlt, war der Darlehensvertrag mithin unwirksam (BGH, ZIP 2005, 2203; ZIP 2006, 331 zur Treuhandabrede).

III. Gesetzliche Neuregelung § 19 Abs. 5 GmbHG

1. Begriff

3 Vorschriften, welche den Grundsatz der realen Kapitalaufbringung sicherstellen, werden durch das MoMiG nicht geändert. Vielmehr werden diese Grundsätze auch durch § 19 Abs. 5 GmbHG durchbrochen (Lutter/Hommelhoff-Bayer, GmbHG, § 19 Rn. 89). Der Regelungsbedarf hat sich nach Ansicht des Gesetzgebers insb. daraus ergeben, dass für die Kapitalaufbringung im Cash-Pool keine Sonderbehandlung gilt (BGH, ZIP 2006, 665). Die Neuregelung führt ebenso wie im Bereich der Kapitalerhaltung eine **bilanzielle Betrachtungsweise** ein. Der Gedanke der bilanziellen Betrachtungsweise zieht sich damit als »roter Faden« durch die Neuregelungen zum Haftkapitalsystem (Begr. RegE BT-Drucks. 16/6140, Satz 78). Anders als bei der Neufassung des § 30 GmbHG greift die bilanzielle Betrachtungsweise hier jedoch erst, »wenn« die Leistung durch einen vollwertigen Rückgewähranspruch gedeckt ist, nicht also »soweit« sie gedeckt ist (Hirte, ZInsO 2008, 689, 691). Die Voraussetzungen des § 19 Abs. 5 GmbHG sind also strenger als diejenigen des § 30 GmbHG, da es bei der letztgenannten Norm nicht darauf ankommt, dass die Fälligkeit jederzeit hergestellt werden muss. Zur **Kapitalerhöhung** verweist § 56a GmbHG auf § 19 Abs. 5 GmbHG Die Notwendigkeit einer Sicherheitsleistung bei einer Ein-Personen-Gründung ist nunmehr entbehrlich. § 7 Abs. 2 Satz 3 GmbHG a. F. ist ersatzlos weggefallen. **Ziel des Gesetzgebers ist insb., eine wirksame Kapitalaufbringung auch bei Beteiligung an einem Cash-Pool-System zu ermöglichen.** Abweichend zum RegE wurde zur Sicherstellung der Kapitalaufbringung eine Verschärfung dahin gehend aufgenommen, dass der Rückgewähranspruch gegen den Gesellschafter auch jederzeit fällig sein muss oder durch die Gesellschaft fällig gestellt werden kann. Auf diese Weise fallen Darlehensverträge, die langfristig geschlossen wurden, und bei denen die Prognose der

Vollwertigkeit daher schwierig ist, aus dem Anwendungsbereich der Vorschrift heraus. Zudem ist abweichend zum RegE das Hin- und Herzahlen in der Anmeldung offenzulegen, damit das Registergericht tatsächlich prüfen kann, ob die Voraussetzungen des § 19 Abs. 5 GmbHG erfüllt sind.

2. Übersicht

Nach der gesetzlichen Neuregelung müssen nachstehende Anforderungen erfüllt sein, damit ein Hin- und Herzahlen die Einlagepflicht erfüllt: 4
— Vereinbarung zwischen Inferenten und Gesellschaft vor Bewirkung der Einlage,
— die Vereinbarung muss bei wirtschaftlicher Betrachtung einer Einlagenrückgewähr gleichstehen,
— die Vereinbarung darf keine verdeckte Sacheinlage darstellen,
— Bareinlage wurde ordnungsgemäß geleistet,
— Gesellschafter erhält die Bareinlage zurück, ohne einen sacheinlagefähigen Gegenstand einzubringen,
— Bestehen eines vollwertigen, fälligen oder durch fristlose Kündigung der Gesellschaft fällig werdenden Rückgewähranspruchs,
— Offenlegung in der Anmeldung nach § 8 Abs. 1 GmbHG.

3. Fallgruppen

a) Klassisches Hin- und Herzahlen

Der Gesetzeswortlaut verlangt eine Vereinbarung über eine Leistung an den Gesellschafter, die 5 wirtschaftlich einer Rückzahlung der Einlage entspricht und nicht als verdeckte Sacheinlage zu beurteilen ist. Weder das Gesetz noch die Begründung enthalten eine Aussage über den Inhalt einer solchen Vorabsprache. Erwähnt wird nur die **Gewährung eines Darlehens nach Einlageleistung** (Begr. RegE BT-Drucks. 16/6140, S. 78). Nach dem Willen des Gesetzgebers erlangt § 19 Abs. 5 GmbHG in den Fällen Bedeutung, in denen **die Gesellschaft an den Gesellschafter oder einen gleichgestellten Dritten aufgrund einer Absprache eine Geldeinlage im Wege eines Neudarlehens direkt wieder auszahlt**. Die Fallkonstellation des Hin- und Herzahlens kann insb. bei der Kapitalaufbringung bei Beteiligung an einem Cash-Pool auftreten, wenn die Einlage infolge der Einzahlung auf das in das Cash-Pool einbezogene Konto im Ergebnis wieder an den Inferenten zurückfließt und dies nicht im Sinne einer verdeckten Sacheinlage zu einer Tilgung bereits bestehender Darlehensverbindlichkeiten der Gesellschaft ggü. dem Inferenten führt (Begr. RegE BT-Drucks. 16/6140, S. 78). Der Anwendungsbereich der Norm ist präzise auf den Sachverhalt eines Hin- und Herzahlens begrenzt, in welchem zeitnah nach der Einzahlung das Kapital an den Gesellschafter zurückfließt. § 19 Abs. 5 GmbHG betrifft nur solche gegenläufigen Zahlungen, in denen die Gesellschaft einen Anspruch gegen den Gesellschafter durch den Mittelabfluss erlangt (BGH, ZIP 2014, 261 Rn. 6; BGH, ZIP 2012, 1857 Rn. 18). Hiervon abzugrenzen sind sog. **Scheinzahlungen**, bei der die im Voraus abgesprochene Rückzahlung keinen außerhalb dieser Abrede liegenden Rechtsgrund hat (BGH, ZIP 2014, 261 Rn. 6; BGH, ZIP 2004, 1046, 1047). Alle anderen Fallkonstellationen sind als verdeckte Sacheinlage und somit vorrangig nach § 19 Abs. 4 GmbHG zu bewerten (Veil, ZIP 2007, 1242, 1247; zur Abgrenzung s. Anhang zu § 35 C Rdn. 14 bis 17).

Der BGH hat den Umgehungstatbestand des Hin- und Herzahlens in der Qivive-Entscheidung 6 (BGH, ZInsO 2009, 775 Rn. 15 f.) präzisiert. Beim Hin- und Herzahlens handelt es sich um eine **verdeckte Finanzierung der Einlagemittel durch die Gesellschaft** (ebenso bereits BGHZ 153, 107, 110). Ein Hin- und Herzahlen liegt somit vor, wenn es an einer Bareinlageleistung zur freien Verfügung des Geschäftsführers fehlt, weil der Einlagebetrag absprachegemäß umgehend wieder an den Einleger, sei es als Darlehen oder aufgrund einer Treuhandabrede, zurückfließt (BGH, ZInsO 2005, 1267). Auch die Bestellung einer Sicherheit aus dem Vermögen der GmbH kann einer Rückzahlung der Einlage gleichzustellen sein (Scholz-Veil, GmbHG, § 19 Rn. 177; Roth/Altmeppen, GmbHG, § 19 Rn. 100; Baumbach/Hueck-Fastrich, GmbHG, § 19 Rn. 76). Im Ergebnis wird die unverzichtbare Einlageforderung durch eine schwächere schuldrechtliche Forderung, rgm. Rückgewähr des Darlehens, ersetzt. Werden nach der ordnungsgemäß erbrachten Einlageleistung **Zahlungen auf**

Dienste des Inferenten erbracht, liegt **kein unzulässiges Hin- und Herzahlen** vor, wenn **tatsächlich erbrachte Leistungen abgegolten werden, die dafür gezahlte Vergütung einem Drittvergleich standhält und die objektiv werthaltige Leistung für die Gesellschaft brauchbar gewesen ist** (BGH, ZIP 2010, 423 Rn. 24). Es findet weder eine verdeckte Finanzierung noch ein bloßer Austausch der Einlageforderung gegen eine andere schuldrechtliche Forderung der Gesellschaft statt. Nur wenn der **Inferent die Einlagemittel für seine Zwecke »reserviert«**, ist die zeitlich nachfolgende Zahlung an ihn schädlich (BGH, ZInsO 2009, 775 Rn. 15; BGH, ZIP 2010, 423 Rn. 23). Das Erfordernis der freien Verfügbarkeit zugunsten der Geschäftsleitung ist erst erfüllt, wenn die Leistung aus dem Vermögen des Inferenten ausgeschieden und der GmbH derart in deren Geldkreislauf zugeflossen ist, dass diese den Betrag uneingeschränkt für ihre Zwecke verwenden kann (Pentz, GmbHR 2009, 505, 510; Lutter/Hommelhoff-Bayer, GmbHG, § 7 Rn. 16). Schädlich sind Absprachen zwischen Inferent und Gesellschaft nur, wenn der Gesellschafter oder ein ihm gleichgestellter Dritter die Einlagemittel zurückerhält. Ist die Geschäftsführung der Gesellschaft in der Verwendung der Einlagemittel derart frei, dass sie diese nicht für den Inferenten zu »reservieren« hat, sondern zur Begleichung ihrer Verbindlichkeiten einsetzen kann, führen auch spätere Zahlungen an den Gesellschafter nicht zu einem unzulässigen Hin- und Herzahlen. Die Einlage wird somit zur freien Verfügung der Gesellschaft geleistet, solange sie nicht für die Rückführung an den Gesellschafter reserviert wird (BGH, ZInsO 2009, 775 Rn. 16; ZIP 2010, 423 Rn. 23).

b) Sonderfall Her- und Hinzahlen

7   Diese Fallgruppe ist dadurch gekennzeichnet, dass die **Einlagezahlung aus Mitteln der GmbH** erfolgt. Typischerweise ist diese Konstellation **bei Kapitalerhöhungen praxisrelevant**. Dem Inferenten werden im Zusammenhang mit der Kapitalerhöhung **zuvor Darlehen oder in sonstiger Weise Mittel** überlassen, woraus sodann die Einlageschuld vermeintlich getilgt wird. Ist Grund der vorherigen Auszahlung an den Gesellschafter die Gewährung eines (**Neu-**) **Darlehens**, leistet der Inferent wie in der spiegelbildlichen Konstellation des sog. Hin- und Herzahlens nichts. Dem Hin- und Herzahlen steht wegen der wirtschaftlichen Vergleichbarkeit auch ohne ausdrückliche gesetzliche Regelung das Her- und Hinzahlen daher gleich, bei dem die Einlagemittel nicht an den Gesellschafter zurückfließen, sondern die Gesellschaft dem Inferenten die Einlagemittel schon vor Zahlung der Einlage aus ihrem Vermögen zur Verfügung stellt (BGH, ZIP 2004, 1046; ZIP 2006, 1633; ZIP 2010, 423 Rn. 24; Maier-Reimer/Wenzel, ZIP 2008, 1449, 1454; Lutter/Hommelhoff-Bayer, GmbHG, § 19 Rn. 103; a. A. Baumbach/Hueck-Fastrich, GmbHG, § 19 Rn. 75). Die **verdeckte Sacheinlage** hat aber Vorrang, wenn das Her- und Herzahlen wirtschaftlich so zu betrachten ist, dass die Gesellschaft nicht nichts, sondern etwas anderes erlangt hat. Dies ist bspw. dann der Fall, wenn die zeitlich vorrangige Abverfügung an den Gesellschafter zur Tilgung einer ihm ggü. bestehenden Verbindlichkeit erfolgt (**Alt-Darlehen**). In so einer Konstellation ist die Gesellschaft **von einer Verbindlichkeit befreit worden**. Diese Forderung des Gesellschafters kann jedoch nicht Einlagegegenstand sein (BGH, ZInsO 2009, 755 Rn. 10; BGH, ZIP 2006, 665 »Cash-Pool« zur zeitlich nachfolgenden Darlehenstilgung; s. auch Anhang zu § 35 C Rdn. 11). Soweit der Gesellschafter aus einem Eigenkapital ersetzenden (vor Inkrafttreten des MoMiG) Darlehen Tilgungsleistungen erhält und diese dazu verwendet, die Einlageschuld aus einer Kapitalerhöhung zu erfüllen, leistet er nicht auf die geschuldete Einlage, sondern den Erstattungsanspruch analog § 31 Abs. 1 GmbHG (BGH, ZInsO 2009, 678 unter Aufgabe von BGHZ 146, 105). Der angegebene Tilgungszweck kann nicht erreicht werden, weshalb die Zahlung der bestehenden Erstattungspflicht aus § 31 Abs. 1 GmbHG zuzuordnen ist.

c) Sonderfall Cash-Pool

8   Die in ein Cash-Pool-System einbezogenen Gesellschaften unterliegen bei Gründung oder Kapitalerhöhung den Kapitalaufbringungsvorschriften des GmbHG und den dazu von der Rspr. entwickelten Grundsätzen (BGH, ZIP 2006, 665). An einer unzulässigen Umgehung der Kapitalaufbringungsvorschriften durch automatische Umbuchung des in den Cash-Pool eingespeisten Einlagebetrags vom Neben- auf das Zentralkonto ändert sich insb. dadurch nichts, dass der Gesell-

schaft aufgrund der Cash-Pool-Vereinbarung gestattet ist, bei weiterer Belastung ihres Nebenkontos durch »Glattstellung« auf das Zentralkonto der Mutter-Gesellschaft zuzugreifen. Eine solche nur schuldrechtlich eingeräumte mittelbare Verfügungsmöglichkeit unterliegt nicht einer uneingeschränkten, endgültigen freien Verfügungsmacht zugunsten der Geschäftsleitung. Eine solche Vereinbarung steht einer auf dem eigenen Geschäftskonto befindlichen Einlage nicht gleich (BGH, ZIP 2006, 665 Rn. 22). Der BGH hat sich in der Cash-Pool-Entscheidung II (BGH, ZInsO 2009, 1546; dazu Altmeppen, ZIP 2009, 1545) schwerpunktmäßig mit der Abgrenzung zwischen verdeckter Sacheinlage und Hin- und Herzahlen bei der Kapitalaufbringung einer Gesellschaft, die in das Cash-Pool-System einbezogen ist, befasst. Ist der Saldo auf dem Zentralkonto bei Weiterleitung des Einlagebetrages aus Sicht der Gesellschaft negativ, liegt eine verdeckte Sacheinlage vor (vgl. auch Anhang zu § 35 C Rdn. 14–16; ebenso Roth/Altmeppen, GmbHG, § 19 Rn. 101; Lutter/Hommelhoff-Bayer, GmbHG, § 19 Rn. 105; Bormann/Urlichs, DStR 2009, 641, 643; Maier-Reimer/Wenzel, ZIP 2008, 1449, 1454). Der Gesellschaft fließt im wirtschaftlichen Ergebnis durch Weiterleitung der Bareinlage auf das Zentralkonto nicht der vereinbarte Kapitalbetrag, sondern nur die Befreiung von der Verbindlichkeit aus der Cash-Pool-Vereinbarung zu. Sie erhält nicht die Barleistung, sondern eine Entlastung auf der Passivseite. Weist das Zentralkonto des Inferenten indessen einen ausgeglichenen oder positiven Saldo zugunsten der Gesellschaft aus, liegt in der Weiterleitung der Einlage ein Hin- und Herzahlen (ebenso Altmeppen, ZIP 2009, 1545, 1546; Lutter/Hommelhoff-Bayer, GmbHG, § 19 Rn. 106; Bormann/Urlichs, DStR 2009, 641, 643). Mit der Weiterleitung auf das Zentralkonto i. R. d. täglichen Clearings gewährt die Gesellschaft ein Darlehen. Bei einer Darlehenskonstruktion kann die Darlehensforderung keine verdeckte Sacheinlage sein, da diese nicht einlagefähig ist (BGH, ZInsO 2009, 775 Rn. 10; Seibert/Decker, ZIP 2008, 1208, 1210). Wenn die Einlageleistung den negativen Saldo zulasten der Gesellschaft im Zentralkonto übersteigt, ist der Vorgang teilweise als verdeckte Sacheinlage, teilweise als Hin- und Herzahlens zu beurteilen (BGH, ZInsO 2009, 1546 Rn. 15; ebenso Bormann/Urlichs DStR 2009, 641, 645; Meier-Reimer/Wenzel, ZIP 2008, 1449, 1454). Diese Rspr. des BGH ist auf Kritik gestoßen, da die wirksame Kapitalaufbringung bei Einbindung der Gesellschaft in einen Cash-Pool risikobehaftet ist (eingehend Ekkenga, ZIP 2010, 2469).

4. Weitere Voraussetzungen

a) Vereinbarung vor der Einlageleistung

Der Wortlaut des Gesetzes verlangt eine Vereinbarung über eine Leistung an den Gesellschafter, die wirtschaftlich einer Rückzahlung der Einlage entspricht und nicht als verdeckte Sacheinlage zu beurteilen ist und die vor der Einlage getroffen wurde. Ebenso wie bei der verdeckten Sacheinlage wird die Absprache bei einem engen zeitlichen und sachlichen Zusammenhang zwischen Leistung/Rückgewähr vermutet (vgl. Anhang zu § 35 C Rdn. 12; Scholz-Veil, GmbHG, § 19 Rn. 180). Weder das Gesetz noch die Begründung enthalten eine Aussage über den Inhalt einer solchen Abrede. Erwähnt wird nur die Gewährung eines Darlehens nach der Einlageleistung (Begr. RegE BT-Drucks. 16/6140, S. 78). Die hierauf beruhende Abrede muss daher **vor Erbringung der Einlage** und vor der Anmeldung getroffen worden sein. Der Inferent muss die Barleistung zunächst erbracht haben und entsprechend der Vorabsprache ist sie an ihn in der Weise zurückgeflossen, dass hieraus ein Rückgewähranspruch entsteht (Baumbach/Hueck-Fastrich, GmbHG, § 19 Rn. 74). Eine **betragsmäßige Übereinstimmung ist nicht erforderlich** (Roth/Altmeppen, GmbHG, § 19 Rn. 100; Anhang zu § 35 C Rdn. 12). Rückflüsse an den Inferenten ohne Rechtsgrund und Gegenleistung nehmen der Einzahlung wegen §§ 7 Abs. 2, 8 Abs. 2 GmbHG die Erfüllungswirkung (Roth/Altmeppen, GmbHG, § 19 Rn. 96). Das Gesetz lässt zudem offen, was passieren soll, wenn die **Abrede erst nach der Einlageleistung oder gar nicht getroffen wurde**. Überwiegend wird eine Analogie von § 19 Abs. 5 GmbHG abgelehnt (Gundlach/Frenzel/Strandmann, NZI 2008, 647, 649; Gehrlein, Der Konzern 2007, 771, 781; Roth/Altmeppen, GmbHG, § 19 Rn. 97). Nach § 19 Abs. 5 Satz 2 GmbH ist eine Offenlegung des Hin- und Herzahlens bei der Anmeldung zum Handelsregister nach § 8 GmbHG anzugeben. Diese setzt voraus, dass zum Zeitpunkt der Anmeldung die Vereinbarung vorliegen muss. Hieraus folgt, dass **bei fehlender oder nachfolgender Abrede**

§ 19 Abs. 5 GmbHG unanwendbar ist (ebenso Lutter/Hommelhoff-Bayer, GmbHG, § 19 Rn. 92; Büchel, GmbHR 2007, 1065, 1067; Markwardt, BB 2008, 2414, 2420). Fehlt es an einer solchen Abrede oder ist diese erst nachträglich getroffen, hat sich die Darlehensvalutierung vielmehr **an § 30 GmbHG zu messen** (Roth/Altmeppen, GmbHG, § 19 Rn. 95; Lutter/Hommelhoff-Bayer, GmbHG, § 19 Rn. 92; Baumbach/Hueck-Fastrich, GmbHG, § 19 Rn. 73; Maier-Reimer/Wenzel, ZIP 2008, 1449, 1453). Der BGH hat zwischenzeitlich entschieden, dass die **Offenlegung der Vereinbarung konstitutiv für die Erfüllungswirkung des § 19 Abs. 5 GmbHG ist** (BGH, ZInsO 2009, 775 Rn. 16; BGH, ZInsO 2009, 1546 Rn. 25; für deklaratorische Wirkung: Lutter/Hommelhoff-Bayer, GmbHG, § 19 Rn. 99; Roth/Altmeppen, GmbHG, § 19 Rn. 108; Baumbach/Hueck-Fastrich, GmbHG, § 19 Rn. 80; Henkel, NZI 2010, 84, 86), sodass für eine Analogie bei fehlender oder nachträglicher Vereinbarung kein Raum ist. Spätere Darlehensgewährungen, die nicht auf einer Vorabsprache beruhen und bei welchen die Vermutung der Vorabsprache widerlegt ist oder wegen zeitlicher Distanz nicht besteht, sind daher nach § 30 GmbHG zu beurteilen (Baumbach/Hueck-Fastrich, GmbHG, § 19 Rn. 73; Maier-Reimer/Wenzel, ZIP 2008, 1449, 1453; Roth/Altmeppen, GmbHG, § 19 Rn. 97).

b) Vollwertigkeit

10 Das Gesetz erläutert nicht, was unter »vollwertig« zu verstehen ist. Der BGH hat in einem anderen Zusammenhang für eine Vollwertigkeit der Forderung verlangt, dass das Vermögen des Schuldners zur Deckung seiner sämtlichen Verbindlichkeiten ausreichen muss (BGH, GmbHR 2003, 231; ebenso Baumbach/Hueck-Fastrich, GmbHG, § 19 Rn. 76; Lutter/Hommelhoff-Bayer, GmbHG, § 19 Rn. 95; Scholz-Veil, GmbHG, § 19 Rn. 182: »wenn die Forderung bilanziell zu 100 % angesetzt werden darf«). An der Leistungsfähigkeit und Leistungsbereitschaft dürfen keinerlei Zweifel bestehen (Büchel, GmbHR 2007, 1065, 1067; Heinze, GmbHR 2008, 1065, 1070 »volle Solvenz«). Für einen Abschreibungsbedarf müssen jedoch konkrete Anhaltspunkte vorliegen (Scholz-Veil, GmbHG, § 19 Rn. 182). Unter Berufung auf die Rückkehr zur bilanziellen Betrachtungsweise sollen die **Grundsätze der Forderungsbewertung nach dem HGB**, insb. § 253 Abs. 3 HGB, greifen (ebenso BGH, ZInsO 2009, 40 Rn. 13 zu § 30 GmbHG). Die Forderung ist danach unter Berücksichtigung des individuellen Kreditrisikos des Gesellschafters zu bewerten (Kallmeyer DB 2007, 2755; Winter DStR 2007, 1484, 1486; Markwardt BB 2008, 2414, 2420 abstellend auf die Kreditwürdigkeit). Zutreffend wird darauf hingewiesen, dass es allein auf die der Geschäftsführung bekannten Informationen bei der Bewertung nicht ankommt (Baumbach/Hueck-Fastrich, GmbHG, § 19 Rn. 76). Zum Gläubigerschutz ist auf die **objektive Vollwertigkeit** abzustellen (Lutter/Hommelhoff-Bayer, GmbHG, § 19 Rn. 95; Henkel, NZI 2010, 84, 85). Der Gesellschafter wird nur dann von seiner Verpflichtung frei, »wenn« (und **nicht** »soweit«) die Leistung durch einen vollwertigen Rückgewähranspruch gedeckt ist. Eine **Teilwertigkeit ist daher unbeachtlich**. Dies entspricht dem ausdrücklichen Willen des Gesetzgebers, der der Empfehlung des Bundesrats (BR-Drucks. 354/07, S. 13), den Wortlaut insoweit zu ändern, nicht gefolgt ist (BT-Drucks. 16/1640, Anl. 3, S. 7). Eine Teil-Erfüllung kommt als Rechtsfolge daher nicht in Betracht (Römermann, NZI 2008, 641, 642; Oppenhoff, BB 2008, 1630, 1632; Heckschen, DStR 2009, 166, 173 – Alles-oder-Nichts-Prinzip; Lutter/Hommelhoff-Bayer, GmbHG, § 19 Rn. 100). Die Vorlage von Unterlagen oder Nachweisen wird im Gesetz nicht geregelt. Als Bonitätsnachweis kommt bspw. eine positive Bewertung durch eine anerkannte Ratingagentur in Betracht (OLG München, ZIP 2011, 567).

11 Das Gesetz fordert nicht, dass das an den Gesellschafter ausgereichte **Darlehen einem Drittvergleich standhalten** muss. Insb. wird **keine Verzinsung oder Besicherung** verlangt. Überwiegend wird im Schrifttum bestätigt, dass eine Sicherheit nicht notwendig ist, wenn der Gesellschafter ausreichend solvent ist (Roth/Altmeppen, GmbHG, § 19 Rn. 102; Baumbach/Hueck-Fastrich, GmbHG, § 19 Rn. 77; Scholz-Veil, GmbHG, § 19 Rn. 182). **Die Sicherheit kann zwar Zweifel an der Vollwertigkeit beseitigen**, dann dürfte es aber an der jederzeitigen Verfügbarkeit fehlen (Baumbach/Hueck-Fastrich, GmbHG, § 19 Rn. 77). Streitig ist aber, ob eine Verzinsung erforderlich ist (ablehnend: Roth/Altmeppen, GmbHG, § 19 Rn. 102; Baumbach/Hueck-Fastrich, GmbHG, § 19 Rn. 77; befürwortend: Scholz-Veil, GmbHG, § 19 Rn. 182). Die ablehnende Auffassung begründet

ihren Standpunkt damit, dass die Verzinsung keine Frage der Vollwertigkeit, sondern allenfalls eine solche der Deckung betrifft. Die Gleichstellung der Bareinlage mit einer Forderung gebietet aber, dass die Gesellschaft zumindest einen Nutzen aus dieser Forderung, also Zinsen erhält (Lieder, GmbHR 2009, 1177, 1182; Heckschen, DStR 2009, 166, 173; Henkel, NZI 2010, 84, 86). Eine Forderung ist nach dem Handelsbilanzrecht auf ihren Barwert abzuschreiben, wenn sie unverzinslich oder nicht marktüblich verzinst ist. I. R. d. Kapitalerhaltung nach § 30 GmbHG wird die Verzinsung von Darlehen bei einer Laufzeit von über einem Jahr überwiegend gefordert (Roth/Altmeppen, GmbHG, § 30 Rn. 118; Altmeppen, ZIP 2009, 49, 52; Hirte, ZInsO 2008, 689, 692; Drygala/Kremer, ZIP 2007, 1289, 1293).

c) Zeitpunkt

Für die Beurteilung der Vollwertigkeit ist auf den **Zeitpunkt der Entstehung des Rückgewähranspruchs** abzustellen (BGH, ZInsO 2009, 1546 Rn. 28; Baumbach/Hueck-Fastrich, GmbHG, § 19 Rn. 78; Hirte, ZInsO 2008, 689, 691; Markwardt, BB 2008, 2414, 2420; Heinze, GmbHR 2008, 1065, 1070). Der Gesetzgeber wollte mit der sofortigen Fälligkeit einen Ausgleich dafür schaffen, dass die Vollwertigkeitsprüfung zeitbezogen bei Einlageleistung stattfinden muss, die Verhältnisse des Inferenten als Darlehensnehmer sich aber während der Laufzeit des Geschäftes, aus dem sich der Rückzahlungsanspruch ergibt, zum Nachteil der Gesellschaft und ihrer Gläubiger ändern können (BT-Drucks. 16/9737, S. 97). Der fehlende Einfluss nachträglicher negativer Entwicklungen ist i. Ü. Ausdruck der bilanziellen Betrachtungsweise und deshalb bei Auslegung des § 19 Abs. 5 GmbHG zu beachten. Für die herrschende Meinung spricht auch die Gesetzesbegründung (Begr. RegE BT-Drucks. 16/6140, S. 94 zu § 30 GmbHG), wonach spätere, nicht vorhersehbare negative Entwicklungen und auch ggf. erforderliche bilanzielle Abwertungen nicht nachträglich zu einer anderen Beurteilung führen sollen. **Entwertet sich der anfangs vollwertige Rückgewähranspruch später, lässt dies die zuvor eingetretene Erfüllungswirkung des § 19 Abs. 5 GmbHG nachträglich nicht entfallen**, sondern ist nur Anlass für den Geschäftsführer, das Darlehen pflichtgemäß zurückzufordern (Lutter/Hommelhoff-Bayer, GmbHG, § 19 Rn. 96; Scholz-Veil, GmbHG, § 19 Rn. 183). Dem Geschäftsführer ist zur Vermeidung eigener Haftungsrisiken anzuraten, die Vermögenslage des Gesellschafters laufend zu prüfen.

d) Liquider Rückgewähranspruch

Der Rückgewähranspruch muss zudem jederzeit fällig sein oder durch fristlose Kündigung durch die Gesellschaft sofort fällig werden können. Dies setzt voraus, dass die Gesellschaft den Vertrag, auf dem die Rückgewährpflicht beruht, jederzeit ohne Einschränkung kündigen kann (BGH, ZInsO 2009, 1546 Rn. 28). Mit der Einfügung dieser Voraussetzung am Ende des Gesetzgebungsverfahrens ist der Gesetzgeber der Kritik am RegE (Ulmer, ZIP 2008, 45, 54) begegnet. Die Anforderungen korrespondieren mit den von Rspr. und Lit. entwickelten Voraussetzungen einer zulässigen Aufrechnung durch die Gesellschaft (Scholz-Veil, GmbHG, § 19 Rn. 72 bis 78). Die Möglichkeit, im Rahmen eines Cash-Pools wieder mittelbar über den abgeflossenen Betrag verfügen zu können, reicht nicht aus. Denn die Rückforderung führt umgehend über das zero-balancing wieder zu einem erneuten Rückfluss an den Gesellschafter, der über das Zielkonto verfügt. Beim Cash-Pool kommt es somit darauf an, dass die Gesellschaft den der Einbeziehung in den Cash-Pool zugrunde liegenden Vertrag jederzeit ohne Einschränkung kündigen kann (BGH, ZInsO 2009, 1546 Rn. 28; Scholz-Veil, GmbHG, § 19 Rn. 186). Liquide bedeutet zudem, dass der Rückgewähranspruch unstreitig und frei von Einwendungen/Einreden ist (Lutter/Hommelhoff-Bayer, GmbHG, § 19 Rn. 95; Lieder, GmbHR 2009, 1177, 1183; Büchel, GmbHR 2007, 1065, 1067; Henkel, NZI 2010, 84, 86).

e) Offenlegung bei Anmeldung

Nach § 19 Abs. 5 Satz 2 GmbHG ist die Leistung an den Gesellschafter oder die Vereinbarung einer solchen Leistung in der Anmeldung zum Handelsregister anzugeben. Der Gesetzgeber hat hierdurch einen Wertungswiderspruch gelöst. Der Geschäftsführer hätte bei einem Hin- und Herzahlen nicht erklären können, dass sich die Einlageleistung endgültig in seiner freien Verfügung befindet. Der BGH hat entschieden, dass die **Pflicht zur Offenlegung materielle Voraussetzungen für das Eintreten der Rechtsfolge des § 19 Abs. 5 GmbHG ist** (BGH, ZInsO 2009, 775 Rn. 16; BGH, ZInsO 2009, 1546 Rn. 25; ebenso: OLG Stuttgart, ZIP 2011, 1959, 1960; OLG Koblenz, GmbHR 2011, 579; im Ergebnis offen: Lutter/Hommelhoff-Bayer, GmbHG, § 19 Rn. 99; für nur deklaratorische Wirkung: Roth/Altmeppen, GmbHG, § 19 Rn. 108; Baumbach/Hueck-Fastrich, GmbHG, § 19 Rn. 80; Henkel, NZI 2010, 84, 86; Avvento, BB 2010, 202). Die Anmeldung ist danach sogar bei Altfällen, d.h. bei Vorgängen vor Inkrafttreten des MoMiG, als es die Anzeigepflicht noch nicht gab, konstitutiv für die Erfüllungswirkung (Scholz-Veil, GmbHG, § 19 Rn. 191; für einschränkte Auslegung bei Altfällen: Bormann/Urlichs, GmbHR, Sonderheft Oktober 2008, S. 37, 44; für Heilungsmöglichkeit durch Nachholung der Offenlegung bis zur Eintragung im Registerverfahren OLG Stuttgart, ZIP 2011, 1959). Offen ist aber weiterhin, ob auch **Erklärungen zur Vollwertigkeit** zusätzlich abzugeben sind. Anmeldepflichtig ist nach dem Wortlaut nur die Vereinbarung/Leistung als solche. Überwiegend wird dennoch vertreten, die Erklärung sei falsch, wenn sie nicht den Anforderungen des § 19 Abs. 5 Satz 1 GmbHG entspricht (Maier-Reimer/Wenzel, ZIP 2008, 1449, 1454; Roth/Altmeppen, GmbHG, § 19 Rn. 106). Die nach dem Willen des Gesetzgebers vorzunehmende Prüfung ist nur möglich, wenn das Registergericht in die Lage versetzt wird, die vom Geschäftsführer vorgenommene Bewertung nachzuvollziehen, ob der Rückgewähranspruch vollwertig und liquide ist (Lutter/Hommelhoff-Bayer, GmbHG, § 19 Rn. 93). Dazu ist erforderlich, dass die maßgeblichen Angaben nicht nur mitgeteilt, sondern auch belegt werden (OLG München, ZIP 2011, 567; Lutter/Hommelhoff-Bayer, GmbHG, § 19 Rn. 93). **Es sind deshalb die schuldrechtliche Vereinbarung (Darlehensvertrag) und ein Beleg für die Vollwertigkeit mit der Anmeldung vorzulegen** (MK-Märtens, GmbHG, § 19 Rn. 313; Scholz-Veil, GmbHG, § 19 Rn. 188; Heckschen, DStR 2009, 166, 173; a.A. Schall, ZGR 2009, 126, 143).

5. Rechtsfolgen

a) Erfüllungswirkung

15 Liegen die Voraussetzungen des § 19 Abs. 5 GmbHG vor, tritt **Erfüllungswirkung** ein, obwohl die Leistung nach bisherigem Verständnis nicht zur endgültig freien Verfügung der Geschäftsleitung gestanden hat. Die ursprüngliche Bareinzahlung erfüllt abweichend von der Rechtslage bis zum Inkrafttreten des MoMiG die Einlagepflicht. Nachträgliche Änderungen, insb. Beeinträchtigungen der Leistungsfähigkeit des Gesellschafters, ändern hieran nichts (Hirte, ZInsO 2008, 689, 691; vgl. Rdn. 12). Statt Einlageleistung schuldet der Inferent bei Vorliegen der Voraussetzungen nunmehr Rückzahlung des Darlehens (Rdn. 16). **Streitig ist, ob die Erfüllungswirkung auch greift, soweit es um den Mindesteinlagebetrag geht** (abl. Heinze, GmbHR 2008, 1065, 1072; bejahend Baumbach/Hueck-Fastrich, GmbHG, § 19 Rn. 70 a.E.; vgl. zur gleichen Problematik bei Aufrechnung durch die Gesellschaft Scholz-Veil, GmbHG, § 19 Rn. 73). Der Wortlaut des § 19 Abs. 5 GmbHG lässt eine solche einschränkende Auslegung der Rechtsfolge nicht zu. **Fehlt es an einer dieser Voraussetzungen, bleibt es bei der alten Rechtslage, die Einlageleistung ist fehlgeschlagen und der Darlehensvertrag unwirksam** (Baumbach/Hueck-Fastrich, GmbHG, § 19 Rn. 84; Scholz-Veil, GmbHG, § 19 Rn. 192 f.). In Betracht kommt dann eine Heilung durch Erstattungszahlung (s. Rdn. 17).

b) Wirksamer Darlehensvertrag

16 Abweichend von der früheren Rspr. vor Inkrafttreten des MoMiG (BGH, ZIP 2005, 2203) sind sowohl schuldrechtliche Vereinbarung als auch dingliche Verfügung wirksam, wenn die Voraussetzungen einschließlich Anmeldung vorliegen. § 27 Abs. 3 Satz 1 AktG findet keine analoge Anwendung mehr. Der Inferent ist deshalb verpflichtet, **anstelle der Einlage nunmehr das Darlehen zurückzuzahlen**. Dieser Anspruch ist für die Gläubiger schwächer, da §§ 22, 24 GmbHG nicht gelten (s. Rdn. 19; ebenso: Lutter/Hommelhoff-Bayer, GmbHG, § 19 Rn. 98; Baumbach/Hueck-

Fastrich, GmbHG, § 19 Rn. 83; a. A. MK-Märtens, GmbHG, § 19 Rn. 47, 319), der Gesellschafter gegen den Rückgewähranspruch aufrechnen kann (Baumbach/Hueck-Fastrich, GmbHG, § 19 Rn. 83), die GmbH auf den Anspruch verzichten kann (dann aber Haftung des Geschäftsführers vgl. Lutter/Hommelhoff-Bayer, GmbHG, § 19 Rn. 98; a. A. Scholz-Veil, GmbHG, § 19 Rn. 193 Verzicht analog § 19 Abs. 2 Satz 1 GmbHG ausgeschlossen) und Verjährung bereits nach 3 Jahren eintritt (§ 195 BGB). Stattdessen bestimmt sich die Zulässigkeit von Abschwächungen des Rückzahlungsanspruchs von diesem Zeitpunkt an nach § 30 GmbHG (Baumbach/Hueck-Fastrich, GmbHG, § 19 Rn. 83).

c) Auswirkungen auf die Heilungsmöglichkeit

Zur alten Rechtslage vor Inkrafttreten des MoMiG hat der BGH die Heilungs-Rspr. entwickelt. Zahlt der Gesellschafter die erhaltenen Geldmittel an die Gesellschaft zurück, hat er seine Einlagepflicht erfüllt (BGH, ZIP 2005, 2203; 2006, 331; 2006, 1679). **Mit der Zahlung auf die vermeintliche »Darlehensschuld« erfüllt der Inferent die offene Einlageschuld.** Voraussetzung ist allerdings, dass sich die Zahlung der Einlageschuld objektiv zuordnen lässt (BGH, WM 2008, 1219). Die irrtümliche Tilgungsbestimmung des Gesellschafters »Darlehensrückzahlung« ist aufgrund der unwirksamen Darlehensabrede gegenstandslos und dahin gehend auszulegen, dass anstelle der vermeintlichen Darlehensschuld die Einlageverbindlichkeit erfüllt werden soll (BGH, ZIP 2005, 2203; Bayer, GmbHR 2004, 445, 452; Emde, GmbHR 2005, 361). Es gilt nichts anderes als für einen Gesellschafter, der die eingezahlte Einlage ohne Rechtsgrund vorübergehend zurückhält und sie ohne besondere Tilgungsbestimmung wieder einzahlt. Auch er erfüllt damit seine bis dahin fortbestehende Einlagepflicht und schuldet danach nicht nochmalige Zahlung (BGH, ZIP 2001, 1997). Er kann bei Vereinbarung eines Darlehens nicht schlechter gestellt werden (BGH, ZIP 2005, 2203; OLG Hamburg, ZIP 2004, 2431; a. A. OLG Schleswig, ZIP 2005, 1827; ZIP 2004, 1358). Der Gesellschaft werden durch die Tilgung der Darlehensschuld die Barmittel zur Verfügung gestellt, welche ihr zugestanden haben. Der Gesetzgeber hebt hervor, dass die Heilungsrechtsprechung des BGH fortgelten soll (Begr. RegE BT-Drucks. 16/6140, S. 78). Ein Rückgriff auf diese Rspr. kommt jedoch **nur in Betracht, wenn nach § 19 Abs. 5 GmbHG keine Erfüllungswirkung eingetreten** ist. Dies ist bspw. dann denkbar, wenn die Anmeldung unterblieben oder falsch ist, die zunächst unzureichende Leistungsfähigkeit des Inferenten sich gebessert hat oder die notwendige Vereinbarung fehlt bzw. nachträglich getroffen wurde.

6. Flankierende Ansprüche

a) § 9a GmbHG

Unterbleibt die Anmeldung nach § 19 Abs. 5 Satz 2 GmbHG, ist die Erklärung nach § 8 GmbHG falsch. Gleiches gilt, wenn der Vorgang zwar offengelegt wurde, die Anforderungen des § 19 Abs. 5 Satz 1 GmbHG jedoch nicht vorliegen. In diesen Fällen kommt eine gesamtschuldnerische (Innen-) Haftung nach § 9a GmbHG neben dem Inferenten (§ 9 Abs. 2 GmbHG) in Betracht (Strohn, ZInsO 2009, 1417; Kleindiek, FS K. Schmidt, S. 893, 898). Es besteht aber die Exculpationsmöglichkeit nach § 9a Abs. 3 GmbHG. Zudem übernimmt der Geschäftsführer das Risiko einer strafbaren Handlung nach § 82 GmbHG (Maier-Reimer/Wenzel, ZIP 2008, 1449, 1454). Der Vorsatz entfällt, wenn der Geschäftsführer irrtümlich die Vollwertigkeit des Rückgewähranspruchs angenommen hat.

b) § 24 GmbHG

Liegen die Voraussetzungen des § 19 Abs. 5 GmbHG vor, tritt Erfüllungswirkung ein, sodass für die Mitgesellschafter ein Mithaftungsrisiko nach § 24 GmbHG entfällt (Roth/Altmeppen, GmbHG, § 19 Rn. 104; Goette, GmbHR 2009, 51, 53; Schall, ZGR 2009, 126, 140). I. Ü. verbleibt es bei der Anwendbarkeit, insb. dann, wenn der Rückzahlungsanspruch nicht vollwertig war, die Anzeige nach § 19 Abs. 5 Satz 2 GmbHG unterblieben ist oder die Vereinbarung fehlt/nachgeholt wurde.

c) § 43 Abs. 2 GmbHG

20 Besteht eine Haftung nach § 9a GmbHG aufgrund unrichtiger Anzeige, kommt § 43 Abs. 2 GmbHG als weitere Anspruchsgrundlage in Betracht. **Entwertet sich der anfangs vollwertige Rückgewähranspruch später, kann eine Pflichtverletzung des Geschäftsführers vorliegen, eine abzuwertende Forderung stehen zu lassen und nicht einzufordern** (Scholz-Veil, GmbHG, § 19 Rn. 183; Gehrlein, Der Konzern 2007, 771, 785; Hirte, ZInsO 2008, 689, 691). Eine Abwertung kann zudem eine Pflicht zur Einberufung der Gesellschafterversammlung wegen Verlusts der Hälfte des Kapitals begründen (Begr. RegE BT-Drucks. 16/6140, S. 99). Schließlich ist an eine Haftung des Geschäftsführers aus § 64 Satz 3 GmbHG zu denken (Markwardt, BB 2008, 2414, 2421).

7. Prozessuale Aspekte

a) Beweislast

21 Der Gesellschafter hat die Bareinlageleistung, die Gesellschaft hingegen den Rückfluss aufgrund der Darlehensgewährung zu beweisen. Anders als § 19 Abs. 4 GmbHG ist **ungeregelt, wer insb. für die Vollwertigkeit die Beweislast trägt**. Eine Analogie zu § 19 Abs. 4 GmbHG ist abzulehnen, weil eben keine verdeckte Sacheinlage vorliegt (Büchel, GmbHR 2007, 1065, 1068). Nach überwiegender Auffassung ist der **Gesellschafter beweisbelastet** (Lutter/Hommelhoff-Bayer, GmbHG, § 19 Rn. 95; Baumbach/Hueck-Fastrich, GmbHG, § 19 Rn. 81; Gundlach/Frenzel/Strandmann, NZI 2008, 647, 648; Gehrlein, Der Konzern 2007, 771, 781; Heinze, GmbHR 2008, 1065, 1071). Dies folgt aus den allgemeinen Regeln der Beweislast, da der Erfüllungseinwand vom Beklagten, also dem Inferenten, nachzuweisen ist (Scholz-Veil, GmbHG, § 19 Rn. 184). Der Gesellschafter beansprucht für sich eine günstige Rechtsfolge, da er abweichend von § 8 Abs. 2 GmbHG (fehlende freie Verfügbarkeit) geltend macht, seine Einlageleistung habe trotz zeitnaher Abverfügung an ihn Erfüllungswirkung. Er hat deshalb sämtliche Voraussetzungen des § 19 Abs. 5 GmbHG, insb. die Vollwertigkeit, zu beweisen.

b) Verjährung

22 Tritt Erfüllungswirkung nach § 19 Abs. 5 GmbHG ein, stellt sich die Frage der Verjährung nicht mehr. Liegen die Voraussetzungen nicht vor, gilt § 19 Abs. 6 GmbHG. Für Altfälle wird auf Anhang zu § 35 B Rdn. 9 Bezug genommen.

c) Örtliche Zuständigkeit

23 Es gelten §§ 13, 22 ZPO wahlweise.

8. Übergangsregelung

24 Die Übergangsvorschrift des § 3 Abs. 4 EGGmbHG gilt auch für die Fallgruppe des Hin- und Herzahlens. Es kann deshalb auf die Ausführungen zur verdeckten Sacheinlage (Anhang zu § 35 C Rdn. 31) verwiesen werden. Zusätzlich ist zu beachten, dass die Voraussetzungen des § 19 Abs. 5 GmbHG bei Altfällen nicht vorliegen können, da die Offenlegung fehlt. Soll die Anordnung der Rückwirkung also nicht leer laufen, hätte § 19 Abs. 5 GmbHG für Altfälle einschränkend dahin gehend ausgelegt werden müssen, dass die Erfüllungswirkung bereits eintritt, wenn nur die Voraussetzungen von dessen Satz 1 vorliegen (Baumbach/Hueck-Fastrich, GmbHG, § 19 Rn. 80, 92; Bormann/Urlichs, GmbHR, Sonderheft Oktober 2008, S. 37, 44). Dem ist der BGH jedoch nicht gefolgt (s. Rdn. 14).

9. Kritik

25 Die Neuregelung des § 19 Abs. 5 GmbHG löst die Probleme der Praxis unzureichend. Dies gilt insb. für die Beteiligung der Gesellschaft am Cash-Pool-System (Lutter/Hommelhoff-Bayer, GmbHG, § 19 Rn. 108; Bormann/Urlichs, GmbHR, Sonderheft Oktober 2008, S. 37, 43). Darüber hinaus

sind die Rechtsfolgen nicht mit § 19 Abs. 4 GmbHG abgestimmt (Büchel, GmbHR 2007, 1065, 1067; Drygala, NZG 2007, 561, 564 noch zum RegE § 8 Abs. 2 GmbHG). Die sich hieraus ergebenden Abgrenzungsprobleme zwischen verdeckter Sacheinlage und Hin- und Herzahlen wird insb. die Geschäftsführung, aber auch die Judikatur vor schwierig lösbare Probleme stellen (vgl. Anhang zu § 35 C Rdn. 14 bis 17). Von einer Vereinfachung, wie sie der Gesetzgeber gewollt hat, kann keine Rede sein (ebenso Heinze, GmbHR 2008, 1065, 1070). Die Heilungsrechtsprechung hat Probleme aus den oftmals kritisierten strengen Anforderungen der Kapitalaufbringung sachgerecht gelöst. Die Gesellschaft hat im Heilungsfall stets das erhalten, was sie erlangen sollte. Unbillig ist auch, dass Erfüllungswirkung dann eintritt, wenn der Rückgewähranspruch gegen den Gesellschafter anfänglich vollwertig war, später jedoch Wertbeeinträchtigungen unterliegt (ebenso Gundlach/Frenzel/Strandmann, NZI 2008, 647, 648; Lutter/Hommelhoff-Bayer, GmbHG, § 19 Rn. 89).

E. Kapitalerhaltung

Die zentrale Vorschrift lautet:

§ 30 GmbHG Kapitalerhaltung

(1) ¹Das zur Erhaltung des Stammkapitals erforderliche Vermögen der Gesellschaft darf an die Gesellschafter nicht ausgezahlt werden. ²Satz 1 gilt nicht bei Leistungen, die bei Bestehen eines Beherrschungs- oder Gewinnabführungsvertrages (§ 291 des Aktiengesetzes) erfolgen oder durch einen vollwertigen Gegenleistungs- oder Rückgewähranspruch gegen den Gesellschafter gedeckt sind. ³Satz 1 ist zudem nicht anzuwenden auf die Rückgewähr eines Gesellschafterdarlehens und Leistungen auf Forderungen aus Rechtshandlungen, die einem Gesellschafterdarlehen wirtschaftlich entsprechen.

I. Allgemeines

Während die §§ 5, 7, 8 9, 9a, 9b, 19 GmbHG darauf abzielen, die Kapitalaufbringung zu sichern, ist Zweck des § 30 GmbHG, das Stammkapital zugunsten der Gläubiger zu erhalten (zur Abgr. BGH, ZInsO 2009, 678). Nach § 30 Abs. 1 Satz 1 GmbHG darf das zur Erhaltung des Stammkapitals (§ 5 GmbHG) erforderliche Vermögen der Gesellschaft an die Gesellschafter nicht ausgezahlt werden. Normadressat ist der Geschäftsführer, dem die Auszahlung untersagt wird. Die Kapitalbindung wird so durch ein am Stammkapital ausgerichtetes Auszahlungsverbot gesichert (Baumbach/Hueck-Fastrich, GmbHG, § 30 Rn. 1; Kindler, NJW 2008, 3249, 3252). Das Kapitalsicherungskonzept der §§ 30, 31 GmbHG wird als Kernelement des Kapitalgesellschaftsrecht verstanden (K. Schmidt, GmbHR 2007, 1072, 1073). Die Vorschrift dient zur **Erhaltung von Gesellschaftsvermögen in satzungsmäßig bestimmter Mindesthöhe** dadurch, dass eine Verringerung durch Leistungen an Gesellschafter für unzulässig erklärt wird. Der BGH hat die gesetzliche Kapitalsicherung als »**Kernstück des GmbH-Rechts**« bezeichnet (BGHZ 28, 77, 78; zentrale Gläubigerschutzbestimmung zur Kapitalerhaltung: Fleck FS 100 Jahre GmbH, 1992, S. 391; Stimpel FS 100 Jahre GmbH, 1992, S. 335). Die Rspr. hat das Auszahlungsverbot weit verstanden und hieraus Rechtsinstitute zur Kapitalsicherung entwickelt. Neben die gesetzliche Regelung trat nach der Rspr. bis zum Inkrafttreten des MoMiG in analoger Anwendung ein Rückzahlungsverbot für Eigenkapital ersetzende Gesellschafterdarlehen sowie gleichgestellte Leistungen (hierzu näher § 135 Rdn. 95 ff.). Ergänzt wird die gesetzliche Kapitalbindung durch das richterlich entwickelte Verbot der Vermögensaushöhlung in der Krise (Existenzvernichtungshaftung – vgl. Anhang zu § 35 F). 1

II. Rechtslage nach dem MoMiG

1. § 30 Abs. 1 GmbHG

Das GmbH-rechtliche Konzept von Kapitalaufbringung und -erhaltung hat sich grds. bewährt, gewährleistet Rechtssicherheit und sollte nicht durch ein anderes Haftungssystem abgelöst werden. Es bleibt deshalb auch nach Inkrafttreten des MoMiG bei dem Grundsatz des § 30 Abs. 1 GmbHG, 2

dass das zur Erhaltung des Stammkapitals erforderliche Vermögen der Gesellschaft nicht an den Gesellschafter ausgezahlt werden darf. Allerdings werden drei Ausnahmen zugelassen, in denen das Auszahlungsverbot nicht gilt:
- Leistungen, die bei Bestehen eines Beherrschungs- oder Gewinnabführungsvertrags (§ 291 AktG) erfolgen,
- Leistungen, die durch einen vollwertigen Gegenleistungs- oder Rückgewähranspruch gegen den Gesellschafter gedeckt sind,
- Rückgewähr eines Gesellschaftsdarlehens und Leistungen auf Forderungen aus Rechtshandlungen, die einem Gesellschafterdarlehen wirtschaftlich entsprechen.

3   Die durch das MoMiG herbeigeführte Änderung der Norm greift die in der Diskussion aufgeworfenen Sorgen der Praxis nach dem November-Urteil des BGH (ZIP 2004, 263) auf. Eine besondere Unsicherheit war durch den Streit darüber entstanden, ob und wann bei einem Austauschgeschäft der Gegenanspruch und bei Auszahlung mit Kreditcharakter der Rückgewähranspruch gegen den Gesellschafter nicht in Ansatz gebracht werden darf. Das MoMiG und mit ihm der BGH (ZInsO 2009, 40 zur alten Rechtslage) kehren zum bilanziellen Denken zurück (Begr. RegE BR-Drucks. 354/07, S. 94; s. ausf. nachfolgend Rdn. 10–13). Nach Auffassung des Gesetzgebers ist die Ausweitung des Schutzzwecks des § 30 GmbHG von einem Vermögensschutz zu einem gegenständlichen Schutz mit dem Wortlaut der Vorschrift nicht vereinbar. In § 30 Abs. 1 GmbHG heißt es, dass das »Vermögen« nicht ausgezahlt werden darf. **Das Stammkapital ist danach eine bilanzielle Ausschüttungssperre. Bei einer Leistung, die durch einen vollwertigen Gegenleistungs- oder Rückgewähranspruch gedeckt ist, wird danach ein unschädlicher Aktivtausch vorgenommen** (Begr. RegE BR-Drucks. 354/07, S. 94; krit. Roth/Altmeppen, GmbHG, § 30 Rn. 95). Zudem sollte die durch das November-Urteil entstandene Rechtsunsicherheit bei Beteiligung einer Gesellschaft an einem Cash-Pool beseitigt werden (Begr. RegE BR-Drucks. 354/07, S. 93). Das Cash-Pooling wird als ökonomisch sinnvoll erachtet und dient rgm. auch dem Interesse von Konzerntöchtern. Die Anwendung der Kapitalerhaltungsregeln auf das Cash-Pooling könnte die Konzerne vor erhebliche praktische Schwierigkeiten stellen. Schließlich wurde die Fortgeltung der sog. Rechtsprechungsregeln zu den Eigenkapital ersetzenden Gesellschafterdarlehen aufgegeben, indem generell angeordnet wird, dass Gesellschafterdarlehen und gleichgestellte Leistungen nicht wie haftendes Eigenkapital zu behandeln sind (Begr. RegE BR-Drucks. 354/07, S. 95). Die Rechtsfigur des Eigenkapital ersetzenden Gesellschafterdarlehens ist damit obsolet. Tilgungsleistungen auf solche Forderungen können nach Inkrafttreten des MoMiG keine nach § 30 Abs. 1 GmbHG verbotene Auszahlung sein. Das Deckungsgebot bedeutet, dass bei einem Austauschvertrag der Zahlungsanspruch gegen den Gesellschafter nicht nur vollwertig sein muss, sondern auch wertmäßig nach Marktwerten und nicht nach Abschreibungswerten den geleisteten Gegenstand decken muss. Ist der Bilanzwert geringer als der Verkehrswert oder ist der überlassene Gegenstand nicht bilanzierungs- oder einlagefähig, kommt es abweichend von der strengen bilanziellen Betrachtung auf eine wirtschaftliche an (Begr. RegE, BR-Drucks. 354/07, S. 94; Hirte ZInsO 2008, 689, 692; Drygala/Kremer ZIP 2007, 1289, 1292).

2. Voraussetzungen

4   § 30 Abs. 1 GmbHG verbietet, dass das zur Erhaltung des Stammkapitals erforderliche Vermögen an die Gesellschafter ausgezahlt wird. Das Gesellschaftsvermögen ist im Interesse der Gesamtgläubigerschaft zu erhalten. Das generelle Auszahlungsverbot greift erst, wenn das zur Erhaltung des Stammkapitals erforderliche Gesellschaftsvermögen beeinträchtigt werden würde. Nur insoweit unterliegt das Gesellschaftsvermögen der strengen Kapitalbindung. **Verboten sind Zahlungen an Gesellschafter, wenn mit oder erst recht bereits vor der Zahlung der Betrag des Stammkapitals nicht durch das Gesellschaftsvermögen gedeckt ist.** Das Verbot der Einlagenrückgewähr gilt erst ab Eintragung der GmbH, da eine wirksame Kapitalaufbringung vorausgesetzt wird (Scholz-Verse, GmbHG, § 30 Rn. 12). Vor der Eintragung gibt es kein gebundenes Kapital, welches tangiert werden könnte (Roth/Altmeppen, GmbHG, § 30 Rn. 3). Die Sicherungen der Kapitalaufbringung

und -erhaltung ergänzen sich und stehen in funktionellem Zusammenhang, wobei die Kapitalerhaltung nicht in gleichem Maße geschützt ist (Baumbach/Hueck-Fastrich, GmbHG, § 30 Rn. 4).

a) Stammkapital

Der Betrag des Stammkapitals richtet sich nach § 3 Abs. 1 Nr. 3 GmbHG. Änderungen gelten erst nach Eintragung der Kapitalerhöhung oder -herabsetzung in das Handelsregister (§ 54 Abs. 3 GmbHG). Unerheblich ist, ob die Stammeinlagen vollständig eingezahlt sind (Baumbach/Hueck-Fastrich, GmbHG, § 30 Rn. 14). Auch der Erwerb eigener Anteile ist unerheblich, obwohl nach § 272 Abs. 1a HGB das gezeichnete Kapital in der Bilanz nur noch unter Abzug des Nennbetrages der eigenen Anteile anzusetzen ist (Lutter/Hommelhoff, GmbHG, § 33 Rn. 27). Die in § 268 Abs. 8 HGB genannten mit einer Ausschüttungssperre belegten Bilanzpositionen sowie Anteile nach § 272 Abs. 4 HGB fließen auf beiden Seiten einer Unterbilanzrechnung ein, sind somit neutral (Scholz-Verse, GmbHG, § 30 Rn. 57).

b) Gegenstand der Kapitalbindung

Zu erhalten ist das Vermögen, welches nach Abzug der Schulden einschließlich zurückgestellter Verbindlichkeiten einem Wert i. H. d. Stammkapitalziffer entspricht. Wird durch die Auszahlung an einen Gesellschafter das Vermögen der Gesellschaft derart vermindert, dass das auf der Aktivseite der Bilanz ausgewiesene Vermögen betragsmäßig unter die Summe sinkt, die sich auf der Passivseite durch Zusammenrechnung der Verbindlichkeiten und des dort ausgewiesenen Stammkapitals ergibt, besteht oder entsteht eine **Unterbilanz** (BGHZ 31, 258, 76; Scholz-Verse, GmbHG, § 30 Rn. 53). Im ersten Schritt ist der maßgebliche Betrag des Stammkapitals zu ermitteln (Rn. 5). Im zweiten Schritt ist das Nettovermögen dem Stammkapital gegenüberzustellen. Von den Aktiva sind die echten Passiva (Passiva ohne Eigenkapital) abzuziehen. Nur wenn und soweit der sodann berechnete Betrag des Nettovermögens dem Auszahlungsbetrag entspricht oder übersteigt, ist die Auszahlung unschädlich. Eine konkrete gegenständliche Zusammensetzung des Gesellschaftsvermögens wird hingegen nicht geschützt (BGHZ 157, 72, 75). **Maßgeblicher Zeitpunkt** für das Vorliegen einer Unterbilanz ist die Auszahlung (Roth/Altmeppen, GmbHG, § 30 Rn. 15). Eine Unterbilanz **kennzeichnet den teilweisen bis vollständigen Verlust des Stammkapitals**. Sie liegt vor, wenn das Reinvermögen in seinem rechnerischen Wert unter die Stammkapitalziffer sinkt (Baumbach/Hueck-Fastrich, GmbHG, § 30 Rn. 19). Zur Ermittlung des Rein- oder Nettovermögens sind von den Aktiva sämtliche Verbindlichkeiten einschließlich Rückstellungen (zur Rückstellungspflicht BGH, NJW 2003, 3629, 3631; Roth/Altmeppen, GmbHG, § 30 Rn. 10) abzuziehen. **Rücklagen und Nachschusskapital** bleiben außer Ansatz (Lutter/Hommelhoff, GmbHG, § 30 Rn. 11). Sollte das so errechnete Reinvermögen negativ sein, ist diese Unterdeckung nach § 268 Abs. 3 HGB gesondert unter der Bezeichnung »nicht durch Eigenkapital gedeckter Fehlbetrag« in der Bilanz am Ende der Aktivseite auszuweisen. Leistungen an den Gesellschafter sind unzulässig, wenn bereits eine Unterbilanz besteht oder durch die Leistung entstehen würde. Hiervon zu unterscheiden ist die **Überschuldung**, welche vorliegt, wenn das Vermögen die Verbindlichkeiten nicht mehr deckt. Von der hier maßgeblichen bilanziellen Überschuldung ist die Überschuldung im insolvenzrechtlichen Sinn (dazu § 19) strikt zu unterscheiden. Für den Tatbestand des § 30 GmbHG kommt es nicht auf eine bilanzielle Überschuldung an, ausreichend ist eine vorgelagerte Unterbilanz (BGH, ZInsO 2011, 1067). Bei bilanzieller Überschuldung ist das **Eigenkapital wirtschaftlich vollständig verbraucht**. Der BGH hat bei Überschuldung § 30 GmbHG zunächst entsprechend angewandt (BGHZ 60, 324, 331; 67, 174; 81, 259). Richtig ist, die Vorschrift bei bilanzieller Überschuldung erst recht heranzuziehen (so die jetzt h. M. BGH, NJW 1990, 1730, 1732; Baumbach/Hueck-Fastrich, GmbHG, § 30 Rn. 20; K. Schmidt, GmbHR 2007, 1072, 1074; Lutter/Hommelhoff, GmbHG, § 30 Rn. 10).

Die **Bewertung** der Aktiva erfolgt nach **allgemeinen Bilanzierungsgrundsätzen** (BGH, ZInsO 2011, 1067; NJW 2009, 68, 69; OLG Koblenz ZIP 2011, 1913; 1915; Roth/Altmeppen, GmbHG, § 30 Rn. 10). Daran ändert auch das MoMiG nichts (Begr. RegE BT-Drucks. 16/6140, S. 41).

Abweichend zur Überschuldungsbilanz nach § 64 GmbHG sind keine **Fortführungs- oder Zerschlagungswerte** anzusetzen. Maßgebend sind **vielmehr fortgeschriebene Buchwerte** der letzten Jahresbilanz (BGH, ZInsO 2009, 102 Rn. 11 st. Rspr.). Die **bisherige Bilanzierungspraxis** ist **fortzusetzen**, insb. die Wahl einer Abschreibungsmöglichkeit (Baumbach/Hueck-Fastrich, GmbHG, § 30 Rn. 17; Scholz-Verse, GmbHG, § 30 Rn. 60; Lutter/Hommelhoff, GmbHG, § 30 Rn. 12). Klarstellend ist anzumerken, dass die bilanzielle Bewertungsmethode maßgebend für die Ermittlung einer Unterbilanz ist. Eine andere Frage ist, ob etwaige aus dem Vermögensabfluss an den Gesellschafter resultierenden Gegensprüche zu aktivieren sind (vgl. hierzu Rdn. 10 ff.: bilanzielle Betrachtungsweise versus November-Urteil des BGH in ZIP 2004, 263).

8   **Aktiva**: Ein von der Gesellschaft selbst geschaffener **Firmenwert** kann nicht aktiviert werden (OLG Celle, NZG 2004, 424; Roth/Altmeppen, GmbHG, § 30 Rn. 11; Baumbach/Hueck-Fastrich, GmbHG, § 30 Rn. 19), ein erworbener ist nach § 246 Abs. 1 Satz 4 HGB zwingend, unabhängig von der Verwertbarkeit zu berücksichtigen (Scholz-Verse, GmbHG, § 30 Rn. 67). **Offene Einlageforderungen** sind nach Änderung des § 272 HGB für Jahresabschlüsse nach dem 31.12.2009 nur dann zu aktivieren, wenn diese auch eingefordert wurden. Dann verkürzen diese eine Auszahlung nicht (Baumbach/Hueck-Fastrich, GmbHG, § 30 Rn. 14, 15; Kropff, ZIP 2009, 1137, 1140). Noch nicht eingeforderte Einlagen dürfen für die nach dem 31.12.2009 begonnenen Geschäftsjahre nicht mehr in der Handelsbilanz aktiviert werden, sondern sind auf der Passivseite mit dem Nennbetrag vom gezeichneten Kapital abzusetzen (§ 272 Abs. 1 Satz 3 HGB). Da das BilMoG nicht das ausschüttungsfähige Vermögen verringern soll, spricht vieles dafür, die nicht eingeforderten Einlagen dennoch zum Aktivvermögen zu addieren (Scholz-Verse, GmbHG, § 30 Rn. 63; Lutter/Hommelhoff, GmbHG, § 30 Rn. 13). Bei Zweifeln an der Werthaltigkeit der Einlageforderung sind Wertberichtigungen vorzunehmen (OLG Bremen, DStR 2002, 1407; Lutter/Hommelhoff, GmbHG, § 30 Rn. 13). Unberücksichtigt bleiben etwaige vorher entstandene **Erstattungsansprüche aus § 31 GmbHG** (Baumbach/Hueck-Fastrich, GmbHG, § 30 Rn. 18; Scholz-Verse, GmbHG, § 30 Rn. 64). Da die Gesellschaft an die bisherige Bilanzierungspraxis gebunden ist, können **stille Reserven** nicht realisiert werden, es sei denn, dies entspricht den Erfordernissen einer ordnungsgemäßen Bilanzierung (Scholz-Verse, GmbHG, § 30 Rn. 59; Baumbach/Hueck-Fastrich, GmbHG, § 30 Rn. 17; Roth/Altmeppen, GmbHG, § 30 Rn. 11). **Eigene Anteile** sind nicht mehr in der Handelsbilanz zu aktivieren, sondern stattdessen ist der Nennbetrag nach § 272 Abs. 1a HGB vom gezeichneten Kapital abzusetzen. Folglich bleiben eigene Anteile bei der Berechnung des Aktivvermögens außer Betracht (Scholz-Verse, GmbHG, § 30 Rn. 65; Baumbach/Hueck-Fastrich, GmbHG, § 30 Rn. 16). Anteile an einem herrschenden oder mehrheitlich beteiligten Unternehmen sind hingegen zu aktivieren. Da zugleich hierfür eine Rücklage nach § 272 Abs. 4 HGB zu bilden ist, neutralisiert sich diese Position, beeinflusst das Gesamtbild folglich nicht (Scholz-Verse, GmbHG, § 30 Rn. 57, 65). **Darlehensrückzahlungsansprüche** der Gesellschaft gegen ihre Gesellschafter sind mit dem wahren Wert zu aktivieren (BGH, ZIP 2012, 1071 Rn. 25).

9   Auf der **Passivseite** sind Rückstellungen sowie sämtliche Verbindlichkeiten, auch **Gesellschafterdarlehen**, zu berücksichtigen, selbst wenn ein qualifizierter Rangrücktritt erklärt wurde (h. M. BGH, ZInsO 2011, 1067; 2009, 102 Rn. 11; Scholz-Verse, GmbHG, § 30 Rn. 69; Baumbach/Hueck-Fastrich, GmbHG, § 30 Rn. 15; a. A. Roth/Altmeppen, GmbHG, § 30 Rn. 10; anders BGH zur Überschuldungsbilanz des § 64 GmbHG in ZIP 2001, 235). Durch die Subordination einer Verbindlichkeit kann für andere Ansprüche des Gesellschafters keine Auszahlungserleichterung geschaffen werden. Ebenso sind **Einlagen stiller Gesellschafter** zu berücksichtigen (Baumbach/Hueck-Fastrich, GmbHG, § 30 Rn. 15; OLG Brandenburg, GmbHR 1998, 190, 192; Roth/Altmeppen, GmbHG, § 30 Rn. 10). Gleiches gilt für das Genussrechtskapital (MK-Ekkenga, GmbHG, § 30 Rn. 112 ff.). Nicht abzuziehen sind dagegen **Rücklagen, Gewinnvorträge, Nachschusskonten und vergleichbare Reserveposten** auf der Passivseite, da hierdurch das Reinvermögen nicht verringert wird (Scholz-Verse, GmbHG, § 30 Rn. 68; Baumbach/Hueck-Fastrich, GmbHG, § 30 Rn. 16). **Rückstellungen** sind für Risiken (§ 249 Abs. 1 Satz 1, Abs. 2 Nr. 2 HGB) sowie künftige Aufwendungen (§ 249 Abs. 1 Satz 2 Nr. 1 HGB) zu bilden und einzubeziehen (Scholz-Verse, GmbHG, § 30 Rn. 70; a. A. MK-Ekkenga, GmbHG, § 30 Rn. 118). Da es auf den Zeitpunkt der Auszahlung

ankommt, ist unerheblich, ob sich das Risiko später nicht verwirklicht und die Rückstellung aufgelöst werden kann (BGH, GmbHR 2003, 1420, 1422; Scholz-Verse, GmbHG, § 30 Rn. 70). Von Rückstellungen sind **Eventualverbindlichkeiten** (bspw. Bestellung von Sicherheiten für Dritte) abzugrenzen. Eventualverbindlichkeiten können dann und solange außer Betracht bleiben, als ein werthaltiger Freihalteanspruch besteht. Nach h. M. sind **passive Rechnungsabgrenzungsposten** (§ 250 Abs. 2 HGB) voll zu berücksichtigen (Scholz-Verse, GmbHG, § 30 Rn. 70; MK-Ekkenga, GmbHG, § 30 Rn. 125).

c) Bedeutung der Gegenleistung

Liegt eine Unterbilanz vor, war streitig, ob es an einer verbotenen Auszahlung fehlt, wenn die Leistung der Gesellschaft durch eine aktivierbare vollwertige Gegenleistung des Gesellschafters kompensiert wird. Durch das MoMiG wird klargestellt, dass § 30 Abs. 1 GmbHG **keinen gegenständlichen Schutz** für die Gesellschaftsgläubiger, sondern einen Vermögensschutz gewährt. § 30 Abs. 1 GmbHG untersagt lediglich, das in der Satzung festgelegte Garantievermögen in seiner rechnerischen Wertbindung zugunsten eines Gesellschafters anzutasten (so die h. M. vor dem November-Urteil, jetzt auch wieder BGH, ZInsO 2009, 40 unter **Aufgabe der Auffassung im November-Urteil**). Der Gesellschaftsgläubiger ist gegen Vermögensminderungen, nicht aber gegen Vermögensumschichtungen geschützt (Bayer, ZGR 2007, 220, 234; Drygala/Kremer, ZIP 2007, 1289, 1291). Das Gesellschaftsvermögen wird i. H. d. Stammkapitals nur wertmäßig und nicht gegenständlich vor Zugriffen des Gesellschafters geschützt. Die Unterbilanz ist weiterhin ausschließlich nach bilanziellen Kriterien zu ermitteln. Danach ist die von dem Gesellschafter geschuldete Gegenleistung zu aktivieren. Ist bspw. bei Ausreichung eines Darlehens der Rückzahlungsanspruch vollwertig, findet lediglich ein **unschädlicher Aktivtausch** statt. Der Aktivposten Bankguthaben wird durch den Darlehensrückgewähranspruch ersetzt, das Aktivvermögen folglich nicht gemindert. Selbst bei bestehender Unterbilanz darf das Darlehen an den solventen Gesellschafter ausgezahlt werden, wenn der Rückgewähranspruch vollwertig ist.

Der BGH war zur alten Rechtslage vor Inkrafttreten des MoMiG von dieser rein bilanziellen Betrachtungsweise durch das sog. November-Urteil (ZIP 2004, 263) zunächst deutlich abgerückt. Danach sind Kreditgewährungen an Gesellschafter, die nicht aus freiem Vermögen der Gesellschaft erfolgen, grds. auch dann als verbotene Auszahlung zu betrachten, wenn der Rückzahlungsanspruch gegen den Gesellschafter vollwertig ist. Nach dieser auf Stimpel (FS 100 Jahre GmbHG, 1992, S. 335, 440 ff.) und Schön (ZHR 159 [1995], 351, 352, 361) zurückgehenden Rspr. liegt der Sinn und Zweck des § 30 GmbHG darin, das Vermögen der Gesellschaft bis zur Höhe der Stammkapitalziffer dem Zugriff der Gesellschafter zu entziehen. Mit diesem Ziel wäre es unvereinbar, wenn die Gesellschafter der GmbH zulasten des gebundenen Vermögens Kapital entziehen könnten und der GmbH im Austausch für das fortgegebene reale Vermögen nur ein zeitlich hinausgeschobener schuldrechtlicher Rückzahlungsanspruch verbliebe. Bei eingetretener Unterbilanz sei deshalb **nicht nur der bilanzielle Wert des Gesellschaftsvermögens zu wahren, sondern auch dessen reale Substanz zusammenzuhalten** und vor einer Aufspaltung in schuldrechtliche Ansprüche gegen die Gesellschafter zu schützen. Diese Rspr. hat sowohl Befürworter (Altmeppen, ZIP 2006, 2333) als auch Kritiker (Helmreich, GmbHR 2004, 457; Bayer/Lieder, GmbHR 2006, 1121; Wessels, ZIP 2006, 1701; Ulmer, ZHR 169 [2005], 1; K. Schmidt, GmbHR 2007, 1072) gefunden. **Der BGH** (ZInsO 2009, 40 Rn. 12 m. Anm. Altmeppen, ZIP 2009, 49; krit. Spliedt, ZIP 2009, 149, 150) **ist nunmehr wieder zur bilanziellen Betrachtungsweise zurückgekehrt und hat seine Auffassung aus dem November-Urteil aufgegeben** (bestätigt BGH, ZIP 2012, 1071 Rn. 25). § 30 Abs. 1 Satz 2 GmbHG wird nicht als konstitutive Neuregelung verstanden, sondern als klarstellende Rückkehr zur bilanziellen Betrachtungsweise. **Das Kapital wird nicht gegenständlich, sondern nur wertmäßig geschützt.** Bilanziell führt eine vollständig kompensierte Auszahlung nur zu einem Aktivtausch (z. B. Bankguthaben gegen Forderung bei Darlehensgewährung) und lässt das Kapital der Gesellschaft unangetastet. Die bilanzielle Betrachtungsweise ist aber auf **Grundlage von Verkehrswerten** zu verstehen (relevant insb. bei nicht bilanzierungsfähigen Leistungen oder Verkauf von Wirtschaftsgüter mit stillen Reserven s. Rdn. 23 bis 25; Baumbach/Hueck-Fastrich, GmbHG,

§ 30 Rn. 41; Lutter/Hommelhoff, GmbHG, § 30 Rn. 32). Erbringt der Gesellschafter Dienstleistungen, müssen diese einen bezifferbaren Wert für die Gesellschaft haben (Drittvergleich), selbst wenn diese im Verwertungsfall für den Gläubiger bedeutungslos sind. Der BGH sieht sich in seiner Meinungsänderung durch das MoMiG bestätigt, wonach eine unzulässige Einlagenrückgewähr bei vollwertigem Gegenleistungs- oder Rückgewähranspruch nicht vorliegt. Hervorzuheben ist, dass in Anbetracht der gesetzgeberischen Klarstellung dies auch für Altfälle gilt. Unzulässig bleiben aber weiterhin Austauschgeschäfte bei Bestehen oder Eintritt in eine Unterbilanz, wenn der Verkauf zum Buchwert unterhalb des Verkehrswertes erfolgt (Roth/Altmeppen, GmbHG, § 30 Rn. 12).

d) Auszahlungen

12   Die Unterbilanz oder aber Überschuldung muss im Zeitpunkt der Auszahlung vorliegen (BGHZ 9, 169; Rowedder/Schmidt-Leithoff/Pentz, GmbHG, § 30 Rn. 13; Baumbach/Hueck-Fastrich, GmbHG, § 30 Rn. 22). Der Begriff der Auszahlung an Gesellschafter ist **weit zu verstehen** (Roth/Altmeppen, GmbHG, § 30 Rn. 2). Er betrifft nicht nur Geldzahlungen, sondern **Leistungen aller Art, die wirtschaftlich das Gesellschaftsvermögen verringern** (BGH, GmbHR 2009, 601). Keine Voraussetzung der Auszahlung ist, dass sich diese in der Vermögensminderung der Bilanz niederschlägt (Scholz-Verse, GmbHG, § 30 Rn. 18; Baumbach/Hueck-Fastrich, GmbHG, § 30 Rn. 33, 37). Auf bilanzielle Grundsätze kommt es bei der Feststellung der Unterbilanz, nicht bei der Auszahlung an. Hierzu gehören **offene und verdeckte, unmittelbare und mittelbare Zuwendungen** an Gesellschafter (BGH, NJW 1987, 1194; Lutter/Hommelhoff, GmbHG, § 30 Rn. 8). Die Verhinderung von Vermögensmehrungen kann nur bei konkreter Ertragsaussicht einer Auszahlung gleichgestellt werden (Baumbach/Hueck-Fastrich, GmbHG, § 30 Rn. 34). Ein Vergleich ist bei fehlender Ausgewogenheit unzulässige Auszahlung (OLG Dresden, GmbHR 2002, 1245). Die Auszahlung an den Gesellschafter muss ihre **Grundlage im Gesellschaftsverhältnis** haben (Baumbach/Hueck-Fastrich, GmbHG, § 30 Rn. 29; Rowedder/Schmidt-Leithoff/Pentz, GmbHG, § 30 Rn. 31). Hierzu gehören bspw. Gewinnausschüttungen, Entnahmen sowie die Vergütung des Gesellschafter-Geschäftsführers. Keine Einlagenrückgewähr ist die bloße Schädigung des Gesellschaftsvermögens, ggf. aber der Verzicht auf Schadensersatzansprüche gegen Gesellschafter (BGH, NJW 2000, 1571). Mit der unzulässigen Auszahlung entsteht der sofort fällige Rückgewähranspruch aus § 31 GmbHG (BGH, ZInsO 2011, 1067).

13   Nach der nunmehr wieder herrschenden bilanziellen Betrachtungsweise sind **Leistungen, die auf einem Individualvertrag** beruhen, welcher mit dem Gesellschafter wie mit einem Dritten geschlossen wurde, unschädlich, wenn hierfür eine gleichwertige Gegenleistung erbracht wurde, die einem Drittvergleich standhält (Scholz-Verse, GmbHG, § 30 Rn. 19; Baumbach/Hueck-Fastrich, GmbHG, § 30 Rn. 30). Die Leistungen dürfen nach der bilanziellen Betrachtungsweise auch dann erfüllt werden, wenn nach dem Abschluss eine Unterbilanz eintritt oder zuvor vorlag. Die Gegenleistung ist abweichend von der bilanziellen Betrachtungsweise auch dann zu berücksichtigen, wenn sie nicht bilanzierungsfähig ist, wie z. B. das Geschäftsführergehalt oder Beratungsleistungen. Dem Deckungsgebot wird dadurch Folge geleistet, dass die nicht bilanzierungsfähige Gegenleistung von Dritten für ein marktangemessenes (Drittvergleich) Entgelt erworben werden müsste (M. Winter DStR 2007, 1484, 1487). Die Veräußerung von Gesellschaftsvermögen zu einem unter dem Verkehrswert liegenden Buchwert wäre jedoch ebenso unzulässig wie die Übertragung bilanziell nicht aktivierbarer Vermögenswerte ohne verkehrsübliches Entgelt. Gleiches gilt für Gegenleistungen gegen überhöhte Vergütung (verdeckte Gewinnausschüttung).

e) Leistung an Gesellschafter

14   Grundsätzlich muss **der Gesellschafter Begünstigter** sein. Maßgeblicher **Zeitpunkt** für die Gesellschafterstellung ist nicht der Zeitpunkt der Auszahlung, sondern **vorgelagert derjenige der Verpflichtung der Gesellschaft zur Leistung** (BGH, NJW 1988, 139; anders aber bei Auszahlungen im Unternehmensverbund: Zeitpunkt der Zahlung BGH, GmbHR 1996, 111; KG, NZG 2000, 479; **maßgeblicher Zeitpunkt für das Vorliegen einer Unterdeckung ist aber die Auszahlung**,

s. Rdn. 6 f.). Der Gesellschafter bleibt somit verpflichtet, wenn er nach dem Zahlungsversprechen ausscheidet und danach die Zahlung erhält (Lutter/Hommelhoff, GmbHG, § 30 Rn. 19). Der **künftige Gesellschafter** wird neben dem Gesellschafter ausnahmsweise in die Haftung einbezogen, wenn die Begründung der Verpflichtung im Zusammenhang mit der künftigen Gesellschafterstellung steht (BGH, NZG 2008, 106; Scholz-Verse, GmbHG, § 30 Rn. 33; Baumbach/Hueck-Fastrich, GmbHG, § 30 Rn. 23). Aber auch Geschäfte, an denen ein Gesellschafter nur mittelbar beteiligt ist, können sich wirtschaftlich zu seinen Gunsten auswirken und das Stammkapital angreifen. Dies gilt insb. für die Tilgung einer Gesellschafter-Verbindlichkeit durch die Gesellschaft (BGH, ZInsO 2009, 40 Rn. 8; ZIP 1990, 1467; OLG Köln, GmbHR 1996, 367). § 30 GmbHG erfasst daher **Leistungen an Dritte, wenn der Gesellschafter hierdurch mittelbar begünstigt wird** (Roth/Altmeppen, GmbHG, § 30 Rn. 29). Entsprechendes gilt für die Eingehung einer Verbindlichkeit ggü. einem Dritten, wenn diese dem Interesse des Gesellschafters dient (OLG Rostock, GmbHR 1998, 329). Der Rückzahlungsanspruch nach § 31 GmbHG richtet sich dann gegen den Gesellschafter (Scholz-Verse, GmbHG, § 30 Rn. 37).

Steht der Dritte **dem Gesellschafter wirtschaftlich oder persönlich nahe**, ist der Ditte einem Gesellschafter gleichzustellen, sodass die Auszahlung dem Gesellschafter zuzurechnen ist. Leistungen an unmittelbare **Familienangehörige** oder andere Personen, die dem Gesellschafter nahe stehen, können in den Anwendungsbereich des § 30 GmbHG fallen (BGHZ 81, 365; BGH, NJW 1996, 589). Erforderlich ist aber auch in diesem Fall, dass **die Leistung dem Gesellschafter, wenn auch mittelbar, zugutekommt**, bspw. wenn er dem Leitungsempfänger zum Unterhalt verpflichtet ist (Scholz-Verse, GmbHG, § 30 Rn. 42) **oder es muss eine Veranlassung dieser Leistung durch den Gesellschafter festzustellen sein** (Roth/Altmeppen, GmbHG, § 30 Rn. 48). Der BGH hat bei Rückzahlung eines Darlehens an Kinder des Gesellschafters, die selbst Darlehensgeber waren, einen konkreten Nachweis verlangt, dass die Leistung dem Gesellschafter zuzurechnen war (BGH, NJW 1982, 386). Entsprechendes gilt für Leistungen an die mit dem Gesellschafter verbundenen Unternehmen (vgl. zur Gleichstellung Anhang zu § 35 C Rdn. 13). Fraglich ist aber in den Fällen der dem Gesellschafter zuzurechnenden Drittzahlungen, ob **auch der Dritte nach § 31 GmbHG haftet** (befürwortend: Baumbach/Hueck-Fastrich, GmbHG, § 30 Rn. 26; Lutter/Hommelhoff, GmbHG, § 30 Rn. 22; Rowedder/Schmidt-Leithoff/Pentz, GmbHG, § 30 Rn. 25; Roth/Altmeppen, GmbHG, § 30 Rn. 26 bei Auszahlung an Zessionar gesamtschuldnerische Haftung). Diese Mithaftung ist grds. abzulehnen, da der Dritte als Leistungsempfänger kein Gesellschafter ist (Scholz-Verse, GmbHG, § 31 Rn. 43; Roth/Altmeppen, GmbHG, § 30 Rn. 51). In Betracht kommt allenfalls eine Haftung nach bürgerlich-rechtlichen Gesichtspunkten (dazu Scholz-Verse, GmbHG, § 30 Rn. 123). Zur Leistung im Unternehmensverbund ausführlich Roth/Altmeppen, GmbHG, § 30 Rn. 57 bis 68.

Hält der Gesellschafter nur **treuhänderisch** einen Geschäftsanteil für einen Dritten, sind Zuwendungen an den Treugeber als Leistung an einen Gesellschafter anzusehen (zuletzt BGH, WM 1989, 60; ZIP 1990, 1593; NZG 2008, 106; Baumbach/Hueck-Fastrich, GmbHG, § 31 Rn. 28). In diesem Fall haften Treuhänder und Treugeber gesamtschuldnerisch, Letztgenannter selbst dann, wenn er die Auszahlung nicht kannte oder noch nicht erhalten hat. Überwiegend wird eine Erstattungspflicht des Treugebers auch bei Leistung an den Treuhänder befürwortet, da hierin zugleich auch eine mittelbare Leistung an ihn liegt (Roth/Altmeppen, GmbHG, § 30 Rn. 33). Der **Nießbraucher** fällt ebenfalls unter § 30 GmbHG (Scholz-Verse, GmbHG, § 30 Rn. 51). Gleiches gilt für den atypisch stillen Gesellschafter oder Pfandgläubiger nur dann, wenn er hinsichtlich seiner vermögensmäßigen Beteiligung und seines Einflusses auf die GmbH weitgehend einem Gesellschafter gleichsteht (BGH, NZG 2006, 341; OLG Köln, ZInsO 2012, 1081; Baumbach/Hueck-Fastrich, GmbHG, § 30 Rn. 28).

3. Ausnahmen

§ 30 Abs. 1 Satz 2 und 3 GmbHG lassen unter bestimmten Voraussetzungen Ausnahmen vom Auszahlungsverbot zu.

a) Bestehen eines Beherrschungs- oder Gewinnabführungsvertrags

18 Für die Rechtslage vor Inkrafttreten des MoMiG war streitig, ob ein Unternehmensvertrag mit einer GmbH in entsprechender Anwendung des § 291 Abs. 3 AktG auch die §§ 30, 31 GmbHG suspendiert. Im Schrifttum ist dies teilweise verneint worden, weil es hierzu an einer ausdrücklichen gesetzlichen Anordnung fehlte (Brandes, FS Kellermann 1991, S. 25, 33; Cahn, Der Konzern 2004, 235, 242). Nach überwiegender Ansicht waren hingegen die Kapitalerhaltungsvorschriften in der GmbH bereits vor Inkrafttreten des MoMiG suspendiert, wenn mit dieser ein Beherrschungs- oder Gewinnabführungsvertrag geschlossen wurde und die Leistung an den Gesellschafter **aufgrund des Vertrags** erfolgte (Scholz-Verse, GmbHG, § 30 Rn. 72; Lutter/Hommelhoff, GmbHG, § 30 Rn. 47; Wilhelm, DB 2006, 2729, 2730). Das betrifft bei Beherrschungsverträgen alle Leistungen, die auf einer rechtmäßigen Ausübung des Weisungsrechts beruhen, bei Gewinnabführungsverträgen aber nur den abgeführten Gewinn selbst, nicht weiter gehende Leistungen an den Gesellschafter (Pentz, ZIP 2006, 781, 786).

19 Besteht ein Beherrschungs- oder Gewinnabführungsvertrag, findet das Auszahlungsverbot des § 30 Abs. 1 GmbHG seit Inkrafttreten des MoMiG (01.11.2008) keine Anwendung. Der Schutz der Gläubiger wird durch den Anspruch gegen die beherrschende Gesellschaft auf Verlustausgleich gem. § 302 AktG erreicht. Abweichend vom RegE wird durch die jetzt verwendete Formulierung »bei Bestehen« klargestellt, dass **nicht nur Leistungen an den anderen Vertragsteil privilegiert sind, sondern auch solche an Dritte, insb. an mit dem Vertragsteil verbundene Unternehmen** (Begr. Beschlussempfehlung und Bericht des Rechtsausschlusses, BT-Drucks. 16/9737, S. 98). Im RegE war zunächst vorgesehen, dass die Ausnahme nur zwischen den Vertragsteilen eines Beherrschungs- oder Gewinnabführungsvertrages zulässig sein soll. Durch den Verweis auf § 291 AktG konnte zudem anzunehmen sein, dass nur Leistungen aufgrund des Unternehmensvertrags begünstigt seien. **Um auch Leistungen in Konzernverhältnissen zu erfassen, wurde nunmehr auf das Bestehen eines Unternehmensvertrags und nicht auf die Parteien desselben oder diesen als Rechtsgrund abgestellt.** Nach dem Gesetzeswortlaut gilt die Freistellung vom Auszahlungsverbot bei Bestehen eines Beherrschungs- oder Gewinnabführungsvertrags uneingeschränkt, also auch für Beteiligung am Cash-Pool (Roth/Altmeppen, GmbHG, § 30 Rn. 56; Baumbach/Hueck-Fastrich, GmbHG, § 30 Rn. 44). Aus der Rückkehr zur bilanziellen Betrachtungsweise und der Wertung des § 30 Abs. 1 Satz 2, 2. Alt. GmbHG wird **befürwortet, zusätzlich auf die Solvenz des herrschenden Unternehmens abzustellen** (Scholz-Verse, GmbHG, § 30 Rn. 75; Bormann/Urlichs, GmbHR, Sonderheft Oktober 2008, S. 37, 47; Roth/Altmeppen, GmbHG, § 30 Rn. 123; abl. Winkler/Becker, ZIP 2009, 2361, 2366). Ausgehend von dieser Überlegung darf das zur Erhaltung des Stammkapitals erforderliche Vermögen trotz Bestehens eines Beherrschungs- oder Gewinnabführungsvertrags aber nicht mehr an einen Gesellschafter oder an einen diesem gleichstehenden Dritten ausgezahlt werden, wenn Zweifel daran bestehen, dass die Obergesellschaft ihrer Verlustausgleichspflicht nach § 302 AktG nicht nachkommen kann (ebenso Altmeppen, ZIP 2009, 49, 55; ders. NZG 2010, 361, 363; Baumbach/Hueck-Fastrich, GmbHG, § 30 Rn. 44; a. A. Lutter/Hommelhoff, GmbHG, § 30 Rn. 48 erst nach Kündigung entfällt Ausnahmetatbestand). Gewährte Darlehen bleiben zulässig, sind in der Krise der Muttergesellschaft aber unverzüglich zurückzufordern. Der Verlustausgleichsanspruch nach § 302 AktG ist die Existenzgarantie für die Gesellschaft, sodass es bei Auszahlung an ein anderes Konzernunternehmen nicht auf dessen Solvenz ankommt (Bormann/Urlichs, GmbHR, Sonderheft Oktober 2008, S. 37, 48). Diese einschränkende Gesetzesauslegung verhindert ein Ausplündern der Tochtergesellschaften, was erklärtes Ziel des MoMiG ist (Begr. RegE BR-Drucks. 354/07, S. 94).

b) Vollwertiger Rückgewähranspruch

20 Diese Variante erfasst eine **Darlehensgewährung an den Gesellschafter** und versteht sich als Reaktion auf Unsicherheiten in der Praxis, die infolge des November-Urteils eingetreten waren (dazu Rdn. 10 f.) Ist bei Ausreichung eines Darlehens der Rückgewähranspruch gegen den Gesellschafter vollwertig, ist dies trotz Bestehens einer Unterbilanz unschädlich, da lediglich ein Aktivtausch vor-

genommen wird. Die Vollwertigkeit des Anspruchs auf Rückzahlung ist nach bilanziellen Kriterien zu beurteilen. Entscheidend ist die Realisierbarkeit der Forderung, da diese zum Nennwert nur dann angesetzt werden darf, wenn sie auch durchsetzbar ist (Drygala/Kremer, ZIP 2007, 1289, 1293). Ist die Einbringlichkeit zweifelhaft, muss der Rückgewähranspruch abgeschrieben werden (§ 253 Abs. 3 Satz 3 HGB). Der Begriff »**Vollwertigkeit**« ist unbestimmt und ausfüllungsbedürftig. Abweichend von dem November-Urteil des BGH (ZIP 2004, 263) muss die Kreditwürdigkeit nicht mehr bei Anlegung strengster Maßstäbe außerhalb jedes vernünftigen Zweifels feststehen. Der BGH ist nunmehr von dieser strengen Auslegung abgerückt (ZInsO 2009, 40 Rn. 13). Maßstab für die Vollwertigkeit ist danach eine **vernünftige kaufmännische Beurteilung, wie sie auch bei der Bewertung von Forderungen aus Drittgeschäften i. R. d. Bilanzierung maßgebend ist** (BGH, ZInsO 2009, 40; Baumbach/Hueck-Fastrich, GmbHG, § 30 Rn. 42, 56). Die Vollwertigkeit ist **objektiv zu beurteilen**, sodass es auf eine fehlerhafte Einschätzung der Geschäftsleitung nicht ankommt (Lutter/Hommelhoff, GmbHG, § 30 Rn. 28; Altmeppen, ZIP 2009, 49, 53; Gundlach/Frenzel/Strandmann, NZI 2008, 647, 649). Eine an Sicherheit grenzende Wahrscheinlichkeit der Rückzahlung ist nicht erforderlich (BGH, ZInsO 2009, 40 Rn. 13; Scholz-Verse, GmbHG, § 30 Rn. 85). **Ausreichend ist, dass der Anspruch absehbar nicht infrage gestellt ist und bilanziell kein Abwertungsbedarf besteht.** Die Durchsetzbarkeit der Forderung ist Teil der Definition des Begriffs Vollwertigkeit (Begr. RegE BR-Drucks. 354/07, S. 94). Insoweit entspricht der Regelungsinhalt § 19 Abs. 5 GmbHG, sodass ergänzend auf die Ausführungen zu Anhang zu § 35 D Rdn. 10 verwiesen werden kann. Für die Beurteilung der Vollwertigkeit ist auf den **Zeitpunkt der Entstehung des Rückzahlungsanspruchs abzustellen** (BGH, ZInsO 2009, 40 Rn. 13; Hirte, ZInsO 2008, 689, 692; Drygala/Kremer, ZIP 2007, 1289, 1293). Der Gesetzgeber hebt ausdrücklich hervor, dass spätere, nicht vorhersehbare negative Entwicklungen der Solvenz des Gesellschafters und bilanzielle Abwertungen nicht nachträglich zu einer verbotenen Auszahlung führen (Begr. RegE BR-Drucks. 354/07, S. 94). Bestehen zu diesem Zeitpunkt auch nur geringste Zweifel an der künftigen Durchsetzbarkeit des Rückgewähranspruchs, hat die Auszahlung zu unterbleiben. Ist der Anspruch der Gesellschaft **nur teilweise werthaltig**, verstößt die Leistung, vorbehaltlich des Vorliegens anderer Ausnahmetatbestände, insgesamt gegen § 30 Abs. 1 GmbHG (Altmeppen ZIP 2009, 49, 53; Roth/Altmeppen, GmbHG, § 30 Rn. 98 »zu 100% aktivierbar«; Spliedt, ZIP 2009, 149, 151; Lutter/Hommelhoff, GmbHG, § 30 Rn. 27). Streitig ist, ob bei teilweiser Werthaltigkeit der Teilwert anzusetzen ist (so Scholz-Verse, GmbHG, § 30 Rn. 92; Mülbert/Leuschner, NZG, 2009, 281, 284; Flume, GmbHR 2011, 1258, 1264) oder vollständig auf »null« zu berichten ist (so Altmeppen, NZG 2010, 401, 406; Lutter/Hommelhoff, GmbHG, § 30 Rn. 27; Baumbach/Hueck-Fastrich, GmbHG, § 30 Rn. 55). Für die Kapitalerhaltung kann nichts anderes gelten als für die Kapitalaufbringung (vgl. Anhang zu § 35 D Rdn. 10), sodass der letztgenannten Auffassung zuzustimmen ist. Diese Grundsätze gelten auch für die Beteiligung an einem Cash-Pool, da die Bereitstellung von Liquidität i. R. d. täglichen Clearings eine Darlehensgewährung ist (BGHZ 166, 8 Rn. 8; Roth/Altmeppen, GmbHG, § 30 Rn. 92). Zur Haftung des Geschäftsführers bei fehlerhafter Einschätzung der Vollwertigkeit oder nachfolgender Prüfung der Solvenz des Gesellschafters s. Rdn. 32.

21 Anders als § 19 Abs. 5 GmbHG verlangt § 30 Abs. 1 GmbHG nicht, dass der vollwertige Anspruch auch jederzeit fällig ist oder die Fälligkeit durch Kündigung hergestellt werden muss (Scholz-Verse, GmbHG, § 30 Rn. 84). Darlehensvereinbarungen mit einer festen Laufzeit sind daher unschädlich. In diesem Zusammenhang ist zu beachten, dass die **Prolongation** (Drygala/Kremer, ZIP 2007, 1289, 1293; Gehrlein, Der Konzern 2007, 771, 785; Baumbach/Hueck-Fastrich, GmbHG, § 30 Rn. 43) ebenso wie das **Stehenlassen** (Scholz-Verse, GmbHG, § 30 Rn. 88) einer Neugewährung gleichzustellen ist. Wird die Laufzeit des Darlehens verlängert, muss zu diesem Zeitpunkt die Vollwertigkeit erneut gegeben sein (Hirte, ZInsO 2008, 689, 692; Bormann/Urlichs, GmbHR, Sonderheft Oktober 2008, S. 37, 49).

22 Streitig ist, ob das dem Gesellschafter gewährte Darlehen einem **Drittvergleich** standhalten muss (bejahend Scholz-Verse, GmbHG, § 30 Rn. 94; Lutter/Hommelhoff, GmbHG, § 30 Rn. 29/30; Spliedt, ZIP 2009, 149, 150; verneinend Drygala/Kremer, ZIP 2007, 1289, 1293; Hirte, ZInsO 2008, 689, 692; differenzierend Altmeppen, ZIP 2009, 49, 52; Winter, DStR 2007, 1484, 1487;

befürwortend bei langfristigen Darlehen BGH, ZInsO 2009, 40 Rn. 17; s. a. Anhang zu § 35 D Rdn. 11). Der Gesetzgeber hat die Forderungen nach einem Drittvergleich nicht aufgegriffen. Die **Verzinsung und Besicherung** wirkt sich bei der Beurteilung der Vollwertigkeit aus. Unverzinsliche Forderungen sind nur mit dem niedrigeren Barwert in der Handelsbilanz anzusetzen. Bei unverzinslichen Darlehen ist bilanziell eine Abwertung erforderlich, wenn die Laufzeit länger als ein Jahr beträgt (Baumbach/Hueck-Fastrich, GmbHG, § 30 Rn. 56; Drygala/Kremer, ZIP 2007, 1289, 1293; für kurze Frist bei Anwendung des § 311 AktG: Altmeppen, ZIP 2009, 49, 52). Bei unangemessener oder fehlender Verzinsung stellt die Differenz zum marktgerechten Zins eine Vermögensminderung und somit eine Auszahlung dar. Kurzfristige Kreditgewährungen insb. im Cash-Pooling können hingegen unverzinslich erfolgen, da in einer Gesamtbetrachtung die Vorteile des Cash-Poolings an sich größer sind als der Zinsnachteil (Altmeppen, ZIP 2009, 49, 52; einschränkend Scholz-Verse, GmbHG, § 30 Rn. 95). Die fehlende Besicherung wirkt dagegen nicht unmittelbar nachteilig und ist nicht Bedingung für die Vollwertigkeit (BGH, ZInsO 2009, 40 Rn. 10; Winter, DStR 2007, 1484, 1487; Gundlach/Frenzel/Strandmann, NZI 2008, 647, 649; Roth/Altmeppen, GmbHG, § 30 Rn. 99). Reicht die Bonität des Gesellschafters aus, bleibt der Anspruch auf Darlehensrückgewähr vollwertig. Die bestellte Sicherheit kann jedoch Zweifel an der Durchsetzbarkeit des Rückgewähranspruchs beseitigen. Die Einrichtung eines Informationssystems zur Überwachung der Bonität des Gesellschafters ist nicht Bedingung der Vollwertigkeit (so aber wohl Lutter/Hommelhoff, GmbHG, § 30 Rn. 31 Rn. 40 zum Sonderfall Cash-Pool), sondern dient lediglich dem Schutz des Geschäftsführers zur Vermeidung eigener Haftungsrisiken (dazu Rdn. 32).

c) **Vollwertiger Gegenleistungsanspruch**

23 **Bei Austauschverträgen, als weitere Fallgruppe des § 30 Abs. 1 Satz 2 GmbHG, wird die rein bilanzielle Betrachtungsweise durchbrochen**, indem der Gesetzgeber klarstellt, dass der Zahlungsanspruch gegen den Gesellschafter nicht nur vollwertig sein muss, sondern dieser auch dem Markt- und nicht nur dem Buchwert des verkauften Gegenstands zu entsprechen hat (Begr. RegE BR-Drucks. 354/07, S. 94). **Entscheidend ist danach nicht der Buchwert, sondern der tatsächliche Wert** (so bereits Stimpel FS 100 Jahre GmbH, 1992, S. 340; Baumbach/Hueck-Fastrich, GmbHG, § 30 Rn. 37; Roth/Altmeppen, GmbHG, § 30 Rn. 75; Thole, ZInsO 2011, 1425, 1426; Spliedt, ZIP 2009, 149, 150). Aus diesem **Deckungsgebot** folgt, dass bei Veräußerung von Gesellschaftsvermögen an den Gesellschafter zu einem geringeren Wert als der Verkehrswert ein Verstoß gegen § 30 Abs. 1 GmbHG vorliegt, wenn eine Unterbilanz hierdurch eintritt oder bereits vorliegt (Scholz-Verse, GmbHG, § 30 Rn. 81; Gehrlein, Der Konzern 2007, 771, 785; Kallmeyer, DB 2007, 2755, 2757; Roth/Altmeppen, GmbHG, § 30 Rn. 12, 73 ff.; Lutter/Hommelhoff, GmbHG, § 30 Rn. 32). Eindeutige Fälle sind die Gewährung überhöhter Gegenleistungen, z. B. Geschäftsführervergütung (BGH, NJW 1992, 2894; OLG Frankfurt am Main, DB 2005, 492), Zinsen, Mieten oder Kaufpreise oder umgekehrt Verkauf/Vermietung an den Gesellschafter unter Preis (OLG Hamburg, ZIP 2005, 1968; Roth/Altmeppen, GmbHG, § 30 Rn. 74). Sowohl bei stillen Reserven als auch bei nicht bilanzierbaren Posten besteht eine Diskrepanz zwischen dem Verkehrswert und dem Bilanzwert. Liegt eine Unterbilanz vor, kann der Vermögenswert nur zum tatsächlichen Wert an den Gesellschafter verkauft werden.

▶ Beispiel:

Wird ein Fahrzeug zum Buchwert von 3.000 €, der einen Verkehrswert von 10.000 € hat, an den Gesellschafter verkauft, liegt bei Bestehen einer Unterbilanz auch dann ein Verstoß gegen § 30 Abs. 1 GmbHG vor, wenn die Kaufpreisforderung gegen den Gesellschafter vollwertig ist. Denn diese deckt nicht den Marktwert des Fahrzeugs.

24 Entsprechendes gilt für **nicht bilanzierungsfähige** Gegenstände (Roth/Altmeppen, GmbHG, § 30 Rn. 77; Thole, ZInsO 2011, 1425, 1426; Bormann/Urlichs, GmbHR, Sonderheft Oktober 2008, S. 37, 48; Drygala/Kremer, ZIP 2007, 1289, 1292, 1294). Da diese nicht bilanzierungsfähig sind, kann es von vornherein nur auf die wirtschaftliche Betrachtung ankommen. Nicht bilanzierungsfähige Gegenstände können nur zu ihrem wirklichen Wert an den Gesellschafter übertragen werden.

Hierbei ist darauf abzustellen, was bei Veräußerung an einen Dritten erzielbar gewesen wäre (Drygala/Kremer, ZIP 2007, 1289, 1294). Gleiches gilt im umgekehrten Fall, wenn die Gesellschaft nicht bilanzierungsfähige Vermögenswerte von dem Gesellschafter erwirbt. Bei **nicht einlagefähigen** Vermögenswerten ist ebenfalls auf den objektiven Wert abzustellen (Drygala/Kremer, ZIP 2007, 1289, 1294). Erbringt der Gesellschafter Dienstleistungen, müssen diese einen bezifferbaren Wert für die Gesellschaft haben (Drittvergleich), selbst wenn diese im Verwertungsfall für den Gläubiger bedeutungslos sind.

Fraglich ist die Behandlung, wenn der Gegenleistungsanspruch nicht dem vollen Marktwert des veräußerten Gegenstandes entspricht. Parallel zu § 19 Abs. 4 GmbHG sollte dann nur ein teilweiser Verstoß gegen die Kapitalerhaltungsvorschriften anzunehmen sein, was die Konsequenz hat, dass der **Gesellschafter die Differenz zwischen der vereinbarten Gegenleistung und dem Marktwert zu erstatten hat** (ebenso Bormann/Urlichs, GmbHR, Sonderheft Oktober 2008, S. 37, 48).

25

d) Aufgabe der Rechtsprechungs-Regeln

Auf die Rückzahlung von Gesellschafterdarlehen findet § 30 GmbHG keine analoge Anwendung mehr (zur Fortgeltung in Altfällen s. Rdn. 44; BGH, ZInsO 2009, 674). Durch Anfügung des Satzes 3 entfallen die Rechtsprechungs-Regeln zu den Eigenkapital ersetzenden Gesellschafterleistungen, indem angeordnet wird, dass Gesellschafterdarlehen und gleichgestellte Leistungen nicht wie haftendes Eigenkapital zu behandeln sind. **Die Rechtsfigur des Eigenkapital ersetzenden Gesellschafterdarlehens wurde damit aufgegeben.** Tilgungsleistungen auf solche Forderungen können keine verbotene Auszahlung von Vermögen sein, welches zur Erhaltung des Stammkapitals erforderlich ist. Der Geschäftsführer kann die Rückzahlung eines Gesellschafterdarlehens nicht mehr unter Berufung auf die Analogie zu § 30 GmbHG verweigern. Solche Rückzahlungen sind gemessen an § 30 GmbHG jetzt zulässig, jedoch einem **Anfechtungsrisiko nach § 135** rechtsformübergreifend ausgesetzt (s. Erläuterungen zu § 135). Kritisiert wird, der Gläubigerschutz sei über die rechtsformübergreifende insolvenzrechtliche Anfechtung unzureichend, da insb. durch Hinausschieben des Insolvenzantrages die Jahresfrist »ausgesessen« werden kann (Hölzle, ZIP 2011, 650 deshalb für erweiterter Anfechtung aus § 135). Die hierdurch entstehende Schutzlücke soll durch § 64 Satz 3 GmbHG geschlossen werden (vgl. hierzu Anhang zu § 35 H). Darlehen des Gesellschafters haben nunmehr den Charakter von Drittgeschäften, sodass der Gesellschafter mit seinem Rückgewähranspruch gegen Forderungen der Gesellschaft aufrechnen kann (Baumbach/Hueck-Fastrich, GmbHG, § 30 Rn. 47). Die Unzulässigkeit der Aufrechnung beurteilt sich dann nach §§ 96 Abs. 1 Nr. 3, 135. § 30 Abs. 1 Satz 3 GmbHG hat indessen keine Auswirkungen auf **Finanzplankredite** (s. Rdn. 36; Scholz-Verse, GmbHG, § 30 Rn. 109).

26

4. Rechtsfolgen

a) Auszahlungsverbot

§ 30 Abs. 1 GmbHG untersagt dem Geschäftsführer, die Auszahlung bei Vorliegen einer Unterbilanz an den Gesellschafter vorzunehmen. Der Geschäftsführer ist verpflichtet, eine unzulässige Auszahlung abzuwehren und diese ggf. zurückzufordern. **Kausal- und Verfügungsgeschäft mit dem Gesellschafter sind wirksam**, selbst bei vorsätzlicher Zuwiderhandlung (BGHZ 136, 125, 129; BGH, NJW 2001, 3123, 3124; a. A. Roth/Altmeppen, GmbHG, § 30 Rn. 82 wegen Missbrauchs der Vertretungsmacht nichtig). Der Anspruch des Gesellschafters ist für die Dauer des Bestehens der Unterbilanz einredebehaftet (Lutter/Hommelhoff, GmbHG, § 30 Rn. 52; Baumbach/Hueck-Fastrich, GmbHG, § 30 Rn. 67; a. A. Scholz-Verse, GmbHG, § 30 Rn. 117, Roth/Altmeppen, GmbHG, § 30 Rn. 81 von Amts wegen zu beachten). Der Anspruch des Gesellschafters kann in dieser Zeit nicht verjähren (Scholz-Verse, GmbHG, § 30 Rn. 117; MK-Ekkenga, GmbHG, § 30 Rn. 282; a. A. Perwein, GmbHR 2006, 1149, 1150). Bei familiär oder wirtschaftlich nahe stehenden Dritten (s. Rdn. 15) steht ebenfalls die Einrede des Auszahlungsverbots dem Anspruch des Begünstigten entgegen (Lutter/Hommelhoff, GmbHG, § 30 Rn. 55). Wurde zugunsten des Gesellschafters eine Verbindlichkeit ggü. einem Dritten eingegangen, ist der Anspruch des Dritten jedoch

27

einredefrei auch bei Vorliegen einer Unterbilanz, es sei denn, der Dritte hat von der Unterbilanz Kenntnis oder in sonstiger Weise mit dem Gesellschafter zusammengewirkt (Lutter/Hommelhoff, GmbHG, § 30 Rn. 53). Der Geschäftsführer hat dann aber den Erstattungsanspruch unverzüglich gegen den Gesellschafter geltend zu machen. Die Gesellschafter sind nicht unmittelbare Adressaten des Auszahlungsverbots. Sie trifft jedoch eine subsidiäre Mithaft nach § 31 Abs. 3 GmbHG (dazu Rdn. 37).

b) Erstattungspflicht

28 Nach § 31 Abs. 1 GmbHG sind die verbotenen Zahlungen der Gesellschaft zu erstatten. Der Anspruch entsteht mit der unzulässigen Auszahlung und ist **sofort fällig** (BGH, ZInsO 2011, 1067; ZInsO 2009, 102 Rn. 8; ZIP 1987, 370; ZIP 2004, 263, 265) und setzt keinen Gesellschafterbeschluss nach § 46 Nr. 2 GmbHG voraus (BGH, ZIP 1987, 371; Baumbach/Hueck-Fastrich, GmbHG, § 31 Rn. 5; Lutter/Hommelhoff, GmbHG, § 31 Rn. 11). **Ebenso wie die Einlageforderung darf der funktionell vergleichbare Erstattungsanspruch** (BGH, ZIP 2000, 1251, 1253) **nicht gestundet werden.** Er unterliegt nicht den Einschränkungen des Bereicherungsrechts, sondern entspricht im Wesentlichen den Regeln der Kapitalaufbringung, was § 31 Abs. 3 und 4 GmbHG verdeutlichen (Roth/Altmeppen, GmbHG, § 31 Rn. 2). Die §§ 16 Abs. 2, 18 Abs. 2 GmbHG gelten indessen nicht. Die **Verzinsung** richtet sich **nach allg. Regeln (§§ 286, 288 BGB)**, nicht nach § 20 GmbHG (Lutter/Hommelhoff, GmbHG, § 31 Rn. 11; Roth/Altmeppen, GmbHG, § 31 Rn. 7; Scholz-Verse, GmbHG, § 31 Rn. 22). Die Gesellschaft kann volle Rückgewähr des Erlangten verlangen, bei Überschuldung einschließlich das verbrauchte Stammkapital (BGHZ 81, 252, 259; OLG Hamburg, NZG 2005, 1008; Roth/Altmeppen, GmbHG, § 30 Rn. 18; § 31 Rn. 10). Der Erstattungsanspruch ist grds. auf die Höhe des Erlangten beschränkt (kein Schadensersatz). Der Erstattungspflichtige hat das Erlangte wertmäßig zurückzugewähren. Der Erstattungsanspruch war nach früherer Rspr. des BGH bereits dann erfüllt, wenn das Aktivvermögen durch die Rückzahlung der Stammkapitalziffer wieder gedeckt war. Nach damaliger Auffassung sollten die §§ 30, 31 GmbHG nur gewährleisten, dass das die Stammkapitalziffer deckende Vermögen nicht durch Rückgewährungen an die Gesellschafter geschmälert wird. Mit der nachhaltigen Auffüllung des Gesellschaftsvermögens auf eine die Stammkapitalziffer deckende Höhe entfalle der Erstattungsanspruch von selbst. Diese Rspr. ist im Jahr 2000 geändert worden (BGH, ZIP 2000, 1251; bestätigt BGH, NJW 2003, 3629; BGH, ZIP 2007, 1705; BGH, ZIP 2012, 1071 Rn. 29; zust. Scholz-Verse, GmbHG, § 30 Rn. 25; Benecke, ZIP 2000, 1969; Kort, ZGR 2001, 615; Altmeppen, NZG 2000, 887; abl. Servatius, GmbHR 2000, 1028; Peus, GmbHR 2001, 655). Ein einmal wegen Verstoßes gegen § 30 GmbHG entstandener Erstattungsanspruch nach § 31 GmbHG **entfällt nicht, wenn das Vermögen der Gesellschaft anderweitig bis zur Höhe der Kapitalziffer nachhaltig wieder hergestellt worden ist** (ausführl. zum Meinungsstand Lutter/Hommelhoff, GmbHG, § 31 Rn. 12 ff.; Baumbach/Hueck-Fastrich, GmbHG, § 31 Rn. 17; zur Haftungsermäßigung bei Gutgläubigkeit s. Rdn. 31). Bei nachträglichem Wegfall der Unterbilanz ist jedoch der Erstattungsanspruch des Gesellschafters bei erbrachter Gegenleistung zu berücksichtigen, dem dann §§ 30, 31 GmbHG nicht entgegenstehen (Scholz-Verse, GmbHG, § 30 Rn. 25). Liegen die Voraussetzungen einer Unterbilanz bei Auszahlung nicht vor, kann eine Erstattungspflicht des Gesellschafters in einer mehrgliedrigen GmbH allerdings auf §§ 812 ff. BGB beruhen, wenn diese ohne Gesellschafterbeschluss erfolgt ist (Roth/Altmeppen, GmbHG, § 30 Rn. 21). Eine Verfügung der Gesellschaft über den Erstattungsanspruch durch Abtretung/Verzicht o. ä. ist nur möglich, wenn ein gleichwertiger neuer Vermögensposten in die Aktiva gelangt (Roth/Altmeppen, GmbHG, § 30 Rn. 106; differenzierend danach, ob Zessionar Gesellschafter oder Dritter Lutter/Hommelhoff, GmbHG, § 31 Rn. 4).

c) Anspruchsinhaber

29 **Gläubiger des Erstattungsanspruchs** ist die Gesellschaft, nach Insolvenzeröffnung der Insolvenzverwalter (Roth/Altmeppen, GmbHG, § 31 Rn. 8). Gesellschaftsgläubiger können dagegen grds. keine eigenen Ansprüche geltend machen. Dies geht nur, wenn der Gläubiger den Erstattungsan-

spruch durch Pfändung und Überweisung erworben hat (Baumbach/Hueck-Fastrich, GmbHG, § 31 Rn. 6). Teilweise wird im Schrifttum für ein Verfolgungsrecht analog § 62 Abs. 2 AktG bei masselosen Insolvenzverfahren plädiert, wobei unterschiedlich beurteilt wird, ob die Klage auf Leistung an den Gläubiger oder auf Leistung an die Gesellschaft zu erheben ist (Roth/Altmeppen, GmbHG, § 30 Rn. 9; Ulmer-Habersack, GmbHG, § 30 Rn. 12). Zulässig ist auch, dass die Gesellschaft den Erstattungsanspruch an Dritte abtritt, jedoch nur, wenn die Gegenleistung hierfür vollwertig ist (BGH, NJW 1995, 326, 330).

d) Anspruchsverpflichteter

Anspruchsgegner ist grds. der Gesellschafter als Empfänger. **§ 16 Abs. 2 GmbHG gilt nicht,** sodass der Anteilserwerber des verpflichteten Gesellschafters nicht mithaftet (Scholz-Verse, GmbHG, § 31 Rn. 10; Baumbach/Hueck-Fastrich, GmbHG, § 31 Rn. 8; Lutter/Hommelhoff, GmbHG, § 31 Rn. 7; anders aber zur Solidarhaftung nach § 31 Abs. 3 GmbHG s. Rdn. 37). Eine Haftung des Erwerbers kommt aber in Betracht, wenn die Begründung der Verpflichtung im Zusammenhang mit der künftigen Gesellschafterstellung steht (s. Rdn. 14; BGH, NZG 2008, 106; Scholz-Verse, GmbHG, § 30 Rn. 33; Baumbach/Hueck-Fastrich, GmbHG, § 31 Rn. 8). Die Ausdehnung des Erstattungsanspruchs auf **Dritte** soll nach überwiegender Auffassung **dann möglich sein, wenn dieser sich bei wertender Betrachtung das Kapitalerhaltungsgebot entgegenhalten lassen muss und er die treibende Kraft war** (Baumbach/Hueck-Fastrich, GmbHG, § 31 Rn. 15). Hat die Gesellschaft eine Verbindlichkeit des Gesellschafters ausgeglichen, haftet nur der Gesellschafter, nicht sein Gläubiger (Rowedder/Schmidt-Leithoff/Pentz, GmbHG, § 31 Rn. 7; Lutter/Hommelhoff, GmbHG, § 31 Rn. 5). Erfolgt bei einem **Treuhandverhältnis** die Leistung direkt an den Treugeber, steht dieser einem Gesellschafter gleich (BGHZ 75, 335; 107, 7). Der Treugeber haftet rgm., da ihm die Auszahlung an den Treuhänder zumindest mittelbar zugutekommt. Der **nahe Angehörige als Zahlungsempfänger** ist allenfalls dann zur Erstattung verpflichtet, wenn er den Verstoß gegen § 30 GmbHG gekannt hat oder hätte kennen müssen (BGHZ 81, 365, 368; BGH ZIP 1983, 1448; Rowedder/Schmidt-Leithoff/Pentz, GmbHG, § 30 Rn. 25). Daneben haftet auch der Gesellschafter als Veranlasser oder mittelbar Begünstigter gesamtschuldnerisch. Im Regelfall haftet der Angehörige aber nicht, da er kein Gesellschafter ist (s. Rdn. 15).

e) Haftungsbeschränkung nach § 31 Abs. 2 GmbHG

Der Erstattungsanspruch ist nach § 31 Abs. 2 GmbHG bei Gutgläubigkeit auf den zur Befriedigung der Gesellschaftsgläubiger erforderlichen Betrag zu beschränken. Der gute Glaube des Leistungsempfängers muss sich darauf beziehen, dass die Auszahlung nicht gegen das Kapitalerhaltungsverbot verstößt, keine Unterbilanz besteht oder vertieft wird. Der Gesellschafter ist **böslich,** wenn er die Auszahlung in Kenntnis ihrer Unzulässigkeit entgegennimmt, er weiß, dass eine Unterbilanz oder Überschuldung besteht oder dass infolge der Auszahlung das zur Deckung des Stammkapitals erforderliche Vermögen angegriffen wird (BGH, ZInsO 2011, 1067; ZInsO 2009, 40 Rn. 23). Der Kenntnis steht **grobe Fahrlässigkeit** gleich (Rowedder/Schmidt-Leithoff/Pentz, GmbHG, § 31 Rn. 21; Lutter/Hommelhoff, GmbHG, § 31 Rn. 17). Der unterbliebene Jahresabschluss entlastet dann nicht, wenn in den Vorjahren bereits Unterbilanzen ausgewiesen waren (BGH, ZInsO 2011, 1067, 1071; OLG Koblenz ZIP 2011, 1913, 1916). Kenntnis des gesetzlichen Auszahlungsverbots wird nicht verlangt (a. A. Baumbach/Hueck-Fastrich, GmbHG, § 30 Rn. 18; Scholz-Verse, GmbHG, § 31 Rn. 40). Liegt Insolvenzreife vor, sind die zu Unrecht ausgezahlten Beträge zur Befriedigung der Gesellschaftsgläubiger stets notwendig (Scholz-Verse, GmbHG, § 31 Rn. 43). Maßgebender Zeitpunkt für die Erforderlichkeit ist die Geltendmachung, nicht die Entstehung des Erstattungsanspruchs (Baumbach/Hueck-Fastrich, GmbHG, § 31 Rn. 19). Befreit eine nachfolgende Vermögensverbesserung nicht von der Erstattungspflicht (s. Rdn. 28), kann diese das Haftungsvolumen bei Gutgläubigkeit indessen ermäßigen. Verschlechtert sich die Vermögenslage nachfolgend, »lebt« der Erstattungsanspruch im Umfang wieder auf, soweit nicht verjährt. Eine Klagabweisung entfaltet auf einen späteren Zeitpunkt keine Rechtskraft (Rowedder/Schmidt-Leithoff/Pentz, GmbHG, § 31 Rn. 29; Scholz-Verse, GmbHG, § 31 Rn. 44). Ist die Gesellschaft weder zahlungsunfähig noch überschuldet, hat sie ggf. zu beweisen, dass sie keine Mittel zur Verfügung hat, um konkret angegebene Gläubigerforderungen zu begleichen. Der maßgebliche Zeitpunkt für die Beurteilung ist streitig (Zeitspanne zwischen Entstehung des Anspruchs und Verjährungseintritt: BGH, ZIP 2003, 2068, 2070; Lutter/Hommelhoff, GmbHG, § 31 Rn. 19; Zeitpunkt des Leistungsempfanges: Rowedder/Schmidt-Leithoff/Pentz, GmbHG, § 31 Rn. 28; Baumbach/Hueck-Fastrich, GmbHG, § 31 Rn. 18).

f) Haftungserweiterung für den Geschäftsführer

32 Das Haftungsrisiko verlagert sich von den Gesellschaftern zu den Geschäftsführern. Dieser verstößt gegen seine Pflicht zum rechtmäßigen Organhandeln, wenn er eine Leistung an den Gesellschafter zulässt, obwohl die Voraussetzungen des § 30 Satz 1 GmbHG vorliegen. Insb. hat er zu **prüfen**, ob der **Gesellschafter solvent** ist. Zur laufenden Prüfung über das Vorliegen einer Unterbilanz kommt bei Zahlungen an Gesellschafter noch die **Liquiditätsprüfung** hinzu (Hölzle, GmbHR 2007, 729, 731; K. Schmidt, GmbHR, 2008, 449, 453). Der Geschäftsführer kann die Kreditausreichung an den Gesellschafter nicht unter Hinweis auf eine Unterbilanz, sondern nur noch mit dem Einwand fehlender Solvenz des Empfängers verweigern (K. Schmidt, GmbHR, 2008, 449, 453; **a. A.** Altmeppen, ZIP 2009, 49, 54 der eine Weisungsgebundenheit des Geschäftsführers bei Einlagenrückgewähr verneint; ebenso Roth/Altmeppen, GmbHG, § 30 Rn. 104). Versäumt er dies, macht er sich gem. § 43 Abs. 3 GmbHG schadenersatzpflichtig. Im Ergebnis Gleiches gilt wegen § 43 Abs. 2 GmbHG, wenn sich die Bonität des Gesellschafters nachträglich ändert und der Geschäftsführer eine mögliche Kündigung versäumt und nicht einfordert (BGH, ZInsO 2009, 40 Rn. 14; Begr. BT-Drucks. 16/6140, S. 41; Drygala/Kremer, ZIP 2007, 1289, 1295; **a. A.** Altmeppen, ZIP 2009, 49, 54 bei Weisung durch die Gesellschafter, der dann § 43 Abs. 3 GmbHG analog anwenden will). Die Organe der Gesellschaft haben ein **Informationssystem einzurichten**, um die Kreditwürdigkeit des Darlehensnehmers zu überwachen. Wie ein solches Frühwarnsystem auszusehen hat, ist durch den BGH nicht präzisiert worden. Nicht bei jeder Kreditausreichung, sondern nur bei umfangreichen langfristigen Darlehen und bei einem Cash-Pool-Management ist ein solches Informationssystem erforderlich (BGH, ZInsO 2009, 40 Rn. 14). Dem Grundsatz der Verhältnismäßigkeit wahrend steigen die Anforderungen an die Überwachung, je bedeutsamer die Darlehensgewährung und je höher das Ausfallrisiko ist. Gefordert wird dann eine klare vertragliche Grundlage, um Informationspflichten der Darlehensnehmer über Veränderungen ihrer wirtschaftlichen Verhältnisse mitzuteilen. Bereits die Unterlassung einer solchen Maßnahme kann Schadensersatzpflichten auslösen (BGH, ZInsO 2009, 40 Rn. 20; zu Gestaltungsmöglichkeiten der Risikominimierung bei Cash-Pool-Beteiligung ausf. Weitzel/Socher, ZIP 2010, 1069; Lutter/Hommelhoff, GmbHG, § 30 Rn. 38 bis 46).

5. Sonderfälle

a) Auswirkungen bei aufsteigenden Sicherheiten

33 Die **Bestellung von Sicherheiten aus dem Gesellschaftsvermögen für Verbindlichkeiten des Gesellschafters** ist einer Leistung der Gesellschaft an den Gesellschafter nach § 30 Abs. 1 GmbHG gleichzustellen (BGH, ZIP 2002, 436; Scholz-Verse, GmbHG, § 30 Rn. 96; Roth/Altmeppen, GmbHG, § 30 Rn. 127). Diese Absicherung von Ansprüchen Dritter gegen Gesellschafter hat insb. im Konzernverbund größere Bedeutung. Die **Sicherheitenbestellung** ist trotz Verstoßes gegen § 30 Abs. 1 GmbHG **wirksam** und kann auch bei Unterbilanz durchgesetzt werden (Winkler/Becker, ZIP 2009, 2361). **Streitig ist, ob bereits die Bestellung oder erst die spätere Verwertung der Sicherheit als Leistung an den Gesellschafter zu beurteilen ist.** Zurückgehend auf das November-Urteil wurde die dingliche Sicherheitenbestellung, nicht erst die -verwertung wie eine Darlehensgewährung behandelt (BGH, ZIP 2007, 1760; Schön, ZHR 159 [1995], 351, 359; Winter, DStR 2007, 1484, 1488; Henze, WM 2005, 717, 721; Weitnauer, ZIP 2005, 790, 791). Eine differenzierende Ansicht hat danach unterscheiden, ob bei der Sicherheitengewährung bereits eine Unterbilanz vorlag oder nicht (Wessels, ZIP 2006, 1704, 1706; Lutter/Hommelhoff, GmbHG, § 30 Rn. 36) oder nach schuldrechtlichen/dinglichen Sicherheiten abgegrenzt. Die Übertragung eines Vermögenswerts entzieht diesen dem Zugriff der Gesellschaftsgläubiger, während die Bürgschaft lediglich eine Vermögensgefährdung darstellt. Bei nur schuldrechtlichen Verpflichtungen wäre danach auf den Zeitpunkt der erfolgreichen Inanspruchnahme abzustellen (BGH, ZIP 2007, 1705 Rn. 24 f.; ZIP 1989, 93, 95). Nunmehr ist aufgrund der Rückkehr zur bilanziellen Betrachtungsweise (BGH, ZInsO 2009, 40 unter Aufgabe der Rspr. zum November-Urteil für Altfälle) darauf abzustellen, ob für die Sicherheitenbestellung eine vollwertige Gegenleistung besteht. Ist der Freihalte- oder Regressanspruch gegen den Gesellschafter werthaltig oder droht keine Verwertung, ist die Sicherheitenbestellung ob dinglich oder schuldrechtlich zugunsten eines Dritten zulässig (Roth/Altmeppen, GmbHG, § 30 Rn. 133 »Inanspruchnahme der Sicherheit zu 100 % ausgeschlossen«; Thole, ZInsO 2011, 1425, 1427; Westermann, ZHR 172 [2008], 144, 163; K. Schmidt, GmbHR 2007, 1072, 1076; Drygala/Kremer, ZIP 2007, 1289, 1295; zur Vollwertigkeit s. Rdn. 20). Die Gefährdung des Gesellschaftsvermögens, welche mit der Bestellung der Sicherheit einhergeht, wird auch bei bestehender Unterbilanz durch einen vollwertigen Freistellungs- oder Rückgriffsanspruch gegen den Gesellschafter kompensiert (ebenso Winter, DStR 2007, 1484, 1488). War die Sicherheitenbestellung zulässig und durch einen vollwertigen Anspruch gegen den Gesellschafter gedeckt, gefährdet nicht die Bestellung, sondern erst die Sicherheitenverwertung das Gesellschaftsvermögen. Da nach dem Willen des Gesetzgebers nachträgliche Vermögensänderungen unschädlich sein sollen, ist für die Beurteilung der Vollwertigkeit nach herrschende Meinung dennoch **auf den Zeitpunkt der Sicherheitenbestellung als Auszahlung i. S. d. § 30 Abs. 1 GmbHG abzustellen** (Spliedt, ZIP 2009, 149, 152; Gehrlein, Der Konzern 2007, 771, 785; M. Winter, DStR 2007, 1484, 1488; a. A. Scholz-Verse, GmbHG, § 30 Rn. 103; Winkler/Becker, ZIP 2009, 2361, 2364 erst wenn Sicherheitenverwertung überwiegend wahrscheinlich). Anderenfalls würde der gesetzgeberische Wille leer laufen (a. A. Altmeppen, ZIP 2009, 49, 53 zu § 311 AktG, der für die Dauer der Kreditlaufzeit eine Vollwertigkeit des Freihalte- oder Rückgriffsanspruchs verlangt). Würde erst die Verwertung der Sicherheit Auszahlung i. S. d. § 30 Abs. 1 GmbHG sein, ist der Regressanspruch gegen den Gesellschafter rgm. wertlos (ebenso Spliedt, ZIP 2009, 149, 152). Befürwortet wird außerdem, dass sich die Gesellschaft die Sicherheitenbestellung marktüblich vergüten lassen muss (Altmeppen, ZIP 2009, 49, 52; Bormann/Urlichs, GmbHR, Sonderheft Oktober 2008, S. 37, 49; Winkler/Becker, ZIP 2009, 2361, 2367; Parallele zur Verzinsung s. Rdn. 22). Zur Prüfungspflicht des Geschäftsführers bezogen auf die laufende Vollwertigkeit und dessen Haftungsrisiken s. Rdn 32; BGH, ZInsO 2009, 40 Rn. 14; Roth/Altmeppen, GmbHG, § 30 Rn. 136; Scholz-Verse, GmbHG, § 30 Rn. 101.

b) Auswirkungen auf den Cash-Pool

Besteht ein Beherrschungs- oder Gewinnabführungsvertrag, sind Liquiditätsverlagerungen im Cash-Pool wegen § 30 Abs. 1 Satz 2 GmbHG zulässig. Der Verlustausgleichsanspruch analog § 302 AktG ist dann die Existenzgarantie der abhängigen GmbH. Im bloß faktischen Konzern ist der Liquiditätsabfluss daran zu messen, ob ein vollwertiger Rückgewähranspruch entsteht (Rdn. 20 bis 22; Baumbach/Hueck-Fastrich, GmbHG, § 30 Rn. 56). Maßgeblicher Zeitpunkt sind die Liquiditätsabflüsse, nicht bereits der Abschluss des Poolvertrages (so aber Lutter/Hommelhoff, GmbHG, § 30 Rn. 38). Die Gegenleistung, deren Vollwertigkeit gegeben sein muss, ist das Versprechen der konzernbeherrschenden Gesellschaft im Rahmenvertrag über die Cash-Pool-Beteiligung, die abhängige Gesellschaft täglich mit genügend Liquidität auszustatten. Dieser Anspruch muss auch durchsetzbar, d. h. insb. einwendungsfrei sein. Fehlt ein Rahmenvertrag, ist der Liquiditätsabfluss als Darlehen zu werten und es kommt auf die Werthaltigkeit des Rückgewähranspruches an (Lutter/Hommelhoff, GmbHG, § 30 Rn. 45). Mit der Weiterleitung auf das Zentralkonto i. R. d. täglichen Clearings gewährt die Gesellschaft ein Darlehen (BGH, ZInsO 2009, 775 Rn. 10). Für die Beurteilung der Vollwertigkeit ist eine Verzinsung i. d. R. nicht erforderlich, da in einer Gesamtbetrachtung die Vorteile des Cash-Poolings an sich größer sind als der Zinsnachteil (Altmeppen, ZIP 2009, 49, 52; differenzierend Lutter/Hommelhoff, GmbHG, § 30 Rn. 39 »Verzinsung ab bestimmten Guthabensockel«, wobei die Frage der Höhe unbeantwortet bleibt; für Verzinsung Spliedt, ZIP 2009, 149, 150).

34

Anhang zu § 35 InsO E. Kapitalerhaltung

35 Im Übrigen sind **zwei Fallvarianten** zu unterscheiden. **Kredite der Gesellschaft an den Pool-Führer** sind zulässig, wenn entweder ein Beherrschungs- oder Gewinnabführungsvertrag besteht oder der Rückgewähranspruch gegen den Pool-Führer im Zeitpunkt der Darlehensausreichung vollwertig ist. **Gewährt der Pool-Führer Kredite an die Gesellschaft**, finden die §§ 30, 31 GmbHG keine analoge Anwendung mehr. Die Darlehensvergabe an die Muttergesellschaft kann aber gem. § 134 anfechtbar sein, wenn dieses unverzinslich ist (Thole, ZInsO 2011, 1425, 1427). Nach Abschaffung der Rechtsprechungsregeln gilt nur noch die Rückzahlungssperre nach § 64 Satz 3 GmbHG mit dem Haftungsrisiko des Geschäftsführers. **Für den Pool-Führer entsteht nach § 135 InsO aber ein erhöhtes Anfechtungsrisiko.** Der Gesetzgeber hat das Problem bei zugunsten der Tochtergesellschaft aufsteigenden Darlehen (**upstream loans**) durch die angeordnete Rückkehr zur bilanziellen Betrachtungsweise zwar gelöst. **Unter anfechtungsrechtlichen Gesichtspunkten bleiben jedoch sog. downstreams loans** (absteigende Darlehen der Muttergesellschaft ggü. der Tochtergesellschaft) **problematisch**. Kreditrückführende Verrechnungen i. R. d. Cash-Poolings innerhalb der Jahresfrist des § 135 Abs. 1 Nr. 2 sind als Tilgung zu bewerten (Thole, ZInsO 2011, 1425, 1430; Hamann, NZI 2008, 667, 669; a. A. lediglich Sicherung, weshalb 10-Jahresfrist des § 135 Abs. 1 Nr. 1 gilt Klinck/Gärtner, NZI 2008, 457, 459). Da die Unterkonten der Tochtergesellschaften täglich »glattgestellt« werden, kann das täglich zu addierende Verrechnungsvolumen sehr hoch sein (vgl. Fallbsp. Zahrte, NZI 2010, 596). Gewährt die Muttergesellschaft der später insolventen Tochtergesellschaft sogar zusätzlich ein Darlehen, bedeutet die tägliche Umbuchung i. R. d. Cash-Poolings bei einem Guthaben der Tochtergesellschaft keine Tilgung, sondern eine Sicherung an dem täglich wachsenden Guthaben. Zweckbestimmung der Umbuchung im Cash-Pooling ist nicht die Tilgung des separaten Darlehens. In diesem Fall wäre das erlangte Sicherungsrecht an dem Verrechnungsguthaben sogar innerhalb der Zehn-Jahres-Frist des § 135 Abs. 1 Nr. 1 anfechtbar. Dieser Gefahr einer ausufernden Anfechtung ist mit dem Rechtsgedanken des § 142 entgegenzutreten (befürwortend Reuter, NZI 2011, 921, 926; Willemsen/Reche, BB 2009, 2215, 2217; für Beschränkung auf die Höhe der Kreditlinie Zahrte, NZI 2010, 596, 598), vergleichbar der Kontokorrentverrechnung einer Bank (BGH, ZInsO 2008, 159). Diesem Rechtsgedanken folgend hat der BGH entschieden, dass bei wiederholter Darlehensgewährung durch den Gesellschafter, die jeweils vor Erhalt des Nachfolgedarlehens abgelöst wurden, die Anfechtung wie bei einem Kontokorrent auf die Verringerung des Schuldsaldos im Anfechtungszeitraum beschränkt ist (BGH, ZIP 2013, 734). Dies gilt jedenfalls dann, wenn fortlaufend gewährte Kredite durch ihre gleichbleibenden Bedingungen, ihre kurze Dauer, den mit ihrer Ausreichung verfolgtem Zweck und das zwischen den Vertragspartnern bestehende Gesellschaftsverhältnis nach der Art eines Kontokorrents miteinander verbunden sind (anders aber bei aufeinanderfolgenden Einzeldarlehen BGH, ZIP 2014, 785). Anderenfalls würde mehr an die Masse zurückgewährt werden, als die Schuldnerin jemals hatte. Unter diesen Voraussetzungen wird der Gesamtvorgang anfechtungsrechtlich wie ein Kontokorrentkredit behandelt. Streitig ist in diesem Zusammenhang zudem, ob § 142 InsO auf den Anfechtungstatbestand des § 135 Anwendung findet (ablehnend Spliedt, ZIP 2009, 149, 153; Haas, ZInsO 2007, 617, 624; befürwortend bei kongruenter Deckung Thole, ZInsO 2011, 1425, 1430; Gehrlein, BB 2007, 846, 853; Habersack, ZIP 2007, 2145; Klinck/Gärtner, NZI 2008, 457, 460). Der Wortlaut schließt nur den Tatbestand des § 133 Abs. 1 aus (ausführl. zum Anfechtungsrisiko Klinck/Gärtner, NZI 2008, 457).

c) Auswirkungen auf den Finanzplankredit

36 Dem Eigenkapitalersatzrecht wirtschaftlich und funktional ähnlich sind sog. Finanzplankredite. Trotz ihrer wirtschaftlichen Nähe zum Eigenkapitalersatz sind sie nach der Rspr. des BGH dennoch dogmatisch von diesen abzugrenzen (BGH, ZIP 1999, 1263). Unter Finanzplankrediten versteht man Mittelzusagen der Gesellschafter, die materiell Eigenkapitalfunktion haben sollen (vgl. Goette/Kleindiek, Eigenkapitalersatzrecht in der Praxis, Rn. 114). Die Rspr. zu den Finanzplankrediten bleibt von § 30 Abs. 1 Satz 3 GmbHG unberührt. Es bleibt abzuwarten, ob die Rspr. die durch § 30 Abs. 1 Satz 3 GmbHG entstandene Schutzlücke über das Institut des Finanzplankredits lösen wird.

6. Flankierende Ansprüche

a) § 31 Abs. 3 GmbHG

Die Mitgesellschafter haften **subsidiär**, wenn der Erstattungsanspruch gegen den begünstigten Gesellschafter mit der Maßgabe nicht durchsetzbar ist, dass die Zahlung erforderlich ist, um die Gläubiger zu befriedigen (vgl. Rdn. 28). Die Haftung setzt somit die Undurchsetzbarkeit des Primäranspruches aus § 31 Abs. 1 GmbHG gegen den empfangenden Gesellschafter voraus. Darüber hinaus muss wie bei Gutgläubigkeit des Primärverpflichteten die Erforderlichkeit zur Gläubigerbefriedigung gegeben sein (s. Rdn. 31). Die erfolglose Zwangsvollstreckung oder Insolvenzeröffnung sind ausreichend (Lutter/Hommelhoff, GmbHG, § 31 Rn. 20; Baumbach/Hueck-Fastrich, GmbHG, § 31 Rn. 22; Scholz-Verse, GmbHG § 31 Rn. 51). Die herrschende Meinung stellt für die Begründung der subsidiären Kollektivhaftung darauf ab, **wer z. Zt. der Auszahlung Gesellschafter ist** (Baumbach/Hueck-Fastrich, GmbHG, § 31 Rn. 21; Rowedder/Schmidt-Leithoff/Pentz, GmbHG, § 31 Rn. 35; Scholz-Verse, GmbHG § 31 Rn. 56). Bei der Sicherheitengewährung kommt es hingegen auf den Zeitpunkt der Bestellung bzw. Valutierung an (Roth/Altmeppen, GmbHG, § 31 Rn. 20, s. a. Rdn. 33). **Rechtsnachfolger haften nach § 16 Abs. 2 GmbHG** (Rowedder/Schmidt-Leithoff/Pentz, GmbHG, § 31 Rn. 35; Baumbach/Hueck-Fastrich, GmbHG, § 31 Rn. 21). **Die Mitgesellschafter haften anteilig entsprechend ihrer Beteiligungsquote**. Die in Anspruch zu nehmenden Gesellschafter haften auch dann nach dem Verhältnis ihrer Geschäftsanteile untereinander, wenn von einem der auf ihn entfallende Betrag nicht zu erlangen ist (Lutter/Hommelhoff, GmbHG, § 31 Rn. 23). Es handelt sich **nicht um eine gesamtschuldnerische Haftung**. Die Ausfallhaftung gem. § 31 Abs. 3 GmbHG ist **auf den Betrag des gesamten Stammkapitals (nicht der übernommenen Stammeinlage) beschränkt**, erfasst nicht den durch Eigenkapital ungedeckten Fehlbetrag (BGH, ZIP 2002, 848; NZG 2005, 845; zust. Altmeppen, ZIP 2002, 961; Baumbach/Hueck-Fastrich, GmbHG, § 31 Rn. 24; Lutter/Hommelhoff, GmbHG, § 31 Rn. 22: Stammkapital abzgl. eigener Einlage; a. A. Jungmann, DStR 2004, 688, 693; Gätsch, BB 1999, 701, 704). Anderenfalls würde das von den Mitgesellschaftern zu tragende Risiko unüberschaubar werden, da sie nicht nur für die Aufbringung des Stammkapitals, sondern auch bei darüber hinausgehenden unzulässigen Auszahlungen Verantwortung für ihre Mitgesellschafter übernehmen müssten. Eine verhaltensabhängige vollständige Haftung kommt nur nach den Grundsätzen der Existenzvernichtungshaftung in Betracht (dazu nachfolgender Abschnitt F.; Baumbach/Hueck-Fastrich, GmbHG, § 31 Rn. 25; Lutter/Hommelhoff, GmbHG, § 31 Rn. 24). Der Ausfallanspruch gegen die Mitgesellschafter **verjährt** nach § 31 Abs. 5 Satz 1 GmbHG (in Kraft getreten am 15.12.2004) in **5 Jahren**.

37

b) § 31 Abs. 6 GmbHG

Nach dieser Vorschrift haften die Geschäftsführer ggü. den Gesellschaftern, die nach § 31 Abs. 3 GmbHG in Anspruch genommen worden sind. **Die Regresshaftung ist auf den Fall der Mithaftung der weiteren Gesellschafter beschränkt**, bezieht sich nicht auf die Primärhaftung aus § 31 Abs. 1 GmbHG. Der **Regressanspruch der Mitgesellschafter** setzt Verschulden voraus. Maßstab ist die Sorgfalt eines ordentlichen Geschäftsmannes nach § 43 Abs. 1 GmbHG (Baumbach/Hueck-Fastrich, GmbHG, § 31 Rn. 30). Erforderlich ist eine fahrlässige Verkennung der Voraussetzungen des Kapitalerhaltungsgebots und ein Verstoß gegen die Pflicht, in zumutbarer Weise die Auszahlung zu verhindern (Scholz-Verse, GmbHG, § 31 Rn. 85). Eine Weisung der Gesellschafter oder ein entsprechender Gesellschafterbeschluss entlasten nicht, es ist aber § 254 BGB oder der Einwand unzulässiger Rechtsausübung in Betracht zu ziehen (Roth/Altmeppen, GmbHG, § 31 Rn. 36; Scholz-Verse, GmbHG, § 31 Rn. 85; Baumbach/Hueck-Fastrich, GmbHG, § 31 Rn. 30). Der Regressanspruch des Mitgesellschafters gegen den Geschäftsführer **verjährt** gem. §§ 31 Abs. 6 Satz 2, 43 Abs. 4 GmbHG in **5 Jahren**. **Streitig ist der Verjährungsbeginn**. Es dürfte mit der überwiegenden Ansicht auf die Zahlung des Mitgesellschafters nach § 31 Abs. 3 GmbHG abzustellen sein (Scholz-Verse, GmbHG, § 31 Rn. 87; Roth/Altmeppen, GmbHG, § 31 Rn. 37; vgl. auch Begr. RegE BT-Drucks. 15/3653, S. 26).

38

c) § 43 Abs. 3 GmbHG

39 Die Haftung des Geschäftsführers ggü. der Gesellschaft, gerichtet auf Schadensersatz, ist in § 43 Abs. 3 GmbHG geregelt. Die Haftung ist verschuldensabhängig. Es gelten die allgemeinen kaufmännischen Sorgfaltsmaßstäbe. Der Haftungsumfang bezieht sich auf den vollen, bei der Gesellschaft eingetretenen Schaden. Den Kläger trifft die Beweislast dafür, dass und inwieweit der Gesellschaft durch möglicherweise pflichtwidriges Verhalten der Geschäftsleitung ein Schaden entstanden ist, wobei dem Kläger die Beweiserleichterung nach § 287 ZPO zugutekommt (BGH, ZIP 2002, 2314; 2007, 322). Der Anspruchsgegner hat bei nachträglicher Abwertung der Gegenforderung nachzuweisen, dass ein ausreichendes Informationssystem zur dauerhaften Liquiditätsprüfung des Gesellschafters eingerichtet war (BGH, ZInsO 2009, 40 Rn. 20). Bemerkenswert ist, dass § 43a GmbHG auch nach Inkrafttreten des MoMiG fortgilt (dazu krit. K. Schmidt, GmbHR 2007, 1072, 1075; Drygala/Kremer, ZIP 2007, 1289, 1296). Für die Haftung des Geschäftsführers ist unerheblich, ob der Erstattungsanspruch gegen den Gesellschafter vollwertig ist. Die Geschäftsführer haften unabhängig davon (BGH, ZInsO 2009, 127 Rn. 17; Fleischer, DStR 2009, 1204, 1206). Eine Rückzahlung des Darlehens führt ferner nicht zum Wegfall der Haftung (BGH, ZIP 2012, 1071 Rn. 29). Er kann aber die Zahlungspflicht gem. § 255 BGB Zug-um-Zug von der Abtretung des Erstattungsanspruches abhängig machen (Strohn, ZInsO 2009, 1417, 1419). Der Geschäftsführer kann sich nicht darauf berufen, es würden Buchungshaltungsunterlagen fehlen, da er hierfür gem. § 41 GmbHG selbst verantwortlich ist (BGH, ZInsO 2011, 1067). Für die **Verjährung** gilt die **Fünf-Jahres-Frist** des § 43 Abs. 4 GmbHG, beginnend mit der verbotenen Auszahlung (BGH, ZInsO 2009, 102 Rn. 16; dazu Bormann, ZInsO 2009, 127). Der Schaden entsteht mit der Auszahlung. Die Verjährungsfrist beginnt auch nicht erst mit dem Ende des Verheimlichens der verbotenen Auszahlung, da es bei § 43 Abs. 4 GmbHG nicht auf subjektive Kriterien des Erkennenkönnens ankommt. Ein Verjährenlassen des gegen den Geschäftsführer selbst gerichteten Schadensersatzanspruchs begründet keinen neuen Schadensersatzanspruch (BGH, ZInsO 2009, 102 Rn. 16).

7. Prozessuale Aspekte

a) Beweislast

40 Die Gesellschaft/der Insolvenzverwalter hat nachzuweisen, dass eine Auszahlung erfolgt ist, die nicht durch das freie Kapital gedeckt war. Das Vorliegen oder Eintreten einer Unterbilanz durch die Auszahlung und die Notwendigkeit der Erstattung zur Gläubigerbefriedigung haben die Anspruchsinhaber zu beweisen (BGH, ZIP 2006, 805; Rowedder/Schmidt-Leithoff/Pentz, GmbHG, § 31 Rn. 31; Roth/Altmeppen, GmbHG, § 30 Rn. 10). Trägt die Gesellschaft/der Insolvenzverwalter konkret und detailliert zur Unterbilanz vor, darf sich der Gesellschafter zur Vermeidung einer Geständnisfiktion (§ 138 Abs. 3 ZPO) nicht auf allgemeines Bestreiten beschränken, sondern muss substanziiert vortragen, in welchen Punkten die Unterbilanz unrichtig sein soll (BGH, NJW 2000, 2577, 2578). **Eine Beweislastumkehr greift bei undurchsichtiger Buchführung** (BGH, ZIP 2003, 625, 627; OLG Brandenburg, ZInsO 2010, 202 zur Unterbilanzhaftung; s. a. Anhang zu § 35 A Rdn. 18 m. w. N.; Lutter/Hommelhoff, GmbHG, § 30 Rn. 23). Ausnahmen von dieser Beweislastumkehr sind angezeigt, wenn der Gesellschafter nicht zugleich Geschäftsführer ist oder nachweisen kann, dass er über die wirtschaftlichen Verhältnisse nicht hinreichend informiert war (Scholz-Verse, GmbHG, § 30 Rn. 116). Liegt zu Beginn und am Ende des Geschäftsjahres eine Unterbilanz vor, spricht der Beweis des ersten Anscheins dafür, dass diese auch bei unterjähriger Zahlung bestanden hat (KG Berlin, NZG 2000, 1224, 1225; Scholz-Verse, GmbHG, § 30 Rn. 116). Der Gesellschafter hat nachzuweisen, dass ein Ausnahmetatbestand nach § 30 Abs. 1 Satz 2 oder 3 GmbHG vorliegt (Bormann/Urlichs, GmbHR, Sonderheft Oktober 2008, S. 37, 49). Er muss folglich das Bestehen eines Beherrschungs- oder Gewinnabführungsvertrags beweisen. Ihm obliegt, die Vollwertigkeit des Rückgewähr- oder Gegenleistungsanspruchs zu belegen (Roth/Altmeppen, GmbHG, § 30 Rn. 101). Diese Beweislast erfasst bei Austauschverträgen auch, dass die Gegenleistung dem Markt-

wert entspricht. Beruft sich der Leistungsempfänger auf die Haftungseinschränkung nach § 31 Abs. 2 GmbH, muss er seine Gutgläubigkeit belegen (Scholz-Verse, GmbHG, § 31 Rn. 115).

b) Verjährung

Die Verjährungsregelung des § 31 Abs. 5 GmbHG ist durch das Verjährungsanpassungsgesetz, am 15.12.2004 in Kraft getreten, nachhaltig geändert worden. Die Verjährungsfrist beträgt nunmehr 10 Jahre für den Erstattungsanspruch nach § 31 Abs. 1 GmbHG und beginnt mit dem Ablauf des Tages, an welchem die verbotene Auszahlung erfolgt ist (BGH, ZInsO 2011, 1067). Die Verjährungsfrist für die Ausfallhaftung beträgt hingegen nur 5 Jahre (s. Rdn. 37 a. E.). Bei Sicherheitengewährung ist maßgebend der Zeitpunkt der Bestellung bzw. Valutierung (s. Rdn. 33). Die spätere Verteilung des Verwertungserlöses setzt keine neue Verjährungsfrist in Gang (BGH, ZIP 2007, 1705 Rn. 28; a. A. Lutter/Hommelhoff, GmbHG, § 31 Rn. 31 Verwertung ist erneute Auszahlung). Die Neuregelung ist an der geänderten Verjährung der Einlagepflicht in § 19 Abs. 6 GmbHG orientiert. Für den Erstattungsanspruch nach § 31 Abs. 1 GmbH gilt im Insolvenzfall deshalb auch die Ablaufhemmung des § 19 Abs. 6 Satz 2 GmbHG (Scholz-Verse, GmbHG, § 31 Rn. 78). Der gutgläubige Leistungsempfänger wird abweichend von der früheren gesetzlichen Verjährungsfrist nicht mehr besser gestellt. **Bei Altfällen ist allerdings noch danach zu differenzieren, ob der Leistungsempfänger böslich oder gutgläubig war** (BGH, ZInsO 2011, 1067; NJW 2009, 68 Rn. 20 ff.; OLG Koblenz ZIP 2011, 1913, 1915). Bei böslicher Handlungsweise (vgl. hierzu Rdn. 31 und BGH ZInsO 2009, 40 Rn. 23) ist auf Rdn. 9 im Anhang zu § 35 B zu verweisen. Für diese Altansprüche gilt Art. 229 § 12 Abs. 2 EGBGB. War der Leistungsempfänger gutgläubig, wird auf Rdn. 19 zu Anhang zu § 35 A Bezug genommen. Insoweit gilt Art. 229 § 12 Abs. 1 EGBGB.

c) Örtliche Zuständigkeit

Es gelten die §§ 13, 22 ZPO. Klagen des Insolvenzverwalters gegen die Gesellschafter können nach Änderung des §§ 22 ZPO am Gerichtsstand der Mitgliedschaft erhoben werden, ohne dass es auf deren Rechtsgrund ankommt.

8. Übergangsregelung

Das EGGmbHG enthält für § 30 Abs. 1 Satz 2 und 3 GmbHG keine Übergangsnorm. Eine analoge Anwendung des § 3 Abs. 4 EGGmbHG, wonach die Regelungen zur verdeckten Sacheinlage und zum Hin-/Herzahlen (§ 19 Abs. 4 und Abs. 5 GmbHG) Rückwirkung haben, kommt nicht in Betracht (BGH, ZInsO 2009, 674 Rn. 21). Es fehlt an einer planwidrigen Regelungslücke (ebenso Bormann/Urlichs, GmbHR, Sonderheft Oktober 2008, S. 37, 50; Hirte, ZInsO 2008, 689, 697). Eine analoge Anwendung von Art. 103d Satz 1 EGInsO scheitert ebenfalls, da § 30 GmbHG keine insolvenzrechtliche Norm ist (BGH, ZInsO 2009, 674 Rn. 18; Gutmann/Nawroth, ZInsO 2009, 174, 176; Holzer, ZIP 2009, 206, 207). Fehlt es an einer Übergangsregelung, gelten die im Zeitpunkt der jeweiligen Rechtshandlung anwendbaren Vorschriften. **Nachdem der BGH zur bilanziellen Betrachtungsweise zurückgekehrt ist und dies auch für Altfälle gilt (ZInsO 2009, 40), hat die fehlende Rückwirkung für die Ausnahmetatbestände des § 30 Abs. 1 Satz 2 GmbHG kaum Praxisrelevanz.** Auch bei Austauschgeschäften stellt sich das Rückwirkungsproblem folglich nicht (Roth/Altmeppen, GmbHG, § 30 Rn. 151). Herrschende Meinung war bereits zur alten Rechtslage, dass aufgrund von Beherrschungs- und Gewinnabführungsverträgen die Regeln der Kapitalerhaltung suspendiert sind. Mit der neuen gesetzlichen Regelung ist der Umfang erweitert worden (s. Rdn. 18 f.).

Das Problem der fehlenden Überleitungsvorschrift hat im Wesentlichen nur Relevanz für die Anwendung der Rechtsprechungs-Regeln auf Altfälle, die nach Inkrafttreten des MoMiG nicht mehr gelten (§ 30 Abs. 1 Satz 3 GmbHG). Wurde die Auszahlung oder Rückzahlung des Eigenkapital ersetzenden Gesellschafterdarlehens (dann §§ 30, 31 GmbHG analog) noch vor Inkrafttreten des MoMiG (01.11.2008) vorgenommen und das Insolvenzverfahren ebenfalls zuvor eröffnet, ist die alte Rechtslage maßgebend (BGH, ZInsO 2009, 674; ZInsO 2009, 678 Rn. 8; ebenso OLG

Köln, ZInsO 2009, 392). Streitig ist die Rechtslage zu »gemischten« Altfällen, bei denen die Rechtshandlungen vor Inkrafttreten des MoMiG vorgenommen wurden, das Insolvenzverfahren aber erst danach eröffnet worden ist. Teilweise wird ein Rückgriff auf die Rechtsprechungsregeln abgelehnt (OLG München, ZIP 2011, 225; OLG Frankfurt am Main, ZInsO 2010, 235; Scholz-Verse, GmbHG, § 30 Rn. 112 ff.; Altmeppen, ZIP 2011, 641 ausf. zum Meinungsstand). Der BGH hebt hervor, dass weder Art. 103d EGInsO noch § 3 Abs. 4 EGGmbHG einer Anwendung der Rechtsprechungsregeln schon deshalb nicht entgegen steht, weil für § 30 Abs. 1 GmbHG keine spezielle Überleitungsvorschrift existiert (BGH, ZInsO 2009, 674 Rn. 18, 21). Vielmehr gelten die Grundsätze des intertemporalen Rechts, wonach ein Schuldverhältnis nach seinen Voraussetzungen, seinem Inhalt und Wirkungen dem Recht im Zeitpunkt seiner Entstehung unterliegt (BGH, ZInsO 2009, 674 Rn. 20, ebenso OLG Jena, ZIP 2009, 2098 zu einem »echten« Altfall). Der Erstattungsanspruch entsteht bereits mit der Auszahlung (s. Rdn. 12) und hängt nicht, wie der insolvenzrechtliche Rückgewähranspruch, von der Verfahrenseröffnung ab. Hinzu kommt, dass Anknüpfungspunkt für den Erstattungsanspruch aus §§ 30, 31 GmbHG nicht die Insolvenzeröffnung, sondern die unzulässige Auszahlung ist. Dieser gravierende Unterschied verdeutlicht, dass der Rechtsgedanke aus Art. 103d EGInsO nicht auf die Rechtsfolgen der Rechtsprechungsregeln übertragbar ist (ebenso Baumbach/Hueck-Fastrich, GmbHG, Anh. § 30 Rn. 110 f.; Manz, BB 2009, 921; Gutmann/Nawroth, ZInsO 2009, 174, 178; Pohl, GmbHR 2009, 136; Dahl/Schmitz, NZG 2009, 331; a. A. Altmeppen, ZIP 2011, 641, 645 ff.; Büscher, GmbHR 2009, 800, 802; Rellermeyer/Gröhlinghoff, ZIP 2009, 1933, 1936 dolo-petit-Einwand). Die Rechtsprechungsregeln bleiben nach dieser Ansicht auf echte und gemischte Altfälle auch anwendbar, soweit es um die Rechtsfolge der Auszahlungssperre geht. Für den Grundfall der Auszahlungssperre kann nichts anderes gelten als für die hieraus abgeleitete Rechtsfolge des Erstattungsanspruches nach erfolgter Rückzahlung (a. A. OLG Koblenz, ZInsO 2012, 842).

F. Existenzvernichtungshaftung

I. Allgemeines

1. Rechtstatsächlicher Hintergrund

1   Die gesetzlich nicht ausdrücklich normierte Existenzvernichtungshaftung dient der **Schließung einer Schutzlücke im GmbH-Recht** (zur Anwendbarkeit auf andere Kapitalgesellschaften s. u. Rdn. 8). Das **Kapitalschutzsystem der GmbH** besteht aus **zwei Säulen**, dem Recht der **Kapitalaufbringung** und dem Recht der **Kapitalerhaltung**. Damit soll sichergestellt werden, dass die Gesellschafter das von ihnen versprochene Kapital in die Gesellschaftskasse einzahlen und daraus nicht wieder entnehmen. § 30 GmbHG verbietet eine Kapitalentnahme, wenn dadurch eine Unterbilanz entsteht oder vertieft wird. Die Norm greift jedoch nicht, wenn die Gesellschafter etwa qualifiziertes Personal aus der Gesellschaft abziehen und in einer anderen von ihnen beherrschten Gesellschaft tätig werden lassen. Nicht von § 30 GmbHG erfasst wird auch die Umleitung von Geschäftschancen der Gesellschaft auf ein anderes Unternehmen (Strohn, ZInsO 2008, 706).

2   Die **dogmatische Einordnung** der Existenzvernichtungshaftung war lange Zeit unklar. Auf der Suche nach einer Lösung der Problematik (zu den vorherigen Lösungsansätzen vgl. zur Lehre vom qualifiziert faktischen Konzern BGHZ 95, 330 – Autokran; BGHZ 115, 187 – Video; BGHZ 122, 123 – TBB; BGH, ZInsO 2001, 1051 – Bremer Vulkan; zur Existenzvernichtungshaftung als Durchgriffshaftung BGHZ 151, 181 – KBV) hat der BGH klargestellt, dass es sich bei der Existenzvernichtungshaftung um eine **Fallgruppe der vorsätzlichen sittenwidrigen Schädigung gem. § 826 BGB** handelt (BGH, ZIP 2008, 1232 – Gamma; BGH, ZInsO 2007, 881 – Trihotel); diese Haftung hat der BGH in den beiden zuletzt zitierten Entscheidung als **Innenhaftung** ausgeformt (dazu unten Rdn. 28). Damit ist klargestellt, dass es sich bei der Existenzvernichtungshaftung und der Haftung wegen planmäßigem Vermögensentzug (BGH, ZIP 2004, 2138) um eine einheitliche Haftung gem. § 826 BGB handelt (BGH, NJW 2007, 2689). Der Entzug von Vermögen zulasten der Überlebensfähigkeit der Gesellschaft stellt einen klassischen Fall einer sittenwidrigen vorsätz-

lichen Schädigung dar. Die Existenzvernichtungshaftung **verlängert das Schutzsystem** der **§§ 30, 31 GmbHG** auf der Ebene des Deliktsrechts (BGH, ZInsO 2007, 881; zust. Gehrlein, WM 2008, 761; krit. zur deliktsrechtlichen Einordnung Altmeppen, NJW 2007, 2657).

2. Wirtschaftlicher Hintergrund

Wirtschaftlich betrachtet geht es bei der Existenzvernichtungshaftung darum, einen **zusätzlichen Haftungsfonds** für die Gläubiger von Kapitalgesellschaften zu erschließen. Ist das gebildete Sondervermögen verbraucht, richten sich die Blicke der Gläubiger und des Insolvenzverwalters fast zwangsläufig auf diejenigen, die unter dem Schutz der Haftungsbeschränkung gewirtschaftet haben und sich nun auf die Haftungsbeschränkung berufen. Die Rechtsordnung muss einen Ausgleich schaffen zwischen den Interessen der Gläubiger, auf das Privatvermögen der Gesellschafter zuzugreifen, und dem Interesse der Gesellschafter, dass die ihnen angebotene Haftungsbeschränkung sich auch im Krisenfall bewährt.

3. Aktiv- und Passivlegitimation/Anwendbarkeit auf andere Gesellschaftsformen?

a) Aktivlegitimation

Im Insolvenzverfahren ist der **Insolvenzverwalter aktivlegitimiert**, § 80. Der Anspruch steht originär der Gesellschaft zu und fällt damit ohne Weiteres in die Insolvenzmasse und in die Verfügungsbefugnis des Insolvenzverwalters (BGH, ZIP 2007, 1552). Nur ausnahmsweise, nämlich nach **Abweisung mangels Masse** gem. § 26, können die Gläubiger der Gesellschaft den Anspruch der Gesellschaft gegen den Geschäftsführer pfänden und sich zur Einziehung überweisen lassen (Strohn, ZInsO 2008, 706; **a. A.** Altmeppen, NJW 2007, 2657, der für eine analoge Anwendung der §§ 93 Abs. 5 Satz 1, 117 Abs. 5 Satz 1 AktG eintritt, was zur Folge hat, dass die Gläubiger den Anspruch unmittelbar geltend machen können). In der Praxis tritt dieser Fall insb. dann auf, wenn – bei Fehlen anderweitiger Masse – der Anspruch aus Existenzvernichtungshaftung nicht geeignet ist, die Verfahrenskosten zu decken. Denkbar ist auch, dass der vom Insolvenzgericht eingesetzte Sachverständige bzw. vorläufige Insolvenzverwalter den Anspruch nicht zutreffend erkannt oder bewertet hat.

b) Passivlegitimation

Bei der Existenzvernichtungshaftung handelt es sich um eine **Verhaltenshaftung**. Ausführende können sein: **Alleingesellschafter, mehrere einvernehmlich handelnde Gesellschafter, der Gesellschafter-Gesellschafter** (dazu sogleich) oder eine formal rechtlich außenstehende Person, die aber unter Umgehung der unmittelbaren (Strohmann-) Gesellschafter faktisch als »Drahtzieher« anzusehen ist, **sog. faktische Gesellschafter** (BGH, ZIP 2005, 117; OLG Rostock, ZIP 2004, 118).

Wie allgemein im Kapitalschutzrecht, wird auch bei der Existenzvernichtungshaftung nicht nur auf den unmittelbaren Gesellschafter abgestellt, sondern ebenso auf den **Gesellschafter-Gesellschafter**, also denjenigen, der an einer Gesellschaft maßgeblich beteiligt ist, die ihrerseits Gesellschafterin der GmbH ist. Wird der Gesellschaft von einem Gesellschafter-Gesellschafter Vermögen entzogen, haftet der Gesellschafter-Gesellschafter (BGH, ZIP 2005, 117; BGH, ZIP 2004, 2138). Niemand soll sich durch Zwischenschaltung einer anderen Gesellschaft dieser Haftung entziehen können.

Stützt man die Existenzvernichtungshaftung auf **§ 826 BGB**, ist damit auch der Weg zu **§ 830 Abs. 2 BGB** eröffnet: Es haftet nicht nur der Gesellschafter, sondern jeder, der zur Existenzvernichtung **Beihilfe** geleistet hat. Damit geraten insb. die Geschäftsführer in den Blick. Beteiligen sie sich an dem Vermögensentzug des Gesellschafters und haben sie dabei den doppelten Gehilfenvorsatz, haften sie ebenso wie der Gesellschafter (Strohn, ZInsO 2008, 706). Diese Haftung kann neben die Haftung aus § 64 Satz 3 GmbHG treten (Gehrlein, WM 2008, 761).

c) Anwendbarkeit auf andere Gesellschaftsformen?

8 Die Existenzvernichtungshaftung richtet sich zunächst gegen **Gesellschafter einer GmbH**, und zwar auch einer GmbH in Liquidation, §§ 69 ff. GmbHG (BGH, ZInsO 2009, 878 – Sanitary). Demgegenüber kommt eine Anwendung auf **Aktionäre einer AG nicht** in Betracht (Strohn, ZInsO 2008, 706). Denn das Kapitalschutzsystem der AG ist ungleich stringenter als das der GmbH. So verbietet § 57 **AktG** nicht nur die Schmälerung des Grundkapitals, sondern schlechthin jede Ausschüttung an Aktionäre außerhalb der Gewinnverteilung. Zudem ist der Vorstand sehr viel unabhängiger von den Aktionären – auch vom Mehrheitsaktionär – als ein GmbH-Geschäftsführer. Vor allem aber enthält das **AktG** mehrere einschlägige Schadensersatznormen, die die Existenzvernichtungshaftung abdecken dürften, so etwa § 117 **AktG** und im faktischen Konzern § 317 **AktG**. Die Anknüpfung der Existenzvernichtungshaftung an § 826 BGB bietet aber bei **EU-Auslandsgesellschaften** eine interessante Perspektive: Die Anwendung des deutschen Gesellschaftsrechts ist nach der Rspr. des EuGH unzulässig (EuGH, NJW 1999, 2027 – Centros –; EuGH, NJW 2002, 3614 – Überseering –; EuGH, NJW 2003, 3331 – Inspire Art –). Demgegenüber darf das nationale Deliktsrecht und damit § 826 BGB angewandt werden. Damit betrifft die Existenzvernichtungshaftung auch die Gesellschafter von EU-Auslandsgesellschaften (LG Berlin, ZInsO 2009, 157 für eine Limited; Wiedemann FS Lüer, S. 337).

II. Voraussetzungen

1. Vermögensentzug

a) Vermögensbegriff

9 Unter dem geschützten Gesellschaftsvermögen ist nicht nur das bilanzielle Vermögen zu verstehen. Darunter fallen vielmehr auch Geschäftschancen und -ressourcen. Erfasst wird, was es der Gesellschaft ermöglicht, ihre wirtschaftliche Tätigkeit planmäßig fortzusetzen und Umsatzerlöse zu generieren. Diese Sichtweise ist sehr viel umfassender als die streng bilanzielle Betrachtungsweise der §§ 30, **31 GmbHG** (Strohn, ZInsO 2008, 706; **a. A.** aber Gloger/Goette/Japing, ZInsO 2008, 1051).

b) Entzug

10 Das Vermögen muss der Gesellschaft entzogen worden sein. Erfasst werden die Fälle, in denen die Gesellschafter **Vermögen entnommen** (BGHZ 151, 181) oder **umgeleitet** (BGH, ZIP 2004, 2138) haben und dadurch die Zweckbindung des Gesellschaftsvermögens zur Erfüllung der Gesellschaftsschulden missachtet haben (BGH, ZIP 2008, 1232; sog. Selbstbedienung). Auch liegt ein Verstoß gegen die Verpflichtung zur Respektierung der Zweckbindung des Gesellschaftsvermögens im Regelfall dann vor, wenn der Entzug von Vermögenswerten zu **betriebsfremden Zwecken** erfolgt (BGH, ZIP 2005, 250, 252; OLG München, ZIP 2006, 564, 568). Durch das Erfordernis des Vermögensentzugs steht fest, dass die bloße **materielle Unterkapitalisierung** jedenfalls grds. keine Existenzvernichtung sein kann (s. dazu unten Rdn. 37).

11 Der Entzug des Vermögens muss sich **gegen das der Gläubigergesamtheit zur Befriedigung dienende Vermögen** richten. Der Entzug von Sicherungsgut eines einzelnen Gläubigers ist demgegenüber nicht ausreichend (BGH ZIP 2005, 250). Der Gesellschafter muss allerdings nur auf die **seiner Disposition entzogenen Belange der Gesellschaft** Rücksicht nehmen. Soweit ihm das Gesetz daher Entscheidungsfreiheit einräumt, darf er diese auch – im gesetzlichen Rahmen – nutzen. Insb. trifft ihn keine Verpflichtung, das Unternehmen am Leben zu erhalten (BGH, ZIP 2005, 117).

12 Keine Voraussetzung der Existenzvernichtungshaftung ist, dass das entzogene Vermögen **auf den Gesellschafter persönlich übertragen** wird. § 826 BGB setzt beim Schaden der Gesellschaft an und nicht bei einer Bereicherung des Gesellschafters (LG Berlin, ZInsO 2009, 157; Wiedemann, FS Lüer S. 337).

Fallgruppen: 13
- **Existenzvernichtung durch Vermögensentzug.** Sicherungsübereignung ohne Gegenleistung (OLG Rostock, NZG 2004, 385); Übertragung überlebenswichtiger Patente oder Produktionsmittel (BGH, NZG 2005, 177); Entzug überlebenswichtiger Geschäftschancen (BGH, NZG 2005, 214) bzw. Lizenzen (Röhricht, ZIP 2005, 505) oder Produktionslinien; Kündigung und Übertragung überlebenswichtiger Miet- oder Pachtverträge (BGH, NZG 2004, 1107; OLG Rostock, NZG 2004, 385);
- **Auferlegung existenzvernichtender Risiken.** Haftungsverbund mit anderen Gesellschaften, cash pool mit wirtschaftlich gefährdetem Gesellschafter; Bestellung von Sicherheiten für Gesellschafter oder andere Konzerngesellschaften (BGHZ 122, 123);
- **Faktische Betriebsstilllegung trotz weiterlaufender Kosten** (OLG Düsseldorf, NZG 2001, 368).

Keine Existenzvernichtung: Der **Versuch einer Unternehmenssanierung** durch Zuführung von 14
Eigenkapital stellt bereits von seinem sozialen Sinngehalt her keinen Vermögensentzug dar, auch wenn die Sanierungsbemühungen im Ergebnis gescheitert sind und den Todeskampf des Unternehmens nur verlängert haben (OLG München, ZIP 2006, 564, 568; in dieser Fallkonstellation können allerdings andere deliktische Fallgruppen wie bspw. die Beihilfe zur Insolvenzverschleppung dennoch zu einer Haftung führen).

Ebenfalls kommt **bei bloßen Managementfehlern** keine Existenzvernichtungshaftung in Betracht 15
(BGH, ZIP 2005, 250). Aus diesem Grund ist auch die Gründung einer unterkapitalisierten Beschäftigungs- und Qualifizierungsgesellschaft nicht als Existenzvernichtung zu beurteilen (BGH, ZIP 2008, 1282 – Gamma). Der Gesellschaft wird kein Vermögen entzogen.

Weitere Fälle, in denen eine Haftung ausscheidet: 16
- Geschäftschancen, die für den Fortbestand der Gesellschaft nicht entscheidend sind, werden nicht wahrgenommen bzw. der Verlust wird so kompensiert, dass die Gesellschaft in der Lage bleibt, ihren Verbindlichkeiten nachzukommen (BGH, ZIP 2005, 117);
- Abzug von Vermögenswerten oberhalb der Stammkapitalziffer (Baumbach/Hueck-Fastrich § 13 Rn. 61);
- Verträge werden nach Ablauf der vertragsgemäßen Laufzeit nicht verlängert;
- zur dauerhaften Erhaltung des Unternehmens erforderliche Investitionen werden nicht getätigt;
- bloße Zuweisung von unternehmerischen Risiken, verbunden mit einer bereits anfänglich unzureichenden Kapitalausstattung (sog. »Aschenputtel-Konstellationen«, dazu unten Rdn. 37 ff.).

c) **Zwang zur Fortsetzung der Gesellschaft?**

Die Existenzvernichtungshaftung begründet **keinen Zwang zur Fortsetzung der Gesellschaft oder** 17
gar zu Investitionen in das Gesellschaftsunternehmen (BGH, ZIP 2005, 117). Der Gesellschafter ist jederzeit berechtigt, die Gesellschaft zu beenden; er muss das jedoch in einem der beiden dafür vom Gesetz vorgesehenen Verfahren tun, entweder im Liquidationsverfahren oder im Insolvenzverfahren. Außerhalb dieser Verfahren darf er nur Zugriff auf den Vermögensüberschuss nehmen, der zur Erfüllung der Gesellschaftsverbindlichkeiten nicht benötigt wird (BGHZ 151, 181; BGH, ZIP 2004, 2138).

2. Existenzvernichtung

Als weitere Voraussetzung der Existenzvernichtungshaftung muss die Existenz der Gesellschaft 18
durch den Entzug auch tatsächlich vernichtet worden sein: Der Gesellschafter muss eine »Weichenstellung ins Aus« vorgenommen haben (Baumbach/Hueck-Fastrich § 13 Rn. 61), die Gesellschaft grds. dadurch insolvent geworden sein (BGH, ZIP 2008, 1232). Es genügt auch, dass eine schon vorhandene **Insolvenzreife** vertieft worden ist (LG Berlin, ZInsO 2009, 157; Strohn, ZInsO 2008, 706). Eine Ausnahme gilt bei der Liquidationsgesellschaft, der ein eigener Anspruch aus § 826 BGB schon zustehen kann, wenn der Gesellschafter unter Verstoß gegen § 73 Abs. 1 GmbHG in sitten-

widriger Weise das im Interesse der Gesellschaftsgläubiger zweckgebundene Gesellschaftsvermögen schädigt (BGH, ZInsO 2009, 878 – Sanitary –). Ob das Insolvenzverfahren eröffnet worden ist, spielt demgegenüber keine Rolle.

19 **Zwingend erforderlich** ist, dass die Gesellschaft **über eine hinreichende Kapitalausstattung verfügt** hat. Bei einer Gesellschaft, die seit ihrer Gründung materiell unterkapitalisiert war (BGH, ZIP 2008, 1232 – Gamma; vgl. auch Röhricht FS BGH, 2000, Bd. 1, S. 83) kommt eine Existenzvernichtungshaftung grds. nicht in Betracht (Baumbach/Hueck-Fastrich § 13 Rn. 51). Haben die Gesellschafter die Gesellschaft von vornherein so ausgestattet, dass die Nachteile aus der Geschäftstätigkeit notwendigerweise die Gläubiger treffen mussten (sog. »Aschenputtel-Konstellationen«), kommt allerdings eine Haftung wegen materieller Unterkapitalisierung in Betracht (offen gelassen von BGH, ZIP 2008, 1232 – Gamma; vgl. dazu unten Rdn. 37 ff.).

3. Ursächlichkeit, Sittenwidrigkeit, Vorsatz

20 Der Vermögensentzug muss ursächlich für die Insolvenzreife sein. Dies ist dann der Fall, wenn aufgrund des Eingriffs die Gesellschaft nicht mehr bzw. nur noch in geringerem Umfang in der Lage ist, ihre Verbindlichkeiten auszugleichen (BGH, ZIP 2005, 250; BGH, ZIP 2001, 1874).

21 Durch das Kriterium der Vorsätzlichkeit ist **zielgerichtetes Handeln** erforderlich. Als Vorsatz ist dabei das Bewusstsein des handelnden Gesellschafters über die sittenwidrige Schädigung oder zumindest über die ihr zugrunde liegenden Tatsachen erforderlich, wobei Eventualvorsatz genügt (BGH, ZInsO 2013, 780; BGH, ZIP 2007, 1552).

22 Der Vermögensentzug muss zudem **sittenwidrig** sein, wovon im Regelfall ohne Weiteres auszugehen ist (BGH, ZInsO 2008, 276): Sittenwidrigkeit liegt bereits dann vor, wenn der Eingriff **Insolvenz verursachend** oder – vertiefend war sowie zum unmittelbaren oder mittelbaren **Vorteil** eines Gesellschafters oder eines Dritten geführt hat. An eine Ausnahme könnte man allenfalls denken, wenn der Gesellschafter etwa das Vermögen in einer besonderen Notsituation caritativen Zwecken zuführt. Schließlich muss der Gesellschafter vorsätzlich gehandelt haben. Dabei reicht bedingter Vorsatz aus. Im Hinblick auf die Sittenwidrigkeit müssen ihm nur die Tatsachen bewusst gewesen sein, aus denen sich die Sittenwidrigkeit ergibt (Strohn, ZInsO 2008, 706).

4. Verjährung

23 Für die Verjährung gilt **§ 195 BGB**. Der Anspruch verjährt mithin in 3 Jahren ab dem Ende des Jahres, in dem der Anspruch entstanden ist und der Gläubiger, also die Gesellschaft bzw. der Insolvenzverwalter, Kenntnis von den den Anspruch begründenden Umständen erlangt hat oder ohne grobe Fahrlässigkeit hätte erlangen können, § 199 Abs. 1 Nr. 2 BGB (BGH, ZInsO 2012, 1718). Der Insolvenzverwalter muss sich die Kenntnis der Gesellschaft zurechnen lassen (BGH, ZInsO 2003, 761 für §§ 146 InsO, 195 BGB). Zu beachten sind die Höchstfristen der § 199 Abs. 3 Nr. 1 und 2 BGB.

> ▶ **Praxistipp:**
>
> Sofern der Insolvenzverwalter sowohl aus dem Gesichtspunkt der Existenzvernichtungshaftung als auch aus dem der Insolvenzanfechtung, insb. gem. § 133 Abs. 1 vorgehen will, ist darauf zu achten, den Streitgegenstand möglichst offen zu formulieren und die Klage auf sämtliche in Betracht kommende Anspruchsgrundlagen zu stützen. Eine Klage, mit der der Insolvenzverwalter den Ersatz des Existenzvernichtungsschadens begehrt, hemmt den Lauf der Verjährung des Anfechtungsanspruchs regelmäßig nicht (BGH, ZInsO 2013, 780).

III. Anspruchsinhalt

24 Die **Rechtsfolgen** der Existenzvernichtungshaftung ergeben sich zwanglos aus den allgemeinen Regeln der **§§ 249 ff. BGB**: Es muss grds. der Zustand hergestellt werden, der ohne die Existenzvernichtung bestehen würde.

Ist die Gesellschaft durch den Eingriff in ihr Vermögen insolvent geworden, haftet der Gesellschafter für den **gesamten Ausfall der Gläubiger**. Der **Haftungsumfang** bemisst sich dann nach dem Betrag, der zur Gläubigerbefriedigung – unter Berücksichtigung einer etwaig vorhandenen Masse – zusätzlich erforderlich ist (BGH, BB 2006, 961). Ergibt allerdings eine vergleichende Betrachtung, dass auch bei redlicher Verhaltensweise eine Bedienung der Verbindlichkeiten nicht bzw. nur teilweise möglich gewesen wäre, ist nur der konkret durch den Eingriff verursachte zusätzliche Nachteil auszugleichen (BGH, ZIP 2007, 1552; ZIP 2005, 250). 25

Ist dagegen die schon bestehende Insolvenzreife nur vertieft worden, haftet der Gesellschafter dagegen nur für den **Quotenschaden**, also für die Verschlechterung der Insolvenzquote infolge des von ihm zu verantwortenden Vermögensentzugs (Strohn, ZInsO 2008, 706). 26

Zu dem nach § 249 BGB zu ersetzenden Schaden gehören darüber hinaus auch die **Kosten des Insolvenzverfahrens** unter Einschluss des Eröffnungsverfahrens (BGH, ZInsO 2007, 881). Außerdem sind gem. §§ 286 Abs. 1 und 2 Nr. 4, 288 Abs. 1 BGB ab dem Zeitpunkt der Entziehung **Verzugszinsen** zu zahlen (BGH, ZInsO 2008, 276). 27

Bei der Existenzvernichtungshaftung handelt es sich um eine **Innenhaftung** (BGH, ZIP 2008, 1232; ZIP 2007, 1552; zust. Altmeppen, ZIP 2008, 1201; Gehrlein, WM 2008, 761; krit. Schwab, ZIP 2008, 341; Jacoby, JR 2008, 203): Soll die Lage wieder hergestellt werden, die ohne die Existenzvernichtung bestehen würde, kann es keine Außenhaftung geben. Denn auch ohne den Eingriff hätten die Gesellschaftsgläubiger keinen unmittelbaren Anspruch gegen den Gesellschafter gehabt. Ihr Schaden in Form des Forderungsausfalls ist nur ein Reflex des Vermögensentzugs bei der Gesellschaft. Unmittelbar wird nur die Gesellschaft geschädigt. Bei ihr ist der Schaden daher auszugleichen. Eine mögliche **Ausnahme** von der Ausgestaltung der Existenzvernichtungshaftung als Innenhaftung kommt allenfalls dann in Betracht, wenn der Gesellschafter das Gesellschaftsvermögen beiseiteschafft, um gezielt den einzigen Gläubiger der Gesellschaft zu schädigen (vgl. BGH, ZInsO 2007, 881). 28

IV. Prozessuale Aspekte

1. Zuständigkeit

Für die **örtliche Zuständigkeit** kommt neben dem allgemeinen Gerichtsstand am **Wohnsitz des Gesellschafters** (§§ 12, 13 ZPO) auch der **besondere Gerichtsstand der unerlaubten Handlung** (§ 32 ZPO) in Betracht. Der Insolvenzverwalter kann zwischen beiden Gerichtsständen wählen. Sonderverjährungsvorschriften des GmbHG finden keine Anwendung (BGH, ZInsO 2009, 878). 29

Bei der **gesetzlich geregelten Geschäftsverteilung** ist § 95 Abs. 1 Nr. 4a GVG zu beachten. Für den klagenden Insolvenzverwalter besteht die Möglichkeit, gem. § 96 GVG zu beantragen, den Rechtsstreit vor der **Kammer für Handelssachen** zu führen. 30

2. Darlegungs- und Beweislast

Die Darlegungs- und Beweislast für sämtliche objektiven und subjektiven Tatbestandsmerkmale hat nach den allgemeinen Grundsätzen zunächst die Gesellschaft bzw. der Insolvenzverwalter zu tragen; dies gilt auch für die haftungsbegründende und die haftungsausfüllende Kausalität (BGH, ZIP 2007, 1552 – Trihotel). 31

Allerdings gelten die von der Rspr. entwickelten **Beweiserleichterungen**. Hieraus ergibt sich, dass der klagende Insolvenzverwalter im ersten Schritt konkret Umstände darzulegen hat, die die Annahme zumindest nahelegen, dass der in Anspruch genommene Gesellschafter der Gesellschaft Vermögen entzogen hat (OLG München, ZIP 2006, 564), und es dann Sache des in Anspruch genommenen Gesellschafters ist, hierzu nähere Angaben zu machen (**Grundsätze der sekundären Darlegungslast**). Jede andere Betrachtungsweise hätte zur Folge, dass eine Durchsetzung der Ansprüche unzumutbar erschwert wäre, da der Insolvenzverwalter häufig nicht über die für einen Vollbeweis erforderlichen Dokumentationen verfügt. Umgekehrt wäre es für den Gesellschafter ein 32

Leichtes, durch ein strategisches »Entsorgen« der Unternehmensunterlagen die Existenzvernichtungshaftung ins Leere laufen zu lassen (im Ergebnis genauso HK-Kleindieck Anh. § 35 Rn. 96, 102).

3. §§ 30, 31 GmbHG und Existenzvernichtungshaftung

33 Die Ausgestaltung der Existenzvernichtungshaftung als Innenhaftung hat Auswirkungen auf das Gesamtkonzept der Haftung, bestehend aus den beiden Säulen Kapitalaufbringung und Kapitalerhaltung sowie der Existenzvernichtungshaftung als **deliktsrechtlicher Verlängerung der Kapitalerhaltungsvorschriften**. Die früher vertretene Subsidiarität der Existenzvernichtungshaftung ggü. den Kapitalerhaltungsvorschriften hat der BGH ausdrücklich aufgegeben (BGH, ZIP 2007, 1552).

34 Bei der Haftung wegen Entnahmen zulasten des Stammkapitals nach §§ 30, 31 GmbHG handelt es sich ebenfalls um eine Innenhaftung. Der Verstoß gegen § 826 BGB ist für den gesamten Schaden ursächlich, weshalb er auch den Eingriff in das Stammkapital erfasst. Der **Anspruch aus § 31 GmbHG** tritt **als Minus** daneben. Beide Ansprüche stehen in **Anspruchsgrundlagenkonkurrenz** (BGH, ZInsO 2007, 881). Das hat zur Folge, dass der auf Existenzvernichtung gestützten Klage jedenfalls i. H. d. Eingriffs in das Stammkapital stattgegeben werden kann, wenn sich die Voraussetzungen der weiter gehenden Existenzvernichtungshaftung nicht beweisen lassen.

V. Flankierende Ansprüche (§ 826 BGB/§ 823 Abs. 2 BGB i. V. m. § 15a Abs. 1 InsO)

1. Innenhaftung aus § 826 BGB bei Vermögensentzug, der nicht zur Insolvenzreife geführt hat?

35 Unabhängig von den besonderen Voraussetzungen einer Existenzvernichtungshaftung soll der Tatbestand des § 826 BGB auch dann erfüllt sein, wenn ein Vermögensentzug nicht zur Insolvenzreife der Gesellschaft geführt hat, diese vielmehr erst viel später und unabhängig davon entstanden ist (dies andeutend jedenfalls BGH, ZIP 2008, 308).

36 Richtigerweise scheidet in einer solchen Fallkonstellation eine Haftung aus § 826 BGB rgm. aus. In der Überwindung des Vermögensentzuges ist nämlich eine einen Anspruch aus § 826 BGB ausschließende Zäsur zu erblicken.

2. Außenhaftung der Gesellschafter aus § 826 BGB bei materieller Unterkapitalisierung

37 In Fällen materieller Unterkapitalisierung der Gesellschaft kommt eine Haftung aus § 826 BGB nur unter engen Voraussetzungen in Betracht (offen gelassen von BGH, ZIP 2008, 1232 – Gamma). **Materielle Unterkapitalisierung** liegt vor, wenn die Höhe des Stammkapitals den finanziellen Anforderungen der Gesellschaft nicht genügt und die Gesellschafter der Gesellschaft die erforderlichen Mittel auch nicht durch Gesellschafterdarlehn zur Verfügung stellen. Sofern entsprechende Darlehn gewährt werden, liegt bloß eine formelle Unterkapitalisierung vor (zur Haftung wegen materieller Unterkapitalisierung skeptisch Strohn, ZInsO 2008, 706 unter Hinweis darauf, dass es an einer konsensfähigen Antwort der Betriebswirtschaftslehre auf die Frage fehle, nach welchem Maßstab die »richtige« Kapitalausstattung zu beurteilen sei). In der **Praxis** wird eine solche Haftung nur dann in Betracht kommen, wenn die materielle Unterkapitalisierung evident ist.

38 Da die Nachteile aus der Geschäftstätigkeit einer evident materiell unterkapitalisierten Gesellschaft zwangsläufig die Gläubiger treffen (Altmeppen, ZIP 2008, 1201), kommt grds. ein Anspruch aus § 826 BGB in Betracht (BGH, ZIP 1992, 694; NJW 1979, 2104; BAG, ZIP 1999, 878). Allerdings besteht das die Sittenwidrigkeit i. S. d. § 826 BGB begründende Tatbestandsmerkmal nicht in der unzureichenden Kapitalausstattung. Vielmehr ist eine **einseitige Verfolgung der Interessen der Gesellschafter ggü. ihrer Gesellschaft unmittelbar zum Nachteil der Gesellschaftsgläubiger** (BGH, NJW 1979, 2104) erforderlich. Für den Schädigungsvorsatz ist maßgebend, ob sich für den Gesellschafter nach den äußeren Umständen die Möglichkeit einer Schädigung der Gläubiger geradezu aufdrängen musste. Die evidente **materielle Unterkapitalisierung** ist dabei ein **gewichtiges Indiz für den Schädigungsvorsatz** und bewirkt im **Zivilprozess** über die Grundsätze der

sekundären Darlegungslast, dass der beklagte Gesellschafter darlegen und beweisen muss, dass er trotz – vom klagenden Gesellschafter bzw. Insolvenzverwalter darzulegender – evidenter materieller Unterkapitalisierung keinen Schädigungsvorsatz hatte. Erwägenswert erscheint, die Anforderungen an die Darlegungslast des Klägers davon abhängig zu machen, ob ein wenig schutzbedürftiger Gläubiger, der seine Forderungen ohne Weiteres dinglich absichern kann (etwa: Banken, Warenlieferanten), betroffen ist, oder aber ein schutzbedürftiger Gläubiger, wie etwa ein Dienstleister, ein Arbeitnehmer oder ein Verbraucher. Als Vorbild kann insoweit das brasilianische Recht dienen, das die Haftungsbeschränkungen des Gesellschaftsrechts zugunsten von Arbeitnehmern und Verbrauchern generell aufhebt (dazu Gloger, Haftungsbeschränkung versus Gläubigerschutz in der GmbH, 2007, S. 369).

In Fällen materieller Unterkapitalisierung erleiden die Gläubiger unmittelbar einen Schaden (Altmeppen, ZIP 2008, 1201). Folglich handelt es sich hier nicht um eine Innen-, sondern um eine Außenhaftung, die auch als **Durchgriffshaftung** bezeichnet wird. Im Insolvenzverfahren kann der Insolvenzverwalter diese Haftung über § 93 geltend machen.   39

3. Außenhaftung der Gesellschafter aus §§ 823 Abs. 2, 830 Abs. 2 BGB i. V. m. § 15a InsO

Wegen der **Haftung des Geschäftsführers** ggü. den Gläubigern gem. § 823 Abs. 2 BGB i. V. m. § 15a Abs. 1 InsO wird auf die Kommentierung im Anhang zu § 35 Abschnitt H Geschäftsführerhaftung Rdn. 38 ff. verwiesen.   40

Gesellschafter, die den Geschäftsführer zur Fortführung einer insolvenzreifen Gesellschaft anweisen, haften als **Beteiligte gem.** § 830 Abs. 2 BGB. In Betracht kommen kann auch eine Haftung des Gesellschafters als **faktischer Geschäftsführer**. Die Haftung umfasst für sog. **Neugläubiger**, also Gläubiger, die mit der Gesellschaft erst nach Eintritt der Insolvenzreife kontrahiert haben, grds. den gesamten Kontrahierungsschaden, der von ihnen individuell durchgesetzt werden kann. Demgegenüber können **Altgläubiger**, also solche Gläubiger, die bereits vor Eintritt der Insolvenzreife mit der Gesellschaft kontrahiert haben, nur den sog. Quotenschaden geltend machen; nur diesen – in der Praxis zivilprozessual kaum darzustellenden – Quotenschaden der Altgläubiger macht nach Eröffnung des Insolvenzverfahrens über das Vermögen der Gesellschaft der Insolvenzverwalter geltend, § 92 InsO. In den sog. **Aschenputtel-Konstellationen** (oben Rdn. 37 f.), also in Fällen anfänglicher materieller Unterkapitalisierung, wird es rgm. ausschließlich Neugläubiger geben, sodass eine Haftungsrealisierung durch den Insolvenzverwalter rgm. ausscheidet.   41

G. Vermögensvermischungshaftung

I. Allgemeines

Bei der gesetzlich nicht normierten **Vermögensvermischungshaftung**, die gelegentlich auch als Haftung wegen Rechtsformmissbrauchs bezeichnet wird, handelt es sich um eine **Verhaltens-** (dazu unten Rdn. 10 ff.) und eine **Durchgriffshaftung**. Rechtstechnisch werden die **§§ 128, 129 HBG analog** (BGHZ 95, 332) angewendet. Die geschädigten Gesellschaftsgläubiger einer **GmbH** bzw. **einer GmbH & Co KG** können außerhalb der Insolvenz ihre Ansprüche direkt gegen die Gesellschafter geltend machen. Im eröffneten Insolvenzverfahren ist der Insolvenzverwalter aktivlegitimiert, **§ 93 InsO** (BGH, ZInsO 2006, 328). In der **AG** ist die Vermögensvermischungshaftung ausgeschlossen (Strohn, ZInsO 2008, 706). Angesichts der unabhängigen Stellung des Vorstands einer AG fehlt es im Regelfall an einem Verhalten der Aktionäre, das für die Vermögensvermischung ursächlich werden kann.   1

Der BGH hatte zunächst auch die Existenzvernichtungshaftung als Durchgriffshaftung konzipiert; bei ihr handelt es sich aber um eine Innenhaftung (vgl. dazu Abschnitt F Existenzvernichtungshaftung, Rdn. 2). Der Umstand, dass der BGH hiervon abgerückt ist, bedeutet nicht, dass er damit an der Durchgriffshaftung i. Ü. etwas hat ändern wollen (so ausdrücklich BGH, ZInsO 2007, 881 – Trihotel).   2

3 **Wirtschaftlich betrachtet**, geht es bei der sog. Vermögensvermischungshaftung darum, einen **zusätzlichen Haftungsfonds** für die Gläubiger von Kapitalgesellschaften zu erschließen. Die Rechtsordnung muss einen Ausgleich schaffen zwischen den Interessen der Gläubiger, auf das Privatvermögen der Gesellschafter zuzugreifen, und dem Interesse der Gesellschafter, dass die ihnen angebotene Haftungsbeschränkung sich auch im Krisenfall bewährt.

4 Die **Voraussetzungen der Vermögensvermischungshaftung sind sehr eng**. Bezeichnenderweise gibt es bisher noch kein Urteil des BGH, in dem diese Voraussetzungen als erfüllt angesehen worden sind. Lediglich in der Entscheidung BGH, ZInsO 2006, 328 hat der II. Zivilsenat eine Sache zurückverwiesen, weil eine Vermögensvermischungshaftung bei entsprechenden Feststellungen nicht auszuschließen war. In der Entscheidung BGH, ZIP 2008, 308 hat er – bei einer Zurückverweisung aus anderem Grund – ebenfalls auf die Möglichkeit einer Vermögensvermischungshaftung hingewiesen.

5 Die Vermögensvermischungshaftung ist **abzugrenzen** von der sog. Sphärenvermischung, die vorliegt, wenn ein Gesellschafter im Rechtsverkehr nicht ausreichend zwischen den von ihm repräsentierten Rechtssubjekten trennt; bei ihr handelt es sich nach herrschender Meinung um eine Rechtsscheinhaftung (Baumbach/Hueck-Hueck/Fastrich § 13 Rn. 46 m. w. N.). Sie ist weiter abzugrenzen von der Haftung wegen materieller Unterkapitalisierung, bei der es sich um eine Fallgruppe des § 826 BGB handelt (dazu Abschnitt F Existenzvernichtungshaftung, Rdn. 37 ff.).

II. Voraussetzungen

1. Vermögensvermischung

6 Voraussetzung ist, dass die **Vermögensabgrenzung zwischen Gesellschafts- und Privatvermögen** durch eine undurchsichtige Buchführung oder auf andere Weise allgemein **verschleiert** wird, sodass insb. die Beachtung der Kapitalerhaltungsvorschriften, derentwegen die Haftungsbeschränkung auf das Gesellschaftsvermögen allein vertretbar ist, unkontrollierbar wird, sog. Waschkorblagen (BGH, ZInsO 2006, 328; BGHZ 125, 366; BGHZ 95, 330 – Autokran –; weiter gehend OLG Naumburg, ZInsO 2009, 43, das eine Vermögensvermischungshaftung annimmt, wenn der Gesellschafter-Geschäftsführer das mit einem Bauvorhaben verbundene Risiko der Gesellschaft auferlegt und sich gleichzeitig selbst die Gewinnchancen vorbehält).

7 Dies bedeutet: Der Gesellschafter haftet nicht etwa deshalb, weil der Umfang der Insolvenzmasse vom Insolvenzverwalter nicht mehr zuverlässig festgestellt werden kann. Er haftet vielmehr in erster Linie deshalb, weil das **gesetzliche Kapitalschutzsystem außer Kraft** gesetzt worden ist. Von den beiden Säulen dieses Schutzsystems, den Kapitalaufbringungs- und den Kapitalerhaltungsregeln, wird namentlich Letztere bei der Vermögensvermischung außer Kraft gesetzt: Wenn der Stand des Gesellschaftsvermögens nicht zuverlässig bestimmt werden kann, kann auch nicht beurteilt werden, ob eine Auszahlung an einen Gesellschafter gegen § 30 GmbHG verstößt; erst recht kann nicht beurteilt werden, ob die Gesellschaft insolvenzreif ist (Strohn, ZInsO 2008, 706). Wird das Kapitalschutzsystem außer Kraft gesetzt, entfällt aber auch die innere Rechtfertigung für die Haftungsbeschränkung des § 13 Abs. 2 GmbHG. Der Gesellschafter bedient sich dann einer Rechtsform zum Zwecke der Begrenzung seiner Haftung, ohne die damit untrennbar zusammenhängenden Regeln einzuhalten. Anders formuliert: Der Gesellschafter missbraucht die Rechtsform. Auf zusätzliche **subjektive Tatbestandsmerkmale** kommt es nicht an, da sich die Vermögensvermischungshaftung allein aus der Feststellung einer objektiv zweckwidrigen Verwendung der juristischen Person herleitet (OLG Naumburg, ZInsO 2009, 43).

8 Daraus wird deutlich, von welcher Qualität die Vermögensvermischung sein muss: Entscheidend ist, ob der Vermögensstand der Gesellschaft nicht mehr nachzuvollziehen ist. Das ist i. d. R. nur dann der Fall, wenn **keine oder nur eine unzureichende Buchführung** existiert (sog. Waschkorblage), die auch nicht mehr anhand von anderen Unterlagen wiederhergestellt werden kann.

es auch die Gesellschaft tun könnte. Mehrere Gesellschafter haften als **Gesamtschuldner**, § 128 HGB analog.

▶ **Hinweis für den klagenden Insolvenzverwalter:**

Auch wenn die zur Tabelle angemeldete Forderung mangels Widerspruchs des Insolvenzverwalters oder eines Insolvenzgläubigers im Prüfungstermin der Gesellschaft ggü. als rechtskräftig festgestellt gilt, muss sich der Gesellschafter das Ergebnis der Forderungsprüfung nur entgegenhalten lassen, wenn er zum Prüfungstermin ordnungsgemäß geladen worden ist. Er haftet i. R. d. Vermögensvermischungshaftung wie ein OHG-Gesellschafter und hat deshalb im Insolvenzverfahren auch die Rechte eines OHG-Gesellschafters. Ist er nicht geladen worden, kann er die Forderung in einem gegen ihn geführten Zivilprozess noch bestreiten (BGH, ZInsO 2007, 79; ZInsO 2006, 328).

15 Im **eröffneten Insolvenzverfahren** ist die Haftung der Gesellschafter beschränkt. Zu zahlen ist nur der zur Befriedigung der Gläubiger erforderliche Betrag. Eine vorhandene Masse ist dementsprechend zu berücksichtigen (BGH, ZInsO 2006, 328).

IV. Prozessuale Aspekte

1. Zuständigkeit

16 Für die **örtliche Zuständigkeit** kommt neben dem allgemeinen Gerichtsstand am **Wohnsitz des Gesellschafters** (§§ 12, 13 ZPO) auch der **besondere Gerichtsstand der unerlaubten Handlung** (§ 32 ZPO) in Betracht. Der Insolvenzverwalter kann zwischen beiden Gerichtsständen wählen.

17 Bei der **gesetzlich geregelten Geschäftsverteilung** ist § 95 Abs. 1 Nr. 4a GVG zu beachten. Für den klagenden Insolvenzverwalter besteht die Möglichkeit, gem. § 96 GVG zu beantragen, den Rechtsstreit vor der **Kammer für Handelssachen** zu führen.

2. Darlegungs- und Beweislast

18 Die Darlegungs- und Beweislast für sämtliche objektiven und subjektiven Tatbestandsmerkmale hat nach den allgemeinen Grundsätzen zunächst der Insolvenzverwalter zu tragen.

19 Allerdings sind auch i. R. d. Vermögensvermischungshaftung die **Grundsätze der sekundären Darlegungslast** anzuwenden. Hieraus ergibt sich, dass der klagende Insolvenzverwalter im ersten Schritt konkret Umstände darzulegen hat, die zumindest die Annahme nahelegen, dass der in Anspruch genommene Gesellschafter eine Vermögensvermischung vorgenommen hat, und es dann Sache des in Anspruch genommenen Gesellschafters ist, hierzu nähere Angaben zu machen. Dies wird insb. relevant, wenn es dem Insolvenzverwalter nicht möglich ist, zur **Willensbildung innerhalb der Gesellschaft** vorzutragen. Hier muss es für die Schlüssigkeit der Klage ausreichen, wenn der Insolvenzverwalter darlegt, dass **keine oder nur eine unzureichende Buchführung** existiert (sog. Waschkorblage), die auch nicht mehr anhand von anderen Unterlagen wiederhergestellt werden kann. Diese Situation **indiziert** dann, dass die die Gesellschaft beherrschenden Gesellschafter die Vermögensvermischung verursacht haben. Es ist dann Sache der Gesellschafter, ihrerseits vorzutragen, dass sie an der Vermögensvermischung nicht mitgewirkt haben.

V. Flankierender Anspruch: Mögliche Haftung des Geschäftsführers aus § 823 Abs. 2 BGB

20 Bei einer Verschleierung der Vermögensverhältnisse kommt auch eine Haftung nach **§ 823 Abs. 2 BGB** wegen Verletzung eines Schutzgesetzes in Betracht. Eine solche Haftung kann indes nur den Geschäftsführer, ggf. den Gesellschafter-Geschäftsführer treffen. Der BGH hat diese Lösung für möglich gehalten (BGHZ 125, 366): Bei der **§ 41 GmbHG** und den **§§ 283, 283b StGB** handele es sich möglicherweise um Schutzgesetze; die Frage wurde vom BGH aber offengelassen, weil durch diese Normen jedenfalls nur die Gläubiger geschützt würden, die im Vertrauen auf das ihnen

Nicht ausreichend für die Vermögensvermischungshaftung ist demgegenüber, wenn sich der Gesellschafter ungehemmt aus der Gesellschaftskasse bedient und seine privaten Rechnungen zulasten des Gesellschaftskontos bezahlt; eine solche Konstellation kann allerdings – neben der Haftung aus den §§ 30, 31 GmbHG – eine Existenzvernichtungshaftung begründen.

9

2. Verursachung durch Gesellschafter

Bei der Vermögensvermischungshaftung kommt es nicht auf den Zustand der Vermögensvermischung, sondern auf die Verursachung an. Die Vermögensvermischungshaftung ist keine Zustandshaftung, sondern eine **Verhaltenshaftung** (BGH, ZInsO 2006, 328). Dies bedeutet, dass der in Anspruch genommene Gesellschafter einen Einfluss auf die Herbeiführung oder die Aufrechterhaltung des Zustands haben muss (Baumbach/Hueck-Hueck/Fastrich § 13 Rn. 45).

10

Auf der anderen Seite kommt es bei der Verursachung der Vermögensvermischung **nicht darauf an, dass der Gesellschafter persönlich gehandelt hat**. Ausreichend ist, dass er **den Geschäftsführer zu einer entsprechenden Verschleierung veranlasst** hat. Dazu braucht er in aller Regel einen **beherrschenden Einfluss**, der insb. durch eine Mehrheitsbeteiligung vermittelt sein kann. In Betracht kommt aber auch eine Beherrschungsmöglichkeit durch Treuhandverhältnisse: Wer Treugeber einer Gesellschaftermehrheit ist, kann seinen Willen in der Gesellschafterversammlung mittels entsprechender Weisungen durchsetzen (BGHZ 125, 366). Eine Beherrschungsmöglichkeit kann auch **rein faktisch** bestehen, wenn etwa der **Minderheitsgesellschafter** in der Gesellschafterversammlung mit der Unterstützung bestimmter anderer Gesellschafter fest rechnen kann, mit denen er zusammen über die Mehrheit verfügt (BGHZ 125, 366).

11

▶ **Praxistipp:**

Wer die Vermögensvermischungshaftung geltend machen will, sollte sich detailliert mit den innergesellschaftlichen Willensbildungsprozessen befassen und hierzu ebenso detailliert vortragen.

Bei einer Gesellschaft, bei der der Gesellschafter gleichzeitig Geschäftsführer ist (sog. **Gesellschafter-Geschäftsführer**) stellt sich das Problem der Verursachung rgm. nicht. Hier ist das Handeln des Geschäftsführers identisch mit dem des personenidentischen Gesellschafters. Eine formale Betrachtungsweise, die darauf abgestellt, dass der Geschäftsführer auch in einer solchen Konstellation an die Weisungen der Gesellschafterversammlung gebunden sei und deshalb die bloße Stellung als Geschäftsführer keinen beherrschenden Einfluss i. S. d. Vermögensvermischungshaftung vermittle (so BGHZ 125, 266), ist abzulehnen.

12

Die Verursachung durch einen Gesellschafter kann aber bei **Gesellschaften mit einem Fremdgeschäftsführer** problematisch sein, weil die Buchführung gem. **§ 41 GmbHG** dem Geschäftsführer obliegt. Die Gesellschafter sind zwar gem. **§ 46 Nr. 6 GmbHG** berechtigt, die Geschäftsführer zu überwachen. Sie sind dazu aber nicht verpflichtet, jedenfalls nicht den Gesellschaftsgläubigern ggü. Die Gesellschafter haften daher nicht etwa schon deshalb, weil sie sich besser hätten informieren und die Geschäftsführer zu einer ordnungsgemäßen Buchführung hätten anhalten können (BGH, ZInsO 2006, 328). Der Gesellschafter, der sich blind stellt, haftet nicht wegen Vermögensvermischung (Strohn, ZInsO 2008, 706).

13

III. Anspruchsinhalt

Die Rechtsfolge des Vermögensvermischungstatbestandes besteht in einer **Durchgriffshaftung**. Der Gesellschafter kann sich nicht mehr auf die Haftungsbeschränkung des § 13 Abs. 2 GmbHG berufen. Rechtstechnisch werden dabei die **§§ 128, 129 HGB analog** angewendet (BGHZ 95, 332; Strohn, ZInsO 2008, 706). Der Gesellschafter haftet also analog **§ 128 HGB** für sämtliche Verbindlichkeiten der Gesellschaft unbeschränkt mit seinem Privatvermögen. Er kann analog **§ 129 HGB** Einwendungen, die nicht in seiner Person begründet sind, nur insoweit geltend machen, als

14

zugänglich gemachte, unrichtige Buchwerk einen Kredit gewährt hätten, woran es in dem der Entscheidung zugrunde liegenden Sachverhalt aber gefehlt habe.

H. Geschäftsführerhaftung

Teil 1: § 64 GmbHG (sog. Masseschmälerungshaftung)

§ 64 GmbHG Haftung für Zahlungen nach Zahlungsunfähigkeit oder Überschuldung

[1]*Die Geschäftsführer sind der Gesellschaft zum Ersatz von Zahlungen verpflichtet, die nach Eintritt der Zahlungsunfähigkeit der Gesellschaft oder nach Feststellung ihrer Überschuldung geleistet werden.* [2]*Dies gilt nicht von Zahlungen, die auch nach diesem Zeitpunkt mit der Sorgfalt eines ordentlichen Geschäftsmanns vereinbar sind.* [3]*Die gleiche Verpflichtung trifft die Geschäftsführer für Zahlungen an Gesellschafter, soweit diese zur Zahlungsunfähigkeit der Gesellschaft führen mussten, es sei denn, dies war auch bei Beachtung der in Satz 2 bezeichneten Sorgfalt nicht erkennbar.* [4]*Auf den Ersatzanspruch finden die Bestimmungen in § 43 Abs. 3 und 4 entsprechende Anwendung.*

I. Allgemeines

Die Haftung des GmbH-Geschäftsführers wegen der Vornahme von Zahlungen, die nach Eintritt der Zahlungsunfähigkeit oder Feststellung der Überschuldung geleistet werden, bleibt auch nach Inkrafttreten des **MoMiG** zum 01.11.2008 der Sache nach unverändert. Der bisherige § 64 Abs. 2 Satz 1 und 2 GmbHG entspricht dem jetzigen § 64 Satz 1 und 2 GmbHG. Für die insoweit unverändert fortbestehende Innenhaftung des Geschäftsführers kann daher **an die bisherige Rechtslage angeknüpft** werden. Die Norm gilt auch für die Vor-GmbH (Baumbach/Hueck-Haas § 64 Rn. 16). Für Personengesellschaften, bei denen kein Gesellschafter eine natürliche Person ist, gelten die §§ 130a Abs. 3 Satz 1, 177a HGB. Die Haftung aus § 130a Abs. 3 Satz 1 HGB entspricht derjenigen des § 64 Satz 1 GmbHG (BGH, ZInsO 2007, 542) Für die AG ist in den §§ 92 Abs. 3, 93 Abs. 3 Nr. 6 AktG Entsprechendes geregelt. – Auf den **Vereinsvorstand** ist § 64 Satz. 1 GmbHG nicht entsprechend anwendbar (BGH, ZInsO 2010, 1003; BGH, ZInsO 2010, 915). Bei der Haftung aus § 42 Abs. 2 BGB muss der Insolvenzverwalter die Kausalität der verzögerten Insolvenzantragstellung für den eingetretenen Schaden darlegen (OLG Hamburg, ZInsO 2009, 835). 1

§ 64 Satz 1 GmbHG begründet einen **Anspruch eigener Art** (BGH, ZInsO 2001, 260; zur systematischen Einordnung des § 64 Satz 1 GmbHG s. Goette, FS Kreft, S. 53) der Gesellschaft gegen den Geschäftsführer, nicht aber gegen Prokuristen (OLG Düsseldorf, GmbHR 1993, 159). Da § 64 Satz 1 insolvenzrechtlich (und nicht gesellschaftsrechtlich) einzuordnen ist (KG, ZIP 2009, 2156; Goette, FS Kreft, S. 53), ist die Vorschrift auch auf **Auslandsgesellschaften** anwendbar (ausführlich Baumbach/Hueck-Haas § 64 Rn. 17 ff.). 2

Der Anspruch wird in der Praxis regelmäßig vom Insolvenzverwalter nach der Eröffnung des Insolvenzverfahrens über das Vermögen der GmbH geltend gemacht, § 80 (a. A. LG Frankfurt an der Oder, ZInsO 2003, 906: § 92). Ein eröffnetes Insolvenzverfahren ist aber nicht rechtliche Voraussetzung für einen Anspruch aus § 64 Satz 1 GmbHG (wie hier nunmehr auch Bork/Schäfer-Bork § 64 Rn. 17; a.A. Haas, GmbHR 2010, Rn. 17; unklar BGH, NJW 2001, 304). Der Anspruch ist deshalb im Überschuldungsstatus (§ 19) zu aktivieren; da aber gleichzeitig ein Freihalteanspruch des Geschäftsführers, der bei Inanspruchnahme gem. § 64 Satz 1 GmbHG quasi persönlich Verbindlichkeiten der Gesellschaft tilgt, gegen die Gesellschaft aus § 670 BGB in entsprechender Höhe zu passivieren ist, wirkt sich dies auf das Ergebnis der Überschuldungsprüfung nicht aus. Außerdem können Gläubiger der GmbH insb. nach Abweisung mangels Masse gem. § 26 den Anspruch der Gesellschaft gegen den Geschäftsführer pfänden und sich zur Einziehung überweisen lassen (BGH, ZIP 2000, 1896). In der Praxis tritt dieser Fall dann auf, wenn – bei Fehlen anderweitiger Masse – der Anspruch aus § 64 Satz 1 GmbHG nicht geeignet ist, die Verfahrenskosten zu decken. Denkbar ist auch, dass der vom Insolvenzgericht im Eröffnungsverfahren eingesetzte Sachverständige bzw.

vorläufige Insolvenzverwalter den Anspruch aus § 64 Satz 1 GmbH nicht bzw. nicht richtig ermittelt hat, das Insolvenzgericht gleichwohl seinem Gutachten gefolgt ist und den Insolvenzantrag mangels Masse abgewiesen hat.

3   Geschäftsführer i. S. d. § 64 Satz 1 GmbHG sind der **rechtliche Geschäftsführer** und der **faktische Geschäftsführer**, außerdem der Liquidator (BGH, ZIP 2012, 867). Als faktischer Geschäftsführer ist zum einen der fehlerhaft bestellte Geschäftsführer anzusehen. Zum anderen ist faktischer Geschäftsführer, wer – ohne bestellt worden zu sein – zumindest mit dem Einverständnis der Mehrheit der Gesellschafter (OLG Karlsruhe, NJW 2006, 1364) wie ein Geschäftsführer auftritt, also die Geschicke der Gesellschaft durch eigenes Handeln im Außenverhältnis maßgeblich in die Hand genommen hat (BGH, ZIP 2008, 1026; ZIP 2005, 1550; ZIP 2005, 1414; Kriterien: nachhaltiger Einfluss auf die Geschäftsführung, Wahrnehmung von Führungsaufgaben, Ausmaß und Intensität der übernommenen Unternehmensführung und des Auftretens im Außenverhältnis). Es ist häufig eine komplexe Abwägung erforderlich; die Rechtsprechung legt strenge Maßstäbe an (vgl. etwa OLG Hamburg, ZInsO 2013, 2447). Als faktischer Geschäftsführer kann nur eine natürliche Person angesehen werden (BGH, DStR 2002, 1010).

Eine Differenzierung zwischen **mehreren Geschäftsführern** ist grds. nicht nötig, weil das Gesetz jedem von ihnen eine Allzuständigkeit zuweist. Die Geschäftsführer haben nicht bestimmte Geschäfte zu besorgen, sondern die Geschäfte – wie es der BGH ausdrückt – in ihrer Gesamtheit verantwortlich zu leiten (BGHZ 133, 370; Strohn, ZInsO 2009, 1417). Das schließt eine interne Ressortverteilung allerdings nicht aus. Hat die Gesellschafterversammlung oder haben die Geschäftsführer eine solche Ressortverteilung beschlossen, kann sich jeder Geschäftsführer grds. darauf verlassen, dass die anderen Geschäftsführer die ihnen obliegenden Aufgaben ordnungsgemäß erfüllen. Aus der gesetzlichen Allzuständigkeit ergibt sich aber eine Überwachungspflicht. Wenn diese Überwachung Anhaltspunkte für ein pflichtwidriges Verhalten eines Mitgeschäftsführers zutage fördert, muss der an sich unzuständige Geschäftsführer eingreifen (Drescher, Die Haftung des GmbH-Geschäftsführers, 7. Aufl. 2013, Rn. 295 ff.). Das gilt insb. in krisenhaften Situationen, in denen sich etwa der für technische Fragen zuständige Geschäftsführer nicht blind darauf verlassen darf, der kaufmännische Geschäftsführer werde schon die fälligen Steuern und Sozialversicherungsabgaben abführen und bei Insolvenzreife den Insolvenzantrag stellen. Das Gleiche gilt erst recht, wenn die Geschäftsführer Aufgaben an Angestellte delegieren (BGHZ 133, 370; Strohn, ZInsO 2009, 1417).

4   **Zweck des § 64 Satz 1 GmbHG** ist die Sicherung des Vermögens der insolvenzreifen Gesellschaft im Interesse der gleichmäßigen Befriedigung aller Gesellschaftsgläubiger und die Verhinderung der bevorzugten Befriedigung einzelner Gläubiger (BGH, ZInsO 2001, 260; BGHZ 143, 184). Es handelt sich um einen Anspruch, der darauf gerichtet ist, das Gesellschaftsvermögen wieder aufzufüllen (BGH, ZInsO 2001, 260), ähnlich einem insolvenzrechtlichen Anfechtungsanspruch. Eine Teilnahme i. S. d. § 830 BGB kommt nicht in Betracht (BGH, ZIP 2008, 1026). In der Ausformung, die die Norm insb. durch die Rechtsprechung des II. Zivilsenates des BGH erfahren hat, dient § 64 Satz 1 GmbHG auch der **Verhaltenssteuerung** in dem Sinne, dass der Geschäftsführer angehalten werden soll, den Insolvenzantrag unmittelbar nach Eintritt der Insolvenzreife zu stellen.

II. Voraussetzungen und Einwendungen (§ 64 Satz 1 und 2 GmbHG)

1. Zahlungen (§ 64 Satz 1 GmbHG)

a) Zeitpunkt der Zahlung

5   Zu ersetzen sind **Zahlungen, die nach Eintritt der Zahlungsunfähigkeit oder Feststellung der Überschuldung vorgenommen werden**; auf den Ablauf der Dreiwochenfrist des § 15a Abs. 1 kommt es nicht an (BGH, ZIP 2012, 1557). Nicht haftungsauslösend sind Zahlungen, die bei drohender Zahlungsunfähigkeit vorgenommen werden (BGH, ZIP 2012, 867). Der Begriff der Zahlungsunfähigkeit ist § 17 Abs. 2 zu entnehmen, der der Überschuldung § 19 Abs. 2 (BGH, ZIP 2006, 2171). Zur Darlegungs- und Beweislast für den Eintritt der Zahlungsunfähigkeit s. u. Rdn. 34a, b.

Bei der **Überschuldung** kommt es entgegen dem Gesetzeswortlaut nicht darauf an, dass diese »festgestellt« wird, sondern allein darauf, dass Überschuldung vorliegt (BGHZ 143, 184). Besonders zu beachten ist, dass der Gesetzgeber als Reaktion auf die sog. Finanzmarktkrise (Herbst 2008) durch das am 17.10.2008 in Kraft getretene **Finanzmarktstabilisierungsgesetz** eine Änderung des § 19 Abs. 2 vorgenommen hat, wodurch der Überschuldungsbegriff an die Krisensituation angepasst werden sollte. Mittlerweile ist diese – zunächst nur befristet geltende Änderung – entfristet worden. Wegen der Einzelheiten wird auf die Kommentierung zur InsO [Schröder] § 19 verwiesen. Zur Darlegungs- und Beweislast für den Eintritt der Überschuldung s. u. Rdn. 34f, g.

Das Vorliegen eines bloßen **Eröffnungsantrages** führt allein grundsätzlich nicht zum Ende des Zahlungsverbotes, wohl aber die **Anordnung von Sicherungsmaßnahmen** in Form der vorläufigen Insolvenzverwaltung gem. § 21 Abs. 1 Satz 1 Nr. 2 (Drescher, Die Haftung des GmbH-Geschäftsführers, 7. Aufl. 2013, Rn. 500). Setzt das Insolvenzgericht im Eröffnungsverfahren bei laufendem Geschäftsbetrieb lediglich einen Sachverständigen ein, so kommt eine Rechtfertigung des Geschäftsführers in Betracht, da es von nun an Sache des Sachverständigen ist, etwaigen Sicherungsbedarf beim Insolvenzgericht anzuzeigen und Maßnahmen gem. § 21 anzuregen, und der Geschäftsführer jedenfalls im Fall eines von ihm selbst gestellten Insolvenzantrages in diesem Stadium gem. § 43 GmbHG verpflichtet sein kann, betriebsnotwendige Zahlungen vorzunehmen (eingehend Schmidt/Poertzgen, NZI 2013, 369). 5a

Bei **vorläufiger Eigenverwaltung** und im **Schutzschirmverfahren** verbleibt die Verfügungsbefugnis grundsätzlich bei der Schuldnerin. Bei Vorliegen einer Zustimmung des vorläufigen Sachwalters bzw. des vorläufigen Gläubigerausschusses entfällt regelmäßig die Haftung des Geschäftsführers für von ihm veranlasste Zahlungen (eingehend Schmidt/Poertzgen, NZI 2013, 369). 5b

Mit der **Eröffnung des Insolvenzverfahrens** endet in jedem Fall die Haftung aus § 64 GmbHG; dies gilt unabhängig davon, ob im »normalen« Insolvenzverfahren ein Insolvenzverwalter oder aber bei Eigenverwaltung ein Sachwalter bestellt worden ist (Schmidt/Poertzgen, NZI 2013, 369; dort auch zur Problematik der Haftung aus § 64 GmbH nach Abweisung mangels Masse). 5c

Für den **subjektiven Tatbestand** des § 64 Satz 1 GmbHG genügt Fahrlässigkeit hinsichtl. sämtlicher anspruchsbegründender Merkmale, und zwar auch hinsichtl. der Zahlung nach Eintritt der Zahlungsunfähigkeit bzw. Erkennbarkeit der Überschuldung (BGHZ 143, 184; BGH, ZIP 2007, 1265; Baumbach/Hueck-Haas § 64 Rn. 84 m. w. N.; a. A. OLG Düsseldorf, ZIP 1985, 876: Vorsatz). Der Geschäftsführer handelt nur dann nicht schuldhaft, wenn er bei fehlender eigener Sachkunde zur Klärung des Bestehens der Insolvenzreife der Gesellschaft den Rat eines unabhängigen, fachlich qualifizierten Berufsträgers einholt, diesen über sämtliche für die Beurteilung erheblichen Umstände ordnungsgemäß informiert und nach eigener Plausibilitätskontrolle der ihn daraufhin erteilten Antwort dem Rat folgt und von der Stellung eines Insolvenzantrags absieht (BGH, ZIP 2007, 1265; instruktiv zu den Anforderungen an den Entlastungsbeweis nach eingetretener rechtlicher Überschuldung bei Aufstellung einer Bilanz durch den Steuerberater, die keine bilanzielle Überschuldung ausweist OLG Schleswig, ZInsO 2010, 530; ebenfalls instruktiv OLG Hamburg, ZInsO 2013, 2447; eingehend Drescher, Die Haftung des GmbH-Geschäftsführers, 7. Aufl. 2013, Rn. 659 ff.). 6

b) Begriff der Zahlung

aa) Allgemeines

Der Begriff der Zahlung i. S. d. § 64 Satz 1 GmbHG ist weit zu verstehen. Darunter fällt jede **Leistung von Geld** aus einem Barbestand, einem Kontoguthaben oder einem für die Gesellschaft geführten Treuhandkonto (OLG Düsseldorf, ZIP 1998, 2101), außerdem Verrechnungen und Aufrechnungen (BGH, ZIP 2012, 867). Weiter fällt die **Hingabe von Schecks oder Wechseln** unter diesen Begriff. Auch bei der **Leistung anderer Gegenstände** (Lieferung von Sachen, Übertragung von Rechten) handelt es sich um Zahlungen; maßgebend ist der Verkehrswert (OLG Düsseldorf, GmbHR 1996, 616). Bei Dienst- und Werkleistungen ist der objektive Wert ohne Gewinn maß- 7 gebend (OLG Düsseldorf, GmbHR 1996, 616: Speditionsfahrten als Zahlungen). Auch das Weiterleiten von zweckbestimmten Mitteln durch den Geschäftsführer fällt grundsätzlich unter § 64 Satz 1 GmbHG (BGH, ZIP 2003, 1005; kritisch K. Schmidt, ZHR 168, 637), eine Ausnahme gilt nur dann, wenn sich der Geschäftsführer gem. § 266 StGB strafbar machen würde, er sich also in einer Pflichtenkollision befindet (dazu Rdn. 17).

7a Tendenzen in der Literatur, den Begriff der Zahlung **wertend bzw. wirtschaftlich** zu betrachten, haben sich in der Rechtsprechung weder des BGH (BGHZ 143, 184; BGH, ZIP 2007, 1006; zur Problematik Strohn, NZG 2011, 1161; Bitter, ZInsO 2010, 1505) noch der OLGs durchsetzen können. Es findet demnach keine generelle Saldierung nach Art einer Schadensberechnung statt (so aber Roth/Altmeppen § 64 Rn. 10; K. Schmidt, ZIP 2008, 1401); auch eine Saldierung im engen zeitlichen Zusammenhang (so Ulmer/Casper § 64 Rn. 88) bzw. in Anlehnung an die Rechtsprechung zum Bargeschäft i. S. d. § 142 (so Baumbach/Hueck-Haas § 64 Rn. 70) lehnt die Rechtsprechung unter Betonung, es handele sich beim Anspruch aus § 64 Satz 1 GmbHG um einen Anspruch eigener Art, nicht hingegen um einen Schadensersatzanspruch wie etwa denn des §§ 823 Abs. 2 BGB, 15a Abs. 1, kategorisch ab. Etwaige Gegenleistungen können daher allenfalls im Rahmen der jeweiligen Zahlung berücksichtigt werden (dazu unten Rdn. 18 ff.).

Der Rechtsprechung ist zu folgen. § 64 Satz 1 GmbH enthält eine **verhaltenssteuernde Funktion**. Dieser Aspekt spricht gegen Versuche, eine Saldierung auch nur in Anlehnung an die Bargeschäftsrechtsprechung vorzunehmen. Denn in diesem Punkt unterscheiden sich das Insolvenzanfechtungsrecht einerseits und die Geschäftsführerhaftung gem. § 64 GmbHG andererseits: Mit dem Insolvenzanfechtungsrecht sollen abgeflossene Vermögenswerte zur Insolvenzmasse zurückgeholt werden, um so für die Gläubigergleichbehandlung (dazu Bork, ZIP 2014, 797) zur Verfügung zu stehen. Wie dem Bereicherungsrecht geht es dem Insolvenzanfechtungsrecht (vgl. § 143 Abs. 1, 2 InsO) darum, für eine gesetzeskonforme Vermögenszuordnung zu sorgen. Für den Geschäftsführer, der den anfechtbaren Vermögensabfluss zu verantworten hat, ist das Anfechtungsrecht »neutral«, da er insoweit nicht haftet. Die Geschäftsführerhaftung dagegen macht den Geschäftsführer persönlich einstandspflichtig für den von ihm in Form der jeweiligen Zahlung zu verantwortenden Vermögensabfluss. Um eine Massebereicherung zu vermeiden, kann er die Abtretung von Anfechtungsansprüchen analog § 255 BGB Zug-um-Zug gegen Ersatzleistung verlangen, um sich den von ihm der Insolvenzmasse ersetzten Vermögenswert von demjenigen wiederzuholen, an den dieser seinerzeit abgeflossen ist (dazu unten Rdn. 26). Über diese Verknüpfung verbinden sich Insolvenzanfechtungsrecht und Geschäftsführerhaftung. Diese Haftung aus § 64 GmbHG soll den Geschäftsführer zu einer permanenten Prüfung der Insolvenzreife und ggf. zur rechtzeitigen Insolvenzantragstellung anhalten. Könnte der Geschäftsführer dagegen darauf hoffen, dass er seine persönliche Haftung durch ein erfolgreiches Weiterwirtschaften reduzieren kann, weil der »Schaden« im Wege einer saldierenden Betrachtung möglicherweise kleiner werden könnte, würde ihn dies gerade zur Fortsetzung der Insolvenzverschleppung motivieren (a. A. und diesen Gesichtspunkt verkennend aber Knittel/Schwall, NZI 2013, 782). Die verhaltenssteuernde Funktion des § 64 GmbHG würde auf diese Weise in sein genaues Gegenteil verkehrt werden.

8 Voraussetzung ist zudem, dass die Zahlung **vom Geschäftsführer veranlasst** worden ist; hierfür ist der klagende Insolvenzverwalter darlegungs- und beweispflichtig: Der Geschäftsführer haftet nur für Zahlungen, die mit seinem Wissen und Wollen geschehen sind oder die er hätte verhindern können (BGH, ZInsO 2009, 917: keine Haftung für eine auf einer Kontopfändung beruhenden Abbuchung vom Gesellschaftskonto; genauso OLG München, ZIP 2011, 277). Zahlungseingänge auf debitorischen Konten (dazu Rdn. 12 f.) sind schon deshalb vom Geschäftsführer veranlasst worden, weil den Zahlungsschuldnern die Bankverbindung mitgeteilt worden ist (OLG Brandenburg, Urt. v. 06.02.2013, 6 U 32/11).

9 **Keine Zahlung** i. S. d. § 64 Satz 1 GmbHG ist die Auszahlung vom Bankkonto an die Barkasse (BGH, ZInsO 2007, 1349) oder von der Barkasse auf das Bankkonto, solange das Bankkonto nicht debitorisch ist (zum debitorischen Bankkonto sogleich Rdn. 12).

bb) Insb.: Zahlungen und Konto

Auch bei Zahlungen, die über ein Konto der Gesellschaft abgewickelt werden, ist jeder einzelne Zahlungsvorgang gesondert in den Blick zu nehmen. Konsequent daher OLG München (ZIP 2008, 2169), wonach ein Geschäftsführer mehrerer Gesellschaften mehrfach haftet, wenn ein- und dieselbe Zahlung durch mehrere Gesellschaften geflossen ist (krit. zum Ansatz der Rspr. Karsten Schmidt, ZIP 2008, 1401). Zur Haftung eines Geschäftsführers für Zahlungen im Rahmen von sog. »cross-pledge«-Vereinbarungen (wechselseitige Haftung von Konten der Gesellschaft und des Geschäftsführers) s. OLG München, ZInsO 2013, 446. 10

Bei **kreditorisch geführten Konten** der Gesellschaft handelt es sich bei jedem vom Geschäftsführer veranlassten Geldtransfer um eine Zahlung i. S. d. § 64 Satz 1 GmbHG. Um eine Zahlung handelt es sich auch, wenn es der Geschäftsführer unterlässt, Lastschriften im (alten) Einziehungsermächtigungsverfahren zu widerrufen (BGH, ZIP 2007, 2273; kritisch Baumbach/Hueck-Haas § 64 Rn. 80). Demgegenüber sind Zahlungseingänge auf das kreditorische Konto für § 64 Satz 1 GmbHG grundsätzlich haftungsneutral. Anders liegt es aber, wenn sich durch die Zahlung auf ein Konto der Umfang der einer Sicherungsabrede unterfallenden Forderungen erhöht mit der Folge, dass diese Forderungen für die übrigen Gläubiger der GmbH nicht mehr zur Verfügung stehen. In einem solchen Fall wird die verteilungsfähige Masse geschmälert, und der Geschäftsführer haftet aus § 64 Satz 1 GmbHG (OLG München, GmbHR 2014, 139). 11

Bei **debitorisch geführten Konten** der Gesellschaft dreht sich die Rechtslage gewissermaßen um. Während Zahlungseingänge auf ein kreditorisches Konto haftungsneutral sind, liegt in der **Einziehung von Schecks auf ein debitorisches Konto** (BGHZ 143, 184) oder in der **Entgegennahme von Überweisungen auf ein debitorisches Konto** eine Zahlung (BGH, ZInsO 2007, 542): Der Geschäftsführer hat, wenn er schon keinen Insolvenzantrag stellt, wenigstens dafür zu sorgen, dass Zahlungen der späteren Insolvenzmasse zugutekommen. Eine Ausnahme gilt dann, wenn die Bank über eine Globalzession an den Forderungen verfügt (OLG Frankfurt am Main, ZIP 2009, 2293; s. u. Rdn. 16). Kritisch zur Rspr. des BGH und für eine wirtschaftliche Betrachtungsweise: K. Schmidt, ZIP 2008, 1401, der für eine generelle Verknüpfung von Ein- und Ausgängen eintritt; ähnlich Baumbach/Hueck-Haas § 64 Rn. 70 ff.: Verknüpfung bei engem zeitlichem Zusammenhang unter Hinweis auf die Bargeschäftsausnahme des § 142. 12

Keine Zahlung i. S. d. § 64 Satz 1 GmbHG stellt hingegen eine **Zahlung aus einem debitorischen Konto** dar, für das die Bank keine die neue Verbindlichkeit deckende Sicherheit aus dem Vermögen der Gesellschaft hat, da hierdurch die Masse nicht berührt wird. Es liegt lediglich ein Gläubigertausch vor, bei dem an die Stelle des befriedigten Gläubigers die Bank tritt (BGH, ZInsO 2010, 568; ZInsO 2007, 542; anders BGH, ZInsO 2009, 2060 zur Gläubigerbenachteiligung i. S. d. § 129 Abs. 1). Daher führt auch die durch Entgegennahme einer Zahlung auf ein debitorisches Konto ermöglichte Befriedigung eines anderen Gläubigers nicht zu einer abermaligen Haftung des Geschäftsführers (BGHZ 143, 184). 13

cc) Begründung neuer Verbindlichkeiten als Zahlung?

Keine Zahlung i. S. d. § 64 Satz 1 GmbHG ist das **Begründen neuer Verbindlichkeiten** durch den Geschäftsführer (BGHZ 138, 211; Röhricht, ZIP 2005, 505; krit., aber nicht überzeugend Poertzgen, ZInsO 2008, 1196). Andernfalls könnte der Neugläubigerschaden vom Insolvenzverwalter über § 64 Satz 1 GmbHG geltend gemacht und der Ersatz des positiven Interesses zur Masse gezogen werden. Der Neugläubigerschaden käme so allen Insolvenzgläubigern (einschließlich der Altgläubiger) zugute, während die Neugläubiger ihren Anspruch gegen den Geschäftsführer nicht mehr geltend machen könnten (vgl. Runkel-Spliedt, Anwaltshandbuch Insolvenzrecht, 2. Aufl. 2008, § 2 Rn. 69). Bei § 64 Satz 1 GmbHG handelt es sich auch nicht um ein Schutzgesetz i. S. d. § 823 Abs. 2 BGB (BGH, NJW 1979, 1829; genauso für §§ 92 Abs. 3, 93 Abs. 3 Nr. 6 AktG OLG Brandenburg, ZInsO 2008, 1081), sodass auch ein deliktischer Anspruch ausscheidet. Allerdings hat der BGH (ZIP 2008, 1232 – Gamma) darauf hingewiesen, dass der Geschäftsführer der Gesell- 14 schaft nach § 43 Abs. 2 GmbHG zum Schadensersatz verpflichtet sein kann, wenn er für die Gesellschaft Verpflichtungen eingeht, bei denen von vornherein feststeht, dass die Gesellschaft diese nicht erfüllen kann. Schon gar keine Zahlung i. S. d. § 64 Satz 1 GmbHG ist die bloße Minderung des Gesellschaftsvermögens nach Eintritt der Insolvenzreife.

2. Ausgenommene Zahlungen, § 64 Satz 2 GmbHG

15 Der Geschäftsführer haftet nicht, wenn die Zahlung mit der **Sorgfalt eines ordentlichen Geschäftsmanns** vereinbar ist, § 64 Satz 2 GmbHG. Maßstab der Sorgfaltspflicht ist das objektive Gläubigerinteresse (Röhricht, ZIP 2005, 505), nicht der Gesellschaftszweck (Baumbach/Hueck-Haas § 64 Rn. 20). Kein Raum für § 64 Satz 2 GmbHG ist, wenn sich die Gesellschaft bereits in Liquidation befindet (OLG Celle, ZInsO 2008, 1328). § 64 Satz 2 GmbHG normiert eine Einwendung gegen den Anspruch, die im Zivilprozess der beklagte Geschäftsführer darzulegen und zu beweisen hat. Unter § 64 Satz 2 GmbHG fallen insb. folgende Zahlungen:

a) Zahlungen, die nicht zu einer Schmälerung der Insolvenzmasse führen

16 Die Herausgabe von Aussonderungsgegenständen (§ 47) oder Zahlungen an absonderungsberechtigte Gläubiger bis zur Höhe des Werts des Sicherungsguts fallen unter § 64 Satz 2 GmbHG (OLG Frankfurt am Main, ZIP 2009, 2293 für eine Globalzession; iE genauso Baumbach/Hueck-Haas § 64 Rn. 68). Eine Ausnahme kommt allenfalls in Betracht, wenn die Gegenstände für eine Betriebsfortführung von erheblicher Bedeutung gewesen wären und eine Anordnung gem. § 21 Abs. 2 Satz 1 Nr. 5 in Betracht gekommen wäre. Eine Masseschmälerung kann nicht darin erblickt werden, dass der Insolvenzmasse Kostenbeiträge (§§ 170, 171) verloren gehen.

b) Zahlungen, deren Nichterbringung unter Strafe steht oder gegen öffentlich-rechtliche Normbefehle verstößt

17 Ein Geschäftsführer, der sich in einer Pflichtenkollision befindet und bei Insolvenzreife der Gesellschaft den sozial- oder steuerrechtlichen Normbefehlen folgend Arbeitnehmeranteile zur Sozialversicherung, Lohnsteuer oder USt nicht abführt, handelt mit der Sorgfalt eines ordentlichen und gewissenhaften Geschäftsleiters und ist nicht nach § 64 Satz 1 GmbHG erstattungspflichtig. Erfasst sind sowohl Zahlungen, deren Nichterbringung unter Strafe steht (insb.: § 266a StGB; BGH, ZIP 2009, 1468); es reicht aber, dass die Nichterbringung ordnungswidrig ist (BGH, ZIP 2011, 422) bzw. eine persönliche Haftung des Geschäftsführers auslöst, insb. gem. §§ 69 Satz 1, 34 Abs. 1 AO (BGH, ZIP 2008, 2220; BFH, ZInsO 2009, 153). Die Privilegierung gilt sowohl für laufende (BGH, ZIP 2007, 1265 unter Aufgabe von BGH, ZIP 2005, 1026; BFH, ZInsO 2009, 153) als auch für rückständige Beiträge bzw. Steuern (BGH, ZInsO 2011, 440). Für nach Eintritt der Insolvenzreife abgeführte Arbeitgeberbeträge zur Sozialversicherung dagegen haftet der Geschäftsführer gem. § 64 Satz 1 GmbHG (BGH, ZIP 2009, 1468; dazu Werres, ZInsO 2009, 1845); an eine Tilgungsbestimmung des Geschäftsführers, aufgrund derer der Geschäftsführer sich darauf berufen will, er habe regelmäßig auf die Arbeitnehmer-, nicht aber auf die Arbeitgeberanteile zahlen wollen, sind strenge Anforderungen zu stellen (BGH, ZIP 2009, 1468)

17a Konsequenz: Der Geschäftsführer, der nicht gem. § 64 Satz 1 GmbHG haftet, befindet sich nicht in einer Pflichtenkollision und haftet daher dem Sozialversicherungsträger ggü. gem. §§ 823 Abs. 2 BGB, 266a StGB, wenn er die Beträge schuldhaft nicht abführt (BGH, ZIP 2008, 1275); dies gilt auch nach Insolvenzantragstellung (BFH ZInsO 2009, 152 zur Haftung gem. §§ 69 Satz 1, 34 Abs. 1 AO).

17b § 64 Satz 2 GmbHG soll weiter einschlägig sein, wenn der Geschäftsführer mit Treuhandgeldern, die von anderen Konzerngesellschaften auf das Geschäftskonto der Gesellschaft gezahlt worden sind, Schulden dieser Konzerngesellschaften begleicht. Auch in diesem Fall soll eine Haftung ausgeschlossen sein, weil er angesichts des Zusammentreffens der Massesicherungspflicht des § 64 Satz 1

debitorisches Konto gelangt, so liegt hierin eine Zahlung (s. o. Rdn. 10 ff.), und der Geschäftsführer haftet aus § 64 Satz 1 GmbHG i. H. d. Kaufpreisforderung, Ist der Kaufpreis zum Zeitpunkt der Eröffnung des Insolvenzverfahrens noch nicht gezahlt, und zieht der Insolvenzverwalter ihn zur Masse, so scheidet eine Haftung aus § 64 Satz 1 GmbHG aus. Beim **Erwerb von Sachen** kann die Masseschmälerung nur darin liegen, dass der Geschäftsführer den Kaufpreis gezahlt hat. Ist die Zahlung von einem debitorischen Konto erfolgt, so scheidet eine Haftung aus (s. o. Rdn. 10 ff.). Bei Zahlung aus einem kreditorischen Konto ist der Verkehrswert der erworbenen Sache bis zur Höhe des Kaufpreises als Gegenleistung nur dann zu berücksichtigen, wenn entweder der Erwerb innerhalb der dreiwöchigen Sanierungsfrist des § 15a Abs. 1 InsO erfolgt ist, oder aber der Verkehrswert Sache im Gesellschaftsvermögen verblieben ist (BGH, NJW 1974, 1088, 1089). Abzustellen ist dabei auf den Zeitpunkt der Eröffnung des Insolvenzverfahrens (Röhricht, ZIP 2005, 505; a. A. Thiessen, ZGR 2011, 275: Zeitpunkt des Leistungsaustausches).

3. Sonstige Einwendungen

a) Amtsniederlegung

21 Ein Geschäftsführer kann eine einmal eingetretene Haftung durch eine Amtsniederlegung vor Eröffnung des Insolvenzverfahrens nicht beseitigen.

b) Handeln aufgrund eines Gesellschafterbeschlusses/Verzicht und Vergleich

22 Nach § 64 Satz 4 GmbHG i. V. m. § 43 Abs. 3 Satz 3 GmbHG wird die Ersatzpflicht nicht dadurch ausgeschlossen, dass der Geschäftsführer eine Zahlung aufgrund eines Beschlusses der Gesellschafter vorgenommen hat.

Ein Verzicht der Gesellschaft oder ein Vergleich über Ansprüche aus § 64 GmbHG ist gem. § 64 Satz 4 GmbHG i. V. m. §§ 43 Abs. 3 Satz 2, 9b Abs. 1 GmbHG unwirksam, soweit die Gläubiger nicht vollständig befriedigt werden können; dies ist im eröffneten Insolvenzverfahren rgm. der Fall. Der Insolvenzverwalter, der sich mit dem Geschäftsführer zu vergleichen beabsichtigt, ist indes an diese Beschränkungen nicht gebunden (s. u. Rdn. 36).

c) Aufrechnung durch den Geschäftsführer

23 Eine vor Insolvenzeröffnung bestehende Aufrechnungslage zwischen rückständigen Gehaltsansprüchen des Geschäftsführers und dem gegen ihn bestehenden Anspruch aus § 64 Satz 1 GmbHG ist nicht nach § 94 geschützt, wenn die Aufrechnungslage durch eine anfechtbare Rechtshandlung erworben wurde (BGH, ZInsO 2014, 36). Im konkreten Fall bestanden rückständige Gehaltsansprüche des Geschäftsführers i. H. v. ca. 13.000,– €. Im Dreimonatszeitraum der §§ 130, 131 nahm der Geschäftsführer Zahlungen i. H. v. ebenfalls ca. 13.000,– € vor, für die er gem. § 64 Satz 1 GmbHG haftete. Wegen der §§ 96 Abs. 1 Nr. 3, 131 Abs. 1 konnte der Insolvenzverwalter das Entstehen der Aufrechnungslage anfechten und den gem. § 64 S. 1 GmbHG in Anspruch genommenen Geschäftsführer darauf verweisen, seine Forderung als Insolvenzforderung zur Tabelle anzumelden.

III. Anspruchsinhalt

1. Grundsatz

24 Gegenstand des Anspruchs ist zunächst der gezahlte Betrag. Erhebt der Insolvenzverwalter Klage in einer Höhe, die ersichtlich außer Verhältnis zu Höhe der eingetretenen Überschuldung der insolventen GmbH liegt, kann sich der beklagte Geschäftsführer im Einzelfall auf § 242 BGB berufen. Dies dürfte allerdings – nicht zuletzt mit Blick auf etwaige nachrangige Insolvenzgläubiger, (insb. gem. § 39 Abs. 2) – erst dann anzunehmen sein, wenn der eingeklagte Betrag die Überschuldung evident übersteigt. In der Praxis spielt dieser Aspekt bislang – soweit ersichtlich – keine Rolle.

GmbHG und der durch § 266 StGB sanktionierten Pflicht zur weisungsgemäßen Verwendung der Gelder sorgfältig i. S. d. § 64 Satz 2 GmbHG gehandelt haben soll (BGH, ZIP 2008, 1229).

Kritik: Die Rechtsprechung des BGH ist dogmatisch kaum zu begründen. Insb. fehlt es an einem geeigneten Kriterium, durch das erlaubte Zahlungen von den übrigen Zahlungen abzugrenzen sind. Subsumiert man nämlich Zahlungen, deren Nichterbringung die persönliche Haftung gem. §§ 69 Satz 1, 34 Abs. 1 AO auslöst, unter § 64 Satz 2 GmbHG, so ist kaum zu erklären, wieso dies bei Zahlungen, deren Nichterbringung die persönliche Haftung des Geschäftsführers gem. § 826 BGB oder §§ 280, 311 BGB begründet, nicht der Fall sein soll (so auch Baumbach/Hueck-Haas § 64 Rn. 80 zur Haftung des Geschäftsführers wegen unterlassenen Lastschriftwiderrufs im [alten] Einziehungsermächtigungsverfahren). 17c

c) Zahlungen, durch die größere Nachteile für die Insolvenzmasse abgewendet werden

§ 64 Satz 1 GmbHG verbietet dem Geschäftsführer grds. sämtliche Zahlungen nach Insolvenzreife. Für den Ausnahmefall einer im Interesse der Masseerhaltung notwendigen Aufwendung ist dieser darlegungs- und beweispflichtig (BGH, ZIP 2007, 1501). Nach Teilen der Rspr. sind allerdings rgm. solche Zahlungen mit der Sorgfalt eines ordentlichen Geschäftsführers vereinbar, durch die größere Nachteile für die Masse abgewendet werden, wie z. B. die zur Aufrechterhaltung des Betriebs erforderlichen Zahlungen für Gas, Strom, Wasser, Telefon und Internet etc. (BGHZ 146, 264; BGH, ZIP 2008, 72; OLG Celle, ZIP 2004, 1210). Auch Zahlungen von Mieten, Leasingraten und Löhnen können danach unter § 64 Satz 2 GmbH fallen. Ebenso: Beauftragung eines Sanierungsberaters, sofern sie für die Masse sachdienlich und erforderlich ist; der Geschäftsführer muss sich allerdings zunächst selbst über die wirtschaftliche Lage der Gesellschaft Klarheit verschafft haben (BGH, ZIP 2007, 1501). Enger aber OLG München, GmbHR 2014, 139, wonach es nicht im Belieben des Geschäftsführers stehe, Maßnahmen zur Aufrechterhaltung des Geschäftsbetriebes zu treffen. Dieser habe sich vielmehr der Regie von Insolvenzgericht und (vorläufigem) Insolvenzverwalter zu unterstellen. 18

Kritik: Diese Rechtsprechung ist unscharf. Sie verkennt, dass der Geschäftsführer nach Eintritt der Insolvenzreife nicht mehr die Aufgabe hat, den Geschäftsbetrieb fortzuführen. Hierzu ist vielmehr der vom Insolvenzgericht einzusetzende vorläufige Insolvenzverwalter berufen. § 64 Satz 2 GmbHG kann also nur in Betracht kommen, wenn durch die Zahlung eine sofortige Stilllegung des Geschäftsbetriebs verhindert werden kann und dadurch Sanierungsmaßnahmen ausgelotet werden können. Generell gilt, dass sich der Geschäftsführer spätestens (eine Haftung innerhalb der Sanierungsfrist bejahend BGH, ZIP 2011, 422; ZIP 2008, 2220) **nach Ablauf der Sanierungsfrist des § 15a Abs. 1** regelmäßig nicht mehr mit Erfolg auf § 64 Satz 2 GmbHG berufen kann (OLG Hamburg, ZIP 2010, 2448, wonach die Frist allerdings im Einzelfall maßvoll ausgedehnt werden können; weiter, aber unscharf Baumbach/Hueck-Haas § 64 Rn. 72). 18a

d) Zahlungen, denen eine vollwertige Gegenleistung gegenübersteht

Auch Zahlungen, denen eine vollwertige Gegenleistung gegenübersteht, können unter § 64 Satz GmbHG fallen (anders die Vorauflage: Frage des Anspruchsinhaltes). Mit Gegenleistung im Sinne dieser Fallgruppe ist regelmäßig die Veräußerung oder der Erwerb von Gegenständen, insb. Sachen und Forderungen gemeint. Das Vorliegen einer Gegenleistung hat im Zivilprozess der Geschäftsführer darzulegen und zu beweisen. 19

Einzelfälle: Bei der **Veräußerung von Gegenständen** liegt die Zahlung in der Übereignung der Sache. Der vom Käufer gezahlte Kaufpreis ist als Gegenleistung auf den Verkehrswert der Sache anzurechnen, wenn er auf ein kreditorisches Konto gelangt ist. Innerhalb der dreiwöchigen Sanierungsfrist des § 15a Abs. 1 InsO gilt dies uneingeschränkt. Außerhalb dieser Frist ist der Kaufpreis nicht zu berücksichtigen, wenn der Käufer vorgeleistet hat (Röhricht, ZIP 2005, 505); der Geschäftsführer haftet dann i. H. d. Verkehrswertes der Sache wegen der durch die Übereignung der Sache entstandenen Masseschmälerung. Ist der Kaufpreis des nicht vorleistenden Käufers auf ein 20

2. Quotenvorbehalt

Der Anspruch aus § 64 Satz 1 GmbHG ist vom Geschäftsführer **ungekürzt** zu erstatten (BGH, ZIP 2005, 1550; ZInsO 2001, 317; anders noch BGHZ 143, 184). Er ist insb. nicht von vornherein um den Betrag zu kürzen, den der durch die Zahlung begünstige Gläubiger als Insolvenzquote erhalten hätte. Grund für diese Aufspaltung des an sich einheitlichen Anspruchs sind reine Praktikabilitätserwägungen: Die Höhe der Quote ist rgm. im Zeitpunkt der Geltendmachung des Anspruchs aus § 64 Satz 1 GmbHG durch den Insolvenzverwalter noch nicht bekannt. Im Urteil, durch das der Geschäftsführer zum Ersatz von Zahlungen i. S. d. § 64 Satz 1 GmbHG verurteilt wird, ist allerdings **von Amts wegen** (BGH, ZInsO 2013, 952) ein **Vorbehalt** aufzunehmen, wonach dem Geschäftsführer nach Erstattung des tenorierten Betrags an die Masse vorbehalten bleibt, seinen Gegenanspruch gegen den Insolvenzverwalter zu verfolgen; dieser Gegenanspruch deckt sich nach Rang und Höhe mit dem Betrag, den der begünstige Gläubiger, der die Zahlung vom Geschäftsführer erhalten hat, im Insolvenzverfahren erhalten hätte (BGH, ZIP 2005, 1550; ZInsO 2001, 260). Beantragt der klagende Insolvenzverwalter vorbehaltlose Zahlung, und wird der Geschäftsführer nur unter Vorbehalt verurteilt, so wirkt sich dies auf die gerichtliche Kostenentscheidung (§§ 91 ff. ZPO) nicht aus. Zum gleichen Ergebnis gelangt man, wenn man dem Geschäftsführer ermöglicht, eine Forderung i. H. d. gem. § 64 Satz 1 GmbHG gezahlten Betrages zur Tabelle anzumelden. Grund hierfür ist ein Anspruch des Geschäftsführers gegen die Gesellschaft aus § 670 BGB, da der Geschäftsführer nach Inanspruchnahme aus § 64 Satz 1 GmbHG Verbindlichkeiten der GmbH quasi persönlich getilgt hat. Dieser Anspruch, der bereits vor Eröffnung als Freihalteanspruch gegen die Gesellschaft besteht, wird erst nach erfolgter Zahlung zum – auf Geld gerichteten – Aufwendungsersatzanspruch, weshalb eine Aufrechnung mit dem Aufwendungsanspruch gegen den Anspruch aus § 64 Satz 1 GmbHG wegen § 95 Abs. 1 Satz 3 nicht in Betracht kommt (vgl. § 95 Rdn. 13). Der Aufwendungsersatzanspruch ist, obwohl er erst nach Eröffnung entsteht, Insolvenzforderung i. S. d. § 38, da es sich um einen Rückgriffsanspruch handelt (vgl. BGH, ZIP 2008, 183).

3. § 64 Satz 1 GmbHG und Anfechtung (§§ 129 ff.)

Sofern die Zahlung des Geschäftsführer gem. §§ 129 ff. anfechtbar ist, hat der Insolvenzverwalter ein **(mehrfaches) Wahlrecht** (OLG Oldenburg, ZInsO 2004, 984). Er kann **zunächst den Gläubiger der anfechtbaren Rechtshandlung in Anspruch nehmen**; für einen Ersatzanspruch gegen den Geschäftsführer aus § 64 Satz 1 GmbHG ist dann kein Raum mehr, wenn der Gläubiger der anfechtbaren Rechtshandlung die Zahlung zurückgewährt hat. Der Insolvenzverwalter kann aber auch **zunächst den Geschäftsführer in Anspruch nehmen** (BGHZ 131, 325), sollte dann aber – zur Vermeidung einer für die Masse ungünstigen Kostenentscheidung (§§ 91 ff. ZPO) – sogleich eine Zug-um-Zug-Verurteilung beantragen: Der Geschäftsführer kann wegen § 255 BGB Abtretung des Anfechtungsanspruchs verlangen (BGH, ZInsO 2011, 1154: Rückgewähranspruch ist abtretbar; OLG Brandenburg, Urt. v. 06.02.2013, 6 U 32/11). Der Geschäftsführer und der Gläubiger der anfechtbaren Rechtshandlung sind nicht Gesamtschuldner (OLG Oldenburg, ZInsO 2004, 984). Der Insolvenzverwalter kann schließlich auch **den Geschäftsführer und den Gläubiger der anfechtbaren Rechtshandlung in einem Verfahren** in Anspruch nehmen; dies gilt freilich nur dann, wenn die zivilprozessualen Sachurteilsvoraussetzungen vorliegen. Insb. muss für beide Klagen dasselbe Zivilgericht örtlich und sachlich zuständig sein; möglich ist auch, im Vorfeld ein Verfahren gem. § 36 Abs. 1 Nr. 3 ZPO durchzuführen. Einem Urteil gegen den Gläubiger der anfechtbaren Rechtshandlung steht nicht entgegen, dass gleichzeitig ein Urteil gegen den Geschäftsführer ergeht, denn solange der Erfolg der Vollstreckung ungewiss ist und die Masseverkürzung fortbesteht, kann der Insolvenzverwalter beide Beklagte nebeneinander in Anspruch nehmen, wobei allerdings zwecks Vermeidung einer Bereicherung der Masse keine doppelte Befriedigung verlangt werden kann.

▶ **Praxistipp:**

Soweit es um Aspekte der Haftungsvermeidung geht, ist der Geschäftsführer gut beraten, wenn er den Gläubiger an den er Zahlungen leistet, auf die zumindest drohende Zahlungsunfähigkeit der Gesellschaft hinweist. Dadurch verbessert er die späteren Anfechtungsmöglichkeiten des

Insolvenzverwalters insb. gem. § 133 Abs. 1 InsO, wodurch seine eigene persönliche Haftung aus § 64 Satz 1 GmbH wesentlich minimiert werden kann. Erwägenswert ist sogar eine entsprechende Pflicht des Geschäftsführers aus § 43 Abs. 2 GmbHG anzunehmen, wenn er privilegierte Zahlungen gem. § 64 Satz 2 GmbHG erbracht hat, eine Haftung aus § 64 Satz 1 GmbHG also ausscheidet. Kann in einem solchen Fall der Insolvenzverwalter den Empfänger der Zahlung nicht aus den §§ 129 ff. in Anspruch nehmen, weil er insb. den subjektiven Tatbestand des § 133 Abs. 1 InsO nicht darlegen und beweisen kann, so erscheint es nicht unvertretbar, eine Haftung des Geschäftsführers aus § 43 Abs. 2 GmbHG wegen des unterlassenen Hinweises auf die zumindest drohende Zahlungsunfähigkeit der Gesellschaft anzunehmen. Der gem. § 64 Satz 2 GmbH privilegierte Geschäftsführer würde dann gleichwohl haften und müsste den Insolvenzverwalter so stellen, wie er bei erfolgreicher Anfechtung ggü. dem Zahlungsempfänger stünde.

IV. § 64 Satz 3 GmbHG

1. Allgemeines

27 § 64 Satz 3 GmbHG ist durch das am 01.11.2008 in Kraft getretenen MoMiG neu eingeführt worden. Der **präventive Kapitalschutz im Vorfeld der Insolvenz** wird insb. durch die Aufhebung der Rechtsprechungsregeln (§ 30 Abs. 1 Satz 3 GmbHG n. F.) eingeschränkt (s. dazu die »Verlustliste« bei Knof, ZInsO 2007, 125). Diese Einschränkungen sollen nach der Vorstellung des Gesetzgebers zumindest teilweise dadurch kompensiert werden, dass ein neuer § 64 Satz 3 GmbHG **Zahlungen des Geschäftsführers an die Gesellschafter** verbietet, durch welche die **Zahlungsunfähigkeit** der Gesellschaft **herbeigeführt** wird. In der Diskussion wird § 64 Satz 3 GmbHG als Statuierung der Existenzvernichtungshaftung, als deutscher »solvency test« bzw. als deutsche »wrongful trading rule« bezeichnet.

Darüber hinaus gewährt § 64 Satz 3 GmbHG dem Geschäftsführer ein **Leistungsverweigerungsrecht**, das zu einer Ausschüttungssperre führt (BGH, ZInsO 2012, 2291; a. A. noch OLG München, ZIP 2010, 1236 als Vorinstanz).

2. Voraussetzungen

28 § 64 Satz 3 GmbHG knüpft an den Begriff der **Zahlung** (dazu oben Rdn. 7 ff.) an. Auch hinsichtl. der **Berücksichtigung von Gegenleistungen** ist keine Änderung des bisherigen Begriffsverständnisses ersichtlich, sodass Gegenleistungen des Gesellschafters berücksichtigungsfähig sein können (Römermann, NZI 2008, 641; dazu oben Rdn. 19 ff.).

29 Nach § 64 Satz 1 GmbHG ist der Geschäftsführer der Gesellschaft zum Ersatz von Zahlungen verpflichtet, die nach Eintritt der Zahlungsunfähigkeit der Gesellschaft oder nach Feststellung ihrer Überschuldung geleistet werden. Die Haftung des Geschäftsführers nach § 64 Satz 1 GmbHG setzt also voraus, dass die Gesellschaft bereits im Zeitpunkt der Zahlung zahlungsunfähig oder überschuldet ist. **§ 64 Satz 3 GmbHG verlagert den Zeitpunkt nach vorne**. Die Ersatzpflicht nach § 64 Satz 3 GmbHG wird schon durch **Zahlungen an die Gesellschafter** ausgelöst, die zur Zahlungsunfähigkeit der Gesellschaft führen. Der Geschäftsführer kann folglich zum Ersatz von Zahlungen verpflichtet sein, die vor dem Eintritt der Zahlungsunfähigkeit der Gesellschaft erfolgt sind (krit. zu § 64 Satz 3 GmbHG Karsten Schmidt, GmbHR 2007, 1; Poertzgen, NZI 2007, 15). – Bei einer **Komplementär-GmbH im Rahmen einer GmbH & Co KG** sind nicht nur solche Zahlungen gem. § 64 Satz 3 GmbHG haftungsrelevant, die an die KG, sondern auch solche, die an die Kommanditisten geleistet werden (vgl. BGH, ZInsO 2008, 96 zur Kapitalaufbringung).

30 Zahlungen, die eine bereits bestehende Zahlungsunfähigkeit weiter vertiefen, sind bereits von § 64 Satz 1 GmbHG erfasst (BGH, ZInsO 2012, 2291). Eine Zahlung, die noch nicht zur Zahlungsunfähigkeit führt, ist vom insoweit eindeutigen Wortlaut des § 64 Satz 3 GmbHG nicht haftungsbewährt. Damit steht fest, dass § 64 Satz 3 GmbH nur solche Zahlungen erfasst, die **für den Eintritt der Zahlungsunfähigkeit kausal** geworden sind. Um die Haftung aus § 64 Satz 3 GmbHG nicht leerlaufen zu lassen, ist zu berücksichtigen, dass die Norm der **Insolvenzprophylaxe** dienen soll.

Bei der **gesetzlich geregelten Geschäftsverteilung** ist § 95 Abs. 1 Nr. 4a GVG zu beachten. Für den klagenden Insolvenzverwalter besteht die Möglichkeit, gem. § 96 GVG zu beantragen, den Rechtsstreit vor der **Kammer für Handelssachen** zu führen.

33 Die **internationale Zuständigkeit** richtet sich nach Art. 5 Nr. 3 EuGVVO, da es sich bei § 64 Satz 1 GmbHG um einen Anspruch aus unerlaubter Handlung handelt (OLG Karlsruhe, ZInsO 2010, 1499; iE genauso OLG Köln, ZInsO 2011, 2199). Folglich sind die deutschen Gerichte zuständig, wenn der Geschäftsführer bei Klagerhebung bereits im EU-Ausland wohnt. Die örtliche Zuständigkeit richtet sich nach § 32 ZPO bzw. § 19a ZPO analog (OLG Köln, ZInsO 2011, 2199). – Das LG Darmstadt hat diesbezüglich dem EuGH mehrere Fragen vorgelegt (LG Darmstadt, ZInsO 2013, 1839).

3. Darlegungs- und Beweislast

a) § 64 Satz 1 GmbHG

34 Der **Insolvenzverwalter** muss zunächst darlegen und beweisen, dass der Beklagte Geschäftsführer bzw. faktischer Geschäftsführer (dazu OLG Hamburg, ZInsO 2013, 2447) ist. Nach allgemeinen Grundsätzen hat der Insolvenzverwalter ferner darzulegen und zu beweisen, dass der Geschäftsführer nach Eintritt der Insolvenzreifen konkrete Auszahlungen veranlasst hat bzw. ihm der Entzug von Liquidität bzw. sonstiger Vermögensgegenstände deshalb zuzurechnen ist, weil er dies nicht verhindert hat (BGH, ZInsO 2009, 917). Ausgangspunkt ist die einzelne Zahlung, die einen entsprechend bezifferten Einzelanspruch auslöst. Die Anforderungen dürfen allerdings nicht überspannt werden, wenn der Zahlungsvorgang nicht bestritten wird: Ausreichend ist dann die Darlegung, dass ein Geschäftsführer nach Insolvenzreife aus Gesellschaftsmitteln »Zahlungen an Gläubiger« veranlasst hat; Zahlungsempfänger oder Einzelbeträge müssen dann nicht dargelegt werden (BGH, ZIP 2009, 1468).

34a **Zahlungsunfähigkeit, § 17 Abs. 2 Satz 1** (vgl. dazu auch und insb. die Kommentierung zu § 17): Die Darlegungs- und Beweislast liegt beim Insolvenzverwalter. Zur Erfüllung der fälligen Zahlungspflichten ist der Schuldner nicht in der Lage, wenn die Zahlungsmittel (insb.: Bargeld, Guthaben bei Kreditinstituten, als freie Kreditlinie sofort abrufbare Mittel) zur Deckung der fälligen Verbindlichkeiten nicht ausreichen; hierbei sind auch Forderungen von Gesellschaftern zu berücksichtigen (BGH, ZInsO 2012, 2291). Regelmäßig ist von Zahlungsunfähigkeit auszugehen, wenn eine innerhalb von 3 Wochen bestehende Liquiditätslücke mindestens 10 % der fälligen Gesamtverbindlichkeiten beträgt (BGH, ZInsO 2005, 807; instruktiv OLG Rostock, ZInsO 2006, 1109: hinreichendes Beweisanzeichen bei Rückstand mit Beiträgen zur Sozialversicherung, der über 15 Monate zu keiner Zeit vollständig beglichen worden ist, auch wenn der Anteil der unbefriedigten Verbindlichkeiten insgesamt unter 10 % liegt). Bei der Zahlungsunfähigkeitsprüfung sind auch die im Dreiwochenzeitraum fällig werdenden Verbindlichkeiten zu berücksichtigen, sog. »Bugwelle« bzw. Passiva II (vgl. § 17 Rdn. 16; Ganter, ZInsO 2011, 2297; Pape, WM 2008, 1949; Bork, ZIP 2008, 1749; a. A. BGH, ZInsO 2007, 939; OLG Hamburg, Urt. v. 29.04.2009, 11 U 48/08; Fischer FS Ganter S. 153). Im Idealfall kann der Insolvenzverwalter einen **Liquiditätsplan** bezogen auf den Zeitpunkt der Zahlung vorlegen, anderenfalls muss er Tatsachen und Indizien vortragen (Kontostände, Kreditlinien, fällige Verbindlichkeiten, Anmeldeunterlagen). Für einen substanziierten Vortrag ist ausreichend, dass einige besonders hohe Verbindlichkeiten herausgegriffen und der vorhandenen Liquidität gegenübergestellt werden. **Ein Liquiditätsplan ist nicht erforderlich**, wenn anderweitig festgestellt werden kann, dass der Schuldner einen wesentlichen Teil seiner fälligen Verbindlichkeiten nicht bezahlen konnte. Haben im fraglichen Zeitpunkt fällige Verbindlichkeiten bestanden, die bis zur Verfahrenseröffnung nicht mehr beglichen worden sind, ist regelmäßig von der Zahlungsunfähigkeit zu diesem Zeitpunkt auszugehen. Etwas anderes gilt nur dann, wenn aufgrund konkreter Umstände, die sich nachträglich geändert haben, damals angenommen werden konnte, die Schuldnerin werde rechtzeitig in der Lage sein, die Verbindlichkeiten zu erfüllen (BGH, ZInsO 2006, 1210; instruktiv OLG Hamburg, ZInsO 2009, 1698: Es ist nicht erforderlich, dass der klagende Insolvenzverwalter die Höhe der Gesamtverbindlichkeiten zum Zeitpunkt

Leistet der Geschäftsführer eine Zahlung an einen oder mehrere Gesellschafter, so ist damit vor dem Hintergrund des § 64 Satz 3 GmbHG die (jedenfalls konkludente) Erklärung verbunden, dass die Gesellschaft trotz Zahlung weiterhin in der Lage sei, ihre bestehenden Zahlungsverpflichtungen im Zeitpunkt der Fälligkeit zu erfüllen. Der Geschäftsführer kann eine solche Aussage über die Auswirkungen der konkreten Zahlung auf die Zahlungsfähigkeit der GmbH indes nur treffen, wenn er sich ein Bild von der Liquidität der Gesellschaft im Zeitpunkt der Zahlung und von den zu erwartenden Einnahmen und Ausgaben gemacht hat. Da diese Umstände aus der **Sphäre des Geschäftsführers** stammen, muss der aus § 64 Satz 3 GmbHG in Anspruch genommene Geschäftsführer sich insoweit **entlasten**. Dies wird er nur können, wenn er einen **Finanzstatus und einen darauf aufbauenden Finanzplan** vorlegen kann, aus dem sich ergibt, dass er zum Zeitpunkt der Zahlung eine zukunftsorientierte Solvenzerklärung abgeben konnte, die die Aussage beinhaltet, dass die Gesellschaft trotz der Zahlung an den Gesellschafter nicht in die Zahlungsunfähigkeit abgleiten werde. Für die anzustellende Prognose können die Empfehlungen des Fachausschusses Recht des Instituts der Wirtschaftsprüfer zur Prüfung eingetretener oder drohender Zahlungsunfähigkeit bei Unternehmen herangezogen werden (**IDW Prüfungsstandard** – IDW PS 800 vom 22.01.1999, abgedruckt in WPg 1999, 250; vgl. auch Engert, ZHR 170, 296).

Bei Fehlen einer entsprechend dokumentierten Prognose sind für den Kausalitätsnachweis die **Grundsätze der sekundären Darlegungslast** anzuwenden. Der **klagende Insolvenzverwalter** muss bei Fehlen einer solchen Dokumentation zur Kausalität nichts vortragen. Er muss für die Schlüssigkeit der Klage lediglich vortragen, dass der Geschäftsführer Zahlungen an die Gesellschafter geleistet hat, und dass die Gesellschaft in einem Zeitraum von 3 Monaten (vgl. §§ 130, 131 InsO) danach zahlungsunfähig geworden ist. Der Geschäftsführer kann sich nicht darauf berufen, dass die Gesellschaft auch ohne die Zahlung zahlungsunfähig geworden wäre (Niesert/Hohlert, NZI 2009, 345; Boecker/Poertzgen, WM 2007, 1203).

3. Einwendungen

Auch für § 64 Satz 3 GmbHG gilt § 64 Satz 4 GmbHG mit der Folge, dass sich der Geschäftsführer nicht darauf berufen kann, von den Gesellschaftern entsprechend angewiesen worden zu sein; dies stellt auch die Begründung zum RegE MoMiG ausdrücklich klar (BR-Drucks. 354/07, S. 107). Eine Haftung aus § 64 Satz 3 GmbHG scheidet aber aus, wenn die Zahlung zwar ursächlich für den Eintritt der Zahlungsunfähigkeit war, dennoch aber kein Insolvenzantrag gestellt wird, weil es gelungen ist, die Gesellschaft erfolgreich zu sanieren (Hölzle, GmbHR 2007, 729).

31

V. Prozessuale Aspekte

1. Verjährung

Der Anspruch verjährt gem. § 64 Satz 4 GmbHG i. V. m. § 43 Abs. 4 GmbHG in 5 Jahren. Die Verjährungsfrist beginnt mit der unzulässigen Zahlung (BGH, NZG 2009, 582; a. A. Baumbach/Hueck-Haas § 64 Rn. 15: Beginn erst mit Eröffnung des Insolvenzverfahrens oder Entscheidung gem. § 26 InsO).

32

2. Zuständigkeit

Für die **örtliche Zuständigkeit** kommt neben dem allgemeinen Gerichtsstand am **Wohnsitz des Geschäftsführers** (§§ 12, 13 ZPO) auch der **besondere Gerichtsstand des Erfüllungsorts** (§ 29 Abs. 1 ZPO) in Betracht, da der Anspruch aus § 64 Satz 1 GmbHG vom Geschäftsführer am Sitz der Gesellschaft zu leisten ist (vgl. Zöller-Vollkommer § 29 ZPO Rn. 25 »Handelsgesellschaft und GbR«). Dies wird relevant, wenn der Sitz der insolventen Gesellschaft und der Wohnsitz des Geschäftsführers auseinanderfallen. Der Insolvenzverwalter kann dann zwischen beiden Gerichtsständen wählen. Weiterhin ist an den **besonderen Gerichtsstand der unerlaubten Handlung** (§ 32 ZPO) zu denken.

32a

der angefochtenen Rechtshandlung darlegt, wenn die bis zur Insolvenzeröffnung nicht beglichenen Verbindlichkeiten ein beträchtliches Volumen – hier: 518.872,– € – erreichen; a. A. OLG Frankfurt am Main, ZInsO 2010, 1328: Zur Feststellung des Mindestanteils der 10 % bedarf es eines Wissens über die Höhe der gesamten Verbindlichkeiten einschließlich der bezahlten). – Lag bereits vor dem Zeitpunkt der Zahlung Zahlungsunfähigkeit vor, so muss der Geschäftsführer darlegen und beweisen, dass die Schuldnerin zum Zeitpunkt der Zahlung wieder in der Lage war, sämtliche Verbindlichkeiten vollständig zu befriedigen (BGHZ 149, 100).

Verteidigung: Kein hinreichendes Bestreiten liegt vor, wenn der Geschäftsführer vorträgt, die Schuldnerin habe noch einzelne – beträchtliche – Zahlungen erbringen können (BGH, ZInsO 2003, 755). Dafür, dass einzelne Forderungen nicht fällig sind, ist der Geschäftsführer darlegungs- und beweispflichtig (so jetzt auch BGH, ZInsO 2011, 1742; ZInsO 2009, 1235: Eine Forderung ist nur dann nicht fällig, wenn zumindest rein tatsächlich, also auch ohne Rechtsbindungswillen, gestundet worden ist; anders noch, aber mittlerweile wohl überholt BGH, ZInsO 2007, 939 zum sog. ernsthaften Einfordern). Eine Ausnahme vom Schwellenwert von 10 % (Darlegungs- und Beweislast beim Geschäftsführer) wird zugelassen, wenn mit an Sicherheit grenzender Wahrscheinlichkeit zu erwarten ist, dass die Liquiditätslücke demnächst (fast) vollständig geschlossen wird und den Gläubigern ein Zuwarten nach den besonderen Umständen des Einzelfalls zuzumuten ist (BGH, ZInsO 2005, 807). Keine Zahlungsunfähigkeit liegt vor, wenn der Geschäftsführer darlegen und beweisen kann, dass sich die Schuldnerin die notwendige Liquidität durch neue Kredite bzw. Veräußerung oder Beleihung von Vermögensgegenständen hätte beschaffen können (BGH, ZIP 2007, 1666); grds. ist nicht erforderlich, dass sich die Schuldnerin die liquiden Mittel auch tatsächlich kurzfristig verschafft (vgl. § 17 Rn.). 34b

Zahlungseinstellung, § 17 Abs. 1 Satz 2 (vgl. dazu auch und insb. die Kommentierung zu § 17): Der darlegungs- und beweispflichtige Insolvenzverwalter kann auch vortragen, dass eine Zahlungseinstellung vorliegt, also dasjenige äußere Verhalten des Schuldners, in dem sich typischerweise eine Zahlungsunfähigkeit ausdrückt. Die Vermutung des § 17 Abs. 2 Satz 2 InsO gilt auch im Zivilprozess (BGHZ 149, 178). Eine Zahlungseinstellung kann aus einem einzelnen, aber auch aus einer Gesamtschau mehrerer darauf hindeutender, in der Rechtsprechung entwickelter Kriterien gefolgert werden (BGH, ZInsO 2011, 1410). Haben im fraglichen Zeitpunkt Verbindlichkeiten bestanden, die bis zur Verfahrenseröffnung nicht mehr beglichen werden, so deutet dies regelmäßig auf eine Zahlungseinstellung hin (BGH, ZInsO 2011, 1410 unter Hinweis auf BGH, ZInsO 2006, 1210). Lag bereits vor dem Zeitpunkt der Zahlung Zahlungsunfähigkeit vor, so muss der Geschäftsführer darlegen und beweisen, dass die Schuldnerin zum Zeitpunkt der Zahlung wieder in der Lage war, sämtliche Verbindlichkeiten vollständig zu befriedigen (BGHZ 149, 100). 34c

Kriterien: Eigene Erklärung des Schuldners nach Fälligkeit, zur Erfüllung der Forderung in einer Einmalzahlung nicht in der Lage zu sein, begründet die Zahlungseinstellung i. S. d. § 17 Abs. 2 Satz 2 InsO, sofern sich die Erklärung des Schuldners insgesamt auf einen wesentlichen Teil (dh: auf einen etwa 10 % der Gesamtverbindlichkeiten betragenden Teil) bezieht (BGH, ZInsO 2006, 2222); tatsächliche Nichtzahlungen eines erheblichen Teils der fälligen Verbindlichkeiten, insb.: Steuer- und Gehaltsrückstände, Nichtabführen von Sozialversicherungsbeiträgen über einige Monate (BGH, ZInsO 2011, 1410); nicht beglichene Verbindlichkeiten in erheblicher Größenordnung (BGH, ZInsO 2008, 1019), sogar bei einer einzelnen Verbindlichkeit (BGH, ZInsO 2002, 29); schleppende Nichtzahlung von Löhnen und Gehältern (BGH, ZInsO 2008, 378); Bitte um Stundung wegen einer Steuerverbindlichkeit, und zwar auch dann, wenn dies vorsorglich, also vor Fälligkeit, geschieht (BGH, ZInsO 2001, 1049); andauerndes Vorsichherschieben eines sich immer wieder erneuernden Forderungsrückstandes (BGH, ZInsO 2011, 1410). 34d

Verteidigung: Kein hinreichendes Bestreiten liegt vor, wenn der Geschäftsführer vorträgt, die Schuldnerin habe noch einzelne – beträchtliche – Zahlungen erbringen können (BGH, ZInsO 2003, 755). Hingegen kann der Gläubiger dann, wenn der Insolvenzverwalter die Zahlungseinstellung mithilfe zusammengetragener Tatsachen und Indizien darlegt, einzelne vom Insolvenzverwalter herausgegriffene Forderungen bestreiten. Er kann auch vortragen und unter Beweis durch 34e

Einholung eines Sachverständigen-Gutachtens stellen, dass die Liquiditätslücke zum maßgeblichen Zeitpunkt weniger als 10% betragen habe (BGH, ZInsO 2011, 1410).

34f **Überschuldung, § 19 Abs. 2** (vgl. dazu auch und insb. die Kommentierung zu § 19): Beruft sich der für den objektiven Tatbestand der Überschuldung darlegungs- und beweispflichtige Insolvenzverwalter für die behauptete insolvenzrechtliche Überschuldung der GmbH auf eine Handelsbilanz, die einen nicht durch Eigenkapital gedeckten Fehlbetrag (§ 268 Abs. 3 HGB) ausweist (zur indiziellen Bedeutung einer bilanziellen Überschuldung für eine insolvenzrechtliche Überschuldung vgl. BGH, ZInsO 2014, 197; BGH, ZIP 2009, 860; OLG Hamburg, ZInsO 2013, 2447), und trägt er außerdem vor, ob und in welchem Umfang stille Reserven oder sonstige aus der Handelsbilanz nicht ersichtliche Vermögenswerte vorhanden sind, ist es Sache des beklagten Geschäftsführers, im Rahmen seiner sekundären Darlegungs- und Beweislast im Einzelnen vorzutragen, welche stillen Reserven oder sonstigen für eine Überschuldungsbilanz maßgeblichen Werte in der Handelsbilanz nicht abgebildet sind (BGH, ZInsO 2014, 197; genauso BGH, ZInsO 2009, 1159 zu §§ 823 Abs. 2 BGB, 15a Abs. 1; a. A. noch BGH, ZIP 2005, 807; dieser Entscheidung folgend OLG Brandenburg, Urt. v. 26.02.2013, 6 U 32/11). Der Insolvenzverwalter hat lediglich die rechnerische Überschuldung anhand von Liquidationswerten darzulegen; die Darlegungs- und Beweislast für das Vorliegen einer **positiven Fortführungsprognose** liegt beim Geschäftsführer (BGH, ZInsO 2010, 2396); dies setzt neben dem Fortführungswillen ein aussagekräftiges Unternehmenskonzept mit entsprechender Ertrags- und Finanzplanung voraus (BGH, ZInsO 2010, 2396; BGH, ZInsO 2007, 36; s. a. die Kommentierung zu § 19).

34g Der **Geschäftsführer** ist darlegungs- und beweispflichtig für die fehlende Erkennbarkeit der Insolvenzreife (BGHZ 143, 184); das Verschulden des Geschäftsführers wird bei Zahlungen nach Insolvenzreife vermutet (BGH, NJW 2001, 1280). Auf **fehlende Erkennbarkeit** kann sich der Geschäftsführer nicht berufen, wenn er seiner Beobachtungspflicht nicht nachgekommen ist, was insb. vom Geschäftsführer dadurch nachzuweisen ist, dass er nach Verlust der Hälfte des Stammkapitals die Gesellschafterversammlung gem. § 49 Abs. 3 GmbHG einberufen hat oder, falls ein nicht durch Eigenkapital gedeckter Fehlbetrag gem. § 268 Abs. 3 HGB auszuweisen ist, eine Überschuldungsbilanz erstellt und rgm. fortgeschrieben hat (OLG Celle, ZInsO 2008, 1328). Der Geschäftsführer ist weiterhin darlegungs- und beweispflichtig für die Vereinbarkeit der Zahlung mit der Sorgfalt eines ordentlichen Kaufmanns, **§ 64 Satz 2 GmbHG.** Da § 64 Satz 1 GmbHG dem Geschäftsführer grds. jegliche Zahlungen nach Insolvenzreife verbietet, ist dieser für den Ausnahmefall einer im Interesse der Masseerhaltung notwendigen Aufwendung darlegungs- und beweispflichtig (BGH, ZIP 2007, 1501). Auch das Vorliegen einer in die Masse geflossenen Gegenleistung und deren wertmäßigen Erhalt dort hat im Zivilprozess der Geschäftsführer darzulegen und zu beweisen, da es sich um eine Einwendung gegen den zunächst ungekürzten Erstattungsanspruch aus § 64 Satz 1 GmbHG handelt.

b) § 64 Satz 3 GmbHG

35 Der klagende **Insolvenzverwalter** hat nach allgemeinen Grundsätzen die Darlegungs- und Beweislast für das Vorliegen einer Zahlung an die Gesellschafter sowie den Eintritt der Zahlungsunfähigkeit. Sofern der beklagte **Geschäftsführer** einen Finanzplan und einen darauf aufbauenden Finanzplan vorlegen kann, ist der Insolvenzverwalter auch für die **Kausalität** darlegungs- und beweispflichtig. Andernfalls finden die **Grundsätze der sekundären Darlegungslast** Anwendung.

4. Vergleich

36 Der Insolvenzverwalter ist an die Beschränkungen der § 64 Satz 4 GmbHG i. V. m. §§ 43 Abs. 3 Satz 2, 9b Abs. 1 GmbHG (s. o. Rdn. 23) nicht gebunden. Er kann insb. mit dem Geschäftsführer außergerichtliche und/oder gerichtliche Vergleiche schließen. Die Grenze bildet eine (evidente) Insolvenzzweckwidrigkeit. Bei für das konkrete Insolvenzverfahren besonders bedeutsamen Vergleichsschlüssen kann es ratsam sein, die Zustimmung des Gläubigerausschusses bzw. der Gläubigerversammlung einzuholen, § 160 Abs. 2 Nr. 3.

5. Insolvenz des Geschäftsführers

In der Insolvenz des Geschäftsführers kann und sollte der Insolvenzverwalter über das Vermögen der GmbH den Anspruch aus § 64 Satz 1 GmbHG gegen den Geschäftsführer als **Forderung aus vorsätzlich begangener unerlaubter Handlung i. S. d. § 302 Nr. 1 InsO** anmelden (Heckel/Schmittmann, InsbürO 2005, 362; a. A. aber OLG Brandenburg, Urt. v. 26.02.2013, 6 U 32/11; OLG Hamm, ZIP 2012, 2106: Anspruch eigener Art, der nicht dem § 302 Nr. 1 unterfällt), sofern greifbare Anhaltspunkte dafür vorliegen, dass der Geschäftsführer in Kenntnis der Insolvenzreife gehandelt hat. Hiervon wird man regelmäßig ausgehen können, wenn Zahlungen nach Eintritt der Zahlungsunfähigkeit vorgenommen worden sind; bei Zahlungen, die nach Vorliegen bloßer Überschuldung vorgenommen worden sind, dürfte indes ein vorsätzliches Handeln kaum beweisbar sein. Eine entsprechende Anmeldung gewährleistet, dass die Forderung auch dann noch gegen den Geschäftsführer durchgesetzt werden kann, wenn diesem im Rahmen eines Privatinsolvenzverfahrens die Restschuldbefreiung erteilt worden ist.

Teil 2. § 823 Abs. 2 BGB i. V. m. § 15a InsO (sog. Insolvenzverschleppungshaftung)

I. Allgemeines

Bei juristischen Personen, bei denen keine natürliche Person unbeschränkt haftet, besteht bei Zahlungsunfähigkeit (§ 17 InsO) oder Überschuldung (§ 19 InsO) für die **Mitglieder des Vertretungsorgans oder die Abwickler** die Pflicht, spätestens 3 Wochen nach Eintritt der Insolvenzreife Insolvenzantrag zu stellen, § 15a Abs. 1 InsO (**originäre Antragspflicht**); diese durch das am 01.11.2008 in Kraft getretene MoMiG eingefügte Vorschrift tritt an die Stelle der bislang in den einzelnen Spezialgesetzen geregelten Vorschriften wie insb. § 64 Abs. 1 GmbHG, § 92 Abs. 2 AktG, §§ 130a Abs. 1, 177a HGB (GmbH & Co. KG), §§ 34 Abs. 2, 99 GenG, die ersatzlos wegfallen. Ausgenommen hiervon sind lediglich die bestehenden bleibenden Vorschriften der §§ 42 Abs. 2, 86 BGB (Verein, Stiftung) sowie § 1980 Abs. 1 BGB (Nachlassinsolvenz).

§ 15a Abs. 1 InsO ist **Schutzgesetz i. S. d. § 823 Abs. 2 BGB** zugunsten der Gläubiger und kann die sog. **Insolvenzverschleppungshaftung** auslösen (st. Rspr., BGHZ 138, 211; BGHZ 126, 181). Die Rspr. des BGH beruht auf der Vorstellung, der **Normzweck** der Insolvenzantragspflicht bestehe darin, insolvenzreife juristische Personen, bei denen keine natürlichen Personen persönlich haftet, vom Markt fernzuhalten (vgl. BGHZ 126, 181).

Bei einer **GmbH**, einer **AG** und einer **Genossenschaft** besteht gem. § 15a Abs. 3 InsO die Besonderheit, dass auch die **Gesellschafter** (GmbH) bzw. die **Mitglieder des Aufsichtsrats** (AG, Genossenschaft) zur Antragstellung verpflichtet sind, wenn die Gesellschaft **führungslos** ist (**subsidiäre Antragspflicht bei Führungslosigkeit**; vgl. zur Führungslosigkeit § 10). Auch § 15a Abs. 3 InsO ist Schutzgesetz i. S. d. § 823 Abs. 2 BGB (eingehend Berger, ZInsO 2009, 1977).

Die Haftung aus § 823 Abs. 2 BGB i. V. m. § 15a InsO ist deliktsrechtlich einzuordnen und damit auf **ausländische Gesellschaften** anwendbar (Ulmer, NJW 2004, 1201; anders, im Ergebnis aber genauso Altmeppen, NJW 2004, 97).

II. Voraussetzungen

1. Person des Antragsverpflichteten

Zur Person des originär Antragspflichtigen i. S. d. § 15a Abs. 1 InsO sowie zur Person des subsidiär Antragspflichtigen i. S. d. § 15a Abs. 3 InsO bei Führungslosigkeit der GmbH, AG oder Genossenschaft wird auf die Komm. zu § 15a InsO verwiesen.

Einwendungen. Eine antragspflichtige Person kann sich nicht dadurch der Insolvenzverschleppungshaftung entledigen, dass sie **aus dem Vertretungsorgan ausscheidet**. Vielmehr bleibt eine einmal eingetretene Haftung aus § 823 Abs. 2 BGB i. V. m. § 15a InsO bestehen. Auch die weiteren Folgen des Unterbleibens des Antrags auf Eröffnung des Insolvenzverfahrens muss sie sich insoweit zurechnen lassen, als sie verpflichtet war, bereits vor dem Ausscheiden den Antrag zu stellen oder danach auf den Nachfolger entsprechend einzuwirken (Baumbach/Hueck-Haas § 64 Rn. 115). Ebenfalls kann die zur Antragstellung verpflichtete Person nicht einwenden, **von den Gesellschaftern entsprechend angewiesen** worden zu sein; eine solche Anweisung aus dem Innenverhältnis kann allenfalls eine Haftung tangieren, die als Innenhaftung konzipiert ist, etwa: § 43 Abs. 2 GmbHG, nicht aber die Haftung aus § 823 Abs. 2 BGB i. V. m. § 15a Abs. 1 InsO.

2. Inhalt der Pflicht

44 Im Fall der Zahlungsunfähigkeit (§ 17 InsO) oder Überschuldung (§ 19 InsO) muss das Mitglied des Vertretungsorgans (§ 15a Abs. 1 InsO) bzw. – in den Fällen des § 15a Abs. 3 InsO – der Gesellschafter oder das Mitglied des Aufsichtsrats spätestens nach Ablauf von 3 Wochen Insolvenzantrag stellen. Verstößt das Mitglied gegen diese Pflicht, haftet es den Gläubigern aus § 823 Abs. 2 BGB auf Schadensersatz. Zum Beginn der Haftung sogleich Rdn. 46.

45 Zu den Voraussetzungen für das Vorliegen der **Insolvenzgründe** s. die Kommentierung zu den §§ 17, 19.

3. Beginn der Haftung

46 Bei der Haftung aus § 823 Abs. 2 BGB i. V. m. § 15a InsO handelt es sich um eine **verschuldensabhängige Haftung**. Für den **subjektiven Tatbestand des § 15a Abs. 1 InsO** genügt **Fahrlässigkeit** hinsichtl. sämtlicher anspruchsbegründender Merkmale, und zwar auch hinsichtl. des Eintritts der Zahlungsunfähigkeit bzw. Erkennbarkeit der Überschuldung (BGHZ 143, 184). Das Verschulden wird vermutet, sodass die antragspflichtige Person ein fehlendes Verschulden beweisen muss (Scholz-K. Schmidt § 64 Rn. 47). Bei § 15a Abs. 3 InsO ist dagegen Kenntnis von der Führungslosigkeit und des Vorliegens eines Insolvenzgrunds erforderlich (vgl. Kommentierung zu § 15a Rdn. 25).

47 **Welche Bedeutung hat die Sanierungsfrist?** § 15a Abs. 1 InsO normiert eine **Antragspflicht** mit max. dreiwöchiger Suspendierung bei möglicher Sanierung innerhalb der Frist (sog. Sanierungsfrist). Die Sanierungsfrist beginnt erst bei positiver Kenntnis von der Zahlungsunfähigkeit bzw. Überschuldung (BGHZ 75, 96). Sie endet bei Beseitigung der Insolvenzreife oder bei erstmaligem Erkennen, dass eine Sanierung innerhalb der Frist nicht ernstlich in Betracht kommt, spätestens jedoch nach 3 Wochen (Poertzgen, ZInsO 2008, 1196). Da die Antragspflicht (»spätestens ...«) bereits bei Erkennbarkeit der Insolvenzreife beginnt (BGHZ 143, 184), fällt die Entstehung der Antragspflicht nicht zwangsläufig mit dem Beginn der Sanierungspflicht zusammen (Scholz-K. Schmidt Anh § 64 Rn. 33). Praktisch relevant ist dies weniger für die Zahlungsunfähigkeit, deren Eintritt der Geschäftsführer regelmäßig erkennen wird, sondern vielmehr für die Überschuldung. Dies bedeutet, dass der Geschäftsführer für Zahlungen haften kann, die er nach dem Eintritt der Antragspflicht, aber vor dem Beginn der Sanierungsfrist vorgenommen hat. Dieser Auffassung ist zu folgen (wie hier auch § 15a Rdn. 16; vgl. zum Ganzen Poertzgen, ZInsO 2008, 944). **Bei § 15a Abs. 3 InsO** beginnen dagegen Antrags- und Sanierungsfrist zum gleichen Zeitpunkt, nämlich bei Kenntnis des subsidiär Antragspflichtigen von der Führungslosigkeit und dem Vorliegen eines Insolvenzgrunds (vgl. Kommentierung zu § 15a Rdn. 25).

III. Rechtsfolgen

1. Quotenschaden der Altgläubiger und Kontrahierungsschaden der Neugläubiger

48 Die Rechtsfolgen der Insolvenzverschleppungshaftung stellen sich seit der Grundsatzentscheidung BGHZ 126, 181 wie folgt dar (s. a. BGHZ 164, 50; instruktiv zur Abgrenzung von Alt- und Neugläubigern bei Eintritt eines Gläubigers in einen bereits laufenden Vertrag OLG Stuttgart, ZInsO 2012, 2204):

Den **Altgläubigern**, also diejenigen Insolvenzgläubiger, deren Forderung bereits vor Eintritt der **49** Insolvenzreife begründet worden ist, entsteht lediglich ein **Quotenschaden** i. H. d. Differenz zwischen tatsächlicher und bei rechtzeitiger Antragstellung erzielbarer Insolvenzquote (s. dazu Kommentierung zu § 92 Rdn. 21 ff.). Hierbei handelt es sich um einen **Gesamtschaden i. S. d. § 92**, dessen Durchsetzung dem Insolvenzverwalter obliegt. Er besteht nicht in der Minderung der Insolvenzmasse seit Beginn der Insolvenzverschleppung, sondern in der Differenz zwischen der fiktiv ursprünglich erzielbaren und der tatsächlich erzielten Insolvenzquote (BGHZ 138, 211).

Hingegen haben die **Neugläubiger**, also diejenigen Insolvenzgläubiger, die erst nach Entstehen **50** der Antragspflicht kontrahiert haben, Anspruch auf ihren vollen **Vertrauensschaden** (negatives Interesse). Der entgangene Gewinn (§ 252 BGB) gehört dazu nur, wenn der Gläubiger den Vertrag auch anderweitig hätte schließen können (BGH, ZIP 2009, 1220; OLG Düsseldorf, ZInsO 2013, 1903). Dieser Individualschaden ist auch nach Eröffnung des Insolvenzverfahrens von den Neugläubigern selbst zu verfolgen (s. dazu Kommentierung zu § 92 Rdn. 45 ff.). Der Neugläubiger braucht bei der Durchsetzung seines Anspruchs nicht zu warten, bis er die auf ihn entfallende Insolvenzquote kennt und damit seinen Schaden beziffern kann. Er kann vielmehr schon vor der Beendigung des Insolvenzverfahrens den vollen Schadensersatz geltend machen, sollte allerdings nur eine Verurteilung Zug-um-Zug gegen Abtretung seiner Ansprüche gegen die Insolvenzmasse beantragen, § 255 BGB (BGH, ZInsO 2007, 376).

Gläubiger aus gesetzlichen Schuldverhältnissen sind nicht in den Schutzbereich einbezogen sind, hat der BGH ausdrücklich offengelassen (offen gelassen von BGH, ZInsO 2003, 901). Relevant ist dies für **Sozialversicherungsträger als Neugläubiger**. Bei einem Sozialversicherungsträger ist indes der entstandene Beitragsausfall nicht vom negativen Interesse erfasst, sodass der eingetretene Schaden rgm. ohnehin nicht zu ersetzen ist. Eine Ersatzfähigkeit würde nur dann vorliegen, wenn die betroffenen Arbeitnehmer bei rechtzeitiger Stellung des Insolvenzantrags zeitgleich eine andere sozialversicherungspflichtige Tätigkeit aufgenommen hätten; hierfür besteht aber keine die Vermutung des § 252 Satz 2 BGB auslösende Wahrscheinlichkeit (BGH ZInsO 2003, 901). Zu bedenken ist allerdings, dass rgm. ein Anspruch des Sozialversicherungsträgers gegen den Geschäftsführer aus **§§ 823 Abs. 2 BGB i. V. m. § 266a StGB** besteht (oben Rdn. 17), da eine Zahlung des Arbeitnehmeranteils nicht unter § 64 Satz 1 GmbHG fällt und der Geschäftsführer sich somit nicht in einer Pflichtenkollision befindet (BGH, ZInsO 2008, 1205; BGH, ZIP 2007, 1265). Eine Haftung des Geschäftsführers auch für die Säumniszuschläge kommt dagegen nicht in Betracht, da § 24 SGB IV kein Schutzgesetz i. S. d. § 823 Abs. 2 BGB ist und § 266a StGB die Säumniszuschläge nicht erfasst (BGH, ZIP 2008, 2077). Ggü. dem **Finanzamt** haftet der Geschäftsführer rgm. aus § 823 Abs. 2 BGB, §§ 69, 34 AO; auch Zahlungen auf Lohn- und Umsatzsteuerforderungen diese Zahlungen fallen nicht unter § 64 Satz 1 (oben Rdn. 17), sodass auch insoweit keine Pflichtenkollision des Geschäftsführers vorliegt (BGH, ZInsO 2008, 1205). Keine Anwendung findet § 823 Abs. 2 BGB i. V. m. § 15a InsO auf Deliktsgläubiger (BGH, ZInsO 2005, 1043).

Abgrenzung zwischen Altgläubigern und Neugläubigern. Neugläubiger sind alle Gläubiger, die **51** ihre Forderung nach Insolvenzreife erworben haben. Wer vor Insolvenzreife mit der Gesellschaft in Geschäftsbeziehung getreten ist, ist grds. Altgläubiger. Er kann aber auch bzgl. einzelner Forderungen Neugläubiger sein, sofern er nach Eintritt der Insolvenzreife seine Leistung hätte zurückhalten können, etwa durch Kündigung, aufgrund einer Lösungsklausel oder eines Zurückbehaltungsrechtes (Baumbach/Hueck-Haas § 64 Rn. 131; a. A. OLG Hamburg, ZIP 2007, 2318).

Stellungnahme: Die **Auffassung des BGH** ist aus Sicht der insolvenzrechtlichen Praxis **nicht geeig- 52 net, eine effektive Durchsetzung von Haftungsansprüchen aus Insolvenzverschleppung zu gewährleisten**. Bereits die präzise Darlegung des Eintritts der materiellen Insolvenz, die für die Abgrenzung zwischen Alt- und Neugläubigern erforderlich ist, ist im Zivilprozess im Bestreitensfalle oft kaum möglich. Insb. bereitet aber die Berechnung des Quotenschadens erhebliche Probleme (vgl. dazu Kommentierung zu § 92 Rdn. 21 ff.), da im Zivilprozess rückblickend eine fiktive Masse nebst den zu berücksichtigenden Insolvenzforderungen sowie Aus- und Absonderungsrechten (BGHZ 138, 211, 222) zu bestimmen ist; dies ist dem Insolvenzverwalter so gut wie nie möglich. Folge ist, dass

Insolvenzverwalter einen Anspruch aus Insolvenzverschleppungshaftung praktisch nie realisieren können. Eine Rspr., die eine Durchsetzung von Haftungsansprüchen unmöglich macht, muss dringend neu überdacht werden. Die normative Verlagerung der Insolvenzantragspflicht aus den Spezialgesetzen in § 15a InsO bietet hierzu einen geeigneten Anlass. **Vorzugswürdig** erscheint die Auffassung, wonach der Insolvenzverwalter auch Neugläubigerschäden über § 92 zumindest insoweit geltend machen kann, als nach Überzeugung des Tatrichters (§ 286 ZPO) ein bestimmter Basisschaden bei allen Insolvenzgläubigern entstanden ist (so auch Uhlenbruck-Hirte § 92 Rn. 13).

52a **Besonderheiten bei Führungslosigkeit:** Haftet der Geschäftsführer aus § 823 Abs. 2 BGB i.V.m. § 15a Abs. 1, und wird die Gesellschaft danach führungslos, so kann folgende Situation eintreten (vgl. dazu Berger, ZInsO 2009, 1977): Kontrahiert ein Gläubiger mit der insolvenzreifen Gesellschaft, deren Geschäftsführer es schuldhaft unterlassen hat, rechtzeitig einen Insolvenzantrag zu stellen, so ist dieser Gläubiger bei der Haftung des Geschäftsführers aus § 823 Abs. 2 BGB i.V.m. § 15a Abs. 1 Neugläubiger; insoweit könnte der Gläubiger seinen Kontrahierungsschaden individuell gegen den Geschäftsführer durchsetzen. Legt nun der Geschäftsführer sein Amt nieder oder wird abberufen, und stellen die Gesellschafter in Kenntnis der Führungslosigkeit und der Insolvenzreife keinen Insolvenzantrag, so haften diese gem. § 823 Abs. 2 BGB i.V.m. § 15a Abs. 3. Dies hat zur Folge, dass der Gläubiger neben dem bereits erlittenen Kontrahierungsschaden einen weiteren Quotenschaden erleidet, der allerdings nur vom Insolvenzverwalter geltend gemacht werden kann. Da sich der Kontrahierungs- und der Quotenschaden teilweise decken, ist eine praktikable Lösung mit den Mitteln der auf der strengen Trennung zwischen Quoten- und Kontrahierungsschaden basierenden Rspr. des BGH nicht ersichtlich.

2. Keine Haftung bei Verlust von Aus- oder Absonderungsrechten

53 Die **Insolvenzverschleppungshaftung scheidet aus** bei einem **Verlust von Aus- und Absonderungsrechten:** Der Ersatzanspruch aus § 823 Abs. 2 BGB i.V.m. § 15a InsO erstreckt sich nicht auf Schäden, die ein Gläubiger nach Begründung seiner Forderung dadurch erleidet, dass er infolge der Insolvenzverschleppung Aus- oder Absonderungsrechte verliert, etwa bei der Veräußerung von unter Eigentumsvorbehalt gelieferter Ware durch die (spätere) Schuldnerin vor der Eröffnung des Insolvenzverfahrens. § 15a InsO schützt Gläubiger ausschließlich in ihrer Eigenschaft als Insolvenzgläubiger (BGHZ 100, 19).

IV. Prozessuale Aspekte

1. Verjährung

53a Die Verjährung richtet sich nach den allgemeinen Vorschriften, also den §§ 195, 199 BGB (OLG Saarbrücken, GmbHR 2008, 1036), und zwar sowohl für den Quoten- als auch den Kontrahierungsschaden (a.A. Baumbach/Hueck-Haas § 64 Rn. 145: Differenzierung: Quotenschaden – § 64 Abs. 4 GmbHG analog; Kontrahierungsschaden: §§ 195, 199 BGB). Die Frist beginnt beim Quotenschaden mit der Eröffnung des Insolvenzverfahrens, beim Kontrahierungsschaden gelten die §§ 195, 199 BGB (Baumbach/Hueck-Haas § 64 Rn. 146).

2. Örtliche Zuständigkeit

53b Die örtliche Zuständigkeit richtet sich grds. nach den §§ 12, 13 ZPO. Darüber hinaus ist § 32 ZPO einschlägig.

V. Flankierende Ansprüche

1. Haftung des GmbH-Geschäftsführers aus § 43 Abs. 2 GmbHG

54 Der Geschäftsführer haftet der Gesellschaft gem. § 43 Abs. 2 GmbHG für den Schaden, der ihr durch die **verspätetet oder unterlassene Stellung eines Insolvenzantrags** entstanden ist, sofern darin eine Pflichtverletzung zu sehen ist. Eine Pflichtverletzung kann ausgeschlossen sein, wenn die

Vorschrift eine **höhere Bedeutung** erlangen. Dies gilt insb. für die Pflicht der Geschäftsleitung, die Solvenz des Gesellschafters in den Fällen der § 19 Abs. 5 GmbHG n. F. und § 30 Abs. 1 GmbHG n. F. zu überwachen (zu den Haftungsrisiken ausführl. Anh. zu § 35 InsO Abschnitt D Hin- und Herzahlen, Rdn. 36; Anh. zu § 35 InsO Abschnitt E Kapitalerhaltung, Rdn. 50). Den Geschäftsführern obliegt, die Vermögensverhältnisse des Gesellschafters, dem ein Darlehen gewährt wurde, laufend zu überwachen. Sie müssen ein Informationssystem errichtet haben, welches ausreichend ist, die Erfüllung der Überwachungspflicht sicherzustellen. Im Streitfall ist der Geschäftsführer für die Errichtung eines solchen Informationssystems sogar beweispflichtig (BGH, ZIP 2009, 70 Rn. 20).

II. Voraussetzungen

1. Schaden

61 Auszugleichen sind Vermögensminderungen der Gesellschaft. Der reine Kompetenzverstoß wird nicht sanktioniert (BGH, ZIP 2012, 1197 Rn. 27). Schaden in diesem Sinne ist **jede Minderung des geldwerten Gesellschaftsvermögens** (Roth/Altmeppen, GmbHG, § 43 Rn. 97). Erforderlich ist nicht, wie dies teilweise befürwortet wird (OLG Naumburg, GmbHR 1998, 1180; Rowedder/Schmidt-Leithoff, GmbHG, § 43 Rn. 22), eine dem Gesellschaftszweck widersprechende Vermögensbeeinträchtigung (Baumbach/Hueck-Zöllner/Noack, GmbHG, § 43 Rn. 15; Scholz-Schneider, GmbHG, § 43 Rn. 221–226). **Die Schadensberechnung erfolgt nach §§ 249 ff. BGB** (Roth/Altmeppen, GmbHG § 43 Rn. 98; Rowedder/Schmidt-Leithoff, GmbHG, § 43 Rn. 15). Ein Vermögensschaden liegt somit vor, wenn der tatsächliche Wert des Gesellschaftsvermögens geringer ist als der Wert, den das Gesellschaftsvermögen ohne die pflichtwidrige Rechtshandlung haben würde (BGH, NJW 1994, 2357, 2359; Roth/Altmeppen, GmbHG, § 43 Rn. 97). Der Schaden kann auch in einem **entgangenen Gewinn** liegen, welcher der Gesellschaft bei ordnungsgemäßem Verhalten zugeflossen wäre (§ 252 BGB). Für die Schadensfeststellung ist im Prozess auf den Zeitpunkt der letzten mündlichen Tatsachenverhandlung abzustellen (Baumbach/Hueck-Zöllner/Noack, GmbHG, § 43 Rn. 15).

2. Pflichtwidriges Geschäftsführerverhalten

62 Anspruchsvoraussetzung ist weiterhin, dass der Geschäftsführer gegen die Sorgfalt eines ordentlichen Geschäftsmannes verstoßen hat. Dem Geschäftsführer ist grds. ein gewisser **unternehmerischer Entscheidungsspielraum** zuzubilligen. Im Mittelpunkt der richterlichen Kontrolle steht die Angemessenheit des Informationsflusses an den Geschäftsführer einerseits und die Vertretbarkeit der auf diesen Informationen ergangenen Entscheidung andererseits (Scholz-Schneider, GmbHG, § 43 Rn. 61). Die gerichtliche Prüfung ist hierauf zu beschränken, da anderenfalls aus einer ex-post-Betrachtung überzogene Anforderungen an die organschaftliche Sorgfaltspflicht gestellt werden könnten. Eine weiter gehende gerichtliche Nachprüfung der Zweckmäßigkeit einer unternehmerischen Entscheidung wäre zudem ein unzulässiger Eingriff in die unternehmerische Freiheit und Verantwortung. Beurteilungsmaßstab ist die ex-ante-Sicht eines die Sorgfalt eines ordentlichen Geschäftsmannes anwendenden Geschäftsführers (BGH, ZIP 2002, 213, 214). Der Geschäftsführer handelt dann nicht pflichtwidrig, wenn er vernünftigerweise annehmen durfte, auf der Grundlage angemessener Informationen zum Wohl der Gesellschaft zu handeln (BGH, ZIP 2013, 455 Rn. 35 zur AG, BGH, ZIP 2011, 766 Rn. 19). Der Geschäftsführer muss in der konkreten Entscheidungssituation alle verfügbaren Informationsquellen tatsächlicher und rechtlicher Art ausschöpfen, auf dieser Grundlage die Vor- und Nachteile der bestehenden Handlungsoptionen sorgfältig abwägen und den erkennbaren Risiken Rechnung tragen. Nur wenn diese Voraussetzungen erfüllt sind, ist Raum für die Zubilligung unternehmerischen Ermessens (BGH, ZInsO 2013, 1753 Rn. 30; BGH, ZIP 2008, 1675 Rn. 11). Ist der Geschäftsführer seinen Informationspflichten nicht nachgekommen, kann er sich noch auf ein pflichtgemäßes Alternativverhalten berufen (BGH, ZInsO 2008, 38 Rn. 4; BGHZ 152, 280, 284). Das bewusste und informierte **Eingehen geschäftlicher Risiken** umfasst grds. auch Fehlentscheidungen (BGHZ 135, 244, 253; Lutter, GmbHR 2000, 301, 306 ff.). Schlägt das riskante Geschäft fehl und entsteht hierdurch ein Schaden für die Gesellschaft,

Gesellschafter den Geschäftsführer entsprechend angewiesen haben (BGH, NJW 1974, 1088; von BGH, DStR 1994, 1093 allerdings offen gelassen); eine Weisung beseitigt die Ersatzpflicht indes nicht, wenn der Ersatz zur Befriedigung der Gläubiger erforderlich ist (BGH, WM 1986, 237), was im Insolvenzverfahren rgm. der Fall ist.

Der **Schaden** der Gesellschaft kann darin liegen, dass das Gesellschaftsvermögen aufgrund der Antragsverzögerung weiter gemindert worden ist, insb. durch die Begründung neuer Verbindlichkeiten. 55

Da es sich bei der Haftung aus § 43 Abs. 2 GmbHG um eine **Innenhaftung** handelt, kann sie nach Eröffnung des Insolvenzverfahrens ohne Weiteres vom **Insolvenzverwalter** geltend gemacht werden; auf die Differenzierung zwischen Altgläubigern und Neugläubigern kommt es für diese Haftung nicht an. 56

2. Haftung der Gesellschafter aus §§ 823 Abs. 2, 830 Abs. 2 BGB i.V. m. § 15a Abs. 1 InsO

Bei Führungslosigkeit einer GmbH, AG oder Genossenschaft haften die Gesellschafter bzw. Mitglieder des Aufsichtsrates gem. § 823 Abs. 2 BGB i.V.m. § 15a Abs. 3 InsO (s. o. Rdn. 40). Auch dann, wenn **keine Führungslosigkeit** vorliegt, kommt aber eine Haftung des Gesellschafters gem. §§ 823 Abs. 2, 830 Abs. 2 BGB i.V. m. § 15a Abs. 1 InsO in Betracht; für diese Haftung gelten die gleichen Grundsätze wie für die aus § 823 Abs. 2 BGB i.V.m. § 15a Abs. 1. InsO. Sie kommt in Betracht, wenn 57

- **die Gesellschafter die Stellung eines faktischen Geschäftsführers** haben (BGHZ 75, 96),
- **die Gesellschafter den pflichtwidrig handelnden Geschäftsführer vorsätzlich unterstützen** (BGHZ 75, 96),
- **die Gesellschafter den Geschäftsführer durch entsprechende Weisungen an der Antragstellung hindern.**

In derartigen Konstellationen haften die Gesellschafter über §§ 830 Abs. 2, 840 Abs. 1 BGB **gesamtschuldnerisch** mit dem Geschäftsführer (BGHZ 75, 96; vgl. auch BGH, NJW 1979, 1829). Für diese Haftung reicht die vorsätzliche Beteiligung des Gesellschafters an der fahrlässigen Haupttat des Geschäftsführers aus. 58

Unbesetzt. 59

Teil 3. § 43 Abs. 2 GmbH

§ 43 GmbHG Haftung der Geschäftsführer

(2) Geschäftsführer, welche ihre Obliegenheiten verletzen, haften der Gesellschaft solidarisch für den entstandenen Schaden.

I. Allgemeines

Nach dieser Vorschrift haften die Geschäftsführer, welche ihre Obliegenheiten verletzen, der Gesellschaft solidarisch für den entstandenen Schaden. Die Haftung nach § 43 Abs. 2 GmbHG ist nicht deliktischer Natur. Sie knüpft vielmehr an die Sonderrechtsbeziehung zwischen der Gesellschaft und dem Geschäftsführer an, die durch die Berufung zum Amt begründet wurde (BGH, GmbHR 2002, 303). Geschützt werden die Gesellschafter, nicht die Gesellschaftsgläubiger (Bitter, ZInsO 2010, 1505, 1507). Ein mit dem Willen der Gesellschafter konformes Verhalten des Geschäftsführers kann somit keine zum Schadensersatz führende Pflichtverletzung darstellen (BGH, ZIP 2000, 493). Ausgenommen von diesem Grundsatz sind Fälle der §§ 30, 33, 43 Abs. 3, 64 GmbHG. Die allgemeine Haftungsnorm hat in der Rechtspraxis, insb. vergleichend mit § 64 GmbHG, nur eine untergeordnete Bedeutung. Ist der Geschäftsführer sogleich Gesellschafter, wird dieser sich kaum selbst verklagen. Im Insolvenzfall kommen primär spezialgesetzliche Haftungsinanspruchnahmen insb. aus §§ 64, 9a und 43 Abs. 3 GmbHG in Betracht. Mit **Inkrafttreten des MoMiG** dürfte die 60

entfällt eine Haftung aus § 43 Abs. 2 GmbHG, wenn der Geschäftsführer sein Ermessen fehlerfrei ausgeübt hat. **Sorgfaltswidrig** war sein Verhalten nur dann, wenn das erlaubte Risiko überschritten wurde (Baumbach/Hueck-Zöllner/Noack, § 43 Rn. 22). Das Ermessen des Geschäftsführers zur Vornahme des riskanten Geschäftes reduziert sich, je höher ein möglicher Schaden sein könnte (Lutter, GmbHR 2000, 301, 305 ff.; Roth/Altmeppen, GmbHG, § 43 Rn. 11). Wann die Grenze des Erlaubten überschritten wird, bemisst sich somit nicht allein nach der Wahrscheinlichkeit des Fehlschlagens, sondern lässt sich nur aus dem Verhältnis dieser Wahrscheinlichkeit zu der Höhe eines möglichen Schadens bestimmen (Baumbach/Hueck-Zöllner/Noack, GmbHG, § 43 Rn. 22c).

Die **Kasuistik** zu einem pflichtwidrigen Verhalten des Geschäftsführers ist vielfältig. Hervorzuheben sind, soweit nicht spezialgesetzliche Sondervorschriften greifen, nachstehende Einzelfälle:
– Darlehensgewährung an offensichtlich notleidende Darlehensnehmer,
– Gewährung eines Warenkredits ohne vorherige Bonitätsprüfung,
– Gewährung eines unbesicherten Darlehens über 3.000 DM (BGH, GmbHR 1981, 191),
– Besicherung eines Drittdarlehens bei nicht solventem Darlehensnehmer,
– Errichtung schwarzer Kassen (BGH, NJW 2010, 3458),
– Verjährenlassen der Stammeinlageforderung (LG Wiesbaden, ZIP 2013, 2060),
– Vergütungsentnahme ohne dienstvertragliche Grundlage (BGH, DStR 2002, 227),
– Unterlassene Gehaltsreduzierung in der Krise (OLG Köln, Beschl. v. 06.11.2007 – 18 U 142/07),
– unterlassene Beaufsichtigung von Mitgesellschaftern/Mitarbeitern, wenn diese der Gesellschaft einen Schaden zuführen,
– unterlassene Geltendmachung von Ansprüchen (OLG Koblenz, GmbHR 1999, 1201),
– kaufmännisch fehlerhaft kalkulierte Angebotspreise (BGH, ZIP 2008, 736),
– Abschluss eines Beratervertrages mit nicht qualifizierter Person (BGH, ZIP 1997, 199) oder überhöhter Vergütung (BGH, ZInsO 2013, 1753 Rn. 21),
– Schmiergeldzahlungen an sich selbst oder Dritte,
– Übertragung von Gesellschaftsvermögen unter Wert,
– Veräußerung von Gesellschaftsvermögen ohne notwendigen Gesellschafterbeschluss (BGH, WM 2008, 1453; ZIP 1996, 2164; KG, GmbHR 2005, 477),
– deliktisches Handeln, insb. Untreue oder Betrug,
– Verstoß gegen das Wettbewerbsverbot.

3. Kausalität

Zwischen der Pflichtverletzung und dem eingetretenen Schaden muss ein Zusammenhang bestehen. Die Ersatzpflicht setzt voraus, dass das pflicht- und sorgfaltswidrige Verhalten für den Schaden adäquat kausal ist, dieser bei pflichtgemäßem Verhalten nicht eingetreten wäre. Das **Verschulden** liegt grds. in der Pflichtverletzung und muss sich **nicht auf den Schadenseintritt beziehen** (Baumbach/Hueck-Zöllner/Noack, GmbHG, § 43 Rn. 12). Fahrlässigkeit genügt (Scholz-Schneider, GmbHG, § 43 Rn. 231). Der **Sorgfaltsmaßstab ist objektiv** zu bemessen, weshalb der Geschäftsführer sich nicht darauf berufen kann, ihm würde die Befähigung fehlen (BGH, GmbHR 1981, 191; 1983, 824; Bitter, ZInsO 2010, 1505, 1511). Verfügt er über besondere individuelle Fähigkeiten, hat er diese allerdings auch zugunsten der Gesellschaft einzusetzen.

4. Besonderheit bei GmbH & Co. KG

Beschränkt sich der Geschäftszweck der Komplementär-GmbH auf die Führung der Geschäfte der Kommanditgesellschaft, erstreckt sich der Schutzbereich der durch die Bestellung begründeten organschaftlichen Sonderrechtsbeziehung zwischen Komplementär-GmbH und ihrem Geschäftsführer im Hinblick auf seine Haftung aus § 43 Abs. 2 GmbHG bei sorgfaltswidriger Geschäftsführung auch auf die Kommanditgesellschaft (BGH, ZInsO 2013, 1753 Rn. 15; BGH, ZIP 2002, 984, 985). Die organschaftliche Sonderrechtsbeziehung zwischen dem Geschäftsführer und der Komplementär-GmbH entfaltet drittschützende Wirkung zugunsten der Kommanditgesellschaft

(BGH, ZIP 2002, 984, 985; Baumbach/Hueck-Zöllner/Noack, GmbHG, § 43 Rn. 66). Der Schutzbereich des Dienstverhältnisses erstreckt sich im Hinblick auf die Haftung aus § 43 Abs. 2 GmbHG auf die Kommanditgesellschaft und löst einen Ersatzanspruch der Kommanditgesellschaft direkt gegen den Geschäftsführer aus. Die Komplementär-GmbH muss darauf vertrauen können, dass ihr Geschäftsführer den Angelegenheiten der Kommanditgesellschaft die gleiche Aufmerksamkeit widmet wie ihren eigenen (BGHZ 100, 190, 193). Dies rechtfertigt, die in der Organstellung begründete Verantwortlichkeit des Geschäftsführers und die hieran anknüpfende Haftung aus § 43 Abs. 2 GmbHG auf die Kommanditgesellschaft zu erweitern (BGH, ZInsO 2013, 1753 Rn. 18). Ein Gesellschafterbeschluss ist zur Anspruchsverfolgung nicht notwendig, da es keine zu § 46 Nr. 8 GmbHG vergleichbare Regelung für die Kommanditgesellschaft gibt. Eine haftungsbegründende, pflichtwidrige Handlung kann im Hinblick auf das für die Haftungserstreckung notwendige Schutzbedürfnis der Kommanditgesellschaft aber dann nicht angenommen werden, wenn sämtliche Gesellschafter der Kommanditgesellschaft als potenziell Geschädigte nach zutreffender Information über den Sachverhalt mit dem Handeln des Geschäftsführers der Komplementär-GmbH einverstanden waren (BGH, ZInsO 2013, 1753 Rn. 33).

III. Rechtsfolgen

1. Gesamtschuldnerische Mithaft

66 Sind **mehrere Geschäftsführer** wegen des gleichen Schadens verantwortlich, haften sie solidarisch, also **als Gesamtschuldner**. Bei einer zulässigen **Ressortaufteilung** ist primär derjenige alleinverantwortlich, in dessen Bereich die zum Schadenseintritt führende Pflichtverletzung begangen wurde (Roth/Altmeppen, GmbHG § 43 Rn. 21). Unzuständige Geschäftsführer haften für Pflichtverletzungen in einem anderen Ressort nur, wenn schuldhaft Überwachungspflichten oder Organisationspflichten versäumt wurden (BGHZ 133, 370, 377; BGH, NJW 2004, 1111, 1112; OLG Nürnberg, NZG 2001, 943, 945). Ist bei einer Gesamtvertretungsberechtigung die Zustimmung eines oder mehrerer Geschäftsführer erforderlich, begründet diese für sich allein noch keine Mithaftung. Die Zustimmung ist keine Verantwortungsübernahme (Lutter/Hommelhoff, GmbHG, § 43 Rn. 17). Die übrigen Geschäftsführer haften nur, wenn ihnen insoweit ein Pflichtenverstoß vorzuwerfen ist.

67 Aus der gesamtschuldnerischen Haftung folgt, dass jeder mithaftende Geschäftsführer für den gesamten Schaden in Anspruch genommen werden kann (§ 421 BGB). Es besteht eine **Ausgleichspflicht untereinander nach § 426 BGB** und zwar rgm. zu gleichen Anteilen. Abweichendes könnte sich analog § 254 BGB aus dem unterschiedlichen Maß der Mitverantwortung ergeben (Baumbach/Hueck-Zöllner/Noack, GmbHG, § 43 Rn. 29). Aus der Wertung des § 840 Abs. 2 BGB soll nach überwiegender Auffassung folgen, dass bei Verletzung nur einer Überwachungspflicht der unmittelbar verantwortliche Geschäftsführer im Innenverhältnis alleine haftet (Scholz-Schneider, GmbHG, § 43 Rn. 252).

2. Anspruchsinhaber

68 Berechtigter des Anspruchs ist die **Gesellschaft**, im Insolvenzfall der **Insolvenzverwalter**. Macht die Gesellschaft den Schadensersatzanspruch geltend, bedarf es eines **Gesellschafterbeschlusses nach § 46 Nr. 8 GmbHG**, der materielle Voraussetzung auch im Außenverhältnis ist (BGH, ZInsO 2004, 1203; BGHZ 152, 280, 282; Roth/Altmeppen, GmbHG, § 43 Rn. 91; Bitter, ZInsO 2010, 1505, 1510). Der Gesellschafterbeschluss kann auch noch während des Prozesses gefasst und dem Gericht vorgelegt werden (BGH, DStR 2004, 1755, 1756; BGH, ZIP 1998, 508). **Eines solchen Gesellschafterbeschlusses bedarf es nicht** bei Anspruchsverfolgung durch den Insolvenzverwalter (BGH, ZInsO 2004, 1203; GmbHR 1992, 303; Roth/Altmeppen, GmbHG, § 43 Rn. 87) sowie für die Zwangsvollstreckungsgläubiger der Gesellschaft aus gepfändetem Recht (Baumbach/Hueck-Zöllner/Noack, GmbHG § 43 Rn. 30). Ein Gesellschafterbeschluss ist weiterhin **nicht erforderlich bei einer vermögenslosen Liquidation** der Gesellschaft, die ihren Geschäftsbetrieb endgültig eingestellt hat (BGH, ZInsO 2004, 1203). Streitig ist, ob in diesem Fall der Gesellschaftsgläubiger direkt

gegen den Geschäftsführer ohne vorherige Pfändung des Gesellschaftsanspruchs in entsprechender Anwendung des § 93 Abs. 5 AktG vorgehen kann oder nicht (bejahend: K. Schmidt, ZGR 1996, 209, 224; Ulmer, ZIP 2001, 2021, 2028; einschränkend nur bei Löschung oder Führungslosigkeit der GmbH Baumbach/Hueck-Zöllner/Noack, GmbHG, § 43 Rn. 31).

3. Haftungsfreistellung

Der Schadensersatz gegen den Geschäftsführer ist **ausgeschlossen, wenn er auf bindende Weisung der Gesellschafter gehandelt hat** (BGH, ZInsO 2009, 2304 Rn. 10; NJW 2000, 1571; BGHZ 142, 92, 95; Roth/Altmeppen, GmbHG, § 43 Rn. 114 ff.; Bitter, ZInsO 2010, 1505, 1507) oder die Gesellschafter ihr Einverständnis in anderer Weise zu der Vorgehensweise des Geschäftsführers bekundet haben (BGH, ZInsO 2013, 1753 Rn. 33 zur KG). Der Anspruch unterliegt ausgenommen die Regelungsbereiche der §§ 30, 33, 43 Abs. 3, 64 GmbHG der Disposition der Gesellschafter. Der Wille der Gesellschaft wird durch den ihrer Gesellschafter gebildet, sodass regelkonformes Verhalten des Geschäftsführers keine Pflichtverletzung ggü. der Gesellschaft darstellen kann, soweit nicht spezielle, im Gläubigerinteresse unverzichtbare Regeln der Kapitalerhaltung verletzt werden (BGH, NJW 2000, 1571; OLG Nürnberg, NZG 2001, 943). Solange der Anwendungsbereich der §§ 30, 33, 43 Abs. 3, 64 GmbHG nicht tangiert wird, **ist der Geschäftsführer einer Ein-Personen-Gesellschaft von der Haftung freigestellt**, da er nur seinen eigenen Weisungen folgt. Bei Personenidentität zwischen Gesellschafter und Geschäftsführer besteht für eine haftungsauslösende Obliegenheitsverletzung grds. kein Raum. Dies gilt sogar bei bewusst nachteiligem Verhalten bezogen auf das Gesellschaftsvermögen (BGH, ZInsO 2009, 2304 Rn. 10; BGHZ 142, 92, 95; 122, 333, 336). Erst im Bereich der Unterkapitalisierung ist die Dispositionsbefugnis den Gesellschaftern wegen der zwingenden Vorschriften der §§ 30, 31, 43 Abs. 3, 64 Satz 1 GmbHG entzogen, sodass eine Weisung durch die Gesellschafter in diesem Bereich keine haftungsbefreiende Wirkung für den Geschäftsführer hat (ebenso Bitter, ZInsO 2010, 1505, 1509). Die haftungsfreistellende Wirkung entfällt, wenn der Geschäftsführer die Willensbildung der Gesellschaft beeinflusst hat oder der **Gesellschafterbeschluss nichtig** ist (Rowedder/Schmidt-Leithoff, GmbHG, § 43 Rn. 33; Roth/Altmeppen, GmbHG, § 43 Rn. 116), da der Geschäftsführer nichtige Beschlüsse nicht befolgen darf. Erkennt er die Nichtigkeit nicht, kann es jedoch am Verschulden fehlen. Lediglich **anfechtbare Beschlüsse** kann und muss der Geschäftsführer ausführen, wenn mit einer Anfechtung nicht zu rechnen ist (Baumbach/Hueck – Zöllner/Noack, GmbHG, § 43 Rn. 35; Roth/Altmeppen, GmbHG, § 43 Rn. 117).

4. Verzicht/Vergleich

Anspruchsmindernde oder -ausschließende Rechtsgeschäfte über den Schadensersatzanspruch **sind zulässig**. Es obliegt den Gesellschaftern zu entscheiden, ob der Geschäftsführer aufgrund eines Pflichtenverstoßes in Anspruch zu nehmen ist oder auf die Verfolgung verzichtet wird (Baumbach/Hueck-Zöllner/Noack, GmbHG, § 43 Rn. 47). Eine analoge Anwendung des § 93 Abs. 4 Satz 3 AktG ist abzulehnen (Scholz-Schneider, GmbHG, § 43 Rn. 264). **Die Entlastung des Geschäftsführers hat folglich die Wirkung eines Erlasses** (BGH, WM 1985, 1200; WM 1977, 361; Roth/Altmeppen, GmbHG, § 43 Rn. 115). Mit der Entlastung billigt die Gesellschaft nicht nur die Amtsführung des Geschäftsführers für die zurückliegende Entlastungsperiode, sondern werden zugleich Ersatzansprüche sowie Kündigungsgründe der GmbH ausgeschlossen (Scholz-Schneider, GmbHG, § 43 Rn. 265). Der ausgeschiedene Geschäftsführer, dem Entlastung erteilt wurde, kann daher nicht mehr nach § 43 Abs. 2 GmbHG in Anspruch genommen werden. Die Verzicht/Erlass ist allerdings unbeachtlich, wenn soweit der Ersatz zur Befriedigung der Gesellschaftsgläubiger benötigt wird (Baumbach/Hueck-Zöllner/Noack, GmbHG, § 43 Rn. 47).

IV. Prozessuale Aspekte

1. Beweislast

71 Dem Anspruchsinhaber trifft im Rechtsstreit um Schadensersatzansprüche entsprechend den Grundsätzen zu § 93 Abs. 2 AktG, § 34 Abs. 2 GenG die Darlegungs- und Beweislast dafür, dass und inwieweit durch das Verhalten des Geschäftsführers ein Schaden erwachsen ist, wobei der Gesellschaft die Erleichterung des § 287 ZPO zugutekommen kann (BGH, ZInsO 2013, 1753 Rn. 22; BGH, ZInsO 2003, 29; ZIP 2007, 322, ZIP 2009, 70 Rn. 20). **Die Gesellschaft hat folglich erstens das möglicherweise pflichtwidrige Verhalten, zweitens das Entstehen und die Höhe des Schadens und drittens die Kausalität darzulegen und zu beweisen.** Ausreichend ist danach, dass der Anspruchsinhaber lediglich die Möglichkeit einer Pflichtverletzung darzulegen hat (BGH ZIP 2008, 117 Rn. 4; Roth/Altmeppen, GmbHG, § 43 Rn. 104) Die Schadenshöhe kann nach § 287 ZPO geschätzt werden (BGH, ZInsO 2013, 1753 Rn. 22; Scholz-Schneider, GmbHG, § 43 Rn. 238). Hingegen hat der Geschäftsführer darzulegen und erforderlichenfalls zu beweisen, dass er seinen Sorgfaltspflichten nach § 43 Abs. 1 GmbHG nachgekommen ist oder ihn kein Verschulden trifft oder der Schaden auch bei pflichtgemäßem Alternativverhalten eingetreten wäre (BGH, ZInsO 2013, 1753 Rn. 22; BGH, ZInsO 2003, 29; Roth/Altmeppen, GmbHG, § 43 Rn. 104; krit. Baumbach/Hueck-Zöllner/Noack, GmbHG, § 43 Rn. 36 ff.). Er hat auch eine haftungsausschließende Weisung der Gesellschafter zu beweisen (BGH, ZIP 2008, 1232, 1237). Ferner obliegt ihm darzulegen, dass die Entscheidung vom unternehmerischen Ermessen gedeckt war (BGH, ZInsO 2013, 1753 Rn. 28) oder der Schaden auch bei pflichtgemäßem Alternativverhalten eingetreten wäre (BGH, ZInsO 2008, 38 Rn. 4).

2. Verjährung

72 Die Schadensersatzansprüche verjähren gem. § 43 Abs. 4 GmbHG in 5 Jahren, **beginnend mit der Anspruchsentstehung.** Ausreichend ist der Eintritt des Schadens dem Grunde nach, ohne dass der Schaden in dieser Phase schon bezifferbar sein muss. Es genügt die Möglichkeit einer Feststellungsklage (BGH, NJW 2009, 68 Rn. 16; BGHZ 100, 228, 231). Für den Beginn der Verjährung kommt es auf die **Kenntnis des Gesellschafters oder der Gesellschaft von den anspruchsbegründenden Tatsachen selbst bei deren Verheimlichung durch den Geschäftsführer nicht an** (BGH, ZIP 2005, 852). Die subjektive Anknüpfung des Verjährungsbeginns in § 199 Abs. 1 BGB gilt nur für die rgm. Verjährung des § 195 BGB, nicht aber für die spezialgesetzliche Verjährungsfrist des § 43 Abs. 4 GmbHG. Unterlässt der Geschäftsführer die Geltendmachung von Ansprüchen bis zum Verjährungseintritt, wird dadurch nicht eine weitere Schadensersatzpflicht aus § 43 Abs. 2 GmbHG mit einer erst von da an laufenden Verjährungsfrist ausgelöst (BGH, NJW 2009, 68). Vielmehr verjährt auch der Haftungsanspruch aus § 43 Abs. 2 GmbHG aufgrund unterbliebener Anspruchsdurchsetzung mit der Entstehung. Eine erneute Verjährungsfrist wird mit dem Ende des Verschweigens oder dem Verjährungseintritt nicht in Gang gesetzt.

3. Örtliche Zuständigkeit

73 Die örtliche Zuständigkeit richtet sich grds. nach den §§ 12, 13 ZPO. Darüber hinaus können auch die §§ 29, 32 ZPO einschlägig sein. (BGH, GmbHR 2002, 303 zu § 29 ZPO).

I. Haftung der Aufsichtsratsmitglieder in der GmbH

Wichtige Vorschriften im Zusammenhang mit der Haftung von Aufsichtsratsmitgliedern der GmbH sind:

§ 52 GmbHG Aufsichtsrat

(1) Ist nach dem Gesellschaftsvertrag ein Aufsichtsrat zu bestellen, so sind § 90 Abs. 3, 4, 5 Satz 1 und 2, § 95 Satz 1, § 100 Abs. 1 und 2 Nr. 2 und Abs. 5, § 101 Abs. 1 Satz 1, § 103 Abs. 1 Satz 1 und 2, §§ 105,

107 Abs. 4, §§ 110 bis 114, 116 des Aktiengesetzes in Verbindung mit § 93 Abs. 1 und 2 Satz 1 und 2 des Aktiengesetzes, § 124 Abs. 3 Satz 2, §§ 170, 171 des Aktiengesetzes entsprechend anzuwenden, soweit nicht im Gesellschaftsvertrag ein anderes bestimmt ist.

(2) Werden die Mitglieder des Aufsichtsrats vor der Eintragung der Gesellschaft in das Handelsregister bestellt, gilt § 37 Abs. 4 Nr. 3 und 3a des Aktiengesetzes entsprechend. Die Geschäftsführer haben bei jeder Änderung in den Personen der Aufsichtsratsmitglieder unverzüglich eine Liste der Mitglieder des Aufsichtsrats, aus welcher Name, Vorname, ausgeübter Beruf und Wohnort der Mitglieder ersichtlich ist, zum Handelsregister einzureichen; das Gericht hat nach § 10 des Handelsgesetzbuchs einen Hinweis darauf bekannt zu machen, dass die Liste zum Handelsregister eingereicht worden ist.

(3) Schadensersatzansprüche gegen die Mitglieder des Aufsichtsrats wegen Verletzung ihrer Obliegenheiten verjähren in fünf Jahren.

§ 116 AktG Sorgfaltspflicht und Verantwortlichkeit der Aufsichtsratsmitglieder

Für die Sorgfaltspflicht und Verantwortlichkeit der Aufsichtsratsmitglieder gilt § 93 mit Ausnahme des Absatzes 2 Satz 3 über die Sorgfaltspflicht und Verantwortlichkeit der Vorstandsmitglieder sinngemäß. Die Aufsichtsratsmitglieder sind insbesondere zur Verschwiegenheit über erhaltene vertrauliche Berichte und vertrauliche Beratungen verpflichtet. Sie sind namentlich zum Ersatz verpflichtet, wenn sie eine unangemessene Vergütung festsetzen (§ 87 Absatz 1).

§ 93 AktG Sorgfaltspflicht und Verantwortlichkeit der Vorstandsmitglieder

(1) Die Vorstandsmitglieder haben bei ihrer Geschäftsführung die Sorgfalt eines ordentlichen und gewissenhaften Geschäftsleiters anzuwenden. Eine Pflichtverletzung liegt nicht vor, wenn das Vorstandsmitglied bei einer unternehmerischen Entscheidung vernünftigerweise annehmen durfte, auf der Grundlage angemessener Information zum Wohle der Gesellschaft zu handeln. Über vertrauliche Angaben und Geheimnisse der Gesellschaft, namentlich Betriebs- oder Geschäftsgeheimnisse, die den Vorstandsmitgliedern durch ihre Tätigkeit im Vorstand bekanntgeworden sind, haben sie Stillschweigen zu bewahren. Die Pflicht des Satzes 3 gilt nicht gegenüber einer nach § 342b des Handelsgesetzbuchs anerkannten Prüfstelle im Rahmen einer von dieser durchgeführten Prüfung.

(2) Vorstandsmitglieder, die ihre Pflichten verletzen, sind der Gesellschaft zum Ersatz des daraus entstehenden Schadens als Gesamtschuldner verpflichtet. Ist streitig, ob sie die Sorgfalt eines ordentlichen und gewissenhaften Geschäftsleiters angewandt haben, so trifft sie die Beweislast. Schließt die Gesellschaft eine Versicherung zur Absicherung eines Vorstandsmitglieds gegen Risiken aus dessen beruflicher Tätigkeit für die Gesellschaft ab, ist ein Selbstbehalt von mindestens 10 Prozent des Schadens bis mindestens zur Höhe des Eineinhalbfachen der festen jährlichen Vergütung des Vorstandsmitglieds vorzusehen.

(3) Die Vorstandsmitglieder sind namentlich zum Ersatz verpflichtet, wenn entgegen diesem Gesetz
1. *Einlagen an die Aktionäre zurückgewährt werden,*
2. *den Aktionären Zinsen oder Gewinnanteile gezahlt werden,*
3. *eigene Aktien der Gesellschaft oder einer anderen Gesellschaft gezeichnet, erworben, als Pfand genommen oder eingezogen werden,*
4. *Aktien vor der vollen Leistung des Ausgabebetrags ausgegeben werden,*
5. *Gesellschaftsvermögen verteilt wird,*
6. *Zahlungen entgegen § 92 Abs. 2 geleistet werden,*
7. *Vergütungen an Aufsichtsratsmitglieder gewährt werden,*
8. *Kredit gewährt wird,*
9. *bei der bedingten Kapitalerhöhung außerhalb des festgesetzten Zwecks oder vor der vollen Leistung des Gegenwerts Bezugsaktien ausgegeben werden.*

(4) Der Gesellschaft gegenüber tritt die Ersatzpflicht nicht ein, wenn die Handlung auf einem gesetzmäßigen Beschluß der Hauptversammlung beruht. Dadurch, daß der Aufsichtsrat die Handlung gebilligt hat, wird die Ersatzpflicht nicht ausgeschlossen. Die Gesellschaft kann erst drei Jahre nach der Entstehung

des Anspruchs und nur dann auf Ersatzansprüche verzichten oder sich über sie vergleichen, wenn die Hauptversammlung zustimmt und nicht eine Minderheit, deren Anteile zusammen den zehnten Teil des Grundkapitals erreichen, zur Niederschrift Widerspruch erhebt. Die zeitliche Beschränkung gilt nicht, wenn der Ersatzpflichtige zahlungsunfähig ist und sich zur Abwendung des Insolvenzverfahrens mit seinen Gläubigern vergleicht oder wenn die Ersatzpflicht in einem Insolvenzplan geregelt wird.

(5) Der Ersatzanspruch der Gesellschaft kann auch von den Gläubigern der Gesellschaft geltend gemacht werden, soweit sie von dieser keine Befriedigung erlangen können. Dies gilt jedoch in anderen Fällen als denen des Absatzes 3 nur dann, wenn die Vorstandsmitglieder die Sorgfalt eines ordentlichen und gewissenhaften Geschäftsleiters gröblich verletzt haben; Absatz 2 Satz 2 gilt sinngemäß. Den Gläubigern gegenüber wird die Ersatzpflicht weder durch einen Verzicht oder Vergleich der Gesellschaft noch dadurch aufgehoben, daß die Handlung auf einem Beschluß der Hauptversammlung beruht. Ist über das Vermögen der Gesellschaft das Insolvenzverfahren eröffnet, so übt während dessen Dauer der Insolvenzverwalter oder der Sachwalter das Recht der Gläubiger gegen die Vorstandsmitglieder aus.

(6) Die Ansprüche aus diesen Vorschriften verjähren bei Gesellschaften, die zum Zeitpunkt der Pflichtverletzung börsennotiert sind, in zehn Jahren, bei anderen Gesellschaften in fünf Jahren.

I. Allgemeines

1 Haftungsinanspruchnahmen von Aufsichtsratsmitgliedern insb. durch Insolvenzverwalter haben zuletzt an Bedeutung und Anzahl zugenommen. Der BGH und mehrere OLG haben in der jüngeren Vergangenheit zunehmend häufiger über Haftungsinanspruchnahmen von Aufsichtsratsmitgliedern durch Insolvenzverwalter entscheiden müssen. Dieser Beitrag befasst sich mit der Darstellung der Aufsichtsratssysteme in der GmbH, deren innere Ordnung, den Aufgaben und Kompetenzen sowie insb. den sich aus der Tätigkeit ergebenden Haftungsrisiken. Der Schwerpunkt liegt in der praxisrelevanten Fallgestaltung eines fakultativen GmbH-Aufsichtsrates. Zur Haftung des Aufsichtsrates in einer AG ist aufgrund der Komplexität auf die gesellschaftsrechtliche Spezialkommentierung zu verweisen.

II. Aufsichtsratssysteme der GmbH

1. Fakultativer Aufsichtsrat

2 Soweit gesetzliche Bestimmungen die Errichtung eines Aufsichtsrates nicht vorschreiben, hängt dies vom Willen der Gesellschafter ab. Notwendig ist eine Regelung im Gesellschaftsvertrag, die eine Einrichtung vorsieht. **Das GmbHG schreibt die Einrichtung eines Aufsichtsrates nicht vor, lässt sie aber zu und überlässt die Entscheidung den Gesellschaftern.** Ist in der Satzung eine Regelung für die Einrichtung eines Aufsichtsrates vorhanden, ist diese für alle Organe verbindlich und kann durch einfachen Gesellschafterbeschluss grds. nicht durchbrochen werden (BGH, NJW 1993, 2246; Roth/Altmeppen, GmbHG, § 52 Rn. 1). Zum fakultativen Aufsichtsrat nachfolgend Abschnitt C.

2. Obligatorischer Aufsichtsrat

3 Unter bestimmten Voraussetzungen ist ein Aufsichtsrat in der GmbH zwingend vorgeschrieben. Hierbei sind fünf unterschiedliche Aufsichtsratssysteme zu beachten.

a) Aufsichtsrat nach DrittelbG

aa) Allgemeines

4 Ein Aufsichtsrat ist einzurichten, wenn die GmbH **mehr als 500 Arbeitnehmer** hat und nicht dem MitbestG, dem MontanG oder dem MitbestErgG unterfällt (§ 1 Abs. 2 Satz 1 Nr. 1 DrittelbG). In einem Konzernverbund werden bei der zu berechnenden Arbeitnehmeranzahl die **Arbeitnehmer in verbundenen Unternehmen** infolge Beherrschungsvertrag oder Eingliederung mitgerechnet (§ 2 Abs. 2 DrittelbG). Ergebnisabführungs- oder sonstige Unternehmensverträge genügen nicht (OLG

bach/Hueck-Zöllner/Noack, GmbHG, § 52 Rn. 251). § 111 Abs. 4 AktG, der auf den obligatorischen Aufsichtsrat der GmbH anzuwenden ist (Ulmer/Raiser/Heermann, GmbHG, § 52 Rn. 240; Scholz-Schneider, GmbHG, § 52 Rn. 161), untersagt, Maßnahmen der Geschäftsführung auf den Aufsichtsrat zu übertragen. Zweck ist eine **Funktionstrennung zwischen Geschäftsführung und Aufsichtsrat**. Bestimmte Geschäfte können jedoch dem Vorbehalt der Zustimmung des Aufsichtsrates unterliegen (§ 111 Abs. 4 Satz 2 AktG). Die GmbH-Satzung kann diese Zustimmungskompetenz nicht völlig ausschließen, obwohl in der GmbH eine umfassende Entscheidungskompetenz für die Gesellschafterversammlung in Geschäftsführerangelegenheiten besteht (Baumbach/Hueck-Zöllner/Noack, GmbHG, § 52 Rn. 253; Rowedder/Schmidt-Leithoff/Koppensteiner, GmbHG, § 52 Rn. 47). Die Festlegung des Zustimmungskatalogs kann in der Satzung geregelt oder durch den Aufsichtsrat festgelegt werden. Dem Aufsichtsrat steht es frei, ob er die Zustimmungsbedürftigkeit vorab in seiner Geschäftsordnung festlegt oder die Zustimmungsbedürftigkeit durch einen vorherigen Beschluss anordnet, wenn er von einer konkreten Maßnahme erfährt (BGHZ 124, 111, 127; Grooterhorst, NZG 2011, 921, 922). Der Aufsichtsrat hat sicherzustellen, dass der Zustimmungskatalog sämtliche grundlegenden Geschäfte sowie alle anderen Maßnahmen, die bei pflichtgemäßer Ermessensausübung einem Zustimmungsvorbehalt zu unterwerfen sind, umfasst. Weist die Satzung Lücken auf, muss der Aufsichtsrat diese durch seine Geschäftsordnung oder einen ad-hoc-Beschluss schließen (MK/AktG-Habersack, § 111 Rn. 103). Nach § 111 Abs. 4 Satz 3 kann nach Verlangen der Geschäftsführung die Gesellschafterversammlung mit einer Mehrheit von Dreiviertel der abgegebenen Stimmen die verweigerte Zustimmung des Aufsichtsrates ersetzen. Streitig ist, ob diese aktienrechtliche Vorschrift bei der GmbH einzuschränken ist, was überwiegend aufgrund der dominierenden Stellung der Gesellschafterversammlung befürwortet wird (Baumbach/Hueck-Zöllner/Noack, GmbHG, § 52 Rn. 254; Roth/Altmeppen, GmbHG, § 52 Rn. 55). Die Weisung durch die Gesellschafterversammlung, beschlossen mit einfacher Mehrheit, bindet somit den Geschäftsführer stets, wenn diese rechtmäßig ist, auch wenn der mitbestimmende Aufsichtsrat seine Zustimmung verweigert hat. **Der Aufsichtsrat in der GmbH hat sich damit abzufinden, dass eine rechtmäßige und als endgültig erklärte Weisung der Gesellschafter Vorrang hat** (BGH, NJW 1997, 1985; Rowedder/Schmidt-Leithoff/Koppensteiner, GmbHG, § 37 Rn. 32). Gem. § 1 Abs. 1 Nr. 3 DrittelbG i. V. m. § 268 Abs. 2 AktG besteht die Organstellung der Aufsichtsratsmitglieder auch in der Liquidation oder nach Auflösung durch Insolvenzeröffnung fort (Baumbach/Hueck-Zöllner/Noack, GmbHG, § 52 Rn. 255). Der Überwachung unterliegt nur die Tätigkeit der Geschäftsleitung im insolvenzfreien Bereich, nicht die Geschäftsführung des Insolvenzverwalters. Für die Mitglieder des Aufsichtsrates besteht eine **Auskunfts- und Mitwirkungspflicht im Insolvenzverfahren (§ 101 InsO)**. Bei angeordneter Eigenverwaltung nimmt der Aufsichtsrat neben dem Sachwalter Kontrollaufgaben über die Geschäftsführung wahr.

dd) Sorgfaltspflicht/Haftung

7 § 1 Abs. 1 Nr. 3 DrittelbG verweist wegen der Haftung auf § 116 AktG, jedoch anders als § 52 Abs. 1 GmbHG ohne einschränkende Verweisung auf bestimmte Absätze des § 93 AktG. Folglich **gilt § 93 AktG, auf den § 116 AktG verweist, anders als für den fakultativen Aufsichtsrat uneingeschränkt** (Baumbach/Hueck-Zöllner/Noack, GmbHG, § 52 Rn. 207). Sorgfaltsmaßstab ist derjenige eines ordentlichen und gewissenhaften Geschäftsleiters bezogen auf die Überwachungs- und Prüfungstätigkeit des Aufsichtsrates. Für die Mitglieder des Aufsichtsrates gelten die gleichen Maßstäbe. **Eine Haftungserleichterung insb. für Arbeitnehmervertreter kommt nicht in Betracht** (Baumbach/Hueck/Zöllner-Noack, GmbHG, § 52 Rn. 207). § 93 Abs. 1 Satz 3 AktG regelt die Verschwiegenheitspflicht. Nach § 93 Abs. 2 AktG hat das Aufsichtsratsmitglied Schadensersatz bei Pflichtverletzung zu leisten. Die **Beweislast** für die Einhaltung der gebotenen Sorgfalt trägt das Mitglied des Aufsichtsrates (§ 93 Abs. 2 Satz 2 AktG). Der Schadensersatzkatalog des § 93 Abs. 3 AktG gilt jedoch für die GmbH nur eingeschränkt (Baumbach/Hueck-Zöllner/Noack, GmbHG, § 52 Rn. 209). Die in § 93 Abs. 3 AktG dargestellten Schadensersatzfälle sind nur insoweit auf den obligatorischen Aufsichtsrat der GmbH übertragbar, als gegen zwingendes GmbH-Recht oder zwingende Vorschriften des DrittelbG verstoßen wurde. § 93 Abs. 3 Nr. 4, 8 und 9 AktG sind

Düsseldorf, AG 1997, 129; ErfK/Oetker, § 2 DrittelbG, Rn. 16). Nicht hinzugerechnet werden Arbeitnehmer bloß faktisch abhängiger Unternehmen oder durch andere Arten von Unternehmensverträgen verbundene Unternehmen (OLG Hamm, DB 2007, 2762, 2764; KG, ZIP 2007, 1566, 1567; OLG Zweibrücken, NZG 2006, 31, 32). Arbeitnehmer sind Arbeiter und Angestellte, unabhängig davon, ob sie im Betrieb, im Außendienst oder mit Telearbeit beschäftigt sind (Baumbach/Hueck-Zöllner/Noack, GmbHG, § 52 Rn. 147). **Auszubildende** gelten als **Arbeitnehmer, in Teilzeit** oder **geringfügig Beschäftigte** sind ebenfalls mitzuzählen. Maßgebend sind nur die im Inland Beschäftigten (BAG, DB 1978, 1840). Lediglich eine vorübergehende, durch besondere Umstände bedingte Überschreitung der Anzahl von 500 Arbeitnehmern führt nicht zu einer Aufsichtsratspflicht, ein nur vorübergehendes Absenken unter die Grenze befreit im Umkehrschluss nicht (BAG AP BetrVG 1972 § 113 Nr. 7; LG Stuttgart, DB 1984, 2551; ErfK/Oetker, § 1 DrittelbG, Rn. 33). Die Verweisung auf die aktienrechtlichen Bestimmungen in § 1 Abs. 1 Nr. 3 DrittelbG ist abweichend von § 52 Abs. 1 GmbHG zwingend. Die Satzung kann daher die gesetzlichen Bestimmungen nicht ausschließen und abweichende Regelungen enthalten. Ein Spielraum für satzungsrechtliche Bestimmungen besteht nur, wenn das Aktienrecht Raum für Änderungen/Ergänzungen zulässt (z. B. § 95 Satz 2 AktG, § 100 Abs. 4 AktG).

bb) Bestellung/Abberufung

Der Aufsichtsrat besteht aus **drei Mitgliedern** (§ 95 Satz 1 AktG). Die Satzung kann hiervon **abweichende Regelungen** treffen, die **Anzahl** muss jedoch **durch drei teilbar** sein. Ferner regelt § 95 Satz 4 AktG bestimmte Höchstzahlen, welche sich nach der Stammkapitalziffer richten. Der Aufsichtsrat ist **zu einem Drittel aus Vertretern der Arbeitnehmer** zu bestellen (§ 4 Abs. 1 DrittelbG). Sind nur ein oder zwei Arbeitnehmervertreter zu wählen, haben diese unternehmenszugehörig zu sein (§ 4 Abs. 2 DrittelbG). Darüber hinaus können auch externe Mitglieder bestellt werden. Zu den persönlichen Voraussetzungen und Inkompatibilitäten ist auf die aktienrechtlichen Vorschriften zu verweisen (§§ 100, 105 AktG). Es gelten insb. die Grundsätze der Höchstpersönlichkeit (Vertretungs- und Delegationsverbot – Scholz-Schneider, GmbHG, § 52 Rn. 323) und der organisatorischen/persönlichen Unabhängigkeit. Sie unterliegen weder einer Treuepflicht ggü. dem Bestellorgan noch organisationsrechtlichen Weisungen (Scholz-Schneider, GmbHG, § 52 Rn. 327; für satzungsmäßige Abdingbarkeit: Roth/Altmeppen, GmbHG, § 52 Rn. 7, 16). Die Mitglieder des Aufsichtsrates werden, soweit die Arbeitnehmerseite betreffend, durch die Belegschaft gewählt (§ 5 DrittelbG). Die übrigen Aufsichtsratsmitglieder werden nach § 101 Abs. 1 AktG von den Gesellschaftern in der Gesellschafterversammlung oder im Verfahren nach § 48 Abs. 2 GmbHG bestimmt. Die Satzung der GmbH kann auch **Entsendungsrechte** beinhalten. Streitig ist, ob die Entsendungsbefugnis nur Gesellschaftern (so Baumbach/Hueck-Zöllner/Noack, GmbHG, § 52 Rn. 177; Lutter/Hommelhoff, GmbHG, § 52 Rn. 25) oder auch Dritten eingeräumt werden kann (dafür Scholz-Schneider, GmbHG, § 52 Rn. 223; Michalski/Heyder, GmbHG, § 52 Rn. 97). Die durch die Gesellschafter gewählten Aufsichtsratsmitglieder können jederzeit mit einer Dreiviertel-Mehrheit abberufen werden (§ 103 Abs. 1 AktG). Die Satzung kann hiervon abweichende Regelungen enthalten. Zur Abberufung entsandter Mitglieder ist jederzeit der Entsendungsberichtigte befugt (§ 103 Abs. 2 AktG). Die Abberufung der Arbeitnehmervertreter erfolgt nach § 12 Abs. 1 DrittelbG durch Beschluss der wahlberechtigten Arbeitnehmer. Hierzu ist eine Mehrheit von Dreiviertel der abgegebenen Stimmen notwendig. Die Gesellschafter sind zur Abberufung der Arbeitnehmervertreter nicht berechtigt.

cc) Aufgaben/Pflichten

Der Sorgfaltsmaßstab und die Haftung der Aufsichtsratsmitglieder bestimmen sich im Wesentlichen danach, welche Aufgaben/Pflichten diese zu übernehmen haben. **Kernkompetenz** und funktionstypische Aufgabe ist die **Überwachung der Geschäftsführung** (§ 111 Abs. 1 AktG). Hierzu gehört auch die Ausführung von Entscheidungen der Gesellschafter durch die Geschäftsführer. Eine zwingende **Personalkompetenz zur Bestellung/Abberufung von Geschäftsführern besteht** nach **§ 1 Abs. 1 Nr. 3 DrittelbG nicht**. Dies obliegt weiterhin der Gesellschafterversammlung (Baum-

daher von vornherein unanwendbar, die übrigen Fallgestaltungen nur modifiziert anwendbar. § 93 Abs. 4 AktG gilt mit Ausnahme des Satzes 2 uneingeschränkt für den obligatorischen Aufsichtsrat der GmbH. Ein vorheriger **Gesellschafterbeschluss wirkt daher haftungsbefreiend** (Baumbach/Hueck-Zöllner/Noack, GmbHG, § 52 Rn. 210; einschränkend bei Einlagenrückgewähr Roth/Altmeppen, GmbHG, § 52 Rn. 34). Die Weisung und Billigung durch die Gesellschafterversammlung entlasten den Aufsichtsrat aber nur, wenn die Gesellschafter bei der Entscheidungsfindung zutreffend unterrichtet waren (Scholz-Schneider, GmbHG, § 52 Rn. 525; Roth/Altmeppen, GmbHG, § 52 Rn. 33). Ein nachträglicher Verzicht durch die Gesellschafter oder ein Vergleich mit diesen wirkt entlastend, wenn dieser innerhalb von 3 Jahren seit Entstehung von Ansprüchen erklärt/geschlossen wurde, die Gesellschafterversammlung zugestimmt hat und keine Minderheit von 10% widerspricht (§ 93 Abs. 4 Satz 3 AktG). Die zeitliche Beschränkung von 3 Jahren gilt nicht, wenn das zum Schadensersatz verpflichtete Aufsichtsratsmitglied zahlungsunfähig ist und sich zur Abwendung des Insolvenzverfahrens vergleicht oder die Ersatzpflicht in einem Insolvenzplan geregelt wird. Gem. **§ 93 Abs. 4 AktG** besteht ein **direkter Haftungsanspruch der Gesellschaftsgläubiger** gegen das Aufsichtsratsmitglied, wenn von der Gesellschaft keine Befriedigung erlangt werden kann und entweder einer der in § 93 Abs. 3 AktG gelisteten Schadensfälle vorliegt oder bei anderen Pflichtverletzungen ein grober Sorgfaltsverstoß gegeben war. **Ein Haftungsausschluss durch vorherigen Gesellschafterbeschluss oder nachträglichen Verzicht/Vergleich ist für den direkten Haftungsanspruch der Gesellschaftsgläubiger unbeachtlich.** Im Insolvenzfall obliegt die Haftungsdurchsetzung dem Insolvenzverwalter (§ 93 Abs. 5 Satz 4 AktG). Bei Abschluss einer D&O Versicherung besteht für die Aufsichtsratsmitglieder anders als für den Vorstand einer AG (§ 93 Abs. 2 Satz 3 AktG) keine Pflicht zur Vereinbarung eines Selbstbehaltes (Roth/Altmeppen, GmbHG, § 52 Rn. 33). **Die Aufsichtsratsmitglieder haften insb., wenn sie bei eingetretener Insolvenzreife nicht auf die rechtzeitige Stellung des Insolvenzantrages durch die Geschäftsleitung hinwirken** (BGH, WM 2009, 851 Rn. 15). Bei Verdacht strafrechtlicher Handlungen des Geschäftsführers zum Nachteil der Gesellschaft sind die Mitglieder des Aufsichtsrates verpflichtet, bis zur abschließenden Klärung des Sachverhaltes weiteren Mittelabfluss zu unterbinden (BGH, NZG 2007, 187 Rn. 11; dazu Goette, DStR 2007, 356; Weiss, BB 2007, 396). Der BGH hat mit dieser Entscheidung einen Sorgfaltspflichtverstoß auch deshalb angenommen, weil der Aufsichtsrat Investitionen in erheblichem Umfang gebilligt hat, ohne zuvor Erkundigungen über den konkreten Unternehmensgegenstand des zu fördernden Unternehmens, die hiermit verbundenen wirtschaftlichen Risiken, die verfolgten Geschäftsziele und das für die Realisierung benötigte sonstige Kapital einzuholen (BGH, NZG 2007, 187 Rn. 12). Besteht ein **Zustimmungsvorbehalt** nach § 111 Abs. 4 AktG, **haftet bei Schäden, entstanden aus der Umsetzung des zustimmungsbedürftigen Geschäftes, folglich der Aufsichtsrat**, wenn er ohne die erforderlichen Informationen und darauf aufbauende Risikoabwägung die Zustimmung dennoch erteilt. Die **Verjährungsfrist** beträgt für den Ersatzanspruch gem. § 93 Abs. 6 AktG **5 Jahre**, beginnend ab Entstehung des Ersatzanspruches. Streitig ist, ob die Verjährungsregelung durch abweichende Satzungsbestimmung disponibel ist (ablehnend Baumbach/Hueck-Zöllner/Noack, GmbHG, § 52 Rn. 210; bejahend Ulmer/Raiser/Heermann, GmbHG, § 52 Rn. 153).

b) Aufsichtsrat nach dem MitbestG

aa) Allgemeines

Nach § 1 Abs. 1 Nr. 2 MitbestG ist zwingend ein Aufsichtsrat zu bilden, wenn **mehr als 2000 Arbeitnehmer** beschäftigt werden. Abweichend vom DrittelbG sind **auch leitende Angestellte einzurechnen** (ErfK/Oetker § 3 MitbestG Rn. 2). Bei einer GmbH, die Komplementärin einer KG ist, sind die Arbeitnehmer der KG hinzurechnen, wenn die Mehrheit der Kommanditisten gleichzeitig die Mehrheit in der GmbH hält (§ 4 Abs. 1 MitbestG). Auch das MitbestG verweist auf das AktG. Über §§ 6 Abs. 2, 25 Abs. 1 Nr. 2 MitbestG wird im Wesentlichen auf die gleichen Regelungen wie in § 1 Abs. 1 Nr. 3 DrittelbG verwiesen, zusätzlich jedoch auch auf § 115 AktG (Kreditgewährung an Aufsichtsratsmitglieder). Das MitbestG enthält abweichende Regelungen vom AktG. Die Mitgliederzahl wird durch das MitbestG zwingend festgesetzt, gestaffelt nach der Arbeitnehmeranzahl

8

Anhang zu § 35 InsO   I. Haftung der Aufsichtsratsmitglieder in der GmbH

(§ 7 Abs. 1 MitbestG). Der Aufsichtsrat wird **paritätisch aus Mitgliedern der Gesellschafterseite und Arbeitnehmerseite** besetzt. Mindestens ein Arbeitnehmermitglied muss leitender Angestellter sein (§ 15 Abs. 1 Satz 2 MitbestG). Bestellung/Entsendung auf Seite der Anteilseigner erfolgt durch die Gesellschafter, für die Wahl der Arbeitnehmervertreter sind die §§ 9 bis 18, 20 MitbestG zu beachten. Zur Abberufung gilt das zum Aufsichtsrat nach dem DrittelbG Gesagte entsprechend (Rdn. 5).

bb) Aufgaben/Pflichten

9   Wegen der Aufgaben/Kompetenzen des Aufsichtsrates gelten weitgehend die Ausführungen zum Aufsichtsrat nach dem DrittelbG (s. Rdn. 6). Abweichend hiervon ist zu beachten, dass der Aufsichtsrat nach dem MitbestG die Geschäftsführer bestellt und abberuft (§ 31 Abs. 1 MitbestG). Eine Kompetenzverlagerung auf ein anderes Gremium/Ausschuss ist unzulässig (BGH, NJW 1993, 2311). Auf die Bestellung des Geschäftsführers können die Gesellschafter nur noch mittelbar durch Wahl ihrer Mitglieder des Aufsichtsrates Einfluss nehmen. Zur Bestellung ist zunächst eine Zweidrittel-Mehrheit erforderlich. Kommt eine solche Mehrheit nicht zustande, ist ein besonderer Ausschuss zu bilden, der dem Aufsichtsrat einen Bestellungsvorschlag unterbreitet (§ 27 Abs. 3 MitbestG). Anschließend kann der Aufsichtsrat mit einfacher Mehrheit seiner Mitglieder entscheiden. Erst wenn diese Abstimmung nochmals scheitert, kommt der Stichentscheid des Vorsitzenden zum Zuge (§ 31 Abs. 4 MitbestG). Als Annex-Kompetenz zur Geschäftsführerbestellung obliegt dem Aufsichtsrat nach dem MitbestG auch, den Anstellungsvertrag mit den Geschäftsführern zu schließen.

cc) Haftung

10   Insoweit ist auf die Ausführungen zum DrittelbG zu verweisen (Rdn. 7).

c) Aufsichtsrat nach dem MontanMitbestG

11   Nach dem MontanMitbestG besteht eine Pflicht zur Aufsichtsratsbildung bei einer GmbH, wenn diese **mehr als 1.000 Arbeitnehmer** beschäftigt und diese den besonderen Gegenstand von **Steinkohle-, Braunkohle-, und Erzbergbau/Eisen- und Stahlerzeugung/Walzwerkerzeugnisse** hat. Der Aufsichtsrat nach dem MontanMitbestG hat **keine praktische Bedeutung** mehr, da es gegenwärtig keine nach diesem Gesetz mitbestimmte GmbH mehr gibt (Baumbach/Hueck-Zöllner/Noack, GmbHG, § 52 Rn. 310). Weitere Ausführungen hierzu sind daher entbehrlich.

d) Aufsichtsrat nach dem MitbestErgG

12   Nach dem MitbestErgG besteht eine Aufsichtsratspflicht für eine GmbH, wenn sie zwar selbst nicht dem MontanMitbestG unterliegt, aber mindestens ein anderes Unternehmen beherrscht, auf das die Vorschriften des MontanMitbestG anzuwenden ist (§ 1 MitbestErgG) und der Unternehmenszweck des Konzerns durch Konzernunternehmen und abhängigen Unternehmen gekennzeichnet wird, die unter das MontanMitbestG fallen (§ 3 Abs. 1 MitbestErgG). Da **derzeit keine GmbH diesen Regelungen unterliegt** (Seibt, NZA 2004, 767, 774; Baumbach/Hueck-Zöllner/Noack, GmbHG, § 52 Rn. 312), sind Ausführungen hierzu nicht notwendig.

e) Aufsichtsrat nach dem InvestmentG

aa) Allgemeines

13   Für **Kapitalanlagegesellschaften in der Rechtsform einer GmbH** besteht ebenfalls die Pflicht, einen Aufsichtsrat zu bilden (§ 6 Abs. 2 InvestmentG). Kapitalanlagegesellschaften verwalten rgm. große Vermögenswerte, deren Geldgeber mit den Gesellschaftern nicht personenidentisch sind. Die Anleger erwerben Anteile an einem getrennt von den Eigenmitteln der GmbH zu bildenden Sondervermögen, welches von der Kapitalanlagegesellschaft gewinnbringend verwaltet wird. Aufgrund dieser besonderen Struktur ist als Aufsichts- und Kontrollinstanz zum Schutz der Anleger

ein Aufsichtsrat vorgeschrieben (Baumbach/Hueck-Zöllner/Noack, GmbHG, § 52 Rn. 318). Meist handelt es sich um Kreditinstitute, die Sondervermögen verwalten oder Dienstleistungen nach § 7 Abs. 2 InvestmentG erbringen.

bb) Bestellung/Abberufung

Der Aufsichtsrat muss aus **mindestens drei Personen** bestehen (§ 95 AktG). Die Mitglieder des Aufsichtsrates sollen gem. § 6 Abs. 3 InvestmentG über die erforderliche Sachkunde verfügen, um die Interessen der Anleger wahren zu können. Die Bestellung/Abberufung erfolgt durch die Gesellschafter. Die Bestellung ist der BaFin anzuzeigen. Die BaFin kann eine Neubesetzung verlangen, wenn sie das Aufsichtsratsmitglied für ungeeignet hält.

cc) Aufgaben/Pflichten

Insoweit ist auf die Ausführungen zum obligatorischen Aufsichtsrat nach dem DrittelbG zu verweisen (Rdn. 6). Ergänzend hierzu ist zu beachten, dass die Tätigkeit des Aufsichtsrates auf die Interessen der Anleger ausgerichtet ist. Da Anleger keinen Einfluss auf die Besetzung des Aufsichtsrates und damit Überwachung der Geschäftsführung haben, sollen durch die erweiterte Pflichtenregelung die Interessen der Anleger berücksichtigt werden.

dd) Haftung

Auf die Ausführungen zum Aufsichtsrat nach dem DrittelbG ist Bezug zu nehmen (Rdn. 7). Erweiternde Haftungsrisiken für die Aufsichtsratsmitglieder ergeben sich daraus, dass sie die Interessen der Anleger zu berücksichtigen haben. An die Sorgfalt zur Überwachung der Geschäftsführung betreffend das Sondervermögen sind höhere Maßstäbe anzusetzen, da die Mitglieder ihrer Persönlichkeit und Sachkunde nach die Wahrung der Interessen der Anleger gewährleisten sollen (§ 6 Abs. 3 InvestmentG).

III. Fakultativer Aufsichtsrat

1. Allgemeines

Das GmbHG überlässt den Gesellschaftern, ob diese durch eine entsprechende Satzungsbestimmung einen Aufsichtsrat einrichten. Besteht ein fakultativer Aufsichtsrat, verweist § 52 Abs. 1 GmbHG auf einige aktienrechtliche Bestimmungen, die entsprechend anzuwenden sind. § 52 Abs. 1 GmbHG ist **dispositiv** (Roth/Altmeppen, GmbHG, § 52 Rn. 2; Baumbach/Hueck-Zöllner/Noack, GmbHG, § 52 Rn. 1). »Entsprechende« Anwendung der aktienrechtlichen Vorschriften **bedeutet, dass sie in sachgerechter Weise auf die GmbH anzupassen sind**. Auf die Besonderheiten der GmbH-Verfassung ist Rücksicht zu nehmen. Dies folgt insb. aus der **dominierenden Stellung der Gesellschafter**. Die Aufzählung der aktienrechtlichen Vorschriften in § 52 Abs. 2 GmbHG ist insoweit abschließend, als weitere Bestimmungen über den Aufsichtsrat nicht ohne Weiteres anzuwenden sind (Baumbach/Hueck-Zöllner/Noack, GmbHG, § 31; Roth/Altmeppen, GmbHG, § 52 Rn. 5; a. A. Lutter/Hommelhoff, GmbHG, § 52 Rn. 2; K. Müller/Wolff, NZG 2003, 751, 753). Ob andere Vorschriften des AktG gelten sollen, ist eine Frage der Satzungsgestaltung und -auslegung. Die Satzung kann daher ausdrücklich oder konkludent weitere aktienrechtliche Vorschriften für anwendbar erklären. Bei Regelungslücken kommt sogar ohne Verweisung eine entsprechende Anwendung aktienrechtlicher Normen in Betracht, wenn diese mit der besonderen Stellung des Aufsichtsrates im gesellschaftsinternen Entscheidungsgefüge der GmbH vereinbar sind (Scholz-Schneider, GmbHG, § 52 Rn. 70). Die **Bezeichnung »Aufsichtsrat«** im Gesellschaftsvertrag ist **nicht zwingend**. Maßgebend ist, ob ein anders bezeichnetes Gremium, z. B. »**Verwaltungsrat**«, »**Beirat**« oder »**Gesellschafterausschuss**«, ähnliche Funktionen nach der Satzung wahrzunehmen hat (Scholz-Schneider, GmbHG, § 52 Rn. 4; Baumbach/Hueck-Zöllner/Noack, GmbHG, § 52 Rn. 22). Der Rechtsverkehr hat die gleichen Erwartungen an ein anders benanntes Gremium, wenn die Satzung diesem die Kompetenz zur Überwachung der Geschäftsführung übertragen hat.

18 Aus § 52 Abs. 1 GmbHG folgt, dass die Satzung der GmbH auch die Rechtsverhältnisse des Aufsichtsrates eigenständig regeln kann. Für die **Gestaltungsfreiheit** ergeben sich jedoch **zwei Grenzen**. Zunächst sind **bestimmte Zuständigkeiten nicht übertragbar**. Dem Aufsichtsrat kann nicht die organschaftliche Vertretung der GmbH in Bereichen zugewiesen werden, die unentziehbar der Geschäftsführung übertragen sind. Zwingende Eigenkompetenzen sind bspw. Buchführung und Aufstellung der Jahresabschlüsse. Ferner müssen der Gesellschafterversammlung Zuständigkeiten verbleiben (z. B. nach h. M. die Abberufung der Geschäftsführer aus wichtigem Grund). Die weitere Grenze besteht in der typischen Funktion eines Aufsichtsrates. Der Rechtsverkehr vertraut darauf, dass dieses Organ die Tätigkeit der Geschäftsführer besser kontrolliert als ohne ein solches Organ (K. Müller/Wolff, NZG 2003, 751; abweichend bei mitbestimmungsfreier Einmann-GmbH Roth/Altmeppen, GmbHG, § 52 Rn. 2). Dies setzt voraus, dass dem Aufsichtsrat nicht die Kernkompetenzen entzogen sind, die ein solches Vertrauen des Rechtsverkehrs rechtfertigen (Baumbach/Hueck/Zöllner/Noack, GmbHG, § 52 Rn. 27). **Unentziehbare Minimalkompetenz** des Aufsichtsrates ist deshalb die **Kontrolle der Geschäftsführer** (Scholz-Schneider, GmbHG, § 52 Rn. 2). Die **Auflösung des Aufsichtsrates** ist durch Satzungsänderung jederzeit, auch ohne wichtigen Grund, und ohne Zustimmung aller Gesellschafter möglich (Rowedder/Schmidt-Leithoff/Koppensteiner, GmbHG, § 53 Rn. 28; Michalski/Heyder, GmbHG, § 52 Rn. 397).

2. Größe/Zusammensetzung

19 Das Gesetz schreibt **keine Mindestanzahl** vor. Zur Mehrheitsfindung ist auch keine ungerade Anzahl vorgeschrieben. Die Satzung kann die Festlegung der Mitgliederzahl auch der Beschlussfassung durch die Gesellschafter überlassen (Baumbach/Hueck/Zöllner/Noack, GmbHG, § 52 Rn. 32). **Maßgebend sind die Satzungsbestimmungen**. Bei einer Regelungslücke gilt § 95 Satz 1 AktG. Streitig ist, ob der Aufsichtsrat auch aus lediglich einer Person bestehen kann (befürwortend h. M. Scholz-Schneider, GmbHG, § 52 Rn. 208; Roth/Altmeppen, GmbHG, § 52 Rn. 7; a. A. Rowedder/Schmidt-Leithoff/Koppensteiner, GmbHG, § 52 Rn. 8). An die Zusammensetzung werden keine gesetzlichen Anforderungen gestellt. **Wählbar sind daher auch Gesellschafter**. Zu den persönlichen Voraussetzungen verweist § 52 Abs. 1 GmbHG auf §§ 100 Abs. 1, 2 Nr. 2, 100 Abs. 5, 101 Abs. 1 Satz 1, 105 und 107 Abs. 4 AktG. Obwohl die gesetzlichen Regelungen dispositiv sind, befürwortet die herrschende Meinung die **Beachtung des Grundsatzes der Inkompatibilität** des § 105 AktG (Baumbach/Hueck-Zöllner/Noack, GmbHG, § 52 Rn. 39; a. A. Scholz-Schneider, GmbHG, § 52 Rn. 256). Zur effektiven Überwachung gehört, dass ein Mitglied des Aufsichtsrates nicht zugleich der Geschäftsführung angehören kann. Nicht anzuwenden ist § 100 Abs. 2 Nr. 1 AktG, wonach Personen, die bereits zehn Aufsichtsratsmandate haben, von einer weiteren Berufung ausgeschlossen sind. Gesetzliche Vertreter abhängiger Unternehmen sind nach § 100 Abs. 2 Nr. 2 AktG ausgeschlossen. Gegen satzungsmäßige Abweichungen werden aufgrund des unverzichtbaren Seriositätserfordernisses der Unternehmenskontrolle im Schrifttum Bedenken erhoben (Lutter/Hommelhoff, GmbHG, § 52 Rn. 9, Rowedder/Schmidt-Leithoff/Koppensteiner, GmbHG, § 52 Rn. 8).

3. Bestellung/Abberufung

20 Zuständig für die Bestellung der Aufsichtsratsmitglieder ist grds. die **Gesellschafterversammlung**. Soweit die Satzung keine abweichende Regelungen enthält, erfolgt die Berufung **mit einfacher Mehrheit** (§ 47 Abs. 1 GmbHG). Der Gesellschaftsvertrag kann aber auch eine qualifizierte Mehrheit oder Einstimmigkeit regeln (Baumbach/Hueck-Zöllner/Noack, GmbHG, § 52 Rn. 41). Durch die Satzung kann einzelnen Gesellschaftern zudem ein **Entsenderecht** eingeräumt werden (Roth/Altmeppen, GmbHG, § 52 Rn. 10). Die Einschränkung des § 101 Abs. 2 Satz 4 AktG gilt nicht. Streitig ist, ob Nichtgesellschaftern eine satzungsmäßige Entwendebefugnis eingeräumt werden darf (ablehnend Baumbach/Hueck-Zöllner/Noack, GmbHG, § 52 Rn. 43; Ulmer FS Werner, 1984, 920 ff.). Mit der herrschenden Meinung ist ein solches Entsendungsrecht Dritter mit der Einschränkung zu bejahen, dass dieses von der Gesellschafterversammlung jederzeit aufgehoben werden kann (Roth/Altmeppen, GmbHG, § 52 Rn. 12; Scholz-Schneider, GmbHG, § 52 Rn. 223;

Lutter/Hommelhoff, GmbHG, § 52 Rn. 6). Die Abberufung erfolgt durch das jeweilige Bestellungsorgan (Gesellschafterversammlung/Entsendeberechtigten). Streitig ist, ob die **vorzeitige Abberufung** einer Dreiviertel-Mehrheit (so Roth/Altmeppen, GmbHG, § 52 Rn. 14; Baumbach/Hueck-Zöllner/Noack, GmbHG, § 52 Rn. 47) oder lediglich einer einfachen Mehrheit (so Lutter/Hommelhoff, GmbHG, § 52 Rn. 7; Scholz-Schneider, GmbHG, § 52 Rn. 289) bedarf. Die Satzung kann Abberufungen erschweren, aber auch erleichtern. Die Abberufungskompetenz kann jedoch nicht auf den Geschäftsführer übertragen werden, da anderenfalls die Unabhängigkeit des Aufsichtsrates gefährdet ist (Baumbach/Hueck-Zöllner/Noack, GmbHG, § 52 Rn. 47; Scholz-Schneider, GmbHG, § 52 Rn. 291). Die Abberufung durch das Gericht aus wichtigem Grund ist nicht möglich, da § 103 Abs. 3 AktG unanwendbar ist (Roth/Altmeppen, GmbHG, § 52 Rn. 14).

4. Aufgaben/Pflichten

a) Kontrollfunktion

Primäre Aufgabe des Aufsichtsrats ist die **Überwachung der Geschäftsführertätigkeit**. Zu kontrollieren ist die **Rechtmäßigkeit, Ordnungsmäßigkeit und Wirtschaftlichkeit** (Roth/Altmeppen, GmbHG, § 52 Rn. 25). Dazu gehört sowohl die zurückblickende als auch vorausschauende Prüfung der Wirtschaftlichkeit/Zweckmäßigkeit der Unternehmensführung, auch von Einzelgeschäften, wenn diese für die wirtschaftliche Lage der GmbH von Bedeutung sind. Weiterhin obliegt dem Aufsichtsrat die **Prüfung des Jahresabschlusses** und des **der Gesellschafterversammlung zu erstattenden Berichtes**. Enthält die Satzung ein **Zustimmungsbedürfnis** des **Aufsichtsrates für bestimmte Geschäfte**, hat sich der Aufsichtsrat zuvor umfangreich über die hiermit verbundenen Risiken zu erkundigen (eingehend BGH, NZG 2007, 187). Ein Zustimmungsvorbehalt ist ein Instrument vorbeugender Kontrolle durch den Aufsichtsrat. Der Aufsichtsrat hat bei dem Erwerb neuer Beteiligungen Erkundigungen über den konkreten Unternehmensgegenstand des zu fördernden Unternehmens, dessen wirtschaftliche Situation, die verfolgten Geschäftsziele und das für die Verwirklichung benötigte Kapital einzuholen (BGH, NZG 2007, 187 Rn. 12). Die Mitglieder des Aufsichtsrates haben sich **umfassend zu informieren**. Sie dürfen sich auf Auskünfte der Geschäftsführung insb. dann nicht verlassen, wenn Anhaltspunkte für gesetzwidriges Verhalten vorliegen. Bei Überwachung der allg. Geschäftsführung hat der Aufsichtsrat bereits vagen Gerüchten nachzugehen, wenn diese von existenzieller Bedeutung für das Unternehmen sind (LG Bielefeld, ZIP 2000, 20, 24). Werden **Schadensersatzansprüche gegen den Geschäftsführer** festgestellt, obliegt dem **Aufsichtsrat die Geltendmachung** (BGH, ZIP 1997, 883). Dem Aufsichtsrat steht grds. **kein Ermessen** zu, es sei denn, wichtige Interessen der Gesellschaft wiegen stärker (Roth/Altmeppen, GmbHG, § 52 Rn. 26). Von der Rechtsverfolgung darf abgesehen werden, wenn die Gesellschafterversammlung auf den Anspruch verzichtet. Bei Aufdeckung von Pflichtwidrigkeiten der Geschäftsführung hat der Aufsichtsrat die Gesellschafterversammlung einzuberufen und hierüber zu berichten (Roth/Altmeppen, GmbHG, § 52 Rn. 30). Zwar besteht wegen der Dispositivität von § 52 Abs. 1 GmbHG grds. die Möglichkeit abweichender Satzungsregelungen, die Kontrolle der Geschäftsführung und Prüfung des Jahresabschlusses sind jedoch unverzichtbarer Teil der dem Aufsichtsrat übertragenen Überwachungsfunktion (Baumbach/Hueck-Zöllner/Noack, GmbHG, § 52 Rn. 113).

b) Verschwiegenheits-/Treuepflicht

Zu den weiteren Pflichten gehört die Verschwiegenheit (§ 116 Satz 2 AktG). Dies gilt **nicht ggü. den Gesellschaftern** (BGH, NJW 1997, 1985; Lutter/Hommelhoff, GmbHG, § 52 Rn. 17). Zudem trifft die Mitglieder des Aufsichtsrates eine allg. Treuepflicht. Aufgrund der Verschwiegenheits- und Treuepflicht dürfen Kenntnisse aus der Überwachungstätigkeit **nicht zum eigenen Vorteil** oder eines anderen Unternehmens, an dem ein Aufsichtsratsmitglied beteiligt ist, verwendet werden (Ulmer/Raiser/Heermann, GmbHG, § 52 Rn. 137; Baumbach/Hueck-Zöllner/Noack, GmbHG, § 52 Rn. 68). Ein Wettbewerbsverbot besteht für die Mitglieder des Aufsichtsrates indessen nur, wenn dies gesondert vereinbart ist (h. M. Ulmer/Raiser/Heermann, GmbHG, § 52 Rn. 135; Baumbach/Hueck/Zöllner-Noack, GmbHG, § 52 Rn. 66; a. A. Scholz-Schneider, GmbHG, § 52 Rn. 506 allerdings bestehe dann die Möglichkeit einer Befreiung durch Satzungsregelung).

c) **Vertretung der Gesellschaft**

23 § 112 AktG, wonach der Aufsichtsrat die Gesellschaft ggü. der Gesellschaftsleitung vertritt, ist für die GmbH **nur eingeschränkt anwendbar** (Baumbach/Hueck-Zöllner/Noack, GmbHG, § 52 Rn. 116). **Der Geschäftsführer wird durch die Gesellschafterversammlung, nicht den Aufsichtsrat berufen**. Der Anstellungsvertrag mit dem Geschäftsführer beschließt ebenfalls die Gesellschafterversammlung. Auch über die Geltendmachung von Schadensersatzansprüchen gegen die Geschäftsführer entscheidet die Gesellschafterversammlung (§ 46 Nr. 8 GmbHG). Die Satzung kann hiervon abweichende Regelungen vorsehen und Kompetenzen dem Aufsichtsrat übertragen (BGH, ZIP 2004, 237; ZIP 2008, 117, 118). Die Vertretung im Prozess gegen den Geschäftsführer obliegt bei abweichenden Satzungsregelungen dem Aufsichtsrat. Ein Vertretungsmangel ist von Amts wegen zu beachten (BGH, ZIP 2004, 237). Dieser ist während eines laufenden Prozesses jederzeit heilbar, wenn bspw. der Aufsichtsrat die Vertretung nach Rechtshängigkeit übernimmt und die bisherige Prozessführung genehmigt (BGH, ZIP 1999, 1669, 1670; ZIP 2009, 717 Rn. 10; OLG Brandenburg, GmbHR 2007, 874, 875 bei Genehmigung in 2. Instanz). Der Aufsichtsrat vertritt ferner die GmbH ggü. künftigen, ausgeschiedenen oder fehlerhaft bestellten Geschäftsführern (BGH, ZIP 1993, 1380, 1381; ZIP 2009, 717; Roth/Altmeppen, GmbHG, § 52 Rn. 31).

d) **Verantwortlichkeit nach Auflösung**

24 Wird die Liquidation beschlossen oder das Insolvenzverfahren eröffnet, endet hierdurch nicht die Mitgliedschaft im Aufsichtsrat (Baumbach/Hueck/Zöllner/Noack, GmbHG, § 52 Rn. 58). Die Überwachungspflicht besteht ggü. den Liquidatoren fort. Dies gilt nicht im Verhältnis zum Insolvenzverwalter. Der Insolvenzverwalter steht unter der Aufsicht des Insolvenzgerichtes (§ 58 InsO). Die Überwachungshoheit des Aufsichtsrates bezieht sich dann nur auf die insolvenzfreien Rechtshandlungen des Geschäftsführers. Nach § 101 InsO sind die Mitglieder des Aufsichtsrates verpflichtet, durch Auskunftserteilung am Insolvenzverfahren mitzuwirken.

5. Haftung

25 § 52 Abs. 1 GmbHG verweist insoweit auf §§ 116, 93 Abs. 1 und 2 AktG. Die **Doppelverweisung in § 52 Abs. 1 GmbHG** ist dahin gehend zu verstehen, dass die aus § 116 AktG abgeleitete Gesamtverweisung auf die ersten Absätze des § 93 AktG einzuschränken ist (Baumbach/Hueck-Zöllner/Noack, GmbHG, § 52 Rn. 70; Scholz-Schneider, GmbHG, § 52 Rn. 464).

a) **Sorgfaltsmaßstab**

26 Nach § 93 Abs. 1 AktG haben die Aufsichtsratsmitglieder die Sorgfalt eines ordentlichen und gewissenhaften Geschäftsleiters zu wahren. Übertragen auf die Kontrollfunktion des Aufsichtsrates ist hieraus die **ordentliche und gewissenhafte Überwachung/Prüfung** abzuleiten. Der **Sorgfaltsmaßstab ist weder ausschließlich subjektiv noch ausschließlich objektiv** zu bestimmen (Baumbach/ Hueck-Zöllner/Noack, GmbHG, § 52 Rn. 72). Zunächst ist ein Mindestmaß an Sorgfalt nach objektiven Kriterien einzuhalten. Verfügt das Aufsichtsratsmitglied darüber hinaus über **spezielle Kenntnisse/Fähigkeiten**, hat es hierfür einzustehen. Der objektive Mindestmaßstab wird verschärft durch besondere personenbezogene Fähigkeiten (Baumbach/Hueck-Zöllner/Noack, GmbHG, § 52 Rn. 72; a.A. Scholz-Schneider, GmbHG, § 52 Rn. 468: lediglich Verschiebung der Pflichtenlage). Die Satzung kann den Sorgfaltsmaßstab einschränken, nicht jedoch ab grober Fahrlässigkeit. Es gilt der **Grundsatz der Gesamtverantwortung**. Alle Aufsichtsratsmitglieder haben in gleicher Weise ihren Sorgfaltspflichten nachzukommen und dafür Sorge zu tragen, dass die Aufgaben des gesamten Gremiums mit der gebotenen Sorgfalt wahrgenommen werden. Stimmen Aufsichtsratsmitglieder gegen eine Entscheidung, haben sie die Pflicht, gegen die fehlerhafte Mehrheitsentscheidung vorzugehen und ihre Bedenken bei den Gesellschaftern anzumelden (Scholz-Schneider, GmbHG, § 52

Rn. 467). Werden im Aufsichtsrat Aufgaben bestimmten Mitgliedern zugewiesen, bleiben die nicht befassten Mitglieder verpflichtet, die Aufgabenerfüllung zu überwachen. Bei ernsthaftem Zweifel an der sachgemäßen Erledigung hat jedes Aufsichtsratsmitglied die Pflicht, den Aufgabenbereich in das Gremium zurückzuholen. Das nicht befasste Aufsichtsratsmitglied haftet für Fehler des betrauten Aufsichtsmitgliedes allerdings dann nicht, wenn es sich auf eine zweckgerichtete Erfüllung der Aufgaben verlassen durfte. Die Haftung greift nur bei fehlerhafter Zuweisung, mangelhafter Überwachung, unterlassener Zurückholung in das Gremium sowie bei versäumter Information der Gesellschafter (Scholz-Schneider, GmbHG, § 52 Rn. 470).

b) Einzelfälle

Die Pflicht zum Schadensersatz ggü. der Gesellschaft besteht, wenn ein Aufsichtsratsmitglied: 1. seine Pflicht verletzt hat, 2. die Pflichtverletzung schuldhaft war, 3. ein Schaden bei der Gesellschaft eingetreten ist und 4. Kausalität zwischen Pflichtverletzung und Schaden besteht (Scholz-Schneider, GmbHG, § 52 Rn. 471).   27

aa) Verletzung der Überwachungspflicht

Zur primären Aufgabe gehört die Kontrolle der Geschäftsleitung. Die Überwachung bezieht sich allerdings nur auf wesentliche Fragen der Geschäftsführung. Hierzu gehören **nicht die täglichen Geschäfte**, sondern nur **solche, die für die GmbH von besonderer Bedeutung** sind. Zu berücksichtigen ist, dass die Überwachung nur innerhalb der durch die Satzung eingeräumten Befugnisse möglich ist. Eine Pflichtverletzung kann zunächst vorliegen, wenn das Aufsichtsratsmitglied unentschuldigt an einer Sitzung fehlt oder bei Teilnahme an der Abstimmung zuvor nicht die gebotenen Informationen beschafft oder sachverständigen Rat von Dritten einholt. Die Pflichtverletzung kann anschließend vorliegen, wenn Maßnahmen der Geschäftsführung nicht ad-hoc der Zustimmung unterworfen und Beschlüsse hierüber nicht mit der gebotenen Sorgfalt gefasst werden. Schließlich kann die Pflichtverletzung darauf beruhen, wenn einer Maßnahme nicht widersprochen, die Gesellschafterversammlung nicht informiert oder nicht alles dafür getan wird, den Geschäftsführer abzuberufen, wenn zu befürchten ist, dass er die rechtswidrige oder unzweckmäßige Maßnahme trotz Zustimmungsversagung durchführt. **Ermessensspielräume bestehen bei unternehmerischen Entscheidungen**. Eine Pflichtverletzung liegt dann nicht vor, wenn das Aufsichtsratsmitglied vernünftigerweise annehmen durfte, auf der Grundlage der Information richtig zu entscheiden (Scholz-Schneider, GmbHG, § 52 Rn. 477). Kennzeichen für eine unternehmerische Entscheidung ist die Möglichkeit, zwischen mehreren zulässigen Handlungsalternativen zu wählen (BGHZ 135, 244, 254; Spindler, AG 2006, 677, 681). Im Gegensatz zu einer gebundenen Entscheidung gibt es kein Ermessen. Auf das Haftungsprivileg einer Ermessensentscheidung kann sich folglich nicht berufen, wer gegen das Gesetz oder die Statuten verstößt. Bei bereits abgeschlossenen Geschäften entfällt das Handlungsermessen. Die Prüfung reduziert sich darauf, ob der Geschäftsführer die Grenzen seines unternehmerischen Ermessens eingehalten hat und das Gesetz beachtet wurde. Anderenfalls haben die Aufsichtsratsmitglieder nach § 111 Abs. 3 AktG die Gesellschafterversammlung einzuberufen, damit über die Geltendmachung von Schadensersatzansprüchen gegen den Geschäftsführer beraten werden kann. Ermessensspielräume bestehen insb. bei zukunftsbezogenen Entscheidungen. Wurden die allg. Grenzen des unternehmerischen Ermessens eingehalten, sind keine unvertretbaren Risiken eingegangen worden; der Aufsichtsrat bleibt haftungsfrei, auch wenn sich die Entscheidung später als unrichtig erweist. Entscheidend ist eine **ex-ante-Betrachtung** (Scholz-Schneider, GmbHG, § 52 Rn. 480).   28

bb) Zustimmungsbedürftige Geschäfte

Wegen § 52 Abs. 1 GmbHG, § 111 Abs. 4 Satz 2 AktG können bestimmte Maßnahmen der Zustimmung des Aufsichtsrates unterworfen sein. Der fakultative Aufsichtsrat einer GmbH, dem die Zustimmung zu bestimmten Geschäften der Geschäftsführung vorbehalten ist, **verletzt seine zur Haftung führenden organschaftlichen Pflichten** nicht erst dann, wenn er die Geschäftsführung an   29 den von seiner Zustimmung nicht gedeckten Zahlungen nicht hindert, sondern **bereits dann, wenn er ohne die gebotene Information und darauf beruhender Chancen- und Risikoabschätzung seine Zustimmung zu nachteiligen Geschäften erteilt**. Das Zustimmungserfordernis als Instrument vorbeugender Kontrolle bezweckt, Maßnahmen der Geschäftsleitung zu unterbinden, die möglicherweise nicht mehr rückgängig gemacht werden können. Die Aufsichtsratsmitglieder trifft eine ggf. neben die Haftung des Geschäftsführers tretende Schadensersatzpflicht, wenn die Zustimmung zu einem Geschäft erteilt wird, die bei pflichtgemäßem Handeln hätte verweigert werden müssen (BGH, NZG 2007, 187 Rn. 9). Der Pflichtenverstoß liegt vorverlagert in der unterlassenen Einholung von Informationen. § 93 Abs. 1 Satz 2 AktG privilegiert nur die informierte Entscheidung. Das Haftungsprivileg für eine unternehmerische Ermessensentscheidung kann nur derjenige für sich in Anspruch nehmen, der auf Grundlage angemessener Information handelt (OLG Oldenburg, GmbHR 2006, 1263; Scholz-Schneider, GmbHG, § 52 Rn. 481). Die Aufsichtsratsmitglieder haben eine **aktive Informationsbeschaffungspflicht**. Sie haben darauf hinzuwirken, dass die Geschäftsführer umfassend berichten. Sodann ist zu beurteilen, ob diese Information ausreicht oder durch Einholung sachverständigen Rats Dritter ergänzt werden muss. Die Pflicht zur Information besteht unabhängig davon, ob ein konkreter Anlass zu Misstrauen vorhanden ist oder nicht (BGH, NJW 1978, 425; Scholz-Schneider, GmbHG, § 52 Rn. 484). Bereits vage Gerüchte und erst recht aufgedeckte Missstände gebieten vertiefte Nachforschungen (BGH, WM 1979, 1425; 1427; Schulze-Osterloh, ZIP 1998, 2129, 2133). Die Zweckmäßigkeit des geplanten Rechtsgeschäftes ist sorgfältig zu prüfen. Dies gilt insb. bei bedeutsamen und risikobehafteten Geschäften. Bedenken an der Durchführung, Zweckmäßigkeit oder Ordnungsmäßigkeit ist vertieft nachzugehen. Ein Pflichtenverstoß ist daher anzunehmen, wenn Investitionen in erheblichem Umfang gebilligt worden, ohne zuvor Erkundigungen über die Erfolgsaussicht/Durchführbarkeit des Geschäftes einzuholen. Haben die Aufsichtsratsmitglieder dies befolgt, ist ihnen bei der Entscheidung ein unternehmerisches Ermessen als Haftungsprivileg zuzubilligen. Kommen die Aufsichtsratsmitglieder nach sorgfältiger Prüfung zu dem Ergebnis, die Zustimmung zum Geschäft zu versagen und drängt sich der konkrete Verdacht auf, der Geschäftsführer werde trotzdem das Geschäft durchführen, sind alle zur Verfügung stehenden Mittel einzusetzen, den Geschäftsführer von diesem Vorhaben abzubringen (BGH, ZIP 2007, 224; Scholz-Schneider, GmbHG, § 52 Rn. 488). Insb. sind die Gesellschafter zu informieren.

cc) **Verstoß gegen Verschwiegenheitspflicht**

30 Die Schweigepflicht ist Teil der einem Aufsichtsratsmitglied auferlegten Treuepflicht und ergibt sich aus § 52 Abs. 1 GmbHG, § 116 AktG. Der Umfang der Schweigepflicht, die Dauer und das Verfahren bei der Offenlegung können durch die Satzung umfassend geregelt werden (Scholz-Schneider, GmbHG, § 52 Rn. 497). Die Schweigepflicht besteht **für alle Aufsichtsratsmitglieder einheitlich** (BGHZ 64, 325, 331). Erleichterungen gelten insb. nicht für **Arbeitnehmervertreter**, wenn diese die Belegschaft oder den Betriebsrat informieren wollen. Ein Geheimhaltungsbedürfnis besteht nicht für Tatsachen, die bereits bekannt sind. Maßstab für das Geheimhaltungsbedürfnis ist das objektive Interesse der Gesellschaft (BGHZ 64, 329). Typischerweise geheimhaltungsbedürftig sind Finanz- und Investitionspläne, Produktions- und Absatzpläne, Forschungsvorhaben, Kundenlisten, Auftragskalkulationen, Vertriebsstrukturen, Vertragsinhalte sowie die Erkenntnisse aus den Büchern/Bilanzen. Gegenstände von Beratungen/Entscheidungen des Aufsichtsrates sind ebenfalls vertraulich zu behandeln. Verstößt das Aufsichtsratsmitglied gegen die Verschwiegenheitspflicht, macht es sich schadensersatzpflichtig.

dd) **Insolvenzverschleppung**

31 Die Mitglieder eines fakultativen Aufsichtsrates einer GmbH sind bei einer Verletzung ihrer Überwachungspflicht zur Beachtung des Zahlungsverbotes aus § 64 Satz 1 GmbHG nur dann der GmbH ggü. nach § 52 Abs. 1 GmbHG, §§ 116, 93 Abs. 2 AktG **ersatzpflichtig, wenn die Gesellschaft durch die regelwidrigen Zahlungen in ihrem Vermögen i. S. d. §§ 249 ff. BGB geschädigt worden ist**. Eine Haftung entfällt jedoch, wenn die Zahlung, wie im Regelfall, nur einer Verminderung der

Insolvenzmasse und damit zu einem Schaden allein der Insolvenzgläubiger geführt hat (BGH, NJW 2011, 221). In dem entschiedenen Streitfall hat der Insolvenzverwalter einen Ersatzanspruch mit der Begründung geltend gemacht, die Aufsichtsratsmitglieder hätten pflichtwidrig und schuldhaft zugelassen, dass der Geschäftsführer nach Eintritt der Insolvenzreife noch Zahlungen i. S. d. § 64 Satz 1 GmbHG bewirkt hat. Der BGH hat eine Übertragung der Ersatzpflicht aus § 64 Satz 1 GmbHG auf den fakultativen Aufsichtsrat mit der Begründung abgelehnt, die **Minderung der Insolvenzmasse sei kein erstattungspflichtiger Schaden nach §§ 249 ff. BGB** (anders aber zum obligatorischen Aufsichtsrat BGH, ZIP 2009, 860). Erkennt der Aufsichtsrat oder muss er erkennen, dass die Gesellschaft insolvenzreif ist, und bestehen für ihn Anhaltspunkte für die Annahme, dass der Geschäftsführer entgegen dem Verbot des § 64 Satz 1 GmbHG Zahlungen leisten wird, hat der Aufsichtsrat darauf hinzuwirken, dass die verbotswidrigen Zahlungen unterlassen werden. Ein solcher Anhaltspunkt für einen Verstoß gegen § 64 Satz 1 GmbHG besteht etwa dann, wenn die GmbH Arbeitnehmer beschäftigt und der Geschäftsführer das Unternehmen nach Eintritt der Insolvenzreife fortführt. Dann liegt es nahe, dass zumindest die Zahlungen der Löhne und Arbeitgeberanteile veranlasst und dadurch gegen § 64 Satz 1 GmbHG verstoßen wird. Verletzt der obligatorische Aufsichtsrat diese Überwachungspflicht, sind seine Mitglieder zum Schadensersatz verpflichtet. **Die verbotsfähigen Zahlungen dienen i. d. R. der Erfüllung von Verbindlichkeiten der Gesellschaft und führen bei dieser nur zur Verkürzung der Bilanzsumme, nicht aber zu einem Vermögensschaden nach §§ 249 ff. BGB**. Verringert wird die Masse in dem nachfolgenden Insolvenzverfahren, was zu einem Schaden allein der Insolvenzgläubiger führt. Diesen Drittschaden stellt das Gesetz in § 93 Abs. 3 Nr. 6 AktG einem Schaden der Gesellschaft gleich. Auf den fakultativen Aufsichtsrat einer GmbH lassen sich diese Grundsätze nicht vollständig übertragen. Zwar hat auch der fakultative Aufsichtsrat die Pflicht, die Rechtmäßigkeit des Handels der Geschäftsleitung und damit auch die Einhaltung des mit dem Eintritt der Insolvenzreife entstehenden Zahlungsverbotes zu überwachen. Die Rechtsfolgen eines Verstoßes gegen diese Überwachungspflicht sind jedoch im GmbHG anders geregelt als im AktG. So verweist § 52 Abs. 1 GmbHG auf die Schadensersatznorm des § 116 AktG nur mit der Einschränkung von § 93 Abs. 1 und Abs. 2 Satz 1 und Satz 2 AktG. **Auf § 93 Abs. 3 AktG wird für den fakultativen Aufsichtsrat nicht Bezug genommen. Für eine Ersatzpflicht der Mitglieder des fakultativen Aufsichtsrates fehlt die in § 93 Abs. 3 Nr. 6 AktG angeordnete Gleichstellung des Zahlungsabflusses mit einem Schaden der Gesellschaft i. S. d. §§ 249 ff. BGB**. Die Mitglieder des fakultativen Aufsichtsrates sind der GmbH nur dann ersatzpflichtig, wenn durch die Zahlungen ausnahmsweise ein eigener Schaden der Gesellschaft entstanden ist, i. Ü. haften sie nicht (BGH, NJW 2011, 221, 223).

c) Haftungsfreistellung

Obwohl auf § 93 Abs. 4 AktG nicht verwiesen wird, kann der **Aufsichtsrat durch gesetzmäßigen Beschluss der Gesellschafterversammlung von der Haftung freigestellt werden**. Die Möglichkeit der Haftungsfreistellung folgt aus der dominierenden Stellung der Gesellschafter in der GmbH (Baumbach/Hueck-Zöllner/Noack, GmbHG, § 52 Rn. 77). Die Freistellung wirkt in gleichem Umfang wie ggü. den Geschäftsführern (vgl. Anh. zu § 35 Abschnitt H Rdn. 68). Auch eine **vertragliche Haftungseinschränkung** ist zulässig, bspw. **durch Begrenzung des Sorgfaltsmaßstabes**, soweit grobe Fahrlässigkeit nicht ausschließend, und betragsmäßige Limitierung. Die Gesellschafter können auf einen entstandenen Schadensersatzanspruch nachträglich verzichten. § 93 Abs. 4 Satz 3 AktG, wonach die Gesellschaft 3 Jahre nach der Entstehung des Anspruches verzichten kann, ist unanwendbar (Scholz-Schneider, GmbHG, § 52 Rn. 524). Die Aufsichtsratsmitglieder haben **Anspruch auf Entlastung** in angemessenen Zeitabständen nach Rechnungslegung und Tätigkeitsbericht, im Regelfall somit jährlich. Die Entlastung enthält die allg. Billigung der Überwachungstätigkeit und sie hat beim Aufsichtsrat ebenso wie beim Geschäftsführer Verzichtswirkung (Baumbach/Hueck-Zöllner/Noack, GmbHG, § 52 Rn. 79; Scholz-Schneider, GmbHG, § 52 Rn. 525). Die Verzichtswirkung infolge Entlastung tritt jedoch nur ein, wenn die Gesellschafter zuvor zutreffend unterrichtet worden sind.

32

d) Beweislast

33 Maßgebende Vorschrift ist § 93 Abs. 2 Satz 2 AktG, die eine teilweise Beweislastumkehr enthält. Die GmbH hat Tatsachen vorzutragen und zu beweisen, aus denen sich ergibt, dass das möglicherweise pflichtwidrige Verhalten des Aufsichtsratsmitgliedes zu einem Schaden geführt hat (BGHZ 152, 280; Scholz-Schneider, GmbHG, § 52 Rn. 519). Zur Darlegung der Schadenshöhe kommt der Gesellschaft die Darlegungs- und Beweiserleichterung des § 287 ZPO zugute. Ausreichend ist der Vortrag von Tatsachen, die eine Schadensschätzung erlauben (BGHZ 152, 280, 287). Die strengen Maßstäbe des §§ 286 ZPO sind zur Schadensbemessung nicht heranzuziehen. Das Aufsichtsratsmitglied ist darlegungs- und beweispflichtig dafür, dass es die Überwachungspflichten erfüllt hat und kein Verschulden trifft. Zudem besteht die **Beweispflicht** bei Berufung auf ein **pflichtgemäßes Alternativverhalten** dahin gehend, dass der Schaden auch bei Einhaltung der gebotenen Sorgfalt eingetreten wäre (Scholz-Schneider, GmbHG, § 52 Rn. 521).

e) *Verjährung*

34 § 52 Abs. 3 GmbHG regelt eine 5-jährige Verjährungsfrist. Die Norm ist nicht zwingend. **Die Verjährungsfrist kann sowohl verkürzt als auch verlängert werden** (Baumbach/Hueck-Zöllner/Noack, GmbHG, § 52 Rn. 78; Scholz-Schneider, GmbHG, § 52 Rn. 527). Die Verjährung beginnt mit Entstehung des Anspruches (§ 200 BGB). Bei einem einheitlichen Geschehen liegt der Beginn nicht vor Abschluss des pflichtwidrigen Verhaltens (OLG Düsseldorf, GmbHR 2000, 666, 670).

6. Sonderfall Beratungshonorare

35 Verträge, durch die sich ein Aufsichtsratsmitglied ggü. der Gesellschaft zu einer entgeltlichen Tätigkeit höherer Art verpflichtet (insb. Beratungsverträge), bedürfen grds. der **Zustimmung des Aufsichtsrates** (§ 114 Abs. 1 AktG). Zweck ist, ungerechtfertigte Sonderleistungen an Aufsichtsratsmitglieder zu verhindern und eine Vergütungshoheit der Gesellschafterversammlung zu wahren (BGH, NZG 2007, 103; NZG 2007, 516; NZG 2006, 712; Rohde, GmbHR 2007, 1128, 1129). **Beratungsverträge sind nichtig, wenn deren Gegenstand von der Beratungspflicht als Aufsichtsratsmitglied umfasst wird** (Baumbach/Hueck-Zöllner/Noack, GmbHG, § 52 Rn. 63). Zur Überwachungsfunktion des Aufsichtsrates gehört auch die Beratung der Geschäftsführung in übergeordneten Fragen der Unternehmensführung sowie hinsichtl. bedeutsamer Maßnahmen. Gehören zur Beratungstätigkeit auch solche Tätigkeiten, die typischerweise einem Aufsichtsratsmitglied obliegen, sind solche Vereinbarungen nichtig nach § 134 BGB (BGHZ 114, 127, 132; BGHZ 126, 340, 344). Wurde der Vertrag vor der Bestellung zum Aufsichtsratsmitglied geschlossen, verliert er seine Wirkung für die Dauer des Mandats (BGH, ZIP 1998, 1801; BGH, NZG 2007, 516, 518). **Entscheidend ist, ob die vertraglich geschuldete Beratungstätigkeit eine Organpflicht darstellt.** Unzulässig ist z. B. ein anwaltlicher Beratungsrahmenvertrag »in sämtlichen Angelegenheiten der Gesellschaft«, der sich zum organschaftlichen Pflichtenkreis des Aufsichtsratsmitgliedes nicht abgrenzen lässt (BGH, ZIP 2007, 1056 Rn. 16). Ist die Wortwahl nicht eindeutig oder sind als Beratungsgegenstand organschaftliche Aufgaben und nicht dazugehörige Tätigkeiten zusammengefasst, so ist im Zweifel der gesamte Beratungsvertrag nichtig (BGHZ 126, 340, 344; Peltzer, ZIP 2007, 305, 307). § 114 AktG ist analog anzuwenden, wenn Vertragspartner nicht das Aufsichtsratsmitglied, sondern eine juristische Person ist, deren organschaftlicher Vertreter das Aufsichtsratsmitglied ist (BGH, ZIP 2006, 1529 Rn. 11, ZIP 2007, 22 Rn. 7; ZIP 2007, 1056 zum Beratungsvertrag mit einer Anwaltssozietät, der ein Aufsichtsratsmitglied angehört). Im Fall der Nichtigkeit eines Beratungsvertrages kann die Vergütung nach § 812 BGB von der GmbH kondiziert werden.

J. D&O-Versicherung

I. Allgemeines

Mit der D&O-Versicherung hat sich in der Versicherungspraxis eine im US-amerikanischen Rechtskreis entwickelte Versicherungsart etabliert, mit der sich Organvertreter von Gesellschaften (»directors and officers«) vor den Gefahren eigener Haftung ggü. Dritten (Außenhaftung) sowie ggü. der Gesellschaft selbst (Innenhaftung) absichern lassen können. In der Insolvenz der Gesellschaft hängt die erfolgreiche **Realisierung der Organ(innen)haftung**, insb. der »scharfen« Masseschmälerungshaftung aus § 64 GmbHG; §§ 92, 93 Abs. 2, 3 Nr. 6; 116 AktG (dazu ausführl. soeben Abschnitt H.), aufgrund der zumeist beschränkten wirtschaftlichen Leistungsfähigkeit der betroffenen Organvertreter oftmals von diesem Versicherungsschutz ab. Bei der Inanspruchnahme der Versicherung sind die Besonderheiten des Deckungskonzeptes einer D&O-Versicherung, dessen fehlende gesetzliche Ausgestaltung im VVG und – so banal es klingt – die konkret anwendbaren Versicherungsbedingungen zu beachten, wobei die in der Praxis verwendeten Versicherungsbedingungen stark voneinander abweichen (Überblick bei Andresen/Schaumann, ZInsO 2010, 1908 ff.).

II. Deckungskonzept

Bei einer D&O-Versicherung kommt der Versicherungsvertrag rgm. zwischen der Gesellschaft als **Versicherungsnehmer** (VN) und dem **Versicherer** zustande. Versichertes Risiko ist dabei rgm. die Außen- und auch Innenhaftung der jeweiligen Organmitglieder (Geschäftsführer, Vorstände, Aufsichtsräte) der Gesellschaft – neuerdings oftmals auch der Prokuristen und weiterer leitender Angestellter (vgl. Melot/Gleich, NJW 2013, 824) – als **versicherte Personen** (vP). Da sich die von einer Konzernmuttergesellschaft abgeschlossene D&O-Versicherung rgm. auch auf die jeweiligen Organmitglieder der Konzernuntergesellschaften erstreckt, sollten sich die dortigen Organvertreter im Haftungsfalle (ggf. auf Anregung eines etwaigen Insolvenzverwalters der betreffenden Untergesellschaft) bei der Konzernmutter nach dem Abschluss eines entsprechenden Versicherungsvertrages erkundigen. (Die Aufteilung einer unzureichenden Versicherungssumme unter mehreren versicherten Personen erfolgt bei einem einzigen oder mehreren gleichzeitig eintretenden Versicherungsfällen nicht quotal, sondern nach dem »Kopfprinzip«; zutreffend Armbrüster, VersR 2014, 1, 6, 8: arg. ergänzende Vertragsauslegung). Dabei wird die D&O-Versicherung nach ganz herrschender Meinung als Haftpflichtversicherung (§§ 100 ff. VVG) für fremde Rechnung (§§ 43 ff. VVG) verstanden (s. nur OLG München, ZIP 2005, 1556; Böttcher, NZG 2008, 645, 646; Graf v. Westphalen, VersR 2011, 145, 149 m. w. N.).

Bei der **Innenhaftung** (z. B. §§ 43 Abs. 2; 64 GmbHG; 93 Abs. 2, 3; 116 AktG), deren Geltendmachung im Rahmen einer D&O-Versicherung in der Praxis den **Regelfall** darstellt (Dreher/Thomas, ZGR 2009, 31, 36 m. w. N.), besteht damit die **Besonderheit**, dass Versicherungsnehmer und geschädigter »Dritter« – in Person der Gesellschaft – **zusammenfallen**. Dies führt zu Anwendungsproblemen bei den (auf die Außenhaftung zugeschnittenen) §§ 43 ff., 100 ff. VVG und im Haftpflichtprozess des Versicherungsnehmers bzw. dessen Insolvenzverwalters (IV) gegen das versicherte Organmitglied zu Interessenkollisionen aufseiten des Versicherers (z. B. als Nebenintervenient) sowie aus dessen Sicht auch zu der Gefahr eines kollusiven Zusammenwirkens zwischen Versicherungsnehmer und Organvertreter (sog. »friendly understandings«; dazu Böttcher, NZG 2008, 645, 648 f.; Peltzer, NZG 2009, 970, 971 ff.; Graf v. Westphalen, DB 2005, 431; jeweils m. w. N.).

Um die verhaltenssteuernde Wirkung der Haftungsandrohung für die Mitglieder des **Vorstands einer AG** (nicht: AR-Mitglieder; vgl. § 116 Satz 1 AktG) aufrechtzuerhalten, ordnet **§ 93 Abs. 2 Satz 3 AktG** seit dem 05.08.2009 (zum Übergangsrecht: Kölner Kommentar-AktG-Mertens/Cahn § 93 Rn. 250 m. w. N.) an, dass ein zu ihren Gunsten von der Gesellschaft abgeschlossener D&O-Versicherungsvertrag einen **Selbstbehalt** (zu dessen Versicherbarkeit durch Einzelpolice des Vorstandsmitglieds oder besondere Selbstbehaltsversicherung der Gesellschaft eingehend Lange, r+s 2010, 92 ff., m. w. N.) vorsehen muss, dessen Höhe sich am Schaden sowie an der jährlichen Festvergütung orientiert (s. allgemein Kölner Kommentar-AktG-Mertens/Cahn § 93 Rn. 247 ff., m.w.N. – auch zu Rechtsfolgen bei Verstoß, Rn. 249, sowie zur Geltung bei Vergleichsschluss, Rn. 251; zu den Schwierigkeiten bei der Berechnung des erforderlichen Selbstbehalts s. Dauner-Lieb/Tettinger, ZIP 2009, 1555 ff.).

III. Anspruchslage

1. Trennungsprinzip

5   Die Anspruchslage ist bei der D&O-Versicherung – wie bei jeder Haftpflichtversicherung (mit Ausnahme der **Pflicht**versicherung; vgl. § 3 PflVersG bzw. § 115 VVG n. F.) – durch eine strikte Trennung von Haftpflichtverhältnis (VN/IV-vP) und Deckungsverhältnis (vP-Versicherer) gekennzeichnet (sog. **Trennungsprinzip**), weshalb ein unmittelbarer **Direktanspruch** des VN/IV gegen den Versicherer nach ganz herrschender Meinung **nicht** in Betracht kommt (s. nur OLG München, ZIP 2005, 1556, 1557 f.; Böttcher, NZG 2008, 645, 646; Dreher/Thomas, ZGR 2009, 31, 37–40).

2. Anspruchsberechtigung/-inhalt

6   **Anspruchsberechtigt** ist vielmehr **ausschließlich** das **versicherte Organmitglied**, das vom Versicherer – nach Maßgabe des Versicherungsvertrages – Freistellung »i. w. S.« (Abwehr/Freistellung) verlangen kann, und zwar nach Wahl des Versicherers. Sein Anspruch geht danach rgm. auf Abwehr unbegründeter sowie Erfüllung begründeter Haftungsansprüche bzw. Freistellung hiervon (vgl. Böttcher, NZG 2008, 645, 647), wobei der Abwehrschutz vor allem in der Übernahme der Rechtsverteidigungskosten liegt (teilweise unter Stellung eines Prozessbevollmächtigten durch den Versicherer). Der **Versicherungsnehmer** hat dagegen nur das »Recht auf Zahlung der Prämien«, mit denen dann bizarrerweise die bestmögliche **Abwehr** seiner Ansprüche (als VN) gegen das versicherte Organmitglied finanziert wird (und zwar wohlgemerkt auch mit Wirkung zugunsten dessen Privatvermögens). Dabei sind die dem Versicherer bei dieser Anspruchsabwehr entstehenden Kosten nach den Vertragsbedingungen meist auch noch auf die Versicherungssumme anrechenbar (dazu Peltzer, NZG 2009, 970, 971, 973 m.w. N.; zur Frage der AGB-rechtlichen [Un]wirksamkeit derartiger Kostenanrechnungsklauseln umfassend Terno, r+s 2013, 577 ff., m.w. N.; für Unwirksamkeit im Streitfall etwa OLG Frankfurt am Main, VersR 2012, 432, 434 – n.rk.).

3. Bindungswirkung

7   Ergänzt wird das Trennungsprinzip (Rdn. 5) durch die **Bindungswirkung** von Ergebnis und (tragenden) Feststellungen des Haftpflichtprozesses für das Deckungsverhältnis (dazu BGHZ 117, 345, 350 f.; BGH, NJW 1993, 68 f.; Böttcher, NZG 2008, 645, 647; Armbrüster, r+s 2010, 441, 445–447; Lange, r+s 2011, 185, 191 f.; jeweils m.w. N.), weshalb es einer Streitverkündung des Organvertreters (vP) ggü. dem Versicherer im Haftpflichtprozess nicht bedarf. So ist es bei interessengerechter Auslegung des Versicherungsvertrages Sache des Versicherers, i. R. d. Abwehrschutzes alles zu tun, um einen für unberechtigt gehaltenen Haftungsanspruch gegen die vP abzuwehren. Gelingt dies nicht, soll die Haftpflichtfrage nicht im Deckungsprozess erneut aufgerollt werden, vielmehr ist der Versicherer auf etwaige Einwände aus dem **Deckungsverhältnis** (z. B. Haftungsausschlüsse, Obliegenheitsverletzungen, zeitliche Beschränkung des Versicherungsschutzes; dazu unten V., VI.) beschränkt. Dies gilt nur dann nicht, wenn das Haftpflichturteil durch kollusives Zusammenwirken zwischen VN/IV und versichertem Organmitglied zustande gekommen ist, was der Versicherer zu beweisen hat (s. nur Armbrüster, r+s 2010, 441, 446; Lange, r+s 2011, 185, 192 m.w. N.).

8   Erkennt das versicherte Organmitglied den Haftungsanspruch an oder vergleicht es sich über ihn *ohne* Zustimmung des Versicherers, führt dies über § 105 VVG i. d. F. der VVG-Novelle zum 01.01.2008 (beachte Übergangsrecht in Art. 1 EGVVG; dazu Dreher/Thomas, ZGR 2009, 31, 47) nicht mehr zur Leistungsfreiheit des Versicherers (Ausnahme: Großrisiken i. S. v. § 210 VVG). Allerdings binden **Anerkenntnis** und **Vergleich** den Versicherer auch *nicht*, womit dieser nur einzustehen hat, sofern sich der Haftungsanspruch gegen das Organmitglied – Deckung unterstellt – aus

der Möglichkeit der Inhaltskontrolle nach § 307 BGB insb. auf die **Zweifelsregelung** in § 305c Abs. 2 BGB hinzuweisen (so ist etwa der *vorläufige* Insolvenzverwalter kein »Insolvenzverwalter«, und Masseerhaltungsansprüche nach § 64 GmbHG sind keine »Schadensersatzansprüche«; s. BGH, ZInsO 2007, 542).

3. Folgen von Obliegenheitsverletzungen

18 Auch hinsichtlich der Folgen von Obliegenheitsverletzungen kommt es maßgeblich auf den Inhalt des konkreten Versicherungsvertrages an. Dabei ist jedoch zu berücksichtigen, dass durch § 28 Abs. 1 bis 4 VVG n. F., von dessen Inhalt gem. § 32 Satz 1 VVG n. F. nicht zum Nachteil des Versicherungsnehmers abgewichen werden kann (Ausnahme: Großrisiken i. S. v. § 210 VVG; s. allg. Prölss/Martin-Prölss, VVG, § 28 Rn. 163 f.), das bis zum 31.12.2007 (vgl. Rdn. 8) geltende »**Alles-oder-Nichts-Prinzip**« (aus § 6 VVG a. F.) **aufgehoben** wurde und nunmehr jede Reaktion des Versicherers auf die Verletzung einer Obliegenheit (Kündigung, Leistungskürzung) **zumindest grobe Fahrlässigkeit** des Versicherungsnehmers voraussetzt (vgl. § 28 Abs. 1, 2 VVG n. F.):

19 Danach führt nur noch eine **vorsätzliche Obliegenheitsverletzung** zur (automatischen) Leistungsfreiheit, während bei *grober Fahrlässigkeit* nur eine *Leistungskürzung* (je nach der »Schwere des Verschuldens des Versicherungsnehmers«) erfolgen kann und **einfache Fahrlässigkeit** insgesamt nicht schadet (vgl. § 28 Abs. 2 VVG n. F.). Aber selbst wenn danach eine (vollständige oder teilweise) Leistungsfreiheit bestünde, ist der Versicherer gleichwohl zur Leistung verpflichtet, soweit die Obliegenheitsverletzung weder für den Eintritt des Versicherungsfalles noch für den Umfang der Leistungspflicht des Versicherers **ursächlich** ist (vgl. § 28 Abs. 3 VVG n. F.; näher dazu Prölss/Martin-Prölss, VVG, § 28 Rn. 143 ff., m. w. N.). Dabei setzt die (vollständige oder teilweise) Leistungsfreiheit bei Verletzung einer *nach* Eintritt des Versicherungsfalles bestehenden Auskunfts- oder Aufklärungsobliegenheit ferner den gesonderten **schriftlichen Hinweis** des Versicherers auf diese Rechtsfolge voraus (vgl. § 28 Abs. 4 VVG n. F.). Auf den generellen **Wegfall des Anerkenntnisverbots** gem. § 105 VVG n. F. wurde bereits oben (Rdn. 8) hingewiesen.

VI. Zeitliche Ausgestaltung des Versicherungsschutzes (insb. Claims-made-Prinzip)

20 Die zentralen Risiken bei der Inanspruchnahme einer D&O-Versicherung wurzeln im sog. Claims-made-Prinzip (Rdn. 21 f.), dessen massive Nachteile für den VN/IV bzw. das versicherte Organmitglied durch die in der Versicherungspraxis herausgebildeten weiteren zeitlichen Modifikationen des Versicherungsschutzes (Rdn. 23) oftmals nur unzureichend kompensiert werden. Dies kann i. R. d. AGB-Inhaltskontrolle zur Unwirksamkeit der Claims-made-Klauseln führen (Rdn. 24 ff.). In jedem Fall ist für den VN/IV Vorsicht geboten (Rdn. 30).

1. Regelungsmechanismen der D&O-Versicherungsverträge

21 In den AVB *sämtlicher* auf dem Markt verfügbarer D&O-Versicherungen wird der Versicherungsfall erst durch die (schriftliche) **Geltendmachung** des Haftpflichtanspruchs gegen die versicherte Person ausgelöst (**sog. Claims-made-Prinzip** oder Anspruchserhebungsprinzip; vgl. etwa Nr. 2 AVB-AVG 2011), wobei der Anspruch auf Versicherungsschutz regelmäßig weiter voraussetzt, dass der so definierte Versicherungsfall *innerhalb der versicherten Zeit* eingetreten ist (zu Erweiterungsklauseln s. Rdn. 23). Dabei weisen die Klauselwerke hinsichtlich der Details erhebliche Unterschiede auf. Einige Versicherer kombinieren dieses Prinzip mit dem sog. Verstoßprinzip (vgl. § 100 VVG), womit der Versicherungsschutz dann *zusätzlich* voraussetzt, dass auch die haftungsrelevante *Pflichtverletzung* innerhalb der versicherten Zeit erfolgt ist (guter Marktüberblick bei Andresen/Schaumann, ZInsO 2010, 1908, 1910).

22 Das Claims-made-Prinzip hat damit (ggü. dem reinen Verstoßprinzip) für den VN/IV bzw. die versicherte Person den **gravierenden Nachteil**, dass der Versicherungsvertrag oftmals bereits beendet sein wird, wenn es zur Anspruchserhebung kommt; dies ist insb. bei den oft komplexen und unübersichtlichen Haftungstatbeständen aus § 43 GmbHG; 93 Abs. 2, 116 AktG nicht ungewöhnlich, da

▶ **Hinweis:**

Von einer **Abtretung** des Freistellungsanspruchs des versicherten Organmitglieds an den Versicherungsnehmer bzw. dessen Insolvenzverwalter ist aus deren Sicht regelmäßig **abzuraten**. Geboten ist vielmehr ein »**zweistufiges Vorgehen**«: Haftpflichtprozesses gegen den Organvertreter mit anschließender Zwangsvollstreckung in dessen Freistellungsanspruch.

V. Haftungsausschlüsse im Deckungsverhältnis

Einen Schwerpunkt der Auseinandersetzung mit dem Versicherer bildet rgm. die Frage etwaiger Haftungsausschlüsse. Diese können sich insb. aus Vorsatzausschlussklauseln, sog. Insolvenzklauseln oder aber den Folgen behaupteter Obliegenheitsverletzungen ergeben. Insoweit sind die im jeweiligen Einzelfall maßgeblichen **Versicherungsbedingungen genauestens zu prüfen**, zumal die Klauselwerke der jeweiligen Anbieter von D&O-Versicherungen nicht nur in dieser Hinsicht stark voneinander abweichen. Um hier einen aktuellen und vollständigen Überblick über die (zuletzt) gültigen Vertragsregelungen zu erlangen, empfiehlt sich für den VN/IV (wie auch für das versicherte Organmitglied), bei dem bei Vertragsschluss eingeschalteten **Makler** eine komplette **Vertragsdokumentation** anzufordern; darüber hinaus erleichtert die Einschaltung des seinerzeit tätigen Maklers meist auch die Kommunikation mit dem Versicherer.

15

▶ **Hinweis:**

Für den Insolvenzverwalter empfiehlt sich zur Verbesserung der Sachaufklärung wie auch der Kommunikation mit dem Versicherer die zeitnahe **Einschaltung** des ggf. bei Abschluss des Versicherungsvertrages tätigen **Maklers**.

1. Vorsatzausschlussklauseln

Enthält der Versicherungsvertrag – wie rgm. – einen Leistungsausschluss zugunsten des Versicherers für den Fall eines **vorsätzlichen** Verhaltens des versicherten Organmitglieds bzw. des Versicherungsnehmers (vgl. auch § 81 Abs. 1 VVG n. F.), so ist diese Vertragsregelung sowohl hinsichtlich der davon betroffenen **Vorsatzart** (dolus directus/eventualis) als auch hinsichtlich der **Bezugspunkte dieses Vorsatzes** (Pflichtverletzung/Schaden) genau zu analysieren (s. hierzu ausführlich Seitz, VersR 2007, 1476 ff., m. w. N.). Für den Fall **grob fahrlässiger** Herbeiführung des Versicherungsfalles sieht § 81 Abs. 2 VVG n. F. (seit dem 01.01.2008; vgl. Rdn. 8) nur noch die Möglichkeit anteiliger *Kürzung* der Versicherungsleistung entsprechend der Schwere des Verschuldens vor (anders noch § 61 VVG a. F.: vollständiger Leistungsausschluss). Zur Abänderbarkeit von § 81 VVG n. F. s. allg. Prölss/Martin-Prölss, VVG, § 81 Rn. 36 ff.

16

2. Insolvenzklauseln

Oftmals enthalten die Versicherungsbedingungen – originär oder über Nachträge – sog. »Insolvenzklauseln« (Marktüberblick bei Andresen/Schaumann, ZInsO 2010, 1908, 1911 f.). Diese sehen z. B. eine **Leistungsfreiheit** des Versicherers hinsichtlich solcher Haftungsansprüche vor, die etwa »auf Pflichtverletzungen aus dem Zeitraum vor Eintritt der Insolvenzreife des Versicherungsnehmers« bzw. »auf einer verspäteten Insolvenzantragstellung beruhen«, »von einem Insolvenzverwalter geltend gemacht werden« oder »im direkten Zusammenhang mit der Insolvenz des Versicherungsnehmers stehen« (o. ä.). Teilweise führt stattdessen die Eröffnung des Insolvenzverfahrens über das Vermögen des Versicherungsnehmers zum automatischen **Vertragsablauf** oder zu **Sonderkündigungsrechten** des Versicherers mit nur sehr kurzen Nachmeldefristen bzw. bestehende **Nachmeldemöglichkeiten** (dazu Rdn. 23, 27) entfallen vollständig. Die Klauselpraxis ist auch hier vielgestaltig. Zeigt der Versicherungsnehmer im Rahmen seiner vertraglichen Obliegenheiten die Verschlechterung seiner wirtschaftlichen Verhältnisse an, **weiten** die Versicherer die Insolvenzklauseln rgm. sukzessive **immer weiter aus**, was aufgrund des sog. Claims-made-Prinzips (dazu Rdn. 20 ff.) jeweils **faktische Rückwirkung** entfaltet und daher für VN/IV und versichertes Organmitglied äußerst nachteilhaft sein kann. Handelt es sich insoweit um Allgemeine Geschäftsbedingungen, ist neben

17

AVG). Sieht man bei der Organ**innen**haftung den Versicherungsnehmer als »geschädigten Dritten« in diesem Sinne an, wäre der Freistellungsanspruch an den VN/IV daher abtretbar, sonst nicht (**sehr streitig; dafür** Böttcher, NZG 2008, 645, 646 ff.; Dreher/Thomas, ZGR 2009, 31, 41 ff.; Freund, GmbHR 2009, 1185, 1190; Langheid, VersR 2009, 1043 f.; Lange, r+s 2011, 185, 187, 190 ff.; jeweils auch mit Hinweisen zum – wiederum höchst umstrittenen – weiteren Verfahrensgang nach einer solchen »Direktklage« aus abgetretenem Recht; ausführl. Baumann, r+s 2011, 229, 230–232; weitere Nachw. bei Schimikowski, r+s 2014, 125; tendenziell auch OLG Düsseldorf, VersR 2013, 1522/1523 – Revision anhängig unter Az. IV ZR 304/13; **dagegen** Armbrüster, r+s 2010, 441, 448; Koch, r+s 2009, 133, f.; Schimmer, VersR 2008, 875, 878 m. w. N.).

13 Eine solche Abtretung ist für den VN/IV aber auch aus **prozesstaktischen Gründen** problematisch. Zwar stünde ihm in dem anschließenden Direktprozess gegen den Versicherer (in dessen Rahmen dann die Haftpflichtfrage inzident zu klären wäre) das Organmitglied als Zeuge zur Verfügung. Jedoch könnte er sich im Rahmen dieser Inzidentprüfung der Haftpflichtfrage ggü. dem Versicherer **nicht** auf die im Anspruchsverhältnis zum Organvertreter gesetzlich vorgesehenen und in der Rspr. vielfältig (weiter) entwickelten **Beweiserleichterungen** (z. B. zu Sorgfaltspflichtverletzung, Verschulden, § 64 Satz 2 GmbHG; dazu näher oben Abschnitt H.) berufen, da der Haftungsanspruch nur Voraussetzung des Freistellungsanspruchs (also Vorfrage) ist, die Beweiserleichterungen ihre innere Berechtigung aus der größeren Sachnähe des Organs ziehen (die bei der Versicherung nicht vorliegt) und diese Erleichterungen auch ggü. dem Rechtsnachfolger eines Vorstands nicht uneingeschränkt greifen würden (ebenso zu § 93 Abs. 2 Satz 2 AktG ausführl. Böttcher, NZG 2008, 645, 648 f., m. w. N.; Dreher/Thomas, ZGR 2009, 31, 43 f.; zust. Freund, GmbHR 2009, 1185, 1190; i. E. bereits Grote/Schneider, BB 2007, 2689, 2699; **a. A.** zu § 93 Abs. 2 Satz 2 AktG Lange, r+s 2011, 185, 189 f., m. w. N.). Dieser prozessuale Nachteil wird durch die Zeugenstellung des Organvertreters i. d. R. nicht kompensiert, zumal dessen Zeugenaussage nicht sicher vorhersehbar ist und diese zudem der freien richterlichen Beweiswürdigung nach § 286 ZPO unterliegt (entspr. zur Zeugenstellung des VN bei Außenhaftungsfällen Baumann, VersR 2010, 984, 988/989; Armbrüster, r+s 2010, 441, 450; jeweils m. w. N.).

13a Darüber hinaus ist mit einer Abtretung des Freistellungsanspruchs an den VN/IV ohne vorherige gerichtliche Inanspruchnahme der vP (erst recht bei Abtretung an Erfüllungs statt) bis zu einer höchstrichterlichen Klärung das **Risiko** verbunden, dass **Zweifel am Vorliegen eines Versicherungsfalls** entstehen könnten. Denn der Versicherungsfall setzt nach den Versicherungsbedingungen rgm. eine (schriftliche) »Inanspruchnahme« der vP voraus, an der es möglicherweise fehlen könnte, wenn die vP nicht »tatsächlich« bzw. »ernstlich« in Anspruch genommen und damit keinem »realen Haftungsrisiko« ausgesetzt wird, sondern ihre Inanspruchnahme nur »formal« der Auslösung des Deckungsanspruchs dient, um diesen sodann aus abgetretenem Recht durch den VN als Zessionar gegen den Versicherer geltend zu machen (so entschieden von OLG Düsseldorf, VersR 2013, 1522/1523 m. abl. Anm. Koch – Revision anhängig unter Az. IV ZR 304/13 sowie OLG Düsseldorf, r+s 2014, 122 ff. m. krit. Anm. Schimikowski – Revision anhängig).

2. Zweistufiges Vorgehen: Haftpflichturteil mit anschließender Zwangsvollstreckung

14 Aus diesen Gründen empfiehlt sich aus Sicht des Insolvenzverwalters in aller Regel ein **zweistufiges Vorgehen**, nämlich zunächst die Erlangung eines Haftungstitels gegen das Organmitglied (unter Inanspruchnahme der bestehenden Beweiserleichterungen sowie unter Geltung der §§ 138 Abs. 1, 3, 4 ZPO) und – bei dessen fehlender wirtschaftlicher Leistungsfähigkeit – die anschließende Zwangsvollstreckung aus diesem Titel in seinen Freistellungsanspruch, nach dessen Pfändung und Überweisung der Insolvenzverwalter den Versicherer (auf Zahlung, Rdn. 9) in Anspruch nehmen und dabei auf die weitreichenden Bindungswirkungen des Haftungstitels (Rdn. 7) sowie den Organvertreter als Zeugen zurückgreifen kann (es sei denn, er lässt diesen den Deckungsprozess als Partei selbst führen, z. B. auf Grundlage einer Deckungsklage-Rechtsschutz-Versicherung).

der *ohne* Anerkenntnis/Vergleich geltenden Rechtslage ergibt; denn durch Anerkenntnis/Vergleich soll kein nicht bestehender Anspruch zulasten des Versicherers begründet werden können (Lange, r+s 2011, 185, 190 f.; Armbrüster, r+s 2010, 441, 446 f.; jeweils m. w. N. auch zur Begr RegE). Auf die fehlende Bindungswirkung des Anerkenntnisses oder Vergleiches kann sich der Versicherer allerdings nicht berufen, wenn er zuvor die Deckung unberechtigt abgelehnt und damit seine eigenen Obliegenheiten verletzt hatte (s. nur Lange, r+s 2011, 185, 190 m. w. N.: § 242 BGB).

4. Auswirkungen auf Haftpflichtprozess

Im **Haftpflichtprozess** des VN/IV gegen das versicherte Organmitglied führt diese Rechtslage oftmals zu einer **Interessenkollision** aufseiten eines vom Versicherer entsandten **Prozessvertreters**, der entweder den Versicherer (als Nebenintervenienten i. S. v. § 66 ZPO) vertritt oder aber dem versicherten Organvertreter vom Versicherer – in Erfüllung dessen Abwehranspruchs (Rdn. 6) – als Prozessbevollmächtigter zur Seite gestellt wurde. Denn sobald das Gericht zu erkennen gibt, dass der Erfolg der Haftungsklage nur noch von einer etwaigen Exkulpationsmöglichkeit des Organmitglieds abhängt, schwenken die Interessen des Versicherers – mit Blick auf die im Versicherungsvertrag rgm. vereinbarte Vorsatzausschlussklausel – auf die Begründung einer sogar **vorsätzlichen** Verletzung der Organpflichten um (vgl. auch Peltzer, NZG 2009, 670, 673; Kiethe, BB 2003, 537, 541). In diesen Fällen kommt es im Prozess entweder zur Mandatsniederlegung oder zum Rückzug des nebenintervenierenden Versicherers, der dem betroffenen Organmitglied außergerichtlich eine Deckungsablehnung zukommen lässt. 9

Um zu vermeiden, dass sich mehrere vom Insolvenzverwalter mit derselben Klage in Anspruch genommene Organvertreter im Prozess gegenseitig mit Schuldzuweisungen überhäufen (etwa um nicht am Ende als alleinige Haftungsschuldner dazustehen), hat ein Versicherer unlängst das Konzept einer sog. »**Sockelverteidigung**« entwickelt, mit der die Verteidigung der verschiedenen Organvertreter durch einen vom Versicherer (als Nebenintervenienten) beigestellten Prozessvertreter »koordiniert« werden soll (dazu Financial Times Deutschland, Online-Ausgabe, »Managerhaftpflicht – Schäden hoch, Preise tief«, Art. vom 24.01.2011). Ob mit diesem Konzept den jeweiligen Interessen der betroffenen Organvertreter tatsächlich gedient wird und inwieweit sich der »koordinierte« Prozessvortrag mit der prozessualen Wahrheitspflicht aus § 138 Abs. 1 ZPO vereinbaren lässt, erscheint zumindest offen. 10

IV. Geltendmachung des Freistellungsanspruchs

Scheidet ein Direktanspruch des VN/IV gegen den Versicherer aus (Rdn. 5), fragt sich, auf welchem Wege dieser den Freistellungsanspruch des Organvertreters gegen den Versicherer geltend machen kann bzw. sollte. Sofern dem Insolvenzverwalter hierzu in der Praxis oftmals vom Organvertreter die Abtretung dieses Anspruchs (meist erfüllungshalber) angeboten wird, birgt dieser Weg des »Forderungseinzuges« für den Verwalter nicht unerhebliche Risiken und Nachteile. In seinen Händen würde sich der Freistellungsanspruch dann jdfs. (wie auch beim VN) zu einem **Zahlungsanspruch** verwandeln (s. nur Lange, r+s 2011, 185, 186; Baumann, VersR 2010, 984; jeweils m. w. N.). 11

1. Abtretung

So ist bereits die **Wirksamkeit** einer Abtretung des Freistellungsanspruchs an den VN/IV meist **fraglich**. Vor der VVG-Reform zum 01.01.2008 (vgl. oben Rdn. 6) sahen die Allgemeinen Versicherungsbedingungen (AVB) nahezu sämtlicher D&O-Versicherer hinsichtlich des Freistellungsanspruchs des versicherten Organmitglieds umfassende Abtretungsverbote vor, mit denen das Trennungsprinzip (Rdn. 5) gewahrt werden sollte. Seitdem § 108 Abs. 2 VVG n. F. anordnet, dass die Abtretung des Freistellungsanspruchs an den (geschädigten) Dritten nicht durch AVB ausgeschlossen werden kann (Ausnahme: Großrisiken i. S. v. § 210 VVG; speziell zur diesbezüglichen Abtretungsproblematik Baumann, r+s 2011, 229, 332 ff.), haben viele D&O-Versicherer eine entsprechende Einschränkung der zuvor flächendeckenden Abtretungsverbote in ihre AVB übernommen, wonach »eine Abtretung an den geschädigten Dritten zulässig« sein soll (vgl. Nr. 10.2 AVB- 12

derartige Ansprüche selten zeitnah, sondern erst Jahre später – typischerweise im Insolvenzfall (wie auch Ansprüche aus § 64 GmbHG) – geltend gemacht werden, wenn der Versicherungsvertrag bereits beendet ist (vgl. Heße, NZI 2009, 790; Andresen/Schaumann, ZInsO 2010, 1908, 1910; auch OLG München, NZG 2009, 714, 715). Ferner führt das Abstellen auf die Anspruchserhebung dazu, dass sämtliche zwischenzeitlich erfolgten Schmälerungen des Versicherungsschutzes (z. B. Haftungsausschlüsse und Herabsetzungen der Versicherungssumme) – als Reaktion des Versicherers auf die Verschlechterung der Wirtschaftslage des Versicherungsnehmers – *faktisch* auf den Zeitpunkt der Pflichtverletzung *zurückwirken* (dazu bereits Rdn. 17).

Ergänzt wird das Claims-made-Prinzip in den allermeisten D&O-Verträgen durch die Gewährung einer **Rückwärtsdeckung**, die auch Versicherungsfälle wegen (unbekannter) Pflichtverletzungen aus der Zeit *vor* Beginn des Versicherungsvertrages erfasst (einer solchen bedarf es bei der *reinen* Verwendung des Claims-made-Prinzips freilich nicht). Darüber hinaus räumen nahezu alle D&O-Verträge dem VN/IV das Recht ein, innerhalb einer bestimmten Frist nach Ablauf des Versicherungsvertrages dem Versicherer den Eintritt eines Versicherungsfalls nachzumelden (sog. **Nachmeldefrist**), wobei Voraussetzungen und Dauer der Fristen in den diversen Klauselwerken stark variieren. Schließlich sehen viele Verträge die Möglichkeit einer sog. **Umstandsmeldung** vor, mit der der Versicherungsnehmer dem Versicherer unter bestimmten Voraussetzungen (z. B. bei dessen Vertragskündigung) bereits vor Anspruchserhebung konkrete Umstände mitteilen kann, die eine Inanspruchnahme hinreichend wahrscheinlich erscheinen lassen; dies hat dann zur Folge, dass auf diese Umstände gestützte und nach Vertragsende erstmals geltend gemachte Haftungsansprüche als innerhalb der Vertragszeit geltend gemacht gelten. Zu den jeweils am Markt verwendeten Klauselvarianten der einzelnen D&O-Anbieter sowie deren Inhalt und Verbreitungsgrad s. im Einzelnen Andresen/Schaumann, ZInsO 2010, 1908, 1909–1912. 23

2. Wirksamkeit des Claims-made-Prinzips (§ 307 BGB)

Unter der Voraussetzung, dass der Versicherer – und nicht der Makler (dazu BGH, NZG 2009, 1224; Graf v. Westphalen VersR 2011, 145 ff.) – »Verwender« der einschlägigen AVB ist, unterliegen die das Claims-made-Prinzip regelnden Klauseln der **AGB-Inhaltskontrolle** nach § 307 Abs. 1, 2 BGB, da es sich bei ihnen nicht um eine bloße Leistungsbeschreibung i. S. v. § 307 Abs. 3 BGB handelt (ganz h. M.; OLG München, NZG 2009, 714; Koch, VersR 2011, 295 ff.; Baumann, VersR 2012, 1461 ff.; a. A. Loritz/Hecker, VersR 2012, 385, 387 ff.; jeweils m. w. N.). Auch sind sie **nicht überraschend** i. S. v. § 305c Abs. 1 BGB (allg. Ansicht). Auf den Aspekt des **Transparenzgebots** aus § 307 Abs. 1 Satz 2/1 BGB speziell bei *kurzfristigen* (z. B. 1-jährigen) D&O-Verträgen hinweisend Baumann, VersR 2012, 1461, 1466 f.: kein effektiver Vorwärtsversicherungsschutz. 24

Umstritten und höchstrichterlich nicht geklärt ist vor allem, welche der vorgenannten Regelungen in D&O-Versicherungsverträgen (vgl. Rdn. 23) mit welchem Inhalt erforderlich bzw. überhaupt geeignet sind, die Nachteile des Claims-made-Prinzips (Rdn. 22) für VN/vP so zu **kompensieren**, dass eine – ansonsten nach ganz herrschender Meinung (s. alle nachfolgenden Fundstellen) gegebene – »unangemessene Benachteiligung« i. S. v. § 307 Abs. 1 Satz 1 BGB und damit die Unwirksamkeit der betreffenden Klauseln vermieden wird. [**Anm.:** Das Urteil des OLG München (NZG 2009, 714 ff.) wurde dadurch rechtskräftig, dass der Kläger seine – vom IV. Zivilsenat mit Beschl. v. 28.04.2010 (IV ZR 121/09) *zugelassene* –zurücknahm (was die Annahme eines Vergleichsschlusses nahelegt).]: 25

So ist eine **Rückwärtsdeckung** (Rdn. 23) zur Kompensation der Nachteile des Claims-made-Prinzips i. R. d. AGB-Inhaltskontrolle von vornherein *ungeeignet*, da beide Regelungskomplexe nicht die hierfür erforderliche *Konnexität* aufweisen und die Rückwärtsdeckung auch – bei der gebotenen generell-abstrakten Betrachtungsweise – nicht jeder versicherten Person (als Begünstigten) gleichermaßen nützt (Graf v. Westphalen, VersR 2011, 145, 152; Baumann, NZG 2010, 1366, 1370; Koch, VersR 2011, 295, 297; jeweils m. w. N.; ebenso Heße, NZI 2009, 790, 793; übersehen von OLG München, NZG 2009, 714, 715 f.). 26

27 Als mögliche Kompensation kommt indes die Gewährung einer – *prämienfreien* (Graf v. Westphalen, VersR 2011, 145, 154) – **Nachmeldefrist** (Rdn. 23) in Betracht, wobei deren insoweit zu fordernde **Dauer streitig** ist (Baumann, NZG 2010, 1366, 1370: 3 Jahre oder 1 Jahr mit Verlängerungsoption auf 5 Jahre gegen Zusatzprämie, arg. Orientierung an Verjährungsvorschriften; Heße, NZI 2009, 790, 793: aus demselben Grunde 3 bis 5 Jahre; Koch, VersR 2011, 295, 298+302: Orientierung an »durchschnittlicher Dauer zwischen Pflichtverletzung und Anspruchserhebung«, jedenfalls deutlich länger als 1 Jahr, wohl 3 Jahre; Graf v. Westphalen, VersR 2011, 145, 154: mindestens 1 Jahr; OLG München, NZG 2009, 714, 716: 1 Jahr bei 1-jähriger Vertragsdauer und autom. 1-jähriger Verlängerung mit jedem Vertragsjahr auf max. 5 Jahre; OLG Frankfurt am Main, r+s 2013, 329, 333 m. Anm. Schramm: 5 Jahre nicht erforderlich).

28 Auch die Möglichkeit einer **Umstandsmeldung** (Rdn. 23) kann grds. kompensierende Wirkung entfalten, wobei die Angemessenheit der hierfür vereinbarten Frist von der Genauigkeit der innerhalb dieser mitzuteilenden Umstände abhängen dürfte (so Koch, VersR 2011, 295, 298); eine Frist von nur 60 Tagen ist aber in jedem Fall deutlich zu kurz (ebenso Baumann, NZG 2010, 1366, 1371; Koch, a.a.O.; **a.A.** OLG München, NZG 2009, 714, 716).

29 Sind die das Claims-made-Prinzip regelnden Klauseln danach gem. § 307 Abs. 1 Satz 1 BGB im Einzelfall **unwirksam**, ist die dadurch entstandene **Vertragslücke** im Wege **ergänzender Vertragsauslegung** (§§ 133, 157, 242 BGB) auszufüllen, wobei die Lösung meist in der Installation angemessener *Nachmeldefristen* anhand der obigen Erwägungen (Rdn. 27) gesucht wird (s. etwa Baumann, NZG 2010, 1366, 1372; ausführlich und instruktiv Koch, VersR 2011, 295, 300 ff., m.w.N.). Dabei wird das Verdikt der Unwirksamkeit insb. **ältere D&O-Verträge** bedrohen, die noch ohne das vorstehende AGB-rechtliche Problembewusstsein formuliert wurden. Hier dürfte im Streitfall erhebliches Argumentationspotenzial für den Insolvenzverwalter liegen.

3. Folgerungen für den Versicherungsnehmer bzw. Insolvenzverwalter

30 Vor dem geschilderten Hintergrund sollte der VN/IV genauestens darauf achten, dass die **D&O-Versicherungsprämien stets pünktlich gezahlt** bzw. etwaige Rückstände unverzüglich ausgeglichen werden; insofern hat speziell der Insolvenzverwalter sicherzustellen, dass er entsprechende Prämieneinzüge seitens des Versicherers bei einem etwaigen Lastschriftwiderspruch ausspart. Denn kündigt der Versicherer den Versicherungsvertrag wegen Prämienverzuges, kann ein bis dahin noch nicht geltend gemachter Haftungsanspruch nach dem Claims-made-Prinzip zu keinem Versicherungsfall mehr führen, womit eine Deckung ausgeschlossen ist. In diesem Fall helfen dem Verwalter rgm. auch keine Nachmeldefristen (dazu Rdn. 23, 27) weiter, da diese in den Versicherungsbedingungen nahezu aller D&O-Versicherer (s. Andresen/Schaumann, ZInsO 2010, 1908, 1911) bei Vertragskündigung infolge Prämienverzuges ausgeschlossen sind, was mit Blick auf § 38 Abs. 2 VVG rechtlich nicht zu beanstanden ist (Koch, VersR 2011, 295, 298). **Anders als bei sonstigen Haftpflichtversicherungsverträgen** darf der Insolvenzverwalter daher bei der D&O-Versicherung nicht – zur Entlastung der Insolvenzmasse von den Prämien – deren Zahlung einstellen, auf Vertragskündigung des Versicherers warten und die Verjährungsfristen für die Haftungsansprüche notieren.

31 Dieser **Gefahr** muss sich der Insolvenzverwalter insb. in denjenigen Fällen bewusst sein, in denen er im Insolvenzverfahren **auf die Mitwirkung der Geschäftsleiter angewiesen** ist (z.B. für die Betriebsfortführung oder die Aufbereitung von Anspruchssachverhalten) und er deshalb im Einzelfall die Realisierung der Organhaftung einstweilen zurückgestellt hätte. Hier hat der Verwalter zwischen dem Nachteil etwaiger Störungen des Verfahrensablaufes einerseits und dem Nachteil eines möglichen Verlustes der D&O-Deckung andererseits abzuwägen, wobei er im Zweifel (insb. bei höheren Haftungssummen oder fraglicher Bonität des Organvertreters) letzterem Aspekt den Vorrang einräumen wird.

32 Die **Weiterführung des Versicherungsvertrages** kann für den Insolvenzverwalter aber auch bei Geltung von Nachmeldefristen (Rdn. 23, 27) **sinnvoll** sein und eine einvernehmliche Vertragsaufhebung vorerst nicht angezeigt erscheinen lassen, etwa wenn sich der Verwalter auf diese Weise

bei Anhaltspunkten für komplexe Organhaftungstatbestände **weitere benötigte Zeit für** deren tatsächliche und rechtliche **Aufbereitung** verschaffen kann (s. a. Andresen/Schaumann, ZInsO 2010, 1908, 1916).

Bei seinen Verhandlungen mit dem D&O-Versicherer sollte sich der VN/IV stets darüber bewusst sein, dass **Versicherer** oftmals nicht nur wegen der drohenden eigenen Schadensersatzhaftung (aus §§ 311 Abs. 2, 280 BGB), sondern auch aus wettbewerbsrechtlichen Gründen ein **Interesse an der Vermeidung einer streitigen Entscheidung** über die Frage der Wirksamkeit einer von ihnen verwendeten Klausel haben; denn die Verwendung einer unwirksamen AGB-Klausel stellt i. d. R. eine wettbewerbswidrige Handlung nach § 4 Nr. 11 UWG dar, woraus sich entsprechende Unterlassungsansprüche von Wettbewerbern ergeben können (darauf hinweisend Graf v. Westphalen, VersR 2011, 145, 151 m. w. N.).

33

▶ Hinweis:

> Der Insolvenzverwalter sollte zur **Aufrechterhaltung des D&O-Versicherungsschutzes** vorsorglich sämtliche **Versicherungsprämien pünktlich zahlen** bzw. etwa aufgelaufene Rückstände unverzüglich ausgleichen, um eine Vertragskündigung des Versicherers zu vermeiden. Bei Lastschriftwidersprüchen sollte er deshalb darauf achten, dass die Prämieneinzüge hiervon ausgespart werden. Dem Verwalter dürfte insb. bei **älteren D&O-Verträgen** erhebliches **AGB-rechtliches Argumenationspotenzial** zustehen, wobei er sich des grundsätzlichen Interesses des Versicherers an der Vermeidung streitiger Entscheidungen zur AGB-Inhaltskontrolle bewusst sein sollte.

K. Beraterhaftung

I. Allgemeines

Neben der Haftung für allgemeine Beratungsfehler steht die Haftung von Beratern des Schuldners für »insolvenzspezifische Pflichtverletzungen« in der Diskussion. Untersucht werden insoweit Haftungsansprüche gegen Berater, die durch Handlungen oder Unterlassungen eine Insolvenzverschleppung durch den Schuldner fördern. Berater werden in diesem Zusammenhang für nachteilige Veränderungen im schuldnerischen Vermögen mitverantwortlich gemacht werden, nämlich die Minderung des Aktivvermögens oder die Erhöhung der Passiva im Insolvenzverschleppungszeitraum. Anknüpfungspunkte für mögliche Haftungstatbestände sind

1

– unterlassene Beratung bei Insolvenzreife
– unterlassener Hinweis auf Insolvenzreife
– weitere Tätigkeit für den Schuldner trotz bestehender Insolvenzantragspflicht.

Die Prüfung solcher Haftungsansprüche konzentriert sich auf Berater, die regelmäßig Insolvenzlagen erkennen und daher Beratungs- bzw. Hinweispflichten gegenüber dem Schuldner unterliegen können: Dabei stehen im Vordergrund **Steuerberater und Sanierungsberater**.

Voraussetzung für eine Beraterhaftung ist dabei stets die Insolvenzantragspflicht des Schuldners. Auf Schuldner, die keiner Insolvenzantragspflicht unterliegen (natürliche Personen, Handelsgesellschaften mit natürlichen Personen als persönlich haftende Gesellschafter) sind die folgenden Grundsätze daher nicht anwendbar.

Diskutiert werden vertragliche Schadensersatzansprüche aus Verletzung des Beratungsvertrages und deliktische Ansprüche wegen Teilnahme an einer Insolvenzverschleppung.

II. Vertragliche Ansprüche

1. § 280 Abs. 1 BGB: Pflichtverletzung aus Beratervertrag

Vertragliche Schadensersatzansprüche aus § 280 Abs. 1 BGB setzen zunächst eine Pflichtverletzung voraus. Die Pflichtverletzung kann in der unterlassenen **Beratung** des Schuldners liegen. Diese Beratungspflicht umfasst im Einzelfall die Erläuterung der Insolvenzantragspflicht, die Prüfung

2

der Fortführungsprognose bei eingetretener Überschuldung oder die Einleitung von Maßnahmen zur Beseitigung des Insolvenzgrundes innerhalb der Sanierungsfrist. Fehlt es an einer solchen Beratungspflicht, kann der unterlassene **Hinweis** gegenüber dem Schuldner auf die Insolvenzreife – und damit der Hinweis auf den entstehenden Beratungsbedarf – die Beraterhaftung auslösen. Daher muss zunächst eine Beratungs- bzw. wenigstens eine Hinweispflicht bestehen. Gegen die Haftungsinanspruchnahme kann sich der Berater mit den nachfolgend dargestellten Einwendungen verteidigen.

a) Pflichtverletzung

3   Beim Steuerberater wird über eine Hinweispflicht gegenüber dem Schuldner bei erkennbarer Insolvenzreife diskutiert. Eine Hinweispflicht wird in der Literatur aus den allgemeinen Pflichten des steuerlichen Mandats abgeleitet, wenn der Steuerberater die laufende Buchhaltung erledigt und Jahresabschlüsse erstellt. Dann sei er verpflichtet, bei bilanzieller Überschuldung oder drohender Zahlungsunfähigkeit auf die Prüfung der Insolvenzantragspflicht hinzuweisen (Gräfe, DStR 2010, 618, 621; Wagner/Zabel, NZI 2008, 660, 663 f.; Schmittmann, ZInsO 2008, 1170, 1172).

Die Rechtsprechung des BGH ist deutlich zurückhaltender. Die allgemeine Tätigkeit des Steuerberaters (Fertigung betriebswirtschaftlicher Auswertungen, Jahresabschlüsse und Bilanzen) verpflichtet den Steuerberater nur, über steuerliche Fragen zu belehren, umfasst aber nicht die Hinweispflicht auf eine mögliche Insolvenzreife (BGH, ZInsO 2013, 826; ZInsO 2013, 1409). Offenbar lässt sich eine Hinweispflicht auch nicht allein daraus ableiten, dass der Steuerberater bei Aufstellung des Jahresabschlusses gem. § 252 Abs. 1 Nr. 2 HGB die positive Fortführungsprognose unterstellt (dazu krit. Schwarz, ZInsO 2013, 1344; Nachfragepflicht zur Fortführungsprognose, Smid, ZInsO 2014, 1127, 1141).

Für eine Hinweispflicht ist ein besonderer Auftrag an den Steuerberater erforderlich, der über die allgemeinen Steuerberaterleistungen hinausgeht. Beispiele:
– Abschlussprüfung (BGH, ZInsO 2012, 1312),
– Erstellung eines Bilanzberichts mit Bewertung der bilanziellen Überschuldung (BGH, ZInsO 2013, 1409),
– Erstellung einer Überschuldungsbilanz (BGH, ZInsO 2013, 826)

Die Anforderungen an die Auftragserteilung sind gering. Es genügt bereits, wenn der Schuldner mit dem Steuerberater konkret eine etwaige Insolvenzreife erörtert (BGH, ZInsO 2014, 546; ZInsO 2012, 1312). Eine Hinweispflicht beginnt daher bereits dann, wenn der Steuerberater über seine allgemeine Steuerberatertätigkeit hinaus Aussagen zu möglichen Insolvenzgründen abgibt, etwa im Zusammenhang mit der Bilanzerstellung oder einem Gespräch mit dem Mandanten über mögliche Insolvenzantragspflichten.

Eine Pflicht des Steuerberaters zur Niederlegung des Mandats bei bestehender Insolvenzantragspflicht wird von der Rechtsprechung abgelehnt, da die steuerlichen Pflichten des Schuldners nach Eintritt der materiellen Insolvenz fortbestehen (LG Koblenz, DStRE 2010, 447).

Beim **Sanierungsberater** besteht dagegen eindeutig eine **Beratungspflicht**, da die Prüfung der Insolvenzantragspflicht gerade Inhalt des Beratungsvertrages ist.

b) Mitverschulden, § 254 InsO

4   Soweit der Berater die Beratungs- bzw. Hinweispflicht verletzt, kann der Schadensersatzanspruch gemindert oder ausgeschlossen sein, wenn das Organ des Schuldners selbst die Antragspflicht erkennt (Kayser, ZIP 2014, 597, 604; zum Anspruchsausschluss beim **Steuerberater** OLG Schleswig, StbG 1994, 279; Zugehör, NZI 2008, 652, 657). Grundsätzlich muss der Berater von der Belehrungspflicht des Auftraggebers ausgehen; die bloße Erkennbarkeit der Antragspflicht begründet für das Organ noch kein Mitverschulden (BGH, ZInsO 2012, 1312, 1317). Im Einzelfall ist der wechselseitige Verschuldensgrad von Organ und Berater zu prüfen (BGH, ZInsO 2013, 1409).

f) Prozessuale Aspekte

8 Den **Insolvenzverwalter** trifft die Darlegungs- und Beweislast für den Beginn der Beratungspflicht des Sanierungsberaters bzw. der Hinweispflicht des Steuerberaters. Zum Beginn der Beratungspflicht genügt beim Sanierungsberater der Vortrag zum Abschluss des Beratungsvertrages und dem Eintritt der materiellen Insolvenz. Beim Steuerberater muss der Insolvenzverwalter die Tatsachen vortragen, aus denen sich die Hinweispflicht des Beraters ergibt (z. B. Gespräche zwischen dem Organ des Schuldners und dem Berater über Inhalt und Umfang des Auftrags).

Soweit der Berater die Kenntnis von der Insolvenz bestreitet, trifft ihn die Darlegungslast für entlastende Umstände.

Der **Berater** muss die Erfüllung der Hinweis- bzw. Beratungspflicht darlegen und beweisen.

Den Anscheinsbeweis der Kausalität kann der Berater entkräften, indem er Alternativen zur Antragsstellung darlegt oder ein atypisches Verhalten der Organe vorträgt, z. B. die Ablehnung richtiger Hinweise in der Vergangenheit (Kayser, ZIP 2014, 597, 603). Soweit die Kausalität zwischen der Pflichtverletzung und der unterlassenen Antragstellung vermutet wird, muss der **Berater** die Kausalität widerlegen.

Den Schadensumfang muss der **Insolvenzverwalter** darlegen und beweisen. Hier liegt für den Insolvenzverwalter die besondere Schwierigkeit des Haftungsprozesses. Die Vermögenslage des Schuldners bei Insolvenzantragstellung lässt sich aus dem Eröffnungsgutachten ableiten. Für die Vermögenslage bei Beginn der Pflichtverletzung des Beraters ist eine Stichtagsbilanz erforderlich, für deren Richtigkeit der Insolvenzverwalter die Beweislast trägt.

Mitverschulden und Haftungsbeschränkung muss der **Berater** darlegen.

2. Vertrag mit Schutzwirkung für Dritte i. V. m. Organhaftung

9 Neben der direkten Haftung aus dem Beratungsvertrag mit dem Schuldner wird auch eine Haftung gegenüber dem Organ nach den Grundsätzen des Vertrages mit Schutzwirkung für Dritte diskutiert, wenn der Berater nicht rechtzeitig auf die Insolvenzantragspflicht hinweist. Der Insolvenzverwalter kann das Organ aus §§ 64 Satz 1 GmbHG, 92 Abs. 2, 93 Abs. 3 Nr. 6 AktG, 130a, 177a HGB, 99 GenG auf Ersatz des Masseschmälerungsschadens in Anspruch nehmen. Soweit der Beratungsvertrag zwischen Schuldner und Berater Schutzwirkung für das Organ hat, kann der unterlassene Hinweis auf die Insolvenzantragspflicht entsprechende Schadensersatzansprüche des Organs gegenüber dem Berater auslösen (zur Geschäftsführerhaftung BGH, ZInsO 2012, 1312; Wagner/Zabel, NZI 2008, 660, 663 ff.; Schmittmann, ZInsO 2008, 1170, 1172 f.; krit. Muller, ZInsO 2013, 2181, 2187). Diese Schadensersatzansprüche kann der Insolvenzverwalter pfänden, nachdem die Haftungsansprüche gegen das Organ tituliert wurden.

Auch dieser Haftungsanspruch setzt zunächst eine Beratungs- bzw. Hinweispflicht im Hinblick auf die Insolvenzreife voraus (dazu oben Rdn. 3) und ist Einwänden aus Mitverschulden (Rdn. 4), fehlende Kausalität (Rdn. 5) und Haftungsbeschränkung (Rdn. 6) ausgesetzt.

Der Schaden umfasst die Haftungsverbindlichkeiten des Organs, die von dem Zeitpunkt an entstanden sind, als der Berater nach dem Inhalt des Beratungsvertrages den Hinweis auf die Insolvenzreife erteilen sollte (BGH, ZInsO 2012, 1312, 1317). Die Darlegungs- und Beweislastverteilung entspricht den Ausführungen unter Rdn. 8. Die Darlegung des Schadens ist hier erheblich leichter, da der Insolvenzverwalter die einzelnen Masseschmälerungen bereits für den Haftungsprozess gegen das Organ ermittelt hat.

In der Praxis dürfte hier die Haftung von **Sanierungsberatern** im Vordergrund stehen.

Maßgeblich ist, in welchem Umfang der Schuldner Prüfungsaufgaben auf den Berater übertragen hat und damit auch die Finanz- und Insolvenzkontrolle und damit die Selbstprüfungspflicht auf den Berater verlagert (eing. Gehrlein, ZInsO 2013, 2296, 2298 ff.).

Verletzt der **Sanierungsberater** die Pflicht zur Beratung bei Insolvenzantragspflicht, ist regelmäßig davon auszugehen, dass die Organe des Schuldners die Antragspflicht nicht erkannt haben. Durch den erteilten Prüfungsauftrag haben sich die Organe ihrer Selbstprüfungspflicht entledigt (Gräfe, DStR 2010, 669, 672). Dann ist der Einwand des Mitverschuldens natürlich ausgeschlossen.

c) Kausalität

Für die Kausalität zwischen Verletzung der Beratungs- bzw. Hinweispflicht und unterlassener Insolvenzantragstellung gilt die Vermutung, dass der Mandant beratungsgemäß gehandelt hätte, wenn er auf die Insolvenzantragspflicht hingewiesen worden wäre, soweit dieses Verhalten – nämlich die Antragstellung – nahegelegen hätte.

Bestehen für die Organe Handlungsalternativen zum Insolvenzantrag, entfällt der Anscheinsbeweis für die Kausalität der Verletzung der **Hinweispflicht** (BGH, ZInsO 2012, 1312, 1317; BGHZ 123, 311, 319; OLG Köln, DStRE 2011, 397 zur Rangrücktrittserklärung als Alternative zum Insolvenzantrag). Der Kausalitätsbeweis kann dann durch Vernehmung des Organs geführt werden, wie es sich bei ordnungsgemäßer Beratung verhalten hätte (BGH, ZInsO 2013, 1409). Beweisbelastet für den hypothetischen Verlauf bei richtiger Beratung ist der Berater (Rdn. 8). Wurde die **Beratungspflicht** verletzt, zu deren Inhalt auch der Hinweis auf Handlungsalternativen gehört, ist der eingetretene Schaden kausal auf die unterlassene Beratung zurückzuführen.

d) Haftungsbeschränkung

Schadensersatzansprüche zwischen Berater und Schuldner können einer vertraglich vereinbarten Haftungsbeschränkung unterliegen (vgl. §§ 67a StBerG, 51a BRAO). Diese Haftungsbeschränkung kann auch gegenüber dem Insolvenzverwalter geltend gemacht werden, der die Schadensersatzansprüche aus dem Beratungsvertrag mit dem Schuldner ableitet.

e) Schaden

Soweit die Haftungsvoraussetzungen erfüllt sind, muss der Berater den Schaden erstatten, der zwischen dem Beginn der Beratungs- bzw. Hinweispflicht wegen Insolvenzreife und der tatsächlichen Insolvenzantragstellung eingetreten ist. Dieser Schaden umfasst die in der Insolvenzverschleppung eingetretene Minderung der Aktiva sowie die Erhöhung der Passiva und lässt sich somit aus einer Vertiefung der Überschuldung berechnen (BGH, ZInsO 2013, 1409; Zugehör, NZI 2008, 652, 656; Gräfe, DStR 2010, 669, 671). Nicht zu erstatten sind Verluste, die nicht auf der Fortsetzung der üblichen Geschäftstätigkeit, sondern auf der Eingehung wirtschaftlich nicht vertretbarer Risiken beruhen (BGH, ZInsO 2013, 1409).

Beim **Steuerberater** beginnt die Hinweispflicht in der Regel dann, wenn er den Jahresabschluss erstellt hat, der eine Überschuldung ausweist. Soweit der Steuerberater auch die laufende Buchhaltung erledigt, kann eine eingetretene Zahlungsunfähigkeit auch früher erkennbar sein, etwa aus der Bankbuchhaltung (überzogene Kreditlinie, Häufung von Lastschriftrückbuchungen, Kontopfändungen) oder aus den Belegen (Mahn- und Vollstreckungsbescheide, Vollstreckungsandrohungen von Finanzämtern und Sozialversicherungsträgern).

Der **Sanierungsberater** muss unmittelbar nach Auftragerteilung mögliche Insolvenzgründe prüfen. Die Beratungspflicht beginnt daher grundsätzlich bereits mit Ablauf der »Einarbeitungsfrist« nach mit Auftragerteilung.

III. Deliktische Ansprüche, §§ 15a Abs. 1 InsO, 823 Abs. 2, 830 Abs. 2, 840 Abs. 1 BGB, 26, 27 Abs. 1 StGB

Die Organe des Schuldners können vom Insolvenzverwalter wegen Insolvenzverschleppung auf Ausgleich des sog. »Quotenschadens« in Anspruch genommen werden (dazu Anhang zu § 35 H. Rdn. 38 ff.). Berater können als Teilnehmer an der Verletzung der Insolvenzantragstellungspflicht haftbar gemacht werden, wenn sie trotz Garantenpflicht nicht auf die Antragspflicht hinweisen oder durch weitere Leistungen an den Schuldner die Unterlassung der Antragstellung fördern (Wagner, ZInsO 2008, 449, 450 ff.; zur Haftung der Berater gegenüber Neugläubigern Froehner, ZInsO 2011, 1617) oder gar zur Insolvenzverschleppung anstiften (Bales, ZInsO 2010, 2073, 2075). Dieser Anspruch ist in der Praxis nur schwer durchsetzbar, da er folgende Voraussetzungen erfüllen muss:

– Vorsätzliche Haupttat des Organs, das die Antragspflicht aus § 15a InsO verletzt
– Doppelvorsatz des Beraters, gerichtet auf die Haupttat des Organs und die Beihilfehandlung bzw. Anstiftung
– Bezifferung des Quotenschadens der Altgläubiger (dazu Anhang zu § 35 H. Rdn. 52)

Deliktische Schadensersatzansprüche sind daher – ebenso wie gegenüber den Organen des Schuldners – auch gegenüber den Beratern kein praxistaugliches Haftungsinstrumentarium des Insolvenzverwalters.

IV. Exkurs: Haftung des Ausstellers einer Bescheinigung nach § 270b Abs. 1 Satz 3

1. Bedeutung der Bescheinigung

In der Eigenverwaltung soll der Schuldner im Insolvenzeröffnungsverfahren uneingeschränkt verfügungsbefugt bleiben. Das Gericht soll anstelle eines vorläufigen Insolvenzverwalters nur einen vorläufigen Sachwalter bestellen (§ 270a Abs. 1 InsO). Wenn der Schuldner mit dem Insolvenzantrag die Anordnung der Eigenverwaltung beantragt und die Insolvenzgründe der bloß drohenden Zahlungsunfähigkeit und/oder Überschuldung vorliegen, soll das Gericht das sog. »Schutzschirmverfahren« nach § 270b einleiten. Im »Schutzschirmverfahren« soll als vorläufiger Sachwalter die vom Schuldner vorgeschlagene Person ausgewählt werden (§ 270b Abs. 2 InsO). Die Verfahrenseröffnung kann erst erfolgen, wenn die vom Gericht bestimmte Frist zur Vorlage eines Insolvenzplanes abgelaufen ist (§ 270b Abs. 1 Satz 1), soweit diese Anordnung nicht gem. § 270b Abs. 4 aufgehoben wird. Kernvoraussetzung des »Schutzschirmverfahrens« ist die Vorlage einer Bescheinigung, aus der sich ergibt, dass noch keine Zahlungsunfähigkeit vorliegt und die angestrebte Sanierung nicht offensichtlich aussichtslos ist. Diese Bescheinigung ersetzt für das Gericht die Prüfung der Voraussetzungen der Eigenverwaltung nach § 270 Abs. 2, insbesondere die Amtsermittlung von Umständen, die erwarten lassen, dass die Anordnung der Eigenverwaltung zu Nachteilen für die Gläubiger führt (zur Evidenzkontrolle durch das Gericht § 270b Rdn. 7).

Das ESUG hat somit in § 270b eine neue Aufgabe für Berater geschaffen. Praktisch ist zu erwarten, dass die Insolvenzgerichte bei Eigenverwaltungsanträgen von der Bestellung eines Sachverständigen – ggf. flankiert durch die Anordnung einer vorläufigen Insolvenzverwaltung – nur dann absehen werden, wenn eine Bescheinigung nach § 270b Abs. 1 Satz 3 vorliegt (weiter gehend Frind, ZInsO 2011, 2249, 2261, der sogar die Überprüfung der Bescheinigung durch einen gerichtlich bestellten Sachverständigen befürwortet). Die Bescheinigung kann somit weitreichende Folgen für die Befriedigungsaussichten der Gläubiger haben, da der Schuldner die Möglichkeit behält, innerhalb der Frist zur Vorlage eines Insolvenzplans über sein Vermögen zu verfügen. Der Eintritt der Zahlungsunfähigkeit und damit verbunden bereits verwirklichte Insolvenzverschleppungen bleiben im »Schutzschirmverfahren« vom Gericht bis zum Fristablauf ungeprüft. Es besteht daher die Gefahr, dass die Aktivmasse bis zur Insolvenzeröffnung durch Verfügungen des Schuldners erheblich vermindert wird. Stellt sich nach Insolvenzeröffnung heraus, dass die Bescheinigung nach § 270b Abs. 1 Satz 3 unrichtig ist, steht die Frage nach der Verantwortlichkeit der beteiligten Personen für eine im Insolvenzantragsverfahren eingetretene Minderung der künftigen Insolvenzmasse im Raum.

2. Unrichtige Bescheinigung

12 Die Erstellung einer unrichtigen Bescheinigung nach § 270b Abs. 1 Satz 3 stellt eindeutig eine Pflichtverletzung des Ausstellers dar. Ohne eine entsprechende Bescheinigung hätte das Gericht – wie bereits ausgeführt – im Rahmen der Amtsermittlung geprüft, ob die Voraussetzungen für eine Eigenverwaltung vorliegen und spätestens nach entsprechender Anregung des Sachverständigen zeitnah geeignete Sicherungsmaßnahmen angeordnet. Vor diesem Hintergrund ist eine Minderung des Aktivvermögens im »Schutzschirmverfahren« adäquat kausal auf die unrichtige Bescheinigung des Ausstellers zurückzuführen. Dieser muss daher umfassend für die eingetretene Minderung des Aktivvermögens haftbar gemacht werden. Da das Insolvenzgericht auf die Richtigkeit der Bescheinigung vertraut, müssen Schadensersatzansprüche der Insolvenzmasse gegenüber dem Aussteller bestehen. In das Rechtsverhältnis zwischen dem Aussteller und dem Schuldner wird die Gläubigergesamtheit nach den Regeln über den Vertrag mit Schutzwirkung für Dritte einbezogen (a. A. Gutmann/Laubereau, ZInsO 2012, 1861, 1871 f.). Die Schadensersatzansprüche werden für die Insolvenzmasse vom Sachwalter/Insolvenzverwalter geltend gemacht. Der Aussteller kann sich im Haftungsprozess nicht mit Einwendungen aus dem Auftragsverhältnis zum Schuldner (Haftungsbeschränkung/Mitverschulden) verteidigen. Es wäre ein unbefriedigendes Ergebnis, wenn der Aussteller für den Schuldner eine unrichtige Bescheinigung erstellt, um diesem die umfassende Verfügungsbefugnis über sein Vermögen zu belassen und anschließend gegenüber der Insolvenzmasse Einwendungen aus dem Rechtsverhältnis mit dem Schuldner erheben könnte. Die Interessen des Schuldners und seiner Gläubiger sind in Insolvenzverschleppungsfällen gegenläufig: Der Schuldner will die Verfügungsbefugnis über sein Vermögen behalten, im Gläubigerinteresse liegt dagegen die Anordnung der vorläufigen Insolvenzverwaltung als Sicherungsmaßnahme. In einer solchen Interessenkollision kann der Gutachter dem Geschädigten keine Einwendungen aus dem Rechtsverhältnis zu seinem Auftraggeber gem. § 334 BGB entgegenhalten (BGHZ 127, 378, 383 ff.). Diese Rechtsprechung ist uneingeschränkt auf die Haftung des Ausstellers anzuwenden. Der Aussteller kann sich auch nicht darauf berufen, dass der im »Schutzschirmverfahren« vom Schuldner vorgeschlagene vorläufige Sachwalter gem. §§ 270a Abs. 1, 275 nachteilige Verfügungen hätte verhindern müssen. Vielmehr haften Aussteller und vorläufiger Sachwalter der Masse gegenüber gesamtschuldnerisch, § 421 BGB. Eine Freistellung von der Haftung kann der Aussteller also nur im Innenverhältnis gem. § 426 BGB gegenüber dem vorläufigen Sachwalter geltend machen.

3. Schaden

13 Als Rechtsfolge ist der Schaden zu erstatten, der der Insolvenzmasse dadurch entsteht, dass kein gerichtlich ausgewählter vorläufiger Sachwalter/Insolvenzverwalter bestellt wurde. Es sind somit sämtliche Vermögensverfügungen im Insolvenzeröffnungsverfahren zu prüfen und jeweils festzustellen, ob ein gerichtlich ausgewählter vorläufiger Sachwalter/Insolvenzverwalter diesen Verfügungen hätte zustimmen dürfen bzw. widersprechen müssen. Zu ersetzen ist daher ein Schaden, der im Wesentlichen dem Masseschmälerungsschaden nach § 64 Satz 1 GmbHG entspricht. Hier betrifft die Schadensersatzpflicht allerdings nicht nur Insolvenzmassen juristischer Personen, sondern ist **unabhängig von der Rechtsform auf alle Insolvenzschuldner** anzuwenden.

4. Prozessuale Aspekte

14 Der **Insolvenzverwalter** kann die Pflichtverletzung des Ausstellers bereits dadurch nachweisen, dass er die eingetretene Zahlungsunfähigkeit bzw. fehlende Sanierungsaussicht im Zeitpunkt der Erstellung der Bescheinigung darlegt und im Bestreitensfalle beweist. Der Aussteller kann sich nicht damit entlasten, er habe diese Umstände nicht erkannt, denn bereits die unvollständige Ermittlung des Sachverhalts stellt eine Pflichtverletzung dar.

Die Kausalität zwischen der Pflichtverletzung und der Anordnung des »Schutzschirmverfahrens« durch das Gericht wird vermutet.

Den Schadensumfang muss der **Insolvenzverwalter** darlegen und beweisen. Die Darlegung der Masseschmälerung im »Schutzschirmverfahren« entspricht den Grundsätzen der Geschäftsführerhaftung (Anhang zu § 35 H. Rdn. 5 ff.). Es wird vermutet, dass Masse schmälernde Zahlungen außerhalb des »Schutzschirmverfahrens« verhindert worden wären. Pflichtverletzungen des vom Schuldner vorgeschlagenen vorläufigen Sachwalters entlasten den Aussteller nicht.

5. Zusammenfassung

In der Praxis steht für den Insolvenzverwalter die Prüfung vertraglicher Schadensersatzansprüche gegen die Berater des Schuldners im Vordergrund.

Auf Grundlage der gegenwärtigen Rechtsprechung haften **Steuerberater** regelmäßig nur für die Verletzung der Pflicht, auf die Insolvenz und einen entsprechenden Beratungsbedarf hinzuweisen. Eine Insolvenzberatung wird grundsätzlich nicht geschuldet. Eine Haftung bei unterlassenem Hinweis auf die Insolvenzreife ist ausgeschlossen, wenn die Insolvenzreife für die Organe des Schuldners erkennbar war.

Die Haftung von **Sanierungsberatern** ist dagegen Erfolg versprechend, wenn der Berater trotz Eintritt der materiellen Insolvenz nicht auf die Antragspflicht hinweist und seine Sanierungstätigkeit fortsetzt, ohne ein plausibles Sanierungskonzept vorzulegen. Die Tätigkeit des Sanierungsberaters ist daher in der nachfolgenden Insolvenz regelmäßig vom Insolvenzverwalter zu überprüfen. Daraus folgt zugleich, dass ein vormaliger Sanierungsberater nicht nachfolgend zum Insolvenzverwalter bestellt werden darf.

Soweit Schadensersatzansprüche trotz Insolvenzverschleppung nicht dargelegt werden können, verbleibt dem Insolvenzverwalter die Anfechtung der gezahlten Beraterhonorare nach §§ 130, 132, 133 InsO (§ 132 Rdn. 11, § 133 Rdn. 18, § 142 Rdn. 22).

Der **Aussteller** einer Bescheinigung nach § 270b Abs. 1 Satz 3 haftet für Vermögensminderungen im »Schutzschirmverfahren«, wenn die Bescheinigung fehlerhaft ist.

L. Ansprüche aus Patronatserklärung

Die Patronatserklärung ist ein Instrument, das zu vielfältigen Zwecken zum Einsatz kommt. Sie ist insbesondere ein **effektives und flexibles Instrument zur Beseitigung einer Bestandsgefahr** im Sinne einer Überschuldung oder (drohenden) Zahlungsunfähigkeit einer Gesellschaft. In der Praxis begegnet man Patronatserklärungen häufig in Sachverhalten mit Gesellschaften als Teil einer Unternehmensgruppe. Je nach Ausgestaltung der Patronatserklärung im Einzelfall kann sie sowohl einen Beitrag zur Beseitigung einer Überschuldung (§ 19) als auch zur Beseitigung einer Zahlungsunfähigkeit (§ 17) leisten (unten Rdn. 15 f.). Damit ist die Patronatserklärung zugleich auch ein Instrument zur Absicherung der Geschäftsleitung gegen Risiken einer Haftung wegen Insolvenzverursachung oder Insolvenzverschleppung (vgl. dazu Ziemons, GWR 2009, 411). Diese Wirkungen der Patronatserklärung hängen aber ganz wesentlich von der Art ihrer Gestaltung im Einzelfall ab.

I. Arten der Patronatserklärung und Haftung

Wichtig ist vorab die Feststellung, dass es *die* Patronatserklärung nicht gibt. Vielmehr gilt auch mit Blick auf die Patronatserklärung der **Grundsatz der Finanzierungsfreiheit** der Gesellschafter, der keine inhaltlichen Vorgaben macht und die Art und Weise der Finanzierung einer weitreichenden Privatautonomie unterstellt. Ob eine in dieser Weise inhaltlich frei gestaltete Patronatserklärung ihr Ziel, eine Bestandsgefahr zu beseitigen, zu erreichen vermag, ist eine andere Frage und hängt von vielen weiteren Umständen ab. Der BGH (ZIP 2011, 1111 m.w.N.) hat in seiner Entscheidung vom 19.05.2011 die in der Praxis regelmäßig vorkommenden Erklärungsinhalte lehrbuchartig zusammengefasst (zum Ganzen auch Maier-Reimer/Etzbach, NJW 2011, 1110; Raeschke-Kessler/Christopeit, NZG 2010, 1361; Rosenberg/Kruse, BB 2003, 641; Wittig, WM 2003, 1981).

Herkömmlich wird zwischen der Erteilung von »**weichen**« und »**harten**« **Patronatserklärungen** unterschieden:

1. Weiche Patronatserklärungen

3   **Weiche Patronatserklärungen**, bei denen es sich um bloße Informationen über die Zahlungsfähigkeit einer Tochtergesellschaft oder um allenfalls faktisch verpflichtende Good-will-Erklärungen handelt, haben keinen rechtsgeschäftlichen Charakter und begründen damit keine irgendwie geartete Verbindlichkeit des Patrons, die im Fall der Insolvenz der patronierten Gesellschaft in deren Insolvenzmasse nach § 35 fallen könnte (zu einem solchen Fall s. etwa OLG Karlsruhe, ZIP 1992, 1394: »Loyalitätserklärung«; ferner OLG Frankfurt am Main, ZIP 2007, 2316: Aus einer Patronatserklärung, wonach es der »Geschäftspolitik« der Erklärenden entspreche, die Kreditwürdigkeit der Erklärungsempfängerin zu erhalten, ergibt sich grundsätzlich keine Übernahme einer rechtlichen Verpflichtung zur Unterstützung der Tochtergesellschaft).

4   Ob ein Rechtsbindungswille vorliegt und auf welche Rechtsfolge dieser möglicherweise gerichtet ist, ist im Wege der **Auslegung nach §§ 133, 157 BGB** zu bestimmen (OLG Frankfurt am Main, ZIP 2007, 2316). Ein Vermerk der Patronatserklärung »unter der Bilanz« nach § 251 Satz 1 HGB spricht für den Willen zur Begründung einer rechtsverbindlichen Einstandspflicht (umgekehrt spricht aber das Unterlassen des Vermerks freilich nicht gegen den Willen zur Begründung einer rechtsverbindlichen Einstandspflicht). Nach § 251 Satz 1 HGB sind Verbindlichkeiten aus Bürgschaften sowie Haftungsverhältnisse aus der Bestellung von Sicherheiten für fremde Verbindlichkeiten unter der Bilanz zu vermerken.

5   Eine Haftung in den (engen) Grenzen der **§ 826 BGB oder §§ 280, 311 Abs. 3 BGB** bleibt jedoch möglich (MK-BGB-Habersack, vor § 765 Rn. 54).

2. Harte Patronatserklärung

6   Demgegenüber übernimmt der Patron durch eine **harte Patronatserklärung** entweder im Innenverhältnis zu seiner Tochtergesellschaft oder im Außenverhältnis zu deren Gläubiger die Verpflichtung, die Tochtergesellschaft in der Weise auszustatten, dass sie stets in der Lage ist, ihren finanziellen Verbindlichkeiten zu genügen. Die harte Patronatserklärung kann Ansprüche begründen, die in die Insolvenzmasse nach § 35 der insolventen patronierten Gesellschaft fallen, wenn die patronierte Gesellschaft selbst Anspruchsinhaberin ist (dazu sogleich Rdn. 9).

7   In der Krise der Gesellschaft wird häufig zur harten Patronatserklärung als **Sanierungsinstrument** gegriffen (zu den Wirkungen einer harten Patronatserklärung mit Blick auf die Insolvenzgründe unten Rdn. 15 f.).

8   Eine häufige **Formulierung in Konzernsachverhalten** ist etwa (s. OLG München, ZIP 2004, 2102):

> »*Wir werden dafür Sorge tragen, dass unsere Tochtergesellschaft bis zur vollständigen Rückzahlung des Kredites in der Weise geleitet und finanziell ausgestattet wird, dass sie jederzeit in der Lage ist, ihre Verpflichtungen im Zusammenhang mit diesem Kredit zu erfüllen.*«

Oder nicht spezifisch auf eine Verbindlichkeit bezogen:

> »*Wir werden dafür Sorge tragen, dass unsere Tochtergesellschaft stets in der Weise geleitet und finanziell ausgestattet wird, dass sie jederzeit in der Lage ist, ihre gegenwärtigen und zukünftigen Verbindlichkeiten zu erfüllen.*«

Eine so (oder ähnlich) formulierte harte Patronatserklärung begründet regelmäßig eine rechtsgeschäftliche Einstandspflicht des Patrons gegenüber dem jeweiligen Adressaten der Erklärung:

a) Haftung der Patronin aus harter internen Patronatserklärungen

Eine von der Muttergesellschaft zugunsten und gegenüber ihrer Tochtergesellschaft abgegebene *interne* Patronatserklärung, die auch als Verlustdeckungszusage oder Verlustübernahmeerklärung bezeichnet wird, begründet auch in der Insolvenz der Tochtergesellschaft zu deren Gunsten einen eigenen, in die Insolvenzmasse nach § 35 fallenden und vom Insolvenzverwalter zu verfolgenden Ausstattungsanspruch gegen die Muttergesellschaft. Die interne Patronatserklärung wird überwiegend als aufschiebend bedingtes Darlehensversprechen eingeordnet (s. etwa Krüger/Pape, NZI 2011, 617, 618).

b) Haftung der Patronin aus harter externen Patronatserklärungen

Die von der Muttergesellschaft gegenüber einem Gläubiger ihrer Tochtergesellschaft erteilte *externe* **Patronatserklärung** verwandelt sich in der Insolvenz der Schuldnerin in eine Pflicht zur Direktzahlung an diesen Gläubiger. Eine externe Patronatserklärung wird allgemein als Sicherungsmittel verglichen mit einer Bürgschaft oder Garantieerklärung (BGHZ 117, 127 = NJW 1992, 2093).

Die **Anspruchsgrundlage des Zahlungsanspruchs** ergibt sich entweder primär aus der Patronatserklärung selbst (MK-BGB-Habersack, vor § 765 Rn. 52: ergänzenden Auslegung des Patronatsvertrags) oder aus § 280 Abs. 1 BGB (teilweise i. V. m. § 283 BGB) wegen der Nichterfüllung der zugesagten hinreichenden finanziellen Ausstattung der patronierten Gesellschaft (Tetzlaff, WM 2011, 1016, 1019; Küpper/Heinze, ZInsO 2006, 913, 917; s. auch BGHZ 117, 127 = NJW 1992, 2093). Soweit es sich um eine verschuldensunabhängige Einstandspflicht handeln soll, spricht das eher für einen Anspruch unmittelbar nach Maßgabe der Patronatserklärung. Unabhängig von seiner Grundlage soll der Anspruch grundsätzlich eine gleichrangige Haftung des Patrons neben der (insolventen) patronierten Gesellschaft i. H. d. vollen Forderungsbetrags begründen (vgl. BGHZ 117, 127 = NJW 1992, 2093). Eine solche externe Patronatserklärung schafft demnach aber keine eigenen Ansprüche der Tochtergesellschaft gegen die Muttergesellschaft, die in die Insolvenzmasse nach § 35 fallen könnten.

In der **Doppelinsolvenz** von Patron und unterstützter Gesellschaft findet § 43 Anwendung (dazu Uhlenbruck-Knof § 43 Rn. 8 a. E.).

Die Direktansprüche einzelner Gläubiger betreffen regelmäßig »**Individualschäden**« und sind daher nicht durch den Insolvenzverwalter nach § 92 geltend zu machen (Uhlenbruck-Hirte § 92 Rn. 10; vgl. BGH, ZIP 2003, 1097).

c) Haftung der Patronin aus harter internen Patronatserklärung, die nach Außen kundegegeben wurde

»Zwischen« den vorgenannten beiden Arten der harten Patronatserklärung steht die **nach Außen kundegegebene interne Patronatserklärung**, also eine Patronatserklärung, die zwar im Innenverhältnis von Mutter- und Tochtergesellschaft abgegeben wurde, dann aber im weiteren Verlauf gegenüber einzelnen oder allen *(»to whom it may concern«)* Gläubigern der Tochtergesellschaft eingesetzt wird. In diesem Fall kommt ebenfalls eine Haftung des Patrons gegenüber den Gläubigern in Betracht, wenn die Weitergabe der Erklärung an den Gläubiger bei Abgabe der Erklärung im Innenverhältnis konsentiert war (str., zum Streitstand Ziemons, GWR 2009, 411). Für *unmittelbar* an die Allgemeinheit gerichtete harte Patronatserklärungen gilt ohnehin das zu den harten externen Patronatserklärungen Gesagte. Solche Erklärungen sind als annahmebedürftiger Antrag *ad incertas personas* zu qualifizieren, dieser kann durch Annahme eine wirksame Verpflichtung begründen (regelmäßig auch durch Annahme gegenüber der unterstützen Gesellschaft als Empfangsvertreterin; s. auch MK-BGB-Habersack, vor § 765 Rn. 53).

d) Auswirkung der Haftungsverhältnisse auf die Insolvenzgründe

15 Mit Hilfe einer harten internen Patronatserklärung, durch die sich die Muttergesellschaft gegenüber ihrer Tochtergesellschaft verpflichtet, dieser die zur Erfüllung ihrer jeweils fälligen Forderungen benötigten Mittel zur Verfügung zu stellen, kann sowohl die Zahlungsunfähigkeit der Tochtergesellschaft vermieden werden als auch eine Überschuldung beseitigt werden. Dies setzt jedoch einmal mit Blick auf die **Verhinderung der Zahlungsunfähigkeit** voraus, dass die Muttergesellschaft ihrer Ausstattungsverpflichtung tatsächlich nachkommt. Ein nicht liquider Anspruch der Gesellschaft gegen den Gesellschafter steht für die Erfüllung fälliger Verbindlichkeiten nicht zur Verfügung und hat daher in einer kurzfristigen Liquiditätsplanung unberücksichtigt zu bleiben (in der Insolvenz kann dann wegen der Nichterfüllung der Liquiditätszusage gegen den Gesellschafter zwar ein Schadensersatzanspruch geltend gemacht werden, dieser ändert aber nichts an dem vorherigen Eintritt der Zahlungsunfähigkeit). Die Erfüllung der Ausstattungsverpflichtung muss daher ggf. abgesichert werden, indem etwa der Gesellschaft ein ungehinderter Zugriff auf die Mittel des Gesellschafters eröffnet wird.

16 Die **Beseitigung der Überschuldung** setzt voraus, dass die Ausstattungspflicht des Gesellschafters im Überschuldungsstatus aktivierbar ist. Dafür muss die Patronin auf alle Forderungen gegen die patronierte Tochtergesellschaft aus der Patronatserklärung verzichten oder einen Rangrücktritt nach § 39 Abs. 2 erklären, insbesondere im Hinblick auf etwaige Regressansprüche aufgrund der Befriedigung von Gläubigern der Tochtergesellschaft oder Rückzahlungsansprüche aufgrund der Erfüllung der Ausstattungsverpflichtung gegenüber der patronierten Gesellschaft (BGH, NZI 2010, 952 – »STAR 21«; s. auch Anm. Knof, LMK 2011, 316151).

II. Kündigungs- oder sonstige Beendigungsmöglichkeiten

17 In der sich zuspitzenden Krise der Gesellschaft können die Grenzen der **Kündigungs- oder sonstiger Beendigungsmöglichkeiten** relevant werden. Der BGH (NZI 2010, 952) hat in seiner sog. »STAR 21«-Entscheidung der harten internen Patronatserklärung als Sanierungsinstrument insoweit mehr Konturen verliehen (dazu und zum Folgenden auch Anm. Knof, LMK 2011, 316151). Die harte interne Patronatserklärung ist grundsätzlich geeignet, die Insolvenzantragspflicht zu suspendieren, und zwar nicht nur um den Preis der Abgabe einer »Überlebensgarantie« durch die Patronin. Bei entsprechender Gestaltung seitens der Patronin sind auch harte interne Patronatserklärungen vorinsolvenzlich – auch sehr kurzfristig – mit Wirkung für die Zukunft kündbar, wenn ein Kündigungsrecht besteht.

18 Wurde ein solches Kündigungsrecht nicht ausdrücklich vereinbart, kann auf die **gesetzlichen ordentlichen oder außerordentlichen Kündigungsmöglichkeiten** zurückgegriffen werden (zu denken ist vor allem an § 314 Abs. 1 BGB oder eine Kündigung entsprechend § 490 Abs. 1 BGB; zu § 490 BGB gelangt man, wenn man die Patronatserklärung als ein aufschiebend bedingtes Darlehensversprechen einordnet; oben Rdn. 9).

19 Ein solches Kündigungsrecht kann sich aber auch **konkludent aus der Vereinbarung einer bestimmten Zwecksetzung** ergeben. In der Krise kann etwa eine Patronatserklärung zu dem Zwecke vereinbart werden, die sonst bestehende Insolvenzantragspflicht für den Zeitraum der Prüfung der Sanierungswürdigkeit und -fähigkeit der patronierten Gesellschaft auszusetzen. Fällt der Zweck fort und kann nicht mehr erreicht werden, ist dann möglicherweise eine Kündigung oder Beendigung gewollt. Ob der Patronatserklärung eine konkludente Erklärung mit einem solchen Inhalt zugrunde liegt, ist im Wege der Auslegung nach §§ 133, 157 BGB zu ermitteln.

20 Freilich hat aber auch die Suspendierung der Insolvenzantragspflicht (nur) für einen begrenzten Zeitraum ihren Preis: Die Patronatserklärung entfalte selbstverständlich bis zu ihrer nur *ex nunc* eingreifenden Kündigung Wirkung (dazu und zum Folgenden Knof, LMK 2011, 316151). Insofern dürfte noch unstreitig sein, dass die Ausstattungspflicht des Gesellschafters – vorbehaltlich anderslautender Vereinbarung, insbesondere auch Höchstbeträgen – jedenfalls die im Zeitpunkt der Beendigung der Patronatsverpflichtung *fälligen* Verbindlichkeiten abdeckt.

Die aus der internen Patronatserklärung erwachsende Freistellungsverpflichtung ist dabei aber nicht ohne Weiteres auf die bis dahin bereits fälligen Forderungen gegen die patronierte Gesellschaft beschränkt (diese Beschränkung hätte zur Folge, dass hinsichtlich der Höhe der Freistellungsverpflichtung der Patronin zwischen bis zur Kündigung fälligen und zwar möglicherweise bereits begründeten, aber noch nicht fälligen Forderungen unterschieden werden müsste). Das ließe sich zwar ausdrücklich so vereinbaren, fraglich wäre dann aber die Aktivierungsfähigkeit der Freistellungsverpflichtung im Überschuldungsstatus. Denn bei näherem Hinsehen droht ein Widerspruch, wenn die Wirkung der Patronatserklärung einerseits im Insolvenzfall auf die fälligen Verbindlichkeiten beschränkt bleiben soll, sie andererseits aber zuvor eine bereits eingetretene Überschuldung ungeachtet der Fälligkeit bestimmter Forderungen auf der Passivseite beseitigen können soll. Eine Aktivierung dürfte hier konsequenterweise nur i. H. d. fälligen Forderungen gegen die Schuldnerin in Betracht kommen. Wollte man darüber hinausgehen, darf nicht übersehen werden, dass die Gläubiger auch im Fall der harten internen Patronatserklärung auf ein Eingreifen der nicht zur Disposition der Parteien stehenden Insolvenzantragspflicht nach § 15a i. V. m. § 19 vertrauen. Dann wäre es mit einer Haftung der Patronin (nur) für die bis zum Zeitpunkt der Beendigung fälligen Verbindlichkeiten jedoch nicht getan. Im Ergebnis dürfte die Patronin für die bei der Beendigung bereits begründeten Verbindlichkeiten haften. Bei einer insolventen Gesellschaft zählen dazu mithin regelmäßig alle Insolvenzforderungen (auch Schadensersatzansprüche infolge Anwendung der §§ 103 ff.). 21

Um die Risiken für den Patron im Fall des Scheiterns der Sanierungsbemühungen klein zu halten, sollte ein auf die Sanierungsprüfung begrenzter Zweck der Patronatserklärung in dessen Wortlaut aufgenommen werden und auch ein Kündigungsrecht der Patronin ausdrücklich vereinbart werden. Ferner kann die Haftung der Patronin auf einen bestimmten Höchstbetrag oder für die bis zum Zeitpunkt der Kündigung *fälligen* Verbindlichkeiten beschränkt werden (mit entsprechenden Beschränkungen, was die Aktivierung der Patronatserklärung der Höhe nach anbelangt). 22

§ 36 Unpfändbare Gegenstände

(1) ¹Gegenstände, die nicht der Zwangsvollstreckung unterliegen, gehören nicht zur Insolvenzmasse. ²Die §§ 850, 850a, 850c, 850e, 850f Abs. 1, §§ 850g bis 850k, 851c und 851d der Zivilprozeßordnung gelten entsprechend.

(2) Zur Insolvenzmasse gehören jedoch
1. die Geschäftsbücher des Schuldners; gesetzliche Pflichten zur Aufbewahrung von Unterlagen bleiben unberührt;
2. die Sachen, die nach § 811 Abs. 1 Nr. 4 und 9 der Zivilprozeßordnung nicht der Zwangsvollstreckung unterliegen.

(3) Sachen, die zum gewöhnlichen Hausrat gehören und im Haushalt des Schuldners gebraucht werden, gehören nicht zur Insolvenzmasse, wenn ohne weiteres ersichtlich ist, daß durch ihre Verwertung nur ein Erlös erzielt werden würde, der zu dem Wert außer allem Verhältnis steht.

(4) ¹Für Entscheidungen, ob ein Gegenstand nach den in Absatz 1 Satz 2 genannten Vorschriften der Zwangsvollstreckung unterliegt, ist das Insolvenzgericht zuständig. ²Anstelle eines Gläubigers ist der Insolvenzverwalter antragsberechtigt. ³Für das Eröffnungsverfahren gelten die Sätze 1 und 2 entsprechend.

Übersicht	Rdn.		Rdn.
A. Normzweck	1	a) Anwendbare Pfändungsschutzvorschriften	8
B. Norminhalt	5		
I. Persönlicher Anwendungsbereich	5	b) Vertragliche Abtretungsverbote und zweckgebundene Forderungen	16
II. Grundsatz: Keine Massezugehörigkeit bei Unpfändbarkeit (Abs. 1)	7		
1. Allgemeine Prinzipien	7	c) Verzicht auf Pfändungsschutz	19

§ 36 InsO Unpfändbare Gegenstände

    d) Austauschpfändung 21
  2. Pfändbares Arbeitseinkommen und gleichgestellte Einkünfte gemäß den ZPO-Vorschriften des Abs. 1 Satz 2 . 23
III. Ausnahmsweise Massezugehörigkeit trotz Unpfändbarkeit (Abs. 2) 39
  1. Geschäftsbücher (Abs. 2 Nr. 1) 40

    a) Erfasste Aufzeichnungen 41
    b) Herausgabepflichten 43
    c) Aufbewahrungspflichten 45
  2. Landwirtschaftliche Betriebe und Apotheken (Abs. 2 Nr. 2) 47
IV. Massefreier Hausrat (Abs. 3) 48
C. Verfahrensfragen (Abs. 4) 51

A. Normzweck

1 § 36 bildet einen Ausnahmetatbestand zu § 35. Entsprechend dem Charakter des Insolvenzverfahrens als Zwangsvollstreckungsverfahren nimmt Abs. 1 grds. alle unpfändbaren Gegenstände von der Masse aus. So bleibt der sich aus den Grundrechten der Art. 1 und 2 Abs. 1 GG sowie dem Sozialstaatsprinzip in Art. 20, 28 GG ergebende verfassungsmäßige Schutz vor Kahlpfändung gewahrt (MK-Peters § 36 Rn. 1). Neben dem **Schuldnerschutz** dient die Norm damit auch dem **Schutz der Allgemeinheit** davor, dass durch unbeschränkten Gläubigerzugriff der Schuldner der Sozialhilfe bedürftig wird (FK-Bornemann § 36 Rn. 1; Voigt/Gerke, ZInsO 2002, 1054; **a. A.** Jaeger-Henckel § 36 Rn. 6).

2 Abs. 2 trägt mit Gegenausnahmen den Besonderheiten der **Gesamtvollstreckung** Rechnung (Uhlenbruck-Hirte § 36 Rn. 43). Ohne die an sich unpfändbaren Geschäftsbücher kann der Insolvenzverwalter seinen Auftrag, den insolventen Betrieb fortzuführen und als Ganzes zu verwerten oder abzuwickeln, nicht erfüllen. Deswegen wird auch die Unpfändbarkeit der Betriebsmittel des Landwirts und des Apothekers aufgehoben (BK-Zilkens § 36 Rn. 13).

3 Abs. 3 ist der Regelung des § 812 ZPO entlehnt, jedoch ausdrücklich als zwingende Vorschrift formuliert. Die Norm durchbricht allgemeine Prinzipien des Vollstreckungsschutzes, da hier in besonderer Weise auf die **Verhältnismäßigkeit** abgestellt wird, um dem Schuldner so eine den Umständen angemessene Haushaltsführung zu ermöglichen (K/P/B-Holzer § 36 Rn. 27).

4 Die Verfahrensregelung in Abs. 4 begründet wegen der **Sachnähe** die Zuständigkeit des Insolvenzgerichtes für die Bestimmung des massezugehörigen Anteils von Arbeitseinkünften und gleichgestellten Leistungen (BegrRechtsA BT-Drucks. 14/6488 S. 17).

B. Norminhalt

I. Persönlicher Anwendungsbereich

5 § 36 gilt grds. nur im **Insolvenzverfahren natürlicher Personen**. Eine Beschränkung der Masse auf pfändbares Vermögen ist in anderen Insolvenzverfahren i. d. R. nicht angezeigt, da der Normzweck, im sozialen Interesse eine menschenwürdige Existenz zu sichern, dort leerläuft. In der Insolvenz juristischer Personen und Gesellschaften ohne Rechtspersönlichkeit (§ 11 Abs. 2 Nr. 1) gehört daher rgm. das gesamte Vermögen zunächst zur Masse, was aber die Möglichkeit der Freigabe nicht ausschließt (s. § 35 Rdn. 64 f.).

6 Dennoch gibt es **Ausnahmen**:
- Der Pfändungsschutz für bewegliche Sachen aus § 811 ZPO ist auch dem Erben im **Nachlassinsolvenzverfahren** zu gewähren (s. Vorbem. §§ 315 ff. Rdn. 4).
- Auch kann er im Einzelfall bei kleinen **Gesellschaften** zugunsten von Gesellschaftern greifen, die ihre Existenzgrundlage aus ihrer persönlichen Arbeit im Gesellschaftsbetrieb bestreiten (Uhlenbruck-Hirte § 35 Rn. 301, § 36 Rn. 16; HK-Keller § 36 Rn. 4; **a. A.** MK-Peters § 36 Rn. 6; Jaeger-H.-F. Müller § 35 Rn. 145).
- Die Unpfändbarkeit ist generell zu beachten, wo sie allein den **schutzwürdigen Belangen Dritter** dient. Dies kann bei zweckgebundenen Forderungen (§§ 851 Abs. 2 ZPO, 399, 1. Alt. BGB) der Fall sein (vgl. Rdn. 17). Zu Vorkaufsrechten s. § 35 Rdn. 163.

– Ob im Insolvenzverfahren **juristischer Personen des öffentlichen Rechts** die §§ 882a Abs. 2 ZPO, 170 Abs. 3 VwGO, 152 Abs. 3 FGO gelten, ist umstr. (dafür Uhlenbruck-Hirte § 35 Rn. 377; Häsemeyer, InsR Rn. 9.11; **a. A.** Jaeger-H.-F. Müller § 35 Rn. 145).

II. Grundsatz: Keine Massezugehörigkeit bei Unpfändbarkeit (Abs. 1)

1. Allgemeine Prinzipien

Inwieweit einzelne Pfändungsschranken jeweils dem Insolvenzbeschlag entgegenstehen, ist bei der Darstellung der diversen Massegegenstände bei § 35 (dort Rdn. 72 ff.) berücksichtigt. Für die Anwendung der auf die Einzelzwangsvollstreckung zugeschnittenen Pfändungsschutznormen im Insolvenzverfahren ist jedoch auf folgende Grundsätze hinzuweisen: 7

a) Anwendbare Pfändungsschutzvorschriften

Es gilt die Regel, dass jeder Vermögensgegenstand pfändbar ist, sofern dies nicht durch Gesetz oder gerichtliche Entscheidung ausgeschlossen ist. Das bedeutet, dass auch in Fällen, bei denen Gegenstände auf Antrag des Schuldners durch gerichtliche Entscheidung von der Pfändung ausgenommen werden können (z. B. Einkünfte von Selbstständigen, § 850i ZPO), sie zunächst zur Masse gehören (BGH, ZInsO 2011, 1412 Tz. 4; FK-Bornemann § 36 Rn. 5). Unter dem Gesichtspunkt der Verfahrensökonomie kann der Insolvenzverwalter jedoch von der Freigabe Gebrauch machen (so wohl auch BGH a. a. O. und ZInsO 2003, 413, 416; zur Freigabe: § 35 Rdn. 52 ff., 240 ff.). Wendet er dabei die entscheidungserhebliche Norm ermessensfehlerhaft an, macht er sich u. U. haftbar (§ 60). 8

Grundsätzlich erfasst Abs. 1 Satz 1 **sämtliche Pfändungsschranken**; Abs. 1 Satz 2 hat keine enumerative, sondern nur klarstellende Bedeutung. Die wichtigsten Pfändungsschutznormen sind im Achten Buch der ZPO enthalten: 9

– Für **bewegliche Sachen** handelt es sich um die §§ 810 bis 811d ZPO. 10
– Bei **Forderungen und sonstigen Vermögensrechten** sind neben den in Abs. 1 Satz 2 für anwendbar erklärten Schutzvorschriften hinsichtl. des Arbeitseinkommens und gleichgestellter Einkünfte (hierzu Rdn. 23 ff.) die §§ 851, 852, 857 Abs. 3, 859 und 860 ZPO zu beachten. 11

Immobiliarvermögen unterliegt grds. keinem Pfändungsschutz, vgl. §§ 864 bis 871 ZPO i. V. m. dem ZVG. 12

Daneben gelten auch Pfändungsschutzbestimmungen anderer Gesetze. Praxisrelevant sind vor allem **Sozialgesetze** wie §§ 54, 55 SGB I, § 17 Abs. 1 SGB XII (Sozialhilfe), aber auch § 51 Abs. 3 BeamtVG, § 84 BBeamtG (ausführl. Aufstellung bei Stöber, Forderungspfändung, Rn. 1313 ff.). 13

Ist ein Gegenstand **nur für bestimmte Gläubiger pfändbar**, gehört er grds. nicht zur Masse. Mit der Einfügung des Satz 2 in Abs. 1 anlässlich des InsOÄndG zum 01.12.2001 wollte der Gesetzgeber klarstellen, dass Pfändungsvorschriften, die nicht für alle Gläubigergruppen gelten, im Insolvenzverfahren nur angewendet werden dürfen, wenn der Zweck der Regelung mit dem Ziel der Gesamtvollstreckung im Einklang steht (BegrRechtsA BT-Drucks. 14/6468 S. 17). 14

Daher gehören die nur für Unterhalts- und Deliktsgläubiger erweiterten pfändbaren Beträge (§§ 850d, 850f Abs. 2 ZPO) nicht zur Masse. Hingegen wirken Entscheidungen nach § 850c Abs. 4 ZPO und auch die Vorschrift des § 54 Abs. 2 SGB I gegenüber allen Gläubigern, sodass dadurch pfändbare Beträge massezugehörig sind. Zu § 850b Abs. 2 ZPO s. Rdn. 28. 15

b) Vertragliche Abtretungsverbote und zweckgebundene Forderungen

Forderungen sind grds. nur dann pfändbar, wenn sie auch übertragbar sind (§ 851 Abs. 1 ZPO). **Gesetzliche Abtretungsverbote** schließen daher den Insolvenzbeschlag aus, wenn nichts anderes bestimmt ist. 16

Entgegen dem Wortlaut des § 851 Abs. 2 ZPO fallen **zweckgebundene Forderungen** i. S. d. § 399, 1. Alt. BGB unter § 851 Abs. 1 ZPO (Thomas/Putzo-Seiler ZPO § 851 Rn. 3). Sie gehören daher 17 nur bei zweckentsprechender Verwendung zur Masse (Uhlenbruck-Hirte § 36 Rn. 5; BK-Zilkens § 36 Rn. 19). So sind Versicherungsansprüche mit Wiederherstellungsklausel nur bei bestimmungsgemäßer Verwendung Teil der Masse (§ 93 VVG). Der Streit, ob Baugeldforderungen i. S. d. § 1 BauFordSiG nur zweckgebunden zur Masse gehören (so Jaeger-Henckel § 36 Rn. 25; HK-Keller § 36 Rn. 31; a. A. Uhlenbruck-Hirte § 35 Rn. 174 f.; ausf. dazu Heidland, ZInsO 2010, 737), ist ohne praktische Relevanz, da dieser Darlehensauszahlungsanspruch vom Kreditgeber rgm. insolvenzbedingt gekündigt wird (s. § 35 Rdn. 154); das an den Insolvenzschuldner ausgezahlte Baugeld ist jedenfalls freie Masse (BGH, ZInsO 2013, 1313 Tz. 5; Heidland a. a. O.). Denn die Zweckbindung bezieht sich nur auf den offenen Anspruch; ist er durch Auszahlung erloschen, hat sich die Zweckbindung erledigt und der ausgezahlte Betrag gehört zur Masse, so z. B. auch bei der Beihilfe in der Insolvenz eines Beamten (BGH, ZInsO 2007, 1348).

18 Schuldner und Drittschuldner sollen nicht durch Vereinbarung den Gläubigern Vermögensgegenstände entziehen können. Daher hindern **rechtsgeschäftliche Abtretungsverbote** die Massezugehörigkeit nicht, wenn sie § 354a HGB unterfallen oder der Gegenstand seiner Natur nach pfändbar ist, §§ 851 Abs. 2 ZPO, 399, 2. Alt. BGB. Abtretungsausschluss für Lohn im Tarifvertrag, für Versicherungsansprüche in amtlich genehmigten Versicherungsbedingungen oder durch öffentlich-rechtliche Satzung eines Leistungsträgers führt nicht zur Massefreiheit (Uhlenbruck-Hirte § 36 Rn. 10; Zöller/Stöber § 851 ZPO Rn. 6). Vgl. auch § 287 Abs. 3.

c) Verzicht auf Pfändungsschutz

19 Die Befugnis des Schuldners, unpfändbare Gegenstände der Masse zur Verfügung zu stellen, wird im Hinblick darauf, dass der Pfändungsschutz auch öffentlichen Interessen dient (vgl. Rdn. 1), teilweise infrage gestellt (so für die Einzelzwangsvollstreckung Brox/Walker, ZwVollstrR, Rn. 303 f. m. w. N.).

20 Die ganz h. M. hält dies jedoch bei **Sachen** für zulässig, wenn der Verzicht **nach Inbesitznahme durch den Verwalter** (§ 148) erklärt wird (a. A. A/G/R-Ahrens § 36 Rn. 22). Zum einen verlangt das öffentliche Interesse nur, dass gegen den Schuldner kein Zwang angewandt wird (Uhlenbruck-Hirte § 36 Rn. 39 f.; dem folgend NR-Andres § 36 Rn. 59; K/P/B-Holzer § 36 Rn. 9). Zum anderen ergibt sich die Zulässigkeit daraus, dass der Schuldner insoweit nicht in seiner Dispositionsbefugnis eingeschränkt ist (Jaeger-Henckel § 36 Rn. 6). Nicht möglich ist der Verzicht hingegen bei unpfändbaren Forderungen und Rechten, da über sie nicht verfügt werden kann, §§ 400, 413 BGB (MK-Peters § 36 Rn. 59).

20a Teilweise wird vertreten, dass der Schuldner mit einer **Sicherungsübereignung** einer an sich unpfändbaren Sache konkludent auf den Pfändungsschutz verzichtet, so z. B. Selbstständige bzgl. ihres nach § 811 Abs. 1 Nr. 5 und 7 ZPO unpfändbaren Arbeitsgerätes (B/L/A/H-Hartmann § 811 ZPO Rn. 5), mit der Folge, dass die Sachen zur Masse gehören (so wohl AG Köln, ZInsO 2003, 667, 669), belastet mit dem Absonderungsrecht des Sicherungseigentümers. Dem ist entgegen zu halten, dass dieser Verzicht jedenfalls nur das Verhältnis zum Sicherungsnehmer beträfe, was für die Massezugehörigkeit nicht ausreicht, da diese erfordert, dass der Gegenstand grds. für alle Gläubiger pfändbar ist (vgl. Rdn. 14; OLG Köln, ZVI 2006, 591, zust. Anm. Gundlach/N. Schmidt, EWiR 2006, 625; LG Aachen, NZI 2006, 643). Solange der Schuldner die Sachen in bestimmungsgemäßem Gebrauch hat, greift damit der Schutz des § 811 ZPO, die Sachen gehören nicht zur Masse (OLG Köln und LG Aachen a. a. O.). Gesteht man in Konsequenz dessen dem Sicherungseigentümer einen Herausgabeanspruch zu, widerspricht dies der Wertung des Gesetzgebers, dass Sicherungseigentum in der Insolvenz des Sicherungsgebers grds. im Sanierungsinteresse zugunsten der Gläubigergesamtheit für eine Betriebsfortführung genutzt werden kann (vgl. § 166 Rdn. 1; § 35 Rdn. 30). Ebenso wäre es unbillig, wenn der Schuldner bzw. der Insolvenzverwalter die Sachen ohne Ausgleich abnutzen können (so aber wohl OLG Köln und LG Aachen a. a. O.). Diese Regelungslücke ist durch analoge Anwendung der §§ 169, 172 zu schließen.

d) Austauschpfändung

Die Regeln über die Austauschpfändung in der Einzelzwangsvollstreckung (§§ 811a, b ZPO) sind im Insolvenzverfahren **entsprechend anwendbar** (allg. Auffassung: Jaeger-Henckel § 36 Rn. 7; BK-Amelung/Wagner § 35 Rn. 14; Häsemeyer, InsR, Rn. 9.12; A/G/R-Ahrens § 36 Rn. 21). Wie bei der Einzelzwangsvollstreckung müssen Ersatzstück oder Geldbetrag dem Schuldner gem. § 811a ZPO vor der Wegnahme zur Verfügung gestellt werden (Uhlenbruck-Hirte § 36 Rn. 41). Da bei Mängeln dem Schuldner kaufähnliche Ansprüche zustehen (Hirte a. a. O.), ist die Geldleistung vorzuziehen.

Den Austausch vollzieht der Insolvenzverwalter, eine Mitwirkung des Vollstreckungs- oder Insolvenzgerichtes ist nicht erforderlich. Über Einwendungen des Schuldners entscheidet das Insolvenzgericht (Uhlenbruck-Hirte § 36 Rn. 41; Jaeger-Henckel § 36 Rn. 7; HK-Keller § 36 Rn. 20; a. A. NR-Andres § 36 Rn. 8: Vollstreckungsgericht) analog § 148 Abs. 2 Satz 2.

2. Pfändbares Arbeitseinkommen und gleichgestellte Einkünfte gemäß den ZPO-Vorschriften des Abs. 1 Satz 2

Arbeitseinkommen und gleichgestellte Einkünfte sind sowohl hinsichtl. evtl. Rückstände (Häsemeyer, InsR, Rn. 9.13; Uhlenbruck-Hirte § 36 Rn. 20; s. a. § 35 Rdn. 235) als insb. auch hinsichtl. der fortlaufenden Bezüge als Neuerwerb gem. den in Abs. 1 Satz 2 genannten Pfändungsvorschriften massezugehörig.

Der pfändbare Anteil ist in seit dem 01.07.2014 eröffneten Verfahren gem. § 91 Abs. 1 freie Masse. Eine vor Insolvenzeröffnung erfolgte Abtretung, Verpfändung oder Pfändung begründet seit Aufhebung des § 114 kein Absonderungsrecht mehr.

Dem Insolvenzverwalter steht die **Einziehungsbefugnis** nur bzgl. des pfändbaren Teils zu (BAG, ZInsO 2013, 2381 Tz. 10 ff.; Häsemeyer, InsR, Rn. 9.25). Der Arbeitgeber ist für die Berechnung zuständig und hat den unpfändbaren Teil direkt an den Schuldner persönlich zu zahlen. Überzahlungen befreien den Arbeitgeber nur nach Maßgabe des § 82 (Jaeger-Henckel § 35 Rn. 119).

Ob die §§ 850 ff. ZPO auch bei Arbeit des Schuldners im **Ausland** Anwendung finden, ist umstritten. Zum Teil wird allein auf § 335 und Art. 4 EuInsVO abgestellt, wonach das Recht des Eröffnungsstaates maßgeblich ist (BGH, ZInsO 2012, 1260 Tz. 4 f.; Lissner, InsbürO 2013, 429 Wipperfürth, ZVI 2012, 367). Nach a. A. wird darüber nur das Ob der Massebefangenheit bestimmt; soweit der Umfang an die Pfändbarkeit anknüpft, handele es sich nicht um eine Frage des Insolvenzrechts sondern des Allgemeinen Zwangsvollstreckungsrechts, die nach dem Recht der Belegenheit der Sache zu beantworten sei (s. Art. 4 EuInsVO Rn. 6; AG München, NZI 2010, 664; Haas, FS Gerhardt, 2004, S. 319, 324 ff.). Für die Praxis ist jedenfalls festzustellen, dass allein das Recht des Belegenheitsstaates darüber entscheidet, ob der dortige Vermögensgegenstand vom Verwalter *tatsächlich* vereinnahmt werden kann (so auch Gottwald/Kolmann InsRHdb. § 131 Rn. 43).

Welche Bezüge als »Arbeitseinkommen« erfasst sind, bestimmt sich nach § 850 ZPO. Der Begriff ist weit auszulegen (§ 850 Abs. 4 ZPO); die in § 850 Abs. 2 und 3 ZPO genannten Ansprüche sind nur Beispiele.

Bestimmte außerordentliche Bezüge, die über §§ 850, 850c ZPO zum erheblichen Anteil pfändbar wären, werden in § 850a ZPO aus der Berechnungsgrundlage herausgenommen. Die Aufzählung ist nicht vollständig, in Sondergesetzen werden weitere Zahlungen für unpfändbar erklärt (umfangreiche Übersicht bei Zöller/Stöber ZPO § 829 Rn. 33).

§ 850b ZPO erklärt bestimmte zivilrechtliche Renten und ähnliche Bezüge für grds. unpfändbar, erlaubt aber auf Antrag eine bedingte Pfändbarkeit aus Billigkeitsgründen. Auch wenn die Norm in Abs. 1 Satz 2 nicht aufgeführt ist, ist sie nach jüngerer Rspr. des BGH entgegen der bis dahin einheitlichen Auffassung in der Lit. im Insolvenzverfahren anwendbar, da der Schuldner ansonsten günstiger dastehen könne als in der Einzelzwangsvollstreckung (ZInsO 2010, 188; ZInsO 2010,

1485; dazu Deppe, InsbürO 2010, 222; krit. Wollmann, ZInsO 2010, 754). Bei der gebotenen Billigkeitsprüfung zur Ermittlung eines massezugehörigen Anteils sind insb. Höhe, Art und Anlass der vom Schuldner bezogenen Leistung zu würdigen. Sind keine besonderen Umstände ersichtlich, gilt die Tabelle zu § 850c Abs. 1 ZPO. Die Entscheidung obliegt auf Antrag des Insolvenzverwalters entsprechend Abs. 4 dem Insolvenzgericht, im Rahmen von Zivilverfahren des Verwalters entscheidet das Prozessgericht inzident.

29 Von der nach §§ 850, 850a, 850b Abs. 1 ZPO unter Berücksichtigung der Regeln des § 850e Nr. 1 und 3 ZPO ermittelten Berechnungsgrundlage gehört grds. der sich aus der **Tabelle zu § 850c ZPO** ergebende Betrag zur Masse. Eine Anpassung auf den Einzelfall ermöglichen §§ 850c Abs. 4, 850e Nr. 2 und 2a, 850f Abs. 1 und 850g–i ZPO (s. Rdn. 51). Die Tabelle ändert sich zum 1. Juli jedes ungeraden Jahres.

30 Die Tabelle berücksichtigt die Anzahl der Unterhaltspflichten des Schuldners pauschal. Einbezogen werden dürfen nur Personen mit gesetzlichem Unterhaltsanspruch, denen der Schuldner tatsächlich Unterhalt leistet, was bei Ehegatten in häuslicher Gemeinschaft vermutet wird (BAG, ZInsO 2013, 2381 Tz. 14 ff.). Hat einer der Unterhaltsberechtigten eigenes Einkommen, auch aus anderen Unterhaltsansprüchen (BGH ZInsO 2009, 1071), kann über § 850c Abs. 4 ZPO eine Erhöhung des pfändbaren Teils herbeigeführt werden. Nach der Rspr. des BGH dürfen dabei keine festen Freibeträge herangezogen werden, sondern es ist jeweils auf die Umstände des Einzelfalls abzustellen (vgl. BGH, ZInsO 2009, 2351; ZInsO 2005, 887; ZInsO 2005, 491). Zum Verfahren s. Rdn. 51.

31 Die für Unterhaltsgläubiger nach § 850d ZPO erweitert pfändbaren Bezüge gehören nicht zur Masse (vgl. Rdn. 14), s. hierzu § 89 Abs. 2 Satz 2.

32 § 850e ZPO enthält Regeln für die Berechnung des pfändbaren Arbeitseinkommens. Auszugehen ist vom Nettoeinkommen (§ 850e Nr. 1 ZPO). Dies darf nicht mehr nach der bislang üblichen Bruttomethode ermittelt werden, die zur Folge hatte, dass in Monaten mit hohem unpfändbaren Zusatzeinkommen weniger an die Gläubiger abgeführt werden musste, als in normalen Monaten (BAG, ZInsO 2013, 1485), wenngleich die komplizierte Nettomethode ohne spezielle Software kaum rechenbar und überprüfbar ist (Grote, InsbürO 2013, 317). Erhält der Schuldner mehrere Bezüge in Form von weiterem Arbeitseinkommen (§ 850e Nr. 2 ZPO) oder zusätzlichen Sozialleistungen (§ 850e Nr. 2a ZPO), können diese zusammengerechnet werden. Zum Verfahren s. Rdn. 51. Bei Naturalien ist die Berücksichtigung zwingend (§ 850e Nr. 3 ZPO).

33 Zugunsten des Schuldners können über § 850f Abs. 1 ZPO Härtefälle berücksichtigt werden. Eine Erhöhung des massefreien Einkommens ist möglich, wenn dem Schuldner und seinen unterhaltsberechtigten Angehörigen bei Anwendung der pauschalierten Regeln weniger als der individuelle Sozialhilfesatz verbleibt. Ferner können besondere persönliche (z. B. Krankheit) oder berufliche (z. B. weiter Arbeitsweg) Bedürfnisse sowie ein besonderer Umfang gesetzlicher Unterhaltspflichten berücksichtigt werden. Zu Einzelheiten: Deppe InsbürO 2010, 378. Bei medizinischen Aufwendungen orientiert sich der BGH daran, ob sie von gesetzlichen Krankenkassen übernommen werden (BGH, ZInsO 2009, 1072; krit. Stahlschmidt, ZInsO 2009, 1987). Zum Verfahren s. Rdn. 51.

34 Die zum Schutz einzelner Gläubiger in Härtefällen nach § 850f Abs. 2 und 3 ZPO erweitert pfändbaren Bezüge sind insolvenzfrei (vgl. Rdn. 14). Für Deliktsgläubiger gilt § 89 Abs. 2 Satz 2.

35 § 850g ZPO ermöglicht die Berücksichtigung geänderter Verhältnisse, die für einen vor dem Insolvenzeröffnungsverfahren erlassenen Pfändungsbeschluss des Vollstreckungsgerichtes oder für eine Entscheidung des Insolvenzgerichtes gem. Abs. 4 maßgeblich waren. Solche Umstände können z. B. nach einem Beschluss gem. § 850c Abs. 4 oder § 850f Abs. 1 ZPO das Hinzukommen (z. B. durch Heirat, Geburt) oder der Wegfall (z. B. durch eigenes Einkommen, Tod) eines Unterhaltsberechtigten sowie die Änderung der individuellen Bedürfnisse sein. Ausf. Deppe, InsbürO 2010, 418.

36 § 850 ZPO weist verschleiertes Arbeitseinkommen ab Insolvenzeröffnung der Masse zu. Bei **Lohnverschiebung** i. S. d. § 850h Abs. 1 ZPO hat der Insolvenzschuldner mit seinem Arbeitgeber vereinbart, dass zumindest ein Teil seines Vergütungsanspruchs einem Dritten zusteht. **Lohnver-**

1. Geschäftsbücher (Abs. 2 Nr. 1)

40 Die an sich gem. § 811 Abs. 1 Nr. 11 ZPO unpfändbaren Geschäftsbücher sind zur Ermittlung der Masse sowie für die Fortführung, Sanierung und auch Abwicklung eines Unternehmens unentbehrlich. Zudem haben sie häufig einen eigenständigen Vermögenswert.

a) Erfasste Aufzeichnungen

41 Der Begriff der Geschäftsbücher in Abs. 2 Nr. 1 ist entsprechend dem Normzweck weit zu fassen und geht über den des § 811 Abs. 1 Nr. 11 ZPO hinaus. Es ist unerheblich, ob der Insolvenzschuldner zur kaufmännischen Buchführung verpflichtet ist; auch nicht kaufmännisch geführte Aufzeichnungen sind erfasst wie auch die »Geschäftsbücher« des nicht unternehmerisch tätigen Schuldners (Uhlenbruck-Hirte § 36 Rn. 45).

42 Zur Masse gehören z. B. der Datenbestand und die Belege des Rechnungswesens, Einnahmen- und Ausgabenaufstellungen, Arbeitsaufzeichnungen, Jahresabschlüsse, Kontoauszüge, Rechnungen, Quittungen, Kunden- und Lieferantenverzeichnisse, Lohnlisten, Steuererklärungen, Geschäftskorrespondenz und Verträge. Die Art der Aufzeichnung ist unerheblich, auch EDV-Daten sind erfasst. Ausgeschlossen sind vor allem private Unterlagen ohne vermögensrechtlichen Beweiswert (Jaeger-Henckel § 36 Rn. 10; HK-Keller § 36 Rn. 22; K/P/B-Holzer § 36 Rn. 30).

b) Herausgabepflichten

43 Verweigert der Schuldner die Herausgabe von Geschäftsbüchern kann der Insolvenzverwalter diese mit dem Eröffnungsbeschluss als Titel nach § 148 Abs. 2 Satz 1 im Wege der Zwangsvollstreckung durchsetzen (vgl. § 35 Rdn. 273 und die Kommentierung zu § 148).

44 Die Herausgabe gegenüber Dritten, vor allem Steuerberatern, Wirtschaftsprüfern, Rechtsanwälten etc., kann vom Insolvenzverwalter auf Basis der §§ 675, 667 BGB mit der einstweiligen Verfügung nach §§ 935, 940 ZPO erzwungen werden (LG Berlin, ZIP 2006, 962; LG Cottbus, ZInsO 2002, 13; OLG Düsseldorf, ZIP 1982, 471; Uhlenbruck-Hirte § 36 Rn. 46). Ein Zurückbehaltungsrecht wegen offener Honorarforderungen steht ihnen nicht zu: Gem. § 51 Nr. 2, 3 sind nur § 273 Abs. 2 BGB und § 369 HGB insolvenzfest und berechtigen auch dann nur zur Absonderung, nicht zur Zurückbehaltung; § 320 BGB gilt nur bei fortbestehendem Vertragsverhältnis (LG Cottbus a. a. O.; OLG Stuttgart, ZIP 1982, 80). Problematisch ist jedoch, welche Unterlagen jeweils i. S. v. § 667 BGB »erlangt« wurden und damit herauszugeben sind. Nach der Rechtsprechung des BGH gehört jedenfalls das vertraglich geschuldete Arbeitsergebnis nicht dazu, wohl aber vom Geschäftsbesorger selbst gefertigte vorbereitende Unterlagen und Akten (BGH, ZIP 2004, 1267 »DATEV-Daten«; OLG Hamburg, ZInsO 2005, 550).

c) Aufbewahrungspflichten

45 Mit dem Hinweis in Abs. 2 Nr. 1 Halbs. 2 wollte der Gesetzgeber lediglich klarstellen, dass die Aufbewahrungspflichten der §§ 257 HGB, 147 AO nicht durch eine Verwertung der Geschäftsbücher, etwa als Altpapier, zunichtegemacht werden dürfen (Begr. § 43 RegE BT-Drucks. 12/2443 S. 122). Eine **Verwertung** – auch selbstständig ohne das Unternehmen – ist aber erlaubt, wenn die Aufbewahrung gesichert ist (OLG Saarbrücken, ZInsO 2001, 132).

46 Der Verwalter sollte die Geschäftsunterlagen auch über das Verfahrensende hinaus auf Kosten der Masse einlagern und für ihre Vernichtung nach Ablauf der Aufbewahrungspflichten sorgen (Uhlenbruck-Hirte § 36 Rn. 47). Stehen die Mittel hierfür nicht zur Verfügung, treffen die Aufbewahrungspflichten den Schuldner, bei juristischen Personen entsprechend §§ 74 Abs. 2 GmbHG, 273 AktG die geschäftsführenden Organe und bei Personenhandelsgesellschaften die Gesellschafter nach § 157 Abs. 2 HGB (Uhlenbruck-Hirte § 36 Rn. 48; K. Schmidt-Büteröwe § 36 Rn. 10; Pape/Uhländer-Roth § 36 Rn. 30), in der Nachlassinsolvenz den oder die Erben bzw. Nachlasspfleger oder Testamentsvollstrecker (Roth a. a. O.).

schleierung gem. § 850h Abs. 2 ZPO liegt vor, wenn der Schuldner für seine ständige Arbeitsleistung vereinbarungsgemäß keine oder unverhältnismäßig geringe Vergütung erhält. In der Praxis handelt es sich im ersten Fall bei dem Dritten und im zweiten Fall bei dem Arbeitgeber zumeist um nahe Familienangehörige des Schuldners. In beiden Fällen hat der Insolvenzschuldner selbst keinen Anspruch auf das verschleierte Arbeitseinkommen, weshalb § 35 nicht greift (BAG, ZInsO 2008, 869 Tz. 16). Über § 36 Abs. 1 Satz 2 gilt aber § 850h ZPO entsprechend mit der Maßgabe, dass der Insolvenzverwalter an die Stelle des Gläubigers tritt und der Eröffnungsbeschluss als Pfändungsbeschluss wirkt (BAG a. a. O. Tz. 18), ohne dass es einer Zustellung bedarf. Damit wird bei Lohnschiebung der Anspruch des Dritten massezugehörig (Deppe, InsbürO 2010, 470). Bei Lohnverschleierung steht der Masse der pfändbare Teil der fiktiven angemessenen Nettovergütung zu (BAG, ZInsO 2013, 1357 Tz. 40). Eine Rückwirkung auf die Zeit vor Insolvenzeröffnung erfolgt nicht (BAG, ZInsO 2008, 869 Tz. 27 ff.). Zahlt der Arbeitgeber nicht, muss der Masseanspruch vom Insolvenzverwalter vor dem Arbeitsgericht eingeklagt werden, wobei der Insolvenzschuldner über §§ 97, 98, 290 Abs. 1 Nr. 5 zur Auskunft und Mitwirkung angehalten werden kann (Kuleisa, ZVI 2013, 356). Auch die missbräuchliche Wahl der Steuerklasse fällt unter § 850h ZPO (s. § 35 Rdn. 223).

§ 850i ZPO wurde zum 01.07.2010 neu gefasst (ausf. dazu Ahrens ZInsO 2010, 2357). Er ist nun die **Auffangregelung** für sämtliche Einkünfte aus Erwerbstätigkeit (§ 850 Abs. 1 ZPO), unabhängig ob einmalig oder wiederkehrend und ob ihnen eine persönliche Arbeitsleistung zugrunde liegt. Dennoch ist der praktische Anwendungsbereich der Norm im Insolvenzverfahren gering, da bei Selbstständigen wie Freiberuflern und Handwerkern die Regelung des § 35 Abs. 2 vorgeht. Relevant ist die Norm vor allem für **Abfindungen** z. B. nach § 9 f. KSchG, § 112 f. BetrVG (hierzu AG Düsseldorf, ZInsO 2006, 277; Hergenröder, ZVI 2006, 173). Die Höhe der Massezugehörigkeit orientiert sich nun nicht mehr am »notwendigen Unterhalt«, sondern an den Freibeträgen für laufendes Arbeitseinkommen, also insb. der Tabelle zu § 850c ZPO. Korrekturposten zur Ermessensausübung ist vor allem die Bemessung des angemessenen Zeitraums (zur Berechnung LG Essen, ZVI 2011, 379); die wirtschaftlichen Verhältnisse des Schuldners und die Gläubigerbelange können im Insolvenzverfahren dagegen nicht den Ausschlag geben. Zum Verfahren s. Rdn. 51. 37

Bankguthaben unterliegt grds. keinem Pfändungsschutz und ist daher Masse. Ausnahmen gelten allein für ein Pfändungsschutzkonto nach **§ 850k ZPO**, das sog. P-Konto (Einzelheiten bei § 35 Rdn. 224a–f). Das Insolvenzgericht ist gem. Abs. 4 auf Antrag des Schuldners oder Insolvenzverwalters zuständig bei Streitigkeiten, wenn der Schuldner mehrere P-Konten führt (§ 850k Abs. 8 u. 9 ZPO), über die Anerkennung von Aufstockungsbeträgen nach § 850k Abs. 2 u. 5 ZPO (umfassend zum Verfahren Köppen ZVI 2010, 339) und über eine weitere Erhöhung oder Senkung des Freibetrages nach § 850k Abs. 3 u. 4 ZPO. Die Entscheidung ergeht durch Beschluss i. S. d. § 764 ZPO. Zum Verfahren s. Rdn. 51. 38

Ob **§ 850l ZPO**, der eine Anordnung der befristeten Unpfändbarkeit des P-Kontos ermöglicht, im Insolvenzverfahren anwendbar ist, kann bezweifelt werden, da die Norm in Abs. 2 Satz 2 nicht aufgeführt ist. Zudem sind praktische Anwendungsfälle kaum auszumachen (vgl. Homann, ZVI 2013, 6). 38a

Die **§§ 851c, 851d ZPO** wurden mit dem am 31.03.2007 in Kraft getretenen Gesetz zum Pfändungsschutz der Altersvorsorge geschaffen. Sie enthalten Pfändungsschutzregeln für Leistungen aus näher bestimmten Renten- und Kapital-Lebensversicherungsverträgen (Einzelheiten bei § 35 Rdn. 213). Durch den mit diesem Gesetz in Abs. 1 Satz 2 aufgenommenen Verweis hat der Gesetzgeber klargestellt, dass für die Bestimmung des massezugehörigen Anteils gem. Abs. 4 das Insolvenzgericht zuständig ist. 38b

III. Ausnahmsweise Massezugehörigkeit trotz Unpfändbarkeit (Abs. 2)

Abs. 2 hebt als Rückausnahme zu Abs. 1 Pfändungsschranken auf, die nur bei der Einzelzwangsvollstreckung Sinn machen. 39

2. Landwirtschaftliche Betriebe und Apotheken (Abs. 2 Nr. 2)

Zur Masse gehören auch Inventar und Vorräte des Landwirts (einschließlich Imker, Fischzüchter etc.) und des Apothekers. Wegen des Umfangs kann auf Rspr. und Lit. zu § 811 Abs. 1 Nr. 4 und 9 ZPO zurückgegriffen werden. Der Insolvenzverwalter kann die Sachen zur Betriebsfortführung nutzen und auch verwerten (MK-Peters § 36 Rn. 75 ff.).

IV. Massefreier Hausrat (Abs. 3)

Abs. 3 hat nur Bedeutung für Sachen, die nicht bereits von Abs. 1 i. V. m. § 811 Abs. 1 Nr. 1 ZPO erfasst sind, also jenseits der **Grenze bescheidener Haushaltsführung** liegen (HK-Keller § 36 Rn. 24; MK-Peters § 36 Rn. 61).

Die vorzunehmende Abwägung ergibt nur dann Sinn, wenn nicht auf den objektiven Sachwert abgestellt wird, sondern der **Gebrauchswert für den Schuldner** in Relation zum erwarteten Verwertungserlös für die Gläubiger gesetzt wird (HK-Keller § 36 Rn. 24; K/P/B-Holzer § 36 Rn. 27). Dabei besteht eine gesetzliche Ausschlussvermutung (»außer allem Verhältnis«) für den Hausrat (BK-Zilkens § 36 Rn. 10). Massezugehörig sind damit vor allem Luxusgegenstände, Antiquitäten und Sachen von Sammlerwert.

Die Verhältnismäßigkeitsprüfung ist vom Insolvenzverwalter vorzunehmen. Ein besonderes Rechtsmittel für den Schuldner gibt es nicht; ihm steht der Zivilrechtsweg offen (HK-Keller § 36 Rn. 25; vgl. § 35 Rdn. 272; a. A. Uhlenbruck-Hirte § 36 Rn. 52: Erinnerung gem. § 766 ZPO zum Vollstreckungsgericht).

C. Verfahrensfragen (Abs. 4)

Obgleich der Gesetzgeber die größere Sachnähe des Insolvenzgerichts anerkannt hat, hat er in Abs. 4 seine **sachliche Zuständigkeit** nicht generell für Entscheidungen über den Umfang der Masse angeordnet, sondern nur im Ausnahmefall bei bestimmten Anträgen i. R. d. Anwendung der Pfändungsschutzvorschriften des Abs. 1 Satz 2, was im Einzelfall zu komplizierten Abgrenzungen führen kann. Dabei ist zu beachten, dass die Zuständigkeit des Insolvenzgerichts nicht bereits aus der Relevanz einer der aufgeführten Normen folgt. Der Streit zwischen Verwalter und Schuldner über die Massezugehörigkeit eines Gegenstandes »überhaupt« ist im Erkenntnisverfahren vor dem Prozessgericht auszutragen (s. § 35 Rdn. 272). Nach dem Normverständnis des BGH tritt das Insolvenzgericht an die Stelle des Vollstreckungsgerichts; das Antragsverfahren nach § 36 Abs. 4 ist daher statthaft, wenn die Überprüfung oder Anordnung einer Vollstreckungsmaßnahme oder eine vollstreckungsgerichtliche Entscheidung begehrt wird, die von den in Bezug genommenen ZPO-Vorschriften vorgesehen ist und für die außerhalb des Insolvenzverfahrens das Vollstreckungsgericht zuständig ist (BGH, ZInsO 2014, 687 Tz. 8; ZInsO 2013, 98 Tz. 5; ZInsO 2012, 1260 Tz. 6).

Über Abs. 4 Satz 1 i. V. m. Abs. 1 Satz 2 hinaus ist nach gefestigter Rspr. des BGH das Insolvenzgericht analog Abs. 4, § 148 Abs. 2 Satz 2 zuständig bei Vollstreckungsschutzanträgen nach § 765a ZPO (BGH, ZInsO 2014, 687 Tz. 11; ZInsO 2011, 134; ZInsO 2008, 1383; ZInsO 2008, 40). Die Norm ist über § 4 im Insolvenzverfahren grds. anwendbar, jedenfalls soweit dies zur Erhaltung von Leben und Gesundheit des Schuldners oder naher Angehöriger erforderlich ist, z. B. bei Suizidgefahr wegen Verlust der Wohnung (BGH, ZInsO 2008, 1383), aber auch bei Pfändung in das Bankkonto des Ehegatten, auf welches der Schuldner sich sein Einkommen überweisen lässt (G. Pape, ZInsO 2009, 1609, 1615 f.). Der Masse kraft Gesetz ausdrücklich zugewiesene Vermögensgegenstände können ihr allerdings über § 765a ZPO nicht entzogen werden (BGH, ZInsO 2008, 40).

Zudem obliegt nach neuerer BGH-Rspr. dem Insolvenzgericht die Entscheidung über den Antrag des Insolvenzverwalters, inwieweit bedingt pfändbare Bezüge des Schuldners nach § 850b ZPO aus Billigkeitsgründen zur Masse gehören (s. Rdn. 28; ZInsO 2010, 1485; ZInsO 2010, 188; anders noch ZInsO 2009, 1463; weiter gehend für alle Pfändungsnormen i. S. d. Abs. 1 Satz 1: Schäferhoff, ZVI 2008, 331, 333).

§ 36 InsO Unpfändbare Gegenstände

52 Eine **Erhöhung** der massezugehörigen Beträge ist möglich wegen
- Einbeziehung von Leistungen i. S. d. § 850b ZPO aus Billigkeitsgründen,
- Nichtberücksichtigung von Unterhaltsberechtigten (§ 850c Abs. 4 ZPO, BGH, ZInsO 2012, 30),
- Zusammenrechnung mehrerer Arbeitseinkommen (§ 850e Nr. 2 ZPO) oder von Arbeitseinkommen mit Sozialleistungen (§ 850e Nr. 2a ZPO),
- Änderung der Unpfändbarkeitsvoraussetzungen (§ 850g ZPO),
- Nichtberücksichtigung des Pfändungsschutzes für Kontoguthaben (§ 850k ZPO).

Antragsberechtigt ist je nach Verfahrensstadium und -art der vorläufige Insolvenzverwalter (Abs. 4 Satz 2 und 3), der Insolvenzverwalter oder der Treuhänder (über § 304 Abs. 1; auch in der Restschuldbefreiungsphase: § 292 Abs. 1 Satz 3). Gläubiger sind nicht antragsberechtigt (Abs. 4 Satz 2).

53 Der Insolvenzschuldner kann die **Senkung** der massezugehörigen Beträge beantragen wegen
- außergewöhnlicher Belastungen (§ 850f Abs. 1 ZPO),
- Änderung der Unpfändbarkeitsvoraussetzungen (§ 850g ZPO),
- Pfändungsschutz für sonstige Einkünfte (§ 850i ZPO),
- Erhöhung des Pfändungsfreibetrages für Kontoguthaben (§ 850k ZPO).

54 Eine gerichtliche Entscheidung ist in diesen Fällen aber nicht immer notwendig. Insbesondere besteht zur Senkung der insolvenzbefangenen Beträge die Möglichkeit der Freigabe aus der Masse (s. o. Rdn. 8).

55 Da es im Eröffnungsverfahren noch keine Insolvenzmasse gibt (vgl. § 35), kann Abs. 4 Satz 3 nur die Reichweite von Sicherungsmaßnahmen gem. § 21 betreffen (Jaeger-Henckel § 36 Rn. 15; FK-Bornemann § 36 Rn. 72).

56 Das Insolvenzgericht entscheidet nicht als solches sondern als »besonderes Vollstreckungsgericht« (BGH ZInsO 2004, 391, 392). Die **funktionelle Zuständigkeit** ergibt sich damit aus § 20 Nr. 17 RPflG (BGH a. a. O. und BGH, ZInsO 2005, 708; Graf-Schlicker/Kexel § 36 Rn. 29; dagg. Althammer/Löhnig, KTS 2004, 525, 532) und nicht aus § 18 RPflG (so aber HK-Keller § 36 Rn. 105; Uhlenbruck-Hirte § 36 Rn. 54; K. Schmidt-Büteröwe § 36 Rn. 14; Braun-Bäuerle § 36 Rn. 28). Damit ist unabhängig vom Verfahrensstand des Insolvenzverfahrens grds. der Rechtspfleger zuständig, da Entscheidungen über Anträge nach §§ 850c Abs. 4, 850e, 850f Abs. 1, 850g, 850i, 850k ZPO keine Erinnerungen gem. § 766 ZPO sind. Der Richtervorbehalt des § 20 Nr. 17 Satz 2 RPflG greift nur bzgl. Entscheidungen i. R. d. §§ 851c, 851d ZPO. Im Eröffnungsverfahren ist jedoch eine getrennte Bearbeitung nicht sachdienlich, wenn der Rechtspfleger inzident über die Reichweite der durch den Richter nach § 21 angeordneten Sicherungsmaßnahmen entscheiden muss, weshalb nach §§ 5 Abs. 1 Nr. 2, 6 RPflG eine Übernahme durch den Richter erfolgen sollte (so auch Schäferhoff ZVI 2008, 331; A/G/R-Ahrens § 36 Rn. 92). Im Ergebnis ist damit für Erinnerungen i. S. d. § 766 ZPO stets der Richter zuständig, für sonstige Anträge nach § 36 Abs. 4 bleibt es bei der Regelzuständigkeit des Richters im Eröffnungsverfahren und der des Rechtspflegers nach Verfahrenseröffnung.

57 Dem jeweiligen Antragsgegner (Schuldner oder Insolvenzverwalter, nicht der Drittschuldner) ist grds. rechtliches Gehör zu gewähren (Art. 103 Abs. 1 GG), § 834 ZPO gilt nicht.

58 Da es sich um eine Entscheidung im Zwangsvollstreckungsverfahren handelt, richtet sich der **Rechtsmittelzug** nicht nach der InsO (hieße: § 6, kein Rechtsmittel), sondern nach den Vollstreckungsnormen der ZPO (BGH, ZInsO 2013, 549 Tz. 3; ZInsO 2006, 139; ZInsO 2004, 391):

59 - Ist die Ausgangsentscheidung des Insolvenzgerichts wegen fehlender Anhörung des Beschwerten als Maßnahme zu qualifizieren, hat der beschwerte Schuldner oder Verwalter den Rechtsbehelf der **Erinnerung** gem. § 766 ZPO (so auch Hintzen, EWiR 2004, 1003, 1004 zur Parallelnorm § 89 Abs. 3; A/G/R-Ahrens § 36 Rn. 97 f.). Es entscheidet gem. § 20 Nr. 17 Satz 2 RPflG (ggf. erneut) der Richter des Insolvenzgerichts. Rechtsmittel gegen die Erinnerung ist die sofortige Beschwerde, § 793 ZPO (Zöller/Stöber ZPO § 766 Rn. 36).

– Hat der Ausgangsbeschluss des Insolvenzgerichts Entscheidungscharakter, z. B. weil dem 60
Beschwerten rechtliches Gehör gewährt wurde, ist allein die fristgebundene **sofortige
Beschwerde** nach §§ 793, 567, 569 ZPO statthaft (BGH, ZInsO 2006, 139; ZIP 2004, 1379).
Gegen die Beschwerdeentscheidung des Landgerichts ist die Rechtsbeschwerde zum BGH nur
möglich, wenn sie durch das Beschwerdegericht gem. § 574 Abs. 1 Nr. 2 ZPO zugelassen wird,
was gem. § 568 Satz 2 Nr. 2 ZPO nicht durch den originären Einzelrichter sondern durch das
Kollegium zu geschehen hat (BGH, ZInsO 2014, 687 Tz. 5).

Zur Zuständigkeit in den Fällen der §§ 850d, 850f Abs. 2 und 3 ZPO s. die Kommentierung zu 61
§ 89. Zur Zuständigkeit bei Rechtsstreitigkeiten um die Pfändbarkeit und damit Massezugehörigkeit in anderen Fällen s. § 35 Rdn. 272 ff.

§ 37 Gesamtgut bei Gütergemeinschaft

(1) ¹Wird bei dem Güterstand der Gütergemeinschaft das Gesamtgut von einem Ehegatten allein verwaltet und über das Vermögen dieses Ehegatten das Insolvenzverfahren eröffnet, so gehört das Gesamtgut zur Insolvenzmasse. ²Eine Auseinandersetzung des Gesamtguts findet nicht statt. ³Durch das Insolvenzverfahren über das Vermögen des anderen Ehegatten wird das Gesamtgut nicht berührt.

(2) Verwalten die Ehegatten das Gesamtgut gemeinschaftlich, so wird das Gesamtgut durch das Insolvenzverfahren über das Vermögen eines Ehegatten nicht berührt.

(3) Absatz 1 ist bei der fortgesetzten Gütergemeinschaft mit der Maßgabe anzuwenden, daß an die Stelle des Ehegatten, der das Gesamtgut allein verwaltet, der überlebende Ehegatte, an die Stelle des anderen Ehegatten die Abkömmlinge treten.

Übersicht	Rdn.		Rdn.
A. Normzweck	1	b) Insolvenz des nicht verwaltenden Ehegatten	10
B. Norminhalt	3	2. Gemeinsame Gesamtgutverwaltung (Abs. 2)	12
I. Gütergemeinschaft	3	3. Fortgesetzte Gütergemeinschaft (Abs. 3)	15
1. Gesamtgutverwaltung durch einen Ehegatten (Abs. 1)	7	II. Exkurs: Andere Güterstände	18
a) Insolvenz des allein verwaltenden Ehegatten	7		

A. Normzweck

§ 37 ist eine **Erweiterung des § 35** um schuldnerfremdes Vermögen (vgl. § 35 Rdn. 14) für einen 1
Teilbereich aus dem ehelichen Güterrecht, um die Kongruenz der Insolvenzmasse mit der Haftungsmasse in der Einzelzwangsvollstreckung zu erreichen.

Anders als beim gesetzlichen Güterstand der Zugewinngemeinschaft und bei der Gütertrennung 2
wird bei der **Gütergemeinschaft** die haftungsrechtliche Zuordnung der Vermögensmassen der Eheleute verändert. Neben dem Eigenvermögen der Ehegatten gibt es mit dem Gesamtgut gemeinschaftliches Vermögen beider Eheleute. In **Übereinstimmung mit §§ 740 und 745 ZPO** ordnet § 37 an, dass dieses – schuldnerfremde Gesamtgut nur den Gläubigern des allein verwaltenden Ehegatten zugewiesen ist.

B. Norminhalt

I. Gütergemeinschaft

Kraft ausdrücklicher Vereinbarung im notariellen Ehevertrag kann Gütergemeinschaft (§§ 1415 bis 3
1518 BGB) begründet werden. Das Vermögen der Eheleute wird dabei in fünf Vermögensmassen
aufgegliedert:

- **Gesamtgut**: Das beiderseitige Vermögen eingebrachtes und hinzuerworbenes – wird grds. Gesamthandsvermögen (§ 1416 BGB).
- **Sondergut** beim Mann *und* bei der Frau: Gegenstände, die nicht rechtsgeschäftlich übertragbar sind, verbleiben den jeweiligen Ehegatten (§ 1417 BGB).
- **Vorbehaltsgut** beim Mann *und* bei der Frau: Alleineigentum der Ehegatten bleiben ferner die im Ehevertrag hierzu bestimmten Gegenstände und mit dieser Bestimmung von Todes wegen bzw. unentgeltlich hinzuerworbene Gegenstände nebst ihren dinglichen Surrogaten (§ 1418 BGB).
- Sondergut und Vorbehaltsgut werden von jedem Ehegatten selbst verwaltet. Das Gesamtgut wird gemeinschaftlich verwaltet, falls im Ehevertrag nichts anderes bestimmt ist.

4 § 37 ist nur anwendbar, solange die Gütergemeinschaft nicht beendet ist. Danach gelten allein §§ 35, 36. Nach Beendigung fällt bis zur Auseinandersetzung des Gesamtgutes bereits der Anteil des insolventen Ehegatten gem. § 35, § 860 Abs. 2 ZPO in die Masse (Palandt-Brudermüller § 1471 BGB Rn. 2; MK/BGB-Kanzleiter § 1471 Rn. 8). Die Gütergemeinschaft kann von den Ehegatten auch noch nach Insolvenzeröffnung mit Wirkung für den Neuerwerb vertraglich aufgehoben oder modifiziert werden (A/G/R-Ahrens § 37 Rn. 9 f. m. w. N.).

5 **Insolvenzgläubiger** sind neben den persönlichen Gläubigern des insolventen Ehegatten auch die Gesamtgutsgläubiger (§§ 1437, 1459 Abs. 1 BGB). Die Insolvenzforderungen können daher in der Insolvenz des allein verwaltenden Ehegatten und bei gemeinschaftlicher Verwaltung auch vom anderen Ehegatten begründet worden sein (vgl. MK-Schumann § 37 Rn. 24, 30, 33).

6 Der Umfang der **Insolvenzmasse** hängt von der Verwaltungszuständigkeit für das Gesamtgut ab:

1. Gesamtgutverwaltung durch einen Ehegatten (Abs. 1)

a) Insolvenz des allein verwaltenden Ehegatten

7 Ist der Insolvenzschuldner alleiniger Verwalter des Gesamtguts, besteht die Insolvenzmasse aus seinem **Sondergut** (soweit pfändbar), seinem **Vorbehaltsgut** und dem gemeinschaftlichen **Gesamtgut**, Abs. 1 Satz 1. Wegen der grds. Zugehörigkeit hinzuerworbenen Vermögens zum Gesamtgut fällt auch das pfändbare Arbeitseinkommen des nicht insolventen Ehegatten als Neuerwerb gem. § 35 in die Masse (MK/BGB-Kanzleiter § 1417 Rn. 4; Jaeger-Henckel § 37 Rn. 15; K. Schmidt-Büteröwe § 37 Rn. 2; krit. K/P/B-Holzer § 35 Rn. 39 ff.).

8 Die Verfügungsbeschränkungen der §§ 1423 bis 1425 BGB gelten für den Insolvenzverwalter nicht (allg. Ansicht, vgl. Palandt-Brudermüller § 1437 BGB Rn. 9; MK/BGB-Kanzleiter § 1437 Rn. 16).

9 Dem anderen Ehegatten steht gem. Abs. 1 Satz 2 kein Ausgleichsanspruch zu; eine Auseinandersetzung der Gemeinschaft nach § 84 findet nicht statt. Er kann **Aussonderung** der Gegenstände seines Sonder- und Vorbehaltsguts verlangen, muss hierbei aber die Zugehörigkeitsvermutung zum Gesamtgut des § 1416 Abs. 1 BGB entkräften (Palandt-Brudermüller § 1416 BGB Rn. 2; MK/BGB-Kanzleiter § 1416 Rn. 4).

b) Insolvenz des nicht verwaltenden Ehegatten

10 Ist der Insolvenzschuldner nicht Alleinverwalter des Gesamtguts, fällt es nicht – auch nicht anteilig – in die Masse (Abs. 1 Satz 3 i. V. m. § 36 Abs. 1 Satz 1 und § 860 ZPO). Diese besteht dann nur aus seinem (pfändbaren) **Sondergut** und seinem **Vorbehaltsgut**. Gegenstände des Gesamtguts sind an den allein verwaltenden Ehegatten gem. § 47 auszusondern (BGH ZInsO 2006, 597). Es gilt die Beweislastregel des § 1362 BGB (A/G/R-Ahrens § 37 Rn. 11). Neuerwerb des Schuldners ist nur massezugehörig, wenn er ausnahmsweise nicht dem Gesamtgut zufällt, was bei Arbeitseinkommen regelmäßig nicht der Fall ist (MK-Schumann § 37 Rn. 28).

11 Damit steht den Insolvenzgläubigern das Gesamtgut trotz §§ 87, 89 Abs. 1 unter den Voraussetzungen der §§ 1437 BGB, 740 ff. ZPO weiterhin im Wege der **Einzelzwangsvollstreckung** zur

Verfügung (Jaeger-Henckel § 37 Rn. 22). Zudem haftet der andere Ehegatte den Gläubigern für ihre Gesamtgutsansprüche auch mit seinem Eigenvermögen, § 1437 Abs. 2 Satz 1 BGB (A/G/R-Ahrens § 37 Rn. 11).

2. Gemeinsame Gesamtgutverwaltung (Abs. 2)

Wird bei der gem. § 1421 BGB den Regelfall bildenden gemeinsamen Verwaltung des Gesamtguts über das/die Vermögen eines/beider Ehegatten das Insolvenzverfahren eröffnet, gehört das Gesamtgut nicht zur Insolvenzmasse. Diese besteht nur aus dem (pfändbaren) **Sondergut** und **Vorbehaltsgut** des jeweiligen Insolvenzschuldners. 12

Beiden Ehegatten steht im Hinblick auf das Gesamtgut ein **Aussonderungsrecht** nach § 47 zu (MK-Schumann § 37 Rn. 32). 13

Den Gläubigern eröffnet die InsO in diesem Fall den Zugriff über die Sonderinsolvenzfähigkeit des Gesamtguts, § 11 Abs. 2 Nr. 2. Antragsrecht und Eröffnungsgründe sind in § 333 geregelt. 14

3. Fortgesetzte Gütergemeinschaft (Abs. 3)

Die in Gütergemeinschaft lebenden Eheleute können gem. § 1483 BGB im Ehevertrag vereinbaren, dass die Gütergemeinschaft nach dem Tod eines Ehegatten mit dem Überlebenden und den gemeinsamen Abkömmlingen fortgesetzt wird. Unabhängig, ob zu Lebzeiten das Gesamtgut gemeinschaftlich oder durch einen Ehegatten allein verwaltet wurde, wird in diesem Fall der überlebende Ehegatte gem. § 37 Abs. 3 (entspr. § 1487 Abs. 1 BGB) als Alleinverwalter des Gesamtguts angesehen. Das hat nach Abs. 1 Satz 1 zur Folge, dass bei seiner Insolvenz neben seinem (pfändbaren) Vorbehalts- und Sondergut (§ 1486 BGB) auch das Gesamtgut (§ 1485 BGB) in die Masse fällt. 15

Im Insolvenzverfahren über das Vermögen eines Abkömmlings gehört entspr. Abs. 1 Satz 3 das Gesamtgut nicht zur Masse. 16

Das Sonderinsolvenzverfahren allein über das Gesamtgut ist auch bei fortgesetzter Gütergemeinschaft möglich (§ 332). 17

II. Exkurs: Andere Güterstände

Für die insolvenzverfahrensmäßige Behandlung weiterer Güterstände enthält die InsO keine Regelungen. Diese sind auch nicht erforderlich. 18

Weder bei der **Zugewinngemeinschaft** nach §§ 1363 bis 1390 BGB noch bei der **Gütertrennung** gem. § 1414 BGB wird gemeinschaftliches Vermögen gebildet. Jeder Ehegatte bleibt Alleineigentümer seines Vermögens, auch desjenigen, das er während der Ehe hinzu erwirbt. Die Insolvenz eines Ehegatten erfasst daher nur dessen Vermögen. Der andere Ehegatte hat einen Aussonderungsanspruch hinsichtlich seiner Vermögensgegenstände, wobei er allerdings die Vermutungsregel des § 1362 BGB entkräften muss (MK-Schumann § 37 Rn. 8, 15 m. w. N.). 19

Bei Beendigung der beiden Güterstände erfolgt ein Vermögensausgleich nur bei der Zugewinngemeinschaft (§ 1363 Abs. 2 BGB). Zur Massezugehörigkeit vgl. § 35 Rdn. 217. 20

Bei **eingetragener Lebenspartnerschaft** gelten über §§ 6 bis 8 LPartG je nach Wahl des Güterstandes die obigen Grundsätze einschließlich der Anwendung des § 37 entsprechend (BK-Breutigam/Kahlert § 37 Rn. 2; Graf-Schlicker/Kexel § 37 Rn. 10). 21

§ 38 Begriff der Insolvenzgläubiger

Die Insolvenzmasse dient zur Befriedigung der persönlichen Gläubiger, die einen zur Zeit der Eröffnung des Insolvenzverfahrens begründeten Vermögensanspruch gegen den Schuldner haben (Insolvenzgläubiger).

Übersicht

	Rdn.
A. Normzweck	1
B. Norminhalt	4
I. Persönlicher Gläubiger	7
1. Allgemeines	7
2. Ansprüche von Gesellschaftern	10
II. Vermögensanspruch	13
1. Grundsatz	13
2. Einzelfälle	14
a) Höchstpersönliche, familien- und erbrechtliche Ansprüche	14
b) Gestaltungsrechte	17
c) Unterlassungsansprüche	18
d) Unvollkommene Ansprüche (Naturalobligationen)	20
e) Besserungsscheine	21
f) Verjährte Ansprüche	22
g) Unvertretbare Handlungen	23
III. Begründetheit im Eröffnungszeitpunkt	28
1. Grundsatz	28
2. Besonderheiten	32
a) Betagte, befristete und bedingte Forderungen	32
b) Dauerschuldverhältnisse	34
aa) Grundsatz	34
bb) Mietverhältnisse	38
cc) Arbeitsverhältnisse	39a
c) Rückgriffsansprüche	45
d) Schadensersatzansprüche	46
e) Ansprüche aus dem öffentlichen Recht	50
f) Steuerforderungen	52
IV. Rechtsfolgen	58

A. Normzweck

1 Nach der Bestimmung des Umfangs der Insolvenzmasse in den §§ 35 bis 37 erläutert § 38 die **Funktion der Insolvenzmasse**. Zugleich wird der Begriff »Insolvenzgläubiger« definiert und damit einhergehend seine spiegelgleiche Entsprechung, die »Insolvenzforderung«.

2 Der Zweck der Insolvenzmasse wird mit dem Prinzip der haftungsrechtlichen Zuweisung umschrieben. Damit ist Folgendes gemeint (Jaeger-Henckel § 35 Rn. 5, § 38 Rn. 3 f.; MK-Ehricke § 38 Rn. 3): Außerhalb des Insolvenzverfahrens konkurriert das Zugriffsrecht der Gläubiger auf das Vermögen des Schuldners mit dessen freier Dispositionsbefugnis. Hat der Schuldner eine Sache verbraucht oder veräußert, ist sie dem Zugriff der Gläubiger entzogen – vorbehaltlich der Gläubigeranfechtung. Mit Insolvenzeröffnung findet ein Paradigmenwechsel der Vermögensfunktion statt. Dem Schuldner werden die Eigentümerbefugnisse entzogen (§ 80 Abs. 1), das Vermögen dient nun allein der – gemeinschaftlichen – Gläubigerbefriedigung (§§ 1 Satz 1, 38).

3 ▶ **Praxistipp**

§ 38 legt fest, welche Gläubiger an dieser gemeinschaftlichen Befriedigung grds. teilhaben können. Sie sind daher **abzugrenzen** gegenüber

- den Gläubigern, die überhaupt nicht am Verfahren teilnehmen dürfen, da
  ihr Anspruch sich nicht auf Befriedigung aus dem Vermögen richtet oder
- sie als sog. Neugläubiger des Schuldners nach Insolvenzeröffnung Forderungen gegen ihn erworben und damit nur auf sein insolvenzfreies Vermögen Zugriff haben und
- den Gläubigern, denen Vorzugsrechte zustehen, da
- sie als Massegläubiger (§§ 53 bis 55) vorab befriedigt werden sollen oder
- sie Rechte an einzelnen Gegenständen beanspruchen können im Wege der Aussonderung (§ 47), Absonderung (§§ 49 bis 52), Ersatzaus- und -absonderung (§ 48) oder aufgrund Vormerkung (§ 106).

B. Norminhalt

Die Definition des § 38 ist **materiell-rechtlicher Natur**, d.h. unabhängig von der Teilnahme am Verfahren: Es kommt nicht darauf an, ob die Forderung angemeldet, anerkannt oder bestritten worden ist (BGH, ZInsO 2011, 131). Durch den Verzicht auf die Verfahrensteilnahme entgeht der Insolvenzgläubiger nicht den Beschränkungen der InsO in seiner persönlichen Rechtsausübung ggü. dem Schuldner, vgl. Rdn. 59 (HK-Ries § 38 Rn. 7 f.; Uhlenbruck-Sinz § 38 Rn. 1).

Die Qualifikation als Insolvenzforderung wird von § 38 an drei kumulative Tatbestandsvoraussetzungen geknüpft:
(1.) **persönliche Haftung** des Schuldners, d.h. nicht nur mit bestimmten Gegenständen (dazu Rdn. 7 ff.),
(2.) **Vermögensanspruch**, d.h. mit Geld zu befriedigen (dazu Rdn. 13 ff.) und
(3.) **Begründetheit** des Anspruchs im Eröffnungszeitpunkt (dazu Rdn. 28 ff.).

Dabei unterstellt § 38 das wirksame Bestehen des Anspruches. Die Prüfung der Wirksamkeit selbst erfolgt anhand anderer Bestimmungen je nach Verfahrensstadium mit unterschiedlicher Intensität: vgl. § 14 für den Insolvenzantrag, § 16 (dort Rdn. 16) für die Eröffnung, §§ 77, 237 für Abstimmungen, §§ 189, 187, 183 für Verteilungen.

I. Persönlicher Gläubiger

1. Allgemeines

Seinen »persönlichen« Gläubigern haftet ein Schuldner – anders als den »dinglichen« Gläubigern – mit seinem **gesamten Vermögen** bzw. Sondervermögen (z. B. §§ 315 ff., 333) und **nicht nur mit einzelnen Gegenständen** (statt aller MK-Ehricke § 38 Rn. 10). Unerheblich ist eine summenmäßige Haftungsbeschränkung wie z. B. beim Kommanditisten. Dieser haftet zwar nur i. H. d. rückständigen Einlage, aber dennoch mit seinem gesamten Vermögen (zur Berechnung Jaeger-Henckel § 38 Rn. 21). Auch eine Mithaftung weiterer Personen neben dem Schuldner ist unschädlich, wie § 43 zeigt.

Erfasst sind daher schuldrechtliche Ansprüche in Abgrenzung zu insolvenzfesten dinglichen Rechten, die nur durch rechtsgeschäftliche, gesetzliche oder vollstreckungsrechtliche Pfandrechte, Sicherungsübereignung oder -abtretung und öffentlich-rechtliche Sicherungen (§ 51 Nr. 4) entstehen können (Jaeger-Henckel § 38 Rn. 19) und damit die Vorzugsrechte nach §§ 47 bis 52, 106 gewähren (Rdn. 3 a. E.).

Neben ihren Sicherungsrechten können diesen Gläubigern gleichwohl Insolvenzforderungen zustehen. Absonderungsgläubiger sind, soweit ihnen der Schuldner persönlich haftet, mit dem Gesamtbetrag Insolvenzgläubiger; die Quote erhalten sie jedoch nur auf den Ausfall (§ 52).

2. Ansprüche von Gesellschaftern

In der Gesellschaftsinsolvenz gewähren die Mitgliedschaftsrechte, Einlagen, Kapitalkonten und Beiträge den Gesellschaftern keine (Insolvenz-) Forderungen; ihre Einlage ist Haftkapital, die Gesellschaft haftet dafür nicht (LG Hamburg, ZInsO 2010, 625; MK-Ehricke § 38 Rn. 54).

Eine Ausnahme gilt für den **stillen Gesellschafter** aufgrund des Fremdkapitalcharakters seiner Einlage. In der Insolvenz des Geschäftsinhabers unterfällt seine Einlage § 38, soweit sie die Verlustbeteiligung übersteigt (§ 236 Abs. 1 HGB), also in voller Höhe, wenn der Stille nicht am Verlust beteiligt ist (§ 231 Abs. 2 HGB). Hat er jedoch dem Gesellschafter vergleichbare Einfluss- und Gewinnbeteiligungsrechte, wie u. U. beim atypisch stillen Gesellschafter, kann sie nur nachrangig gem. § 39 Abs. 1 Nr. 5 geltend gemacht werden (s. § 39 Rdn. 37). Die vorinsolvenzliche Rückzahlung der Einlage unterliegt der besonderen Insolvenzanfechtung nach § 136.

12 Forderungen aus Rechtsgeschäften mit der Gesellschaft, aus gesetzlichen Schuldverhältnissen (z. B. §§ 812 ff. BGB) oder Rechten *aus* der Mitgliedschaft können grds. Insolvenzforderungen begründen. Diese sind jedoch oftmals nachrangig gem. § 39 Abs. 1 Nr. 5.

II. Vermögensanspruch

1. Grundsatz

13 Insolvenzforderungen können nur aus der haftenden Insolvenzmasse erfüllt werden. Diese ist durch das Kriterium der Pfändbarkeit begrenzt (§ 36). *Vermögens*ansprüche i. S. d. § 38 sind daher nur solche, die grds. auch im Wege der Einzelzwangsvollstreckung aus dem Vermögen beigetrieben werden könnten (MK-Ehricke § 38 Rn. 14; Jaeger-Henckel § 38 Rn. 63). Wenn ein Vermögensanspruch nicht auf Zahlung gerichtet ist, ist er nach §§ 45 Satz 1, 46 Satz 1 in **Geld** umzuwandeln.

2. Einzelfälle

a) Höchstpersönliche, familien- und erbrechtliche Ansprüche

14 Da sie nicht auf das Vermögen gerichtet sind, sind höchstpersönliche und rein familienrechtliche Ansprüche keine Insolvenzforderungen. Dies sind z. B. das Umgangsrecht, der Anspruch auf Ehescheidung oder Anerkennung der Vaterschaft.

15 Hingegen können Schadensersatzansprüche aus der Verletzung höchstpersönlicher Ansprüche und familienrechtliche Vermögensansprüche, wie z. B. aus einem Scheidungsfolgenvergleich, als Insolvenzforderung geltend gemacht werden. Zu familienrechtlichen Unterhaltsansprüchen s. § 40.

16 Die gegen den Schuldner als Erben gerichteten Ansprüche auf Auszahlung des Pflichtteils und Erfüllung von Auflagen oder Vermächtnissen sind Insolvenzforderungen gem. § 38. In der Nachlassinsolvenz gilt § 327.

b) Gestaltungsrechte

17 Gestaltungsrechte (z. B. Recht zur Anfechtung gem. §§ 119 ff. BGB, zur Kündigung gem. § 626 BGB, zum Rücktritt gem. § 323 Abs. 1 BGB) begründen für sich keine (Insolvenz-) Forderungen. Erst ihre Ausübung kann zu einem auf Geld gerichteten Anspruch führen (vgl. auch § 45 Rdn. 4 ff.).

c) Unterlassungsansprüche

18 Unterlassungsansprüche werden in der Einzelzwangsvollstreckung durch Zwang gegen die Person des Schuldners und nicht durch Zugriff auf sein Vermögen durchgesetzt (§ 890 ZPO). Für die Gesamtvollstreckung kann nichts anderes gelten. Sie unterfallen daher nicht §§ 38, 45 (ganz h. M. vgl. BGH, ZInsO 2003, 751, 753; OLG Stuttgart, ZInsO 2002, 774, 775 m. w. N.; Jaeger-Henckel § 38 Rn. 78 m. w. N.; a. A. K. Schmidt, KTS 2004, 241 ff.).

19 **Schadensersatzansprüche** und Vertragsstrafen aufgrund von Zuwiderhandlungen vor Insolvenzeröffnung sind hingegen Insolvenzforderungen (BGH, ZInsO 2003, 751, 753; OLG Stuttgart, ZInsO 2002, 774, 776). Ist auch der Insolvenzverwalter Adressat des Unterlassungsgebots können ihm zurechenbare Verstöße Masseverbindlichkeiten i. S. d. § 55 Abs. 1 Nr. 1 begründen, wobei vom Schuldner durch Vertrag begründete Pflichten den Verwalter zunächst nicht binden (vgl. §§ 103 ff.).

d) Unvollkommene Ansprüche (Naturalobligationen)

20 Unvollkommene Verbindlichkeiten sind nicht einklagbar, das Gewährte kann aber auch nicht zurückgefordert werden (Naturalobligationen). Vgl. auch § 301 Abs. 3. Mangels Anspruchsqualität gewähren sie damit keine Insolvenzforderung (MK-Ehricke § 38 Rn. 48; Jaeger-Henckel § 38 Rn. 13 ff.). Hierzu gehören z. B. die Ehemäklerprovision (§ 656 BGB), Spiel- und Wettschulden (§ 762 BGB) sowie unverbindliche Finanztermingeschäfte (arg. § 37e WpHG).

e) Besserungsscheine

Bei einer Besserungsabrede ist auf den Parteiwillen abzustellen, ob die Forderung erst im Besserungsfall wieder geltend gemacht werden kann oder dies auch bei Scheitern der Sanierung außerhalb eines Insolvenzverfahrens zulässig sein soll. Nur im letzten Fall liegt eine Insolvenzforderung vor (HK-Ries § 38 Rn. 25; Uhlenbruck-Sinz § 38 Rn. 22 f.; K. Schmidt-Büteröwe § 38 Rn. 12).

21

f) Verjährte Ansprüche

Verjährte Forderungen können grds. Insolvenzforderungen begründen. Der Insolvenzverwalter muss, und jeder andere Insolvenzgläubiger kann, ihrer Feststellung zur Tabelle jedoch mit der Verjährungseinrede widersprechen (§ 178). Eine Ausnahme sind Steuerforderungen, die mit Verjährung erlöschen (§§ 47, 232 AO).

22

g) Unvertretbare Handlungen

Ansprüche auf nicht vertretbare Handlungen i. S. d. § 888 ZPO können nur durch persönliche Tätigkeit des Schuldners und nicht aus seinem Vermögen erfüllt werden. Sie bilden daher keine Insolvenzforderungen, auch wenn sie einen berechenbaren Vermögenswert haben (BAGE 111, 135 = NJW 2005, 460 – Arbeitszeugnis; MK-Ehricke § 38 Rn. 43).

23

Für Abgrenzungsfragen kann auf die Rechtsprechung zu § 888 ZPO zurückgegriffen werden. Praxisrelevante Fälle sind Dienste höherer Art von Ärzten, Künstlern, Wissenschaftlern, die Abgabe persönlicher Erklärungen, soweit nicht § 894 ZPO greift, wie Widerruf, Zeugniserteilung oder die Erstellung eines Nachlassverzeichnisses (Gottwald-Klopp/Kluth, InsR-Hdb, § 19 Rn. 10 m. w. N.; FK-Bornemann § 38 Rn. 11).

24

Auch Ansprüche auf **Auskunftserteilung** und **Rechnungslegung** sind grds. unvertretbar, es gelten aber Sonderregeln (BGH, ZInsO 2005, 770, 771; Häsemeyer, InsR, Rn. 13.10; Jaeger-Henckel § 38 Rn. 73 ff.): Besteht aus dem Rechtsverhältnis, aus welchem sich der Auskunfts- oder Rechnungslegungsanspruch ergibt, keine Haftung der Masse mehr, ist der Anspruch allein gegen den Schuldner persönlich außerhalb des Verfahrens durchzusetzen, so z. B. bei Auskunft über eine vor Eröffnung abgetretene Forderung (§ 402 BGB). Kann die Hauptforderung aber gegen die Masse nach §§ 38, 47 bis 52 oder 55 geltend gemacht werden, ist der Insolvenzverwalter zur Auskunft und Rechnungslegung verpflichtet. Das ist insb. bei Mobiliarsicherheiten (Eigentumsvorbehalt, Sicherungsübereignung, -abtretung) der Fall. Gleichwohl ist die Verpflichtung des Verwalters unter dem Gesichtspunkt der Zumutbarkeit eng begrenzt und kann auch durch Einsichtgewährung in die Geschäftsunterlagen des Schuldners erfüllt werden, vgl. § 167 (BGH, ZInsO 2000, 410 = NJW 2000, 3777).

25

Bei Verfahrenseröffnung begründete Ansprüche auf **vertretbare Handlungen** i. S. d. § 887 ZPO, die also ebenso gut von einem Dritten vorgenommen werden können, sind Insolvenzforderungen. Sie sind gem. § 45 (Rdn. 8, 23) mit den Kosten der Ersatzvornahme geltend zu machen.

26

Der (vertretbare) **Schuldbefreiungsanspruch**, z. B. gem. § 775 BGB, gegen den insolventen Befreiungsschuldner ist vom Befreiungsgläubiger nach § 45 in Geld umzurechnen und mit der Maßgabe der Zahlung an den Drittgläubiger anzumelden (Einzelheiten bei Braun-Bäuerle § 38 Rn. 23 ff.). Zur Insolvenz des Befreiungsgläubigers vgl. § 35 Rdn. 165.

27

III. Begründetheit im Eröffnungszeitpunkt

1. Grundsatz

Die zeitliche Voraussetzung der »Begründetheit« der Insolvenzforderungen bis zur Insolvenzeröffnung (bzw. bis zum Beginn einer »starken« vorläufigen Verwaltung, §§ 22 Abs. 1, 55 Abs. 2) erklärt sich daraus, dass mit diesem Zeitpunkt die Verfügungsbefugnis über die Masse nach §§ 80, 81 vom Schuldner auf den Verwalter übergeht (Häsemeyer, InsR, Rn. 16.10; MK-Ehricke § 38

28

Rn. 15). Danach begründete Forderungen können daher nur, sofern sie vom natürlichen Schuldner begründet sind, **Neuverbindlichkeiten** seines insolvenzfreien Vermögens sein oder **Masseverbindlichkeiten** gem. § 55, soweit sie vom Verwalter begründet werden.

29 Wie sich aus § 41 und § 191 ergibt, steht die mangelnde Fälligkeit und Durchsetzbarkeit einer Forderung ihrer Begründung vor Eröffnung nicht entgegen. Wenn die Ereignisse auseinanderfallen, liegt daher die »Begründung« der Forderung vor ihrer »Entstehung«. Problematisch sind folglich die Fälle, in denen das vollwirksame Entstehen erst nach Eröffnung stattfindet.

30 Aus den gesetzlichen Regelungen lässt sich als allg. Formel ableiten, dass es für die »Begründung« einer Forderung erforderlich aber auch ausreichend ist, wenn vom anspruchsbegründenden Tatbestand so viele Merkmale verwirklicht sind, dass der Gläubiger eine gesicherte Anwartschaft an der Forderung hat, der Schuldner ihr Entstehen also nicht mehr einseitig verhindern kann (BFH, ZIP 1983, 1120; Eckardt in: Kölner Schrift zur InsO, 2. Aufl. 2000, S. 746f. Rn. 7; Gottwald-Klopp/Kluth, InsR-Hdb, § 19 Rn. 16; K. Schmidt/Büteröwe § 38 Rn. 16; A/G/R-Ahrens § 38 Rn. 30; vgl. auch BGH, ZVI 2011, 408).

31 Der Befund, dass eine Forderung bereits bei Insolvenzeröffnung i. S. d. § 38 begründet ist, bildet hingegen nicht zugleich die (negative) Abgrenzung zu den Masseverbindlichkeiten (so aber MK-Ehricke § 38 Rn. 16; BK-Breutigam § 38 Rn. 15), da die §§ 53 ff. spezieller zu § 38 sind. Das Bestehen einer Masseverbindlichkeit ist von eigenen Voraussetzungen abhängig. So können vor Eröffnung begründete Rechtsverhältnisse sehr wohl Masseverbindlichkeiten bilden, wie z. B. bei Dauerschuldverhältnissen, die zur Masse fortbestehen oder vom Verwalter fortgesetzt werden (s. u. Rdn. 34). Andersherum schließt die Feststellung einer Masseforderung allerdings das Bestehen einer Insolvenzforderung aus.

2. Besonderheiten

a) Betagte, befristete und bedingte Forderungen

32 Befristete Forderungen, die erst in Zukunft entstehen, und betagte Forderungen, die schon bestehen, aber noch nicht fällig sind, werden wegen der bestehenden Anwartschaft gem. § 41 Abs. 1 als fällig behandelt (s. § 41 Rdn. 5 ff.; MK-Ehricke § 38 Rn. 17).

33 Aufschiebend und auflösend bedingte Forderungen sind bereits mit Vertragsschluss »begründet« (Einzelheiten bei § 42). Aus § 81 ergibt sich jedoch, dass Forderungen, deren Entstehen von einem künftigen Tun oder Unterlassen des Insolvenzschuldners abhängig ist (sog. **Potestativbedingung**), von der Teilnahme ausgeschlossen sind (Jaeger-Henckel § 38 Rn. 88 m. w. N.).

b) Dauerschuldverhältnisse

aa) Grundsatz

34 Für gegenseitige Verträge und die wichtigsten Dauerschuldverhältnisse enthält die InsO **Sonderregelungen**, die insb. Ersatzansprüche und Ansprüche wegen vorzeitiger Vertragsbeendigung als Insolvenzforderung qualifizieren. Dies sind vor allem §§ 103 Abs. 2, 104 Abs. 3 Satz 2, 105 Satz 1, 108 Abs. 3, 109 Abs. 1 Satz 3 und Abs. 2 Satz 2, 113 Satz 3, 115 Abs. 3, 116, 118 Satz 2.

35 Im Übrigen ist bei wiederkehrenden Ansprüchen zu differenzieren (Häsemeyer, InsR, Rn. 16.16; MK-Ehricke § 38 Rn. 19 ff.): Wenn Ansprüche jeweils neu als »**Einzelanspruch**« entstehen, sind Forderungen aus dem Zeitraum vor Insolvenzeröffnung Insolvenzforderungen und Forderungen danach entweder Masseverbindlichkeiten nach § 55 Abs. 1 Nr. 2, wenn das Schuldverhältnis mit der Masse fortgesetzt wird, sonst sog. Neuverbindlichkeiten. Dies ist der Fall, wenn die wechselseitigen Ansprüche von jeweils neu zu erbringenden Gegenleistungen abhängen, wie z. B. bei Miet-, Pacht- oder Dienstverträgen. Bei Anordnung »starker« vorläufiger Insolvenzverwaltung werden solche Ansprüche in § 55 Abs. 2 Satz 2 privilegiert.

40 Bei Insolvenzeröffnung bestehende **Urlaubsansprüche** von Arbeitnehmern des Insolvenzschuldners aus unbeendeten Arbeitsverhältnissen bilden keine Insolvenzforderungen (BAG, ZInsO 2006, 670; ZInsO 2004, 220), sondern sind einschließlich des Urlaubsentgeltes, d.h. dem im Urlaub fortzuzahlenden Arbeitsentgelt, Masseverbindlichkeiten gem. §§ 108, 55 Abs. 1 Nr. 2 (zum Ganzen: Dreschers, InsbürO 2006, 257). Ansprüche auf Vergütung oder Freistellung aus **Arbeitszeitkonten** sind damit nicht vergleichbar, sie werden mit Insolvenzeröffnung zu Insolvenzforderungen (LAG Hessen, ZInsO 2009, 1069; vgl. auch BAG, ZInsO 2004, 104).

41 Der **Urlaubsabgeltungsanspruch** gem. § 7 Abs. 4 BUrlG entsteht wegen und in Gänze mit Beendigung des Arbeitsverhältnisses; liegt der Stichtag vor Insolvenzeröffnung gilt § 38, sonst § 55 Abs. 1 Nr. 2 (BAG, ZInsO 2006, 670; ZInsO 2004, 220).

42 Bei **Sonderzahlungen** wie Weihnachtsgeld, Urlaubsgeld, Gratifikationen etc. ist darauf zu achten, ob der Anspruch nach Vertrag oder Gesetz stichtagsbezogen entsteht oder ratierlich (dann zeitbezogene Aufteilung zwischen §§ 38, 55; s. dazu BAG, NJW 1981, 79).

43 Bei **Block-Altersteilzeit** werden in der Arbeitsphase zugleich die später in der Freistellungsphase fällig werdenden Zahlungen verdient. Wird das Insolvenzverfahren daher während der Freistellungsphase eröffnet, sind die noch offenen Zahlungen lediglich Insolvenzforderungen. Fällt die Eröffnung in die Arbeitsphase, ist die danach verdiente Vergütung Masseverbindlichkeit, die dann auch »spiegelbildlich« in der Freistellungsphase zu zahlen ist. Für diese Masseverbindlichkeiten haftet auch ein Betriebsübernehmer nach § 613a BGB, auf den das Arbeitsverhältnis übergeht, nicht dagegen für die Insolvenzforderungen (BAG, ZInsO 2009, 1119; ZIP 2005, 457; Schrader/Straube, ZInsO 2005, 234, Seifert, DZWIR 2004, 103; Vogel/Neufeld, ZIP 2004, 1938).

44 Tarif- und individualvertragliche **Abfindungsansprüche** werden bereits mit Vertragsabschluss als aufschiebend bedingte Forderung i.S.v. § 38 begründet, die Kündigung ist nur noch anspruchsauslösender Umstand; es handelt sich daher auch dann nur um eine Insolvenzforderung, wenn die Kündigung nach Insolvenzeröffnung durch den Verwalter erfolgt (BAG, ZInsO 2007, 835). Abfindungsansprüche aus einem **Sozialplan** richten sich nach §§ 123, 124.

c) Rückgriffsansprüche

45 Die Regressforderungen von Mithaftenden des Insolvenzschuldners, z.B. Bürgen, sind mit Eingehung der Verpflichtung »begründet«, d.h. insb. schon vor der Befriedigung des Hauptgläubigers. Sie unterliegen jedoch den Beschränkungen des § 44. Auch der Rückgriffsanspruch eines nicht mithaftenden Dritten wegen der Tilgung einer Insolvenzforderung unterfällt selbst dann § 38, wenn die Tilgung nach Insolvenzeröffnung erfolgt ist (BGH, ZInsO 2008, 100).

d) Schadensersatzansprüche

46 Schadensersatzansprüche aus **Vertragsverhältnissen**, die bereits vor Insolvenzeröffnung bestanden, sind grds. Insolvenzforderungen. Wenn die Vertragsverletzung, die Unmöglichkeit oder der Verzug erst nach Eröffnung eintreten, ist zu differenzieren:

47 Schadensstiftende Handlungen des Schuldners können die Masse nicht belasten (weder als Insolvenzforderung i.S.d. § 38 noch als Masseverbindlichkeit i.S.d. § 55), da er nicht mehr verwaltungs- und verfügungsbefugt ist. Sie betreffen nur sein insolvenzfreies Vermögen.

48 Handlungen des Verwalters können Masseverbindlichkeiten begründen, sofern das Schuldverhältnis gem. §§ 103 ff. zur Masse fortbesteht. Aus der Beendigung des Schuldverhältnisses durch den Insolvenzverwalter und aus Unterlassungen resultierende Schäden sind dabei i.d.R. schon aufgrund Sonderregeln Insolvenzforderungen (s. Rdn. 34).

49 Zwar sind **Deliktsschuldverhältnisse** (unerlaubte Handlung, §§ 823 ff. BGB, und Gefährdungshaftung z.B. § 7 StVG, § 833 BGB) erst mit der Rechtsgutsverletzung, d.h. dem Schadenseintritt, verwirklicht. Für die Begründung i.S.d. § 38 kommt es wegen § 91 aber nur auf den Zeitpunkt des

Resultieren die Ansprüche jedoch aus einem einheitlichen, vor Insolvenzeröffnung begründeten **36**
»**Stammrecht**« sind auch die auf die Zeit nach Eröffnung entfallenden Ansprüche Insolvenzforderungen. Der Gläubiger hat den Gegenwert für seine künftigen Ansprüche bereits in das Schuldnervermögen geleistet, sämtliche Ansprüche sind damit ein für alle Mal begründet und setzen jeweils nur noch einen Zeitablauf voraus. Dies ist vor allem bei Pensions- und Rentenansprüchen aus Vertrag oder Delikt der Fall. Die Forderungshöhe bestimmt sich nach § 46.

Die Konstruktion des Wiederkehrschuldverhältnisses und seine Abgrenzung zum Sukzessivlieferungsvertrag ist durch § 105 Satz 1 entbehrlich geworden (zuvor schon krit. BGH, ZIP 1982, 854, 855). **37**

bb) Mietverhältnisse

Bei dem vor Insolvenzeröffnung abgeschlossenen Mietverhältnis gilt in der Mieterinsolvenz – egal, **38**
ob es vor oder nach Verfahrenseröffnung endet – Folgendes für den Herausgabeanspruch und die Abwicklungsansprüche des Vermieters oder Zwangsverwalters: Der Insolvenzverwalter ist zur Aussonderung der Mietsache gem. § 47 nur verpflichtet, wenn er sie in Besitz genommen hat oder daran ein Recht für die Masse beansprucht; andernfalls kann nur der Schuldner persönlich auf Herausgabe in Anspruch genommen werden (BGH, ZInsO 2008, 808). Die Ansprüche auf Räumung (inkl. Altlasten), Vornahme von Rückbauten und Schönheitsreparaturen sind lediglich Insolvenzforderungen, soweit der vertragswidrige Zustand nicht durch dem Verwalter zuzurechnende Handlungen verursacht worden ist (BGH, ZIP 2010, 2410; BGHZ 148, 252 = ZInsO 2001, 751; Pape in: Kölner Schrift zur InsO, S. 392 f. Rn. 64 ff.), denn diese Ansprüche sind bereits mit Abschluss des Mietvertrages »begründet«. Hierzu gehört auch ein Nutzungsentschädigungsanspruch gem. § 546a BGB wegen verspäteter Rückgabe für die Zeit nach Insolvenzeröffnung, es sei denn der Verwalter nutzt die Miet- oder Pachtsache und schließt den Vermieter dabei vom Besitz aus (BGH, NJW 2007, 1591). Betriebskostennachforderungen für die Zeit vor Insolvenzeröffnung sind auch dann Insolvenzforderung, wenn der Vermieter erst nach Wirksamwerden der Verwaltererklärung gem. § 109 Abs. 1 Satz 2 abrechnet (BGH, ZInsO 2011, 968).

Auch wenn die Miete zumeist erst am dritten Werktag des Monats fällig wird (§ 556b BGB), entsteht der Zahlungsanspruch nach § 163 BGB bereits am Monatsersten (BGH, ZInsO 2007, 91 **38a**
Tz. 12 m. w. N.). Daraus wurde jüngst gefolgert, dass die **Miete des Insolvenzeröffnungsmonats** immer in voller Höhe Insolvenzforderung ist (AG Tempelhof-Kreuzberg, ZInsO 2012, 1137; Rosenmüller, ZInsO 2012, 1110 m. w. N.; A/G/R-Ahrens § 38 Rn. 39). Diese Feststellung greift jedoch zu kurz. Sie geht fälschlich davon aus, dass die Tatbestandserfüllung des § 38 eine Masseverbindlichkeit ausschließt (s. Rdn. 31) und verkennt die Teilbarkeit der Ansprüche nach §§ 105, 108 Abs. 3 (so auch Geißler, ZInsO 2012, 1206).

In der **Vermieterinsolvenz** ist der Anspruch des Mieters auf Herstellung des vertragsgemäßen **39**
Zustands der Mietsache keine Insolvenzforderung, sondern aufgrund § 108 Abs. 1 Masseverbindlichkeit, auch wenn der mangelhafte Zustand schon vor Eröffnung bestand (BGH, ZInsO 2003, 412; a. A. Gundlach/Frenzel, NZI 2003, 374). Die Pflicht kann allenfalls wegen faktischer Unmöglichkeit gem. § 275 Abs. 2 BGB erlöschen, wobei der daraus entstehende Schadensersatzanspruch dann wieder Insolvenzforderung ist (Wegener, ZInsO 2005, 1259). Zur Vermieterinsolvenz s. a. § 109 Rdn. 9 ff. Zur Behandlung von Mietkautionen s. § 47 Rdn. 42.

cc) Arbeitsverhältnisse

Auch Arbeitsverhältnisse bestehen gem. § 108 Abs. 1 Satz 1 nach Insolvenzeröffnung mit Wirkung **39a**
für die Masse fort. **Entgeltansprüche** für vor Eröffnung erbrachte Arbeitsleistung sind Insolvenzforderung, § 108 Abs. 3. Das gilt auch für geleistete Mehrarbeit aufgrund einer Sanierungsvereinbarung mit Rückfallklausel (BAG, ZInsO 2013, 1191) und für den Schadensersatzanspruch wegen nicht abgeschlossener Zielvereinbarung (BAG, NJW 2013, 2300).

schädigenden Verhaltens an (MK-Ehricke § 38 Rn. 26; Jaeger-Henckel § 38 Rn. 169; Uhlenbruck-Sinz § 38 Rn. 42).

e) Ansprüche aus dem öffentlichen Recht

Zur Einordnung von Kosten der Ersatzvornahme nach dem Umweltrecht s. § 55 Rdn. 72 ff. 50

Ansprüche des Staates oder der EU auf **Rückgewähr von Beihilfen**, wie z. B. Investitionszulagen, 51
sind bereits mit Gewährung der Subvention begründet und damit Insolvenzforderungen (Einzelheiten bei Cranshaw, DZWIR 2008, 89; Bornheimer/Krumm, KTS 2008, 145; Smid, FS Uhlenbruck, S. 405 ff.).

f) Steuerforderungen

Das Steuerrecht regelt die Entstehung und Höhe der Steuerforderungen, die InsO ihre Einordnung 52
und Behandlung im Insolvenzverfahren. Ist der steuerbare Tatbestand vor Insolvenzeröffnung verwirklicht, hat die Steuerforderung nur den Rang einer Insolvenzforderung, auch wenn sie erst später steuerrechtlich entsteht (BFH, ZInsO 2012, 228 Tz. 17; ZInsO 2011, 823 Tz. 18; ZIP 2008, 1780; ZInsO 2005, 542; vgl. auch § 155). In Ausnahme davon gelten seit dem 01.01.2011 gem. § 55 Abs. 4 Steuerschulden aus dem **Eröffnungsverfahren**, die mit Zustimmung des »schwachen« vorläufigen Insolvenzverwalters begründet worden sind, als Masseverbindlichkeit (s. § 55 Rdn. 82 ff.); für den »starken« vorläufigen Insolvenzverwalter gilt § 55 Abs. 2.

Bei der **Umsatzsteuer** ist der maßgebliche steuerrechtliche Grundtatbestand des § 1 Abs. 1 Nr. 1 53
UStG verwirklicht, und damit die Forderung i. S. d. § 38 begründet, wenn die Lieferung oder sonstige Leistung ausgeführt ist. Nach h.L. gilt das uneingeschränkt bei der Besteuerung nach vereinbarten Entgelten i. S. d. §§ 13 Abs. 1 Nr. 1 Buchst. a), 16 UStG (»Soll-Versteuerung«) und richtigerweise auch für die Besteuerung nach vereinnahmten Entgelten i. S. d. §§ 13 Abs. 1 Nr. 1 Buchst. b), 20 UStG (»Ist-Versteuerung«) (Onusseit, ZInsO 2006, 516; Maus, Steuern im InsVerf., Rn. 30 ff.; Frotscher, Besteuerung bei Ins, S. 201 f.; Uhlenbruck-Sinz § 38 Rn. 79; Jaeger-Henckel § 38 Rn. 146). Die Auffassung, nach der im zweiten Fall die Entgeltvereinnahmung entscheidend ist (MK-Ehricke § 38 Rn. 87; BK-Breutigam § 38 Rn. 57), übersieht, dass dies – wie auch die Rechnungserstellung oder der Ablauf des Voranmeldezeitraums – erst für das steuerrechtliche Entstehen und die Fälligkeit der Schuld relevant ist, nicht aber für das insolvenzrechtliche Begründetsein.

Die Rspr. des BFH ist dagegen widersprüchlich und offensichtlich rein fiskalisch motiviert: Der für Aufrechnungen zuständige VII. Senat kommt zum gleichen Ergebnis wie die h.L. und erhält damit die Aufrechnungslage zugunsten der Finanzämter gegen Vorsteueransprüche der Masse, indem er für das insolvenzrechtliche Begründetsein der USt bereits die Verwirklichung eines »zivilrechtlichen Lebenssachverhaltes« ausreichen lässt, also letztlich auf die Leistungserbringung abstellt, d. h. für die Vorsteuer die Leistung an den Insolvenzschuldner (BFH, ZInsO 2011, 283 Tz. 32; ZIP 2005, 628 Tz. 12; ZInsO 2005, 542). Der für die USt zuständige V. Senat stellt hingegen erst auf die Vereinnahmung des Entgeltes ab und begründet dies bei der Ist-Besteuerung mit dem Wortlaut des § 13 Abs. 1 Nr. 1 Buchst. b) UStG, einer Norm, die das für § 38 unerhebliche Entstehen der Steuerschuld regelt (ZInsO 2009, 920; zust. de Weerth, NZI 2009, 449; krit. Onusseit, ZInsO 2009, 1740; Weitzmann, ZInsO 2009, 923; Berger, EWiR 2009, 315). Diese Rspr., wonach der erfolgreiche Einzug sog. Altforderungen durch den Insolvenzverwalter USt-Masseverbindlichkeiten verursacht, hat der V. Senat mit Urt. v. 09.12.2010 überraschend auch auf die Soll-Besteuerung ausgeweitet (NJW 2011, 1998 = ZInsO 2011, 823; so dann auch XI. Senat: ZInsO 2013, 1739). Begründet wird das Ergebnis mit einer doppelten Anwendung der Berichtigungsvorschriften des § 17 UStG und einer bis dahin unbekannten Aufspaltung des insolventen Unternehmens in mehrere Unternehmensteile. Infolge der Insolvenzeröffnung sei der leistende Unternehmer rechtlich gehindert, die Entgeltforderung zu vereinnahmen, da diese gem. §§ 80 Abs. 1, 82 nur noch an den Insolvenzverwalter geleistet werden könne. Damit werde die Forderung für ihn uneinbringlich i. S. d. § 17 UStG. Bei Vereinnahmung durch den Verwalter sei erneut nach § 17 UStG zu berichtigen, was eine Masseverbindlichkeit nach § 55 Abs. 1 Nr. 1 bewirke. Das Urteil wird einhellig abgelehnt (s. nur ARGE InsR im Dt. Anwaltsverein, ZInsO 2011, 1449; Kahlert, DStR 2011, 921; Onusseit, DZWIR 2011, 354; Schmittmann, ZIP 2011, 1125; Dobler, ZInsO 2011, 1098). Hoffnungen der Praxis auf einen Nichtanwendungserlass wurden enttäuscht, jedoch ist das Urteil erst auf ab dem 01.01.2012 eröffnete Insolvenzverfahren anzuwenden (BMF-Schreiben v. 09.12.2011, ZInsO 2012, 25). Zur Behandlung in der Praxis s. a. § 55 Rdn. 60.

54 **Einkommen-, Körperschaft- und Gewerbesteuer** entstehen als Jahressteuer mit Ablauf des Veranlagungszeitraums. Auch im Jahr der Insolvenzeröffnung wird der Schuldner einheitlich veranlagt. Insolvenzrechtlich ist dann ggf. durch Schätzung nach § 45 eine Aufteilung der Steuer auf den Zeitraum vor und nach Eröffnung vorzunehmen (BFH, ZIP 1994, 1286; BMF, ZIP 1999, 775, 776 Bsp. 6). Der BFH ordnet dabei von der Masse vereinnahmte Veräußerungsgewinne den Maßnahmen des Insolvenzverwalters zu, obwohl die stillen Reserven regelmäßig vor Eröffnung angesammelt wurden (BFH a. a. O.; dag. die ganz h. L. vgl. Maus, Steuern im Insolvenzverfahren, Rn. 379 m. w. N.; Frotscher, Besteuerung bei Ins, S. 141 f.; Jaeger-Henckel § 38 Rn. 134 ff.; MK-Ehricke § 38 Rn. 81a).

55 Steuerschuldner der **Lohnsteuer** ist der Arbeitnehmer. Für die Abführungspflicht in der Insolvenz des Arbeitgebers gilt das Zuflussprinzip des § 38 Abs. 2 EStG. Hat er vor Verfahrenseröffnung nur den Nettolohn ausgezahlt, ist der Lohnsteuerhaftungsanspruch des Finanzamtes aus § 42d EStG Insolvenzforderung, auch wenn die Zahlung nach § 41a EStG noch nicht fällig war (BMF, ZIP 1999, 775, 776 Bsp. 3; Uhlenbruck-Sinz § 38 Rn. 76; K. Schmidt/Büteröwe § 38 Rn. 28; dagg. stellt MK-Ehricke § 38 Rn. 94 auf die Arbeitsleistung ab).

56 Für die **Grundsteuer** gilt gem. § 9 Abs. 2 GrStG das Stichtagsprinzip, wonach sie mit Beginn des Kalenderjahres entsteht und damit für das gesamte Jahr begründet wird. Sie ist deshalb für das ganze Jahr der Insolvenzeröffnung Insolvenzforderung (OVG Berlin-Brandenburg, KKZ 2009, 42; Pape/Uhländer-Schluck-Amend § 38 Rn. 27; Uhlenbruck-Sinz § 38 Rn. 92; Maus, Steuern im InsVerfahren, Rn. 465 jeweils m. w. N.; **a. A.** [für eine Aufteilung]: Jaeger-Henckel § 38 Rn. 147; Häsemeyer, InsR, Rn. 23.53; MK-Ehricke § 38 Rn. 85). Sie gewährt allerdings ein Absonderungsrecht (§ 12 GrStG, § 51 Nr. 4).

57 Die **Kfz-Steuer** erfasst nach § 6 KraftStG das gegenwärtige Halten eines Fahrzeuges solange die Zulassung andauert. Sie ist damit tageweise zwischen § 38 und § 55 Abs. 1 Nr. 1, Abs. 2 aufzuteilen (BFH, ZInsO 2005, 495; Busch/Hilbertz, ZInsO 2005, 195; Maus, Steuern im Insolvenzverfahren, Rn. 467). Die umstr. Rspr., wonach auf den Schuldner zugelassene Kfz ab Insolvenzeröffnung Masseverbindlichkeiten verursachen, unabhängig davon, ob sie zur Masse gehören (BFH, ZIP 2007, 2081), hält der BFH nicht weiter aufrecht (ZInsO 2011, 1502; s. a. § 55 Rdn. 65).

IV. Rechtsfolgen

58 Insolvenzgläubigern i. S. d. § 38 stehen eine Reihe von verfahrensmäßigen **Befugnissen** zu, wie Anhörungs-, Antrags-, Stimm-, Einsichts-, Widerspruchs- und Beschwerderechte (ausführlich: Gottwald-Klopp/Kluth, InsR-Hdb, § 19 Rn. 2 ff.). Ihnen obliegen die verfahrensleitenden Entscheidungen (§§ 75, 157 ff.). Sie haben das Recht, ihre Insolvenzforderung zur Tabelle anzumelden (§§ 174 ff., auch nachträglich: §§ 177, 192), um hierdurch bei der Verteilung der Masse berücksichtigt zu werden (§§ 178 ff., 187 ff.).

Sofern die Forderung aber durch § 39 als nachrangig qualifiziert wird, ergeben sich erhebliche Einschränkungen dieser Rechte, s. § 39 Rdn. 71 ff.

59 Andererseits unterliegen alle Insolvenzgläubiger **Beschränkungen** in ihrer individuellen Rechtsverfolgung gegenüber dem Schuldner. Diese gelten unabhängig von ihrer Teilnahme am Verfahren (Rdn. 4). So können sie während des Verfahrens ihre Insolvenzforderungen nicht gegen den Schuldner persönlich einklagen (§ 87), nicht in sein insolvenzfreies Vermögen vollstrecken (§§ 89 Abs. 1, 294 Abs. 1), sie unterliegen der Rückschlagsperre des § 88 und den Aufrechnungsbeschränkungen

der §§ 95 Abs. 1 Satz 3, 96. Gegen sie gelten die Wirkungen des Insolvenzplans (§ 254 Abs. 1) und der Restschuldbefreiung (§ 301 Abs. 1).

Anhang zu § 38 Schuldverschreibungen

§ 19 SchVG Insolvenzverfahren

(1) Ist über das Vermögen des Schuldners im Inland das Insolvenzverfahren eröffnet worden, so unterliegen die Beschlüsse der Gläubiger den Bestimmungen der Insolvenzordnung, soweit in den folgenden Absätzen nichts anderes bestimmt ist. § 340 der Insolvenzordnung bleibt unberührt.

(2) Die Gläubiger können durch Mehrheitsbeschluss zur Wahrnehmung ihrer Rechte im Insolvenzverfahren einen gemeinsamen Vertreter für alle Gläubiger bestellen. Das Insolvenzgericht hat zu diesem Zweck eine Gläubigerversammlung nach den Vorschriften dieses Gesetzes einzuberufen, wenn ein gemeinsamer Vertreter für alle Gläubiger noch nicht bestellt worden ist.

(3) Ein gemeinsamer Vertreter für alle Gläubiger ist allein berechtigt und verpflichtet, die Rechte der Gläubiger im Insolvenzverfahren geltend zu machen; dabei braucht er die Schuldurkunde nicht vorzulegen.

(4) In einem Insolvenzplan sind den Gläubigern gleiche Rechte anzubieten.

(5) Das Insolvenzgericht hat zu veranlassen, dass die Bekanntmachungen nach den Bestimmungen dieses Gesetzes zusätzlich im Internet unter der durch § 9 der Insolvenzordnung vorgeschriebenen Adresse veröffentlicht werden.

I. Anwendbarkeit des SchVG 2009

Im Ausgangspunkt ist stets der Anwendungsbereich des SchVG in sachlicher und zeitlicher Hinsicht genau zu prüfen.

1. Zeitliche Anwendungsbereich des SchVG 2009

Das geltende Gesetz über Schuldverschreibungen aus Gesamtemissionen (Schuldverschreibungsgesetz – SchVG) vom 31.07.2009 (BGBl. I S. 2512) ist nach dessen § 24 Abs. 1 Satz 1 SchVG nicht anzuwenden auf Schuldverschreibungen, die vor dem 05.08.2009 ausgegeben wurden. Für solche Schuldverschreibungen gilt das Gesetz betreffend die gemeinsamen Rechte der Besitzer von Schuldverschreibungen (Schuldverschreibungsgesetz 1899 – SchVG 1899) vom 04.12.1899 (RGBl. S. 691) unverändert fort.

2. Sachlicher Anwendungsbereich des SchVG 2009

Das SchVG gilt nach dessen § 1 Abs. 1 nur für
– nach deutschem Recht begebene
– inhaltsgleiche Schuldverschreibungen aus Gesamtemissionen.

Der **Begriff der Schuldverschreibung** ist wie in §§ 793 ff. BGB zu verstehen. Nicht erfasst werden deshalb sog. einfachen Legitimationspapiere und auch nicht die bloßen Beweisurkunden (z. B. Schuldscheindarlehen).

In den Anwendungsbereich des SchVG fallen etwa:
– Inhaber-, Namens- oder Orderschuldverschreibungen
– Wandel-, Umtausch- oder Optionsanleihen (vgl. Oulds, in: Verannemann, SchVG, 2010, § 1 Rn. 8)
– Derivate im Sinne von § 1 Abs. 11 Satz 4 KWG, § 2 Abs. 2 WpHG (vgl. Oulds, in: Verannemann, SchVG, 2010, § 1 Rn. 9, 27; vgl. auch Begr. zu § 1 RegE-SchVG 2009, BT-Drucks. 16/12814, S. 16)

6   Das SchVG 2009 **gilt** nach dessen § 1 Abs. 2 ausdrücklich **nicht** für
    – gedeckte Schuldverschreibungen i. S. d. Pfandbriefgesetzes, also Pfandbriefe
    – Schuldverschreibungen, die von der (deutschen) öffentlichen Hand emittiert oder garantiert werden (krit. zu dieser Bereichsausnahme *Horn*, BKR 2009, 446, 447).

7   Auf die **Art der Verbriefung** der Schuldverschreibung und die Art ihrer Verwahrung kommt es für die Anwendung des SchVG nicht an. Die Schuldverschreibungen können in einer Einzelurkunde oder in einer Sammelurkunde (vgl. § 9a DepotG) verbrieft sein (so ausdrücklich auch Begr. zu § 1 RegE-SchVG 2009, BT-Drucks. 16/12814, S. 16).

8   Der Wortlaut des § 1 Abs. 1 SchVG lässt die **Einbeziehung von Genussrechten** nach der ersatzlosen Streichung des noch im SchVG 1899 enthaltenen Kriteriums »der im Voraus bestimmten Nennwerte« zu (zum Ganzen auch Lorenz/Pospiech, DB 2009, 2419). Das SchVG findet nämlich schlicht Anwendung auf »inhaltsgleiche Schuldverschreibungen aus Gesamtemissionen«. Bei der Frage der Anwendbarkeit des SchVG auf Genussrechte kommt es demnach zwar damals wie heute auf die Gestaltung des Genussrechts im Einzelfall an. Allerdings kommt es nicht (mehr) auf eine Gestaltung als »obligationsähnliches« Genussrecht ohne Verlustteilnahme, d. h. mit einem festen Rückzahlungsanspruch, an. Es kann vielmehr auch ein »gesellschafterähnliches« Genussrecht ohne einen festen Rückzahlungsanspruch, der im Verlustfall gemindert oder gänzlich ausgeschlossen sein kann, als Schuldverschreibung i. S. d. § 793 BGB angesehen werden. Aufgrund der überkommen Einschränkung auf Schuldverschreibungen mit im Voraus bestimmten Nennwerten bestanden unter der Geltung des SchVG 1899 noch Zweifel an der Anwendbarkeit, wenn die Genussrechte zwar auf einen anfänglichen Nennwert lauteten, die Rückzahlung des Kapitals infolge einer Verlustbeteiligung oder eines vereinbarten Nachrangs aber nicht zwangsläufig zum Nennwert erfolgen musste. Eine solche Gestaltung hatte wegen der überkommen Einschränkung auf Schuldverschreibungen mit im Voraus bestimmten Nennwerten nach h. M. dazu geführt, dass Genussrechte nicht in den Anwendungsbereich des SchVG 1899 fallen sollten (vgl. Oulds, in: Verannemann, SchVG, 2010, § 1 Rn. 27 m. w. N.; s. a. OLG Frankfurt am Main, Beschl. v. 28.04.2006 – 20 W 158/06, WM 2007, 828).

9   Jede inhaltsgleiche Schuldverschreibung ist gesondert zu betrachten. Die **Inhaltsgleichheit** ist auch dann gewahrt, wenn die Schuldverschreibungen zwar nicht zum selben Zeitpunkt ausgegeben werden, für sie aber dieselben Bedingungen gelten und sie dieselben Rechte vermitteln, wenn sie also in zeitlich, nicht inhaltlich verschiedenen Tranchen ausgegeben werden. Eine sog. **Aggregationsklausel** sieht das SchVG nicht vor, was mit Recht kritisiert wird (s. Oulds, in: Verannemann, SchVG, 2010, § 1 Rn. 28: »Damit entgeht den Schuldnern nach deutschem Recht ein möglicherweise wertvolles, potentielles Sanierungsmittel«; s. dort auch vor § 5 Rn. 40, 44 f.). Die Koordination erfordert deshalb einen entsprechend hohen Aufwand, der allenfalls durch die Bestellung von gemeinsamen Vertretern in Grenzen gehalten werden kann (zur Möglichkeit der Aggregation in einem Insolvenzplan s. u. Rdn. 120).

3. Möglichkeit eines Opt-in (§ 24 Abs. 2 SchVG)

10 Es besteht zwar nach § 24 Abs. 2 SchVG grundsätzlich die **Möglichkeit eines sog. Opt-in**, d. h. Gläubiger von vor dem 05.08.2009 ausgegebenen Schuldverschreibungen können eine Änderung der Anleihebedingungen beschließen, wenn sie damit von den nach dem SchVG eröffneten Wahlmöglichkeiten Gebrauch machen wollen.

11 Diese Möglichkeit ist aber infolge der Rechtsprechung des LG Frankfurt am Main und in zweiter Instanz des OLG Frankfurt am Main erheblich erschwert (bis unmöglich gemacht) worden, wonach Gläubiger einer vor dem 05.08.2009 von einem Emittenten mit Sitz im Ausland ausgegebenen Schuldverschreibung, die nach deutschem Recht begeben sind, nicht durch Mehrheitsentscheidung eine Änderung der Anleihebedingungen herbeiführen können, die ihre Schuldverschreibungen dem SchVG 2009 unterstellt (vgl. OLG Frankfurt am Main, Beschl. v. 27.03.2012 – 5 AktG 3/11; LG Frankfurt am Main, Beschl. v. 23.01.2012 – 3-05 O 142/11; die Entscheidungen werden im

Schrifttum überwiegend kritisiert, s. Baums/Schmidtbleicher, ZIP 2012, 204; Paulus, WM 2012, 1109, 1112; Keller, BKR 2012, 15). Das OLG Frankfurt am Main legt § 24 Abs. 2 SchVG einschränkend dahin aus, dass die nachträgliche Anwendung des Gesetzes von 2009 nur bei solchen Schuldverschreibungen eröffnet sei, die bereits zuvor nach dem SchVG 1899 einem Mehrheitsentscheid der Gläubigergemeinschaft zugänglich waren. Im konkret zu entscheidenden Fall fiel die Emittentin indes aus dem Anwendungsbereich des § 1 SchVG 1899 heraus, weil es sich um eine Emittentin mit Sitz im Ausland handelte (die Vorinstanz hatte die Anwendbarkeit des SchVG mit der Begründung verneinte, dass Regelungen der Anleihebedingungen dem niederländischen Recht unterstellt waren [»gespaltene Rechtswahl«]).

Das OLG Schleswig (Beschl. v. 10.12.2013 – 2 W 82/13, ZInsO 2014, 256) schlägt nunmehr insoweit eine andere Richtung ein, als die Möglichkeit eines »Opt-in« nach § 24 Abs. 2 SchVG auch dann bestehen soll, wenn die Anwendbarkeit des SchVG 1899 auf die in Rede stehende Schuldverschreibung aufgrund der konkreten Ausgestaltung der Emissionsbedingungen im überkommenen Recht des SchVG 1899 noch zweifelhaft gewesen ist (konkret, weil es der in Rede stehenden Hybrid-Anleihe an einem nach § 1 Abs. 1 SchVG 1899 noch erforderlichen »im Voraus bestimmten Nennwert« gefehlt hat; dazu oben Rdn. 8 a. E.). Das Ergebnis des OLG Schleswig überzeugt, der in der Begründung unternommene Versuch einer Abgrenzung zum Fall des OLG Frankfurt am Main überzeugt indes nicht. Es bleibt abzuwarten, ob die zugelassene Rechtsbeschwerde (anhängig BGH, Az: II ZB 2/14) die erforderliche Klarheit bringt, und zwar dahin gehend, dass die Anwendbarkeit des SchVG 1899 schlechterdings keine Voraussetzung für einen Opt-in nach § 24 Abs. 2 SchVG ist.

II. »Eckdaten« der Schuldverschreibung

An zahlreichen Stellen verwendet das SchVG den Begriff der Anleihebedingungen zur Bezeichnung des Vertragsinhalts der Schuldverschreibung. Nach § 2 Satz 1 SchVG müssen sich die Bedingungen zur Beschreibung der Leistung sowie der Rechte und Pflichten des Schuldners und der Gläubiger (= Anleihebedingungen) aus der Urkunde ergeben. Da die Urkunde aber regelmäßig nicht zum Umlauf bestimmt ist, kann in ihr auch Bezug genommen werden auf außerhalb der Urkunde niedergelegte Anleihebedingungen.

Die Schuldverschreibung wird mit einem **Gesamtnennbetrag** emittiert und ist in Teilschuldverschreibungen mit einem entsprechend geringeren Nominalbetrag gestückelt. Die Schuldurkunde wird – regelmäßig als Globalurkunde – bei der Clearstream Banking AG hinterlegt. Es ist nicht zwingend, dass sämtliche Teilschuldverschreibungen gezeichnet werden, sodass der **Nominalbetrag der ausgegebenen Stücke** hinter dem Gesamtnennbetrag zurückbleiben kann.

Die Anleihe ist regelmäßig endfällig ausgestaltet, d. h. gemäß der Anleihebedingungen wird sie nach einer bestimmten Laufzeit in Jahren zu ihrem Nennbetrag zuzüglich etwaiger noch offener Zinsen zurückgezahlt. Regelmäßig findet bis zu diesem Termin nach den Anleihebedingungen eine Verzinsung der Schuldverschreibung per anno auf den Nennbetrag statt. Die Zinsen werden an dem in den Anleihebedingungen bestimmten Zinstermin an die Anleihegläubiger gezahlt. Die Abwicklung der Zahlungen erfolgt regelmäßig durch Dazwischenschalten einer sog. **Zahlstelle**. Zahlungen von Kapital und Zinsen auf die Schuldverschreibung erfolgen dann am jeweiligen Zahlungstag über die Zahlstelle an Clearstream oder an deren Order zur Gutschrift auf die Konten der jeweiligen Kontoinhaber von Clearstream (= depotführende Banken) und im letzten Schritt an den Kunden.

Regelmäßig ist das ordentliche **Kündigungsrecht** der Anleihegläubiger nach den Anleihebedingungen ausgeschlossen. Das Recht zur außerordentlichen Kündigung des jeweiligen Anleihegläubigers aus wichtigem Grund bleibt von dem Ausschluss aber unberührt. Ein wichtiger Grund zur Kündigung ist regelmäßig auch das Insolvenzereignis (Zahlungseinstellung, Stellung Insolvenzantrag, Eröffnung [vorläufiges] Insolvenzverfahren o. ä.). Allerdings kann Zahlung der Rückzahlungssumme unabhängig von der außerordentlichen Kündigung verlangt werden (dazu unten Rdn. 20).

17 Ganz unterschiedlich ist regelmäßig das **Konzept der Besicherung** der Forderungen der Anleihegläubiger auf Zahlung von Nennbetrag und Zins ausgestaltet. Auch ein Nachrang der Gläubiger der Anleihe ist denkbar.

III. Behandlung der Anleihegläubiger in einem eröffneten Insolvenzverfahren

18 Im Grundsatz gilt für die Gläubiger einer Schuldverschreibung wie für alle Insolvenzgläubiger die **Maßgabe des § 87 InsO**, d. h. sie können ihre Forderungen nur nach den Vorschriften über das Insolvenzverfahren verfolgen. Sie müssen ihre Forderungen also zur Insolvenztabelle anmelden (§§ 174 ff. InsO) und erhalten Befriedigung ihrer Forderung durch Teilnahme am Verteilungsverfahren (§§ 187 ff. InsO).

19 Die Gläubiger der Schuldverschreibung werden in einem eröffneten Insolvenzverfahren über das Vermögen der emittierenden Gesellschaft insoweit wie »**einfache**« **Insolvenzgläubiger nach § 38 InsO** behandelt, als kein Nachrang im Sinne von § 39 Abs. 2 InsO vereinbart und keine Sicherheiten bestellt wurden bzw. die Bestellung etwaiger Sicherheiten nicht insolvenzfest oder nicht werthaltig ist. Ist ein Sicherungsrecht wertlos, legt dies einen Ausfall der Absonderungsberechtigten in voller Höhe i. S. d. § 52 Satz 2 InsO nahe.

20 Der Rückzahlungsanspruch kann im Insolvenzverfahren unabhängig von einer Kündigung verlangt werden (zur Kündigung oben Rdn. 16). Obwohl nach den Anleihebedingungen mangels Kündigung noch nicht fällig, gilt der Anspruch seit Eröffnung des Insolvenzverfahrens nach § 41 Abs. 1 InsO als fällig. Eine Abzinsung findet wegen der Verzinslichkeit der Forderungen nach § 41 Abs. 2 InsO nicht statt; der Rückzahlungsanspruch wird zum Nennwert bei der Verteilung berücksichtigt.

21 Hat ein Gläubiger auf seine Forderung vor Verfahrenseröffnung Zins- oder Tilgungszahlungen erhalten, kann die erlangte Deckung nach Maßgabe der §§ 129 ff. InsO angefochten werden.

22 Ist ein Nachrang vereinbart, ist dringend zwischen einem **insolvenzrechtlichen Nachrang i. S. d. § 39 Abs. 2 InsO** und einem bloß schuldrechtlichen Nachrang zu unterscheiden. Letzterer bindet den Insolvenzverwalter nicht. Der schuldrechtliche Nachrang wird innerhalb einer bestimmten Gläubigergruppe vereinbart und muss im Innenverhältnis dieser Gruppe nach Verteilung durch den Insolvenzverwalter durchgesetzt werden. Zum Sonderfall des Nachrangs der Anleiheforderung nach Abtretung von oder an Gesellschafter s. Thole, ZIP 2014, 293, 300.

IV. Verfahrensrechtliche Besonderheiten aufgrund der Anwendung des SchVG

23 Die Anwendung des neuen Schuldverschreibungsrechts ist weitgehend Neuland, insbesondere im Fall der Insolvenz des Emittenten. Die Regelungen der InsO werden durch die Regelungen des SchVG teilweise modifiziert und teilweise sogar ganz verdrängt. § 19 SchVG ist hier der Dreh- und Angelpunkt, bleibt in den Details aber weitgehend unvollständig. Bei Unklarheiten und im Fall einer Lücke kann zwar im Ausgangspunkt stets auf den in § 19 Abs. 1 Satz 1 SchVG statuierten »**Vorrang des Insolvenzrechts**« rekurriert werden. In vielen Fällen kommt aber bei näherem Hinsehen eine Lückenschließung nach anderen Grundsätzen in Betracht (vgl. etwa unten Rdn. 32 ff., unten Rdn. 94 ff. und unten Rdn. 109 f.).

1. Erster unverzüglicher Hinweis an das Insolvenzgericht

24 Trifft man im Insolvenzverfahren auf eine Anleihe, auf die das SchVG anzuwenden ist, ist das Insolvenzgericht höchst vorsorglich auf diesen Umstand hinzuweisen, um ihm die Erfüllung der ihm obliegenden Pflichten nach dem SchVG zu ermöglichen.

2. Einberufung und Durchführung der ersten Gläubigerversammlung (Abs. 2 Satz 2)

25 Der erste Hinweis an das Insolvenzgericht ist insbesondere deshalb wichtig, weil das Insolvenzgericht nach § 19 Abs. 2 Satz 2 SchVG verpflichtet ist, **unverzüglich eine Versammlung der Anleihegläubiger einzuberufen**, wenn noch kein gemeinsamer Vertreter der Anleihegläubiger bestellt

worden ist. Denn im Ausgangspunkt gilt: Nach § 19 Abs. 1 Satz 1 SchVG können die Anleihegläubiger durch Mehrheitsbeschluss zur Wahrnehmung ihrer Rechte im Insolvenzverfahren einen gemeinsamen Vertreter bestellen.

Die Versammlung nach § 19 SchVG ist **unabhängig von dem Berichts- und Prüfungstermin nach** § 156 InsO und darf diesen auch nicht vorwegnehmen. 26

Die Einberufung der Versammlung der Anleihegläubiger durch das Insolvenzgericht ist nach dem Wortlaut des § 19 Abs. 2 Satz 2 SchVG **obligatorisch und erfolgt von Amts wegen** (»Das Insolvenzgericht *hat* zu diesem Zweck eine Gläubigerversammlung nach den Vorschriften dieses Gesetzes einzuberufen [...]«). 27

Allerdings kann in dem Fall, dass die Forderung aus der Schuldverschreibung nur im **Nachrang des § 39 Abs. 2 InsO** zu berücksichtigen ist und eine Befriedigung der nachrangigen Forderungen im Insolvenzverfahren offenkundig nicht in Betracht kommt, die Einberufung einer Gläubigerversammlung nach § 19 SchVG ausnahmsweise entbehrlich sein (vgl. den Hinweis darauf, dass eine Gläubigerversammlung unterbleiben kann, wenn für die Schuldverschreibung ein Nachrang nach § 39 Abs. 2 InsO vereinbart ist, etwa bei Fürmaier, in: Verannemann, SchVG, 2010, § 19 Rn. 9, mit Verweis auf Penzlin/Klerx, ZInsO 2004, 311, 312). Es kann kurz und knapp argumentiert werden: Wenn für den Nachrang keine Befriedigung zu erwarten ist, wäre die Versammlung »reiner Formalismus«. Fraglich ist, ob das Insolvenzgericht sich dem Argument des »reinen Formalismus« anzuschließen vermag. Es darf nämlich nicht übersehen werden, dass eine Lesart des § 19 SchVG naheliegt, nach der das Gesetz eben diesen reinen Formalismus klar vom Insolvenzgericht einfordert (»Das Insolvenzgericht *hat*...«). 28

Allerdings ist auch eine andere Lesart vertretbar: Denn das Insolvenzgericht hat eine solche Gläubigerversammlung nur »*zu diesem Zweck*«, d.h. zum Zwecke der Bestellung eines gemeinsamen Vertreters zur Wahrnehmung ihrer Rechte im Insolvenzverfahren einzuberufen. Kann dieser Zweck durch die Einberufung einer Gläubigerversammlung und die Wahl eines gemeinsamen Vertreters nicht erreicht werden, entfällt die Pflicht zur Einberufung. Im Wesentlichen gehört zu dieser Wahrnehmung der Gläubigerrechte die Durchführung der Forderungsanmeldung, Teilnahme an und Abstimmung in der Gläubigerversammlung sowie Teilnahme an der Schlussverteilung (unten Rdn. 83). Allerdings sind nachrangige Forderungen nach § 174 Abs. 3 Satz 1 InsO nur anzumelden, soweit das Insolvenzgericht zur Anmeldung auffordert, was wiederum nur dann in Betracht kommt, wenn die Insolvenzmasse ausreichend ist, um über die vollständige Befriedigung der nicht nachrangigen Gläubiger auch eine (teilweise) Befriedigung der nachrangigen Forderungen zu ermöglichen. In dem Fall, dass eine Befriedigung der nachrangigen Forderungen im Insolvenzverfahren offenkundig nicht in Betracht kommt, wäre die Bestellung eines gemeinsamen Vertreters insoweit funktionslos. Dasselbe gilt für das Stimmrecht in der Gläubigerversammlung nach der InsO: Nachrangige Gläubiger sind nach § 77 Abs. 1 Satz 2 InsO nicht stimmberechtigt, womit auch insoweit die Bestellung eines gemeinsamen Vertreters funktionslos wäre (anders gegebenenfalls im Insolvenzplanverfahren, vgl. §§ 222 Abs. 1 Nr. 3, 225 InsO). Es bleibt aber das Teilnahmerecht an der Gläubigerversammlung nach der InsO, durch dessen Wahrnehmung sich die Gläubiger über den Ablauf des Verfahrens informieren können. Entfällt die Möglichkeit der Bestellung eines gemeinsamen Vertreters allein »zu diesem Zweck«, ist damit kein erheblicher Nachteil verbunden, nicht zuletzt weil jeder Schuldverschreibungsgläubiger sein Teilnahmerecht individuell ausüben kann. 29

a) Frist der Einberufung

Der überkommene § 18 Abs. 3 Halbs. 1 SchVG 1899 sah noch ausdrücklich vor, dass die Versammlung der Anleihegläubiger »unverzüglich« nach Eröffnung des Insolvenzverfahrens zu erfolgen habe. Diese Maßgabe findet sich im geltenden § 19 SchVG freilich nicht mehr. Gleichwohl wird im Schrifttum vereinzelt unter Hinweis auf den Sinn und Zweck der ersten Versammlung der Anleihegläubiger nach Eröffnung des Insolvenzverfahrens, nämlich eine sachgerechte Wahrnehmung der Interessen der Anleihegläubiger zu ermöglichen, darauf hingewiesen, dass auch im geltenden Recht 30 die Einberufung der ersten Versammlung »unverzüglich« zu erfolgen habe (vgl. Fürmaier, in: Veranneman, SchVG, 2010, § 19 Rn. 9; Scherber, in: Preuße, SchVG, 2011, § 19 Rn. 26).

31 Richtig dürfte jedenfalls sein, die Versammlung der Anleihegläubiger nach dem SchVG zeitlich vor der Versammlung der Insolvenzgläubiger nach der InsO durchzuführen.

b) Modalitäten der Einberufung

32 Die **Einberufung der ersten Versammlung**, also insbesondere die Festlegung von Zeit und Ort der Versammlung sowie die Aufstellung der Tagesordnung, obliegt nach § 19 SchVG dem Insolvenzgericht (vgl. Fürmaier, in: Veranneman, SchVG, 2010, § 19 Rn. 10; Scherber, in: Preuße, SchVG, 2011, § 19 Rn. 25). Im Grundsatz finden die Vorschriften des SchVG über die Einberufung der Gläubigerversammlung Anwendung, weil nach § 19 Abs. 2 Satz 2 SchVG das Insolvenzgericht die Gläubigerversammlung »*nach den Vorschriften dieses Gesetzes*« (gemeint: des SchVG) einzuberufen hat.

33 Deshalb gilt für die Einberufung Gläubigerversammlung die **Einberufungsfrist nach § 10 Abs. 1 SchVG** von mindestens 14 Tage vor dem Tag der Versammlung. Zu den anwendbaren »*Vorschriften dieses Gesetzes*« zur Einberufung der Gläubigerversammlung gehören auch die § 10 Abs. 2 und 3 SchVG zum Legitimationsnachweis.

34 Hinsichtlich des **Ortes der Versammlung** braucht § 11 SchVG hingegen nicht beachtet zu werden, insbesondere kann die Gläubigerversammlung an dem Ort des Sitzes des Insolvenzgerichts stattfinden.

35 Anwendbar sind die **Maßgaben zur Tagesordnung nach § 13 SchVG**. Nach § 19 Abs. 2 SchVG ist **gesetzlich vorgeschriebener Tagesordnungspunkt** für die erste Versammlung der Anleihegläubiger die Bestellung eines gemeinsamen Vertreters.

36 Der **Einberufungsbeschluss** wird in der Regel über den Beschlussgegenstand »Bestellung eines gemeinsamen Vertreters« hinaus keine Beschlussgegenstände ankündigen. Die erste Versammlung nach § 19 SchVG ist von weiter gehenden Abstimmungen über insolvenzrechtliche Gestaltungsmöglichkeiten regelmäßig »freizuhalten«.

37 Auch aus der Begründung zum Regierungsentwurf zu § 19 ergibt sich, dass hierdurch die Entscheidungsbefugnisse der Schuldverschreibungsgläubiger nach Eröffnung des Insolvenzverfahrens eingeschränkt werden sollen: Abweichend von § 5 Abs. 1 Satz 1 SchVG sollen die Gläubiger nach Eröffnung des Insolvenzverfahrens nur über eine Vertreterbestellung entscheiden. Ob in weiteren Gläubigerversammlungen, die auch im direkten Anschluss an die Versammlung nach § 19 SchVG stattfinden können, weitere im SchVG vorgesehene Mehrheitsentscheidungen, etwa über die in § 5 Abs. 3 SchVG genannten Inhalte, zulässig sind, ist umstritten (dazu unten Rdn. 103 ff.).

38 Zur Vorbereitung der Abstimmung über insolvenzrechtliche Gestaltungsmöglichkeiten in der Insolvenzgläubigerversammlung kann der gemeinsame Vertreter aber eine Abstimmung der Schuldverschreibungsgläubiger herbeiführen, um sich eine Ermächtigung/Weisung für ein bestimmtes Tätigwerden erteilen zu lassen. Derartige vorbereitende Beschlüsse sind aber nicht zwingend. Ihre Herbeiführung obliegt allein dem gemeinsamen Vertreter. Im Hinblick auf die Gestaltung der Tagesordnung und der Beschlussgegenstände einer solchen weiteren Gläubigerversammlung findet ein Wechsel in der Verantwortung statt, nach dem das Insolvenzgericht nicht (mehr) zuständig ist. Die Beschlüsse der Gläubiger in dieser weiteren Versammlung folgen dann den Bestimmungen des SchVG, also insbesondere den §§ 5 ff. SchVG (dazu unten Rdn. 111 a. E.).

c) Durchführung und Beschlüsse

39 Dem Wortlaut des § 19 Abs. 2 Satz 2 SchVG (»eine Gläubigerversammlung nach den Vorschriften dieses Gesetzes einzuberufen«) könnte man entnehmen, dass die Durchführung der Gläubigerversammlung den Vorschriften des SchVG unterliegt. Dies widerspricht jedoch dem in § 19

Abs. 1 Satz 1 SchVG statuierten und dem in der Begründung des Regierungsentwurfes zu § 19 SchVG betonten generellen Vorrang des Insolvenzrechts. Es würde auch praktischen Erwägungen und Effizienzgesichtspunkten widersprechen, sollte sich die Durchführung der ersten Versammlung der Schuldverschreibungsgläubiger nach den Regeln des SchVG richten, denn die Leitung der ersten, vom Insolvenzgericht einzuberufenden Versammlung obliegt nach § 76 Abs. 1 InsO sowie nach § 15 Abs. 1 SchVG dem Insolvenzgericht. Damit dieses sich bei der Durchführung der ersten Versammlung der Schuldverschreibungsgläubiger an die ihm vertrauten insolvenzrechtlichen Vorschriften halten kann, sollten insoweit die insolvenzrechtlichen Vorschriften maßgeblich sein, insbesondere also §§ 74 ff. InsO. Damit gelten für die Willensbildung der Anleihegläubiger durch Beschlussfassung auch die insolvenzrechtlichen Vorschriften hinsichtlich Beschlussfähigkeit, Stimmrechte, Abstimmungsmodus etc. Zu den Modalitäten der Einberufung der ersten Versammlung der Schuldverschreibungsgläubiger oben Rdn. 32 ff. und zu den Modalitäten der Bekanntmachung und Veröffentlichung unten Rdn. 94 ff.

Die §§ 74 ff. InsO sind jedoch für den Rechtsbereich der Verweisungsnorm, also die Behandlung von Schuldverschreibungen in der Insolvenz, nutzbar zu machen, d. h. etwa dass die Maßgaben des § 77 Abs. 1 Satz InsO für die Gläubigerversammlung nach § 19 SchVG noch nicht gelten. Es gelten mit Blick auf das Stimmrecht vielmehr die Maßgaben des § 6 SchVG (Fürmaier, in: Veranneman, SchVG, 2010, § 19 Rn. 15). Demnach gewähren die Forderungen der Schuldverschreibungsgläubiger auch dann Stimmrechte gemäß ihres Nennwerts, wenn sie noch nicht angemeldet und vom Insolvenzverwalter anerkannt sind. Denn die erste Gläubigerversammlung soll ja gerade die Möglichkeit eröffnen, dass die Forderungen der Gläubiger der Schuldverschreibungen durch einen gemeinsamer Vertreter angemeldet werden. Auch nachrangige Forderungen werden ungeachtet des § 77 Abs. 1 Satz 2 InsO berücksichtigt (Friedl, in: Frankfurter Kommentar SchVG, 2013, § 19 Rn. 38 a. E.). 40

Folgt man dem hier angenommenen Vorrang des Insolvenzrechts, gilt Folgendes: 41

Die **Leitung der Gläubigerversammlung** liegt beim Insolvenzgericht (Rechtspfleger). 42

Die Gläubigerversammlung wird vom Insolvenzgericht protokolliert. Das **gerichtliche Protokoll** ersetzt die nach SchVG an sich vorgesehene notarielle Protokollierung. 43

Im Anschluss an den Bericht des Insolvenzverwalters und einer Aussprache (ohne Beschlussfassung) folgt die **Beschlussfassung über die Bestellung eines gemeinsamen Vertreters** (Entgegennahme von Beschlussvorschlägen; ggf. Kandidatenvorstellung). Allerdings ist die Bestellung eines gemeinsamen Vertreters im Ergebnis nicht verpflichtend, sondern bleibt der Entscheidung der Mehrheit überlassen. Die Bestellung eines gemeinsamen Vertreters ist regelmäßig einziger Beschlussgegenstand der Gläubigerversammlung nach § 19 SchVG. 44

Die Versammlung ist **beschlussfähig**, wenn ein Anleihegläubiger anwesend oder vertreten ist (Friedl, in: Frankfurter Kommentar SchVG, 2013, § 19 Rn. 38). 45

Die Bestellung eines gemeinsamen Vertreters nach § 19 SchVG erfolgt durch **Mehrheitsbeschluss** gem. § 19 Abs. 2 Satz 1 SchVG. 46

Hinsichtlich der **Abstimmungsmodalität** gilt § 76 InsO: 47

Maßgeblich für das Zustandekommen von Beschlüssen sind die Forderungsbeträge. Zunächst ist festzustellen, wie hoch die Gesamtforderungen aller anwesenden und stimmberechtigten Gläubiger sind. Sodann ist zu prüfen, ob die Forderungen der zustimmenden Gläubiger mehr als die Hälfte dieser Gesamtforderungen ausmachen. Erforderlich ist somit die **absolute Mehrheit** der abstimmenden Forderungsbeträge (§ 76 Abs. 2 InsO, nicht § 5 Abs. 4 SchVG). Ist dies der Fall, ist der Beschluss zustande gekommen. 48

Stimmenthaltungen werden nicht gezählt, d. h. enthält sich ein Gläubiger bei einer Entscheidung der Stimme, so wird die von ihm repräsentierte Forderung so behandelt, als habe er sich nicht an der Abstimmung beteiligt. Damit wirkt sich die Enthaltung also auf die Abstimmungs- und nicht 49 auf die Zustimmungssumme aus. Das Abstimmungsergebnis errechnet sich aus dem Vergleich der abstimmungsbeteiligten Summe (Abstimmungssumme) mit der zustimmenden Summe (Zustimmungssumme).

50 Erklärt **nur eine Person** die Bereitschaft das Amt des gemeinsamen Vertreters zu übernehmen, kann ein Ablehnungsbeschluss somit unproblematisch auch mit der Personenwahl verbunden werden.

51 ▶ Praxistipp: Formulierung des Beschlussgegenstandes

Zum gemeinsamen Vertreter aller Anleihegläubiger der Inhaberschuldverschreibung ..... der ..... (ISIN ....., WKN .....) wird Frau/Herr ..... bestellt.

52 Ein Anleihegläubiger stimmt gegen den Beschlussvorschlag mit »Nein« ab, wenn er keinen gemeinsamen Vertreter für alle Anleihegläubiger nach § 19 SchVG wählen möchte, insbesondere seine Forderung im Insolvenzverfahren selbst geltend machen will (zu den Rechtsfolgen der Bestellung eines gemeinsamen Vertreters unten Rdn. 77 ff.).

53 Ein Anleihegläubiger stimmt für den Beschlussvorschlag mit »Ja« ab, wenn er die vorgeschlagene Person als gemeinsamen Vertreter für alle Anleihegläubiger nach § 19 SchVG wählen möchte.

54 Die vorgeschlagene Person ist gewählt, wenn die Forderungen der zustimmenden Gläubiger mehr als die Hälfte dieser Gesamtforderungen ausmachen.

55 Im Fall der **Kampfabstimmung**, wenn also mehrere Personen die Bereitschaft das Amt des gemeinsamen Vertreters zu übernehmen erklären, wird zuerst über den weitestgehenden Beschlussvorschlag abgestimmt, also über den Ablehnungsbeschluss.

56 ▶ Praxistipp: Formulierung des Beschlussgegenstandes:

»Ein gemeinsamer Vertreter aller Anleihegläubiger der Inhaberschuldverschreibung ..... der ..... (ISIN ....., WKN .....) wird nicht bestellt.«

57 Ein Anleihegläubiger stimmt gegen den Beschlussvorschlag mit »Nein« ab, wenn er einen gemeinsamen Vertreter für alle Anleihegläubiger nach § 19 SchVG wählen möchte.

58 Ein Anleihegläubiger stimmt für den Beschlussvorschlag mit »Ja« ab, wenn er keinen gemeinsamen Vertreter für alle Anleihegläubiger nach § 19 SchVG wählen möchte, insbesondere seine Forderung im Insolvenzverfahren selbst geltend machen will (zu den Rechtsfolgen der Bestellung eines gemeinsamen Vertreters unten Rdn. 77 ff.).

59 Wird die Bestellung nicht abgelehnt, wird der gemeinsame Vertreter entweder durch Einzelwahl in der vom Versammlungsleiter festgelegten Reihenfolge oder durch Listenwahl gewählt.

3. Einberufung und Durchführung weiterer Gläubigerversammlungen

60 Nach der obligatorischen Gläubigerversammlung nach § 19 Abs. 2 SchVG können **weitere Gläubigerversammlungen** stattfinden.

61 Nach alter Rechtslage musste das Insolvenzgericht über die erste Versammlung hinaus weitere Versammlungen einberufen, wenn der Insolvenzverwalter, der Gläubigerausschuss oder die Aufsichtsbehörden dies verlangte (vgl. § 18 Abs. 4 SchVG 1899). Das neue Recht enthält keine Regelung mehr zu der Frage, ob und wie eine weitere Versammlung außer der ersten zum Zwecke der Vertreterbestellung zu erfolgen hat. Jedenfalls ist der insolvenzverfahrensrechtliche Zweck der Versammlung mit Durchführung der ersten Versammlung vorläufig erreicht. Es besteht daher nach der ersten Versammlung aus Sicht des Insolvenzgerichts kein spezieller Bedarf an weiteren Versammlungen der Schuldverschreibungsgläubiger.

62 Selbstverständlich kann sich im Laufe des Verfahrens ein solcher Bedarf zeigen. Dies gilt insbesondere für den Fall, dass der gemeinsame Vertreter innerhalb des Insolvenzverfahrens einen **Ermächtigungs- oder Weisungsbeschluss** der Gesamtheit der Anleihegläubiger herbeiführen will (nicht

zuletzt um einer drohenden Pflichtverletzung vorzubeugen). Dies ist insbesondere bei **bedeutsamen Verfahrensentscheidungen** denkbar (z. B. im Hinblick auf dessen Stimmabgabe auf der Gläubigerversammlung oder im Rahmen der Abstimmung über einen Insolvenzplan).

Ein Interesse an weiteren Versammlungen kann sich ferner daraus ergeben, dass auf der ersten Gläubigerversammlung kein gemeinsamer Vertreter gewählt wurde, die Entwicklung des Insolvenzverfahrens nunmehr aber eine **erneute Willensbildung hinsichtlich der Frage der Bestellung eines gemeinsamen Vertreters** sinnvoll erscheinen lässt. 63

Für die **Einberufung der weiteren Gläubigerversammlungen** gelten dann jedoch die allgemeinen Vorschriften, also vor allem § 9 SchVG und nicht (mehr) § 19 Abs. 2 Satz 2 SchVG (Fürmaier, in: Veranneman, SchVG, 2010, § 19 Rn. 12; so jetzt auch OLG Zweibrücken, Beschl. v. 20.03.2013 – 3 W 9/13, ZInsO 2013, 2119). Etwas anderes ergibt sich auch nicht aus dem in § 19 Abs. 1 Satz 1 SchVG statuierten Vorrang des Insolvenzrechts. Demnach wird die Gläubigerversammlung gem. § 9 Abs. 1 SchVG vom Schuldner oder von einem auf einer vorherigen Gläubigerversammlung bereits gewählten (oder sogar schon in den Anleihebedingungen bestimmten) gemeinsamen Vertreter der Gläubiger einberufen. Die Gläubigerversammlung ist zwingend einzuberufen, wenn Gläubiger, deren Schuldverschreibungen zusammen 5 % der ausstehenden Schuldverschreibungen erreichen, dies schriftlich mit der Begründung verlangen, sie hätten ein sonstiges besonderes Interesse an der Einberufung. Ein solches besonderes rechtliches Interesse ist nach dem »Regelbeispiel« in § 9 Abs. 1 Satz 2 SchVG zu bejahen, wenn auf der ersten Gläubigerversammlung kein gemeinsamer Vertreter bestellt wurde und die Bestellung nunmehr doch erfolgen soll oder wenn ein bestellter gemeinsamer Vertreter abberufen werden soll. Wird einem berechtigten Verlangen der Schuldverschreibungsgläubiger nicht entsprochen, können diese nach § 9 Abs. 2 Satz 1 SchVG eine gerichtliche Ermächtigung zur Einberufung einer Gläubigerversammlung beantragen (so die Konstellation bei OLG Zweibrücken, Beschl. v. 20.03.2013 – 3 W 9/13, ZInsO 2013, 2119); die Zuständigkeit ergibt sich aus § 9 Abs. 3 SchVG. 64

Für die **Durchführung der weiteren Gläubigerversammlungen** gelten ebenfalls die allgemeinen Vorschriften, d. h. §§ 10 ff. SchVG (Friedl, in: Frankfurter Kommentar SchVG, 2013, § 19 Rn. 31), insbesondere liegt die Leitung der Versammlung beim Einberufenden (vgl. § 15 SchVG), nicht etwa beim Insolvenzgericht. Die Festlegung der Tagesordnung richtet sich für diese Versammlungen nach § 13 SchVG. 65

Die **Kosten** der Einberufung und Durchführung einer weiteren Gläubigerversammlung trägt nach § 9 Abs. 4 SchVG der Schuldner. Sie fallen in den Nachrang des § 39 Abs. 1 Nr. 2 InsO (unten Rdn. 74). 66

4. Vertretung in der Gläubigerversammlung

In der Gläubigerversammlung kann sich ein Gläubiger nach Maßgabe des § 14 SchVG vertreten lassen. Damit kann sich ein Gläubiger im Grundsatz durch »jedermann« vertreten lassen (kein Anwaltszwang). Allerdings gelten bei der Stimmabgabe § 4 InsO i. V. m. §§ 80 ff. ZPO entsprechend (Fürmaier, in: Veranneman, SchVG, 2010, § 19 Rn. 15; Scherber, in: Preuße, SchVG, 2011, § 19 Rn. 8; Thole, ZIP 2014, 293, 296). 67

5. Rechtsschutz und Beschlusskontrolle

Die Frage, welches Regime für die **Beschlusskontrolle** gilt, ist in § 19 SchVG nicht ausdrücklich beantwortet. Damit liegt es nahe, dass Widerspruch (§ 18 Abs. 5 SchVG) und Beschlussanfechtungsklage (§ 20 SchVG) durch den allgemeinen Vorrang des Insolvenzrechts nach § 19 Abs. 1 Satz 1 SchVG ausgeschlossen sind und sich die Beschlusskontrolle nach § 78 InsO richtet. Das ist aber im Schrifttum nicht unstreitig (für eine Anwendung des § 20 SchVG: Fürmaier, in: Veranneman, SchVG, 2010, § 19 Rn. 17; Friedl, in: Frankfurter Kommentar SchVG, 2013, § 19 Rn. 43; sie auch Kuder/Obermüller, ZInsO 2009, 2025, 2028; dagegen für eine Anwendung des § 78 InsO: Scherber, in: Preuße, SchVG, 2011, § 19 Rn. 31; Thole, ZIP 2014, 293, 297). 68

69 Der Unterschied ist erheblich, weil ein angefochtener Beschluss nach § 20 Abs. 3 Satz 4 SchVG nicht vollzogen werden darf (es sei denn, das Gericht stellt entsprechend § 246a AktG fest, dass die Anfechtungsklage dem Vollzug nicht entgegensteht). Dagegen führt eine **Anwendung des § 78 InsO zu keiner Sperrwirkung**: Widerspricht ein Beschluss der Gläubigerversammlung dem gemeinsamen Interesse der Insolvenzgläubiger, so hat das Insolvenzgericht den Beschluss auf Antrag aufzuheben. Gegen die Entscheidung des Gerichts, den in Rede stehenden Beschluss der Gläubigerversammlung aufzuheben bzw. ihn nicht aufzuheben, kann sofortige Beschwerde eingelegt werden (§ 6 InsO i. V. m. §§ 567 ff. ZPO). Im regelmäßigen Fall der Entscheidung über den Antrag durch den Rechtspfleger gilt: Der Rechtspfleger kann der sofortigen Beschwerde abhelfen, muss sie jedoch dem Beschwerdegericht zur Entscheidung vorlegen, wenn er sie für unbegründet hält (eine Erinnerung nach § 11 Abs. 2 RPflG ist nicht statthaft). Die sofortige Beschwerde hat im Regelfall nach § 570 Abs. 1 ZPO keine aufschiebende Wirkung.

70 Richtig dürfte sein, dass die Kontrolle der Beschlüsse der ersten Gläubigerversammlung wegen des in § 19 Abs. 1 Satz 1 SchVG statuierten allgemeinen Vorrangs des Insolvenzrechts nach § 78 InsO zu erfolgen hat (ebenso Scherber, in: Preuße, SchVG, 2011, § 19 Rn. 31). Die *entsprechende* **Anwendung des § 78 InsO** auf die Beschlussfassung über die Bestellung eines gemeinsamen Vertreters nach § 19 Abs. 2 Satz 1 SchVG ist vor allem im Hinblick auf die Antragsberechtigung auch unproblematisch möglich: Die Antragsberechtigung liegt im Zusammenhang mit der Beschlussfassung über die Bestellung eines gemeinsamen Vertreters nach § 19 Abs. 2 Satz 1 SchVG bei den Gläubigern der betreffenden Schuldverschreibung (ein Hindernis bei dieser Übertragung sehen offenbar: Fürmaier, in: Veranneman, SchVG, 2010, § 19 Rn. 17; Friedl, in: Frankfurter Kommentar SchVG, 2013, § 19 Rn. 43). Eine Anwendung des § 20 SchVG würde dagegen das Regime der Beschlusskontrolle aus dem Zusammenhang der Beschlussfassung nach Maßgabe der §§ 74 ff. InsO lösen.

71 ▶ **Praxistipp:**

Nach § 78 Abs. 2 Satz 3 InsO steht nur dem Antragsteller gegen die Ablehnung des Antrags auf Aufhebung des Beschlusses der Gläubigerversammlung die sofortige Beschwerde zu. Deshalb empfiehlt es sich auch dann einen eigenen Antrag zu stellen, wenn bereits ein anderer Gläubiger einen gleichgerichteten Antrag in der Gläubigerversammlung gestellt hat.

72 Von der ersten Versammlung der Gläubiger der Schuldverschreibung nach § 19 SchVG zu unterscheiden sind *weitere* **Versammlungen**, z. B. zum Zwecke der Weisung eines zuvor bestellten gemeinsamen Vertreters im Innenverhältnis zu den Gläubigern der Schuldverschreibung (dazu oben Rdn. 60 ff.). Diese Versammlung folgen nicht den Maßgaben der §§ 74 ff. InsO, sondern den §§ 9 ff. SchVG. Die Beschlusskontrolle erfolgt hier deshalb ebenfalls nach den allgemeinen Vorschriften durch Widerspruch (§ 18 Abs. 5 SchVG) und Beschlussanfechtungsklage (§ 20 SchVG).

6. Kosten für Gläubigerversammlungen und Vergütung des gemeinsamen Vertreters

73 Das SchVG lässt offen, wer die **Kosten für Einberufung und Durchführung der ersten Versammlung** der Anleihegläubiger zu tragen hat. Richtig dürfte sein, die Kosten und Auslagen im Zusammenhang mit der ersten Versammlung in *entsprechender* Anwendung des § 54 Nr. 1 InsO wie Gerichtskosten als Masseverbindlichkeiten aus der Insolvenzmasse zu begleichen (ebenso Fürmaier, in: Veranneman, SchVG, 2010, § 19 Rn. 11; Scherber, in: Preuße, SchVG, 2011, § 19 Rn. 27). Eine direkte Anwendung des § 54 Nr. 1 InsO scheidet aus, weil es sich bei dem Begriff der »Gerichtskosten« nach dem GKG um einen feststehenden Begriff handelt. Die von diesem Begriff abgedeckten Gebühren und Auslagen sind im (abschließenden) Kostenverzeichnis in der Anlage zum GKG aufgeführt, ohne dass hier freilich ein einschlägiger Tatbestand für die Einberufung und Durchführung einer ersten Gläubigerversammlung nach § 19 SchVG zu finden wäre (weswegen Paul, in: Berliner Kommentar InsO, § 19 SchVG Rn. 41 [Stand: 10/2012] § 55 Abs. 1 Nr. 1 InsO anwenden will, während Thole, ZIP 2014, 293, 298, den Schluss zieht, dass die Verfahrensgebühr auch die Kosten für die Einberufung und Durchführung einer ersten Gläubigerversammlung nach § 19 SchVG mit abdeckt).

Die **Kosten für Einberufung und Durchführung einer weiteren Gläubigerversammlung** (zum 74
Zweck solcher Versammlungen oben Rdn. 72) sind dagegen allenfalls nachrangige »Verfahrensaufwendungen« i. S. d. § 39 Abs. 1 Nr. 2 InsO (Cranshaw, BKR 2008, 504, 510; Thole, ZIP 2014, 293, 299; Friedl, in: Frankfurter Kommentar SchVG, 2013, § 19 Rn. 35).

Dasselbe gilt im Fall der Bestellung eines gemeinsamen Vertreters für die diesem nach § 7 Abs. 6 75
SchVG gebührende »**angemessene Vergütung**«; auch sie dürfte in entsprechender Anwendung unter § 54 Nr. 2 InsO fallen (Fürmaier, in: Veranneman, SchVG, 2010, § 19 Rn. 7; Scherber, in: Preuße, SchVG, 2011, § 19 Rn. 27; dagegen für eine Kostentragungspflicht der Masse in entsprechender Anwendung des § 55 Abs. 1 Nr. 1, 2. Alt. InsO: Paul, in: Berliner Kommentar InsO, § 19 SchVG Rn. 41 [Stand: 10/2012]; gleichsinnig Thole, ZIP 2014, 293, 299, der zu einer Anwendung des § 55 Abs. 1 Nr. 2, 2. Alt. InsO gelangt, indem er die Gleichbehandlung des nach Verfahrenseröffnung erst bestellten gemeinsamen Vertreters mit dem bereits vor der Verfahrenseröffnung bestellten und fortlaufend tätigen gemeinsamen Vertreters betont). Für die Einordnung der Vergütung der Tätigkeit des gemeinsamen Vertreters im Rahmen seines »verdrängenden Mandats« (dazu unten Rdn. 78 ff.) spielt es keine Rolle, ob der gemeinsame Vertreter auf der ersten Gläubigerversammlung nach § 19 Abs. 2 SchVG bestellt wurde oder auf einer späteren weiteren Gläubigerversammlung (a. A. Friedl, in: Frankfurter Kommentar SchVG, 2013, § 19 Rn. 35 a. E.).

Eine **gesetzliche Klarstellung** der Verteilung der Kostentragungslast in den zuvor genannten Kon- 76
stellationen wäre *de lege ferenda* angesichts der Bedeutung dieser Frage wünschenswert (vgl. auch die Klarstellung zur Frage der Verteilung der Kostentragungslast bei der Erfüllung der öffentlich-rechtlichen Pflichten nach dem WpHG in dessen § 11 Abs. 1, der die Kostentragungslast eindeutig zulasten der Masse geregelt hat: Der Insolvenzverwalter soll »die notwendigen Mittel zu ihrer Erfüllung zur Verfügung stellen, soweit dies erforderlich ist und die organschaftlichen Vertreter des Emittenten hierauf keinen Zugriff haben.«).

7. Rechtsfolgen einer Vertreterbestellung (Abs. 3)

Für die verfahrensrechtliche Stellung der Anleihegläubiger gelten im Ausgangspunkt folgende 77
Besonderheiten:

a) Sperr- und Ermächtigungswirkung im Außenverhältnis (»verdrängendes Mandat«)

Nach § 19 Abs. 1 Satz 1 SchVG können die Anleihegläubiger durch Mehrheitsbeschluss zur Wahr- 78
nehmung ihrer Rechte im Insolvenzverfahren einen gemeinsamen Vertreter bestellen. Nach § 19 Abs. 3 SchVG ist ein gemeinsamer Vertreter im Fall seiner Bestellung allein berechtigt, die Rechte und Pflichten der Anleihegläubiger im Insolvenzverfahren geltend zu machen. Nach den Wirkungen des § 19 SchVG hat der gemeinsame Vertreter damit ein »verdrängendes Mandat«, das in seinem Wirkungskreis die Wahrnehmung von Rechten durch die einzelnen Anleihegläubiger selbst ausschließt. Nach dem Willen des Gesetzgebers soll die Konzentration der Befugnisse beim gemeinsamen Vertreter die Effizienz und Rechtssicherheit im Insolvenzverfahren steigern und die Gleichbehandlung der Schuldverschreibungsgläubiger sicherstellen.

Die Anleihegläubiger haben also in der Gläubigerversammlung nach § 19 SchVG darüber zu ent- 79
scheiden, ob sie dem gemeinsamen Vertreter ein solches »verdrängendes Mandat« erteilen oder ob sie ihre Rechte und Pflichten im Insolvenzverfahren eigenständig geltend machen wollen. Die außerhalb des Insolvenzverfahrens gem. § 7 Abs. 2 Satz 3 SchVG mögliche **Aufhebung der Sperrwirkung im Einzelfall** und damit »Freigabe« einzelner Anleihegläubiger ist im Insolvenzverfahren **ausgeschlossen**. § 7 Abs. 2 Satz 3 SchVG ist durch die Sondervorschrift des § 19 Abs. 3 SchVG ausgeschlossen.

Anleihegläubiger dürfen insbesondere nicht (mehr) ihre Forderungen aus der Anleihe individuell 80
zur Tabelle anmelden. Bereits erfolgte Forderungsanmeldungen müssen vom Insolvenzverwalter bestritten werden. Dasselbe gilt für solche Anmeldungen, die nach Bestellung eines gemeinsamen Vertreters in Unkenntnis der Bestellung erfolgen. Aus dem Umstand, dass die Anleihegläubiger zu

einer individuellen Geltendmachung ihrer Rechte im Insolvenzverfahren nicht mehr in der Lage sind, ergibt sich das Recht und die Pflicht des gemeinsamen Vertreters zur **Forderungsanmeldung für die Anleihegläubiger als seine Mindestaufgabe**. Ebenfalls zur Mindestaufgabe gehört die Ausübung des Teilnahme- und Stimmrechts in der Gläubigerversammlung nach § 156 InsO durch den gemeinsamen Vertreter.

81 Im Hinblick auf **Weisungsmöglichkeiten** gilt im Ausgangspunkt: Die nach § 19 Abs. 3 SchVG begründete Rechtsmacht des gemeinsamen Vertreters ist *im Außenverhältnis* nicht beschränkbar. Allerdings ist der gemeinsame Vertreter *im Innenverhältnis* von der Beachtung des Gläubigerwillens nicht freigestellt. Erteilt ein einzelner Anleihegläubiger eine Weisung, so bindet eine solche Weisung den gemeinsamen Vertreter zwar nicht. Anders ist das aber im Fall einer Weisung durch Mehrheitsbeschluss der Gläubigerversammlung. In diesem Fall ist der gemeinsame Vertreter intern an die Weisung gebunden (vgl. § 7 Abs. 2 Satz 2, § 8 Abs. 4 SchVG).

82 Zunächst wird also der gemeinsame Vertreter seine Mindestaufgabe der Forderungsanmeldung für alle Insolvenzgläubiger erfüllen. Sind über seine Mindestaufgabe der Forderungsanmeldung hinaus weitere bedeutsame Rechtshandlungen erforderlich (z. B. im Zusammenhang mit einem Insolvenzplan), wird der gemeinsame Vertreter regelmäßig um eine **Rückbindung seiner Handlungen auf den Gläubigerwillen** bemüht sein, nicht zuletzt um seine eigene Haftungsgefahr zu bannen. Zu diesem Zweck kann der gemeinsame Vertreter eine weitere Gläubigerversammlung einberufen und einen **Ermächtigungs- bzw. Weisungsbeschluss** herbeiführen. Das macht allerdings die Einberufung einer weiteren Versammlung der Schuldverschreibungsgläubiger erforderlich (dazu oben Rdn. 60 ff.).

b) Forderungsanmeldung und Schlussverteilung

83 Im Hinblick auf die Durchführung der Forderungsanmeldung sowie etwaiger Abschlagzahlungen und die Schlussverteilung sind wertpapierrechtliche Besonderheiten zu berücksichtigen und danach zu unterscheiden, ob ein gemeinsamer Vertreter der Anleihegläubiger bestellt worden ist oder nicht.

(1) Verfahren mit gemeinsamen Vertreter

84 Nach § 19 Abs. 3 SchVG kann der gemeinsame Vertreter Forderungen der Anleihegläubiger anmelden und Zahlungen entgegennehmen, ohne dass er die Urkunde dem Insolvenzverwalter vorlegen müsste. Der Insolvenzverwalter kann demnach kraft Sonderbestimmung mit schuldbefreiender Wirkung an den gemeinsamen Vertreter Zahlungen erbringen. Auch die Namen der einzelnen Anleihegläubiger sind nicht anzugeben und werden auch nicht in die Insolvenztabelle aufgenommen. Hier wird nur der gemeinsame Vertreter genannt (wie ein Prozessstandschafter meldet er die fremden Forderungen also im eigenen Namen an). Bereits getätigte und noch (»vorsichtshalber« oder in Unkenntnis über die Vertreterbestellung) folgende Forderungsanmeldungen durch einzelne Anleihegläubiger werden vom Insolvenzverwalter mit Hinweis auf § 19 SchVG und die Vertreterbestellung bestritten.

85 Offen scheint die Frage zu sein, ob vom gemeinsamen Vertreter jede Forderung einzeln oder eine Gesamtforderung zur Tabelle anzumelden ist. Letzteres dürfte richtig sein. Die Forderungen behalten zwar ihre Selbstständigkeit. Für Zwecke der Anmeldung und Verteilung ist eine Abbildung der Stückelung in der Tabelle aber funktionslos.

86 Die Zahlung erfolgt dann – ggf. vermittels einer sog. Zahlstelle – wie im Fall einer Zinszahlung oder einer Rückzahlung der Valuta außerhalb der Insolvenz: Erst an die Clearstream Banking AG als Wertpapiersammelbank. Diese wiederum verteilt das Geld an die Banken, die ihrerseits bei der Clearstream Banking AG Depots unterhalten und diese erteilen sodann ihren Kunden entsprechende Gutschriften auf den Kundendepots. Auf der Dauerglobalurkunde wird ein entsprechender Ausschüttungsvermerk angebracht.

Die zentrale Frage ist daher zunächst die Frage nach dem Umfang der Gesamtforderung, nicht zuletzt auch für die Festsetzung des Stimmrechts in der Gläubigerversammlung nach § 156 InsO. Aufgrund der denkbaren unterschiedlichen Zeichnungswege wird nur die Clearstream Banking AG nach Euro und Cent Auskunft darüber erteilen könne, in welchem Umfang die Schuldverschreibung tatsächlich gezeichnet wurde. Diese Information erhält der gemeinsame Vertreter »kraft Amtes« von der Clearstream Banking AG.

(2) **Verfahren ohne gemeinsamen Vertreter**

Wird kein gemeinsamer Vertreter aller Anleihegläubiger bestellt, tritt die verdrängende Wirkung des § 19 Abs. 3 SchVG nicht ein, mit der Folge, dass die Anleihegläubiger zur individuellen Geltendmachung ihrer Ansprüche im Insolvenzverfahren unverändert ermächtigt bleiben.

Für die individuelle Anmeldung gilt: Ein Umkehrschluss aus § 19 Abs. 3 SchVG legt die Pflicht jedes einzelnen Anleihegläubigers nahe, das Inhaberpapier als Originalurkunde dem Insolvenzverwalter vorzulegen. Dies ergibt sich an sich auch aus der zivilrechtlichen Regel, dass Zahlungen mit schuldbefreiender Wirkung nur an die Vorleger der Schuldverschreibungen geleistet werden können. Die Vorlage der Originalurkunde ist dem einzelnen Gläubiger wegen der Verbriefung in einer Globalurkunde und der Sammelverwahrung bei der Clearstream in der Praxis jedoch häufig nicht möglich, aber auch nicht nötig. Hier greift vielmehr ein wertpapierrechtliches Verfahren, das auch außerhalb des Insolvenzverfahrens zur Anwendung kommt.

Sowohl Abschlagszahlungen als auch Zahlungen im Rahmen der Schlussverteilung können vielmehr auch auf dem außerhalb des Insolvenzverfahrens geltenden Wege der Zahlung von Zinsen oder Rückzahlung des Anleihebetrages erfolgen. Hier gilt das wertpapierrechtliche Verfahren der Einlösung von Wertpapieren nach den zwischen den depotführenden Banken und dem Anleihegläubiger als Kunden vereinbarten Sonderbedingungen für Wertpapiergeschäfte. Nach deren Nr. 14 übernimmt die depotführende Bank die Wahrnehmung der vermögensrechtlichen Interessen ihrer Kunden »automatisch«:

14. Einlösung von Wertpapieren/Bogenerneuerung

(1) Inlandsverwahrte Wertpapiere. Bei im Inland verwahrten Wertpapieren sorgt die Bank/Sparkasse für die Einlösung von Zins-, Gewinnanteil- und Ertragsscheinen sowie von rückzahlbaren Wertpapieren bei deren Fälligkeit. Der Gegenwert von Zins-, Gewinnanteil- und Ertragsscheinen sowie von fälligen Wertpapieren jeder Art wird unter dem Vorbehalt gutgeschrieben, dass die Bank/Sparkasse den Betrag erhält, und zwar auch dann, wenn die Papiere bei der Bank/Sparkasse selbst zahlbar sind. Die Bank/Sparkasse besorgt neue Zins-, Gewinnanteil- und Ertragsscheinbogen (Bogenerneuerung). [...]

Auf Basis dieser Sonderbedingungen erfolgt die Vorlage der Urkunde allein durch die Wertpapiersammelbank Clearstream, welche die Zahlungen ihrerseits an die Banken verteilt, die bei der Clearstream ein Depot unterhalten. Die Banken erteilen dann den Anleihegläubigern entsprechende Gutschriften.

Innerhalb wie außerhalb des Insolvenzverfahrens werden also Ausschüttungen vorgenommen, ohne dass der Kunde aktiv wird, also die Wertpapiere vorlegen muss (vgl. laufende Zinszahlungen und Rückzahlung). Insbesondere muss es sich nicht um die Gläubiger handeln, die ihre Forderungen selbst oder über den gemeinsamen Vertreter angemeldet haben, sondern zu zahlen ist an denjenigen, der im Zeitpunkt der Zahlung durch das Papier legitimiert ist. Denn die weitere Übertragung von Schuldverschreibungen wird durch die Insolvenz des Schuldners ebenso wenig gehindert wie jede andere Abtretung, z. B. einer Forderung. Die Bedeutung des Tabelleneintrags erschöpft sich deshalb in der Feststellung, dass die in dem Papier verbriefte Forderung als Insolvenzforderung anerkannt wird. Die Eintragung bedeutet nicht dass ein Zessionar neu anmelden und eine neue Forderungsprüfung stattfinden müsste. Die Vorlage der Schuldverschreibung ist heute nicht mehr so zu verstehen, dass jeder Gläubiger an den Verwalter herantreten und das Papier aushändigen oder auf ihm eine Teilzahlung vermerken lassen muss. Gegenüber dem Insolvenzverwalter gilt daher der

Sammelverwahrer als legitimiert und der Verwalter kann mit befreiender Wirkung an die Wertpapiersammelbank leisten.

8. Bekanntmachung und Veröffentlichung (Abs. 5)

94 Die **Einberufung der ersten Gläubigerversammlung** ist nach Maßgabe der §§ 12 Abs. 2 und 3 SchVG öffentlich bekannt zu machen. Auch die **Tagesordnung der Gläubigerversammlung** ist nach § 13 Abs. 2 Satz 1 SchVG bekannt zu machen. Nach § 13 Abs. 2 Satz 2 SchVG gelten hier die §§ 12 Abs. 2 und 3 SchVG entsprechend.

95 Nach § 17 Abs. 1 SchVG ist die unverzügliche **Veröffentlichung von Beschlüssen** im elektronischen Bundesanzeiger erforderlich.

96 Nach § 19 Abs. 5 SchVG hat das Insolvenzgericht zu veranlassen, dass die Bekanntmachungen nach den Bestimmungen des SchVG *zusätzlich* im Internet unter der durch § 9 InsO vorgeschriebenen Adresse veröffentlicht werden (www.insolvenzbekanntmachungen.de). Die »**doppelte Publizität**« gilt vor allem auch für den Einberufungsbeschluss nach § 19 Abs. 2 Satz 2 SchVG und einer etwaigen Bestellung eines gemeinsamen Vertreters.

97 Im Übrigen ist die Information und Kommunikation mit den Anleihegläubigern regelmäßig durch deren Anonymität erschwert. Anleihen nach dem SchVG lauten nämlich regelmäßig auf den Inhaber, d. h. die Identität des Inhabers der Schuldverschreibung ist nicht bekannt. Allenfalls die Identität des Erstzeichners könnte, wenn er einen Zeichnungsschein unmittelbar bei dem Emittenten eingereicht hat, ermittelt werden. Nachfolgende Übertragungsvorgänge sind freilich auch hier nicht ausgeschlossen.

98 Eine Information der Anleihegläubiger ist mittelbar über eine Veröffentlichung in den »Wertpapier-Mitteilungen« (ein elektronisches Informationsverbreitungssystem unter den deutschen Kreditinstituten) möglich. Denn zwischen den depotführenden Banken und dem Anleihegläubiger als Kunden gelten regelmäßig die Sonderbedingungen für Wertpapiergeschäfte. Deren Nr. 16 verpflichtet die depotführende Bank zur Weitergabe von Informationen an ihren Kunden, die in den »Wertpapier-Mitteilungen« veröffentlicht werden und die Wertpapiere des Kunden betreffen.

99 *16. Weitergabe von Nachrichten*

Werden in den »Wertpapier-Mitteilungen« Informationen veröffentlicht, die die Wertpapiere des Kunden betreffen, oder werden der Bank/Sparkasse solche Informationen vom Emittenten oder von ihrem ausländischen Verwahrer/Zwischenverwahrer übermittelt, so wird die Bank/Sparkasse dem Kunden diese Informationen zur Kenntnis geben, soweit sich diese auf die Rechtsposition des Kunden erheblich auswirken können und die Benachrichtigung des Kunden zur Wahrung seiner Interessen erforderlich ist. So wird sie insbesondere Informationen über
- *gesetzliche Abfindungs- und Umtauschangebote,*
- *freiwillige Kauf- und Umtauschangebote,*
- *Sanierungsverfahren*

zur Kenntnis geben. Eine Benachrichtigung des Kunden kann unterbleiben, wenn die Information bei der Bank/Sparkasse nicht rechtzeitig eingegangen ist oder die vom Kunden zu ergreifenden Maßnahmen wirtschaftlich nicht zu vertreten sind, weil die anfallenden Kosten in einem Missverhältnis zu den möglichen Ansprüchen des Kunden stehen.

100 Zu den relevanten Informationen gehört z. B. auch die die Information über die Einberufung einer Gläubigerversammlung nach § 19 SchVG.

101 Die depotführende Bank ist aber nicht verpflichtet, dem Insolvenzgericht oder dem Insolvenzverwalter die Identität des Kunden offenzulegen; ohne dessen Zustimmung ist die Bank sogar nicht einmal *berechtigt* dies zu tun, weil die Frage das **Bankgeheimnis** berührt. Dasselbe gilt auch für den Fall, dass eine Gläubigerversammlung nach § 19 SchVG einen gemeinsamen Vertreter der Anleihegläubiger bestellt hat und dieser nunmehr an die depotführenden Banken herantritt. Auch dem

gemeinsamen Vertreter gegenüber ist die Bank zur Offenlegung der Identität ihres Kunden nicht verpflichtet bzw. ohne dessen Zustimmung nicht einmal berechtigt.

9. Schuldverschreibung im Gutachten

▶ Praxistipp:

102

Im Gutachten kann etwa folgende (grobe) **Gliederung** gewählt werden:
1. Historie der Begebung der Anleihe
2. Bedingungen der Anleihe
3. Besicherung der Anleihe und Sicherheitentreuhänder
4. Verwendung des Emissionserlöses und Mittelverwendungskontrolle
5. Behandlung der Anleihegläubiger in einem eröffneten Insolvenzverfahren
6. Verfahrensrechtliche Besonderheiten aufgrund der Anwendung des SchVG

V. Restrukturierung der Schuldverschreibung im Insolvenzverfahren

1. Restrukturierung nach § 5 SchVG

Es ist im Schrifttum umstritten, ob eine **kollektive Bindung** (§ 4 SchVG) auch nach Eröffnung eines Insolvenzverfahrens nach Abschnitt 2 des SchVG, also insbesondere durch Mehrheitsbeschluss nach § 5 SchVG, bewirkt werden kann. Es geht vor allem um die Frage, ob eine **Beschlussfassung über die in § 5 Abs. 3 SchVG genannten Maßnahmen zum Zwecke der Restrukturierung der Anleihe im Insolvenzverfahren** zur Verfügung stehen (dafür Paul, in: Berliner Kommentar InsO, § 19 SchVG Rn. 20 [Stand: 10/2012]; Kessler/Rühle, BB 2014, 907, 911 ff.; vorsichtig formuliert Thole, ZIP 2014, 293, 300, mit Blick auf die erforderliche Zustimmungserklärung der Gläubiger im Zusammenhang mit dem Debt-Equity-Swap nach § 225a Abs. 2 Satz 2 InsO; dagegen halten eine Anwendung des § 5 SchVG, insbesondere eine Beschlussfassung über die in dessen Abs. 3 genannten Maßnahmen, für ausgeschlossen: Fürmaier, in: Veranneman, SchVG, 2010, § 19 Rn. 14; Scherber, in: Preuße, SchVG, 2011, § 19 Rn. 28). Soweit jüngst die Entscheidung OLG Zweibrücken (Beschl. v. 20.03.2013 – 3 W 9/13, ZInsO 2013, 2119), nach welcher der in § 19 Abs. 1 Satz 1 SchVG statuierte Vorrang der Bestimmungen der InsO der Einberufung einer weiteren Gläubigerversammlung zur (nachgeholten) Bestellung eines gemeinsamen Vertreters nach den allgemeinen Vorschriften nicht entgegenstehen soll (dazu oben Rdn. 64), als Beleg dafür verstanden wird, dass auch eine kollektive Bindung nach §§ 4, 5 SchVG und vor allem eine Beschlussfassung nach § 5 Abs. 3 SchVG zulässig sein sollen (so etwa Lürken, GWR 2013, 499; Kessler/Rühle, BB 2014, 907, 913), überspannt dies die Aussagekraft der Entscheidung. Richtig ist aber, dass die Entscheidung OLG Zweibrücken den Weg für eine solche Auffassung freihält.

103

Nimmt man den **Wortlaut des Gesetzes** als Ausgangspunkt, so spricht zumindest auf den ersten Blick einiges für die Annahme, dass eine Anwendung des § 5 SchVG im Insolvenzverfahren ausgeschlossen ist, weil es in § 19 Abs. 1 Satz 1 SchVG heißt, dass »die Beschlüsse der Gläubiger den Bestimmungen der Insolvenzordnung« unterliegen, es also hinsichtlich der Mehrheitserfordernisse ein Vorrang des Insolvenzrechts gilt (dieser Vorrang gilt zwar nur, »soweit in den folgenden Absätzen nichts anderes bestimmt ist«; eine solche abweichende Regelung findet sich bzgl. der Beschlussgegenstände des § 5 SchVG in den Folgeabsätzen aber nicht).

104

Darüber hinaus enthält die **Begründung zu § 19 RegE-SchVG 2009** (BT-Drucks. 16/12814, S. 25) den Hinweis, dass

105

»Absatz 2 Satz 1 bestimmt, dass die Anleihegläubiger nach der Eröffnung des Insolvenzverfahrens über das Vermögen des Schuldners (abweichend von § 5 Absatz 1 Satz 1) nur befugt sind, durch Mehrheitsbeschluss einen gemeinsamen Vertreter für alle Gläubiger zu bestellen.«

Es ist hiernach eine Lesart des § 19 Abs. 1 Satz 1 SchVG vertretbar, nach der der Vorrang der Insolvenzordnung weit zu verstehen ist und Mehrheitsentscheidungen, insbesondere über die in § 5 Abs. 3 SchVG genannten Beschlussgegenstände, ausgeschlossen sind.

106

107 Eine solche Lesart des § 19 Abs. 1 Satz 1 SchVG will jedoch nicht so recht zu der **Begründung zu § 225a InsO RegE-ESUG** (BT-Drucks. 17/5712, S. 31) passen, wo es im Zusammenhang mit der Möglichkeit der Umwandlung einer Forderungen der Gläubiger der Schuldverschreibung in Anteils- oder Mitgliedschaftsrechte am Schuldner heißt:

> »Nach Absatz 2 Satz 2 darf kein Gläubiger gegen seinen Willen in eine Gesellschafterposition gedrängt werden. Unberührt hiervon bleibt die Möglichkeit eines Mehrheitsbeschlusses nach § 5 Absatz 3 Nummer 5 des Gesetzes über Schuldverschreibungen aus Gesamtemissionen (SchVG). Die erforderliche Zustimmungserklärung jedes betroffenen Gläubigers, der Anteilsinhaber am Schuldner wird, bzw. der Mehrheitsbeschluss nach SchVG ist dem Plan nach § 230 Absatz 2 InsO beizufügen. Das Recht, einer Umwandlung seiner Forderung nicht zuzustimmen, stellt ein Individualrecht jedes einzelnen Gläubigers dar. Die Zustimmung kann damit nicht im Wege der mehrheitlichen Abstimmung innerhalb der Gruppen ersetzt werden.«

108 Die Begründung zu § 225a InsO RegE-ESUG (BT-Drucks. 17/5712, S. 31) geht also offenbar davon aus, dass die Mehrheitsherrschaft nach § 5 SchVG auch im Insolvenzverfahren noch für eine Restrukturierung der Anleihe zur Verfügung steht.

109 Diese sanierungsfreundliche Auffassung lässt sich auch in Einklang mit den **Sinn und Zweck des § 19 SchVG** bringen, der eine effiziente Verfolgung der Rechte der Anleihegläubiger im Insolvenzverfahren über das Vermögen des Emittenten bezweckt, insbesondere durch die Möglichkeit einen gemeinsamen Vertreter zu bestellen (§ 19 Abs. 2 Satz 1 SchVG). Dieser Zweck erfordert keinen uneingeschränkten Vorrang der Regelungen der InsO vor dem SchVG, sondern nur einen Vorrang, soweit sich die Gegenstände der Regelungen überlagern oder die Gestaltungsspielräume des SchVG aus anderen Gründen einer effizienten Verfahrensabwicklung entgegenstehen würden. Dieser Zweck erfordert es nicht, dass in die materielle Rechtstellung der Anleihegläubiger eingegriffen wird, indem die Verfügungsbefugnis über ihre Forderung aus der Anleihe eingeschränkt wird.

110 Ganz in diesem Sinne nimmt die **Begründung zu § 19 RegE-SchVG 2009** (BT-Drucks. 16/12814, S. 25) bei der Beschreibung der Rangordnung der Vorschriften des SchVG im Verhältnis zur InsO auch auf § 87 InsO Bezug. Das kann auf eine beschränkte Reichweite des Vorrangs der Insolvenzordnung hindeuten: § 87 InsO soll nämlich sicherstellen, dass die Insolvenzgläubiger nach Eröffnung des Insolvenzverfahrens ihre Forderungen allein noch nach den Vorschriften der Insolvenzordnung geltend mache, insbesondere durch Teilnahme am Feststellungsverfahren (§§ 174 ff. InsO) und Verteilungsverfahren (§§ 187 ff. InsO). Das entzieht den Gläubigern freilich nicht die materielle Befugnis, auf ihre individuelle Forderung ganz oder teilweise zu verzichten. Auch eine vergleichsweise Regelung ist im Grundsatz nicht ausgeschlossen, freilich dann mit dem Insolvenzverwalter als Partei des Vergleichsvertrags (wegen des Übergangs der Verwaltungs- und Verfügungsbefugnis nach § 80 InsO). Vor dem Hintergrund dieser rein verfahrensmäßigen Beschränkung der Rechtsverfolgung gegenüber dem Schuldner, ist die kollektive Bindung nach § 4 SchVG jedenfalls durch gleichlautenden Vertrag mit sämtlichen Gläubigern auch im Insolvenzverfahren für möglich zu erachten. Für den Schuldner handelt dann nach § 80 InsO der Insolvenzverwalter. Vereinbarungen des Insolvenzverwalters mit dem Kollektiv der Anleihegläubiger, die einen (teilweisen) Verzicht der Anleihegläubiger auf ihre Forderungen zum Gegenstand haben sind unproblematisch und dürften mithin zulässig sein (eine Änderung der Anleihebedingungen durch gleichlautenden Vertrag mit sämtlichen Gläubigern dürfte in der Praxis jedoch keine Rolle spielen).

111 Akzeptiert man diese begrenzte Sperrwirkung des § 19 SchVG (nur) hinsichtlich verfahrensmäßiger Aspekte der Rechtsverfolgung der Anleiheforderungen ist es nur konsequent, noch einen Schritt weiter zu gehen und eine kollektive Bindung nach § 4 SchVG auch »nach Abschnitt 2 dieses Gesetzes«, also nach §§ 5 ff. SchVG, im Grundsatz für möglich zu erachten. Ein Ausschluss dieser Möglichkeit ergibt sich nicht aus dem in § 19 Abs. 1 Satz 1 SchVG statuierten Vorrang der InsO, sondern kann sich allenfalls aus dem Tatbestand des § 4 SchVG selbst ergeben. Anknüpfungspunkt für einen solchen tatbestandlichen Ausschluss kann die Voraussetzung nach § 4 SchVG sein, dass eine kollektive Bindung nur »während der Laufzeit der Anleihe« möglich sein soll, wenn und soweit

die Anleihegläubiger ein etwaiges Kündigungsrecht ausüben und ihre Forderung mit Verfahrenseröffnung fällig stellen (zu diesem Aspekt s. etwa Paul, in: Berliner Kommentar InsO, § 4 SchVG Rn. 12 [Stand: 09/2010]).

Beschlüsse nach § 5 SchVG sind dann auf einer **weiteren Gläubigerversammlung** zu fassen, für welche die allgemeinen Vorschriften Anwendung finden (oben Rdn. 60 ff.).

2. Restrukturierung durch Insolvenzplan

Für eine Restrukturierung der Schuldverschreibung stehen alle Möglichkeiten offen, die das Insolvenzplanverfahren nach den §§ 217 ff. InsO bietet. Zunächst einmal kann festgehalten werden, dass die allermeisten Eingriffe, die nach § 5 Abs. 3 SchVG außerhalb des Insolvenzverfahrens nach Maßgabe der Mehrheitserfordernisse des § 5 Abs. 4 SchVG möglich sind, innerhalb des Insolvenzverfahrens im Wege eines Insolvenzplans umgesetzt werden können. 112

a) Eingriffe in die Rechtstellung der Anleihegläubiger nach § 224 InsO

Denkbare **Eingriffe in die Rechtstellung der Anleihegläubiger nach § 224 InsO** sind insbesondere die auch in § 5 Abs. 3 SchVG genannte Veränderung der Fälligkeit, die Verringerung oder der Ausschluss der Zinsen, die Veränderung der Fälligkeit der Hauptforderung, der (Teil-) Verzicht auf die Hauptforderung, der Rangrücktritt der Forderungen aus den Schuldverschreibungen (ausf. zu den Rahmenbedingungen für Eingriffe in Insolvenzforderungen durch den gestaltenden Teil eines Insolvenzplans s. § 224 InsO). 113

In dem Fall der Umsetzung der vorgenannten Maßnahmen im Wege eines Insolvenzplans gilt dann hinsichtlich der **Mehrheitserfordernisse allein § 244 InsO (nicht § 5 Abs. 4 SchVG)**. Wird die nach § 244 InsO erforderliche Mehrheit in der Gruppe der Anleihegläubiger nicht erzielt, kommt für die Restrukturierung der Anleihe im Wege des Insolvenzplans eine Anwendung des Obstruktionsverbots nach § 245 InsO in Betracht. Ist ein **gemeinsamer Vertreter der Anleihegläubiger** bestellt worden, ist er zur Abstimmung über den Insolvenzplan mit Wirkung für und gegen die Anleihegläubiger allein befugt (hat eine etwaige Weisung der Anleihegläubiger im Innenverhältnis aber zu beachten; dazu oben Rdn. 81). 114

b) Debt-Equity-Swap nach § 225a Abs. 2 Satz 1 InsO

In der Praxis dürfte vor allem die Möglichkeit nach § 225a Abs. 2 Satz 1 InsO, im gestaltenden Teil eines Insolvenzplans die **Umwandlung von Forderungen von Gläubigern in Anteils- oder Mitgliedschaftsrechte** am Schuldner vorzusehen, interessante Restrukturierungsoptionen für Anleihen eröffnen (sog. Debt-Equity-Swap). Allerdings kann nach Satz 2 des § 225a InsO eine solche Umwandlung nicht gegen den Willen der betroffenen Gläubiger vorgenommen werden. Hinzu kommt, dass nach § 230 Abs. 2 InsO dem Plan die zustimmende Erklärung eines jeden Gläubigers beizufügen ist, der Anteils- oder Mitgliedschaftsrechte oder Beteiligungen an der schuldnerischen Gesellschaft übernehmen soll. Nach hier vertretener Auffassung (oben Rdn. 103 ff, 111) kann jedoch auch innerhalb des Insolvenzverfahrens und flankierend zu einem Debt-Equity-Swap im Insolvenzplan eine kollektive Bindung der Anleihegläubiger nach §§ 4, 5 Abs. 3 Nr. 5 SchVG hinsichtlich der erforderlichen Zustimmung der Gläubiger bewirkt werden (vgl. auch den Hinweis von Thole, ZIP 2014, 293, 300, dass ein gemeinsamer Vertreter die Zustimmung nach § 230 Abs. 2 InsO für alle Gläubiger erklären kann, wenn er zuvor durch Beschluss der Anleihegläubiger dazu bevollmächtigt worden ist). 115

Die flankierenden Beschlüsse nach § 5 SchVG unterliegen aber der **Beschlusskontrolle nach § 20 SchVG** und damit ggf. einer Vollzugssperre. Die Koordination der schuldverschreibungsrechtlichen und insolvenzrechtlichen Verfahren stellt deshalb eine erhebliche Herausforderung dar. 116

Es ist im Schrifttum strittig, ob eine **Bewertung der umzutauschenden Anleiheforderungen zum Nennwert** in Betracht kommt oder ob eine Vollwertigkeitsprüfung zu erfolgen hat (für eine Bewer- 117 tung zum Nennwert Hirte/Knof/Mock, Das neue Insolvenzrecht nach dem ESUG, 2012, S. 38 ff. m.w.N. auch zur Gegenansicht; s. ferner Cahn/Simon/Theiselmann, CF law 2010, 238 ff. [für Nennwert]; Priester, DB 2010, 1445 ff. [Replik]; Cahn/Simon/Theiselmann, DB 2010, 1629 ff. [Duplik]).

c) Gleichbehandlungsgebot (§ 19 Abs. 4 SchVG) und Gruppenbildung

118 Nach § 19 Abs. 4 SchVG sind den Gläubigern einer Schuldverschreibung in einem Insolvenzplan stets gleiche Rechte anzubieten. Da die Gläubiger einer Schuldverschreibung regelmäßig auch in einer Gruppe zusammengefasst sein werden (ggf. mit Gläubigern anderer Schuldverschreibungen gemeinsam; dazu unten Rdn. 120) gilt für sie ohnehin das **Gleichbehandlungsgebot** des § 226 Abs. 1 InsO. Die zusätzliche Regelung in § 19 Abs. 4 SchVG ist insoweit deklaratorischer Natur.

119 Im Fall einer **Aufteilung der Gläubiger einer Schuldverschreibung in unterschiedlichen Gruppen** ist zwar denkbar. Das Gebot einer Gleichbehandlung würde aber auch in diesem Fall zumindest mittelbar aus § 245 Abs. 2 Nr. 3 InsO folgen. Eine solche Aufteilung dürfte in der Praxis aber ohnehin regelmäßig ausgeschlossen sein, weil sich kein sachliches Abgrenzungskriterium finden lässt, das eine solche Aufteilung in unterschiedliche Gruppen plausibel erscheinen lassen würden (vgl. zum Erfordernis einer sachlichen Abgrenzung § 222 Abs. 2 InsO). Die Aufteilung der Gläubiger einer Schuldverschreibung in unterschiedliche Gruppen würde dann vom Insolvenzgericht nach § 231 Abs. 1 Nr. 1 InsO im Rahmen der Vorprüfung oder nach § 250 im Rahmen der Bestätigung des Insolvenzplans ggf. beanstandet werden. Denkbar ist eine Aufteilung aber etwa ausnahmsweise dann, wenn in einem Insolvenzplan vorgesehen ist, dass Forderungen der Gläubiger der Schuldverschreibung in Anteils- oder Mitgliedschaftsrechte am Schuldner umgewandelt werden (zum sog. **Debt-Equity-Swap** s. a. oben Rdn. 115 ff.). Da eine solche Umwandlung und der damit verbundene Wechsel der Gläubiger in die Gesellschafterstellung nur mit Zustimmung der betroffenen Gläubiger möglich ist (vgl. § 225a Abs. 2 Satz 2 InsO), kann sich die Gruppe der Gläubiger der Schuldverschreibung aufteilen in diejenigen Gläubiger, die der Umwandlung zustimmen, und diejenigen Gläubiger, die der Umwandlung nicht zustimmen und deren Rechtstellung deshalb im gestaltenden Teil des Insolvenzplans abweichend geregelt werden muss (insofern ist nach der allgemeinen Vorschrift des § 224 InsO jede Regelung denkbar).

d) Aggregation mehrerer Schuldverschreibungen

120 Im Insolvenzplan besteht zudem anders als außerhalb des Insolvenzverfahrens die **Möglichkeit der Aggregation mehrerer Schuldverschreibungen** (s. zur Rechtslage außerhalb der Insolvenz oben Rdn. 9). Das bietet sich an, wenn sich mehrere Schuldverschreibungen im Wesentlichen allein durch den Zeitpunkt ihrer Begebung oder ihrer Laufzeit unterscheiden in den materiellen Bedingungen aber weitestgehend übereinstimmen.

VI. Grenzüberschreitende Bezüge

121 Abs. 1 Satz 1 setzt voraus, dass »über das Vermögen des Schuldners *im Inland* das Insolvenzverfahren eröffnet worden [ist]«. Im Fall der Verfahrenseröffnung im Ausland kommt § 19 SchVG mithin nicht zu Anwendung, solange nicht ein Partikular- oder Sekundärinsolvenzverfahren im Inland eröffnet worden ist, welches das deutsche Insolvenzrecht zur Anwendung bringt.

122 Bei einer **Teilnahme der Schuldverschreibung an einem organisierten Markt** i. S. d. § 2 Abs. 5 WpHG unterliegen die Wirkungen des Insolvenzverfahrens auf die Rechte und Pflichten der Teilnehmer an diesem Markt nach § 340 Abs. 1 InsO dem Recht des Staats, das für diesen Markt gilt. Der Hinweis in Abs. 1 Satz 2, dass die Sonderanknüpfung nach § 340 InsO für Rechte und Pflichten der Teilnehmer an Geschäften, die über einen organisierten Markt abgewickelt werden, »unberührt bleibt«, hat klarstellende Funktion. Der Hinweis ist freilich insoweit unvollständig, als im Anwendungsbereich der EuInsVO deren Art. 9 Abs. 1 EuInsVO zur Anwendung kommt. Da die EuInsVO nach deren Art. 1 Abs. 2 nicht auf Insolvenzverfahren über das Vermögen von

Versicherungsunternehmen und Kreditinstituten anwendbar ist, dürfte die praktische Bedeutung von Art. 9 EuInsVO freilich gering sein. Beide Regelungen sind im Kontext der Art. 23 der Richtlinie 2001/17/EG und Art. 27 der Richtlinie 2001/24/EG zu sehen. Betont werden muss, dass die Sonderanknüpfung nicht schlechterdings für alle Fragen rund um die Schuldverschreibung die *lex fori concursus* verdrängt, sondern nur für die besonderen Fragen nach den Wirkungen des Insolvenzverfahrens auf die Rechte und Pflichten der Teilnehmer an dem organisierten Markt i. S. d. § 2 Abs. 5 WpHG. Im Übrigen bleibt es bei dem allgemeinen Kollisions- und Sachrecht (also im Anwendungsbereich der EuInsVO bei der Anwendung der allgemeinen Kollisionsnorm des Art. 4 EuInsVO, welche die *lex fori concursus* zur Anwendung bringt, und der Anerkennung nach Art. 25 EuInsVO, wenn es etwa um Modifikationen der Forderungen aus der Schuldverschreibung durch einen Insolvenzplan geht).

§ 39 Nachrangige Insolvenzgläubiger

(1) Im Rang nach den übrigen Forderungen der Insolvenzgläubiger werden in folgender Rangfolge, bei gleichem Rang nach dem Verhältnis ihrer Beträge, berichtigt:
1. die seit der Eröffnung des Insolvenzverfahrens laufenden Zinsen und Säumniszuschläge auf Forderungen der Insolvenzgläubiger;
2. die Kosten, die den einzelnen Insolvenzgläubigern durch ihre Teilnahme am Verfahren erwachsen;
3. Geldstrafen, Geldbußen, Ordnungsgelder und Zwangsgelder sowie solche Nebenfolgen einer Straftat oder Ordnungswidrigkeit, die zu einer Geldzahlung verpflichten;
4. Forderungen auf eine unentgeltliche Leistung des Schuldners;
5. nach Maßgabe der Absätze 4 und 5 Forderungen auf Rückgewähr eines Gesellschafterdarlehens oder Forderungen aus Rechtshandlungen, die einem solchen Darlehen wirtschaftlich entsprechen.

(2) Forderungen, für die zwischen Gläubiger und Schuldner der Nachrang im Insolvenzverfahren vereinbart worden ist, werden im Zweifel nach den in Absatz 1 bezeichneten Forderungen berichtigt.

(3) Die Zinsen der Forderungen nachrangiger Insolvenzgläubiger und die Kosten, die diesen Gläubigern durch ihre Teilnahme am Verfahren entstehen, haben den gleichen Rang wie die Forderungen dieser Gläubiger.

(4) ¹Absatz 1 Nr. 5 gilt für Gesellschaften, die weder eine natürliche Person noch eine Gesellschaft als persönlich haftenden Gesellschafter haben, bei der ein persönlich haftender Gesellschafter eine natürliche Person ist. ²Erwirbt ein Gläubiger bei drohender oder eingetretener Zahlungsunfähigkeit der Gesellschaft oder bei Überschuldung Anteile zum Zweck ihrer Sanierung, führt dies bis zur nachhaltigen Sanierung nicht zur Anwendung von Absatz 1 Nr. 5 auf seine Forderungen aus bestehenden oder neu gewährten Darlehen oder auf Forderungen aus Rechtshandlungen, die einem solchen Darlehen wirtschaftlich entsprechen.

(5) Absatz 1 Nr. 5 gilt nicht für den nicht geschäftsführenden Gesellschafter einer Gesellschaft im Sinne des Absatzes 4 Satz 1, der mit 10 Prozent oder weniger am Haftkapital beteiligt ist.

Übersicht	Rdn.		Rdn.
A. Normzweck	1	3. Finanzielle Sanktionen (Abs. 1 Nr. 3)	12
B. Norminhalt	4	4. Unentgeltliche Leistungen (Abs. 1 Nr. 4)	15
I. Die Gruppen der nachrangigen Forderungen	4	5. Kreditfinanzierung aus Gesellschafterhand (Abs. 1 Nr. 5)	17
1. Laufende Zinsen und Säumniszuschläge (Abs. 1 Nr. 1)	5	a) Grundlagen	17
2. Kosten der Verfahrensteilnahme (Abs. 1 Nr. 2)	9	b) Gesellschaftsinsolvenz (Abs. 4 Satz 1)	21

	c) Gesellschafter und gleichgestellte Dritte	29	7. Spezialgesetzlicher Nachrang	66
			II. Zinsen und Kosten nachrangiger Gläubiger (Abs. 3)	70
	d) Finanzierungsleistungen	41		
	e) Sanierungsprivileg (Abs. 4 Satz 2)	48	III. Rechtsfolgen	71
	f) Kleinbeteiligtenprivileg (Abs. 5) .	55	C. **Verfahrensfragen**	73
6.	Rangrücktrittsvereinbarungen (Abs. 2)	63		

A. Normzweck

1 § 39 nimmt aus der Gesamtheit der Insolvenzforderungen des § 38 einige Gattungen heraus und bestimmt, dass diese erst nach der vollständigen Befriedigung der übrigen Insolvenzforderungen stufenweise beglichen werden dürfen. Die Rückstufung hat jeweils einen besonderen Grund, auf ein gemeinsames Prinzip ist der Nachrang dieser Forderungen nicht zurückzuführen.

2 Unter Geltung der KO waren die von Abs. 1 erfassten Forderungen von der Verfahrensteilnahme gänzlich ausgeschlossen (eingehend Jaeger-Henckel § 39 Rn. 2). Es konnte also theoretisch dazu kommen, dass am Ende des Verfahrens ein Überschuss verblieb, der an den Gemeinschuldner herauszugeben war, obgleich noch Forderungen gegen ihn bestanden. Der Gesetzgeber der InsO wollte mit dem neuen Modell zu einer größeren **Verteilungsgerechtigkeit** beitragen (Begr. § 46 RegE, BT-Drucks. 12/2443, S. 123). Gleichwohl wird dieser Normzweck in der Praxis nur sehr selten relevant, da bereits eine Vollbefriedigung der nicht nachrangigen Gläubiger nur in ganz seltenen Ausnahmefällen vorkommt.

3 Praktische Bedeutung hat die Konzeption mit einer **Entlastungsfunktion** in doppelter Hinsicht: Da die nachrangigen Gläubiger i. d. R. ohnehin keine Aussicht auf Befriedigung haben, soll das Verfahren durch sie auch nicht belastet und verzögert werden (Begr. § 46 RegE, BT-Drucks. 12/2443, S. 123). Ihre verfahrensmäßigen Rechte werden daher erheblich eingeschränkt. So dürfen sie ihre Forderungen nur nach Aufforderung durch das Gericht anmelden (§ 174 Abs. 3) und von der Gläubigerselbstverwaltung sind sie weitgehend ausgeschlossen (§§ 75 Abs. 1 Nr. 3 u. 4, 77 Abs. 1 Satz 2, 78 Abs. 2 Satz 2). Dies trägt zur Verfahrensbeschleunigung bei. Ferner findet die Norm auch in Normalverfahren häufige Anwendung dergestalt, dass angemeldeten Insolvenzforderungen wegen Nachrangigkeit (insb. Abs. 1 Nr. 1, 2 und 5) bei Nichtzulassung (§ 174 Abs. 3) zu widersprechen ist, was die Insolvenztabelle entlastet.

B. Norminhalt

I. Die Gruppen der nachrangigen Forderungen

4 Nur wenn bei der Schlussverteilung an die regulären Insolvenzgläubiger ein Überschuss verbleibt, sind die nachrangigen Insolvenzgläubiger zu befriedigen und zwar in der gesetzlich festgelegten Reihenfolge. Erst wenn der erste Nachrang vollständig befriedigt ist, ist eine Ausschüttung im zweiten möglich usw. Reicht der Überschuss nicht zur Vollbefriedigung einer Gruppe, erhalten die Mitglieder eine Quote.

1. Laufende Zinsen und Säumniszuschläge (Abs. 1 Nr. 1)

5 Die Rückstufung der nach Insolvenzeröffnung fortlaufenden Zinsansprüche und Säumniszuschläge beruht auf dem Prinzip, dass grds. alle Verbindlichkeiten des Schuldners nur mit dem Nennwert berücksichtigt werden, der ihnen im Zeitpunkt der Verfahrenseröffnung zukommt, was auch in §§ 42 bis 46 zum Ausdruck kommt (Häsemeyer, InsR, Rn. 17.02 ff., 17.05). Dies dient ebenfalls der Verfahrensökonomie (Jaeger-Henckel § 39 Rn. 11).

6 Erfasst sind alle **vertraglichen und gesetzlichen Zinsansprüche** auf nicht nachrangige Hauptinsolvenzforderungen, wie Kredit- und auch Verzugszinsen (Jaeger-Henckel § 39 Rn. 10; MK-Ehricke § 39 Rn. 13; Uhlenbruck-Hirte § 39 Rn. 16; K/P/B-Preuß § 39 Rn. 11; a. A. bei Verzugszinsen: BK-

Amelung/Wagner § 39 Rn. 9). Die vor Eröffnung aufgelaufenen Zinsrückstände sind nicht nachrangig. Für Zinsen auf nachrangige Insolvenzforderungen gilt Abs. 3.

Kontokorrentverhältnisse erlöschen gem. §§ 115, 116 mit Insolvenzeröffnung, sodass ab dann keine Zinseszinsen mehr geschuldet sind und grds. auch nicht mehr der vereinbarte **Zinssatz**, sondern nur noch einfache Zinsen der § 246 BGB, § 352 HGB; ist der Schuldner bereits vor Eröffnung in Verzug geraten, gilt § 288 BGB (MK-Ehricke § 39 Rn. 14; Uhlenbruck-Hirte § 39 Rn. 17; Pape/Uhländer-Schluck-Amend § 39 Rn. 14; **a. A.** Voraufl.). Nach § 280 BGB kann alternativ zum Verzugszins auch der Vertragszins verlangt werden. (hilfreich: www.basiszinssatz.de)

7

Bei der **abgesonderten Befriedigung** aus Grundstücken, Mobilien und Forderungen sind hingegen auch die Zinsansprüche und die Kosten (Abs. 1 Nr. 2) aus der Zeit nach Verfahrenseröffnung zu berücksichtigen, sofern der Gegenstand dafür haftet (BGH, ZInsO 2008, 915; Jaeger-Henckel § 39 Rn. 11; Braun-Bäuerle § 39 Rn. 6). Der Zinsausfall nach § 52 Satz 2 ist dann wieder nachrangig. Ein Tilgungsbestimmungsrecht steht dem Insolvenzverwalter bei der Erlösauskehr nach Verwertung von Absonderungsgut gem. der Rechtsprechung des BGH nicht zu; enthält die Sicherungsabrede keine Bestimmung, gilt § 367 Abs. 1 BGB (BGH, ZInsO 2011, 630 Tz. 15; **a. A.** OLG Dresden, ZInsO 2011, 2131; MK-Ganter Vor §§ 49 bis 52 Rn. 59c; Zimmer, ZInsO 2010, 1261; Gundlach/Müller, DZWIR 2011, 285).

8

Mit dem Insolvenzverfahrensvereinfachungsgesetz (s. § 1 Rdn. 9) hat der Gesetzgeber klargestellt, dass auch **Säumniszuschläge** (§ 240 AO, § 24 SGB IV), soweit sie auf die Zeit nach Insolvenzeröffnung für vorher begründete Insolvenzforderungen entfallen, wie Zinsen in den ersten Nachrang gehören. Soweit sie sich auf die Zeit vor Eröffnung beziehen, sind sie mit der Hauptforderung reguläre Insolvenzforderung. Dies entspricht der zuvor herrschenden Meinung (vgl. BSG, ZInsO 2004, 350; Jaeger-Henckel § 39 Rn. 10).

8a

Üblicherweise stellt sich erst während des Insolvenzverfahrens heraus, dass nachrangige Forderungen bedient werden können, sodass erst dann einzelne Rangklassen zur Anmeldung zugelassen werden. In solchen Fällen besteht **keine Verjährung** der Zinsansprüche für den Zeitablauf seit Eröffnung, weil § 206 BGB eingreift, da die Gläubiger gem. §§ 87, 174 Abs. 3 keine Möglichkeit hatten, die Verjährung durch die vorgesehene Tabellenanmeldung gem. § 204 Abs. 1 Nr. 10 BGB zu hemmen (so auch K. Schmidt/K. Schmidt/Herchen § 39 Rn. 12; K/P/B-Pape/Schaltke § 174 Rn. 65). Stattdessen eine ungeschriebene Ausnahme vom Anmeldeverbot einzuführen (so MK-Ehricke § 39 Rn. 8; A/G/R-Ahrens § 39 Rn. 8) ist eine unnötige Zumutung für die Gläubiger, die der Entlastungsaufgabe des § 39 (Rdn. 3) widerspricht.

8b

2. Kosten der Verfahrensteilnahme (Abs. 1 Nr. 2)

Die den allgemeinen Insolvenzgläubigern durch ihre Teilnahme am Verfahren **nach Insolvenzeröffnung** entstehenden Rechtsverfolgungskosten sind als Nebenforderungen schon als mit der Hauptforderung »begründet« i. S. d. § 38 anzusehen (Jaeger-Henckel § 39 Rn. 16). Sie werden ebenfalls wegen des Nennwertprinzips (s. Rdn. 5) als nachrangig eingestuft (Häsemeyer, InsR, Rn. 17.15) und erhalten den zweiten Nachrang.

9

Hierzu gehören z. B. die Kosten der Forderungsanmeldung (Kopien, Porto etc.) und der Teilnahme an Gläubigerversammlungen (Fahrten, Übernachtung) einschließlich Anwaltsgebühren (§ 28 RVG i. V. m. Nr. 3317 f., 3320 f. VV RVG) und evtl. Gerichtskosten (§ 23 GKG i. V. m. Nr. 2340 ff. KV GKG). Ausnahmen enthalten § 163 Abs. 2 und § 183 Abs. 3. Wegen des Kostenvorschusses nach § 26 Abs. 1 Satz 2 s. dort Rdn. 39 f.

10

Kosten, die **vor Eröffnung** entstanden sind, teilen den Rang der Hauptforderung, sind also i. d. R. nicht (Ausnahme: § 39 Abs. 3) nachrangig (BK-Amelung/Wagner § 39 Rn. 16; A/G/R-Ahrens § 39 Rn. 18; NR-Andres § 39 Rn. 7; **a. A.** Kosten der anwaltlichen Vertretung im Eröffnungsverfahren sind nachrangig: HK-Ries § 39 Rn. 9; FK-Bornemann § 39 Rn. 7; K. Schmidt-K. Schmidt/Herchen § 39 Rn. 14).

11

3. Finanzielle Sanktionen (Abs. 1 Nr. 3)

12 Die in Nr. 3 aufgezählten Zahlungsansprüche sind nachrangig, weil sie entsprechend ihrem pönalen Charakter nur den Schuldner persönlich belasten sollen und nicht die Gläubiger durch eine Quotenverminderung (BVerfG, NJW 2006, 3626 Tz. 8). Eine Befreiung erfolgt daher weder im Insolvenzplan noch im Restschuldbefreiungsverfahren (§§ 225 Abs. 3, 302 Nr. 2).

Die Vollstreckung von Geldstrafen durch Anordnung und Vollziehung der **Ersatzfreiheitsstrafe** (§ 43 StGB) oder Ableistung gemeinnütziger Arbeit (Art. 293 EGStGB) wird durch die §§ 89, 294 Abs. 1 nicht gehindert und ist grds. keine unbillige Härte i. S. v. § 459f StPO (BVerfG NJW 2006, 3626; Petershagen ZInsO 2007, 703; Rönnau/Tachau NZI 2007, 208; **a. A.** nach Insolvenzanfechtung der Zahlung der Geldstrafe Kemperdick, ZInsO 2010, 1307). Erzwingungshaft nach § 96 OWiG ist möglich, wenn dem Insolvenzschuldner die Zahlung der Geldbuße aus seinem unpfändbaren Vermögen zugemutet werden kann (LG Potsdam, ZInsO 2007, 390; **a. A.** Janca/Heßlau, ZInsO 2012, 2128).

13 Als »Nebenfolgen« erfasst sind die §§ 73a, 73d Abs. 2, 74a, 74c StGB, §§ 22, 25, 29a OWiG (BGH, ZInsO 2010, 1183; Jaeger-Henckel § 39 Rn. 24), §§ 375, 410 AO und die Abführung des Mehrerlöses nach § 8 WiStG. Die Verfahrenskosten aus einem Strafverfahren gehören mangels Sanktionscharakter nicht dazu (BGH, ZInsO 2011, 430).

14 **Verspätungszuschläge** (§ 152 AO) sind keine Zwangsgelder, sondern ein Druckmittel eigener Art, dem zudem eine Ausgleichsfunktion zukommt; sie unterfallen daher nicht § 39, sondern können als vollrangige Insolvenzforderung geltend gemacht werden (BFH, ZInsO 2005, 494; Uhlenbruck-Hirte § 39 Rn. 26; Jaeger-Henckel § 39 Rn. 23; **a. A.** Buhmann/Woldrich, ZInsO 2004, 1238).

4. Unentgeltliche Leistungen (Abs. 1 Nr. 4)

15 Wer seine Schulden nicht bezahlen kann, soll auch nichts auf Kosten der Gläubiger verschenken dürfen (MK-Ehricke § 39 Rn. 25). In die vierte Klasse fallen deshalb unerfüllte Versprechen des Schuldners auf eine unentgeltliche Leistung wie z. B. die Schenkung gem. §§ 516, 518 BGB und § 2301 BGB, die Leihe nach § 598 BGB (Jaeger-Henckel § 39 Rn. 25) oder die Gewinnzusage i. S. d. § 661a BGB (BGH, ZInsO 2009, 37; ZInsO 2008, 505 m. Anm. Kriegel, ZInsO 2008, 552). Für vollzogene unentgeltliche Leistungen gilt § 134.

16 War der Wille des Schuldners auf Unentgeltlichkeit gerichtet und seiner Verpflichtung stand objektiv keine Gegenleistung ggü., ändert auch ein selbstständiges Schuldversprechen, abstraktes Schuldanerkenntnis oder eine Wechselbegebung nichts an der Nachrangigkeit (HK-Ries § 39 Rn. 11).

5. Kreditfinanzierung aus Gesellschafterhand (Abs. 1 Nr. 5)

a) Grundlagen

17 Abs. 1 Nr. 5, der zuvor die Rückstufung eigenkapitalersetzender Gesellschafterdarlehen sowie persönlich oder sachlich gleichgestellter Forderungen vorsah, wurde durch das **MoMiG** (s. § 1 Rdn. 11 ff.) neu gefasst und durch Abs. 4 und 5 ergänzt. Mit diesem GmbH-Reformwerk hat der Gesetzgeber aus Gründen der Vereinfachung das zweistufige **Eigenkapitalersatzrecht abgeschafft**; die sog. Novellenregeln der §§ 32a, b GmbHG, 129a, 172a HGB a. F. wurden gestrichen und die analoge Anwendung der §§ 30, 31 GmbHG a. F. nach den Rechtsprechungsregeln in § 30 Abs. 1 Satz 3 GmbHG n. F. gesetzlich ausgeschlossen (s. hierzu § 135 Rdn. 3 ff.).

18 Das neue **Recht der Kreditfinanzierung aus Gesellschafterhand** (so K. Schmidt, GmbHR 2007, 1072, 1076) ist nun vom Tatbestand der »Krise der Gesellschaft« losgelöst und rein insolvenzrechtlich geregelt in den §§ 19 Abs. 2 Satz 2, 39, 44a, 135, 143 Abs. 3. Zentrale Norm ist § 39 Abs. 1 Nr. 5 i. V. m. Abs. 4 und 5. Sie definiert den persönlichen und sachlichen Anwendungsbereich. Zudem ordnet sie die Rückstufung der erfassten Gesellschafterkredite in den fünften Nachrang an; ein Liquidationsüberschuss soll zunächst noch unter den kreditgebenden Gesellschaftern ver-

teilt werden, bevor § 199 Satz 2 greift. Derart erfasste gesellschafterbesicherte Kredite Dritter sind wie bisher nicht nachrangig, sondern unterliegen Beschränkungen bei der Verteilung, was nun in § 44a geregelt ist. Da es fortan keine Unterscheidung zwischen kapitalersetzenden und sonstigen Gesellschafterkrediten sowie -sicherheiten mehr gibt, bestehen auch in der Krise keine Auszahlungsverbote mehr, es sei denn die Zahlung führt zur Zahlungsunfähigkeit (§§ 64 Satz 3 GmbHG, 92 Abs. 2 Satz 3 AktG). Erstattungspflichten bestehen allein nach den Anfechtungsregeln der §§ 135, 143 Abs. 3 ggü. dem Gesellschafter, der vor Insolvenzantrag eine Befriedigung erhalten hat oder aus einer Sicherheitenstellung frei geworden ist, wiederum unabhängig davon, ob die Gesellschaft in der Krise war oder nicht. Außerhalb des Insolvenzverfahrens gelten §§ 6, 6a, 11 Abs. 3 AnfG.

Der Gesetzgeber begründet nur die Abschaffung des alten Kapitalersatzrechts, bleibt aber eine Erläuterung für den **Normzweck** der neuen Konzeption, d. h. die rechtspolitische Legitimation der Sonderbehandlung von Gesellschafterkrediten, schuldig; der RegE zum MoMiG verweist lediglich auf »international verbreitete Regelungsmuster« (BT-Drucks. 16/6140 S. 26 u. 56). Unter Geltung des Eigenkapitalersatzrechts wurden die Rückstufung von Gesellschafterdarlehen und die Erstattungspflichten nach Darlehenstilgung aus dem Gesellschaftsvermögen auf den Gedanken der **Finanzierungsfolgenverantwortung** gestützt (s. § 135 Rdn. 97). Dabei wurde dem Gesellschafter zum Vorwurf gemacht, dass er in der Krise der Gesellschaft, mithin zu einem Zeitpunkt, in dem er die Gesellschaft entweder hätte vom Markt nehmen oder ihr Eigenkapital hätte zuführen müssen, keines von beidem getan hat, sondern sie stattdessen in Gläubiger gefährdender Weise mit Fremdkapital finanziert hat, weshalb er sich an dieser vollzogenen Entscheidung festhalten lassen müsse und dieses Kapital zum Schutz der Gläubiger wie Eigenkapital behandelt werden müsse. Nach Teilen der Literatur gilt diese Ratio weiterhin, die Krise werde lediglich aus Gründen der Vereinfachung unwiderlegbar vermutet (Bork, ZGR 2007, 250, 257; Altmeppen, NJW 2008, 3601, 3603 f.; Uhlenbruck-Hirte § 39 Rn. 35; so auch § 135 Rdn. 8a). Dem ist zuletzt auch der BGH näher getreten (ZInsO 2013, 543 Tz. 18). Das überzeugt jedoch nicht. Zwar ist in der Praxis regelmäßig festzustellen, dass die Krise der Gesellschaft lange vor dem Insolvenzantrag eingesetzt hat, was die Rückforderungsansprüche bei Tilgung von Gesellschafterdarlehen innerhalb der Jahresfrist nach § 135 Abs. 1 Nr. 2 und §§ 135 Abs. 2, 143 Abs. 3 zumeist rechtfertigen mag. Hingegen ist die Anfechtung von Sicherheitenstellungen nun nach § 135 Abs. 1 Nr. 1 10 Jahre rückwirkend möglich; die Rückstufung von Gesellschafterdarlehen in § 39 Abs. 1 Nr. 5 und die Beschränkungen der Drittdarlehensgeber in § 44a sind sogar zeitlich unbefristet ausgestaltet. Auch dabei jeweils die Krise zu vermuten, ist realitätsfremd. Gänzlich versagt ein solcher Legitimationsansatz, wenn Gesellschafter ihrer Finanzierungsverantwortung und dem Sanierungsansatz der InsO folgen und unmittelbar nach Kriseneintritt die Insolvenzantragstellung gem. § 19 veranlassen. Es drängt sich der Verdacht auf, die Auffassung wolle das bisherige Konzept vor allem beibehalten, um erreichte Meinungsstände zu zementieren und eine Neubewertung schon zuvor strittiger Problemfälle bereits vom Grundsatz her ausschließen.

Vielmehr ist eine neue dogmatische Grundlage zu finden. Mangels klar dokumentierter Regelungsabsichten des Gesetzgebers kann diese nur aus der Gesellschafterstellung als solcher abgeleitet werden. Nach U. Huber und Habersack, auf deren Vorschlägen das neue Recht aufbaut, ist der Nachrang und die Anfechtbarkeit von Gesellschafterkrediten wie die Eigenkapitalbindung als Preis dafür aufzufassen, dass die Gesellschafter für ihre unternehmerische Tätigkeit das **Privileg der Haftungsbeschränkung** in Anspruch nehmen können, deren missbräuchlicher Ausnutzung begegnet werden soll (BB 2006, 1, 2; Habersack, ZIP 2007, 2145, 2147; U. Huber FS Priester, S. 259, 283; ihnen folgend: Graf-Schlicker/Neußner § 39 Rn. 17; zunächst auch Gehrlein, BB 2008, 846, 849, dann mit anderem Schwerpunkt in BB 2011, 3, 7). Dem ist grds. zuzustimmen. Allerdings ist der Missbrauchsvorwurf überflüssig und nach dem Vorgesagten nicht haltbar (so auch K. Schmidt, GedSchr. M. Winter, S. 611; HK-Kleindiek § 39 Rn. 25). Andere betonen weitere Aspekte der Gesellschafterstellung, wie die Insiderrolle aus der Doppelstellung als Gesellschafter und Kreditgeber (Haas, ZInsO 2007, 617, 618; krit. dazu BGH, ZInsO 2011, 626 Tz. 17) bzw. das Näher-dransein des Gesellschafters (K. Schmidt, ZIP 2006, 1925, 1934), weshalb das neue Recht Fehlanzeige verhindern soll (Baumbach/Hueck-Fastrich GmbHG Anh. § 30 Rn. 6; Bitter/Laspeyres, ZInsO

2013, 2289, 2292 f.; K/P/B-Preuß § 39 Rn. 42). Letztlich wirkt sich die Reduktion im neuen Recht auch vermindernd auf den Normzweck aus (K. Schmidt-K. Schmidt/Herchen § 39 Rn. 32 f.). Es verbleibt eine schlichte insolvenzspezifische **Gefahrtragungsregel** (Tillmann, GmbHR 2006, 1289, 1290), die mit keinem Vorwurf mehr verbunden ist.

20 Das **Übergangsrecht** findet sich in Art. 103d EGInsO. Danach gelten die n. F. des § 39 hinsichtl. der Rechtsfolgen zur Nachrangigkeit und der § 44a für alle Verfahren, die seit dem 01.11.2008 eröffnet worden sind – und zwar auch für zuvor gewährte Darlehen, worin keine unzulässige echte Rückwirkung liegt (BGH, ZInsO 2011, 626 Tz. 8). Für vorher eröffnete Verfahren gilt die a. F. des § 39, wonach nur Gesellschafterdarlehen sowie persönlich und/oder sachlich gleichgestellte Forderungen zurückgestuft werden, die nach den §§ 32a, b GmbHG a. F., 129a, 172a HGB a. F. oder den sog. Rechtsprechungsregeln als kapitalersetzend qualifiziert sind (zur alten Rechtslage s. § 135 Rdn. 94 ff.). Abweichendes gilt für die Insolvenzanfechtung nach § 135 (s. dort Rdn. 90).

b) Gesellschaftsinsolvenz (Abs. 4 Satz 1)

21 Die neue Regelung definiert den persönlichen Anwendungsbereich – wie auch das alte Eigenkapitalersatzrecht – zweistufig: auf Gesellschafts- und Gesellschafterebene. Danach muss zunächst der Insolvenzschuldner eine Gesellschaft i. S. v. Abs. 4 Satz 1 sein. Die Formulierung ist den §§ 129a, 172a HGB a. F. entnommen, allerdings rechtsformneutral gehalten. Das ist jedoch sprachlich missglückt, da begrifflich die Existenz eines persönlich haftenden Gesellschafters vorausgesetzt wird, was nicht gewollt ist. Gemeint sind vielmehr Insolvenzverfahren über das Vermögen von Gesellschaften i. w. S., bei denen es weder auf der ersten noch der zweiten Gesellschafterebene zumindest eine natürliche Person mit einer unbeschränkten persönlichen Außenhaftung gibt (vgl. RegE MoMiG, BT-Drucks. 16/6140, S. 56 f.; so auch Hirte, ZInsO 2008, 689, 694; Haas, ZInsO 2007, 617, 628; Knof, ZInsO 2007, 125, 131; Weitergehend Pape/Uhländer-Schluck-Amend § 39 Rn. 49 auch bei dritter oder höherer Ebene).

22 Erfasst sind damit alle haftungsbeschränkten Kapitalgesellschaften deutschen und europäischen Rechts, also die **AG**, die **GmbH**, die neue **Unternehmergesellschaft (haftungsbeschränkt)** und die **Europäische Gesellschaft (SE)**. Ebenso fallen die »kapitalistischen« Personengesellschaften wie die **GmbH & Co. KG** und **AG & Co. KG** unter die Norm, da dort keine natürliche Person persönlich haftender Gesellschafter ist.

23 Nicht einbezogen sind nach dem Wortlaut die Personengesellschaften deutschen und europäischen Rechts in Form der **GbR**, der **OHG**, der **KG**, der **Partnerschaftsgesellschaft** und der **EWIV**, sofern sie gesetzestypisch verfasst sind, also unter den persönlich haftenden Gesellschaftern mindestens eine natürliche Person ist (zur atypischen GbR Wertenbruch. NJW 2009, 1796).

24 Indes offenbart sich bei der **KG** wie auch bei der **KGaA** die Inkonsequenz, nachdem nun nicht mehr an die Krise der Gesellschaft und an die Finanzierungsverantwortung angeknüpft wird, gleichwohl den Anwendungsbereich weiterhin auch über die Gesellschaftsform zu definieren, anstatt ausschließlich über die Haftungsverfassung des Kredit oder Sicherheiten gewährenden Gesellschafters. Nach dem neuen Konzept, das sich auf die Inanspruchnahme von Haftungsbeschränkung durch den Gesellschafter gründet (s. o. Rdn. 19a), ist nicht verständlich, weshalb der Kommanditist oder die Aktionäre der KGaA von der Subordination und Anfechtung verschont werden sollen (so auch Haas ZInsO 2007, 617, 628).

25 In der Insolvenz der nicht zur Eintragung im Handelsregister gelangten **Vorgesellschaft** oder Vor-GmbH greift § 39 Abs. 1 Nr. 5, Abs. 4 nur, wenn eine Außenhaftung der Gesellschafter besteht (Hirte, ZInsO 2008, 689, 694; K. Schmidt-K. Schmidt/Herchen § 39 Rn. 34; krit. Haas, ZInsO 2007, 617, 628 f.). Nach der Rechtsprechung ist dies grds. nicht der Fall; die Gründer trifft eine unbeschränkte Verlustdeckungshaftung ggü. der Gesellschaft (Innenhaftung) pro rata entsprechend ihrer Beteiligung (BGH, ZInsO 2009, 1258; BGHZ 134, 333 = NJW 1997, 1507). Nur wenn die Inanspruchnahme der Vor-GmbH für Gläubiger offensichtlich aussichtslos oder unzumutbar ist, kommt es ausnahmsweise auch zur Außenhaftung, so bei der Einmann-Vor-GmbH, bei nur einem

Gläubiger oder bei Vermögenslosigkeit der Gesellschaft (BGH a.a.O.; Lutter/Hommelhoff-Bayer GmbHG § 11 Rn. 18).

Die **Genossenschaft** (eG) ist nach der Gesetzesbegründung auch »Gesellschaft« i. S. d. Norm (RegE MoMiG, BT-Drucks. 16/6140, S. 56 f.). Allerdings sollte nach dem Prinzip der Haftungsbeschränkung (s. o. Rdn. 19a) der Anwendungsbereich auf solche Genossenschaften begrenzt werden, bei denen für den Fall der Insolvenz nach §§ 6 Nr. 3, 105 Abs. 1 GenG keine unbeschränkte Nachschusspflicht der Genossen besteht. Entsprechendes gilt für die Europäische Genossenschaft SCE.

Hingegen können **Verein** und **Stiftung** nicht als Gesellschaft i. S. d. neuen Regelung verstanden werden, da es bei ihnen keine vermögensmäßige Beteiligung von Mitgliedern am »Haftkapital« gibt, wie sie in Abs. 5 vorausgesetzt wird (Haas ZInsO 2007, 617, 628; Habersack, ZIP 2007, 2145, 2147). Dennoch können in Ausnahmefällen einzelne Personen am wirtschaftlichen Wohlergehen dieser Körperschaften unter Inanspruchnahme der Haftungsbeschränkung partizipieren, was in solchen Fällen eine analoge Anwendung rechtfertigen könnte (so Bork, ZGR 2007, 250, 253; Hirte, ZInsO 2008, 689, 694; zum alten Recht s. § 135 Rdn. 100).

Da das neue Recht nun im Insolvenzrecht platziert und rechtsformneutral gefasst ist, findet es auch auf entsprechende **Auslandsgesellschaften** Anwendung, wenn deren Insolvenz gem. Art. 3 Abs. 1, Art. 4 EuInsVO nach deutschem Recht abgewickelt wird (RegE MoMiG, BT-Drucks. 16/6140, S. 57), insb. bei sog. Scheinauslandsgesellschaften wie z. B. einer ausschließlich in Deutschland tätigen Limited mit Sitz in England (AG Hamburg, ZInsO 2008, 1332). Die Europarechtskonformität dieser Regelung wird teilweise angezweifelt (Altmeppen, NJW 2008, 3601, 3602 Fn. 16 m. w. N.; Zahrte, ZInsO 2009, 223).

c) **Gesellschafter und gleichgestellte Dritte**

Ist der Insolvenzschuldner aufgrund seiner Haftungsstruktur von der Norm erfasst, ist im nächsten Schritt zu klären, ob auch der Normadressat unter den in Abs. 1 Nr. 5 definierten persönlichen Anwendungsbereich fällt. Dies ist der Gläubiger, bei dem die Rückstufung seiner Forderung nach § 39 infrage steht, bzw. der Anfechtungsgegner nach §§ 135, 143 Abs. 3 und der Sicherheitengeber nach § 44a. Für sie sind wiederum die Ausnahmetatbestände des Sanierungsprivilegs nach Abs. 4 Satz 2 und des Kleinbeteiligtenprivilegs nach Abs. 5 zu prüfen.

Erfasst sind zunächst alle an der Insolvenzschuldnerin unmittelbar beteiligten formalen **Gesellschafter**, auch wenn sie diese Position nur – eigennützig oder fremdnützig – als Treuhänder oder Strohmann ausüben (Bormann/Kauka/Ockelmann-Ockelmann, Hdb. GmbHR, Kap. 10 Rn. 112; Graf-Schlicker/Neußner § 39 Rn. 25). Ob sie persönlich haftende Gesellschafter sind, wie etwa eine Komplementär-GmbH, oder ihnen das Privileg einer Haftungsbeschränkung zugute kommt, wie z. B. den Kommanditisten, ist nach dem eindeutigen Wortlaut unerheblich.

Eine Ausnahme besteht nach § 24 UBGG für den Gesellschafter einer behördlich anerkannten **Unternehmensbeteiligungsgesellschaft**. Wenn er deren Tochtergesellschaft Kredit gewährt, gilt § 39 Abs. 1 Nr. 5 nicht. S. a. § 135 Rdn. 174.

Im Fall des **Austritts des Gesellschafters** aus der Gesellschaft vor Insolvenzeröffnung kam es unter Geltung des Eigenkapitalersatzrechts für die Frage der »Verstrickung« seiner Forderung darauf an, ob er noch als Gesellschafter eine Finanzierungsentscheidung im Zeitpunkt der Krise der Gesellschaft getroffen hatte; Gleiches galt nach herrschender Meinung bei **Abtretung des Gesellschafterdarlehens** an einen Nichtgesellschafter (s. § 135 Rdn. 119, 121). Eine einmal kapitalersetzend gewordene Forderung konnte diesen Charakter also nicht durch Verlust der Gesellschafterstellung oder durch Abtretung verlieren. Die Ansicht, welche die Ratio des neuen Rechts weiterhin auf die Finanzierungsfolgenverantwortung stützt und dabei die Krise im Jahr vor dem Insolvenzantrag unwiderlegbar vermutet (s. o. Rdn. 19), subordiniert daher die Darlehensforderung des ehemaligen Gesellschafters bzw. des Zessionars und setzt beide der Anfechtung gem. § 135 aus, wenn Gesellschafterwechsel oder Forderungsabtretung innerhalb der Jahresfrist erfolgt sind (Roth/Altmeppen

GmbHG Anh. §§ 32a, b Rn. 28, 31; Uhlenbruck-Hirte § 39 Rn. 46). Richtigerweise kann an dem Bild des »verstrickten Gesellschafterdarlehens« aber nicht weiter festgehalten werden. Die Umqualifikation setzt nun erst mit Insolvenzeröffnung ein. Außerhalb des Insolvenzverfahrens gibt es kein Fremdkapital mehr, das wie Eigenkapital zu behandeln ist. Gesellschafterdarlehen dürfen grds. auch in der Krise zurückbezahlt werden, die Grenze bilden nur §§ 64 Satz 3 GmbHG, 92 Abs. 2 Satz 3 AktG.

Dennoch ist es Aufgabe von Rechtsprechung und Literatur, Kriterien für eine wirksame **Missbrauchsbekämpfung** zu entwickeln, da sich den Gesellschaftern sonst weite Möglichkeiten bieten, sich noch kurz vor Insolvenzeröffnung der Anfechtung und dem Nachrang zu entziehen. Von den Stimmen in der Literatur, welche die Legitimation des neuen Rechts aus der Gesellschafterstellung ableiten (s. o. Rdn. 19a), wird mit unterschiedlicher Begründung überwiegend vorgeschlagen, auf die Jahresfrist in § 135 abzustellen (Gehrlein, BB 2011, 3, 6; Habersack, ZIP 2007, 2145, 2149; K. Schmidt-K. Schmidt/Herchen § 39 Rn. 38, 40; HK-Kleindiek § 39 Rn. 39; Graf-Schlicker/Neußner § 39 Rn. 24), womit sich im Ergebnis keine Unterschiede zur vorgenannten Auffassung ergeben. Der BGH ist diesem zeitlichen Konzept im Fall eines ausgeschiedenen Gesellschafters gefolgt (ZInsO 2012, 141) wie auch bei einer Darlehensabtretung und anschließender Tilgung ggü. dem Zessionar (ZInsO 2013, 543). Dem ist grds. zuzustimmen. Die Darlehensrückzahlung vor Beginn der Jahresfrist ist nach § 135 Abs. 1 Nr. 2 insolvenzfest, sofern nicht § 135 Abs. 1 Nr. 1 eingreift. Dementsprechend besteht auch kein Nachrang ggü. dem Altgesellschafter, der vor diesem Termin ausgeschieden ist. Allerdings hat der BGH bei der Abtretung die Anfechtung nicht nur ggü. dem Gesellschafter zugelassen, obgleich er nichts aus dem Gesellschaftsvermögen erlangt hatte, was mit dem Umgehungsschutz begründet wurde (a. a. O. Tz. 30 ff.; dazu ablehnend Pentz, GmbHR 2013, 393), sondern auch ggü. dem Zessionar und zwar abhängig von dessen Kenntnis der Umstände unter Hinweis auf § 404 BGB (a. a. O. Tz. 24, 27). In Hinblick auf den Zessionar als Nichtgesellschafter ist dem zumindest für die Anfechtung zu widersprechen. Das neue Recht zielt allein auf den Gesellschafter-Darlehensgeber (so auch Gottwald-Haas, InsRHdb, § 92 Rn. 372; Baumbach/Hueck/Fastrich GmbHG Anh. § 30 Rn. 30; Preuß, ZIP 2013, 1145; K/P/B-Preuß § 39 Rn. 67). § 404 BGB kann insoweit § 145 Abs. 2 Nr. 1 nicht verdrängen.

33 Wird ein Darlehensgeber erst in der Folgezeit Gesellschafter, unterfällt er ohne Weiteres § 39 Abs. 1 Nr. 5 (BGH, ZInsO 2014, 598 Tz. 15).

34 Die **Einbeziehung von Nichtgesellschaftern** hat der Gesetzgeber nicht mehr ausdrücklich geregelt. Nach der Gesetzesbegründung soll aber durch die Formulierung »Forderungen aus Rechtshandlungen, die einem solchen Darlehen wirtschaftlich entsprechen« nicht nur eine sachliche Erweiterung erfolgen, sondern auch eine in personeller Hinsicht auf Dritte, wobei die zu § 32a Abs. 3 Satz 1 GmbHG a. F. entwickelten Grundsätze fortgelten sollen (RegE-MoMiG, BT-Drucks. 16/6140, S. 56). Hierbei ist allerdings zu beachten, dass die Neukonzeption des Rechts der Gesellschafterdarlehen nicht mehr auf der Finanzierungsfolgenverantwortung fußt, sondern auf der Inanspruchnahme von Haftungsbeschränkung als Unternehmer (s. o. Rdn. 19 f.), was eine eher restriktive Handhabung nahelegt (U. Huber FS-Priester, S. 259, 279 f.; Habersack, ZIP 2007, 2145, 2148 f.; Hirte, ZInsO 2008, 689, 693). Wie bisher lassen sich Fallgruppen bilden von einerseits Mittelspersonen und andererseits gesellschaftergleichen Dritten. Beide sind abzugrenzen von ganz außenstehenden Dritten, die der Gesellschaft einen Kredit gewähren, der durch Gesellschafter besichert ist; für sie gilt § 44a.

35 Bei **Mittelspersonen** eines Gesellschafters, die der Gesellschaft im eigenen Namen aber mit Mitteln oder auf Rechnung des Gesellschafters Kredit gewähren, ergeben sich aus dem neuen Konzept keine durchgreifenden Änderungen zur bisherigen Praxis (Gehrlein, BB 2011, 3, 6; Habersack, ZIP 2008, 2385, 2388; K. Schmidt-K. Schmidt/Herchen § 39 Rn. 47; s. hierzu § 135 Rdn. 144, 150), wie etwa für die Fallgruppen der Hintermänner von Strohmann-Gesellschaftern (U. Huber FS-Priester, S. 259, 280), Treugeber (Graf-Schlicker/Neußner § 39 Rn. 27) und mittelbaren Stellvertreter (Bormann/Kauka/Ockelmann-Ockelmann, Hdb. GmbHR, Kap. 10 Rn. 131, 133; HK-Kleindiek § 39 Rn. 45). Bei nahen Familienangehörigen begründet das Ehe- oder Verwandtschaftsverhältnis allein

weiterhin keinen Anscheinsbeweis und auch § 138 kann nicht herangezogen werden (BGH, ZInsO 2011, 626; s. hierzu § 135 Rdn. 142 f.), gleichwohl sind diese Fälle sorgfältig zu prüfen.

Hingegen sind in den Fallgruppen der **gesellschaftergleichen Dritten**, bei denen der Dritte das Darlehen rechtlich und wirtschaftlich aus eigenem Vermögen gewährt, sich aber wie ein Gesellschafter behandeln lassen muss, die Anforderungen zu verschärfen. Nach Aufgabe des Konzepts der Finanzierungsfolgenverantwortung ist eine Gleichstellung mit einem Gesellschafter nur dann zu bejahen, wenn sowohl vergleichbare Einflussrechte bestehen als auch eine unmittelbare Gewinnbeteiligung (Tillmann, GmbHR 2006, 1289, 1292): 36

Dies ist rgm. gegeben beim atypisch engagierten **stillen Gesellschafter** (BGH, ZInsO 2012, 1775; Bork, ZGR 2007, 250, 253 f.; K. Schmidt-K. Schmidt/Herchen § 39 Rn. 48), seine Einlage unterfällt daher dem Sonderrecht. Auch ist der **Nießbraucher** einer Beteiligung erfasst (Gehrlein, BB 2011, 3, 6; Habersack, ZIP 2008, 2385, 2388; K/P/B-Preuß § 39 Rn. 72) und abhängig von der vertraglichen Ausgestaltung auch der **Unterbeteiligte** an Gesellschaftsanteilen (Graf-Schlicker/Neußner § 39 Rn. 27; Bormann/Kauka/Ockelmann-Ockelmann, Hdb. GmbHR, Kap. 10 Rn. 134). S. hierzu § 135 Rdn. 144. 37

Zu verneinen ist dies aber rgm. bei **Kreditinstituten** und anderen durch **Covenants** gesicherten Gläubigern (U. Huber FS-Priester, S. 259, 280; Hirte ZInsO 2008, 689, 693; ausf. dazu Breidenstein, ZInsO 2010, 273; **a. A.** K. Schmidt-K. Schmidt/Herchen § 39 Rn. 48), da sie nur in den seltensten Fällen ein unmittelbares Gewinnbezugsrecht haben (Tillmann, GmbHR 2006, 1289, 1292) und sie sich zudem das Prinzip der Haftungsbeschränkung nicht zunutze machen, sondern dieses Gesellschafterprivileg durch Einfluss- und Kontrollrechte zu überwinden suchen (Habersack, ZIP 2007, 2145, 2149). Entsprechendes gilt für den atypischen **Pfandgläubiger**, der sich die Beteiligung des Gesellschafters hat verpfänden lassen unter Einräumung zusätzlicher Befugnisse (Habersack a. a. O.; K/P/B-Preuß § 39 Rn. 72; **a. A.** je nach Einfluss Hirte a. a. O.; Bork, ZGR 2007, 250, 253 f.; HK-Kleindiek § 39 Rn. 50). Zur bisherigen Praxis s. § 135 Rdn. 144, 150. 38

Bei der Finanzierung durch **verbundene Unternehmen** wird von den Vordenkern des neuen Rechts verlangt, dass Darlehensgeber und -nehmer als wirtschaftliche Einheit organisiert sind, etwa aufgrund von Beherrschungs- und Gewinnabführungsverträgen oder bei Einschaltung einer 100 %igen Tochtergesellschaft als Zwischenholding (U. Huber FS-Priester, 2007, S. 259, 280; Habersack ZIP 2008, 2385, 2389). Der BGH hingegen lehnt eine restriktivere Handhabung zum früheren Recht ab unter Verweis auf den Wortlaut der Norm und den Willen des Gesetzgebers (ZInsO 2013, 543 Tz. 16; ZInsO 2013, 1573 Tz. 23). Dem folgt die h.L., wenn auch mit teilweise abweichender Begründung (K. Schmidt-K. Schmidt/Herchen § 39 Rn. 50; HK-Kleindiek § 39 Rn. 46 f.; Baumbach/Hueck-Fastrich GmbHG Anh. § 30 Rn. 41). So wird bei vertikaler Finanzierung der kreditgebende Gesellschafter-Gesellschafter einem unmittelbaren Gesellschafter gleichgestellt, zumindest bei beherrschendem Einfluss (BGH, ZInsO 2013, 543 Tz. 21; unabh. vom Einfluss: K/P/B-Preuß § 39 Rn. 79; Pape/Uhländer-Schluck-Amend § 39 Rn. 51). Bei horizontaler Finanzierungslage ist die kreditgebende Schwestergesellschaft von der Norm erfasst, wenn es einen gemeinsamen – auch mittelbaren – Gesellschafter gibt, der an ihr maßgeblich beteiligt ist, also bei einer GmbH zu mehr als 50 % oder mit genau 50 % bei gleichzeitiger Alleinvertretungsbefugnis als Geschäftsführer (BGH, ZInsO 2013, 1573 Tz. 24). Im Übrigen ist in derartigen Konstellationen auch häufig die Fallgruppe der Mittelspersonen einschlägig. 39

Die **Gesellschafter der Komplementär-GmbH** in der Insolvenz der KG sind anders als bei § 172a Satz 1 HGB a. F. nicht mehr explizit einbezogen. Nach der Gesetzesbegründung sollen für sie die allgemeinen Grundsätze für gleichgestellte Dritte gelten (RegE-MoMiG, BT-Drucks. 16/6140, S. 57). Sofern sie daher nicht zugleich Kommanditist sind (BGH, ZInsO 2013, 543), sind sie grds. nicht erfasst, da Komplementär-GmbHs zumeist nicht am Vermögen der KG beteiligt sind und kein Gewinnbezugsrecht haben (Tillmann, GmbHR 2006, 1289, 1293; **a. A.** K. Schmidt-K. Schmidt/Herchen § 39 Rn. 49). 40

d) Finanzierungsleistungen

41 Dem sachlichen Anwendungsbereich der insolvenzrechtlichen Sonderbehandlung unterliegen gem. Abs. 1 Nr. 5 Darlehen und Forderungen aus wirtschaftlich einem Darlehen entsprechenden Rechtshandlungen. Ist der Gläubiger ein Gesellschafter der schuldnerischen Gesellschaft oder ein gleichgestellter Dritter, kommt ein Nachrang der Forderung gem. § 39 in Betracht und eine Anfechtung gem. § 135. Ist er ein außenstehender Dritter, gilt § 44a, wenn die Forderung durch Gesellschafter oder Gleichgestellte besichert wurde. Anders als früher ist unerheblich, ob sich die Gesellschaft im Zeitpunkt der Begründung der Forderung bzw. der Gesellschafterbesicherung (§ 44a) in der Krise befand oder ob die Forderung bzw. Gesellschaftersicherheit nach Eintritt der Krise stehen gelassen wurde.

42 Der Begriff des **Darlehens** deckt sich mit den §§ 488, 607 BGB und umfasst auch das seltene Sachdarlehen, ein zinsloses Gefälligkeitsdarlehen und das partiarische Beteiligungsdarlehen (A/G/R-Ahrens § 39 Rn. 35). Nach Aufgabe der Finanzierungsfolgenverantwortung dürften für kurzfristige Überbrückungskredite keine Ausnahmen mehr gelten (vgl. § 135 Rdn. 108; BGH, ZInsO 2014, 339; Graf-Schlicker/Neußner § 39 Rn. 39 m. w. N.; **a. A.** Bitter/Laspeyres, ZInsO 2013, 2289). Ob der Darlehensvertrag wirksam ist oder nicht, ist unerheblich, entscheidend ist die tatsächliche Kreditgewährung (Ahrens a. a. O.; Neußner a. a. O.).

43 Der Gesetzgeber hat bewusst nicht sämtliche Gesellschafterforderungen in den Anwendungsbereich einbezogen, sondern nur Darlehen und ihnen wirtschaftlich **gleichgestellte Forderungen**, womit der § 32a Abs. 3 Satz 1 GmbHG a. F. in sachlicher Hinsicht übernommen werden sollte (RegE-MoMiG, BT-Drucks. 16/6140, S. 56). Auf die hierzu entwickelte Kasuistik kann damit grds. zurückgegriffen werden (Habersack, ZIP 2007, 2145, 2150; Gehrlein, BB 2008, 846, 850; K. Schmidt-K. Schmidt/Herchen § 39 Rn. 52; s. hierzu § 135 Rdn. 139). Zu beachten ist aber, dass in § 32a GmbHG nur Forderungen gleichgestellt wurden, die einem »kapitalersetzenden« Gesellschafterdarlehen entsprachen. Der Wegfall der Unterscheidung zwischen einfachen und kapitalersetzenden Darlehen legt damit eine weite Auslegung des sachlichen Anwendungsbereichs nahe (U. Huber FS-Priester, 2007, S. 259, 278 f.; ausführl. Gottwald-Haas, InsRHdb, § 92 Rn. 416 ff.). Erfasst sind alle Forderungen, denen **Kreditfunktion** zukommt (U. Huber; Habersack jeweils a. a. O.).

44 Hierzu zählt jede **Stundung**, unabhängig vom Entstehungsgrund der Forderung (BAG, ZInsO 2014, 1019; Seibert, ZIP 2006, 1157, 1161; Gehrlein, BB 2008, 846, 850; Hirte, ZInsO 2008, 689, 693). Besteht keine (konkludente) Stundungsabrede, genügt es, dass der Gläubiger von seiner Einzugsmöglichkeit **faktisch** keinen Gebrauch macht (Gehrlein a. a. O.; Haas, ZInsO 2007, 617, 622). Fraglich ist, ob auch eine »**unfreiwillige Stundung**« gleichzusetzen ist, wenn die Gesellschaft nicht hinreichend zahlungsfähig ist, um die fällige Forderung zu begleichen. Nach dem Eigenkapitalersatzrecht kommt es darauf an, ob dem Gesellschafter zum Vorwurf gemacht werden kann, trotz Kenntnis der Krise den gläubigerschädigenden »Todeskampf« der Gesellschaft nicht durch Einleitung des Liquidations- oder Insolvenzverfahrens verkürzt zu haben (v. Gerkan/Hommelhoff-Johlke/Schröder, Hdb. KapitalersatzR Rn. 5.101). Diese Betrachtungsweise ist dem neuen Konzept fremd, da es keine Finanzierungsfolgenverantwortung der Gesellschafter mehr kennt und die Subordination daher unabhängig von einem etwaigen Verstoß hiergegen eintritt. Gleichwohl ist eine Gleichstellung zu befürworten, da es nach der Norm auf die wirtschaftliche und nicht die rechtliche Entsprechung zum Darlehen ankommt (im Ergebnis ebenso Gottwald-Haas, InsRHdb, § 92 Rn. 419). Keine Kreditfunktion haben damit bspw. Forderungen aus normalen Austauschgeschäften wie Kauf oder Miete und Gehaltsansprüche des Gesellschafter-Geschäftsführers, die einem Drittvergleich standhalten und bei Insolvenzeröffnung (noch) nicht fällig waren (ähnl. Bork, ZGR 2007, 250, 256).

44a Das **unechte Factoring** und das **Cash-Pooling** haben u. a. auch Kreditfunktion und sind damit von § 39 Abs. 1 Nr. 5 erfasst, was aber nicht zwingend die Anfechtbarkeit nach § 135 zur Folge haben muss (z. Cash-Pool: Bormann/Kauka/Ockelmann-Ockelmann, Hdb. GmbHR, Kap. 10 Rn. 97a ff.).

Die **Besicherung eines Fremdkredits** (z. B. Bankdarlehen) durch Gesellschafter oder gleichgestellte 45
Dritte (vgl. § 44a) ist ebenfalls eine dem Gesellschafterdarlehen wirtschaftlich entsprechende Rechtshandlung (K. Schmidt, BB 2008, 1966, 1968). Damit ist der Regressanspruch des Gesellschafters gegen die Gesellschaft eine nachrangige Insolvenzforderung. Zur Anfechtung s. § 135 Rdn. 39 ff., § 44a Rdn. 16.

Eine Änderung zur vorherigen Rechtslage unter Geltung der sog. Rechtsprechungsregeln zum 46
Kapitalersatzrecht erfährt jedoch die **Nutzungsüberlassung** von Gegenständen auf Miet-, Pacht-, Leasing- oder Lizenzvertragsbasis (zum bisherigen Recht s. § 135 Rdn. 123 ff.). Zwar wird weiterhin vertreten, dass die Nutzungsüberlassung selbst eine »wirtschaftlich entsprechende Rechtshandlung« i. S. d. Abs. 1 Nr. 5 sei mit der Folge, dass auch bei pünktlich erfolgter Zahlung und auch für den Zeitraum nach Insolvenzeröffnung das Sonderregime greift (Hölzle, ZInsO 2010, 913, 914 ff.; ZIP 2009, 1939, 1944 ff.; Marotzke, ZInsO 2009, 2073; ZInsO 2008, 1281, 1284 ff.). Dies wäre aber nur mit einer Fortgeltung der Finanzierungsfolgenverantwortung vereinbar (s. Rdn. 19 f.) und widerspricht zudem der neuen Regelung in § 135 Abs. 3. Eine Darlehensähnlichkeit besteht daher nur für rückständiges Nutzungsentgelt aus der Zeit vor Insolvenzeröffnung, so bei Stundung oder »unfreiwilliger Stundung« (OLG Schleswig, ZInsO 2012, 1678; OLG Hamm, ZInsO 2014, 243; Bitter, ZIP 2010, 1, 6 ff., 10).

Rückständige **Zinsen und sonstige Nebenforderungen** haben ebenfalls Kreditfunktion und unter- 47
liegen als Gesellschafterforderung daher dem Nachrang (Habersack, ZIP 2007, 2145, 2150; Hirte, ZInsO 2008, 689, 693; zweifelnd Mülbert, WM 2006, 1977, 1980). Dies folgt zudem aus Abs. 3. Zur Anfechtung von Zahlungen vor Insolvenzeröffnung s. § 135 Rdn. 95 ff.

e) Sanierungsprivileg (Abs. 4 Satz 2)

Mit dem in Abs. 4 Satz 2 normierten **Ausnahmetatbestand** werden vom Grundtatbestand des 48
Abs. 1 Nr. 5, Abs. 4 Satz 1 erfasste Gesellschafterdarlehen sowie persönlich und/oder sachlich gleichgestellte Forderungen dem Nachrang und der Anfechtung nach § 135 enthoben. Die Regelung ist dem § 32a Abs. 3 Satz 3 GmbHG a. F. entnommen. Mit dieser Norm war der Gesetzgeber Vorwürfen einer angeblichen Sanierungsfeindlichkeit des Eigenkapitalersatzrechts begegnet (v. Gerkan/Hommelhoff-Dauner-Lieb, Hdb. des KapitalersatzR Rn. 4.6). Die Ratio des Privilegs bleibt – wie schon zuvor – diffus (vgl. Dauner-Lieb a. a. O. Rn. 4.7 ff.). Leider hat der Gesetzgeber zudem die Gelegenheit nicht genutzt, Unstimmigkeiten der alten Regelung zu korrigieren.

Wie zuvor ist Anknüpfungspunkt und Adressat des Privilegs der **Anteilserwerb eines Neugesell-** 49
schafters. Der Anteilserwerb kann auf einer Kapitalerhöhung oder der Übernahme bestehender Anteile beruhen. Für Altgesellschafter soll das Privileg nur gelten, wenn sie zunächst dem Kleinbeteiligtenprivileg des Abs. 5 unterlagen (RegE-MoMiG, BT-Drucks. 16/6140, S. 57; Gehrlein, WM 2011, 577, 584; Hirte/Knof, WM 2009, 1961, 1962 f.; HK-Kleindiek § 39 Rn. 58; so auch die herrschende Meinung zu § 32a GmbHG a. F.: s. § 135 Rdn. 171; weiter gehend: Altmeppen, NJW 2008, 3601, 3605; K/P/B-Preuß § 39 Rn. 60 f.). Ferner sind auch Gesellschaftern gleichgestellte Dritte (s. Rdn. 34) erfasst, wenn sie in diese Position neu einrücken, denn die Formulierung zu den wirtschaftlich entsprechenden Rechtshandlungen ist gleichlautend mit der in Abs. 1 Nr. 5 und meint dort auch die personelle Erweiterung. Warum das Privileg an einen Anteilserwerb geknüpft wird, ist nicht nachvollziehbar, da es nicht einleuchtet, warum der Sanierungsversuch eines Neugesellschafters per se aussichtsreicher sein sollte als der eines Altgesellschafters. Sinnvoller wäre es, anstelle von Sanierungsbeteiligungen objektiv sanierungstaugliche Gesellschafterhilfen zu privilegieren (so auch Gehrlein, BB 2008, 846, 851; Haas, ZInsO 2007, 617, 625; Bork, ZGR 2007, 250, 259; Burg/Poertzgen, ZInsO 2008, 474 f.; a. A. U. Huber/Habersack, BB 2006, 1, 4; K. Schmidt, ZIP 2006, 1925, 1928).

Nach dem Wortlaut der Norm und der Verbannung des Krisenbegriffs aus dem Gesetz ist frühester 50
Zeitpunkt für den Anteilserwerb nun erst die materielle Insolvenz (§§ 17, 19) einschließlich der

drohenden Zahlungsunfähigkeit (§ 18). Nach Ansicht von Bitter sind die Eröffnungsgründe i. R. d. Abs. 4 Satz 2 hingegen anders auszulegen als bei § 15a (ZIP 2013, 398).

51 Ausschlaggebende Voraussetzung ist, dass der Anteilserwerb an der Gesellschaft »zum Zwecke ihrer Sanierung« erfolgt (sog. **Sanierungszweck**). Hierfür gelten die zu § 32a GmbHG a. F. entwickelten Kriterien fort, insb. die Grundsätze aus dem Urteil BGH, ZInsO 2006, 148 (Seibert, ZIP 2006, 1157, 1161). S. hierzu § 135 Rdn. 172.

52 **Gegenstand der Privilegierung** sind die neuen Darlehen des Sanierungsgesellschafters sowie aufgrund der Anknüpfung an den Anteilserwerb sachwidrig auch dessen Altkredite (zur Kritik s. Rdn. 49). Entgegen dem missverständlichen Wortlaut (Anteilserwerb durch einen »Gläubiger«) ist die zeitliche Abfolge der Begründung von Gläubiger- und Gesellschafterstellung unerheblich (Hirte/Knof, WM 2009, 1961, 1963 ff.). Da für den Anteilserwerb auch die Übernahme bestehender Anteile ausreicht, muss damit der Gesellschaft nicht notwendig neues Kapital zufließen, um das Sanierungsprivileg zu erfüllen. Ferner ist nun ausdrücklich klargestellt, dass das Privileg auch für gleichgestellte Forderungen gilt (hierzu s. Rdn. 43).

53 Die **Dauer der Privilegierung** bestimmt sich nach dem neu in die Gesetzessprache eingeführten unbestimmten Rechtsbegriff der »nachhaltigen Sanierung«. Als saniert ist die Gesellschaft anzusehen, wenn keiner der drei Insolvenzeröffnungsgründe der §§ 17 bis 19 mehr besteht. Dementgegen eine Wiederherstellung der Kreditwürdigkeit zu verlangen (so Wittig FS K. Schmidt 2009, S. 1743, 1758; Gehrlein, WM 2011, 577, 584 f.; K/P/B-Preuß § 39 Rn. 63), läuft auf das überkommene Merkmal der Krise und damit verbundene Abgrenzungsprobleme hinaus (s. dazu § 135 Rdn. 151 ff.). Der aus der Forstwirtschaft stammende Begriff der Nachhaltigkeit meint ursprünglich eine dauerhaft aufrechterhaltbare Form des Wirtschaftens ohne Verzehr des Kapitalstocks (Grober: Modewort mit tiefen Wurzeln – Kleine Begriffsgeschichte von ›sustainability‹ und ›Nachhaltigkeit‹, in: Jahrbuch Ökologie 2003, München: Beck, 2002, S. 167–175). Umgangssprachlich wird er jedoch zunehmend benutzt für »längere Zeit anhaltend«. Nur in dieser temporären, statt qualitativen Bedeutung kann die Nachhaltigkeit hier gemeint sein, da ansonsten die Anforderungen überspannt werden. Hierfür sollte eine Jahresfrist entsprechend der gesetzgeberischen Wertung in § 135 Abs. 1 Nr. 1 herangezogen werden (so auch Wittig, Gehrlein, K/P/B-Preuß jew. a. a. O.; weiter Hirte/Knof, WM 2009, 1961, 1969 f.: laufendes und gesamtes folgendes Geschäftsjahr). Aus Gründen der Praktikabilität und nach dem eindeutigen Wortlaut erfolgt die Beurteilung ex post, nicht anhand einer Prognose (so auch Wittig a. a. O.; **a. A.** Hirte/Knof a. a. O.).

54 Scheitert damit der Sanierungsversuch und es kommt zur Insolvenzeröffnung, ist der Gesellschafter privilegiert und nimmt mit seinen Forderungen als vollrangiger Insolvenzgläubiger am Verfahren teil und unterliegt nicht der Anfechtung nach § 135. Gelingt die Sanierung nachhaltig, endet die Privilegierung, d. h. bei erneuter Krise und Insolvenz gelten für ihn §§ 39, 135.

f) Kleinbeteiligtenprivileg (Abs. 5)

55 Einen weiteren **Ausnahmetatbestand** vom persönlichen Anwendungsbereich enthält Abs. 5, der § 32a Abs. 3 Satz 2 GmbHG a. F. nachgebildet ist. Da das neue Recht der Gesellschafterdarlehen als Ausgleich für die Haftungsbeschränkung zu verstehen ist (s. Rdn. 19a), passt es nur für unternehmerisch beteiligte Gesellschafter; nichtunternehmerische Gesellschafter sollen vom Nachrang und der Anfechtung gem. § 135 verschont werden (U. Huber/Habersack BB 2006, 1, 3 f.). Als Kriterien hierfür gelten allein die Beteiligungsquote und die Beteiligung an der Geschäftsführung, was aufgrund der einfachen Handhabbarkeit zur Rechtssicherheit beiträgt, dementsprechend aber der Einzelfallgerechtigkeit abträglich ist (krit. Tilmann, GmbHR 2006, 1289, 1291; Gottwald-Haas InsRHdb, § 92 Rn. 386).

56 Um das Privileg zu erfüllen, darf die Beteiligungsquote max. **10 % vom Haftkapital** der Gesellschaft betragen. Dieser neue Begriff des Haftkapitals beruht auf der rechtsformneutralen Fassung der Norm gem. Abs. 4 Satz 1. Als Bezugsgröße sollte grds. jeweils das gezeichnete Kapital i. S. d. § 272 Abs. 1 HGB herangezogen werden (Knof, ZInsO 2007, 125, 129). Maßgeblich ist allein

die Kapitalbeteiligung, auf die Stimmkraft oder den Gewinnanteil kommt es nicht an (Habersack, ZIP 2007, 2145, 2149 f.; Gehrlein, BB 2008, 846, 851). Umgehungsversuchen mit verbundenen Unternehmen, Treuhandverhältnissen, Stimmbindung oder koordinierter Kreditvergabe die 10 %-Grenze zu unterlaufen, ist weiterhin durch Zusammenrechnung von Beteiligungen entgegenzuwirken (Uhlenbruck-Hirte § 39 Rn. 74; K. Schmidt-K. Schmidt/Herchen § 39 Rn. 43).

Das wirkt sich bei den **Körperschaften** wie folgt aus: Bei der GmbH und der Unternehmergesellschaft ist das nominale Stammkapital maßgebend, bei der AG das nominale Grundkapital. Für Aktionäre bedeutet die 10 %-Grenze eine Verschärfung, da sie zuvor nach der Rechtsprechung des BGH bis 25 % freigestellt waren (ZInsO 2005, 989). Diese Korrektur war in Anbetracht der üblichen Präsenzen bei Hauptversammlungen aber ohnehin angebracht. Bei Genossenschaften ist entsprechend § 337 Abs. 1 HGB auf die Summe der Geschäftsguthaben (§ 19 Abs. 1 Satz 2 GenG) der Mitglieder abzustellen.   57

Bei den **kapitalistischen Personengesellschaften** war i. R. d. §§ 129a, 172a HGB a. F. stark umstritten, was jeweils als maßgebliche Bezugsgröße herangezogen werden sollte (s. § 135 Rdn. 189). Richtigerweise sollte in Abweichung von §§ 272 Abs. 1, 264c Abs. 2 HGB auf die Einlageverpflichtungen innerhalb der Gesamtgesellschaft abgestellt werden, unabhängig davon, ob die persönlich haftenden Gesellschafter einen Kapitalanteil an der Personengesellschaft halten, da auch ihr gekennzeichnetes Kapital »Haftkapital« der Gläubiger der Personengesellschaft darstellt. Bei der Kapitalgesellschaft & Co. OHG sind daher das Stamm- bzw. Grundkapital der unmittelbaren OHG-Gesellschafter zu addieren (ebenso Gehrlein, BB 2008, 846, 852). Bei der GmbH & Co. KG ist sowohl für Kommanditisten als auch GmbH-Gesellschafter und Doppelgesellschafter stets die Summe aus Pflichteinlagen und GmbH-Stammkapital heranzuziehen (so wohl auch Hirte ZInsO 2008, 689, 695; a. A. Scholz-K. Schmidt GmbHG, 10. Aufl. 2010, Bd. III Nachtrag MoMiG §§ 32a/b a. F. Rn. 27, wenn GmbH nicht am Kapital der KG beteiligt ist).   58

Entsprechendes gilt bei **Auslandsgesellschaften** (s. o. Rdn. 28). So ist bei der Limited die Beteiligungsquote anhand der ausgegebenen shares zu bestimmen, bei der Company limited by guarantee ist auf die Summe der Garantien abzustellen, die die Gesellschafter für den Fall der Insolvenz abgeben (Habersack, ZIP 2007, 2145, 2149).   59

Das Kleinbeteiligungsprivileg gilt auch für Gesellschaftern **gleichgestellte Dritte** (s. o. Rdn. 34 ff.); Habersack, ZIP 2008, 2385, 2387 Fn. 30). Hinsichtlich der Quote ist insb. auf die Kapitalanteile derjenigen Gesellschafter abzustellen, die den Dritten ihr Einflusspotenzial vermitteln.   60

Auch geringfügig beteiligte Gesellschafter und gleichgestellte Dritte werden nur dann privilegiert, wenn ihnen **keine Geschäftsführung** zukommt. Hierzu gehören nur Ämter mit Exekutivfunktion, nicht solche mit Überwachungsfunktion wie ein Aufsichtsrat; »geschäftsführende« Organe in diesem Sinn sind bspw. bei der SE und der Limited nur die Directors (Tillmann, GmbHR 2006, 1289, 1293). Ist der finanzierende Gesellschafter eine Gesellschaft, entfällt das Privileg, wenn ein Mitglied ihrer Geschäftsführung auch geschäftsführend bei der Insolvenzschuldnerin tätig ist (FK-Bornemann § 39 Rn. 21). Den Organen gleichgestellt werden faktische Geschäftsführer; bei Bevollmächtigten und Einflussrechten sonstiger Art kommt es auf den Einzelfall an.   61

Im alten Kapitalersatzrecht war **maßgebender Zeitpunkt** nach herrschender Meinung die Finanzierungsentscheidung des Gesellschafters in der Krise; d. h. solange die Krise andauerte, war die Privilegierung nicht nachträglich durch Abgabe von Anteilen oder der Geschäftsführung zu erlangen. Umgekehrt verlor der Kleingesellschafter sein Privileg unmittelbar mit Übernahme hinreichender Anteile oder der Geschäftsführung (s. § 135 Rdn. 168). Im neuen Recht kommt es auf ein »Stehenlassen in der Krise« nicht mehr an (s. Rdn. 19 f.), weshalb teilweise angenommen wird, dass, wenn der Gesellschafter nach Kreditvergabe zu irgendeinem Zeitpunkt nicht vom Privileg geschützt ist, es für immer dabei bleibt (Habersack, ZIP 2007, 2145, 2150; Hirte, ZInsO 2008, 689, 695; FK-Bornemann § 39 Rn. 21a). Überwiegend wird dieser Zeitraum jedoch gem. der Wertung des § 135 auf das Jahr vor Insolvenzantrag reduziert (Gottwald-Haas, InsRHdb, § 92 Rn. 388; HK-Kleindiek   62

§ 39 Rn. 64; K/P/B-Preuß § 39 Rn. 56; Graf-Schlicker/Neußner § 39 Rn. 37; ausführl. Tettinger, NZI 2010, 248, 250).

6. Rangrücktrittsvereinbarungen (Abs. 2)

63 Abs. 2 stellt eine **Auslegungsregel** auf, wonach bei Rangvereinbarungen im Zweifel ein Rücktritt in einen sechsten Nachrang gilt. Die Vereinbarung eines besseren Nachrangs als den letzten ist möglich; bei nachrangigen Insolvenzgläubigern darf er aber nicht besser sein als der gesetzliche (HK-Ries § 39 Rn. 13).

64 Die Vereinbarung kann auch noch nach Insolvenzeröffnung getroffen werden (MK-Ehricke § 39 Rn. 63), entgegen dem Wortlaut auch mit dem Insolvenzverwalter, was aber nichts an den zivil- und strafrechtlichen Folgen einer bereits verwirklichten Insolvenzverschleppung (vgl. § 35 Rdn. 192) ändert (HK-Ries § 39 Rn. 13). Außerhalb des Verfahrens hat die Rangrücktrittsvereinbarung keine prozessuale Wirkung (K/P/B-Preuß § 39 Rn. 25).

65 Bedeutung in der Praxis haben Rangrücktritte vor allem, um den Eröffnungsgrund der Überschuldung zu beseitigen (hierzu § 19 Rdn. 43 ff.; Knof, ZInsO 2006, 192; ders. KSI 2006, 93). Zur Anfechtung gem. § 135 bei Rangrücktritt: Bitter, ZIP 2013, 2; Bork, ZIP 2012, 2277.

7. Spezialgesetzlicher Nachrang

66 Kommt es nach einem **Insolvenzplan** in der Überwachungsphase zu einem zweiten Insolvenzverfahren, sind gewährte Sanierungskredite i. S. d. § 264 vorrangig vor § 38 und § 39 zu befriedigen (§ 266 Abs. 2).

67 Bei Schuldnern, die bereits ein **Gesamtvollstreckungsverfahren** durchlaufen haben, erhalten verbliebene unbefriedigte »Altverbindlichkeiten« den Rang hinter § 39 Abs. 1 (Art. 108 Abs. 2 EGInsO i. V. m. § 18 Abs. 2 Satz 3 GesO).

68 In der **Nachlassinsolvenz** folgen hinter Abs. 1 und 2 noch zwei weitere Gruppen aus Freigiebigkeiten des Schuldners von Todes wegen (§ 327).

69 In der Insolvenz des **Versicherungsvereins auf Gegenseitigkeit** folgen im Rang nach § 39 Versicherungsansprüche der Mitglieder (§ 51 Abs. 1 VAG).

II. Zinsen und Kosten nachrangiger Gläubiger (Abs. 3)

70 Die Nebenforderungen zu nachrangigen Insolvenzforderungen haben den gleichen Rang wie die nachrangige Forderung. So gehören z. B. die vor und nach Insolvenzeröffnung aufgelaufenen Zinsen des nachrangigen Gesellschafterdarlehens nicht in die erste, sondern in die fünfte Ranggruppe, ebenso dessen Rechtsverfolgungskosten.

III. Rechtsfolgen

71 Gläubiger von nachrangigen Forderungen i. S. d. § 39 sind zugleich materiell-rechtlich Insolvenzgläubiger i. S. d. § 38. Unabhängig von ihrer Teilnahme am Verfahren (s. § 38 Rdn. 4) unterliegen sie daher denselben **Beschränkungen** wie die regulären Insolvenzgläubiger (s. § 38 Rdn. 59; BegrRegE zu § 46 BT-Drucks. 12/2443 S. 123).

71a Sind sie durch ein **Absonderungsrecht** gesichert, steht der Nachrang nicht entgegen: mit dem Verwertungserlös werden also auch nachrangige Insolvenzforderungen vorrangig befriedigt (MK-Ganter § 52 Rn. 43; K. Schmidt-K. Schmidt/Herchen § 39 Rn. 7, s. a. Rdn. 8). Ausnahmen werden allein für Abs. 1 Nr. 5 diskutiert (ausführl. hierzu Bloß/Zugelder, NZG 2011, 332). Nach dem alten Kapitalersatzrecht konnte der Gesellschafter keine abgesonderte Befriedigung verlangen, da seine Forderung wie Eigenkapital zu behandeln war und damit keinen Anspruch gegen die Gesellschaft begründete (BGH, ZInsO 2009, 530; MK-Ganter vor §§ 49 bis 52 Rn. 95). Diese Wertung gilt nun aber nicht weiter. Dennoch kann auch unter dem neuen Recht ein bei Insolvenzeröffnung noch bestehendes Sicherungsrecht am Gesellschaftsvermögen für Gesellschafteransprüche i. S. d. Abs. 1 Nr. 5 nicht durchgesetzt werden (so im Erg. auch Altmeppen, ZIP 2013, 1745; Baumbach/Hueck/Fastrich GmbHG Anh. § 30 Rn. 69). Zwar wird das Gegenteil vertreten für Sicherheitenbestellungen, die außerhalb der Zehnjahresgrenze des § 135 Abs. 1 Nr. 1 vorgenommen wurden, da sie nicht anfechtbar seien (Gottwald-Haas/Hossfeld § 92 Rn. 440, 447; Scholz-K. Schmidt GmbHG, 10. Aufl. 2010, Bd. III Nachtrag MoMiG §§ 32a/b a. F. Rn. 34; Spliedt, ZIP 2009, 149, 153). Doch selbst wenn man diesem Verständnis von § 135 folgt, ist zu berücksichtigen, dass auch weiterhin die Tilgung des Gesellschafterkredites wie auch des gesellschafterbesicherten Drittkredites vom Gesellschafter an die Masse zurück zu gewähren ist, wenn die Befriedigung nach Eröffnung aus dem Gesellschaftsvermögen erfolgt ist (s. § 135 Rdn. 47; § 44a Rdn. 16), sodass dem Absonderungsverlangen des Gesellschafters der dolo agit Einwand entgegenzuhalten ist. Der BGH jedoch bezieht den 10-jährigen Anfechtungszeitraum des § 135 Abs. 1 Nr. 1 auf die Verwertung der Sicherheit (ZInsO 2013, 1573 Tz. 10 ff.; a. A. Bitter, ZIP 2013, 1497; ZIP 2013, 1998), sodass auch eine ältere Besicherung, die bei Eröffnung noch besteht, anfechtbar ist. Demnach entgeht der Gesellschafter der Anfechtung nur, wenn er außerhalb der Jahresfrist des § 135 Abs. 1 Nr. 2 Befriedigung aus dem freien Gesellschaftsvermögen erlangt hat (Hölzle, ZIP 2013, 1992).

Die verfahrensmäßigen **Befugnisse** der nachrangigen Insolvenzgläubiger sind im Vergleich zu den übrigen Insolvenzgläubigern erheblich eingeschränkt: 72

C. Verfahrensfragen

Nachrangige Insolvenzgläubiger dürfen aus Gründen der Verfahrensökonomie (vgl. Rdn. 3) am **Forderungsprüfungsverfahren** nur teilnehmen, wenn das Insolvenzgericht die jeweilige Rangklasse zur Anmeldung besonders aufgefordert hat (§ 174 Abs. 3). 73

Wird eine nachrangige Forderung als nachrangige angemeldet, obwohl es an der Aufforderung des § 174 Abs. 3 fehlt, ist sie vom Rechtspfleger durch Beschluss als unzulässig zurückzuweisen, der dem Anmelder gem. § 8 zuzustellen ist. Dagegen ist die sofortige Erinnerung nach § 11 Abs. 2 RPflG, § 6 Abs. 1 möglich (Eckardt, Kölner Schrift zur InsO, S. 544 Rn. 23; MK-Ehricke § 39 Rn. 67; Braun-Bäuerle § 39 Rn. 2; a. A. K/P/B-Pape/Schaltke § 174 Rn. 39, 70: auch Zurückweisung durch den Verwalter möglich). Der Verwalter sollte sich zuvor bemühen, den Gläubiger zur Rücknahme seiner Anmeldung zu bewegen. 74

Wird eine nachrangige Forderung als vorrangige angemeldet, ist sie unabhängig von § 174 Abs. 3 in die Tabelle aufzunehmen, wenn die formalen Voraussetzungen des § 174 Abs. 1 und 2 erfüllt sind; der Verwalter hat ihr jedoch zu widersprechen, § 178 Abs. 1 (LG Waldshut-Tiengen, ZInsO 2005, 557 f.; MK-Ehricke § 39 Rn. 67; Braun-Bäuerle § 39 Rn. 2; NR-Andres § 39 Rn. 4). 75

In Bezug auf die **Gläubigerversammlung** haben die nachrangigen Gläubiger nur ein Teilnahmerecht (§ 74 Abs. 1 Satz 2), jedoch kein Einberufungsrecht (§ 75), kein Stimmrecht (§ 77 Abs. 1 Satz 2, § 237 Abs. 1) und kein Recht, Beschlüsse anzufechten (§ 78 Abs. 2 Satz 2). 76

Bei **Abschlagsverteilungen** werden nachrangige Insolvenzgläubiger nicht berücksichtigt (§ 187 Abs. 2 Satz 2). Zur Befriedigung i. Ü. s. Rdn. 4. 77

Im **Insolvenzplanverfahren** ist grds. ein Erlass der nachrangigen Verbindlichkeiten vorgesehen, § 225 Abs. 1 (Ausnahme s. Rdn. 12). Ansonsten ist nach § 222 Abs. 1 Nr. 3 für jede Rangklasse eine gesonderte Gruppe zu bilden, wobei § 246 die Zustimmung zur Planannahme weitestgehend fingiert. 78

§ 40 Unterhaltsansprüche

¹Familienrechtliche Unterhaltsansprüche gegen den Schuldner können im Insolvenzverfahren für die Zeit nach der Eröffnung nur geltend gemacht werden, soweit der Schuldner als Erbe des Verpflichteten haftet. ²§ 100 bleibt unberührt.

Übersicht	Rdn.		Rdn.
A. Normzweck	1	a) Erfasste Ansprüche	8
B. Norminhalt	5	b) Zwangsvollstreckung in das insolvenzfreie Vermögen (§ 89 Abs. 2 Satz 2)	13
I. Unterhaltsansprüche gegen den Schuldner vor Verfahrenseröffnung	5	c) Restschuldbefreiung	15
II. Unterhaltsansprüche nach Verfahrenseröffnung (Satz 1)	7	2. Ausnahme: Der Schuldner als Erbe des Unterhaltspflichtigen	17
1. Grundsatz: Keine Teilnahme am Verfahren	7	III. Unterhalt aus der Insolvenzmasse (Satz 2)	20

A. Normzweck

1 Satz 1 bildet für einige Unterhaltsgläubiger eine **Ausnahme zu § 38** vom Erfordernis, dass Insolvenzforderungen stets vor Eröffnung des Verfahrens begründet sein müssen.

2 Unterhaltsansprüche werden laufend neu begründet, in Abhängigkeit von der Bedürftigkeit des Berechtigten und der Leistungsfähigkeit des Pflichtigen. Nach Eröffnung anfallende Unterhaltsverpflichtungen des Schuldners sind daher gem. § 38 keine Insolvenzforderungen. Da sie auch nicht dem Katalog der Masseverbindlichkeiten in § 55 unterfallen, dient ihnen die Insolvenzmasse nicht, sie nehmen nicht am Verfahren teil. Dies wird gerechtfertigt mit der besonderen Verbundenheit des Berechtigten mit den Lebensumständen des unterhaltspflichtigen Insolvenzschuldners (MK-Schumann § 40 Rn. 1; Jaeger-Henckel § 40 Rn. 5).

3 Diese familiäre Verbundenheit wird nicht unterstellt, wenn die Unterhaltsverpflichtung des Schuldners durch Erbfolge entstanden ist. In solchen Fällen sollen nach Satz 1 ausnahmsweise auch die nach Insolvenzeröffnung begründeten Ansprüche als Insolvenzforderungen am Verfahren teilnehmen.

4 Satz 2 hat lediglich klarstellende Funktion (vgl. Rdn. 20).

B. Norminhalt

I. Unterhaltsansprüche gegen den Schuldner vor Verfahrenseröffnung

5 Satz 1 erfasst nicht die Unterhaltsansprüche, mit denen der Schuldner bereits bei Eröffnung des Verfahrens säumig ist. Diese unterfallen regulär § 38 und können von den Unterhaltsberechtigten zur Tabelle angemeldet werden. Zu beachten ist der neue Ausnahmetatbestand für die Restschuldbefreiung in §§ 174 Abs. 2, 302 Nr. 1 Alt. 2.

6 Da jedoch für die Vergangenheit grds. kein Unterhalt verlangt werden kann, sind die Forderungen nur unter den Voraussetzungen der §§ 1585b, 1613 BGB anzuerkennen (MK-Schumann § 40 Rn. 15).

II. Unterhaltsansprüche nach Verfahrenseröffnung (Satz 1)

1. Grundsatz: Keine Teilnahme am Verfahren

7 Wie Satz 1 klarstellt, können die laufenden familienrechtlichen Unterhaltsverpflichtungen des Schuldners im Insolvenzverfahren grds. nicht geltend gemacht werden. Es handelt sich um sog. **Neuverbindlichkeiten** des Schuldners, für welche die Insolvenzmasse nicht dient. Ausnahmen gelten nur, wenn der Schuldner als Erbe des Unterhaltspflichtigen haftet (Rdn. 17) oder der Verwalter

bzw. die Gläubigerorgane Unterhalt gewähren (Rdn. 20). Zum Insolvenzplan: Paul, DZWIR 2009, 186 ff.

a) Erfasste Ansprüche

Bei »familienrechtlichen Unterhaltsansprüchen« handelt es sich um die **gesetzlichen Ansprüche** aus dem Vierten Buch des BGB. Satz 1 erfasst damit die sich gegen den Schuldner richtenden Unterhaltsansprüche
– aus aufgehobener Ehe gem. § 1318 Abs. 2 BGB,
– seines Ehegatten gem. §§ 1360 bis 1361 BGB,
– von ihm geschiedener Ehegatten gem. §§ 1569 bis 1586b BGB,
– seiner Verwandten in gerader Linie gem. §§ 1601 bis 1615 BGB,
– unverheirateter Eltern für ein gemeinsames Kind und untereinander gem. §§ 1615a bis 1615n BGB,
– seiner Adoptivkinder gem. § 1754 BGB sowie
– von als Kind angenommenen Volljährigen und dessen Abkömmlingen gem. § 1770 Abs. 3 BGB.

Nach dem Sinn und Zweck der Norm sind zudem erfasst
– Unterhaltsansprüche eines eingetragenen Lebenspartners nach §§ 5 u. 12 LPartG und nachpartnerschaftlicher Unterhalt gem. § 16 LPartG,
– Schadensersatzansprüche wegen sittenwidriger Entziehung von Unterhalt nach § 826 BGB (Kohte in: Kölner Schrift zur InsO, S. 1178 Rn. 55; A/G/R-Ahrens § 40 Rn. 12) sowie
– Ansprüche aus einem schuldrechtlichen Versorgungsausgleich nach §§ 1587f, g BGB a. F. bzw. nun §§ 20 ff. VersAusglG. Sie sind zwar keine Unterhaltsansprüche, da sie unabhängig von der Bedürftigkeit und Leistungsfähigkeit entstehen. Es ist aber nach seinem Normzweck (Rdn. 1) eine analoge Anwendung von § 40 geboten, da sie eine familienrechtliche Grundlage haben und gem. § 5 Abs. 2 VersAusglG der Anspruchsberechtigte das Schicksal des Insolvenzschuldners in gewissem Umfang teilt (im Erg. ebenso Jaeger-Henckel § 40 Rn. 4, 5; Uhlenbruck-Knof § 40 Rn. 5; a. A. MK-Schumann § 40 Rn. 12; K. Schmidt-Thonfeld § 40 Rn. 10; A/G/R-Ahrens § 40 Rn. 14; Pape/Uhländer-Staufenbiel § 40 Rn. 7). Der BGH dagegen wendet zwar § 38 an (ZInsO 2011, 2184), belässt dem Berechtigten aber auch bei Erteilung der Restschuldbefreiung laufende Rentenansprüche gegenüber dem Schuldner (a. a. O. Tz. 13 f.).

Hingegen unterfallen durch **rein vertragliche Vereinbarung** oder **unerlaubte Handlung** begründete Unterhaltsverpflichtungen unmittelbar § 38 und können auch für die Zukunft nach den Regeln der §§ 41, 46 als Insolvenzforderungen geltend gemacht werden. Davon ist die vertragliche Feststellung oder Modifikation bestehender familienrechtlicher Unterhaltsansprüche abzugrenzen (NR-Andres § 40 Rn. 3; FK-Bornemann § 40 Rn. 5; K. Schmidt-Thonfeld § 40 Rn. 8).

Ferner sind Unterhaltsansprüche, die statt als Rente durch **Kapitalabfindung** zu erfüllen sind (§ 1585 Abs. 2 BGB), unabhängig von ihrer Fälligkeit Insolvenzforderungen, wenn sie vor Eröffnung i. S. d. § 38 »begründet« sind (Keller, NZI 2007, 143; Jaeger-Henckel § 40 Rn. 7; HK-Riedel § 40 Rn. 4; a. A. Häsemeyer, InsR, Rn. 16.19).

Umstritten ist, ob bei **gesetzlichem Forderungsübergang** von Unterhaltsansprüchen (z. B. nach §§ 1607 Abs. 2, 1608 Satz 3, 1584 Satz 3 BGB, § 37 BAföG, § 33 SGB II, § 95 SGB VIII, § 94 SGB XII, § 7 UVorschG) auch der neue Gläubiger nach Satz 1 vom Verfahren ausgeschlossen ist (so MK-Schumann § 40 Rn. 13; K. Schmidt-Thonfeld § 40 Rn. 11; Pape/Uhländer-Staufenbiel § 40 Rn. 6; differenzierend: Kohte in: Kölner Schrift zur InsO, S. 1178 Rn. 58 ff.; Uhlenbruck-Knof § 40 Rn. 9). Da in solchen Fällen die den Ausschluss rechtfertigende Nähebeziehung zum Schuldner nicht mehr besteht, können die Ansprüche richtigerweise als Insolvenzforderungen geltend gemacht werden (ebenso FK-Bornemann § 40 Rn. 7; Braun-Bäuerle § 40 Rn. 4).

b) Zwangsvollstreckung in das insolvenzfreie Vermögen (§ 89 Abs. 2 Satz 2)

13 Die Unterhaltsverpflichtungen des Schuldners für die Zeit nach Insolvenzeröffnung, welche nach Satz 1 ausgeschlossen werden, sind keine Insolvenzforderungen, sondern Neuverbindlichkeiten des Schuldners (OLG Nürnberg, ZInsO 2005, 443). Wie § 89 Abs. 2 Satz 2 klarstellt, sind sie weiterhin einklagbar und unterliegen der Einzelzwangsvollstreckung in das insolvenzfreie Schuldnervermögen (vgl. OLG Koblenz, ZInsO 2002, 832).

14 Jedoch haben sich für die Unterhaltsgläubiger im Vergleich zur alten Rechtslage nach der KO, VerglO bzw. GesO die Befriedigungschancen erheblich verschlechtert, da nach § 35 Abs. 1 nunmehr auch der Neuerwerb des Schuldners zur Masse gehört. Es verbleiben ihnen nur vom Verwalter freigegebene Gegenstände und der für Unterhaltsgläubiger erweitert pfändbare Anteil des Arbeitseinkommens nach § 850d ZPO, der nicht zur Masse gehört (hierzu Keller, NZI 2007, 143, 145 f. mit Bsp.).

c) Restschuldbefreiung

15 Soweit die nach Insolvenzeröffnung fällig werdenden Unterhaltsverpflichtungen des Schuldners keine Insolvenzforderungen sind, sondern Neuverbindlichkeiten, werden sie von der Restschuldbefreiung nach § 301 **nicht erfasst** (Begr. § 47 RegE BT-Drucks. 12/2443 S. 124) und sind einer Regelung im Insolvenzplan nicht zugänglich. Da dem Schuldner während der 6 Jahre des Insolvenzverfahrens und der Wohlverhaltensperiode nur sein unpfändbarer Neuerwerb verbleibt, wird er seine Verpflichtungen kaum erfüllen können und sich danach den aufgelaufenen Forderungen ausgesetzt sehen. Damit dürfte sich der verfolgte Zweck der Schuldenbereinigung in vielen Fällen nicht erreichen lassen. Bei Insolvenzforderungen ist in ab dem 01.07.2014 beantragten Verfahren die neue Ausnahmeregelung des § 302 Nr. 1 Alt. 2 zu beachten.

16 Da vor Eröffnung ergangene Unterhaltstitel fortwirken, ist dem Schuldner anzuraten, seine infolge des Insolvenzverfahrens reduzierte Leistungsfähigkeit mit der Abänderungsklage nach § 323 ZPO geltend zu machen.

2. Ausnahme: Der Schuldner als Erbe des Unterhaltspflichtigen

17 Nach Satz 1 können ausnahmsweise die familienrechtlichen Unterhaltsansprüche **auch für die Zeit nach Insolvenzeröffnung** als Insolvenzforderungen geltend gemacht werden, wenn der Schuldner als Erbe des unterhaltspflichtigen Erblassers haftet; ggf. auch im Nachlassinsolvenzverfahren (K. Schmidt-Thonfeld § 40 Rn. 12). Der Anwendungsbereich beschränkt sich auf wenige Sonderfälle, da Unterhaltsansprüche grds. mit dem Tod des Verpflichteten erlöschen und die Erben gerade nicht haften, vgl. §§ 1615, 1360a Abs. 3 BGB, 5 LPartG.

18 Es handelt sich um Unterhaltsansprüche
   – geschiedener Ehegatten des Erblassers gem. §§ 1569, 1586b BGB in Höhe des fiktiven Pflichtteils (hierzu Keller, NZI 2007, 143, 144),
   – aus aufgehobener Ehe des Erblassers gem. § 1318, 1586b BGB,
   – aus aufgehobener Lebenspartnerschaft des Erblassers gem. § 16 Satz 2 LPartG i.V.m. § 1586b BGB und
   – einer Mutter oder ihrer Erben, die mit dem mit ihr unverheirateten Erblasser ein Kind gezeugt hat gem. § 1615l Abs. 3 Satz 4, § 1615n BGB (vgl. Keller, NZI 2007, 143, 144).

19 Da es sich um wiederkehrende Leistungen handelt, die erst während des Verfahrens fällig werden, gelten § 46 i.V.m. § 45 Satz 1 und § 41.

III. Unterhalt aus der Insolvenzmasse (Satz 2)

20 Satz 2 ist ein Hinweis darauf, dass, als Kompensation für die fehlende Zugriffsmöglichkeit der Unterhaltsberechtigten auf den Neuerwerb des Schuldners, ihnen Unterhalt aus der Masse gewährt werden kann (s. dazu die Kommentierung zu § 100).

§ 41 Nicht fällige Forderungen

(1) Nicht fällige Forderungen gelten als fällig.

(2) ¹Sind sie unverzinslich, so sind sie mit dem gesetzlichen Zinssatz abzuzinsen. ²Sie vermindern sich dadurch auf den Betrag, der bei Hinzurechnung der gesetzlichen Zinsen für die Zeit von der Eröffnung des Insolvenzverfahrens bis zur Fälligkeit dem vollen Betrag der Forderung entspricht.

Übersicht	Rdn.		Rdn.
A. Normzweck	1	a) Wirkungen gegenüber Dritten	15
B. Norminhalt	4	b) Aufrechnung	16
I. Geltungsbereich	4	2. Abzinsung unverzinslicher Forderungen (Abs. 2)	17
1. Insolvenzforderungen	4		
2. Aus- und Absonderungsrechte	9	3. Behandlung verzinslicher Forderungen	23
II. Rechtsfolgen	13		
1. Fälligkeitsfiktion (Abs. 1)	13		

A. Normzweck

Die Vorschrift fördert wie die Folgenormen § 42 und §§ 45, 46 die **effiziente Verfahrensabwicklung**. 1

Nach § 38 dient die Insolvenzmasse allen Gläubigern des Schuldners, deren Forderung vor Insolvenzeröffnung begründet wurde – unabhängig von der Fälligkeit der Forderung. Durch die **Fälligkeitsfiktion in Abs. 1** wird die umständliche Handhabung wie bei aufschiebend bedingten Forderungen (vgl. § 42 Rdn. 13) vermieden, vor allem müssen so bei der Verteilung keine Beträge zurückgehalten werden (MK-Bitter § 41 Rn. 1). Diese einfache Regelung schafft damit eine klare Grundlage für die Stellung der Gläubiger im Verfahren, insb. für ihr Stimmrecht in der Gläubigerversammlung, für die Berechnung anteiliger Forderungskürzungen durch einen Insolvenzplan und eben für die Berücksichtigung bei Verteilungen (Begr. § 48 RegE, BT-Drucks. 12/2443 S. 124). 2

Absatz 2 soll den durch Abs. 1 gewährten Vorteil einer möglichen vorzeitigen Befriedigung der eigentlich noch nicht fälligen Forderung durch Abzinsung egalisieren. 3

B. Norminhalt

I. Geltungsbereich

1. Insolvenzforderungen

Aus dem Normzweck und der systematischen Stellung der Vorschrift ergibt sich, dass sie nur für Insolvenzforderungen i. S. d. §§ 38 bis 40 gilt. Forderungen des Insolvenzschuldners bzw. des Verwalters sind damit ebenso wenig erfasst wie Masseverbindlichkeiten. 4

Unter § 41 fallen Forderungen, die – noch – nicht fällig sind. Mithin muss die Forderung bei Insolvenzeröffnung bereits begründet sein (§ 38) und erst in der Zukunft fällig werden, wobei der **Umstand späterer Fälligkeit gewiss** sein muss, der Zeitpunkt jedoch ungewiss sein kann (sog. betagte Forderung). 5

Ist ungewiss, ob die Fälligkeit überhaupt jemals eintritt, handelt es sich um eine aufschiebend **bedingte Forderung**, die nur zur eingeschränkten Teilnahme am Verfahren berechtigt (vgl. § 42 Rdn. 13). Zu auflösend bedingten Insolvenzforderungen s. § 42 Rdn. 1 ff. 6

Aufschiebend **befristete Forderungen**, deren sachliche Voraussetzungen i. S. d. Begründetheit des § 38 bereits vorliegen, deren Entstehung aber noch von einer zeitlichen Voraussetzung abhängt, fallen nach richtiger Ansicht unter § 41, denn der Eintritt ihrer Fälligkeit ist sicher (so auch MK-Bitter § 41 Rn. 9 ff.; Uhlenbruck-Knof § 40 Rn. 5; K/P/B-Holzer § 40 Rn. 6a; Muthorst, ZIP 2009, 1794, 1796; K. Schmidt-Thonfeld § 41 Rn. 4). Der BGH und Teile der Lit. wollen sie entsprechend 7 der h.M. zu §65 Abs. 1 KO gem. §163 BGB wie aufschiebend bedingte Forderungen nach §42 behandeln mit dem Argument, befristete Forderungen seien anders als betagte noch nicht entstanden und §41 solle nur dem Fälligkeitsmangel abhelfen (BGH, ZInsO 2010, 1332; ZInsO 2006, 1055; Jaeger-Henckel §41 Rn. 5; Häsemeyer, InsR, Rn. 16.18; A/G/R-Ahrens §40 Rn. 9). Das ist zwar richtig, steht der Anwendung von §41 aber nicht entgegen, da es für die Qualifikation als Insolvenzforderung gem. §38 nur auf ihre Begründung bei Eröffnung ankommt, das Entstehen der Forderung aber auch danach erfolgen kann (vgl. §38 Rdn. 29).

8 Anwendungsbeispiele für betagte Forderungen i. S. d. §41 sind vom Gläubiger gestundete Forderungen (Palandt-Ellenberger §163 Rn. 2), künftige Leasingraten, nicht aber Mieten (BGH, ZInsO 2013, 1081 Tz. 28 f.) oder Forderungen, deren Fälligkeit von einer Kündigung abhängt, wobei ein vertraglicher Kündigungsausschluss durch §41 beseitigt wird (MK-Bitter §41 Rn. 7).

2. Aus- und Absonderungsrechte

9 Auf **Aussonderungsrechte** ist §41 nicht anwendbar. Nach §47 sind solche Herausgabeansprüche nach den allgemeinen Regeln außerhalb der InsO zu verfolgen (BK-Breutigam §41 Rn. 8).

10 Bei **Absonderungsrechten** ist anerkannt, dass §41 jedenfalls auf die ggf. neben dem dinglichen Absonderungsrecht bestehende **persönliche Forderung** ggü. dem Schuldner unter Beachtung des §52 Satz 2 anwendbar ist. In Hinblick auf das dingliche Absonderungsrecht selbst ist zu differenzieren:

11 Hat der Gläubiger nur ein **isoliertes Absonderungsrecht**, weil der Insolvenzschuldner eine Sicherheit für einen Dritten gestellt hat, fehlt für eine vorzeitige Verwertungsbefugnis des Gläubigers über §41 die Rechtfertigung, da u. U. noch nicht feststeht, ob der Sicherungsfall wegen Nichterfüllung der Forderung durch den Hauptschuldner überhaupt eintritt (BGH, ZInsO 2009, 143). Steht dem Insolvenzverwalter gem. §§165 ff. die Verwertungsbefugnis zu, hat er den Erlös entsprechend §191 Abs. 1 bis zur Verwertungsreife einzubehalten (BGH a. a. O.).

12 Haftet der Insolvenzschuldner hingegen sowohl dinglich als **auch persönlich**, kommt es i. d. R. auf §41 nicht an, da §166 dem Insolvenzverwalter das Verwertungsrecht unabhängig von einer Fälligkeit gibt. Lediglich wenn gem. §165 oder §173 das Verwertungsrecht beim Gläubiger liegt, ist letztlich umstritten, ob §41 eine nach der Sicherungsabrede bestehende spätere Fälligkeit überwindet. Die h.L. bejaht dies zu Recht wegen des Normzwecks der zügigen Verfahrensabwicklung (OLG Köln, OLGR 2004, 200 Tz. 15; MK-Bitter §41 Rn. 16; Jaeger-Henckel §41 Rn. 12 f.; Uhlenbruck-Knof §41 Rn. 9; **a. A.** K/P/B-Holzer §41 Rn. 5).

II. Rechtsfolgen

1. Fälligkeitsfiktion (Abs. 1)

13 Absatz 1 beseitigt jeden Fälligkeitsaufschub, egal ob er auf Vereinbarung, Gesetz, richterlicher oder behördlicher Anordnung beruht (s. a. Rdn. 8).

14 Die Wirkung tritt mit Feststellung der Forderung zur Tabelle ein. Wegen der Urteilskraft des Tabellenauszuges ist sie endgültig und bleibt auch nach Verfahrensaufhebung gem. §200 oder -einstellung gem. §§207 ff. bestehen (Uhlenbruck-Knof §40 Rn. 166 m. w. N.).

a) Wirkungen gegenüber Dritten

15 Getreu ihrem Normzweck gilt die Fälligkeitsfiktion nach Abs. 1 nur zwischen Gläubiger und Insolvenzschuldner. Sie wirkt nicht zulasten mithaftender Bürgen oder Gesamtschuldner (OLG Karlsruhe, ZInsO 2013, 558; Uhlenbruck-Knof §41 Rn. 17; K. Schmidt-Thonfeld §41 Rn. 13).

b) Aufrechnung

16 Gem. §95 Abs. 1 Satz 2 verschafft §41 dem Gläubiger keine Aufrechnungslage.

2. Abzinsung unverzinslicher Forderungen (Abs. 2)

Als Ausnahme von § 272 BGB ordnet Abs. 2 die Kürzung unverzinslicher Forderungen um den gesetzlichen Zins von 4 % (§ 246 BGB) bzw. 5 % (§ 352 HGB) von der Insolvenzeröffnung bis zur ursprünglichen Fälligkeit an. 17

Dadurch soll verhindert werden, dass der Gläubiger, wegen des erzielbaren Zwischenzinses in der Zeit von der vorzeitigen Erfüllung seiner Forderung bis zur eigentlichen Fälligkeit, mehr erhält als ihm zusteht. Zwar erfolgt die Befriedigung ohnehin nur quotal und auch nicht bereits bei Insolvenzeröffnung. Dies ist jedoch allein Folge der insolvenzbedingten Kürzung sämtlicher Ansprüche; aus Gründen der Praktikabilität wird bei allen Ansprüchen auf diesen Stichtag die Vergleichbarkeit hergestellt. 18

Die Berechnung erfolgt wie bei den §§ 1133, 1217 BGB, § 111 ZVG nach der **Hoffmann'schen Formel**: 19

$$\text{abgezinster Betrag} = \frac{36.500 \times \text{Nennbetrag der Forderung}}{36.500 + (\text{Zinssatz} \times \text{Tage von Eröffnung bis urspr. Fälligkeit})}$$

Wie bei §§ 45 und 46 ist für die Berechnung der Gläubiger zuständig. 20

▶ **Beispiel:** 21

Ein Kaufmann gewährt einer GmbH bis zum 01. Dez. ein unverzinsliches Darlehen von 10.000 €, Insolvenzeröffnung 15. März d. J.: 261 Tage (Fristberechnung gem. §§ 4 InsO, 222 ZPO, 186 ff. BGB: Tag der Insolvenzeröffnung zählt nicht mit, § 187 Abs. 1 BGB; Tag der Fälligkeit zählt, § 188 Abs. 1 BGB) bei 5 % (§ 352 HGB) ergeben eine Forderung von 9.654,81 €.

Bei Forderungen mit **unbestimmter Fälligkeit** (z. B. Fälligkeit bei Tod einer Person) ist der eigentliche Fälligkeitstermin zunächst nach § 45 Satz 1, 2. Alt. zu schätzen und danach die Abzinsung gem. § 41 Abs. 2 vorzunehmen (MK-Bitter § 41 Rn. 8, 20, 25; Uhlenbruck-Knof § 41 Rn. 6; A/G/R-Ahrens § 41 Rn. 13; a. A. HK-Keller § 41 Rn. 15; K/P/B-Holzer § 41 Rn. 7, 11; K. Schmidt-Thonfeld § 41 Rn. 18, die allein nach § 45 schätzen wollen). 22

3. Behandlung verzinslicher Forderungen

Bei verzinslichen Forderungen erfolgt **keine Kürzung**. Der Gläubiger kann den vollen Kapitalbetrag einschließlich der rückständigen Zinsen bis zur Insolvenzeröffnung zur Tabelle anmelden. Das gilt auch bei Ratenzahlungen. Aufgrund des eindeutigen Wortlauts der Norm gilt dies auch, wenn der vereinbarte Zins unter dem gesetzlichen liegt. Die Zinsen nach Eröffnung sind nachrangige Forderungen gem. § 39 Abs. 1 Nr. 1 (BK-Breutigam § 41 Rn. 20 f., § 46 Rn. 2). Ein Verzugszinsanspruch nach § 288 BGB führt nicht zur Verzinslichkeit in diesem Sinne, da nach Insolvenzeröffnung für nahezu sämtliche Insolvenzforderungen Schuldnerverzug eintritt und § 41 Abs. 2 sonst leerliefe. 23

§ 42 Auflösend bedingte Forderungen

Auflösend bedingte Forderungen werden, solange die Bedingung nicht eingetreten ist, im Insolvenzverfahren wie unbedingte Forderungen berücksichtigt.

Übersicht	Rdn.
A. Normzweck	1
B. Norminhalt	2
I. Auflösend bedingte Forderungen	2
1. Berücksichtigung im Verfahren	6
2. Eintritt der Bedingung	7
a) Bedingungseintritt vor Feststellung zur Tabelle	8
b) Bedingungseintritt nach Feststellung, aber vor Zahlung	9
c) Bedingungseintritt nach (Abschlags-)Verteilung	10
d) Bedingungseintritt nach Verfahrensende	11
II. Exkurs: Aufschiebend bedingte Forderungen	12

A. Normzweck

1 Die Norm regelt eine Selbstverständlichkeit. Solange eine (Insolvenz-)Forderung voll durchsetzbar ist, kann sie im Insolvenzverfahren nicht übergangen werden, nur weil sie möglicherweise später wieder wegfallen könnte.

B. Norminhalt

I. Auflösend bedingte Forderungen

2 Auflösend bedingte Forderungen sind solche, deren Bestand von einem zukünftigen **ungewissen Ereignis** abhängt, bis zu dessen Eintritt sie voll wirksam sind (§ 158 Abs. 2 BGB). Ist der Eintritt des relevanten Ereignisses gewiss, handelt es sich nicht um eine Bedingung, sondern um eine Befristung (s. hierzu § 41 Rdn. 7).

3 § 42 erfasst über seinen unmittelbaren Wortlaut hinaus auch Fälle, in denen das gesamte **Schuldverhältnis** auflösend bedingt ist. Die Bedingung kann auf Rechtsgeschäft oder Gesetz beruhen (MK-Bitter § 42 Rn. 4).

4 Nicht anwendbar ist § 42 auf bedingungsähnliche Rechtsfiguren wie Motiv, Zweckabrede, Geschäftsgrundlage, Gegenwartsbedingung (Unterstellung), Rechtsbedingung, Rücktritts- und Widerrufsvorbehalt (Uhlenbruck-Knof § 42 Rn. 3).

5 In der Praxis kommen auflösend bedingte Insolvenzforderungen selten vor. Relevant können **Steuerforderungen** auf Grundlage von Vorauszahlungs- oder Schätzungsbescheiden sein. Vereinzelt gibt es auflösende Bedingungen für Sonderzahlungen in Tarifverträgen.

1. Berücksichtigung im Verfahren

6 Verfahrensmäßig gelten für auflösend bedingte Insolvenzforderungen **keine Besonderheiten**. Sie sind in das Gläubigerverzeichnis aufzunehmen (§ 152), können ohne Einschränkung angemeldet werden (§ 174), sind in die Tabelle einzutragen (§ 175) und werden ohne Einschränkung festgestellt (§ 178). Sie nehmen an Abstimmungen teil und sind im Insolvenzplan wie auch bei allen Verteilungen zu berücksichtigen (§§ 187, 196, 203 ff.), ohne dass es einer Zurückbehaltung oder Sicherheitsleistung bedarf. Auch können sie nach Maßgabe der §§ 95 ff. aufgerechnet werden (MK-Bitter § 42 Rn. 7; A/G/R-Ahrens § 42 Rn. 7).

2. Eintritt der Bedingung

7 Tritt bei einer auflösend bedingten Insolvenzforderung die Bedingung ein, erlischt die Forderung, sodass ggf. eine nicht bestehende Forderung zur Tabelle festgestellt und auch teilweise bedient worden sein kann. Abhängig vom Verfahrensstadium gilt dann Folgendes:

a) Bedingungseintritt vor Feststellung zur Tabelle

8 Auch nach Bedingungseintritt kommt es für die Aufnahme in die Tabelle allein auf die formalen Voraussetzungen der Forderungsanmeldung an (vgl. § 174 Rdn. 21). Das Erlöschen der Forderung ist durch das **Bestreiten im Prüfungstermin** (§§ 176, 178) zu berücksichtigen.

b) Bedingungseintritt nach Feststellung, aber vor Zahlung

9 Ist die Forderung zur Tabelle festgestellt (§ 178), muss der Verwalter – sofern der Gläubiger nicht formal verzichtet – **Verteilungsabwehrklage** entsprechend § 767 ZPO erheben, da er die Wirkungen des § 178 Abs. 3 bei einer Verteilung nicht übergehen darf. Das gilt auch für den Treuhänder im Restschuldbefreiungsverfahren (BGH, ZInsO 2012, 975).

c) Bedingungseintritt nach (Abschlags-)Verteilung

Hat der Verwalter bereits Zahlungen geleistet, muss er sie **zurückfordern**. Als Anspruchsgrundlage kommen §§ 159, 812 BGB und die (ggf. konkludente) vertragliche Absprache in Betracht (MK-Bitter § 42 Rn. 9). 10

d) Bedingungseintritt nach Verfahrensende

Tritt die Bedingung nach Beendigung des Verfahrens ein, kann nach § 203 Abs. 1 Nr. 2 eine **Nachtragsverteilung** angeordnet werden. Der Insolvenzverwalter hat dann den Rückforderungsanspruch (Rdn. 10) durchzusetzen (Jaeger-Henckel § 42 Rn. 5). 11

II. Exkurs: Aufschiebend bedingte Forderungen

Aufschiebend bedingte Insolvenzforderungen treten in der Praxis weitaus häufiger auf als auflösend bedingte, insb. in Gestalt von Bürgschaften seitens Banken, z. B. für Miet- oder Gewährleistungsverpflichtungen des Insolvenzschuldners. Da sie bei Verfahrenseröffnung eben gerade noch nicht als durchsetzbarer Anspruch bestehen, wäre eine Klarstellung des Gesetzgebers im zweiten Abschnitt der InsO angezeigt, dass auch sie grds. als Insolvenzforderungen am Verfahren teilnehmen. 12

Dies ergibt sich erst aus den **Sonderregelungen** zu ihrer Behandlung: 13
- § 77 Abs. 3 Nr. 1: **Stimmrecht** wie bei bestrittenen Forderungen.
- § 95 Abs. 1 Satz 1: **Aufrechnung** erst nach Bedingungseintritt.
- § 191: Volle Berücksichtigung bei **Abschlagsverteilungen**, aber keine Auszahlung, sondern Zurückbehalt und Hinterlegung (§ 98). Berücksichtigung bei der **Schlussverteilung** ist abhängig von der Wahrscheinlichkeit des Bedingungseintritts.
- § 237: Stimmrecht beim **Insolvenzplan** gem. § 77.

Eine Ausnahme gilt für die – durch die Befriedigung des Hauptgläubigers – aufschiebend bedingten Regressansprüche von Mithaftenden des Insolvenzschuldners, z. B. Bürgen und Gesamtschuldner. Sie können nach § 44 vom Verfahren ausgeschlossen sein. 14

§ 43 Haftung mehrerer Personen

Ein Gläubiger, dem mehrere Personen für dieselbe Leistung auf das Ganze haften, kann im Insolvenzverfahren gegen jeden Schuldner bis zu seiner vollen Befriedigung den ganzen Betrag geltend machen, den er zur Zeit der Eröffnung des Verfahrens zu fordern hatte.

Übersicht	Rdn.		Rdn.
A. Normzweck	1	1. Akzessorische Gesellschafterhaftung:	
B. Norminhalt	3	§ 93	17
I. Anwendungsfälle	4	2. Zusammentreffen von Erbeninsolvenz mit Nachlassinsolvenz/-verwaltung: §§ 331, 52	19
1. Gesamtschuldverhältnisse	5		
2. Bürgschaften	8		
3. Garantien und Patronate	10	III. Rechtsfolgen	20
4. Sachmithaftung	12	1. Befriedigung des Gläubigers vor Insolvenzeröffnung	20
5. Teilmithaftung	13		
6. Gesellschaftersicherheiten	15	2. Befriedigung des Gläubigers nach Insolvenzeröffnung	22
II. Ausnahmefälle	17	3. Ausgleich der Regressforderungen	24

A. Normzweck

§ 43 ist eine **Schutzvorschrift zugunsten des Gläubigers einer Haftungsgemeinschaft**, die ihm den Vorteil dieser Haftungsmehrheit auch im Fall der Insolvenz eines oder mehrerer der ihm Mithaftenden erhält. 1

2   Ohne den § 43 liefe ein solcher Gläubiger in der Insolvenz mehrerer oder aller Mithaftenden Gefahr, mit einem Teil seiner Forderung auszufallen, obwohl die Quoten aller Verfahren zusammen zu seiner vollen Befriedigung führen würden, da er nach Ausschüttung in einem Verfahren in den übrigen Verfahren nur mit seinem Restforderungsbetrag teilnehmen dürfte. § 43 stellt daher den **Grundsatz der Doppel- bzw. Vollberücksichtigung** (K. Schmidt/Bitter, ZIP 2000, 1077, 1079 f.) auf, wonach der Gläubiger in jedem Verfahren seine volle Ausgangsforderung geltend machen kann, bis er vollständig befriedigt ist. In gleicher Weise muss er sich im Fall der Insolvenz nur eines Mithaftenden die Teilzahlungen der übrigen solventen Mitschuldner nicht auf seine Insolvenzforderung anrechnen lassen.

B. Norminhalt

3   Die Vorschrift regelt für den Fall, dass bei einer Haftungsgemeinschaft mindestens einer der Schuldner insolvent wird und der Gläubiger nach Insolvenzeröffnung eine Teilbefriedigung erhält, die weitere Berücksichtigung der Forderung des Gläubigers. Für die Mithaftenden gilt § 44.

I. Anwendungsfälle

4   Als Voraussetzung nennt § 43 lediglich die Haftung mehrerer Personen für dieselbe Leistung auf das Ganze. Anwendungsfälle sind daher **Haftungsgemeinschaften** in Abgrenzung zu einer ggü. dem Gläubiger bestehenden stufenweisen Ausfallhaftung mehrerer (Jaeger-Henckel § 43 Rn. 6 f.; MK-Bitter § 43 Rn. 6).

1. Gesamtschuldverhältnisse

5   Eine solche Haftungsgemeinschaft besteht bei **echter Gesamtschuld** i. S. d. § 421 BGB (Begr. § 50 RegE, BT-Drucks. 12/2443 S. 124).

6   Nach allg. Ansicht ist § 43 auch bei der sog. **unechten Gesamtschuld** anwendbar (Jaeger-Henckel § 43 Rn. 9; MK-Bitter § 43 Rn. 5), also wenn es im Innenverhältnis zwischen den Schuldnern an der Gleichstufigkeit der Verpflichtungen fehlt wie z. B. im Verhältnis zwischen Schädiger und Versicherung oder schädigendem Arbeitnehmer und Arbeitgeber sowie in den Fällen des § 255 BGB (vgl. Palandt-Grüneberg § 421 BGB Rn. 7, 9). Getreu dem Normzweck des § 43 kommt es nicht auf die innere Verbundenheit der Verpflichtungen an, sondern ob der Gläubiger die Leistungen von den Schuldnern gleichzeitig, aber insgesamt nur einmal fordern kann (BGHZ 117, 127, 132 = NJW 1992, 2093, 2095 zu § 68 KO).

7   So gilt § 43 auch bei gemeinschaftlicher unerlaubter Handlung i. S. d. §§ 830, 840 BGB, bei Firmenfortführung eines Handelsgeschäftes für die Haftung des Erwerbers und des früheren Inhabers gem. § 25 HGB, bei Aufgabe einer Komplementär- oder OHG-Gesellschafterstellung zugunsten der Altgläubiger im Insolvenzverfahren des früheren persönlich haftenden Gesellschafters nach §§ 128, 160 HGB und bei Haftung mehrerer Organe gem. § 43 Abs. 2 GmbHG, § 93 Abs. 2 Satz 1 AktG (MK-Bitter § 43 Rn. 5; Uhlenbruck-Knof § 43 Rn. 3).

2. Bürgschaften

8   Im Fall der **selbstschuldnerischen Bürgschaft**, bei der die Einrede der Vorausklage ausgeschlossen ist (§§ 773 BGB, 349 HGB), findet § 43 in den Insolvenzverfahren des Bürgen und des Hauptschuldners Anwendung (Begr. § 50 RegE, BT-Drucks. 12/2443 S. 124; BGH, ZInsO 2008, 1202 Tz. 16).

9   Steht dem Bürgen jedoch die **Einrede der Vorausklage** zu oder handelt es sich um eine **Ausfallbürgschaft**, ist wegen der stufenweisen Haftung § 43 nicht anwendbar. Im Insolvenzverfahren des Bürgen kann der Gläubiger zudem seine Forderung nur als aufschiebend bedingt (vgl. § 42 Rdn. 12 ff.) und für den Ausfall geltend machen. Zu beachten ist jedoch § 773 Abs. 1 Nr. 3 BGB, der bei Insolvenz

des Hauptschuldners dem Bürgen die Einrede der Vorausklage verwehrt und so die Anwendung des § 43 wieder eröffnet (MK-Bitter § 43 Rn. 6 – 11; BK-Breutigam § 43 Rn. 11 – 13).

3. Garantien und Patronate

Bei Garantieversprechen und sog. harter Patronatserklärung (vgl. hierzu Palandt-Sprau Einf. vor § 765 BGB Rn. 21) entsteht im Fall der **Insolvenz des Hauptschuldners** daneben – und nicht nur im Stufenverhältnis – eine Haftung des Garanten bzw. »Patrons«, die zur Anwendung von § 43 führt (BGHZ 117, 127 = NJW 1992, 2093 zu § 68 KO; Küpper/Heinze, ZInsO 2006, 913, 915 f.). 10

Bei alleiniger **Insolvenz des Garanten oder Patrons** hingegen liegt der Sicherungsfall nicht vor, der zur Haftung führt. Da die Fälligkeit der Forderung ungewiss ist, kann der Gläubiger sie nur als aufschiebend bedingt anmelden (vgl. § 41 Rdn. 6; § 42 Rdn. 12 ff.). § 43 ist nicht anwendbar (MK-Bitter § 43 Rn. 12; K. Schmidt-Thonfeld § 43 Rn. 6). 11

4. Sachmithaftung

§ 43 ist anwendbar, wenn ein Mitverpflichteter nicht nur persönlich, sondern **auch dinglich** haftet. Eine analoge Anwendung ist zudem für die **rein dingliche Mithaftung** anerkannt (BGH, ZInsO 2011, 91 Tz. 7; KG, ZInsO 2012, 1616). 12

5. Teilmithaftung

Es ist anerkannt, dass § 43 auch Anwendung findet, wenn die Mitverpflichteten der Haftungsgemeinschaft jeweils nur für einen Teil der Gläubigerforderung haften und sie ihre Teilschulden nicht vollständig erfüllen. Umstritten ist jedoch die weitere Geltung von § 43, wenn einer der Teilbeträge nach Insolvenzeröffnung in vollem Umfang geleistet wird. Nach noch h. M. muss der Gläubiger seine Forderungsanmeldung in dieser Höhe reduzieren (BGH, NJW 1997, 1014 zu § 68 KO; K/P/B-Holzer § 43 Rn. 4; Häsemeyer, InsR, Rn. 17.07; A/G/R-Ahrens § 43 Rn. 18; differenzierend Jaeger-Henckel § 43 Rn. 9 u. 17 ff.) nach **a. A.** (MK-Bitter § 43 Rn. 30 f.; sowie Bitter, ZInsO 2003, 490, beide m. w. N.; HK-Keller § 43 Rn. 6; v. Olshausen, KTS 2005, 403) endet die Anwendbarkeit von § 43 erst, wenn er vollständig befriedigt ist. Dieser letzten Auff. ist mit dem Zweck und Wortlaut der Norm zuzustimmen, da »volle Befriedigung« aus der Sicht des Gläubigers beurteilt werden muss; die Perspektive der Mithaftenden findet sich in § 44 (krit. dazu Uhlenbruck-Knof § 43 Rn. 14). 13

In der Praxis wird das Ergebnis der h. M. durch **AGB-Klauseln** vermieden, wonach die Rechte des Gläubigers erst nach seiner vollständigen Befriedigung auf den Sicherungsgeber übergehen und die Zahlungen bis dahin nur als Sicherheit gelten (MK-Bitter § 43 Rn. 32; BGH, NJW 1985, 614). 14

6. Gesellschaftersicherheiten

§ 43 ist auch in der Insolvenz einer Gesellschaft für Gläubiger anwendbar, denen ein Gesellschafter eine Sicherheit gestellt hat – auch wenn er persönlich haftender Gesellschafter ist (s. Rdn. 18; K. Schmidt-Thonfeld § 43 Rn. 9). Handelt es sich um eine haftungsbeschränkte Gesellschaft, bei der es keine natürliche Person als Vollhafter gibt, gelten vorrangig § 32a Abs. 2 GmbHG a. F. oder § 44a, wonach der Gesellschaftsgläubiger zunächst Befriedigung aus der Gesellschaftersicherheit zu suchen hat. § 44a wurde mit dem MoMiG neu eingeführt, welches das Eigenkapitalersatzrecht abgeschafft hat (s. hierzu § 39 Rdn. 17 ff.), und ist gem. Art. 103d Satz 1 EGInsO in seit dem 01.11.2008 eröffneten Insolvenzverfahren anwendbar. Für Altverfahren gilt noch der in seinen Rechtsfolgen nahezu wortgleiche § 32a Abs. 2 GmbHG a. F., wonach es darauf ankommt, ob der Kredit und die Sicherheit in der Krise der Gesellschaft gewährt oder stehen gelassen wurden und damit kapitalersetzende Funktion haben. Im Rahmen des § 32a Abs. 2 GmbHG a. F. ist umstritten, ob für den Gläubiger nach der Inanspruchnahme des Gesellschafters dann § 43 oder das Ausfallprinzip des § 52 gilt. 15

16 Die früher h. M. orientierte sich eng am Wortlaut des § 32a Abs. 2 GmbHG a. F. und berechnete entsprechend § 52 die Insolvenzquote nur auf die Restforderung (Scholz-K. Schmidt, 8. Aufl., §§ 32a/b GmbHG Rn. 137 m. w. N.; a. A. seit 9. Aufl. 2002, Rn. 156a; ausführl. K. Schmidt/Bitter, ZIP 2000, 1077). Mittlerweile wird § 32a Abs. 2 GmbHG a. F. sowohl in der insolvenz- als auch gesellschaftsrechtlichen Lit. überwiegend so verstanden, dass der Kreditgeber nur verfahrensmäßig benachteiligt werden soll durch den Zwang zur Inanspruchnahme des Gesellschafters, aber nicht materiell, indem ihm die Quote auf die volle Ursprungsforderung versagt wird, da sich das Eigenkapitalersatzrecht nur gegen den Gesellschafter richtet (Jaeger-Henckel § 43 Rn. 23; Uhlenbruck-Uhlenbruck, 12. Aufl. 2003, § 43 Rn. 10; MK-Bitter, 2. Aufl. 2007, § 43 Rn. 27; Scholz-K. Schmidt GmbHG, 10. Aufl. 2006, Bd. I §§ 32a, 32b Rn. 169; Roth/Altmeppen GmbHG § 32a a. F. Rn. 126; Baumbach/Hueck/Fastrich, 18. Aufl. 2006, § 32a Rn. 85; noch immer gegen eine Anwendung des § 43 sind K/P/B-Holzer § 43 Rn. 8a; BK-Breutigam § 43 Rn. 31; Michalski-Heidinger GmbHG §§ 32a, 32b a. F. Rn. 336; Ulmer-Habersack GmbHG §§ 32a/b Rn. 177). Der inzwischen h. M. ist zu folgen, da die Konstellation nicht mit der des § 52 vergleichbar ist, bei der die vorherige Teilbefriedigung aus Gegenständen der Insolvenzmasse erfolgt.

II. Ausnahmefälle

1. Akzessorische Gesellschafterhaftung: § 93

17 Die Durchsetzung der akzessorischen Gesellschafterhaftung bei Personengesellschaften, z. B. nach §§ 128 HGB ggf. i. V. m. 161 Abs. 2 HGB, ist in der Insolvenz der Gesellschaft allein dem Insolvenzverwalter zugewiesen (§ 93, § 171 Abs. 2 HGB). Hierdurch wird § 43 verdrängt (Jaeger-Henckel § 43 Rn. 25).

18 Bei einem eigenständigen Verpflichtungsgrund für eine Gesellschafterhaftung, z. B. Bürgschaft, ist § 43 hingegen anwendbar (s. § 93 Rdn. 9 ff.). Auch ist § 43 in der reinen Gesellschafterinsolvenz bzgl. der akzessorischen Gesellschafterhaftung anwendbar (K. Schmidt/Bitter, ZIP 2000, 1077, 1081; vgl. auch v. Olshausen, ZIP 2003, 1321).

2. Zusammentreffen von Erbeninsolvenz mit Nachlassinsolvenz/-verwaltung: §§ 331, 52

19 Im Insolvenzverfahren über das Vermögen des Erben bei gleichzeitiger Nachlassinsolvenz oder -verwaltung wird zulasten der Nachlassgläubiger, denen der Erbe unbeschränkt haftet, gem. § 331 Abs. 1 der Grundsatz der Doppelberücksichtigung des § 43 durch das Ausfallprinzip des § 52 ersetzt.

III. Rechtsfolgen

1. Befriedigung des Gläubigers vor Insolvenzeröffnung

20 Wurde der Gläubiger vor Insolvenzeröffnung von den Mithaftenden bereits teilweise oder vollständig befriedigt, **greift § 43 nicht** ein; der Gläubiger kann nur mit der etwaigen Restforderung teilnehmen, der Mithaftende ist berechtigt, den im Wege der cessio legis erworbenen Forderungsteil bzw. Regressanspruch zur Tabelle anzumelden (ganz h. M., so auch BGH, NJW 1997, 1014 zu § 68 KO; a. A. bei Teilleistungen: Häsemeyer, InsR, Rn. 17.06; v. Olshausen, KTS 2005, 403 ff.).

20a Bei Erfüllung durch **Aufrechnung** ist darauf zu achten, dass auch eine nach Insolvenzeröffnung abgegebene Erklärung wegen § 389 BGB den Befriedigungseintritt vor diesem Stichtag bewirken kann (A/G/R-Ahrens § 43 Rn. 19; K. Schmidt-Thonfeld § 43 Rn. 13).

21 Der Gläubiger kann den ihm durch die Teilnahme des Mithaftenden entstehenden **Quotenschaden** außerhalb des Verfahrens vom Mithaftenden ersetzt verlangen (Palandt-Sprau § 774 BGB Rn. 12).

2. Befriedigung des Gläubigers nach Insolvenzeröffnung

22 Erhält der Gläubiger nach Insolvenzeröffnung teilweise Befriedigung von den Mitverpflichteten – auch aus Ausschüttungen dortiger Insolvenzverfahren –, muss er seine Anmeldung nicht korrigie-

ren (BGH, ZInsO 2009, 142). § 43 erhält ihm durch den unveränderten Berücksichtigungsbetrag die Chance auf volle Befriedigung. Bei Aufrechnung vgl. Rdn. 20a.

Erhielte der Gläubiger dadurch mehr als ihm zusteht, hat der Insolvenzverwalter die errechnete Dividende entsprechend zu kürzen. Ist der Gläubiger nicht einverstanden, muss der Insolvenzverwalter und der Treuhänder bei § 292 InsO wegen der Rechtskraft des Tabelleneintrags Verteilungsabwehrklage entsprechend § 767 ZPO erheben. Überzahlungen hat der Verwalter nach §§ 812 ff. BGB zurückzufordern (BGH, ZInsO 2012, 975; ZInsO 2009, 142 Tz. 14; MK-Bitter § 43 Rn. 36). 23

3. Ausgleich der Regressforderungen

Zahlen die Mithaftenden nach Insolvenzeröffnung an den Gläubiger, unterliegen ihre Regressforderungen ggü. dem Insolvenzschuldner den **Beschränkungen des § 44**. Der Ausgleich innerhalb der übrigen nicht insolventen Haftungsgemeinschaft wird durch die InsO nicht berührt. 24

§ 44 Rechte der Gesamtschuldner und Bürgen

Der Gesamtschuldner und der Bürge können die Forderung, die sie durch eine Befriedigung des Gläubigers künftig gegen den Schuldner erwerben könnten, im Insolvenzverfahren nur dann geltend machen, wenn der Gläubiger seine Forderung nicht geltend macht.

Übersicht	Rdn.		Rdn.
A. Normzweck	1	2. Keine Beteiligung des Hauptgläubigers	15
B. Norminhalt	3	3. Beteiligung des Hauptgläubigers . . .	16
I. Anwendungsbereich	4	a) Teilbefriedigung des Gläubigers	
1. Regressgläubiger	4	nach Insolvenzeröffnung	19
2. Absonderungsrechte und Aufrechnungsbefugnisse	8	b) Vollständige Befriedigung des Gläubigers nach Insolvenzeröffnung	23
3. Gesamtgläubiger	10		
II. Rechtsfolgen	11	C. Verfahrensfragen	25
1. Zahlungen an den Gläubiger vor Insolvenzeröffnung	12		

A. Normzweck

In Haftungsgemeinschaften bestehen bereits mit Begründung der Mithaftung neben der Forderung des Hauptgläubigers gegen den Schuldner auch die Rückgriffsforderungen der Mithaftenden ihm ggü.; sie sind i. d. R. lediglich aufschiebend bedingt durch die Befriedigung des Hauptgläubigers (vgl. für Gesamtschuldner BGH, NJW 2010, 60; Palandt-Grüneberg § 426 Rn. 4; für Bürgen: Palandt-Sprau § 774 Rn. 5). 1

§ 44 bildet für diese Fälle eine Ausnahme vom Grundsatz, dass auch aufschiebend bedingte Insolvenzforderungen am Verfahren teilnehmen können (vgl. § 38 Rdn. 33; § 42 Rdn. 12 ff.). Andernfalls könnte es zu einer doppelten Berücksichtigung der wirtschaftlich nur einmal ggü. dem Schuldner bestehenden Schuld kommen. Die Norm bezweckt damit in Konsequenz des § 43 die **Vermeidung einer Doppelbelastung** der Insolvenzmasse, indem sie dem Hauptgläubiger den Vorrang vor den Regressgläubigern einräumt (Begr. § 51 RegE, BT-Drucks. 12/2443 S. 124). 2

B. Norminhalt

Während § 43 die Verfahrensteilnahme des Hauptgläubigers einer Haftungsgemeinschaft regelt, behandelt § 44 die Teilnahme der Mithaftenden. 3

I. Anwendungsbereich

1. Regressgläubiger

4 Ausdrücklich erfasst sind nur die künftigen Regressforderungen des Gesamtschuldners nach § 426 Abs. 2 BGB und des Bürgen gem. § 774 Abs. 1 BGB. Gemäß seinem Normzweck gilt § 44 darüber hinaus aber auch für **sämtliche Anwendungsfälle des § 43** (MK-Bitter § 44 Rn. 5; K. Schmidt-Thonfeld § 44 Rn. 2; HK-Keller § 44 Rn. 3).

5 Auf die Grundlage des Rückgriffsanspruchs kommt es nicht an. Erfasst werden Ausgleichsansprüche aus dem vertraglichen und gesetzlichen Innenverhältnis von Mithaftenden, die cessio legis und nicht auf Zahlung gerichtete Befreiungsansprüche (BK-Breutigam § 44 Rn. 3).

6 Bei Bürgschaften ist der Anwendungsbereich weiter als bei § 43, da § 44 auch **Ausfallbürgen** erfasst (MK-Bitter § 44 Rn. 5, 8). Bei Kreditengagements wird häufig neben dem Darlehen eine weitere Verpflichtung des Schuldners aus einem **abstrakten Schuldversprechen** vereinbart, z. B. im Zusammenhang mit Grundschuldbestellungen. In diesen Fällen gilt § 44 analog für die Forderung aus der Haftungsübernahme (Schwarz/Doms, ZInsO 2013, 1943).

7 Bei der Teilmithaftung, sowohl als teilweise persönliche Verpflichtung (z. B. Höchstbetragsbürgschaft), als auch durch Sachmithaftung, ist wie bei § 43 umstritten, ob bei voller Zahlung eines Teilbetrages insoweit die Norm nicht anzuwenden ist (s. § 43 Rdn. 13 f.).

2. Absonderungsrechte und Aufrechnungsbefugnisse

8 § 44 schränkt den Regressgläubiger nur als Insolvenzgläubiger ein. Hat er zugleich ein Sicherungsrecht an Gegenständen der Masse, steht § 44 der abgesonderten Befriedigung nicht entgegen (Uhlenbruck-Knof § 44 Rn. 12 m. w. N.).

9 Auch berührt § 44 die Aufrechnung durch den Rückgriffsgläubiger nicht. Da ihm zunächst jedoch nur eine aufschiebend bedingte Forderung zusteht, ist § 95 Abs. 1 Satz 3 zu beachten. Danach kann er gegen Forderungen des Insolvenzschuldners/-verwalters nur in der Höhe aufrechnen, wie er seinen Regressanspruch bereits vor Fälligkeit dieser Gegenforderung unbedingt durch Zahlung erworben hat (MK-Bitter § 44 Rn. 32).

3. Gesamtgläubiger

10 Echte Gesamtgläubiger i. S. d. § 428 BGB betrifft § 44 nicht. Sie können ihre Forderung unabhängig voneinander anmelden, haben aber nur ein gemeinsames Stimmrecht und erhalten auch nur einmal die Quote, welche der Verwalter gem. § 428 Satz 1 BGB an jeden befreiend leisten kann, was in der Tabelle kenntlich gemacht werden sollte (K. Schmidt-Thonfeld § 44 Rn. 3; A/G/R-Ahrens § 44 Rn. 5)

II. Rechtsfolgen

11 Ob die Mithaftenden des Insolvenzschuldners mit ihren Regressforderungen ggü. diesem am Verfahren teilnehmen dürfen, hängt zum einen davon ab, inwieweit der Hauptgläubiger von ihnen vor oder nach Insolvenzeröffnung befriedigt worden ist, und zum anderen davon, ob der Gläubiger sich selbst am Verfahren beteiligt bzw. noch beteiligen darf:

1. Zahlungen an den Gläubiger vor Insolvenzeröffnung

12 Wie sich aus der Formulierung »künftig ... erwerben« ergibt, findet § 44 **keine Anwendung** auf Regressforderungen, die bereits vor Eröffnung des Verfahrens durch Zahlungen an den Hauptgläubiger entstanden sind.

Hat ein Regressgläubiger den Hauptgläubiger vor Insolvenzeröffnung teilweise oder vollständig befriedigt, kann er i.H. seines Rückgriffsanspruches am Verfahren teilnehmen, ggf. neben dem Hauptgläubiger mit dessen Restforderung (OLG Jena, ZInsO 2011, 1856). 13

Für die Höhe des Rückgriffsanspruchs ist das jeweilige Innenverhältnis zum Insolvenzschuldner zu beachten. So besteht bei zwei Gesamtschuldnern im Zweifel nur ein hälftiger Ausgleichsanspruch (§ 426 Abs. 1 Satz 1 BGB). 14

2. Keine Beteiligung des Hauptgläubigers

Hat der Hauptgläubiger bei Insolvenzeröffnung noch keine Zahlungen erhalten, ist die Verfahrensteilnahme der Mithaftenden des Insolvenzschuldners vom Verhalten des Hauptgläubigers abhängig. Solange er seine Forderung nicht anmeldet, können die Mithaftenden ihre künftigen Rückgriffsansprüche verfolgen. Diese unterliegen jedoch den Beschränkungen aufschiebend bedingter Insolvenzforderungen (vgl. § 42 Rdn. 13). 15

3. Beteiligung des Hauptgläubigers

Soweit der Hauptgläubiger seine Forderung zur Tabelle anmeldet, schließt § 44 die Regressgläubiger vom Verfahren aus (MK-Bitter § 44 Rn. 12, 15; Jaeger-Henckel § 44 Rn. 6). 16

Der Insolvenzverwalter hat eine Anmeldung des Rückgriffsgläubigers bei Vorliegen der formellen Voraussetzungen des § 174 Abs. 1 und 2 zwar in die Tabelle aufzunehmen, aber aus materiellen Gründen gem. § 44 zu bestreiten. 17

Ist die Regressforderung bereits festgestellt, z. B. weil der Hauptgläubiger nachträglich anmeldet, hat der Insolvenzverwalter wegen der Titelfunktion des Tabelleneintrags Vollstreckungsabwehrklage nach § 767 ZPO zu erheben, wenn der Regressgläubiger nicht verzichtet. 18

a) Teilbefriedigung des Gläubigers nach Insolvenzeröffnung

Befriedigt ein Mithaftender nach Insolvenzeröffnung den Hauptgläubiger teilweise, bewirkt dies zwar den Bedingungseintritt für seinen anteiligen Regressanspruch ggü. dem Insolvenzschuldner. Da nach § 43 der Hauptgläubiger seine Anmeldung aber insoweit nicht zurücknehmen muss (vgl. § 43 Rdn. 22) und § 44 eine Doppelbelastung der Masse vermeiden will, kann der Mithaftende seinen Ausgleichsanspruch dennoch nicht geltend machen. 19

§ 44 hindert nur die »Geltendmachung« der Regressforderung; sie ist daher bei Abstimmungen nicht zu berücksichtigen und auf sie entfällt keine Quote. Materiellrechtlich bleibt sie aber Insolvenzforderung (vgl. auch § 38 Rdn. 4). Daher gelten die **Vollstreckungsbeschränkungen** der §§ 21 Abs. 2 Nr. 3, 89 ebenso gegen sie, wie gem. § 254 Abs. 2 Satz 2 die Wirkungen eines bestätigten **Insolvenzplans** und nach § 301 Abs. 2 Satz 2 die **Restschuldbefreiung** (MK-Bitter § 44 Rn. 16 f.; Jaeger-Henckel § 44 Rn. 6). 20

Wird der Gläubiger vom Mithaftenden durch **Aufrechnung** befriedigt, kann wegen der Rückwirkung nach § 389 BGB jedoch eine Teilnahme möglich sein, weil die Leistung als vor Eröffnung bewirkt gilt (dann gilt Rdn. 13), obwohl sie danach erklärt wurde (BK-Breutigam § 44 Rn. 13). 21

Erhielte der Hauptgläubiger durch die Teilzahlung und den unverminderten Berücksichtigungsbetrag bei der Berechnung der Dividende mehr als ihm zusteht, dient der Überschuss den Regressgläubigern (MK-Bitter § 43 Rn. 37; § 44 Rn. 23 f.). 22

b) Vollständige Befriedigung des Gläubigers nach Insolvenzeröffnung

Erst wenn der Hauptgläubiger nach Eröffnung des Verfahrens von den Mithaftenden vollständig befriedigt wird, scheidet er nach § 43 aus dem Verfahren aus und die Teilnahme wird für die Mithaftenden gem. § 44 möglich. 23

24 Soweit die Forderung des Hauptgläubigers auf einen Mithaftenden übergeht (vgl. auch Rdn. 14), bedarf es nach § 177 Abs. 1 Satz 3 keiner Neuanmeldung, da es sich um dieselbe Forderung handelt. Die Rechtsnachfolge ist vom Regressberechtigten nachzuweisen und in der Tabelle zu vermerken (MK-Bitter § 44 Rn. 21 m. w. N.).

C. Verfahrensfragen

25 Aus dem Streit der Gläubigerprätendenten zwischen Haupt- und Rückgriffsgläubiger über die Berechtigung der Dividende im Insolvenzverfahren des Hauptschuldners kann sich der Insolvenzverwalter heraushalten. Er kann die von mehreren in Anspruch genommene Forderung in die Tabelle aufnehmen mit dem Hinweis, sie werde von verschiedenen Anmeldern beansprucht, und sie nach Grund und Betrag anerkennen, die Rechtszuständigkeit der Anmelder aber mit der Beschränkung »bis zum Ausgang des Streits unter ihnen« bestreiten. Die Dividende kann er gem. § 372 Satz 2 BGB hinterlegen (BGH, NJW 1997, 1014 m. Anm. Gerhardt, EWiR 1997, 269; MK-Bitter § 44 Rn. 20; Uhlenbruck-Knof § 45 Rn. 10).

§ 44a Gesicherte Darlehen

In dem Insolvenzverfahren über das Vermögen einer Gesellschaft kann ein Gläubiger nach Maßgabe des § 39 Abs. 1 Nr. 5 für eine Forderung auf Rückgewähr eines Darlehens oder für eine gleichgestellte Forderung, für die ein Gesellschafter eine Sicherheit bestellt oder für die er sich verbürgt hat, nur anteilsmäßige Befriedigung aus der Insolvenzmasse verlangen, soweit er bei der Inanspruchnahme der Sicherheit oder des Bürgen ausgefallen ist.

Übersicht

		Rdn.			Rdn.
A.	Normzweck	1	3.	Besicherung durch Gesellschafter	10
B.	Norminhalt	3	II.	Rechtsfolgen	14
I.	Voraussetzungen	5	1.	Für den Sicherungsgeber	14
1.	Gesellschaftsinsolvenz	6	2.	Für den Sicherungsnehmer	17
2.	Kredit eines Dritten	7			

A. Normzweck

1 Die Norm ist zum 01.11.2008 mit dem MoMiG in die InsO eingefügt worden. Das MoMiG hat u. a. das Recht der Gesellschafter-Fremdkapitalfinanzierung reformiert und vom Gesellschaftsrecht in das Insolvenzrecht überführt (s. § 39 Rdn. 17 ff.). § 44a übernimmt dabei den Regelungsgegenstand des gestrichenen § 32a Abs. 2 GmbHG a. F. über **gesellschafterbesicherte Drittkredite**.

2 Die Ratio der Norm erschließt sich nur im Zusammenhang mit den durch das MoMiG ebenfalls neu gefassten §§ 39 Abs. 1 Nr. 5, 135, 143 Abs. 3 und der Erkenntnis, dass die Stellung einer Gesellschaftersicherheit für das Darlehen eines Dritten einem Gesellschafterdarlehen gleichsteht. Bei der gebotenen wirtschaftlichen Betrachtung macht es keinen Unterschied, ob der Gesellschafter der Gesellschaft ein eigenes Darlehen gewährt oder das Darlehen eines Dritten durch seine Sicherheit ermöglicht. Im Insolvenzverfahren sollen derartige vom Gesellschafter veranlasste Fremdkapitalfinanzierungen der Gläubigergesamtheit zugutekommen bzw. sie nicht belasten. So wird ein offenes Gesellschafterdarlehen nur an letzter Rangstelle bedient (§ 39 Abs. 1 Nr. 5). Tilgungsleistungen der Gesellschaft im letzten Jahr vor Insolvenzantrag hat der Gesellschafter der Masse zu erstatten (§§ 135, 143 Abs. 3). Dementsprechend muss die für einen Drittkredit gewährte **Gesellschaftersicherheit zur Entlastung der Masse bestmöglich verwertet** werden, was § 44a gewährleisten soll. Da dem Insolvenzverwalter kein Verwertungsrecht bzgl. derartiger Sicherheiten zusteht, muss der Kreditgeber angehalten werden, die Sicherheit vollständig zu verwerten. Dies soll dadurch erreicht werden, dass ihm bis dahin die Teilnahme an der Verteilung der Masse verwehrt wird. Die Norm richtet sich damit nicht gegen den Drittgläubiger, sondern gegen den Gesellschafter (zum Ganzen K. Schmidt, BB 2008, 1966).

B. Norminhalt

Wie schon die Vorgängernorm § 32a Abs. 2 GmbHG a. F. hat auch § 44a **zwingenden Charakter**, abweichende Vereinbarungen hindern die Anwendung der Norm nicht. Bei einem Verzicht des Kreditgebers auf die Gesellschaftersicherheit erhält er zwar noch immer die Quote auf seine volle Forderung, aber nur bis zu dem hypothetischen Ausfall (K. Schmidt-K. Schmidt § 44a Rn. 15), es sei denn der Verzicht ist schon früher als ein Jahr vor Insolvenzantrag erfolgt (HK-Kleindiek § 44a Rn. 9; MK-Bitter § 44a Rn. 33 f. m. w. N.). Nach a. A. schließt der Verzicht § 44a aus (Uhlenbruck-Hirte § 44a Rn. 2) oder er ist nur gegen Übertragung der Sicherheit möglich (Fregel/Nicht/Schildt, ZInsO 2012, 1691, 1967 f.; sowohl auch Spliedt, ZIP 2009, 149, 156).   3

Die Norm gilt gem. Art. 103d Satz 1 EGInsO für seit dem 01.11.2008 eröffnete Insolvenzverfahren. In zuvor eröffneten Verfahren gilt noch § 32a Abs. 2 GmbHG a. F. S. dazu § 43 Rdn. 15 f.   4

I. Voraussetzungen

§ 44a enthält drei Tatbestandsmerkmale: 5
(1) Insolvenzverfahren über das Vermögen einer Gesellschaft i. S. d. § 39 Abs. 4 Satz 1,
(2) Kreditforderung eines außenstehenden Dritten an die Gesellschaft,
(3) besichert durch einen Gesellschafter.

Die Norm regelt damit einen besonderen Fall des § 43, also der Verfahrensteilnahme des Hauptgläubigers einer zumindest teilweise insolventen Haftungsgemeinschaft. Sie steht daher § 43 näher als § 44 und wäre besser als § 43 Abs. 2 konzipiert worden (so auch K. Schmidt, ZIP 2006, 1925, 1929).

1. Gesellschaftsinsolvenz

Die Vorschrift gilt nur im Insolvenzverfahren einer Gesellschaft. Aus dem Regelungszusammenhang und der Bezugnahme auf § 39 Abs. 1 Nr. 5 ergibt sich, dass nur Gesellschaften i. S. v. § 39 Abs. 4 Satz 1 gemeint sind. Dies sind alle Gesellschaften i. w. S. in deutscher, europäischer und auch ausländischer Rechtsform, bei denen es keine natürliche Person als unmittelbaren Gesellschafter oder Gesellschafter-Gesellschafter gibt, die den Gläubigern akzessorisch und unbeschränkt haftet. Zu Einzelheiten s. § 39 Rdn. 21 ff. Außerhalb des Insolvenzverfahrens gelten §§ 6a, 11 Abs. 3 AnfG. Bei anderen Gesellschaften gelten für gesellschafterbesicherte Drittkredite allein die allgemeinen Regeln der §§ 43, 44 (so auch MK-Bitter § 44a Rn. 10).   6

2. Kredit eines Dritten

Die unglücklich gewählte Formulierung, wonach der Sicherungsnehmer »ein Gläubiger nach Maßgabe des § 39 Abs. 1 Nr. 5« sein muss, ist irreführend (so auch K. Schmidt, BB 2008, 1966, 1969; vgl. auch Rdn. 17). Der Gesetzesbegründung ist zu entnehmen, dass genau dies nicht gemeint ist, zumal es auch keinen Sinn ergibt. Man wollte den § 32a Abs. 2 GmbHG a. F. in angepasster Form übernehmen und über den Verweis auf § 39 Abs. 1 Nr. 5 zum Ausdruck bringen, welche Gesellschaften erfasst sind (RegE MoMiG, BT-Drucks. 16/6140, S. 57). Wie bei der Vorgängernorm muss damit der Gläubiger und Sicherungsnehmer ein **außenstehender Dritter** sein, der weder Gesellschafter noch ein den Gesellschaftern gleichgestellter Dritter ist (MK-Bitter § 44a Rn. 11). In der Praxis handelt es sich meist um eine Bank. Wegen der Abgrenzung kann auf die Kommentierung zu § 39 Rdn. 30 ff. verwiesen werden. Gibt ein Gesellschafter oder gleichgestellter Dritter den Kredit, und ein Mitgesellschafter sichert ihn ab, gilt für die Kreditforderung nicht § 44a sondern § 39 Abs. 1 Nr. 5. Eine Ausnahme besteht insoweit, als Gesellschafter, die nach dem Sanierungsprivileg gem. § 39 Abs. 4 Satz 2 oder Kleinbeteiligtenprivileg gem. § 39 Abs. 5 nicht unter § 39 Abs. 1 Nr. 5 fallen, trotz ihrer Gesellschaftereigenschaft taugliche Gläubiger i. S. d. § 44a sein können.   7

Die (Insolvenz-)Forderung des Dritten muss aus einem Darlehen oder einer »gleichgestellten Forderung« resultieren. Zwar weicht die Formulierung des § 44a von der in § 39 Abs. 1 Nr. 5 und Abs. 4   8 sowie § 135 Abs. 2 ab, wo von »Forderungen aus Rechtshandlungen, die einem solchen Darlehen wirtschaftlich entsprechen« die Rede ist. In der Sache dürfte aber kein Unterschied gemeint sein (so auch K/P/B-Preuß § 44a Rn. 9; FK-Bornemann § 44a Rn. 4). Zum Darlehensbegriff und den gleichgestellten Forderungen gelten daher die Ausführungen bei § 39 Rdn. 41 ff. entsprechend. Entscheidend ist, dass die Forderung **Kreditfunktion** hat.

9 Da das neue Recht der Kreditfinanzierung aus Gesellschafterhand nicht mehr zwischen eigenkapitalersetzenden und anderen Finanzierungshilfen differenziert, kommt es anders als bei § 32a Abs. 2 GmbHG a. F. nicht mehr darauf an, ob der Kredit in der Krise der Gesellschaft gewährt oder stehen gelassen wurde. Für den Kreditgeber bedeutet diese Änderung eine Verschärfung, da er nun immer auf den Primärzugriff beim Gesellschafter verwiesen ist (K. Schmidt, GmbHR 2007, 1, 8).

3. Besicherung durch Gesellschafter

10 Der Begriff der »Sicherheit« ist wie der Begriff »Sicherung« bei der Vorgängernorm § 32a Abs. 2 GmbHG a. F. entsprechend dem Gesetzeszweck weit auszulegen und erfasst über die genannte Bürgschaft und § 232 BGB hinaus **sämtliche Personal- und Realsicherheiten** einschließlich des Schuldbeitritts und der harten-externen Patronatserklärung (FK-Bornemann § 44a Rn. 6; K/P/B-Preuß § 44a Rn. 11; zur Ankaufsverpflichtung Löser, ZInsO 2010, 28). Die Bestellung der Sicherheit muss rechtswirksam sein, da der Gläubiger nicht auf die Inanspruchnahme einer unwirksamen Sicherheit verwiesen werden kann. Fälle der Mehrfachbesicherung (z. B. Doppelbesicherung durch Gesellschafter und Gesellschaft, durch Gesellschafter und gesellschaftsfremde Person oder Besicherung mehrerer Drittkredite durch eine Gesellschaftersicherheit) sind ebenfalls vom Tatbestand des § 44a erfasst (NR-Andres § 44a Rn. 14; K. Schmidt-K. Schmidt § 44a Rn. 9; s. aber Rdn. 20). Auch die nur nachrangig oder für den Ausfall gewährte Gesellschaftersicherheit steht der Anwendung von § 44a ebenso wenig entgegen wie eine nur mittelbare Gesellschaftersicherheit für die unmittelbar haftende Sicherheit eines Außenstehenden zugunsten des Drittkreditgebers (HK-Kleindiek § 44a Rn. 7; K. Schmidt-K. Schmidt § 44a Rn. 13).

11 Sicherungsgeber muss ein **Gesellschafter** der Insolvenzschuldnerin sein (hierzu § 39 Rdn. 30 ff.). Nach der Ratio der Norm und zur Einschränkung von Umgehungsmöglichkeiten sind auch **Gesellschaftern gleichgestellte Dritte** i. S. d. § 39 Abs. 1 Nr. 5 erfasst (HK-Kleindiek § 44a Rn. 7; MK-Bitter § 44a Rn. 18). Wegen der Kriterien wird auf § 39 Rdn. 34 ff. verwiesen.

12 Auch wenn § 44a – anders als § 135 und § 6a AnfG (und auch § 32a Abs. 2 GmbHG a. F.) – nicht ausdrücklich auf sie verweist, gelten das **Sanierungsprivileg** des § 39 Abs. 4 Satz 2 und das **Kleinbeteiligtenprivileg** des § 39 Abs. 5, zumal bei solcher Privilegierung auch ein vom Gesellschafter selbst gegebener Kredit nicht dem Nachrang gem. § 39 Abs. 1 Nr. 5 und der Anfechtung gem. § 135 unterfällt (Gehrlein, BB 2008, 846, 852; Freitag, WM 2007, 1681, 1684). Ist der Sicherungsgeber daher insoweit privilegiert, gelten nicht §§ 44a, 39 Abs. 1 Nr. 5, 135 Abs. 2 sondern §§ 43, 44.

13 Anders als bei § 32a Abs. 2 GmbHG a. F. ist es bei § 44a unerheblich, ob die Sicherheit als kapitalersetzend qualifiziert werden kann, also in der Krise der Gesellschaft gegeben oder stehen gelassen wurde. Maßgeblicher **Zeitpunkt**, zu dem die Voraussetzungen des § 44a vorliegen müssen, ist damit grds. die Insolvenzeröffnung (so auch NR-Andres § 44a Rn. 19; MK-Bitter § 44a Rn. 19; a. A. FK-Bornemann § 44a Rn. 1: Zeitpunkt der Darlehensgewährung). Zur Bekämpfung von Missbrauchsfällen, bei denen der Gesellschafter vor der Insolvenzeröffnung aus der Gesellschaft austritt oder seine (dingliche) Sicherheit überträgt, sind gleichwohl geeignete Kriterien zu entwickeln (s. § 39 Rdn. 32).

II. Rechtsfolgen

1. Für den Sicherungsgeber

14 Obgleich § 44a sich von seinem Zweck her gegen den sicherungsgebenden Gesellschafter richtet (s. Rdn. 2), enthält die Norm keine ihn unmittelbar treffenden Rechtsfolgen. § 44a trifft ihn nur

mittelbar durch die hieraus folgende Obliegenheit des Gläubigers, die Gesellschaftersicherheit in Anspruch zu nehmen.

In Fällen des § 44a gilt für den Gesellschafter § 39 Abs. 1 Nr. 5 dahin gehend, dass sein **Regressanspruch gegen die Gesellschaft** wegen Befriedigung des Gesellschaftsgläubigers – egal, ob vor oder nach Insolvenzeröffnung erfolgt – nur im letzten Nachrang zu berücksichtigen ist (s. § 39 Rdn. 45). Zu recht weist Bitter (in: MK § 44a Rn. 25 ff.) darauf hin, dass daneben auch die allgemeinen Regeln der §§ 43, 44 gelten, sodass, wenn der Kreditgeber aus der Gesellschaftersicherheit nach Verfahrenseröffnung nur eine Teilbefriedigung erhält, der Gesellschafter seinen Rückgriff gem. § 44 (s. dort Rdn. 19) gar nicht anmelden kann. 15

Hat die Gesellschaft den Gläubiger vor Insolvenzeröffnung befriedigt, gelten für **Regressansprüche gegen den Gesellschafter** nun §§ 135 Abs. 2, 143 Abs. 3. Danach hat der Gesellschafter ein Freiwerden aus seiner Sicherheit im letzten Jahr vor Insolvenzantrag und im Eröffnungsverfahren der Masse wertmäßig zu erstatten. Erstattungsansprüche wegen nach Insolvenzeröffnung aus der Masse erbrachter Tilgungsleistungen ergaben sich vor Inkrafttreten des MoMiG aus § 32b GmbHG a. F. und analog §§ 30, 31 GmbHG nach den sog. Rechtsprechungsregeln, was beides durch das MoMiG abgeschafft wurde (vgl. K. Schmidt, BB 2008, 1966, 1968 f. m. w. N.). Praxisrelevant ist dies nicht nur in den häufig vorkommenden Fällen der Doppelbesicherung durch Gesellschaft und Gesellschafter, wie z. B. beim Bankkredit, der durch Globalzession der Gesellschaft und Gesellschafterbürgschaft besichert ist, sondern auch für eine evtl. Erstattung von (Abschlags-)Verteilungen an den Kreditgeber. Nach dem Wortlaut des § 135 Abs. 2 ist dies nun nicht mehr möglich. Zwar nimmt dieser die Fristen des § 135 Abs. 1 Nr. 2 in Bezug, der sich auch auf den Zeitraum nach Insolvenzantrag erstreckt. Nach §§ 129, 147 endet dieser Zeitraum aber mit Insolvenzeröffnung. Es wäre jedoch ein unerträglicher Wertungswiderspruch, wenn der Gesellschafter deshalb nicht mehr regresspflichtig sein sollte (anders OLG Hamm – 8. Senat, ZInsO 2011, 820; N. Schmidt, ZInsO 2010, 70; NR-Andres § 44a Rn. 24). Da die Materialien zum MoMiG keinen Hinweis darauf enthalten, dass die damit etwa bewirkte erhebliche Masseverkürzung dem Gesetzgeber bewusst war, wird überwiegend eine planwidrige Regelungslücke angenommen, die eine analoge Anwendung der §§ 135 Abs. 2, 143 Abs. 3 eröffnen soll (OLG Hamm – 27. Senat, ZInsO 2011, 1602; HK-Kleindiek § 44a Rn. 12 ff.; Graf-Schlicker/Neußner § 44a Rn. 10; MK-Bitter § 44a Rn. 30; wohl auch Altmeppen, ZIP 2011, 741, 747 f.; s. auch § 135 Rdn. 47). Dieser Lösung folgt auch der BGH (ZInsO 2012, 81). Kritisch ist dabei jedoch, dass gegen ein Strukturmerkmal des Anfechtungsrechts in § 129 Abs. 1 Halbs. 1 verstoßen wird, zumal eine Handlung des Insolvenzverwalters angefochten wird, und zudem bei unanfechtbarer Bestellung der Gesellschaftssicherheit die Gläubigerbenachteiligung fraglich ist (Bork FS-Ganter 2010, S. 135, 145 f., 147; Mikolajczak, ZIP 2011, 1285, 1290). Stattdessen wird ein Regressanspruch analog § 426 Abs. 1 BGB vorgeschlagen (Bork a. a. O. S. 147 ff.), wogegen jedoch einzuwenden ist, dass es am Gesamtschuldverhältnis zwischen Gesellschafter und Gesellschaft fehlt, da Letztere Hauptschuldner ist (OLG Hamm – 27. Senat a. a. O.; Altmeppen a. a. O. S. 746 f.; Kleindiek a. a. O.). Alternativ kann darauf abgestellt werden, dass die Absonderung an den Drittgläubiger mittelbar eine insolvenzzweckwidrige Befriedigung des gem. § 39 Abs. 1 Nr. 5 nachrangigen Freihalteanspruchs des Gesellschafters bewirkt, die über §§ 812 ff. BGB rückabzuwickeln ist (Mikolajczak, ZIP 2011, 1285; ähnlich Mitlehner, EWiR 2011, 195; kritisch dazu OLG Hamm – 8. Senat a. a. O.; Kleindiek a. a. O.). 16

2. Für den Sicherungsnehmer

Die missverständliche Formulierung des § 44a kann leicht zur irrtümlichen Annahme führen, die Forderung des Gläubigers sei nur eine nachrangige Insolvenzforderung gem. § 39 Abs. 1 Nr. 5 (so Gehrlein, BB 2008, 846, 852; HK-Eickmann, 5. Aufl., § 44 a. E.). Das ist jedoch nicht richtig (ausführl. dazu Oepen, NZI 2009, 300). Der außenstehende Dritte fällt nicht unter § 39 Abs. 1 Nr. 5. Er hat eine **vollrangige Forderung**, die aber, weil er zunächst die Gesellschaftersicherheit verwerten soll (vgl. Rdn. 2), gewissen Beschränkungen unterliegt. Keine Einschränkung durch § 44a 17 erfährt eine nach §§ 94 ff. zulässige Aufrechnung des Gläubigers (HK-Kleindiek § 44a Rn. 8; K. Schmidt-K. Schmidt § 44a Rn. 13).

18 Wie bei der Vorgängernorm § 32a Abs. 2 GmbHG a. F. ist auch bei § 44a bereits für das **Forderungsanmelde- und -prüfungsverfahren** (§§ 174 ff.) strittig, ob der Gläubiger seine Forderung in voller Höhe (Gehrlein, BB 2008, 846, 852; A/G/R-Ahrens § 44a Rn. 13; HK-Kleindiek § 44a Rn. 8; Graf-Schlicker/Neußner § 44a Rn. 8) oder nur mit dem voraussichtlichen Ausfall (Pape/Uhländer-Staufenbiel § 44a Rn. 13; Hirte ZInsO 2008, 689, 696 – unklar in Uhlenbruck-Hirte § 44a Rn. 1 entgegen Rn. 5) zur Tabelle anmelden darf bzw. der Verwalter sie entsprechend zu bestreiten hat. Diese Frage sollte jedoch von dem Streit um den richtigen Berücksichtigungsbetrag bei Verteilungen (s. Rdn. 19) getrennt werden. Eine Anmeldung und Feststellung der besicherten Forderung nur i. H. d. erwarteten Ausfalls führt nicht nur zu einem materiell-rechtlich falschen Tabelleneintrag, sondern verkompliziert das Verfahren unnötig. Auch der Absonderungsberechtigte kann seine persönliche Forderung nach § 52 in voller Höhe anmelden, die Berücksichtigung des Absonderungserlöses findet erst gem. § 190 im Verteilungsverfahren statt. Ebenso kann das Stimmrecht des gesellschafterbesicherten Drittgläubigers wie beim Absonderungsgläubiger analog § 77 Abs. 3 auf den (mutmaßlichen) Ausfall begrenzt werden.

19 Richtigerweise bezieht sich die Beschränkung des § 44a damit nur auf das **Verteilungsverfahren** (§§ 187 ff.). Um an der Schlussverteilung teilnehmen zu können, muss der Gläubiger analog § 190 Abs. 1 nachweisen, dass er die Verwertung der Gesellschaftersicherheit betrieben hat und in welcher Höhe er dabei ausgefallen ist; für Abschlagsverteilungen gilt § 190 Abs. 2 entsprechend. Umstritten bleibt jedoch, auf welchen Berücksichtigungsbetrag dann seine Quote berechnet wird, d. h. ob entsprechend § 52 nur auf den Ausfallbetrag (Hirte ZInsO 2008, 689, 696; Uhlenbruck-Hirte § 44a Rn. 5; Frege/Nicht/Schildt, ZInsO 2012, 1961, 1966 f.; A/G/R-Ahrens § 44a Rn. 14; FK-Bornemann § 44a Rn. 7; Pape/Uhländer-Staufenbiel § 44a Rn. 11, 13) oder wie bei anderen Gläubigern einer Haftungsgemeinschaft entsprechend § 43 auf die volle Ursprungsforderung, wobei sie nur bis zur Höhe des Ausfalls ausgezahlt wird (Gehrlein, BB 2008, 846, 852; Altmeppen, ZIP 2011, 741, 743; K. Schmidt-K. Schmidt § 44a Rn. 14; MK-Bitter § 44a Rn. 22; K/P/B-Preuß § 44a Rn. 17; Andres/Leithaus § 44a Rn. 13). Dies ist auch bei dem in der Rechtsfolge nahezu wortgleich formulierten § 32a Abs. 2 GmbHG a. F. umstritten. Dort ist die h. M. in den letzten Jahren umgeschwenkt. Während man zuerst nah am Wortlaut das Ausfallprinzip des § 52 anwendete, geht das insolvenz- wie gesellschaftsrechtliche Schrifttum nun überwiegend, gem. dem Normzweck, vom vollen Berücksichtigungsbetrag aus (s. Nachweise bei § 43 Rdn. 16). Der Gesetzgeber des § 44a ist dieser Entwicklung nicht durch eine klarere Formulierung entgegengetreten und hat auch in seiner Begründung der Norm keine Stellung bezogen. Für eine Rückorientierung besteht daher kein Anlass. Die Norm richtet sich gegen den Gesellschafter, nicht gegen den Drittgläubiger; sie soll nur verfahrensmäßig dafür sorgen, dass die Gesellschaftersicherheit verwertet wird (s. o. Rdn. 2). Dazu bedarf es keiner materiell-rechtlichen Schlechterstellung des Kreditgebers nach § 44a zu anderen Gläubigern einer Haftungsgemeinschaft i. S. d. § 43. Beim Absonderungsgläubiger kann das Ausfallprinzip des § 52 damit gerechtfertigt werden, dass dieser vorab aus zur Insolvenzmasse gehörenden Sicherheiten befriedigt wird. Das ist beim Drittgläubiger i. S. d. § 44a nicht der Fall.

20 Strittig ist zudem die (analoge) Anwendbarkeit des § 44a auf Fälle der **Doppelbesicherung** durch Gesellschaft und Gesellschafter, d. h. ob die Verwertung des Absonderungsguts solange zurückzustellen ist, bis der Sicherungsnehmer die Verwertung der Gesellschaftersicherheit betrieben und seinen Ausfall nachgewiesen hat. Die ablehnende Fraktion verweist überwiegend auf die h. M. zu § 32a Abs. 2 GmbHG a. F. und erkennt mangels dokumentiertem Änderungswillen des Gesetzgebers keine planwidrige Regelungslücke (Mikolajczak, ZIP 2011, 1285; FK-Bornemann § 44a Rn. 8; Dahl/Schmitz, NZG 2009, 325, 328; wohl auch Uhlenbruck-Hirte § 44a Rn. 7 f.; mit anderer Begründung HK-Kleindiek § 44a Rn. 13); zudem wird in einer Subsidiarität der Gesellschaftssicherheit eine materiell-rechtliche Beschränkung gesehen, die § 44a als rein verfahrensrechtliche Vorschrift nicht rechtfertige (Altmeppen, ZIP 2011, 741, 743 f.; ähnlich K/P/B-Preuß § 44a Rn. 18). Dem hat sich auch der BGH angeschlossen (ZInsO 2012, 81 Tz. 13 ff.). Angesichts der

unzulänglichen Gesetzesbegründung (s. § 39 Rdn. f., 52) und der mehrfach missglückten Gesetzesformulierungen (s. Rdn. 7, 17; § 39 Rdn. 2 überzeugt ein Verweis auf die Motive des MoMiG-Gesetzgebers jedoch nicht. Letztlich geht um, wem der wirtschaftliche Nachteil aus Kostenrisiko und Verzögerungen durch die Inanspr hme der Gesellschaftersicherheit zuzuweisen ist. Diese Abwägung muss zulasten des Sicheru mers ausfallen, da nur so der Normzweck des § 44a – Entlastung der Masse durch Verwert er Gesellschaftersicherheit – ausgeschöpft wird (K. Schmidt-K. Schmidt § 44a Rn. 10 – 12 diese Transaktionskosten einpreisen kann (Bork FS Ganter 2010, S. 135) und ihm damit l h nur ein abwicklungstechnischer Beitrag auferlegt wird (N. Schmidt, ZInsO 2010, 70; Gun Frenzel/Strandmann, DZWIR 2010, 232; Müller/Rautmann, DZWIR 2012, 190; s. auch G , NZI 2012, 350).

§ 45 Umrechnung von Forderungen

¹Forderungen, die nicht auf Geld gerichtet sind deren Geldbetrag unbestimmt ist, sind mit dem Wert geltend zu machen, der für die Zeit :röffnung des Insolvenzverfahrens geschätzt werden kann. ²Forderungen, die in ausländisch ährung oder in einer Rechnungseinheit ausgedrückt sind, sind nach dem Kurswert, der zu t der Verfahrenseröffnung für den Zahlungsort maßgeblich ist, in inländische Währung um chnen.

Übersicht	Rdn.		Rdn.
A. Normzweck	1	1. Durchführung der Forderungsumwandlung	21
B. Norminhalt	3	a) Obliegenheit des Gläubigers	21
I. Anwendungsfälle	3	b) Maßgeblicher Maßstab	23
1. Schätzung (Satz 1)	4	c) Maßgeblicher Zeitpunkt	25
a) Nicht auf Geld gerichtete Forderungen (Satz 1 Alt. 1)	4	d) Maßgeblicher Ort	27
b) Unbestimmter Geldbetrag (Satz 1 Alt. 2)	10	2. Eintritt der Umwandlung und Nachhaltigkeit	28
2. Umrechnung (Satz 2): Forderungen in Fremdwährungen oder Rechnungseinheiten	19	3. Wirkung gegenüber Dritten	30
II. Rechtsfolgen	2	4. Aufrechnung	32
		C. Verfahrensfragen	33

A. Normzweck

Das Insolvenzverfahren bietet den Gläubigern grds. nur eine quotale Befriedigung in Geld (§ 1). Daher können nur Geldforderungen zur Tabelle angemeldet werden (§ 174 Abs. 2). Hingegen berechtigen gem. § 38 vermögensrechtliche Ansprüche in jeder Form zur Verfahrensteilnahme. § 45 regelt hierzu die Umwandlung aller Ansprüche in inländische Währung, also in Euro. 1

Zur gleichberechtigten Feststellung der Gläubigerrechte im Verfahren sowie für die Verteilung muss ferner die Vergleichbarkeit aller Forderungen hergestellt werden. Aus Praktikabilitätsgründen stellt die Norm dazu auf den Zeitpunkt der Verfahrenseröffnung ab. Sie dient damit wie §§ 41 und 46 der **effizienten Verfahrensabwicklung** (vgl. Begr. §§ 52, 53 RegE, BT-Drucks. 12/2443 S. 124). 2

B. Norminhalt

I. Anwendungsfälle

Der Anwendungsbereich des § 45 stimmt mit dem des § 41 überein (BK-Breutigam § 45 Rn. 2; MK-Bitter § 45 Rn. 1, 5). Die Vorschrift erfasst **nur Insolvenzforderungen** i. S. d. §§ 38 bis 40, keine Masseforderungen und -verbindlichkeiten. Für Aus- und Absonderungsrechte gilt die Darstellung bei § 41 Rdn. 9 ff. entsprechend. 3

§ 45 InsO Umrechnung von Forderungen

1. Schätzung (Satz 1)

a) Nicht auf Geld gerichtete Forderungen (Alt. 1)

4   Nicht auf Geld gerichtete Insolvenzforderun[g]en sind alle Ansprüche auf eine Leistung, Handlung, Übereignung von Sachen oder Bestellung von [Rechten], sofern sie auch außerhalb des Insolvenzverfahrens aus dem Vermögen des Schuldners [be]trieben werden könnten (MK-Bitter § 45 Rn. 6). Hierzu gehören insb.:

5   – Verschaffungs-, (schuldrechtliche) Heraus[gabe]- und Rückgewähransprüche z. B. infolge Rücktritt vom Vertrag. Resultieren sie aus Anfe[chtung] gem. § 11 AnfG oder §§ 129 ff., fallen sie nur unter § 45, wenn sie auf Wertersatz gerich[tet sin]d, nicht aber, wenn der anfechtbar weggegebene Gegenstand oder sein Surrogat noch unte[ilbar] in der Masse vorhanden ist, weil er dann nach neuerer BGH-Rspr. auszusondern ist, § 47 Rdn. 30, § 143 Rdn. 87).

6   – Nacherfüllungs- und Mängelbeseitigungs[ans]prüche z. B. nach §§ 439, 634 ff. BGB (BGH ZInsO 2003, 1138, 1140);

7   – Schuldbefreiungsansprüche, also der Ansp[ruch] gegen den Schuldner auf Befreiung von der Forderung eines Dritten. Sie sind mit der [Maß]gabe anzumelden, die Quote an den Dritten auszuzahlen (MK-Bitter § 45 Rn. 8). Haftet [der] Insolvenzschuldner zugleich dem Dritten, z. B. als Gesamtschuldner, kann der Befreiungsa[nspruch] gem. § 44 nicht neben dem Anspruch des Dritten geltend gemacht werden;

8   – Ansprüche auf vertretbare Handlungen i. S. [§] 887 ZPO (vgl. § 38 Rdn. 26).

9   **Unterlassungsansprüche** sind durch den Schul[dner] persönlich zu erfüllen und nicht aus seinem Vermögen. Sie sind daher keine Insolvenzford[erun]gen und unterfallen damit auch nicht § 45 (h. M., s. § 38 Rdn. 18). Schadensersatzansprüch[e a]ufgrund von Verstößen vor Eröffnung richten sich hingegen nach Satz 1 Alt. 2 (vgl. Rdn. 11).

b) Unbestimmter Geldbetrag (Satz 1 Alt. 2)

10 Betragsmäßig unbestimmte Geldforderungen tret[en] in **drei Fallgruppen** auf:

11 (1.) Forderungen, die bei Eröffnung zwar dem G[ru]nde nach bestehen, deren Höhe aber (noch) nicht feststeht. Hierzu gehören insb. Schadensers[atz]ansprüche (MK-Bitter § 45 Rn. 10).

12 (2.) Forderungen, deren Fälligkeit gewiss, ihr Zeit[pu]nkt aber noch unbestimmt ist, z. B. bei Tod einer Person (vgl. § 41 Rdn. 5, 22). Für sie ist der [F]älligkeitstermin zu schätzen, um bei Unverzinslichkeit der Forderung die Abzinsung gem. § 4[1] Abs. 2 durchzuführen oder bei Verzinsung der Forderung den Zinsbetrag i. R. d. § 39 Abs. 1 Nr.1 berechnen zu können. Ist der Umstand der Fälligkeit ungewiss, handelt es sich um eine bedingte Forderung (s. dazu § 42).

13 (3.) Forderungen auf wiederkehrende Leistungen mit unbestimmter Dauer und/oder unbestimmtem Betrag, § 46 Satz 2. Hauptanwendungsfall sind Rentenansprüche und -anwartschaften.

14 Bei einer **betrieblichen Altersversorgung**, die vom Arbeitgeber für den Versorgungsfall (Erreichen des Rentenalters, Invalidität oder Tod) versprochen wurde, gilt Folgendes (ausführl. Bitter, NZI 2000, 399, 401; MK-Bitter § 45 Rn. 12 – 16; Pluta/Heidrich in: Beck/Depré, Praxis d. Ins., § 30 Rn. 64 – 71):

15 Auf Forderungen von Personen, die bei Insolvenzeröffnung bereits Betriebsrente beziehen, ist § 45 über § 46 Satz 2 anwendbar. Der durch Schätzung ermittelte Betrag ist gem. § 41 zu kapitalisieren (§ 46 Rdn. 5 ff.). Dies gilt unabhängig davon, ob die Ansprüche bei den Rentnern verbleiben oder gem. § 9 Abs. 2 BetrAVG auf den Pensions-Sicherungs-Verein a.G. (PSV) übergehen.

16 Ist der Versorgungsfall bei Insolvenzeröffnung noch nicht eingetreten, ist zu differenzieren: Hat der Arbeitnehmer bis dato nur eine **verfallbare Versorgungsanwartschaft** erworben, stehen ihm nach insolvenzbedingter Beendigung des Arbeitsverhältnisses wegen des Verfalls keine (Insolvenz) Forderungen zu, es sei denn, die Vorsorgebeiträge stammten aus seinem Vermögen. Das ist insb. bei

Speisung von Direktversicherungen durch Gehaltsumwandlung der Fall. Nur dann gelten §§ 38, 41, 45, 46.

Ist bei Eröffnung die **Versorgungsanwartschaft unverfallbar**, gehen im Geltungsbereich des BetrAVG die Ansprüche auf den PSV über und sind von diesem gem. § 9 Abs. 2 BetrAVG als unbedingte Forderungen nach § 45 geltend zu machen. Gilt das BetrAVG nicht, ist das Vorgehen umstritten. Das BAG wendet allein § 45 an (BAG, ZIP 1990, 400 zu § 69 KO). Mit dem BGH sind daneben richtigerweise die Vorschriften über aufschiebend bedingte Forderungen zu berücksichtigen, also insb. § 191, da der Eintritt des Versorgungsfalls ungewiss und das diesbezügliche Risiko nicht der Gesamtgläubigerschaft zugewiesen ist (BGH, ZInsO 2005, 535). 17

Tritt durch Fortführung des Arbeitsverhältnisses die **Unverfallbarkeit nach Insolvenzeröffnung** ein, sind die zeitanteilig nach Eröffnung erdienten Rentenansprüche Masseverbindlichkeit (bzw. gem. § 613a BGB vom Betriebsübernehmer zu bedienen (BAG, ZIP 2005, 1706)) und i. Ü. Insolvenzforderung gem. Rdn. 17 (BAG, ZIP 1988, 327). 18

2. Umrechnung (Satz 2): Forderungen in Fremdwährungen oder Rechnungseinheiten

Als ausländisch i. S. d. Satz 2 ist jede andere Währung als der Euro anzusehen, einschließlich nicht mehr geltender Währungen (Jaeger-Henckel § 45 Rn. 3, 12). 19

Rechnungseinheiten sind z. B. der ECU des europäischen Währungssystems oder Sonderziehungsrechte des Internationalen Währungsfonds. Sie haben für die Insolvenzpraxis kaum Bedeutung (K/P/B-Holzer § 45 Rn. 12 ff.). 20

II. Rechtsfolgen

1. Durchführung der Forderungsumwandlung

a) Obliegenheit des Gläubigers

Allein der Gläubiger ist zuständig für die Schätzung und Umrechnung (allg. Auff. K. Schmidt/Thonfeld § 45 Rn. 11; MK-Bitter § 45 Rn. 21 jew. m. w. N.). Er hat auch etwaige Kosten hierfür zu tragen, z. B. für ein versicherungsmathematisches Gutachten bei Rentenansprüchen (Grub, DZWIR 2000, 223, 226). Diese Kosten sind nachrangige Insolvenzforderungen, § 39 Abs. 1 Nr. 2. 21

Eine Anmeldung ohne konkreten Forderungsbetrag in Euro kann gem. § 174 Abs. 2 vom Verwalter nicht in die Tabelle aufgenommen werden. Hierüber hat er den Gläubiger zu verständigen (Braun-Bäuerle § 45 Rn. 2; Pape/Uhländer-Staufenbiel § 45 Rn. 12). 22

b) Maßgeblicher Maßstab

Die Schätzung hat auf Basis des **Verkehrswertes/gemeinen Wertes** zu erfolgen; ein Liebhaberwert ist unbeachtlich (BK-Breutigam § 45 Rn. 11). Bei vertretbaren Handlungen sind die Kosten der Ersatzvornahme anzusetzen (NR-Andres § 38 Rn. 11). Statistische Erfahrungswerte sind zu berücksichtigen; es gelten die Regeln der Versicherungsmathematik, vor allem bei Renten (umfangreiche Daten des Statistischen Bundesamtes sind unter www.destatis.de abrufbar). Zukünftige Renten sind gem. §§ 46, 41 Abs. 2 abzuzinsen (MK-Bitter § 45 Rn. 26; **a. A.** BAG, ZIP 1989, 319 zu § 69 KO: 5,5 %; K. Schmidt/Thonfeld § 46 Rn. 12: Zinssatz für mittel- bis langfristige Anlagen). 23

Für die Umrechnung in Euro nach Satz 2 gilt grds. der zwischen den Parteien vereinbarte **Wechselkurs**. Ansonsten ist seit 1999 der EZB-Referenzkurs heranzuziehen, abrufbar unter www.ecb.europa.eu (K. Schmidt/Thonfeld § 45 Rn. 14). Fehlt er für die ausländische Währung, ist der Briefkurs (Palandt-Grüneberg §§ 244, 245 Rn. 20) am Ort des Gläubigers (s. Rdn. 27) maßgeblich. 24

c) Maßgeblicher Zeitpunkt

25 Für die **Schätzung** kommt es auf die Verhältnisse im Eröffnungszeitpunkt an. Absehbare künftige Entwicklungen sind zu berücksichtigen, dazu gehört bei Renten auch ein Inflationsverlust (Uhlenbruck-Knof § 45 Rn. 19; K. Schmidt/Thonfeld § 45 Rn. 13). Bei späteren Änderungen bis zur Feststellung zur Tabelle ist jedoch wegen des Normzwecks, sämtliche Ansprüche auf die Eröffnung zu fixieren, zu differenzieren: Zwischenzeitliche tatsächliche **Entwicklungen** (z. B. Forderung ist erloschen, da Rentenberechtigter verstorben ist) bleiben außer Betracht, spätere **Erkenntnisse** über schon bei Eröffnung vorliegende Umstände sind hingegen einzubeziehen (MK-Bitter § 45 Rn. 32–35 m. w. N.). Nach rechtskräftiger Feststellung ist eine Abänderungsklage nicht mehr möglich (Bitter, NZI 2000, 399, 401 m. w. N.).

26 Entscheidender Zeitpunkt für die **Umrechnung** ist ebenfalls die Insolvenzeröffnung. Enthält der Eröffnungsbeschluss keine Uhrzeit, gilt 12:00 Uhr, § 27 Abs. 3. Abzustellen ist auf den letzten vorangegangenen Wechselkurs. Aufgrund des eindeutigen Wortlauts ist auch eine vorhersehbare Entwicklung der Devisenmärkte nicht zu berücksichtigen (BK-Breutigam § 45 Rn. 15; a. A. bei noch nicht fälligen Forderungen Jaeger-Henckel § 45 Rn. 14; MK-Bitter § 45 Rn. 24; Uhlenbruck-Knof § 45 Rn. 23).

d) Maßgeblicher Ort

27 Für die Umrechnung nach Satz 2 ist in Kongruenz mit § 244 Abs. 2 BGB der »Zahlungsort« entscheidend. Dies ist nach der Auslegungsregel des § 270 BGB im Zweifel der Wohnsitz bzw. die Niederlassung des Gläubigers. Nach diesem Gedanken ist für die Schätzung gem. Satz 1 auf die Verhältnisse am Leistungs- bzw. Erfüllungsort abzustellen, d. h. nach § 269 BGB beim Schuldner (A/G/R-Ahrens § 45 Rn. 11).

2. Eintritt der Umwandlung und Nachhaltigkeit

28 Schätzung und Umrechnung haben zunächst nur verfahrensrechtliche Bedeutung, um dem Gläubiger die Teilnahme überhaupt zu ermöglichen. Daher tritt nicht schon mit der Anmeldung, sondern erst mit der rechtskräftigen **Feststellung**, bzw. im Planverfahren mit der Rechtskraft der Planbestätigung, eine Umwandlung des Anspruchs in eine Geldforderung ein. Andernfalls würde bei Verfahrenseinstellung nach §§ 207 ff. vor Feststellung eine unnötige Umwandlung in Geld bzw. Euro stattfinden (K/P/B-Holzer § 45 Rn. 8).

29 Sofern der Gläubiger **nach Verfahrensbeendigung** seine Forderung überhaupt noch gegen den Schuldner geltend machen kann, wird er sie im Wege der Zwangsvollstreckung gem. §§ 201, 215 Abs. 2 Satz 2 jedenfalls (nur) in ihrer umgewandelten Form durchsetzen können (Jaeger-Henckel § 45 Rn. 18 f.; K. Schmidt/Thonfeld § 45 Rn. 16). Denn der Schuldner ist mit Einwendungen nach § 767 Abs. 2 ZPO präkludiert (MK-Bitter § 45 Rn. 43 f.), ein älterer Titel des Gläubigers ist durch den Tabellenauszug verbraucht (K. Schmidt, FS Merz, S. 533, 545) und einer Klage auf die ursprünglich geschuldete Leistung oder Währung steht die Rechtskraft des Tabellenauszuges entgegen (MK-Bitter § 45 Rn. 42 f.). Für die Praxis kann daher offen bleiben, ob die Feststellung einer Forderung i. S. d. § 45 zugleich eine materielle Änderung ihrer Gestalt bewirkt (so HK-Keller § 45 Rn. 14; K/P/B-Holzer § 45 Rn. 9; dagegen MK-Bitter § 45 Rn. 42–44; K. Schmidt, FS Merz, S. 533, 541 ff.; Uhlenbruck-Knof § 45 Rn. 26 jew. m. w. N.).

3. Wirkung gegenüber Dritten

30 Wie bei § 41 wirkt die Rechtskraft des Tabelleneintrages nur zwischen Gläubiger und Schuldner, **nicht gegenüber Dritten** wie mithaftenden Gesamtschuldnern oder Bürgen (HK-Keller § 45 Rn. 15).

31 Eine Ausnahme besteht bei **persönlich haftenden Gesellschaftern** einer OHG oder Komplementären. Zwar kann aus dem Tabellenauszug nicht gegen sie vollstreckt werden, ihnen bleiben

gem. § 129 HGB jedoch allenfalls persönliche Einwendungen (vgl. auch MK-Bitter § 45 Rn. 57). Während des Insolvenzverfahrens kann die akzessorische Gesellschafterhaftung nur vom Verwalter geltend gemacht werden, § 93, § 171 Abs. 2 HGB.

4. Aufrechnung

Die Umwandlung in eine Geldforderung nach § 45 verschafft dem Gläubiger gem. § 95 Abs. 1 Satz 2 keine Aufrechnungslage (MK-Bitter § 45 Rn. 60). Eine Ausnahme gilt gem. § 95 Abs. 2 für die Fremdwährungsforderungen und Rechnungseinheiten. 32

C. Verfahrensfragen

Ein Streit über die Angemessenheit bzw. Richtigkeit der Schätzung oder Umrechnung ist ggf. im Feststellungsprozess nach §§ 179 ff. auszutragen (NR-Andres § 45 Rn. 5). 33

§ 46 Wiederkehrende Leistungen

¹Forderungen auf wiederkehrende Leistungen, deren Betrag und Dauer bestimmt sind, sind mit dem Betrag geltend zu machen, der sich ergibt, wenn die noch ausstehenden Leistungen unter Abzug des in § 41 bezeichneten Zwischenzinses zusammengerechnet werden. ²Ist die Dauer der Leistungen unbestimmt, so gilt § 45 Satz 1 entsprechend.

Übersicht	Rdn.		Rdn.
A. Normzweck	1	2. Bestimmter Betrag für unbestimmte Dauer (Satz 2)	8
B. Norminhalt	2	3. Unbestimmter Betrag für bestimmte Dauer	9
I. Forderungen auf wiederkehrende Leistungen	2	4. Doppelte Unbestimmtheit	10
II. Konstellationen	5		
1. Betrag und Dauer bestimmt (Satz 1)	5		

A. Normzweck

Um das Schuldnervermögen gleichmäßig an die Gläubiger verteilen und ihre Verfahrensrechte feststellen zu können, muss eine Vergleichbarkeit ihrer Forderungen hergestellt werden. Aus verfahrensökonomischen Gründen geschieht dies, indem sie auf den Zeitpunkt der Insolvenzeröffnung fixiert werden (vgl. § 41 Rdn. 1 f.; § 45 Rdn. 1 f.; Bitter, NZI 2000, 399). Bei Ansprüchen auf wiederkehrende Leistungen des Schuldners muss hierzu eine **Kapitalisierung** der Einzelforderungen durchgeführt werden, welche § 46 regelt. 1

B. Norminhalt

I. Forderungen auf wiederkehrende Leistungen

§ 46 erfasst wie §§ 41 bis 45 nur **Insolvenzforderungen** i. S. d. §§ 38 bis 40, nicht Masseforderungen und -verbindlichkeiten. Für Absonderungsrechte gilt § 41 Rdn. 10 ff. entsprechend (MK-Bitter § 46 Rn. 3). § 46 ist nicht abdingbar (K. Schmidt-Thonfeld § 46 Rn. 1). 2

»Wiederkehrende Leistungen« i. S. d. § 46 sind Ansprüche aus einem **einheitlichen Rechtsverhältnis**, die nicht jeweils als Einzelanspruch neu entstehen, sondern aus einem vor Eröffnung begründeten **Stammrecht** resultieren (s. § 38 Rdn. 35 f.; Jaeger-Henckel § 46 Rn. 3; A/G/R-Ahrens § 46 Rn. 3). 3

Hauptanwendungsfall sind (betriebliche) Rentenansprüche, ferner auch Vergütungen aus Dienst- und Geschäftsbesorgungsverträgen sowie Unterhaltsansprüche, sofern sie gem. § 40 am Verfahren teilnehmen. Zu beachten ist, dass verzinsliche Ratenzahlungen nicht kapitalisiert werden (s. § 41 Rdn. 23). 4

II. Konstellationen

1. Betrag und Dauer bestimmt (Satz 1)

5 Stehen Einzelbeträge und Leistungsdauer fest, erfolgt die **Kapitalisierung** gem. Satz 1, § 41 durch Addition der einzelnen nach der Hoffmann'schen Formel (§ 41 Rdn. 19) abgezinsten künftigen Raten (zur Ratio s. § 41 Rdn. 18). Aus der Zeit vor Eröffnung rückständige Leistungen werden hinzugerechnet.

6 Es gilt eine **Obergrenze** i. H. d. Kapitalstocks, dessen Zinsertrag die Einzelbeträge erwirtschaftet (MK-Bitter § 46 Rn. 8; HK-Keller § 45 Rn. 7; a. A. A/G/R-Ahrens § 46 Rn. 11). So werden z. B. für eine feste Jahresrente von 1.000 € beim gesetzlichen Zinssatz von 4% (§ 246 BGB) 25.000 € benötigt. Mehr kann der Gläubiger nicht verlangen, egal wie lange er Anspruch auf die Rente hat.

7 Wie bei § 45 ist für die Berechnung der Gläubiger zuständig; auch für weitere Einzelheiten wie die Berücksichtigung späterer Entwicklungen, die Wirkung über das Verfahren hinaus oder ggü. Dritten sowie die Aufrechnung gelten die Kommentierungen zu § 45 entsprechend (vgl. MK-Bitter § 46 Rn. 7, 9).

2. Bestimmter Betrag für unbestimmte Dauer (Satz 2)

8 Satz 2 ist gesetzgeberisch knapp formuliert. Erschöpfend wäre er wie folgt zu ergänzen: »Ist *bei wiederkehrenden Leistungen, deren Betrag bestimmt ist,* die Dauer der Leistungen unbestimmt, so gilt § 45 Satz 1 entsprechend *für die Bestimmung der Leistungsdauer, sie ist also zu schätzen, alsdann bleibt es bei der Kapitalisierung nach Satz 1 i. V. m. § 41.*« Es kommt also zu einer **Kombination von § 45 und § 41** (Jaeger-Henckel § 46 Rn. 7).

3. Unbestimmter Betrag für bestimmte Dauer

9 Sind bei feststehender Leistungsdauer die Einzelbeträge unbestimmt, gilt zunächst § 45 Satz 1 2. Alt. unmittelbar (Jaeger-Henckel § 46 Rn. 7). Der Betrag ist durch Schätzung zu bestimmen, z. B. durch Ermittlung eines Durchschnittssatzes. Im zweiten Schritt ist wieder **Satz 1** anzuwenden, also die Kapitalisierung nach § 41 durchzuführen (MK-Bitter § 46 Rn. 5).

4. Doppelte Unbestimmtheit

10 Sind beide Faktoren unbestimmt, ist in **drei Schritten** vorzugehen (K/P/B-Holzer § 46 Rn. 9; Pape/Uhländer-Staufenbiel § 46 Rn. 5): Zunächst ist wie bei Rdn. 8 der Betrag gem. § 45 Satz 1 2. Alt. zu schätzen. Entsprechend § 46 Satz 2 ist dann die Dauer ebenfalls durch Schätzung nach § 45 zu bestimmen. Schließlich ist nach § 46 Satz 1, § 41 die Kapitalisierung vorzunehmen.

§ 47 Aussonderung

[1]Wer auf Grund eines dinglichen oder persönlichen Rechts geltend machen kann, daß ein Gegenstand nicht zur Insolvenzmasse gehört, ist kein Insolvenzgläubiger. [2]Sein Anspruch auf Aussonderung des Gegenstands bestimmt sich nach den Gesetzen, die außerhalb des Insolvenzverfahrens gelten.

Übersicht

	Rdn.
A. Normzweck	1
B. Norminhalt	2
I. Allgemeines	2
II. Gegenstände der Aussonderung	4
III. Einzelne Aussonderungsrechte	6
1. Aneignungs- und Wegnahmerechte	6
2. Beschränkte dingliche Rechte	7
3. Besitz	9
4. Eigentum	10
5. Erbrechtliche Ansprüche	17
6. Forderungen, Factoring	18
7. Gewerbliche Schutzrechte, Urheberrechte, Lizenzen, Firma	22a

8. Kommissionsgeschäft, mittelbare Stellvertretung	23		dd) Sicherung von Erlösbeteiligungen und Ersatzabsonderungsrechten	58
9. Leasing	27	14.	Unpfändbares Vermögen des Schuldners	59
10. Obligatorische Ansprüche, Verschaffungsansprüche	29	15.	Unterlassungsansprüche, Beseitigungsansprüche	60
11. Rückgewähranspruch aus Anfechtung	30	16.	Versicherung für fremde Rechnung, versicherungsgedeckte Versorgungsansprüche	61
12. Sicherungseigentum, Sicherungsabtretung, sonstige Sicherheiten	31	17.	Wertpapierverwahrung	64
13. Treuhandverhältnisse	34	IV.	Rechtsfolgen	65
a) Erscheinungsformen der Treuhandverhältnisse	34	1.	Prüfungspflicht des Insolvenzverwalters, Einwände gegen das Aussonderungsrecht, Verzicht	66
b) Voraussetzungen der Aussonderung in der Insolvenz des Treuhänders	38	2.	Auskunftspflichten, Erfüllung des Aussonderungsanspruchs	70
c) Einzelfälle	41	V.	Aussonderung im Insolvenzeröffnungsverfahren	74
d) Treuhandkonto im Insolvenzeröffnungsverfahren	50	C.	**Verfahrensfragen**	77
aa) Fehlende Rechnungsstellung	52	D.	**Internationales Insolvenzrecht**	82
bb) Fehlende Liquidität	54			
cc) Rückzahlungsansprüche von Kunden	56			

A. Normzweck

Mit der Aussonderung wird geltend gemacht, dass ein bestimmter Gegenstand nicht zur Insolvenzmasse gehört. Aus Sicht des Insolvenzverwalters wird mit der Aussonderung die sog. »**Ist-Masse**« zur sog. »**Soll-Masse**« bereinigt. Die »Ist-Masse« umfasst alle Gegenstände, die der Insolvenzverwalter beim Schuldner vorfindet; als »Soll-Masse« verbleibt die Insolvenzmasse i. S. v. § 35 einschließlich der mit Absonderungsrechten belasteten Gegenstände. 1

B. Norminhalt

I. Allgemeines

§ 47 stellt klar, dass der Aussonderungsberechtigte seine Rechte ggü. dem Insolvenzverwalter unberührt vom Insolvenzverfahren geltend machen kann. Der Aussonderungsberechtigte kann aufgrund seiner materiellen Rechtsposition Herausgabe bzw. Feststellung seines Rechts begehren oder sich gegen ein Herausgabeverlangen des Insolvenzverwalters verteidigen. Er muss darlegen, dass der betroffene Gegenstand nicht zum haftenden Vermögen des Schuldners gehört. Als Hauptfälle kommen dingliche Rechte (insb. Eigentum) und bestimmte obligatorische Rechte (z. B. Herausgabeansprüche aus Miet-, Pacht- oder Leasingverhältnissen) in Betracht. Einzelne dingliche Rechtspositionen haben keine Aussonderungskraft, sondern berechtigen nur zur abgesonderten Befriedigung (insb. Erweiterungsformen des Eigentumsvorbehalts, dazu Rdn. 11, 15; Sicherungsübereignung und Sicherungsabtretung, dazu Rdn. 31 ff.). Obligatorische Ansprüche berechtigen nur zur Aussonderung, wenn der begehrte Gegenstand selbst massefremd ist (Rdn. 29). 2

Die Aussonderung führt zur haftungsrechtlichen Trennung des Gegenstandes von der »Ist-Masse«, da die Substanz des Gegenstandes dem Aussonderungsberechtigten zusteht; der betroffene Gegenstand wird an den Aussonderungsberechtigten herausgegeben. Kann der Insolvenzverwalter dem Herausgabeanspruch ein Besitzrecht entgegenhalten, darf er den Gegenstand nach Maßgabe des Besitzrechts für die Insolvenzmasse nutzen, aber nicht verwerten.

Gegenstände, die mit Absonderungsrechten behaftet sind, bleiben dagegen haftungsrechtlich der Insolvenzmasse zugeordnet. Diese Gegenstände sind zu verwerten, wobei sich aus §§ 165 ff. ergibt, ob der Insolvenzverwalter oder der Gläubiger zur Verwertung berechtigt ist. Das Absonderungsrecht verschafft dem Gläubiger ein **Vorzugsrecht am Verwertungserlös**, ein **Übererlös** gebührt der Masse. Zu Einzelheiten zur Verwertung unbeweglicher Gegenstände vgl. bei § 165, zur Verwertung beweglicher Sachen und Forderungen bei §§ 166 ff.

3 Der Aussonderung unterliegt das **bei Insolvenzeröffnung vorhandene schuldnerfremde Vermögen** (zur Aussonderung im Insolvenzeröffnungsverfahren Rdn. 74 ff.). **Nach Insolvenzeröffnung** können weitere Aussonderungsrechte entstehen, z. B. durch Verfügungen des Insolvenzverwalters oder Handlungen des Insolvenzverwalters, die zu einem gesetzlichen Eigentumserwerb führen (Jaeger-Henckel § 47 Rn. 34; a. A. zur Begründung von Aussonderungsrechten durch den Insolvenzverwalter Borchardt/Frind-Henkel, Betriebsfortführung, Rn. 1238). Entsprechend können Aussonderungsrechte nach Insolvenzeröffnung erlöschen, z. B. durch Verbindung, Vermischung, Verarbeitung oder gutgläubigen Erwerb.

II. Gegenstände der Aussonderung

4 **Gegenstände der Aussonderung** sind **bewegliche Sachen** (dazu gehören auch Inhaberpapiere, Orderpapiere und Traditionspapiere), **unbewegliche Sachen** (Grundstücke, grundstücksgleiche Rechte, Schiffe, Schiffsbauwerke und Luftfahrzeuge) sowie **Rechte** (insb. Forderungen).

4a **Bargeld** ist grds. nur aussonderungsfähig, wenn es sich noch individualisierbar im Besitz des Schuldners befindet (OLG Köln, ZInsO 2009, 390). Mit der Einzahlung auf das eigene Konto geht das Aussonderungsrecht unter (BGH, ZInsO 2010, 1929). Eine Ersatzaussonderung nach Einzahlung auf ein Konto scheitert regelmäßig an der fehlenden Unterscheidbarkeit (§ 48 Rdn. 24 ff.).

5 **Wesentliche Bestandteile** (§§ 93, 94 BGB) werden zusammen mit der Sache ausgesondert. **Scheinbestandteile** (§ 95 BGB) sind gesondert aussonderungsfähig. Auch **Zubehör** ist aussonderungsfähig; die Zuordnung zum Haftungsverband eines Grundpfandrechts ist für die abgesonderte Befriedigung von Bedeutung (§ 49 Rdn. 3 ff.). Aussonderungsfähig sind **Früchte** nach Trennung, §§ 953 ff. BGB. **Dingliche Surrogate** von aussonderungsfähigen Gegenständen (z. B. gem. §§ 1048 Abs. 1 Satz 2, 1075, 1247 Satz 2, 1287, 1473, 1646, 2019, 2041, 2111 BGB, § 92 Abs. 1 ZVG) sind ebenfalls aussonderungsfähig.

III. Einzelne Aussonderungsrechte

1. Aneignungs- und Wegnahmerechte

6 Aussonderungsrechte begründen die **Aneignungs- und Wegnahmerechte** des Eigentümers (§§ 910, 911 i. V. m. § 953 BGB), Aneignungsrechte aus Anbau-, Jagd- und Fischereirechten. Keine Aussonderungskraft haben die Wegnahmerechte aus §§ 539 Abs. 2, 591a Satz 1, 601 Abs. 2 Satz 2, 997 Abs. 1, 1049 Abs. 2, 1216 Satz 2, 2125 Abs. 2 BGB, wenn der Berechtigte sein Eigentum durch die Verbindung verloren hat (Jaeger-Henckel § 47 Rn. 105; MK-Ganter § 47 Rn. 325). Der Anspruch auf Gestattung der Wegnahme aus § 258 Satz 2 BGB begründet nur eine Insolvenzforderung (MK-Ganter § 47 Rn. 325).

2. Beschränkte dingliche Rechte

7 Beschränkte dingliche Rechte gewähren Aussonderungsansprüche, z. B. der Nießbrauch, das **Erbbaurecht**, die **Grunddienstbarkeit**, beschränkte persönliche Dienstbarkeiten, das **Wohnungsrecht**, das **dingliche Vorkaufsrecht** sowie das **dingliche Wiederkaufsrecht** (Jaeger-Henckel § 47 Rn. 110 ff.; MK-Ganter § 47 Rn. 328 ff.). Ausgesondert werden allerdings nur die dinglichen Rechte selbst, nicht die belasteten Sachen oder Rechte (Uhlenbruck-Brinkmann § 47 Rn. 66). Wirtschaftlich entspricht die Geltendmachung des beschränkt dinglichen Rechts der Aussonderung der belasteten Sache, wenn das Recht zugleich ein Besitzrecht an der Sache verschafft (z. B. beim Erbbaurecht oder Nießbrauch an Sachen). Auch vormerkungsgesicherte Ansprüche sind insolvenzfest, § 106. **Pfandrechte**, **Grundpfandrechte** und **sonstige Sicherungsrechte** begründen Absonderungsrechte an dem belasteten Gegenstand, dazu §§ 49 bis 51. Zu einem Aussonderungsstreit über Sicherungsrechte

kann es kommen, wenn der Insolvenzverwalter das Sicherungsrecht für die Masse beansprucht, z.B. als Eigentümergrundpfandrecht (MK-Ganter §47 Rn.329; diff. zur Abgrenzung von Aussonderung und Absonderung Jaeger-Henckel §47 Rn. 31).

In der Insolvenz des Erbbauberechtigten kann der Grundstückseigentümer das Erbbaurecht aufgrund seines **Heimfallanspruchs** aussondern, wenn ein Heimfallgrund vorliegt und der Heimfallanspruch im Grundbuch vermerkt ist (OLG Karlsruhe, ZInsO 2001, 714). 8

3. Besitz

Der **Besitz** ist als eine das Aussonderungsrecht begründende Rechtsposition von praktischer Bedeutung, wenn der Aussonderungsberechtigte nicht bereits Eigentümer der Sache ist. Dann können Aussonderungsrechte bei Besitzentziehung durch verbotene Eigenmacht (§ 861 BGB) oder Besitzstörung (§ 862 BGB) bzw. aus § 1007 BGB geltend gemacht werden. Die Ansprüche aus §§ 861, 862 BGB setzen verbotene Eigenmacht (§ 858 BGB) voraus und sind auch dann durchsetzbar, wenn die Sache Massebestandteil ist (Jaeger-Henckel § 47 Rn. 117 f.). 9

4. Eigentum

Eigentum an **beweglichen Sachen** und **Grundstücken** stellt den »Musterfall« des Aussonderungsrechts dar und berechtigt grds. zur Aussonderung. Bei **Miteigentum** ist jeder Miteigentümer nach Maßgabe der §§ 1011, 432 BGB berechtigt, die Aussonderung zu verlangen; bei **Gesamthandseigentum** macht die Gesamthandsgemeinschaft die Aussonderung geltend (Uhlenbruck-Brinkmann § 47 Rn. 11, 12; KPB-Prütting § 47 Rn. 21). Ist der Insolvenzschuldner Mitberechtigter, findet die Auseinandersetzung nach den für die jeweilige Rechtsgemeinschaft geltenden Regelungen statt, § 84 Abs. 1 (eingehend Jaeger-Henckel § 47 Rn. 91 f.). 10

Von besonderer praktischer Bedeutung ist der **einfache Eigentumsvorbehalt** (EV). Er berechtigt zur Aussonderung; **Verlängerungs- und Erweiterungsformen** berechtigen als Sicherungsvereinbarungen nur zur abgesonderten Befriedigung (§ 51 Rdn. 12 ff., 17 ff., 32 ff.; zur Ermittlung und Abwicklung von Eigentumsvorbehaltsrechten Schmidt/Büchler, InsbürO 2006, 442). 11

Beim einfachen Eigentumsvorbehalt erwirbt der Käufer Eigentum an beweglichen Sachen unter der aufschiebenden Bedingung der Kaufpreiszahlung, §§ 929, 158 Abs. 1 BGB. Es kommt auf die aufschiebend bedingte dingliche Einigung an. Regelmäßig wird der Eigentumsvorbehalt bereits beim Kauf vereinbart (§ 449 Abs. 1 BGB). Er ist aber auch dann wirksam, wenn er abweichend von den Bedingungen des Kaufvertrages erst bei Lieferung vereinbart wird, z.B. auf Lieferschein (Palandt-Bassenge § 929 BGB Rn. 29). Der Eigentumsvorbehalt kann wirksam auch in AGB vereinbart werden (Palandt-Grüneberg § 307 BGB Rn. 85 f.). Der bloße Vorbehalt auf der Rechnung nach unbedingter Übereignung ist dagegen wirkungslos. Bei langjähriger Geschäftsbeziehung können Neulieferungen einem Eigentumsvorbehalt unterliegen, wenn dem Käufer die AGB des Verkäufers aus früheren Rechnungen bekannt sind (OLG Stuttgart, ZInsO 2011, 232, 235; BGH, WM 2005, 1892, 1893 f.). **Abwehrklauseln** in den AGB des Käufers können den einfachen Eigentumsvorbehalt nicht abwehren, aber ggf. einen verlängerten Eigentumsvorbehalt (Palandt-Weidenkaff § 449 Rn. 5; zur Einbeziehung kraft Handelsbrauchs Palandt-Grüneberg §§ 305 Rn. 56). Eine **Abwehrklausel** gegen den verlängerten Eigentumsvorbehalt kann bei Verwendung unter Kaufleuten wegen Widerspruchs zu § 354a HGB unwirksam sein (A/G/R-Homann § 51 Rn. 17).

Der **Insolvenzverwalter prüft** daher:
– Korrespondenz bei Vertragsschluss,
– AGB von Käufer und Verkäufer,
– Lieferscheine.

Der einfache Eigentumsvorbehalt **erlischt** durch Verbindung, Vermischung oder Verarbeitung oder durch erlaubte Weiterveräußerung des Vorbehaltskäufers mit unbedingter Übereignung an den Zweitkäufer. Ist der Vorbehaltskäufer nicht zur Weiterveräußerung berechtigt, erlischt der 12 einfache Eigentumsvorbehalt bei gutgläubigem Erwerb durch den Zweitkäufer, §§ 929 ff., 932 ff. BGB. Schließlich erlischt der einfache Eigentumsvorbehalt bei Bedingungseintritt durch Kaufpreiszahlung oder bei Verzicht des Vorbehaltsverkäufers. Ist der Kaufpreis bezahlt, lebt der Eigentumsvorbehalt nicht wieder auf, wenn der Vorbehaltsverkäufer als Bürge für den Kredit in Anspruch genommen wird, aus dem der Kaufpreis finanziert wurde (zur Zentralregulierung OLG Köln, ZIP 2011, 2019).

13 In der **Insolvenz des Vorbehaltsverkäufers** ist der einfache Eigentumsvorbehalt insolvenzfest. Der Käufer ist gem. § 107 Abs. 1 berechtigt, die Erfüllung des Kaufvertrages zu verlangen. Verlangt der Käufer keine Erfüllung, kann der Insolvenzverwalter sein Wahlrecht aus § 103 ausüben (MK-Ganter § 47 Rn. 78).

14 In der **Insolvenz des Vorbehaltskäufers** hängt die Rechtsstellung des Verkäufers von der Ausübung des Wahlrechts (§ 103) durch den Insolvenzverwalter ab. Der Insolvenzverwalter braucht seine Erklärung erst nach dem Berichtstermin abzugeben, § 107 Abs. 2 Satz 1. Lehnt der Insolvenzverwalter die Erfüllung ab, besteht ein Aussonderungsrecht. Wählt der Insolvenzverwalter Erfüllung und zahlt den Restkaufpreis, erwirbt die Insolvenzmasse Volleigentum. Das Wahlrecht besteht aber nicht, wenn der Verkäufer vor Insolvenzeröffnung wirksam vom Kaufvertrag zurückgetreten ist; dann ist er stets zur **Aussonderung** berechtigt (MK-Ganter § 47 Rn. 66; Jaeger-Henckel § 47 Rn. 46).

14a Das Aussonderungsrecht beim einfachen Eigentumsvorbehalt dient der Sicherung des **Warenkreditgebers**. Wird der einfache Eigentumsvorbehalt vom Warenkreditgeber an einen **Geldkreditgeber** übertragen, um dessen Darlehensforderung zu sichern, entspricht diese Sicherungsfunktion der einer Sicherungsübereignung. Der Geldkreditgeber erwirbt daher nur ein **Absonderungsrecht** an der Ware (BGH, ZInsO 2008, 445).

15 Zur Sicherung des Vorbehaltsverkäufers vor Verbindung, Vermischung oder Verarbeitung werden üblicherweise Verarbeitungsklauseln vereinbart (§ 51 Rdn. 17). Zur Absicherung des Vorbehaltsverkäufers bei Weiterveräußerung dient die Vorausabtretung der Kaufpreisforderung gegen den Zweitkäufer (§ 51 Rdn. 32 f.). Scheitert hier die Abtretung der Kaufpreisforderung an einer Abwehrklausel des Zweitkäufers, ist der Vorbehaltskäufer nicht verfügungsbefugt. Dann erlischt der einfache Eigentumsvorbehalt nur, wenn der Zweitkäufer gutgläubig Eigentum erwirbt. Ohne gutgläubigen Erwerb besteht das Aussonderungsrecht fort; bei gutgläubigem Erwerb kann ein Ersatzaussonderungsrecht des Vorbehaltsverkäufers an der Gegenleistung entstehen (§ 51 Rdn. 35 a. E.).

16 **Besondere Formen des Eigentumsvorbehalts** sind der weitergeleitete Eigentumsvorbehalt und der nachgeschaltete Eigentumsvorbehalt (eingehend MK-Ganter § 47 Rn. 97 ff., 101 ff.; A/G/R-Homann § 47 Rn. 22).

16a Beim **Mietkauf** gilt in der Insolvenz des Mietkäufers Folgendes: Wurde dem Mietkäufer ein Erwerbsrecht am Mietobjekt eingeräumt, ist der Mehrerlös aus der Verwertung des Mietobjekts nach Abzug der Ansprüche des Mietverkäufers an den Insolvenzverwalter auszukehren (OLG Düsseldorf, ZInsO 2009, 771). Ungeklärt ist, ob der Insolvenzmasse auch dann Rechte am Mietobjekt zustehen, wenn der Mietverkäufer das Mietobjekt nicht durch Veräußerung verwertet (z. B. im Fall der erneuten Vermietung). Da ein potenzieller Mehrerlös materiellrechtlich der Insolvenzmasse zugewiesen wird, muss dem Insolvenzverwalter bei verzögerter oder unterlassener Verwertung durch Veräußerung ein Antragsrecht analog § 173 Abs. 2 InsO zustehen.

5. Erbrechtliche Ansprüche

17 Erbrechtliche Ansprüche begründen Aussonderungsrechte: Ansprüche des Erben aus §§ 985, 2018, 2019 BGB, des Nacherben aus §§ 2130, 2111 BGB, nicht aber schuldrechtliche Ansprüche aus §§ 812 ff., 823 ff., 2020 f., 2023 ff. BGB (i. E. Uhlenbruck-Brinkmann § 47 Rn. 74; Jaeger-Henckel § 47 Rn. 86 f.; **a. A.** für § 2020 BGB MK-Ganter § 47 Rn. 336; KPB-Prütting § 47 Rn. 69).

6. Forderungen, Factoring

Forderungen können ausgesondert werden, wenn der Insolvenzverwalter in der »Ist-Masse« Forderungen vorfindet und Forderungsinhaber ein Dritter ist. Ist die Forderung zur Sicherung abgetreten, so steht dem Dritten nur ein Absonderungsrecht zu (§ 51 Rdn. 27). 18

Beim **Factoring** ist zwischen echtem Factoring (Vollrechtsübertragung) und unechtem Factoring (Sicherungsabtretung) zu unterscheiden. Beim Factoring verkauft der Veräußerer Forderungen gegen seine Debitoren aus sog. Deckungsgeschäften an den Factor. Beim **echten Factoring** handelt es sich um einen Forderungskauf, bei dem der Veräußerer für den Bestand der Forderung (»Verität«) haftet. Beim **unechten Factoring** haftet der Veräußerer dagegen auch für die Bonität des Debitors, sodass die Zahlung des Factors rückbelastet wird, wenn die abgetretene Forderung nicht realisierbar ist. Der Insolvenzverwalter muss beim unechten Factoring prüfen, ob die Factoring-Globalzession mit Lieferantenrechten aus verlängertem Eigentumsvorbehalt kollidiert und damit sittenwidrig ist (zur Kollisionsproblematik vgl. § 51 Rdn. 46; Uhlenbruck-Brinkmann § 47 Rn. 95). 19

In der **Insolvenz des Veräußerers** gilt Folgendes: Mit Insolvenzeröffnung über das Vermögen des Veräußerers erlischt der Factoringvertrag, §§ 115, 116. Beim **echten Factoring** kann der Factor die abgetretenen Forderungen aussondern. Beim **unechten Factoring** handelt es sich um ein Sicherungsgeschäft, sodass der Factor nur zur abgesonderten Befriedigung berechtigt ist (Uhlenbruck-Brinkmann § 47 Rn. 94; MK-Ganter § 47 Rn. 266; Jaeger-Henckel § 47 Rn. 127). Ist das Deckungsgeschäft zwischen dem Veräußerer und dem Debitor noch nicht erfüllt, so kann der Insolvenzverwalter sein Wahlrecht (§ 103) über das Deckungsgeschäft ausüben. Wählt der Insolvenzverwalter die Erfüllung des Deckungsgeschäfts, erwirbt der Factor nur Rechte an Forderungen, die teilbar sind und für die keine Gegenleistungen aus der Masse mehr erbracht werden müssen (MK-Ganter § 47 Rn. 268; vgl. zur entsprechenden Abgrenzung bei § 103 und Absonderungsrechten Vorbem. §§ 49 bis 51 Rdn. 9). An Forderungen, die erst nach Insolvenzeröffnung entstehen, kann der Factor keine Rechte mehr erwerben, § 91 Abs. 1. 20

In der **Insolvenz des Factors** gilt Folgendes: Der Factoringvertrag unterliegt § 103. Beim **echten Factoring** besteht grds. kein Aussonderungsrecht des Veräußerers. War dem Factor eine Forderung im Zeitpunkt der Insolvenzeröffnung angedient, der Vertrag aber von beiden Seiten noch nicht vollständig erfüllt, kann der Insolvenzverwalter gem. § 103 Erfüllung wählen und die abgetretene Forderung zur Insolvenzmasse einziehen (MK-Ganter § 47 Rn. 278). Aussondern kann der Veräußerer nur, wenn der Insolvenzverwalter die Erfüllung ablehnt. Beim **unechten Factoring** kann der Veräußerer die abgetretene Forderung aussondern, wenn er den Kaufpreis an die Insolvenzmasse zurückzahlt (MK-Ganter § 47 Rn. 275). 21

[derzeit unbesetzt] 22

7. Gewerbliche Schutzrechte, Urheberrechte, Lizenzen, Firma

Aussonderungsfähig sind **gewerbliche Schutzrechte**, etwa Patentrechte, Gebrauchsmusterrechte, Markenrechte und Geschmacksmusterrechte, Rechte des Urhebers und Rechte am eigenen Bild (Uhlenbruck-Brinkmann § 47 Rn. 67 ff.; MK-Ganter § 47 Rn. 339; Jaeger-Henckel § 47 Rn. 107 ff.). Zur Aussonderung von **Internet-Domains** Niesert-Kairies, ZInsO 2002, 510. **Daten** von Vertragspartnern des Schuldners sind aussonderungsfähig (OLG Düsseldorf ZInsO 2013, 260; zur Abwicklung Bultmann, ZInsO 2011, 992). **Softwareprogramme** des Schuldners fallen i. d. R. in die Insolvenzmasse; Aussonderungsrechte des Urhebers bestehen, wenn die Software dem Schuldner nur vermietet wurde (Uhlenbruck-Brinkmann § 47 Rn. 71). Ist der Schuldner Urheber, kann ein Nutzungsberechtigter Aussonderungsrechte geltend machen, wenn der Schuldner ihm das Nutzungsrecht mit dinglicher Wirkung übertragen hat (BGH, ZInsO 2006, 35). 22a

Umstritten ist, ob **Lizenzen** und die damit verbundenen Nutzungsrechte des Lizenznehmers in der Insolvenz des Lizenzgebers aussonderungsfähig sind. Wenn kein Aussonderungsrecht besteht, kann der Insolvenzverwalter die Erfüllung des Lizenzvertrages ablehnen und die Unterlassung der 22b weiteren Nutzung durch den Lizenznehmer des Schuldners bzw. durch dritte Unterlizenznehmer verlangen (§ 103 Rdn. 7). Die Tendenz geht aber dahin, Lizenzen und Unterlizenzen als insolvenzfest anzusehen (zu einfachen [Patent]lizenzen OLG München, ZInsO 2013, 1747; Hirte/Knof, JZ 2011, 889; zu ausschließlichen [Patent]lizenzen Ganter, NZI 2011, 833; Koehler/Ludwig NZI 2007, 79; zu Unterlizenzen Hirte, ZInsO 2013, 1770; Raeschke-Kessler/Christopeit, ZIP 2013, 345; a. A. gegen Aussonderung HK-Lohmann § 47 Rn. 14). Dann bleiben dem Lizenznehmer die Nutzungsrechte aus der vom Schuldner erteilten Lizenz erhalten; im Gegenzug muss er die vereinbarte Vergütung. entrichten.

22c Ein Aussonderungsrecht an der **Firma** ist von praktischer Relevanz, wenn das schuldnerische Unternehmen aus einem Insolvenzverfahren erworben wurde. Regelmäßig wird in diesen Fällen die Firma nur unter der aufschiebenden Bedingung der vollständigen Kaufpreiszahlung übertragen. Ist der Kaufpreis nicht vollständig getilgt, kann der Verkäufer die Firma aussondern, soweit nicht die Erfüllung des Kaufvertrages über die Firma gewählt (§ 103) und der Kaufpreis vollständig bezahlt wird.

8. Kommissionsgeschäft, mittelbare Stellvertretung

23 Bei der **mittelbaren Stellvertretung** schließt der Geschäftsführer Rechtsgeschäfte nach außen im eigenen Namen ab, handelt aber intern für Rechnung seines Geschäftsherrn. Die schuldrechtlichen Ansprüche des Geschäftsherrn gegen den insolventen mittelbaren Stellvertreter (insb. aus § 667 BGB) werden nur als Insolvenzforderungen berücksichtigt.

24 Besonderheiten ergeben sich für das **Kommissionsgeschäft** als Sonderfall der mittelbaren Stellvertretung aus § 392 HGB. In der **Insolvenz des Kommissionärs** gilt Folgendes: Bei der Verkaufskommission verkauft der Kommissionär im eigenen Namen Waren oder Wertpapiere für Rechnung des Kommittenten; bei der Einkaufskommission kauft der Kommissionär Waren und Wertpapiere im eigenen Namen für Rechnung des Kommittenten (§ 383 Abs. 1 HGB). Bei der **Verkaufskommission** kann der Kommittent das Kommissionsgut aussondern, solange es sich in den Händen des Kommissionärs befindet. Nach Veräußerung des Kommissionsguts erfasst das Aussonderungsrecht die ausstehende Kaufpreisforderung, § 392 Abs. 2 HGB. Der Erlös nach Einziehung unterliegt dagegen nicht der Aussonderung (BGH, ZInsO 2010, 1929; Jaeger-Henckel § 47 Rn. 149; offen OLG Köln, ZInsO 2005, 151; **a.A.** MK-Ganter § 47 Rn. 289). Ein Ersatzaussonderungsrecht am Kontoguthaben des Kommissionärs entsteht, wenn der Erlös noch unterscheidbar vorhanden ist (§ 48 Rdn. 24 ff.). Vor dem Verlust seines Aussonderungsrechts kann sich der Kommittent durch die Vorausabtretung der Kaufpreisforderung schützen (Jaeger-Henckel § 47 Rn. 152). Bei der **Einkaufskommission** kann der Kommittent entsprechend § 392 Abs. 2 HGB den Lieferungsanspruch aussondern (MK-Ganter § 47 Rn. 299). Ist die Lieferung bereits erfolgt und ein antizipiertes Besitzkonstitut vereinbart, so ist der Kommittent aus Eigentum aussonderungsberechtigt (MK-Ganter § 47 Rn. 299); hat dagegen der Kommissionär Eigentum erworben, besteht kein Aussonderungsrecht (KPB-Prütting § 47 Rn. 67; **a.A.** Uhlenbruck-Brinkmann § 47 Rn. 79). Bei der **Einkaufskommission von Wertpapieren** hat der Kommittent ein **Absonderungsrecht** aus § 32 DepotG, wenn der Kommittent nicht Eigentümer der Wertpapiere geworden ist (Uhlenbruck-Brinkmann § 47 Rn. 82; Jaeger-Henckel § 47 Rn. 139).

25 In der **Insolvenz des Kommittenten** ist der Kommissionär berechtigt, sich wegen seiner Ansprüche aus § 397 HGB aus dem Kommissionsgut abgesondert zu befriedigen (MK-Ganter § 47 Rn. 293).

26 Für das **Speditionsgeschäft** enthält § 457 Satz 2 HGB eine dem § 392 Abs. 2 HGB entsprechende Regelung (Jaeger-Henckel § 47 Rn. 155). Beim **Frachtgeschäft** hat der Absender in der Insolvenz des Frachtführers ein Aussonderungsrecht an der Nachnahme, die der Frachtführer beim Empfänger gegen Ablieferung des Transportguts eingezogen hat, § 422 Abs. 2 HGB (MK-Ganter § 47 Rn. 299a). Beim **Lagergeschäft** hat der Einlagerer grundsätzlich ein Aussonderungsrecht am Lagergut bzw. am Anteil bei mehreren Einlagerern (MK-Ganter § 47 Rn. 46). Eine bloße Insolvenzforderung besteht bei der Sammelverwahrung nach § 700 BGB (A/G/R-Homann § 47 Rn. 88).

9. Leasing

Bei **Leasingverträgen** hat der Leasinggeber in der **Insolvenz des Leasingnehmers** ein Aussonderungsrecht. Dies gilt auch für das Finanzierungsleasing (Uhlenbruck-Brinkmann § 47 Rn. 90a). Allerdings kann der Insolvenzverwalter gem. § 103 die Erfüllung des Vertrages wählen und dem Aussonderungsanspruch somit ein Recht zum Besitz entgegenhalten, soweit der Leasingvertrag nicht bereits vor Insolvenzeröffnung vom Leasinggeber gekündigt wurde (zu beachten ist § 112). Hat der Insolvenzverwalter das Leasinggut im eröffneten Verfahren genutzt und die Erfüllung abgelehnt, kann der Leasinggeber Nutzungsentschädigung gem. § 55 Abs. 1 Satz 3 beanspruchen. Beim Immobilienleasingvertrag gelten §§ 108, 109. Fällt bei der Verwertung des Leasingguts nach Abzug aller Ansprüche des Leasinggebers ein **Mehrerlös** an, ist dieser an den Insolvenzverwalter auszukehren, wenn dem Leasingnehmer ein Erwerbsrecht eingeräumt wurde (zum Parallelfall des Mietkaufs oben Rdn. 16a). 27

In der **Insolvenz des Leasinggebers** gehört das Leasinggut zur Insolvenzmasse. Für die Abwicklung des Leasingvertrages gelten bei Leasingverträgen über unbewegliche Sachen § 108, bei Leasingverträgen über bewegliche Sachen § 103, 108 Abs. 1 Satz 2. 28

10. Obligatorische Ansprüche, Verschaffungsansprüche

§ 47 erwähnt neben dinglichen auch persönliche Rechte. Somit können auch obligatorische Ansprüche Aussonderungskraft haben. Dies gilt allerdings nicht für den rein schuldrechtlichen **Verschaffungsanspruch**, der auf einen Gegenstand der »Soll-Masse« gerichtet ist (Jaeger-Henckel § 47 Rn. 16, 122 ff.). Zu derartigen Verschaffungsansprüchen gehören z. B. Rückgewähransprüche nach Rücktritt, der Anspruch des Geschäftsherrn auf Herausgabe des durch Auftrag Erlangten oder Erfüllungsansprüche aus schuldrechtlichen Verträgen. Diese Ansprüche können nur als Insolvenzforderungen verfolgt werden. 29

Aussonderungskraft haben dagegen Ansprüche, die nicht auf die Verschaffung eines Gegenstandes, sondern auf den Gegenstand selbst gerichtet sind. Voraussetzung ist, dass der Gegenstand nicht zur »Soll-Masse« gehört; der obligatorische Herausgabeanspruch tritt daher rgm. zu einem dinglichen Aussonderungsrecht in Anspruchskonkurrenz. Beispiele sind der Rückgabeanspruch des Vermieters (eingehend Berger, FS Kreft, S. 191 ff.), Verpächters, Verleihers oder Hinterlegers oder der Herausgabeanspruch des Auftraggebers, der Anspruch des Verpfänders auf Rückgabe der Pfandsache, der Rückabwicklungsanspruch bei Nichtigkeit eines dinglichen Geschäfts oder der Rückgewähranspruch des Grundstückseigentümers ggü. dem insolventen Grundschuldgläubiger (HK-Lohmann § 47 Rn. 17).

11. Rückgewähranspruch aus Anfechtung

Der Rückgewähranspruch des Anfechtungsgläubigers bzw. Insolvenzverwalters aus § 11 AnfG, § 143 hat in der Insolvenz des Anfechtungsgegners Aussonderungskraft, soweit der Anspruch auf Rückgewähr des Vermögensgegenstandes aus §§ 11 Abs. 1 Satz 1 AnfG, 143 Abs. 1 Satz 1 gerichtet ist (zur Insolvenzanfechtung BGHZ 156, 350, 359 ff. = ZInsO 2003, 1096; eingehend Haas/Müller, ZIP 2003, 49). Hat der Anfechtungsgegner den Gegenstand veräußert, so kann der Insolvenzverwalter des Anfechtungsgläubigers **Ersatzaussonderung** der Gegenleistung begehren; ist die Gegenleistung nicht mehr unterscheidbar vorhanden (§ 48 Rdn. 24 ff.), besteht nur ein Anspruch auf **Wertersatz**, der als Insolvenzforderung zu verfolgen ist (BGH, ZInsO 2003, 761 zu § 143 Abs. 1 Satz 2). 30

12. Sicherungseigentum, Sicherungsabtretung, sonstige Sicherheiten

Diese Sicherungsvereinbarungen gewähren dem Sicherungsnehmer in der **Insolvenz des Sicherungsgebers** ebenso wie die Verlängerungs- und Erweiterungsformen des Eigentumsvorbehalts nur Absonderungsrechte (§ 51 Rdn. 6, 27). 31

32 In der **Insolvenz des Sicherungsnehmers** besteht dagegen ein Aussonderungsrecht des Sicherungsgebers, wenn der Sicherungszweck entfallen oder die gesicherte Forderung getilgt ist (Uhlenbruck-Brinkmann § 47 Rn. 55, 58; Jaeger-Henckel § 51 Rn. 8). Zwar ist der Sicherungsgeber grds. nicht berechtigt, die gesicherte Forderung vor Fälligkeit zu tilgen (KPB-Prütting § 47 Rn. 23). Der Insolvenzverwalter über das Vermögen des Sicherungsnehmers ist allerdings rgm. daran interessiert, die gesicherte Forderung sofort zu liquidieren. Ist die Forderung verzinslich, erfolgt die Freigabe des Sicherungsguts gegen Zahlung des Forderungsbetrages zzgl. einer Vorfälligkeitsentschädigung. Eine **Gewährleistungsbürgschaft** kann vom Sicherungsgeber ausgesondert werden, wenn der Sicherungszweck nicht besteht (BGH, ZInsO 2011, 633).

33 In der **Insolvenz eines Dritten** sind Sicherungsgeber und Sicherungsnehmer aussonderungsberechtigt (KPB-Prütting § 51 Rn. 11).

13. Treuhandverhältnisse

a) Erscheinungsformen der Treuhandverhältnisse

34 Treuhandverhältnisse sind dadurch gekennzeichnet, dass der Treuhänder dinglich Berechtigter am Treugut ist, während das Treugut wirtschaftlich dem Vermögen des Treugebers zugeordnet wird. Zu unterscheiden ist zwischen der uneigennützigen Treuhand (Verwaltungstreuhand) sowie der eigennützigen Treuhand (Sicherungstreuhand). Die **Verwaltungstreuhand** begründet ein formales dingliches Recht des Treuhänders, der dieses Recht ausschließlich im Interesse des Treugebers wahrnimmt (z. B. Inkassozession, gesellschaftsrechtliche Treuhandkonstruktionen). Die **Sicherungstreuhand** wird im Interesse des Treuhänders (folgend: »Treunehmer« bzw. »Sicherungsnehmer«) begründet und dient i. d. R. der Sicherung von Forderungen des Treunehmers (z. B. Sicherungsübereignung, Sicherungsabtretung).

35 In der **Insolvenz des Treuhänders bzw. Treunehmers** gilt Folgendes: Bei der Verwaltungstreuhand hat der Treugeber ein Aussonderungsrecht (Uhlenbruck-Brinkmann § 47 Rn. 33; krit. Fridgen, ZInsO 2004, 530; zu Strohmanngeschäften MK-Ganter § 47 Rn. 370). Bei der Sicherungstreuhand entspricht die Rechtslage der bei Sicherungsübereignung und Sicherungsabtretung, sodass der Treugeber in der Insolvenz des Treunehmers ein Aussonderungsrecht hat, wenn die gesicherte Forderung erfüllt wird (oben Rdn. 32).

36 In der **Insolvenz des Treugebers** gilt Folgendes: Bei der Verwaltungstreuhand gehört das Treugut zur Insolvenzmasse (Uhlenbruck-Uhlenbruck § 47 Rn. 34); der Treuhandvertrag erlischt gem. §§ 115, 116 (Jaeger-Henckel § 47 Rn. 69). Bei der Sicherungstreuhand kann der Treunehmer nur ein Absonderungsrecht geltend machen.

37 Mischformen sind sog. »**doppelseitige Treuhandverhältnisse**«, bei denen der Treuhänder für mehrere Treugeber tätig wird (eingehend MK-Ganter § 47 Rn. 386 ff.; Jaeger-Henckel § 47 Rn. 83 ff.; Bitter, Fs. Ganter 2010, 101 ff.) Ein wichtiger Fall dieser doppelseitigen Treuhand ist die Verwaltung und Verwertung von Sicherheiten durch den Treuhänder. Der Treuhänder verwaltet die Sicherheiten sowohl für den Schuldner/Sicherungsgeber (Verwaltungstreuhand) als auch für die Gläubiger/Sicherungsnehmer (Sicherungstreuhand). In der **Insolvenz des Sicherungsgebers** erlischt der Verwaltungstreuhandauftrag (§§ 115, 116), sodass das Treugut zur Verwertung an den Insolvenzverwalter des Sicherungsgebers herauszugeben ist (MK-Ganter § 47 Rn. 389; a. A. BAG, ZInsO 2013, 2120, Verwertung durch den Treuhänder). Die Sicherungsnehmer können aus dem Treugut abgesonderte Befriedigung verlangen (dazu Jaeger-Henckel § 47 Rn. 85). In der **Insolvenz des Treuhänders** besteht zwar grds. ein Aussonderungsrecht des Sicherungsgebers; im Hinblick auf die Sicherheitenvereinbarung mit den Gläubigern/Sicherungsnehmern ist dieses Aussonderungsrecht allerdings nur auf die Herausgabe an die Sicherungsnehmer bzw. einen neuen Treuhänder gerichtet, soweit die gesicherten Forderungen nicht zurückgeführt werden (MK-Ganter § 47 Rn. 390; Jaeger-Henckel § 47 Rn. 84). Der **vorläufige Insolvenzverwalter** agiert im Insolvenzeröffnungsverfahren als Doppeltreuhänder, wenn er in der Betriebsfortführung für Schuldner und Lieferanten außerhalb

der Insolvenzmasse Treuhandkonten führt (dazu Rdn. 50 ff.). Die Doppeltreuhand ist – vorbehaltlich der Anfechtung einzelner Rechtshandlungen – insolvenzfest (BAG, ZInsO 2013, 2120).

Zu **rechtsgrundlosen Zahlungen** an den (vorläufigen) Insolvenzverwalter vgl. die Ausführungen bei § 48 Rdn. 29a. 37a

b) Voraussetzungen der Aussonderung in der Insolvenz des Treuhänders

Abgrenzungsprobleme stellen sich bei Treuhandverhältnissen vor allem in der Insolvenz des Treuhänders bzw. Treunehmers. Da das Treugut dinglich zum Vermögen des Treuhänders gehört, kann der Treugeber nur dann Aussonderung beanspruchen, wenn das Treuhandverhältnis über die Zuordnung des »wirtschaftlichen Eigentums« hinaus quasi-dingliche Kraft entfaltet. Die bloße Verpflichtung des Treuhänders, das Treugut für den Treugeber zu halten, rückt das Treuhandverhältnis in die Nähe von Verschaffungsansprüchen, die nur Insolvenzforderungen begründen (Rdn. 29). Um Treuhandverhältnisse ggü. Verschaffungsansprüchen abzugrenzen, werden besondere Anforderungen an die schuldrechtliche sowie die dingliche Ausgestaltung des Treuhandverhältnisses gestellt (BGHZ 155, 227, 232 f. = ZInsO 2003, 797). 38

Schuldrechtliche Ausgestaltung: Schuldrechtlich ist eine Abrede darüber erforderlich, in welcher Art und Weise der Treuhänder mit dem Treugut zu verfahren hat (BGH, ZInsO 2003, 705); fehlt dieses Weisungsrecht, kann der Auftraggeber keine Aussonderungsrechte am Treugut oder seinen Surrogaten erwerben (zum Bezugsrecht des Arbeitnehmers an einer Direktversicherung BGH, ZInsO 2002, 878). Die Treuhandabrede kann fortwirken, wenn das Treugut nach Kündigung des Treuhandverhältnisses zum Treuhänder gelangt (BGH, ZInsO 2005, 879). Die treuhänderische Bindung entfällt für das gesamte Treugut, wenn der Treuhänder nach Außen erkennbar das Treugut oder Teile davon als eigenes Vermögen behandelt. Verwendet er einen Teil der überlassenen Werte vertragswidrig, kann das verbliebene Treugut daher nicht ausgesondert werden (BGH, ZInsO 2011, 784; ZIP 2011, 2187; ZIP 2013, 2421). 39

Dingliche Ausgestaltung: Die dinglichen Voraussetzungen der Aussonderungsfähigkeit von Treugut sind streitig. Nach dem »**Vermögenstrennungsprinzip**« (dazu MK-Ganter § 47 Rn. 358, 392a; ders. ZInsO 2004, 1217, 1223) muss das Treugut vom Treuhänder getrennt von seinem übrigen Vermögen verwahrt werden; das Treugut kann unter dieser Voraussetzung auch für mehrere Treugeber gehalten werden (BGH, ZInsO 2003, 705). Nach a. A. soll genügen, dass Treuhandverhältnisse für Dritte offenkundig sind, sog. »**Offenkundigkeitsprinzip**« (dazu Jaeger-Henckel § 47 Rn. 52). Schließlich soll für das Aussonderungsrecht ein dinglicher Bezug des Treugebers zum Treugut erforderlich sein, der dadurch begründet wird, dass der Treugeber das Treugut unmittelbar aus seinem Vermögen an den Treuhänder überträgt (sog. »**Unmittelbarkeitsprinzip**«). Die Rspr. ist hinsichtl. der Anforderungen an Treuhandverhältnisse uneinheitlich. Überwiegend wird neben der **Vermögenstrennung** die **Unmittelbarkeit** gefordert. Nur vereinzelt wird alternativ auf die Voraussetzungen der Offenkundigkeit oder Unmittelbarkeit abgestellt (so BGH, ZIP 2007, 2173, 2178). Treugut ist demnach nur dann aussonderungsfähig, wenn es vom übrigen Vermögen des Treuhänders getrennt ist und unmittelbar vom Treugeber an den Treuhänder gelangt oder aus Vermögensgegenständen stammt, die in der Person des Treugebers entstanden sind, z. B. beim Einzug von Forderungen des Treugebers (BGH, NJW 1959, 1223; BAG, ZInsO 2004, 104). Damit wird das Recht am Treugut nur dann einem dinglichen Aussonderungsrecht gleichgestellt, wenn der Treuhänder das formale dingliche Recht zusammen mit der Einschränkung aus der Treuhandabrede erhält (BGH, ZInsO 2003, 1096, 1099). Von dem Unmittelbarkeitsprinzip hat die Rspr. Ausnahmen zugelassen, wenn von dritter Seite Geld auf ein Rechtsanwaltsanderkonto eingezahlt wird (BGH, NJW 1996, 1543). Die Offenkundigkeit des Treuhandverhältnisses ist für die Begründung von Aussonderungsrechten am Treugut dagegen nicht erforderlich (BGH, ZIP 1993, 1185). Treugut unterliegt daher nur dann der Aussonderung, wenn es unmittelbar aus dem Vermögen des Treugebers in die »Ist-Masse« des Treuhänders gelangt ist und dort vom übrigen Vermögen des Treuhänders getrennt gehalten wird. Die Unmittelbarkeit kann auch dadurch gewahrt werden, dass der Treuhänder das Treugut unter 40

Masseverbindlichkeiten absichern. Wird das Unternehmen nach Insolvenzeröffnung stillgelegt, müssen aber auch mögliche Rückzahlungsansprüche der Kunden dinglich gesichert werden. Die Rückzahlungsansprüche sind – auch wenn sie die Qualität von Masseverbindlichkeiten haben – bei Masseunzulänglichkeit in gleicher Weise gefährdet, wie Lieferantenforderungen (dazu unten Rdn. 56). Schließlich besteht ein Bedürfnis, Erlösansprüche von Aus- bzw. Absonderungsberechtigten zu sichern, die Verwertungsvereinbarungen mit dem vorläufigen Insolvenzverwalter abschließen (unten Rdn. 58).

51 Zur Sicherung dieser Gläubiger werden im Insolvenzeröffnungsverfahren Treuhandkonten eingerichtet. Diese Treuhandkonten werden als »Doppeltreuhand« (oben Rdn. 37) eingeordnet und sollen Aus- bzw. Absonderungsrechte für die begünstigten Gläubiger begründen (Uhlenbruck-Vallender § 22 Rn. 194: Aussonderung; Bork, ZIP 2003, 1421, 1424; Bitter, Fs. Ganter, 2010, 101 ff., 117 ff.: Absonderung; abl. Jaeger-Henckel § 47 Rn. 64). Für den vorläufigen Insolvenzverwalter sind diese Treuhandkonten mit folgenden Risiken verbunden:
– Treuhandkonten können im nachfolgenden Insolvenzverfahren der Anfechtung gem. §§ 129 ff. unterliegen;
– die Begünstigung der Gläubiger kann zur Schadensersatzhaftung ggü. der Masse führen, § 60;
– scheitert das Treuhandkonto, kann der vorläufige Insolvenzverwalter ggü. den Gläubigern bei Masseunzulänglichkeit aus § 61 haften.

Die insolvenzrechtliche Zulässigkeit dieser Treuhandkonten wird bei § 22 Rdn. 98 ff., § 58 Rdn. 4b erörtert. Im Folgenden wird die dingliche Ausgestaltung der Gläubigersicherung behandelt. Soweit das Treuhandkonto als zulässiges Instrument für die Sicherung von Massegläubigern angesehen wird, bieten sich für die einzelnen Fallgruppen folgende Lösungen an:

aa) Fehlende Rechnungsstellung

52 Kann der Lieferant vor Insolvenzeröffnung keine Rechnung stellen, so werden **Barmittel vom Anderkonto des vorläufigen Insolvenzverwalters auf einem Treuhandkonto separiert**. Das Treuhandkonto muss der vorläufige Insolvenzverwalter als Privatperson – außerhalb seines Amtes – für die gesicherten Gläubiger führen (Kirchhof, FS Kreft, S. 364; eingehend zur Kontenverwaltung Mönning/Hage, ZInsO 2005, 1185; Werres, ZInsO 2005, 1233, 1241 ff.); die Einrichtung des Treuhandkontos bedarf allerdings der Zustimmung des Insolvenzgerichts gem. § 181 BGB (§ 22 Rdn. 99). Mit dem Lieferanten muss ein (schriftlicher) Treuhandvertrag geschlossen werden, der die Voraussetzungen für Zahlungen von dem Treuhandkonto an den Lieferanten regelt (Frind, ZInsO 2005, 1296, 1299). Gesichert werden dürfen nur **Masseverbindlichkeiten**; versäumt der »schwache« vorläufige Insolvenzverwalter, eine Einzelermächtigung zur Begründung von Masseverbindlichkeiten zu beantragen, ist die nachträgliche Sicherung des Lieferanten über ein Treuhandkonto unzulässig (AG Hamburg, ZInsO 2006, 218). Verbleibt nach Rechnungsstellung des Lieferanten ein Überschuss, so ist dieser vom Treuhandkonto an die Insolvenzmasse zu erstatten. Bei dieser Form des Treuhandkontos handelt es sich um ein **Sonderkonto der Betriebsfortführung im Insolvenzeröffnungsverfahren**.

52a Mit der Zahlung auf das Treuhandkonto scheiden die Barmittel aus der Insolvenzmasse aus. Das Guthaben wird als **Sondermasse** verwaltet (Uhlenbruck-Brinkmann § 47 Rn. 44). Bei Insolvenzeröffnung ist das **Guthaben auf dem Treuhandkonto** bereits **von der »Ist-Masse« getrennt**, sodass der Lieferant überhaupt **kein Aus- bzw. Absonderungsrecht** ggü. dem Insolvenzverwalter geltend macht. Soweit das Treuhandkonto dennoch der »Ist-Masse« zugeordnet wird, erwerben die gesicherten Gläubiger **jedenfalls Absonderungsrechte** am Guthaben (vgl. grundsätzlich zur Doppeltreuhand BAG, ZInsO 2013, 2120). Die Doppeltreuhand dient der Sicherung der Lieferanten, sodass diese in der Insolvenz des Schuldners als Sicherungsgeber absonderungsberechtigt sind. Das »Unmittelbarkeitsprinzip« (oben Rdn. 40) gilt nur für die Aussonderung von Treugut, nicht für die Begründung von Absonderungsrechten. Es ist daher unerheblich, dass das Guthaben auf dem Treuhandkonto nicht unmittelbar aus dem Vermögen des Lieferanten stammt.

▶ **Übersicht: Gläubigersicherung bei fehlender Rechnungsstellung**   53

- Begründung von Masseverbindlichkeiten ggü. Gläubigern im Insolvenzeröffnungsverfahren (bei »schwacher« vorläufiger Insolvenzverwaltung aufgrund einer Einzelermächtigung des Insolvenzgerichts).
- Einrichtung eines Treuhandkontos durch vorläufigen Insolvenzverwalter als Privatperson für Massegläubiger.
- Zustimmung Insolvenzgericht für Treuhandkonto (§ 181 BGB).
- Schriftlicher Treuhandvertrag mit Massegläubiger.
- Einzahlung i. H. d. geschätzten Masseverbindlichkeiten auf Treuhandkonto.

bb) Fehlende Liquidität

Stehen dem Schuldner bzw. dem vorläufigen Insolvenzverwalter vor Insolvenzeröffnung keine Barmittel zur Verfügung, um die Leistungen der Lieferanten im Insolvenzeröffnungsverfahren zu bezahlen, kann ein **Sonderkonto für die Lieferanten** eingerichtet werden, das nach Insolvenzeröffnung durch den Einzug der im Insolvenzeröffnungsverfahren begründeten Neuforderungen aus der Betriebsfortführung gespeist wird.   54

Dieses Sonderkonto kann allerdings **keine Aussonderungsrechte der Lieferanten** begründen, da es sowohl an der Voraussetzung der Unmittelbarkeit als auch an einem hinreichenden Weisungsrecht der Lieferanten ggü. dem Insolvenzverwalter fehlt (Frind, ZInsO 2004, 470, 477). Die schlichte Abtretung oder Verpfändung des Sonderkontos an die Lieferanten kann wegen § 91 kein Absonderungsrecht an dem Kontoguthaben begründen, wenn das Konto erst nach Insolvenzeröffnung aus der freien Insolvenzmasse aufgefüllt wird. Absonderungsrechte der Lieferanten an Sonderkontoguthaben setzen voraus, dass die auf dem Konto gesammelten Vermögenswerte im Zeitpunkt der Insolvenzeröffnung mit unanfechtbaren Sonderrechten der Lieferanten belastet sind. Die Lieferanten können daher nur auf dem Wege gesichert werden, dass ihnen durch den Schuldner mit Zustimmung des »schwachen« vorläufigen Insolvenzverwalters oder durch den »starken« vorläufigen Insolvenzverwalter die im Insolvenzeröffnungsverfahren begründeten **Neuforderungen** gegen Kunden **sicherungsabgetreten** werden. Gesichert werden auch hier ausschließlich die im Insolvenzeröffnungsverfahren begründeten Verbindlichkeiten, die zuvor – bei schwacher vorläufiger Insolvenzverwaltung mit Zustimmung des Insolvenzgerichts – zu **Masseverbindlichkeiten** qualifiziert werden (entspr. oben Rdn. 52). Über die Sicherungsabtretung können daher auch Lieferanten und Leistungserbringer abgesichert werden, die keine Rechte aus verlängertem Eigentumsvorbehalt erwerben können (z. B. Dienstleister, Stromversorger). Wenn an einzelnen Neuforderungen Sicherungsrechte für mehrere Lieferanten bestellt werden sollen (z. B. wenn mehrere Lieferanten für einen Kundenauftrag benötigt werden), ist eine **Poolvereinbarung** zwischen den Lieferanten und dem vorläufigen Insolvenzverwalter erforderlich (§ 51 Rdn. 56 ff.). Nach Insolvenzeröffnung sind die Lieferanten aus der Sicherungsabtretung zur **abgesonderten Befriedigung** aus den Erlösen berechtigt. Somit fallen Kostenbeiträge nach §§ 170, 171 an. Der **vorläufige Insolvenzverwalter** muss daher beachten, dass die abgetretenen Forderungen neben den Lieferantenverbindlichkeiten auch eine **Marge für die Kostenbeiträge** abdecken.   54a

Soweit die Erlöse aus den abgetretenen Neuforderungen nach Insolvenzeröffnung auf einem Sonderkonto separiert werden, dient diese Vorgehensweise nur der Transparenz. Daher muss in diesen Fällen kein Treuhandkonto angelegt werden, es genügt ein Unterkonto zum Anderkonto des Insolvenzverwalters. Das Unterkonto wird als **Sonderkonto für die Sicherheitsverwertung** geführt.   54b

▶ **Übersicht: Gläubigersicherung bei fehlender Liquidität**   55

- Begründung von Masseverbindlichkeiten ggü. Gläubigern im Insolvenzeröffnungsverfahren (bei »schwacher« vorläufiger Insolvenzverwaltung aufgrund Einzelermächtigung des Insolvenzgerichts).
- Sicherungsabtretung der Neuforderungen aus Insolvenzeröffnungsverfahren an Massegläubiger.

§ 47 InsO Aussonderung

- Anzeige Sicherungsabtretung beim Insolvenzgericht.
- Separierung der Zahlungen auf abgetretene Neuforderungen auf Sonderkonto.

cc) Rückzahlungsansprüche von Kunden

56 Leisten Kunden vor Insolvenzeröffnung Vorauszahlungen für Leistungen, die erst nach Insolvenzeröffnung erbracht werden, sind die **Vorauszahlungen auf ein Treuhandkonto** zu leisten, das der vorläufige Insolvenzverwalter außerhalb seines Amtes als Anderkonto für die Kunden führt. Das Treuhandkonto richtet der vorläufige Insolvenzverwalter mit Zustimmung des Insolvenzgerichts gem. § 181 BGB ein (oben Rdn. 52; AG Hamburg, ZInsO 2005, 447). Die Unmittelbarkeit begründet hier keine Probleme, da die Zahlungen aus dem Vermögen der Kunden stammen. Die Vorauszahlungen der Kunden fallen nicht in die haftende »Soll-Masse«, sodass sich der vorläufige Insolvenzverwalter außerhalb seines Amtes eindeutigen Weisungsrechten der Kunden unterwerfen kann. Die schuldrechtliche Treuhandabrede sollte daher Regelungen dazu enthalten, unter welchen Voraussetzungen die Vorauszahlungen bei Nichterfüllung der geschuldeten Leistungen im eröffneten Insolvenzverfahren an die Kunden zurückzuerstatten bzw. bei Erfüllung der geschuldeten Leistungen der »Soll-Masse« zuzuführen sind. Da die Vorauszahlungen nicht Bestandteil der »Soll-Masse« werden, solange sie auf dem Treuhandkonto verbucht sind, handelt es sich bei der Rückerstattung an die Kunden um eine **Aussonderung** (AG Hamburg, ZInsO 2005, 447).

57 ▶ Übersicht: Sicherung der Rückzahlungsansprüche von Kunden

- Einrichtung Treuhandkonto durch vorläufigen Insolvenzverwalter als Privatperson für Kunden.
- Zustimmung Insolvenzgericht für Treuhandkonto (§ 181 BGB).
- Einziehung Kundenzahlungen auf Treuhandkonto.

dd) Sicherung von Erlösbeteiligungen und Ersatzabsonderungsrechten

58 Auf einem **Treuhandkonto** sind Erlösbeteiligungen von Gläubigern mit Aus- oder Absonderungsrechten zu sammeln, die mit dem vorläufigen Insolvenzverwalter eine **Verwertungsvereinbarung** geschlossen haben (AG Hamburg, ZInsO 2005, 1056). Diese Gläubiger erwerben an den Erlösen aus der berechtigten Verwertung im Insolvenzeröffnungsverfahren keine Ersatzabsonderungsrechte (§ 48 Rdn. 35a); ob sich die Drittrechte im Wege dinglicher Surrogation am Erlös fortsetzen (vgl. § 170 Rdn. 6, 12), ist zweifelhaft. Haben die Erlösrechte nur die Qualität von Masseverbindlichkeiten, droht auch hier die Entwertung durch nachfolgende Masseunzulänglichkeit.

58a Auf einem **Unterkonto** können schließlich sonstige Erlöse aus der **Verwertung** von Gegenständen gesammelt werden, die mit möglichen Drittrechten belastet sind. In der Praxis entstehen solche Drittrechte dann, wenn der vorläufige Insolvenzverwalter **ohne Verwertungsvereinbarung** Aus- oder Absonderungsgut verwertet; dann können analog § 48 bzw. analog § 170 Erlösansprüche der gesicherten Gläubiger entstehen (§ 48 Rdn. 12 ff.; 35 ff.). Diese Konstellation hat nichts mit dem Treuhandkonto des vorläufigen Insolvenzverwalters zu tun. Das Unterkonto wird zu dem Zweck eingerichtet, die gesicherten Gläubiger vor dem Verlust ihrer **Rechte** an den Erlösen zu schützen, der eintreten würde, wenn die eingezogenen Beträge auf dem allg. Anderkonto verbraucht würden (§ 48 Rdn. 29). Gleiches gilt für Erlöse aus Forderungseinzug, die im Fall einer **Anordnung nach § 21 Abs. 2 Satz 1 Nr. 5** nach den Regelungen der §§ 170, 171 ggü. Absonderungsberechtigten abzurechnen sind. Durch diese Vorgehensweise schützt sich der vorläufige Insolvenzverwalter vor möglichen Haftungsansprüchen aus § 60. Auch bei zweifelhaften Drittrechten muss der vorläufige Insolvenzverwalter mögliche Erlösansprüche der Gläubiger sichern (LG Berlin, ZInsO 2008, 1027).

14. Unpfändbares Vermögen des Schuldners

59 Zieht der Insolvenzverwalter das gesamte Arbeitseinkommen des Schuldners ein, so ist der Insolvenzverwalter verpflichtet, den unpfändbaren Anteil an den Schuldner auszuzahlen. Das unpfändbare Arbeitseinkommen ist nicht Teil der Insolvenzmasse, § 36 Abs. 1. Der Auszahlungsanspruch

des Schuldners wird als »aussonderungsgleiches Recht« angesehen (Uhlenbruck-Brinkmann § 47 Rn. 97; Ferfer, ZInsO 2009, 1048, 1051; a.A. MK-Ganter § 47 Rn. 9). Entsprechendes gilt für sonstige unpfändbare Gegenstände nach § 36 (Jaeger-Henckel § 47 Rn. 8).

15. Unterlassungsansprüche, Beseitigungsansprüche

Unterlassungsansprüche begründen Aussonderungsrechte, wenn ihnen ein absolutes Recht zugrunde liegt, z. B. Ansprüche aus §§ 12, 907, 1004 BGB, §§ 14 Abs. 5, 15 Abs. 4, 128 Abs. 1, 135 Abs. 1 MarkenG, § 139 Abs. 1 PatG, § 97 Abs. 1 UrhG, nicht aber schuldrechtliche Unterlassungsansprüche, z. B. nach §§ 8 UWG (Uhlenbruck-Brinkmann § 47 Rn. 73) oder vertragliche Ansprüche auf Unterlassung einer bestimmten Eigentumsnutzung durch den Schuldner (BGHZ 155, 371, 374 = ZInsO 2003, 751; vgl. allg. zur Aussonderungskraft obligatorischer Ansprüche Rdn. 29). **Beseitigungsansprüche** begründen Aussonderungsrechte, wenn die Störung nach Insolvenzeröffnung eintritt oder deren Fortdauer vom Insolvenzverwalter veranlasst wird (MK-Ganter § 47 Rn. 353a). 60

16. Versicherung für fremde Rechnung, versicherungsgedeckte Versorgungsansprüche

Bei der **Versicherung für fremde Rechnung** stehen die Rechte aus dem Versicherungsvertrag dem Versicherten zu, § 44 Abs. 1 VVG. Der Versicherte ist in der **Insolvenz des Versicherungsnehmers** aussonderungsberechtigt. Da das Verfügungsrecht über das Vermögen des Versicherungsnehmers beim Insolvenzverwalter liegt, ist der Versicherte nach Einziehung der Zahlungen durch den Insolvenzverwalter auf Ersatzaussonderungsansprüche angewiesen (§ 48). Ist der Versicherte Sicherungseigentümer der versicherten Sache, steht ihm lediglich ein Absonderungsrecht an der Forderung gegen den Versicherer zu (OLG Brandenburg, ZInsO 2014, 1160; Jaeger-Henckel § 47 Rn. 157). 61

Bei **betrieblichen Altersversorgungen** ist der Versorgungsanspruch des Arbeitnehmers gegen den insolventen Arbeitgeber bloße Insolvenzforderung. Hat der Arbeitgeber als Versicherungsnehmer für den Arbeitnehmer als Bezugsberechtigten einen kapitalgedeckten Versicherungsvertrag abgeschlossen, kann der Arbeitnehmer die Rechte an dem Versicherungsvertrag ggf. aus der Insolvenzmasse aussondern. Mit Eintritt des Versicherungsfalls erwirbt der Arbeitnehmer das Recht auf die Versicherungsleistung (§ 159 Abs. 2 VVG). Soweit der Versicherungsfall bei Insolvenzeröffnung noch nicht eingetreten ist, hängt das Aussonderungsrecht des Arbeitnehmers davon ab, welche Qualität das Bezugsrecht hat. Zu unterscheiden ist dabei zwischen unwiderruflichen, eingeschränkt widerruflichen und widerruflichen Bezugsrechten. Die eingeschränkte Widerruflichkeit bzw. die Unwiderruflichkeit müssen besonders vereinbart werden. Im Zweifel ist das Bezugsrecht widerruflich. 62

Ist das **Bezugsrecht unwiderruflich**, erwirbt der Arbeitnehmer das Recht auf die Versicherungsleistung bereits mit der Bezeichnung als Bezugsberechtigter (§ 159 Abs. 3 VVG). Er kann daher Aussonderung verlangen. Die Rechte an dem Versicherungsvertrag fallen nicht in die Insolvenzmasse zurück, wenn der Arbeitnehmer sein Bezugsrecht an einen Dritten abtritt (OLG Bamberg, NZI 2006, 355). Zieht der Insolvenzverwalter den Rückkaufswert ein, obwohl das Bezugsrecht unwiderruflich geworden ist, besteht der Anspruch des Arbeitnehmers gegen den Versicherer fort; es besteht daher kein Ersatzaussonderungsrecht ggü. der Insolvenzmasse (BAG, ZIP 2010, 2260). 62a

Ist das **Bezugsrecht widerruflich**, kann der Insolvenzverwalter des Arbeitgebers den Rückkaufswert auch dann zur Insolvenzmasse ziehen, wenn die zugrunde liegende Versorgungsanwartschaft bereits unverfallbar geworden ist (Jaeger-Henckel § 47 Rn. 157 (Uhlenbruck-Brinkmann § 47 Rn. 88). Die Rechte aus dem Versicherungsvertrag fallen auch dann in die Masse, wenn die Beiträge aus dem Gehalt des Arbeitnehmers bezahlt wurden (BGH, ZInsO 2002, 878; Kayser, FS Kreft, S. 347; a.A. Kießling, NZI 2008, 469). Maßgeblich für das Aussonderungsrecht des Arbeitnehmers an den Rechten aus dem Versicherungsvertrag ist seine dingliche Rechtsbeziehung zum Versicherer, nicht die schuldrechtliche Beziehung zum Arbeitgeber. Daher entscheidet über das Aussonderungsrecht allein die Ausgestaltung des Bezugsrechts am Versicherungsvertrag und nicht der Anspruch auf 62b

Büchler

Altersversorgung aus dem Arbeitsverhältnis (Kayser, FS Kreft, S. 347). Der Insolvenzverwalter kann daher das Bezugsrecht widerrufen, den Versicherungsvertrag kündigen (zum Erfordernis der Kündigung BGH, NZI 2012, 76) und den Rückkaufswert einziehen. Mit Eintritt des Versicherungsfalls erwirbt der Bezugsberechtigte den Anspruch auf die Versicherungssumme; das Bezugsrecht und damit auch ein Widerrufsrecht entfallen vollständig (BGH, ZInsO 2011, 997). Allerdings kann der Erwerb des Anspruchs auf die Versicherungsleistung der Insolvenzanfechtung unterliegen.

62c Das **Bezugsrecht** ist **eingeschränkt widerruflich**, wenn das Widerrufsrecht des Arbeitgebers unter einem Vorbehalt steht. Als Vorbehalt wird i. d. R. vereinbart, dass der Arbeitnehmer das Unternehmen des Arbeitgebers verlässt, bevor seine Versorgungsanwartschaft nach BetrAVG unverfallbar wird. Wird der Vorbehalt erfüllt, kann der Arbeitgeber bzw. dessen Insolvenzverwalter das Bezugsrecht widerrufen. Soweit der Vorbehalt nicht erfüllt ist, kann der Arbeitnehmer im Insolvenzverfahren Aussonderung verlangen. Im Insolvenzverfahren ist streitig, ob die insolvenzbedingte Beendigung des Arbeitsverhältnisses im Wege der Kündigung durch Insolvenzverwalter diesen Vorbehalt erfüllt, sodass der Insolvenzverwalter anschließend den Rückkaufswert zur Insolvenzmasse einziehen kann.

Zunächst hat der BGH entschieden, dass die Beendigung des Arbeitsverhältnisses auf Veranlassung des Insolvenzverwalters den Vorbehalt nicht auslösen kann, sodass das Bezugsrecht unwiderruflich wird (BGH, ZInsO 2006, 710; ZInsO 2005, 768; ZIP 2005, 1836). Inzwischen geht der BGH davon aus, dass im Einzelfall durch Auslegung der Vereinbarungen zu klären ist, ob die insolvenzbedingte Kündigung entgegen dem Wortlaut vom Vorbehalt nicht erfasst wird (BGH, ZInsO 2014, 398). Bei dieser Auslegung sind die Interessen des Arbeitnehmers als versicherte Person und die des Schuldners als Versicherungsnehmer zu prüfen (BGH, a. a. O.), Klare Konturen für die Interessenabwägung hat der BGH bislang nicht entwickelt. Im Zweifel scheint der BGH die Interessen der Arbeitnehmer vorrangig zu berücksichtigen und damit die Aussonderung zu befürworten.

Das BAG hält den Vorbehalt jedenfalls dann für nicht erfüllt – und das Bezugsrecht daher nicht für widerruflich –, wenn der Arbeitnehmer aufgrund eines Betriebsübergangs (§ 613a BGB) aus dem schuldnerischen Unternehmen ausscheidet (BAG, ZInsO 2011, 185). Das ist konsequent, da das Arbeitsverhältnis durch den Betriebsübergang nicht beendet wird und somit weiterhin die Unverfallbarkeit eintreten kann. Im Übrigen sieht das BAG solche Bezugsrechte als widerruflich an, soweit die Voraussetzungen für die Unwiderruflichkeit nach dem Wortlaut noch nicht eingetreten sind (BAG ZInsO 2013, 33). Die Rechtsprechung des BAG ist daher für die Insolvenzmasse günstig.

Die Vorlage dieser Rechtsfrage beim Gemeinsamen Senat der obersten Gerichtshöfe des Bundes wurde eingestellt, nachdem sich beide Bundesgerichte auf die Auslegung der Klauseln geeinigt haben (BAG, ZIP 2010, 1915, 1919). Die Auslegungsergebnisse sind jedoch – wie oben dargestellt – uneinheitlich.

Jedenfalls ist das eingeschränkt widerrufliche Bezugsrecht des **Gesellschaftergeschäftsführers** widerruflich, wenn der Vorbehalt vor Eintritt der Unwiderruflichkeit erfüllt wird (OLG Hamm, ZInsO 2006, 881; OLG Dresden, ZInsO 2006, 998; OLG München, ZIP 2008, 1738; a. A. AG Göttingen, ZInsO 2014, 729). Hier tritt der Schutz der versicherten Person eindeutig hinter die Interessen der Insolvenzgläubiger zurück.

63 Ein **Rückdeckungsversicherungsvertrag** für Versorgungsansprüche des Arbeitnehmers fällt in die Insolvenzmasse. Sind die Rechte aus dem Versicherungsvertrag an den Arbeitnehmer verpfändet worden, besteht ein **Absonderungsrecht** des Arbeitnehmers am Rückkaufswert (zur Verwertung BGH, ZInsO 2005, 535; Rhein/Lasser NZI 2007, 153; vgl. § 166 Rdn. 16a; zu den Anforderungen an die Begründung der Versorgungszusage und die Verpfändung der Versicherungsrechte an den Geschäftsführer OLG Düsseldorf, ZInsO 2009, 1599). Bei einem Rückdeckungsversicherungsvertrag für den Geschäftsführer der Schuldnerin kann der Insolvenzverwalter dem Absonderungsrecht aus Verpfändung rgm. Haftungsansprüche aus § 64 GmbHG entgegenhalten; jedenfalls ist der Erlös solange zurückzuhalten, bis feststeht, dass keine Haftungsansprüche gegen den Geschäfts-

führer bestehen (eingehend zur Aufrechnung durch den Insolvenzverwalter Krumm, ZIP 2010, 1782). Ansprüche des Arbeitnehmers ggü. selbstständigen **Pensions- oder Unterstützungskassen** werden vom Insolvenzverfahren über das Vermögen des Arbeitgebers nicht berührt. Hier handelt es sich um selbstständige Rechtsträger, die außerhalb der »Ist-Masse« des Arbeitgebers stehen (BAG, ZIP 2011, 347). Zur Kreditlebensversicherung vgl. § 51 Rdn. 26.

▶ Übersicht: Drittrechte an Lebensversicherungsverträgen   63a

Struktur des Versicherungsverhältnisses	Aussonderung	Absonderung	freie Masse
Direktversicherung mit unwiderruflichem Bezugsrecht	X		
Direktversicherung mit widerruflichem Bezugsrecht			X
Direktversicherung mit eingeschränkt widerruflichem Bezugsrecht, Vorbehalt nicht erfüllt	X		
Direktversicherung mit eingeschränkt widerruflichem Bezugsrecht, Vorbehalt erfüllt			X
Direktversicherung mit eingeschränkt widerruflichem Bezugsrecht, Vorbehalt auf Veranlassung des Insolvenzverwalters ausgelöst, (BGH; BAG bei § 613a BGB) (BAG bei Kündigung durch Insolvenzverwalter)	X	X	
Direktversicherung mit eingeschränkt widerruflichem Bezugsrecht für den geschäftsführenden Gesellschafter			X
Rückdeckungsversicherung			X
Rückdeckungsversicherung, verpfändet an Begünstigten		X	

17. Wertpapierverwahrung

Auf die verschlossene Verwahrung von Wertpapieren finden §§ 688 ff. BGB Anwendung: Dem   64
Hinterleger steht in der Insolvenz des Verwahrers grds. ein Aussonderungsrecht zu; bei unregelmäßiger Verwahrung besteht nur eine Insolvenzforderung (MK-Ganter § 47 Rn. 410, 415; Jaeger-Henckel § 47 Rn. 129 f.; KPB-Prütting § 47 Rn. 59 f.). In der Sonderverwahrung (§ 2 DepotG) und der Tauschverwahrung (§§ 10, 11 DepotG) ist der Hinterleger aussonderungsberechtigt (MK-Ganter § 47 Rn. 413 f.). In der Sammelverwahrung (§§ 5, 6 DepotG) kann der Hinterleger seinen Miteigentumsanteil aussondern (MK-Ganter § 47 Rn. 420). Bloße Insolvenzforderungen hat der Hinterleger bei der unregelmäßigen Verwahrung gem. § 15 DepotG und der Verwahrung mit Verfügungsermächtigung gem. § 13 Abs. 1 DepotG (MK-Ganter § 47 Rn. 415 f.; Jaeger-Henckel § 47 Rn. 130 f.). Zu Absonderungsrechten aus §§ 32, 33 DepotG vgl. § 51 Nr. 53.

IV. Rechtsfolgen

Der Aussonderungsanspruch ergibt sich aus den Gesetzen außerhalb des Insolvenzverfahrens,   65
Satz 2. Bei Sachen gilt § 985 BGB, bei Grundstücken kann der Berechtigte ergänzend Grundbuchberichtigung verlangen, § 894 BGB. Auch der Abwehranspruch aus § 1004 BGB ggü. Eingriffen der Masse in das Eigentum gehört zu den Aussonderungsrechten. Ein Selbsthilferecht des Aussonderungsberechtigten besteht nicht.

1. Prüfungspflicht des Insolvenzverwalters, Einwände gegen das Aussonderungsrecht, Verzicht

66 Der Insolvenzverwalter ist verpflichtet, die »Ist-Masse« auf Aussonderungsrechte hin zu überprüfen. Dies betrifft insb. Gegenstände, die üblicherweise mit Aussonderungsrechten belegt sind, z. B. Eigentumsvorbehalte aus unbezahlten Warenlieferungen. I. Ü. ist der Insolvenzverwalter auf mögliche Aussonderungsrechte hinzuweisen. Bestehen keine konkreten Anhaltspunkte für Drittrechte, so darf der Insolvenzverwalter die Verwertung in angemessener Zeit nach Benachrichtigung der bekannten Gläubiger durchführen (zwei bis 3 Wochen, MK-Ganter § 47 Rn. 459). Der Insolvenzverwalter wird sich alternativ auch auf Auskünfte des Schuldners bzw. der Geschäftsführer verlassen können; erteilt der Schuldner eine Negativerklärung für Drittrechte, darf der Verwalter davon ausgehen, dass die Insolvenzmasse insoweit nicht mit Drittrechten belastet ist.

67 Die **Dauer des Prüfungszeitraumes** hängt davon ab, in welchem Umfang Drittrechte an der Insolvenzmasse geltend gemacht werden (im Allgemeinen 2 Monate, Uhlenbruck-Brinkmann § 47 Rn. 99). Bei Eigentumsvorbehaltsware muss der Insolvenzverwalter eine Entscheidung über sein Wahlrecht und damit über die Herausgabe erst nach dem Berichtstermin treffen, § 107 Abs. 2 Satz 1. Vor Anerkennung eines Aussonderungsrechts ist ggf. die Genehmigung der Gläubigerorgane einzuholen, § 160 Abs. 1.

68 Der Insolvenzverwalter kann sich ggü. dem Aussonderungsrecht mit **Einwendungen und Einreden** des Schuldners verteidigen. Besitzrechte können sich aus Mietverträgen, Pachtverträgen oder Rechtsverhältnissen ergeben, deren Erfüllung der Insolvenzverwalter gem. § 103 gewählt hat. Ggü. Eigentumsvorbehaltsgläubigern kann der Insolvenzverwalter bis zum Berichtstermin den Einwand aus § 107 Abs. 2 Satz 1 erheben. In Betracht kommen ferner Einwände aus Anfechtbarkeit des Rechtserwerbs oder Unwirksamkeit der die Aussonderung begründenden Rechtsposition gem. §§ 24 Abs. 1, 81.

68a Ein besonderer Einwand ist der Ausschluss der Aussonderung gem. § 135 Abs. 3. Demnach kann der Insolvenzverwalter ggü. einem Gesellschafter der Schuldnerin im ersten Jahr nach Insolvenzeröffnung die Aussonderung verweigern, wenn der betroffene Gegenstand der Schuldnerin vom Gesellschafter zur Nutzung überlassen wurde und für die Betriebsfortführung benötigt wird (Einzelheiten bei § 135 Rdn. 52 ff.; zur Rechtslage vor Inkrafttreten des MoMiG am 01.11.2008 vgl. § 135 Rdn. 123 ff.).

69 Der Aussonderungsberechtigte kann auf sein Aussonderungsrecht **verzichten**. Der Erlös aus einer Verwertung des Gegenstandes fällt dann in die freie Masse. Der Insolvenzverwalter kann den Gegenstand nach Wegfall des Aussonderungsrechts an den Schuldner freigeben, insb. bei Altlasten auf fremden Grundstücken.

2. Auskunftspflichten, Erfüllung des Aussonderungsanspruchs

70 Der Insolvenzverwalter ist verpflichtet, dem Aussonderungsberechtigten **Auskunft** über das Aussonderungsgut zu erteilen. Fehlende Informationen über das Aussonderungsgut muss sich der Insolvenzverwalter vom auskunftspflichtigen Schuldner beschaffen. Der Auskunftsanspruch umfasst Verbleib, Zustand sowie etwaige Belastungen des Aussonderungsguts (Uhlenbruck-Brinkmann § 47 Rn. 103). Allerdings unterliegt die Auskunftspflicht der **Grenze der Zumutbarkeit** (dazu Uhlenbruck-Brinkmann § 47 Rn. 104; Jaeger-Henckel § 47 Rn. 160; MK-Ganter § 47 Rn. 461). Voraussetzung für die Auskunftspflicht ist, dass der Gläubiger den Aussonderungsgegenstand genau bezeichnet. Es ist dem Insolvenzverwalter nicht zuzumuten, ohne konkrete Anhaltspunkte umfangreiche Nachforschungen über etwaige Aussonderungsrechte anzustellen (OLG Düsseldorf, ZIP 1988, 450). I. Ü. muss der Auskunfts- und Kostenaufwand in einem vernünftigen Verhältnis zum Auskunftsinteresse des Gläubigers stehen. Der Insolvenzverwalter kann das Auskunftsverlangen erfüllen, indem er statt einer Auskunft Einsicht in Warenlager oder Geschäftsunterlagen gewährt (LG Baden-Baden, ZIP 1989, 1003). Bei unverhältnismäßigem Aufwand kann der Gläubiger einen Kostenvorschuss stellen. I. Ü. fallen die Kosten von Auskunft und Sicherung des Aussonderungs-

guts der Insolvenzmasse zur Last (eingehend zu Kostenerstattungsvereinbarungen zwischen Insolvenzverwalter und Aussonderungsberechtigtem Uhlenbruck-Brinkmann § 47 Rn. 106 f.).

71 Der Insolvenzverwalter ist verpflichtet, den Aussonderungsgegenstand zur **Abholung** bereitzustellen. Die Bereitstellungspflicht umfasst ggf. den Ausbau des Aussonderungsguts (LG Bonn, NZI 2007, 728), aber nicht die Abholungskosten (BGH, NZI 2012, 841). Zur Versendung des Gegenstandes ist der Insolvenzverwalter nicht verpflichtet (Uhlenbruck-Brinkmann § 47 Rn. 101). Bei **Grundstücken** umfasst das Aussonderungsrecht nicht den Räumungsanspruch aus § 546 BGB. Der Aussonderungsanspruch ist mit der Herausgabe des Grundstücks erfüllt (BGHZ 148, 252, 256 = ZInsO 2001, 751; BGH, ZInsO 2010, 1452). Der Räumungsanspruch ist bloße Insolvenzforderung. Nutzt der Insolvenzverwalter hingegen das Grundstück und schließt den Vermieter gezielt von der Nutzung aus, schuldet die Masse Mietzins bzw. Nutzungsentschädigung (BGH, NZI 2007, 335) sowie die Räumung nach §§ 55 i. V. m. 546 BGB einschließlich der Entfernung der auf dem Grundstück befindlichen Gegenstände (BGH, ZInsO 2008, 808; BGH, ZInsO 2006, 326). Die Nutzung des Grundstücks in der vorläufigen Insolvenzverwaltung ist dem Insolvenzverwalter insoweit nicht zurechenbar (OLG Hamm, ZInsO 2014, 243, 247 f.). Die Freigabe an den Schuldner gem. § 35 Abs. 2 ersetzt die Aussonderung (vgl. § 35 Rdn. 262; a. A. zum alten Recht OLG Rostock, ZInsO 2007, 996).

72 **Bis zur Abholung** ist der Insolvenzverwalter verpflichtet, das Aussonderungsgut gegen Zerstörung oder Beschädigung zu **schützen**. Zugleich ist er berechtigt, das Aussonderungsgut bis zur Abholung – etwa für eine Unternehmensfortführung – zu **nutzen**. Zahlungspflichten aus § 172 gelten nicht für die Nutzung von Aussonderungsgut (§ 172 Rdn. 13); bei rechtsgrundloser Nutzung oder Wertminderung des Aussonderungsguts können aber Masseverbindlichkeiten (§ 55 Abs. 1 Nr. 1, Nr. 3) und Haftungsansprüche gegen den Insolvenzverwalter (§ 60) entstehen. Eigentumsvorbehaltsware darf der Insolvenzverwalter bis zur Ausübung des Wahlrechts nach § 107 Abs. 2 nutzen (Jaeger-Henckel § 47 Rn. 47). Das Nutzungsrecht deckt aber nicht die Verarbeitung (Jaeger-Henckel a. a. O.; Uhlenbruck-Brinkmann § 47 Rn. 19a; § 172 Rdn. 8) oder die Verwertung (OLG Jena, ZInsO 2005, 44 zur Haftung aus § 60). Probleme stellen sich, wenn der Aussonderungsberechtigte das Aussonderungsgut trotz Aufforderung nicht abholt und dem Insolvenzverwalter – z. B. wegen Betriebseinstellung – kein Lagerraum zur Verfügung steht. In diesem Fall dürfte es dem Insolvenzverwalter nicht zuzumuten sein, das Aussonderungsgut auf Kosten der Insolvenzmasse einzulagern. Er ist daher berechtigt, das Aussonderungsgut unter Hinweis auf das Fremdeigentum im Besitz eines Dritten – z. B. des Vermieters bei Betriebseinstellung – zu belassen.

73 Gerät der Insolvenzverwalter mit der Erfüllung seiner Pflichten in **Verzug**, so kann der Gläubiger den Verzugsschaden als Masseverbindlichkeit geltend machen (Jaeger-Henkel § 47 Rn. 19). Werden Aussonderungsrechte vereitelt, kann die Insolvenzmasse mit Masseverbindlichkeiten (§ 55 Abs. 1 Nr. 1, Nr. 3) belastet werden, soweit nicht vorrangig Ersatzaussonderungsansprüche entstehen (Übersicht bei § 48 Rdn. 4). Der **Insolvenzverwalter** kann bei Verzug oder Beeinträchtigung von Aussonderungsrechten gem. § 60 in **Haftung** genommen werden.

V. Aussonderung im Insolvenzeröffnungsverfahren

74 Bei der Aussonderung im **Insolvenzeröffnungsverfahren** ist zwischen dem **Aussonderungsrecht** des Berechtigten und der **Aussonderungspflicht** des vorläufigen Insolvenzverwalters zu unterscheiden. Festzustellen ist zudem, ob und in welchem Umfang ein **Nutzungsrecht** des vorläufigen Insolvenzverwalters besteht.

75 Das Insolvenzgericht kann nach **§ 21 Abs. 2 Satz 1 Nr. 5** ausdrücklich anordnen, dass Aussonderungsgut vom Gläubiger nicht herausverlangt werden darf und dem vorläufigen Insolvenzverwalter ein **Nutzungsrecht** eingeräumt wird (dazu eingehend § 21 Rdn. 69a ff.). Diese Anordnung ist für alle aussonderungsfähigen Gegenstände zulässig, somit für bewegliche Gegenstände und Immobilien. Mit dieser Anordnung sind Zinszahlungspflichten (§ 169 Rdn. 7b) und Wertersatzverpflichtungen (§ 172 Rdn. 13b) verbunden. Auf Kosten der Insolvenzmasse sind die Werte der genutzten

Gegenstände festzustellen (§ 172 Rdn. 13c). Weitere Zahlungspflichten bestehen nur bei ausdrücklicher Anordnung des Insolvenzgerichts (BGH, ZInsO 2010, 136, 140; Büchler, ZInsO 2008, 719). Bei dieser Anordnung ist das **Aussonderungsrecht** bis zur Insolvenzeröffnung **ausgeschlossen**; zugleich besteht **keine Aussonderungspflicht** des vorläufigen Insolvenzverwalters, sondern nur die bezeichneten Zahlungspflichten.

75a **Ohne gerichtliche Anordnung** nach § 21 Abs. 2 Satz 1 Nr. 5 besteht grds. ein **Aussonderungsrecht** des Berechtigten. Die Herausgabevollstreckung durch den Aussonderungsberechtigten ist auch nicht durch eine Anordnung gem. § 21 Abs. 2 Satz 1 Nr. 3 ausgeschlossen, soweit keine flankierende Anordnung nach § 21 Abs. 2 Satz 1 Nr. 5 getroffen wird (anders die herrschende Meinung, die bei § 21 Abs. 2 Satz 1 Nr. 3 nicht zwischen Aus- und Absonderungsrechten differenziert, vgl. § 21 Rdn. 58). Faktisch scheitert die Vollstreckung aber i. d. R. daran, dass der Aussonderungsberechtigte die Eröffnung des Insolvenzverfahrens abwartet, sei es, weil noch kein vollstreckbarer Titel vorliegt oder weil keine Vollstreckungskosten aufgewendet werden sollen.

75b Eine **Aussonderungspflicht** des vorläufigen Insolvenzverwalters besteht jedoch auch ohne gerichtliche Anordnung nach § 21 Abs. 2 Satz 1 Nr. 5 nicht (MK-Ganter § 47 Rn. 471a; a. A. MK-Haarmeyer § 22 Rn. 48). Der vorläufige Insolvenzverwalter ist verpflichtet, die »Ist-Masse« bis zur Insolvenzeröffnung zu sichern und zu erhalten. Für Eigentumsvorbehaltsware gilt, dass der vorläufige Insolvenzverwalter nicht aussondern muss, damit er nach Insolvenzeröffnung noch sein Wahlrecht gem. §§ 103, 107 Abs. 2 ausüben kann (MK-Haarmeyer § 22 Rn. 49; HK-Kirchhof § 22 Rn. 17; Uhlenbruck-Vallender § 22 Rn. 39; Jaeger-Gerhardt § 22 Rn. 117 ff.). Auch sonstiges Aussonderungsgut darf der vorläufige Insolvenzverwalter bis zur Insolvenzeröffnung einbehalten, soweit der Aussonderungsberechtigte keine Vollstreckungsmaßnahmen einleitet. Somit handelt der vorläufige Insolvenzverwalter nicht pflichtwidrig, wenn er die Aussonderung verweigert (BGH, ZInsO 2010, 136, 139). Er ist andererseits zur **Aussonderung berechtigt**, wenn das Drittrecht eindeutig besteht und das Aussonderungsgut nicht für eine Betriebsfortführung benötigt wird (MK-Ganter § 47 Rn. 471a). Wird das Aussonderungsgut dem Schuldner bzw. dem »starken« vorläufigen Insolvenzverwalter außerhalb einer Vollstreckung gegen dessen Willen entzogen, kann im Wege des einstweiligen Rechtsschutzes die Wiedereinräumung des Besitzes verlangt werden, §§ 861, 858 BGB (verbotene Eigenmacht) bzw. §§ 823 Abs. 1, 2 i. V. m. 858 BGB (LG Leipzig, ZInsO 2006, 1003).

76 Das **Nutzungsrecht** richtet sich **ohne gerichtliche Anordnung** nach den vertraglichen Vereinbarungen zwischen dem Schuldner bzw. dem vorläufigen Insolvenzverwalter und dem Aussonderungsberechtigten (§ 21 Rdn. 69d; § 22 Rdn. 49, 109). Der »schwache« vorläufige Insolvenzverwalter kann z. B. gemietete oder geleaste Gegenstände nutzen, ohne Masseverbindlichkeiten für Mietzins oder Leasingraten zu begründen. Auch nach Kündigung des Nutzungsverhältnisses kann der Aussonderungsberechtigte die Nutzung durch den vorläufigen Insolvenzverwalter nicht verhindern, solange er nicht die Herausgabevollstreckung betreibt. Allerdings dürfte die Fortsetzung der Nutzung nicht mit dem Sicherungszweck der vorläufigen Insolvenzverwaltung vereinbar sein, wenn das Nutzungsverhältnis gekündigt wurde und keine gerichtliche Anordnung des Nutzungsrechts vorliegt (Büchler, InsVZ 2010, 283, 286 f.).

76a Das Nutzungsrecht umfasst nicht die Weiterveräußerung, Verarbeitung, Verwertung oder den Verbrauch von Aussonderungsgut (§ 21 Rdn. 69d; a. A. Ganter, NZI 2007, 549, 554 zu EV-Ware; diff. Andres/Hees, NZI 2011, 881: zulässig Verbrauch von Roh-, Hilfs- und Betriebsstoffen). Auch bei einer Anordnung nach § 21 Abs. 2 Satz 1 Nr. 5 ist der vorläufige Insolvenzverwalter daher gehalten, **Nutzungs- bzw. Verwertungsvereinbarungen** mit den Aussonderungsberechtigten zu schließen, wenn das Aussonderungsgut im Insolvenzeröffnungsverfahren Veränderungen oder Wertminderungen ausgesetzt ist. Dies betrifft insb. die **Verarbeitung und Weiterveräußerung von Eigentumsvorbehaltsware** (§ 22 Rdn. 44 f., 108; § 172 Rdn. 16).

C. Verfahrensfragen

Zuständig für **Aussonderungsklagen** ist das Prozessgericht, nicht das Insolvenzgericht. Bei Klagen gegen den Insolvenzverwalter richtet sich die örtliche Zuständigkeit nach § 19a ZPO. Klagen des Insolvenzverwalters sind bei dem allg. Gerichtsstand des Beklagten zu erheben. Ergänzend kommen auch die besonderen Gerichtsstände der §§ 22, 24, 27 und 29 ZPO zur Anwendung. 77

Anhängige Prozesse werden bei Insolvenzeröffnung unterbrochen, § 240 ZPO. Die **Aufnahme anhängiger Prozesse** für oder gegen die Insolvenzmasse richtet sich nach §§ 85, 86 (zum Räumungsanspruch des Vermieters OLG Celle, ZInsO 2003, 948). Aus einem gegen den Insolvenzverwalter gerichteten Titel kann in die Insolvenzmasse vollstreckt werden; § 89 Abs. 1 sperrt die Vollstreckung nicht. Richtet sich der Titel gegen den Schuldner, so ist er zunächst auf den Insolvenzverwalter umzuschreiben (§ 727 ZPO) und dem Insolvenzverwalter zuzustellen. 78

Der **Klageantrag** des Aussonderungsberechtigten ist auf Herausgabe des Aussonderungsguts oder auf Feststellung des Aussonderungsrechts zu richten; ferner kommen Anträge auf Unterlassung von Eingriffen in das Aussonderungsgut und bei Aussonderung von Grundstücken auf Grundbuchberichtigung in Betracht. Der Insolvenzverwalter kann ggü. dem behaupteten Aussonderungsrecht negative Feststellungsklage erheben (BAG, ZInsO 2011, 1604). Der Insolvenzverwalter kann bei Aussonderung aus Eigentumsvorbehalt bis zum Berichtstermin ohne Kostenlast für die Insolvenzmasse ein Anerkenntnis erklären (§ 93 ZPO i. V. m. § 107 Abs. 2 Satz 1). I. Ü. gibt er nur Anlass zur Klage, wenn der Aussonderungsberechtigte seinen Anspruch hinreichend glaubhaft gemacht hat und der Insolvenzverwalter ausreichend Gelegenheit zur Prüfung des Aussonderungsrechts hatte (oben Rdn. 67). Um das Kostenrisiko einschätzen zu können, ist dem Gläubiger daher zu empfehlen, den Insolvenzverwalter zusammen mit der Darlegung des Aussonderungsrechts aufzufordern, Auskunft über den Zeitraum der erforderlichen Prüfung sowie die Erforderlichkeit etwaiger Genehmigungen der Gläubigerorgane zu erteilen. 79

Das Aussonderungsrecht kann auch im Wege der **einstweiligen Verfügung** (§§ 935, 936 ZPO) geltend gemacht werden, z. B. wenn der Insolvenzverwalter Sachen verwerten oder Forderungen einziehen will. Das Prozessgericht kann Veräußerungs- und Einziehungsverbote bzw. die Herausgabe an einen Sequester anordnen (Jaeger-Henckel § 47 Rn. 167; Uhlenbruck-Brinkmann § 47 Rn. 114). 80

Beweislast: Zugunsten des Insolvenzverwalters ist § 1006 Abs. 1 BGB zu beachten. War der Schuldner unmittelbarer Eigenbesitzer einer Sache, werden Eigenbesitz und Eigentum vermutet. Steht eine Sache im Miteigentum des Schuldners und eines Dritten und befindet sich die Sache im Besitz der Masse, muss der Dritte seinen Anteil der Höhe nach beweisen (BGH, ZInsO 2010, 1929 zur Vermischung). Bei Grundstücken ist gem. § 891 BGB der Inhalt des Grundbuchs als richtig anzusehen. Macht ein Ehegatte einen Aussonderungsanspruch geltend, so gilt zugunsten des Insolvenzverwalters die Eigentumsvermutung des § 1362 Abs. 1 BGB (zur Aussonderung durch Ehegatten Jaeger-Henckel § 47 Rn. 93 ff.; KPB-Prütting § 47 Rn. 12 ff.; zur Vermutung des Alleingewahrsams des Ehegatten gem. § 1362 Abs. 2 BGB s. AG Duisburg, ZInsO 2005, 105). Das gilt gem. § 8 Abs. 1 LPartG auch für Lebenspartnerschaften. 81

D. Internationales Insolvenzrecht

Bei grenzüberschreitenden Insolvenzen ist für die Abwicklung von Aussonderungsrechten § 351, bei grenzüberschreitenden Insolvenzen innerhalb der EU Art. 5 EuInsVO zu beachten (Anh. zu §§ 335 ff.). 82

§ 48 Ersatzaussonderung

¹Ist ein Gegenstand, dessen Aussonderung hätte verlangt werden können, vor der Eröffnung des Insolvenzverfahrens vom Schuldner oder nach der Eröffnung vom Insolvenzverwalter unberechtigt veräußert worden, so kann der Aussonderungsberechtigte die Abtretung des Rechts auf die Gegenleistung verlangen, soweit diese noch aussteht. ²Er kann die Gegenleistung aus der Insolvenzmasse verlangen, soweit sie in der Masse unterscheidbar vorhanden ist.

Übersicht

	Rdn.
A. Normzweck	1
B. Norminhalt	5
I. Voraussetzungen der Ersatzaussonderung	5
1. Aussonderungsfähiger Gegenstand	5
2. Veräußerung	7
3. Entgeltlichkeit	10
4. Ohne Berechtigung	12
a) Verarbeitungsgestattung	14
b) Einziehungsermächtigung	15
c) Weiterveräußerungsermächtigung	16
aa) Weiterveräußerung vor Insolvenzeröffnung	17
bb) Weiterveräußerung nach Insolvenzeröffnung	20
II. Rechtsfolgen	22
1. Abtretung des Rechts auf die Gegenleistung (Satz 1)	22
2. Verlangen der Gegenleistung aus der Insolvenzmasse (Satz 2)	24
a) Kasse des Schuldners	25
b) Konto des Schuldners	26
c) Kasse des Insolvenzverwalters	28
d) Konto des Insolvenzverwalters	29
3. Abzugspositionen	29b
III. Ersatzabsonderung	30
1. Veräußerung nach Insolvenzeröffnung	34
2. Veräußerung vor Insolvenzeröffnung	35
a) Verwertungsvereinbarungen	35a
b) Anordnung nach § 21 Abs. 2 Satz 1 Nr. 5	36
c) Fortgeltende Verfügungsermächtigungen	37
aa) Weiterveräußerungsermächtigung	37a
bb) Einziehungsermächtigung	38
3. Sicherung und Abrechnung der Erlöse	39

A. Normzweck

1 § 48 erweitert die bevorzugte Rechtsstellung des Aussonderungsberechtigten auf Gegenleistungen, die sich anstelle des auszusondernden Gegenstandes in der Insolvenzmasse befinden. Geregelt wird eine »**haftungsrechtliche Surrogation**«, die verhindern soll, dass der Gegenwert für das Aussonderungsgut im Insolvenzverfahren Teil der »Soll-Masse« wird.

2 Die Regelung gilt für Veräußerungen des Schuldners vor Insolvenzeröffnung und Veräußerungen des Insolvenzverwalters nach Insolvenzeröffnung. § 48 findet entsprechende Anwendung auf **Verfügungen des »starken« vorläufigen Insolvenzverwalters** im Insolvenzeröffnungsverfahren und auf **Verfügungen des Schuldners nach Insolvenzeröffnung** über massefremde Gegenstände (MK-Ganter § 48 Rn. 13, 14; Uhlenbruck-Brinkmann § 48 Rn. 5).

3 Der Ersatzaussonderungsanspruch ist seiner Struktur nach der **stärkste Ersatzanspruch** des Aussonderungsberechtigten, da er unmittelbar den Zugriff auf die Gegenleistung ermöglicht. Verfügungen des Insolvenzverwalters über massefremde Gegenstände können zudem **Masseverbindlichkeiten** ggü. dem Aussonderungsberechtigten aus Handlungen des Insolvenzverwalters (§ 55 Abs. 1 Nr. 1 i. V. m. §§ 989, 990 BGB) oder Bereicherungsansprüche (§ 55 Abs. 1 Nr. 3 i. V. m. §§ 812 ff. BGB) begründen. Dies gilt auch für Verfügungen des »starken« vorläufigen Insolvenzverwalters (§ 55 Abs. 2). Diese Ansprüche sind nicht aus der Gegenleistung, sondern aus der Masse zu befriedigen, können aber durch eine eintretende Masseunzulänglichkeit entwertet werden. Soweit der Verlust des Aussonderungsrechts weder durch ein Ersatzaussonderungsrecht noch durch vollwertige Masseverbindlichkeiten ausgeglichen wird, kann letztlich die **Haftung des Insolvenzverwalters** aus § 60 zum Zuge kommen (OLG Jena, ZInsO 2005, 44: Veräußerung von Eigentumsvorbehaltsware).

dazu § 47 Rdn. 61, § 51 Rdn. 54). ggf. kann der Aussonderungsberechtigte nach Verarbeitung oder Beschädigung Ansprüche aus §§ 55 Abs. 1 Nr. 1, Nr. 3, 60 geltend machen. Abweichend von der üblichen Dogmatik erfasst der Veräußerungsbegriff bei § 48 auch **Zwangsvollstreckungsmaßnahmen** (Uhlenbruck-Brinkmann § 48 Rn. 10). Wird eine fremde Sache in der Zwangsvollstreckung gegen den Schuldner wegen einer Geldforderung versteigert, kann der Aussonderungsberechtigte Ansprüche ggü. dem Vollstreckungsgläubiger geltend machen (Jaeger-Henckel § 48 Rn. 25; MK-Ganter § 48 Rn. 23).

9 Nach herrschender Meinung erfordert § 48 keine **wirksame Veräußerung** (Überbl. zum Meinungsstand bei Uhlenbruck-Brinkmann § 48 Rn. 14). Bei unwirksamer Veräußerung kann der Aussonderungsberechtigte wahlweise die Herausgabe des Aussonderungsguts vom Erwerber oder die Ersatzaussonderung der Gegenleistung des Erwerbers ggü. dem Insolvenzverwalter geltend machen. Das Ersatzaussonderungsrecht setzt dann voraus, dass der Aussonderungsberechtigte die Verfügung genehmigt; die Genehmigung kann allerdings bereits in der Geltendmachung des Ersatzaussonderungsrechts gesehen werden (MK-Ganter § 48 Rn. 43; einschr. zur Genehmigungsfähigkeit der Veräußerung Jaeger-Henckel § 48 Rn. 42 f.). Umgekehrt wird die Genehmigung dadurch endgültig verweigert, dass der Aussonderungsberechtigte seine Ansprüche ggü. dem Erwerber verfolgt (KPB-Prütting § 48 Rn. 13).

3. Entgeltlichkeit

10 Da das Aussonderungsgut durch eine Gegenleistung ersetzt wird, muss die Veräußerung entgeltlich erfolgen. Die Gegenleistung muss nicht vollwertig sein. Entgeltlich ist die Einzahlung fremder Gelder oder die Einziehung fremder Forderungen auf ein Bankkonto. Bei unentgeltlichen Verfügungen können Ansprüche des Aussonderungsberechtigten gegen den Erwerber bestehen (§ 816 Abs. 1 Satz 2 BGB).

11 Für Verfügungen über das Aussonderungsgut im Zusammenhang mit **Darlehensverträgen** gilt Folgendes: Überträgt der Schuldner als Darlehensgeber in Erfüllung eines Darlehensversprechens Aussonderungsgut, so besteht ein Ersatzaussonderungsrecht an dem Rückzahlungsanspruch; überträgt oder verpfändet der Schuldner als Darlehensnehmer zur Sicherung eines Neudarlehens Aussonderungsgut, so entsteht ein Ersatzaussonderungsrecht an dem aufgenommenen Darlehen (Uhlenbruck-Brinkmann § 48 Rn. 13; Jaeger-Henckel § 48 Rn. 68; **a. A.** MK-Ganter § 48 Rn. 40). Wird ein bestehendes Darlehen durch Belastung von Aussonderungsgut gesichert, so besteht ein Ersatzaussonderungsrecht am Erlösüberschuss nach Verwertung (MK-Ganter § 48 Rn. 39; weiter gehend Uhlenbruck-Brinkmann § 48 Rn. 13: Aussonderung des Übererlöses nach § 47).

4. Ohne Berechtigung

12 Die Veräußerung muss »**unberechtigt**« sein. Daran fehlt es, wenn der Schuldner oder der Insolvenzverwalter mit Einwilligung bzw. Genehmigung des Aussonderungsberechtigten über das Aussonderungsgut verfügt (BGH, ZInsO 2003, 705; OLG Köln, ZInsO 2005, 151; MK-Ganter § 48 Rn. 27), z. B. wenn der Aussonderungsberechtigte mit dem (vorläufigen) Insolvenzverwalter eine Verwertungsvereinbarung getroffen hat, die die Veräußerung abdeckt (Näheres bei der Ersatzabsonderung, Rdn. 35a). Problematisch sind die Fälle, in denen der Schuldner ursprünglich zur Veräußerung berechtigt war und diese Berechtigung durch den Eintritt der Krise bzw. die Einleitung oder Eröffnung des Insolvenzverfahrens entfallen sein kann.

13 Im Vordergrund stehen die Rechte des Vorbehaltsverkäufers, der dem – nun insolventen – Vorbehaltskäufer eine Weiterveräußerungsermächtigung oder eine Verarbeitungsgestattung an der Eigentumsvorbehaltsware bzw. eine Einziehungsermächtigung an Kaufpreisforderungen aus der Weiterveräußerung eingeräumt hat. Solange diese Ermächtigung fortbesteht, sind Verfügungen des Schuldners bzw. des vorläufigen Insolvenzverwalters »berechtigt«. Ein Verstoß gegen schuldrechtliche Abreden mit dem Aussonderungsberechtigten genügt nicht, um die Berechtigung entfallen zu lassen (BGH, ZInsO 2006, 493, 495).

▶ **Übersicht: Ersatzansprüche des Aussonderungsberechtigten bei Verlust der Rechte am Aussonderungsgut** 4

   I. Verlust des Aussonderungsrechts im Insolvenzeröffnungsverfahren
- Erlösbeteiligung aus Verwertungsvereinbarung mit vorläufigem Insolvenzverwalter
- Ersatzaussonderungsrecht an der Gegenleistung
- bei »starker« vorläufiger Verwaltung:

Masseverbindlichkeit aus § 55 Abs. 2
- Schadensersatzhaftung des vorläufigen Insolvenzverwalters, § 60

   II. Verlust des Aussonderungsrechts im eröffneten Insolvenzverfahren
1. Erlösbeteiligung aus Verwertungsvereinbarung
2. Ersatzaussonderungsrecht an der Gegenleistung
3. Masseverbindlichkeit aus § 55 Abs. 1 Nr. 1 und/oder § 55 Abs. 1 Nr. 3
4. Schadensersatzhaftung des Insolvenzverwalters, § 60

B. Norminhalt

I. Voraussetzungen der Ersatzaussonderung

1. Aussonderungsfähiger Gegenstand

Ursprünglich muss ein Gegenstand vorhanden gewesen sein, dessen Aussonderung hätte verlangt 5
werden können. Tritt eine **dingliche Surrogation** ein, entsteht bereits ein unmittelbares Aussonderungsrecht aus § 47 (§ 47 Rdn. 5). Bei Konkurrenz zwischen obligatorischen und dinglichen Herausgabeansprüchen steht das Ersatzaussonderungsrecht dem dinglich Berechtigten zu (Jaeger-Henckel § 48 Rn. 14; Berger FS Kreft, S. 205).

Ist ein Ersatzaussonderungsrecht entstanden, so kann eine weitere Veräußerung wiederum ein 6
Ersatzaussonderungsrecht an der neuen Gegenleistung entstehen lassen (sog. »**zweite Ersatzaussonderung**«, MK-Ganter § 48 Rn. 74 ff.; ders. NZI 2005, 1, 6 f.; KPB-Prütting § 48 Rn. 6; **a. A.** für Verfügungen des Schuldners Jaeger-Henckel § 48 Rn. 10; Uhlenbruck-Brinkmann § 48 Rn. 29a).

2. Veräußerung

Mit dem Begriff der Veräußerung werden alle Verfügungen erfasst, die einen Rechtsverlust des 7
Berechtigten am Aussonderungsgut auslösen. Bleibt das Recht des Aussonderungsberechtigten von einer Verfügung unberührt, entsteht folglich kein Ersatzaussonderungsrecht an der Gegenleistung, z.B. wenn lediglich ein Anwartschaftsrecht des Schuldners am Aussonderungsgut übertragen wird (OLG Düsseldorf, ZIP 2003, 1306).

Voraussetzung ist eine **rechtsgeschäftliche Einigung** als Grundlage der Verfügung (Uhlenbruck- 8
Brinkmann § 48 Rn. 10; Jaeger-Henckel § 48 Rn. 24). Veräußerungen sind daher auch Forderungseinzug (BGH, ZInsO 2006, 493, 495), Einzahlung fremder Gelder auf ein Bankkonto oder Eigentumsverlust durch Verbindung, Vermengung oder Vermischung, soweit diese Vorgänge in Ausführung eines Vertrages erfolgen. I. Ü. stellen **rein tatsächliche Verhaltensweisen** wie Verbindungen, Vermischungen oder Verarbeitungen keine Veräußerungen dar (MK-Ganter § 48 Rn. 25; Jaeger-Henckel § 48 Rn. 31; **a. A.** Runkel FS Kirchhof, S. 463); ausnahmsweise unterfallen diese Realakte dem Veräußerungsbegriff, wenn ein gesetzlicher Eigentumsübergang in Erfüllung eines Vertragsverhältnisses erfolgt, z. B. beim Einbau aufgrund eines Werkvertrages (HK-Lohmann § 48 Rn. 6). Somit führt die bloße **Verarbeitung** im schuldnerischen Unternehmen nicht zur Entstehung von Ersatzaussonderungsrechten. Die bloße **Nutzung** ist ebenso nicht vom Veräußerungsbegriff erfasst (BGH, ZInsO 2006, 938). Auch die **Beschädigung oder Zerstörung** von Aussonderungsgut ist keine Verfügung, sodass Entschädigungsforderungen gegen einen Versicherer nicht der Ersatzaussonderung unterliegen (Jaeger-Henckel § 48 Rn. 31; ggf. aber Aussonderungsrecht an Ansprüchen gegen den Versicherer nach § 44 Abs. 1 VVG oder Absonderungsrecht aus § 110 VVG,

a) Verarbeitungsgestattung

Praktische Bedeutung für die Entstehung von Ersatzaussonderungsrechten hat nur die Weiterveräußerungsermächtigung: Die **Verarbeitungsgestattung** ist rgm. mit einer Verarbeitungsklausel verbunden, die dem Vorbehaltsverkäufer Eigentum am Produkt verschaffen soll. Wenn die Verarbeitungsgestattung fortbesteht, kann der Vorbehaltsverkäufer ggf. Absonderungsrechte am Produkt geltend machen (§ 51 Rdn. 21). Eine Verarbeitung ohne Gestattung kann nicht zur Entstehung von Ersatzaussonderungsrechten führen, da die bloße Verarbeitung nicht vom Veräußerungsbegriff des § 48 erfasst wird (oben Rdn. 8).

14

b) Einziehungsermächtigung

An abgetretenen Forderungen aus der Weiterveräußerung von Eigentumsvorbehaltsware bestehen nur Absonderungsrechte (§ 51 Rdn. 38). Ob der Forderungseinzug von einer **Einziehungsermächtigung** gedeckt ist oder nicht, ist daher ein Problem der Ersatzabsonderung (unten Rdn. 38 ff.). Ersatzaussonderungsrechte können dagegen entstehen, wenn Forderungen eingezogen werden, die nicht zum Vermögen des Schuldners gehören, insb. bei der Verwaltungstreuhand (§ 47 Rdn. 34 f.).

15

c) Weiterveräußerungsermächtigung

Die **Weiterveräußerungsermächtigung** entfällt, wenn sie vom Vorbehaltsverkäufer widerrufen wird oder nach dem Klauselinhalt erlischt, z. B. bei Zahlungseinstellung, Insolvenzantragstellung oder Insolvenzeröffnung. I. Ü. entfällt die Weiterveräußerungsermächtigung erst mit Insolvenzeröffnung (MK-Ganter § 47 Rn. 145; weiter gehend Uhlenbruck-Brinkmann § 48 Rn. 17; Jaeger-Henckel § 48 Rn. 53: Fortgeltung auch nach Insolvenzeröffnung, a. A. Jaeger Gerhardt § 22 Rn. 123: Erlöschen mit Anordnung der vorläufigen Insolvenzverwaltung). Wenn die Weiterveräußerungsermächtigung dem Grunde nach fortbesteht, ist aber nicht jede Veräußerung »berechtigt«; maßgeblich ist, ob die konkrete Weiterveräußerung »im ordnungsgemäßen Geschäftsverkehr« erfolgt (MK-Ganter § 47 Rn. 124; Uhlenbruck-Brinkmann § 48 Rn. 16a ff.). Dabei ist auf die Interessenlage des Vorbehaltsverkäufers abzustellen.

16

aa) Weiterveräußerung vor Insolvenzeröffnung

Beim **einfachen Eigentumsvorbehalt** verliert der Vorbehaltsverkäufer sein Eigentum, wenn der Schuldner den Gegenstand mit Zustimmung des »**schwachen« vorläufigen Insolvenzverwalters** veräußert. Er ist nicht durch Verlängerungen des Eigentumsvorbehalts gesichert. Nach Insolvenzantragstellung erhält er keine Zahlung mehr auf den Kaufpreisanspruch, der im nachfolgenden Insolvenzverfahren nur als Insolvenzforderung angemeldet werden kann. Somit ist die Veräußerung nach Insolvenzantragstellung durch die Ermächtigung grds. nicht gedeckt und daher »unberechtigt« (Jaeger-Henckel § 48 Rn. 48), sodass ein Ersatzaussonderungsrecht an der Gegenleistung entsteht. Eine Weiterveräußerung ist dagegen »berechtigt«, wenn die Kaufpreisforderung hinreichend gesichert wird (MK-Ganter § 47 Rn. 145, 162). Bei der Veräußerung durch einen »**starken« vorläufigen Insolvenzverwalter** erfolgt die Sicherung durch die Begründung einer Masseverbindlichkeit über den Kaufpreis (§ 55 Abs. 2); der »schwache« vorläufige Insolvenzverwalter kann eine Masseverbindlichkeit aufgrund Einzelermächtigung des Gerichts begründen (BGH, ZInsO 2002, 819). Ist bereits im Insolvenzeröffnungsverfahren eine nach Insolvenzeröffnung eintretende Masseunzulänglichkeit erkennbar, kann der Vorbehaltsverkäufer zusätzlich gegen den Ausfall der Masseverbindlichkeit gesichert werden (§ 47 Rdn. 50 ff.).

17

Beim **verlängerten Eigentumsvorbehalt mit Vorausabtretungsklausel** ist der Vorbehaltsverkäufer dadurch gesichert, dass er ein Absonderungsrecht an der Kaufpreisforderung aus dem Veräußerungsgeschäft erwirbt. Die Vorausabtretung bleibt im Insolvenzeröffnungsverfahren wirksam (Vorbem. §§ 49 bis 51 Rdn. 15). Daher ist die Veräußerung hier grds. »berechtigt« (Jaeger-Henckel § 48 Rn. 51). Beim verlängerten Eigentumsvorbehalt werden die Grenzen des ordnungsgemäßen Geschäftsverkehrs dagegen überschritten, wenn die Abtretung der Kaufpreisforderung an einem

18

Abtretungsverbot zwischen dem Schuldner und dem Zweitkäufer scheitert (§ 51 Rdn. 35 a. E.; Uhlenbruck-Uhlenbruck § 48 Rn. 19; MK-Ganter § 47 Rn. 166), oder beim Verkauf zu Schleuderpreisen unter dem Einkaufspreis.

19 ▶ **Übersicht: Klauselinhalt zum Fortbestand der Weiterveräußerungsermächtigung nach Insolvenzantragstellung**

Schuldner/vorläufiger Insolvenzverwalter ist zur Weiterveräußerung im »ordnungsgemäßen Geschäftsverkehr« unter folgenden Voraussetzungen berechtigt:
– vorläufiger Insolvenzverwalter begründet Masseverbindlichkeit für die Kaufpreisforderung und
– vorläufiger Insolvenzverwalter tritt Forderung aus der Weiterveräußerung zur Sicherung der Masseverbindlichkeit an Verkäufer ab bzw. stimmt der Abtretung durch den Schuldner zu.

bb) Weiterveräußerung nach Insolvenzeröffnung

20 Nach Insolvenzeröffnung entfällt die Weiterveräußerungsermächtigung grds. (oben Rdn. 16). »Unberechtigt« ist die Weiterveräußerung beim **einfachen Eigentumsvorbehalt** daher, wenn der Insolvenzverwalter die Erfüllung des Kaufvertrages über das Aussonderungsgut (§ 103) ablehnt (Jaeger-Henckel § 51 Rn. 35). Wählt der Insolvenzverwalter die Erfüllung des Kaufvertrages, verschafft er dem Lieferanten eine Masseverbindlichkeit aus § 55 Abs. 1 Nr. 2 über den Kaufpreis. Mit der **Erfüllungswahl** lebt die Weiterveräußerungsermächtigung als Bestandteil des Kaufvertrages wieder auf (MK-Ganter § 47 Rn. 145; im Ergebnis auch Jaeger-Henckel § 48 Rn. 46; nach Uhlenbruck-Brinkmann § 47 Rn. 30 besteht die Weiterveräußerungsermächtigung bis zur Erfüllungsablehnung fort). Die bloße Veräußerung ist allerdings noch keine Erfüllungswahl gem. § 103 (BGH, ZIP 1998, 298; MK-Ganter § 47 Rn. 146; bei Kenntnis des Insolvenzverwalters vom Eigentumsvorbehalt ggf. konkludente Erfüllungswahl, KPB-Lüke § 91 Rn. 33; Jaeger-Henckel § 48 Rn. 55). Die Weiterveräußerung ist aber nicht von den Grundsätzen des »ordnungsgemäßen Geschäftsverkehrs« gedeckt, wenn der Eintritt der Masseunzulänglichkeit im Zeitpunkt der Veräußerung für den Insolvenzverwalter erkennbar ist (Uhlenbruck-Brinkmann § 48 Rn. 17; Jaeger-Henckel § 48 Rn. 46). Dann steht nämlich trotz Erfüllungswahl fest, dass der Insolvenzverwalter den Kaufpreis nicht vollständig aus der Masse entrichten kann; die Weiterveräußerung ist dann »unberechtigt«.

21 Die Grundsätze für den einfachen Eigentumsvorbehalt gelten nach Insolvenzeröffnung auch für den **verlängerten Eigentumsvorbehalt mit Vorausabtretungsklausel**. Nach Insolvenzeröffnung kann der Vorbehaltsverkäufer keine Rechte an der Forderung aus der Weiterveräußerung durch den Insolvenzverwalter erwerben: Eine Forderungsabtretung ist unwirksam, wenn die abzutretende Forderung erst nach Insolvenzeröffnung entsteht (MK-Breuer § 91 Rn. 43); daraus folgt, dass die Vorausabtretung einer Forderung aus einem Veräußerungsgeschäft, das erst nach Insolvenzeröffnung abgeschlossen wird, beim verlängerten Eigentumsvorbehalt grds. an § 91 scheitert (KPB-Lüke § 91 Rn. 32; a. A. Jaeger-Henckel § 48 Rn. 53, § 51 Rdn. 34; Uhlenbruck-Brinkmann § 47 Rn. 30: die Weiterveräußerungsermächtigung erlischt erst mit Erfüllungsablehnung). Somit ist der Fortbestand der Weiterveräußerungsermächtigung auch beim verlängerten Eigentumsvorbehalt davon abhängig, dass der Insolvenzverwalter die Erfüllung des Kaufvertrages wählt und damit zur Kaufpreiszahlung verpflichtet ist; dann ist die Weiterveräußerung »berechtigt«. Die Weiterveräußerung ohne Erfüllungswahl ist dagegen »unberechtigt«, sodass die Kaufpreisforderung der Ersatzaussonderung unterliegt.

II. Rechtsfolgen

1. Abtretung des Rechts auf die Gegenleistung (Satz 1)

22 Der Aussonderungsberechtigte kann die Abtretung des Rechts auf die Gegenleistung verlangen. Ihm steht der Anspruch auf die volle Gegenleistung zu; ersparte Kosten sind abzugsfähig (Uhlenbruck-Brinkmann § 48 Rn. 24; MK-Ganter § 48 Rn. 72). Ist Aussonderungsgut zusammen mit weiteren Gegenständen zu einem **Gesamtpreis** veräußert worden, so erfasst das Ersatzaussonderungsrecht die anteilige Gegenleistung (Uhlenbruck-Uhlenbruck § 48 Rn. 26; MK-Ganter § 48 Rn. 69). Ein Lieferant erhält daher nicht nur den geschuldeten Kaufpreis, sondern den vollständigen Weiterverkaufspreis der Waren einschließlich des Verkaufsgewinns (Uhlenbruck-Brinkmann § 48 Rn. 24; MK-Ganter § 48 Rn. 67). Wird Eigentumsvorbehaltsware vom Schuldner in Erfüllung eines **Werkvertrages** eingebaut, ist der Vergütungsanspruch gegen den Besteller im Verhältnis des Materialwerts zum Wert der Arbeitsleistung aufzuteilen (Jaeger-Henckel § 48 Rn. 77; MK-Ganter § 48 Rn. 70). Hat der Insolvenzverwalter unter einfachem Eigentumsvorbehalt gelieferte Warenvorräte mit Gewinn veräußert, kann er die Belastung der Insolvenzmasse dadurch reduzieren, dass er die **Erfüllung des Kaufvertrages** gem. § 103 wählt und nur den offenen Einkaufspreis zahlt (Jaeger-Henckel § 48 Rn. 76; zu den Folgen der Erfüllungswahl beim erweiterten Eigentumsvorbehalt § 51 Rdn. 13). Ist das Aussonderungsgut vom Insolvenzverwalter unter Wert veräußert worden, kann der Aussonderungsberechtigte ergänzend Masseverbindlichkeiten aus § 55 Abs. 1 Nr. 1 geltend machen bzw. den Insolvenzverwalter aus § 60 in Haftung nehmen.

Aussonderungsrechte können durch **anfechtbare Verfügungen** des Schuldners untergehen (z. B. durch gutgläubigen Erwerb des Anfechtungsgegners). Wird das Erlangte vom Anfechtungsgegner nach Insolvenzanfechtung zurückgewährt (§ 143), stehen dem Aussonderungsberechtigten an dem Gegenstand keine Ersatzaussonderungsrechte aus § 48 zu. **Rückgewähransprüche** der Insolvenzmasse aus Anfechtung sind keine »Rechte auf die Gegenleistung« i. S. v. § 48. Diese Ansprüche können zwar anlässlich einer Verfügung entstehen, sind aber gesetzliche Folge der in §§ 129 ff. geregelten Tatbestandsvoraussetzungen. Allerdings soll die Insolvenzmasse durch die Anfechtung nicht besser gestellt werden, als sie ohne die anfechtbare Veräußerung stünde: Mit der Rückführung des Gegenstandes in die Masse leben die Haftungsverhältnisse vor Veräußerung wieder auf. In entsprechender Anwendung der Grundsätze zur Aussonderungsfähigkeit von Anfechtungsansprüchen (§ 47 Rdn. 30) gilt daher Folgendes: Wird der anfechtbar veräußerte **Gegenstand** zur Insolvenzmasse zurückgewährt, **leben Aus- und Absonderungsrechte wieder auf.** Es bedarf daher keiner Ersatzaussonderung bzw. Ersatzabsonderung. Wird auf die Insolvenzanfechtung hin **Wertersatz** geleistet, kann der Berechtigte wegen Verlustes seiner Aus- bzw. Absonderungsrechte nur **Insolvenzforderungen** geltend machen. 23

▶ Beispiel:

Veräußert der Schuldner z. B. eine sicherungsübereignete Sache, kann der Erwerber das Eigentum an der Sache gutgläubig erwerben (§§ 929, 932 BGB); das Sicherungseigentum erlischt. Ficht der Insolvenzverwalter die Veräußerung wirksam an, fällt die Sache wieder belastet mit dem Absonderungsrecht aus Sicherungseigentum in die Masse zurück. Hat indes der Erwerber die Sache seinerseits weiterveräußert und die Gegenleistung eingezogen, schuldet er dem Insolvenzverwalter nur Wertersatz. Der Wertersatz fällt in die freie Masse, der Sicherungsnehmer kann nur seine Insolvenzforderung anmelden.

2. Verlangen der Gegenleistung aus der Insolvenzmasse (Satz 2)

Ist die Gegenleistung bereits an den Schuldner oder in die Insolvenzmasse geflossen, so kann sie verlangt werden, wenn sie noch **unterscheidbar** vorhanden ist. 24

a) Kasse des Schuldners

Hat der Schuldner gleichartige Gegenstände mit seinem Vermögen vermischt, so entfällt die Unterscheidbarkeit, insb. bei der Einziehung von Bargeld in die **Kasse des Schuldners** (OLG Köln, ZInsO 2005, 151; Jaeger-Henckel § 48 Rn. 81; **a. A.** MK-Ganter § 48 Rn. 57; Uhlenbruck-Brinkmann § 48 Rn. 27: Miteigentum am »Bodensatz des Kassenbestandes«, dazu unten Rdn. 29). 25

b) Konto des Schuldners

Die Einziehung auf ein **debitorisches Schuldnerkonto vor** Insolvenzeröffnung kann mangels Gegenleistung nicht ausgesondert werden, da die Bank die Gutschrift sofort mit dem dortigen Soll- 26 saldo verrechnet. Es fehlt daher an der Unterscheidbarkeit der Gegenleistung (BGH, ZInsO 2006, 493, 495). Wird die Verrechnung vom Insolvenzverwalter nach Insolvenzeröffnung angefochten, entsteht kein Ersatzaussonderungsrecht am Rückgewähranspruch (oben Rdn. 23).

27 Die Unterscheidbarkeit entfällt dagegen nicht, wenn Zahlungen auf ein **kreditorisches Schuldnerkonto** geleistet und dort in das Kontokorrent eingestellt werden. Hier wird die Ersatzaussonderung bejaht, soweit die Gutschrift durch Belege feststellbar und nicht durch Abbuchungen verbraucht ist; für die Höhe des Ersatzaussonderungsanspruchs ist der niedrigste Tagessaldo nach Gutschrift als »Bodensatz« maßgeblich (BGH, ZInsO 2006, 493; BGHZ 141, 116, 123 = ZInsO 1999, 284; MK-Ganter § 48 Rn. 34, 60 ff.; gegen Unterscheidbarkeit KPB-Prütting § 48 Rn. 22). Der BGH hat nachfolgend generell Rechte aus Ersatzaussonderung oder Ersatzabsonderung abgelehnt, wenn Zahlungen von Drittschuldnern auf abgetretene Forderungen vor Insolvenzeröffnung auf dem Konto des Schuldners eingehen (BGH, ZInsO 2009, 1254, 1257). Insoweit bezieht sich der BGH auf die frühere Rechtsprechung zu § 46 KO; die InsO erweitert aber ggü. der Rechtslage in § 46 Satz 2 KO den Anwendungsbereich der Ersatzaussonderung auf Gegenleistungen, die vor Insolvenzeröffnung eingezogen wurden und erfasst daher auch den Forderungseinzug auf Konten. Die Umbuchung auf das Insolvenzverwalteranderkonto lässt die Unterscheidbarkeit nicht entfallen (OLG Stuttgart, ZInsO 2002, 85). Wird die Gutschrift auf dem Schuldnerkonto durch Abbuchungen verbraucht, ist die Masse bereichert, sodass eine Masseverbindlichkeit gem. § 55 Abs. 1 Nr. 3 besteht. Erfolgen die Gutschrift und der Verbrauch durch Abbuchungen vor Insolvenzeröffnung, besteht nach Insolvenzeröffnung für den Teil der Gutschrift, der nicht mehr der Ersatzaussonderung unterliegt, nur eine Insolvenzforderung.

c) Kasse des Insolvenzverwalters

28 Barzahlungen in die **Kasse des Insolvenzverwalters** führen zur Vermischung, sodass die Ersatzaussonderung nicht möglich ist (HK-Lohmann § 48 Rn. 12). Dann können Ansprüche aus §§ 55, 60 bestehen (oben Rdn. 4).

d) Konto des Insolvenzverwalters

29 Gegenleistungen, die auf das **Anderkonto des Insolvenzverwalters eingezogen werden, sind** dagegen unterscheidbar und unterliegen der Ersatzaussonderung (BGHZ 141, 116, 118 = ZInsO 1999, 284). Das gilt auch für Zahlungen auf das Anderkonto des vorläufigen Insolvenzverwalters; seine Sicherungsaufgabe erfasst auch die Einziehung fremder Gelder und Forderungen. Der Ersatzaussonderungsanspruch mindert sich – wie bei der Zahlung auf das Schuldnerkonto (oben Rdn. 27) – auf den »Bodensatz« des Kontoguthabens, wenn der Tagessaldo auf dem Anderkonto in der Folgezeit unter den Betrag der eingezogenen Gegenleistung absinkt (BGHZ 141, 116, 123 = ZInsO 1999, 284; krit. Krull, ZInsO 2000, 304). Ist das Guthaben mit Ansprüchen mehrerer Ersatzaussonderungsberechtigter belastet, gilt für die Aufteilung des Guthabens nicht die Priorität der einzelnen Gutschriften; können nicht alle Ersatzaussonderungsansprüche befriedigt werden, werden die Ansprüche anteilig gekürzt (zur Berechnung OLG Köln, ZIP 2002, 947). Wenn das Anderkonto wieder aufgefüllt wird, lebt der Ersatzaussonderungsanspruch nicht wieder auf (BGHZ 141, 116, 123 = ZInsO 1999, 284). Wenn die Ersatzaussonderung an der fehlenden Unterscheidbarkeit scheitert, sind Ansprüche gegen die Masse aus § 55 oder gegen den Insolvenzverwalter aus § 60 zu prüfen (oben Rdn. 4). Der **Insolvenzverwalter** ist daher gehalten, Fremdgelder auf Unterkonten anzulegen, um das Ersatzaussonderungsrecht nicht durch nachfolgende Belastungsbuchungen zu beeinträchtigen (§ 47 Rdn. 58a). Unterlässt er diese Separierung, kann er für Schäden aus § 60 **haften**.

29a Für Rückforderungsansprüche aus **Fehlzahlungen** auf das Insolvenzanderkonto löst sich der BGH vom System der Ersatzaussonderung und räumt dem Gläubiger direkte Ansprüche gegen den (vorläufigen) Insolvenzverwalter aus Bereicherungsrecht ein. Dieser Rechtsprechung liegt die Annahme zugrunde, dass auf dem Anderkonto eingehende Gelder nicht per se zur Insolvenzmasse gehören,

sondern dem Insolvenzverwalter persönlich zuzuordnen sind. Beispiele für unmittelbare Ansprüche gegen den (vorläufigen) Insolvenzverwalter sind:
– Überzahlung durch Überweisungsfehler (BGH, ZIP 2007, 2279);
– irrtümliche Überweisung infolge Verwechslung (BGH, ZIP 2009, 531);
– Zahlung auf Anderkonto nach Verfahrensaufhebung (BGH, ZIP 2011, 1220).

Diese Fallgruppe zeichnet sich dadurch aus, dass die Zahlungseingänge keinen gegenständlichen Bezug zur »Ist-Masse« haben (Fehlzahlungen auf nicht bestehende oder nicht zur Masse gehörende Forderungen) oder der persönliche Bezug des Zahlungsempfängers zur Insolvenzmasse fehlt (Zahlung nach Verfahrensaufhebung). Allein der Eingang auf dem Anderkonto kann nicht genügen, um die Gutschrift in die Insolvenzmasse zu überführen.

Erfolgt die Zahlung auf das Anderkonto des vorläufigen Insolvenzverwalters, besteht der Rückforderungsanspruch des Zahlenden auch nach Insolvenzeröffnung gegen den Insolvenzverwalter fort (BGH, ZIP 2007, 2279), Weder die Insolvenzeröffnung noch der Beschluss der Gläubigerversammlung über die Weiterführung des Anderkontos als Hinterlegungskonto bewirken einen Übergang der Zahlung in die Insolvenzmasse (BGH, ZIP 2007, 2279). Ist der gezahlte Betrag verbraucht – z. B. durch Zahlungen an Massegläubiger oder Verteilung an die Insolvenzgläubiger – kann sich der Insolvenzverwalter auf Entreicherung berufen, soweit er nicht bösgläubig war (BGH, ZIP 2011, 1220).

Damit wird die Rückabwicklung von Zahlungen in den geschilderten Fällen aus dem System der InsO – Ersatzaussonderung/Masseverbindlichkeit/Insolvenzforderung – gelöst und auf die unmittelbare Inanspruchnahme des (vorläufigen) Insolvenzverwalters persönlich verlagert. Hat der Verwalter das Kontoguthaben verteilt, muss er die Entreicherung nachweisen oder wird seinerseits auf Bereicherungsansprüche gegen die Masse verwiesen, die aber nach Verteilung der Masse wertlos sind.

Diese Rechtslage kann der (vorläufige) Insolvenzverwalter vermeiden, wenn er für den Zahlungsverkehr kein Anderkonto, sondern ein Sonderkonto für den Schuldner einrichtet (BGH, ZIP 2009, 531; Stahlschmidt, NZI 2011, 272). Dieses Sonderkonto ist der Insolvenzmasse zuzuordnen. Für die Rückabwicklung von Zahlungen gelten dann die Grundsätze aus Rdn. 27.

3. Abzugspositionen

Unterliegt die Veräußerung einer fremden Sache der USt und wurde die USt bereits an das FA abgeführt, kann der Ersatzaussonderungsberechtigte nur den Nettokaufpreis herausverlangen (BGH, ZInsO 2008, 619).

29b

Sind der Masse im Zusammenhang mit der Veräußerung **Aufwendungen** entstanden, die nicht bereits die Gegenleistung gemindert haben, kann der Ersatzaussonderungsberechtigte nach den Regeln der Geschäftsführung ohne Auftrag zum Aufwendungsersatz verpflichtet sein (HK-Lohmann § 48 Rn. 13; bei Bösgläubigkeit können die Masse bzw. der Insolvenzverwalter jedoch unbeschränkt haften).

III. Ersatzabsonderung

Wird ein Gegenstand, der mit einem Absonderungsrecht belastet ist, unberechtigt veräußert, so findet § 48 auf die Ersatzabsonderung entsprechende Anwendung. Entsprechend zur Ersatzaussonderung (oben Rdn. 6) ist auch eine **zweite Ersatzabsonderung** möglich, wenn unberechtigt über die Gegenleistung verfügt wird (Ganter, NZI 2005, 1, 8; Ganter/Bitter, ZIP 2005, 93, 96).

30

Vorrangig ist zu prüfen, ob sich das Absonderungsrecht kraft Surrogation fortsetzt (z. B. am Erlös bei der Pfandverwertung). Das Absonderungsrecht kann sich auch kraft Vereinbarung an einem anderen Gegenstand fortsetzen, z. B. am Produkt beim verlängerten Eigentumsvorbehalt mit Verarbeitungsklausel oder an der Forderung beim verlängerten Eigentumsvorbehalt mit Vorausabtretungsklausel (zum Nebeneinander von § 48 und Rechten aus verlängertem Eigentumsvorbehalt

31

Jaeger-Henckel § 48 Rn. 56; § 51 Rdn. 34 ff.). Liegen die Voraussetzungen für derartige Surrogationen nicht vor, kann die lastenfreie Veräußerung von Absonderungsgut durch Verwertungsvereinbarungen oder das Verwertungsrecht des Insolvenzverwalters (§ 166) bzw. des vorläufigen Insolvenzverwalters (§ 21 Abs. 2 Satz 1 Nr. 5) legitimiert sein. Durch unberechtigte Verwertungshandlungen des Schuldners, des vorläufigen Insolvenzverwalters oder des Insolvenzverwalters können Ersatzabsonderungsrechte begründet werden. Ergänzend können zugunsten des Absonderungsberechtigten Masseverbindlichkeiten aus § 55 Abs. 1 Nr. 1, Nr. 3, Abs. 2 oder Haftungsansprüche gegen den (vorläufigen) Insolvenzverwalter aus § 60 entstehen.

32 ▶ **Übersicht: Ersatzansprüche des Absonderungsberechtigten bei Verlust der Rechte am Absonderungsgut**
  I. Verwertung von Absonderungsgut im Insolvenzeröffnungsverfahren
     1. Erlösbeteiligung aus Verwertungsvereinbarung mit vorläufigem Insolvenzverwalter
     2. Erlösabrechnung nach §§ 170, 171 (bei Anordnung nach § 21 Abs. 2 Satz 1 Nr. 5)
     3. Ersatzabsonderungsrecht an der Gegenleistung analog § 48
     4. Bei »starker« vorläufiger Insolvenzverwaltung: Masseverbindlichkeit aus § 55 Abs. 2
     5. Schadensersatzhaftung des vorläufigen Insolvenzverwalters, § 60
  II. Verwertung von Absonderungsgut im eröffneten Insolvenzverfahren
     1. Erlösbeteiligung aus Verwertungsvereinbarung
     2. Erlösabrechnung nach §§ 170, 171
     3. Ersatzabsonderungsrecht an der Gegenleistung analog § 48
     4. Masseverbindlichkeit aus § 55 Abs. 1 Nr. 1 und/oder § 55 Abs. 1 Nr. 3
     5. Schadensersatzhaftung des Insolvenzverwalters, § 60

33 Für die Ersatzabsonderung gilt die Ausführung zur Ersatzaussonderung entsprechend. Auch hier ist eine entgeltliche Veräußerung erforderlich. Für den (vorläufigen) Insolvenzverwalter ist die Vereitelung von Absonderungsrechten im Hinblick auf § 60 haftungsträchtig, wenn mangels Veräußerung keine Ersatzabsonderungsrechte entstehen, z. B. bei Verarbeitung von Absonderungsgut (oben Rdn. 8) oder Entfernung von Gegenständen, die mit einem Vermieterpfandrecht belastet sind.

1. Veräußerung nach Insolvenzeröffnung

34 Ersatzabsonderungsrechte werden rgm. durch die Verwertung des belasteten Gegenstandes begründet, wenn die Verwertung »unberechtigt« erfolgt. Im **eröffneten Insolvenzverfahren** wird die Verwertung nach den Regelungen der §§ 165 ff. abgewickelt. Werden diese Regelungen vom Insolvenzverwalter eingehalten, können mangels »unberechtigter« Veräußerung keine Ersatzabsonderungsrechte entstehen; der Erlös ist nach § 165 i. V. m. §§ 10 ff. ZVG bzw. §§ 170, 171 abzurechnen (Jaeger-Henckel § 48 Rn. 66; Uhlenbruck-Brinkmann § 48 Rn. 32). Die Verwertung auf Grundlage einer Verwertungsvereinbarung mit dem Absonderungsberechtigten ist ebenfalls »berechtigt«, ebenso bei Genehmigung durch den Absonderungsberechtigten (§ 185 BGB). Da der Insolvenzverwalter nach Insolvenzeröffnung weitgehend zur Verwertung der Insolvenzmasse berechtigt ist, verbleiben im eröffneten Insolvenzverfahren nur Restfälle für die analoge Anwendung des § 48, z. B. die Verwertung von Zubehör, das dem Haftungsverband für ein Grundpfandrecht unterliegt (§ 49 Rdn. 5 ff.), oder die Einziehung verpfändeter Forderungen (§ 166 Rdn. 16).

2. Veräußerung vor Insolvenzeröffnung

35 Schwerpunkt der Ersatzabsonderung ist die analoge Anwendung des § 48 auf Handlungen des Schuldners sowie des vorläufigen Insolvenzverwalters. Veräußerungen sind »unberechtigt«, wenn sie weder durch Verwertungsvereinbarungen (Rdn. 35a) noch durch gerichtliche Anordnung (Rdn. 36) oder fortgeltende Veräußerungsermächtigungen (Rdn. 37 ff.) legitimiert sind.

a) Verwertungsvereinbarungen

Die Verwertung im **Insolvenzeröffnungsverfahren** ist »berechtigt«, wenn der vorläufige Insolvenzverwalter mit dem Absonderungsberechtigten eine **Verwertungsvereinbarung** getroffen bzw. einer Verwertungsvereinbarung mit dem Schuldner zugestimmt hat. Der Verwertungserlös wird nach Maßgabe der Vereinbarung abgerechnet. Verwertungsvereinbarungen sind dahin gehend auszulegen, dass dem Absonderungsberechtigten im Wege der Abtretung ein dingliches Recht am Erlös eingeräumt wird (BGH, ZInsO 2004, 151, 152 zum Vermieterpfandrecht; a. A. Mitlehner, ZIP 2012, 649, 652, 654: Erlösanspruch des Absonderungsberechtigten stets nur Masseverbindlichkeit gem. §§ 55, 209). In der »schwachen« vorläufigen Insolvenzverwaltung muss der vorläufige Insolvenzverwalter für den Abschluss der Verwertungsvereinbarung eine **Einzelermächtigung** des Insolvenzgerichts einholen. Um die dingliche Absicherung des Absonderungsberechtigten zu verstärken, kann mit Zustimmung des Insolvenzgerichts ein **Treuhandkonto** eingerichtet werden, auf dem die Erlöse für die nachfolgende Abrechnung mit dem Absonderungsberechtigten gesammelt werden (AG Hamburg, ZInsO 2005, 1056; zur Handhabung des Treuhandkontos § 47 Rdn. 58). Da der vorläufige Insolvenzverwalter einer Verwertungsvereinbarung nur zustimmt, wenn die Masse nicht schlechtergestellt wird als bei einer Verwertung im eröffneten Insolvenzverfahren, sind diese Vereinbarungen i. d. R. nicht gläubigerbenachteiligend und somit unanfechtbar.

35a

b) Anordnung nach § 21 Abs. 2 Satz 1 Nr. 5

Für den **Forderungseinzug** kann das Insolvenzgericht nach § 21 Abs. 2 Satz 1 Nr. 5 anordnen, dass Forderungen nicht mehr vom Absonderungsberechtigten verwertet werden dürfen (§ 21 Rdn. 69h). Damit ist zugleich der vorläufige Insolvenzverwalter einziehungsberechtigt; die Abrechnung der Erlöse richtet sich dann nach §§ 170, 171 und nicht nach § 48 (§ 170 Rdn. 13). Bei **beweglichen** Sachen deckt eine Anordnung nach § 21 Abs. 2 Satz 1 Nr. 5 nicht die Veräußerung (HK-Lohmann § 48 Rn. 19; a. A. Ganter NZI 2007, 549, 552).

36

c) Fortgeltende Verfügungsermächtigungen

Ebenso wie bei der Ersatzaussonderung ist die Verwertung im Insolvenzeröffnungsverfahren »berechtigt«, wenn sie noch durch Ermächtigungen gedeckt ist, die der Absonderungsberechtigte dem Schuldner erteilt hat. Hauptfälle sind Weiterveräußerungsermächtigungen am Absonderungsgut (erweiterter Eigentumsvorbehalt, verlängerter Eigentumsvorbehalt nach Verarbeitung, Sicherungsübereignung) und Einziehungsermächtigungen bei abgetretenen Forderungen (verlängerter Eigentumsvorbehalt mit Vorausabtretungsklausel, Sicherungszession).

37

aa) Weiterveräußerungsermächtigung

Für die **Weiterveräußerungsermächtigung** gelten die Ausführungen zur Ersatzaussonderung (oben Rdn. 16 ff.) entsprechend: Die Weiterveräußerung ist gedeckt, wenn der Absonderungsberechtigte einen Ausgleich für den Verlust des Absonderungsguts erhält, etwa durch Begründung einer Masseverbindlichkeit oder Vorausabtretung der Kaufpreisforderung aus der Weiterveräußerung.

37a

bb) Einziehungsermächtigung

Solange eine Einziehungsermächtigung des Schuldners besteht, ist der Forderungseinzug »berechtigt«. Verstößt der Schuldner gegen eine Vereinbarung, die den Forderungseinzug betrifft, handelt er »unberechtigt« (BGH, ZIP 2010, 742 zum Einzug auf ein anderes Konto als das des Sicherungsnehmers). Sonstige Verstöße gegen schuldrechtliche Abreden sind dagegen unerheblich (oben Rdn. 13). Eine dem Schuldner erteilte **Einziehungsermächtigung** erlischt nach herrschender Meinung nicht bereits mit der Krise, sondern entfällt erst mit Insolvenzeröffnung (BGH, ZInsO 2000, 330; MK-Ganter § 47 Rn. 162, § 51 Rdn. 181; HK-Kirchhof § 22 Rn. 17; offen BGH, ZIP 2007, 925; a. A. Jaeger-Henckel § 48 Rn. 34: nur Einziehung durch »starken« vorläufigen Insolvenzverwalter gedeckt). Vor Insolvenzeröffnung erlischt die Einziehungsermächtigung durch Erklärung des

38

Widerrufs (BGHZ 144, 192, 199). Eine AGB-Klausel, wonach der Widerruf mit Eintritt der Krise oder Insolvenzantragstellung als ausgesprochen gilt, ist unwirksam (Ganter, ZInsO 2007, 841). Der Widerruf der Einziehungsermächtigung kann ggü. dem Schuldner oder ggü. dem Drittschuldner erklärt werden, insb. durch Offenlegung der Abtretung und Aufforderung zur Zahlung an den Absonderungsberechtigten. Die Erklärung der eigenen Verwertungsabsicht genügt zum Widerruf (BGH, NZI 2007, 338). Die Fälligstellung der gesicherten Forderung genügt nicht (BGH, ZInsO 2006, 544).

38a Zieht der vorläufige Insolvenzverwalter Forderungen ein, nachdem die **Einziehungsermächtigung fortgefallen** ist, sind die Erlöse analog § 48 an den Absonderungsberechtigten auszukehren. Zahlungen auf debitorische Schuldnerkonten sind mangels Unterscheidbarkeit nicht herauszugeben, sondern können im Wege der Insolvenzanfechtung ggü. der kontoführenden Bank zur Masse gezogen werden (oben Rdn. 26) Kostenbeiträge fallen für die Insolvenzmasse nach Widerruf der Einziehungsermächtigung an, wenn vor dem Einzug der Forderungen das **Verwertungsrecht aus § 21 Abs. 2 Satz 1 Nr. 5** angeordnet wurde. Diese Anordnung ist auch beim Widerruf der Einziehungsermächtigung zulässig (Gundlach/Frenzel/Jahn, NZI 2010, 336, 338; Borchardt/Frind-Henkel, Betriebsfortführung, Rn. 987; a.A. Uhlenbruck-Vallender § 21 Rn. 38 f.; MK-Haarmeyer § 22 Rn. 55), denn mit der Anordnung des Verwertungsrechts ist zugleich ein Einziehungsverbot für den Absonderungsberechtigten verbunden. Der Absonderungsberechtigte kann daher das Verwertungsrecht des vorläufigen Insolvenzverwalters nicht vereiteln, auch nicht durch Widerruf einer dem Schuldner erteilten Einziehungsermächtigung.

38b Besteht die dem Schuldner erteilte **Einziehungsermächtigung fort**, unterliegen Erlöse aus Forderungen, die der vorläufige Insolvenzverwalter einzieht, nicht der Ersatzabsonderung nach § 48. Er soll aber analog § 170 Abs. 1 Satz 2 verpflichtet sein, die eingezogenen Beträge an den Absonderungsberechtigten auszukehren (BGH, ZIP 2010, 739; zust. Borchardt/Frind-Henkel, Betriebsfortführung, Rn. 981; krit. Flöther/Wehner, NZI 2010, 554, 557; Mitlehner, ZIP 2010, 1934). Kostenbeiträge darf der vorläufige Insolvenzverwalter ohne Anordnung nach § 21 Abs. 2 Satz 1 Nr. 5 nicht einbehalten, da der BGH keine analoge Anwendung des § 170 Abs. 1 Satz 1 in Betracht zieht. Diese Rechtsprechung bezieht sich zwar auf einen Altfall vor Einführung des § 21 Abs. 2 Satz 1 Nr. 5, dürfte aber auch auf Neufälle Anwendung finden. Voraussetzung für die analoge Anwendung des §§ 170 Abs. 1 Satz 2 ist, dass der vorläufige Insolvenzverwalter – und nicht der Schuldner – die Forderung aufgrund richterlicher Ermächtigung eingezogen hat (Ganter, NZI 2010, 551, 552). Im Einzelfall ist daher festzustellen, ob ein Forderungseinzug noch auf Handlungen des Schuldners (Erlös fällt in die Masse) oder schon auf Veranlassungen des vorläufigen Insolvenzverwalters (Erlös ist analog § 170 Abs. 1 Satz 2 auszukehren) zurückzuführen ist. Zahlungen auf debitorische Schuldnerkonten sind nicht auszukehren (oben Rdn. 26, 38a). Zudem ist offen, ob diese Grundsätze auch bei einer Globalzession anzuwenden sind (BGH, ZIP 2010, 739, 742; Ganter, NZI 2010, 551, 553 f.). Hier soll der Verbrauch eingezogener Erlöse zulässig sein, wenn das Absonderungsrecht durch Neuforderungen aufgefüllt wird (Ganter a.a.O.). Die Rechtsprechung wirft daher im Einzelfall schwierige Abgrenzungsfragen auf. Haftungsrisiken für den vorläufigen Insolvenzverwalter treten bereits dann auf, wenn er den weiteren Forderungseinzug durch den Schuldner duldet und damit die analoge Anwendung des § 170 Abs. 1 Satz 2 unterläuft. Aus Gründen der Vorsicht sollte der vorläufige Insolvenzverwalter sämtliche eingezogenen Beträge auf einem Sonderkonto separieren (dazu unten Rdn. 39). Ist der Erlös mangels Separierung nicht mehr unterscheidbar vorhanden, kann der Absonderungsberechtigte aus § 55 Abs. 2 eine Masseverbindlichkeit geltend machen; bei »schwacher« vorläufiger Insolvenzverwaltung gilt § 55 Abs. 2 entsprechend (BGH, ZIP 2010, 739, 744). Ist auch die Masseverbindlichkeit – wegen Masseunzulänglichkeit – nicht erfüllbar, droht dem vorläufigen Insolvenzverwalter die Haftung aus § 60. Zur Sicherung der Kostenbeiträge kann eine Anordnung nach § 21 Abs. 2 Satz 1 Nr. 5 beantragt werden.

38c Alternativ zur Anordnung nach § 21 Abs. 2 Satz 1 Nr. 5 kann der vorläufige Insolvenzverwalter sowohl bei der fortbestehenden als auch bei der widerrufenen Einziehungsermächtigung Verwertungsvereinbarungen mit den Absonderungsberechtigten schließen. In der Verwertungsvereinbarung ist zu regeln, welchen Kostenbeitrag die Masse für den weiteren Forderungseinzug erhält. In einer Betriebsfortführung kann vereinbart werden, dass die Erlöse aus dem Einzug von Altforderungen als Liquidität eingesetzt werden dürfen und die Absonderungsberechtigten im Gegenzug an den Erlösen aus dem Einzug von Neuforderungen beteiligt werden (Borchardt/Frind-Henkel, Betriebsfortführung, Rn. 976 m. w. N.; § 47 Rdn. 54)

3. Sicherung und Abrechnung der Erlöse

Soweit die Erlöse aus der Veräußerung der Abrechnung nach §§ 170, 171 (Forderungseinzug: Fortbestehende Einziehungsermächtigung oder der Anordnung nach § 21 Abs. 2 Satz 1 Nr. 5) oder § 48 analog (unberechtigte Veräußerung) unterliegen, muss der vorläufige Insolvenzverwalter diese Erlöse auf einem Unterkonto separieren, damit Drittrechte nicht durch nachfolgende Belastungsbuchungen ausgehöhlt werden (oben Rdn. 29, 38b, § 47 Rdn. 58a; nach Uhlenbruck-Vallender § 21 Rn. 38e sind die Erlöse des Forderungseinzugs bei Anordnung gem. § 21 Abs. 2 Satz 1 Nr. 5 unverzüglich an den Absonderungsberechtigten auszuzahlen). Sind die Erlöse nicht mehr unterscheidbar vorhanden, entstehen Masseverbindlichkeiten, die jedoch bei Masseunzulänglichkeit nicht mehr erfüllt werden können; dann droht dem Insolvenzverwalter die Haftung aus §§ 60, 61. Die Separierung schützt den vorläufigen Insolvenzverwalter vor Haftungsansprüchen der (Ersatz-) Absonderungsberechtigten aus §§ 60, 61 (LG Berlin, ZInsO 2008, 1027). Wird das Insolvenzverfahren **nicht** eröffnet, sind die Erlöse vom (ehemaligen) vorläufigen Insolvenzverwalter nach Bereicherungsrecht herauszugeben (BGH, NZI 2007, 338 zu § 816 Abs. 2 BGB). 39

Herauszugeben ist der Erlös, der auf das untergegangene Absonderungsrecht entfällt, einschließlich des erzielten Gewinns. Wurden z. B. Zubehörgegenstände veräußert, die zum Haftungsverband einer Grundschuld gehörten, erfasst das Ersatzabsonderungsrecht den vollständigen Veräußerungserlös. Der Höhe nach ist das Ersatzabsonderungsrecht durch die Höhe der gesicherten Forderung begrenzt. Im Unterschied zu den Regelungen der §§ 166 ff. kann der Insolvenzverwalter bei der Abrechnung von Ersatzabsonderungsrechten keine Kostenbeiträge aus §§ 170, 171 verlangen. 40

Vorbemerkung zu §§ 49 bis 51 Grundlagen der Absonderung

Übersicht

		Rdn.				Rdn.
A.	Gegenstände des Absonderungsrechts	2	D.	Einwände des Insolvenzverwalters		20
B.	Zeitliche Schranken des Absonderungsrechts	4	E.	Erlöschen des Absonderungsrechts		21
			F.	Pflichten des Insolvenzverwalters		25
I.	Belasteter Gegenstand	6	G.	Durchsetzung des Absonderungsrechts		26
II.	Gesicherte Forderung	16	H.	Internationales Insolvenzrecht		31
C.	Kollision zwischen Absonderungsrechten	19				

Gegenstände, die mit Pfandrechten oder sonstigen Sicherungsrechten belastet sind, gehören zur sog. »**Sollmasse**«. Die Sicherungsrechte Dritter werden im Insolvenzverfahren als Absonderungsrechte berücksichtigt. Die belasteten Gegenstände sind vom Insolvenzverwalter oder vom Absonderungsberechtigten zu verwerten und nach der Verwertung unter Berücksichtigung der gesicherten Forderungen abzurechnen. Die einzelnen Absonderungsrechte sind geregelt in den §§ 49 bis 51. Weitere Absonderungsrechte können nur durch Gesetz oder Gewohnheitsrecht geschaffen werden, nicht durch vertragliche Vereinbarungen; auch der Insolvenzverwalter kann durch Anerkennung keine Absonderungsrechte begründen, die rechtlich nicht vorgesehen sind (MK-Ganter vor § 49 Rn. 13 f.; Uhlenbruck-Brinkmann § 49 Rn. 1). 1

Vorbem. zu §§ 49–51 InsO Grundlagen der Absonderung

A. Gegenstände des Absonderungsrechts

2 Zur abgesonderten Befriedigung berechtigen **Mobiliarpfandrechte** (§ 50), **Immobiliarpfandrechte** (§ 49), **Sicherungseigentum** und **Sicherungsabtretung** (§ 51 Nr. 1), der **erweiterte Eigentumsvorbehalt** nach Eintritt des Erweiterungsfalls und das **Surrogat** des verlängerten Eigentumsvorbehalts (§ 51 Nr. 1), **Zurückbehaltungsrechte** wegen Verwendung auf eine massezugehörige Sache (§ 51 Nr. 2) und nach dem HGB (§ 51 Nr. 3), Zoll- und Steuersicherheiten (§ 51 Nr. 4). Zu weiteren Absonderungsrechten vgl. § 51 Rdn. 53 ff.

3 Erfasst werden auch **Surrogate** von Gegenständen, die mit Absonderungsrechten belastet sind: das Vollrecht als Surrogat des Anwartschaftsrechts, der Erlös aus der Pfandverwertung (§ 1247 BGB), das Surrogat eines gepfändeten Rechts (§ 1287 BGB), die zur Abwendung der abgesonderten Befriedigung hinterlegte Sicherheit (§ 233 BGB).

B. Zeitliche Schranken des Absonderungsrechts

4 Grds. werden Absonderungsrechte durch den Schuldner vor Insolvenzeröffnung begründet. Nach Insolvenzeröffnung kann der Insolvenzverwalter Absonderungsrechte begründen. Zugunsten der Massegläubiger können nach Insolvenzeröffnung Pfändungspfandrechte durch Zwangsvollstreckung begründet werden, § 90 Abs. 1. Zu beachten sind hier die **Vollstreckungsverbote** der §§ 90 (sechs Monate ab Insolvenzeröffnung) und 210 (Vollstreckungsverbot bei Masseunzulänglichkeit).

5 Im Einzelnen ist zu differenzieren zwischen dem Zeitpunkt der Belastung des Massegegenstands auf der Aktivseite und der Entstehung der gesicherten Verbindlichkeit auf der Passivseite.

I. Belasteter Gegenstand

6 Werden Absonderungsrechte **vom Schuldner begründet**, gilt Folgendes: Durch **Handlungen des Schuldners nach Eröffnung des Insolvenzverfahrens** können Absonderungsrechte nicht mehr erworben werden (§ 81 Abs. 1); der Entstehungstatbestand muss grds. vor Insolvenzeröffnung abgeschlossen sein (§ 91 Abs. 1). Wirksam ist die **aufschiebend bedingte Übertragung von Absonderungsgut**, das bei Insolvenzeröffnung bereits zum Vermögen des Schuldners gehört, auch wenn die Bedingung für den Rechtsübergang erst nach Insolvenzeröffnung eintritt (OLG Dresden, ZIP 2007, 640; § 91 Rdn. 5).

6a Gelangt der zu belastende Gegenstand erst nach Insolvenzeröffnung in die Insolvenzmasse – sei es durch Entstehung des Gegenstands selbst, sei es durch Erwerb des Gegenstandes –, wird er nicht mit einem Absonderungsrecht belastet. Die **Abtretung bzw. Verpfändung künftiger Rechte**, die nach Insolvenzeröffnung entstehen, geht daher ins Leere (§ 91 Rdn. 11 ff.). Dies gilt auch für die Vorausabtretung von Forderungen aufgrund verlängertem Eigentumsvorbehalt (§ 48 Rdn. 21) und den Eigentumserwerb an Produkten aufgrund einer Verarbeitungsklausel (§ 51 Rdn. 18). Sachen und Rechte, die vom Schuldner vor Insolvenzeröffnung **aufschiebend bedingt erworben** werden, sind dagegen mit einem Absonderungsrecht belastet, wenn die belastende Verfügung vor Insolvenzeröffnung vorgenommen wurde und der Erwerber vor Insolvenzeröffnung eine gesicherte Rechtsposition erlangt hat, obwohl die Bedingung für den Erwerb der Sachen oder Rechte erst nach Insolvenzeröffnung eintritt (§ 91 Rdn. 9). Absonderungsrechte entstehen bei der Vorausverfügung über betagte Rechte, die erst nach Insolvenzeröffnung fällig werden (z. B. Leasingraten). Ist ein **Anwartschaftsrecht** belastet, erstreckt sich das Absonderungsrecht daher auch auf das Vollrecht, zu dem das Anwartschaftsrecht nach Insolvenzeröffnung erstarkt (OLG Frankfurt am Main, ZInsO 2002, 377; Ausn. nachfolgend Rdn. 9).

7 Die Vorausabtretung von befristeten **Forderungen aus Miete, Pacht,** und **Bezügen aus Dienstverhältnissen** vor Insolvenzeröffnung bleibt nach Insolvenzeröffnung in den zeitlichen Grenzen der §§ 110, 114 wirksam. Verfügungen über diese Forderungen unterliegen nicht § 91, sondern den Sonderregelungen in §§ 110, 114 (BGH, ZInsO 2013, 1081; ZInsO 2007, 91; ZInsO 2006, 708). Für die zeitliche Beschränkung der Haftung ist daher bei **Miet- und Pachtzinsforderungen** § 110,

bei **Lohn- und Gehaltsansprüchen** § 114 zu beachten. Unbeschränkt wirksam bleibt dagegen die Vorausabtretung **betagter Forderungen**, z. B. aus Leasingverträgen (§ 91 Rdn. 12).

Nicht insolvenzfest ist die Belastung von **sonstigen Forderungen aus Dauerschuldverhältnissen,** die erst mit Inanspruchnahme der jeweiligen Gegenleistung entstehen (BGH, ZInsO 2010, 567; BGH, ZInsO 2006, 708 zum ärztlichen Honoraranspruch). Hier gilt der Grundgedanke, dass Forderungen, die mit Mitteln der Masse generiert werden, nicht der Sonderbefriedigung einzelner Gläubiger dienen sollen (entspr. zur Belastung von Forderungen, die nach Erfüllungswahl durch den Insolvenzverwalter werthaltig werden, unten Rdn. 9). 7a

Werden **Dauerschuldverhältnisse** erst **nach Insolvenzeröffnung begründet**, ist die Belastung der künftigen Forderungen gem. § 91 Abs. 1 **unwirksam** (oben Rdn. 6a). Im Anwendungsbereich des § 114 verbleibt eine Vorausverfügung ausnahmsweise wirksam, auch wenn das Dienstverhältnis erst nach Insolvenzeröffnung begründet wird (BGH, ZInsO 2013, 254). 8

Wird der belastete Gegenstand aufgrund eines gegenseitigen Vertrages erworben, dessen **Erfüllung der Insolvenzverwalter** gem. § 103 wählt, gilt Folgendes: Das Absonderungsrecht entsteht an Gegenständen, die teilbar sind und für die der Schuldner bereits vor Insolvenzeröffnung eine Teilleistung erbracht hat (MK-Ganter vor § 49 Rn. 26). Das Absonderungsrecht entfällt dann nur für den Teil des belasteten Gegenstands, für den die Gegenleistung nach Insolvenzeröffnung erbracht werden muss (BGHZ 150, 353, 359 f. = BGH, ZInsO 2002, 577; Uhlenbruck-Wegener § 103 Rn. 149 f. m. w. N.; § 103 Rdn. 34). Ist der Gegenstand ausnahmsweise nicht teilbar, fällt er vollständig in die freie Masse, soweit die Gegenleistung zumindest teilweise aus der Masse zu erbringen ist. Auch wenn ein **Anwartschaftsrecht** des Schuldners belastet ist, entsteht kein Absonderungsrecht am Vollrecht, wenn der Insolvenzverwalter die Erfüllung des Grundgeschäfts wählt und die Gegenleistung für den Erwerb des Vollrechts aus der Masse erbringt (Foltis, ZInsO 2002, 361; a. A. OLG Frankfurt am Main, ZInsO 2002, 377 zum Vermieterpfandrecht an Eigentumsvorbehaltsware). 9

Grundstücksbezogene Belastungen sind insolvenzfest, wenn sie vor Insolvenzeröffnung durch eine Vormerkung gesichert wurden, § 106. Daher kann nach Insolvenzeröffnung eine Sicherungshypothek eingetragen werden, wenn die Vormerkung vor Insolvenzeröffnung erwirkt wurde. 10

Als Ausnahme von § 91 Abs. 1 ermöglicht **§ 91 Abs. 2** die Entstehung von Absonderungsrechten nach Insolvenzeröffnung (§ 91 Rdn. 29 ff.). Hier ist insb. § 878 BGB von Bedeutung, wonach Rechte an Grundstücken (z. B. Grundpfandrechte) mit Wirkung für die Insolvenzmasse entstehen können, wenn die Eintragung erst nach Insolvenzeröffnung erfolgt. Der Eintragungsantrag muss allerdings vom Gläubiger gestellt worden sein, da der Insolvenzverwalter einen Antrag des Schuldners zurücknehmen kann. § 91 Abs. 2 eröffnet auch den gutgläubigen Erwerb von Absonderungsrechten an Grundstücken, §§ 892 ff. BGB. 11

Werden Absonderungsrechte **vom Insolvenzverwalter begründet**, gilt Folgendes: Der Belastung von Massegegenständen durch Handlungen des Insolvenzverwalters steht § 91 Abs. 1 nicht entgegen. Die Verfügungsbefugnis des Insolvenzverwalters über die Insolvenzmasse (§ 80 Abs. 1) ermöglicht, dass der Insolvenzverwalter selbst durch Rechtsgeschäft Absonderungsrechte an Massegegenständen begründen kann (Uhlenbruck-Brinkmann § 50 Rn. 2; MK-Ganter vor § 49 Rn. 41; a. A. Borchardt/Frind-Henkel, Betriebsfortführung, Rn. 1238). 12

Unzulässig ist es, Gläubigern Absonderungsrechte einzuräumen, ohne dass der Masse entsprechende Gegenleistungen zufließen. Entsprechende Verfügungen des Insolvenzverwalters sind in diesem Fall **insolvenzzweckwidrig**, sodass die Begründung eines Absonderungsrechts wegen Missbrauchs der Vertretungsmacht unwirksam sein kann (BGHZ 150, 353, 360 ff. = ZInsO 2002, 577). 13

Unzulässig ist insb. die **nachträgliche Besicherung von Insolvenzforderungen**; zulässig ist dagegen die **Besicherung von Masseforderungen**, z. B. aus Warenlieferungen an den Insolvenzverwalter (zur Entstehung von Absonderungsrechten durch Ausübung des **Wahlrechts** gem. § 103 vgl. § 51 Rdn. 18, Rdn. 34 a f.). Lieferungen an den (vorläufigen) Insolvenzverwalter unter erweitertem Eigentumsvorbehalt können daher keine offenen Insolvenzforderungen sichern (BGHZ 118, 374 = 14

ZIP 1992, 1005 zur Sequestration). Durch **Verarbeitung, Verbindung und Vermischung** belasteter Gegenstände können Absonderungsrechte geschmälert, aber auch erweitert werden, z. B. wenn der Insolvenzverwalter dem belasteten Grundstück nach Insolvenzeröffnung Zubehör zuordnet (MK-Ganter vor § 49 Rn. 42; Jaeger-Henckel vor § 49 Rn. 17).

15 **Im Insolvenzeröffnungsverfahren** kann der Schuldner nach Anordnung eines Verfügungsverbots keine Absonderungsrechte an Massegegenständen mehr begründen, §§ 24 Abs. 1, 81 Abs. 1. Vorausverfügungen des Schuldners werden nicht nach § 91 wirkungslos, da § 24 nicht auf § 91 verweist (BGH, ZInsO 2007, 191). §§ 24, 81 erfassen nicht Vorausverfügungen des Schuldners, sodass Vorausverfügungen wirksam werden, wenn die Bedingung für den Rechtserwerb nach Anordnung der vorläufigen Insolvenzverwaltung eintritt (BGH, ZInsO 2009, 2336; BGH, ZInsO 2010, 133). Der Rechtserwerb ist aber nach § 130 anfechtbar, wenn der Gläubiger Kenntnis vom Insolvenzantrag hat. Der vorläufige Insolvenzverwalter muss daher mögliche Absonderungsberechtigte frühzeitig über den Insolvenzantrag informieren.

II. Gesicherte Forderung

16 Grds. sichern Absonderungsrechte nur **Insolvenzforderungen**, die bis zur Insolvenzeröffnung entstanden sind. Im Einzelfall kann das vom Schuldner begründete Absonderungsrecht auch mit **künftigen Insolvenzforderungen** unterlegt werden, die vor Insolvenzeröffnung angelegt wurden und nach Insolvenzeröffnung entstehen (MK-Ganter vor §§ 49 Rn. 35), z. B. der Rückgriffsanspruch des gesicherten Bürgen (BGH, ZInsO 2008, 452; ZInsO 2013, 1960). Dies gilt auch für akzessorische Sicherheiten, obwohl das Sicherungsrecht erst mit Begründung der gesicherten Forderung entsteht (MK-Ganter vor § 49 Rn. 35; a. A. KPB-Prütting §§ 50 Rn. 8: wegen Akzessorietät kein wirksames Pfandrecht). Das Sicherungsrecht erlischt, wenn feststeht, dass die gesicherte Forderung nicht mehr entstehen wird. Eine Forderung ist nicht durch ein Absonderungsrecht gesichert, wenn das Darlehen erst **nach Insolvenzeröffnung valutiert** wird. Der Schuldner selbst kann an der Darlehensvalutierung ohnehin nicht mehr mitwirken, §§ 80. Sicherheiten für **fremde Schuld** können nicht dadurch belastet werden, dass der Sicherungsnehmer nach Insolvenzeröffnung das Darlehen an den Dritten auszahlt (einschr. MK-Ganter vor §§ 49 Rn. 39: Absonderungsrecht nur dann wirksam, wenn Insolvenzeröffnung dem Sicherungsnehmer unbekannt). Wenn die Sicherungszweckerklärung auch **Forderungen dritter Gläubiger** einbezieht, verwaltet der Sicherungsnehmer das Absonderungsgut insoweit als Treuhänder für die weiteren Gläubiger. Er kann das Absonderungsrecht dann auch für die gesicherten Drittforderungen geltend machen (BGH, ZInsO 2009, 87, 92; ZInsO 2008, 317). Unzulässig ist, dass die Masse die **Einrede der Nichtvalutierung** dadurch verliert, dass eine Sicherheit nach Insolvenzeröffnung an einen bis dahin ungesicherten Gläubiger übertragen wird (BGH, ZInsO 2008, 317).

17 Das Absonderungsrecht sichert Hauptforderung, Zinsen und Kosten. Bei der Verrechnung von Teilleistungen sind die Regelungen der §§ 367 Abs. 1, 497 Abs. 3 BGB zu beachten. Gesichert sind daher als **nachrangige Insolvenzforderungen gem. § 39 Abs. 1 Nr. 1, 2** auch die Kosten und Zinsen nach Insolvenzeröffnung bis zum Zeitpunkt der Verwertung (BGH, ZInsO 2008, 915; ZIP 2008, 2276; a. A. Gundlach/Frenzel/Jahn, ZInsO 2009, 467) sowie sonstige nachrangige Insolvenzforderungen aus § 39 (KG, ZIP 2008, 2374 zu § 39 Abs. 1 Nr. 3). Absonderungsrechte für nachrangige Insolvenzforderungen der Gesellschafter (§ 39 Abs. 1 Nr. 5) können allerdings der Insolvenzanfechtung gem. § 135 unterliegen. Bei Rangrücktritt gemäß § 39 Abs. 2 kann der Insolvenzverwalter dem Absonderungsrecht den Nachrang der gesicherten Forderung als Einrede entgegenhalten. Zur Befriedigung der gesicherten Insolvenzforderung aus der Teilungsmasse und zur Tilgungsreihenfolge vgl. § 52.

18 Ein Absonderungsrecht kann mit **Masseverbindlichkeiten** unterlegt werden, wenn das Absonderungsrecht vom Insolvenzverwalter begründet wird oder Massegläubiger die Vollstreckung in die Insolvenzmasse betreiben. Der Insolvenzverwalter ist berechtigt, rechtsgeschäftlich zur Sicherung von Massegläubigern Absonderungsrechte zu begründen (oben Rdn. 12), z. B. durch Abschluss von Sicherungsverträgen (Sicherungsübereignung, Sicherungsabtretung, Eigentumsvorbehalt).

Massegläubiger können die Vollstreckung in Massegegenstände betreiben, solange nicht die Vollstreckungsverbote der §§ 90 und 210 (wegen angezeigter Masseunzulänglichkeit) bestehen. I. Ü. werden Masseverbindlichkeiten nach Insolvenzeröffnung nicht durch Absonderungsrechte an Gegenständen der Soll-Masse gesichert, § 91 Abs. 1. Das hat der BGH für § 49 entschieden, der somit nur für die Sicherung von Insolvenzgläubigern gilt (BGH, ZInsO 2011, 1649; krit. zur Nichtberücksichtigung von Masseverbindlichkeiten Becker, ZIP 2013, 1554). Diese Aussage ist auch auf die anderen Absonderungsrechte der §§ 50, 51 übertragbar. Besonderheiten gelten für das Vermieter-/Verpächterpfandrecht (dazu § 50 Rdn. 31a).

Sichert das Absonderungsrecht sowohl Insolvenzforderungen als auch Masseverbindlichkeiten, steht dem Insolvenzverwalter **kein Tilgungsbestimmungsrecht** aus § 366 Abs. 1 BGB des Inhalts zu, dass die Erlöse zunächst auf Masseverbindlichkeiten anzurechnen sind (zum Vermieterpfandrecht OLG Karlsruhe, ZIP 2014, 786; LG Darmstadt, ZIP 2005, 456; Lütcke, NZI 2012, 262; a. A. OLG Dresden ZInsO 2011, 2131, 2134 f.). Es besteht auch kein einseitiges Tilgungsbestimmungsrecht des Insolvenzverwalters bei der Anrechnung eines Sicherheitenerlöses auf Kosten, Zinsen und Hauptforderung; soweit der Sicherungsvertrag keine andere Anrechnung regelt, gilt § 367 BGB (BGH, ZInsO 2011, 630, 632; § 52 Rdn. 6).

18a

C. Kollision zwischen Absonderungsrechten

Bei konkurrierenden Absonderungsberechtigten entscheidet sich das Rangverhältnis nach dem **Prioritätsprinzip**. Bei Gleichrangigkeit wird der Erlös anteilig verteilt. Zu Kollisionen zwischen Absonderungsberechtigten vgl. § 50 Rdn. 11, 21, 37; § 51 Rdn. 42 ff. Oft ist es für den Insolvenzverwalter schon aus tatsächlichen Gründen problematisch festzustellen, welchem Absonderungsberechtigten der Erlös gebührt. Unklarheiten können sich z. B. ergeben, wenn mehrere Lieferanten aus verlängertem Eigentumsvorbehalt Rechte an einer Kundenforderung geltend machen, die zweifelsfrei aus unbezahlter Ware einzelner dieser Lieferanten generiert wurde. Auch können sich **Probleme bei der Feststellung der Priorität** (s. dazu Küpper, InsbürO 2005, 247) ergeben, insb. bei der Konkurrenz zwischen Vermieterpfandrecht und Sicherungseigentum. Der Insolvenzverwalter soll bei Zweifeln über Absonderungsrechte nicht zur **Hinterlegung** berechtigt sein (Uhlenbruck-Uhlenbruck § 49 Rn. 8; a. A. MK-Tetzlaff § 171 Rn. 17). Dem kann nicht gefolgt werden. Er ist verpflichtet, nach Verwertung den Erlös unverzüglich an die Gläubiger auszukehren, § 170 Abs. 1 Satz 2. Bei Unklarheiten über die Berechtigung am Erlös verbleibt letztlich nur der Weg der Hinterlegung.

19

▶ Hinweis:

Zur Vermeidung der Hinterlegung empfiehlt es sich, den beteiligten Absonderungsgläubigern zunächst einen Vergleichsvorschlag über die Verteilung zu unterbreiten.

D. Einwände des Insolvenzverwalters

Einwände gegen Absonderungsrechte können sich aus allg. Grundsätzen (insb. §§ 134, 138, 305 ff. BGB), nach den Grundsätzen der Insolvenzanfechtung oder aus Haftungsansprüchen ggü. Gesellschaftern ergeben.

20

Neben den Einwänden der Knebelung, der Kredittäuschung und der Verleitung zum Vertragsbruch kann der Einwand der **Übersicherung** erhoben werden (Palandt-Ellenberger § 138 BGB Rn. 97 m. w. N.). Eine Sicherungsübertragung kann sittenwidrig und damit **nichtig** sein, wenn bereits ursprünglich ein auffälliges Missverhältnis zwischen gesicherter Forderung und realisierbarem Wert der Sicherheit bestand (**anfängliche Übersicherung**; eingehend Tetzlaff, ZIP 2003, 1826). Eine **nachträgliche Übersicherung** kann eintreten, wenn sich die gesicherte Forderung verringert oder die Sicherheit im Wert anwächst. Die nachträgliche Übersicherung führt nicht zur Nichtigkeit des Sicherungsgeschäfts, auch wenn kein ausdrücklicher Freigabeanspruch des Sicherungsgebers vereinbart wurde. Hier besteht ein ermessensunabhängiger Freigabeanspruch des Sicherungsgebers, wenn der Schätzwert des Sicherungsguts die gesicherten Forderungen (zzgl. 10 % für Verwaltungs- und Verwertungskosten) um 50 % übersteigt (BGH, NJW 1998, 671). Stellt der Insolvenzverwalter fest, dass ein Absonderungsrecht wirksam bestellt wurde, ist stets dessen **Anfechtbarkeit** zu prüfen (dazu §§ 129 ff.; Übersicht bei Schmidt/Büchler InsbürO 2008, 330). Die Sicherung von **Gesellschafterdarlehen** unterliegt der Insolvenzanfechtung nach § 135 Abs. 1 InsO (§ 135 Rdn. 13 ff.).

E. Erlöschen des Absonderungsrechts

21 Das Absonderungsrecht erlischt durch die **Befriedigung** des Gläubigers. Zahlungen des Insolvenzverwalters sind grds. auf das Absonderungsrecht anzurechnen. Wird die gesicherte Forderung getilgt, entfällt das Absonderungsrecht bei akzessorischen Sicherheiten, soweit die Forderung nicht auf einen Dritten übergeht, wie z. B. bei Zahlung durch den Bürgen (§§ 774, 401, 412 BGB). Bei nichtakzessorischen Sicherheiten besteht bei Wegfall der gesicherten Forderung ein Rückübertragungsanspruch, wenn die Sicherungsübertragung nicht bereits auflösend bedingt vereinbart wurde.

22 Ferner kann das Absonderungsrecht entfallen durch **Verbindung, Vermischung, Vermengung, Verarbeitung**, erlaubte **Weiterveräußerung** oder **gutgläubigen (lastenfreien) Erwerb** des belasteten Gegenstands. In analoger Anwendung des § 48 kann sich die Belastung als Ersatzabsonderungsrecht an der Gegenleistung fortsetzen (§ 48 Rdn. 30 ff.).

23 Schließlich kann der Absonderungsberechtigte grds. formlos ggü. dem Insolvenzverwalter auf das Absonderungsrecht **verzichten**. Soweit der Verzicht gesetzlichen Formvorschriften unterliegt, sind diese einzuhalten, z. B. bei Grundpfandrechten (Uhlenbruck-Brinkmann § 52 Rn. 16; Jaeger-Henckel § 52 Rn. 29). Während der Verzicht auf das Grundpfandrecht selbst der Form nach §§ 1168, 1192 BGB bedarf, ist der Verzicht auf den Sicherungszweck einer Grundschuld formlos möglich (BGH, ZInsO 2011, 91). Der fehlende Hinweis auf das Absonderungsrecht in der Forderungsanmeldung stellt keinen Verzicht dar (OLG Nürnberg, ZIP 2007, 642). Den Verzicht erklärt der Absonderungsberechtigte i. d. R. dann, wenn kein Erlös aus der Verwertung zu erwarten ist und er an der Schlussverteilung im Insolvenzverfahren teilnehmen will. Schließt sich an das Insolvenzverfahren ein **Restschuldbefreiungsverfahren** an, ist ungeklärt, wie der Sicherungsnehmer aus einer Abtretung von pfändbarem Arbeitseinkommen den Ausfall nachweisen kann, wenn die Frist des § 114 Abs. 1 bei Aufhebung des Insolvenzverfahrens noch nicht abgelaufen ist (dazu BGH, ZInsO 2009, 1507). Kann der Absonderungsberechtigte aus dem pfändbaren Einkommen nur eine Teilbefriedigung erwarten, ist eine entsprechende Aufteilung der gesicherten Forderung verbunden mit einem Teilverzicht zu empfehlen.

24 ▶ **Übersicht: Forderungsanmeldung bei abgetretenem Arbeitseinkommen und anschließender Restschuldbefreiung**

Schritt 1: Teilung der Forderungsanmeldung

Schritt 2: Teilforderung wird unter Verzicht auf das Absonderungsrecht angemeldet

Schritt 3: Absonderungsrecht wird auf die Sicherung der Restforderung beschränkt

Mit der ungesicherten Forderung nimmt der Gläubiger an der Schlussverteilung und Verteilungen im Restschuldbefreiungsverfahren teil. Mit der Restforderung ist er zwar bei Verteilungen ausgeschlossen, kann sich aber aus dem Absonderungsgut bis zur Höhe der Restforderung befriedigen. Der Mehrerlös gebührt der Insolvenzmasse.

F. Pflichten des Insolvenzverwalters

25 Die Pflichten des Insolvenzverwalters ggü. Absonderungsberechtigten sind bei beweglichen Gegenständen in §§ 167 ff. geregelt. Die Regelungen betreffen Auskunftspflichten (§ 167), Rechte und Pflichten bei der Nutzung von Absonderungsgut (§§ 169, 172) und Verwertungsregelungen (§§ 168, 170, 171). Bei unbeweglichen Gegenständen richtet sich die Verwertung nach § 165 i. V. m. den Regelungen des ZVG. Nutzungsrechte und Wertersatzansprüche sind in den Regelungen über die Einstellung der Zwangsversteigerung und Zwangsverwaltung normiert (§§ 30e, 153b

ZVG). Für Pflichtverletzungen ggü. Absonderungsberechtigten kann der Insolvenzverwalter aus § 60 haften (BGH, ZInsO 2006, 429 zur Wertminderung des Absonderungsguts).

G. Durchsetzung des Absonderungsrechts

Wird das Absonderungsrecht vom Insolvenzverwalter bestritten, kann der Absonderungsberechtigte **Klage** vor dem Prozessgericht erheben. Die Klage ist auf Duldung der Zwangsvollstreckung in den Gegenstand oder auf Feststellung des bestrittenen Absonderungsrechts zu richten. Der Insolvenzverwalter kann seinerseits negative Feststellungsklage gegen den Absonderungsberechtigten erheben. Ist bei Insolvenzeröffnung bereits eine Pfandklage anhängig, richtet sich die Aufnahme durch den Insolvenzverwalter und den Absonderungsberechtigten nach § 86 Abs. 1 Nr. 2. Hat der Absonderungsberechtigte einen Titel gegen den Schuldner erwirkt, ist dieser gegen den Insolvenzverwalter umzuschreiben. 26

Die Geltendmachung eines Herausgabeanspruchs im Wege der **einstweiligen Verfügung** ist mit Bestellung des vorläufigen Insolvenzverwalters unzulässig (MK-Ganter vor § 49 Rn. 149; § 166 Rn. 24). **Zwangsvollstreckungen** durch den Absonderungsberechtigten können bereits im **Insolvenzeröffnungsverfahren** gem. § 21 Abs. 2 Nr. 3 eingestellt werden (§ 21 Rdn. 56). 27

§ 21 Abs. 2 Satz 1 Nr. 5 sieht vor, dass das Insolvenzgericht im Insolvenzeröffnungsverfahren zulasten der Absonderungsberechtigten ein Verwertungsverbot anordnen kann, soweit Gegenstände bei Insolvenzeröffnung vom Verwertungsrecht des Insolvenzverwalters aus § 166 erfasst werden (§ 21 Rdn. 69a ff.; § 166 Rdn. 23). 28

Sobald der vorläufige Insolvenzverwalter bewegliche Sachen in Besitz genommen hat, wird er die Herausgabe an den Absonderungsberechtigten verhindern, um für das eröffnete Insolvenzverfahren sein Verwertungsrecht aus § 166 zu sichern. Die Selbstverwertung durch den Absonderungsberechtigten ist damit ausgeschlossen. 29

Besonderheiten gelten bei Absonderungsrechten am **Immobiliarvermögen**, dazu § 165. 30

H. Internationales Insolvenzrecht

Bei grenzüberschreitenden Insolvenzen ist für die Abwicklung von Absonderungsrechten § 351, bei grenzüberschreitenden Insolvenzen innerhalb der EU Art. 5 EuInsVO zu beachten (vgl. Art. 5 EuInsVO). 31

§ 49 Abgesonderte Befriedigung aus unbeweglichen Gegenständen

Gläubiger, denen ein Recht auf Befriedigung aus Gegenständen zusteht, die der Zwangsvollstreckung in das unbewegliche Vermögen unterliegen (unbewegliche Gegenstände), sind nach Maßgabe des Gesetzes über die Zwangsversteigerung und die Zwangsverwaltung zur abgesonderten Befriedigung berechtigt.

Übersicht

	Rdn.		Rdn.
A. Normzweck	1	c) Enthaftung nach Beschlagnahme	8
B. Norminhalt	2	2. Miet- und Pachtzinsforderungen	10
I. Unbewegliche Gegenstände	2	III. Gläubiger, denen ein Recht auf Befriedigung zusteht	11
II. Haftungsverband	3	1. Grundstücke	11
1. Zubehör, Bestandteile, Erzeugnisse	4	2. Schiffe, Schiffsbauwerke, Luftfahrzeuge	22
a) Enthaftung von Zubehör vor Beschlagnahme	5	IV. Durchsetzung der Absonderungsrechte	23
b) Enthaftung von Erzeugnissen und Bestandteilen vor Beschlagnahme	7		

A. Normzweck

1 Der in § 49 angesprochene Personenkreis der Gläubiger, denen ein Recht auf Befriedigung aus dem Immobiliarvermögen des Schuldners zusteht, bestimmt sich nach §§ 10 ff., § 155 ZVG. Diese Immobiliargläubiger können sich außerhalb des Insolvenzverfahrens aus dem unbeweglichen Vermögen befriedigen. Daneben ist auch der Insolvenzverwalter zur Verwertung berechtigt.

B. Norminhalt

I. Unbewegliche Gegenstände

2 Die unbeweglichen Gegenstände i. S. v. § 49 ergeben sich im Wesentlichen aus § 864 ZPO. Erfasst werden Grundstücke, grundstücksgleiche Rechte (insb. Erbbaurechte, Wohnungs- und Teileigentum, Bergwerkseigentum), eingetragene Schiffe und Schiffsbauwerke, über §§ 171a ff. ZVG auch Luftfahrzeuge (dazu Rdn. 22). Miteigentumsanteile an diesen Gegenständen werden über § 864 Abs. 2 ZPO erfasst, gleichermaßen Rechte an diesen Bruchteilen.

II. Haftungsverband

3 § 865 ZPO erweitert die Immobiliarvollstreckung auf den **Haftungsverband**. Der Haftungsverband bestimmt sich nach §§ 1120 ff. BGB und umfasst Bestandteile, Erzeugnisse und Zubehör von Grundstücken (§ 1120 BGB), Miet- und Pachtzinsforderungen (§ 1123 BGB), wiederkehrende Leistungen aus subjektiv-dinglichen Rechten (§ 1126 BGB, z. B. Einzelleistungen aus Erbbauzins und Reallasten, wenn diese Rechte bereits über § 1120 BGB als Bestandteile zum Haftungsverband gehören) sowie Versicherungsforderungen (§§ 1127 ff. BGB). Die Beschlagnahme des Grundstücks erfasst diese Gegenstände des Haftungsverbandes gem. § 865 ZPO, §§ 20 Abs. 2, 21, 148 Abs. 1 ZVG.

Vollstrecken Gläubiger aus dinglichen Zahlungstiteln (**dingliche Gläubiger**) oder aus titulierten persönlichen Forderungen (**persönliche Gläubiger**) in das Grundstück, wird der Haftungsverband mit Beschlagnahme der Befriedigung dieser Forderungen unterworfen. ggü. **Grundpfandgläubigern**, die aus dinglichen Duldungstiteln in das Grundstück vollstrecken können, haften die Gegenstände des Haftungsverbandes bereits vor der Beschlagnahme. Die §§ 1121 ff. BGB regeln, unter welchen Voraussetzungen die einzelnen Gegenstände des Haftungsverbandes bis zur Beschlagnahme enthaftet werden (Überbl. bei Schmidt/Büchler, InsbürO 2007, 293).

1. Zubehör, Bestandteile, Erzeugnisse

4 **Zubehör, Bestandteile und getrennte Erzeugnisse** werden von der Beschlagnahme erfasst, wenn sie im Eigentum des Grundstückeigentümers stehen, § 1120 BGB. Wird das Zubehör unter Eigentumsvorbehalt erworben, gehört auch das Anwartschaftsrecht zum Haftungsverband. Nach den Regelungen der §§ 1121 ff. BGB bestimmt sich, ob Zubehör, Erzeugnisse und Bestandteile aus dem Haftungsverband gelöst wurden, **bevor die Beschlagnahme** des Grundstücks **erfolgt**. Gem. § 1121 Abs. 1 BGB wird die **Enthaftung durch Veräußerung und Entfernung** ermöglicht, auch wenn diese nicht »innerhalb der Grenzen einer ordnungsgemäßen Wirtschaft« erfolgt. Eine Enthaftung **ohne Veräußerung** ermöglicht § 1122 BGB; Voraussetzung ist hier die **Trennung von Erzeugnissen und Bestandteilen** bzw. die **Aufhebung der Zubehöreigenschaft** »innerhalb der Grenzen einer ordnungsgemäßen Wirtschaft«.

4a **Grundpfandgläubiger** werden über §§ 1133 ff. BGB bereits vor der Beschlagnahme vor Beeinträchtigungen der Haftungsgegenstände geschützt. Daraus folgt, dass die Enthaftung im Insolvenzeröffnungsverfahren oder im eröffneten Insolvenzverfahren nicht zwingend dazu führen muss, dass die nach §§ 1121 ff. BGB enthafteten Gegenstände bzw. deren Erlöse in die freie Masse fallen. Für den Grundpfandgläubiger stellt sich daher die Frage, ob er wegen der Enthaftung Ersatzansprüche gegen die Insolvenzmasse oder den (vorläufigen) Insolvenzverwalter erwirbt. Die Enthaftung führt zum Untergang des Absonderungsrechts an den Gegenständen des Haftungsverbandes, sodass der

Grundpfandgläubiger Ersatzabsonderungsrechte, Masseverbindlichkeiten aus § 55 Abs. 1 Nr. 1 i. V. m. §§ 823 Abs. 1 f., 1135 BGB bzw. § 55 Abs. 1 Nr. 3 sowie Haftungsansprüche gegen den (vorläufigen) Insolvenzverwalter aus § 60 erwerben kann (Übersicht bei § 48 Rdn. 32). Für alle diese Ansprüche ist entscheidend, ob die Enthaftung ggü. dem Grundpfandgläubiger »unberechtigt« bzw. »rechtswidrig« ist.

a) Enthaftung von Zubehör vor Beschlagnahme

Wird **Zubehör** durch **Veräußerung und Entfernung** enthaftet (§ 1121 Abs. 1 BGB), ist dieser Vorgang »unberechtigt«, wenn die Grenzen der ordnungsgemäßen Wirtschaft überschritten werden (OLG Dresden, ZInsO 2003, 472 unter Hinweis auf § 1135 BGB; Jaeger-Henckel § 49 Rn. 48). Ansonsten fällt der Veräußerungserlös in die Insolvenzmasse (BGHZ 60, 267, 273 = NJW 1973, 997; Uhlenbruck-Brinkmann § 49 Rn. 18; MK-Tetzlaff § 165 Rn. 232). Die Veräußerung von Zubehör durch den Insolvenzverwalter i. R. d. Liquidation des schuldnerischen Vermögens überschreitet die Grenzen der ordnungsgemäßen Wirtschaft. Da der Insolvenzverwalter nicht zur Verwertung des haftenden Zubehörs berechtigt ist (vgl. § 865 Abs. 2 Satz 1 ZPO), ist der Erlös nicht nach §§ 170 ff. abzurechnen, sondern unterliegt der **Ersatzabsonderung** analog § 48. Hat bereits der Schuldner haftendes Zubehör vor Insolvenzeröffnung außerhalb der Grenzen einer ordnungsgemäßen Wirtschaft veräußert, begründet die Erfüllung des Vertrages durch den Insolvenzverwalter keine Schadensersatzpflichten aus §§ 55, 60 (MK-Ganter § 49 Rn. 19), sondern nur ein Ersatzabsonderungsrecht an der Gegenleistung des Erwerbers. 5

Eine Enthaftung durch **Aufhebung der Zubehöreigenschaft** (§ 1122 Abs. 2 BGB) ist nur innerhalb der Grenzen einer ordnungsgemäßen Wirtschaft möglich und somit stets berechtigt. Nach den Grundsätzen zu § 1121 BGB (oben Rdn. 5) fällt das Zubehör mit Enthaftung in die freie Masse (Jaeger-Henckel § 49 Rn. 45). Das Absonderungsrecht setzt sich nicht am enthafteten Zubehör fort; Masseverbindlichkeiten bzw. Schadensersatzansprüche können nicht geltend gemacht werden. Zu beachten ist, dass die Stilllegung eines Geschäftsbetriebes keine Enthaftung des Zubehörs gem. § 1122 Abs. 2 BGB bewirkt, da die mit der Stilllegung verbundene Aufhebung der Zubehöreigenschaft über eine ordnungsgemäße Wirtschaft hinausgeht (BGHZ 60, 267, 269 f. = NJW 1973, 997; OLG Dresden, ZInsO 2003, 472). Das Zubehör bleibt daher weiterhin mit dem Absonderungsrecht des Grundpfandgläubigers belastet. Eine anschließende Veräußerung ist wiederum an § 1121 Abs. 1 BGB (oben Rdn. 5) zu messen. 6

b) Enthaftung von Erzeugnissen und Bestandteilen vor Beschlagnahme

Für die Enthaftung von **Erzeugnissen und Bestandteilen** durch **Veräußerung und Entfernung** (§ 1121 Abs. 1 BGB) oder **Trennung und Entfernung** (§ 1122 Abs. 1 BGB) gelten die Grundsätze zur Zubehörhaftung entsprechend (LSZ-Depré § 49 Rn. 40). Die **Trennung** innerhalb der Grenzen einer ordnungsgemäßen Wirtschaft hat daher zur Folge, dass bei nachfolgender Entfernung die Erzeugnisse und Bestandteile bzw. bei nachfolgender Veräußerung die Erlöse in die Masse fallen (Jaeger-Henckel § 49 Rn. 45). Ist die Trennung dagegen »unberechtigt«, setzt sich das Absonderungsrecht an den getrennten Erzeugnissen und Bestandteilen fort. Eine anschließende Veräußerung kann allerdings gem. § 1121 Abs. 1 BGB (oben Rdn. 5) gerechtfertigt sein. Im Unterschied zum Zubehör ist der Insolvenzverwalter vor Beschlagnahme an den getrennten Erzeugnissen und Bestandteilen analog § 166 **verwertungsberechtigt** (vgl. § 865 Abs. 2 Satz 2 ZPO); soweit der Erlös aus der Verwertung wegen »unberechtigter« Trennung bzw. »unberechtigter« Veräußerung und Entfernung nicht in die Masse fällt, findet die Abrechnung ggü. den Grundpfandgläubigern daher gem. §§ 170, 171 statt. 7

c) Enthaftung nach Beschlagnahme

Nach erfolgter Beschlagnahme ist die Enthaftung ausgeschlossen (Ausn.: gutgläubiger Erwerb, § 1121 Abs. 2 Satz 2 BGB, § 23 Abs. 2 ZVG). Mangels Enthaftung besteht die dingliche Haftung des Gegenstandes fort, sodass kein Ersatzabsonderungsrecht an der Gegenleistung entstehen kann. 8

Ersatzabsonderungsrechte können bei Enthaftung des Gegenstandes durch gutgläubigen Erwerb nach §§ 135 Abs. 2 BGB, 23 Abs. 2 ZVG entstehen (Uhlenbruck-Brinkmann § 49 Rn. 14; Jaeger-Henckel § 49 Rn. 51). Ausnahmsweise fällt der Erlös in die Masse, wenn der Schuldner bzw. der Insolvenzverwalter über einzelne bewegliche Sachen innerhalb der Grenzen einer ordnungsgemäßen Wirtschaft verfügt, § 23 Abs. 1 Satz 2 ZVG (vgl. Stöber § 23 ZVG Rn. 3, 4). Diese Befugnis besteht aber nur im Zwangsversteigerungsverfahren, nicht bei der Zwangsverwaltung, § 148 Abs. 1 Satz 2 ZVG. § 23 Abs. 1 Satz 2 ZVG wirkt nur zulasten der Immobiliargläubiger und kann die Rechte sonstiger absonderungsberechtigter Gläubiger nicht beeinträchtigen (MK-Ganter § 49 Rn. 20). Unberührt von den Folgen der Enthaftung bleiben daher sonstige Absonderungsrechte, etwa der Saatgutlieferanten an den Erzeugnissen oder von Sicherungseigentümern am Zubehör.

9 ▶ Übersicht: Erlös aus Veräußerung von Zubehör, Erzeugnissen und Bestandteilen fällt unter folgenden Voraussetzungen in die freie Masse

1. Vor Beschlagnahme
Veräußerung und Entfernung innerhalb Grenzen der ordnungsgemäßen Wirtschaft oder Aufhebung der Zubehöreigenschaft innerhalb Grenzen der ordnungsgemäßen Wirtschaft oder
Trennung von Erzeugnissen und Bestandteilen innerhalb der ordnungsgemäßen Wirtschaft und Entfernung.
2. Nach Beschlagnahme
Verfügung innerhalb der Grenzen der ordnungsgemäßen Wirtschaft bei Zwangsversteigerungsverfahren (ausgeschlossen bei Zwangsverwaltungsverfahren).

2. Miet- und Pachtzinsforderungen

10 Maßgeblicher Zeitpunkt für die **Enthaftung** der **Miet- und Pachtzinsforderungen** ist die Beschlagnahme. Die Beschlagnahme erfolgt durch die Anordnung der Zwangsverwaltung (§§ 148 Abs. 1, 21 Abs. 2 ZVG). Bis zur Beschlagnahme fallen Zahlungen, die Mieter bzw. Pächter an den Insolvenzverwalter leisten, in die freie Masse, § 1124 Abs. 1 Satz 1 BGB (LG Stendal, ZIP 2005, 1800). Ab Beschlagnahme gehören offene Neuforderungen in den Haftungsverband der Zwangsverwaltungsmasse. Auch Altforderungen aus dem Jahr vor Beschlagnahme fallen in den Haftungsverband, wenn sie nicht bereits eingezogen wurden (§ 1123 Abs. 2 BGB). Die Enthaftung bei Vorauszahlungen und Vorausverfügungen über Forderungen wird durch §§ 1123 Abs. 2 Satz 2, 1124 Abs. 2 BGB begrenzt. Zahlungen, die noch nach Beschlagnahme an den Insolvenzverwalter geleistet werden, sind im Wege der **Ersatzabsonderung** an den Zwangsverwalter herauszugeben. Werden die Forderungen vor Beschlagnahme an einen Dritten abgetreten, geht die Abtretung dem Recht des beschlagnahmenden Immobiliargläubigers vor (§ 1124 Abs. 1 Satz 2 BGB).

10a Miet- und Pachtzinsen, die **bis zur Beschlagnahme** an den Schuldner bzw. den Insolvenzverwalter **gezahlt** werden, verbleiben daher in der **Insolvenzmasse**. Das betrifft alle bezahlten Forderungen, die im Zeitraum bis zur Beschlagnahme entstanden sind sowie Vorauszahlungen in den zeitlichen Grenzen des § 1123 Abs. 2 Satz 2 BGB. Die Immobiliargläubiger können weder Ersatzabsonderungsrechte noch Schadensersatzansprüche wegen der eingetretenen Enthaftung geltend machen.

10b Die Enthaftung tritt auch ein, wenn der Mieter/Pächter vor Beschlagnahme an den Grundpfandgläubiger, z. B. die kontoführende Bank, zahlt. Der Grundpfandgläubiger muss daher die bis zur Beschlagnahme eingezogenen Zahlungen an den Insolvenzverwalter herausgeben. Hat der Schuldner dem Grundpfandgläubiger eine **Einziehungsermächtigung** erteilt, so erlischt diese mit Insolvenzeröffnung (§§ 115, 116). Zahlt der Mieter/Pächter nach Insolvenzeröffnung weiterhin an den Grundpfandgläubiger, muss der Insolvenzverwalter die **Zahlungen genehmigen**, damit der Mieter/Pächter befreiend geleistet hat und damit die Enthaftung gem. § 1124 BGB eintritt. Damit wird die Zahlung zugleich aus dem Absonderungsrecht gelöst und ist an den Insolvenzverwalter auszukehren.

Besonderheiten gelten, wenn ein **Grundpfandgläubiger** Miet- bzw. Pachtzinsforderungen aufgrund einer **Abtretung** beansprucht. Für Grundpfandgläubiger gilt, dass das Absonderungsrecht an den Miet- und Pachtzinsforderungen nicht erst mit der Beschlagnahme entsteht, sondern bereits mit Entstehung dieser Forderungen (§ 1123 Abs. 1 BGB). Vor der Enthaftung nach §§ 1123 ff. BGB kann sich der Grundpfandgläubiger dadurch schützen, dass er sich diese Forderungen ergänzend abtreten lässt. Aufgrund des bereits bestehenden Absonderungsrechts führt die Abtretung zu keiner Gläubigerbenachteiligung, sodass die **Abtretung von Miet- und Pachtzinsforderungen** an einen Grundpfandgläubiger unanfechtbar ist (BGH, ZInsO 2006, 1321; krit. Mitlehner, ZIP 2007, 804; Wazlawik, NZI 2007, 320). Dem Grundpfandgläubiger steht daher ein Absonderungsrecht an den eingezogenen Zinsforderungen zu, bis die Wirksamkeit der Abtretung gem. § 110 Abs. 1 endet. Zinsforderungen, die der Insolvenzverwalter nach Insolvenzeröffnung eingezogen hat, unterliegen insoweit der Abrechnung nach §§ 170, 171. Ist die Abtretung gem. § 110 Abs. 1 unwirksam geworden, gelten für Zinsforderungen aus dem Zeitraum bis zu einer Beschlagnahme im Zwangsverwaltungsverfahren die Regelungen aus Rdn. 10a, 10b: Zinszahlungen aus diesem Zeitraum unterliegen der Enthaftung gem. § 1124 und fallen dann in die freie Masse. 10c

Dagegen verstößt die **Pfändung von Miet- und Pachtzinsforderungen** aus dinglichen Titeln nach Insolvenzeröffnung im Verfahren nach §§ 829 ff. ZPO gegen § 89 und ist unzulässig (BGH, ZInsO 2006, 873). Die **Pfändung vor Insolvenzeröffnung** begründet Absonderungsrechte an den Miet- und Pachtzinsforderungen bis zur Insolvenzeröffnung. Das Pfandrecht kann aber anfechtbar sein, auch wenn der Pfandgläubiger zugleich Grundpfandgläubiger ist (BGH, ZInsO 2010, 43). Diese Rechtsprechung zur Pfändung steht im Widerspruch zur Bewertung der Abtretung an den Grundpfandgläubiger (Rdn. 10c). Nach Auffassung des BGH sei aus der Masseneutralität der Abtretung nicht auf die Masseneutralität der Pfändung zu schließen (BGH, ZInsO 2010, 43, 46). 10d

Zur Enthaftung von **Versicherungsforderungen** vgl. Jaeger-Henckel § 49 Rn. 54 f.; MK-Ganter § 49 Rn. 32 ff.; HK-Lohmann § 49 Rn. 16. Bei der **Gebäudeversicherung** fällt die Versicherungssumme unabhängig von einer Beschlagnahme in den Haftungsverband; § 1128 BGB regelt die Möglichkeiten der befreienden Leistung an den Eigentümer. Leistungen aus sonstigen Schadensversicherungen unterliegen den Regelungen für Miet- und Pachtzinsforderungen (§ 1129 BGB). 10e

III. Gläubiger, denen ein Recht auf Befriedigung zusteht

1. Grundstücke

Für die Befriedigung aus **Grundstücken** in einem Zwangsversteigerungs- oder Zwangsverwaltungsverfahren gilt unmittelbar die **Rangfolge der §§ 10 bis 14, 155 ZVG**. Innerhalb der Rangklassen werden die Gläubiger quotal befriedigt. Handelt es sich um Rechte, die im Grundbuch eingetragen sind, ist für den Rang innerhalb einer Rangklasse die Reihenfolge der Eintragungen in einer Abteilung des Grundbuchs maßgeblich. Zwischen Rechten, die in verschiedenen Abteilungen eingetragen sind, hat das zeitlich früher eingetragene Recht Vorrang. Das Absonderungsrecht deckt auch die Kosten der Rechtsverfolgung, § 10 Abs. 2 ZVG; die Kosten sind dagegen nicht als Masseverbindlichkeiten zu berücksichtigen, wenn sie aus dem Erlös nicht gedeckt werden können (OLG Zweibrücken, ZIP 2009, 1239). Eine Verwertungsvereinbarung bei einer **freihändigen Veräußerung** wird sich ebenfalls an diesen Regelungen orientieren, soweit der unbewegliche Gegenstand lastenfrei übertragen werden soll. 11

▶ Übersicht: Rangfolge, §§ 10 bis 14, 155 ZVG 12

1. **Vorab sind die** Kosten des Zwangsversteigerungs- bzw. Zwangsverwaltungsverfahrens **zu bedienen**, §§ 109 Abs. 1, 155 Abs. 1 ZVG.
2. Es folgt die Rangklasse 1, § 10 Abs. 1 Nr. 1 ZVG. Darunter fallen die **Ausgaben eines Gläubigers für die Werterhaltung des Grundstücks in der Zwangsverwaltung**, soweit diese nicht aus den Nutzungen des Grundstücks erstattet werden. Die Zwangsverwaltung muss im Fall der Zwangsversteigerung bis zum Zuschlag andauern. Den Auslagenersatz kann auch ein Insolvenzverwalter verlangen, der die Zwangsverwaltung nach § 165 betrieben hat (MK- 13

Ganter § 49 Rn. 47; Jaeger-Henckel § 49 Rn. 5). In diese Rangklasse fallen auch Ansprüche aus Lieferungen für Düngemittel und Saatgut in der Zwangsverwaltung, § 155 Abs. 4 ZVG.

14   3. In der Rangklasse 1a folgt die **Feststellungskostenpauschale** für die Insolvenzmasse, § 10 Abs. 1 Nr. 1a. Für bewegliche Gegenstände des schuldnerischen Vermögens, auf die sich die Zwangsversteigerung erstreckt, ist eine Kostenpauschale von 4 % zu entrichten. Bei der Zwangsverwaltung fällt die Kostenpauschale nicht an.

15   4. In Rangklasse 2 fallen Zahlungsansprüche der Wohnungseigentümergemeinschaft (insb. Hausgeld), zeitlich begrenzt auf die laufenden und rückständigen Beiträge der letzten 2 Jahre, § 10 Abs. 1 Nr. 2 ZVG. Maßgeblicher Zeitpunkt für die Feststellung der laufenden und rückständigen Beiträge ist der Tag der Insolvenzeröffnung, wenn die Beschlagnahme nicht bereits vor Insolvenzeröffnung stattfand; erfasst sind die Beiträge, die im Jahr der Insolvenzeröffnung sowie den 2 weiteren davor liegenden Jahren fällig geworden sind (BGH, ZInsO 2011, 1649, 1653). Beiträge, die erst nach Insolvenzeröffnung fällig werden (Vorschüsse gemäß Wirtschaftsplan; Nachzahlungen aus Abrechnungsspitze gemäß Beschluss über Jahresabrechnung) sind Masseverbindlichkeiten, die aber – insb. bei Masseunzulänglichkeit – nicht über das Absonderungsrecht gesichert sind (BGH, ZInsO 2011, 1649, 1650). Die Zwangsversteigerung ist nur zulässig, wenn die Forderung der Wohnungseigentümergemeinschaft 3 % des Einheitswerts der Eigentumswohnung übersteigt (§§ 10 Abs. 3 Satz 1 ZVG, 18 Abs. 2 Nr. 2 WEG). Betragsmäßig ist das Absonderungsrecht in Rangklasse 2 auf 5 % des Verkehrswertes nach § 74a Abs. 5 ZVG begrenzt (eingehend Hintzen, ZInsO 2008, 480). In der Zwangsverwaltung werden nur die laufenden Zahlungsansprüche berücksichtigt, § 155 Abs. 2 Satz 2 ZVG.

16   5. In Rangklasse 3 sind die öffentlichen Grundstückslasten zu berücksichtigen, § 10 Abs. 1 Nr. 3 ZVG. Darunter fallen einmalige Leistungen aus den letzten 4 Jahren (z. B. Erschließungsbeiträge, Wertausgleich bei Sicherungsmaßnahmen gem. § 25 Abs. 6 BBodSchG). Wiederkehrende Leistungen (z. B. Steuern, Gebühren für Müllabfuhr, Straßenreinigung, Schornsteinfeger) sind nur aus den letzten 2 Jahren zu berücksichtigen. In der Zwangsverwaltung werden nur die laufenden Leistungen berücksichtigt, § 155 Abs. 2 Satz 2 ZVG.
Ob für die Berechnung der gesicherten Lasten die Grundsätze zu § 10 Abs. 1 Nr. 2 ZVG gelten (oben Rdn. 15) und damit nur die bis zur Insolvenzeröffnung aufgelaufenen Lasten aus dem Absonderungsrecht befriedigt werden, ist noch ungeklärt. Allerdings sprechen die vom BGH aufgestellten Grundsätze (BGH, ZInso 2011, 1649) für die Gleichbehandlung von Hausgeldern und öffentlichen Lasten.

17   6. In eine Rangklasse 3/4 fällt das Pfandrecht der **Lieferanten von Düngemitteln und Saatgut an Früchten** aus §§ 1, 2 Abs. 4 DüngMSaatG (Stöber § 10 ZVG Rn. 7).

18   7. In Rangklasse 4 stehen die **dinglichen Rechte am Grundstück**, § 10 Abs. 1 Nr. 4 ZVG. Darunter fallen Hypotheken, Grundschulden, Rentenschulden, Reallasten, Rechte, auf die die Vorschriften über Reallasten Anwendung finden (z. B. Überbaurente, Notwegrente), Nießbrauch, Grunddienstbarkeiten, besondere persönliche Dienstbarkeiten, Erbbaurecht, dingliches Vorkaufsrecht. Gesichert sind rückständige Zinsleistungen aus den letzten 2 Jahren. Tilgungsrückstände sind dagegen unbeschränkt einzubeziehen, denn sie gehören bereits zur gesicherten Hauptforderung des Gläubigers. In der Zwangsverwaltung werden nur die laufenden Zinsen und Rentenleistungen berücksichtigt, § 155 Abs. 2 Satz 2 ZVG.
Bei **Zwangshypotheken persönlicher Gläubiger** ist zu prüfen, ob die Vollstreckung in die Frist des § 88 fällt und daher unwirksam ist.

18a Auch die **Eigentümergrundschuld** ist ein dingliches Recht in Rangklasse 4; allerdings ist diese rgm. mit dem Löschungsanspruch der nachrangigen Grundpfandgläubiger aus § 1179a BGB belastet. Der Löschungsanspruch ist vormerkungsgleich gesichert, §§ 1179a Abs. 1 Satz 3 BGB, 106 InsO. Ist die Eigentümergrundschuld löschungsreif, wird sie bei der Erlösverteilung durch nachrangige Grundpfandrechte verdrängt. Kein Löschungsanspruch besteht, wenn die Eigentümergrundschuld noch nicht abgetreten wurde (§ 1196 Abs. 3 BGB). Soweit ein **Löschungsanspruch** aus § 1179a BGB entsteht, ist dieser **insolvenzfest**. Dabei ist es unerheblich, ob der

Löschungsanspruch bereits vor Insolvenzeröffnung entstanden ist oder erst durch Vereinigung von vorrangiger Grundschuld und Eigentum nach Insolvenzeröffnung entsteht (BGH, ZInsO 2012, 1070 unter Aufgabe von BGH, ZInsO 2006, 599). Der Löschungsanspruch setzt sich sogar am Versteigerungserlös fort, wenn der vorrangige Grundpfandgläubiger den an ihn zugeteilten Erlös nicht vollständig beansprucht (BGH, ZInsO 2012, 1070). Die Insolvenzmasse kann daher keine Erlöszuteilung aus einer Eigentümergrundschuld oder den restlichen Versteigerungserlös beanspruchen, wenn einem nachrangigen Grundpfandgläubiger ein Löschungsanspruch zustehen würde. Die Tilgung der vorrangig gesicherten Forderung und damit die Entstehung des Löschungsanspruchs kann als »Werthaltigmachen« des nachrangigen Grundpfandrechts anfechtbar sein (Obermüller, ZIP 2013, 299).

Der **Rückgewähranspruch** gegen den Grundschuldgläubiger kann zur Sicherung an andere Gläubiger (folgend:»Sicherungsnehmer«) – regelmäßig an nachrangige Grundpfandgläubiger – abgetreten werden. Wird die Rückgewähr vor Insolvenzeröffnung vollzogen, ist der Sicherungsnehmer aus der abgetretenen Grundschuld absonderungsberechtigt. Ist die Rückgewähr bei Insolvenzeröffnung nicht vollzogen, kann der Rechtserwerb des Sicherungsnehmers an § 91 scheitern. Beim Rückgewähranspruch handelt es sich um ein aufschiebend bedingtes Recht, dessen Entstehung von der Tilgung der gesicherten Forderung des Grundschuldgläubigers abhängig ist. Somit führt die Abtretung des Rückgewähranspruchs nur dann zur Entstehung eines Absonderungsrechts, wenn der Sicherungsnehmer bei Insolvenzeröffnung eine gesicherte Rechtsposition erlangt hat (vor § 49 Rdn. 6a). Die Entstehung einer gesicherten Rechtsposition hängt vom Sicherungszweck der Grundschuld ab, auf die sich der Rückgewähranspruch bezieht. Ist zwischen dem Schuldner und dem Grundpfandgläubiger vereinbart, dass die Grundschuld nur eine bestimmte Forderung sichert (»enger Sicherungszweck«), begründet die Abtretung des Rückgewähranspruchs ein Absonderungsrecht des Sicherungsnehmers, wenn die Forderung bei Insolvenzeröffnung vollständig getilgt ist (BGH, ZInsO 2012, 28, 29). Sichert die Grundschuld dagegen auch weitere Forderungen aus der Geschäftsverbindung zwischen Schuldner und Grundschuldgläubiger (weiter Sicherungszweck), entsteht nur dann ein Absonderungsrecht des Sicherungsnehmers, wenn die Neuvalutierung gesicherter Forderungen ausgeschlossen ist. Das ist dann der Fall, wenn die Geschäftsbeziehung zwischen Schuldner und Grundpfandgläubiger gekündigt ist bzw. vom Grundpfandgläubiger bereits die Zwangsversteigerung des Grundstücks betrieben wird (BGH, ZInsO 2012, 28, 30). Ist die gesicherte Forderung nur teilweise getilgt, erwirbt der Sicherungsnehmer unter den genannten Voraussetzungen ein Absonderungsrecht i. H. d. Rückgewähranspruchs auf den frei gewordenen Teil der Grundschuld (BGH, ZInsO 2012, 28, 30). Soweit der abgetretene Rückgewähranspruch kein Absonderungsrecht begründet, kann aber ein Absonderungsrecht aus dem Löschungsanspruch gem. § 1179a BGB zu berücksichtigen sein (dazu oben Rdn. 18a). Das »Werthaltigmachen« des Rückgewähranspruchs kann anfechtbar sein (oben Rdn. 18a; Obermüller a. a. O.).

18b

8. Rangklasse 5 hat eine Auffangfunktion für Ansprüche, die nicht bereits unter eine der höheren Rangklassen fallen (z. B. über Rangklasse 2 hinausgehende Wohngelder), § 10 Abs. 1 Nr. 5 ZVG. In diese Rangklasse fällt auch der **Anspruch des persönlichen Gläubigers**. Voraussetzung ist, dass der persönliche Gläubiger aufgrund eines gegen den Schuldner gerichteten Vollstreckungstitels einen Beschluss über die Anordnung oder über den Beitritt zur Zwangsversteigerung oder Zwangsverwaltung erwirkt hat. Alternativ kann der persönliche Gläubiger auch zunächst eine Zwangshypothek eintragen lassen und dann in der Rangklasse 4 die Vollstreckung betreiben.
Erfolgt die Beschlagnahme in der Krise des Schuldners, kann diese nach §§ 129 ff. anfechtbar oder wegen § 88 unzulässig sein. Nach Insolvenzeröffnung ist die Beschlagnahme unwirksam, § 89.

19

9. In Rangklasse 6 fallen Ansprüche, die eigentlich in Rangklasse 4 gehören, aber aufgrund einer vorangegangenen Beschlagnahme unwirksam sind, § 10 Abs. 1 Nr. 6 ZVG.

20

10. Schließlich folgen in den Rangklassen 7 und 8 ältere Rückstände aus den Rangklassen 3 und 4, § 10 Abs. 1 Nr. 7, 8 ZVG. Dingliche Gläubiger (z. B. aus § 12 GrStG) können auch nach

21

Insolvenzeröffnung aus dieser Rangklasse die Vollstreckung betreiben und dadurch in die Rangklasse 5 aufrücken (BGH, ZInsO 2012, 236).

2. Schiffe, Schiffsbauwerke, Luftfahrzeuge

22 Für eingetragene **Schiffe, Schiffsbauwerke und Luftfahrzeuge** gelten die Regelungen des ZVG grds. entsprechend (§§ 162 ff., 170a, 171a ff. ZVG; eingehend Jaeger-Henckel § 49 Rn. 13 ff.; Uhlenbruck-Brinkmann § 49 Rn. 50 ff.). Absonderungsrechte ergeben sich aus dem Register (insb. Schiffshypotheken, §§ 8, 24 ff. SchRG, Registerpfandrechte an Luftfahrzeugen, §§ 1 ff. LuftFzgG). Bei **Schiffen** bereitet die Ermittlung der nicht eingetragenen dinglichen Rechte erhebliche Schwierigkeiten, insb. die Feststellung von **Schiffsgläubigerrechten** bei See- und Binnenschiffen. Schiffsgläubigerrechte berechtigen den Gläubiger zur Befriedigung aus dem Schiff im Zwangsversteigerungsverfahren (§§ 754 ff. HGB, 102 ff. BinSchG). Nach deutschem Recht handelt es sich im Wesentlichen um Forderungen der Schiffsbesatzungen sowie öffentliche Abgaben für die Nutzung von Wasserstraßen und Häfen. Da Schiffe grenzüberschreitend eingesetzt werden, können Schiffsgläubigerrechte auch nach ausländischen Rechtsordnungen entstehen; maßgeblich für die Entstehung von Schiffsgläubigerrechten an eingetragenen Schiffen ist das Recht, das auf die zu sichernde Forderung anzuwenden ist, Art. 45 Abs. 2 Satz 1 EGBGB. Die abschließende Feststellung der dinglichen Belastungen von Schiffen ist daher im Insolvenzverfahren praktisch nicht in überschaubarer Zeit durchführbar. Die Verwertung belasteter Schiffe erfolgt daher entweder durch den freihändigen Verkauf mit Übernahme aller unbekannten Belastungen durch den Erwerber bzw. den Schiffshypothekengläubiger oder im Wege der Zwangsversteigerung.

22a Der **Haftungsverband bei in Deutschland eingetragenen Schiffen** richtet sich nach §§ 31 ff. SchRG. Erfasst werden Schiffsbestandteile und Schiffszubehör; die Enthaftungsregeln für Grundstücke gelten entsprechend, § 31 SchRG. Versicherungsforderungen werden nach §§ 32 ff. SchRG einbezogen.

Nicht zum Haftungsverband gehören **Charterforderungen**. Charterforderungen werden in der Regel an den Schiffshypothekengläubiger sicherungsabgetreten. Die Abtretung der Charterforderungen unterliegt für die Ansprüche, die – als befristete Forderungen – nach Anordnung der vorläufigen Insolvenzverwaltung entstehen, der Insolvenzanfechtung. Anders als bei Grundstücken (oben Rdn. 10c) ist die Abtretung bei Schiffen gläubigerbenachteiligend, weil die Forderungen nicht zum Haftungsverband gehören. In der Praxis werden die laufenden Charterforderungen in eine Verwertungsvereinbarung mit dem Schiffshypothekengläubiger einbezogen (§ 165 Rdn. 44).

IV. Durchsetzung der Absonderungsrechte

23 Dingliche Gläubiger können die Verwertung von Grundstücken im Wege der Zwangsversteigerung und Zwangsverwaltung betreiben (§ 165 Rdn. 4 ff., 7 f.). Bei Schiffen, Schiffsbauwerken und Luftfahrzeugen ist nur die Zwangsversteigerung zulässig (§ 165 Rdn. 43). Die **Forderungspfändung in Miet- und Pachtzinsansprüche** nach Insolvenzeröffnung ist unzulässig (oben Rdn. 10d). Auch der Insolvenzverwalter ist berechtigt, die Zwangsversteigerung oder Zwangsverwaltung zu betreiben (§ 165 Rdn. 19 ff., 24). Im Vordergrund steht aber die freihändige Verwertung im Wege der freihändigen Veräußerung oder der »kalten« Zwangsverwaltung (§ 165 Rdn. 10 ff.). Wegen der Einzelheiten wird auf die Kommentierung zu § 165 verwiesen.

§ 50 Abgesonderte Befriedigung der Pfandgläubiger

(1) Gläubiger, die an einem Gegenstand der Insolvenzmasse ein rechtsgeschäftliches Pfandrecht, ein durch Pfändung erlangtes Pfandrecht oder ein gesetzliches Pfandrecht haben, sind nach Maßgabe der §§ 166 bis 173 für Hauptforderung, Zinsen und Kosten zur abgesonderten Befriedigung aus dem Pfandgegenstand berechtigt.

Ganter § 50 Rn. 6). Aufgrund der Unpfändbarkeit handelt es sich aber um Vermögen, das nicht dem Verwertungsrecht des Insolvenzverwalters unterliegt (Ausnahme: § 36 Abs. 2 Nr. 2). Somit sind derartige Pfandrechte nicht als Absonderungsrechte an Massegegenständen zu berücksichtigen (HK-Lohmann § 50 Rn. 4). Der Pfandgläubiger muss sein Recht außerhalb des Insolvenzverfahrens ggü. dem Schuldner durchsetzen.

b) Rechte

4   Die Verpfändung von Rechten richtet sich nach den Vorschriften für die Übertragung des Rechts, § 1274 Abs. 1 BGB. Verpfändbar sind nur übertragbare und pfändbare Rechte, §§ 1274 Abs. 2, 399 f. BGB. Zu beachten sind die **Formvorschriften**, die für die Rechtsübertragung gelten. Zusätzlich ist die **Anzeige an den Drittschuldner** erforderlich, soweit für die Verpfändung ansonsten nur die Einigung erforderlich ist, § 1280 BGB. Die Anzeige wird daher durch sonstige weitere Verpfändungsvoraussetzungen (Übergabe der Sache, Eintragung in das Grundbuch) ersetzt.

5   Grundfall ist die Verpfändung von **Forderungen**. Das Pfandrecht erfasst die Zinsen der verpfändeten Forderung (§ 1289 Satz 1 BGB), auch wenn diese erst nach Insolvenzeröffnung entstehen; § 91 steht der Belastung der Zinserträge nicht entgegen (KG, ZIP 2009, 2256; krit. Mitlehner, EWiR 2009, 649). Der Verpfänder kann an den Pfandgläubiger auch eine gegen diesen gerichtete Forderung verpfänden, sog. »Pfandrecht an eigener Schuld«. Dann entfällt die Anzeige an den Schuldner. Diese Form des Pfandrechts hat besondere Bedeutung beim **AGB-Pfandrecht der Banken und Sparkassen** (Nr. 14 AGB-Banken, Nr. 21 AGB-Sparkassen). Das Pfandrecht erfasst die im Besitz der Bank befindlichen Sachen und Rechte des Kunden, auch Ansprüche des Kunden gegen die Bank. Die dingliche Einigung über die Verpfändung liegt bereits in der Vereinbarung der AGB. Das Pfandrecht gilt allerdings nicht für offene Treuhandkonten des Kunden (MK-Ganter § 50 Rn. 47). Das Pfandrecht sichert auch die Haftung des Kunden für Drittverbindlichkeiten, z. B. wenn der Kunde eine Bürgschaft übernommen hat. Ausführlich zum Vertragspfandrecht der Banken Uhlenbruck-Brinkmann § 50 Rn. 7 f.

6   **Mietkautionen** werden häufig auf einem Sperrkonto des Mieters angelegt. Ein Sperrkonto als solches begründet ein Absonderungsrecht nur, wenn das Guthaben gleichzeitig verpfändet oder abgetreten wird. Die bloße Sperrvereinbarung zwischen dem Kunden und der Bank genügt nicht (MK-Ganter § 50 Rn. 51; Uhlenbruck-Brinkmann § 50 Rn. 9 f.). Die Verpfändung eines Kontoguthabens erstreckt sich nicht auf den bei Insolvenz der Bank entstehenden Entschädigungsanspruch aus §§ 3, 4 EAEG (BGH, NJW 2008, 1732).

7   Zur Verpfändung von **Wertpapieren** MK-Ganter § 50 Rn. 19 ff. Rekta- bzw. Namens- sowie Legitimationspapiere sind nicht selbstständig verpfändbar; wird das verbriefte Recht verpfändet, gilt § 952 BGB.

8   **Geschäftsanteile** an einer GmbH sind mit notarieller Beurkundung verpfändbar (§ 15 Abs. 1, 3 GmbHG), soweit die Übertragbarkeit bzw. Verpfändbarkeit nicht im Gesellschaftsvertrag ausgeschlossen ist. Die Verpfändung erfasst nicht den Gewinnanteil, der aber selbstständig verpfändet werden kann. **Anteile an Personengesellschaften** sind verpfändbar, wenn die Verpfändung im Gesellschaftsvertrag zugelassen ist oder die anderen Gesellschafter zustimmen. Ohne Zustimmung verpfändbar sind Gewinn- und Auseinandersetzungsansprüche (§ 717 Satz 2 BGB). **Anteile an Genossenschaften** sind nicht verpfändbar, aber das Geschäftsguthaben und der Auseinandersetzungsanspruch (MK-Ganter § 50 Rn. 24). An **verpfändeten Gewinnforderungen**, die nach Insolvenzeröffnung entstehen, besteht wegen § 91 auch dann kein Absonderungsrecht, wenn der Gesellschaftsanteil verpfändet wurde (BGH, ZInsO, 2010, 327). Erst die Vollstreckung in den verpfändeten Gesellschaftsanteil erstreckt sich auf die Gewinnbezugsrechte und damit auf die Gewinnforderungen. Ggf. erfasst die Bestellung eines Nutzungspfandrechts (§ 1213 Abs. 1 BGB) insolvenzfest die künftigen Gewinnforderungen (Gattringer, ZInsO 2010, 802, 204).

(2) ¹Das gesetzliche Pfandrecht des Vermieters oder Verpächters kann im Insolvenzverfahren wegen der Miete oder Pacht für eine frühere Zeit als die letzten zwölf Monate vor der Eröffnung des Verfahrens sowie wegen der Entschädigung, die infolge einer Kündigung des Insolvenzverwalters zu zahlen ist, nicht geltend gemacht werden. ²Das Pfandrecht des Verpächters eines landwirtschaftlichen Grundstücks unterliegt wegen der Pacht nicht dieser Beschränkung.

Übersicht

	Rdn.		Rdn.
A. Normzweck	1	aa) Gegenstand	28
B. Norminhalt	2	bb) Gesicherte Forderungen	31
I. Rechtsgeschäftliches Pfandrecht (Abs. 1, 1. Alt.)	2	cc) Erlöschen des Pfandrechts, insbesondere § 562a BGB	32
1. Gegenstand und Bestellung	2	(1) Entfernung	33
a) Bewegliche Sachen	2	(2) Verfolgungsrecht des Vermieters/Verpächters, Rechte am Erlös	33a
b) Rechte	4	(a) Vor Insolvenzeröffnung	33a
2. Kollisionen, Schranken des Pfandrechts	11	(b) Nach Insolvenzeröffnung	33b
3. Erlöschen des Pfandrechts	13	(3) Betriebsfortführung im Insolvenzeröffnungsverfahren	34
II. Pfändungspfandrecht (Abs. 1, 2. Alt.)	15		
1. Gegenstand und Entstehung	15		
2. Kollisionen, Schranken des Pfändungspfandrechts, Erlöschen	21		
III. Gesetzliche Pfandrechte (Abs. 1, 3. Alt.)	26	(4) Betriebsfortführung nach Insolvenzeröffnung	34a
1. Entstehung	26		
2. Pfandgläubiger	27	b) Sonstige gesetzliche Pfandrechte	36
a) Vermieter-/Verpächterpfandrecht (Abs. 2)	27	3. Kollisionen	37

A. Normzweck

Über § 50 werden die vertraglichen und gesetzlichen Pfandrechte sowie Pfändungspfandrechte an beweglichen Gegenständen in den Kreis der Absonderungsrechte einbezogen. Zur **Verwertung** der belasteten Gegenstände vgl. die Kommentierung bei § 166.   1

B. Norminhalt

I. Rechtsgeschäftliches Pfandrecht (Abs. 1, 1. Alt.)

1. Gegenstand und Bestellung

a) Bewegliche Sachen

Die Verpfändung beweglicher Sachen setzt die Einigung und die Übergabe des Besitzes voraus, §§ 1205 ff. BGB. Die Vereinbarung eines Besitzkonstituts genügt nicht (Palandt-Bassenge § 1205 BGB Rn. 10). Die Einigung muss dem **Bestimmtheitsgrundsatz** entsprechen; Probleme bereitet die Verpfändung von **Sachgesamtheiten**, z. B. eines Warenlagers (unzulässig: MK-Ganter § 50 Rn. 11; a. A. Jaeger-Henckel § 50 Rn. 19; Uhlenbruck-Brinkmann § 50 Rn. 5: Schlüsselübergabe genügt). Den Regelungen für bewegliche Sachen unterliegt auch die Verpfändung von **Inhaberpapieren** sowie von **Miteigentumsanteilen** an beweglichen Sachen. Bei **Traditionspapieren** (z. B. §§ 448, 475g HGB) ist die Übergabe des Papiers zuzüglich Indossament bei **Orderpapieren** (§ 363 Abs. 2 HGB) erforderlich. Die Verpfändung beweglicher Sachen erfasst auch deren **Erzeugnisse** nach Trennung (§ 1212 BGB). Im Zweifel wird auch das **Zubehör** verpfändet, § 311c BGB (KPB-Prütting § 50 Rn. 4; a. A. MK-Ganter § 50 Rn. 7; Jaeger-Henckel § 50 Rn. 7). Zugunsten eines Kreditinstituts kann der Pächter eines landwirtschaftlichen Grundstücks ein besitzloses Inventarpfandrecht an Inventarbestand und Erzeugnissen bestellen (§§ 1 ff. PachtKreditG).   2

Wird das **Anwartschaftsrecht** verpfändet, ist auch das später entstehende Vollrecht erfasst. Verpfändet werden können auch bewegliche Sachen, die gem. § 811 ZPO **unpfändbar** sind (MK-   3

Verpfändbar sind **gewerbliche Schutzrechte**: Patentrechte (§ 15 PatG), Gebrauchsmusterrechte (§ 22 GebrMG), Geschmacksmusterrechte (§ 30 GeschmMG), Nutzungsrechte nach §§ 31 ff. UrhG, nicht aber das Urheberrecht selbst (§ 29 Abs. 1 UrhG), Markenrechte (§ 29 MarkenG). 9

Im Bereich des **Erbrechts** sind der Anteil an der Erbengemeinschaft (§ 2033 Abs. 1 BGB), die Anwartschaft des Nacherben, die Ansprüche des Vermächtnisnehmers (§ 2174 BGB) sowie Pflichtteilsansprüche (§ 2317 Abs. 2 BGB) verpfändbar. 10

2. Kollisionen, Schranken des Pfandrechts

Für den Rang der Pfandrechte ist das **Prioritätsprinzip** maßgeblich. Ist der Entstehungstatbestand mehraktig, kommt es auf den Zeitpunkt der Vollendung an. Das Prioritätsprinzip kann bei der Verpfändung von Sachen überwunden werden, wenn der Pfandgläubiger den Vorrang gutgläubig erwirbt, § 1208 BGB. Soweit Sachen und Rechte vorrangig der Haftung für das unbewegliche Vermögen unterliegen (§§ 1120 ff. BGB: z. B. Erzeugnisse, Zubehör, Mietzins), sind zunächst die Absonderungsrechte aus § 49 zu befriedigen. 11

Künftige Gegenstände werden erst zum Zeitpunkt ihrer Entstehung verpfändet, sodass § 91 zu beachten ist (Vorbem. §§ 49 bis 51 Rdn. 6a). Für die Verpfändung eines bedingten Rechts kommt es dagegen auf den Zeitpunkt der Bestellung an und nicht auf den des Bedingungseintritts. Wann die gesicherte Forderung entsteht, ist nicht maßgeblich, da das Pfandrecht bereits mit Bestellung entsteht. 12

3. Erlöschen des Pfandrechts

Das Pfandrecht erlischt, wenn die **gesicherte Forderung erlischt**, § 1252 BGB. Bei der Sicherung künftiger Forderungen entfällt das Pfandrecht, wenn feststeht, dass keine Forderungen mehr entstehen werden. Wird die gesicherte Forderung vom persönlichen Schuldner erfüllt, so erlöschen Forderung und Pfandrecht. Befriedigt der Verpfänder, der nicht persönlicher Schuldner ist, den Pfandgläubiger, so gehen Forderung und Pfandrecht auf ihn über (§§ 1225, 401, 1250 BGB). Wird der Pfandgläubiger vom Eigentümer befriedigt, so erwirbt dieser die Forderung und das Pfandrecht erlischt durch Konsolidation, § 1256 BGB. Befriedigt ein ablösungsberechtigter Dritter den Pfandgläubiger, so erwirbt dieser Forderung und Pfandrecht. 13

Das Pfandrecht erlischt durch **Untergang des Pfandgegenstandes** und durch **Rückgabe des Pfandes** an den Verpfänder oder Eigentümer (§ 1253 Abs. 1 BGB). Die Rückgabe an den Insolvenzverwalter führt daher zur Enthaftung des verpfändeten Gegenstandes. Schließlich erlischt das Pfandrecht durch **Verzicht** ggü. dem Verpfänder, dem Eigentümer bzw. dem Insolvenzverwalter, § 1255 BGB. 14

II. Pfändungspfandrecht (Abs. 1, 2. Alt.)

1. Gegenstand und Entstehung

Das Pfändungspfandrecht entsteht durch wirksame Pfändung aufgrund eines Vollstreckungstitels gem. § 804 Abs. 1 ZPO, 828 ff. ZPO, durch Arrestpfändung gem. § 930 Abs. 1 ZPO oder Vollstreckung von Geldstrafen nach §§ 459 StPO, 6 Abs. 1 Nr. 1 JBeitrO. 15

Strafprozessuale Sicherungsmaßnahmen nach §§ 111b ff. StPO erfolgen durch Beschlagnahme von Gegenständen aus dem Vermögen des Täters (§ 111c StPO) oder durch Anordnung des dinglichen Arrest (§ 111d StPO). Die Beschlagnahme nach § 111c StPO begründet nur ein relatives Veräußerungsverbot (§ 111c Abs. 5 StPO) und ist daher im Insolvenzverfahren wirkungslos (§ 80 Abs. 2; BGH, ZIP 2007, 1338). 15a

Der dingliche Arrest führt zur Entstehung von Pfändungspfandrechten bzw. Sicherungshypotheken. Diese Rechte begründen im Insolvenzverfahren Absonderungsrechte an den belasteten Gegenständen, soweit Forderungen des Staates gesichert werden (OLG Frankfurt am Main, ZInsO 2009, 15b

1446; OLG Nürnberg, ZInsO 2013, 882, 886; a. A. Rönnau, ZInsO 2012, 509, 516 ff.), z. B. aus Geldstrafen oder Verfahrenskosten (§ 111d Abs. 1 StPO).

15c Der dingliche Arrest kann aber auch angeordnet werden, um Ansprüche des Verletzten aus der Straftat zu sichern, sog. »**Rückgewinnungshilfe**« (§§ 111b Abs. 2, 5, 111g StPO). Dann tritt der Staat mit seinen Forderungen hinter die Ansprüche des Verletzten zurück (§ 111g Abs. 1 StPO). Der Verletzte muss selbst die Vollstreckung in den Gegenstand betreiben, um den Rang des dinglichen Arrests zu erhalten (§§ 111g, 111h StPO). Betreibt er nicht die Vollstreckung, erwirbt der Staat die Rechte an den mit Arrest gepfändeten Gegenständen, sog. »Auffangrechtserwerb« (§ 111i Abs. 5 StPO).

Wenn der Verletzte bei Insolvenzeröffnung noch kein eigenes Pfandrecht erworben hat, ist der zur Rückgewinnungshilfe angeordnete Arrest aufzuheben (OLG Nürnberg, ZInsO 2013, 882; ZInsO 2014, 96; OLG Frankfurt am Main, ZInsO 2009, 1446; a. A. OLG Hamm, ZInsO 2013, 1790). Auch der Auffangrechtserwerb des Staates begründet kein Absonderungsrecht (OLG Nürnberg, a. a. O.; a. A. KG, ZInsO 2013, 244; OLG Hamm, a. a. O.). Entsprechend ist das Pfandrecht des Verletzten gem. § 88 unwirksam bzw. anfechtbar, wenn es innerhalb der letzten 3 Monate vor Insolvenzantragstellung entsteht (OLG Oldenburg, ZInsO 2012, 1271).

16 Die **Vorpfändung** begründet kein Absonderungsrecht; die Forderungspfändung muss außerhalb der Frist des § 88 nachgeholt werden. Eine **Arrestvollziehung** ist dagegen wirksam, wenn die Zustellung fristgerecht – auch nach Insolvenzeröffnung – nachgeholt wird, § 929 Abs. 3 ZPO.

17 Der **gutgläubige Erwerb** des Pfändungspfandrechts ist nicht möglich; allerdings entsteht das Pfändungspfandrecht ex nunc, wenn der Schuldner – vor Insolvenzeröffnung – nachträglich Eigentum an der gepfändeten Sache erwirbt (MK-Ganter § 50 Rn. 78; Jaeger-Henckel § 50 Rn. 78). Kein Absonderungsrecht entsteht, wenn der Eigentumserwerb innerhalb der Frist des § 88 oder nach Insolvenzeröffnung (§ 91) stattfindet. Bei der Forderungspfändung führt der nachträgliche Erwerb der Forderung nicht zur Entstehung eines Pfändungspfandrechts (BGHZ 56, 339, 350 = NJW 1971, 1938; a. A. Uhlenbruck-Uhlenbruck § 50 Rn. 45). **Nach Insolvenzeröffnung** ist die Zwangsvollstreckung für Insolvenzgläubiger unzulässig, § 89 Abs. 1. Pfändungspfandrechte können aber begründet werden bei der Zwangsvollstreckung durch Massegläubiger (§ 90 Abs. 1; dazu LG Berlin, NZI 2008, 108). Unzulässig ist die **Pfändung von Miet- und Pachtzinsforderungen** durch dingliche Gläubiger (§ 49 Rdn. 10d).

18 Pfändbar sind **bewegliche Sachen**, §§ 808 ff. ZPO. Dazu gehören auch noch nicht getrennte Früchte, soweit keine Beschlagnahme des Grundstücks erfolgt ist, § 810 ZPO. Das Pfändungspfandrecht erfasst trotz § 91 die Früchte, wenn die Trennung nach Insolvenzeröffnung erfolgt (Jaeger-Henckel § 50 Rn. 81). Zubehör im Haftungsverband eines Grundpfandrechts unterliegt dagegen der Vollstreckung in das Immobiliarvermögen, § 865 Abs. 2 Satz 1 ZPO.

19 **Forderungen und Rechte** sind gem. §§ 829 ff., 846 ff., 857 ff. ZPO pfändbar. Soweit die Übertragbarkeit von Forderungen vertraglich ausgeschlossen ist, bleiben diese Forderungen pfändbar, § 851 Abs. 2 ZPO. Pfändbar sind Saldoforderungen auf Girokonten und Kreditlinien (BGH, ZInsO 2010, 710; MK-Ganter § 50 Rn. 69). Bei unveräußerlichen Rechten (Vorkaufsrecht, subjektiv dingliche Rechte, Rangvorbehalt) ist ggf. das Ausübungsrecht pfändbar, § 857 Abs. 3 ZPO.

20 Nach Versteigerung bzw. Verkauf der Pfandsache setzt sich das Pfandrecht am Erlös fort (§ 1247 Satz 2 BGB), bei gepfändeten Rechten an dem Leistungsgegenstand (§ 1287 BGB).

2. Kollisionen, Schranken des Pfändungspfandrechts, Erlöschen

21 Zwischen konkurrierenden Pfandgläubigern gilt das **Prioritätsprinzip**. Werden Sachen oder Rechte des Schuldners bei seiner Bank gepfändet, hat das Pfändungspfandrecht allerdings Vorrang vor dem AGB-Pfandrecht der Bank, soweit das AGB-Pfandrecht Forderungen aus Neugeschäften nach Pfändung sichert (MK-Ganter vor § 49 Rn. 78).

Unwirksam ist das Pfändungspfandrecht, wenn die Pfändung im letzten Monat vor Insolvenzeröffnung (§ 88, im Fall des § 312 Abs. 1 Satz 2 3 Monate) oder nach Insolvenzeröffnung (§ 89) erfolgt. Bei der Forderungspfändung ist entscheidend, wann die gepfändete Forderung entsteht (BFH, ZInsO 2005, 888). Die Pfändung ist unwirksam, wenn sie gegen eine Verfügungsbeschränkung, eine Vollstreckungsuntersagung im Insolvenzeröffnungsverfahren (§ 21 Abs. 1 Nr. 2, 3) oder in der Nachlassinsolvenz gegen § 321 verstößt. 22

Bei der **Sachpfändung** ist der **Pfändungsschutz** gem. §§ 811 ff. ZPO zu beachten. Verstößt die Pfändung gegen § 811 ZPO, ist die Unwirksamkeit für die Masse von Interesse, soweit die in § 36 Abs. 2 Nr. 2 bezeichneten Sachen betroffen sind. 23

Der **Pfändungsschutz für Forderungen** ergibt sich aus §§ 850 ff. ZPO. Wenn die Pfändung gegen §§ 850 ff. ZPO verstößt, ist die Unwirksamkeit für das Insolvenzverfahren unbeachtlich, da diese Gegenstände ohnehin nicht zur Insolvenzmasse gehören, § 36 Abs. 1 Satz 2. Eine Lohnpfändung endet im eröffneten Insolvenzverfahren nach Ablauf der Frist des § 114 Abs. 3, eine Pfändung von Miet- und Pachtforderungen nach Ablauf der Frist des § 110 Abs. 2 Satz 2. 24

Das Pfändungspfandrecht **erlischt** durch Freigabe, Aufhebung der Pfändung und Verzicht des Pfandgläubigers. Das Pfändungspfandrecht kann durch Insolvenzanfechtung nach § 131 beseitigt werden. 25

III. Gesetzliche Pfandrechte (Abs. 1, 3. Alt.)

1. Entstehung

Im Vordergrund stehen in der Praxis die gesetzlichen Pfandrechte des Vermieters bzw. Verpächters. Zu den weiteren gesetzlichen Pfandrechten Rdn. 36. Der das gesetzliche Pfandrecht begründende Vorgang (Einbringung, Hinterlegung, Besitzerlangung etc.) muss vor Insolvenzeröffnung eintreten. Zur Begründung gesetzlicher Pfandrechte durch den Insolvenzverwalter nach Insolvenzeröffnung vgl. die Ausführungen zum Vermieterpfandrecht (unten Rdn. 29). 26

Die gesetzlichen Pfandrechte können nicht gutgläubig erworben werden, § 1257 BGB. Ausnahmen gelten für die Pfandrechte des Lagerhalters, des Kommissionärs, des Spediteurs und des Frachtführers, für die der gute Glaube an die Verfügungsbefugnis des Verpfänders ausreicht, § 366 Abs. 1, 3 HGB.

2. Pfandgläubiger

a) Vermieter-/Verpächterpfandrecht (Abs. 2)

Von überragender Bedeutung im Insolvenzverfahren ist das Vermieter- bzw. Verpächterpfandrecht, §§ 562, 581 Abs. 2 BGB (zur Abwicklung des Vermieterpfandrechts in der Insolvenz Schmidt/Büchler, InsbürO 2007, 42). Das Pfandrecht gilt für Miet- und Pachtverträge über **Räume und Grundstücke**, §§ 562 (Wohnraummiete), 578 (sonstige Grundstücks- und Raummiete), 581 Abs. 2 (Grundstücks- und Raumpacht), 592 (Landpacht; Überblick bei Cymutta, ZInsO 2009, 412, 415 f.) BGB. 27

aa) Gegenstand

Das Pfandrecht entsteht an eingebrachten Sachen des Mieters/Pächters, § 562 Abs. 1 Satz 1 BGB. Die Sachen müssen im Eigentum des Mieters/Pächters stehen. Erfasst werden auch Anwartschaftsrechte und Miteigentumsanteile. Entsteht das Volleigentum erst nach Erfüllungswahl durch den Insolvenzverwalter (§ 103), kann das Vermieter-/Verpächterpfandrecht an § 91 scheitern (vor § 49 Rdn. 9). Nicht erfasst werden Sachen, die unpfändbar sind, § 562 Abs. 1 Satz 2 BGB (Ausnahme in der Landpacht, § 592 Satz 3 BGB). Ebenfalls nicht erfasst werden Sachen, die im Eigentum eines **Untermieters/Unterpächters** stehen. Der Hauptvermieter/-verpächter kann sich aber dieAnsprü- 28 che aus dem Untermiet-/-pachtvertrag abtreten lassen, die wiederum durch das Pfandrecht an den Sachen des Untermieters/Unterpächters gesichert sind.

29 »**Eingebracht**« sind auch solche Sachen, die in den Miet- oder Pachträumen hergestellt werden. Wenn Sachen nur zum vorübergehenden Verbleib auf das Grundstück gelangen, kommt es darauf an, ob der vorübergehende Verbleib der Zweckbestimmung des Miet-/Pachtobjekts entspricht (MK-Ganter § 50 Rn. 86; Jaeger-Henckel § 50 Rn. 41). Eingebracht werden demnach Warenvorräte in gemieteten Läden (Palandt-Weidenkaff § 562 BGB Rn. 6). Bei der **Verarbeitung** von Warenvorräten erfasst das Vermieterpfandrecht die auf dem Grundstück hergestellten Produkte (Palandt-Weidenkaff § 562 BGB Rn. 6; § 172 Rn. 7). **Nicht eingebracht** werden Tageseinnahmen, die täglich der Kasse entnommen und zur Bank geschafft werden (Palandt-Weidenkaff a. a. O.; Ehricke, FS Gerhardt, S. 200 f.), Kfz, die normalerweise auf der Straße und ausnahmsweise auf dem Grundstück abgestellt werden (MK-Ganter § 50 Rn. 86), Baumaschinen, die ausschließlich außerhalb des Betriebsgrundstücks eingesetzt werden (Uhlenbruck-Brinkmann § 50 Rn. 17). Sachen, die der **Schuldner nach Insolvenzeröffnung** auf das Grundstück bringt, unterfallen nicht dem Pfandrecht, § 91. Soweit der **Insolvenzverwalter** das Miet-/Pachtverhältnis im eröffneten Insolvenzverfahren fortsetzt, kann ein Pfandrecht an neu eingebrachten Sachen entstehen (Jaeger-Henckel § 50 Rn. 39). Allerdings dürfen mit diesem Pfandrecht keine Insolvenzforderungen abgesichert werden, da dies zu einer Bevorzugung des Vermieters/Verpächters führen würde. Ein Pfandrecht kann daher nach Insolvenzeröffnung nur zur Absicherung von Masseforderungen aus § 55 Abs. 1 Nr. 2 entstehen (Jaeger-Henckel § 50 Rn. 39; Ehricke, FS Gerhardt, S. 198; Uhlenbruck-Brinkmann § 50 Rn. 18; MK-Ganter § 50 Rn. 86b), sodass der Vermieter/Verpächter durch das Pfandrecht vor den Folgen einer Masseunzulänglichkeit geschützt wird.

30 Im **Insolvenzeröffnungsverfahren** werden Sachen vom Pfandrecht erfasst, die durch den »starken« vorläufigen Insolvenzverwalter eingebracht werden (Uhlenbruck-Brinkmann § 50 Rn. 19; Borchardt/Frind-Henkel, Betriebsfortführung, Rn. 1000). In der »schwachen« vorläufigen Insolvenzverwaltung muss der vorläufige Insolvenzverwalter der Einbringung durch den Schuldner zustimmen (Uhlenbruck-Brinkmann § 50 Rn. 19; Ehricke, FS Gerhardt, S. 195 f.). Die Einbringung in der Krise unterliegt der Insolvenzanfechtung (BGH, ZInsO 2007, 91, 94). Sachen, die im Insolvenzeröffnungsverfahren eingebracht werden, können daher keine Insolvenzforderungen des Vermieters/Verpächters absichern, wenn dem Vermieter/Verpächter der Insolvenzantrag bekannt ist. Soweit das Pfandrecht Mietzinsverbindlichkeiten sichert, die im Insolvenzeröffnungsverfahren entstehen, kann die Anfechtung an § 142 scheitern.

bb) Gesicherte Forderungen

31 Durch das Pfandrecht sind **alle Forderungen aus dem Miet-/Pachtverhältnis** gesichert. **Zeitlich** umfasst die Sicherung zugunsten des Verpächters eines landwirtschaftlichen Grundstücks alle rückständigen und künftigen Pachtzinsen, Abs. 2 Satz 2 i. V. m. § 592 BGB. I. Ü. ist das Pfandrecht auf die Miete/Pacht für das laufende und folgende Jahr (§ 562 Abs. 2 BGB) und den rückständigen Miet-/Pachtzins aus den letzten 12 Monaten vor Insolvenzeröffnung (Abs. 2 Satz 1) begrenzt. Nicht gesichert sind künftige **Entschädigungsforderungen**, die bei erstmaliger Geltendmachung des Pfandrechts noch nicht entstanden sind (§ 562 Abs. 2 BGB) und der Entschädigungsanspruch bei Kündigung durch den Insolvenzverwalter aus § 109 Abs. 1 Satz 2 (Abs. 2 Satz 1). Die Beschränkungen des Abs. 2 sollen allerdings nur die Insolvenzmasse schützen und gelten nicht ggü. einem konkurrierenden Absonderungsgläubiger, wenn die Insolvenzmasse nicht beeinträchtigt wird (MK-Ganter § 50 Rn. 90). Bei konkurrierenden Belastungen (z. B. Vermieterpfandrecht und Sicherungseigentum) kann der Vermieter/Verpächter daher zulasten des konkurrierenden Gläubigers auch die Befriedigung älterer Forderungen beanspruchen, wenn der Verwertungserlös ansonsten dem konkurrierenden Gläubiger und nicht der Insolvenzmasse zufallen würde. Zur Begrenzung der Haftung für **Insolvenzforderungen**, wenn das Pfandrecht im Insolvenzeröffnungsverfahren oder im eröffneten Insolvenzverfahren entsteht, vgl. oben Rdn. 29 f.

§§ 50 Abs. 2, 562 BGB stellen eine Durchbrechung der Grundregel dar, dass Masseverbindlichkeiten nicht durch ein Absonderungsrecht gesichert werden (dazu vor §§ 49 bis 51 Rdn. 18). Somit werden nicht nur die Insolvenzforderungen aus dem Insolvenzeröffnungsverfahren (BGH, ZInsO 2007, 91), sondern auch **Masseverbindlichkeiten** aus dem Zeitraum nach Insolvenzeröffnung gesichert (MK-Ganter vor § 49 Rn. 53; Jaeger-Henckel § 50 Rn. 60). 31a

Für die Berechnung des Zeitraumes der rückständigen Mieten (Abs. 2) ist somit die Insolvenzeröffnung maßgeblich; für die Berechnung des Zeitraumes der künftigen Mieten (§ 562 Abs. 2 BGB) ist der Zeitpunkt der ersten **Geltendmachung** des Vermieterpfandrechts ggü. dem Schuldner bzw. dem Insolvenzverwalter entscheidend. Die Geltendmachung erfolgt durch außergerichtliche Erklärung oder durch Inbesitznahme, z. B. bei Rückgabe des Miet-/Pachtobjekts an den Vermieter/Verpächter. 31b

cc) Erlöschen des Pfandrechts, insbesondere § 562a BGB

Zum Erlöschen des gesetzlichen Pfandrechts gelten die Regelungen für das Vertragspfandrecht entsprechend, § 1257 BGB (oben Rdn. 13 f.). Eine Sonderregelung enthält § 562a BGB. 32

(1) Entfernung

Das Pfandrecht erlischt gem. **§ 562a BGB**, wenn die Sache vom Grundstück entfernt wird. Wird sie ohne Wissen oder unter Widerspruch des Vermieters/Verpächters entfernt, erlischt das Pfandrecht mit dem Ablauf eines Monats nach Kenntnis des Vermieters/Verpächters von der Entfernung, wenn er den Anspruch nicht vorher gerichtlich geltend gemacht hat, § 562b Abs. 2 Satz 2 BGB. Es genügt eine vorübergehende Entfernung, z. B. die Weggabe einer Sache zur Reinigung oder Reparatur (Uhlenbruck-Uhlenbruck § 50 Rn. 32), das Wegfahren eines Firmenfahrzeugs, auch wenn es rgm. zum Grundstück zurückkehrt (MK-Ganter § 50 Rn. 95a; Jaeger-Henckel § 50 Rn. 46). 33

(2) Verfolgungsrecht des Vermieters/Verpächters, Rechte am Erlös

(a) Vor Insolvenzeröffnung

Die Regelungen der §§ 562a, 562b BGB gelten auch im **Insolvenzeröffnungsverfahren**. Der Vermieter/Verpächter muss daher das Verfolgungsrecht ausüben und Herausgabeklage gegen den Schuldner bzw. den »starken« vorläufigen Insolvenzverwalter erheben, um sein Absonderungsrecht an den entfernten Sachen aufrechtzuerhalten. Ist mit der Entfernung zugleich eine **Veräußerung** verbunden, geht das Pfandrecht rgm. wegen gutgläubigen Erwerbs unter (§ 936 BGB). Mit dem gutgläubig lastenfreien Erwerb endet zugleich das Verfolgungsrecht des Vermieters/Verpächters (MK/BGB-Artz § 562b Rn. 8). Erfolgt die **Veräußerung vor Ablauf der Verfolgungsfrist**, kann der Vermieter/Verpächter Ersatzabsonderungsrechte geltend machen, wenn die Gegenleistung noch unterscheidbar vorhanden ist; da das Absonderungsrecht mit Ablauf der Verfolgungsfrist untergeht, fällt der Erlös in die freie Masse, wenn die Veräußerung nach Fristablauf erfolgt. Die **bloße Entfernung** der Sache vom Grundstück begründet mangels Gegenleistung kein Ersatzabsonderungsrecht. 33a

(b) Nach Insolvenzeröffnung

Werden Sachen **nach Insolvenzeröffnung** entfernt, kann der Vermieter/Verpächter nicht mehr widersprechen und auch nicht den Herausgabeanspruch aus § 562b Abs. 1 BGB geltend machen (MK-Ganter § 50 Rn. 100; Jaeger-Henckel § 50 Rn. 50). Das Pfandrecht kann nicht nach § 562b Abs. 2 Satz 2 BGB erlöschen, da der Vermieter/Verpächter keine Klage gegen den Insolvenzverwalter erheben kann. Denn nach Insolvenzeröffnung ist der Insolvenzverwalter gem. § 166 verwertungsberechtigt. Das Pfandrecht setzt sich am Verwertungserlös fort, §§ 170, 171. 33b

Wurden Sachen **vor Insolvenzeröffnung** entfernt und ist die Verfolgungsfrist des § 562b Abs. 2 Satz 2 BGB bei Insolvenzeröffnung noch nicht abgelaufen, muss der Vermieter/Verpächter vor Fristablauf gegen den Insolvenzverwalter auf Feststellung seines Pfandrechts oder auf Auskehrung des Verwertungserlöses klagen (Jaeger-Henckel § 50 Rn. 53). Wird das Verfolgungsrecht nicht ausgeübt, geht das Absonderungsrecht ersatzlos unter.

(3) Betriebsfortführung im Insolvenzeröffnungsverfahren

34 Der Vermieter/Verpächter hat kein Widerspruchsrecht gegen die Entfernung von Sachen, wenn diese den »gewöhnlichen Lebensverhältnissen« entspricht, § 562a Satz 2 BGB. In diesem Fall ist die Entfernung »berechtigt«, sodass weder Ersatzabsonderungsrechte am Erlös einer nachfolgenden Veräußerung der Sachen noch Haftungsansprüche gegen den vorläufigen Insolvenzverwalter entstehen können. Nach Erlass eines allgemeinen Veräußerungsverbots sollen Veräußerungen nicht mehr im regelmäßigen Geschäftsbetrieb erfolgen (OLG Düsseldorf, NZI 2000, 82 zur Sequestration). Dieser Auffassung kann für die **Betriebsfortführung** durch den vorläufigen Insolvenzverwalter nicht uneingeschränkt gefolgt werden. Wenn der vorläufige Insolvenzverwalter mit Mitteln der Masse Sachen anschafft und verarbeitet, werden diese Sachen zunächst mit dem Pfandrecht belastet. Werden die hergestellten Produkte i. R. d. Betriebsfortführung veräußert, müssen die aus der Veräußerung erzielten Erlöse wiederum der Masse zur Verfügung stehen, ohne dass sie jeweils mit Ersatzabsonderungsrechten des Vermieters/Verpächters belastet werden. Somit besteht kein Widerspruchsrecht, wenn das Unternehmen im Insolvenzeröffnungsverfahren fortgeführt, Waren veräußert und die Tageseinnahmen auf dem Anderkonto des vorläufigen Insolvenzverwalters gesichert werden (LG Mannheim, ZIP 2003, 2374; eingehend zum Konflikt zwischen Betriebsfortführung und Vermieterpfandrecht Zipperer, NZI 2005, 538). In der Betriebsfortführung ergibt sich daher aus § 562a Satz 2 BGB eine **gesetzliche Weiterveräußerungsermächtigung**, sodass die Erlöse in die freie Masse fallen. Im Unterschied zum Zeitraum nach Insolvenzeröffnung erhält der Vermieter/Verpächter bei der »schwachen« vorläufigen Insolvenzverwaltung zwar keinen Ausgleich dadurch, dass Masseverbindlichkeiten für die auflaufenden Miet-/Pachtzinsen begründet werden. Diese Benachteiligung ist aber über die Anordnung der Befugnisse des vorläufigen Insolvenzverwalters gem. § 21 Abs. 2 Nr. 2 bzw. Nr. 5 auszugleichen und nicht über das Widerspruchsrecht aus § 562a BGB. Ein **Ausverkauf** im Insolvenzeröffnungsverfahren überschreitet die Grenzen des gewöhnlichen Geschäftsbetriebes, sodass der vorläufige Insolvenzverwalter das Pfandrecht beachten muss (zum Räumungsverkauf BGH, ZInsO 2004, 151). Die Entstehung von Ersatzabsonderungsrechten oder Haftungsansprüchen wird durch den Abschluss einer Verwertungsvereinbarung vermieden. Eine **Verwertungsvereinbarung** über Warenvorräte ist darin zu sehen, dass der Vermieter/Verpächter aus dem Erlös des Warenverkaufs eine Nutzungsentschädigung erhält und damit den Warenverkauf billigt (OLG Düsseldorf, NZI 2000, 82). Ist der Vermieter/Verpächter mit einer Räumung des Grundstücks zur baldigen Nachvermietung einverstanden, ist auch darin eine Zustimmung zur Entfernung zu sehen, sodass mangels »unberechtigter« Veräußerung kein Ersatzabsonderungsrecht entsteht. Äußert sich der Vermieter/Verpächter nicht auf ein Verwertungsangebot des vorläufigen Insolvenzverwalters, kann von einem Einverständnis mit dem Warenverkauf auszugehen sein, sodass das Pfandrecht gem. § 562a Abs. 1 Satz 1 BGB erlischt (Zipperer, NZI 2005, 538, 542).

(4) Betriebsfortführung nach Insolvenzeröffnung

34a Veräußert der Insolvenzverwalter eingebrachte Sachen in der **Betriebsfortführung**, erlischt das Pfandrecht gem. § 562a Satz 2 BGB (MK-Ganter § 50 Rn. 101). Mangels Pfandrechts ist der Vermieter/Verpächter am Erlös nicht zu beteiligen (Jaeger-Henckel § 50 Rn. 52, 47). Als Ausgleich erhält der Vermieter/Verpächter in der Betriebsfortführung den Miet-/Pachtzins als Masseverbindlichkeit. Anders verhält es sich bei einem **Ausverkauf** (OLG Dresden, ZInsO 2011, 2136). Ein Ausverkauf ist als Verwertung gem. § 166 anzusehen, sodass sich das Absonderungsrecht des Vermieters/Verpächters am erzielten Erlös fortsetzt (BGH, ZInsO 2004, 151). Dies gilt auch dann, wenn die Sachen zunächst aus dem Miet-/Pachtobjekt entfernt und erst anschließend veräußert werden, da auch dieser Vorgang als Verwertung i. S. v. § 166 anzusehen ist (z. B. bei Einlagerung durch einen beauftragten Verwerter zur nachfolgenden Versteigerung).

▶ **Übersicht:** Erlös aus Veräußerung beweglicher Sachen bei Vermieter-/Verpächterpfandrecht fällt unter folgenden Voraussetzungen in die freie Masse   35
- Veräußerung durch (vorläufigen) Insolvenzverwalter i. R. d. Betriebsfortführung (nicht: Ausverkauf) oder
- Entfernung durch den Schuldner und Veräußerung durch den (vorläufigen) Insolvenzverwalter nach Ablauf der Verfolgungsfrist des § 562b Abs. 2 Satz 2 BGB oder
- Verzicht des Vermieters/Verpächters auf Pfandrecht.

b) Sonstige gesetzliche Pfandrechte

Weitere Pfandrechte stehen zu dem Inventarpächter an Inventarstücken (§ 583 BGB), dem   36
Gastwirt an eingebrachten Sachen des Gastes (§ 704 BGB), dem Werkunternehmer an beweglichen Sachen des Bestellers (§ 647 BGB), dem Hinterlegungsbegünstigten an hinterlegtem Geld, Wertpapieren oder der Forderung auf Rückerstattung (§ 233 BGB; Streit um die Rückgabe des hinterlegten Betrages zwischen Insolvenzverwalter und Gläubiger ist Aussonderungsstreit, BGH, BeckRS 17120), dem Kommissionär am Kommissionsgut (§§ 397 f. HGB) bzw. an Forderungen aus dem Ausführungsgeschäft (§ 399 HGB), dem Spediteur am Speditionsgut (§ 464 HGB), dem Lagerhalter am Lagergut (§ 475b HGB), dem Frachtführer am Frachtgut (§ 441 HGB), dem Lieferanten von Düngemittel und Saatgut an den Früchten (eingehend Jaeger-Henckel § 50 Rn. 75), dem Haftpflichtgläubiger an der Entschädigungsforderung des Versicherungsnehmers (§ 110 VVG, dazu § 51 Rdn. 54). Zu Absonderungsrechten der Schiffseigner, Seeverfrachter, Schiffsgläubiger, Vergütungsberechtigten aus großer Haverei, Berger und Hilfeleister vgl. MK-Ganter § 50 Rn. 113.

3. Kollisionen

Kollisionen treten im Wesentlichen auf zwischen dem Vermieter-/Verpächterpfandrecht und der   37
Sicherungsübereignung. Die Sicherungsübereignung vor Einbringung in das Grundstück ist vorrangig, die Sicherungsübereignung nach Einbringung in das Grundstück ist nachrangig (Jaeger-Henckel § 50 Rn. 58, § 51 Rn. 69). Bei der Sicherungsübereignung eines Warenlagers mit wechselndem Bestand ist das Vermieterpfandrecht vorrangig (BGH, ZInsO 2004, 151; Jaeger-Henckel § 51 Rn. 70; Ehricke, FS Gerhardt, S. 205). Das **Landverpächterpfandrecht** hat Vorrang vor dem Pfändungspfandrecht an Früchten; Vorrang vor dem Landverpächterpfandrecht und sonstigen Pfandrechten an Früchten haben die **Pfandrechte aus Lieferung von Düngemittel und Saatgut** (§ 2 Abs. 4 DüngMSaatG). Gleichen Rang haben das vertragliche Inventarpfandrecht eines Kreditinstituts (oben Rdn. 2) und das Verpächterpfandrecht (§ 11 Abs. 1 Satz 3 PachtKreditG; Jaeger-Henckel § 50 Rn. 63). I. Ü. gilt zwischen konkurrierenden Absonderungsrechten das **Prioritätsprinzip**.

§ 51 Sonstige Absonderungsberechtigte

Den in § 50 genannten Gläubigern stehen gleich:
1. Gläubiger, denen der Schuldner zur Sicherung eines Anspruchs eine bewegliche Sache übereignet oder ein Recht übertragen hat;
2. Gläubiger, denen ein Zurückbehaltungsrecht an einer Sache zusteht, weil sie etwas zum Nutzen der Sache verwendet haben, soweit ihre Forderung aus der Verwendung den noch vorhandenen Vorteil nicht übersteigt;
3. Gläubiger, denen nach dem Handelsgesetzbuch ein Zurückbehaltungsrecht zusteht;
4. Bund, Länder, Gemeinden und Gemeindeverbände, soweit ihnen zoll- und steuerpflichtige Sachen nach gesetzlichen Vorschriften als Sicherheit für öffentliche Abgaben dienen.

Übersicht	Rdn.		Rdn.
A. Normzweck	1	1. Sicherungsübereignung	4
B. Norminhalt	2	a) Gegenstand und Entstehung	4
I. Sicherungsübertragung (Nr. 1)	2		

b) Rechte in der Insolvenz, Verlängerungsformen 6	b) Rechte in der Insolvenz. 27
aa) Insolvenz des Sicherungsgebers 6	aa) Insolvenz des Sicherungsgebers 27
(1) Nach Insolvenzeröffnung 7	(1) Nach Insolvenzeröffnung 28
(2) Vor Insolvenzeröffnung 10	(2) Vor Insolvenzeröffnung 29
bb) Insolvenz des Sicherungsnehmers 11	bb) Insolvenz des Sicherungsnehmers 31
2. Erweiterter Eigentumsvorbehalt.... 12	5. Verlängerter Eigentumsvorbehalt mit Vorausabtretungsklausel. 32
a) Insolvenz des Käufers 13	a) Insolvenz des Käufers 34
aa) Nach Insolvenzeröffnung... 13	aa) Nach Insolvenzeröffnung... 34
bb) Vor Insolvenzeröffnung.... 15	bb) Vor Insolvenzeröffnung.... 38
b) Insolvenz des Verkäufers 16	b) Insolvenz des Verkäufers 41
3. Verlängerter Eigentumsvorbehalt mit Verarbeitungsklausel. 17	6. Kollisionen. 42
a) Insolvenz des Käufers 18	II. Zurückbehaltungsrecht wegen nützlicher Verwendungen (Nr. 2) 47
aa) Nach Insolvenzeröffnung... 18	III. Handelsrechtliches Zurückbehaltungsrecht (Nr. 3) 51
bb) Vor Insolvenzeröffnung.... 21	
b) Insolvenz des Verkäufers 23	IV. Öffentliche Abgaben (Nr. 4) 52
4. Sicherungsabtretung. 24	V. Sonstige Absonderungsrechte 53
a) Gegenstand und Entstehung.... 24	VI. Poolvereinbarungen 56

A. Normzweck

1 § 51 betrifft Absonderungsrechte an beweglichen Gegenständen. Neben den Zurückbehaltungsrechten und Absonderungsrechten des Fiskus werden Rechte aus Sicherungsübereignung und Sicherungszession in den Kreis der Absonderungsrechte einbezogen. Unter § 51 fallen darüber hinaus auch die Rechte aus erweitertem und verlängertem Eigentumsvorbehalt.

B. Norminhalt

I. Sicherungsübertragung (Nr. 1)

2 Vom Wortlaut sind als Sicherungsübertragungen die Übereignung beweglicher Sachen (Sicherungsübereignung) und die Übertragung von Rechten (Sicherungszession) genannt. Der Sicherungsübereignung ähnl. sind der erweiterte Eigentumsvorbehalt sowie der verlängerte Eigentumsvorbehalt mit Verarbeitungsklausel. Der verlängerte Eigentumsvorbehalt mit Vorausabtretungsklausel ist ein Unterfall der Sicherungszession.

3 Sicherungsübertragungen können bedingt oder unbedingt ausgestaltet sein. In der Insolvenz des Sicherungsgebers ist der **Sicherungsnehmer absonderungsberechtigt**, solange die gesicherte Forderung besteht. Nach Maßgabe des Sicherungsvertrages können auch künftige Forderungen besichert werden. Der Sicherungsnehmer erwirbt das Sicherungsrecht bereits bei Bestellung der Sicherheit. Allerdings kann die gesicherte Forderung nach Insolvenzeröffnung nicht mehr mit Wirkung für die Masse valutiert werden (Vorbem. §§ 49 bis 51 Rdn. 16). In der Insolvenz des Sicherungsnehmers ist der **Sicherungsgeber aussonderungsberechtigt**, wenn die gesicherte Forderung getilgt oder der Sicherungszweck entfallen ist (§ 47 Rdn. 32).

1. Sicherungsübereignung

a) Gegenstand und Entstehung

4 Gegenstand der Sicherungsübereignung sind **bewegliche Sachen** und **Anwartschaftsrechte**. Wesentliche Bestandteile können nicht sicherungsübereignet werden, dagegen aber Scheinbestandteile und Zubehör. Fällt das Zubehör in den Haftungsverband eines Grundpfandrechts, erwirbt der Sicherungsnehmer lastenfreies Eigentum, wenn das Zubehör nach §§ 1120 ff. BGB enthaftet wird.

Die Übereignung von Sicherungseigentum erfolgt i. d. R. gem. §§ 929, 930, 868 BGB. Zu wahren ist das **Bestimmtheitsgebot**. Bei der Sicherungsübereignung von Warenlagern genügt die räumliche Absonderung (Raumsicherungsvertrag) oder die Markierung des Sicherungsguts. Auch die Bezugnahme auf ein Inventarverzeichnis ist ausreichend, wenn die Gegenstände in dem Verzeichnis hinreichend bestimmt sind; das Verzeichnis muss nicht körperlich mit dem Sicherungsübereignungsvertrag verbunden sein (BGH, ZInsO 2008, 918). Ungenügend sind unklare Sammelbezeichnungen, wie z. B. die Übereignung »sämtlicher Vorräte« (BGH, ZInsO 2008, 803). Unbestimmt ist ein Raumsicherungsvertrag, wenn sich in den Räumen auch Eigentum Dritter befindet und das Sicherungsgut ohne zusätzliche Unterlagen nicht identifizierbar ist (OLG Düsseldorf, ZInsO 2012, 439). Entscheidend für die Bestimmbarkeit ist der Zeitpunkt des Abschlusses des Sicherungsvertrages; spätere Veränderungen des Sicherungsguts schaden der Bestimmbarkeit daher nicht (LG Bielefeld, ZInsO 2014, 612). Zur Unwirksamkeit von Sicherungsübereignungen wegen Übersicherung vgl. Palandt-Bassenge § 930 BGB Rn. 23 ff.; Vorbem. §§ 49 bis 51 Rdn. 20. 5

b) Rechte in der Insolvenz, Verlängerungsformen

aa) Insolvenz des Sicherungsgebers

Dem Sicherungsnehmer steht an der sicherungsübereigneten Sache ein **Absonderungsrecht** zu (zur Ermittlung und Abwicklung von Sicherungseigentum Schmidt/Büchler InsbürO 2006, 322). Der Sicherungsübereignung gleichgestellt ist die Übertragung des einfachen Eigentumsvorbehalts an den Geldkreditgeber (BGH, ZInsO 2008, 445; § 47 Rdn. 14a). 6

(1) Nach Insolvenzeröffnung

Die Sicherungsübereignung kann durch die **Vorausabtretung der Forderung aus der Weiterveräußerung** verlängert sein (Parallele zum verlängerten Eigentumsvorbehalt mit Vorausabtretungsklausel). Im Unterschied zum verlängerten Eigentumsvorbehalt (unten Rdn. 34 ff.) führt die Weiterveräußerung durch den Insolvenzverwalter nicht zum Untergang eines Aussonderungsrechts, sondern stellt die Verwertung von Absonderungsgut dar. Der Veräußerungserlös ist gem. §§ 170, 171 abzurechnen. Ob die Weiterveräußerungsermächtigung bei dieser Form der verlängerten Sicherungsübereignung nach Insolvenzeröffnung fortbesteht (so MK-Ganter § 51 Rn. 97), kann wegen des Verwertungsrechts des Insolvenzverwalters dahingestellt bleiben. Die Weiterveräußerungsbefugnis des Schuldners wird nach Insolvenzeröffnung jedenfalls durch das Verwertungsrecht des Insolvenzverwalters aus § 166 Abs. 1 ersetzt. Hat der Schuldner das Sicherungsgut veräußert und wählt der Insolvenzverwalter die Erfüllung des Veräußerungsgeschäfts (§ 103), kann ein **Absonderungsrecht** an der Forderung aus der Weiterveräußerung entstehen (MK-Ganter § 51 Rn. 122; Uhlenbruck-Brinkmann § 51 Rn. 17). Voraussetzung ist, dass der Insolvenzverwalter zur Erfüllung des Veräußerungsgeschäfts keine Leistung aus der freien Masse erbringen muss (Vorbem. §§ 49 bis 51 Rdn. 9). Lehnt der Insolvenzverwalter die Erfüllung des Weiterveräußerungsgeschäfts ab, behält der Sicherungsnehmer das **Absonderungsrecht** am ursprünglichen Sicherungsgut. 7

Eine weitere Form der verlängerten Sicherungsübereignung ist, dass neu eingehende Waren, die verbrauchte Waren ersetzen, als **Ersatzsicherheiten sicherungsübereignet** werden (antizipierte Einigung mit antizipiertem Besitzkonstitut, vgl. Palandt-Bassenge § 930 BGB Rn. 10 ff.). Diese Sicherungsabrede hat im eröffneten Insolvenzverfahren keine Wirkung: Waren, die nach Insolvenzeröffnung angeschafft werden, werden nicht mit Absonderungsrechten belastet, § 91. Hat der Schuldner an den neuen Waren bei Insolvenzeröffnung bereits ein Anwartschaftsrecht erworben und gehört dieses Anwartschaftsrecht zum Sicherungsgut, kann dagegen ein **Absonderungsrecht** am Vollrecht entstehen; auch hier ist Voraussetzung, dass der Insolvenzverwalter für die Entstehung des Vollrechts keine Leistung aus der Masse erbringen muss (Vorbem. §§ 49 bis 51 Rdn. 9). 8

Schließlich können neu hergestellte Sachen durch eine **Verarbeitungsklausel** in das Sicherungsgut einbezogen werden (Parallele zum verlängerten Eigentumsvorbehalt mit Verarbeitungsklausel). Der Insolvenzverwalter ist an die Sicherungsabrede nicht gebunden (unten Rdn. 18; a. A. Jaeger- 9

Henckel § 51 Rn. 47, 36 ff.). Wird die Ware durch den Insolvenzverwalter verarbeitet, verliert der Sicherungsnehmer sein Absonderungsrecht und es entsteht auch kein Ersatzabsonderungsrecht (§ 48 Rdn. 8), sondern eine **Masseverbindlichkeit** aus § 55 Abs. 1 Nr. 1, Nr. 3 bzw. ein **Schadensersatzanspruch** gegen den Insolvenzverwalter aus § 60 (Übersicht bei § 48 Rdn. 32).

(2) Vor Insolvenzeröffnung

10 **Vor Insolvenzeröffnung** bleiben Sicherungsübereignungen des Schuldners wirksam, wenn der Schuldner das Sicherungsgut nach Anordnung der vorläufigen Insolvenzverwaltung, aber vor Insolvenzeröffnung erwirbt; die Besicherung ist aber ggü. dem Sicherungsnehmer nach § 130 anfechtbar, wenn er Kenntnis vom Insolvenzantrag hatte (Vorbem. §§ 49 bis 51 Rdn. 15). Bei der **verlängerten Sicherungsübereignung** können daher noch im Insolvenzeröffnungsverfahren **Absonderungsrechte** an den Surrogaten (Forderung aus Weiterveräußerungsgeschäft, Ersatzsicherheit, Produkt aus Verarbeitung) entstehen; hier wird die Anfechtung regelmäßig an der fehlenden Gläubigerbenachteiligung scheitern. Ist nur eine **einfache Sicherungsübereignung** vereinbart, besteht eine Weiterveräußerungsermächtigung zwar bis zur Insolvenzeröffnung fort, aber die Weiterveräußerung muss im »ordnungsgemäßen Geschäftsverkehr« erfolgen (§ 48 Rdn. 16 ff.). Bei »unberechtigter« Veräußerung entstehen **Ersatzabsonderungsrechte**; die Verarbeitung vor Insolvenzeröffnung kann **Schadensersatzansprüche** gegen den vorläufigen Insolvenzverwalter aus § 60 auslösen. Hat der Schuldner sein **Unternehmen** und damit auch sicherungsübereignete Bestandteile des Unternehmens zu einem **Gesamtpreis veräußert**, ist die abgetretene Forderung aus der Veräußerung des Sicherungsguts nicht mehr individualisierbar, sodass kein Absonderungsrecht am Kaufpreis entsteht (BGH, ZInsO 2009, 828).

bb) Insolvenz des Sicherungsnehmers

11 Der Sicherungsgeber kann das Sicherungsgut **aussondern**, wenn der Sicherungszweck entfällt (§ 47 Rdn. 32).

2. Erweiterter Eigentumsvorbehalt

12 Beim erweiterten Eigentumsvorbehalt erfolgt die Übereignung aufschiebend bedingt durch die Zahlung des Kaufpreises für die konkrete Kaufsache sowie die Bezahlung weiterer offener Forderungen des Vorbehaltsverkäufers. Hinsichtlich der Sicherung weiterer Forderungen entspricht der erweiterte Eigentumsvorbehalt wirtschaftlich einer **Sicherungsübereignung** der bezahlten Kaufsache an den Vorbehaltsverkäufer.

Üblich ist hier die Vereinbarung eines **Kontokorrentvorbehalts**. Das Eigentum geht erst dann über, wenn sämtliche Forderungen aus der Geschäftsverbindung zwischen Käufer und Verkäufer getilgt sind. Sinkt der gesicherte Saldo auf null, erlischt der Eigentumsvorbehalt, auch wenn der Saldo anschließend wieder ansteigt (MK-Ganter § 47 Rn. 90). Der Konzernvorbehalt als weitere Form des erweiterten Eigentumsvorbehalts ist gem. § 449 Abs. 3 BGB unwirksam; der darin enthaltene einfache Eigentumsvorbehalt bleibt jedoch wirksam (BGH, ZIP 2008, 843).

a) Insolvenz des Käufers

aa) Nach Insolvenzeröffnung

13 Ist der **Kaufpreis für die konkrete Kaufsache offen**, besteht ein **Aussonderungsrecht** des Verkäufers. Der Insolvenzverwalter kann das Aussonderungsrecht abwehren, indem er Erfüllung nach § 103 wählt und den Kaufpreis bezahlt. Mit der **Erfüllungswahl** ist der Insolvenzverwalter zwar an den erweiterten Eigentumsvorbehalt gebunden; abgesonderte Befriedigung kann der Verkäufer aber nur für weitere Kaufpreisforderungen verlangen, wenn der Insolvenzverwalter auch für die diesen Forderungen zugrunde liegenden Kaufverträge Erfüllung gem. § 103 gewählt hat (str.; so auch Jaeger-Henckel § 51 Rn. 29; a. A. MK-Ganter § 47 Rn. 93; HK-Lohmann § 51 Rn. 40). Somit ist der Insolvenzverwalter zwar an den erweiterten Eigentumsvorbehalt gebunden, dessen Siche-

rungsfunktion beschränkt sich aber durch die Erfüllungswahl auf Masseverbindlichkeiten ggü. dem Verkäufer; Insolvenzforderungen werden nicht gesichert. Alternativ kann der Insolvenzverwalter mit dem Verkäufer eine **Verwertungsvereinbarung** über die Erlösbeteiligung aus einer Weiterveräußerung bzw. Verarbeitung schließen (§ 172 Rdn. 16).

Hat der Schuldner den **Kaufpreis für die konkrete Kaufsache gezahlt**, steht dem Vorbehaltsverkäufer aus dem erweiterten Eigentumsvorbehalt ein **Absonderungsrecht** für die weiteren gesicherten Forderungen zu (zum Kontokorrentvorbehalt Jaeger-Henckel § 51 Rn. 30; abl. zum Absonderungsrecht Klose, ZInsO 2009, 1792, 1800). Bei Veräußerung des Absonderungsguts durch den Insolvenzverwalter handelt es sich um eine Verwertungshandlung, sodass der Vorbehaltsverkäufer gem. §§ 170, 171 aus dem Erlös zu befriedigen ist. **Lieferungen an den (vorläufigen) Insolvenzverwalter** unter erweitertem Eigentumsvorbehalt begründen keine Absonderungsrechte für Insolvenzforderungen, wenn die Kaufpreise aus der Masse bezahlt werden (BGHZ 118, 374 = ZIP 1992, 1005 zur Sequestration). 14

bb) Vor Insolvenzeröffnung

Vor Insolvenzeröffnung kann der Vorbehaltsverkäufer bei **unberechtigter Veräußerung** der Kaufsache durch den Schuldner oder den vorläufigen Insolvenzverwalter **Ersatzaussonderungsrechte** (Kaufpreis für Kaufsache offen) oder **Ersatzabsonderungsrechte** (Kaufpreis für Kaufsache bezahlt, sonstige Forderungen offen) an der Kaufpreisforderung aus dem Veräußerungsgeschäft erwerben. 15

b) Insolvenz des Verkäufers

Der Käufer kann gem. § 107 Abs. 1 Erfüllung verlangen, wenn er alle gesicherten Forderungen tilgt. Der Insolvenzverwalter kann gem. § 103 Zahlung der Kaufpreisforderung für die konkrete Kaufsache verlangen. 16

3. Verlängerter Eigentumsvorbehalt mit Verarbeitungsklausel

Aufgrund von Verarbeitungsklauseln erwirbt der Vorbehaltsverkäufer Eigentum an der neuen Sache, wenn durch Verarbeitung das Eigentum an der Kaufsache untergeht (Eigentumserwerb über § 950 BGB oder §§ 929, 930 BGB; Überbl. zum Meinungsstand bei Palandt-Bassenge § 950 BGB Rn. 9, 11; Jaeger-Henckel § 51 Rn. 36 ff.). Wirtschaftlich entspricht die Einbeziehung des Produkts in die Sicherheitenkette einer **Sicherungsübereignung**. Um eine **Übersicherung des Vorbehaltsverkäufers** zu vermeiden, ist seine Rechtsstellung auf Miteigentum an der neuen Sache zu beschränken. Üblich ist, dass sich der Miteigentumsanteil des Vorbehaltsverkäufers an dem Verhältnis ausrichtet, in dem der Wert der Kaufsache zum Wert des Verarbeitungsergebnisses steht (HK-Lohmann § 51 Rn. 37; zur Ermittlung und Abwicklung von Rechten aus verlängertem Eigentumsvorbehalt Schmidt/Büchler, InsbürO 2006, 442 ff.). 17

a) Insolvenz des Käufers

aa) Nach Insolvenzeröffnung

Bis zur Verarbeitung der Kaufsache besteht ein **Aussonderungsrecht** des Verkäufers (§ 47 Rdn. 11 ff.). Mit Eröffnung des Insolvenzverfahrens erlischt die Gestattung zur Verarbeitung (MK-Ganter § 47 Rn. 111; MK-Tetzlaff § 172 Rn. 46; Elz, ZInsO 2000, 478, 481; a. A. Jaeger-Henckel § 48 Rn. 49): Die Verarbeitungsklausel schützt den Vorbehaltsverkäufer nicht vor dem Verlust seines Eigentums, denn § 91 steht dem Eigentumserwerb am Produkt aufgrund einer Verarbeitungsklausel entgegen (KPB-Lüke § 91 Rn. 47; MK-Breuer § 91 Rn. 19; HK-Kayser § 91 Rn. 39; Jaeger-Henckel § 51 Rn. 43 f.: Absonderungsrecht beschränkt auf Wert des gelieferten Materials). Wählt der Insolvenzverwalter die **Erfüllung des Kaufvertrages** (§ 103) mit dem Vorbehaltsverkäufer, ist er wieder zur Verarbeitung berechtigt (MK-Ganter § 47 Rn. 111). Der Insolvenzverwalter ist dann **an die Verarbeitungsklausel gebunden**, der Vorbehaltsverkäufer erwirbt folglich ein **Absonderungsrecht** am Produkt der **nachfolgenden Verarbeitung**; das Absonderungsrecht sichert aber nur die **Masseer- 18 bindlichkeit aus dem Kaufvertrag (§ 55 Abs. 1 Nr. 2). Ist der verlängerte Eigentumsvorbehalt mit **einem erweiterten** Eigentumsvorbehalt **verbunden**, beschränkt sich die Sicherungsfunktion der Kaufsache ebenfalls auf Masseverbindlichkeiten, die der Insolvenzverwalter ggü. dem Vorbehaltsverkäufer begründet (oben Rdn. 13).

19 Die **bloße Verarbeitung** durch den Insolvenzverwalter fällt nicht unter § 103, da Verwertungshandlungen des Insolvenzverwalters allein nicht als Erfüllungswahl angesehen werden können (§ 103 Rdn. 23; OLG Düsseldorf, ZIP 2003, 1306; BGH, ZIP 1998, 298). Die Verarbeitung ohne Erfüllungswahl hat zur Folge, dass der Vorbehaltsverkäufer weder ein Absonderungsrecht am Produkt noch eine Kaufpreisforderung im Rang einer Masseverbindlichkeit erwirbt. Stattdessen entstehen Bereicherungsansprüche gegen die Masse aus § 55 Abs. 1 Nr. 3 bzw. Haftungsansprüche gegen den Insolvenzverwalter aus § 60. Zur Abwendung dieser Ansprüche kann der Insolvenzverwalter auch nach Verarbeitung die Erfüllung des Kaufvertrages über die Kaufsache wählen und den Kaufpreis als Masseverbindlichkeit entrichten (§ 55 Abs. 1 Nr. 1). Der Anwendbarkeit des § 103 steht nicht entgegen, dass der Vorbehaltsverkäufer sein Eigentum bereits durch die Verarbeitung verloren hat (**a. A.** HK-Lohmann § 51 Rn. 37; MK-Ganter § 47 Rn. 113); der Vorbehaltsverkäufer kann statt Übereignung die Verarbeitung durch den Insolvenzverwalter genehmigen. Durch die Erfüllungswahl wird die unerlaubte Verarbeitung nachträglich legitimiert. Mit Eintritt in den Kaufvertrag wird die Masseverbindlichkeit des Vorbehaltsverkäufers durch ein Absonderungsrecht am Produkt gesichert (dazu Rdn. 18).

20 **Veräußert der Insolvenzverwalter** das Produkt, handelt es sich um eine Verwertung nach §§ 166 ff., sodass der Vorbehaltsverkäufer nach §§ 170, 171 aus dem Erlös zu befriedigen ist. Die **Erlösbeteiligung** richtet sich nach dem **Wert der Kaufsache** (Elz, ZInsO 2000, 478, 482; Jaeger-Henckel § 51 Rn. 44 ff.).

bb) Vor Insolvenzeröffnung

21 Wurde die Kaufsache **vor Insolvenzeröffnung verarbeitet**, ist das Produkt mit dem **Absonderungsrecht** des Vorbehaltsverkäufers belastet. **Bis zur Insolvenzeröffnung** gilt die Verarbeitungsgestattung grds. fort, soweit sie nicht vom Vorbehaltsverkäufer widerrufen wird oder nach dem Klauselinhalt erlischt (Jaeger-Gerhardt § 22 Rn. 124: Fortbestand bei Herstellung von Fertigprodukten; offen Uhlenbruck-Vallender § 22 Rn. 40). Daher erwirbt der Vorbehaltsverkäufer bei Verarbeitung durch den vorläufigen Insolvenzverwalter bzw. durch den Schuldner **Absonderungsrechte** am Produkt (Vorbem. §§ 49 bis 51 Rdn. 15); bei **Veräußerung des Produkts vor Insolvenzeröffnung** werden unter den Voraussetzungen des § 48 **Ersatzabsonderungsrechte** am Erlös begründet. Wird die **Verarbeitungsgestattung widerrufen**, kann der Vorbehaltsverkäufer bei Verarbeitung **Haftungsansprüche** gegen den vorläufigen Insolvenzverwalter erwerben. Diese Haftung kann im eröffneten Insolvenzverfahren abgewendet werden, wenn der Insolvenzverwalter gem. § 103 die Erfüllung des Kaufvertrages wählt und den Kaufpreis für die Kaufsache aus der Masse zahlt (vgl. oben Rdn. 19).

22 ▶ **Übersicht: Rechte des Vorbehaltsverkäufers**

Aussonderungsrecht des Vorbehaltsverkäufers an der Kaufsache:
– keine Verarbeitung, Insolvenzverwalter lehnt Erfüllung des Kaufvertrages ab Absonderungsrecht des Vorbehaltsverkäufers am Produkt:
– Verarbeitung vor Insolvenzeröffnung, kein Widerruf der Verarbeitungsgestattung
– Insolvenzverwalter wählt Erfüllung des Kaufvertrages und verarbeitet die Kaufsache

Insolvenzforderung des Vorbehaltsverkäufers ist ungesichert:
– Verarbeitung vor Insolvenzeröffnung, Widerruf der Verarbeitungsgestattung
– Insolvenzverwalter verarbeitet nach Insolvenzeröffnung ohne Erfüllungswahl

b) Insolvenz des Verkäufers

Die Verarbeitungsgestattung bleibt bestehen. Der Käufer kann gem. § 107 Abs. 1 Erfüllung des Kaufvertrages verlangen; der Insolvenzverwalter kann gem. § 103 Zahlung der Kaufpreisforderung beanspruchen.

4. Sicherungsabtretung

a) Gegenstand und Entstehung

Sicherungsabtretungen setzen i. d. R. nur eine **Einigung** voraus. Das Erfordernis der **Bestimmtheit** ist gewahrt, wenn die Forderung im Zeitpunkt ihrer Entstehung identifizierbar ist. Hier genügen Formulierungen wie »alle künftigen Forderungen aus dem Geschäftsbetrieb« oder »alle Forderungen aus bestehenden und künftigen Arbeitsverhältnissen«. Auch eine Teilabtretung ist möglich, soweit die Forderung als solche teilbar ist (z. B. pfändbares Arbeitseinkommen). Unbestimmt ist die Abtretung aller künftigen Forderungen bis zu einem Höchstbetrag, wenn keine eindeutige Regelung für das Nachrücken neuer Forderungen vereinbart wird (BGH, BeckRS 2009, 28929; OLG Hamm, ZIP 2008, 1110). Die Abtretung von **Arbeitseinkommen** kann unwirksam sein, wenn der Sicherungsnehmer formularmäßig zur Offenlegung der Abtretung berechtigt ist, ohne zuvor den Sicherungsgeber zu informieren (BGH, ZIP 2005, 1021; HK-Lohmann § 51 Rn. 24). Eine **Globalzession** umfasst die Abtretung aller gegenwärtigen und künftigen Forderungen des Sicherungsgebers an den Sicherungsnehmer. Zur Anfechtung der Globalzession bzw. des »Werthaltigmachens« künftiger Forderungen vgl. § 130 Rdn. 40. Die **Mantelzession** verpflichtet den Sicherungsgeber, Forderungen an den Sicherungsnehmer abzutreten. Die Mantelzession ist nach Insolvenzeröffnung unbeachtlich und kann dem Sicherungsnehmer keine neuen Absonderungsrechte verschaffen.

Hat der Schuldner eine Forderung bereits einmal abgetreten (Erstzession), ist er bei einer nachfolgenden zweiten Abtretung (Zweitzession) Nichtberechtigter. Die **Zweitzession** kann zwar nach § 185 Abs. 2 Satz 1 BGB wirksam werden, wenn der Schuldner die Forderung durch Rückabtretung wiedererlangt; nach Insolvenzeröffnung scheitert dieser Rechtserwerb des Zweitzessionars aber an § 91. Ein Rechtserwerb ist dagegen auch nach Insolvenzeröffnung möglich, wenn der Schuldner dem Zweitzessionar auch den schuldrechtlichen Rückgewähranspruch gegen den Erstzessionar abgetreten hat. Voraussetzung dafür ist, dass der Sicherungszweck der Erstzession bei Insolvenzeröffnung endgültig weggefallen und damit der Rückgewähranspruch fällig geworden ist (BGH, NZI 2012, 883; dazu vgl. § 49 Rdn. 18a).

Im Einzelfall sind neben der Einigung **zusätzliche Voraussetzungen** zu erfüllen, z. B. Eintragung bei Buchrechten, Briefübergabe bei Briefrechten (§§ 1154 Abs. 1, 1117 BGB), Anzeige bei Abtretung von Lebensversicherungsverträgen (§ 13 Abs. 4 ALB; OLG Brandenburg, ZInsO 2012, 2100), Anzeige bei Abtretung von Steuererstattungsansprüchen (§ 46 Abs. 2 AO), Übergabe der Scheckurkunde bei Abtretung der Ansprüche aus Schecks (BGH, ZInsO 2009, 1254, 1258). Die Abtretung ist unwirksam, wenn sie gegen ein gesetzliches oder vertragliches (§ 399 BGB) Abtretungsverbot verstößt. Bei vertraglichen Abtretungsverboten im Handelsverkehr ist die Sicherungsabtretung jedoch gem. § 354a HGB wirksam.

Bei **kontokorrentgebundenen Forderungen** ist der Anspruch aus dem kausalen Schlusssaldo abtretbar. Erlischt die Kontokorrentabrede erst mit Insolvenzeröffnung nach §§ 115, 116, scheitert die Abtretung an § 91 (BGH, ZInsO, 2009, 1492). Entsteht die Saldoforderung vor Insolvenzeröffnung, kann der Rechtserwerb nach § 130 anfechtbar sein. (BGH, ZInsO 2009, 2336). Werden **abgetretene Lebensversicherungsverträge** durch den Insolvenzverwalter fortgeführt, ist der Anspruch auf die Versicherungssumme nicht in die vor und nach Insolvenzeröffnung gezahlten Prämien teilbar. Der Sicherungsnehmer kann dann abgesonderte Befriedigung aus dem Rückkaufswert bei Insolvenzeröffnung beanspruchen (MK-Ganter § 51 Rn. 193; Kayser FS Kreft, S. 353 f.). Die Abtretung der Ansprüche für den Todesfall erfasst nicht ohne Weiteres den Rückkaufswert (BGH, ZInsO 2012, 547; BGH, ZInsO 2007, 772; zur gleichzeitigen Abtretung des Rückkaufswertes OLG Hamburg, ZIP 2008, 33). Die Abtretung der Rechte aus einem Lebensversicherungsvertrag kann auch dann wirksam sein, wenn sie zusammen mit der – unwirksamen – Abtretung der Rechte aus einer Berufsunfähigkeitszusatzversicherung erfolgt (OLG Hamm, ZInsO 2006, 878). Der Versicherungsnehmer kann die Ansprüche aus einem Versicherungsvertrag nicht mehr abtreten, wenn er einem Dritten ein unwiderrufliches Bezugsrecht eingeräumt hat (OLG Frankfurt am Main, ZInsO 2006, 997). Ein widerrufliches Bezugsrecht ist dagegen ggü. einer Sicherungsabtretung nachrangig (BGH, NJW 2011, 307). Ansprüche aus einer **Kreditlebensversicherung** sind nicht per se mit dem Absonderungsrecht des Kreditgebers belastet; auch hier ist die gesonderte Bestellung eines Sicherungsrechts an den Rechten aus dem Versicherungsvertrag erforderlich, z. B. durch Abtretung dieser Rechte oder Einräumung eines Bezugsrechts (AG Düsseldorf, ZInsO 2008, 1146; ein Bezugsrecht für den Kreditgeber ist im Zweifel widerruflich, AG Hamburg, ZInsO 2011, 2094).

26a Bei der Abtretung von **Miet- und Pachtzinsen** ist die zeitliche Grenze des § 110 Abs. 1 zu beachten; bei Abtretungen von **Arbeitsentgelt** ist die Grenze des § 114 Abs. 1 zu beachten.

b) Rechte in der Insolvenz

aa) Insolvenz des Sicherungsgebers

27 Dem Sicherungsnehmer steht an der abgetretenen Forderung ein **Absonderungsrecht** zu (zur Ermittlung und Abwicklung von Sicherungsabtretungen Schmidt/Büchler InsbürO 2006, 362).

(1) Nach Insolvenzeröffnung

28 **Nach Insolvenzeröffnung** ergibt sich das Einziehungsrecht des Insolvenzverwalters aus § 166 Abs. 2; der Sicherungsnehmer ist gem. §§ 170, 171 zu befriedigen (MK-Ganter § 51 Rn. 182). Es wird kein Absonderungsrecht begründet, wenn die Forderung erst nach Insolvenzeröffnung entsteht (Vorbem. §§ 49 bis 51 Rdn. 6a; Ausn. in §§ 110, 114). Abgetretene Forderungen aus gegenseitigen Verträgen sind grds. nicht mit Absonderungsrechten belastet, wenn der Insolvenzverwalter die Erfüllung gem. § 103 wählt und die Gegenleistung aus der Masse erbracht wird (Vorbem. §§ 49 bis 51 Rdn. 9; § 103 Rdn. 34).

(2) Vor Insolvenzeröffnung

29 **Vor Insolvenzeröffnung** scheitert die Vorausabtretung künftiger Forderungen bei Anordnung eines Verfügungsverbots zwar nicht an §§ 24, 81. Die Vorausabtretung ist aber nach § 130 InsO anfechtbar, wenn der Sicherungsnehmer bei Entstehung der Forderung Kenntnis vom Insolvenzantrag hat (Vorbem. §§ 49 bis 51 Rdn. 15). **Neuforderungen**, die nach Anordnung des Verfügungsverbots begründet werden, fallen daher regelmäßig wegen Anfechtung in die freie Masse. Bei **halbfertigen Arbeiten** ist zur Feststellung des Masseanteils eine Bewertung bzw. eine Abgrenzungsvereinbarung mit dem Sicherungsnehmer erforderlich (Borchardt/Frind-Henkel, Betriebsfortführung, Rn. 941).

29a Für **Altforderungen** sieht **§ 21 Abs. 2 Satz 1 Nr. 5** die Anordnung eines Einziehungsrechtes des vorläufigen Insolvenzverwalters durch das Insolvenzgericht vor; Erlöse aus dem Forderungseinzug unterliegen dann §§ 170, 171 (§ 21 Rdn. 69h). Ohne diese Anordnung unterliegen die Erlöse analog § 48 dem Ersatzabsonderungsrecht des Sicherungsnehmers, wenn die Einziehung »unberechtigt« erfolgt. Eine dem Schuldner erteilte Einziehungsermächtigung erlischt im Zweifel erst mit Widerruf oder Insolvenzeröffnung (§ 48 Rdn. 38); solange die Einziehungsermächtigung fortbesteht, sind die Erlöse analog § 170 Abs. 1 Satz 2 an den Sicherungsnehmer auszukehren, wenn die Forderung vom vorläufigen Insolvenzverwalter eingezogen wird (dazu § 48 Rdn. 38b).

30 Eingehende Erlöse sind vom vorläufigen Insolvenzverwalter zu separieren, soweit Erlösansprüche aus §§ 21 Abs. 2 Satz 1 Nr. 5 i. V. m. 170 Abs. 1 Satz 2, § 48 oder § 170 analog bestehen (§ 47 Rdn. 58a).

bb) Insolvenz des Sicherungsnehmers

Der Sicherungsgeber kann die abgetretene Forderung gegen Zahlung der gesicherten Forderung **aussondern** (§ 47 Rdn. 32). Der Insolvenzverwalter kann eine Einziehungsermächtigung nach Maßgabe der Sicherungsabrede widerrufen.

5. Verlängerter Eigentumsvorbehalt mit Vorausabtretungsklausel

Bei dieser Form des Eigentumsvorbehalts wird in einer Vorausabtretungsklausel geregelt, dass der Vorbehaltskäufer zur Weiterveräußerung der Kaufsache ermächtigt wird und zugleich die Kaufpreisforderung aus der Weiterveräußerung im Voraus an den Vorbehaltsverkäufer abtritt. Es handelt sich daher um eine Unterform der **Sicherungsabtretung**. Die Abtretung erfasst auch Vergütungsforderungen, wenn die Kaufsache aufgrund eines **Werkvertrages** beim Vergütungsschuldner eingebaut wird. Regelmäßig ist die Vorausabtretung mit einer Einziehungsermächtigung des Vorbehaltskäufers verbunden.

Die Vorausabtretungsklausel muss dem **Bestimmtheitsgrundsatz** genügen und darf nicht zur Übersicherung – insb. im Verhältnis zu konkurrierenden Lieferanten – führen. Ist der Verkauf der Vorbehaltsware zusammen mit anderen Waren zu erwarten, ist eine Vorausabtretung i. H. d. Einkaufspreises der Vorbehaltsware hinreichend bestimmt (MK-Ganter § 47 Rn. 132). Wird die Vorbehaltsware zusammen mit Ware weiterer Lieferanten oder Ware des Schuldners verarbeitet, ist die Abtretung auf den Anteil der Vorbehaltsware am Produkt zu beschränken. Diese Fallgestaltung wird durch Kombination der Vorausabtretungsklausel mit einer Verarbeitungsklausel (oben Rdn. 17) erfasst. Der Anteil an der Forderung kann sich am Miteigentumsanteil des Lieferanten am Produkt bzw. am Wertverhältnis der Einkaufspreise der verarbeiteten Sachen orientieren (MK-Ganter § 47 Rn. 133 f., 173; Uhlenbruck-Brinkmann § 47 Rn. 28). Der Vorbehaltsverkäufer muss für das Absonderungsrecht an der abgetretenen Forderung den **Nachweis** führen, dass die Kaufsache für die Generierung der konkreten Forderung verwendet wurde. Probleme treten bei Absonderungsrechten an **Vergütungsforderungen aus Bauleistungen** auf. Die Abtretung erfasst nur den Teil der Vergütung, der nach Verarbeitung der Ware fällig wird (Uhlenbruck-Brinkmann § 47 Rn. 28). Es besteht nur ein eingeschränktes Absonderungsrecht an der anteiligen Restforderung, wenn der Drittschuldner vor Insolvenzeröffnung Abschlagszahlungen geleistet hat und die gelieferte Ware bereits vor der letzten Abschlagszahlung eingebaut wurde; auf die gesicherte Forderung sind die Abschlagszahlungen anteilig anzurechnen (zur Berechnung des Absonderungsrechts LG Hamburg, ZIP 1982, 87; zur Ermittlung und Abwicklung von Rechten aus verlängertem Eigentumsvorbehalt Schmidt/Büchler, InsbürO 2006, 442).

a) Insolvenz des Käufers

aa) Nach Insolvenzeröffnung

Der Vorbehaltsverkäufer hat **bis zur Weiterveräußerung** ein **Aussonderungsrecht** an der Kaufsache.

Wählt der Insolvenzverwalter die **Erfüllung des Kaufvertrages** (§ 103) mit dem Vorbehaltsverkäufer, darf er die Kaufsache veräußern, da die bei Insolvenzeröffnung erloschene Weiterveräußerungsermächtigung wieder auflebt (§ 48 Rdn. 20). Mit der Erfüllungswahl ist der Insolvenzverwalter auch **an die Vorausabtretungsklausel** gebunden (KPB-Lüke § 91 Rn. 34). Die **Masseverbindlichkeit** aus dem Kaufvertrag ggü. dem Vorbehaltsverkäufer (§ 55 Abs. 1 Nr. 2) wird somit durch ein **Absonderungsrecht** an der Kaufpreisforderung aus der Weiterveräußerung gesichert. Die Entstehung des Absonderungsrechts scheitert nicht an § 91 Abs. 1, da der Insolvenzverwalter nach § 80 Abs. 1 durch rechtsgeschäftliche Handlungen Absonderungsrechte begründen kann. Veräußert der Insolvenzverwalter die Kaufsache, ohne Erfüllung des Kaufvertrages mit dem Vorbehaltsverkäufer zu wählen, entsteht ein **Ersatzaussonderungsrecht** an der Kaufpreisforderung (§ 48 Rdn. 21).

Wurde die **Kaufsache vor Insolvenzeröffnung veräußert**, kann der Vorbehaltsverkäufer aus der abgetretenen Kaufpreisforderung **abgesonderte Befriedigung** verlangen. Der Erlös ist gem. §§ 170,

171 abzurechnen. Die **Erfüllung des Kaufvertrages mit dem Vorbehaltsverkäufer** kann der Insolvenzverwalter nicht mehr gem. § 103 ablehnen, da der Vorbehaltsverkäufer bereits erfüllt hat: Die Veräußerung vor Insolvenzeröffnung ist i. d. R. durch die Weiterveräußerungsermächtigung gedeckt (§ 48 Rdn. 16 ff.). Entsteht die Kaufpreisforderung dadurch, dass der Insolvenzverwalter die **Erfüllung des Weiterveräußerungsvertrages wählt (§ 103)**, ist die Kaufpreisforderung mit dem **Absonderungsrecht** belastet, wenn der Insolvenzverwalter keine Leistungen aus der Masse an den Zweitkäufer erbringen muss (Vorbem. §§ 49 bis 51 Rdn. 9; dort auch zur Belastung bei Teilbarkeit der Kaufpreisforderung). **Lehnt der Insolvenzverwalter die Erfüllung des Weiterveräußerungsvertrages ab**, geht die Abtretung ins Leere. Dann steht dem Vorbehaltsverkäufer wiederum ein **Aussonderungsrecht** an der Kaufsache zu. Hat der Zweiterwerber bereits Eigentum erworben und überträgt dieses auf den Insolvenzverwalter zurück, entsteht das Aussonderungsrecht des Verkäufers nicht wieder neu und er hat auch keine Rechte aus Ersatzaussonderung. Die **Veräußerung ist unberechtigt**, wenn die Vorausabtretung der Kaufpreisforderung daran scheitert, dass der Schuldner mit dem Zweitkäufer ein **Abtretungsverbot** vereinbart hat (§ 399, 2. Alt. BGB, beachte aber § 354a HGB), z. B. aufgrund einer Abwehrklausel des Zweitkäufers (Jaeger-Henckel § 48 Rn. 51). Soweit der Zweitkäufer im Hinblick auf das Abtretungsverbot und damit auf das fehlende Veräußerungsrecht bösgläubig ist, besteht das **Aussonderungsrecht** an der Kaufsache fort (Uhlenbruck-Brinkmann § 47 Rn. 29). Bei gutgläubigem Erwerb entsteht gem. § 48 ein Ersatzaussonderungsrecht an der Kaufpreisforderung.

36 Hatte der Insolvenzverwalter die **Kaufsache nach Insolvenzeröffnung veräußert**, bevor er die Erfüllung des Kaufvertrages (§ 103) mit dem Vorbehaltsverkäufer gewählt hat, wird das Ersatzaussonderungsrecht des Vorbehaltsverkäufers an der Kaufpreisforderung (die Veräußerung war zunächst unberechtigt) mit der Erfüllungswahl durch die **Masseverbindlichkeit** aus dem Kaufvertrag ersetzt.

37 Ist die **Vorausabtretung mit einer Verarbeitungsklausel kombiniert**, steht dem Vorbehaltsverkäufer an dem **Produkt** nur ein **Absonderungsrecht** zu (Rdn. 21). Die Veräußerung des Produkts durch den Insolvenzverwalter ist als Verwertungshandlung gem. §§ 170, 171 abzurechnen.

bb) Vor Insolvenzeröffnung

38 **Vor Insolvenzeröffnung** gilt eine Weiterveräußerungsermächtigung, die mit einer Vorausabtretungsklausel verbunden ist, im Zweifel bis zur Insolvenzeröffnung fort (§ 48 Rdn. 16). Der Vorbehaltsverkäufer erwirbt daher ein **Absonderungsrecht** an der Kaufpreisforderung gegen den Zweitkäufer. Nach Anordnung eines Verfügungsverbots bleibt die Vorausabtretung bis zur Insolvenzeröffnung wirksam (Vorbem. §§ 49 bis 51 Rdn. 15). Anfechtbar ist die Vorausabtretung nur, wenn eine Gläubigerbenachteiligung eintritt; daran fehlt es, wenn die Kaufpreisforderung nur i. H. d. Wertes der Kaufsache belastet ist, da die Kaufsache bis zur Weiterveräußerung der Aussonderung unterlag.

39 Wird die Forderung vom Schuldner oder vorläufigen Insolvenzverwalter eingezogen, kann der Vorbehaltsverkäufer **Ersatzabsonderungsrechte** analog § 48 am Erlös erwerben, wenn der Forderungseinzug »unberechtigt« erfolgt. Der Forderungseinzug durch den vorläufigen Insolvenzverwalter ist i. d. R. »berechtigt«, da eine Einziehungsermächtigung im Zweifel erst mit Insolvenzeröffnung erlischt (§ 48 Rdn. 38). Dann kann der Erlös aber analog § 170 Abs. 1 Satz 2 an den Sicherungsnehmer auszukehren sein. Hat das Insolvenzgericht die Einziehungsbefugnis gem. § 21 Abs. 2 Satz 1 Nr. 5 angeordnet, sind die eingezogenen Kaufpreise gem. §§ 170, 171 abzurechnen. Die Rechtslage entspricht somit der bei der Sicherungsabtretung (oben Rdn. 29 ff.).

40 ▶ Übersicht: Rechte des Vorbehaltsverkäufers

Aussonderungsrecht des Vorbehaltsverkäufers an der Kaufsache:
– keine Weiterveräußerung, Insolvenzverwalter lehnt Erfüllung des Kaufvertrages ab
– Weiterveräußerung vor Insolvenzeröffnung, Insolvenzverwalter lehnt Erfüllung des Weiterveräußerungsvertrages ab
– Weiterveräußerung an bösgläubigen Zweitkäufer bei Abtretungsverbot

Absonderungsrecht des Vorbehaltsverkäufers an Kaufpreisforderung gegen Zweitkäufer:
- Weiterveräußerung vor Insolvenzeröffnung, kein Widerruf der Weiterveräußerungsermächtigung
- Insolvenzverwalter wählt Erfüllung des Kaufvertrages und veräußert weiter
- Insolvenzverwalter wählt Erfüllung des Weiterveräußerungsvertrages, keine Leistungen an Zweitkäufer aus Insolvenzmasse

Ersatzaussonderungsrecht des Vorbehaltsverkäufers an Kaufpreisforderung gegen Zweitkäufer:
- Weiterveräußerung vor Insolvenzeröffnung, Widerruf der Weiterveräußerungsermächtigung
- Weiterveräußerung nach Insolvenzeröffnung, Insolvenzverwalter lehnt Erfüllung des Kaufvertrages ab
- Weiterveräußerung an gutgläubigen Zweitkäufer bei Abtretungsverbot

b) Insolvenz des Verkäufers

Der Vorbehaltskäufer kann die abgetretene Forderung gegen Zahlung der gesicherten Forderung aussondern (§ 47 Rdn. 32). Der Insolvenzverwalter kann eine Einziehungsermächtigung nach Maßgabe der Vorausabtretungsklausel widerrufen. 41

6. Kollisionen

Grds. gilt bei Kollisionen zwischen Sicherungsrechten das **Prioritätsprinzip**. Bei Sicherungsrechten an **Sachen** (Sicherungsübereignung, Eigentumsvorbehalt) kann ein älteres Sicherungsrecht durch gutgläubigen Erwerb des nachrangigen Sicherungsnehmers verdrängt werden (§§ 929 ff., 932 ff. BGB). Die zeitlich nachrangige Sicherungsübereignung eines Warenlagers kann dazu führen, dass die erste Sicherungsübereignung unwirksam wird, da das für § 868 BGB erforderliche Besitzmittlungsverhältnis mit der zweiten Sicherungsübereignung entfällt. Dann ist der im Zeitpunkt der zweiten Übereignung vorhandene Warenbestand für den ersten Sicherungsnehmer belastet, die danach ins Warenlager gelangende Neuware sichert den zweiten Sicherungsnehmer (MK-Ganter § 51 Rn. 130). 42

Zubehör kann konkurrierend mit einer Sicherungsübereignung und der Haftung für ein Grundpfandrecht belastet sein, wenn beide Sicherungsrechte erst mit der Einbringung auf das Grundstück entstehen. Dann haben beide Rechte den gleichen Rang (MK-Ganter § 51 Rn. 104; a.A. Uhlenbruck-Brinkmann § 51 Rn. 16; A/G/R-Homann § 51 Rn. 3: Vorrang des Grundpfandrechts). 42a

Zur Konkurrenz zwischen Sicherungseigentum und **Vermieterpfandrecht** vgl. § 50 Rdn. 37. 42b

Zwischen **einfachem Eigentumsvorbehalt und Sicherungsübereignung** regelt sich eine Kollision bereits dadurch, dass der Vorbehaltskäufer Nichtberechtigter ist und somit dem Sicherungsnehmer nur ein Anwartschaftsrecht auf Erwerb der Vorbehaltsware übertragen kann. Zahlt der Insolvenzverwalter des Vorbehaltskäufers nach Erfüllungswahl den Kaufpreis, soll der Sicherungsnehmer aufgrund des Anwartschaftsrechts Sicherungseigentum an der Vorbehaltsware erwerben (A/G/R-Homann § 51 Rn. 5; Uhlenbruck-Brinkmann § 51 Rn. 13). Dagegen spricht, dass die Zahlung aus der Masse des Vorbehaltskäufers erfolgt und folglich nicht der Sicherungsnehmer durch die Zahlung begünstigt werden darf (dazu vor § 49 Rn. 9). Der Sicherungsnehmer erwirbt aber dann Eigentum, wenn er selbst den Kaufpreis an den Vorbehaltsverkäufer zahlt (MK-Ganter § 51 Rn. 89). 43

Kollisionen zwischen **verlängerten Eigentumsvorbehalt mit Verarbeitungsklauseln** untereinander werden in der Praxis über den Inhalt der Klauseln (Beschränkung auf Miteigentumsanteil) geregelt. Soweit sich ein Lieferant das Alleineigentum am Produkt übertragen lässt, ist die Klausel im Wege der Auslegung auf Miteigentum zu reduzieren (MK-Ganter § 47 Rn. 172). Kollidiert der **verlängerte Eigentumsvorbehalt mit Verarbeitungsklausel mit einer Sicherungsübereignung**, genießt der Warenlieferant den Vorrang (Jaeger-Henckel § 51 Rn. 37, 42). Bei der Kollision zwischen dem **verlängerten Eigentumsvorbehalt mit Verarbeitungsklausel und dem Werkunternehmerpfandrecht** gebührt dem Werkunternehmerpfandrecht der Vorrang (Jaeger-Henckel § 51 Rn. 41). 44

45 Bei **Forderungen** geht die spätere Sicherungsübertragung (Sicherungszession, verlängerter Eigentumsvorbehalt mit Vorausabtretungsklausel) stets ins Leere, da gutgläubiger Erwerb von Forderungen ausgeschlossen ist. Ist die frühere Sicherungsübertragung nicht wertausschöpfend mit Forderungen unterlegt, kann der Resterlös daher in die freie Masse fallen. **Verlängerte Eigentumsvorbehalte mit Vorausabtretungsklauseln** unterliegen bei Kollisionen untereinander dem Prioritätsprinzip. Auch hier sind die Klauseln in der Praxis auf den Anteil der eigenen Lieferung an dem Forderungsbetrag beschränkt. Eine unbeschränkte Forderungsabtretung kann wegen Verleitung zum Vertragsbruch sittenwidrig sein (MK-Ganter § 47 Rn. 173).

46 Kollisionen zwischen **verlängertem Eigentumsvorbehalt mit Vorausabtretungsklausel und Globalzession** werden zulasten der Globalzession gelöst (instruktiv Küpper, Insbüro 2005, 247). Die Globalzession ist sittenwidrig, wenn sie keine dingliche Teilverzichtsklausel zugunsten des Vorbehaltsverkäufers enthält (BGH, ZIP 1999, 997 m.w.N.; Palandt-Grüneberg § 398 BGB Rn. 28). Diese Grundsätze gelten auch für das Verhältnis zwischen dem **verlängerten Eigentumsvorbehalt und dem unechten Factoring** (BGHZ 82, 50, 64 ff. = NJW 1982, 164; Palandt-Grüneberg § 398 BGB Rn. 40). Zwischen **verlängertem Eigentumsvorbehalt und echtem Factoring** gilt das Prioritätsprinzip; die zeitlich nachfolgende Abtretung an den Factor kann aber von der Einziehungsermächtigung gedeckt sein, die der Vorbehaltsverkäufer dem Schuldner erteilt hat (HK-Lohmann § 51 Rn. 45).

46a Im Zusammenhang mit der Konkurrenz zwischen dem Geldkreditgeber (Sicherungsübereignung, Globalzession) und Lieferanten (Eigentumsvorbehalt) wird diskutiert, ob die **Insolvenzmasse** aus der Beweisnot der Absonderungsgläubiger **Vorteile ziehen kann**: Der Rechtserwerb des Geldkreditgebers ist davon abhängig, dass Rechte der Lieferanten aus Eigentumsvorbehalt nicht entstanden oder untergegangen sind. Für den Insolvenzverwalter ergeben sich folgende Optionen: Im Prozess gegen den Geldkreditgeber muss der Insolvenzverwalter darlegen, dass die Insolvenzmasse mit Eigentumsvorbehaltsrechten belastet ist. Das Nichtbestehen der Eigentumsvorbehaltsrechte muss nun der Geldkreditgeber darlegen und beweisen, da er erst dann den Erwerb von Rechten aus der Sicherungsübertragung darlegen kann. Soweit der Insolvenzverwalter Vergleichsvereinbarungen mit Lieferanten über Absonderungsrechte aus Eigentumsvorbehalt trifft, ist zu regeln, dass die frei werdenden Erlöse in die Masse fallen, z. B. als Massekostenbeiträge. Damit wird ausgeschlossen, dass der Geldkreditgeber aus der Sicherungsübertragung Rechte an den frei werdenden Erlösen erwirbt (vgl. zu diesem Themenkreis Tetzlaff, ZInsO 2009, 1092; Smid, ZInsO 2009, 2217; ZInsO 2010, 1829).

46b Beim **Arbeitseinkommen** des Schuldners setzt sich eine nachrangige Sicherungsabtretung in der Insolvenz ggü. einer vorrangigen Pfändung durch, da das Pfändungspfandrecht gem. § 114 Abs. 3 spätestens im Folgemonat der Insolvenzeröffnung erlischt und die Abtretung gem. § 114 Abs. 1 2 Jahre wirksam bleibt (BGH, NZI 2007, 39).

II. Zurückbehaltungsrecht wegen nützlicher Verwendungen (Nr. 2)

47 Das Absonderungsrecht gilt für Zurückbehaltungsrechte wegen nützlicher Verwendungen auf bewegliche Sachen, nicht für Zurückbehaltungsrechte an Grundstücken (BGH, ZInsO 2003, 767; Jaeger-Henckel § 51 Rn. 56). Solche Zurückbehaltungsrechte ergeben sich aus §§ 102, 304, 347 Abs. 2, 459, 536a Abs. 2, 539, 590b, 591, 601 Abs. 2, 670, 675, 683, 693, 850, 972, 1049 Abs. 1, 1216, 2381 i.V.m. § 273 Abs. 2 BGB sowie §§ 292 Abs. 2, 994ff., 2022, 2023 i.V.m. §§ 1000 Satz 1, 1003 BGB. Der Besitz an der Sache muss vor Insolvenzeröffnung erlangt werden und bei Geltendmachung des Zurückbehaltungsrechts noch bestehen. Auch die Verwendung muss vor Insolvenzeröffnung erfolgt sein. Für das Absonderungsrecht kommt es auf den Vorteil – also die Werterhöhung durch die Verwendung – im Zeitpunkt der Geltendmachung an.

48 Ein **Selbstverwertungsrecht** des Absonderungsberechtigten besteht, wenn die Voraussetzungen des § 1003 BGB erfüllt sind (Jaeger-Henckel vor § 49 Rn. 41; MK-Ganter § 51 Rn. 220; **a. A.** Uhlenbruck-Brinkmann § 51 Rn. 33, 36: stets, wenn die Sache im Besitz des Absonderungsberechtigten ist). Hat der Insolvenzverwalter die Verwendung genehmigt, muss der Absonderungsberechtigte

die Sache zur Verwertung an den Insolvenzverwalter herausgeben (MK-Ganter § 51 Rn. 220; Jaeger-Henckel vor § 49 Rn. 47). I. Ü. ist der Absonderungsberechtigte zur Herausgabe verpflichtet, wenn § 1003 auf das Zurückbehaltungsrecht nicht anwendbar ist, also in den Fällen des § 273 Abs. 2 BGB (oben Rdn. 47). Die nachfolgende Verwertung durch den Insolvenzverwalter soll keine Kostenbeiträge gem. §§ 170, 171 auslösen (MK-Ganter, a. a. O.; Jaeger-Henckel a. a. O.). Für eine derartige Bevorzugung der absonderungsberechtigten Gläubiger besteht kein Grund. Auch hier ist der Aufwand für Feststellung und Verwertung der Absonderungsrechte an die Masse auszugleichen.

Kein Absonderungsrecht begründet das **Zurückbehaltungsrecht des § 273 Abs. 1 BGB** (BGH, ZInsO 2003, 767). 49

▶ Beispiele:

- kein Zurückbehaltungsrecht des Steuerberaters an Buchhaltungsunterlagen wegen rückständiger Honorarbeträge (LG Cottbus, ZInsO 2002, 635; Entsprechendes gilt für Rechtsanwälte und Wirtschaftsprüfer, eingehend Jaeger-Henckel § 51 Rn. 52; OLG Hamburg, ZInsO 2005, 550: kein Gegenanspruch wegen Kopierkosten);
- kein Zurückbehaltungsrecht des Mieters gegen Mietforderung wegen nicht insolvenzfest angelegter Kaution (BGH, ZInsO 2013, 136);
- kein Zurückbehaltungsrecht des Entleihers gegen den Vergütungsanspruch aus Arbeitnehmerüberlassung wegen drohender Inanspruchnahme aus Subsidiärhaftung nach § 28e SGB IV (AG Moers, ZInsO 2013, 1696).

Massegläubiger können Zurückbehaltungsrechte uneingeschränkt geltend machen (Jaeger-Henckel § 51 Rn. 55: Einschränkungen aber bei Masseunzulänglichkeit). 50

III. Handelsrechtliches Zurückbehaltungsrecht (Nr. 3)

Das kaufmännische Zurückbehaltungsrecht aus §§ 369 bis 372 HGB gewährt ein Zurückbehaltungsrecht an beweglichen Sachen und Wertpapieren für Forderungen aus beiderseitigen Handelsgeschäften. Das Zurückbehaltungsrecht muss im Zeitpunkt der Insolvenzeröffnung bestehen (§ 91). Der absonderungsberechtigte Kaufmann hat ein eigenes Verwertungsrecht, § 371 Abs. 1 Satz 1 HGB (BGH, ZInsO 2011, 1463). 51

IV. Öffentliche Abgaben (Nr. 4)

Bund, Länder, Gemeinden und Gemeindeverbände haben Absonderungsrechte an zoll- und verbrauchsteuerpflichtigen Waren. Gesichert werden die darauf ruhenden Steuern und Zölle (vgl. insb. die Sachhaftung gem. § 76 AO), aber nicht die allgemeine USt (A/G/R-Homann § 51 Rn. 24). Die Verfügungsgewalt der Finanzbehörde oder eine Beschlagnahme ist für die Entstehung des Absonderungsrechts nicht erforderlich (MK-Ganter § 51 Rn. 244; HK-Lohmann § 51 Rn. 52; Jaeger-Henckel § 51 Rn. 62). Die Beschlagnahme vor Insolvenzeröffnung schließt das Verwertungsrecht des Insolvenzverwalters aus § 166 aus. Das Absonderungsrecht des Fiskus hat Vorrang vor den weiteren Absonderungsrechten aus §§ 50, 51 (MK-Ganter § 51 Rn. 266; Uhlenbruck-Brinkmann § 51 Rn. 38). Rechtshandlungen, die zur Entstehung des Absonderungsrechts führen, können der Insolvenzanfechtung unterliegen (zur Sachhaftung für Biersteuern BGH, ZInsO 2009, 1585). 52

V. Sonstige Absonderungsrechte

Weitere Absonderungsrechte ergeben sich bei der Versicherung für fremde Rechnung für den Versicherungsnehmer in der Insolvenz des Versicherten am Versicherungsschein bzw. an der Entschädigungsforderung gegen den Versicherer (§ 46 VVG), für den Hinterleger, Verpfänder und Kommittenten von Wertpapieren in der Insolvenz des Verwahrers, Pfandgläubigers, Kommissionärs und Eigenhändlers an der Sondermasse aus den vorhandenen artgleichen Papieren und Lieferungsansprüchen (§§ 32, 33 DepotG), für den Pfandbriefgläubiger in der Insolvenz der Pfandbriefbank an der Deckungsmasse (§ 30 Abs. 1, 2 PfandbriefG: gesonderte Abwicklung durch Sachwalter), für 53

Mitgesellschafter oder Mitglieder einer Gemeinschaft am Anteil des Schuldners bei Auseinandersetzung (§ 84 Abs. 1 Satz 2).

54 In der Insolvenz des Versicherungsnehmers hat der Geschädigte ein Absonderungsrecht an der Forderung gegen den Haftpflichtversicherer, § 110 VVG (eingehend Jaeger-Henckel vor § 49 Rn. 20 ff.; Uhlenbruck-Uhlenbruck § 51 Rn. 42 f.; MK-Ganter § 51 Rn. 234 ff.). Das Absonderungsrecht gilt für Versicherungsfälle vor und nach Insolvenzeröffnung (MK-Ganter § 51 Rn. 235 f., 237; Jaeger-Henckel vor § 49 Rn. 23). Analog § 1282 BGB steht dem Geschädigten ein eigenes Einziehungsrecht ggü. dem Versicherer zu, wenn der Schadensersatzanspruch festgestellt ist (OLG Brandenburg, ZInsO 2003, 183; Thole, NZI 2011, 41, 44: Verwertungsrecht aus § 173). Voraussetzung für die Geltendmachung gegenüber dem Versicherer ist die Feststellung der Forderung zur Tabelle, § 106 VVG (OLG Nürnberg, ZInsO 2013, 676). Soweit der Insolvenzverwalter die Entschädigungsforderung einzieht, kann er Kostenbeiträge aus §§ 170, 171 beanspruchen (anders noch die Vorauflage; so auch MK-Tetzlaff § 166 Rn. 85; A/G/R-Homann § 51 Rn. 27). Der Geschädigte kann dann abgesonderte Befriedigung verlangen, indem er Klage auf Zahlung beschränkt auf die Versicherungsleistung erhebt (zur Wirkung der Freigabe BGH, ZInsO 2013, 2215). Der Insolvenzverwalter muss daher entscheiden, ob er im Hinblick auf die Kostenbeiträge die Versicherungsleistung durchsetzt oder die Entschädigungsforderung zur Entlastung der Verfahrensabwicklung an den Schuldner freigibt.

54a Dagegen stehen einem Gläubiger keine Ersatzabsonderungsrechte an einem **Schuldbefreiungsanspruch** der Masse zu, der den Gläubiger begünstigt (§ 35 Rdn. 181). § 110 VVG ist auf den Schuldbefreiungsanspruch nicht analog anwendbar (OLG Frankfurt am Main, ZInsO 2005, 1274).

55 Ein Absonderungsrecht des Kanzleiabwicklers im Insolvenzverfahren über das Vermögen eines Rechtsanwalts soll kraft Gewohnheitsrecht bestehen (OLG Celle, BRAK-Mitteilung 2002, 198; offen OLG Rostock, ZInsO 2004, 748; BGH, ZInsO 2005, 929 [Revision]; **a. A.** Tetzlaff, ZInsO 2005, 393, 402).

VI. Poolvereinbarungen

56 Poolvereinbarungen werden zwischen Gläubigern geschlossen, die Rechte aus Aussonderung und Absonderung an einzelnen Gegenständen der Insolvenzmasse geltend machen. Grundformen derartiger Verwertungsgemeinschaften sind **Lieferantenpools** zwischen Warenkreditgläubigern und **Bankenpools** zwischen Geldkreditgebern. In der Praxis treten auch Mischformen dieser beiden Gruppen auf. Möglich sind auch Pools unter Einbeziehung des Insolvenzverwalters bzw. des vorläufigen Insolvenzverwalters, unten Rdn. 61 f.; ausführl. Kommentierungen zu Poolvereinbarungen bei MK-Ganter § 47 Rn. 189 ff.; MK-Tetzlaff vor § 166 Rn. 78 ff.; Uhlenbruck-Brinkmann § 47 Rn. 59 ff., § 51 Rn. 46 ff.

57 Pools werden i. d. R. als **Gesellschaften bürgerlichen Rechts** gegründet, wobei nach außen ein Treuhänder auftritt, auf den die Beteiligten ihre Rechte an Gegenständen der »Ist-Masse« übertragen (zu weiteren Gestaltungen Uhlenbruck-Uhlenbruck § 51 Rn. 48 f.). Der Pool dient der **Überwindung von Beweisschwierigkeiten**, die auftreten, wenn die beteiligten Gläubiger ihre Rechte an diesen Gegenständen einzeln ggü. dem Insolvenzverwalter geltend machen würden. Zum Zweck der **Aussonderung** können sich Eigentumsvorbehaltslieferanten zusammenschließen, wenn die von ihnen gelieferten Waren beim Schuldner vermengt oder vermischt wurden. Ein einzelner Lieferant kann oft nicht nachweisen, zu welchem Anteil sich die von ihm gelieferten Waren im Warenbestand des Schuldners befinden und würde daher den Aussonderungsprozess gegen den Insolvenzverwalter verlieren. Entsprechendes gilt für Pools, die zum Zweck der **Absonderung** gebildet werden. Hier verfolgen z. B. Lieferanten mit verlängertem Eigentumsvorbehalt und Verarbeitungsklausel gemeinsam Rechte an Produkten, die der Schuldner aus den von ihnen gelieferten Waren hergestellt hat; Lieferanten mit verlängertem Eigentumsvorbehalt und Vorausabtretungsklausel machen gemeinsam Rechte an Forderungen des Schuldners aus Weiterveräußerung geltend. Diesen Absonderungspools können auch sonstige Absonderungsberechtigte beitreten, etwa Sicherungsnehmer

aus verlängerter Sicherungsübereignung bzw. Sicherungsabtretung. Für alle Pools gilt der Grundsatz, dass der **Pool nicht mehr Rechte haben kann als seine Mitglieder**. Durch den bloßen Beitritt zu einem Poolvertrag können ungesicherte Gläubiger keine dinglichen Rechte an den gepoolten Sicherheiten erwerben (BGH, ZInsO 2005, 932). Zulässig ist die Einbeziehung weiterer Gläubiger in eine Sicherungsvereinbarung mit dem Schuldner, soweit diese außerhalb der Krise oder gegen gleichwertige Darlehensvalutierung erfolgt (BGH, ZInsO 2008, 317).

Sind die **Anteile** der einzelnen Mitglieder an den Gegenständen der »Ist-Masse« **nicht bestimmbar**, müssen sowohl den Aussonderungs- als auch den Absonderungspools **sämtliche Gläubiger beitreten**, die Rechte an den Gegenständen haben können (MK-Ganter § 47 Rn. 197; Uhlenbruck-Brinkmann § 51 Rn. 68; zur Geltendmachung der Rechte nichtbeigetretener Gläubiger durch den Pool Peters, ZIP 2000, 2238, 2241). Ist der **Schuldner selbst an den belasteten Gegenständen oder am Pool beteiligt**, findet die Auseinandersetzung außerhalb des Insolvenzverfahrens statt, § 84 Abs. 1 Satz 1. Der Schuldner ist beteiligt z. B. an Warenbeständen, in denen Vorbehaltsware und Eigentum des Schuldners vermengt wurden, oder an Produkten, an denen der Schuldner durch Verarbeitung Miteigentum erworben hat. Problematisch ist, wenn der **Anteil des Schuldners nicht feststeht**, da damit zugleich der Pool die Höhe seiner Beteiligung nicht nachweisen kann (MK-Ganter § 47 Rn. 198). 57a

Abgrenzungsprobleme entstehen, wenn einem **Aussonderungspool auch Absonderungsberechtigte beitreten**. Bei Vermengung von Warenvorräten können z. B. neben unbezahlter Eigentumsvorbehaltsware auch Waren betroffen sein, die im Sicherungseigentum von Sicherungsnehmern stehen oder von erweiterten Eigentumsvorbehalten erfasst sind. Dann wird der Insolvenzverwalter schon deshalb einer Aussonderung des Warenbestandes widersprechen, weil ihm hinsichtl. der Absonderungsrechte Massekostenbeiträge aus § 171 zustehen (Jaeger-Henckel § 47 Rn. 90). Sind die Anteile der Aus- und Absonderungsgläubiger nicht abgrenzbar, empfiehlt es sich, die Gegenstände aufgrund einer Verwertungsvereinbarung insgesamt als Absonderungsgut zu behandeln. Damit fallen zwar der Insolvenzmasse die Kostenbeiträge auf den vollen Wert des Gegenstandes zu; den Gläubigerinteressen ist allerdings durch eine zügige Verwertung gedient. 58

Absonderungsrechte sind nur insoweit am Verwertungserlös zu beteiligen, als ihnen **gesicherte Forderungen** zugrunde liegen. Eine **Umvalutierung** durch Poolvereinbarungen ist unzulässig, wenn dadurch in der Krise ungesicherte Forderungen gesichert oder Sicherheiten aufgefüllt werden. Werden derartige Vereinbarungen vor Insolvenzeröffnung getroffen, sind sie anfechtbar gem. § 131 bzw. – bei Beteiligung des Schuldners – gem. § 133. Daraus folgt, dass bei Geltendmachung von Absonderungsrechten durch den Pool nur Erlöse beansprucht werden dürfen, soweit die einzelnen Anteile der Absonderungsgläubiger mit gesicherten Forderungen unterlegt sind (zu dieser Problematik Uhlenbruck-Brinkmann § 51 Rn. 70). Sind die **Anteile der Poolmitglieder am Gegenstand nicht bestimmbar**, kann der Pool den Erlös aus der Verwertung des besicherten Gegenstandes nur herausverlangen, wenn jede Forderung der einzelnen Poolmitglieder den erzielten Erlös abdeckt. Hat ein Mitglied eine geringere Forderung, ist nicht auszuschließen, dass der Verwertungserlös nicht durch die Absonderungsrechte der einzelnen Mitglieder gedeckt ist. Daher ist die Erlösbeteiligung des Pools entsprechend zu kürzen. Haben z. B. drei Lieferanten Waren für die Herstellung eines Produkts im Wert von insgesamt 5.000 € geliefert und sind die Anteile der Waren am Produkt nicht bestimmbar, ist das Produkt nur dann vollständig mit Absonderungsrechten des Pools belastet, wenn jeder Lieferant offene Forderungen i. H. v. mindestens 5.000 € hat. Hat ein Lieferant nur offene Forderungen zu 1.000 €, ist nicht auszuschließen, dass das Produkt nur für diese offene Forderung haftet. Der Pool erhält dann nur einen Erlösanteil von 1.000 €. 59

Prioritätsprobleme zwischen den Poolbeteiligten untereinander sowie die Bestimmung der einzelnen Anteile der Beteiligten am Erlös sind intern zu regeln. Gerade diese Unklarheiten werden im Außenverhältnis zum Insolvenzverwalter durch die Poolbildung überwunden und in das Innenverhältnis der Poolmitglieder verlagert. 60

61 Auch der **Insolvenzverwalter** kann einem Gläubigerpool beitreten (MK-Ganter § 47 Rn. 203; Uhlenbruck-Brinkmann § 51 Rn. 73 ff.). Der Insolvenzverwalter selbst darf allerdings nicht Poolverwalter werden. Der Beitritt ist insb. dann sinnvoll, wenn der Betrieb des Schuldners fortgeführt wird und die mit Sicherungsrechten belegten Gegenstände zur Weiterproduktion benötigt werden. Die Veräußerung von besicherten Gegenständen ist eine Verwertungshandlung, sodass den beteiligten Absonderungsberechtigten Ansprüche am Erlös zustehen. Eine Poolvereinbarung mit dem Insolvenzverwalter ist daher der Sache nach eine Verwertungsvereinbarung. In diese Verwertungsvereinbarung können auch Lieferanten mit Aussonderungsrechten einbezogen werden. Der Insolvenzverwalter wird durch die Verwertungsvereinbarung vor möglichen Haftungsansprüchen bei schlichter Verarbeitung (Übersicht bei § 48 Rdn. 32) geschützt und kann bei der Verwertung von den Regelungen des § 168 befreit werden. Sicherzustellen ist allerdings, dass die **Werterhöhung** durch die Weiterproduktion der Insolvenzmasse und nicht den Poolmitgliedern zufließt (Uhlenbruck-Brinkmann § 51 Rn. 75). Die Rechte der Sicherungsnehmer und Lieferanten an den Erlösen aus der Weiterproduktion sollten sich daher auf den Wert der belasteten Gegenstände (z. B. Einkaufspreis der gelieferten/sicherungsübereigneten Waren) beschränken. Erforderlich ist daher, dass bei Abschluss des Poolvertrages eine Leistungsabgrenzung vorgenommen wird, um bei der Erlösabrechnung den massefreien Mehrwert feststellen zu können (dazu Uhlenbruck-Brinkmann § 51 Rn. 75). I. Ü. ist die Erlösbeteiligung der Insolvenzmasse frei verhandelbar; die Kosten des Pools (insb. die Vergütung des Poolführers) sind aus der Erlösbeteiligung des Pools zu finanzieren.

62 Auch in der **vorläufigen Insolvenzverwaltung** können Poolvereinbarungen unter Einbeziehung des starken vorläufigen Insolvenzverwalters oder mit Zustimmung des schwachen vorläufigen Insolvenzverwalters geschlossen werden. Mit der Sicherungsfunktion des vorläufigen Insolvenzverwalters ist dies ohne Weiteres vereinbar, da Verwertungsvereinbarungen mit den Gläubigern der Betriebsfortführung und somit der Erhaltung des Unternehmens dienen. Poolvereinbarungen sind zweckmäßig, wenn Sicherheiten bereits im Insolvenzeröffnungsverfahren verwertet werden sollen (z. B. Warenvorräte oder Forderungen); ein weiterer Anwendungsfall ist die Sicherung von Weiterlieferanten durch die Erlöse aus der Betriebsfortführung (§ 47 Rdn. 54). Bei einer Fortführung ohne Verwertungsvereinbarung können die Gläubiger Ersatzabsonderungsrechte an den erzielten Erlösen erwerben; bei schlichter Verarbeitung entstehen zwar keine Absonderungsrechte, aber es besteht die Gefahr, dass sich der Insolvenzverwalter durch Vereitelung von Aus- oder Absonderungsrechten haftbar macht. Allerdings ist auch hier zu beachten, dass der **Mehrwert** der künftigen Insolvenzmasse zufließen muss. Für die Gläubiger stellt dies keinen Nachteil dar, da die Erhöhung ihrer Sicherungsrechte um den Mehrwert ohnehin anfechtbar sein kann, wenn dieser Mehrwert durch die Verarbeitung oder Begründung von Kundenforderungen im Insolvenzeröffnungsverfahren erwirtschaftet wird.

§ 52 Ausfall der Absonderungsberechtigten

¹Gläubiger, die abgesonderte Befriedigung beanspruchen können, sind Insolvenzgläubiger, soweit ihnen der Schuldner auch persönlich haftet. ²Sie sind zur anteilsmäßigen Befriedigung aus der Insolvenzmasse jedoch nur berechtigt, soweit sie auf eine abgesonderte Befriedigung verzichten oder bei ihr ausgefallen sind.

Übersicht	Rdn.			Rdn.
A. Normzweck	1	I.	Betroffene Gläubiger (Satz 1)	2
B. Norminhalt	2	II.	Anteilsmäßige Befriedigung (Satz 2)	4

A. Normzweck

1 Durch § 52 soll verhindert werden, dass ein absonderungsberechtigter Gläubiger zugleich den Verwertungserlös erhält und mit der vollen Forderung am Insolvenzverfahren teilnimmt. Soweit er nicht auf sein Absonderungsrecht verzichtet, muss er zunächst das Absonderungsgut verwerten bzw. die Verwertung durch den Insolvenzverwalter abwarten.

B. Norminhalt

I. Betroffene Gläubiger (Satz 1)

Die Anwendbarkeit des § 52 setzt voraus, dass der **Insolvenzschuldner persönlicher Schuldner** des Absonderungsberechtigten und das **Absonderungsgut Teil der Insolvenzmasse** ist. Besteht keine Insolvenzforderung gegen den Insolvenzschuldner, wird der Absonderungsberechtigte nur aus dem Verwertungserlös befriedigt. § 52 erfasst auch bedingte, betagte und unbestimmte Insolvenzforderungen. Keine Anwendung findet § 52 auf gesicherte Masseforderungen.

Das **Absonderungsgut** muss bei Insolvenzeröffnung **Teil der Masse** sein. Daher findet § 52 keine Anwendung, wenn das Absonderungsgut wegen Unpfändbarkeit massefrei ist (Jaeger-Henckel § 52 Rn. 14). Wird das Absonderungsgut nach Insolvenzeröffnung vom Insolvenzverwalter freigegeben, bleibt § 52 anwendbar, sodass die Forderung weiterhin nur i. H. d. Ausfalls am Insolvenzverfahren teilnimmt (BGH, ZInsO 2009, 825). § 52 ist dagegen nicht anwendbar, wenn das Absonderungsgut erst nach Insolvenzeröffnung in die Masse fällt. Steht das Absonderungsgut im **Eigentum eines Dritten**, kann der Gläubiger mit seiner Insolvenzforderung unbeschränkt am Insolvenzverfahren teilnehmen und sich aus dem Eigentum des Dritten befriedigen. Ist der Dritte zugleich persönlicher Mitschuldner, findet § 43 Anwendung. Steht das Absonderungsgut im Miteigentum des Schuldners und des Dritten, wird dem Absonderungsberechtigten auf die Insolvenzforderung nur der Erlös angerechnet, der auf die Beteiligung des Schuldners entfällt (MK-Ganter § 52 Rn. 13; Jaeger-Henckel § 52 Rn. 12). Hat ein **Gesellschafter** der Schuldnerin dem Gläubiger eine Sicherheit bestellt, nimmt der Gläubiger mit seiner Insolvenzforderung an der Verteilung nur mit dem Ausfall teil, der nach Verwertung der Gesellschaftersicherheit verbleibt (§ 44a). Bei der Doppelsicherung des Gläubigers durch eine Gesellschaftersicherheit und das Absonderungsgut kann der Gläubiger uneingeschränkt die Rechte am Absonderungsgut geltend machen, ohne zuvor die Gesellschaftersicherheit verwerten zu müssen; der Gesellschafter ist analog § 143 Abs. 3 Satz 1 verpflichtet, der Insolvenzmasse den an den Gläubiger ausgekehrten Betrag zu erstatten (BGH NZI 2012, 19; zur Auskehrung des Erlöses vor vollständiger Verwertung des Absonderungsguts Hill, ZInsO 2012, 910).

II. Anteilsmäßige Befriedigung (Satz 2)

Üblicherweise wird die Forderung des Absonderungsberechtigten »**für den Ausfall**« festgestellt. Die Einschränkung hat nur Bedeutung für das Verteilungsverfahren. Für die Rechtskraftwirkung außerhalb des Insolvenzverfahrens ist die Beschränkung unbeachtlich. Der Insolvenzverwalter ist durch die eingeschränkte Feststellung der Forderung nicht gehindert, das Absonderungsrecht zu bestreiten (Jaeger-Henckel § 52 Rn. 22).

An **Verteilungen** nimmt der Absonderungsberechtigte nur teil, wenn der Ausfall glaubhaft gemacht (Abschlagsverteilung) oder nachgewiesen wird (Schlussverteilung). Liegt das **Verwertungsrecht beim Absonderungsberechtigten**, muss dieser vor einer Abschlagsverteilung nachweisen, dass er die Verwertung betreibt und den Ausfall glaubhaft machen, § 190 Abs. 2 Satz 1. Dann wird der geschätzte Anteil zurückbehalten, § 190 Abs. 2 Satz 2. Vor der Schlussverteilung muss der Absonderungsberechtigte innerhalb der Frist aus § 189 Abs. 1 den Nachweis des tatsächlichen Ausfalls führen oder auf sein Absonderungsrecht verzichten, § 190 Abs. 1 Satz 1. Der Nachweis ist durch den Beleg für die reale Verwertung oder die konkrete Darlegung der Gründe einer gescheiterten Verwertung zu führen (§ 190 Rdn. 13). Liegt das **Verwertungsrecht beim Insolvenzverwalter**, stellt der Insolvenzverwalter selbst den Ausfall fest; hier ist kein Nachweis durch den Absonderungsberechtigen erforderlich, § 190 Abs. 3.

Soweit nicht § 497 Abs. 3 BGB anwendbar ist, wird der Verwertungserlös in der **Reihenfolge des § 367 Abs. 1 BGB** auf Kosten, Zinsen und Hauptforderung angerechnet. Damit werden vorrangig auch die nachrangigen Insolvenzforderungen des § 39 Abs. 1 Nr. 1, 2 (Zinsen nach Insolvenzeröffnung, Kosten durch Teilnahme am Insolvenzverfahren) berücksichtigt (BGH, ZInsO 2011, 630; HK-Lohmann § 52 Rn. 7; Jaeger-Henckel § 52 Rn. 23; **a. A.** Uhlenbruck-Brinkmann § 52 Rn. 8, 10; MK-Ganter § 52 Rn. 28 ff.: Nachrangige Anrechnung auf Zinsen und Kosten nach Insolvenzeröffnung). Zur Verrechnung auf Masseverbindlichkeiten und Insolvenzforderungen Vorbem. §§ 49-51 Rdn. 18a. Die Ausfallforderung erhöht sich um die Kostenbeiträge aus § 171 (Feststellungs- und Verwertungskosten, USt; MK-Ganter § 52 Rn. 31; Jaeger-Henckel § 52 Rn. 17). Der Vorteil aus einer Übernahme des Absonderungsguts gem. § 168 Abs. 3 Satz 1 wird nicht angerechnet (BGH, ZInsO 2005, 1270). Bei der Zwangsversteigerung von Grundstücken ist aber § 114a ZVG zu beachten (§ 165 Rdn. 6). Hat der Absonderungsberechtigte die Quote für die volle Insolvenzforderung erhalten, obwohl er für einen Teil abgesondert befriedigt wurde, besteht ein **Rückforderungsanspruch** des Insolvenzverwalters (MK-Ganter § 52 Rn. 27).

7 Der Absonderungsberechtigte nimmt als Insolvenzgläubiger unbeschränkt an Verteilungen teil, wenn er auf sein Absonderungsrecht **verzichtet** hat (zum Verzicht Vorbem. §§ 49 bis 51 Rdn. 23).

§ 53 Massegläubiger

Aus der Insolvenzmasse sind die Kosten des Insolvenzverfahrens und die sonstigen Masseverbindlichkeiten vorweg zu berichtigen.

Übersicht	Rdn.		Rdn.
A. Normzweck	1	2. Sonstige Masseverbindlichkeiten	9
B. Norminhalt	3	III. Vorwegbefriedigung	14
I. Massegläubiger	3	IV. Geltendmachung	16
II. Masseverbindlichkeiten	5	V. Haftungsschuldner	24
1. Kosten des Insolvenzverfahrens	8		

A. Normzweck

1 Die in § 53 geregelte **Privilegierung der Massegläubiger** ermöglicht es dem Verwalter bzw. verfügungsbefugten vorläufigen Verwalter, mit Dritten Rechtsgeschäfte einzugehen und somit ein Insolvenzverfahren ordnungsgemäß abzuwickeln (vgl. § 1).

2 § 53 folgt dem bisherigen Recht, wobei die Kosten des Insolvenzverfahrens und die sonstigen Masseverbindlichkeiten in § 54 sowie, §§ 55, 100, 101 Abs. 1 Satz 3, 115 Abs. 2 Satz 3, 118, 123 Abs. 2 Satz 1, 163 Abs. 2, 169 Satz 1, 172 Abs. 1 Satz 1, 183 Abs. 3 und § 324 einzeln bestimmt und abschließend definiert werden. Die Teilung der Masseverbindlichkeiten in zwei Gruppen entspricht der Verteilungsrangfolge des § 209.

B. Norminhalt

I. Massegläubiger

3 **Massegläubiger** sind diejenigen Gläubiger, die **außerhalb des Insolvenzverfahrens** und **vorweg** aus der Insolvenzmasse zu befriedigen sind. Sie sind nicht wie die Insolvenzgläubiger (vgl. §§ 38 ff.) gehalten, ihre Ansprüche im Insolvenzverfahren als **Geldforderung** geltend zu machen (§ 45), sondern können die geschuldete Leistung ggü. dem Verwalter auch **klageweise** im Wege der **Zwangsvollstreckung** durchsetzen (OLG Köln, ZIP 2011, 1830); §§ 87, 89, 91 entfalten insofern keine Wirkung. Zu beachten ist aber das aus § 90 Abs. 1 folgende sechsmonatige Vollstreckungsverbot für oktroyierte Masseverbindlichkeiten.

4 Auch der **Insolvenzschuldner** selbst kann Massegläubiger sein (§ 100).

II. Masseverbindlichkeiten

Masseverbindlichkeiten sind Verbindlichkeiten, die mit der Abwicklung des Insolvenzverfahrens zwingend zusammenhängen. Sie stellen die der Masse innewohnende Belastung dar (MK-Hefermehl § 53 Rn. 5).

Hinsichtlich der Qualifizierung kommt es nicht darauf an, ob die Masseverbindlichkeiten von dem Verwalter begründet werden oder dem Verfahren »oktroyiert« werden, da die Qualifizierung und Einordnung sowohl anspruchsbezogen als auch verfahrensbezogen erfolgt.

Hierbei ist in der »Doppelinsolvenz« einer Personengesellschaft und deren persönlich haftenden Gesellschafter darauf zu achten, dass die Masseschulden der Personengesellschaft keinesfalls zugleich Masseschulden der Gesellschafter sind (BGH, ZInsO 2009, 2199; Uhlenbruck-Berscheid § 53 Rn. 2). Zwar haften die Gesellschafter über § 128 HGB (analog) bzw. § 714 BGB unmittelbar für die Verbindlichkeiten der Gesellschaft. Die strenge Trennung der selbstständigen Insolvenzverfahren (§ 11 Abs. 2 Nr. 1) steht dem »Durchschlagen« des Masseschuldcharakters jedoch entgegen (BAG, WM 1982, 435; a. A. MK-Hefermehl § 53 Rn. 44 hinsichtl. der Verbindlichkeiten aus vor der Eröffnung begründeten Dauerschuldverhältnissen).

1. Kosten des Insolvenzverfahrens

An erster Stelle sind **die Kosten des Insolvenzverfahrens** (§ 54) zu nennen, deren Separierung von den sonstigen Masseverbindlichkeiten nicht nur eine Rolle bei der Abweisung des Eröffnungsantrages spielen (§ 26), sondern die zugleich im Fall der Masseunzulänglichkeit gem. § 208 den sonstigen Masseverbindlichkeiten im Rang vorgehen (§ 209 Abs. 1 Nr. 1).

2. Sonstige Masseverbindlichkeiten

Die sonstigen Masseverbindlichkeiten gliedern sich in
– Ansprüche aus Verwaltungshandeln und Verwaltungsmaßnahmen (§ 55 Abs. 1 Nr. 1), aus Vertragserfüllung (§ 55 Abs. 1 Nr. 2), aus ungerechtfertigter Bereicherung (§ 55 Abs. 1 Nr. 3) sowie aus der Zeit der vorläufigen Insolvenzabwicklung (§ 55 Abs. 2),
– (Umsatz-) Steuerverbindlichkeiten des Insolvenzantragsverfahren bei vorläufiger Insolvenzverwaltung (§ 55 Abs. 4),
– Unterhaltsansprüche aus §§ 100, 101 Abs. 1 Satz 3,
– Ersatzansprüche aus § 115 Abs. 2 Satz 3,
– Ansprüche des geschäftsführenden Gesellschafters bei Auflösung einer Gesellschaft (§ 118),
– Verbindlichkeiten aus einem Sozialplan (§ 123 Abs. 2 Satz 1); dies gilt jedoch nicht für Abfindungsansprüche aus einem vor Insolvenzeröffnung aufgestellten Plan (BAG, ZInsO 2002, 998; ZIP 2008, 74),
– Kosten des Antragstellers bei Betriebsveräußerung unter Wert (§ 163 Abs. 2),
– Zinsansprüche absonderungsberechtigter Gläubiger (§ 169 Satz 1),
– Ausgleichsansprüche bei Weiternutzung des Absonderungsgutes (§ 172 Abs. 1 Satz 1),
– Kosten eines Feststellungsstreits (§ 183 Abs. 3)
– Verbindlichkeiten des Schutzschirmverfahrens (§ 270b Abs. 3) sowie
– Ansprüche aus der Nachlassverwaltung (§ 324).

Die Einordnung ist rechtlich zwingend (BAG, ZInsO 2002, 998) und obliegt nicht den Beteiligten.

Daraus folgt, dass z. B. eine **Feststellung** einer Forderung zur Insolvenztabelle nicht deren späterer Geltendmachung als Masseforderung entgegensteht (OLG Schleswig, ZInsO 2004, 687; BSG, ZIP 1982, 191). Vielmehr ist die erneute Geltendmachung und Erfüllung als Masseverbindlichkeit jederzeit möglich, wobei der Insolvenzverwalter alle Einwendungen gegen den Bestand der Forderung weiterhin geltend machen kann (BGH, ZInsO 2006, 829).

Die gesetzlich abschließende Regelung hat auch zur Folge, dass den Verwalter bei **Falschbezeichnung** einer Forderung als Insolvenzforderung eine **Hinweispflicht** trifft, den Gläubiger über die richtige rechtliche Einordnung zu informieren (OLG München, ZIP 1981, 887; Hess § 53 Rn. 47; a. A. K. Schmidt-Thole § 53 Rn. 6), was faktisch dadurch erfolgt, dass die zur Tabelle angemeldete Forderung bestritten wird. Jedoch unterbricht die fälschliche Geltendmachung der Forderung als Insolvenzforderung nicht die **Verjährung** (LAG Düsseldorf, ZIP 1984, 858).

13 Eine als Masseforderung behandelte Insolvenzforderung führt gleichsam zu einem **Bereicherungsanspruch der Massegläubiger** ggü. dem Empfänger, wenn eine unberechtigte Auszahlung erfolgt ist (OLG Brandenburg, ZInsO 2002, 71; K/P/B-Pape § 53 Rn. 16; a. A. LG Stuttgart, ZIP 1985, 1518).).

III. Vorwegbefriedigung

14 Ausweislich der gesetzlichen Formulierung sind Masseansprüche **vorweg** zu berichten, was nur einen Zahlungszeitpunkt vor den Insolvenzgläubigern nahelegt. Diese Formulierung ist insoweit unvollständig, da dem Massegläubiger rechtlich ein Zahlungsanspruch zusteht, der der rechtlichen Qualifizierung des Rechtsgrundes der Forderung folgt.

15 Indem die Masseforderung ohne ein gerichtliches Prüfungsverfahren geltend gemacht wird (BGH, ZIP 1996, 1437), obliegt es dem Verwalter die Zahlung zum Fälligkeitszeitpunkt vorzunehmen bzw. im Fall der Massearmut des Insolvenzverfahrens die Befriedigung in dem dann gesetzlich vorgesehenen Rahmen des § 209 zu sichern. Insofern ist der Verwalter, um einer Haftung aus § 61 zu entgehen, ständig gehalten, vor der **Begründung von Masseverbindlichkeiten** zu prüfen, ob ausreichend Mittel zur Befriedigung zur Verfügung stehen (BGH, ZIP 1988, 1068). Bei streitigen sowie zweifelhaften Ansprüchen hat der Verwalter ggf. einen zur Erfüllung der Verbindlichkeiten ausreichenden Betrag zurückzuhalten (BGH, ZIP 1996, 1437). Dies begründet bei streitigen Masseverbindlichkeiten das rechtliche Interesse an der Erhebung einer negativen Feststellungsklage durch den Insolvenzverwalter (OLG Düsseldorf, ZIP 1998, 1077).

IV. Geltendmachung

16 Ein Masseanspruch ist ggü. dem **Insolvenzverwalter** formlos geltend zu machen, der diesen in tatsächlicher und rechtlicher Hinsicht zu prüfen hat (BGH ZIP 1996, 1437). Dies gilt auch für die Prüfungspflicht des Verwalters, ob die geltend gemachten Ansprüche nicht ggf. verjährt sind. Insb. bei langer Verfahrensdauer sind durch den Gläubiger verjährungsunterbrechende Maßnahmen einzuleiten oder ein Verzicht des Verwalters auf die Einrede der Verjährung zu prüfen, was dieser regelmäßig tun wird, da die Masse durch verjährungsunterbrechende Maßnahmen ansonsten einen Schaden erleiden würde.

Die bloße Geltendmachung des Masseanspruchs ggü. dem Insolvenzverwalter hat keine verjährungsunterbrechende Wirkung. § 204 Abs. 1 Nr. 10 BGB gilt insoweit nur für Insolvenzforderungen. Eine schuldhaft fehlerhafte Prüfung durch den Verwalter kann ggf. zu einem **Schadensersatzanspruch** des Massegläubigers führen (MK-Hefermehl § 53 Rn. 64; OLG München, ZIP 1991, 888).

17 Eine **direkte Inanspruchnahme des Insolvenzschuldners** schon während des Verfahrens muss vor dem Hintergrund, dass sämtlicher pfändbarer Neuerwerb des Schuldners nach §§ 35, 36 in die Masse fällt, erfolglos bleiben.

18 Da es sich bei den Masseforderungen um vollwertige Ansprüche handelt, kann der Massegläubiger mit seiner Forderung ggü. den Ansprüchen des Verwalters die **Aufrechnung** erklären (§§ 387 ff. BGB); die Aufrechnungsbeschränkungen der §§ 95, 96 greifen nur ggü. Insolvenzgläubigern.

19 Soweit der Verwalter einen Masseanspruch nicht erfüllt, ist der Massegläubiger berechtigt, seinen Anspruch im Wege der **Leistungs- bzw. Feststellungsklage** geltend zu machen (BGH, KTS 1963, 176) und aus titulierten Ansprüchen (der Massegläubiger muss einen Titel gegen den Insolvenzverwalter erwirken) die **Zwangsvollstreckung in die Masse** unter Beachtung der sechsmonatigen Vollstreckungssperre des § 90 Abs. 1 zu betreiben (LG Karlsruhe, ZIP 1981, 1236). Das Vollstreckungs-

verbot des § 89 gilt für ihn nicht (Jaeger-Henckel § 53 Rn. 24). Dementsprechend ist der Verwalter verpflichtet, die **eidesstattliche Versicherung** abzugeben (§§ 807, 883 ZPO). In das Schuldnerverzeichnis darf jedoch nicht der Name des Verwalters aufgenommen werden (MK-Hefermehl § 53 Rn. 62). Ausgenommen sind hiervon Ansprüche aus einem Sozialplan (§ 123 Abs. 3 Satz 2). Soweit Masseansprüche öffentlich-rechtlicher Natur sind, können diese gegen den Verwalter im Bescheidungsweg geltend gemacht werden (VGH Bayern, NVwZ-RR 2006, 550).

Zu beachten ist aber, dass die Durchsetzung und die Vollstreckung **sofort** durch die vom Verwalter eingereichte Anzeige der Masseunzulänglichkeit gehindert wird (§§ 208, 210). 20

Versucht ein Gläubiger entgegen § 210 seinen Anspruch im Wege der Zwangsvollstreckung durchzusetzen, kann der Verwalter die **Vollstreckungsgegenklage** nach § 767 ZPO erheben (OLG Hamm, ZIP 1993, 523 zu § 60 KO) bzw. der Erzwingung der eidesstattlichen Versicherung mit der **Erinnerung** nach § 766 ZPO entgegentreten. 21

Die Vollstreckungsmaßnahmen sind für die Praxis allerdings wenig relevant, da im Regelfall bei einer Nichtleistung durch den Verwalter die Anzeige der Masseunzulänglichkeit erfolgt sein wird bzw. unmittelbar bevorsteht. 22

Ein z. Zt. der Verfahrenseröffnung anhängiger, einen Masseanspruch betreffender **Rechtsstreit**, der gem. § 240 Satz 1 ZPO unterbrochen wurde, kann sowohl vom Verwalter als auch vom Gläubiger gem. § 86 Abs. 1 Nr. 3 wieder **aufgenommen werden**. Von einem **Insolvenzplan** werden die Massegläubiger nicht betroffen, §§ 217 ff. (Jaeger-Henckel § 53 Rn. 24). 23

V. Haftungsschuldner

Die Geltendmachung ggü. dem Verwalter bedeutet nicht, dass dieser **Haftungsschuldner** der Forderung ist. Dies bleibt vielmehr der **Insolvenzschuldner**, selbst wenn der Insolvenzverwalter die Masseverbindlichkeiten begründet hat. 24

Die Frage nach dem Haftungsschuldner gewinnt jedoch erst dann Bedeutung, wenn nicht sämtliche Masseforderungen innerhalb des Insolvenzverfahrens erfüllt werden können. 25

Hier wird dann die Unterscheidung und Einordnung zwischen den »**echten**« und den »**unechten**« Masseschulden, also den vom Verwalter selbst begründeten und den sich gesetzlich ergebenden Verbindlichkeiten, relevant. Für den ersten Fall ist evtl. eine persönliche Haftung des Verwalters gegeben (§§ 60 ff.), für den zweiten Fall kommt nur eine Nachhaftung des Insolvenzschuldners in Betracht. 26

Dieser haftet grds. für die durch den Insolvenzverwalter begründeten Verbindlichkeiten im Wege der **Nachhaftung** nur mit dem Vermögen, für welches er nach Aufhebung bzw. Einstellung des Verfahrens wieder die Verwaltungs- und Verfügungsbefugnis zurück erhält (BGH, ZInsO 2009, 2198, 2199 m. w. N.). Diese **Haftungsbeschränkung** gilt jedoch **nicht für** Verbindlichkeiten, die aus einem **gegenseitigen Vertrag** herrühren, dessen Erfüllung oder Ablehnung der Verwalter nach Verfahrenseröffnung i. S. d. § 103 verlangt hat (MK-Hefermehl § 53 Rn. 34; BGH, NJW 1955, 339; a. A. Jaeger-Henckel § 53 Rn. 17; K. Schmidt-Thole § 53 Rn. 12) sowie für Verbindlichkeiten aus **Dauerschuldverhältnissen**, die der Schuldner vor Verfahrenseröffnung begründet hat (NR-Andres § 53 Rn. 6 m. w. N.). Die uneingeschränkte Haftung für Verbindlichkeiten aus Dauerschuldverhältnissen wandelt sich in eine auf die »zurückerlangte« Masse beschränkte Haftung für die Zeit nach dem ersten Kündigungstermin um (MK-Hefermehl § 53 Rn. 34). Hierbei kommt keine Haftung des Insolvenzschuldners mit seinem insolvenzfreien Vermögen in Betracht (BGH, ZInsO 2009, 2198, 2200). 27

Für die durch einen verfügungsbefugten vorläufigen Insolvenzverwalter begründeten Verbindlichkeiten gilt Entsprechendes (vgl. § 55 Rdn. 22). 28

Die Masseverbindlichkeiten werden ebenfalls von der **Restschuldbefreiung** umfasst (vgl. § 301 Rdn. 3), da anderenfalls der Insolvenzschuldner mit der beantragten Restschuldbefreiung faktisch 29 leerlaufen würde. Für den Fall der Einstellung des Insolvenzverfahrens gem. § 207 sind die Masseverbindlichkeiten in einem neuen Insolvenzverfahren nur einfache Insolvenzforderungen (Braun/Bäuerle § 53 Rn. 21). Dies gilt auch für die Vergütungsansprüche des Insolvenzverwalters des eingestellten und der des vorl. Insolvenzverwalters des nicht zur Eröffnung gelangten Verfahrens (BGH, Urt. vom 15.12.2011, Az. IX ZR 118/11).

§ 54 Kosten des Insolvenzverfahrens

Kosten des Insolvenzverfahrens sind:
1. die Gerichtskosten für das Insolvenzverfahren;
2. die Vergütungen und die Auslagen des vorläufigen Insolvenzverwalters, des Insolvenzverwalters und der Mitglieder des Gläubigerausschusses.

Übersicht

	Rdn.		Rdn.
A. Normzweck	1	c) Insolvenzplanverfahren und andere	18
B. Norminhalt	5	II. Vergütungen und Auslagen i. S. d. Nr. 2	19
I. Kosten des Insolvenzverfahrens gem. Nr. 1	5	1. Vergütungsanspruch des Verwalters	19
1. Gegenstandswert	11	a) Sondervergütungsansprüche	22
2. Kostenschuldner	12	b) Kosten der Verwaltung	23
3. Gebührentatbestände	15	2. Vergütungsanspruch der Gläubigerausschussmitglieder	25
a) Eröffnungsantrag	15	3. Analoge Anwendung	26
b) Durchführung des Insolvenzverfahrens	16		

A. Normzweck

1 Die Kosten des Insolvenzverfahrens umfassen die Gerichtskosten (Nr. 1) sowie die Vergütungen und Auslagen des vorläufigen Insolvenzverwalters, des Insolvenzverwalters und der Mitglieder des Gläubigerausschusses (Nr. 2).

2 Die dem Grundsatz der Vorwegbefriedigung (§§ 53, 209 Abs. 1) folgende Konsequenz ist die ggü. der KO **engere Grenzziehung der Massekosten**. Die Ausgaben für die Verwaltung, Verwertung und Verteilung der Masse sind als sonstige Masseverbindlichkeiten i. S. d. § 55 Abs. 1 Nr. 1 zu qualifizieren. Gleichsam wurde der Anwendungsbereich der Norm um die Vergütungen und Auslagen des vorläufigen Insolvenzverwalters, des Insolvenzverwalters und der Mitglieder des Gläubigerausschusses, auch des Antragsverfahrens, erweitert. Die Vorwegbefriedigung ist auch im Fall der Aufhebung der Sicherungsmaßnahmen für den Fall der Antragsrücknahme oder -erledigung vorzunehmen (BGH, ZInsO 2007, 34), wobei grds. Kostenschuldner die Insolvenzmasse als Primärschuldner bleibt.

3 Die sich daraus ergebende Regelung des § 54 soll nach den gesetzlichen Motiven die Zahl der **Verfahrenseröffnungen erhöhen** (amtl. Begründung BT-Drucks. 12/2441, S. 126) und gleichsam die Einstellung der Verfahren mangels Masse gem. § 207 reduzieren (s. hierzu § 26 Rdn. 1 und Vorbem. zu §§ 207 ff.).

4 Die Verfahrenskostengläubiger, also die Justizkasse, der Insolvenzverwalter (auch der vorläufige), der Sachverständige (§ 22 Abs. 1 Satz 2 Nr. 3) und die Mitglieder des Gläubigerausschusses erhalten insoweit **absoluten Vorrang** (§ 209 Abs. 1 Nr. 1). Dies gilt auch für die vom Gericht hinzugezogenen weiteren Sachverständigen (z. B. für die Schlussrechnungsprüfung s. OLG Stuttgart, ZIP 2010, 491) und den Sonderinsolvenzverwalter.

B. Norminhalt

I. Kosten des Insolvenzverfahrens gem. Nr. 1

Die Kosten des Insolvenzverfahrens sind gem. Nr. 1 – mit Ausnahmen – die im Insolvenzverfahren entstehenden **Gerichtskosten** nach dem GKG und dem Kostenverzeichnis zum GKG (KV GKG).

Unter Nr. 1 fallen:
- Gebühren für den **Eröffnungsantrag** (Nr. 2310 f. KV GKG),
- Gebühren für die **Durchführung des Insolvenzverfahrens** (Nr. 2320 ff., 2330 ff. KV GKG).

Die unter Nr. 1 fallenden **Auslagen** des Gerichts sind in den Nr. 9000 ff. KV GKG geregelt. Hierzu zählen insb. die aufgrund einer Stundung nach § 4a an den vorläufigen Insolvenzverwalter, den Insolvenzverwalter, die Gläubigerausschussmitglieder sowie den Treuhänder zu zahlenden Beträge (Nr. 9018 KV GKG), für die allerdings nur der Schuldner haftet (§ 23 Abs. 1 Satz 3 GKG). Ansonsten sind die Kosten für das vorläufige Insolvenzverfahren, insb. für den vorläufigen Insolvenzverwalter, bei einer Ablehnung der Eröffnung keine Auslagen des Gerichts i. S. d. Nr. 1 (LG Frankfurt am Main, Rpfleger 1986, 496).

Nicht unter Nr. 1 fallen:
- die **Gebühren für den nachträglichen Prüfungstermin** (§ 177; Nr. 2340 KV GKG) i. H. v. 20 €, die der Anmeldende als alleiniger Kostenschuldner zu tragen hat, § 33 GKG i. V. m. § 177 (Meyer KV GKG Teil 2 Rn. 35),
- die **Gebühr für einen evtl. Antrag auf Versagung oder den Widerruf der Restschuldbefreiung** (§§ 296, 297, 300, 303; Nr. 2350 KV GKG) i. H. v. 35 € und
- die **Gebühr für eine Beschwerde** (§ 6; Nr. 2360 ff. KV GKG).

Die Kosten fallen grds. dem Antragsteller zur Last (§ 23 Abs. 2 GKG), selbst wenn sein Versagungsantrag erfolgreich beschieden wird. Für den Antrag des Treuhänders wegen fehlender Deckung seiner Vergütung nach §§ 300 Abs. 2, 298 fällt keine Gebühr an (Braun-Bäuerle § 54 Rn. 20).

Ferner sind die **Beschwerdegebühren** keine Gerichtskosten i. S. d. Nr. 1. Schuldner der erfolglosen Beschwerde ist der Beschwerdeführer als Veranlasser. Maßgebend für die Gebühr ist bei einer Beschwerde des Schuldners der Wert der Insolvenzmasse z. Zt. der Beendigung des Verfahrens (§ 58 Abs. 3 Satz 1 i. V. m. § 58 Abs. 1 GKG), bei einer Beschwerde eines Gläubigers der Wert der Forderung, soweit dieser geringer ist als der Wert der Masse (§ 58 Abs. 3 Satz 2 i. V. m. § 58 Abs. 2 GKG). Eventuelle Kosten, die beim Schuldner oder bei anderen Verfahrensbeteiligten anfallen, sind niemals Kosten des Insolvenzverfahrens, da die Aufzählung im GKG abschließend ist.

1. Gegenstandswert

Für die Ermittlung des Gegenstandswertes ist entsprechend den bürgerlichen Rechtsstreitigkeiten auf die Gebührenansätze zurückzugreifen, wobei hier der Wert der Insolvenzmasse zum Zeitpunkt der Beendigung des Verfahrens (§ 58 Abs. 1 Satz 1 GKG), unter Berücksichtigung des Neuerwerbs, exklusive der mit Fremdrechten behafteten Vermögenswerte (§ 58 Abs. 1 Satz 2 GKG), maßgeblich ist. Strittig ist, wie der Gebührenstreitwert im Fall einer Betriebsfortführung über den Insolvenzeröffnungstag hinaus berechnet wird. Nach einer Ansicht ist hierfür der gesamte Umsatzerlös in der Betriebsfortführung zu berücksichtigen (OLG Düsseldorf, ZInsO 2010, 1645; OLG München, ZInsO 2012, 1722). Nach der gegenteiligen herrschenden Ansicht, der zu folgen ist, sind die Kosten der Betriebsfortführung von den Umsatzerlösen in Abzug zu bringen (OLG Hamm, ZInsO 2013, 444; MK-Hefermehl, § 54 Rn. 17; Schoppmeyer, ZIP 2013, 811 m. w. N.), was auch der grundsätzlichen gesetzlichen Systematik entspricht, die ansonsten auch auf das »Überschussprinzip« abstellt, da nur dieses den Interessen der Beteiligten entspricht. Im Fall eines **Gläubigerantrags** wird auf den Betrag der dem Antrag zugrunde liegenden Forderung zurückgegriffen, es sei denn, der Wert der Insolvenzmasse ist geringer (§ 58 Abs. 2 GKG). Die Mindestgebühr für einen Gläubigerantrag beträgt nach Nr. 2311 KV GKG 180,– €.

2. Kostenschuldner

12 Kostenschuldner für die Gebühren und Auslagen für das Verfahren zur Durchführung des Insolvenzverfahrens (Nr. 2320, 2330 KV GKG) und für das Verfahren über den vom Schuldner gestellten erfolgreichen Eröffnungsantrag (Nr. 2310 KV GKG) ist der Schuldner und damit die Insolvenzmasse (Jaeger-Henckel § 54 Rn. 9).

13 Bei einem **Fremdantrag** ist zunächst der antragstellende Gläubiger Kostenschuldner der Gebühr nach Nr. 2311 KV GKG, § 23 Abs. 1 GKG (Meyer KV GKG Teil 2 Rn. 33). Dies gilt auch bei mehreren Gläubigeranträgen, da diese jeweils ein eigenes Prozessrechtsverhältnis darstellen (Braun-Bäuerle § 54 Rn. 8). Sollte der Fremdantrag erfolgreich sein, haftet der antragstellende Gläubiger **gesamtschuldnerisch** neben der Insolvenzmasse für die Gebühren (§ 23 Abs. 1, Abs. 3 i. V. m. § 31 Abs. 1 GKG). Dem Gläubiger steht in diesem Fall ein **Erstattungsanspruch** in der Rangstellung nach §§ 209 Abs. 1 Nr. 1, 54 Nr. 1 gegen die Masse zu (K/P/B-Pape § 54 Rn. 9).

14 Hiervon zu unterscheiden ist der **Rückzahlungsanspruch** (OLG Frankfurt am Main, ZIP 1986, 931) eines Dritten gegen die Masse, der einen **Massekostenvorschuss** i. S. d. § 26 Abs. 1 Satz 2, 1. Alt. geleistet hat. Der Vorschuss ist ein dem Insolvenzverwalter treuhänderisch überlassenes **Sondervermögen**, das nicht Teil der Insolvenzmasse wird (MK-Hefermehl § 54 Rn. 30). Der Rückzahlungsanspruch gehört somit **nicht zu den Kosten des Verfahrens** nach Nr. 1 (a. A. MK-Hefermehl § 54 Rn. 31 m. w. N.), sondern vollzieht sich, sobald die Masse ausreicht, um die Verfahrenskosten zu decken, außerhalb des Insolvenzverfahrens vergleichbar einem Aussonderungsanspruch (so auch K. Schmidt-Thole § 54 Rn. 7), was im Fall des § 209 Abs. 1 Nr. 1 einen »Nachrang« des Anspruchs zur Folge hat. Keinen Erstattungsanspruch gegen die Masse, sondern nur eine einfache Insolvenzforderung, besitzt derjenige, der dem Schuldner einen Betrag zur Verfügung gestellt hat, damit dieser das Verfahren eröffnen lassen kann (Uhlenbruck-Berscheid § 54 Rn. 12).

3. Gebührentatbestände

a) Eröffnungsantrag

15 Die **Gebühr für den Eröffnungsantrag**, die das gesamte Verfahren über den Eröffnungsantrag abdeckt (Delhaes, KTS 1987, 597 zu Nr. 5110 KV GKG a. F., die Nr. 2310 KV GKG n. F. entspricht), beträgt gem. Nr. 2310 f. KV GKG 0,5, bei einem Gläubigerantrag jedoch mindestens 150 €. Mehrere Anträge verschiedener Gläubiger oder ein Antrag des Gläubigers sowie des Schuldners lösen die Gebühr mehrmals aus, es sei denn, die antragstellenden Gläubiger sind Gesamtgläubiger (LG Gießen, JurBüro 1996, 486; ausführl. Uhlenbruck, KTS 1987, 561, 565 ff.). Ferner müssen die Kosten des vom Gericht beauftragten Sachverständigen gem. JVEG mit einbezogen werden, da diese gem. § 17 GKG in die gerichtlichen Auslagen mit einzubeziehen sind.

b) Durchführung des Insolvenzverfahrens

16 Für die **Durchführung des Insolvenzverfahrens** entsteht im Fall eines **Eigenantrages** oder eines gleichzeitigen Fremdantrages eine 2,5-fache Gebühr nach Nr. 2320 KV GKG. Die Gebühr ermäßigt sich bei Einstellung des Verfahrens vor dem Prüfungstermin auf 0,5 und nach dem Prüfungstermin auf 1,5 (Nr. 2321 f. KV GKG). Die Gebühr entfällt vollständig, wenn der Eröffnungsbeschluss auf Beschwerde gem. § 58 Abs. 3 GKG aufgehoben wird (Nr. 2320 KV GKG). Hierbei sind auch die Kosten der gesetzlich vorgesehenen Veröffentlichungen als weitere Auslagen zu berücksichtigen, wobei diese Kosten durch die Änderung der Verordnung zu öffentlichen Bekanntmachungen in Insolvenzverfahren im Internet signifikant verringert werden. Für die vollständige Berechnung s. § 26 Rdn. 20.

17 Erfolgt die Durchführung des Verfahrens einzig aufgrund eines **Fremdantrages** erhöhen sich die einzelnen Gebührentatbestände jeweils um 0,5 (Nr. 2330 ff. KV GKG). Wird der Eröffnungsbeschluss aufgrund Beschwerde aufgehoben, entfällt auch hier die Gebühr vollständig (Nr. 2330 KV GKG).

c) Insolvenzplanverfahren und andere

Die Tätigkeit des Gerichts im Rahmen eines **Insolvenzplanverfahrens**, im Verfahren über einen **Schuldenbereinigungsplan** sowie über die **Restschuldbefreiung** ist **gebührenfrei** (Uhlenbruck-Berscheid § 54 Rn. 10).

II. Vergütungen und Auslagen i. S. d. Nr. 2

1. Vergütungsanspruch des Verwalters

Der **Anspruch des Insolvenzverwalters auf Vergütung für seine Geschäftsführung und Erstattung angemessener Auslagen** nach § 63, den das Insolvenzgericht durch Beschluss (§ 64) nach der InsVV festsetzt, wird Nr. 2 zugeordnet. Dies gilt entsprechend für den **vorläufigen Insolvenzverwalter** (§ 21 Abs. 2 Nr. 1), den Sonderinsolvenzverwalter (BGH, ZInsO 2008, 733), den **Sachwalter** bei Eigenverwaltung (§ 274 Abs. 1) sowie den **Treuhänder** im vereinfachten Verfahren und der Wohlverhaltensperiode (§§ 313 Abs. 1 Satz 3, 63). Die Vergütung des vorläufigen Insolvenzverwalters aus einem nicht zur Eröffnung gelangten Verfahren gehört nicht zu den Massekosten eines auf einen späteren Antrag hin eröffneten Verfahrens (BGH, ZInsO 2008, 1201), wobei auch keine Ausfallhaftung des Fiskus in Betracht kommt (BGH, ZInsO 2006, 204).

Vergütung ist in diesem Kontext auch die Entschädigung nach dem JVEG, wenn der vorläufige Insolvenzverwalter vom Insolvenzgericht auch als **Sachverständiger** beauftragt worden ist (Regelfall der Bestellungspraxis), §§ 144, 402 ff. ZPO i. V. m. § 4. Zu beachten ist hierbei allerdings das **Verbot der Doppelvergütung** (vgl. hierzu die Kommentierung zu § 22). Für die Zahlung der Vergütung gem. JVEG haftet jedoch nicht die Insolvenzmasse, sondern ist das Gericht Kostenschuldner (§ 2 Abs. 1 JVEG).

Nicht hiervon erfasst wird die Berechtigung des Verwalters, zur Erledigung weiterer Abwicklungsaufgaben **Dienst- oder Werkverträge** zu begründen (§ 4 InsVV). Die daraus folgenden Verbindlichkeiten sind als sonstige Masseverbindlichkeiten gem. § 55 Abs. 1 Satz 1 zu berücksichtigen.

a) Sondervergütungsansprüche

Die **Sondervergütungsansprüche** des Verwalters (auch des vorläufigen) i. S. d. § 5 InsVV für Tätigkeiten, die eine besondere Befähigung voraussetzen, über die ein »Durchschnittsverwalter« (vgl. BGH, ZInsO 2004, 1348 m. Anm. Bernsau, NZI 2005, 103) nicht verfügt, sind nicht als bevorrechtigte Vergütungsansprüche i. S. d. Nr. 2 anzusehen, sondern als **sonstige Masseverbindlichkeiten gem. § 55 Abs. 1 Nr. 1** (K/P/B-Pape § 54 Rn. 43; a. A. AG Essen, ZInsO 2003, 388; NR-Andres § 54 Rn. 14).

b) Kosten der Verwaltung

Die **Ausgaben für die Verwaltung, Verwertung und Verteilung gehören nicht zu den Auslagen i. S. d. Nr. 2**. Nach dem bisherigen Verständnis des Auslagenbegriffs (s. Jaeger-Henckel § 54 Rn. 15 f.) sollen hier nur eigene Aufwendungen abgegolten werden, wie Reisekosten, Telefon-, Fotokopier-, Portokosten u. a., sowie die Kosten einer angemessenen zusätzlichen Haftpflichtversicherung (§ 4 Abs. 3 InsVV), nicht jedoch die Kosten für das eigene Büropersonal, auch wenn es die dem Verwalter auferlegten hoheitlichen Pflichten erfüllt (BGH, ZInsO 2006, 1501). Mit der Übertragung des Zustellungswesen nach § 8 Abs. 3 sind die dabei entstehenden Kosten mit 2,80 € pro Zustellung zu vergüten (BGH, ZInsO 2013, 894). Insoweit ist die Entscheidung des BGH (BGH, ZInsO 2004, 970), der zumindest in masselosen Insolvenzverfahren mit Kostenstundung gem. § 4a eine **Erstattungsfähigkeit von Steuerberatungskosten** als Auslagen i. S. d. Nr. 2 für gegeben sieht, pragmatisch richtig, jedoch dogmatisch problematisch.

Die Lösung des BGH ist keinesfalls verallgemeinerungsfähig, da sie ansonsten zu einem nicht zu rechtfertigenden gespaltenen Auslagenbegriff führt (so auch A/G/R-Homann § 54 Rn. 17), wie ein Beschluss des AG Hamburg (ZInsO 2004, 1093; HK-Lohmann § 54 Rn. 8 und Haarmeyer,

ZInsO 2006, 621; a. A. AG Dresden, ZIP 2006, 1686; Pape, ZInsO 2004, 970; Buse, ZInsO 2006, 617) zeigt: Demnach sind in masseunzulänglichen (Unternehmens-) Insolvenzverfahren die Steuerberatungskosten i. d. R. weiterhin lediglich als Masseverbindlichkeiten i. S. d. § 55 Abs. 1 Nr. 1 zu berücksichtigen, da anderenfalls der klaren Intention des Gesetzgebers, die Zahl der Verfahrenseröffnungen zu erhöhen (amtl. Begründung BT-Drucks. 12/2441, S. 126), widersprochen würde. Der Verwalter ist hier vielmehr gehalten, soweit er zur Erstellung der Steuererklärung begründbar nicht in der Lage ist, das Finanzamt auf eine von diesem vorzunehmende **Schätzung** zu verweisen, bzw. den **Unzumutbarkeitseinwand** zu erheben (AG Hamburg, NZI 2000, 140). Erst bei völligem »Unverständnis der Finanzverwaltung« kann darüber nachgedacht werden, die Steuerberatungskosten zur Erfüllung der Pflichten gem. § 34 AO außerhalb der Stundungsverfahren im Wege einer verfassungskonformen Auslegung unter den Auslagenbegriff der Nr. 2 zu subsumieren. Dies gilt ebenfalls für andere Pflichten, die der Verwalter auf der Grundlage einer hoheitlichen Anordnung zu erfüllen hat und die mit Kosten verbunden sind (z. B. Aktenaufbewahrungspflicht gem. § 147 AO und § 157 Abs. 2 HGB bzw. 74 Abs. 2 GmbHG). Auch wenn die Rspr. sich bisher erkennbar nur mit den Kosten der Beauftragung eines Steuerberaters beschäftigt hat, muss dies auch für die Erfüllung der sozialrechtlichen Pflichten gem. § 57 SGB II, §§ 312 und 314 SGB III sowie § 198 SGB V gelten, da die Nichterfüllung durch den Insolvenzverwalter ansonsten als Ordnungswidrigkeit nach § 63 Abs. 1 SGB II, § 404 Abs. 1 Nr. 20, Nr. 21 SGB III, § 307 Abs. 2 SGB V zu ahnden wäre (so auch K. Schmidt-Thole § 54 Rn. 12). Zudem ist im Gegensatz zu den steuerlichen Regelungen, die eine Befreiung von bestimmten gesetzlichen Pflichten in das Ermessen der Finanzverwaltung stellt, eine solche Befreiung sozialrechtlich nicht möglich. Somit beinhalten die sozialrechtlichen Normen einen strengeren Regelungsgehalt, verbunden mit der Folge einer möglichen persönlichen Haftung des Insolvenzverwalters bei Übernahme des gerichtlichen Auftrags zur Abwicklung des Verfahrens. Dies hat zur Folge, dass mit der Begründung des BGH auch die Erfüllung der sonstigen Pflichten unter den Auslagenbegriff zu subsumieren sind, da andernfalls auch hier eine unangemessene finanzielle Belastung des Insolvenzverwalters zu befürchten stünde, die auch verfassungsrechtlich problematisch wäre (vgl. zu diesen Erwägungen BGH, ZInsO 2004, 970). Dies führt zu einer Ausdehnung des Auslagenbegriffs, der in der Praxis für die Abwicklung des Verfahrens zu begrüßen ist, aber auch unter Berücksichtigung der Regelung des § 26 (s. § 26 Rdn. 24) und der Möglichkeit der Stundung der Verfahrenskosten gem. § 4a (s. § 4a Rdn. 3 u. Rdn. 11) problematisch bleibt.

2. Vergütungsanspruch der Gläubigerausschussmitglieder

25   Ebenfalls unter Nr. 2 fallen die **Vergütungsansprüche der Gläubigerausschussmitglieder**, die das Insolvenzgericht nach §§ 73 Abs. 2, 64 auf der Grundlage von § 17 InsVV, § 65 festsetzt. Dies gilt auch für die Mitglieder des Interims-Ausschuss in Antragsverfahren gem. § 22a (s. hierzu § 67 Rdn. 2) und im (vorl.) Eigenverwaltungsverfahren. Die Vergütung richtet sich nach dem Umfang der Tätigkeit und wird in Stunden abgerechnet (zum Umfang der Vergütung vgl. § 73 Rdn. 3; § 17 InsVV Rdn. 16).

3. Analoge Anwendung

26   Nach § 274 Abs. 1 analog ist § 54 Nr. 2 für den, auch vorläufigen **Sachwalter** bei Eigenverwaltung und für den **Treuhänder** im vereinfachten Insolvenzverfahren (§§ 313 Abs. 1 Satz 3, 63) anzuwenden.

§ 55 Sonstige Masseverbindlichkeiten

(1) Masseverbindlichkeiten sind weiter die Verbindlichkeiten:
1. die durch Handlungen des Insolvenzverwalters oder in anderer Weise durch die Verwaltung, Verwertung und Verteilung der Insolvenzmasse begründet werden, ohne zu den Kosten des Insolvenzverfahrens zu gehören;
2. aus gegenseitigen Verträgen, soweit deren Erfüllung zur Insolvenzmasse verlangt wird oder für die Zeit nach der Eröffnung des Insolvenzverfahrens erfolgen muß;
3. aus einer ungerechtfertigten Bereicherung der Masse.

(2) ¹Verbindlichkeiten, die von einem vorläufigen Insolvenzverwalter begründet worden sind, auf den die Verfügungsbefugnis über das Vermögen des Schuldners übergegangen ist, gelten nach der Eröffnung des Verfahrens als Masseverbindlichkeiten. ²Gleiches gilt für Verbindlichkeiten aus einem Dauerschuldverhältnis, soweit der vorläufige Insolvenzverwalter für das von ihm verwaltete Vermögen die Gegenleistung in Anspruch genommen hat.

(3) ¹Gehen nach Absatz 2 begründete Ansprüche auf Arbeitsentgelt nach § 169 des Dritten Buches Sozialgesetzbuch auf die Bundesagentur für Arbeit über, so kann die Bundesagentur diese nur als Insolvenzgläubiger geltend machen. ²Satz 1 gilt entsprechend für die in § 175 Absatz 1 des Dritten Buches Sozialgesetzbuch bezeichneten Ansprüche, soweit diese gegenüber dem Schuldner bestehen bleiben.

(4) Verbindlichkeiten des Insolvenzschuldners aus dem Steuerschuldverhältnis, die von einem vorläufigen Insolvenzverwalter oder vom Schuldner mit Zustimmung eines vorläufigen Insolvenzverwalters begründet worden sind, gelten nach Eröffnung des Insolvenzverfahrens als Masseverbindlichkeit.

Übersicht

	Rdn.
A. Normzweck	1
B. Norminhalt	4
I. Masseverbindlichkeiten nach Abs. 1 Nr. 1	4
1. »Durch Handlungen des Insolvenzverwalters« (1. Alt.)	4
a) Rechtsmissbräuchliche Handlungen	5
b) Zeitpunkt der Begründung	7
2. »In anderer Weise begründete Verbindlichkeiten« (2. Alt.)	8
II. Verbindlichkeiten nach Abs. 1 Nr. 2	10
1. Verbindlichkeiten aufgrund Erfüllungsverlangens	11
2. Verbindlichkeiten aus Dauerschuldverhältnissen	17
III. Masseverbindlichkeiten nach Abs. 1 Nr. 3	18
IV. Masseverbindlichkeiten nach Abs. 2	22
1. Vom vorläufigen Insolvenzverwalter begründete Verbindlichkeiten (Abs. 2 Satz 1)	24
2. Aus Dauerschuldverhältnissen	26
V. Rückstufung nach Abs. 3	29
VI. Geltendmachung, Haftung, Massearmut	30
VII. Einzelfälle rechtsgeschäftlicher Schuldverhältnisse	31
1. Miet- und Pachtverhältnisse	31
2. Wohnungseigentümergemeinschaft	38
3. Dienst- und Arbeitsverträge	39
4. Lizenzgebühren, Patent-, Marken- und Urheberrechtsansprüche	54
5. Prozessführung	55
6. Steuern	59
VIII. Einzelfälle gesetzlicher Schuldverhältnisse	67
1. Geschäftsführung ohne Auftrag	67
2. Pflichtverletzung und Gefährdungshaftung	68
3. Öffentlich-rechtliche Gefahrenbeseitigungsansprüche, Verkehrssicherungspflicht	72
4. Ansprüche aus Rechtsverletzungen	80
IX. Masseverbindlichkeiten nach Abs. 4	82
1. Umfang	83
2. Begründung	84
3. Abwicklung/Besteuerungsverfahren	85
a) Vergabe von Steuernummern	85
b) Handels- und steuerrechtliche Rechnungslegung	85a
c) Besonderheiten im Umsatzsteuerungsverfahren	86
d) Steuerliche Nebenleistungen	90a
e) Einzug von Altforderungen	92
4. Aufrechnung	93
5. Vorläufige Eigenverwaltung	94

A. Normzweck

In § 55 werden in Abgrenzung zu den Kosten des Verfahrens (§ 54) die sonstigen Masseverbindlichkeiten aufgeführt. Zu weiteren Normen, die Masseverbindlichkeiten statuieren, vgl. § 53 Rdn. 9.   **1**

Entgegen der Ausdehnung der Masseverbindlichkeit durch die KO wurde der Umfang der Masseverbindlichkeiten auf ein Maß zurückgeführt, das dem Grundsatz der **Gleichbehandlung der Insolvenzgläubiger** wieder Geltung verschafft (amtl. Begründung BT-Drucks. 12/2443, S. 126),   **2** und gleichsam eine **effiziente Verwaltung und Verwertung der Insolvenzmasse**, vor allem im Hinblick auf eine potenzielle Betriebsfortführung, ermöglicht (§ 1 Satz 1, 2. Alt.).

3 Entsprechend dieser Zielsetzung werden die übergegangenen Ansprüche der Arbeitnehmer auf die BA (§ 187 SGB III) sowie die von der Insolvenzgeldzahlung abgedeckten Gesamtsozialversicherungsbeiträge auf den Rang von Insolvenzforderungen zurückgestuft (vgl. Abs. 3). Daher sind auch Kosten gesellschaftsrechtlicher Maßnahmen bei der Insolvenz einer AG/GmbH keiHne Masseverbindlichkeiten, es sei denn, dies wird ausdrücklich gesetzlich bestimmt (s. § 11 Abs. 1 WpHG). Abweichend davon werden mit dem durch das Haushaltsbegleitgesetz 2011 vom 09.12.2010 (BGBl. I S. 1885) eingefügten Abs. 4 unter bestimmten Voraussetzungen auch durch einen »schwachen« vorläufigen Insolvenzverwalter bei Steuerschulden Masseverbindlichkeiten begründet. Auch wenn dies dem vorgenannten Verfahrenszweck zuwiderläuft, wurde die Neuregelung aus fiskalischen Gründen eingefügt (zur berechtigten Kritik: Jungclaus/Keller, NZI 2010, 808).

B. Norminhalt

I. Masseverbindlichkeiten nach Abs. 1 Nr. 1

1. »Durch Handlungen des Insolvenzverwalters« (1. Alt.)

4 Der in Abs. 1 Nr. 1, 1. Alt. verwendete Begriff der »**Handlungen**« umfasst neben **Rechtshandlungen** auch haftungsbegründende **Realhandlungen**, die der Verwalter **innerhalb seines gesetzlichen Wirkungskreises** vorgenommen hat, also jedes von ihm im Rahmen seiner Amtstätigkeit vorgenommene Tun oder Unterlassen, wobei ein bloßes Dulden z. B. einer selbstständigen Tätigkeit des Insolvenzschuldners, nicht das Tatbestandmerkmal des Verwaltens der Insolvenzmasse erfüllt (FG Köln, ZInsO 2011, 1117). Hierbei ist zu berücksichtigen, dass diese Regelungen auch für den »eigenverwaltenden« Schuldner gem. § 270 InsO gelten (s. dort § 270).

4a Handlungen des Verwalters zur Begründung von Masseverbindlichkeiten sind auch die Tätigkeiten und das Handeln Dritter, die in **Vollmacht des Verwalters** tätig werden. Bei größeren Firmeninsolvenzen muss der Verwalter bestimmte Tätigkeiten delegieren, um z. B. die Betriebsfortführung zu ermöglichen. Die Beauftragung Dritter kollidiert nicht mit der Höchstpersönlichkeit des Amtes (zu den Grenzen der zulässigen Delegation beachte aber die Kommentierung zu § 56 Rdn. 16), sofern die Kernaufgaben in der Hand des Insolvenzverwalters verbleiben. Die aus dem Handeln des Vollmachtnehmers resultierenden Ansprüche sind der Masse wie eigene Handlungen des Verwalters zuzurechnen. Als Grenze ist hier ebenfalls die rechtsmissbräuchliche Verwendung gem. den allg. Grundsätzen des BGB (Palandt-Heinrichs § 164 BGB Rn. 14) zu ziehen. Diese Grundsätze der Vollmachtserteilung und -wirkung sind auch im Insolvenzverfahren anzuwenden.

4b **Duldungs- oder Anscheinsvollmachten** zulasten der Masse können nur unter restriktiven Voraussetzungen angenommen werden. Zum einen ist der Verfahrenszweck so spezifisch (s. § 60 Rdn. 31), dass Gläubiger nicht davon ausgehen können, dass Dritte für den Insolvenzverwalter tätig werden. Ferner muss dem Vertretenen schon nach der Wertung des § 173 BGB eine Sorgfaltspflichtverletzung zur Last fallen (Palandt-Heinrichs § 173 BGB Rn. 16), was nur anzunehmen ist, wenn besondere Umstände des Verfahrens (wie z. B. Nichterfüllung der Überwachungspflichten: OLG Hamm, ZInsO 2007, 216) zu konstatieren sind. Fraglich ist aber, ob sich der Gläubiger i. S. e. haftungsbegründenden Kausalität auf Erklärungen Dritter, nämlich in Vollmacht des Insolvenzverwalters zu handeln, verlassen darf. Es ist in der Rspr. anerkannt, dass an einzelne Bereiche des Geschäftsverkehrs strengere Anforderungen an die Annahme eines Rechtsscheins zu stellen sind, so im Bank- (s. Einzelbeispiele in Erman-Palm § 176 BGB Rn. 23d), Versicherungs- (Palandt-Heinrichs § 173 BGB Rn. 24) und teilweise im Architektenrecht (Palandt-Heinrichs § 173 BGB Rn. 22). Dies hat zur Folge, dass den anderen Teil entweder eine eigene Erkundigungspflicht trifft (OLG Köln, NJW-RR 1992, 915) oder nur Handlungen in den Grenzen der ausdrücklich erteilten und offensichtlichen Befugnisse zuzurechnen sind (OLG Köln, ZIP 2001, 1709). Allen diesen anerkannten Bereichen gemein ist die besondere Befugnis und Verpflichtung zur Vermögensbetreuung, auch von Fremdgeldern. Da dies auch im Insolvenzverfahren unter dem Oberbegriff der

Massesicherung anzunehmen ist (s. hierzu § 80 Rdn. 10), sind die vorgenannten Einschränkungen für die Möglichkeit der Annahme einer Anscheins- oder Duldungsvollmacht auch im Insolvenzfall anzunehmen. Des Weiteren dürfte i.R.e. **Betriebsfortführung** auch für die Annahme eines Rechtsscheins zu differenzieren sein, ob es sich um ein Kleinunternehmen oder ein größeres Unternehmen mit vielen Mitarbeitern und Geschäftsvorfällen handelt, da bei Letzterem eine Fortführung durch den Verwalter nur mithilfe vieler Mitarbeiter des Insolvenzschuldners möglich ist und daher zwangsläufig eine Delegation der Tätigkeit des Verwalters erfolgen muss (§ 60 Rdn. 29). Mithin dürfte die Annahme einer Anscheins- oder Duldungsvollmacht hier großzügiger erfolgen, da sich die Tätigkeit des Verwalters zunehmend auf Kontroll- und Überwachungstätigkeiten begrenzen muss und eine unternehmensleitende Funktion weiterhin dem verwalterspezifischen Handeln entspricht (Borchardt/Frind-Borchardt, Betriebsfortführung Rn. 601 ff.). Der Vertragspartner darf wenigstens annehmen, dass etwa zum Tagesgeschäft gehörende Bestellungen und Lieferungen schon aus Praktikabilitätsgründen nicht gesondert vom Insolvenzverwalter selbst geordert oder abgezeichnet werden können. Auch ist zu unterscheiden, ob es sich bei dem Träger des fortgeführten Unternehmens (Insolvenzschuldner) um eine Gesellschaft ohne Rechtspersönlichkeit oder um eine natürliche Person handelt, da die natürliche Person in Ausübung ihrer Erwerbstätigkeit frei ist und der Insolvenzschuldner den Betrieb eigenverantwortlich nach Freigabe gem. § 35 Abs. 2 fortführen kann, wobei sich der Insolvenzverwalter auf die Abschöpfung des sog. Neuerwerbs beschränkt (§ 35 Rdn. 57). I. Ü. ist – allein schon zur Vermeidung von Missbrauch durch den unredlichen Schuldner – grds. nicht anzunehmen, dass der Insolvenzverwalter den Insolvenzschuldner mit einer Vollmacht ausstattet und mit dem Auftrag versieht, die Betriebsfortführung im Namen des Insolvenzverwalters und auf Rechnung der Masse durchzuführen. Der Vertragspartner hat hier bei der Behauptung des Insolvenzschuldners, er sei im Auftrag und mit Vollmacht des Insolvenzverwalters tätig, in jedem Fall Nachforschungs- oder Erkundigungspflichten zu beachten, will er sich später auf einen Vertrag mit der Masse berufen. Da i. Ü. der Gläubiger die Darlegungs- und Beweislast hierfür trägt, ist ihm schon aus praktischen Gründen anzuraten, in Zweifelsfällen eine ausdrückliche Bestätigung des Insolvenzverwalters zu erreichen.

a) Rechtsmissbräuchliche Handlungen

Handlungen, die der Verwalter außerhalb seines gesetzlichen Wirkungskreises vornimmt, die sich also diametral zu dem Ziel des Insolvenzverfahrens verhalten (§ 1), sind nach den zum **Missbrauch der Vertretungsmacht** entwickelten Grundsätzen (BGH, ZIP 2002, 1093) bei **Offenkundigkeit des Rechtsmissbrauchs unwirksam**. Unabhängig hiervon sind Schenkungen des Insolvenzverwalters immer unwirksam (RGZ 76, 191).

Sollte der Rechtsmissbrauch nicht offenkundig sein, so sind die hieraus resultierenden Verbindlichkeiten (wie z. B. Gewährleistungs- und Schadenersatzansprüche) Masseverbindlichkeiten i. S. d. Abs. 1 Nr. 1 (so auch A/G/R-Homann § 55 Rn. 5); gleichsam haftet der Verwalter ggü. der Masse nach § 60 (s. § 60 Rdn. 3 und 7).

b) Zeitpunkt der Begründung

Eine weitere Voraussetzung, um eine Verbindlichkeit als Masseverbindlichkeit i. S. d. Abs. 1 Nr. 1, 1. Alt. qualifizieren zu können, ist der **Anspruchsentstehungsgrund**, der zeitlich **vollständig nach Insolvenzeröffnung liegen muss** (MK-Hefermehl § 55 Rn. 16). Abzustellen ist also auf den Zeitpunkt der Begründung der Verbindlichkeit und nicht auf den häufig später liegenden Entstehungszeitpunkt (amtl. Begründung BT-Drucks. 12/2443, S. 126). Dies hat z. B. zur Folge, dass Insolvenzanfechtungsansprüche, die ein Insolvenzverwalter zur Masse gezogen hat, in der Insolvenz des Drittschuldners Masseverbindlichkeiten begründen können (OLG Köln, ZInsO 2011, 1949).

2. »In anderer Weise begründete Verbindlichkeiten« (2. Alt.)

Zu den »in anderer Weise« begründeten Masseverbindlichkeiten können nur solche Verbindlichkeiten gehören, die **kraft Gesetzes durch Organbeschluss oder Verwaltungsakt** ergehen und durch den Verwalter ausgelöst wurden (Jaeger-Henckel § 55 Rn. 29). Zu nennen sind hier insb. die Ansprüche einer Wohnungseigentümergemeinschaft, Steuerforderungen, Vereinsbeiträge in der Insolvenz des Vereinsmitglieds (HK-Lohmann § 55 Rn. 9), Kosten des BaFin gem. FinDAG (Hess. Verwaltungsgerichtshof, ZIP 2010, 1507), Börsennotierungsgebühren (BVerwG, ZInsO 2010, 1325), öffentlich-rechtliche Gefahrenbeseitigungsansprüche, Gebührentatbestände (wie z. B. nach dem WpHG, vgl. VGH Hessen, ZIP 2006, 1311), Kosten des gemeinsamen Vertreters der Schuldverschreibungsgläubiger gem. § 19 Abs. 2 SchVG (Thole, ZIP 2014, 299, jedoch strittig) und Kammerbeiträge (z. B. § 3 IHKG, § 10 HandwO). Hierzu sind auch die Pflichtbeiträge für die kammerzugehörigen freiberuflichen Versorgungswerke (für das Ärzteversorgungswerk: VGH Bayern, NJW-RR 2006, 550) zu rechnen. Voraussetzung bleibt aber für alle öffentlich-rechtlichen Ansprüche, dass der Insolvenzverwalter den Betrieb oder die Praxis fortführt oder sich mit der Fortführung einverstanden erklärt hat und die Erlöse einzieht. Eine Masseverbindlichkeit wird jedoch nicht »in anderer Weise« begründet, wenn der Schuldner eine Tätigkeit ohne Wissen und Billigung durch den Insolvenzverwalter ausübt und wenn der Ertrag des Schuldners tatsächlich nicht zur Masse gelangt (BFH, ZInsO 2010, 1556). Steuerlich gilt die bloße Einziehung des pfändbaren Anteils des Arbeitseinkommens auch nicht als Verwaltung der Insolvenzmasse, verbunden mit der Folge, dass die ESt für Lohneinkünfte nach Insolvenzeröffnung keine Masseverbindlichkeit darstellt (BFH, ZIP 2011, 873).

9   Eine strikte Trennung der Verbindlichkeiten der 1. und 2. Alt. ist durch Überschneidungen oft nicht möglich und auch nicht notwendig, da beide Alternativen bei angezeigter Masseunzulänglichkeit im gleichen Rang (§ 209 Abs. 1 Nr. 2) stehen (Uhlenbruck-Berscheid § 55 Rn. 27)

II. Verbindlichkeiten nach Abs. 1 Nr. 2

10 Masseverbindlichkeiten i. S. d. Abs. 1 Nr. 2 sind Verbindlichkeiten aus gegenseitigen Verträgen, deren Erfüllung
    – entweder durch die Erfüllungswahl des Verwalters (§§ 103, 107), wobei bei schwebenden gegenseitigen Verträgen Abs. 1 Nr. 2 als lex specialis anzusehen ist (K. Schmidt-Thole § 55 Rn. 6). oder
    – für die Zeit nach Eröffnung erfolgen muss, § 108 (oktroyierte Verbindlichkeiten).

1. Verbindlichkeiten aufgrund Erfüllungsverlangens

11 Wählt der Verwalter die Erfüllung eines gegenseitigen Vertrages, der z. Zt. der Eröffnung des Verfahrens noch **nicht voll erfüllt** ist und auf **einmaligen Leistungsaustausch** (erfasst werden jedoch auch Miet- und Leasingverträge über Mobilien) gerichtet ist (§§ 103, 107), erstarkt der Gegenanspruch zu einer Masseverbindlichkeit (Abs. 1 Nr. 1, 1. Alt.); der zuvor nicht durchsetzbare Erfüllungsanspruch (BGH, ZInsO 2002, 577; ZInsO 2003, 607) erhält die Rechtsqualität einer originären Forderung. Als Masseverbindlichkeit erfasst werden nicht nur die Hauptforderung, sondern sämtliche Neben- und Schadensersatzansprüche wegen Verzuges oder Unmöglichkeit, die bereits vor Eröffnung begründet waren (Uhlenbruck-Berscheid § 55 Rn. 47 m. w. N.; **a. A.** MK-Hefermehl § 55 Rn. 116, der auf das ungeschriebene Äquivalenzprinzip abstellt). Insofern hat der Verwalter genau abzuwägen, ob die Vertragserfüllung, insb. bei Bauverträgen, zu einem »Leistungsbilanzüberschuss« zugunsten der Masse führt (OLG Hamm, NJW 1977, 768).

12 Kosten, die durch den Abschluss des Vertrages entstanden waren und nicht im Synallagma stehen, wie z. B. **Beurkundungskosten** (LG Hamburg, DNotZ 1974, 567), stellen lediglich Insolvenzforderungen dar.

13 **Begrenzt** wird die Entstehung von Masseverbindlichkeiten durch die Regelung des **§ 105**, die eine Erfüllungswahl erleichtert (s. § 105). Bei Erfüllungswahl sind die Ansprüche aus den bis zur Eröffnung erbrachten Teilleistungen Insolvenzforderungen; lediglich die noch zu erbringenden Restleistungen müssen als Masseforderung berichtigt werden.

Zu beachten ist jedoch, dass der werkvertragliche Anspruch, das Werk mangelfrei zu erstellen, bei »**Teilerfüllungswahl**« auch für die Teilleistung bzgl. des **Mangelbeseitigungsanspruchs** einen **Masseanspruch** auslöst (Huber FS Kreft, S. 327, 334 f. m. w. N.). Dies gilt für alle Haupt- und Nebenansprüche aus dem vertraglichen Schuldverhältnis (wie z. B. Gewährleistungsansprüche, Verzugsfolgen usw.), also auch eventuelle Vertragsverletzungen durch den Verwalter, die der Masse dann zuzurechnen sind (K. Schmidt-Thole § 55 Rn. 7). In der Konsequenz ist dem Verwalter zu raten, mit dem Auftraggeber eine Vereinbarung zu treffen, nach der die Haftung der Masse i. S. d. Abs. 1 Nr. 2 ausgeschlossen wird. 14

Entscheidende Vorteile gewährt die Regelung des § 105 bei **Sukzessivlieferungsverträgen** und **Miet- und Leasingverträgen über Mobilien** (MK-Hefermehl § 55 Rn. 124 ff. m. w. N.), die unter § 103 fallen. Mit Erfüllungswahl werden nur die nach Eröffnung anfallenden Verbindlichkeiten als Masseverbindlichkeit geschuldet (BGH, NJW 1984, 1527 zum Leasingvertrag und BGH, ZIP 2007, 778 zum Mietvertrag). 15

Lehnt der Verwalter die Erfüllung ab, tritt an die Stelle des bisherigen Erfüllungsanspruchs ein Schadensersatzanspruch, der eine Insolvenzforderung darstellt (§ 103 Abs. 2 Satz 1). 16

Die in der Zeit von der Eröffnung des Insolvenzverfahrens bis zur Beendigung des Vertragsverhältnisses durch den Insolvenzverwalter entstehenden Leasingraten sind ebenfalls als Masseforderungen zu behandeln (OLG Düsseldorf, ZIP 2010, 2212), was den Leasinggeber vor einer verspäteten Erklärung des Insolvenzverwalters schützt. 16a

2. Verbindlichkeiten aus Dauerschuldverhältnissen

Zu den sog. oktroyierten Masseverbindlichkeiten zählen all diejenigen Verbindlichkeiten aus Dauerschuldverhältnissen, die nicht durch die Eröffnung des Verfahrens aufgelöst bzw. in ihrer Durchsetzbarkeit beschränkt werden. Im Wesentlichen handelt es sich hierbei um Dienst- und Arbeitsverhältnisse (§§ 108, 113) sowie Miet- und Pachtverträge über Immobilien bzw. refinanzierte Leasinggegenstände, § 108 Abs. 1 Satz 2. 17

III. Masseverbindlichkeiten nach Abs. 1 Nr. 3

Der Bereicherungsanspruch i. S. d. Abs. 1 Nr. 3 setzt eine **unmittelbare, nach Eröffnung eingetretene Bereicherung der Masse** i. S. d. §§ 812 ff. BGB voraus. 18

Eine Vorverlagerung des Zeitpunktes auf die Einsetzung eines vorläufigen Verwalters ist durch den eindeutigen Wortlaut des Abs. 2 ausgeschlossen (MK-Hefermehl § 55 Rn. 206 m. w. N.; a. A. Jaeger-Henckel § 55 Rn. 92). Eine vor Eröffnung eingetretene Bereicherung begründet lediglich eine Insolvenzforderung (BGH, ZInsO 2007, 1228), selbst wenn der Rechtsgrund für die Bereicherung erst im Zeitpunkt der Eröffnung oder danach wegfällt (BGH, ZInsO 2009, 1102; LSG B-W, ZIP 2010, 1967, 1969). Dies wird bei den Fällen der **Fehlüberweisung** besonders deutlich. Der bereicherungsrechtliche Anspruch auf Rückzahlung eines Betrages, der nach Bestellung eines schwachen vorläufigen Insolvenzverwalters irrtümlich auf ein Konto des Insolvenzschuldners überwiesen wurde, stellt eine bloße Insolvenzforderung dar, die zur Insolvenztabelle anzumelden ist (OLG Hamm, ZInsO 2011, 2043). Dies gilt auch bei Fehlüberweisung auf ein Anderkonto des vorläufigen Insolvenzverwalters (zu den Rechtsfolgen der persönlichen Haftung des Insolvenzverwalters s. BGH, ZInsO 2007, 1228 und ZInsO 2009, 521; Schulte-Kaubrügger, ZIP 2011, 1400). 19

Befriedigt ein Dritter einen Insolvenzgläubiger, so tritt nur eine mittelbare Bereicherung ein, die keinen Masseanspruch begründet (BGH, NJW 1962, 1200). Der Dritte tritt gleich einem Zessionar an die Stelle des vorherigen Insolvenzgläubigers (Smid-Smid § 55 Rn. 38 m. w. N.). 20

Der Umfang des Bereicherungsanspruches richtet sich nach §§ 818 bis 820 BGB. 21

IV. Masseverbindlichkeiten nach Abs. 2

22 Um die Möglichkeit einer Betriebsfortführung zu erleichtern und zu fördern (amtl. Begründung BT-Drucks. 12/2443, S. 83), hat der Gesetzgeber den sog. »**starken**« **vorläufigen Insolvenzverwalter mit Verwaltungs- und Verfügungsbefugnis** weitgehend mit dem endgültigen Insolvenzverwalter gleichgestellt (Kirchhof, ZInsO 1999, 365).

23 Hierunter fällt auch der sog. »schwache« Insolvenzverwalter, der im Wege der **Einzelermächtigung** ermächtigt wurde, im Voraus genau festgelegte Verbindlichkeiten i.S.d. Abs. 2 einzugehen (BGH, ZInsO 2002, 819 und s. Kommentierung zu § 22 Rdn. 90 ff.). Allerdings ist dem **Grundsatz der Gläubigergleichbehandlung** folgend zu beachten, dass bei einer größeren Anzahl von Gläubigern, die zu einer Betriebsfortführung benötigt werden, nur die Einsetzung eines starken Insolvenzverwalters infrage kommt (AG Hamburg, ZIP 2003, 43). Nicht hierunter fällt die »**Vorrang-Ermächtigung**« des vorläufigen Insolvenzverwalters, die das AG Hamburg zur Eindämmung des Treuhandkontenmodells entwickelte (AG Hamburg, ZInsO 2004, 1270). Hieraus begründete Masseverbindlichkeiten sollen den Rang einer Neumasseverbindlichkeit i.S.d. § 209 Abs. 1 Nr. 2 einnehmen, was der gesetzlichen Intention zur Absicherung von Betriebsfortführungen entspricht. Ohne die Erteilung einer Einzelermächtigung ist der »schwache« vorläufige Insolvenzverwalter grds. nicht in der Lage rechtlich wirksam Masseverbindlichkeiten zu begründen (BGH, ZInsO 2006, 938).

1. Vom vorläufigen Insolvenzverwalter begründete Verbindlichkeiten (Abs. 2 Satz 1)

24 Die in Abs. 2 Satz 1 geregelten Verbindlichkeiten unterscheiden sich, abgesehen von dem Begründungszeitpunkt »Einsetzung des vorläufigen Verwalters«, nicht von denen des Abs. 1 Nr. 1 (MK-Hefermehl § 55 Rn. 220). Die Rechtsfolge des Abs. 2 ist somit nicht auf Rechtsgeschäfte beschränkt, sondern umfasst auch gesetzliche Verbindlichkeiten wie die USt (Jaeger-Henckel § 55 Rn. 91) und deliktische Ansprüche. Ansprüche aus Altverträgen i.S.d. Abs. 1 Nr. 2, 1. Alt. fallen nicht unter Abs. 2, da nur dem endgültigen Verwalter das Erfüllungsrecht aus § 103 zusteht (Uhlenbruck-Berscheid § 55 Rn. 82).

25 Eine Anfechtung der Rechtshandlungen des vorläufigen Verwalters i.S.d. §§ 129 ff. ist in bestimmten Grenzen möglich (vgl. § 22 Rdn. 183 ff., § 129 f.) Zusätzlich kann die Handlung auch nach § 123 BGB angefochten werden (Braun-Bäuerle § 55 Rn. 47).

2. Aus Dauerschuldverhältnissen

26 Von Abs. 2 Satz 2 werden sämtliche Dauerschuldverhältnisse (a.A. Jaeger-Henckel § 55 Rn. 93 f.) umfasst, also auch Sukzessivlieferverträge sowie Factoring, Franchising, Telekommunikationsanschlüsse und Projektsteuerungsverträge (Uhlenbruck-Berscheid § 55 Rn. 84). Erfasst wird aber nur der ohne Festlegung auf eine bestimmte Liefermenge geschlossene Bezugsvertrag.

27 Allerdings muss der Insolvenzverwalter die Leistung in Anspruch genommen haben; es gilt das sog. »strikte Äquivalenzprinzip« (K/P/B-Pape § 55 Rn. 69). § 108 Abs. 2 wird insofern von Abs. 2 verdrängt (BGH, ZInsO 2002, 819). Dies ist auch bei allen Ansprüchen aus Miet-, Pacht- oder Leasingverträgen zu beachten, bei denen der vorläufige Insolvenzverwalter zum einen über die erforderliche rechtliche Legitimation verfügt und zum anderen die Gegenleistung aus dem Vertragsverhältnis auch **tatsächlich** nutzt.

28 Sollte der starke vorläufige Verwalter Arbeitnehmer freistellen, wozu er in den Grenzen des billigen Ermessens nach § 315 Abs. 1, 3 BGB vor Ausspruch der Kündigung berechtigt ist (LAG Hamm, ZInsO 2002, 45 m.w.N.; a.A. ArbG Kaiserslautern, ZInsO 2002, 96 [Ls.]), stellen diese Arbeitnehmeransprüche Insolvenzforderungen dar. Dies gilt auch für die übergegangenen Ansprüche i.S.d. § 115 SGB X bzw. § 187 SGB III (Uhlenbruck-Berscheid § 55 Rn. 87).

V. Rückstufung nach Abs. 3

Um den z. T. problematischen Konstruktionen Einhalt zu gebieten, mit denen die Gerichte durch die Einsetzung von schwachen vorläufigen Verwaltern einerseits versuchten, Abs. 2 anwenden zu können und gleichsam die übergegangenen Ansprüche der BA zu Insolvenzforderungen herabzustufen, schuf der Gesetzgeber i. S. d. Sanierung erhaltenswerter Unternehmen die Regelung des Abs. 3 (hierzu umfassend: Jaeger-Henckel § 55 Rn. 85 ff.). Insofern hat sich der Zweck des Insolvenzgeldes von einer Sicherung der Arbeitnehmeransprüche hin zu einem Subventionierungsinstrument liquiditätsschwacher Unternehmen verschoben, was aber der gesetzlichen Intention zur Absicherung von Betriebsfortführungen entspricht. 29

VI. Geltendmachung, Haftung, Massearmut

Ein Masseanspruch ist **ggü. dem Insolvenzverwalter** geltend zu machen (vgl. § 53 Rdn. 16 ff.). Dafür, dass eine Masseverbindlichkeit durch eine Handlung des Insolvenzverwalters begründet worden ist, trägt der Gläubiger die **Darlegungs- und Beweislast** (OLG Celle ZInsO 2006, 1108). 30

Der Verwalter haftet auch i. R. d. Regelung des § 61 für die **Nichterfüllung** der von ihm begründeten Masseverbindlichkeiten. Die Haftung des Verwalters i. S. d. genannten Norm ist keine Garantiehaftung für die von ihm abgegebene Erklärung, sondern definiert sich mit eigenen Tatbestandvoraussetzungen als eigene Haftung neben der Haftung der Masse (s. § 61 Rdn. 1). Wenn der Gläubiger Haftungsansprüche gem. § 61 gegen den Verwalter im Fall der Nichterfüllung bei Massearmut geltend machen will, obliegt die **Beweislast** dem Verwalter, dass er nicht für die Verbindlichkeit haftet (BGH, ZInsO 2004, 609). In diesem Zusammenhang ist darauf hinzuweisen, dass die Haftung des Verwalters **nur** für von ihm begründete Masseverbindlichkeiten besteht bzw. für ein Unterlassen der Beendigung bei oktroyierten Masseansprüchen, z. B. Nichtkündigung eines Mietverhältnisses (s. § 61 Rdn. 7). 30a

Im Fall der **Masseunzulänglichkeit** ist der Verwalter gem. § 208 InsO gesetzlich verpflichtet, diese beim Insolvenzgericht anzuzeigen; die Masseunzulänglichkeit wird dann vom Insolvenzgericht veröffentlicht. Zur Ermittlung und Feststellung der Masseunzulänglichkeit vgl. § 208 Rdn. 5, zu den Rechtsfolgen s. § 209 Rdn. 2. 30b

VII. Einzelfälle rechtsgeschäftlicher Schuldverhältnisse

1. Miet- und Pachtverhältnisse

Ansprüche aus der **Abwicklung eines Mietverhältnisses**, das vor Eröffnung beendet wurde, sind Insolvenzforderungen i. S. d. § 38 (abgesehen von dem Herausgabeanspruch gem. § 546 BGB, der einen Aussonderungsanspruch darstellt, BGH, ZInsO 2006, 327). Dies gilt auch, wenn die Verbindlichkeit erst nach Eröffnung entsteht, wie der Räumungs-, Renovierungs- und Wiederherstellungsanspruch, der aber dann immer von dem Verwalter zu erfüllen ist (BGH, ZInsO 2001, 751), wobei die bloße Aufgabe des Besitzes (Freigabe) nicht ausreichend ist, sondern vielmehr eine Besitzerlangung durch den Vermieter erfolgen muss (OLG Saarbrücken, ZInsO 2006, 780 und OLG Brandenburg, NZM 2000, 463). Sollte der Verwalter jedoch den Mietgegenstand nach Eröffnung unter Ausschluss des Vermieters in Besitz nehmen und für die Masse nutzen bzw. die Herausgabe schuldhaft verzögern, so stellt der Anspruch auf Nutzungsentschädigung gem. § 546 Abs. 1 BGB bzw. der Schadensersatzanspruch einen Masseanspruch i. S. d. Nr. 1 dar (BGH, ZInsO 2006, 328). Hierbei ist der Wiederherstellungsanspruch des Vermieters anteilig als Masseverbindlichkeit i. S. d. Nr. 1 zu qualifizieren, soweit der Insolvenzverwalter den vertragswidrigen Zustand zu vertreten hat (BGH, ZInsO 2001, 751). Auch der **Räumungsanspruch** erstarkt bei Nutzung der Immobilie zur Masseverbindlichkeit (BGHZ 150, 305 = ZInsO 2002, 524), die der Insolvenzverwalter nach Titulierung des Räumungsanspruchs durch die **Freigabe** der von der Räumungspflicht erfassten Sachen nicht beseitigen kann (BGH, ZInsO 2006, 326). Vielmehr bedarf es hier einer qualifizierten **Rückgabe** gem. den vorgenannten Voraussetzungen. Dies gilt aber nur, wenn der Verwalter die Mietsache auch für die Masse genutzt hat, wobei jede Art der Integration in die Masse hierfür 31 ausreicht (z. B. eine Betriebsfortführung). Die Beweislast hierfür trägt aber immer der Vermieter. Ein »Vorenthalten« im Sinne dieser Bestimmung liegt nur dann vor, wenn die fehlende Rückgabe dem Rückerhaltungswillen des Vermieters widerspricht. So liegt der Fall aber gerade nicht, wenn der Vermieter sein **Vermieterpfandrecht** ausgeübt und die Verwertung selbst i. S. d. § 168 Satz 3 durchführen will. Insofern ist die Annahme eines Rücknahmewillens des Vermieters ausgeschlossen (Gather in: Schmidt-Futterer, Mietrecht, § 546a Rn. 19), da die Räumungspflicht des Verwalters aus § 546 Abs. 1 BGB insoweit entfallen ist (Gather in: Schmidt-Futterer, a. a. O. § 546 Rn. 46). In diesem Zusammenhang ist die Frage, ob das Vermieterpfandrecht tatsächlich besteht, irrelevant, da die bloße Ausübung des Vermieterpfandrechtes ausreicht, um die Räumungspflicht entfallen zu lassen (KG, NZM 2005, 422).

32 In der **Insolvenz des Mieters/Pächters** ist die Verpflichtung zur Zahlung der Miete nach Eröffnung als Masseverbindlichkeit zu qualifizieren, die rückständigen Zahlungen vor Eröffnung als Insolvenzforderungen (§ 108 Abs. 1), s. § 108 Rdn. 17. Die Verpflichtung für den Zeitraum zwischen der Kündigung des Mietverhältnisses bzw. der Erklärung gem. § 109 Abs. 1 Satz 2 und der Beendigung bleibt immer Masseanspruch. Dieser Grundsatz gilt auch für die Nebenkosten und Sekundärforderungen des Vermieters, z. B. auf Kostenerstattung für Schönheitsreparaturen, da immer darauf abzustellen ist, wer den Zustand zu verantworten hat und ob die Masse dadurch einen Vorteil erlangt hat oder ihr Kosten erspart wurden. Dies hat zur Folge, dass diese Ansprüche durchaus teilbar sein können, was dementsprechend von dem Vermieter nachzuweisen ist. Soweit der Mietvertrag bereits vor der Eröffnung des Insolvenzverfahrens beendet wurde, entsteht eine Masseverbindlichkeit nur in dem Ausnahmefall, dass der Insolvenzverwalter aus der Weiternutzung noch einen Vorteil für die Masse gezogen hat (OLG Koblenz, ZInsO 2013, 1746).

33 Vor Eröffnung begründete, vertraglich vereinbarte **Betreiberpflichten**, z. B. das Ladengeschäft offenzuhalten, stellen eine Forderung i. S. d. § 38 dar (OLG Karlsruhe, MDR 2007, 577; MK-Hefermehl § 55 Rn. 135). Einen Sonderfall stellt in dem Zusammenhang weiterer schuldrechtlicher bzw. vertraglicher Verpflichtungen die sog. **Zwischenvermietung** dar, bei der der insolvente Hauptmieter bzw. der Insolvenzverwalter (auch der sog. starke vorläufige Insolvenzverwalter) vertraglich zur Weiterleitung der Mieten verpflichtet ist und die Nichtweiterleitung einen Kündigungsgrund darstellt (s. BGH, ZIP 2005, 1085). Auch wenn der BGH in der Entscheidung nur auf den »vorläufigen Insolvenzverwalter« abstellt, ist im Kontext der gesamten bisherigen Rspr. davon auszugehen, dass der »starke« vorläufige Insolvenzverwalter gemeint ist, da nur dieser Masseverpflichtungen vor Eröffnung des Insolvenzverfahrens begründen kann. Zu den Rechtsfolgen einer ggf. erteilten Einzelermächtigung (vgl. § 22 Rdn. 90 f.).

34 Hingegen stellt die **Bewirtschaftungspflicht** aus einem Landpachtvertrag eine Masseverbindlichkeit dar (Jaeger-Henckel § 55 Rn. 53).

35 Bei **Beendigung des Miet-/Pachtverhältnisses** sind die **Abwicklungspflichten** nur nach den allg. Regeln für Masseverbindlichkeiten zu beurteilen (§ 108 Abs. 2). So stellt die **Räumungspflicht** (§ 546 BGB bzw. i. V. m. § 581 Abs. 2 BGB) sowie die **Beseitigungspflicht** von baulichen Veränderungen eine Insolvenzforderung dar; es sei denn, der Insolvenzverwalter hat die zu entfernenden Gegenstände für die Masse genutzt (Uhlenbruck-Berscheid § 55 Rn. 57 m. w. N.) oder die Veränderung selbst herbeigeführt. Selbst eine kurzfristige Nutzung kann zur Folge haben, dass somit Masseverbindlichkeiten begründet werden, wobei einschränkend die bloße Besitzverschaffung i. S. d. gesetzlich vorgesehenen **Massesicherung** gem. § 80 Abs. 1 (vgl. § 80 Rdn. 10) hierfür nicht ausreichend sein kann, da diese gesetzliche Verpflichtung des Verwalters für die Masse erst einmal wirtschaftlich »neutral« bleibt (BGH, ZInsO 2002, 524). Die Verpflichtung zur Durchführung von **Schönheitsreparaturen** stellt jedoch bei einer kurzfristigen Nutzung des Objekts grds. nur eine Insolvenzforderung dar (BGH, ZIP 1994, 715; vgl. auch Vehslage, ZInsO 2001, 786). Sollte der Insolvenzverwalter das Objekt jedoch längerfristig nutzen bzw. das Objekt entsprechend abnutzen, so ist der Anspruch **zeitanteilig** (KG, ZIP 1981, 735) bzw. nach dem **Verursacherprinzip** (OLG Celle, EWiR 1996, 369 [Pape]) aufzuteilen. Auch hier hat der Vermieter die Beweislast für den Zeitpunkt des Entstehens des Anspruchs zu tragen.

In der **Insolvenz des Vermieters/Verpächters** ist der Anspruch auf Rückgabe der Kaution, soweit der Schuldner § 551 Abs. 2 Satz 1 BGB nicht beachtet hat, Insolvenzforderung (OLG Hamburg, ZIP 1990, 115), andernfalls wird ein Aussonderungsrecht begründet (s. § 47 Rdn. 42). 36

Der Anspruch des Mieters aus § 535 Abs. 1 Satz 2 BGB auf **Erhaltung der Mietsache in gebrauchsfähigem Zustand** ist ein echter Erfüllungsanspruch und stellt eine Dauerverpflichtung des Vermieters dar, s. § 108 Rdn. 11. Dieser Anspruch ist unabhängig von der Frage, ob der mangelhafte Zustand der Wohnung bereits vor Eröffnung vorgelegen hat, als Masseverbindlichkeit zu qualifizieren. Der Insolvenzverwalter hat jedoch, um dieser Verpflichtung zu entgehen, die Möglichkeit, die Wohnung aus der Masse freizugeben (MK-Hefermehl § 55 Rn. 157; Uhlenbruck-Berscheid § 108 Rn. 33). Dies wird vom LG Dortmund abgelehnt (ZInsO 2005, 724), ohne jedoch auf die Rechtsfolgen der Freigabe einzugehen. 37

2. Wohnungseigentümergemeinschaft

Wohngeldansprüche in der Insolvenz über das Vermögen des Wohnungseigentümers sind, soweit sie nach der Eröffnung begründet wurden (KG, ZIP 2000, 2029), ebenso wie die nach Eröffnung fällig gewordenen Wohngeldvorschüsse (s. § 16 Abs. 2 WEG), Masseverbindlichkeiten. Systemwidrigerweise ist auch die nach Eröffnung beschlossene **Sonderumlage**, die den von dem Schuldner verursachten Fehlbedarf der Gemeinschaft ausgleichen soll, als **Masseverbindlichkeit** zu qualifizieren (AG Berlin-Neukölln, ZMR 2005, 659; OLG Köln, NZI 2008, 377; Uhlenbruck-Berscheid § 55 Rn. 41). Es bleibt abzuwarten, ob der BGH an seiner Rspr. zu § 58 Nr. 2 KO (BGH, ZIP 1989, 930) festhält (bereits krit. BGH, ZInsO 2002, 524, 527). Unproblematisch ist aber die Sonderumlage für Instandhaltungsmaßnahmen als Masseverbindlichkeit zu bewerten. Dies gilt auch für die sog. Abrechnungsspitze, d. h. den sich entgegen dem Wirtschaftsplan zum Ende eine Jahres ergebenen Zahlbetrag aus der Jahresabrechnung gem. § 28 Abs. 3 WEG (BGH, ZInsO 2011, 1649). Dies hat auch zur Folge, dass evtl. Rückstände aus den Vorjahren schon nach WEG-Recht hier nicht zu berücksichtigen sind, da diese Rückstände nicht Bestandteil der Jahresabrechnung sein dürfen (OLG Düsseldorf, ZMR 2005, 642). Für die Durchsetzung dieser Ansprüche bleibt immer das Wohnungseigentumsgericht gem. § 43 WEG zuständig. 38

3. Dienst- und Arbeitsverträge

Der Bestand und Inhalt der Dienst- und Arbeitsverträge wird durch die Eröffnung nicht berührt, § 108 Abs. 1 Satz 1 (MK-Hefermehl § 55 Rn. 164), sodass die Masse für Arbeitsleistungen, die nach Eröffnung erbracht werden und insofern der Masse zugutekommen, vergütungspflichtig i. S. d. Abs. 1 Nr. 2 ist, vgl. § 113 Rdn. 11. Für die Einordnung in Masseverbindlichkeit und Insolvenzforderung kommt es also nicht darauf an, wann der Arbeitnehmer den Gegenanspruch verlangen kann (BAG ZIP 2005, 457). Dies gilt grds. auch für **GmbH-Geschäftsführer**, wenn nicht die Geltendmachung eines Vergütungsanspruchs für die Zeit nach Eröffnung als treuwidrig anzusehen ist. Eine Treuwidrigkeit soll immer dann vorliegen, wenn die Tätigkeit nach Eröffnung des Insolvenzverfahrens weder erforderlich war noch tatsächlich erbracht worden ist (OLG Karlsruhe, ZInsO 2003, 856). 39

Von Abs. 1 Nr. 2 umfasst werden somit auch Fahrtkosten, Spesen, Auslösungen, vermögenswirksame Leistungen (Uhlenbruck-Berscheid § 55 Rn. 60), Sozialversicherungsbeiträge, Lohnsteuer (Jaeger-Henckel § 55 Rn. 56) u. a. Dieser Grundsatz gilt auch für alle tariflich vorgesehenen oder gesetzlich geregelten Zahlungsverpflichtungen (z. B. Wintergeldumlage im Baubereich, Mutterschutzumlage, Schwerbehindertenabgabe). 40

Der Masseschuldanspruch besteht auch, wenn der Verwalter Arbeitnehmer nicht beschäftigen kann, § 615 BGB (LAG Köln, ZIP 2002, 181) und/oder sie **freistellt** (Jaeger-Henckel § 55 Rn. 57). Grds. muss sich der Arbeitnehmer jedoch dann einen evtl. **Zwischenverdienst** anrechnen lassen, § 615 Satz 2 BGB (LAG Schleswig-Holstein, NZA-RR 1997, 286); dies gilt nicht, wenn die Freistellung vertraglich vereinbart wurde (BAG, ZInsO 2002, 947 [Ls.]). 41

42 Soweit der Arbeitnehmer ohne Bezahlung von der Arbeit freigestellt wird, gewährt ihm die BA auf Antrag **Arbeitslosengeld** (§ 143 Abs. 3 SGB III). Der Anspruch geht als Masseschuldanspruch (Jaeger-Henckel § 55 Rn. 57) auf die BA über (§ 115 SGB X) und umfasst auch die Sozialversicherungsbeiträge (§ 207 SGB III). Die Lohnsteuer ist hierbei an das Finanzamt abzuführen (BAG, DB 1990, 278 m. Anm. Frotscher).

43 Der in der **Mutterschutzfrist** gem. § 3 Abs. 2 MuSchG zu zahlende Zuschuss (§ 14 Abs. 1 MuSchG) ist nach Eröffnung Masseverbindlichkeit. Der Masse steht jedoch gem. § 10 Abs. 1 Nr. 2, Nr. 3 LohnfortzahlungsG ein Erstattungsanspruch zu, wenn der Schuldner nicht mehr als 20 Arbeitnehmer beschäftigt (Jaeger-Henckel § 55 Rn. 71).

44 Ansprüche aus einer **Karenzentschädigung** entstehen erst durch Ausübung der Wettbewerbsabrede i. S. d. § 103 als Masseverbindlichkeit (Uhlenbruck-Berscheid § 55 Rn. 61) und sind damit bei Kündigung noch keine Masseverbindlichkeiten (BGH, ZInsO 2009, 2150).

45 Schadensersatzansprüche des Arbeitnehmers wegen **vorzeitiger Beendigung des Arbeitsverhältnisses** können nur als Insolvenzforderung geltend gemacht werden (§ 113 Abs. 1 Satz 3), s. § 113 Rdn. 40. Zum Schadensersatzanspruch aus § 628 Abs. 2 BGB s. § 113 Rdn. 41.

46 **Abfindungsansprüche gem. §§ 9, 10 KSchG** aus einem vor Eröffnung abgeschlossenen und wirksamen Vergleich sind gleichsam Insolvenzforderungen gem. § 38 (BGH, NJW 1985, 1724), selbst wenn die Abfindung für ein vor Eröffnung durch den Schuldner gekündigtes Arbeitsverhältnis erst nach Verfahrenseröffnung durch Urteil zugesprochen wird (BAG, WM 1981, 1119); andernfalls sind sie Masseverbindlichkeiten (BAG, ZIP 2002, 1495). Dies gilt auch für eine vor der Eröffnung vereinbarte sog. Halteprämie, die erst nach der Eröffnung des Insolvenzverfahrens fällig wird (BAG, ZInsO 2014, 146, mit zustimmender Besprechung Froehner, GWR 2014, 21).

47 Der **Urlaubsanspruch des Arbeitnehmers** wird durch die Eröffnung nicht beeinflusst (MK-Hefermehl § 55 Rn. 175). Bei Übertragung der Urlaubsansprüche aus dem Vorjahr gilt die **3-Monats-Grenze** des § 7 Abs. 3 BUrlG. Wird der Anspruch über diesen Zeitraum hinaus durch vertragliche Vereinbarung übertragen, stellt dieser Anspruch lediglich eine Insolvenzforderung dar (MK-Hefermehl § 55 a. a. O.).

48 Soweit Urlaubsansprüche nach Beendigung des Arbeitsverhältnisses nach Eröffnung nicht mehr gewährt werden können, erwächst der **Urlaubsabgeltungsanspruch** i. S. v. § 7 Abs. 4 BUrlG im Rang einer Masseverbindlichkeit gem. Abs. 1 Nr. 2 (BAG, ZInsO 2004, 220). Abzustellen ist hierbei, wie auch bei dem Urlaubsanspruch, auf die Fälligkeit des Anspruches (BAG, ZInsO 2004, 220; Uhlenbruck-Uhlenbruck/Berscheid § 55 Rn. 63). Wird also das Arbeitsverhältnis nach Eröffnung des Insolvenzverfahrens gekündigt, ist der Urlaubsabgeltungsanspruch Masseverbindlichkeit, da die Beendigung die tatbestandliche Voraussetzung für die Umwandlung des Urlaubsanspruchs in einen Abgeltungsanspruch ist (LAG Hamm, ZInsO 2010, 591).

49 Wird **Altersteilzeitarbeit** geleistet, sind die in der Arbeitsphase für die Zeit vor Eröffnung erarbeiteten Ansprüche Insolvenzforderungen; die für die Zeit danach Masseforderungen (BAG, ZIP 2005, 457; Froehner, NZA 2012, 1405 m. w. N.), s. hierzu § 113 Rdn. 49.

50 Der Anspruch des Arbeitnehmers auf Abgeltung angesparter Überstunden und Sondervergütungen auf **Arbeitszeitkonten** stellt lediglich eine Insolvenzforderung dar; ein Aussonderungsanspruch besteht nicht (BAG, ZInsO 2004, 104), soweit nicht ein Insolvenzschutz gem. § 7b SGB IV besteht.

51 **Sonderleistungen** sind, soweit sie eine anteilige Vergütung darstellen, wie z. B. ein 13. Monatsgehalt, zeitanteilig in vor und nach Eröffnung zu zerlegen und entsprechend als Masseverbindlichkeit anteilig zu begleichen (BAG, ZIP 1989, 798). Auf den Zeitpunkt der Fälligkeit der Gratifikation kommt es insofern nicht an (BAG, NJW 1981, 79). Werden die Sonderleistungen hingegen aufgrund eines besonderen Anlasses geschuldet, der stichtagsabhängig ist, und liegt dieser Zeitpunkt nach Eröffnung, sind sie vollumfänglich Masseverbindlichkeit (LAG Nürnberg, Urt. v.

22.06.2010 – 2 Sa 365/09; Jaeger-Henckel § 55 Rn. 59), wie Weihnachtsgeld oder eine Jubiläumsgratifikation.

Zusagen des Schuldners bzgl. einer **betrieblichen Altersvorsorge** stellen lediglich eine Insolvenzforderung dar, die nach §§ 45, 46 zu kapitalisieren ist (MK-Hefermehl § 55 Rn. 198). 52

Provisionsansprüche eines selbstständigen Handelsvertreters nach § 87 Abs. 1 bis 3 HGB werden bereits durch Vertragsschluss mit dem Unternehmer und dem Kunden begründet, sodass lediglich eine Insolvenzforderung gegeben ist (Uhlenbruck-Berscheid § 55 Rn. 9). Dies gilt selbst für den Fall, dass der vermittelte Vertrag bei Eröffnung noch nicht erfüllt war und der Verwalter gem. § 103 nunmehr die Erfüllung wählt (BGH, ZIP 1990, 318). 53

4. Lizenzgebühren, Patent-, Marken- und Urheberrechtsansprüche

Veräußert der Verwalter eine Sache, die auf der Grundlage eines Lizenzvertrages gebaut wurde, so ist der **Lizenzgebührenanspruch** eine Masseverbindlichkeit i. S. d. Abs. 1 Nr. 2 (OLG Hamburg, ZIP 1988, 925). Dies gilt auch für die Kosten der Weiternutzung geschützten geistigen Eigentums, sodass der Verwalter diese Ansprüche, auch z. B. der GEMA und VG Wort, als Masseverbindlichkeit zu bedienen hat (KG, ZInsO 2001, 959). Dies gilt auch für die Unterlassungs- und Schadensersatzansprüche im Fall der Verletzung vorgenannter Rechte. 54

Auch die Kosten, die bei Gebrauchsmustern, Marken und Urheberrechten entstehen, sind Masseverbindlichkeiten, soweit diese in die Masse fallen (s. § 35 Rdn. 126 ff.).

5. Prozessführung

Eine wichtige Fallgruppe der Masseverbindlichkeiten des Abs. 1 Nr. 1 bilden die durch den Verwalter ausgelösten **Prozesskosten**. Hierbei sind nach einer Ansicht, wegen des Grundsatzes der Einheitlichkeit der Kostenentscheidung, die Kostenverbindlichkeiten ggü. der obsiegenden Partei wie ggü. der Staatskasse im Fall der Aufnahme von Rechtsstreitigkeiten durch den Insolvenzverwalter oder vom Prozessgegner (§§ 85, 86) – unabhängig davon, ob die Kosten vor der Eröffnung oder später begründet worden sind – Masseverbindlichkeiten, sobald ein Kostentitel gegen den Insolvenzverwalter vorliegt (OLG Düsseldorf, ZInsO 2001, 560; BFH,] NZI 2014, 381; Jaeger-Henckel § 55 Rn. 21 m. w. N.; K. Schmidt-Thole § 55 Rn. 12). § 105 soll keine Anwendung finden, da die Gebühren insoweit nicht aufgespalten werden können, sodass der zum Zeitpunkt der Aufnahmeerklärung anhängige Prozessgegenstand weiterhin für die Einordnung entscheidend bleibt (BGH, ZInsO 2004, 1308; MK-Hefermehl § 55 Rn. 47). Nach einer anderen Ansicht (OLG Schleswig, Beschl. v. 19.10.2009 – 16 W 115/09; OLG Rostock, ZIP 2001, 2145; Braun-Bäuerle § 55 Rn. 10), der zuzustimmen ist, ist wegen der in § 105 getroffenen Regelung jedoch eine Aufteilung vorzunehmen. Zum Meinungsstand s. ausführl. § 85 Rdn. 12 f. und BGH, ZInsO 2006, 1214. Dies gilt ebenfalls für die Kosten einer Zwangsvollstreckung, die von dem Insolvenzverwalter gegen den Drittschuldner des Insolvenzschuldners nach Eröffnung des Insolvenzverfahrens fortgesetzt wird (für die Kosten eines Zwangsversteigerungsverfahrens OLG Hamburg, ZInsO 2013, 83). 55

Zur Vermeidung von Prozesskosten kann es angezeigt sein, den Schuldner durch eine sog. **modifizierte Freigabe** im Wege der **gewillkürten Prozessstandschaft** zur Klageerhebung zu ermächtigen (BGH, ZIP 1987, 793; einschränkend MK-Hefermehl § 55 Rn. 44). Wird der Rechtsstreit zwischen dem Insolvenzverwalter und der anderen Partei außergerichtlich durch **Vergleich** beigelegt, so erstarken die Gerichtskosten nur dann zu Masseverbindlichkeiten, wenn der Vergleich dem Gericht mitgeteilt wird, § 54 Nr. 2 GKG (Uhlenbruck-Berscheid § 55 Rn. 19). 56

Wird der **Insolvenzverwalter als Rechtsanwalt** in Prozessen für die Masse tätig (§ 5 Abs. 1 InsVV), so sind seine Honoraransprüche, wie i. Ü. alle Kosten des von dem Insolvenzverwalter beauftragten Rechtsanwalts, Verbindlichkeiten i. S. d. Abs. 1 Nr. 1. 57

Die Kosten eines **Spruchverfahrens** (vgl. § 304 AktG), das durch die Eröffnung nicht unterbrochen wird, stellen Insolvenzforderungen dar (BayObLG, ZInsO 2002, 829). Dies gilt daher für alle 58 nicht gem. § 240 ZPO unterbrochenen Streit- oder Feststellungsverfahren. Die Kosten der Zwangsversteigerung einer insolvenzbefangenen Immobilie, die ein absonderungsberechtigter Gläubiger betreibt, sind nicht als Massekosten zu behandeln, da kein Handeln des Insolvenzverwalters vorliegt (OLG Zweibrücken, ZIP 2009, 1239).

6. Steuern

59 Die Qualifizierung der **Steuerschulden** als Masseverbindlichkeit, Insolvenzforderung oder als Forderungen gegen das insolvenzfreie Vermögen des Schuldners, ist wiederum nach dem Kriterium der Begründetheit vorzunehmen (MK-Hefermehl § 55 Rn. 70). Die Steuerforderung ist dann begründet, wenn die zivilrechtlichen Grundlagen für die Entstehung des zivilrechtlichen Steueranspruchs gelegt worden sind (BFH, ZIP 1999, 714), also in dem Zeitpunkt, in dem sich die Anspruchsvoraussetzungen erstmals vollständig verwirklicht haben (BGH-Report 2002, 851). Da Steueransprüche mit Erfüllung des jeweils (spezial-)gesetzlichen Tatbestandes entstehen (§ 39 AO), ist ein »Handeln des Verwalters« nicht die notwendige Voraussetzung Insofern ist zu differenzieren:

60 Die USt ist begründet, sobald der Leistungsaustausch abgeschlossen ist (BFH, NZI 2001, 56), wobei der BFH mit der Entscheidung vom 09.12.2010 die Auffassung vertritt (BFH, ZInsO 2011, 823), dass die Vereinnahmung eines leistungsbezogenen Entgelts im Insolvenzverfahren immer eine Masseverbindlichkeit begründet. Diese vollständige Aufgabe der bisherigen Praxis und die faktische Gleichsetzung der Soll- mit der Istbesteuerung wird mit der nicht nachvollziehbaren Fiktion begründet, dass die Forderung der Insolvenzschuldnerin mit der Eröffnung des Insolvenzverfahrens per se uneinbringlich wird, was einen Ust-Berichtigungsanspruch zur Folge hat. Die Ust.-Berichtigung soll dann nach Eröffnung des Insolvenzverfahrens und bei Eingang der Forderung erneut erforderlich sein, verbunden mit der Folge einer Masseverbindlichkeit. Diese zu Recht sowohl unter steuerlichen als auch unter insolvenzrechtlichen Gesichtspunkten – auch wegen der Nichtbeachtung von § 55 Abs. 4 – heftig kritisierte Entscheidung (u. a.: Klusmeier, ZInsO 2011, 1340 und Onusseit, DZWIR 2011, 353) führt dazu, dass zum Zeitpunkt der Eröffnung eines Insolvenzverfahrens alle bisherigen Ust.-Anmeldungen der Insolvenzschuldnerin aus den Jahren, in denen noch nicht alle Forderungen eingegangen sind, zu berichtigen sind, sobald aus diesen Zeiträumen Forderungen im Insolvenzverfahren eingehen. In aller Konsequenz hat diese Betrachtung zur Folge, dass der gem. §§ 34 Abs. 3 AO i. V. m. §§ 90 ff. AO zur Abgabe steuerlicher Erklärungen verpflichtete Insolvenzverwalter alle Ust.-Jahreserklärungen der betreffenden Zeiträume zu berichtigen hat. Ferner hat der Insolvenzverwalter zu prüfen, welche Zahlungen der Insolvenzschuldner bereits geleistet hatte, die Verrechnung von eventuell daraus resultierenden Steuerguthaben nachzuvollziehen und eigene Buchungskreise hierfür einzurichten. Für die Vergangenheit erwächst keine steuerliche Belastung der Masse (so noch Dobler, ZInsO 2011, 1098), da mit dem BMF-Schreiben v. 09.12.2011 (ZInsO 2012, 25) geklärt ist, dass das BFH-Urteil erst für alle ab dem 31.12.2011 eröffneten Insolvenzverfahren anzuwenden ist. Die praktische Umsetzung (s. hierzu insb. Dobler a. a. O.) wird aber auch durch das BMF-Schreiben nicht abschließend geklärt (Dobler, ZInsO 2012, 208), was insbesondere die Möglichkeit der Aufrechnung mit vorinsolvenzlichen Erstattungsansprüchen – nach der Rechtsprechung des BFH zu § 96 InsO ist zu erwarten, dass diese zulässig ist – und die Behandlung von abgetretenen Forderungen betrifft (de Weerth, ZInsO 2011, 853). Bei der umsatzsteuerlichen Organschaft hat der BFH nunmehr unter Aufgabe der bisherigen Rechtsprechung entschieden (BFH, ZInsO 2013, 1847), dass die Beherrschung i. S. d. einer Organschaft voraussetzt, dass der Organträger seinen unternehmerischen Willen in der Organgesellschaft auch in rechtlicher Hinsicht durchsetzen kann, was in der logischen Sekunde vor der Bestellung eines vorläufigen Insolvenzverwalters nicht mehr möglich ist. Offen ist hierbei noch, ob dies auch gilt, wenn nur bei dem Organträger eine vorläufige Insolvenzverwaltung angeordnet wird oder wenn eine Eigenverwaltung angeordnet wird, was m. E. zu bejahen ist (s. Kahlert, ZIP 2013, 2348).

Zu beachten ist ferner, dass nach Ansicht des BFH (ZInsO 2002, 222) die Masse selbst im Fall einer **Freigabe eines sicherungsbefangenen Vermögenswertes**, bei dem ein Übererlös für die Masse nicht zu erwarten ist, Steuerschuldnerin i. S. d. Abs. 1 Nr. 1 bleibt. Wird der freigegebene Vermögenswert verwertet und der Erlös inkl. USt an den Sicherungsnehmer ausgekehrt, schließt der BFH aus dem Umstand, dass der Verwertungserlös der Masse mittelbar zugutekomme, dass eine Freigabe (unabhängig davon, ob es sich hierbei um eine echte oder modifizierte Freigabe handelt) als privatrechtliche Erklärung nicht die öffentlich-rechtliche Ust.-Pflicht abwenden kann (zur berechtigten Kritik an der Rspr.: Onusseit, ZIP 2002, 1344). Insofern ist dem Verwalter zur Abwendung möglicher Haftungsansprüche (§§ 60 f., § 69 AO) zu raten, vor Freigabe des Vermögenswertes mit dem Sicherungsnehmer eine **Freistellungsvereinbarung** zu treffen (Braun-Bäuerle § 55 Rn. 23). Diese Problematik entfällt bei der Freigabe des Gewerbes (noch nicht abschließend entschieden, s. a. BFH, ZInsO 2005, 774), da die Nutzung des Inventars bzw. der Geschäftsausstattung durch den Insolvenzschuldner keine USt auslöst (FG Niedersachsen, EFG 2008, 1485).

Weiterhin ist zu beachten, dass der Vorsteuerberichtigungsanspruch im Fall einer nach § 4 Nr. 9a UStG **umsatzsteuerfreien Veräußerung einer Immobilie**, sollte der Schuldner zur USt gem. § 9 Abs. 1 UStG optiert haben, eine Masseverbindlichkeit darstellt (hierzu: Take, ZInsO 2001, 546) und eine persönliche Haftung des Verwalters auslösen kann, §§ 60, 61 InsO, § 69 AO (BFH, ZInsO 2003, 276). Auch hier empfiehlt es sich, eine Auffangklausel in den Kaufvertrag aufzunehmen, dass der Erwerber ggf. verpflichtet ist, die USt nachzuentrichten (Braun-Bäuerle § 55 Rn. 22). Zu beachten ist auch, dass die Teilbarkeit einer Leistung gem. § 105 InsO dennoch zur Ust.-Pflicht als Masseverbindlichkeit für den gesamten Umfang führen kann, da hier alleine auf die Abnahme abgestellt werden soll (so FG Düsseldorf, EFG 2006, 1024, bestätigt von BFH, ZInsO 2009, 1659). 61

Eine Qualifizierung der **Einkommensteuerverbindlichkeit** in Masse- und Insolvenzforderung ist problematisch, da die Einkommensteuerverbindlichkeit nicht das Resultat eines einzelnen Geschäftsvorfalls ist, sondern sich aus der Summe der Einkünfte in einem Veranlagungszeitraum zusammensetzt. Der BFH rechnet einen Gewinn dem vorinsolvenzlichen Einkommen nur zu, wenn er bereits vor Verfahrenseröffnung realisiert ist, da nur die Gewinnrealisierung ein Besteuerungsmerkmal erfülle (BFH, ZIP 1994, 1286). 62

Auch bei der Einkommensteuerverbindlichkeit stellt sich das Problem, dass sie im Fall der Freigabe eines sicherungsbefangenen Vermögenswertes und der anschließenden Verwertung zugunsten des Sicherungsnehmers möglicherweise als Masseverbindlichkeit zu behandeln ist (Onusseit, ZInsO 2003, 677, 682 f.). Zu dem Problem der Zurechnung der Gewinne der Personengesellschaft im Hinblick auf die Einkommensteuerverbindlichkeit vgl. Onusseit a. a. O., 684 f. Die »insolvenzfreie« Tätigkeit des Schuldners führt nicht zu einer Einkommensteuerhaftung der Masse (BFH, ZInsO 2011, 927), wobei diese Problematik insoweit für den Insolvenzverwalter entschärft wird, als dass mit der Neufassung des § 35 Abs. 2 InsO auch gesetzlich die Möglichkeit der Freigabe der selbstständigen Tätigkeit des Insolvenzschuldners anerkannt wird (s. § 35 Rdn. 269). Anders die Rechtslage für den Fall der Zwangsverwaltung einer vermieteten Immobilie, wobei trotz des nicht vorhandenen Massezuflusses die Masse für die ESt haften soll (FG Münster, ZInsO 2014, 66, nicht rechtskräftig). Die Entscheidung übersieht, dass es hierbei an jeglichen Handlung des Insolvenzverwalters fehlt und nach dem ungeschriebene Äquivalenzprinzip der Masse weder etwas zufließt, noch diese »entlastet« wird. 63

Die **Lohnsteuer** ist in dem Zeitpunkt begründet, in dem der Arbeitslohn dem Arbeitnehmer zufließt (§§ 38 Abs. 2, 41a Abs. 1 EStG). 64

Die **Kfz-Steuerschuld** ist aufzuteilen auf die Tage vor (§ 38) und die Tage nach Eröffnung (§ 55 Abs. 1 Nr. 1) des Insolvenzverfahrens über das Vermögen des Kfz-Halters. Das Finanzamt kann allerdings gegen den Erstattungsanspruch des Insolvenzverwalters bzgl. der im Voraus entrichteten Kfz-Steuer mit Insolvenzforderungen aufrechnen (BFH, ZIP 2005, 264). Zu beachten ist hier, dass die nach Insolvenzeröffnung entstandene Kfz-Steuer nur dann als eine Masseverbindlichkeit i. S. v. § 55 Abs. 1 Nr. 1 InsO zu behandeln ist, wenn das Fahrzeug, für dessen Halten die Kfz-Steuer geschuldet wird, Teil der Insolvenzmasse ist. Die steuerrechtliche Haltereigenschaft gem. §§ 1, 5, 7 KraftStG gehört nicht zur Insolvenzmasse i. S. d. § 35, da diese keinen Vermögenswert darstellt, 65 was zur Folge hat, dass der Tatbestand der Nutzung vorliegen muss (unter ausdrücklicher Aufgabe der bisherigen Rechtsprechung: BFH, Urt. v. 13.04.2011 – II R 49/09). Eine Kfz-Steuerpflicht besteht ferner nicht, wenn das Fahrzeug vor der Pfändung gem. § 811 ZPO geschützt ist (FG Berlin-Brandenburg, ZVI 2013, 359).

66 Bei der Einkommensteuerverbindlichkeit ist im Fall eines Insolvenzplanverfahrens durch die Streichung der Steuerfreiheit des **Sanierungsgewinnes** somit darauf zu achten, dass entsprechende Rückstellungen in den Plan eingestellt werden, da der Forderungsverzicht zu einem erheblichen Gewinn beim Schuldner führt (vgl. hierzu Onusseit, ZInsO 2003, 677, 685). Zu der Problematik vgl. § 227 Rdn. 7).

VIII. Einzelfälle gesetzlicher Schuldverhältnisse

1. Geschäftsführung ohne Auftrag

67 Unter den Begriff der Handlung des Verwalters ist auch die Genehmigung einer **Geschäftsführung ohne Auftrag** für Handlungen, die nach Eröffnung des Insolvenzverfahrens zugunsten der Masse erfolgt sind, zu subsumieren (Jaeger/Henckel, § 55 Rn. 9). Abweichend hiervon kommt es in den Fällen einer Notgeschäftsführung, die im Interesse der Masse erfolgt, nicht auf den Willen oder das Handeln des Verwalters an, da nach den Regelungen der §§ 115 und 118 dieses Handeln der Masse zugutegekommen ist (vgl. § 115 Rdn. 7, § 118 Rdn. 9).

2. Pflichtverletzung und Gefährdungshaftung

68 Für **Pflichtverletzungen** und **unerlaubte Handlungen**, die der Verwalter im Rahmen seiner Amtsführung begeht, haftet die Masse nach Nr. 1, 1. Alt. Die schädigende Handlung (rechtsgeschäftlich oder tatsächlich) muss nicht vom Insolvenzzweck gedeckt sein, sondern für einen außenstehenden Dritten muss gerade noch erkennbar sein, dass der Insolvenzverwalter innerhalb des allg. Rahmens des ihm übertragenen Aufgabenkreises gehandelt hat (Palandt-Heinrichs § 31 BGB Rn. 10 m. w. N. und MK-Hefermehl § 55 Rn. 36).

69 Die Masse haftet auch für **Ansprüche aus Gefährdungshaftung** (z. B. §§ 701, 833, 836 ff. BGB, §§ 1, 2 HaftpflG, §§ 7, 18 StVG, § 22 Abs. 1, 2 WHG). Knüpft die Haftung an die Haltereigenschaft an (§ 7 StVG, § 833 BGB), so ist eine Haftung der Masse ausgeschlossen, wenn z. B. der Schuldner mit dem massebefangenen Fahrzeug, von dem der Insolvenzverwalter keine Kenntnis hat, einen Schaden verursacht (Jaeger-Henckel § 55 Rn. 18).

70 Umstritten ist die **dogmatische Einordnung der Zurechnung** des Verwalterhandelns, §§ 278, 831 BGB oder § 31 BGB (hierzu: Jaeger-Henckel § 55 Rn. 12 ff. m. w. N.). Der hier vertretenen **Amtstheorie** (s. § 80 Rdn. 4 ff.) folgend ergibt sich die Zurechnung des Verwalterhandelns aus § 31 BGB **analog**, da die Masse andernfalls für deliktische Handlungen des Verwalters gar nicht haften würde. Der Verwalter ist kein weisungsgebundener Verrichtungsgehilfe der Masse, § 831 BGB (Jaeger-Henckel § 55 Rn. 13).

71 Die Haftung der Masse schließt eine persönliche Haftung des Verwalters nicht aus (BGH, NJW-RR 1988, 89; Uhlenbruck-Berscheid § 55 Rn. 22 m. w. N.). Bei deliktischen Handlungen haftet der Insolvenzverwalter im Innenverhältnis persönlich (§ 840 Abs. 2 BGB analog).

3. Öffentlich-rechtliche Gefahrenbeseitigungsansprüche, Verkehrssicherungspflicht

72 Die ordnungsrechtliche Verantwortlichkeit des Verwalters, die in Literatur (vgl. für viele Lwowski/Tetzlaff, NZI 2004, 225 m. w. N. sowie umfassend: Pape FS Kreft, S. 445 ff.) und Rspr. (BGH, ZInsO 2002, 524; ZInsO 2001, 751) umstritten ist, wird nach der maßgeblichen Rspr. des BVerwG durch das Ordnungsrecht bestimmt (BVerwG, ZInsO 2004, 1206). Rechtsgrundlagen der Ordnungspflicht sind WHG, BImSchG, BBodSchG, KrW-AbfG sowie die subsidiär anwendbaren Bestimmungen des allg. Polizei- und Ordnungsrechts.

Zu unterscheiden ist nach der Qualifizierung als **Handlungs- oder Zustandsstörer** und nicht nach dem Umstand, ob die Gefahr bereits vor Eröffnung bestanden hat oder nicht (BVerwG a.a.O.; a.A. BGH, ZIP 2001, 1460; ZInsO 2002, 524). Handlungsstörer ist derjenige, der durch sein Verhalten eine Gefahr oder Störung verursacht hat. Zustandsstörer ist derjenige, der eine Sache, von der eine Gefahr ausgeht, besitzt. Die Masse trifft auch die sog. **Verkehrssicherungspflicht** (zu den zahlreichen Einzelfällen s. Katalog in Palandt-Sprau § 823 BGB Rn. 185 ff.), soweit der Verwalter den potenziell die Störung oder Gefährdung verursachenden Gegenstand nicht nur zur Inbesitznahme gem. § 80 an sich genommen hat, sondern auch die Entscheidungsgewalt über die Sache hat und diese für die Masse nutzt (BGH, ZInsO 2002, 525 und Jaeger-Henckel § 55 Rn. 18). Dies hat zur Folge, dass **keine Garantiehaftung** der Masse in dem Sinne anzunehmen ist, dass eine ordnungsrechtliche Regelung die Regelung des Insolvenzrechts beschränkt. Vielmehr ist immer darauf abzustellen, ob das Haftungssubjekt ordnungsrechtlich für sein Tun, Handeln oder Unterlassen geradezustehen hat. 73

Die **Zustandsstörerhaftung der Masse** i.S.d. Abs. 1 Nr. 1, die mit Ausübung der tatsächlichen Gewalt über ein Grundstück (§ 4 Abs. 3 Satz 1 BBodSchG) bzw. der tatsächlichen Sachherrschaft (§ 11 Abs. 1 BBodSchG i.V.m. § 3 Abs. 6 KrW-AbfG und §§ 5, 11 KrW-AbfG) begründet wird, vgl. § 148 Rdn. 13 (BVerwG, ZInsO 2004, 917), basiert auf der Tatsache, dass entscheidend die von der vorhandenen Schadstoffbelastung ausgehende gegenwärtige Umweltgefahr ist; so auch der BGH hinsichtl. der Rückwirkung des BBodSchG (ZfIR 2004, 597 m. Anm. Meißner). Andernfalls würde der Behörde auch der Adressat fehlen, da dem Schuldner die Verwaltungs- und Verfügungsbefugnis entzogen ist, § 80 (Drasdo, ZfIR 2005, 31, Anm. zu BVerwG, ZInsO 2004, 1206). 74

Dieser Haftung kann sich der Verwalter durch die **Freigabe des kontaminierten Vermögenswertes** entledigen (BVerwG, ZInsO 2004, 1206; a.A. K. Schmidt, ZIP 2000, 1913; OLG Karlsruhe, ZInsO 2003, 768). Zu beachten ist, dass die isolierte Freigabe der Gefahrstoffe oder von Reststoffen ordnungsrechtlich unwirksam (OVG Niedersachsen, NJW 1993, 1671) und haftungsrechtlich unbeachtlich ist (BVerwG, ZInsO 1999, 50). Insofern haftet der Schuldner wieder mit seinem insolvenzfreien Vermögen (z.B. § 25 Abs. 6 BBodSchG). Eine **a.A.** vertritt nur das OVG Sachsen-Anhalt (ZInsO 2000, 506), das den Verwalter einer stillgelegten Anlage i.S.d. § 5 BImSchG als Adressaten einer Beseitigungsverfügung i.S.d. § 20 Abs. 2 BImSchG sieht und die Verpflichtung einer Masseverbindlichkeit gleichsetzt. 75

Der **Ausgleichsanspruch** mehrerer Ordnungspflichtiger i.S.d. § 24 Abs. 2 BBodSchG ist – bei Freigabe – entsprechend § 426 BGB dem Verursacherprinzip folgend als Insolvenzforderung zu qualifizieren, wenn der Insolvenzverwalter den kontaminierten Vermögenswert lediglich in Besitz genommen hat (Drasdo, ZfIR 2005, 31; krit.: Pape, ZIP 2004, 1768). 76

Soweit der Verwalter eine immissionsträchtige Anlage weiter betreibt, haftet die Masse i.S.d. Abs. 1 Nr. 1 sowohl für Umweltschäden, die er als **Handlungsstörer** verursacht hat, als auch für die Kosten der Beseitigung der Reststoffe, die vor Eröffnung angefallen sind (§§ 5 bzw. 11 i.V.m. § 3 Abs. 6 KrW-/AbfG) als **Zustandsstörer** (OVG Nordrhein-Westfalen, ZInsO 2013, 1857 für die sog. Nachsorgepflicht). Für das »Betreiben einer Anlage« reichen hingegen bloße Wartungsarbeiten, Funktionsprüfungen oder sog. Probeläufe nicht aus (OVG Nordrhein-Westfalen, Urt. v. 01.06.2006 – 8 A 4495/04), da diese nur der Sicherung dienen bzw. als Inbesitznahme gem. § 80 InsO zu bewerten sind. 77

Sollte der Verwalter die Anlage in Betrieb nehmen und später im Wege eines sog. asset deals veräußern, haftet die Insolvenzmasse für die Beseitigung der vor Eröffnung erzeugten Abfälle nur im Range einer Insolvenzforderung (BVerwG, ZInsO 2004, 917). 78

Adressat einer die Ordnungspflicht konkretisierenden Beseitigungsverfügung ist der Insolvenzverwalter (MK-Hefermehl § 55 Rn. 88). Der Verwalter hat die Verpflichtung jedoch nicht persönlich zu erfüllen, sondern nur aus den Mitteln der Masse (BVerwG, ZIP 1999, 538). 79

4. Ansprüche aus Rechtsverletzungen

80 Der Verwalter ist im Rahmen seiner Tätigkeit verpflichtet, die Ist-Masse insoweit durch die Berücksichtigung der Aussonderungsansprüche zu berichtigen, dass die Sollmasse i. S. d. § 35 zur Masse verbleibt (ausführl. § 47 Rdn. 1 ff.). Hierbei sind Konstellationen denkbar, in denen der Verwalter die ihm obliegende Verpflichtung nicht fristgerecht erfüllt und damit die gesetzlichen Folgen des Verzugs, nämlich ein Schadensersatzanspruch des aussonderungsberechtigten Eigentümers (§§ 280 Abs. 2, 286, 990 Abs. 2 BGB), als Masseverbindlichkeit begründet wird (so auch Jaeger/Henckel, § 47 Rn. 19). Ein solcher Schadensersatzanspruch als Masseverbindlichkeit wird auch dann begründet, wenn ein Insolvenzverwalter in Kenntnis bestehender Aussonderungsrechte Vorbehaltsware eines Dritten veräußert. Die der Masse zuzurechnende Haftung gem. §§ 990 Abs. 1 Satz 2, 989 BGB, unabhängig von der rechtlichen Begründung der Tätigkeit (K. Schmidt-Thole § 55 Rn. 15), begründet eine Schadensersatzpflicht i.H. desjenigen Wertes, den die veräußerte Sache im Zeitpunkt ihrer Veräußerung objektiv noch hatte bzw. es kommt auch ein Schadensersatzanspruch der Masse wegen einer bloßen Verschlechterung der Sache in Betracht (BGH, ZIP 1998, 298). Auch im Fall der Vereitelung des Ersatzaussonderungsrechts eines Berechtigten haftet die Masse nach den vorgenannten Regelungen (OLG Düsseldorf, NJW-RR 1998, 559). In dieser Veräußerung ist aber keine Erfüllungswahl gem. §§ 103, 107 mit dem Vorbehaltslieferanten zu sehen (BGH, NJW 1998, 929 m. Anm. Henckel).

81 Neben der vorgenannten **Haftung für Sekundäransprüche** ist insb. die Haftung für die bewusste **Vereitelung von Aus- und Absonderungsrechten** zu nennen. Verwertet oder verarbeitet der Insolvenzverwalter derartig gesicherte Gegenstände, so hat der Geschädigte gegen die Masse einen Ersatzaussonderungsanspruch gem. § 48, der sich im Fall der Nichtdurchsetzbarkeit in einen Schadensersatzanspruch gegen die Masse nach §§ 989, 990 BGB umwandelt, Abs. 1 Nr. 1 (BGH, NJW-RR 1990, 411), bzw. darüber hinaus evtl. einen bereicherungsrechtlichen Anspruch nach Abs. 1 Nr. 3 begründet (hierzu BGH, NJW 1995, 2783), was dann einen Schadensersatzanspruch der Masse gegen den Verwalter begründet (vgl. § 60 Rdn. 20 ff.).

IX. Masseverbindlichkeiten nach Abs. 4

82 Mit dem durch das Haushaltsbegleitgesetz 2011 vom 09.12.2010 (BGBl. I S, 1885) eingefügten Abs. 4 werden nunmehr unter bestimmten Voraussetzungen in allen ab dem 01.01.2011 beantragten Insolvenzverfahren auch durch einen »schwachen« vorläufigen Insolvenzverwalter bei Steuerschulden Masseverbindlichkeiten begründet. Die (Wieder-)Einführung des Fiskusprivilegs hat somit »fiktive Masseverbindlichkeiten« zur Folge (Kahlert, ZIP 2010, 1274). § 55 Abs. 4 InsO ist auf Fälle der vorläufigen Eigenverwaltung weder unmittelbar noch analog anwendbar (HRI-Kahlert § 57, Rn. 22 ff.).

1. Umfang

83 Der Regelungsumfang umfasst alle Steuerarten. Die Klarstellung ist mit dem BMF-Schreiben v. 17.01.2012 (ZInsO 2012, 213, 214) erfolgt. In der Stellungnahme des Bundesrates zur Drucksache 532/10, dort S. 39, vom 03.09.2010 werden bei der Berechnung der zu Masseverbindlichkeiten »aufgewerteten« Steuerforderungen ebenfalls keine Einschränkungen hinsichtlich einzelner Steuerarten gemacht. Ausdrückliche Erwähnung finden die Umsatz-, Gewerbe-, Körperschaft-, Lohn und Kfz-Steuer. Ungeachtet dessen wird in der Diskussion über die Reichweite der in der Literatur heftig kritisierten Neuregelung im Wesentlichen auf die Ust.-Problematik abgestellt (vgl. nur Nawroth, ZInsO 2011, 107). Diese Schwerpunktsetzung wird jedoch weder durch den Wortlaut des Abs. 4 noch durch das Gesetzgebungsverfahren gestützt. Eine entsprechend einschränkende Auslegung des Wortlautes ist vor dem Hintergrund der Stellungnahme des Bundesrates nicht begründbar. Es fehlt bereits an einer unvorhergesehenen Regelungslücke (Onusseit, ZInsO 2011, 641, 646). Es mag jedoch u. a. mit den Schwierigkeiten in der praktischen Umsetzung zumindest der Ertragsbesteuerung zusammenhängen, da die Bestimmung des auf den Eröffnungszeitraum entfallenden Ertrags mangels Bilanzaufstellungspflicht am Anordnungstag nicht geregelt ist (FK-Bornemann

§ 55 Rn. 58). Die Finanzverwaltung sieht daher die einzige Möglichkeit in der Aufteilung des einheitlichen Jahresergebnisses (BMF-Schreiben v. 17.01.2012, Rn. 21).

Erfasst werden Verbindlichkeiten aus Steuerschuldverhältnissen. Das BMF-Schreiben v. 17.01.2012 schließt dabei Steuervergütungsansprüche und Steuererstattungsansprüche explizit aus (vgl. Rdn. 7). Durch den »schwachen« vorläufigen Insolvenzverwalter begründete abziehbare Vorsteuerbeträge fallen jedoch in den Anwendungsbereich des § 55 Abs. 4 (vgl. Rdn. 19). Da der Vorsteuerabzugsanspruch ein Steuervergütungsanspruch ist (vgl. BFH v. 02.02.1995, VII R 42/94, BFH/NV 1995, 853; BFH v. 13.07.2000, V B 5/00, BFH/NV 2001, 5; BFH v. 09.04.2002, VII R 108/00, BFH/NV 2002, 1205, so auch Schwarz-Schwarz, AO, § 37 Rn. 5), ist diese Einschränkung widersprüchlich oder zumindest nicht eindeutig. In Anlehnung an § 37 AO müssten auch Steuervergütungsansprüche, Haftungsansprüche, Ansprüche auf steuerliche Nebenleistungen und Erstattungsansprüche gem. § 37 Abs. 2 AO sowie aus den Einzelsteuergesetzen erfasst werden (FK-Bornemann § 55 Rn. 54, Kahlert, ZIP 2011, 401). 83a

2. Begründung

Vor Einfügung des Abs. 4 wurden i. R. d. vorläufigen Insolvenzverfahrens nur dann Masseverbindlichkeiten begründet, wenn die Verwaltungs- und Verfügungsbefugnis auf einen »starken« vorläufigen Insolvenzverwalter im Sinne von Abs. 2 übergegangen war oder das Insolvenzgericht einen sog. Zustimmungsvorbehalt des »schwachen« Insolvenzverwalters gem. § 21 Abs. 2 Nr. 2 angeordnet hat und dieser sodann einer Verfügung des Schuldners ausdrücklich zugestimmt hat. Nunmehr verlangt Abs. 4 nur noch, dass eine »... Verbindlichkeit des Insolvenzschuldners ... durch den vorläufigen Insolvenzverwalter oder mit Zustimmung eines vorläufigen Insolvenzverwalters begründet ...« worden ist. Da der Zustimmungsbegriff weder in der Norm selbst noch an anderer Stelle der InsO oder der AO näher definiert bzw. konkretisiert wird, ist jede Art von Billigung oder Einverständnis erfasst (BMF-Schreiben v. 17.01.2012, ZInsO 2012, 213; Onusseit, ZInsO 2011, 641, 650), was künftig zu einer nicht unerheblichen Belastung der Insolvenzmassen führen wird. Nur für den Fall, dass der vorläufige Insolvenzverwalter einer Handlung des Insolvenzschuldners widersprochen hat werden keine Masseschulden begründet. Auf die i. R. d. vorläufigen Insolvenzverfahrens von den Insolvenzgerichten gewählte Formulierungen in den gerichtlichen Anordnungen (so AG Düsseldorf, ZIP 2011, 443) wird es insoweit nicht mehr ankommen. Mangels näherer Konkretisierung des Zustimmungsbegriffs ist dieser grds. weit auszulegen, sodass die Entstehung von entsprechenden Masseverbindlichkeiten künftig mit jeder Fortführung des schuldnerischen Betriebes einhergehen dürfte. 84

3. Abwicklung/Besteuerungsverfahren

a) Vergabe von Steuernummern

Die Umsetzung der Regelung in der Praxis ist durch das BMF-Schreiben v. 17.01.2012 (ZInsO 2012, 213) konkretisiert worden. Es bleibt daher dabei, dass der Insolvenzschuldner im Insolvenzantragsverfahren grds. weiterhin das Steuersubjekt bleibt, welches die Steuern zu erklären hat. Ein »schwacher« vorläufiger Insolvenzverwalter ist i. d. R. kein Vermögensverwalter i. S. d. § 34 AO (BFH, ZIP 2009, 2255; Onusseit, ZInsO 2011, 641, 646). Soweit in der Literatur vorgeschlagen wird (Zimmer, ZInsO 2010, 2299, 2301), mit Anordnung der vorläufigen Insolvenzverwaltung eine zweite Steuernummer zur Abgrenzung der Verbindlichkeiten zuzuteilen, findet dies wegen des unveränderten Steuersubjektes keine Stütze in der AO oder den sonstigen steuerrechtlichen Vorschriften und wird auch in dem BMF-Schreiben v. 17.01.2012 abgelehnt. Das Finanzamt legt also die sog. Masse-Steuernummer noch nicht bei Bestellung des vorläufigen »schwachen« Insolvenzverwalters, sondern erst mit Eröffnung des Insolvenzverfahrens an. Lediglich bei der Bestellung eines vorläufigen »starken« Insolvenzverwalters erfolgt bislang die Vergabe der Masse-Steuernummer bereits zu diesem Zeitpunkt. Dieses Verfahren wird derzeit bundesweit einheitlich umgesetzt (vgl. OFD Münster vom 30.03.2011; so u. a. auch Waza/Uhländer/Schmittmann, Insolvenzen und 85

§ 55 InsO Sonstige Masseverbindlichkeiten

Steuern, Rn. 690; abweichende Annahme einer Rückwirkung auf den Zeitpunkt der Bestellung des »Schwachen«: Wäger, Das Unternehmen in Krise und Insolvenz, 2013, S. 147).

b) Handels- und steuerrechtliche Rechnungslegung

85a Die unter Abs. 4 fallenden Verbindlichkeiten sollten daher in der Buchhaltung des Insolvenzschuldners für Zwecke der USt unter der »alten Steuernummer« gesondert erfasst werden und parallel zu den nicht von der Neuregelung betroffenen Verbindlichkeiten ggü. dem Fiskus erklärt werden (Kahlert, ZIP 2011, 401, 404), s. a. nachfolgend Rdn. 86.

c) Besonderheiten im Umsatzbesteuerungsverfahren

86 Der »schwache« vorläufige Insolvenzverwalter ohne Verwaltungs- und Verfügungsbefugnis ist nicht Bekanntgabeadressat für Verwaltungsakte. Hat **das Unternehmen im Zeitraum der vorläufigen Insolvenzverwaltung Voranmeldungen** mit einer Zahllast bzw. einem Steuervergütungsanspruch **eingereicht**, liegt bereits zu diesem Zeitpunkt resp. im Zeitpunkt der Bekanntgabe der formlosen Zustimmung der Finanzbehörde eine Festsetzung unter Vorbehalt der Nachprüfung gem. § 168 AO vor. Die Einordnung als Insolvenz- oder Masseforderung kann vom Finanzamt zu diesem Zeitpunkt noch nicht beurteilt werden. Zu diesem Zeitpunkt sind die Insolvenzforderungen auflösend bedingt bzw. der Steueranspruch als Masseverbindlichkeit aufschiebend bedingt (FG Düsseldorf vom 21.03.2012 – 1 V 152/12 A[U], so auch Waza/Uhländer/Schmittmann, Insolvenzen und Steuern, Rn. 686). Die gegenüber dem Insolvenzschuldner festgesetzten Steuerverbindlichkeiten, die bei Verfahrenseröffnung nach § 55 Abs. 4 als Masseverbindlichkeiten fingiert werden, wirken gegenüber der Insolvenzmasse fort. Es ist keine erneute USt-Voranmeldung durch den Insolvenzverwalter abzugeben (Wäger, Das Unternehmen in Krise und Insolvenz, 2013, S. 147) und keine erneute Bekanntgabe gegenüber dem Insolvenzverwalter vorzunehmen (BMF-Schreiben v. 17.01.2012, Rn. 35).

87 **Sind für Veranlagungszeiträume vor Verfahrenseröffnung noch keine USt-Voranmeldungen abgegeben worden**, hat eine Schätzung des Finanzamts durch Verwaltungsakt (§ 162 AO) zu erfolgen, die ebenfalls unter Vorbehalt der Nachprüfung steht und vor Verfahrenseröffnung dem Insolvenzschuldner bekannt zu geben ist. Ab Verfahrenseröffnung ist der Insolvenzverwalter verpflichtet, USt-Voranmeldungen für die vorangegangen Voranmeldungszeiträume abzugeben (Wäger, Das Unternehmen in Krise und Insolvenz, 2013, S. 147) bzw. bei Bedarf die bisherigen Schätzungen im Antragswege gem. § 164 Abs. 2 AO zu ändern. Nach Verfahrenseröffnung wird von Amts wegen die (geschätzte) Steuerverbindlichkeit von der alten auf die neue Massesteuernummer »umgebucht« (Waza/Uhländer/Schmittmann, Insolvenzen und Steuern, Rn. 687), die ursprüngliche Steuerfestsetzung gegenüber dem Insolvenzschuldner wirkt gegenüber der Insolvenzmasse fort (BMF-Schreiben v. 17.01.2012, Rn. 35).

Auf mögliche **Änderungsanträge** hin wird in beiden Fällen die nun fingierte Masseverbindlichkeit mit Ablehnungs- oder Änderungsbescheid gem. § 164 Abs. 2 AO gegenüber dem Insolvenzverwalter festgesetzt (Waza/Uhländer/Schmittmann, Insolvenzen und Steuern, Rn. 686, 687).

88 Die Masseverbindlichkeit ist erst **fällig** mit Ablauf des Voranmeldungszeitraums, in dem das Insolvenzverfahren eröffnet wird (Waza/Uhländer/Schmittmann, Insolvenzen und Steuern, Rn. 686). Ein etwaiger nach Saldierung gem. § 16 Abs. 1 S. 2 UStG verbleibender Vorsteuervergütungsanspruch wäre hingegen, sofern das Finanzamt nicht mit Insolvenzforderungen aufrechnen kann (s. Rdn. 93,) und ggf. die tatsächliche Zahlung der Eingangsrechnungen nachgewiesen wird (OFD Frankfurt, 04.11.2009; OFD Hannover, 28.05.2004), bereits mit Ablauf des jeweiligen Voranmeldungszeitraums im vorläufigen Verfahren zu erstatten (s. a. Bunjes-Leonard UStG, § 18 Rn. 9). In der Praxis werden durch die Finanzämter etwaige Vorsteuerüberhänge im vorläufigen Verfahren jedoch zumeist einbehalten, um diese mit zu diesem Zeitpunkt noch nicht bekannten Insolvenzforderungen noch vor einer späteren Auszahlung nach Verfahrenseröffnung aufrechnen zu können.

Besteuerungszeitraum für die USt ist das Kalenderjahr. Die Festsetzung für das jeweilige Kalenderjahr hat über die **USt-Jahreserklärung** zu berücksichtigen, dass die USt regelmäßig aufzuteilen ist: Zum einen Insolvenzforderungen vor Antragstellung bzw. bis Verfahrenseröffnung, soweit die Umsätze von § 55 Abs. 4 nicht erfasst sind; zum anderen Masseverbindlichkeiten ab Antragstellung bis Verfahrenseröffnung gem. § 55 Abs. 4; schließlich »normale« Masseverbindlichkeiten ab Eröffnung gem. § 55 Abs. 1 InsO (Waza/Uhländer/Schmittmann, Insolvenzen und Steuern, Rn. 689). 89

Durch BFH-Urt. vom 08.08.2013 (ZInsO 2013, 1847 = BB 2013, 2595) wurde die bisherige Rechtsprechung zur Beendigung einer umsatzsteuerlichen **Organschaft** dahin gehend geändert, dass mit Bestellung eines vorläufigen »schwachen« Insolvenzverwalters mit Zustimmungsvorbehalt bei der Organgesellschaft die Organschaft endet (Wegfall der organisatorischen Eingliederung). Damit ist die Organgesellschaft wieder selbst Schuldner der USt und begründet somit auch eigene Masseverbindlichkeiten gem. § 55 Abs. 4 (Böing, BB 2013, 2595 ff.). Aufgrund einer EuGH-Vorlage des XI. Senats des BFH in zwei Verfahren, die das Erfordernis der Über- und Unterordnung im Organkreis in Frage stellen, hat das BMF mit Schreiben vom 05.05.2014 die allgemeine Anwendung des Urteils vom 08.08.2013 jedoch über den entschiedenen Einzelfall hinaus bis auf Weiteres zurückgestellt. Am 19.03.2014 hat der V. Senat des BFH in einem Verfahren des vorläufigen Rechtsschutzes beschlossen, dass ernstliche Zweifel daran bestehen, dass nach der Eröffnung des Insolvenzverfahrens die umsatzsteuerliche Organschaft fortbesteht. Dies gelte aufgrund des insolvenzrechtlichen Einzelverfahrensgrundsatzes gleichermaßen für die Insolvenzeröffnung beim Organträger wie auch bei der Organgesellschaft. Zur Haftung der Organgesellschaft nach § 73 AO nachfolgend Rdn. 91. 90

Vorsteuerberichtigungen nach § 15a UStG, die durch die Tätigkeit des »schwachen« vorläufigen Insolvenzverwalters entstehen, fallen in den Anwendungsbereich des § 55 Abs. 4 (BMF-Schreiben v. 17.01.2012, Rn. 15). Ist die Änderung der die Vorsteuerberichtigung nach § 15a UStG auslösenden Verhältnisse jedoch der Verwaltertätigkeit des Zwangsverwalters zuzuordnen, gehört die Berichtigung des Vorsteuerabzugs nach § 15a UStG zu den Aufgaben des Zwangsverwalters (vgl. § 155 ZVG, so auch Waza/Uhländer/Schmittmann, Insolvenzen und Steuern, Rn. 2155 f.).

Die **Verwertung von Sicherungsgut** im vorläufigen Insolvenzverfahren begründet keine Ust.-Verbindlichkeiten nach § 55 Abs. 4. Derartige Umsätze unterliegen weiterhin der Steuerschuldnerschaft des Leistungsempfängers nach § 13b Abs. 2 Nr. 2 UStG (BMF-Schreiben v. 17.01.2012, Rn. 16).

d) Steuerliche Nebenleistungen

Steuerliche Nebenleistungen i. S. d. § 3 Abs. 4 AO teilen grundsätzlich das Schicksal der Hauptleistung (u. a. FK-Bornemann, § 55 Rn. 54; Waza/Uhländer/Schmittmann, Insolvenzen und Steuern, Rn. 686, 2584). Darunter fallen auch Säumniszuschläge gem. § 240 AO. Die Zahllast der Hauptforderung entsteht jedoch erst mit Eröffnung des Insolvenzverfahrens (vgl. Rdn. 86a), sodass die Erhebung von **Säumniszuschlägen** gem. § 240 AO erst ab Eröffnung des Verfahrens in Betracht kommt (so auch Waza/Uhländer/Schmittmann, Insolvenzen und Steuern, Rn. 686, 2584; anders BMF-Schreiben v. 17.01.2012, Rn. 9, jedoch ohne Begründung). 90a

Nicht unter Abs. 4 fallen in jedem Fall etwaige **Verspätungszuschläge** gem. § 152 AO, weil diese nicht durch den »schwachen« vorläufigen Verwalter oder durch seine Zustimmung begründet worden sind (BMF-Schreiben v. 17.01.2012, Rn. 10, so auch MK-Hefermehl § 55 Rn. 245).

Aus der Tatsache, dass ein »schwacher« vorläufiger Insolvenzverwalter i. d. R. nicht Vermögensverwalter i. S. d. § 34 AO sein kann (Onusseit, ZInsO 2011, 641, 646) folgt ferner, dass für den Fall der **Masseunzulänglichkeit** keine persönliche Haftung des vorläufigen Insolvenzverwalters begründet wird, da hinsichtlich einer Haftung nach § 69 AO i. V. m. § 191, §§ 34, 35 AO nicht durchgreifen (Onusseit, ZInsO 2011, 641, 647), keine insolvenzspezifischen Pflichten i. S. d. § 60 ggü. dem Fiskus begründet werden (BGH, ZInsO 2010, 2188; Kahlert, ZIP 2011, 401, 405) und es sich bei der Ust.-Verbindlichkeit um einen Sekundäranspruch handelt, dessen Nichterfüllung nicht pflichtwidrig i. S. d. § 61 ist (K/P/B-Pape/Schaltke § 55 Rn. 233). 90b

Zur Vermeidung von Haftungsansprüchen im Zusammenhang mit Vorsteuerberichtigungsansprüchen nach § 15a UStG (vgl. Rdn. 86a), hat der Insolvenzverwalter stets zu prüfen, ob durch die Option zur Steuerpflicht ein Vorsteuerberichtigungsanspruch als Masseverbindlichkeit verhindert werden kann (Waza/Uhländer/Schmittmann, Insolvenzen und Steuern, Rn. 2156).

91 Gem. § 73 AO haftet eine **Organgesellschaft** für die Ust.-Schulden des Organträgers. Nach Ansicht der Finanzverwaltung soll in der Insolvenz der Organgesellschaft der Haftungsanspruch gegenüber der Organgesellschaft dem Anwendungsbereich des § 55 Abs. 4 unterfallen (s. auch Rdn. 90). In der Insolvenz des Organträgers soll dagegen § 55 Abs. 4 InsO nur auf eigene Umsätze des Organträgers anwendbar sein (OFD Frankfurt vom 11.03.2013, so auch Waza/Uhländer/Schmittmann, Insolvenzen und Steuern, Rn. 688).

e) Einzug von Altforderungen

92 Werden im Insolvenzantragsverfahren Entgelte aus Umsätzen durch den schwachen vorläufigen Insolvenzverwalter oder durch den Schuldner mit Zustimmung des schwachen vorläufigen Insolvenzverwalters vereinnahmt, die vor oder während der vorläufigen Insolvenzverwaltung durch den (späteren) Schuldner wegen Uneinbringlichkeit aus sonstigen Gründen (z. B. Zahlungsunfähigkeit des Entgeltschuldners) nach § 17 Abs. 2 Nr. 1 Satz 1 UStG berichtigt wurden, sind die hierauf entfallenden Steuerbeträge (erneut) zu berichtigen. Diese aufgrund der Vereinnahmung entstehende Steuerberichtigung begründet eine sonstige Masseverbindlichkeit nach § 55 Abs. 4. Denn der sich aus § 17 Abs. 2 Nr. 1 Satz 2 UStG ergebene Steueranspruch ist erst mit der Vereinnahmung vollständig verwirklicht, mithin während des Insolvenzantragsverfahrens (BMF-Schreiben v. 12.04.2013; BFH 09.12.2010, s. a. Wäger, Das Unternehmen in Krise und Insolvenz, 2013, S. 149 ff.).

4. Aufrechnung

93 Laut Finanzverwaltung sind vor Eröffnung des Insolvenzverfahrens Steuerforderungen und Steuererstattungen ohne Einschränkungen aufrechenbar, soweit die Aufrechnungsvoraussetzungen vorliegen. Der Umstand, dass bestimmte Steuerforderungen später (nach Insolvenzeröffnung) gem. § 55 Abs. 4 zu Masseverbindlichkeiten werden, hindert die Aufrechnung nicht (BMF-Schreiben v. 17.01.2012, Rn. 29). Für die Frage, ob das Aufrechnungsverbot des § 96 Abs. 1 Nr. 1 eingreift, ist entscheidend, dass der aufrechnende Gläubiger Insolvenzgläubiger ist. Daher greift das Aufrechnungsverbot nicht ein, wenn die Steuerforderung zwar (nach Verfahrenseröffnung) als Masseverbindlichkeit einzuordnen ist, jedoch vor Insolvenzeröffnung begründet war, mithin in den Fällen des § 55 Abs. 4 und 2 (Frotscher, Besteuerung bei Insolvenz, S. 104).

Da nach Rechtsprechung des BFH in der Zeit vom Beginn des Jahres bis zur Insolvenzeröffnung eine Jahressteuerberechnung zu erfolgen hat (Vorrang der Saldierung vor Aufrechnung, BFH vom 25.07.2012; so auch Waza/Uhländer/Schmittmann, Insolvenzen und Steuern, Rn. 858), dürfte die Anwendung des § 55 Abs. 4 an das Ergebnis dieser Jahresberechnung anzuknüpfen haben (Kahlert, ZIP 11/2013, 500; a. A. Debus/Schartl, ZIP 2013, 350: Beschränkung auf den Zeitraum des vorläufigen Verfahrens).

5. Vorläufige Eigenverwaltung

94 Die Regelung des § 55 Abs. 4 ist auf die vorläufige Eigenverwaltung nicht analog anwendbar, s. auch Rdn 82. Die z. B. vom Schuldner während der vorläufigen Eigenverwaltung begründete und vereinnahmte USt ist im Ergebnis nicht als Masseverbindlichkeit zu qualifizieren, sondern muss von der Finanzverwaltung als Insolvenzforderung zur Tabelle angemeldet werden. Dies kann insbesondere bei der Sanierung im Verfahren der Eigenverwaltung zu Liquiditätsvorteilen führen (Hobelsberger, DStR 2013, 2545; Waza/Uhländer/Schmittmann, Insolvenzen und Steuern, Rn. 690/1; Pape, NWB 41/2012, 3281; s. a. Gesetzesinitiative des Bundesrates vom 15.04.2011, BR-Drucks. 127/11). Zur Haftungsvermeidung sollte der Geschäftsführer die USt während der

vorläufigen Eigenverwaltung fristgemäß abführen; zuvor sollte die Finanzverwaltung Kenntnis vom Eröffnungsantrag erlangen, § 130 Abs. 1 Nr. 2.

Dritter Abschnitt Insolvenzverwalter. Organe der Gläubiger

§ 56 Bestellung des Insolvenzverwalters

(1) ¹Zum Insolvenzverwalter ist eine für den jeweiligen Einzelfall geeignete, insbesondere geschäftskundige und von den Gläubigern und dem Schuldner unabhängige natürliche Person zu bestellen, die aus dem Kreis aller zur Übernahme von Insolvenzverwaltungen bereiten Personen auszuwählen ist. ²Die Bereitschaft zur Übernahme von Insolvenzverwaltungen kann auf bestimmte Verfahren beschränkt werden. ³Die erforderliche Unabhängigkeit wird nicht schon dadurch ausgeschlossen, dass die Person
1. vom Schuldner oder von einem Gläubiger vorgeschlagen worden ist oder
2. den Schuldner vor dem Eröffnungsantrag in allgemeiner Form über den Ablauf eines Insolvenzverfahrens und dessen Folgen beraten hat.

(2) ¹Der Verwalter erhält eine Urkunde über seine Bestellung. ²Bei Beendigung seines Amtes hat er die Urkunde dem Insolvenzgericht zurückzugeben.

Übersicht	Rdn.
A. Normzweck	1
B. Norminhalt	2
I. Anwendungsbereich	2
II. Auswahlverfahren	3
1. Das Amt des Verwalters und die Professionalität des Insolvenzgerichtes	3
2. »Vorauswahl-Liste«	4
a) Bundesverfassungsgerichtsentscheidung vom 03.08.2004	4
b) Insolvenzverwalter als »Beruf«	5
c) Bundesverfassungsgerichtsentscheidung vom 23.05.2006	6
d) Bewerbungsverfahren, Gestaltung und Überprüfungsmöglichkeiten der Vorauswahl-Liste	7
aa) Führung der Vorauswahl-Liste und Antragsgegnerschaft in einem gerichtlichen Verfahren	7
bb) Plausibilität der Berücksichtigung – Fortsetzungsfeststellungsklagen	8
(1) Abstrakte Fortsetzungsfeststellungsklage	8a
(2) Konkrete Fortsetzungsfeststellungsklage	8b
e) Kreis der in eine Vorauswahl-Liste Aufzunehmenden	9
aa) Listung tatsächlich zu bestellender Bewerber	9
bb) Freies Auswahlermessen oder Beurteilungsspielraum	9a
cc) Keine vergleichbare Listenverpflichtung in anderen Rechtsbereichen	9c
f) »Offene« oder »geschlossene« Vorauswahl-Liste (§ 56 Abs. 1 Satz 1 und Satz 2)	10
g) »Closed shop«	10b
3. Einzelne Auswahlkriterien für die Vorauswahl	12
a) Mindestanforderungen	12
aa) Gewähr für sachlich richtige und zeitnahe Auftragsbearbeitung	13
(1) Persönliche Eignung	13
(2) Eignung des Organisationsumfeldes	15
(a) »Unterbau«	15
(b) »Qualitätskriterien«	15c
bb) Gewähr für zuverlässige, persönliche Bearbeitung der gerichtlichen Aufträge in ihren Kernbereichen; keine Überlastung	16
cc) Gewähr für Unabhängigkeit im weiten Sinne (Abs. 1 Satz 1)	17
(1) Gesetzliche Definitionseinschränkungen	17a
(2) Offenbarungspflicht bereits bei Listung und später	17b
(3) Regelhafte Vorbefassungen und »Seitenbefassungen«	17c

dd) Gewähr für die Befolgung genereller Richtlinien 19	1. Gestaltung und Rechtsnatur der konkreten Auswahlentscheidung ... 30
b) Weitere Anforderungen 20	a) Eröffnungsbeschluss als Rechtsprechungsakt? 31
aa) Bewerbungsgespräch 21	
(1) Abfrage von Detail-Kriterien 21	b) Keine Notwendigkeit einer Auswahlbegründung............. 32
(2) Ablehnungsgründe. ... 21a	2. Sinn einer Konkurrentenklage 34
bb) »Vertrauen« und Abwicklungsstandards als Auswahlkriterien 22	3. »Kategorisierer« und Kriterien-Listen 36
	4. Gläubigerbeteiligung bei der Bestellungsentscheidung 38
cc) Bedarf an Insolvenzverwaltern 23	IV. Beginn und Ende des Amtes (Abs. 2) ... 39
4. »De-Listing« als Justizverwaltungsakt 25	V. Rechtsstellung des Insolvenzverwalters .. 40
5. Konkrete Auswahlkriterien bei der einzelnen Bestellungsentscheidung.. 26	VI. Sonderinsolvenzverwalter 41
	1. Zulässigkeit und Anwendungsfälle.. 41
a) Eingrenzung der möglichen Kandidaten................. 26	2. Insolvenzverfahren von Firmengruppen mit vernetzter Struktur (Holding, Konzern, cash-flow-Gruppe, KG etc.)............. 41a
b) Anhörungen 26a	
c) Unabhängigkeit des Kandidaten zum konkreten Sachverhalt (§ 56 Abs. 1 Satz 1 und Satz 3) 26b	
	3. Gesamtschadensanspruch (§ 92 Satz 2) 42
d) Arbeitsbelastung des konkreten Kandidaten................. 27	C. **Verfahrenshinweise** 43
	I. Zuständigkeit.................... 43
III. Konkrete Bestellungsentscheidung in Dogmatik und Methodik 29	II. Rechtsmittel..................... 44

A. Normzweck

1 Die Vorschrift regelt die **Kriterien für die Auswahl des Insolvenzverwalters**, die als »Schicksalsfrage des Insolvenzverfahrens« (Jaeger, § 78 KO, Anm. 7) betrachtet wird. Die in der Vorschrift genannten Kriterien schränken das **Auswahlermessen des Insolvenzrichters** (§ 18 Abs. 1 Nr. 1 RPflG; dazu: Rdn. 9a) ein (zusammenfassend zur Entwicklung der letzten Jahre: BAkinso e. V. vom 21.11.2008, ZInsO 2008, 1260 = NZI-aktuell 1/09, VII).

Die Auswahl soll sich an den **Bedürfnissen des konkreten Insolvenzverfahrens** orientieren; eine »automatisierte Listenauswahl« ohne Ansehung des Verfahrens kommt nicht in Betracht (Frind, ZInsO 2001, 481; Förster, ZInsO 2001, 545; Klaas u. a., ZInsO 2001, 652; Beutler u. a., ZInsO 2001, 730; HK-Riedel § 56 Rn. 22, 23; **a. A.** Holzer/Kleine-Cosack/Prütting, Bestellung des Insolvenzverwalters, S. 61 – 67; Koenig/Hentschel, ZIP 2005, 1937, 1939: »Rotationsprinzip«; zur Forderungen nach Verwalterauswahl nach »automatisierter Reihenfolge« und den Distanzierung von einem diesbzgl. Gutachten vgl. die Vorauflage unter Rn. 1a; Frind, ZInsO 2005, 700 m. w. N.).

1a **Verwalter»markt«**: Das gesamte Auswahlverfahren ist seit Bestehen der InsO zunehmend streitig geworden, denn immer mehr Verwalter drängen auf einen begrenzten »Markt« von Verfahren (zur Entwicklung des Verhältnisses Verfahren/Verwalter: Vallender, Wpg-Sonderheft 2011, 31: von im Jahr 2000 1.221 Verwaltern auf 1.986 Verwaltern bei Verdreifachung des Verfahrensbestandes). In der Folge des Verdrängungswettbewerbes lassen sich immer mehr Verwalter bei verschiedenen Insolvenzgerichten »listen«, in der Spitze einige bei ca. 14 Gerichten (INDAT-Report 10/2013, S. 6). Im Ergebnis können damit durch geschickte Mehrfach-Listung bedenkliche »Spitzenwerte« von regelmäßig 80 – 90 eröffneten Unternehmensinsolvenzverfahren (!) pro Verwalter und Jahr erreicht werden, wie die jährlichen Auswertungen des »INDAT-Report« der »TOP 300 Verwalter« zeigen (dazu Rdn. 16). Mit dem »ESUG« hat sich teilweise der »Listungswettbewerb« auf einen Wettbewerb um die Gunst von »Hauptgläubigern« umgestellt, eine nicht weniger bedenkliche Entwicklung.

Ein weit verbreiteter Irrtum ist es, die Verwalterbestellung allein im Interesse der Gläubiger zu verorten, wohingegen die Bestellung des Verwalters auch der geordneten und effizienten Rechtspflege dient, was das BVerfG bereits 2004 festgestellt hat (Rdn. 1c, 3; Preuß, ZIP 2011, 933, 934; BVerfG, ZInsO 2004, 913; weiteres bei § 56a Rdn. 2 ff.). Ob der durch das Gesetz zur weiteren Erleichterung der Sanierung vom Unternehmen (»ESUG«) (BT-Drucks. 17/5712; BT-Drucks. 17/7511; BGBl. I, S. 2582 ff.) eingeschlagene Weg der Beteiligung der Gläubigerschaft an der Auswahl des Insolvenzverwalters über einen vorläufigen Gläubigerausschuss (s. §§ 22a, 56a) erfolgreich sein wird, muss das BMJ bis 2017 **evaluieren** (dazu Frind, INDAT-Report 7/2013, 18).

Weiterhin stellt die Norm klar, dass **nur natürliche Personen zu Insolvenzverwaltern** bestellt werden können (MK-Graeber § 56 Rn. 15; Pape, ZIP 1993, 737; a. A. Römermann, ZInsO 2004, 937, 939; Leibner, KTS 2005, 75; Kleine-Cosack, EWiR 2008, 441; de lege ferenda: Vitalis, ZInsO 2004, 540). Eine »Institutsverwaltung« kennt das deutsche Insolvenzrecht nicht und sie widerspricht den Kernanforderungen (Verwalter = Träger besonderen Vertrauens, MK-Graeber § 56 Rn. 16) an eine eigenverantwortliche Insolvenzverwaltung (BGH, ZInsO 2013, 2103). Die Übertragung des Verwalteramtes auf juristische Personen war bereits im Gesetzgebungsprozess zur InsO erörtert (BT-Drucks 12/2443; S. 127) und damals im Rechtsausschuss verworfen worden (BT-Drucks 12/7302, S. 161; BK-Blersch § 56 Rn. 1 m. w. N.). Das Gericht muss den Insolvenzverwalter persönlich einschätzen und kennen können, eine Übertragung des Amtes auf juristische Personen ließe völlige Weitergabe des Auftrages innerhalb der »Firma« und ständigen Wechsel der Hauptverantwortlichen zu. Dies ist mit den Kernanforderungen an eine verlässliche Insolvenzverwaltung unvereinbar (Frind ZInsO 2013, 2151).

1b

Der BGH hat diese Beschränkung des § 56 Abs. 1 Satz 1 InsO auch unter dem Aspekt des Gleichbehandlungsgebotes und der Berufsfreiheit (Art. 3 Abs. 1, 12 Abs. 1 GG) geprüft und der **Bestellbarkeit einer juristischen Person zu Recht eine Absage erteilt.** Der BGH betont, – dass die Insolvenzverwaltung nicht auf verschiedene innerhalb einer Organisation tätige Entscheidungsträger »zergliedert« werden darf (BGH, ZInsO 2013, 2103, 2104 Rn. 13; zust. Frind, ZInsO 2013, 2151; Seele, ZVI 2013, 476; a. A. Piekenbrock, LMK 2013, 353032; die Entscheidung nur mit Blick auf das Verbot aus § 59c BRAO, eine Rechtsanwalts-GmbH zu gründen, für richtig, ansonsten aber abwegig haltend Römermann, GmbHR 2013, 1249) und – es keine unklaren Verantwortlichkeiten bei der Abwicklung des Verfahrens geben darf (BGH, ZInsO 2013, 2103, 2104 Rn. 22).

Dieser Ansatz stärkt die Forderung nach einer höchstpersönlichen Bearbeitung des Insolvenzverfahrens in seinen Kernbereichen durch den Insolvenzverwalter (dazu Rdn. 16). Der Alternativvorschlag, ein »ausübender« Verwalter könne von den Personen des Vertretungsorganes benannt werden, wäre aber vom Insolvenzgericht ausdrücklich förmlich zu bestellen. Bluhm (ZIP 2014, 555, 558) räumt ein, dass damit eine Auswechslungsnotwendigkeit bei Weggang dieser Person kaum vermeidbar wäre (Sozietätsbestellung müsste Personenwechsel folgen). Im Übrigen wäre bei diesem Procedere kaum ein Unterschied zur direkten Bestellung einer natürlichen Person gegeben.

Insb. im Zuge der Diskussionen um den »Wettlauf« von Insolvenzgerichten bei der Eröffnung von europäischen Insolvenzverfahren ist hier bereits die Forderung nach Übernahme des angloamerikanischen Systems laut geworden, bei welchem Unternehmensberatungsfirmen zu Verwaltern bestellt werden (Vitalis, ZInsO 2004, 540). Dies ist nicht nur in Ansehung der Formulierung des § 56, sondern aus den nachfolgend aufgezeigten Gefährdungen der Unabhängigkeit (§ 56 Rdn. 17 ff.) abzulehnen, wie auch wegen der damit zwangsläufig verbundenen, mangelnden Transparenz der Abwicklung bei Auswechslungsmöglichkeit von »Sachbearbeitern«, die ein Insolvenzverfahren dann selbstständig abwickeln würden.

Die deutsche Regelung des § 56 Abs. 1 InsO ist somit weder verfassungs- noch europarechtswidrig. Der gegenteiligen Ansicht (Kleine-Cosack, NZI 2011, 791) hat der BGH eine Absage erteilt (BGH, ZInsO 2013, 2103). Auch in Verfahren mit internationalem Bezug, z. B. nach der EuInsVO, kann nach deutschem Insolvenzrecht nur eine natürliche Person bestellt werden (Prütting, ZIP 2005, 1097, 1103; weiteres hierzu bei Rdn. 1c).

Europäische Anforderungen gebieten keine Änderung; bereits der BGH hat dies nicht so gesehen, die Debatte dürfte beendet sein (Frind, ZInsO 2013, 2152; BGH, ZInsO 2013, 2103, a. A. Bluhm, ZIP 2014, 555, 562). Die nach Art. 46 EuInsVO tätige Kommission zur Überprüfung der EuInsVO hat in den Vorschlägen zu ihrer Neuregelung keine wesentlichen Änderungen bei der Verwalterbestellung vorgeschlagen (Vorschlag zur Änderung der EuInsVO der Europäischen Kommission vom 12.12.2012 (COM 2012, 744 [final]) – beschlossen vom EU-Parlament am 05.02.2014). Der Bericht des Berichterstatters Lehne (ZInsO 2011, 1342) zeigt hier für das nationale Recht Veränderungsbedarfe auf; hinsichtlich des Insolvenzverwalters wird dort aber lediglich eine nationale Zulassung – ohne nähere Konkretisierung – gefordert und keine Abkehr von nationalen Beschränkungen auf natürliche Personen. Auch wird kein Rechtsvergleich zu den Bestellungsvorschriften in anderen europäischen Ländern gezogen, die ebenfalls eine Institutsverwaltung nicht kennen (vgl. Rdn. 10).

Eine ausländische Insolvenzverwalterfirma könne sich beim Insolvenzgericht um Listenaufnahme im Verfahren gem. Art. 102a EGInsO bewerben und bei Ablehnung über das Verfahren vor dem OLG eine Vorlage an den EuGH erzwingen (Kleine-Cosack, NZI 2011, 791).

1c In jüngerer Zeit war die Anwendung der »**Europäischen Dienstleistungsrichtlinie**« (2006/123/EG) vom 12.12.2006 (EU-DLR) auf den Insolvenzverwalter diskutiert worden (befürwortend: Sabel/Wimmer, ZIP 2008, 2097; Graf-Schlicker, Kölner Schrift, 3. Aufl., S. 235 ff.; Graf-Schlicker, § 56 Rn. 6 – 11; Stephan, INDAT-Report 2/2010, 19), teilweise auch auf die Schuldnerberatungen (abl. Homann, ZVI 2009, 359 ff.; Richter, ZVI 2009, 325); dies betrifft die Amtsstellung des Insolvenzverwalters und das demgemäße Zugangsverfahren (Kleine-Cosack, NZI 2011, 791 ohne substanzielle Würdigung der Gegenmeinungen). Durch die Einführung des **Art. 102a EGInsO** (Preuß, ZIP 2011, 934, 939) einerseits und die BGH-Entscheidung vom 19.09.2013 (ZInsO 2013, 2103 = NZI 2013, 1022) zur Frage der Möglichkeit, eine juristische Person als Insolvenzverwalter zu bestellen andererseits ist die Diskussion weitgehend beendet.

Der Gesetzgeber hat zwar für die **Bewerbung ausländischer Insolvenzverwalter**, soweit Staatsangehöriger eines EU–Mitgliedsstaats oder niedergelassen in einem EU–Mitgliedsstaat oder EWR-Vertragsstaat mit Gesetz vom 22.12.2010 (BGBl. I 2010, 2248; BT-Drucks. 17/3356) mit Inkrafttreten zum 28.12.2010 über einen Art. 102a EGInsO ein Verfahren zur Bewerbung geschaffen und damit weiterhin an seiner Ansicht, die Dienstleistungsrichtlinie sei auf den Insolvenzverwalter anwendbar festgehalten (zum Bewerbungsverfahren unter Rdn. 7 und bei Art. 102a EGInsO). Die jüngere Diskussion verneint einen Zugang juristischer ausländischer Personen zum Verwalteramt über das Argument der Anwendung der Dienstleistungsrichtlinie (Gehrlein, NJW 2013, 3756; Preuß, ZIP 2011, 936, 938; a. A. Piekenbrock, LMK 2013, 353032; Bluhm, ZIP 2014, 555, 561).

Bei Anwendung der EU-DLR sollte jegliche Begrenzung der Verwalterauswahl gesetzlich mittels einer Berufszulassungsordnung geregelt werden müssen und die »natürliche Person« als Zugangshürde entfallen bzw. nur aus »übergeordneten Gründen des Gemeinwohls« haltbar sein. Als bundesweite Zulassungskriterien sollen rein formale Anforderungen, die leicht überprüfbar sind, geregelt werden (vgl. Martini, INDAT-Report 3/2010, 12, 13; Hillmer, Bericht vom Frühjahrskongress des VID e. V. 2009, Referat Wimmer, KSI 2009, 181, 183). Die Stellung einer solchen Regelung zur richterlichen Vorauswahl-Liste ist unklar (Prütting, INDAT-Report 7/09, 17), die Befürworter der Anwendbarkeit der EU-Dienstleistungsrichtlinie sehen dies als abzuschaffende »regionale Hürde«.

Da der Insolvenzverwalter bei seiner Tätigkeit jedoch **kein rein »privates Amt«** im Sinne einer Dienstleistung für Private erbringt (zu den Theorien betreffend die Amtsstellung: § 80 Rdn. 4 ff.) und unter der Rechtsaufsicht des Gerichtes steht, wird er als Teil der Funktionseinheit »Gericht/Verwalter« im konkreten Verfahren gleichsam auf Zeit »Angehöriger« des staatlichen Justizpersonals (Höfling, JZ 2009, 339, 341, 343; HK-Riedel, § 56 Rn. 3 a. A. Smid, ZInsO 2009, 113, 114). Er ist »eingebettet in die Tätigkeit der Rechtsordnung« in der Funktionseinheit Gericht/Verwalter zur Umsetzung der Ziele der InsO (Preuß, ZIP 2011, 936, 938). Nach noch weiter gehenderer Ansicht übt der Verwalter, wie der Notar, ein »öffentliches Amt« aus (OLG Hamburg vom 06.01.2012, ZInsO 2012, 175).

Er unterfällt mithin der Nichtanwendungsregelung in Art. 2 Abs. 2 Buchst. i) Dienstleistungsrichtlinie (Art. 62 AEUV i. V. m. Art. 51 AEUV) als notwendiger Teil einer Tätigkeit, die mit Ausübung öffentlicher Gewalt verbunden ist (Gehrlein, NJW 2013, 3756; Stellungnahme des Deutschen Anwaltvereins [DAV] vom 11.08.2010 zum Gesetzentwurf »Umsetzung der Dienstleistungsrichtlinie«, NZI 18/2010, IX; Frind, ZInsO 2010, 1678; Entschließung des Bundeskongresses »Sanierung als Chance für den deutschen Mittelstand« 04.03.2010, ZInsO 2010, 473; Entschließung BAKinso e. V. vom 01.12.2009, ZInsO 2009, 2391 = NZI 18/2009 VII; Frind, ZInsO 2009, 1997; Für eine leistungsorientierte Insolvenzverwalterauswahl, Thesen-Dokumentation, ZInsO 2009, 1950; Ries, ZInsO 2009, 2030, 2032; Förster, ZInsO 2009, 1932; Marotzke, ZInsO 2009, 1929; Slopek, ZInsO 2008, 1243; Frind, ZInsO 2008, 1248).

Ein anderer Ansatz lehnt die Anwendung der Dienstleistungsrichtlinie ab, weil bereits durch die EuInsVO ein Eingriff in das Insolvenzverfahrensrecht lt. Erwägungsgrund Nr. 6 ausdrücklich als nicht gewollt festgelegt worden sei und die Richtlinie demgegenüber subsidiär sei (Art. 3 Abs. 1 Satz 1 Dienstleistungsrichtlinie) (Smid, ZInsO 2009, 113).

Berufs- und Zulassungsordnung: Der VID e. V. stellte konsequent die Notwendigkeit der von ihm ehemals präferierten Zulassungsordnung seit Oktober 2009 nicht mehr in den Kontext der Dienstleistungsrichtlinie-Umsetzung und setzt auf **Berufsgrundsätze und Grundsätze ordnungsgemäßer Verwaltung** (vgl. www.vid.de). Die Notwendigkeit einer Zulassungsordnung soll der Gesetzgeber prüfen (so Beck, INDAT-Report 8/09, 29). Umstritten ist, ob eine **Zulassungsordnung für Insolvenzverwalter** auch unabhängig von der Diskussion über die Anwendbarkeit der Dienstleistungsrichtlinie notwendig und geeignet ist, das Qualitätsniveau von Verwaltung heben und die Bedarfsfrage regeln kann (Rdn. 12a; ablehnend zur Notwendigkeit einer Zulassungsordnung: Mönning, FS Görg, 2010, 291, 306; Siemon, ZInsO 2010, 401, 412; Neubert, ZInsO 2010, 73; Entschließung BAKinso e. V. vom 01.12.2009, ZInsO 2009, 2391 = NZI 18/2009 VII; Riedel, INDAT-Report 7/09, 18; Herbst/Pluta, INDAT-Report 7/09, 34; Frind, ZInsO 2009, 1997; »Für eine leistungsorientierte Insolvenzverwalterauswahl«, Thesen-Dokumentation, ZInsO 2009, 1950 = NZI 14/09, VI; erneut: ZInsO 2009, 2237; Wellensiek, Handelsblatt 31.08.2009). Vielmehr müsste ein Zulassungsverfahren eine qualitätsorientierte Verwaltervorauswahl unterstützen (Preuß, ZIP 2011, 933, 940). Der VID e. V. hatte hierzu im Oktober 2009 fünf befürwortende Eckpunkte zu einer Berufs- und Zulassungsordnung verabschiedet (INDAT-Report 8/09, 22 ff.; ZInsO 50/2009, IV; kritisch Frind, ZInsO 2009, 2331).

1d

Praktische Erfahrungen zeigen, dass die **Vielzahl denkbarer Auswahlkriterien nicht enumerativ regelbar ist** (Frind, ZInsO 2006, 1250; a. A. VID-Pressemitteilung vom 12.11.2008, NZI 12/2008, XI; Laws, ZInsO 2006, 847, 850; Pape, ZInsO 2007, 113, 125; Wieland, ZIP 2007, 462, 463; zur Frage der »Vereinheitlichung« von Auswahlkriterien für alle Insolvenzgerichte s. Rdn. 12). In Deutschland wird zu Informationszwecken von Gläubigern eine **bundesweite Verwalterliste** gefordert (INDAT-Report 6/09, 6). Eine bedarfsgerechte Versorgung entsteht damit nicht. Für die Stärkung einer »Bedarfsdeckelung« könnte eine gesetzliche Klarstellung, dass eine solche möglich und zulässig ist, für die Praxis hilfreich sein (vgl. Schäferhoff, INDAT-Report 9/09, 31; Haarmeyer, ZInsO 2008, 367). Die österreichische Praxis in **§ 15 Österreichische InsO** (eingehend dazu: Kraft/Thurner/Blancke, ZInsO 2002, 864), mittels einer bundesweiten Internetliste mit ca. 18 freiwillig auszufüllenden Kriterien jedem Aspiranten ein Forum und den Insolvenzgerichten eine gemeinsame Auswahl anzubieten, hat sich als wenig erfolgsträchtig erwiesen. Zum einen war die Verifizierung der richtigen und zutreffenden Ausfüllung der Kriterien nicht möglich, zum anderen ging das dadurch produzierte »Riesenangebot« an den Bedürfnissen der Insolvenzgerichte nach einer halbwegs überschaubaren Auswahlbreite vorbei. In Tschechien sind nach dem »Insolvenzverwaltergesetz« vom 2006 (Geltung: 01.01.2008) die Kriterien zur Aufnahme in eine beim Justizministerium geführte Verwalterliste auch eher formaler Natur (Heidenhain/Pravda, ZIP 2008, 679, 681).

1e   Der Abs. 2 der Vorschrift enthält lediglich eine formelle Regelung zur **Bestellungsurkunde**, die der Verwalter bei jeder Form der Amtsbeendigung zurückzugeben hat (s. Rdn. 43).

B. Norminhalt

I. Anwendungsbereich

2   Über Verweisungen in § 21 Abs. 2 Nr. 1, § 270b Abs. 2, § 274 und § 313 Abs. 1 Satz 3 gilt die Vorschrift auch für den vorläufigen Verwalter, den (vorläufigen) Sachwalter und den Treuhänder im vereinfachten Insolvenzverfahren (ausführlich zu dessen Aufgaben: Hergenröder, ZVI 2005, 521), nicht aber für den Treuhänder in der Wohlverhaltensperiode des Restschuldbefreiungsverfahrens (fehlende Bezugnahme in § 292 Abs. 3 Satz 2). Allerdings wirkt die Bestellung des Treuhänders mit dem Eröffnungsbeschluss im vereinfachten Insolvenzverfahren (Verbraucherverfahren) – und nur dort wegen § 313 Abs. 1 InsO- für die Wohlverhaltensperiode fort (BGH, ZVI 2004, 544; BGH, ZInsO 2007, 1348). Die Bestellung eines anderen Treuhänders für die Wohlverhaltensperiode war bisher konkludente Entlassung, die nur bei einem wichtigen Grund statthaft ist (BGH, ZInsO 2012, 455).

▶ Hinweis:

Nach der **Reform des Privatinsolvenzverfahrens** mit Geltung zum 01.07.2014 (BGBl. I 2013, 2379) entfällt die bisherige Stellung eines Treuhänders in Verbraucherinsolvenzverfahren zugunsten der fortan – auch dort – immer vorzunehmenden Bestellung eines Insolvenzverwalters (zu den Änderungen Henning, ZVI 2014, 7). Damit findet eine »Zäsur« in der Bestellung nunmehr zum Beginn der Wohlverhaltensphase gem. § 288 n. F. InsO mit der Einsetzung des Treuhänders für diese Phase statt (s. Streck, § 288 Rdn. 3). Die bisherige Rechtsprechung zum »Durchlaufen« des Amtes (BGH, ZInsO 2007, 1348) dürfte daher nicht mehr anwendbar sein (Frind, ZInsO 2013, 1448, 1449). Der Insolvenzverwalter des Verbraucherinsolvenzverfahrens hat die gleiche Qualifikation wie ein Insolvenzverwalter im Regelinsolvenzverfahren aufzuweisen, die bisherige Bestellung von »Nur-Treuhändern« entfällt ab 01.07.2014. Dies erfordert eine Nachqualifikation der betreffenden Personen oder auch ein de-listing (Graeber, InsbürO 2013, 339).

▶ Praxistipp:

Das Insolvenzgericht geht bei der Bearbeitung eines Insolvenzverfahrens i. d. R. stufenweise vor: Die **Einsetzung eines Sachverständigen** nach § 5 Abs. 1 Satz 2 wird meist der Bestellung eines vorläufigen Insolvenzverwalters (§§ 21, 22, 56a) – je nach erkennbaren Sicherungsnotwendigkeiten – vorausgehen (Wiester/Wilk, NZI 2007, 12; vgl. auch »Hamburger Leitlinien«, ZInsO 2004, 24; »Heidelberger Leitlinien«, ZInsO 2009, 1848; Rauscher, ZInsO 2009, 1847). Auch der vorläufige Insolvenzverwalter ist bzw. bleibt zugleich Sachverständiger (§ 22 Abs. 1 Nr. 3). Mithin entfalten über § 4 die Vorschriften der **§§ 404 ff.** ZPO zur Sachverständigenauswahl und zu den Sachverständigenpflichten **ergänzende Wirkungen** zu § 56 (Wiester/Wilk, NZI 2007, 12, 14; MK-Graeber § 56 Rn. 10), jedoch **nicht die Vorschrift des § 404a Abs. 2 bis 5 ZPO** wegen der Besonderheiten des Insolvenzverfahrens (Uhlenbruck, FS Greiner, 317, 319) und **auch nicht § 406 ZPO** (Ablehnung wegen Besorgnis der Befangenheit) (BGH vom 23.09.2010 – IX ZA 2/10, BeckRS 2010, 24136; BGH, NZI 2007, 284, 285).

Das Insolvenzgericht hat aber bereits bei der Auswahl des Sachverständigen die Qualitätsanforderungen zu beachten, die die Norm des § 56 in ihren Ausprägungen an den Insolvenzverwalter stellt (Vallender, ZInsO 2010, 1457, 1458; Uhlenbruck, FS. Greiner, 317, 320; Wiester/Wilk, NZI 2007, 12).

Eine Pflicht des Insolvenzgerichts, den vorherigen Sachverständigen/vorläufigen Insolvenzverwalter **bei Eröffnung auch zum Insolvenzverwalter** zu ernennen, gibt es laut gesetzlicher Regelung aber nicht (LG Potsdam, ZInsO 2005, 501). Bei zwischenzeitlich eintretenden Erkenntnissen über die Ungeeignetheit des Sachverständigen/vorläufigen Verwalters muss die Eröffnung mit einem anderen Verwalter erfolgen (AG Potsdam, ZInsO 2002, 90). Der Insolvenzrichter kann also im Eröffnungsbeschluss einen völlig anderen Kandidaten bestellen, wird dies aber i. d. R. nur bei im Verlauf des Eröffnungsverfahrens zutage tretenden Mängeln der Arbeitsweise oder Bedenken hinsichtlich der Unabhängigkeit des vorherigen Kandidaten tun, da die »Auswechselung« auf das Verfahren wegen der erneut notwendigen Einarbeitungszeit und den evtl. auftretenden Friktionen zu »Weichenstellungsentscheidungen« des vorherigen vorläufigen Verwalters negative Wirkungen haben wird.

Allerdings ist diese Entscheidung nicht endgültig, sondern wird vom Gericht nur im wohlverstandenem Interesse der Gläubiger vorgenommen, wie aus § 57 folgt. Gem. §§ 22a, 56a bestehen in Verfahren mit einem **vorläufigen Gläubigerausschuss Anhörungsrechte** und -notwendigkeiten, ggf. hat der Ausschuss eine Abwahlmöglichkeit bereits im Eröffnungsverfahren nach § 56a Abs. 3 (s. dort Rdn. 28 f.). Eine Anhörung zur Sachverständigeneinsetzung findet nicht statt.

II. Auswahlverfahren

1. Das Amt des Verwalters und die Professionalität des Insolvenzgerichtes

Das Amt des Insolvenzverwalters ist **hoheitliche Aufgabe im öffentlichen Interesse** (geregelte Abwicklung von insolventen Unternehmen bzw. der Vermögen insolventer Schuldner; Weiteres bei § 80 Rdn. 4 ff., s. a. o. Rdn. 1c; unten Rdn. 5). Gem. Art. 1 § 3 Nr. 6 RBerG bedarf sie keiner gesonderten Erlaubnis nach dem Rechtsberatungsgesetz. Eine Teilbereichserlaubnis nach Art. 1 § 1 Abs. 11 Satz 2 RBerG für »Insolvenzberatung« im weiteren Sinne kann nicht erteilt werden (BVerwG, ZInsO 2005, 316). Bei der Erfüllung der Aufgabe des Insolvenzverwalters hat die **bestmögliche Verwertung der Masse**, ggf. im Wege der Sanierung, zugunsten der Gläubigergemeinschaft im Vordergrund zu stehen.

Die damit notwendige äußerst sorgfältige **Auswahl vollzieht sich in zwei Stufen**: Der Insolvenzrichter verschafft sich zunächst einen Überblick über die zur Übernahme des Amtes von Insolvenzverwalter/Treuhänder generell bereiten Personen und bildet daraus eine **Vorauswahl**-Liste der geeigneten Personen. In der zweiten Stufe erfolgt die **konkrete Bestellung im jeweiligen Einzelfall**.

Notwendig ist die **Professionalität der Auswählenden bzw. Professionalisierung der Insolvenzrechtsanwender**: Die Verwalterauswahl ist für den Insolvenzrichter u. U. haftungsträchtig und erfordert einen erfahrenen und der Kenntnisbreite der Insolvenzverwalter angemessen ausgebildeten, berufserfahrenen Insolvenzrichter und -rechtspfleger, weshalb die Forderungen nach mehr Qualifikation im gerichtlichen Bereich zu Recht nicht verstummen (Depre, FS Wellensiek, 2011, S. 271; Richter, INDAT-Report 6/09, 38 f.: Bericht der Arbeitsgruppe in NRW; Uhlenbruck/Vallender, NZI 2009, 1, 3; Zypries, NZI-aktuell, 1/09, V; Uhlenbruck, ZInsO 2008, 396; ders. FS. Fischer, 509 ff.; Uhlenbruck/Mönning, ZIP 2008, 157, 166; BAKinso, ZInsO 2007, 489; Heyrath, ZInsO 2006, 1196, 1198; Ries, BJ 2006, 406, 411). Gerade in Großverfahren sind vom Insolvenzgericht viele wichtige Entscheidungen zu treffen (Möhlen, Rechtspfleger 2010, 355), der Insolvenzrichter kann Schaltstelle für Sanierungen sein (Vallender, DB 2012, 1609, 1610).

Nur durch die Beschäftigung mit einer Vielzahl von Insolvenzakten ist die **notwendige Erfahrung und Professionalität bei den gerichtlichen Rechtsanwendern** zu erreichen, die nicht zuletzt zur richtigen Verwalterauswahl und -aufsicht unverzichtbar ist (Busch, ZInsO 2011, 1321; Heyer, INDAT-Report 3/2011, 34). Die Einarbeitungszeit, u. a. zur Fähigkeit der Einschätzung gelisteter Verwalter, wird von Fachleuten auf 4 bis 5 Jahre geschätzt (Heyrath, INDAT-Report 2/2011, 34). Gläubiger können Verwalterqualitäten häufig nur ausschnitthaft beurteilen, ihnen fehlt die Übersicht über viele verschiedene Verfahren und die Gesamtbandbreite der Verfahren (a. A. Portisch, ForderungsPraktiker 2011, 8).

Dem Defizit auf gerichtlicher Seite sollte u. a. durch die **Konzentrationsmaxime** in § 2 Abs. 2 Rechnung getragen werden, die jedoch von verschiedenen Bundesländern nur ungenügend umgesetzt wurde (INDAT-Report 8/09, 32) Diese »Öffnungsklausel« zu korrigieren steht nach wie vor auf der Agenda (BAKinso e. V. vom 16.11.2010, ZInsO 2010, 2229; Busch, ZInsO 2011, 1321; Bieg/Kampshoff/Kruse, InsVZ 2010, 315, 316; Eidenmüller/Frobenius/Prusko, NZI 2010, 545,

549; Eidenmüller, ZIP 2010, 649, 659; Entschließung BAKinso e.V. vom 01.12.2009, ZInsO 2009, 2391 = NZI 18/2009 VII; Heyrath, INDAT-Report 8/09, 32; Uhlenbruck, ZIP-Beilage Heft 27/09, 26, 29; Frind, ZInsO 2009, 952; Bergner, NZI 2007, 642; Frind, DRiZ 2006, 199; Messner, DRiZ 2006, 329, 331; Vallender INDAT-Report 9/2006, S. 11; Änderungsvorschlag: Stellungnahme BAKinso, NZI 6/08, IX ff). Im Zuge einer Gesetzesregelung zur »Konzerninsolvenz« (BT-Drucks. 18/407, ZInsO 2014, 286 ff.) soll über einen § 2 Abs. 3 InsO die Möglichkeit für die Länder geschaffen werden, Konzerninsolvenzgerichte zu schaffen. Die Nutzung ist fraglich. Denn bereits bisher existieren Gerichte, in denen jährlich nur 20 – 40 Verfahren eröffnet werden (Kranzusch, ZInsO 2010, 841, 845; INDAT-Report 5/10, 26). Dies führt zum »Ranking der Insolvenzgerichte« mit Zuständigkeits-Verlegung zur Eröffnung beim »richtigen« Gericht (Thesen zur Qualitätssicherung der Insolvenzgerichte, »Heidelberger Leitlinien«, ZInsO 2009, 1848 = NZI 2009, 593).

Der Gesetzgeber hatte entsprechende Forderungen im RegE »ESUG« vom 23.02.2011 (ZInsO 2011, 269; Beilage ZIP Heft 6/2011 = BT-Drucks. 17/5712) aufgenommen, aber letztlich nicht verwirklicht (der Bundesrat hat dem widersprochen, in erster Linie aus Kostengründen, vorgeblich mit dem Argument der Bürgernähe, vgl. BR-Drucks. 127/11; dazu: Rendels, INDAT-Report 3/2011, 64 und Gegenäußerung der Bundesregierung vom 21.04.2011/04.05.2011). Die reine Verfahrensdauer ist kein Argument gegen eine Konzentration, denn diese kann auch von der Sorgfältigkeit der Prüfungen im Verfahren abhängen (Frind, ZInsO 2011, 1569). Die Konzentration der Gerichte wurde i. R. d. Gesetzgebungsprozesses zu »ESUG« der Vermeidung einer Anrufung des Vermittlungsausschusses geopfert (Hirte, ZInsO 2011, 2318).

Auch die im »ESUG« nunmehr implementierte »**Ausbildungsklausel**« in §§ 22 Abs. 6 GVG, 18 Abs. 4 RPflG wird als ungenügend angesehen (Frind, ZInsO 2011, 373; a. A. Busch, ZInsO 2011, 1321). Eine wirkliche Professionalisierung der insolvenzgerichtlichen Rechtsanwender muss bei den Präsidiumsentscheidungen ansetzen: Denn auch die Gerichtspräsidien sind gefordert, **keine Berufsanfänger** (die Zeitgrenze aus § 22 Abs. 6 GVG ist zu niedrig) als Insolvenzrichter einzusetzen und für Kontinuität im Insolvenzdezernat zu sorgen (Vallender, NZI 2010, 838, 843; Erdmann, ZInsO 2010, 1437, 1439; Richter, INDAT-Report 6/09, 38 f.; gesetzgeberischer Vorschlag bei Frind, ZInsO 2009, 952; s. a. Gärtner, INDAT-Report 7/08, 23; Uhlenbruck, ZInsO 2008, 396, 397).

3b Eine Übertragung von Insolvenzsachen auf die **Kammern für Handelssachen** bei den LG soll nach einigen Vorschlägen betriebswirtschaftlichen Sachverstand in den Verfahren erhöhen (Brenner, ZIP 2007, 1826, 1828; Haarmeyer, ZInsO-Newsletter 5/2011, 3; Hirte ZInsO 2011, 2318, 2319). Dieser Vorschlag übersieht, dass die Eilbedürftigkeit der Verfahren »kammerfeindlich« ist (vgl. § 349 ZPO), und zudem insolvenzspezifischer Sachverstand bei den Laienrichtern der KfH kaum vorhanden sein dürfte (Rendels INDAT-Report 6/2011, 30, 33; ders. INDAT-Report 5/2010, 6, 13; Frind, ZInsO-News-Letter 5/2011, 2; ders. ZInsO 2011, 1569; Heyer, ZInsO 2011, 1495; Vallender, NZI 19/2011, V, Editorial).

Vermehrt wird zu Recht eine Konzentration aller insolvenzrechtstangierten Verfahren im Wege der **Erweiterung des Aufgabenbereiches des Insolvenzrichters** durch Überantwortung aller insolvenzrechtlichen Zivilsachen vorgeschlagen (Schmerbach ZInsO 2010, 1640; ders. 1670; zustimmend: Schmittmann, ZInsO 2011, 991). Das Problem einer möglichen Befangenheit des Insolvenzrichters, wenn ein von diesem bestellter und beaufsichtigter (§ 58 InsO) Verwalter Kläger ist, erscheint wenig praxisrelevant und mit entsprechenden Regelungen im GVP beherrschbar (dazu Schmerbach, ZInsO 2011, 405, 407).

Die bereits vorhandene **Belastung der Insolvenzrichter/-rechtspfleger** ist durch die Neuordnung der sog. Pebbsy-Erhebung mit durchschnittlichen »Schlag-Zahlen« nicht verbessert worden (Busch, ZInsO 2011, 1321 mit den Verfahrenszahlen; Schmerbach ZInsO 2011, 405, 409; ders. ZInsO 2010, 1670). Über eine Aufwertung des Berufes des Insolvenzrichters wird seitens des BMJ nachgedacht (Rede BJMin Zypries vom 07.11.2008 VID-Kongress unter www.vid.de; s. a. aus Verwaltersicht: Martini, INDAT-Report 3/2010, 12). Eine ausreichende Ausstattung der Insolvenzgerichte und eine kontinuierliche Fortbildung fehlen (Heyrath, INDAT-Report 8/09, 32), wie auch an vielen Gerichten eine feststehende, transparente Zuständigkeitsbestimmung, um Gläubiger- und Schuldneranfragen von vornherein beim zuständigen Richter anbringen zu können (Busch, ZInsO 2011, 1321, 1323).

I. Ü. ist ein **Informationsaustausch zwischen den gerichtlichen Entscheidern** verschiedener Insolvenzgerichte über Verwalterqualitäten amtswegig notwendig (Heyrath ZInsO 2006, 1196, 1199), wie auch innerhalb des Gerichtes zwischen den einsetzenden Richtern (teilweise muss auch eine Vernetzung mit den strafrichterlichen Kollegen erfolgen, s. Frind, ZInsO 2008, 18 zum Fall OLG Stuttgart, ZInsO 2008, 45) und den das eröffnete Verfahren führenden Rechtspflegern. Durch die Gründung des »**Bundesarbeitskreis Insolvenzgerichte e.V.**« (BAKinso e.V.) – Zusammenschluss von Insolvenzrichtern und -rechtspflegern – ist ein solcher gerichtsübergreifender Erfahrungsaustausch nunmehr in die Wege organisiert worden (s. *www.bak-inso.de*; Gründungsbeschluss ZInsO 2007, 256; dazu Neubert/NDAT-Report 2/2007, 258; bereits 100 Mitglieder lt. INDAT-Report 4/2008, 7; Tagungsbericht INDAT-Report 9/2013, 40). Die gegenseitige Information über rechtskräftiges Nicht- oder De-Listing an andere Gerichte ist zulässig (Frind, ZInsO 2011, 30; Busch, ZInsO 2011, 1321, 1325; a.A. OLG Hamm-Präsidialverwaltung, ZInsO 2011, 33).

3c

2. »Vorauswahl-Liste«

a) Bundesverfassungsgerichtsentscheidung vom 03.08.2004

Aufgrund der Entscheidung des BVerfG vom 03.08.2004 (ZInsO 2004, 913 zur Rezeption durch die Gerichte: Graeber, ZInsO 2004, 1190) ist nunmehr als geklärt anzusehen, dass die Insolvenzgerichte die Auswahl der Insolvenzverwalterkandidaten auf eine Vorauswahl-Liste als transparenten und nachvollziehbaren Akt gestalten müssen, da es sich um einen **Justizverwaltungsakt** »i. S. v. §§ 23 ff. EGGVG« handeln soll (Frind, ZInsO 2006, 1183; Holzer, ZIP 2006, 2208; zur Anforderung nach Transparenz der Kriterien: KG, ZInsO 2006, 153; **a.A.** Preuß, KTS 2005, 155, 162 Fn. 31: Organisationsakt). Die entgegenstehende Ansicht, es handele sich um einen Akt »gerichtsinterner Organisation«, dürfte damit als überholt gelten (so noch: OLG Düsseldorf, NJW-RR 1996, 1273; OLG Koblenz, ZIP 2000, 507). Die Entscheidung des BVerfG wurde von interessierten Verwalterkreisen geplant herbeigeführt, indem ein entsprechender Anlass provoziert wurde (Förster/Haarmeyer, ZInsO 2001, 734). Die Transparenz des Auswahlverfahrens insgesamt hat dadurch nicht gewonnen (Preuß, ZIP 2011, 933, 939).

4

Da die Auswahl und Bestellung des Verwalters zugleich **Akt richterlicher Unabhängigkeit** ist, was das BVerfG betont (erneut in BVerfG, ZInsO 2006, 765), muss die Liste bei größeren Insolvenzgerichten mit mehreren Insolvenzrichtern prinzipiell **von jedem Richter selbst geführt** werden (Laws, ZInsO 2006, 847, 850; Frind, ZInsO 2006, 1183; ders. ZInsO 2008, 655; Wieland, ZIP 2005, 233, 237; Preuß, KTS 2005, 155, 160; Frind/Schmidt, NZI 2004, 533; **a.A.** KG, ZInsO 2006, 153). Denn der Insolvenzrichter hat bei der Beurteilung eines Bewerbers zur Vorauswahl-Liste einen **weiten Ermessensspielraum** (OLG Hamburg, ZInsO 2005, 1170; OLG Stuttgart, ZIP 2006, 342; OLG Dresden, ZIP 2007, 2182; a.A. OLG Schleswig, ZIP 2007, 831), wobei die Begrifflichkeit zum »Beurteilungsspielraum« wechselnd ist (Preuß, ZIP 2011, 933, 934 m.w.N. Fn. 13). Wie diese Anforderungssubsumption »delegiert« werden könnte (BVerfG, ZInsO 2009, 1641 lässt dieses generell als theoretische Möglichkeit zu), ist nicht vorstellbar.

b) Insolvenzverwalter als »Beruf«

Das BVerfG trifft in o. g. (Rdn. 4) Entscheidung im Wesentlichen zwei Aussagen: Die Tätigkeit als Insolvenzverwalter habe sich **zum Beruf verfestigt** und die Insolvenzgerichte könnten deshalb im Rahmen von Art. 3 Abs. 1 GG, 12 Abs. 1 GG i. V. m. Art. 19 Abs. 4 GG nur eine hinsichtlich ihrer Maßstäbe und Kriterien nach transparente und ggf. gem. §§ 23 ff. EGGVG auch justiziable Vorauswahl treffen. Zur **Qualifizierung der Insolvenzverwaltertätigkeit als Beruf** gibt das BVerfG

5

keine nähere Begründung ab. Bis dahin war dies kritisch gesehen worden, da ein eigenes verfestigtes »Berufsbild« nicht erkannt werden konnte (Uhlenbruck-Uhlenbruck § 56 Rn. 3; BK-Blersch § 56 Rn. 5; Schick, NJW 1991, 1328; Frind ZInsO 2001, 481; Kesseler, ZIP 2000, 1565, 1570; Hess, FS Uhlenbruck, S. 455; Vallender, DZWIR 1999, 265, 266; **bejahend** nunmehr Höfling, JZ 2009, 339, 340; MK-Graeber, § 56 Rn. 58 f.; H/F/W, Hb. InsO, Rn. 5/18; offen gelassen vom AGH München, ZIP 2014, 830, 831).

Mit dem »ESUG« mag sich seit dem 01.03.2012 eine neue Verschiebung des »Berufsbildes« ergeben, da die meisten als Insolvenzverwalter tätigen Rechtsanwälte, Wirtschaftsprüfer etc. spätestens nun auch in der außergerichtlichen Sanierungsberatung tätig sind (dies räumt bereits Höfling, JZ 2009, 339, 346 ein). Die »Sanierungsberatung« erscheint nach der gesetzlichen Neuregelung eines »**Schutzschirmverfahrens**« (§ 270b) sogar neues Tätigkeitsfeld bisheriger »Nur-Insolvenzverwalter« zu werden. Ein gesondertes »Gütesiegel für Sanierungsberater« ist sogar im Angebot (ZInsO 2011, 2181), wie auch ein Qualifikation zum »ESUG-Berater«.

Es bleibt daher nach wie vor empirisch ungewiss, ob der Tätigkeitsschwerpunkt »der« Insolvenzverwalter wirklich im gerichtlichen Verfahren liegt und welche Berufsmerkmale ein verfestigtes Berufsbild genau haben soll (s. bereits Uhlenbruck KTS 1998, 1, 27; Wellensiek, NZI 1999, 169, 172). Denn »Insolvenzverwalter« ist nach objektivem Empfängerhorizont auch, wer nur ab und zu Insolvenzverwaltungen durchführt (zur Professionalisierung: Uhlenbruck, FS Wellensiek, 2011, 360). Allerdings soll die Führung der Bezeichnung »Insolvenzverwalter« auf einem Anwaltsbriefkopf (dazu: Köster, Bestellung, S. 119) jedenfalls dann keine irreführende Werbung (§ 7 BerufsO) sein, wenn der Betreffende ständig von einem Insolvenzgericht bestellt wird (AnwG Freiburg, ZVI 2006, 36; zustimmend: Köster, NZI 2006, 424 mit Verweis auf Kollisionsmöglichkeiten zu §§ 18 Abs. 1, 33 BRAO bei Bestellung in mehreren Gerichtsbezirken; bejahend auch Onnuseit, ZInsO 2006, 241, aber unter Verweis auf die zweifelhaften »Zwischenlagen« bei nicht kontinuierlicher Bestellung).

Die mangelhafte Berufskonturierung (Römermann, ZIP 2014, 833) kehrt wieder beim **Problem des anwendbaren Standesrechtes** (s. a. § 58 Rdn. 3).

Das LG Saarbrücken (ZIP 2010, 1767) geht von ganz »grundsätzlich unterschiedlichen Berufsbildern« Rechtsanwalt und Insolvenzverwalter aus, sodass z. B. **§ 97 Abs. 2 StPO den Verwalter nicht schützt**, die Sphären habe er intern zu trennen (ähnlich Kleine-Cosack, BRAO, 6.Aufl., § 12 BORA Rn. 2; Hartung, BORA/FAO, 5.Aufl., § 12 BORA Rn. 10: im Rahmen der Insolvenzverwaltung würden nichtanwaltsspezifische Tätigkeiten verrichtet). Der BGH (BGHSt 49, 258 = ZIP 2005, 176) hat hingegen entschieden, dass ein Wirtschaftsprüfer, der zugleich Insolvenzverwaltungen wahrnimmt, keinen unabhängigen »Zweitberuf« ausübt, vielmehr sei Insolvenzverwaltung eine »sonstige, erlaubte Tätigkeit« i. S. v. § 2 Abs. 3 Nr. 3 WPO und die berufsrechtlichen Pflichten des Wirtschaftsprüfers seien »bereichsspezifisch« auszulegen (krit.: Deckenbrock/Fleckner, ZIP 2005, 2290, 2296; dies. NJW 2005, 1165, 1167, 1168). Dem ist zu Recht der AGH München (ZIP 2014, 830) für den Rechtsanwalt gefolgt: Die Verwaltertätigkeit sei eine zum typischen Tätigkeitsbild des Rechtsanwaltes gehörende Tätigkeit bei welcher er, wenn er seine Tätigkeit als Verwalter nicht eindeutig von derjenigen als Anwalt trenne und seine Kompetenz als Rechtsanwalt betone und einsetze, auch die anwaltlichen Regeln (hier Umgehungsverbot gem. §§ 43 BRAO; 12 BORA) zu beachten habe (zust. Dahns, NJW-spezial 2014, 254; a. A. Römermann, ZIP 2014, 833).

Nach § 5 RDG können künftig auch **Diplombetriebswirte sowie -wirtschaftsjuristen und -kaufleute** Sanierungs- und Insolvenzberatung durchführen (kritisch und ablehnend Hirtz in Grunewald/Römermann, RDG, § 5 Rn. 121, 122). Diplom-Wirtschaftsjuristen eignen sich als Insolvenzverwalter in manchen Fällen aufgrund vertiefter betriebswirtschaftlicher Kenntnisse genauso oder gar besser als Volljuristen (INDAT-Report 6/2011, 10).

Diese Tendenzen werden den »Beruf« des Insolvenzverwalters in seiner Konturierung weiter auflösen. Auf die Frage der Gewerbesteuerpflicht sollte die Qualifizierung als »Beruf« ohnehin keinen Einfluss haben (ausführlich: Siemon, ZInsO 2009, 305).

c) **Bundesverfassungsgerichtsentscheidung vom 23.05.2006**

Mit der Entscheidung vom 23.05.2006 (ZInsO 2006, 765; Erläuterung bei Gaier, ZInsO 2006, 1177; zustimmend: Ries, BJ 2006, 406; Uhlenbruck, NZI 2006, 489, 493; Vallender, NJW 2006, 2597; Graeber, NZI 2006, 499; Leithaus, NZI 08/2006, S. V; Smid, DZWIR 2006, 353; Frind, ZInsO 2006, 729; krit.: Wieland, ZIP 2007, 462; Wolf, DStR 2006, 1769; Pape, NZI 2006, 665; Römermann, ZIP 2006, 1332) hat das BVerfG (Vorinstanz: OLG Hamm) ergänzend zur Frage der Zulässigkeit der **konkreten Konkurrentenklage** entschieden. Bereits in der Entscheidung vom 03.08.2004 (Rdn. 4) war am Rande konstatiert worden, dass es nicht im Interesse der Gläubiger sein könne, wenn Konflikte um die Auswahl eines geeigneten Bewerbers das Verfahren verzögern und belasten. Die Möglichkeit des Klagebegehrens von Verwaltern in einem konkreten Verfahren statt eines anderen bestellt zu werden, war bisher in der Literatur nur vereinzelt vertreten worden (Römermann, NZI 2003, 134; Wieland, ZIP 2005, 233; a. A. OLG Hamm, ZInsO 2005, 101; OLG Celle, ZIP 2005, 1288; Frind, ZInsO 2001, 481; ders. ZInsO 2005, 225; Weiteres: Rdn. 34).

6

Das BVerfG hat dieser Klagmöglichkeit nunmehr eine deutliche Absage erteilt und i. Ü. die Eckpunkte des Auswahlverfahrens weiter konturiert. Folgende **Kernaussagen** sind der Entscheidung zu entnehmen:

– Die Auswahl des Verwalters im Eröffnungsbeschluss gehöre nicht zum Bereich der Rechtsprechung, sondern sei Gestaltung eines Rechtsverhältnisses durch den Richter (Trennung zwischen Eröffnungsentscheidung und Bestellungsakt).

– Bei der *konkreten Auswahlentscheidung* findet eine Bestenauslese unter allen denkbaren Interessenten nicht statt (Graeber, NZI 2006, 499, 501). Diese wird auf die Erstellung der Vorauswahl-Liste verlagert (Preuß, ZIP 2011, 934, 936; Wieland, ZIP 2007, 462, 463). Die Vorauswahl-Liste des Insolvenzrichters ist daher im Ergebnis **Mittel der vorgezogenen Bestenauslese** (str.: vgl. weiteres b. Rdn. 9a) zur Verwendung im Eilfall der konkreten Bestellung. Sie ist mittels vom Insolvenzrichter entwickelter und nachgeprüfter Qualitätskriterien (»verifizieren«) zu gestalten.

– Die Eilbedürftigkeit der Eröffnungsbestellungsentscheidung (noch stärker in der Situation der Bestellung eines vorläufigen Verwalters) sei durch das maßgebliche Interesse von Gläubigern und Schuldner an einem Verfahren geprägt, das notwendigerweise **keine Verzögerungen und Reibungsverluste bei verfahrenswichtigen Entscheidungen des Verwalters** zulässt und auch nachteilige Folgen durch anhängige Konkurrentenschutzklagen zur Durchsetzung des andererseits zu berücksichtigenden – in der InsO aber fehlenden – Rechtsschutzrechtes des nicht berücksichtigten Bewerbers nicht verursachen dürfe. In dieser »**multipolaren Konfliktlage**« sei dem durch Art. 14 Abs. 1 GG gestützten Gläubigerinteresse der Vorzug zu geben. Folge sei der Ausschluss der Möglichkeit einer konkreten Konkurrenzschutzklage wie auch der Ausschluss der Möglichkeit, durch Maßnahmen einstweiligen Konkurrenten-Rechtsschutzes, eine Verwalterbestellung zu verhindern.

– Inzident hat das BVerfG damit die Notwendigkeit einer Begründung der Auswahl des konkreten Verwalters im Eröffnungsbeschluss verworfen, denn nicht anfechtbare Entscheidungen bedürfen keiner Begründung (s. Rdn. 32).

– **Absage an eine Pflicht zur »automatisierten« oder regelmäßigen Bestellung von gelisteten Verwaltern.** Ein Anspruch auf proportionale oder angemessene Bestellung gelisteter Bewerber besteht nicht (Gaier, ZInsO 2006, 1177; Laws, ZInsO 2006, 1123, 1125).

Die Entscheidung des BVerfG vom 23.05.2006 ist mit **zwei Entscheidungen vom 12.07.2006** bestätigt worden (ZInsO 2006, 1102 [Vorinstanz: OLG Schleswig]; ZInsO 2006, 1101 [OLG Koblenz]). Das BVerfG hat darin die Ablehnungskriterien »Besorgnis mangelnder Unabhängigkeit« und »mangelnde Ortsnähe und Präsenz vor Ort« als nicht sachfremd und im Auswahlermessensbereich des Insolvenzrichters liegend bestätigt.

Mit einer **weiteren Entscheidung vom 19.07.2006** (ZInsO 2006, 869 [Vorinstanz: OLG Celle], krit. Anm. Römermann, EWiR 2006, 599) hat das BVerfG nochmals seine Entscheidung vom 23.05.2006 bestätigt und erneut das weite Auswahlermessen des Insolvenzrichters bei der Erstellung der Vorauswahl-Liste betont. Die Entwicklung von geeigneten Kriterien erfolge durch die

»Fachgerichte«, denen auch die Gestaltung der Vorauswahl-Liste überlassen sei. Ein Verfassungsverstoß gegen den Grundsatz der Gleichbehandlung sei nicht bereits bei objektiver Fehlerhaftigkeit, sondern erst dann gegeben, wenn der Fehler auf einer grds. unrichtigen Anschauung von der Bedeutung und Tragweite des Grundrechtes beruhe.

Mit Entscheidung vom 03.08.2009 (ZInsO 2009, 1641 = ZIP 2009, 1722) hat das BVerfG seine bisherige Linie in der Vorauswahl-Listenrechtsprechung bestätigt und das Ermessen des Insolvenzrichters in den Mittelpunkt der Entscheidung gestellt (zust. Frind, ZInsO 2009, 1638).

Die Bedeutung der Vorauswahl-Liste nach der Einführung der Möglichkeit von Gläubigerausschussvorschlägen (§ 56a) durch das »ESUG« wird wegen der Notwendigkeit der Geeignetheitsprüfung, die die Listung vorweg nimmt, kaum sinken (s. § 56a Rdn. 23; INDAT-Report 2/2012, Gerichtsbefragung, S. 14; Huep, ZInsO 2012, 403). Bei **erforderlichen Spezialkenntnissen** waren auch bisher **in Einzelfällen Bestellungen jenseits der Vorauswahlliste** sinnvoll (Runkel/Wältermann, ZIP 2005, 1347, 1351; Pannen, NZI 2004, 548, 549). Diese schon bisher geltende Regel (s. HmbKomm-Frind, 3. Aufl. InsO, § 56 Rn. 14; Graf-Schlicker, InsO, 2. Aufl., § 56 Rn. 48) wird fälschlich für die Vergangenheit in Abrede gestellt und erstmals der Neuregelung mit dem »ESUG« zugeschrieben (so Busch, ZInsO 2012, 1389, 1394).

d) Bewerbungsverfahren, Gestaltung und Überprüfungsmöglichkeiten der Vorauswahl-Liste

aa) Führung der Vorauswahl-Liste und Antragsgegnerschaft in einem gerichtlichen Verfahren

7   Bei einzelnen Gerichten wurden früher eingehende Verwalter-Bewerbungen einem gemeinsamen Bewerbungsordner zugeführt. Nach der Entscheidung des BVerfG vom 23.05.2006 (ZInsO 2006, 765; dort eindeutig in Rn. 45) muss nunmehr **jeder Insolvenzrichter seine eigene Vorauswahl-Liste führen** (s. Rdn. 4 u. 6) und die Bewerber von jedem Richter einzeln beschieden werden (so bereits Baade, KTS 1959, 40, 41; Frind/Schmidt, NZI 2004, 533, 536; Graeber, ZInsO 2004, 1190; ders. DZWIR 2005, 177, 179; Wieland, ZIP 2005, 233, 237; Laws, MDR 2005, 541, 545; dies. ZInsO 2006, 847, 850; Gaier, ZInsO 2006, 1177, 1181; Lüke, ZIP 2007, 701, 704; ausführlich: Frind, ZInsO 2008, 655). Eine **Delegation** ist unzulässig, wenn nicht vollständige Kriterienübernahme des jeweiligen Richters garantiert ist (BVerfG, ZInsO 2009, 1641). Zweifelhaft ist, ob eine Delegation mit einer Ermessensentscheidung überhaupt verträglich wäre (Frind, ZInsO 2009, 1638).

Der einzelne Insolvenzrichter fertigt **schriftliche Bescheide (§ 26 Abs. 1 EGGVG)** zur Aufnahme oder Ablehnung eines Bewerbers in seine Vorauswahl-Liste, die als Verwaltungsakt »sui generis« gem. §§ 23 ff. EGGVG einzuordnen sind (Frind, ZInsO 2006, 1183; OLG Frankfurt am Main, NZI 2007, 524, 525). Die Bezeichnung als »Beschluss« ist nicht notwendig, es genügt ein verwaltungsaktsähnliches Schreiben. Allerdings soll eine – in der Repräsentativität zweifelhafte (38 % der Insolvenzgerichte) – Untersuchung des Institutes für freie Berufe aus dem Juli 2009 (ZIP Heft 27/09 -Beilage) belegen, dass sich bei zwei Drittel der Insolvenzgerichte seit den BVerfG-Entscheidungen die Bestellungspraxis nicht geändert hat.

7a   Der Insolvenzrichter handelt als **»Justizbehörde« sui generis** (OLG Nürnberg, ZIP 2008, 1490; BGH, ZInsO 2007, 711 = ZIP 2007, 1379; BGH, ZInsO 2008, 207 = ZIP 2008, 515 = NZI 2008, 161; zustimmend: Frind, ZInsO 2008, 491) in richterlicher Unabhängigkeit.

▶ **Hinweis:**

Dies erfordert zugleich, dass jeder Insolvenzrichter die bei ihm geltenden **Kriterien transparent macht** (Koenig/Hentschel, ZIP 2005, 1937, 1941; zu den Kriterien Rdn. 12 ff.). Dies kann durch einen Fragebogen oder durch Bezugnahme auf eine Kommentierung geschehen, die alle von ihm genutzten Kriterien und benötigten Angaben enthält (OLG Hamburg, ZInsO 2011, 1655). Nachfragen an den Bewerber sind nur zur Vertiefung einzelner, nicht ausreichend dargelegter Kriterien notwendig, aber nicht, um eine nicht schlüssige Bewerbung erst schlüssig zu machen.

Das BVerfG hat damit in Form der Institutionalisierung der »Listenführung« einen »**Justizverwaltungsakt sui generis**« geschaffen, der unmittelbar beim Insolvenzrichter angesiedelt – und nicht behördenintern auf ihn nur »delegiert« ist (OLG Köln, ZInsO 2007, 272 = NZI 2007, 105 = ZIP 2007, 342 m. zust. Anmerk. Berg-Grünenwald, EWiR 2007, 377; so bereits Frind, ZInsO 2006, 1183). Zu trennen ist daher zunächst die Kompetenz für die Listenführung einerseits (materieller Antragsgegner) und die Frage der Antragsgegnerschaft im gerichtlichen Verfahren über die Aufnahme zur Vorauswahl-Liste andererseits (formeller Antragsgegner). Eine Bewerbung zur Vorauswahl-Liste mittels einer **Druckausübung auf den einzelnen Insolvenzrichter** über den Amtsgerichtspräsidenten ist als versuchter Eingriff in die richterliche Unabhängigkeit zu qualifizieren und abzulehnen (unklar: OLG München, ZIP 2005, 670).

Der Bewerber muss sich vor der Bewerbung über die beim jeweiligen Insolvenzrichter geltenden **Aufnahmekriterien informieren** (AG Hamburg, ZInsO 2006, 1342 = ZIP 2007, 739); das Gericht/Richter kann diese öffentlich bekannt machen (Fachzeitschriften, Internet, s. AG Münster, ZInsO 2007, 876; AG München, ZInsO 2009, 421; Fragebogen der Insolvenzgerichte Baden-Württemberg, NZI 2009, 97). Nach eingegangener Bewerbung muss der Insolvenzrichter keine weiteren Aufklärungen über Bewerbungslücken durchführen, wenn ganze Kriterienbereiche gar nicht erwähnt sind (a. A. Lüke, ZIP 2007, 701, 704).

Die Zusammensetzung der Liste der jeweiligen Insolvenzrichter ist aus den ständigen Veröffentlichungen gem. § 9 InsO mit Nennung der Aktenzeichen beim jeweiligen Gericht jederzeit durch Beobachtung ersichtlich. Insofern ist eine Forderung nach einer Veröffentlichung der getätigten Bestellungsakte (Kohlmeier/Seibeld, ZInsO 2013, 2258) ohne Berücksichtigung des § 9 InsO erfolgt. Dennoch erscheint es als Serviceleistung der Insolvenzgerichte sinnvoll, die **jeweiligen Vorauswahl-Listen auf der gerichtlichen Internet-Seite zu veröffentlichen** (Frind, ZInsO-NL 7/2012, 2), was einige Insolvenzgerichte bereits tun.

Das Verfahren ist ein **amtswegiges Ermittlungsverfahren** nach den §§ 23 ff. EGGVG. Das Gericht kann sich aber bei anderen Gerichten/Abteilungen über die Verfahrensführung des Bewerbers erkundigen und diese Erkenntnisse verwerten (OLG Hamburg, ZInsO 2005, 1170; s. a. BVerfG, ZInsO 2006, 1102 = WM 2006, 1680 zu einem de-listing-Fall wg. negativer Erfahrungen in Vor-Verfahren bei anderen Insolvenzgerichten); ebenso ist eine **Erkundigung** bei vom Bewerber angegebenen Arbeitgebern möglich (OLG Hamburg, ZInsO 2011, 1655). 7b

So war zunächst streitig, ob der Insolvenzrichter auch **Antragsgegner** eines Verfahrens gem. §§ 23 ff. EGGVG wäre (dafür Wieland, ZIP 2007, 462, 465; OLG Brandenburg, ZInsO 2009, 1816 = ZIP 2009, 1870; OLG Düsseldorf, ZInsO 2009, 769 = NZI 2009, 248; OLG Düsseldorf, ZInsO 2008, 1083; abwägend: Frind, ZInsO 2008, 655).

Der BGH hat mit Entscheidung vom 16.05.2007 (ZInsO 2007, 711 = ZIP 2007, 1379) auf Vorlage des OLG Frankfurt am Main (NZI 2007, 524) zur Frage des richtigen Antragsgegners (Richter als »Behörde«) auf das jeweilige Landesrecht verwiesen (so auch OLG Düsseldorf, ZInsO 2011, 1010 = ZIP 2011, 341, 342 für NRW m.w.N.; OLG Hamm, ZInsO 2007, 946 = ZIP 2007, 1722). Mit Entscheidung vom 19.12.2007 hat der BGH dies bestätigt (ZInsO 2008, 207 = ZIP 2008, 515 = NZI 2008, 161). Die Parteifähigkeit einer Behörde in einem gerichtsförmigen Verfahren nach dem FGG gem. § 29 EGGVG entscheide sich danach, ob landesgesetzliche Regelungen das Rechtsträgerprinzip auf diese Behörde oder die Gesamtadministration delegierten.

Richtiger Antragsgegner ist demnach ausschließlich der Insolvenzrichter als »Justizbehörde sui generis«, wenn im jeweiligen Bundesland Behörden direkt verklagt werden können und die Passivlegitimation nicht durch Landesrecht auf andere Stellen delegiert ist (s. OLG Hamm vom 07.01.2013, 27 VA 3/11). Das KG (14.01.2008, ZIP 2008, 284) ist dem gefolgt und hat für Berlin die Präsidentin des dortigen AG als Antragsgegnerin bezeichnet, da dort gem. § 5 der Anordnung über die Vertretung des Landes Berlin im Geschäftsbereich der Senatsverwaltung für Justiz vom 20.09.2007, § 16 AGGVG, das Land in Justizsachen des AG durch die Präsidentin vertreten wird (s. a. OLG Frankfurt am Main, ZInsO 2009, 242:, 244: Land Hessen; OLG Nürnberg, ZIP 2008,

§ 56 InsO Bestellung des Insolvenzverwalters

1490: Freistaat Bayern als Antragsgegner; OLG Düsseldorf, ZInsO 2008, 1083: Präsident des AG gem. gesetzlicher Vertretungsregelung formeller Gegner).

Eine falsch rubrizierte Klage gegen einen Ablehnungsbescheid soll **umgedeutet** werden können (OLG Hamburg, ZInsO 2011, 1655). Dies erscheint zweifelhaft, da das Verfahren nach §§ 23 ff. EGGVG einen bestimmten Antragsgegner erfordert und der Kläger diesen nicht beliebig wechseln kann. Eine falsche Antragsgegnerbezeichnung dürfte somit nur im Wege der Antragsrücknahme, mit der Gefahr der Verfristung des neuen richtigen Antrages, reparierbar sein.

Die Behörde, d. h. der Insolvenzrichter, könnte aber zumindest, wenn nicht möglicher Antragsgegner nach Landesrecht, »Beteiligter« des Verfahrens sein (so OLG Bamberg, ZIP 2008, 82); hier bietet sich eine mögliche Analogie zur VwGO an. Das OLG sollte ihn daher in jedem Fall im Verfahren berücksichtigen. Somit betrifft die Frage des richtigen Antragsgegners unmittelbar die Verfahrensgestaltung (OLG Frankfurt am Main, NZI 2007, 524, 526).

Eine **Kostenbelastung im Unterliegensfalle** muss der Insolvenzrichter nicht fürchten, da § 30 Abs. 2 EGGVG nur eine Kostenbelastung der Staatskasse und nur im Extremfall vorsieht (Beispiel: KG, ZIP 2008, 284; zustimmend: Römermann, EWiR 2008, 145). PKH unter Anwaltsbeiordnung wird ihm nicht gewährt, da er dienstlich wie eine Behörde und nicht persönlich tätig wird (OLG Düsseldorf, NZI 2009, 649 = ZInsO 2010, 62). Daraus ergibt sich aber, dass i. R. d. Fürsorgepflicht die vorgesetzte Dienstbehörde dafür zu sorgen hat, dass eine interessengerechte Vertretung durch einen behördlichen Justiziar stattfindet, der auch die Schriftsätze fertigt und die Fristenkontrolle im Verfahren wahrnimmt.

7c Nach **a. A.**, die sich aber mit der Begründung des BVerfG Bezug nehmend auf eine »richterliche Unabhängigkeit« bei der Vorauswahl nicht auseinandersetzt, soll auch materieller Antragsgegner des Verfahrens nach §§ 23 EGGVG ff. die »Behörde«, mithin das jeweilige AG (Präsident) oder die Landesjustizverwaltung, sein, von deren Seite die Führung der Vorauswahl-Liste nur auf die Insolvenzrichter »delegiert« worden sei (OLG Dresden, ZIP 2007, 2182; KG, ZInsO 2006, 153; OLG Düsseldorf, ZInsO 2006, 1221 m. Anm. Holzer, ZIP 2006, 2208, der diese Frage gar nicht problematisiert).

Die Annahme der direkten Listenführungszuständigkeit durch die sachferne Instanz »Präsident des AG« als Behörde i. S. v. § 23 Abs. 2 EGGVG verkennt, dass durch die Rechtsprechung des BVerfG vom 23.05.2006 und die Folgeentscheidungen ein »Justizverwaltungsakt sui generis« mit der Erstellung und Führung der Vorauswahl-Liste statuiert wurde, die gem. § 56 Abs. 1, § 18 Abs. 1 RPflG dem Insolvenzrichter zugeordnet ist (OLG Köln, ZInsO 2007, 272; Uhlenbruck, ZInsO 2008, 396, 401; Frind, ZInsO 2006, 1183). Nur dieser ist Beurteilungsentscheidungsträger gem. § 56 InsO und demzufolge nach hiesiger Ansicht auch Antragsgegner im Verfahren auf Ermessensüberprüfung nach § 28 Abs. 3 EGGVG (nicht nach § 23 Abs. 2 EGGVG, s. dazu: Rdn. 9a), sofern eine gesetzliche Regelung zur Klagbarkeit gegen die Behörde existiert. Die Bescheidung des Bewerbers erfolgt durch formlose, schriftliche Bekanntgabe des Insolvenzrichters gem. § 26 Abs. 1 EGGVG innerhalb der Frist aus § 27 Abs. 1 Satz 1 EGGVG. Erfolgt keine Bescheidung nach Bewerbungseingang, kann die dort genannte Untätigkeitsklage erhoben werden, die nach Ablauf eines Jahres nicht mehr möglich ist (§ 27 Abs. 3 EGGVG).

Richtig ist stattdessen, dass richterliche Unabhängigkeit bei der Verwalterauswahl die Findung von Auswahlkriterien durch jeden Insolvenzrichter selbst erfordert, der selbst auch am sachnähesten ist (Messner, DRiZ 2006, 326, 327 mit Widerspruch zur Frage der »Vereinheitlichung« durch bundesweite Kommissionen; Frind, ZInsO 2006, 1183). Der Sinn der weiteren Intensivierung der Auswahldiskussion bis in sämtliche Einzelheiten wird vor dem Hintergrund der »Entfernung vom eigentlichen Insolvenzverfahren« bezweifelt (Pape, ZInsO 2007, 113, 123).

7d **Bewerbungsverfahren für ausländische Bewerber:**

Der Gesetzgeber hat für die Bewerbung ausländischer Insolvenzverwalter, soweit Staatsangehöriger eines EU–Mitgliedsstaats oder niedergelassen in einem EU–Mitgliedsstaat oder EWR-Vertragsstaat mit Gesetz vom 22.12.2010 (BGBl. I 2010, 2248; BT-Drucks. 17/3356) mit Inkrafttreten zum 28.12.2010 über **Art. 102a EGInsO** ein Verfahren zur Bewerbung geschaffen (Weiteres s. dort). Streitig ist, ob diese Regelung zur Umsetzung der »Europäischen Dienstleistungsrichtlinie« notwendig und wenn ja, ausreichend ist (dafür: Preuß, ZIP 2011, 934, 939; weiteres bei Rdn. 1c).

Geklärt ist nunmehr auch die eigentliche **Gestaltung der Vorauswahl-Liste**: Die Vorauswahl-Liste ist aufgrund der Anforderungen aus der Entscheidung des BVerfG vom 23.05.2006 eine Zusammenstellung einzelner Kriterien (»**Anforderungsprofil**«) und ihrer jeweiligen Erfüllung durch den jeweiligen Bewerber, keine bloße Namens- und Adressenliste (BVerfG vom 23.05.2006, ZInsO 2006, 765, dort Rn. 44). Der Begriff »Anforderungsprofil« ist gesetzlich nunmehr in § 56a für den substantiierten Vorschlag des vorläufigen Gläubigerausschuss übernommen worden. 7e

Die jeweilige Bewerbung des Insolvenzverwalters wird Bestandteil des richterlichen »Vorauswahl-Ordners« (Messner, DRiZ 2006, 326, 328) bzw. besser einer **gesonderten Bewerberverwaltungsakte** (Frind, ZInsO 2008, 655; Uhlenbruck-Uhlenbruck, § 56 Rn. 7). Die »Liste« besteht daher aus einem richterlichen Gesamtordner mit allen relevanten Unterlagen zu allen Verwaltern oder sie **besteht aus einzelnen** »**Personalakten**« (dort sollten auch Versicherungsnachweise etc. niedergelegt werden). Weiterhin kann die »Liste« nach Kenntnisbereichen der gelisteten Bewerber strukturiert werden.

Auf Anfrage hat der jeweilige Insolvenzrichter seine **Anforderungskriterien offenzulegen**. Dies kann durch Bezugnahme auf eine Kommentierung geschehen (OLG Hamburg, ZInsO 2011, 1655). Der Insolvenzrichter muss und darf nicht die detaillierten Unterlagen (Examensnoten, erworbene Kenntnisse und Zeugnisse, Mitarbeiterstruktur, Büroaufbau etc.) von Bewerbern den Mitkonkurrenten zur Einsicht zu öffnen (Frind, ZInsO 2006, 1183, 1186; a. A. Messner, DRiZ 2006, 326, 329). Ein Akteneinsichtsrecht für Konkurrenten existiert nicht. Dies verbietet sich bereits wegen der datenschutzrechtlichen Grenzen.

▶ **Hinweis:**
Da es sich um eine »Richterliste« handelt, **fällt diese nach Weggang eines Richters aus der Insolvenzabteilung in sich zusammen**. Die bisher nicht beschiedenen Bewerbungen finden ihre automatische Erledigung, da ihr Ziel, Aufnahme in die Liste des Richters »XY« nicht mehr erreichbar ist. Ggf. müssen sich die Bewerber neu beim Nachfolger des weggegangenen Abteilungsrichters bewerben. Ein »Weiterreichen« von Bewerbungen findet nicht statt. Die bisherige Liste des Vorgängers kann für eine Übergangszeit als Orientierungshilfe für den nachfolgenden Richter gelten, bindend ist sie für ihn nicht. Der Nachfolger muss eine neue Liste erstellen (Frind, ZInsO 2008, 655; Jacoby, ZIP 2009, 2081, 2082).

Bewerbung nach Verfahrensarten: Der durch das InsOÄndG zum 01.07.2007 **neu eingeführte Abs. 1 Satz 2** meint mit seiner missverständlichen Formulierung, dass ein Insolvenzverwalter sich hinsichtlich der beiden Verfahrensarten »Regelinsolvenz« oder »Verbraucherinsolvenz« getrennt bewerben kann. Die Bewerbung für Verfahren mit bestimmten Masseerwartungen (»nur lukrative Verfahren«) ist nicht gemeint. Streitig ist, ob die Vorauswahl-Liste nach diesen beiden Verfahrensarten getrennt mit unterschiedlichen Kriterienanforderungen geführt werden sollte (dafür: Uhlenbruck/Mönning, ZIP 2008, 157, 158; Wieland, ZIP 2005, 237; Hess/Ruppe, NZI 2004, 643, 644; zu Recht dagegen: OLG Köln, ZInsO 2007, 272; »Uhlenbruck-Kommission«, ZInsO 2007, 760), was wegen der Unwägbarkeit der künftigen Schwierigkeitsgrad-Entwicklung eines Verfahrens wenig empfehlenswert erscheint. Mit der **Reform der Privatinsolvenz zum 01.07.2014** (Rdn. 2) sind die Anforderungen an Insolvenzverwalter in beiden Verfahrensarten ohnehin angeglichen, da der Aufgabenbereich nunmehr übereinstimmt (Streichung §§ 312, 313 InsO). Die Führung **getrennter Vorauswahl-Listen** für Regel-/Unternehmens- und/oder Verbraucherinsolvenzverfahren empfiehlt sich daher nicht (AG Mannheim, NZI 2010, 107 = ZInsO 2010, 2149) und ist auch nicht hinsichtlich getrennter Anforderungsprofile notwendig (OLG Hamburg, ZInsO 2011, 1655 = NZI 2011, 762). 7f

bb) Plausibilität der Berücksichtigung – Fortsetzungsfeststellungsklagen

8 Das BVerfG hat in seiner Entscheidung vom 03.08.2004 (Rdn. 4) auf die Notwendigkeit der »Plausibilität« der tatsächlichen Berücksichtigung des auf die Vorauswahl-Liste aufgenommenen Bewerbers hingewiesen: Danach sei bei fortgesetzter Nicht-Bestellung die einfache Mitteilung eines Insolvenzrichters, ein Bewerber sei bei Auswahlentscheidungen »stets berücksichtigt«, aber konkret nicht ausgewählt worden, einer »inhaltlichen gerichtlichen Kontrolle« fähig (so auch: Pape, ZInsO 2004, 1126; Runkel/Wältermann, ZIP 2005, 1347, 1350; Preuß, KTS 2005, 155, 160; Laws, MDR 2005, 541, 545).

(1) Abstrakte Fortsetzungsfeststellungsklage

8a Das OLG Koblenz (OLG Koblenz, ZInsO 2005, 718 m. abl. Anm. Frind, ZInsO 2005, 700) hat einen Rechtsanspruch des längere Zeit nicht berücksichtigten Bewerbers, der bereits auf die Vorauswahl-Liste vorgedrungen ist, auf nachträgliche Feststellung der Rechtswidrigkeit seiner fortgesetzten Nicht-Berücksichtigung anerkannt – **abstrakte Fortsetzungsfeststellungsklage«** (Höfling, NJW 2005, 2341, 2345; Vallender, NZI 2005, 473, 475). Das Rechtsschutzbedürfnis im Sinne vom § 256 Abs. 1 ZPO wird nur über den Vortrag, dass ein Amtshaftungsanspruch gegen den – nicht bestellenden – Richter vorbereitet werden soll, dargestellt werden können.

Dem kann nicht gefolgt werden, da mit einer solchen nachträglichen Feststellungsklage die konkrete – und nicht im Verfahren gem. §§ 23 ff. EGGVG justiziable – einzelne Nicht-Bestellung des antragstellenden Insolvenzverwalters durch den Richter nachträglich ausgehebelt und mit unabsehbaren Haftungsverfahren versehen würde (vgl. ausführlich Frind, ZInsO 2005, 700). Ein Amtshaftungsanspruch auf Schadensersatz wegen »Übergehens« eines gelisteten Bewerbers – und damit ein Rechtsschutzbedürfnis für eine Fortsetzungsfeststellungsklage – ist daher abzulehnen (Pape, ZInsO 2005, 1039; **a. A.** Wieland, ZIP 2007, 462, 467; Höfling, NJW 2005, 2341, 2345; Römermann, ZInsO 2010, 667; ders. EWiR 2005, 865, 866, jeweils ohne Problematisierung der Frage, wie die Gerichte die Berücksichtigung des letztendlich nicht bestellten Bewerbers denn beweisen können sollten).

Eine **abstrakte Feststellungsklage** liefe im Ergebnis leer (so auch BVerfG, ZInsO 2010, 620 für den Zwangsverwalter): Der Insolvenzrichter müsste quasi die »Berücksichtigung« beweisen können oder im Nachhinein begründen, warum eine solche über längere Zeit nicht erfolgt ist (genau hierzu ablehnend: OLG Frankfurt am Main, ZInsO 2009, 388 = NZM 2008, 701 f. d. Zwangsverwalter). Daraus würde sich in der Praxis die Notwendigkeit ergeben, die Kenntnisnahme der Vorauswahl-Liste bei jeder einzelnen Bestellung durch den Richter zu dokumentieren. Damit wäre fraglich, ob nach wie vor gilt, dass die Verzeichnung auf der Vorauswahl-Liste keinen Rechtsanspruch auf eine Bestellung in einem überschaubaren Zeitraum verschafft. Denn wenn Insolvenzrichter nur mithilfe getätigter Bestellungsentscheidungen i. S. d. Rechtsprechung des BVerfG »plausibel« machen könnten, dass die auf der Liste verzeichneten Bewerber auch tatsächlich »berücksichtigt« wurden, würde es sich um einen inzidenten Rechtsanspruch auf Bestellung handeln (dagegen: BVerfG, ZInsO 2006, 765; Frind, ZInsO 2005, 700; Graeber, DZWIR 2005, 177, 178, 185).

Das BVerfG hat mit seiner Entscheidung vom 23.05.2006 (ZInsO 2006, 765; s. Rdn. 6) zu erkennen gegeben, dass eine **abstrakte Fortsetzungsfeststellungsklage** auf regelmäßige Berücksichtigung mit Bestellungen nicht in Betracht kommen kann (a. A. Laws, ZInsO 2006, 847; dies. ZInsO 2006, 1123), da auch ein gelisteter Bewerber keinen Anspruch auf regelmäßige Bestellung hat. Mit Entscheidung vom 12.07.2006 (ZInsO 2006, 1101 [Vorinstanz: OLG Koblenz]) hat das BVerfG bestätigt, dass ein Beschwerdeführer nicht begehren kann, regelmäßig und im gleichen Verhältnis wie seine Mitbewerber zum Verwalter bestellt zu werden. Es sei nicht zu beanstanden, wenn eine regelmäßige Bestellung nicht als Ergebnis pflichtgemäßer Ermessensausübung angesehen werde, denn gleichmäßige Berufung verhindere die Berücksichtigung der Anforderungen des konkreten Verfahrens und trage den Interessen der Verfahrensbeteiligten nicht angemessen Rechnung.

Davon zu unterscheiden ist ein generelles »de-listing« eines bereits gelisteten Bewerbers (so d. Fall OLG Hamm vom 07.01.2013, 27 VA 3/11; Vallender, NJW 2006, 2597, 2599). Dies bedarf eines begründeten Justizverwaltungsaktes (dazu Rdn. 25). Erfolgt ein solcher Bescheid bei fortgesetzter langandauernder Nicht-Bestellung trotz Listung nicht, ist streitig, ob der Bewerber wegen »**faktischem de-listing**« ein Verfahren gem. §§ 23 ff. EGGVG anstrengen kann und ob dies nutzbringend ist (s. Rdn. 8c; Laws, ZInsO 2006, 1123; **a. A.** Frind, ZInsO 2006, 1183, 1186).

(2) **Konkrete Fortsetzungsfeststellungsklage**

Es kann zumindest aber eine **konkrete Fortsetzungsfeststellungsklage** (§ 28 Abs. 1 Satz 1, 4 EGGVG) angestrengt werden, wenn der Bewerber der einzig Mögliche für ein konkretes Verfahren und übergangen worden wäre (vgl. diesen Fall bei OLG Stuttgart, ZInsO 2006, 331 = ZIP 2006, 342; Gaier, ZInsO 2006, 1177, 1180, 1181; Vallender, NJW 2006, 2597, 2598; Graeber, NZI 2006, 499, 500; Frind, ZInsO 2006, 729, 730; Römermann, ZIP 2006, 1332, 1337). Das Rechtsschutzbedürfnis des Klägers ist dann aber laut BVerfG ganz besonders zu prüfen. Im Regelfall wird bereits eine Ermessensreduzierung auf Null nicht vorliegen, da mehrere Bewerber gleich geeignet sind (Wieland, ZIP 2007, 462, 466; Messner, DRiZ 2006, 329, 331; Preuß, KTS 2005, 155, 176; Römermann, EWiR 2005, 865). Nach a. A. hatte das BVerfG bereits früher bei den Entscheidungen zur Verwalterbestellung die abstrakte Fortsetzungsfeststellungsklage (s. o. Rdn. 8a) – zumindest bei willkürlicher fortgesetzter Nichtbestellung – nicht abgelehnt (Laws, ZInsO 2006, 1123, 1125).

8b

Der gelistete, aber konkret, fortwährend nicht bestellte Bewerber soll diese Praxis zum Anlass zur Feststellung seiner fehlerhaften fortdauernden Nicht-Berücksichtigung nehmen können (Gaier, ZInsO 2006, 1177, 1180: »Dulde ein Mal und stelle für die Zukunft ab.«). Diese »**konkret-abstrakte**« **Feststellungsklage** ist vom OLG Hamm als zulässiges Instrument bestätigt worden (OLG Hamm vom 07.01.2013, 27 VA 3/11, n.V.; zit. n. juris). Es hat den Insolvenzrichter unter Feststellung der Verletzung des pflichtgemäßen Auswahlermessens gegenüber dem Antragsteller verpflichtet, diesen künftig nach pflichtgemäßem Ermessen zu berücksichtigen.

8c

Im Fall der fortgesetzten Nicht-Bestellung eines gelisteten Zwangsverwalters hat bereits das BVerfG eine solche Klagmöglichkeit in einem konkreten Einzelfall mit konkret-abstraktem Fortsetzungsfeststellungsziel angedeutet, um eine gerichtliche Überprüfung auf etwaige Ermessensfehler herbeizuführen (ZInsO 2010, 620). Ein solcher Fehler könne in der von vornherein nicht erfolgten Einbeziehung eines Bewerbers in die Auswahlentscheidung bestehen. Jedoch sagt das BVerfG nicht, wie diese erfolgte Einbeziehung, die im Kopf des bestellenden Rechtsanwenders erfolgt, zugunsten des Antragstellers dokumentiert werden soll, um den Anforderungen zu genügen.

Der BGH hat bei der Zwangsverwalterbestellung einen Klagantrag, festzustellen, dass der bisher gelistete, aber in 9 Jahren nur zwei Mal bestellte Verwalter, rechtswidrig in einem bestimmten Verfahren (hilfsweise in den zeitlich folgenden Verfahren) übergangen worden sei, nunmehr für zulässig erklärt und zurückverwiesen (NZI 2012, 768 = ZInsO 2012, 1892; Vorinstanz OLG Frankfurt, NZI 2012, 430, ablehnend). Das Rechtsschutzbedürfnis ergebe sich weniger aus einer möglichen Amtshaftung als vielmehr aus einer Wiederholungsgefahr und einem fortwirkend diskriminierenden Charakter der »Maßnahme«. Die Begründetheit der Klage ist von den Vorinstanzen zu prüfen. Dem Antragsgegner (Gericht) seien im Wege der sekundären Darlegungslast nähere Angaben zu Ablauf und Grundsätzen der Auswahlverfahren zuzumuten.

Die Abgrenzung der vorgenannten Klageform zur abstrakten Fortsetzungsfeststellungsklage verschwimmt damit, da die Zulässigkeit einer solchen »konkreten« Feststellungsklage einen generellen Bestellungsanspruch in »irgendeinem« Einzelfall denknotwendig voraussetzt. Jedenfalls ist diese Klagmöglichkeit aber wegen der ganz überwiegenden Nichtbeweisbarkeit der »Willkür« bzw. der Nichteinbeziehung in die Auswahlüberlegung ein stumpfes Schwert (Römermann, ZInsO 2010, 620; Laws, ZInsO 2006, 1123, 1125).

Weiter wird ein genereller **Antrag gem. §§ 23 ff. EGGVG wegen** »**faktischem De-listing**« bei fortdauernder Nichtbestellung für zulässig erachtet (Wieland, ZIP 2007, 462), wenn der Antragsteller entweder weitere gelistete Bewerber nennen kann, die ebenfalls nie bestellt werden (»faktischer closed shop«; s. Rdn. 10b), oder, wenn behauptet werden kann, der Insolvenzrichter habe seine Auswahlkriterien »insgeheim« ohne Bescheidung der Bewerber verschärft (Laws, ZInsO 2006, 1123, 1126; a.A. Graf-Schlicker § 56 Rn. 45, 46). Unklar ist aber die Art des Antrages, den der gelistete Bewerber stellen soll, denn ein Antrag auf »angemessene Berücksichtigung mit Aufträgen« ist nach der vorgenannten Rechtsprechung des BVerfG gerade ausgeschlossen.

Es verbleibt nur die **Möglichkeit des Feststellungsantrages**, festzustellen, noch auf der Vorauswahl-Liste zu sein. Dieser dürfte im Ergebnis nutzlos sein. Ein folgender etwaiger Amtshaftungsanspruch (Wieland, ZIP 2007, 462, 466) wegen entgangenen Gewinns dürfte an der Schadensdarlegung scheitern, insb., wenn die Gläubiger an dem vom Gericht bestellten Verwalter festhalten (Smid, DZWIR 2006, 353, 355: nur bei genereller Nicht-Berücksichtigung aus Willkür; unklar zum Schaden: Laws, ZInsO 2006, 1123, 1126).

8d Das gesamte Gefüge der Klagen um einen Listenplatz oder um Berücksichtigung anhand der Liste erscheint im Ergebnis kaum sinnvoll, da der Insolvenzrichter einem Verwalter, den er eigentlich nicht bestellen will, immer »unterwertige«, d. h. nicht massehaltige, Verfahren zuteilen kann. Letztendlich beruht das Bestellungssystem auf gegenseitigem Vertrauen (Frind, ZInsO 2006, 1183; s. a. Rdn. 22). Weiterer **gesetzgeberischer Handlungsbedarf** für eine Regelung der Rechtsmittel betreffend die Vorauswahl-Liste besteht nicht (Gaier, ZInsO 2006, 1177, 1182; Ries, BJ 2006, 406, 411; a. A. Pape, NZI 2006, 665, 666 mit Verweis darauf, dass Fortsetzungsfeststellungsklagen wegen Nichtberücksichtigung durch »ausufernde Listen« umgangen werden könnten; ders. ZInsO 2007, 113, 125; zur Frage der Umsetzung der europäischen Dienstleistungsrichtlinie vgl. Rdn. 1c).

e) Kreis der in eine Vorauswahl-Liste Aufzunehmenden

aa) Listung tatsächlich zu bestellender Bewerber

9 Die Mehrzahl der großen Insolvenzgerichte ist bestrebt, **strenge Vorauswahlkriterien** zu entwickeln, um nur solche Bewerber auf ihre Vorauswahl-Liste zu nehmen, die sie auch tatsächlich bestellen wollen (gegen eine »Scheinaufnahme« auch Messner, DRiZ 2006, 326, 330; Römermann, ZIP 2006, 1332, 1338; Frind, ZInsO 2006, 729, 730; Vallender, NZI 2005, 473, 474; Pape, ZInsO 2005, 803; Runkel/Wältermann, ZIP 2005, 1347, 1352; Frind, ZInsO 2005, 700; ders. ZInsO 2006, 729).

Eine »**Scheinliste**« wäre eine Umgehung der Verfassungsgerichtsrechtsprechung (Beispiele für »Scheinlisten« nennt mit Zahlenmaterial INDAT-Report 2/08, 8). Gegen sie bestehen individuelle Rechtsmittelmöglichkeiten des gelisteten, aber nicht bestellten Bewerbers (Frind, ZInsO 2010, 986; Rdn. 8a, 8b). Insb., wenn nach einer solchen Aufnahme auch nach Ablauf von Jahren keine konkrete Bestellung erfolgt, erscheint ein solches Vorgehen »unplausibel« i. S. d. Entscheidung des BVerfG vom 03.08.2004, wenn auch die Aufnahme auf die Vorauswahl-Liste keinen Anspruch auf konkrete Bestellung im Einzelfall gibt. Auch die Beauftragung eines solchen Bewerbers ausschließlich mit defizitären Kleinverfahren löst das Problem nicht. Eine Vergabepraxis, die zum Ziel hat, einen als missliebig empfundenen Bewerber gewissermaßen aus der Vorauswahl-Liste wieder »herauszuekeln«, lässt sich mit einer rechtsstaatlichen Vergabepraxis nicht vereinbaren.

Korrektes Listungsvorgehen ist es, die Erfüllung der Anforderungsprofil-Kriterien anhand von Belegen der Bewerber oder mit anderen geeigneten Mitteln zu »verifizieren« (BVerfG vom 23.05.2006, a.a.O.; zur Qualitätskontrolle: Rdn. 15a). Der vom BVerfG gewählte Begriff des »verifizieren« bedeutet, dass der Insolvenzrichter ggf. eine Eignung anhand in der Bewerbung behaupteten Merkmale auch amtswegig nachprüfen kann (Uhlenbruck-Uhlenbruck, § 56 Rn. 9; Jaeger-Gerhardt, § 56 Rn. 60, spricht von »sich überzeugen«; s. dazu auch Rdn. 22). Es ist dabei »ohne Belang«, ob das Merkmal »Eignung« auf die allgemeinen Fähigkeiten und das Merkmal »Geschäftskunde« auf den konkreten Einzelfall bezogen wird (Rdn. 26) oder beide Merkmale in beiden Prüfungsstufen Anwendung finden (Schmidt/Hölzle, ZIP 2012, 2239, 2240).

Eine reine ungeprüfte Übernahme jedes Bewerbers würde dazu führen, dass eine nicht mehr überschaubare Anzahl von Verwaltern bei den jeweiligen Gerichten – wenigstens ab und zu (zur Bestätigung ihrer Berücksichtigung) bestellt werden müsste (Frind DRiZ 2006, 199; a. A. Pape NZI 2006, 665 wegen Folgenlosigkeit der Fortsetzungsfeststellungsklage, wenn viele gelistete Bewerber nicht bestellt würden; s. aber Kübler, INDAT-Report 9/2006, S. 10 für eine gleichmäßige Bestellung der gelisteten Bewerber). Ein »faktisches Delisting« (Nicht-Mehr-Bestellung; der Anwendungsbereich ist str.) ist justiziabel zu begründen (Laws, ZInsO 2006, 847, 850; Uhlenbruck NZI 2006, 489, 494; s. Rdn. 8b u. 25a).

Überholt ist durch die Entscheidung des BVerfG vom 23.05.2006 (ZInsO 2006, 765) die Ansicht, die Ablehnung eines Bewerbers sei mangels gesetzlicher Kriterien nicht möglich (Runkel/Wältermann, ZIP 2005, 1347, 1348, 1350; Preuß, KTS 2005, 155, 170) und immer verfassungswidrig. Eine solche Liste »aller Bereiten« wäre beliebig und nicht verwendbar. Dies widerspräche der Bedeutung der Vorauswahl-Liste, wie sie ihr vom BVerfG beigemessen wurde.

bb) Freies Auswahlermessen oder Beurteilungsspielraum

Die amtsrichterliche Entscheidung über die Aufnahme in die Vorauswahl-Liste ist Ermessensentscheidung (BVerfG, ZInsO 2006, 765; vgl. Rdn. 6). Sie ist nach hiesiger Ansicht von den OLG im Rechtsweg »im Sinne von« (so ausdrücklich und damit abstrahierend BVerfG ZInsO 2004, 913) §§ 23 ff. EGGVG gem. § 28 Abs. 3 EGGVG nur eingeschränkt auf Ermessensfehlgebrauch überprüfbar (rügbar ist nur Ermessensmiss- oder -nichtgebrauch; so bereits Koenig/Hentschel, ZIP 2005, 1937, 1939 Fn. 11, 1942 Fn. 43; OLG Hamburg, ZInsO 2005, 1170; OLG Stuttgart, ZIP 2006, 342; nunmehr auch OLG Dresden, ZIP 2007, 2182; OLG Köln, ZInsO 2007, 272 = NZI 2007, 105 = ZIP 2007, 342; a. A. OLG Hamburg, ZIP 2008, 2228 = NZI 2008, 744; OLG Schleswig, ZIP 2007, 831: enger Ermessensspielraum, jeder generell geeignete Bewerber sei zu listen; BGH, ZInsO 2008, 207: Aufnahme eines Bewerbers bei »genereller Eignung« in die Vorauswahl-Liste ohne Ermessen des Insolvenzrichters, aber Beurteilungsspielraum bei Ausfüllung des unbestimmten Rechtsbegriffes »persönliche und fachliche Eignung« mittels Anforderungsprofil), da es vielmehr um ein Auswahlermessen nach klar definierten Anforderungen geht (Frind, ZInsO 2008, 491; Jacoby, ZIP 2009, 2081). Werde dieses ermessensgerecht genutzt, folge aus der Nichtbestellung eines Bewerbers keine Verletzung des Gleichheitsgrundsatzes.

9a

Der Ansatzpunkt für eine Überprüfung ist streitig: Der BGH spricht von einem »**Beurteilungsspielraum**« bei der Anwendungssubsumtion des Anforderungsprofil auf den einzelnen Bewerber (BGH, ZInsO 2008, 207; so auch OLG Hamburg, ZIP 2008, 2228). Voll überprüfbar ist danach gem. § 28 Abs. 2 EGGVG, ob der jeweilige Insolvenzrichter ein zulässiges generelles Anforderungsprofil für das Listen zur Vorauswahl-Liste erstellt hat. Diese Sichtweise verneint, dass Zweck der Vorauswahl-Liste eine vorgezogene Bestenauslese sei. Zu listen sei jeder »generell geeignete« Bewerber.

Dies verschiebt fälschlicherweise nur die Prüfungsebene, da der jeweilige Insolvenzrichter selbst die Definition »generell geeignet« mittels seines Anforderungsprofiles festlegt (so auch HK-Riedel § 56 Rn. 13). Wenn die Vorauswahl-Liste überhaupt irgendeinen Verfahrenszweck erfüllen soll, muss sie im Ergebnis eine **vorgezogene Bestenauslese** erzeugen (so auch Preuß, ZIP 2011, 934, 936; Siemon, ZInsO 2010, 401, 405; Wieland, ZIP 2007, 462, 463), denn nach der Entscheidung des BVerfG vom 23.05.2006 (Rdn. 6) ist in der Situation des konkreten Auswahlaktes wegen Zeitdruckes jedenfalls kaum eine Bestenauslese mehr möglich. Im Rahmen seines Ermessens kann der Insolvenzrichter durch einfache gesetzliche Normen eingeschränkt sein, so hält z. B. das AG Frankfurt an der Oder (Beschl. v. 22.10.2013 – 3 IN 385/13, NJW-RR 2014, 164) § 5 AGG für anwendbar. Aber nur der Gesetzgeber habe eine Quote für weibliche Insolvenzverwalter vorzusehen, bis dahin könnten die weiblichen gelisteten Verwalter zum Ausgleich mehr Aufträge erhalten.

Sofern bereits einzelne OLGs »ihr« Ermessen von einem »tauglichen« Insolvenzverwalter an die Stelle des Ermessens der betroffenen Insolvenzrichter gesetzt haben (OLG München, ZIP 2005,

670), erscheint dies daher sehr problematisch. Bei der Prüfung im Rechtsmittelverfahren geht es nicht darum, ob der abgelehnte Bewerber *nie* die Voraussetzungen für eine konkrete Auswahlentscheidung i. S. d. § 56 InsO erfüllen würde, sondern darum, **ob die Ablehnungsgründe dem ordnungsgemäßen Ermessensgebrauch genügen** (OLG Dresden, ZIP 2007, 2182 Vorlage an den BGH wg. Abweichung zu OLG Schleswig, ZIP 2007, 831). Aufgabe des OLG in einem Verfahren gem. §§ 23 ff. EGGVG ist demzufolge nur die Überprüfung der Vertretbarkeit des Anforderungsprofils und nicht, ein eigenes, vermeintlich oder wirklich besseres Anforderungsprofil zu entwickeln (OLG Frankfurt am Main, NZI 2007, 524, 527; OLG Köln, ZInsO 2007, 272). Maßgebend ist, dass der Insolvenzrichter sein Anforderungsprofil nachvollziehbar in seinem Bescheid schildert (Bezugnahme auf eine Kommentierung zulässig: OLG Hamburg, ZInsO 2011, 1655).

9b   Die **Erkundigung** bei anderen Gerichten oder Abteilungen über **bisherige Erfahrungen** mit einem Bewerber ist statthaft (vgl. dazu Rdn. 7a, 13b). Die Entscheidung des BVerfG vom 03.08.2009 (ZInsO 2009, 1641) zeigt auf, dass der Insolvenzrichter einen Bewerber ablehnen darf, der nach seiner ständigen Ermessenspraxis, die ihn u. U. selbst binden kann, tatsächlich keine Berücksichtigung finden würde. Das Ermessen darf dabei auch auf die zu prognostizierende künftige Ausübung des Amtes durch den Bewerber ausgedehnt werden. Dies spricht für ein Auswahlermessen des Insolvenzrichters bei der Findung sachgerechter Vorauswahlkriterien (Jacoby, ZIP 2009, 2081). Überprüfbar sind daher nur Ermessensmissbrauch oder -nichtgebrauch oder -überschreitung, nicht aber Ermessensfehlgebrauch.

Negative Erfahrungen in früheren Insolvenzverfahren sind aber bei der Frage der Aufnahme in die Vorauswahl-Liste zu gewichten (OLG Schleswig, ZIP 2007, 831; OLG Frankfurt am Main, NZI 2008, 496 = ZIP 2008, 1835). Die Beschränkung einer Ablehnung auf nur einen »Vorfall« empfiehlt sich daher nicht, da dieser im Rechtsmittelverfahren streitig werden wird (vgl. dazu die Gründe bei OLG Frankfurt am Main, a. a. O.). Sinnvoll wäre auch eine Ermittlungsbefugnis des Insolvenzrichters bei der Vorauswahl-Listenerstellung betreffend der Erfahrungen von Gläubigern mit den jeweiligen Bewerbern (z. B. **regelmäßige** »**Bankenrunde**« mit Vertretern der ortsansässigen Geldinstitute), um auch deren Perspektive frühzeitig in das Verfahren einzubeziehen (Preuß, ZIP 2011, 933, 941; Frind, ZInsO 2007, 643).

Ein »**Losverfahren**« oder ein reiner Verweis auf eine »nicht zu große« Liste genügen nicht (OLG Nürnberg, ZInsO 2008, 979 = ZIP 2008, 1490; Frind, ZInsO 2008, 967). Starre Vorauswahlkriterien, z. B. eine »Fünf-Punkte-Regel« (dafür: Rauscher, Mut zum sachgerechten Auswahlermessen, ZInsO 2009, 275) werden dem einzelnen Bewerber kaum gerecht werden und mit einer nicht begründbaren Grenze, z. B. fünf positiven Stellungnahmen anderer Rechtsanwender, kaum begründbar sein.

Eine **gesetzliche Regelung** des Vorauswahl-Listenzuganges (Kriterienkatalog), etwa im Wege einer »Berufsordnung«, ist aufgrund der Vielfältigkeit der Anforderungen an den Insolvenzverwalter (s. Rdn. 12 ff.) praxisgerecht weder möglich noch notwendig (s. dazu bei Rdn. 1c; 1d zur »Zulassungsordnung«).

cc) **Keine vergleichbare Listenverpflichtung in anderen Rechtsbereichen**

9c   Das BVerfG hat sich auch mit gleich oder ähnlich gelagerten »Bestellungsproblematiken« bei den gerichtlich vergebenen Ämtern z. B. des **Nachlasspflegers**, des **vormundschaftlichen Betreuers** oder des **Zwangsverwalters** (hierzu: OLG Frankfurt am Main, ZInsO 2009, 388 = NZM 2008, 701) nicht vergleichend auseinandergesetzt. Hier wie da hat sich inzwischen ein Markt von »Aspiranten« etabliert, die ihre Tätigkeit nahezu rein auf gerichtliche Bestellungen ausgerichtet haben. In der fachöffentlichen Diskussion ist mehrfach darauf hingewiesen worden (z. B. Kübler, INDAT-Report 1/2004, S. 7; Wagner INDAT-Report 1/2001, S. 9; Runkel/Wältermann, ZIP 2005, 1347, 1356), dass die Diskussion über die Insolvenzverwalterliste auch die Bestellungspraxis in diesen anderen Rechtsbereichen, betreffend die Bestellung von »Amtspersonen« infrage stellt – von Fragen nach der Bestellungspraxis von gerichtlichen Spezial-Gutachtern, z. B. in Bau- und Mietprozessen, wo ebenfalls »immer die gleichen« genommen werden, ganz abgesehen (Vallender, NJW 2004, 3614).

Das OLG Koblenz hat erstmals einen Fall des Antrages auf Aufnahme in eine gerichtliche »**Zwangsverwalter-Liste**« zu entscheiden gehabt (ZInsO 2005, 1171 m. Anm. Förster, 1174; zust. Depré, EWiR 2006, 139) und den Antrag als unzulässig zurückgewiesen, da der »Zwangsverwalter« kein eigenständiges Berufsbild sei (Depré, ZfIR 2006, 565; offengelassen von OLG Frankfurt am Main, ZInsO 2009, 388). Anders sah dies das OLG Saarbrücken für **Berufsbetreuer** wo das Verfahren gem. §§ 23 ff. EGGVG generell für anwendbar erklärt wurde (OLGR Saarbrücken 2005, 251; so auch OLG Frankfurt am Main, Rechtspfleger 2008, 570). Mithin seien die Grundsätze aus der Entscheidung des BVerfG vom 03.08.2004 auf die Zwangsverwaltung nicht übertragbar und daher sei der Maßstab aus Art. 12 GG nicht bestimmt. Ein »zumindest teilverbindliches Vorauswahlverfahren« müsse nicht stattfinden. Die Verletzung eines subjektiven Rechtes i. S. v. § 24 Abs. 1 EGGVG sei nicht feststellbar. Sofern das AG trotzdem eine Vorauswahl-Liste führe, habe es eventuell eine »Selbstbindung« hinsichtlich eines Auswahlverfahrens begründet, jedoch habe es sachgerechte Kriterien entwickelt, denen der Bewerber nicht genügte bzw. genügen wollte. Durch die BGH-Entscheidung im Fall des OLG Frankfurt am Main (Rdn. 8b) ist diese Rechtsprechung nicht mehr als vertretbar anzusehen (BGH, NZI 2012, 768 = ZInsO 2012, 1892)

Jedoch ist den Versuchen im Bereich der Bestellung des **Pflichtverteidigers** aus der Listenverpflichtungsdiskussion »Honig saugen« zu können (Hilbers/Lam, StraFo 2005, 70, 71; Thielmann, StraFo 2006, 358, 360) mittlerweile zu Recht eine deutliche Absage erteilt worden, da auch diese Ausübungsform der Anwaltstätigkeit kein eigenständiger »Beruf« sei (Wenske, NStZ 2010, 479).

f) »Offene« oder »geschlossene« Vorauswahl-Liste (§ 56 Abs. 1 Satz 1 und Satz 2)

Bereits im DiskE des BMJ aus April 2003 zur Änderung der InsO (ZInsO 2003, 359; Sabel, ZIP 2003, 783) war die Aufnahme eines weiteren Satzes in § 56 Abs. 1 vorgeschlagen worden, dass die Auswahl »aus dem Kreise aller zur Übernahme bereiten« erfolgen solle (so nunmehr auch im RefE vom 08.02.2006, ZInsO 2006, 199). Dies ist nunmehr mit der Neufassung der InsO durch den RegE vom 28.06.2006/10.07.2006 zum 01.07.2007 umgesetzt worden. | 10

Die begrüßenswerte Einfügung geht zurück auf den Abschlussbericht der Bund-Länder-Arbeitsgruppe von Juni 2002 (abzurufen unter *www.jm.nrw.de*), der die Verfassungsmäßigkeit von § 56 mit rechtsvergleichenden Argumenten zu den Regelungen anderer Länder bejahte (Überblick über die Verwalterauswahl in anderen Ländern auch bei Mock, KTS 2012, 59; Köhler-Ma, DZWIR 2006, 228; Rossbach, Europäische Insolvenzverwalter in Deutschland, 2006; Henssler, ZIP 2002, 1060; Köster, Die Bestellung des Insolvenzverwalters nach deutschem und nach englischem Recht, 2005). Diese Änderung des § 56 durch Abs. 1 Satz 1 Halbs. 2 wurde in der Fachöffentlichkeit bereits als **deklaratorisches Verbot** von »**geschlossenen Verwalterlisten**« interpretiert, allerdings mit eher »kosmetischer Natur« (krit. Pape, NZI 2006, 665, 666; Vallender, NZI 04/2006, S. V; Pape, ZInsO 2003, 389, 391; Frind, ZInsO 2002, 745; zustimmend: Pannen/Riedemann, NZI 2006, 193, 194).

Die in § 56 Abs. 1 Satz 2 zugleich durch die Insolvenzrechtsänderung gem. RegE vom 28.06.2006 durchgeführte Gesetzeserweiterung, dass ein Verwalter sich auf **bestimmte Arten von Verfahren bewerben** können soll, meint die Beschränkungsmöglichkeit auf die spezielle Aufgabe des Verwalters/Treuhänders im Kleininsolvenz- und Verbraucherverfahren (s. Rdn. 7f). Vor dem Hintergrund der Notwendigkeit speziell kostengünstig arbeitender Büros ist dies sinnvoll. Gemäß Stellungnahme des Rechtsausschusses für den Bundesrat vom 12.09.2006 (BR-Drucks. 549/1/06) sollte die Einfügung von Satz 2 unterbleiben, da ein Hinweis auf Spezialisierungsmöglichkeiten nicht notwendig sei. | 10a

g) »Closed shop«

Die Hoffnung der Praxis, dass das BVerfG genaue Kriterien für eine Qualifizierung einer Vorauswahl-Liste als »geschlossen« oder »offen« benennt, ist enttäuscht worden. Auch nach der | 10b

Entscheidung vom 23.05.2006 (ZIP 2006, 1355) bleibt es dabei, dass das BVerfG – unspezifiziert – »geschlossene Listen« ablehnt. Bereits der Abschlussbericht der Bund-Länder-Arbeitsgruppe von Juni 2002 (www.jm.nrw.de; Graf-Schlicker, ZInsO 2002, 563) gelangte zur Ablehnung von »geschlossenen Listen«. Als **»geschlossene Liste«** kann jedoch nicht jede gerichtliche Auflistung häufiger bei einem Gericht bestellter Insolvenzverwalter verstanden werden, wie sie sich bei jedem Gericht rein empirisch durch Aggregierung der Bestellungen ergibt (zur Kritik an Definitionen mittels Quotienten aus rein statistischer Division der Anzahl der vergebenen Verfahren durch die Anzahl der gerichtseitig gelisteten Verwalter s. d. Vorauflage unter Rn. 10b).

Die wichtige Frage nach einem qualifizierten Zusammenhang zwischen der Anzahl von berücksichtigten Verwalterbüros und der Abwicklungsqualität unter den Bedingungen von großstädtischen Insolvenzgerichten bei gleichzeitiger Notwendigkeit höchstpersönlicher Bearbeitung des Falles wird auf diese Weise nicht gestellt (Hill, ZInsO 2010, 847). Eine rein statistische Betrachtung von Bestellungshäufigkeiten nach Gerichtsbezirken ist wenig aussagekräftig, wenn nicht auch die Person des Verwalters mit seinen bundesweiten Gesamtbestellungen pro Jahr berücksichtigt wird. »closed shop« ist daher auch von der Verwalterseite her zu betrachten. So ist es problematisch, wenn zunehmend nur bundesweite Großkanzleien die überwiegende Anzahl der Verfahren erhalten (s. die Statistiken im INDAT-Report »Top 30 Kanzleien«).

11 Kernproblem hinter der gesamten »Listendiskussion«, ist die Kollision rein marktgesteuerter Konkurrenz der Insolvenzverwalter mit der Anforderung nach unabhängiger und in Kernbereichen persönlicher Verfahrensdurchführung: Zahlreiche Verwalter haben ihre Tätigkeiten – entweder in Form eigener Bestellung oder in Form der Eröffnung von »Dependancen«– über mehrere Gerichtsbezirke, ja bereits über mehrere Bundesländer, ausgeweitet (»spreading«, **Filialverwaltung«**). Aus Sicht der Insolvenzgerichte tritt damit verschärft die Frage nach der zuverlässigen Abwicklung der Verfahren, wenigstens in deren Kernbereichen, durch den bestellten Verwalter – und nicht allein durch dessen Mitarbeiter (sog. **Grau-Verwalter**) – und die Frage der »Kapazitätsgrenze« auf (dazu Rdn. 16; AG Hamburg, ZInsO 2006, 1342; Graeber, NZI 2003, 569 f.). Die Insolvenzgerichte müssen i. R. d. ihnen überantworteten Aufsicht gem. § 58 wie auch bereits i. R. d. Auswahl des »geeigneten« Verwalters gem. § 56 Abs. 1 darauf achten, nicht einen bereits »überlasteten« Verwalter zu bestellen, der das Verfahren dann vollen Umfangs gleich an seinen Mitarbeiter abgibt, den das Gericht weder bestellt noch »geprüft« hat.

Sinnvoll wäre daher eine gesetzgeberische Ergänzung des § 56 Abs. 1 in Form der Einführung einer ausdrücklichen Belastungsprüfungsmöglichkeit mithilfe einer Sentenz *»Der Verwalter muss die Gewähr dafür bieten, das Verfahren persönlich abzuwickeln.«* (Frind, ZInsO 2004, 1064, 1070).

3. Einzelne Auswahlkriterien für die Vorauswahl

a) Mindestanforderungen

12 § 56 bezieht sich auf die konkrete Auswahl eines Insolvenzverwalters für einen Einzelfall. Bei der vorgelagerten Frage der Aufnahme eines Aspiranten in eine »Vorauswahl-Liste«, die lediglich ein gerichtliches Hilfsmittel zur Findung des geeigneten Kandidaten im konkreten Fall sein kann (»generelle Eignung«), gilt es, **verallgemeinerte Kriterien** zu berücksichtigen (dazu A. Schmidt RWS-Forum Bd. 18 [2000], S. 15 ff.; H/F/W, InsO, Rn. 5/12 ff.; Mönning, Kölner Schrift zur InsO, S. 325 ff.; Degenhart/Borchers, ZInsO 2001, 337; Frind, DZWIR 2001, 497; Graeber, NZI 2002, 345; Riggert, NZI 2002, 352; Vallender, NJW 2004, 3614; Köster, Bestellung, S. 91 ff.; AG Dresden, ZInsO 2004, 1343; Braun, ZInsO 2004, 1345; Neubert, ZInsO 2002, 369; Förster, ZInsO 1999, 625; ders. 2002, 406; Pape, ZInsO 2004, 1126).

Wird dem Insolvenzrichter innerhalb des Verfahrens nach § 56a ein ihm unbekannter Kandidat vorgeschlagen, muss die generelle Eignung nach den nachfolgenden Prüfkriterien ebenfalls geprüft werden (vgl. § 56a Rdn. 18 ff.).

Gesetzliches Zulassungsverfahren?

12a

Ob ein **generelles Zulassungsverfahren** durch eine »**Insolvenzverwalterkammer**« sinnvoll sein könnte (dafür: Prütting, INDAT-Report 7/09, 17; ders. Vortrag vom 30.10.2009, abzurufen unter www.vid.de; Runkel, NZI 13/09, V; Graeber DZWIR 2005, 177, 189; abgeschwächt: MK-Graeber, § 56 Rn. 138: Zulassungsverfahren der Verwalterverbände; zum berufsverbandszentrierten Verfahren in England: Schlegel/Bewick, NZI 6/08, VI) ist fraglich (abl. Filges, FS Wellensiek, 279, 289; vgl. ausf. Rdn. 1c, 1d). Befürchtet werden Bürokratisierung, Nivellierung der Anforderungen über rein formale Zugangsanforderungen, etc. Jedenfalls würde durch eine solche Kammer eine »Selbstkontrolle« der Verwalterschaft in fraglicher Durchsetzungs- und Wirkungskraft geschaffen, die einer wirklichen Qualitätssteigerung bei Insolvenzverwaltungen nicht dienlich wäre (Römermann, NZI 9/2010, V; Frind, ZInsO 2009, 1997; anderer Ansatz von Zimmer, DZWIR 2011, 98, der die Kammer wegen einer qualifizierten und geregelten Ausbildung der Verwaltermitarbeiter zum »Insolvenz- und Sanierungsfachangestellten« im Dualen System für unverzichtbar hält – zweifelhaft, da eine Mitwirkung der Verwalterschaft an berufsspezifischen Ausbildungsgängen auch über deren Verbände erfolgen könnte).

Der andere Ansatz, über eine angebliche Anwendungsnotwendigkeit der EU-Dienstleistungsrichtlinie eine **Berufs-Zulassungsordnung** für notwendig zu erklären (s. **dazu Rdn. 1c**), kollidiert im Kern mit der richtigen Sichtweise vom Status des Insolvenzverwalters, der auch im öffentlichen Interesse Tätigkeiten ausübt (diesbzgl. so auch Runkel, NZI 13/09, V, VII). Eine Zulassungsordnung darf jedenfalls die gerichtliche Kontrolle nicht ersetzen und Leistungskriterien bei der Auswahl nicht obsolet machen (Neubert, ZInsO 2010, 73; Entschließung BAKinso e. V. vom 01.12.2009, ZInsO 2009, 2391 = NZI 18/2009 VII; Frind, ZInsO 2009, 1997). Denn die Zulassung kann die insolvenzrichterliche Auswahlentscheidung im Sinne einer »Unbedenklichkeit« kaum präkludieren, da der Insolvenzrichter allein die Notwendigkeiten der bei seinem Gericht entstehenden Fälle kennt und ggf. persönlich haften könnte (OLG Stuttgart, ZInsO 2008, 45 = ZIP 2007, 1822; MK-Graeber, § 56 Rn. 177; Uhlenbruck-Uhlenbruck § 56 Rn. 75).

Kommissions-Kriterien

12b

Eine »**Kommission**« zur **Findung von Qualitäts- und Auswahlkriterien** aus verschiedenen Verwalterverbänden und Beteiligtengruppen (»Uhlenbruck –Kommission«) hatte Kriterien zur Auswahl und zur Aufsicht des Insolvenzverwalters erarbeitet (zusammengefasste Ergebnisse: ZInsO 2007, 760 = NZI 2007, 507 = ZIP 2007, 1432; 1532 (Berichtigung) = ZVI 2007, 388 (Berichtigung ZVI 2007, 440); zur Bewertung: Uhlenbruck, INDAT-Report 6/07, 8; ders. NZI 9/07 Editorial; Beck, INDAT-Report 6/07, 21; Haarmeyer, ZInsO 2007, 729; zur Entstehung der Kommission: Uhlenbruck INDAT-Report 6/06, S. 15; ders. NZI 2006, 489, 493; krit. Pape, NZI 2006, 665, 667). Die Ergebnisse können aber nicht für alle Insolvenzrichter allgemein verbindlich sein (Frind ZInsO 2006, 1250; abweichend: Messner, DRiZ 2006, 326, 329: »gewisse Orientierungshilfe«; Uhlenbruck, NZI 2006, 489, 493: wünschenswert sei eine »einheitliche Festlegung für alle Gerichte«; Blümle, NZI 02/2007, S. V).

Solche »gerichtsübergreifenden« Kriterien können auch im Einzelfall »härtere« Auswahlkriterien von Insolvenzrichtern nicht suspendieren, da ihnen die Auswahl und Verifizierung der Kriterien unmittelbar durch das BVerfG zugewiesen ist (Näheres bei Frind, ZInsO 2006, 1250). Der BAKinso e. V. (Zusammenschluss von Insolvenzrichtern und -rechtspfleger, Rdn. 3), hat mit Stellungnahme vom 18.05.2007 (zitiert bei Uhlenbruck, NZI 9/07, Editorial) den Ansatz der Kommission kritisiert und sich mit Beschl. v. November 2007 ergänzend positioniert (ZInsO 2007, 1266 = NZI 2008, Heft 1, IX). Der Anregung nach konzentrierter Umsetzung der Ergebnisse der Kommission (Frind, ZInsO 2007, 850; Uhlenbruck/Mönning, ZIP 2008, 157 f.) ist die Praxis nunmehr mit den Grundsätzen ordnungsgemäßer Insolvenzverwaltung (GOI) (dazu § 58 Rdn. 4) gefolgt.

Als Kriterien kommen generell in Betracht:

aa) Gewähr für sachlich richtige und zeitnahe Auftragsbearbeitung

(1) Persönliche Eignung

13 Der jeweilige Bewerber muss persönlich über die notwendige Sachkunde zur Bearbeitung von Unternehmens- und oder Verbraucherinsolvenzen verfügen (nach der Reform des Privatinsolvenzverfahrens zum 01.07.2014 wird nunmehr in allen Insolvenzverfahren ein Insolvenzverwalter eingesetzt, der auch – nach Streichung der §§ 312, 313 InsO – die Bewältigung von Absonderungsrechtsproblemen und Anfechtungsproblemen schuldet (Frind, ZInsO 2013, 1448). Dazu wird er i. d. R. mehrjährige Mitarbeit bei der Bearbeitung von Insolvenzsachen und/oder Sanierungen, d. h. Tätigkeit in einer entsprechend spezialisierten Kanzlei, nachweisen müssen. Der Insolvenzverwalter muss die **Fähigkeit zu mediativer Tätigkeit** besitzen (»soft skills«), denn er ist der geborene Konfliktmanager. Er sollte daher die wissenschaftlichen Erkenntnisse zur »emotionalen Kompetenz« kennen und beherrschen (Paulus/Hörmann, NZI 2013, 623).

Der **Fachanwalts-Titel** allein genügt nicht (Lissner, BB 2014, 265, 266; Jaeger-Gerhardt, § 56 Rn. 39; Graeber DZWIR 2005, 177, 188; Wetjen, Anwalt 2001, 10, 14; 1060 Fachanwälte für Insolvenzrecht gab es bereits im Jahr 2009, NZI 9/2009, X). Er sollte beim Volljuristen aber mindestens vorhanden sein, um die betriebswirtschaftlichen und theoretischen Kenntnisse, soweit nicht anderweitig nachweisbar, belegen zu können. Die Verleihung des Fachanwaltstitels im Insolvenzrecht erfordert in der Regel ein Fachgespräch des zuständigen Fachausschusses. Das Vorhandensein hinreichender theoretischer Kenntnisse wird aufgrund einer vielfachen Bestellung eines Anwärters auf den Fachanwaltstitel zum Insolvenzverwalter nicht vermutet werden können, es ist eine dezidierte Prüfung durchzuführen (AGH Berlin, ZInsO 2012, 288 = ZIP 2012, 994 »keine alte Hasen-Regelung«).

Rechtsanwalt muss der Bewerber nicht notwendig sein, sofern er langjährige Erfahrung in der Bearbeitung von Insolvenzsachen vorweisen kann und nur kleinere Verfahren bearbeiten möchte (LG Halle, ZInsO 2005, 663 für den Treuhänder im Verbraucherinsolvenzverfahren; OLG Nürnberg, ZIP 2007, 80). Diplom-Wirtschaftsjuristen eignen sich als Insolvenzverwalter in manchen Fällen aufgrund vertiefter betriebswirtschaftlicher Kenntnisse genauso oder gar besser als Volljuristen (INDAT-Report 6/2011, 10).

13a Mit Entscheidung vom 19.07.2006 (ZInsO 2006, 869; *erneut:* Entscheidung vom 27.11.2008, ZIP 2009, 975 = ZInsO 2009, 1053) hat das BVerfG die Anforderung der »**praktischen Erfahrung**« für grundrechtskonform erklärt. Das Grundrecht auf Gleichbehandlung sei nicht verletzt, wenn der Insolvenzrichter die Aufnahme in die Vorauswahl-Liste beim Kriterium »fachliche Eignung« von vorhandenen praktischen Erfahrungen des Bewerbers in Insolvenzverfahren abhängig mache. Dies verstelle nicht den Zugang zum Amt des Insolvenzverwalters, da ein Bewerber solche Kenntnisse nicht zwingend durch eine Anstellung bei einem tätigen Insolvenzverwalter, sondern auch, wenn er bereits eine eigene Kanzlei führe, durch eine Zusammenarbeit mit einem tätigen Insolvenzverwalter erlangen könne (OLG Hamburg, ZInsO 2009, 2013; OLG Köln, NZI 2007, 105: oder ausnahmsweise durch andere Tätigkeiten; s. a. OLG Nürnberg, ZIP 2007, 80; OLG Düsseldorf, ZInsO 2008, 1083: eigenverantwortliche Tätigkeit genügt, diese sollte zahlenmäßig nach Verfahren und nicht nach Dauer von Jahren entscheidend sein).

I. Ü. muss über eine Kenntnisbandbreite im **Gesellschafts-, Handels-, Arbeitsrecht und den dazugehörigen Nebengebieten** (Vertragsrecht, Sozialrecht, Steuerrecht) verfügt werden, da das Insolvenzrecht Schnittmaterie verschiedenster Rechtsgebiete ist (zum Anforderungsprofil an einen Insolvenzberater: BVerwG, ZInsO 2005, 316, 319). Das Insolvenzrecht ist eines der wenigen Rechtsgebiete, in denen Rechtsfragen aus diesen Materien »übergreifend« und dazu noch meist unter Zeitdruck gelöst werden müssen. Für Betriebsfortführungsverfahren sollte der Bewerber nachweisen können, dass er bereits als Vorstand, Geschäftsführer, o. ä., Unternehmen geführt hat (Schmitt/Möhlmann-Mahlau, NZI 2007, 703, 707; Lambrecht, DZWIR 2010, 22) oder mindestens über fundierte Zusatzkenntnisse im wirtschaftlichen Bereich verfügt (zum diesbezüglichen inzwischen spezialisierten Angebot der Hochschulen: INDAT-Report 2/2011, 8). Examensnoten sollen kein zulässigerweise abfragbares Kriterium sein (zweifelhaft) (OLG Hamburg, ZIP 2008, 2228).

Weiterhin ist **persönliche Integrität** selbstverständliche Voraussetzung, z. B. dürfen keine **Vorstrafen**, mindestens aus dem vermögensrechtlichen Bereich, bestehen (BGH, ZInsO 2008, 267 = ZIP 2008, 466 bei Vorstrafe wegen Insolvenzstraftat; Eckardt, EWiR 2008, 185; a. A. OLG Brandenburg vom 06.09.2009 [ZInsO 2009, 1816 = ZIP 2009, 1870]: Listenverbleib bei relativ geringfügiger Verurteilung und bisher beanstandungsfreier Arbeit; OLG Stuttgart, ZInsO 2008, 45 = ZIP 2007, 1822: kein genereller Ausschließungsgrund; beides sehr zweifelhaft: vgl. Frind, ZInsO 2009, 1843; ders. ZInsO 2008, 18; insofern zu Recht kritisch Brenner ZIP 2007, 1826; Bruckhoff, NZI 2008, 25). 13b

Das Gericht kann Bewerberangaben durch **amtswegige Ermittlungen** prüfen (OLG Hamburg, ZInsO 2011, 1655; Rdn. 7a, 9b). Falschangaben zum Werdegang sind ein Grund, später eine Listenstreichung (»**de-listing**«) vorzunehmen (BGH, ZIP 2004, 1214 zu einem solchen Fall als konkreten Entlassungsgrund).

Eine **Mitteilungspflicht der Gerichte** untereinander über **Vorstrafen** gelisteter Insolvenzverwalter besteht **derzeit nicht** (BGH, ZInsO 2008, 267), war aber im Gesetzentwurf »GAVI« der Länder NRW und Niedersachsen (BR-Drucks. 566/07) vorgesehen. Allerdings sollte danach nur das Insolvenzgericht am Kanzleisitz benachrichtigt werden, was in Zeiten länderübergreifender Listung nicht genügt (Frind, ZInsO 2007, 922). Mithin besteht derzeit für Insolvenzrichter eine eingehende Erkundigungspflicht bei Bewerbern hinsichtlich etwaiger Verurteilungen, die bei den bestellten Verwaltern gem. § 58 InsO ihre Fortsetzung findet (Frind, ZInsO 2008, 18; a. A. OLG Stuttgart, ZIP 2007, 1822: selbst bei Anhaltspunkten keine eigene Nachforschung; OLG Dresden, ZIP 2007, 2182: Mitteilung in einem Bericht gem. § 66 InsO genügt).

Streitig ist, ob eine starre **Altersgrenze** genereller Ablehnungs- oder de-listing-Grund in Bezug auf die Vorauswahl-Liste sein kann. Eine generelle Altersgrenze von z. B. 65 Jahren wird von einigen Gerichten in Anbetracht der durchschnittlichen Gesamtlaufzeit von größeren eröffneten Verfahren mit zu erwartender langer Laufzeit befürwortet. Analog angewandt werden könnten z. B. die Regelung in §§ 41 BBG, 48 Abs. 1 DRiG; hier bestehen aber durch Neuregelungen auch Verschiebungen bis zur Vollendung des 67. Lebensjahres. In der Rechtsprechung zur Vorauswahl-Liste ist eine Altersgrenze mangels direkter gesetzlicher Regelung und Eingriff in die Berufsfreiheit übereinstimmend abgelehnt worden (OLG Hamburg vom 06.01.2012, ZInsO 2012, 175 = NZI 2012, 193; OLG Hamm, ZInsO 2007, 946 = ZIP 2007, 1722; KG, ZIP 2008, 284; zustimmend: Römermann, EWiR 2008, 145). 13c

In Anbetracht einer möglichen Vergabe von Verfahren, die innerhalb kurzer Zeit abzuwickeln sind (Studie des IFM zu Verfahrenslaufzeiten, Kranzusch, ZInsO 2010, 841: Verfahrenslaufzeit im durchschnittlichen Regelinsolvenzverfahren 3,7 Jahre; bei natürlichen Personen ca. 2 Jahre) lässt sich eine starre Altersgrenze nicht rechtfertigen.

Da ein Insolvenzrichter aber nicht »sehenden Auges« einen Wechsel des Insolvenzverwalters während des Verfahrens mit den entsprechenden einschneidenden Kostenfolgen für die Gläubigerschaft riskieren kann, muss jeweils individuell bei konkreter Verfahrensvergabe prognostiziert werden, ob das Lebensalter des in Aussicht genommenen Verwalters ein Hindernis für die Verfahrensvergabe an ihn sein könnte. Die Frage der Altersgrenze wird damit zum flexiblen Hinderungsgrund bei der konkreten Verfahrensvergabe.

Des Weiteren ist i. d. R. **Orts- bzw. -Regionalnähe der Kanzlei zum Sprengel des Insolvenzgerichtes** erforderlich. Dieses Kriterium ist jedenfalls auch bei Erstellung der Vorauswahl-Liste nicht sachwidrig (BVerfG, ZInsO 2009, 1641; so bereits BVerfG, ZInsO 2006, 1101). Verfehlt sind daher diejenigen Entscheidungen, die »Ortsnähe« nur als Auswahlkriterium für die Vergabe eines Verfah- 14 rens im konkreten Fall anerkennen wollen (OLG Brandenburg, NZI 2009, 723; OLG Nürnberg, ZInsO 2008, 979; Holzer, EWiR 2010, 85).

Die »**Ortsnähe**« **ist ein sachgerechtes Kriterium** zur Herstellung jederzeitiger Erreichbarkeit und Präsenz für Gericht, Schuldner und Gläubiger (OLG Düsseldorf, ZIP 2011, 341, 342 = ZInsO 2011, 1010; OLG Düsseldorf, NZI 2009, 248 = ZInsO 2009, 769; OLG Hamm, ZInsO 2008, 671 = ZIP 2008, 1189; AG Göttingen, ZVI 2006, 523; OLG Koblenz, ZInsO 2005, 718; OLG Koblenz, ZInsO 2005, 1171, 1174; OLG Schleswig, ZInsO 2005, 604; OLG München, ZIP 2005, 670; Lissner, ZVI 2013, 423, 424; Adam/Poertzgen, ZInsO 2008, 281, 286 sogar f. d. internationalen Bereich; BAKinso, ZInsO 2007, 1266, 1267; Frind, ZInsO 2007, 850, 855; Köster, NZI 2004, 538, 540; Graf-Schlicker § 56 Rn. 22; unentschieden: Uhlenbruck/Mönning, ZIP 2008, 157, 163; Frege, NZI 01/2006, S. V [Ortsnähe des Büros genügt]; Runkel/Wältermann, ZIP 2005, 1347, 1351 [Ortsnähe des Verwalters genügt]; Hess, EWiR 2005, 605; Holzer u. a., Bestellung des Insolvenzverwalters, S. 43; MK-Graeber § 56 Rn. 69; **a. A.** FK-Jahntz, § 56 Rn. 13; HK-Riedel, § 56 Rn. 13; Kleine-Cosack, EWiR 2008, 441).

14a Ortsnähe ist nicht mit »Erreichbarkeit« gleichzusetzen; eine »**Briefkastenadresse**« am Ort des Insolvenzgerichtes genügt nicht (Lissner, BB 2014, 265, 269). Eine bloße »Erreichbarkeit« (Ehricke, INDAT-Report 3/2006, S. 17; Graf-Schlicker, § 56 Rn.31) kann daher die Ortsnähe nicht ersetzen. »Moderne Kommunikationstechniken« ersetzen die Besprechung mit dem Schuldner (Rdn. 16e), ggf. Prüfung verfahrenswichtiger Unterlagen, vor Ort *nicht*. Zugleich erleichtert die Ortsnähe dem Insolvenzrichter die Überprüfung der Arbeitsbelastung des jeweiligen Verwalters und damit die zu erwartende Qualität der Verfahrensabwicklung (OLG Bamberg, ZIP 2008, 82). Der Insolvenzrichter muss aber Bewerber in Bezug auf die Schranke »Ortsnähe« gleich behandeln (OLG Brandenburg vom 06.08.2009 – 11 Va 5/07, NZI 2009, 722: Selbstbindung der Insolvenzrichter, wenn Verwalter mit weiter entferntem Büro gelistet werden).

Denn der zukünftige Verwalter muss generell die Strukturen vor Ort kennen, zu wichtigen Institutionen, Banken etc. einen »kurzen Draht« haben, das »Lokalkolorit kennen« (Albers INDAT-Report 3/2006, S. 16; Lissner, ZVI 2013, 423, 424). Insolvenzverfahren sind stets Eilverfahren. Deshalb muss der Bewerber zusätzlich auch generell die **Gewähr jederzeitiger Erreichbarkeit für gerichtliche Rückfragen**, auch während Auslandsaufenthalten, bieten (OLG Koblenz, ZInsO 2005, 718; zu einem negativen Fall: AG Göttingen, NZI 2003, 267). Mit Entscheidung vom 12.07.2006 (ZInsO 2006, 1101) hat das BVerfG die Ablehnung eines Bewerbers (Vorinstanzen: OLG Koblenz, AG Mainz) wegen mangelnder Ortsnähe als nicht ermessensfehlerhaft bestätigt. Daher wird sich die Ablehnung eines Bewerbers mangels regionaler Anbindung i. R. d. richterlichen Auswahlermessens halten (Hess, EWiR 2005, 895, 896). Auch kann der Ansicht des OLG Stuttgart (ZIP 2006, 342), bei Verfahren von Unternehmen mit überörtlichen Geschäftsbeziehungen erübrige sich eine Ortsnähe, nicht gefolgt werden, denn es geht um die Sanierung des Unternehmens mit den vor Ort vorhandenen Mitteln, Krediten und Mitarbeitern.

14b Eine »Zweigstelle« vor Ort, die nicht dafür ausgestattet ist, Insolvenzverfahren »selbständig allein zu bearbeiten« genügt den Anforderungen an eine örtliche Präsenz nicht (AG Hamburg, ZInsO 2006, 1342; a. A. KG, ZIP 2010, 2461, 2463 in Verkennung der praktischen Notwendigkeiten bei Schuldnerkontakten).

Zweifelhaft ist gem. BVerfG (ZInsO 2009, 1641) eine rein an der ständigen Präsenz des Verwalters im örtlichen Büro orientierte Definition. Unter »Ortsnähe« ist – insb. bei Flächenbundesländern – **eine regionale Verwurzelung und ein Tätigkeitsschwerpunkt im jeweiligen Insolvenzgerichtsbezirk durch ein funktionierendes Verwalterbüro, in welchem der Verwalter tatsächlich arbeitet** (keine »Filiale«), zu verstehen. Dabei kann das Insolvenzgericht im Rahmen seines Auswahlermessens eine Präsenz des Verwalters an mindestens 2 Tagen pro Woche verlangen (OLG Bamberg, ZIP 2008, 82; zweifelnd BVerfG, ZInsO 2009, 1641).

14c Ob »Ortsnähe« aber **über räumliche Grenzen**, z. B. den LG-Bezirk (so OLG Bamberg, ZIP 2008, 82 [Umkreis 100 km], zweifelnd: BVerfG, ZInsO 2009, 1641; a. A. genügt als Kriterium nicht:

OLG Düsseldorf, NZI 2009, 248 = ZInsO 2009, 769; OLG Brandenburg, NZI 2009, 722 [erst bei konkreter Auswahl zu berücksichtigen]; OLG Nürnberg, ZInsO 2008, 979 = ZIP 2008, 1490, dazu: Frind, ZInsO 2008, 967), oder über eine Zeitspanne innerhalb derer der Bewerber das Gericht erreichen können muss (eine Stunde gem. OLG Hamm, ZInsO 2008, 671; a. A. Kleine-Cosack, EWiR 2008, 441; die Forderung nach einer Maximalfahrtzeit von anderthalb bis 2 Stunden verwirft das KG ZIP 2010, 2461), **definiert wird**, ist letztlich eine Frage des Beurteilungsspielraumes der insolvenzrechtlichen Fachgerichte. In Ballungsräumen ist eine Grenzziehung nach Gerichtsbezirken oftmals wenig tauglich, da die Gerichte anderer Bezirke trotzdem schnell erreichbar sein werden (OLG Düsseldorf, NZI 2009, 248 = ZInsO 2009, 769).

Maßgebend ist: »Kurze Wege« für Schuldner bzw. Verantwortliche der Gemeinschuldnerin fördern die Bereitschaft und die Möglichkeiten zur sinnvollen Kooperation (OLG Schleswig, ZInsO 2005, 604; unklar: Hess, EWiR 2005, 895; **a. A.** Lüke, ZIP 2007, 701, 708; Koenig/Hentschel, ZIP 2005, 1937, 1940: sachwidrige Bevorzugung örtlicher Verwalter – Gefährdung der Unabhängigkeit; H/F/W, InsO, Rn. 5/14, Fn. 32; Ehricke INDAT-Report 3/06, S. 17 mit Verweis auf **»moderne Kommunikationstechniken«**, doch auch diese ersetzen die häufig erforderlichen persönlichen Kontakte zwischen Verwalter und Schuldner nicht). Weiterhin erfordert der Eilcharakter des Verfahrens, dass auch wenn das Gericht zunächst nur einen Sachverständigen bestellt, dieser, da das Gericht oftmals die Notwendigkeit sofortiger Sicherungsmaßnahmen von dessen Erstbericht abhängig machen wird (dies verkennt das KG, ZIP 2010, 2461, 2462), umgehend beim Schuldner bzw. der Schuldnerfirma vor Ort vorstellig wird. Nach OLG Düsseldorf, ZIP 2011, 341, 342 = ZInsO 2011, 1010 soll trotzdem eine örtliche Präsenz von 1 – 2 Tagen in der Woche nebst Zweitwohnsitz im Gerichtsbezirk genügen, da dies eine »generelle« Ortsnähe jenseits der Notwendigkeit von Eilmaßnahmen vermittle. Dem kann nicht gefolgt werden, da Eilmaßnahmen zum regelhaften Charakter von zumindest Unternehmensinsolvenzverfahren gehören.

▶ **Hinweis:** 14d

Zu bedenken ist auch, dass das Insolvenzgericht nicht unnötige Verfahrenskosten durch die Bestellung eines entfernten Verwalters verursachen darf. Dieser könnte sonst berechtigt seine Fahrt- oder Hotelkosten zulasten der Masse geltend machen. Die Bestellung eines nicht ortsansässigen Insolvenzverwalters, sei er auch einstimmig vom (vorläufigen) Gläubigerausschuss gem. § 56a InsO vorgeschlagen, kann bei verbundenen Unternehmen mit Betriebsfortführung wegen der Präsenznotwendigkeit vor Ort im Einzelfall extrem **hohe Reise- und Hotelkosten** (auch für dessen Mitarbeiter) auslösen und daher für Gericht und Ausschussmitglieder (s. § 71 Rdn. 2a) zur späteren Haftung führen, wenn ebenfalls geeignete ortsnahe Verwalter zur Verfügung standen. Jüngste Praxiserfahrungen mit »ESUG«-Fällen, in denen ortsferne Verwalter vorgeschlagen wurden, zeigen hierdurch eine nennenswerte Massebelastung. Insb. in »Betriebsfortführungsverfahren«, aber auch in Verfahren natürlicher Personen, wird eine örtliche Präsenz des Verwalters unabdingbar sein, z. B. für Betriebsversammlungen, betriebliche Entscheidungen oder die Durchsicht der Geschäftsunterlagen mit dem Schuldner bzw. den organschaftlichen Vertretern. Weder dem Schuldner, dessen Vertretungsorganen noch den Gläubigern kann zugemutet werden, mit einem an einem weit vom Gericht entfernten Ort ausgelagerten Mitarbeiter oder »back-office« die Geschäftsunterlagen, Rechnungen oder Drittschuldnerforderungen durchzusprechen (a. A. Lüke ZIP 2007, 701, 707 ff.).

(2) **Eignung des Organisationsumfeldes**

(a) **»Unterbau«**

Daneben muss der Bewerber über den notwendigen »Unterbau« zur Abwicklung der Verfahren verfügen. Dabei ist nicht nur in Anbetracht der Pflicht zur Tabellenführung ein verlässlicher und eingespielter **Büroapparat** nebst der zugehörigen – mit der des Gerichts kompatiblen – **Software** unverzichtbar. Die Qualifizierung der Mitarbeiter, z. B. zum Fachwirt für Insolvenzmanagement (Haarmeyer, ZInsO 2005, 529; ZInsO 2008, 615), sollte nachgewiesen werden können (Lissner, 15

DZWIR 2013, 159; s. a. die Gründung des entsprechenden Verbandes der Sachbearbeiter in Insolvenzsachen e. V.-BS InsO- InsbürO 2009, 446, 471). Auch in Verbraucherinsolvenzverfahren ist aufgrund der Menge und Vielfältigkeit der Verfahren ein personell gut und erfahren ausgestattetes Büro unverzichtbar (AG Hamburg, ZInsO 2006, 1342; **a. A.** Lüke ZIP 2007, 701, 706). Verweigert der Bewerber substantiierte, nachprüfbare Angaben zu Büroausstattung und/oder Ausbildung der Mitarbeiter, rechtfertigt dies eine Ablehnung (OLG Hamburg, ZInsO 2011, 1655).

15a Weiterhin muss gewährleistet sein, dass Rechtsfragen in den bei Insolvenzabwicklungen einschlägigen Rechtsgebieten von angestellten Anwälten kompetent bearbeitet werden können und eine angemessene anwaltliche Vertretung des Insolvenzverwalters in Abwesenheitsfällen sichergestellt ist. Vorgeschlagen wird hier ein Informationsrecht des Gerichtes und eine Datenbank zu den Ausstattungskriterien (Neubert, ZInsO 2002, 309; Jacoby, ZIP 2009, 554, 557, 558). Mit dem Amt und Beruf des Verwalters ist es jedoch nicht vereinbar, dass die Übernahme des Amtes vom Einverständnis der Sozietät abhängt (so aber Jacoby, a. a. O., 558).

Jedenfalls müssen die vorgenannten Voraussetzungen bereits für die Übernahmebereitschaft in kleinen Regelinsolvenzen gelten, z. B. von selbstständigen natürlichen Personen (auch hier kommen häufig Anfechtungs- oder gesellschaftsrechtliche Ansprüche vor; nach der Reform zum 01.07.2014 sind Anfechtungsansprüche nunmehr auch im Verbraucherinsolvenzverfahren regelmäßig zu verfolgen), und sie sind im Verhältnis zur »Größe« der angestrebten Aufträge zu erweitern. Verfahren mit mehreren hundert Drittschuldnern oder Gläubigern (insb. Arbeitnehmern) sind bekanntlich keine Seltenheit.

Immer wieder machen die Gerichte die Erfahrung, dass sich erst im eröffneten Verfahren bei den dort zu beachtenden Formalien und »Kleinigkeiten«, z. B. der Tabellenführung, der korrekten Forderungseintragung, des korrekten Vermögensverzeichnisses nach § 152 oder der korrekten Schlussrechnung erweist, wie wichtig für **den reibungslosen Ablauf im Gericht** ein gut funktionierendes Verwalterbüro ist (vgl. zum Dateiaustausch Verwalter-Gericht: Pianowski, InsbürO 2008, 458). Dabei ist auch die Verlässlichkeit von Angaben in Vergütungsanträgen und deren Angemessenheit in Bezug auf herrschende Rechtsansichten in Vergütungsstreitfragen ein zulässiges Kriterium (wobei den von Weyand, ZInsO 2005, 635, geschilderten Nötigungsversuchen zur Akzeptanz von insolvenzgerichtlichem »Landrecht« eine deutliche Absage zu erteilen ist).

15b Der Bewerber muss seine wirtschaftliche **Bonität** nachweisen (in Frankreich ist seit dem 01.01.2012 eine jährlicher Liquiditätsnachweis gegenüber der staatlichen Anwaltsaufsicht zu erbringen, Hübler, NZI 2012, 131, 134). Außerdem ist eine **ausreichende Haftpflichtversicherung** nachzuweisen (Bluhm, ZIP 2014, 555, 561; Ehlers, ZInsO 2011, 458; OLG Koblenz, ZInsO 2005, 1171, 1174 [zu § 1 Abs. 4 Zw VwV]; Zimmermann, NZI 2006, 387 zur Vermögensschadenshaftpflichtversicherung für den konkreten Auftrag; Heyrath, ZInsO 2002, 1023; ders. ZInsO 2006, 1196; auch für den Zwangsverwalter; Graeber, InsbürO 2006, 105).

Diese Voraussetzung gehört zur Eignung des Verwalters und ist vom jeweiligen Insolvenzrichter selbst zu prüfen. Eine Delegation auf Verwaltungsstellen ist nur statthaft, wenn diese wiederum analog den Grundsätzen zur Geschäftsleiterhaftung stichprobenhaft kontinuierlich vom Insolvenzrichter überprüft werden. Nach derzeitiger Lage fordern die Insolvenzgerichte eine Deckung zwischen 2 – 5 Mio. pro Haftpflichtfall (ggf. abhängig von der Anzahl der Listungsgerichte). Die Anforderung des Nachweises einer reinen Jahreshaftsumme dürfte nicht ausreichend sein. Das Gericht hat regelmäßig aktualisierte Nachweise (einmal jährlich) darüber anzufordern und bei der Bewerberakte niederzulegen (Rdn. 7a, § 58 Rdn. 3a).

(b) »Qualitätskriterien«

15c Die mangelnde Qualität(sprüfung) von Insolvenzverwaltung wird vermehrt öffentlich beklagt (Rosenmüller, ZInsO 2012, 1529, 1530; zusammenfassend: manager magazin 1/09, 44; brand eins 4/08, 126), wie auch das Fehlen eines Kataloges von »Qualitätskriterien« (Klaas, ZInsO 2010, 706; ders. INDAT-Report 3/2010, 11). Mittlerweile wird versucht, die tatsächliche Qualität von

Insolvenzverwaltungen durch empirische Befragungen zu ermitteln, die auch die Qualität der Insolvenzgerichte beleuchten wollen (Umfrage des GSV, ZInsO 2010, 2320).

Generell muss das Insolvenzgericht zukünftig von den Bewerbern, die bereits bei anderen Gerichten als Verwaltern tätig sind, genauere Angaben zu den von ihnen vertretenen und erarbeiteten **Qualitätsstandards verlangen**, indem »harte Fakten« zu bisherigen Verfahrensabwicklungen, nämlich Merkmale der Effizienz, z. B. die durchschnittlich erreichten Quoten für ungesicherte Gläubiger, die Anzahl sanierter Betriebe, geretteter Arbeitsplätze, das Kostenverhältnis Masse/Verwaltungskosten, nachprüfbar abgefragt werden (dazu Entschließung des Bundeskongresses »Sanierung als Chance für den deutschen Mittelstand« 04.03.2010, ZInsO 2010, 473; Stellungnahmen des BAkinso e. V. vom 21.11.2008, ZInsO 2008, 1260 und NZI 6/08, IX ff mit Gesetzesvorschlägen; Ries, NZI 4/08, VI, Frind, ZInsO 2007, 850; Calic, ZInsO 2007, 534; Forschungsgruppe ZertRate, ZInsO 2007, 431; Abzugrenzen ist dieses Vorgehen von einer **Zertifizierung** (Rdn. 15g; Schaprian, ZInsO 2007, 243 zur Zertifizierung für Verwalter; Haarmeyer, NZI 2007, 635 [mit Eckdaten zur »guten« Verwaltung]; ders. ZInsO 2007, 169 zu Qualitätseckpunkten; ders. ZInsO 2008, 367: Gesetz zur Effizienzsteigerung und Verbesserung der Verwalterauswahl; R. Paulus, Rpfleger 2007, 62; Rhode/Calic, ZInsO 2006, 1247; Förster, ZInsO 2004, 1244; Kassing, ZInsO 2005, 23; ders. NZI 04/2005, S. V; Haarmeyer, ZInsO 2005, 337; Förster, ZInsO 2005, 632; Runkel/Wältermann, ZIP 2005, 1347, 1350; Salfer/Petersen, ZInsO 2006, 1040 zum Debitorenmanagement; Verwendung betriebswirtschaftlicher Techniken: Ehlers, ZInsO 2005, 902, 910; krit. zur Zertifizierung Schneider, INDAT-Report 2/2007, S. 7; Überblick in INDAT-Report 4/07, 8). Mittlerweile haben sich verschiedene Methoden dazu herausgebildet (Überblick bei Kurz, NZI 11/2011, XVIII).

Die häufig erwähnten »betriebswirtschaftlichen Kenntnisse« eines Verwalterkandidaten sind kein Selbstzweck, sie sollen die **Sanierungsfunktion des Insolvenzrechtes** sicherstellen. Sie müssen (und werden sich) bei fundiertem Vorhandensein auch in entsprechend guten Verfahrensergebnissen widerspiegeln (Lamprecht, »Sie können nicht einmal Bilanzen lesen« – Zur Bestellung von Juristen als Insolvenzverwalter, DZWIR 2010, 22). Ansonsten besteht die Gefahr, dass eine gelungene Umsetzung der Sanierungsfunktion des Insolvenzrechtes in Anbetracht fehlender empirischer Erfolgsbelege und der Privilegierung der Verwaltervergütung bei den vorrangig zu befriedigenden Kosten in Zweifel gezogen wird (Knospe, ZInsO 2009, 2276). Eine **gesetzliche Implementierung des Leistungskriteriums** wurde daher wiederholt gefordert (BAKinso e. V. vom 16.11.2010, ZInsO 2010, 2229; s. o.; s. GSV e. V., ZInsO 52/2010, III und Version 2 in ZInsO 27/2011, IV; kritisch Förster, ZInsO 2011, 1593).

Der Verwalter muss in der Lage sein, seine Verfahrensergebnisse nach einzelnen Kriterien überprüfbar abzurufen und auszuwerten (nunmehr ist dies in den »GOI« des VID e. V. (ZIP 2011, 197; s. Rdn. 19; s. Anhang) implementiert (s. dort Teil II. Nr. 9; Belz NZI, 2010, 10/XII). zweifelnd noch Ahrendt, InsVZ 2010, 363)

15d

Das Bundesamt für Statistik wertet die seit Inkrafttreten der InsO gem. § 39 EGGVG erhobenen verfahrensbezogenen Pflichtangaben der Verwalter und Insolvenzgerichte wegen Personalmangel nicht aus, sondern gibt nur die Zahl der eröffneten Verfahren an (Knospe, ZInsO 2009, 2276; Frind, ZInsO-News-Letter 1/10). Das zum 01.01.2013 inkrafttretende **Insolvenzstatistikgesetz** erfasst bis auf die Quote für ungesicherte Gläubiger mangels genauer Fragekategorien und zugespitzter Erhebungsmodi die wichtigsten Leistungskategorien von Insolvenzverwaltung, z. B. die Frage nach der genau definierten »Sanierung«, nicht (vgl. Frind, ZInsO 2011, 656).

Insolvenzgerichte können aber leistungsorientierte **Verfahrenskennzahlen** auch selbst erheben und daran Abwicklungserfolge messen (gerichtliche Erfolgsprüfung von Insolvenzverwaltungen, Formblatt des BAKinso e. V. zur Abfrage von Verfahrenskennzahlen, ZInsO 2009, 1482 = NZI 2009, 595; Frind, ZInsO 2011, 1913; ders. ZInsO 2011, 169; ders. ZInsO 2009, 1683; ders. ZInsO 2008, 1068; ders., ZInsO 2008, 126 zu Erhebungen des Insolvenzgerichtes Hamburg; zustimmend zu einer Vereinheitlichung: Graeber, ZInsO 2011, 35; Andres, Gastkommentar NZI 11/2009, V).

Dies gilt auch für Gläubiger (Portisch/Neumann, Effiziente Insolvenzprozesse in Banken und Sparkassen, 2010, Rn. 144 – 182 u. Rn. 282 – 294). Inzwischen wird die verbindliche **Einführung einer gerichtlichen Kennzahlenerhebung** von verschiedener Seite gefordert (Bieg/Kampshoff/Kruse, Professionalisierung des Insolvenzumfeldes – Thesen des »Round Table Initiative Planverfahren«, InsVZ 2010, 315, 316; zust. Rattunde, FS Ganter, 2010, 519, 530), in Musterschlussrechnungen integriert (ZInsO 2010, 2287, 2291) und als »gelebtes Qualitätsmanagement« bezeichnet (Kurz, NZI 21/2010, XVI; zustimmend Graeber, ZInsO 2011, 35). 79 % der Verwalterschaft sind bereit, mit Kennzahlen in einen direkten Wettbewerb zu treten (Huep, ZInsO 2012, 403, 406).

Die Folgen der Möglichkeit des »bindenden« Gläubigerausschuss-Vorschlages mit Anforderungsprofil nach der Einführung des § 56a durch das »ESUG« auf die Qualitätsdiskussion werden negativ beurteilt (Heyer, ZIP 2011, 557). Bei Vorschlägen nach § 56a Abs. 2 sind aber Kennzahlen im Rahmen der notwendigen »Doppelprüfung« (vgl. § 56a Rdn. 23) Teil der Prüfung des Insolvenzgerichtes von der generellen Eignung und können helfen, missbräuchliche Vorschläge zu Begrenzung der Massegenerierung aufzufinden (Rosenmüller/Heitsch, ZInsO 2013, 754, 759).

Bei Listungsentscheidung zur Vorauswahl-Liste können nach Verfahrenskennzahlen neue Bewerber leistungsorientiert auf die Vorauswahl-Liste aufgenommen werden (Frind, ZInsO 2011, 169). Jungen Verwaltern ist eine Probephase zur Erlangung von Kennzahlen einzuräumen (dazu Rdn. 20, 22).

Bei der Erhebung von Verfahrenskennzahlen sollten sich die Gerichte an **empirischen Durchschnittswerten orientieren**, die in verschieden wichtigen Parametern in einer empirisch verlässlichen und repräsentativen Anzahl schlussgerechneter Verfahren erzielt worden sind. Etwas undurchschaubarer erscheint das System des AG Hannover, bei dem den Ergebnissen in verschiedenen Abfrageparametern, z. T. auch in Parametern mit »statischer« und nicht unmittelbar leistungsorientierter Bedeutung, wie Fachkompetenz, Büroausstattung, Mitarbeiter und Fortbildung, vom auswertenden Gericht jeweils Punktzahlen und prozentuale Gewichtungen am Gesamtergebnis zugeordnet werden (vgl. Graeber, ZInsO 2011, 35; Neubert, ZInsO 2010, 73). Hierdurch wird die Beeinflussung des Ergebnisses stark durch Fragen der Ermessensausübung ermöglicht (Neubert, ZInsO 2010, 73, 75; kritisch in dieser Hinsicht Frind, ZInsO 2011, 170).

Weiterhin muss geprüft werden, ob ein Bewerber in der Lage ist, »versteckte Ansprüche« für die Masse entdecken und generieren zu können, um »Ordnungsverfahren« zur Eröffnung zu führen (A. Schmidt, ZInsO 2008, 291; Kirstein, ZInsO 2008, 131) und ein widerspruchsfreies Insolvenz-Gutachten vorzulegen (vgl. check-Liste des BAKinso e. V. für Gutachten ZInsO 2009, 22 ff. = NZI 2009, 37; Erläuterungen zur check-Liste BAKinso e. V., NZI 2009, 41).

15e Im Bericht gem. § 156 InsO und in folgenden Zwischenberichten sollten sämtliche Vermögenswerte, die im Gutachten genannt wurden, idealerweise mit derselben Gliederung, weiter fortgeschrieben werden. Eine standardisierte Zwischenberichtserfassung erleichtert Gericht und Gläubiger den Überblick über den Stand der Masseverwertung (Beispiel AG Aachen: Langer/Bausch, ZInsO 2011, 1287). Ein **standardisierter Kontenrahmen** für die Schlussrechnung kann die Erfassung des Gesamtvermögens im Überblick erleichtern und Verfahren auch kennzahlengestützt mittels eines »Ergebnisblattes«, dass die aggregierten Konten zu jedem Parameter zeigt, vergleichbar machen (s. ZEFIS, ZInsO 2010, 2287; n. F.: Haarmeyer, ZInsO 2011, 1874).

Mittlerweile sind die Bestrebungen, die **Schlussrechnung und Buchungskonten des Verwalters** mittels eines einheitlichen Kontenrahmens **zu standardisieren** (SKR 03 und SKR 04) abgeschlossen (Zimmer, INDAT-Report 7/2013, 30, 31; s. auch ZInsO 41/2012, IV; Zimmer, Insolvenzbuchhaltung, 2013, Teil G). Die Verwendung des SKR ist Qualitätsmerkmal für den Verwalter. Dieser Standardkontenrahmen wird auch ein »Ergebnisblatt« aufweisen, in dem der Verwalter die aggregierten Verfahrensergebnisse nach den Kategorien der BAKinso-Verfahrenskennzahlabfrage (ZInsO 2009, 1482) einträgt (s. zur Ergebniskontrollpflicht auch GOI des VID e. V. dort unter II. Nr. 9 (s. Anhang) (vgl. BAKinso-Entschließung vom 05.11.2012, ZInsO 46/2012, III).

Beobachtung der Verfahrensergebnisse: Nicht nur bei der Verwalter-Vorauswahl müssen deswegen **prüfbare Qualitätskriterien** in den Vordergrund rücken (OLG Köln, ZInsO 2007, 272; s. a. Ries, NZI 4/07, VI; Uhlenbruck/Mönning, ZIP 2008, 157, 161; Klaas, INDAT-Report 9/07, 35; Rhode/Calic, ZInsO 2006, 1247, 1249; Gaier, ZInsO 2006, 1177, 1183; Graf-Schlicker § 56 Rn. 25; Blank, ZInsO 2005, 473), sondern auch die bei dem jeweiligen Insolvenzgericht bereits gelisteten Verwalter müssen in regelmäßigen Abständen einer Qualitätsprüfung unterzogen werden, um neuen Bewerbern eine faire Chance i. S. d. Entscheidung des BVerfG vom 23.05.2006 (»Bestenauslese bei Erstellung der Vorauswahl-Liste«) auf Zugang zur Liste zu geben (zu Eckpunkt-Kriterien: Haarmeyer, ZInsO 2007, 169; Frind, ZInsO 2006, 841; **a. A.** Graeber, NZI 2006, 499, 501). Im Rahmen des Anforderungsprofiles nach § 56a Abs. 1 InsO erlangen Kennzahlen einen wichtigen Stellenwert (Antholz, ZInsO 2012, 1189; vgl. § 56a Rdn. 17). Die in der IFB-Untersuchung vom Juli 2009 befragten Insolvenzgerichte waren zum überwiegenden Teil bereits bereit, erfolgsorientierte Faktoren bei der Bestellung im Einzelfall zu berücksichtigen (ZIP-Beilage Heft 27/09, dort S. 14; abl. Uhlenbruck, ZIP-Beilage 27/09, 26, 28)

15f

Ein Mittel dazu kann eine Langzeitbetrachtung der Verfahrensergebnisse mit gewichteten Faktoren sein (Wilhelm, FTD 15.10.2009, S. 24; Haarmeyer, NZI 2007, 635; Kurz, NZI 6/2007, VI; Forschungsgruppe ZertRate, ZInsO 2007, 431; Schaprian, ZInsO 2007, 243; Haarmeyer/Schaprian, ZInsO 2006, 673; zustimmend: Franke, ZInsO 2007, 586; Paulus, ZInsO 2006, 752 mit Blick auf das Ausland; ablehnend: Hess, ZIP 2007, 1042; kritisch: Bergner, NZI 2007, 642). Bei dieser Zertifizierung geht es um die Prüfung aggregierter Verfahrensergebnisse über einen längeren Zeitraum im Sinne statistischer Aussageverlässlichkeit zum Verwaltererfolg (Kück, ZInsO 2007, 637; Germ, NZI 2009, 359 behauptet, dass »persönliche Fähigkeiten« gesondert berücksichtigt werden müssten; zweifelhaft ist eine solche Trennung aber deswegen, da solche Fähigkeiten – wenn sie denn etwas wert sind – sich in guten Ergebnissen ausdrücken werden: Antholz, ZInsO 2012, 1189, 1194).

Abzugrenzen ist ein »**Bewertungsverfahren**« nach Erfolgskriterien bzgl. der Wertschöpfungskette (»Qualitätsmanagement«, z. B. DIAI, NZI 8/08, X) von einem **Zertifizierungsverfahren**, welches (nur) den geregelten und ordnungsgemäßen bürointernen Ablauf und ggf. die Verfahrensabläufe nach außen nach einem vom Verwalter selbst erstellten Handbuch überprüft und verbessert, wie z. B. eine **ISO-Zertifizierung auf Basis der DIN ISO 9001**.

15g

Diese Zertifizierung wird in den letzten Jahren zunehmend als **Mindestanforderung** ordnungsgemäßer Insolvenzverwaltung propagiert (s. Cranshaw/Portisch/Rösler, »MaInsO«-Mindestanforderungen des IQS–Institut für Qualität und Standards in der Insolvenzabwicklung, 2. Aufl., 2014). Auch Verwalterverbände verlangen von ihren Mitgliedern teilweise entsprechende Nachweise (s. die **Grundsätze ordnungsgemäßer Insolvenzverwaltung** (GOI) des VID e. V. (s. im Anhang) oder »Inso-Exzellence« des »Gravenbrucher Keises«). Diese Entwicklung hält sei dem Jahre 2005 an (INDAT-Report 7/08, 8 ff. mit Erfahrungsberichten; vergleichende Anzeige mit Nennung der zertifizierten Verwalter: INDAT-Report 4/08, 22/23; Bericht über VID-Kongress Frühjahr 2008, INDAT-Report 4/08, 16; Kurz, NZI 4/2008, XVII; Kurz/Haarmeyer, INDAT-Report 3/08, 28 f.; Kurz, NZI 2007, 638 [»InsO 9001«]; Calic, NZI 9/08, VIII, ders. NZI 9/07, VII f.; Becerer, NZI 9/07, XXVI f.; Hinrichs, ZInsO 2005, 360).

Zertifiziert werden jedoch i. d. R. nur reine Büroabläufe (kritisch: Neubert, ZInsO 2007, 979, 981). Daher kann dieses Erfordernis für die Verwalterauswahl als »Bestenauslese« nur sehr begrenzt herangezogen werden (Jürges, ZInsO 2008, 888; Frind, NZI 2008, 518; a. A. Andres, NZI 2008, 522). Betont wird daher in erster Linie der interne Nutzen einer Zertifizierung und die Notwendigkeit der Vernetzung mit insolvenzgerichtlichen »Kennzahlen« (Römer, KSI 2012, 218, 220).

Die ISO-Zertifizierung i. R. d. Insolvenzverwaltung wird von Anbietern nunmehr mit »Konformitätsbescheinigungen« insolvenzgerichtlicher Konformitätsstellen aufzuwerten versucht, für die pensionierte Richter/Rechtspfleger gesucht werden (Portisch, ForderungsPraktiker 2011, 8, 11; NZI 17/2010, XII). Das Problem der »Akteneinsicht« des Zertifizierungsunternehmens in kon-

§ 56 InsO Bestellung des Insolvenzverwalters

krete Akten und der »Verschwiegenheitspflicht« des Verwalters stellt sich somit nicht (Haarmeyer/Schaprian, ZIP 2007, 952; verfehlt daher Bork, ZIP 2007, 793; ders. ZIP 2007, 953).

Der »Gravenbrucher Kreis« hat mittlerweile das Zertifikat »InsO-Excellence« aus der Taufe gehoben, die auch die »Auslastung der Kanzlei« berücksichtigen soll, aber keine Leistungskennzahlen abbildet (NZI 17/2010, XII; Kebekus, INDAT-Report 6/2010, 22; Reuter, INDAT-Report 6/2010, 24).

Ein reines Verlassen des Insolvenzrichters bei der Verwalterauswahl auf eine extern erfolgte Zertifizierung oder Verwalterbewertung erscheint nur sinnvoll, wenn deren Grundlagen klargestellt und für das Gericht überprüfbar sind (Frind, NZI 2008, 518; a.A. Portisch, ForderungsPraktiker 2011, 8, 12, der den Insolvenzrichtern die Überprüfung der Kanzleien im Wege des »systemischen Qualitätsmanagements« abnehmen will; Beck, NZI-aktuell 8/08, VI: »verlässlicher Maßstab für Gerichte«). Eine reine Ablauforganisations-Zertifizierung birgt aber nicht kausal auch für Leistung (a.A. Klaas, INDAT-Report 1/2011, 22, der bereits die beschlossene ISO-Zertifizierung als »grenzwertige« Anforderung für den Verband bewertet).

Sinnvoll ist es, wenn Gerichte Kennzahlen auch selbst gewichten und in ihrer Bedeutung für ihre Auswahlentscheidung festlegen (Rdn. 15d; Klaas, INDAT-Report 1/2011, 23; BAkinso e.V. vom 21.11.2008, ZInsO 2008, 1260; A. Schmidt, ZInsO 2008, 291).

bb) Gewähr für zuverlässige, persönliche Bearbeitung der gerichtlichen Aufträge in ihren Kernbereichen; keine Überlastung

16 Es muss sichergestellt sein, dass verfahrenswichtige Handlungen, Verhandlungen und Weichenstellungen (zu diesen: Rdn. 16a) vom Insolvenzverwalter selbst bearbeitet werden und dieser selbst jederzeit ggü. **dem Gericht vollständig auskunftsfähig** ist (BVerfG, ZInsO 2009, 1641; OLG Bamberg, ZIP 2008, 82; Graf-Schlicker § 56 Rn. 16; K/P/B-Lüke § 56 Rn. 44; MK-Graeber § 56 Rn. 75, 76; Smid, DZWIR 2002, 265; Graeber, DZWIR 2005, 177, 183; ders. NZI 2003, 569; Runkel/Wältermann, ZIP 2005, 1347, 1351; Wiester/Joswig, NZI 09/2005, S.V; Vallender, NZI 2005, 473, 476). Wird der Delegation zu viel Raum eingeräumt, müsste das Gericht den Verwalter gar nicht mehr sorgfältig auswählen, es würden dann nur noch »Firmennamen« ausgewählt (dafür und für die Aufgabe höchstpersönlicher Aufgabenbereiche: Pluta, INDAT-Report 4/2011, 31).

Der Verwalter ist hingegen kein »Manager«, der *alles* delegieren kann (OLG Bamberg, ZIP 2008, 82). Der BGH hat diesen Ansatz und dieses Verständnis von Insolvenzverwaltung mit seiner **Ablehnung der Zulässigkeit der Bestellung juristischer Personen** als Insolvenzverwalter gestärkt (BGH, ZInsO 2013, 2103; s. Rdn. 1b, 16d) und einer »Zergliederung« von Insolvenzverwaltung eine Absage erteilt (Frind, ZInsO 2013, 2151, 2152). Gegen die Entscheidung wurde Verfassungsbeschwerde eingelegt (Braun, INDAT-Report 8/2013, 18).

Höchstpersönliche Wahrnehmung der Kernaufgaben des Verfahrens ist daher auch ein zulässiges Vorauswahl-Listen-Kriterium (OLG Düsseldorf, ZInsO 2010, 1739 = NZI 2010, 818). Der Verwalter darf sich nicht so mit Arbeit belasten, dass ihm eine solche Aufgabenerfüllung unmöglich wird.

16a ▶ **Hinweis:**

Das Insolvenzgericht kann beim Vorauswahl-Verfahren die Gesamtarbeits*belastung* eines Bewerbers (ermittelt nach INDAT-Report) nicht zum Grund für eine Ablehnung nehmen (OLG Brandenburg, NZI 2009, 647 = ZInsO 2009, 2202 u. NZI 2009, 722). Ggf. wird der Bewerber zu seiner »Verteidigung« überprüfen, ob anhand veröffentlichter Verfahrensvergabezahlen das Gericht bereits andere Verwalter beschäftigt, die ebenso viele oder mehr Verfahren erhalten haben (vgl. Sachverhalt bei OLG Brandenburg, NZI 2009, 722, 725)

Außerdem muss sorgfältig zwischen Unternehmensinsolvenzverfahren und Verfahren natürlicher Personen unterschieden werden, wenn eine generelle Be- oder Überlastung eines Verwalters gerügt wird (vgl. den Sachverhalt OLG Brandenburg, NZI 2009, 722, 725). Der Insolvenzrichter muss daher die Anforderung »höchstpersönliche Aufgabenwahrnehmung« mit konturierenden Kriterien konkretisieren (OLG Düsseldorf, ZInsO 2010, 1739 = NZI 2010, 818). Dies kann z. B. mit einer substantiierten Darlegung der von einem Verwalter bei Erfüllung dieser Anforderung jährlich neu zu übernehmenden Höchstanzahl von Unternehmensinsolvenzverfahren geschehen. Der BAKinso e. V. hat diese Grenze mit 30 Unternehmensinsolvenzverfahren pro Jahr nachvollziehbar bemessen (s. Rdn. 23a).

Eine ggf. vom Gericht zu substantiierende **Überlastung** ist in jedem Fall ein Grund, im konkreten Fall von der Bestellung abzusehen (MK-Graeber, § 56 Rn. 76; OLG Brandenburg, NZI 2009, 547; ZInsO 2009, 2202). Ein Verwalter, von dem anzunehmen ist, dass er eine Überlastung nicht anzeigt, darf aber generell nicht gelistet werden (BVerfG, ZInsO 2009, 1641, Rn. 18: »Gewähr dafür bieten«). Die Beauftragung eines überlasteten Verwalters kann i. Ü. zu Amtshaftungsansprüchen führen (MK-Haarmeyer, § 21 Rn. 43 m. w. N.). 16b

Vor dem Hintergrund der Ausweitung von Verwalterbewerbungen auf mehrere Bundesländer gleichzeitig (INDAT-Report 5/2011, 5; 8/2001, S. 4; Pluta Anwalt 3/2001, 6) kommt der Maxime der **persönlichen Bearbeitung** der Kernbereiche der Insolvenzverwaltung zur Begrenzung einer ›fabrikmäßigen‹ Insolvenzverwaltung hohes Gewicht zu (Rdn. 11). Eine »Filialverwaltung« ist abzulehnen (AG Hamburg, ZInsO 2006, 1342), denn ein Verwalterbüro muss aus sich selbst heraus funktionsfähig sein. Ein einzelner Verwalter kann die von ihm selbst zu erledigenden Kernaufgaben nur in einer begrenzten Anzahl von Verfahren bewältigen (A. Schmidt RWS-Forum Bd. 18 [2000], S. 22 f.; Heyrath, ZInsO 2005, 1092, 1096).

Die Vorschrift des § 407a Abs. 2 Satz 1 ZPO, die über § 4 anwendbar ist, schreibt ohnehin **für den gerichtlich beauftragten Gutachter**, der mit dem Insolvenzverwalter regelmäßig personenidentisch ist (s. Rdn. 2), eine persönliche Abwicklung vor. Sie macht ein weitgehendes **Delegationsverbot** deutlich (BGH, NJW 1985, 1399; OLG Nürnberg, DS 2006, 319; Bleutge, NJW 1985, 1185, 1186 f.). Die maßgeblichen Mitarbeiter oder Subunternehmer (keine reinen »Hilfskräfte«, sondern z. B. ein Auktionshaus zur Verwertung; AG Hamburg ZInsO 2006, 448) für zulässige Delegationen sind dem Gericht zu benennen, damit deren Sachkunde geprüft werden kann (Rhode/Calic, ZInsO 2006, 1247, 1248; Wiester/Wilk, NZI 2007, 12, 14; MK-Damrau § 407a ZPO Rn. 6; Musielak/Huber § 407a ZPO Rn. 3; **a. A.** Hofmann, ZIP 2006, 1080, 1082). 16c

Nach anderer Auffassung soll der »Verwerter« vom Insolvenzgericht selbst beauftragt werden und ggf. »höchstpersönlich« tätig werden. Der Sachverständige soll dem Gericht jeweils bis zu drei » konkrete Personen« vorschlagen (AG Hamburg vom 29.04.2013, ZIP 2014, 338). Dies übersieht, dass gem. §§ 4 InsO, § 407a Abs. 2 Satz 2 ZPO der SV selbst Teile des Auftrages delegieren kann.

Kann der Sachverständige die Ergebnisse der eingebundenen Hilfsperson nicht aus eigener Sachkunde nachvollziehen und haben diese für sein Ergebnis **tragende Bedeutung**, muss er dem Gericht die Notwendigkeit der Abänderung des Beweisbeschlusses und der Bestellung eines weiteren Sachverständigen anzeigen (Wiester/Wilk, NZI 2007, 12, 14). I. d. R. wird die Benennung der Hilfsperson/des Hilfsunternehmens beim »schwachen« vorläufigen Verwalter ggü. dem Insolvenzgericht bereits im Wege der Einzelermächtigung zur Begründung von Masseverbindlichkeiten (und der späteren Entnahme derer Vergütung aus der Masse) notwendig sein, sofern die Heranziehung nicht nur der Gutachtertätigkeit unterfällt (AG Hamburg, ZInsO 2006, 448). Ansonsten kann die Hinzuziehung einer Hilfsperson nur i. R. d. Sachverständigenauslagen nach § 12 Abs. 1 Satz 2 Nr. 1 JVEG zu den Sätzen des § 9 Abs. 1 JVEG erfolgen (Wiester/Wilk, NZI 2007, 12, 14).

Der **Bereich und Umfang der nicht delegierbaren Kernaufgaben des Insolvenzsachverständigen/-verwalters** (vom BGH [ZInsO 2013, 2103] nunmehr »insolvenzverfahrensspezifische Handlungen« genannt; Eckardt, EWiR 2014, 23) ist streitig. Die Vorschrift des § 4 Abs. 1 Satz 3 InsVV zeigt, dass selbstverständlich der Verwalter sich Hilfskräften bedienen kann und der Umfang auch vom jeweiligen Verfahren abhängig sein kann (BGHZ 113, 262). Allerdings bergen Berichte aus der Insolvenzpraxis immer wieder Anhaltspunkte dafür, dass Sachbearbeitern ganze Verfahren völlig 16d ohne Wissen und Wollen des Insolvenzgerichtes (und/oder des Gläubigerausschusses) weiterübertragen werden (INDAT-Report 6/2011, 10; InsbürO 2011, 341, 342).

Sinn der Beschränkung der Delegation ist die direkte gerichtliche Zuverlässigkeitskontrolle bzgl. der persönlichen (und haftungsbewehrten) Wahrnehmung der Kernaufgaben (BGH, ZInsO 2013, 2103). Eine realitätsferne Ansicht geht davon aus, dass jeder Verwalter seine Mitarbeiter so auf Zuverlässigkeit so kontrolliert, als handele er selbst (Römermann, GmbHR 2013, 1249, 1251); dann ist der Handelnde »natürlich« egal. Die diesen Gedanken verlängernde Gegenmeinung, die jeglichen Kernbereich der Insolvenzverwaltung, den der Bestellte selbst zu bewältigen hat, verneint, kommt konsequent zur Bejahung der Bestellbarkeit juristischer Personen (Kleine-Cosack, NZI 2011, 791; hierzu Rdn. 1b).

Es kann dahinstehen, ob das Abgrenzungskriterium mit »**insolvenzverfahrensspezifischen**« **Handlungen** griffig beschrieben ist (abl. Bluhm, ZIP 2014, 555, 557, Fn. 39). Die h. M. stimmt jedenfalls darin überein, dass die Teilnahme an Gläubigerversammlungen und Prüfungsterminen, die Führung **verfahrenswichtiger** Gespräche – insb. bei Betriebsfortführungen –, auch die **verfahrensleitenden Gespräche mit dem Schuldner bzw. organschaftlichen Vertretern** (zu den dortigen Ermittlungsmöglichkeiten Hartwig, InsbürO 2011, 328), die Berichterstattung ggü. dem Gericht (BGH, ZInsO 2013, 2103), die Entscheidung über das Ergebnis der Prüfung von Aus- und Absonderungsrechten, die Erstellung der Schlussrechnung, die Entscheidung über die Führung von Prozessen und die Art der Masseverwertung, sowie Gespräche mit Übernahmeinteressenten oder der Arbeitnehmervertretung generell **nicht vertretungsfähig** und mithin auch keine gem. § 664 Abs. 1 Satz 2 BGB gestattungsfähige Vertretungen sind (s. z. B. dazu »**Heidelberger Leitlinien**«, ZInsO 2009, 1848 = NZI 2009, 593, 595; BFH, ZInsO 2011, 636 = ZIP 2011, 582; FG Rheinland-Pfalz (Neustadt/W.), ZInsO 2007, 892 = ZIP 2007, 2041; H/F/W, Hb. vorl. Verwaltung, § 3 Rn. 14; Jaeger/Gerhardt, § 56 Rn. 89, 90; MK-Graeber § 56 Rn. 75; Graf-Schlicker § 56 Rn. 25; Graeber, InsbürO 2004, 177; Bollig, KTS 1990, 608; a. A. Römermann, GmbHR 2013, 1249, 1252 mit einem zu engen Verständnis von »Aufgabenwahrnehmung« und daran orientierter Einzelkritik; Jacoby, ZIP 2009, 554 für ein weites Verständnis mit Blick auf die steuerlichen Folgen, s. dazu Rdn. 16b; Koenig/Hentschel, ZIP 2005, 1937, 1940 Fn. 25; Hofmann, ZIP 2006, 1080, 1082 Fn. 16 bzgl. Gespräch mit dem Schuldner bzw. deren organschaftlichen Vertretern; hinsichtlich der Teilnahme an Prüfungsterminen: Uhlenbruck-Uhlenbruck § 56 Rn. 25 m. w. N. (aber: »Ausnahme«). Eine vermittelnde Ansicht schränkt die Vertretungsfähigkeit nur hinsichtlich sog. »insolvenztypischer« Tätigkeiten ein, erfasst aber einige Tätigkeitsfelder, z. B. Gespräche mit Schuldner oder Schuldnerorgan, überhaupt nicht (Graeber/Graeber, ZInsO 2013, 1056).

16e Auch in **Verbraucherinsolvenzverfahren** und sonstigen »Kleinverfahren« sollte der bestellte Insolvenzverwalter zumindest das »**Erstgespräch**« mit dem Schuldner(geschäftsführer) selbst führen (Frind, ZInsO 2013, 2151, 2153; Hörmann, VIA 2013, 81; Wipperfürth, InsbürO 2012, 309; zum Umgang mit schwierigen Schuldnern: Ahrens, VIA 2011, 9 ff.; Hartwig InsbürO 2011, 328; Check-Liste bei Wipperfürth InsbürO 2012, 463; a. A. Pluta, INDAT-Report 4/2011, 31; nunmehr auch die »GOI« des VID e. V. vom 03.05.2013 [s. Anhang], dort Pkt. II. 1, da dort Reduzierung nur noch auf »Entscheidungen«). Es ist nicht nachvollziehbar, warum der Schuldner ansonsten einen Verwalter akzeptieren sollte, den er nie gesehen hat (zu den GOI insoweit kritisch Frind, ZInsO 2013, 2151, 2153; s. a. Rdn. 16h). Weiterhin ist zu berücksichtigen, dass das Insolvenzgericht, sollte dem Verwalter das Verfahren »zu klein« sein, um sich selbst zu engagieren, das Verfahren lieber gleich direkt an einen Mitarbeiter oder anderen Verwalter vergeben sollte.

16f Selbst die **Betriebsfortführung** soll nach vereinzelter Ansicht nicht zu den höchstpersönlichen Aufgaben des Verwalters gehören und zulasten der Masse voll delegierbar und auf einen »Interimsmanager« abwälzbar sein (Prasser, ZIP 2010, 1910). Dies übersieht die gesetzliche Anordnung nach § 22 Abs. 1 Nr. 2 InsO und daher, dass die Entscheidung BGH, ZInsO 2010, 730 nur den vorläufigen »schwachen« Verwalter im Blick hatte, der die Betriebsleitung qua Amt eben nicht vornehmen kann. Dieser kann, ggf. mittels »Einzelermächtigung« einen Interimsmanager über § 5 InsVV Masse belastend beauftragen, wenn er ein nicht funktionierendes Management vorfindet und dieses ohnehin ersetzen muss. Im Mittelpunkt der Betrachtung der Grenzen zulässiger Delegation muss aber die Frage stehen, ob die wesentlichen Entscheidungen weiterhin vom (vorläufigen) Verwalter (zulässig, da Unterstützung) oder vom Interimsmanager (nicht zulässig, da verkappte Ersetzung der Auswahlentscheidung) getroffen werden.

Mechanisch-technische Aufgaben sind delegierbar (Uhlenbruck-Uhlenbruck, § 56 Rn. 22). Die Durchsicht der Buchhaltung des Schuldners zur Auffindung von Ansprüchen gegen Dritte ist eine Regelaufgabe, die auf Mitarbeiter zwar delegiert, aber Kosten verursachend zulasten der Masse nicht ausgelagert werden kann, während weiter gehende Tätigkeiten, z. B. die Aufarbeitung der Buchhaltung für die Vergangenheit (str.: die Buchhaltung im laufenden Verfahren) gem. § 4 Abs. 1 InsVV zulasten der Masse ausgelagert werden können (Bork, ZIP 2005, 1120; zu weiteren auslagerungsfähigen Tätigkeiten: Rhode/Calic, ZInsO 2006, 1247, 1248; Cranshaw/Portisch, FP 2012, 275).

Die Entscheidungen über die Verwertung der Masse sind höchstpersönliche Aufgabe des Verwalters (BGH, ZInsO 2004, 1348, 1349), die nach §§ 151 Abs. 2 Satz 1 InsO (Bewertung) bzw. § 159 InsO nur in besonderen Fällen delegiert werden kann (dazu und zur Unabhängigkeit von Be- und Verwerter vgl. Donath, ZInsO 2008, 1364).

Ein **Qualitätsmanagement** entsprechend DIN EN ISO 9001 (dazu Rdn. 15b) kann sicherstellen, dass zulässige Delegationsvorgänge begrenzt und transparent bleiben (Rhode/Calic, ZInsO 2006, 1247; Förster, ZInsO 2004, 1244). Denn eine Delegation von untergeordneten Tätigkeiten durch den Verwalter an andere ist nicht ausgeschlossen, sofern dem Gericht zumindest die wichtigen Hilfspersonen (z. B. angestellte Anwälte) namhaft gemacht werden, vgl. § 407a Abs. 2 Satz 2 ZPO (weiter differenzierend zu den delegierbaren Tätigkeiten Graeber, NZI 2003, 569 ff.; Uhlenbruck-Uhlenbruck § 56 Rn. 19 f.).

Eine zu weitgehende Delegation der Tätigkeiten aus dem Kernbereich des Tätigkeitsfeldes des Insolvenzverwalters könnte sogar zur **Gewerbesteuerpflicht** (FG Rheinland-Pfalz [Neustadt/W.], ZInsO 2007, 892 = ZIP 2007, 2041; Onnuseit, ZInsO 2008, 1337; Schmittmann, INDAT-Report 1/2010, 26; a. A. Siemon, INDAT-Report 1/2010, 27) bzw. ein zu enges Verständnis zur persönlichen Ust.-Pflicht für den Verwalter führen (Jacoby, ZIP 2009, 554). 16g

Der BFH hat mit Entscheidung vom 15.12.2010 (ZInsO 2011, 636 = ZIP 2011, 582; anschließend BFH, ZInsO 2011, 789) die »Vervielfältigungstheorie« aufgegeben, nach der bereits der Einsatz qualifizierter Mitarbeiter bei der Insolvenzverwaltung zur Gewerbesteuerpflicht führte. Der BFH betont aber weiterhin, dass die Arbeitsleistung den erforderlichen »**Stempel der Persönlichkeit**« des **Steuerpflichtigen** behalten müsse und er leitend und eigenverantwortlich i. S. v. § 18 Abs. 1 Nr. 1 Satz 3 EStG die Aufgabe ausübe. Der BFH fordert »Planung, Überwachung und Kompetenz zur Entscheidung« des Verwalters selbst, Teilnahme an der praktischen Arbeit in ausreichendem Maße innerhalb der Organisation des Verwalterbüros und Entscheidung des Verwalters selbst über das »Ob« der einzelnen maßgeblichen Abwicklungsmaßnahmen. Die Anzahl der Mitarbeiter lässt keine Rückschlüsse auf eine zu weitgehende Delegation zu, wie auch nicht die Tätigkeit an unterschiedlichen Standorten (Siemon, ZInsO 2011, 764, 769). Sind Verwalter als Gesellschaft verbunden, darf nach diesen Kriterien keiner der Gesellschafter ausscheren, sonst sind alle gewerbesteuerpflichtig (Siemon, ZInsO 2011, 764, 769).

Maßgebend ist das **Gesamtbild der Verhältnisse im Einzelfall** (BFH-Entscheidung 15.12.2010, dort Rn. 40; zusammenfassend: Olbing/Zumwinkel, AnwBl. 2011, 718), nämlich die Frage der unmittelbar eigenen Entscheidungsgewalt des Verwalters für seine Aufgabenbereiche (Jacoby, ZIP 2009, 554 meint dagegen, die Sozietät als »Einheit« wickle das Verfahren ab). Die Tätigkeit muss in ihrem Kernbereich auf der eigenen persönlichen Arbeitskraft des Berufsträgers beruhen, wobei das FG Hamburg (ZInsO 2009, 1407 = ZIP 2009, 1729) berücksichtigen will, dass der Begriff der »Höchstpersönlichkeit« i. S. d. Insolvenzrechtes und des Steuerrechtes nicht deckungsgleich sein sollen. Die letztgenannte Ansicht ist abzulehnen, da der Insolvenzverwalter sich diesbezüglich an äußere Vorgaben durch Berufsgrundsätze und gerichtliche Weisungen zu halten hat (Frind, NZI 2011, 785).

§ 56 InsO Bestellung des Insolvenzverwalters

Die »Höchstpersönlichkeit« ist damit auch im Verständnis verschiedener Rechtsgebiete nicht teilbar. Nach weiter gehenderer Ansicht muss der Verwalter nicht nur im »Kernbereich«, sondern im »gesamten Aufgabenbereich des Insolvenzverwalters höchstpersönlich tätig werden«, um eine Gewerbesteuerpflicht zu vermeiden (FG Düsseldorf, ZIP 2010, 533, 538).

Die Beurteilung, ob eine Anzahl von Mitarbeitern benötigt wird, kann von der **Art und Größenordnung der verwalteten Unternehmen abhängig** gemacht werden (FG Düsseldorf, ZInsO 2010, 534) wie auch vom Umfang der Delegation (FG Düsseldorf, ZIP 2010, 533). Gem. FG Köln (ZInsO 2008, 1216 [Ls]) stellt die insolvenzverwaltende Tätigkeit selbst dann keine freiberufliche Tätigkeit dar, wenn sie weniger als 50 % der Gesamttätigkeit ausmacht, zudem genügt die Beschäftigung eines qualifizierten Mitarbeiters um Gewerbesteuerpflicht auszulösen (abl. zur Gewerbesteuerpflicht: Siemon, ZInsO 2009, 305).

Der *angestellte* Insolvenzverwalter ist selbst unmittelbar steuerpflichtig und nicht sein Arbeitgeber (Sterzinger, NZI 2009, 208; OFD Karlsruhe vom 29.02.2008, ZInsO 2008, 666). Nach neuer Rechtsauffassung der Finanzdirektionen sind nunmehr die Umsätze eines angestellten wie eines gesellschaftlich eingebundenen Rechtsanwaltes als Insolvenzverwalter der Kanzlei zuzurechnen (OFD Frankfurt, Rundschreiben vom 13.05.2009, NZI 2009, 509; gleichlautend: BMF-Rundschreiben vom 28.07.2009, ZIP 2009, 1544).

Die **Überprüfung der wirklichen Urheberschaft des Sachverständigen** für den Inhalt des Gutachtens mittels mündlicher Anhörung gem. § 411 Abs. 3 ZPO (Hofmann, ZIP 2006, 1080, 1083) ist im Eilverfahren des Insolvenzeröffnungsverfahrens unpraktikabel. Das Gericht kann sich i. d. R. nicht die Gutachten mündlich erläutern lassen. Das Gericht muss darauf vertrauen können, dass der beauftragte Sachverständige die maßgeblichen Tätigkeiten selbst vornimmt. Ein Verwalter, der nachgewiesenermaßen nicht vertretungsfähige Aufgaben delegiert, kann von der Vorauswahl-Liste ferngehalten werden (OLG Hamburg, ZInsO 2005, 1170).

16h Die in einigen Insolvenzgerichtsbezirken, insb. denen mit bisherigen »closed shops«, praktizierte und geduldete Übung der **vollen Weitergabe** von Aufträgen an einen Mitarbeiter, der diese dann alleinverantwortlich bearbeitet (z. B. Fall in Düsseldorf nach INDAT-Report 6/2000, S. 2), landläufig als »**Grau-Verwaltung**« bezeichnet, ist gesetzlich unzulässig (Uhlenbruck, INDAT-Report 6/09, 28; ders., ZIP-Beilage Heft 27/09, 26: »bedenkliche Entwicklung«; Uhlenbruck-Uhlenbruck § 56 Rn. 34; ein signifikanter Fall wird im Bereich der Verbraucherinsolvenz geschildert bei LG Lübeck, NZI 2010, 408). Denn dabei fertigt der »Grau-Verwalter« das Gutachten selbstständig aus und führt alle Verhandlungen mit Schuldner, Gläubigern, ggf. Betriebsübernahmeinteressenten; teilweise führt er sogar selbst die Betriebsversammlungen durch und ist damit der einzige, den der Schuldner je zu Gesicht bekommt (solche Auswüchse schildert der Bundesverband »Menschen in der Insolvenz« lt. INDAT-Report 4/2010, 8, 11).

Der eigentlich nominal bestellte Verwalter unterschreibt nur das Gutachten und tritt höchstens in den Terminen auf (dagegen Vallender, ZInsO 2010, 1457, 1461; dafür offenbar Hofmann, ZIP 2006, 1080); einige Gerichte dispensieren unzulässigerweise auch davon. Alle Verfahrensbeteiligten haben aber einen **Anspruch darauf, dass verfahrenswichtige Fragen vom eingesetzten Insolvenzverwalter selbst geprüft** und gemanagt werden, zumal nur er der Aufsicht des Gerichtes unterliegt und unterliegen kann, da das Gericht häufig gar nicht weiß, an welchen »**Grau-Verwalter**« die Aufträge weitergegeben werden (zur Korrelation der Anforderung der höchstpersönlichen Abwicklung der Kernbereiche mit dem Verwaltererfolg: Schaprian, ZInsO 2007, 243, 246). Ein Beispiel für »Grau-Verwaltung« ist auch die Einsetzung eines **Zeitmanagers**, der statt des Verwalters die betriebswichtigen Entscheidungen innerhalb des Betriebes trifft (s. INDAT-Report 1/2006, S. 22; INDAT-Report 6/07, 29).

Die Tätigkeit als »Grau-Verwalter« erfüllt auch nicht die Anforderung gem. § 5 Satz 1 FAO an eine persönliche und weisungsfreie Bearbeitung des Fachgebietes und kann daher nicht zur Erteilung des Fachanwaltstitels führen (AnwGH Frankfurt am Main, NZI 2010, 239; BGH vom 16.04.2007, AnwZ (B) 31/06, ZInsO 2007, 602 = ZIP 2007, 1123 (»Verwalter hinter dem Verwalter«); zust.

Römermann, EWIR 2007, 465; INDAT-Report 2/2005, S. 4). Das Gericht muss in solchen Fällen erwägen, den Mitarbeiter selbst zum Sachverständigen/Verwalter zu ernennen, denn das Gutachten ist sonst für den gerichtlichen Erkenntnisprozess nicht verwertbar (BGH, NJW 1985, 1399, 1400; OLG Nürnberg, DS 2006, 319). Auch die reine Tätigkeit als Treuhänder ersetzt die gem. § 5 Satz 1 Buchst. g) FAO vorgesehene praktische Erfahrung nicht (BGH, a. a. O.).

Nur mit dem **System des »Grau-Verwalters«** (symptomatisch die Rechtfertigung bei Hofmann, ZIP 2006, 1080) ist es wohl erklärbar, dass sich teilweise bis zu 100 eröffnete Unternehmensinsolvenzverfahren pro Jahr auf einen Verwalter vereinigen (vgl. dazu die entsprechenden Statistiken im INDAT-Report (Rdn. 10b; 11); kritisch z.d. Entwicklung: Hill, ZInsO 2010, 847; ders. ZInsO 2010, 221 (»Abwicklungskonzerne«); Uhlenbruck, INDAT-Report 6/09, 28, 29; FK-Jahntz § 56 Rn. 14; Braun/Blümle § 56 Rn. 9). Dies ist eine Verfahrensmenge, die ein einzelner Verwalter im Jahr weder überwachen noch selbst in der Abwicklung bewältigen kann, zudem aus den Vorjahren noch Abwicklungen bei bereits anhängigen Verfahren hinzukommen (Blank, ZInsO 2005, 473). Der Zugang zur Verwalterbestellung wird somit einem größeren Kreis von Personen nur dann offengehalten, indem die volle Weitergabe des vom Gericht erteilten Auftrages an Sozii oder angestellte Rechtsanwälte vom Gericht missbilligt und ggf. unterbunden wird (Frind/Schmidt, NZI 2004, 533). Die Aufnahme einer entsprechenden, klarstellenden Sentenz durch den Gesetzgeber in § 56 wäre zu begrüßen.

▶ Hinweis

Das Insolvenzgericht muss auch prüfen, ob der Bewerber **die Gewähr für eine zuverlässige Auftragsbearbeitung** bietet und nicht überlastet ist.

cc) Gewähr für Unabhängigkeit im weiten Sinne (Abs. 1 Satz 1)

Die Notwendigkeit der Gewähr für Unabhängigkeit ergibt sich für die konkrete Bestellungsentscheidung bereits ausdrücklich aus § 56 Abs. 1. Das Kriterium entfaltet aber **generelle Wirkung** bereits für den Zugang zur Vorauswahl-Liste. Mit dem Inkrafttreten des »ESUG« hat sich daran nicht geändert (ausf. Frind, ZInsO 2014, 119). Der Rechtsausschuss des Deutschen Bundestages hat i. R. d. Verabschiedung des »ESUG« unmissverständlich deutlich gemacht, dass der Unabhängigkeit des Verwalters auch im Rahmen genereller Prüfung der Geeignetheit vorderster Rang einzuräumen ist (vgl. BT-Drucks. 17/7511 S. 34, 35).

17

Wem ggü. das Gericht begründeten Anlass zu der Befürchtung der möglichen künftigen Bevorzugung eines Beteiligten hat oder wenn bereits zumindest der konkretisierte Besorgnisanlass dafür gegeben ist, kann, wenn es sich bei den betreffenden Beteiligten um immer wiederkehrende Beteiligtengruppen des Insolvenzverfahrens (z. B. Banken, Kreditversicherer, Sozialversicherungsträger, Groß-Vermieter) handelt, nicht Verwalter werden (dazu Frind, ZInsO 2002, 745; Graeber, NZI 2002, 345 ff.; Prütting, ZIP 2002, 1965; Lüke, ZIP 2003, 557; Streitgespräch Braun/Frind, NZI 2003, 252; OLG München, ZIP 2005, 670; Ross, ZInsO 2005, 360; Hill, ZInsO 2005, 1289, 1291 [häufige Übernahme von Poolverwaltung]; a. A. Graf-Schlicker § 56 Rn. 41; Braun, NZI 01/2002, S. V; Riggert, NZI 2002, 352).

»Unabhängigkeit« besteht aus den Komponenten »Abwesenheit von verfahrensbeeinflussenden Abhängigkeiten« und »Abwesenheit der Besorgnis von Befangenheiten«. Die »Interessenkollision« ist damit nur ein Unterfall mangelnder Unabhängigkeit (schädlich sein kann bereits ein potentieller Interessenkonflikt, Rosenmüller/Heitsch, ZInsO 2013, 754, 757). Wer regelhaft auf verfahrensfremde geschäftliche oder private Interessen Dritter Rücksicht nehmen muss, ist nicht unabhängig. Zu Unrecht wird daher formalistisch zwischen »Unabhängigkeit« und »Interessenkollision« unterschieden (so Römermann, ZInsO 2013, 218).

Der BGH gestaltet die Unabhängigkeitsprüfung denn auch analog § 42 ZPO als **»Besorgnis der Befangenheitsprüfung«** aus (BGH, 23.02.2012 – IX ZB 24/11, JurionRS 2012, 11349; BGH vom 19.04.2012 ZInsO 2012, 928; BGH, Beschl. v. 26.04.2012, IX ZB 31/11, ZInsO 2012, 1125).

§ 56 InsO   Bestellung des Insolvenzverwalters

(1) Gesetzliche Definitionseinschränkungen

17a Die Änderungen der InsO im Zuge des »ESUG« (BT-Drucks. 17/5712; BT-Drucks. 17/7511) bringen nunmehr mit § 56 Abs. 1 Satz 3 eine einschränkende Definition von »Unabhängigkeit« im konkreten Fall (dazu: kritisch: Römermann/Praß, ZInsO 2011, 1576; Voigt-Salus/Sietz, ZInsO 2010, 2050; Vallender, NZI 2010, 838, 843, 844; Frind, NZI 2010, 705; ders. ZInsO 2010, 1966; ders. 1473; Pape, ZInsO 2010, 1582) (Weiteres: Rdn. 26b). Danach sollen Vorschläge von Beteiligten und allgemeine »Beratung« des Schuldners nicht inhabil machen.

Bei der Vorauswahl-Listung sind diese Einschränkungen des Begriffes der »Unabhängigkeit« des Verwalters kaum beachtlich (zur konkreten Auswahl: Rdn. 26b). Der Rechtsausschuss hat betont, dass die generelle Unabhängigkeit des in Aussicht genommenen Kandidaten nicht zweifelhaft sein darf (BT-Drucks. 17/7511, S. 48) und Inhabilitäten insb. bei »internationalen Großkanzleien« genau zu prüfen sind (s. Rdn. 17c).

(2) Offenbarungspflicht bereits bei Listung und später

17b Als Grundsatz gilt: Es sind alle Fälle möglicher (genereller, d. h. ständiger, oder konkreter) Unabhängigkeitshindernisse/**Interessenkollisionen** offenbarungspflichtig (BGH, NJW 1991, 982; AG Potsdam, NZI 2002, 391; Uhlenbruck-Uhlenbruck § 56 Rn. 26, 27, 35; Hill, ZInsO 2005, 1294) und können ggf. vom Gericht erforscht werden (Hill, ZInsO 2005, 1295). Interessenkollisionsanlässe sind stets anzuzeigen, die Beurteilung ist, auch nach Inkrafttreten der Regelungen des »ESUG«, dem Gericht zu überlassen (GOI des VID e. V., ZIP 2011, 197, Teil III. Nr. 1 [s. Anhang]; Römermann, ZInsO 2011, 1569, 1581; zu einem Missbrauchsfall Haarmeyer, ZInsO 2011, 1722; a. A. Römermann, ZInsO 2013, 218: Offenbarungspflicht nein, Abfragemöglichkeit ja).

(3) Regelhafte Vorbefassungen und »Seitenbefassungen«

17c Die generelle **Vorbefassung** in großem Umfang **mit möglicherweise künftig die Masse betreffenden Angelegenheiten** von Gläubigern, Drittschuldnern oder Schuldnern schließt die Listbarkeit eines Verwalters zur Vorauswahlliste aus. Der sich zur Vorauswahl-Listung bewerbende Verwalter darf nicht z. B. generell örtlich ansässige Banken oder Lieferanten vertreten (AG Hamburg, ZIP 2001, 2147), da dadurch die Gefahr ständiger Inhabilitätsanzeigen besteht und die Besorgnis entsprechender »Rücksichtnahmen« des betreffenden Verwalters auf die Interessen solcher Geschäftspartner in konkreten verfahren. Gerade nach den gesetzlichen Erweiterungen der Gläubigervorschlagrechte im Zuge des »ESUG« muss das Gericht die Unabhängigkeit des Verwalters besonders prüfen (Hölzle/Pink, ZIP 2011, 360; Hölzle, NZI 2011, 124; BT-Drucks. 17/7511, S. 48). Soweit »Interessenkollisionen« aus dem Begriff der Unabhängigkeit ausgeschieden und dem Begriff der »Ungeeignetheit« zugeordnet werden sollen (Römermann, ZInsO 21013, 218, 220) ist darauf zu verweisen, dass die Grenze hier fließend ist. Eine »wirtschaftliche Abhängigkeit« beginnt nicht erst bei einem Umsatzvolumen mit einem bestimmten Geschäftspartner von über 50% (so aber Römermann, ZInsO 2013, 218, 225; Körner/Rendels, INDAT-Rep. 1/2013, 42, 45), sondern dort, wo nicht verfahrenskonforme Rücksichtnahmen befürchtet werden müssen.

- Ein **Honorarabführungsvertrag** wegen Ausscheidens des Insolvenzverwalters aus einer Sozietät (LAG Köln, ZInsO 2008, 682) kann generell die Unabhängigkeit gefährden, da der Verwalter fortan mit Blick auf die Honorarabführungspflicht wirtschaften und sich verhalten wird (Weissbrodt, ZInsO 2008, 633).
- Ein Insolvenzverwalter, der in erheblichem Umfange **Sanierungs- und/oder Insolvenzberatung** macht, gefährdet zumindest seine generelle Unabhängigkeit (Frind, ZInsO 2010, 1966), denn er vergrößert die Anzahl möglicher Inhabilitätsgründe. Ein notwendiger conflict-check wird unüberschaubar und birgt die Gefahr zu später Anzeige (s. Rdn. 18). Die **Berufsgrundsätze des Verbandes Insolvenzverwalter Deutschlands e. V.** (VID) (Rdn. 19) enthalten unter § 4 eine eingeschränkte Definition des Begriffes »Unabhängigkeit«, da dort z. B. in § 4 Abs. 2 Buchst. d) nur eine Betreuung von Gläubigern des Schuldners »in Insolvenzrechtsangelegenheiten« der Unabhängigkeit entgegenstehen soll. Dies würde wohl ein ständiges Mandat z. B. für Forderungsein-

zug mit einer Bank erlauben (s. aber AG Hamburg, ZIP 2001, 2147). Andererseits verbietet § 4 Abs. 2 Buchst. c) der Berufsgrundsätze zu Recht bei einem Schuldner, der juristische Person oder Personengesellschaft ist, die vorherige Vertretung oder Beratung einer diesem nahestehenden Person i. S. v. § 138 InsO. Nach § 138 Abs. 2 Nr. 2 InsO ist »nahestehende Person« aber auch, wer sich »über die wirtschaftlichen Verhältnisse des Schuldners« per Dienstvertrag oder gleichartiger vertraglicher Bindung »unterrichten« kann. Dies dürfte für eine kreditgebende Bank zutreffen. Nicht nachvollziehbar ist die in den Berufsgrundsätzen genannte zeitliche Grenze von 4 Jahren in die Vergangenheit, die dann die Unabhängigkeit bei Ablauf »wieder aufleben« lassen soll. Nicht unabhängig ist z. B. ein vorgeschlagener Sachwalter, der mit dem kurz vor Insolvenzantragstellung auf Drängen der Bank eingesetzten Sanierungsberater-Geschäftsführer zuvor bei mehreren anderen Unternehmen gemeinsam Unternehmenssanierungen betrieben hat (AG Stendal, ZIP 2012, 1875).

Maßstab für die Reichweite von Inhabilitäten ist §45 BRAO (Römermann/Praß, ZInsO 2011, 1576; OLG Celle (ZInsO 2001, 755; s. a. BGH NJW 1991, 982) (Wortlaut bei § 59 Rdn. 5), der im Insolvenzverfahren – zumindest für Verwalter, die Rechtsanwälte sind – analog anzuwenden sein dürfte (Römermann/Praß, ZInsO 2011, 1576. 1580); dies gilt auch für §43a Abs. 4 BRAO (Römermann/Praß, ZInsO 2011, 1576). Somit ist der Kreis möglicher Inhabilitätstatbestände recht weit zu fassen:

Über die Vorschrift des § 45 Abs. 3 BRAO gelten die genannten Tatbestände auch bei **Vorbefassungen durch Sozii** »oder in sonstiger Weise zur gemeinsamen Berufsausübung verbundenen oder verbunden gewesenen Rechtsanwälten und Angehörigen anderer Berufe.« Das Tätigkeitsverbot des § 45 Abs. 2 Nr. 1 BRAO gilt daher auch für diese und bereitet insb. »gemischten Sozietäten« massive Inhabilitätsprobleme (Uhlenbruck-Uhlenbruck § 56 Rn. 35, 52).

Damit dürfte teilweise ein Inhabilitätsproblem bei den mit großen **Wirtschaftsprüfungsunternehmen verbundenen großen Anwaltskanzleien**, die auch Insolvenzverwaltungen übernehmen, ins Blickfeld der »Unabhängigkeitsprüfung« rücken, da diese i. d. R. zu Hauptgläubigern, z. B. Banken, in **regelmäßiger Geschäftsbeziehung** stehen (Hill, ZInsO 2010, 847, 848; Graeber, INDAT-Report 5/2002, S. 4; **a. A.** Braun, ZInsO 2002, 964). Der BGH hat dies nunmehr in einem konkreten Fall als Anlass für eine Bestellungsversagung bestätigt (BGH, ZInsO 2004, 615; LG Hechingen, ZIP 2001, 1970). Die Prüfung des Jahresabschlusses eines »institutionellen« Gläubigers durch eine mit dem Insolvenzverwalter in welcher Weise auch immer wirtschaftlich verbundene Wirtschaftsprüfungsfirma birgt ebenso der Unabhängigkeitsvermutung entgegenstehendes Konfliktpotenzial wie die häufige Mandatswahrnehmung eines Verwalters als »**Poolverwalter**« (LG Oldenburg, EWiR 1998, 1095; Frind, ZInsO 2002, 745; Graeber, NZI 2002, 345, 350; Stock, INDAT-Report 10/2001 S. 9; s. a. die Richtlinien des Berufsverbandes VID e. V. [dazu unter Rdn. 19]; Hill, ZInsO 2005, 1289, 1291; Pape, ZInsO 2007, 146; **a. A.** Berner, KTS 2006, 359; Braun, NZI 01/2002, S. V; Riggert, NZI 2002, 352). Infolge solcher Bedenken haben bereits einige größere Verwalterbüros wieder von Zusammenschlüssen mit Wirtschaftsprüfungsunternehmen Abstand genommen (INDAT-Report 6/2003, S. 3 Editorial; Hill ZInsO 2005, 1293).

17d

Der Verwalteraspirant muss also bereits zur Aufnahme in die Vorauswahl-Liste dem Gericht glaubhaft machen, dass in seiner Kanzleistruktur, ggf. in den mit ihm verbundenen Unternehmen, ein **sofortiger** »**conflict-check**« nach Auftragserteilung verlässlich absolviert wird, er und seine Sozii keine dauerhaften Mandatsverhältnisse mit regelmäßigen Gläubigern unterhalten und eine Abschottung (»chinese wall«) zur forensisch tätigen Abteilung (die z. B. Gläubigermandate zur Forderungsbeitreibung betreut) besteht, denn § 45 Abs. 3 BRAO betrifft alle Mitarbeiter, die Akten oder auf andere Weise gespeicherte Daten der Insolvenzverfahren einsehen könnten (Feuerich-Braun, BRAO, § 45 Rn. 34; Henssler-Eylmann, BRAO, § 46 Rn. 41; s. die Verwicklung von Arthur Andersen LLP in das Enron-Verfahren, FAZ vom 17.04.2002).

18

dd) Gewähr für die Befolgung genereller Richtlinien

19 Der Verwalterbewerber muss darüber hinaus die Gewähr bieten, **berufsständische Verhaltenskodexe und generelle Abwicklungsregelungen des Gerichtes** (Rdn. 19b) **zu beachten**; ggf. kann eine Konformitätserklärung verlangt werden (Mönning, Kölner Schrift zur InsO, S. 395 Rn. 67, 68; AG Hamburg, ZInsO 2004, 630). So ist heute bspw. die Einhaltung des Verhaltenskodexes – jetzt: »**Berufsgrundsätze**« – des Verbandes der Insolvenzverwalter Deutschland e. V. (VID e. V.; derzeit geltende Fassung vom 03.05.2013 [www.vid.de];, frühere Fassung ZIP 2006, 2147; vorherige Fassung: NZI 2002, 23; Runkel, NZI 2002, 2) oder der Richtlinien des Deutschen Anwaltvereins – AK Insolvenzrecht – (DRiZ 1993, 192) und der »**Grundsätze ordnungsgemäßer Insolvenzverwaltung**« **(GOI)** des VID e. V. (s. Anhang) Zuverlässigkeitskriterium bei der Verwalterauswahl (AG Hamburg, ZIP 2001, 2147 für die Richtlinien des VID e. V.; BK-Blersch § 56 Rn. 12; Holzer u. a., Bestellung des Insolvenzverwalters, S. 40 Fn. 120; Graeber, NZI 2002, 345, 348; Borges, ZGR 2003, 503, 520 »Indiz«; Hill, ZInsO 2005, 1289, 1290; für die Entwicklung eines Berufskodexes mit Qualitätsnormen: Klaas, AnwBl. 2006, 404; **a. A.** Römermann, NJW 2002, 3732; Prütting, ZIP 2002, 1973; Braun-Blümle § 56 Rn. 6; Holzer, EWiR 2002, 71, der offensichtlich davon ausgeht, dass es um eine Bevorzugung der Mitglieder dieses Vereins geht, und nicht um generelle Zuverlässigkeitskriterien, die der Verein lediglich benannt hat). Voraussetzung ist allerdings, dass solche Berufsgrundsätze die notwendige Eindeutigkeit und Trennschärfe zu missbilligenswerten Praktiken definieren (Frind, ZInsO 2006, 841, 844; **a. A.** Kübler, INDAT-Report 9/2006, S. 10).

19a Der VID e. V. hat die »Berufsgrundsätze« mit den, »**Grundsätzen ordnungsgemäßer Insolvenzverwaltung**« (GOI) unterlegt (ZIP 2011, 197; s. Anhang). Die erste Fassung war auf massive Kritik gestoßen, da viele Details unzulänglich geregelt waren (Stellungnahme BAKinso e. V. ZInsO 2011, 13/2011, III; Stellungnahme des Verbandes junger Insolvenzverwalter, ZInsO 13/2011, V). Die im Juni 2011 veröffentlichte Fassung beseitigte einige Mängel (ZIP 2011, 1489). Vorausgesetzt dass solche »GOI« klar konturierte Regelungen enthalten, sind sie zur Formulierung von Anforderungsprofilen hinsichtlich der Mindeststandards, die von einem Insolvenzverwalter bei Verfahrensgestaltung, Büroaufstellung und Verfahrensabwicklung zu verlangen sind, geeignet (Frind, NZI 2011, 785; s. zur Nutzung als Aufsichtsleitlinie § 58 Rdn. 4; eine »Sanierungsanleitung« sind sie nicht (zu Unrecht deswegen kritisch Siemon, ZInsO 2013, 666)). Die Zertifizierung der Einhaltung der »GOI« (s. Anhang) wird derzeit zumindest bei Verbandsmitgliedern des VID überprüft (dazu Moderegger, InsbürO 2013, 310; für eine gesetzliche Verankerung Nerlich, NZI 2013, Heft 16, V).

19b Eine **Konformitätserklärung des Verwalters** ist auch zu erwarten ggü. gerichtlichen Abwicklungsrichtlinien, wie z. B. den »Hamburger Leitlinien« (ZInsO 2004, 24) oder den Heidelberger Leitlinien (ZInsO 2009, 1848) oder den Duisburger Arbeitshinweisen (NZI 1999, 308) als Maßgabe zur transparenten Verfahrensabwicklung. Bereits 1929 erließ das AG Berlin-Mitte »Richtlinien für Konkursverwalter« (JW 1929, 1633). Es handelt sich bei diesen Abwicklungsrichtlinien rechtsdogmatisch gesehen um eine Art Generalverfügung i. S. d. §§ 22 Abs. 2 Satz 1, 58 zur Regelung des Verhaltens des (vorläufigen) Insolvenzverwalters. Diese sollen von vornherein inadäquate Abwicklungsweisen von Verwaltern ausschließen (z. B. OLG Köln, ZIP 2004, 919: Einbehalt von Fremdgeldern als Sachverständiger, Mitwirken an erledigenden Ereignissen, dazu auch AG Hamburg, ZInsO 2003, 937). Der Bewerber muss deutlich machen, dass er Zuverlässigkeit und persönliche Integrität garantiert, sowie die Aufsicht des Gerichtes im Rahmen von § 58 akzeptiert (AG Hamburg, ZInsO 2004, 630).

b) Weitere Anforderungen

20 Mit den vorgenannten Mindestanforderungen kann das Insolvenzgericht ersichtlich ungeeignete Bewerber erkennen und ausscheiden. Diese müssen entsprechend einen justiziablen, mithin begründeten **Ablehnungsbescheid** des betreffenden Insolvenzrichters erhalten. Dies gilt auch für ersichtliche Extrembewerbungen, die bereits nach Form und Diktion unakzeptabel sind. Während früher solche »Bewerbungen« als nicht ernst gemeinte Bewerbungen bzw. Provokationen eingestuft

und lediglich in einen Bewerberordner abgelegt wurden, wird das Insolvenzgericht nunmehr auch derartige Anträge zu bescheiden haben.

Grds. geeignete Bewerber muss der Insolvenzrichter weiter prüfen: Anforderung von bereits bei anderen Insolvenzgerichten erledigten Verfahren (Stichproben) zur Prüfung von Gutachtenfertigkeit und Abwicklung des eröffneten Verfahrens; Anforderung von Leistungskennzahlen; Erkundigung bei anderen Listungsgerichten im amtswegigen Bewerbungsprüfungsverfahren; Bewerbungsgespräch.

Der Umgang mit grds. geeigneten Bewerbern ist Kernfrage der Umsetzung der Entscheidungen des BVerfG durch die Insolvenzgerichte, denn es hilft nicht weiter, Bewerber auf die Vorauswahl-Liste zu nehmen, deren Bestellung nicht ernsthaft gewollt wird (s. Rdn. 9). Angemessen ist es aber, einen auf die Vorauswahl-Liste neu aufgenommenen Bewerber zunächst über einen längeren Zeitraum mit »Klein-Verfahren« zu **erproben** (Uhlenbruck-Uhlenbruck § 56 Rn. 7; Schick, NJW 1991, 1328).

aa) Bewerbungsgespräch

(1) Abfrage von Detail-Kriterien

Mit den Bewerbern der »engeren Auswahl« sollte zunächst ein Gesprächstermin vereinbart werden, um sich einen persönlichen Eindruck zu verschaffen. Der Richter muss dazu weitere **Qualitätsabfragen** in Ausarbeitung der vorstehenden Mindestanforderungen entwickeln (OLG Köln, ZInsO 2007, 272). Diese betreffen insolvenzrechtliche Kenntnisse, die im Gespräch überprüft werden sollten, z. B. die Kenntnis der aktuellen insolvenzrechtlichen Rechtsprechung (a. A. Lüke, ZIP 2007, 701, 706: nicht erforderlich) oder die Frage, ob der Bewerber zu insolvenzrechtlichen Problemen aus der Praxis, die noch nicht hinreichend geklärt sind, etwas Gewinnbringendes beitragen kann. Bei bereits tätigen Insolvenzverwaltern sollten die Eckpunkte der bisherigen Verfahrenserfolge abgefragt werden (s. Rdn. 15 a ff.). Abgerundet werden kann mit Fragen nach den Examensnoten und sonstigen Nachweisen (insolvenzrechtliche Vorträge bzw. Veröffentlichungen, Besuch von Fortbildungsveranstaltungen etc.). Erfahrung im Insolvenzbereich ist zulässiges Auswahlkriterium (BVerfG, ZInsO 2006, 869; OLG Nürnberg, ZIP 2007, 80).

21

(2) Ablehnungsgründe

Sofern sich i. R. d. Vorstellungsgesprächs ergibt, dass der Insolvenzrichter von der Qualität des Bewerbers nicht überzeugt ist, sollte er ihm dies begründet mitteilen, sofern der Bewerber einen rechtsmittelfähigen Bescheid wünscht (zur **Probephase** Rdn. 22b). Die falsche Beantwortung einer einzelnen Fachfrage kann aber nicht allein Ablehnungsgrund sein (KG, ZInsO 2006, 153; dazu: Hess, EWiR 2006, 347). Römermann (ZInsO 2004, 937) weist zutreffend darauf hin, dass der Richter bei seiner konkreten Auswahlentscheidung einen sehr weitgehenden Ermessensspielraum hat (so auch BVerfG, ZIP 2006, 1332; OLG Dresden, ZIP 2007, 2182).

21a

Da die Aufnahme in die Vorauswahl-Liste nunmehr gewissermaßen die Vorstufe zur konkreten Auswahl darstellt, muss ein **ebenso weitgehender Ermessensspielraum auch für diese Vorstufe** gelten. I. R. d. Rechtsmittelverfahrens nach §§ 23 ff. EGGVG können die gem. § 25 Abs. 1 EGGVG zuständigen Zivilsenate der Oberlandesgerichte dem Insolvenzgericht auferlegen, den Bewerber erneut zu bescheiden, sofern der angegriffene Bescheid ermessensfehlerhaft ergangen ist (Zöller-Gummer § 23 EGGVG Rn. 30). Faktoren, auf die ein ablehnender Bescheid gestützt werden kann, sind selbstverständlich (z. B.) einzelne nicht gegebene Mindestanforderungen, mangelnde Kenntnisse aktueller Rechtsprechung, das Über- oder Unterschreiten einer begründeten Altersgrenze (s. Rdn. 13) oder fortlaufende insolvenzstrafrechtliche Beratung schuldnerischer Unternehmen bzw. deren Geschäftsführern zur Umgehung der insolvenzrechtlichen Pflichten.

bb) »Vertrauen« und Abwicklungsstandards als Auswahlkriterien

22 Streitig ist die Verfahrensweise, wenn der Insolvenzrichter den Bewerber zwar fachlich für geeignet hält, er ihm aber aufgrund des persönlichen Eindrucks oder belastbarer Erfahrungen anderer Kollegen nicht vertraut. Das **Vertrauen** ist anerkanntes Kriterium bei der Auswahl des Insolvenzverwalters (»... der eine Vertrauensstellung innehat.«, BGH, ZIP 2004, 1214, 1216; Uhlenbruck/Mönning, ZIP 2008, 157, 160; Uhlenbruck-Uhlenbruck § 56 Rn. 53; MK-Graeber § 56 Rn. 119; BK-Blersch § 56 Rn. 6; Förster, ZInsO 2002, 408; Neubert, ZInsO 2002, 309; Frind/Schmidt, NZI 2004, 533; Vallender, NZI 2005, 473, 476; Frege, NZI 01/2006, S. V; **a. A.** Lüke, ZIP 2000, 485, 488; Wieland, ZIP 2005, 233, 236; Koenig/Hentschel, ZIP 2005, 1937, 1940, lassen das Kriterium »bekannt und bewährt« nicht gelten. Es genüge, wenn nur einige bewährte Verwalter auf der Liste seien und i. Ü. Neubewerber angemessen berücksichtigt würden.) und muss deshalb auch bei der Aufnahme in die Vorauswahl-Liste gelten. Uhlenbruck (Uhlenbruck § 56 Rn. 75) weist mit Recht darauf hin, dass die Kehrseite der richterlichen Verantwortung die Gefahr der **Amtshaftung** für eine falsche Verwalterauswahl ist (Frind, ZInsO 2001, 481, 484).

Die gegenteilige Ansicht (zit. bei Uhlenbruck-Uhlenbruch, § 56 Rn. 53) übersieht die eingeschränkten Kontrollmöglichkeiten des Gerichts, welches gem. §§ 58, 4 InsO i. V. m. § 404a ZPO den vorläufigen Verwalter/Sachverständigen »beaufsichtigen« soll. Bei der heutigen Überlastung der Insolvenzrechtspfleger und -richter (dazu Heyrath/Schmerbach, ZInsO 2004, 372) ist eine ständige Überwachung selbst nur der laufenden Betriebsfortführungsverfahren schlicht nicht möglich. Das Gericht kann auch nicht in jedem Fall in Abständen von ca. 2 Wochen Zwischenberichte anfordern (§ 58 Rdn. 3a).

Den Insolvenzverwalter trifft auch eine **Verschwiegenheitspflicht** (BGH, ZIP 2005, 722, 724; Bork, ZIP 2007, 793; Bruder, ZVI 2004, 332, 333; **a. A.** Deckenbrock/Fleckner, ZIP 2005, 2290), die aber zugunsten der bestmöglichen Verwertung der Masse zu handhaben ist. Auch deren Einhaltung ist Vertrauensfrage.

Deshalb ist es unabdingbar, Insolvenzverwalter auszuwählen, auf die sich der Insolvenzrichter hinsichtlich der Einhaltung der »Abwicklungsstandards« (vgl. zu den »GOI« Rdn. 19a u. § 58 Rdn. 4) verlassen kann. Gleichfalls ist die **Bereitschaft zur Kooperation**, d. h. zur Anpassung an die vom Gericht erbetenen Usancen bei der formalen Verfahrensabwicklung (Gestaltung der Tabelle, Termine zur Einreichung von Berichten, Einhalten von Fristen, Anzeige von Urlaub und längerer Abwesenheit etc.) Kriterium der Auswahl.

22a Eine **Ablehnung** aufgrund mangelnden Vertrauens muss verifizierbare Anhaltspunkte für mangelndes Vertrauen beinhalten. Notwendig ist dabei ein Beruhen des Vertrauensverlustes auf einem dazu objektiv geeigneten pflichtwidrigen Verhalten des Verwalters (BGH vom 19.01.2012, ZInsO 2012, 269, 270). Begründete Zweifel an der persönlichen Eignung können sich z. B. dadurch ergeben, dass dem Gericht keine wahren Angaben zu Umständen kanzleiinterner Bewerbungsabsprachen beim Gericht gemacht werden (OLG Hamburg, Beschl. v. 13.01.2014, Az. 2 VA 3/13, n.V.).

Anhand nachprüfbarer Tatsachen sind etwaige Defizite zu objektivieren (OLG Düsseldorf, ZIP 2011, 341, 343 = ZInsO 2011, 1010, 1011). Dies gilt namentlich dann, wenn der Bewerber darauf verweist, dass andere Insolvenzgerichte ihn regelmäßig bestellen, obwohl dies den jeweiligen Richter nicht präjudiziert. Denn es kann von einem Insolvenzrichter nicht verlangt werden, eine Person auf die persönliche Vorauswahl-Liste zu nehmen, die ihm nicht vertrauenswürdig erscheint und mit der er dauerhaft nicht zusammenarbeiten möchte. Dieses Dilemma ist auch nach der Entscheidung des BVerfG vom 03.08.2004 (Rdn. 4) immer noch ungelöst.

22b Der Insolvenzrichter kann ggf. im Wege der Amtsermittlung – das Listungsverfahren gem. §§ 23 ff. EGGVG folgt dem Amtsermittlungsprinzip – weitere Erkundigungen über den Bewerber einholen, um die Angaben des Bewerbers und etwaige Indizien für mangelndes Vertrauen zu verifizieren (OLG Hamburg, Beschl. v. 13.01.2014, Az. 2 VA 3/13, n.V.; OLG Hamburg, ZInsO 2011, 1655).

Gegebenenfalls kann vor endgültiger Aufnahme eines Bewerbers auf die Vorauswahl-Liste **eine »Probephase«** angezeigt sein (Uhlenbruck-Uhlenbruck § 56 Rn. 7; Schick, NJW 1991, 1328), in welcher der Bewerber binnen eines längeren Zeitraumes ab und zu mit Verfahren unterschiedlicher Art und Schwierigkeit betraut wird (Vallender, wpg-Sonderheft 2011, 31, 32 beklagt zur Recht das Missverhältnis der Menge geeigneter Verfahren zu Bewerbern). Erst nach Erfahrungen aus dann bereits eröffneten Verfahren kann eine endgültige Entscheidung ergehen. Dieser Vorbehalt sollte dem Bewerber klar mitgeteilt werden. Ein Anspruch auf tatsächliche Bestellungen als Verwalter ist damit aber nicht verbunden.

cc) Bedarf an Insolvenzverwaltern

In der Entscheidung des BVerfG vom 03.08.2004 (ZInsO 2004, 913) finden sich keine abschließenden Aussagen darüber, ob der Bedarf an Insolvenzverwaltern sachgerechtes Kriterium bei der Aufnahme in die Vorauswahl-Liste sein kann. Dies ist zu bejahen (zur Bedarfsgrenzenentwicklung für jedes Insolvenzgericht gesondert: Frind, ZInsO 2006, 841, 846; vgl. den Sachverhalt bei OLG Frankfurt am Main, NZI 2007, 524; zum Problem auch Uhlenbruck, NZI 2006, 489, 494; ders. NZI 9/07, Editorial; a.A. OLG Düsseldorf, ZInsO 2008, 1083, 1085; OLG Nürnberg, ZInsO 2008, 979: »Bedarf« ohne nähere Beschreibung und Herleitung kein sachgerechtes Kriterium). Vom Verwalter wird verlangt, dass er einen kostenintensiven Büro-Apparat vorhält (Mindestanforderungen) und über mannigfaltige Erfahrungen verfügt (Graeber, DZWIR 2005, 177, 186; Vallender, NZI 2005, 473, 476). 23

Dies setzt eine **gewisse Mindestauslastung** voraus, die nicht gewährleistet wäre, wenn die Verfahren auf eine beliebige Vielzahl an Verwaltern verteilt würden (Höfling, JZ 2009, 339, 347, 348: »Garantiefunktion der Liste«, »Grad der Auslastung für effektive Abwicklung von Unternehmensinsolvenzverfahren unentbehrlich«; zum »Gelegenheitsverwalter«: Stapper, INDAT-Report 3/09, 33; Römermann, ZInsO 2004, 937; Uhlenbruck-Uhlenbruck § 56 Rn. 18), denn Auslastung und Qualitätserfüllung sind untrennbar verbunden (vgl. insoweit die Begründung der Insolvenzrichter am AG Giessen laut Sachverhalt OLG Frankfurt am Main, ZIP 2008, 1835).

Es gilt Raum für Qualitätssicherung der Auswahl zu schaffen (Mönning, Kölner Schrift zur InsO, S. 401 Rn. 86), aber gleichzeitig »geschlossene Listen« der Insolvenzgerichte unmöglich zu machen. Die Gerichte sind aufgrund ihrer Arbeitsbelastung gehalten, mögliche »unrunde« Abwicklungsabläufe, z.B. abzubrechende Prüfungstermine wegen nicht vorhandener oder falscher Tabelle, von vornherein auszuschließen (zu den Facetten der **Zusammenarbeitsbereiche** Schmerbach, InsbürO 2014, 128). Die Zusammenarbeit mit jeweils hunderten von verschiedenen Verwaltern, die jeweils eigene »Usancen« der Abwicklung mitbringen, erschwert, ja verhindert, die Kommunikation zwischen Verwalter und Gericht, überfordert insb. im eröffneten Verfahren die Zeitkapazitäten von Geschäftsstellen und Rechtspflegern (dies sieht Vallender ebenfalls als Gefahr, NZI 09/2004, S. VI; Leithaus, NZI 08/2006, S. V; Koenig/Hentschel, ZIP 2005, 1937, 1938; Kesseler, ZInsO 2002, 201, 207) und verhindert die Bildung des notwendigen Vertrauensverhältnisses (Uhlenbruck-Uhlenbruck § 56 Rn. 10).

Das Gericht muss i.R.d. Qualitätssicherung sicherstellen, dass die bisher bestellten und zuverlässigen Verwalter diese Qualität weiterhin erbringen können – Stichworte: Angestellte, Unterbau, Equipment (Pape, NZI 2006, 665, 670; Graeber, ZInsO 2004, 1190; ders. DZWIR 2005, 177, 186; Runkel/Wältermann, ZIP 2005, 1347, 1351f. Großverfahren; Vallender, NZI 2005, 473, 476; ders. NZI 04/2006, S. V; BK-Blersch § 56 Rn. 6). 23a

Es geht dabei **nicht um den Erhalt von Erwerbschancen**. Letzteres kann kein Zweck von Bestellungsvorauswahlentscheidungen sein (Graf-Schlicker/Remmert, ZInsO 2002, 563, 564). Sondern es geht um die Ermöglichung der Gestaltung von Rahmenbedingungen für erwartete Qualität (dazu Römermann, Interview INDAT-Report 6-7/2004, S. 10: »Die Kanzleien brauchen ein Mindestmaß an Auslastung«; Haarmeyer, ZInsO 2005, 337, 338). Das Gericht darf daher bei seiner

Bestellungspraxis auch eine »Mischkalkulation« für Verlust einbringende Verfahren berücksichtigen (Kaufmann, ZInsO 2006, 961, 965).

Es muss daher zulässig sein, die **Gesamtzahl von Bewerbern auf einer Liste** und die Anzahl der jährlich neu pro Verwalter hinzukommenden Unternehmensinsolvenzverfahren **zu begrenzen** (so der Beschluss des BAKinso, ZInsO 2007, 256, 257; »Uhlenbruck-Kommission« Presseerklärung vom 28.10.2006, NZI 12/2006, S. XV; im Prinzip zustimmend: Pape, NZI 2006, 665, 670; Laws, ZInsO 2006, 1123, 1126 [gesetzliche Regelung erforderlich]; Messner, DRiZ 2006, 329, 330; Graeber, ZInsO 2006, 851; Wiester/Joswig, NZI 09/2005, S. V; Vallender, NZI 2005, 473, 476; OLG Frankfurt am Main, NZI 2007, 524, 527 [für eine nicht näher berechnete Bedarfsgrenze]; a. A. Uhlenbruck, § 56 Rn. 8; HK-Riedel, § 56 Rn. 13; Runkel/Wältermann, ZIP 2005, 1347, 1356; Wieland, ZIP 2007, 462, 465) und erst bei Abgängen aus Altersgründen oder wegen »delisting« infolge wiederholter Schlechtleistung die Vorauswahl-Liste zu ergänzen. Gleichfalls sinnvoll erscheint eine **Kontingentierung** der Anzahl von Unternehmensinsolvenzverfahren pro Jahr und Verwalter, um das Gebot der höchstpersönlichen Bearbeitung in den Kernbereichen (vgl. Rdn. 16) sicherzustellen (Schlinker/Henke, ZInsO 2010, 503, 504).

23b ▶ Hinweis:

Bedarfsregelung: Es kann aufgrund von empirisch ermittelten Erfahrungswerten der bisher von den Verwaltern eines Gerichtes verlässlich bearbeiteten Verfahren pro Verwalter ein Quotient zu den jeweiligen gerichtlichen Eingangszahlen gebildet werden und durch »Deckelung« der Vorauswahl-Liste dafür gesorgt werden, dass dieser Quotient weder unter- noch überschritten wird (Frind, ZInsO 2007, 515, ders. ZInsO 2006, 841, 846). Für große Insolvenzgerichte mit mehreren hundert eröffneten Unternehmens- und Verbraucherinsolvenzverfahren im Jahr können damit Vorauswahl-Listen mit höchstens 50 Bewerbern noch als überschaubar angesehen werden (Frind, ZInsO 2005, 225, 228; BAKinso, ZInsO 2007, 256: 30 Unternehmensinsolvenzen pro Verwalter im Jahr; Beispiele für unüberschaubare Listen in INDAT-Report 2/08, 8). Einer gesetzlichen Regelung dazu bedarf es nicht, da es nur um die Festlegung »insolvenzgerichtspezifischer« Anforderungen auf der Ebene der Berufsausübungsregelung (vgl. BVerfGE vom 27.02.2008 zum »BGH-Anwalt« NJW 2008, 1293 = ZAP EN-Nr 282/2008 [red. Leitsatz]) geht und der transparent gemachte gerichtliche Bedarf ein sachgerechtes Kriterium i. R. d. Auswahlermessens darstellt, sofern er nachvollziehbar ermittelt wird (ausführlich Frind, ZInsO 2007, 515; ders. ZInsO 2007, 850; ders. ZInsO 2006, 1250; a. A. [gesetzliche Regelung notwendig] Schäferhoff, INDAT-Report 9/09, 31; Höfling, JZ 2009, 339; Rüntz, INDAT-Report 2/08, 14 [»Stellenausschreibung«]; Uhlenbruck/Mönning, ZIP 2008, 157, 159; Graf-Schlicker § 56 Rn. 26; Kübler INDAT-Report 9/2006, S. 10). Die Befürworter der gesetzlichen Regelung verkennen, dass eine »gerichtspezifische« Bedarfszahl nicht allgemein regelbar ist (daher auch keine detaillierten Vorschläge bei Höfling, JZ 2009, 339). Schäferhoff (a. a. O.) schlägt eine Orientierung an § 4 BNotO vor, erläutert aber nicht, wie der Bedarf berechnet werden sollte, da er regional (LG-Bezirk?) bestimmt werden müsste: nach Zahl der Haushalte, Zahl der Unternehmen, für verschiedene Verfahrensarten getrennt?).

Außerdem findet eine Berufsbeschränkung nicht allgemein, sondern nur am jeweiligen Gericht statt, sodass nicht eine »objektive Zugangsbeschränkung« (Rüntz, INDAT-Report 2/08, 14), sondern nur eine regionale (gerichtsbezirkliche) Berufsausübungsregelung getroffen wird (so auch Höfling, JZ 2009, 339, 347: »regionale Zugangshürde«; dies verkennt Laws, NZI 2008, 279, Fn. 4). Denn Insolvenzverwalter können sich an mehreren Gerichten bewerben.

Daher ist die Berufsausübung durch **gerichtlich gesetzte Bedarfsgrenzen** nicht verunmöglicht. Insofern kann eine Parallele zur BGH-Entscheidung vom 05.12.2006 (AnwZ 2/06, NSW BRAO § 223 [BGH-intern]; BVerfGE, NJW 2008, 1293) betreffend die ohne nähere gesetzliche Ausgestaltung zulässige Bedarfsbemessung hinsichtlich der Zulassung der Rechtsanwälte zum BGH gezogen werden (Frind, ZInsO 2008, 967, 969), da Rechtsanwälte auch nicht als »BGH-Anwalt«

tätig werden müssen. Auch beim Berufsbetreuer ist eine zulässige Bedarfsbegrenzung für die Bewerber anerkannt (OLG Saarbrücken, Beschl. v. 29.11.2004, OLG Saarbrücken, OLGR 2005, 251).

Mithin sind bei Vorhandensein genügender Bewerber auf der Vorauswahl-Liste Ablehnungen von weiteren Aufnahmen mit der Begründung der derzeitigen »Erschöpfung der Listenplätze« zulässig unter Verweis auf spätere Berücksichtigung bei möglichen Abgängen (a. A. Graeber, DZWIR 2005, 177, 180). Zudem ist im Verwaltungsgerichtsverfahren zur Frage des Zuganges zu Märkten das Argument der »Begrenzung des Platzes« (= Bedarf) als angemessen i. S. v. § 70 Abs. 3 GewO akzeptiert worden (BVerwG, NVwZ 1984, 585; VGH Baden-Württemberg, NVwZ-RR 1992, 132; s. a. Koenig/Hentschel, ZIP 2005, 1937, 1938). Nicht nachvollziehbar ist, wie der Verwalterbedarf der einzelnen Insolvenzgerichte gesetzlich geregelt werden sollte (dafür aber: Vallender, NZI 04/2006, S. V; Graeber, ZInsO 2006, 851; a. A. Frind, ZInsO 2009, 1997). 23c

Eine **Anwendung von öffentlich-rechtlichen Vergaberichtlinien** auf die Insolvenzverwalterauswahl ist abzulehnen (Frege, NZI 01/2006, S. V; Koenig/Hentschel ZIP 2005, 1937, 1943, die aber deren »Grundprinzipien« anwenden wollen), wie auch eine »Ausschreibung« des Verwalteramtes (a. A. Koenig/Hentschel, ZIP 2005, 1937, 1945: 3-Jahres-Turnus mit verschiedenen Anforderungsprofilen), da die Insolvenzgerichte keine »nationalen Ausschreibungen« potenzieller Insolvenzverfahren und der entsprechenden Verwalterkriterien für jedes einzelne Gericht vornehmen können.

Der von Brinkmann (ZInsO 2006, 679) entwickelte Vorschlag einer gesetzlichen Regelung der Vergabe von Insolvenzverwalterbestellungen mittels einer am Vorbild des Kartellvergaberechtes gem. §§ 97 ff. GWB aufgestellten »Gerichtsvergabeverordnung« ist durch die Entscheidung des BVerfG vom 23.05.2006 (ZInsO 2006, 765; s. Rdn. 6) erledigt. I. Ü. sind solche Vorschläge, wie die Vorstellungen einer »Aussetzung des Insolvenzverfahrens« zwecks Klärung einer Nichtberücksichtigungsklage (Brinkmann, ZInsO 2006, 679, 685) unter Insolvenzpraktikern kaum einlassungsfähig.

Zudem muss die **Vorauswahl-Liste für den Insolvenzrichter handhabbar** bleiben (Preuß, KTS 2005, 155, 160, 167), sonst wird sie entwertet (Graeber, DZWIR 2005, 177, 180). Die Pflicht des Gerichtes zur Auswahl des geeignetsten Verwalters im konkreten Fall entfaltet bereits Wirkung bei der Erstellung der Vorauswahl-Liste. Dort findet die eigentliche Trennung der »Spreu vom Weizen« statt. Da das Gericht in der konkreten Bestellungssituation meist wenig individuelle, verfahrensbezogene Kriterien wirksam machen kann und nicht ahnen kann, wie sich ein Verfahren entwickelt, muss es dafür sorgen, dass auf der Vorauswahl-Liste möglichst viele Bewerber sind, die alle möglichen, denkbaren Verfahrenssituationen bewältigen können (Preuß, KTS 155, 166). 24

Die Bewerber müssen daher geeignet sein, z. B. sowohl das Verfahren einer kriminell beerdigten GmbH wie auch das Verfahren eines mittelständischen, laufenden Unternehmens abzuwickeln. Der Vorauswahl-Listen-Zugang wird daher von einer »All-Round-Eignung« zum Insolvenzverwalter mitbestimmt. Gleichzeitig benötigt der Insolvenzrichter eine **überschaubare Vorauswahl-Liste** (OLG Köln, ZInsO 2007, 272; Preuß, KTS 2005, 155, 168; Frind, ZInsO 2005, 225, 227). Eine bedarfsorientierte Vorauswahl ist aus der Festlegung der Notarstellen nicht unbekannt und als gerechtfertigt angesehen worden (Preuß, KTS 2005, 155, 167 Fn. 50).

Es ist für den einzelnen Insolvenzrichter daher geboten, die Entscheidung über die Aufnahme eines Bewerbers auf die Vorauswahl-Liste streng zu handhaben (Pape, ZInsO 2005, 803), um »Scheinaufnahmen« zu vermeiden (s. Rdn. 9).

4. »De-Listing« als Justizverwaltungsakt

Auch für die verfahrensmäßige Ausgestaltung des »de-listings«, also des Streichens eines Insolvenzverwalters von der Vorauswahl-Liste, war die Entscheidung des BVerfG vom 03.08.2004 unergiebig (Vallender, NZI 09/2004, S. VI). Soweit die Aufnahme auf die Vorauswahl-Liste justiziabel ist, muss auch die auf Dauer angelegte gerichtliche Entscheidung, den Verwalter künftig nicht mehr zu berücksichtigen, justiziabel und deshalb begründet sein (Messner, DRiZ 2006, 329, 330; Vallender, NJW 2006, 2597, 2599; Römermann, ZIP 2006, 1332, 1334; Uhlenbruck, NZI 2006, 25

489, 494; Preuß, KTS 2005, 155, 172; Frind/Schmidt, NZI 2004, 533, 537; MK-Graeber, § 56 Rn. 109). Auch hier ist daher das Verfahren gem. §§ 23 ff. EGGVG anwendbar (OLG Hamburg vom 06.01.2012, ZInsO 2012, 175).

25a Teilweise wird bereits die **länger andauernde Nicht-Bestellung** eines gelisteten Verwalters als »de-listing« verstanden (s. »Schein-Liste«; Laws, ZInsO 2006, 1123, »faktisches de-listing«; Preuß, KTS 2005, 155, 176; Laws, MDR, 2005, 541, 544; dies. ZInsO 2006, 847, 849; s. Rdn. 8a). Dies ist kaum haltbar, da eine verifizierte Zeitspanne »rechtswidrigen Übergehens« nicht generell nachvollziehbar festgelegt werden kann. Dies würde einen Vergleich aller vergebenen Verfahren mit allen gelisteten Verwaltern und eine Ermessensreduzierung auf Null zugunsten des »Geschädigten« erfordern. Einen Anspruch auf regelmäßige Bestellung gibt es aber nicht (BVerfG vom 23.05.2006; ZInsO 2006, 765; s. Rdn. 6; BVerfG vom 12.07.2006, ZInsO 2006, 1101; Frind, ZInsO 2006, 729).

25b Die Frage nach dem »de-listing« ist zudem untrennbar verbunden mit der nach einem **Bestandsschutz** für bereits gelistete Insolvenzverwalter, da diese Vorhaltekosten für die Erfüllung der Qualitätskriterien zu erbringen haben. Jedoch ist in regelmäßigen Abständen die Vorauswahl-Liste zu überprüfen (Haarmeyer, ZInsO 2006, 673, 674; Frind, ZInsO 2006, 841, 845; **a. A.** Graeber, NZI 2006, 499, 501). Stellt sich heraus, dass ein Insolvenzverwalter **die Qualitätskriterien nicht bzw. nicht mehr erfüllt**, so darf er nicht mehr bestellt werden (Haarmeyer, ZInsO 2005, 337, 338; Förster, ZInsO 2005, 632, 635; Graeber, DZWIR 2005, 177, 187).

Negative Erfahrungen im Verlauf eröffneter Verfahren, z. B. unzureichende Berichterstattung, fehlerhafte Insolvenzplanbearbeitung oder kontraproduktive Betriebsfortführung (vgl. die Fälle AG Göttingen, ZIP 2003, 590 und AG Bonn, ZInsO 2002, 641), oder die Nicht-Anzeige von Inhabilitäten (Bluhm, ZIP 2014, 555, 560) können zum »de-listing« führen, wenn auch vielleicht nicht immer gleich zur Entlassung gem. § 59 im konkreten Fall (LG Göttingen, NZI 2003, 499). Jedoch kann ein schwerwiegender Fall der Entlassung gem. § 59 (zu Beispielen s. § 59 Rdn. 5) oder ein bekannt gewordener, rechtskräftig entschiedener Haftungsfall gem. §§ 60, 61 genügen. Das BVerfG hat mit Entscheidung vom 12.07.2006 (ZInsO 2006, 1102 [Vorinstanz: OLG Schleswig]) das generelle **»de-listing« eines Bewerbers wegen eines die Besorgnis der mangelnden Unabhängigkeit** rechtfertigenden Verstoßes gegen eine ordnungsgemäße Verfahrensabwicklung als »nicht sachfremd« bestätigt. Verwandt werden können auch Erkenntnisse über den Verwalter aus bereits abgeschlossenen Verfahren (s. a. OLG Hamburg, ZInsO 2005, 1170). Öffentlich berichtete Pflichtenverstöße oder gar Verurteilungen im insolvenznahen Bereich sollten Anlässe zum »de-listing« sein (vgl. § 58 Rdn. 3a mit weiteren Beispielen). Zu erwägen ist, ob eine zeitliche »Sperre« ein milderes Mittel wäre (Bluhm, ZIP 2014, 555, 560).

Bewirbt sich ein Verwalter zur Vorauswahl-Liste mit der Bezugnahme auf die Einhaltung von Grundsätzen ordnungsgemäßer Insolvenzverwaltung (GOI; s. Anhang), so kann er bei schwerwiegenden oder mehrfach kleineren Verstößen dagegen wegen Wegfalles der Geschäftsgrundlage von der Vorauswahl-Liste gestrichen werden (Frind, NZI 2011, 785, 787). Mängel der Schlussrechnung können instruktiver Anlass zu einem qualitätsbezogenen **de-listing** sein (Heyrath, ZInsO 2006, 1196). Eine transparente, fortgeschriebene Rechnungslegung dient der Qualitätssicherung (Fischer/Hempler, ZInsO 2007, 587; Mäusezahl, ZInsO 2006, 580; kritisch zur Standardisierung bei Schlussrechnungslegungen Kloos, NZI 2009, 586).

25c Der **ständige Informationsaustausch des Insolvenzrichters mit den Rechtspflegern** und Geschäftsstellenmitarbeitern ist in diesem Zusammenhang zur Qualitätskontrolle unerlässlich (Rachel, ZInsO 2009, 1665, 1668; Messner, DRiZ 2006, 326, 329; Heyrath, ZInsO 2005, 1092, 1096; ders. ZInsO 2006, 1196, 1199). Insofern hat der Insolvenzrichter auch Leistungen im eröffneten Verfahren zu überprüfen (s. Rdn. 43).

▶ Hinweis:

Zur sachgerechten Ermessensausübung gehört es dann auch, dass der Insolvenzrichter zunächst das Gespräch mit dem Insolvenzverwalter sucht und ihn im Fall des Qualitätsverlustes auf regelhafte Defizite bei der Abwicklung der Verfahren hinweist. Bei einem solchen Gespräch erscheint es ratsam, einen Kollegen zwecks Belegbarkeit des Verlaufes hinzuzuziehen und den wesentlichen Inhalt des Gesprächs in einem Vermerk festzuhalten. Dies beugt der Gefahr von späteren, ungerechtfertigten Befangenheitsanträgen vor. Dieser Vermerk sollte dem Insolvenzverwalter dann zur Kenntnis gebracht werden. Werden die beanstandeten Defizite nicht abgestellt, so erhält der Insolvenzverwalter einen Bescheid über das »de-listing« mit konkreter Begründung der festgestellten Mängel.

In Betracht kann auch ein »de-listing« kommen, wenn der Insolvenzrichter durch neu eingegangene Bewerbungen feststellen muss, es ständen **nun bessere Bewerber** als der »schlechteste« der gelisteten Verwalter zur Verfügung (a. A. Graf-Schlicker § 56 Rn. 29). Dieses Problem stellt sich bei einer drohend unüberschaubar werdenden Vorauswahl-Liste, da der Insolvenzrichter nunmehr gehalten ist, einen »Austausch« vorzunehmen. Dies erfordert, dass der Insolvenzrichter in regelmäßigen Abständen eine Art »Verwalter-Ranking« durchführen muss, um zu ermitteln, welcher »seiner« Insolvenzverwalter der »schwächste« ist. 25d

Das kann mithilfe von **Qualitätskriterien** zu den Fragen »Schnelligkeit der Verfahrensabwicklung«, »durchschnittlich erzielte Quoten«, »Verhältnis Verwaltungskosten zur erzielten Masse« etc. geschehen (dazu Rdn. 15a ff.).

Der rechtskräftige »de-listing«-Bescheid kann – anonymisiert – in Fachzeitschriften veröffentlicht oder an andere Gerichte, an denen der Verwalter tätig ist, weitergegeben werden (Frind, ZInsO 2011, 30; a. A. OLG Hamm-Präsidialverwaltung, ZInsO 2011, 33).

5. Konkrete Auswahlkriterien bei der einzelnen Bestellungsentscheidung

a) Eingrenzung der möglichen Kandidaten

Steht das konkret zu vergebende Verfahren fest, muss der Insolvenzrichter aus seiner Vorauswahl-Liste gem. § 56 den geeignetsten Bewerber auswählen (vgl. Rdn. 28). I. d. R. wird es mehrere Personen geben, die infrage kommen. Bei speziellen Verfahren kann auch ein nicht gelisteter Verwalter bestellt werden (Pannen, NZI 2004, 548, 549; zu § 56a – Gläubigerausschussvorschlag – s. dort). Dabei sollten vorhandene **Branchenkenntnisse**, spezielle Kontakte etc. berücksichtigt werden (Krystek/Lentz, DB 2013, 768, 770). Dieses spiegelt sich im Tatbestandsmerkmal »**Geschäftskunde**« des Abs. 1 wider. Dieses Merkmal meint daher die Eignung im konkreten Einzelfall (Schmidt/Hölzle, ZIP 2012, 2239, 2240). 26

Nutzbringend sind daher **möglichst viele detaillierte Informationen über das Schuldnerunternehmen**. Zumindest im Eigenantragsverfahren sollte der Schuldner/organschaftliche Vertreter dazu angehalten werden, diese dem Gericht mitzuteilen (s. die erweiterten Anforderungen nach § 13 Abs. 1). Ansonsten kann der Antrag i. S. v. § 15a Abs. 4 InsO u. U. »nicht richtig« sein (Römermann, ZInsO 2010, 353). Der Gesetzgeber ist hierzu aufgefordert, von der Standardisierungsmöglichkeit für Eigenanträge gem. § 13 Abs. 3 InsO Gebrauch zu machen. I. R. d. gesetzlichen Änderungen durch das »ESUG« sind die Anforderungen an den Schuldnerantrag zwar verschärft (s. § 13 Abs. 1 Sätze 3 bis 7), aber nicht mit notwendigen Angaben zur Verbesserung der konkreten Verwalterauswahl versehen worden, z. B. Angaben zur Art des Gewerbes und zu möglichen Insolvenzursachen).

b) Anhörungen

Nach den gesetzlichen Änderungen durch das »ESUG« ist ggf. ein **vorläufiger Gläubigerausschuss** zu bestellen und dieser zum **Anforderungsprofil** und zu möglichen Personalvorschlägen zur Bestellung des (vorläufigen) Verwalters anzuhören (s. bei §§ 22a, 56a Abs. 1). 26a

In Insolvenzverfahren von **Banken und Finanzdienstleistern** ist die Bundesanstalt für Finanzdienstleistungsaufsicht (BAFin) gem. § 46b Abs. 1 Satz 4 KWG alleinig antragsbefugt. Bei der Verwalterauswahl hat das Insolvenzgericht die BAFin vorher anzuhören (§ 46b Abs. 1 Satz 6) und informiert zu halten. Die Vorschrift ist zum 01.01.2011 im Zuge des Kreditreorganisationsgesetzes (vgl. Obermüller, NZI 2011, 81) reformiert worden. Allerdings ist die noch im RefE vom 05.07.2010 (NZI 17/2010-Beilage; Obermüller/Kuder, ZInsO 2010, 2016; darstellend: Pannen, ZInsO 2010, 2026) vorgesehene Regelung, nach der das Insolvenzgericht den von der Bundesanstalt vorgeschlagenen Verwalter »bestellt, sofern dieser nicht offenkundig ungeeignet« ist, nicht Gesetz geworden (gegen diese damals vorgesehene Regelung: Frind, NZI 2010, 705; Frind, ZInsO 2010, 1921). Es verbleibt mithin bei der Auswahlmöglichkeit.

c) Unabhängigkeit des Kandidaten zum konkreten Sachverhalt (§ 56 Abs. 1 Satz 1 und Satz 3)

26b Die Vorbefassung mit die voraussichtliche Masse betreffenden Angelegenheiten und denen von Gläubigern, Drittschuldnern oder des Schuldners selbst schließt – außerhalb des Erlaubnistatbestandes nach Abs. 1 Satz 3 – die Bestellbarkeit des möglichen Verwalters im konkreten Fall aus (Römermann/Praß, ZInsO 2011, 1576; Hölzle/Pink ZIP 2011, 360; Hölzle, NZI 2011, 124; Uhlenbruck-Uhlenbruck § 56 Rn. 26, 27, 35; HK-Riedel § 56 Rn. 6; MK-Graeber § 56 Rn. 35; BK-Blersch § 56 Rn. 10, 11; Ross, ZInsO 2005, 360; Hill, ZInsO 2005, 1289, 1294; Frege, NZI 01/2006, S. V; LG Hamburg, ZInsO 2007, 277 = NZI 2007, 415 (zur Inhabilität des Sozius des Verwalters bei Vertretung von Gläubigern). Zum Definitionsumfang einer »Vorbefassung« vgl. bereits Rdn. 17 ff.

Soweit »Vorbefassung« mit dem Begriff der Interessenkollision definiert und von dem Terminus »Unabhängigkeit« abgegrenzt wird (Römermann, ZInsO 2013, 218, 220) führt diese Lesart zur Ungeeignetheit des betreffenden Kandidaten und somit zu gleichen Ergebnissen. Festzustellen ist, dass eine Vorbefassung auch zu einer späteren »Abhängigkeit« im Sinne des »Nicht-mehr-Angreifenwollens« früherer Ergebnisse, Pläne oder Honorare führen kann.

Mittels eines **Fragebogens** kann der Insolvenzrichter mögliche Inhabilitätstatbestände schnell erfragen (Frind u. a., ZInsO 2012, 368; BAKinso e. V. und VID e. V. ZInsO 2012, 2249; erläuternd zur Nutzung Frind, ZInsO 2014, 1315).

Eine zeitliche Begrenzung, s. z. B. Berufsgrundsätze des VID e. V. (Rdn. 17c), für die inhabilitätsrelevante Vorbefassung von 4 Jahren erscheint als Zeitraum zu gering.

Die konkrete Unabhängigkeitsprüfung durch das Gericht lässt sich auch durch einstimmige Gläubigerausschussvoten nicht umgehen (dazu § 56a Rdn. 25b)

26c Anzeigepflicht

Der (vorläufige) Insolvenzverwalter hat jeden möglichen Fall einer möglichen Interessenkollision zu einem konkret ihm angetragenen Verfahren von sich aus anzuzeigen (GOI des VID e. V., Teil III. 1 [s. Anhang]; Graf-Schlicker § 56 Rn. 71; BK-Blersch § 56 Rn. 10; Uhlenbruck-Uhlenbruck § 56 Rn. 35; zu einem Missbrauchsfall Haarmeyer, ZInsO 2011, 1722). Hier sind persönliche Integrität und Ehrlichkeit gefordert (Graeber, NZI 07/2004, S. V).

Maßstab für eine verfahrensbedeutende Interessenkollision ist ein Anlass oder ein Konglomerat von Anlässen, die bei unvoreingenommener, lebensnaher Betrachtung die ernstliche Besorgnis rechtfertigen, dass der Verwalter als befangen an seiner Amtsführung verhindert ist (BGH vom 19.01.2012, ZInsO 2012, 269). Auch bei der Anforderung nach Unabhängigkeit im konkreten Fall handelt sich dogmatisch nicht um ein »subjektives Element« nur zugunsten der Verfahrensbeteiligten, auf dessen Einhaltung diese folgerichtig verzichten könnten (Frind, ZInsO 2013, 59; Bork, ZIP 2013, 145, 148; Vallender/Zipperer, ZIP 2013, 149, 151; so aber A. Schmidt/Hölzle, ZIP 2012, 2238, 2240), sondern um eine generelle und objektivierbare Eigenschaft des einzusetzenden Insolvenzverwalters zur Sicherung der Ordnungsmäßigkeit des gesamten Verfahrensablaufes. Da der Kreis der »Verfahrensbeteiligten« zum Zeitpunkt der Bestellung des (vorläufigen) Verwalters nicht gar nicht abschließend feststeht, können im Eröffnungsverfahren weder Schuldner noch (vorläufiger) Gläubigerausschuss auf die Prüfung eines gesetzlich vorgesehenen Merkmales verzichten (s. dazu § 56a Rdn. 25 m. w. N.; BT-Drucks. 17/7511 S. 48, li. Sp.).

Der Verwalter hat eine **wirtschaftliche Beteiligung an Unternehmen**, die er konkret für die Masse in Anspruch nimmt, dem Insolvenzgericht, der Gläubigerversammlung und, soweit vorhanden, dem Gläubigerausschuss, anzuzeigen (BGHZ 113, 262), damit diese Gremien die Wirtschaftlichkeit für die Masse prüfen können (H/F/W, InsVV, 3. Aufl., § 4 InsVV Rn. 20; zu fokussiert auf das Insolvenzgericht: Haarmeyer, ZInsO 2011, 1147; weiteres bei § 58 Rdn. 5; § 59 Rdn. 5). Die Unterlassung der Anzeige der Beauftragung eines Drittunternehmens, dessen Gesellschafter mit dem Verwalter verwandt oder anderweit verbunden sind, kann eine Störung des Vertrauensverhältnisses begründen, die schwer und nachhaltig ist, und dadurch eine Entlassung rechtfertigt (BGH vom 19.01.2012, ZInsO 2012, 269, 270).

Auch die persönliche Verbürgung für **Masseverbindlichkeiten** (Avalkredit) kann die Unabhängigkeit des Verwalters gefährden (Hill, ZInsO 2005, 1289, 1292 auch für Verstoß gegen das UWG wegen unlauteren Wettbewerbs ggü. anderen Verwaltern). Geschäftliche Beziehungen jedweder Art des Verwalterkandidaten mit einer kreditgebenden Gläubigerbank schließen ihn nach § 138 Abs. 2 Nr. 2 InsO i. V. m. § 4 Abs. 2 Buchst. c) der Berufsgrundsätze des VID e. V. von der Übernahme des Amtes immer aus (a. A. wohl die Entscheidung AG Hamburg, ZInsO 2011, 2337). Es genügt auch zum Ausschluss, dass ein Insolvenzverwalter (oder seine soziierten Mitarbeiter) von einer bestimmten Bank bisher häufig den Kreditnehmern als Sanierungsberater »empfohlen« worden sind.

26d

Die **Koppelung eines Massedarlehens an die Bestellung einer bestimmten Person** zum (vorläufigen) Insolvenzverwalter/Sachwalter beeinträchtigt die Unabhängigkeit des Vorgeschlagenen (AG Stendal, ZIP 2012, 2030; Ganter, ZIP 2013, 597).

Solche Koppelungen sind in Fortführungsfällen geeignet, die gerichtliche Einsetzung eines unabhängigen Sachwalters zu gefährden, da das Gericht dann den vorläufigen Sachwalter/Verwalter selbst beim Auftreten von Entlassungstatbeständen i. S. d. § 59 Abs. 1 InsO nur noch mit der Konsequenz des Scheiterns der Betriebsfortführung entlassen könnte (Ganter, ZIP 2013, 597).

Dies schränkt auch die gerichtliche Aufsicht nach § 58 InsO, wie auch die Zweckmäßigkeitskontrolle durch den vorläufigen Gläubigerausschuss nach § 69 InsO ein und ist daher unzulässig. Ein vorläufiger Sachwalter, der sich auf eine solche Vertragsgestaltung einlässt, kann fortan nicht mehr als unabhängig angesehen werden, ggf. besteht Haftung nach § 60 InsO, da er einer für die Masse nachteiligen Vertragskonstruktion zugestimmt hat (Fußnote: Ganter, ZIP 2013, 597, 602). Das Beharren eines Hauptgläubigers auf einem bestimmten vorläufigen Insolvenzverwalter/Sachwalter mit Kündigung eines »personengebundenen« Massekredites bei Ersatz durch adäquate Person bestärkt zudem die Vermutung auf sachlich unbegründete Vorteile (Ganter, ZIP 2013, 597, 604; a. A. Fölsing, ZInsO 2012, 2272, 2275; Haarmeyer, ZInsO 2012, 2210).

Unabhängigkeit und Planvorbereitung:

26e

Bei der Gewichtung der Unabhängigkeit des Verwalters/Sachwalters ist mit Blick auf das europäische Ausland und die dortige, zuweilen etwas »laxere« Bestellungspraxis betreffs »Vorbefassung« des Verwalters eine gewisse Zurückhaltung bei der Übernahme solcher Figurationen empfehlenswert:

Die Möglichkeit der Bestellung des den pre-packed-plan entwerfenden »Beraters« zum Insolvenzverwalter besteht nur, wenn das Gericht vollständig sicher sein kann, dass diese Vorbefassung nicht zur ungerechtfertigten Privilegierung von Gläubigern führen wird. Der Versuch eine gegenteilige Vorschrift im Zuge des »ESUG« einzuführen (geplanter § 56 Abs. 1 Satz 3 Nr. 3) ist aufgrund massiver Kritik aus der Praxis (Bergner, INDAT-Report 8/2010, 15; Frind, NZI 2010, 705) im Rechtsausschuss gescheitert (BT-Drucks. 17/7511). Diese Entscheidung des Gesetzgebers ist ernst zu nehmen:

Daher wird auch die **Bestellbarkeit des »Planvorbereiters«** zu Recht weitgehend als **ausgeschlossen angesehen** (gem. Siemon, ZInsO 2012, 364, 367 durch Streichung der ursprünglich im Gesetzentwurf zum »ESUG« vorgesehenen Nr. 3; so auch Mock, ZIP 2014, 445, 449; Frings/Bernsen, NJW-Spezial 2012, 405; Frind, ZInsO 2014, 119, 127; MK-Graeber, § 56 Rn. 31 ff.) zumal die Prüfung des Schuldnerplanes gem. § 232 Abs. 1 Nr. 3 InsO ansonsten zur Farce würde (Pape, ZIP 2013, 2285, 2290). Der Rechtsausschuss fordert die »eingehende Prüfung« der Unabhängigkeit des konkreten Kandidaten auch beim einstimmigen Vorschlag eines Gläubigerausschusses. Der »Planvorbereiter« könne zwar vorgeschlagen werden, müsse aber trotzdem »unabhängig« sein (vgl. BT-Drucks. 17/7511 S. 47, 48 re.Sp.). Eine – mittelbare – wirtschaftliche Beteiligung des Verwalters an einem Unternehmen der involvierten Sanierungsberatung ist offenzulegen (Mock, ZIP 2014, 445, 449).

Gerade im **Schutzschirmverfahren** nach § 270b ist der »mitgebrachte Sachwalter« im Sinne des Unabhängigkeitsgebotes aus § 56 Abs. 1 InsO zu prüfen (§§ 270b Abs. 2, 270a Abs. 1 Satz 2, 274 Abs. 1, § 56, vgl. dazu Bork, ZIP 2013, 145, 147; Vallender/Zipperer, ZIP 2013, 149, 151; Frind, FS Haarmeyer, 39, 43; Rendels, INDAT-Report 8/2011, 44)., zumal durch die Möglichkeit des Schuldnervorschlages der (vorl.) Sachwalter konzeptionell im »Lager« des Schuldners steht (s. Rdn. 26f und § 56a Rdn. 24). Der Gesetzgeber erwartet auch hier den »stets« unabhängigen vorläufigen Sachwalter (s. BT-Drucks. 17/7511, S. 37). Berater, die sich vor Antragstellung intensiver mit dem Fall befasst haben, können gem. § 56 Abs. 1 Satz 3 Nr. 2 nicht bestellt werden, da dann »Unabhängigkeit« fehlt (Römermann/Praß, GmbHR 2012, 425, 430).

▶ Hinweis:

Auch wenn das Gericht keinen Zweifel an der Unabhängigkeit des vorgeschlagenen Sachwalters im Schutzschirmverfahren hat, sollte es die **Frage, ob wirklich »nur« drohende Zahlungsunfähigkeit vorliegt, durch einen gesonderten Sachverständigen prüfen lassen**, der nicht personenidentisch mit dem vorläufigen Sachwalter ist (Siemon, ZInsO 2013, 1861, 1871; Hölzle, EWiR 2012, 465; Frind, ZInsO 2012, 1546; gegen den »Moratoriumstrick« auch Leib/Zabel/Rendels, INDAT-Rep. 3/2013, 46, 53); sofern in der Bescheinigung nicht nachvollziehbar die Definitionsrundlagen für diesen Begriff, die der »Bescheiniger« anwenden will, dargelegt und mit geprüften Zahlen aus dem Unternehmen belegt sind.

26f **Unabhängigkeit und Eigenverwaltungsverfahren:**

Zurückhaltung ist ebenfalls empfehlenswert bei **Kombinationen von Eigenverwaltung und vorherigem Austausch der Geschäftsführung** durch »Insolvenzfachleute« (befürwortend zu diesem Konzept: AG Köln, NZI 2005, 633; Piepenburg, Die Wirtschaftsprüfung, Sonderheft 2011, 18, 20; Beissenhirtz/Specovius, INDAT-Report 7/09, 36; Adam/Poertzgen, ZInsO 2008, 345, 346 als Lösung für das Problem der Konzerninsolvenz; Vallender, NZI 7/2007, V, Editorial; Wehdeking, DZWIR 2006, 453; Spies, ZInsO 2005, 1254; für die Bestellung des den Restrukturierungsplan entwerfenden Beraters zum Verwalter Kadletz, ZIP 2000, 117; Paulus, ZIP 2005, 2301, 2302; ders. ZGR 2005, 309, 323; ders. NZI 2008, 705; **dagegen** [Umgehung der Bestellung eines unabhängigen Verwalters] Frind, ZInsO 2002, 745; Bork, ZIP 2006, 58; Hofmann, ZIP 2007, 260; AG Nürnberg, ZIP 2007, 81; krit.: Uhlenbruck, BB 2004, 5; Schmudde, ZInsO 2006, 347, 352). Im Zuge der Umsetzung des »ESUG« ist insolvenzrechtlicher Sachverstand bei Eigenverwaltungsverfahren zwar unabdingbar.

Dieser ersetzt jedoch nicht den **unabhängigen Sachwalter**. Dieser muss von Schuldner und Gläubigern unabhängig sein und mit der Unternehmensleitung nicht zuvor wirtschaftlich verbunden gewesen sein (s. bereits Neubert, ZInsO 2002, 309; Förster, ZInsO 2002, 406; Braun, NZI 2003, 588; ders. ZInsO 2002, 964; in Österreich: § 32 ÖKO; vgl. den negativen Sachverhalt LG Bonn ZInsO 2003, 806 = NZI 2003, 653 m. Anm. Bärenz, 655 (vorherige Vereinnahmung von Geldern für Tätigkeit als Geschäftsführer durch Verwalteraspirant). Der Verwalter darf sich auch nicht durch Gläubiger bevollmächtigen lassen, deren Interessen in »seinem« Verfahren in der Gläubigerversammlung wahrzunehmen (OLG Hamburg, ZInsO 2005, 1170).

Eine Umgehung der Auswahl des geeignetsten Insolvenzverwalters durch die Auswechselung des Geschäftsführers durch einen »Insolvenzfachmann« und anschließende Beantragung der Eigenverwaltung liegt auch nach der Reform im Wege des »ESUG« zuweilen nicht fern (vgl. bereits Hofmann, ZIP 2007, 260, 261; Frind, ZInsO 2002, 745, 751; befürwortend zum Konzept der **Eigenverwaltung** mittels vorherigen Austauschs der Geschäftsführung bereits vor dem »ESUG« Spies, ZInsO 2005, 1254; Wehdeking, DZWIR 2006, 453; Paulus, ZIP 2005, 2301, 2302; ders. ZGR 2005, 309, 323; krit.: Uhlenbruck, BB 2004, 5; Schmudde, ZInsO 2006, 347, 352). Dies muss aber mit der **Gefahr der Verschaffung ungerechtfertigter Vorteile** zugunsten bestimmter Gläubiger in der Person des (vorläufigen) Sachwalters verbunden sein, um den Eigenverwaltungsantrag zu bemakeln (AG Köln, ZInsO 2005, 1006; zust. Bähr/Landry, EWiR 2006, 153; Spies, ZInsO 2005, 1254), denn der Eigenverwalter (Schuldner bzw. Geschäftsführer) selbst unterfällt nicht dem Unabhängigkeitskriterium nach § 56 InsO (Hill, ZInsO 2005, 1294).

Insbesondere im Bereich des **Schutzschirmverfahrens** nach § 270b wird das Gericht bei der Prüfung der »offensichtlichen Ungeeignetheit« i. S. v. § 270b Abs. 2 Satz 2 solche Sachverhalte zu erforschen haben (s. § 56a Rdn. 24). Die Möglichkeit des debt-to-equity-swap mit Kapitalherabsetzung schafft zumindest Anreiz, Unternehmen in eine Insolvenz »zu drücken« (Siemon, NZI 2014, 55, 59), insbes. bei Einsteigen von Distressed Debt Tradern und Austausch der Geschäftsführung gegen einen von diesen gesteuerten Sanierungsgeschäftsführer, sowie beim Leveraged- buyout-Modell (Siemon, ZInsO 2013, 1549), jeweils in Kombination mit der – eingeschränkten – Prüfung durch einen »mitgebrachten« Sachwalter (§ 270b Abs. 2 Satz 2 InsO). Eine gesetzliche Regelung wird gefordert (Siemon, ZInsO 2014, 172, 180). Im **Bereich der Eigenverwaltungsanträge** (§§ 270a, 270) ist der vorläufige Sachwalter gesetzlich als Kontrollinstanz des Schuldnerunternehmens vorgesehen, insbesondere, wenn ein vorläufiger Gläubigerausschuss fehlt (näheres bei Fiebig zu §§ 274, 275). Daher besteht gerade hier besonders die Notwendigkeit, einen unabhängigen (vorläufigen) Sachwalter zu bestellen (Frind, ZInsO 2014, 119, 130). Insbesondere in Eigenverwaltungsverfahren ist ein unabhängig kontrollierter M&A-Prozess unabdingbar (Siemon, NZI 2014, 55, 60). Die Bestellung eines geeigneten (vorläufigen) Sachwalters (§§ 274 Abs. 1, 56, 56a, 270b Abs. 2) kann die konkrete Kontrolle stark erhöhen (vgl. dazu Hertling INDAT-Report, 3/2003, S. 3; ders. INDAT-Report 4/5-2003, S. 3; Görg, FS Uhlenbruck, S. 117, 123; Bärenz, NZI 2003, 655; Hill, ZInsO 2005, 1294; LG Bonn, ZInsO 2003, 806; a. A. Westrick, NZI 2003, 65 f.; Braun, NZI 2003, 588) und u. U. Umgehungen der gerichtlichen Kontrolle verhindern (vor diesen warnt Pape, ZInsO 2013, 2129; vgl. auch Frind, DB 2014, 165 mit Beispielen). Der vorläufige Gläubigerausschuss (§ 22a) wird nur in wenigen Verfahren rechtzeitig vor der Entscheidung gem. § 270a Abs. 1 gehört werden können (s. dazu Wuschek, ZInsO 2012, 110, 114).

Die **Koppelung eines Massedarlehens an einen bestimmten vorläufigen Sachwalter** (s. Rdn. 26d) durch eine Gläubigerbank ist in Fortführungsfällen geeignet, die gerichtliche Einsetzung eines unabhängigen Sachwalters zu gefährden, da das Gericht dann den vorläufigen Sachwalter selbst beim Auftreten von Entlassungstatbeständen i. S. d. § 59 Abs. 1 InsO nur noch mit der Konsequenz des Scheiterns der Betriebsfortführung entlassen könnte. Dies schränkt auch die gerichtliche Aufsicht nach § 58 InsO, wie auch die Zweckmäßigkeitskontrolle durch den vorläufigen Gläubigerausschuss nach § 69 InsO ein und ist daher unzulässig (AG Stendal vom 31.08.2012, ZIP 2012, 1875 und vom 19.10.2012, ZIP 2012, 2171; Pape, ZIP 2013, 2285, 2287; ders., ZInsO 2013, 2129, 2132; Ganter, ZIP 2013, 597, 604; Harbeck, JurisPR-InsR 3/2013, Nr. 4; a. A. Fölsing, ZInsO 2012, 2272, 2275; Haarmeyer, ZInsO 2212, 2010). Ein vorläufiger Sachwalter, der sich auf eine solche Vertragsgestaltung einlässt, kann fortan nicht mehr als unabhängig angesehen werden.

Vorberatung:

26g

Durch die **Einfügung des Satzes 3 in § 56 Abs. 1** sind mit den **Nr. 1 und 2** zwei Tatbestände gesetzlich aus der Aberkennung der Unabhängigkeit herausgenommen worden: Unproblematisch ist der Vorschlag eines Verwalters seitens eines der Beteiligten (**Nr. 1**). Dies bietet nur Veranlassung zur Frage nach möglichen eingehenderen Vorkontakten. Ansonsten ist die Bedeutung des Merkmales der Unabhängigkeit für den Beruf und die Auswahl des Insolvenzverwalters – auch bei einstimmigen Schuldner- oder Gläubigervorschlägen durch das Inkrafttreten der »ESUG«-Regelungen nicht »ermäßigt« worden. Auch ein einstimmiger Personalvorschlag des vorläufigen Gläubigerausschusses suspendiert die gerichtliche Unabhängigkeitsprüfung nicht (Frind, ZInsO 2013, 59; weiteres bei § 56a Rdn. 25 m.w.N.).

Viel problematischer erscheint § 56 Abs. 1 Satz 3 Nr. 2, da der dort im Sinne »dennoch gegebener Unabhängigkeit« zulässige Bereich der »Vorberatung« hier nicht eindeutig skizziert wird (Frind, NZI 2010, 705; ders. ZInsO 2011, 269 f.; Voigt-Salus/Sietz, ZInsO 2010, 2050; Bergner, INDAT-Report 8/2010, 15; Vallender, NZI 2010, 838, 843, 844; Hofmann, NZI 2010, 798). Der Gesetzgeber meint, dass »allgemeine Informationen über den Gang des Insolvenzverfahrens« in einer Auskunftssituation die Unabhängigkeit des Kandidaten nicht beeinträchtigen (BT-Drucks. 17/5712 S. 26).

Dies erscheint nicht als taugliches Abgrenzungskriterium da sich bei jedem anwaltlichen vorinsolvenzlichen Kontakt bei einer Zahlungskrise die Frage des Eintrittes der Zahlungsunfähigkeit als Beratungsthema stellen wird und somit konkrete Fragen zu beantworten sein werden (Römermann/Praß, GmbHR 2012, 425, 430). Streitig ist, ob jede konkrete Beratung bemakelt (dafür Frings/Bernsen, NJW-Spezial 2012, 405; dagegen Rosenmüller/Heitsch, ZInsO 2013, 754, 757). Richtigerweise muss das Insolvenzgericht die – notwendigerweise angezeigte – Vorberatung zum Anlass nehmen, nachzuforschen, ob der vorgeschlagene Verwalter nunmehr in einer Interessenkollisionssituation steht. Sofern der in Aussicht genommene Verwalter dem Schuldnerunternehmen **konkrete Fragen** zum Eintritt der Zahlungsunfähigkeit, zur Verfahrensweise mit Arbeitnehmergruppen oder Filialen oder Gesellschaftern beantwortet oder gar Vorschläge und Ratschläge erteilt hat, ist der gesetzlich erlaubte Tatbestandsbereich überschritten. Eine Personalunion von »Sanierungsberater« und Insolvenzverwalter kommt ohnehin nicht in Betracht (s. Rdn. 26e; MK-Graeber, § 56 Rn. 31 ff.).

Über eine »allgemeine Beratung« hinaus geht wohl auch die Einreichung der kompletten Bewerbungsunterlagen des vorgeschlagenen Verwalters zusammen mit dem Schuldnereigenantrag. Dies rechtfertigt die Besorgnis fehlender Unabhängigkeit (AG Stade, Beschl. v. 24.08.2012, 73 IE 1/12, ZInsO 2012, 1911), da hier ein intensiver Vorkontakt stattgefunden hat bei dem das Schuldnerunternehmen die Bewerbung des Verwalters mit vorbereitet hat.

Zu ersten negativen praktischen Entwicklungen betreffend die Unabhängigkeit von vorgeschlagenen Verwaltern/Sachwaltern vgl. die zusammenfassenden Berichte vom Flöther, INDAT-Report 6/2012, 30; ders., ZIP 2012, 1833; Bierbach, INDAT-Report 4/2012, 24, 26. Abzulehnen ist die gleichzeitige Beratung des Schuldnerunternehmens im Eröffnungsverfahren durch den vorläufigen Sachwalter; dies verstößt gegen § 45 BRAO (Frind, ZInsO 2013, 2302 zu LG Dresden, ZInsO 2013, 1962 (Fall »dailycer«).

▶ Hinweis:

Die Insolvenzgerichte müssen sich nach einer – fraglos notwendigen – Anzeige des Kandidaten, dass eine solche Beratung stattgefunden hat, vergewissern, ob wirklich die vom Gesetz gemeinten Grenzen eingehalten wurden (Fragebogen s. Rdn. 26b). Eine Beratung z.B. über den Zeitpunkt der konkreten materiellen Insolvenzreife würde die genannte Grenze überschreiten. I. Ü. ist auch eine Anfechtbarkeit des erhaltenen außergerichtlichen Honorars ein Inhabilitätsgrund.

26h Nicht angezeigte, konkrete Interessenkollisionen sind später ein **Entlassungsgrund** gem. § 59 (BGH, NJW 1991, 982; AG Potsdam, ZInsO 2002, 90; s.a. **§ 59 Rdn. 5**). Eine eigentlich gebotene, aber unterlassene Anzeige kann auch zum de-listing von der Vorauswahl-Liste führen, wie auch zur Aberkennung der Vergütung (§ 59 Rdn. 5).

d) Arbeitsbelastung des konkreten Kandidaten

27 Weiterhin ist vom Insolvenzrichter, zuvorderst bei Verfahren, die eine Betriebsfortführung oder die langwierige Aufklärung von »Beerdigungssachverhalten« erfordern, die Frage der **konkreten**

Arbeitskapazität (Frage der möglichen Überlastung) der in Betracht kommenden Kandidaten im konkreten Zeitraum der »heißen Phase« (Eröffnungsverfahren) zu berücksichtigen und ggf. durch Nachfrage abzuklären (dazu: Graeber, NZI 2003, 569; Blank, ZInsO 2005, 473; zur Korrelation mit dem Verwaltererfolg: Schaprian, ZInsO 2007, 243, 246; vgl. Rdn. 16a zur Prüfung bei der Aufnahme in die Vorauswahl-Liste).

Die Verweigerung einer entsprechenden Auskunft (vgl. den Sachverhalt AG Potsdam, ZInsO 2002, 90) sollte zum generellen »de-listing« (Rdn. 25) führen, wie auch sich später als unwahr erweisende diesbezügliche Falschauskünfte. Die Insolvenzgerichte sind insb. bei überörtlich tätigen Verwaltern nicht in der Lage, sofort zu prüfen, ob der konkret in Aussicht genommene Kandidat nicht in einem anderen Sprengel oder sogar Bundesland zeitgleich ein Großverfahren bearbeitet, das seine ganze Kraft bindet. Zuweilen genannte Zahl von sehr vielen Unternehmensinsolvenzverfahren in einem Jahr als »machbar« (Graeber, NZI 2003, 578: 74) berücksichtigt nicht die sich jährlich aufstockende Zahl von zu betreuenden, eröffneten Verfahren, die höchstpersönlichen Pflichten im Zusammenhang mit der Erstellung der Schlussrechnung (§ 66) und scheint als zu hoch gegriffen. I. Ü. muss bei Betriebsfortführungsfällen der in Aussicht genommene Verwalter die Gewähr dafür bieten, das Eröffnungsverfahren, insb. die veranlassten Geldflüsse, transparent zu gestalten (AG Hamburg, ZInsO 2004, 630). Das Erschleichen der Bestellung führt zum Vergütungsverlust (BGHZ 159, 122 = ZInsO 2004, 669).

▶ **Hinweis: Bestellungsablauf in der Praxis** 28

– *Es empfiehlt sich, dass größere Insolvenzgerichte über ihre Verwalterbestellungen eine Excel-Tabelle führen mit allen regelmäßig bestellten Verwaltern, in der Tag, Aktenzeichen und Umfang des Auftrages nach erster Einschätzung eingetragen werden (auch bereits bei einer Einsetzung nur als Sachverständiger). Dies erlaubt eine **Übersicht über die momentane Arbeitsbelastung** der Verwalter (wobei nahezu sämtliche Verwalter auch in anderen Gerichtssprengeln tätig sind und es gut möglich ist, dass der eine oder andere gerade dort »überlastet« wurde) und ermöglicht, diejenigen Verwalter in die engere Wahl zu nehmen, die seit längerer Zeit keinen Auftrag mehr erhielten. Der einzelne Insolvenzrichter kann die Arbeitsbelastung des ausgesuchten Verwalters in anderen Gerichtsbezirken nicht herausfinden, da er im Internet zwar die Anzahl von dessen Bestellungen, aber nicht den Umfang der Verfahren erkennen kann. Insofern ist er bei der Vergabe von größeren Verfahren auf eine »**Überlastungsanzeige**« des ausgesuchten Verwalters angewiesen.*

Die »Überlastung« ist im konkreten Bestellungsfall Grund, von der Bestellung abzusehen (OLG Brandenburg, NZI 2009, 647 = ZInsO 2009, 2202 u. NZI 2009, 722), aber kein Grund, die Listung auf der Vorauswahl-Liste abzulehnen.

BVerfG vom 03.08.2009, ZInsO 2009, 1641:

Sachgerecht ist es, einen Bewerber nicht auf die Liste zu nehmen, der nicht die Gewähr dafür bietet, dem Insolvenzrichter eine etwaige Überlastung mitzuteilen und ggf. weitere Aufträge abzulehnen.

Weiterhin spielen beim konkreten Auswahlvorgang folgende Fragen eine Rolle (vgl. dazu auch Förster, ZInsO 2002, 406), soweit aus der Akte dafür Ansätze ersichtlich sind:
– *Handelt es sich um ein Fremdantragsverfahren mit evtl. »widerständischem« Schuldner (Geschäftsführer)? Dann muss ein durchsetzungsfähiger Verwalter eingesetzt werden, der erfahrungsgemäß nicht zögert, alle Arten von Ermittlungen zu tätigen und Vermögenswerte aufzuspüren.*
– *Handelt es sich um einen laufenden Betrieb mit Arbeitnehmern? Dann muss ein Verwalter gewählt werden, der in der Lage ist, auch »einfachen Leuten« das Insolvenzverfahren zu erklären und der evtl. das Problem der notwendigen »Weiterlieferungen« schnell in den Griff bekommt.*
– *Handelt es sich um ein Verfahren einer »toten« GmbH? Dann muss ein Verwalter ausgesucht werden, der alle möglichen Strategien von »Beerdigungen« und versteckten Vermögenswerten aufdecken kann.*

> – *Sofern es sich um ein Verfahren mit besonderem Geschäftsgegenstand (z. B. Bau-Unternehmen, Internet-Unternehmen, Unternehmen im Finanzdienstleistungsbereich, Auslandsbezug etc.) handelt, können vom Insolvenzrichter bekannte Vorkenntnisse und Spezialisierungen eines Bewerbers berücksichtigt werden.*
>
> *Dies sind allerdings nur rudimentäre Vorüberlegungen, da der Insolvenzrichter aus dem eingegangenen Antrag meist kaum Anhaltspunkte für die Natur des Verfahrens entnehmen kann und sich Besonderheiten nicht von vornherein abzeichnen (Ries BJ 2006, 406, 408). Ergeben sich keine besonderen Anforderungsnotwendigkeiten, kann je nach ersichtlicher Arbeitsbelastung eines Bewerbers (NR-Delhaes § 56 Rn. 12), ggf. nach dessen telefonischer Befragung dazu, der Auftrag vergeben werden. Die Gläubigerschaft, an deren Stelle der Insolvenzrichter die Verwalterauswahl vorläufig tätigt, wie aus §§ 56a, 57 hervorgeht, möchte einen erfahrenen Verwalter, der die bestmögliche Masse erzielt. Beim Berichtstermin hat sie dafür bereits meist Belege in der Hand (oder nicht – dann kann sie [spätestens] abwählen).*

III. Konkrete Bestellungsentscheidung in Dogmatik und Methodik

29 Die **Anfechtbarkeit der konkreten Bestellungsentscheidung** durch einen anderen Prätendenten sowohl für den vorläufigen Verwalter als auch im Zusammenhang mit dem Eröffnungsbeschluss der zunächst – bis zur Entscheidung der Gläubigerversammlung gem. § 57 – »endgültigen« Bestellung des Verwalters und die Möglichkeit der konkreten Prätendentenklage war umstritten (**ablehnend**: LG Münster, ZVI 2002, 209; OLG Düsseldorf, NJW-RR 1996, 1273; OLG Koblenz, ZIP 2000, 507; OLG Hamm, ZInsO 2005, 101 [Verfassungsbeschwerde anhängig]; OLG Celle, ZIP 2005, 1288; OLG Koblenz, ZInsO 2005, 718; HK-Riedel § 56 Rn. 25; Uhlenbruck-Uhlenbruck § 56 Rn. 62; Runkel/Wältermann, ZIP 2005, 1347, 1354; Höfling, NJW 2005, 2341 [Stellungnahme für den VID]; Frind, ZInsO 2005, 225; **befürwortend**: Römermann, ZInsO 2004, 937, 941; Wieland, ZIP 2005, 233), ist aber nunmehr durch Entscheidung des BVerfG vom 23.05.2006 (ZInsO 2006, 765; s. auch Rdn. 6) in ablehnender Weise geklärt (dagegen Römermann, ZIP 2006, 1332).

Einen gem. §§ 23 ff. EGGVG durchsetzbaren Anspruch auf Bestellung im konkreten Einzelfall gibt es nicht (s. a. OLG München, ZIP 2005, 670); insbesondere auch nicht mit der Zielrichtung der Überprüfung der gesamten Bestellungspraxis bei einem AG im Wege der nachträglichen Überprüfung abgeschlossener Einzelfälle, da es am nachträglichen Fortsetzungsfeststellungszusammenhang im Sinne von § 28 Abs. 1 Satz 4 EGGVG fehlt (OLG Frankfurt am Main, NZI 2012, 430 für die Zwangsverwaltung; aufgehoben durch BGH, NZI 2012, 768 = ZInsO 2012, 1892; weiteres bei Rdn. 8b bzgl. der Grenze bei der konkret-abstrakten Feststellungsklage).

1. Gestaltung und Rechtsnatur der konkreten Auswahlentscheidung

30 Sowohl die Gestaltung des Eröffnungsbeschlusses inklusive der Verwalterbestellung als auch die Einordnung der Verwalterbestellung innerhalb der Eröffnungsentscheidung sind unauflöslich miteinander verknüpfte dogmatische Streitfragen und mit der Frage der zulässigen Konkurrentenklage verknüpft. Teilweise werden diese Fragen noch damit vermischt, dass der einzelne Bewerber, der auf die Vorauswahl-Liste vorgedrungen sei, auch einen Rechtsanspruch auf ständige Bestellung im Einzelfall habe (s. Rdn. 8a; Römermann, ZInsO 2004, 937; Wieland, ZIP 2005, 233, 238; Hess/Ruppe, NZI 2004, 641, 644; **a. A.** OLG Koblenz, ZInsO 2005, 718: nur Anspruch auf nicht willkürliches Übergehen; krit. dazu: Frind, ZInsO 2005, 700). Hess/Ruppe erkennen z. B. bei einer dreimonatigen Nichtberücksichtigung eines Bewerbers auf einer Vierer-Gerichtsliste bei 120 Aufträgen bereits richterliche »Willkür«. Wieland (ZInsO 2007, 462, 466) hält einen einstweiligen Rechtsschutz aus Art. 19 Abs. 4, 12 Abs. 1 GG und eine Amtshaftung gem. Art. 34 GG, § 839 BGB für gegeben, wenn ein Bewerber trotz nicht besser geeigneter Interessenten »innerhalb eines bestimmten Zeitraumes« nicht berücksichtigt werde.

a) Eröffnungsbeschluss als Rechtsprechungsakt?

Obwohl das BVerfG mit Entscheidung vom 23.05.2006 (ZInsO 2006, 765; Rdn. 6) nunmehr die Verwalterbestellung innerhalb des Eröffnungsbeschlusses als Justizverwaltungsakt qualifiziert hat (abl. Laws, ZInsO 2006, 847, 848; kritisch Jaeger/Gerhardt, § 56 Rn. 71; zur Gegenansicht vgl. HmbKomm-Frind, 2. Aufl. § 56 Rn. 31), hat es zugleich eine konkrete Konkurrentenklage nicht für möglich angesehen. Der dogmatische Streit über die Natur der Verwalterbestellung im Eröffnungsbeschluss ist daher obsolet. Eine Differenzierung zur Frage, ob es sich bei der Bestellung eines **vorläufigen** Insolvenzverwalters überhaupt um einen Justizverwaltungsakt handelt, fehlt in der Rechtsprechung des BVerfG (diesbzgl. zu Recht abl. N/R-Mönning, § 21 Rn. 90, da der vorläufige Verwalter zugleich Erkenntnisperson des Gerichtes ist).

b) Keine Notwendigkeit einer Auswahlbegründung

Im Zusammenhang mit der Frage der Konkurrentenklage wurden immer wieder eine Begründung der konkreten Auswahlentscheidung und/oder die Beteiligung der Gläubiger verlangt (Letzteres ist nunmehr über §§ 22a, 56a InsO implementiert). Die BVerfG-Entscheidung vom 23.05.2006 (ZInsO 2006, 765; s. auch Rdn. 6) macht nunmehr eine solche Begründung obsolet, da der konkrete Bestellungsakt nicht justiziabel bleibt (Jaeger/Gerhardt, § 56 Rn. 72; Graf-Schlicker § 56 Rn. 43; Vallender, NJW 2006, 2597; Graeber, NZI 2006, 499, 500: Begründung erst auf Nachfrage nachzuliefern; gemeint ist damit eine Begründung für die konkrete Auswahl durch richterliche Stellungnahme in einem folgenden konkreten Fortsetzungsfeststellungsverfahren (ähnlich Messner DRiZ 2006, 329, 331); Gaier (ZInsO 2006, 1177, 1180) meint, diese Frage sei noch nicht entschieden (Begründung erst im gerichtlichen Verfahren, wenn Klage nach §§ 23 ff. EGGVG; Wieland, ZIP 2007, 462, 465: auf Antrag). Das gilt umgekehrt ebenfalls für die Abwahl des (vorläufigen) Insolvenzverwalters in der ersten Gläubigerausschusssitzung gem. § 56a Abs. 3 oder in der Gläubigerversammlung gem. § 57 (BVerfG, ZInsO 2005, 368; s. § 57 Rdn. 12), den die Gläubiger nicht zu begründen brauchen. Auch die vom einstimmigen Ausschussvotum gem. § 56a Abs. 2 abweichende Bestellung eines vorläufigen Verwalters ist nicht justiziabel, aber gem. § 27 Abs. 1 Nr. 5 zu begründen (dazu § 56a Rdn. 35).

In der Vergangenheit ist vertreten worden, dass der Insolvenzrichter bei jeder einzelnen seiner Bestellungsentscheidungen, auch bereits bei der Einsetzung eines vorläufigen Insolvenzverwalters, begründen solle, warum er gerade diese Person ausgewählt habe (Henssler ZIP 2002, 1053, 1063; Hess, FS Uhlenbruck, S. 453, 462; dagegen z. B. OLG Frankfurt am Main, ZInsO 2009, 388 = NZM 2008, 701, 703 für den Zwangsverwalter; Smid, DZWIR 2001, 485, 496; heute noch solches fordernd: Wieland, ZIP 2007, 462, 465). Der Eröffnungsbeschluss sei **kein Rechtsprechungsakt**. Die darin enthaltene Bestellungsentscheidung sei von der eigentlichen Eröffnungsentscheidung theoretisch zu trennen, da sie ein Akt richterlichen Verwaltungshandelns sei, die mit der Eröffnung nur auf dem Papier zusammenfalle (Römermann, ZInsO 2004, 937). Daraus wurde abgeleitet, dass die Konkurrentenklage gegen jede einzelne Bestellungsentscheidung möglich sei (Wieland, ZIP 2005, 233, 238 und Anm. zu OLG Hamm, ZIP 2005, 270, 271). Das BVerfG ist mit der Entscheidung vom 23.05.2006 (ZInsO 2006, 765; s. auch Rdn. 6) nur dem ersten Teil dieser Begründung gefolgt.

Eine **Begründung der Auswahlentscheidung** im Beschluss über die Anordnung von Sicherungsmaßnahmen oder im Eröffnungsbeschluss wäre wenig sinnvoll und in der Praxis kaum machbar oder notwendig, es sei denn einem einstimmigen Votum des vorläufigen Gläubigerausschusses wird nicht gefolgt (MK-Graeber § 56 Rn. 136; Wellensiek, NZI 1999, 169, 171; Messner, DRiZ 2006, 326, 331: Vermerk bei »kritischen Bestellungsentscheidungen«; a. A. K/P/B-Lüke § 56 Rn. 63, 70; Hess, FS Uhlenbruck, S. 453, 462; Henssler, ZIP 2002, 1053, 1063; Prütting, ZIP 2005, 1097, 1103). Es besteht auch kein Regelungsbedarf (LG Potsdam, ZInsO 2005, 501). Die Befürworter gehen von einem Anspruch der nicht berücksichtigten Bewerber auf »ermessensfehlerfreie Betätigung« (Prütting, ZIP 2005, 1097, 1103) des Insolvenzrichters und deshalb einer Begründungsnotwendigkeit aus (Hess, EWiR 2005, 605; Höfling, NJW 2005, 2341, 2345). Es wird von den Befürwortern jedoch nicht der Inhalt einer solchen Begründung erläutert.

Deren Sinn müsste die Abwägung zwischen allen in Betracht kommenden Bewerbern sein, um eine Ermessensprüfung (§ 28 Abs. 3 EGGVG) zu ermöglichen. Dann müsste aber das Gericht den ausgewählten Bewerber mit jedem Bewerber auf der Liste in seiner Begründung vergleichen und abwägen (abl. OLG Frankfurt am Main, ZInsO 2009, 388 = NZM 2008, 701, 703 für den Zwangsverwalter; Uhlenbruck-Uhlenbruck § 56 Rn. 55; zur Unsinnigkeit: Frind, ZInsO 2001, 481, 483; Vallender, NZI 2005, 473, 477). Es wäre also zu jedem Bewerber auf der Vorauswahl-Liste ein eigener Begründungstextteil zu schreiben, weshalb er nicht in Betracht kam. Es liegt auf der Hand, dass dieses Prozedere weder machbar, insb. bei langen Vorauswahl-Listen, noch gewünscht sein kann, zumal Ehrenschutzgesichtspunkte dann zurücktreten müssten.

32c An einem Großstadtgericht dürften pro Tag bis zu zehn Sachverständige und (vorläufige) Insolvenzverwalter eingesetzt werden. Entsprechend zahlreiche Bestellungs- oder Beauftragungsbegründungen hätte ein Richter zu fertigen. In den Eilfällen, also bei den Bestellungen vorläufiger Verwalter und den Eröffnungen, würden dabei jeweils mehrere Stunden ins Land gehen (das BVerfG konzediert in seiner Entscheidung vom 03.08.2004 unter Pkt. 2 a) cc) bereits die Eilbedürftigkeit der Auswahlentscheidung; noch deutlicher nunmehr in der Entscheidung vom 23.05.2006).

Die Verfahrensbeteiligten würden es kaum verstehen, wenn währenddessen Teile der Masse unwiederbringlich weggepfändet oder anderweit abhandenkommen oder zerstört werden würden, weil das Gericht nicht stundeneilig handeln kann, da der Beschluss zur Auswahl erst ausführlich begründet werden müsste. In diesem Zusammenhang sei darauf hingewiesen, dass Insolvenzverfahren Eilverfahren sind (BGH vom 27.07.2006, NZI 2006, 642; dies erkennt auch Höfling, NJW 2005, 2345), was nicht zuletzt aus der gesetzlichen Anordnung der Fixierung des Massebeschlages mittels Stundenangabe bei Anordnung der vorläufigen Insolvenzverwaltung und Eröffnung (§ 27 Abs. 2) folgt. Mit einer »Kurzbegründung« in formelhafter Weise ist niemandem gedient (unentschieden: Römermann, ZIP 2006, 1332, 1334). Das OLG Koblenz (ZInsO 2005, 718) hat daher auch eine Begründungsnotwendigkeit im konkreten Einzelfall abgelehnt.

33 Es gibt auch in der Sache wenig zu begründen: I. d. R. findet die Auswahl des Verwalters nämlich innerhalb kürzester Zeit anhand einfachster Abwägungen statt (s. Rdn. 28). Ein Insolvenzrichter kann häufig am Verfahrensbeginn nur wenig Informationen zu dem schuldnerische Unternehmen erkennen: Die Antragsformulare geben – im normalen Verfahren (bei laufendem Geschäftsbetrieb s. nunmehr § 13 Abs. 1 Satz 3 f.) – bestenfalls Auskunft über das grobe Sujet des Marktsegments (z. B. Telefonmarketing, Bau, Internet-Branche etc.) und, ob der Geschäftsbetrieb noch läuft und wenn ja, mit wie vielen Arbeitnehmern. Angaben über das schuldnerische Vermögen, die Verschuldens- und Gläubigerstruktur sind meist nur rudimentär und wenig belastbar vorhanden (s. nunmehr: § 13 Abs. 1 Satz 3 f. mit der geringen Verifikation in S. 7; a. A. Hess/Ruppe, NZI 2004, 641, 643: immer amtswegige Ermittlung vor Bestellungsentscheidung ohne Rücksicht auf Eilcharakter des Verfahrens). Gem. § 27 Abs. 2 Nr. 5 ist nunmehr bei Nicht-Annahme des einstimmigen Vorschlages des vorläufigen Gläubigerausschusses eine Kurzbegründung für die Ablehnung mit zu veröffentlichen.

2. Sinn einer Konkurrentenklage

34 Die konkrete Bestellungsentscheidung ist **unanfechtbar** (BVerfG, ZInsO 2006, 765; s. auch Rdn. 6; Uhlenbruck-Uhlenbruck § 56 Rn. 92; MK-Graeber § 56 Rn. 167; HK-Riedel § 56 Rn. 25; NR-Delhaes § 56 Rn. 16; Kesseler, ZIP 2002, 1565; Runkel/Wältermann, ZIP 2005, 1347, 1356; Preuß, KTS 2005, 155, 175; Höfling, NJW 2005, 2341; BGH, ZIP 1986, 319, 322; LG Potsdam, ZInsO 2005, 501; OLG Hamm, ZInsO 2005, 101; OLG Koblenz, ZInsO 2005, 718; krit. Lüke, ZIP 2002, 1574; K/P/B-Lüke § 56 Rn. 68, 69; **a. A.** Römermann, NZI 2003, 134; Hess, FS Uhlenbruck, S. 453, 461; Prütting, ZIP 2005, 1097; Koenig/Hentschel, ZIP 2005, 1937; Holzer/Kleine-Cosack/Prütting, Bestellung des Insolvenzverwalters, S. 34).

Gründe für eine mögliche Anfechtbarkeit werden in der Gefahr eines Missgriffes durch den Insolvenzrichter, der sich bereits bis zur ersten Gläubigerversammlung als Masse schädigend erweisen könnte (K/P/B-Lüke § 56 Rn. 69) oder in der Ermöglichung einer Konkurrentenklage eines »besseren« Verwalters gesehen bzw. zumindest dann befürwortet, wenn die »Grenzen rechtmäßiger Ermessensausübung« erreicht sind (Römermann, EWiR 2005, 865).

Das BVerfG hat mit Entscheidung vom 23.05.2006 (ZInsO 2006, 765; s. auch Rdn. 6; dagegen: Römermann, ZIP 2006, 1332, 1336) festgestellt, die **Anfechtbarkeit passe nicht in das System der InsO** (so auch Höfling, NJW 2005, 2346) und korrespondiere in keiner Weise mit den Notwendigkeiten des Verwalteramtes (so bereits HmbKomm/-Frind, 1. Aufl., § 56 Rn. 34; inzidente Einführung des Begründungszwanges: Frind, ZInsO 2005, 700). Eine Differenzierung zur Frage, ob es sich bei der Bestellung eines **vorläufigen** Insolvenzverwalters überhaupt um einen Justizverwaltungsakt handelt, fehlt in der Rechtsprechung des BVerfG (diesbzgl. abl. N/R-Mönning, § 21 Rn. 90). Ein (vorläufiger) Insolvenzverwalter hat wichtige Weichenstellungsentscheidungen zu treffen. Während einer »über ihm schwebenden« Konkurrentenklage wird er **in seiner Entscheidungsfreiheit nicht frei sein**, denn er müsste befürchten, »abgesetzt« zu werden und ggf. würde ein neuer Verwalter die bisherigen Weichen ganz anders stellen.

Gleichfalls darf nicht die Gefahr entstehen, dass der bestellte Verwalter mit Entscheidungsvorlagen nach § 160 zuwartet, bis die Konkurrentenklage entschieden ist. Aus Sicht der Gläubiger wäre dies fatal, denn damit wäre sehr wahrscheinlich ein Masseverlust verbunden. Auch ein Gesellschafter des schuldnerischen Unternehmens kann die Rechtsmittelbeschränkung der InsO in Form der Zulassung nur einer sofortigen Beschwerde des Schuldners gegen die Bestellung eines vorläufigen Verwalters (§ 21 Abs. 1 Satz 2) bzw. das nur als beschränktes Rechtsmittelrecht nach § 59 Abs. 2 InsO ausgestaltete Abberufungsantragsrecht nicht durch das Verfahren nach §§ 23 ff. EGGVG mit einem Abberufungsverlangen umgehen (OLG Frankfurt am Main, ZInsO 2009, 242).

Ein **Suspensiveffekt** darf mit einer Konkurrentenklage ohnehin nicht verbunden sein (Smid, DZWIR 2004, 359, 367; Prütting, ZIP 2005, 1097, 1103). Eine Rückgängigmachung der angeordneten Entscheidung ex tunc gem. § 28 Abs. 1 Satz 2 EGGVG ist gem. Satz 3 wegen der Natur der Sache ausgeschlossen, da das Amt des Verwalters nicht rückwirkend entfallen kann. Dies würde dessen sämtliche Veranlassungen (Masseverbindlichkeiten, Sicherungsmaßnahmen) zum Erlöschen bringen. Eine reine, spätere Feststellung i. S. v. § 28 Abs. 1 Satz 4 EGGVG, das Insolvenzgericht hätte eigentlich den Prätendenten bestellen müssen, nutzt hinterher niemanden mehr etwas (a. A. OLG Koblenz, ZInsO 2005, 718). Die Einführung der Konkurrentenklage de lege ferenda wäre ein masseschädigender »Fremdkörper« im System der InsO (Preuß, KTS 2005, 155, 175). Zur Frage der »Fortsetzungsfeststellungsklagen« s. Rdn. 8.

3. »Kategorisierer« und Kriterien-Listen

Teilweise wird vorgeschlagen, die Insolvenzrichter könnten **getrennte Listen** nach verschiedenen »Kategorien« von Verfahren führen (Wieland, ZIP 2005, 237; Hess/Ruppe, NZI 2004, 643, 644; zu Recht dagegen: OLG Köln, ZInsO 2007, 272; weiteres bei Rdn. 7) oder entsprechende »Verwaltertypen« kategorisiert bestellen. In ähnliche Richtung wies die im RefE zur Änderung der InsO im Herbst 2004 vorgeschlagene und verworfene Einfügung eines Abs. 1 Satz 3 i. V. m. § 63 (ZInsO 2004, 1016 f.), nach welchem die Insolvenzgerichte bei Bestehen einer Kostenbegrenzungsvereinbarung zwischen Verwaltern und der jeweiligen Landesjustizverwaltung nur Verwalter aus dieser »Preiswert-Liste« bestellen sollen, anderenfalls eine Beschwerdemöglichkeit des Bezirksrevisors gegeben sein soll. Dies ist als praxisfremd angesehen und zu Recht fallen gelassen worden. Eine fiskalisch motivierte Einschränkung der richterlichen Unabhängigkeit bei der Verwalterauswahl ist abzulehnen (Keller, ZVI 2004, 569, 575; Mäusezahl, ZVI 2004, 576, 578; Frind, ZInsO 2004, 1064; Eickmann, NZI 2005, 205, 208; INDAT-Report 9/2004, S. 6 f.).

Es wäre ein dogmatischer Bruch in der Konstruktion der Vorschrift. Zudem gibt es keine von Anfang an klar erkennbar »einfachen« Verfahren, die sich für »Preiswert-Verwalter« oder »Nur-

Verbraucher-Verwalter« von vornherein eignen (AG Mannheim, NZI 2010, 107 = ZInsO 2010, 2149). Auch ist es nicht möglich, jenseits von § 59 einen bereits bestellten vorläufigen Verwalter bei später erst auftauchenden Informationen »zur wahren Natur des Verfahrens« wieder zu entlassen.

37 Verallgemeinerte Kriterienkategorisierungen versuchten die teilweise von Insolvenzgerichten (ZInsO 2004, 1343; ZInsO 2006, 78 [AG Karlsruhe]); NZI 2009, 97 (»Heidelberger Fragebogen«) oder von Insolvenzverwaltern für Insolvenzgerichte – quasi in Amtshilfe – (ZInsO 2004, 1345) veröffentlichten **enumerativen Kriterienkataloge für die Verwalterbestellung (»Ankreuzlistenbewerbung«)** zu rechtfertigen. Dies mündet schlechtenfalls in der »Schein-Liste« (Rdn. 9). Sinnvoll erscheint ein **Fragebogen, der qualitätsorientierte Kriterien abfragt** (so AG Münster, ZInsO 2007, 876; teilweise auch AG München, ZInsO 2009, 421; dagegen »Heidelberger Fragebogen«, NZI 2009, 97).

4. Gläubigerbeteiligung bei der Bestellungsentscheidung

38 Die Beteiligung von Gläubigern oder -vertretern bei der Bestellung des (vorläufigen) Insolvenzverwalters war lange Zeit streitig (ausführlich: § 56a Rdn. 2; Frind, ZInsO 2007, 643), und ist nunmehr durch das »ESUG« ab 2012 in Form der §§ 21 Abs. 2 Nr. 1a, 22a, 56a über den **vorläufigen Gläubigerausschuss** geregelt (s. dazu bei § 56a Rdn. 9).

IV. Beginn und Ende des Amtes (Abs. 2)

39 Das Amt des (vorläufigen) Insolvenzverwalters oder Sonderinsolvenzverwalters beginnt nicht mit der Bestellung im Sicherungs- bzw. Eröffnungs- oder Sonderbestellungsbeschluss, sondern erst **mit der Annahme** (NR-Delhaes § 56 Rn. 15), die der Verwalter dem Gericht ggü. ausdrücklich oder stillschweigend erklären kann. Eine Pflicht zur Annahme gibt es nicht (zu Recht regeln die »GOI« des VID e. V. eine Notwendigkeit ausdrücklicher Amtsannahme [s. III. Nr. 1 dort; s. Anhang]).

Zum Nachweis der Bestellung erhält der Verwalter die **Urkunde** gem. Abs. 2, die gem. § 3 Nr. 2e RPflG in der Zuständigkeit des Rechtspflegers ausgefertigt wird (Rdn. 1e). Sie vermittelt keinen Gutglaubensschutz und erlangt Bedeutung nur für den grundbuchlichen Bereich (BK-Blersch § 56 Rn. 21; MK-Graeber § 56 Rn. 161). Nach Ende des Amtes hat der Verwalter die Urkunde zurückzugeben (erzwingbar über § 58 Abs. 2 u. 3; ggf. Erklärung für kraftlos; **a. A.** BK-Blersch § 56 Rn. 21: bei Verlust Erklärung für kraftlos nicht notwendig). Beim Antrag auf Umschreibung eines Titels gem. § 727 ZPO muss der Insolvenzverwalter zum Beweis der Fortdauer seines Amtes die Urkunde vorlegen, die Veröffentlichung der Bestellung genügt deshalb nicht (BGH, ZInsO 2005, 881).

Das Amt endet mit Entlassung nach § 59, Abwahl nach § 57, Verfahrensbeendigung durch Aufhebung oder Einstellung, Verlust der Geschäftsfähigkeit oder Tod. Ein **Rücktritt (Amtsniederlegung)** kommt nicht in Betracht (s. § 59 Rdn. 1). Entsprechend § 34 Abs. 3 Satz 3 behalten vom Verwalter vorgenommene Maßnahmen ihre Wirksamkeit. Der Verwalter hat bei Beendigung des Amtes gem. § 66 Rechnung zu legen.

V. Rechtsstellung des Insolvenzverwalters

40 Zur dogmatischen Verortung der Amtsstellung des Insolvenzverwalters werden verschiedene Theorien vertreten: Organtheorie, Schuldnervertretertheorie, **Amtstheorie** (zusammenfassend: Kuleisa § 80 Rdn. 4 ff.; Kluth, NZI 2000, 351). Letztere dürfte herrschend sein (HK-Riedel § 56 Rn. 3; BK-Blersch § 56 Rn. 17, 20 [Pflichtenüberblick]). Die praktischen Auswirkungen sind gering (Beispiele bei MK-Graeber § 56 Rn. 147). Der Insolvenzverwalter ist verpflichtet, die Interessen sämtlicher Verfahrensbeteiligter bestmöglich zu wahren. Ein Selbstkontrahieren (§ 181 BGB) ist ihm jedenfalls nicht gestattet. Dieses Problem wird über einen Sonderinsolvenzverwalter (s. Rdn. 41 ff.) zu lösen sein (HK-Riedel § 56 Rn. 34; K/P/B-Lüke § 56 Rn. 75; MK-Graeber § 56 Rn. 153), sofern nicht klar begrenzte Interessenkollisionen durch gerichtliche Genehmigung aufgelöst werden können. Gemäß der Entscheidung des BFH (ZInsO 2001, 954) soll der Insolvenzverwalter gewerbesteuerpflichtig sein.

VI. Sonderinsolvenzverwalter

1. Zulässigkeit und Anwendungsfälle

Bereits der RegE zur InsO hatte in § 77 eine Regelung zur Sonderinsolvenzverwaltung vorgesehen (BT-Drucks. 12/2443, S. 162) und in § 12 InsVV eine Regelung zu deren Vergütung. Diese Regelungen wurden nur gestrichen, weil der Rechtsausschuss das Instrument in der Rechtspraxis bereits als anerkannt ansah und keiner gesonderten Regelung bedürftig. Die Einsetzung eines Sonderinsolvenzverwalters wird daher heute ohne ausdrückliche Regelung in der InsO als **zulässig angesehen** (Graf/Wunsch, DZWIR 2002, 177; Lüke, ZIP 2004, 1695; Dahl, ZInsO 2004, 1014; LG Krefeld, ZInsO 2006, 32; ausführliche Darstellung bei Frege, Der Sonderinsolvenzverwalter, RWS-Verlag, Bd. 40, 2008; ders. ZInsO 2008, 1130; für eine gesetzliche Regelung: Graeber/Pape, ZIP 2007, 991, Fn. 1).

41

Der BGH hat in seiner Entscheidung vom 17.11.2005 (BGHZ 165, 96, 99 = ZInsO 2006, 27: Vergütungsvorschuss-Rückzahlung) die Zulässigkeit ohne Thematisierung vorausgesetzt, wenn der Verwalter zur Ausübung seines Amtes tatsächlich oder rechtlich verhindert ist (so nunmehr auch BGH, ZInsO 2009, 1393; BGH, NZI 2006, 474; BGH, ZIP 2007, 548, 550; BGH, ZIP 2008, 1243, 1245; BGH, ZInsO 2008, 733 = ZIP 2008, 1294). Der Bundesarbeitskreis Insolvenzgerichte (BAKinso e. V.) hat am 15.11.2011 allgemeine Leitlinien zur Sonderinsolvenzverwaltung beschlossen (ZInsO 2011, 2223, 2224). Die Bestellung eines Sonderinsolvenzverwalters kommt praktisch in drei Fall-Situationen vor: **Tatsächliche Verhinderung** des Verwalters; **rechtliche Inhabilität** für eine Prüfungsfrage (i. d. R. Forderung) oder einen Teilbereich der Gesamtverwaltung (z. B. **Konzerninsolvenz**, Firmengruppe) (Rdn. 41a – c) oder möglicher **Gesamtschaden** nach § 92 Satz 2 InsO (Rdn. 42).

Der Fall der **tatsächlichen Verhinderung** (Urlaubsabwesenheit oder Krankheit beim Berichts- oder Prüfungstermin) wird allerdings zu Recht von der herrschenden Meinung als zulässiger Einsetzungsfall für einen Sonderinsolvenzverwalter abgelehnt (Lissner, ZInsO 2014, 768, 770 m. w. N.), da in diesen Fällen entweder eine Vertagung oder – bei längerer Erkrankung – die Entlassung (§ 59 InsO) die Mittel der Wahl sind.

Hinsichtlich der »rechtlichen Verhinderung« ist unproblematischer Standardfall zunächst die **gegenseitige Forderungsanmeldung** innerhalb verbundener Unternehmen (Lissner, ZInsO 2014, 768, 770), die dann Anwendungsfall einer Sonderinsolvenzverwaltung wird, wenn das Insolvenzgericht sich für einen einheitlichen Verwalter im verbundenen Unternehmern entschieden hat (s. Rdn. 41b).

Es ist beabsichtigt, den Komplex »**Konzerninsolvenz**« bzw. die **Insolvenz verbundener Unternehmen** im Rahmen einer Überprüfung der EuInsVO gem. Art. 46 EuInsVO auf **europäischer Ebene** zu regeln (Vorschlag zur Änderung der EuInsVO der Europäischen Kommission vom 12.12.2012 [COM 2012, 744 [final]] – beschlossen vom EU-Parlament am 05.02.2014; Lehne, ZInsO 2011, 1342; Holzer, INDAT-Report 6/2011, 38; Hirte, ZInsO 2011, 1788). Die Bundesregierung plant daneben eine **nationale Regelung** (RegE vom 30.01.2014, BT-Drucks. 18/407 [ZInsO 2014, 286 ff.; hierzu zusammenfassend, Frind, ZInsO 2014, 927]). Mittels eines neuen § 56b soll das Insolvenzgericht zu einer Abwägung angehalten werden, ob ein einheitlicher Konzerninsolvenzverwalter eingesetzt werden kann, sofern mittels eines Sonderinsolvenzverwalters Inhabilitätsprobleme als lösbar erscheinen.

2. Insolvenzverfahren von Firmengruppen mit vernetzter Struktur (Holding, Konzern, cashflow-Gruppe, KG etc.)

Da das deutsche Insolvenzrecht weder einen definierten Konzernbegriff noch bisher ein Konzerninsolvenzrecht kennt, muss das Insolvenzgericht sich von vornherein bei der Erstbestellung des Sachverständigen/vorläufigen Verwalters in jedem einzelnen der inhaltlich »zusammengehörenden« Verfahren entscheiden, ob es jede mögliche Kollision des Verwalters »mit sich selbst« vermeiden

41a

will – dies würde die Bestellung von verschiedenen Verwaltern erfordern – oder ob es aus massebegünstigenden Gesichtspunkten, wie z. B. Zusammenfassung der Organisationsmacht in einer Hand, Konzentration des Informations- und Entscheidungsflusses, ein und denselben Verwalter in allen Verfahren bestellt, selbst wenn absehbar ist, dass dieser bei der Forderungsprüfung eventuell später die Forderung einer verbundenen Schuldnerin »bei sich selbst anmelden« muss bzw. ein Sonderinsolvenzverwalter zwingend zu bestellen ist (Kögel/Loose, ZInsO 2006, 17, 23, sehen in der gleichzeitigen Bestellung in zusammenhängenden Verfahren bereits eine konkludente Genehmigung des Gerichtes nach § 181 BGB analog). Das OLG Celle (ZInsO 2001, 755) vertrat die Auffassung, dass in diesem Fall das Gericht nicht denselben Verwalter bestellen darf (so auch MK-Graeber § 56 Rn. 47). Diese Auffassung muss als praxisfremd abgelehnt werden. Der RegE vom 30.01.2014 (BT-Drucks. 18/407, ZInsO 2014, 286 ff., Begr. S. 30) sieht nunmehr in § 56b InsO – neu eine Abstimmung der »angegangenen Insolvenzgerichte« über die Frage der Beeinträchtigung der Unabhängigkeit eines für alle Verfahren in Aussicht genommenen Verwalters und damit als Regelfall die Bestellung eines Verwalters für alle Verfahren einer Unternehmensgruppe vor.

Eine darüber hinausgehende Lösung wird derzeit nicht favorisiert. Eine materielle **Konsolidation der Massen** im Wege eines Konzerninsolvenzrechtes wurde in der Diskussion bisher mehrheitlich abgelehnt (Leutheusser-Schnarrenberger, ZInsO 2012, 640; a. A. Humbeck, NZI 2013, 957; Paulus, ZIP 2005, 1948). Gesucht wird nur eine Lösung über eine vereinheitlichte Zuständigkeit (BT-Drucks. 18/407, ZInsO 2014, 286 ff., dort Regelung unter § 3a InsO-neu). Jüngst wird aber auch eine Möglichkeit der Konsolidation über einen einheitlichen Konzerninsolvenzplan vorgeschlagen (Verhoeven, ZInsO 2012, 1757).

41b **Sofern sich bei Konzerninsolvenzen** die Aufteilung der Bestellungen nach Anzahl der Firmen verbietet, sollte in der Regel einheitlich ein Verwalter bestellt werden (Vallender, wpg-Sonderheft 2011, 31, 33: bei gesichertem Mehrwert; Rennert-Bergenthal, ZInsO 2008, 1316; Jaffe/Friedrich, ZIP 2008, 1849; Uhlenbruck, NZI 2008, 201, 203, 206; Hirte, ZIP 2008, 444; ders. FS K. Schmidt, 641 f. [Gläubiger der Tochtergesellschaft sollen künftig absonderungsberechtigte Gläubiger der Muttergesellschaft sein] jew. mit Vorschlägen zur Regelung der Konzerninsolvenz; Paulus, DB 2008, 2523; Braun-Blümle § 56 Rn. 11; BK-Blersch § 56 Rn. 2; **a. A.** Graeber, NZI 2007, 265, 269; MK-Graeber, § 56 Rn. 47 ff.: Notwendigkeit einzelner Sonderinsolvenzverwalter; zur derzeitigen Bestellungspraxis: Westpfahl/Janjuah, Beil. ZIP 3/08, 6).

Eine Koordination bei Konzerninsolvenzen entspricht mittlerweile auch den **Empfehlungen der UNICITRAL** zur künftigen Ausgestaltung des nationalen und internationalen Konzerninsolvenzrechtes (Holzer, INDAT-Report 6/2011, 38: gemeinsame Antragstellung, koordinierte Durchführung). Ansonsten würden die Insolvenzverwaltung der Möglichkeit der Gesamtsanierung unter Abwägung der Notwendigkeit von Stilllegungen oder des Verkaufs einzelner Betriebsbereiche beraubt, denn jeder Verwalter würde nur den Vorteil »seiner« Firma verfolgen können und im Ergebnis bisherig vorhandene Synergieeffekte zunichtemachen (Vallender/Deyda, NZI 2009, 825; Rennert-Bergenthal, ZInsO 2008, 1316; K/P/B-Lüke § 56 Rn. 74; zur Vereinbarung eines Stillhalteabkommens betreffend gegenseitiger Forderungen Hancke/Schildt, NZI 2012, 640).

41c Andererseits kann es durchaus Fälle geben, die eine Aufteilung des Konzerns auf verschiedene Verwalter als sinnvoll erscheinen lassen (Fölsing, ZInsO 2013, 413, 414; Frind, ZInsO 2013, 429, 432; Vallender/Deyda, NZI 2009, 825), wenn nämlich innerhalb eines »**Horizontal- oder Sparten-Konzerns**« verschiedene Geschäftsbereiche betrieben werden, die u. U. wenig bis nichts miteinander operativ zu tun haben (Verhoeven, ZInsO 2014, 217; Fölsing, ZInsO 2013, 414; Brünkmans, ZIP 2013, 193, 202).

Die Entscheidung sollte dem Ermessen der Insolvenzrichter überantwortet bleiben (Entschließung BAKinso e. V. vom 01.12.2009, ZInsO 2009, 2391). Eine Aufteilung ist z. B. in sich anbietende und bereits im Schuldnerunternehmen vorhandene »Verwaltungs- oder Geschäftsstränge« möglich. Grenze ist allerdings die Gefährdung der Unabhängigkeit des »Konzerninsolvenzverwalters« durch die Vereinheitlichung der Bestellungen, wenn Interessenkonflikte nicht zu bewältigen sind (Adam/Poertzgen, ZInsO 2008, 21, 286, 287 kritisch zum »Einheitsverwalter«).

Voraussetzung für den einheitlichen in allen Verfahren bestellten »Konzerninsolvenzverwalter« ist aber möglichst die **Zuständigkeit eines Insolvenzgerichtes** für alle Konzernunternehmen oder die koordinierte Antragstellung bei verschiedenen Gerichten mit koordinierter Verwalterbestellung (MK-Graeber, § 56 Rn. 51, 52; hierzu nun §§ 3a, 3d, 56b des RegE vom 30.01.2014). Ein »Konzerngerichtsstand« am Ort der »zentralen Lenkung« soll daher gesetzlich geschaffen oder zumindest konturiert werden, was Forderungen der Praxis entspricht (Leutheusser-Schnarrenberger, ZInsO 2012, 640; Paulus, ZGR 2010, 270; K. Schmidt, KTS 2011, 161, 172; ders., KTS 2010, 1, Splittgerber, Zuständigkeit, 2011, 276 ff.; Vallender, FS Runkel, 373; Rennert-Bergenthal, ZInsO 2008, 1316; Frind, ZInsO 2008, 261; ders. ZInsO 2008, 363; Adam/Poertzgen, ZInsO 2008, 281; Hirte, ZIP 2008, 444).   41d

Der RegE vom 30.01.2014 will den einheitlichen »Gruppengerichtsstand« jedoch im Wege des »Prioritätsgrundsatzes« schaffen und so ein »**Forum shopping**« also eine Gerichtsstandsauswahl mittels der (beliebig steuerbaren) Antragstellung »nicht offensichtlich untergeordneter Tochterunternehmen« ermöglichen. Darüber hinaus ist sogar ein »**Richtershopping**« möglich, da § 3c – neu des ReGE vorsieht, dass eine einmal begründete richterliche Zuständigkeit sämtliche weiteren bei diesem Gericht eingehenden Verfahren der gleichen Unternehmensgruppe nach sich zieht. Diese Regelungen sind in der bisherigen Diskussion massiv kritisiert worden, da eine Beeinträchtigung der Gläubigerinteressen und mögliche Druckausübung auf Gerichte und Richter drohe (Pape, NWB 2013, 1094; Brünkmans, ZIP 2013, 193; Frind, ZInsO 2013, 429; ders. INDAT-Report 4/2014, 16; LoPucki, ZInsO 2013, 420; Stellungnahme Deutsch. Steuerberaterverband, NZI 7/2013, VII; Stellungnahme BAKinso e. V. vom 15.02.2013 unter www.bak-inso.de; Stellungnahme VID e. V. vom 15.02.2013 unter www.vid.de; Westphal/Janjuah, Beil. ZIP 3/08, 7; befürwortend für einen einheitlichen Gerichtsstand de lege ferenda am Sitz der Muttergesellschaft, aber gegen einen internationalen Konzerninsolvenzgerichtsstand: Vallender/Deyda, NZI 2009, 825).

Vielmehr sollte der Gesetzgeber einen Konzerninsolvenzgerichtsstand so regeln, dass bereits die erste Antragstellung **Sperrwirkung** entfaltet und die Konzentration am Sitz der Konzernmutter – unabhängig von deren eigener Antragsreife – erfolgt (Jaffe/Friedrich, ZIP 2008, 1849; ähnlich Rennert-Bergenthal, ZInsO 2008, 1316 in Abgrenzung zu Hirte, ZIP 2008, 444).

Daher war dafür plädiert worden, dass selbst eine Sitzverlegung im letzten Jahr vor der Antragstellung unbeachtlich sein sollte, um Manipulationsmöglichkeiten zu begrenzen (Vallender/Deyda, NZI 2009, 825, 828 für zeitliche Grenze; Frind, ZInsO 2008, 363; Jaffe/Friedrich, ZIP 2008, 1849, 1852; Eidenmüller, ZHR 169 [2005], 528, 539; a. A. K. Schmidt, ZIP 2012, 1053: kombinierte Lösung als allgemeinem Sitzgerichtsstand und möglicher Verweisung an den »COMI«-Gerichtsstand). Ob dafür ein »Konzerninsolvenzrecht« mit Regelung einer »substantive consolidation« für die verschiedenen Massen notwendig ist, bleibt streitig (abl. K. Schmidt, ZIP 2012, 1053).

Sofern ein für die Gläubiger nach außen erkennbares Lenkungszentrum oder ein wirklicher zentraler Geschäftssitz aller Unternehmen (MK-Graeber, § 56 Rn. 52) bisher nicht bestand und nur für die Insolvenzsituation erst erreicht werden soll, kann eine solche Verlegung des wirtschaftlichen Mittelpunktes auch nicht durch eine »avisierte Sanierung« gerechtfertigt werden (Frind, ZInsO 2008, 614; für ein »taugliches« Sanierungskonzept mit gerichtlicher Prüfung: Jaffe/Friedrich, ZIP 2008, 1849, 1853; zu einem negativen Beispiel des »forum shopping« AG Köln, ZInsO 2008, 215; a. A. Knof/Mock, ZInsO 2008, 499; Rotstegge, ZIP 2008, 955; ders. Konzerninsolvenz- Die verfahrensrechtliche Behandlung von verbundenen Unternehmen nach der InsO, 2007, 180 ff.). Mankowski (NZI 2008, 355) spricht sich diesbezüglich für ein »insolvency planning« aus, erkennt aber die Problematik für die Unabhängigkeit des Verwalters, wenn die »insolvenzgerichtliche Usance« Maßstab für die Gerichtsstandsauswahl wird. Eine Sanierung kann bei verbundenen Unternehmen auch durch einzelne Verwalter sinnvoll durchgeführt werden, wenn deren Kooperation gesichert ist (INDAT-Report 3/08, 14, 16); dies will der RegE vom 30.01.2014 nunmehr mittels eines

»Koordinationsverwalters« absichern, für den Fall, dass eine einheitliche Verwalterbestellung nicht erfolgt (§§ 269d ff. InsO-neu).

41e Häufig ist aber eine **Aufteilung auf mehrere Verwalter bei der Konzerninsolvenz nicht notwendig** (LG Potsdam ZInsO 2005, 893; Adam/Poertzgen, ZInsO 2008, 345, 346 für die Eigenverwaltung in allen Gesellschaften als Lösung für das Problem der Konzerninsolvenz; Uhlenbruck-Uhlenbruck, § 56 Rn. 68; Braun-Blümle § 56 Rn. 11; K/P/B-Lüke § 56 Rn. 74; NR-Delhaes § 56 Rn. 21; zur internationalen Verfahrensweise in anderen Ländern: Vallens/Dammann, NZI 2006, 29; a. A. Hill, ZInsO 2005, 1293). Damit kann die Konzerninsolvenz in die Hand eines Insolvenzverwalters zwecks Vermeidung konkurrierender Abwicklungsstrategien gelegt werden (Schelo, NZI 12/2005, NZI-aktuell, mit dem Vorschlag des Weisungsrechtes der Verwalter der Konzernmutter ggü. den Verwaltern der Tochterunternehmen; Paulus, ZIP 2005, 1948 für ein gemeinsames Konzerninsolvenzrecht; ders. NZI 08/2006, S. VII).

Der Gesetzgeber sucht die Lösung für Interessenkonflikte derzeit über die Bestellung eines Sonderinsolvenzverwalters (s. § 56b InsO neu gem. RegE vom 30.01.2014). Die von der Gegenansicht vorgeschlagene Lösung der Einsetzung eines Konzerninsolvenzverwalters, der von vornherein keine Kompetenz zur Geltendmachung der Rechte der einzelnen Gesellschaften gegen andere Gesellschaften des Konzerns hat (Graeber, NZI 2007, 265, 269; Ehricke, DZWIR 1999, 353, 357), die dann jeweils andere Sonderinsolvenzverwalter geltend machen sollen (MK-Graeber, § 56 Rn. 50), barg die Gefahr der Zersplitterung der Interessen. Jeder Sonderinsolvenzverwalter wird darauf bedacht sein, die Interessen »seiner« Gesellschaft gegen Schließung, Warenberechnung oder Arbeitnehmerverlegung zu verteidigen (zu Recht ablehnend: Adam/Poertzgen, ZInsO 2008, 281, 286).

Mit der Einsetzung des Sonderinsolvenzverwalters mit klar abgegrenztem **Kompetenzbereich**, der im **Beschluss genau zu beschreiben ist** (Dahl, ZInsO 2004, 1014, 1015), sollte im Bereich der Konzerninsolvenz vielmehr nur bei besonders wichtigen Handlungen i. S. v. § 160 InsO mit Gefahr der Interessenkollision oder bei Problemen mit der Forderungsprüfung nach Eröffnung mit der Einsetzung gearbeitet werden.

Grund für die Einsetzung eines Sonderinsolvenzverwalters kann hier ein Geschäft/eine Rechtshandlung sein, welches die **Gefahr einer Interessenkollision** birgt, z. B. die Prüfung einer eigenen Forderung, der Erwerb eines Gegenstandes aus der Insolvenzmasse (s. aber § 450 BGB) oder generell Insichgeschäfte nach § 181 BGB (Dahl, ZInsO 2004, 1015; K/P/B-Lüke § 56 Rn. 75; Uhlenbruck-Uhlenbruck § 56 Rn. 66; OLG München, ZIP 1987, 656; LG Potsdam, ZIP 2005, 1698; Graeber/Pape, ZIP 2007, 991, 993; abl. Kögel/Loose, ZInsO 2006, 17, 20: Befreiung von § 181 BGB genügt). Prinzipiell rechtfertigt jede widerstreitende Interessenlage bei zwei Insolvenzverwaltungen die Einsetzung eines Sonderinsolvenzverwalters. Der Insolvenzverwalter hat dem Gericht von sich aus solche Interessenkonflikte anzuzeigen (BK-Blersch § 56 Rn. 13; s. § 59 Rdn. 5). Urlaub oder Krankheit sind zunächst kein Grund, einen Sonderinsolvenzverwalter zu bestellen, da dessen Kosten die Masse zusätzlich belasten (MK-Graeber § 56 Rn. 154; Graeber/Pape, ZIP 2007, 991, 992).

3. Gesamtschadensanspruch (§ 92 Satz 2)

42 Des Weiteren ist ein möglicher **Gesamtschadensersatzanspruch gegen den Insolvenzverwalter** i. S. v. § 92 Satz 2 ein Grund, um einen **Sonderverwalter** zu bestellen (Beispiele für regelhafte Schäden bei Hartwig, InsbürO 2009, 333). Dies kann als milderes Mittel der gem. § 92 Satz 2 angeordneten Entlassung zunächst vorgezogen werden (Pape, ZInsO 2005, 953, 962; Graeber/Pape, ZIP 2007, 991, 993; MK-Brandes § 92 Rn. 6). Die Bestellung ist **keine Teilentlassung** (BVerfG, ZIP 2010, 1301). Die **Kostenfrage** hat in Anbetracht der Notwendigkeit zur Sicherstellung eines ordnungsgemäßen Verfahrens zurückzutreten (Lissner, ZInsO 2014, 768, 771, 772)

Ausreichend ist es, wenn **Schadensersatzansprüche nicht fernliegend erscheinen** (HK-Riedel, § 56 Rn. 34; Pape, ZInsO 2005, 963; Lüke, ZIP 2004, 1693, 1696; OLG München, ZIP 1987, 656; AG Göttingen, ZInsO 2006, 50; AG Bad Homburg, ZInsO 2008, 1146; unklar Graeber/Pape, ZIP 2007, 991, 994, die an anderer Stelle eine »ausreichende Überzeugung von der Notwendigkeit«

verlangen). Die Möglichkeit des Insolvenzgerichtes, im Rahmen von § 58 InsO die Rückzahlung unberechtigt entnommener Gelder zu verlangen (§ 58 Rdn. 9), ersetzt oder versperrt nicht den Weg über die Sonderinsolvenzverwaltung.

Es muss sich aber um mögliche *Gesamtschadensersatzansprüche* handeln (zur Abgrenzung: OLG Köln, ZInsO 2007, 218). Bei Individualschadensersatzansprüchen braucht ein Sonderinsolvenzverwalter nicht bestellt zu werden (OLG Hamm, ZInsO 2007, 216, 218). Eine Freigabe des Gegenstandes, auf den sich der Schadensersatzanspruch bezieht, ist nicht zugleich Freigabe des Schadensersatzanspruches (KG, ZIP 2006, 43). Steht eine **Pflichtverletzung von Gläubigerausschussmitgliedern** wegen mangelhafter Überwachung des Verwalters in Rede (zu verfolgender Anspruch aus § 71 InsO) ist ebenfalls eine Interessenkollision des derzeitigen Verwalters gegeben, da ihn im Innenverhältnis die alleinige Verantwortung trifft, sodass ein Sonderinsolvenzverwalter einzusetzen ist (BGH, ZIP 2008, 1243, 1245).

Neben dem Gesamtschadensanspruch besteht für einen Freistellungsanspruch des Schuldners gegen den schädigenden Verwalter kein Bedürfnis (Bollwerk, ZInsO 2013, 2088).

Einzelne Gläubiger haben nur eine **Anregungsbefugnis**, kein Erzwingungsrecht (BGH, ZInsO 2011, 131 mit Verweis auf BGH, ZInsO 2009, 476 Rn. 7; so jetzt auch AG München, ZIP 2009, 87), dessen Rechtsmittelbewehrung bei Zurückweisung streitig war (dafür: AG Göttingen, ZInsO 2006, 50, 51; Pape, ZInsO 2005, 953, 962; ders. NZI 2006, 64, 72; Graf/Wunsch, DZWIR 2002, 177, 181; Lüke, ZIP 2004, 1693, 1697; OLG München, ZIP 1987, 656; anders Graeber/Pape, ZIP 2007, 991, 995: »Antragsrecht«; a.A. LG Cottbus, ZInsO 2009, 2108; BK-Goetsch § 56 Rn. 14; Frege, Der Sonderinsolvenzverwalter, Rn. 254; ders. ZInsO 2008, 1130). 42a

Die Befürworter wollten ein Rechtsmittel gewähren, sofern der antragstellende Gläubiger nicht nur eine nachrangige Forderung i. S. v. § 39 hat (AG Göttingen, ZInsO 2006, 50, 51). Der BGH hat aber zu Recht mehrfach eine **Rechtsmittelmöglichkeit des einzelnen Gläubigers gegen die Ablehnung der Einsetzung** aufgrund der klaren Nichtregelung durch den Gesetzgeber **abgelehnt** (BGH, ZInsO 2010, 2088; ZInsO 2009, 477). Allerdings darf das Insolvenzgericht die Anregung nicht einfach nur wegen des fehlenden Antragsrechtes zurückweisen, es muss sich mit den vorgetragenen Gründen im Rahmen einer notwendigen Ermessensentscheidung auseinandersetzen (Fölsing, NZI 2009, 297).

Auch ein Antragsrecht des Schuldners auf Einsetzung eines Sonderinsolvenzverwalters existiert nicht (BGH, NZI 2006, 474). Der Schuldner hat nur eine Anregungsbefugnis, die aber nicht rechtsmittelbewehrt ist (Lüke, ZIP 2004, 1693, 1696; a.A. Graeber/Pape, ZIP 2007, 991, 995). Auch der Verwalter hat analog § 59 Abs. 1 Satz 2 ein Antragsrecht (Graeber/Pape, ZIP 2007, 991, 995).

Die Zuständigkeit für die Einsetzung eines Sonderinsolvenzverwalters liegt **beim Richter** (Foltis, ZInsO 2010, 545, 556; Lüke, ZIP 2004, 1693, 1697; MK-Schmahl §§ 27 bis 29 Rn. 134; FK-Schmerbach § 2 Rn. 29; FK-Jahntz, § 56 Rn. 56; offengelassen: AG Göttingen, ZInsO 2006, 50; Graeber/Pape, ZIP 2007, 991, 996; a.A. LG Leipzig, ZInsO 2011, 1991 = NZI 2012, 83; HK-Riedel, § 56 Rn. 37; Frege, Sonderinsolvenzverwalter, Rn. 222; Jaeger/Gerhardt, § 56 Rn. 80). 42b

▶ **Hinweis:** 42c

Der Sonderverwalter hat im Einsetzungsbeschluss einen **genau zu beschreibenden Auftrag** zu erhalten, z. B. Einsatz zur Prüfung möglicher Schadensersatzansprüche und dafür Übernahme der betreffenden Akten des Verwalters bzw. Einsichtnahme (MK-Graeber § 56 Rn. 154; Uhlenbruck-Uhlenbruck § 56 Rn. 66; NR-Delhaes § 56 Rn. 19; BK-Blersch § 56 Rn. 13; AG Stendal, ZIP 2012, 2171; OLG München, ZIP 1987, 656; LG Bielefeld, NJW-RR 1993, 604). Möglich ist auch die Zuweisung der Kompetenz, vom Insolvenzverwalter für die Masse beauftragte Rechtsanwälte von der Schweigepflicht zu entbinden (LG Göttingen, ZInsO 2012, 225).

§ 56 InsO Bestellung des Insolvenzverwalters

Auch gegen die Erweiterung der Befugnisse des Sonderinsolvenzverwalters steht dem Verwalter kein Rechtsmittel zu (BGH, ZInsO 2010, 186), wie auch nicht gegen den Entzug und die Übertragung der Kassenführungsbefugnis (BGH, ZInsO 2010, 187). Ggf. empfiehlt sich eine Begründung des Beschlusses und eine **gesonderte finanzielle Ausstattung des Sonderinsolvenzverwalters aus der Masse** (Graeber/Pape, ZIP 2007, 991, 997). Die Bildung einer solchen **Sonderinsolvenzmasse** wird zur Auftragsdurchführung gem. §§ 4 InsO, 938 Abs. 2 ZPO (analog) für zulässig und mit Rechtsmitteln nicht angreifbar erachtet (LG Stendal, ZInsO 2013, 1914 m. w. N.). Das Gericht (Rechtspfleger) kann auch die Erstattung von RVG-Gebühren für PKH-Verfahren aus der Masse zugunsten des Sonderinsolvenzverwalters beschließen. Dagegen ist dann die sofortige Rechtspflegererinnerung des Insolvenzverwalters zulässig (AG Göttingen, ZInsO 2014, 800; s. aber Rdn. 42d).

Der Sonderinsolvenzverwalter kann sich ermittelnder Mitarbeiter bedienen (Hartwig, InsbürO 2009, 333).

Der Insolvenzverwalter ist dem Sonderinsolvenzverwalter ggü. **auskunftsverpflichtet**, was ggf. durch das Insolvenzgericht mittels Zwangsgeld und eidesstattlicher Versicherung nach § 58 InsO durchgesetzt werden kann (BGH, ZInsO 2010, 185; ZInsO 2010, 188; a. A. AG Kassel, ZInsO 2011, 343), auch wenn der Verwalter sich durch die Auskünfte selbst belasten muss (LG Göttingen, NZI 2009, 61 = ZInsO 2009, 527). Das Insolvenzgericht kann ggü. dem Verwalter anordnen, dass er Angaben dem Sonderinsolvenzverwalter an Eides statt versichert (LG Göttingen, ZInsO 2008, 1144). Die Anwendung der §§ 97, 98 InsO (Haft) gegen den Verwalter kommt nicht in Betracht (BGH, ZInsO 2010, 132; a. A. Foltis, ZInsO 2010, 545, 554).

42d Die **Vergütung des Sonderinsolvenzverwalters** erfolgt nach einer Ansicht nach dem RVG, nicht nach InsVV, sofern er nur begrenzt einen Anspruch zu prüfen bzw. zu verfolgen hat (zweifelhaft: LG Krefeld, ZInsO 2006, 32 m. w. N.; a. A. zu Recht Graeber, ZInsO 2008, 847, da eine Vergütung nach dem Wert der Quote auf die Forderung zu berechnen wäre, was in den meisten Fällen nur zur nicht angemessenen Mindestvergütung gem. § 13 RVG führen würde), ansonsten muss bei einer weiter gehenderen Tätigkeit ohnehin die InsVV zur Anwendung gelangen (LG Braunschweig, ZInsO 2012, 506; BGH, ZInsO 2010, 399; ZInsO 2008, 733; zust. Frege, NZI 2008, 487; Graeber/Pape, ZIP 2007, 991, 998).

▶ **Hinweis:**

Das Insolvenzgericht kann eine Vergütung nach der InsVV gleich im Anordnungsbeschluss als Grundbeschluss zur Grundlage der Vergütung des Sonderinsolvenzverwalters anordnen (BGH, ZInsO 2010, 399, dort Rn. 6); Zuschläge sind später ggf. geltend zu machen (LG Braunschweig, ZInsO 2012, 506: 50 % wg. Dauer und Schwierigkeit).

Bei vorsätzlicher oder grob fahrlässiger Veranlassung der Einsetzung des Sonderinsolvenzverwalters kann bei subjektiver Vorwerfbarkeit analog § 146 Satz 2 AktG ein Erstattungsanspruch der Insolvenzmasse gegen den Veranlasser für die Vergütung bestehen (Blöse, ZIP 2010, 2185). Der Insolvenzverwalter ist betreffend der Vergütung des Sonderinsolvenzverwalters beschwerdebefugt (BGH, ZIP 2012, 2081).

42e Ein **Rechtsmittel** gegen die Einsetzung des Sonderinsolvenzverwalters gibt es nicht, weder für den Schuldner (LG Stendal, ZIP 2013, 1389) noch seitens des zu überprüfenden Insolvenzverwalters (LG Göttingen, ZInsO 2012, 225; BGH, ZIP 2007, 547; Hess, EWiR 2007, 373; a. A. Lüke, ZIP 2004, 1693, 1698), was bereits aus dem Gesetzgebungsprozess und aus der Notwendigkeit der zügigen Verfahrensabwicklung folgt (für Gläubiger s. Rdn. 42i). Im Übrigen ist § 6 Abs. 1 InsO eng auszulegen.

§ 59 Abs. 2 Satz 1 InsO ist nicht einschlägig, da der zu überprüfende Verwalter nicht entlassen wird. Ein Beschwerderecht folgt erst, wenn der Insolvenzverwalter aufgrund des Gutachtens des Sonderinsolvenzverwalters entlassen wird (widersprüchlich Graeber/Pape, ZIP 2007, 991, 997, 998). Die Regelung des § 57 InsO mit der Notwendigkeit einer »Gläubigerversammlung mit Abwahlmöglichkeit« ist nicht analog anwendbar, da dies dem quasi amtswegigen Ermittlungsauftrag des Sonderinsolvenzverwalters gerade im Schadensersatzfall gem. § 92 Satz 2 InsO widerspricht und häufig eilbedürftige Handlungen vorzunehmen sind (a. A. Graeber/Pape, ZIP 2007, 991, 997).

Folgerichtig ist auch ein Rechtsschutzbedürfnis des Insolvenzverwalters auf Einberufung einer Gläubigerversammlung mit dem **Tagesordnungspunkt »Beendigung des Sonderverwaltung und Entlassung des Sonderverwalters«** abgelehnt worden, da inzident damit das gleiche Ziel wie mit einer Beschwerde gegen die Einsetzung verfolgt würde (LG Leipzig, ZInsO 2013, 1154). Der Insolvenzverwalter kann auch in einer Gläubigerversammlung, die über die Einsetzung eines Sonderinsolvenzverwalters (was nicht notwendig, aber sinnvoll ist, vgl. Rdn. 42h), abstimmen nicht **gem. § 78 Abs. 1 InsO** einen Aufhebungsantrag stellen, da ein solcher Antrag nur im gemeinsamen Interesse der Gläubiger gerechtfertigt ist und die Einsetzung eines Sonderinsolvenzverwalters zur Prüfung von Schadenersatzansprüchen diesem Interesse regelmäßig entspricht (BGH vom 20.02.2014, ZInsO 2014, 601, 602, Rn. 11).

Der Sonderinsolvenzverwalter sollte **nicht im aktiven Konkurrenzverhältnis** zu dem zu überprüfenden Verwalter stehen, d. h. beim bestellenden Gericht nicht »gelistet« sein, schon um mögliche Inhabilitäten von Anfang an auszuschließen. Eine davon abweichende Auswahl könnte im Wege der außerordentlichen sofortigen Beschwerde analog der Rechtsprechung zu § 305 Abs. 3 InsO angegriffen werden. 42f

Der Sonderverwalter kann vom Insolvenzverwalter jedoch nicht nach § 406 ZPO analog wegen Besorgnis der Befangenheit abgelehnt werden (LG Wuppertal, ZInsO 2005, 950). Eine mögliche Befangenheit des Sonderinsolvenzverwalters kann nur nach Maßgabe der §§ 56 bis 59 wegen Ungeeignetheit oder mangelnder Unabhängigkeit, nicht nach §§ 41 ff. ZPO, geltend gemacht werden. Dem Insolvenzverwalter fehlt aber bereits das Antragsrecht gem. § 59 Abs. 1 auf Entlassung des Sonderinsolvenzverwalters. Die ablehnende Entscheidung des Insolvenzgerichts über einen Befangenheitsantrag gegen einen Sonderinsolvenzverwalter ist abschließend (BGH, ZInsO 2007, 326).

Wird der Sonderinsolvenzverwalter mit der Geltendmachung des Schadensersatzanspruches beauftragt, liegt darin bereits die **Ermächtigung zur Klage** aufgrund gerichtlichen Beschlusses (MK-Brandes § 92 Rn. 15). 42g

Eine eingerichtete Sonderinsolvenzverwaltung wegen der Geltendmachung von Schadensersatzansprüchen (§ 92 Satz 2 InsO) fällt mit dem **Tod oder der Entlassung des bisherigen Verwalters** in sich zusammen, denn der neu bestellte Verwalter hat wieder die Verfügungsbefugnis über den Anspruch (s. § 59 Rdn. 12c). In bereits laufenden Prozessen tritt eine amtswegig zu beachtende Aktivlegitimationsänderung ein.

Eine Ansicht vertritt, dass das Insolvenzgericht eine Aufhebung gem. § 200 InsO beschließen müsste (vgl. Schäfer, Der Sonderinsolvenzverwalter, Köln/München 2009, S. 115; ähnl. Frege, Der Sonderinsolvenzverwalter, Köln 2008, S. 116). Der Verfasser hält eine **Einstellung analog § 212 InsO** für naheliegender, da die Sonderinsolvenzverwaltung vorzeitig endet. Dabei besteht, analog § 59 Abs. 1 Satz 1 InsO ein (Einstellungs-) Ermessen des Insolvenzgerichts, da es sein kann, dass der Sonderinsolvenzverwalter seinen Auftrag bereits soweit abgearbeitet hat, dass ein Amtswechsel in der Sache nachteilig wäre.

Der **(vorläufige) Gläubigerausschuss** – soweit eingesetzt (§§ 22a, 67) – ist vor der Einsetzung des Sonderinsolvenzverwalters nach Möglichkeit **anzuhören** (MK-Graeber § 56 Rn. 115; Kesseler, KTS 2000, 491, 494; Dahl, ZInsO 2004, 1015), wie auch der Insolvenzverwalter (Graeber/Pape, ZIP 2007, 991, 995). Dies ist aber nicht zwingend, da der Sonderinsolvenzverwalter gem. § 92 Satz 2 InsO i. V. m. § 5 Abs. 1 InsO gerichtliches Amtsermittlungsmittel ist und auch im Interesse der gerichtlichen Haftungsabwehr tätig wird. Eine Anhörung erfolgt auch nicht zu der beabsichtigten Verfahrensweise, z. B. Klagerhebung, des Sonderinsolvenzverwalters, da § 160 Abs. 2 Nr. 3 durch die gerichtliche Ermächtigung zu dieser Maßnahme bereits ersetzt ist. Ansonsten könnte nämlich 42h das Ziel der Sonderinsolvenzverwaltung (Geltendmachung eines Gesamtschadens) durch einen dem Verwalter willfährigen Gläubigerausschuss verhindert werden.

Möglich ist es dagegen, die Frage der Einsetzung eines Sonderinsolvenzverwalters oder eines Sondersachverständigen zum **Gegenstand einer eigens gem. § 74 einzuberufenden Gläubigerversammlung zu machen** (s. a. Graeber/Pape, ZIP 2007, 991, 994). Diese mag dann entscheiden, ob der durch den Sonderinsolvenzverwalter dargelegte Schadensersatzanspruch verfolgt werden soll (Graeber, NZI 2014, 147, 150; so offenbar geschehen im Sachverhalt BGH ZInsO 2010, 399, dort Rn. 2). Zu einem solchen Tagesordnungspunkt ist angemessenerweise mit einer klaren Benennung des Themas in der Tagesordnung einzuladen, um jedem Gläubiger die Möglichkeit des Erscheinens zu geben. Eine direkte Einladung aller Gläubiger (jenseits der Möglichkeiten des § 9) empfiehlt sich daher.

42i Der Beschluss über die weitere Verfahrensweise des Sonderinsolvenzverwalters (z. B. Ablehnung einer Klage gegen den Insolvenzverwalter; Verzicht auf Schadenersatzansprüche) kann von einem in der Abstimmung unterlegenen Gläubiger **nach § 78 Abs. 1 angefochten werden** (K/P/B-Kübler § 78 Rn. 13: auch für Unterlassensbeschlüsse), wenn er dem Gläubigergesamtinteresse widerspricht, wenn z. B. triftige Gründe für einen vom Verwalter erfüllten anfechtbaren Anspruch vorliegen (BGH, ZInsO 2008, 735; zust. Gundlach/Schmidt, ZInsO 2008, 852).

Den Antrag kann jeder in der Abstimmung unterlegene, nicht nachrangige Insolvenzgläubiger, ein Massegläubiger, der Schuldner oder »der Insolvenzverwalter« stellen. Als antragsberechtigter »Insolvenzverwalter« kommt in diesem Sinne bei Abstimmungen über die Verfahrensweise mit Schadensersatzansprüchen nach § 92 Satz 2 dann nur der Sonderinsolvenzverwalter in Betracht, da diese Ansprüche seiner Verwaltung unterliegen. Denn Sinn des Antragsrechtes des »Insolvenzverwalters« ist die Wahrnehmung der Rechte der nicht anwesenden Gläubiger im Rahmen seiner Aufgabenzuweisung (MK-Ehricke § 78 Rn. 8; K/P/B-Kübler § 78 Rn. 10; Uhlenbruck-Uhlenbruck § 78 Rn. 4). Zuständig für die Entscheidung ist dann der verfahrensführende Rechtspfleger (Rechtsmittel: sofortige Beschwerde zum LG). Wird ein Gläubigerantrag auf Einsetzung eines Sonderinsolvenzverwalters abgelehnt, könnte eine sofortige Beschwerde analog § 59 Abs. 2 Satz 2 InsO erhoben werden (Graeber/Pape, ZIP 2007, 991, 998).

C. Verfahrenshinweise

I. Zuständigkeit

43 Funktionell zuständig für die Verwalterbestellung ist gem. § 18 Abs. 1 RPflG der **Richter**. Dabei bleibt es auch, wenn im Laufe des Verfahrens ein Verwalter ersetzt wird (§ 57 Rdn. 6) oder zu ersetzen ist (§ 59 Rdn. 7). Die »**vorbereitende Tätigkeit**« des Rechtspflegers im Eröffnungsverfahren ist durch Abschaffung der diese nach Landesrecht ermöglichenden Norm des § 25 RPflG nicht mehr statthaft. Ein Verstoß gegen die funktionelle Zuständigkeit (Beispiel bei OLG Stuttgart, ZIP 2007, 1822 m. krit. Anm. Brenner, ZIP 2007, 1826) führt gem. § 8 Abs. 4 RPflG zur Nichtigkeit der Bestellungsentscheidung und infolgedessen zur **Amtshaftung** (BGH, ZIP 1990, 1141; ZIP 1986, 319; a. A. OLG Stuttgart, ZIP 2007, 1822), die subsidiär auch bei einem ersichtlichen Auswahlverschulden des Insolvenzrichters droht (s. Rdn. 12). Der später zuständige Rechtspfleger darf auf die richterliche Auswahlentscheidung im Eröffnungsverfahren keinen Einfluss nehmen (Negativbeispiele: OLG Stuttgart, ZIP 2007, 1822; Uhlenbruck-Uhlenbruck § 56 Rn. 6).

▶ Hinweis:

Jedoch sollte der Insolvenzrichter den Kreis der auf der Vorauswahl-Liste befindlichen Verwalter mit den zuständigen Rechtspflegern hinsichtlich der Erfüllung der Auswahlkriterien absprechen und substanziierte **Hinweise aus der Rechtspflegerschaft** zum Abwicklungsverhalten der Verwalter und der Qualität ihrer Arbeitsweise im eröffneten Verfahren bei seiner Auswahl bedenken (Uhlenbruck, RPfl 1997, 356; ders. KTS 1989, 229; ders. ZInsO 2001, 1129; Holzer, Entscheidungsträger, Rn. 189 f., 195; Frind, NZI 2002, 138; Heyrath, ZInsO 2005, 1092, 1096).

Fortlaufend negative Berichte der Rechtspfleger aus dem eröffneten Verfahren können demgemäß auch zum »de-listing« eines Verwalters von der Vorauswahl-Liste führen.

Eine **Vollübertragung des Eröffnungsverfahrens auf den Rechtspfleger** (Vorschlag des BDR, ZInsO 2001, 1097) ist abzulehnen (Uhlenbruck, ZInsO 2001, 1129; Frind, NZI 2002, 138; AG Hamburg, ZInsO 2002, 24), da das Verfahren mehrfache grundrechtsrelevante Einschränkungen bewirkt, die nur durch den Richter erlassen werden können (Biegelsack, ZInsO 2012, 1009), zumal die Komplexität und Verwobenheit von verfahrens- und materiell-rechtlichen Fragen, insb. bei Betriebsfortführungsfällen einen Volljuristen erfordern. Eine für das **Verbraucherinsolvenzverfahren** im Jahr 2013 erwogene Vollübertragung auf den Rechtspfleger ist nicht Gesetz geworden (s. dazu Frind, Praxishandbuch Privatinsolvenzrecht Rn. 28 m. w. N.).

II. Rechtsmittel

Die Verwalterbestellung im konkreten Fall kann nach hier vertretener Auffassung von einem Konkurrenten nicht angefochten werden (dazu Rdn. 6 m. w. N.). Auf die Verwalter-Vorauswahl-Liste kann sich ein Bewerber ggf. im Verfahren nach §§ 23 ff. EGGVG einklagen (Rdn. 4 ff.). Die Rechtsmittelmöglichkeiten des gelisteten Bewerbers, der nicht bestellt wird, sind streitig (Rdn. 8 ff.). Den Insolvenzrichter mit anschließenden **Klagen auf »entgangenen Gewinn«** zu konfrontieren, wäre in der Praxis mit unabsehbaren Folgen für eine kontinuierliche Bestellungspraxis und Haftungsgefahren für den Insolvenzrichter verbunden (a. A. Höfling, NJW 2005, 2341, 2345) und wenig aussichtsreich (MK-Graeber, § 56 Rn. 180). 44

Ein **Verfahrensbeteiligter** (Gläubiger, Schuldner) kann mögliche Hinderungsgründe in der Person des Verwalters, die seiner Ansicht der Auftragsübernahme entgegenstehen, ebenfalls nicht mit der sofortigen Beschwerde (§ 6) gegen die Bestellungsentscheidung verfolgen (Uhlenbruck-Uhlenbruck § 56 Rn. 62), sondern nur dem Gericht zur Kenntnis bringen, damit dieses ein Vorgehen gem. § 59 erwäge (s. dort Rdn. 2;). Der **Gläubiger** muss sich ggf. die erforderliche Mehrheit in der Gläubigerversammlung zur Entscheidung gem. § 57 verschaffen. Der **Schuldner** kann nur den Bestellungsbeschluss oder den Beschluss über die Sicherungsmaßnahme (§ 21 Abs. 2 Satz 2) an sich anfechten, damit das Verfahren nicht eröffnet oder die Sicherungsmaßnahme als unverhältnismäßig aufgehoben werde, aber nicht, um einen anderen Verwalter zu bekommen (LG Halle, ZInsO 2005, 663; HK-Riedel § 56 Rn. 26; Uhlenbruck-Uhlenbruck § 56 Rn. 62).

Eine **Dienstaufsichtsbeschwerde** gegen den verfahrensführenden Richter wegen einer »falschen« Verwalterauswahl wäre unzulässig, da die Zielrichtung auf eine Beeinflussung des Kernbereichs der richterlichen Unabhängigkeit (Auswahlermessen) abzielt (Uhlenbruck-Uhlenbruck, 12. Aufl. InsO, § 56 Rn. 93; MK-Graeber § 56 Rn. 175). Da den Verfahrensbeteiligten die Mittel der §§ 57, 59 zur Verfügung stehen, können sie den Insolvenzverwalter auch nicht wegen der Besorgnis der Befangenheit ablehnen (Uhlenbruck-Uhlenbruck § 56 Rn. 79; LG Frankfurt an der Oder, ZInsO 2006, 107; LG Frankfurt am Main, RPfleger 1989, 474; a. A. Hill, ZInsO 2005, 1289). Auch der gerichtliche Sachverständige, der zugleich vorläufiger Insolvenzverwalter ist, kann nicht wegen Besorgnis der Befangenheit abgelehnt werden (AG Göttingen, ZInsO 2007, 720 m. w. N.).

Das **Beschwerdegericht** könnte bei einer sofortigen Beschwerde gegen die Nichteröffnung eines Verfahrens (z. B. wegen unzulässigen Antrags, fehlendem Eröffnungsgrund oder Abweisung mangels Masse) zwar das **Verfahren selbst eröffnen**, sofern dies die einzig angemessene Verfahrensentscheidung ist, müsste dann aber im Eröffnungsbeschluss den Insolvenzverwalter selbst bestellen, da Eröffnung und Verwalterbestellung gem. § 27 Abs. 2 Nr. 2 untrennbar zusammengehören (s. Rdn. 31). Daher empfiehlt es sich wegen der Berücksichtigung des Auswahlermessens des AG, die Sache unter Aufhebung der Nichteröffnungsentscheidung gem. § 572 Abs. 3 ZPO **zurückzugeben** (MK-Graeber § 56 Rn. 176 lehnt eine Bestellungskompetenz des Rechtsmittelgerichtes ab). Der vom Gericht ausgewählte Sachverständige/vorläufige Insolvenzverwalter oder Insolvenzverwalter kann die Übernahme des Amtes ablehnen (Uhlenbruck-Uhlenbruck § 56 Rn. 77). 45

§ 56a Gläubigerbeteiligung bei der Verwalterbestellung

(1) Vor der Bestellung des Verwalters ist dem vorläufigen Gläubigerausschuss Gelegenheit zu geben, sich zu den Anforderungen, die an den Verwalter zu stellen sind, und zur Person des Verwalters zu äußern, soweit dies nicht offensichtlich zu einer nachteiligen Veränderung der Vermögenslage des Schuldners führt.

(2) ¹Das Gericht darf von einem einstimmigen Vorschlag des vorläufigen Gläubigerausschusses zur Person des Verwalters nur abweichen, wenn die vorgeschlagene Person für die Übernahme des Amtes nicht geeignet ist. ²Das Gericht hat bei der Auswahl des Verwalters die vom vorläufigen Gläubigerausschuss beschlossenen Anforderungen an die Person des Verwalters zugrunde zu legen.

(3) Hat das Gericht mit Rücksicht auf eine nachteilige Veränderung der Vermögenslage des Schuldners von einer Anhörung nach Absatz 1 abgesehen, so kann der vorläufige Gläubigerausschuss in seiner ersten Sitzung einstimmig eine andere Person als die bestellte zum Insolvenzverwalter wählen.

Übersicht

	Rdn.		Rdn.
A. Normzweck	1	b) Häufigkeit der Anhörung	15
I. Regelungszweck	1	c) Das Anforderungsprofil	17
II. Historische Entwicklung	2	d) Die nachteilige Verzögerung	19
III. Aktuelle Weiterentwicklung nach Inkrafttreten des »ESUG«	10a	2. Der einstimmige Vorschlag (§ 56a Abs. 2)	20
B. Norminhalt	11	a) Übermittlung	20
I. Anwendungsbereich	11	b) Prüfung	23
1. Die Anhörung zum Anforderungsprofil und zur Person (§ 56a Abs. 1 InsO)	12	c) Die gerichtliche Entscheidung	25
		3. Die Abwahlmöglichkeit nach § 56a Abs. 3	28
a) Ausschuss-Antwort	13	C. Verfahrenshinweise	34

A. Normzweck

I. Regelungszweck

1 Die im RegE (BT-Drucks. 17/5712) des Gesetzes zur weiteren Erleichterung der Sanierung v. Unternehmern (»ESUG«) zunächst als § 56 Abs. 2 und Abs. 3 vorgesehene Regelung wurde durch den Rechtsausschuss in eine eigene Norm transferiert (BT-Drucks. 17/7511) und dadurch nochmals verändert (BGBl. I, S. 2582 ff.). Sie soll die Beteiligung der Gläubigerschaft via vorläufigem Gläubigerausschuss an der Bestellung des (vorläufigen) Verwalters ermöglichen (dazu bereits mit Regelungsvorschlag Frind, ZInsO 2007, 643).

II. Historische Entwicklung

2 Die Beteiligung der Gläubiger an der Verwalterauswahl im konkreten Verfahren bereits in einem früheren Stadium des Verfahrens als erst im Berichtstermin (§ 57 InsO) wurde seit 1999 häufig und zeitweise schlagwortartig reklamiert (s. Vorauflage § 56 Rn. 37 f.). Die gesetzliche Entwicklung, die mit dem »ESUG« (Gesetz zur weiteren Erleichterung der Sanierung von Unternehmen) in dieser Beziehung maßgeblich mit den Regelungen in §§ 21 Abs. 2 Nr. 1a, 22a, 56a, 270b Abs. 1, 270a, 274 Abs. 1 zunächst ihren Endpunkt erfahren hat, ist in dieser Frage nicht ohne einen Blick auf die historische Entwicklung nachvollziehbar und verlässlich einzuordnen.

3 Seit dem Jahre 2004 wurde der Ruf nach Gläubigerbeteiligung bei der Verwalterauswahl immer lauter. Gleichzeitig nahm ersichtlich das Gläubigerinteresse an der Mitwirkung in Insolvenzverfahren ab, dies kulminierte in der Schaffung der »**gläubigerlosen**« **Gläubigerversammlung** im Wege der Gesetzesänderung zum 01.07.2007 mit der Implementierung des § 160 Abs. 1 Satz 3. Während

insb. Banken kein Personal mehr für Gläubigerausschüsse bereit stellen wollten (eine Entwicklung, die unter der der Geltung des »ESUG« anhält), da Personalabbau und Aufgabenkonzentrationen die Beteiligung daran – vorgeblich – nicht ermöglichen würden, verstummten interessengeleitete Rufe nach einer Gläubigerbeteiligung mit Fokus auf den Einfluss auf die Verwalterauswahl bereits im Stadium des Eröffnungsverfahrens nicht:

Die Befürworter betonten häufig das hohe finanzielle Engagement von Absonderungsberechtigten in den Insolvenzverfahren, aus dem sie ein Recht zur Mitbestimmung des Verwalters ableiteten (Motto: »mein Geld, mein Verfahren«; insb. vonseiten der Banken: Wollgarten/Killig, Bankpraktiker 2009, 32; Seide/Brosa, ZInsO 2008, 769; INDAT-Report 1/08, 8 ff.; Westpfahl/Janjuah, Beilage zu ZIP 3/08, 8 ff.; s.a. Lauckemann, Die Unabhängigkeit des Insolvenzverwalters, S. 361 ff. mit einem eigenen Modellentwurf; Eidenmüller, ZIP 2010, 649, 658: Quorum von 25 % mit Bestimmungsrecht; aus empirischer Sicht, aber auf zweifelhaft geringer Erhebungsgrundlage: Eidenmüller/Frobenius/Prusko, NZI 2010, 545, 549; Haischer, ZInsO 2006, 638: Wahlgremium aus einem Gläubigerrat gem. § 67 Abs. 2 im Eröffnungsverfahren, dessen Vorschlag das Gericht nur begründet ablehnen darf; Buschs »Detmolder Modell«, DZWIR 2004, 353; Smid, DZWIR 2001, 485; ders. DZWIR 2004, 359; Rattunde, ZIP 2003, 2103; Graf-Schlicker, ZIP 2002, 1166, 1170; **abl**. MK-Graeber § 56 Rn. 133). Die Bedeutung von Absonderungsrechten im Durchschnitt der Insolvenzverfahren ist aber empirisch als sehr begrenzt ermittelt (durchschnittlich nur ca. ein Drittel der Masse) (Frind, ZInsO 2011, 1913; ders. 2009, 1683, 1685).

Der Deutsche Industrie- und Handelskammertag hatte im November 2009 10 Vorschläge zur Stärkung der Sanierungsfunktion des Insolvenzrechtes veröffentlicht (ZInsO 2009, 2288), u. a. auch zur Gläubigerbeteiligung an der Verwalterauswahl: Vorschlagsrecht und Benennung konkreter Kriterien, aber bindendes Bestimmungsrecht. Zuweilen wurde auch eine neue Regelung befürwortet, nach der das Gericht an einen gemeinsamen Vorschlag des Schuldners und der Mehrheitsgläubiger gebunden sein soll, es sei denn, es lägen offenkundig Rechtsmissbrauch, Interessenkollision oder Ungeeignetheit (!) vor (Leithaus, NZI-Editorial, NZI 7/2010). Aus diesem Grund wünschten Befürworter der Gläubigerbeteiligung eine Gesetzesänderung hin zu einem für das Gericht verbindlichen Gläubigervorschlag, wenn 50 % der summenmäßig stimmberechtigten Gläubiger einen solchen unterbreiten. Das Erfordernis der Kopfmehrheit aus § 57 InsO sollte ebenfalls fallen (Westpfahl/Janjuah, Beil. ZIP 3/08, 13).

Das »ESUG« ist diesen Vorschlägen nur teilweise gefolgt.

Grundlegender Kern des Disputes bleibt die Frage, ob das Insolvenzverfahren weitgehend ohne gerichtliche Kontrolle den Gläubigern überlassen werden kann oder ob innerhalb »der Gläubigerschaft«, und jenseits von deren Interessen, Antagonismen (»**multipolare Interessen**«) zu berücksichtigen sind, die eine starke gerichtliche Aufsicht erfordern. Richtig bleibt, dass eine Gläubigerbeteiligung am Insolvenzverfahren, insbesondere im Wege der Akteneinsicht und bei der ersten Gläubigerversammlung, noch zu wenig stattfindet (Ehlers, NWB 2013, 4133).

Die vorgenannten Lösungsansätze treffen sich bei der Präferierung der Gläubigerbeteiligung und eines Sanierungansatzes mit solchen, die eine völlig andere Konzeption innerhalb oder außerhalb der InsO vorschlagen: Präferiert wird einerseits eine »**vorgerichtliches Sanierungsverfahren**« deren Ergebnisse die Gerichte lediglich noch bestätigen (Beissenhirtz, ZInsO 2011, 57; Geldmacher, ZInsO 2011, 353; Haarmeyer/Wutzke, ZInsO 2010, 1201) sollen. In der Tat wird die Forderung auch nach Inkrafttreten des »ESUG« weiterverfolgt (INDAT-Report 6/2013, 8).

Hier verbleibt letztlich die verfassungsrechtliche Problematik ungelöst, wie – ohne Prüfungsbefugnis der (Insolvenz-)gerichte – widersprechende Gläubiger in das Verfahren gezwungen werden sollen (Pape, ZIP 2013, 2285, 2293; Frind, ZInsO 2010, 1426).

Anderseits wird die **Integration der außergerichtlichen Sanierung in das Insolvenzverfahren vorgeschlagen**, aber ohne dessen öffentliche Wirkung beim Eigenantragsverfahren (Madaus, NZI 2011, 622; Hirte, ZInsO 2010, 1297, 1301); das Gericht soll nur den Zeitpunkt des Eintrittes der materiellen Insolvenz klären und den Gläubigern die Verwalterauswahl überlassen (Hirte, a.a.O., 1304), sowie mehrheitlich beschlossene Sanierungsmaßnahmen für verbindlich erklären (Hirte, a.a.O., 1305).

4   Das häufig mit Blick auf den »**Abzug**« **von Großverfahren in das europäische Ausland** (INDAT-Report 3/07, 8 ff.) flankierende Argument, das deutsche Insolvenzrecht sei auch deswegen nicht »konkurrenzfähig«, da eine Gläubigersteuerung der Verwalterauswahl fehle (Schelo, NZI 12/2006, S. VII; das deutsche Recht verteidigend: Vallender, NZI 2007, 129, 136; Zypries, INDAT-Report 3/07, 15) wurde auf empirisch zweifelhafter Grundlage (nur 52 Befragte) in jüngerer Zeit wiederholt (Eidenmüller/Frobenius/Prusko, NZI 2010, 545, 549). Es ist aber ebenfalls als interessengeleitet abzulehnen (INDAT-Report 8/2006, S. 14; Vallender, INDAT-Report 9/2006, S. 11), z. B. britische Verwalter sollen einige Verfahrensdinge »salopper« handhaben als deutsche Verwalter (so gem. INDAT-Report 1/2007, S. 14, 16).

Der Markt für englische »insolvency practioners« soll aufgrund der starken Gläubigereinflüsse, wie das »office for fair trading« im Juni 2010 feststellte, stark gestört sein, da nur 25 Kanzleien bestellt würden und im Ergebnis ungesicherte Gläubiger weitgehend rechtlos stünden (ZInsO 2010, 1791). Daher ist das **englische Verwalterbestellungssystem** im Ergebnis als **gescheitert** zu betrachten (BAKinso, ZInsO 2010, 1793; Frind, InsVZ 2010, 418 zur Studie des »office for fair trading«; Bergner, INDAT-Report 8/2010, 15); zu bedenken ist auch die Möglichkeit mit dem englischen Insolvenzrecht, die Rechte der Arbeitnehmer und die Möglichkeiten der Insolvenzanfechtung klein zu halten (Kebekus, ZIP 2007, 84, 87).

Die Beteiligung anderer Verfahrensbeteiligter, insbesondere der Gläubiger, an der Verwalterbestellung ist in **anderen europäischen Ländern** und den USA, mit Ausnahme von Großbritannien, im Grunde nicht vorhanden (Mock, KTS 2012, 59, 66, 71; Köhler-Ma, DZWIR 2006, 228; Rossbach, Europäische Insolvenzverwalter in Deutschland, 2006; Henssler, ZIP 2002, 1060).

5   Recht weit verbreiteter Irrtum ist es, die Verwalterbestellung allein im Interesse der Gläubiger zu verorten, wohingegen richtigerweise die Bestellung des Verwalters auch der geordneten und effizienten Rechtspflege dient, wie das BVerfG bereits 2004 festgestellt hat (Preuß, ZIP 2011, 933, 934, 936; BVerfG, ZInsO 2004, 913). Denn innerhalb des Systems der InsO bestehen bereits Bedenken gegen die Unabhängigkeit eines Kandidaten, wenn der Vorschlag seiner Person nicht von allen Gläubigern gemeinsam kommt (MK-Graeber § 56 Rn. 131; **a.A.** NR-Delhaes § 56 Rn. 10). Der Rechtsausschuss hat diese Bedenken aufgegriffen und zur Regelung des § 56a, trotz des Erfordernisses des einstimmigen Ausschussvotums, in die Begründung aufgenommen, dass in jedem Fall die **Unabhängigkeit des vorgeschlagenen Kandidaten gewahrt sein müsse** (BT-Drucks. 17/7511, S. 48).

Danach sollte der Richter kein reiner »rubber-stamper« eines Gläubigervorschlages sein (Jaffe/Friedrich, ZIP 2008, 1849). Pape (ZInsO 2005, 1305, 1306; ZInsO 2002, 183) weist zu Recht darauf hin, dass Vorschlägen bzgl. zu bestellenden Verwaltern aus dem Kreise der Gläubiger zumindest gesunde Vorbehalte betreffend der Unabhängigkeit des Genannten entgegenzubringen sind (so auch LG Magdeburg, ZIP 1996, 2119). Vorschläge von Hauptgläubigern können. interessengeleitet sein (Laws, ZInsO 2007, 366), da diese evtl. Anfechtungsgegner des späteren Verwalters wären. Insofern darf ein Verwalter auch nicht bei Gläubigergruppen vorstellig werden, um ein bestimmtes Verfahren zu bekommen, da er diesen dann verpflichtet wäre (Uhlenbruck-Uhlenbruck 12. Aufl. InsO, § 56 Rn. 11). Mithin ist ein solcher Kandidat deswegen zu prüfen (BK-Blersch § 56 Rn. 9) und das Unabhängigkeitskriterium behält seine Bedeutung (Rdn. 23; Siemon, ZInsO 2012, 364; Spliedt, InsVZ 2010, 27, 39). Der BGH (ZInsO 2004, 615; s.a. AG Göttingen, ZInsO 2004, 1323) hat entschieden, dass ein Verwalter, der in einer kontinuierlichen Geschäftsbeziehung zu Gläubigern steht, nicht ernannt werden darf.

6   Bisher bestanden gesetzlich im Eröffnungsverfahren keine Anhörungs- oder Vorschlagsrechte der Gläubiger zur Verwalterauswahl im Eröffnungsverfahren (NR-Delhaes § 56 Rn. 6; Graeber, DZWIR 2005, 177, 184), denn Insolvenzgläubiger sind gem. § 38 im Eröffnungsverfahren noch

gar nicht entstanden (a. A. Smid, ZInsO 2010, 2047, der das als »Modell« behauptete Detmolder Zufallsverfahren für »freibeweisliche Ermittlung« hält).

Nur für in Bezug auf den Treuhänder des Restschuldbefreiungsverfahrens, in dem die Gläubiger bereits enumerativ feststehen und eine Massegenerierung in Form von Anfechtungen, etc., nicht mehr stattfindet, hatte bisher der Gesetzgeber ein **Vorschlagsrecht** für Schuldner und Gläubiger in § 288 vorgesehen (dazu ausführlich: Hergenröder, ZVI 2005, 521, 534 ff.; s. § 288 Rdn. 2). Die Norm galt bisher im Verbraucherinsolvenzverfahren bereits zum Eröffnungsbeschluss, da die Bestellung des Treuhänders hier auch für die Wohlverhaltensperiode gilt (BGH, ZInsO 2012, 455, 456). § 21 Abs. 2 Nr. 1a Halbs. 2 greift diese Bedenken teilweise auf und lässt nur den »sicher« Insolvenzgläubiger werdenden Gläubiger bereits für den Ausschuss des Eröffnungsverfahrens zu (vgl. § 67 Rdn. 7).

Durch das Gesetz zur Verkürzung der Restschuldbefreiung und der Stärkung der Gläubigerrechte ist die Norm des § 291 InsO zum 01.07.2014 abgeschafft (BGBl. I 2013, 2379 f.). Die Norm des § 288 InsO gilt daher nur noch für den Treuhänder der Wohlverhaltensperiode; ein **Verwaltervorschlagsrecht des Schuldners ist zum 01.07.2014 damit entfallen** (Frind, ZInsO 2013, 1448, 1449).

Bereits häufiger wurde deshalb gefordert, **Vorfeld-Gespräche vor Insolvenzantragstellung** mit einem »Team« aus Insolvenzrichter, Schuldnervertretern, Schuldnerberatern und potenziellem vorläufigen Insolvenzverwalter zu führen (Rendels, INDAT-Report 3/07, 28, 31), um dem schuldnerischen Unternehmen mehr »**Planungssicherheit**« zu geben (Busch [»Detmolder Modell«], DZWIR 2004, 353; INDAT-Report 6/08, 26). Es ging um seltene Fälle der Möglichkeit für das Insolvenzgericht mit einem repräsentativen Gläubigerkreis die Verwalterauswahl im Rahmen einer ohnehin tagenden »Sanierungsrunde« zu besprechen. Auch von Befürwortern des »Modells« wird der Zeitbedarf für die Ermittlung der Gläubiger und die Notwendigkeit der unabhängigen Entscheidung des Richters betont (Busch, INDAT-Report 6/07, 26). Ein solches »Gespräch« dürfte sich, da vorinsolvenzrechtlich, im rechtsfreien Raum bewegen und den Insolvenzrichter der Gefahr eines möglichen späteren Befangenheitsantrages nicht beteiligter Gläubiger aussetzen (Uhlenbruck/Mönning, ZIP 2008, 157, 163). Sinnvoll ist allerdings die **Vorkommunikation mit dem Insolvenzgericht anhand konkreter Anträge** (Buchalik/Lojowsky, ZInsO 2013, 1017). 7

Der Gesetzgeber ist nun mit § 56a einen anderen Weg gegangen und hat das Anhörungsverfahren stark verrechtlicht, aber auf den Gläubigerausschuss i. S. d. Zusammensetzung gem. § 67 Abs. 2 beschränkt. Entsprechenden Vorschläge zur Bewältigung der vorgenannten Probleme waren im Gesetzgebungsverfahren häufig wenig konkret (vgl. Deutscher Anwaltverein, Stellungnahme 12/2010 v. 09.03.2010 zur Neuregelung der Gläubigerbeteiligung bei der Insolvenzverwalterbestellung, NZI 8/2010, X: »Wesentliche Gläubiger anhören«). Die Gläubigerbeteiligung darf nun die Sicherungsmaßnahme »Bestellung vorläufiger Verwalter« **zeitlich nicht verzögern** (s. nunmehr § 22a Abs. 2, 3. Alt. und § 56a Abs. 1; Frind, ZInsO 2011, 757; a. A. dies geschehe ohnehin nicht, da die Bestellung ohnehin vom Gericht zögerlich erfolge: Mönning, Fs Görg, 291, 310).

Ausreichend wäre gewesen, eine Regelung zu treffen, dass solche Vorschläge für den Richter ein bei der Auswahl zu bedenkendes Moment ausmachen können, wenn relevante Gläubigergruppen entsprechend vorstellig werden (Paulus, NZI 2008, 705, 710), da die weiterhin bestehende **Abwahlmöglichkeit** gem. § 57 zu bedenken ist (gegen deterministische Gläubigervorschläge Spliedt, InsVZ 2010, 27, 39; a. A. Seide/Brosa, ZInsO 2008, 769).

Der Schuldner mag bei bereits begonnenen ernsthaften außergerichtlichen Sanierungsansätzen mehr Interesse haben, bei Gericht frühzeitig noch vor Antragstellung die Benennung eines künftigen Verwalters beantragen zu können (Spliedt, InsVZ 2010, 27, 39). Dieser Ansatz betont den »Kontrollverlust« des Schuldners durch das »fremdbestimmte« Insolvenzverfahren als psychisches Antragshindernis und verbindet mit Vorschlägen zu dessen Einschränkung oder gar Beseitigung die Hoffnung auf ein dann verbessertes Antragsverhalten und weniger Insolvenzverschleppung (Haarmeyer, ZInsO 2010, 1978). Der Ansatz verkennt, das ein gerichtliches Verfahren immer »fremdbe- 8 stimmt« ist und, dass die Unabhängigkeit des Verwalters zugunsten der Garantie der gleichmäßigen Gläubigerbefriedigung ein unverzichtbarer Grundstein des Verfahrens ist (§ 56 Rdn. 17). Mit dieser Unabhängigkeit muss zwangsläufig ein »Kontrollverlust« verbunden sein, wobei die Gläubigerinteressen nie heterogen sein werden und daher umso mehr den unabhängigen Verwalter voraussetzen.

Insofern konstatieren hier Verwalter und Gerichte bereits Verfahrensmängel bei der Umsetzung des »ESUG« (Leutheusser-Schnarrenberger, INDAT-Report 6/2012, 8, 12; Flöther, ZIP 2012, 1833; ders. INDAT-Report 6/2012, 30; Bierbach, INDAT-Report 4/2012, 24, 26; Huep, ZInsO 2012, 403).

Relevant sind daher Vorschläge zur Person des Verwalters im Grunde nur in Verfahren mit einem **vorbereiteten Sanierungskonzept** (Kammel/Staps, NZI 2010, 791, 792), d.h. erst in Verfahren mit hohen Größenordnungen (Gemeinsame Stellungnahme VID e.V., GK und BAKinso e.V. v. 03.05.2011, ZInsO 2011, 913). Der Gesetzgeber hat diesem Gedanken in § 22a Abs. 1 durch die »Schwellenwerte« nur unvollkommen Ausdruck verliehen.

9 Gläubigern ist daher anzuraten, in jedem Fall dem Gericht ein »**Anforderungsprofil**« für einen gewünschten Verwalter zu unterbreiten (§ 56a Abs. 1; Rdn. 17 m.w.N.). Wird ein Personalvorschlag gemacht, ist das mitzuteilende Anforderungsprofil, da es die Prüfungsfolie des Vorschlages für das Gericht darstellt (§ 56a Abs. 2 Satz 2), verpflichtender Bestandteil des Personalvorschlages (Rdn. 13). Können namentliche Vorschläge mit bestimmten Kenntnissen oder Fähigkeiten, die benötigt werden, begründet werden (Rein, NZI 5/07, Editorial), dann kann und muss auch ein Anforderungsprofil entwickelt werden, welches mitteilungsfähig ist (Uhlenbruck/Mönning, ZIP 2008, 157, 162, 163). Auch »Grundsätze ordnungsgemäßer Insolvenzverwaltung« (GOI; s. Anhang) können in einem Anforderungsprofil in Bezug genommen werden und stellen dann gleich einen ganzen Anforderungskatalog dar (Jäger, FP 2014, 58; Frind, NZI 2011, 785, 787).

10 Insofern bietet sich nur das **Beteiligungsmodell für Gläubiger mittels eines vor-vorläufigen Gläubigerausschusses** als realistischer Mittelweg an (vgl. Mönning, FS Görg, 291, 313; die Mehrheit der von INDAT-Report 8/2010, 8, 13, 14 Zitierten; Voigt-Salus/Sietz, ZInsO 2010, 2050 aufgreifend den Vorschlag von Frind, ZInsO 2010, 1161; ders. bereits ZInsO 2007, 643; Haarmeyer, ZInsO 2008, 367, 371; zustimmend: Eidenmüller, ZIP 2010, 649, 658; Obermüller lt. Indat-Report 2/09, 23; Schlinker/Henke, ZInsO 2010, 503, 504). Der Gesetzgeber hat diesen Weg nunmehr über §§ 22a, 56a zu regeln versucht.

Erste Ansätze existierten schon vorher: Im Verfahren »Arcandor« soll lt. INDAT-Report 4/09, 28, von drei Insolvenzrichtern (offenbar somit auch von nicht zuständigen) mit den »wichtigsten« Gläubigern über Name und Anforderungsprofil für den vorläufigen Verwalter gesprochen worden sein. Es verwundert nicht, dass Voraussetzung die Kooperationsbereitschaft mit dem vom Konzern eingesetzten »Generalbevollmächtigten« war. Wie das Gericht verlässlich ermittelt hat, welches die »wichtigsten« Gläubiger sind, wurde nicht mitgeteilt.

Die Umsetzung dieses Ansatzes im **DiskE zum** »**ESUG**« (ZInsO 2010, 1440f.) war dann bereits im Jahr 2010 in der Frage der vorgesehenen Regelungen, die die **Unabhängigkeit des Insolvenzverwalters** tangieren könnten, hier insb. die Definition des Plan-Erstellers als »unabhängig« in einer Nr. 3 zu einem Satz 3 in § 56 Abs. 1 und die deterministische Bestimmung der Auswahl des vorläufigen Verwalters durch den Gläubigerausschuss Gegenstand literarischer Kritik (Siemon, ZInsO 2011, 381; Pape, ZInsO 2010, 1582; Frind, NZI 2010, 705; Kammel/Staps, NZI 2010, 791; Voigt-Salus/Sietz, ZIP 2010, 2050; Frind, ZInsO 2010, 1966; Hofmann, NZI 2010, 798). Zu der mit dem »ESUG« umgesetzten Version der Norm hat sich dieser Kritikansatz fortgesetzt (vgl. Marotzke, DB 2012, 560, 563; § 56 Rn. 26c; § 56a Rn. 25/26 m.w.N.).

III. Aktuelle Weiterentwicklung nach Inkrafttreten des »ESUG«

10a Forderungen nach einem vorgerichtlichen Sanierungsverfahren unter alleinigem Gläubigerprimat werden auch nach Inkrafttreten des »ESUG« weiterverfolgt (vgl. INDAT-Report 6/2013, 8; Seibt/

Westphal, ZIP 2013, 2333, 2334: knappe Mehrheit dafür). Ein Vergleich mit den rechtstatsächlichen Entwicklungen in den USA beim Chapter 11-Verfahren führt jedoch in jüngster Zeit zu einer distanzierten Haltung hinsichtlich des Vorschlagsrechtes von Gläubigergremien bei der Auswahl des Verwalters und vor allem des Sachwalters in Eigenverwaltungs- und Schutzschirmverfahren (s. Rdn. 24). Forschungen in den USA (LoPucki, ZInsO 2013, 420) haben zur Einsetzung einer Kommission zwecks Überprüfung der eigenverwaltungsfreundlichen US-amerikanischen Regelungen geführt (Siemon, ZInsO 2013, 1861, 1866).

Vor dem Hintergrund des Agierens von Finanzinvestoren mit den neuen Instrumenten des »ESUG« werden dessen Auswirkungen kritisiert (Siemon, ZInsO 2014, 172). Problematisiert werden **gerichtliches »Forum shopping«** zulasten nachhaltiger Sanierungen (Frind, INDAT-Report 4/2024, 16; Frind/Köchling, ZInsO 2013, 1666) die häufige Begleichung von Altverbindlichkeiten entgegen den Verfahrensregeln und -auch für das deutsche System sehr relevant- das Entstehen einer Kultur der »Abhängigkeit« des vorgeschlagenen (Sach)Verwalters von Schuldnerberatern und Hauptgläubigern, die ihrerseits die Gläubigergremien zusammenstellen und dominieren (Siemon, ZInsO 2013, 1861, 1871; Gutmann, AnwBl. 2013, 615; Gruber, NJW 2013, 864; Fröhlich/Bächstädt, ZInsO 2012, 2044; Flöther, ZIP 2012, 1833, 1839; Marotzke, DB 2012, 560, 563; a. A. Seibt/Westphal, ZIP 2013, 2333, 2340).

B. Norminhalt

I. Anwendungsbereich

Die Regelung findet theoretisch auf alle Arten von Insolvenzverfahren Anwendung. Allerdings muss zuvor ein vorläufiger Gläubigerausschuss im Eröffnungsverfahren eingesetzt sein (zu dessen Erscheinungsformen: § 67 Rdn. 2), sonst kann er nicht angehört werden (zusammenfassend: Frind, ZInsO 2011, 2249, 2255 f.). Die Regelung gilt nur für den Gläubigerausschuss des Eröffnungsverfahrens i. S. d. generellen Regelung aus § 21 Abs. 2 Nr. 1a, nicht für Gläubigerausschüsse des eröffneten Verfahrens (z. B. nach Entlassung des Verwalters im eröffneten Verfahren). Die Norm gilt über §§ 270b Abs. 2, 270a Abs. 1, 274 Abs. 1 auch für den vorläufigen Sachwalter im Eröffnungsverfahren des **Eigenverwaltungs- und Schutzschirm-/Planverfahrens** (s. zu den diesbzgl. Problemen: Rendels, INDAT-Report 8/2011, 44). 11

Eine Harmonisierung der Regelung mit dem **Schutzschirmverfahren** ist von der Systematik her nicht gelungen, da dort gem. § 270b Abs. 2 Satz 2 der Schuldner einen Vorschlag für die vorläufige Sachwalterbesetzung machen darf. Die überwiegende Literaturansicht sieht dadurch in diesem Verfahren eine Anhörung des vorläufigen Gläubigerausschusses als **verdrängt** an (Fröhlich/Ringelspacher/Röver, FP 2012, 268; Graf-Schlicker, § 270b Rn. 14; Braun-Riggert, § 270b Rn. 9; HRI-Koch, § 7 Rn. 40, 44: HmbKomm-Fiebig, § 270b Rn. 22). Dies ist insofern widersprüchlich, als dennoch teilweise die Geltung der »Abwahlmöglichkeit« nach § 56a Abs. 3 angenommen wird (Graf-Schlicker, § 270b Rn. 14; a. A. Römermann/Praß, GmbHR 2012, 425, 428; Landfermann, WM 2012, 869, 873; Rendels, INDAT-Rep. 4/2012, 50, 52). Richtig ist, dass § 270b Abs. 2 Satz 1 auf § 270a mit dem dortigen Verweis in Abs. 1 Satz 2 auf § 274 Abs. 1 i. V. m. § 56a InsO auch eine Anhörung des vorläufigen Gläubigerausschusses, soweit rechtzeitig bestellt, vorsieht. Allerdings wird das Gericht bei widersprechenden Personalvorschlägen dem Schuldnervorschlag, vorausgesetzt der Vorgeschlagene ist nicht »offensichtlich ungeeignet«, den Vorzug zu geben haben.

▶ Hinweis:

Eine **Vorbesprechung der Verfahrenseckpunkte** und Absichten des Schuldnerunternehmens seitens des Schuldnerunternehmens mit dem zuständigen Insolvenzrichter ist nahezu unverzichtbar, insbesondere in Eigenverwaltungs- und Schutzschirmverfahren (s. auch Rdn. 19; Haarmeyer/Buchalik/Haase, Befragung der Insolvenzgerichte zu den §§ 270a und 270b InsO-Verfahren, ZInsO 2013, 26). Die notwendigen Antragseckpunkte und das sachgerechte Vorgehen bei solchen Eigenverwaltungsanträgen fasst die BAKinso-Entschließung v. Dezember 2013 (ZInsO 2013, 2549) zusammen (s. auch Fiebig § 270 Rdn. 21).

§ 56a InsO Gläubigerbeteiligung bei der Verwalterbestellung

1. Die Anhörung zum Anforderungsprofil und zur Person (§ 56a Abs. 1 InsO)

12 Die Regelung enthält zunächst *eine Voraussetzung und zwei Anhörungsgegenstände*: Ein vorläufiger Gläubigerausschuss muss bereits eingesetzt und konstituiert sein, d. h. die Mitglieder müssen einen Bestellungsbeschluss, eine dem Gericht mitgeteilte Amtsannahme und eine Bestellungsurkunde »hinter sich haben« (dazu § 67 Rdn. 8). Erst nach Konstituierung kann der Ausschuss gerichtlich zu
 - Anforderungsprofil und
 - Person des Verwalters (sog. möglicher Mehrheitsvorschlag in Abgrenzung zu § 56a Abs. 2) angehört werden.

Die Notwendigkeit, dass eine Anhörung des vorläufigen Ausschusses erst nach seiner Konstituierung, d. h. Feststehen seiner Zusammensetzung, erfolgen kann, ergibt sich unmittelbar aus dem Gesetz. Abs. 1 setzt den bereits bestehenden Ausschuss (letzte drei Worte fett) voraus (AG München, ZIP 2012, 1308; zustimmend Vallender, EWIR 2012, 495, 496: Präsenz an Gerichtsstelle zur Vermeidung v. Verzögerungen notwendig; a. A. Haarmeyer, ZInsO 2012, 370: präsumtiver Ausschuss möglich; dies offenlassend Haarmeyer/Hortkotte, ZInsO 2012, 1441, 1442). Dies gilt auch im eilbedürftigen Eröffnungsverfahren, da das – insb. in diesem Verfahrensabschnitt – haftungsträchtige Gläubigerausschussamt (dazu Frind, ZIP 2012, 1380) einer Person nicht aufgedrängt werden kann (Uhlenbruck-Uhlenbruck, a. a. O., § 67 Rn. 21) und z. B. Fragen der Haftpflichtversicherung der einzelnen Mitglieder erst vor Tätigwerden geklärt werden müssen.

▶ **Hinweis:**
Eine etwaige Gerichtspraxis, nur mögliche Gläubigerausschussmitglieder »in spe« zur Person des (vorläufigen) Verwalters anzuhören (**präsumtiver Ausschuss**) und daraus dann ein »Votum« abzuleiten, wäre rechtswidrig. Ein solches Votum ist unbeachtlich, eventuell sogar wegen Übergehens des wirklichen Wollens eines ordnungsgemäßen Ausschusses haftungsträchtig für den insolvenzgerichtlichen Rechtsanwender. Durch die klare Regelung im Zuge des »ESUG«, ist die Anhörung von Gläubigern bei der Findung des (vorläufigen) Verwalters zu Recht eindeutig geregelt und dem früheren »Graubereich« intransparenter »Kungelrunden« (Rdn. 7) entzogen worden. Es gibt mithin weder eine Anhörung vor noch zeitgleich zur Einsetzung als Ausschussmitglied.

Das Gericht kann zur Amtsannahme den Ausschussmitgliedern aber zwecks Beschleunigung eine **Frist setzen** (LG Duisburg, NZI 2004, 95; Uhlenbruck-Uhlenbruck, § 67 Rn. 21). Bei § 22a Abs. 2 InsO kann die Einverständniserklärung mit der Bestellung im Vorwege erklärt werden; eine wirksam werdende Amtsannahme setzt aber Kenntnis der tatsächlichen Bestellung voraus (s. Kommentierung zu § 22a Rdn. 14, § 67 Rdn. 8).

Die Anhörungsnotwendigkeit gilt für alle Arten des vorläufigen Gläubigerausschusses, soweit bereits ein solcher gebildet worden ist und die Verzögerungsalternative nicht einschlägig ist (s. Kommentierung zu 22a Rdn. 21). Die verweigerte, vorsätzlich verzögerte oder trotz vorhandener anderweitiger (Er-)Kenntnisse fehlerhafte Mit-Auswahl des vorläufigen Verwalters/Sachwalters kann, soweit dadurch Schäden bei der Massegenerierung kausal entstehen, den Mitgliedern des vorläufigen Gläubigerausschusses entsprechend § 71 InsO angelastet werden (Frind, ZIP 2012, 1380, 1385).

a) Ausschuss-Antwort

13 Laut gesetzlichem Wortlaut ist dem vorläufigen Gläubigerausschuss nur »Gelegenheit zu geben« sich zu vorgenannten Fragen zu äußern, daher ist eine Antwort nicht verpflichtend für das Gremium vorgesehen – die Antwort kann gar nicht oder nur zum ersten der Anhörungspunkte erfolgen. Bei einem Personalvorschlag ist aber die Beantwortung zur Frage »Anforderungsprofil« zwingend, dies folgt aus dem kumulativen »und« in der Regelung, sowie aus der gesetzlichen Funktion als Beschlussgrundlage gem. § 56a Abs. 2 Satz 2 (a. A. ohne Begründung Obermüller, ZInsO 2012, 18, 23; FK-Jahntz § 56a Rn. 29).

Das Anforderungsprofil ist conditio sine qua non für den ggf. mitgelieferten Personalvorschlag des Ausschusses, quasi seine Begründung (Frind, NZI 2012, 650; Steinwachs/Vallender-Bruhn, Gläubigerausschuss 2012, Rn. 222). Es ist daher keinesfalls funktionslos. Ein Personalvorschlag ohne Anforderungsprofil oder mit reinen Leerformeln (dazu Rdn. 18) ist unbeachtlich (Antholz, ZInsO 2012, 1189; Neubert, GmbHR 2012, 439, 444; A. Schmidt/Hölzle, ZIP 2012, 2239, 2241; a. A. entgegen des Gesetzestextes offenbar K. Schmidt-Ries Rn. 19; A. Schmidt, INDAT-Report 1/2012, 24, 26, 27). Denn der **Personalvorschlag ohne Anforderungsprofil** stellt später die anderen Gläubiger im eröffneten Verfahren rechtlos, da die ordnungsgemäße Arbeit des vorläufigen Ausschusses und – bei unkritischer Einsetzung – das Zustandekommen der Verwalterauswahl entgegen der gesetzlichen Intention nicht transparent prüfbar ist. Außerdem kann dann eine Abwahl nach § 57 oder Nichtbestätigung vor Eröffnung nach § 56a Abs. 1 nicht an der – späteren – Nichterfüllung der anfänglichen Erwartungen orientiert werden.

▶ Hinweis:

Der Ausschuss muss sich, wenn er sich äußert, **in Form eines Beschlusses** (der auf Grundlage der Voraussetzungen des § 72 InsO, der durch § 21 Abs. 2 Nr. 1a ausdrücklich in Bezug genommen wird, zustande kommt) **äußern** (so § 56a Abs. 2 Satz 2 und RegE, BT-Drucks. 17/5712 Begr., S. 26 ausdrücklich; A/G/R-Lind § 56a Rn. 7), da eine Mitteilung des Gremiums, nicht von Einzelmeinungen, vom Gesetzgeber erwartet wird (A/G/R-Lind § 56a Rn. 3; a. A.: Äußerung eines Gläubigers mit Meinungsführerschaft und »Anschluss« der übrigen Mitglieder genüge: A. Schmidt/Hölzle, ZIP 2012, 2238, 2241).

Anzuraten ist daher die **Übermittlung** eines (ggf. isoliert) **protokollierten Beschlusses** (KP-Kübler, InsO, 23. Lfg., § 72 Rn. 12; s. a. Kommentierung zu § 72 Rdn. 7 m. w. N.) an das Gericht, auch um spätere Auslegungsschwierigkeiten zu vermeiden (»das habe ich so nicht gesagt«) und die ordnungsgemäße Beschlussfassung (z. B. vorherige Einladung, sonst besteht Nichtigkeitsgefahr) schriftlich zu dokumentieren (so auch Obermüller, ZInsO 2012, 18, 24). Der Ausschuss sollte darüber vom Gericht belehrt werden (Musterbeschluss bei Frind, ZInsO 2012, 386).

Aus dem Vorstehenden ergibt sich, dass die Anhörung nicht mündlich erfolgen muss, da das Gericht bei der Beratung des Ausschusses über die Verwalterauswahl ohnehin nicht zugegen sein darf (Jaeger-Gerhardt, § 71 Rn. 5; K/P-Kübler, § 72 Rn. 13; Uhlenbruck-Uhlenbruck, § 72 Rn. 3; für Zulässigkeit einer mündlichen Anhörung ohne Problematisierung des Zugegenseins des Richters bei der Entscheidung: Braun-Blümle, § 56a Rn. 27); mithin hat die **Anhörung i. d. R. schriftlich zu erfolgen**. Das Gericht sollte die Ausschussmitglieder anschreiben oder telefonisch jeweils unter Nennung einer kurzen Frist über die Stellungnahmenotwendigkeiten unterrichten und durchaus vorher mündlich seine Vorstellungen als Vorschläge zu den o. g. Fragen bereits kommunizieren (Rdn. 27). 14

▶ Hinweis:

Eine schriftlich dokumentierte Anhörung in der Gerichtsakte ist unabdingbar wichtig, um eindeutig nachvollziehbar zu machen, ob der **Fall des § 56a Abs. 3 InsO** (von Anhörung abgesehen) eingetreten ist oder nicht, da dieses Tatbestandsmerkmal für eine zulässige (!) spätere eventuelle Abwahl des vorläufigen Verwalters ist.

b) Häufigkeit der Anhörung

Die Regelung gilt über § 21 Abs. 2 Nr. 1a InsO auch für das Eröffnungsverfahren, obwohl im Wortlaut von »dem Verwalter« die Rede ist. Problematisch ist, ob bei bereits erfolgter Anhörung zur Bestellung des vorläufigen Verwalters vor der Eröffnung und damit zunächst endgültiger Bestellung eine **erneute Anhörung zu erfolgen** hat. Laut Begründung des Regierungsentwurfes (BT-Drucks. 17/5712, S. 26) soll eine erneute Anhörung bei zunächst erfolgter »Beteiligung« des Ausschusses in der Regel, wenn keine »besonderen Umstände« gegeben sind, unnötig sein. Übersehen wurde, dass 15 die »Beteiligung« in zwei möglichen Mitteilungen des Ausschusses (zu Profil und zu Person), die bei Nutzung der ersten Stufe nicht notwendig verbunden werden müssen, erfolgen kann.

16 ▶ **Hinweis**

Da eine Anhörung »zur Person« vor Eröffnung auch dann erneut sinnvoll ist, wenn dem Gericht bei erster Anhörung zur Auswahl des vorläufigen Verwalters nur ein Anforderungsprofil mitgeteilt worden ist, **sollte durchaus**, sofern ausreichend Zeit zur Verfügung steht, dann in diesem Fall eine **erneute Anhörung zur Person erfolgen**, da es keine zwingende Einsetzung des bisherigen vorläufigen Verwalters im Eröffnungsbeschluss gibt.

Sofern der Ausschuss überhaupt noch nicht zur Person des vorläufigen Verwalters angehört worden ist (nachteilige Verzögerung angenommen oder Ausschuss erst später gebildet), muss er vor der Eröffnung angehört werden.

Weiterhin erscheint es denkbar, dass das Anforderungsprofil sich aus Erkenntnissen des Eröffnungsverfahrens verändert oder fortentwickelt hat. I. Ü. sollte bedacht werden, dass die Möglichkeit zum einstimmigen Vorschlag nach § 56a Abs. 2 dem vorläufigen Gläubigerausschuss nicht im Stadium direkt vor der Eröffnung genommen werden darf, zumal wenn bisher ein solcher nicht enttäußert worden war oder werden konnte (z. B. bei bisherigen Meinungsverschiedenheiten innerhalb des Ausschusses). Bei sog. »terminierten« Eröffnungen, z. B. zum Monatsersten (i. d. R. wegen der Abrechnung der Löhne, Insolvenzgeld, Mieten, Energiekosten mehr als sinnvoll), wird allerdings eine erneute Anhörung wiederum wegen der »nachteiligen Verzögerung« für die Vermögenslage des schuldnerischen Unternehmens entfallen müssen.

c) Das Anforderungsprofil

17 Ein »Anforderungsprofil« (Vorschläge zur Abfassung bereits bei Frind, ZInsO 2011, 1913 ff.) sollte sachlich gehalten werden und muss mit dem Gesetz, d. h. der Rechtsordnung, im Einklang stehen, bereits verworfene Merkmale dürfen nicht genutzt werden (BT-Drucks. 17/5712, S. 26). Es sollte substantiiert sein: Genannt werden können z. B. **Leistungskennzahlen** (Rosenmüller/Heitsch, ZInsO 2013, 754, 759; Antholz, ZInsO 2012, 1189, 1196; Frind, ZInsO 2011, 1913; falsch verstanden von A/G/R-Lind § 56 Rn. 10 als »Ranking«), die **Forderung nach Beachtung von Rahmenrichtlinien der Insolvenzabwicklung (GOI)** (dazu Frind, NZI 2011, 785), **sprachliche Fähigkeiten, Bürogröße, Mitarbeitstruktur und entsprechende Fachkräfte, Zertifizierungen, Kenntnisse in bestimmten Branchen, Leistungsanforderungen** (Jäger, FP 2014, 58; A. Schmidt/Hölzle, ZIP 2012, 2238, 2241; Muster bei Frind, NZI 2012, 650). Die GOI des VID (ZIP 2011, 197; s. Anhang) enthalten unter II. Nr. 9 die Pflicht des Verwalters zur kennzahlgestützten Erfolgskontrolle. Die Ergebnisse lassen sich daher beim Verwalter auch v. Gläubigern abfragen (Muster für geeignete Profilkategorien bei Antholz, ZInsO 2012, 1189, 1196; Frind, NZI 2011, 785).

▶ **Hinweis**

Eine Kurzdefinition für ein sinnvolles Anforderungsprofil könnte wie folgt lauten: Die ausformulierte Mitteilung konkreter und allgemeiner Eigenschaften des Verwalters und seines Büros mit einer Setzung ins Verhältnis zu denjenigen Anforderungen des Verfahrens inkl. Begründung zur Korrelation!

18 Danach sollten dem Gericht also Kenntnisse zum genauen Gegenstand des schuldnerischen Unternehmens vermittelt werden (sofern diese nicht bereits aus dem Antrag hervorgehen). Weiterhin sind daraus Erwartungen an den möglichen Insolvenzverwalter abzuleiten. Ein »**Anforderungsprofil**« i. S. d. § 56a Abs. 1, Abs. 2 InsO sollte für den Insolvenzrichter als Adressaten immer allgemeine, aber **verobjektivierbare Kriterien** an den Verwalter in den Vordergrund stellen (BT-Drucks. 17/5712 Begr., S. 26; Neubert, GmbHR 2012, 439, 444; Frind, NZI 2012, 650), um eine leichte Nachvollziehbarkeit und eine Auswahlbandbreite möglicher Kandidaten zu ermöglichen (Antholz, ZInsO 2012, 1189); möglich sind z. B. Anforderungen, die aus dem konkreten Verfahren resultieren (**Insolvenzplanerfahrung, Erfahrung mit bestimmter Branche**, etc.).

Daneben können konkrete Personen benannt werden (diese sind gem. § 56 Abs. 1 Satz 3 Nr. 1 InsO deswegen nicht in ihrer Unabhängigkeit bemakel, s. dazu § 56 Rdn. 17 ff.).

Ein **ungeeignetes Anforderungsprofil** enthält Allgemeinplätze, Textbausteine oder Leerformeln (Obermüller, ZInsO 2012, 18, 25), z. B.: »sollte die Masse bestmöglich generieren können«; »sollte sanierungsorientiert sein«; »sollte Arbeitsplätze erhalten wollen«; »sollte fortführungserfahren sein«; »Bestellung bietet größtmögliche Sanierungschancen« (s. Sachverhalt AG Hamburg, ZInsO 2011, 2237 = ZIP 2011, 2372; kritisch dazu Antholz, ZInsO 2012, 1189; Neubert, GmbHR 2012, 439, 444).

Unzulässig sind weiterhin Anforderungsprofile, deren Bestandteile gesetzliche Rahmenbedingungen der Auswahl ad absurdum führen (so BT-Drucks. Begr., S. 26 ausdrücklich; s. a. Rdn. 25), z. B. die Unabhängigkeit des Verwalters generell zunichte machen (z. B.: »sollte über gute Beziehungen zur XY-Bank [Absonderungsgläubiger] verfügen«).

Das ungeeignete Anforderungsprofil ist für das Gericht **unbeachtlich** (Rdn. 13); die Einsetzung eines vorläufigen Verwalters darf nicht ohne (substantiiertes) Anforderungsprofil nur auf das einstimmige Votum des Gläubigerausschusses gegründet werden. Dies würde die Mithaftung des gerichtlichen Bestellungsorgans für jeden in der Folge etwa auftretenden Fehler des Verwalters bewirken (Braun-Blümle, § 56a Rn. 28: der Personalvorschlag suspendiert die gerichtliche Haftung nicht: Frind, ZInsO 2013, 59 m. w. N.), da von Anfang an offenbar wäre, dass das Gericht von einer eigenen Entscheidungsmöglichkeit/Prüfung abgesehen hat, auf die Erfüllung der gesetzlichen Vorgaben nicht gedrungen hat und damit seiner Funktion nicht nachkommt (»disfunction of court«).

d) Die nachteilige Verzögerung

§ 56a Abs. 1 Halbs. 2 InsO erlaubt das Absehen von einer Anhörung, wenn zwecks Massesicherung (§§ 21, 22) schnell, zumindest zeitnah nach Antragstellung, vom Gericht ein vorläufiger Insolvenzverwalter oder (über §§ 270a, 274) ein vorläufiger Sachwalter eingesetzt werden muss (Uhlenbruck, INDAT-Report 3/2011, 16; Riggert, NZI 2011, 121; Steinwachs, ZInsO 2011, 410). Die »nachteilige Veränderung« muss **nach insolvenzgerichtlicher Erfahrung wahrscheinlich sein** (Frind, ZInsO 2011, 757). Gemeint v. der Regelung in erster Linie ist der Fall, dass der vorläufige Gläubigerausschuss existiert, aber wegen zu langwieriger Konstituierung, Tagungsanberaumung, Kommunikationsproblemen oder temporärer Beschlussunfähigkeit in Abwägung zur Eilbedürftigkeit der Einsetzung eines vorläufigen Insolvenzverwalters oder Sachwalters nicht angehört werden kann (s.d. Fall AG München, ZIP 2012, 1308).

19

Dies ist immer dann der Fall, wenn Vollstreckungen durch Gläubiger drohen, aber auch dann, wenn durch auch nur wenige Tage Zuwarten mit der Bestellung fortführungsgefährdende Unsicherheiten bei einer Betriebsfortführung in der Beleg- oder Lieferantenschaft entstehen würden (sog. Abwanderungsgefahr) (Frind, ZInsO 2011, 757; Uhlenbruck, INDAT-Report 3/2011, 16). Die Nachteiligkeitsgründe gehen mit denen des § 22a Abs. 3, 3. Alt. konform (s. Kommentierung zu § 22a Rdn. 21). Die Massesicherung genießt immer den Vorrang bei der Abwägung zur Anhörung (BAKInsO-Empfehlung v. 15.11.2011, ZInsO 2011, 2223 = NZI 23/2011, VII).

Nachteilige Verzögerung entsteht auch dann, wenn der Ausschuss dem Gericht eine bestimmte Person vorschlägt (Abs. 2), deren **generelle Eignung i. S. v. § 56 Abs. 1 aber erst geprüft werden muss**, weil sie dem Gericht **nicht substantiiert »bekannt«** ist (Uhlenbruck-Uhlenbruck, § 56 Rn. 23; s. a. Rdn. 23, Rdn. 25). Zwar weiß das Gericht »dies« i. S. d. Vorschrift des zweiten Halbsatzes erst nach Anhörung, d. h. nicht die Anhörung, sondern deren Ergebnis führt zur Verzögerung, doch wird diese Alternative in den Tatbestand der Vorschrift mit einzubeziehen sein. Sinnvoll (aber nicht Voraussetzung) ist es daher, wenn der Ausschuss sich vergewissert, wer auf der jeweiligen Vorauswahl-Liste des jeweils zuständigen Richters »gelistet« ist und, ob nicht zumindest mehrere Kandidaten benannt werden können, darunter zumindest auch gelistete Verwalter (dafür bereits im Entstehungsprozess des Gesetzes Hölzle/Pink, ZIP 2011, 360).

▶ **Hinweis:**

Ein vorheriger **kommunikativer Kontakt** zur Vorbesprechung einzureichender Anträge zum Gericht ist empfehlenswert (vgl. Buchalik/Lojowsky, ZInsO 2013, 1017; Haarmeyer/Buchalik/Haase, Befragung der Insolvenzgerichte zu den §§ 270a und 270b InsO-Verfahren, ZInsO 2013, 26; Obermüller, ZInsO 2011, 1809; Frind, ZInsO-News-Letter 8/2011, 3). Eine gerichtliche Pflicht zu einer Vorbesprechung vor Einreichung des unterschriebenen Antrages existiert allerdings nicht (Rdn. 7) Gerichtsinterne Zuständigkeitsprobleme bei Geschäftsverteilungsplänen nach »Turnus« sollen mit der Einreichung einer »AR-Sache« bewältigt werden können (»Vorstückeregelung«) (Buchalik/Lojowsky, ZInsO 2013, 1017). Maßgeblich ist, dass solche Vorbesprechungen nicht dazu dienen dürfen, einen bestimmten Verwalter/Sachwalter dem Gericht »aufzureden«, es geht nur um eine Besprechung geeigneter Maßnahmen (Buchalik/Lojowsky, ZInsO 2013, 1017, 1020).

In den Fällen der Einsetzung des vorläufigen Verwalters ohne oder entgegen dem Votum des Gläubigerausschusses ist trotz der Möglichkeit des § 56a Abs. 3 zu erwägen, ersatzweise dann auch eine erneute **Anhörung vor Eröffnung** durchzuführen (s. o. Rdn. 16), da ein Rechtsmittel nicht möglich ist.

2. Der einstimmige Vorschlag (§ 56a Abs. 2)

a) Übermittlung

20   Übermittelt der vorläufige Gläubigerausschuss einen einstimmigen Personalvorschlag, hat das Gericht zunächst dessen ordnungsmäßes Vorliegen zu prüfen: Der Ausschuss entäußert seinen Willen in **Beschlussform** (§§ 72 InsO, § 21a Abs. 2 Nr. 1a InsO; s. a. Rdn. 13). **Nichtige Beschlüsse sind unbeachtlich** (BGH v. 21.07.2011, ZInsO 2011, 1598). Nichtig ist z. B. ein Beschluss, der auf einer nicht ordnungsgemäß einberufenen Sitzung gefasst wurde (Uhlenbruck-Uhlenbruck, § 72 Rn. 1 m. w. N.) (z. B. Einladung ohne betreffenden Tagesordnungspunkt, BGH ZInsO 2008, 504 zur Gläubigerversammlung; Uhlenbruck-Uhlenbruck, § 72 Rn. 4). Eine »Sitzung« setzt denknotwendig vorherige Konstituierung und ordnungsgemäße Besetzung des Ausschusses voraus (Rdn. 12; Uhlenbruck-Uhlenbruck, § 67 Rn. 7 – 21). Ein »Umlaufbeschluss« ist nur statthaft, wenn in der zuvor verabschiedeten Geschäftsordnung diese Möglichkeit eröffnet wurde (Muster-Geschäftsordnung: ZInsO 2012, 372). Unbeachtlich ist auch ein Personalvorschlag seitens des Schuldners (s. Rdn. 6) mit dem Hinweis »ansonsten könnte man einen Antrag auf Einsetzung eines vorläufigen Gläubigerausschusses stellen« (zuweilen als »**ESUG-light**« bezeichnet in Verkennung der gesetzlichen Zielsetzung des »ESUG«, es geht dort um Gläubigermitbestimmung, nicht um Verfahrenssteuerung durch den Schuldner (Fröhlich/Bächstädt, ZInsO 2012, 2044; Gutmann, AnwBl. 2013, 615; s. auch den kritischen Hinweis bei Thole, ZIP 2013, 1937, 1944; Pape, ZInsO 2013, 2077, 2082).

21   ▶ Hinweis

Obwohl dem Gericht nicht das gesamte Ausschussprotokoll übermittelt werden muss (zum Streitstand dazu Uhlenbruck-Uhlenbruck, § 72 Rn. 16; s. Kommentierung zu § 72 Rdn. 7 und § 69 Rdn. 12), muss der in § 56a Abs. 2 vorausgesetzte Beschluss erkennbar von allen (»einstimmig«) Gläubigerausschussmitgliedern ordnungsgemäß gefasst worden sein. Er hat daher deren Unterschriften oder diejenige des Protokollanten mit Nennung des Abstimmungsergebnisses zu tragen; **die Einladung ist beizufügen.** Ein Beschluss im schriftlichen Umlaufverfahren ist zulässig, sofern die Geschäftsordnung (Beschluss) dies vorsieht. Ein »Vorratsbeschluss« von Ausschussmitgliedern »in spe« ist nach den vorher dargelegten Regeln unzulässig, da eine Meinungsbildung nach Amtsbestellung, -kenntnis und -annahme erfolgen muss.

22   Der einstimmige Personalvorschlag ist lt. Gesetzeswortlaut »zur Person« des Verwalters zu machen, dies bedeutet **nicht notwendig, dass nur »eine Person« vorzuschlagen ist.** Obwohl der RegE in der Begründung wenig praxisfreundlich wohl von einer »bestimmten« Person ausgeht (BT-Drucks.

17/5712, S. 26), ist es aus praktischer Sicht durchaus möglich und sogar sinnvoll, **mehrere Personen einstimmig zu benennen** und dem Gericht eine eingeschränkte Auswahl zu lassen, zumal die Ausschussmitglieder eventuell nicht über alle »Vorzüge«, aber auch »Nachteile«, eines Kandidaten informiert sind.

▶ Hinweis

Der Vorschlag sollte alle für das Gericht notwendigen Rahmendaten enthalten (also neben dem Namen des oder der vorgeschlagenen Verwalter(s) Telefon- (auch mobil), Faxnummer und genaue Adressierung des Hauptbüros).

b) Prüfung

Die Vorschrift des § 56a Abs. 2 Satz 2 ist missverständlich formuliert. Der Satz rekurriert auf das nach Abs. 1 ohnehin zu unterbreitende Anforderungsprofil (»zu Grunde zu legen«). Dies muss auch im Fall eines einstimmigen Vorschlages »mitgeliefert« werden, denn die Vorschrift erfordert vom Gericht die Prüfung, ob die vorgeschlagene Person zum Anforderungsprofil »passt«(Satz 2). Die missverständliche Formulierung könnte nahelegen anzunehmen, dass Gericht dürfe nur die isolierte Prüfung vornehmen, ob der/die Vorgeschlagene zum Anforderungsprofil passt. Dies ist nicht richtig. Erforderlich ist eine **Doppelprüfung** (Erfüllung der generelle Geeignetheit und des Anforderungsprofils) (Jacoby, INDAT-Report 2/2012, 20, 21; K/P/B-Lüke § 56a Rn. 13; Römermann, NJW 2012, 645, 649). 23

Die Konstruktion des § 56a Abs. 2 InsO birgt die Gefahr unvermeidlicher Loyalitätsbindungen von Verwaltern zu einzelnen Gläubigern, die auch über einzelne Verfahren hinausreichen können (Gruber, NJW 2013, 584, 586).

Die gerichtliche Geeignetheits- und Unabhängigkeitsprüfung ist daher selbst bei einem einstimmigen Vorschlag nicht suspendiert (s. dazu Rdn. 25).

Die Bedeutung der Vorauswahl-Liste nach der Einführung der Möglichkeit von Gläubigerausschussvorschlägen (§ 56a) wird wegen der Notwendigkeit der allgemeinen Geeignetheitsprüfung i. S. v. § 56 Abs. 1, die diese im Listungsverfahren vorweg nimmt, kaum sinken (INDAT-Report 2/2012, Gerichtsbefragung, S. 14; Huep, ZInsO 2012, 403).

▶ Hinweis

Der Terminus »für die Übernahme des Amtes nicht geeignet ist« in § 56a Abs. 2 Satz 1 InsO bedeutet, dass das Gericht auch die »Generalanforderungen« nach § 56 Abs. 1 Satz 1 InsO mit zu prüfen hat (BT-Drucks. 17/5712, S. 26; s. a. BAKInsO-Empfehlung v. 15.11.2011, ZInsO 2011, 2223, 2224; Siemon, ZInsO 2012, 364; Steinwachs/Vallender-Bruhn, Gläubigerausschuss 2012, Rn. 223) (zu den Anforderungen s. § 56 Rdn. 12 ff.). Der Gesetzgeber hat hier absichtlich auf einen Zusatz »offensichtlich«, wie in § 270b Abs. 2 Satz 2 verzichtet und erwartet demnach mehr als eine kursorische Prüfung.

Bei der hierbei notwendigen Ausfüllung der Begriffe »Geschäftskunde« und »Unabhängigkeit« ist wiederum das Anforderungsprofil des Gerichtes zu verorten, mit dem der jeweilige Insolvenzrichter »generelle Eignung« i. S. einer Vorauswahl-Listung definiert (s. Kommentierung zu § 56 Rdn. 9a). Diese gerichtliche Prüfung stellt nur die **erste Stufe** der Prüfung nach § 56a Abs. 2 beim Personalvorschlag dar.

Der dem Gericht »unbekannte« (d. h.: gar nicht bekannte, beiläufig von Tagungen, Presse, etc., bekannte oder nur vom Hörensagen bekannte) Verwalter unterfällt mangels vorheriger Listung, in der seine generelle Eignung gem. § 56 Abs. 1 bereits geprüft worden wäre, dieser Prüfungsstufe in vollem Ausmaße (Rdn. 25); z. B. kann der Planersteller nicht im Wege des einstimmigen Ausschussvotums zum vorläufigen Verwalter bindend vorgeschlagen werden, da der Gesetzgeber den Planersteller durch Streichung des vorgesehenen § 56 Abs. 1 Satz 3 Nr. 3 als »nicht unabhängig«

gekennzeichnet hat (Körner/Rendels, INDAT-Rep. 1/2013, 42, 45; Siemon, ZInsO 2012, 364, 367; a. A. Willemsen/Rechel, BB 2012, 204).

Die Bestellung eines ersichtlich ungeeigneten oder auch eines **nicht ortsansässigen Insolvenzverwalters**, sei er auch einstimmig vom Gläubigerausschuss vorgeschlagen, kann insbesondere bei verbundenen Unternehmen mit Betriebsfortführung wegen der Präsenznotwendigkeit vor Ort im Einzelfall extrem hohe Reise- und Hotelkosten (auch für dessen Mitarbeiter) auslösen und daher **für Gericht und Ausschussmitglieder** zur späteren **Haftung** führen (s. § 56 Rdn. 14d; 16b, 22, 43; § 71 Rdn. 2a), wenn ebenfalls geeignete ortsnahe Verwalter zur Verfügung standen.

In jüngerer Zeit wird ein Trend, »immer den Champion vorzuschlagen«, kritisiert (Leithaus, NZI 1/2014, V). Zweifelhaft ist daher, ob das Gericht gehindert ist, eigene Vorauswahl-Listungskriterien (z. B. gute Abwicklungs- und Leistungskennzahlen, Ortsnähe), die dem Ausschuss mit Nennung von entsprechenden Kandidaten, die sie erfüllen, unterbreitet werden, hinten anzustellen, falls der Gläubigerausschuss diese Hinweise ignoriert (dafür Neubert, GmbHR 2012, 439, 444).

Hinzukommt dann im **zweiten Schritt** die Prüfung, ob das Ausschuss-Anforderungsprofil erfüllt ist. Sowohl die Begründung des Rechtsausschusses, die das Merkmal »Unabhängigkeit« besonders hervorhebt (BT-Drucks. 17/7511, S. 48), als auch die Begründung des Regierungsentwurfes zeigen, dass ein Widerspruch des Anforderungsprofiles zu den Kriterien des § 56 Abs. 1 Satz 1 InsO nicht in Betracht kommen darf (BT-Drucks. 17/5712, S. 26; Antholz, ZInsO 2012, 1189, 1193; s. Rdn. 25).

24 **Sonderkonstellation Schutzschirmverfahren (§ 270b):** Beim »**mitgebrachten**« vorläufigen Sachwalter nach § 270b Abs. 2 hat das Gericht nur »offensichtliche Ungeeignetheitsgründe« zu prüfen; dies ist weniger als die Vollprüfung nach § 56 Abs. 1 InsO. Zumindest ein bei Gericht »delisteter« Verwalter ist aber offensichtlich ungeeignet (K. Schmidt-Ries § 56a Rn. 21; AG Hamburg v. 02.07.2013, ZInsO 2013, 1533), wie auch ein Verwalter, der in Vorverfahren bereits massive Abwicklungsmängel hat erkennen lassen (AG Hamburg Az. 67e IN 108/13, Beschl. v. 12.04.2013, n.V.). Dies ist keine Frage der – nicht zulässigen – Begrenzung auf gelistete Verwalter, sondern eine der generellen Eignung (missverstanden v. Pape, ZInsO 2013, 2129, 2133)

Die Gesetzesbegründung hebt aber auch bei dieser Prüfungsstufe insb. die »Unabhängigkeit« des vorgeschlagenen Kandidaten hervor (BT-Drucks. 17/5712, S. 40 rechte Spalte; Rendels, INDAT-Report 8/2011, 44; Frind, ZInsO 2014, 119, 130). Der vorgeschlagene vorläufigen Sachwalter hat personenverschieden vom Bescheiniger zu sein (§ 270b Abs. 2 Satz 1). Der »Bescheiniger« muss sogar kanzleiverschieden zum vorgeschlagenen vorläufigen Sachwalter sein (Buchalik, ZInsO 2012, 349, 351). Streitig ist, ob er zugleich außergerichtlicher Insolvenzberater des Schuldners sein darf (dafür Buchalik, ZInsO 2012, 349, 350 Fn. 20; dagegen Hölzle, ZIP 2012, 158, 161).

Aber der vorgeschlagene vorläufige Sachwalter darf **nicht** »**Insolvenzberater**« des Schuldners (gewesen) sein (Hölzle, NZI 2011, 124; ders., ZIP 2012, 158, 161; Rendels, INDAT-Report 8/2011, 44; HRI-Hofmann § 6 Rn. 16; Graf-Schlicker § 270b Rn. 14; Fiebig, § 270b Rn. 22; A/G/R-Ringstmeier § 270b Rn. 21 f.; Vallender, EWiR 2012, 495; K/P/B-Pape, § 270b Rn. 63; Frind, ZInsO 2010, 1966). Auch der Schuldnervorschlag zum (vorläufigen) Verwalter/Sachwalter ist, wie die Ablehnungsmöglichkeit nach § 270b Abs. 2 Satz 2 InsO zeigt, daher durchaus vom Gericht zu prüfen; der »Planvorbereiter« ist weitgehend ausgeschlossen (§ 56 Rdn. 26b). Weiterhin weist die Begründung des Regierungsentwurfes ausdrücklich darauf hin, dass die Möglichkeit zum »Mitbringen« des vorläufigen Sachwalters nur im Eröffnungsverfahren gilt, bei Eröffnung könne das Gericht einen anderen Sachwalter einsetzen (Rege BT-Drucks. 17/5712, S. 41 re.Sp.). Anzuraten ist daher eine Einigung mit dem Gericht, wenn dieses dem Vorschlag nicht folgen will (Buchalik, ZInsO 2012, 349, 353; Desch, BB 2011, 841, 843).

c) Die gerichtliche Entscheidung

Soweit ein Personalvorschlag gemacht worden ist, muss (Abs. 2) oder sollte (Abs. 1-Mehrheitsvorschlag) sich das Gericht mit diesem befassen. 25

▶ **Hinweis**

Kennt es die vorgeschlagene Person nicht, wird wegen der bereits aus § 56a Abs. 2 i. V. m. § 56 Abs. 1 folgenden Prüfungsanforderungen (Rdn. 23) eine Amtsermittlung zu den notwendig zu prüfenden Umständen der »**generellen Eignung**« erfolgen müssen (Siemon, ZInsO 2012, 364; Heyer, ZIP 2011, 557). Dies wird immer dann erforderlich werden, wenn die vorgeschlagene Person nicht auf der Vorauswahl-Liste des Gerichtes steht (**ein solcher Vorschlag ist zulässig**, vgl. Kommentierung zu § 56 Rdn. 26; Haarmeyer, ZInsO 2011, 2316), da dann die Prüfungsstufe »Erfüllen der Voraussetzungen des § 56 Abs. 1 S. 1« (Rdn. 23) in Form einer **Generalprüfung der** »**generellen Eignung**« (dazu Kommentierung zu § 56 Rdn. 9a m. w. N.) erfolgen muss (Braun-Blümle, 5. Aufl. InsO, § 56a Rn. 27; vgl. dazu auch Haarmeyer, ZInsO 2011, 2316; Frind, ZInsO-News-Letter 8/2011, 3), während ansonsten nur die Merkmale »Geschäftskunde« und »Unabhängigkeit« in Bezug auf das konkrete Verfahren zu prüfen sind (dazu § 56 Rdn. 26b). Zur »offensichtlichen« Ungeeignetheit vgl. Rdn. 24.

Die Entscheidung des BVerfG v. 03.08.2009 (ZInsO 2009, 1641) zeigt auf, dass der Insolvenzrichter einen Bewerber ablehnen darf, der nach seiner ständigen Ermessenspraxis, die ihn u. U. selbst binden kann, tatsächlich keine Berücksichtigung bei der Vorauswahl-Listung finden würde.

Diese Prüfung der »generellen Eignung« entsprechend dem Vorauswahl-Listenprüfungskatalog des Gerichtes und den Anforderungen aus § 56 Abs. 1 ist auch beim einstimmigen Verwaltervorschlag des vorläufigen Gläubigerausschusses **nicht suspendiert** (FK-Jahntz § 56a Rn. 24; Braun-Blümle a. a. O., § 56a Rn. 18; Vallender DB 2012, 1609, 1612). 25a

Nicht gefolgt werden kann in diesem Zusammenhang einer Ansicht (Smid, ZInsO 2013, 209, 217; AG Hamburg ZInsO 2011, 2237), die eine solche Prüfung für unnötig erachtet, wenn der vorgeschlagene **Verwalter** »**allgemein bekannt**« (Vorträge, Veröffentlichungen) oder von anderen Insolvenzgerichten langjährig bestellt sei und behauptet wird, dass er Erfahrung in der betreffenden Branche habe. Der Schluss von »bundesweiter Bekanntheit« auf »Geeignetheit« erscheint recht kurz gegriffen und ersetzt eine Prüfung der generellen, wie konkreten Eignung keinesfalls (so auch AGH Berlin, ZInsO 2012, 288 = ZIP 2012, 994 zum Erwerb des Fachanwaltes), da es sich bei »Bekanntheit« (ggf. von Tagungen, Fortbildungsveranstaltungen oder offiziellen Gelegenheiten) nicht um eine verifizierte, substantiierte Erfüllung der »Qualitäts«merkmale i. S. v. § 56 Abs. 1 handelt, die der Richter selbst bei Erstellung seiner Vorauswahl-Liste in Ausfüllung der Tatbestandsmerkmale »Geschäftskunde«, »Unabhängigkeit« und »Geeignetheit« zu entwickeln und zu verifizieren hat.

Weiterhin ist die derzeitige **Belastung** des vorgeschlagenen Verwalters mit anderen Verfahren zu prüfen (§ 56 Rdn. 27; Meyer-Löwy/Bruder, GmbHR 2012, 432, 436).

Insb. die *Unabhängigkeit* des in Aussicht genommen/vorgeschlagenen Insolvenzverwalterkandidaten ist genau zu prüfen (zur Definition § 56 Rdn. 17, 26b), weil darauf auch im Gesetzgebungsprozess höchster Wert gelegt worden ist und diese das tragende Element des ganzen Insolvenzverfahrens ist (Siemon, ZInsO 2012, 364; Uhlenbruck, INDAT-Report 3/2011, 16; Urlaub, ZIP 2011, 1040; Römermann/Praß, ZInsO 2011, 1576; Preuß, ZIP 2011, 933, 940; Frind, ZInsO 2011, 269; ders. ZInsO 2011, 757; ders. ZInsO 2010, 1473; ders. NZI 2010, 705; Siemon, ZInsO 2011, 381; Steinwachs, ZInsO 2011, 410; Hölzle/Pink, ZIP 2011, 360; Voigt-Salus/Sietz, ZInsO 2010, 2050; Bergner, INDAT-Report 8/2010, 15; Vallender, NZI 2010, 838, 843, 844; Undritz, InsVZ 2010, 361; Pape, ZInsO 2010, 1582; Hofmann, NZI 2010, 798). Die Abhängigkeit des vorgeschlagenen Verwalters von einem sehr starken Hauptgläubiger kann dessen Stellung entscheidend schwächen (Siemon, ZInsO 2014, 625, 635).

§ 56a InsO Gläubigerbeteiligung bei der Verwalterbestellung

25b **Kein »Direktionsrecht« des vorläufigen Gläubigerausschusses hinsichtlich der gerichtlichen Prüfung:** Der vorläufige Gläubigerausschuss kann – selbst im Fall eines einstimmigen Votums in Kenntnis von »Inhabilitätsgründen« – nicht auf die Unabhängigkeit des vorgeschlagenen (vorläufigen) Verwalters/Sachwalters verzichten (ausführlich Frind, ZInsO 2013, 59; ders., FS Haarmeyer, 39 f.; Pape, ZIP 2013, 2285, 2290; Bork, ZIP 2013, 145; so auch Körner/Rendels, INDAT-Rep. 1/2013, 42, 44; Vallender/Zipperer, ZIP 2013, 149; Vallender, DB 2012, 1609, 1612; Römermann, ZInsO 2013, 218, 223; FK-Jahntz § 56a Rn. 24, 39, 41; K/P/B-Lüke § 56a Rn. 13; a. A. wohl A. Schmidt § 1 Rdn. 14a; A. Schmidt/Hölzle, ZIP 2012, 2238). Der gegenteilige Standpunkt ist mit dem geltenden Recht schlicht unvereinbar (so zu Recht Graf-Schlicker, ZInsO 2013, 1765, 1766) und wird als »Auswuchs« falscher »ESUG«-Auslegung bezeichnet (so Wimmer, ZIP 2013, 2038).

Zum einen ist die **Repräsentativität dieses Votums eingeschränkt**, da der Ausschuss nicht »die« Gläubigerschaft darstellt (Seibt/Westphal, ZIP 2013, 2333, 2340; Pape, ZIP 2013, 2285, 2289; Bork, ZIP 2013, 145, 148; dies verkennend A. Schmidt/Hölzle, ZIP 2012, 2238, 2243), denn in der Regel wird die entsprechende Liste des Schuldners, die dieser gem. § 13 Abs. 1 Satz 3 InsO einzureichen hat, unvollständig und nachbesserungsbedürftig sein, wovon auch die Gesetzesbegründung ausgeht (BT-Drucks. 17/5712, S. 23). Weiterhin sind die Aussonderungs- und Massegläubiger, die das vordringlichste Interesse an einer sachgerechten Generierung und Verteilung der Masse haben, im Ausschuss gar nicht vertreten (Bork, ZIP 2013, 145, 148). Und zum dritten müsste das Gericht ansonsten trotzdem prüfen, ob der Vorgeschlagene nicht einzelnen Mitgliedern des Ausschusses Sondervorteile versprochen hat, um einen einstimmiges Votum zu erlangen. Die Prüfungsebene würde sich somit nur verschieben.

Im Übrigen ist selbst zur Abwahl des Verwalters/Sachwalters im eröffneten Verfahre durch die Gläubigerversammlung, also einem repräsentativeren Organs als dem Gläubigerausschuss, unstreitig anerkannt, dass das Insolvenzgericht auch in diesem Fall eine Eignungsprüfung vorzunehmen hat (§ 57 Satz 3; dazu § 57 Rdn. 6), die eine Unabhängigkeitsprüfung umfasst (§ 57 Rdn. 9). **Die Eignungsprüfung nach § 56a Abs. 2 Satz 1 und diejenige nach § 57 Satz 3 sind mithin gleichlaufend**, wie auch bei einer Abwahl nach § 56 Abs. 3 auf die Prüfung nach § 57 InsO verwiesen wird (Bork, ZIP 2013, 145; K/P/B-Lüke, § 56a Rn. 17).

Der Rechtsausschuss hat daher auch generell in der letztendlich das »ESUG« verabschiedenden Drucksache trotz Eröffnung eines Vorschlagsrechtes auch betreffend die Person des Planerstellers (BT-Drucks. 17/7511, S. 48) eine **gerichtliche Unabhängigkeitsprüfung für unverzichtbar gehalten** und dies am Ende seiner Stellungnahme zu §§ 56, 56a ausdrücklich betont (Vallender/Zipperer, ZIP 2013, 149; dies übersehen A. Schmidt/Hölzle, ZIP 2012, 2238). Damit kann auch der Schuldnervorschlag für den vorbefassten »Sanierungsberater« nicht ungeprüft vom Insolvenzgericht »durchgewunken« werden (dafür aber Horstkotte, ZInsO 2013, 160).

Erste Berichte und Entscheidungen zeigen bereits negative praktische Entwicklungen betreffend die Unabhängigkeit von vorgeschlagenen Verwaltern/Sachwaltern auf (Gruber, NJW 2013, 584; vgl. instruktiv AG Stendal, ZIP 2012, 2030; aber auch AG München, ZIP 2012, 789; sowie die zusammenfassenden Berichte v. Flöther, INDAT-Report 6/2012, 30; ders. ZIP 2012, 1833; Bierbach, INDAT-Report 4/2012, 24, 26).

Ein **Musterfragebogen zur Prüfung der Unabhängigkeit** ist zu finden bei Frind, u. a., ZInsO 2012, 368 u. ZInsO 2012, 2240 (BAKinso und VID e. V.).

Die **Koppelung eines Massedarlehens an die Bestellung einer bestimmten Person** zum (vorläufigen) Insolvenzverwalter/Sachwalter beeinträchtigt z. B. die Unabhängigkeit des Vorgeschlagenen (AG Stendal, ZIP 2012, 2030; s. § 56 Rdn. 26d).

Diese Koppelung ist in Fortführungsfällen geeignet, die gerichtliche Einsetzung eines unabhängigen Sachwalters zu gefährden, da das Gericht dann den vorläufigen Sachwalter selbst beim Auftreten von Entlassungstatbeständen i. S. d. § 59 Abs. 1 InsO nur noch mit der Konsequenz des Scheiterns der Betriebsfortführung entlassen könnte (Ganter, ZIP 2013, 597).

Da in Fällen mit Betriebsfortführung oder größeren Massesicherungsnotwendigkeiten Eile geboten ist (Rdn. 19), muss die vorgeschlagene Verwalterperson umgehend die notwendigen Mitteilungen/ Auskünfte zu diesen Punkten auf gerichtliche Anfrage herausgeben. In jedem Fall empfiehlt sich ein **Gespräch mit dem »unbekannten« Verwalter** und die Anforderung substantiierter Unterlagen, ggf. das Abprüfen standardisierter und auch in der Eilsituation zu bewältigender Grundfragen (Fragebogen zur Unabhängigkeitsprüfung: Frind, u. a., ZInsO 2012, 368). Nicht unabhängig ist z. B. ein vorgeschlagener Sachwalter, der mit dem kurz vor Insolvenzantragstellung auf Drängen der Bank eingesetzten Sanierungsberater-Geschäftsführer zuvor bei mehreren anderen Unternehmen gemeinsam Unternehmenssanierungen betrieben hat (AG Stendal, ZIP 2012, 1875) oder der mit einem an seine Person gekoppelten Massedarlehen von einer Gläubigerbank »abhängig« gemacht wird (dazu § 56 Rdn. 26b).

Ein vorläufiger Sachwalter, der sich auf eine solche Vertragsgestaltung einlässt, kann fortan nicht mehr als unabhängig angesehen werden (s. § 56 Rdn. 26b).

Eine kurzfristige, ungenügende Bewerbung zur Vorauswahl-Liste mit Zielrichtung auf den »kommenden Gläubigerausschuss-Vorschlag« ersetzt die notwendige eingehende Prüfung des oder der vorgeschlagenen Personen durch das Gericht gem. der Anforderungen an eine Vorauswahl-Listung, wo die generelle Eignung betrachtet wird, ebenso wenig wie eine nationale oder bundesweit öffentliche »Bekanntheit«. Das Verweisen auf ein schwebendes Bewerbungsverfahren ersetzt umgekehrt für das Gericht auch keine Prüfung des Bestellungsvorschlages im konkreten Verfahren.

Der Ausschuss muss sich daher vergegenwärtigen, dass die Benennung nur eines Kandidaten (ohne Wahlmöglichkeit) oder eines dem Gericht **unbekannten Kandidaten erhöhten Prüfungsaufwand** auslöst (Uhlenbruck-Uhlenbruck, § 56 Rn. 23), der wiederum zur »nachteiligen Verzögerung für die Vermögenslage« i. S. v. § 56a Abs. 1 führen kann.

Die Regelung des Abs. 2 zeigt auf, dass das Gericht nicht in jedem Fall, dem einstimmigen Vorschlag des Ausschusses folgen muss. Soweit Leithaus (NZI 01/2007, S. V Editorial; abl. Laws, ZInsO 2007, 366) nach bisherigem Recht den Fall der Einigung von denjenigen Gläubigern mit der Kopf- und Summenmehrheit i. S. v. § 57 mit dem Schuldner (oder dessen Organen) auf einen bestimmten Verwaltervorschlag als Beispielsfall einer »gebundenen« Bestellungsentscheidung für den Insolvenzrichter nennt, so wird dieser Fall kaum auftreten können.

Der Richter kann im Eröffnungsverfahren nicht verlässlich prüfen, ob die spätere Kopfmehrheit der Gläubiger den Vorschlag unterstützt, weil i. d. R. die Zusammensetzung der Gesamtgläubigerschaft in diesem frühen Stadium unbekannt ist und auch nicht schnell ermittelt werden kann. Eine Ermessensreduzierung auf Null mit einer Haftungsfolge für den Insolvenzrichter liegt bei Nichtbefolgung des Gläubigervorschlags nicht vor (Laws, ZInsO 2007, 366), umgekehrt bleibt es aber bei der möglichen Amtshaftung selbst bei Bestellung des »mitgebrachten« Sachwalter (§ 270b Abs. 2; Römermann/Praß, GmbHR 2012, 425, 430).

▶ **Hinweis**

Das Gericht kann durchaus den Mitgliedern des Gläubigerausschusses **eigene Personalvorschläge aus seiner amtswegigen Kenntnis durch Führung der Vorauswahl-Liste unterbreiten**. Dies wird selbst von Insolvenzrichtern, die sich als »Verfechter der Gläubigerautonomie« bezeichnen, für zulässig gehalten (Horstkotte, INDAT-Report 1/2013, 26, 29). Hier werden Gerichte, die substantiierte Aufzeichnungen über Stärken und Schwächen der von Ihnen gelisteten Verwalter haben (dazu Frind, ZInsO 2011, 1913), im Vorteil sein und auch nutzbringend für die Ausschussmitglieder zu einer konstruktiven Auswahl beitragen können, da die Ausschussmitglieder sehr häufig weder die Belastung einzelner Kandidaten noch deren mögliche »Vorzüge und Nachteile« so eingehend wie ein erfahrener Insolvenzrichter kennen werden. In solchen Fällen empfiehlt es sich, dass das Gericht (aber nach interner Meinungsbildung des Ausschusses) den Ausschuss eventuell zum Gespräch einlädt. Keinesfalls sollte das Gericht allerdings die Konstituierung des Gläubigerausschusses organisieren (a. A. Braun-Blümle, § 56a Rn. 27: »zur aktiven Organisation verpflichtet«) oder dessen Meinungsbildung im Vorwege beeinflussen, da der Ausschuss ein Selbstverwaltungsgremium ist und das Gericht sich nicht in die Gläubigersphäre begeben darf.

3. Die Abwahlmöglichkeit nach § 56a Abs. 3

28 Die vom Rechtsausschuss erst eingefügte Regelung (BT-Drucks. 17/7511) sieht eine Abwahlmöglichkeit des vorläufigen Verwalters **in der ersten Sitzung des Gläubigerausschusses** vor. Nach Vorstellung des Gesetzgebers soll das Einstimmigkeitserfordernis einen Missbrauch verhindern (BT-Drucks. 17/7511, S. 47 re.Sp.). Damit wird ein Vorschlag des Verfassers aufgegriffen (Frind, ZInsO 2007, 643; ders. ZInsO 2011, 757). Allerdings war dort vorgeschlagen worden, **eine in der Praxis anwendbare Version des § 57 InsO in das Eröffnungsverfahren »vorzuziehen«**. Die nunmehr vom Rechtsausschuss eingefügte Regelung entspricht dem ersichtlich nicht. Die »Abwahl« des vorläufigen Verwalters, insb. in Verfahren mit laufendem Geschäftsbetrieb (anwendbar ist die Norm auf jede Art von Verfahren mit einem bereits eingesetzten vorläufigen Gläubigerausschuss, der nicht zur Auswahl des vorläufigen Verwalters angehört worden ist), birgt die Gefahr des völligen Scheiterns jeder Betriebsfortführung und erzeugt doppelte Vergütungsansprüche. Sie muss daher selbst bei einstimmigem Votum sorgfältig geprüft werden. Das Votum ist dem Gericht in Beschlussform protokolliert zu übermitteln (§ 72 Rdn. 7).

▶ **Hinweis:**

Im **Schutzschirmverfahren** soll die Regelung auf den vom Schuldner gem. § 270b Abs. 2 »mitgebrachten« vorläufigen Sachwalter nicht anwendbar sein, da diese Regelung »lex specialis« sei (Römermann/Praß, Beratung der GmbH als Schuldnerin in Krise und Insolvenz nach dem ESUG, GmbHR 2012, 425, 428). Dies stimmt mit dem Verweis in § 270b Abs. 2 Satz 1 auf § 270a und dem dortigen Verweis in Abs. 1 Satz 2 auf § 274 Abs. 1 i. V. m. § 56a InsO nicht überein. Selbst wenn diese Verweisung nicht gelten würde, könnte der vorläufige Gläubigerausschuss bei Unzufriedenheit mit dem vorläufigen Sachwalter jederzeit gem. § 270b Abs. 4 Nr. 2 InsO die Aufhebung des Verfahrens beantragen (Meyer-Löwy, GmbHR 2012, 432, 437).

29 Allerdings stößt bereits die grundsätzliche Anwendbarkeit der Regelung des Abs. 3 auf tief greifende Bedenken: Zunächst ist der Anwendungsbereich laut des eindeutigen Wortlautes (»von einer Anhörung nach Absatz 1 abgesehen«) auf den Fall verengt, dass **ein vorläufiger Gläubigerausschuss zwar existent** (s. Rdn. 12), **aber gem. § 56a Abs. 1 Halbs. 2 InsO nicht vor der Auswahl angehört worden ist** (MK-Graeber § 56a Rn. 60; so auch Fuhst, DStR 2012, 418, 420; a. A. Landfermann, WM 2012, 821, 825 Fn. 39; ohne Begründung Obermüller, ZInsO 2012, 18, 24; Wroblewski, AuR 2012, 188, 192: es sei der »Regelfall«, dass der Ausschuss nicht vor der Einsetzung des vorläufigen Verwalters bestellt sei). Denn Abs. 1 der Regelung befasst sich eindeutig nur mit der Konstellation der Nicht-Anhörung eines bereits bestellten Ausschusses wegen nachteiliger Verzögerung wohingegen § 22a Abs. 3, 3. Alt. sich mit der Nicht-Einsetzung eines vorläufigen Ausschusses befasst. Der Fall des § 22a Abs. 3 (keine Einsetzung des vorläufigen Ausschusses vor Bestellung des vorläufigen Verwalters) ist eindeutig auch nach der Begründung des Rechtsausschusses (BT-Drucks. 17/7511, S. 47) nicht erfasst. Auch die Begründung des Regierungsentwurfes sieht diese beiden Fälle völlig getrennt (BT-Drucks. 17/5712, S. 26).

Ist eine Anhörung erfolgt, hat § 56a Abs. 3 keinen Anwendungsbereich (LG Stendal, ZIP 2012, 2168, 2170). Weiterhin nicht erfasst ist der Fall, dass das Gericht einem einstimmigen oder mehrheitlichen Personalvorschlag nicht gefolgt ist (dazu Rdn. 35).

▶ **Hinweis**

Es besteht keine Abwahlmöglichkeit, wenn der vorläufige Verwalter vor Einsetzung des vorläufigen Gläubigerausschusses oder entgegen dessen Votum bestellt wurde. Ein entsprechender Beschluss des vorläufigen Gläubigerausschusses ist unwirksam.

I. Ü. endet das Amt des »vorläufigen Gläubigerausschusses« gem. eindeutiger Regelung des § 21 Abs. 2 Nr. 1a durch Nicht-Bezug auf § 68 InsO mit der Eröffnung des Verfahrens (§ 67 Rdn. 8). Laut Begründung des Rechtsausschusses soll die Regelung ausschließlich im Eröffnungsverfahren anwendbar sein (»anders als im eröffneten Verfahren« BT-Drucks. 17/7511, S. 47 rechte Spalte). Gleichzeitig will die Regelung aber laut Wortlaut, dass der Ausschuss im Eröffnungsverfahren jemanden »**zum Insolvenzverwalter**« **wählt**, – das geht im Eröffnungsverfahren nicht. Die Norm des § 21 Abs. 2 Satz 1 Nr. 1 hilft nicht weiter, da die Wirkung einer Norm nur dann für das Eröffnungsverfahren »entsprechend« gelten kann, wenn sie im eröffneten Verfahren überhaupt gelten würde. Dies ist bei § 56a Abs. 3 nicht der Fall, dort soll laut Begründung des Rechtsausschusses ausdrücklich § 57 InsO – und zwar selbst bei erfolgter Abwahl im Eröffnungsverfahren – allein und weiter gelten (BT-Drucks. 17/7511, S. 47).

▶ **Hinweis**

Der eigentliche Regelungsgehalt der Norm läuft bei Betrachtung des reinen Wortlautes leer. Die Abwahl eines vorläufigen Verwalters mit gleichzeitiger Bestellung eines »Insolvenzverwalters« geht im Eröffnungsverfahren mangels Eröffnungskompetenz des vorläufigen Ausschusses nicht. Im eröffneten Verfahren findet die Norm keine Anwendung.

Der bedeutsamste Fehler der Norm dürfte sein, dass nicht geregelt ist, wann genau das Amt des »abgewählten« vorläufigen Verwalters (sofern dieser denn gemeint sein sollte) endet. Denn die Regelung des § 57 **Satz 3 InsO** wurde nicht »nach vorne gezogen«.

Ungeklärt sind damit Fragen des Beginns und des Endes des Amtes des Gewählten/Abgewählten und dessen Kenntniserlangung von der Abwahl, wie auch die Frage einer Eignungsprüfung vor Aushändigung der Bestallungsurkunde nebst Ernennung des Gewählten

Diese durch die Regelung des Abs. 3 nicht klärbaren Fragen sind im Bereich des § 57 InsO in Form der gem. § 57 Satz 3 notwendigen gerichtlichen Bestätigungsentscheidung, die die neu gewählte Person erst mit Amtsannahme ins Amt bringt (HK-Riedel § 57 Rn. 10; Uhlenbruck-Uhlenbruck, § 57 Rn. 30; Jaeger/Gerhardt, § 57 Rn. 16; Frind, § 57 Rn. 15), eindeutig geklärt (weshalb eine »analoge« Anwendung der Norm in diesem Bereich befürwortet wird A/G/R-Lind § 56a Rn. 6; Graf-Schlicker §§ 56, 56a Rn. 57). Das hat guten Grund: Die InsO benötigt jederzeit genaue, durch die verpflichtende Angabe zeitlicher Abgrenzungen normiert (§ 27 Abs. 2 Nr. 3 InsO), Klarheit, wer wann und bis **wann** (letzte zwei Worte fett) (vorläufiger) Verwalter ist, um Masseverbindlichkeitsbegründung und ggf. Haftungsfragen immer abgrenzen zu können und den Massebeschlag (§§ 24, 80, 81, 82) zuordnen zu können. Kurzum: Der Regelung fehlt die zeitliche Klarstellung zum Amtsübergang, sie ist somit wohl wegen völliger Unbestimmtheit verfassungswidrig, da der Eingriff in die Rechte von Schuldner und derzeitigem (vorläufigen) Verwalter nicht geltungserhaltend auslegungsfähig geregelt ist.

▶ **Hinweis**

Soll Abs. 3 der Norm nicht als verfassungswidrig gelten, muss § 57 Satz 3 InsO ergänzend in § 56a Abs. 3 hineingelesen werden (Rdn. 32; so auch K/P/B-Lüke § 56a Rn. 17; Wroblewski, AuR 2012, 188, 192). **Das Insolvenzgericht hat daher die generelle Eignung des neu gewählten vorläufigen Verwalters/Sachwalters zu prüfen.** Erst die gerichtliche Bestätigungsentscheidung markiert das Ende des Amtes des bisher bestellten vorläufigen Verwalters und den Beginn des Amtes des vom vorläufigen Ausschuss gewählten vorläufigen Verwalters. Innerhalb des zeitlichen Bereiches nach Eröffnung ist die Norm nicht anwendbar, auch wenn erst dann die erste Sitzung eines einstweiligen Ausschusses erfolgen sollte, da die Norm sich nur auf den vorläufigen Ausschuss des Eröffnungsverfahrens bezieht.

C. Verfahrenshinweise

34 Die gem. der Regelung vorzunehmenden Anhörungen (Abs. 1) sind in der Gerichtsakte zu dokumentieren. Das Fehlen einer solchen Dokumentation kann Zulässigkeitskriterium für die Anwendung des Abs. 3 (Abwahlbeschluss) sein (Rdn. 28). Es empfiehlt sich daher bei mündlichen Anhörungen gem. §§ 4 InsO, 159 ff. ZPO eine förmliche **Protokollierung**. Entscheidungen des vorläufigen Gläubigerausschusses sind in Beschlussform niederzulegen und dem Insolvenzgericht zu übermitteln, sodass sie in die Akte genommen werden können.

Folgt das Gericht dem Votum des vorläufigen Gläubigerausschusses kann eine nachträgliche Prüfung des bestellten vorläufigen Verwalters in Form »verschärfter« Anforderungen an ein insolvenzrechtliches Gutachten kaum erfolgen (so aber AG Hamburg, ZIP 2012, 339), denn dieses ist immer und von jedem vorläufigen Verwalter in gleicher Art und Güte vollständig zu erstatten (BGH, ZInsO 2009, 433; so auch Neubert, GmbHR 2012, 436, 445). Vielmehr ist die Prüfung von Kompetenz und Unabhängigkeit im Zusammenhang mit dem Bestellungsvorgang vorzunehmen (Rdn. 23).

35 Eine ablehnende, d.h. vom Vorschlag des vorläufigen Ausschusses abweichende, gerichtliche Entscheidung ist **nicht rechtsmittelfähig**, da § 56a Abs. 2 kein solches vorsieht (§ 6 InsO ist eng auszulegen, BGH v. 07.02.2013, ZInsO 2013, 460) (zusammenfassend: Frind, ZInsO 2013, 279, 284; K/P/B-Lüke § 56a Rn. 14; A/G/R-Lind § 56 Rn. 13; MK-Graeber § 56a Rn. 79, 80; a. A. Römermann/Praß, ZInsO 2013, 490). Sie ist nach gesetzlichem Verfahrensgang erst in dem zu veröffentlichenden Eröffnungsbeschluss zu **begründen** (**§ 27 Abs. 2 Nr. 5 InsO**). Diese Vorschrift erscheint sinnlos, da weder der richtige Adressat (die Ausschussmitglieder) noch der richtige Zeitpunkt darin festgelegt werden (Pape, ZInsO 2011, 1033; Frind, ZInsO 2011, 269).

Streitig ist, ob der Insolvenzrichter überhaupt eine Begründung im Eröffnungsbeschluss für den Fall, dass er **beim Vorschlag für den vorläufigen Verwalter/Sachwalter dem einstimmigen Votum des vorläufigen Ausschusses nicht gefolgt ist**, verfassen muss. Dies dürfte anzunehmen sein, da die Vorschrift des § 27 Abs. 2 Nr. 5 InsO diejenige des § 56a Abs. 2 InsO in Bezug nimmt und diese Vorschrift wiederum analog gem. § 21 Abs. 2 Nr. 1a InsO im Eröffnungsverfahren gilt (optionale Begründung sinnvoll lt. MK-Graeber § 56a Rn. 54, 55; a. A. FK-Jahntz § 56a Rn. 46; A/G/R-Lind § 56 Rn. 12: nur nochmalige Anhörung vor Eröffnung).

Die Begründung muss in geraffter Form die Erwägungen des Gerichtes zu den Fragen »mangelnde generelle Eignung« und/oder »mangelnde Eignung gem. Anforderungsprofil« enthalten (s. Rdn. 23 – 27). Obwohl der **Name des betreffenden Verwalters nicht genannt werden darf**, wird sich aus Begründungselementen, z. B. Nennung von Verfahren, die eine zu hohe Belastung verdeutlichen, sodass eine Bestellung wg. Überlastung nicht in Betracht kommt, u.u. eine **nicht zu vermeidende Individualisierungsmöglichkeit** ergeben. Solche Nachforschungen liegen nicht im Verhinderungsbereich des Gerichtes.

36 ▶ Hinweis

Das Gericht sollte bei Ablehnung eines Personalvorschlages den Ausschussmitgliedern bereits vorab in mündlicher oder schriftlicher Form zeitnah eine kurze Begründung zuteil werden lassen.

§ 57 Wahl eines anderen Insolvenzverwalters

¹In der ersten Gläubigerversammlung, die auf die Bestellung des Insolvenzverwalters folgt, können die Gläubiger an dessen Stelle eine andere Person wählen. ²Die andere Person ist gewählt, wenn neben der in § 76 Abs. 2 genannten Mehrheit auch die Mehrheit der abstimmenden Gläubiger für sie gestimmt hat. ³Das Gericht kann die Bestellung des Gewählten nur versagen, wenn

dieser für die Übernahme des Amtes nicht geeignet ist. ⁴Gegen die Versagung steht jedem Insolvenzgläubiger die sofortige Beschwerde zu.

Übersicht

	Rdn.			Rdn.
A. Normzweck	1	II.	Gerichtliche Bestellungsentscheidung	6
B. Norminhalt	2	C.	Verfahrenshinweise	13
I. Wahlrecht	2			

A. Normzweck

Die Norm sichert die **Gläubigerautonomie** im eröffneten Insolvenzverfahren bei der Verwalterauswahl als Korrektiv zur richterlichen Bestellung gem. § 56 mit Verfahrenseröffnung (vgl. Kesseler, ZIP 2000, 1565, 1572; ZInsO 2002, 201, 205). Mit dem InsOÄndG 2001 wurde in Satz 2 **auch die Kopfmehrheit** als zusätzliche Voraussetzung zur Sicherung der Rechte von Kleingläubigern eingeführt. Der Gesetzesänderung waren damals mehrere Abwahlverfahren durch »interessierte« Hauptgläubiger vorausgegangen (INDAT-Report 7-8/2000; Marotzke, ZIP 2001, 173; Pape, ZInsO 2001, 587, 594; Graeber, ZIP 2000, 1465; Muscheler/Bloch, ZIP 2000, 1474; Förster, ZInsO 1999, 625; Haarmeyer/Wutzke/Förster, Handb InsO, Rn. 6/98). Dieser Gefahr wollte der Gesetzgeber zu Recht beggnen (KPB-Lüke § 57 Rn. 3a; a.A. Braun, FS Uhlenbruck, S. 463, 489 f.). Die zahlenmäßige Bedeutung von Abwahlverfahren ist nach wie vor gering (Jaeger/Gerhardt, § 57 Rz. 5 m.w.N.). Dies gilt auch für den ergänzenden (Rdn. 3) **§ 56a Abs. 3 InsO**, der eine Abwahlmöglichkeit im Eröffnungsverfahren seitens des vorläufigen Gläubigerausschusses für den vom Gericht bestellten vorläufigen Insolvenzverwalter/Sachwalter vorsieht (hierzu § 56a Rdn. 28 ff.). 1

Über §§ 274 Abs. 1, 313 Abs. 1 Satz 3 entfaltet die Regelung des § 57 auch Wirkung für den Sachwalter (§ 270) und den Treuhänder im vereinfachten Verfahren, aber nicht für den Treuhänder in der Wohlverhaltensperiode (§ 292 Abs. 3 Satz 2). Durch die Festlegung des Wahlrechtes auf die erste Gläubigerversammlung verhindert die Regelung spätere Wechsel des Insolvenzverwalters jenseits des Entlassungsbereiches aus § 59 (LG Hamburg, ZInsO 2010, 146). Der Abwahlantrag gem. § 57 InsO kann nicht in einen Entlassungsantrag gem. § 59 InsO umgedeutet werden (BGH, NZI 2006, 529).

Die Einführung des § 56a Abs. 3 im Zuge des »Gesetzes zur weiteren Erleichterung der Sanierung von Unternehmen« (ESUG) eröffnet nun in bestimmten Fällen bereits eine »Abwahl« des vorläufigen (Sach-) Verwalters (und nur für diesen) im Eröffnungsverfahren durch den vorläufigen Gläubigerausschuss (§ 56a Rdn. 28 ff.). Nach Vorstellung des Gesetzgebers soll das Einstimmigkeitserfordernis auch dort einen Missbrauch verhindern (BT-Drucks. 17/7511 S. 47 re.Sp.).

B. Norminhalt

I. Wahlrecht

Satz 1 statuiert ein mögliches Abwahlrecht und zwar beschränkt auf **die »erste« Gläubigerversammlung** (jenseits der zu Rdn. 3 aufgezeigten Varianten). Strittig ist, ob dies erst diejenige ist, die gem. § 29 Abs. 1 Nr. 1 InsO im Eröffnungsbeschluss genannt ist (dagegen: Uhlenbruck, § 57 Rn. 14 m.w.N.; AGR-Lind, § 57 Rn. 3). 2

Nach hier vertretener Auffassung kann über einen »**Vorziehungsantrag**« auf schnelle Anberaumung einer Gläubigerversammlung gem. § 75 InsO die Beschlussfassung über den bereits anberaumten Tagesordnungspunkt »Wahl des Insolvenzverwalters« nicht vor den gem. § 29 Abs. 1 Nr. 1 InsO im Eröffnungsbeschluss anberaumten Termin vorgezogen werden, denn der Gesetzgeber wollte die Abwahlmöglichkeit mit dem erst im Berichtstermin – wegen der dann zeitlich ausreichenden Gelegenheit zur Forderungsanmeldung – gegebenen Überblick über die Gesamtgläubigerschaft koppeln (AG Stendal, ZIP 2012, 2030; a.A. LG Stendal, ZIP 2012, 2168 = ZInsO 2012, 2208 [keine Prüfungskompetenz des Gerichtes] unter Hinweis auf die Frist in § 75 Abs. 2 und die Notwendigkeit, eine schnelle Abwahl zu ermöglichen; dazu zust. Haarmeyer, ZInsO 2012, 2210; Meyer-Löwy/Ströhmann, ZIP 2012, 2432; Hofmann, EWiR 2012, 729). Das Gericht hat zu berücksichtigen, dass die Feststellung der Stimmberechtigung umso problematischer wird, je früher die erste Gläubigerversammlung stattfindet (Harbeck, JurisPR-InsR 3/2013, Nr. 4).

Ein Antrag nach § 75 InsO entbehrt danach des **Rechtsschutzbedürfnisses**, wenn bereits eine Gläubigerversammlung mit dem gleichen Tagesordnungspunkt terminiert ist. Mit der zu § 75 InsO ergangenen Rechtsprechung, dass das Insolvenzgericht bei einem Einberufungsverlangen gem. § 75 Abs. 1 InsO kein Ermessen betreffend die Einberufung der Versammlung ausüben könne, hat die vorgenannte spezielle Frage, ob eine Einberufung »vorzuziehen« ist, deshalb nur vermittelt zu tun. Jedoch konzediert auch die insofern ergangene anderslautende Rechtsprechung, dass dem Einberufungsverlangen nicht gefolgt zu werden braucht, wenn ihm ersichtlich sachlich unvertretbare Gründe oder eine angestrebte Beschlussfassung außerhalb der Kompetenz der Gläubigerversammlung zugrunde liegen (LG Göttingen v. 11.12.2012, ZIP 2013, 1040 = NZI 2013, 598).

Eine Amtshaftung qua »Verzögerung« des Insolvenzgerichtes ist mangels kausaladäquatem Schaden nicht ersichtlich, da etwa die Kündigung von Massedarlehen durch die Bank, welcher der bestellte Verwalter/Sachwalter nicht konveniert, in eigener Verantwortlichkeit veranlasst ist (Harbeck, JurisPR-InsR 3/2013, Nr. 4).

▶ Hinweis:

Sofern die erste Gläubigerversammlung zu diesem Tagesordnungspunkt »Neuwahl eines Insolvenzverwalters« »vorgezogen« wird, ist der Termin so zu veröffentlichen, **dass eine Teilnahme der Gläubiger überhaupt möglich ist** (LG Stendal, ZIP 2012, 2168, 2170 = ZInsO 2012, 2208, 2210).

Das Wahlrecht der ersten Gläubigerversammlung ist immer gegeben, auch, wenn der Insolvenzverwalter auf **einstimmiges Votum eines vorläufigen Gläubigerausschusses** nach § 56a Abs. 2 InsO hin bestellt worden ist (MK-Graeber, § 57 Rn. 6b). Wird in der ersten Gläubigerversammlung kein entsprechender Antrag gestellt, bleibt der bestellte Verwalter im Amt (Jaeger/Gerhardt, § 57 Rn. 6); ein Wahlakt findet dann nicht statt (ohne Begründung dazu a. A. und daher mit völlig verfehlten Ergebnissen: Becker, NZI 2011, 961). Der in Protokollen von Gläubigerversammlungen häufig zu findende »Beschluss«, dass »ein neuer Verwalter nicht gewählt« werde, entspricht daher nicht der Gesetzeslage (Uhlenbruck-Uhlenbruck § 57 Rn. 9, empfiehlt einen Beschluss zur »Beibehaltung« des Verwalters, was missliche Situationen nur fördern kann). Vielmehr müssen ein oder mehrere anwesende Gläubiger einen **Antrag zur Wahl eines neuen Verwalters mit konkretem Personalvorschlag** einbringen. Eine vorherige Ankündigung der möglichen Befassung eines solchen Tagesordnungspunktes in der Tagesordnung (§ 74 Abs. 2) ist dann notwendig, aber vorher regelhaft mangels konkretem Antrag (erst dann gfs. Ergänzung der TO mit erneuter Veröffentlichung) nicht (**a. A.** NR-Delhaes § 57 Rn. 2; Jaeger/Gerhardt, § 57 Rz. 6).

Ist das Gericht gem. § 5 Abs. 2 InsO in das **schriftliche Verfahren** übergegangen, ist ein Neuwahlantrag dennoch zulässig; er muss nicht mit dem Quorum gem. § 75 Abs. 1 InsO gestellt werden. Maßgeblich ist, dass jeder Insolvenzgläubiger – ohne ein Quorum erfüllen zu müssen – einen Abwahlantrag gegenüber dem bestellten Verwalter stellen können muss. Das Gericht muss dies ermöglichen. Entweder hat das Gericht über den Antrag im schriftlichen Verfahren abstimmen zu lassen oder in das regelmäßige Verfahren unter Anberaumung einer mündlichen Gläubigerversammlung überzugehen (BGH, Beschl. v. 16.05.2013, ZInsO 2013, 1307).

▶ Hinweis:

Eine Abstimmung im schriftlichen Verfahren würde eine Versendung des Antrages an alle Gläubiger mit Belehrung über die Abstimmungsmodalitäten erfordern und eine Gewissheit, dass der Antrag allen erreichbaren Gläubigern zugegangen ist. Das Gericht ist daher gut beraten, der zweiten vom BGH eröffneten Alternative zu folgen (**Präsenzversammlung** anberaumen). Der Neuwahlantrag ist immer als **konstruktiver Antrag** auszugestalten; der neu zu wählende

Verwalter ist konkret und individualisierbar (Name, Adresse, Kanzlei) zu benennen. Ein Antrag oder gar Beschluss, den Verwalter durch einen anderen zu ersetzen, ist ohne konkreten Personalvorschlag wirkungslos (OLG Naumburg, ZInsO 2000, 503; s. Rdn. 4).

Gewählt ist, wer **Kopf- und Summenmehrheit** erreicht. Wird der erste Kandidat nicht gewählt, ist ggf. über weitere abzustimmen (Uhlenbruck-Uhlenbruck § 57 Rn. 10, 11; NR-Delhaes § 57 Rn. 3). Eine schriftliche Stimmabgabe ohne Anwesenheit ist bei Stattfinden einer Präsenzversammlung (dazu Rdn. 2) unzulässig (so wohl auch HK-Riedel § 57 Rn. 5; **a. A.** Uhlenbruck-Uhlenbruck § 57 Rn. 11), da der Ablauf der Gläubigerversammlung von der Ausübung direkter Anwesenheitsrechte bestimmt wird, zumal sich erst im Verlauf der Versammlung meinungsbildende Umstände zur Verwalter(neu)wahl herausstellen können (KPB-Kübler § 76 Rn. 21). Eine Vertretung ist zulässig (Jaeger/Gerhardt, § 57 Rz. 10). 2a

Die **Kopfmehrheit** bemisst sich nach der Anzahl der anwesenden stimmberechtigten Gläubiger (FK-Jahntz, § 57 Rn. 7; **a. A.** BK-Blersch § 57 Rn. 4).

Die **Summenmehrheit** folgt aus § 76 Abs. 2. Dabei entfaltet eine Forderung, die von einem anwesenden Gläubiger genannt wird, ohne Rücksicht auf formale Anmeldung und Prüfung Stimmrecht, wenn in der Versammlung weder andere stimmberechtigte Gläubiger noch der Verwalter Einwendungen erheben (AG Hamburg, NZI 2000, 138). Gegensätzliche Stimmabgaben mehrerer Vertreter für eine Forderung sind als Enthaltung zu werten (Uhlenbruck-Uhlenbruck § 57 Rn. 10). **Stimmverbote und unwirksame Stimmrechtserteilungen** hat das Gericht als Vorfrage zur Beurteilung einer wirksamen Neuwahl zu berücksichtigen (unklar Uhlenbruck-Uhlenbruck § 57 Rn. 8). Eine gleichzeitige Vertretung von Drittschuldnern und Insolvenzgläubigern, wie auch eine Stimmabgabe des organschaftlichen Vertreters der Schuldnerin als Insolvenzgläubiger, sind nicht statthaft (AG Duisburg, NZI 2007, 728 = ZIP 2007, 2429).

Ungeklärt bleiben durch die BVerfG-Entscheidungen v. 03.08.2004 und v. 23.05.2006 zur Verwalterauswahl (s. § 56 Rdn. 4 u. 6) letztlich die Voraussetzungen der in der Kompetenz der Gläubigerversammlung liegenden Abberufung und Neubestellung eines Verwalters gem. § 57 InsO, nämlich ob auch dieser Entscheidung eine »**Vorauswahl**-Liste« zugrunde liegen muss oder ob es hier bei der Autonomie der Beteiligten verbleibt. Wenn es bei der Autonomie der Verfahrensbeteiligten bleibt, hätte das BVerfG eigentlich die in der Literatur anerkannte Stellvertretung der Gläubiger durch den Insolvenzrichter bei der Auswahl im Eröffnungsverfahren thematisieren müssen (Kesseler, ZIP 2000, 1565). Da aber die Vorauswahl-Liste des Gerichtes keinen bindenden Rahmen für Gläubigerauswahlentscheidungen darstellt (Rdn. 8; § 56a Rdn. 19, 25 m. w. N.), ist der zweiten Ansicht zu folgen. 2b

Ein **erneutes Wahlrecht** besteht nur dann nach Beendigung der ersten Gläubigerversammlung gem. des beschränkenden Wortlautes v. S. 1, wenn das Gericht **den Insolvenzverwalter zuvor gem. § 59 entlassen** hatte oder dieser aus anderen Gründen ausgeschieden ist (z. B. Tod), da nur dann erneut eine »Korrekturmöglichkeit« für die Gläubiger gegeben sein muss (LG Hamburg, ZInsO 2010, 146; Graeber, ZIP 2000, 1465, 1466; HK-Riedel § 57 Rn. 3; OLG Naumburg, ZInsO 2000, 503; OLG Zweibrücken, ZInsO 2000, 670; Uhlenbruck-Uhlenbruck § 57 Rn. 14, 17; **a. A.** [keine Beschränkung erneuter Wahl] Becker, NZI 2011, 961). 3

Hat der vorläufige Gläubigerausschuss bereits im Eröffnungsverfahren den vorläufigen Insolvenzverwalter gem. **§ 56a Abs. 3** wirksam entlassen, besteht dennoch ein Abwahlrecht nochmals in der Gläubigerversammlung (BT-Drucks. 17/7511, S. 47, re. Sp.; weiteres bei § 59 Rdn. 12d).

Hat jedoch das Gericht einmal die Bestellung eines neu gewählten Verwalters rechtskräftig versagt, ist das Wahlrecht ausgeübt und somit erloschen (LG Freiburg, ZIP 1987, 1597; LG Neubrandenburg, ZInsO 1999, 300; Uhlenbruck-Uhlenbruck § 57 Rn. 17; BK-Blersch § 57 Rn. 7; FK-Jahntz § 57 Rn. 19; Jaeger/Gerhardt, § 57 Rz. 8 u. 15; **a. A.** Becker, NZI 2011, 961, 965; MK-Graeber § 57 Rn. 18; Hegmanns, EWiR 1987, 1223; Haarmeyer/Wutzke/Förster, Handb InsO, Rn. 6/104, 105), da die Frage, wer Verwalter ist, nicht über die gesetzliche 3-Monats-Frist aus § 29 Abs. 1 Nr. 1

offengehalten werden kann, ohne die Verfahrensabwicklung schädlich zu beeinflussen. **Vertagt die Gläubigerversammlung die Entscheidung**, ist das Wahlrecht ebenfalls erloschen, möglich ist aber die **Vertagung der ersten Versammlung** (s. Rdn. 8). Ein unzulässiger Antrag auf Neuwahl kann vom Rechtspfleger zurückgewiesen werden (LG Neubrandenburg a. a. O.). Dagegen ist lediglich Erinnerung zum Insolvenzrichter statthaft (HK-Riedel § 57 Rn. 4).

4 ▶ Hinweis:

*Das Wahlrecht setzt eine **Vorstellung der Versammlung von der Person des zu wählenden Verwalters** voraus, da über eine Alternative zum bestehenden Verwalter entschieden werden soll. Mithin empfiehlt sich ggü. dem Gericht die Ankündigung einer Abwahl seitens »abwahlwilliger« Gläubiger nebst Sicherstellung der persönlichen Vorstellung und Übernahmebereitschaft des Inaussichtgenommenen (MK-Graeber § 57 Rn. 14; BK-Blersch § 57 Rn. 7; FK-Jahntz § 57 Rn. 11; Jaeger/Gerhardt, § 57 Rz. 15). Der vorgeschlagene Verwalter hat auf der Versammlung zwar kein Anwesenheitsrecht, sollte aber aus Gründen der Fairness und Transparenz **für eine Vorstellung zugelassen werden**. Der eigentliche Wahlakt sollte dann wieder in nichtöffentlicher Versammlung geschehen. Bei größeren Versammlungen, zumeist in Großverfahren, empfiehlt sich eine schriftliche Abstimmung mit vorbereiteten Stimmkarten, die die Stimmrechte ausweisen. Eine angekündigte Abwahl kann für das Gericht auch Grund sein, die Versammlung in einen größeren Saal zu verlegen oder bereits die Geeignetheit des angekündigten Kandidaten vorzuprüfen, um anschließend eine rasche Entscheidung zur Vermeidung eines ungewissen »Übergangsstadiums« herbeiführen zu können.*

5 Die Wahlentscheidung braucht und kann nicht begründet werden (LG Baden-Baden, ZIP 1997, 1350), da verschiedene Gläubiger unterschiedliche Motive hegen können. Das Gericht hat lediglich die Eignung gem. Satz 3 zu prüfen, nicht eine Begründung, zumal der Abgewählte kein Beschwerderecht hat (HK-Riedel § 57 Rn. 13; Rdn. 14).

II. Gerichtliche Bestellungsentscheidung

6 Bei einer erfolgten Abwahlentscheidung hat das Gericht nach Satz 3 der Vorschrift dem Gewählten nicht einfach die Bestallungsurkunde gem. § 56 Abs. 2 auszustellen (Rechtspflegersache gem. § 3 Nr. 2e RPflG), sondern eine genaue **Eignungsprüfung** vorzunehmen (Berg-Grünewald/Hertzog EWiR 2005, 508; in diese Richtung auch LG Stendal, ZIP 2012, 2168, 2170). Diese hat sich an den Auswahlkriterien der Erstbestellung gem. § 56 InsO zu orientieren (FK-Jahntz, § 57 Rn. 13; Uhlenbruck, § 56 Rn. 21; Jaeger/Gerhardt, § 57 Rz. 14; KPB-Lüke § 57 Rn. 4; BVerfG, ZIP 2009, 975: »*praktische Erfahrung*«; AG Gifhorn, NZI 2009, 394 = ZInsO 2009, 1497 [Ungeeignetheit im konkreten Fall wg. Beteiligung an fehlerhafter Abwicklung des entlassenen Vor-Verwalters]; AG Göttingen, ZIP 2003, 592; OLG Hamm, ZIP 1987, 1333). Der neu gewählte Verwalter muss **alle Eignungskriterien erfüllen**, die ein vom Gericht bestellter Verwalter erfüllen müsste (zu den Kriterien s. bei § 56 Rdn. 12), insbesondere sind Vorbefassungen und die Unabhängigkeit zu prüfen (FK-Jahntz, § 57 Rn. 13 m. w. N.; vgl. Rdn. 9). Er muss jedoch wegen des Ermessensspielraumes der Gläubiger nicht der bestmögliche Verwalter mit dem Vertrauen des Gerichtes für das Verfahren sein (MK-Graeber § 57 Rn. 27 u. 33; Uhlenbruck, § 56 Rn. 22). Bei **§ 56a Abs. 3** fehlt eine ausdrückliche Bezugnahme auf § 57 Satz 3. Dennoch ist zur Geltungserhaltung diese Vorschrift dort mitzulesen und analog anzuwenden (§ 56a Rdn. 33).

7 **Funktionell** zuständig ist für die Entscheidung nach Satz 3 **der Richter**, dem auch die Erstbestellung gem. § 18 Abs. 1 RPflG zugewiesen ist (LG Hechingen, ZIP 2001, 1970; AG Göttingen, ZIP 2003, 592; ZInsO 2003, 289; KPB-Lüke § 57 Rn. 9; Häsemeyer, InsR, Rn. 627b Fn. 14; Lüke, EWiR 2003, 1039; Muscheler/Bloch, ZIP 2000, 1474, 1477; Frind, ZInsO 2001, 993, 995; **a. A.** Graf-Schlicker § 56 Rn. 9; HK-Riedel § 57 Rn. 12 (zweifelnd); MK-Graeber § 57 Rn. 23; Uhlenbruck-Uhlenbruck § 57 Rn. 19, 29; FK-Jahntz § 57 Rn. 14; BK-Blersch § 57 Rn. 6; Keller, EWiR 2003, 935; NR-Delhaes § 57 Rn. 6 [Richter: Bestellungsbestätigung; Rechtspfleger: Versagung]; AG Göttingen, ZInsO 2004, 1323 [für den Treuhänder]). Dies empfiehlt sich allein deshalb, um die Entscheidung in Ansehung des vorgenannten Streites aus dem Bereich der evtl. gem. **§ 8 Abs. 4**

RPflG unwirksamen Rechtspflegerentscheidungen klar herauszunehmen. Jedenfalls ist ein entsprechender Teilvorbehalt für den Fall der Neuwahl eines Insolvenzverwalters gem. § 18 Abs. 2 RPflG zulässig (AG Duisburg, NZI 2007, 728, 729).

Der neu gewählte Verwalter muss **nicht auf der Vorauswahl-Liste des Insolvenzgerichtes stehen**, ein unbekannter Verwalter erfordert aber erhöhten Prüfaufwand vor Bestätigung der Entscheidung (Uhlenbruck-Uhlenbruck, § 56 Rn. 23). Das Gericht kann und sollte im Wege der Amtsermittlung (§ 5) vor seiner Entscheidung alle ihm geeignet erscheinenden Erkenntnisquellen den neu gewählten Verwalter betreffend und zum Abwahlvorgang nutzen, z. B. den abgewählten Verwalter zu möglichen Hintergründen hören (Lüke ZIP 2005, 539, 540), den neuen Verwalter zu seiner Eignung befragen (Uhlenbruck-Uhlenbruck, § 56 Rn. 23) und evtl. die die Abwahl betreibenden Gläubiger befragen, um deren Motive zu beleuchten (HK-Riedel § 57 Rn. 7; KPB-Lüke § 57 Rn. 9; Haarmeyer/Wutzke/Förster, Handb InsO, Rn. 6/99 u. 6/102; Vallender, Kölner Schrift zur InsO, S. 268 Rn. 61; zu einem Fall der versuchten Abwahl wegen Geltendmachung von Anfechtungsansprüchen: INDAT-Report 4/2002, S. 8). Allein aus diesen Erwägungen ist die **Anhörung des bisherigen Verwalters** immer zu empfehlen, weshalb es auf die streitige Frage, ob dies i. R. d. rechtlichen Gehörs notwendig ist (dafür die soeben zitierten; dagegen MK-Graeber § 57 Rn. 33; NR-Delhaes § 57 Rn. 4), nicht ankommen kann. Es besteht auch die Möglichkeit, die **Versammlung zu vertagen**, um Ermittlungen anzustellen, aber den Gläubigern die Möglichkeit einer Neuwahl offenzuhalten, sofern eine Nicht-Ernennung erfolgen sollte (Haarmeyer/Wutzke/Förster, Handb InsO, Rn. 6/102; Uhlenbruck-Uhlenbruck § 57 Rn. 16: aber keine zweckfremde Verzögerung; a. A. MK-Graeber, § 57 Rn. 19).

Maßstab für die Eignung des neu gewählten Verwalters ist insb. seine **Unabhängigkeit** (dazu ausführlich: § 56 Rdn. 26b; KPB-Lüke, § 57 Rn. 5; AG Göttingen, ZInsO 2004, 1323; Berg-Grünewald/Hertzog EWiR 2005, 508) und das Fehlen von Interessenkollisionen, z. B. nach § 45 BRAO (Römermann/Praß, ZInsO 2011, 1576; Voigt-Salus/Sietz, ZInsO 2010, 2050; Vallender, NZI 2010, 838, 843, 844; LG Hildesheim, WM 2001, 1164). Allein die Wahlentscheidung seitens mehrerer Großgläubiger zu seinen Gunsten besagt allerdings für sich genommen noch nichts negatives (OLG Schleswig, ZIP 1986, 930; OLG Karlsruhe, ZIP 1997, 1970; LG Baden-Baden, ZIP 1997, 1350), jedoch bietet die Abwahl durch Großgläubiger Veranlassung zur sorgfältigen Prüfung der Unabhängigkeit (AG Wolfratshausen, ZIP 1990, 597; KG, ZIP 2001, 2240; LG Hechingen, ZIP 2001, 1970; Marotzke, ZIP 2001, 173; Graeber, ZIP 2000, 1465, 1473; Haarmeyer, ZInsO 1999, 563; KPB-Lüke § 57 Rn. 5; Uhlenbruck-Uhlenbruck § 57 Rn. 23; INDAT-Report 8/2000, S. 1). Der BGH (ZInsO 2004, 615) hat die Ablehnung der Ernennung eines fachlich geeigneten Insolvenzverwalters bestätigt, der einer Anwaltssozietät angehörte, die für den die Abwahl betreibenden Großgläubiger in 5 Jahren 28 Einzelmandate betreute, davon sieben noch nicht abgeschlossene. Die **Möglichkeit eines Interessenkonfliktes** aufgrund objektiver Anhaltspunkte reicht aus, wobei die Ausschlussgründe gem. § 41 ZPO analog nicht abschließend sind (so auch Muscheler/Bloch, ZIP 2000, 1474; Graeber, ZIP 2000, 1465, 1469). Berechtigte Zweifel genügen, auch wenn ein zweifelsfreier Nachweis nicht möglich ist (Berg-Grünenwald/Keller EWiR 2004, 925; OLG Celle, ZInsO 2001, 755).

Das Gericht muss bei **festgestellten Interessenkollisionen** den gewählten Verwalter nicht deshalb bestellen, weil die Möglichkeit besteht, später einen Sonderinsolvenzverwalter einzusetzen (OLG Celle a. a. O.). Der neu gewählte Verwalter ist gesetzlich ausgeschlossen, wenn er z. B. Gutachter in einem persönlichen Insolvenzverfahren des organschaftlichen Schuldnervertreters war (LG Hildesheim, WM 2001, 1164). Nicht geeignet ist die Versagung des Stimmrechtes für einen abwahlwilligen Gläubiger, weil dieser mit dem in Aussicht genommenen Verwalter wirtschaftlich verflochten ist (so aber AG Wolfratshausen, ZIP 1990, 597), denn dies würde die Entscheidung nach Satz 3 umgehen oder vorwegnehmen (LG Düsseldorf, ZIP 1985, 629, 631). Stimmrechtsentscheidung und Versagungsentscheidung nach § 57 dürfen nicht vermengt werden (Uhlenbruck-Uhlenbruck, § 57 Rn. 8; FK-Jahntz § 57 Rn. 4; Jaeger/Gerhardt, § 57 Rz. 11).

Bei der Bestätigungsentscheidung hat das Gericht des Weiteren alle generellen Anforderungskriterien an einen Insolvenzverwalter zu berücksichtigen, die das Gericht ohnehin an die auf seiner Vorauswahl-Liste befindlichen Verwalter stellt (s. Rdn. 6 und § 56 Rdn. 12 f.). Insb. die Frage der Ortsnähe (OLG Schleswig, NZI 2005, 333; OLG München, ZIP 2005, 670; Holzer, u. a., Bestellung d. Insolvenzverwalters, S. 43; FK-Jahntz § 56 Rn. 42; MK-Graeber § 56 Rn. 78–82) kann eine Rolle spielen, wenn insofern Wege für die Gläubiger oder Gläubigerausschussmitglieder unzumutbar lang oder für das Gericht die Kommunikationsstrukturen deutlich erschwert würden oder hohe Kosten für Hotelaufenthalte und Reisen drohen (dazu § 56 Rdn. 14d).

10 Der Umstand, dass die Abwahl selbst das Insolvenzverfahren verzögert und verteuert, ist kein Grund, die Ernennung zu versagen, weil dies in der Natur der Sache liegt (KG, ZIP 2001, 2240; HK-Riedel § 57 Rn. 6; MK-Graeber § 57 Rn. 34; a. A. Muscheler/Bloch, ZIP 2000, 1474, 1479). Zuweilen werden die Probleme der Abwahlmöglichkeit des § 57 umgangen, indem vor Eröffnung oder in der Gläubigerversammlung ein **Eigenverwaltungsantrag** gestellt und zuvor die organschaftlichen Vertreter gegen den Großgläubigern genehme Insolvenzfachleute ausgetauscht werden (AG Duisburg, ZInsO 2002, 1046). Ein solches Vorgehen ist abzulehnen, wenn die ordnungsgemäße Abwicklung des Verfahrens dadurch infrage steht (Kirchhof, ZInsO 2003, 726, 729; Frind, ZInsO 2002, 745; BGH, ZIP 2004, 425; LG Bonn, ZInsO 2003, 806; weiteres bei § 56 Rdn. 17a); das Gericht sollte dann die Eigenverwaltung mit Verfahrenseröffnung nicht anordnen.

11 Das Gericht sollte aber von einer Versagung der Ernennung zurückhaltend Gebrauch machen und genau prüfen, ob nicht der neu gewählte Verwalter genauso gut, wenn nicht sachgerecht besser, das Verfahren bewältigen kann (Haarmeyer/Wutzke/Förster, Handb InsO, Rn. 6/101). Sachgerechte Gründe können sich hier aus der nicht gerechtfertigten Zerstörung von Arbeitsplätzen oder der Verfolgung eines nicht überzeugenden Übertragungs- oder Sanierungskonzept ergeben. Insgesamt muss sich das Gericht bei einer Abwahlentscheidung neutral verhalten, darf z. B. nicht die Abwahl durch mehrfache ungerechtfertigte Vertagung verzögern (LG Göttingen, NZI 1999, 238; LG Düsseldorf, ZIP 1985, 631).

12 Nach der Prüfung der Bestellungsentscheidung (Rdn. 8, 9) ist ein **Bestellungsbeschluss** oder ein begründeter **Versagungsbeschluss** zu erlassen (zum Amtsübergang Rdn. 15); gfs. nach einer beantragten Überprüfung der Stimmrechtsfestsetzungen nach § 18 Abs. 3 RPflG. Der Bestellungsbeschluss ist zu **veröffentlichen** (§§ 27, 30). Entsprechende Klarstellungen fehlen zu **§ 56a Abs. 3**.

C. Verfahrenshinweise

13 Die **Versagung der Bestellung** ist wegen der **Anfechtbarkeit nach Satz 4 für die Insolvenzgläubiger zu begründen**. Sie ist den Insolvenzgläubigern zwecks Fristenprüfung bei Rechtsmitteln gesondert zuzustellen, was dem Verwalter übertragen werden kann (§ 8 Abs. 3). Eine **öffentliche Bekanntmachung der ablehnenden Entscheidung ist untunlich** (so nun auch Uhlenbruck-Uhlenbruck § 57 Rn. 28), da die – evt. der Reputation des nicht bestellten Verwalters abträglichen – Gründe maßgebender Bestandteil der Entscheidung sind.

Allerdings kann ein Gläubiger mit der Beschwerde nach Satz 4 nicht erreichen, dass nunmehr ein nicht von der Versammlung gewählter Verwalter bestellt werde (LG Göttingen, NZI 2003, 441). Nach AG Göttingen, (ZIP 2003, 592; abl. Lüke, EWiR 2003, 1039) sollen beschwerdeberechtigt nur die Gläubiger sein, die in der Versammlung den neuen Verwalter gewählt haben (so auch NR-Delhaes § 57 Rn. 12; MK-Graeber § 57 Rn. 42; Uhlenbruck-Uhlenbruck § 57 Rn. 37). Dies ist vom Gesetzeswortlaut nicht gedeckt (Jaeger/Gerhardt, § 57 Rz. 18), da dieser nicht auf eine »Beschwer« abhebt, zumal z. B. der ursprünglich nicht anwesende Gläubiger sich nunmehr dem Abwahlbegehren inhaltlich anschließen kann (Lüke, EWiR 2003, 1039, 1040).

14 Gegen die Bestellungsentscheidung haben Schuldner, Insolvenzgläubiger, Massegläubiger, reine Absonderungsberechtigte und insb. der gewählte Verwalter kein Beschwerderecht (BGH, NZI 2009, 246; MK-Graeber § 57 Rn. 43; a. A. Kesseler, KTS 2000, 491, 510 für die Gläubigerversammlung). Die **erfolgreiche Abwahlentscheidung ist für diesen Kreis unanfechtbar**: Auch ein

Beschwerderecht des abgewählten Verwalters gegen seine Abwahl gibt es nicht (OLG Zweibrücken, NZI 2001, 204), da er in Kenntnis des § 57 InsO noch nicht auf Dauer bestellt war (unklar KPB-Lüke § 57 Rn. 8a »de lege ferenda durchaus sinnvoll«; Lüke, ZIP 2005, 539, 540: Rechtsschutz nach §§ 23 ff. EGGVG).

Es kann auch nicht über einen **Antrag nach § 78 InsO** hergestellt werden, den Abwahlbeschluss als insolvenzzweckwidrig aufzuheben, da die Ernennungsprüfung des Gerichtes insofern abschließend ist (BGH, ZInsO 2003, 750; KG, ZIP 2001, 2240; OLG Zweibrücken, ZInsO 2000, 670; OLG Naumburg, ZInsO 2000, 503; LG Traunstein, ZInsO 2002, 1045 m. Anm. Graeber, DZWIR 2003, 259; AG Hechingen, ZIP 2001, 1970; Uhlenbruck-Uhlenbruck § 57 Rn. 38 [genau gegenteilig aber ders. § 78 Rn. 18]; BK-Blersch § 57 Rn. 10; a.A. AG Holzminden, DZWIR 2001, 82; MK-Ehricke § 78 Rn. 14 – 16; HK-Riedel, § 57 Rn. 8, § 78 Rn. 9; Pape, EWiR 1990, 923, ders. ZInsO 2000, 469, 477; Kesseler, KTS 2000, 491; Smid/Wehdeking, InVo 2001, 85). Dies gilt auch bei angezeigter Masseunzulänglichkeit (BGH, ZInsO 2004, 1314).

Die Regelung des § 57 stellt ggü. der allg. Beschlussanfechtungsbefugnis eine Spezialregelung dar, da das »gemeinsame Interesse« der Gläubiger in dieser Frage bereits durch die Abwahlentscheidung manifestiert ist. Dies muss auch dann gelten, wenn nicht alle Gläubiger auf der Versammlung anwesend waren (a.A. MK-Ehricke § 78 Rn. 14). Die Wahlentscheidung ist auch nicht anfechtbar, wenn ihr eine **fehlerhafte Stimmrechtsentscheidung vorangegangen** ist, da insofern bis zum Schluss der Versammlung die Möglichkeit des Antrages nach § 77 an den Insolvenzrichter besteht (BGH, ZInsO 2004, 1314).

Das BVerfG hat nunmehr zur vorgenannten BGH-Entscheidung ausdrücklich festgestellt, dass der **fehlende Rechtsschutz für den abgewählten Verwalter** verfassungskonform ist (BVerfG, ZInsO 2005, 368; m. abl. Anm. Lüke, 539, zust. Anm. Berg-Grünewald/Hertzog, EWiR 2005, 507), da es Bestandteil des gesetzlich umrissenen Berufsbildes sei, dass der Insolvenzverwalter eine gesicherte Stellung erst nach der ersten Gläubigerversammlung erlangt. Die Insolvenzgläubiger hätten auch nach Anzeige der Masseunzulänglichkeit ein anerkennenswertes Interesse, die Person des Verwalters zu bestimmen, da evtl. ein anderer Verwalter zu einer anderen Ansicht hinsichtlich der Erfüllbarkeit aller Masseverbindlichkeiten gelangen könne (Rückkehr ins normale Insolvenzverfahren). Auch die Regelung des § 61 InsO gebiete keine andere Auslegung, da der abgewählte Insolvenzverwalter eine Haftungsinanspruchnahme nur bei selbst verschuldeter Pflichtverletzung aus seinem Verwaltungszeitraum befürchten müsse. Ein Eignungsvergleich zwischen dem neu gewählten und dem abgewählten Verwalter sei nicht anzustellen.

Möglich ist jedoch bei vorangegangener streitiger Stimmrechtsfestsetzung, noch in der Versammlung den Antrag gem. § 18 Abs. 3 RPflG auf **richterliche Stimmrechtsfestsetzung** zu stellen, da mit dieser Entscheidung auch i.d. Regel bei positivem Ausgang (aus Sicht des Antragstellers) eine Aufhebung der anschließenden Neuwahlentscheidung zu verbinden ist.

Die **Wirkung der Neuwahl** entsteht erst mit der Bestätigungsentscheidung des Gerichtes (HK-Riedel § 57 Rn. 10) und der Amtsannahme, nicht bereits durch die Wahl. Der neu gewählte Verwalter erhält eine Bestellungsurkunde; der Abgewählte, dessen Amt ohne weiteren Rechtsakt endet, muss seine Urkunde herausgeben (zu weiteren Pflichten vgl. § 58 Rdn. 11). Erst der Bestellungsbeschluss bewirkt den **Übergang des Amtes** (Jaeger/Gerhardt, § 57 Rz. 16; NR-Delhaes § 57 Rn. 5; HK-Riedel, § 57 Rn. 11 a.A. Uhlenbruck-Uhlenbruck § 57 Rn. 30), da der Zeitpunkt der Amtsübernahme kein Automatismus aus einer evtl. streitigen Wahlentscheidung sein kann, sondern konstitutiv festgestellt werden muss. Weitere Voraussetzung ist die Annahme des Amtes, genauer der gerichtlichen Bestellung, durch den Gewählten (Uhlenbruck-Uhlenbruck § 57 Rn. 30; BK-Blersch § 57 Rn. 4).

Rechtshandlungen des bisherigen Verwalters bleiben wirksam; anhängige Gerichtsverfahren werden analog § 241 ZPO unterbrochen (Jaeger/Gerhardt, § 57 Rz. 16; Haarmeyer/Wutzke/Förster, Handb InsO, Rn. 6/107). Zu beachten ist das procedere im **Vergütungsfestsetzungsverfahren über die Vergütung des abgewählten Verwalters:** In einem solchen Festsetzungsverfahren hat das Insolvenzgericht den neugewählten Insolvenzverwalters gem. § 64 Abs. 3 InsO anzuhören, da er auch ein Beschwerderecht zum Schutz des Masse gegen die Vergütungsfestsetzung hätte (Smid, ZInsO 2009, 650; a. A. AG Göttingen, ZInsO 2009, 688). Der Kreis der Beschwerdeberechtigten bzgl. der Vergütung des bisherigen Verwalters erweitert sich daher durch einen Abwahlfall.

§ 58 Aufsicht des Insolvenzgerichts

(1) ¹Der Insolvenzverwalter steht unter der Aufsicht des Insolvenzgerichts. ²Das Gericht kann jederzeit einzelne Auskünfte oder einen Bericht über den Sachstand und die Geschäftsführung von ihm verlangen.

(2) ¹Erfüllt der Verwalter seine Pflichten nicht, so kann das Gericht nach vorheriger Androhung Zwangsgeld gegen ihn festsetzen. ²Das einzelne Zwangsgeld darf den Betrag von fünfundzwanzigtausend Euro nicht übersteigen. ³Gegen den Beschluß steht dem Verwalter die sofortige Beschwerde zu.

(3) Absatz 2 gilt entsprechend für die Durchsetzung der Herausgabepflichten eines entlassenen Verwalters.

Übersicht	Rdn.		Rdn.
A. Normzweck	1	3. Fallorientierte Abwägung versus Verpflichtung zur Aufsicht	6
B. Norminhalt	2	4. Aufsichtsmaßnahmen	8
I. Reichweite des Aufsichtsrechts	2	5. Zwangsgeld/Rechtsmittel	10
II. Anwendungsfälle des Aufsichtsrechtes	4	6. Herausgabepflichten des entlassenen Verwalters (Abs. 3)	11
1. Zweckmäßigkeitskontrolle bei Mitwirkungspflicht oder unmittelbarem Anordnungsbereich	4	C. Verfahrenshinweise	12
2. Beispiele zum Aufsichtsumfang im gerichtlichen Mitwirkungsbereich	4a		

A. Normzweck

1 Das Insolvenzgericht hat die gesetzmäßige Verfahrensabwicklung im öffentlichen Interesse (MK-Graeber § 59 Rn. 2) sicherzustellen. Insb. in **Verfahren ohne (vorläufigen) Gläubigerausschuss**, der gem. §§ 21 Abs. 2 Nr. 1a, 22a, 69 ein zusätzliches Überwachungsinstrument darstellt, stellt die in Abs. 1 normierte Aufsichtspflicht des Gerichtes den notwendigen Ausgleich zum Rechtsverlust von Gläubiger und Schuldner durch das Insolvenzverfahren hinsichtlich der Durchsetzung ihrer individuellen Belange dar und ist in diesen Verfahren besonders hoch (HK-Riedel § 58 Rn. 6).

Die Möglichkeit der **Zwangsgeldfestsetzung in Abs. 2** ist das jenseits der Entlassung gem. § 59 adäquat einzusetzende Mittel zur Durchsetzung eines rechtmäßigen Verwalterverhaltens. Die Begrenzung der Höhe nach auf 25.000 € war zur Abgrenzung von Art. 6 Abs. 1 Satz 1 EGStGB notwendig.

Über Verweisungen in §§ 21 Abs. 1 Nr. 1, 270a Abs. 1 Satz 2, 270b Abs. 2 Satz 1, 274 Abs. 1, 292 Abs. 3 Satz 2 und § 313 Abs. 1 Satz 3 entfaltet die Norm auch Wirkungen für den vorläufigen Verwalter, den (vorläufigen) Sachwalter im Eigenverwaltungsverfahren und Schutzschirmverfahren, den Treuhänder in der Wohlverhaltensperiode und den Treuhänder im vereinfachten Insolvenzverfahren.

In zeitlicher Hinsicht dauert die Aufsicht des Insolvenzgerichtes mindestens (vgl. Lindner, VIA 2010, 91) bis zur Aufhebung des Verfahrens, eine zwischenzeitliche Ankündigung des Restschuldbefreiung suspendiert den Verwalter/Treuhänder in Verfahren natürlicher Personen nicht von seiner abschließenden Pflicht zur Rechnungslegung für das eröffnete Verfahren, da die Wohlverhaltensphase erst mit der Aufhebung des Verfahrens beginnt und diese wiederum erst nach Rechtskraft des Ankündigungsbeschlusses statthaft ist (§ 289 Abs. 2 Satz 2 InsO; BGH, NZI 2010, 997 = WM 2010, 2126).

B. Norminhalt

I. Reichweite des Aufsichtsrechts

Das Aufsichtsrecht des Gerichtes bedeutet als Kehrseite eine Aufsichtspflicht, die für den Insolvenzrichter Schadensersatzgefahren (§ 839 BGB, Art. 34 GG) wegen des fehlenden Spruchrichterprivilegs birgt (KPB-Lüke § 58 Rn. 15). Die Unterlassung objektiv gebotener Maßnahmen, auch bei Zweifeln an der Eignung des Verwalters, kann eine **Amtshaftpflicht** des zuständigen insolvenzgerichtlichen Rechtsanwenders zur Folge haben (Lissner, ZInsO 2012, 957, 964). Das Aufsichtsrecht muss somit je nach Verfahrenslage und – stand unterschiedlich eng gehandhabt werden – bis hin zur regelmäßigen, kurzfristigen Kontenkontrolle (Rattunde, INDAT-Report 4/2010, 24). Neben der regelmäßigen normalen Aufsichtspflicht besteht Veranlassung zu weiteren Ermittlungen bei substanziierten, erkennbar nicht querulatorischen Anregungen von Beteiligten (z.B. dem Gläubigerausschuss; HK-Riedel, § 58 Rn. 4) oder Dritten, die aber nicht förmlich beschieden werden müssen (Frind, ZInsO 2007, 643, 648; NR-Delhaes § 58 Rn. 13). Ein zivilrechtlich durchsetzbares Recht des Schuldners auf bestimmte Maßnahmen des Verwalters besteht nicht (AG Göttingen, ZInsO 2009, 1498 hier: Schlussterminanberaumung).

Gegenstand der Aufsicht ist die Überwachung der **Erfüllung der insolvenzspezifischen Pflichten** (Überblick bei Lissner, ZInsO 2012, 957; Schmidberger, NZI 2011, 928; MK-Graeber § 58 Rn. 31 – 33.; zum Umfang der Aufsicht im eröffneten Verfahren: BAKinso e. V., NZI 2009, 42; sehr skeptisch zur Leistung der Insolvenzgerichte bei der Aufsicht Römermann, GmbHR 2013, 1249, 1256); dies ersetzt auch Prüfungen aus anderen Rechtsbereichen (OLG Jena, ZInsO 2009, 1857 zur Prüfung durch den genossenschaftlichen Prüfungsverband). Die Insolvenzgerichte sollten dabei ihre Anforderungen an die Verwalterschaft zu vereinheitlichen suchen (BAKinso e. V., ZInsO 2008, 1320).

Die **berufsständische Aufsicht** durch die jeweilige Anwaltskammer und Anwaltsgerichtsbarkeit wird nicht durch § 58 verdrängt (Uhlenbruck-Uhlenbruck § 58 Rn. 26; NR-Delhaes § 58 Rn. 3), soweit Fragen des allg. anwaltlichen Verhaltens betroffen sind. Vielmehr sind die beruflichen Standesrichtlinien »bereichsspezifisch« je nach wahrgenommener Tätigkeit auszulegen (BGH, ZIP 2005, 176, 179 zum Wirtschaftsprüfer als Insolvenzverwalter; so auch AG München; ZIP 2014, 830 für den Rechtsanwalt; zust. Dahns, NJW-spezial 2014, 254; s. auch § 56 Rdn. 5).

Kontinuität der Aufsicht: Das Gericht hat kontinuierlich sicherzustellen, dass die »generelle Eignung« des Insolvenzverwalters, die bei seiner Listung und Bestellung nach § 56 Abs. 1 vorlag, nicht im Laufe des Verfahrens entfallen ist, z.B. seine Unabhängigkeit (Prüfungsschema hierzu bei Siemon, u.a., ZInsO 2012, 368). Eine Eignung kann auch aufgrund neuer Erkenntnisse des Gerichtes im laufenden Verfahren infrage gestellt sein oder entfallen, gfs. ist dann mit Entlassung zu reagieren, wenn andere Abhilfe nicht möglich ist So ist z.B. die notwendige **Haftpflichtversicherung** (§ 56 Rdn. 15) in regelmäßigen Abständen zu kontrollieren und im konkreten Verfahren regelmäßig zu überwachen, wie der (vorläufige) Verwalter das Verfahren abwickelt. Gfs. sind im Rahmen der andauernden Aufsicht Auflagen an den (vorläufige) Verwalter betreffs der Abhilfe von Mängeln zu geben. Im Einzelfall sollte das Gericht bei ersichtlichen Notwendigkeiten auch auf eine **gesonderte Haftpflichtversicherung** drängen. Eine Vermögensschaden-Haftpflichtversicherung kann im jeweiligen Einzelfall vom Verwalter abgeschlossen und gem. § 4 InsVV zulasten der Masse abgerechnet werden (LG Gießen, Beschl. v. 29.03.2012, 7 T 434/11, JurionRS 2012, 15650 [beim nicht kooperationsbereiten oder auskunftsfähigen Geschäftsführer]; Graeber, Haftpflichtversicherungen des Insolvenzverwalters und die Behandlung ihrer Kosten im Insolvenzverfahren, InsbürO 2006, 105; Zimmermann, NZI 2006, 387).

Insb. **im Eröffnungsverfahren** und gerade bei **Betriebsfortführungen** ist ein kurzer Berichtsabstand und ein enger Kontakt zum vorläufigen Verwalter notwendig, um die verfahrensgestaltende Tätigkeit des Verwalters überwachend zu begleiten. Zu dessen Verwirklichung kann das Gericht jederzeit, ggf. auch mündliche (LG Göttingen, NZI 2009, 61; FK-Jahntz § 58 Rn. 9), Berichte und Auskünfte zum Verfahrensstand oder Kontoentwicklungsmitteilungen begehren. Das Gericht kann auch einen mündlichen Anhörungstermin für den Verwalter anberaumen und dessen Wahrnehmung mittels Zwangsgeld durchsetzen (BGH, ZInsO 2010, 185), wie auch eine eidesstattliche Versicherung der Auskünfte begehren (BGH, ZInsO 2010, 188).

In den vergangenen Jahren **vermehrt berichtete Pflichtenverstöße** und/oder Straffälligkeiten wie auch eigene Insolvenzen einiger Verwalter sind auch Anlässe zum de-listing der Betroffenen von der Vorauswahl-Liste (z. B.: AG Bonn, ZInsO 2002, 641; INDAT-Report 8/2001, S. 10 [Heilbronn]; INDAT-Report 2/2002, S. 14 [Duisburg]; INDAT-Report 2/2003, S. 14 [Hamburg, Rostock, Schwerin]; INDAT-Report 5/2005, S. 4 [Aachen, Ulm, Hannover]; INDAT-Report 7/2005, S. 4 [Stuttgart]; INDAT-Report 8-9/2005, S. 4 [Aachen]; INDAT-Report 10-11/2005, S. 4 [Aachen, 112 betreute Verfahren]; INDAT-Report 1/2006, S. 7 [Aachen]; INDAT-Report 2/2006, S. 6; 3/2006, S. 6 [Aachen, nunmehr: 317 Fälle, Schaden: 1 Mio. €]; INDAT-Report 8/08, 7 (Hechingen); INDAT-Report 1/09, 6 (Fall AG Hechingen: 4 Jahre 6 Monate Strafhaft, AG Leipzig: 2,5 Jahre); INDAT-Report 6/2010, 6 (AG Frankfurt, Verurteilung wg. Steuerhinterziehung zu 2 Jahren Haft auf Bewährung); INDAT-Report 6/2011, S. 8; INDAT-Report 1/2012, 7 (Deggendorf) Verurteilung zu einem Jahr 9 Monate; INDAT-Report 4/2012, 6 (AGs Mannheim; Friedberg, u. a.); INDAT-Report 8/2012 (Fall beim AG Darmstadt) Verurteilung wg. Untreue infolge weit unterwertigen Unternehmensverkaufes).

Das Insolvenzverfahren wird durch solche Fälle in seinem öffentlichen Ansehen als ordnungsgemäßes Verfahren »bemakelt« (zusammenfassend: manager magazin 1/09, 44; brand eins 4/08, 126; OLG Celle, ZIP 2006, 1364: Besicherungen der Wertpapiergeschäfte eines Verwalters mit Massemitteln [AG Mühlhausen] sind unwirksam – objektive Insolvenzzweckwidrigkeit, die sich dem Geschäftspartner aufdrängen musste – grob fahrlässig nicht erkannt]; zum Fall eines angeblich bestechlichen Insolvenzrichters: BGH, ZInsO 2006, 377 (der Fall ist mittlerweile mit Freispruch beendet), bieten jedoch auch Veranlassung zu schärferer Kontrolle. Hinsichtlich der Bevorteilung von Massegläubigern kann der Insolvenzverwalter nicht tauglicher Täter eines »Schmiergeld-Deliktes« gem. § 299 Abs. 1 StGB sein, da er nicht Beauftragter des Gemeinschuldners ist (Brand/Wostry, ZInsO 2008, 64; **a. A.** LG Magdeburg, ZInsO 2002, 541).

Kontrollmängel werden immer wieder beklagt (App, KKZ 2011, 5; Heyrath, ZInsO 2005, 1092, 1095; ders. mit Beispielen für **Mängel der Schlussrechnung** ZInsO 2006, 1196; zur Bankenhaftung bei treuwidrigen Verfügungen: Smid ZIP 2006, 1973). Die Effektivität der gerichtlichen Aufsicht wird zu Recht daher kritisch hinterfragt (Henke, Effektivität der Kontrollmechanismen ggü. dem Unternehmensinsolvenzverwalter, Diss. 2009, mit sinnvollen gesetzlichen Verbesserungsvorschlägen).

Geschuldet ist daher allen Beteiligten auch im **eröffneten Verfahren** die »ständige Aufmerksamkeit« des Gerichtes (Paulus, NZI 2008, 705, 710). Bei länger andauernden Verfahren ohne Besonderheiten mögen jährliche Berichtsfristen genügen, bei Betriebsfortführungen sollten diese Intervalle nach dem Berichtstermin (§ 156) zunächst zeitlich enger gestaffelt sein, z. B. alle 2 Monate (BK-Blersch § 58 Rn. 8). Eine »Kassenprüfung« ist dabei nach bisheriger Meinung nicht erforderlich, sondern eine Verfahrensgestaltungskontrolle (BK-Blersch § 58 Rn. 6).

Sinnvoll ist aber eine **Prüfung der tatsächlichen Insolvenzverwalteranderkonten**, z. B. mittels Freischaltung der Onlinekonteneinsicht für das Insolvenzgericht und eine Vorlagepflicht der Verwalter für Saldenübersichten sämtlicher Anderkonten einschließlich Festgeldkonten (s. a. Rdn. 5). Weitergehend: der Ausdruck ihrer zeitnahen Insolvenzbuchhaltung über die gesamte bisherige Laufzeit des Verfahrens (vgl. den Fall AG Mannheim, NZI 2010, 107); Abgleich Bankkontensalden mit den Gesamtsaldenübersichten zur Verhinderung von Umbuchungen zwischen den Anderkonten (Klaas INDAT-Report 10-11/2005, S. 31; Frind, ZInsO 2006, 182).

Bei Anhaltspunkten für eine Unzuverlässigkeit des Verwalters (Gerüchte über Alkoholabhängigkeit, Verurteilungen, etc.) sind eingehende Erkundigungen anzustellen (Lissner, ZInsO 2012, 957, 961; Frind, ZInsO 2008, 18; a. A. OLG Stuttgart, ZIP 2007, 1822 m. krit. Anm. Brenner, ZIP 2007,

1826). Eine bundesweite »Prüfstelle« für Insolvenzverwaltertätigkeit könne hier die Gerichte sicher massiv unterstützen (Hill, INDAT-Report 4/2011, 32).

Sinn und Zielrichtung der gerichtlichen Aufsicht soll dabei nicht Zweckmäßigkeitskontrolle, sondern **Rechtmäßigkeitskontrolle** sein. Die Zweckmäßigkeitskontrolle soll der (**vorläufige**) **Gläubigerausschuss**, sofern bestellt, ausüben (dazu § 69 Rdn. 4). Das Insolvenzgericht hat immer einzuschreiten, wenn der (vorläufige) Verwalter eine Rechtsnorm mit Schutzfunktion zugunsten Dritter oder Beteiligter verletzt, z. B. des Datenschutzes (Hartung, ZInsO 2011, 1225), des HGB, der Steuergesetze oder der InsO direkt. Der Verstoß gegen einen Beschluss der Gläubigerversammlung gem. §§ 159, 160 InsO berechtigt das Gericht zum Einschreiten, aber nicht, wenn der Beschluss auslegungsfähig ist (LG Traunstein, NZI 2009, 654; Keller, NZI 2009, 633). Das Gericht hat daher nicht seine Ansicht von zweckmäßigen Maßnahmen an die Stelle derjenigen des Verwalters zu setzen. So ist ihm z. B. verwehrt, dem (vorl.) Verwalter vorzugeben, welche Lieferanten in Anspruch genommen, welche Arbeitnehmer entlassen oder welche Verträge erfüllt werden sollen (BGH, ZVI 2007, 80, LG Köln, ZVI 2007, 81: Kündigung von Praxisräumen). Ein nur »unzweckmäßiger« Beschluss der Gläubigerversammlung, z. B. Übertragung des Geschäftsbetriebes auf neugegründete Firma mit der Aussicht, dass nur der absonderungsberechtigte Vermieter etwas davon hat, während die Insolvenzgläubiger weiterhin eine Quote von »Null« zu erwarten haben, stellt z. B. keinen Aufhebungsgrund nach § 78 Abs. 1 InsO dar (AG Bremen, ZInsO 2010, 583).

3b

Allerdings ist die Grenze fließend: **Grob sinnlose Verwaltermaßnahmen** können **insolvenzzweckwidrig** sein, sodass gerichtliches Eingreifen erforderlich ist (Lissner, ZInsO 2012, 957, 961; Frege/Nicht, InsVZ 2010, 407, 409; HK-Riedel § 58 Rn. 3; KPB-Lüke § 58 Rn. 11; MK-Graeber § 58 Rn. 39; FK-Jahntz § 58 Rn. 5, 6; BGH, NJW 2002, 2783), wie auch bei einer Ermessenreduzierung auf nur eine Verhaltensweise (Jaeger/Gerhardt, § 58 Rz. 13; a. A. Förster, ZInsO 2009, 554, meint, es gäbe eine »Grauzone«, die nicht kontrollierbar sei).

Im Bereich der gem. § 160 InsO durch Gläubigerorgane zustimmungspflichtigen Handlungen ist die Aufsicht des Insolvenzgerichtes Ausgleich für die auch ohne Zustimmung gegebene Wirksamkeit des Verwalterhandelns nach außen (**§ 164 InsO**) (Gundlach/Frenzel/Jahn, ZInsO 2007, 1028) und daher besonders sorgfältig wahrzunehmen. Der Pflichtenkreis des Insolvenzgerichtes ist als Risikomanagementsystem zutreffend beschrieben (Rechel, ZInsO 2009, 1665, 1669). Der Begriff der »besonders bedeutsamen Rechtshandlung« muss allerdings zwecks Rechtssicherheit für Gläubigerorgane und Gericht näher konkretisiert werden, dies könnte durch Rückgriff auf aktienrechtliche Doktrinen geschehen (R. Paulus/Merath, ZInsO 2011, 1129).

Dabei darf der Grad der Überwachung nicht von der **personellen Kapazität der Gerichte** (zur misslichen Arbeitssituation vgl. bereits BAKinso, ZInsO 2007, 489) oder mangelhaften Ausbildung (FK-Schmerbach, § 5 Rn. 4, 7, 7a) abhängig gemacht werden, auch wenn diese Umstände eine Rechtsbeugung in der Regel bei Versagen der gerichtlichen Kontrolle ausschließen (LG Aurich v. 13.05.2013, ZInsO 2014, 343, 352). Vielmehr sollten die Verantwortlichen die allgemein konsentierten Anforderungen an ein ordnungsgemäßes Verfahren nutzen, um ausreichend Personalausstattung zu reklamieren (BGH, ZInsO 2007, 209 = ZVI 2007, 169; Weitzmann, ZInsO 2007, 449, 453; Heyrath, ZInsO 2005, 1092, 1097; Frind, ZInsO 2006, 182; Klaas, AnwBl. 2006, 404). Eine qualifizierte Aufsicht erfordert dabei qualifizierte insolvenzgerichtliche Rechtsanwender. Dies muss mit einer Konzentration der Insolvenzgerichte und Aufwertung des Berufes des Insolvenzrichters unterstützt werden (Frind, ZInsO 2009, 952 zur Reduzierung der 182 Insolvenzgerichte auf unter 100 Gerichte über Änderung des § 2 Abs. 2 InsO; Rechel, ZInsO 2009, 1665, 1666). Der ständige **Informationsaustausch des Insolvenzrichters mit den Rechtspflegern und Geschäftsstellenmitarbeitern** ist zur Qualitätskontrolle unerlässlich (Rechel, ZInsO 2009, 1665, 1668; Messner, DRiZ 2006, 326, 329; Heyrath, ZInsO 2005, 1092, 1096; ders. ZInsO 2006, 1196, 1199).

3c

Das Insolvenzgericht hat die Kontrolle des Verwalters **bereits bei der Vorauswahl zu berücksichtigen** (dazu: § 56 Rdn. 9), indem nur wirklich bestellbare Verwalter gelistet werden, da im konkreten Verfahren Verstöße gegen die ordnungsgemäße Gläubigerbefriedigung u. U. nicht entdeckt werden

3d

können. Dies erfordert eine überschaubare Vorauswahl-Liste und den erfahrenen Insolvenzrichter (Frind, DRiZ 2006, 199). Aus dem JM des Landes NRW wurde im September 2006 ein **Gesetzentwurf** »**GAVI**« zur Erweiterung der gerichtlichen Aufsicht veröffentlicht, der wegen seiner unzweckmäßigen Regulierungsdichte in der Praxis auf Kritik gestoßen ist (Tömp, ZInsO 2007, 234; Frind, ZInsO 2006, 1035), sodann als Referentenwurf v. 14.05.2007 als Gesetzentwurf der Länder NRW und Niedersachsen v. 15.08.2007 (BR-Drucks. 566/07; Müller-Piepenkötter, INDAT-Report 6/07, 32) in den Bundesrat eingebracht wurde (kritisch dazu: Frind, ZInsO 2007, 922), mittlerweile aber nach einer Anhörung im Rechtsausschuss (BT-Drucks. 16/7251 v. 21.11.2007) im Frühjahr 2008 seither zu Recht im Gesetzgebungsverfahren nicht weiter verfolgt worden ist.

Die Einführung des vorläufigen Gläubigerausschusses im Wege der Gesetzesänderung durch das »ESUG« (BT-Drucks. 17/5712) als optionale oder sogar obligatorische Beteiligungsvariante der Gläubiger (s. § 67 Rdn. 2) wird bereits im Eröffnungsverfahren zu erhöhter Aufsichtsdichte führen (s. § 69 Rdn. 5a ff.).

II. Anwendungsfälle des Aufsichtsrechtes

1. Zweckmäßigkeitskontrolle bei Mitwirkungspflicht oder unmittelbarem Anordnungsbereich

4 Sofern das Gesetz **Mitwirkungs- und Anordnungsrechte des Gerichtes** vorsieht, wird jedoch auch der Bereich der Zweckmäßigkeitskontrolle eröffnet (HK-Riedel § 58 Rn. 3; undifferenziert: Mäusezahl in Graf-Schlicker § 56 Rn. 9). Das Gericht kann daher in jedem Verfahren durch Bezugnahme auf »generelle« Ablaufrichtlinien, ein regelhaftes Vorgehen des bestellten Verwalters/Sachwalters anordnen, z.B. besteht im Rahmen von Einzelermächtigungsbeschlüssen nach § 22 Abs. 2 zur Begründung von Masseverbindlichkeiten (BGHZ 151, 353 = *ZInsO 2002, 819*; Uhlenbruck-Uhlenbruck, § 58 Rn. 25; s. z. B. dazu **Heidelberger Leitlinien**«, ZInsO 2009, 1848 = NZI 2009, 593, 595 auch zur Prüfung der Finanzierbarkeit) oder bei der Entscheidung über die **Betriebseinstellung** gem. § 22 Abs. 1 Nr. 2 oder bei Antragstellung gem. § 158 Abs. 2 Satz 2 eine Pflicht des Gerichtes, prognostisch zu prüfen, ob diese Maßnahmen im Sinne einer Massemehrung sinnvoll oder bei Neu-Bestellungen ggü. Lieferanten auch voraussichtlich bezahlbar sind (Uhlenbruck-Uhlenbruck, § 58 Rn. 25; Kirchhof, ZInsO 2007, 227, 229, dort auch zur Mitkontrolle nach dem neuen § 21 Abs. 2 Nr. 5).

Das Gericht darf nicht sehenden Auges eine Schädigung von möglichen Massegläubigern in Kauf nehmen (Marotzke, ZInsO 2004, 178, 180; Eckert/Berner ZInsO 2005, 1130; AG Hamburg ZIP 2003, 43; KPB-Lüke § 58 Rn. 10), aber auch unsinnige Masseschulden nicht begründen lassen (vgl. Rdn. 5) und andererseits eine Nichtgenerierung möglicher Masse nicht dulden (vgl. Rdn. 4a).

Das Gericht kann auch von Verwalterverbänden entwickelte »**Grundsätze ordnungsgemäßer Insolvenzverwaltung**« (GOI, ZIP 2011, 197; Stand 03.05.2013, s. Anhang) durch Inbezugnahme zum Gegenstand der Verfahrensabwicklungsanweisungen machen (dies folgt aus § 404a Abs. 1 ZPO i. V. m. §§ 4, 58 Abs. 1 InsO; dazu Frind, NZI 2011, 785, 788). Dies definiert die vom Gericht erwarteten Ablaufregeln im Eröffnungs- und eröffneten Insolvenzverfahren und gibt Gläubigern wie Verwalter/Sachwalter Sicherheit hinsichtlich der erwarteten Standards (Uhlenbruck, KSI 2012, 5) eine »Ablaufanleitung« (zu Unrecht deswegen kritisch Siemon, ZInsO 2013, 666). Die Inbezugnahme der GOI kann daher auch gegenüber Nichtmitgliedern im Verband VID e. V. erfolgen, da das Gericht sich damit nur auf ein existierendes und von jedem Verwalter nachzulesendes Regelwerk bezieht, welches auch umsetzbar ist (vgl. dazu Moderegger, InsbürO 2013, 310; Dettmer, ZInsO 2013, 170 zur Überprüfung im Wege einer Zertifizierung; für gesetzliche Verankerung Nerlich, NZI 16/2013, V).

Zur Absicherung des Insolvenzgerichtes sollten weitere Informationsquellen zur Qualität des Verwalterhandelns genutzt werden:

Eine Information des Insolvenzgerichtes durch andere staatliche Stellen, z. B. über **Vollstreckungsmaßnahmen gegen Insolvenzverwalter** oder Auffälligkeiten in anderen Insolvenzverfahren, wäre gesetzlich einzuarbeiten (Eckert/Berner, ZInsO 2005, 1130). Strafrechtliche Durchsuchungsmaßnahmen gegen den Insolvenzverwalter zur Erlangung der Geschäftsunterlagen wegen Straftaten des Schuldners oder seiner Organe sind i. d. R. unverhältnismäßig, da der Verwalter gehalten ist, mit den Ermittlungsbehörden zu kooperieren (LG Potsdam, ZInsO 2007, 1162 m. zust. Anm. Brüsseler, 1163; LG Düsseldorf, NZI 2001, 488 zur eingeschränkten Beschlagnahmewirkung im Insolvenzverfahren a. A. LG Ulm, ZInsO 2007, 827 m. abl. Anmerk. Menz, 828).

2. Beispiele zum Aufsichtsumfang im gerichtlichen Mitwirkungsbereich

Insb. bei »erledigenden« Zahlungen im Insolvenzeröffnungsverfahren auf Gläubigerantrag und bei der Massegenerierung stellen sich Notwendigkeiten der Überwachung des insolvenzverfahrensgerechten Verhaltens des Insolvenzsachverständigen bzw. vorläufigen Verwalters: 4a

Das Gericht entscheidet zumindest im Rahmen der Kostenentscheidung nach § 91 ZPO, wenn nicht der Antragsteller das Verfahren nach § 14 Abs. 1 Satz 2 ohnehin fortsetzt, ob ein Verfahren als »erledigt« anzusehen ist und hat im Eröffnungsverfahren auch darauf zu achten, dass der vorläufige Insolvenzverwalter nicht zur Bevorteilung des antragstellenden Gläubigers beiträgt, indem er z. B. Zahlungen an diesen zustimmt oder diese initiiert (AG Hamburg, ZInsO 2004, 102), denn solchen Zahlungen ist ohne Zustimmung keine Erledigungswirkung beizumessen, wie aus §§ 24 Abs. 1, 81 Abs. 1 folgt (AG Göttingen, NZI 2011, 594 = ZInsO 2011, 1515; LG Duisburg, ZInsO 2009, 336; ZVI 2004, 59; AG Hamburg, ZInsO 2002, 1100; NZI 2004, 323, 256; ZInsO 2004, 458; ZInsO 2005, 158; AG Duisburg, ZVI 2005, 129; so auch: Bork/Koschmieder-Beck/Hölzle, Fachanwaltshandbuch Insolvenzrecht, Rn. 29.71 – 29.75; Gerke, ZInsO 2003, 873; a. A. Wehr § 13 Rn. 69). Vielmehr muss der vorläufige Verwalter einer solchen Zahlung, auch wenn sie von dritter Seite erfolgt, gem. § 267 Abs. 2 BGB widersprechen, damit das Insolvenzgericht das Verfahren fortsetzen und ggf. eröffnen kann (AG Hamburg, ZInsO 2004, 458; ZInsO 2005, 158; AG Duisburg, ZVI 2005, 129; Brückl/Kersten, NZI 2004, 422, 429); der Insolvenzantragsteller braucht die anfechtbare Zahlung mangels Erfüllungswirkung nicht anzunehmen (LG Duisburg, ZInsO 2009, 336). Nach der Neufassung des § 14 Abs. 1 Satz 2 InsO durch das Haushaltbegleitgesetz 2011 kann der Insolvenzantragsteller bei einem Vorantrag binnen einer Frist von 2 Jahren seit der vorliegenden neuen Antragstellung erklären, dass trotz einer Zahlung auf die Insolvenzantragssumme der Antrag »weiterlaufen« soll. Das Insolvenzgericht hat dann bereits veranlasste Ermittlungsmaßnahmen zur Frage der Zahlungsunfähigkeit des Schuldners fortzuführen oder sogar erst zu veranlassen, ggf. ist die erfolgte Zahlung auch Veranlassung zu einer Sicherungsmaßnahme nach § 21 InsO (Marotzke, ZInsO 2011, 841, 850; Frind, ZInsO 2011, 412 ff.; Gundlach/Rautmann, NZI 2011, 315). In diesem Fall hat der vorläufige Verwalter schnell und kompromisslos zu ermitteln.

Das Gericht darf bei Vorliegen einer unwirksamen Erledigungserklärung die Sicherungsmaßnahmen gem. § 21 nicht aufheben, sondern muss den Verwalter zur Fortsetzung seiner Sicherungstätigkeit und zur Gutachtenerstattung mit dem Ziel des ordnungsgemäßen Abschlusses des Eröffnungsverfahrens durch Eröffnung oder Abweisung mangels Masse anhalten (AG Hamburg, ZInsO 2002, 1100; a. A. Wehr § 13 Rn. 60 ff.). Auch nach Aufhebung der Sicherungsmaßnahme »vorläufige Verwaltung« nach Eingang der Erledigungserklärung wird die getätigte Verfügung des Schuldners nicht wirksam, da eine analoge Anwendung von § 184 Abs. 2 BGB gilt (AG Hamburg, ZInsO 2006, 1118). Daher obliegt dem Gericht im Wege der Aufsicht über den vorläufigen Verwalter in diesen Konstellationen die Verantwortung für den Erhalt der Wirkungen der Sicherungsmaßnahme.

Es gehört auch zum Aufsichtsbereich des Gerichtes, erkennbar unterlassene Massegenerierungen des Verwalters zu rügen: Der Verwalter/Treuhänder muss auch vom **Lastschrift-Widerruf** zugunsten der Masse Gebrauch machen, sofern er dadurch noch die Befriedigung von Insolvenzgläubigern hindern kann und der Widerruf im Interesse der Gesamtgläubigerschaft liegt (ausführlich Lüdtke § 35 Rdn. 225 ff.). Dies gilt auch in **Verfahren natürlicher Personen** (AG Hamburg, ZInsO 2009, 250; ZInsO 2007, 721; LG Lübeck, DZWIR 2008, 392; Birger, DZWIR 2008, 364; Cymutta, ZInsO 2008, 191; Dawe, ZVI 2007, 549; a. A. AG München, ZIP 2008, 592; Henning, ZInsO 2007, 1253, 1257; Homann, ZVI 2008, 156). Den darüber bestehenden Streit hat der BGH in 4b

Bejahung der prinzipiellen Statthaftigkeit unter Verweis auf das Pfändungsschutzkonto und mögliche konkludente Vorweggenehmigungen des Schuldners geklärt (BGH, ZInsO 2010, 1534; ZInsO 2011, 1308).

Gegen diese Massegenerierung gerichtete Eingaben des Schuldners sind als Aufsichtsanregungen gem. § 58 InsO vom Insolvenzgericht zu entscheiden (BGH, ZInsO 2008, 1207 und BGH IX ZA 34/08). Der Insolvenzverwalter wird nur dadurch seiner Sicherungsaufgabe gerecht, ansonsten würde er sich u. U. an einer strafbaren Gläubigerbegünstigung des Schuldners gem. §§ 283c, 26, 27 StGB beteiligen, sofern der Vorsatz bejaht werden kann. Generelle Weisungen des Insolvenzgerichtes zur Nichtausübung des Lastschriftwiderrufes sind unzulässig (AG Hamburg, NZI 2009, 331).

4c Des Weiteren muss das Gericht die **Transparenz der Geldflüsse**, die der (vorl.) Verwalter steuert, sicherstellen.

Ein sog. **Treuhandkonto** zur Befriedigung von Lieferanten ist im Insolvenzeröffnungsverfahren vor dem Hintergrund der Möglichkeit der vom vorläufigen Verwalter einzuholenden »Einzelermächtigungen« unnötig, zumal die Einzelermächtigung dem vorläufigen Insolvenzverwalter ermöglicht, seine Liquiditätsvorschau auch zu späteren Beweiszwecken in Haftungsfällen nach § 61 InsO zur Akte zu reichen und so zeitnahe Erstellung zu dokumentieren (Uhlenbruck-Uhlenbruck, § 58 Rn. 25). Die Möglichkeit einer insolvenzsicheren Konstruktion von Treuhandkonten wird zu Recht bezweifelt (Kirchhof, FS. für Kreft, 359, 366; Windel, ZIP 2009, 101 ff.; Küpper/Heinze, ZInsO 2010, 214, 218; a. A. wohl Büchler, § 47 Rdn. 50 f.). Die Meinungsspanne geht von Befürwortung bis völliger Ablehnung (s. zu Recht gänzlich ablehnend zum Treuhandkonto: Heidelberger Leitlinien, ZInsO 2009, 1848 = NZI 2009, 593, 594; a. A. Ganter, NZI 2012, 433; Laroche, NZI 2010, 965, 973, die das Treuhandkontenmodell nicht als »Konkurrenz« zur Einzelermächtigung ansehen; für eine Kombination von Treuhandkonto und Einzelermächtigung: Beck, FS Runkel, 3, 27). Jedenfalls dürfte eine Abstimmung mit dem Insolvenzgericht allein wegen § 58 InsO und der Konkurrenz zur Einzelermächtigung unumgänglich sein (BAKinsO – Herbsttagung 2010, Entschließung v. 15.11.2010, ZInsO 2011, Heft $^1/_2$, III = InsVZ 2010, 446 = NZI Heft 24/2010, VI).

Das »Treuhandkontenmodell« führt zu einer Führung von Konten neben dem eigentlichen Insolvenz-Sonderkonto des Verwalters und ist künftig durch die Nutzung des »einheitlichen Kontenrahmens« (**SKR-InsO,**) (Rdn. 5a; s. auch § 56 Rdn. 15a, 22) im Sinne einer erhöhten Transparenz der Masseverwertung unerwünscht. In jedem Fall müsste das Insolvenzgericht die Anlegung zugunsten bestimmter Gläubiger genehmigen (AG Hamburg, ZInsO 2004, 517; Frind, ZInsO 2003, 778; ders. ZInsO 2004, 470; ders. ZInsO 2005, 1296; ders. ZInsO 2006, 182; s. a. Schröder § 22 Rdn. 102 f. und 205) und dessen transparente Abrechnung überwachen (ein – nach hiesiger Ansicht ebenso zweifelhaftes – »Anderkontenmodell« befürwortend: Stapper/Schädlich, ZInsO 2011, 249, 254). Sammelkonten des Insolvenzverwalters für mehrere Schuldner gemeinsam sind daher abzulehnen (a. A. Kießling, NZI 2006, 440). Ersichtlich rechtlich ungeeignete Konstrukte zur »Absicherung« von Gläubigern darf das Gericht nicht genehmigen, ansonsten übernimmt das Gericht keine Gewähr für die Frage der sachenrechtlich wirksamen Maßnahmen des Verwalters (AG Hamburg, ZInsO 2005, 447; ZInsO 2004, 517).

Der Treuhänder darf nicht ohne Zustimmung des Treugebers über das Treugut – im Fall eines Treuhandkontos über das Guthaben – verfügen (BGH, ZInsO 2011, 784, 786 m. w. N. in Rn. 16). Beachtet der Treuhänder die treuhänderische Bindung nicht, hat dies zur Folge, dass das Treugut-Konto insgesamt nicht mehr dem Vermögen des Treugebers zugerechnet werden kann, der Treuhandkontocharakter, auch und gerade für den Fall der Insolvenz des Treuhänders, entfällt (BGH, a. a. O.). Das Argument, »eigentlich Bargeschäft«, verfängt nicht, da es an einem unmittelbaren Leistungsaustausch (zur engen Definition: BGH, ZInsO 2003, 417) meist fehlt, denn auch die Befürworter der Nutzungsmöglichkeit räumen ein, dass ein Bargeschäft eine zeitnahe Liquidität des Kontos zum Zeitpunkt der Leistung des Lieferanten erfordert (Laroche, NZI 2010, 965, 967).

Die Anlegung von Treuhandkonten vom (vorl.) Verwalter als Treuhänder wäre deshalb in jedem Fall durch das Gericht als Insichgeschäft des vorläufigen Verwalters/Treuhänders/Treugebers genehmigungspflichtig (AG Hamburg, ZInsO 2005, 447; Bähr, ZIP 1998, 1553, 1560; Pape, ZInsO 2003, 1061, 1062; ders. ZInsO 2004, 237, 243; Frind, ZInsO 2004, 470; ders. ZInsO 2005, 1296; Mönning/Hage, ZInsO 2005, 1185; Kögel/Loose, ZInsO 2006, 17, 22; **a.A.** Bork, NZI 2005, 530; Werres, ZInsO 2005, 1233; ders. ZInsO 2006, 918; Kießling, NZI 2006, 440, 443). Hinzuweisen ist darauf, dass die Tätigkeit des vorläufigen Verwalters im Rahmen eines »Treuhandmodells« oder die Tätigkeit als Treuhänder versicherungsrechtlich wohl durch die anwaltliche Haftpflichtversicherung nicht abgedeckt ist (Rendels INDAT-Report 7/2006, S. 34). Entsprechende Anforderungen kann das Gericht gleich bei der Bestellung des vorläufigen Verwalters gem. § 22 Abs. 2 im Bestellungsbeschluss oder in einer Generalverfügung, die dann im Wege der Konkretisierung der Aufsichtspflicht Beschreibung des Umfanges der Anforderungen an eine Verwaltertätigkeit bei Gericht ist (s. z. B. die »*Hamburger Leitlinien*« ZInsO 2004, 24 = NZI 2004, 133; Rauscher, ZInsO 2009, 1847 zu den »Heidelberger Leitlinien«), regeln.

Öffentlichkeitsarbeit gehört in Großverfahren zum Pflichtprogramm des Verwalters (Scheurer, ZInsO 2013, 2369; Hofmann/Schöneberger/Emminger, Pressearbeit im Insolvenzverfahren, Beilage zu ZInsO Heft 29/2010; Reuter INDAT-Report 3/2006, S. 8), denn das öffentliche Interesse an besonderen Verfahren ist in den letzten Jahren deutlich gewachsen und der Verwalter muss mit kritischer Berichterstattung leben (Wellensiek, NZI 15/09, V; INDAT-Report 8/09, 8). Kommunikation in der Krise kann aber zur Betriebsfortführung grundlegend beitragen (Akhamal/Jantos/Panthel/Simon, ZInsO 2009, 2178; Akhamal/Jantos/Panthel, InsbürO 2009, 406; Schellberg, Sanierungsmanagement, 2008, S. 74 f.; Frind, NZI 2005, 654). Überdurchschnittliche Öffentlichkeitsarbeit und Medienpräsenz sind zuschlagsrelevante Faktoren i. S. v. § 3 InsVV (R. Schmidt, ZInsO 2012, 1886 unter Verweis auf LG Frankfurt am Main v. 02.01.2010, 19 T 214/09 n. v.).   **4d**

Im Bereich der Öffentlichkeitsarbeit sollten Gericht und Verwalter eng zusammenarbeiten und ihre Verlautbarungen untereinander abstimmen, ggf. kann das Gericht dem Verwalter die Beachtung von verfahrensleitenden Maßgaben zur Öffentlichkeitsarbeit aufgeben (Frind, NZI 2005, 654), denn zu beachten ist immer, dass auch die Verwalterstellung eine Einbindung in die gerichtliche Öffentlichkeitsarbeit über die Gerichtspressestelle erfordert. Die Gerichtspersonen aber sind, was Schmittmann (ZInsO 2010, 2044, 2045) verkennt, meistens durch dienstliche Anweisung gehalten, nicht unmittelbar, sondern nur über die Gerichtspressestelle Stellungnahmen abzugeben. Zumindest die Rechtsanwender des Insolvenzgerichtes müssen dem so nachkommen; **der Verwalter sollte eigene Presseaktivitäten zumindest absprechen.** Im Zusammenhang mit der ersten Gläubigerversammlung und auch mit dem Schlusstermin sollte das Gericht selbst in »presseträchtigen« Terminen eine abgestimmte Pressemitteilung über seine Pressestelle abgeben. Der – eingeschränkte (§ 169 Abs. 2 GVG) – Zugang zur Gläubigerversammlung sollte für die »schreibende Zunft« als Möglichkeit, diese von einem externen Raum aus zu verfolgen, gewährt werden (Schmittmann, ZInsO 2010, 2044, 2046; Möhlen, Rechtspfleger 2010, 355, 356).

Gerichtliche Kontrolle der Aufgabenwahrnehmung: Die **Rechnungslegung** des Verwalters hat   **5** den gesetzlichen Anforderungen zu entsprechen, insb. die Prüfung durch Gericht und Gläubiger zu ermöglichen (KPB-Lüke § 58 Rn. 6; zum Prüfungsumfang s. hier Rdn. 9 und Weitzmann, § 66 Rdn. 11). Sie ist trotz etwaiger Ankündigung der Restschuldbefreiung bis zur Aufhebung des Verfahrens geschuldet (BGH, NZI 2010, 997). Die Art und Weise der Rechnungslegung sollte transparent sein und **künftig standardisiert** werden (Haarmeyer/Hillebrand, ZInsO 2010, 702; Haarmeyer, ZInsO 2010, 412; Mäusezahl, ZInsO 2006, 580; kritisch zur Standardisierung bei Schlussrechnungslegungen: Kloos, NZI 2009, 586); sie dient auch der Qualitätssicherung, insb. als fortgeschriebene Rechnungslegung (Fischer/Hempler, ZInsO 2007, 587; s. a. »GAVI«-Reformentwurf, Rz. 3 a. E.; vgl. auch bei § 56 Rdn. 15a). In jüngster Zeit hat das IDW (Institut der Wirtschaftsprüfer) dazu gesonderte Rechnungslegungshinweise für das Insolvenzverfahren erstellt (ZInsO 2009, 74 ff.; 130 ff.; kritische Erläuterungen dazu bei Frystatzki, NZI 2009, 581).

Die **Verwertung der Masse** ist höchstpersönliche Aufgabe des Verwalters (BGH, ZInsO 2004, 1348, 1349), die nach §§ 151 Abs. 2 Satz 1 InsO (Bewertung) bzw. § 159 InsO (Verwertung) **nur in besonderen Fällen delegiert werden kann** (§ 56 Rdn. 16a; Cranshaw/Portisch, FP 2012, 275). Das

Gericht soll aber den Umfang der Delegation auf Be- und Verwerter kontrollieren oder der Gläubigerversammlung die Entscheidung dazu überlassen, indem es dafür sorgt, dass die Begründung von Massekosten transparent dargelegt ist (dazu und zur Unabhängigkeit von Be- und Verwerter vgl. Donath, ZInsO 2008, 1364, 1369; Haarmeyer, ZInsO 2011, 1147). Der Verwalter hat etwaige Interessenkollisionen in Form wirtschaftlicher Beteiligung an Unternehmen, die er entweder in Form des § 4 Abs. 1 Satz 3 InsVV zulasten der Masse (Masseschulden) eingeschaltet hat oder persönlich in Anspruch genommen hat, um deren Kosten später als Massekosten geltend zu machen, dem Gericht und den Gläubigergremien anzuzeigen (ggf. ist Nicht-Anzeige Entlassungsgrund). Das Gericht kann die Begründung etwaig unwirtschaftlicher Masseschulden untersagen (BGHZ 113, 262); bei Geltendmachung im Vergütungsantrag als Massekosten gilt das Transparenzgebot dann (s. a. E. der Rdn. 5b).

Eine permanente Rechnungsprüfung erfolgt nicht (Uhlenbruck-Uhlenbruck § 58 Rn. 17). Bei länger andauernden Verfahren sollten jährliche »Kassenprüfungen«, d. h. Kontenbestandsprüfungen (BGH, KTS 1966, 17, 19) mit Belegkontrolle erfolgen (MK-Graeber § 58 Rn. 21, 22, 25, 26; a. A. BK-Blersch § 58 Rn. 6; ihm folgend in Verkennung der Reichweite des Begriffes »Kassenprüfung« Uhlenbruck-Uhlenbruck, § 58 Rn. 4), bei gegebenen Anlässen kürzere Intervalle (OLG Stuttgart, ZIP 2007, 1822: bei langer Verfahrensdauer oder fehlendem Gläubigerausschuss; Uhlenbruck-Uhlenbruck § 58 Rn. 1, 24), da nur dadurch *vor* der **Schlussrechnung** mögliche Falschbefriedigungen, insb. von Insolvenzgläubigern als Massegläubiger (Uhlenbruck-Uhlenbruck § 58 Rn. 5 a. E.), entdeckbar sind (dazu Rdn. 9), wenn nicht die Gläubigerversammlung ohnehin gem. § 66 Abs. 3 Satz 1 Zwischenrechnung anordnet. Die Kassenprüfung erfordert nicht die Einbeziehung aller laufenden Verfahren des Insolvenzverwalters, da Geldverschiebungen auch durch Saldenabgleich zu entdecken sind (a. A. OLG Stuttgart, ZIP 2007, 1822, 1825).

5a **Aufsicht und Schlussrechnung**: Die **Schlussrechnung des vorläufigen Verwalters** ist sorgfältig auf die korrekte Verwertung der Masse und insbesondere die richtige Befriedigung von tatsächlichen Massegläubigern zu prüfen (Heyrath/Reck, ZInsO 2009, 1678; Heyrath/Ebeling/Reck, Schlussrechnungsprüfung, 2008, Rn. 164 ff.; § 66 Rn. 12). Verwalter greifen zur Erstellung bereits auf externe Dienstleister zurück (Graeber/Graeber, NZI 2014, 298, 300). Die Schlussrechnung soll auch Auskunft zur Berechnungsgrundlage der Vergütung des Verwalters geben, deshalb sind durchlaufende Posten, Geldtransit und Erstattungen, die nicht in die Berechnungsgrundlage einzubeziehen sind, gesondert kenntlich zu machen (Reck, ZInsO 2011, 567). Spätestens bei der Schlussrechnung hat der Verwalter auch über Konten oder Gesellschaftsanteile abzurechnen, an denen die Masse nur Anteile hält (LG Koblenz, ZIP 1989, 179). Ebenfalls hat der Verwalter über etwaig angelegte Treuhandkonten (Rdn. 4b; dazu: Frind, ZInsO 2004, 470; ZInsO 2004, 840) transparent abzurechnen, d. h. jede Ausgabe zu belegen, ggf. zu erläutern, denn es genügt nicht, nur einen »Überschuss« aus solchen Konten zur Masse zu reichen (Weitzmann, ZInsO 2007, 449, 450).

▶ Hinweis:

Mittlerweile gibt es Beschlüsse der Verwalterverbände und des BAKinso e. V., die Schlussrechnung des Verwalters zu *standardisieren* mittels eines einheitlichen Kontenrahmens (SKR 03 bzw. 04) (Zimmer, Insolvenzbuchhaltung, 2013, Teil G; ders. INDAT-Report 7/2013, 30; Ausgangspunkt war das Projekt von ZEFIS; ZInsO 2010, 2287; ZInsO 2011, 1874; ZInsO 41/2012, IV). Das Insolvenzgericht kann im Rahmen seiner Aufsicht diese Art der Kontenführung zu Erreichung höherer Transparenz als Ausführungsstandard gegenüber den Verwalterkanzleien, die bestellt werden, anordnen. Bereits im Bericht gem. § 156 InsO und in folgenden Zwischenberichten sollen sämtliche Vermögenswerte, die im Gutachten genannt wurden, idealerweise mit derselben Gliederung, weiter fortgeschrieben werden. Eine standardisierte und fortgeschriebene Zwischenberichtserstattung erleichtert Gericht und Gläubigern den Überblick über den Stand der Masseverwertung (Beispiel AG Aachen: Langer/Bausch, ZInsO 2011, 1287; Wipperfürth, InsbürO 2014, 60) und ist damit eine Hilfe für das gerichtliche Aufsichtsverfahren.

Ein *standardisierter Kontenrahmen* für die Schlussrechnung kann Verfahrenserfolge auch kennzahlengestützt (Verfahrenskennzahlabfragekategorien des BAKinso e. V., ZInsO 2009, 1482) vergleichbar machen (s. Mitteilung des »Gravenbrucher Kreises«, ZInsO 30/2011, III; ZEFIS, ZInsO 2011, 1874). In dem künftigen Standardkontenrahmen ist mit den Konten der sechsten Stelle (Zimmer, INDAT-Report 7/2013, 30, 31) ein entsprechendes Ergebnisblatt vorgesehen worden (BAKinso-Entschließung v. 05.11.2012, ZInsO 46/2012, III).

Die **Überantwortung der Prüfung der Schlussrechnung auf Wirtschaftsprüfer oder andere externe Sachverständige** ist regelhaft nicht notwendig (s. hierzu Beschluss BAKinso e. V. v. 05./06.11.2007 [www.bak-inso.de]; Hebenstreit, ZInsO 2013, 276; Schreiber, FS Wellensiek, 2011, 336; Keller, Rechtspfleger 2011, 66; Weitzmann, ZInsO 2007, 449, 453; Pape, ZInsO 2007, 145; **a. A.** Fürst, DZWIR 2006, 499) und soll eventuell den Justizvorbehalt gem. Art. 33 Abs. 4 GG verletzen (Vierhaus, ZInsO 2008, 521; generell ablehnend zur Vergabe einer Prüfung: Franke/Goth/Firmenich, ZInsO 2009, 123 unter Verkennung der möglichen gerichtlichen Kompetenzen bei einer Gesamtschadensmöglichkeit; a. A. OLG Stuttgart, NZI 2010, 191; LG Heilbronn, ZInsO 2009, 667 = NZI 2009, 606: Prüfungsauftrag entspricht gesetzlicher Möglichkeit u. enthebt Rechtspfleger nicht von eigener Prüfungspflicht). Richtig ist aber, dass die Beauftragung eines externen Schlussrechnungsprüfers eine Ermessensentscheidung des insolvenzgerichtlichen Rechtsanwenders zur Hilfe bei seiner Aufsichtswahrnehmung im Einzelfall ist, wobei zu berücksichtigen ist, dass eine betriebswirtschaftliche Ausbildung zur Erfassung der Zahlungsvorgänge in komplizierten Verfahren seitens der Justiz nicht geboten wird (Graeber/Graeber, NZI 2014, 298, 301). Andere Stimmen halten eine Vergabe der Schlussrechnungsprüfung an externe Sachverständige nur in ganz engen Grenzen, z. B. bei Fehlen eines Gläubigerausschusses oder dessen Untätigkeit oder bei Weigerung der Gläubigerversammlung eine Kassenprüfung zu beauftragen trotz komplexen Aufklärungsbedarfes für statthaft (Weitzmann, § 66 Rdn. 13 m. w. N.). Dies übersieht, dass die Prüfung durch den Gläubigerausschuss die gerichtliche Prüfungspflicht nicht ersetzen kann. In solchen Fällen solle der Verwalter die Begleichung der Schlussrechnungsprüfungskosten aus der Masse wegen fehlender Notwendigkeit verweigern (Madaus, NZI 2012, 119, 124).

Diese Auffassung läuft auf ein im Ergebnis nicht gegebenes (LG München II v. 05.09.2013, ZInsO 2013, 2023) Beschwerderecht des Verwalters gegen die externe Prüfung hinaus und ist deshalb abzulehnen.

Der Gesetzgeber hat die sachverständige Prüfung der Schlussrechnung aber erwähnt (BT-Drucks. 12/2443, S. 131). Deshalb ist eine im Einzelfall angeordnete sachverständige Prüfung zulässig und sind die **anfallenden Kosten** aus der Masse zu zahlen (OLG Stuttgart, NZI 2010, 191 = ZIP 2010, 491; LG Heilbronn, ZInsO 2009, 667; Graeber/Graeber, NZI 2014, 298, 302; a. A. Haertlein, NZI 2009, 577 m.d. Vorschlag, die Prüfung der Gläubigerversammlungsentscheidung zu überantworten), aber erst über den »Umweg«, dass das Gericht die Kosten als Auslagen beim Verwalter gem. § 54 Nr. 1 InsO geltend macht, mit der Folge, dass es sich der Masse ggü. nicht um eine umsatzsteuerbare Leistung handelt (Zimmer, ZInsO 2009, 1806).

Der eingesetzte Sachverständige sollte nicht im Konkurrenzverhältnis zu dem zu überprüfenden Verwalter stehen (Haertlein, NZI 2009, 577, 580: Befangenheitsablehnung möglich; Madaus, NZI 2012, 119, 126: Konkurrenz nach »ESUG« bundesweit zu definieren) und nicht anstelle des Gerichtes rechtliche Wertungsfragen beantworten (Förster, ZInsO 2010, 323). Der Verwalter kann den externen Schlussrechnungsprüfer wegen Besorgnis der Befangenheit ablehnen. Der Rechtsweg richtet sich dann nach § 406 Abs. 5 ZPO (LG München II v. 05.09.2013, ZInsO 2013, 2023). Abstrakte Konkurrenzmöglichkeiten genügen dafür als Begründung – auch nach Einführung des § 56a InsO – nicht, erforderlich wäre eine Konkurrenzsituation als Insolvenzverwalter beim gleichen Insolvenzgericht (LG München II v. 05.09.2013, ZInsO 2013, 2023), ansonsten könnten als externe Schlussrechnungsprüfer Insolvenzverwalter gar nicht mehr bestellt werden.

Das Gericht prüft zwar das **Verteilungsverzeichnis** (§ 188) nicht auf Verteilungsrichtig- und vollständigkeit (NR-Delhaes § 58 Rn. 7; MK-Graeber § 58 Rn. 21; Uhlenbruck-Uhlenbruck § 188

§ 58 InsO Aufsicht des Insolvenzgerichts

Rn. 18), da dafür die Einwendungsmöglichkeiten gem. §§ 194 ff. bestehen, sollte aber eine **kursorische Richtigkeitskontrolle** vornehmen und ggf. den Verwalter auf Unrichtigkeiten hinweisen und auf Richtigstellung dringen (NR-Westphal § 188 Rn. 32).

5b **Aufsicht und Vergütung:**

Bei der **Vergütungsfestsetzung** kommt dem Gericht ebenfalls eine Zweckmäßigkeitskontrollkompetenz zu (weiteres bei § 64 und der Kommentierung der InsVV), indem es neben rein insolvenzzweckwidrigen Tätigkeiten des Verwalters, die per se nicht der Vergütung unterliegen können, z. B. prüfen soll, ob die Beauftragung externer Fachleute durch den Verwalter und die Entnahme des diesbezüglichen Entgelts aus der Masse gerechtfertigt war (BGH, ZInsO 2004, 1348 m. zust. Anm. Henssler, EWiR 2005, 833; Frind, ZInsO 2006, 182, 185).

Das Insolvenzgericht kann im Vergütungsbeschluss **Rückzahlungsansprüche feststellen** (FK-Jahntz § 58 Rn. 6).

Diese sind analog § 717 Abs. 2 ZPO gfs. von einem Sonderinsolvenzverwalter, z. B. auch nach rechtskräftiger Aufhebung eines Vergütungsbeschlusses, geltend zu machen (BGH, ZInsO 2006, 27; OLG Hamburg, ZIP 2004, 2150; Graeber, NZI 2014, 147, 148, 150; Amend, EWiR 2005, 143), da das Insolvenzgericht gem. § 58 Abs. 1 InsO die Rückzahlung zu kontrollieren hat (Graeber, NZI 2014, 147, 150; zum möglichen Verzicht durch Gläubigerversammlungsbeschluss vgl. § 56 Rdn. 42h). Die isolierte Anordnung oder Anweisung von Rückzahlungen ist nicht möglich (LG Magdeburg, ZInsO 2013, 2578, 2580), wohl aber – sofern möglich – die Kürzung beantragter Vergütung (BGH, ZInsO 2010, 2188 [Haftungsfall]) oder die Rückforderung bereits entnommener Beträge aus vorläufigen Festsetzungen (LG Magdeburg, ZInsO 2013, 2578, 2580) (zur Aberkennung der Vergütung bei Entlassung **§ 59 Rdn. 12b**). Die zurückzugewährenden Beträge sind gem. § 288 BGB zu verzinsen (Graeber, NZI 2014, 147, 148). Die aus § 717 Abs. 2 Satz 2, 2. Hs. ZPO zu folgernde Schadenersatzverpflichtung beginnt hinsichtlich der **Verzinsungspflicht** ab der Entnahme der Vergütung, da der Verwalter hätte bis zur Rechtskraft der Vergütungsfestsetzung zuwarten können (BGH, ZInsO 2014, 1438, 1440; a. A. Graeber, NZI 2014, 147, 149), wobei der betroffene Verwalter bei gerichtlichen Fehlern, die den Lauf der Beschwerdefrist unangemessen verlängern, gfs. Rückgriff aus Amtshaftungsansprüchen nehmen kann (Graeber, NZI 2014, 147, 150).

Die nicht gerechtfertigte Beauftragung von Anwälten auf Kosten der Masse durch den Insolvenzverwalter führt zur Kürzung der Vergütung des Insolvenzverwalters (BGH, LNR 2010, 26825; LG Leipzig, ZInsO 2011, 1991 = NZI 2012, 83). Auch eine aus der Masse bezahlte Vergütung eines nicht gerechtfertigt beauftragten Dritten, kann das Insolvenzgericht bei der Festsetzung der Vergütung des Verwalters abziehen (BGH v. 19.04.2012 ZInsO 2012, 928; BGH v. 14.11.2012, ZInsO 2013, 152).

Eine Aufrechnung mit noch nicht gerichtlich rechtskräftig festgesetzten Vergütungsansprüchen scheidet allerdings aus, gfs. mangels Gegenseitigkeit (LG Leipzig, ZInsO 2011, 1991, 1994).

3. Fallorientierte Abwägung versus Verpflichtung zur Aufsicht

6 Die Handhabung des Aufsichtsrechtes erfordert Augenmaß und Abwägung, denn ein weitgehend eigenverantwortliches Handeln des Verwalters ist Voraussetzung für eine erfolgreiche Massegenerierung und eine Behinderung des Verwalters sollte vermieden werden (Lissner, ZInsO 2012, 957; NR-Delhaes § 58 Rn. 8; MK-Graeber § 58 Rn. 43; FK-Jahntz § 58 Rn. 5).

Sofern ein (vorläufiger) **Gläubigerausschuss** besteht, kann und sollte dieser dem Gericht ggü. Anregungen zu evtl. notwendigem Einschreiten geben (HK-Riedel, § 58 Rn. 6; weiteres bei § 67). Ein normiertes Antragsrecht auf bestimmte Aufsichtsmaßnahmen von Gläubigern existiert nicht, entsprechende Eingaben sind als Anregung auf amtswegige Prüfung auszulegen (AG Göttingen, ZInsO 2006, 50).

▶ **Hinweis:**

Die Existenz des (vorläufigen) Gläubigerausschusses ersetzt aber nicht die Aufsichtspflicht des Gerichtes (KPB-Lüke § 58 Rn. 7; MK-Graeber § 58 Rn. 16; FK-Jahntz § 58 Rn. 2; Eckert/Berner ZInsO 2005, 1130), zumal auch der Gläubigerausschuss wiederum vom Gericht kontrolliert wird (§ 70). Im Eröffnungsverfahren muss allerdings von einer Einarbeitungszeit des vorläufigen Gläubigerausschusses ausgegangen werden, das Gericht kann seine Aufsichtspflicht im Rechtmäßigkeitsbereich daher in diesem Verfahrensstadium nicht einmal ermäßigen.

Im **eröffneten Verfahren** mit Gläubigerausschuss kann die Aufsichtsintensität aber ermäßigt werden (LG Köln, ZInsO 2001, 673 [Ls.]; Uhlenbruck-Uhlenbruck § 58 Rn. 7; **a. A.** NR-Delhaes § 58 Rn. 4), wenn keine besonderen Umstände, z. B. Großverfahren, schwierige Massekostendeckung, komplizierte Betriebsfortführung, vorliegen. Umgekehrt ist bei einem noch unerfahrenen Verwalter die Aufsicht in erhöhtem Maße wahrzunehmen (BK-Blersch § 58 Rn. 5). Die Aufsicht des Gerichtes wird nicht dadurch begrenzt, dass z. B. die Organe der Gläubigerschaft, d. h. Gläubigerversammlung oder der -ausschuss, ein bestimmtes Vorgehen des Verwalters nicht kritisieren (MK-Graeber § 58 Rn. 17; **a. A.** KPB-Lüke § 58 Rn. 7; Uhlenbruck-Uhlenbruck § 58 Rn. 7: beeinflusst die Abwägung beim Einschreiten). Dabei ist vom Gericht zu prüfen, ob die Gläubigerorgane die zu betrachtende Maßnahme überhaupt zur Kenntnis genommen und ggf. unter Beachtung der Rechtslage ausdrücklich gebilligt haben. Im letzteren Fall mag die Schwelle zum Einschreiten des Gerichtes besonders hoch angesiedelt sein (Uhlenbruck-Uhlenbruck § 58 Rn. 7).

Zeitlich währt die Aufsicht bis zur Herausgabe der Bestallungsurkunde bei Verfahrens(abschnitts)ende. Zuständig ist gem. § 18 RPflG im Eröffnungsverfahren der Richter, im eröffneten Verfahren der Rechtspfleger, sofern nicht dem Richter vorbehaltene thematische Abschnitte berührt sind (Verwalterbestellung, -entlassung und -eignungsprüfung für künftige Verfahren, Restschuldbefreiungsversagung, Zwangsmaßnahmen gegen den Schuldner). Eine »Vorverfügung« durch den Rechtspfleger für richterliche Aufgabenabschnitte ist rechtswidrig, d § 25 RPflG im Jahr 1998 geändert wurde (Frind, ZInsO 2012, 2093).

7

4. Aufsichtsmaßnahmen

Die **Anforderung von Sachstandszwischenberichten oder Zwischenabrechnungen** (die weit vor der Schlussrechnungslegung nach § 66 durchaus sinnvoll sind) stellt die mildeste Aufsichtsmaßnahme dar, da damit lediglich gerichtliche Informationsgewinnung betrieben wird. I. d. R. erfolgt die Aufsicht durch Überprüfung der zur Akte gereichten Unterlagen des Verwalters in rechtlicher und rechnerischer Hinsicht. **Einzelne Beteiligte** haben außerhalb der Gläubigerversammlungen, wenn sie nicht Absonderungsberechtigte sind (§§ 167, 168; Uhlenbruck-Uhlenbruck § 58 Rn. 19), **kein direktes Auskunftsrecht** ggü. dem Verwalter, weshalb das Gericht diesen im Aufsichtswege zu solcher Auskunftserteilung nicht anhalten kann (KPB-Lüke § 58 Rn. 14; HK-Riedel § 58 Rn. 5; AG Köln, NZI 2002, 390; ZInsO 2002, 595). Sie können aber Akteneinsicht gem. § 299 ZPO nehmen und auf diesem Wege die Verfahrensführung prüfen, wovon zu wenig Gebrauch gemacht wird.

8

Externe Prüfung: Das Gericht kann bei schwierigen Sachverhalten oder umfangreichen Rechnungslegungen, z. B. in sog. Großverfahren, einen Sachverständigen, ggf. Wirtschaftsprüfer, zur Aufsichtsunterstützung einschalten (MK-Graeber § 58 Rn. 13, 19; NR-Delhaes § 58 Rn. 7). Eine regelhafte Prüfungsabgabe an externe Sachverständige begegnet Bedenken (s. Rdn 5a), darf aber auch nicht von einem vorherigen Beschluss der Gläubigerversammlung abhängig gemacht werden, da das Gericht die Möglichkeit haben muss, seine gesetzliche Prüfungsaufgabe selbst auszugestalten. Sinnvoll ist eine externe Prüfung bei umfangreichen Verfahren oder Verdachtsanlässen i. S. v. § 92 Satz 2 InsO. Der externe **Sondersachverständige** sollte aber zu dem geprüften Verwalter nicht im Bestellungs-Konkurrenzverhältnis stehen, wobei die Konkurrenz nicht in der Tätigkeit als Insolvenzverwalter generell, sondern beim gleichen Insolvenzgericht besteht (a. A. Madaus, NZI 2012, 119. 126, der nach Geltung des »ESUG« von der bundesweiten Konkurrenz via möglichem Gläubigervorschlag ausgeht). Der Insolvenzverwalter ist ggü. dem Sachverständigen oder einem

Sonderinsolvenzverwalter (s. § 56 Rdn. 41) auskunftsverpflichtet (BGH, ZInsO 2010, 185; BGH, ZInsO 2010, 188; a. A. AG Kassel, ZInsO 2011, 343), was gfs. durch das Insolvenzgericht mittels Zwangsgeld nach § 58 InsO durchgesetzt werden kann, auch wenn der Verwalter sich durch die Auskünfte selbst belasten muss (LG Göttingen, NZI 2009, 61 = ZInsO 2009, 527). Die Anwendung der §§ 97, 98 InsO gegen den Verwalter kommt nicht in Betracht (BGH, ZInsO 2010, 132; a. A. Foltis, ZInsO 2010, 545, 554).

Bei der Abwahl des Verwalters nach § 56a Abs. 3 oder § 57 besteht anschließend besondere Veranlassung, den neu gewählten Verwalter hinsichtlich seiner Pflichterfüllung ggü. der Gläubigergesamtheit zu überwachen (MK-Graeber § 58 Rn. 19; § 57 Rdn. 6).

9   Das Gericht muss immer dann einschreiten, wenn **nicht mehr reversibler Schaden** droht oder Zustimmungsverpflichtungen umgangen werden (Frind, ZInsO 2006, 182).

So kann eine Verwertung ohne Zustimmung **entgegen § 160 InsO** zunächst untersagt werden (MK-Görg § 160 Rn. 36), eine rechtsmissbräuchliche Betriebsfortsetzung unterbunden (BGH, NJW 1980, 55) oder eine verzögerliche Verfahrensführung mit Anweisungen beschleunigt werden (BGHZ 49, 11, 14 = NJW 1968, 300). Das Gericht kann im Wege der Aufsicht dem Verwalter auch die Genehmigung der Entnahme eines Vorschusses auf die Vergütung (§ 9 InsVV) aus der Masse versagen (BGH, ZInsO 2002, 1133; LG Münster, ZInsO 2001, 903), die Entnahme von ungerechtfertigten Honorarbeiträgen untersagen (MK-Graeber, § 58 Rn. 40; a. A. Jaeger/Gerhardt, § 58 Rz. 16) oder bei bestehender Interessenkollision den Abschluss eines Vertrages untersagen (BGHZ 113, 262 = ZIP 1991, 324). Auch die Befriedigung von Insolvenzgläubigern als Massegläubiger kann untersagt werden oder vom Verwalter bestimmte Sicherungsmaßnahmen und die Durchführung von offensichtlich gebotenen Anfechtungsprozessen begehrt werden, sinnlose Betriebsfortführung untersagt werden (Uhlenbruck-Uhlenbruck § 58 Rn. 10, 25; a. A. Küpper/Heinze; ZInsO 2010, 214, 219).

Des Weiteren hat das Gericht auch sicherzustellen, dass der Schuldner das Existenzminimum für seinen **Unterhalt** aus der Masse erhält, wenn diese dazu ausreicht (OLG Frankfurt am Main, ZInsO 2000, 614; LG Dortmund, NZI 2000, 182). Das Insolvenzgericht kann den Verwalter aber nicht gem. § 58 anweisen, dem Schuldner einen von der Gläubigerversammlung bewilligten Monatsunterhalt auszuzahlen, wenn demgegenüber der Verwalter für die Masse mit Schadensersatzansprüchen aus eingehaltenem Neuerwerb (hier: Privatpatientenliquidationen) aufrechnen kann. Ggf. muss der Schuldner als Massegläubiger im Zivilprozessverfahren den Verwalter verklagen (AG Köln, NZI 2005, 226). Das Insolvenzgericht ist auch nicht zuständig für Anträge, dem Insolvenzverwalter die **Kündigung der Praxisräume** zu untersagen (BGH, ZVI 2007, 80; LG Köln, ZVI 2007, 81), denn dies unterliegt seinem Ermessensbereich. Über die Fortführung oder Stilllegung des schuldnerischen Betriebes entscheidet die Gläubigerversammlung (§ 157). Eine Verweisung der Eingabe des Schuldners an das allgemeine Prozessgericht gem. §§ 17a ff. GVG ist nicht veranlasst, weil die Eingabe kein Parteiverfahren einleitet.

Bei einem möglichen **Gesamtschaden** (§ 92 InsO) kann das Gericht zu Ermittlung einen Sondersachverständigen oder Sonderinsolvenzverwalter einsetzen (s. ausführlich bei § 56 Rdn. 41 ff.; § 92 Rdn. 54). Bei im Schadensersatzweg feststehenden, behebbaren Schäden kann das Gericht dem Verwalter aufgeben, diese wiedergutzumachen, z. B. durch **Rückzahlung** (KPB-Lüke § 58 Rn. 13; LG Aachen, Rpfleger 1978, 380; OLG Köln, KTS 1977, 56, 61; Ferfer, ZInsO 2009, 1048; offengelassen: BGH, ZInsO 2006, 2; oder Anrechnung auf die von Staatswegen im Stundungsverfahren zu zahlende Vergütung vornehmen vgl. BGH, ZInsO 2010, 2188; **a. A.** MK-Graeber, § 58 Rn. 41; Jaeger/Gerhardt, § 58 Rz. 16, 17; Uhlenbruck-Uhlenbruck § 58 Rn. 11, 12: keine Rückzahlungsanweisung bzgl. unrechtmäßig entnommener Gelder, max. Sicherheitsleistung m. w. N.; LG Mönchengladbach, ZInsO 2009, 1074; LG Freiburg, ZIP 1980, 438). Die vorgenannte Möglichkeit versperrt nicht den Weg in die Sonderinsolvenzverwaltung (LG Leipzig, ZInsO 2011, 1991 = NZI 2012, 83); Rückzahlungsansprüche sind auch analog § 717 Abs. 2 ZPO verfolgbar (s. Rdn. 5; OLG Hamburg, ZIP 2004, 2150; BGH, ZIP 2006, 36).

Der **Prüfungsumfang des Insolvenzgerichtes** i. R. d. **Schlussrechnungslegung** ist streitig (dazu bereits bei Rdn. 5a; ausführlich: Heyrath, ZInsO 2006, 1092, 1196; Weitzmann § 66 Rdn. 11). Die fälschliche Befriedigung von Massegläubigern soll i. R. d. § 197 vom Insolvenzgericht materiell nicht prüfbar sein (LG Duisburg, ZIP 2005, 2335; MK-Nowak § 66 Rn. 34; FK-Kießner § 197 Rn. 12, 19, 20), da dieses nur das Schlussverzeichnis zu prüfen habe, welches solche Zahlungen nicht aufführe. Zuständig sei das Prozessgericht, sofern ein Gläubiger gegen den Verwalter Schadensersatzansprüche gem. § 60 erhebe. Gegenteilig wird vertreten, dass das Insolvenzgericht auch sonstige Einwendungen gegen die Schlussrechnung und Mängel – auch insb. von Amts wegen (Heyrath, ZInsO 2006, 1196) – zu prüfen habe (KPB-Holzer § 197 Rn. 8; Uhlenbruck-Uhlenbruck § 197 Rn. 5). Dies ist richtig. Schwere, eindeutige Verstöße gegen Verfahrensregeln, z. B. die Entnahme von Massegeldern zur Bezahlung des Geschäftsführers der eigenverwaltenden Schuldnerin ohne entsprechend genehmigten Vertrag, müssen von Gläubigern ggü. dem Insolvenzgericht rügbar sein und von diesem auch von Amts wegen verfolgt werden (Frind, ZInsO 2006, 182, 186; **a. A.** LG Duisburg, a. a. O.).

Gelegentlich wird von Insolvenzverwaltern der Versuch unternommen, missliebige gerichtliche Aufsichtsmaßnahmen durch **Befangenheitsanträge** gegen Richter oder Rechtspfleger zu unterlaufen. Befangenheitsanträge gegen das kontrollierende Gerichtspersonal mit diesem Ziel können unzulässig und rechtsmissbräuchlich sein (s. § 59 Rdn. 10).

5. Zwangsgeld/Rechtsmittel

Gem. Abs. 2 kann das Insolvenzgericht Zwangsgeld zur Durchsetzung seiner Anordnungen festsetzen. Das vom Insolvenzgericht betriebene Verfahren aufsichtsrechtlicher Anordnungen entzieht dem Rechtsbeschwerdeführer nicht den grundgesetzlich geschützten Justizgewährungsanspruch (BGH, LNR 2011, 11303). Das aufsichtsrechtliche Verfahren nach § 58 InsO sieht nach seiner gesetzlichen Ausgestaltung gegen die einzelnen Anordnungen kein förmliches Rechtsmittel (BGH, ZInsO 2002, 1133), sondern nur den Rechtsbehelf der **Rechtspflegererinnerung** (vgl. § 11 Abs. 2 RPflG) vor, wenn der Rechtspfleger gehandelt hat (BGH, ZInsO 2011, 917) – bei richterlichen Anordnungen mithin kein Rechtsmittel. Dies ist verfassungsrechtlich ausreichend (vgl. BVerfG, WM 2010, 218 = ZInsO 2010, 34; BGH a. a. O.).

10

Die sofortige Beschwerde ist erst eröffnet, sobald das Insolvenzgericht zur Durchsetzung seiner Anordnung gegen den Insolvenzverwalter ein Zwangsgeld festsetzen sollte (vgl. § 58 Abs. 2 Satz 3 InsO). Im Beschwerdeverfahren betreffend die Zwangsgeldfestsetzung kann nicht – erneut – die Rechtmäßigkeit der gerichtlichen Aufsichtanordnung überprüft werden, sondern nur die Fragen der Verletzung der Pflicht, der Höhe und Verhältnismäßigkeit des Zwangsgeldes und der vorherigen Androhung (BGH, ZInsO 2011, 917 = NZI 2011, 442; LG Göttingen, ZInsO 2013, 795).

Zweck der Zwangsgeldfestsetzung ist nicht die Sanktionierung einer Pflichtverletzung, sondern, pflichtgerechtes Verhalten zu erzwingen (BGH, ZInsO 2005, 483; WM 2012, 50 Rn. 4). Vor der Zwangsgeldfestsetzung nach Abs. 2 zur Pflichtendurchsetzung hat das Gericht das Zwangsgeld **anzudrohen** und den Verwalter zu hören (Jaeger/Gerhardt, § 58 Rz. 26; FK-Jahntz § 58 Rn. 12, 13). Dies kann formlos geschehen (LG Göttingen, NZI 2009, 61 = ZIP 2009, 1021 = ZInsO 2009, 527) und ist mit der konkreten Aufforderung zu der begehrten Handlung mit Fristsetzung zu verbinden. Die Androhung des Zwangsgeldes gem. § 58 Abs. 2 Satz 1 ist isoliert mit der sofortigen Beschwerde nicht anfechtbar (BGH, ZInsO 2011, 917; OLG Zweibrücken, InVo 2001, 57), sondern nur der Festsetzungsbeschluss. Das Zwangsgeld kann ohne erneute Anhörung und Androhung (a. A. NR-Delhaes § 58 Rn. 15) nach Festsetzung und Beitreibung des ersten wiederholt festgesetzt und gesteigert werden – auch wegen der Erzwingung der gleichen Handlung (LG Göttingen ZInsO 2006, 950).

10a

Auch ggü. **dem entlassenen Verwalter** kann die Pflicht zur Teilschlussrechnungslegung mittels Zwangsgeld durchgesetzt werden (BGH, ZInsO 2005, 483; HK-Riedel § 58 Rn. 14; ders. EWiR 2005, 677; KPB-Lüke § 58 Rn. 18). Eine vorherige Anhörung bei erneutem Zwangsgeld wegen fortdauernder Weigerung ist nicht erforderlich (BGH a.a.O.). Die Rechtskraft des Entlassungsbeschlusses braucht nicht abgewartet zu werden, es genügt, wenn dieser nicht einstweilig ausgesetzt ist (BGH, LNR 2010, 29856).

10b Es ist stets zu prüfen und abzugrenzen, ob Pflichtendurchsetzung (Handlungserzwingung mittels Zwangsgeld) oder Sanktion einer begangenen Pflichtenverletzung durch Entlassung das richtige gerichtliche Mittel ist (LG Göttingen, ZInsO 2003, 858). Auch hier werden die Grenzen meist fließend sein, da die nicht rechtzeitige Erfüllung von Verfahrenspflichten bereits Entlassungsgrund sein kann, wenn das Verfahren dadurch ernsthaft behindert wird (vgl. § 59 Rdn. 5). Jedenfalls ist Zwangsgeld kein Sanktionsmittel und der entsprechende Beschluss bei Erfüllung der begehrten Handlung aufzuheben (BGH, ZInsO 2013, 1635).

Da das Zwangsgeld erst mühsam beigetrieben werden muss, ist es in einer Verfahrenssituation, in der die vom Verwalter begehrte Handlung eilig oder dringend ist, z.B. weil Informationen zur Betriebsfortführung zwecks evtl. Einschreiten benötigt werden, ein »stumpfes Schwert« und untunliches Mittel (a.A. MK-Graeber § 59 Rn. 3: »effektiv«). Eine Ersatzvornahme kommt nicht in Betracht (NR-Delhaes § 58 Rn. 19). Außerdem dürfte das Vertrauensverhältnis zu einem Verwalter, der mit Zwangsmitteln angehalten werden muss, seine grundlegenden Pflichten zu erfüllen, ohnehin bereits gestört sein. Hier sollte das Gericht zur Entlassung greifen (BK-Blersch § 58 Rn. 14).

Der Maßnahmekatalog des § 58 ist abschließend, daher ist Haft gegen den Verwalter analog §§ 97, 98 InsO nicht statthaft (BGH, ZInsO 2010, 132; LG Göttingen, ZInsO 2008, 1143 = NZI 2008, 502 = ZIP 2008, 1933). Das Insolvenzgericht kann vom Verwalter aber anordnen, dass er Angaben ggü. einem Sonderinsolvenzverwalter an Eides statt versichert (LG Göttingen, ZInsO 2008, 1144).

6. Herausgabepflichten des entlassenen Verwalters (Abs. 3)

11 Der entlassene (§ 59) oder auch abgewählte (§ 57) Verwalter (Uhlenbruck-Uhlenbruck § 58 Rn. 42) hat seine Bestallungsurkunde herauszugeben, was ebenfalls **gem. Abs. 3 i.V.m. Abs. 2 mittels Zwangsgeld erzwingbar ist** (BGH, ZIP 2005, 865). Herauszugeben sind auch sämtliche Schuldnerunterlagen und die Insolvenzmasse und auch die eigenen Verfahrensakten des Verwalters (Korrespondenz, Handakten über geführte Verfahren, Insolvenztabelle; BK-Blersch § 58 Rn. 18; Uhlenbruck-Uhlenbruck § 58 Rn. 42; unklar MK-Graeber § 58 Rn. 55).

Entsprechende Herausgabeanordnungen sich auch gegenüber einem vorläufigen Sachwalter statthaft, wenn im Eröffnungsbeschluss ein Insolvenzverwalter oder anderer Sachwalter bestellt worden ist. In diesem Fall kann das Gericht den (ex-)vorl. Sachwalter kurzer Frist (hier: 24 Std.) auffordern, sämtliche Anderkonten auf den IV zu übertragen, auch, wenn es sich um sog. »Treuhandkonten« handeln sollte (LG Dessau-Roßlau v. 15.08.2012, ZIP 2012, 2519).

Auch der abgewählte Verwalter unterliegt in Bezug auf Schlussrechnungslegung und Auskunft über den Verbleib von Massegegenständen noch der Aufsicht des Insolvenzgerichtes. Eine Auskunftsklage des neu gewählten Verwalters dürfte insofern unzulässig sein (BGH, ZInsO 2010, 2134; Smid/Wehdeking, NZI 2010, 625, 628; a.A. Zimmer, ZInsO 2010, 2203: Recht des Schuldners, das dem Massebeschlag unterfällt). Eine **Herausgabeerzwingung** kann mittels § 58 Abs. 3 InsO analog durchgesetzt werden (a.A. Smid/Wehdeking, NZI, 2010, 625, 629; Zimmer, ZInsO 2010, 2203).

Bei Erfolglosigkeit des Zwangsgeldes bleibt nur der Klageweg durch den Nachfolgeverwalter (FK-Jahntz § 58 Rn. 19), ggf. ggü. den Erben des Verwalters, da das Gesetz eine Herausgabevollstreckung gem. §§ 883, 887, 888 ZPO nicht vorsieht (HK-Riedel § 58 Rn. 15; Smid/Wehdeking, NZI 2010, 625, 630). Die Herausgabeklage des neuen Verwalters ist erst statthaft, wenn die insolvenzgerichtlichen Zwangsmittel erfolglos bleiben (offengelassen: BGH, ZInsO 2010, 2134; vgl. auch § 59 Rdn. 12), jedoch kann der entlassene Verwalters gfs. kein Zurückbehaltungsrecht wegen der Entnahme einer bereits festgesetzten Vergütung geltend machen, denn Voraussetzung der Vergütungsfestsetzung wäre die zeitpartagierte Schlussrechnung, damit Schäden berücksichtigt werden können (vgl. § 59 Rdn. 12b; a. A. Smid/Wehdeking, NZI 2010, 625).

C. Verfahrenshinweise

Aufsichtsbegehren, -maßnahmen und Unterlagenanforderungen des Gerichtes nach Abs. 1 erfolgen formlos. Eine vorherige Anhörung von Verfahrensbeteiligten ist nicht erforderlich, da eine eigene Pflichterfüllung des Gerichtes nicht disponibel ist. 12

Sie sind nicht rechtsmittelfähig, sofern durch den Rechtspfleger ergangen entscheidet der Insolvenzrichter auf **Erinnerung** (Rdn. 10; Uhlenbruck-Uhlenbruck § 58 Rn. 37). Die Zwangsgeldandrohung kann mangels Rechtsmittelfähigkeit ebenfalls durch einfachen Brief erfolgen (a. A. HK-Riedel § 58 Rn. 8: Zustellung erforderlich). Ein Festsetzungsbeschluss muss kurz mit Angabe der verweigerten Handlung begründet werden. Die Höhe ist im durch Abs. 2 Satz 2 angeordneten Rahmen verhältnismäßig nach Art der begehrten Handlung festzulegen.

Die in Abs. 2 Satz 2 vorgesehene Maximalhöhe gilt nur für die einzelne Erzwingung und darf bei mehrfacher Festsetzung auch bei einheitlicher Pflichtverletzung insgesamt überschritten werden (BGH, ZIP 2005, 865). Das festgesetzte Zwangsgeld wird im Vollstreckungswege gemäß der JustizBeitrO (zuständig: Insolvenzrechtspfleger) beigetrieben. Eine sofortige Beschwerde hat **keine aufschiebende Wirkung** (Jaeger/Gerhardt, § 58 Rz. 27). Nach Erfüllung der verlangten Handlung kann das Zwangsgeld noch beigetrieben werden (a. A. Jaeger/Gerhardt, § 58 Rz. 28, 29: Entscheidung des Gerichtes). Der rechtskräftige Festsetzungsbeschluss braucht dann nicht aufgehoben zu werden (MK-Graeber § 58 Rn. 59; Uhlenbruck-Uhlenbruck § 58 Rn. 33; **a. A.** HK-Riedel § 58 Rn. 12; vermittelnd FK-Jahntz § 58 Rn. 15: Verwalterantrag möglich; BK-Blersch § 58 Rn. 17: Vollstreckungserinnerung möglich). Nach Rechtskraft des Festsetzungsbeschlusses würde sonst selbst bei Erfüllung der begehrten Handlung die Zwangsgeldfestsetzung zur Farce (NR-Delhaes § 58 Rn. 21).

Den Verfahrensbeteiligten steht gegen eine Ablehnung bzgl. einer begehrten Aufsichtsmaßnahme kein Rechtsmittel zu (BGH, NZI 2006, 593; OLG Schleswig, ZIP 1984, 473; LG Göttingen, NZI 2000, 491; MK-Graeber § 58 Rn. 57; NR-Delhaes § 58 Rn. 22 m. w. N.), da ein Anspruch auf gerichtliches Tätigwerden nicht existiert. Korrektiv ist ggf. ein **Schadensersatzanspruch gem. § 839 BGB** als Amtshaftungsanspruch gegen den Staat, der voraussetzt, dass das Aufsichtsverschulden des gerichtlichen Rechtsanwenders, welches Wissen oder Wissen müssen erfordert, ursächlich für die schadensstiftende Handlung des Verwalters war (vgl. dazu: Jaeger/Gerhardt, § 58 Rz. 30, 31).

§ 59 Entlassung des Insolvenzverwalters

(1) ¹Das Insolvenzgericht kann den Insolvenzverwalter aus wichtigem Grund aus dem Amt entlassen. ²Die Entlassung kann von Amts wegen oder auf Antrag des Verwalters, des Gläubigerausschusses oder der Gläubigerversammlung erfolgen. ³Vor der Entscheidung des Gerichts ist der Verwalter zu hören.

(2) ¹Gegen die Entlassung steht dem Verwalter die sofortige Beschwerde zu. ²Gegen die Ablehnung des Antrags steht dem Verwalter, dem Gläubigerausschuß oder, wenn die Gläubigerversammlung den Antrag gestellt hat, jedem Insolvenzgläubiger die sofortige Beschwerde zu.

Übersicht	Rdn.		Rdn.
A. Normzweck	1	C. Verfahrenshinweise zum Entlassungsverfahren	7
B. Norminhalt	2		
I. Antragsberechtigungen	2	I. Zuständigkeit	7
II. Entlassungsanlass	3	II. Rechtliches Gehör und Rechtsmittel	8
III. Entlassungsgründe	5	III. Rechtsfolgen	12a

§ 59 InsO Entlassung des Insolvenzverwalters

A. Normzweck

1 Die Vorschrift regelt jenseits der Zwangsmittel des § 58 die Entlassung des Insolvenzverwalters. Über Verweisungen in §§ 21 Abs. 1 Nr. 1, 270a Abs. 1 Satz 2, 270b Abs. 2 Satz 1, 274 Abs. 1, 292 Abs. 3 Satz 2 und § 313 Abs. 1 Satz 3 entfaltet sie auch Wirkungen für den vorläufigen Verwalter, den (vorläufigen) Sachwalter im Eigenverwaltungsverfahren und im Schutzschirmverfahren, den Treuhänder in der Wohlverhaltensperiode und den Treuhänder im vereinfachten Insolvenzverfahren. Die Norm betont die Möglichkeit des Gerichtes, bei Pflichtverstößen der vorgenannten Verfahrenspersonen jederzeit bis hin zur Entlassung tätig werden zu können, da eine etwaige Vorrangigkeit der Entscheidung des vorläufigen Gläubigerausschusses gem. § 56a Abs. 3 im Eröffnungsverfahren oder der Gläubigerversammlung (§ 57) im eröffneten Verfahren nicht geregelt ist. Durch § 59 Abs. 1 Satz 2, dort 2. Alt., ist klargestellt, dass die vorgenannten Verfahrenspersonen ihr jeweiliges Amt nicht freiwillig einfach niederlegen können (MK-Graeber § 56 Rn. 126), wenn ihnen die Amtserfüllung nicht mehr möglich erscheint (z. B. wegen Inhabilität, Gesundheit, Alter, persönlicher Finanzlage). Sie müssten dann vielmehr selbst ihre Entlassung beantragen (KPB-Lüke § 59 Rn. 9; Rdn. 2a).

B. Norminhalt

I. Antragsberechtigungen

2 Das Gericht wird von Amts wegen oder auf Antrag tätig (zusammenfassend: Rechel, ZInsO 2012, 1641). Antragsberechtigt sind der Verwalter selbst sowie die Organe der Gläubigerschaft, beim Treuhänder in der Wohlverhaltensperiode gem. § 292 Abs. 3 Satz 2 jeder Insolvenzgläubiger.

Der **vorläufige Gläubigerausschuss** (§ 22a) ist in der Regelung offenbar aufgrund eines Redaktionsversehens als Antragsteller nicht genannt worden (s. a. zu § 54 Nr. 2: Jarchow, § 54 Rdn. 25). Ein Entlassungsantrag müsste auf einer Ausschusssitzung mehrheitlich offiziell beschlossen worden und dem Gericht protokollarisch übermittelt worden sein (s. § 72 Rdn. 1 und Rdn. 7).

Ein **Antrag der Gläubigerversammlung** muss in der Gläubigerversammlung beschlossen sein, jede andere Kundgabe an das Gericht ist nur eine nicht rechtsmittelfähige Anregung (BGH, NZI 2010, 980). Um der Gläubigerversammlung eine Willensbildung über einen Entlassungsantrag an das Gericht zu ermöglichen, hat das Gericht eine Gläubigerversammlung einzuberufen, wenn das in § 75 Abs. 1 Nr. 3 und 4 InsO bestimmte Quorum von Gläubigern dies beantragt. Die Bestimmung des § 57 InsO hindert daran nicht, da es nicht um eine Abwahl in der Gläubigerversammlung geht, sondern nur um den Antrag an das Gericht (BGH, NZI 2010, 980; a. A. LG Hamburg, Beschl. v. 02.10.2009 – 326 T 76/09, n. v.). Eine Einberufung muss nicht erfolgen, wenn der Antragsteller bereits den Entlassungsgrund nicht im Ansatz nachvollziehbar vorträgt (AG Duisburg, NZI 2010, 910).

Entlassungsanlässe können an das Gericht auch von **Verfahrensunbeteiligten**, im Eröffnungsverfahren auch von zukünftigen Insolvenz- oder Massegläubigern, wie auch amtswegig durch andere gerichtliche Instanzen/Rechtsanwender herangetragen werden (App, DStZ 2012, 630). Es handelt sich dabei um zulässige **Anregungen zur Weiterermittlung** gem. § 5, wenn sie substanziell sind (MK-Graeber § 59 Rn. 43; HK-Riedel § 59 Rn. 6), ggf. mittels eines Sonderinsolvenzverwalters oder Sondersachverständigen (MK-Graeber § 58 Rn. 13, 27; § 59 Rn. 14 § 56 Rn. 41; a. A. LG Frankfurt am Main an der Oder, DZWIR 1999, 514 = ZInsO 1999, 360 Ls.).

2a Der **eigene Entlassungsantrag des Verwalters/Treuhänders**, setzt ebenfalls einen wichtigen Grund für die Entlassung voraus und erzeugt keinen »Automatismus« zur Entlassung (BGH, ZVI 2004, 544). Zeigt der Verwalter an, seine Kanzlei aufgeben zu wollen, wird darin ein wichtiger Grund bereits deshalb liegen, weil eine künftige zuverlässige Aufgabenwahrnehmung dann zweifelhaft ist (a. A. MK-Graeber, § 59 Rn. 38a). Antragsberechtigt ist auch der Treuhänder des vereinfachten Insolvenzverfahrens, wenn das Gericht für die Wohlverhaltensperiode einen anderen Treuhänder bestellt, da die ursprüngliche Bestellung für diese Phase fortwirkt und die Neu-Bestellung daher eine Entlassung darstellt (BGH, ZInsO 2003, 750; ZVI 2004, 54; ZInsO 2007, 1348; a. A. AG Göttingen, ZVI 2006, 523).

Der Schuldner bzw. seine Vertretungsberechtigten sind **nicht antragsberechtigt** (BGH NZI 2006, 474), obwohl dem Schuldner im Eröffnungsverfahren gem. § 21 Abs. 1 Satz 2 nunmehr ein Rechtsmittel gegen die Anordnung der vorläufigen Insolvenzverwaltung zusteht. Dieses berechtigt aber folgerichtig nicht, im Wege der sofortigen Beschwerde nur gegen die bzw. wegen der vom Gericht bestellten Person vorzugehen (HK-Kirchhof § 21 Rn. 37). Auch ein Gesellschafter des schuldnerischen Unternehmens kann die Rechtsmittelbeschränkung der InsO in Form der Zulassung nur einer sofortigen Beschwerde des Schuldners gegen die Bestellung eines vorläufigen Verwalters (§ 21 Abs. 1 Satz 2) bzw. das nur als beschränktes Rechtsmittelrecht nach § 59 Abs. 2 InsO ausgestaltete Abberufungsantragsrecht nicht durch das Verfahren nach §§ 23 ff. EGGVG mit einem Abberufungsverlangen umgehen (OLG Frankfurt am Main, ZInsO 2009, 242).

2b

▶ Hinweis:

Der Schuldner kann aber, wie auch andere Verfahrensbeteiligte, dem Gericht ggü. **Aufsichtsmaßnahmen anregen** und aus seiner Sicht vorkommene »Unregelmäßigkeiten« melden (vgl. MK-Graeber § 59 Rn. 28, 37; Jaeger/Gerhardt, § 59 Rz. 8). Dies muss schriftlich geschehen, da der Insolvenzverwalter vom Gericht anzuhören ist (§ 59 Abs. 1 Satz 3). Jedoch steht dem Anregenden gegen ein »Nichthandeln« des Gerichtes keine Beschwerdebefugnis zu (BGH, NZI 2006, 529; LG Göttingen, NZI 2000, 491). Eine »einstweilige Amtsenthebung« wird teilweise für zulässig erachtet (Jaeger/Gerhardt, § 59 Rz. 9 m. w. N.), erscheint wegen der im Verfahren ständig zu treffenden Entscheidungen selbst mittels der Einsetzung eines »Interims-Sonderverwalters« aber unpraktikabel.

Die analoge Anwendung der Befangenheitsvorschriften (§§ 42 ff. ZPO) ist streitig (dafür Hill, ZInsO 2005, 1289, 1290; AG Hamburg, ZIP 2001, 2147; dagegen: LG Frankfurt am Main an der Oder, ZInsO 2006, 107; KPB-Lüke § 56 Rn. 48; Uhlenbruck-Uhlenbruck § 58 Rn. 15; LG Frankfurt am Main, Rpfleger 1989, 474; s. dazu auch § 56 Rdn. 44), in Anbetracht der Spezialregelungen der §§ 56, 57, 59 aber unnötig.

II. Entlassungsanlass

Das Gesetz spricht nur von einem »wichtigen Grund«. Dem Zweck nach muss es sich um einen Pflichtverstoß handeln, der spiegelbildlich entweder bereits einer Ernennung des Verwalters entgegengestanden hätte (erste Alternative) oder so schwerwiegend ist, dass eine **dauerhafte, gesetzmäßige Verfahrensdurchführung nicht gesichert erscheint** (zweite Alternative).

3

In Anbetracht der Erheblichkeit der Pflichtverletzung, insb. ihrer Auswirkungen auf den Verfahrensablauf und die berechtigten Belange der Beteiligten, muss es in letztgenannter Variante sachlich nicht mehr vertretbar erscheinen, den Verwalter/Treuhänder im Amt zu belassen (BGH, ZInsO 2009, 1491). Der Anlass muss daher verhältnismäßig die Entlassung rechtfertigen (BGH, ZInsO 2006, 147) und darf nicht durch einfache Zwangsmittel nach § 58 zu beseitigen sein (LG Göttingen, ZInsO 2003, 858). Die Entlassung hat sowohl für den Verwalter wie auch das Verfahren schwerwiegende Folgen: Der Verwalter büßt Reputation ein, das Verfahren wird mit zusätzlichen Kosten belastet (doppelte Verwaltervergütung, sofern diese nicht reduziert bzw. aberkannt werden kann, Rdn. 12b).

Pflichtverstoß kann mithin nach o. g. *erster Alternative* auch die **Unterlassung der Information des bestellenden Richters** über einen Umstand sein, der die gesetzlichen Bestellungsanforderungen als von Anfang an nicht gegeben aufgezeigt hätte, z. B. einen oder mehrere Umstände, der/die die Unabhängigkeit des Verwalters i. S. v. § 56 Abs. 1 als eigentlich nicht gegeben zu beurteilen Veranlassung gibt (s. hierzu GOI III. Nr. 1 und Nr. 8; s. Anhang). In Betracht kommt hier auch eine den nunmehr mit § 56 Abs. 1 Satz 3 Nr. 2 beschriebenen Umfang zulässiger Vorberatung überschreitende Tätigkeit (dazu § 56 Rdn. 26g). Der Sache nach handelt es sich bei dieser Fallgestaltung um ein Fehlen der Bestellungsvoraussetzungen von Anfang an, das nur erst nachträglich dem Gericht bekannt wird. Hinzutritt die Verletzung des Vertrauens des Insolvenzgerichtes durch Verschweigen/Nichtanzeige der genannten Umstände.

Die Eignung des Verwalters entfällt damit ex tunc. Wer sich seine Bestellung zum Insolvenzverwalter erschleicht, kann fachlich, aber auch persönlich ungeeignet und für die Verfahrensbeteiligten per se nicht tragbar sein (BGH ZInsO 2004, 669 Rn. 18, 19: Falscher Hochschulabschluss; gleichgelagert: BGH NZI 2009, 820). Ständige, noch nicht abgeschlossene Geschäftsbeziehungen zu einem Großgläubiger lassen objektive Anhaltspunkte für mögliche Interessenkonflikte mit anzunehmendem Ausschluss der Unabhängigkeit zu (BGH ZInsO 2004, *615*). Eines »Fehlers« bei der konkreten Verfahrensabwicklung bedarf es dann nicht mehr, da bereits die Bestellungsgrundlage tatbestandlich ex tunc entfällt.

Sofern Verfahrensbeteiligte Entlassungsanträge vorbringen oder entsprechende Anregungen, sind die Pflichtverstöße des Verwalters eindeutig und substantiiert zu schildern (Uhlenbruck-Uhlenbruck § 59 Rn. 17), ggf. mit Glaubhaftmachungsmitteln zu unterlegen, soweit »Gefahr im Verzuge« behauptet wird. Danach setzt Anhörung des Verwalters (Rdn. 8) und gfs. Amtsermittlung gem. § 5 Abs. 1 ein.

4 Dabei können auch **Verhaltensweisen des Verwalters in anderen Verfahren** hinsichtlich der Fraglichkeit seiner generellen Eignung herangezogen werden (BGH, ZInsO 2012, 772, 974; BGH, ZIP 2011, 671 = ZInsO 2011, 724; LG Stendal, NZI 2010, 993; FK-Jahntz § 59 Rn. 8; MK-Graeber § 59 Rn. 18), wenn der Entlassungsanlass dafür die »Initialzündung« bietet, z. B. bei regelhaften Verstößen gegen die Beteiligung der Gläubiger gem. § 160 oder bei der Gläubigerbefriedigung. Der Insolvenzrichter sollte hier im Rahmen seiner amtswegigen Aufsicht gem. § 58 entsprechende Erkenntnisse durchaus sammeln und dokumentieren.

Der Entlassungsgrund muss nach dem Ermittlungsende zur **Überzeugung des Gerichtes** feststehen (BGH, ZInsO 2006, 147 = ZIP 2006, 247; MK-Graeber § 59 Rn. 15; LG Halle, ZIP 1993, 1739; unklar und unentschieden zur Verdachtsentlassung: FK-Jahntz § 59 Rn. 10; a. A. BK-Blersch § 59 Rn. 4; Uhlenbruck-Uhlenbruck § 59 Rn. 7, der für ein gerichtliches Ermessen schon bei einer begründeten Besorgnis für die Gläubiger bzgl. einer Pflichtverletzung plädiert).

Nur **ausnahmsweise können nicht ausermittelte Anhaltspunkte genügen**, wenn nur durch die Entlassung die Gefahr größeren Schadens vermieden werden kann (BGH, ZInsO 2006, 147) und den Gläubigern, z. B. bei der hohen Wahrscheinlichkeit einer begangenen Straftat das Abwarten bis zur Erhärtung mittels rechtskräftiger Verurteilung nicht zuzumuten ist (BGH, ZIP 2011, 671 = ZInsO 2011, 724; LG Stendal, NZI 2010, 993). Eine Beendigung der vorläufigen Insolvenzverwaltung (Aufhebungsbeschluss=faktische **Entlassung des vorläufigen Verwalters ohne wichtigen Grund**), um einen anderen vorläufigen Verwalter ohne Rechtsmittelgefahr bestellen zu können (MK-Graeber § 59 Rn. 9), ist wegen Umgehung der Vorschrift abzulehnen (FK-Jahntz § 59 Rn. 6; HK-Riedel § 59 Rn. 2). Die Entlassung ist kein Mittel zur Durchsetzung der gerichtlichen Ansicht über Gläubigerversammlungsbeschlüsse: Der Verstoß gegen einen Beschluss der Gläubigerversammlung gem. §§ 159, 160 InsO wäre Entlassungsgrund, aber nicht, wenn der Beschluss auslegungsfähig ist und vom Verwalter in diesem Rahmen gehandhabt wird (LG Traunstein, ZInsO 2009, 1964 m. zust. Anm. Frind, ZInsO 2009, 1967; Keller, NZI 2009, 633).

III. Entlassungsgründe

5 Als Entlassungsgründe kommen daher vom Gericht als gegeben erkannte oder ermittelte schwerwiegende oder einzelne gehäufte, in der Gesamtschau schwerwiegende, Verstöße gegen die gesetzlichen Pflichten in Betracht (s. Schmittmann, NZI 2004, 239). Zu berücksichtigen hat das Gericht immer, dass der Verwalter durch sein Amt gehalten ist, es nicht allen Verfahrensbeteiligten »Recht zu machen«, und daher unsubstantiierten und querulatorischen Beschwerden nicht nachgegangen werden muss.

Berufsständische Richtlinien der Insolvenzverwalter-Eigenorganisationen können Maßstab für gerichtliche Auswahl- und Entlassungsentscheidungen sein (AG Hamburg, ZIP 2001, 2147 zu den Verhaltensrichtlinien (nunmehr: Grundsätze ordnungsgemäßer Insolvenzverwaltung (**GOI**)) (s. Anhang) des damaligen »Arbeitskreises der Insolvenzverwalter Deutschlands e. V.« , jetzt VID e. V.). Das Gericht kann auch solche, mittlerweile klarer konturierten, von Verwalterverbänden entwickelten »Grundsätze ordnungsgemäßer Insolvenzverwaltung« (GOI, ZIP 2011, 197; s. Anhang) durch Inbezugnahme zum Gegenstand der Verfahrensabwicklungsanweisungen, wie auch überhaupt zur Grundlage der Listung, machen (§ 404a Abs. 1 ZPO i. V. m. § 58 Abs. 1 InsO) (Frind, NZI 2011, 785, 788; vgl. § 56 Rdn. 19). Diese stellen ein »Indiz für sorgfältiges Verwalten« dar. Bspw. ist dort die **Pflicht zur höchstpersönlichen Bearbeitung** der Kernbereiche des Verfahrens geregelt, vgl. dazu auch § 407a Abs. 2 ZPO (s. § 56 Rdn. 16a, 16b). Das Gericht ist bei seiner Entlassungsentscheidung nicht an etwaige verbandsinterne Sanktionsentscheidungen gebunden. Hat der Verwalter eine Verwaltung nach den vorgenannten Grundsätzen schuldhaft nicht erbracht, kann er entlassen werden, wenn der Anlass schwerwiegend genug ist.

▶ Beispiele für Entlassungsgründe: 6

- **mangelnde Erreichbarkeit**: Büro nicht regelmäßig besetzt, Telefonnummer nicht allgemein zugänglich (AG Göttingen, NZI 2003, 267; LG Göttingen, NZI 2003, 441).
- Täuschung des Insolvenzgerichtes über mangelnde Qualifikation bereits bei der Bewerbung (BGH, ZInsO 2004, 669 bzgl. falscher Titel; so auch BGH, NZI 2009, 820 für einen Zwangsverwalter).
- **Nichtbetreiben des Verfahrens:** fortgesetzte Verzögerung angeforderter Berichte (MK-Graeber, § 59 Rn. 28, 31), Nicht-Vorlage eines zugesagten Insolvenzplanes (AG Bonn, ZInsO 2002, 641; AG Göttingen, ZInsO 2003, 289; aufgehoben durch LG Göttingen, ZInsO 2003, 858, welches die Nichterfüllung der Zahlungsverpflichtungen als nicht schwerwiegend genug ansah und bzgl. der Berichtspflichten auf die Erzwingung mittels Zwangsgeld, § 58 Abs. 2, verwies).
- Fortführung des Geschäftsbetriebes ohne mögliche Befriedigung der Neumasseverbindlichkeiten. Die Nichtvornahme notwendiger Verfahrenshandlungen kann Entlassungsgrund, aber auch Anlass zur Einsetzung eines Sonderinsolvenzverwalters (s. § 56 Rdn. 41 f.) sein (Graeber/Pape, ZIP 2007, 991, 992 m. w. N.).
- **Schuldhafte Verzögerung der Verwertung** von Forderungen wegen Vermögensverschiebungen oder wegen eines Pflichtteils (BGH, ZInsO 2010, 2147).
- **Vertrauensverlust des Gerichtes** durch bewusst wahrheitswidrige Angaben (BGH v. 09.10.2008 – IX ZB 60/07, n. v.); Unterlassen des Hinweises auf Nicht-Zuständigkeit des Gerichtes und damit einhergehendes Erschleichen der Bestellung als vorläufiger Verwalter.
Erschleichen der Bestellung durch falsche oder unterlassene Angaben (BGH, ZInsO 2004, 669 Rn. 18, 19: falscher Hochschulabschluss; gleichgelagert: BGH, NZI 2009, 820; s. auch unten das Stichwort »Vorbefassung«).
Die **Zerrüttung des Vertrauensverhältnisses** zwischen Verwalter und Gericht oder Gläubigerausschuss aufgrund konkreter Anlässe (OLG Zweibrücken, ZInsO 2000, 611; LG Magdeburg, ZIP 1996, 2116, 2118; HK-Riedel § 59 Rn. 3; NR-Delhaes § 59 Rn. 7; KPB-Lüke § 59 Rn. 4; Uhlenbruck-Uhlenbruck § 59 Rn. 14) bzw. feststehender Pflichtverstöße, z. B., wenn die Erfüllung übertragener Aufgaben von einer erhöhten (streitigen) Vergütung abhängig gemacht wird, sodass das Gericht sich auf eine unabhängige Aufgabenerfüllung nicht mehr verlassen kann (BGH, ZInsO 2012, 551, 552 = NZI 2012, 247), wie auch ein schwerwiegender Pflichtenverstoß **in einem anderen Verfahren** (s. Rdn. 4) mit Eignung und möglicher Schlussfolgerung das Vertrauen in die Amtsführung nachhaltig und schwer zu beeinträchtigen (BGH v. 19.04.2012 ZInsO 2012, 928).
Nicht ausreichend ist aber persönlicher Zwist (BGH, ZInsO 2006, 147), auch nicht bei jahrelangen Meinungsverschiedenheiten über Vergütungsfragen (BGH, ZInsO 2012, 551),) und auch nicht allein die Nicht-Beachtung eines Beschlusses der Gläubigerversammlung ohne Schaden (Pape, NZI 2006, 64, 71). Dabei ist darauf abzustellen, dass bereits die

Zerrüttung des Vertrauensverhältnisses ein eigenständiger Entlassungsgrund sein kann, wenn dieser seinen Ursprung in konkreten, aber für sich genommen eine Entlassung nicht rechtfertigenden, gehäuften Umständen hat. Dieser vermittelnden Ansicht, die wohl auch Uhlenbruck (Uhlenbruck § 59 Rn. 14) vertritt, ist zuzustimmen. Nach a. A. soll dies allein als schwerwiegender Grund nicht ausreichen (LG Stendal, ZInsO 1999, 233 zur GesO und ohne nähere Begründung zu diesem Punkt; MK-Graeber § 59 Rn. 19 mit Bezug auf vorgenannte Entscheidung; Haarmeyer/Wutzke/Förster, Handb InsR, Rn. 5/64).

- **Ehrenrührige Tatsachenbehauptungen über den Schuldner** ohne ausreichende Grundlage und beleidigende Kommentare über das Schuldnerverhalten (BGH, ZInsO 2009, 1491)
- **mangelnde Qualifikation wegen falscher Beurteilung einer Rechtsfrage**: der Entlassungsbeschluss muss genau darlegen, welche fehlerhafte und nicht vertretbare Rechtsmeinung der Verwalter einnimmt (LG Braunschweig, NZI 2008, 620).
- **Grob falsche Abrechnung bei einer Absonderungsrechtsverwertung** trotz gerichtlichen Hinweises und Verursachung eines entsprechenden Prozessschadens durch Klage des Absonderungsberechtigten (AG Braunschweig, ZInsO 2009, 97).
- **Versäumte Einholung von Zustimmungen** nach § 22 Abs. 1 Nr. 2 oder § 160 (Haarmeyer/Wutzke/Förster, Handb InsO, Rn. 5/60) oder beabsichtigtes **Handeln gegen gerichtliche Rechtsweisungen** gem. §§ 22 Abs. 2, 58 Abs. 1: Verletzung zugesicherter Einhaltung von Grundsätzen ordnungsmäßiger Verwaltung (Frind, NZI 2011, 785).
- **Verursachung gehäufter Schadensersatzansprüche** in ungewöhnlichem Umfange und ungewöhnlicher Höhe (Uhlenbruck-Uhlenbruck § 59 Rn. 9). Mangelnde Haftungsbonität darf bereits nicht zur Bestellung führen, da sie vorher zu überprüfen ist. Die Verursachung eines schwerwiegenden Haftungsfalles kann zur Entlassung genügen, wenn dieser rechtskräftig ausgeurteilt ist.
- **Bevorzugung von einzelnen oder Gruppen von Gläubigern** (OLG Zweibrücken, NZI 2000, 373; AG Bonn, ZInsO 2002, 641; AG Hamburg, ZInsO 2004, 102: Herbeiführung eines erledigenden Ereignisses durch Initiierung einer Zahlung an die Insolvenzantragstellerin; a. A. Bischoff, ZInsO 2005, 1090: Der Insolvenzgutachter könne den Schuldner dahin gehend beraten, wie er seine Gläubiger auf Dauer hinhält oder vertröstet. Dies aber wäre ein schwerer Verstoß gegen seine Pflicht zur Mitwirkung an der Sicherung der Masse; AG Hamburg, ZInsO 2004, 1324 [Initiierung eines Versagungsantrages im RSB-Verfahren]; LG Hamburg, NZI 2007, 415 [zur Inhabilität des Sozius des Verwalters bei Vertretung von Gläubigern]; Pape, DtZ 1995, 40, 41). Statthaft ist aber, dass der Treuhänder der Wohlverhaltensperiode die Gläubigerschaft durch gesondertes Schreiben von Verstößen des Schuldners, die versagungsbewehrt sind, unterrichtet (BGH, ZInsO 2010, 1498).
- **Vermischung von Massen** durch »Masse an Masse-Darlehen« (Hill, ZInsO 2005, 1289, 1293; Förster, ZInsO 2005, 302; OLG Rostock, ZInsO 2004, 814).
- **»Ausplündern der Masse«**, z. B. durch Führung unsinniger Aktivprozesse; Verschieben von Vermögensgegenständen unter Wert (vgl. Uhlenbruck, KTS 1989, 229, 231) oder Delegieren einfachster Eigenaufgaben an Sozii entgegen § 5 InsVV, um die Kanzlei zu bereichern.
- **Falsche Beauftragung von Drittunternehmen**: Pflichtwidrig ist weiter die verspätete Vorlage der Rechnung eines Drittunternehmers erst nach dem Schlusstermin mit der Schlussrechnung entgegen § 8 Abs. 2 InsVV (Mitteilungsnotwendigkeit Einschaltung Drittunternehmer mit vergütungsschmälernder Wirkung) (BGH, 23.02.2012 – IX ZB 24/11, JurionRS 2012, 11349) oder das Verschweigen der Zuvielabrechnung des Drittunternehmers (BGH, 23.02.2012 – IX ZB 24/11, JurionRS 2012, 11349, wie auch die Unterlassung der Anzeige der Einschaltung eines Drittunternehmers mit Befangenheitssachverhalt (Ehefrau des Verwalters ist Vorstand) (BGH v. 19.04.2012 ZInsO 2012, 928).
- Objektive Verdachtsmomente, wie die **Begehung von Straftaten und mangelnde Sorgfalt bei der Handhabung der anvertrauten Fremdgelder** genügen, insb. bei einer Vielzahl möglicher Straftaten (BGH, ZIP 2011, 671 = ZInsO 2011, 724; LG Stendal, NZI 2010, 993, 995 m. w. N. [Vermittlungsgebühr zulasten der Masse bei Bankwechsel]; LG Halle, ZIP 1993, 1739); auch ohne konkreten Bezug zum konkreten Verfahren und auch in einem fort-

geschrittenen Verfahrensstadium (BGH, ZIP 2011, 671, 672 = ZInsO 2011, 724; s. Rechel, ZInsO 2012, 1641).
– **Vorbefassung**/Nichtanzeige einer »bestehenden« **Interessenkollision** (BGHZ 113, 262 = ZIP 1991, 324; LG Stendal, ZInsO 1999, 233; Haarmeyer/Wutzke/Förster, Handb InsR, Rn. 5/61; Hill, ZInsO 2005, 1289) oder gleichzeitige Führung zweier widerstreitender Insolvenzverfahren (OLG Zweibrücken, ZInsO 2000, 398 = NZI 2000, 273, zur Unabhängigkeit vgl. i. Ü. § 56 Rdn. 17 ff.).
Interessenkollisionsanlässe sind stets anzuzeigen (zu einem Missbrauchsfall Haarmeyer, ZInsO 2011, 1722). Ein Insolvenzverwalter ist verpflichtet, von sich aus dem Insolvenzgericht einen Sachverhalt anzuzeigen, der bei unvoreingenommener, lebensnaher Betrachtungsweise die ernstliche Besorgnis rechtfertigen kann, dass der Verwalter als befangen an seiner Amtsführung verhindert ist (BGH, Urteil v. 24.01.1991 – IX ZR 250/89, BGHZ 113, 262, 275, 277; BGH, 23.02.2012 – IX ZB 24/11, JurionRS 2012, 11349; BGH v. 19.04.2012 ZInsO 2012, 928; BGH, Beschl. v. 26.04.2012, IX ZB 31/11, ZInsO 2012, 1125).
Maßstab ist dabei ein Anlass oder ein Konglomerat von Anlässen, die bei unvoreingenommener, lebensnaher Betrachtung die ernstliche Besorgnis rechtfertigen, dass der Verwalter als befangen an seiner Amtsführung verhindert ist (BGH v. 19.01.2012, ZInsO 2012, 269). Die Beurteilung, ob als Entlassungsgrund ausreichend, ist, auch nach Inkrafttreten der Regelungen des »ESUG«, dem Gericht zu überlassen (Römermann, ZInsO 2011, 1569, 1581). Ggf. muss das Gericht bei Anhaltspunkten dafür Nachforschungen anstellen (Hill, ZInsO 2005, 1289, 1295), insb. bei Vorgängen der Begründung von Masseschulden nach § 4 Abs. 1 Satz 3 InsVV mit Unternehmen, an denen der Verwalter mittelbar oder unmittelbar beteiligt ist (BGHZ 113, 262; Haarmeyer, ZInsO 2011, 1147; vgl. § 58 Rdn. 5). Die Unterlassung der Anzeige der Beauftragung eines Drittunternehmens, dessen Gesellschafter mit dem Verwalter verwandt oder anderweit verbunden sind, kann eine Störung des Vertrauensverhältnisses begründen, die schwer und nachhaltig ist, und dadurch eine Entlassung rechtfertigt (BGH v. 19.01.2012, ZInsO 2012, 269, 270; BGH v. 19.04.2012 ZInsO 2012, 928; BGH, Beschl. v. 26.04.2012, IX ZB 31/11, ZInsO 2012, 1125).

Jedoch ist es bei der **Konzerninsolvenz** statthaft, für die unterschiedlichen Firmen jeweils den gleichen Insolvenzverwalter zu ernennen (s. dazu § 56 Rdn. 41a). Ein Entlassungsgrund ist durch eine solche, dem Gericht ersichtliche, begrenzte Interessenkollision nicht gegeben (LG Potsdam, ZInsO 2005, 893).

– Durch die Neuregelung des § 56 Abs. 1 Satz 3 hat der Gesetzgeber im Wege des »ESUG« zwei **Nicht-Inhabilitätsgründe** geregelt, die aber zwecks Prüfung eines etwaigen Überschreitens der Grenzen des Erlaubnistatbestandes durch das Gericht aber offenbarungspflichtig bleiben (§ 56 Rdn. 17a, 17b). Insb. der »**mitgebrachte**« (**vorläufige**) **Sachwalter** des § 270b Abs. 2 ist vom Gericht amtswegig auf seine Unabhängigkeit zu prüfen (h. M.: Bork, ZIP 2013, 145, 147; Graf-Schlicker, § 270b Rn. 14; AGR-Ringstmeier § 270b Rn. 21 f.; Vallender, EWiR 2012, 495, 496; Rendels, INDAT-Report 8/2011, 44; Fiebig, § 270b Rdn. 22; Frind, FS Haarmeyer, 39, 60); hier besteht eine niedrigere Entlassungsschwelle, wenn sich seine Angaben als unwahr herausstellen, da er das besondere Vertrauen des Gerichtes im Wege des Schuldnervorschlages in Anspruch nimmt. Nicht bestellbar von vornherein ist ein in früherer Zeit rechtskräftig delisteter Verwalter (AG Hamburg v. 02.07.2013, ZInsO 2013, 1533 = NZI 2013, 903).
– Zum Entlassungsgrund der **Interessenkollision** ist – zumindest für anwaltliche Insolvenzverwalter (Römermann/Praß, ESUG vs. BRAO, ZInsO 2011, 1576, 1580) – insb. die Vorschrift des **§ 45 BRAO** zu beachten (s. § 56 Rdn. 17c; LG Hildesheim, WM 2001, 1164; OLG Celle, ZInsO 2001, 755; Hill, ZInsO 2005, 1290; zur analogen Anwendung der Befangenheitsvorschriften s. Rdn. 2), der für den anwaltlichen Insolvenzverwalter uneingeschränkt gilt und bei der er zur »Verteidigung« nicht damit gehört werden kann, seine Kanzlei sei »international« vernetzt (Römermann, ZInsO 2011, 1202, 1204):

§ 45 BRAO Versagung der Berufstätigkeit

(1) Der Rechtsanwalt darf nicht tätig werden:
1. *wenn er in derselben Rechtssache als Richter, Schiedsrichter, Staatsanwalt, Angehöriger des öffentlichen Dienstes, Notar, Notarvertreter oder Notariatsverwalter bereits tätig geworden ist;*
2. *wenn er als Notar, Notarvertreter oder Notariatsverwalter eine Urkunde aufgenommen hat und deren Rechtsbestand oder Auslegung streitig ist oder die Vollstreckung aus ihr betrieben wird;*
3. *wenn er gegen den Träger des von ihm verwalteten Vermögens vorgehen soll in Angelegenheiten, mit denen er als Insolvenzverwalter, Nachlaßverwalter, Testamentsvollstrecker, Betreuer oder in ähnlicher Funktion bereits befaßt war;*
4. *wenn er in derselben Angelegenheit außerhalb seiner Anwaltstätigkeit oder einer sonstigen Tätigkeit im Sinne des § 59a Abs. 1 Satz 1 bereits beruflich tätig war; dies gilt nicht, wenn die berufliche Tätigkeit beendet ist.*

(2) Dem Rechtsanwalt ist es untersagt:
1. *in Angelegenheiten, mit denen er bereits als Rechtsanwalt gegen den Träger des zu verwaltenden Vermögens befaßt war, als Insolvenzverwalter, Nachlaßverwalter, Testamentsvollstrecker, Betreuer oder in ähnlicher Funktion tätig zu werden;*
2. *in Angelegenheiten, mit denen er bereits als Rechtsanwalt befaßt war, außerhalb seiner Anwaltstätigkeit oder einer sonstigen Tätigkeit im Sinne des § 59a Abs. 1 Satz 1 beruflich tätig zu werden.*

(3) Die Verbote der Absätze 1 und 2 gelten auch für die mit dem Rechtsanwalt in Sozietät oder in sonstiger Weise zur gemeinschaftlichen Berufsausübung verbundenen oder verbunden gewesenen Rechtsanwälte und Angehörigen anderer Berufe und auch insoweit einer von diesen im Sinne der Absätze 1 und 2 befaßt war.

Danach ist insb. der Verstoß gegen die hier geregelten Inhabilitäten aufgrund § 45 Abs. 1 Nr. 3, Abs. 2 Nr. 1 und die in Abs. 3 BRAO geregelte »**Erstreckung**« **auf Sozii** (zur Reichweite Römermann, ZInsO 2011, 1202) ein quasi gesetzlich normierter Entlassungsgrund. Die Vorschrift erlangt häufig Bedeutung bei dem Versuch von Verwaltern, Gläubigervollmachten zur Abstimmung in der Gläubigerversammlung über mit ihnen assoziierte Rechtsanwälte »einzusammeln« (Römermann, ZInsO 2011, 1202); auch dies wäre ein Entlassungsgrund. Ein besonders instruktives Beispiel bietet dafür der Fall der Problematisierung der daraus resultierenden **Stimmrechtsvollmachten** (BVerfG, ZInsO 2010, 34; BGH, ZInsO 2009, 34; zu den Hintergründen: Frind, NZI 2007, 374).

Die Führung eines laufenden Zivilprozesses gegen den Schuldner ist danach ebenfalls ein Bestellungshindernis, ggf. ein Entlassungsgrund (AG Göttingen ZInsO 2007, 720: nicht für einen Sachverständigen). Zu beachten ist, dass § 45 Abs. 1 Nr. 1 BRAO auch im Insolvenzverfahren Geltung für Rechtsanwaltsnotare entfaltet, die auch als Verwalter tätig werden, d. h. diese dürfen durch ihre Notartätigkeit mit dem zu verwaltenden Vermögen und der diesbzgl. Ansprüche nicht vorbefasst gewesen sein. So stellt z. B. die Beurkundung des Gesellschaftsvertrages eine Vorbefassung in Bezug auf die Geltendmachung der Einzahlung der Stammeinlage dar (BGH, ZInsO 2010, 2330). Die Vorbefassung führt im Normalfall zur Nichtigkeit des Anwaltsvertrages, da der Verwalter aufgrund gerichtlicher Bestellung tätig wird, muss diese im Wege der Entlassung widerrufen werden.

C. Verfahrenshinweise zum Entlassungsverfahren

I. Zuständigkeit

7 Die Zuständigkeit für die Entlassungsentscheidung im eröffneten Verfahren (Richter oder Rechtspfleger) ist **streitig**. Nach richtiger Auslegung von § 18 Abs. 1 Nr. 1 RPflG bezieht sich die zeitliche Geltung (»bis zur Entscheidung über … .«) nur auf die erste der in Nr. 1 genannten Alternativen, sodass das Verfahren über die »Ernennung des Insolvenzverwalters« stets dem Richter obliegt, mithin auch die Entlassungsentscheidung (vgl. AG Göttingen, ZInsO 2003, 289; FK-Schmerbach, § 2 Rn. 29; Müscheler/Bloch, ZIP 2000, 1474, 1476; AG Ludwigshafen a.R., ZInsO 2012, 93: zumindest bei bereits bei Eröffnung erkennbaren Gründen; **a. A.** [Rechtspfleger]: AG Braun-

schweig, ZInsO 2009, 97; LG Braunschweig, NZI 2008, 620 [der Rechtspfleger muss aber dem Richter, wenn der Entlassungsanlass in der Beurteilung einer Rechtsfrage besteht, die Gelegenheit geben, das Verfahren an sich zu ziehen]; Rechel, ZInsO 2012, 1641, 1642; Heyrath, ZInsO 2006, 1196, 1198; LG Stendal, ZInsO 1999, 233; Mäusezahl in Graf-Schlicker § 56 Rn. 8; FK-Jahntz § 59 Rn. 14; MK-Graeber § 59 Rn. 25; Uhlenbruck-Pape § 2 Rn. 3, auch Uhlenbruck-Pape § 59 Rn. 22). Denn es ist zugleich **auch ein neuer Insolvenzverwalter zu bestellen**, was durch den Richter geschehen muss (KPB-Lüke, § 59 Rn. 9c; NR-Delhaes § 59 Rn. 10).

I. Ü. kann der Richter auch zur Klarstellung einen thematischen **Teilvorbehalt gem. § 18 Abs. 2 RPflG** für einen Entlassungsfall im künftigen Verfahren in der konkreten Akte vermerken (Frind, ZInsO 2001, 993; Uhlenbruck-Pape § 2 Rn. 6; AG Duisburg, ZInsO 2002, 736; unzulässig wäre ein Generalvorbehalt: Schneider, ZInsO 1999, 276). Dazu ist ihm ggf. durch Vorlage der Akte bei Offenbarwerden von Entlassungsgründen Gelegenheit zu geben (LG Stendal, NZI 2010, 993). Eine »**Vorverfügung**« durch den Rechtspfleger für richterliche Aufgabenabschnitte ist rechtswidrig, da § 25 RPflG im Jahr 1998 geändert wurde (Frind, ZInsO 2012, 2093).

II. Rechtliches Gehör und Rechtsmittel

Der Verwalter soll gem. Abs. 1 Satz 3 vor der Entscheidung zur beantragten oder beabsichtigten Entlassung gehört werden. Bei der Anhörung kann das Gericht, je nach Einschätzung der drohenden Gefahr, kurze Fristen setzen oder den Verwalter auch nur mündlich anhören (Uhlenbruck-Uhlenbruck § 59 Rn. 20). **Andere Verfahrensbeteiligte** (Ausschuss, Versammlung) sind i. d. R., auch nach Einfügung v. § 56a InsO, nicht vorher anzuhören (Rechel, ZInsO 2012, 1641, 1643). Allerdings löst die Nicht-Anhörung des vorläufigen Gläubigerausschusses bei einem vorläufigen Verwalter, der aufgrund einstimmigen Votums ernannt worden ist nach Entlassung/Neu-Bestellung die Abwahlmöglichkeit des § 56a Abs. 3 (erneut) aus (Rdn. 12d). 8

Das **rechtliche Gehör des Verwalters** sollte vorher erfolgen, kann aber im Abhilfeverfahren gfs. nachgeholt werden (BGH, ZInsO 2012, 972, 974; LG Stendal, NZI 2010, 993; BGH, ZInsO 2009, 1491); dies muss nicht mit Gefahr im Verzug begründet werden (BGH, ZIP 2011, 671 Rn. 10 = ZInsO 2011, 724). Allerdings kann im Fall ganz konkret drohender oder bereits eingetretener Gefahr für die Masse das Gericht den Verwalter auch dann ohne vorherige Anhörung entlassen (Uhlenbruck-Uhlenbruck § 59 Rn. 18), ihn zumindest vorläufig des Amtes entheben (KPB-Lüke § 59 Rn. 7; MK-Graeber § 59 Rn. 40) oder einen Sonderinsolvenzverwalter oder Sondersachverständigen bestellen (KPB-Lüke § 59 Rn. 7). Dieser kann vom Insolvenzverwalter nicht analog § 406 ZPO wegen Besorgnis der Befangenheit abgelehnt werden (LG Wuppertal, ZInsO 2005, 950). Das Gericht hat in jedem Fall sicherzustellen, dass mit der Entlassung ein neuer Verwalter bestellt wird, da es ein verwalterloses Verfahren nicht geben kann (Uhlenbruck-Uhlenbruck, § 59 Rn. 25 a. E.). Daher ist die Rechtsmittelfrist, denn die Entscheidung wirkt zunächst ad hoc (Uhlenbruck-Uhlenbruck, § 59 Rn. 24 a. E.; Braun-Blümle, § 59 Rn. 16), nicht abzuwarten.

Die Vorschrift über das rechtliche Gehör ist auf den **Fall der Aufhebung von Sicherungsmaßnahmen** bei Einstellung des Verfahrens oder Antragsabweisung **nicht analog** anwendbar (BGH, ZInsO 2007, 34). Sie kann auch nicht analog angewandt werden, wenn ein einzelner Gläubiger die Einsetzung eines Sonderinsolvenzverwalters begehrt hat und dieser Antrag abgelehnt worden ist. Ein Beschwerderecht des einzelnen Gläubigers besteht dann nicht (BGH, ZInsO 2009, 477).

Rechtsmittel ist die **sofortige Beschwerde** gem. § 6, auch bei einer Rechtspflegerentscheidung, da die Durchgriffserinnerung durch das zulässige Rechtsmittel ersetzt ist. Der Beschluss hat gem. §§ 4 InsO, 232 ZPO eine Rechtsmittelbelehrung zu enthalten. Der begründete Entlassungsbeschluss ist den Rechtsmittelberechtigten gem. Abs. 2 zuzustellen, im Fall der Antragsablehnung also dem oder den Antragstellern i. S. v. Abs. 2 Satz 2. Den übrigen Beteiligten ist die Entscheidung formlos bekannt zu machen. 9

Sofern ein Gläubiger die Entlassung nur »angeregt« hat, besteht keine Rechtsmittelmöglichkeit, wenn das Gericht dem nicht nachkommt (BGH, NZI 2010, 980).

Bei Ablehnung eines **Antrages der Gläubigerversammlung** ist jeder Insolvenzgläubiger beschwerdebefugt (BGH, NZI 2010, 980; HK-Riedel § 59 Rn. 11), unabhängig von Teilnahme und Stimmverhalten (Uhlenbruck-Uhlenbruck, § 59 Rn. 24 m.w.N.). Bei Ablehnung eines **Antrages des Gläubigerausschusses** ist nur das Gremium insgesamt rechtsmittelbefugt, d.h. die Entscheidung ist allen Mitgliedern zuzustellen, damit diese umgehend Beschluss über eine Rechtsmitteleinlegung fassen können.

Da ein Entlassungsbeschluss ohnehin zugleich mit der Neubestellung eines neuen Verwalters zweckmäßigerweise verbunden werden soll (Uhlenbruck-Uhlenbruck § 59 Rn. 22; MK-Graeber § 59 Rn. 44;), um keine »verwalterlose« Zeitspanne zu verursachen, empfiehlt sich die **Veröffentlichung des Beschlusstenors** gem. § 9 (so auch im Fall eines abzulehnenden Antrages der Gläubigerversammlung zur Zustellung an alle Gläubiger).

▶ Hinweis: Sonderfall des Wechsels des Treuhänders bei Übergang in Wohlverhaltensperiode:

Da bisher die **Bestellung des Treuhänders** mit dem Eröffnungsbeschluss im vereinfachten Insolvenzverfahren (Verbraucherverfahren) **für die Wohlverhaltensperiode fortwirkt** (BGH, ZVI 2004, 544; BGH, ZInsO 2007, 1348), ist die Bestellung eines anderen Treuhänders für die Wohlverhaltensperiode konkludente Entlassung des ersten Treuhänders, die nur bei einem wichtigen Grund statthaft ist (BGH, ZInsO 2012, 455). Der erste Treuhänder ist daher gegenüber der Bestellung eines anderen Treuhänders für die Wohlverhaltenperiode rechtsmittelbefugt. Dies gilt nur im Verbraucherinsolvenzverfahren, da nur dort gem. § 313 Abs. 1 InsO die Bestellung »durchläuft«. § 288 InsO (Vorschlagsrecht) gilt daher im Verbraucherverfahren bereits für den Eröffnungsbeschluss (BGH, ZInsO 2012, 455, 456). Nach der **Reform des Privatinsolvenzverfahrens zum 01.07.2014** wird in neu eingegangenen Verbraucherinsolvenzverfahren auch ein Insolvenzverwalter eingesetzt. Die vorstehende Rechtsprechung ist damit nicht mehr anwendbar.

10 **Der entlassene Verwalter** darf das Mittel des **Befangenheitsantrages** (§§ 42 ff. ZPO) nicht missbrauchen, um den Amtsrichter an einer Entlassungsentscheidung oder einer begründeten (Nicht-)Abhilfeentscheidung zu hindern. Es ist bereits zu bezweifeln, ob das Instrument des Ablehnungsrechtes dem Insolvenzverwalter zusteht, da er Amtsperson ist (Uhlenbruck-Uhlenbruck § 58 Rn. 10). Das Ablehnungsrecht könnte so zum Unterlaufen der gerichtlichen Aufsicht missbraucht werden (Uhlenbruck-Uhlenbruck § 58 Rn. 15, 16). Der mit einem Rechtsmittel gekoppelte Befangenheitsantrag ist jedenfalls, insb. wenn die Entlassungsentscheidung auf ein zerstörtes Vertrauensverhältnis zwischen Gericht und Verwalter oder Verfahrensfehlern des Letzteren gegründet ist, naturgemäß unzulässig, da er den materiellen Rechtsgrund der Entlassung im Wege der Unterminierung der Aufsichtspflicht des Gerichtes (§ 58) angreift (OLG Zweibrücken, NZI 2000, 222; LG Wuppertal, KTS 1958, 78; Uhlenbruck-Pape § 4 Rn. 5; MK-Graeber § 59 Rn. 19). Um die beabsichtigte Verfahrensverzögerung zu vermeiden, sollte das Gericht in Anbetracht des Eilcharakters von Insolvenzsachen notwendige Verfahrensentscheidungen, z. B. Verwalterentlassung, Einsetzung eines Sonderverwalters, trotz vorliegenden Befangenheitsantrags i. S. v. § 47 ZPO, zunächst treffen, bevor die Akte mit dem Befangenheitsgesuch an den zuständigen Kollegen zur Entscheidung weitergeleitet wird. Ebenso kommt in Betracht, den rechtsmissbräuchlichen Befangenheitsantrag wie im Strafverfahren in Eilsituationen selbst als unzulässig zurückzuweisen. Die getroffene Maßnahme muss dann zusammen mit der Rechtsmitteleinlegung gegen die Zurückweisung angegriffen werden.

11 **Schuldner und Gläubiger** müssen darauf achten, im Verfahren vor dem **Rechtsmittelgericht** (LG) **beteiligt zu werden**, da sie Anspruch auf rechtliches Gehör zur Person des Verwalters haben. Dies gilt auch, wenn das AG von Amts wegen tätig geworden ist und entlassen hat. Hierzu sollte ggf. vom Recht zur Akteneinsicht Gebrauch gemacht und gesondert zum LG Vortrag geleistet werden.

▶ Hinweis:

Der neu bestellte Insolvenzverwalter ist ebenfalls am Beschwerdeverfahren zu beteiligten, da er zugleich sachverständig die Amtsführung des bisherigen Verwalters beurteilen kann. Mittels seiner Ermittlungen kann das Insolvenzgericht gfs. weitere, die Amtsentlassung rechtfertigende Gründe zulässigerweise nachschieben (Rechel, ZInsO 2012, 1641, 1654).

Er ist von der Entäußerung des Entlassungsbeschlusses seitens des AG an im Amt und hat das Verfahren weiter abzuwickeln, denn die Beschwerde hat keine aufschiebende Wirkung (s. Rdn. 8).

Im **Fall der Aufhebung der amtsgerichtlichen Entscheidung** ist er aber nicht beschwerdeberechtigt (OLG Naumburg, ZIP 1994, 162; Uhlenbruck-Uhlenbruck, § 59 Rz. 25; Haarmeyer/Wutzke/Förster, Handb InsR, Rn. 5/67; krit. Pape, DtZ 1995, 40, 43). Der neue Verwalter ist dann wieder abzuberufen (Uhlenbruck-Uhlenbruck § 59 Rn. 24; Jaeger-Gerhardt, § 59 Rz. 20). Die Zustellung der Rechtsmittelgerichtsentscheidung erhält er daher für die Masse, da diese ggf. durch die wiederhergestellte Bestellung des ersten Verwalters kostenbelastet ist.

Unter falscher Kontext-Zitierung seiner Entscheidung v. 15.11.2007 (ZInsO 2007, 1348) hat der BGH unter dem 23.09.2010 (ZInsO 2010, 2093 = ZIP 2010, 2118) ohne Begründung entschieden, dass **der neu bestellte Verwalter beschwerdebefugt gegen die Entlassung aufhebende Rechtsmittelgerichtsentscheidung** sei (und dieses Recht ggf. persönlich wahrnehmen müsse). Der neu bestellte Verwalter sei auch beschwerdebefugt, wenn er vom Rechtsmittelgericht quasi »ohne wichtigen Grund«, nämlich nur aus rein prozessualformalen Gründen (Stichwort: kein Verfahren mit zwei Verwaltern) inzident durch die Aufhebung der Entlassungsentscheidung »entlassen« werde. Diese Rechtsansicht erscheint nicht haltbar, da die reine Rechtsmittelentscheidung (»Aufhebung der amtsgerichtlichen Entlassungsentscheidung«) eben keinerlei Wirkung ggü. dem neu bestellten Verwalter persönlich beinhalten kann. Unter dem 15.11.2007 hatte der BGH hingegen nur denjenigen Fall entschieden, dass in der Wohlverhaltensperiode ein neuer Treuhänder eingesetzt wird, obwohl der BGH die Treuhänderstellung mit Entscheidung v. 17.06.2004 (ZVI 2004, 544) vom eröffneten Verfahren in die Wohlverhaltensperiode als »durchlaufend« konstatiert hat (Rdn. 9), sodass eine Neu-Bestellung – eines anderen Treuhänders- für die Wohlverhaltensperiode zugleich als Entlassung des eigentlich »durchlaufenden« Treuhänders auszulegen war. Diese Konstellation ist mit der expliziten Entlassung eines Verwalters gem. § 59 InsO und der nachfolgend darüber erfolgenden – aufhebenden- Rechtsmittelgerichtsentscheidung nicht vergleichbar.

Damit korrespondiert, dass streitig bisher nur war, ob der bisherige (entlassene) Verwalter vom AG in Vollzug der aufhebenden Rechtsmittelentscheidung neu bestellt werden muss (MK-Graeber § 59 Rn. 44; a. A. Jaeger/Gerhardt, § 59 Rz. 20), was zur Klarstellung zweckmäßig sein dürfte, da dies erst mit Rechtskraft des Beschlusses des Rechtsmittelgerichtes geschehen sollte, oder ob der alte Verwalter sogleich wieder im Amt ist (LG Halle, ZIP 1993, 1739, 1742). Unstreitig war, dass der zunächst bestellte neue Verwalter erst vom AG in Vollzug der Rechtsmittelentscheidung zu entlassen war (Jaeger-Gerhardt, § 59 Rn. 20; KPB-Lüke, § 59 Rn. 12; Braun-Blümle, § 59 Rn. 16). Der gegenteiligen vorgenannten BGH-Entscheidung v. 23.09.2010 (ZIP 2010, 2118) ist mangels dortiger Begründung nicht zu folgen.

Bei **Abweisung des Eröffnungsantrages** ist die vorläufige Insolvenzverwaltung **aufzuheben**, ggf. mit der Nachwirkungsanordnung nach § 25 Abs. 2 InsO. Auch der vorläufige »starke« Insolvenzverwalter hat aber **kein Beschwerderecht gegen die Aufhebung der Sicherungsmaßnahme**, wie auch der endgültige Verwalter kein Beschwerderecht hat, wenn sein Amt infolge Aufhebung des Eröffnungsbeschlusses im Beschwerdeverfahren beendet wird. Diese Fälle sind **von demjenigen nach § 59 streng zu trennen** (BGH, ZVI 2007, 66; ZInsO 2007, 373).

[derzeit unbesetzt] 12

III. Rechtsfolgen

Sowohl bei rechtskräftiger Entlassung als auch bei rechtskräftiger Aufhebung der amtsgerichtlichen Entlassung bleiben die zwischenzeitlichen **Handlungen** des jeweiligen Verwalters **wirksam** (KPB-Lüke § 59 Rn. 12; Uhlenbruck-Uhlenbruck § 59 Rn. 26). Der entlassene Verwalter hat alle mit der 12a

§ 59 InsO Entlassung des Insolvenzverwalters

Amtsführung verbundenen Unterlagen herauszugeben, was ggf. mit Zwangsmitteln durchgesetzt werden kann (§ 58 Abs. 3).

▶ **Hinweis:**

Diese Herausgabe umfasst auch alle Handakten des bisherigen Verwalters (Rechel, ZInsO 2012, 1641, 1648). Der Nachfolge-Verwalter hatte umfassende Sicherungspflichten und, insbesondere in den Fällen von Veruntreuungen als Entlassungsgrund zeitlich rasch zu handeln. Ihn treffen daher eine Fülle von Ermittlungs- und Abstimmungspflichten, auch mit anderen Verfahrensbeteiligten (dazu ausführlich Rechel, ZInsO 2012, 1641, 1649 f.).

Die Regressierung von Schadenersatzansprüchen und die Wiederherstellung des in den ordnungsgemäßen Ablauf des Insolvenzverfahrens seitens der Gläubiger gesetzten Vertrauens basiert auf seiner Tätigkeit (Rechel, ZInsO 2012, 1641, 1653, 1656).

Eine Schlussrechnung im Sinne von § 66 Abs. 1 InsO hat er zwar zu erteilen; der neue Verwalter hat darauf aber keinen **einklagbaren** Rechtsanspruch, obwohl die Rechnungslegungspflicht ggü. der Gläubigerversammlung besteht (BGH, ZInsO 2010, 2134 = ZIP 2010, 2209 m. w. N.): Kommt der entlassene Verwalter ihr nicht nach, wird er auch nicht entlastet, wobei der BGH dahinstehen lässt, ob der Anspruch mit gerichtlichen Aufsichtsmaßnahmen durchsetzbar ist (dafür vgl. § 58 Rdn. 11 m. w. N.), jedenfalls ist er bei der Vergütungsfestsetzung berücksichtigbar (Rdn. 12b; Rdn. 12c).

12b Die **Vergütung** ist zeitpartagiert nach den jeweiligen Verfahrensabschnitten und ggf. ihren Erschwernissen zu gewähren (BGH, ZInsO 2005, 85; KPB/Lüke § 59 Rn. 10), wobei die Höhe der Vergütung sich an der verwalteten Masse z. Zt. der Abberufung bemisst und nicht an der für das Ende des Verfahrens prognostizierten Teilungsmasse (BGH, ZInsO 2006, 29 m. zust. Anm. Nowak, NZI 2006, 166; BGH, ZInsO 2001, 165; anders aber LG Bamberg, ZInsO 2005, 477; OLG Brandenburg, ZInsO 2001, 1148). Zur Berechnung der Vergütung bei zwischenzeitlichem Ausscheiden des Verwalters: BGH, ZInsO 2005, 85: jeder Verwalter darf »seine Erschwerniszuschläge« geltend machen bzw. künftige Massezuflüsse aufgrund der Tätigkeit des abgelösten Verwalters können noch in die Berechnungsgrundlage seiner Vergütung einfließen oder, ggf. auch nachträglich, als Zuschlag zur Regelvergütung geltend gemacht werden (BGH, ZIP 2006, 93).

Der ausgeschiedene Verwalter kann auch für spätere Massemehrungen, die auf seine Tätigkeit zurückzuführen sind, noch eine Berücksichtigung bei der Berechnungsgrundlage (ausschließlich auf seine Tätigkeit zurückzuführen) oder eine Erhöhung der Regelvergütung mittels Zuschlag (wesentlich auf seine Tätigkeit zurückzuführen) geltend machen, ggf. auch noch nachträglich (BGH, ZInsO 2006, 29).

Die frühere Ansicht, der entlassene Verwalter habe **generell bereits in Anbetracht der reinen Entlassung keinerlei Anspruch auf Vergütung** für seine bisherige Tätigkeit, ist bis auf die Ausnahmefälle der Verwirkung wegen Untreue (LG Schwerin, ZInsO 2008, 856; OLG Karlsruhe, ZIP 2000, 2035; LG Konstanz, ZInsO 1999, 589) und Täuschung des Gerichtes über die Qualifikation (BGH, ZInsO 2004, 669) durch die vorgenannten BGH-Entscheidungen überholt, da die Vergütung **reine Tätigkeitsvergütung** ist.

Eine Aberkennung oder **Verwirkung der Vergütung kommt nur in schwerwiegenden Ausnahmefällen in Betracht.** Der Verhältnismäßigkeitsgrundsatz gebietet eine enge Begrenzung auf Fälle der vorwerfbaren und schweren Pflichtverletzungen (BGHZ 159, 122, 132; LG Deggendorf, ZIP 2013, 1975 = NZI 2013, 1028), z. B. wenn der (vorläufige) Verwalter keinerlei sichernde Tätigkeit entfaltet (AG Hamburg, ZInsO 2001, 69); zum Nachteil der Masse handelt (AG Hamburg, ZInsO 2003, 937; LG Schwerin, NZI 2008, 692 = ZInsO 2008, 856; BGH, ZInsO 2004, 669), sich seine Position erschleicht (AG Göttingen, NZI 2011, 716) oder eine Verwirkung wegen unerlaubten Führens akademischer Titel in Betracht kommt (BGH, NJW-RR 2009, 1710 Rn. 19); nicht aber bei einer einfachen Pflichtenverletzung (Nichtanzeige einer Interessenkollision; so aber AG Potsdam, ZInsO 2005, 503 m. abl. Anm. Haarmeyer, ZInsO 2005, 504; Leithaus, NZI 2005, 382;

aufgehoben durch LG Potsdam, ZIP 2005, 1699). Letztendlich schließt eine völlige Ungeeignetheit, z. B. wegen Begehung von Straftaten, eine Vergütung aus (BGH, ZInsO 2011, 1520 = NZI 2011, 760; LG Magdeburg, ZInsO 2013, 2578, 2580). Die Verwirkung erfordert nicht, dass der Masse ein messbarer Schaden entstanden ist (LG Deggendorf, ZIP 2013, 1975, 1976). Streitig ist, ob die Auslagen von einer Vergütungsverwirkung ergriffen werden (so LG Schwerin ZInsO 2008, 856; a. A. AG Wolfratshausen, ZInsO 2000, 517). Da es durchlaufende Posten sind, wird man das nicht annehmen können.

Der neu bestellte Insolvenzverwalter kann auch gegen den vorhergehenden Verwalter **Schadensersatzansprüche** geltend machen und diese *bei Unstreitigkeit* im laufenden Vergütungsverfahren **aufrechnen** (NR-Delhaes § 59 Rn. 13; Uhlenbruck-Uhlenbruck § 59 Rn. 27 m. w. N.; sowohl auch BGH, ZInsO 2010, 2134 Rz. 10). Sind die Ansprüche streitig, besteht weder eine Aufrechnungs- noch eine Zurückbehaltungsmöglichkeit (LG Göttingen, ZInsO 2013, 355). 12c

Das Insolvenzgericht kann aber aus der Masse bezahlte Gelder für nicht gerechtfertigt beauftragte Dritte bei der Vergütungsfestsetzung abziehen (BGH v. 19.04.2012 ZInsO 2012, 928).

Eine eventuell eingerichtete Sonderinsolvenzverwaltung wegen der Geltendmachung von Schadensersatzansprüchen (§ 92 Satz 2 InsO, § 56 Rdn. 42) fällt mit dem Tod oder der Entlassung des bisherigen Verwalters in sich zusammen, der neu bestellte Verwalter hat wieder die Verfügungsbefugnis über den Anspruch. In bereits laufenden Prozessen tritt eine amtswegig zu beachtende Aktivlegitimationsänderung ein.

Über den **neu bestellten Verwalter** kann erneut die Gläubigerversammlung gem. § 57 beschließen (s. § 57 Rdn. 3 m. w. N.). 12d

Die Möglichkeit der »Neubefassung« gilt für die **Entlassungsmöglichkeit nach § 56a Abs. 3 durch den vorläufigen Gläubigerausschuss im Eröffnungsverfahren** nicht generell, da dort eine vorherige Nichtanhörung eines bereits existierenden Gläubigerausschusses Voraussetzung für eine zulässige Abwahl ist. Nur dann, wenn der entlassene Verwalter aufgrund eines einstimmigen Gläubigerausschuss-Votums nach § 56a Abs. 2 ernannt worden ist und der vorläufige Gläubigerausschuss vor Entlassung dieses Verwalters und Neubestellung eines anderen vorläufigen Verwalters nicht angehört worden ist (§ 56a Abs. 1), kann die Abwahlmöglichkeit des § 56a Abs. 3 wieder aufleben, sie ist dann in der ersten Ausschusssitzung nach der Entlassung/Neubestellung möglich.

§ 60   Haftung des Insolvenzverwalters

(1) ¹Der Insolvenzverwalter ist allen Beteiligten zum Schadenersatz verpflichtet, wenn er schuldhaft die Pflichten verletzt, die ihm nach diesem Gesetz obliegen. ²Er hat für die Sorgfalt eines ordentlichen und gewissenhaften Insolvenzverwalters einzustehen.

(2) Soweit er zur Erfüllung der ihm als Verwalter obliegenden Pflichten Angestellte des Schuldners im Rahmen ihrer bisherigen Tätigkeit einsetzen muß und diese Angestellten nicht offensichtlich ungeeignet sind, hat der Verwalter ein Verschulden dieser Personen nicht gemäß § 278 des Bürgerlichen Gesetzbuchs zu vertreten, sondern ist nur für deren Überwachung und für Entscheidungen von besonderer Bedeutung verantwortlich.

Übersicht	Rdn.		Rdn.
A. Normzweck	1	I. Haftung gegenüber den Beteiligten	
I. Allgemeines	1	(Abs. 1 Satz 1)	5
II. Abgestufte Haftungsverantwortlichkeit		1. Beteiligtenbegriff	6
des Insolvenzverwalters	2	2. Innenhaftung des Insolvenzverwalters	7
III. Primärverpflichtung der Insolvenzmasse .	3	3. Außenhaftung des Insolvenzverwalters	8
IV. Prozessuale Konsequenzen der Primärver-		II. Sorgfalt und Pflichtenkreis eines ordent-	
pflichtung der Masse.	4	lichen und gewissenhaften Insolvenz-	
B. Norminhalt	5	walters (Abs. 1)	9

1. Übersicht über die allgemeinen und besonderen insolvenzspezifischen Obliegenheiten 10
2. Allgemeine insolvenzspezifische Pflichten 11
   a) Pflichten bei Forderungsinkasso und Prozessführung 12
   b) Vermeidung von Minderungen der Aktivmasse 13
   c) Verwertung................. 14
   d) Feststellung und Berichtigung der Forderungen................ 15
   e) Verteilung.................. 16
   f) Informations- und Mitteilungspflichten.................... 17
   g) Pflichten gegenüber Aus- und Absonderungsberechtigten 18
   h) Pflichten gegenüber Aussonderungsberechtigten 19
   i) Pflichten des Aussonderungsberechtigten 20
   j) Pflichten gegenüber Absonderungsberechtigten........... 21
   k) Beteiligtenunabhängige Haftung 22
      aa) Pflicht zur Anzeige der Masseunzulänglichkeit und Haftung bei fehlerhafter Anzeige 23
      bb) Vertrauensschadenshaftung . 24
      cc) Umweltschäden........... 25
      dd) Arbeits- und sozialrechtliche Haftung des Verwalters 26
      ee) Steuerrechtliche Haftung des Verwalters 27
      ff) Verkehrssicherungspflichten 28
3. Besondere insolvenzrechtliche Obliegenheiten, Sorgfaltspflichten, Unternehmens (-fortführungs-) untersuchungspflichten, Unternehmensorganisations-, Unternehmensleitungs- und Unternehmenskontrollpflichten 29
   a) Sorgfaltspflichten eines ordentlichen und gewissenhaften Geschäftsleiters.............. 30
   b) Besondere insolvenzrechtliche Obliegenheiten bei der Begründung von Masseverbindlichkeiten 31
   c) Unternehmensleitungspflicht ... 32
   d) Unternehmens(-fortführungs-) untersuchungspflicht 33
   e) Informationsaufbereitung 34
   f) Nutzung von Schuldnerdaten ... 35
   g) Unternehmensorganisations- und Verfahrensabwicklungspflicht ... 36
III. Kausalität 37
IV. Verschulden 38
V. Umfang des Schadensersatzanspruchs... 39
VI. Haftungskonkurrenzen und Haftung für Dritte (Abs. 2).................... 40
   1. Gesamtschuldnerische Haftung mehrerer Schädiger 40
   2. Haftpflichtversicherung des Insolvenzverwalters 41
   3. Haftung für Dritte 42
   4. Haftung für Personal des Schuldners/ Schuldnerunternehmens 43
   5. Anspruchskonkurrenzen........ 44
VII. Haftung in besonderen Verfahrensabschnitten........................ 45
   1. Haftung des vorläufigen Verwalters . 45
   2. Haftung des Insolvenzverwalters im Insolvenzplanverfahren 46
   3. Haftung des Sachwalters 46a
   4. Haftung des Eigenverwalters 46b
   5. Haftung des Treuhänders........ 47
   6. Haftung des Sachverständigen 48
   7. Haftungsvermeidungsklauseln 49
C. **Verfahrensfragen** 50
I. Prozessrechtsverhältnis 51
II. Örtliche Zuständigkeit für Klagen gegen den Insolvenzverwalter 52
III. Sachlich zuständiges Gericht......... 53

A. Normzweck

I. Allgemeines

1 Das Insolvenzverfahren ist ein streng rechtsstaatliches Verfahren, welches der masseeffizienten Abwicklung des Schuldnervermögens dient. Neben die Haftungsverwirklichung im Wege der exekutorischen Abwicklung hat der Gesetzgeber alternative Regelungen, insb. zum Erhalt des Unternehmens, gesetzt. Er hat klar zum Ausdruck gebracht, dass die Insolvenzabwicklung auch der Erhaltung, Sanierung und/oder Reorganisation lebensfähiger Unternehmens(-kerne) dienen soll. Diese gesetzgeberischen Vorstellungen konkretisieren unmittelbar die dem Insolvenzverwalter obliegenden Handlungspflichten. Die Haftung nach §60 umfasst nach Klarstellung des Gesetzgebers nur die Verletzung »insolvenzspezifischer« Pflichten (Begr. zu §71 RegE; vgl. Lüke, FS 50 Jahre BGH, S. 702). Dabei muss berücksichtigt werden, dass es sich bei dem **Insolvenzrecht** um »**klassisches Kollisionsrecht**« handelt. Der Schuldner ist nicht mehr in der Lage, ggü. allen Betei-

ligten den ihm obliegenden Verpflichtungen nachzukommen; er wird deshalb in einem Gesamtvollstreckungsverfahren in seinen Rechten beschränkt. Mit der par conditio creditorum werden gleichzeitig auch die Rechte der Gläubiger eingeschränkt. Die InsO ist im Kollisionsfalle »lex specialis«, vgl. BVerfG, ZIP 1984, 78, 80; Kilger, FS Merz S. 253, 279. Die Haftungsverantwortung des Insolvenzverwalters ist in diesem Licht zu sehen. Aus dem Grundsatz der **Strukturgleichheit im Insolvenzverfahren**, d. h. durch die möglichen Verfahrensausprägungen der Verfahrensabwicklung (Regelinsolvenz, Plan, Eigenverwaltung, Schutzschirm) kein Gläubiger schlechter gestellt sein darf. Dieses ergibt sich bereits aus der par condicio creditorum und den §§ 245 Abs. 1 Nr. 1. 270 § 270 b Abs. 4 Nr. 3. Ferner ergibt sich die Strukturgleichheit in der Haftung auch aus dem Korrelat von Handlung und Haftung. Soweit dem vorläufigen Insolvenzverwalter/Sachwalter Aufgaben übertragen wurden, haftet er wie ein Insolvenzverwalter. Ein vorl. Sachwalter, dem nur Prüfungs-, Überwachungs- und Kontrollaufgaben, aus den Redepflichten resultieren, haftet bei deren Verletzung wie ein (vorl.) Insolvenzverwalter im gleichen Verfahrensstand. Diese Strukturgleichheit bewirkt einen einheitlichen Haftungsmaßstab in einem durchgängigen Insolvenzverfahren bei offenen Verfahrensausprägungen durch die Beteiligten. Es ist insoweit entscheidungsoffen. Es dient ferner der Rechtsklarheit. Handlung und Haftung korrelieren. Bei Eigenverwaltung und Schutzschirm kann dieses zu einer Kumulation der Haftung, aber nicht zu einer Lücke führen. Der **Verwalter darf nicht zum Versicherer jeglicher fremder Interessen** gemacht werden, K.Schmidt-Thole § 60 Rn. 6. Es entspricht wohl herrschender Meinung, dass die Grundlage der Haftung ein gesetzliches Schuldverhältnis zwischen dem Insolvenzverwalter und den »Beteiligten« ist (Uhlenbruck-Uhlenbruck § 60 Rn. 1; K/P/B-Lüke § 60 Rn. 12). Aus diesem gesetzlichen Schuldverhältnis, welches für den Insolvenzverwalter, der als Partei kraft Amtes handelt, fiduziarischen Charakter hat, ergeben sich unterschiedliche Verhaltenspflichten. Die haftungsrechtliche Verantwortung bildet das Korrelat dafür, dass die Vermögens- und Haftungsabwicklung weitgehend in die Hand des Verwalters gelegt wird (Häsemeyer, InsR, Rn. 6.34). Die Geltendmachung eines Schadensersatzanspruchs als **Sekundäranspruch** setzt einen **leistungsgestörten Primäranspruch** voraus. Dem Gläubiger, der den Schadensersatzanspruch geltend macht, ohne versucht hat zuvor den Primäranspruch durchzusetzen, fehlt das Rechtsschutzinteresse. Anderes kann nur gelten, wenn der Primäranspruch unstreitig und die Masse insuffizient ist.

II. Abgestufte Haftungsverantwortlichkeit des Insolvenzverwalters

Der Insolvenzverwalter kann sowohl wegen Verletzung insolvenzrechtlicher Pflichten als auch nach allgemeinen Grundsätzen haften. Die Haftungsverantwortlichkeit des Verwalters unterscheidet zwischen der **Innen-** und der **Außenhaftung**, d. h. der internen Verantwortlichkeit des Verwalters ggü. der Masse, den Insolvenzgläubigern und dem Insolvenzschuldner sowie der externen Verantwortung ggü. Dritten. Fälle interner Verantwortlichkeit (s. u. Rdn. 7) liegen vor bei Pflichtverletzung infolge Inbesitznahme, Verwaltung, Erhaltung und Verwertung der Masse (Kilger/K. Schmidt § 82 KO Anm. 1a; Uhlenbruck-Uhlenbruck § 60 Rn. 5; K/P/B-Lüke § 60 Rn. 30). Die **internen Pflichten** sind Teil der vom Insolvenzverwalter zu beachtenden **allgemeinen insolvenzrechtlichen Obliegenheiten**. Mit dieser Unterscheidung ist jedoch noch keine Aussage zur primären Haftungsverantwortlichkeit ggü. dem Geschädigten getroffen. Die **Primärverpflichtung** trifft rgm. die verwaltete Masse. Die **Sekundärhaftung** des Verwalters kommt demgegenüber nur ausnahmsweise in den gesetzlich geregelten Fällen in Betracht. Der einzelne Gläubiger ist für die Geltendmachung der ihm persönlich entstehenden **Individualschäden** aktivlegitimiert. Die Geltendmachung von **Gesamtschäden**, d. h. von Schäden, die den Gläubigern gemeinschaftlich entstehen, erfolgt dagegen durch einen Sonderverwalter (§ 92 Satz 2; Uhlenbruck-Uhlenbruck § 60 Rn. 6; Jaeger/Henckel/Gerhardt-Gerhardt § 60 Rn. 127, 187; Gerhardt, ZInsO 2000, 574, 577).

Darüber hinaus ist ferner zwischen einer Verletzung der **allgemeinen** und **insolvenzrechtlichen Pflichten** und der **besonderen insolvenzrechtlichen Obliegenheiten** zu unterscheiden. Während es sich bei den allgemeinen insolvenzrechtlichen Pflichten insb. um die sich unmittelbar zwischen dem Verwalter und den Beteiligten bestehenden Pflichten aus der Sonderrechtsbeziehung handelt, betreffen die besonderen insolvenzrechtlichen Obliegenheiten das »unternehmerische Handeln« des

Insolvenzverwalters. Die Haftung bei Verletzung der allgemeinen insolvenzrechtlichen Pflichten wird in § 60 normiert. Eine Haftung nach § 61 liegt dagegen rgm. bei Verletzung der besonderen insolvenzrechtlichen Obliegenheiten vor. Wenn die Nichterfüllung von Masseverbindlichkeiten auf einer Verletzung der besonderen insolvenzrechtlichen Obliegenheiten beruht, führt dies zu einer Außenhaftung nach § 61. Darüber hinaus kann die Verletzung besonderer insolvenzrechtlicher Obliegenheiten zu einer Innenhaftung des Verwalters etwa bei Begründung wesentlicher und erkennbar unwirtschaftlicher Masseverbindlichkeiten führen. Die Ansprüche nach §§ 60, 61 gehen auf das negative Interesse.

III. Primärverpflichtung der Insolvenzmasse

3   Voraussetzung für die Geltendmachung des Haftungsanspruchs als Sekundäranspruch ist, dass der Gläubiger mit dem **Primäranspruch** bei der Schuldnerin ausgefallen ist, vgl. K/P/B-Lüke § 60 Rn. 8. Ist der Primäranspruch streitig und kann bedient werden, ist kein Raum für die Geltendmachung des Haftungsanspruchs als **Sekundäranspruch**, denn »Schuld kommt vor Haftung«. Dem Gläubiger, der den Verwalter persönlich auf Schadensersatz in Anspruch nimmt, bevor er die Masse auf Leistung einer Masseschuld in Anspruch genommen hat, fehlt das Rechtsschutzbedürfnis. Kann nicht ausgeschlossen werden, dass die Masse ausreicht, um begründete Masseverbindlichkeiten zu erfüllen, scheidet eine persönliche Haftung des Insolvenzverwalters aus § 61 aus, BGH, IX ZR 89/09, n. v.; Ganter, NZI 2011, 209, 218. Es ist streng zwischen den unterschiedlichen **Prozessrechtsverhältnissen** zu unterscheiden (vgl. RGZ 29, 29, 36; BGH, ZInsO 2007, 33). Wird danach die Verletzung insolvenzspezifischer Pflichten (als Schadensersatz-, d. h. als Sekundäranspruch) geltend gemacht, besteht **keine Primärhaftung der Insolvenzmasse**, die Haftung kann neben die Haftung des Verwalters treten, MK-Brandes/Schoppmeyer § 60 Rn. 112 m. w. N.). Demgegenüber nimmt Uhlenbruck eine **Primärhaftung der Masse** an (vgl. Uhlenbruck-Uhlenbruck § 60 Rn. 2; ebenso K/P/B-Lüke § 60 Rn. 7). Er begründet dies über eine Analogie zu § 31 BGB. I. Ü. müsse die Vermögensmasse, die die Vorteile der Verwaltung genieße, auch die durch die Verwaltung verursachten Schäden tragen. Primär sei die Haftung im Rang des § 55 Abs. 1 Nr. 1 gegen die Insolvenzmasse zu verfolgen, denn diese habe – abgesehen von insolvenzzweckwidrigem Handeln – nach außen gehandelt (Uhlenbruck-Uhlenbruck § 60 Rn. 2; K/P/B-Lüke § 60 Rn. 7; str. MK-Brandes/Schoppmeyer § 60 Rn. 112). Sind für den Schaden Masse und Verwalter verantwortlich, haften sie als Gesamtschuldner. Hat die Masse durch das Handeln einen Vorteil erlangt, ist die Masse ggü. dem Verwalter insoweit ausgleichspflichtig. Soweit keine Verletzung der besonderen insolvenzrechtlichen Pflichten erfolgt ist, wie etwa bei Verletzung von Verkehrssicherungspflichten, ist ausschließlich die Masse passivlegitimiert. Bei den in der Lit. benannten Fällen der »Vertrauenshaftung« handelt es sich nicht um eine Haftung nach §§ 60, 61, sondern aus besonderen (rechtsgeschäftsähnlichen) Schuldverhältnissen (vgl. Rdn. 24).

Keine Gesamtschuldnerschaft ist gegeben, wenn Insolvenzverwalter und Masse nicht auf dasselbe rechtliche Interesse haften. Subsidiarität besteht bspw., wenn die Masse eine **Primär-**, den Insolvenzverwalter aber nur eine **Sekundärverpflichtung** trifft (BAG, ZIP 2006, 1830). Soweit Einwendungen der Masse bestehen und/oder der Insolvenzverwalter Einreden gegen den Anspruch geltend macht, ist die unmittelbare Inanspruchnahme des Insolvenzverwalters ausgeschlossen. Die Klärung dieses Rechtsverhältnisses ist vorgreiflich. Dies wird in der Praxis häufig übersehen. So ist der **Insolvenzverwalter** für den Aussonderungsanspruch (Primäranspruch) als **Partei kraft Amtes** passivlegitimiert. Erst wenn weder der begründete Aussonderungsanspruch noch der Ersatzaussonderungsanspruch durch die Masse berichtigt werden kann, kann ggf. der Insolvenzverwalter als **natürliche Person** wegen des verbleibenden Schadens (Sekundäranspruch) in Anspruch genommen werden (vgl. OLG Hamm, ZInsO 2006, 1276, m. Anm. Weitzmann, EWIR 2006, 723). Ist der Anspruch unstrittig und ist Masseunzulänglichkeit angezeigt, besteht keine Primärverpflichtung der Masse; nur in diesem Fall kann der Haftungsanspruch aus § 60 gegen den Insolvenzverwalter unmittelbar geltend gemacht werden. In der Praxis ist leider festzustellen, dass Gläubiger versuchen einen Insolvenzverwalter, der eine Verpflichtung der Masse ablehnt, direkt persönlich in Anspruch zu nehmen. Dieses erfolgt offenbar in der unlauteren Absicht durch die Ausübung persönlichen

Drucks die Vergleichsbereitschaft (zulasten der Masse) zu erhöhen. Wenn der haftungsbegründende Tatbestand streitig ist, und die Masse leistungsfähig, gibt es keinen Raum für einen Individualanspruch nach § 60; denn dann fehlt es an einem Schaden, K/P/B-Lüke § 60 Rn. 8. Außerhalb des Insolvenzverfahrens würde man auch nicht neben dem leistungsfähigen Rechtsträger und Schadensverursacher ergänzend die Organe in Anspruch nehmen. Die h. M. BGH, ZInsO 2006, 100, Pape/Uhländer-Pape § 60 Rn. 31 lehnt die Subsidiarität der Haftung ab. Schon aus § 255 BGB ergäbe sich, das der Geschädigte auch dann vollen Schadensersatz verlangen könne, wenn ihm zugleich ein Anspruch gegen einen Dritten zustünde. Das ist dogmatisch zutreffend, verlangt aber tatbestandlich eine Gleichstufigkeit der Schuld, vgl. Andernfalls fehlt es an einem Schaden, K/P/B-Lüke § 60 Rn. 8. Einigkeit besteht, dass es keinen Unterschied macht, ob der Verwalter als Partei kraft Amtes oder als obligatorischer Drittliquidator handelt, vgl. § 80 Rdn. 4, 8; A/G/R-Piekenbrock § 60 Rn. 2; Jaeger/Henckel/Gerhardt-Windel § 80 Rn. 11 ff. Dieser Grundsatz gilt auch im Haftungsrecht, somit ist tatbestandlich entweder Alternativität oder Subsidiarität gegeben.

IV. Prozessuale Konsequenzen der Primärverpflichtung der Masse

Bei klagweiser Geltendmachung des Anspruchs muss der Geschädigte stets deutlich machen, ob er den Insolvenzverwalter persönlich verklagt oder aber die Klage gegen die Insolvenzmasse, d. h. gegen den Insolvenzverwalter als **Partei kraft Amtes** richtet. Stellt der Kläger die Klage um, liegt stets ein gewillkürter Parteiwechsel vor, dem die fehlende Zustimmung des Beklagten i. d. R. nicht entgegensteht, da die Verweigerung als treuwidrig zu bewerten wäre (BGH, NJW 1956, 1598). In der Praxis ist von einer kumulativen Geltendmachung von Primär- und Sekundäranspruch ggü. der Masse und dem Verwalter abzuraten, da zwischen beiden Ansprüchen rgm. Alternativität besteht und der Streitwert erhöht wird. Der Kläger trägt somit ein erhöhtes Prozesskostenrisiko, wenn die gegen den Insolvenzverwalter als Person gerichtete Klage abgewiesen wird. 4

B. Norminhalt

I. Haftung gegenüber den Beteiligten (Abs. 1 Satz 1)

Die Begründung von Schadensersatzansprüchen gegen den Insolvenzverwalter setzt voraus, dass dieser eine ggü. einem am Insolvenzverfahren Beteiligten bestehende (Amts-) Pflicht verletzt hat. Es muss sich um eine **spezifisch insolvenzrechtliche Pflicht** handeln. Dazu gehören nicht solche Pflichten, wie sie jedem Vertreter fremder Interessen ggü. Dritten auferlegt sind. § 60 Abs. 1 InsO sanktioniert nur die Verletzung solcher Pflichten, die den Insolvenzverwalter in dieser Eigenschaft nach den Vorschriften der Insolvenzordnung treffen. Dadurch wird der Gefahr einer ausufernden Haftung des Insolvenzverwalters vorgebeugt, BGHZ 161, 236. Dazu gehören keine solchen Pflichten, die ihn wie jeden Vertreter fremder Interessen gegenüber Dritten treffen. Nicht insolvenzspezifisch sind außerdem im Allgemeinen Pflichten, die dem Insolvenzverwalter als Verhandlungs- und Vertragspartner des Dritten auferlegt sind; BAG, ZInsO 2013, 2323 Rn. 41. Nicht insolvenzspezifisch sind außerdem im Allgemeinen Pflichten, die dem Insolvenzverwalter als Verhandlungs- oder Vertragspartner eines Dritten auferlegt sind. Eine Haftung kann nur dann begründet sein, wenn diesem Dritten ggü. besondere, insolvenzspezifische Pflichten bestehen, deren Erfüllung durch die Verletzung der anderen Pflichten gefährdet wird (BGH, ZInsO 2007, 264). Den Insolvenzverwalter trifft keine Pflicht zur Sicherung massefreien Vermögens (BGH, ZInsO 2008, 971). Die Obliegenheit zur Anzeige der Masseunzulänglichkeit gehört nicht zu den insolvenzspezifischen Pflichten, BGH, ZInsO 2010, 2323 Rn. 5; BAG, ZInsO 2013, 2323. 5

1. Beteiligtenbegriff

Der Beteiligtenbegriff definiert sich aus der insolvenzrechtlichen Pflichtenlage des Insolvenzverwalters. Mit der st. Rspr. (RGZ 149, 182; BGH, ZIP 1987, 115) wird der Kreis der Beteiligten weit ausgelegt und ein **materiell-rechtlicher Beteiligtenbegriff** zugrunde gelegt. Das Gesetz stellt klar, dass der Verwalter nur für die **schuldhafte Verletzung** solcher Pflichten haftet, die ihm nach diesem Gesetz obliegen. **Organe** von juristischen Personen sind nur insoweit Beteiligte, als sie 6 ggü. dem Verwalter als Vertreter der Insolvenzschuldnerin auftreten, ansonsten sind sie Träger der Schuldnerrolle (BGH ZIP 1996, 420; BGH, NJW 2001, 1280). Ggü. **Gesellschaftern** können den Verwalter Schadensersatzpflichten treffen, wenn er ihnen ggü. insolvenzspezifische Pflichten verletzt (Smid, Kölner Schrift zur InsO, S. 344 Rn. 28; Uhlenbruck-Uhlenbruck § 60 Rn. 13). Der **Bürge** nimmt nicht am Insolvenzverfahren teil, wenn der Insolvenzgläubiger die verbürgte Forderung angemeldet hat, und diese nicht nach § 774 Abs. 1 BGB auf den Bürgen übergegangen ist. Den Bürgen schädigende Handlungen des Insolvenzverwalters werden durch den Insolvenzgläubiger vermittelt (MK-Brandes/Schoppmeyer § 60 Rn. 70). Nach der herrschenden Meinung sind **Neumassegläubiger**, mit denen der Insolvenzverwalter rechtsgeschäftlich kontrahiert, keine Beteiligte (vgl. Uhlenbruck-Uhlenbruck § 60 Rn. 10; K. Schmidt/Uhlenbruck, Die GmbH in Krise, Sanierung und Insolvenz, Rn. 1295 f.). Nach der hier vertretenen mehrstufigen Haftungstheorie sind Neumassegläubiger keine Pflichtadressaten bzgl. der allgemeinen insolvenzspezifischen Pflichten, jedoch sind sie hinsichtl. der besonderen insolvenzrechtlichen Verwalterpflichten als »Beteiligte«, d. h. Pflichtenadressaten i. S. d. § 61 anzusehen.

2. Innenhaftung des Insolvenzverwalters

7   Es gilt zwischen der internen Verantwortlichkeit des Insolvenzverwalters für die Insolvenzmasse ggü. den Beteiligten und dem Schuldner sowie der externen Verantwortung ggü. Dritten zu unterscheiden. Die Innenhaftung ist auf die sich im Innenverhältnis aus der **Sonderrechtsbeziehung zum Schuldner** ergebenden Rechtspflichten gegründet. Die Außenhaftung umfasst demgegenüber die ggü. Dritten bestehenden **allg. Schutzpflichten** (vgl. Kilger/K. Schmidt § 82 KO Anm. 1a/b; Uhlenbruck-Uhlenbruck § 60 Rn. 4). Der Insolvenzverwalter haftet für schuldhafte Pflichtverletzungen bei der **Inbesitznahme, Verwaltung, Erhaltung und Verwertung der Masse** (BGH, NJW 1988, 209; BGH NJW 1978, 538; MK-Brandes/Schoppmeyer § 60 Rn. 10 ff.). Dazu gehört auch die Pflicht zur **Durchsetzung von Ansprüchen gegen Dritte**, die zur Masse gehören. Der Schaden besteht i. d. R. in einer Minderung der Insolvenzmasse oder einer Erhöhung der Passiva. Die Innenhaftung des Insolvenzverwalters führt i. d. R. zu einem **Gesamtschaden** der Gläubiger, der gem. § 92 Satz 2 von einem neu bestellten Verwalter oder einem **Sonderinsolvenzverwalter** geltend zu machen ist (Gerhardt, ZInsO 2000, 574, 577; vgl. Frege, ZInsO 2008, 1130). Auch die Beachtung der steuerlichen Buchführungs- und Erklärungspflichten gehört zu den internen Verwalterpflichten, die bei schuldhafter Verletzung zur Innenhaftung führen können (BGH, ZIP 1980, 25; vgl. auch BGH, ZInsO 2004, 970). Der internen Verantwortlichkeit des Insolvenzverwalters unterliegen auch die **Obhutspflichten** hinsichtl. der zur Masse gehörenden Gegenstände. Die Verletzung interner Pflichten und die Verletzung externer Pflichten sind oftmals schwer gegeneinander abzugrenzen. Die **interne Verantwortlichkeit** des Insolvenzverwalters ist vielfach identisch mit den insolvenzrechtlichen Obliegenheiten. Zwingend ist das aber nicht, da solche insolvenzrechtlichen Obliegenheiten auch als externe Pflichten ggü. Insolvenz- und Massegläubigern sowie ggü. Aus- und Absonderungsberechtigten bestehen können (Uhlenbruck-Uhlenbruck § 60 Rn. 10; Vallender, ZIP 1997, 345).

3. Außenhaftung des Insolvenzverwalters

8   Bei der externen Verantwortlichkeit des Insolvenzverwalters handelt es sich um die Haftung ggü. sonstigen Beteiligten, nicht nur ggü. den Insolvenzgläubigern. Während die interne Haftung rgm. aus der Verletzung insolvenzspezifischer Pflichten entsteht, ist bei der **externen Haftung** im Einzelfall zu unterscheiden: Für die **Verletzung insolvenzspezifischer Pflichten** haftet der Insolvenzverwalter ggü. Dritten nach § 60, für die schuldhafte **Verletzung nicht insolvenzspezifischer Pflichten** dagegen nach allgemeinem Recht. In Betracht kommen hier neben den deliktischen Vorschriften eine Haftung aus Verschulden bei Vertragsschluss (c.i.c., § 311 Abs. 2 BGB) sowie wegen Verletzung von Verkehrssicherungspflichten. Soweit **spezialgesetzliche Haftungsregelungen** greifen – und kein Fall der Primärverpflichtung der Insolvenzmasse vorliegt – haben diese Vorrang vor der insolvenzspezifischen Haftung nach § 60 (Uhlenbruck-Uhlenbruck § 60 Rn. 8; Kilger, FS Merz, S. 253 ff.). Der Insolvenzverwalter ist nicht berechtigt, Schadensersatzansprüche der Massegläubiger gegen

seinen Amtsvorgänger geltend zu machen (BGH, ZInsO 2006, 936). Die Verletzung der besonderen insolvenzrechtlichen Obliegenheiten, Sorgfaltspflichten wie Unternehmens-(fortführungs-)untersuchungspflichten, Unternehmensorganisations-, Unternehmensleitungs- und Unternehmenskontrollpflichten, vgl. Rdn. 29 ff., begründen ggf. eine Innenhaftung des Verwalters, geben den Gläubigern aber keinen Direktanspruch.

II. Sorgfalt und Pflichtenkreis eines ordentlichen und gewissenhaften Insolvenzverwalters (Abs. 1)

Der Insolvenzverwalter ist den Beteiligten nach §§ 60, 61 verantwortlich, wenn er die **insolvenzrechtlichen Pflichten** unter Missachtung der **Sorgfalt eines ordentlichen und gewissenhaften Insolvenzverwalters** verletzt hat. Damit hat der Gesetzgeber ausgedrückt, dass es sich um eine verschuldensabhängige Haftung aus einem gesetzlichen Sonderschuldverhältnis und nicht etwa um eine (faktische) Garantiehaftung handelt. Als Sorgfaltsmaßstab, an dem sich das Verwalterhandeln messen lassen muss, wird in Abs. 1 Satz 2 die »Sorgfalt eines ordentlichen und gewissenhaften Insolvenzverwalters« vorgegeben. Die Formulierung findet eine Parallele in § 347 Abs. 1 HGB (»Sorgfalt eines ordentlichen Kaufmanns«), in § 93 Abs. 1 Satz 1 AktG (»Sorgfalt eines ordentlichen und gewissenhaften Geschäftsleiters«) und in § 43 Abs. 1 GmbHG (»Sorgfalt eines ordentlichen Geschäftsmanns«), ohne dass der letztgenannte Pflichtenkreis unmittelbar Anwendung findet oder identisch ist (Begr. RegE zu § 71; vgl. K. Schmidt/Uhlenbruck, Die GmbH in Krise, Sanierung und Insolvenz, Rn. 1289 ff.). Durch die Grundsätze ordnungsgemäßer Insolvenzverwaltung des VID (GoI VID) haben die Pflichten und Obliegenheiten des Verwalters eine Konkretisierung erfahren. Versteht man das Insolvenzrecht (partiell) als Teil des Wirtschaftsrechts, muss die Haftung des Insolvenzverwalters für unternehmerisches Verhalten auch der Haftung des ordnungsgemäßen Geschäftsleiters vergleichbar sein. Gleichwohl sind die Besonderheiten zu beachten, die sich aus den Aufgaben des Insolvenzverwalters und den Umständen ergeben, unter denen er seine Tätigkeit ausübt. Bei der Fortführung eines insolventen Unternehmens steht der Insolvenzverwalter rgm. vor besonderen Schwierigkeiten. Außer den Problemen, die sich unmittelbar aus der Insolvenz des Unternehmens ergeben, ist z. B. zu berücksichtigen, dass der Insolvenzverwalter eine Einarbeitungszeit benötigt, wenn er ein fremdes Unternehmen in einem ihm möglicherweise nicht vertrauten Geschäftszweig übernimmt, und dass er häufig keine ordnungsgemäße Buchführung vorfindet. Er ist darüber hinaus gesetzlich verpflichtet, das Unternehmen bis zur Beschlussfassung der Gläubiger fortzuführen (§ 157). Diese Aufgabe muss er mit einer von ihm nicht verantworteten, oktroyierten Unternehmens- und Ressourcenstruktur erfüllen. Er übt sein Amt also in aller Regel unter erheblich ungünstigeren Bedingungen aus als der Geschäftsleiter eines wirtschaftlich gesunden Unternehmens (vgl. RegE zu § 71; Braun-Baumert § 60 Rn. 2, 16). 9

1. Übersicht über die allgemeinen und besonderen insolvenzspezifischen Obliegenheiten

Die **insolvenzspezifischen Sorgfaltspflichten** des Insolvenzverwalters lassen sich aufteilen in **allgemeine Treuepflichten**, die ihm als Verwalter fremden Vermögens obliegen, Informationspflichten sowie die **besonderen insolvenzspezifischen Obliegenheiten** aus dem Bereich der unternehmerischen Unternehmensfortführung/-abwicklung, die **Unternehmens(-fortführungs-)untersuchungspflichten, Unternehmensorganisations-** und **Unternehmenskontrollpflichten**. Diese treten neben die insolvenzverfahrensbezogenen **besonderen Organisations- und Abwicklungspflichten**. Hierbei handelt es sich um interne Pflichten, weshalb zukünftig im haftungsrechtlichen Zusammenhang von »Obliegenheiten« gesprochen wird. Nur die Verletzung der allgemeinen insolvenzspezifischen Pflichten begründet eine Haftung gem. § 60. **§ 61 ist ggü. § 60 lex specialis**, soweit eine Haftung wg. Nichtzahlung von Masseverbindlichkeiten geltend gemacht wird; vgl. § 61 Rdn. 1. 10

2. Allgemeine insolvenzspezifische Pflichten

Die **allgemeinen Insolvenzverwalterpflichten**, die **Treuepflichten** und die **Informationspflichten** sowie die Verpflichtung zu gesetzmäßigem Handeln ergeben sich unmittelbar aus der zwischen dem Verwalter und den Beteiligten bestehenden Sonderrechtsbeziehung. Sie führen rgm. zu besonderen 11

Pflichtenlagen des Insolvenzverwalters ggü. den Beteiligten. Die originären Treuepflichten ggü. dem schuldnerischen Vermögen und den Beteiligten sind gesetzlich normiert und haben durch Gewohnheitsrecht eine Konkretisierung erfahren. Der Insolvenzverwalter ist dabei nicht nur zur **ordnungsgemäßen Verfahrensabwicklung** verpflichtet, sondern darüber hinaus auch dem Postulat der **masseeffizienten Verfahrensabwicklung** (vgl. Uhlenbruck-Uhlenbruck § 60 Rn. 12). Deshalb sind auch die **Pflichten aus der EuInsVO** insolvenzspezifische Pflichten, vgl. K.Schmidt-Thole § 60 Rn 13 m. w. N.; Art. 1 EUInsVO Rdn. 2. Das Insolvenzverfahren als streng rechtsstaatliches Verfahren dient der **conditio par omnium creditorum**. D. h., der Insolvenzverwalter hat ggü. den Insolvenzgläubigern die gleichmäßige Befriedigung (§§ 1, 38) zu gewährleisten. Zu den allgemeinen Insolvenzverwalterpflichten gehört nach § 148 Abs. 1 die sofortige Inbesitznahme und Verwaltung der Masse. Die Formulierung ist ungenau. Der Insolvenzverwalter nimmt das Schuldnervermögen in Besitz, wie er es vorfindet (**Ist-Masse**). Die Ist-Masse hat er zur **Soll-Masse** zu bereinigen. Diese Pflicht erstreckt sich auch auf das ausländische Vermögen des Schuldners. Ansprüche hat der Insolvenzverwalter zur Masse zu ziehen. Ist die Prozessführung rechtlich Erfolg versprechend und wirtschaftlich – ggf. unter Beanspruchung von PKH – vertretbar, hat der Verwalter die Ansprüche gerichtlich geltend zu machen (Braun/Uhlenbruck, Unternehmensinsolvenz, S. 185; MK-Brandes/Schoppmeyer § 60 Rn. 14; Bork, ZIP 2005, 1120). Ferner hat der Verwalter alle Maßnahmen zu treffen, die zur Erhaltung, Bewahrung und ordnungsgemäßen Verwaltung der zur Insolvenzmasse gehörenden Gegenstände erforderlich sind. Hierbei handelt es sich zuerst um »Sicherungspflichten«. Der Verwalter hat die Masse vor vermögensmindernden Eingriffen oder nachhaltigem Wertverlust zu schützen. Im Interesse einer masseeffizienten Nutzung und Verwertung gehören zu einer ordnungsgemäßen Verwaltung der Abschluss und die Aufrechterhaltung eines **ausreichenden Versicherungsschutzes** gegen die Elementarrisiken und besonderen Betriebsrisiken. Dabei sind die Risiken des Schadenseintritts nebst mutmaßlicher Schadenshöhe gegen die Belastung der Masse mit Versicherungsprämien abzuwägen. Sicherungsmaßnahmen setzen ausreichende Liquidität voraus. Umgekehrt ergibt sich aus der Verpflichtung zur Erhaltung der Masse – i. S. e. masseeffizienten Verwaltung – die Verpflichtung, die Masse vor Beeinträchtigungen und Wertminderungen zu schützen. Gegenstände, deren Verwaltung oder Verwertung einen größeren Aufwand erzeugen, als ihre Verwertung voraussichtlich einbringt, hat er freizugeben (MK-Brandes/Schoppmeyer § 60 Rn. 16; Uhlenbruck-Uhlenbruck § 35 Rn. 23 ff.). **Revolvierende Leistungsbeziehungen**, die unter keinem rechtlichen oder wirtschaftlichen Gesichtspunkt nach dem Berichtstermin aufrechtzuerhalten sind, soll der Verwalter zum nächstmöglichen Zeitpunkt kündigen (BGH, ZInsO 2004, 1030). Vermögensgegenstände, die wertlos sind oder Kosten verursachen, welche den zu erwartenden Erlös übersteigen, kann der Insolvenzverwalter **freigeben** (BGH, ZInsO 2005, 594).

a) Pflichten bei Forderungsinkasso und Prozessführung

12 Bei der Verwertung der Insolvenzmasse, genauer gesagt der Berichtigung der Ist-Masse zur Soll-Masse, hat der Insolvenzverwalter weiter gehende Pflichten ggü. den Beteiligten und Dritten zu berücksichtigen. Er ist zur masseeffizienten Verwaltung verpflichtet. Macht er als Anwalt selbst die Ansprüche geltend, schuldet er die gleiche Sorgfalt wie ggü. Mandanten (BGH, ZIP 1993, 1886). Bei der Verpflichtung zur Prüfung der **Prozessaussichten** sind die insolvenzrechtlichen Besonderheiten zu berücksichtigen (BGH, ZInsO 2003, 657; Bork, ZIP 2005, 1120). Das Insolvenzverfahren dient der Haftungsverwirklichung, vgl. Pape, ZInsO 2007, 1080; Passarge, ZInsO 2008, 937. Der ungehinderte Zugang zu den staatlichen Rechtspflegeverfahren hat Verfassungsrang. Ein Kläger ist hiernach grds. nicht verpflichtet, vor Klagerhebung sorgfältig in tatsächlicher oder rechtlicher Hinsicht die sachliche Berechtigung seines Begehrens zu prüfen oder gar seine Interessen gegen die des Beklagten abzuwägen (BVerfG, NJW 1987, 1929; BGHZ 118, 201, 206; BGH, ZInsO 2001, 703). Dem Klagewilligen darf deshalb keine über eine Offensichtlichkeitskontrolle hinausgehende Rechtsprüfungspflicht auferlegt werden. D. h. ein Haftungsanspruch des Prozessgegners besteht – bis zur Grenze vorsätzlich sittenwidriger Schädigung (§ 826 BGB) – auch in massearmen Verfahren grds. nicht (BGH, ZInsO 2003, 657; ZInsO 2005, 146; Anm. Pape, ZInsO 2005, 138 = NZI 2005, 155 Anm. Vallender; Lüke, ZIP 2005, 1113, 1118; **a. A.** noch OLG Karlsruhe, ZIP 1989,

1070; MK-Brandes/Schoppmeyer § 60 Rn. 39 m. w. N.; vgl. Pape, ZIP 2001, 1710). Wird in einem armen Verfahren die Gewährung der PKH abgelehnt, weil einzelne Gläubiger als wirtschaftlich beteiligt und vorschusspflichtig angesehen werden, und sind die Gläubiger nicht zur Gewährung eines Prozesskostenvorschusses bereit, besteht keine Verpflichtung des Verwalters, **Prozesskostenfinanzierer** anzusprechen. Dieses ist Ausdruck der Gläubigerautonomie; a. A. Fischer, NZI 2014, 241.

Schuldnerfremde Forderungen, die der Insolvenzverwalter einzieht, bilden Sondermasse, vgl. BGH, ZInsO 2009, 2198; Smid, ZInsO 2013, 1233. Die Sondermasse soll nicht dinglich verselbstständigt werden, sondern einen rechnerischen Posten bilden, aus dem »vorab« die Altgläubiger zu befriedigen sind; MK-HGB-K.Schmidt Rn. 112. Normativ ist zu berücksichtigen, dass das Institut der Gesamtliquidation dadurch gekennzeichnet ist, dass dem Insolvenzverwalter im Interesse einer gleichmäßigen Gläubigerbefriedigung erlaubt wird, Ansprüche der Gläubiger gegen einen Dritten geltend zu machen; vgl. Bork, Kölner Schrift 3. Aufl. Kap. 31 Rn. 35. Hiermit verbindet sich eine Effektivierung der Schadensersatzhaftung; K.Schmidt-K-Schmidt InsO § 92 Rn. 2. Ob und wieweit über die unmittelbaren Kosten der Geltendmachung auch korrespondierende Kosten berücksichtigt werden dürfen ist im Einzelnen noch entschieden, in der Praxis wird eine pauschalisierende Zuordnung, die die entsprechenden Parameter darstellt, regelmäßig den Anforderungen genügen, vgl. Pohlmann § 93 Rdn. 75 ff. 12a

b) Vermeidung von Minderungen der Aktivmasse

Der Insolvenzverwalter hat die Pflicht, die Masse vor vermeidbaren Masseminderungen zu bewahren. Er ist nicht verpflichtet, gegen Vermögensminderungen im massefreien Vermögen des Schuldners vorzugehen (BGH, ZInsO 2008, 971). Der Verwalter kann nach der Rspr. des BGH auch frühzeitig – im Einzelfall – die **Einzugsermächtigung** bei den Geschäftsbanken des Schuldners widerrufen und die Genehmigung für die noch nicht (konkludent) genehmigten Belastungsbuchungen verweigern (BGH, ZInsO 2004, 1353, ZInsO 2009, 659 Rn. 23). Der IX. Senat (ZInsO 2004, 2007) hat wiederholt klargestellt, dass der (vorläufige) Insolvenzverwalter rgm. anerkennenswerte Gründe hat, eine an sich berechtigte Lastschrift nicht zu genehmigen. Er ist dabei nicht an die Grenzen des Widerspruchsrechts gebunden, die dem Schuldner auferlegt sind. Dem hatte der XI. Senat widersprochen (BGH, ZInsO 2008, 1076). Der IX. und der XI. Senat des Bundesgerichtshofs haben deshalb in zwei auf einander abgestimmten Urteilen vom 20.07.2010 die Rechtsprechung dahin weiter entwickelt, dass es zwar bei dem bisherigen rechtlichen Verständnis des Lastschriftverfahrens nach der Genehmigungstheorie verbleiben soll, jedoch für jede Belastungsbuchung verstärkt (»ausdehnend«) näher geprüft werden soll, ob sie nicht schon konkludent genehmigt worden ist. Eine solche Genehmigung soll in Betracht gezogen werden für regelmäßig wiederkehrende Leistungen, etwa aus Energielieferverträgen – Leasingverträgen oder von Sozialversicherungsbeiträgen sowie vorangemeldeten Steuerforderungen und wenn sie pfändungsfreies Schonvermögen betreffen BGH XI ZR 236/07; BGH, ZInsO 2010, 1537 Rn. 5; BGH IX ZR 37/09, ZInsO 2010, 1534. Nach OLG Frankfurt am Main, ZInsO 2013, 1905 muss sich der Gläubiger mit einem Anspruch auf Wiedergutschrift an seine Bank halten, wenn der Insolvenzverwalter einer Lastschriftbuchung, die im Verfahren nach dem Abkommen über den Lastschriftverkehr (LSO) vor Insolvenzeröffnung eingelöst worden war, – nach vorheriger konkludenter Genehmigung – widersprochen hat. Der Insolvenzverwalter, der einer der divergierenden Rechtsansichten des BGH folgt, handelt nicht schuldhaft (BGHZ 85, 252, 261; Jaeger/Henckel/Gerhardt-Gerhardt § 60 Rn. 119 f.; Zugehör/Fischer/Sieg/Schlee-Fischer, Handbuch der Anwaltshaftung, Rn. 980), zumal ein Widerspruch von einzelnen Insolvenzgerichten befürwortet wird, vgl. zusammenfassend Frind, ZInsO 2008, 1357. Soweit der Insolvenzverwalter von der insolvenzrechtlichen Befriedigungsreihenfolge abweicht, und etwa Insolvenzforderungen wie Masseverbindlichkeiten begleicht, hat er dieses sowie den Grund seiner Handlungen anzuzeigen. Soweit er von einer anfechtungsrechtlichen Rückabwicklung (einer Druckzahlung, vgl. BGH, ZInsO 2005, 88; ZInsO 2006, 208) bspw. wegen Unwirtschaftlichkeit Abstand nimmt, ist dieses zu dokumentieren. Soweit der vorläufige Insolvenzverwalters schützens- 13 wertes Vertrauen begründet, ist eine Insolvenzanfechtung ausgeschlossen; BGH, ZInsO 2013, 551 Rn. 17.

Risikoreich kann auch die Fortführung einzelunternehmerischer Tätigkeit sein. Hier wird der Insolvenzverwalter eine mögliche Freigabe nach § 35 Abs. 2, 3 mit den wesentlichen Entscheidungsgründen zur Gerichtsakte dokumentieren. Nach BGH, ZInsO 2013, 857 Rn. 13 können nach Freigabe keine Masseverbindlichkeiten bspw. aus Dauerschuldverhältnissen mehr begründet werden. Diese sind nach Freigabe gg. den Schuldner zu richten, BGH, ZInsO 2013, 857 Rn. 16, 27. Auch im Zwangsversteigerungsverfahren nimmt der Insolvenzverwalter die Ansprüche der Masse wahr (BGH, ZInsO 2008, 741). Steuerliche Auswirkungen der Verwertungsentscheidungen sollten antizipiert werden, wobei eine Freigabe häufig Mittel zum Schutz der Masse sein kann, vgl. BFH, ZInsO 2013, 1536. Dem Insolvenzverwalter steht bei seiner Tätigkeit eine Einschätzungsprärogative und ein Beurteilungsermessen zu. Verfügt der Schuldner über Bezüge mehrerer Drittschuldner, so kommt er – ohne gegenläufige gerichtliche Anordnung – für jedes Einkommen in den Genuss der Pfändungsfreibeträge. Es obliegt dem Insolvenzverwalter, nach § 36 Abs. 1 Satz 2, § 850e Nr. 2, Nr. 2a ZPO beim Insolvenzgericht (§ 36 Abs. 4) eine Zusammenrechnung der Einkünfte oder Sozialleistungen (vgl. § 54 Abs. 4 SGB I) zu beantragen, und so den **Insolvenzbeschlag zu erweitern** (BGH, ZInsO 2008, 971).

13a Übt der Schuldner persönlich eine **selbstständige Tätigkeit** aus oder beabsichtigt er dies, so hat der Insolvenzverwalter ihm ggü. eine **Erklärung** abzugeben, ob er beabsichtigt, den Erwerb zur Masse zuziehen (Positiverklärung) oder nicht (Negativerklärung), § 35 Abs. 2 (vgl. Berger, ZInsO 2008, 1101). Dem Verwalter stehen für die Entscheidungsfindung eine Einschätzungsprärogative und ein Beurteilungsermessen zu (vgl. § 35 Rdn. 252 ff.). Er kann auch vergangenheitsbezogene Erkenntnisse betreffend die Zuverlässigkeit, Effizienz und Wirtschaftlichkeit des bisherigen schuldnerischen Handelns heranziehen. Der Schuldner ist zu massefreundlichem Verhalten verpflichtet; er hat die entscheidungserheblichen Unterlagen und Informationen ordnungsgemäß und geordnet vorzulegen. Ist die Entscheidung erkennbar aufgrund einer verkürzten Sachverhaltsaufnahme und/oder fehlerhafter Subsumtion entstanden, obliegt ihm die Pflicht zur Gegenvorstellung. Eine Haftung aus § 60 wegen einer fehlerhaften Entscheidung ist nur in Ausnahmefällen, oder wenn der Verwalter keine Entscheidung – trotz offen ausgeübter Tätigkeit – trifft, denkbar. Nimmt der Schuldner später eine Tätigkeit auf, ohne den Insolvenzverwalter ordnungsgemäß zu unterrichten, scheidet eine Haftung des Verwalters aus, wenn er keine Kenntnis von der Aufnahme hat. Mit der Freigabe wird die neue Tätigkeit des Schuldners aus der Insolvenzmasse gelöst und fällt in sein insolvenzfreies Vermögen. Dabei entstehende Steuerverbindlichkeiten sind keine Masseverbindlichkeiten (FG München, ZInsO 2008, 1027).

c) **Verwertung**

14 Grds. darf der (vorläufige) Verwalter Unternehmensgegenstände nicht vor dem Berichtstermin **verwerten**. Der Verwalter soll die Gläubigergesamtheit nicht hinsichtl. der Fortführungsoptionen präjudizieren. Diese Verpflichtung gilt jedoch nicht uneingeschränkt, sondern ist i. S. e. masseeffizienten Verwaltung bei Wahrung der Gläubigerautonomie auszulegen. Unschädlich sind normale Handelsverkäufe aus der »Umsetzung von Betriebsvermögen« im gewöhnlichen Geschäftsgang. Gleiches gilt für die Veräußerung nicht notwendigen Betriebsvermögens, die keinen Aufschub duldet, sofern masseeffizient verwertet wird (K/P/B-Pape § 22 Rn. 16; Vallender, GmbHR 2004, 543). Geboten sind Notverkäufe um eine erhebliche Verminderung des Vermögens bzw. des Vermögensgegenstandes zu vermeiden. Auch fehlender Versicherungsschutz kann in massearmen Verfahren eine Verwertung vor dem Berichtstermin erforderlich machen. Eine überstürzte Verfahrensabwicklung zu Zerschlagungswerten oder eine übereilte Unternehmensveräußerung kann den Haftungstatbestand des § 60 erfüllen (BGH, ZIP 1985, 423; K/P/B-Pape § 22 Rn. 16; Uhlenbruck-Uhlenbruck § 60 Rn. 12). In Zweifelsfällen ist der Verwalter gehalten, den Sachverhalt transparent zur Insolvenzakte zu berichten und eine Abstimmung mit dem Gericht und/oder dem vorläufigen Gläubigerausschuss und dem Schuldner (§ 161) zu suchen. Der (vorläufige) Insolvenzverwalter

kann bei der Bewertung und Verwertung einen öffentlich bestellten und vereidigten **Sachverständigen** zuziehen, § 151 Abs. 2 Satz 1,. Dieses wird bei Unternehmensinsolvenzverfahren die Regel sein (zust. IDW Rechnungslegungshinweis Bestandsaufnahme im Insolvenzverfahren IDW RH HFA 1.01. Rn. 56; WPg Supplement 3/2008 S. 37 ff.). Dessen Gutachten ist Grundlage zahlreicher vom (vorl.) Insolvenzverwalter zu treffender Entscheidungen, die Fortführung, Freigabe, Verkauf etc. betreffen. Es ist rgm. auch Grundlage entsprechender Verhandlungen mit Aus- und Absonderungsberechtigten. Es ist in Regelinsolvenzverfahren rgm. zweckmäßig, die Bewertung und Verwertung (bei Versteigerung) durch einen zuverlässigen, bewährten, öffentlich bestellten und vereidigten Sachverständigen vornehmen zu lassen. Die Gegenmeinung ist sachfremd (vgl. Donath, ZInsO 2008, 1364). Bei der Bewertung und Verwertung ist selbstverständlich darauf zu achten, dass die Unabhängigkeit gewahrt ist, und der Insolvenzverwalter weder am Verwerter beteiligt ist noch (mittelbar) aus der Masse kauft. Für den fiduziarischen Treuhänder ist es eine moralische Selbstverständlichkeit und ein aus dem Amt folgendes Gebot, ein bestmögliches Ergebnis zu erreichen (vgl. § 450 BGB, Verhaltensrichtlinien des VID). Bei einer Eigenbewertung und Verwertung droht eine deutliche Verzögerung des Verfahrens, man denke bspw. nur an die Bewertung von mit Drittrechten belasteten Vermögensgegenständen. Das Taxat eines zuverlässigen, bewährten, öffentlich bestellten und vereidigten Sachverständigen gibt dem Insolvenzverwalter und den Beteiligten einen objektiven Wertansatz, der Transparenz schafft und an dem sich die Beteiligten ausrichten können.

d) Feststellung und Berichtigung der Forderungen

Der Insolvenzverwalter ist nicht verpflichtet, i. R. d. Prüfung einer zur Insolvenztabelle angemeldeten Forderung den Gläubiger vor Einlegung eines Widerspruchs gegen die Forderungsanmeldung auf Schlüssigkeitsmängel hinzuweisen (OLG Stuttgart, ZInsO 2008, 627; m. Anm. Schröder, EWiR 2008, 695). Der Insolvenzverwalter ist im Forderungsprüfungsverfahren Partei und nicht Gericht. Die Pflicht zur Erfüllung festgestellter Insolvenzforderungen obliegt dem Verwalter ggü. dem Insolvenzgläubiger als insolvenzspezifische Pflicht (vgl. Vallender, ZIP 1997, 345, 348). Es obliegt dem Gläubiger, die Feststellung seiner Forderung zu betreiben. Eine Verpflichtung, dem Gläubiger vor Abschluss des Verfahrens nochmals das Ergebnis der Forderungsprüfung mitzuteilen, besteht nicht. Gläubiger, die abgesonderte Befriedigung an der Entschädigungsforderung des **Versicherungsnehmers/Schuldners** (§ 110 VVG) verlangen können, müssen dieses auch bei der Anmeldung deutlich anzeigen (§ 28 Abs. 2). Bei Haftpflichtansprüchen nach dem PflichtVG besteht für den Gläubiger ein Direktanspruch (§ 115 VVG). Das bisherige Anerkenntnis- und Befriedigungsverbot des Versicherungsnehmers ist (in diesen Fällen) entfallen (§ 105 VVG, vgl. zur Rechtslage außerhalb VVG Münzel, NZI 2007, 441). Eine nach Veröffentlichung und Niederlegung angemeldete Forderung nimmt nicht an der Schlussverteilung teil (BGH, ZInsO 2007, 841). Nach Ansicht des LG Trier (ZInsO 2006, 216) ist der Insolvenzverwalter nicht berechtigt, dem angemeldeten Schuldgrund der unerlaubten Handlung im Berichtstermin zu widersprechen, sofern die Forderung unstreitig auch aus einem anderen Rechtsgrund besteht (a. A. T. Schmidt, ZInsO 2006, 523 m. w. N.). Nach § 196 erfolgt die **Schlussverteilung**, sobald die Insolvenzmasse verwertet ist. Der Insolvenzverwalter haftet, wenn er hiergegen verstößt, indem er die zur Tabelle festgestellten Insolvenzforderungen schuldhaft verspätet berichtigt (BGH, ZIP 1989, 50). Die unterlassene Berücksichtigung einer rechtzeitig angemeldeten oder festgestellten Forderung bei der Aufstellung des Schlussverzeichnisses ist ebenfalls haftungsbegründend (vgl. Gerbers/Pape, ZInsO 2006, 685). Demgegenüber führt die fehlerhafte Aufnahme eines Gläubigers in das Schlussverzeichnis und dessen Befriedigung rgm. zu einem Gesamtschaden. Korrespondierende Pflichtenlagen bestehen bei der Führung der **Masseschuldtabellen** ggü. den Altmassegläubigern. Das FA kann nach § 251 Abs. 3 AO Steuermasseverbindlichkeiten durch Bescheid feststellen. Wegen der häufig desaströsen Buchhaltung der Schuldner empfiehlt es sich, den Inhaber der Schuldnerrolle rechtzeitig zur Stellungnahme aufzufordern und diesen in das Vorprüfungsverfahren beim Insolvenzverwalter einzubeziehen.

15

e) Verteilung

16 Der Verwalter hat nach § 188 vor der **Verteilung ein Verzeichnis** gem. §§ 178, 183 mit den festgestellten und bei der Verteilung zu berücksichtigenden Forderungen aufzustellen. Diese Vorschrift entspricht § 151 KO. Der Verwalter haftet nach § 60 für die Richtigkeit und die Vollständigkeit dieses Verzeichnisses. Er ist dem **Insolvenzgläubiger** ersatzpflichtig, dessen festgestellte Forderung er nicht in das Verzeichnis aufgenommen hat und die deshalb bei der Schlussverteilung ausfällt. Die Ersatzpflicht kann jedoch nach § 254 BGB gemindert sein oder ganz entfallen, wenn der Gläubiger keine Einwendungen gegen das Verzeichnis erhoben hat (BGH, NJW 1994, 2286) oder der Verwalter dem Gläubiger das Prüfungsergebnis mitgeteilt hat und er dagegen nicht vorgegangen ist. Können Forderungen im Prüfungstermin nicht abschließend geprüft werden, hat dieses im weiteren Verlauf des Verfahrens zu erfolgen. Dem Verwalter obliegt bei fehlerhafter Anmeldung eine Hinweis-, jedoch keine Beratungspflicht (Uhlenbruck-Uhlenbruck § 60 Rn. 16). Zur Vermeidung der Haftung empfiehlt sich eine Zurückweisung der Forderungsanmeldung nur bei unstreitig fehlerhaften Anmeldungen mit wesentlichen Mängeln, die die Forderungsanmeldung schlechthin unwirksam machen (Uhlenbruck-Uhlenbruck § 174 Rn. 21). Die Geltendmachung eines Schadensersatzanspruches gegen den Verwalter wegen »verspäteter« Forderungsprüfung wird rgm. vor Ausschüttung mangels Schadens nicht gegeben sein. Der Gläubiger einer im Anmeldeverfahren bestrittenen Forderung hat den Nachweis der rechtzeitigen Klageerhebung so zu führen, dass der Insolvenzverwalter sicher erkennen kann, ob die Klage innerhalb der zweiwöchigen Ausschlussfrist des § 189 erhoben wurde, BGH, ZInsO 2012, 1987. Zurückbehaltene Beträge sind zu hinterlegen und im Wege der Nachtragsverteilung auszukehren (§§ 198, 203). Wird das Verfahren nach §§ 211, 209 eingestellt, bestehen auch ggü. den **Altmassegläubigern** Pflichten aus § 209 (BGH, ZInsO 2004, 609). Es besteht eine Pflicht zur anteiligen Befriedigung gleichrangiger Massegläubiger (vgl. BGH, ZInsO 2010, 2323 Rn. 12; Lüke, FS Gerhardt, S. 599; Laws, MDR 2004, 1149). Bei wiederholt angezeigter Masseunzulänglichkeit erfolgt die Befriedigung in umgekehrter Reihenfolge der gebildeten Neumassegläubigergruppen (§ 209 Rdn. 4). Hierfür muss der Verwalter auch buchhalterisch entsprechende Vorbereitungen treffen. Der Verwalter ist nicht verpflichtet, den Gläubigern nachzuspüren um die Verteilung vorzunehmen, vgl. Stiller/Schmidt, ZInsO 2011, 1698. Die Kosten der Aufwendungen sind von dem Gläubiger selbst zu tragen, § 270 Abs. 3 BGB.

f) Informations- und Mitteilungspflichten

17 Zu den **Informationspflichten** zählt u. a. die Verantwortung des Insolvenzverwalters für eine ordnungsgemäße Buchführung und Rechenschaftslegung (§§ 156, 66). Dabei zählt die insolvenzrechtliche Rechnungslegung zu den internen Informationspflichten ggü. den Beteiligten, während man die handels- und steuerrechtliche Rechnungslegung (§ 155) zu den externen Informationspflichten zählt. Der Insolvenzverwalter hat ggü. dem Schuldner **keine allgemeine Auskunftspflicht** (K.Schmidt-Thole § 60 Rn. 18; Bork/Jacoby ZInsO 2002, 398; Thole, ZIP 2012, 1533; vgl. Gottwald-Kluth, Insolvenzrechts-Handbuch, § 18 Rn. 1). Eine Auskunftspflicht kommt als Nebenpflicht aus Vertrag oder gesetzlichem Schuldverhältnis in Betracht. Entscheidend ist, wie das Rechtsverhältnis, dem die Nebenpflicht entspringt, haftungsrechtlich einzuordnen ist (BGH, NZI 2005, 628, 629). Daher hat der Insolvenzverwalter Auskunftsansprüche der Mobiliarkreditgeber über den Umfang des noch vorhandenen Sicherungsgutes oder dessen Verbleib zu erfüllen. Wird das Auskunftsverlangen jedoch weder aus einem gegen die Masse gerichteten Anspruch noch aus einer Insolvenzforderung hergeleitet, ist der Verwalter grds. nicht zur Auskunft verpflichtet. Ein Arbeitnehmer, dessen Beschäftigungsverhältnis bereits vor Stellung des Insolvenzantrages beendet worden ist, kann deshalb zur Klärung eines gegen den Geschäftsführer oder sonstige Dritte gerichteten Anspruchs grds. keine Auskunft über den Zeitpunkt der Insolvenzreife der Schuldnerin verlangen (BGH, ZInsO 2005, 770). Der Insolvenzverwalter muss den Schuldner jedoch unterrichten, wenn er das insolvente **Unternehmen stilllegen** (§ 158 Abs. 2 Satz 2) oder besonders bedeutsame Maßnahmen (§§ 161 Abs. 1, 160) vornehmen will. Eine über diese Fälle hinausgehende Informationspflicht schreibt das Gesetz hingegen nicht fest. Vielmehr ist der Schuldner darauf angewiesen, sich aus den allgemein zugänglichen Quellen zu informieren. Allgemeine Auskunftspflichten

werden in der InsO lediglich dem aufsichtführenden Insolvenzgericht (§ 58 Abs. 1 Satz 2), der Gläubigerversammlung und dem fakultativ zu bestellenden Gläubigerausschuss (§ 69) eingeräumt. Der Schuldner partizipiert insoweit an den Informationsrechten, als er gem. § 74 Abs. 1 Satz 2 an der Versammlung teilnehmen darf. Der Insolvenzverwalter ist nicht verpflichtet, **Routineanfragen von Gläubigern** über den Stand des Verfahrens zu beantworten (Uhlenbruck-Uhlenbruck § 80 Rn. 136, 138; K.Schmidt-Thole § 60 Rn. 18). Die bekannten Gläubiger erhalten Mitteilung von der Eröffnung (§ 30 Abs. 2); diese wird außerdem öffentlich bekannt gemacht. Eine Verpflichtung des Insolvenzverwalters, die Unterlagen des Schuldners auf die mögliche Beteiligung von Gläubigern zu durchsuchen, besteht nicht. Die öffentliche Bekanntmachung genügt zum Nachweis der Zustellung an alle Beteiligten (§ 9 Abs. 3). Wird keine **Insolvenzfirma (i.I.)** bei der Abwicklung geführt begründet dieses keine Haftung nach § 60, da § 60 Abs. 1 InsO nur die Verletzung solcher Pflichten, die den Insolvenzverwalter in dieser Eigenschaft nach den Vorschriften der Insolvenzordnung treffen, sanktioniert. Prägnant weist Gehrlein, ZInsO 2011, 1713, 1716 darauf hin, dass die persönliche Haftung des Insolvenzverwalters für bei Fälligkeit nicht erfüllbare Masseverbindlichkeiten durch § 61, nicht aber durch § 60 geregelt wird. Dadurch wird der Gefahr einer ausufernden Haftung des Insolvenzverwalters vorgebeugt, BGHZ 161, 236. Im Übrigen ist die Insolvenz im öffentlichen Handelsregister und den Insolvenzbekanntmachungen veröffentlicht. Das Interesse des potenziellen Massegläubigers wird durch § 61 geschützt. Der Verwalter (Sachwalter) ist zur **Anzeige** eines Sachverhaltes verpflichtet, der bei unvoreingenommener lebensnaher Betrachtung die ernstliche **Besorgnis der Befangenheit** rechtfertigen kann, der Verwalter sei an seiner Amtsführung verhindert (BGH, ZIP 1991, 324; ZInsO 2012, 269 Rn. 13; Frind, ZInsO 2014, 119, 122; NR-Rein § 60 Rn. 49). Das gilt insbesondere für Fälle einer nicht unbedeutenden Interessenkollision. Der **Insolvenzverwalter/Sachwalter** erhält seine Rechtsmacht als Partei kraft Amtes, der allen Beteiligten ggü. verpflichtet ist die **Unabhängigkeit** ist deshalb für eine ordnungsgemäße Rechtsausübung und das Vertrauen in einen effizienten und effektiven Rechtsschutz **unabdingbar**. Das Insolvenzverfahren ein streng rechtsstaatliches Verfahren, welches der Haftungsverwirklichung dient, wobei dem redlichen Schuldner auch die Möglichkeit eines »fresh start« ermöglicht wird, sei es durch Plan, Eigenverwaltung, Schutzschirm oder (nur unternehmenserhaltend) durch übertragende Sanierung. In allen Ausprägungen ist es ein Gesamtvollstreckungsverfahren, in welchem die Beteiligten gleich zu behandeln sind. Das gilt auch für alle entscheidungserheblichen Informationen, die allen Beteiligten zur Verfügung gestellt werden müssen. Für die ordnungsgemäße Willensbildung bei Verfahrensentscheidungen, Verzichten etc. ist es erforderlich, dass die wesentlichen Informationen umfassend offengelegt wurden. Die **Strukturgleichheit**, vgl. Rdn. 1, der Verfahrensausprägungen erfordert für jd. Form der Verfahrensabwicklung (Regelinsolvenz, Plan, Eigenverwaltung, Schutzschirm) vollständige **Transparenz** um eine wirtschaftlich effiziente und effektive Entscheidung bilden zu können. Deshalb sind alle Formen einer Informationsasymmetrie und oder das »auscashen« von Informationsinsiderwissen insolvenzzweckwidrig. Mitteilungspflichtig zur Insolvenzakte – ggf. in den vertraulichen Teil – sind für den Insolvenzverwalter, Sach-, Eigenverwalter alle **mitteilungspflichtigen Anlasstatbestände**, d. h. wesentliche verfahrensrelevante Informationen, die beim Insolvenzgericht Prüfungsmaßnahmen gem. §§ 5, 58 über die »Geeignetheit des Grundes«, orientiert am Empfängerhorizont eines objektiven, lebensnah denkenden Betrachters, eröffnen. **Besorgnisanlässe**, d. h. Sachverhalte die Zweifel an der Eignung und/oder Unabhängigkeit begründen können, sind umfassend darzulegen, vgl. Fragebogen Frind e. a., ZInsO 2012, 368. Darzulegen sind insbesondere Zeitpunkt, Art, Umfang und Honorierung der »Vorberatung« und der Kontakte zum Schuldner, seinen Beratern oder anderen insolvenzrechtlichen Stakeholdern. Gericht, Gläubigerausschuss und Gläubigerversammlung müssen »wissen, um entscheiden zu können«, daher erfordert die normative Auslegung der anzeigepflichtigen Tatbestände als conditio sine qua non für die Ermöglichung der gerichtlichen Prüfung die Anzeige aller wesentlichen verfahrensrelevanten Tatsachen, ausführlich Frind, ZInsO 2014, 119, 122; Frind § 56 Rdn. 17 ff, 26c; § 56a Rdn. 17 . Bereits die Teilnahme an einem »Beauty Contest« kann Anlass, **Zweifelsanlass**, für Überprüfungen geben, da dieses eine (unterschwellige) Fokussierung auf die Interessen des Nachfragenden (Schuldners) bewirken kann. Die am Anfang des Verfahrens stehende Unabhängigkeitsprüfung ist deshalb so wichtig, weil eine spätere »Vollkontrolle« des Verhaltens des Verwalters kaum realistisch erscheint und fehlende Unabhängigkeit den Verfahrensablauf wesentlich beeinflussen kann, vgl. Frind, ZInsO 2014, 119,S. 129 f., BGH, ZInsO 2014, 928 Rn. 16.

g) Pflichten gegenüber Aus- und Absonderungsberechtigten

18   Nach Ausbringung des **offenen Arrestes** im Eröffnungsbeschluss (§ 28) haben der aus- und absonderungsberechtigte Gläubiger ohne schuldhaftes Zögern dem Verwalter **Mitteilung** zu machen, **welche Sicherungsrechte** sie an beweglichen Sachen oder an Rechten des Schuldners in Anspruch nehmen (§ 28 Abs. 2 Satz 1). Der Gegenstand, an dem das Sicherungsrecht beansprucht wird, die Art und der Entstehungsgrund des Sicherungsrechts sowie die gesicherte Forderung sind zu bezeichnen. Eine **unrichtige** oder **unvollständige Mitteilung** steht einer unterlassenen Mitteilung gleich (MK-Schmahl/Busch §§ 27 bis 29 Rn. 63; Uhlenbruck-Uhlenbruck § 28 Rn. 6). Kommt der Gläubiger seinen Obliegenheiten nicht nach, muss er sich ggf. auf einen Ersatzaussonderungs- oder Ersatzabsonderungsanspruch verweisen lassen (vgl. Uhlenbruck-Uhlenbruck § 28 Rn 6). Anordnungen des Insolvenzgerichts gem. § 21 Abs. 2 Nr. 5 können den vorl. Verwalter nur ermächtigen, wenn das Gericht eine individualisierende Anordnung trifft; BGH, ZInsO 2010, 136.

h) Pflichten gegenüber Aussonderungsberechtigten

19   Der Insolvenzverwalter ist verpflichtet, die Insolvenzmasse von der **Ist-Masse zur Soll-Masse** zu berichtigen. Aussonderungsberechtigte nehmen zwar nicht am Verfahren teil, gleichwohl hat der Insolvenzverwalter ihnen ggü. insolvenzspezifische Pflichten. Hierzu gehören die **Feststellung des Aussonderungsrechts, die Beachtung der Rechtsposition und die Mitwirkung bei der Herausgabe** (K/P/B-Lüke § 60 Rn. 15; Uhlenbruck-Uhlenbruck § 60 Rn. 21). Der Insolvenzverwalter hat nach § 148 das gesamte zur Insolvenzmasse gehörende Vermögen sofort in Besitz zu nehmen. Jedoch umfasst diese Inbesitznahme auch Gegenstände, an denen Aus- oder Absonderungsrechte bestehen, solange die Rechte nicht abschließend geprüft wurden (BGH, ZInsO 2001, 165). Nach zutreffender Auffassung von Gundlach/Frenzel/Schmidt (ZInsO 2001, 350, 353) lassen sich die Grundsätze, die der BGH außerhalb der Insolvenz für die **Unterlassung notwendiger Sicherungsmaßnahmen** entwickelt hat, nicht generell auf Schäden von Aus- oder Absonderungsberechtigten anwenden (vgl. Uhlenbruck-Uhlenbruck § 60 Rn. 22 m. w. N.). Nach Gerhardt (ZInsO 2000, 574, 851) obliegt dem Insolvenzverwalter ggü. den Aussonderungsberechtigten **keine besondere Obhutspflicht**. Vielmehr beschränkt sich die Pflicht des Verwalters darauf, dafür zu sorgen, dass fremde Masse nicht verwertet oder beschädigt wird. Letztlich wird man wohl danach differenzieren müssen, ob es sich für den Verwalter um eine **erkennbar nicht zur Insolvenzmasse gehörende Sache** handelt oder um einen Gegenstand, bei dem die Aussonderung keineswegs feststeht.

19a   Der Insolvenzverwalter hat nach Aufforderung unverzüglich von seinem Wahlrecht gem. § 103 Gebrauch zu machen. Wurde unter Eigentumsvorbehalt geliefert, hat der Insolvenzverwalter die Erklärung erst nach dem Berichtstermin abzugeben (§ 107 Abs. 2). Der Rechtsgedanke wird in der Lit. zutreffend auf andere Rechtsgeschäfte erweitert (vgl. § 103 Rdn. 26). Hinsichtlich des Aussonderungsanspruches ist das aus dem Eigentum folgende absolute Recht (§ 985 BGB) von den schuldrechtlichen Rückgabepflichten (bspw. § 546 BGB) strikt zu trennen. Während der **dingliche Herausgabeanspruch** das Aussonderungsrecht begründet, ist der **schuldrechtliche Räumungsanspruch** lediglich Insolvenzforderung (BGH, ZInsO 2001, 751). Als **Masseverbindlichkeit** besteht er **nur soweit**, wie die Verschlechterungen durch **Nutzung für die Masse** nach Insolvenzeröffnung entstanden sind (BGH, ZInsO 2001, 751; BGH, ZIP 2007, 340; BGH, Beschl. v. 16.10.2008 – IX ZR 207/06, n. v.; MK-Hefermehl § 55 Rn. 156). Die einfache Inbesitznahme ist dafür nicht ausreichend. Sie dient zunächst nur dem allseitigen Interesse der Sicherstellung (BGH, ZInsO 2002, 524). Der Verwalter hat die Zugehörigkeit der vorgefundenen Gegenstände zur Insolvenzmasse und deren Tauglichkeit zur Gläubigerbefriedigung zu prüfen. Eine umfassende insolvenzrechtliche Verantwortlichkeit für den Zustand derartiger Sachen – über insolvenzbeständige vertragliche Erhaltungspflichten der Masse oder die allgemeine Verkehrssicherungspflicht (BGH, ZIP 1987, 1398, 1399 f.) hinaus – begründet ein solches vorbereitendes Verhalten nicht: Der Verwalter hat zwar möglicherweise künftige Gefahren für oder durch die in seinem Besitz befindlichen Sachen abzuwenden, nicht aber allein kraft seines Besitzes entsprechende Pflichtverletzungen aus der Zeit vor der Insolvenzeröffnung für die von ihm verwaltete Masse auszugleichen. Auch begründet der Umstand, dass der Verwalter den auf Vornahme einer vertretbaren Handlung des Schuldners gerichteten Anspruch nicht erfüllt, der als solcher lediglich eine Insolvenzforderung darstellt, keine Masseschuld (BGH, ZInsO 2002, 524). Befinden sich nur noch geringfügig Gerümpel und Müll auf dem Grundstück, steht dies einer ordnungsgemäßen Rückgabe nicht im Wege (BGH, NJW 1988, 2565; MK-Hefermehl § 55 Rn. 156). Die Pflicht des Verwalters, den nach Beendigung des Mietverhältnisses aussonderungsberechtigten Vermieter eines von dem Insolvenzschuldner gemieteten Gegenstandes nicht durch die Verzögerung der Herausgabe oder gar durch deren Vereitelung zu schädigen, ist insolvenzspezifisch (MK-Brandes/Schoppmeyer, § 60 Rn. 54; Uhlenbruck-Sinz § 60 Rn. 21; K/P/B-Lüke § 60 Rn. 15). Dasselbe gilt dann für die Pflicht, eine Untervermietung nur mit Erlaubnis des Vermieters vorzunehmen (BGH, ZInsO 2007, 295; NZI 2007, 335). Ist das **Mietverhältnis** vor Eröffnung des Insolvenzverfahrens **beendet** worden, sind der Rückgabeanspruch nach § 546 BGB sowie alle Abwicklungsansprüche bereits vor Eröffnung entstanden und grds. Insolvenzforderungen gem. § 38 (BGH, ZInsO 2010, 1452). Der auf Räumung und Herausgabe zielende Anspruch auf Rückgabe der Mietsache nach § 546 Abs. 1 BGB vermag nur insoweit ein Aussonderungsrecht zu begründen, als er sich seinem Inhalt nach mit dem Herausgabeanspruch des § 985 BGB deckt. Die Aussonderung beschränkt sich daher ihrem Umfang nach stets auf die Verschaffung des unmittelbaren Besitzes am Grundstück. Ein (etwaiger) weiter gehender Räumungsanspruch begründet demgegenüber allenfalls eine Insolvenzforderung, BGH, NJW 2001, 2966 f. Das schließt den Anspruch des Vermieters auf Entschädigung bei verspäteter Rückgabe ein. Dieser Grundsatz ist nach st. Rspr. des BGH nur dann durchbrochen, wenn der Insolvenzverwalter die Miet- oder Pachtsache nach Verfahrenseröffnung (weiter) nutzt und den Vermieter dabei gezielt vom Besitz ausschließt (BGH, ZIP 1995, 1204; BGH, ZIP 2007, 340 f. Rn. 11, 15).

i) **Pflichten des Aussonderungsberechtigten**

Für die schuldhafte Vereitelung von Aussonderungsrechten haftet der Insolvenzverwalter nach § 60. Jedoch gilt auch ggü. Aussonderungsgläubigern die **Eigentumsvermutung des Besitzes (§ 1006 BGB)**. D. h. der Aussonderungsgläubiger muss seinen Anspruch darlegen und beweisen. Der Insolvenzverwalter ist i. d. R. nicht verpflichtet, von sich aus mögliche bestehende Aussonderungsrechte zu ermitteln und dahin gehende Nachforschungen anzustellen (K/P/B-Prütting § 47 Rn. 79; BGH, ZIP 1992, 1646). Nach § 1006 Abs. 1 BGB wird vermutet, dass Sachen, an denen der Schuldner Eigenbesitz hat, ihm gehören. Eigenbesitz wird vermutet, wenn der Schuldner unmittelbarer Besitzer ist. Es ist deshalb zunächst einmal Sache desjenigen, der einen im unmittelbaren Besitz des Schuldners befindlichen Gegenstand aussondern will, diesen näher zu bezeichnen und die Umstände konkret darzustellen, auf die er sein Aussonderungsrecht stützt (BGH, ZIP 1996, 1181). Ohne die Vorlage entsprechender Nachweise kann vom Insolvenzverwalter nicht erwartet werden, dass er selbst nachforscht, ob sich Anhaltspunkte für ein Aussonderungsrecht ergeben. Die entsprechenden Angaben müssen dem Insolvenzverwalter innerhalb angemessener Frist unterbreitet werden; denn ihm kann nicht angesonnen werden, die Verwertung dem Anschein nach zur Insolvenzmasse gehörender Vermögensgegenstände auszusetzen. Besondere Prüfungspflichten werden i. d. R. dort bestehen, wo eine Kollision verschiedener dinglicher Sicherungsrechte unterschiedlicher Gläubiger in Betracht kommt. Der Aussonderungsberechtigte hat diese Vermutung zu widerlegen; er trägt hierfür die Darlegungs- und Beweislast (OLG Hamburg, ZIP 1984, 348). Er muss den **Nämlichkeitsnachweis** (durch Angabe von Chargennummern o. Ä.) führen. Dies gilt auch, wenn es zu einer Vermengung, etwa bei laufenden Lieferverhältnissen, gekommen ist. Eine Mm. geht allerdings von einer Nachforschungspflicht des Insolvenzverwalters aus (vgl. Uhlenbruck-Uhlenbruck § 60 Rn. 22 m.w. N.). Befindet sich der Verwalter über das Aussonderungsrecht im Irrtum, kommt es darauf an, ob dieser Irrtum vorwerfbar ist oder nicht. Nicht entschuldbar ist es, wenn der Verwalter eine Rechtsauffassung vertritt, die im Gegensatz zur gefestigten Rspr. und Literaturmeinung steht (anders, wenn der Verwalter bei schwierigen Rechtsfragen oder bei schwierig zu bewertenden Sachverhalten zu einem falschen Ergebnis kommt, OLG Köln, NJW 1991, 2571; OLG Jena, ZInsO 2005, 44, 47). Nach Vallender (ZIP 1997, 345, 350; Gundlach/Frenzel/Schmidt NZI 2001, 350, 355) sind entschuldbare Rechtsirrtümer, die echte Zweifelsfragen betreffen, d. h. höchstrichterlich noch nicht entschieden sind. Die Bewertung eines Rechtsirrtums des Verwalters unterliegt nach zutreffender Auffassung des OLG Köln, NJW 1991, 2571 nicht den strengen Maßstäben, die von der Rspr. i. R. d. § 286 Abs. 4 BGB an das Verhalten des nicht leistenden Schuldners angelegt werden (Uhlenbruck-Uhlenbruck § 60 Rn. 24). Wegen des Grundsatzes der Primärhaftung der Masse (vgl. Rdn. 3) wird eine Inanspruchnahme des Verwalters als verfrüht zurückzuweisen sein, wenn der Gläubiger seinen Aussonderungsanspruch nicht frist- und ordnungsgemäß ggü. der Masse geltend gemacht hat. Ein Anspruch gegen den Verwalter besteht in diesem Fall nur, wenn der Aussonderungsanspruch unstreitig ist und der Ersatzaussonderungsanspruch zudem vom Verwalter vereitelt wurde. Gläubiger, die einen Schadensersatzanspruch geltend machen, ohne zuvor den Aussonderungsanspruch tituliert zu haben, müssen darauf hingewiesen werden, dass die Verwalterhaftung nicht dem Ausgleich für durch das Insolvenzverfahren erlittene Verluste dient (Lüke, ZIP 2005, 1113). Nach § 177 Abs. 1, 3 VVG kann der Bezugsberechtigte nur binnen eines Monats nach Eröffnung des Insolvenzverfahrens ggü. dem Versicherer erklären, dass er in die Versicherung eintritt. Unterlässt er die Anzeige, kann der Insolvenzverwalter verwerten.

j) Pflichten gegenüber Absonderungsberechtigten

21 Absonderungsberechtigten ggü. schuldet der Verwalter den sorgfältigen Umgang mit dem Gegenstand. Dies kann auch die Notwendigkeit bedeuten, für einen entsprechenden Versicherungsschutz zu sorgen (BGH, ZIP 1988, 1411 zur KO). Zwar darf der Verwalter bewegliches Gut freihändig verwerten, doch hat er dem Gläubiger auf dessen Verlangen Auskunft über den Zustand der Sache zu erteilen (§ 167 Abs. 1) und vor Veräußerung an einen Dritten seine Absicht dem absonderungsberechtigten Gläubiger mitzuteilen (§ 168 Abs. 1). Eine Verpflichtung zur weiteren Information und/oder zur Begründung eines Bieterwettstreites besteht nicht; BGH, ZInsO 2010, 1000. Nach der Verwertung der beweglichen Sachen oder Forderungen darf der Verwalter dem Verwertungserlös die Kosten für die Feststellung und Verwertung des Gegenstandes entnehmen; aus dem verbliebenen Betrag hat er den absonderungsberechtigten Gläubiger unverzüglich zu befriedigen (§ 170 Abs. 1). Die Nutzung der mit Absonderungsrechten belegten Liquidität im Rahmen eines »kalten Massekredites« sollte mit den Sicherungsgläubigern abgestimmt werden. Mit der **Freigabe des Gegenstandes** ggü. den Absonderungsberechtigten enden die insolvenzspezifischen Pflichten des Verwalters (OLG Koblenz, ZIP 1992, 420; Uhlenbruck-Uhlenbruck § 60 Rn. 26). Das Auskunftsersuchen der Absonderungsberechtigten kann der Insolvenzverwalter durch Besichtigung des Gegenstandes und/oder Gewährung einer Bucheinsicht abwehren (§ 167 Abs. 1, 2). Das Informationsrecht findet seine Grenze, wenn durch ein Übermaß an Informationen, Einsichtnahmen und/oder eine Beschränkung der Ressourcen bei der Schuldnerin der Verfahrenszweck gefährdet wird, vgl. BGH, NJW 2000, 3777, 3780; Uhlenbruck-Brinkmann § 167 Rn. 2. Erforderlich ist immer, das der Gläubiger sein Absonderungsrecht genau bezeichnet, da dem Insolvenzverwalter keine speziellen Nachforschungen zuzumuten sind; Uhlenbruck-Brinkmann § 167 Rn. 4. Der Verwalter kann die Sache bis zum Berichtstermin nutzen. Eine Verpflichtung zum Ausgleich besteht nur, soweit der durch die Nutzung entstehende Wertverlust die Sicherung des absonderungsberechtigten Gläubigers beeinträchtigt (§ 172 Abs. 1). Der (vorl.) Insolvenzverwalter ist kein Erfüllungsgehilfe des Absonderungsgläubigers. Verlangt dieser eine besondere Mitwirkung des Insolvenzverwalters, bspw. Unterstützung bei der freihändigen Verwertung, schuldet dieser der Masse neben dem Aufwendungsersatz gem. §§ 683, 677 BGB auch einen zu verhandelnden Ausgleich nach den Grundsätzen des § 171 InsO. Führt die Mitwirkung des Insolvenzverwalters zu einer Erhöhung des Verwertungserlöses ist es gerechtfertigt die Masse an dem Mehrerlös zu beteiligen. Der BGH hat dies in seiner Entscheidung ZInsO 2011, 1463, krit. Anm. Hackenberg EWIR 2011, 603, nicht berücksichtigt, da er umgekehrt insolvenzzweckwidrige Handlungen als nichtig betrachtet, schon RGZ 23, 54, 62; Uhlenbruck-Uhlenbruck § 164 Rn. 3. Verweigert der Absonderungsberechtigte einen angemessenen Massebeitrag, ist der Insolvenzverwalter nicht verpflichtet, eigene oder Ressourcen

der Masse zur Verfügung zu stellen, str. a.A. BGH, ZInsO 2011, 1463, m. Anm. Hackenberg, EWIR 2011, 603.

k) Beteiligtenunabhängige Haftung

Nach der Rspr. ergibt sich die Beteiligtenstellung nach § 60 aus den insolvenzrechtlichen Pflichtenlagen. Das Bestehen besonderer Pflichten ggü. den Aussonderungsgläubigern zeigt, dass es auch eine beteiligtenunabhängige Haftung des Insolvenzverwalters nach der InsO gibt. Diese beteiligtenunabhängige Haftung besteht insb. bei der Verletzung der besonderen insolvenzrechtlichen Obliegenheiten. 22

aa) Pflicht zur Anzeige der Masseunzulänglichkeit und Haftung bei fehlerhafter Anzeige

Gem. § 208 Abs. 1 Satz 1 obliegt dem Verwalter die **Anzeige der Masseunzulänglichkeit** ggü. dem Insolvenzgericht. Bezüglich des Zeitpunktes ist ihm ein weiter Handlungsspielraum zuzubilligen, BGH, ZInsO 2010, 2323 Rn. 11. Eine Pflicht zur frühzeitigen Anzeige, um nachfolgenden Lieferanten eine Masseverbindlichkeit zu verschaffen, besteht nicht. Der Insolvenzverwalter hat **bei eingetretener Masseunzulänglichkeit** – unabhängig von der Anzeige –, BGH, ZInsO 2010, 2323 Rn. 12, den **Verteilungsschlüssel des** § 209 einzuhalten. Eine Verletzung insolvenzspezifischer Pflichten – und damit eine Haftung nach § 60 – ist bei einer verspäteten Anzeige der Masseunzulänglichkeit, durch die ein Massegläubiger nicht in den Genuss der Rangklasse des § 209 Abs. 1 Nr. 2 kommt, nicht in Betracht; Gehrlein, ZInsO 2011, 1713, 1716. Die Haftung für die **Nichterfüllung von vorrangigen Masseverbindlichkeiten** richtet sich ausschließlich nach § 61 (BGH, ZInsO 2004, 609). Das Urteil betrifft gewillkürte Masseverbindlichkeiten im Rahmen einer Betriebsfortführung. Nach § 208 Abs. 3 ist der Verwalter auch nach Anzeige der Masseunzulänglichkeit weiterhin zur Verwaltung und Verwertung der Masse verpflichtet. Daraus schließt die herrschende Meinung, dass man ihm zugestehen müsse, auch Masseverbindlichkeiten zu begründen; jedoch wird er darauf zu achten haben, dass die Neuverbindlichkeiten aus der vorhandenen Masse erfüllt werden können (BGH, ZIP 1984, 612, 615; Uhlenbruck-Uhlenbruck § 60 Rn. 19). Nach dem Grundsatzurteil des BGH (ZInsO 2004, 609) besteht die Schadensersatzpflicht nach § 61 nur bei **pflichtwidriger Begründung** von Masseverbindlichkeiten, vgl. Rdn. 31; § 61 Rdn. 1. Die Vorschrift soll den **potenziellen Massegläubiger** vor einem Risiko schützen, das dieser dadurch erleidet, dass er in Fällen erkennbarer Masseinsuffizienz mit dem Verwalter kontrahiert. § 60 bewirkt dagegen einen mittelbaren Schutz des Leistungsverpflichteten. Durch einen rechtzeitigen Hinweis auf drohende Masseunzulänglichkeit kann der Leistungsverpflichtete ggf. die Leistung zurückhalten und anderweitig Ausgleich erhalten. Der Insolvenzverwalter hat aus § 60 keine Pflicht, Vertragspartner des Schuldners vor der Gefahr der Nichterfüllung von Masseverbindlichkeiten zu warnen, BGH, ZIP 1987, 650. Der Verwalter, der die Entgegennahme der Leistung bei oktroyierten Masseverbindlichkeiten verweigert, haftet auch bei (drohender) Masseunzulänglichkeit nicht nach § 60. Bei Arbeitnehmern ist die Freistellung ausreichend, sofern die Möglichkeit einer Kündigung des Arbeitsverhältnisses noch nicht gegeben ist. Die Verweigerung der Entgegennahme bewirkt die Herabstufung in den Rang des § 209 Abs. 1 Nr. 3. Unterrichtet der Verwalter den Vertragspartner von der (drohenden) Masseunzulänglichkeit und erbringt dieser gleichwohl die Gegenleistung, scheidet die Haftung des Verwalters nach §§ 60, 61 aus, da die Leistung außerhalb des **Schutzzwecks** der Norm erfolgte, vgl. Rdn. 37. Ggü. Altmassegläubigern und bei oktroyierten Masseverbindlichkeiten kann eine Haftung gem. § 60 gegeben sein, wenn die Verbindlichkeiten nicht (vollständig) im Rang des § 209 Abs. 1 Nr. 2 berichtigt werden können und der Verwalter dieses erkennen konnte, die Leistung aber gleichwohl entgegengenommen wurde, vgl. BGH, ZInsO 2010, 2323 Rn. 12; BGH, ZInsO 2004, 609; Büchler, ZInsO 2011, 1240. Die Haftung gleicht der Haftung bei Verteilungsfehlern, vgl. Rdn. 16, wobei der Anspruch ggf. gem. § 254 BGB einzuschränken ist. 23

bb) Vertrauensschadenshaftung

24 Vereinzelt hat die obergerichtliche Rspr. in der Erklärung des Insolvenzverwalters, »aus der Insolvenzmasse die Lieferungen zu begleichen«, eine haftungsbegründende Erklärung i. S. e. Garantiehaftung oder der Haftung aus c.i.c. (§§ 241, 280, 311 Abs. 2 BGB) gesehen. Aus der objektivierten Sicht des Empfängers könne die Erklärung nur als Garantieerklärung bzw. als Grundlage für die Inanspruchnahme besonderen Vertrauens gesehen werden (vgl. OLG Celle, NZI 2004, 89; OLG Schleswig, NZI 2004, 92; HK-Lohmann § 60 Rn. 27; **a. A.** OLG Rostock, ZIP 2005, 221). Dieser Rspr. ist nicht zu folgen. Der Insolvenzverwalter haftet ohne Hinzutreten besonderer Umstände nicht persönlich aus Verschulden bei Vertragsschluss (BGH, ZInsO 2005, 885; Fischer, NZI 2005, 317). Der ordentliche Insolvenzverwalter wird ihn persönlich bindende **Haftungserklärungen** nur äußerst **restriktiv** einsetzen (vgl. Runkel/Pannen, Insolvenzrecht, § 13 Rn. 59). Der restriktive Einsatz ist – primär – nicht zur Meidung eigener Haftung, wohl aber zur Wahrung der Unabhängigkeit ggü. Gläubigern und anderen Beteiligten geboten. Die Gefahr einer Interessenkollision könnte bei einem sich eigenwirtschaftlich – z. B. durch Bürgschaft oder Garantieerklärung am einzelnen Rechtsgeschäft – beteiligten Insolvenzverwalter nicht per se ausgeschlossen sein. Im Einzelfall wird man deshalb genau prüfen müssen, ob die Erklärung des Insolvenzverwalters eine persönliche Haftungserklärung ist oder ob der Verwalter nur eine Erklärung über die ordnungsgemäße Organisation der Betriebsfortführung und Abwicklung abgeben wollte (vgl. BGH, ZInsO 2004, 609, 614; Undritz, EWiR 2004, 393). Letzteres wird unabhängig davon, ob der Verwalter mit gerichtlicher Ermächtigung oder über Treuhandkonten (vgl. Frind, Insbüro 2014, 217, 219 BGH, ZInsO 2007, 1228) nach dem Modell von Projektsonderkonten (vgl. Ganter, NZI 2012, 433; Kreft, FS Merz, S. 313 ff.; Kirchhof, FS Kreft, S. 359 ff.; Pape, FS Kirchhof, S. 393; Frind, ZInsO 2004, 470; Windel, ZIP 2009, 101, Frind/Borchardt-Frind, Betriebsfortführung in der Insolvenz Rn. 377 ff.; Borchardt Rn. 687 ff., weiterführend zur Doppeltreuhand Undritz, ZIP 2012, 1153) die Betriebsfortführung organisiert, der Regelfall sein. Zutreffend weist Schröder (vgl. § 22 Rdn. 8) darauf hin, dass der Verwalter ein Amt ausübt und der Amtsinhaber rgm. keine persönlichen Erklärungen abgibt. Abzulehnen ist die Ansicht, dass erfahrenen und renommierten Insolvenzverwaltern ggf. ein höheres persönliches Vertrauen entgegengebracht wird und sie deshalb verschärft haften (str. Uhlenbruck-Uhlenbruck § 60 Rn. 2). Der Insolvenzverwalter hat die Strukturen des Schuldners (Liquidität, Leistungsfähigkeit, Leistungswilligkeit der Mitarbeiter, fehlende Compliance[kultur] etc.) nicht bzw. im fortschreitenden Verfahrensablauf nur eingeschränkt zu verantworten. Das Vertrauen, welches die Marktteilnehmer dem Insolvenzverwalter entgegenbringt, betrifft dessen Unternehmensfortführungsuntersuchungs-, Organisations- und Kontrollpflichten. Deshalb kann die Inanspruchnahme des Verwalters nur nach § 61 bei Verletzung dieser Pflichten erfolgen. Eines darüber hinausgehenden besonderen Schutzes der Verkehrsteilnehmer, die mit dem Schuldner/der Masse in rechtsgeschäftlichem Kontakt stehen, bedarf es nicht.

cc) Umweltschäden

25 Die Haftung des Verwalters für Umweltschäden hat durch die jüngeren Urteile des BGH (ZInsO 2001, 751; ZInsO 2002, 524) und des BVerwG (ZInsO 2004, 1206) eine weitgehende Klärung erlangt. Die ordnungsrechtliche Verantwortung betrifft allenfalls und primär die Masse und ist mit deren Mitteln zu berichten. Der Verwalter ist nicht gehindert, Gegenstände, die keinen Übererlös zur Masse versprechen, mit Wirkung für das Ordnungsrecht freizugeben, vgl. OVG Niedersachsen ZInsO 2010, 1094. Umweltschäden, die bereits vor Verfahrenseröffnung bestanden, berechtigen nur zur Anmeldung von Insolvenzforderungen (weiterführend Lowski/Tetzlaff Umweltrisiken und Altlasten in der Insolvenz; K. Schmidt/Uhlenbruck Die GmbH in Krise, Sanierung und Insolvenz Rn. 1308 ff.; Pape, ZInsO 2002, 453; Küpper/Heinze, ZInsO 2005, 409; Vierhaus, ZInsO 2005, 127 und 1026). Die bloße Inbesitznahme des Grundstücks begründet hinsichtl. auf dem Grundstück ruhender Altlasten keine Masseansprüche (BGH, ZInsO 2002, 524).

dd) Arbeits- und sozialrechtliche Haftung des Verwalters

Der Insolvenzverwalter rückt mit der Eröffnung des Insolvenzverfahrens in die Arbeitgeberposition 26
des Insolvenzschuldners gem. § 80 ein. Der Insolvenzverwalter haftet für alle Fehler, die ihm in seiner Arbeitgeberstellung unterlaufen, wie z. B. bei Entlassungen, Änderungskündigungen, Kurzarbeit, Kündigung von Betriebsvereinbarungen, Betriebsveräußerung und Betriebsrenten (Uhlenbruck-Uhlenbruck § 60 Rn. 53; Ehlers, ZInsO 1998, 356). Die Fehler können sowohl in einer Nichtausnutzung der erleichterten Kündigungsmöglichkeit (§ 113 Abs. 1) oder auch in der Nichtausnutzung der dreimonatigen Kündigungsfrist bei Betriebsvereinbarungen (§ 120) liegen, vor allem aber bei der vereinfachten Kündigung im Rahmen eines Interessenausgleichs mit Namensliste (§ 125), bei der Feststellung der Berechtigung von Kündigungen im Beschlussverfahren vor dem ArbG (§ 126) oder im beschleunigten Verfahren zur Durchführung einer Betriebsänderung. Nach BAG, ZInsO 2013, 723, Rn. 44 besteht keine insolvenzspezifische Pflicht des Insolvenzverwalters, Arbeitnehmer zu einem bestimmten Zeitpunkt von der Arbeitspflicht freizustellen, um den Bezug von Arbeitslosengeld zu ermöglichen, vgl. zur Vorinstanz Richter/Völcksen, ZIP 2011, 1800; Weitzmann, EWIR 2011, 675. Dem vorläufigen »starken« Insolvenzverwalter steht die Befugnis, Arbeitsverhältnisse mit der verkürzten Frist nach § 113 Satz 2 zu kündigen, nicht zu (BAG, ZIP 2004, 869). Eine Kündigung des vorläufigen »starken« Insolvenzverwalters wegen einer geplanten Betriebsstilllegung ist unwirksam, wenn die Zustimmung des Insolvenzgerichts zur Betriebsstilllegung (§ 22 Abs. 2 Nr. 2, 2. Alt.) im Zeitpunkt der Kündigung nicht vorliegt (LAG Düsseldorf, ZInsO 2003, 819). Nach dem OLG Hamm (ZInsO 2008, 673) obliegt die Weiterleitung von Insolvenzgeldanträgen nicht dem Insolvenzverwalter (vgl. zu den weiter gehenden Pflichten Laws, ZInsO 2009, 57). Der BGH (ZIP 2007, 33) bejaht die sachliche Zuständigkeit der ArbG gem. § 2 Abs. 1 Nr. 4 ArbGG. Die Entscheidung ist abzulehnen. Dabei wird übersehen, das »Schuld« etwas anderes als »Haftung« ist, und der Insolvenzverwalter als Partei (kraft Amtes) nicht mit der Partei »Insolvenzverwalter als natürlicher Person im Haftungsprozess« verwechselt werden darf. Vermeintliche Sachnähe ist kein Grund einer Partei im Haftungsprozess den gesetzlichen Richter zu verweigern (vgl. Weitzmann, EWIR 2011, 675).

ee) Steuerrechtliche Haftung des Verwalters

Neben der insolvenzrechtlichen Haftung kommt eine steuerrechtliche Haftung des Insolvenzverwalters nach der Rspr. des BGH (ZIP 1989, 50) dann in Betracht, wenn es sich um Verpflichtungen 27
handelt, die auf den Steuergesetzen beruhen oder um solche, die verfahrensrechtlicher Natur sind. Nach § 69 AO haftet der Insolvenzverwalter dafür, dass infolge vorsätzlicher oder grob fahrlässiger Verletzung der ihm auferlegten steuerrechtlichen Pflichten Ansprüche des Fiskus gegen den Insolvenzschuldner aus dem Steuerschuldverhältnis nicht (rechtzeitig) festgesetzt oder erfüllt werden. Die Haftung erstreckt sich auf alle im Zeitpunkt der Pflichtverletzung bereits entstandenen Ansprüche aus dem Steuerschuldverhältnis i. S. d. § 37 AO einschließlich der infolge der Pflichtverletzung zu zahlenden Säumniszuschläge (Maus, ZInsO 2003, 965; Onusseit, ZInsO 2006, 1084 m. w. N.). Zu den Pflichten zählen alle Mitwirkungs- und Leistungspflichten im Festsetzungs- und Erhebungsverfahren, alle Aufzeichnungs-, Buchführungs-, Steuererklärungs-, Anzeige-, Aufbewahrungs-, Auskunfts- und Vorlage-, Erhaltungs- und Abführungspflichten. Pflichtverletzungen i. S. d. § 69 AO sind »insbesondere« unterlassene Steuerzahlungen (§ 34 Abs. 1 Satz 2 AO). Die Zahlungspflicht enthält auch das Verbot, bei Erfüllung von Verbindlichkeiten den Fiskus ggü. anderen Gläubigern zu benachteiligen (Frotscher, Besteuerung bei Insolvenz, S. 41). Der Insolvenzverwalter ist Vermögensverwalter i. S. d. § 34 Abs. 3 AO. Er hat die Steuern aus Mitteln zu entrichten, die er verwaltet (§ 34 Abs. 1 AO). Nach dem BFH (ZInsO 2003, 276) beschränkt sich seine Pflicht nach §§ 34 Abs. 3, 35 AO nicht darauf, die Steuern im Zeitpunkt der Fälligkeit aus den vorhandenen Mitteln des Steuerschuldners (ggf. anteilig) zu befriedigen; vielmehr ist er bereits vor Fälligkeit der Steuern verpflichtet, die Mittel so zu verwalten, dass er zur pünktlichen Tilgung auch erst künftig fällig werdender Steuerverbindlichkeiten in der Lage ist (BFH, BStBl. II 1984 S. 776). Diese Grundsätze gelten nach dem BFH (BB 1994, 2263) auch bei erkennbarer Masseunzulänglichkeit (str., vgl. § 155 Rdn. 30). Demgegenüber vertritt der BGH, ZInsO 2010, 2188 Rn. 14 die Ansicht, dass der

Insolvenzverwalter weder nach §§ 60, 61 noch nach §§ 191, 69, 34 AO hafte, wenn er die Verteilungsreihenfolge des § 209 einhält und deshalb USt nicht bezahlt. Nach der Rspr. des BFH (ZInsO 2003, 276) ist der Insolvenzverwalter bei der weiteren Abwicklung im Rahmen seiner unternehmerischen Disposition und Vertragsgestaltung frei. Dieser wird die Abwicklung so einrichten, dass eine persönliche Inanspruchnahme ausgeschlossen ist. Bei der Haftung nach § 69 Satz 1 AO handelt es sich um eine persönliche Haftung des Verwalters, die nicht auf das von ihm verwaltete Vermögen beschränkt ist. Der haftungsrechtliche Durchgriff nach § 69 AO steht im **pflichtgemäßen Ermessen** des FA, §§ 191, 268 AO (Uhlenbruck-Uhlenbruck § 60 Rn. 49). Vor einer Inanspruchnahme des Insolvenzverwalters, der einer der in § 191 Abs. 2 AO erwähnten Standesgruppen angehört, ist der zuständigen Berufskammer Gelegenheit zur Stellungnahme zu geben. Die Stellungnahme der Standesvertretung ist bei der Ermessensentscheidung angemessen zu berücksichtigen (Tipke/Kruse AO § 191 Rn. 29). Der schwache vorläufige Insolvenzverwalter ist kein Vermögensverwalter gem. §§ 34, 35 AO (vgl. § 155 Rdn. 20), weshalb eine Haftung nach § 69 AO ausgeschlossen ist (Maus Steuern im Insolvenzverfahren, Rn. 218; Avoine, ZIP 2006, 1433). Die steuerlichen Aktivitäten des Gesetzgebers, § 55 Abs. 4, hierzu Kahlert, ZIP 2011, 401 und der Rechtsprechung, vgl. BFH, ZInsO 2011, 823; DStR 2011, 1853 insb. auf dem Gebiet des Umsatzsteuerrechts, erfordern vom Verwalter erhöhte Sensibilität und ggf. die Einschaltung eines Steuerberaters.

ff) Verkehrssicherungspflichten

28 Die Verletzung der allgemeinen Verkehrssicherungspflichten stellt sich nicht als Verletzung insolvenzspezifischer Pflichten dar, sodass die Haftung nach den allgemeinen Deliktsvorschriften eingreift.

3. Besondere insolvenzrechtliche Obliegenheiten, Sorgfaltspflichten, Unternehmens (-fortführungs-)untersuchungspflichten, Unternehmensorganisations-, Unternehmensleitungs- und Unternehmenskontrollpflichten

29 Die InsO ist sowohl dem Vollstreckungsrecht als auch dem Wirtschaftsrecht zuzuordnen. Die Haftungsverwirklichung im Wege der par conditio creditorum ist wesentlicher Bestandteil des Insolvenzrechtes. Darüber hinaus hat die InsO weitreichende Möglichkeiten zur Reorganisation des Unternehmens und Restrukturierung des Unternehmensträgers gegeben. Hieraus ergeben sich für den Insolvenzverwalter unterschiedliche Pflichtenkreise. Auf der ersten Stufe betreffen die **allg. insolvenzspezifischen Treue- und Informationspflichten** die **ordnungsgemäße Abwicklung des Insolvenzverfahrens** und Beachtung der insolvenzrechtlichen Pflichten. Davon zu trennen sind auf der zweiten Stufe die besonderen insolvenzrechtlichen Obliegenheiten, die insb. bei Unternehmensinsolvenzen Fragen der möglichen Fortführung und Sanierung betreffen. Diese **Unternehmens(-fortführungs-)untersuchungspflichten, Unternehmensorganisations- und Unternehmenskontrollpflichten** finden eine **Parallele** in der **Sorgfalt eines ordentlichen und gewissenhaften Geschäftsleiters/Geschäftsmannes**, ohne ihr jedoch zu entsprechen (vgl. Rn. 9). Die Leitungsaufgaben für Geschäftsführer und Vorstand ähnlen sich weithin (vgl. Goette, FS 50 Jahre BGH, S. 123, 125). Es gilt der Grundsatz, dass Leitungsorgane immer die Sorgfalt anzuwenden haben, die die übertragene Aufgabe erfordert (MK-AktG-Hefermehl/Spindler § 93 Rn. 22). Im Mittelpunkt steht in beiden Bereichen die Wahrnehmung der durch den Verbandszweck bestimmten Unternehmerfunktion. Sie umschließt die selbstverständliche Gewährleistung, dass sich das Unternehmen bei allen seinen Aktivitäten rechtmäßig verhält und die zahlreichen in verschiedenen Teilen der Rechtsordnung – etwa im Steuerrecht, Arbeits- und Sozialrecht oder im Umweltrecht – statuierten gesetzlichen Aufgaben und Pflichten ordnungsgemäß erfüllt. Darüber hinaus umfasst sie vor allen Dingen auch die zunächst intern wirkende Aufgabe, die Festlegung der Unternehmensplanung und dabei die zu verfolgenden nah- und mittelfristigen Ziele, die Bestimmung der Geschäftspolitik einschließlich der Risikovorsorge, der Führungsgrundsätze sowie die Organisation der Arbeitsabläufe mit samt den Regeln der gesellschaftsinternen Personalpolitik.

Die Geschäftsleiter haben bei Wahrnehmung ihrer Leitungsaufgaben die **methodischen Grundregeln ordnungsgemäßer Unternehmensführung** zu beachten (vgl. Uhlenbruck, FS K. Schmidt, S. 1603, 1606). Sie sind Maßstab für »die Sorgfalt eines ordentlichen Geschäftsmannes« i. s. v. § 43 GmbHG, sie konkretisieren zugleich »die Anforderungen einer ordnungsgemäßen Wirtschaft« i. s. v. § 283 Abs. 1 Nr. 2, 8 StGB und sie begrenzen den weiten Ermessensspielraum der Geschäftsleiter bei unternehmerischen Entscheidungen. Das Unternehmen ist nach den anerkannten betriebswirtschaftlichen Regeln zu leiten, wobei die steuerlichen Folgen zu bedenken sind (GK-Hopt § 93 AktG Rn. 88). Das bedeutet nicht, dass die in der Betriebswirtschaftslehre entwickelten und praktisch erprobten Managementmethoden normativen Charakter erhalten. Die **Grundregeln ordnungsgemäßer Unternehmensführung** werden durch die Funktionen der Unternehmensleitung bestimmt. Sie sind einerseits im Blick auf die Leitungs- und Führungsfunktionen im Unternehmen, nämlich die Planung, die Organisation, die Personalführung und die Kontrolle zu sehen. Sie sind andererseits an den Sachfunktionen, Einkauf, Produktion, Absatz, Finanzierung usw. ausgerichtet. Aus den Zuständigkeiten der Geschäftsleiter folgt, dass ihnen die typischen Managementaufgaben zufallen. Sie haben die erforderlichen Daten zu analysieren und die langfristige Unternehmensplanung, über die in der Folge die Gesellschafter entscheiden, vorzubereiten. Die Stellung des Unternehmens am Markt ist ständig zu beobachten und zu fördern. Der Geschäftsleiter muss sich von **unternehmerischen Maßstäben leiten** lassen. Der Insolvenzverwalter kann deshalb auch besondere Incentives zum Erhalt von Leistungsträgern und oder Abwicklungszielen ausloben, vgl. Mückl, ZIP 2012, 1642. **Unternehmensleitung ist qualitativ etwas anderes als die Verwaltung von Vermögen.** Daher dürfen alle typischen unternehmerischen Risiken übernommen werden (Scholz/Schneider § 43 GmbHG Rn. 77a; MK-AktG – Hefermehl/Spindler § 93 Rn. 17 ff.). Im unternehmerischen Bereich hat die Rspr. den Geschäftsleitern deshalb schon immer einen Handlungsspielraum und ein Beurteilungsermessen zugebilligt (BGH, BB 1997, 1169; Henze, BB 2000, 209; 2001, 53; Gottwald-Haas Insolvenzrechts-Handbuch, § 92 Rn. 269 ff.). Der BGH hat die Grenzen des Beurteilungs- und Ermessensspielraums an der amerikanischen **business judgement rule** ausgerichtet, kritisch MK-Brandes/Schoppmeyer § 60 Rn. 90a. Verlangt wird:
(1) ein von Verantwortungsbewusstsein getragenes Verhalten (not interested; disinterested judgement),
(2) ein nachvollziehbar ausschließlich am Unternehmenswohl orientiertes unternehmerisches Handeln (»gutgläubige« Entscheidung im besten Interesse der Gesellschaft; rational belief and good faith, und
(3) eine sorgfältige Ermittlung der Entscheidungsgrundlage (angemessene Information, informed judgement).

Werden diese Grenzen deutlich überschritten, die Bereitschaft unternehmerische Risiken einzugehen in unverantwortlicher Weise überspannt (so Goette, FS 50 Jahre BGH, S. 123, 125), oder ist das Verhalten aus anderen Gründen pflichtwidrig, tritt die Schadensersatzpflicht ein. Dem Insolvenzverwalter stehen eine **Einschätzungsprärogative** und **Beurteilungsermessen** zu. Gem. § 93 Abs. 1 Satz 2 AktG liegt danach keine Pflichtverletzung vor, wenn das Vorstandsmitglied bei einer unternehmerischen Entscheidung ohne grobe Fahrlässigkeit annehmen durfte, auf Grundlage angemessener Informationen zum Wohle der Gesellschaft zu handeln (vgl. Lutter, ZIP 2007, 841). Der Gesetzgeber ist damit über die business judgement rule hinausgegangen. Diese greift nur bei Handlungen aufgrund einer »unternehmerischen Entscheidung«, nicht aber bei Treuepflichtverletzungen oder Verstößen gegen sich aus Gesetz, Anstellungsvertrag oder Satzung ergebende Pflichten. Unternehmerische Entscheidungen sind durch ihre Zukunftsbezogenheit durch Prognosen und Einschätzungen geprägt (Begr. RegE UMAG ZIP 2004, 2455). Dies unterscheidet sie von der Bedeutung klar umrissener gesetzlicher oder satzungsmäßiger Pflichten ohne Beurteilungsspielraum. Insoweit beinhaltet die business judgement rule eine materielle Verhaltensregelung, eine Vernunftregelung, die auch für unternehmerisches Verhalten des Insolvenzverwalters Wirkung entfaltet (Uhlenbruck FS K. Schmidt, S. 1603, 1616; K. Schmidt, Gesellschaftsrecht, § 28 II 4a, zust. Mönning-Hermann, Betriebsfortführung in der Insolvenz § 9 Rn. 153, vgl. K. Schmidt-Thole § 60 Rn. 13). Es handelt sich somit nicht um eine lediglich aus dem besonderen Gesellschaftsverhältnis der AG zu entnehmende Privilegierung (so aber Jungmann NZI 2009, 80). Uhlenbruck, FS K. Schmidt S. 1603, 1613 ff. entwickelt aus der BJR die **Insolvency Judgement Rule** und passt sie auf die insolvenzrechtlichen Besonderheiten an. Im Rahmen der Insolvency Judgement Rule gelte in den ersten Wochen nur eine eingeschränkte Informationspflicht, da der Insolvenzverwalter Entscheidungen teilweise unter erheblichem Zeitdruck treffen müsse, und die aus dem Unternehmen kommenden Informationen häufig nicht aus einem geordneten Rechnungswesen entstammen würden.

a) Sorgfaltspflichten eines ordentlichen und gewissenhaften Geschäftsleiters

30   Nach dem Willen des Gesetzgebers finden die **Sorgfaltspflichten des ordentlichen und gewissenhaften Insolvenzverwalters** eine Parallele in den Sorgfaltspflichten des ordentlichen und gewissenhaften Geschäftsleiters, ohne ihnen jedoch zu entsprechen (RegE InsO, Begründung zu § 71). Die **Einschränkung** ist geboten, da der Insolvenzverwalter nicht für die Struktur des insolventen Unternehmens verantwortlich ist (vgl. Rdn. 9). Wenn nun aber der Geschäftsleiter, der über ausreichende Ressourcen verfügt, das Unternehmen nach den Grundsätzen ordnungsgemäßer Unternehmensführung zu strukturieren, nur eingeschränkt nach den Grundsätzen der business judgement rule im unternehmerischen Bereich für grobe Fahrlässigkeit haftet, ist kein Grund erkennbar, an den Insolvenzverwalter einen schärferen Haftungsmaßstab anzulegen (jetzt auch Berger/Frege ZIP 2008, 205; Uhlenbruck, FS K. Schmidt S. 1603, 1613). Der Insolvenzverwalter hat weder die Ressourcenknappheit noch ggf. bestehende Illoyalitäten und Abwanderungsgedanken bei den Arbeitnehmern, sowie strukturelle Organisationsfehler oder Schwächen zu vertreten, zust. K. Schmidt-Thole § 60 Rn. 13. In dem vom Gesetzgeber gewünschten »Wettbewerb um die beste Verwertungsart« darf deshalb die leistungs- und/oder finanzwirtschaftliche Sanierung des Unternehmens nicht mit einer verschärften Haftung für den sanierenden Insolvenzverwalter belastet werden. Dieses würde auch dem gesetzgeberischen Gebot von der Marktkonformität der Insolvenzabwicklung widersprechen (vgl. allg. Begr. RegE InsO, Balz/Landfermann, Das neue Insolvenzrecht, S. 11). Auch der Vorstand haftet nicht persönlich für die Schulden der Gesellschaft. Seine Haftung ist keine Erfolgs- sondern eine Verschuldenshaftung. Sein pflichtwidriges Verhalten wird jedoch gem. § 93 Abs. 2 Satz 2 AktG vermutet. Er muss sich entlasten. Da sich im unternehmerischen Bereich sowohl Pflichten als auch die Haftung für vermutetes Verschulden gleichen, ist es gerechtfertigt, im unternehmerischen Bereich den Insolvenzverwalter deshalb nur analog § 93 Abs. 1 Satz 2 AktG für Vorsatz und grobe Fahrlässigkeit haften zu lassen (str. Jaeger/Henckel/Gerhardt-Gerhardt § 22 Rn. 215; BGH, ZInsO 2004, 609; zu den insolvenzrechtlich modifizierten Pflichten s. § 61). Zeitlich ist dem Verwalter deshalb ein »**diagnostisches Fenster**« zuzubilligen, zust. Mönning-Hermann, Betriebsfortführung in der Insolvenz § 9 Rn. 143. D. h. ein nach den Umständen des Einzelfalls bemessener Prüfungszeitraum, in dem Sachverhaltung, Annahmen und Informationen auf ihre Belastbarkeit verprobt werden können. Nach Uhlenbruck, FS K. Schmidt S. 1618 gilt im Rahmen der Insolvency Judgement Rule insoweit nur eine eingeschränkte Informationspflicht. Festzuhalten ist, dass ein Verwalter, der Entscheidungen auf unzutreffender Tatsachengrundlage trifft, in dem kritischen Zeitraum, wenn ihm die Informationen nicht oder fehlerhaft zur Verfügung gestellt wurden und dieses nicht offensichtlich ist, nicht haftet, Uhlenbruck, FS K. Schmidt S.S. 1618. Gelingt dem Verwalter in einem auf § 60 gestützten Schadensersatzprozess wegen Entscheidungsfehlern im Rahmen der Unternehmensfortführung der Beweis für die Einhaltung der **Insolvency Judgement Rule**, so liegt keine objektive Pflichtverletzung vor, Uhlenbruck, FS K. Schmidt S. 1621; Berger/Frege, ZIP 2008, 204.

b) Besondere insolvenzrechtliche Obliegenheiten bei der Begründung von Masseverbindlichkeiten

31   Dem Insolvenzverwalter treffen **besondere insolvenzrechtliche** Obliegenheiten bei der Begründung von Masseverbindlichkeiten (BGH, ZInsO 2012, 127, Uhlenbruck-Uhlenbruck § 61 Rn. 5). Er hat die potenziellen Massegläubiger vor Schäden infolge erkennbarer Masseinsuffizienz zu bewahren, vgl. § 61 Rdn. 2, 12. D. h. er hat zu einem frühen Zeitpunkt die rechtliche, wirtschaftliche und liquiditätsmäßige Abwicklung zu antizipieren. Dieses hat unmittelbare Auswirkungen auf

die Organisation der Betriebsfortführung bei drohender Masseunzulänglichkeit. Die Weiterbelieferer können über ein Treuhandkontenmodell und/oder starke vorl. Insolvenzverwaltung oder eine Einzelermächtigung abgesichert werden. Die Einzelermächtigung, vgl. zur Beantragung Borchard-Frind Betriebsfortführung im Insolvenzverfahren Rn 424; Frind, Insbüro 2014, 217, 219, bewirkt aber nur, dass der Insolvenzverwalter auf Grundlage einer gerichtlichen Ermächtigung auch Insolvenzforderungen berichtigen darf. Die Einzelermächtigung sichert den Lieferanten bei Masseunzulänglichkeit nicht ab, da seine Forderung nur gem. § 209 Abs. 1 Nr. 3 zu berichtigen ist. Demgegenüber hat das Treuhandkontenmodell den Vorteil, dass die Liquidität vom Treuhänder außerhalb der Reihenfolge des § 209 erfolgt und somit auch bei MUZ absichert, vgl. Ganter, NZI 2011, 433. Die Treuhandkonten sind transparent zur Masse abzurechnen. Es ist unschädlich, wenn mit Zustimmung des vorl. Insolvenzverwalters bezogene Lieferungen und Leistungen im Antragsverfahren bezahlt werden und dabei zwischen Lieferung und Leistung mehr als 30 Tage liegen, a.A. Frind, Insbüro 2014, 217, 220. Zum einen fehlt es in diesen Konstellationen rgm. an der Gläubigerbenachteiligung. Gerade im Antragsverfahren sind zum anderen häufig weitergehende zeitaufwendige Prüfungen erforderlich, ggf. müssen Rahmenverträge auf ihre Wirtschaftlichkeit, Anfechtbarkeit etc. geprüft werden und ein gesonderter Leistungsprozess für die Rechnungsprüfung und Bezahlung muß eingerichtet werden. Würde man an der strengen 30 Tage Regelung festhalten würde dieses ohne Grund nachteilig auf die Betriebsfortführung wirken, da ja der Vorteil zur Masse realisiert wurde. Wird jedoch eine im Antragsverfahren erbrachte Lieferung oder Leistung erst nach Insolvenzeröffnung bezahlt, so ist dieses nur möglich, wenn es sich um ein Bargeschäft, eine gekorene Masseverbindlichkeit gehandelt hat, aus dem Treuhandkonto gezahlt wurde oder auf Drittrechte (bspw. weitergeleiteter EV) gezahlt wurde. Inhaltlich betrifft die Verpflichtung, potenzielle Massegläubiger vor Schäden zu bewahren, sowohl Fälle unternehmerischen Handelns als auch Abwicklungshandlungen. Diese Pflichten lassen sich unterteilen in die **Unternehmens(-fortführungs-)untersuchungspflichten**, die **Unternehmensorganisations-** und **Unternehmensleitungspflichten/Verfahrensabwicklungspflichten** (bei Unternehmenseinstellung) sowie die **Unternehmenskontrollpflichten**. Diese Obliegenheiten, die eine Parallele in den Pflichten einer ordnungsgemäßen Unternehmensleitung finden, konkretisieren die dem Insolvenzverwalter obliegenden Handlungspflichten. Nur wenn er Untersuchungs-, Kontroll- und Leitungsfunktionen ordnungsgemäß wahrnimmt, erfüllt er die ihm obliegenden (internen) Pflichten. Da pflichtgemäßes Verhalten eine objektive Pflichtwidrigkeit ausschließt, kann der Verwalter bereits hier seine Exkulpation bewirken (vgl. Pape, ZInsO 2005, 953, 956). Das Ergebnis dieser Untersuchungen bildet den Tatsachenkranz auf dem alle Entscheidungen über das Ob, Art und Umfang der Betriebsfortführung und der Abwicklungsentscheidungen aufgebaut sind; vgl. zur Fortführungsentscheidung auch Borchardt/Frind-v. Websky Rn. 1964, 1765 ff.

c) Unternehmensleitungspflicht

Der Insolvenzverwalter nimmt als aktiver Sanierungsverwalter die Leitungsfunktion des Unternehmens wahr. Sie umfasst die strategische Führung des Unternehmens, vgl. ebenso Mönning-Hermann, Betriebsfortführung in der Insolvenz § 11 Rn. 232. Er handelt wie ein Vorstand selbstständig und weisungsfrei. Die eigene Verantwortung korrespondiert mit der Haftungsverantwortung. Bei unternehmerischen Entscheidungen steht ihm ein Ermessensspielraum zu. Dieser Ermessensspielraum kann m. E. i. R. d. business judgement rule ausgeübt werden, vgl. Mönning- Hermann Betriebsfortführung in der Insolvenz § 11 Rn. 153. Anderenfalls bestünde die Gefahr, dass aussichtsreiche Sanierungsmaßnahmen, die mit einem gewissen Risiko verbunden sind, nicht eingeleitet werden (vgl. BGH, ZIP 1997, 883; MK-AktG-Hefermehl/Spindler §§ 76, 25, zu normalen Unternehmensentscheidungen).

32

d) Unternehmens(-fortführungs-)untersuchungspflicht

Die Insolvenzverwaltung, die Fortführung, Sanierung und Reorganisation eines Unternehmens ist etwas Anderes als Vermögensverwaltung. Die im Insolvenzverfahren vom Insolvenzverwalter und den Gläubigern geforderten Entscheidungen zur Unternehmensfortführung und/oder (Teil-)

33

Unternehmenseinstellung können fehlerfrei nur auf Grundlage einer ordentlichen Sachverhaltsexegese erfolgen (vgl. Depré/Dobler KSI 2010, 53; Weitzmann, InsVZ 2010, 112). Uhlenbruck (Braun-Uhlenbruck, Unternehmensinsolvenz, S. 243) weist zutreffend darauf hin, dass es zu den wohl anspruchsvollsten und schwierigsten Aufgaben des (vorläufigen) Insolvenzverwalters gehört, die Aussichten für die Fortführung des Unternehmens zu prüfen, vgl. BGH, NJW 1998, 1561. Dieses erfordert die vollständige Erfassung aller für das Unternehmen wesentlichen Daten, den Ursachen- und Wirkungszusammenhängen sowie der rechtlichen und wirtschaftlichen Einflussfaktoren. Sie sind im Rahmen einer integrierten Unternehmensplanung Grundlage einer geordneten Betriebsfortführung; vgl. Borchardt/Frind-v. Websky Betriebsfortführung Rn. 2027 ff.; Wentzler Rn. 1323 ff.; 1384 ff; Mönning-Hermann Betriebsfortführung in der Insolvenz § 11 § 9 Rn. 12 ff; zur betriebswirtschaftlichen Grundlage Weniger in Mönning-Hermann Betriebsfortführung in der Insolvenz § 6 Rn. 2 ff.; Buth/Hermanns § 4 Rn. 11 ff. Zielführende Sanierungsmaßnahmen setzen das Verständnis der Krisenursachen voraus (WP HdB 2002, II f., 123). Die Kenntnis der Krisenursachen und ggf. vorhandener Sanierungsbarrieren ist Voraussetzung für die Beherrschbarkeit der Krise. Je nach Verfahrensstand und prospektiver Abwicklung wird der Verwalter deshalb unterschiedliche Planrechnungen erstellen. Die Liquiditätsplanrechnung dient der Planung und Sicherstellung ausreichender Liquidität während des Verfahrens. Diese Rechnung wird er bis zum Berichtstermin um eine Wirtschaftlichkeits- und Grenzkostenrechnung – soweit erforderlich – erweitern, um den Gläubigern die für die gem. § 157 geforderte Investitions-/Desinvestitionsentscheidung erforderlichen Grundlagen zu geben. Dabei finden die Plan-, Gewinn- und Verlustrechnungen, Finanzpläne und Planbilanzen ihre Grundlage in dem Sanierungskonzept (vgl. BGH, ZInsO 2005, 205). Bei einer dauerhaften Betriebsfortführung wird der Insolvenzverwalter in der Planrechnung auch die eigenen Unternehmensleitungstätigkeiten (Controlling, Planung etc.), die er persönlich und/oder mit seinem Büro erbringt, kalkulatorisch in den Planungsrechnungen ansetzen, um zu ermitteln, ob für das Unternehmen (ggf. nach Sanierung) auch eine positive Fortbestehens- oder weiter gehend positive Fortführungsprognose i. S. d. § 252 Abs. 1 Nr. 2 HGB gestellt werden kann. Vom Insolvenzverwalter kann nicht erwartet werden, dass er dauerhaft Unternehmen, die keine **marktübliche Wettbewerbs- und Renditefähigkeit** haben, fortführt. M. a. W. wenn ein Unternehmen nicht sanierungsfähig i. s. v. IDW S6 ist, darf der Geschäftsbetrieb vom Insolvenzverwalter auch eingestellt werden. Das gilt auch, wenn der Verwalter nicht von der Möglichkeit Gebrauch macht, Dritte zulasten der Masse zu beauftragen. Die Plafondierung der Verwaltervergütung und die insoweit restriktive Rechtsprechung des BGH dürfen nicht dazu führen, das nicht renditefähige Unternehmen zulasten des Insolvenzverwalters – zu einem insolvenzrechtlich neutralen Liquiditätsergebnis – dauerhaft fortgeführt werden. Die Compliance(kultur) des Schuldners, soweit diese Risiken für die Betriebsfortführung darstellt, wird zukünftig ebenfalls in den Fokus der Untersuchungen kommen. Uhlenbruck, FS K. Schmidt S. 1603, 1607 spricht plastisch von »**Compliance** als Rechtspflicht des Verwalters«.

e) Informationsaufbereitung

34 Verfügt die Schuldnerin nicht über eine **geordnete Buchführung** (§ 239 Abs. 2 HGB), können die wesentlichen Grunddaten nicht ermittelt werden und lassen sich die Mängel nicht mit vertretbarem Aufwand zeitnah beheben, wird die Unternehmenseinstellung naheliegen (vgl. zur Beweiskraft der Buchführung § 158 AO). Gleiches gilt, wenn auf Grundlage einer Ressourcenanalyse keine positive Fortbestehensprognose im Wettbewerbsumfeld getroffen werden kann. Dieses Ergebnis hat der (vorläufige) Insolvenzverwalter sorgfältig zu dokumentieren und ggü. dem Insolvenzgericht, dem Gläubigerausschuss und dem Schuldner zu kommunizieren, § 158 (OLG Karlsruhe, ZInsO 2003, 26; Lüke, ZIP 2005, 1113; Kirchhof, ZInsO 2004, 57, 59).

f) Nutzung von Schuldnerdaten

35 Im Rahmen der Unternehmensfortführungsanalyse ist der (vorläufige) Insolvenzverwalter anfangs darauf angewiesen, die im Unternehmen vorhandenen **Grunddaten** zu nutzen. Im Verfahrensablauf wird der Insolvenzverwalter diese Daten verproben und durch einzelne Stichproben plausibilisieren

(Lüke, ZIP 2005, 1113, 1118). Von dem Insolvenzverwalter können keine prophetischen, wohl aber fundierte »handwerkliche Kenntnisse« erwartet werden (LG Celle, ZInsO 2003, 587; Braun-Kind § 61 Rn. 9). Umfang und Intensität der Krisenursachenanalyse und der Planungen werden sowohl nach Art und Größe des Insolvenzverfahrens als auch nach Branche variieren und finden ihre Begrenzung im Grundsatz der Wesentlichkeit/der Wirtschaftlichkeit (MK-Füchsl/Weishäupl/Jaffé § 153 Rn. 5; Beck'sches HdB der Rechnungslegung-Bieg, A 100 Rn. 76).

g) Unternehmensorganisations- und Verfahrensabwicklungspflicht

Das Axiom der masseeffizienten Verwaltung verlangt vom (vorläufigen) Insolvenzverwalter in jedem Verfahrensstadium eine **aktive Leitungsentscheidung**, vgl. BGH, ZInsO 2011, 1419 Rn. 54. Basierend auf der Krisenursachenanalyse und den Unternehmensfortführungsuntersuchungen hat der (vorläufige) Insolvenzverwalter sein Verfahren zu strukturieren (vgl. Weitzmann InsVZ 2010, 112). Ist absehbar, dass im eröffneten Insolvenzverfahren (temporäre) Masseunzulänglichkeit eintritt, wird er bei Beauftragung der potenziellen Massegläubiger für eine geordnete finanzielle Abwicklung sorgen. Diese kann m. E. z. B. durch eine Abwicklung über ein offenes Treuhandkonto (traditioneller Prägung) erfolgen (vgl. Ganter, NZI 2011, 433, Kreft, FS Merz, S. 313 ff.; Kirchhof, FS Kreft, S. 359 ff.; Bork, ZIP 2003, 1421; Hamburger Leitlinien, ZInsO 2004, 24; AG Hamburg, ZInsO 2004, 1270 – Treibholz I). Bork will die Risiken, die dem Verwalter bei absehbarer Masseunzulänglichkeit drohen, im Wege einer gerichtlichen »Vorrangermächtigung« beheben (grds. zust. Kirchhof, ZInsO 2004, 57, 59; a. A. Marotzke, ZInsO 2005, 561). In jedem Fall wird er die Konstruktion offen zur Gerichtsakte dokumentieren und ggf. die Genehmigung des Insolvenzgerichts einholen (vgl. AG Hamburg, ZInsO 2005, 447 – Treibholz II; Lüke, ZIP 2005, 1113). Die Beherrschbarkeit der Krisenursachen ist ein Prognoseproblem. Der **»aktive Sanierungsverwalter«** kann im Rahmen eines planmäßigen Vorgehens auf Grundlage eines Sanierungskonzeptes Maßnahmen zur Reorganisation und Restrukturierung des Unternehmens(-trägers) treffen, vgl. a. Undritz InsVZ 2010, 123. Er hat dabei die planmäßige Entwicklung zeitnah durch einen ständig aktualisierten Soll-/Ist-Vergleich zu überprüfen. Die Kontrolle sollte dabei zumindest in monatlichen Zeitabständen erfolgen (K. Schmidt/Uhlenbruck-Wellensiek, Die GmbH in Krise, Sanierung und Insolvenz, Rn. 89). Der Insolvenzverwalter ist kein freischwebender Sozialingenieur; schon Balz, Kölner Schrift zur Insolvenzordnung, S. 9. Es gilt – soweit möglich – das Schuldnerunternehmen als betriebliche Einheit zu erhalten, um eine **dauerhafte Sanierung** erreichen, Mönning-Uhlenbruck, Betriebsfortführung in der Insolvenz Rn. 28. Vor diesem Hintergrund verbietet es sich, den Betrieb im Blindflug oder um jeden Preis fortzuführen, nur um der Fortführungsprämisse gerecht zu werden; Frind/Borchardt-v. Websky Betriebsfortführung Rn. 1964 ff. Weder das Insolvenzgericht noch ein Gläubigerausschuss können ihn exculpieren, vgl. MK-Schoppmeyer § 60 Rn. 103. Stellt der Insolvenzverwalter fest, dass die Sanierungsziele – nach Maßgabe des vorliegenden Plankonzepts – nicht erreicht werden können, sind geeignete Maßnahmen zu treffen. Diese können sowohl in der Modifikation der Maßnahmen, bspw. Beseitigung der Sanierungsbarrieren, als auch in der Änderung des Szenarios der übertragenden Sanierung, vgl. Decker § 158 Rdn. 4f, oder in der Unternehmenseinstellung liegen, instruktiv Mönning-Hermann, Betriebsfortführung in der Insolvenz, § 9 Rn. 12 ff. Die Vorgaben des BGH zu einem schlüssigen Sanierungskonzept können hier eine Leitline bilden, vgl. BGH, ZInsO 2012, 171 Rn. 11, 14. Die **Gläubigerversammlung** kann dem Verwalter zur erkennbar temporär **defizitären Unternehmensfortführung** ihre Erlaubnis nur insoweit erteilen, als **Masseverbindlichkeitendeckung** gegeben ist (vgl. K/P/B-Lüke § 60 Rn. 34; K. Schmidt/Uhlenbruck, Die GmbH in Krise, Sanierung, Insolvenz, Rn. 1305, so jetzt auch Hermann Mönning-Hermann Betriebsfortführung in der Insolvenz § 9 Rn. 163) und per Saldo eine Besserstellung der Masse angestrebt wird. Die Gläubigerversammlung darf nicht die Gefährdung potenzieller Massegläubiger verlangen. Erkennt der Insolvenzverwalter einen Verstoß, hat er noch in der Gläubigerversammlung die Aufhebung des Beschlusses zu beantragen (§ 78 Abs. 1, 3. Alt.; weiter gehend Jaeger/Henckel/Gerhardt-Gerhardt § 60 Rn. 143 ff.). Die Gläubigerversammlung kann den Insolvenzverwalter nicht zwingen, ein Unternehmen dauerhaft fortzuführen, wenn das Unternehmen keine marktübliche Rendite erwarten lässt, nur eine insolvenzrechtlich ausgeglichene Liquidität erwirtschaftet wird und die Betriebsfortführung umfangreiche Leitungstätigkeiten erfordert, die der Insolvenzverwalter persönlich bzw. mit eigenen Mitarbeitern erbringen muss und mangels Ertrag/Liquidität nicht auf Dritte übertragen kann, sodass nach § 1 Abs. 2 Nr. 4b InsVV und der insoweit restriktiven Vergütungsrechtsprechung die Fortführung praktisch zulasten des Insolvenzverwalters geht. Der Aspekt des gläubigergeführten Verfahrens kann nicht dazu missbraucht werden, wirtschaftlich unsinnige Verfahrensfortführung als Selbstzweck oder zur Befriedigung wirtschaftlicher Eigeninteressen zu rechtfertigen, vgl. a. Frind/Borchardt-v. Websky, Betriebsfortführung, Rn. 1860 ff., 1981 ff., 2057. Dem Insolvenzverwalter und der Gläubigerversammlung ist eine **Einschätzungsprärogative** zuzubilligen, vgl. MK-Görg/Janssen § 158 Rn. 16 f. Aus §§ 157, 159 lässt sich kein Verbot herleiten, die Masse bereits vor der ersten Gläubigerversammlung zu verwerten, wenn eine Betriebsfortführung aus rechtlichen oder wirtschaftlichen Gründen ohnehin nicht in Betracht kommt, MK-Görg/Janssen § 158 Rn. 18. Die **Stilllegungsentscheidung** hat sich am Einzelfall und an den Grundsätzen der Masseeffizienz auszurichten. So kann auch eine temporäre unwirtschaftliche Betriebsfortführung gerechtfertigt sein, wenn nachvollziehbar begründete Aussichten bestehen, das Unternehmen oder Teile zu veräußern und diese Form eine wirtschaftliche Besserstellung der Masse erwarten lässt oder mit Zustimmung der Gläubigerversammlung erfolgt ist; vgl. MK-Görg/Janssen § 158 Rn. 16 f., zu restriktiv MK-Brandes/Schoppmeyer § 60 Rn. 44a, die eine sofortige Liquidation verlangen, wenn feststeht, das die Fortführung nicht wenigstens den Aufwand deckt; Muster zur Alternativberechnung Frind/Borchardt-v. Websky, Betriebsfortführung, Rn. 2001. Erst wenn diese und ein ihnen zustehendes **Beurteilungsermessen** insolvenzzweckwidrig missbraucht wurden, steht dem Insolvenzgericht in Fällen eine materielle Prüfungspflicht zu (arg. e. § 78 Abs. 1).

III. Kausalität

37 Zwischen der Verletzung insolvenzspezifischer Pflichten und der Schädigung muss ein kausaler Zusammenhang bestehen. Insoweit gelten die allg. Grundsätze zur haftungsbegründenden Kausalität (vgl. Jaeger/Henckel/Gerhardt-Gerhardt § 60 Rn. 115 f.; Uhlenbruck-Uhlenbruck § 60 Rn. 28; MK-Brandes/Schoppmeyer § 60 Rn. 105 ff.). Der Verwalter haftet nach § 60 nur, wenn der entstandene Schaden **adäquat kausal** auf der Verletzung insolvenzspezifischer Pflichten beruht, der Schaden muss **normativ zuzurechnen** sein, K. Schmidt-Thole 18. Aufl. § 60 Rn. 40. An der notwendigen Kausalität fehlt es insb. dann, wenn der Schaden auch bei pflichtgemäßem Verhalten eingetreten wäre (BGH, ZInsO 2011, 1463; NJW 1985, 2482). Ein Schaden ist nur dann zu ersetzen, wenn er dem Schädiger insb. mit Rücksicht auf den Schutzzweck der verletzten Norm haftungsrechtlich zuzurechnen ist – Rechtswidrigkeitszusammenhang (K. Schmidt-Thole 18. Aufl. § 60 Rn. 40; Zugehör, ZInsO 2006, 857). Die Berufung auf rechtmäßiges Alternativverhalten ist also beachtlich; K. Schmidt-Thole 18. Aufl. § 60 Rn. 40 Für die Haftung des Insolvenzverwalters gelten die §§ 249 ff. BGB entsprechend. Zu beachten sind die Grundsätze der Vorteilsausgleichung und des mitwirkenden Verschuldens des Geschädigten (St. Bank/A. Weinbeer, NZI 2005, 478, 482). Die Berufung auf eine hypothetische Kausalität ist nach allg. Grundsätzen unzulässig. Der Kausalzusammenhang wird nicht durch ein Tun oder Unterlassen der Gläubigerversammlung, des Gläubigerausschusses und/oder des Insolvenzgerichtes unterbrochen. Der Insolvenzverwalter hat die insolvenzrechtlichen Pflichten persönlich zu berichtigen. Fehlerhaftes Verhalten anderer vermag ihn nicht zu exkulpieren (vgl. Bork ZIP 2005, 1120, 1122). Das Prozessgericht ist nicht an die Entscheidung oder Wertung des Insolvenzgerichtes gebunden vgl. MK-Brandes/Schoppmeyer § 60 Rn. 103 m. w. N. Beschließt die Gläubigerversammlung trotz fehlerfreier Berichterstattung und entgegen dem zutreffenden Rat des Verwalters Maßnahmen, die **erkennbar und zwingend** zum Nachteil von Beteiligten wirken, ist der Verwalter nicht verpflichtet, das Beschlossene auszuführen (str., vgl. Jaeger/Henckel/Gerhardt-Gerhardt § 60 Rn. 148; HK-Lohmann § 60 Rn. 35 f.; MK-Brandes/Schoppmeyer § 60 Rn. 99; Lük, ZIP 2005, 1113, 1119; str. für Gläubigerausschuss K/P/B-Lüke § 60 Rn. 47, einschr. A/G/R-Lind § 60 Rn. 33 m. w. N. wenn die verletzten Interessen d. d. Gremium repräsentiert wurden). Ggf. ist er jedoch verpflichtet, in der Gläubigerversammlung einen Antrag nach § 78 Abs. 1 zu stellen. Der Gläubigerausschuss dient der Unterstützung des Insolvenzverwalters, er hat die Handlungen des Verwalters auf Rechtmäßigkeit, Zweckmäßigkeit

und Wirtschaftlichkeit zu kontrollieren (OLG Rostock, ZInsO 2004, 814). Die Zustimmung der Gläubigerversammlung oder des Gläubigerausschusses lässt weder Kausalität noch Verschulden entfallen, vgl. MK-Brandes/Schoppmeyer § 60 Rn. 103 zum Verschulden des Verwalters bei Zustimmung des Gläubigerausschusses, jedoch kann sie ein Indiz für den nach § 60 Abs. 1 Satz 2 zu beachtenden Mindestsorgfaltsmaßstab sein (BGH, WM 1968, 99; BGH, ZIP 1985, 423; BGH, ZIP 1987, 115). Bei bestehendem Gläubigerausschuss wird sich das Gericht auf den wirtschaftlich kompetenteren und sachnäheren Ausschuss verlassen und keine zusätzlichen Maßnahmen zur Kontrolle des Verwalters treffen (K/P/B-Lüke § 58 Rn. 4; Pape/Schmidt, ZInsO 2004, 955, 958). Verweigert das Insolvenzgericht die Zustimmung zu erforderlichen Rechtshandlungen von wesentlicher Bedeutung (z. B. Betriebseinstellung), durchbricht dieses die Kausalitätskette. Anderes gilt nur bei greifbarer Rechtswidrigkeit i. S. d. Insolvenzzweckwidrigkeit. Besondere Umsicht wird der (vorläufige) Insolvenzverwalter – auch bei Einbeziehung des Insolvenzgerichtes – bei der Abwicklung (erkennbar) massearmer Verfahren wahren. Die unterschiedlichen Abwicklungsalternativen waren noch nicht in allen Einzelheiten Gegenstand höchstrichterlicher Rspr. Jedoch ist dem Verwalter anzuraten, transparent zur Insolvenzakte zu berichten und möglichst Einvernehmen mit Gläubigerausschuss und Insolvenzgericht herzustellen.

IV. Verschulden

Die Haftung des Verwalters für **Verletzung der allg. insolvenzrechtlichen Treue- und Informationspflichten** nach § 60 setzt Verschulden i. s. v. § 276 BGB voraus. Er hat für die Sorgfalt eines ordentlichen und gewissenhaften Insolvenzverwalters, verstanden als normativer, weitgehend objektiv zu fassender Verschuldensmaßstab, einzustehen. Nach der hier vertretenen Auffassung gilt der Verschuldensmaßstab des § 276 BGB nur für die allg. insolvenzspezifischen Sorgfaltspflichten. Das sind die allg. Treuepflichten, die Verfahrensabwicklungs- und die Informationspflichten. Zu beachten ist, dass sich die allg. Insolvenzverwalterpflichten im Laufe des Verfahrens konkretisieren. D. h., ein bestimmtes Fehlverhalten kann zu Beginn des Verfahrens schuldlos und später wegen der inzwischen möglichen Einarbeitung schuldhaft begangen werden (MK-Brandes/Schoppmeyer § 60 Rn. 90). Auch im **Bereich des unternehmerischen Handels** gilt eine Verschuldenshaftung, die nach § 93 Abs. 1 Satz 2 AktG analog (UMAG) nach den **Grundsätzen der insolvency/business judgement rule** nur bei grober Fahrlässigkeit eingreift (vgl. Rn. 29). Das **Verschulden** bezieht sich nicht auf den Schaden sondern nur auf die Pflichtverletzung, K. Schmidt-Thole § 60 Rn. 36. Der Verwalter kann in jedem Einzelfall den Nachweis führen, dass der Schaden auch bei Anwendung der Sorgfalt eines ordentlichen und gewissenhaften Insolvenzverwalters entstanden wäre (Uhlenbruck-Uhlenbruck § 60 Rn. 29). Ein Verschulden ist abzulehnen für sog. aufgezwungene, **oktroyierte Masseschulden**, deren Entstehen vom Verwalter nicht beeinflusst werden kann (BGH, NZI 2007, 335; LAG Hamm, ZInsO 2004, 694; K/P/B-Lüke § 60 Rn. 37; Laws, MDR 2003, 787, 788; Meyer/Löwy/Poertzgen, ZInsO 2004, 363, 366; Kirchhof, ZInsO 1999, 365). Dies gilt etwa für Verbindlichkeiten aus einem Dauerschuldverhältnis, dessen Beendigung nicht abzukürzenden Kündigungsfristen unterliegt oder für Massekosten. Eine Haftung nach § 61 scheitert i. Ü. daran, dass es an einer Begründung durch Rechtshandlung des Verwalters fehlt (K/P/B-Lüke § 60 Rn. 37; Laws, MDR 2003, 787). Bei oktroyierten Masseverbindlichkeiten muss der Verwalter die Entgegennahme der Leistung nur verhindern, wenn er Kenntnis von der Leistung hat (BGH, ZInsO 2003, 465; vgl. § 209 Rdn. 5). Die Leistung muss evident sein (AG Hamburg, ZInsO 2002, 36; ZIP 2002, 2227). Diese Grundsätze sind nicht auf den **vorläufigen Insolvenzverwalter** übertragbar, da sich die Ziele des Insolvenzverfahrens von denen des vorläufigen Insolvenzverfahrens unterscheiden. **Fehlendes Bewusstsein der Rechtswidrigkeit** kann zwar den Vorsatz, grds. nicht aber die für die Haftung nach § 60 ausreichende Fahrlässigkeit ausschließen. Trotzdem lässt die Rspr. **Ausnahmen** zu, wenn der **Rechtsirrtum** oder der **Irrtum über den Pflichtenkreis** im Einzelfall **entschuldbar** ist (vgl. Uhlenbruck-Uhlenbruck § 60 Rn. 31 m. w. N.). Ob ein Rechtsirrtum im Einzelfall geeignet ist, den Verwalter zu entlasten, hängt von Art und Umfang der Prüfung sowie davon ab, ob die Rechtslage geklärt oder unsicher ist. Der Verwalter handelt schuldhaft, wenn er den Sachverhalt unsorgfältig aufklärt und deshalb zu einem falschen rechtlichen Schluss gelangt, oder wenn er eine **klare, eindeutige und zweifelsfreie Rechtslage** mit oder ohne fachkundigen Rat falsch beurteilt. **Fehlende Rechtskenntnisse** entschuldigen nicht. Nach zutreffender Auffassung des OLG Köln (NJW 1991, 2570) unterliegt die Bewertung eines Rechtsirrtums des Insolvenzverwalters nicht den strengen Maßstäben, die von der Rspr. i. R. d. § 285 BGB a. F. (§ 286 Abs. 4 BGB n. F.) an das Verhalten des nicht leistenden Schuldners angelegt werden. Geht es um eine in Rspr. und Lit. noch nicht behandelte Frage, genügt der Insolvenzverwalter seiner Sorgfaltspflicht, wenn er seinen Standpunkt aufgrund sorgfältiger Prüfung der Sach- und Rechtslage vertritt und sich gute Gründe für seine Meinung anführen lassen (RGZ 39, 94, 100; BGH, NJW 1994, 2286).

V. Umfang des Schadensersatzanspruchs

39 Der **Umfang des Schadensersatzanspruchs** berechnet sich nach den allg. Regeln der §§ 249 ff. BGB (RGZ 87, 151). Das schuldhafte Verhalten des Verwalters kann entweder zu einem **Einzelschaden** oder zu einem **Gesamtschaden** führen. Die Unterscheidung modifiziert die Schadenshöhe nicht, ist aber für die Aktivlegitimation entscheidend. Der Gesamtschaden ist durch einen Sonderinsolvenzverwalter ggü. dem Insolvenzverwalter als Innenhaftung geltend zu machen. Bei der Bemessung des Schadensumfangs sind die Grundsätze der Vorteilsausgleichung und des mitwirkenden Verschuldens (§ 254 BGB) zu berücksichtigen (bereits BGH, StB 1958, 142; BK-Blersch § 60 Rn. 10; Uhlenbruck-Uhlenbruck § 60 Rn. 3). Im Bereich der **haftungsausfüllenden Kausalität** kommt es für die Beurteilung der Frage, welcher Schaden den Beteiligten aufgrund der Pflichtverletzung durch den Insolvenzverwalter entstanden ist, letztlich darauf an, »wie sich die Dinge bei pflichtgemäßem Verhalten seinerseits entwickelt hätten und sich die Vermögenslage des Beteiligten dann wirtschaftlich gestaltet hätte« (Vallender, ZIP 1997, 345). D. h., dass ggf. für die Ermittlung des Schadens auch alternative Abwicklungsszenarien unter Berücksichtigung der Remanenzkosten etc. herangezogen werden müssen. Hängt dies davon ab, wie ein Gericht voraussichtlich entschieden hätte, kommt es nicht darauf an, wie es tatsächlich entschieden haben würde, sondern allein darauf, wie es nach Beurteilung des über den Schadensersatzanspruch erkennenden Gerichtes richtigerweise hätte entscheiden müssen (BGH, ZIP 1985, 693; Mohrbutter/Ringstmeier-Mohrbutter, Hdb Insolvenzverwaltung, § 33 Rn. 175). Insoweit ist der Verwalter darlegungspflichtig. Die sekundäre **Darlegungs- und Beweislast** obliegt dem Gläubiger.

VI. Haftungskonkurrenzen und Haftung für Dritte (Abs. 2)

1. Gesamtschuldnerische Haftung mehrerer Schädiger

40 Sind für den Schaden neben dem Insolvenzverwalter noch Andere verantwortlich, kommt es zu einer gesamtschuldnerischen Haftung der Schädiger. Haftet der Insolvenzverwalter nach § 60, die Mitglieder des Gläubigerausschusses nach § 71 und ggf. das Insolvenzgericht nach § 839 BGB, liegt wegen der Verschiedenartigkeit des Rechtsgrundes der Haftung ein **unechtes Gesamtschuldverhältnis** vor (vgl. Jaeger/Henckel/Gerhardt-Gerhardt § 60 Rn. 185 ff.; Uhlenbruck-Uhlenbruck § 60 Rn. 35; MK-Brandes/Schoppmeyer § 60 Rn. 104; Bork, ZIP 2005, 1120, 1122; s. a. § 69 Rdn. 9).

2. Haftpflichtversicherung des Insolvenzverwalters

41 Die Verantwortlichkeit des Verwalters im Insolvenzverfahren, gleichgültig ob vorläufiger oder endgültiger Insolvenzverwalter, Treuhänder oder Sachwalter, ist eine Haftpflicht i. s. v. §§ 149 ff. VVG. Die Kosten der **allgemeinen Berufshaftpflichtversicherung** oder der **allgemeinen Insolvenzwalterhaftpflichtversicherung**, die jeder Verwalter im Rahmen seiner allgemeinen Haftung abzuschließen hat und die i. H. e. Pflichtversicherung von 250.000,00 € gem. § 2 Abs. 1 Nr. 3 RDG. Voraussetzung für die Zulassung zur Anwaltschaft ist, zählen zu den allgemeinen Geschäftskosten, die durch die Vergütung abgegolten werden. Die Kosten einer **speziellen, verfahrensbezogenen Zusatzversicherung** sind als besondere Auslagen nach § 4 Abs. 3 Satz 2 InsVV erstattungsfähig, wenn das Insolvenzgericht dem Abschluss einer solchen Versicherung zustimmt (ausführl. zur Haftpflichtversicherung für Insolvenzverwalter Graeber, Vergütung in Insolvenzverfahren, Rn. 238).

3. Haftung für Dritte

Bedient sich der Insolvenzverwalter **zur Erfüllung** der **allg. insolvenzrechtlichen Pflichten** i. R. d. Verfahrensabwicklung **eigenen Hilfspersonals**, welches nicht im Schuldnerunternehmen angestellt ist, hat er für deren Verschulden grds. nach § 278 BGB einzustehen (vgl. BGH, ZInsO 2001, 797). Der Insolvenzverwalter wird rgm. nicht in der Lage sein, alle ihm obliegenden Aufgaben persönlich zu erfüllen, insb. wenn Aufgaben besondere Sach- und Fachkunde erfordern und der Insolvenzverwalter sich der Unterstützung von Sonderfachleuten bedient. Bedient sich der Verwalter **Selbstständiger**, beschränkt sich seine Haftung jedoch auf Auswahlverschulden (BGH, ZIP 1980, 25). In Fällen einer zulässigen Delegation auf Angestellte beschränkt sich die Haftung des Verwalters nur auf **ordnungsgemäße Auswahl, Leitung und Überwachung** (Gerhardt, ZIP 1987, 760, 762; Mohrbutter/Ringstmeier-Mohrbutter, Hdb Insolvenzverwaltung, § 33 Rn. 16). Die eingeschränkte Haftung nach § 831 BGB greift dagegen nur dann ein, wenn dem Verwalter eine unerlaubte Handlung mit persönlicher Einstandspflicht zuzurechnen ist (Mohrbutter/Ringstmeier-Mohrbutter, Hdb Insolvenzverwaltung, § 33 Rn. 13 f.). Für die Haftung aus fremdem Verschulden ist das Innenverhältnis zwischen dem Verwalter und dem Erfüllungsgehilfen unerheblich.

42

4. Haftung für Personal des Schuldners/Schuldnerunternehmens

Nach Abs. 2 greift die Verwalterhaftung nach § 278 BGB insoweit nicht ein, als der Verwalter zur Erfüllung der ihm obliegenden Pflichten Angestellte des Schuldners oder des Schuldnerunternehmens im Rahmen ihrer bisherigen Tätigkeit **einsetzen muss** und diese **nicht offensichtlich ungeeignet** sind. Insoweit hat der Verwalter nur eine **schuldhafte Verletzung der Überwachungspflicht** und für **Entscheidungen von besonderer Bedeutung** einzustehen (MK-Brandes/Schoppmeyer § 60 Rn. 93).

43

5. Anspruchskonkurrenzen

Die Haftung des Insolvenzverwalters nach § 60 schließt Ansprüche der Beteiligten nach sonstigen Haftungsvorschriften nicht aus (vgl. Jaeger/Henckel/Gerhardt-Gerhardt § 60 Rn. 149). So kann neben der insolvenzspezifischen Haftung zugleich auch eine persönliche Haftung des Verwalters nach Deliktsrecht oder nach besonderen steuerrechtlichen und sozialversicherungsrechtlichen Vorschriften eingreifen (HK-Lohmann § 60 Rn. 41 ff.). Die Ansprüche aus §§ 60 und 61 unterscheiden sich in ihren Voraussetzungen und Rechtsfolgen. Prozessual stellen sie alternative Klagebegehren mit unterschiedlichen Streitgegenständen dar, die nicht auf dasselbe Rechtsschutzziel gerichtet und ohne Klärung ihres Verhältnisses als Haupt- und Hilfsantrag mangels Bestimmtheit (§ 253 Abs. 2 Nr. 2 ZPO) unzulässig sind (vgl. HK-Lohmann § 60 Rn. 56).

44

VII. Haftung in besonderen Verfahrensabschnitten

1. Haftung des vorläufigen Verwalters

Der vorläufige Insolvenzverwalter haftet nach § 22 Abs. 2 Satz 1 nur im Umfang der ihm übertragenen Pflichten. Da dies rgm. (wenn auch nicht zwingend) weniger weitreichende Pflichten als beim »starken Verwalter« sein werden, kommt eine Haftung bei dem schwachen Verwalter gem. § 61 grds. nicht in Betracht (K/P/B-Lüke § 60 Rn. 65; Runkel/Pannen, Insolvenzrecht, § 13 Rn. 8 ff.). Der starke vorl. Insolvenzverwalter haftet – mit den benannten Einschränkungen, Rdn. 30, nach § 61, vgl. Frind/Borchardt-Frind, Betriebsfortführung, Rn. 485. Maßgebend ist nicht, ob die Verbindlichkeiten als Masse- oder Insolvenzforderungen zu berücksichtigen sind. Die Pflichten des vorläufigen Insolvenzverwalters werden von der Ermittlung der Insolvenzursachen, der Massekostendeckung und der Sicherung der Masse überlagert. Darüber hinaus ist er rgm. aus zeitlichen Gründen nur eingeschränkt in der Lage, sich einen vollständigen Überblick zu verschaffen, vgl. Rdn. 30, § 61 Rdn. 14. Diese Besonderheiten sind auch i. R. d. Haftung nach § 60 zu berücksichtigen. Es ist zu berücksichtigen, dass auch die Anforderungen an den vorläufigen Insolvenzverwalter im Laufe des Verfahrens steigen. Ein bestimmtes Fehlverhalten kann deshalb zu Beginn des Ver-

45

fahrens schuldlos und später wegen der inzwischen möglichen Einarbeitung schuldhaft begangen werden (MK-Brandes/Schoppmeyer § 60 Rn. 90). Besondere Sachverhalte wird der vorläufige Verwalter zur Insolvenzakte berichten und dem Insolvenzgericht kommunizieren. Die dann vom Insolvenzgericht eingeholte (Einzel-) Ermächtigung kann ggf. die Tatbestandsmäßigkeit entfallen lassen (arg. e. § 21 Abs. 1 Satz 1). Greift der vorläufige Verwalter rechtswidrig in bestehende Vertragsverhältnisse ein, bspw. indem er unbegründet überobligatorische Leistungen verlangt, verstößt er gegen die allgemeinen und besonderen insolvenzrechtlichen Pflichten und haftet darüber hinaus nach den allgemeinen Regeln. Umgekehrt kann auch ein Haftung entstehen, wenn er sich nicht um eine masseeffiziente Abwicklung bemüht, vgl. BGH, ZInsO 2011, 1419, Rn. 54, wozu auch die Anregung bestimmter gerichtlicher Einzelermächtigungen gehören kann, vgl. Rdn. 13 f.

2. Haftung des Insolvenzverwalters im Insolvenzplanverfahren

46 Der Insolvenzverwalter ist gem. § 218 Abs. 1 Satz 1 berechtigt, aber nicht verpflichtet, einen Insolvenzplan vorzulegen. Etwas anderes gilt, wenn die Gläubigerversammlung ihn gem. § 157 Satz 2 beauftragt, einen Insolvenzplan auszuarbeiten und ihm das Ziel des Plans vorgibt. Die Angaben innerhalb des Plans müssen zutreffend und vollständig sein. Sie müssen den Gläubigern ein umfassendes Bild über die Durchführung des Plans vermitteln, sodass der einzelne Gläubiger eine hinreichend sichere Grundlage erhält, auf die er sein Abstimmungsverhalten stützen kann (K/P/B-Lüke § 60 Rn. 68). Uhlenbruck (§ 60 Rn. 68) hält den Insolvenzverwalter darüber hinaus für verpflichtet, den Insolvenzplan zu korrigieren und zu ergänzen, wenn die von der Gläubigerversammlung beschlossenen Planvorgaben aus seiner Sicht dem Wohl der Gläubigergesamtheit widersprechen. Weiter gehend will Lüke (FS Uhlenbruck, S. 519, 529 f.) auf die Grundsätze der Prospekthaftung zurückgreifen, wenn die Aufklärungspflichten im darstellenden Teil verletzt wurden. Soweit **Sorgfaltspflichtverletzungen** im Bereich der allg. insolvenzspezifischen Treue- und Informationspflichten vorliegen, haftet der Insolvenzverwalter nach den allg. Regeln. Soweit die Sorgfaltspflichtverletzung den »unternehmerischen Bereich« betrifft, kommt jedoch nur eine eingeschränkte Haftung in Betracht.

3. Haftung des Sachwalters

46a Auch das Eigenverwaltungsverfahren gleich ob mit einem nach § 270a oder § 270b bestelltem Sachwalter ist ein ordnungsgemäßes Insolvenzverfahren. Zwischen den jeweiligen Beordnungsmöglichkeiten herrscht **Strukturgleichheit**. Ausgehend von der Überlegung, dass das Schutzschirmverfahren und auch das Eigenverwaltungsverfahren Insolvenzverfahren sind, ergibt sich daraus der Aufgabenkanon des vorläufigen Sachwalters. Er hat die gleichen Untersuchungs-, Überprüfungs- und Kontrollrechte wie der (vorläufige) Insolvenzverwalter. D. h., er hat rückwärtig eine Krisenursachenanalyse vorzunehmen und zu prüfen, ob die eingeleiteten Maßnahmen geeignet sind um die zukünftige Ertragsfähigkeit wieder herzustellen. Dazu hat er auch die Geschäftsunterlagen zu verproben. Er überprüft die Entscheidungen des Schuldners auch auf Zweckmäßigkeitserwägungen. Grundlage der Entscheidungen ist der sich aus der Business Judgement Rule ergebende Beurteilungsspielraum. Die Anordnung der Eigenverwaltung führt nicht zu einer Reduktion der insolvenz- oder gesellschaftsrechtlichen Pflichten. Im Gegenteil, da die Schuldnerin verfügungsbefugt bleibt, obliegen den Organen auch weiter die gesellschaftsrechtlichen Pflichten. Entwickelt sich bspw. die Eigenverwaltung nachteilig und/oder gläubigergefährdend kommt eine Haftung ggü. der Schuldnerin nach allgemeinen Regeln in Betracht. Die Haftung ist vom Sachwalter geltend zu machen, § 280. Der Sachwalter haftet gem. § 274 Abs. 1 entsprechend § 60 (vgl. § 275 Rdn. 3; so auch Gravenbrucher Kreis Thesenpapier ZInsO 2014, 1267 für die Organe). Es bleibt bei der Primärverpflichtung der Masse (vgl. Rdn. 3;. Eine Haftung entsprechend § 61 gem. § 277 Abs. 1 Satz 3 dürfte allenfalls in besonderen Fallkonstellationen gegeben sein, u. a. wenn das Insolvenzgericht die Zustimmungsbedürftigkeit einzelner Rechtsgeschäfte angeordnet hat, vgl. § 275 Rdn. 9. Bei der Eigenverwaltung verbleibt die Verfügungsmacht beim Schuldner. Auch wenn das Gericht Verfügungen gem. § 277 Abs. 1 trifft, betreffen diese nur bestimmte Rechtsgeschäfte. Die kaufmännischen Verpflichtungen, insb. die mit der Betriebsfortführung zusammenhängenden Pflichten (unternehmerische Leitungsfunktionen), gehen nicht automatisch auf den Sachwalter über (vgl. Rdn. 3 ff.). Nur wenn die Befugnisse des Sachwalters denen des Insolvenzverwalters gleichen, ist eine Haftung gem. § 61 denkbar. Ausgeschlossen ist eine Haftung entsprechend § 61 ipso iure, wenn spezialgesetzlich eine eigenverantwortliche Tätigkeit (z. B. § 7 ApoG) gefordert wird. Der Sachwalter hat die wirtschaftliche Lage des Schuldners unvoreingenommen und unparteilich zu überprüfen. Dabei sind die Informationen des Schuldners kritisch zu hinterfragen und zu verproben. Die Abweichungsanalyse ist von besonderer Bedeutung; Mönning-Mönning, Betriebsfortführung, § 11 Rn. 285. Um die Geschäftsführungskonzeption, die Finanz-, Ertrags- und Liquiditätsplanungen überprüfen zu können, muss er zumindest eine Krisenursachen- und Branchen(umfeld)analyse vorgenommen haben und die der Planung zugrunde liegenden Annahmen kennen und bzgl. der Belastbarkeit bewerten, vgl. Rdn. 33; K. Schmidt-Undritz § 274 Rn. 9. Ihn treffen die besonderen, in Rdn. 29 ff. benannten insolvenzrechtlichen Pflichten entsprechend. Der Sachwalter hat aus § 60 keine Pflicht, vor der Gefahr der Nichterfüllung von Masseverbindlichkeiten zu warnen; K. Schmidt-Undritz § 274 Rn. 5. Im obliegen aber die Pflichten aus § 274 Abs. 2, 3 die zu den insolvenzrechtlichen, nach § 60 haftungsbewährten Pflichten des Sachwalters gehören.

4. Haftung des Eigenverwalters

Die gesellschaftsrechtlichen und die allgemeinen Pflichten werden bei der Eigenverwaltung nicht wie beim Regelinsolvenzverfahren überlagert. Beim Regelinsolvenzverfahren folgt aus dem Grundsatz der »par conditio creditorum« der Übergang der Verwaltungs- und Verfügungsmacht. Bei der Eigenverwaltung möchte der Schuldner dieses verhindern und selbst im »Driverseat« bleiben. Folge ist, dass die Verbindung Handlung und Haftung bestehen bleibt. Das Eigenverwaltungsverfahren soll nicht das Haftungsrisiko der Organe bei Insolvenzverschleppung, fraudulent Trading reduzieren sondern einer rechtzeitigeren leistungs- und finanzwirtschaftlichen Beordnung des Unternehmens(trägers) dienen. Die gesellschaftsrechtliche Haftungsverantwortung der Organe besteht als Innenhaftung weiter. Sie mag für Geschäftsleiter haftungsträchtig sein, ist aber die notwendige Folge der von ihnen gewählten besonderen Abwicklung, bei welcher der Schuldner verfügungsbefugt bleibt. Sie ist von dem Sachwalter geltend zu machen. Die Haftungsverantwortung der Informationsinsider führt zu interessegerechten Ergebnissen.

46b

5. Haftung des Treuhänders

Besondere Haftungsprobleme werfen das **Verbraucherinsolvenzverfahren** (§§ 304 bis 311) und das **vereinfachte Insolvenzverfahren** (§§ 311 bis 314) auf. Der Treuhänder hat erheblich weniger Befugnisse als der Insolvenzverwalter. Für die Haftung des Treuhänders ist entscheidend, dass § 313 Abs. 1 Satz 3 auf die Vorschriften der §§ 56 bis 66 verweist, sodass der Treuhänder für die Erfüllung seiner allg. insolvenzspezifischen Pflichten den Beteiligten nach § 60 haftet. Gleiches gilt für den Treuhänder im Restschuldbefreiungsverfahren.

47

6. Haftung des Sachverständigen

Der Sachverständige ist in Regelinsolvenzverfahren in der Praxis das häufigste und wichtigste Ermittlungsinstrument des Gerichts (vgl. § 5 Rdn. 14). Er ist praktisch Auge, Ohr und verlängerter Arm des Gerichts. Bei schuldhaftem Verhalten, etwa der unterlassenen und/oder verspäteten Anregung von Sicherungsmaßnahmen, um massebelastende Verfügungen zu verhindern, haftet der Sachverständige nach §§ 60, 61 analog. I. R. d. »**diagnostischen Fensters**« (vgl. § 61 Rdn. 12 ff.) ist dem Sachverständigen ein gewisser, nach dem Umständen des Einzelfalls zu bemessender Prüfungszeitraum zuzubilligen. Wegen Fehlern im Gutachten haftet der Sachverständige nur nach § 839a BGB. Die Haftung ist abschließend (vgl. Jaeger/Henckel/Gerhardt-Gerhardt § 60 Rn. 17; **a. A.** Birger, DZWIR 2007, 361). Die Haftung des vorläufigen Insolvenzverwalters wird nicht durch einen Gutachtenauftrag modifiziert.

48

7. Haftungsvermeidungsklauseln

49 Vereinzelt wird in der Lit. die Enthaftung durch Haftungsvermeidungsklauseln diskutiert (vgl. Laws, MDR 2004, 1153). Diese sind nicht zielführend. Wer sich durch »Haftungs-AGB« umfassend freizeichnen möchte, dem fehlt entweder der Überblick über die wirtschaftlichen Verhältnisse oder der Einblick in die Haftungsgefahren. Unabhängig von Fragen der wirksamen Vereinbarung (Einbeziehung, § 307 BGB etc.) und des rechtlich zulässigen Umfangs sollten im Bereich der unternehmerischen Abwicklung die Grundsätze der masseeffizienten Abwicklung Anwendung finden. D. h., wenn die mit der Eingehung von Rechtsgeschäften entstehenden Risiken nicht mehr vertretbar sind, hat deren Abschluss zu unterbleiben (vgl. auch Wallner/Neuenahr, NZI 2004, 63, 67; Meyer-Löwy/Poertzgen, ZInsO 2004, 363, 368). K. Schmidt-Thole § 60 Rn. 38 weist zutreffend darauf hin, dass individualvertragliche Haftungsausschlüsse denkbar sind.

C. Verfahrensfragen

50 Ansprüche auf Schadensersatz aus §§ 60, 61 und den allgemeinen zivilrechtlichen Haftungsansprüchen sind durch Klage vor den ordentlichen Gerichten geltend zu machen (a. A. bei Arbeitnehmern BGH, ZInsO 2007, 31). Der Insolvenzverwalter als Partei (kraft Amtes) darf nicht mit der Partei im Haftungsprozess (Insolvenzverwalter als natürlicher Person) verwechselt werden. »Schuld« ist etwas anderes als »Haftung«, vgl. Rdn. 3, 51. Vermeintliche Sachnähe ist kein Grund, dem Insolvenzverwalter im Haftungsprozess den gesetzlichen Richter zu verweigern.

I. Prozessrechtsverhältnis

51 Der Insolvenzverwalter handelt nach herrschender Meinung als **Partei kraft Amtes** (BGH, ZIP 1984, 82; Zöller-Vollkommer vor § 50 ZPO Rn. 21; § 80 Rdn. 7 m. w. N.), d. h. der Insolvenzverwalter »läuft praktisch in den Schuhen des Schuldners weiter«, auf ihn geht die Verfügungsmacht des Schuldners über. Der Schuldner wird weiter verpflichtet. Von dem **Prozessrechtsverhältnis** ggü. der Masse muss man das Prozessrechtsverhältnis ggü. dem Insolvenzverwalter persönlich (bei Haftungsangelegenheiten) **streng trennen**. Bei Haftungsansprüchen ist gem. §§ 60, 61 der Insolvenzverwalter persönlich passivlegitimiert. Will der Gläubiger neben dem Insolvenzverwalter auch die Masse in Anspruch nehmen, muss er beide Parteien verklagen (BGH, ZInsO 2007, 33).

II. Örtliche Zuständigkeit für Klagen gegen den Insolvenzverwalter

52 Für **massebezogene Passivprozesse** (BGH, ZInsO 2002, 707) begründet § 19a ZPO einen eigenständigen, nicht ausschließlichen Gerichtsstand (BayObLG ZIP 2002, 141). Im Anwendungsbereich des § 19a ZPO scheidet ein Rückgriff auf die allg. Regelung (§§ 13, 17) und damit eine Anknüpfung an den Wohnsitz des Verwalters aus (Zöller-Vollkommer § 19a ZPO Rn. 1; vgl. zu Vollstreckungsverboten in masseunzulänglichen Verfahren § 210 Rdn. 3 ff.). Maßgeblich ist der Sitz des Insolvenzgerichts, an dem das Verfahren anhängig ist. § 19a gilt nicht für **Aktivprozesse** des Insolvenzverwalters und für **Schadensersatzansprüche** gegen den Insolvenzverwalter. Die Haftung des Insolvenzverwalters aus dem gesetzlichen Schuldverhältnis nach §§ 60, 61 ist deliktsähnlich (vgl. BGH, ZIP 1985, 359). Es können somit die in Betracht kommenden Einzel- und Gemeinschaftsschäden auch am Gerichtsstand der unerlaubten Handlung verfolgt werden (§ 32 ZPO).

III. Sachlich zuständiges Gericht

53 Sachlich zuständig sind die **ordentlichen Gerichte**. Für die Abgrenzung der Zuständigkeiten zwischen den ordentlichen Gerichten und den **Arbeitsgerichten** gelten die allgemeinen Grundsätze (BGH, ZInsO 2007, 33). Für die Geltendmachung von Haftungsansprüchen gem. § 61 durch den Arbeitnehmer die Zuständigkeit des ArbG (§ 3 ArbGG) angenommen (BGH, ZInsO 2007, 33; BAG ZIP 2006, 1830). Ob der gem. § 60 vom Arbeitnehmer in Anspruch genommene Insolvenzverwalter ebenfalls »Rechtsnachfolger« des Arbeitgebers ist, ist bisher vom BGH, ZInsO 2007, 33 offengelassen worden. Eine Haftung kann unter beiden Gesichtspunkten zusammentreffen. Möglich

ist auch, dass die Haftungsansprüche nicht in dem Arbeitsverhältnis begründet sind. Der BGH hat jetzt klargestellt, dass diese Entscheidung Ausnahmecharakter hat und es allg. bei der Zuständigkeit der Zivilgerichte bleibt, BGH, ZInsO 2011, 723. Das Insolvenzverfahren schafft jedoch zwischen den Verfahrensbeteiligten, insb. dem Schuldner, den Gläubigern und den Aus- und Absonderungsberechtigten Rechtsbeziehungen, die bürgerlich-rechtlicher Natur sind. In der Gesamtvollstreckung gibt es keine Privilegierung von Hoheitsträgern; Gläubiger, die ggü. dem Schuldner ihre Zahlungsansprüche in einem Über-/Unterordnungsverhältnis durch öffentlich-rechtliche Leistungsbescheide selbst titulieren und außerhalb des Insolvenzverfahrens selbst vollstrecken können, verlieren im Insolvenzverfahren diese Befugnis, Jaeger/Henckel/Gerhardt-Eckardt § 89 Rn. 13. Sie sind im laufenden Insolvenzverfahren den anderen Gläubigern gleichgestellt; BGH, ZInsO 2011, 72 Rn. 13. Das FA kann deshalb eine Haftung nach § 60 nicht durch Haftungsbescheid, sondern nur durch Klage vor den ordentlichen Gerichten geltend machen (vgl. aber § 155 Rdn. 33). § 60 tritt nicht an die Stelle von § 69 AO, wenn dem Insolvenzverwalter bei der Verletzung steuerlicher Pflichten nur leichte Fahrlässigkeit zur Last fällt. Denn sonst würde die auf Vorsatz und grobe Fahrlässigkeit beschränkte Haftung des § 69 AO unzulässig ausgedehnt (MK-Brandes/Schoppmeyer § 60 Rn. 81; Kilger/K. Schmidt § 82 KO Anm. 8).

§ 61 Nichterfüllung von Masseverbindlichkeiten

¹Kann eine Masseverbindlichkeit, die durch eine Rechtshandlung des Insolvenzverwalters begründet worden ist, aus der Insolvenzmasse nicht voll erfüllt werden, so ist der Verwalter dem Massegläubiger zum Schadenersatz verpflichtet. ²Dies gilt nicht, wenn der Verwalter bei der Begründung der Verbindlichkeit nicht erkennen konnte, daß die Masse voraussichtlich zur Erfüllung nicht ausreichen würde.

Übersicht	Rdn.		Rdn.
A. Normzweck	1	II. Schadensersatz	9
B. Norminhalt	2	1. Ersatzfähiger Schaden	10
I. Voraussetzungen der Haftung	2	2. Vorteilsausgleichung	11
1. Begründen von Masseverbindlichkeiten	2	III. Entlastung des Insolvenzverwalters (Satz 2)	12
a) Insolvenzverwalter	3	1. Liquiditätsrechnung	13
b) Vorläufiger Insolvenzverwalter	4	2. Erkennbarkeit der Masseunzulänglichkeit	14
c) Sachwalter	5	3. Wahrscheinlichkeitsprognose	15
d) Treuhänder	6	C. Verfahrensfragen	16
2. Zeitpunkt der Begründung	7		
3. Zahlungsverzug/Unvermögen	8		

A. Normzweck

Die Vorschrift soll den **potenziellen Massegläubiger** vor einem Risiko schützen, das dieser dadurch eingeht, dass er in Fällen erkennbarer Masseinsuffizienz mit dem Verwalter kontrahiert. Grundgedanke der Regelung ist es, die Interessen von Massegläubigern zu schützen, die aufgrund einer Unternehmensfortführung mit der Masse in Kontakt gekommen sind und deren Vermögen gemehrt oder ihr einen sonstigen Vorteil verschafft haben, BGH, ZInsO 2011, 287 Rn. 7. Deshalb ist die Haftung auf die rechtsfehlerhafte Begründung von Masseverbindlichkeiten ggü. Massegläubigern beschränkt, die eine **Gegenleistung zur Masse erbringen** (Mohrbutter/Ringstmeier-Mohrbutter, Hdb Insolvenzverwaltung, § 33 Rn. 111). Eine Haftung gem. § 61 scheidet deshalb bei fehlender Möglichkeit der Abführung der USt aus, BGH, ZInsO 2010, 2188 Rn. 12 ff. Den Insolvenzverwalter trifft keine insolvenzspezifische Haftung für Ausfallansprüche des mit der Verwaltung eines massezugehörigen Grundstücks beauftragten Zwangsverwalters, BGH, ZInsO 2010, 287. Eine Haftung scheidet ebenfalls aus, wenn der Insolvenzverwalter bei Begründung auf eine ggf. entstehende Masseunzulänglichkeit hinweist, weil das Schutzbedürfnis fehlt, vgl. a. BAG, ZInsO

1

2012, 32, Rn. 22. Die Anordnung der Haftung stellt keine Garantiehaftung, sondern einen Fall der **Verschuldenshaftung mit Beweislastumkehr** dar. Die fehlende Erfüllung der vom Verwalter begründeten neuen Masseverbindlichkeit führt zur Vermutung eines schuldhaften Pflichtverstoßes, der vom Verwalter widerlegt werden kann durch den Nachweis, dass objektiv von einer zur Erfüllung der Verbindlichkeit voraussichtlich ausreichenden Masse auszugehen war oder dass für ihn nicht erkennbar war, dass dieses nicht zutraf (BGH, ZInsO 2004, 609, 612; MK-Schoppmeyer § 61 Rn. 24). Die Verwalterhaftung ist kein Mittel des Ausgleichs für vom Gläubiger erlittene wirtschaftliche Verluste (Lüke ZIP 2005, 1113). Der Insolvenzverwalter darf jedoch nicht zum Versicherer jeglicher fremder Interessen gemacht werden, K. Schmidt-Thole § 60 Rn. 6. Die InsO regelt damit die nach Konkursrecht strittige Frage, inwieweit der Verwalter im Fall einer von ihm begründeten Masseverbindlichkeit persönlich dafür einstehen muss, dass eine zur Erfüllung dieser Schuld ausreichende Masse vorhanden ist. **Eine Schadensersatzpflicht des Insolvenzverwalters nach § 61 besteht nur bei pflichtwidriger Begründung von Masseverbindlichkeiten trotz Erkennbarkeit der späteren Masseunzulänglichkeit**, (BGH, ZInsO 2004, 609, 614; K. Schmidt-Thole § 61 Rn. 6). § 61 ist somit ggü. § 60 **lex specialis**. Während bei § 61 der Insolvenzverwalter haftet, wenn er Primärverbindlichkeiten begründet, obwohl er erkennen konnte, dass diese voraussichtlich nicht befriedigt werden können, begründet § 60 nur eine Haftung wegen der Verletzung der insolvenzspezifischen Pflichten. Die Pflicht zur Anzeige der Masseunzulänglichkeit gehört nicht zu den insolvenzspezifischen Pflichten. Die persönliche Haftung des Insolvenzverwalters für bei Fälligkeit nicht erfüllbare Masseverbindlichkeiten wird durch § 61 InsO, nicht aber durch § 60 Abs. 1 InsO geregelt, BGH, ZInsO 2010, 2323 Rn. 5; BAG, ZInsO 2013, 723. § 60 Abs. 1 InsO sanktioniert nur die Verletzung solcher Pflichten, die den Insolvenzverwalter in dieser Eigenschaft nach den Vorschriften der Insolvenzordnung treffen. Dadurch wird der Gefahr einer ausufernden Haftung des Insolvenzverwalters vorgebeugt, BGHZ 161, 236; BAG, ZInsO 2013, 723 Rn. 42. Das Haftungskorrelat für das vermutete Verschulden liegt in der tatbestandlichen Konkretisierung. § 61 begründet ausschließlich die Haftung des Insolvenzverwalters für die **pflichtwidrige Begründung von Masseverbindlichkeiten**; vgl. zur Abgrenzung bei oktroyierten Masseverbindlichkeiten Rdn. 7. § 61 legt keine insolvenzspezifischen Pflichten für die Zeit nach der Begründung einer Verbindlichkeit fest. Aus der Vorschrift ist kein Anspruch auf Ersatz eines Schadens herzuleiten, der auf erst später eintretenden Gründen beruht (BGH, ZInsO 2004, 609, 610; Gerhardt ZInsO 2000, 574, 582). Durch § 61 soll ein ggü. den allgemeinen Gefahren eines Vertragsabschlusses erhöhtes Risiko gemildert werden (RegE zu § 72, Balz/Landfermann, Das neue Insolvenzrecht, S. 140). Diesem entspricht auch das vom Verfasser vertretene zweistufige Haftungskonzept. Bei einem Schadensersatzanspruch aus § 61 wegen Nichterfüllung von Masseverbindlichkeiten handelt es sich um einen Individualanspruch, der während des Insolvenzverfahrens von den geschädigten Massegläubigern geltend gemacht werden kann. Eine originäre Befugnis des Insolvenzverwalters, die Masseansprüche gegen seinen Vorgänger geltend zu machen, besteht auch nicht aus § 92 (BGH, ZInsO 2006, 936).

B. Norminhalt

I. Voraussetzungen der Haftung

1. Begründen von Masseverbindlichkeiten

2 Voraussetzung ist, dass der Insolvenzverwalter eine Masseforderung **begründet hat** und diese nicht befriedigen kann. Der Verwalter haftet nicht gem. § 61 für die Nichterfüllung der ohne seine Beteiligung entstandenen Masseforderung (BAG, ZIP 2006, 1830; BFH, ZInsO 2005, 774; FG München, ZInsO 2008, 1025 bei Freigabe). Massegläubiger, die für oder im Zusammenhang mit ihrem Anspruch gegen die Masse **keine Gegenleistung** erbringen, fallen **nicht in den Schutzbereich des § 61** (BGH, ZInsO 2005, 146; HK-Lohmann § 61 Rn. 4; BGH, ZInsO 2010, 2188 Rn. 12 ff. für Fiskus bzgl. der USt bei Masseunzulänglichkeit). Die bloße Inbesitznahme eines Mietverhältnisses begründet keine Masseverbindlichkeit sondern nur eine Insolvenzforderung, wenn der Insolvenzverwalter die Mietsache nicht genutzt hat (BGH, ZInsO 2002, 524; vgl. § 60 Rn. 19a).

Für Kosten und Auslagen eines Zwangsverwalters wird nicht gehaftet; BGH, ZInsO 2010, 287. **Begründen i. S. d. § 61** bedeutet eine **rechtsgeschäftliche Begründung**, d. h. erforderlich sind neben dem (äußeren) objektiven Erklärungstatbestand auch alle Elemente des subjektiven Tatbestandes. Nicht ausreichend ist, dass nur der Schein einer Inanspruchnahme gesetzt wird (BGH, ZIP 2007, 230 Rn. 18). Wenn der Verwalter keine Kenntnis von bestehenden Leistungsbeziehungen hat, kann die unterlassene Kündigung nicht als konkludente Entgegennahme ausgelegt werden (z. B. jährlich abgerechneter Mietvertrag über einen aufgestellten Werbeträger, verschleiertes oder vom Schuldner nicht angezeigtes Rechtsverhältnis). Der Insolvenzverwalter begründet keine Masseverbindlichkeiten i. S. d. § 61, wenn er eine Vereinbarung zur Beschränkung von Masseverbindlichkeiten schließt. Maßgebend ist die wirtschaftliche Betrachtungsweise. Verringert der Insolvenzverwalter durch rechtsgeschäftliches Handeln die Höhe der ansonsten eintretenden Masseverbindlichkeiten, kann dieses nicht zu einer Haftung des Insolvenzverwalters führen, da dieser keine (neuen) Masseverbindlichkeiten begründet, sondern nur den Rechtsgrund geändert hat. Der Ausfall eines Massegläubigers bei nicht angezeigter Masseunzulänglichkeit führt deshalb nicht unbedingt auch zur Haftung des Insolvenzverwalters (vgl. § 208 Rdn. 8). Betriebsfortführung bei Masseunzulänglichkeit ist nicht unzulässig. Erforderlich ist jedoch, dass eine Befriedigung der Neumassegläubiger nach § 209 Abs. 1 Nr. 2 zu erwarten ist sonst ist stillzulegen, vgl. Decker § 158 Rdn. 4; MK-Görg/Janssen § 158 Rn. 16 f. Die Anzeige der (drohenden) Masseunzulänglichkeit kann ein probates Mittel sein, das Verfahren eröffnungs- und abwicklungsfähig zu gestalten. Bei der häufig direkt mit Eröffnung angezeigten »**planmäßigen Masseunzulänglichkeit**« wird der Insolvenzverwalter nur für die abwicklungsnotwendigen Leistungen Erfüllung verlangen, die er als Neumasseverbindlichkeiten berichtigen muss. Tritt in der Folgezeit eine weitere Masseunzulänglichkeit ein, richtet sich die Haftung nach den allgemeinen Regeln.

a) Insolvenzverwalter

Der Insolvenzverwalter haftet nach den Voraussetzungen des § 61, wenn er Masseverbindlichkeiten begründet obwohl er erkennen konnte, dass diese bei Fälligkeit nicht voll aus der Masse erfüllt werden können. Die besondere Pflicht sich zu vergewissern, ob er bei normalem Geschäftsablauf in der Lage sein wird, die von ihm begründeten Forderungen zu erfüllen, bezieht sich auf die primären Erfüllungsansprüche und **nicht auf die sekundären Ansprüche** (BGH, ZInsO 2008, 1208). Der schwache Insolvenzverwalter, der keine Masseverbindlichkeiten begründen kann, haftet nicht nach § 61, BGH, ZInsO 2011, 388. 3

b) Vorläufiger Insolvenzverwalter

Die herrschende Meinung differenziert die Haftungsverantwortlichkeit des vorläufigen Verwalters nach der **Ausgestaltung der Verwalterstellung**. Wenn ein **vorläufiger (starker) Insolvenzverwalter** mit Verfügungsbefugnis gem. § 22 Abs. 1 Satz 1 bestellt wird, begründet er gem. § 55 Abs. 2 Verbindlichkeiten, die im eröffneten Verfahren als Masseverbindlichkeiten zu berichtigen sind. Hieraus schließt die herrschende Meinung, dass der starke vorläufige Verwalter auch gem. § 61 haftet (K/P/B-Lüke § 61 Rn. 13; Braun-Baumert § 61 Rn. 3). Entsprechend haftet auch der sog. **Ermächtigungsverwalter**, der vom Gericht zur Eingehung von Masseverbindlichkeiten ermächtigt wurde (HK-Lohmann § 60 Rn. 27; § 61 Rdn. 2; Uhlenbruck-Uhlenbruck § 61 Rn. 18). Demgegenüber haftet der **(schwache) vorläufige Insolvenzverwalter** nicht entsprechend § 61 (BGH, ZInsO 2008, 321; ZInsO 2011, 388). Gleichzeitig schränkt die herrschende Meinung die Haftung entsprechend § 61 jedoch ein, indem sie ausführt, dass die konkrete Situation, in welcher sich der starke vorläufige Verwalter befindet, besonders zu berücksichtigen sei. Diese sei durch erheblichen Zeitdruck und gerade bei Beginn des Amtes meist unübersichtliche Verhältnisse beim Schuldner gekennzeichnet. Eine zuverlässige Liquiditätsplanung, die Grundlage für die Entscheidung des Verwalters sein könne, würde vor diesem Hintergrund möglicherweise nicht vorliegen. Demzufolge würde der Verwalter vielfach auch bei Begründung einer Masseverbindlichkeit nicht in der Lage sein, deren Erfüllbarkeit hinreichend zuverlässig zu beurteilen. Diesem müsse man dadurch Rechnung tragen, dass man dem vorläufigen Verwalter eine gewisse Prüfungszeit zugesteht, in der er die tatsächlichen 4 und rechtlichen Verhältnisse des Unternehmens erhebt und die erforderlichen Planrechnungen erstellen kann. Die teleologische Einschränkung der Haftung ist nicht nur für den vorläufigen Verwalter geboten.

4a Die Ansicht ist jedoch nicht zwingend. Der vorläufige Insolvenzverwalter mit Verfügungsbefugnis begründet Insolvenzforderungen, die kraft gesetzlicher Fiktion gem. § 55 Abs. 2 Satz 1 in den Rang von Masseverbindlichkeiten gehoben werden. Die herrschende Meinung erweitert den Anwendungsbereich des § 61 über seinen Wortlaut hinaus auf den vorläufigen Insolvenzverwalter, um ihn anschließend einzuschränken. Der vorläufige Insolvenzverwalter ist bei Aufnahme seiner Tätigkeit kaum in der Lage, seine Einschätzungsprärogative und sein Beurteilungsermessen entsprechend den Grundsätzen der **business judgement rule** auszuüben (vgl. § 60 Rdn. 29). Im Unternehmen ist häufig keine ordnungsgemäße und tagesaktuelle Buchführung vorhanden. Die für eine geordnete Planung erforderlichen Prämissen, Auftragslage, Ressourcen, Termine etc. ändern sich in den ersten Wochen permanent (vgl. MK-Schoppmeyer § 61 Rn. 36). I. Ü. konnte der vorläufige Verwalter die objektive und subjektive Leistungsfähigkeit der Buchhaltung und der maßgeblichen Entscheidungsträger noch nicht verifizieren und verproben. Von einem erst kurzzeitig im Amt befindlichen vorläufigen Verwalter können keine exakten, den Anforderungen des § 61 entsprechenden Wahrscheinlichkeitsberechnungen erwartet werden. Auch der ordnungsgemäß agierende vorläufige Insolvenzverwalter, der die besonderen insolvenzrechtlichen Sorgfaltspflichten (vgl. § 60 Rdn. 23, 29 ff.) beachtet, wird nicht alle Eventualitäten zeitnah aufnehmen, antizipieren und bewerten können (vgl. § 60 Rdn. 30). Es erscheint nicht gerechtfertigt, einen ordnungsgemäß handelnden vorläufigen Insolvenzverwalter mit Verfügungsbefugnis nach § 61 tatbestandlich haften zu lassen und erst im Rahmen einer fiktiv zu ermittelnden Vorteilsausgleichung zu einer Freistellung zu gelangen. Dieses würde jegliche Form der Betriebsfortführung erschweren. Insolvente Unternehmen erwirtschaften rgm. nicht mehr ihre Vollkosten. Bei einer masseeffizienten Abwicklung sind die Kosten des Verwalterhandelns in Relation zur klassischen exekutorischen Abwicklung zu stellen. Die Plan- und Liquiditätsrechnungen im Insolvenzverfahren unterscheiden sich von denen des werbenden Unternehmens. Bei masseeffizienter Abwicklung und Gläubigeridentität kann eine rechtlich und wirtschaftlich gebotene Handlung nicht deshalb zur Haftung entsprechend § 61 InsO für den vorläufigen Verwalter führen, weil der Gesetzgeber nach Eröffnung des Verfahrens Insolvenzverbindlichkeiten in den Rang von Masseverbindlichkeiten hebt. Der (schwache) vorläufige Insolvenzverwalter haftet nicht entsprechend § 61. Seine Verantwortlichkeit für die besonderen insolvenzrechtlichen Sorgfaltspflichten (vgl. § 60 Rdn. 23, 29 ff.) ist ausreichend und führt zu angemessenen Ergebnissen. Die herrschende Meinung, die den vorläufigen Verwalter nach § 61 haften lässt, steht nicht im Einklang mit Sinn und Zweck der Norm. Der BGH weist in std. Rspr., ZInsO 2011, 287; 2010, 2188, darauf hin, dass nur derjenige geschützt werden soll, der eine Gegenleistung in die Masse erbracht hat. Das ist jedoch in diesen Fällen nicht der Fall; vor Insolvenzeröffnung wird nichts zur Masse geleistet. Ferner sind Gläubiger, die nur auf eine Ermächtigung und/oder die starke Verwaltung vertrauen, nicht gesteigert schutzwürdig. Die Ermächtigung bewirkt nur, dass Insolvenzforderungen nach Eröffnung als Masseverbindlichkeit berichtigt werden müssen. Bei Masseunzulänglichkeit ist der Gläubiger jedoch nicht geschützt, anders als bei der Treuhand-/ Sequestrationseinbehaltskontenlösung, bei der die Berichtigung unabhängig von der Masseunzulänglichkeit erfolgt.

4b Die Haftung des vorläufigen Verwalters mit Verfügungsbefugnis besteht nach herrschender Meinung – über den Wortlaut der Norm hinaus – auch dann, wenn ein Insolvenzverfahren mangels die Verfahrenskosten deckender Masse nach § 26 nicht eröffnet wird (Braun-Kind § 62 Rn. 13). Ist der Schuldner weiter verfügungsbefugt, ist die Haftung des Organs des Schuldners nicht ausgeschlossen.

c) Sachwalter

5 Der Sachwalter haftet grds. nicht gem. § 61, da § 274 Abs. 1 nicht auf § 61 verweist. Eine Haftung des Sachwalters gem. § 61 kann nur bei Zustimmung zur Begründung einer Masseverbindlichkeit

gem. § 277 Abs. 1 Satz 3 begründet werden. Wird die Zustimmung zur Begründung von Masseverbindlichkeiten erteilt, haften die Geschäftsleiter auch analog § 61, so auch Gravenbrucher Kreis Thesenpapier ZInsO 2014, 1267. Auch das Schutzschirmverfahren ist ein Insolvenzverfahren. Da die Gläubiger nicht schlechter gestellt werden dürfen, arg. § 270 b Abs. 4 Nr. 3 ist die analoge Haftung geboten. Dieses ergibt sich auch aus dem Grundsatz der Strukturgleichheit; § 60 Rdn 1; vgl. Smid, ZInsO 2014, 1181, 1183. Ferner haften die **Geschäftsleiter** im Rahmen einer **Innenhaftung** für die ihnen obliegenden Pflichten, da eine Verdrängung durch die insolvenzrechtlichen Pflichten insoweit nicht stattfindet und die Organe durch die Beantragung der Eigenverwaltung das besondere Risiko geschaffen haben. Die weiter bestehende persönliche Haftung ist auch nicht unbillig, da auch der Insolvenzverwalter persönlich haftet, wobei er die vorgefundene Unternehmensstruktur nicht verantwortet hat.

d) Treuhänder

Der Treuhänder im Verbraucherinsolvenzverfahren (§§ 304 ff.) und im vereinfachten Insolvenzverfahren (§§ 311 ff.) erhält keine uneingeschränkte Verfügungsmacht hinsichtl. des Schuldnervermögens (§§ 313, 292); er ist nur Amtswalter. Insolvenzrechtlicher Neuerwerb wird nur oberhalb der Pfändungsfreigrenzen Insolvenzmasse. Die Praxis zeigt, dass sich Schuldner, die nach Insolvenzeröffnung weiter selbstständig tätig sind, häufig »dahin einrichten«, dass Erlöse i. H. d. Pfändungsfreigrenze erzielt werden. Die InsO setzt eine allgemeine Massesurrogation nach § 2041 BGB analog voraus. Was vom Treuhänder mit Massemitteln erworben wurde, fällt in die Masse (vgl. HK-Eickmann § 35 Rn. 41); d. h. nur vom Treuhänder, nicht aber vom Schuldner begründete Verbindlichkeiten können die Haftung des Treuhänders nach § 61 begründen (BFH, ZInsO 2005, 774; LG Erfurt, ZInsO 2002, 1090).

6

2. Zeitpunkt der Begründung

§ 61 konkretisiert die dem Insolvenzverwalter obliegenden Pflichten bis zur Begründung des Masseanspruchs. Aus der Vorschrift ist kein Anspruch auf Ersatz eines Schadens abzuleiten, der aufgrund erst später eintretender Umstände erfolgt (BGH, ZInsO 2004, 609, 610, 612). Maßgebend ist grds., wann der Rechtsgrund gelegt ist; der anspruchsbegründende Tatbestand muss materiell-rechtlich abgeschlossen sein. I. d. R. wird dies der Zeitpunkt des Vertragsschlusses sein. Dies trifft aber nicht immer zu. So besteht bei vor Insolvenzeröffnung begründeten Dauerschuldverhältnissen, die nach §§ 108, 55 Abs. 1 Nr. 2, 2. Alt. (**oktroyierte Masseverbindlichkeiten**) mit Massemitteln zu erfüllen sind, eine Haftung nicht vor dem Zeitpunkt ihrer frühestmöglichen Kündigung (BGH, ZInsO 2003, 465; BAG, ZInsO 2005, 51). Die Haftung betrifft nur »gewillkürte«, durch Rechtshandlung begründete **Masseverbindlichkeiten**. Oktroyierte Masseverbindlichkeiten können wie gewillkürte Masseverbindlichkeiten zu behandeln sein, wenn der Verwalter schuldhaft die erstmögliche Kündigungsmöglichkeit verstreichen lässt (BAG, ZInsO 2003, 1054) und die Masseverbindlichkeiten nach dem Zeitpunkt entstehen, zu dem bei einer frühestmöglichen Kündigungserklärung der Vertrag geendet hätte; BGH, ZInsO 2013, 857 Rn. 33. Bei **Arbeitsverhältnissen** ist statt der Kündigung auf die Freistellung abzustellen. Droht die MUZ und besteht keine realistische Chance bei der (Teilbetriebs-) Fortführung alle Arbeitnehmer zu bezahlen, muss er die nicht benötigten Arbeitnehmer unverzüglich freistellen, damit diese im Wege der »Gleichwohlgewährung«, § 143 Abs. 3 SGB III, Arbeitslosengeld erhalten. Unterrichtet er die Arbeitnehmer über die besonderen Risiken der Betriebsfortführung/MUZ und sind diese bereit, weiter zu arbeiten, entfällt eine Haftung gem. §§ 60, 61; einschr. BGH, ZInsO 2010, 2323. Bei gewillkürten Masseverbindlichkeiten knüpft die Haftung nach § 61 an den Zeitpunkt an, indem der Insolvenzverwalter die konkrete Leistung des Massegläubigers noch verhindern kann, ohne vertragsbrüchig zu werden. Die bloße Inbesitznahme begründet keine Masseansprüche, wenn der Insolvenzverwalter den Gegenstand nicht nutzt (BGH, ZInsO 2002, 524; NJW 2007, 1591, NZI 2007, 335). Ist zu diesem Zeitpunkt erkennbar, dass die Masse voraussichtlich nicht zur Erfüllung der Primärverbindlichkeit ausreichen wird, haftet der Verwalter nach § 61. Ist eine Masseverbindlichkeit gerichtlich festgestellt, kann sich der Verwalter dieser nicht mehr durch Freigabe des Gegenstandes entziehen (BGH, ZInsO 2006, 326).

7

3. Zahlungsverzug/Unvermögen

8   Die Frage, ob ein ersatzfähiger Schaden bereits bei Verzug eintritt (so OLG Hamm, ZIP 2003, 1165, 1166) oder ob eine Haftung nur in Betracht kommt, wenn der Insolvenzverwalter die Masseforderung zwar nicht zugleich, aber aus Außenständen befriedigen kann, die unschwer zu realisieren sind (so BGH, WM 1977, 847, 848), ist bisher höchstrichterlich zur InsO nicht entschieden. Letzteres ist vorzuswürdig. Kann nicht ausgeschlossen werden, dass die Masse ausreicht um begründete Masseverbindlichkeiten zu erfüllen, scheidet eine persönliche Haftung des Insolvenzverwalters gem. § 61 aus, BGH, IX ZR 89/09, n. v.; Ganter, NZI 2011, 209, 218. § 61 soll den mit der Masse kontrahierenden potenziellen Massegläubiger nur vor einem **besonderen Ausfallrisiko** schützen, nicht jedoch die Haftungsfolgen bei Verzug erweitern. Nach dem BGH (ZInsO 2004, 609) ist ein Schaden jedenfalls dann eingetreten, wenn der Insolvenzverwalter die Masseunzulänglichkeit angezeigt hat und nicht zu erwarten ist, dass die Altmassegläubiger innerhalb absehbarer Zeit Befriedigung erhalten. Blersch weist zutreffend darauf hin, dass eine Haftung nach § 61 bei lediglich kurzzeitiger liquider Unterdeckung ausscheidet (BK-Blersch § 61 Rn. 3; vgl. OLG Brandenburg, NZI 2003, 1093).

II. Schadensersatz

9   Der Insolvenzverwalter haftet für den Schaden, der sich auf die Verletzung der ihm obliegenden Pflichten adäquat kausal zurückführen lässt (**haftungsbegründende Kausalität**). Für die Beurteilung der **haftungsausfüllenden Kausalität** kommt es darauf an, welchen Verlauf die Dinge bei pflichtgemäßem Verhalten genommen hätten, und wie sich die Vermögenslage des Geschädigten wirtschaftlich dargestellt hätte. Hängt dies davon ab, wie ein Gericht voraussichtlich entschieden hätte, kommt es nicht darauf an, wie es tatsächlich entschieden haben würde, sondern allein darauf, wie es nach Beurteilung des über den Schadensersatzanspruch erkennenden Gerichts richtigerweise hätte entscheiden müssen (BGH, NJW 1985, 2482; ZIP 1994, 46; Mohrbutter/Ringstmeier-Mohrbutter, Hdb Insolvenzverwaltung, § 33 Rn. 175).

1. Ersatzfähiger Schaden

10 Der Insolvenzverwalter haftet im Fall der pflichtwidrigen Begründung von Masseverbindlichkeiten auf das **negative Interesse** (BGH, ZInsO 2004, 609, 613; ZInsO 2005, 205; BAG, ZIP 2006, 1058). Der geschädigte Beteiligte ist so zu stellen, als wenn der Verwalter die Pflichtverletzung nicht begangen hätte. Der Gläubiger muss einen Ausfallschaden darlegen und beweisen. Die USt ist nicht einzurechnen (BGH, ZInsO 2005, 1269). Soweit eine Haftung des vorläufigen Insolvenzverwalters gem. § 61 angenommen wird, ist auch seine Haftung auf das negative Interesse beschränkt.

2. Vorteilsausgleichung

11 Der Massegläubiger muss sich eine bei der Verteilung der unzulänglichen Masse zu erwartende Quote (§ 209 Abs. 1) nicht auf seinen Schaden anrechnen lassen. Allerdings hat er dem Insolvenzverwalter entsprechend **§ 255 BGB Vorteilsausgleich** zu gewähren (BGH, ZInsO 2004, 609, 614). Der Massegläubiger muss sich die Vorteile, die er aus der Betriebsfortführung zieht, anrechnen lassen. Sein Prozessantrag sollte deshalb auf Leistung Zug um Zug lauten.

III. Entlastung des Insolvenzverwalters (Satz 2)

12 Nach ständiger Rechtsprechung greift die Haftung nach § 61 Satz 1 nur ein, wenn der Insolvenzverwalter – regelmäßig im Rahmen einer Betriebsfortführung – willentlich Masseverbindlichkeiten begründet, obwohl **voraussehbar** ist, dass diese bei Fälligkeit nicht erfüllt werden können (BGHZ 161, 236, 239f.; 159, 104, 108f.; ZInsO 2010, 287, 288 Rn. 7; ZInsO 2010, 2323 Rn. 6). Die Haftung des Verwalters erfordert als ungeschriebenes Tatbestandsmerkmal Verschulden (BK-Blersch § 61 Rn. 5). Prozessual wird in § 61 Satz 2 eine Beweislastumkehr zulasten des Verwalters eingeführt. Der Verwalter hat sich auf den Zeitpunkt der Begründung der Ansprüche zu

entlasten. Er kann dies auf zweierlei Art tun. Er hat entweder zu beweisen, dass objektiv von einer zur Erfüllung der Verbindlichkeit voraussichtlich ausreichenden Masse auszugehen war oder dass für ihn **nicht erkennbar** war, dass dies nicht zutraf (BGH, ZInsO 2004, 609, 612). Erforderlich ist dabei **kein sicheres Wissen**, sondern nach dem Begriff »voraussichtlich« lediglich die Erkennbarkeit einer **Wahrscheinlichkeit**. Insolvenzverwaltung und Sanierung ist etwas anderes als Vermögensverwaltung. Entsprechend dem Auftrag zur Fortführung und Sanierung kann der »aktive Sanierungsverwalter« riskante Gestaltungen auf der Grundlage eines auf den Einzelfall bezogenen Sanierungskonzeptes einleiten bzw. zugrunde legen, wenn die Umsetzung möglich ist und mit ihr planmäßig zeitnah begonnen wird, vgl. § 60 Rdn. 36. Der Verwalter kann dabei einen üblichen Geschehensablauf zugrunde legen. Dem Insolvenzverwalter ist inhaltlich Entscheidungsermessen und Beurteilungsspielraum nach den Grundsätzen der **business judgement rule** zuzubilligen, § 60 Rdn. 29. Das gilt insb., soweit er die Beseitigung von Sanierungsbarrieren prüft. Im »**diagnostischen Fenster**« haftet der Verwalter nur bei Vorsatz oder grober Fahrlässigkeit. Als »**diagnostische Lücke**« bzw. **diagnostisches Fenster** ist der Zeitraum zwischen Beginn der Untersuchung und der Vorlage des Prüfungsergebnisses anzusehen. Die Haftung besteht insoweit nur bei Vorsatz und grober Fahrlässigkeit. Es ist kein Grund erkennbar, an den Insolvenzverwalter einen schärferen Haftungsmaßstab als an den Geschäftsleiter anzulegen, § 60 Rdn. 30, 33. Der Insolvenzverwalter ist nicht für die Struktur der insolventen Schuldnerin verantwortlich. Das Zeitfenster ist am Einzelfall und den besonderen Gegebenheiten auszurichten. Es ist zu berücksichtigen, dass im Einzelfall Arbeitnehmer und Organe eine geschickte Technik der Verschleierung und Täuschung eingeübt haben, mit denen es ihnen zuvor erfolgreich gelungen ist, die Insolvenz zu verschleppen. Diese Umstände können »Anamnese und Diagnose« erschweren und verzögern. Für Fortführungs- und Sanierungsentscheidungen ist der § 15a InsO entsprechend anzuwenden, vgl. BGH, ZInsO 2010, 2323 Rn. 8. Die Exkulpation des Verwalters scheitert also, wenn nach der vorzunehmenden Betrachtung aus der Sicht eines sorgfältigen Insolvenzverwalters der Eintritt der Masseunzulänglichkeit wahrscheinlicher war als der Nichteintritt (BK-Blersch § 61 Rn. 5). Durch das MoMiG wurde das Kapitalschutzsystem umfassend modifiziert. Ob für den Gesellschafter zukünftig eine weiter gehende Zurückhaltung angezeigt ist, die sich aus den Treupflichten und/oder Ingerenz ergeben kann, wird Gegenstand der sich entwickelnden Rspr. und Lit. sein. Man wird dem Insolvenzverwalter, der die Ansprüche auf Nutzungsentgelt – aus unterschiedlichen Gründen – mit einem Bewertungsabschlag in der Finanzplanung belegt, nicht a priori haftungsbegründendes Verhalten vorwerfen können. Gleiches gilt auch, wenn er ein ambitioniertes aber realisierbares Sanierungskonzept verfolgt, dabei aber scheitert.

1. Liquiditätsrechnung

Der Insolvenzverwalter kann den Entlastungsbeweis im Allgemeinen nur führen, wenn er eine **plausible Liquiditätsrechnung** erstellt und diese bis zum Zeitpunkt der Begründung der Verbindlichkeit ständig überprüft, vgl. Frind/Borchardt-Frind Betriebsfortführung Rn. 485. § 61 erhebt dies zur insolvenzspezifischen Pflicht des Verwalters. Grundlage ist eine Prognose aufgrund der aktuellen Liquiditätslage der Masse, der **realistischen Einschätzung** noch ausstehender offener Forderungen und der zukünftigen Geschäftsentwicklung für die Dauer der Fortführung. Forderungen, bei denen ernsthafte Zweifel bestehen, ob sie in angemessener Zeit realisiert werden können, scheiden aus § 17 Rdn 14a. Wie zeitnah die Prognose erstellt oder aktualisiert werden muss, ist dabei eine Frage des Einzelfalls (vgl. BGH, ZIP 2004, 310); wobei der Beurteilungsspielraum aus § 239 Abs. 2 HGB zu entnehmen sein wird. Den Insolvenzverwalter treffen – wie den ordentlichen Kaufmann – die Verpflichtungen zur permanenten Selbstkontrolle. Auch hier gilt, dass Leitungsorgane immer die Sorgfalt anzuwenden haben, die die übertragene Aufgabe erfordert (MK-AktG-Hefermehl/Spindler § 93 Rn. 22). Während bei reiner Abwicklungstätigkeit diese Verfahrenskontrolle mehr einer Rechenschaftslegung gleicht, kann bei komplexeren Unternehmensfortführungen auf die dem ordentlichen Kaufmann obliegenden Pflichten zurückgegriffen werden.

13

2. Erkennbarkeit der Masseunzulänglichkeit

14 Ansatz und Bewertung der Vermögensgegenstände und ihrer Liquidierbarkeit unterliegen dem **Beurteilungsermessen** des Insolvenzverwalters, während die erwarteten Liquiditätszuflüsse der **Einschätzungsprärogative** unterfallen. Der BGH fordert eine Einzelfallbetrachtung, BGH, ZInsO 2012, 137. Beides hat der Insolvenzverwalter mit der Sorgfalt eines ordentlichen Insolvenzverwalters auszuüben (vgl. § 60 Rdn. 29 ff.). Auch ein »lege artis« handelnder Insolvenzverwalter kann nicht jede drohende Masseunzulänglichkeit rechtzeitig vorhersehen. Finanzanalyse und betriebliche Statistik liefern ausschließlich vergangenheitsbezogene Informationen. § 239 Abs. 2 HGB verpflichtet den Kaufmann, die Eintragungen in den Büchern und die sonst erforderlichen Aufzeichnungen vollständig, richtig, zeitgerecht und geordnet vorzunehmen. Die Vorschrift der zeitgerechten Erfassung betrifft den zeitlichen Zusammenhang zwischen Geschäftsvorfall und Buchung. Während an die Erfassung der Grundaufzeichnungen (Journal etc.) und Kassenvorgänge strengere Anforderungen gestellt werden, reicht für die Hauptbuchfunktion eine periodenmäßige (z. B. monatliche) Erfassung aus (Beck'scher Bilanz-Kommentar-Klein § 239 Rn. 5). Die vorgenannten Grundsätze finden auch im Insolvenzverfahren entsprechende Anwendung. Es gelten die **Business Judgement Rule** bzw. die **Insolvency Judgement Rule**, vgl. § 60 Rdn. 29 f. Werden Fehlentwicklungen/Planabweichungen sodann auf Grundlage zeitnaher Kontrolle und ständigem Soll-/Ist-Vergleich festgestellt, verbleiben dem Insolvenzverwalter max. 21 Tage zur Einleitung geeigneter Maßnahmen. Regelungslücke, vergleichbare Interessenlage und Handlungsumfeld gebieten hier eine Analogie zu § 15a InsO, BGH, ZInsO 2010, 2323 Rn. 11. Innerhalb dieses Zeitraums ist die Planung zu modifizieren. Ggf. muss die Unternehmensfortführung und Masseunzulänglichkeit angezeigt werden. Die Frist beginnt mit Kenntnis, wobei die Buchungen zeitgerecht – entsprechend den handels- und steuerrechtlichen Vorschriften – vorgenommen werden müssen, § 239 Abs. 2 HGB (vgl. BGH, ZInsO 2005, 205). Damit entsteht ein »**diagnostisches Fenster**«, d. h. ein Zeitraum, in welchem die drohende Masseunzulänglichkeit zwar bereits angelegt war, aber wegen der zeitlich nachfolgenden Erfassung und der Bewertung (noch) nicht erkennbar ist. Werden Masseverbindlichkeiten in dem »diagnostischen Fenster« begründet, werden diese bei Masseunzulänglichkeit in den Rang des § 209 Abs. 1 Satz 3 zurückgestuft. **Der Insolvenzverwalter haftet bei fehlender Erkennbarkeit des Ausfalls nicht nach § 61 für Verbindlichkeiten, die er im »diagnostischen Fenster« begründet hat.** Da nur auf den Zeitpunkt der Begründung abzustellen ist, kann der Verwalter nicht haften, wenn aufgrund neuer Tatsachen oder einer Werterhellung Modifikationen bei der Abwicklungsplanung vorgenommen werden und zu diesem Zeitpunkt noch nicht bezahlte Masseverbindlichkeiten in den Rang des § 209 Abs. 1 Nr. 3 umgruppiert werden. Erweist sich die Prognose im Nachhinein als falsch, darf dieses nicht dazu führen, dem Verwalter die Darlegungs- und Beweislast für die Ursachen einer von der Prognose abweichenden Entwicklung aufzulegen. Der Verwalter hat insoweit allerdings darzulegen und ggf. zu beweisen, dass er eine bestimmte Entwicklung aus der ex ante Sicht nicht bedenken musste oder anders einschätzen durfte. Ist diese Einschätzung des Verwalters aus der ex ante Perspektive zutreffend oder nicht vorwerfbar unrichtig, haftet der Verwalter auch dann nicht, wenn sich die Ursachen für die Abweichungen später nicht aufklären lassen. Insb. ist unerheblich, warum einzelne Verbindlichkeiten bei Fälligkeit nicht bezahlt worden sind (vgl. BGH, ZInsO 2005, 205). Gelingt dem Verwalter in einem auf § 61 gestützten Schadensersatzprozess wegen Entscheidungsfehlern im Rahmen der Unternehmensfortführung der Beweis für die Einhaltung der **Insolvency Judgement Rule**, so liegt keine objektive Pflichtverletzung vor. Frind/Borchardt-Frind, Betriebsfortführung, Rn. 491 weist darauf hin, dass der Verwalter nicht haftet, wenn sich die Ursachen der Planabweichung später nicht aufklären lassen.

3. Wahrscheinlichkeitsprognose

15 Erforderlich ist dabei **kein sicheres Wissen** sondern nach dem Begriff »voraussichtlich« lediglich die Erkennbarkeit einer **Wahrscheinlichkeit**. Die Exkulpation des Verwalters scheitert also, wenn nach der vorzunehmenden Betrachtung aus der Sicht eines sorgfältigen Insolvenzverwalters der Eintritt der Masseunzulänglichkeit **wahrscheinlicher** war als der Nichteintritt. Das Axiom der masseeffizienten Verwaltung gebietet die Prüfung und Umsetzung von Sanierungsmaßnahmen,

wenn bei »**planmäßiger Entwicklung**« ein besseres Verwertungsergebnis erreicht wird (allg. Begr. RegE 3. a) bb, Balz/Landfermann, Das neue Insolvenzrecht, S. 11). Es muss deshalb die Wahrscheinlichkeit der Ergebnisse der konkreten Maßnahmen/Sachverhalte unter Berücksichtigung der besonderen insolvenzrechtlichen Umstände geprüft werden. Es verbietet sich jede schematische Lösung; eine lineare Fortschreibung der Planrechnungen ist rgm., wenn sie nicht besonders begründet wird, nicht ausreichend. Aus dem Gesetzeszweck ergibt sich, dass der Insolvenzverwalter auch **ambitionierte risikoreiche Turnaround-Maßnahmen** – auf Grundlage eines realisierbaren Sanierungsplans – vornehmen kann. Bei der Gegenüberstellung hat eine Gesamtkostenbetrachtung zu erfolgen. Deshalb kann – im Einzelfall – auch eine defizitäre Unternehmensfortführung, die über die liquide zu berichtigenden Kostendeckungsbeiträge erwirtschaftet, massevorteilhaft sein. Eine defizitäre Betriebsfortführung kann – bei Zustimmung der Gläubiger – allenfalls bis zur Grenze der Masseunzulänglichkeit gerechtfertigt werden. Wenn die Grundlagen der Leitentscheidungen – ggf. auch mit den insolvenzrechtlichen Einschränkungen – ordnungsgemäß ermittelt wurden (vgl. Business/Insolvency Judgement Rule; § 60 Rdn. 29 f.), liegt im Zeitpunkt der Aufstellung der Planung keine Pflichtwidrigkeit vor, da die Unmöglichkeit der Erfüllung der Masseverbindlichkeiten nicht erkennbar war. Werden bei der laufenden Kontrolle Planabweichungen festgestellt, muss der Verwalter seine Planung modifizieren. Eine fehlerhafte Fortführung nach dem Berichtstermin kann einen Gesamtgläubigerschaden bewirken. Ergibt die laufende Kontrolle, dass der Eintritt der Masseunzulänglichkeit **und** die damit verbundene Nichtzahlung gewillkürter Masseverbindlichkeiten wahrscheinlicher als die Zahlung ist, muss er seinen Vertragspartner warnen. Unterlässt er die ordnungsgemäße Prüfung und/oder Anzeige, haftet er nach § 61.

C. Verfahrensfragen

Der Gläubiger muss bei der Geltendmachung **differenzieren** zwischen der Geltendmachung von Ansprüchen ggü. der Masse und dem Insolvenzverwalter (vgl. weiterführend § 60 Rdn. 3, 50 ff.). Der Anspruch gem. § 61 geht auf das negative Interesse, eine weiter gehende Haftung ist ausgeschlossen. Da sich der Gläubiger seinen Vorteil anrechnen lassen muss, den er aus der Unternehmensfortführung zieht, kann der Insolvenzverwalter gem. § 255 BGB die Abtretung des Anspruchs verlangen. Der Anspruchsgläubiger wird Antrag auf Leistung Zug um Zug gegen Abtretung des Anspruchs stellen. Die kumulative Geltendmachung von Ansprüchen gem. §§ 60, 61 bewirkt wg. des divergierenden Streitgegenstandes eine Erhöhung des **Streitwertes**. 16

§ 62 Verjährung

¹Die Verjährung des Anspruchs auf Ersatz des Schadens, der aus einer Pflichtverletzung des Insolvenzverwalters entstanden ist, richtet sich nach den Regelungen über die regelmäßige Verjährung nach dem Bürgerlichen Gesetzbuch. ²Der Anspruch verjährt spätestens in drei Jahren von der Aufhebung oder der Rechtskraft der Einstellung des Insolvenzverfahrens an. ³Für Pflichtverletzungen, die im Rahmen einer Nachtragsverteilung (§ 203) oder einer Überwachung der Planerfüllung (§ 260) begangen worden sind, gilt Satz 2 mit der Maßgabe, daß an die Stelle der Aufhebung des Insolvenzverfahrens der Vollzug der Nachtragsverteilung oder die Beendigung der Überwachung tritt.

Übersicht	Rdn.		Rdn.
A. Normzweck	1	I. Beginn der Verjährungsfrist	2
B. Norminhalt	2	II. Ende der Verjährungsfrist	3

A. Normzweck

Die Vorschrift hat den zur KO bestehenden Meinungsstreit über die anzuwendenden Verjährungsvorschriften beendet. Der Gesetzgeber hat aus § 852 Abs. 1 BGB a. F. die 3-jährige Verjährungsfrist 1 übernommen. Durch das Gesetz zur Anpassung der Verjährungsvorschriften wurde die Verjährung an die allgemeinen Vorschriften angeglichen.

B. Norminhalt

I. Beginn der Verjährungsfrist

2 Die Verjährungsfrist beginnt nach § 199 Abs. 1 BGB mit dem Schluss des Jahres, in dem der Anspruch entstanden ist und der Gläubiger von den den Anspruch begründenden Umständen und der Person des Schuldners Kenntnis erlangt hat oder ohne grobe Fahrlässigkeit hätte erlangen müssen(Uhlenbruck-Uhlenbruck § 62 Rn. 2). Dazu gehören die Kenntnis der Pflichtverletzung oder der gleichstehenden Handlung, der Eintritt eines Schadens und die Kenntnis von der eigenen Schadensbetroffenheit (BGH, NJW 1993, 648; Palandt-Heinrichs § 199 BGB Rn. 27). Ist der Beginn der Verjährungsfrist gem. § 199 Abs. 1 BGB in Fällen unsicherer und zweifelhafter Rechtslage ausnahmsweise wegen der Rechtsunkenntnis des Gläubigers hinausgeschoben, beginnt die Verjährung mit der objektiven Klärung der Rechtslage (BGH, BB 2008, 2469). Auf die Kenntnis bzw. grob fahrlässige Unkenntnis des Gläubigers von dieser Klärung kommt es nicht an. Ein Gläubiger hat Kenntnis von den den Anspruch begründenden Umständen, wenn er von der Leistung und dem Fehlen des Rechtsgrundes, d.h. von den Tatsachen, aus denen dessen Fehlen folgt, weiß (BGHZ 175, 161). Dem Anspruchsberechtigten muss die Erhebung einer Feststellungsklage Erfolg versprechend, wenn auch nicht risikolos möglich sein (st. Rspr., vgl. BGH, NJW 2004, 510; ZIP 2008, 1714). Dazu ist nicht die Kenntnis aller Einzelheiten erforderlich. Es genügt, dass der Anspruchsberechtigte den Sachverhalt, etwa den Schadenshergang, in seinen Grundzügen kennt und weiß, dass der Sachverhalt erhebliche Anhaltspunkte für die Entstehung eines Anspruchs bietet (BGH, NJW 1990, 176, 179). Während sich die Frage nach dem Beginn der **Verjährungsfrist bei Einzelschäden** i. d. R. als unproblematisch darstellt, bestehen Schwierigkeiten bei der Geltendmachung eines **Gesamtschadens** i. s. v. § 92. Die Verjährungsregelung betrifft sowohl die Haftung des Verwalters gem. § 60 als auch Ansprüche wegen Begründung einer erkennbar nicht gedeckten Masseverbindlichkeit (vgl. BGH, ZInsO 2005, 885). Nach dem **Grundsatz der Schadenseinheit** (RGZ 119, 204, 208; BGH NJW 1960, 1948; NJW 1977, 532) genügt bereits die allgemeine Kenntnis vom Eintritt eines Schadens, um die Verjährungsfrist in Lauf zu setzen. Durch den Verweis auf die allgemeinen Verjährungsregeln ist klargestellt, dass der Lauf der Verjährungsfrist nicht schon mit der Bestellung eines neuen Verwalters oder Sonderverwalters beginnt, sondern mit dessen Kenntnis bzw. pflichtwidriger Unkenntnis. Das gilt nicht, wenn die Tatsachen offenkundig sind, z. B. durch transparente Berichterstattung des haftenden Verwalters zur Insolvenzakte.

II. Ende der Verjährungsfrist

3 Die Verjährung endet nach 3 Jahren ab Kenntnisnahme bzw. grob fahrlässigem Unterlassen derselben. Die Sätze 2 und 3 enthalten ein Haftungsprivileg des Insolvenzverwalters. Die Ansprüche sollen spätestens 3 Jahre ab Aufhebung oder rechtskräftiger Einstellung des Insolvenzverfahrens – oder bei Nachtragsverteilung oder Überwachung – ab dem Vollzug der Nachtragsverteilung oder Beendigung der Überwachung verjähren. Durch diese kurze Frist soll der Insolvenzverwalter bewusst davor bewahrt werden, sich noch nach vielen Jahren mit Ersatzansprüchen Dritter auseinandersetzen zu müssen. Das Bedürfnis für diese Regelung folgt auch daraus, dass die Anerkennung der Schlussrechnung des Insolvenzverwalters im Schlusstermin keine entlastende Wirkung mehr hat (vgl. Begr. zu § 73 RegE, Balz/Landfermann, Das neue Insolvenzrecht, S. 142).

§ 63 Vergütung des Insolvenzverwalters

(1) ¹Der Insolvenzverwalter hat Anspruch auf Vergütung für seine Geschäftsführung und auf Erstattung angemessener Auslagen. ²Der Regelsatz der Vergütung wird nach dem Wert der Insolvenzmasse zur Zeit der Beendigung des Insolvenzverfahrens berechnet. ³Dem Umfang und der

Schwierigkeit der Geschäftsführung des Verwalters wird durch Abweichungen vom Regelsatz Rechnung getragen.

(2) Sind die Kosten des Verfahrens nach § 4a gestundet, steht dem Insolvenzverwalter für seine Vergütung und seine Auslagen ein Anspruch gegen die Staatskasse zu, soweit die Insolvenzmasse dafür nicht ausreicht.

(3) [1]Die Tätigkeit des vorläufigen Insolvenzverwalters wird gesondert vergütet. [2]Er erhält in der Regel 25 Prozent der Vergütung des Insolvenzverwalters bezogen auf das Vermögen, auf das sich seine Tätigkeit während des Eröffnungsverfahrens erstreckt. [3]Maßgebend für die Wertermittlung ist der Zeitpunkt der Beendigung der vorläufigen Verwaltung oder der Zeitpunkt, ab dem der Gegenstand nicht mehr der vorläufigen Verwaltung unterliegt. [4]Beträgt die Differenz des tatsächlichen Werts der Berechnungsgrundlage der Vergütung zu dem der Vergütung zugrunde gelegten Wert mehr als 20 Prozent, so kann das Gericht den Beschluss über die Vergütung des vorläufigen Insolvenzverwalters bis zur Rechtskraft der Entscheidung über die Vergütung des Insolvenzverwalters ändern.

Übersicht

	Rdn.
A. Normzweck	1
B. Norminhalt	4
I. Vergütung der Geschäftsführung des Insolvenzverwalters (Abs. 1)	4
1. Anspruch	4
a) Allgemein	4
aa) Masseverbindlichkeit	4
bb) Erfolgsbezug	8
cc) Erfolgsbezug bei weiteren Vergütungsberechtigten	17
dd) Vergütungsvereinbarungen	22
ee) Vorschuss	24
ff) Amtshaftung	25
gg) Aufrechnung	26
b) Fälligkeit	27
c) Verjährung	28
d) Ausschluss/Verwirkung/Minderung	30
2. Höhe	34
a) Regelsätze, Abweichungen (Angemessenheit)	34
b) Berechnungsgrundlage	37
II. Ersatz angemessener Auslagen (Abs. 1)	42
III. Subsidiäre Haftung (Abs. 2)	46
IV. Vorläufiger Verwalter (Abs. 3)	48
1. Allgemein	48
a) Neuregelung (Vorläufige Verwaltung, bei Anträgen ab dem 19.07.2013)	48
b) Masseverbindlichkeit	49
c) Angemessenheit	51
2. Anspruch (Satz 1)	52
a) Gesonderte Vergütung	52
aa) Zwei-Verwalter-Modell	53
bb) kein automatischer Abschlag	55
cc) keine Überschneidung mit der Sachverständigenvergütung	56
dd) kein Überschussprinzip	57
b) Vergütung der Tätigkeit (Satz 1)	59
3. Berechnungsgrundlage: Vermögen statt Insolvenzmasse (Satz 2)	68
a) Vermögen, auf das sich die Tätigkeit erstreckt	69
aa) Entwicklung	69
bb) Begriffsbestimmung	71
cc) Kein Rückschluss aus Verbindlichkeiten auf Vermögen	75
dd) Keine Berücksichtigung (Kein Vermögen)	76
ee) Hinzurechnung	77
b) Grundvergütung: 25 % (Regel)	78
c) Abweichungen	83
4. Wertermittlung (Satz 3)	92
a) Stichtag/Zeitraum	92
b) Methode	93
5. Abänderungsbefugnis (Satz 4)	97
6. Ungeregelt: Zuschläge (Abschläge)?	108
7. Ungeregelt: Mindestvergütung?	110
8. Ungeregelt: Auslagen?	112
9. Verfahren	113
C. Reformbestrebungen	114

A. Normzweck

Abs. 1 ist die Anspruchsgrundlage für Vergütung und Auslagenersatz des Insolvenzverwalters. §§ 21 Abs. 2 Nr. 1 und 274 Abs. 1 verweisen für vorläufigen Verwalter und Sachwalter hierauf. Für den vorläufigen Sachwalter ist in § 270a Abs. 1 Satz 2 eine Verweisung auf § 274 gegeben. Abs. 1 ist wei- 1 terhin – wenngleich rudimentär gestaltet (hierzu Rdn. 34) – die Zentralnorm des Vergütungsrechts. Sie hat weit reichende Ergänzungen in Absatz 2 und Absatz 3 (vgl. hierzu bei Rdn. 2) erfahren.

2   Abs. 2 wurde durch Art. 1 des Gesetzes vom 26.10.2001 (BGBl. I S. 2710) angefügt, sodass der Grundsatz (vgl. BVerfG, ZInsO 2004, 383, 384) durchbrochen wurde, dass für Vergütung und Auslagen des Verwalters die Staatskasse nicht einzustehen hat. Außerhalb der Stundungsfälle nach § 4a kommt eine Subsidiärhaftung der Staatskasse grundsätzlich nicht in Betracht; es handelt sich um eine Ausnahmevorschrift, die eng auszulegen ist (BGH, ZInsO 2013, 564; BGH, ZInsO 2013, 566, 567). Abs. 3 nennt nunmehr die gesetzlich verankerte Anspruchsgrundlage für die Vergütung des vorläufigen Verwalters. Diese wurde durch Art. 1 Nr. 12 des Gesetzes zur Verkürzung des Restschuldbefreiungsverfahrens und zur Stärkung der Gläubigerrechte vom 15.07.2013 (BGBl. I, 2379) eingefügt. Auch die Berechnungsgrundlage der Vergütung wird nunmehr – teilweise – unmittelbar im Gesetz benannt (vgl. Rdn. 68 ff).

3   Spätestens seit der Anfügung von Abs. 3 ist das Vergütungsrecht insgesamt im Umbruch (vgl. bei Rdn. 2).

In der Literatur wurden kritische Stellungnahmen zum geltenden Recht veröffentlicht (Büttner, ZVI 2013, 289 ff.; Graeber, NZI 2013, 574 ff; Holzer, NZI 2013, 1049 ff). Andererseits wird vertreten, dass Probleme nur im Detail lägen, während Reformbedarf in dem Thema der Delegation von Aufgaben läge (so HK-Keller § 63 Rn. 54). Der BAKinsO hatte im Dezember 2013 den Verordnungsgeber gebeten, dass dieser sich nicht vor 2016 um eine Reform der InsVV kümmern möge. (BAKinsO, ZInsO 2013, 2547). Auch wenn die Vergütungsstaffelsätze seit langer Zeit nicht erhöht worden seien, seien die Vergütungen auskömmlich; insofern bestünde auch kein Handlungsdruck; andererseits ist von dort eine Reform grundsätzlich befürwortet worden (BAKinsO, ZInsO 2013, 2547). Es ist unzutreffend, dass die Staffelsätze auskömmlich wären. Vielmehr beruhen sie auf einer gegen eine angemessene Vergütung des Verwalters ausgerichteten Strategie des Verordnungsgebers (vgl. § 2 InsVV Rdn. 3 ff.).

Denn der historische Gesetzgeber der InsO ist sehr frühzeitig vor der Aufgabe zurückgewichen, ein Vergütungsrecht zu entwerfen, das angemessene Vergütungen ermöglicht. Nur die verfassungskonforme Auslegung ergibt überhaupt, dass eine **angemessene Vergütung** geschuldet wird (BGH, ZInsO 2004, 257, 259; ZInsO 2005, 804, 805 unter Hinweis auf BGHZ 146, 165, 174 = ZInsO 2001, 165; BGHZ 157, 282, 286 = ZInsO 2004, 257). Bereits § 70 des DiskE enthielt 1988 trotz der detailreichen Vorarbeiten des zweiten Kommissionsberichtes keine Regelungen aus der Bearbeitung des Gesetzgebers, sondern nur Leitsätze aus der Feder des BMJ. Der historische Gesetzgeber wollte die Vergütung nicht näher regeln, sondern schuf – insofern konsequent – in § 65 die Möglichkeit, das Vergütungsrecht durch Rechtsverordnung zu regeln. Das Zurückweichen des historischen Gesetzgebers vor der Aufgabe, seinerzeit ein Vergütungsrecht zu entwerfen, das zu angemessenen Vergütungen führt, ist ein grundlegender konzeptioneller Mangel oder jedenfalls eine Bedingung der konzeptionellen Mangelhaftigkeit des Vergütungsrechts insgesamt. Das Vergütungsrecht ist möglicherweise auch deswegen eine »Dauerbaustelle« des Insolvenzrechts (vgl. Büttner, ZVI 2013, 289; a.A. HK-Keller § 63 Rn. 51 ff.). Der Gesetzgeber hat mit dem Gesetz zur Verkürzung des Restschuldbefreiungsverfahrens und zur Stärkung der Gläubigerrechte vom 15.07.2013 (BGBl. I, 2379) in den geraume Zeit schwelenden Streit wegen der Vergütung des vorläufigen Verwalters eingegriffen (s. o. Rdn. 2, s. u. Rdn. 68 f.). Die Vergütung des vorläufigen Verwalters war seit langem ein neuralgischer Punkt des Vergütungsrechts. Die früheren Versäumnisse hatten den Gesetzgeber insofern eingeholt. Weil die Konzeption der Vergütung des vorläufigen Verwalters bei der Schaffung der InsVV nie durchdacht worden war (vgl. dazu bei Rdn. 78 f.), konnten keine angemessenen Lösungen gefunden werden. Die jetzige Lösung wird weitere Probleme bringen (vgl. Büttner, ZVI 2014, 289, 301). Die Lösung ist konzeptionell mangelhaft. Sie legt Fiktionen zu grunde (vgl. bei Rdn. 81, § 11 InsVV Rdn. 17).

Das Vergütungsrecht hat, unabhängig von der Vergütung des vorläufigen Verwalters – in der Verbindung zwischen Abs. 1 und §§ 2, 3 InsVV einen maroden Kern wegen mangelnder Angemessenheit und der Verwendung von Fiktionen (vgl. bei Rdn. 34, §2 InsVV Rdn. 3 ff., 14 ff. 28 f., 30 ff; §3 InsVV Rdn. 2 ff.). Die Regelung nach §2 Abs. 1 InsVV wirft unter verschiedenen Gesichtspunkten verfassungsrechtliche Bedenken auf (vgl. §2 InsVV Rdn. 3 ff., 14 ff. 28 f., 30 ff.).

Zu weiteren konzeptionellen Mängeln vgl. bei Rdn. 8 ff. (fehlende Auseinandersetzung mit einem Erfolgsbezug), Rdn 17 (künstliche Einheit), Rdn. 21 (Sonderinsolvenzverwalter ungeregelt), Rdn. 22 (Vergütungsvereinbarungen unzulässig), §64 Rdn. 11 (rechtliches Gehör ungeregelt), §64 Rdn. 55 (zulassungsabhängige Rechtsbeschwerde), §65 Rdn. 15 (keine Ermächtigung zur Regelung der Vergütung bei Nachtragsverteilung durch das BMJ), §1 Abs. 1 InsVV Rdn. 2 (keine Vorgaben zum Aufbau und Inhalt einer Schlussrechnung), §2 Abs. 2 InsVV Rdn. 46 (zu geringe Mindestvergütung), §3 InsVV Rdn. 11 (fehlende Vergütungsregelung bei übertragenen Zustellungen), §3 InsVV Rdn. 49 (zugelassene sog. Gesamtwürdigung) sowie §12 InsVV Rdn. 11 (Fehlende Regelung bezüglich eines vorläufigen Sachwalters).

Ob und inwieweit der Gesetzgeber sich – statt des Verordnungsgebers – nach dem Gesetz zur Verkürzung des Restschuldbefreiungsverfahrens und zur Stärkung der Gläubigerrechte vom 15.07.2013 (BGBl. I, 2379) erneut der Materie »Vergütungsrecht« annehmen will, ist nicht anhand von Veröffentlichungen zu erkennen. Es wurden bereits komplette Reformvorschläge von verschiedenen Organisationen veröffentlicht. Die Fassungen der Diskussionsentwürfe des sog. »Gläubigerforums« beziehen sich inhaltlich auch auf Regelungen, die die Tätigkeit des Gesetzgebers erfordern würden. (vgl. ZInsO 2013, 2424 ff.; ZInsO 2014, 650 ff., vgl. hierzu Smid, ZInsO 2014, 878 f.). Bei der Veröffentlichung des aktualisierten Entwurfs (ZInsO 2014, 650 ff.) ist programmatisch vorangestellt worden, welche Grundsätze den Entwurf tragen würden. Zu nennen sind hiervon zunächst Vereinfachung und Transparenz. Weiter wird auf die Verwirklichung und Absicherung professioneller Insolvenzverwaltung durch massive Anhebung der Pauschalsätze bei gleichzeitiger Reduzierung der Zuschlagstatbestände abgestellt. Der vergütungsrechtliche Normalfall soll nicht mehr verwendet werden. Ein Vier-Augen-Prinzip für wesentliche vergütungsrechtliche Entscheidungen soll eingeführt werden. Missbräuche sollen bekämpft werden, indem die sog. Selbstmandatierungsmöglichkeit des Verwalters begrenzt werden sollen (»Gläubigerforum«, ZInsO 2014, 650). Die weitere Diskussion ist in einem außerparlamentarischen Rahmen vorgeschlagen worden (»Gläubigerforum«, ZInsO 2014, 650). Eine gesetzliche Regelung der Materie sieht der Diskussionsentwurf für ein Insolvenzrechtliches Vergütungsgesetz (InsVG) der Arbeitsgemeinschaft der NIVD e.V. vor (ZInsO 2014, 941 ff. vgl. hierzu Smid, ZInsO 2014, 1247 ff.). Durch den VID e.V. ist einerseits eine Veröffentlichung von sog. Programmsätzen und Textvorschlägen für ein Insolvenzvergütungsgesetz erfolgt (ZInsO 2014, 1254 ff.; vgl. hierzu Smid, ZInsO 2014, 1247 ff.). Weiter ist der vollständige Entwurf des VID für ein Gesetz zur Insolvenzrechtlichen Vergütung, die Programmsätze nebst Einführung beinhaltend, veröffentlicht worden (Beilage ZIP 28/2014, 14 ff. mit Einführung Blersch/Bremen, S. 1-14). Dort wird betont, dass die Transparenz des Vergütungsrechts hergestellt werden soll; dazu soll das Vergütungsrecht vereinfacht werden. Würden diese Ziele erreicht, seien Vergütungen auch kalkulierbar. Insgesamt soll Rechtssicherheit erreicht werden (vgl. Blersch/Bremen, Beilage ZIP 28/2014, 1 f.).

Das Vergütungsrecht ist nicht in ein separates Gesetz – statt in eine Verordnung – auszulagern, sondern unmittelbar als Bestandteil der Insolvenzordnung mit allen Regelungen aufzunehmen (vgl. zu Bedenken Smid, ZInsO 2014, 1247 ff.). Dabei ist es dann notwendig, die jeweiligen Vergütungsnormen jeweils im Anschluss an die allgemeinen Normen, die Aufgaben (Tätigkeiten) und Befugnisse des jeweiligen Vergütungsberechtigten beschreiben, zu regeln. Damit würde die willkürliche Einheitlichkeit des Vergütungsrechts, die sich weder systematisch noch von den Tätigkeiten her rechtfertigen lässt (vgl. hierzu Büttner, ZVI 2013, 289 ff.), aufgehoben. Das würde Transparenz schaffen.

Von den oben bereits angesprochenen konzeptionellen Mängeln ist das Thema der Vergütungsvereinbarung durch die vorliegenden Reformvorschläge aufgegriffen worden. Zu den Reformvorschlägen zu Vergütungsvereinbarungen vgl. deswegen bei Rdn. 23. Wg. Absatz 3 vgl. bei Rdn. 115 ff.

Wegen der Darstellung der einzelnen Reformvorschläge vgl. bei § 64 Rdn. 65, § 65 Rdn. 29, § 1 InsVV Rdn. 37 ff., § 2 InsVV Rdn. 48 ff., § 3 InsVV Rdn. 54 ff., § 4 Rdn. 36, § 5 Rdn. 11, § 6 InsVV Rdn. 12 ff., § 7 Rdn. 13 ff., § 8 InsVV Rdn. 48 ff., § 9 InsVV Rdn. 16 ff, § 10 InsVV Rdn. 14, § 11 InsVV Rdn. 62 ff., 12 InsVV Rdn. 28 ff., § 13 InsVV Rdn. 16 ff., § 14 InsVV Rdn. 10 ff., § 15 InsVV Rdn. 9, § 16 InsVV Rdn. 13 ff., § 17 InsVV Rdn. 43, § 18 InsVV Rdn. 13.

B. Norminhalt

I. Vergütung der Geschäftsführung des Insolvenzverwalters (Abs. 1)

1. Anspruch

a) Allgemein

aa) Masseverbindlichkeit

4 Die Vergütung des Insolvenzverwalters ist **Masseverbindlichkeit** (§ 54 Nr. 2). Der Anspruch ergibt sich aus der staatlichen Inanspruchnahme beruflicher Qualifikationen und Leistungen für Aufgaben, deren Wahrnehmung im öffentlichen Interesse liegt (BGH, ZInsO 2004, 257, 259 unter Hinweis auf BVerfGE 54, 251, 271 = NJW 1980, 2179). Er ist durch Art. 12 Abs. 1 GG geschützt (BGH, ZInsO 2002, 1133). Daraus ergibt sich eine Vergütungspflicht, von der nur Tätigkeiten nicht erfasst sind, die von den jeweils übertragenen Befugnissen nicht erfasst oder ausdrücklich ausgenommen oder insolvenzzweckwidrig sind (BGH, ZInsO 2005, 804, 805). Die Kosten des Insolvenzverfahrens sollen allein aus der Masse des insolventen Rechtsträgers beglichen werden (BGH, ZInsO 2009, 2198, 2201 m. w. N.). Die Haftung nach Abs. 2 ist als Ausnahme gedacht (BGH, ZInsO 2013, 564; BGH, ZInsO 2013, 566, 567). Generell ist davon auszugehen, dass Vergütungen für die nach der InsO und der InsVV Vergütungsberechtigten Masseverbindlichkeiten sind; wg. Ausnahmen vgl. bei Rdn. 49; § 12 InsVV Rdn. 26; § 17 InsVV Rdn. 46).

5 In § 209 Abs. 1 wird nicht danach unterschieden, ob die Vergütungs- und Auslagenansprüche des Verwalters vor oder nach Eintritt einer Masseunzulänglichkeit entstanden sind. Ihnen wird vielmehr **absolute Priorität** eingeräumt; um eine Schutzlücke hinsichtl. des verfassungsrechtlich verbürgten Vergütungsanspruchs zu vermeiden, hängt die Vorrangstellung auch nicht davon ab, ob nicht einmal die Kosten gedeckt werden können (§ 207) oder die Masse lediglich unzulänglich i. S. v. § 208 ist (BGH, ZInsO 2006, 541, 544). Bei angezeigter Masseunzulänglichkeit sind die Vergütungen vorrangig zu den Neumasseverbindlichkeiten (BGH, ZInsO 2006, 541, 544); eine Leistungsklage des Gläubigers, der die neuen Masseverbindlichkeiten beansprucht, ist nicht möglich (BGH, ZInsO 2004, 541, 544). Folge einer Leistungsklage wäre, dass der Verwalter die Bereicherung der Masse herausgeben müsste und mit seinem Vergütungsanspruch von der Masseinsuffizienz betroffen wäre. Dies liefe § 209 Abs. 1 zuwider (Cierniak, DB 2006, 1996, 2002). Die Berichtigung der Verfahrenskosten hat auch bei Stundung der Verfahrenskosten absoluten Vorrang vor der Befriedigung der Masseverbindlichkeiten; dies gilt selbst dann, wenn der Verwalter die Masseunzulänglichkeit nicht anzeigt (BGH, ZInsO 2010, 2188; ZInsO 2010, 63). Hält der Insolvenzverwalter im Stundungsverfahren diese Reihenfolge nicht ein, ist der Erstattungsanspruch gegen die Staatskasse nach § 63 Abs. 2 entsprechend zu kürzen (BGH, ZInsO 2010, 2188). Die Einordnung unausweichlicher Verwaltungskosten ist offen. Unausweichliche Verwaltungskosten sind jedenfalls solche, bei deren Nichtbegleichung dem Verwalter persönliche Haftung droht (BGH, ZInsO 2010, 2188, 2189). Keine persönliche Haftung droht für die Umsatzsteuerschuld (BGH, ZInsO 2010, 2188, 2189). Unausweichliche Verwaltungskosten sind auch solche, die aus tatsächlichen oder rechtlichen Gründen aufgebracht werden müssen (BGH, ZInsO 2014, 951). Wenn dem Verwalter die Übernahme einer Tätigkeit selbst oblag, sind die gleichwohl durch die Vergabe der Tätigkeit entstandenen Kosten nicht unausweichlich (BGH, ZInsO 2014, 951).

6 Vergütungsansprüche des vorzeitig ausgeschiedenen Verwalters sind ebenfalls Masseverbindlichkeiten (vgl. zur Berechnungsgrundlage Rdn. 39; wegen Verjährung vgl. Rdn. 28).

Wird bei einer grenzüberschreitenden Insolvenz zunächst im Ausland ein Verfahren eröffnet und kommt später im Inland ein Antrag auf Eröffnung eines Sekundärinsolvenzverfahrens hinzu, kann die Masse des Sekundärverfahrens nicht zur Haftung für die Vergütungen im Primärverfahren herangezogen werden (a. A. Duursma-Kepplinger, ZIP 2007, 752, 757). Die Vergütung des Verwalters im Primärverfahren ist keine Masseverbindlichkeit i. S. v. § 54 Nr. 2. Es handelt sich nicht um Kosten des – im Inland anhängigen – Verfahrens, da keine staatliche Inanspruchnahme von Leistungen insoweit erfolgt ist. Die Anerkennung des Primärverfahrens führt nicht zu einer Inanspruchnahme der Leistung in Deutschland (zur Verteilung von durch den Primärverwalter begründeten Masseverbindlichkeiten zwischen den Verfahren vgl. Duursma-Kepplinger, ZIP 2007, 752; Ringstmeier/Homann, NZI 2004, 354 m. w. N.).

bb) Erfolgsbezug

Über den Erfolgsbezug der Vergütung des Insolvenzverwalters ist während der Schaffung der InsVV nicht nachgedacht worden. Das ist ein konzeptioneller Mangel. Damit ist der Bezug zu den Programmsätzen nach § 1 verfehlt worden. Es kann insofern gefragt werden, ob die InsVV jemals zur InsO passte. Die Regelungen der InsVV sind unter dem Eindruck der Belastung der Massen mit Absonderungsrechten (80 %) getroffen worden (vgl. amtl. Begründung abgedruckt bei H/W/F, § 1 InsVV S. 44). Die verwalteten Massen sind wohl lediglich zu 30 % mit behaupteten Absonderungsrechten belastet (vgl. Frind, ZInsO 2009, 1683, 1686; Frind, ZInsO 2011, 169, 174; vgl. auch Blersch/Bremen, Beilage ZIP 28/2014, 1, 3). Nach Auffassung der Rechtsprechung wird die Geschäftsführung aufgrund der Inanspruchnahme vergütet (**reine Tätigkeitsvergütung**: BGHZ 159, 122, 130 = BGH, ZInsO 2005, 253, 256; ZInsO 2006, 29, 31; LG Deggendorf, ZIP 2013, 1975; LG München, ZInsO 2013, 1544, 1546). Dem folgte und folgt die Literatur teilweise (FK-Lorenz § 1 InsVV Rn. 27; H/W/F, InsVV, vor § 1 Rn. 33; HK-Eickmann (6. A.) § 63 Rn. 4; HK-Keller (6.A.) § 1 InsVV Rn. 1;K/P/B vor § 1 InsVV RN. 16; MK-Nowak (2. A.) § 63 Rn. 6; MK-Stephan § 63 Rn. 17; Uhlenbruck-Mock § 63 Rn. 22, 42; **a. A.** FK-Schmitt § 63 Rn. 2; Jaeger-Schilken § 63 Rn. 4: Wertvergütung). Richtig ist, dass der Anspruch bereits mit der Bestellung dem Rechtsgrund nach – jedenfalls als Mindestvergütung – entsteht, werthaltig wird er mit der Tätigkeit (BGH, ZInsO 2005, 253, 256), nicht erst mit der Festsetzung durch das Gericht (BGH, ZInsO 2004, 669, 671; ZInsO 2002, 1133 unter Bezugnahme auf BGHZ 116, 233, 242 = ZIP 1992, 120 zu § 85 KO). Die Mindestvergütung gilt die Tätigkeit ab, soweit keine Masse gebildet wird. Der Vergütungsanspruch wird – über die Mindestvergütung hinausgehend – wirtschaftlich nur werthaltig, soweit Masse erzielt wird. Die Festsetzung durch das Gericht konkretisiert den Anspruch, Die Massebildung einerseits aus der Verwertung vorhandenen Vermögens oder andererseits aus der Verwirklichung verwalterspezifischer Rechte ermöglicht die Vergütung oberhalb der Mindestvergütung. Bei dem endgültigen Verwalter ist die durch die Verwertung gebildete Masse die Berechnungsgrundlage für die Vergütung (s. dazu unten Rdn. 37). Verwertung ist der zentrale Bestandteil der Geschäftsführung i. S. v. Abs. 1 Satz 1 (vgl. dazu auch BGHZ 146, 165, 175 = ZInsO 2001, 165). Die Vergütung knüpft daher an den Verwertungserfolg des Verwalters hinsichtl. der vorgefundenen Vermögensgegenstände und den Erfolg durch die verwalterspezifische Mehrung der Masse (Anfechtung, Haftungsverwirklichung) an (Zimmer, ZIP 2013, 1309, 1316). Eine reine Tätigkeitsvergütung ist daher bei differenzierter Betrachtung abzulehnen. Vielmehr ist die Vergütung des Insolvenzverwalters **erfolgsbezogen** (A/G/R § 63 Rn. 7; nunmehr auch HK-Keller § 63 Rn. 11 f.; Haarmeyer/Mock, § 1 InsVV Rn. 11, Rn. 18).

Eine Erfolgsvergütung im Justizbereich ist nicht völlig untypisch (a. A. H/W/F, InsVV vor § 1 Rn. 33). Nach § 4a Abs. 1 RVG ist die Vereinbarung eines Erfolgshonorars – eingeschränkt – zulässig. Das Verbot anwaltlicher Erfolgshonorare einschließlich des Verbotes der »quota litis« verletzte Art. 12 Abs. 1 GG (BVerfG, NJW 2007, 979).

Die Begründung zur VergVO von 1960 lehnte ein Erfolgshonorar ausdrücklich ab (vgl. Amtl. Begründung, abgedruckt bei H/W/F, Vergütung in Insolvenzverfahren, 2. A., vor § 1 VergVO S. 217), weil es zu den Pflichten des Verwalters gehöre, die größtmögliche Quote zu erreichen (vgl. Amtl. Begründung, abgedruckt bei H/W/F, Vergütung in Insolvenzverfahren, 2. A., vor § 1 VergVO S. 217). Gleichwohl wurde die Gewährung eines Zuschlags bei einer besonders hohen Quote als zulässig angesehen (vgl. Amtl. Begründung, abgedruckt bei H/W/F, Vergütung in Insolvenzverfahren, 2. A., vor § 1 VergVO S. 217). Diese in sich widersprüchliche Haltung des damaligen Verordnungsgebers belegt den Erfolgsbezug ebenfalls.

11 Erfolg ist eine auf das jeweilige Verfahren bezogene relative Größe. Bereits die Eröffnung und die nachfolgende ordnungsgemäße Durchführung eines Verfahrens aufgrund akribischer Tätigkeit in der Gutachtensphase, um die Möglichkeiten weiterer Massegenerierung und Haftungsverwirklichung zu erlangen (vgl. Haarmeyer/Frind, ZInsO 2007, 225, 227) ist ein Erfolg. Jedenfalls wird die Ordnungs- oder Marktbereinigungsfunktion des Insolvenzrechtes verwirklicht. Es kann damit auch der Firmenbestattung in ihren unterschiedlichen Erscheinungsformen entgegengewirkt werden (vgl. zur Firmenbestattung BGH, ZInsO 2013, 553). Erfolg kann auch in einer Quote für Massegläubiger bestehen.

12 Wegen der verfahrensbezogenen Relativität des Erfolgs ist eine Beschreibung, dass ein modernes Vergütungsrecht sich an dem Sanierungserfolg orientieren müsse (vgl. Blersch/Bremen, Beilage ZIP 28/2014, 1, 2; ähnlich BAKinsO, ZInsO 2013, 2547) viel zu kurz gegriffen. Bei aller Modernität sind Insolvenzverfahren weiterhin vielfach lediglich Ordnungsverfahren, bei denen eine Sanierung schon bei Antragstellung nicht mehr in Betracht kommt. Dies gilt bereits angesichts der Tatsache, dass vielfach die Insolvenzanträge deutlich verspätet gestellt werden (vgl. dazu Haarmeyer, ZInsO 2014, 1237, 1241, Haarmeyer/Mock § 2 Rn. 12, darauf den sog. Grundfall der Unternehmensinsolvenz bei juristischen Personen beziehend; zustimmend Smid, ZInsO 2014, 1247, 1250). Masse beruht vielfach wesentlich auf erfolgreicher Anfechtung bzw. Haftungsverwirklichung durch den Verwalter. Erfolg muss daher – gerade in einem modernen Vergütungsrecht – auch weiterhin über die Wiedergewinnung von Vermögenswerten definiert werden. Es ist möglich – anhand von statistisch validem Material (Frind, ZInsO 2011, 169, 174) – davon auszugehen, dass wenigstens rund ein Drittel der Massen u. a. aus Anfechtungsansprüchen und Haftungsverwirklichung gebildet werden kann (vgl. Frind, ZInsO 2008, 126, 129; ders. ZInsO 2008, 1068, 1070; ders., 2009, 1683, 1686; ders., ZInsO 2011, 169, 174). Einschränkungen des Anfechtungsrechtes werden einen Rückgang der Massen zur Folge haben. Es ist im Reformprozess des Vergütungsrechts (vgl. bei Rdn. 3 und Rdn. 115 ff.) konkret zu definieren, was Erfolg in den Verfahren, in denen die Vergütung, ggf. auch mittelbar, erfolgsbezogen ist, bedeuten soll; es wird weiter zu bedenken sein, ob dieser Erfolg weiter gewünscht ist, wenn andererseits die Möglichkeiten, erfolgreich zu agieren, beschnitten werden. Der Reformprozess der InsO – einschließlich des Vergütungsrechts – muss gesamtheitlich ausgerichtet sein.

13 Der Verwalter hat grundsätzlich die Aufgabe, die Masse zu mehren oder überhaupt eine Masse – z. B aus der Verwirklichung von Ansprüchen (vgl. auch Gero Fischer, NZI 2014, 241) – zu bilden. Der Verwalter nach der InsO schuldet den Erfolg (so auch Haarmeyer/Mock, § 1 InsVV, Rn. 1; vgl. aber a. A. Haarmeyer/Mock vor § 1 InsVV Rn. 87). Dies ergibt sich bereits aus den Programmsätzen des § 1. Die gemeinschaftliche Befriedigung der Gläubiger ist als bestmögliche gleichmäßige Befriedigung zu verstehen, unabhängig davon, ob die Gläubiger die Zerschlagung oder die Fortführung wählen.

14 Dies trifft auch mit dem Selbstverständnis der Verwalter zusammen, da diese den Erfolg im Verfahren für alle Beteiligten wollen (so auch H/W/F, InsVV, vor § 1 Rn. 41; vgl. »leistungsorientierte Verwalterauswahl«, Unterschriftenliste und Thesen-Dokumentation ZInsO 2009, 1950; Fortführung in: ZInsO 2009, 2237; vgl. Uhlenbruck zur Quotenverbesserung durch Grundsätze ordnungsgemäßer Insolvenzverwaltung, KSI 2012, 5 ff.). Im Zuge der Diskussion über die Verwalterauswahl (Vorauswahl) wurde ebenfalls stark darauf abgestellt, dass der Erfolg vom Verwalter geschuldet wird, und die in früheren Verfahren erzielten Erfolge Kriterien für Neubestellungen sind bzw. sein sollten (vgl. Bieg/Kampshoff/Kruse, InsVZ 2010, 315, 316; Haarmeyer/Frind, ZInsO 2007, 225, 227; Haarmeyer, ZInsO 2007, 169; Haarmeyer/Schaprian, ZInsO 2006, 673, 677; vgl. zum Quotenerfolg auch Frind, ZInsO 2011, 1569, 1570; vgl. zu Verfahrenskennzahlen Frind,

ZInsO 2011, 169 ff.; kritisch zu Quoten: Klaas, ZInsO 2010, 706, 707). Der Erfolg liegt auch im eigenen Interesse der Verwalter als unternehmerischen Einheiten. Eine erfolgreiche Tätigkeit mit einer hohen Vergütung wird unmittelbar akzeptabel erscheinen. Selbstverständlich verfolgt der Verwalter innerhalb des Verfahrens daher wegen seiner Vergütung ein eigenes wirtschaftliches Interesse. Er hat das natürliche Interesse, jeweils im Einzelfall eine hohe Vergütung zu erhalten. Das gilt spätestens per definitionem dann, wenn es sich um eine berufsmäßige Ausübung handelt (vgl. BVerfGE 97, 228, 253). Der im Interesse der Gläubiger pflichtgemäß zu verfolgende – und auch im eigenen, wirtschaftlichen Interesse des Verwalters erstrebte – Erfolg ist daher einerseits ein Garant für den Erfolg der Gläubigergemeinschaft. Andererseits führt dies in dem offenen vergütungsrechtlichen Konstrukt der InsO/InsVV – jedenfalls abstrakt – ständig zu einem Konflikt zwischen den grundrechtlich geschützten Positionen des Verwalters (Art. 12 GG) einerseits und der Gläubiger sowie sonstiger Beteiligter andererseits aus Art. 14 GG (vgl. dazu bei § 2 Rdn. 30 ff.). Es gibt keinen Vorrang der Gläubiger – oder sonstiger Beteiligter – vor dem Vergütungsanspruch (vgl. § 2 InsVV Rdn. 31 (a. A. Haarmeyer/Mock vor § 1 InsVV Rn. 46 ff.).

Aus dem Wortlaut und der Systematik der InsVV ergibt sich ergänzend ebenfalls, dass keine reine Tätigkeitsvergütung angenommen werden kann; vielmehr ist ein Erfolgsbezug zu erkennen (so auch BK-Blersch § 63 Rn. 1; vgl. Zimmer, ZIP 2013, 1309, 1316). Gegenüber der Massebildung (s. o. Rdn. 8 ff.) tritt in den Hintergrund, dass die Regelvergütung auch Tätigkeiten abdeckt, die nicht erfolgsbezogen sind oder sein können (z. B.: Tabellenführung, Verzeichnisse etc.), weil sie keinen Verwertungsbezug haben. Wenn die Berechnungsgrundlage jedenfalls erfolgsbezogen ist, handelt es sich nicht um eine reine Tätigkeitsvergütung. Der BGH hat daher die Entscheidung BGHZ 159, 122 = ZInsO 2004, 669 relativiert, da sie sich lediglich auf die behaupteten Mängel der Leistung des dortigen Verwalters bezogen hätte, die keinen Einfluss auf die Vergütung haben könnten (BGH, ZInsO 2006, 811, 814). In der Berechnungsgrundlage sei die Verwaltervergütung indes **erfolgsbezogen**, weil sich die Verwertungserfolge im Endstand der Insolvenzmasse gem. § 1 InsVV ausdrücken (BGH, ZInsO 2006, 811, 814; anders BGH, ZInsO 2006, 29, 31, wonach die Vergütung des Verwalters nicht erfolgsbezogen, sondern rein tätigkeitsbezogen sei).

Die Anrechnungsregeln des § 1 Abs. 2 InsVV enthalten für den Insolvenzverwalter in der ausschließlichen Berücksichtigung des Überschusses bei der Betriebsfortführung eine Erfolgsorientierung (so auch Haarmeyer/Mock, § 1 InsVV Rn. 86). Diese wird durch den Zusammenhang mit dem Zuschlag nach § 3 Abs. 1 Buchst. b) InsVV verstärkt (vgl. § 3 InsVV Rdn. 12 ff.). Auch die übrigen Zuschläge nach den Regelbeispielen des § 3 InsVV sind nicht ausschließlich tätigkeitsbezogen angelegt. Vielmehr werden Tätigkeit und Erfolg (Mehrung der Masse) in Beziehung gesetzt (vgl. BGH, ZInsO 2011, 1422, 1424: bei der Festsetzung des Zuschlags kann Erfolg der Fortführung berücksichtigt werden, wenn er auf Einsatz des Verwalters beruht; a. A. noch BGH, ZInsO 2007, 438, 439; ZInsO 2006, 811, 814; ZInsO 2006, 1162, 1163).

cc) **Erfolgsbezug bei weiteren Vergütungsberechtigten**

Auch bei den weiteren Vergütungsberechtigten hat eine Überlegung des Verordnungsgebers bezüglich der Art der erbrachten Leistung und der daraus abzuleitenden Vergütung nicht stattgefunden. Die Programmsätze des § 1 galten vor dem Paradigmenwechsel durch das Gesetz zur Verkürzung des Restschuldbefreiungsverfahrens und zur Stärkung der Gläubigerrechte vom 15.07.2013 (BGBl. I, 2379) im Verbraucherverfahren nur eingeschränkt. Es handelte sich bei dem Verbraucherverfahren um einen implementierten Fremdkörper (s. u. bei Rdn. 20, vgl. dazu Büttner, ZVI 2013, 289, 290). Gerade die Eigenständigkeit des Verbraucherverfahrens und die der anderen Verfahren (Eröffnungsverfahren, Nachtragsverteilung) blieb unbeachtet bzw. wurde durch § 10 InsVV negiert (vgl. dazu Büttner, ZVI 2013, 289 ff.). Hierbei handelt es sich um einen weiteren konzeptionellen Mangel. Eigenständige Verfahren bedürfen ggf. auch ganz eigenständiger Vergütungsvorschriften. Selbst die Vergütung der Mitglieder des Gläubigerausschusses hätte sich mit Erfolgsbezug denken lassen (vgl. Gehling, zur Empfehlung des Deutsche Corporate Governance Kodex Nr. 5.4.5 und der Erfolgsorientierung der Aufsichtsratsvergütung).

18 Wegen des Erfolgsbezuges der Vergütung des vorläufigen Verwalters ist – für die Verfahren, die ab dem 19.07.2013 beantragt wurden – auf Rdn. 59 ff. zu verweisen. Wegen der früher gestellten Anträge ist auf die Darstellung in der Vorauflage zu verweisen.

19 Der Sachwalter nach § 274 hat keine Verwertungskompetenz, er erbringt lediglich Aufsichtstätigkeit. Es handelt sich um eine Tätigkeitsvergütung. Dies gilt entsprechend für den vorläufigen Sachwalter nach § 270a Abs. 1 Satz 2.

20 Noch der Regierungsentwurf hatte für die Verbraucherinsolvenz ein in der Regel verwalterloses Kleinverfahren vorgesehen, so dass sich die Frage der Vergütung gar nicht stellte (vgl. Büttner, ZVI 2013, 289, 290). Die Tätigkeit des Treuhänders nach § 313 a. F. war schon wegen der Einschränkungen des Tätigkeitsfeldes in § 313 Abs. 2, 3 nicht erfolgsbezogen; allerdings hatte der Treuhänder Verwertungskompetenz für die Gegenstände, die nicht mit Pfandrechten oder anderen Absonderungsrechten belastet sind. Typischerweise war aber in diesen Verfahren verwertbares Vermögen nicht vorhanden, bzw. Masse nicht zu erzielen (vgl. Keller, NZI 2005, 23, 28). Insofern überwogen die Momente, die nicht erfolgsbezogen sein konnten. Daher handelte es sich um eine Tätigkeitsvergütung. Entsprechendes galt auch für den vorläufigen Treuhänder (vgl. § 13 InsVV Rdn. 15). Soweit die Antragstellung vor dem 01.07.2014 erfolgte, ist dies weiterhin so

Soweit der Insolvenzverwalter in den Verfahren nach dem Neunten Teil der InsO (§§ 304 ff.) nunmehr seit dem 01.07.2014 tätig wird, besteht zwar eine vom Gesetzgeber vorgesehene Verwertungs- und Anfechtungskompetenz. Es ist aber zu erwarten, dass diese leer läuft, da nichts Verwertbares vorhanden ist, bzw. die möglichen Anfechtungssituationen nicht so aufbereitet werden können, wie dies für eine erfolgreiche Verfolgung notwendig wäre. Die Regelvergütung wird daher in diesen Verfahren weiterhin die Mindestvergütung sein (vgl. dazu § 13 InsVV Rdn 2 ff.). Es handelt sich dann im Ergebnis wieder um eine Tätigkeitsvergütung

21 Ob der Sonderinsolvenzverwalter mit Erfolgsbezug agiert oder Tätigkeit erbringt, wird von der speziellen Aufgabenstellung durch das jeweils einsetzende Gericht abhängen. Daher ist bei ihm auch nicht von vornherein zu bestimmen, ob es sich un eine reine Tätigkeitsvergütung handeln könnte. Tätigkeit und Vergütung (Auslagen) für den **Sonderinsolvenzverwalter** wurden ohnehin überhaupt nicht geregelt (vgl. BT-Drucks. 12/7302 S. 162). Es handelt sich um einen unverständlichen konzeptionellen Mangel des Gesetzes und in der Konsequenz auch der InsVV. Auch die Reformvorschläge des »Gläubigerforums« (vgl. ZInsO 2013, 2424 ff.; ZInsO 2014, 650 ff.), der Arbeitsgemeinschaft der NIVD e. V. (ZInsO 2014, 941 ff.) oder des VID e. V. (ZInsO 2014, 1254 ff.; Beilage ZIP 28/2014, 14 ff.) befassen sich nicht mit dem Sonderinsolvenzverwalter; dabei ist er eine ständige und notwendige Erscheinung in der täglichen Praxis.

Der Sonderverwalter hat – soweit er eine mit der Tätigkeit der Insolvenzverwalters vergleichbare Tätigkeit erbringt – einen Vergütungsanspruch in entsprechender Anwendung von § 63 Abs. 1, §§ 1 ff InsVV (BGH, ZInsO 2010, 399; BGH, ZInsO 2008, 733, 734). Zu- und Abschläge sind daher möglich (BGH, ZInsO 2010, 399, 400; LG Braunschweig, ZInsO 2012, 506). Eine Quote der Regelvergütung ist nicht abstrakt zu bestimmen, weil die Tätigkeit nicht typisierbar ist. Die Mindestvergütung nach § 2 Abs. 2 InsVV ist nicht die Untergrenze (BGH ZInsO 2008, 733, 734). Ist die vom Sonderverwalter ausgeübte Tätigkeit kaum mehr mit der eines Insolvenzverwalters vergleichbar (z. B. lediglich Tabellenprüfung), ist die Vergütung begrenzt auf das Honorar, das für die Tätigkeit nach § 5 InsVV in Rechnung gestellt werden könnte (BGH, ZInsO 2010, 399; BGH, ZInsO 2008, 733, 734; a. A. LG Frankfurt am Main, KTS 2009, 232: Abschläge von der Regelvergütung; krit. Graeber, ZInsO 2008, 847 f.). Zum Festsetzungsverfahren wird auf § 64 Rdn. 1 verwiesen.

dd) Vergütungsvereinbarungen

22 **Vergütungsvereinbarungen** mit dem Schuldner, weiteren Beteiligten oder Dritten sind de lege lata weiterhin nach § 134 BGB nichtig (vgl. BGH, NJW 1982, 185, 186: Vergleichsverwalter; vgl. AG Hamburg, ZInsO 2014, 569: vorläufiger Sachwalter). Der historische Gesetzgeber hatte sich

gegen eine Möglichkeit der Vereinbarung gewandt. In § 70 Abs. 2 des Referentenentwurfs war die Vergütungsvereinbarung – jedenfalls als Möglichkeit einer von den gesetzlichen Vorgaben abweichenden Regelung – vorgesehen. Dies ist nicht Gesetz geworden. Der Verordnungsgeber der InsVV hat ebenfalls keine Vereinbarungen zur Vergütung zugelassen. Dies kann als ein weiterer schwerer konzeptioneller Mangel des geltenden Vergütungsrechts gesehen werden (vgl. bei Rdn. 3). Das Vergütungsrecht ist insofern starr. Vergütungsvereinbarungen binden de lege lata das Gericht nicht (Madaus/Heßel, ZIP 2013, 2088, 2090). Durch die Regelung der Vergütung in einem Insolvenzplan wird einerseits die Festsetzungskompetenz des Gerichtes unterlaufen (HK-Keller § 64 Rn. 42; a. A. LG München, ZInsO 2013, 1966 wegen der Planungssicherheit im Insolvenzplanverfahren; Haarmeyer/Mock, § 1 InsVV Rn. 38; MK-Stephan, § 63 Rn. 52; Graeber, ZIP 2013, 916 ff.; Haarmeyer, ZInsO 2013, 1967; Mock, KTS 2012, 59 ff. wegen des Wandels des Insolvenzrechtes durch das ESUG; vgl. bei § 64 Rn. 18; vgl. zu Vergütungsvereinbarungen bei kalter Zwangsverwaltung Bork, ZIP 2013, 2129 ff.; Becker, ZInsO 2013, 2352 ff.). an einem Antrag des Verwalters im Sinne von § 64 InsO, § 8 InsVV fehlt es, wenn anhand des Insolvenzplan die Vergütungsfestsetzung erfolgen soll. Es wird auch das förmliche Recht unterlaufen, soweit die Beschlussfassung über die Vergütung – unter Abweichung vom geltenden Recht – nicht in der Ladung und Veröffentlichung enthalten ist.

Auch die Vergütung des vorläufigen Sachwalters unterliegt de lege lata nicht der Disposition der Beteiligten (AG Hamburg, ZInsO 2014, 569, 571).

De lege ferenda ist die Möglichkeit einer Vergütungsvereinbarung zu begrüßen (Madaus/Heßel, ZIP 2013, 2088, 2092; a. A. HK-Keller § 64 Rn. 47). Bei gesetzlicher Zulassung kann nicht mehr die Nichtigkeit eingewandt werden (Smid, ZInsO 2014, 1247, 1253). Den Gläubigern sollte – aber nicht nur im Rahmen eines Insolvenzplans – die Möglichkeit gegeben werden, die Vergütung zu bestimmen. Es ist nicht einzusehen, warum die Öffnung des Vergütungsrechtes sich auf Insolvenzpläne beschränken sollte. Auch unabhängig von Insolvenzplänen werden Vergütungsvereinbarungen durch die Gläubiger den Regelungen des Gesetzes oder einer Verordnung möglicherweise vorgezogen werden. Gegenstand einer Vergütungsvereinbarung kann dann sowohl die Höhe der Vergütung, als auch die Art der Vergütung sein (Madaus/Heßel, ZIP 2013, 2088, 2092 f.). Es werden sich möglicherweise auch völlig neue Modi finden lassen. Ein Problem mit der in § 56 InsO postulierten Unabhängigkeit des Verwalters wird durch Vergütungsvereinbarungen (vgl. hierzu FK-Lorenz vor § 1 InsVV Rn. 24 ff: Blersch/ Bremen, Beilage ZIP 28/2014, 1, 13) nicht entstehen müssen. Das Postulat der Unabhängigkeit ist ggf. auch zu überdenken. Denn der Verwalter ist nicht vom Insolvenzgericht unabhängig, jedenfalls nur der Gelegenheitsverwalter ist möglicherweise unabhängig. Da aber die Professionalisierung gewünscht ist, schreitet die Abhängigkeit des Verwalters von dem oder den Insolvenzgerichten immer weiter fort.

Durch den VID e. V. wird im Zuge des Vorschlags für ein Reformgesetz angestrebt, dass für alle Vergütungsberechtigten eine Vergütungsvereinbarung getroffen werden kann (hierzu ablehnend: Smid, ZInsO 2014, 1247, 1253). Für Vergütungsvereinbarungen ist eine gesonderte Vorschrift (§ 19) vorgesehen (VID, ZInsO 2014, 1254, 1261; VID, Beilage ZIP 28/2014, 14, 20). Die – dann – gesetzlich vorgesehene Regelung zur Vergütung soll durch die Vereinbarung nicht unterschritten werden. Der Schuldner muss angehört werden (VID, Beilage ZIP 28/2014, 14, 20). Außerhalb eines Insolvenzplanes soll die Gläubigerversammlung mit der Mehrheit nach § 57 Satz 2 entscheiden (VID, ZInsO 2014, 1254,1261 = VID, Beilage ZIP 28/2014, 14, 20). Der Vorschlag sieht die Bindung des Gerichts an die Vergütungsvereinbarung in § 8 Abs. 1 Satz 4 (VID, ZInsO 2014, 1254, 1258 = Beilage ZIP 28/2014, 14, 17.). Die Festsetzung hat danach entsprechend dem Wortlaut der Vereinbarung durch das Gericht zu erfolgen. Inwieweit die Wirksamkeit der Vereinbarung durch das Gericht geprüft oder angezweifelt werden könnte, ist nicht zu erkennen (vgl. andererseits Blersch/ Bremen Beilage ZIP 28/2014, 1, 13 zu Rechtsmitteln gegenüber Entscheidungen des Gerichts über die Vergütungsvereinbarung).

Auch die Reformvorschläge des NIVD (ZInsO 2014, 941, 948) sprechen sich ausdrücklich – mit einer gesonderten Vorschrift in § 18 – für eine Möglichkeit der Vergütungsvereinbarung für

Insolvenzverwalter, Sachwalter oder Insolvenzverwalter im vereinfachten Verfahren aus. Für den Gläubigerausschuss soll keine Vergütungsvereinbarung getroffen werden können. Es darf die sich gesetzlich ergebende Vergütung nach diesem Vorschlag nicht unterschritten werden. Die Mehrheitserfordernisse werden wie bei dem Vorschlag des VID bestimmt (vgl. VID, ZInsO 2014, 1254, 1261; NIVD, ZInsO 2014, 941, 948).

Der Diskussionsentwurf des »Gläubigerforums« nennt keine gesonderte Vorschrift für Vergütungsvereinbarungen. Er sieht lediglich Rechte der Gläubigerversammlung zur Beschlussfassung über vom Verwalter zu treffende Vereinbarungen über Stundensätze mit zu beauftragenden Dienstleistern (»Gläubigerforum«, ZInsO 2014, 650, 653). oder bei Zuschlägen vor (»Gläubigerforum«, ZInsO 2014, 650, 652). Der Entwurf ist insoweit mehr auf die Kontrolle der Verwalter und deren Vergütung als auf die Gestaltung der Vergütung ausgelegt.

Wegen Vereinbarungen bezüglich der Vergütung der Mitglieder eines Gläubigerausschusses ist auf § 17 InsVV Rdn. 3, 47 zu verweisen.

ee) Vorschuss

24 Der Verwalter kann **Vorschuss** (vgl. ausführlich bei § 9 InsVV Rdn .1 ff, dort auch zu den Reformbestrebungen unter Rdn. 14) beanspruchen, um das Risiko, mit seinem Anspruch auszufallen, zu mindern (BGH, ZInsO 2002, 1133); auch vorläufiger Verwalter, Sachwalter und Treuhänder im vereinfachten Verfahren haben Anspruch auf einen Vorschuss.

ff) Amtshaftung

25 Ein **Amtshaftungsanspruch** nach § 839 BGB i. V. m. Art. 34 GG kann aus der schuldhaften Verzögerung der Vergütungsfestsetzung oder Versagung eines Vorschusses entstehen (BGH, ZInsO 2003, 268, 269).

gg) Aufrechnung

26 Mit einem Anspruch auf Verwaltervergütung kann in einem streitigen Zivilprozess lediglich dann aufgerechnet werden, wenn die Vergütung des Insolvenzverwalters rechtskräftig festgesetzt ist. Die Höhe der Vergütung kann in einem Rechtsstreit außerhalb des Festsetzungsverfahrens nicht verbindlich geklärt werden (BGH, ZInsO 2006, 27, 29).

b) Fälligkeit

27 Der Anspruch wird **fällig** mit dem Ende der Tätigkeit (BGH, ZInsO 2002, 1133). Durch Abwahl (§ 57 Abs. 1), Entlassung (§ 59), Beendigung des Verfahrens, Tod des Verwalters oder durch Erledigung eines speziellen Aufgabenkreises (vorläufige Verwaltung, Sonderverwalter) endet die Tätigkeit.

c) Verjährung

28 Der nicht festgesetzte Anspruch **verjährt** nach § 195 BGB in 3 Jahren (BGH, ZInsO 2007, 539). Der Beginn der Verjährung ergibt sich aus § 199 Abs. 1 BGB (vgl. Jaeger-Schilken § 63 Rn. 27 zur Frage, wer die Einrede der Verjährung erheben darf). Der Antrag auf Festsetzung hemmt die Verjährung in entsprechender Anwendung von § 204 Abs. 1 Nr. 1 BGB n. F. (BGH, ZInsO 2007, 539, 540). Der festgesetzte Anspruch verjährt in 30 Jahren (§ 197 Abs. 1 Nr. 3 BGB).

29 Der vor Beendigung des Verfahrens ausgeschiedene Verwalter muss sich – entgegen BGH, ZInsO 2006, 29, 31 – die Ergänzung seines Antrages im Hinblick auf die nach seinem Ausscheiden erfolgten Zuflüsse zur Masse, an denen er maßgeblichen Anteil hatte, vorbehalten, um die Verjährung zu hemmen; zu Einzelheiten vgl. § 64 Rdn. 59

d) Ausschluss/Verwirkung/Minderung

Ungeeignetheit für das Amt schließt eine Vergütung nicht aus (BGH, ZInsO 2004, 669, 671; LG Potsdam, ZIP 2005, 1698, 1699; a.A. LG Schwerin, ZInsO 2008, 856). Wer sich die Bestellung durch Vorspiegelung nicht vorhandener Qualifikationen erschleicht, ist von der Festsetzung einer Vergütung **ausgeschlossen** (BGH, ZInsO 2004, 669, 671). 30

Der wegen Pflichtverstößen entlassene Verwalter hat Anspruch auf die Festsetzung der Vergütung für seine bisherige Tätigkeit (BGH, ZInsO 2004, 669, 671). **Abzuerkennen** sind Vergütungsansprüche wegen der zu beachtenden Verhältnismäßigkeit grds. nur, wenn durch den Verwalter zum Nachteil der Masse besonders schwerwiegende schuldhafte Pflichtverstöße – **strafbare Handlungen** – begangen wurden (BGH, ZInsO 2011, 1520; LG Deggendorf, ZIP 2013, 1975; a.A. AG Göttingen, NZI 2011, 716 = ZInsO 2014, 743: bei einem Gläubigerantrag erschlichene Bestellung zum vorläufigen Verwalter durch Verschweigen einer bereits getroffenen Zahlungsvereinbarung). Wer charakterlich ungeeignet ist, fremdes Vermögen zu verwalten – z.B. wegen bereits begangener Straftaten in anderen Verfahren (BGH, ZInsO 2011, 1520) kann von einer Vergütung ausgeschlossen sein. Werden Interessenkonflikte – z.B. wegen einer über §56 Abs.1 Satz 2 Nr.2 hinausgehenden Beratung vor der Antragstellung – auch durch Sozien – nicht offengelegt, kann dies auch zu einem Ausschluss von der Vergütung führen (vgl. AG Potsdam, ZInsO 2005, 503, aufgehoben durch LG Potsdam, ZIP 2005, 1698). 31

Die Entlassung aus dem Amt wegen Vertrauensverlustes (vgl. BGH, KTS 2012, 466) führt nicht zu einer Verwirkung des Vergütungsanspruchs bezüglich der erbrachten Tätigkeit. 32

Ein Erfolg wird nach herkömmlicher Auffassung (s.o. Rdn. 8,) entgegen der hier vertretenen Ansicht (s.o. Rdn. 13) nicht geschuldet; mangelhafte Leistungen können dann lediglich Haftung auslösen. Die Höhe der Vergütung bleibt insoweit von Fehlleistungen unbeeinträchtigt (LG Bamberg, ZInsO 2005, 477, 480; LG Berlin, ZInsO 2001, 608, 612; H/W/F, vor §1 InsVV Rn. 49; Haarmeyer/Mock vor §1 InsVV Rn.87; a.A. AG Hamburg, ZInsO 2001, 68, 69: Herabsetzung auf Null AG Hamburg, ZInsO 2003, 937: nicht erfüllte Sicherungsaufgabe eines vorläufigen Verwalters führt zur Versagung; Haarmeyer/Mock, vor §1 InsVV Rn. 87). Nach der hier vertretenen Ansicht wird Erfolg geschuldet und ist auch Bezugspunkt der Vergütung. Daher kann die Vergütung nicht von Fehlleistungen unbeeinträchtigt bleiben. Allein die Mindestvergütung nach §2 Abs.2 InsVV wird für das bloße Tätigwerden geschuldet. 33

2. Höhe

a) Regelsätze, Abweichungen (Angemessenheit)

Die Höhe der Vergütung wird durch Abs.1 nicht bestimmt. Es wird lediglich abstrakt der Regelsatz nach dem Wert der Insolvenzmasse benannt. Es werden außerdem Abweichungen von diesem Regelsatz nach Umfang und Schwierigkeit der Geschäftsführung angesprochen. Weder Regelsätze noch Abweichungen werden in der Vorschrift konkret benannt. Die Vergütung des Insolvenzverwalters ist insofern nur rudimentär – oder dürftig (Bork/Muthorst, ZIP 2010, 1627, 1630) – im Gesetz geregelt worden (s. Rdn. 3). **Regelsätze** werden stattdessen nur in §2 InsVV genannt (vgl. dazu ausführlich Kommentierung zu §2 InsVV Rdn. 2ff.; wegen der Anwendung von §2 InsVV auf den vorläufigen Verwalter vgl. Rdn. 88, 110.). In §3 InsVV werden Regelbeispiele für **Zu- und Abschläge** benannt (vgl. dazu ausführlich Kommentierung zu §3 InsVV Rdn. 2ff.; wegen der Anwendung von §3 InsVV auf den vorläufigen Verwalter vgl. Rdn. 108 f.). Die InsVV muss die Angemessenheit gewährleisten. Dabei scheitert sie (vgl. §2 InsVV Rdn. 11; vgl. bei §2 InsVV Rdn. 14 ff.). Zusammen bilden Abs.1 und §§2, 3 InsVV den maroden Kern des Vergütungsrechts (zu den derzeitigen Reformbestrebungen vgl. oben bei Rdn. 3 und bei §2 InsVV Rdn. 48 ff. sowie bei §3 InsVV Rdn. 54 ff.). 34

Es gibt keine statistisch verlässlichen Daten zur Vergütung des Insolvenzverwalters, besonders nicht zu der Höhe von Vergütungen. Vergütungen werden auch deswegen vielfach unter der subjektiven 35

Eingangsvoraussetzung diskutiert, dass sie jeweils immer zu hoch seien. Das BMJ hat die Schaffung der InsVV nur unter dem Schlagwort »Verbilligung« (vgl. Leitsatz I. 3., abgedruckt in DiskE, 1988, 4. Anhang, S. 7 ff.). Dies ist sicherlich auch ein konzeptioneller Fehler des geltenden Vergütungsrechts. Auch in der sonstigen politischen Diskussion werden – besonders zur Begründung von Kürzungen – angeblich »exorbitant hohe Vergütungen« (vgl. Amtl. Begründung InsVV, Abdruck bei H/W/F, 4. A. S. 44) herangezogen, die nicht als Beispiele taugen können, weil sie selten sind.

36 Unabhängig von den tatsächlich oder vermeintlich exorbitanten Vergütungen im Einzelfall gibt es keine objektiv bestimmbare absolute Grenze für die Höhe einer Verwaltervergütung und keine sog. Sättigungsgrenze (HK-Keller § 63 Rn. 31; a. A. Haarmeyer/Mock Vor § 1 InsVV Rn. 46a: 50% der Insolvenzmasse; vgl. auch Haarmeyer/Mock Vor § 1 InsVV Rn. 72). Eine objektive Grenze der Vergütung kann auch nicht aus einem verfassungsrechtlichen Konflikt zwischen Art. 12 GG und Art. 14 GG abgeleitet werden (a. A. Haarmeyer/Mock Vor § 1 InsVV Rn. 46). Auch ein dienende Funktion der Vergütung des Verwalters – gemeint ist wohl die dienende Funktion der Tätigkeit des Verwalters – führt nicht zu einer absolut bestimmten Höhe der Vergütung (a. A. Haarmeyer/Mock Vor § 1 InsVV Rn. 46); vgl. insofern bei § 2 InsVV Rdn. 31).

b) Berechnungsgrundlage

37 **Berechnungsgrundlage** des Insolvenzverwalters ist entgegen Abs. 1 Satz 2 nicht der Wert der Insolvenzmasse z. Zt. der Beendigung des Verfahrens, weil dann keine Masse mehr vorhanden ist. § 1 Abs. 1 Satz 1 InsVV nennt, das offenkundige Redaktionsversehen des Gesetzgebers klarstellend, als Berechnungsgrundlage den Wert der Insolvenzmasse, auf die sich die Schlussrechnung (vgl. § 66) bezieht (BGH, ZInsO 2014, 307, 308). Gegenstand der Schlussrechnung ist allerdings nicht nur die zum Zeitpunkt ihrer Erstellung vorhandene Masse. Die Schlussrechnung hat vielmehr auf den Zeitpunkt der Beendigung des Verfahrens abzustellen. Deshalb sind spätere Massezuflüsse, die bei Einreichung der Schlussrechnung schon mit Sicherheit feststehen, bereits bei der Schlussrechnung und der darauf gestützten Vergütungsfestsetzung durch eine Einbeziehung in die Berechnungsgrundlage der Vergütung zu berücksichtigen (BGH, ZInsO 2014, 307, 308). Einzubeziehen ist daher auch die Umsatzsteuererstattung z. B. aus der Verwaltervergütung oder der Vergütung der Gläubigerausschussmitglieder, die erst nach Einreichung der Schlussrechnung erfolgt, sofern sie sicher ist (BGH, ZInsO 2011, 791, 792).

38 Ändert sich die Berechnungsgrundlage, weil nach Einreichung der Schlussrechnung noch Zuflüsse erzielt werden, kann der Verwalter eine ergänzende Festsetzung seiner mit der Schlussrechnung beantragten Vergütung verlangen (BGH, ZInsO 2011, 2049, 2050; vgl. hierzu § 64 Rdn. 58; § 1 InsVV Rdn. 3). Kommt es zu Massezuflüssen, die bei Einreichung der Schlussrechnung noch nicht vorhersehbar oder nicht sicher zu erwarten waren und deshalb bei der Festsetzung der Vergütung nicht berücksichtigt werden konnten, kann die Festsetzung der Vergütung nach Maßgabe der erhöhten Berechnungsgrundlage nachträglich ergänzt werden (BGH, ZInsO 2014, 307, 308). Dies gilt jedenfalls für Massezuflüsse im Zeitraum zwischen der Einreichung der Schlussrechnung und dem Schlusstermin (BGH, ZInsO 2014, 307, 308). Bei Zuflüssen nach der Aufhebung des Verfahrens scheidet eine Ergänzung der Festsetzung aus (BGH, ZInsO 2014, 307, 308). Massezuflüsse im Zeitraum zwischen dem Schlusstermin und der Aufhebung des Verfahrens müssen dagegen zu einer Ergänzung der Vergütungsfestsetzung führen können, Hierfür sprechen mindestens verfahrensökonomische Gesichtspunkte.

39 Die Berechnungsgrundlage bei vorzeitigem Ausscheiden des Verwalters ist generell das Vermögen, das der Verwaltung unterlag (BGH, ZInsO 2006, 29); seine Ermittlung durch Schätzung oder durch Zuordnung der durch Verwertung erzielten Zahlungsströme ist streitig. Bei vorzeitiger Beendigung des Verfahrens soll das Verwertungsergebnis berücksichtigt werden, das sich ergeben hätte, wenn das Verfahren nicht vorzeitig beendet worden wäre (BGH, ZInsO 2007, 539, 541).

40 Wegen der Berechnungsgrundlage des vorläufigen Verwalters vgl. bei Rdn. 48 ff.

Wegen der Berechnungsgrundlage des **Sachwalters** vgl. § 12 InsVV Rdn. 6, vorläufigen Sachwalters vgl. § 12 InsVV Rdn. 25; zum Sonderinsolvenzverwalter vgl. bei Rdn. 21. 41

II. Ersatz angemessener Auslagen (Abs. 1)

Auslagen sind ebenfalls **Masseverbindlichkeiten** (§ 54 Nr. 2). Der Anspruch auf Ersatz der Auslagen wird fällig mit dem Ende der Tätigkeit. 42

Ein Auslagenerstattungsanspruch besteht bei schuldhaften Pflichtverstößen durch **strafbare Handlungen** nicht weiter, wenn zum Nachteil der Masse besonders schwerwiegende schuldhafte Pflichtverstöße vorliegen, die sogar die Verwirkung der Vergütung rechtfertigen (offen gelassen in: BGH, ZInsO 2004, 669, 672). 43

Was **angemessene Auslagen** sind, ist nicht benannt. Die **Pauschalierung** in § 8 Abs. 3 InsVV konkretisiert den angemessenen Auslagenbetrag; es besteht keine Möglichkeit des Gerichts, den Pauschbetrag von sich aus zu kürzen (LG Hannover, ZInsO 2005, 481). Das Recht, Auslagen zu pauschalieren, sollte das Verfahren vereinfachen (Amtl. Begründung, Abdruck bei H/W/F, InsVV, S. 58). Wählt der Verwalter den **Einzelnachweis**, ist die Angemessenheit der Aufwendungen zu prüfen. Einzelheiten bei § 4 InsVV Rdn. 25 ff. . u. § 8 InsVV Rdn. 45 ff. 44

Zu den Auslagen gehören nicht Zahlungen, die der Verwalter aus eigenen Mitteln zur Tilgung von Masseverbindlichkeiten leistet; will er diese Beträge später geltend machen, muss er sie sich abtreten lassen (Jaeger-Henckel § 54 Rn. 16). 45

III. Subsidiäre Haftung (Abs. 2)

Wurde Stundung der Verfahrenskosten gem. § 4a bewilligt und reicht die Masse im Verfahren nicht aus, um Vergütung und Auslagen zu decken, steht die **Landeskasse** des Gerichts ein, das den Verwalter bestellte (MK-Nowak § 63 Rn. 52). Wird die Stundung der Verfahrenskosten im eröffneten Verfahren aufgehoben, besteht ein Anspruch des Verwalters nach Abs. 2 entsprechend auf Auslagen und Vergütung, sofern die Masse nicht ausreicht (BGH ZInsO 2008, 111, 112). Der sekundäre Vergütungsanspruch des Verwalters oder Treuhänders gegen die Staatskasse setzt voraus, dass die Verfahrenskostenstundung für den jeweiligen Verfahrensabschnitt tatsächlich gewährt worden ist (BGH, ZInsO 2013, 564). Hat das Insolvenzgericht in der Wohlverhaltensphase über einen Stundungsantrag des Insolvenzschuldners noch nicht entschieden, kommt ein schutzwürdiges Vertrauen des Treuhänders, seine Vergütung werde notfalls aus der Staatskasse bezahlt, nicht in Betracht (LG Darmstadt, ZInsO 2014, 307, 308). Abs. 2 ist als Ausnahmevorschrift eng auszulegen (BGH, ZInsO 2014, 591, 592). Eine Analogie ist geboten, wenn dem Schuldner die Verfahrenskostenstundung tatsächlich gewährt, jedoch später wieder entzogen wurde. Es besteht eine planwidrige Regelungslücke. Der Inhaber des Amtes kann und soll sich auf die gewährte Stundung verlassen können, weil der Gesetzgeber seine Mitwirkung auch in massearmen oder masselosen Verfahren sicherstellen will. Allerdings besteht dieser Vertrauensschutz nur, soweit eine Vergütung für Tätigkeiten begehrt wird, die vor der Aufhebung der Stundung erbracht wurden (BGH, ZInsO 2014, 1179, 1180). Es gibt keinen Vertrauensschutz für den Amtsinhaber ab dem Zeitpunkt seiner Kenntnis von der Aufhebung der Verfahrenskostenstundung (BGH, ZInsO 2014, 1179, 1180). Eine Ausfallhaftung der Staatskasse tritt nicht ein, wenn der Stundungsantrag später zurückgewiesen wird. Die subsidiäre Haftung ist entgegen BGH, ZInsO, 2013, 566 nicht auf die Mindestvergütung zu beschränken (A/G/R-Nies § 63 Rn. 16). 46

Zu Ausgaben der öffentlichen Hand und Entlastungen wg. veränderter Rechtsprechung im Zusammenhang mit Stundungsverfahren vgl. Vorauflage Rdn. 17a f. 47

IV. Vorläufiger Verwalter (Abs. 3)

1. Allgemein

a) Neuregelung (Vorläufige Verwaltung, bei Anträgen ab dem 19.07.2013)

48 Die Vergütung des vorläufigen Verwalters ist durch Art. 1 Nr. 12 des Gesetzes zur Verkürzung des Restschuldbefreiungsverfahrens und zur Stärkung der Gläubigerrechte vom 15.07.2013 (BGBl. I, 2379) für die Verfahren, bei denen der Antrag auf Eröffnung ab dem 19.07.2013 gestellt wurde (vgl. zum Zeitpunkt Art. 6 Nr. 2 und Art. 9 des Gesetzes zur Verkürzung des Restschuldbefreiungsverfahrens und zur Stärkung der Gläubigerrechte vom 15.07.2013, BGBl. I, 2379) neu geregelt worden. Erstmals ist der Anspruch des vorläufigen Verwalters auf eine Vergütung – ausdrücklich, nicht nur durch eine Verweisung – gesetzlich anerkannt und im Gesetz verankert. Eine Unterscheidung zwischen dem starken vorläufigen Verwalter und schwachen vorläufigen Verwalter findet nicht statt. Es gibt keine unterschiedliche Vergütung. Die Berechnungsgrundlage des Anspruchs ist – z.T. – ebenfalls gesetzlich beschrieben (vgl. bei Rdn. 68 ff). Als Antwort auf Entscheidungen des BGH aus dem November 2012 und Februar 2013 (vgl. BGH, ZInsO 2013, 44ff.; BGH, ZInsO 2013, 100ff.; BGH, ZInsO 2013, 515ff.) ist Abs. 3 mit Verkündung in Kraft getreten (vgl. Beschlussempfehlung, Bericht des Rechtsausschusses des Bundestages, BT Drucksache 17/13535, S. 43). Für vorläufige Verwaltungen aus Eröffnungsverfahren, die vor dem 19.07.2013 beantragt wurden, ist auf die Darstellung zur Vergütung des vorläufigen Verwalters in der Vorauflage zu verweisen (§ 11 InsVV Rdn. 1ff.). Unabhängig davon erfolgte nur eine Klarstellung der bisherigen Konzeption des Verordnungsgebers. Daher ist es auch möglich, Fragestellungen des früheren Rechts teilweise im Lichte der Neuregelung zu betrachten und zu lösen.

b) Masseverbindlichkeit

49 Wurde das Verfahren eröffnet, handelt es sich bei der festgesetzten Vergütung um eine Masseverbindlichkeit nach § 54 Nr. 2 InsO. Wird nicht eröffnet, ist die Vergütung nach § 26a festzusetzen.

50 Es gibt keine materielle Verfahrenseinheit (a. A. Haarmeyer, Insbüro 2014, 106, 110). War vor der Eröffnungsentscheidung bereits ein Antrag anhängig, der nicht zur Eröffnung führte, sind in dem nachfolgenden, eröffneten Verfahren die Vergütungsansprüche des (früheren) vorläufigen Verwalters keine Masseverbindlichkeiten (BGH, ZInsO 2008, 1201; a. A. Ries, ZInsO 2007, 1102ff.; Ries, ZInsO 2005, 414, 416; Haarmeyer, ZInsO 2006, 932; H/W/F, InsVV § 11 Rn. 4). Hat der in einem nicht eröffneten Verfahren eingesetzte vorläufige Verwalter eine Vergütung erhalten, ist diese Vergütung im nachfolgenden Verfahren nach §§ 130, 133 Abs. 1 anfechtbar (BGH, ZInsO 2012, 241). Bei einem Folgeantrag kann durch das Gericht nicht personenidentisch zum früheren Verfahren vergeben werden (a. A. Graeber/Graeber, NZI 2012, 129, 130).

c) Angemessenheit

51 Der Anspruch auf eine angemessene Vergütung ergibt sich nur aus der verfassungskonformen Auslegung (s. o. Rdn. 3). Der Gesetzgeber wollte aktuell eine angemessene Entlohnung der Tätigkeit des vorläufigen Verwalters sicherstellen (vgl. Beschlussempfehlung Rechtsausschuss BT Drucksache 17/13535, S. 43; a. A. wohl Haarmeyer/Mock § 11 InsVV Rn. 9: sog. »additive Melkkuh«). Das verfassungsrechtliche Gebot einer im Einzelfall angemessenen Vergütung schließt die Annahme einer systemimmanenten Querfinanzierung aus (a. A. Haarmeyer/Mock § 11 InsVV Rn. 20, Rn. 62; vgl. zur Querfinanzierung bei § 2 InsVV Rdn. 32 ff.).

2. Anspruch (Satz 1)

a) Gesonderte Vergütung

52 Die Neuregelung hat für den vorläufigen Verwalter eine isolierte Sonderregelung geschaffen (vgl. Beschlussempfehlung Rechtsausschuss BT Drucksache 17/13535, S. 43).

aa) Zwei-Verwalter-Modell

Es handelt sich um eine Absage an ein »Einheitsmodell«, das die Vergütung des vorläufigen Verwalters nur als einen Zuschlagstatbestand bei der Festsetzung der Vergütung des Verwalters verstünde. Für den Sequester in der KO/GesO und dessen Vergütung nach der VergVO war bereits einhellig anerkannt, dass er einen verfassungsrechtlich verbürgten Anspruch auf eine angemessene, selbständig neben einer Verwaltervergütung stehende Vergütung hatte (Haarmeyer/Wutzke/Förster, Vergütung in Insolvenzverfahren, 2. A. § 1 VergVO Rn. 35, 58 f.). Die Vergütung des Sequesters hatte nicht in die Verwaltervergütung einzufließen oder einbezogen zu werden (Haarmeyer/Wutzke/Förster, Vergütung in Insolvenzverfahren, 2. A. [1999] § 1 VergVO Rn. 35, 58 f.). Das war auch bisher für den vorläufigen Verwalter nach der InsVV anerkannt (H/W/F § 11 Rn. 8). 53

Die nunmehr gesonderte Vergütung des vorläufigen Verwalters bringt besonders deutlich zum Ausdruck, dass es sich um ein eigenständiges Verfahren handelt, das eigenständig vergütet wird (a. A. Haarmeyer/Mock § 11 InsVV Rn. 31 bei Personenidentität). Es gibt auch keine materiell-rechtliche Verfahrenseinheit zwischen dem Eröffnungsverfahren und dem eröffneten Verfahren bezüglich der Vergütung (a. A. Haarmeyer/Mock § 11 InsVV Rn. 30). Es gibt keine Vergütung für eine – von vorläufigem und endgültigem Verwalter gemeinsam – geschuldete Gesamtleistung (a. A. Haarmeyer/Mock § 11 InsVV Rn. 24). Die Vergütung des vorläufigen Insolvenzverwalters ist keine gesicherte Abschlagszahlung der geschuldeten Gesamtleistung (a. A. Haarmeyer/Mock § 11 InsVV Rn. 24); es handelt sich nicht um ein up-front-fee (a. A. Haarmeyer/Mock § 11 InsVV Rn. 24). Auch bei Personenidentität zwischen dem vorläufigen Verwalter und dem endgültigen Verwalter soll nicht nur ausnahmsweise vergütet werden (a. A. Haarmeyer/Mock, § 11 InsVV Rn. 24; Haarmeyer, InsbürO 2014, 106, 110). Eine Anrechnung der Vergütung des vorläufigen Verwalters auf die Vergütung des endgültigen Verwalters ist nicht vorzunehmen. Es ist so zu berechnen, als seien – auch bei Personenidentität – zwei unterschiedliche Personen tätig geworden (a. A. Haarmeyer/Mock, § 11 InsVV Rn. 24, Haarmeyer, InsbürO 2014, 106, 110). 54

bb) kein automatischer Abschlag

Die bloße Bestellung des vorläufigen Verwalters rechtfertigt keinen Abschlag bei der Verwaltervergütung (BGH, ZInsO 2006, 642, 644). Der pflichtgemäß tätige vorläufige Verwalter kann dem endgültigen Verwalter Arbeit abnehmen. Daraus kann ein Abschlag resultieren. Zu der Höhe vgl. bei § 3 InsVV Rdn. 27 f.; vgl. im Zusammenhang auch bei § 3 InsVV Rdn. 2 ff. wg. des fiktiven Charakters von Zu- und Abschlägen. 55

cc) keine Überschneidung mit der Sachverständigenvergütung

Die Vergütung der Tätigkeit des Sachverständigen nach § 11 Abs. 4 InsVV i. V. m den Vorschriften nach dem JVEG ist nicht auf die Vergütung des vorläufigen Verwalters anzurechnen (K/P/B-Prasser/Stoffler § 11 InsVV Rn. 125). Es handelt sich insb. nicht um eine Ersatzvergütung (a. A. Uhlenbruck-Uhlenbruck, 12. Aufl., § 22 InsO Rn. 229; Haarmeyer/Mock § 11 InsVV Rn. 52). 56

dd) kein Überschussprinzip

»Gesondert« verweist auch darauf, dass keine Strukturgleichheit besteht. Die Vergütung für die vorläufige Insolvenzverwaltung ist isoliert zu betrachten, weil eine Strukturgleichheit mit der Vergütung des Verwalters nicht besteht (BT Drucksache 17/13535, S. 43). Es werden andere Tätigkeiten ausgeübt und andere Vermögensmassen betreut (BT Drucksache 17/13535, S. 43). Ein Überschussprinzip bei der Vergütung des vorläufigen Verwalters ist nichtgegeben (BT Drucksache 17/13535, S. 43). Ein Überschussprinzip konnte bereits zuvor nicht für den vorläufigen Verwalter berücksichtigt werden (Büttner, ZVI 2013, 289, 298). 57

Vor der Neuordnung der Vergütung des vorläufigen Verwalters wurde versucht einen Gleichlauf mit der Verwaltervergütung herzustellen, da nach § 10 InsVV die Vorschriften §§ 1 bis 9 InsVV entsprechend anwendbar waren. Es wurde, unter der Idee »Einheitlichkeit der Vergütungsstruktur«, 58 eine Ableitung der Vergütung des vorläufigen Verwalters aus derjenigen des Insolvenzverwalters vorgenommen (vgl. hierzu kritisch Büttner, ZVI 2013, 289 ff.). Die Vergütung des vorläufigen Verwalters ist innerhalb des Vergütungsrechts neuerdings isoliert zu betrachten (BT Drucksache 17/13535, S. 43). Die Vergütung des vorläufigen Verwalters ist damit aus der Klammer des § 10 InsVV befreit (vgl. bei § 10 InsVV Rdn. 8; a. A. Büttner, ZVI 2013, 289, 302). Dies gilt erkennbar, selbst wenn eine interpretatorische Kraft der Beschlussempfehlung bestritten werden würde (vgl. dazu Amery/Kästner, ZIP 2013, 2041, 2048).

b) Vergütung der Tätigkeit (Satz 1)

59 Der Anspruch auf die Vergütung entsteht i. H. d. Mindestvergütung mit der Erteilung des Auftrages. Mit dem Ende des Amtes wird er fällig, wirtschaftlich werthaltig kann er wegen Satz 4 noch nach dem Ende der Tätigkeit werden.

60 Ein Vorschuss ist möglich (vgl. Rdn. 24; vgl. § 9 InsVV Rdn. 8). Die nicht festgesetzte – Vergütung des vorläufigen Verwalters verjährt unter Anwendung des allg. Rechtsgedankens von § 8 Abs. 2 Satz 1 RVG bis zum Abschluss des eröffneten Verfahrens nicht (BGH, ZInsO 2010, 2103, 2106). Da über den Vergütungsantrag – s. Satz 4 – nicht abschließend entschieden ist, ist mit dem eingereichten Antrag die Verjährung insgesamt gehemmt. Dies gilt auch für die Sachverhalte (z. B. Zuschlagstatbestände), die nicht Gegenstand dieses Antrags sind. Es ist ohne weiteres möglich, dass wegen eines vorsichtigen Wertansatzes (Erinnerungswerte) bzgl. des Vermögens des Schuldners zunächst lediglich eine Mindestvergütung beantragt werden kann. Da die Entscheidung vorbehalten ist, bis die angenommene Berechnungsgrundlage sich als unzutreffend erwies, ist die Verjährung der Vergütung des vorläufigen Verwalters bis zum Abschluss des eröffneten Insolvenzverfahrens in Anwendung des allg. Rechtsgedankens aus § 8 Abs. 2 Satz 1 RVG als gehemmt anzusehen (vgl. BGH, ZInsO 2010, 2103, 2106).

61 Der Wortlaut von Satz 1 legt die Annahme einer reinen Tätigkeitsvergütung nahe. Die Annahme einer Tätigkeitsvergütung wird scheinbar dadurch bestärkt, dass in Satz 2 ebenfalls die Tätigkeit erwähnt ist. Dies wird in § 11 Abs. 1 Satz 1 InsVV wiederholt. Zusätzlich erwähnt § 11 Abs. 1 Satz 2 InsVV mit dem Tatbestandsmerkmal »befasst« eine Tätigkeit. Auch § 11 Abs. 3 InsVV bezieht sich auf die Tätigkeit. Trotzdem handelt es sich nicht um eine reine Tätigkeitsvergütung. Es kann sich, je nach der Gestaltung des Verfahrens, auch um eine rein – passiv, mittelbar – erfolgsbezogene Vergütung handeln.

62 Die Vergütung des vorläufigen Verwalters ist als Tätigkeitsvergütung angesehen worden (BGHZ 165, 266, 275 = ZIP 2006, 621; in BGHZ 146, 165, 174 f. = ZInsO 2001, 165 nicht ausdrücklich als Tätigkeitsvergütung benannt; FK-Schmerbach § 21 Rn. 139; H/W/F, InsVV § 11 Rn. 8; HK-Keller, 6. A. § 11 InsVV Rn. 2; Uhlenbruck-Vallender § 22 Rn. 235; Keller, Vergütung, Rn. 542; a. A. Zimmer, ZIP 2013, 1309, 1316: sowohl Tätigkeitsvergütung, als auch Sicherungsvergütung). Die Annahme einer reinen Tätigkeitsvergütung war schon früher unzutreffend (vgl. A. § 11 InsVV Rdn. 9 ff.).

63 Hat der vorläufige Verwalter ausnahmsweise Verwertungskompetenz (vgl. hierzu BGH, ZInsO 2006, 642, 644), ist die Berechnungsgrundlage des vorläufigen Insolvenzverwalters selbstbestimmt unmittelbar **erfolgsbezogen** (vgl. BGH, ZInsO 2006, 811, 814 zum früheren Recht).

64 Weil die berechtigte Verwertung im Eröffnungsverfahren eine Ausnahmesituation darstellt, hat der BGH einen Erfolgsbezug nur über den geschuldeten Sicherungs- und Erhaltungserfolg gegen die These einer reinen Tätigkeitsvergütung hergestellt (ZInsO 2006, 811, 814). Einen solchen **Sicherungs- und Erhaltungserfolg** des Vermögens schuldete der vorläufige Verwalter schon immer (vgl. AG Hamburg, ZInsO 2003, 937, allerdings ohne Benennung als Erfolg). Der geschuldete Erfolg kann aber nicht als Erhalt des schuldnerischen Unternehmens und der nachfolgenden Sanierung gesehen werden (a. A. Haarmeyer/Mock § 11 InsVV Rn. 55). Diese Annahme steht jedenfalls im Widerspruch zu dem – angeblich – empirisch basierten Normalfall 2014 (vgl. Haarmeyer, ZInsO 2014, 1237, 1239; hierzu bei § 2 InsVV Rdn. 20 f.), dem zugrunde liegen soll, dass Insolvenz-

anträge strafrechtlich relevant verspätet gestellt werden (vgl. Haarmeyer, ZInsO 2014, 1237, 1241; Haarmeyer/Mock § 2 Rn. 12; wohl zustimmend Smid, ZInsO 2014, 1247, 1250). Je später in der Krise die Antragstellung erfolgt, desto geringer die Möglichkeit zu sanieren. Versäumnisse des Insolvenzschuldners können nicht dem vorläufigen Verwalter als Misserfolg zur Last gelegt werden. Sanierung oder die Erhaltung von Sanierungsmöglichkeiten ist insofern ein untaugliches Merkmal, um den Erfolgsbezug der Vergütung des vorläufigen Verwalters allgemein zu zeigen.

Es kann bei Versagen hinsichtl. der geschuldeten Sicherung und Erhaltung der Masse auch das Honorar gemindert werden (AG Hamburg, ZInsO 2003, 937; a. A. FK-Schmerbach § 21 Rn. 139; Uhlenbruck-Vallender § 22 Rn. 235). Die Mindestvergütung muss erhalten bleiben (a. A. AG Hamburg, ZInsO 2001, 68, 69; Haarmeyer/Mock § 11 InsVV Rn. 49), da die völlige Aberkennung von Ansprüchen nur bei besonders schwerwiegenden Verstößen denkbar ist (vgl. BGH, ZInsO 2004, 669, 671).

Eine Bewertung der vorläufigen Verwaltung aus sich heraus ist wegen Satz 4 und § 11 Abs. 2 InsVV nicht mehr möglich. Dadurch wird die Vergütung des vorläufigen Verwalters gerade durch den Erfolg der vom Verwalter vorgenommenen Verwertung (vgl. hierzu bereits BGHZ 146, 165, 175 = ZInsO 2001, 165) nachträglich bestimmt. Wegen der zumeist fehlenden eigenen Verwertungskompetenz (s. o. Rdn. 63 f.) handelt es sich bei der Vergütung des vorläufigen Verwalters also um eine mittelbar, passiv **erfolgsbezogene Vergütung**. 65

Der Erfolgsbezug ist von der Zusammensetzung der Berechnungsgrundlage abhängig (vgl. zur Berechnungsgrundlage Rdn. 68 ff.). Bestehen Absonderungsrechte, können die betroffenen Werte über § 11 Abs. 1 Satz 2 InsVV nur hinzugerechnet werden, wenn eine erhebliche Befassung erfolgte und die Hinzurechnung nicht generell abgelehnt wird (vgl. bei Rdn. 72, 77, § 11 InsVV Rdn. 4 ff. vgl. § 11 InsVV Rdn. 17 wegen des konzeptionellen Problems einer Hinzurechnung wegen erheblicher Befassung). Dies gilt auch bei Aussonderungsrechten. Die grosse Berechnungsgrundlage – unter Einschluss von belastetem Vermögen und möglicherweise sogar fremden Vermögen (vgl. hierzu Rdn. 77; vgl. § 11 InsVV Rdn. 17 wegen des darin liegenden konzeptionellen Problems) – kann daher zu einer tätigkeitsbezogenen Vergütung – über das Merkmal erhebliche Befassung – führen. In der kleinen Berechnungsgrundlage (Basisberechnungsgrundlage, siehe hierzu bei Rdn. 72) ist die Vergütung immer rein – mittelbar – erfolgsbezogen, weil es auf die Tätigkeit (Befassung) nicht ankommt. Bestehen keine Absonderungsrechte, ist die Vergütung des vorläufigen Verwalters also ausschließlich mittelbar – passiv – erfolgsbezogen. Bestünde nur mit Rechten Dritter belastetes Vermögen, wären diese Werte nur bei erheblicher Befassung einzubeziehen, so dass die Vergütung dann -aber möglicherweise nur zunächst – rein tätigkeitsbezogen wäre (vgl. Frind, ZInsO 2011, 169, 174; Blersch/Bremen, Beilage ZIP 28/2014, 1, 3 zu der Höhe behaupteter Absonderungsrechte). Werden in diesem Verfahren durch den Verwalter erfolgreich Anfechtungsansprüche durchgesetzt und Haftungstatbestände gegen die Organe verwirklicht, ergibt sich nachträglich aus dem Erfolg des Verwalters der Erfolgsbezug der Vergütung des vorläufigen Verwalters (vgl. zur Einbeziehung von Haftungsansprüchen in die Berechnungsgrundlage des vorläufigen Verwalters BGH, ZInsO 2010, 2101, 2102; wegen der Anfechtung vgl. Rdn. 74). 66

Der mittelbare, passive Erfolgsbezug ist in den Fällen besonders stark, in denen es trotz voraussichtlich temporärer Verfahrenskostenunterdeckung zur Eröffnung kommt, um die Möglichkeiten des eröffneten Verfahrens für die Generierung der Masse durch Anfechtung und/oder Haftungsverwirklichung offenzuhalten bzw. zu nutzen (s. o. Rdn 66; vgl. AG Hamburg, ZInsO 2006, 52, 53 unter Hinweis auf BGH, ZInsO 2003, 706: Prognosezeitraum ein Jahr). Faktisch handelt es sich um eine Kreditgewährung an das eröffnete Verfahren (die dortige Masse). Diese ist notwendig, um die Ordnungsfunktion des Insolvenzrechts zu erfüllen. Ohne solche Kredite lägen geringere Eröffnungsquoten vor. Die Kreditgewährung ist Garant der Ordnungsfunktion des Insolvenzrechtes (zur Vermeidung von Kreditgewährung durch den [vorläufigen] Verwalter vgl. Burgard/Gundlach, ZIP 2006, 1568; Thiessen, ZIP 2006, 1892; zust.: Haarmeyer/Frind, ZInsO 2007, 225, 226). Diese Kreditgewährung wird bei dem Reformvorschlag des VID (ZInsO 2014, 1254 = Beilage 67

ZIP 28/2014, 14) – wegen dort erhöhten Berechnungsgrundlage – zum Strukturprinzip erhoben, soweit die Mindestvergütung gedeckt ist (vgl. dazu Blersch/Bremen, Beilage ZIP 28/2014, 1, 3).

3. Berechnungsgrundlage: Vermögen statt Insolvenzmasse (Satz 2)

68 Die Vergütung des vorläufigen Verwalters ist i. d. R. als Bruchteil i. H. v. 25 % der Verwaltervergütung, bezogen auf das Vermögen, auf das sich die Tätigkeit des vorläufigen Verwalters – während des Eröffnungsverfahrens – erstreckt, vorgesehen.

a) Vermögen, auf das sich die Tätigkeit erstreckt

aa) Entwicklung

69 Die Berechnungsgrundlage des vorläufigen Verwalters war umstritten, seit der BGH die Grundsätze der allgemein anerkannten Entscheidung vom 14.12.2000 (BGHZ 146, 165, 175 = ZInsO 2001, 165) am 14.12.2005 aufgab (BGHZ 165, 266 ff. = ZIP 2006, 621 ff.) und dann nach einer angemessenen Berechnungsgrundlage suchte (BGH ZInsO 2006, 811 ff.). Dabei stellte er auf das Überschussprinzip ab. Die Zweite Verordnung zur Änderung der InsVV v. 21.12.2006 (BGBl. I, S. 3389) war die Antwort des Verordnungsgebers darauf.

70 Die Entscheidungen des BGH vom 15.11.2012 (BGH, ZInsO 2013, 44 ff.; hierzu vgl. Wehner, DZWIR 2013, 558 ff.; Keller, EWiR 2013, 61; ders. NZI 2013, 240 ff.; Graeber, NZI 2013, 33; ders. NZI 2013, 836 ff.; Büttner, ZVI 2013, 289 ff.; Amery/Kästner, ZIP 2013, 2041 ff.; Grote/Pape, ZInsO 2013, 1433 ff.), 15.11.2012 (BGH, ZInsO 2013, 100 ff.; vgl. hierzu: Kalkmann, EWiR 2013, 125; Keller, NZI 2013, 240 ff.; Stoffler, NZI 2013, 394 ff.; Graeber, NZI 2013, 836 ff.; Stephan, Rpfleger 2013, 167; Smid, ZInsO 2013, 1509 ff.; Büttner, ZVI 2013, 289 ff.) und 07.02.2013 (BGH, ZInsO 2013, 515 ff.; vgl. hierzu: Amery/Kästner, ZIP 2013, 2041 ff.; Smid, ZInsO 2013, 1509 ff.; Büttner, ZVI 2013, 289 ff.) haben dann zur vorliegenden Neuordnung der Vergütung des vorläufigen Verwalters geführt.

bb) Begriffsbestimmung

71 Relevant ist das Vermögen, auf das die Tätigkeit des vorläufigen Verwalters während des Eröffnungsverfahrens sich erstreckte. Es ist anders als in § 63 Abs. 1 Satz 2 InsO, § 1 Abs. 1 InsVV nicht der Wert der Insolvenzmasse – gemeint. Es kann daher § 1 Abs. 2 InsVV nicht zur Ermittlung der Berechnungsgrundlage herangezogen werden. Auch eine analoge Anwendung ist nicht möglich (a. A. Haarmeyer/Mock § 11 InsVV Rn. 98; HK-Keller § 11 InsVV Rn. 26 wg. § 1 Abs. 2 Nr. 4a, b InsVV). Es besteht keine Regelungslücke. Der Gesetzgeber wollte bei der Neufassung eine isolierte Lösung für den vorläufigen Verwalter mit dieser Konsequenz.

72 Die gesetzliche Regelung benennt in Satz 2 die Berechnungsgrundlage allerdings nur unvollständig. Es handelt sich in Satz 2 um die Basisberechnungsgrundlage oder die kleine Berechnungsgrundlage, weil das lastenfreie Vermögen des Schuldners gemeint ist. Dies ergibt sich aus § 11 Abs. 1 Satz 2 InsVV. Denn die mit Absonderungsrechten belasteten Gegenstände des Vermögens sind – unter Umständen – nach § 11 Abs. 1 Satz 2 InsVV noch hinzuzurechnen; dies gilt sogar auch für die Aussonderungsrechten belasteten Gegenstände (vgl. unten bei Rdn. 77; vgl. § 11 InsVV Rdn. 17 wegen des darin liegenden konzeptionellen Problems und der daraus insoweit zu vertretenden Ablehnung der Hinzurechnung). Aus der Hinzurechnung ergibt sich dann die erweiterte oder große Berechnungsgrundlage. Für das lastenfreie Vermögen kommt es nicht auf die erhebliche Befassung an. Das lastenfreie Vermögen ist unabhängig von der Intensität der Beschäftigung seitens des vorläufigen Verwalters Bestandteil der Berechnungsgrundlage.

73 Das Vermögen war bereits durch den Verordnungsgeber als bewusste Abgrenzung zu der Insolvenzmasse nach § 1 InsVV gewählt worden (vgl. Begr. 2. ÄndVO InsVV, Abdruck in ZInsO 2007, 28). Dies hat der Gesetzgeber aufgegriffen. Die Begründung zur Zweiten Verordnung zur Änderung der InsVV v. 21.12.2006 (BGBl. I, S. 3389) verstand unter Vermögen die Gesamtheit der einer Person zustehenden Güter und Rechte von wirtschaftlichem Wert (vgl. Begr. 2. ÄndVO InsVV, ZInsO 2007, 28).

Vermögen ist alles, was sich zu Geld machen lässt. Als Vermögen kommen alle Posten in Betracht, mit denen sich der vorläufige Verwalter, der wie zumeist zugleich als Sachverständiger bestellt wurde, in einer umfassenden, geordneten Darstellung vgl. BAKinsO, ZInsO 2009, 22, 25 ff.) – nicht erheblich (s. o. Rdn .72) – befassen muss. Beispiele sind: 74

▶ Beispiel

– Gesamtwert des vom Schuldner betriebenen Unternehmens (BGH, ZInsO 2006, 929; allerdings ist die genaue Berechnung des Unternehmenswertes unklar, vgl. Haarmeyer/Mock §11 InsVV Rn.78, vgl. Graeber DZWIR 2006, 479);der Wert eines unentgeltlichen Nutzungsrechts, wenn er den Unternehmenswert erhöht (BGH, NZI 2010, 527);
– Einlagenansprüche bei juristischen Personen/Gesellschaften ohne Rechtspersönlichkeit (vgl. BGH, ZInsO 2013, 309; BGH, ZInsO 2012, 1236; BGH, ZInsO 2012, 603: Ansprüche auf Kapitalaufbringung und -erhaltung);
– immaterielles Vermögen: Firmenwert, (BGH, ZInsO 2004, 909, wobei es auf die sichere Erwartung der Verwertung wegen der ggf. notwendigen Korrektur über Satz 4 nicht mehr ankommt); Patenterteilungsansprüche, das Recht aus dem Patent gem. §15 PatG; in Anspruch genommene Erfindungen des Arbeitnehmers in der Insolvenz des Arbeitgebers; Rechte aus bzw. an Gebrauchsmustern und Geschmacksmustern, Markenrechte (vgl. §29 Abs. 3 MarkenG), überlassene Nutzungsrechte (§§31 bis 44 UrhG), Vergütungsansprüche des Urhebers oder Schadensersatzansprüche wegen Verletzung der Urheberrechte; Lizenzen je nach Ausgestaltung;
– Grundvermögen, auch bei bestehender Zwangsverwaltung AG Nürnberg, ZInsO 2001, 463), Erbbaurechte (LG Berlin, ZInsO 2003, 623), Grundpfandrechte an Immobilien Dritter; vgl. auch wegen Ausgleichsansprüchen unten bei sonstigen Werten;
– Finanzanlagen: Beteiligungen, Rückkaufwerte aus Lebens- oder sog. Direktversicherungen (vgl. LG Dresden, ZInsO 2002, 369; LG Osnabrück, ZInsO 2003, 896);
– mobiles Vermögen;
– Waren/sonstige Vorräte;
– halbfertige Arbeiten/halbfertige Leistungen;
– Forderungen: Forderungsbestand – unter Einschluss nicht fälliger Beträge – (BGH, ZInsO 2007, 147, 148; BGH, ZInsO 2007, 766, 767); auch streitige, ggf. rechtshängige Ansprüche sind – unter Abwägung und Bewertung der Durchsetzungsaussichten – als Vermögensbestandteil zu erfassen; 50% Abschlag bei aktuell fehlender Durchsetzbarkeit (BGH, ZInsO 2012, 1236);
– Guthaben;
– sonstige Werte:
  – Ansprüche nach §43 GmbHG; Ansprüche nach §§30, 31 GmbHG (LG Wetzlar, DZWIR 2005, 259, 260); Ansprüche wegen Existenzvernichtung/Durchgriff (vgl. BGH, ZInsO 2006, 328 wegen Vermögensvermischung gem. §128 HGB analog);
  – Versicherungsanspruch für vor oder während der vorläufigen Verwaltung untergegangene Gegenstände; aus schuldhaft fehlender Versicherung oder Unterversicherung leiten sich ihrerseits zu berücksichtigende Haftungsansprüche ab;
  – Ausgleichsansprüche für die Absicherung fremder Verbindlichkeiten auf dem Grundvermögen der Schuldnerin (BGH, ZInsO 2010, 350).

Neben diesen, einer typischen bilanziellen Gliederung folgenden Posten kommen aber auch folgende besondere Werte (sog. Sonderaktiva oder virtuelles Vermögen, vgl. BAKinsO, ZInsO 2009, 22, 26 f.) in Betracht:

▶ **Beispiel**

- Haftungsansprüche gegen den Geschäftsführer einer GmbH nach § 64 Abs. 2 GmbHG a. F. bzw. § 64 Satz 1 GmbHG (BGH, ZInsO 2010, 2101, 2102); Haftungsansprüche gegen sonstige Organe (Aufsichtsräte) – auch anderer – juristischer Personen (AG, Genossenschaft);
- Insolvenzanfechtung (LG Köln, ZInsO 2009, 2415, 2416; a.A. BGH, ZInsO 2010, 2101, 2102);
- Ansprüche nach § 135 Abs. 1, 2 InsO in der Fassung durch das MoMiG v. 23.10.2008 (BGBl. I, S. 2026) (a. A. BGH, ZInsO 2010, 2101, 2102; ZInsO 2010, 730, 731; ZInsO 2004, 672).

cc) Kein Rückschluss aus Verbindlichkeiten auf Vermögen

75 Bei einem zurückgenommenen Eigenantrag einer Kapitalgesellschaft kann die Summe der Verbindlichkeiten nicht herangezogen werden, um auf das vorhandene Vermögen als Berechnungsgrundlage zu schließen (LG Göttingen, ZInsO 2002, 720; a.A. LG Potsdam, ZInsO 2003, 792; LG Berlin, ZIP 2003, 1512). Dies gilt bei natürlichen Personen entsprechend. Auch bei Gläubigeranträgen wird dies gelten.

dd) Keine Berücksichtigung (Kein Vermögen)

76 Unpfändbares Einkommen des Schuldners ist nicht in die Berechnungsgrundlage einzubeziehen (BGH, ZInsO 2008, 766). Vor Antragstellung abhandengekommene Vermögensgegenstände gehören nicht in die Berechnungsgrundlage (vgl. AG Hamburg, ZInsO 2002, 221); denkbar ist aber die Berücksichtigung der Versicherungsansprüche (FK-Lorenz § 11 Rn. 22). §§ 92, 93 sind keine eigenständigen Anspruchsgrundlagen zugunsten des Insolvenzverwalters (BGH, ZInsO, 2007, 35) Daher kann eine Einbeziehung in die Berechnungsgrundlage nicht erfolgen.

ee) Hinzurechnung

77 Dem unbelasteten Vermögen (Basisberechnungsgrundlage oder kleine Berechnungsgrundlage, vgl. Rdn. 72) sind unter der Maßgabe von § 11 Abs. 1 Satz 2 InsVV die belasteten Positionen – ggf. insofern auch fremde Vermögensgegenstände – als Erweiterung hinzuzurechnen (vgl. hierzu ablehnend wegen der Fortsetzung von Fiktionen unter § 11 InsVV Rdn. 17). Die große Berechnungsgrundlage ist ggf. dann – die Summe aus dem in Satz 2 erwähnten – freien – Vermögen und den nach Maßgabe von § 11 Abs. 1 Satz 2 und 3 InsVV hinzuzurechnenden Posten. Wegen der Hinzurechnung ist auf § 11 InsVV Rdn. 4 ff. zu verweisen.

b) Grundvergütung: 25 % (Regel)

78 Bei Verfahren nach der KO/GesO war es anerkannt, einen Bruchteil der Verwaltervergütung von 25 % für die Tätigkeit des Sequesters zu bewilligen (vgl. Nachweise unter ausführlicher Herleitung bei H/W/F, Vergütung in Insolvenzverfahren, 2.A., [1999] § 1 VergVO, Rn. 39 ff.). In der Vorbereitung der InsO – und damit auch der InsVV – hat die Vergütung des vorläufigen Insolvenzverwalters keine gedankliche Durchdringung erfahren (Büttner, ZVI 2013, 289, 291).

79 Ein Bruchteil i. H. v. 25 % war deswegen 1998 der Ausgangspunkt der Überlegungen des Verordnungsgebers (vgl. amtl. Begr. zu § 11, abgedruckt bei H/W/F, InsVV vor § 1 S. 61). Allerdings wurde ein Prozentsatz nicht genannt. Vielmehr wurde nur auf einen »angemessenen Bruchteil der Verwaltervergütung« abgestellt. In der Rspr. wurde der Bruchteil von 25 % als angemessen wegen des begrenzten zeitlichen und sachlichen Rahmens der vorläufigen Verwaltung angesehen (BGH, ZInsO 2003, 791). Es handelte sich um die Grundvergütung (BGH, ZInsO 2005, 806). Dieser Ausgangspunkt blieb erhalten. Die Änderungsverordnung v. 04.10.2004 (BGBl. I, S. 2569) benannte den Bruchteil in dieser Höhe ausdrücklich; sie wollte die Rspr. des BGH nachvollziehen (vgl. Begr. ZVI 2004, 638, 643). Demgegenüber wurde vorgeschlagen, dass der vorläufige Verwalter die volle Regelvergütung nach § 2 Abs. 1 erhalten solle, da ein Leitbild von einer aktiv sichernden,

Wert schöpfenden und die Sanierung vorbereitenden Verwaltung zugrunde zu legen sei (Keller, ZIP 2008, 1615, 1617; ders., NZI 2013, 240, 242).

Der Gesetzgeber hat den Bruchteil erneut mit 25 % – in der Regel – beschrieben. Der Wert ist willkürlich gewählt (Büttner, ZVI 2013, 289, 299). Er ist aus der Annahme begründet, dass der vorläufige Verwalter mit dem endgültigen Verwalter verglichen werden könne. Der vorläufige Verwalter wird insofern als ein vergütungsrechtlich »geschrumpfter« Verwalter verstanden. Dies ist ein falsches Verständnis (Büttner, ZVI 2013, 289, 302). Mit gleicher Berechtigung könnte der Ansatz auch anders lauten. Es handelte sich auch bei dem Bruchteil des Sachwalters oder des Treuhänders nach § 313 jeweils um gegriffene Größen, deren willkürliche Entstehung verhindert, sie als Beleg für Strukturen oder ein System zu verwenden (Büttner, ZVI 2013, 289, 299). 80

Es kommt hinzu, dass ein – nie empirisch oder ansonsten validierter – Begriff eines Normalverfahrens des Insolvenzverwalters hinter dem Bruchteil von 25 % versteckt ist (vgl. ausführlich zum rein fiktiven Charakter des Normalverfahrens des Insolvenzverwalters bei § 2 InsVV Rdn. 14 ff.). Die Vergütung des vorläufigen Verwalters setzte nach dem Konzept des Verordnungsgebers – unausgesprochen – auf dem Normalverfahren des Verwalters mit der dortigen Regelvergütung auf und gewährte dem vorläufigen Verwalter – in der Regel – die Grundvergütung von 25 % des Regelsatzes nach § 2 Abs. 1 InsVV. Es wurde angenommen, dass es in einem offenen System geradezu der Bildung eines typisierten Normalfalls für die Festsetzung der Vergütung des vorläufigen Verwalters bedürfe (H/W/F, InsVV § 11 Rn. 13); demzufolge sind die qualitativen Kriterien sowie die quantitativen Kriterien des Normalfalls für den vorläufigen Verwalter beschrieben worden (vgl. H/W/F, InsVV § 11 Rn. 15 ff.). Die quantitativen Anforderungen des Normalfalls stimmten zum Teil mit denen des angeblichen Normalfalls des Verwalters überein bzw. waren aus dem dortigen Anforderungskatalog übernommen (vgl. zu den Anforderungen H/W/F, InsVV § 11 Rn. 26, vgl. zu den quantitativen Kriterien des Normalfalls bei § 2 InsVV Rdn. 19 ff.). Es gab aber nie ein Normalverfahren, das für den Verwalter nachvollziehbar ermittelt worden wäre (vgl. ausführlich bei § 2 InsVV Rdn. 14 ff.). Die nicht nachvollziehbare Vergütung aus dem nicht nachgeprüften, fiktiven Normalverfahren des Verwalters wurde auf den vorläufigen Verwalter übertragen; sie wurde im Hinblick auf den begrenzten sachlichen und zeitlichen Rahmen auf 25 % verkleinert (H/W/F, InsVV § 11 Rn. 28). Sie wurde dort zum Maßstab und Ausgangspunkt von Vergütungsentscheidungen gemacht. 81

Wie beim Verwalter – die Atypizität ist dort die Regel (vgl. Smid, ZInsO 2014, 877, 878 f.) – gibt es kein Normalverfahren des vorläufigen Verwalters (a. A. HK-Keller § 11 InsVV Rn. 30, HK-Keller § 2 InsVV Rn. 6; K/P/B-Prasser/Stoffler § 11 InsVV Rn. 55, K/P/B-Stoffler § 63 Rn. 51 ff.). Die Neuregelung des Gesetzgebers schreibt insofern nur frühere Fehler – des Verordnungsgebers -fort. Es wird über den Regelbruchteil von 25 % eine Fiktion weiter zugrunde gelegt (a. A. Haarmeyer/Mock § 11 InsVV Rn. 59). Wenn stattdessen ein betragsorientiertes Tätigkeitsmodell ohne konkret definiertes Tätigkeitsbild angenommen wird (Haarmeyer/Mock § 11 InsVV Rn. 59, 61), das der Gesetzgeber in Abs. 3 entworfen hätte, erscheint auch das fiktiv. Unabhängig davon ist eine Nachvollziehbarkeit von Entscheidungen in einem Modell, das Vergütungsbeträge auf Tätigkeiten bezieht, aber diese Tätigkeiten nicht definiert, nicht gegeben. 82

c) Abweichungen

Der Gesetzgeber hat Anpassungsbedarf vorhergesehen und eine flexible Möglichkeit vorgegeben (i. d. R.). Die Veränderung der Grundvergütung ist der tatrichterlichen Würdigung vorbehalten (vgl. BGH, ZInsO 2005, 806). Die Formulierung »in der Regel« eröffnet die Möglichkeit, vom Ausgangssatz (Grundvergütung) von 25 % nach oben oder nach unten abzuweichen. Es ist auch die Möglichkeit einer anderen Methodik eröffnet (vgl. bei Rdn. 91). 83

Die Vergütung des vorläufigen Verwalters soll die des endgültigen Verwalters übersteigen können (Keller, Vergütungsrecht, Rn. 36; vgl. Beschlussempfehlung Rechtsausschuss BT Drucksache 84

17/13535, S. 43, Beschlussempfehlung zu Art. 9). Auch insoweit ist eine Abweichung von der Grundvergütung denkbar (vgl. bei Rdn. 108 f. zu Zuschlägen).

85 Bereits der Verordnungsgeber hatte in der Begründung zu der Zweiten Verordnung zur Änderung der InsVV v. 21.12.2006 (BGBl. I, S. 3389; Abdruck in ZInsO 2007, 27) darauf hingewiesen, dass eine Senkung des Ausgangssatzes von den Insolvenzgerichten berücksichtigt werden könne, wenn unangemessen hohe Vergütungen entstünden (vgl. Begr. ZInsO 2007, 29). Nun ist dies wieder aufgegriffen worden (vgl. BT Drucksache 17/13535, S. 43: übermäßig hohe Berechnungsgrundlagen). Im Einzelfall sollen sog. übermäßig hohe Berechnungsgrundlagen durch einen Abschlag auf den Bruchteil von 25 % reguliert werden können (BT Drucksache 17/13535, S. 43). Der regelmäßig höheren Berechnungsgrundlage soll mit einer Korrektur anhand von Schätzwerten Rechnung getragen werden können (vgl. BT Drucksache 17/13535, S. 43). Der Gesetzgeber hat nicht definiert, was übermäßig hoch ist oder als übermäßig hoch empfunden wird. Eine objektive Grenze der Vergütung gibt es nicht (vgl. bei Rdn. 36). Es gibt keine Grenze, ab der eine richtig ermittelte Vergütung pauschal wegen Unangemessenheit »nachgeregelt« werden müsste (a. A. Vill, FS Gero Fischer S. 547, 558: »greifbare Unangemessenheit« als Grund für einen Abschlag nach § 3 Abs. 2 Buchst. d InsVV). Es gibt auch keine per se übermäßig hohen Berechnungsgrundlagen.

86 Der Gesetzgeber hat nicht definiert, was übermäßig hoch ist oder als übermäßig hoch empfunden wird. Eine objektive Grenze der Vergütung gibt es nicht (vgl. bei Rdn. 36). Es gibt keine Grenze, ab der eine richtig ermittelte Vergütung pauschal wegen Unangemessenheit »nachgeregelt« werden müsste (a. A. Vill, FS Gero Fischer S. 547, 558: »greifbare Unangemessenheit« als Grund für einen Abschlag nach § 3 Abs. 2 Buchst. d InsVV). Es gibt auch keine per se übermäßig hohen Berechnungsgrundlagen.

87 Eine Korrektur anhand von Schätzwerten (vgl. BT Drucksache 17/13535, S. 43; vgl. Rdn. 85) ist willkürlich und damit abzulehnen (Büttner, ZVI 2013, 289, 302). Haarmeyer hat versucht, die Korrekturmöglichkeiten zu systematisieren und den Regelsatz von 25% flexibel zu gestalten (Haarmeyer, InsbürO 2014, 106, 110; Haarmeyer/Mock § 11 InsVV Rn. 34 ff.). Er hat den Regelsatz in ein Verhältnis zu der Größe der Masse gesetzt. Ausgangspunkt ist insofern die große Masse von 250.000,00 € (vgl. BGH, ZInsO 2012, 243). Der Wert ist wegen der Einbeziehung von Vermögenswerten, die mit Absonderungsrechten belastet sind, verdoppelt. Bei Vermögen bis 500.000,00 € soll der Satz von 25% gelten. Bei Vermögen von 500.000,00 € bis 25.000.000,00 € soll der Satz auf 17% sinken. Oberhalb von 25.000.000,00 € bis zu 50.000.000,00 € soll er auf 9% sinken. Oberhalb von 50.000.000,00 € soll es sich um 4,5 % handeln (Haarmeyer/Mock § 11 InsVV Rn. 37).

88 Es ist trotzdem nicht möglich, zu bestimmen, was eine übermäßig hohe Masse ist. 500.000,00 € als Grenzwert anzusetzen, kann ebenfalls nicht zutreffen. Auch hierfür gibt es keinen empirischen Beleg. Die Idee der Abschmelzung des Satzes von 25 % (Haarmeyer/Mock § 11 InsVV Rn. 38) ist abzulehnen. Die hohe Masse kann nicht aus der Grenze, die der Verordnungsgeber für die große Masse bei der Verwaltervergütung eingeführt hat, abgeleitet werden (a. A. Haarmeyer/Mock § 11 Rn. 36; Haarmeyer, InsbürO 2014, 106, 110). Die Grenzziehung des Verordnungsgebers bei 250.000,00 € war seinerzeit willkürlich und lediglich durch den Degressionszuschlag in § 3 Abs. 1 InsVV führte die – seinerzeit gewollt scharfe – Degression nicht zur Verfassungswidrigkeit.

Satz 2 greift insofern die Regelung von § 11 Abs. 1 Satz a. F. mit dem Unterschied auf, dass dort auf die Vergütung des Insolvenzverwalters nach § 2 Abs. 1 InsVV (Regelvergütung) ausdrücklich abgestellt wurde. Die Regelvergütung nach § 2 Abs. 1 InsVV ist nun nicht erwähnt. Es kann nicht gewollt sein, die Vergütung des Insolvenzverwalters einschließlich aller dortigen Zuschläge – wegen der von ihm erbrachten Tätigkeiten – auf die Berechnungsgrundlage des vorläufigen Verwalters zu übertragen. Es ist daher von der Regelvergütung nach § 2 Abs. 1 InsVV des Verwalters als unausgesprochenes Merkmal auszugehen. Die solitäre Stellung der Vergütung des vorläufigen Insolvenzverwalters innerhalb des Vergütungsrechts spricht nicht gegen die Anwendung von § 2 Abs. 1 InsVV.

89 Der Gesetzgeber wollte aber für den vorläufigen Verwalter auch keine degressiv gestaffelte Vergütung, beginnend bei einer Masse von 500.000,00 € (a. A. Haarmeyer/Mock § 11 Rn. 36 ff.;

Haarmeyer, InsbürO 2014, 106, 110). Die bisherige Vorstellung des Gesetzgebers hat eindeutig die Staffelvergütung nach § 2 Abs. 1 InsVV, die allerdings unter dem Gesichtspunkt des fiktiven Normalverfahrens zweifelhaft ist (vgl. dazu bei § 2 InsVV Rdn. 14 ff.), beibehalten.

Satz 2 greift die frühere Regelung von § 11 Abs. 1 Satz a. F. mit dem Unterschied auf, dass dort auf die Vergütung des Insolvenzverwalters nach § 2 Abs. 1 InsVV (Regelvergütung) ausdrücklich abgestellt wurde. Die Regelvergütung nach § 2 Abs. 1 InsVV ist nun nicht erwähnt. Es soll sich um 25 % der Vergütung des Verwalters handeln. Es kann nicht gewollt sein, die Vergütung des Insolvenzverwalters einschließlich aller dortigen Zuschläge – wegen der von ihm erbrachten Tätigkeiten – auf die Berechnungsgrundlage des vorläufigen Verwalters zu übertragen. Es ist daher – weiter – von der Regelvergütung nach § 2 Abs. 1 InsVV des Verwalters als unausgesprochenes Merkmal auszugehen (vgl. HK-Keller § 11 InsVV Rn. 27; K/P/B-Prasser/Stoffler § 11 InsVV Rn. 54). Die solitäre Stellung der Vergütung des vorläufigen Insolvenzverwalters innerhalb des Vergütungsrechts spricht nicht gegen die Anwendung von § 2 Abs. 1 InsVV. 90

Es kann aber auch die Vergütung unter anderen Vorzeichen – gerade wenn die Berechnungsgrundlage zu scheinbar unangemessenen Ergebnissen führen würde – begründet werden. In Betracht kommt, dass Stundenvergütungen gewährt werden. Die Ablehnung der Erfassung eines exakten Zeitaufwandes bei der Vergütung war bisher durch den BGH damit begründet worden, dass dies mit dem System nach § 63 Abs. 1 Satz 2 i. V. m. § 3 InsVV nicht übereinstimmen würde (vgl. BGH, ZInsO 2010, 1504; BGH, ZInsO 2009, 1511). Da Abs. 3 InsO als spezielle Regelung vorgeht, steht dieser Einwand nicht entgegen. Jedenfalls steht § 63 Abs. 1 Satz 2 nicht entgegen. Wenn eine im Einzelfall angemessene Vergütung erzielt wird, kann dies nur begrüßt werden. Es besteht immer das Gebot einer im Einzelfall angemessenen Vergütung (a. A. Haarmeyer/Mock § 11 InsVV Rn. 62: systemimmanente Querfinanzierung). Die Vergütung nach Stundensätzen wird auch abgelehnt, weil die Tätigkeit des Verwalters vielfältig sei und sich nicht wertunabhängig in einer Betrachtung rechtlicher Sachverhalte erschöpfen würde; außerdem sei der Stundensatz ungewiss, so dass Rechtsunsicherheit entstünde (HK-Keller, § 63 Rn. 15, gegen Stundensätze auch Smid, ZInsO 2014, 1247, 1252; generell ablehnend auch Blersch/Bremen, Beilage ZIP 28/2014, 1). Aber es ist möglich, Stundensätze von sanierungserfahrenen Rechtsanwälten einer Vergleichsbetrachtung im Hinblick auf einen Zuschlag für den vorläufigen Verwalter wegen Fortführung zugrunde zu legen (vgl. Haarmeyer/Mock § 11 InsVV Rn. 121: 350,00 € – 700,00 € oder auch Tagessätze von 1.500,00 € – 2.500,00 €). Es kann daher bei der offenen Regelung in Satz 2 auch unbedenklich direkt ein Stundensatz der Vergütung zugrunde gelegt werden. 91

4. Wertermittlung (Satz 3)

a) Stichtag/Zeitraum

Satz 3 stimmt wörtlich mit § 11 Abs. 1 Satz 3 InsVV a. F. überein. Die Wertermittlung ist sowohl auf einen Stichtag, als auch auf einen Zeitraum bezogen. Es soll das Vermögen, das der vorläufigen Verwaltung unterlag, herangezogen werden. Stichtage sind insofern die Beendigung der Tätigkeit – auch durch die Eröffnung – oder das Ausscheiden des relevanten Gegenstandes aus der Verwaltung. Der Stichtag gehört zu dem relevanten Zeitraum. 92

Soweit (Not-)Verkäufe stattfinden (vgl. Begr. 2. ÄndVO InsVV, in ZInsO 2007, 28) werden Einnahmen realisiert, jedenfalls entstehen Forderungen, die im Zeitpunkt der Beendigung der vorläufigen Verwaltung zu berücksichtigen sind. Dann ist nicht mehr auf den Wert der abfließenden Gegenstände abzustellen. Werden Lieferantenrechnungen beglichen (vgl. Begr. 2. ÄndVO InsVV in ZInsO 2007, 28), fließt zwar Geld ab, andererseits unterliegt der Verwaltung im Gegenwert die eingekaufte Ware.

b) Methode

§ 252 HGB ist nicht relevant (a. A. Haarmeyer/Mock, § 11 InsVV Rn. 93). 93

94 Abzustellen ist bei der Bewertung auf den **voraussichtlichen Erlös** (vgl. BGH, ZInsO 2006, 337). Der voraussichtlich zu erlösende Betrag ist vorsichtig anzusetzen. Dies gilt insb. bei Vermögenspositionen, bei denen erfahrungsgemäß vielfach in insolventen Unternehmen nicht nachvollziehbare Werte angesetzt werden (Forderungsbestand, Warenvorräte, halbfertige Arbeiten). Die für diese Posten ggf. vorhandenen Nominalwerte können regelmäßig nicht übernommen werden.

95 Der erzielte Erlös ist ein gewichtiges Indiz für den objektiven Wert eines Vermögensgegenstandes (BGH, ZInsO 2007, 147). Für die Objektivierung des Wertes sind die Erkenntnisquellen bis zum letzten tatrichterlichen Entscheidungszeitpunkt, an dem der Vergütungsanspruch zu beurteilen ist, zu nutzen (BGH, ZInsO 2011, 2055, 2056; ZInsO 2011, 1128). .

96 Unterliegen einzubeziehende Vermögenspositionen naturgemäß Wertschwankungen innerhalb des Verfahrens (z. B. Aktien), sind diese mit ihrem Wert bei Verkauf zu berücksichtigen (Vill, FS Gero Fischer, S. 547, 553; a. A. Nowak, NZI 2006, 519 f., höchster Wert).

5. Abänderungsbefugnis (Satz 4)

97 In Satz 4 ist eine Abänderungsbefugnis des Gerichts vorgesehen, die zuvor in § 11 Abs. 2 InsVV verankert war.

98 Das Gericht kann (**Ermessen**) bei einer Abweichung von mehr als 20 % des Wertes der Berechnungsgrundlage – von dem Wert der insgesamt der ursprünglichen Festsetzung der Vergütung des vorläufigen Verwalters zugrunde gelegt wurde – die Vergütung des vorläufigen Verwalters ändern. Es soll zunächst eine rasche Entscheidung – insb. im Interesse des vorläufigen Verwalters, dessen Leistung entgolten werden kann – ermöglicht werden, ohne dass der Masse – bzw. den betroffenen Gläubigern – ein Nachteil entsteht. Deshalb ist keine abschließende Regelung gewollt. Vielmehr wird die Sache offengehalten, solange die Werte nicht feststehen oder die angenommenen Werte nicht verifiziert sind. Bis dahin ist die Angelegenheit zu einer endgültigen Entscheidung noch nicht reif.

99 Aus Gründen der Rechtsklarheit und Rechtssicherheit ist die Abänderungsbefugnis, die zuvor in § 11 Abs. 2 InsVV geregelt war, gesetzlich geregelt worden (BT-Drucks. 17/11268, S. 22); wg. der Kritik zu § 11 Abs. 2 InsVV vgl. Vorauflage § 11 InsVV Rn. 89.

100 Es handelt sich weiterhin um einen Entscheidungsvorbehalt, keine Rechtskraftdurchbrechung (Vill, FS Fischer, S. 547, 562; Bork/Muthorst, ZIP 2010, 1627, 1634; a. A. FK-Schmerbach § 21 Rn. 125; FK-Lorenz § 11 InsVV Rn. 69; Haarmeyer/Mock § 11 InsVV Rn. 88; Haarmeyer, ZInsO 2007, 73, 76; Heinze/Küpper, ZInsO 2007, 231, 232; wg. weiterer Nachweise vgl. Vorauflage § 11 InsVV Rn. 89). Die Regelung ist mit § 164 AO (Bescheid unter dem Vorbehalt der Nachprüfung) – auch vom Zweck her – vergleichbar. Materielle Rechtskraft für die ursprüngliche Entscheidung über die Vergütung kann nicht eintreten, weil dem erkennenden Gericht die Änderungsmöglichkeit vorbehalten ist. Diese Möglichkeit besteht bis zur Rechtskraft der Entscheidung über die Vergütung des Insolvenzverwalters (vgl. Graeber, NZI 2014, 147 ff. wegen der Verzinsung). Die Befugnis bezieht sich auf die Berechnungsgrundlage, nicht auf etwaige Zuschläge (FK-Lorenz § 11 InsVV Rn. 67; H/W/F, InsVV § 11 Rn. 52; Keller, Vergütung, Rn. 602; Graeber, ZInsO 2007, 133, 141; a. A. Vill, FS Fischer, S. 547, 563 f.; Haarmeyer/Mock § 11 InsVV Rn. 92). In dem Entscheidungsvorbehalt kommt zum Ausdruck, dass Entscheidungsreife vor Verifikation der Berechnungsgrundlage nicht besteht und dem Gericht die Entscheidung über die Berechnungsgrundlage als Teil der Vergütungsentscheidung noch endgültig vorbehalten ist. Daher ist der ursprüngliche Vergütungsantrag noch nicht als erledigt anzusehen; über ihn kann noch entschieden werden. Insofern bedarf es bei einer negativen Abweichung von den ursprünglichen Vermögenswerten nicht eines neuen Antrags. Sind höhere Werte anzusetzen, als bei dem ursprünglichen Antrag berücksichtigt, bedarf es neben der Mitteilung über die Abweichung eines neuen Antrags, der mit der Mitteilung verbunden werden kann a. A. H/W/F, InsVV § 11 Rn. 52; Haarmeyer/Mock § 11 InsVV Rn. 90).

Das Ermessen kann nur dann durch das Gericht sachgerecht ausgeübt werden, wenn der frühere vorläufige Verwalter dargestellt hat, welche Gründe für Abweichungen bestehen. Ggf. ist er entsprechend zur Stellungnahme aufzufordern. Dies gilt besonders für negative Abweichungen. Bei negativen Abweichungen wird darzulegen sein, dass die seinerzeitige Prognose aus der Ex-Ante-Betrachtung zutreffend war und die Differenz auf unvorhersehbare, nachträgliche Entwicklungen zurückgeht (H/W/F, InsVV § 11 Rn. 52; Haarmeyer/Mock § 11 InsVV Rn. 89). Dies gilt auch für den nicht als Verwalter bestellten vorläufigen Verwalter. Ihm ist ausdrücklich Gelegenheit zu einer solchen Stellungnahme zu geben. Er wird sich nicht darauf beschränken können, zu behaupten, er habe die prognostizierten Werte erreicht und die Abweichung beruhe auf der mangelhaften Tätigkeit des eingesetzten Verwalters. Fehlt eine Darlegung über eine zutreffende Ex-Ante-Beurteilung, ist das Ermessen als auf Null reduziert anzusehen. Bei positiver Abweichung (höhere Erlöse als prognostiziert) wird darzulegen sein, dass die Ex-Ante-Sicht der Vorsicht bei der Bewertung geschuldet war, der realisierte Wert objektiv aber bereits bestand, sodass die vorsichtige Bewertung den Verwalter nicht benachteiligen darf (vgl. zum objektiven Wert, der durch den später erzielten Erlös indiziert ist BGH, ZInsO 2007, 147). 101

Das Gericht entscheidet durch Beschluss nach § 64 InsO, § 8 über die Änderung (vgl. § 64 InsO Rdn. 4; § 8 Rdn. 38). Der Beschluss ist zu begründen. Er kann mit der sofortigen Beschwerde (§ 64 Abs. 3 InsO) angegriffen werden. 102

Der Verwalter, der zunächst vorsichtig taxiert hatte und dessen Erwartungen übertroffen wurden, wird einen neuen Vergütungsantrag – ggf. zusammen mit dem Hinweis über die Verwertungsergebnisse – stellen müssen, da das Gericht nach allgemeinen Grundsätzen nicht über das Beantragte hinaus entscheiden kann (a.A. H/W/F, InsVV § 11 Rn. 52: von Amts wegen; Haarmeyer/Mock § 11 InsVV Rn. 91). Daran ändert auch ein etwaiger, unbestimmter Nachbesserungsvorbehalt im ursprünglichen Antrag nichts (vgl. dazu Haarmeyer, ZInsO 2007, 73, 77). Der erzielte Mehrerlös kann jedenfalls – selbst bei Personenidentität – nicht als Zuschlag auf die Vergütung des endgültigen Verwalters gesondert ausgewiesen und festgesetzt werden (a.A. Haarmeyer, ZInsO 2007, 73, 77). Der Mehrerlös erhöht nur nachträglich die Berechnungsgrundlage des früheren vorläufigen Verwalters. Mit dieser geänderten Berechnungsgrundlage ist die Berechnung der Vergütung neu vorzunehmen. Der sich ergebende Betrag ist gesondert durch Beschluss festzusetzen. 103

Wenn der ursprüngliche **Wertansatz zu hoch** war und das Gericht gleichwohl nicht ändert, ist insofern ein Beschluss zu erlassen, der ausweist, aus welchen Gründen eine Änderung nicht als veranlasst angesehen wird. Auch dieser Beschluss unterliegt dem Rechtsmittel der Beschwerde. Schuldner und Gläubiger könnten beschwert sein. War der Wertansatz zu niedrig und es wird der Antrag auf erhöhte Vergütung zurückgewiesen, muss die Begründung nachvollziehen lassen, warum nicht erhöht worden ist. 104

Wird eine **Minderung** festgesetzt, wird der die Schlussrechnung einreichende Verwalter, der nicht mit dem vormaligen vorläufigen Verwalter identisch ist, den Differenzbetrag von dem vormaligen vorläufigen Verwalte einziehen müssen, da eine Entnahme vor der Rechtskraft der Vergütungsentscheidung vorliegt (vgl. § 717 Abs. 2 ZPO). 105

Besteht Personenidentität, ist ein Sonderverwalter einzusetzen. Eine Verrechnung als faktischer Abschlag von der Vergütung des endgültigen Verwalters ist systemwidrig, da es sich um getrennte Honorare handelt, bei denen keine Anrechnung stattfindet (a.A. H/W/F, InsVV § 11 Rn. 52; Keller, Vergütung, Rn. 604). 106

Die Entscheidung ist möglich, sobald – spätestens mit der Einreichung der Schlussrechnung – ein Hinweis auf die Veränderung in der Berechnungsgrundlage erteilt wird, bis zur Rechtskraft der Entscheidung über die Vergütung des endgültigen Verwalters. 107

6. Ungeregelt: Zuschläge (Abschläge)?

108 Zuschläge sind genau wie Abschläge nach § 3 InsVV analog möglich (HK-Keller § 11 InsVV Rn. 29 ff.; a. A. Haarmeyer/Mock § 11 InsVV Rn. 104 ff.; zweifelnd Haarmeyer/Mock § 11 Rn. 22; Haarmeyer, InsbürO 2014, 106, 110). Dies ergibt sich über § 11 Abs. 3 InsVV und die dort vorgesehene Berücksichtigung von Art, Dauer und Umfang der Tätigkeit bei der Vergütung (vgl. § 11 InsVV Rdn. 40 ff.).

109 Es handelt sich allerdings um willkürliche Bestimmungen, die allenfalls eine Plausibilisierungsfunktion haben können, wenn Zu- und Abschläge gewährt werden, die sich auf ein fiktives Normalverfahren beziehen (vgl. bei § 2 InsVV Rdn. 14 ff., § 3 InsVV Rdn. 2 ff.) und damit selbst fiktiv sind. Wird bei § 11 Abs. 3 konkret auf die besondere Art der Tätigkeit abgestellt, sind Fiktionen zu vermeiden (vgl. § 11 InsVV Rdn. 43 ff.).

7. Ungeregelt: Mindestvergütung?

110 Die Mindestvergütung für den vorläufigen Verwalter ist ungeregelt § 2 Abs. 2 Satz 1 InsVV ist analog anzuwenden. Der vorläufige Verwalter erhält insofern 1.000,00 €. Die staatliche Inanspruchnahme privater Leistung darf nicht entgeltfrei erfolgen. Die Kürzung auf einen Bruchteil findet nur in der Staffelvergütung nach § 2 Abs. 1 InsVV statt (BGH, ZInsO 2007, 88, 89; ZInsO 2006, 811, 816).

111 Dem vorläufigen Verwalter steht eine nach § 2 Abs. 2 Satz 2 InsVV entsprechend erhöhte Mindestvergütung zu. Forderungsanmeldungen können nicht vorliegen; es ist auf die im Eröffnungsverfahren beteiligten Gläubiger abzustellen, soweit mit einer Anmeldung im eröffneten Verfahren zu rechnen ist (BGH, ZInsO 2010, 493, 494). Es kommt nicht darauf an, ob sich der vorläufige Verwalter mit diesen Forderungen konkret befasst hat (BGH, ZInsO 2010, 493, 494). Zuschlagsgründe nach § 3 Abs. 1 InsVV könnten ebenfalls angewandt werden (offen gelassen in BGH, ZInsO 2009, 1511); allerdings ist auf den fiktiven Charakter von Zuschlägen zu verweisen (vgl. insofern bei § 2 InsVV Rdn. 14 ff., § 3 InsVV Rdn. 2 ff.; s. auch bei Rdn. 109).

8. Ungeregelt: Auslagen?

112 Abs. 3 nennt keine Regelung für die Erstattung angemessener Auslagen des vorläufigen Verwalters. Der Anspruch auf die angemessenen Auslagen ist aus der Verweisung in § 21 Abs. 2 Satz 1 Nr. 1 u. a. auf § 63 Abs. 1 Satz 1 zu entnehmen. Bei kurzer Dauer der vorläufigen Verwaltung sind die Auslagen nicht zu kürzen, da die Kürzung sich lediglich auf die Vergütung, nicht auf die Auslagen bezieht (vgl. LG Stuttgart, ZIP 2002, 491 = ZInsO 2002, 276 [Ls.]). Die Auslagenpauschale bemisst sich für den vorläufigen Verwalter nach seiner Regelvergütung (vgl. BGH, ZInsO 2006, 1206).

9. Verfahren

113 Durch die Verweisung in § 21 Abs. 2 Satz 1 Nr. 1 auf § 64 ist wegen der Bekanntmachung und der Zustellung eines Vergütungsbeschlusses ist auf die Kommentierung zu § 64 zu verweisen. Dies gilt auch wegen der sofortigen Beschwerde.

C. Reformbestrebungen

114 Die bereits im Referentenentwurf eines »Gesetzes zur Verkürzung des Restschuldbefreiungsverfahrens, zur Stärkung der Gläubigerrechte und zur Insolvenzfestigkeit von Lizenzen« vorgesehene Regelung (vgl. 4. A. Rn. 20) ist als Abs. 3 Gesetz geworden.

115 Die Reformbestrebungen und Vorschläge sind allgemein in Rdn. 3 angesprochen worden.

116 In dem Vorschlag des VID (ZInsO 2014, 1254 ff. = Beilage ZIP 28/2014, 14 ff.) ist, wegen der Verankerung des Vergütungsrechts in einem eigenen Gesetz, vorgesehen nur Abs. 1 Satz 1 – unter Hinweis auf die gesetzlichen Regelungen im neuen Gesetz – und Abs. 2 unverändert zu lassen. Hingegen soll Abs. 3 – mit der neu geschaffenen Vergütungsregelung für den vorläufigen Verwalter –

wieder gestrichen werden (VID, ZInsO 2014, 1254 = Beilage ZIP 28/2014, 14). In dem Entwurf des NIVD (ZInsO 2014, 941 ff.) ist eine Änderung von Abs. 3 nicht vorgesehen. Auch der Entwurf des »Gläubigerforums« sieht eine Änderung nicht vor (ZInsO 2014, 650 ff).

Es ist absehbar, dass die Vergütung des vorläufigen Verwalters streitig bleiben wird. Wegen der vorliegenden Reformvorschläge bezüglich des vorläufigen Verwalters wird auf § 11 InsVV Rdn. 62 ff. verwiesen. Alle Reformvorschläge behandeln die Vergütung des vorläufigen Verwalters unter der dortigen Vorschrift des § 11. 117

§ 64 Festsetzung durch das Gericht

(1) Das Insolvenzgericht setzt die Vergütung und die zu erstattenden Auslagen des Insolvenzverwalters durch Beschluß fest.

(2) ¹Der Beschluß ist öffentlich bekanntzumachen und dem Verwalter, dem Schuldner und, wenn ein Gläubigerausschuß bestellt ist, den Mitgliedern des Ausschusses besonders zuzustellen. ²Die festgesetzten Beträge sind nicht zu veröffentlichen; in der öffentlichen Bekanntmachung ist darauf hinzuweisen, daß der vollständige Beschluß in der Geschäftsstelle eingesehen werden kann.

(3) ¹Gegen den Beschluß steht dem Verwalter, dem Schuldner und jedem Insolvenzgläubiger die sofortige Beschwerde zu. ²§ 567 Abs. 2 der Zivilprozeßordnung gilt entsprechend.

Übersicht	Rdn.			Rdn.
A. Normzweck	1		d) Gläubigerausschuss	35
B. Norminhalt	2		e) Massegläubiger	36
I. Festsetzung durch Beschluss (Abs. 1)	2		f) Dritte, die für die Verfahrenskosten einstehen	37
1. Antrag	2		g) Gesellschafter	38
2. Zuständigkeit	5		h) Staatskasse	39
3. Rechtliches Gehör	11	4.	Frist	40
4. Prüfung	16		a) Verwalter	41
5. Beschluss	17		b) Schuldner	43
6. Rechtsbehelfsbelehrung	21		c) Insolvenzgläubiger	45
II. Bekanntmachung und Zustellung (Abs. 2)	24		d) Massegläubiger	48
1. Bekanntmachung	24		e) Dritte, die für die Verfahrenskosten einstehen	49
2. Zustellung	25		f) Gesellschafter	50
III. Sofortige Beschwerde (Abs. 3)	26	5.	Abhilfe	51
1. Statthaftigkeit	26	IV.	Erinnerung	53
2. Zulässigkeit (Beschwer)	28	V.	Rechtsbeschwerde	55
3. Beschwerdebefugnis	29	IV.	Rechtskraft	57
a) Verwalter	30	C.	Reformbestrebungen	64
b) Schuldner	31			
c) Gläubiger	32			

A. Normzweck

Es wird die Festsetzung des Vergütungsanspruchs und der Auslagen des Verwalters durch das Insolvenzgericht in Grundzügen angesprochen. §§ 21 Abs. 2 Nr. 1, 73 Abs. 2, 274 Abs. 1, 293 Abs. 2 sehen die entsprechende Anwendung vor. Einzelheiten bezüglich des vorl. Verwalters sind in § 63 Abs. 3, der durch Art. 1 Nr. 12 des Gesetzes zur Verkürzung des Restschuldbefreiungsverfahrens und zur Stärkung der Gläubigerrechte vom 15.07.2013 (BGBl. I, 2379) angefügt wurde sowie § 8 Abs. 1, Abs. 2 bzw. § 11 Abs. 2 InsVV geregelt. Für die gesetzlich nicht geregelte Vergütung des **Sonderinsolvenzverwalters** ist die entsprechende Anwendung zwingend (BGH, ZInsO 2008, 733, 734 f.). Auch für die gesetzlich ungeregelte Vergütung des vorläufigen Sachwalters ist die entsprechende Anwendung zwingend (AG Hamburg, ZInsO 2014, 569, 570; AG Köln ZIP 2013, 462) 1

B. Norminhalt

I. Festsetzung durch Beschluss (Abs. 1)

1. Antrag

2   Ein Antrag des Verwalters oder – wegen der Verweisungen und entsprechenden Anwendungen – sonstiger Berechtigter ist vorausgesetzt (zum Inhalt und den Erfordernissen des Antrages vgl. BGH, ZInsO 2007, 259 f. sowie bei § 8 InsVV Rdn. 2 f). Es erfolgt keine Entscheidung von Amts wegen. Der Insolvenzverwalter kann einen ursprünglich eingereichten Vergütungsantrag ergänzen (BGH, ZInsO 2009, 1557, 1558). Dies gilt entsprechend für andere Vergütungsberechtigte.

3   Auch Zuschläge gem. § 3 InsVV können nur berücksichtigt werden, sofern sie beantragt sind (AG Leipzig, NZI 2006, 478, 480; anders für die Beschwerde BGH, ZInsO 2006, 1162 unter dem Gesichtspunkt der Gesamtwürdigung bzw. des Verschlechterungsverbotes, vgl. dazu unten unter Rdn. 58).

4   Durch das Gesetz zur Verkürzung des Restschuldbefreiungsverfahrens und zur Stärkung der Gläubigerrechte vom 15.07.2013 (BGBl. I, 2379 ff.) ist ein dritter Absatz bei § 63 eingefügt worden. Dort ist – wie bereits zuvor in § 11 Abs. 2 InsVV – die Änderungsbefugnis des Insolvenzgerichtes bei einer Wertabweichung der Berechnungsgrundlage um mehr als 20 % vorgesehen worden. Das Gericht hat Ermessen, ob die Vergütung geändert werden soll (vgl. bei § 63 Rdn. 97 f.). ein – pflichtgemäß erfolgender – Hinweis des vorläufigen Verwalters ist kein Antrag auf Änderung.

2. Zuständigkeit

5   Die funktionale Zuständigkeit ergibt sich aus § 18 RPflG. Nach der Eröffnung ist i. d. R. der **Rechtspfleger** zuständig; auch für die Vergütung des vorläufigen Verwalters; es gibt keinen Sachgrund, die Entscheidung über die Vergütung des vorläufigen Verwalters wegen ihrer Schwierigkeit dem Richter vorzubehalten (BGH, ZInsO 2010, 2103, 2105; a. A. FK-Schmerbach § 21 Rn. 146 ff.).

6   Zuständig ist der Rechtspfleger, auch wenn nach § 26a über die Vergütung des vorläufigen Insolvenzverwalters, sofern es nicht zur Eröffnung kam, zu entscheiden ist.

7   Eine Rückwirkung für nicht abgeschlossene Altfälle sieht die Regelung nach § 26a bereits in der Fassung des ESUG nicht vor (BGH, ZInsO 2012, 802). Ist das Insolvenzverfahren – in einem Altfall – nicht eröffnet worden, kann die Vergütung des vorläufigen Verwalters vom Insolvenzgericht weder dem Grund noch der Höhe nach im Verfahren nach §§ 63, 64 InsO, §§ 8, 10, 11 InsVV festgesetzt werden. Der Verwalter ist vielmehr in diesem Fall wegen seines Vergütungsanspruchs auf den ordentlichen Rechtsweg zu verweisen (BGH, ZInsO 2012, 802; BGH, ZInsO 2010, 107; vgl. Rn. 3a der Vorauflage). Werden – in einem Altverfahren – dem Gläubiger, in dem Beschluss, mit dem dessen Eröffnungsantrag zurückgewiesen hat, zugleich die Kosten des Verfahrens einschließlich der Kosten der vorläufigen Verwaltung auferlegt, und ist dieser Beschluss rechtskräftig geworden, liegt einer Kostengrundentscheidung vor, auf deren Grundlage die Vergütung des vorläufigen Insolvenzverwalters gegen den Gläubiger festgesetzt werden kann. Der Rechtskraft der Kostengrundentscheidung steht dann nicht entgegen, dass das Insolvenzgericht zu deren Erlass nicht berechtigt ist (BGH, ZInsO 2012, 800, 801). Eine solche Entscheidung ist nicht unwirksam, denn auch wenn das Insolvenzgericht seine materiell-rechtlichen Befugnisse überschreitet, begibt es sich nicht in einen Bereich, der eindeutig und unstreitig ganz außerhalb seiner Zuständigkeit läge (BGH, ZInsO 2012, 800, 801).

8   Wird der Antrag mangels Masse oder als unbegründet abgewiesen, liegt die Entscheidung über die Eröffnung i. S. v. § 18 Abs. 1 Nr. 1 RPflG vor. Zuständig ist daher der Rechtspfleger (AG Düsseldorf, ZInsO 2010, 1807; OLG Zweibrücken, ZInsO 2000, 398; Fuchs, ZInsO 2001, 1033; **a. A.** AG Göttingen, ZInsO 2010, 975, 976; FK-Schmerbach § 21 Rn. 147 ff.: der Richter).

9   Wie im Zivilprozess ist eine einseitige Erledigungserklärung möglich (vgl. BGH, ZInsO 2005, 39; Jaeger-Gerhardt § 13 InsO Rn. 49 m. w. N. in Fn. 114). Die für den Zivilprozess geltenden Grund-

sätze sind in modifizierter Form anzuwenden (BGH, ZInsO 2005, 39). Wird einseitig für erledigt erklärt, handelt es sich nach § 4 InsO, § 264 Nr. 2 ZPO entsprechend um eine Beschränkung des Antrags und damit um eine Klageänderung (vgl. zur Klageänderungstheorie BGH, NJW 2002, 442; Stein/Jonas/Bork § 91a ZPO Rn. 39). Im Insolvenzeröffnungsverfahren ist zu prüfen, ob der Antrag bis zu der Erledigungserklärung zulässig war (BGH, ZInsO 2005, 39). Der Richter entscheidet durch Beschluss (vgl. Jaeger-Gerhardt § 13 InsO Rn. 49). Nach dieser Entscheidung ist der Rechtspfleger nach § 18 Abs. 1 Nr. 1 RPflG zuständig (a. A. FK-Schmerbach § 21 Rn. 146). Schweigt der Schuldner nach der Erledigungserklärung des Antragstellers, handelt es sich nach § 91a Abs. 1 Satz 2 ZPO entsprechend um eine fingierte Zustimmung zu der zuvor einseitigen Erledigung (so vor der Änderung der ZPO bereits AG Hamburg, ZInsO 2001, 138; MK-Schmahl/Vuia § 13 Rn. 132; a. A. BGH, ZInsO 2005, 39, wonach die Regeln über die einseitige Erledigung anzuwenden sind). Durch die übereinstimmende Erledigung ist die Rechtshängigkeit der Hauptsache beendet. Zwar fehlt eine Entscheidung über den Eröffnungsantrag i. S. v. § 18 Abs. 1 Nr. 1 RPflG, aber die Beendigung der Rechtshängigkeit der Hauptsache, die durch die »Entscheidung der Parteien« eintritt, führt zu der gleichen Beurteilung. Zuständig ist der Rechtspfleger (a. A. FK-Schmerbach § 21 Rn. 146 ff.). Dies gilt ebenso bei einer »echten« übereinstimmenden Erledigung (a. A. FK-Schmerbach § 21 Rn. 146 ff.).

Wird der Antrag zurückgenommen, ist der Rechtspfleger zuständig. Es gelten die gleichen Erwägungen wie bei der (fingierten) übereinstimmenden Erledigung (a. A. FK-Schmerbach § 21 Rn. 146 ff.).

3. Rechtliches Gehör

Im Insolvenzverfahren vermengen sich Elemente des Erkenntnisverfahrens und des Vollstreckungsverfahrens; der Grundsatz des rechtlichen Gehörs gilt in sehr differenzierter Form (MK-Stuerner, Einleitung Rn. 60).

Die Frage des rechtlichen Gehörs im Zusammenhang mit Vergütungsentscheidungen ist weder in der InsO noch in der InsVV geregelt. Dies ist ein konzeptioneller Mangel des Vergütungsrechtes. Dieser Mangel wird von der bisherigen Reformentwürfen des VID (ZInsO 2014, 1254 ff = Beilage ZIP 28/2014, 14 ff.), des NIVD (ZInsO 2014, 941 ff.) und des »Gläubigerforums« (ZInsO 2013, 2424 ff.; ZInsO 2014, 650 ff.) unberücksichtigt gelassen. Im Zuge einer ganzheitlichen Reform des Vergütungsrechtes ist dieser Umstand zu beachten (vgl. zum Umbruch des Vergütungsrechtes allgemein bei § 63 Rdn. 3).

Vorliegende Entscheidungen und Stellungnahmen lehnen eine Anhörung der Gläubiger vielfach gerade auch unter dem Hinweis auf unüberwindliche praktische Schwierigkeiten ab (LG Gießen, NZI 2009, 728, 729; LG Potsdam, ZIP 2005, 914; H/W/F, InsVV § 8 Rn. 18; MK-Riedel § 64 Rn. 5; Uhlenbruck-Mock § 64 Rn. 7; a. A. LG Karlsruhe, ZInsO 2009, 2358, 2359; FK-Schmitt § 64 Rn. 6; Haarmeyer/Mock § 8 Rn. 25; Jaeger-Schilken § 64 Rn. 9 f).

In der höchstrichterlichen Rechtsprechung bestand wohl noch keine Gelegenheit, dies umfassend auszuleuchten (vgl. Vuia, ZInsO 2014, 1038, 1042). Die vorhandenen Entscheidungen beziehen sich darauf, dass der Schuldner bzw. die Gläubiger (vgl. BGH, ZInsO 2010, 397: Gläubiger und Schuldner; BGH, ZInsO 2012, 1640: Schuldner) anzuhören seien, weil sie durch die Vergütungsfestsetzung in ihren Rechten betroffen würden.

Was für die Gläubiger und den Schuldner gilt, muss auch für andere gelten, die in ihren Rechten betroffen werden. Wegen des Kreises der möglichen in ihren jeweiligen Rechten Betroffenen ist auf den Kreis der Beschwerdeberechtigten (Verwalter, Schuldner, Gläubiger, Massegläubiger, Dritte, die für die Verfahrenskosten einstehen sowie Gesellschafter, vgl. bei Rdn. 29 ff.) zu verweisen (a. A. Vuia, ZInsO 2014, 1038, 1048, der bei unzumutbarer Kostenbelastung von der Anhörung der Gläubiger absehen will).

Obwohl der Gläubigerausschuss kein eigenes Beschwerderecht hat, wird es als sinnvoll angesehen, die Mitglieder des Gläubigerauschusses anzuhören (HK-Keller § Rn. 18; K/P/B-Stoffler § 64 Rn. 7; K/P/B-Stoffler § 8 InsVV Rn. 7).

15 Selbst wenn der Kreis der Anzuhörenden angesichts der erweiterten Zahl der Beschwerdeberechtigten (s. u. Rdn. 29 ff., s. o. Rdn. 14) sehr groß sein kann, spricht dies nicht gegen die umfassende Anhörung. Das grundrechtsgleiche Recht auf rechtliches Gehör kann nicht mit dem Kostenargument beiseitegeschoben werden (LG Karlsruhe, ZInsO 2009, 2358, 2360; a. A. Vuia, ZInsO 2014, 1038, 1048, der bei genereller Bejahung der Anhörung im Einzelfall hiervon – bei Begründungszwang im Festsetzungsbeschluss – absehen will). Vielmehr weist die Argumentation mit den Kosten auf den Bedarf hin, das Problem im Zuge einer umfassenden Reform anzugehen. Soweit anzuhören ist, hat die Anhörung vor der Entscheidung zu erfolgen (vgl. BGH, ZInsO 2012, 1640; a. A. LG Potsdam, ZIP 2005, 914). Verzögerungen des Verfahrens müssen im Interesse eines transparenten Verfahrens und einer angemessenen Teilhabe der Beteiligten hingenommen werden.

4. Prüfung

16 Zur Prüfung des Antrages durch das Gericht vgl. § 8 InsVV Rdn. 26 ff.

5. Beschluss

17 Der Festsetzungsbeschluss ist Vollstreckungstitel i. S. v. § 794 Abs. 1 Nr. 3 ZPO. Gem. § 795 Satz 1 ZPO findet die Vollstreckungsabwehrklage gem. § 767 ZPO entsprechend Anwendung (BGH, ZInsO 2004, 669). Vergütung, Auslagen und gesonderter Ersatz für das übertragene Zustellwesen (vgl. BGH, ZInsO 2013, 894) sind gesondert als Nettobeträge unter Ausweis der USt durch Beschluss festzusetzen; §§ 7, 8 Abs. 1 Satz 2 InsVV. Auch ohne Ausweis der USt im Beschluss ist der Verwalter berechtigt, eine Rechnung mit gesondert ausgewiesener USt zu erteilen (BFH, ZVI 2005, 280, Klarstellung zu BFH, ZIP 1986, 517). Der Beschluss zur Festsetzung des Vergütungsanspruchs ist keine Rechnung eines Dritten i. S. d. § 14 Abs. 2 Satz 4 UStG, die zum Vorsteuerabzug berechtigt (BFH, ZInsO 2013, 354). Der Beschluss ist zu begründen, § 4 i. V. m. § 329 ZPO (Einzelheiten bei § 8 InsVV Rdn. 39 ff.).

18 Die Regelung der Vergütung im Insolvenzplan unterläuft de lege lata die Festsetzungskompetenz des Gerichtes (HK-Keller § 64 Rn. 42; a. A. LG München, ZInsO 2013, 1966; vgl. Haarmeyer/Mock, § 1 Rn. 38, den Zwiespalt zwischen Gestaltungshoheit gem. § 217 versus Festsetzungsnotwendigkeit benennend). De lege lata sind Vergütungsvereinbarungen – auch im Insolvenzplanverfahren – unzulässig (HK-Keller § 64 Rn. 42; a. A. Haarmeyer/Mock, § 1 InsVV, Rn. 38 MK-Stephan, § 63 Rn. 52; Mock, KTS 2012, 59 ff.; Graeber, ZIP 2013, 916 ff.; Haarmeyer, ZInsO 2013, 1967). Der Beschluss des Gerichts ist – anders als beim Vergleich im Zivilprozess – keine Beurkundung des Parteiwillens, sondern eine eigene, zu begründende Entscheidung (a. A. LG München, ZInsO 2013, 1966). Letztlich gibt es auch keine Parteien.

De lege ferenda sind Vergütungsvereinbarungen wünschenswert (Madaus/Heßel, ZIP 2013, 2088, 2092; a. A. HK-Keller § 64 Rn. 47). Sie sind dann nicht auf das Planverfahren zu begrenzen (vgl. bei § 63 Rdn. 23 zu den Reformbestrebungen bezüglich Vergütungsvereinbarungen).

Auch die Vergütung des vorläufigen Sachwalters unterliegt de lege lata nicht der Disposition der Beteiligten (AG Hamburg, ZInsO 2014, 569). Vereinbarungen unterlaufen auch insoweit die Festsetzungskompetenz des Gerichts. Auch dies mag de lege ferenda anders beurteilt werden können.

19 Die Entscheidung ist mit der gebotenen **Beschleunigung** zu erlassen; 6 Wochen sind angemessen (Uhlenbruck-Mock § 64 Rn. 11; Haarmeyer, ZInsO 2004, 270). Der Verwalter kann weder Zinsen noch Kompensation durch Zuschlag oder Erstattung von Vorfinanzierungsauslagen für die Dauer des Festsetzungsverfahrens verlangen (BGH, ZInsO 2004, 268). Wird verzögert festgesetzt, kommt ein **Anspruch wegen Amtspflichtverletzung** gem. § 839 BGB i. V. m. Art. 34 GG in Betracht (BGH, ZInsO 2004, 268).

Ist die Vergütung festgesetzt worden, darf der Verwalter die Vergütung auch vor Rechtskraft des Beschlusses entnehmen (BGH, ZInsO 2006, 27). Zur Rechtskraft s. u. Rdn. 57; zur etwaigen Erstattung der vor Rechtskraft entnommenen Vergütung vgl. unten Rdn. 62.

Bereits durch die Zweite Verordnung zur Änderung der InsVV vom 21.12.2006 (BGBl. I S. 3389, Abdruck mit Begründung in ZInsO 2007, 27) wurde dem Gericht die Möglichkeit eingeräumt, die Vergütung des vorläufigen Verwalters zu ändern (vgl. ausführl. In der Vorauflage bei § 11 InsVV Rn. 107 ff.), sofern sich die Berechnungsgrundlage geändert hat. Durch das Gesetz zur Verkürzung des Restschuldbefreiungsverfahrens und zur Stärkung der Gläubigerrechte vom 15.07.2013 (BGBl. I, 2379 ff.) ist ein dritter Absatz bei § 63 eingefügt worden. Dort ist die Änderungsbefugnis des Insolvenzgerichtes bei einer Wertabweichung um mehr als 20 % – wie zuvor in § 11 Abs. 2 InsVV vorgesehen worden. Die Anzeigepflicht wegen der Abweichung ist weiterhin in § 11 Abs. 2 InsVV geregelt. Es besteht keine Notwendigkeit, in den Beschluss über die Festsetzung der Vergütung des vorläufigen Verwalters einen Änderungsvorbehalt vorsorglich aufzunehmen (Haarmeyer, ZInsO 2007, 73, 76; a. A. Graeber, ZInsO 2007, 133, 140, jedenfalls unschädlich).

6. Rechtsbehelfsbelehrung

Durch Art. 1 Nr. 4 des Gesetzes zur Einführung einer Rechtsbehelfsbelehrung im Zivilprozess und zur Änderung anderer Vorschriften vom 05.12.2012 (BGBl. I, S. 2418) ist § 232 ZPO geändert worden. Nach § 4 i. V. m. § 232 ZPO ist daher der Vergütungsbeschluss im Insolvenzverfahren mit einer Rechtsbehelfsbelehrung zu versehen. Denn seit dem 01.01.2014 hat jede anfechtbare gerichtliche Entscheidung eine Belehrung über das statthafte Rechtsmittel sowie über das Gericht, bei dem der Rechtsbehelf einzulegen ist, über den Sitz des Gerichts und über die einzuhaltende Form und Frist zu enthalten. Inhaltlich muss die Rechtsbehelfsbelehrung aus sich heraus verständlich sein, sie muss eine nicht anwaltlich vertretene Partei in die Lage versetzen, das Rechtsmittel oder den Rechtsbehelf ohne sachkundige Hilfe einzulegen (BT-Drucks. 17/10490, S. 13).

Fehlerhaft ist es, wenn die Rechtsbehelfsbelehrung völlig fehlt.

Fehlerhaft ist die Rechtsbehelfsbelehrung, wenn – bei gebotenem Hinweis auf die sofortige Beschwerde – statt der sofortigen Beschwerde auf die Erinnerung verwiesen würde. Umgekehrt gilt dies auch. Fehlerhaft ist die Belehrung auch, wenn – statt das richtige Rechtsmittel zu benennen – kombiniert auf beide Möglichkeiten (sofortige Beschwerde/Erinnerung) zur Auswahl für den Empfänger der Belehrung hingewiesen wird. Die Benennung des richtigen Rechtsmittels hat das Gericht – bezogen auf die konkret individuelle Beschwer des jeweiligen Adressaten der Belehrung – auszuwählen (vgl. Begründung BT-Drucks. 17/10490, S. 14).

II. Bekanntmachung und Zustellung (Abs. 2)

1. Bekanntmachung

Die öffentliche Bekanntmachung (Satz 1 Halbs. 1) löst die Fiktion der Zustellung an alle Beteiligten nach § 9 Abs. 3 aus. Das Fehlen der festgesetzten Beträge in der öffentlichen Bekanntmachung nach Satz 2 ist im Beschwerdeverfahren unbeachtlich, wenn der Schuldner als Beschwerdeführer zu dem Antrag angehört worden ist (BGH, ZInsO 2012, 49, 51; ZInsO 2009, 2414; ZInsO 2004, 199 im Anschluss an BayObLG, ZInsO 2002, 129). Das BVerfG sah lediglich eine öffentliche Bekanntmachung, die eine einwöchige Rechtsbehelfsfrist in Lauf setzen sollte, als verfassungswidrig an, wenn der Entscheidungsausspruch nicht mitgeteilt wird (vgl. BVerfG, ZIP 1988, 379, 382). Ungeklärt ist, ob der Gläubiger durch die bestehende Regelung in seinen verfassungsmäßigen Rechten beeinträchtigt ist (BGH, ZInsO 2012, 49, 51). Für Gläubiger bedeutet die Beschwerdefrist von 2 Wochen eine höhere Hürde, als für den angehörten Schuldner oder den Verwalter (BGH, ZInsO 2012, 49, 51). Die öffentliche Bekanntmachung wirkt nur dann als Zustellung, wenn die bekannt gemachte Entscheidung richtig bezeichnet ist (BGH, ZInsO 2012, 49, 50: veröffentlicht war die Festsetzung der Vergütung und Auslagen des Insolvenzverwalters, hingegen bezog sich der Beschluss auf die Festsetzung der Vergütung des vorläufigen Verwalters). Ist die öffentliche

Bekanntmachung fehlerhaft, wirkt sich dies auf die Beschwerdefrist aus (BGH, ZInsO 2012, 49, 50); s. dazu unten Rdn. 40. Die Veröffentlichung eines Beschlusses, in dem die Aufhebung des Verfahrens angekündigt wird, ersetzt die Veröffentlichung des Vergütungsbeschlusses nicht (BGH, ZInsO 2012, 51, 52). Die Veröffentlichung eines Beschlusses, in dem darauf hingewiesen wird, dass in einem anderen Beschluss die Vergütung des Insolvenzverwalters festgesetzt worden wäre, ersetzt die Veröffentlichung des Vergütungsbeschlusses nicht (BGH, ZInsO 2012, 51, 52).

2. Zustellung

25 Nach § 9 Abs. 3 genügt zum Nachweis der Zustellung die öffentliche Bekanntmachung. Diese gilt als bewirkt, wenn nach der Veröffentlichung 2 weitere Tage verstrichen sind (§ 9 Abs. 1 Satz 3). Der Verwalter kann nicht mit der Zustellung gem. § 8 Abs. 3 beauftragt werden (a. A. BK-Blersch § 64 Rn. 15). Das Gebot eines effektiven Rechtsschutzes ist bei der unvollständig veröffentlichten Vergütungsentscheidung gewährleistet durch die zwingend besondere Zustellung nach § 64 Abs. 2 Satz 1 InsO und den Hinweis auf das Einsichtsrecht in den vollständigen Beschluss nach § 64 Abs. 2 Satz 2 Halbs. 2, InsO (BGH, ZInsO 2009, 2414, 2415). Wird dem Antrag des Verwalters z. T. stattgegeben, sind durch die Entscheidung auch Schuldner und Gläubiger beschwert. Es hat dann eine öffentliche Bekanntmachung des Beschlusses neben Einzelzustellungen zu erfolgen (BGH, ZInsO 2009, 2414, 2415). Es ist für den Fristlauf generell die frühere Zustellung maßgeblich (BGH, ZInsO 2009, 2414, 2415). Die zuzustellenden Entscheidungen haben die zutreffende Rechtsbehelfsbelehrung zu enthalten.

III. Sofortige Beschwerde (Abs. 3)

1. Statthaftigkeit

26 Satz 1 sieht die sofortige Beschwerde für Vergütungsentscheidungen vor (vgl. § 6). Wird angeordnet, dass eine festgesetzte Vergütung nicht der Masse entnommen werden darf, ist insofern die sofortige Beschwerde in § 6 Abs. 1 nicht vorgesehen. Diese beschränkende Anordnung kann aber wie die Festsetzung mit der sofortigen Beschwerde angegriffen werden. Ansonsten würde die Anordnung die rechtliche Folge des Vergütungsbeschlusses ausschließen, da aufgrund des Beschlusses die Entnahme aus der Masse möglich ist (BGH, ZInsO 2011, 1566, 1567; BGH, ZInsO 2010, 2103, 2104).

27 Ist die sofortige Beschwerde offensichtlich nicht statthaft, ist der Rechtsbehelf als befristete Rechtspflegererinnerung nach § 11 Abs. 2 RPflG zu werten. Hierüber kann das Insolvenzgericht nach § 64 Abs. 3 InsO ohne Vorlage der Akten an das Landgericht sofort entscheiden (AG Leipzig, ZInsO 2012, 2165).

2. Zulässigkeit (Beschwer)

28 Ausschließlich der Verwalter ist beschwert, wenn sein Vergütungsantrag vollständig abgelehnt wird (BGH, ZInsO 2009, 2414, 2415). Wird dem Antrag z. T. stattgegeben, sind durch die Entscheidung auch Schuldner und Gläubiger beschwert. Der Wert des Beschwerdegegenstandes muss 200,00 € übersteigen (Satz 2 i. V. m. § 567 Abs. 2 Satz 2 ZPO). Der Wert bemisst sich nach dem Betrag, um den der Beschwerdeführer durch den angefochtenen Vergütungsbeschluss behauptet, in seinen Rechten verletzt zu sein und in dessen Höhe er mit seinem Beschwerdeantrag die Abänderung der erstinstanzlichen Entscheidung begehrt. (BGH, ZInsO 2012, 972). Eine Erhöhung des Wertes des Beschwerdegegenstandes durch ein erweitertes Festsetzungsbegehren in der Beschwerdeinstanz ist nicht möglich (BGH, ZInsO 2012, 972).

3. Beschwerdebefugnis

29 Nach Satz 1 sind der Verwalter, der Schuldner sowie die Insolvenzgläubiger zur Beschwerde befugt. Durch die Rechtsprechung sind weitere Beschwerdebefugte hinzugekommen.

a) Verwalter

Wird im Fall des vorzeitigen Ausscheidens eines Verwalters dieser an dem weiteren Verfahren bzgl. der Vergütungsfestsetzung des nachfolgenden Verwalters beteiligt (vgl. Graeber, DZWIR 2006, 160) ist ihm auch ein Beschwerderecht wegen der Vergütung des nachfolgenden Verwalters zuzugestehen (a.A. AG Göttingen, ZInsO 2009, 688). Der nachfolgende Verwalter seinerseits ist – genau wie alle übrigen zur Beschwerde Befugten – beschwerdebefugt im Hinblick auf eine etwaige ergänzende Festsetzung der Vergütung des ausgeschiedenen Verwalters. Der Insolvenzverwalter hat zur Abwehr unberechtigter Vergütungsforderungen die Beschwerdebefugnis bei der Festsetzung der Vergütung des Sonderinsolvenzverwalters.

b) Schuldner

In Verfahren nach § 4a besteht ein unmittelbares Beschwerderecht des Schuldners. Es beruht auf der Rückgriffmöglichkeit der Staatskasse nach Ablauf der Stundung (HK (6.A.)-Eickmann § 63 Rn. 24).

Der anwaltliche Vertreter des Schuldners kann mit der ihm vor Eröffnung erteilten Vollmacht gegen den Vergütungsbeschluss des vorläufigen Verwalters vorgehen und die Beschwerde weiter verfolgen (OLG Dresden, ZInsO 2002, 1052).

c) Gläubiger

Insolvenzgläubiger ist jeder Gläubiger, der seine Forderung im eröffneten Verfahren zur Tabelle angemeldet hat (BGH, ZInsO 2007, 259). Alle **Insolvenzgläubiger** – auch bei bestrittener Forderung – sind beschwerdeberechtigt (BGH, ZInsO 2007, 259).

Auch in masselosen Verfahren (Stundung nach § 4a) ist ein Gläubiger i.d.R. befugt, Beschwerde einzulegen; jeder Betrag, um den die Vergütung zu hoch festgesetzt wird, kann nicht an die Insolvenzgläubiger verteilt werden (BGH, ZInsO 2006, 256). Wird das Verfahren nach § 207 mangels Masse eingestellt, sind die Insolvenzgläubiger zwar beschwert, es fehlt aber ausnahmsweise das Rechtsschutzinteresse für ein Beschwerdeverfahren (vgl. BGH, ZInsO 2006, 256).

Absonderungsberechtigte Gläubiger sind nicht beschwert, wenn sie bereits befriedigt sind oder ihre Befriedigung sicher ist, weil die Beträge bereit stehen (OLG Brandenburg, ZInsO 2001, 257). **Aussonderungsberechtigte Gläubiger** nehmen gem. § 47 nicht am Verfahren teil. Ihnen steht kein Beschwerderecht zu (OLG Brandenburg ZInsO 2001, 257).

d) Gläubigerausschuss

Der Gläubigerausschuss als Organ hat kein Beschwerderecht; auch die Mitglieder des Ausschusses haben in dieser Eigenschaft kein Beschwerderecht (MK-Riedel § 64 Rn. 5).

e) Massegläubiger

Massegläubiger haben bei angezeigter Masseunzulänglichkeit wegen der absoluten Priorität der Vergütungsansprüche (vgl. BGH, ZInsO 2006, 541) ein Beschwerderecht, weil ihre Rechte durch die Höhe der Vergütung berührt werden.

f) Dritte, die für die Verfahrenskosten einstehen

Hat sich ein Dritter für den Fall (partieller) Masseunzulänglichkeit gegenüber der Masse verpflichtet, für die Kosten des Insolvenzverfahrens (anteilig) einzustehen, ist er hinsichtlich der Festsetzung der Vergütung des (vorläufigen) Insolvenzverwalters beschwerdebefugt (BGH, ZInsO 2013, 238; a.A. HK-Keller § 64 Rn. 30; Blersch, EWiR 2013, 245).

g) Gesellschafter

38 Gesellschafter der Insolvenzschuldnerin sind zur Beschwerde gegen die Festsetzung der Vergütung des Insolvenzverwalters befugt, wenn die Höhe der Festsetzung ihr Recht auf eine Teilhabe an einem Überschuss beeinträchtigen kann (BGH, ZInsO 2014, 622).

h) Staatskasse

39 Würde der Staatskasse die Beschwerde zugestanden, würde § 6 Abs. 1 umgangen (AG Dresden, ZInsO 2003, 628 Ls.; HK-Keller § 63 Rn. 59; a. A. MK-Riedel, § 64 Rn. 15).

4. Frist

40 Nach § 569 Abs. 1 ZPO ist die sofortige Beschwerde binnen einer Notfrist von 2 Wochen einzulegen. Der Beginn der Frist ist differenziert zu sehen:

a) Verwalter

41 Der Lauf der Frist für die Einlegung der sofortigen Beschwerde gegen einen die Vergütung festsetzenden Beschluss ist nach Veröffentlichung des Beschlusses im Internet und der dadurch nach § 9 Abs. 1 Satz 3 InsO bewirkten Zustellung nach § 187 Abs. 2, § 188 Abs. 2 Fall 2 BGB zu berechnen (BGH, ZInsO 2013, 2577), es sei denn, die Einzelzustellung wäre früher erfolgt (BGH, ZInsO 2009, 2414, 2415). Dies gilt auch für den Sonderinsolvenzverwalter, dem die Kassenführung übertragen wurde (AG Göttingen, ZInsO 2011, 147).

42 Ist die Frist verstrichen und war die Rechtsbehelfsbelehrung falsch, könnte der Verwalter Wiedereinsetzung begehren wollen. Nach § 4 i. V. m. § 233 ZPO ist gesetzlich vermutet, dass den Beteiligten an einer versäumten Frist keine Schuld trifft, wenn die Rechtsbehelfsbelehrung fehlerhaft war. Insofern ist die Wiedereinsetzungslösung aus § 17 FamFG zu beachten. Auf Antrag ist nach § 17 FamFG die Wiedereinsetzung in den vorigen Stand zu gewähren, wenn eine gesetzliche Frist ohne Verschulden nicht eingehalten wurde. Für den Verwalter muss dies teleologisch reduziert werden. Die Regelung in § 232 ZPO ist für die Bürgerfreundlichkeit der Justiz geschaffen worden. Diese Regelung wird sich der Verwalter nicht zunutze machen können, selbst wenn die Rechtsbehelfsbelehrung in einer ihm zugestellten Entscheidung falsch wäre.

b) Schuldner

43 Auch für den Schuldner kommt es bei der Fristberechnung darauf an, ob die Veröffentlichung oder die Einzelzustellung früher erfolgte, wenn er angehört wurde (BGH, ZInsO 2013, 2577). Die Frist beginnt, auch wenn der Schuldner zuvor nicht angehört wurde, regelmäßig bereits mit der öffentlichen Bekanntmachung im Internet und nicht erst mit einer späteren persönlichen Zustellung, (BGH, ZInsO 2012, 1640). Jedenfalls gilt dies, wenn der Schuldner mit der Vergütungsentscheidung rechnen musste (BGH, ZInsO 2012, 1640: Rücknahme eigener Antrag).

44 Ist die Frist verstrichen und war die Rechtsbehelfsbelehrung falsch, kann der Schuldner Wiedereinsetzung begehren. Nach § 4 i. V. m. § 233 ZPO ist gesetzlich vermutet, dass ihn an einer versäumten Frist dann keine Schuld trifft, Dies gilt dann nicht, wenn der Schuldner anwaltlich vertreten ist. Hier ist eine Belehrung durch das Gericht nicht erforderlich. Damit entfällt auch das Schutzbedürfnis.

c) Insolvenzgläubiger

45 Den Gläubigern wird die Entscheidung über die Vergütung nicht individuell zugestellt. Für Gläubiger bedeutet die Beschwerdefrist von 2 Wochen daher eine höhere Hürde, als für den angehörten Schuldner oder den Verwalter. Es erscheint die Verwirklichung des Rechtsschutzes für die Insolvenzgläubiger problematisch (BGH, ZInsO 2012, 49, 51). Die Rechtsprechung des BGH hat hier wohl verfassungsrechtliche Bedenken angedeutet, ist diesen aber nicht weiter nachgegangen.

Die Kombination aus der nicht erfolgenden Anhörung – aus praktischen Gründen richtig – und der erschwerten Möglichkeit Kenntnis zu nehmen, könnte möglicherweise missachten, dass es bei der Vergütung gerade auch um die Gelder der Gläubiger geht. Zumindest ist die Teilhabe an der Entscheidung sehr minimiert. Das Vergütungsrecht in der Insolvenz muss grundrechtsbezogene Interessenkollisionen (Art. 12/Art. 14 GG) in einem formalisierten Verfahren lösen. Dabei kann eine minimierte Teilhabe nur Bedenken auslösen.

Ist die öffentliche Bekanntmachung fehlerhaft und wirkt sie deshalb nicht als Zustellung, beginnt die Beschwerdefrist für einen Beteiligten, dem die Entscheidung nicht individuell mitgeteilt worden ist, auch nicht in Analogie zu § 569 Abs. 1 Satz 2 ZPO, 5 Monate nach dem Erlass der Entscheidung (BGH, ZInsO 2012, 49, 50). 46

Die öffentliche Bekanntmachung kann keine – inzwischen notwendige – an den konkreten Adressaten gerichtete Rechtsbehelfsbelehrung enthalten. Daher wäre die Vergütungsentscheidung, soweit sie nicht einzeln zugestellt wird, immer fehlerhaft. Jedenfalls könnte der Gläubiger sich auf die Fehlerhaftigkeit berufen und dementsprechend Wiedereinsetzung verlangen. Damit wäre Rechtssicherheit im Vergütungsrecht ausgeschlossen. Daher ist insofern zu berücksichtigen, dass die Anwendung der ZPO nach § 4 nur entsprechend erfolgen soll. Angesichts der völlig anderen Situation als im Zivilprozess, kann die fehlende Rechtsbehelfsbelehrung für den Insolvenzgläubiger keine Wiedereinsetzung ermöglichen, Dies gilt besonders, wenn der Gläubiger in dem Verfahren anwaltlich vertreten ist. 47

d) Massegläubiger

Den Massegläubigern wird ebenfalls nicht zugestellt. Es gelten die gleichen Bedenken und Überlegungen wie bei den Insolvenzgläubigern. 48

e) Dritte, die für die Verfahrenskosten einstehen

Auch Dritten, die für die Verfahrenskosten einstehen, wird nicht zugestellt. Kommen diese Dritten aus dem Umfeld des Schuldners, werden sie nicht anders behandelt werden können, als der Schuldner. Handelt es sich um Dritte, die im Interesse von Gläubigern handeln, werden die gleichen Überlegungen gelten, wie bei den Insolvenzgläubigern. 49

f) Gesellschafter

Gesellschaftern des Schuldnerunternehmens wird nicht zugestellt. Die Beschwerdefrist von 2 Wochen ist daher auch hier eine höhere Hürde, als für den angehörten Schuldner oder den Verwalter. Gesellschafter sind im Nachrang zu nachrangigen Gläubigern. Sie können nicht besser stehen, als Gläubiger. 50

5. Abhilfe

Das Abhilferecht des Gerichtes ergibt sich aus § 572 Abs. 1 Satz 1 ZPO. Es dient der Selbstkontrolle und erhält dem Betroffenen die Instanz (Uhlenbruck-Pape § 6 Rn. 15). Es ist daher ein Verfahrensfehler, die angekündigte Begründung des Rechtsmittels nicht abzuwarten, sondern 3 Tage nach Eingang der Beschwerde die Nichtabhilfe zu beschließen (LG Erfurt, ZIP 2003, 1955). Beschwerden sollten daher unmittelbar mit einer Begründung versehen oder mit der Ankündigung der Begründung eingereicht werden, um die sofortige Nichtabhilfe zu vermeiden (Johlke/Schröder, EWiR 2004, 561). Wird eine Begründung angekündigt und beantragt, die Frist zur Begründung auf einen bestimmten Zeitpunkt zu verlängern, ist die vom Beschwerdeführer genannte Frist maßgeblich; ansonsten muss das Gericht selbst eine angemessene Frist bestimmen (LG Potsdam, ZIP 2006, 780). Beschwerdegericht ist das LG (§ 72 GVG), wenn nicht abgeholfen wird. Wird ein Aussetzungsantrag hilfsweise gestellt, hat der Rechtspfleger vor einer Nichtabhilfeentscheidung zunächst über den Aussetzungsantrag zu entscheiden (LG Wuppertal, ZIP 2005, 1616); ist der Aussetzungsantrag verbunden mit einer in Aussicht gestellten weiteren Begründung des Beschwer- 51 deführers, sollte mit der Entscheidung abgewartet werden, wenn beabsichtigt ist, der Beschwerde nicht abzuhelfen (LG Wuppertal ZIP 2005, 1616). Eine Beschwerdeentscheidung des Rechtspflegers ohne Vorlage an das LG ist unwirksam (BGH, ZIP 2009, 289).

52 Wird in der Beschwerdeschrift ein Hilfsantrag gestellt, handelt es sich um eine Antragserweiterung in zweiter Instanz. Eine solche ist im Beschwerdeverfahren immer zulässig, unabhängig davon, ob die tatsächlichen Ausführungen ergänzt oder berichtigt werden müssen (§ 571 Abs. 2 Satz 1, Abs. 3 ZPO); die Beschwerdeinstanz ist auch nach Neufassung des Rechtsmittelrechts eine vollwertige zweite Tatsacheninstanz (BGH, ZInsO 2007, 86, 88). Daher kann der Verwalter das ursprüngliche Vorbringen durch völlig neue Argumente und tatsächliche Darstellungen ergänzen; hierüber hat das Beschwerdegericht selbstständig zu entscheiden (Graeber, ZInsO 2007, 82, 85). Es reicht aus, wenn ein Vergütungsfestsetzungsantrag im Laufe des Beschwerdeverfahrens durch weitere Ausführungen den Anforderungen an einen Festsetzungsantrag genügt, jedenfalls zumindest die Berechnung der maßgeblichen Insolvenzmasse und der begehrten Zuschläge so dargelegt worden sind, dass dem Gericht und den übrigen Verfahrensbeteiligten eine Prüfung der Berechnung möglich ist (LG Cottbus, ZInsO 2009, 2114, 2116).

IV. Erinnerung

53 Wird der Beschwerdewert von 200,00 € nicht erreicht, ist die Erinnerung gegeben. Der Rechtspfleger kann abhelfen. Bei Nichtabhilfe entscheidet der Insolvenzrichter (§ 11 Abs. 2 RPflegerG).

54 Die Versagung der Zustimmung zu einem Vorschuss auf Vergütung wird im Wege der Aufsicht nach § 58 getroffen; Rechtsmittel ist dann § 11 Abs. 2 RPflG (BGH, ZInsO 2011, 777). Werden Auslagen für die Mitglieder des Gläubigerausschusses festgesetzt, ohne dass ein Antrag gestellt war, ist ebenfalls § 11 Abs. 2 RPflG einschlägig. War einem Sonderverwalter die Kassenführung übertragen, steht ihm gegen den Beschluss des Gerichtes dieser Rechtsbehelf zu (AG Göttingen, ZInsO 2011, 147).

V. Rechtsbeschwerde

55 Am 27.10.2011 ist das Gesetz zur Änderung von § 522 ZPO in Kraft getreten (BGBl. I, S. 2082). Dadurch ist § 7 InsO aufgehoben worden. Die zulassungsfreie Rechtsbeschwerde zum BGH gegen Entscheidungen der Beschwerdegerichte in Insolvenzsachen wurde damit abgeschafft. Die Rechtsbeschwerde ist daher nur noch gegen solche Beschwerdeentscheidungen – zulassungsfrei – möglich, die vor dem Inkrafttreten des neuen Rechts erlassen worden waren (BGH, ZInsO 2012, 1085). Der BGH hat in diesem Zusammenhang eine streng am Wortlaut orientierte Auslegung von Art. 103f Satz 1 EGInsO als offenkundig sinnlos angesehen. Die wortlautgetreue Auslegung hätte dazu geführt, dass der Zweck der gesetzlichen Regelung verfehlt worden wäre, nämlich weiterhin § 7 gegolten hätte. Der BGH hat darauf verwiesen, dass der Zweck einer gesetzlichen Regelung es gebieten könne, sie abweichend von ihrem Wortlaut auszulegen (BGH, ZInsO 2012, 1085, 1086; BGH, ZInsO 2012, 1185, 1186). Die Rechtsbeschwerde ist seit dem 27.10.2011 nur noch gem. § 4 InsO, § 574 Abs. 2 ZPO statthaft, wenn sie das Beschwerdegericht im Beschluss zugelassen hat. Voraussetzungen der Zulassung sind die Kriterien nach § 574 Abs. 2 ZPO. Für Vergütungsentscheidungen wird deswegen nunmehr die Rechtsbeschwerde zuzulassen sein, soweit es um die Beachtung bzw. Verschiebung der **Maßstäbe** (Rechtsgrundsätze) geht. Zulassungen von Rechtsbeschwerden sind selten. Die Abschaffung der zulassungsfreien Rechtsbeschwerde ist ein weiterer konzeptioneller Mangel des Vergütungsrechts. Wegen der Wiedereinführung der zulassungsfreien Rechtsbeschwerde in Vergütungssachen vgl. bei Reformbestrebungen (Rdn. 65).

56 Wird die Rechtsbeschwerde zugelassen, ergibt sich der Prüfungsumfang aus § 577 Abs. 1, Abs. 2 ZPO. Demzufolge wird die Prüfung der Begründetheit innerhalb der gestellten Anträge, jedoch soweit es die materielle Rechtsanwendung betrifft, ohne Bindung an die geltend gemachten Beschwerdegründe erfolgen müssen.

IV. Rechtskraft

Der Beschluss ist der formellen und materiellen Rechtskraft fähig. Er wird formell rechtskräftig, wenn die Rechtsbehelfsfristen abgelaufen sind oder die den Rechtszug abschließende Entscheidung wirksam geworden ist (§ 6 Abs. 3). Materielle Rechtskraft tritt ein, wenn abweichende Entscheidungen desselben Gerichts oder eines anderen Gerichts nicht möglich sind. Die Ausführungen des Gerichts zur Berechnungsgrundlage und zum Vergütungssatz einschließlich der hierfür bejahten oder verneinten Zu- oder Abschläge nehmen als bloße Vorfragen nach allg. Grundsätzen an der materiellen Rechtskraft der Vergütungsfestsetzung nicht teil. Auf den einheitlichen Anspruch und seinen Umfang, der sich aus unselbstständigen einzelnen Faktoren ergibt, bezieht sich die materielle Rechtskraft der Festsetzung (BGH, ZInsO 2010, 1407, 1408). Tatsachen, die schon im Erstverfahren geltend gemacht wurden oder hätten geltend gemacht werden können (vergessene Tatbestände) sind – in einem zweiten Vergütungsverfahren nicht berücksichtigungsfähig (BGH, ZInsO 2011, 2049, 2050; ZInsO 2010, 1407, 1408). 57

Ein Zweitantrag im Festsetzungsverfahren ist trotz Rechtskraft der ersten Festsetzung zulässig, wenn sich durch neue Tatsachen – bspw. nachträgliche Massezuflüsse – die Sachlage nach der Erstfestsetzung zugunsten des Antragstellers änderte (BGH, ZInsO 2010, 1407, 1408). Der Zufluss muss vor der Beendigung des Verfahrens erfolgen (BGH, ZInsO 2011, 2049, 2050). Als beendigt ist das Verfahren anzusehen, wenn der Beschluss über die Aufhebung des Verfahrens rechtskräftig geworden ist (a. A. BGH, ZInsO 2006, 203: Schlusstermin, aber offen gelassen in: BGH, ZInsO 2011, 2049, 2050). Massezuflüsse nach Beendigung des Verfahrens können nur über die Vergütung der Nachtragsverteilung erfasst werden (BGH, ZInsO 2011, 2049, 2050). 58

Erzielt ein neuer Verwalter Masseanreicherungen, die auf der Tätigkeit des früheren Verwalters beruhen, sind dies neue Tatsachen. Diesen steht die Rechtskraft einer früheren Festsetzung der Vergütung nicht entgegen (BGH, ZInsO 2006, 29, 31). Die Verjährung wird gehemmt, wenn der ausgeschiedene Verwalter sich eine Ergänzung des Antrages vorbehält (a. A. BGH 2006, 29, 31: nicht notwendig). Es hemmt die Verjährung nicht, wenn dem früheren Verwalter eine Abschrift der Schlussrechnung des nachfolgenden Verwalters übersandt wird, um ihm zu ermöglichen, seinen Antrag zu ergänzen (Graeber, DZWIR 2006, 160 f.). Zur Berechnungsgrundlage des ausgeschiedenen Verwalters vgl. bei § 1 InsVVRdn. 11. 59

§§ 63 Abs. 3 Satz 4 ermöglicht keine Rechtskraftdurchbrechung. Da dem erkennenden Gericht eine abweichende Entscheidung vorbehalten ist, tritt materielle Rechtskraft nicht ein (vgl. bei § 63 Rdn. 97 ff.). 60

Unabhängig von der Änderungsmöglichkeit nach § 63 Abs. 3 Satz 4, besteht auch die Nachfestsetzungsmöglichkeit bspw. für Zuschläge für den vorläufigen Verwalter. 61

Wird vor Rechtskraft eines Vergütungsbeschlusses die Vergütung der Masse entnommen, ist der Anspruch auf Erstattung aus § 717 Abs. 2 ZPO analog abzuleiten (BGH, ZInsO 2006, 27, Bestätigung zu OLG Hamburg, ZIP 2004, 2150, zur KO). Der Verwalter, der die Vergütung entnimmt, bevor die Festsetzung rechtskräftig ist, muss sich über die Risiken im Klaren sein, die er mit dieser Entnahme eingeht. Zwar ist es ihm unbenommen, aufgrund eines nicht rechtskräftigen Beschlusses auf die Masse zuzugreifen. Er ist in diesem Fall aber spiegelbildlich auch verpflichtet, die entnommene Vergütung sogleich an die Masse zurückzuzahlen, wenn der Beschluss aufgehoben oder zu seinem Nachteil geändert wird (BGH, ZInsO 2014, 1438, 1440). Der Anspruch der Insolvenzmasse auf Rückzahlung der vom Insolvenzverwalter entnommenen Beträge ist ab dem Zeitpunkt der Entnahme zu verzinsen (BGH, ZInsO 2014, 1438, 1440; vgl. auch Graeber, NZI 2014, 147 ff. wegen der Verzinsung. Da die Zuschläge und Abschläge nur eine Fortsetzung der Fiktion des Normalverfahrens sind (vgl. insofern bei § 2 InsVV Rdn. 28), kann nicht angenommen werden, dass es bei dem nicht erfolgten Abzug anerkannter Abschlagtatbestände oder bei dem Ansatz überhöhter Zuschläge geradezu geboten sein könnte, Zinsen ab Entnahme zu erheben (a. A. BGH, ZInsO 2014, 1438, 1440) . 62

63 Da wegen §§ 63 Abs. 3 Satz 4 keine (materielle) Rechtskraft eintritt (vgl. bei § 63 Rdn. 97 ff.), ist bei Änderung der Vergütung des vorläufigen Verwalters der Anspruch auf einen zu erstattenden Betrag ebenfalls aus § 717 Abs. 2 ZPO analog abzuleiten; es ist sogleich an die Masse zurückzuzahlen, wenn der Beschluss aufgehoben oder zum Nachteil des früheren vorläufigen Verwalters geändert wird (vgl. zum Verwalter BGH, ZInsO 2014, 1438, 1440). Zinsen sind ab Entnahme zu entrichten (vgl. BGH, ZInsO 2014, 1438, 1440 zum endgültigen Verwalter; vgl. auch Graeber, NZI 2014, 147 ff. wegen der Verzinsung).

C. Reformbestrebungen

64 Der Entwurf z. Änderung der InsO u. a. Gesetze (ZInsO 2004, 1016) ist nicht umgesetzt worden; vgl. dazu 2. Aufl.

65 Aktuelle Reformbestrebungen des Verordnungsgebers oder des Gesetzgebers sind nicht bekannt. Das Vergütungsrecht ist aber allgemein im Umbruch (vgl. bei § 63 InsO Rdn. 3). Dies zeigen schon die vorliegenden Reformentwürfe. Es wurden Diskussionsentwürfe des sog. »Gläubigerforums« veröffentlicht (vgl. ZInsO 2013, 2424 ff.; ZInsO 2014, 650 ff.; vgl. hierzu Smid, ZInsO 2014, 878 f.).). Weiter ist der Diskussionsentwurf für ein Insolvenzrechtliches Vergütungsgesetz (InsVG) der Arbeitsgemeinschaft der NIVD e.V, vorgelegt worden (ZInsO 2014, 941 ff. vgl. hierzu Smid, ZInsO 2014, 1247 ff.). Durch den VID e.V. ist ebenfalls ein Vorschlag für eine gesetzliche Regelung vorgelegt worden (ZInsO 2014, 1254 ff., Beilage ZIP 28/2014, 14 ff.; vgl. hierzu Smid, ZInsO 2014, 1247 ff.).

In dem Vorschlag des VID (ZInsO 2014, 1254 ff. = Beilage ZIP 28/2014) soll § 64 gestrichen werden. Die gesetzlichen Regelungen zur Vergütungsfestsetzung und zu Rechtsmitteln sollen in § 8 des dortigen Entwurfs integriert werden (Blersch/Bremen, Beilage ZIP 28/2014, 1, 2). Die Vorschläge des »Gläubigerforums« und des NIVD lassen die Vorschrift unangetastet.

Der VID erwägt die zulassungsfreie Rechtsbeschwerde in eine neue Fassung des dortigen Entwurfs aufzunehmen (Blersch/Bremen, Beilage ZIP 28/2014, 1, 2). Die weiteren Reformvorschläge berühren dieses Thema nicht.

§ 65 Verordnungsermächtigung

Das Bundesministerium der Justiz wird ermächtigt, die Vergütung und die Erstattung der Auslagen des vorläufigen Insolvenzverwalters und des Insolvenzverwalters sowie das hierfür maßgebliche Verfahren durch Rechtsverordnung zu regeln.

Übersicht	Rdn.		Rdn.
A. Normzweck	1	III. § 11 Abs. 1 Satz 2 InsVV	10
B. Norminhalt	2	IV. § 6 InsVV	15
I. Entwicklung	2	C. Reformbestrebungen	16
II. Inkrafttreten	9		

A. Normzweck

1 Der Gesetzgeber wollte im ursprünglichen Gesetzgebungsprozess der InsO davon entbunden sein, sich mit dem Vergütungsrecht zu befassen und sah deswegen die Ermächtigung für das Bundesministerium der Justiz (BMJ) vor.

B. Norminhalt

I. Entwicklung

2 Das BMJ wurde daher in der ursprünglichen Fassung ermächtigt, Vergütung und Auslagen des Insolvenzverwalters zu regeln. §§ 21 Abs. 2 Nr. 1, 73 Abs. 2, 274 Abs. 1, § 293 Abs. 2 und § 313

Abs. 1 Satz 3 benannten eine entsprechende Geltung der Vorschrift. Hierauf beruhte die Insolvenzrechtliche Vergütungsverordnung vom 19.08.1998 (BGBl. I S. 2205). Es bestanden von Beginn an verfassungsrechtliche Bedenken, weil der Umfang der Ermächtigung nur äußerst dürftig geregelt sei (MK-Nowak, 2.A. § 65 Rn. 2; a. A. MK-Stephan, § 65 Rn. 7). Diesen Bedenken wurde nicht Rechnung getragen.

Unberücksichtigt geblieben sind auch Bedenken wegen der fehlenden Beteiligung der Länder im Zusammenhang mit der Einführung der Kostenstundung und der subsidiären Haftung des Fiskus nach § 63 Abs. 2 durch das Gesetz zur Änderung der Insolvenzordnung und anderer Gesetze vom 26.10.2001 (BGBl. I, 2710 (MK-Stephan, § 65 Rn. 5 m. w. N.) 3

Bei § 2 Abs. 2 und § 13 Abs. 1 Satz 3 InsVV i. d. F. vom 19.08.1998 zeigte sich, dass der Verordnungsgeber nicht sachgerecht mit seiner Kompetenz umgegangen war. Die Vorschriften waren jedenfalls seit dem 01.01.2004 verfassungswidrig; dem BMJ wurde eine Frist bis zum 01.10.2004 eingeräumt, eine verfassungskonforme Regelung zu schaffen (BGH, ZInsO 2004, 257, 263 f.). Das BMJ erließ die Verordnung zur Änderung der InsVV v. 04.10.2004 (BGBl. I S. 2569). Eine Begrenzung des Pauschsatzes für Auslagen ist u. a. eingeführt worden. Diese verstößt für Insolvenzverfahren, die bei Inkrafttreten der Änderungsverordnung am 07.10.2004 noch andauerten, nicht gegen das verfassungsrechtliche Rückwirkungsverbot, denn es handelt sich um eine unechte Rückwirkung (BGH, ZInsO 2012, 2411). 4

Die Zweite Verordnung zur Änderung der InsVV vom 21.12.2006 (BGBl. I S. 3389; Abdruck mit Begründung in: ZInsO, 2007, 27) wurde notwendig, da der BGH die Rspr. BGHZ 146, 165 = ZInsO 2001, 165 zur vorläufigen Verwaltervergütung aufgab (BGHZ 165, 266 = ZIP 2006, 621) und Unsicherheit über die Berechnung der Vergütung des vorläufigen Verwalters entstanden war (Abdruck mit Begründung in ZInsO, 2007, 28). Daher wurde versucht, die Berechnungsgrundlage des vorläufigen Verwalters durch die genannte Verordnung klarzustellen. 5

Die Regelung in § 1 Abs. 2 Nr. 4a InsVV (Abzug der Beträge, die wegen Sachkunde gem. § 5 InsVV erhalten wurden) ist von der Ermächtigung in § 65 InsO gedeckt und verfassungsgemäß (BGH, ZInsO 2011, 2051). 6

Der BGH hat in einer Entscheidung vom 15.11.2012 die Regelung des § 11 Abs. 1 Satz 4 InsVV a. F. verworfen (BGH, ZInsO 2013, 44). Er hat die Vorschrift als unwirksam angesehen, soweit diese anordnet, dass der Wert von Gegenständen, an denen Aussonderungsrechte bestehen, der Berechnungsgrundlage des vorläufigen Verwalters hinzuzurechnen seien. 7

Mit dem Gesetz zur Verkürzung des Restschuldbefreiungsverfahrens und zur Stärkung der Gläubigerrechte vom 15.07.2013 (BGBl. I, 2379 ff.) gab der Gesetzgeber seine bisherige Zurückhaltung – vgl. o. bei Rdn. 1 – im Hinblick auf das Vergütungsrecht auf und griff aktiv ein. Es wurde der ursprüngliche Wortlaut der Ermächtigungsnorm geändert. Nach der geänderten Fassung besteht die Ermächtigung des BMJ darin, die Vergütung des vorläufigen Verwalters und des Insolvenzverwalters sowie das maßgebliche Verfahren durch Verordnung näher zu regeln. 8

II. Inkrafttreten

Art. 6 – bzw. § 103h EGInsO – und Art. 9 des Gesetzes zur Verkürzung des Restschuldbefreiungsverfahrens und zur Stärkung der Gläubigerrechte vom 15.07.2013 (BGBl. I, 2379 ff.) kollidieren miteinander. Art. 9 Satz 1 des Gesetzes zur Verkürzung des Restschuldbefreiungsverfahrens und zur Stärkung der Gläubigerrechte vom 15.07.2013 (BGBl. I, 2379 ff.) sieht vor, dass die Änderungen der Vorschriften von § 63 und § 11 InsVV am 01.07.2014 in Kraft traten. Durch Art. 6 Nr. 2 des Gesetzes zur Verkürzung des Restschuldbefreiungsverfahrens und zur Stärkung der Gläubigerrechte vom 15.07.2013 (BGBl. I, 2379 ff.) ist vorgesehen worden, in das EGInsO Art. 103h einzufügen. Diese Vorschrift spricht eine ab dem 19.07.2013 geltende Fassung der Ermächtigungsgrundlage an, die auf Verfahren, die ab dem 19.07.2013 beantragt werden würde, anzuwenden sei. Es gibt aber nur die Fassung, die vor dem 01.07.2014 galt und diejenige, die seit dem 01.07.2014 gilt. 9

Da Art. 9 des Gesetzes zur Verkürzung des Restschuldbefreiungsverfahrens und zur Stärkung der Gläubigerrechte vom 15.07.2013 (BGBl. I, 2379 ff.) ausdrücklich das Inkrafttreten des Gesetzes regelt, ist die Diskrepanz zwischen Art. 6 und Art. 9 als ein redaktionelles Versehen zu werten. Es ist daher nicht von einer Geltung der neuen Fassung ab dem 19.07.2013 auszugehen. Vielmehr galt auch ab dem 19.07.2013 noch die ursprüngliche Fassung. Seit dem 01.07.2014 gilt die neue Ermächtigungsgrundlage.

III. § 11 Abs. 1 Satz 2 InsVV

10   Nach Art. 80 Abs. 1 Satz 2 GG müssen Inhalt, Zweck und Ausmaß der Ermächtigung zum Erlass von Rechtsverordnungen im Gesetz bestimmt werden. Der Gesetzgeber muss selbst entscheiden, welche Fragen innerhalb welcher Grenzen und mit welchem Ziel durch die Rechtsverordnung geregelt werden sollen (BVerfGE 123, 39, 78, m. w. N., Textziffer 133 bei juris). Die Ermächtigung muss in ihrem Wortlaut nicht so genau wie irgend möglich formuliert und gefasst sein; sie hat nur hinreichend bestimmt zu sein (BVerfGE 123, 39, 78, m. w. N., Textziffer 133 bei juris). Es genügt, wenn die Grenzen der Ermächtigung durch Auslegung anhand der allgemein anerkannten Auslegungsgrundsätze bestimmbar sind; dabei sind Zielsetzung des Gesetzes, der Sinnzusammenhang mit anderen Bestimmungen und die Entstehungsgeschichte des Gesetzes von Bedeutung (BVerfGE 123, 39, 78, m. w. N., Textziffer 133 bei juris).

11   Im Einzelnen hängen die Bestimmtheitsanforderungen von den Besonderheiten des jeweiligen Regelungsgegenstandes und der Intensität der Maßnahme ab (BVerfGE 123, 39, 78, m. w. N., Textziffer 133 bei juris). Während bei Sachverhalten, die vielgestaltigen und schnellen Veränderungen unterworfen sind, geringere Anforderungen zu stellen sind, gelten höhere Anforderungen an den Bestimmtheitsgrad der Ermächtigung bei solchen Regelungen, die mit intensiveren Eingriffen in grundrechtlich geschützte Rechtspositionen verbunden sind (BVerfGE 123, 39, 78, m. w. N., Textziffer 133 bei juris).

12   Bei der InsVV liegen grundrechtlich geschützte Rechtspositionen vor. Die Insolvenzrechtliche Vergütungsverordnung enthält eine Regelung der Berufsausübung, die nach Art. 12 Abs. 1 Satz 2 GG nur durch Gesetz oder aufgrund eines Gesetzes vorgenommen werden darf. Materiell setzt eine verfassungsmäßige Berufsausübungsregelung daher voraus, dass sie durch vernünftige Gründe des Gemeinwohls gerechtfertigt ist und dem Grundsatz der Verhältnismäßigkeit entspricht (BGH, ZInsO 2011, 2051).

13   Es wurde angenommen, dass der Inhalt der Ermächtigung bei der früheren Fassung im Gesetz klar umrissen worden sei. Es hätte sich um die Regelung der Vergütung des Insolvenzverwalters gehandelt (Bork/Muthorst, ZIP 2010, 1627, 1630). Der Zweck der Ermächtigung hätte sich aus dem Ineinandergreifen der §§ 63 bis 65 ergeben; während § 63 die grundlegende Aussage zur Höhe der Vergütung und § 64 zum Festsetzungsverfahren träfen, sei dies dann gem. § 65 durch Verordnung näher zu regeln (vgl. Bork/Muthorst, ZIP 2010, 1627, 1630). Aus §§ 63 bis 65 hätte sich auch das Ausmaß der Ermächtigung ergeben; es sei ein Regelsatz – abstrakt – benannt worden, von dem nach Umfang und Schwierigkeit abzuweichen sei (Bork/Muthorst, ZIP 2010, 1627, 1630). Anerkannt ist, dass es unschädlich ist, wenn die Bemessungskriterien für die Höhe der Vergütung nicht gesetzlich festgelegt sind (vgl. BVerfGE, NJW 1982, 373, 374; Bork/Muthorst, ZIP 2010, 1627, 1630). Abstrakte Vorgaben reichen daher aus.

14   Die Regelung von § 11 Abs. 1 Satz 2 ist wortgleich mit der durch den BGH verworfenen Regelung in § 11 Abs. 1 Satz a. F. Es handelt sich um eine untergesetzliche Regelung, für die der BGH erneut die Verwerfungskompetenz hätte (vgl. Amery/Kästner, ZIP 2013, 2041, 2049). In der neuen Fassung von § 11 Abs. 1 Satz 2 und 3 InsVV wird angeordnet, welche Gegenständen neben dem unbelasteten Vermögen des Schuldners, die Berechnungsgrundlage bilden. Dies hält sich im Rahmen der gegebenen Ermächtigung. Es handelt sich um eine Beschreibung in Ergänzung zu § 11 Abs. 1 Satz 1 InsVV. Dieser ist von der Ermächtigungsgrundlage gedeckt. § 11 Abs. 1 Satz 1 wird nicht überschritten.

IV. § 6 InsVV

Das Nachtragsverteilungsverfahren ist anerkanntermaßen ein eigenständiges, gesondert vergütungsfähiges Verfahren (vgl. BGH, ZInsO 2011, 2049, 2051; BGH, NZI 2009, 259, 260; BGH, ZInsO 2006, 1205). Es hätte zum Erlass vergütungsrechtlicher Regelungen durch das BMJ einer Ermächtigungsgrundlage bedurft. § 203 Abs. 3 Satz 2 erwähnt lediglich Kosten der Nachtragsverteilung und einen durch das Gericht zu verlangenden Vorschuss. Es wird nicht benannt, dass ein Vergütungsanspruch besteht. Die Vorschriften nach §§ 63 bis 65 werden nicht wegen einer entsprechenden Geltung herangezogen. Daher fehlt es seit Beginn an einer Ermächtigungsgrundlage. 15

C. Reformbestrebungen

Aktuelle Reformbestrebungen des Verordnungsgebers oder des Gesetzgebers sind nicht bekannt. Das Vergütungsrecht ist aber allgemein im Umbruch (vgl. bei § 63 InsO Rdn. 3). Dies zeigen die vorliegenden Reformentwürfe. Es wurden Diskussionsentwürfe des sog. »Gläubigerforums« veröffentlicht (vgl. ZInsO 2013, 2424 ff.; ZInsO 2014, 650 ff.; vgl. hierzu Smid, ZInsO 2014, 878 f.).). Weiter ist der Diskussionsentwurf für ein Insolvenzrechtliches Vergütungsgesetz (InsVG) der Arbeitsgemeinschaft der NIVD e.V, vorgelegt worden (ZInsO 2014, 941 ff. vgl. hierzu Smid, ZInsO 2014, 1247 ff.). Durch den VID e.V. ist ist ebenfalls ein Vorschlag für eine gesetzliche Regelung vorgelegt worden (ZInsO 2014, 1254 ff., Beilage ZIP 28/2014, 14 ff.; vgl. hierzu Smid, ZInsO 2014, 1247 ff.). 16

In dem Vorschlag des VID (ZInsO 2014, 1254 ff. = Beilage ZIP 28/2014, 14 ff.) ist, die Streichung der Vorschrift vorgesehen. Die weiteren Reformvorschläge befassen sich mit der Vorschrift nicht.

§ 66 Rechnungslegung

(1) ¹Der Insolvenzverwalter hat bei der Beendigung seines Amtes einer Gläubigerversammlung Rechnung zu legen. ²Der Insolvenzplan kann eine abweichende Regelung treffen.

(2) ¹Vor der Gläubigerversammlung prüft das Insolvenzgericht die Schlußrechnung des Verwalters. ²Es legt die Schlußrechnung mit den Belegen, mit einem Vermerk über die Prüfung und, wenn ein Gläubigerausschuß bestellt ist, mit dessen Bemerkungen zur Einsicht der Beteiligten aus; es kann dem Gläubigerausschuß für dessen Stellungnahme eine Frist setzen. ³Der Zeitraum zwischen der Auslegung der Unterlagen und dem Termin der Gläubigerversammlung soll mindestens eine Woche betragen.

(3) ¹Die Gläubigerversammlung kann dem Verwalter aufgeben, zu bestimmten Zeitpunkten während des Verfahrens Zwischenrechnung zu legen. ²Die Absätze 1 und 2 gelten entsprechend.

Übersicht	Rdn.
A. Normzweck und Historie............	1
B. Norminhalt.....................	2
I. Rechnungslegung des Verwalters (Abs. 1)	2
1. Informationsadressaten	3
2. Anforderungen an die Rechnungslegung	4
3. Schlussrechnung	5
4. Schlussbilanz	6
5. Schlussbericht	7
6. Schlussverzeichnis	8
II. Zwischenrechnungslegung (Abs. 3).....	9
III. Rechnungslegung in massekostenarmen und masseunzulänglichen Verfahren....	10
IV. Prüfung durch das Insolvenzgericht (Abs. 2)........................	11
1. Art und Umfang der Prüfung (Satz 1)	12
2. Prüfung durch Sachverständige (Satz 1).....................	13
3. Prüfungsvermerk (Satz 2)........	14
4. Prüfung durch den Gläubigerausschuss (Satz 2)	15
5. Stellungnahme/Bemerkungen (Satz 2).....................	16
6. Fristsetzung (Satz 2 Halbs. 2)	17
V. Auslegung der Schlussrechnung zur Einsicht der Beteiligten (Abs. 2 Sätze 2, 3) ..	18
VI. Weitere Fälle der Schlussrechnungslegungspflicht.....................	19
VII. Verteilungsverzeichnis/Endabrechnung..	20

A. Normzweck und Historie

1 Die in § 66 spezialgesetzlich geregelte Rechnungslegungspflicht entspricht inhaltlich der Vorgängervorschrift in der KO und geht zurück auf die allgemeine Verpflichtung zur **Rechenschaftslegung bei Sonderrechtsbeziehungen mit fiduziarischem Charakter**. Der Insolvenzverwalter (Treuhänder) soll darlegen, dass und wie er seiner Pflicht zur Verwaltung genügt hat (MK-Krüger § 259 Rn. 6; Beck'sches Hdb der Rechnungslegung-Hinz, B 100 Rn. 15). Die zwischen dem Insolvenzverwalter als Partei kraft Amtes und den Gläubigern bestehende Sonderrechtsbeziehung bestimmt maßgeblich den Inhalt der **Rechenschaftspflicht** und die Art und Weise der Erfüllung. Die **Rechnungslegung** hat »dienende Funktion«. Sie soll die Prüfung und ggf. Durchsetzung von Ansprüchen gegen den Verwalter ermöglichen. Ihre Informationsfunktion beruht dabei auf »zweckorientiertem Wissen« (Winnefeld, Bilanz-Handbuch, Einführung, Rn. 20, 40 ff.). Da die Rechnungslegung eine Aggregation geordneten, zweckorientierten Wissens bedeutet, muss die Rechnungslegung formell und materiell den Zielvorstellungen der Adressaten der Rechnungslegung entsprechen, um ihre Zwecke zu erfüllen (Beck, Beck'sches Hdb der Rechnungslegung-Hinz, B 100 Rn. 1; vgl. auch IDW Rechnungslegungshinweis: Insolvenzspezifische Rechnungslegung im Insolvenzverfahren; IDW RH HFA 1.011, WPg Supplement 3/3008 S. 49 ff.). Die insolvenzrechtliche Rechnungs- und Rechenschaftslegung ist streng von der handels- und steuerrechtlichen Rechnungslegung zu unterscheiden (vgl. K. Schmidt, Liquidationsbilanzen, S. 23; Uhlenbruck-Uhlenbruck § 66 Rn. 1).

B. Norminhalt

I. Rechnungslegung des Verwalters (Abs. 1)

2 § 66 regelt die **interne Rechnungslegungspflicht des Insolvenzverwalters** in Abgrenzung zur externen Rechnungslegungspflicht des § 155 (vgl. MK-Riedel § 66 Rn. 4). Die Vorschrift gilt über § 21 Abs. 2 Nr. 1 auch für den **vorläufigen Insolvenzverwalter**. Dessen Rechnungslegung kann in das Gutachten und/oder den Bericht gem. § 156 eingebettet sein. Ziele der internen insolvenzrechtlichen Rechnungslegung sind u. a. die **Dokumentation** von Masseverwaltung und Masseverwertung, sowie der Vermögensverhältnisse des Schuldners, die Schaffung der Voraussetzungen für eine ordnungsgemäße Kontrolle der Tätigkeit des Insolvenzverwalters. Der Insolvenzplan kann hier kosteneffiziente Vereinfachungen vorsehen.

1. Informationsadressaten

3 Die Rechnungslegung erfolgt ggü. der Gläubigerversammlung. Sie dient gleichzeitig der Aufsicht durch das Insolvenzgericht, der Kontrolle durch die Gläubiger, den Gläubigerausschuss und den Schuldner, ferner dem Schutz des Insolvenzverwalters, da durch die Rechnungslegung entlastungs- und haftungsrechtlich relevante Sachverhalte dokumentiert werden (Kilger/K. Schmidt § 124 KO Anm. 2a; MK-Riedel § 66 Rn. 6).

2. Anforderungen an die Rechnungslegung

4 Rechenschaft ablegen heißt zunächst einmal Rechnung zu legen, d. h. eine geordnete Zusammenstellung der Einnahmen- und/oder Ausgaben mitzuteilen, die in verständlicher, der Nachprüfung zugänglicher Kundgebung der Tatsachen besteht (MK-Riedel § 66 Rn. 5, vgl. § 155 Rdn. 6). In der Praxis besteht die Schlussrechnung üblicherweise aus einer **Einnahmen- und Ausgabenrechnung** und evtl. (nicht zwingend) einer Insolvenzschlussbilanz, die durch die bilanzielle Gegenüberstellung mit den Wirtschaftsgütern der Insolvenzeröffnungsbilanz die Verfahrensabwicklung bilanztechnisch darstellen soll (Braun-Blümle § 66 Rn. 9; MK-Riedel § 66 Rn. 19 ff.). Die Rechnungslegung, d. h. die Buchführung muss so beschaffen sein, dass ein sachverständiger Dritter die Buchführung ohne Schwierigkeiten übersehen und nachprüfen kann und dass sämtliche Geschäftsvorfälle richtig und vollständig aufgezeichnet worden sind. Damit finden die Grundsätze ordnungsgemäßer Buchführung (GoB) der Richtigkeit, Klarheit, Vollständigkeit und Stetigkeit entsprechende Anwendung auf die vom Verwalter vorgelegte Schlussrechnung (vgl. Pelka/Niemann, Praxis der Rechnungslegung

im Insolvenzverfahren, Rn. 473 ff.). Eine Saldierung von Einnahmen und Ausgaben ist aus Transparenzgründen abzulehnen. Es gilt ein Saldierungsverbot. Aufwendungen und Erstattungen (bspw. RA/Gerichtskostenerstattungen bei Prozessen, Steuern und korrespondierende Erstattungen) sind brutto, ggf. in gesonderten Konten, zu buchen. Jede Einnahme muss – wie jede Ausgabe – in einem gesonderten Konto verbucht sein. Organisiert der Verwalter die Betriebsfortführung nach dem Modell des Sequestrationseinbehalts-/Treuhandkontenmodell (vgl. Kreft, FS Merz, S. 313 ff.), umfasst die Rechnungslegungsverpflichtung auch die auf diesen Konten abgewickelten Zahlungsströme. Auch wenn der Verwalter nicht persönlich Treuhänder sein sollte, folgt diese Pflicht zur »Durchleitung der Rechenschaftslegung« aus dem fiduziarischen Treueverhältnis ggü. den Beteiligten. Bei **Masseunzulänglichkeit** hat der Verwalter gesondert Rechnung zu legen (§ 211 Abs. 2). Die Rechnungslegung ist entsprechend – bspw. durch das Führen Masseschuldtabellen und das Einrichten gesonderter Kontenkreise für die Berichtigung der Masseverbindlichkeiten – anzupassen. Bei Masseunzulänglichkeit erfolgt die Ausschüttung auf Grundlage der beim Verwalter geführten Masseschuldtabellen. Die Buchführung muss deshalb bei (wiederholt) angezeigter Masseunzulänglichkeit die entsprechenden Neugläubigergruppen verzeichnen. Diese Verpflichtung korrespondiert mit der Praxis der Gerichte, gem. § 208 Abs. 2 Satz 2 eine vollständige Auflistung aller Massegläubiger anzufordern.

3. Schlussrechnung

Die Schlussrechnung ist ein **Tätigkeitsbericht.** Sie besteht aus einer **Einnahme-Überschussrechnung,** ggf. einer **Insolvenzschlussbilanz,** dem **Schlussverzeichnis** und dem **Schlussbericht.** Die Schlussrechnung muss ein vollständiges Bild der gesamten Tätigkeit des Verwalters gewähren. Sie knüpft an das Inventar und die Insolvenzeröffnungsbilanz an und muss erkennen lassen, welche Aus- und Absonderungsrechte beansprucht, festgestellt und bedient worden sind, welche Gegenstände freigegeben und wie die Massegegenstände verwertet wurden. Nicht verwertbare Gegenstände sind anzugeben. Die Schlussrechnung ergibt sich aus der laufenden Buchhaltung (Kilger/K. Schmidt § 86 KO Anm. 1a). Sämtliche Einnahmen und Ausgaben müssen chronologisch verbucht sein. In die Rechnung sind alle Konten und Kassen des Verfahrens, einschl. ggf. extern geführter Treuhandkonten, einzubeziehen. Fremdbuchhaltungen, sind vorzulegen, sofern der Sachverhalt nicht originär in der pagatorischen Rechnungslegung erfasst wurde. Zu allen **rechnerischen Belegen** (Kontoauszug etc.) muss je ein **sachlicher Beleg** (Verträge, Rechnungen etc.) vorhanden sein.

4. Schlussbilanz

Der Insolvenzverwalter kann eine Schlussbilanz erstellen; eine Verpflichtung, die Verwertungserfolge in dieser Form darzustellen, besteht nicht (MK-Riedel § 66 Rn. 2). Die Insolvenzschlussbilanz ist keine Bilanz im handelsrechtlichen Sinne, sondern eine Fortführung der Insolvenzeröffnungsbilanz, die durch bilanzielle Gegenüberstellung die Entwicklung des Verfahrens darstellt und damit das Ergebnis der gesamten Verwaltungs- und Verwertungstätigkeit zusammenfasst. Die Schlussbilanz ist das zahlenmäßige Abbild des Schlussberichtes.

5. Schlussbericht

Auch wenn § 66 eine Berichtspflicht des Verwalters nicht ausdrücklich vorsieht, wird der Verwalter zutreffend als verpflichtet angesehen, zum Zeitpunkt der Beendigung die gesamte Insolvenzverwaltung darzulegen und zu erläutern (MK-Riedel § 66 Rn. 2). Die Verpflichtung geht zurück auf die allgemeine Verpflichtung des Treuhänders, bei Beendigung des fiduziarischen Rechtsverhältnisses Rechnung zu legen. Neben dem rechnerischen Teil existiert ein darstellender Teil, der Schlussbericht, der einen umfassenden Überblick über die gesamte Verwaltertätigkeit geben muss und gewährleisten soll, dass die Gläubiger den rechnerischen Teil eigenständig nachvollziehen können (Braun-Blümle § 66 Rn. 10). Er ist wesentlicher Teil der geforderten **Transparenz** und dient somit mittelbar auch der **Haftungsentlastung** des Verwalters. Der Schlussbericht ist **Tätigkeitsbericht,** nicht Rechenschaftsbericht. Durch die Insolvenzakte soll die Abwicklung des Verfahrens dargestellt und dokumentiert werden. Diese Pflicht kann auch durch die Festsetzung eines Zwangsgeldes durchgesetzt werden (BGH, ZInsO 2005, 483).

6. Schlussverzeichnis

8   Zusammen mit der Schlussrechnung und dem Schlussbericht wird das Verteilungsverzeichnis nach § 188 vorgelegt. Vor der Verteilung ist die Zustimmung des Gläubigerausschusses einzuholen (§ 187 Abs. 3 Satz 2). Für die Richtigkeit und Vollständigkeit des Verteilungsverzeichnisses haftet der Insolvenzverwalter.

II. Zwischenrechnungslegung (Abs. 3)

9   Abs. 3 regelt die Befugnis der Gläubigerversammlung, vom Insolvenzverwalter während des gesamten Insolvenzverfahrens in bestimmten Abständen Zwischenrechnungslegung zu verlangen, um so eine kontinuierliche Überprüfung und Dokumentation sicherzustellen. Die Zwischenrechnungslegung erfolgt in gleicher Weise wie die Schlussrechnungslegung, jedoch ohne Vorlage eines Verteilungsverzeichnisses (Braun-Blümle § 66 Rn. 27). Verlangt die Gläubigerversammlung vom Verwalter nach Abs. 3 Zwischenrechnungslegung, ist diese vom Gericht zu prüfen (Uhlenbruck-Uhlenbruck § 66 Rn. 36). Von der Verpflichtung zur Zwischenrechnungslegung zu unterscheiden ist die gerichtliche Vorgabe, revolvierende Massebestandsnachweise/Berichte für Zwischenprüfungen vorzulegen (§ 58 Abs. 1 Satz 2). Das Gericht kann auch ohne **Vorliegen konkreter Verdachtsmomente** Zwischenprüfungen vornehmen, vor allem wenn ein Gläubigerausschuss nicht bestellt ist (Uhlenbruck-Uhlenbruck § 66 Rn. 36). Bei ständiger Überwachung durch einen Gläubigerausschuss müssen für eine gesonderte gerichtliche Prüfung allerdings besondere Umstände vorliegen, zu denen nicht nur Verdachtsmomente für die verfahrenszweckwidrige Abwicklung des Insolvenzverwalters zählen, sondern u. U. auch eine lange Dauer des Verfahrens.

III. Rechnungslegung in massekostenarmen und masseunzulänglichen Verfahren

10 Der Insolvenzverwalter bleibt auch in massekostenarmen und masseunzulänglichen Verfahren zur **insolvenzrechtlichen Rechnungslegung**, nicht aber zur handels- und steuerrechtlichen Rechnungslegung verpflichtet (Uhlenbruck-Uhlenbruck § 66 Rn. 19; K/P/B-Onusseit § 66 Rn. 5). Bei der insolvenzrechtlichen Rechnungslegung handelt es sich um die originäre Rechnungslegung des Insolvenzverwalters als Partei kraft Amtes. Demgegenüber handelt es sich bei der handels- und steuerrechtlichen Rechnungslegung um die Rechnungslegung des Unternehmensträgers. Die Verpflichtung ergibt sich unmittelbar aus Abs. 1, auch bei einer Einstellung des Verfahrens nach §§ 207, 208 ff.

IV. Prüfung durch das Insolvenzgericht (Abs. 2)

11 Der Insolvenzverwalter hat der Gläubigerversammlung Rechnung zu legen. Das Gesetz sieht in Abs. 2 Satz 1 eine **Vorprüfung des Insolvenzgerichts** vor. Die gerichtliche Vorprüfung soll eine sachkundige Hilfestellung für die Gläubiger sein. Sie ist Ausfluss der Aufsichtspflicht des Gerichtes. Das Gericht soll bei festgestellten formellen Mängeln dem Verwalter Nachbesserung aufgeben (MK-Riedel § 66 Rn. 37; K/P/B-Onusseit § 66 Rn. 19). Das Gericht hat **keine materielle Prüfungspflicht** (AG Duisburg ZIP 2005, 2335; MK-Riedel § 66 Rn. 26; **a. A.** K/P/B-Holzer § 197 Rn. 8; vgl. Weitzmann § 208 Rdn. 12). Insolvenzverwalter und Gläubigerversammlung sind eine **Einschätzungsprärogative** zuzubilligen. Erst wenn diese und ein ihnen zustehendes **Beurteilungsermessen** insolvenzzweckwidrig missbraucht werden, steht dem Insolvenzgericht in Fällen eine materielle Prüfungspflicht zu (arg. e. § 78 Abs. 1;). Funktionell zuständig für die Prüfung ist im Regelfall der Rechtspfleger (§§ 3 Nr. 2e, 18 Abs. 1 RPflG), sofern kein Richtervorbehalt nach § 18 Abs. 2 RPflG erfolgt ist. Die Prüfung muss so rechtzeitig vor der Gläubigerversammlung durchgeführt werden, dass die Auslegungsfrist des Abs. 2 Satz 3 gewahrt werden kann. Das Gericht kann sich auf Stichproben beschränken, die jedoch eine ausreichende Kontrolldichte erreichen sollten. Das Gericht kann bei Zweifelsfragen die Einberufung einer Gläubigerversammlung entsprechend §§ 58, 74 anregen.

Zur vielfach diskutierten Erhöhung der Kontrolldichte des Verwalterhandelns würde beitragen, wenn die Insolvenzgerichte zusammen mit den Zwischenberichten die Vorlage der Kontoauszüge im Original verlangen würden. Da die Kontobelege zusammen mit der Buchführung eingereicht würden, wäre so eine höhere Kontrolldichte erreicht als bei technischer Bereitstellung eines Online-Kontenzugangs.

1. Art und Umfang der Prüfung (Satz 1)

Das Gericht hat die Rechnungslegung des Insolvenzverwalters in formeller und in materieller Hinsicht zu überprüfen. Die formelle Prüfung umfasst die äußere Ordnungsmäßigkeit, d. h. die vollständige und ordnungsgemäße Erfassung aller Geschäftsvorgänge sowie deren rechnerische Richtigkeit. Bei der anschließenden **materiellen Prüfung** ist zu prüfen, ob die Schlussrechnung inhaltlich ein vollständiges Bild der gesamten Geschäftsführung des Insolvenzverwalters ergibt und ob die Verwertung des schuldnerischen Vermögens nachvollzogen werden kann (K/P/B-Onusseit §§ 66, 22; MK-Riedel § 66 Rn. 26). Art und Umfang der Prüfungshandlungen sind vom Gesetzgeber nicht vorgegeben, sodass hier auf die allgemeinen Rechtsgrundsätze zurückgegriffen werden kann (MK-Riedel § 66 Rn. 14 f.). Eine lückenlose Überprüfung jedes Belegs und jeder Kontenbewegung ist abgesehen von besonderen Einzelheiten weder sachlich geboten noch wirtschaftlich vertretbar. I. d. R. reicht eine Prüfung anhand von **Stichproben** aus (MK-Riedel a. a. O.). Die Prüfung ist nach allg. M. eine **Rechtmäßigkeits- und keine Zweckmäßigkeitsprüfung** (Uhlenbruck-Uhlenbruck § 66 Rn. 31; MK-Riedel § 66 Rn. 26; A/G/R-Lind § 66 Rn. 8; Haertlein, NZI 2009, 577; Hebenstreit, ZInsO 2013, 276). Anderenfalls würde die Gefahr bestehen, dass das Prüfungsrecht des Gläubigerausschusses oder der Gläubigerversammlung von einem Instrument der Gläubigerselbstverwaltung zu einem administrativen Verfahren umfunktioniert wird, was zudem für die Gerichte mit einem erheblichen Zeitaufwand und besonderen Haftungsrisiken verbunden wäre (Uhlenbruck-Uhlenbruck § 66 Rn. 31).

2. Prüfung durch Sachverständige (Satz 1)

Anders als die KO normiert Abs. 2 Satz 1 ausdrücklich eine gerichtliche Vorprüfungspflicht. Ob deshalb die zur KO entwickelten Grundsätze zur Bestellung von Sachverständigen, die das Gericht mit der Prüfung beauftragt hat, uneingeschränkt übertragen werden können, muss bezweifelt werden, vgl. Weitzmann, ZInsO 2007, 449; Franke/Goth, ZInsO 2009, 123. Die Bestellung eines Sachverständigen kann nur nach den allg. Grundsätzen, d. h. nur bei fehlender Sachkunde des Gerichts erfolgen (vgl. BGH, NJW 1993, 2382, NJW 2004, 1163; BAG, DB 1999, 104; Zöller-ZPO-Greger § 402 Rn. 7; Heyrath, ZInsO 2005, 1092, 1196). Aus dem Justizgewährungsanspruch (Art. 19 Abs. 4 GG) folgt nach h. M., dass die mangelnde personelle oder sachliche Ausstattung der Insolvenzgerichte nicht auf Kosten der Insolvenzmasse abgewälzt werden kann; zust. Haertlein, NZI 2009, 577; Hebenstreit, ZInsO 2013, 276; Pape/Uhländer-Fliegner § 66 Rn. 23; a. A. A/G/R-Lind § 66 Rn. 9. Dabei wird man auch zu berücksichtigen haben, dass – anders als nach Rechtslage der KO – der Schlussrechnung und dem Schlusstermin keine Präklusionswirkung mehr zukommen und das Verfahren stärker gläubigerdominiert ist. Bedenken gegen die gerichtliche Praxis der Entlastung von eigenen Aufgaben durch die Übertragung auf Sachverständige wird auch damit begründet, dass bisweilen nicht erkennbar ist, dass die Qualität des Sachverständigen zuvor ausreichend geprüft wurde; Madaus, NZI 2012, 119 f. Angesichts dieser Maßstäbe kommt eine Delegation der Rechnungsprüfung nur in größeren, komplexen Unternehmensinsolvenzverfahren oder bei umfangreichen Unternehmensfortführungen in Betracht; Pape/Uhländer-Fliegner § 66 Rn. 23. Gerade in **Großverfahren** ist jedoch rgm. ein **fachkundiger Gläubigerausschuss** berufen, dem auch die Kontrolle obliegt. Dem Gläubigerausschuss obliegt es, die Handlungen und Entscheidungen des Insolvenzverwalters im Hinblick auf die formelle und materielle Richtigkeit sowie die wirtschaftliche Zweckmäßigkeit hin zu überprüfen. Die Prüfung ist Ausdruck der dem Gläubigerausschuss obliegenden Rechts- und Zweckmäßigkeitskontrolle. Der Gläubigerausschuss kann einen Gutachter beauftragen (vgl. Ganter FS Fischer S. 121, 124, 133). Pape/Uhländer-Fliegner § 66 Rn. 24 ist der Ansicht, das auch bei komplexeren Verfahren die Hinzuziehung eines Sachverständigen unzulässig sei, wenn ein Gläubigerausschuss vorhanden ist, vgl. a. Madaus, NZI 2012, 119, 122. Denn dann ist die Wahrnehmung der gläubigerseitigen (umfassenden) Rechnungsprüfung über die Pflicht zur Kassenprüfung, §69 Satz 2 gewährleistet, wobei der Gläubigerausschuss seinerseits einen sachverständigen Prüfer beauftragen kann. Zu berücksichtigen ist auch, dass der Gläubigerausschuss – anders als das Insolvenzgericht – auch die Zweckmäßigkeit der Tätigkeit, und nicht nur die Rechtmäßigkeit prüft. Deshalb müssen bei ständiger Überwachung durch einen Gläubigerausschuss für eine gesonderte gerichtliche Prüfung schon außergewöhnliche besondere Umstände vorliegen, zu denen nicht nur Verdachtsmomente für die verfahrenszweckwidrige Abwicklung des Insolvenzverwalters zählen sondern hinzukommen muss, dass der Gläubigerausschuss diesen – auch nach gerichtlicher Anregung – nicht nachgeht oder aber komplexe Aufklärungsfragen unberücksichtigt ließ, Madaus, NZI 2012, 119, 124. Allein eine lange Verfahrensdauer ist dafür nicht ausreichend, denn diese ist kein Indiz für insolvenzzweckwidriges Handeln (vgl. Uhlenbruck-Uhlenbruck §66 Rn. 36). Wird die Prüfungsaufgabe an einen externen Sachverständigen delegiert, kann sich der Prüfungsauftrag des Gerichts allenfalls im Rahmen des eigenen, eingeschränkten Prüfungsumfangs halten. Rechtliche Beurteilungen im Rahmen der materiellen Prüfung des tatsächlichen Verwalterhandelns sind nicht delegierbar. Die Delegation kann sich daher regelmäßig lediglich auf die Prüfung des rechnerischen Teils der Schlussrechnung und auf die Einhaltung formaler Standards im darstellenden Teil der Schlussrechnung beziehen. Die Zweckmäßigkeit des Verwalterhandelns ist im Rahmen der Delegation niemals Prüfungsgegenstand, denn sie ist auch nicht Gegenstand der Rechtsaufsicht des Gerichts, so zutreffend Pape/Uhländer-Fliegner; Madaus, NZI 2012, 119f. Die Beauftragung des Sachverständigen ist **nicht selbstständig anfechtbar** (Uhlenbruck-Uhlenbruck §66 Rn. 3). Der Insolvenzverwalter hat aber das Recht, den Sachverständigen gem. §406 ZPO wegen Besorgnis der Befangenheit abzulehnen (K/P/B-Onusseit §66 Rn. 23 m. w. N.). Die Besorgnis der Befangenheit ist regelmäßig begründet, wenn ein am selben Gerichtssprengel tätiger Verwalter beauftragt wird, OLG Köln, ZIP 1990, 58; Madaus, NZI 2012, 119, 124; Pape/Uhländer-Fliegner §66 Rn. 26. Weitergehend kann auch eine Besorgnis der Befangenheit begründet sein, wenn es sich um einen nicht mehr als Verwalter tätigen Partner einer gelisteten Verwalterkanzlei handelt, denn dieser kann mit den aktiven Verwaltern seiner Kanzlei gleichgerichtete Interessen haben. Dies sind Gründe, die geeignet sind, Misstrauen bezüglich der Unparteilichkeit eines Sachverständigen zu rechtfertigen, vgl. Madaus, NZI 2012, 119. Die Kosten für die Bestellung des Sachverständigen sind mit den Gerichtskosten abgegolten, Weitzmann, ZInsO 2007, 449; Heyrath, ZInsO 2005, 1092; Haertlein, NZI 2009, 577, 580. Das Insolvenzgericht ist für die Überprüfung der Schlussrechnung gem. §66 Abs. 2 originär zuständig. D. h., dass die Kosten mit den allg. Gerichtskosten abgegolten sind; die Insolvenzgerichte haben kein »mittelbares Gebührenfindungsrecht« und sind auf die gesetzlichen Gebühren beschränkt. In der Praxis ist leider festzustellen, dass Gerichte bisweilen Kassenprüfer bestellen, die nicht über eine erforderliche Qualifikation, bspw. Steuerberater, Wirtschaftsprüfer, Fachanwalt für Insolvenzrecht und/oder Sachkunde verfügen, vgl. Madaus, NZI 2012, 119. Ein vermeintlich niedriger Stundensatz vermag Qualifikation nicht zu ersetzen und ist kein Kriterium. Fachkundige Kassenprüfer mit entsprechender Qualifikation arbeiten darüber hinaus regelmäßig effektiver, effizienter und sachverständiger. Wenn keine Notwendigkeit für die externe Schlussrechnungsprüfung besteht, oder diese nicht ordnungsgemäß ausgeführt wurde, sollte der Verwalter die Begleichung der Schlussrechnungsprüfungskosten verweigern, Frind §58 Rdn. 5a.

3. Prüfungsvermerk (Satz 2)

14 Das Insolvenzgericht hat einen **Vermerk über die Schlussrechnungsprüfung** anzufertigen. Der Prüfungsvermerk ist kein Bestätigungsvermerk i. s. v. §322 HGB (K/P/B-Onusseit §66 Rn. 24; Uhlenbruck-Uhlenbruck §66 Rn. 37). Der Prüfungsvermerk hat zu dokumentieren, auf welche Art und Weise die Prüfung stattgefunden und ob Beanstandungen erhoben und beseitigt worden sind. Der Prüfungsvermerk ist schriftlich entweder auf der Schlussrechnung anzubringen oder dieser als Anhang anzufügen. Stellt sich infolge der Überprüfung heraus, dass die Schlussrechnung unter Mängeln leidet, so kann das Insolvenzgericht deren Beseitigung verlangen und ggf. auf dem Aufsichtswege durchsetzen. In Betracht kommt u. a. die Verweigerung der Genehmigung für die

Schlussverteilung und die Anberaumung des Schlusstermins (Uhlenbruck, ZIP 1982, 125, 135; Braun-Blümle § 66 Rn. 20).

4. Prüfung durch den Gläubigerausschuss (Satz 2)

Die Prüfungskompetenz des Gläubigerausschusses geht über die Prüfungskompetenz des Insolvenzgerichtes hinaus (K/P/B-Onusseit § 66 Rn. 25). Der Grundsatz der **Gläubigerautonomie** und die in § 69 normierten Aufgaben gebieten eine Erstreckung der materiellen Prüfung auf die Zweckmäßigkeit und die Wirtschaftlichkeit des Verwalterhandelns (K/P/B-Onusseit § 66 Rn. 25; Uhlenbruck-Uhlenbruck § 66 Rn. 38). Aus der Formulierung in § 69 Satz 2 »prüfen zu lassen« folgt, dass der Gläubigerausschuss berechtigt ist, die Prüfung durch einen **Sachverständigen** vornehmen zu lassen. Hierdurch entstehende Kosten sind Masseverbindlichkeiten i. s. v. § 55 Abs. 1 Nr. 1 (Uhlenbruck-Uhlenbruck § 66 Rn 38, K/P/B-Onusseit § 66 Rn. 25).

5. Stellungnahme/Bemerkungen (Satz 2)

Die Prüfung durch den Gläubigerausschuss ist schriftlich, bspw. durch Vorlage eines Prüfungsprotokolls, zu dokumentieren. Die Bemerkungen sind mit der Schlussrechnung des Insolvenzverwalters zur Einsicht auszulegen. Der Prüfungsvermerk sollte Art und Umfang der Prüfung der Rechnungslegung sowie das Ergebnis dokumentieren.

6. Fristsetzung (Satz 2 Halbs. 2)

Um Verfahrensverzögerungen vorzubeugen, kann das Gericht dem Gläubigerausschuss gem. Abs. 2 Satz 2 eine Frist zur Stellungnahme setzen. Kommt der Gläubigerausschuss seinen Verpflichtungen nicht (rechtzeitig) nach, kann das Gericht gleichwohl die Schlussrechnung ohne die Bemerkungen des Gläubigerausschusses auslegen (Stellungnahme Bundesrat RegE vgl. Balz/Landfermann, Die neuen Insolvenzgesetze, S. 147).

V. Auslegung der Schlussrechnung zur Einsicht der Beteiligten (Abs. 2 Sätze 2, 3)

Nach der Prüfung durch das Insolvenzgericht ist die Schlussrechnung vollständig unter Beifügung sämtlicher Belege, Prüfungsvermerke und der Stellungnahme des Gläubigerausschusses sowie der Stellungnahme eines ggf. beauftragten Sachverständigen zur Kenntnisnahme aller Beteiligten auszulegen. Die Auslegung erfolgt an dem vom Gericht festgesetzten Ort. Auf Anregung des Rechtsausschusses wurde die Verpflichtung »zur Auslegung in der Geschäftsstelle« gestrichen, da man bei Großinsolvenzen eine erhebliche Beeinträchtigung des Geschäftsablaufes befürchtet hat. Die Auslegung erfolgt **zur Einsicht durch die Beteiligten**. Nach Ansicht von Onusseit (K/P/B-Onusseit § 66 Rn. 29) sind dieses neben dem Schuldner allenfalls der nachfolgende Insolvenzverwalter und soweit sie nicht voll befriedigt sind, die (nachrangigen) Insolvenz- und Absonderungsgläubiger, nicht aber die Massegläubiger, da die Einsicht zur Vorbereitung der Gläubigerversammlung dient, an der Letztere nicht teilnehmen. Demgegenüber weist Uhlenbruck (§ 66 Rn. 41) zutreffend darauf hin, dass der Beteiligtenbegriff weiter zu fassen ist, sodass zu dem Begriff der »Beteiligten sämtliche Beteiligten« gehören. Es ist kein Grund ersichtlich, warum z. B. Gläubiger von Sozialplanforderungen kein Recht haben sollen, aufgrund der Schlussrechnung zu prüfen, ob die absolute und relative Obergrenze für den Gesamtbetrag aller Sozialplanforderungen eingehalten worden ist. Erkennt man in der insolvenzrechtlichen Rechnungslegung zutreffend die Rechnungslegung über ein **fiduziarisches Sonderrechtsverhältnis**, ist unstreitig, dass die Beteiligten dieses Sonderrechtsverhältnisses Einblick in die Rechnungslegung des Verwalters haben müssen. Da der Schlussrechnung nach der InsO keine Entlastungsfunktion mehr zukommt, müssen sich Insolvenzverwalter und Insolvenzgericht darauf verlassen können, dass die **Kenntnisnahmemöglichkeit** i. S. d. § 199 Abs. 1 Satz 2 BGB mit dem Schluss des Jahres, in dem die Auslegung erfolgt ist, erlangt ist. Im Schlusstermin hat der Insolvenzverwalter seine Schlussrechnung nochmals darzulegen und zu erläutern. Nur gegen das **Schlussverzeichnis** können **Einwendungen** erhoben werden (§ 197 Abs. 1 Nr. 1). Einwendungen sind von den Beteiligten im Termin mündlich vorzutragen. Unsubstanziierte Einwendungen oder solche unter dem Vorbehalt einer späteren Prüfung sind als bedingte Prozesserklärung zurückzuweisen (Uhlenbruck-Uhlenbruck § 66 Rn. 42). Alle anderen Einwendungen gegen die Schlussrechnung müssen ggf. im Wege einer Schadensersatz- oder Feststellungsklage beim Prozessgericht erhoben werden. Zu den erhobenen Einwendungen ist im Termin sofort zu verhandeln. Ggf. wird der Rechtspfleger den Termin vertagen. Da über § 197 Abs. 3 die Vorschrift des § 194 Abs. 2 Satz 2 entsprechend Anwendung findet, steht dem Gläubiger gegen den Beschluss die **sofortige Beschwerde** zu. Das Insolvenzgericht hat die Rechtskraft der Beschwerdeentscheidung abzuwarten, bevor es das Verfahren aufhebt. Wird eine Änderung des Schlussverzeichnisses angeordnet, ist dieses wie bei der Abschlagsverteilung auf der Geschäftsstelle niederzulegen (K/P/B-Holzer § 197 Rn. 11; Uhlenbruck-Uhlenbruck § 66 Rn. 44). Hat der Gläubiger den Schlusstermin oder die Erhebung von Einwendungen versäumt, so ist eine Wiedereinsetzung in den vorigen Stand ausgeschlossen (Uhlenbruck-Uhlenbruck § 66 Rn. 44).

VI. Weitere Fälle der Schlussrechnungslegungspflicht

19 Im Fall der **Eigenverwaltung** (§ 270) trifft den Schuldner selbst eine Pflicht zur Vorlage der Schlussrechnung (Braun-Blümle § 66 Rn. 28). Sind **mehrere Insolvenzverwalter** eingesetzt worden, trifft die Schlussrechnungspflicht jeden Insolvenzverwalter (vgl. Uhlenbruck-Uhlenbruck § 66 Rn. 18). Bei **Verwalterwechsel** ist jedoch nur eine Teilschlussrechnung zu legen, kein Schlussverzeichnis zu erstellen (K/P/B-Onusseit § 66 Rn. 5). Im Fall des Todes sollen nach bisher herrschender Meinung die Erben des Insolvenzverwalters verpflichtet sein, Rechnung zu legen (MK-Riedel § 66 Rn. 12). Zutreffend weist Uhlenbruck (§ 66 Rn. 17) darauf hin, dass es genügen müsse, eine mit Belegen versehene Einnahme- und Ausgaberechnung vorzulegen (vgl. a. K/P/B-Onusseit § 66 Rn. 5; HK-Eickmann § 66 Rn. 7). Die Rechenschafts- und Rechnungslegungspflicht des **Sonderinsolvenzverwalters** verhält sich entsprechend zu den ihm übertragenen Aufgaben und Vermögenswerten. Die Rechenschafts- und Rechnungslegungspflicht entsteht bei jeder Beendigung eines Amtes und folgt aus dem fiduziarischen Charakter der Sonderrechtsbeziehung. Die gleiche Verpflichtung trifft den Nachtragsinsolvenzverwalter bei einer **Nachtragsverteilung**.

VII. Verteilungsverzeichnis/Endabrechnung

20 Nach erfolgter Schlussverteilung legt der Insolvenzverwalter Rechnung über die erfolgte Verteilung und die weiteren Einnahmen und Ausgaben. Die Rechnungslegung schließt mit der Übersendung des »Null-Beleges«.

§ 67 Einsetzung des Gläubigerausschusses

(1) Vor der ersten Gläubigerversammlung kann das Insolvenzgericht einen Gläubigerausschuß einsetzen.

(2) ¹Im Gläubigerausschuß sollen die absonderungsberechtigten Gläubiger, die Insolvenzgläubiger mit den höchsten Forderungen und die Kleingläubiger vertreten sein. ²Dem Ausschuß soll ein Vertreter der Arbeitnehmer angehören.

(3) Zu Mitgliedern des Gläubigerausschusses können auch Personen bestellt werden, die keine Gläubiger sind.

Übersicht	Rdn.		Rdn.
A. **Normzweck**	1	1. Anzahl	4
B. **Norminhalt**	2	2. Mitgliedschaft	5
I. Geltungsbereich (Abs. 1)	2	3. Ausschlussgründe	7
1. Die verschiedenen Formen des		C. **Verfahrensfragen**	8
Gläubigerausschusses	2	I. Beginn und Ende der Mitgliedschaft . . .	8
2. Eigenverwaltung und Planverfahren.	3	II. Zuständigkeit/Rechtsmittel.	9
II. Zusammensetzung des Gläubigerausschusses (Abs. 2, 3)	4		

A. Normzweck

Die Norm regelt zunächst direkt die Bestellung des Gläubigerausschusses ab der Eröffnung des Verfahrens; ihre Geltung für das Eröffnungsverfahren war vor Inkrafttreten des »ESUG« umstritten (Rdn. 2). Die Vorschriften der §§ 67 ff. entfalten über die neue Regelung des § 21 Abs. 2 Nr. 1a nunmehr aber auch für den Gläubigerausschuss im Eröffnungsverfahren, der dadurch künftig als »vorläufiger« Gläubigerausschuss bezeichnet wird, und für den Gläubigerausschuss, der unmittelbar nach Eröffnung erst eingesetzt wird, wie den endgültigen Gläubigerausschuss Regelungswirkung. Die InsO kennt damit künftig drei verschiedene Arten eines Gläubigerausschusses (Rdn. 2). Gem. § 22a Abs. 1 InsO **muss** das Gericht im Eröffnungsverfahren bei laufendem Geschäftsbetrieb und Erreichen bestimmter »Schwellenwerte« der Verfahrensgröße i. d. R. einen Gläubigerausschuss einsetzen (s. dort). Die Bestimmung der endgültigen Einsetzung obliegt der – i. d. R. ersten – Gläubigerversammlung (§ 68). Für ein weiteres Instrument »Gläubigerbeirat« besteht nunmehr endgültig kein Bedürfnis mehr (a. A. zur alten Regelung noch Jaeger-Gerhardt, § 67 Rz. 36 f.).

In jedem Verfahrensstadium fungiert der Gläubigerausschuss als selbstständiges, unabhängiges gesetzliches Hilfsorgan zur Unterstützung, aber auch zur Kontrolle des Insolvenzverwalters (Frege, NZG 1999, 478 f.). Die Ausschussmitglieder haben die Verpflichtung zur unparteiischen, eigenverantwortlichen Wahrnehmung ihres Amtes. Sie verfolgen nicht »ihre« Interessen als Gläubiger.

B. Norminhalt

I. Geltungsbereich (Abs. 1)

1. Die verschiedenen Formen des Gläubigerausschusses

Das Gesetz zur Erleichterung der Sanierung in Insolvenzverfahren (»ESUG«; BGBl. I, S. 2582 ff.) weist mit mehreren Regelungen dem vorläufigen Gläubigerausschuss eine wesentlich bedeutendere Rolle als bei der bisher geltenden Insolvenzverfahrensabwicklung zu. Der noch in den ersten drei Vorauflagen dargestellte Meinungsstreit zur dogmatischen und praktischen Existenzberechtigung eines Gläubigerausschusses im Eröffnungsverfahren (s. HmbKomm-Frind, 3. Aufl., § 67 Rn. 2 m. w. N.) ist durch die Neuregelungen im Gesetz zur weiteren Erleichterung der Sanierung (»ESUG«) erledigt. Allerdings hatte der BGH für »Altfälle« in seiner Entscheidung v. 10.11.2011 – IX ZB 166/10 (WM 2012, 141) deutliche Skepsis zur Möglichkeit der Einsetzung eines vorläufigen Gläubigerausschusses im Eröffnungsverfahren nach altem Recht erkennen lassen und den diesbzgl. Beschluss des Insolvenzgerichtes nur wegen »nicht so schwerwiegenden Rechtsverstoßes«, dass der Bereich der Nichtigkeit erreicht sei, passieren lassen.

Nunmehr kennt das Gesetz **generell drei mögliche Gläubigerausschüsse**:
– den des Eröffnungsverfahrens (**»vorläufiger«** Ausschuss),
– den nach Eröffnung bis zum Berichtstermin amtierenden (vorliegend künftig **»Interims-Ausschuss«** genannt) und
– den **endgültigen Gläubigerausschuss** (§ 68) (vgl. zusammenfassend: Frind, ZInsO 2011, 2249, 2250).

Der Gläubigerausschuss nach der Verfahrenseröffnung ist keine unmittelbare »Fortsetzung« des Gläubigerausschusses des Eröffnungsverfahrens, wie der Gesetzgeber durch § 21 Abs. 1 Nr. 1a zu erkennen gibt (s. Rdn. 8). Danach sind Abs. 1, § 68 InsO und § 67 Abs. 3 InsO auf den Gläubigerausschuss des Eröffnungsverfahrens nicht »entsprechend« anwendbar. Da § 67 **Abs. 1** auf den vorläufigen Ausschuss des Eröffnungsverfahrens **nicht** und die übrigen Regelungen nur »entsprechend« anwendbar erklärt werden, ergibt sich daraus eindeutig, dass der Gläubigerausschuss nach Eröffnung (»Interims-Ausschuss«) ein gesondertes Gremium mit gesondertem Regelungsbereich ist.

Innerhalb des Eröffnungsverfahrens unterscheidet das Gesetz wiederum drei mögliche Erscheinungsarten: In § 22a den »**Pflicht-**« (**§ 22a Abs. 1**) und den »**Antrags**«-Ausschuss (§ 22a Abs. 2) (s. dortige Kommentierung) und generell in § 21 Abs. 1 Nr. 1a den **amtswegigen Ausschuss**.

Der »Pflicht«-Ausschuss ist unmittelbar mit der Auswahl des vorläufigen Verwalters verknüpft (§ 56a); der Gesetzgeber ist hier vom Prinzip her einer Anregung des Verfassers aus der Vorauflage gefolgt (s. 3. Aufl., § 67 Rn. 2 a. E.). Neben diesen beiden Erscheinungsformen steht der **von Amts wegen möglicherweise einzusetzende vorläufigen Gläubigerausschuss**, der als »vorläufige Maßnahme« nach § 21 Abs. 2 Nr. 1a jederzeit vom Gericht eingesetzt werden kann (s. § 22a Rdn. 2 und 11).

2a § 21 Abs. 2 Nr. 1a erlaubt als Generalnorm nunmehr theoretisch in jedem Verfahren die Einsetzung eines **Gläubigerausschusses bereits im Eröffnungsverfahren**. Das Gericht könnte daher **von Amts wegen immer** einen vorläufigen Gläubigerausschuss im Eröffnungsverfahren einsetzen. I. d. R. wird das Gericht aber auf eine Anregung warten.

Gem. des damit korrespondierenden § 22a Abs. 2 **soll** auf Antrag ein solcher Ausschuss eingesetzt werden, wenn die übrigen dort genannten Voraussetzungen vorliegen (s. § 22a Rdn. 10). Dennoch hat das Gericht bei der Bestellung die Frage der Notwendigkeit im Auge zu behalten, da **§ 22a Abs. 3** selbst bei Verfahren größerer Art eine Verhältnismäßigkeit der Einsetzungsfolgen zur Verfahrensgröße erfordert. Die »**Einsetzungsbremse**« (dazu § 22a Rdn. 16) gilt aber nur für die in dieser Norm geregelten Ausschussformen. Da ein vorläufiger Gläubigerausschuss das Verfahren komplizierter, vor allem aber auch teurer (s. bei § 73), macht, darf das Gericht seine Einsetzung ablehnen, wenn dadurch die Gefahr der Nicht-Eröffnung des Verfahrens oder die Anzeige der Masseunzulänglichkeit heraufbeschworen werden würde. Dies gilt somit nicht nur im Fall der Prüfung der Einsetzungsnotwendigkeit des vorläufigen Gläubigerausschusses gem. § 22 a Abs. 1.

2b Der **vorläufige Gläubigerausschuss im Eröffnungsverfahren** wird, wenn erst einmal im Amt, – neben den Rechten bei der Verwalterauswahl (§ 56a, s. dort) – zumindest – über **Maßnahmen i. S. v. § 160** befinden müssen (Frind, ZIP 2012, 1380 ff.; Ehlers, BB 2013, 259; zum bish. Recht: Frege, FS Pelzer, S. 109, 118; s. § 69 Rdn. 6). Es ist sinnvoll, wenn die Interessen der Gläubiger oder die Sachkunde Dritter in diesem wichtigen Verfahrensabschnitt bei Verhandlungen zur Sanierung des Unternehmens oder bei notwendigen, vorgezogenen Verwertungs- und Abwicklungsmaßnahmen zur Geltung gebracht werden (KPB-Kübler § 67 Rn. 11; MK-Schmidt-Burgk § 67 Rn. 2). Denn §§ 21 Abs. 2 Nr. 5, 158, 159 lassen solche Maßnahmen in dringlichen Situationen ausnahmsweise durchaus zu (BGH, ZInsO 2001, 165; ZIP 2011, 1419; Rn. 51, 52; Delhaes, NZI 1998, 102, 104; Smid, WM 1995, 785; problematisiert von Vallender, WM 2002, 2042). Vorrats- und Generalermächtigungsbeschlüsse des Ausschusses sind nichtig (Zimmermann, ZInsO 2012, 245).

Der vorläufige Insolvenzverwalter muss bei solchen Fallgestaltungen, nicht zuletzt zu seiner eigenen **Haftungsbegrenzung** (s. dazu bei § 69), den vorläufigen Gläubigerausschuss über Maßnahmen i. S. v. § 160 InsO abstimmen lassen oder, wenn dies aus Zeitgründen oder mangels eingesetztem Ausschuss nicht möglich ist, eine entsprechende Anregung an das Gericht ausbringen und zugleich die beabsichtigten Maßnahmen dem Gericht detailliert mit Begründung unterbreiten (AG Hamburg, ZInsO 2005, 1056). Denn nach richtiger Ansicht tritt im Eröffnungsverfahren die Überwachungskompetenz des Insolvenzgerichtes verstärkt an die Stelle der fehlenden Gläubigervertretung (s. bei § 69 Rdn. 6 u. 7). Dies führt dann folgerichtig auch zu einer Haftungsbegrenzung für den vorläufigen Verwalter, wenn dieser den Ausschuss oder das Gericht vollständig informiert hatte und seine Zustimmung erlangte (näheres dazu bei § 69 Rdn. 6 – 9).

2. Eigenverwaltung und Planverfahren

3 Findet eine Eigenverwaltung des Schuldners nach den §§ 270 ff. statt, so dürfte es ebenfalls **regelmäßig geboten** sein, einen vorläufigen Gläubigerausschuss einzusetzen (Frind, WM 2014, 590; s. bereits Pape, Kölner Schrift zur InsO, S. 895 ff. Rn. 53 ff.), sofern sich dafür geeignete Mitglieder finden (AG Hamburg v. 03.05.2013, ZIP 2013, 1391 = ZInsO 2013, 1804). Nach der Neuregelung des Eigenverwaltungsverfahrens durch das »ESUG« soll der vorläufige Gläubigerausschuss »vor der Entscheidung« über die Eigenverwaltung gem. § 270 Abs. 3 (s. a. dort) zu deren Chancen und Risiken Stellung nehmen können.

Bei Sicherungsnotwendigkeiten (z. B. wegen Betriebsfortführung oder gefährdeten Massewerten) stellt sich allerdings im Eröffnungsverfahren die Weichenstellung, ob eine Eigenverwaltung vom Gericht zu befürworten ist, bereits bei der Frage, ob ein vorläufiger Sachwalter gem. § 270a Abs. 1 Satz 2 eingesetzt wird oder ein vorläufiger Insolvenzverwalter. Aus Zeitgründen wird daher ein vorläufiger Gläubigerausschuss in den genannten Verfahrenskonstellationen häufig erst nach dieser Entscheidung eingesetzt werden können. Die gesetzliche Regelung in § 270 Abs. 3 ist insofern in den bedeutendsten Verfahren nur mittels einer **nachträglichen Anhörung** umsetzbar (Frind, ZInsO 2011, 656; ders. ZInsO 2011, 757 zum »Zeitkorridor-Problem«).

Im sog. »**Schutzschirmverfahren**« gem. § 270b kann der vorläufige Gläubigerausschuss gem. der dortigen Regelung in Abs. 4 Nr. 2 die Aufhebung des Verfahrens mit zwingender Umsetzungsfolge beantragen (Fiebig, § 270b Rdn. 28.).

Im Insolvenzplanverfahren ist der endgültige Gläubigerausschuss Teil der zu beteiligenden Gruppen bei der Planbewertung (§ 232 Abs. 1 Nr. 1). Im Planverfahren soll der Ausschuss gem. § 248a Abs. 2 InsO vor einer Planberichtigung angehört werden.

II. Zusammensetzung des Gläubigerausschusses (Abs. 2, 3)

1. Anzahl

Der Abs. 2 regelt als Soll-Vorschrift, mithin mit deutlicher Ermessenseinschränkung, die paritätische Zusammensetzung des Gläubigerausschusses. Eine »Soll-Bestimmung« ist im Grundsatz als Muss-Bestimmung zu verstehen, sofern nicht besondere Umstände des Einzelfalles eine Abweichung ausnahmsweise als geboten erscheinen lassen (BGH, NJW 2001, 305; BVerwG, DÖV 1997, 739; Frind, ZIP 2013, 2244, 2246). Der vom Gesetzgeber gewollte Regelfall ist eine Repräsentation aller Gläubigergruppen im Ausschuss, davon darf nur in Ausnahmefällen abgewichen werden (FK-Schmitt, § 67 Rn. 6; so bereits der Ausschussbericht Balz/Landfermann, Die neuen Insolvenzgesetze, 1999, S. 282; a. A. Jaeger-Gerhardt, § 67 Rn. 21), dies zeigt auch die nunmehr in § 13 Abs. 1 Satz 4 InsO nach dem »ESUG« vorgeschriebene Auflistung der Gläubigerstruktur durch den Schuldner zum Zwecke der sachgerechten Zusammensetzung des Ausschusses.

4

▶ **Hinweis:**

Abweichungen von der »Zusammensetzungsregel« sind ermessensgerecht möglich, sollten aber nachvollziehbar begründet werden (MK-Schmidt-Burgk, § 67 Rn. 10). Wird der Ausschuss ohne Anlass nicht entsprechend der Vorschrift »gruppengerecht« zusammengesetzt, kann die Bestellung als unwirksam erachtet werden. Das Gericht sollte sich daher immer um eine gruppengerechte Besetzung bemühen. Eine **sukzessive Besetzung** je nach fortschreitender gerichtlicher Erkenntnislage –insbesondere im Eröffnungsverfahren- ist zulässig (Frind, ZIP 2013, 2244, 2246; HK-Riedel, § 67 Rn. 5); gerade bei Kleingläubigern kann eine spätere Nachbestellung sinnvoll sein (FK-Schmerbach § 22a Rn. 56).

Drei Mitglieder waren bisher gesetzliche (contra legem a. A. Jaeger-Gerhardt, § 67 Rz. 11, 21) Regelgröße (gem. § 67 Abs. 2 Satz 1: Absonderungsgläubiger, Großgläubiger, Kleingläubiger). Durch die Streichung des Halbs. 2 in § 67 Abs. 2 Satz 2 im Wege der Reform durch das »ESUG« dürfte insb. in den Verfahren mit Fortführungsaussichten ein **Arbeitnehmervertreter** zusätzlich unverzichtbar sein. Dieses Mitglied hat Repräsentations- und Erfahrungsvermittlungsfunktion und soll die Auswahl eines unabhängigen Verwalters im Eröffnungsverfahren in einem vorläufigen Ausschuss befördern (Wroblewski, ZInsO 2014, 115, 116).

Da der Ausschuss in der Regel nach dem Mehrheitsprinzip entscheidet (§ 72), ist ein »Vierer«-Ausschuss kaum funktionsfähig (Graf-Schlicker-Pöhlmann, § 67 Rn. 4). Regelfall wird daher künftig der Ausschuss mit **fünf Mitgliedern**, auch und gerade im Eröffnungsverfahren (H. Huber, ZInsO 2013, 1,5 m.w. N.; so auch Obermüller, ZInsO 2012, 18, 22), in dem die wichtigsten »Weichenstellungsentscheidungen« erfolgen, sein.

Das Gericht kann zwar in Ausnahmefällen auch einen »Zweier-Ausschuss« einsetzen (BGH, ZInsO 2009, 716: Mindestzahl zwei Mitglieder, hier aber **Sonderfall** mit ganz geringer Gläubigerzahl: BGHZ 124, 86 = ZIP 1994, 46; verkannt bei HK-Riedel, §67 Rn. 10); ein »Einer-Ausschuss« ist unzulässig (LG Neuruppin, ZIP 1997, 2130; AG Augsburg, NZI 2003, 509). Für das Eröffnungsverfahren verbietet sich ein Ausschuss, der sich durch Stimmengleichheit blockieren könnte. Der »**Pflicht«-Ausschuss nach § 22a Abs. 1** sollte immer fünf Mitglieder zählen, da es hier um Betriebsfortführungsverfahren geht. Der Gesetzgeber wollte ausweislich der Änderungen im »ESUG« eine repräsentative Abbildung der Gläubigerschaft erreichen. Ein Ausschuss mit weniger als fünf Mitgliedern muss daher in den Fällen des §22a Abs. 1 als unzulässig angesehen werden. Das Gericht kann den Ausschuss gfs. wegen Eilbedürftigkeit auch erst einsetzen und später erweitern. Bevor er seine »Soll-Stärke« nicht erreicht hat, kann er aber seine gesetzliche Funktion aus z. B. §§ 56a Abs. 1, 69 nicht erfüllen (Frind, ZIP 2013, 2244, 2246).

Vorschläge für den **vorläufigen Gläubigerausschuss** als »Pflicht«-Ausschuss können der Schuldner, oder im Fall der erst nach Einsetzung des vorläufigen Verwalters erfolgenden Bestellung, der vorläufige Verwalter machen (§22a Abs. 4). Für den »Antrags«-Ausschuss (§22a Abs. 2) sind die Vorschläge und die beigebrachten Einverständniserklärungen für den Antragsteller zwingende Zulässigkeitsvoraussetzung. An personelle Besetzungsvorschläge ist das Gericht nicht gebunden (§ 22a Rdn. 9; Rdn. 14 m.w.N.).

Beim **Interimsausschuss** sollte der (vorl.) Insolvenzverwalter dem Gericht rechtzeitig vor Eröffnung unter Darlegung der bisherigen Ermittlungen zur Gläubigerstruktur, gfs. auch unter Mitteilung von Erfahrungen mit der bisherigen Ausschussbesetzung, entsprechende Vorschläge unterbreiten. Das Gericht kann auch hier bei ersichtlicher Notwendigkeit zur Herstellung der Repräsentativität die Zusammensetzung nachträglich erweitern (AG Kaiserslautern, NZI 2004, 676; MK-Schmidt-Burgk §67 Rn. 7; Pöhlmann in Graf-Schlicker §67 Rn. 5), wie auch die Gläubigerversammlung später die Zusammensetzung verändern kann (§ 68 Abs. 2). Die Bestellung von **Ersatzmitgliedern** kann im Einzelfall empfehlenswert sein (MK-Schmidt-Burgk §67 Rn. 25).

2. Mitgliedschaft

5   Ein **Anspruch** auf Mitgliedschaft besteht ebenso wenig wie die **Pflicht**, das Amt anzunehmen. Das Gericht ist in jedem Fall in der Bestimmung der Gläubigerausschuss-Mitglieder und der Gruppenbesetzung frei (BT-Drucks. 17/5712, S. 25; BT-Drucks. 17/7511, S. 46; Marotzke, DB 2012, 560, 561; Neubert, GmbHR 2012, 439, 442; Uhlenbruck-Uhlenbruck, §67 Rn. 9; HK-Riedel, §67 Rn. 8; Graf-Schlicker, §22 a Rn. 8) und hat sein Ermessen zum Wohle des Verfahrens auszuüben. Dabei sind auch Inhabilitäten (s. Rdn. 7) zu bedenken, gfs. vorher durch sachverständige Ermittlungen auszuschließen.

Da das **Amt mit Haftungsgefahren verbunden** ist (§71 InsO), kann das Gericht nur Personen bestellen bei denen es von der Bereitschaft zur Wahrnehmung des Amtes definitiv Kenntnis hat. Beim Antragsausschuss gem. § 22a Abs. 2 ist dies Antragsvoraussetzung. Jedoch sollte das Gericht in jedem Fall vor Bestellung eine Einverständniserklärung vom jeweiligen Anwärter einholen, um eine Amtsablehnung zu vermeiden, da erst die Amtsannahme zur Mitgliedschaft führt. Deshalb ist eine Verfahrensverzögerung, insb. im eilbedürftigen Eröffnungsverfahren, durch »Bestellungsrückgaben« zu vermeiden.

Weitere Voraussetzung ist, dass das Mitglied des Ausschusses in der Lage ist, die Aufgaben gem. § 69 auch wahrzunehmen, indem es ausreichend **insolvenzrechtliche oder zumindest betriebswirtschaftliche Kenntnisse** hat (Grell/Klockenbrink, DB 2013, 1038, 1045). Der Gesetzgeber hat bisher diese Anforderung nicht ausdrücklich normiert, sondern nur über die Haftungsnorm des §71 implementiert (Heeseler/Neu, NZI 2012, 440, 443). Das Insolvenzgericht sollte deswegen auf insolvenzrechtliche *oder* betriebswirtschaftliche Kenntnisse Wert legen und diese vor Bestellung erfragen bzw. mitgeteilt bekommen (Frind, BB 2013, 265, 270; Lind n A/G/R, §67 Rn. 6; Haarmeyer, ZInsO-NL 6/2012, 10 »wie in Italien«; a. A. Ehlers, BB 2013, 259, 260; abl. in Verkennung der Alternativstellung der Anforderungen zu zwingend rechtlichen Kenntnissen Graf-Schlicker, § 22 a Rn. 21). Eine Ausnahme kann für den Arbeitnehmervertreter gemacht werden, der eben aufgrund seiner betrieblichen Kenntnisse im Ausschuss sein sollte.

Die Nennung der absonderungsberechtigten Gläubiger stellt klar, dass diese nicht als Insolvenzgläubiger (§ 38) gelten, auch, wenn der Schuldner ihnen persönlich haftet (§ 52 Satz 1). Ihre Einbindung erfolgt als Korrektiv für die von der Gesetzeskonzeption (s. §§ 21 Abs. 2 Nr. 5, 166) von ihnen verlangten »Opfer« zugunsten der Masse. Bei den übrigen Mitgliedern muss das Gericht sich eine Prognose über deren Forderungshöhe verschaffen, sofern eine Anmeldung von Forderungen noch nicht erfolgt ist, um diese zuverlässig als »Groß- oder Kleingläubiger« einordnen zu können. I. d. R. empfiehlt sich jedenfalls eine **Einbindung von Lieferanten**.

Die Mitgliedschaft **juristischer Personen**, nicht jedoch von **Behörden** (Jaeger-Gerhardt, § 67 Rz. 27), **ist zulässig** (BGHZ 124, 86 = ZIP 1994, 46; LG Duisburg, NZI 2004, 95; MK-Schmidt-Burgk § 67 Rn. 20; FK-Schmitt, § 67 Rz. 8; KPB-Kübler § 67 Rn. 23; a. A. Gundlach/Frenzel/Schmidt, ZInsO 2007, 531; krit.: Hegmanns, Gläubigerausschuss, S. 110 f.; str. bzgl. Mitgliedschaft d. BfA: dagegen: OLG Köln, ZIP 1988, 992; dafür: LG Duisburg, NZI 2004, 95). Dies sichert die Präsenzkontinuität für den Sitz im Ausschuss und kann zuweilen Ressourcen des »Unterbaus« (z. B. bei der Prüfungsaufgabe Schlussrechnung) nutzbar machen. 6

Andererseits wird damit die Möglichkeit einer **personellen Fluktuation** geschaffen (a. A. NR-Delhaes § 69 Rn. 8, der den Wechsel der entsandten Person für unzulässig hält), die tunlichst vermieden werden sollte, da die fortwährende Wiederholung von Wissensbeständen die Arbeit des Ausschusses lähmen kann (H. Huber, ZInsO 2013, 1, 4; Gundlach/Frenzel/Schmidt, ZInsO 2007, 531; FK-Schmitt, § 67 Rz. 9). Beim vorläufigen Gläubigerausschuss sollte jede Möglichkeit der Fluktuation weitgehend unterbunden werden. Das richtige Korrektiv in solchen Fällen muss notwendigerweise in einer **eigenen Geschäftsordnung** des Ausschusses (in größeren Verfahren ist diese Pflicht, sonst entsteht Haftung, Uhlenbruck-Uhlenbruck, § 67 Rn. 28), die u. a. dieses regeln sollte, oder in einer angeregten Entlassung nach § 70 gesucht werden, wenn eine Bestellung zu viel Fluktuation verursacht. In der Praxis wird der Konflikt zumeist mit der Bestellung einer bestimmten Person aus der Vertretungsriege der juristischen Person mit der Möglichkeit jederzeitiger, aber durch Beschluss geregelter Auswechselung, gelöst.

Der entsandte Vertretungsberechtigte muss im Fall der Bestellung einer juristischen Person mit einer **Spezialvollmacht mit Einzelvertretungsberechtigung** ausgestattet werden, um volle Handlungsfreiheit für schnelle Entscheidungen sicherzustellen. Die entsandten Vertreter müssen ausreichend Kenntnis zur Erfüllung der Anforderungen des Ausschussamtes haben (hierzu Frind, BB 2013, 265; H. Huber, ZInsO 2013, 1,4; Rdn.5).

Auch bei der Bestellung natürlicher Personen kann daher auch eine **Stellvertretung** für einzelne Termine nicht ausgeschlossen werden (MK-Schmid-Burgk § 67 Rn. 26; K/P-Kübler, § 67 Rz. 28; a. A. Gundlach/Frenzel/Schmidt, ZInsO 2007, 531, 534; Jaeger-Gerhardt, § 67 Rz. 13; Uhlenbruck, ZIP 2002, 1376, 1379; Obermüller, Insolvenzrecht Bankpraxis, 6. Aufl., Rn. 1416; Pape, ZInsO 1999, 675, 678).

▶ Hinweis:

> Das Insolvenzgericht legt durch seinen Bestellungsbeschluss die Mitgliedschaft der Ausschussmitglieder fest. Daher hat der Beschluss genau zu unterscheiden, ob juristische Personen oder natürliche Personen Mitglied werden sollen. Im Fall der Bestellung juristischer Personen, sind diese in den Beschluss aufzunehmen. Missverständlich und daher falsch ist es, eine natürliche Person mit dem Zusatz »als Vertreter der .... AG« in dem Bestellungsbeschluss zu vermerken. Aus solcherart »Bestellungen« geht nicht eindeutig hervor, wer bestellt ist, denn das Gericht kann im Fall der Bestellung einer juristischen Person eben nicht festlegen, wer diese (gfs. kontinuierlich) im Ausschuss vertreten soll.

3. Ausschlussgründe

7 Nach **Abs. 3** können **auch Nicht-Gläubiger** Mitglied im Ausschuss des eröffneten Verfahrens sein (im Eröffnungsverfahren gilt diese Norm mangels Verweisung in § 21 Abs. 2 Nr. 1a InsO nicht). Ein Verstoß gegen die Norm macht die Bestellung des betreffenden Mitgliedes nichtig. Relevanz dürfte dies insb. bei der Notwendigkeit, **Gewerkschaftsmitglieder**, die nicht Teil der Belegschaft sind, einzubinden, erhalten (externer Sachverstand: Jaeger-Gerhardt, § 67 Rz. 25). Die Bestimmung gilt mangels Bezugnahme in § 21 Abs. 2 Nr. 1a nur für das eröffnete Verfahren.

Dies birgt für den **vorläufigen Gläubigerausschuss** verschiedene Probleme:

Die Ersetzungsbefugnis für das nahezu zwingend nunmehr im **vorläufigen Gläubigerausschuss** notwendige Mitglied aus dem Kreise der **Arbeitnehmer** mit einem **Gewerkschaftsvertreter** hat der Gesetzgeber durch absichtliche Nicht-Nennung des Abs. 3 in § 21a Abs. 2 Nr. 1a für das Eröffnungsverfahren – ohne dies zu wollen – beschränkt. In der wichtigen Phase des Eröffnungsverfahrens wäre grundsätzlich die Mitbestimmung von Nicht-Gläubigern über die Masse und wichtige »Weichenstellungen« an der Grenze zur Verfassungswidrigkeit, da der Grundrechtsreingriff durch die Verfahrenseröffnung hier nur im Wege von vorläufigen Sicherungsmaßnahmen vorweggenommen wird. Dies darf nicht durch verfahrensfremde Einflusspersonen vertieft werden.

Der Ausschluss durch diese Regelung bzw. den Nichtverweis auf § 67 Abs. 3 InsO im Eröffnungsverfahren von **Gewerkschaftsvertretern** oder der **Arbeitnehmerschaft**, wenn kein Arbeitnehmer Gläubiger ist, ist problematisch (H. Huber, ZInsO 2013, 1, 4; für ein erweiternde Auslegung Smid, ZInsO 2012, 757, bzgl. Gewerkschaftsvertretern; so auch Haarmeyer, ZInsO 2012, 2109, 2115; für einen generellen Vorrang des § 67 Abs. 2 Satz 2 InsO: Wroblewski, AuR 2012, 188, 190; a. A. Graf-Schlicker, § 22 a Rn. 18).

Die Norm des § 67 Abs. 2 Satz 2 InsO wird aber in § 21 Abs. 2 Nr. 1a InsO in Bezug genommen, sodass ein Gewerkschaftsmitglied auch Ausschussmitglied des vorläufigen Ausschusses als Arbeitnehmervertreter sein kann, auch ohne Gläubiger zu sein (Wroblewski, ZInsO 2014, 115, 117). Ebenfalls zugelassen werden sollte die Vertretung der Arbeitnehmerschaft durch den Vertreter einer Gewerkschaft mit Betriebsbezug ohne dass der »Umweg« über eine Forderungsabtretung an den Gewerkschaftssekretär »künstlich« gesucht werden muss (Wroblewski, ZInsO 2014, 115, 118 m. w. N.; Frind, BB 2013, 265, 268).

Zusätzlich sinnvoll erscheint auch de lege ferenda die Eröffnung der Möglichkeit, einen unabhängigen Vertreter der Kleingläubiger (sog. »Poolvertreter der Kleingläubiger«) in den Ausschuss entsenden zu können (vgl. Heeseler/Neu, NZI 2012, 440, 444).

Weiterhin hat der Gesetzgeber in § 21 Abs. 2 Nr. 1a **Halbs. 2** vorgesehen, dass mit an Sicherheit grenzender Wahrscheinlichkeit mit Eröffnung zu Gläubiger werdende Personen auch bereits in den vorläufigen Gläubigerausschuss aufgenommen werden können. in der Begründung werden hier der PSV und die BA genannt, daher sind nur Gläubiger, die solcherart »sicher« Gläubigereigenschaft erwerben werden, gemeint (Obermüller, ZInsO 2012, 18, 22: auch Gewerkschaftsvertreter nach § 2 BetrVG).

Auch **nachrangige Gläubiger** (§ 39 InsO) können Mitglied werden, jedoch in der Regel nicht im vorläufigen Ausschuss (FK-Schmerbach, § 22a Rn. 53; dies beklagend Siemon, ZInsO 2014, 172, 175; unklar Mock, NZI 2014, 102, 105 für Genußrechtsinhaber und den gemeinsamen Vertreter gem. SchVG, der aber selbst nach Eröffnung trotz § 19 Abs. 2 SchVG nicht immer zwingend bestimmt wird [Thole, ZIP 2014, 293, 296]), da das Insolvenzgericht frühestens mit Eröffnung zur Forderungsanmeldung für diese Gläubiger auffordern kann und darüber bei Verfahrensbeginn keine »Sicherheit« im Sinne v. § 21 Abs. 2 Nr. 1a, Halbs. 2 InsO besteht. Sie haben allerdings das Antragsrecht gem. § 22a Abs. 2 InsO auf Einsetzung eines »Antragsausschusses« (MK-Haarmeyer, § 22a Rn. 106 m. w. N.). Auch die Regelungen zur Beteiligung nachrangiger Gläubiger im Insolvenzplan (§§ 77 Abs. 1 S. 2; 237 Abs. 1 S. 1) zeigen, dass diese Gläubigergruppe erst eigenständige

Rechte im Verfahren wahrnehmen kann, sobald ihnen eine quotale Befriedigung zustehen soll (LG Bonn, ZIP 2014, 983, 985).

Nicht zu Mitgliedern bestellt werden können Personen, die in einem generellen Interessenwiderspruch stehen, z. B. der Schuldner selbst, persönlich haftende Gesellschafter oder Mitglieder schuldnerischer Vertretungsorgane, wie z. B. ein Aufsichtsrat (MK-Schmidt-Burgk § 67 Rn. 22; HK-Riedel § 67 Rn. 6; a. A. AG Hamburg, ZIP 1987, 386). Der Aufsichtsrat steht, wie aus § 111 AktG (s. das KonTraG) folgt, ganz auf der Interessenseite des schuldnerischen Unternehmens. Auch Verwalter, Mitarbeiter des Verwalters oder Gerichtspersonen sind ausgeschlossen (Uhlenbruck, ZIP 2002, 1376). Im Einzelfall sind auch Personen von der Wahrnehmung des Amtes ausgeschlossen, wenn Entscheidungen anstehen, die sie selbst, zumindest mittelbar, konkret betreffen (Gundlach/Frenzel/Schmidt, ZInsO 2005, 974, 975; s. § 72 Rdn. 4), gfs. genügen hier Stimmverbote (Vallender, FS Ganter, S. 391, 398).

Die unwirksame Bestellung eines Mitgliedes (z. B. nichtige Bestellung einer Behörde) gilt nur für dieses (BGHZ 124, 86 = ZIP 1994, 46).

C. Verfahrensfragen

I. Beginn und Ende der Mitgliedschaft

Das Amt beginnt erst **nach Zugang des gerichtlichen Einsetzungsbeschlusses** durch die **Annahmeerklärung** der bestellten Person an das Gericht (in der Versammlung auch mündlich zu Protokoll), die ggf. nach § 22a Abs. 2 auch im Vorwege, dann aber verbindlich und ohne Bedingungen, erklärt werden kann. Setzt das Gericht eine Frist zur Annahmeerklärung, muss diese eingehalten werden (LG Duisburg, NZI 2004, 95; AG Duisburg, NZI 2004, 325) und wird nur durch Annahme des Mitgliedes selbst, nicht durch diejenige der nicht bestellten (aber hinter dem Mitglied stehenden) juristischen Person gewahrt. Diese Notwendigkeiten gelten auch im eilbedürftigen Eröffnungsverfahren, da das – insb. in diesem Verfahrensabschnitt – haftungsträchtige Amt einer Person nicht aufgedrängt werden kann (Uhlenbruck-Uhlenbruck, § 67 Rn. 21).

8

Das Amt des vorläufigen Gläubigerausschusses des Eröffnungsverfahrens endet kollektiv mit der Verfahrenseröffnung (so auch Obermüller, ZInsO 2012, 18, 21; HRI-Ampferl, § 13 Rn. 9).

▶ Hinweis:

Der Gesetzgeber hat mit der »ESUG«-Reform in §§ 21a Abs. 2 Nr. 1a, 22a ein gesondertes Gremium für das Eröffnungsverfahren geschaffen, auf das die Regelungen des eröffneten Verfahrens nur teilweise und nur »entsprechend« anwendbar sind. Die Eröffnung stellt eine Zäsur dar (KPB-Kübler § 67 Rn. 12). Das Insolvenzgericht hat daher bei Eröffnung (dann: Richter) bzw. spätestens im zeitlichen Raum bis zur ersten Gläubigerversammlung (dann: Rechtspfleger) zu entscheiden, ob ein Interims-Gläubigeraussschuss überhaupt und wenn ja, ob in der bisherigen Zusammensetzung des vorläufigen Gläubigerausschusses, oder in abgewandelter Zusammensetzung, neu bestellt werden sollte (Obermüller, ZInsO 2012, 18, 21). Für eine abgewandelte Zusammensetzung sprechen die im Vergleich zum Eröffnungsverfahren andere Aufgabengewichtung und der nunmehr deutlicher konturierte und u. U. anders zusammengesetzte Gläubigerkreis, z. B. könnten Massegläubiger zu berücksichtigen sein.

Das Amt des danach bestellten »Interims«-Ausschusses endet kollektiv mit der Bestellung des endgültigen in der Versammlung gem. § 68 oder wenn diese ausdrücklich keinen Ausschuss bestellt. Individuell endet das Amt durch Erklärung der Niederlegung ggü. dem Gericht, durch Abwahl oder Entlassung.

▶ Hinweis:

Bis zu einer eindeutigen Entscheidung einer Gläubigerversammlung über das Fortbestehen oder die Beendung des Amtes des »Interims«-Ausschuss bleibt dieser im Amt (Uhlenbruck-Uhlenbruck,

§ 67 Rn. 22 m. w. N.), weshalb es dringend anzuraten ist, **in der ersten Gläubigerversammlung über diese Frage ausdrücklich abstimmen zu lassen.**

II. Zuständigkeit/Rechtsmittel

9 Funktional zuständig ist der **Richter**, auch bei Einsetzung des Interims-Gläubigerausschusses erst im Zusammenhang mit dem Eröffnungsbeschluss (§ 18 Abs. 1 Nr. 1 RPflG); nach Eröffnung befasst sich der Rechtspfleger, soweit für das Verfahren zuständig, auch mit den Fragen rund um den Gläubigerausschuss. Ein **Rechtsbehelf** gegen die richterliche Einsetzung oder Nicht-Einsetzung des Ausschusses ist nicht gegeben (Pöhlmann/Kubusch in Graf-Schlicker § 67 Rn. 12; MK-Schmidt-Burgk, 2. Aufl. InsO, § 67 Rn. 12; Uhlenbruck, 13. Aufl. InsO, § 67 Rn. 18; Jaeger-Gerhardt, § 67 Rn. 20, 21).

Bei der Rechtspflegerentscheidung ist befristete Erinnerung möglich (Jaeger-Gerhardt, § 67 Rz. 35).

§ 68 Wahl anderer Mitglieder

(1) ¹Die Gläubigerversammlung beschließt, ob ein Gläubigerausschuß eingesetzt werden soll. ²Hat das Insolvenzgericht bereits einen Gläubigerausschuß eingesetzt, so beschließt sie, ob dieser beibehalten werden soll.

(2) Sie kann vom Insolvenzgericht bestellte Mitglieder abwählen und andere oder zusätzliche Mitglieder des Gläubigerausschusses wählen.

Übersicht	Rdn.		Rdn.
A. Normzweck	1	III. Gerichtliche Einflussnahme auf die Zusammensetzung	4
B. Norminhalt	2		
I. Bestellungsverfahren	2	IV. Einflussnahme von Gläubigerversammlung und Gericht	5
II. Mitgliedschaftszeitraum	3		

A. Normzweck

1 Die Vorschrift statuiert die **Gläubigerselbstverwaltung** in Form der Befugnis zur endgültigen Beschlussfassung über das Ob der Einsetzung und die Zusammensetzung des Gläubigerausschusses. Die vorherigen Entscheidungen des Gerichtes binden die Versammlung nicht. Dies gilt auch für den Gläubigerausschuss selbst. Eine Vorschrift wie § 99 KO fehlt in der InsO. Die Norm regelt lediglich das Prozedere der Fortführung des nach Eröffnung eingesetzten »Interims«-Gläubigerausschusses (§ 67 InsO). Da § 21 Abs. 2 Nr. 1a nicht auf die Norm Bezug nimmt, zeigt dies, dass der Gläubigerausschuss des Eröffnungsverfahrens mit demjenigen des eröffneten Verfahrens **nicht personenidentisch** zu sein braucht. Letzterer stellt also keine »automatische Fortsetzung« eines Ausschusses im Eröffnungsverfahren dar.

In höchstens ca. 20 % der eröffneten Unternehmensinsolvenzverfahren kommt es bisher überhaupt zu einer Gläubigerausschusseinsetzung nach Verfahrenseröffnung. Nach der gesetzlichen Begründung zur InsO (Begr. RegE BT-Drucks. 12/2443) mag es in Kleininsolvenzverfahren mit Blick auf die zusätzlichen Kosten (§ 73) zweckmäßig sein, auf einen Gläubigerausschuss zu verzichten. In Regelinsolvenzverfahren mit Betriebsfortführung wird das Instrument bisher – auch nach Inkrafttreten des »ESUG« – zu selten genutzt (zu den Gründen § 22a Rdn. 2b).

B. Norminhalt

I. Bestellungsverfahren

2 Die Vorschrift kennzeichnet die vom Gericht gewählte Zusammensetzung des vorläufigen Gläubigerausschusses nach Eröffnung als nicht bindend für die Gläubigerversammlung. Diese kann eine

andere Zusammensetzung des Ausschusses beschließen (im Ergebnis entspricht dies einer Abwahl von Mitgliedern des vorläufigen Ausschusses) oder eine Bestellung gar nicht vornehmen. In jedem Fall bedarf es bei Vorhandensein eines vorläufigen Ausschusses einer Entscheidung in der Gläubigerversammlung über dessen Fortführung.

▶ Hinweis:

Die Gläubigerversammlung muss zwei Beschlüsse fassen, nämlich zunächst zur Frage, ob überhaupt ein Gläubigerausschuss und in welcher Größe bestellt werden soll, befinden und danach zu dessen Zusammensetzung. Offen lassen darf sie die Frage gemäß des Wortlautes der Norm nicht (»beschließt«). Die Beschlussfassung muss nicht notwendig in der ersten Gläubigerversammlung erfolgen, auch wenn bereits ein vorläufiger »Interims«-Gläubigeraussschuss existiert (§ 67 Rdn. 8: dessen Amt endet erst mit der Entscheidung gem. § 68 InsO).

Der **Wahlvorgang** sollte zur besseren Transparenz in **Einzelwahl** erfolgen (a. A. Jaeger-Gerhardt, § 68 Rz. 6: Blockwahl zulässig). Die Selbstwahl eines Gläubigers ist zulässig und nicht etwa wegen des Vergütungsanspruches ausgeschlossen (Raebel, ZInsO 2010, 1226, 1227).

Hinsichtlich der Anzahl der im endgültigen Ausschuss zu besetzenden Plätze ist die Gläubigerversammlung frei , es gelten hier die gleichen Überlegungen wie zu § 67 (s. § 67 Rdn. 4). Auch die Gläubigerversammlung ist aber an die in § 67 Abs. 2 vorgesehene **Gruppenrepräsentation** gebunden (HK-Riedel, § 68 Rn. 4; Obermüller, ZInsO 2012, 18, 22), was mindestens vier, besser fünf Mitglieder nahelegt (s. bereits § 67 Rdn. 4; a. A. Jaeger-Gerhardt, § 68 Rz. 8; MK-Schmidt-Burgk § 68 Rn. 7; Frege, NZG 1999, 478, 481), da die damit bewirkte Interessenausgleichsfunktion zur Geltung kommen muss.

II. Mitgliedschaftszeitraum

Die Mitgliedschaft im Ausschuss beginnt bei dieser Ausschussform mit der Annahme des Amtes ohne zusätzlichen gerichtlichen Bestellungsakt (LG Duisburg, NZI 2004, 95). Auch bei gewählten Ersatzmitgliedern treten diese ohne Verwirkung der Wahl später an die Stelle der ausgeschiedenen Mitglieder (AG Göttingen, ZInsO 2007, 47). § 67 Abs. 3 gilt auch hier: **Nicht-Gläubiger** können Mitglied im endgültigen Ausschuss werden. Eine Amtsniederlegung ist – analog anderen organschaftlichen Positionen – nur bei einem wichtigen Grund möglich. 3

Die **Abwahl** eines bereits bestellten Mitgliedes in einer späteren Versammlung kommt nicht in Betracht (Pape, ZInsO 1999, 675, 677; HK-Riedel § 68 Rn. 5; **a. A.** KPB-Kübler § 68 Rn. 14); generell auch nicht die Abschaffung des gesamten Ausschusses (so aber Jaeger-Gerhardt, § 68 Rz. 9; Smid/Leonhardt, InsO, 3. Aufl. § 68 Rn. 4; in Ausnahmefällen ja: Gundlach/Frenzel/Jahn, ZInsO 2011, 708), ansonsten liefe die Entlassungsvorschrift des § 70 leer. Für eine Amtsniederlegung ist immer ein »wichtiger Grund« erforderlich (§ 70 Rn. 3).

Wird der Ausschuss **im Laufe des späteren Verfahrens überflüssig**, z. B. weil keine verfahrenswichtigen Entscheidungen mehr zu treffen sind, können die Mitglieder insgesamt ihre Entlassung nach § 70 beantragen, da ein »wichtiger Grund« durch Wegfall der Geschäftsgrundlage vorliegt. Eine Auflösung durch die Gläubigerversammlung sollte aber wegen der Souveränität des Organes nicht zugelassen werden (so aber Gundlach/Frenzel/Jahn, ZInsO 2011, 708, die beide Wege zulassen wollen).

III. Gerichtliche Einflussnahme auf die Zusammensetzung

Das Gericht darf auf die **Zusammensetzung** von selbst keinen Einfluss nehmen; es prüft allerdings die Fähigkeit der gewählten Personen, das Amt auszuüben im Rahmen der allgemeinen Anforderungen (Geschäftsfähigkeit, etc.; s. § 67 Rdn. 5). Das Gericht klärt auch Streitfragen über das Bestehen der Mitgliedschaft nicht (Jaeger-Gerhardt, § 70 Rz. 20, 21). Die im damaligen RegE ursprünglich vorgesehene Regelung (§ 79 Abs. 2 Satz 2 RegE) wurde im Gesetzgebungsverfahren gestrichen. Allerdings kann das Gericht im Streitfall die Mitgliedschaft eines Ersatzmitgliedes bestä- 4 tigen (AG Göttingen, ZInsO 2007, 47). Die **Entlassung** eines Mitgliedes ist nur gem. §70 Satz 2 möglich.

Jedoch besteht die Möglichkeit eines **Antrages gem. §78 Abs. 1** (Beschlussaufhebung) eines der dort genannten Antragsberechtigten in der wählenden Gläubigerversammlung an das Gericht, z. B. wegen Majorisierung einer Minderheit im Wege der Nichtberücksichtigung ihrer Interessen bei der Zusammensetzung (h. M.; Jaeger-Gerhardt, §68 Rz. 12 ff.; **a. A.** MK-Schmidt-Burgk §68 Rn. 9 mit Verweis auf den Gesetzgebungsprozess), da §78 auch auf Beschlüsse anwendbar ist, die konstitutiv wirken (HK-Riedel §68 Rn. 6). Das Gericht sichert so *auf Anrufung* z. B. **Minderheitsrechte** und die ordnungsgemäße Zusammensetzung des eigentlichen im eröffneten Verfahren tätigen Überwachungsorgans (vgl. AG Augsburg, KTS 1971, 119). Mithin sind auch fehlerhafte »**Überkreuzbesetzungen**« (Verwalter mehrerer zusammenhängender Verfahren sind wechselseitig im Gläubigerausschuss), die zumindest eine abstrakte **Interessenkollisionsgefahr** bedeuten (dazu: Hegmanns, Der Gläubigerausschuss, S. 115; MK-Schmidt-Burgk §68 Rn. 17; Haarmeyer/Wutzke/Förster, Handb InsO, Rn. 6.16; s. a. §100 Abs. 2 Nr. 3 AktG; **a. A.** Braun-Hirte §68 Rn. 10) über §78 rügbar. Andere Rechtsbehelfe gegen eine Wahl oder Abwahl eines Ausschussmitgliedes sind nicht gegeben (Pöhlmann/Kubusch in Graf-Schlicker §68 Rn. 10).

Grds. zulässig dürfte es sein, auch **Poolvertreter** in den Ausschuss zu wählen, die bereits einem Sicherheitenpool bestimmter Gläubiger angehören. Auch derartige Mitglieder müssen allerdings ihr Stimmverhalten im Ausschuss ausschließlich an den Gläubigerinteressen ausrichten. Bisherige Mitglieder des vorläufigen Gläubigerausschusses des Eröffnungsverfahrens können wiederbestellt werden, wenn es keine Anhaltspunkte für bisherige Pflichtverletzungen oder etwaige Schadensersatzansprüche der Masse gegen diese gibt.

IV. Einflussnahme von Gläubigerversammlung und Gericht

5   Die Gläubigerversammlung kann den Ausschuss in späteren Terminen erweitern oder ihm ein selbstständiges Kooptationsrecht zubilligen (Pöhlmann/Kubusch in Graf-Schlicker §68 Rn. 9). Einfluss auf seine Entscheidungen kann sie nicht nehmen. Ein **Weisungsrecht** besteht nicht.

Auch dem Gericht gebührt nur die allgemeine Verfahrensleitung und keine Weisungsbefugnis ggü. dem Gläubigerausschuss. Zur Wahrung der Verfahrensleitung wird das Gericht aber den Ausschuss um Informationen über dessen Entscheidungen ersuchen dürfen (z. B. Protokolle; §72 Rdn. 7). Solche ersuchen sind an alle Mitglieder zu richten und gfs. von allen Mitgliedern zu beantworten.

§69   Aufgaben des Gläubigerausschusses

¹Die Mitglieder des Gläubigerausschusses haben den Insolvenzverwalter bei seiner Geschäftsführung zu unterstützen und zu überwachen. ²Sie haben sich über den Gang der Geschäfte zu unterrichten sowie die Bücher und Geschäftspapiere einsehen und den Geldverkehr und -bestand prüfen zu lassen.

Übersicht	Rdn.		Rdn.
A. Normzweck	1	c) Verfahrenswichtige Handlungen in Eröffnungsverfahren und eröffnetem Verfahren	6
B. Norminhalt	2		
I. Modalitäten der Aufgabenerfüllung	2		
II. Die einzelnen Aufgaben	3	d) Ersatzweise Entscheidungskompetenzen des Insolvenzgerichtes	7
1. Unterstützung des Insolvenzverwalters	3		
2. Prüfung und Überwachung des Geldverkehrs und -bestandes	4	4. Folgen der Mitwirkung des Gläubigerausschusses –Haftungserleichterung für den Verwalter	8
3. Mitwirkungsbefugnisse	5	III. Verhältnis zu anderen Verfahrensbeteiligten	11
a) Im Eröffnungsverfahren	5		
b) Im eröffneten Verfahren	5a		

A. Normzweck

Die Vorschrift ist die zentrale Norm der Regelungen zum Gläubigerausschuss. Sie kodifiziert die **Gläubigerautonomie**. Der Ausschuss ist zentraler, unabhängiger Sachwalter der Gläubigerinteressen zwischen dem Basisorgan Gläubigerversammlung, die ihm ggü. nicht weisungsbefugt ist, und dem Rechtsüberwachungsorgan Gericht. Bereits daraus ist eine **Pflicht zur laufenden Unterrichtung des Ausschusses** durch den Verwalter abzuleiten, insbesondere wenn ein Ausschuss auch im Eröffnungsverfahren eingesetzt ist (§ 21 Abs. 2 Nr. 1a). Daneben sind weitere Rechte und Pflichten des Ausschusses in der InsO verstreut geregelt (vgl. Heidland, Kölner Schrift zur InsO, S. 711 f., 723 f., 728 f.) und durch das »ESUG« deutlich erweitert worden (s. z. B. §§ 56a, 270 Abs. 3; 270b Abs. 4 Nr. 2). Der Gläubigerausschuss war bisher in der Praxis ein unterschätztes und zu wenig aktiv genutztes Instrument, zumal das Engagement institutionalisierter Gläubiger, z. B. Banken, mangels personeller Ausstattung, zurückgeht und diese Entwicklung trotz der Ermöglichung weiter gehender Partizipation mit dem »ESUG« anhält (§ 22a Rdn. 2b; zur früheren Lage vgl. Pape/A. Schmidt, ZInsO 2004, 955, 959). Durch Inbezugnahme über § 21 Abs. 2 Nr. 1a entfaltet die Norm auch unmittelbare Wirkung auf den **vorläufigen Gläubigerausschuss** im Eröffnungsverfahren, der in der Praxis nun mehr Relevanz als derjenige nach Eröffnung erlangt. Aufgaben und Befugnisse des Ausschusses sind künftig nach den **verschiedenen Verfahrensstadien** und der daraus erforderlichen unterschiedlichen Intensität genau **abzugrenzen**.

1

B. Norminhalt

I. Modalitäten der Aufgabenerfüllung

Der Gläubigerausschuss wird hinsichtlich seiner Aufgabenbandbreite zu Recht mit einem Aufsichtsrat verglichen (Heeseler/Neu, NZI 2012, 440; Cranshaw, ZInsO 2012, 1151, 1152). Das **Recht zur Unterrichtung über den Gang der Geschäfte des (vorläufigen) Verwalters und des Schuldnerunternehmens** steht jedem Ausschussmitglied individuell zu. In der Praxis wird der Verwalter den Ausschussmitgliedern gleichlautende Berichte zukommen lassen oder sie in Ausschusssitzungen mündlich unterrichten. Dies gilt insb. im Eröffnungsverfahren mit den dort regelhaft getroffenen einschneidenden ersten Entscheidungen zum Schicksal des Verfahrens.

2

Die **Sitzungen** sind **nicht öffentlich**, die Mitglieder zur **Verschwiegenheit** verpflichtet (Eicke, ZInsO 2006, 798; Frege, NZG 1999, 478, 483; Uhlenbruck, ZIP 2002, 1378; Jaeger-Gerhardt, § 69 Rz. 10). Im Insolvenzverfahren besteht ein insolvenzspezifischer Geheimnisbegriff, der z. B. Sanierungskonzepte oder Verkaufsofferten, sowie Betriebsgeheimnisse umfasst. Insb. bei der Erörterung von Betriebsgeheimnissen und masserelevanten Informationen besteht Verschwiegenheitspflicht der Mitglieder des Gläubigerausschusses (Frege/Nicht, InsVZ 2010, 407, 414). Diese ist analog § 116 Satz 2 AktG strikt zu handhaben und eng auszulegen (Frege/Nicht, ZInsO 2012, 2217, 2224). Gfs. ist in der **Geschäftsordnung** eine Vertraulichkeitserklärung zu verankern (Frege/Nicht, InsVZ 2010, 407, 415; dies. ZInsO 2012, 2217, 2226). **Rechtliche Berater der Mitglieder** oder Dritte (Runkel, EWiR 2007, 57, 58) sind zu den Sitzungen i. d. R. nicht zuzulassen (a. A. LG Kassel, ZInsO 2002, 839, 841 a. E.).

Die Wahrnehmung kollektiver Befugnisse aus der InsO setzt einen vorhergehenden Beschluss des Gremiums voraus (§ 72). Die Zuweisung bestimmter Aufgaben an eines der Mitglieder ist zulässig und sinnvoll (z. B. Kassenprüfung). Wegen der **höchstpersönlichen Haftung der Ausschussmitglieder** (§ 71 InsO) haben diese sich von der gewissenhaften Ausführung der übertragenen Aufgaben durch das beauftragte Mitglied zu vergewissern. Will der Ausschuss handeln, muss er als Kollektivorgan einen entsprechenden Beschluss fassen.

Einzelne Mitglieder haben isoliert nur Informations- und keine Handlungsrechte, außer sie sind durch Beschluss beauftragt. Sie können aber bei bekannt gewordenen Verstößen des Verwalters, denen der Ausschuss insgesamt nicht nachgehen will, das Gericht und – im Fall der Ausschüsse nach Eröffnung – die Gläubigerversammlung zur Vermeidung eigener Haftung informieren (Eicke, ZInsO 2006, 798, 799; Jaeger-Gerhardt, § 69 Rz. 13). Eine **Weisungsbefugnis** ggü. dem Insolvenzverwalter **besteht nicht**. Jedoch hat der Ausschuss des eröffneten Verfahrens das Recht, die Einberufung der Gläubigerversammlung zu beantragen (§ 75 Abs. 1 Nr. 2) und ein eigenständiges Auskunftsrecht ggü. dem Schuldner bzw. den Schuldnerorganen (§§ 97 Abs. 1 Satz 1, 101).

II. Die einzelnen Aufgaben

1. Unterstützung des Insolvenzverwalters

3   Unterstützung ist aktive Hilfspflicht durch Beratung und Hinweise auf zu regelnde Sachverhalte (OLG Koblenz, KTS 1956, 159) sowie Unterstützung von Anträgen des Verwalters an das Insolvenzgericht. Der Insolvenzverwalter ist bei der optimalen Verwertung der Masse durch Informationen der Ausschussmitglieder (unter Beachtung ihrer Verschwiegenheitspflichten ggü. ihren Arbeitgebern) zu unterstützen (Eicke, ZInsO 2006, 798). Die Unterstützungspflicht geht aber nicht so weit, dass die Äußerung divergierender Rechtsansichten zu denjenigen des Verwalters innerhalb und außerhalb des Ausschusses zu unterlassen sind (LG Göttingen, ZInsO 2009, 1107).

Die Aufgaben des Ausschusses sind **je nach Verfahrensstadium abzugrenzen** (Rdn. 5 ff.) **und unterschiedlicher Art und Intensität** (vgl. zu den Erscheinungsformen § 67 Rdn. 2).

Im **Eröffnungsverfahren** sind es in erster Linie die »Weichenstellungsentscheidungen« mit dem Gewicht entsprechend § 160 InsO an denen der Ausschuss mitzuwirken hat (Meyer-Löwy/Bruder, GmbHR 2012, 432, 435) (z. B.: Begründung von Masseverbindlichkeiten in größerem Umfang; Insolvenzgeldvorfinanzierung; Zustimmung des vorläufigen Verwalters zu Teilbetriebsstilllegungen; Beantragung von Einzelermächtigungen; Entlassung der Geschäftsführung; Vorentscheidungen zu Verhandlungen mit Erwerbsinteressenten; s. a. Rdn. 6 u. § 71 Rdn. 2). Gerade der Ausschuss des Eröffnungsverfahrens ist daher kontinuierlich zu informieren und zu Sitzungen mit Angabe der Tagesordnung bei wichtigen Entscheidungen einzuladen. Vorrats- und Generalermächtigungsbeschlüsse des Ausschusses sind nichtig (Zimmermann, ZInsO 2012, 245). Die Ausschussmitglieder müssen von ihrem know-how und insolvenzrechtlichen oder betriebswirtschaftlichen Wissen her in der Lage sein, den Verwalter auch kontrollieren zu können (Heeseler/Neu, NZI 2012, 440, 443; § 67 Rdn. 5).

Masseverbindlichkeiten kann der Ausschuss nicht begründen (Graeber, InsbürO 2014, 101). Nach außen hin, z. B. ggü. anderen **Gläubigern und Lieferanten**, können die Ausschussmitglieder nicht für die Masse (BGH, ZIP 1981, 1001) oder prozessual tätig werden (OLG Koblenz, KTS 1971, 220).

Uhlenbruck hat seine Ansicht, nach der der Ausschuss sogar vom vorläufigen »schwachen« Verwalter im Eröffnungsverfahren mit dem Rang von Insolvenzgläubigerforderungen begründete Verbindlichkeiten ggü. **Lieferanten** durch Genehmigung in den Rang von Masseverbindlichkeiten heben und »**Sonderkonten**« zu deren Gunsten genehmigen können soll, zu Recht aufgegeben (Uhlenbruck-Uhlenbruck § 69 Rn. 21; s. z. a. A. Rdn. 4). Sie ist vor dem Hintergrund der BGH-Entscheidung zur Möglichkeit der »Einzelermächtigung« (ZInsO 2002, 819) nicht mehr zeitgemäß. »Sonderkonten« sind i. d. R. nicht so angelegt, dass wirksame Aussonderungsrechte entstehen (Frind, ZInsO 2004, 470; § 58 Rdn. 4 m. w. N.). Die vollständige Befriedigung der Forderungen von diesbezüglich vermeintlich begünstigten Lieferanten ist dann gesetzwidrig.

Die Aufgaben des späteren Gläubigerausschusses im eröffneten Verfahren können durch die Gläubigerversammlung in engen Grenzen **erweitert werden**, was auch eine Haftungserweiterung nach sich zieht (Gundlach/Frenzel/Jahn, DZWIR 2008, 441).

2. Prüfung und Überwachung des Geldverkehrs und -bestandes

4   Der Ausschuss hat Einsicht in die Bücher und Geschäftspapiere des Verwalters zu nehmen, den Bar- und Buchgeldbestand zu prüfen, sowie die damit zusammenhängenden Geschäftsvorfälle und Kontenbewegungen belegmäßig nachzuvollziehen (BGHSt 21, 334; BGHZ 71, 253 = NJW 1978,

1527; zum Umfang der Prüfung und den Prüfungspunkten: Gundlach/Frenzel/Jahn, ZInsO 2009, 902, 904).

Die **Delegation** auf einen Kassenprüfer ist zulässig (Gundlach/Frenzel/Jahn, ZInsO 2009, 902, 905), entlastet aber nicht (s. § 71 Rdn. 3). Vorzunehmen ist die Prüfung i. d. R. an dem Ort der Aufbewahrung der Unterlagen; eine Aushändigung kann nur verlangt werden, wenn dies dort unmöglich ist (BGH, ZIP 2008, 124). Entgegen der Formulierung des Satzes 2 »prüfen zu lassen« ist die Einschaltung eines Dritten (z. B. professioneller Buchprüfer, Wirtschaftsprüfer) nicht zwingend veranlasst, aber im eröffneten Verfahren möglich. Dies gilt jedoch nur für einzelne, klar umgrenzte Prüfbereiche bei denen dies notwendig erscheint, nicht zur Abwälzung der gesamten Prüfungspflicht des Ausschusses. Masseverbindlichkeiten entstehen durch die Beauftragung eines Prüfers durch Ausschussmitglieder nicht (s. Rdn. 3), sondern erst Massekosten nach § 54 Nr. 2 InsO, wenn diese im Wege des Auslagenersatzes gem. § 18 Abs. 1 InsVV geltend gemacht und vom Insolvenzgericht festgesetzt sind (Schirmer, DStR 2012, 733; Zimmer, ZInsO 2009, 1806). Der Auftrag kann durch jedes Mitglied im Rahmen der Delegation der ihm obliegenden Pflicht erteilt werden. Der Ausschuss insgesamt erteilt den Auftrag nicht »wie eine BGB-Gesellschaft«, allerdings sind gleichlautende Aufträge aller Mitglieder möglich (Schirmer, DStR 2012, 733, 734). Die Kostenhöhe sollte vorher mit dem Insolvenzgericht abgestimmt werden (Schirmer, DStR 2012, 733, 734; s. § 73 Rdn. 7). Der Insolvenzverwalter kann den Auftrag nicht erteilen, da er dann Umfang und Prüfungstiefe als Auftraggeber auch bestimmen und somit sich selbst prüfen könnte (Schirmer, DStR 2012, 733, 735; a. A. Kahlert, DStR 2011, 2439).

Prüfungsintervall: Die Ausschussmitglieder haben die Ordnungsgemäßheit der Prüfung ihrerseits zu prüfen (Jaeger-Gerhardt, § 69 Rz. 19) und zu kontrollieren (Schirmer DStR 2012, 733, 734). Die Überwachung und Kassenprüfung sollte im eröffneten Verfahren regelmäßig, aber nicht notwendig monatlich erfolgen. Bei großen Verfahren ist mindestens vierteljährliche Prüfung sinnvoll (s. a. Gundlach/Frenzel/Jahn, ZInsO 2009, 1095, 1098). Eine erste Prüfung mehrere Monate nach der ersten Sitzung des Ausschusses ist zu spät (OLG Celle, ZInsO 2010, 1233 = NZI 2010, 609).

▶ Hinweis:

> Wird eine angemessene Frist zur Prüfung der Kasse überschritten, haben die Mitglieder des Ausschusses einen **Anscheinsbeweis** für die Verursachung entstandener Schäden gegen sich gelten zu lassen (OLG Celle, ZIP 2009, 933; ZInsO 2010, 1233).

Muss eine Prüfung wegen desolater Unterlagen abgebrochen werden, besteht erhöhte Notwendigkeit zur zeitnahen und vollständigen Anschlussprüfung. Ggf. ist das Insolvenzgericht zu informieren. »Eigenbelege« des Insolvenzverwalters zu Kontoständen geben dringenden Anlass zu weiterer Prüfung. Der Umfang der Prüfungspflicht des Gläubigerausschusses steht nicht in einem Verhältnis zu Ruf oder Erfahrung des zu prüfenden Verwalters.

Mit der vorgenannten Pflicht korrespondiert die Pflicht gem. § 66 Abs. 2 Satz 2, zeitnah die **Schlussrechnung** zu prüfen. Insgesamt umfasst die Prüfung auch die **Zweckmäßigkeit des Verwalterhandelns**; verfahrensuntypische Vorgänge, wie z. B. Darlehensgewährung an eine andere Unternehmung, sind gesondert zu prüfen (Gundlach/Frenzel/Jahn, ZInsO 2009, 902, 904). Mittlerweile gibt es Bestrebungen, die Schlussrechnung des Verwalters zu standardisieren mittels eines **einheitlichen Kontenrahmens** (»SKR« Projekt von ZEFIS; Dokumentation ZInsO 2010, 2287; ZInsO 2011, 1874). Der Gläubigerausschuss sollte dessen Nutzung zwecks besserer Prüfbarkeit der Schlussrechnung verlangen. Der Ausschuss des Eröffnungsverfahrens hat die **Schlussrechnung über das Eröffnungsverfahren zu prüfen** und dazu eine Stellungnahme abzugeben. Bei längerer andauernden Eröffnungsverfahren, insb. laufenden Betrieben, sind die Kontenbewegungen auf dem Massekonto des Verwalters in regelmäßigen, kürzeren Abständen als im eröffneten Verfahren, zu prüfen.

Bei der Prüfung sind insb. nicht nur nicht belegte, sondern auch nicht gerechtfertigte Ausgaben des Verwalters, z. B. Auslagerung von originären Verwalteraufgaben auf Dritte zulasten der Masse, zu untersuchen (s. a. § 64 Abs. 2 Satz 1). Bei möglichen Interessenkollisionen eines Mitgliedes sind dessen Befugnisse eingeschränkt (Jaeger-Gerhardt, § 69 Rz. 30 f.; § 68 Rdn. 4). Der Verwalter hat auch über den Stand von Masseprozessen und die Möglichkeit einer Abschlagsverteilung zu informieren. Der Verzicht auf die **Aufstellung des Masseverzeichnisses** bedarf gem. § 151 Abs. 3 Satz 2 der Zustimmung des Ausschusses. Gem. § 149 Abs. 1 hat der Ausschuss das Bestimmungsrecht für die Modalitäten einer Hinterlegung von Geld oder Wertgegenständen. Besteht Mitzeichnungspflicht nach § 149 InsO (a. F.) ist deren Nicht-Wahrnehmung pflichtverletzend (OLG Celle, ZInsO 2010, 1233).

Weisungen des Verwalters an die Hinterlegungsstelle werden nur mit seiner Mitwirkung wirksam. Der Ausschuss darf nicht dulden, dass diese Sicherungen der Masse durch Zusammenführung der Gelder verschiedener Massen auf einem »**Poolkonto**« unterlaufen werden (BGH, ZInsO 2013, 986, 987 = ZIP 2013, 1235). Er hat in diesem Fall bei Kenntniserlangung kurzfristig Abhilfe zu verlangen und nach fruchtloser Aufforderung beim Insolvenzgericht die Amtsenthebung des Verwalters zu beantragen.

Aus § 64 Abs. 2 Satz 1 InsO ist weiterhin die Pflicht und Befugnis des Gläubigerausschusses zu folgern, den – vollständigen – **Vergütungsantrag** des (vorläufigen) Insolvenzverwalters vor dessen Bescheidung zwecks Anhörung zur Stellungnahme zugesandt zu erhalten (MK-Schmidt-Burgk, § 69 Rz. 26; Uhlenbruck-Uhlenbruck, § 69 Rz. 48). Die einzelnen Mitglieder des Gläubigerausschusses sind dann, soweit Gläubiger, aus eigenem Recht beschwerdebefugt, woraus sich auch ergibt, dass eine Anknüpfung der Vergütung es Gläubigerausschusses an diejenige des Verwalters nicht in Betracht kommen kann (§ 73 Rdn. 4).

3. Mitwirkungsbefugnisse

a) Im Eröffnungsverfahren

5   Im Eröffnungsverfahren hat der vorläufige Gläubigerausschuss in verschiedenen Erscheinungsformen (dazu § 67 Rdn. 2) nunmehr über die Verweisung in § 21 Abs. 2 Nr. 1a i. V. m. §§ 22a, 56a sowohl entweder bereits bei der Auswahl des vorläufigen Verwalters oder zumindest bei der Kontrolle des vorläufigen Insolvenzverwalters mitzuwirken, insb. im Bereich der Betriebsfortführungsverfahren (arg. § 22a Abs. 1). In dem neu geschaffenen »**Schutzschirm**«-**Verfahren** gem. § 270b InsO kann der vorläufige Ausschuss gem. § 270b Abs. 4 Nr. 2 jederzeit die Aufhebung dieses Moratoriumsverfahrens ohne Angabe von Gründen beantragen (mit der automatischen Wirkung, dass das Gericht dem zu folgen hat; einschränkend: Cranshaw, ZInsO 2012, 1151, 1153, bzgl. einer Prüfungsbefugnis, ob ein willkürlicher Antrag vorliegt).

Mit der Einführung eines vorläufigen Gläubigerausschusses im Eröffnungsverfahren, in dem die wichtigsten Verfahrenentscheidungen fallen, hat der Gesetzgeber daher neben dem vorläufigen Verwalter/Sachwalter ein zweites wichtiges Steuerungsorgan geschaffen, dass – im Gegensatz zum Insolvenzgericht – auch die Zweckmäßigkeit des Handelns von Schuldner und vorläufigem Verwalter kontinuierlich zu prüfen hat (Ehlers, BB 2013, 259, 261; Frind, ZIP 2012, 1380 m. w. N.). Zum Pflichtenkreis gehört es damit auch, die Sinnhaftigkeit der **Weiterführung des Schuldnerunternehmens** zu prüfen (Rdn. 8); bereits im Eröffnungsverfahren kann es sinnvoll sein, Teilbetriebsteile stillzulegen (Rdn. 6). Der Gesetzgeber des »ESUG« erwartete sich von den Mitgliedern des Gläubigerausschusses auch »branchenspezifisches« know-how (s. § 67 Rdn. 5).

b) Im eröffneten Verfahren

5a   Generell sind **verfahrenswichtige Handlungen** i. S. d. § 160 Abs. 1 Satz 1 InsO mit dem Ausschuss zu konsentieren (siehe zum Umfang Rdn. 6). Die Stilllegung oder Veräußerung des Unternehmens vor dem Berichtstermin bedarf gerade auch im eröffneten Verfahren der Genehmigung des Ausschusses (§ 158 Abs. 1 InsO). Gläubigerausschuss oder Gläubigerversammlung können den Verwalter aber nicht anweisen, eine zumindest im Ansatz aussichtsreiche **Anfechtungsklage** zu unterlassen (Wimmer, ZIP 2013, 2038). Insofern wird bereits zu Recht bezweifelt, ob solche Rechtsstreite unter § 160 Abs. 1 Nr. 3 InsO fallen (Wimmer, ZIP 2013, 2038). Im Fall eines solchen (unzulässigen) Beschlusses dürfen nur die Gläubiger mitstimmen, die von dem Rechtsstreit nicht betroffen sind (s. § 72 Rdn. 4). Der Verwalter kann (und sollte) gegen einen solchen Beschluss nach § 78 InsO intervenieren.

Der Ausschuss kontrolliert die Unterhaltsgewährung an den Schuldner (§ 100 Abs. 2) bis zur Entscheidung der Versammlung und die Masseverteilung gem. §§ 187 Abs. 3 Satz 2, 195 Abs. 1 im Wege der notwendigen Zustimmung. Beim **Insolvenzplanverfahren** hat er Beratungs- und Stellungnahmerechte (§§ 218 Abs. 3, 231 Abs. 2, 232 Abs. 1 Nr. 1, 233 Satz 2, 248a Abs. 2; das fakultative Planüberwachungsrecht (§ 261 InsO) läuft faktisch leer (Lissner, ZInsO 2012, 1452). 5b

Auch im **Eigenverwaltungsverfahren** ist ein (vorläufiger) Gläubigerausschuss praktisch unverzichtbar (§§ 270 Abs. 1, 274 Abs. 3 Satz 1, 276; Frind, WM 2014, 590 m. w. N.), denn er kontrolliert dann den eigenverwaltenden Schuldner (Uhlenbruck-Uhlenbruck, § 69 Rn. 13) und hat im Eröffnungsverfahren ein Anhörungs- und gfs. Ablehnungsrecht (§ 270 Abs. 3 InsO; vgl. Frind, DB 2014, 165, 169). Bei Freigabeerklärung der weiterwirtschaftenden Tätigkeit des Schuldners kann der Ausschuss gem. § 35 Abs. 2 Satz 3 eine Unwirksamkeit beantragen (vgl. Lüdtke, § 35 Rdn. 266).

c) **Verfahrenswichtige Handlungen in Eröffnungsverfahren und eröffnetem Verfahren**

Für die Weichenstellungen im Verfahrensverlauf am bedeutsamsten sind die Zustimmungsregelungen in §§ 158, 160. Beider Bereiche werden regelmäßig bereits im Eröffnungsverfahren tangiert sein (Rauscher, ZInsO 2012, 1201, 1202; Cranshaw, ZInsO 2012, 1151, 1153) und erfordern dort eine hohe Tagungsdichte. Der Ausschuss erhält im Eröffnungsverfahren eine Fülle von zustimmungsnotwendigen und entscheidungsnotwendigen Bereichen zugewiesen, die auch haftungsrelevant sind (ausführlich Frind, ZIP 2012, 1380; Brinkmann, DB 2012, 1369, 1371; § 71 Rdn. 2b). Danach kontrolliert der Ausschuss zum einen die **Stilllegung des Betriebes** vor dem Berichtstermin (§ 158 Abs. 1), aber nunmehr durch die Bezugnahme in § 21 Abs. 2 Nr. 1a auch die vom Verwalter gem. § 22 Abs. 2 Nr. 2 bei Gericht zu beantragende Genehmigung zur Stilllegung im Eröffnungsverfahren. Die **Teilstilllegung** ist nicht geregelt, dürfte aber durch den Bereich des § 160 mit abgedeckt sein. Denn gem. § 160 hat der Ausschuss einen generellen Genehmigungsvorbehalt für diese **verfahrensbedeutsamen Handlungen.** Der dortige Katalog ist nicht abschließend, sondern dieser Vorbehalt betrifft alle Verfahrenshandlungen, die dem Gewicht der in § 160 genannten entsprechen (Cranshaw, ZInsO 2012, 1151; MK-Schmidt-Burgk § 69 Rn. 20), z. B. auch die Befreiung des Verwalters von der Schranke aus § 181 BGB (Kögel/Loose, ZInsO 2006, 17, 21). 6

Im Insolvenzeröffnungsverfahren lag diese Kontrolle bisher allein beim Gericht (Kögel/Loose, ZInsO 2006, 17, 22; Haarmeyer, FS Kreft, S. 287; Ehricke, ZIP 2004, 2262, 2266; AG Hamburg, ZInsO 2005, 1056), da das Institut des »vor-vorläufigen Gläubigerausschusses« zweifelhaft war; dies ist nunmehr durch die gesetzliche Regelung dieses Instrumentes (§§ 21 Abs. 2 Nr. 1a, 22a) anders:

▶ Hinweis:

Mithin hat der vorläufige Verwalter dem vorläufigen Gläubigerausschuss vor allen verfahrenswichtigen Handlungen die Gelegenheit zur Stellungnahme und Zustimmung zu geben (MK-Görg § 160 Rn. 29; so auch § 160 Rdn. 3; § 67 Rdn. 2b). insbesondere die Tätigkeit des vorläufigen Ausschusses ist dadurch haftungsträchtig geworden (Frind, ZIP 2012, 1380; § 71 Rdn. 2, 3).

Mithin empfiehlt es sich, verfahrensbedeutsame Handlungen i. S. v. § 160 in der wichtigen Phase zwischen Eröffnungsantrag und Berichtstermin mit dem vorläufigen Ausschuss zu konsentieren als auch in der ersten Gläubigerversammlung genehmigen zu lassen. Dies kann – zumindest – die Beweislast in einem eventuellen späteren Haftungsprozess beeinflussen (vgl. Rdn. 9).

Die Begründung zum RegE (BT-Drucks. 17/5712 Satz 43) spricht bei Art. 2 (17 InsVV) von »möglicherweise arbeitsintensiven Aufgaben«. Der Ausschuss wird daher im Eröffnungsverfahren, soweit existent, weit öfter zu tagen und beschließen haben, als im eröffneten Verfahren. Er wird z. B.

bei der Entscheidung zur **Insolvenzgeldfinanzierung** und Betriebsfortführung (Rdn. 4), bei der Beantragung von **Masseverbindlichkeitsbegründungskompetenzen** im Wege der Einzelermächtigung, zumindest bei solchen größeren Umfanges, bei **Anträgen gem. § 21 Abs. 2 Nr. 5** und bei **Verhandlungen mit ernsthaften Betriebsübernahmeinteressenten** vorher zu konsultieren sein. Wichtig ist, dass der vorläufige Verwalter den Ausschuss umfassend und belegbar (Haftungsbegrenzung, s. Rdn. 8) informiert. Ggf. kann der vorläufige Verwalter die Einsetzung des Ausschusses gem. § 22a Abs. 2 auch erst beantragen. Er wird aber dann eine Kosten-Verhältnismäßigkeits-Berechnung i. S. d. Vorschrift des § 22a Abs. 3, 2. Alt., mit vorzulegen haben (zu den Kosten des Ausschusses bei Stundensatz und Auslagen insb. im Eröffnungsverfahren § 73 Rdn. 5a; Rdn. 7).

Nach Außen wäre eine Handlung des Verwalters zwar auch ohne Zustimmung wirksam (§ 164), könnte aber zu Haftungsfolgen oder gerichtlichen Aufsichtsmaßnahmen führen (BGH ZIP 1995, 290, 291; HK-Eickmann § 69 Rn. 7). Im Bereich der gem. § 160 InsO durch Gläubigerorgane zustimmungspflichtigen Handlungen ist daher die Aufsicht des Insolvenzgerichtes (§ 58) Ausgleich für die auch ohne Zustimmung gegebene Wirksamkeit des Verwalterhandelns nach außen (Rdn. 7; Gundlach/Frenzel/Jahn, ZInsO 2007, 1028).

▶ Hinweis:
Die in ihrem Gewicht gesteigerten Aufgaben des (vorläufigen) Ausschusses im Eröffnungsverfahren sind vergütungsrelevant bei der **Prognose nach § 22a Abs. 3, 2. Alt., zu berücksichtigen** (Rauscher, ZInsO 2012, 1201).

d) Ersatzweise Entscheidungskompetenzen des Insolvenzgerichtes

7   Vor dem Berichtstermin (auch im Eröffnungsverfahren) besteht eine Zustimmungskompetenz des Insolvenzgerichtes im Bereich des § 160, sofern ein Gläubigerausschuss in diesen Phasen nicht besteht (s. § 67 Rdn. 2 ff., § 22 Rdn. 204; Gundlach/Frenzel/Jahn, ZInsO 2007, 1028). Der BGH hat bereits entschieden, dass das Insolvenzgericht i. R. d. Vergütungsfestsetzungsverfahrens z. B. prüfen muss, ob die **Beauftragung Externer** gerechtfertigt war (BGH *ZInsO 2004, 1348*). Selbstverständlich kann das Gericht ohnehin von vornherein gem. § 22 Abs. 2 dem vorläufigen »schwachen« Verwalter aufgeben, bestimmte Handlungen mit dem Gericht abzusprechen.

Sofern später die Gläubigerversammlung zu angekündigten Tagesordnungspunkten verfahrenswichtiger Handlungen negativ beschließt, hätten Verwalter oder Gläubiger das **Antragsrecht aus § 78 Abs. 1**, um eine gerichtliche Entscheidung über die Ordnungsmäßigkeit der verfahrensbedeutsamen Handlung im Wege der Anfechtung des Negativbeschlusses der Versammlung herbeizuführen.

Eine »**Generalermächtigung**« zu Handlungen i. S. v. § 160 darf der Gläubigerausschuss dem Verwalter aber nicht erteilen, da er ansonsten sein Kontrollrecht aus der Hand geben würde (Zimmermann, ZInsO 2012, 245; Decker, § 160 Rn. 3; a. A. Kübler, FS Kreft, S. 369, 384 m. w. N.). Jedoch können Gläubigerversammlung oder -ausschuss bestimmte, abgrenzbare Zustimmungsfragen i. S. v. § 160 zur Erhöhung der Flexibilität oder für den Fall der Beschlussunfähigkeit auf das Insolvenzgericht übertragen, dass dann die Frage der Zustimmung selbst entscheidet (Kübler, FS Kreft, S. 389; Ehricke NZI 2000, 57, 62).

4. Folgen der Mitwirkung des Gläubigerausschusses – Haftungserleichterung für den Verwalter

8   Die Mitglieder des (vorläufigen) Gläubigerausschusses trifft eine Haftungsgefahr bei Verstößen gegen ihre Pflichten in den Grenzen des § 71 (dazu dort); zur Abwendung hat jedes einzelne Mitglied die Pflicht, beim Insolvenzgericht Pflichtverstöße des Verwalters anzuzeigen (Pöhlmann/Kubusch in Graf-Schlicker, § 69 Rn. 18). Die durch die Ausschussbildung erzeugte Einbeziehung gerade bei **Betriebsfortführungsverfahren**, in denen wichtige Weichenstellungen im Eröffnungsverfahren oder zwischen Eröffnung und Berichtstermin erfolgen, die einzige Gelegenheit für die Gläubiger, Verwalterhandlungen wirksam mitzubestimmen. Daran muss auch dem (vorläufigen)

Verwalter gelegen sein: Denn die frühzeitige Einbeziehung des (vorläufigen) Gläubigerausschusses oder – ersatzweise – des Insolvenzgerichtes (s. § 22 Rdn. 204) in Verwalterhandlungen, insb. im Bereich der **Verwertungshandlungen** gem. §§ 159, 160, kann eine **Haftungserleichterung** für den Verwalter bewirken, indem die Haftungsgefahren aus § 60 ausgeschlossen oder abgemildert werden.

Der vorläufige Verwalter muss die Genehmigung des Ausschusses unter **Darlegung aller relevanten Informationen einholen** (MK-Brandes § 60 Rn. 98). Der BGH (ZIP 1985, 423) exkulpiert den Verwalter entsprechend. Danach haftet der Verwalter bei Zustimmung des Gläubigerausschusses wegen Verletzung insolvenzspezifischer Pflichten nur, wenn »besondere Umstände« vorliegen, – das sind Handlungen oder Unterlassungen seinerseits –, die dem Ausschuss eine vorteilhaftere Entscheidung unmöglich machen (für einen Haftungsausschluss bei Genehmigung auch: Lüke, Insolvenzrecht, S. 83; KPB-Lüke § 60 Rn. 47 – auch bei nicht notwendigen, aber eingeholten Zustimmungen; OLG Nürnberg ZIP 1986, 244; Uhlenbruck-Uhlenbruck § 69 Rn. 10; a. A. Gundlach/Frenzel/Jahn, ZInsO 2007, 363). Nach dieser weitgehenden Ansicht besteht eine Haftung des Verwalters bei »gläubigerausschuss-zugestimmten« Verwertungshandlungen somit nur, wenn er den Ausschuss bewusst falsch oder gefärbt informiert.

Nach zutreffender a. A. kann in der Zustimmung des Ausschusses nur ein »**Indiz für sorgfältiges Verhalten**« gesehen werden, auch wenn die Zustimmung nicht generell entschuldige (Ehlers, ZInsO 2005, 902, 908; Blank/Weinbeer, NZI 2005, 478, 481; AG Hamburg, ZInsO 2005, 1056; Pape, NZI 2006, 64, 70 für eine interne Haftungsfreistellung bei Mehrheitsbeschlüssen der Gläubigerversammlung, eine bestimmte Maßnahme durchzuführen; zweifelnd auch HK-Lohmann § 60 Rn. 35; so auch FK-Schmitt § 60 Rn. 20; NR-Abeltshauser § 60 Rn. 63; Uhlenbruck-Sinz § 60 Rn. 102, 103; Hilzinger, ZInsO 1999, 562). Dies geht in Richtung einer **Haftungsminimierung** durch Umkehr der Beweislast zulasten des Gläubigers, der eine Schädigung behauptet (MK-Görg, § 160 Rn. 28; LG Saarbrücken, ZInsO 2011, 437; unklar Gundlach/Frenzel/Jahn, ZInsO 2007, 363, die die Variante der Haftungsminimierung nicht thematisieren). 9

Diese Ansicht ist vorzugswürdig, da sie mit den Folgen einer gerichtlichen Zustimmung harmonisierbar ist, da z. B. eine Zustimmung des Gerichtes im Eröffnungsverfahren wie eine Zustimmung eines – fehlenden – Gläubigerausschusses wirkt (auch bei »freiwillig« eingeholten Zustimmungen, in diese Richtung: Uhlenbruck-Sinz § 60 Rn. 102; bei der gerichtl. Genehmigung: Jaeger-Gerhardt § 22 Rn. 145; MK-Haarmeyer § 22 Rn. 72; Pohlmann, Befugnisse, Rn. 353; Hilzinger, ZInsO 1999, 560).

Die mögliche **Haftungsbegrenzung** wirkt aber nur ggü. Insolvenzgläubigern und Absonderungsberechtigten (arg. aus § 71 InsO; MK-Brandes § 60 Rn. 102; KPB-Lüke § 60 Rn. 46). Umgekehrt bleibt der Verwalter aber bei Verletzung der Aufsichtspflichten seitens des Gläubigerausschusses haftbar, die Kausalität entfällt nicht (BGHZ 49, 121 = WM 1968, 99).

▶ Hinweis:

Der Insolvenzverwalter kann seine Haftungsgefahren verringern, wenn er die Einbeziehung des Gläubigerausschusses bei den wesentlichen Fragen der Verfahrensgestaltung offensiv betreibt (z. B. durch Antrag auf Einsetzung eines vorläufigen Ausschusses gem. § 22a Abs. 2), Zustimmungen genau festhält und nachvollziehbar, gfs. im Wege der namentlichen Abstimmung, dokumentiert.

Anders als bei Genehmigungen verhält es sich mit »falschen Anweisungen« oder versagten Zustimmungen, z. B. zur Stilllegung, durch den Gläubigerausschuss. Hier haftet der Verwalter z. B. bei Ausführung einer nach seinem Rat aussichtslosen Betriebsfortführung gem. § 61, wenn er dieser »Anweisung« der Gläubiger folgt oder gegen eine versagte Zustimmung zur Stilllegung nichts unternimmt. Der Verwalter müsste z. B. zur eigenen Haftungsabwendung gem. § 78 beantragen, einen Masse gefährdenden Beschluss der Gläubigerversammlung aufzuheben und in der Zwischenzeit mögliche neue Massegläubiger oder Dauerschuld-Gläubiger warnen (MK-Brandes § 60 Rn. 96, 99, 100; KPB-Lüke § 60 Rn. 46; a. A. OLG Nürnberg, ZIP 1986, 244: Haftungsausschluss bei Anwei- 10 sungsbeschluss). In einem solchen Sonderfall muss der Verwalter daher auch **gem. § 78 analog bei Beschlüssen des Ausschusses**, die ersichtlich gegen eine ordnungsmäßige Verfahrensabwicklung verstoßen (insolvenzzweckwidrige Beschlüsse), insb. im Eröffnungsverfahren, soweit er die Mitwirkung des Ausschusses für verfahrensnotwendig hält (Bereich des § 160; im eröffneten Verfahren auch § 35 Abs. 3 Satz 3), das Gericht anrufen können mit dem Ziel, den (Negativ-) Beschluss des Ausschusses aufzuheben (vgl. auch § 72 Rdn. 5; für die Anwendung von § 78: Fritz, NZI 2011, 801; Haarmeyer/Wutzke/Förster, Handb InsO, Rn. 6/5 und 25; MK-Schmid-Burgk § 72 Rn. 22; **a. A.** HK-Riedel, § 69 Rn. 8, § 72 Rn. 7; Gundlach/Frenzel/Strandmann, NZI 2008, 461, 464; Frege, NZG 1999, 480).

III. Verhältnis zu anderen Verfahrensbeteiligten

11   Ggü. dem **Verwalter** nimmt der Ausschuss die **Zweckmäßigkeitskontrolle** durch Überwachung wahr (Gundlach/Frenzel/Jahn, ZInsO 2009, 902, 903; Pape/A. Schmidt, ZInsO 2004, 955, 958). Überprüfungsmaßstab für unternehmerische Entscheidungen des Verwalters soll – zutreffende Informationserteilung vorausgesetzt – die »business judgement rule« analog § 93 Abs. 1 Satz 2 InsO sein (Berger/Frege/Nicht, NZI 2010, 321, 328; a. A. Jungmann, NZI 2009, 80; Bork/Schäfer-Klöhn, GmbHG 2010, § 43 Rn. 28), deren Anwendung auf den Gläubigerausschuss als Haftungsmilderung ebenfalls streitig ist (Cranshaw, ZInsO 2012, 1151, 1154).

Der Verwalter kann zwar gebeten werden, die Ausschusssitzungen zu organisieren (FK-Schmitt § 69 Rn. 6), jedoch hat der Ausschuss ein Selbstorganisationsrecht, welches zur Wahrung der Unabhängigkeit auch genutzt werden sollte.

Auf seinen Antrag hin hat der Ausschuss über den Ausschluss von Informationsrechten bestimmter Mitglieder zu bestimmten Punkten zu entscheiden (Haarmeyer/Wutzke/Förster, Handb InsO, Rn. 6/40, 41).

12   Dem **Gericht** ggü., welches die Rechtsaufsicht nur ggü. dem Verwalter führt, ist der Ausschuss unabhängig (BGH, WM 1965, 1158). Jedoch können **Richter oder Rechtspfleger** an den Sitzungen des Ausschusses **informationshalber teilnehmen** (MK-Schmidt-Burgk § 69 Rn. 12), was inzident bereits aus der Möglichkeit zur amtswegigen Entlassung gem. § 70 folgt, oder sich dessen **Protokolle** zur Akte senden lassen; beide Rechte der Gerichtspersonen werden zu Recht für den Ausschuss als verpflichtend angesehen (s. § 72 Rdn. 7; MK-Schmidt-Burgk, § 69 Rn. 12; Uhlenbruck-Uhlenbruck § 69 Rn. 7; Braun-Hirte § 70 Rn. 4: werden als Sonderakte geführt; **a. A.** Pöhlmann/Kubusch in Graf-Schlicker, § 72 Rn. 8; Haarmeyer/Wutzke/Förster, Handb InsO, Rn. 6/31 mit Hinweis zur Geheimhaltungsproblematik), da auch die Gläubigerversammlung und damit jeder Gläubiger ein entsprechendes Informationsrecht hat. Ein Ablehnungsrecht ggü. dem Insolvenzrichter oder -rechtspfleger steht dem Ausschuss nicht zu (OLG Koblenz, KTS 1971, 220).

13   Der Ausschuss ist aber ggü. der **Gläubigerversammlung** unabhängig. Allerdings kann die Gläubigerversammlung im eröffneten Verfahren bestimmte ihr obliegende Aufgaben dem Ausschuss übertragen (Heukamp, ZInsO 2007, 57, 59). Der Ausschuss ist aber kein Exekutivorgan der Gläubigerversammlung. Diese kann seine Beschlüsse nicht aufheben oder ändern (LG Göttingen, ZInsO 2000, 349 bei einer vorangegangenen Zustimmung gem. § 160; Pape, ZInsO 1999, 305; Frege, NZG 1999, 482; Uhlenbruck-Uhlenbruck § 69 Rn. 14; HK-Riedel, § 72 Rn. 7; **a. A.** Haarmeyer/Wutzke/Förster, Handb InsO, Rn. 6/3; zur Ausnahme s. Rdn. 10), sondern nur über §§ 68, 70 Einfluss nehmen.

§ 70   Entlassung

[1]Das Insolvenzgericht kann ein Mitglied des Gläubigerausschusses aus wichtigem Grund aus dem Amt entlassen. [2]Die Entlassung kann von Amts wegen, auf Antrag des Mitglieds des Gläubigerausschusses oder auf Antrag der Gläubigerversammlung erfolgen. [3]Vor der Entscheidung des

Gerichts ist das Mitglied des Gläubigerausschusses zu hören; gegen die Entscheidung steht ihm die sofortige Beschwerde zu.

Übersicht

	Rdn.		Rdn.
A. Normzweck	1	II. Entlassungsgründe	3
B. Norminhalt	2	C. Verfahrensfragen	4
I. Entlassungsanlass	2		

A. Normzweck

Die Norm regelt die Entlassung von Mitgliedern beim vorläufigen, beim Interims- wie endgültigen Gläubigerausschuss (zur Unterscheidung der verschiedenen Formen § 67 Rdn. 2) und ergänzt damit § 68 Abs. 2. Für das Eröffnungsverfahren wird sie durch § 21 Abs. 2 Nr. 1a in Bezug genommen. Die Begrenzung einer Entlassung auf einen »wichtigen Grund« betont die Eigenständigkeit und Unabhängigkeit des Organs. 1

Die vom Ausschussmitglied selbst erstrebte Entlassung erfordert eine »Entscheidung« des Gerichtes setzt einen *Antrag* (Rdn. 3c) voraus. Dies weist darauf hin, dass eine **freiwillige**, jederzeitige **Niederlegung des Amtes nicht Betracht kommt** (BGH ZInsO 2012, 826, 827, Rn. 6; Uhlenbruck-Uhlenbruck § 70 Rn. 6; MK-Schmidt-Burgk § 70 Rn. 16; a. A. LG Magdeburg, ZInsO 2002, 88, 89: bei ungerechtfertigter Niederlegung seien Schadensersatzansprüche die richtige Sanktion).

B. Norminhalt

I. Entlassungsanlass

Der Entlassungsanlass entsteht entweder durch eine amtswegige Kenntnis des Insolvenzgerichtes, einen Antrag des Mitgliedes selbst oder – im eröffneten Verfahren – der antragsberechtigten Versammlung (die darüber aber erst Beschluss fassen muss). Nicht antragsberechtigt sind der Verwalter und der Gläubigerausschuss als Organ. Die gesetzlich normierte Entlassung »von Amts wegen« (Satz 2) weist auf das **Überwachungsrecht** des Gerichtes hin, welches entweder durch eigene Ermittlungen, auf Anregung anderer Verfahrensbeteiligter oder eigener Beobachtungen und Kenntnisse, etwa bei Gelegenheit der Teilnahme an Ausschusssitzungen (dazu § 69 Rdn. 11) und durch amtswegige Ermittlungen umgesetzt wird (Vallender, FS Kirchhof, S. 507, 517). 2

Die Entlassung ist nicht einziges Abwehrmittel gegen ungeeignete Ausschussmitglieder und daher »ultima ratio« (Vallender, FS Kirchhof, S. 507, 512; a. A. LG Kassel, ZInsO 2002, 839), weshalb Entlassungsgründe sich erst häufen oder für sich genommen schwerwiegend sein müssen (Rdn. 3a). Eine vorherige »**Abmahnung**« mag zulässig und zuweilen verhältnismäßig sein (dafür MK-Schmidt-Burgk § 70 Rn. 18; Vallender, FS Kirchhof, S. 507, 512). Bei **Interessenkollisionen** können Informationssperren und Stimmverbote ausreichen (Vallender, FS Ganter, S. 391, 398). Eine Befugnis des Gerichtes zur **Aufhebung von Beschlüssen des Gläubigerausschusses in Sonderfällen** analog § 78 InsO ist durch § 70 mit abgedeckt (s. dazu § 69 Rdn. 10 a..E.).

II. Entlassungsgründe

Antrag: Die Entlassung setzt **nicht** immer einen Antrag (»von Amts wegen«), aber – auch bei einem Antrag der Gläubigerversammlung – **einen wichtigen Grund** voraus (Vallender, FS Ganter, S. 391, 402; a. A. Heidland, Kölner Schrift zur InsO, 2. Aufl., S. 721). Dies gilt auch beim **eigenen Antrag des Mitgliedes** (vgl. Rdn. 3c). Ansonsten kann das Insolvenzgericht jederzeit bei entsprechenden Anhaltspunkten selbst tätig werden, z. B. auf eine Anregung des Verwalters hin (HK-Riedel, § 70 Rn.3). Entlassungsgründe können Pflichtenverstöße, Interessenkollisionen oder Haftungskonstellationen sein. 3

Pflichtenverstoß: Ein wichtiger Grund i. S. d. Norm liegt i. d. R. nur bei einem **schwerwiegenden Pflichtenverstoß** vor (BGH, ZInsO 2003, 560), der die Erwartung begründet, dass die weitere 3a

Arbeit des Ausschusses erschwert oder gar verhindert wird und die objektive Erreichung des Verfahrensziels greifbar gefährdet erscheint, wenn das betreffende Mitglied verbleibt (BGH, ZIP 2007, 781 = ZInsO 2007, 444; Vallender, FS Kirchhof, S. 507, 513). Ein Inhabilitätsgrund bei Einzelfragen (Rdn. 3b) ist von dem Betreffenden anzuzeigen, wenn er nicht offensichtlich ist (Vallender, FS Ganter S. 391, 398). Unterbleibt diese Anzeige kann bei Aufdeckung bereits dadurch ein wichtiger Grund zur Entlassung gegeben sein.

Sonderfall der Entlassung ist die **Einstellung des Geschäftsbetriebes bei einem sog. Antragsausschuss im Eröffnungsverfahren** nach § 22a Abs. 2, da gem. § 22a Abs. 3 bei eingestellten Geschäftsbetrieben der Gesetzgeber nicht mehr von einer Notwendigkeit für den Ausschuss ausgeht. Der Ausschuss ist dann- nach Anhörung- aufzulösen (dem folgend Pöhlmann/Kabusch in Graf-Schlicker, § 70 Rn.6). Dies wird aber im Einzelfall abzuwägen sein, da § 22a Abs. 3 wohl nur den Fall des von Anfang an bereits eingestellten Geschäftsbetriebes regelt. Das Insolvenzgericht kann bei weiterer »Sinnhaftigkeit« des vorläufigen Ausschusses diesen dann gem. § 21 Abs. 2 Nr. 1a amtswegig aufrechterhalten (AG Hamburg, ZInsO 2013, 2166; s. § 22a Rdn. 2 m. w. N.).

Der **Entlassungsanlass** muss i. d. R. zur vollen Überzeugung des Gerichts feststehen (BGH a. a. O.). Ein Verschulden ist nicht vorausgesetzt (HK-Eickmann § 70 Rn. 4; MK-Schmidt-Burgk § 70 Rn. 6). Im Eröffnungsverfahren mit einem »**Pflichtausschuss**« gem. § 22a Abs. 1 werden die notwendigen Anforderungen an einen funktionierenden Ausschuss enger und strenger zu beurteilen sein, als beim Antragsausschuss oder in späteren Verfahrensstadien, mithin kann es hier schneller zur Entlassung kommen.

In Betracht kommen:
- häufiges Fehlen in Ausschusssitzungen infolge von Krankheit oder anderen Verhinderungsgründen, oder gar ohne Entschuldigung;
- bei juristischen Personen häufig wechselnde Vertreter ohne angemessenes Informationsniveau zu den laufenden Geschäften;
- Inkompetenz, Einschränkung der Geschäftsfähigkeit, sich erweisende Geschäftsunerfahrenheit oder
- Pflichtenkollision wegen Vertretung von Partikularinteressen.

Letzteres ist z. B. gegeben, wenn ein Ausschussmitglied zwecks Beeinflussung der vertraulichen Beratung in eine Sitzung einen Rechtsanwalt, der gegen den Insolvenzverwalter im Auftrage einer Gläubigerin klagt, mitbringen will (LG Kassel, ZInsO 2002, 839; Pape, ZInsO 2002, 1017; BGH, ZInsO 2003, 560) oder das Ausschussmitglied –und sei es auch als Rechtsanwalt an einen Mandanten- **Informationen weitergibt**, deren Verwendung geeignet ist, die Interessen der übrigen Gläubiger zu beeinträchtigen, aber auch nur dann (BGH, ZInsO 2008, 323; Bruckhoff, NZI 2008, 229). Es kommt nicht darauf an, dass das beauftragte Ausschussmitglied erkennen kann, dass der Mandant die Informationen nachteilig für die Masse verwenden würde. Vielmehr besteht bei geheimbedürftigen Informationen ein Weitergabeverbot entgegen der vertraglichen Bindung (Gundlach/N. Schmidt, ZInsO 2008, 604, 606). Im Insolvenzverfahren besteht ein insolvenzspezifischer Geheimnisbegriff, der z. B. Sanierungskonzepte oder Verkaufsofferten, sowie Betriebsgeheimnisse umfasst. Insb. bei der Erörterung von Betriebsgeheimnissen und masserelevanten Informationen besteht Verschwiegenheitspflicht der Mitglieder des Gläubigerausschusses (Frege/Nicht, InsVZ 2010, 407, 414).

Als mildere Mittel statt der Entlassung stehen dem Ausschuss das Stimmverbot durch eigenen Geschäftsordnungsbeschluss (s. § 72 Rdn. 4) oder dem Gericht die Abmahnung zur Verfügung (Vallender, FS Kirchhof, S. 507, 512).

3b **Interessenkollision**: Eine entlassungsrelevante Interessenkollision ist auch gegeben, wenn ein Ausschussmitglied gegen die Masse Klage aus eigener Forderung erhebt oder Klagen Anderer unterstützt (AG Göttingen, ZInsO 2006, 1117), sofern der im Ausschuss gewonnene Informationsvorsprung dazu genutzt wird, Eigeninteressen vor die als Ausschussmitglied zu verfolgenden Gesamtinteressen zu stellen (Runkel, EWiR 2007, 57). Kündigt der Verwalter außergerichtlich unter Darlegung substantiierter Ansprüche an, verschiedene Ausschussmitglieder in Anspruch nehmen zu wollen und dies gfs. auch gerichtlich tun zu wollen, ist vom Gericht abzuwägen, ob die den Ansprüchen zugrunde liegenden Handlungen der Ausschussmitglieder es geboten sein lassen, (auch) eine Entlassung vorzunehmen, gfs. genügen zunächst Stimmverbote. Allerdings kann bereits auch ein außergerichtlicher Anspruch zu einem Entlassungsanlass werden (a. A. wohl LG Deggendorf, ZIP 2013, 2371).

Eine Interessenkollision bereits im **Eröffnungsverfahren** wird auch vorliegen, wenn ein Ausschussmitglied Angehöriger eines Bewerbers für eine Betriebsübernahme oder eines aktiven Mitkonkurrenten des schuldnerischen Unternehmens ist. Ein Entlassungsgrund in dem einen Gläubigerausschuss kann bei konzernzugehörigen Unternehmen auch zur Begründung der Entlassung in den Gläubigerausschüssen der übrigen Konzern-Verfahren führen (BGH, ZIP 2008, 655 = NZI 2008, 308; Bruckhoff, NZI 2008, 229).

Eigener Entlassungsantrag: Auch beim Eigenentlassungsantrag **eines Mitgliedes** muss ein wichtiger Grund vorliegen, den das Gericht zu prüfen hat (BGH ZInsO 2012, 826, 827, Rn. 6; LG Göttingen, ZInsO 2011, 1748; AG Duisburg, ZInsO 2003, 861; Uhlenbruck-Uhlenbruck, § 70 Rn. 6; Vallender, FS Ganter, S. 391, 399; KPB-Kübler § 70 Rn. 9). Allerdings mag es nicht sinnhaft sein, ein »unwilliges« Mitglied im Amt zu halten (Pöhlmann/Kabusch in Graf-Schlicker, § 70 Rn. 4).

3c

▶ **Hinweis:**
> Es genügt allerdings nicht, dass ein oder mehrere Ausschussmitglieder **im Eröffnungsverfahren** meinen, nur die **Auswahlentscheidung nach § 56a InsO** sei für sie relevant gewesen, das weitere Verfahren zu begleiten hätten sie kein Interesse. Die Ausschussmitglieder können daher nicht nach »Mitbestimmung« über die Person des vorläufigen Verwalters gem. § 56a Abs. 1, Abs. 2 einfach ihr Amt niederlegen (solches wird aus der Praxis bereits berichtet). In diesen Fällen bleiben die Mitglieder im Amt, ansonsten würde das Instrument des vorläufigen Ausschusses mit dem gesamten gesetzlichen Pflichtenkanon des § 21 Abs. 2 Nr. 1a, 69 InsO ad absurdum geführt. Das Gericht kann allerdings bei häufiger involvierten Gläubigern, z. B. Banken, solche Mitteilungen zum Anlass nehmen, diese Gläubiger künftig generell nicht mehr in Ausschüsse zu bestellen (»unernsthafte Amtswahrnehmung«).

Wird der Ausschuss im Laufe des späteren Verfahrens **überflüssig**, z. B. weil keine verfahrenswichtigen Entscheidungen mehr zu treffen sind, können die Mitglieder insgesamt ihre Entlassung nach § 70 beantragen, da ein »wichtiger Grund« durch Wegfall der Geschäftsgrundlage vorliegt (s. a. Rdn. 3a; § 22a Rdn. 2). Beim **Pflichtausschuss** gem. § 22a Abs. 1 kann diese Konstellation im Eröffnungsverfahren nicht vorkommen, da seine Existenz gesetzlich im Eröffnungsverfahren vorgesehen ist. Mit Eröffnung kann das Gericht allerdings dann von einer Einsetzung eines Ausschusses i. S. v. § 67 selbst in den Konstellationen des § 22a Abs. 1 absehen.

Im eröffneten Verfahren sollte eine **Auflösung durch die Gläubigerversammlung** wegen der Souveränität des Organes nicht zugelassen werden (so aber Gundlach/Frenzel/Jahn, ZInsO 2011, 708, die beide Wege zulassen wollen).

Wird eine **Weiterversicherung der Haftungsrisiken der Ausschussmitglieder** (dazu § 71 Rdn. 7) verweigert, stellt dies einen »wichtigen Grund« für einen begründeten Entlassungsantrag dar (BGH, ZInsO 2012, 826, 827, Rn. 9; LG Göttingen, ZInsO 2011, 1748; Keller, NZI 2011, 910) wohingegen mangelnde Vergütungshöhe oder drohende Haftungsrisiken keine Entlassungsgründe sind, da darüber vor der Bestellung Informationsmöglichkeit bestand.

Auch die **Zerrüttung des Vertrauensverhältnisses** eines Mitgliedes zum Insolvenzverwalter ist *kein Entlassungsgrund* (LG Magdeburg, ZInsO 2002, 88); auch nicht die Weitergabe von eventuell unrichtigen Tatsachenbehauptungen im Ausschuss an einen Dritten zum Zwecke der Stellungnahme oder Richtigstellung durch diesen, sofern die Interessen der übrigen Gläubiger durch diese Weitergabe nicht beeinträchtigt werden (BGH, ZInsO 2008, 323).

C. Verfahrensfragen

4 Das betroffene Mitglied ist gem. Satz 2 zu hören (nicht beim Eigenantrag) (Jaeger-Gerhardt, § 70 Rz. 12); dies muss nicht notwendig schriftlich geschehen (Braun-Kind § 70 Rn. 8). Bei **Gefahr im Verzug** kann dies *nachgeholt* werden, da eine Abhilfeentscheidung möglich ist. Liegt ein wichtiger Grund vor, besteht kein Ermessen betreffs der Entlassung – Satz 1 ist insofern missverständlich formuliert (MK-Schmid-Burgk § 70 Rn. 12).

Der Beschluss ist im Hinblick auf seine **Beschwerdefähigkeit** zu begründen. **Beschwerdeberechtigt** ist auch das »sich selbst ablehnende Ausschussmitglied« dessen Antrag nicht stattgegeben wird (HK-Riedel § 70 Rn. 6). Die Entlassung wird erst mit der Rechtskraft der Entlassungsentscheidung wirksam (§ 6 Abs. 3), da ansonsten zwischenzeitlich Ersatzmitglieder in den Ausschuss aufrücken würden (Uhlenbruck-Uhlenbruck § 70 Rn. 13; a. A. MK-Schmid-Burgk § 70 Rn. 19; Vallender, FS Kirchhof, S. 519: diese würden dann verbleiben können). Das Gericht kann die **sofortige Wirkung** aber bei Gefahr im Verzug anordnen.

5 **Zuständig** ist im eröffneten Verfahren gem. § 18 RPflG i. d. R. der **Rechtspfleger**.

Das entlassene Mitglied hat das Rechtsmittel der **sofortigen Beschwerde** (§ 6). Die insofern nicht beschwerdeberechtigten anderen Beteiligten haben dann gem. § 11 Abs. 2 Satz 1 RPflG das Recht der befristeten Erinnerung (bei Ablehnung der v. ihnen beantragten Entlassung). Dem Ausschuss und der Gläubigerversammlung als nicht beschwerdeberechtigten Organen sollte der Entlassungsbeschluss formlos bekannt gemacht werden; bei Ablehnung einer beantragten Entlassung ist der Beschluss dem Antragsteller zuzustellen.

Nach rechtskräftiger Entlassung tritt an die Stelle des entlassenen Mitgliedes das gewählte **Ersatzmitglied** – sofern vorhanden – (AG Göttingen, ZInsO 2007, 47) oder das Gericht hat im Eröffnungsverfahren zugleich mit der Entlassung **ein neues Mitglied zu bestellen** entsprechend der Zusammensetzung nach § 67 Abs. 2. Im eröffneten Verfahren hat die Gläubigerversammlung ein **neues Mitglied** zu wählen. Das Gericht kann in diesem Fall mit der Entlassung nicht die Einsetzung eines neuen Mitgliedes verbinden. Dies obliegt der Gläubigerversammlung (Vallender, FS Kirchhof, S. 507, 518) oder dem Ausschuss bei vorherig gewährtem Selbstergänzungsrecht. Das entlassene Mitglied behält seinen **bisher entstandenen Vergütungsanspruch**, sofern dieser nicht aufgrund schwerer Verfehlungen verwirkt ist (Vallender, FS Kirchhof, S. 507, 519).

§ 71 Haftung der Mitglieder des Gläubigerausschusses

¹Die Mitglieder des Gläubigerausschusses sind den absonderungsberechtigten Gläubigern und den Insolvenzgläubigern zum Schadenersatz verpflichtet, wenn sie schuldhaft die Pflichten verletzen, die ihnen nach diesem Gesetz obliegen. ²§ 62 gilt entsprechend.

Übersicht	Rdn.		Rdn.
A. Normzweck	1	1. Pflichtenstellung	2
B. Norminhalt	2	2. Verschulden	4
I. Haftungsvoraussetzungen	2	II. Haftungsfolgen	6

A. Normzweck

1 Die Norm regelt – im Gegensatz zum früheren § 89 KO beschränkend – die Haftung der Mitglieder des Gläubigerausschusses als direkte gesetzliche Anspruchsgrundlage und ihre Verjährung (Satz 2). Danach gehören Schuldner, Massegläubiger und aussonderungsberechtigte Gläubiger nicht zum Kreis der Ersatzberechtigten (krit.: Vortmann, ZInsO 2006, 310; Heidland, Kölner Schrift zur InsO, S. 725 f.), auch Drittsicherungsgeber nicht (§ 44). Dies gilt auch nach Ende des Verfahrens (Jaeger-Gerhardt, § 71 Rz. 6). Diese Gruppen sind auf das Deliktsrecht verwiesen (Pöhlmann/Kubusch in Graf-Schlicker, § 71 Rn. 1). Schutzgesetz i. S. v. § 823 Abs. 2 BGB ist die Vorschrift aber

nicht. Die Haftung ist prinzipiell eine **Individualhaftung**, es sei denn, Kollegialpflichten des Organs sind verletzt worden (ausführlich: Ganter, FS Gero Fischer, 121; MK-Schmid-Burgk § 71 Rn. 10). Die Vorschrift gilt gem. § 21 Abs. 2 Nr. 1a analog im Eröffnungsverfahren.

B. Norminhalt

I. Haftungsvoraussetzungen

1. Pflichtenstellung

Die haftenden Mitglieder müssen Pflichten i. S. d. § 69 verletzt haben (BGHZ 124, 86 = ZIP 1994, 46; ZIP 1981, 1001), z. B. durch nachlässige Kassenprüfung, Verstoß gegen die Verschwiegenheitspflicht (BGH, ZIP 1989, 403; Eicke, ZInsO 2006, 798, 803; Gundlach/Frenzel/Schmidt, ZInsO 2006, 72), Nachlässigkeit bei der Kontrolle des Verwalters (BGHZ 124, 86 = ZIP 1994, 46; OLG Koblenz, ZIP 1995, 1101; OLG Rostock, ZInsO 2004, 814), Annahme des Amtes ohne Kenntnis der Pflichten (BGHZ 71, 253 = NJW 1978, 1527) und/oder ohne tatsächliche Möglichkeit, diese zu erfüllen.

Im **Eröffnungsverfahren** haben die Mitglieder des Ausschusses z. B. die hohen zeitlichen Anforderungen an eine häufige Tagungsdichte zu erfüllen und vor ihrer Wahl zu bedenken. Insb. in diesem Verfahrensabschnitt bestehen hohe Haftungsgefahren (dazu Frind, ZIP 2012, 1380 mit Fallgruppen; zustimmend Grell/Klockenbrink, DB 2013, 1038, 1041; s. a. Brinkmann, DB 2012, 1369, 1371), da der Ausschuss hier die Zweckmäßigkeit des Verwalterhandelns aufgrund häufig wenig gesicherter Informationsbasis zu überwachen hat (§ 69 Rdn. 4; Rdn. 5). Denn im Mittelpunkt steht die **Zweckmäßigkeitskontrolle** des Verwalterhandelns, während die **Rechtmäßigkeitskontrolle** dem Gericht obliegt (OLG Rostock, ZInsO 2004, 814, 815). Im Eröffnungsverfahren wird der vorläufige Gläubigerausschuss damit zu einer Art »Aufsichtsrat« (s. § 69 Rdn. 2). Die Haftungsszenarien knüpfen unmittelbar an die vielen denkbaren, verfahrenswichtigen Entscheidungen und auch an Kassenprüfung und Mit-Auswahl des (vorläufigen) Verwalters/Sachwalters an. Die verweigerte, vorsätzlich verzögerte oder trotz vorhandener anderweitiger Kenntnisse fehlerhafte **Mit-Auswahl des (ungeeigneten !) vorläufigen Verwalters/Sachwalters** kann, soweit dadurch Schäden bei der Massegenerierung kausal entstehen, den Mitgliedern des vorläufigen Gläubigerausschusses entsprechend § 71 InsO angelastet werden (Frind, ZIP 2012, 1380, 1385; Jäger, FP 2014, 58, 59 mit Hinweis auf § 25 KWG).

Im **eröffneten Verfahren** haben die Ausschussmitglieder z. B. zu prüfen, ob der Befriedigung von Masseverbindlichkeiten Bedenken entgegenstehen (OLG Koblenz, ZIP 1995, 1101) oder Massegelder wirklich auf dem Verwalter-Treuhandkonto sind (Jaeger-Gerhardt, § 71 Rz. 18 ff.). Haftungsrelevant ist insb. die äußerst kritisch zu betrachtende zuweilen vorkommende **Darlehensgewährung** zwischen verschiedenen Unternehmen des gleichen Konzerns oder innerhalb der gleichen Insolvenzverwaltung. Dabei dürfen sich die Mitglieder des Ausschusses nicht auf Berichte des Verwalters verlassen, sondern müssen, z. B. bei umfangreichen Darlehensgewährungen an Dritte, selbstständig Auskünfte über deren Kreditwürdigkeit einziehen und sich Verträge vorlegen lassen (OLG Rostock, ZInsO 2004, 814, 815; Pape/A. Schmidt, ZInsO 2004, 955, 958).

Hat die **Gläubigerversammlung eine beabsichtigte Handlung des Verwalters prinzipiell gebilligt**, z. B. die Sanierung mittels eigengegründeter, durch Massedarlehen finanzierter Auffanggesellschaften mit Liquiditätsverlust, kann der Gläubigerausschuss dies nicht untersagen (LG Schwerin ZIP 2006, 720 – ohne Berücksichtigung der Insolvenzzweckwidrigkeit des Vorgehens des Verwalters). Ein Verstoß des Ausschusses gegen seine Überwachungspflicht entsteht dann erst, wenn es schlechthin ausgeschlossen ist, dass die Herausgabe von Darlehen nach objektiven Umständen für die Masse sachdienlich ist. Dabei hat der Ausschuss den von der Gläubigerversammlung gefassten Beschluss genau zu würdigen, ob eine Liquiditätsgrenze für Schuldnerin und Auffanggesellschaften beschlossen wurde oder eine Kreditvergabegrenze (BGH, ZInsO 2008, 750 = ZIP 2008, 1243, 1246). Der Gläubigerausschuss haftet, wenn eine festgesetzte Darlehensgrenze vom Verwalter ersichtlich überschritten wird (OLG Rostock, ZIP 2007, 735; aufgehoben durch BGH-Entscheidung, ZInsO

2008, 750 die eine festgesetzte Kreditvergabegrenze in dem Beschluss der Gläubigerversammlung nicht erkennen konnte). Einer Darlehensvergabe ohne Beschluss der Gläubigerversammlung darf der Ausschuss nicht tatenlos zusehen (Pape/Schmidt, ZInsO 2004, 958; Pape, WM 2006, 22, 23; a. A. wohl Gundlach/Frenzel/Jahn, ZInsO 2009, 1095, 1097).

3 Die Mitglieder trifft hinsichtlich ihres Pflichtenkreises eine **Erkundigungspflicht** (KPB-Kübler § 71 Rn. 13 m.w.N.; OLG Rostock, ZInsO 2004, 814, 815), sie müssen nicht erst vom Gericht darüber belehrt werden. Gerichtliche Merkblätter sind zur Kenntnis zu nehmen (Uhlenbruck-Uhlenbruck, § 71 Rn. 8).

Die Pflichtenstellung beginnt mit der Übernahme des Amtes (OLG Köln, ZIP 1988, 992), auch bei ungültiger Wahl. Maßgebend ist die Ausübung der Position (OLG Rostock, ZInsO 2004, 815). Vergütungsverzicht befreit nicht (Vortmann, ZInsO 2006, 310, 311). **Verhinderungsgründe** befreien nur dann von der Haftung, wenn eine Vertreterwahl rechtzeitig initiiert wird (Uhlenbruck-Uhlenbruck § 71 Rn. 9). Bei gewählten **juristischen Personen** haften diese, nicht die entsandten Vertreter. Sind für bestimmte Institutionen (z. B. Lieferanten, Banken) bestimmte Ausschussmitglieder persönlich gewählt worden, haften diese, nicht die hinter ihnen stehenden Institutionen (BGH, ZIP 1989, 403). Die Pflichten können weder vom Gericht noch von der Gläubigerversammlung eingeschränkt werden (BGHZ 49, 121 = WM 1968, 99; BGHZ 71, 253 = NJW 1978, 1527). Bei **Delegation** auf ein Mitglied haften die Übrigen für dessen regelmäßige Überwachung, sie müssen sich also von dessen Pflichterfüllung positiv überzeugen (OLG Celle, ZInsO 2010, 1233; Pape/A. Schmidt, ZInsO 2004, 955, 957; OLG Rostock, ZInsO 2004, 814).

2. Verschulden

4 Haftungsmaßstab ist bereits die **leichte Fahrlässigkeit** (Gundlach/Frenzel/Jahn, ZInsO 2009, 1095, 1099; Pöhlmann/Kubusch in Graf-Schlicker, § 71 Rn. 4; Braun-Hirte § 71 Rn. 3 Fn. 5; MK-Schmid-Burgk § 71 Rn. 7; a. A. OLG Frankfurt am Main, ZIP 1990, 722), jedoch gestuft nach den Fähigkeiten des einzelnen Mitgliedes. Eine »20%-Verursachungsgrenze« ist als kaum praktikabel abzulehnen (Grell/Klockenbrink, DB 2013, 1038, 1041). Fehlende Pflichtenkenntnis exkulpiert nicht, ebenso wie völlig fehlende Fähigkeiten; die Annahme des Amtes ohne diese mag gerade die Fahrlässigkeit begründen (Vortmann, ZInsO 2006, 310, 313, 314; a. A. Gundlach/Frenzel/Jahn, ZInsO 2009, 1095, 1100). Denn Voraussetzung für die Übernahme des Amtes ist, dass das Mitglied des Ausschusses in der Lage ist, die (insbesondere im Eröffnungsverfahren »verschärften«) Aufgaben gem. § 69 auch wahrzunehmen, indem es ausreichend insolvenzrechtliche/betriebswirtschaftliche Kenntnisse hat (§ 22a Rdn. 9; § 69 Rdn. 3). Der Gesetzgeber hat bisher diese Anforderung nicht ausdrücklich normiert, sondern nur über die Haftungsnorm implementiert (§ 67 Rdn. 5; Heeseler/Neu, NZI 2012, 440, 443).

Für hinzugezogene **Hilfspersonen** wird nach den gleichen Regeln gehaftet wie beim Insolvenzverwalter (HK-Eickmann § 71 Rn. 6). Sofern im Rahmen von § 69 Satz 2 ein Dritter zur Kassenprüfung hinzugezogen wird, besteht daher Haftung nur im Rahmen von **Überwachungs- und Auswahlverschulden**, da diesbezüglich keine weiter gehende Haftung als diejenige des Verwalters gelten soll (Jaeger-Gerhardt, § 71 Rz. 15; HK-Eickmann § 71 Rn. 6; Braun-Kind § 71 Rn. 6; a. A. Vortmann, ZInsO 2006, 310, 312; KPB-Kübler § 71 Rn. 15.16; MK-Schmid-Burgk § 71 Rn. 16, 17, die dort zu Fn. 48 zitierte BGH-Entscheidung ist nicht einschlägig). Diese Prüfungsverantwortung (Kassenprüfung) ist dann von einer Haftpflichtversicherung auszunehmen (Vallender, WM 2002, 2048), da die Masse bereits die Kosten des Dritten tragen muss. Bei Delegation höchstpersönlicher Pflichten außerhalb § 69 Satz 2 haftet das Mitglied gem. § 278 BGB für das Verschulden der eingesetzten Person (Uhlenbruck-Uhlenbruck § 71 Rn. 11).

5 Der Pflichtverstoß muss für den Schadenseintritt zumindest mit ursächlich sein (**Rechtswidrigkeitszusammenhang**). Insofern genügt **positive Stimmabgabe** zum schadenstiftenden Beschluss (BGH, ZIP 1985, 423) oder die **pflichtwidrige Hinnahme** eines schadenstiftenden Verwalterhandlung mit Unterbindensmöglichkeit (BGH, ZInsO 2013, 986 = ZIP 2013, 1235). Exkulpation gelingt daher nur dem mit »nein« stimmenden Mitglied (Brinkmann, DB 2012, 1369, 1371) oder demjenigen, der konkrete Maßnahmen zur Unterbindung des pflichtwidrigen Tuns des Verwalters ergreift. Bei nicht aussagekräftigen Ausschussprotokollen wird die Stimmabgabe der einzelnen Mitglieder nicht von Außenstehenden erkennbar sein (Vortmann, ZInsO 2006, 310, 313), weshalb dann nur gesamtschuldnerische Inanspruchnahme hilft (a. A. Ganter, FS Gero Fischer, 121, 129: sekundäre Beweislast des dagegen stimmenden Mitgliedes bei fortdauernder Einzelhaftung).

▶ Hinweis:

Zur **Haftungsbegrenzung** der einzelnen Mitglieder ist eine namentliche und protokollierte Abstimmung als Regelfall anzuraten. Die Protokolle sind zur Sicherheit auf der nächsten Sitzung zu genehmigen und sodann dem Gericht zu übergeben, damit sie nicht im Nachhinein manipuliert werden können.

An einem inneren Zusammenhang fehlt es, wenn der Geschädigte die Risiken seiner finanziellen Unterstützung für den insolventen Betrieb genau kannte (OLG Koblenz, ZIP 1995, 1101). Die Haftung der Mitglieder des Ausschusses ist mithin für jedes Mitglied gesondert zu prüfen (z. B. bei negativer Stimmabgabe entfällt die Haftung [Jaeger-Gerhardt, § 71 Rz. 10]; Verhinderungspflichten treffen das überstimmte Mitglied nicht: MK-Schmid-Burgk § 71 Rn. 9).

Der **Kausalzusammenhang** ist vom Anspruchsteller darzulegen. Allerdings spricht bei Unterschlagungen von Massegeldern durch den Verwalter ein Beweis des ersten Anscheins für eine Verursachung durch mangelhafte Überwachung (BGH, LNR 2007, 13140; BGH, ZInsO 2013, 986; OLG Celle, ZInsO 2010, 1233; KPB-Kübler § 71 Rn. 18 m. w. N.), da davon auszugehen ist, dass der Verwalter bei wirkungsvoller Prüfung von weiteren Pflichtverstößen Abstand genommen hätte. Eine **arglistige Täuschung** durch andere Ausschussmitglieder kann exkulpieren (KPB-Kübler § 71 Rn. 14).

Nicht statthafte Exkulpation: Die fehlerhafte Beantragung von Zustimmungen durch den (vorläufigen) Verwalter exkulpiert die Ausschussmitglieder nicht, sofern sie die Untauglichkeit der Maßnahme erkennen konnten (Cranshaw, ZInsO 2012, 1151, 1154).

Ebenso wenig exkulpiert der Verweis auf die Verletzung der Mitzeichnungspflicht aus § 149 Abs. 2 InsO, wenn eine Bank Massegelder auf ein Poolkonto weiterleitet (wo sie untergehen), da die strittige Erfüllung dem Anspruch der Masse auf das Guthaben nicht gleichwertig ist (BGH, ZInsO 2013, 986 = ZIP 2013, 1235).

Die haftenden Mitglieder können auch nicht zur Exkulpation auf die Überwachungspflicht des Insolvenzgerichtes verweisen, da dieses nur Rechtmäßigkeitskontrolle ausübt, soweit ein Gläubigerausschuss bestellt ist (Pape/A. Schmidt, ZInsO 2004, 955, 958). Erst das Fehlen eines gläubigerseitigen Kontrollorganes führt zur Erhöhung der gerichtlichen Prüfungstiefe, insb. im eröffneten Verfahren mit erhöhten Überwachungspflichten seitens des Rechtspflegers (s. § 58 Rdn. 6; Pape/A. Schmidt, ZInsO 2004, 955, 959), der dann auch Masse schädigende Handlungen des Verwalters der Gläubigerversammlung zur Entscheidung zu unterbreiten hätte (s. § 56 Rdn. 42a, 42b).

II. Haftungsfolgen

Die Haftung ist **Gesamtschadenshaftung**; jedoch nur im Umfange des durch die Verletzung insolvenzspezifischer Ausschussmitgliederpflichten verursachten Schadens (Rechtswidrigkeitszusammenhang). Dazu zählen auch **Gemeinschaftsschäden**, also Schäden von absonderungsberechtigten Gläubigern und Insolvenzgläubigern. Diese kann der Verwalter (§ 92) gegen Ausschussmitglieder bereits während des Verfahrens geltend machen. Eine **Aufrechnung mit Vergütungsansprüchen** aus § 73 ist, soweit ein Gläubiger einen Individualschaden geltend macht, nicht möglich, da die Vergütung zulasten der Masse geht (mangelnde Gegenseitigkeit). Mehrere schadensstiftende Ausschussmitglieder haften **gesamtschuldnerisch**, ggf. auch zusammen mit dem Verwalter.

6

§ 72 InsO Beschlüsse des Gläubigerausschusses

Die **Verjährungsfrist** für alle Haftungsansprüche beträgt 3 Jahre (Verweis auf § 62 in Satz 2). Die Verjährungsfrist beginnt mit Kenntnis des Insolvenzverwalters als Partei kraft Amtes von der pflichtwidrigen Handlung oder Duldung. Wenn der **Verwalter selbst Schädiger** ist und es deshalb unterlässt, Schadensersatzansprüche gegen die Mitglieder des Gläubigerausschusses wegen unterlassenem Einschreiten geltend zu machen, was wiederum für den Verwalter schadenstiftende Handlung ist, sollte die Verjährung erst beginnen, wenn ein neuer Insolvenzverwalter eingesetzt ist (analog § 92 Satz 2 InsO) (BGH, ZInsO 2008, 750) oder so lange gehemmt sein, bis dieser in der Lage gewesen wäre, den schadensstiftenden Tatbestand aufzuklären (Kirchhof, ZInsO 2007, 1122, a. A. OLG Rostock, ZIP 2007, 735 = ZInsO 2007, 1052: Beginn mit Kenntnis des schädigenden Verwalters, aufgehoben durch BGH, ZIP 2008, 1243).

7 ▶ **Hinweis:**

Die Ausschussmitglieder haben Anspruch auf Ersatz der Kosten einer von ihnen abzuschließenden **Haftpflichtversicherung** außerhalb ihrer Stundensatzvergütung (s. dazu auch § 22a Rdn. 20; Cranshaw, ZInsO 2012, 1151, 1156; Keller, NZI 2011, 910 m. w. N.; Büttner § 18 InsVV Rn. 2; Pöhlmann/Kubusch in Graf-Schlicker, § 71 Rn. 10; a. A. Hirte, ZInsO 2012, 820). Sie können die Prämien einer gesonderten Haftpflichtversicherung über eine analoge Anwendung von § 4 Abs. 3 Satz 2 InsVV i. V. m. § 18 InsVV als Auslagen geltend machen (BGH, ZInsO 2012, 826, 827, Rn. 9; FK-Schmitt § 71 Rn. 13); es handelt sich gem. § 54 Nr. 2 InsO um Verfahrenskosten, nicht um Masseverbindlichkeiten nach § 55 InsO, die der Ausschuss nicht begründen kann (§ 69 Rdn. 4; unklar in diesem Zusammenhang Cranshaw, ZInsO 2012, 1151, 1160). Dies setzt aber eine vorherige **Zustimmung des Gerichts** voraus (Keller, NZI 2011, 910; a. A. Grell/Klockenbrink, DB 2013, 1038, 1044) deren Einholung zumindest anzuraten ist. Da das **Eröffnungsverfahren** besonders haftungsgeneigt ist, sollten die Ausschussmitglieder in diesem Stadium höher versichert werden, als in späteren Verfahrensstadien (Grell/Klockenbrink, DB 2013, 1038, 1044; dies aber beeinflusst allerdings die Kostenverhältnismäßigkeit im Sinne von § 22a Abs. 3, 2. Alt.; s. § 22a Rdn. 20).

Der Vorschlag von Hirte (ZInsO 2012, 820) den Ausschussmitgliedern durch das Insolvenzgericht im Vorwege die Belastung der Masse mit möglichen Schadenersatzverbindlichkeiten zu genehmigen, weil eine Haftpflichtversicherung ein »Karussell des Geldes« darstellen würde, widerspricht der Struktur jeder D&O-Versicherung (Grell/Klockenbrink, DB 2013, 1038, 1045; Brinkmann, DB 2012, 1369, 1371, Fn. 61). Er ließe auch eine Haftpflichtversicherung des (vorläufigen) Verwalters, auf die dieser gem. § 4 Abs. 3 InsVV in besonderen Fällen einen Anspruch hat, als sinnlos erscheinen.

Weiterhin bewegt sich der Vorschlag außerhalb der Kompetenz des Insolvenzgerichtes und vernachlässigt, dass Schäden auch Individualschäden sein können und damit gar nicht der Disposition der Gläubigergesamtheit unterstehen. Er wäre bei Umsetzung daher insgesamt als rechtswidrig zu qualifizieren (Cranshaw, ZInsO 2012, 1151, 1157 ff.) und ist nur vor dem Hintergrund verständlich, die Regelung des § 22a Abs. 3, 2. Alt., InsO (»Einsetzungsbremse«) auszuhebeln.

§ 72 Beschlüsse des Gläubigerausschusses

Ein Beschluß des Gläubigerausschusses ist gültig, wenn die Mehrheit der Mitglieder an der Beschlußfassung teilgenommen hat und der Beschluß mit der Mehrheit der abgegebenen Stimmen gefaßt worden ist.

Übersicht	Rdn.		Rdn.
A. Normzweck	1	III. Fehlerhafte Beschlüsse	5
B. Norminhalt	2	C. Verfahrensfragen der Ausschussorganisation	6
I. Beschlussfähigkeit	2		
II. Abstimmung	3	I. Geschäftsordnung, Einladung	6
1. Mehrheit	3	II. Protokolle	7
2. Stimmverbote	4		

A. Normzweck

Die Vorschrift bringt zum Ausdruck, dass der Ausschuss seine Willensbildung nur durch Beschlüsse manifestiert, regelt die Modalitäten der Beschlussfassung des Ausschusses und normiert das **Kopfprinzip zum Schutze von Minderheiten**. Die Vorschrift ist über § 21 Abs. 2 Nr. 1a auch auf den vorläufigen Gläubigerausschuss, insbesondere auf das Verfahren nach § 56a, anwendbar.

1

Die innere Verfasstheit der Tätigkeit des Ausschusses (Geschäftsordnung, Einberufung, Protokollführung) regelt das Gesetz nicht.

B. Norminhalt

I. Beschlussfähigkeit

Der Ausschuss ist beschlussfähig, wenn die **Mehrheit der überhaupt vorhandenen (= gewählten) Mitglieder** zur Sitzung erschienen ist und an der Abstimmung teilnimmt (HK-Eickmann § 72 Rn. 3; Uhlenbruck-Uhlenbruck § 71 Rn. 4; MK-Schmid-Burgk § 72 Rn. 17). Es geht also nicht um die aktive Teilnahme der Mehrheit der **erschienenen** Mitglieder an der Sitzung (so aber KPB-Kübler § 72 Rn. 4), da eine solche Auslegung von »Beschlussfähigkeit« eine Majorisierung der nicht erschienenen Mehrheit der insgesamt gewählten Mitglieder ermöglichen würde. Abzustellen ist auf die Anzahl derjenigen Mitglieder, die das Amt bereits angenommen haben. Insb. im **Eröffnungsverfahren** kann es wegen Eilbedürftigkeit bereits zu Ausschusssitzungen eines »Rumpf«-Ausschusses kommen, wenn noch nicht alle Annahmeerklärungen vorliegen; der Ausschuss muss dann aber zumindest der notwendigen Mindestbesetzung gem. § 67 Abs. 2 genügen, um in Einstimmigkeitsfragen wirksame Entscheidungen treffen zu können (Frind, ZIP 2013, 2244, 2246).

2

Nicht stimmberechtigte Mitglieder werden bei der Frage der Beschlussfähigkeit nicht berücksichtigt (NR-Delhaes § 72 Rn. 2; HK-Eickmann § 72 Rn. 4; Uhlenbruck-Uhlenbruck § 72 Rn. 7; a. A. wohl MK-Schmid-Burgk § 72 Rn. 20), sodass der Ausschuss bei einzelnen Themen infolge von Inhabilität einzelner Mitglieder trotzdem beschlussfähig sein kann (Beispiel: vier Mitglieder sind gewählt, zwei sind erschienen, das Thema betrifft aber einen Gegenstand bei dem ein nicht erschienenes Mitglied inhabil [= Stimmverbot] wäre, sodass insofern die erschienenen zwei Mitglieder die Mehrheit aller zu berücksichtigenden Mitglieder zu diesem Thema darstellen; Ausnahme: der Zweier-Ausschuss). Im **schriftlichen Umlaufverfahren** sind alle Mitglieder als anwesend anzusehen (HK-Riedel, § 72 Rn. 4).

Bei **dauernder Beschlussunfähigkeit des Ausschusses** muss das Gericht eine Gläubigerversammlung einberufen, damit diese die anstehenden Fragen selbst entscheiden oder eine andere Ausschusszusammensetzung herbeiführen kann. Im Eröffnungsverfahren muss das Gericht selbst mittels Nutzung der Entlassung gem. § 70 eine andere Zusammensetzung herbeiführen.

II. Abstimmung

1. Mehrheit

Bei der Abstimmung genügt die **Mehrheit der stimmberechtigten, erschienenen Mitglieder** zur Herbeiführung eines wirksamen Beschlusses. Eine absolute Mehrheit der vorhandenen Mitglieder, wie unter Geltung der KO (§ 90 KO), ist nicht erforderlich (Jaeger-Gerhardt, § 72 Rz. 7). Bei **Stimmengleichheit** gilt ein Antrag als abgelehnt. Durch eine eventuelle Geschäftsordnung darf dieses Kopfmehrheitsprinzip nicht verändert werden (z. B. durch qualifizierte Mehrheiten zu einzelnen Fragen). Die Stimme eines von einem Stimmverbot betroffenen Mitgliedes wird nicht mitgezählt und spielt auch bei der Ermittlung der notwendigen Mehrheit keine Rolle (Uhlenbruck-Uhlenbruck § 72 Rn. 7, 14; a. A. MK-Schmid-Burgk § 72 Rn. 20). Bei bestimmten Fragen ist eine **Einstimmigkeit** erforderlich (§§ 56a Abs. 2, Abs. 3, 270 Abs. 3 Satz 2 InsO). Einstimmigkeit setzt die vollständige Besetzung des Gremiums im Sinne v. § 67 Abs. 2 InsO voraus. Besteht das Gremium erst teilweise (z. B. wegen noch ausstehenden Annahmeerklärungen), ist es noch nicht handlungs-

3

fähig (Frind, ZIP 2013, 2244, 2246). Beim vollbesetzten Gremium bedeutet Einstimmigkeit, dass der Beschluss mit allen anwesenden Mitgliedern, Beschlussfähigkeit vorausgesetzt, ergangen ist.

2. Stimmverbote

4 Betrifft das Thema einer anstehenden Entscheidung den Rechtskreis eines Ausschussmitgliedes i. S. e. objektiven Interessenkonfliktes, z. B. Anfechtungsanspruch oder Prozessführung gegen das Mitglied oder dessen Firma (LG Augsburg, KTS 1971, 119; Wimmer, ZIP 2013, 2038, 2040), Schadensersatzanspruch gegen das Mitglied, Geschäft oder Vergleich mit dem Mitglied oder dessen Firma (BGH, ZIP 1985, 423), insb. bei Rechtshandlungen mit besonderer Bedeutung i. S. v. § 160 (Pape, ZInsO 1999, 675, 678), oder in der Person des Mitgliedes, welches den Gegner der Masse als Anwalt beraten oder vertreten hat (Jaeger-Gerhardt, § 72 Rz. 22), besteht ein Stimmrechtsausschluss. Diese Inhabilität kann auch durch verwandtschaftliche Beziehungen i. S. d. § 138 InsO herbeigeführt sein. I. Ü. gelten § 41 ZPO, § 136 AktG, § 43 Abs. 2 GenG und § 47 Abs. 4 GmbHG analog (s. § 67 Rdn. 7; § 68 Rdn. 4).

Der **Inhabilitätsgrund bei Einzelfragen** ist von dem Betreffenden **anzuzeigen**, wenn er nicht offensichtlich ist (Vallender, FS Ganter S. 391, 398). Unterbleibt diese Anzeige kann bei Aufdeckung ein wichtiger Grund zur Entlassung gegeben sein. Ein reiner Besorgnisgrund i. S. v. § 42 ZPO genügt nicht (Vallender, FS Ganter, S. 391, 392). Diese Fragen können im Eröffnungsverfahren zuweilen nicht umfänglich geprüft werden, da in diesem Stadium noch nicht alle Gläubiger und alle Rechtsbeziehungen des Schuldners bekannt sind. Daher ist hier ein begründeter Verdacht ausreichend.

Es bleibt aber auch dann beim **Teilnahmerecht** (MK-Schmidt-Burgk § 72 Rn. 14; Oelrichs, Gläubigermitwirkung, S. 94, 104; s. a. AG Kaiserslautern ZIP 2006, 531 für die Gläubigerversammlung; **a. A.** Jaeger-Gerhardt, § 72 Rz. 19; Gundlach/Frenzel/Schmidt, ZInsO 2005, 974, 975; Grell, NZI 2006, 77 generell gegen Stimmverbote in der Gläubigerversammlung; Vallender, WM 2002, 2046; Pape, ZInsO 1999, 678). I. R. d. Interessenkollision hat das betreffende Ausschussmitglied auch keine Einsichts- und Informationsrechte in Unterlagen (Uhlenbruck ZIP 2002, 1378; Gundlach/Frenzel/Schmidt, ZInsO 2005, 976).

Es ist sinnvoll, wenn der Gläubigerausschuss in seiner **Geschäftsordnung** (Rdn. 6) selbst regelt, ob ein Stimmverbot oder weitgehend ein Teilnahmeverbot bei Tagungsordnungspunkten mit Inhabilität bestehen soll (Mustersatzung bei Ingelmann/Ide/Steinwachs, ZInsO 2011, 1059; Gundlach/Frenzel/Schmidt, ZInsO 2005, 974).

Die **Feststellung des Stimmrechtsausschlusses** trifft der Ausschuss im Wege der Abstimmung mit Mehrheit ohne Berücksichtigung der Stimme des Betroffenen (Vallender, FS Kirchhof, S. 507, 512). Bei Beeinflussung des Stimmergebnisses ist der Beschluss bei Mitwirkung des inhabilen Mitgliedes unwirksam (Jaeger-Gerhardt, § 72 Rz. 20). Im Zweifel oder bei Stimmergebnisgleichheit ist das Gericht anzurufen (NR-Delhaes § 72 Rn. 4), dies muss dann per Beschluss die Abstimmungsberechtigung klären.

III. Fehlerhafte Beschlüsse

5 Unwirksame Beschlüsse entstehen z. B. durch Nichteinhaltung der Ladungsformalien oder dem Mitstimmen inhabiler Mitglieder (Pöhlmann/Kubusch in Graf-Schlicker, § 71 Rn. 5). Gegen fehlerhafte Beschlüsse kann das Gericht nicht nach § 78 einschreiten, da für eine analoge Anwendung kein Raum ist. Eine Korrektur erfolgt ggf. erst über Schadensersatzverfahren (MK-Schmid-Burgk § 72 Rn. 21, 22).

Nichtige, d. h. insolvenzzweckwidrige Beschlüsse (Gesetzesverstöße, krasse Nichtachtung von Teilnahmerechten, z. B. Nichteinladung) kann das Gericht aber im Wege des deklaratorischen Feststellungsbeschlusses »kassieren« (vgl. § 69 Rdn. 10; Fritz, NZI 2011, 801; HK-Riedel § 72 Rn. 6; MK-Schmid-Burgk § 72 Rn. 22; Uhlenbruck-Uhlenbruck § 72 Rn. 10; **a. A.** Frege, NZG 1999, 480 ohne Differenzierung zur Gruppe der nichtigen Beschlüsse; KPB-Kübler § 72 Rn. 14).

C. Verfahrensfragen der Ausschussorganisation

I. Geschäftsordnung, Einladung

Der Gläubigerausschuss bestimmt seine innere Organisation selbst. Dies betrifft Tagungsrhythmus, Sitzungsleitung, Ausschussvorsitz und Kompetenzen, Abstimmungsweise, Protokollierung und Einladungspraxis. Der Ausschuss tagt nicht öffentlich (§ 69 Rdn. 2). Die erste Einladung zur Konstitution des Ausschusses kann der Insolvenzverwalter aussprechen; dies widerspricht nicht dem Selbstorganisationsrecht (Gundlach/Frenzel/Schmidt, NZI 2005, 304). Bei den folgenden Sitzungen sollte der Ausschuss **sich selbst organisieren** (Graeber, InsbürO 2014, 101, 102); die Protokollführung durch den Verwalter oder dessen Mitarbeiter ist nicht sinnvoll, denn dies beeinträchtigt die Unabhängigkeit des Gremiums (s. Rdn. 7).

Auch im **Eröffnungsverfahren** muss der vorläufige Ausschuss, soweit gerade noch kein vorläufiger Verwalter bestellt worden ist (§§ 22a Abs. 1; 56a Abs. 1, 2), sich selbst organisieren. Dabei ist darauf zu achten, dass die erste Sitzung hinsichtlich Zeit und Ort einvernehmlich verabredet wird und alle Mitglieder von der ersten Sitzung informiert werden. Es ist nicht Aufgabe des Gerichtes, die erste Sitzung zu organisieren, da bereits zur Frage von Informationsrecht und Anwesenheitsrecht des Gerichtes Streit besteht (s. Rdn. 7 u. § 56a Rdn. 27).

Eine schriftliche **Geschäftsordnung** ist nicht zwingend, jedoch sollten die vorgenannten Fragen geregelt werden. In der Praxis macht der Verwalter Vorschläge zu den vorgenannten Fragen (Mustersatzung bei Ingelmann/Ide/Steinwachs, ZInsO 2011, 1059 oder in ZInsO 2012, 372). Dies darf aber die Unabhängigkeit des Organs nicht beeinflussen. Der Verwalter kann in der Geschäftsordnung nicht ermächtigt werden, zu Sitzungen nach Belieben einzuladen (Gundlach/Frenzel/Schmidt, NZI 2005, 304, 306). Richtlinie können die Vorschriften über den Aufsichtsrat nach AktG sein. Insbesondere die Zulässigkeit des schriftlichen Umlaufverfahrens ist ausdrücklich zu regeln. Im Vordergrund muss die Möglichkeit der Flexibilität des Organs bei Zustimmung aller Mitglieder stehen, weshalb schriftliche Umlaufverfahren oder **telefonische Abstimmungen** unter dieser Voraussetzung möglich sind (Regelung in der Geschäftsordnung notwendig).

Das Gericht sollte zu den Sitzungen eingeladen werden (Muster-Geschäftsordnung, ZInsO 2012, 372 unter § 2 Buchst. c).

Jedenfalls muss die Sitzung durch eine **vorherige Einladung mit Tagesordnung** unter Angabe aller wichtigen TOPs bekannt gemacht werden (a. A. KPB-Kübler § 72 Rn. 2 ohne Begründung), die i. d. R. der Ausschussvorsitzende – außer in Notfällen – anzusprechen hat (Gundlach/Frenzel/Schmidt, NZI 2005, 304, 307). Das Recht zur Einforderung – ohne Ausschuss-Vorsitzenden auch zur Einberufung – einer Sitzung hat im Zweifel jedes Mitglied (Uhlenbruck, ZIP 2002, 1373). Ein **Fehlen der Einladung** oder ein Verstoß gegen die Geschäftsordnungsregeln begründet die Unwirksamkeit der Beschlüsse (Gundlach/Frenzel/Schmidt, NZI 2005, 304, 307; s. Rdn. 5; a. A. Jaeger-Gerhardt, § 72 Rz. 4; Uhlenbruck-Uhlenbruck § 72 Rn. 5: je nach Schwere des Verstoßes) aber mit Heilungsmöglichkeit (MK-Schmid-Burgk § 72 Rn. 5).

II. Protokolle

Die Fertigung von Protokollen ist zur Dokumentation der Ausschussarbeit und zwecks haftungsbegrenzender Nachweise des Verwalters geboten (MK-Schmid-Burgk § 72 Rn. 4), aber nicht Pflicht (Jaeger-Gerhardt, § 72 Rz. 5). Durch das »ESUG« sind neue Notwendigkeiten der Protokollierung von Beschlüssen des vorläufigen Gläubigerausschusses hinzugekommen: So ist der Beschluss zu Anforderungsprofil oder Personalvorschlag gem. § 56a Abs. 1, Abs. 2 zu protokollieren (die Vorschrift setzt gem. Wortlaut den Beschluss voraus, der dem Gericht eingereicht werden muss; § 56a Rdn. 13), aber auch ein etwaiger Abwahlbeschluss nach § 56a Abs. 3.

Die Fertigung erfolgt durch das dazu bestimmte Mitglied, nicht durch den Verwalter (insbesondere im Eröffnungsverfahren). Letzteres würde der Kontrollfunktion des Organs widersprechen (Graeber, InsbürO 2014, 101, 102; Pöhlmann/Kubusch in Graf-Schlicker, § 72 Rn. 8), da der Verwalter auch kein Anwesenheitsrecht auf den Sitzungen hat (MK-Schmid-Burgk § 72 Rn. 12).

▶ **Hinweis:**
Die Fassung als Diskussions- oder Ergebnisprotokoll ist vorher zu konsentieren. Die jeweiligen Protokolle sind auf der jeweiligen, spätestens der nachfolgenden Sitzung, zu genehmigen und vorher nicht herauszugeben. Ggf. sind abweichende Meinungen zum Protokoll festzuhalten (KPB-Kübler § 72 Rn. 12).

Protokolle des Ausschusses können **vom Gericht angefordert** werden (s. bei § 69 Rdn. 12; HK-Riedel, § 72 Rn. 4; Pöhlmann/Kubusch in Graf-Schlicker § 72 Rn. 6: zur Akte zu reichen; a.A. Uhlenbruck-Uhlenbruck § 72 Rn. 9), da dieses auch **teilnahmebefugt** ist (s. dazu § 69 Rdn. 12; Muster-Geschäftsordnung, ZInsO 2012, 372 unter § 2 Buchst. c). Enthält das Protokoll einen für das Gericht wichtigen Beschluss, z.B. den einstimmigen Beschluss zum Vorschlag über die Person des vorläufigen Verwalters (§ 56a Abs. 2) oder dessen Abwahl (§ 56a Abs. 3) muss zum Nachweis das **Original des Beschlusses** mit den jeweiligen Unterschriften der Mitglieder eingereicht werden.

Zu weitgehend erscheint die Ansicht, der Ausschuss **solle von sich aus** regelmäßig die Protokolle dem Gericht zusenden (NR-Delhaes § 72 Rn. 8), denn das Gericht bestimmt seine »Prüfungstiefe« je nach Verfahren i. R. d. Rechtsaufsicht selbst nach Zweckmäßigkeitserwägungen (s. aber zum Ausschuss im Eröffnungsverfahren diesbezüglich § 70 Rdn. 5). Die Protokolle sind zwecks Schutzes von nicht erwünschter Informationsgewinnung durch andere Verfahrensbeteiligte, da auch die Sitzungen des Ausschusses nicht-öffentlich sind, sofern sie zur Akte gelangt sind, **von der Akteneinsicht auszuschließen** und ggf. in einem **Sonderband** zu verwahren (BGH, NJW 1961, 2016; LG Darmstadt, ZIP 1990, 1424; MK-Schmidt-Burgk § 72 Rn. 8; Haarmeyer/Wutzke/Förster, Handb InsO, Rn. 6/31). Insb. bei der Erörterung von Betriebsgeheimnissen und masserelevanten Informationen besteht Verschwiegenheitspflicht der Mitglieder des Gläubigerausschusses (Frege/Nicht, InsVZ 2010, 407, 414).

§ 73 Vergütung der Mitglieder des Gläubigerausschusses

(1) ¹Die Mitglieder des Gläubigerausschusses haben Anspruch auf Vergütung für ihre Tätigkeit und auf Erstattung angemessener Auslagen. ²Dabei ist dem Zeitaufwand und dem Umfang der Tätigkeit Rechnung zu tragen.

(2) § 63 Abs. 2 sowie die §§ 64 und 65 gelten entsprechend.

Übersicht	Rdn.		Rdn.
A. Normzweck	1	IV. Auslagen	7
B. **Norminhalt**	2	C. **Verfahrensfragen**	8
I. Bemessungsgrundlagen	2	I. Festsetzungsverfahren (Abs. 2)	8
II. Vergütungshöhe	3	II. Rechtsmittel	9
III. Vorschuss	6		

A. Normzweck

1 Die Vorschrift regelt im Verbund mit den §§ 63 bis 65, §§ 17, 18 InsVV (s. dazu die dortige Kommentierung) die Vergütungsbemessung der Gläubigerausschussmitglieder und das Festsetzungsverfahren. Die Vergütung gehört zu den Kosten des Verfahrens i.S.v. § 54 Nr. 2 und ist somit **Masseverbindlichkeit**.

B. Norminhalt

I. Bemessungsgrundlagen

Die Vergütung ist als reine **Tätigkeitsvergütung** entsprechend dem Zeitaufwand und Tätigkeitsumfang jedem einzelnen Mitglied **individuell** zu gewähren (LG Aachen, ZIP 1993, 137). Die gesetzlich genannten beiden Kriterien stehen in einer festen Prüfungsreihenfolge. Wer nicht (noch) wirksam Mitglied des Ausschusses geworden ist, kann keine Vergütung begehren (LG Aurich, ZInsO 2013, 631; LG Duisburg, NZI 2004, 95; zum Beginn des Amtes s. § 67 Rdn. 8).

Unter dem **Zeitaufwand** ist jede Tätigkeit des Mitgliedes zu verstehen, die mit seiner Ausschussarbeit unmittelbar zusammenhängt (z. B. Recherchearbeiten). Zu vergüten ist z. b. auch die Zeit, die ein Ausschussmitglied damit verbringt, die Prozessaussichten eines vom Verwalter beabsichtigten Prozesses oder aufsichtsrechtliche Anregungen an das Insolvenzgericht zu prüfen (LG Duisburg, ZInsO 2005, 143), jedoch nicht der Zeitaufwand für die Einlegung einer unzulässigen Beschwerde im Zusammenhang mit seiner Ausschusstätigkeit.

Fällig ist die Vergütung mit Abschluss der Ausschusstätigkeit und Eingang des substantiierten Vergütungsantrages bei Gericht. Dies kann im Eröffnungsverfahren der Zeitpunkt der Verfahrenseröffnung sein, weil dann die Tätigkeit des vorläufigen Ausschusses endet (s. § 67 Rdn. 8); i. Ü. der Zeitpunkt der Entlassung oder der Verfahrensaufhebung. Die Vorschrift gilt über § 21 Abs. 2 Nr. 1a auch für Mitglieder im vorläufigen Gläubigerausschuss (NR-Delhaes § 73 Rn. 1; s. Rdn. 3).

Der Vergütungsbeschluss des Insolvenzgerichtes setzt einen jeweiligen **Antrag** des jeweiligen Ausschussmitgliedes voraus (s. Rdn. 8), der zu beziffern ist, sonst ist der Antrag unzulässig (Zimmer, ZIP 2013, 1309, 1310). Der Insolvenzverwalter kann nicht mit der »stellvertretenden« Antragstellung bevollmächtigt werden, denn diese Tätigkeit ist mit seinem Amt schwerlich vereinbar (LG Aurich, ZInsO 2013, 631, 632; Graeber, InsbürO 2014, 101, 102; s. weiteres bei Rdn. 8), da er der Aufsicht des Ausschusses unterliegt (den insofern gestellten Antrag zu Recht für unzulässig haltend Zimmer, ZIP 2013, 1309, 1310).

Die Vergütung steht bei juristischen Personen als Mitgliedern dem Vertretenen, nicht dem Vertreter, zu (MK-Schmid-Burgk § 73 Rn. 10; LG Aurich, ZInsO 2013, 631, 633). Bei persönlich bestellten Mitgliedern aus dem Bereich der öffentlich-rechtlichen Gläubiger oder Aufsichtsgremien von Gläubigerfirmen oder institutionalisierten Gläubigern haben diese selbst die Vergütung zu beanspruchen (Gundlach/Schirrmeister, ZInsO 2008, 896; OLG Köln, ZIP 1988, 992; AG Karlsruhe, ZIP 1987, 124; Braun-Kind § 73 Rn. 11 u. 23; a. A. NR-Delhaes § 73 Rn. 4; KPB-Lüke § 73 Rn. 12: keine Vergütung für Mitglieder von öffentlich-rechtlichen Gläubigern). Es mag sein, dass eine vollumfängliche, anderweitige Vergütung des Ausschussmitgliedes, z. B. durch den Arbeitgeber, den Anspruch entfallen lässt (Braun-Hirte § 73 Rn. 22).

Der Anspruch **verjährt** gem. § 195 BGB (vor Festsetzung) bzw. § 197 BGB (nach Festsetzung).

II. Vergütungshöhe

Die Höhe der Vergütung folgt aus § 17 InsVV (Näheres dazu in der dortigen Kommentierung). **Honorarvereinbarungen** sind nichtig (MK-Nowak § 73 Rn. 21). Vereinbarungen mit dem Verwalter über die Höhe der Vergütung sind unwirksam, da dieser zu solchen nicht befugt ist (AG Duisburg, NZI 2004, 325). Beschlüsse der Gläubigerversammlung über pauschalisierte Vergütungen binden dass allein entscheidungsbefugte Insolvenzgericht nicht (LG Aurich, ZInsO 2013, 631, 633; LG Aurich v. 13.05.2013, ZInsO 2014, 343). Dies gilt auch für eine »Vergütungsfestsetzung« in einem Insolvenzplan, die rechtswidrig ist.

Prioritäres Kriterium ist der **Zeitaufwand**, aber auch der **Umfang der Tätigkeit** (AG Detmold, NZI 2008, 505; Beispiele bei Deppe, InsbürO 2005, 164), der von der Komplexität des Verfahrens abhängig ist und der Qualität der seites des Ausschussmitgliedes erforderlichen Arbeit. Die Antragsteller haben demgemäß **Aufzeichnungen** zu machen, um den Aufwand zu beweisen (instruktiv LG

§ 73 InsO Vergütung der Mitglieder des Gläubigerausschusses

Aurich, ZInsO 2013, 631; NR-Delhaes § 73 Rn. 7; KPB-Lüke § 73 Rn. 11), soweit dies zumutbar ist, was bei Großverfahren mit einer sehr hohen Vielzahl von Stunden des jeweiligen Ausschussmitglieds nicht immer der Fall sein wird (AG Duisburg, NZI 2004, 325). Das Gericht kann dann **Schätzungen** vornehmen, was jedoch zu geringerer Vergütung führen kann (LG Aurich, ZInsO 2013, 631, 633; Uhlenbruck-Uhlenbruck § 73 Rn. 19). Wenn das besser qualifizierte Ausschussmitglied mehr Stunden geltend macht, als das weniger qualifizierte Ausschussmitglied ist dies unter der Annahme, dass das besser qualifizierte Mitglied schneller arbeitet, zumindest zu hinterfragen (a. A. Zimmer, ZIP 2013, 1309, 1315, der die umgekehrte Schlussfolgerung zieht).

Nach der bis zum 07.10.2004 geltenden Fassung der InsVV v. 19.08.1998 betrug die **Stundensatz-Spanne** zwischen 25 – 50 €, seit dem 07.10.2004 mit Wirkung für die seit dem 01.01.2004 eröffneten Verfahren aufgrund der Neufassung der InsVV nunmehr 35 – 95 €. Der Gesetzgeber hat diese Erhöhung nicht gesondert begründet. Eine weitere Erhöhung nach dem Gesetzentwurf »GAVI« der Länder NRW und Niedersachsen (BT-Drucks. 16/7251 v. 21.11.2007) ist nicht Gesetz geworden, da der Entwurf im Rechtsausschuss stecken geblieben ist.

Nach dem durch das »ESUG« der vorläufige Gläubigerausschuss im Eröffnungsverfahren mit der Aufgabenbandbreite des § 69 geschaffen worden ist, muss in diesem Verfahrensstadium mit neuen Dimensionen von Vergütungen gerechnet werden (§ 22a Rdn. 18–20). Es ist fraglich, ob die derzeitige Stundensatzhöhe hier ausreicht (s. Rdn. 5). Erste Entwürfe für eine **Reform der InsVV** nehmen hier einen Erhöhungsbedarf auf und setzen auf eine erweiterte Mitbestimmung der Gläubigerorgane bei der Vergütungsfestsetzung (s. Entwurf des Gläubigerforum, ZInsO 2014, 650; zu Recht kritisch Smid, ZInsO 2014, 877, 885; Entwurf des VID, ZInsO 2014, 1254; zu den Entwürfen VID und NIVD: Smid, ZInsO 2014, 1247).

Nicht vergütungsfähig sind Tätigkeiten der Ausschussmitglieder, die mit dem ihnen übertragenen Aufgabenkreis nichts zu tun haben, z. B. die Begleitung von unspezifizierten Sanierungs- und/oder Verkaufsverhandlungen durch den vorläufigen »schwachen« Verwalter im Eröffnungsverfahren (LG Aurich, ZInsO 2013, 631, 636) wohl aber die Überwachung der konkreten Anbahnung einer nach Eröffnung beabsichtigten übertragenden Sanierung (Zimmer, ZIP 2013, 1309, 1316).

4 Eine **Bemessung nach anderen Grundsätzen** als dem konkreten Zeitaufwand ist zulässig (Jaeger-Gerhardt, § 73 Rz. 10; HK-Eickmann § 73 Rn. 3; NR-Delhaes § 73 Rn. u. 8; AG Karlsruhe, ZIP 1987, 124), nämlich nach dem pauschalisierten Umfang der Tätigkeit (Uhlenbruck-Uhlenbruck § 73 Rn. 13) und dabei wiederum z. B. nach beruflicher Sachkunde, den Haftungsgefahren oder der Schwierigkeit der Tätigkeit.

Der Rückgriff auf einen **Bruchteil der Verwaltervergütung** ist als sachfremde Lösung abzulehnen (LG Aurich, ZInsO 2013, 631 = ZIP 2013, 1342; Borchardt/Frind-Kühne, Betriebsfortführung 2. Aufl., Rn. 1697; AG Duisburg, ZInsO 2003, 940; NZI 2004, 325; HK-Keller, InsVV § 17 Rn. 11; Uhlenbruck-Uhlenbruck § 73 Rn. 16; Überblick zum Meinungsstand: KPB-Lüke § 73 Rn. 8, 9; **a. A.** Braun-Hirte § 73 Rn. 8; Vallender, WM 2002, 2094; für bestimmte Fälle zulässig: MK-Nowak, § 17 InsVV Rz. 2; Zimmer, ZIP 2013, 1309, 1317: nur orientiert an der Regelvergütung ohne Zuschläge).

Denn die **Orientierung an der Höhe der Verwaltervergütung** birgt das Risiko in sich, dass der Ausschuss dann geneigt sein könnte, eine höhere Verwaltervergütung als gerechtfertigt zu befürworten. Im Übrigen soll der Ausschuss den Verwalter kontrollieren (§ 69 InsO) und zur Höhe der Vergütung Stellung nehmen (§ 64 Abs. 2 InsO), indem einzelne Mitglieder ein Beschwerderecht (§ 64 Abs. 3 InsO) haben. Er bzw. seine Mitglieder gerieten so in eine Interessenkollision, die sogar ihre Entlassung (§ 70 InsO) veranlassen könnte. Weiterhin verweist Abs. 2 der hiesigen Vorschrift eben ausdrücklich nicht auf § 63 Abs. 1, wo die Bemessung der Verwaltervergütung nach der Höhe der Masse geregelt ist. Eine Pauschalierung, z. B. in Großverfahren, ist der absolute Ausnahmefall (Uhlenbruck-Uhlenbruck, § 73 Rz. 13).

Zulässig und sinnvoll ist aber die Vergütung i. H. d. – niedrigeren – Pauschalsatzes für den Treuhänder/Verwalter im **Sonderfall des masselosen Verfahrens**, da dort eine Stundensatzvergütung orientiert am Zeiteinsatz eines Gläubigerausschusses (dessen Notwendigkeit in diesen Fällen bereits zweifelhaft sein kann) in keinem Verhältnis zur Bedeutung der Sache stehen und übersetzt sein kann (BGH, ZInsO 2009, 2165). Die letztgenannte Entscheidung wird immer wieder missverstanden als generelle Zulässigkeit der an der Verwaltervergütung prozentual pauschalisierten Vergütung (vgl. z. B. dazu die zutreffende Argumentation bei Zimmer, ZIP 2013, 1309, 1316).

In der Praxis wurden bereits bisher insb. für Ausschussmitglieder, die nicht Gläubiger waren, in Ausnahmefällen **höhere Vergütungssätze als die gesetzlichen** nach der InsVV angesetzt (zusammenfassend LG Aurich v. 13.05.2013, ZInsO 2014, 343, 354 – 356) AG Detmold, NZI 2008, 505; Blersch, Stellungnahme des AID e. V. zur Neufassung der InsVV v. 27.09.2004, S. 13; HK-Keller, InsVV § 17 Rn.10; KPB-Lüke § 73 Rn. 4 u. 7 m. w. N.; weiteres bei Büttner-§ 17 InsVV Rdn.12; hier Rdn.5a), sodass eine »Rechtsbeugung« selbst bei unvertretbaren Festsetzungen abgelehnt wird (LG Aurich v. 13.05.2013, ZInsO 2014, 343; abl. Weyand, ZInsO 2014, 359 mit Hinweis auf Nichteinschlägigkeit v. § 339 StGB und der Verfolgung wegen Untreue). Eine **Orientierung an dem Salär für Aufsichtsratmitglieder** kann eine zutreffende Größenordnung sein, wobei auch dann Zuschläge nach der Wichtigkeit der verfahrensbestimmenden Entscheidungen des Ausschusses oder der Schwierigkeit der Materie geboten sind (AG Duisburg, ZInsO 2003, 940: Verdoppelung). 5

Da die Aufgaben des vorläufigen Gläubigerausschusses **im Eröffnungsverfahren** weitaus vielfältiger und haftungsträchtiger als im eröffneten Verfahren sein können (s. § 69 Rdn. 5a) – die Begründung zum RegE (BT.-Drucks. 17/5712, S. 43) spricht von »möglicherweise arbeitsintensiven Aufgaben« – muss hier in Abwägung zur Schwierigkeit des Verfahrens und zur Häufigkeit der Inanspruchnahme des vorläufigen Gläubigerausschusses, insb. bei wiederholten Entscheidungen im Rahmen v. 160 InsO über den Stundensatz v. 95,- € hinausgegangen werden können (Stephan/Riedel, InsVV, § 17 InsVV Rn. 24; Kommentierung zur InsVV [Büttner] § 17 Rdn. 17 m. w. N.; vgl. Rn. 5b). Die Kosten des vorläufigen Ausschusses sind vom Gericht insb. innerhalb der Erwägungen zur Einsetzung gem. § 22 Abs. 3 (s. § 22a Rdn. 18–20) zu prognostizieren.

Die n. F. des § 17 InsVV sieht in Abs. 2 Satz 1 nunmehr eine pauschalierte »Gebühr« für die **Mitwirkung an der Auswahl des vorläufigen Verwalters** vor. Diese soll, obwohl der Wortlaut diesbezüglich unklar ist (Frind, ZInsO 2010, 1473; ders. 2011, 269), wohl für jedes Ausschussmitglied einmalig ausgeschüttet werden. Die Begrenzung soll laut Begründung eine Auszehrung der Masse verhindern (zu Recht kritisch HK-Keller, InsVV, § 17 Rn 13). Laut Begründung zum RegE (BT-Drucks. 17/5712, S. 43) orientiert sich der Gesetzgeber hier an einer Größe von 3 Stunden Sitzungstätigkeit.

In § 17 Abs. 2 Satz 2 InsVV wird i. Ü. auf die normale Vergütung nach Abs. 1 verwiesen, allerdings nur für den Fall der erfolgten Einsetzung eines vorläufigen Verwalters. Der Gesetzgeber hat hier die Konstellation des gerichtlichen Sachverständigen, der in manchen Verfahren ausreichend ist, übersehen (Frind, ZInsO 2011, 2249, 2255). In der Begründung zu Art. 2 des ESUG findet sich jedoch kein Hinweis darauf, dass der Gesetzgeber im Fall eines vorläufigen Gläubigerausschusses, der nur neben einem Sachverständigen bestellt ist, diesem keine Vergütung zubilligen wollte.

Bei schwierigen Großverfahren sollte die gesetzlich vorgesehene Stundensatzgrenze von 95,00 € (früher: 50,00 €) nicht die obere Bemessungsgrenze einer Ausschuss-Mitgliedsvergütung sein (§ 17 InsVV spricht von »regelmäßig« und lässt somit Abweichungen zu; vgl. Rdn. 5), da diese nicht auskömmlich ist und eine Motivation von Gläubigern, im Ausschuss mitzuarbeiten, so nicht befördert wird (Haarmeyer, ZInsO 2003, 940; Braun-Kind § 73 Rn. 7; a. A. AG Duisburg, NZI 2004, 325: die Möglichkeit der Mitbestimmung des Verfahrens amortisiere gleichsam die bescheidene Vergütung). Zu beachten ist, dass von allen Insolvenzverfahren nur ca. 2 % in den Bereich eines Großverfahrens mit einem Jahresumsatz über 1 € Mio. und mehr als neun Arbeitnehmern fallen (Zimmer, ZIP 2013, 1309, 1312). Eine »Kostenquote« ist aber nur über § 18 InsVV geltend zu machen (vgl. Rdn. 7). 5a

§ 73 InsO Vergütung der Mitglieder des Gläubigerausschusses

Vielmehr können für die einzelnen Mitglieder des Ausschusses **individuelle Erhöhungstatbestände**, orientiert an den zu § 3 InsVV entwickelten Tatbeständen, berücksichtigt werden (AG Braunschweig, ZInsO 2005, 870). Dadurch können im Einzelfall Stundensätze von 200 – 300 € angemessen sein (vgl. Vallender/Steinwachs-Bank, Gläubigerausschuss, Rn. 547 m. w. N.; Heeseler/Neu, NZI 2012, 440, 445 [Erhöhung auf 190,– € notwendig]; AG Detmold, NZI 2008, 505; AG Braunschweig, ZInsO 2005, 870). »Institutionelle« Gläubigervertreter dürfen nicht deswegen benachteiligt werden, weil sie in mehreren Ausschüssen sitzen oder mehr Erfahrung haben (Jaeger-Gerhardt, § 73 Rz. 13). Bei wirtschaftlich verbundenen Verfahren und jeweils gleicher Ausschusszusammensetzung die Vergütung der Ausschussmitglieder nach einer Gesamtsumme zu ermitteln und auf die einzelnen Verfahren im Verhältnis der jeweiligen Einzel-Verwaltervergütung an der Gesamt-Verwaltervergütung zu verquoteln (AG Duisburg, ZInsO 2003, 940; NZI 2004, 325), erscheint dagegen als Systembruch zum **Gebot der strikten Einzelaufwandsvergütung** (Haarmeyer, ZInsO 2003, 940).

III. Vorschuss

6 In der InsVV ist der Anspruch auf einen Vorschuss nicht geregelt, er ergibt sich gleichwohl aus dem Rechtsgedanken des Fehlens der Verpflichtung zu einer langzeitigen Vorleistung, wenn auch der Vergütungsanspruch erst mit Ausübung der Tätigkeit entsteht. Die Vorschrift des § 9 InsVV kann analog angewandt werden (Wilhelm/Oppermann, ZInsO 2013, 528 m. w. N.). Allerdings müssen die Ausschussmitglieder zunächst ihre Tätigkeiten, für die sie Vorschuss begehren, erbringen (Uhlenbruck-Uhlenbruck § 73 Rn. 23), haben dann aber rechtzeitig auch vor etwaiger Einstellung des Verfahrens gem. § 207 Anspruch auf Vorschuss, der mit gesondertem Antrag geltend zu machen ist. Dieser umfasst auch etwaige **Auslagen** (Rdn. 7).

Wird die endgültige Vergütung später in geringerer Höhe festgesetzt, besteht ein Rückzahlungsanspruch der Masse (Wilhelm/Oppermann, ZInsO 2013, 528, 530).

Eine **vorherige Anhörung der Gläubigerversammlung** ist für das eröffnete Verfahren nicht vorgeschrieben und nicht notwendig, da es um keine endgültige Gewährung geht (Jaeger-Gerhardt, § 73 Rz. 17; Uhlenbruck-Uhlenbruck § 73 Rn. 25; **a. A.** KPB-Lüke § 73 Rn. 15; MK-Nowack § 73 Rn. 18).

Beim vorläufigen Ausschuss des **Eröffnungsverfahrens** ist eine solche Anhörung denknotwendig nicht möglich. Das Gericht legt sich bei und durch eine Vorschussgewährung auch noch nicht auf die endgültigen Modalitäten der Berechnung (Zeitaufwand, Tätigkeitsumfang) fest. Der Ausschuss des Eröffnungsverfahrens hat daher seine Endabrechnung erst im eröffneten Verfahren vorzulegen, dann ist dazu die Gläubigerversammlung anzuhören. Der (vorläufige) Verwalter sollte jedoch zu einem Vorschussantrag angehört werden.

Die Tätigkeit als Ausschussmitglied ist grds. **umsatzsteuerpflichtig**, wenn kein gesetzlicher Befreiungstatbestand vorliegt, da hier eine Analogie zum Aufsichtsratsmitglied zu ziehen ist, § 111 AktG (AG Duisburg, ZInsO 2004, 1047 m. zust. Anm. Schmittmann; **a. A.** Uhlenbruck-Uhlenbruck § 73 Rn. 27: Nachweispflicht nur bei Zweifeln). Diese ist gem. § 18 Abs. 2 InsVV mit erstatten.

IV. Auslagen

7 Notwendige Auslagen sind gem. § 18 InsVV zu erstatten. Diese Vorschrift zeigt, dass eine »**Kostenquote**« für ein »**Back-office**« des jeweiligen Ausschussmitgliedes nicht bereits in seine Stundensatzvergütung mit einzuberechnen ist (a. A. Zimmer, ZIP 2013, 1309, 1313, 1314), sonst wäre ein Stundensatz von 200,€- schnell erreicht. Der Nachweis von Auslagen ist auch nicht »unzumutbar« (so aber Zimmer, a. a. O.).

Das Gericht kann mangels Nachweisen insofern schätzen. Eine Pauschale sieht § 18 InsVV nicht vor.

Auslagen sind alle anlässlich der Tätigkeit im Insolvenzverfahren konkret angefallene Ausgaben des Mitgliedes (z. B. Fahrtkosten, Telefonkosten, Recherchekosten). Dies gilt auch für Kosten eines externen Kassenprüfers (§ 69 Rdn. 4 m. w. N.). In der Höhe findet eine Begrenzung durch eine **Angemessenheitsprüfung** statt. Gefahrene Kilometer sind nach den Sätzen der Steuerverwaltung abzurechnen (LG Göttingen, ZInsO 2005, 48).

Auch Ausgaben für eine sich auf das konkrete Verfahren beziehende **Vermögensschaden-Haftpflichtversicherung** sind erstattungsfähig (dazu § 22a Rdn. 20 für das Eröffnungsverfahren), wenn dies angemessen und in Ansehung der konkreten Haftungsrisiken notwendig ist. Allerdings ist vor deren Abschluss in jedem Verfahrensstadium analog § 4 Abs. 3 Satz 2 InsVV die Genehmigung des Insolvenzgerichtes nach Anhörung des (vorläufigen) Verwalters einzuholen, damit die Prämien sodann im Vorschusswege der Masse entnommen werden können (Uhlenbruck-Uhlenbruck § 73 Rn. 20; **a. A.** KPB-Lüke § 73 Rn. 17: i. d. R. immer zu gewähren, da Ausschussmitglieder keine Berufshaftpflicht haben).

Insb. im **Eröffnungsverfahren** wird wegen der vielfältigen Haftungsrisiken eine angemessene **Versicherung** notwendig sein (s. § 69 Rdn. 5a; § 22a Rdn. 18–20; Kommentierung zur InsVV [Büttner] § 18 Rdn. 2; Stephan/Riedel, InsVV, § 18 InsVV Rn. 7). Diese kann je nach Aufgabenbereich der einzelnen Ausschussmitglieder (z. B. Kassenprüfer) im Umfang unterschiedlich sein.

▶ Hinweis:

Kosten einer Haftpflichtversicherung sollten vor deren Abschluss unbedingt mit dem Insolvenzgericht (Rechtspfleger) für jedes einzelne Mitglied hinsichtlich Notwendigkeit und Angemessenheit **abgestimmt werden**. Dem (vorl.) Insolvenzverwalter ist vor Abschluss zu Umfang und Höhe der Versicherung Gehör zu gewähren.

C. Verfahrensfragen

I. Festsetzungsverfahren (Abs. 2)

Durch Verweisung auf § 64 ist klargestellt, dass für die Festsetzung **der gleiche Ablauf wie bei der Verwaltervergütung** gilt. Der schriftliche Antrag ist von jedem einzelnen Mitglied zu stellen, kann aber in Vertretung vom Ausschussvorsitzenden verfasst sein (dies muss durch Beschluss des Gremiums geregelt werden). Eine Antragstellung oder Mitformulierung durch den Verwalter ist verfehlt (s. Rdn. 2; Rdn. 4), da dieser »Gegner« des Vergütungsanspruches in Verwaltung der Masse ist. 8

Der Antrag ist erst nach Amtsende (s. Rdn. 2) zu stellen und zu begründen (zur Aufzeichnungspflicht bzgl. der Zeitstunden s. Rdn. 3). Es ist ein **konkreter Festsetzungsbetrag** zu beantragen (KPB-Lüke § 73 Rn. 19; **a. A.** Uhlenbruck-Uhlenbruck § 73 Rn. 29: Ein ins Ermessen des Gerichtes gestellter Antrag auf »angemessene« Vergütung genüge zur Vermeidung von Teilzurückweisungen).

Sinnvoll ist es, die Festsetzung im Berichtstermin für den vorläufigen Ausschuss und im Schlusstermin für den Ausschuss des eröffneten Verfahrens vorzunehmen. Eine **Anhörung** erhalten vorher (oder im Termin) der Insolvenzverwalter und die Insolvenzgläubiger (LG Göttingen, ZInsO 2005, 48). Auch der Schuldner soll vor der Festsetzung gehört werden (BGH, Az. IX ZB 166/10, WM 2012, 141). Das Gericht entscheidet durch begründeten Beschluss.

Der **Beschluss** ist gem. § 64 Abs. 2 bekannt zu machen und zuzustellen. Eine unrichtige öffentliche Bekanntmachung löst die Zustellwirkung des § 9 Abs. 3 InsO nicht aus (BGH v. 10.11.2011 – IX ZB 166/10 und IX ZB 165/10 = ZInsO 2012, 49 = NZI 2012, 974).

Gemäß Abs. 2 i. V. m. § 63 Abs. 2 besteht in masselosen Stundungsverfahren ein Sekundäranspruch der Ausschussmitglieder gegen die **Staatskasse**, wobei in diesen Verfahren kaum jemals ein Bedürfnis für einen Gläubigerausschuss bestehen wird. Die Staatskasse ist in diesen Fällen anzuhören und hat anschließend eine **Rückgriffsmöglichkeit** gegen den Schuldner (KV 9017, § 4b).

§ 74 InsO Einberufung der Gläubigerversammlung

II. Rechtsmittel

9 Gem. Abs. 2 i. V. m. § 64 Abs. 3 steht jedem der Beschwerten (Ausschussmitglied, Insolvenzgläubiger, Schuldner, Verwalter, jedoch nicht der Staatskasse) die sofortige Beschwerde gegen den Vergütungsbeschluss zu.

▶ Hinweis:

> Eine Beschwerdefristgrenze analog § 569 Abs. 1 Satz 2 ZPO gilt bei unrichtiger oder gar fehlender Bekanntmachung nicht (BGH, ZInsO 2012, 49), da den betroffenen Beteiligten keine Erkundigungspflicht trifft, ob eine Vergütungsfestsetzung erfolgt ist.

Ist dem Verwalter die Kassenführung via Sonderinsolvenzverwaltung entzogen, ist der Sonderinsolvenzverwalter beschwerdeberechtigt (AG Göttingen, ZInsO 2011, 147). Diesem ist der Vergütungsbeschluss dann zuzustellen.

Gegen die – i. d. R. vom Rechtspfleger vorliegende – Entscheidung ist dann die sofortige Erinnerung zum LG gegeben (§ 11 RPflG) (HK-Riedel, § 73 Rn. 8). **Zulässigkeitsgrenze** ist gem. § 567 Abs. 2 ZPO der Wert von 200,00 €. Hat der Richter entschieden, z. B. bereits im Eröffnungsverfahren oder im Planverfahren (§ 18 Abs. 1 Nr. 2 RPflG) bleibt es bei der sofortigen Beschwerde nach § 6.

§ 74 Einberufung der Gläubigerversammlung

(1) ¹Die Gläubigerversammlung wird vom Insolvenzgericht einberufen. ²Zur Teilnahme an der Versammlung sind alle absonderungsberechtigten Gläubiger, alle Insolvenzgläubiger, der Insolvenzverwalter, die Mitglieder des Gläubigerausschusses und der Schuldner berechtigt.

(2) ¹Die Zeit, der Ort und die Tagesordnung der Gläubigerversammlung sind öffentlich bekanntzumachen. ²Die öffentliche Bekanntmachung kann unterbleiben, wenn in einer Gläubigerversammlung die Verhandlung vertagt wird.

Übersicht	Rdn.		Rdn.
A. Normzweck	1	II. Teilnahmeberechtigung	11
B. Norminhalt	2	C. Verfahrensfragen	15
I. Einberufung	2		

A. Normzweck

1 In den Vorschriften §§ 74 bis 79 legt das Gesetz die **Rahmenbedingungen für die Gläubigerversammlung** als dem im Insolvenzverfahren wichtigsten Organ der Gläubigerselbstverwaltung fest. Die Gläubigerversammlung ist – nach der Eröffnung des Insolvenzverfahrens – das zentrale Organ der am Verfahren beteiligten Gläubiger. Durch dieses Organ vollzieht sich die Willensbildung aller am Verfahren beteiligter Insolvenzgläubiger. Die Gläubigerversammlung stellt ein verfahrensinternes Organ dar, d. h. die Tätigkeiten der Gläubigerversammlung entfalten keine Außenwirkung; insb. liegt außerhalb des Verfahrens keine Vertretungsberechtigung für einzelne am Verfahren beteiligte Gläubiger vor (so auch: MK-Ehricke § 74 Rn. 2 ff.). Die Gläubigerversammlung soll – mit Ausnahme der Mitwirkungsrechte – lediglich Einfluss auf das Verfahren nehmen können, dies i. E. aber nicht ausgestalten. Im Verhältnis zu den bisher nach der KO geltenden Regelungen wurde durch die erweiterten Regelungen der InsO die vom Gesetzgeber seinerzeit beabsichtigte **Stärkung der Gläubigerautonomie** durch weiter gehende Handlungs- und Beschlusskompetenzen ermöglicht.

Gleichwohl besteht aber keine allg. Weisungsbefugnis ggü. dem Insolvenzverwalter hinsichtl. seiner Geschäftsführung. Die Mitwirkungsbefugnis der Gläubigerversammlung beschränkt sich auf die gesetzlich festgelegten Befugnisse, wie z. B. in den §§ 157, 159, 160.

B. Norminhalt

I. Einberufung

Die Gläubigerversammlung hat vielfältige Mitwirkungs- und Zustimmungsrechte (eine Aufzählung der Befugnisse u. a. in MK-Ehricke § 74 Rn. 12, 13).

Abs. 1 enthält die Regelung, dass die Gläubigerversammlungen **vom Insolvenzgericht einberufen** werden. Dies betrifft zunächst die gesetzlich vorgeschriebenen Fälle nach §§ 29 Abs. 1 Nr. 1, 2, 160 Abs. 1 Satz 2, 163 Abs. 1, 197 Abs. 1, 235, 241 sowie die Fälle eines wirksamen Antrags gem. § 75. Soweit diese Voraussetzungen vorliegen, hat das Insolvenzgericht keinen Ermessensspielraum bei der Einberufung. Das Insolvenzgericht hat ferner nach § 19 SchVG eine besondere Gläubigerversammlung einzuberufen, wenn am Verfahren Gläubiger beteiligt sind, deren Forderung aus von der Insolvenzschuldnerin begebenen Schuldverschreibungen resultieren. Die Versammlung dient der Wahl eines sog. »allgemeinen Vertreters«, der die Interessen dieser Gläubigergruppe wahrnimmt. Daneben steht dem Insolvenzgericht die Möglichkeit der Einberufung jederzeit zu, wenn dies zweckdienlich erscheint. Dies kann z. B. dann der Fall sein, wenn der Gläubigerversammlung Hinweise bzw. Anregungen in Bezug auf die Einhaltung insolvenzrechtlicher Vorschriften durch Fassung entsprechender Beschlüsse gegeben werden sollen.

Besonderheiten gelten im vereinfachten Insolvenzverfahren nach § 312 a. F., das gem. Abs. 2 bei Vorliegen der dortigen Voraussetzungen vollständig schriftlich durchgeführt werden kann (s. a. unter § 312 der Vorauflage).

Funktionell zuständig für die Einberufung ist gem. § 18 Abs. 1 Nr. 1 RPflG der Rechtspfleger (Ausnahme: § 18 Abs. 2 RPflG).

Mit der Einberufung der Gläubigerversammlung ist deren **Zeitpunkt**, der **Versammlungsort** sowie die dort zu behandelnde **Tagesordnung** nach den in § 9 geregelten Grundsätzen öffentlich bekannt zu machen. Demgemäß sind alle in der Gläubigerversammlung vorgesehenen bedeutsamen Entscheidungen in ausreichender Umschreibung öffentlich bekannt zu machen; die Bekanntmachung in Form einer Paragrafenkette, noch versehen mit dem Zusatz »gegebenenfalls«, genügt diesen Anforderungen eindeutig nicht (s. BGH, ZInsO 2008, 504 und BGH, ZInsO 2011, 1598 Rn. 7). Dabei gibt das Gesetz z. B. in den §§ 57, 68, 156, 157 bereits bestimmte Tagesordnungspunkte vor.

Waren einzelne Beschlussgegenstände nicht oder nicht ausreichend deutlich in der veröffentlichten Tagesordnung enthalten, so sind entsprechende Beschlussfassungen nichtig, sofern nicht tatsächlich alle Gläubiger anwesend waren und niemand der Beschlussfassung widersprochen hat (MK-Ehricke § 74 Rn. 45 ff.). In diesem Fall bedarf es dann keines gesonderten Aufhebungsbeschlusses. Hintergrund dieser stringenten Regelung ist die Sicherstellung der **Gewährung des rechtlichen Gehörs** aller beteiligten Gläubiger.

Zwischen dem Zeitpunkt, an dem die öffentliche Bekanntmachung als bewirkt anzusehen ist und dem Versammlungstag müssen nach § 4 i. V. m. § 217 ZPO mindestens 3 Tage liegen. Wegen der Frist des § 9 Abs. 1 Satz 3 führt die Notwendigkeit der öffentlichen Bekanntmachung dazu, dass es im Ergebnis zu einer **Ladungsfrist** von 6 Tagen zwischen Veröffentlichung und Gläubigerversammlung kommt, die vom Gericht zwingend einzuhalten ist.

Die **öffentliche Bekanntmachung** nach Satz 2 des Abs. 2 kann nur dann unterbleiben, wenn in einer vormals begonnenen, aber noch nicht geschlossenen Gläubigerversammlung die Verhandlung vertagt wurde. Es liegt somit im Risikobereich des Gläubigers, durch seine Nichtteilnahme an einer Gläubigerversammlung keine Kenntnis über deren **Vertagung** zu erhalten. Wird dagegen in einer zuvor öffentlich korrekt bekannt gemachten Gläubigerversammlung ein Termin für eine neue Gläubigerversammlung mit neuer bzw. geänderter Tagesordnung für den nächsten Versammlungstermin beschlossen, ist dieser erneut öffentlich bekannt zu machen (HK-Eickmann § 74 Rn. 8; abweichend mit erg. Erläuterungen: BK-Blersch § 74 Rn. 15).

§ 74 InsO Einberufung der Gläubigerversammlung

10 Schließlich ist auch der Versammlungsort öffentlich bekannt zu machen. Dies ist dann bedeutsam, wenn in Insolvenzverfahren mit einer Vielzahl von Gläubigern die Verfügbarkeit entsprechend geeigneter Sitzungssäle stark eingeschränkt ist. Bei der Frage der Terminierung darf dies kein Hindernis darstellen. Die Abhaltung der Gläubigerversammlung an einem anderen Ort als der Gerichtsstelle ist nach § 219 ZPO in Ausnahmefällen ebenso zulässig. Hier hat das Gericht dafür Sorge zu tragen, dass bereits in der Veröffentlichung des Termins die genaue Anschrift und Lage so beschrieben ist, dass auch ortsfremden Gläubigern deshalb die Teilnahme nicht unnötig erschwert wird.

II. Teilnahmeberechtigung

11 Satz 2 des Abs. 1 regelt, welche Verfahrensbeteiligte zur Teilnahme an den einberufenen Gläubigerversammlungen berechtigt sind (hierzu AG Aurich, ZInsO 2006, 782). Dabei gilt diese Bestimmung für alle vom Gericht einberufenen Gläubigerversammlungen, ohne Unterschied ob diese von Amts wegen oder auf Antrag der entsprechend § 75 Berechtigten erfolgt. Von dem Teilnahmerecht zu unterscheiden ist das Recht, **an Abstimmungen während der Gläubigerversammlung** teilnehmen zu dürfen. Die Regelungen zur Stimmrechtsausübung sind in § 77 enthalten und decken sich **nicht** mit dem Recht auf bloße Teilnahme an der Gläubigerversammlung. An der Gläubigerversammlung sind **alle Insolvenzgläubiger** gem. § 38, die **absonderungsberechtigten Gläubiger** sowie **der Insolvenzverwalter**, die **Mitglieder des Gläubigerausschusses**, auch sofern sie selbst keine Gläubiger sind, und **der Schuldner** zur Teilnahme berechtigt. Handelt es sich bei dem Schuldner um eine juristische Person, so sind deren Organe zur Teilnahme berechtigt; auf Verlangen haben diese ggü. dem Gericht ihre Vertretungsbefugnis durch Vorlage eines geeigneten Nachweises ihrer Organstellung zu belegen. Aus der Teilnahmeberechtigung des Schuldners kann nicht zugleich automatisch die Berechtigung für die Teilnahme eines »Nur-Gesellschafters« (ohne Verfahrensbeteiligtenstellung) abgeleitet werden. Allerdings können Gesellschafter durch bestimmte Beschlussgegenstände im Berichtstermin (z. B. § 157) mittelbar in ihren Rechten betroffen sein. Zumindest dann ist aufgrund des besonderen Interesses die Teilnahme des »Nur-Gesellschafters« durch das Gericht zuzulassen (s. a. Rdn. 14).

Des Weiteren sind zur Teilnahme auch die **nachrangigen Insolvenzgläubiger** des § 39 berechtigt, die allerdings nach § 77 Abs. 1 Satz 2 kein Stimmrecht haben.

Das Gericht ist befugt, wegen der eingeschränkten Zulassung der Öffentlichkeit (Rdn. 14) einen Nachweis der Beteiligtenstellung bzw. deren Vertretungsbefugnis zu verlangen. Hinsichtlich der Vertretung findet § 79 ZPO Anwendung. Dies gilt für den Schuldner wie für die anderen Verfahrensbeteiligten gleichermaßen.

12 Obwohl im Gesetz explizit nicht vorgesehen, dürften dem Sachwalter i. R. d. Eigenverwaltung (§§ 270 ff.) sowie dem Treuhänder im vereinfachten Insolvenzverfahren (§§ 311 ff. a. F.) die Teilnahmeberechtigung nicht abgesprochen werden, da die Genannten in diesen besonderen Verfahren die Stelle des Insolvenzverwalters einnehmen (MK-Ehricke § 74 Rn. 28).

Auch ein vom Gericht bestellter Sonderinsolvenzverwalter ist im Rahmen seines ihm zugewiesenen Kompetenzbereichs teilnahmeberechtigt – ggf. teilnahmeverpflichtet (§ 56 Rdn. 41 ff.).

13 Aufgrund des eindeutigen Gesetzeswortlauts sind **Massegläubiger nicht teilnahmeberechtigt**. Da deren Forderungen ohnehin im Verfahren vorweg zu befriedigen sind, hat der Gesetzgeber hier kein zwingendes Erfordernis mehr gesehen.

14 Abweichend von § 169 GVG hat der Gesetzgeber hier von dem dort niedergelegten **Öffentlichkeitsgrundsatz** abgesehen, obwohl andererseits keine den §§ 170 bis 172 GVG entsprechenden Regelungen, die die Nichtöffentlichkeit bestimmen, in der InsO vorhanden sind. Das Wesen des Insolvenzverfahrens, in dem vielfach Punkte erörtert werden, die zum Schutz des Schuldners und der Verfahrensbeteiligten nicht für die Allgemeinheit bestimmt sind, wie z. B. Vermögensverhältnisse des Schuldners, Betriebsgeheimnisse, Patente pp., und nicht zuletzt die ausdrückliche Regelung des

Gesetzgebers in Abs. 1 Satz 2 dürfte ausreichend klarstellen, dass die Gläubigerversammlung nur für eine **begrenzte Öffentlichkeit**, nämlich die Verfahrensbeteiligten, zugänglich sein soll. I. Ü. ist das Gericht als Leiter der Versammlung (§ 76 Abs. 1) befugt, im Einzelfall auch andere Personen oder Beteiligte zur Teilnahme an der Gläubigerversammlung zuzulassen, sofern die Besonderheit bzw. der Verfahrenszweck dies geboten erscheinen lässt. Dies gilt u. U. auch für Pressevertreter, wenn wegen der Bedeutung des Verfahrens ein Informationsinteresse für die Öffentlichkeit vorhanden ist; in diesen Fällen ist § 169 Satz 2 GVG zu beachten, d. h. Ton-, Lichtbild- und Filmaufnahmen sind unzulässig (HK-Eickmann § 74 Rn. 12 ff.; MK-Ehricke § 76 Rn. 5).

C. Verfahrensfragen

Gegen Entscheidungen des Insolvenzrichters über die Einberufung oder Vertagung einer Gläubigerversammlung besteht mangels ausdrücklicher Regelung **kein Rechtsmittel** mehr. Eine eingelegte **sofortige Beschwerde** ist wegen § 6 Abs. 1 unzulässig, da danach nur diejenigen Entscheidungen des Insolvenzgerichts einem Rechtsmittel unterliegen, in denen die InsO dies explizit vorsieht. Diese Rechtslage ändert sich auch nicht unter Anwendung der §§ 4 i. V. m. § 227 Abs. 4 ZPO, da auch nach den Vorschriften der ZPO die Entscheidung des Gerichts unanfechtbar ist (s. hierzu auch § 75 Rdn. 15). 15

Gegen die Entscheidung durch den Rechtspfleger besteht die Möglichkeit der Einlegung der **befristeten Erinnerung** nach § 11 Abs. 2 RPflG.

§ 75 Antrag auf Einberufung

(1) Die Gläubigerversammlung ist einzuberufen, wenn dies beantragt wird:
1. vom Insolvenzverwalter;
2. vom Gläubigerausschuß;
3. von mindestens fünf absonderungsberechtigten Gläubigern oder nicht nachrangigen Insolvenzgläubigern, deren Absonderungsrechte und Forderungen nach der Schätzung des Insolvenzgerichts zusammen ein Fünftel der Summe erreichen, die sich aus dem Wert aller Absonderungsrechte und den Forderungsbeträgen aller nicht nachrangigen Insolvenzgläubiger ergibt;
4. von einem oder mehreren absonderungsberechtigten Gläubigern oder nicht nachrangigen Insolvenzgläubigern, deren Absonderungsrechte und Forderungen nach der Schätzung des Gerichts zwei Fünftel der in Nummer 3 bezeichneten Summe erreichen.

(2) Der Zeitraum zwischen dem Eingang des Antrags und dem Termin der Gläubigerversammlung soll höchstens drei Wochen betragen.

(3) Wird die Einberufung abgelehnt, so steht dem Antragsteller die sofortige Beschwerde zu.

Übersicht	Rdn.		Rdn.
A. Normzweck	1	II. Einberufung	11
B. Norminhalt	2	C. Verfahrensfragen	13
I. Antragsberechtigung	2		

A. Normzweck

Diese Vorschrift ergänzt § 74 und legt fest, wer neben dem Insolvenzgericht, das von Amts wegen immer die Gläubigerversammlung einberufen kann (§ 74 Rdn. 3), unter den Voraussetzungen des § 75 ebenfalls **zur Einberufung einer Gläubigerversammlung antragsberechtigt** ist. § 75 erweitert durch seine Regelung den Kreis der Antragsberechtigten. Hiernach können der Insolvenzverwalter oder Gläubigerminderheiten – nach den in dieser Vorschrift aufgeführten Voraussetzungen nach Köpfen und Summen – eine Gläubigerversammlung erzwingen. An der ausschließlichen Kompetenz des Insolvenzgerichts zur Vornahme der Einberufung ändert sich hingegen nichts. Die in § 74 1 enthaltenen Regelungen finden daher auch hier Anwendung. Diese Regelung, die sich bereits in der KO findet (§ 93 KO), wurde sinngemäß übernommen und um ein Antragsrecht der absonderungsberechtigten Gläubiger und eine Einberufungsfrist ergänzt. Der Gesetzgeber hat damit den Einfluss der Gläubiger – und damit die Gläubigerautonomie in diesem Verfahren – gestärkt. Diese Regelung ermöglicht es Gläubigern, kurzfristig auf das Insolvenzverfahren Einfluss zu nehmen.

B. Norminhalt

I. Antragsberechtigung

2   In Abs. 1 wird zunächst festgelegt, welche Verfahrensbeteiligte neben dem Insolvenzgericht unter welchen Voraussetzungen berechtigt sind, das **Initiativrecht auf Einberufung** einer Gläubigerversammlung auszuüben. Liegt ein zulässiger Antrag vor und werden die bei einzelnen Antragsberechtigten weiteren normierten Voraussetzungen erfüllt, besteht beim Insolvenzgericht die **Pflicht** zur Einberufung einer Gläubigerversammlung.

Insofern steht hier dem Gericht kein Ermessensspielraum zu; auch dann nicht, wenn es die Notwendigkeit bzw. die Zweckmäßigkeit einer Gläubigerversammlung verneint. Das Insolvenzgericht hat sich hier grds. neutral zu verhalten, es sei denn, es ergeben sich für das Gericht Hinweise bzw. Erkenntnisse, dass der Einberufungszweck gesetzeswidrig ist.

Für einen solchen Ausnahmefall steht dem Insolvenzgericht eine entsprechende Prüfung des Antrags zu (MK-Ehricke § 75 Rn. 4).

Der Gefahr sinnloser Anträge wird durch die Quotenregelung in genügender Weise vorgebeugt.

3   Alle in Abs. 1 aufgeführten Beteiligten üben das Initiativrecht durch die Stellung eines **förmlichen Antrags** an das Insolvenzgericht aus. Eine besondere Formvorschrift ist hierfür im Gesetz nicht vorgesehen. Der Antrag kann demnach, neben der Schriftform, auch zu Protokoll der Geschäftsstelle erklärt werden. Allerdings ist allein wegen der bestehenden Darlegungspflicht zur Antragsberechtigung den Antragstellern die Schriftform zu empfehlen.

Das Gericht muss nämlich feststellen können, ob überhaupt eine Antragsberechtigung i. S. d. Vorschrift vorliegt. Außerdem muss aus dem Antrag hervorgehen, zu welchem Zweck die Gläubigerversammlung einberufen werden soll. Damit kann das Gericht im Anschluss die erforderliche Tagesordnung sowie deren Veröffentlichung und somit eine ordnungsgemäße Einberufung gem. § 74 und Beschlussfassung sicherstellen. I. Ü. beschränkt sich die Prüfungspflicht des Gerichts auf die in Abs. 1 unter Nr. 1 bis 4 aufgeführten Kriterien.

4   **Einer Begründung** bedarf der Antrag nicht, da dem Gericht die Entscheidung über die Zweckmäßigkeit bzw. Begründetheit des besonderen Bedürfnisses des Antragstellers nicht zusteht (MK-Ehricke § 75 Rn. 4). Es bleibt dem Gericht aber unbenommen, dem Antragsteller Anregungen und rechtliche Hinweise i. R. d. § 139 ZPO zu geben, um unzweckmäßige Anträge zu vermeiden. Allerdings hat das Insolvenzgericht in dem Fall seine **Neutralitätspflicht** zu beachten. Der Gesetzgeber hat mit dieser Regelung eindeutig die Gläubigerautonomie und damit die Willensbildung der Gläubigerversammlung gestärkt. Das Gericht hat sich dementsprechend einer möglichen Einflussnahme zu enthalten.

5   **Antragsberechtigt** ist neben dem Insolvenzverwalter der **Gläubigerausschuss**, sofern ein solcher wirksam bestellt ist (s. dazu LG Stendal m. Anm. Haarmeyer, ZInsO 2012, 2208 ff.). Ein Antrag des Gläubigerausschusses setzt einen Beschluss nach § 72 voraus. Die Wirksamkeit des Beschlusses prüft das Gericht im Rahmen seiner Entscheidung über den Antrag auf Einberufung der Gläubigerversammlung (HK-Eickmann § 75 Rn. 3). Das Antragsrecht bezieht sich auf das Organ als solches; einzelne Gläubigerausschussmitglieder sind nicht antragsberechtigt; es sei denn, es liegt eine ausdrückliche Bevollmächtigung zur Stellung des Antrags auf Einberufung einer Gläubigerversammlung aller übrigen Mitglieder vor oder das einzelne Gläubigerausschussmitglied gehört dem Kreis der unter Abs. 1 Nr. 3 und 4 genannten Beteiligten an. Auch ein wirksam bestellter

Sonderinsolvenzverwalter ist antragsberechtigt (MK-Ehricke § 75 Rn. 6). Auch der Schuldner soll für den Fall der Unterhaltsgewährung gem. § 100 über den Wortlaut des Abs. 1 hinaus antragsberechtigt sein (LG Schwerin, ZInsO 2002, 1096). Diese Auffassung ist abzulehnen, da sie mit dem Gesetzeswortlaut nicht vereinbar ist. Die Unterhaltsgewährung liegt im Ermessen der Gläubigerversammlung, sodass ein eigenes Antragsrecht des Schuldners nicht notwendig ist.

Unter den zu Rdn. 3 dargestellten allg. Anforderungen sind daneben Gläubigergruppen, die aus mindestens fünf absonderungsberechtigten Gläubigern (§§ 49 bis 51) und/oder nicht nachrangigen Insolvenzgläubigern (§ 38) bestehen, antragsbefugt, sofern deren Absonderungsrechte und Insolvenzforderungen mindestens **ein Fünftel** sämtlicher geltend gemachter Absonderungsrechte und nicht nachrangiger Insolvenzforderungen betragen. Berechtigt zur Antragstellung sind auch Gläubiger bestrittener Forderungen, denn ein Bestreiten der Forderung hat keinen Einfluss auf das Antragsrecht des Gläubigers. Die Summenvorgabe bei den mindestens fünf absonderungsberechtigten oder nicht nachrangigen Gläubigern bezieht sich jeweils auf zusammen mindestens 20 % aller bis dahin insgesamt bekannten Insolvenzforderungen. Der Gesetzeswortlaut meint **nicht**, dass jeweils die mindestens fünf Absonderungsberechtigten bzw. die fünf nicht nachrangigen Gläubiger nur jeweils 20 % der Forderungsbeträge aller Absonderungsberechtigten bzw. nur jeweils der nachrangigen Insolvenzgläubiger repräsentieren müssen (MK-Ehricke § 75 Rn. 7). 6

Die Antragstellung selbst kann entweder über **Einzelanträge**, einen **Gesamtantrag** oder über **Mischanträge** erfolgen. Auch Kombinationen aus absonderungsberechtigten bzw. nicht nachrangigen Gläubigern sind möglich. Da nach Abs. 2 das Gericht aufgefordert ist, rasch zu entscheiden, ist es bei dem Eingang von weniger als fünf Einzelanträgen nicht verpflichtet, unbefristet lange abzuwarten, bis weitere Anträge eingehen, damit das gesetzlich vorgeschriebene Quorum erreicht werden kann. Ggf. ist dem Antragsteller unter kurzer Fristsetzung aufzugeben, für die Einreichung weiterer Anträge Sorge zu tragen, anderenfalls die Zurückweisung des Antrags anzukündigen. 7

Über die Regelung in Abs. 1 Nr. 4 will das Gesetz verhindern, dass **Großgläubiger** entsprechend ihrem Anteil an der Gesamtforderungshöhe benachteiligt werden. Danach können auch weniger als fünf absonderungsberechtigte Gläubiger oder nicht nachrangige Insolvenzgläubiger die Einberufung der Gläubigerversammlung erzwingen, sofern sie mindestens zwei Fünftel (40 %) des Wertes aller Absonderungsrechte und nicht nachrangiger Insolvenzforderungen repräsentieren. 8

Es ist Aufgabe des Gerichts, das Volumen der Absonderungsrechte und/oder Forderungen in den Fällen des Abs. 1 Nr. 3 und 4 zu bestimmen und im Anschluss daran zur Summe aller am Verfahren bisher bekannten Absonderungsrechte und Insolvenzforderungen ins Verhältnis zu setzen. Die **Berechnungsgrundlage** ist aufgrund des Beschwerderechts aus Abs. 3 in der Akte zu dokumentieren. Da sich eine genaue Wertermittlung aber praktisch zu diesem Zeitpunkt nicht bewerkstelligen lässt, sich daneben sehr arbeits- und zeitaufwendig gestaltet, ist das Gericht nach dem Gesetzeswortlaut befugt, diese Werte zu schätzen und zwar entsprechend § 4 i. V. m. § 287 Abs. 2 ZPO. Zu berücksichtigen sind zum einen die festgestellten Forderungen zum festgestellten Betrag, zum anderen sowohl die bestrittenen als auch die bisher nicht geprüften Forderungen (hierzu: BGH, ZInsO 2009, 34), die Ausfallforderungen, die Forderungen der Pfandbriefgläubiger sowie die Forderungen der aussonderungsberechtigten Gläubiger, jeweils mit ihrem mutmaßlichen Wert (ausführl. mit Beispielsfällen: BK-Blersch § 75 Rn. 6 ff.). 9

Voraussetzung für eine Teilnahme der Forderungen an der Berechnung ist, dass eine ordnungsgemäße Anmeldung erfolgt ist (a. A. BK-Blersch § 75 Rn. 6). Dem Gericht stehen hierfür mehrere Unterlagen/Quellen zur Verfügung, z. B. die Insolvenztabelle, das Gläubigerverzeichnis, die Glaubhaftmachung des Gläubigers über die Höhe der von ihm angemeldeten Forderung, die Auskunftseinholung über den Insolvenzverwalter über die angemeldeten, aber noch nicht festgestellten Forderungen. **Die bloße Glaubhaftmachung der Forderung eines Gläubigers ggü. dem Insolvenzgericht i. R. d. Antragstellung reicht nicht aus.** Es macht keinen Sinn, Gläubigern ein Antragsrecht nach § 75 einzuräumen, die aber mangels vorgenommener Forderungsanmeldung in der dann folgenden Gläubigerversammlung gem. § 77 über kein Stimmrecht verfügen (MK-Ehricke § 75 Rn. 10). 10

Demgegenüber ist es unerheblich, ob die angemeldete Forderung des nicht nachrangigen Insolvenzgläubigers noch nicht geprüft oder vom Insolvenzverwalter oder einem Gläubiger bestritten worden ist – auch in diesem Fall steht dem Insolvenzgläubiger das Antragsrecht auf Einberufung einer Gläubigerversammlung uneingeschränkt zu (BGH, ZInsO 2004, 1312).

II. Einberufung

11 Liegen die Voraussetzungen des Abs. 1 vor und ist der Antrag mithin zulässig, hat das Gericht die Gläubigerversammlung nach Maßgabe des § 74 Abs. 2 einzuberufen. Zwischen Antrag und Termin der Versammlung sollen nach Abs. 2 nicht mehr als 3 Wochen liegen. Hierbei hat das Gericht die Fristen des § 9 ebenso zu beachten wie auch die Ladungsfristen des § 217 ZPO über die entsprechende Verweisungsvorschrift des § 4. Dementsprechend hat die öffentliche Bekanntmachung des Termins spätestens 6 Tage vor der geplanten Gläubigerversammlung stattzufinden. Die Ausgestaltung als Sollvorschrift ermöglicht es dem Gericht auch, den gesetzlich vorgegebenen Zeitrahmen um einige Tage zu überschreiten, sofern ein nachhaltiger Grund hierfür vorliegt. Ein Grund hierfür kann z. B. die Praxis der Veröffentlichung in den Amtsblättern sein, da aufgrund ihrer wöchentlichen Erscheinung eine Fristüberschreitung notwendig werden kann. **Grds. ist aber die schnellstmögliche Anberaumung sicherzustellen**, um dem Antragsteller die rasche Entscheidung seines Anliegens über eine Gläubigerversammlung zu ermöglichen.

12 **Zuständig für die Beschlussfassung** über Anträge auf Einberufung einer Gläubigerversammlung ist der Rechtspfleger (§ 18 Abs. 1 RPflG; Ausn.: § 18 Abs. 2 RPflG). Der Beschluss ist im Hinblick auf die Beschwerdemöglichkeit des Abs. 3 zu begründen, sofern dem Antrag nicht stattgegeben wird.

C. Verfahrensfragen

13 Wird der Antrag auf Einberufung einer Gläubigerversammlung vom Gericht abgelehnt, ist nach Abs. 3 die **sofortige Beschwerde** für den Antragsteller (§ 6 i. V. m. § 4, §§ 567 ff. ZPO) statthaft. Soweit nur mehrere Antragsteller zusammen das Quorum in Abs. 1 Nr. 3 oder 4 erreicht haben, bedarf es auch eines gemeinsamen Antragswillens im Rechtsbehelfsverfahren, sodass in dem Fall die sofortige Beschwerde nur gemeinsam eingelegt werden kann. Ebenso verhält es sich, wenn der Antrag eines Gläubigerausschusses abgelehnt worden ist; das Beschwerderecht kann nur von dem antragstellenden Gläubigerausschuss als Ganzem ausgeübt werden. Der Gesetzgeber hat aus Gründen der Verfahrensökonomie nicht jedem Gläubiger ein Antragsrecht eingeräumt, sondern nur denjenigen, die allein oder gemeinsam mit anderen das Quorum nach Abs. 1 Nr. 3 oder 4 erfüllen. Die Beschwerdebefugnis folgt mithin dem Antragsrecht (BGH, ZInsO 2011, 727).

14 Im Konkursrecht konnte nach der herrschenden Meinung die sofortige Beschwerde im Fall des § 93 Abs. 1 Satz 2 KO (jetzt: § 75 Abs. 1 Nr. 3 u. 4) nicht erfolgreich damit begründet werden, dass die Forderungen der Antragsteller das vorgeschriebene Quorum in der Summe nicht erreicht hätten oder das die Schätzung des Gerichts unrichtig gewesen sei (Kilger/K. Schmidt § 93 KO Anm. 2 m. w. N.). Dies wurde auf die Unangreifbarkeit von Stimmrechtsentscheidungen (§§ 95 Abs. 3, 96 Abs. 2 KO) gestützt. Auch wenn wegen § 18 Abs. 3 Satz 2 RPflG die Stimmrechtsentscheidung des Rechtspflegers nun nicht mehr unangreifbar ist, so soll die Behauptung des Antragstellers, das in Abs. 1 Nr. 3 und Nr. 4 vorgeschriebene Quorum in der Summe der Forderungen sei nicht erreicht bzw. die Schätzung des Gerichts sei unrichtig, keine hinreichende Beschwer darstellen, die zur Einlegung der sofortigen Beschwerde berechtigt (KP-Kübler § 75 Rn. 11; FK-Kind § 75 Rn. 14). Der BGH hat hierzu aktuell entschieden, dass auch in einem solchen Fall, wenn die Ablehnung des Gerichts auf ein verfehltes **Quorum** gestützt wird, dem Gläubiger die sofortige Beschwerde zusteht, denn eine Einschränkung des Beschwerderechts auf solche Fälle, in denen die Ablehnung nicht auf die Verfehlung des Quorums gestützt wird, lässt sich dem Gesetz nicht entnehmen (BGH, ZInsO 2007, 271).

Gegen eine stattgebende Entscheidung ist wegen § 6 kein Rechtsmittel statthaft, sofern der Richter die Entscheidung getroffen hat. Hat der Rechtspfleger die stattgebende Entscheidung getroffen, eröffnet § 11 Abs. 2 RPflG den entsprechenden Rechtsweg. 15

Lehnt das Insolvenzgericht einen Antrag auf **Vertagung** ab, so ist dies nicht mit der sofortigen Beschwerde anfechtbar. Eine analoge Anwendung des Abs. 3 kommt in diesem Fall nicht in Betracht – diesem steht bereits das in § 6 Abs. 1 enthaltene Enumerationsprinzip entgegen (BGH, ZInsO 2006, 547). 16

Ein Antrag auf Einberufung einer Gläubigerversammlung zum Zwecke der **Abberufung** bzw. **Abwahl** des vom Gericht bestimmten Insolvenzverwalters ist dann unzulässig, wenn dieser nach Abhaltung der ersten Gläubigerversammlung gestellt wird, denn die Abberufung bzw. Abwahlmöglichkeit durch die Antragsberechtigten ist gem. § 57 ausschließlich in der ersten Gläubigerversammlung vorgesehen (vgl. dazu § 57 Rdn. 3). Ein entsprechender Antrag ist auch im schriftlichen Verfahren statthaft und ist an kein Quorum gebunden. (BGH, ZInsO 2013, 1307 ff.). 17

§ 76 Beschlüsse der Gläubigerversammlung

(1) Die Gläubigerversammlung wird vom Insolvenzgericht geleitet.

(2) Ein Beschluß der Gläubigerversammlung kommt zustande, wenn die Summe der Forderungsbeträge der zustimmenden Gläubiger mehr als die Hälfte der Summe der Forderungsbeträge der abstimmenden Gläubiger beträgt; bei absonderungsberechtigten Gläubigern, denen der Schuldner nicht persönlich haftet, tritt der Wert des Absonderungsrechts an die Stelle des Forderungsbetrags.

Übersicht	Rdn.		Rdn.
A. Normzweck	1	II. Beschlussfassung	7
B. Norminhalt	2	III. Abstimmungsmodalitäten	9
I. Leitung der Gläubigerversammlung	2	C. Verfahrensfragen	13

A. Normzweck

Aus Abs. 1 folgt, dass die Leitung der einberufenen Gläubigerversammlung nach §§ 74, 75 ausschließlich beim Insolvenzgericht liegt. In Abs. 2 sind die Regelungen zur Beschlussfassung normiert. Im Vergleich zu den Regelungen der KO wurde bei der Beschlussfassung (Abs. 2) nun auch den absonderungsberechtigten Gläubigern ein Stimmrecht gewährt, soweit das Absonderungsrecht reicht. An dieser Stelle sei auf die **Ergänzungen bei der Beschlussfassung zur Insolvenzverwalterwahl hingewiesen** (§ 57). In dem Fall wird neben der Summenmehrheit auch eine Mehrheit nach Köpfen verlangt (vgl. Erläuterungen zu § 57). 1

B. Norminhalt

I. Leitung der Gläubigerversammlung

Die Gläubigerversammlung besteht aus dem in § 74 Abs. 1 benannten Personenkreis, d. h. den absonderungsberechtigten Gläubigern, den Insolvenzgläubigern sowie deren durch Vollmacht ausgewiesenen Vertreter, dem Gläubigerausschuss, sofern einer besteht, dem Schuldner und dem Insolvenzverwalter. Somit findet die Versammlung grds. unter Ausschluss der Öffentlichkeit statt; sie ist lediglich »parteiöffentlich« (§ 74 Rdn. 14). Entsprechend Abs. 1 ist es **Aufgabe des Gerichts**, diese Versammlung **ordnungsgemäß zu leiten**. Der Ablauf einer Gläubigerversammlung ist in der InsO nicht explizit geregelt. Daher kommen über § 4 die entsprechenden Regelungen der ZPO zur Anwendung (u. a. §§ 88 Abs. 2, 136, 139 ZPO). Zu Beginn stellt das Gericht die ordnungsgemäße Ladung und Veröffentlichung sowie die Anwesenheit und Beschlussfähigkeit der Gläubigerversammlung fest, gibt die Tagesordnung bekannt, entscheidet im Sitzungsverlauf über die 2

Reihenfolge der Wortmeldungen und erteilt entsprechend das Wort zu den einzeln aufgerufenen Tagesordnungspunkten. Da es in der Gläubigerversammlung um die Wahrung der Interessen des einzelnen Gläubigers geht, ist ihnen sehr weitgehend die Möglichkeit zur Stellungnahme zu gewähren. Es entspricht daneben den rechtsstaatlichen Anforderungen an ein justizförmiges Verfahren, dass sich die beteiligten Gläubiger zu allen für sie relevanten Punkten informieren und äußern können müssen (hierzu ausführl. MK-Ehricke § 76 Rn. 9, 10). Das Gericht hat dabei die Aufgabe, die Diskussion und Meinungsäußerungen zu strukturieren und für einen fairen Ablauf der Versammlung zu sorgen. Dabei **nimmt das Gericht eine neutrale Stellung** ein.

Es hat daneben die Aufgabe, die Einigung der Gläubiger zu fördern bzw. zwischen verschiedenen Interessen zu vermitteln.

3 Darüber hinaus umfasst die Sitzungsleitung auch, dass ein **Protokoll** über die Versammlung aufgenommen wird, für das die §§ 159 ff. ZPO gelten.

4 Mit der Leitung der Versammlung fällt dem Insolvenzgericht auch die **Ordnungsgewalt** zu (§§ 175 bis 183 GVG). Dies umfasst u. a. die Befugnis, Verwarnungen auszusprechen, Teilnehmern das Wort zu entziehen, ihnen bestimmte Plätze zuzuweisen bzw. sie von der Teilnahme an der Versammlung durch Verweis des Raumes auszuschließen. Auch Ordnungsmittel können verhängt werden, wobei der Rechtspfleger, sofern er die Gläubigerversammlung leitet, gem. § 4 Abs. 2 RPflG keine Ordnungshaft verhängen darf.

5 Das Gericht ist in der Versammlung **nicht** befugt, über den formalen Leitungsauftrag hinausgehend, sachbezogen die Entscheidungen der Gläubigerversammlung zu steuern. Ein solcher Eingriff würde die **Rechte der autonomen Gläubigerversammlung** als Organ der Gläubigerselbstverwaltung in unzulässiger Art verletzen. Denn das Gericht ist nicht Sachwalter bestimmter Interessen im Insolvenzverfahren, sondern Hüter der Rechtmäßigkeit des Verfahrens. Allerdings hat das Gericht die in § 139 ZPO geregelte Pflicht, sachdienliche oder verfahrensrechtliche Hinweise oder Anregungen an die Teilnehmer der Gläubigerversammlung weiterzugeben, um einen fairen und ordnungsgemäßen Ablauf der Versammlung zu gewährleisten.

6 Funktionell obliegt die Leitung der Gläubigerversammlung dem Rechtspfleger, soweit sich der Insolvenzrichter nicht diesen Teil des Insolvenzverfahrens gem. § 18 Abs. 2 RPflG vorbehalten oder nachträglich wieder an sich gezogen hat.

II. Beschlussfassung

7 Abs. 2 enthält die Regelung der formalen **Voraussetzungen für das wirksame Zustandekommen eines Beschlusses** der Gläubigerversammlung. Zu den Beschlussinhalten vgl. § 74.

Das Merkmal eines Beschlusses ist die **Bindungswirkung der Versammlung an ihre Entscheidung**, die durch das in Abs. 2 geregelte Abstimmungsergebnis legitimiert wird. Bloße Empfehlungen der Gläubigerversammlung sind für das Verfahren und für den Insolvenzverwalter nicht bindend (MK-Ehricke § 76 Rn. 31).

Voraussetzung für eine ordnungsgemäße Beschlussfassung der Gläubigerversammlung ist deren **Beschlussfähigkeit**. Die Beschlussfähigkeit hängt nicht von einer Mindestanzahl erschienener Gläubiger ab. Daher reicht die Anwesenheit wenigstens eines stimmberechtigten Gläubigers aus, um die Beschlussfähigkeit herzustellen, wobei die Stimmberechtigung aus § 77 folgt (MK-Ehricke, § 76 Rn. 15). Die anwesenden stimmberechtigten Gläubiger entscheiden mit Bindungswirkung für alle. Auch wenn nur ein stimmberechtigter Gläubiger zugegen ist, von dem der Antrag gestellt wurde, ist eine förmliche Abstimmung durchzuführen. Da die Entscheidungen der Gläubigerversammlung nicht anfechtbar sind und grds. auch nicht ohne Weiteres aufgehoben werden können, kann dies zu erheblichen Interessenkollisionen mit abweichenden Interessen der Gläubiger führen, die nicht zur Versammlung erschienen sind. Der Gesetzgeber hat trotzdem von einem weiter gehenden Gläubigerschutz in Versammlungen mit nur einem erschienenen stimmberechtigten Gläubiger abgesehen und die Regelung beibehalten, weil es in der Entscheidung eines jeden einzelnen Verfahrensbeteiligten liegt, an der Gläubigerversammlung teilzunehmen, um seine Mitwirkungsbefugnisse auszuüben.

Ist die Gläubigerversammlung nach Feststellung des Gerichts trotz ordnungsgemäßer Einberufung **nicht beschlussfähig**, weil z. B. nur ein Verfahrensbeteiligter anwesend ist, der über kein Stimmrecht verfügt, so kann nicht ordnungsgemäß abgestimmt werden. In diesem Fall kann das Insolvenzgericht die nach der Tagesordnung von der Gläubigerversammlung zu treffende Entscheidung **nicht** ersetzen. Zwar haben die Gläubiger in diesem Fall auf ihre Mitwirkungsbefugnisse verzichtet, jedoch schreibt das Gesetz in bestimmten Fällen (z. B. §§ 160 bis 163) die Einholung der Gläubigerzustimmung vor. Allerdings wirkt sich die Inaktivität der Gläubigerversammlung wegen § 164 **nur im Innenverhältnis** aus (s. vertiefend hierzu: Heukamp, ZInsO 2007, 57 ff.). 8

Wenn die Gläubigerversammlung ihre Mitwirkungsbefugnisse nicht in Anspruch nehmen will, so bleibt es bei der wirtschaftlichen Entscheidungskompetenz des Insolvenzverwalters.

Sofern die Gläubiger eine andere Art der Verwertung anstreben als dies der Insolvenzverwalter in seinem Bericht gem. § 156 vorschlägt, ergibt sich aus dem **Grundsatz der Gläubigerautonomie**, dass sie ihre Rechte wahrnehmen müssen. Tun sie dies nicht, ist gerade darin das Einverständnis mit dem Handeln des Insolvenzverwalters zu sehen. Im Außenverhältnis kann der bestellte Insolvenzverwalter auch ohne Beschlussfassung durch die Gläubigerversammlung entsprechend weiter handeln (§ 164). Im Innenverhältnis haben die Verfahrensbeteiligten im Anschluss nicht mehr die Möglichkeit dem Verwalter vorzuwerfen, er habe Beteiligungsrechte verletzt und sich dadurch schadensersatzpflichtig gemacht (MK-Ehricke § 76 Rn. 20; anders: BK-Blersch § 76 Rn. 7).

Soll der Treuhänder im vereinfachten Insolvenzverfahren mit der Anfechtung beauftragt werden, so hat auch hierüber die Gläubigerversammlung durch Beschluss zu entscheiden – selbst wenn nur ein Gläubiger beteiligt ist (s. § 313a. F. Rdn. 7 und BGH, in ZInsO 2007, 938).

III. Abstimmungsmodalitäten

Für das Zustandekommen von Beschlüssen der Gläubigerversammlung ist das **Votum der Summenmehrheit der Forderungen der abstimmenden Gläubiger** im Verhältnis zu den im Termin repräsentierten Gesamtforderungen maßgeblich. Die Summe der Forderungen der dem Beschlussgegenstand zust. stimmberechtigten Gläubiger muss mithin größer sein als die Hälfte der Summe der Forderungsbeträge aller insgesamt anwesenden stimmberechtigten Gläubiger. Hierbei hat das Gericht zunächst festzustellen, wie hoch die Gesamtforderungen aller anwesenden stimmberechtigten Gläubiger sind. Dabei wird die Höhe der jeweiligen Forderung nach den in § 77 geregelten Grundsätzen bestimmt, wobei diese Bestimmung für jede Gläubigerversammlung neu vorzunehmen ist. 9

Bei Enthaltung eines Gläubigers wird die von ihm repräsentierte Forderung bei der Ermittlung des zugrunde zu legenden **Gesamtforderungsvolumens dabei nicht berücksichtigt**.

Auf eine Kopfmehrheit der stimmberechtigten Gläubiger kommt es nicht an.

Stimmberechtigt ist jeder, der ein Stimmrecht nach § 77 hat. Dies sind die Insolvenzgläubiger mit festgestelltem Stimmrecht und die absonderungsberechtigten Gläubiger. Nachranggläubiger und Massegläubiger haben **kein** Stimmrecht. **Enthaltungen zählen nicht als Stimmabgabe. Bei summenmäßiger Stimmengleichheit ist der Beschlussgegenstand abgelehnt.** 10

Die **absonderungsberechtigten Gläubiger** sind bei der Stimmrechtsfestsetzung grds. mit ihren dem Absonderungsrecht zugrunde liegenden Forderungen in vollem Umfang zu berücksichtigen, sofern der Schuldner dem Gläubiger ggü. persönlich haftet; dies gilt auch, sofern die Forderung nur teilweise durch ein Absonderungsrecht gesichert ist. Das ergibt sich aus dem Gegenschluss zu der Regelung in Abs. 2 Halbs. 2. Nach dem Willen des Gesetzgebers gilt eine Ausnahme nur für den Fall, wenn der Schuldner dem jeweiligen absonderungsberechtigten Gläubiger nicht zugleich persönlich haftet. Dann wird bei der Berechnung der erforderlichen Summenmehrheit nur der 11

Wert des diesem Gläubiger zustehenden Absonderungsrechts berücksichtigt (ausführl. s. Begr. RegE u. Begr. RechtsA in KPB Bd. I S. 252). Der Wert des Absonderungsrechts entspricht dabei dem Betrag, der dem Gläubiger nach der Verwertung der Sicherheit zufließen wird. Da die Verwertung des Absonderungsrechts häufig zu diesem Zeitpunkt noch nicht abgeschlossen ist, muss das Gericht bei der Berechnung der Summenmehrheit eine Prognoseentscheidung durch Schätzung treffen.

Absonderungsberechtigte Gläubiger sind demnach gut beraten, für diesen Fall konkret fassbare Tatsachen für die Bewertung im Termin zur Gläubigerversammlung bereit zu halten.

12 Abweichende Regelungen über die Beschlussfassung finden sich in den Vorschriften für die Abstimmung über den Insolvenzplan (s. hierzu die Kommentierung zu §§ 242 ff.).

C. Verfahrensfragen

13 Ist ein Beschluss der Gläubigerversammlung korrekt zustande gekommen, so entfaltet er ggü. dem Verwalter **bindende Wirkung.** Dies ist Ausfluss – und deckt sich mit dem Sinn und Zweck der vom Gesetzgeber mit der InsO verbundenen Mitwirkungsrechte der am Verfahren teilnehmenden Gläubigerschaft – der Gläubigerautonomie. Die Beschlüsse binden den Verwalter aber nur im Innenverhältnis (§ 164), sodass er sich bei Abweichen von einer Beschlussfassung **schadensersatzpflichtig** machen kann (s. a. Rdn. 8).

Auch alle nicht erschienenen Gläubiger sind an die Beschlussfassungen einer rechtlich ordnungsgemäß stattgefundenen Gläubigerversammlung gebunden und zwar so lange, bis diese durch eine andere Gläubigerversammlung aufgehoben werden.

14 Beschlüsse der Gläubigerversammlung sind mangels einer entsprechenden Regelung (§ 6) **nicht anfechtbar.** Dies steht auch im Einklang mit der Rechtsordnung, denn es handelt sich hierbei ja nicht um eine Entscheidung des Insolvenzgerichts. Mittelbar lässt § 78 unter den dort genannten Voraussetzungen eine Aufhebung eines Beschlusses der Gläubigerversammlung zu. Insb. ist ein solches Vorgehen dann zulässig, wenn dem Antragsteller das Stimmrecht in der Gläubigerversammlung versagt worden ist (Begr. RegE zu § 77 in KPB Bd. I S. 255). Gegen eine **ablehnende gerichtliche Entscheidung** steht dem Antragsteller in diesem Fall die **sofortige Beschwerde** zur Verfügung (§ 78 Abs. 2).

15 Die **Unwirksamkeit** gefasster Beschlüsse kann jederzeit geltend gemacht werden. Unwirksamkeit liegt in diesem Zusammenhang immer vor, sobald die Formalien über z. B. Einberufung, Leitung oder Abstimmung nicht eingehalten wurden (MK-Ehricke § 76 Rn. 34). Dementsprechend unwirksame Beschlüsse sind per se unbeachtlich und entfalten keinerlei Wirkung. Aus Gründen der Rechtssicherheit kann **Feststellungsklage** gem. § 256 ZPO erhoben werden (BK-Blersch § 76 Rn. 13).

§ 77 Feststellung des Stimmrechts

(1) ¹Ein Stimmrecht gewähren die Forderungen, die angemeldet und weder vom Insolvenzverwalter noch von einem stimmberechtigten Gläubiger bestritten worden sind. ²Nachrangige Gläubiger sind nicht stimmberechtigt.

(2) ¹Die Gläubiger, deren Forderungen bestritten werden, sind stimmberechtigt, soweit sich in der Gläubigerversammlung der Verwalter und die erschienenen stimmberechtigten Gläubiger über das Stimmrecht geeinigt haben. ²Kommt es nicht zu einer Einigung, so entscheidet das Insolvenzgericht. ³Es kann seine Entscheidung auf den Antrag des Verwalters oder eines in der Gläubigerversammlung erschienenen Gläubigers ändern.

(3) Absatz 2 gilt entsprechend
1. für die Gläubiger aufschiebend bedingter Forderungen;
2. für die absonderungsberechtigten Gläubiger.

Übersicht

	Rdn.		Rdn.
A. Normzweck	1	III. Stimmrechtsverbot	11
B. Norminhalt	4	IV. Sonstige Gläubigergruppen (Abs. 3)	12
I. Stimmrecht festgestellter Forderungen (Abs. 1)	4	V. Entscheidung	14
II. Stimmrecht bestrittener Forderungen (Abs. 2)	5	C. Verfahrensfragen	18

A. Normzweck

Diese Vorschrift ergänzt § 76 Abs. 2 und konkretisiert die **Ermittlung der Stimmrechte** anhand der Forderungsbeträge sowie die Festlegung, welche Gläubiger über ein Stimmrecht verfügen (wer darf an der Abstimmung in welchem Umfang teilnehmen). Zu unterscheiden ist im Termin der Gläubigerversammlung zwischen Teilnahmeberechtigung und Stimmberechtigung. Während sich die Teilnahmeberechtigung aus § 74 ergibt, regelt § 77 die Berechtigung, an der Abstimmung zwecks Beschlussfassung teilzunehmen. Teilnahme- und stimmberechtigt sind nur Gläubiger. Der Insolvenzverwalter oder die Mitglieder des Gläubigerausschusses, die nicht zugleich auch Gläubiger sind, verfügen trotz ihrer Teilnahmeberechtigung nicht über ein Stimmrecht. 1

Nachranggläubiger sind gem. Abs. 1 Satz 2 nicht stimmberechtigt. **Massegläubiger** sind gar nicht erst berechtigt, an der Gläubigerversammlung teilzunehmen (§ 74), und daher auch nicht stimmberechtigt. **Aussonderungsberechtigte** sind über § 47 ebenfalls von der Teilnahmeberechtigung an Gläubigerversammlungen ausgeschlossen und damit nicht stimmberechtigt. Sie alle können deshalb auch nicht das Stimmrecht anderer Gläubiger durch Bestreiten zu Fall bringen. 2

Im Verfahren der Regelungen über einen Insolvenzplan findet § 77 nur teilweise Anwendung. Hier gelten die besonderen Vorschriften der §§ 237, 238 (s.a. Plathner/Sajogo »Das Stimmrecht in der Gläubigerversammlung«, ZInsO 2011, 1090). 3

B. Norminhalt

I. Stimmrecht festgestellter Forderungen (Abs. 1)

Um ein uneingeschränktes Stimmrecht zu erhalten, muss die Forderung des jeweiligen Gläubigers **ordnungsgemäß angemeldet** sein (§§ 28 Abs. 1, 174 ff.) und darf in dem schriftlichen oder mündlichen Prüfungstermin (§§ 176, 177) **weder vom Insolvenzverwalter noch von einem stimmberechtigten Gläubiger bestritten** worden sein (HK-Eickmann § 77 Rn. 4; z.T. anders: MK-Ehricke § 77 Rn. 6). Eine Stimmrechtsfeststellung nach Abs. 1 kommt nur nach Abhaltung des allg. Prüfungstermins in Betracht. Da nach Abs. 1 Satz 1 das Gesetz das Stimmrecht von einem wirksamen Bestreiten durch einen seinerseits stimmberechtigten Gläubiger – neben demjenigen des Insolvenzverwalters – abhängig macht, hat das **Bestreiten durch** den **Schuldner** auf die Stimmrechtsfeststellung keinerlei Auswirkungen (s.a. § 178 Abs. 1 Satz 2); ebenso ist sowohl das Bestreiten eines Nachranggläubigers für die Stimmrechtsfeststellung als auch dasjenige eines Gläubigers, der über kein Stimmrecht verfügt, bedeutungslos (Abs. 1 Satz 2). Das Stimmrecht kann allerdings durch ein Stimmrechtsverbot (s. hierzu Rdn. 11) beschränkt werden. 4

II. Stimmrecht bestrittener Forderungen (Abs. 2)

Ist eine Forderung von einem stimmberechtigten Gläubiger bestritten worden, so vollzieht sich die Feststellung des Stimmrechts nach Abs. 2. Das Gleiche gilt für Forderungen, die angemeldet, aber **noch nicht geprüft** sind; die Gläubiger dieser Forderungen sind mit dem vollen Betrag stimmberechtigt, soweit sie nicht bestritten wurden (KPB-Kübler § 77 Rn. 9 ff.). Die Einbeziehung von Gläubigern ungeprüfter Forderungen in die Stimmberechtigung ist deshalb von Bedeutung, weil der Berichtstermin von der Konzeption des § 29 Abs. 1 grds. vor dem Prüfungstermin stattfindet, sodass zu diesem frühen Zeitpunkt Forderungen vorliegen, die noch nicht abschließend geprüft sind. Das Gleiche trifft auf Forderungen zu, die erst nach dem Prüfungstermin angemeldet wurden 5

Preß

und die erst in einem besonderen Prüfungstermin geprüft werden können, der noch nicht stattgefunden hat.

6 Grundsätzlich setzt eine Stimmberechtigung eine ordnungsgemäße Forderungsanmeldung nach § 174 voraus. Abs. 1 setzt die Forderungsanmeldung sowie das Nichtbestreiten explizit voraus. Abs. 2 schließt daran unmittelbar an mit der Regelung des Umgangs mit bestrittenen Forderungen, sodass nach der Gesetzessystematik davon auszugehen ist, dass auch für diesen Fall eine **ordnungsgemäße Anmeldung der Forderung Voraussetzung für eine Stimmberechtigung** ist. Aufgrund des Gewichts der Gläubigerautonomie für das Insolvenzverfahren und der erheblichen Bedeutung der in der Gläubigerversammlung zu treffenden Entscheidungen, wie z. B. Verwalterwahl, Betriebsfortführung/-stilllegung, sind alle Forderungen zu berücksichtigen, die bis zur Abstimmung ordnungsgemäß angemeldet werden. Nur so lässt sich eine breite Abstimmungsbasis gewinnen. Die durch die Prüfung der Forderungen und die Festsetzung von Stimmrechten entstehenden Verzögerungen im Termin müssen hingenommen werden.

7 Liegt eine ordnungsgemäße Forderungsanmeldung vor und wird diese in der Gläubigerversammlung weder vom Insolvenzverwalter noch von einem stimmberechtigten Gläubiger bestritten, so ist der Gläubiger im Umfang der Anmeldung stimmberechtigt. Wird eine Forderung von einem Berechtigten bestritten oder ist sie bereits nach Durchführung des vorher stattgefundenen Prüfungstermins ganz oder teilweise streitig geblieben, so setzen die **Regelungen des Abs. 2** ein. Danach hängt die Stimmberechtigung der Gläubiger bestrittener Forderungen zunächst davon ab, ob sich der Insolvenzverwalter und die in der Gläubigerversammlung erschienenen Gläubiger über das Stimmrecht einigen können. Nach dem Wortlaut des Abs. 2 Satz 1 ist hierzu die Einigung zwischen den stimmberechtigten Anmeldegläubigern und dem Insolvenzverwalter erforderlich (so auch: HK-Eickmann § 77 Rn. 5; KPB-Kübler § 77 Rn. 16). Demgegenüber wird unter Bezugnahme auf die Begründung zu § 88 RegE die Gegenansicht vertreten, dass die Einigung unter Beteiligung des Gläubigers der bestrittenen Forderung zu erfolgen hat – entsprechend der Regelung im Konkursrecht in § 95 KO (amtl. Begr. zu § 88 RegE BT-Drucks. 12/2443 S. 133). Der zuletzt genannten Ansicht ist zu folgen, denn nach der Begründung des RegE sollte die Regelung des § 95 KO in das Insolvenzrecht übernommen werden. Der erforderliche Konsens muss also unter Einbeziehung des Gläubigers der bestrittenen Forderung zustande kommen. Die wortgetreue Anwendung des Abs. 2 Satz 1 würde dazu führen, dass eine Einigung ohne Beteiligung des Gläubigers der bestrittenen Forderung zu dessen Lasten diesen von der Teilnahme am Insolvenzverfahren ausschließt, ohne dass ihm die Möglichkeit der gerichtlichen Überprüfung dieses Verfahrens zusteht (s. a. AG Hamburg, ZInsO 2005, 1002). Kommt es zu einer Einigung, hat das Insolvenzgericht dies in seiner Leitungsfunktion zwingend zu protokollieren (§ 76 Abs. 1 i. V. m. § 160 ZPO).

8 Kommt **keine Einigung** zustande, so **entscheidet das Insolvenzgericht** über das mit der Forderung zusammenhängende Stimmrecht (Abs. 2 Satz 2). Abs. 2 bestimmt damit den Vorrang einer Einigung vor einer Entscheidung des Insolvenzgerichts als Ausdruck der Gläubigerautonomie. Das Gericht hat dann i.R.e. summarischen Prüfung nach pflichtgemäßem Ermessen unter Heranziehung der präsenten Informationen (Gerichtsakte, Anmeldung, Tabellenauszug) über Forderungsgrund und -höhe zu entscheiden, inwieweit die bestrittene Forderung überwiegend wahrscheinlich ist, wobei der Vortrag des Anmeldenden tatsächlich und rechtlich zu würdigen ist. Dem Anmeldenden obliegt es hierbei, die anspruchsbegründenden Tatsachen schlüssig vorzutragen. Das Insolvenzgericht kann jeden Wert von Null bis zum vollen Nennbetrag der Forderung festsetzen. Bei der **Zumessung** eines Stimmrechts ist zunächst zu unterscheiden, durch wen das Bestreiten erfolgte. Grds. kann bei dem Insolvenzverwalter davon ausgegangen werden, dass er aufgrund seiner Neutralität Forderungen nur nach eingehender Prüfung begründet bestreitet. Hat der **Insolvenzverwalter die Forderung bestritten**, muss allerdings differenziert werden: Erfolgte das Bestreiten wegen heilbarer **Mängel der Anmeldung**, wie z. B. unvollständigen Unterlagen, wird dem Anmeldenden i. d. R. volles Stimmrecht zu gewähren sein. Erfolgte das Bestreiten, weil der Insolvenzverwalter festgestellt hat, dass dem Anmeldenden **keine (Insolvenz-) Forderung** zusteht, wie z. B. bei eigenkapitalersetzenden Forderungen, wird das Stimmrecht i. d. R. auf Null festzusetzen sein. Tritt der Anmeldende dem

Insolvenzverwalter substanziiert entgegen oder ist ein Rechtsstreit über die Forderung anhängig, ist i. d. R. ein Stimmrecht i. H. v. 50 % des Nennbetrages festzusetzen. Bei dem in der Praxis häufigen Fall der geschätzten Anmeldung kann i. d. R. von einem »Sicherheitsaufschlag« des Anmeldenden von 100 % ausgegangen werden, sodass das Stimmrecht mit max. 50 % des Nennbetrages festzusetzen ist. Hat dagegen ein **stimmberechtigter Gläubiger die Forderung** bestritten, sind dessen emotionale Situation aufgrund der Verluste durch das Insolvenzverfahren, dessen taktisches Verhalten durch den Kampf um die Quote sowie die eingeschränkten Prüfungsmöglichkeiten zu berücksichtigen. Der Gedanke des »**in dubio pro creditore**« gebietet eine **strenge Prüfung des Stimmrechts**, da eine Beteiligung von vermeintlichen Gläubigern an der Abstimmung den Gläubigerinteressen widerspricht (vgl. dazu auch Frind, ZInsO 2011, 1726).

Unter Anwendung der hier genannten Grundsätze ergibt sich zur Festsetzung des Stimmrechts folgende Checkliste: 8a

▶ **Checkliste:**

☐ Stimmrechtsausschluss?	Stimmrecht 0 %
☐ heilbare Formmängel	Stimmrecht 100 %
☐ »materielles« Bestreiten durch Insolvenzverwalter kein substanziiertes Entgegentreten	Stimmrecht 0 %
☐ substanziiertes Entgegentreten	Stimmrecht 50 %
☐ anhängiger Rechtsstreit	Stimmrecht 50 %
☐ geschätzte Anmeldung	Stimmrecht 0 % – 50 %
☐ »materielles« Bestreiten durch Gläubiger	Stimmrecht 50 % – 100 %

Diese **Entscheidung des Insolvenzgerichts** kann auf Antrag des Insolvenzverwalters oder eines erschienenen Gläubigers jederzeit, d. h. auch in der aktuellen Gläubigerversammlung, **geändert** werden (Abs. 2 Satz 3). Diesen Antrag können gerade auch die nicht stimmberechtigten Gläubiger stellen bzw. diejenigen, denen in dieser Versammlung durch Gerichtsentscheidung das Stimmrecht z. T. oder auch vollständig aberkannt worden ist, denn das Gesetz spricht wörtlich nur von **erschienenen Gläubigern**. Insb. hat eine Stimmrechtsversagung keine Auswirkungen auf die Stellung dieses Gläubigers als Insolvenzgläubiger, auf seine als Verfahrensbeteiligter vorhandenen Antrags- und Beschwerderechte sowie auf die Frage des Bestehens der Forderung selbst. So bleibt ihm nach Stimmrechtsversagung z. B. das Antragsrecht gem. § 78 erhalten. 9

Da die Höhe der Forderung maßgeblich für die Stimmrechtsausübung ist, muss es den Abstimmungsberechtigten auch möglich sein zu entscheiden, dass sie nicht mit dem von dem Inhaber behaupteten Wert, sondern nur zu einem Bruchteil zu bewerten ist. Diese Stimme hat dann ein geringeres Gewicht in der Versammlung. Bezüglich der Differenz zur vollen Forderung hat der Anmelder das Antragsrecht auf Abänderung der Entscheidung gem. Abs. 2 Satz 3. 10

III. Stimmrechtsverbot

Das Insolvenzgericht hat für jede einzelne Abstimmung daneben zu entscheiden, ob ein ansonsten stimmberechtigter Gläubiger im Einzelfall von der Teilnahme an dieser Abstimmung ausgeschlossen ist. Dies ist dann der Fall, wenn bei einem **Gläubiger eine Interessenkollision** erkennbar wird. In der Praxis treten insb. Fälle von Absonderungsberechtigten bei Verwertungsentscheidungen, aber auch von Konkurrenten bei Fortführungsfällen auf (zu den Kollisionsfällen bei der Verwalterwahl s. § 57). Der allg. Rechtsgedanke des Verbots der Abstimmung in eigener Sache (§ 34 BGB, § 47 Abs. 4 GmbHG, § 43 Abs. 3 GenG etc.) findet auch in Gläubigerversammlungen Anwendung. Durch diese **individuellen Stimmverbote** wird sichergestellt, dass grds. teilnahmeberechtigte Gläubiger nicht mitstimmen, wenn die Gefahr besteht, dass sie aufgrund des Abstimmungsergebnisses einen Sondervorteil erhalten (BGH, ZIP 1985, 423; Pape, ZIP 1991, 845). 11

Das BVerfG hat hierzu klarstellend entschieden, dass eine durch den Rechtspfleger getroffene Stimmrechtsentscheidung gem. § 77 Abs. 2 Satz 2 nur einer einmaligen richterlichen Kontrolle nach § 18 Abs. 3 Satz 2 RpflG unterliegt und diese richterliche Entscheidung nicht mehr angefochten werden kann; dadurch wird der Anspruch auf Justizgewährung und effektiven Rechtsschutz weder aus Art. 2 Abs. 1 GG i. V. m. Art. 20 Abs. 3 GG noch aus Art. 14 Abs. 1 GG verletzt. Im Verfahren der Stimmrechtsneufestsetzung nach § 18 Abs. 3 Satz 2 RpflG **entscheidet der Insolvenzrichter somit abschließend** über das vor dem Rechtspfleger umstrittene Stimmrecht eines Gläubigers (BVerfG, Beschl. v. 26.11.2009, ZInsO 2010, 34).

IV. Sonstige Gläubigergruppen (Abs. 3)

12 Für **aufschiebend bedingte Forderungen** gilt das hier unter Rdn. 5–9 Gesagte. Muss das Gericht entscheiden, ist i. R. d. Ermessensausübung insb. auf die Wahrscheinlichkeit des Bedingungseintritts abzustellen (MK-Ehricke § 77 Rn. 40).

13 Für **Absonderungsberechtigte** gilt ebenfalls das unter Rdn. 5–9 Gesagte. Bei der Feststellung der Forderung ist für die Höhe des Stimmrechts der voraussichtlich auf das Recht entfallene Verwertungserlös maßgebend. Ggf. ist dieser zu schätzen (BK-Blersch § 77 Rn. 7; HK-Eickmann § 77 Rn. 15 ff.; anders: MK-Ehricke § 77 Rn. 41). Bei im Grundbuch eingetragenen Rechten findet zugunsten des Gläubigers § 891 BGB Anwendung.

V. Entscheidung

14 Die Entscheidung nach Abs. 2 Satz 2 ergeht in der Form eines **Beschlusses** der infolge seiner Abänderbarkeit dann, wenn er von dem Rechtspfleger stammt, **zu begründen** ist (BVerfG, ZInsO 2004, 1027). Der Beschluss ist rgm. in der Versammlung zu verkünden. Zuständig hierfür ist grds. der Rechtspfleger – in Ausnahmefällen der Richter – gem. § 18 Abs. 2 RPflG.

15 Die **Entscheidung** über das Stimmrecht – sei es aufgrund Einigung oder durch Entscheidung des Insolvenzgerichts – **wirkt** auch **für die folgenden Gläubigerversammlungen** (KPB-Kübler § 77 Rn. 26), soweit keine neue Festsetzung durch die Versammlung begehrt wird (HK-Eickmann § 77 Rn. 11). Sobald sich in einer folgenden Versammlung eine Gegenstimme erhebt, ist der für die Stimmrechtsgewährung erforderliche Konsens aufgehoben und das Verfahren zur Stimmrechtsfestsetzung beginnt erneut (d. h. es muss erneut eine Einigung erzielt werden oder es entscheidet das Gericht).

16 Soweit einer **noch nicht geprüften Forderung** das Stimmrecht versagt wurde, wird diese Entscheidung hinfällig, sobald die Forderung im Prüfungstermin festgestellt wird (§ 77 Abs. 1). Wird einer noch nicht geprüften Forderung ein Stimmrecht zugesprochen und anschließend im Prüfungstermin endgültig bestritten, kann das Gericht seine Entscheidung gem. § 77 Abs. 2 Satz 3 nur auf einen Antrag gem. § 77 Abs. 2 Satz 3 hin abändern; ansonsten verbleibt es bei der Entscheidung.

17 Die gerichtliche Entscheidung (Abs. 2 Satz 3) kann auf Antrag geändert werden; diese Änderung ist in späteren Terminen ebenfalls möglich. Aus eigenem Antrieb kann das Gericht seine Entscheidung indes nicht ändern, da nach dem Willen des Gesetzgebers nur stimmberechtigte Gläubiger auf die Stimmrechtsgewährung Einfluss haben sollen.

C. Verfahrensfragen

18 Gegen die Stimmrechtsentscheidung besteht mangels gesetzlicher Regelung **keine Beschwerdemöglichkeit** (§ 6 Abs. 1). Auch die von der Gläubigerversammlung gefassten Beschlüsse können nicht mit der sofortigen Beschwerde angefochten werden. Des Weiteren versagt § 11 Abs. 3 Satz 2 RPflG auch die Erinnerung gegen eine Entscheidung des Rechtspflegers. In diesem Zusammenhang hat der BGH in einer aktuellen Entscheidung weiter festgestellt, dass die im Vorfeld der Stimmrechtsentscheidung notwendige gerichtliche Feststellung der Abstimmungsberechtigung, als

Vorfrage der gerichtlichen Stimmrechtsfestsetzung, zugleich vom Insolvenzgericht (dort rgm. durch den Rechtspfleger) abschließend zu entscheiden ist (BGH, NZI 2009, 106).

Hat jedoch der Rechtspfleger die Stimmrechtsentscheidung getroffen und **hat sich diese Entscheidung auf das Ergebnis der Abstimmung ausgewirkt**, besteht nach § 18 Abs. 3 Satz 2 RPflG die Möglichkeit, eine Überprüfung durch den Insolvenzrichter herbeizuführen. Das ist dann der Fall, wenn bei einer anderslautenden Stimmrechtsentscheidung auch das Abstimmungsergebnis ein anderes gewesen wäre. Auf Antrag eines Gläubigers oder des Insolvenzverwalters, der noch in der Versammlung gestellt werden muss, in der die Abstimmung stattgefunden hat, überprüft dann der Insolvenzrichter die Stimmrechtsfestsetzung, setzt das Stimmrecht ggf. neu fest und ordnet die Wiederholung der Abstimmung an. Von der Anordnung der Abstimmungswiederholung ist abzusehen, wenn auch unter Berücksichtigung der neu festgesetzten Stimmrechte keine andere Entscheidung möglich ist.

Gegen die Entscheidung des Richters gibt es mangels vorhandener gesetzlicher Regelung kein Rechtsmittel (s. hierzu: MK-Ehricke § 77 Rn. 26 ff. m. ausführl. Abwägung).

Ist der Richter in der Versammlung nicht anwesend und kann daher die Entscheidung nicht unmittelbar im Termin erfolgen, muss die Versammlung bis zu seiner Entscheidung entweder unterbrochen oder vertagt werden. Regelmäßig wird der Insolvenzrichter aufgrund der Aktenlage erst im Anschluss an den Termin eine Entscheidung treffen, die dann ggf. dazu führt, dass eine **weitere Gläubigerversammlung** einzuberufen ist. 19

Lehnt der Richter den gestellten Antrag mit der Begründung ab, dass sich die **Stimmrechtsentscheidung nicht auf das Ergebnis** der Abstimmung **ausgewirkt hat**, bleibt die vom Rechtspfleger getroffene Stimmrechtsentscheidung bestehen und gilt auch **weiterhin für zukünftige Abstimmungen**. Jedoch können Gläubiger in diesem Fall bei zukünftigen Abstimmungen erneut gem. § 18 Abs. 3 RPflG vorgehen, wenn sich die Stimmrechtsentscheidung des Rechtspflegers in der neuerlichen Gläubigerversammlung auf das Ergebnis der Abstimmung ausgewirkt hat. 20

Lehnt der Richter einen Antrag gem. § 18 Abs. 3 RPflG mit der Begründung ab, dass die Stimmrechtsentscheidung des Rechtspflegers sachlich und rechtlich nicht zu beanstanden ist, und macht somit die Entscheidung des Rechtspflegers **zum Gegenstand seiner Entscheidung**, ist diese Stimmrechtsentscheidung – auch im Rahmen zukünftiger Abstimmungen – unanfechtbar. Es bleibt die Möglichkeit der Änderung dieser Entscheidung bei einer neuerlichen Abstimmung über einen Antrag gem. § 77 Abs. 2 Satz 3. Ändert der Rechtspfleger in der Folge diese Stimmrechtsentscheidung, ist der Weg des § 18 Abs. 3 RPflG wieder offen.

Daneben bleiben den Gläubigern die Rechte aus § 75 und § 78 in vollem Umfang erhalten. Unter den dort genannten Voraussetzungen können **Beschlüsse der Gläubigerversammlung aufgehoben** werden oder es kann auf Antrag eine **weitere Gläubigerversammlung** stattfinden. Gegen eine Ablehnung dieser Anträge steht den Gläubigern das Rechtsmittel der sofortigen Beschwerde offen. 21

§ 78 Aufhebung eines Beschlusses der Gläubigerversammlung

(1) Widerspricht ein Beschluß der Gläubigerversammlung dem gemeinsamen Interesse der Insolvenzgläubiger, so hat das Insolvenzgericht den Beschluß aufzuheben, wenn ein absonderungsberechtigter Gläubiger, ein nicht nachrangiger Insolvenzgläubiger oder der Insolvenzverwalter dies in der Gläubigerversammlung beantragt.

(2) ¹Die Aufhebung des Beschlusses ist öffentlich bekanntzumachen. ²Gegen die Aufhebung steht jedem absonderungsberechtigten Gläubiger und jedem nicht nachrangigen Insolvenzgläubiger die sofortige Beschwerde zu. ³Gegen die Ablehnung des Antrags auf Aufhebung steht dem Antragsteller die sofortige Beschwerde zu.

Preß

§ 78 InsO Aufhebung eines Beschlusses der Gläubigerversammlung

Übersicht

	Rdn.		Rdn.
A. Normzweck	1	III. Gemeinsames Interesse	7
B. Norminhalt	2	IV. Aufhebungsbeschluss	10
I. Antrag	2	V. Bekanntmachung	13
II. Voraussetzungen für die Beschlussaufhebung	6	C. Verfahrensfragen	14

A. Normzweck

1 Diese Vorschrift zielt darauf ab, **Machtmissbrauch durch Großgläubiger** mit Stimmenmehrheit i. R. d. Insolvenzverfahrens zu verhindern. Damit soll dem Insolvenzgericht auf Initiative der Gläubiger oder des Insolvenzverwalters eine Kontrollmöglichkeit gegen eine nur den Einzelinteressen bestimmte vermeintliche Gläubigerautonomie gegeben werden. Auf Antrag kann das Insolvenzgericht Beschlüsse der Gläubigerversammlung aufheben, sofern sie dem gemeinsamen Interesse der Insolvenzgläubiger widersprechen. Die Aufhebungskompetenz liegt damit beim Insolvenzgericht.

B. Norminhalt

I. Antrag

2 Zur Einleitung dieses Aufhebungsverfahrens ist ein entsprechender **Antrag erforderlich**. Das Gericht ist nicht von Amts wegen berechtigt, den Beschluss der Gläubigerversammlung aufzuheben. Kündigt sich i.R.e. Abstimmung in einer Gläubigerversammlung bereits eine mögliche Benachteiligung von Gläubigerinteressen an, hat das Gericht die Möglichkeit, bereits im Vorfeld auf die Gefahr von Aufhebungsanträgen aufmerksam zu machen, um so möglichst eine allseits einvernehmliche Lösung herbeizuführen.

3 **Antragsberechtigt** sind formal alle absonderungsberechtigten und alle nicht nachrangigen Gläubiger, wobei es bei den Letztgenannten nicht darauf ankommt, ob deren Forderungen bereits geprüft oder vom Insolvenzverwalter oder einem Gläubiger bestritten worden sind (BGH, ZInsO 2004, 1312). Nur diejenigen Gläubiger, die auch in der Gläubigerversammlung, in der der betreffende Beschluss gefasst worden ist, anwesend waren, sind antragsberechtigt (MK-Ehricke § 78 Rn. 3).

Das Antragsrecht ist daneben auch nicht davon abhängig, ob im Einzelfall das Stimmrecht nach § 77 versagt oder eingeschränkt worden ist. Auch der Gläubiger einer streitigen Forderung, dem zugleich das Stimmrecht versagt worden ist, kann einen Antrag auf Aufhebung und damit Überprüfung durch das Gericht stellen (Begr. RegE in Balz/Landfermann, S. 295).

Daneben ist der Insolvenzverwalter antragsberechtigt, um damit die Interessen der nicht erschienenen Gläubiger zu wahren (s. Begr. RegE in Balz/Landfermann, S. 295; Uhlenbruck-Uhlenbruck § 78 Rn. 4). Das bedeutet aber zugleich, dass dem Insolvenzverwalter das Antragsrecht zu versagen ist, wenn ein Beschluss einstimmig unter Beteiligung **aller Gläubiger** gefasst wurde. Ebenso ist der Insolvenzverwalter von der Antragstellung ausgeschlossen, wenn er den mit einem Antrag verfolgten Zweck auf einfachere und effektivere Weise durch andere Maßnahmen innerhalb des Verfahrens erreichen kann (BK-Blersch § 78 Rn. 5; zur Teilnahmeberechtigung eines Sonderinsolvenzverwalters im Rahmen seines Kompetenzbereichs § 56 Rdn. 41 ff.).

Nicht antragsberechtigt sind demnach die nachrangigen Insolvenzgläubiger (§ 39), Gläubigerausschussmitglieder, sofern sie nicht zugleich auch Insolvenzgläubiger sind, reine Absonderungsberechtigte, Massegläubiger sowie der Schuldner.

Ebenso hat der in der ersten Gläubigerversammlung abgewählte Insolvenzverwalter kein Antragsrecht, da das Amt nicht auf Dauer angelegt ist und eine Abwahlentscheidung der Gläubigerversammlung nicht »durch die Hintertür« wieder rückgängig gemacht werden darf (BGH, ZInsO 2003, 750; § 57 Rdn. 14).

Ebenso ist der Insolvenzverwalter nicht berechtigt die Aufhebung eines Beschlusses zu beantragen, mit dem die Gläubigerversammlung beschlossen hatte, einen Sonderinsolvenzverwalter zur Prüfung und Durchsetzung eines Anspruches gegen den Insolvenzverwalter einzusetzen (BGH IX ZB 16/13 v. 20.02.2014).

Der Antrag muss **in der Gläubigerversammlung selbst gestellt werden**, weshalb abwesende Gläubiger von der Antragstellung (aber nicht vom Beschwerderecht des Abs. 2; § 57 Rdn. 13; a. A. AG Göttingen, ZInsO 2003, 289) ausgeschlossen sind. In Betracht kommt auch eine Antragstellung in einem Fortsetzungstermin. Der Antrag ist mithin vor Schließung der Gläubigerversammlung durch das Insolvenzgericht als Versammlungsleitung zu stellen. Das Gericht ist verpflichtet, diesen Antrag in das Protokoll der Versammlung aufzunehmen; dies ergibt sich aus der Stellung der Versammlungsleitung heraus (§ 76 Abs. 1).

4

▶ Hinweis:

Allerdings empfiehlt es sich für den Antragsteller, zeitnah eine schriftliche Begründung seines Antrags nachzureichen, um dem Gericht die Überprüfung der aus Sicht des Antragstellers eingetretenen Benachteiligung zu ermöglichen.

Da es sich um ein prozessrechtlich ausgestaltetes Verfahren handelt, ist neben dem Antragsrecht des Antragstellers zugleich sein **Rechtsschutzbedürfnis** zu prüfen. Dieses liegt nur vor, sofern der Antragsteller im Abstimmungsverfahren über den Beschlussgegenstand überstimmt worden ist bzw. er mangels Stimmrecht an der Beschlussfassung nicht beteiligt war. Hat ein Gläubiger in der beschlussgebenden Versammlung dem Beschlussgegenstand zugestimmt, fehlt ihm mangels Beschwer das Rechtsschutzbedürfnis und damit die Antragsberechtigung.

5

II. Voraussetzungen für die Beschlussaufhebung

Voraussetzung ist das **Vorliegen eines wirksam zustande gekommenen Beschlusses** der Gläubigerversammlung. Das ist der Fall, wenn die gesetzlich vorgeschriebenen Formalien des § 74 sowie die Bestimmungen des § 76 eingehalten sind. Die Anwendbarkeit des § 78 umfasst alle Entscheidungen der Gläubigerversammlung nach § 76 Abs. 2 (Person des Verwalters, Gläubigerausschuss, bedeutsame Rechtshandlungen pp.). Gleichgültig ist dabei, ob der angefochtene Beschluss noch der Ausführung bedarf oder nicht mehr, wenn diese bereits erfolgt ist (ausführl. MK-Ehricke § 78 Rn. 11 ff.; BK-Blersch § 78 Rn. 3).

6

Beschlüsse, die unter **Verletzung der formellen Voraussetzungen** zustande gekommen sind (z. B. Verstöße gegen § 74), fallen nicht in den Anwendungsbereich des § 78, weil sie, wie auch diejenigen Beschlüsse, die gegen Verbotsgesetze verstoßen (§§ 134, 138 BGB), **nichtig** sind und deshalb keiner besonderen Aufhebungsentscheidung bedürfen. Eine analoge Anwendung des § 78 auf nichtige Beschlüsse kommt nicht in Betracht (s. BGH, ZInsO 2011, 1598). Damit hat der BGH der z. T. in Literatur und Rspr. vertretenen Auffassung, wonach § 78 analog i. R. d. Feststellung der Nichtigkeit eines Beschlusses der Gläubigerversammlung anzuwenden ist, eine klare Absage erteilt.

III. Gemeinsames Interesse

Als gemeinsames Interesse der Insolvenzgläubiger ist das Interesse an der **bestmöglichen Gläubigerbefriedigung** anzusehen (MK-Ehricke § 78 Rn. 17; Pape, ZInsO 2000, 469).

7

Aus diesem Grund liegen Beschlüsse, die einseitig einzelne Gläubiger bevorzugen, nicht im gemeinsamen Interesse. Es soll vermieden werden, dass Großgläubiger ihre Sonderinteressen in der Gläubigerversammlung mittels ihrer Stimmenmehrheit zulasten der übrigen am Verfahren beteiligten Gläubiger durchsetzen können. Der Anwendungsbereich des § 78 liegt mithin in der möglichen Korrektur gefasster Beschlüsse.

Allerdings liegt auch hier das Dilemma. Die Anwendung des § 78 steht auf der anderen Seite im Konflikt zu dem Mehrheitsprinzip des § 76 Abs. 2. Denn wenn bereits der Umstand des Unter-

8

liegens eines Gläubigers zur Aufhebung eines mit Stimmenmehrheit gefassten Beschlusses der Gläubigerversammlung führt, kann prinzipiell jeder, der in der Versammlung bei einer Abstimmung unterliegt, versuchen, diese Mehrheitsentscheidung unter Anwendung des § 78 anzufechten, um so wiederum seine Interessen durchzusetzen (ausführl. MK-Ehricke § 78 Rn. 22 ff.). Insofern ist es nicht richtig, § 78 als **Gewährleistung eines Minderheitenschutzes** zu verstehen. Das Gericht muss sicherstellen, dass die begründete und nachvollziehbare Mehrheitsentscheidung der Versammlung nicht durch falsche Anwendung dieser Vorschrift i.R.e. nicht vorhandenen Minderheitenschutzes ad absurdum geführt wird. Mehrheitsentscheidungen gehören zum Insolvenzverfahren. Nur die dem gemeinsamen Interesse widersprechenden Beschlüsse stehen zur Disposition (vgl. auch LG Konstanz, ZInsO 2013, 2318).

9 **Nicht geschützt** i. S. d. gemeinsamen Interesses ist das Recht der absonderungsberechtigten Gläubiger auf abgesonderte Befriedigung. Das bestehende Absonderungsrecht gründet gerade auf dem Recht auf Befriedigung aus der zugrunde liegenden Sicherheit – und somit eben **nicht auf gleichmäßige Befriedigung** aus der vorhandenen Masse. § 78 hat hier nur insoweit Relevanz, als es bei einer anteilsmäßigen Befriedigung ihrer gegen den Schuldner gerichteten persönlichen Forderung aus der Insolvenzmasse zu einer Beeinträchtigung kommt.

IV. Aufhebungsbeschluss

10 Das Insolvenzgericht entscheidet über den Antrag in Form eines Beschlusses, der zu begründen ist. Dies sollte zweckmäßigerweise noch in der Versammlung geschehen. Wird der Beschluss des Gerichts **in der Versammlung** gefasst, so ist er zu verkünden (§ 4 i. V. m. § 329 ZPO). Ist das Gericht aufgrund noch zu erwägender weiterer Informationen nicht in der Lage, zu einer Beschlussfassung noch innerhalb der Gläubigerversammlung zu gelangen, ist auch eine **Vertagung** statthaft. Bis zur Entscheidung ist die Ausführung des Beschlusses gehemmt (HK-Eickmann § 78 Rn. 13).

Funktional zuständig ist die Person, die die Sitzungsleitung gem. § 76 Abs. 1 innehat. Regelmäßig ist dies der Rechtspfleger, es sei denn, der Richter hat sich dies entsprechend vorbehalten (§ 18 Abs. 2 RPflG).

11 Bei der Entscheidung hat das Gericht anhand konkreter Anhaltspunkte zu ermitteln, ob der gefasste Beschluss der Gläubigerversammlung dem gemeinsamen Interesse der Gläubiger zuwiderläuft. Lediglich geäußerte Vermutungen sind nicht ausreichend. Hier ist das Gericht u. a. auf Informationen des Insolvenzverwalters angewiesen. Das Insolvenzgericht hat demnach einen Beschluss der Gläubigerversammlung dann aufzuheben, wenn dieser dazu führt, dass die **Möglichkeiten zu einer zumindest mittelfristigen Vergrößerung der Masse nicht hinreichend ausgeschöpft** oder sogar ganz vereitelt werden (s. hierzu BGH, ZInsO 2008, 735; vgl. zu dieser Entscheidung auch die kritische Anmerkung von Klinck in: KTS 2/2009). Ein weiteres Ermessen steht dann dem Gericht nicht mehr zu.

Im Hinblick auf die Ausprägung des Insolvenzrechts auf das Mehrheitsprinzip (Rdn. 8) und auf die besondere Stellung der beteiligten Gläubiger – Stichwort: Gläubigerautonomie – wurde z. T. in der Literatur unter Hinweis auf die Gläubigerautonomie angeraten, das Instrument der Aufhebungsbefugnis zurückhaltend wahrzunehmen. Erforderlich sei eine genaue Abwägung der gemeinsamen Interessenlage aller beteiligten Gläubiger. Für die Bewertung des gemeinsamen Interesses der Insolvenzgläubiger und des Widerspruchs hierzu nach Abs. 1 ist auf die Sichtweise der abstimmenden Gläubiger abzustellen. Selbst Fehlinformationen der Gläubigerversammlung durch den Insolvenzverwalter sollen nicht die Aufhebung des Beschlusses der Gläubigerversammlung begründen; vielmehr sind sie geeignet, evtl. Haftungsansprüche gem. § 60 ggü. dem Verwalter zu begründen (KG, ZInsO 2001, 411 m. krit. Anm. Pape, ZInsO 2001, 691).

Der BGH stützt in seiner Entscheidung vom 19.04.2007 (BGH, ZInsO 2007, 600) diese Tendenz nicht. Vorrangig ist demnach zu beachten, dass das Insolvenzverfahren ein staatliches Verfahren ist und das Selbstverwaltungsrecht der Gläubiger nur i. R. d. Gesetze ausgeübt werden kann. Gesetzesüberschreitungen der Selbstverwaltungsorgane müssen durch die Aufsicht des Insolvenzgerichts sanktioniert werden.

Trifft das Gericht einen entsprechenden Aufhebungsbeschluss, so führt dies **nicht** dazu, dass das Gericht im Anschluss eine Entscheidung an die Stelle derjenigen der Gläubigerversammlung setzt (§ 76 Rdn. 5). Das Gericht kann zwar die Aufhebungsentscheidung treffen, muss jedoch dann im Anschluss eine erneute Abstimmung herbeiführen. 12

V. Bekanntmachung

Wird ein Beschluss der Gläubigerversammlung durch Entscheidung des Gerichts aufgehoben, so ist dies nach den Grundsätzen des § 9 **öffentlich bekannt zu machen** (Abs. 2 Satz 1) und zwar auch dann, wenn der Beschluss in der Versammlung verkündet worden ist. Der Grund hierfür findet sich in Abs. 2 Satz 2. Danach steht allen absonderungsberechtigten und nicht nachrangigen Insolvenzgläubigern das Rechtsmittel der **sofortigen Beschwerde** zu. Ggü. diesen abwesenden Gläubigern bewirkt die öffentliche Bekanntmachung die Zustellung der Entscheidung (§ 9 Abs. 1 Satz 3 i. V. m. Abs. 3), die die Frist zur Erhebung der sofortigen Beschwerde nach § 6 Abs. 2 in Lauf setzt. Eine gesonderte Zustellung an diejenigen Gläubiger, die in der Versammlung anwesend waren bzw. an alle Verfahrensbeteiligten – evtl. auch über die Anwendung des § 8 Abs. 3 – erfolgt nicht (MK-Ehricke § 78 Rn. 32). 13

C. Verfahrensfragen

Gegen die **Aufhebungsentscheidung** steht jedem absonderungsberechtigten Gläubiger sowie jedem nicht nachrangigen Insolvenzgläubiger die **sofortige Beschwerde** zu (§ 6 i. V. m. §§ 567 ff. ZPO). Dies gilt auch für diejenigen Gläubiger, die nicht in der Versammlung erschienen sind, weil auch sie an die Beschlussfassung der Gläubigerversammlung gebunden sind (BK-Blersch § 78 Rn. 9). Aufgrund dieser weitreichenden Beschwerdebefugnis hat der Gesetzgeber in diesem Fall von einem Beschwerderecht des Insolvenzverwalters abgesehen. 14

Gegen die **Ablehnung** des Antrags auf Aufhebung steht **nur dem Antragsteller** selbst die Möglichkeit der Beschwerde offen (Abs. 2 Satz 3). Hier steht dann auch dem Insolvenzverwalter ein Beschwerderecht zu. 15

▶ Hinweis:

Wegen dieser Regelung sollten Antragsberechtigte, die eine Beschlussaufhebung wünschen, neben einem durch einen anderen Gläubiger bereits gestellten Aufhebungsantrag einen eigenen Aufhebungsantrag stellen, um sich das Beschwerderecht zu sichern.

Die Aufhebungsentscheidung des Insolvenzgerichts entfaltet **aufschiebende Wirkung** (Rdn. 10), wenn gegen diese Entscheidung ein Rechtsmittel eingelegt worden ist. 16

Die Entscheidungen der Gläubigerversammlung selbst sind nicht mit der sofortigen Beschwerde anfechtbar. Die Regelung in § 6 begrenzt das Rechtsmittel ausdrücklich nur auf Entscheidungen des Insolvenzgerichts (s. a. § 76 Rdn. 14). 17

Gegen den Beschluss der Gläubigerversammlung, nach § 272 Abs. 1 Nr. 1 die **Aufhebung der Eigenverwaltung** zu beantragen, steht dem überstimmten Gläubiger weder ein Rechtsmittel zu, noch kann die Aufhebung des Beschlusses gem. § 78 Abs. 1 verlangt werden (BGH, ZInsO 2011, 1548; § 272 Rdn. 19). 18

§ 79 Unterrichtung der Gläubigerversammlung

¹Die Gläubigerversammlung ist berechtigt, vom Insolvenzverwalter einzelne Auskünfte und einen Bericht über den Sachstand und die Geschäftsführung zu verlangen. ²Ist ein Gläubige-

§ 79 InsO Unterrichtung der Gläubigerversammlung

rausschuß nicht bestellt, so kann die Gläubigerversammlung den Geldverkehr und -bestand des Verwalters prüfen lassen.

Übersicht

	Rdn.		Rdn.
A. Normzweck	1	II. Auskunftserzwingung	10
B. Norminhalt	2	III. Kassenprüfung	11
I. Informationsrecht und Auskunftspflicht	2		

A. Normzweck

1 § 79 ergänzt die Vorschrift des § 66 Abs. 3 und gibt der Gläubigerversammlung darüber hinaus das Recht, vom Insolvenzverwalter sowohl Einzelauskünfte und allg. **Berichte über den Verfahrensstand** zu verlangen, wobei das Verlangen des einen das des anderen nicht ausschließt. Der Gläubigerversammlung wird damit die Möglichkeit gegeben, sich neben den gesetzlich vorgeschriebenen Informationspflichten des Insolvenzverwalters (§§ 151 bis 153, § 156) weiter gehend informieren zu können. Dieses Recht besteht auch, wenn ein Gläubigerausschuss bestellt ist (MK-Ehricke § 79 Rn. 1). Mit dieser Vorschrift soll die Rolle der Gläubigerversammlung als internes Organ des Insolvenzverfahrens in seinen Mitwirkungsrechten und Einwirkungsmöglichkeiten gesichert werden (hierzu: Hesseler, ZInsO 2001, 873).

B. Norminhalt

I. Informationsrecht und Auskunftspflicht

2 Das **Informationsrecht** steht nur **der Gläubigerversammlung** als Organ, nicht aber einzelnen Gläubigern oder etwa der Gläubigergesamtheit zu, sodass der Informationsanspruch auch nur in den nach den §§ 74, 75 ordnungsgemäß einberufenen Gläubigerversammlungen durchgesetzt werden kann. Aus diesem umfangreichen Informationsanspruch der Gläubigerversammlung folgt, dass eine Anwesenheit des Verwalters zu den jeweiligen Terminen unbedingt zweckmäßig erscheint. Ob sich daraus eine **Anwesenheitsverpflichtung** des bestellten Verwalters ableiten lässt, wird in den Kommentaren überwiegend verneint, sofern ein sachkundiger Vertreter anwesend ist (MK-Ehricke § 79 Rn. 4; BK-Blersch § 79 Rn. 4). Auch wenn eine formale Verpflichtung nicht besteht, kann in der Anwesenheit ein Qualitätskriterium bestehen.

3 Die Gläubigerversammlung kann beliebig Einzelauskünfte zu einer bestimmten Verfahrensentwicklung oder aber auch umfassenden Sachstandsbericht über die bisherige Geschäftsführung des Verwalters verlangen. Auch darf die Gläubigerversammlung festlegen, ob dieser Bericht mündlich oder auch noch schriftlich zu erstatten ist. Der Verwalter ist daneben verpflichtet, verbleibende Fragen zu beantworten. Das Ziel ist dabei, dass die Gläubigerversammlung sich aufgrund der Information ein genaues und zutreffendes Bild vom Verfahrensstand und der Geschäftsführung des Insolvenzverwalters machen kann. Um den Aufwand des Insolvenzverwalters dabei nicht über Gebühr zu steigern, sollte diese Berichtspflicht mit der auch ggü. dem Insolvenzgericht gem. § 58 bestehenden Berichtspflicht koordiniert werden.

4 Die Gläubigerversammlung entscheidet durch Beschluss über den genauen Rahmen und den Umfang der Auskunft, die vom Insolvenzverwalter begehrt werden soll. Einzelne Gläubiger können zum Zweck dieser Beschlussfassung die Einberufung der Gläubigerversammlung gem. § 75 beantragen. In der Gläubigerversammlung selbst kann eine Berichtspflicht des Verwalters in rgm. zeitlichen Abständen beschlossen werden.

5 Aus der Konzeption der Vorschrift ergibt sich, dass der Verwalter grds. außerhalb der Gläubigerversammlung den Insolvenzgläubigern ggü. nicht zur Auskunftserteilung über den Verfahrenssachstand verpflichtet ist. Damit soll verhindert werden, dass es unter den verfahrensbeteiligten Gläubigern zu Ungleichgewichten in der Informationslage kommt. Daneben besteht ein praktisches Bedürfnis, den Insolvenzverwalter von Sachstandsanfragen freizuhalten.

Einzelgläubiger können Informationen durch **Einsicht in die Gerichtsakten** gem. § 4 i. V. m. § 299 Abs. 1 ZPO in die dort vorliegenden, vom Verwalter rgm. ggü. dem Gericht zu erstatteten schriftlichen Zwischenberichte erlangen und diese ggf. gegen Auslagenerstattung vervielfältigen lassen. I. Ü. können einzelne Gläubiger i. R. d. Gläubigerversammlung ihre Fragen an den Insolvenzverwalter richten, die dann unter Satz 1 fallen. 6

Die **Pflicht des Verwalters zur Auskunftserteilung** besteht nur i. R. d. Zumutbaren. Es ist also ein sinnvolles Verhältnis zwischen Arbeits- und Zeitaufwand einerseits und dem schutzwürdigen Interesse der Gläubigerversammlung andererseits herzustellen (s. a. Rdn. 3). Dabei sollte das Ziel einer zügigen Verfahrensabwicklung im Interesse aller Beteiligten nicht aus dem Auge verloren werden. 7

Fraglich dagegen ist, ob es auch **Grenzen hinsichtlich der Auskunftserteilung** ggü. der Gläubigerversammlung gibt. Einerseits stellt die Gläubigerversammlung das zentrale Organ der Gläubigerselbstverwaltung im Insolvenzverfahren dar und hat Anspruch auf umfassende Informationen, um ihren Mitwirkungsrechten gerecht werden zu können. Letztlich ist das Insolvenzverfahren kein Selbstzweck, sondern es findet im Gläubigerinteresse statt. Deshalb wird die Meinung vertreten, dass es in der Entscheidungskompetenz der Gläubigerversammlung liege, ob und ggf. wie bzgl. sensibler Verfahrensvorgänge Informationen zu erteilen seien. Dem Verwalter wird diese Entscheidungskompetenz grds. abgesprochen. Diese Entscheidung wird erst durch die Gläubigerversammlung festgelegt. Ausnahmen seien dort zugelassen, wo es um Rechtsstreitigkeiten gegen einen Gläubiger gehe (MK-Ehricke § 79 Rn. 9 u. 10). Richtigerweise müssen überall dort Ausnahmen gemacht werden, wo ein berechtigtes Geheimhaltungsinteresse ggü. Partikularinteressen ggf. auch der Mehrheit der Gläubigerversammlung besteht. 8

In § 79 wird ausdrücklich die **Auskunftsberechtigung der Gläubigerversammlung** ggü. dem Insolvenzverwalter geregelt. Ein Informationsanspruch der Gläubigerversammlung ggü. dem Schuldner besteht direkt nicht. Falls für die Gläubigerversammlung ein diesbezügliches Bedürfnis entsteht (z. B. in Fällen des § 100), bleibt nur der Weg, den Insolvenzverwalter i. R. d. § 79 um Information zu bitten oder die Erreichung einer Beschlussfassung mit dem Ziel, das Gericht um eine Anordnung nach § 97 Abs. 1 zu ersuchen (HK-Eickmann § 79 Rn. 4). 9

II. Auskunftserzwingung

Die Gläubigerversammlung kann das Insolvenzgericht ersuchen, von dem Insolvenzverwalter über § 58 die Auskunftserteilung zu **erzwingen**. Erfüllt der Insolvenzverwalter auch danach seine Pflicht nicht, kann das Gericht nach vorheriger Androhung Zwangsgeld gegen ihn festsetzen; u. U. käme auch die Entlassung des Verwalters gem. § 59 in Betracht. 10

Der Anspruch auf Auskunftserteilung ist von der Gläubigerversammlung im streitigen Zivilverfahren nicht einklagbar (MK-Ehricke § 79 Rn. 13).

III. Kassenprüfung

Der Gläubigerversammlung steht nach Satz 2 auch die Möglichkeit offen, den **Geldverkehr und Geldbestand** des Verwalters **einer Prüfung zu unterziehen**. Dieses Recht besteht aber nur dann, wenn im Verfahren ein Gläubigerausschuss nicht bestellt ist. Eine Verpflichtung zur Kassenprüfung ergibt sich aus dieser Vorschrift für die Gläubigerversammlung indes nicht – anders für den Gläubigerausschuss: § 69 Satz 2. Für die Prüfung durch die Gläubigerversammlung gelten dieselben Grundsätze wie für die Prüfung durch den Gläubigerausschuss (s. Kommentierung zu § 69). Kosten, die der Gläubigerversammlung hierdurch entstehen, sind Massekosten. 11

Dritter Teil Wirkungen der Eröffnung des Insolvenzverfahrens

Erster Abschnitt Allgemeine Wirkungen

§ 80 Übergang des Verwaltungs- und Verfügungsrechts

(1) Durch die Eröffnung des Insolvenzverfahrens geht das Recht des Schuldners, das zur Insolvenzmasse gehörende Vermögen zu verwalten und über es zu verfügen, auf den Insolvenzverwalter über.

(2) ¹Ein gegen den Schuldner bestehendes Veräußerungsverbot, das nur den Schutz bestimmter Personen bezweckt (§§ 135, 136 des Bürgerlichen Gesetzbuchs), hat im Verfahren keine Wirkung. ²Die Vorschriften über die Wirkungen einer Pfändung oder einer Beschlagnahme im Wege der Zwangsvollstreckung bleiben unberührt.

Übersicht	Rdn.		Rdn.
A. Normzweck	1	a) Allgemeines	40
B. Norminhalt	3	b) Rechtskraftwirkung/Vollstreckung/Titelumschreibung	41
I. Rechtsstellung des Insolvenzverwalters	3	c) Zeugenvernehmung/Zeugnisverweigerungsrecht	43
1. Theorienstreit	4	d) Prozessuale Folgen der Freigabe/Ermächtigung des Schuldners zur Prozessführung	44
2. Rechte/Pflichten des Insolvenzverwalters	9	e) Auswirkung der Verfahrensbeendigung/Verwalterwechsel	47
a) Grundsatz	9	6. Prozesskostenhilfe	48
b) Massesicherung	10	a) Bedürftigkeit der Masse	50
c) Pflichten ggü. Sicherungsgläubigern	11	b) Wirtschaftlich Beteiligte	51
d) Verwertung	12	c) Unzumutbarkeit der Kostenaufbringung	55
e) Auskunftspflichten	17	d) Prozesskostenhilfeantrag	56
f) Zweckwidriges Verwalterhandeln	21	II. Rechtsstellung des Schuldners	57
3. Rechtsfolgen in Einzelfällen	23	1. Umfang der Verfügungsbeschränkung	57
a) Eigentum/Besitz	23	2. Rechtsfolgen in Einzelfällen	59
b) Rechtsgeschäftliche Erklärungen	24	3. Bindung des Schuldners an Verwalterhandeln	61
c) Selbstkontrahieren	25	III. Unwirksamkeit von Verfügungsverboten (Abs. 2)	62
d) Zustellungen	26	1. Einzelne Verfügungsverbote	62
e) Verschuldenszurechnung	27	2. Ausnahmen (Abs. 2 Satz 2)	64
4. Aufgaben/Befugnisse in Sonderrechtsgebieten	28	IV. Öffentlichkeitsarbeit	65
a) Arbeitsrecht	28		
b) Handelsrecht	31		
c) Gesellschaftsrecht	33		
d) Steuerrecht	36		
e) Ordnungsrecht	37		
5. Rechtsstellung im Prozess	40		

A. Normzweck

1 Die Insolvenzeröffnung führt zur Trennung von Rechtsinhaberschaft und Verwaltungs-/Verfügungsbefugnis. Durch die **Fremdverwaltung** soll das Erreichen der Verfahrensziele, insb. gleichmäßige Befriedigung, sichergestellt werden. Ergänzt insb. durch die §§ 81, 82, 89, 90 werden Einwirkungsmöglichkeiten des Schuldners sowie Zugriffe von Einzelgläubigern auf das massebefangene Vermögen ausgeschlossen, um dieses für die gleichmäßige Befriedigung der Gläubigerschaft zu erhalten. Der Grundsatz der Fremdverwaltung wird durch die mögliche Anordnung der Eigenverwaltung (§§ 270 ff.) eingeschränkt. Die **Gläubigerinteressen** werden in diesem Fall durch die Aufsicht des Sachwalters gewahrt (§§ 275, 277).

Das gesetzgeberische Ziel der Unternehmenserhaltung/-sanierung (§ 1) wirkt sich auf die Rechtsstellung des Insolvenzverwalters aus. Das Insolvenzverfahren dient auch bei Sanierung der Haftungsverwirklichung, nicht dem Schutz des Schuldners vor seinen Gläubigern (MK-Ott/Vuia § 80 Rn. 1).

B. Norminhalt

I. Rechtsstellung des Insolvenzverwalters

Die Verwaltungs- und Verfügungsbefugnis über die Insolvenzmasse geht mit Verfahrenseröffnung auf den Insolvenzverwalter über. Maßgeblicher **Zeitpunkt** ist der **Erlass des Eröffnungsbeschlusses** gem. § 27 (BGH, ZIP 2005, 310: mit Unterzeichnung des Eröffnungsbeschlusses durch den Insolvenzrichter). Auf die Rechtskraft des Beschlusses ist nicht abzustellen (KPB-Lüke § 80 Rn. 20). Es bedarf jedoch der Annahme des Amtes durch den Berufenen (Uhlenbruck-Uhlenbruck § 80 Rn. 81). Ist die Annahme des Amtes nicht zuvor zwischen Insolvenzgericht und künftigem Insolvenzverwalter abgestimmt, treten die Rechtsfolgen des § 80 mit der Annahme rückwirkend ein. Die dem Insolvenzverwalter zugewiesenen Befugnisse fallen mit Beendigung oder Einstellung des Verfahrens an den Schuldner zurück (HK-Kayser § 80 Rn. 6). Ausgenommen sind der Nachtragsverteilung vorbehaltene Gegenstände (§ 203).

1. Theorienstreit

Die rechtliche Einordnung des Konkurs-/Insolvenzverwalters ist seit Inkrafttreten der KO (1879) umstritten. Die Ursache des Theorienstreites liegt in der **Besonderheit der Insolvenzverwaltung ggü. anderen Rechtsinstituten des Zivilrechtes** (MK-Ott/Vuia § 80 Rn. 23). Die Ansichten können die Rechte/Pflichten des Insolvenzverwalters nicht abschließend bestimmen. Die Theorie bildet lediglich die dogmatische Grundlage für die Lösung von Einzelfragen. Das sachgerechte Ergebnis bestimmt sich indessen nicht aus der Theorie allein, sondern hat sich an den gesetzgeberischen Zielen zu orientieren. Der Theorienstreit hat nach Klärung der meisten Rechtsfragen heute nur noch **untergeordnete Bedeutung**. Die wesentlichen Standpunkte sind daher nur zusammengefasst dargestellt (ausführl. zum Theorienstreit: MK-Ott/Vuia § 80 Rn. 20 ff.; Jaeger-Windel § 80 Rn. 11 ff.; Kluth, NZI 2000, 351):

Vertretertheorie: Der Insolvenzverwalter ist danach **gesetzlicher Vertreter** des Schuldners für das massebefangene Vermögen (Lent, ZZP 62 [1941], 129 ff.; K. Schmidt, KTS 1984, 345; ders. NJW 1995, 911; ausdrücklich ablehnend BGH, ZIP 2005, 1084). Grundlage dieser Ansicht ist der Gedanke, die Gläubigerschaft habe ein Generalpfandrecht an der Masse, welches der Insolvenzverwalter ausübt. Diese Auffassung wird dem Zweck der InsO, die Gläubigerinteressen zu wahren, nicht gerecht. Sie kann auch die Rechtsstellung des Insolvenzverwalters im Prozess nicht erläutern.

Organtheorie: Der Verwalter ist nach dieser Auffassung **gesetzliches Vertretungsorgan** der Insolvenzmasse. Diese Theorie beruht auf der Überzeugung, die Insolvenzmasse sei rechtlich selbstständig, als eigene Rechtspersönlichkeit oder selbstständiges Sondervermögen anzusehen (Bötticher, ZZP 71 [1958], 314 ff.; Erdmann, KTS 1967, 87). Diese Ansicht entspricht nicht den gesetzlichen Bestimmungen, da der Insolvenzmasse keine Rechtsfähigkeit zuerkannt wird (KPB-Lüke § 80 Rn. 35).

Amtstheorie: Nach herrschender Meinung handelt der Insolvenzverwalter in eigenem Namen und aus eigenem Recht mit Wirkung für die Masse/den Schuldner (RGZ 29, 29, 36; BGH, ZIP 1997, 797; weitere Nachweise bei Uhlenbruck-Uhlenbruck § 80 Rn. 79). Die Amtstheorie trägt dem Umstand Rechnung, dass der Insolvenzverwalter seine Befugnisse treuhänderisch ausübt. Sie folgt keinem zivilrechtlichen Institut, orientiert sich vielmehr an den durch Gesetz auferlegten Pflichten. Der Insolvenzverwalter ist **Partei kraft Amtes** (BGH, ZInsO 2006, 260), er übt aber kein öffentliches Amt aus (Uhlenbruck-Uhlenbruck § 80 Rn. 78). Prozessual und materiell-rechtlich ist er selbst Partei, verpflichtet das von ihm verwaltete Vermögen.

§ 80 InsO Übergang des Verwaltungs- und Verfügungsrechts

8 **Konsequenzen:** Zutreffend wird darauf hingewiesen, dass der **Theorienstreit in der Praxis annähernd ohne Bedeutung** ist (Uhlenbruck-Uhlenbruck § 80 Rn. 80). Sämtliche Auffassungen kommen in den praktisch relevanten Fragestellungen zu einheitlichen Ergebnissen (vgl. MK-Ott/Vuia § 80 Rn. 36 bis 42). Die Lösung von Einzelfragen hat sich am Gesetzeszweck zu orientieren. Die Funktion der Theorien beschränkt sich darauf, den rechtsdogmatischen Ansatz zu begründen und das Ergebnis in das zivilrechtliche System einzuordnen. In der weiteren Darstellung wird der herrschenden Amtstheorie gefolgt, ohne auf abweichende Ergebnisse der anderen Theorien hinzuweisen.

2. Rechte/Pflichten des Insolvenzverwalters

a) Grundsatz

9 Der Insolvenzverwalter tritt mit Insolvenzeröffnung in die Rechte/Pflichten des Schuldners ein. Der Schuldner bleibt Rechtsinhaber, verliert aber die Befugnis, über massezugehörige Vermögensgegenstände zu verfügen und diese zu verwalten. Es kommt mithin zu einer **Trennung von Rechtsinhaberschaft und der Verwaltungs-/Verfügungsbefugnis** (Uhlenbruck-Uhlenbruck § 80 Rn. 78). Er kann für die Masse grds. nicht mehr Rechte geltend machen, als dem Schuldner zustehen (MK-Ott/Vuia § 80 Rn. 43). Eine weiter gehende Befugnis hat der Insolvenzverwalter aus den §§ 92, 93. Er ist berechtigt, den Gesamtschaden der Gläubiger sowie die persönliche Haftung gegen den Gesellschafter geltend zu machen. Die von dem Schuldner übernommenen Pflichten sind nur nach Maßgabe der InsO zu erfüllen. Der Insolvenzverwalter ist zwar grds. Inhaber eines privaten Amtes und handelt privatrechtlich (nicht hoheitlich), er nimmt aber aufgrund der gerichtlichen Aufsicht eine Sonderstellung ein (insb. zur Anwendung der Europäischen Dienstleistungsrichtlinie auf den Insolvenzverwalter vgl. § 56 Rdn. 1c). Dem Schuldner steht kein Ablehnungsrecht gegen die Person des Insolvenzverwalters zu (Uhlenbruck-Uhlenbruck § 80 Rn. 77). Bei Interessenkollision (§ 41 ZPO) oder Befangenheit (§ 42 ZPO) kann der Schuldner nur das Gericht auf aufsichtsrechtliche Maßnahmen (§ 58) hinweisen.

b) Massesicherung

10 Dem Insolvenzverwalter obliegt es im Interesse der Gläubiger, die Masse zu sichern. Hierzu gehört die **Inbesitznahme massezugehöriger Gegenstände** (§ 148 Abs. 1) sowie die **Abwehr unzulässiger Zugriffe auf das verwaltete Vermögen**. Gegen den herausgabeunwilligen Schuldner ist zwangsweise nach §§ 883, 885 ZPO vorzugehen. Vollstreckungstitel ist der Eröffnungsbeschluss in vollstreckbarer Ausfertigung (§ 148 Abs. 2 Satz 1).

Der **Eröffnungsbeschluss** ist jedoch nur **Vollstreckungstitel gegen den Schuldner, nicht gegen Dritte**. Der Herausgabeanspruch gegen Dritte ist gerichtlich geltend zu machen (§ 985 BGB). Dem Insolvenzverwalter obliegt zur Massesicherung auch, gegen unzulässige Zwangsvollstreckungsmaßnahmen Rechtsbehelfe einzulegen (§ 89 Abs. 3). Zugriffe auf Sicherungsgüter Dritter sind abzuwehren. Dies gilt wegen § 1006 BGB auch bei Wegnahme durch den Berechtigten vor Glaubhaftmachung des Fremdrechtes.

c) Pflichten ggü. Sicherungsgläubigern

11 Der Insolvenzverwalter hat Aus- und Absonderungsrechte zu berücksichtigen. Der Eingriff in die dinglich gesicherte Rechtsposition des Gläubigers kann Haftungsansprüche auslösen (OLG Hamm, ZInsO 2001, 178). Er ist verpflichtet, **Aussonderungsgut** an den Berechtigten herauszugeben und hieran aktiv mitzuwirken. Ihn treffen Sicherungs- und Verwahrpflichten an den Sicherungsgegenständen bis zur Klärung der Rechtslage/Herausgabe/Verwertung. Ist die **Massezugehörigkeit zweifelhaft**, hat er aufgrund der insolvenzspezifischen Sicherungspflicht die Sache zunächst in seinen Besitz zu nehmen (Uhlenbruck-Uhlenbruck § 80 Rn. 178). Der Aussonderungsgläubiger muss die Eigentumsvermutung des § 1006 BGB widerlegen (OLG Hamburg, ZIP 1984, 348). Der Insolvenzverwalter hat **keine Nachforschungen** über etwaige Rechte Dritter anzustellen

(OLG Düsseldorf, ZIP 1988, 450; KPB-Lüke § 60 Rn. 15). Es ist grds. Sache des Sicherungsgläubigers, sein Recht geltend zu machen (OLG Jena, ZInsO 2005, 44; Uhlenbruck-Uhlenbruck § 80 Rn. 178). Nur bei konkreten Anhaltspunkten obliegt ihm die Prüfung. Verwertet er dennoch Sicherungsgegenstände, haftet er persönlich (BGH, ZIP 1992, 1646; BGH, ZIP 2006, 194, 196). Bei kollidierenden Sicherungsrechten besteht die Pflicht, die Rangfolge zu klären. Gelingt dies nicht, kann bei erfolgter Verwertung nach § 166 der Erlös hinterlegt werden. Für das Nutzungsrecht des Insolvenzverwalters an absonderungsbelasteten Gegenständen sind die §§ 107 Abs. 2, 172 zu beachten.

d) Verwertung

Gem. § 159 hat der Insolvenzverwalter das zur Masse gehörende Vermögen unverzüglich zu verwerten. Es gilt der **Grundsatz der beschleunigten Liquidation** (BGH, NJW 1980, 55). Hierbei hat er die Gläubigerinteressen zu berücksichtigen (NR-Wittkowski § 80 Rn. 70). Die Verwertungsart liegt im **pflichtgemäßen Ermessen** des Insolvenzverwalters (MK-Ott/Vuia § 80 Rn. 48). Er kann freihändig veräußern, nach den Vorschriften der Zwangsvollstreckung/des Pfandverkaufes verwerten oder Zwangsversteigerung/Zwangsverwaltung bei unbeweglichen Gegenständen beantragen (§ 165). Liegen die Voraussetzungen des § 166 vor, ist er auch zur Verwertung von Sicherungsgut berechtigt. Bei der Verwertung sind die besonderen Mitteilungs-, Auskunfts- und Abrechnungspflichten ggü. dem Absonderungsgläubiger zu beachten (§§ 167 ff.). Sind Vermögensgegenstände von besonderer Bedeutung zu verwerten, ist zuvor die Zustimmung des Gläubigerausschusses einzuholen (§ 160). Gleiches gilt bei einer Betriebsveräußerung an besonders Interessierte (§ 162). Unterlässt der Insolvenzverwalter die Zustimmung des Gläubigerausschusses einzuholen, berührt dies die Wirksamkeit seiner Handlung nicht (§ 164). 12

Bei **Insolvenzausverkäufen** waren bis zum 04.09.2009 noch die §§ 1, 6, 7, 8 UWG a. F. zu beachten (Tappmeier ZIP 1992, 678, zur alten Rechtslage ebenfalls BGH, ZInsO 2006, 648). Der besondere Schutz der Verbraucher und Mitbewerber bei Sonderveranstaltungen ist nicht in das neue UWG übernommen worden. Nach der Aufhebung des abstrakten Gefährdungstatbestandes des § 6 UWG a. F. ist bei **Insolvenzverkäufen nur noch § 5 Abs. 2 Nr. 2 UWG zu beachten** (MK-Ott/Vuia § 80 Rn. 116). Aus dem **Verbot irreführender Angaben** folgt, dass nur insolvenzbefangene Ware im Ausverkauf angeboten werden kann. Die Ware darf deshalb nicht durch Ankauf, wohl aber aus vorhandenen Lagerbeständen »nachgeschoben« werden oder in Kommission für einen Dritten angeboten werden (Baumbach/Hefermehl/Bornkamm, UWG, § 5 Rn. 3). Bei Durchführung eines insolvenzbedingten Ausverkaufs darf folglich nur insolvenzbefangene Ware angeboten werden (MK-Ott/Vuia § 80 Rn. 117). Eine Irreführung liegt bei einem Ausverkauf hingegen vor, wenn das Unternehmen mit dem Ziel der Sanierung fortgeführt wird. 13

Der Insolvenzverwalter hat ein **nicht stillgelegtes Unternehmen** vorläufig fortzuführen. Die Gläubigerversammlung beschließt über die Stilllegung oder weitere Fortführung (§ 157). Das Unternehmen kann im Ganzen oder in Teilen veräußert werden. Dies folgt aus §§ 156 Abs. 1, 160 Abs. 2 Nr. 1. Regelmäßig wird eine Gesamtheit von Vermögensgegenständen veräußert. Hierauf finden die Vorschriften des Sachkaufes (§ 433 Abs. 1 Satz 1 BGB) Anwendung (MK-Ott/Vuia § 80 Rn. 54). 14

Problematisch ist, ob bei einem einzelkaufmännischen Unternehmen oder einer Personengesellschaft die **Firma** mit oder ohne Zustimmung des Namenrechtsinhabers veräußert werden kann. Enthält die Firma den Namen des Schuldners als natürliche Person, fällt sie nach allg. M. ungeachtet dessen in die Insolvenzmasse (BGHZ 85, 221; MK-Ott/Vuia § 80 Rn. 57). Für das **Zustimmungserfordernis** bei Veräußerung der Firma, welche nicht ohne das Handelsgeschäft übertragen werden kann (§ 23 HGB), ist **zu unterscheiden**: Gem. § 18 Abs. 1 HGB a. F. war der personale Bezug der Firma gesetzlich vorgeschrieben. Hier überwog das Persönlichkeitsrecht. Die Übertragung bedurfte der Zustimmung des Rechtsinhabers (BGHZ 32, 103 = BB 1960, 421). Nach Inkrafttreten des § 18 Abs. 1 HGB n. F. kann zwischen Personal-, Sach- und Fantasiefirma gewählt werden. Entscheidet sich der Inhaber für eine Firma mit seinem Namen, ist er nicht schutzwürdig. Die Firma ist auch ohne seine Zustimmung veräußerbar (MK-Ott/Vuia § 80 Rn. 57). Obwohl eine vor Inkraft- 15 treten der Gesetzesänderung gegründete Personalfirma nunmehr geändert werden kann, soll dies das Zustimmungserfordernis eines unter Geltung des früheren Rechtes gegründeten Unternehmens nicht entfallen lassen (MK-Ott/Vuia § 80 Rn. 57, § 35 Rdn. 109 m. w. N.).

16 Nach nunmehr herrschender Meinung sind **freiberufliche Praxen** als solche Massebestandteil. (§ 35 Rdn. 102 m. w. N.) Zu den Schwierigkeiten bei Fortführung und Verwertung vgl. § 35 Rdn. 103 bis 106. Bei Überlassung von **Patienten-/Mandantenakten** an den Erwerber ist außerdem die Zustimmung der Patienten/Mandanten einzuholen (BGH, NJW 1995, 2915). Letzteres gilt jedoch nicht bei Veräußerung an einen kanzleiinternen Berufsträger, welcher gleichen Geheimhaltungsvorschriften wie der Schuldner unterliegt (BGHZ 148, 97 = NJW 2001, 2462).

e) **Auskunftspflichten**

17 Gem. § 58 Abs. 1 ist der Insolvenzverwalter verpflichtet, dem **Insolvenzgericht** Auskünfte zu erteilen. Ein Bericht ist in der ersten Gläubigerversammlung zu erstatten (§ 156 Abs. 1). Weitere Berichte werden zu den von der Gläubigerversammlung beschlossenen Terminen erteilt (KG Berlin, NZI 2008, 440). Darüber hinaus ist der Insolvenzverwalter nicht verpflichtet, **Sachstandsanfragen der Gläubiger** zu beantworten (Heeseler, ZInsO 2011, 873; Uhlenbruck-Uhlenbruck § 80 Rn. 195). Gegenüber den Insolvenzgläubigern besteht keine allg. Auskunftspflicht (K. Schmidt-Sternal § 80 Rn. 23). Der Insolvenzverwalter erfüllt seine Auskunftspflicht durch Berichterstattung ggü. dem Insolvenzgericht. Der Gesetzgeber hat lediglich das Recht zur Einsicht in die Gerichtsakte geregelt (§ 4, § 299 ZPO). Der Gläubiger kann somit seine Informationen durch Einsicht in die zu erstattenden Tätigkeitsberichte erlangen. Ferner sind die Pflichten aus §§ 79, 156, 69 Abs. 2 zu erfüllen. Ist der Gläubiger im Berichtstermin nach § 156 säumig oder nimmt er sein Recht zur Akteneinsicht nicht wahr, führt dies nicht zur Aufgabenerweiterung des Insolvenzverwalters. Das Rede- und Fragerecht in der Gläubigerversammlung ist im Interesse einer ordnungsgemäßen Durchführung auf die notwendige Angemessenheit zu beschränken, wenn dies zur Sicherung der Funktionsfähigkeit der Gläubigerversammlung und zur Wahrung der Gläubigergleichbehandlung erforderlich ist (Thole, ZIP 2012, 1533, 1540). Der Insolvenzverwalter kann ausnahmsweise die Antwort auf eine Frage verweigern, wenn der anwesende Gläubiger einen unzulässigen Informationsvorsprung erhalten würde und die Anspruchsverfolgung gefährdet würde (z. B. Prozessstrategie für Anfechtungsklage). Ein Auskunftsanspruch des Insolvenzgläubigers gegen den Insolvenzverwalter, gerichtet auf die Beurteilung der Insolvenzreife mit dem Zweck, Schadensersatzansprüche gegen die Geschäftsleitung zu verfolgen, ist abzulehnen (BGH, ZIP 2005, 429; 2005, 1325, 1326; Uhlenbruck-Uhlenbruck § 80 Rn. 191; AG Hamburg, ZInsO 2011, 1019). Hierbei handelt es sich um die Erstattung eines Gutachtens, was über die Mitteilung von bloßen Tatsachen hinausgeht (vgl. zur Zumutbarkeit der Auskunftserteilung BGH, ZIP 1994, 1621; ZInsO 2000, 410). Der Insolvenzverwalter kann den Gläubiger auf die Einsichtnahme in die Geschäftsunterlagen verweisen, da die Auskunftserteilung mit unzumutbarem Zeit- und Arbeitsaufwand verbunden ist (Uhlenbruck-Uhlenbruck § 80 Rn. 191).

18 Eine Sonderstellung nehmen die **aus- und absonderungsberechtigten Gläubiger** ein. Dies folgt für den Absonderungsgläubiger aus den §§ 167 ff. (BGH, ZInsO 2000, 410; ZInsO 2004, 151). Ist das Sicherungsgut verarbeitet und/oder weiterverkauft worden, ist der Insolvenzverwalter insoweit zur Auskunftserteilung ggü. dem Sicherungsgläubiger verpflichtet, wenn Letzterer sich die notwendigen Kenntnisse nicht in zumutbarer Weise selbst beschaffen kann (BGH, ZInsO 2000, 410). Die Erfüllung der Auskunftspflicht muss wiederum für den Insolvenzverwalter zumutbar sein (§ 167 Rn. 4). Hierbei hat er die gesetzlichen Möglichkeiten nach §§ 97, 98, 101 auszuschöpfen. Die Auskunftspflicht des Insolvenzverwalters setzt aber zunächst voraus, dass der Sicherungsgläubiger sein Recht konkretisiert (BGHZ 50, 86). Erst dann ist das Auskunftsbegehren für den Insolvenzverwalter zumutbar. Er ist zu umfangreichen Nachforschungen grds. nicht verpflichtet, um Sicherungsgut zu ermitteln. Erst wenn der Gläubiger konkrete Umstände vorträgt, welche die Annahme rechtfertigen, das Sicherungsgut sei noch in Besitz des Schuldners, sind weiter gehende Ermittlungen vorzunehmen (Uhlenbruck-Uhlenbruck § 80 Rn. 196). Bei Einziehung abgetretener

Forderungen kann er den Sicherungsgläubiger auf Einsichtnahme in die Geschäftsbücher verweisen (§ 167 Abs. 2 Satz 2).

Das Gesetz normiert keine allgemeine Auskunftspflicht des Verwalters **ggü. dem Schuldner**. Der Auskunftsanspruch der GmbH-Gesellschafter aus § 51a GmbHG wird z. B. von den Informationsrechten der Insolvenzgläubiger überlagert. Der Insolvenzverwalter ist daher ggü. den Gesellschaftern grds. nicht verpflichtet, Auskünfte über wirtschaftliche Vorgänge, welche den Zeitraum nach Insolvenzeröffnung betreffen, zu erteilen (OLG Hamm, ZInsO 2008, 569; BayObLG, ZInsO 2005, 816; Gessner, NZI 2013, 677, 680; NR-Wittkowski, § 80 Rn. 174; Uhlenbruck-Uhlenbruck § 80 Rn. 191). I. Ü. besteht der – eingeschränkte – Auskunftsanspruch aus § 51a GmbHG fort (a. A. Gessner, NZI 2013, 677, 680). Der Gesellschafter hat i. R. d. Auskunftsersuchens nach § 51a GmbHG jedoch sein Informationsbedürfnis darzulegen. Des Weiteren sind dem Informationsrecht Grenzen durch das Prinzip der Verhältnismäßigkeit gesetzt (Uhlenbruck-Uhlenbruck § 80 Rn. 191; K. Schmidt-Sternal § 80 Rn. 24). Vereinzelt bestehen Unterrichtungspflichten (§§ 158 Abs. 2 Satz 1, 161 Satz 1, 163 Abs. 1). Der Schuldner kann ebenso wie der Gläubiger am Berichtstermin teilnehmen und Akteneinsicht beantragen. Spezielle Auskunftspflichten sind jedoch dann zu bejahen, wenn dies für die Mitwirkung des Schuldners erforderlich ist (Uhlenbruck-Uhlenbruck § 80 Rn. 193: Erörterung des Insolvenzplanes gem. § 235, im Verfahren der Restschuldbefreiung zur Berechnung seiner Quote gem. § 292 Abs. 1 Satz 4). 19

Von dem **Schuldner eingegangene Auskunftspflichten** binden den Insolvenzverwalter nur, wenn er in das Vertragsverhältnis nach § 103 eingetreten ist (MK-Ott/Vuia § 80 Rn. 47). Ist die Erteilung von Auskünften zur Bezifferung der Insolvenzforderung erforderlich, hat der Insolvenzverwalter diese nach überwiegender Ansicht als Masseverbindlichkeit zu erfüllen. Dies ist eine systematische Durchbrechung der Abgrenzung von Insolvenzforderung und Masseverbindlichkeit. Richtig dürfte daher sein, den Insolvenzgläubiger, dessen Forderungshöhe von der Auskunft des Schuldners abhängt, zum Zwecke der Anmeldung auf eine Schätzung zu verweisen und im anschließenden Feststellungsprozess der Insolvenzverwalter substantiiert zu den Schätzansätzen vortragen muss. Eine Zwangsvollstreckung nach § 888 ZPO ist gem. § 89 unzulässig. 20

f) Zweckwidriges Verwalterhandeln

Die Verwaltungs-/Verfügungsbefugnis wird zum einen durch die Aufsicht des Insolvenzgerichtes (§ 58) und die Überwachung durch den Gläubigerausschuss (§ 69) eingeschränkt. Unzweckmäßiges oder unrichtiges Verwalterhandeln ist grds. wirksam (BGH, ZInsO 2013, 441 Rn. 9; BGH, ZIP 2008, 884). Nach h. M. sind lediglich Maßnahmen unwirksam, welche dem Insolvenzzweck offensichtlich zuwider laufen (BGH, ZInsO 2013, 441 Rn. 9; BGH, ZInsO 2002, 577; Uhlenbruck-Uhlenbruck § 80 Rn. 150; KPB-Lüke § 80 Rn. 28). Teilweise wird für die Beurteilung der Unwirksamkeit auf § 134 BGB (Weber, BB 1962, 1207) abgestellt. Der BGH zieht mit der h. M. die Regeln über den **Missbrauch der Vertretungsmacht** heran (BGH, ZInsO 2002, 577; BGH, ZIP 2008, 884; OLG Celle, ZIP 2006, 1364; ausführl. zum Meinungsstand Preuß, NZI 2003, 625). Der Rechtsverkehr ist dann nicht schutzwürdig, wenn das Verwalterhandeln **evident zweckwidrig** ist und sich dem Geschäftspartner ohne Weiteres begründete Zweifel aufdrängen mussten (BGH, ZInsO 2013, 441 Rn. 9). Der Verstoß muss objektiv schwerwiegend und für den verständigen Geschäftspartner erkennbar sein (ebenso MK-Ott/Vuia § 80 Rn. 62; Uhlenbruck-Uhlenbruck § 80 Rn. 151; **a. A.** KPB-Lüke § 80 Rn. 30, wonach es auf die Erkennbarkeit für den Dritten nicht ankommt). Die subjektiven Voraussetzungen sind bereits gegeben bei evidenter Pflichtwidrigkeit, da dem Vertragspartner zumindest grobe Fahrlässigkeit vorzuwerfen ist (BGH, ZIP 2008, 884). Insolvenzzweckwidrig und somit unwirksam sind z. B. die Anerkennung einer Insolvenzforderung als Masseschuld (KPB-Lüke § 80 Rn. 31; Uhlenbruck-Uhlenbruck § 80 Rn. 154), Schenkungen aus der Masse (RGZ 76, 191), Anerkennung nicht bestehender Aus- und Absonderungsrechte (BGHZ 124, 27 = NJW 1994, 326; KPB-Lüke § 80 Rn. 31), unverhältnismäßige Abfindungszahlung auf eine »Schornsteingrundschuld« (BGH, ZIP 2008, 884) und Börsenspekulationsgeschäfte mit Massevermögen (OLG Celle, ZIP 2006, 1364; MK-Ott/Vuia § 80 Rn. 62), nicht jedoch die Abtre- 21 tung von Anfechtungsansprüchen, wenn die Masse als Gegenleistung am Prozesserfolg partizipiert (BGH, ZInsO 2013, 441).

22 Die **Unwirksamkeit** erfasst nicht nur das **Verpflichtungsgeschäft**, sondern **auch das Verfügungsgeschäft** (Uhlenbruck-Uhlenbruck § 80 Rn. 153; KPB-Lüke § 80 Rn. 31a). Das durch zweckwidriges Verwalterhandeln Erlangte ist nach § 812 BGB an die Masse herauszugeben (BGH, ZIP 2008, 884). Der Leistungsempfänger kann sich rgm. nicht auf Entreicherung berufen, da er das Fehlen des Rechtsgrundes kennt (§ 819 Abs. 1 BGB; ebenso K. Schmidt-Sternal § 80 Rn. 34). Die Vorschrift setzt zwar positive Kenntnis voraus. Einer solchen ist jedoch das bewusste Sichverschließen gleichzusetzen (BGHZ 133, 246, 251 = ZIP 1996, 1382). Diese Voraussetzungen werden erfüllt sein, da die Unwirksamkeit aus der objektiven Evidenz des Rechtsmissbrauches folgt (KPB-Lüke § 80 Rn. 31a).

3. Rechtsfolgen in Einzelfällen

a) Eigentum/Besitz

23 Die Insolvenzeröffnung hat auf die Rechtsinhaberschaft keine Auswirkung. Der **Schuldner bleibt Eigentümer** (HK-Kayser § 80 Rn. 4). Übt der Insolvenzverwalter die tatsächliche Sachherrschaft über massezugehörige Gegenstände aus, ist er nach herrschender Meinung unmittelbarer Besitzer, der Schuldner mittelbarer Besitzer (KPB-Lüke § 80 Rn. 6). Der Insolvenzverwalter ist Fremdbesitzer, der Schuldner Eigenbesitzer (Uhlenbruck-Uhlenbruck § 80 Rn. 82; MK-Ott/Vuia § 80 Rn. 40). Der Insolvenzverwalter haftet dennoch nach § 836 BGB bei Einsturz eines Gebäudes, obwohl er nicht Eigenbesitzer ist. Ihm obliegt, für den Zustand des Gebäudes Sicherungsmaßnahmen zu treffen (Jaeger-Windel § 80 Rn. 63; Uhlenbruck-Uhlenbruck § 80 Rn. 82). Der Eigenbesitz des Schuldners ist außerdem bei den Erwerbstatbeständen der §§ 900, 927, 937 ff., 955, 958 BGB von Bedeutung. Die Besitzschutzansprüche der §§ 861, 862, 869 BGB stehen dem Insolvenzverwalter zu (KPB-Lüke § 80 Rn. 6). Die vorgenannten Grundsätze gelten nicht für insolvenzfreies Vermögen, bei Eigenverwaltung oder im Insolvenzplanverfahren (KPB-Lüke § 80 Rn. 6a, 7). Der Schuldner behält in diesen Fällen die Verfügungs- und Verwaltungsbefugnis, sodass die Besitzlage unverändert bleibt (Hess/Weis/Wienberg § 80 Rn. 49). Erwirbt der Insolvenzverwalter für die Masse, wird der Schuldner Eigentümer (KPB-Lüke § 80 Rn. 7).

b) Rechtsgeschäftliche Erklärungen

24 Der Schuldner und die Insolvenzmasse werden durch rechtsgeschäftliche Erklärungen des Insolvenzverwalters unmittelbar gebunden, es sei denn, die Rechtshandlung widerspricht dem Insolvenzzweck evident (Rdn. 21 bis 22). Die Masse haftet auch dann, wenn die Handlung des Insolvenzverwalters pflichtwidrig, aber dennoch wirksam ist (Uhlenbruck-Uhlenbruck § 80 Rn. 83). Die Haftung des Schuldners nach Verfahrensaufhebung für Masseverbindlichkeiten ist auf die ihm überlassene Insolvenzmasse (§ 199) beschränkt (BGH, NJW 1955, 339; WM 1964, 1125; MK-Ott/Vuia § 80 Rn. 9; BK-Blersch/v. Olshausen § 80 Rn. 8; **a. A.** Uhlenbruck-Uhlenbruck § 80 Rn. 84: unbeschränkte Haftung). **Willensmängel**, welche zur Unwirksamkeit einer Willenserklärung führen, müssen in der Person des Insolvenzverwalters vorliegen (KPB-Lüke § 80 Rn. 24; MK-Ott/Vuia § 80 Rn. 36). Bei Anfechtung wegen arglistiger Täuschung ist der Schuldner Dritter i. S. d. § 123 Abs. 2 BGB (Uhlenbruck-Uhlenbruck § 80 Rn. 85; KPB-Lüke § 80 Rn. 24). Für die Kenntnis/das Kennenmüssen bei **gutgläubigem Erwerb** kommt es ebenfalls auf den Insolvenzverwalter, nicht den Schuldner an (Uhlenbruck-Uhlenbruck § 80 Rn. 86; KPB-Lüke § 80 Rn. 25). Ein Gegenstand wird deshalb bei Erwerb von einem Nichtberechtigten auch bei Bösgläubigkeit des Schuldners Massebestandteil (Jaeger-Windel § 80 Rn. 64; MK-Ott/Vuia § 80 Rn. 37).

c) Selbstkontrahieren

25 Der Rechtsgedanke des § 181 BGB ist anwendbar, wenn der Insolvenzverwalter mit sich selbst ein Rechtsgeschäft vornimmt (allg. M. MK-Ott/Vuia § 80 Rn. 38; **a. A.** HK-Kayser § 80 Rn. 33).

Geschäfte des Insolvenzverwalters mit sich selbst sind daher unwirksam. Zulässig ist, eine juristische Person zu beauftragen, an der ein Dritter treuhänderisch die Mehrheitsanteile für den Insolvenzverwalter hält (BGH, ZIP 1984, 1358; zur Beauftragung der eig. Sozietät BGH, ZIP 2005, 36; Jacoby ZIP 2005, 1060). Nur bei formaler Beteiligung derselben Person auf beiden Seiten liegen die Voraussetzungen des § 181 BGB vor. Der Schuldner kann eine erforderliche Genehmigung nicht erteilen. Ihm fehlt die Verfügungsbefugnis. Der Interessenkonflikt kann auch nicht durch den Gläubigerausschuss/die Gläubigerversammlung gelöst werden (MK-Ott/Vuia § 80 Rn. 39). Das Insolvenzgericht ist hierzu ebenfalls nicht befugt, da Aufsichtsorgan. Nur ein zu bestellender **Sonderinsolvenzverwalter** kann die **Genehmigung** erteilen (MK-Ott/Vuia § 80 Rn. 39; Uhlenbruck-Uhlenbruck § 80 Rn. 87; K. Schmidt-Sternal § 80 Rn. 32).

d) Zustellungen

Zustellungen sind an den Insolvenzverwalter zu richten, soweit die verwaltete **Masse betreffend** (Uhlenbruck-Uhlenbruck § 80 Rn. 89; K. Schmidt-Sternal § 80 Rn. 40). Bescheide sind nur wirksam, wenn sie dem Insolvenzverwalter zugestellt worden sind. Ist die Zustellung, an den Schuldner gerichtet, über die Postsperre (§ 99) an den Insolvenzverwalter gelangt, reicht dies nicht aus (NR-Wittkowski § 80 Rn. 50). Hat ein Insolvenzgläubiger vor Verfahrenseröffnung den **Schuldner verklagt**, ist die Zustellung nach Verfahrenseröffnung weder an den Schuldner noch den Insolvenzverwalter zulässig. Dies folgt aus den §§ 38, 87, 174 ff. Wird dennoch an den Insolvenzverwalter zugestellt, begründet dies **kein Prozessrechtsverhältnis** zu ihm (BGHZ 127, 156 = ZIP 1994, 1700). Der Schuldner, nicht der Insolvenzverwalter, ist Beklagter. Der Schuldner bleibt in diesem Fall prozessführungsbefugt, um sich gegen die unzulässige Klage zu verteidigen (OLG Köln, NZI 2012, 26). Ein Urteil, das gegen den Schuldner ergangen ist, muss nach Verfahrenseröffnung dem Insolvenzverwalter zugestellt werden (Uhlenbruck-Uhlenbruck § 80 Rn. 89). 26

e) Verschuldenszurechnung

Bei pflichtwidrigem Verhalten des Insolvenzverwalters haften primär die Insolvenzmasse und sodann sein persönliches Vermögen (§ 60 Rdn. 3). Der Geschädigte wird durch die Haftung der Masse nicht dem Risiko ausgesetzt, dass das persönliche Vermögen des Insolvenzverwalters zur Deckung unzureichend ist (Uhlenbruck-Uhlenbruck § 80 Rn. 88). Das Verschulden von **Erfüllungsgehilfen** wird nach § 278 BGB zugerechnet (MK-Ott/Vuia § 80 Rn. 41). Diese Vorschrift ist auch auf die Zurechnung des pflichtwidrigen Verwalterhandelns bezogen auf die Insolvenzmasse anwendbar (RGZ 144, 399; BGH, NJW 1975, 1969; str. a. A. KPB-Lüke § 80 Rn. 27; Uhlenbruck-Uhlenbruck § 80 Rn. 88 auch bei Vertragsverletzungen § 31 BGB). Bei **deliktischem Handeln** erfolgt die Zurechnung über § 31 BGB (MK-Ott/Vuia § 80 Rn. 41; KPB-Lüke § 80 Rn. 27: »Der Vorschrift liegt der allgemeine Gedanke zugrunde, dass die Vermögensmasse, die die Vorteile durch die Verwaltung genießt, auch den durch diese Verwaltung angerichteten Schaden tragen muss.«). 27

4. Aufgaben/Befugnisse in Sonderrechtsgebieten

a) Arbeitsrecht

Das Anstellungsverhältnis bleibt von der Insolvenzeröffnung unberührt. Gesetzliche und tarifvertragliche Beschränkungen gelten fort. Die Insolvenzeröffnung ist kein Kündigungsgrund (Uhlenbruck-Uhlenbruck § 80 Rn. 92). Streitig ist, ob der Insolvenzverwalter mit Verfahrenseröffnung in die **Arbeitgeberstellung** einrückt oder lediglich die Arbeitgeberfunktion für den Schuldner ausübt (zum Meinungsstreit: MK-Ott/Vuia § 80 Rn. 121; BK-Blersch/v. Olshausen § 80 Rn. 19). Im Ergebnis besteht jedoch Einigkeit, dass der Insolvenzverwalter nicht Rechtsnachfolger des Schuldners wird (Uhlenbruck-Uhlenbruck § 80 Rn. 92; Berscheid, Kölner Schrift zur InsO, S. 1396 Rn. 1 f.). Er nimmt aufgrund seiner Verwaltungs- und Verfügungsbefugnis die Pflichten des Arbeitgebers vollumfänglich wahr. Er ist hierbei an die einzelvertraglichen Abreden als auch Betriebsvereinbarungen/Tarifverträge gebunden (BAGE 29, 104, 121; BAG, NJW 1991, 1971). Der Schuldner bleibt Vertragspartner der Arbeitsverhältnisse. Dies gilt auch für **Neueinstellungen** 28 durch den Insolvenzverwalter. Verpflichtet wird die Insolvenzmasse (MK-Ott/Vuia § 80 Rn. 124). Der Insolvenzverwalter ist ggü. dem Arbeitnehmer **direktionsbefugt** (Uhlenbruck-Uhlenbruck § 80 Rn. 93). Zur Optimierung des Liquidationszweckes dürfen dem Arbeitnehmer Tätigkeiten zugewiesen werden, welche seinen vertraglichen Arbeitspflichten nicht entsprechen (Uhlenbruck-Uhlenbruck § 80 Rn. 93; Gottwald/Heinze, InsRHdb, § 102 Rn. 27). Dem Insolvenzverwalter steht das **Kündigungsrecht** zu (§ 113 Rn. 21 ff.). Hierbei sind die Besonderheiten des § 113 zu beachten. Eine Pflicht zur Erteilung von **Arbeitszeugnissen** besteht, wenn das Anstellungsverhältnis insolvenzübergreifend fortbestanden hat und der Betrieb nach Insolvenzeröffnung weitergeführt wurde (BAGE 67, 112 = NJW 1991, 1971; BAG, ZIP 2004, 1974; LAG Nürnberg, ZInsO 2004, 194). Zur Erfüllung seiner Zeugnispflicht kann der Insolvenzverwalter Auskunft gem. § 97 beanspruchen (BAG, ZIP 2004, 1974). Ansonsten ist der Schuldner verpflichtet, das Arbeitszeugnis zu erteilen, da der Insolvenzverwalter zur Beurteilung außerstande ist (vgl. § 113 Rdn. 20). Dem Insolvenzverwalter obliegen weiterhin die arbeitsrechtlichen **Informations- und Auskunftspflichten**. Darüber hinaus hat er die Mitarbeiter und den Betriebsrat über das Schicksal des Unternehmens (Stilllegung, übertragende Sanierung oder Fortführung) zu unterrichten (Gottwald/Heinze/Bertram, InsRHdb, § 103 Rn. 30; Uhlenbruck-Uhlenbruck § 80 Rn. 94).

29 Die Mitwirkungs- und Mitbestimmungsrechte des **Betriebsrates** gelten nach Insolvenzeröffnung fort. Besondere Vorschriften zur betrieblichen Mitbestimmung (§§ 113, 120 ff., 232 Abs. 1 Nr. 1) sind von dem Insolvenzverwalter zu berücksichtigen (Uhlenbruck/Uhlenbruck § 80 Rn. 95). Insoweit wird auf die Kommentierung dieser Normen verwiesen.

30 Der Insolvenzverwalter hat die einem Arbeitgeber obliegenden **sozialversicherungsrechtlichen Pflichten** zu erfüllen. Die Arbeitgeber-/Arbeitnehmeranteile für die gesetzlichen Sozialversicherungsbeiträge sind abzuführen. Die allgemeinen Anzeige-, Melde- und Auskunftspflichten ggü. den Sozialversicherungsträgern gelten auch für den Insolvenzverwalter (MK-Ott/Vuia § 80 Rn. 130; Uhlenbruck-Uhlenbruck § 80 Rn. 102). Er hat der BA alle Auskünfte zu erteilen, welche für die Zahlung des Insolvenzgeldes erforderlich sind (§ 316 SGB III). Für jeden Arbeitnehmer ist das Arbeitsentgelt für den Insolvenzgeldzeitraum zu bescheinigen (§ 314 Abs. 1 SGB III). Eine Pflicht des Insolvenzverwalters, die Arbeitnehmer auf den Antrag zur Bewilligung von Insolvenzgeld und die dafür normierte Ausschlussfrist (§ 324 Abs. 3 SGB III) hinzuweisen, besteht indessen nicht. Der Arbeitgeber ist aber nach § 183 Abs. 4 SGB III verpflichtet, den Arbeitnehmern/dem Betriebsrat den Beschluss des Insolvenzgerichtes bekannt zu geben.

b) Handelsrecht

31 Bei einem einzelkaufmännischen Unternehmen bleibt der Schuldner auch nach Insolvenzeröffnung Kaufmann, wenn die Geschäftstätigkeit fortgesetzt wird. Die **Kaufmannseigenschaft** endet erst mit Aufgabe oder Veräußerung des Geschäftsbetriebes (KPB-Lüke § 80 Rn. 13; HK-Kayser § 80 Rn. 18; K. Schmidt-Sternal § 80 Rn. 62). Entsprechendes gilt für juristische Personen. Diese werden zwar mit Insolvenzeröffnung aufgelöst, sie bleiben aber Handelsgesellschaft bis zur Vollbeendigung (MK-Ott/Vuia § 80 Rn. 99). Der Insolvenzverwalter wird auch dann nicht Kaufmann, wenn er den Betrieb nach Insolvenzeröffnung fortführt (BGH, NJW 1987, 1940; Uhlenbruck-Uhlenbruck § 80 Rn. 11; K. Schmidt-Sternal § 80 Rn. 62). Für Handelsgeschäfte des fortgeführten Geschäftsbetriebes finden die Vorschriften für den kaufmännischen Rechtsverkehr Anwendung (KPB-Lüke § 80 Rn. 13; HK-Kayser § 80 Rn. 50). Trotz fehlender Kaufmannseigenschaft sind die Grundsätze des kaufmännischen Geschäftsverkehrs auf den Verwalter anzuwenden, wenn er wie ein Kaufmann am Rechtsverkehr teilnimmt und der Vertragspartner darauf vertrauen darf, dass er sich wie ein Kaufmann verhält (KPB-Lüke § 80 Rn. 13; Uhlenbruck-Uhlenbruck § 80 Rn. 11; K. Schmidt-Sternal § 80 Rn. 63). Für Geschäfte, welche in keinem Zusammenhang mit der unternehmerischen Tätigkeit stehen (z. B. Liquidationsverkäufe), gilt dies jedoch nicht (MK-Ott/Vuia § 80 Rn. 100). Bei Veräußerung des Unternehmens durch den Insolvenzverwalter ist § 25 HGB unanwendbar (BGHZ 104, 151 = ZIP 1988, 727; BAG, ZInsO 2007, 328; OLG Düsseldorf, ZInsO 1999, 723).

Von dem Schuldner erteilte **Prokura** oder **Handlungsvollmacht** erlischt mit Insolvenzeröffnung (§ 117). Streitig ist, ob der Insolvenzverwalter zur Erteilung von Prokura/Handlungsvollmacht berechtigt ist. Die zur KO vertretene ablehnende Auffassung hat ihren Standpunkt damit begründet, der Konkursverwalter dürfe sich seiner Verantwortung ggü. dem Gericht und den Gläubigern nicht durch Bevollmächtigung Dritter entziehen. Der Insolvenzverwalter hat den laufenden Geschäftsbetrieb nach Möglichkeit fortzuführen. Gerade bei größeren Unternehmen muss für den Insolvenzverwalter möglich sein, Geschäftsbereiche zu delegieren. Nach nunmehr überwiegender Auffassung ist der Insolvenzverwalter deshalb zur Erteilung der Prokura oder Handlungsvollmacht berechtigt (vgl. zum Meinungsstand MK-Ott/Vuia § 80 Rn. 103 bis 107; ebenso K. Schmidt-Sternal § 80 Rn. 62; Uhlenbruck-Uhlenbruck § 80 Rn. 11; a. A. KPB-Lüke § 80 Rn. 13; Jaeger-Windel § 80 Rn. 68; NR-Wittkowski § 80 Rn. 33). Der Insolvenzverwalter ist zwar nicht Inhaber des Handelsgeschäftes i. S. d. § 48 HGB, er nimmt jedoch infolge der auf ihn übergegangenen Verwaltungs- und Verfügungsbefugnis die Kaufmannseigenschaft für den Schuldner wahr. 32

c) **Gesellschaftsrecht**

Die Gesellschaft wird mit Insolvenzeröffnung aufgelöst (§ 728 Abs. 1 BGB, § 131 Abs. 1 Nr. 3 HGB, § 262 Abs. 1 Nr. 3 AktG, § 60 Abs. 1 Nr. 4 GmbHG, § 101 GenG). Die **vertretungsberechtigten Gesellschafter/Organe** verlieren nicht ihre Rechtsstellung als solche, sondern die Verwaltungs- und Verfügungsbefugnis, welche auf den Insolvenzverwalter übergegangen ist (BGH, ZIP 2007, 449; BGH, ZIP 2006, 1455; KG, ZIP 2012, 1352). Es können daher ohne Mitwirkung des Insolvenzverwalters Gesellschafter-/Hauptversammlungen einberufen werden (K. Schmidt-Sternal § 80 Rn. 65). Die Kompetenz der Gesellschaftsorgane beschränkt sich auf den insolvenzfreien Bereich unpfändbaren Vermögens oder Angelegenheiten ohne Vermögensbezug. Die Organmitglieder können nur von den dafür zuständigen Gesellschaftsorganen abberufen oder neu bestellt werden. Gleiches gilt für eine Kapitalerhöhung (K. Schmidt-Sternal § 80 Rn. 65; Uhlenbruck-Uhlenbruck § 80 Rn. 16). Die Gesellschafter können auch die **Satzung ändern**, soweit dies nicht dem Zweck des Insolvenzverfahrens widerspricht (Uhlenbruck-Uhlenbruck § 80 Rn. 15). Zu den Restkompetenzen gehören auch Anmeldung von Satzungsänderungen zum Handelsregister sowie die Einreichung der Gesellschafterliste (OLG Köln, NZI 2001, 470). Der Insolvenzverwalter ist aber berechtigt, das Anstellungsverhältnis zu kündigen. **Anfechtungs- und Nichtigkeitsklagen** gegen Beschlüsse der Gesellschafterversammlung, die zum Gegenstand die Feststellung des Jahresabschlusses, die Entlastung des Geschäftsführers und die Übernahme von Personalkosten haben, sind nach Verfahrenseröffnung gegen den Insolvenzverwalter zu richten, da diese Massebezug haben (OLG München, ZInsO 2010, 2142; K. Schmidt-Sternal § 80 Rn. 65). 33

Mit der insolvenzbedingten Auflösung der Gesellschaft wird zugleich der Geschäftszweck geändert. Das werbende Unternehmen wandelt sich in eine Abwicklungsgesellschaft (KPB-Lüke § 80 Rn. 48; MK-Ott/Vuia § 80 Rn. 111). Der Insolvenzverwalter nimmt das Amt des Liquidators wahr. Ziel des Insolvenzverfahrens ist auch die Sanierung, sodass bei beschlossener Unternehmensfortführung der Liquidationszweck überlagert wird. 34

In der **Insolvenz des Gesellschafters** fällt der Anteil in die Masse. Der Insolvenzverwalter ist berechtigt, die Gesellschafterrechte (z. B. Stimmrecht) auszuüben (OLG München, ZInsO 2010, 1744, 28; KPB-Lüke § 80 Rn. 48; Uhlenbruck-Uhlenbruck § 80 Rn. 16). 35

d) **Steuerrecht**

Der Insolvenzverwalter hat gem. § 34 Abs. 3 AO die steuerrechtlichen Pflichten des Schuldners wahrzunehmen. Wegen der Einzelheiten wird auf die Kommentierung zu § 155 verwiesen. 36

e) **Ordnungsrecht**

Das Insolvenzrecht beschränkt weder das Ordnungsrecht noch umgekehrt das Ordnungsrecht das Insolvenzrecht (BVerwG, ZInsO 2004, 1206; BVerwGE 107, 299; Uhlenbruck-Uhlenbruck § 80 37

Rn. 170). Die Bestimmungen des Ordnungsrechtes gelten im eröffneten Verfahren fort (KPB-Lüke § 80 Rn. 79). Wer Handlungs- oder Zustandsstörer ist, bestimmt sich ausschließlich nach den Vorschriften des Ordnungsrechtes. **Adressat der Ordnungsverfügung** ist nach Insolvenzeröffnung der **Verwalter**. Dies gilt auch dann, wenn die Störung vor Insolvenzeröffnung durch den Schuldner oder von ihm gehörenden Gegenständen eingetreten ist. Der Verwalter **haftet** grds. nicht persönlich, sondern nur **mit der verwalteten Masse** (BVerwG, ZInsO 1999, 291).

38 Problematisch ist jedoch, wie die ordnungsrechtliche Pflichtigkeit insolvenzrechtlich einzuordnen ist. Wird die **Gefahr erst nach Insolvenzeröffnung** durch den Verwalter hervorgerufen oder besteht diese durch sein Handeln fort, ist er als Handlungsstörer Verfügungsadressat. Die **Ordnungspflicht ist Masseverbindlichkeit** i. S. d. § 55 Abs. 1 Nr. 1 (BGH, ZInsO 2001, 751; OVG Sachsen-Anhalt, ZInsO 2000, 506; K. Schmidt-Sternal § 80 Rn. 68). Ist **vor Insolvenzeröffnung die Störung von dem Schuldner** hervorgerufen und gegen ihn eine **Verfügung erlassen** worden, ist der Anspruch auf Durchführung der Ersatzvornahme **Insolvenzforderung** (MK-Ott/Vuia § 80 Rn. 139; K. Schmidt-Sternal § 80 Rn. 68). **Streitig** wird die Rechtslage beurteilt, wenn die **Gefahr vor Insolvenzeröffnung** bestanden hat, die **Grundverfügung nach dem Insolvenzereignis** gegen den Verwalter erlassen wurde. Nach st. **Rspr. des BVerwG** ist die **Beseitigungspflicht rgm. Masseverbindlichkeit** i. S. d. § 55 Abs. 1 Nr. 1 (BVerwG, ZInsO 1999, 291; BVerwGE 122, 75 = ZInsO 2004, 1206). Nach Auffassung des BVerwG ist maßgebend, woran die Ordnungspflicht anknüpft. Ist dies die tatsächliche Gewalt (§ 4 Abs. 3 Satz 1 BBodSchG), reicht die Inbesitznahme durch den Insolvenzverwalter aus, um hieraus eine Masseverbindlichkeit abzuleiten. Ohne Belang ist nach dieser Auffassung, ob die Gefahr bereits vorher bestanden hat. Beruht die Ordnungspflicht auf der Stellung als Anlagebetreiber (§§ 5, 22 BImSchG), soll fraglich sein, ob die Inbesitznahme als solche oder die Betriebsstilllegung für die ordnungsrechtliche Verantwortlichkeit des Insolvenzverwalters ausreicht (offengelassen BVerwGE 107, 299 = ZInsO 1999, 50; dagegen KPB-Lüke § 80 Rn. 80). Nur wenn die Sachherrschaft keinen Bezug zur Störereigenschaft hat, entfällt eine Beseitigungspflicht des Insolvenzverwalters. Die Rspr. des BVerwG ist auf **erhebliche Kritik** gestoßen (vgl. K. Schmidt, NJW 2010, 1489; ders. NJW 2012, 3344; Uhlenbruck-Uhlenbruck § 80 Rn. 170 bis 177). Überwiegend wird eingewandt, der öffentlich-rechtliche Beseitigungsanspruch werde systemwidrig bevorzugt. Abzustellen sei auf den konkreten Gefahrentatbestand (Uhlenbruck-Uhlenbruck § 80 Rn. 174; K. Schmidt-Sternal § 80 Rn. 68). Ist dieser vor Insolvenzeröffnung erfüllt, kann die Beseitigungspflicht nur Insolvenzforderung sein (MK-Ott/Vuia § 80 Rn. 139; KPB-Lüke § 80 Rn. 84; OVG Schleswig-Holstein, ZIP 1993, 283). Die Ordnungspflicht ist hingegen Masseverbindlichkeit, wenn der Verwalter die Gefahr nach Verfahrenseröffnung hervorgerufen oder die Störung verursacht hat. Auch der BGH hat sich krit. zur Rspr. des BVerwG geäußert. Der BGH vertritt den Standpunkt, allein die sicherstellende Inbesitznahme störender Sachen durch den Insolvenzverwalter begründe noch keine Haftung der Masse für die Beseitigungskosten. Erst die Nutzung für die Masse oder ihre Verwertung lasse eine Masseverbindlichkeit entstehen (BGH, ZInsO 2001, 751; ZInsO 2002, 524). Anzumerken ist, dass sich diese Rspr. nicht auf öffentlich-rechtliche Ordnungspflichten bezieht. Gegen die Rechtsansicht des BVerwG spricht auch, dass beide Rechtsbereiche ineinander greifen. Dies wird zwar auch vom BVerwG erkannt, jedoch nicht umgesetzt. Die Ordnungspflicht ist nicht nur nach öffentlich-rechtlichen Kriterien zu ermitteln, die Wertungen der InsO sind hierbei zu berücksichtigen. Ist für die Zustandsstörung die tatsächliche Sachherrschaft maßgebend, ist mit dem BGH danach zu differenzieren, ob der Insolvenzverwalter den Gegenstand für die Masse nutzt oder verwertet. Allein die Inbesitznahme ist zur Begründung einer Masseverbindlichkeit unzureichend, da dies Erfüllung der in § 148 normierten Pflicht ist (ebenso HK-Kayser § 80 Rn. 58; Braun-Kroth § 80 Rn. 29; OVG Niedersachsen, NZI 2010, 235).

39 Ungeachtet der Kritik an der verwaltungsgerichtlichen Rspr. bleibt dem Insolvenzverwalter die Möglichkeit, den Gegenstand, von welchem die Gefahr ausgeht, aus dem **Insolvenzbeschlag freizugeben**. Sind mit der Freigabe die Voraussetzungen einer ordnungsrechtlichen Verantwortung entfallen, **endet die öffentlich-rechtliche Pflichtigkeit** (KPB-Lüke § 80 Rn. 103). War die Handlungs- oder Zustandshaftung vor Verfahrenseröffnung gegeben, entfällt mit der Freigabe eine Ordnungspflicht des Verwalters und die Belastung der Masse durch eine Masseverbindlichkeit

(BVerwG, ZInsO 2004, 1206; OVG Niedersachsen, NZI 2010, 235; VGH Hessen, ZInsO 2010, 296; Uhlenbruck-Uhlenbruck § 80 Rn. 176; a. A. K. Schmidt, NJW 2010, 1489, 1492: kontinuierliche Haftung der Masse trotz Freigabe; a. A. OVG Berlin-Brandenburg, ZIP 2010, 1565 zum Vorausleistungsbescheid von Straßenbaubeiträgen). Die **Freigabe** ist nicht sittenwidrig i. S. d. § 138 BGB. Sinn der Freigabe ist gerade, die Masse von Vermögensgegenständen zu befreien, welche diese belasten würden (BVerwGE 122, 75 = ZInsO 2004, 1206; HK-Kayser § 80 Rn. 59; Uhlenbruck-Uhlenbruck § 80 Rn. 175). Ist der Gefahrentatbestand aber nach Verfahrenseröffnung durch den Verwalter als Handlungsstörer erfüllt worden, ist eine Masseverbindlichkeit entstanden (VGH Mannheim, ZIP 2012, 1819). Ein lediglich kurzer Nutzungszeitraum ist ausreichend (BVerwGE 107, 299 = NZI 1999, 132; OVG Münster, NZI 2013, 945, 946). Der Insolvenzverwalter kann sich durch Freigabe von einer Masseverbindlichkeit nicht mehr befreien. Zwar endet mit der Freigabe eine weitere Zustandshaftung, die Handlungshaftung besteht indessen als Masseverbindlichkeit fort (VGH Mannheim, ZIP 2012, 1819; Uhlenbruck-Uhlenbruck § 80 Rn. 176). Eine Freigabe kann dann die bereits eingetretene Verantwortlichkeit der Masse nicht mehr verhindern, sondern allenfalls weitere künftige Haftungen aufgrund anderer Umstände ausschließen. Die Freigabe wirkt sich masseentlastend daher nur bei isolierter Zustandshaftung aus (OVG Niedersachsen, NZI 2010, 235; VGH Hessen, ZInsO 2010, 296; a. A. Fölscher, ZInsO 2010, 2224 Haftung der Masse bei unterlassener Freigabe nach dem Berichtstermin). Führt die Beseitigungspflicht zur **Masseunzulänglichkeit**, entfällt hierdurch nicht die Befugnis, den Insolvenzverwalter durch Verwaltungsakt in Anspruch zu nehmen. Insb. schließt das Vollstreckungsverbot des § 210 den Erlass eines Verwaltungsakts nicht aus. Die Masseunzulänglichkeit bewirkt lediglich, dass die Kosten der Ersatzvornahme nach Maßgabe der gesetzlichen Verteilungsvorschrift des § 209 zu berichtigen sind (OVG Münster, NZI 2013, 945; VGH Mannheim, ZIP 2012, 1819). Streitig ist, ob eine Freigabe **bei juristischen Personen** möglich ist (verneinend: K. Schmidt, ZIP 2000, 1913; bejahend: BGH, ZIP 2007, 194, 196; ZInsO 2006, 260; ZInsO 2005, 594; BGH, ZInsO 2001, 751; BVerwGE 122, 75 = ZInsO 2004, 1206; KPB-Lüke § 80 Rn. 93, 104). Für die Freigabemöglichkeit spricht, dass der Gesetzgeber eine entsprechende Regelung (RegE BT-Drucks. 12/2443 S. 10) gestrichen hat. §§ 32 Abs. 3 und 35 Abs. 2 sehen für Teilbereiche sogar die Freigabe ausdrücklich vor. Umweltrechtliche Sonderregelungen können allerdings einer Freigabe entgegenstehen (§§ 3 Abs. 1, 4 AbfG; vgl. KPB-Lüke § 80 Rn. 102).

Öffentlich-rechtliche **Genehmigungen im Insolvenzverfahren**: Das Gewerberecht knüpft an die Zuverlässigkeit des Gewerbetreibenden an. Bei Unzuverlässigkeit kann die Gewerbeaufsicht dem Gewerbetreibenden die Ausübung bei genehmigungsfreier Tätigkeit untersagen (§§ 35, 59, 70a GewO) oder bei genehmigungsbedürftiger Tätigkeit eine bestehende Erlaubnis widerrufen (§§ 30 ff., 57 GewO). **Die Gewerbeuntersagung ist gem. § 12 GewO wegen Vermögensverfalls ausgeschlossen**, um den Zweck des Insolvenzverfahrens, die Sanierung des Unternehmens, nicht zu beeinträchtigen (VGH Hessen, ZVI 2003, 128; VG Gießen, ZInsO 2003, 427; Uhlenbruck-Uhlenbruck § 80 Rn. 24; MK-Ott/Vuia § 80 Rn. 17; Leibner, ZInsO 2002, 61). § 13 GewO erfasst auch die erweiterte Gewerbeuntersagung nach § 35 Abs. 1 Satz 2 GewO (VGH Bayern, NZI 2011, 339). § 12 GewO begründet einen Vorrang des Insolvenzverfahrens, das im Verhältnis zum Gewerberecht eigenständige Schutzvorkehrungen trifft. Die InsO sieht dazu die geordnete Abwicklung, aber auch die Betriebserhaltung als Konfliktlösung vor. Allerdings knüpft die InsO an die Vermögensmasse an, während die GewO die Person des Gewerbetreibenden im Blick hat. Anders als im Recht der gewerblichen Anlagen (z. B. BImSchG, KrW-/AbfG), bei dem die Vermögensmasse und die Anlage in einer Hand verbleiben (Schuldner, nach Insolvenzeröffnung: Insolvenzverwalter), kommt es im Gewerberecht zu einer Überwachung des ursprünglichen Gewerbetreibenden (Widerruf der Gewerbeerlaubnis, Verbot der nichtgenehmigungsbedürftigen gewerblichen Tätigkeit) bei Insolvenz. Der Schutz vor dem insolventen Schuldner ist aber gleichzeitig ein Anliegen der InsO und liegt in der Hand des Insolvenzverwalters. § 12 GewO will deshalb zugunsten der Überwachung des geordneten Insolvenzverfahrens durch den Insolvenzverwalter die gewerberechtliche Überwachung zurückdrängen. Anders lässt sich der angestrebte Zweck der Sanierung auch gar nicht erreichen. Es kommt jedoch deshalb zu Divergenzen, weil das Gewerberecht mit der Person verknüpft ist

39a

und daher an sich höchstpersönlich beim Gewerbetreibenden verbleibt, sodass der Schutz des § 12 GewO nicht zum Tragen kommen würde. Dann wäre der Insolvenzverwalter nicht Adressat der gewerberechtliche Maßnahmen und zur Durchsetzung des Rechtsschutzes nicht aktivlegitimiert. Das OVG Hamburg hat in den Vordergrund seiner Betrachtung die Bindung der Vermögensmasse an den Insolvenzverwalter gestellt und mit dem Argument der ganzheitlichen Betrachtung auf die höchstpersönliche Wirkung des Gewerberechts verzichtet (Beschl. v. 26.01.2011 – 5 Bs 239/10). Auch wenn die Personalkonzession an die Person oder Gesellschaft gebunden ist, bedarf es hinsichtlich ihrer Zuordnung zum Betrieb einer »ganzheitlichen Betrachtung«. Konsequenzen: Zum einen ist Adressat des Widerrufs nicht der Schuldner, sondern der Insolvenzverwalter. Er ist somit aktivlegitimiert. Zum anderen findet § 12 GewO Anwendung, weil die schonende und in der InsO abschließend geordnete Abwicklung eines Insolvenzverfahrens Vorrang vor den öffentlichen Interessen zum Schutz vor unzuverlässigen Gewerbetreibenden genießt. Beim sachlichen Schutzbereich ist nach genehmigungsfreien und -pflichtigen Tätigkeiten zu differenzieren: § 12 GewO schützt das genehmigungsbedürftige Gewerbe vor einem Widerruf (z.B. § 15 GaststG), einer Verbotsverfügung wegen Illegalität (§ 15 GewO), aber auch vor deren Vollstreckung im Wege des Verwaltungszwangs (Zwangsgeld, Betriebsschließung als unmittelbarer Zwang). § 12 GewO erfasst beim genehmigungsfreien Gewerbe die einzig mögliche Reglementierung durch Untersagung nach § 35 GewO sowie deren zwangsweise Durchsetzung. Der zeitliche Schutzbereich beginnt bereits mit der Anordnung von Sicherungsmaßnahmen im Eröffnungsverfahren. Bei unanfechtbarer Untersagungsverfügung/Widerruf der Gewerbeerlaubnis vor Anordnung von Sicherungsmaßnahmen wegen ungeordneter wirtschaftlicher Verhältnisse sperrt § 12 GewO die Verwaltungsvollstreckung (VGH Bayern, NZI 2011, 339 Rn. 24; anders OVG Niedersachsen, BeckRS 2008, 41422 wegen »Flucht in die Insolvenz«). Ist die Untersagungsverfügung/der Widerruf vor Insolvenzeröffnung noch anfechtbar, kann der vorl. Insolvenzverwalter aus § 12 GewO das Abwehrrecht geltend machen. Streitig ist dann, ob der Beurteilungszeitpunkt (grds. Sachlage bei Erlass der letzten Verwaltungsentscheidung, vgl. BVerwG, GewArch 1991, 110; VGH Hessen, NJW 2003, 1827) für die Prüfung der Rechtmäßigkeit der Untersagungsverfügung verschoben wird (vgl. VGH Bayern, NZI 2011, 339 Rn. 23; offengelassen OVG Nordrhein-Westfalen, BeckRS 2009, 33242). Wird die gewerbliche Tätigkeit nach § 35 Abs. 2 freigegeben, greift § 12 GewO nach dessen Sinn und Zweck nicht ein (VG Neustadt a.d. Weinstrasse, ZInsO 2013, 1202; VG Darmstadt, ZInsO 2011, 1362; a.A. VG Trier, ZInsO 2010, 1744; VG Oldenburg, ZInsO 2009, 1354; VG München, ZInsO 2009, 1588). Gleiches gilt bei Aufhebung des Insolvenzverfahrens (VG Gießen, ZIP 2013, 1293). Eine Gewerbeuntersagung kann auf Umstände, die zum Insolvenzverfahren geführt haben, nicht gestützt werden. Es müssen vielmehr nach Freigabe neue Umstände hinzutreten, welche die Unzuverlässigkeit begründen (VG Neustadt a.d. Weinstrasse, ZInsO 2013, 1202; VG Darmstadt, ZInsO 2011, 1362 Rn. 25; VG Trier, ZInsO 2010, 1744).

5. Rechtsstellung im Prozess

a) Allgemeines

40 Der Insolvenzverwalter führt die Masseprozesse als **Partei kraft Amtes** (BGH, ZInsO 2006, 260; BGHZ 100, 346 = ZIP 1987, 650; KPB-Lüke § 80 Rn. 52). Die Prozessführung erfolgt im eigenen Namen für fremdes Vermögen (Uhlenbruck-Uhlenbruck § 80 Rn. 104). Unterbleibt eine derartige Klarstellung als Partei kraft Amtes zu handeln, ist der Insolvenzverwalter als Privatperson Partei (KPB-Lüke § 80 Rn. 54; MK-Ott/Vuia § 80 Rn. 77; K. Schmidt-Sternal § 80 Rn. 37). Bei angeordneter **Eigenverwaltung** verbleibt die Prozessführungsbefugnis beim Schuldner (BFH, ZIP 2014, 894).

▶ **Praxistipp:**

Die Parteibezeichnung lautet »... als Insolvenzverwalter über das Vermögen der ... GmbH«. Bei persönlicher Haftungsinanspruchnahme ist nur die Person ohne Eigenschaftszusatz zu bezeichnen, was hinreichend deutlich zu machen ist. Anderenfalls könnte die Klage unbegründet sein, wenn sich aus der Parteibezeichnung keine hinreichend genaue Abgrenzung auf das Haftungssubjekt ergibt.

Der Insolvenzverwalter ist auch **antragsberechtigt bei der Arrestvollstreckung** i. R. d. Rückgewinnungshilfe gem. §§ 111g, 111h StPO (OLG Celle, ZIP 2007, 2335, a. A. OLG Frankfurt am Main, NStZ 2007, 168; OLG Karlsruhe, NZI 2014, 430). Der Insolvenzverwalter ist zwar nicht Verletzter (ebenso OLG Karlsruhe, NZI 2014, 430), er nimmt aber die Rechte des Verletzten, die bei §§ 111g, 111h StPO Vermögensbezug haben, wahr. Gleiches gilt für den **Adhäsionsantrag**. Die Antragsbefugnis setzt nicht voraus, dass der Insolvenzverwalter Geschädigter ist, somit die Schädigung nach Verfahrenseröffnung erfolgt sein muss (so aber OLG Jena, NZI 2012, 105; Meyer-Goßner, StPO, § 403 Rn. 5). Wurde der Schuldner vor Verfahrenseröffnung geschädigt, folgt die Antragsbefugnis im Adhäsionsverfahren aus seiner Stellung als Partei kraft Amtes (OLG Celle, NJW 2007, 3795; Löwe-Rosenberg/Hilger, StPO, § 403 Rn. 4; Engelhardt, StPO, § 403 Rn. 7). Der Schuldner bleibt zwar partei- und prozessfähig (KPB-Lüke § 80 Rn. 14), er hat aber seine Prozessführungsbefugnis bezogen auf das Massevermögen verloren (BGH, ZInsO 2013, 1146 Rn. 11; BGH, ZIP 2009, 240 Rn. 7; BGH, ZInsO 2008, 741 für die Beschwerde im Zwangsversteigerungsverfahren; HK-Kayser § 80 Rn. 22; Uhlenbruck-Uhlenbruck § 80 Rn. 104). Die Prozessführungsbefugnis des Insolvenzverwalters endet mit Beendigung des Insolvenzverfahrens. Bei Anordnung einer **Nachtragsverteilung** besteht diese indessen fort, um den der Nachtragsverteilung vorbehaltenen Vermögensgegenstand einziehen zu können (BFH, ZInsO 2012, 232 Rn. 11). Der Schuldner bleibt hingegen prozessführungsbefugt, soweit insolvenzfreie Streitgegenstände betreffend (BGH, ZInsO 2009, 1029 zum Schutzantrag nach § 765a ZPO) und kann nach Verfahrenseröffnung noch die Rechte geltend machen, welche ihm nach Verfahrenseröffnung verbleiben (BGH, NZI 2006, 169). Der Schuldner bleibt somit berechtigt, gegen Steuerbescheide vorzugehen, die unter Missachtung der § 87, §§ 240, 249 ZPO ergangen sind (BFH, ZInsO 2012, 2303 Rn. 10; BFH, ZInsO 2012, 785 Rn. 10). Der Schuldner bleibt auch insoweit prozessführungsbefugt, als er sich gegen die Unzulässigkeit einer Klagerhebung nach Verfahrenseröffnung verteidigt (OLG Köln, NZI 2012, 26). Hat der Schuldner den Prozess vor Verfahrenseröffnung geführt, wird dieser gem. § 240 ZPO unterbrochen (dazu Vorb. § 85). Die Verwaltungs- und Verfügungsbefugnis über den prozessualen Anspruch geht auf den Insolvenzverwalter auch ohne Aufnahme des Rechtsstreits über (OLG Celle, ZIP 2011, 2127). Der Schuldner bleibt allerdings insoweit prozessführungsberechtigt, als es um die Geltendmachung der Rechtsfolge der Unterbrechung, etwa Einlegung eines Rechtsbehelfs gegen ein entgegen §§ 240, 249 ZPO ergangenes Urteil, geht (OLG Köln, NZI 2012, 26; a. A. Jaeger-Windel § 85 Rn. 106; Uhlenbruck-Uhlenbruck § 85 Rn. 64 mangels Prozessführungsbefugnis). Die Bevollmächtigung des schuldnerischen Vertreters erlischt gem. §§ 115, 117. Mit der Aufnahme nach §§ 85, 86 erfolgt ein Parteiwechsel auf den Insolvenzverwalter. Das Rubrum ist mit der Prozessaufnahme durch die aufnehmende Partei umzustellen. Der Insolvenzverwalter entscheidet, wen er mit der Prozessführung beauftragt. Der Insolvenzverwalter hat sich zwar nicht das Wissen des Schuldners bzw. seiner organschaftlichen Vertreter zuzurechnen. Ein **Bestreiten mit Nichtwissen** ist unzulässig, solange die Erkundigungen des Insolvenzverwalters keinen Aufschluss gebracht haben Der Insolvenzverwalter hat die Unterlagen zu sichten und den Schuldner zu befragen. Erst wenn diese Recherche erfolglos war, ist ein pauschales Bestreiten mit Nichtwissen zulässig (BGH, BeckRS 2013, 01754; BGH, ZInsO 2012, 693 Rn. 16; BGH, ZIP 2006, 192 Rn. 15). Für den Insolvenzverwalter bestehen keine insolvenzspezifischen Pflichten ggü. den Prozessbeteiligten (BGH, ZInsO 2001, 703). Aufgrund seiner Verwaltungs- und Verfügungsbefugnis über die massezugehörigen Gegenstände kann er den Rechtsstreit nach den allgemeinen zivilrechtlichen Vorschriften führen. Die Vorschriften über den Anwaltszwang (z. B. § 78 ZPO) sind zu beachten, wenn der Insolvenzverwalter nicht zugleich Rechtsanwalt ist. Besonderheiten folgen aus der Trennung von Rechtsinhaberschaft und Verfügungsbefugnis. Der Insolvenzverwalter ist nicht Partei des Prozesses als Person, sondern als Träger der Prozessführungsgewalt über den Massegegenstand (Uhlenbruck-Uhlenbruck § 80 Rn. 104). Hieraus folgt insb., dass die **Rechtsfolgen des Prozesses zugunsten und zulasten der Masse eintreten** (MK-Ott/Vuia § 80 Rn. 75). Hat der Insolvenzverwalter den Prozess verloren, sind die **Verfahrenskosten** Masseverbindlichkeiten i. S. d. § 55 Abs. 1 Nr. 1

(Uhlenbruck-Uhlenbruck § 80 Rn. 104). Eine **persönliche Haftung** bei Masseunzulänglichkeit kommt rgm. nicht in Betracht (KPB-Lüke § 60 Rn. 26). Dem Insolvenzverwalter obliegen keine besonderen insolvenzspezifischen Schutzpflichten ggü. dem Prozessgegner (BGH, ZInsO 2005, 146; Uhlenbruck-Uhlenbruck § 80 Rn. 104). Er muss keine Rückstellungen für einen möglichen Kostenerstattungsanspruch des Gegners bilden (BGH, ZInsO 2005, 146; KPB-Lüke § 80 Rn. 55). Vielmehr realisiert sich für den Prozessgegner das allgemeine Ausfallrisiko. Eine persönliche Haftung wegen **sittenwidrigen Handelns** kommt nur dann in Betracht, wenn der Insolvenzverwalter grob leichtfertig einen Rechtsstreit führt und er weiß, dass bei Unterliegen die Kosten des Gegners aus der Masse ungedeckt bleiben (BGHZ 161, 241). Die Einordnung der Prozesskosten als Masseverbindlichkeit/Insolvenzforderung bei Aufnahme des Rechtsstreites ist streitig. Insoweit wird auf die Erläuterungen zu § 85 Rdn. 11 bis 17 verwiesen. Der allgemeine **Gerichtsstand** des Insolvenzverwalters richtet sich nach dem Sitz des Insolvenzgerichtes (§ 19a ZPO). Dieser Gerichtsstand ist nicht ausschließlich (BayObLG, NJW-RR 2003, 2916). Die Vorschrift gilt nur für Passivprozesse (BGH, ZInsO 2003, 707). Da § 689 Abs. 2 ZPO auf den allgemeinen Gerichtsstand abstellt, ist für den Mahnantrag das Gericht am Sitz des Insolvenzgerichts ausschließlich zuständig. Bei Aktivprozessen des Insolvenzverwalters verbleibt es bei den allg. Zuständigkeitsregeln (BGH, ZInsO 2003, 707; K. Schmidt-Sternal § 80 Rn. 38).

b) Rechtskraftwirkung/Vollstreckung/Titelumschreibung

41 Konsequenz der Sonderstellung des Insolvenzverwalters im Prozess ist, dass das gegen ihn erlassene Urteil **Rechtskraft ggü. dem Schuldner, beschränkt auf die Insolvenzmasse**, entfaltet (MK-Ott/Vuia § 80 Rn. 95; KPB-Lüke § 80 Rn. 61). Urteile gegen den Insolvenzverwalter haben deshalb keine Auswirkung auf das insolvenzfreie Vermögen des Schuldners. Die abweichende Meinung von Uhlenbruck (Uhlenbruck-Uhlenbruck § 80 Rn. 114: für unbeschränkte Rechtskraftwirkung ggü. dem Schuldner) beruht auf der abzulehnenden Auffassung, der Schuldner hafte nach Verfahrensbeendigung für Masseverbindlichkeiten nicht nur mit dem übernommenen Vermögen, sondern vollumfänglich (vgl. zum Streit Rdn. 24).

42 Die Zwangsvollstreckung aus Insolvenzforderungen ist während des Verfahrens unzulässig. Für die Vollstreckung gegen den Schuldner folgt dies aus § 89, gegen den Insolvenzverwalter aus §§ 38, 87, 174 ff. Titulierte Ansprüche der Insolvenzgläubiger werden mit der Tabellenfeststellung konsumiert (KPB-Lüke § 80 Rn. 70; Uhlenbruck-Uhlenbruck § 80 Rn. 105). Massegläubiger oder Aus-/Absonderungsgläubiger sind grds. zur Zwangsvollstreckung in das verwaltete Vermögen berechtigt, es sei denn, die Ausnahmetatbestände der §§ 90, 210 sind erfüllt. Ist der Titel des Masse-, Aus- oder Absonderungsgläubigers nicht gegen den Insolvenzverwalter gerichtet, bedarf es vorheriger **Titelumschreibung analog §§ 727, 728 ZPO** (Uhlenbruck-Uhlenbruck § 80 Rn. 105; KPB-Lüke § 80 Rn. 70; NR-Wittkowski § 80 Rn. 49). Die Titelumschreibung setzt jedoch voraus, dass die ausgesprochene Verpflichtung auch von dem Insolvenzverwalter vollumfänglich als Masseschuld zu erfüllen ist (OLG Hamm, ZIP 2008, 568 zur Auskunftspflicht gem. §§ 51a, b GmbHG; vgl. auch Rdn. 19). Beabsichtigt der Insolvenzverwalter aus einem Titel des Schuldners zu vollstrecken, ist vorher der Titel ebenfalls gem. § 727 ZPO umzuschreiben (MK-Ott/Vuia § 80 Rn. 96). Eine Titelumschreibung ist jedoch nicht bei Wechsel des Insolvenzverwalters notwendig (MK-Ott/Vuia § 80 Rn. 96; KPB-Lüke § 80 Rn. 72), da der neue Insolvenzverwalter das Amt des ausgeschiedenen nur fortführt. Die Zwangsvollstreckung aus einem gegen den Insolvenzverwalter erlassenen Urteil richtet sich gegen die verwaltete Masse, nicht gegen ihn persönlich (Uhlenbruck-Uhlenbruck § 80 Rn. 106). Ein Titel gegen den Verwalter bedarf zur Realisierung der Nachhaftung gegen den Schuldner (§ 201) ebenfalls der Umschreibung (Jaeger-Windel § 80 Rn. 196; KPB-Lüke § 80 Rn. 71). Gleiches gilt für einen Titel zugunsten des Insolvenzverwalters, wenn der Schuldner nach Aufhebung des Verfahrens die Zwangsvollstreckung gegen den Drittschuldner betreiben will (Uhlenbruck-Uhlenbruck § 80 Rn. 110).

c) Zeugenvernehmung/Zeugnisverweigerungsrecht

Im Prozess des Insolvenzverwalters kann der **Schuldner als Zeuge** vernommen werden (RGZ 29, 29; MK-Ott/Vuia § 80 Rn. 79; KPB-Lüke § 80 Rn. 60). Angehörige des Schuldners können das Zeugnis nach § 383 Nr. 1 bis 3 ZPO verweigern (Uhlenbruck-Uhlenbruck § 80 Rn. 13; K. Schmidt-Sternal § 80 Rn. 41). Das **Zeugnisverweigerungsrecht** ist entsprechend anwendbar für Personen, welche dem Insolvenzverwalter nahe stehen (NR-Wittkowski § 80 Rn. 32; a. A. HK-Kayser § 80 Rn. 42). Zur Entbindung von der Verschwiegenheitspflicht ist bei einem die Insolvenzmasse betreffenden Prozess der Insolvenzverwalter befugt (BGH, NJW 1990, 510; OLG Oldenburg, NJW 2004, 2176; K. Schmidt-Sternal § 80 Rn. 41). 43

d) Prozessuale Folgen der Freigabe/Ermächtigung des Schuldners zur Prozessführung

Der Insolvenzverwalter ist grds. berechtigt, den Streitgegenstand aus dem Insolvenzbeschlag freizugeben. Erfolgt die echte **Freigabe vor Anhängigkeit**, kann der Schuldner den Rechtsstreit ohne die Beschränkungen der InsO führen, da die Verwaltungs- und Verfügungsbefugnis an ihn zurückgefallen ist. **Streitig** ist die Beurteilung der Rechtslage bei **Freigabe rechtshängiger Masseansprüche**. Nach bisher herrschender Meinung sind die §§ 239, 242, 246 ZPO analog mit der Folge anzuwenden, dass der Prozess unterbrochen oder auf Antrag auszusetzen ist (RGZ 79, 27; BGHZ 123, 132 = ZIP 1993, 1412). Nach dieser Ansicht tritt mit der Freigabe ein Parteiwechsel ein. Vorzugswürdig ist, § 265 Abs. 2 ZPO entsprechend anzuwenden (so die im Vordringen befindliche Auffassung: OLG Nürnberg, ZInsO 2005, 102; MK-Ott/Vuia § 80 Rn. 80; Uhlenbruck-Uhlenbruck § 80 Rn. 134 f.; zum Meinungsstreit KPB-Lüke § 80 Rn. 59). Hierdurch wird verhindert, dass sich eine Partei aus dem Rechtsstreit zurückzieht und eine vermögenslose Partei vorgeschoben wird (Jaeger-Windel § 80 Rn. 211). Nach dieser Auffassung hat der Insolvenzverwalter nach Freigabe kraft besonderer gesetzlicher Prozessführungsbefugnis den Rechtsstreit für den Schuldner in Prozessstandschaft fortzuführen. Zu beachten ist, dass der Insolvenzverwalter nur Massevermögen, keine Verbindlichkeiten freigeben kann. Gibt er bspw. den zur Absonderung berechtigenden Deckungsanspruch gegen den Versicherer aus § 157 VVG frei, ist der Rechtsstreit zur Feststellung der Schadenersatzforderung unabhängig davon gegen ihn zu führen (OLG Nürnberg, ZIP 2008, 435). 44

Keine echte Freigabe ist die Erklärung des Insolvenzverwalters, er überlasse die (weitere) Prozessführung dem Schuldner, um das Prozessrisiko des Gegners auf ihn zu verlagern. Eine solche **modifizierte oder unechte Freigabe** ist gem. § 138 BGB nichtig, wenn mit ihr der sittenwidrige Zweck verfolgt wird, bspw. um lediglich das Kostenrisiko zu verlagern (BGH, NJW 1986, 850; K. Schmidt-Sternal § 80 Rn. 43; Uhlenbruck-Uhlenbruck § 80 Rn. 137). Die modifizierte Freigabe ist indessen zulässig, wenn der Schuldner an der Anspruchsverfolgung ein eigenes schutzwürdiges Interesse hat (K. Schmidt-Sternal § 80 Rn. 43; HK-Kayser § 80 Rn. 42; KPB-Lüke § 80 Rn. 58). Wurde die **Parteistellung missbräuchlich** verschoben, hat der Schuldner kein eigenes, schutzwürdiges Interesse an der Anspruchsdurchsetzung. Zulässig sind die Fälle, in denen mit der Prozessführung auch andere Zwecke (z. B. Verjährungshemmung) verfolgt werden (Uhlenbruck-Uhlenbruck § 80 Rn. 137) oder zweifelhaft ist, ob die streitgegenständliche Forderung Massebezug hat. 45

Abzugrenzen von der modifizierten Freigabe ist die **Ermächtigung des Schuldners** durch den Insolvenzverwalter, das Recht im eigenen Namen durchzusetzen. Die modifizierte (verdeckte) Freigabe dient dazu, das Prozessrisiko auf den vermögenslosen Schuldner zu verlagern, während bei einer gewillkürten Prozessstandschaft die Prozessführungsbefugnis auf den Schuldner übertragen wird. Die gewillkürte Prozessstandschaft ist zulässig, setzt jedoch ein **eigenes schutzwürdiges Interesse des Schuldners** an der Prozessführung voraus (BGHZ 35, 180 = NJW 1961, 1528; BGHZ 100, 217 = ZIP 1987, 793; BGH, NJW 2002, 1038; KPB-Lüke § 80 Rn. 58). Die Ermächtigung ist nicht zugleich Freigabe des Streitgegenstandes, solange der Insolvenzverwalter das Prozessergebnis für die Masse beansprucht (Uhlenbruck-Uhlenbruck § 80 Rn. 111; HK-Kayser § 80 Rn. 40). Das Rechtsschutzinteresse des Schuldners bei Passivprozessen folgt aus der Nachhaftung gem. § 201. Eine mögliche Restschuldbefreiung bei natürlichen Personen lässt das schutzwürdige Interesse 46 nicht entfallen (Uhlenbruck-Uhlenbruck § 80 Rn. 113; HK-Kayser § 80 Rn. 41; MK-Ott/Vuia § 80 Rn. 81). Die gewillkürte Prozessstandschaft für einen Aktivprozess soll grds. unzulässig sein, da der Schuldner nur die in seinem freien Vermögen begründeten Interessen wahrnehmen darf (Jaeger-Windel § 80 Rn. 216). Dem ist entgegenzuhalten, dass mit der verfolgten Massemehrung zugleich eine Reduzierung der Nachhaftung aus § 201 eintritt. Ein schutzwürdiges Interesse besteht unstreitig jedenfalls, wenn zum einen zweifelhaft ist, ob die Klageforderung zur Masse oder zum freien Vermögen des Schuldners gehört (BGH, WM 1965, 1054; Uhlenbruck-Uhlenbruck § 80 Rn. 113; KPB-Lüke § 80 Rn. 58; MK-Ott/Vuia § 80 Rn. 82; a. A. Jaeger-Windel § 80 Rn. 219; NR-Wittkowski § 80 Rn. 28), zum anderen, wenn die beabsichtigte Rechtsverfolgung einen Überschuss (§ 199) erwarten lässt (HK-Kayser § 80 Rn. 41). Bei Ablehnung der Prozessführung durch den Insolvenzverwalter ist ein Rechtsschutzinteresse des Schuldners ebenfalls zu bejahen, um die Nachhaftung aus § 201 zu mindern (KPB-Lüke § 80 Rn. 58). Er ist nicht auf eine mögliche Haftung des Insolvenzverwalters aus § 60 zu verweisen, da das Ausfallrisiko verlagert werden würde (im Ergebnis ebenso: Uhlenbruck-Uhlenbruck § 80 Rn. 113; NR-Wittkowski § 80 Rn. 28).

e) Auswirkung der Verfahrensbeendigung/Verwalterwechsel

47 Mit der Verfahrensaufhebung erlangt der Schuldner die Verfügungs- und Verwaltungsbefugnis über die Massebestandteile und somit die Prozessführungsbefugnis zurück. Der Insolvenzverwalter verliert die Befugnis zur Prozessführung und kann den Rechtsstreit nicht gem. § 265 Abs. 2 ZPO weiterführen (BGH, ZInsO 2008, 1017). Bei Anordnung einer **Nachtragsverteilung** besteht diese indessen fort, um den der Nachtragsverteilung vorbehaltenen Vermögensgegenstand einziehen zu können (BFH, ZInsO 2012, 232 Rn. 11). Will der Insolvenzverwalter nach Verfahrensbeendigung den Rechtsstreit in gewillkürter Prozessstandschaft fortführen, muss er dies in den Tatsacheninstanzen offenlegen (BGH, ZInsO 2008, 1017). Unterlässt er dies, wird der Rechtsstreit mit den bisherigen Parteien fortgeführt. Die Klage des Insolvenzverwalters ist **mangels Prozessführungsbefugnis unzulässig** geworden. Nach überwiegender Ansicht wird der vom Insolvenzverwalter geführte Prozess **mit Verfahrensbeendigung unterbrochen** (KPB-Lüke § 80 Rn. 62; Uhlenbruck-Uhlenbruck § 80 Rn. 108 f.). Ergänzend wird auf die Erläuterungen zu § 85 Rdn. 30 verwiesen. Ein gegen den Insolvenzverwalter erlassener Titel ist zur Durchsetzung der Nachhaftung (§ 201) auf den Schuldner umzuschreiben (MK-Ott/Vuia § 80 Rn. 98). Entsprechendes gilt, wenn der Schuldner beabsichtigt, aus einem Titel des Insolvenzverwalters gegen Dritte zu vollstrecken (NR-Wittkowski § 80 Rn. 49).

47a Bei einem **Verwalterwechsel während des Rechtsstreits** erfolgt ein Parteiwechsel (Uhlenbruck-Uhlenbruck § 80 Rn. 138). Der Wechsel vollzieht sich als Amts- nicht als Parteiwechsel (LG Essen, NJW-RR 1992, 576; MK-Ott/Vuia § 80 Rn. 96). Ein laufender Masseprozess wird unterbrochen oder ist bei Tod/Prozessunfähigkeit/Entlassung nach § 59 wegen § 246 ZPO auszusetzen. Zur Frage, ob es bei titulierten Ansprüchen einer Umschreibung bedarf s. Rdn. 42.

6. Prozesskostenhilfe

48 Mit der Änderung der §§ 114 ff. ZPO durch das Gesetz über die PKH vom 13.06.1980 (BGBl. I S. 677) sollte nach dem Willen des Gesetzgebers dem Konkursverwalter die **Prozessführung zum Zwecke der Masseanreicherung** in weiterem Umfang als zuvor möglich sein (Begr. BT-Drucks. 8/3068 S. 26). Der BGH hat aus der Begründung zunächst geschlossen, die Gewährung von PKH für den Insolvenzverwalter sei Regel, nicht Ausnahme (BGH, ZIP 1990, 1490; abweichend BGHZ 138, 188 = ZIP 1998, 789). Der Insolvenzverwalter erfüllt im öffentlichen Interesse liegende Aufgaben (BGH, ZInsO 2003, 941). Mit der großzügigeren Bewilligung von PKH sollte einerseits die häufige Antragsabweisung mangels Masse vermieden werden. Andererseits fördert die Bewilligung von PKH das gesetzgeberische Ziel gleichmäßiger Gläubigerbefriedigung (§ 1). Masseforderungen, insb. Rückgewähransprüche nach § 143, wären anderenfalls wegen fehlender liquider Mittel nicht durchsetzbar. Vollstreckungen von Einzelgläubigern hätten in massearmen Verfahren weiterhin Bestand, wenn die gerichtliche Anspruchsverfolgung unterbleiben würde. § 116 ZPO soll sicher-

stellen, dass niemand zulasten der Insolvenzmasse rechtswidrige Vorteile in der Erwartung behalten kann, dem Insolvenzverwalter werde aufgrund mitteloser Masse nicht gelingen, einen Rechtsstreit zu führen (Mitlehner, NZI 2001, 617, 618). Die Entscheidungen der Instanzgerichte haben leider z.T. gegenläufige Tendenz (bspw. OLG Celle, ZIP 2004, 2149 bei Betriebsfortführung; dagegen BGH, ZInsO 2005, 877). Dies ist insb. wegen der Möglichkeit der Staatskasse, den bewilligten **Kostenvorschuss nach späterer Masseanreicherung zurückzufordern (§ 120 ZPO)**, unverständlich. Nach dieser Vorschrift kann die Entscheidung über Bewilligung von PKH geändert werden, wenn sich die für die Gewährung von PKH maßgeblichen wirtschaftlichen Verhältnisse nachfolgend wesentlich geändert haben. **Der Ertrag aus dem geführten Prozess ist nicht vorrangig zur Tilgung der von der Staatskasse vorfinanzierten Prozesskosten einzusetzen** (BGH, ZInsO 2006, 1165). Nach dem Grundsatz des § 115 Abs. 2 ZPO ist das einzusetzende Vermögen den Verbindlichkeiten erneut gegenüberzustellen. Maßgebend ist, ob unter Berücksichtigung der geänderten wirtschaftlichen Lage nochmals PKH zu bewilligen wäre. Reicht der Erlös aus dem Rechtsstreit bspw. aus, nur die Verfahrenskosten zu decken, würde eine Vorrangstellung der Staatskasse an dem Ertrag den gesetzlichen Verteilungsregeln, insb. § 209, zuwiderlaufen. Lag Masseunzulänglichkeit vor Klagerhebung vor, hätte der Erstattungsanspruch der Staatskasse den Rang einer sog. Neu-Masseverbindlichkeit i. S. d. § 209 Abs. 1 Nr. 2. Erst wenn die Masse zur Deckung der vorrangigen Massekosten (§ 209 Abs. 1 Nr. 1) sowie sämtlicher Neu-Masseverbindlichkeiten ausreicht, kann die Staatskasse Erstattung beanspruchen (BGH, ZInsO 2006, 1165).

Einer **Partei kraft Amtes** ist gem. § 116 Nr. 1 ZPO PKH zu bewilligen, wenn die Kosten des Rechtsstreits aus dem verwalteten Vermögen nicht aufgebracht werden können und den am Gegenstand des Rechtsstreits wirtschaftlich Beteiligten die Prozessfinanzierung nicht zumutbar ist. Die beabsichtigte Rechtsverfolgung/-verteidigung muss zudem hinreichende Aussicht auf Erfolg bieten und darf nicht **mutwillig** sein (§§ 116 Satz 2, 114 ZPO). Der Begriff der Mutwilligkeit ist nunmehr in § 114 Abs. 2 ZPO (ab 01.01.2014) geregelt. Die beabsichtigte Klage ist nicht deshalb mutwillig, weil der Prozessgegner derzeit vermögenslos ist (OLG Karlsruhe, ZIP 2012, 494 bei Vollstreckungsrisiken; OLG Oldenburg, ZInsO 2004, 1084; OLG Hamburg, ZInsO 2005, 323). Dies gilt insb. dann, wenn die gerichtliche Anspruchsverfolgung erforderlich ist, um eine demnächst eintretende Verjährung zu vermeiden. PKH ist nicht für das Mahnverfahren zu gewähren, da eine Beiordnung eines Rechtsanwaltes nicht erforderlich ist (BGH, ZInsO 2010, 478). Die Gewährung von PKH setzt einen Antrag des Insolvenzverwalters voraus. **Die Antragsschrift** muss eine eingehende und nachvollziehbare Darlegung der Masseunzulänglichkeit beinhalten (s. Formulierungsbeispiel Rdn. 56). Die Glaubhaftmachung erfolgt formlos (§ 1 Abs. 2 PKHVordruckVO, BGBl. I, 3001). Der Vordruck gem. § 117 Abs. 2 ZPO ist nicht zu verwenden (OLG Saarbrücken, OLGReport 2009, 150; Uhlenbruck-Uhlenbruck § 80 Rn. 119; a. A. Ganter, NZI 2012, 232). Gem. § 118 Abs. 1 ZPO (ab 01.01.2014) ist der Gegner nunmehr auch zu den wirtschaftlichen Verhältnissen des Antragstellers zu hören und nicht nur zu den Erfolgsaussichten. Die Darstellung der wirtschaftlichen Verhältnisse ist daher nun auch dem Prozessgegner offenzulegen (anders noch OLG Koblenz, ZInsO 2013, 1004 zur alten Rechtslage). Erfolgt die Darstellung der Masseunzulänglichkeit zur Kostenaufbringung im formlosen PKH-Antrag durch den Prozessbevollmächtigten, sind die Richtig- und Vollständigkeit der dort gemachten Angaben durch den Verwalter zu versichern (§ 117 ZPO). Anderenfalls läuft der Antragsteller bei Frist wahrendem Gesuch die Gefahr, seine beabsichtigte Rechtsverfolgung habe aufgrund des unzureichenden Antrags infolge Fristablaufes/Verjährung keine Erfolgsaussicht (BGH, BeckRS 2011, 19811; BGH, ZInsO 2010, 1338 und BGH, Beschl. v. 28.10.2010, IX ZA 37/10 zum unzureichenden Antrag aufgrund fehlenden Vordrucks nach § 117 ZPO). Dem Antragsteller obliegt, mögliche und zeitlich absehbare Massezuflüsse anzuzeigen und die Unzumutbarkeit der Kostenaufbringung für die Gläubiger hinreichend zu begründen (ausführl. zur Darlegungslast OLG Köln, ZInsO 2003, 85). Die PKH-Bewilligung im Insolvenzverfahren über das Vermögen einer juristischen Person setzt nicht voraus, dass die Unterlassung der Rechtsverteidigung allgemeiner Interessen i. S. d. § 116 Satz 1 Nr. 2 ZPO zuwiderlaufen würde (BGH, ZInsO 2007, 495). Das Gericht kann von der Richtigkeit der Angaben ausgehen. Es besteht keine Prüfungspflicht (OLG Stuttgart, ZInsO 2004, 556). PKH ist nicht mit der Begründung zu versa-

§ 80 InsO Übergang des Verwaltungs- und Verfügungsrechts

gen, die Verfahrenseröffnung, welche auf dem gerichtlich geltend zu machenden Anspruch beruht, hätte unterbleiben müssen. Dass die Voraussetzungen für die Verfahrenseröffnung vorliegen, folgt aus § 26 (»voraussichtlich«). Zum anderen ist unzulässig, die Eröffnungsvoraussetzungen erneut im PKH-Verfahren zu prüfen. Die Prüfungskompetenz hat insoweit allein das Insolvenzgericht. Der starke **vorläufige Insolvenzverwalter** ist prozessführungsbefugt, sodass auch ihm PKH bewilligt werden kann (FK-Schmerbach § 24 Rn. 30; zu den Voraussetzungen OLG Braunschweig, NZI 2013, 91). Dies gilt grds. jedoch nicht für den schwachen vorläufigen Insolvenzverwalter, weil über die Massesicherung hinaus eine Prozessführung nicht zu seinem Aufgabenkreis gehört (LG Essen, ZInsO 2000, 296). Der schwache vorläufige Insolvenzverwalter kann durch ein besonderes Verfügungsverbot des Insolvenzgerichts zum Einzug einer Schuldnerforderung im eigenen Namen ermächtigt werden, wenn deren Verjährung oder Uneinbringlichkeit droht (BGH, ZInsO 2012, 693). Ist der schwache vorläufige Insolvenzverwalter zum Forderungseinzug besonders ermächtigt worden, ist er zur Prozessführung befugt und ihm kann PKH bewilligt werden (OLG Köln, ZIP 2004, 2450). Dem Insolvenzverwalter ist auch dann ein Rechtsanwalt beizuordnen, wenn er selbst Volljurist ist. Der zu § 5 InsVV entwickelte Grundsatz, der Insolvenzverwalter darf Aufgaben auf einen Rechtsanwalt übertragen, die er nicht ohne volljuristische Ausbildung lösen kann, gilt für die **Beiordnung** entsprechend (BGH, ZInsO 2006, 491). Beigeordnet werden kann unter den dargestellten Voraussetzungen auch der Insolvenzverwalter, der zugleich Rechtsanwalt ist, in einem von ihm geführten Rechtsstreit (Küpper/Heinze, ZInsO 2007, 680, 687; OLG Oldenburg, ZInsO 2001, 975). Wurde dem Schuldner bereits vor Verfahrenseröffnung ein Rechtsanwalt beigeordnet, muss sich der spätere Insolvenzverwalter hierauf nicht verweisen lassen. Wird ihm für den aufgenommenen Prozess erneut PKH bewilligt, ist ein vom ihm ausgewählter Rechtsanwalt beizuordnen (OLG Rostock, ZIP 2007, 1288). Für den Insolvenzverwalter sind die PKH-Voraussetzungen erneut eigenständig zu prüfen (BGH, ZInsO 2007, 495).

▶ Hinweis:

Die Erhebung einer **Teilklage** statt sofortiger Geltendmachung des Gesamtanspruches steht einer PKH-Gewährung nicht entgegen (OLG Hamburg, ZInsO 2009, 1125; OLG Celle, ZInsO 2008, 213; OLG Hamm, ZIP 2003, 42; noch anders OLG Celle, ZInsO 2007, 331; ebenfalls für Unzulässigkeit OLG Köln, InVo 2006, 356). Nach Ansicht des BGH ist eine Teilklage nicht mutwillig, wenn im Einzelfall konkrete Gründe vorliegen, warum auf die Geltendmachung der Gesamtforderung ggf. vorerst verzichtet wird (BGH, ZInsO 2011, 282 Rn. 5). Der Insolvenzverwalter hat Gründe vorzutragen, die es rechtfertigen, nur einen Teilbetrag rechtshängig zu machen. Beurteilungsmaßstab ist das fiktive Vorgehen eines nicht auf PKH angewiesenen Verwalters. Ein rechtfertigender Grund kann bspw. die eingeschränkte Durchsetzbarkeit des Anspruches oder Beweisschwierigkeiten sein. Auch die Annahme, der Prozessgegner werde nach Verurteilung zur Teilleistung auch den restlichen Anspruch erfüllen, ist sachlicher Grund für eine Teilklage (BGH, ZInsO 2011, 282 Rn. 10). Die Teilklage, die der Insolvenzverwalter mit einem PKH-Gesuch einreicht, ist nicht mutwillig i. S. d. § 114 Satz 1 ZPO, wenn wegen der lediglich teilweisen Anspruchsverfolgung geringere fiktive Quoten auf die wirtschaftlich beteiligten Gläubiger entfallen, sodass die Zumutbarkeitsgrenze nicht überschritten wird (FK-Schmerbach § 26 Rn. 49a; Pape, EWiR 2003, 139). Unzutreffend sind die Bedenken des OLG Celle (ZInsO 2007, 331), die Aufteilung in mehrere Teilklagen führe wegen der degressiv gestaffelten Gebührenordnung zu einer erhöhten Belastung (§ 15 Abs. 5 RVG). Zudem ist zu berücksichtigen, dass bei erfolgreicher erster Teilklage die Bedürftigkeit der Masse rgm. entfällt, sodass eine solche Vorgehensweise kostenschonend für die Staatskasse ist. Das Gericht darf den Antragsteller umgekehrt nicht auf eine Kosten mindernde Teilklage verweisen (OLG München, ZIP 1996, 512).

Einem erneuten Antrag des Insolvenzverwalters auf Bewilligung von PKH, nachdem der erste Antrag abgelehnt wurde, steht keine materielle Rechtskraft entgegen. **Ablehnende PKH-Entscheidungen sind der materiellen Rechtskraft nicht fähig** (BGH, FamRZ 2004, 940; OLG Celle, ZInsO 2013, 2059). Nur im Einzelfall kann dem zweiten PKH-Antrag das Rechtsschutzbedürfnis fehlen, wenn es erkennbar missbräuchlich ist, bspw. weil neuer Tatsachenvortrag nur vorgeschützt wird und eine Änderung der bisherigen Beurteilung von vornherein ausgeschlossen ist (BGH, MDR 2009, 401). Wird der Tatsachenvortrag hingegen ergänzt und das neue Vorbringen ist erheblich, fehlt es an einer Rechtsmissbräuchlichkeit des neuen Antrags (OLG Celle, ZInsO 2013, 2059).

a) Bedürftigkeit der Masse

Die **verfügbare Masse ist nach Abzug der Massekosten/-schulden** (§§ 54, 55) den Prozesskosten gegenüberzustellen. Der Insolvenzverwalter hat darzulegen, dass die Insolvenzmasse zur Prozessfinanzierung nicht ausreicht. Einzusetzen sind zunächst die **liquiden Barmittel**, welche im Zeitpunkt der beabsichtigten Prozessführung vorhanden sind. Der Mitteleinsatz zur Finanzierung des Rechtsstreits darf jedoch nicht dazu führen, dass der Insolvenzverwalter seine Tätigkeit nicht mehr ausüben kann (OLG Schleswig, ZIP 1995, 759; Uhlenbruck-Uhlenbruck § 80 Rn. 117). Seine wirtschaftliche Handlungsfähigkeit darf nicht verloren gehen (OLG Köln, ZIP 1990, 936; OLG München, ZIP 1996, 512). Daher bleiben Barmittel, welche der Verwalter zur weiteren ordnungsgemäßen Verfahrensabwicklung zwingend benötigt, außer Betracht. Dem vorhandenen Barbestand sind kurzfristig oder zumindest in absehbarer Zeit **realisierbare Zuflüsse hinzuzusetzen** (KG, ZInsO 2000, 229; Uhlenbruck-Uhlenbruck § 80 Rn. 119). Dieser Standpunkt ist einschränkend aufzugreifen, da die Gerichtskosten in Zivilprozessen vorschüssig zu zahlen sind und auch der beigeordnete Rechtsanwalt einen Vorschuss beanspruchen kann (im Ergebnis auch OLG Nürnberg, NZI 2007, 591). Verlangt werden kann nur, die Verwertungserlöse hinzuzurechnen, die bis zum Prozessbeginn in wirtschaftlich sinnvollerweise realisiert werden können. Richtig dürfte auch sein, PKH zu bewilligen und bei Massemehrung Rückerstattung nach § 120 ZPO zu verlangen. Eine Verwertung in wirtschaftlich unsinniger Weise kann unter keinen Umständen verlangt werden. Der Insolvenzverwalter ist auch nicht darauf zu verweisen, zunächst andere Schuldner in Anspruch zu nehmen, um ausreichend Masse zur Durchführung des Rechtsstreits zu haben (OLG Frankfurt am Main, ZInsO 2002, 47). Zeitnah und sicher zu erwartende Massezuflüsse bleiben jedenfalls dann unberücksichtigt, wenn die Rechtsverfolgung Frist wahrend erfolgt. **Vorherige Masseausgaben** bleiben grds. außer Betracht, da rgm. bereits geleistete Zahlung auf Massekosten/-schulden (a. A. OLG Dresden, ZIP 2004, 187). Diese wären ohnehin vom Massebestand abzusetzen. Der so ermittelte Massebestand ist um die offenen Massekosten und -verbindlichkeiten zu ermäßigen (OLG Stuttgart, ZInsO 2004, 556; OLG München, ZIP 1998, 1197; Uhlenbruck-Uhlenbruck § 80 Rn. 117). Die Massekosten sind auf die bisher erwirtschaftete Masse zu berechnen (OLG Naumburg, ZInsO 2010, 1902; OLG Naumburg, ZInsO 2011, 977) Das sodann ermittelte einzusetzende Vermögen muss unzureichend sein, die Verfahrenskosten zu decken. Hierzu gehören die Gesamtaufwendungen in der jeweiligen Instanz (§ 119 Abs. 1 ZPO). Die außergerichtlichen Kosten des Antragsgegners bleiben wegen § 123 ZPO außer Betracht (OLG Köln, ZInsO 2004, 1081; Uhlenbruck-Uhlenbruck § 80 Rn. 117).

Die **Masseunzulänglichkeit** indiziert rgm. die Bedürftigkeit (BGH, ZInsO 2008, 378; 2005, 877; ZIP 2008, 1035; BAG, ZInsO 2003, 722). Die angezeigte Masseunzulänglichkeit macht die beabsichtigte Rechtsverfolgung nicht mutwillig (BGH, ZInsO 2013, 496 Rn. 6; BGH, ZInsO 2008, 378). Der Insolvenzverwalter bleibt verpflichtet, das zur Masse gehörende Vermögen zu verwalten und zu verwerten (§ 208 Abs. 3), sodass bei Masseunzulänglichkeit grds. PKH beansprucht werden kann (OLG Celle, ZIP 2012, 1881). Es bedarf trotz Masseunzulänglichkeit jedoch einer Prüfung im Einzelfall, ob die Masseverbindlichkeiten im Zeitpunkt ihrer Fälligkeit ungedeckt bleiben (BVerwG, ZIP 2006, 1542; OLG Köln, ZInsO 2003, 85). Die an die Anzeige der Masseunzulänglichkeit anknüpfenden Rechtsfolgen und die Haftung des Insolvenzverwalters sind aber Basis für die Annahme, dass die Anzeige zu Recht erfolgt ist (BGH, ZIP 2008, 1035). Altmasseverbindlichkeiten werden zur Prüfung der Bedürftigkeit einbezogen, obwohl die Prozesskosten als Neumasseschuld vorrangig aus dem verwalteten Vermögen zu decken sind (BGH, ZInsO 2007, 1225; Sterzinger, NZI 2008, 525, 526; Uhlenbruck-Uhlenbruck § 80 Rn. 117; a. A. Ringstmeier/Homann, ZIP 2005, 284). Würden Altmasseverbindlichkeiten unberücksichtigt bleiben bei der

Gegenüberstellung von verfügbaren Mittel und Massekosten/-schulden, würde im Ergebnis diese Gläubigergruppe den Prozess finanzieren, ohne vom Erfolg profitieren zu können.

50b PKH ist auch dann zu gewähren, wenn sogar **Massearmut** besteht, die Kosten bei Antragstellung also ungedeckt sind, die Massearmut aber durch eine erfolgreiche Anspruchsverfolgung beseitigt werden kann (BGH, ZInsO 2013, 249 Rn. 12; OLG Celle, ZInsO 2012, 738; OLG Hamm, ZInsO 2011, 1947; OLG Celle, NZI 2010, 688). PKH ist nur bei nicht zu beseitigender Massearmut abzulehnen, da der Verwalter wegen § 207 Abs. 3 Satz 2 zur Verwertung nicht mehr verpflichtet ist (BGH, ZInsO 2009, 1556; OLG Karlsruhe, ZIP 2012, 494; OLG Celle, ZIP 2010, 1464; dazu krit. Schmidt, ZInsO 2013, 766; Jacoby, EWiR 2010, 473). Kann die Massearmut durch die Anspruchsverfolgung beseitigt werden, ist PKH nicht zu versagen (BGH, ZInsO 2013, 249 Rn. 9; BGH, ZInsO 2013, 496 Rn. 6; OLG Celle, ZInsO 2012, 738; falsch daher OLG München, ZInsO 2012, 1994, 1995; OLG Celle, ZInsO 2012, 1989; OLG Stuttgart, ZIP 2012, 1314). Bei der Beurteilung, ob im Fall eines Prozesserfolgs die Massearmut beseitigt werden kann, sind Prozess-, und Vollstreckungsrisiken zu berücksichtigen (BGH, ZInsO 2013, 249 Rn. 13; OLG Celle, ZInsO 2012, 738; OLG Karlsruhe, ZIP 2012, 494). Die streitgegenständliche Forderung ist mit ihrem mutmaßlichen Realisierungswert anzusetzen. Falls die Leistungsfähigkeit des Prozessgegners mit Rücksicht auf seine wirtschaftliche Lage und die Höhe des geltend gemachten Anspruchs nicht außer Zweifel steht, wird nach Maßgabe der voraussichtlichen Beitreibbarkeit ein prozentualer Abschlag zu nehmen sein. Die streitgegenständliche Forderung ist daher insoweit einzubeziehen, als für die gerichtliche Geltendmachung in rechtlicher und tatsächlicher Hinsicht hinreichende Erfolgsaussicht besteht (BGH, ZInsO 2013, 249 Rn. 13; OLG Hamm, ZIP 2012, 192; einschränkend OLG Frankfurt am Main, ZInsO 2012, 2394 nur wenn keine zusätzliche Kostenbelastung der Masse und keine Verzögerung der Verfahrenseinstellung). Das Gericht hat die Erfolgsaussichten in tatsächlicher und rechtlicher Hinsicht zu prüfen und seine Bewertung der Forderung zu begründen (BGH, ZInsO 2013, 496 Rn. 6).

b) Wirtschaftlich Beteiligte

51 Reicht das verfügbare verwaltete Vermögen zur Prozessführung nicht aus, kommt eine Bewilligung von PKH nur in Betracht, wenn für die wirtschaftlich Beteiligten die Kostenaufbringung unzumutbar ist. Wirtschaftlich beteiligt sind diejenigen Insolvenzgläubiger, welche bei erfolgreichem Prozess mit einer besseren Befriedigung ihrer Ansprüche rechnen können (BGH, NJW 1971, 40). Abzustellen ist auf den konkreten Prozesserfolg, nicht auf anderweitige Massemehrungen (BGHZ 119, 372 = NJW 1993, 135; Uhlenbruck-Uhlenbruck § 80 Rn. 120). Der Umfang der verbesserten Befriedigungsaussicht schließt die wirtschaftliche Beteiligung nicht aus, kann lediglich der Zumutbarkeit der Kostenaufbringung entgegenstehen. Gläubiger, die ohne den erfolgreichen Ausgang des Prozesses volle Befriedigung erwarten können (z. B. **Absonderungsberechtigte**), sind am Gegenstand des Rechtsstreits nicht wirtschaftlich beteiligt (MK-Ott/Vuia § 80 Rn. 89; Küpper/Heinze ZInsO 2007, 680, 683). Die Absonderungsgläubiger nehmen nur mit der Ausfallforderung an einer Ausschüttung teil (§ 190). Daher haben grds. auch Absonderungsgläubiger die Kosten eines Masseprozesses mit aufzubringen (BGH, ZInsO 2012, 1941 Rn. 16). Ob und welche absonderungsberechtigten Gläubiger eine Quote erhalten, steht erst nach Ablauf der Ausschlussfrist der §§ 189, 190 oder bei Feststellung der Ausfallforderung nach Verwertung des Absonderungsrechts fest. Bis dahin ist unklar, mit welcher Forderung der Absonderungsgläubiger an einer Ausschüttung teilnimmt. In diesen Fällen hat der Insolvenzverwalter darzulegen, ob und inwieweit der Absonderungsgläubiger mit einer weitgehenden Befriedung seiner Ansprüche aus dem Absonderungsrecht rechnen kann und deshalb wirtschaftlich nicht in erheblichem Maß am Prozesserfolg partizipiert (BGH, ZInsO 2012, 1941 Rn. 18 f.; OLG München, ZIP 2013, 1091; OLG Koblenz, OLGR 2006, 316, 318; a. A. OLG München, ZIP 2011, 398, 399). Für diese Gläubigergruppe ist die voraussichtliche Ausfallforderung zu schätzen und darzulegen (OLG Hamm, ZIP 2007, 147). Der **Insolvenzverwalter** ist mit seinem Vergütungsanspruch ebenfalls kein wirtschaftlich Beteiligter (BGH, ZInsO 2003, 941; OLG Jena, ZInsO 2001, 268). Der Verwalter erhält die Vergütung für eine im öffentlichen Interesse liegende Tätigkeit, die nicht eigennützig ist (ebenso Uhlenbruck-

Uhlenbruck § 80 Rn. 121). Eine Versagung von PKH kommt danach nicht in Betracht, wenn die beabsichtigte Rechtsverfolgung ausschließlich zur Deckung oder Erhöhung des Vergütungsanspruches führt (OLG Celle, ZInsO 2007, 331; OLG Köln, ZIP 2000, 1779). Für den **Insolvenzverwalter ist unzumutbar, einen Kostenvorschuss selbst zu erbringen oder den Prozess auf eigenes Risiko zu führen** (OLG Frankfurt am Main, ZIP 1997, 1600; OLG Rostock, ZIP 1997, 1710). Er nimmt eine uneigennützige, im öffentlichen Interesse liegende Aufgabe wahr. Hiermit ist unvereinbar, ihm das Kostenrisiko aufzuerlegen.

Wirtschaftlich Beteiligte sind: Insolvenzgläubiger (§ 38) sowie **nachrangige Insolvenzgläubiger** (§ 39). Nach überwiegender Auffassung kommen als wirtschaftlich Beteiligte **auch Massegläubiger** i. S. d. § 55 in Betracht (BGH, ZInsO 2005, 877; OLG Celle, ZIP 2013, 903; KG, ZInsO 2005, 992; a. A. BFH, ZInsO 2005, 1216; FG Brandenburg, ZInsO 2004, 53; OLG Naumburg, ZInsO 2002, 586; OLG Jena, ZInsO 2001, 268; FK-Schmerbach § 26 Rn. 36). Eine Privilegierung von Massegläubigern ist im Hinblick auf den Gesetzeszweck nicht gerechtfertigt. Nach der Rspr. des BGH (ZIP 1990, 1490) ist wirtschaftlich jeder Gläubiger beteiligt, dessen Befriedigungsaussichten sich durch den Prozesserfolg verbessern. Dies gilt für Massegläubiger gleichermaßen, wenn die vorhandene Masse zur Deckung der Masseverbindlichkeiten unzureichend ist. Ein etwaiger Massezufluss aus dem gewonnenen Prozess kommt erstrangig dieser Gläubigergruppe zugute. Bei angezeigter **Masseunzulänglichkeit** kommt der Prozesserfolg vorrangig den Neumassegläubiger zugute. Altmassegläubiger sind nur dann einzubeziehen, wenn durch den Prozesserfolg die Masseunzulänglichkeit beseitigt wird und deren Quotenaussicht verbessert wird (BGH, ZInsO 2007, 1225; zur PKH-Ablehnung bei nicht zu beseitigender **Massearmut** BGH, ZInsO 2009, 1556; OLG Celle, ZIP 2010, 1464; s. a. Rdn. 50). Danach ist die Aussicht der Quotenverbesserung dem Kosteneinsatz ggü. zu stellen. Im Insolvenzverfahren über das Vermögen eines persönlich haftenden Gesellschafters ist nicht der wegen § 93 anmeldende Insolvenzverwalter über das Vermögen einer Gesellschaft ohne Rechtspersönlichkeit beteiligt, sondern die Gläubiger dieser Gesellschaft. Der Insolvenzverwalter über das Vermögen der Gesellschaft ohne Rechtspersönlichkeit zieht die Ansprüche der Gläubiger treuhänderisch ein, wird nicht materiell Rechtsinhaber (vgl. zur Ermächtigungswirkung § 93 Rn. 31). Bei Prüfung der Leistungsfähigkeit ist nicht auf die Insolvenzmasse der Gesellschaft ohne Rechtspersönlichkeit, sondern die Vermögensverhältnisse ihrer Gläubiger abzustellen.

Streitig ist, ob **Gläubiger bestrittener Forderungen** generell nicht zu berücksichtigen sind. Befürwortet wird eine Einbeziehung von Insolvenzgläubigern, deren Ansprüche nur vorläufig bestritten wurden (OLG Celle, ZInsO 2004, 43; OLG Schleswig, ZIP 2007, 384; OLG Dresden, ZInsO 2004, 275; a. A. KG, 07.01.2005 – 14 W 51/05 nur festgestellte Forderungen). Das OLG Stuttgart (ZInsO 2000, 157) zieht in Betracht, die Bewilligung von PKH von vorheriger Klärung der angemeldeten und bestrittenen Forderungen abhängig zu machen. Dem ist entgegenzuhalten, dass für den Verwalter keine Pflicht besteht, bestrittene Insolvenzforderungen vor dem Beginn des Rechtsstreits abschließend zu prüfen (Küpper/Heinze, ZInsO 2007, 680, 683; Mitlehner, NZI 2001, 617, 619). Gläubiger bestrittener Forderungen können für den Vorschuss nicht herangezogen werden (OLG München, ZIP 2011, 398; OLG Hamburg, ZInsO 2009, 1125; OLG Nürnberg, NZI 2007, 592; OLG Naumburg, ZIP 1994, 383; Uhlenbruck-Uhlenbruck § 80 Rn. 120).

Das **FA** ist entgegen früherer Rspr. wirtschaftlich Beteiligter (BVerwG, ZIP 2006, 1542; BGH, ZInsO 2004, 501; OLG Schleswig, NZI 2009, 522; OLG Karlsruhe, ZInsO 2007, 822; OLG Brandenburg, ZInsO 2001, 414). Uneinheitlich sind die Meinungen, ob auch die **Träger der Sozialversicherungen** vorschusspflichtig sind. Nach h. M. zur KO waren die Träger der Sozialversicherungen von der Vorschusspflicht ausgenommen (BGHZ 119, 372 = ZIP 1992, 1644; BGH, ZIP 1990, 1490). OLG Hamburg, ZInsO 2009, 1125; KG, ZIP 2009, 832; Zöller/Philippi, § 116 Rn. 8). Aufgrund der Gläubigergleichbehandlung und dem Wegfall der Vorrechts ist kein Sachgrund für eine Sonderbehandlung der Sozialversicherungsträger ersichtlich (ebenso Uhlenbruck-Uhlenbruck § 80 Rn. 121; Küpper/Heinze, ZInsO 2007, 680, 684; KG, ZInsO 2000, 229), sodass Sozialversicherungsträger als wirtschaftlich Beteiligte einzubeziehen sind. Dagegen wird angeführt, nicht die frühere Rangprivilegierung, sondern die Funktion dieser Gläubigergruppe als Sachwalter fremder Gläubigerinteressen mit entsprechend zweckgebundenen Mitteln schließe eine Kostenbeteiligung aus. Hieran hat die InsO nichts geändert (OLG München, ZInsO 2013, 1047; OLG Dresden, ZInsO 2010, 157 Rn. 6; OLG Hamburg, ZInsO 2009, 1125; KG, ZIP 2009, 832).

c) Unzumutbarkeit der Kostenaufbringung

55 Eine Vorschusspflicht ist dem Gläubiger zumutbar, wenn er die erforderlichen Mittel unschwer aufbringen (**Leistungsfähigkeit**) kann und **der zu erwartende Nutzen bei vernünftiger, auch Eigeninteresse wie auch das Prozessrisiko berücksichtigender Betrachtung deutlich größer ist als die von ihm als Vorschuss aufzubringenden Kosten** (BGH, ZInsO 2014, 79 Rn. 3; BGH, NZI 2013, 82 Rn. 2; BGH, ZInsO 2012, 2198 Rn. 2; BGH, ZInsO 2011, 1552, Rn. 2). Folgt man der hier vertretenen Auffassung, dass Massegläubiger i. S. d. § 55 wirtschaftlich beteiligt sind (Rdn. 52), ist für diese Gläubigergruppe eine Vorfinanzierung unzumutbar, wenn sie auf das Prozessergebnis nicht angewiesen sind, d. h. auch ohne Prozesserfolg volle Befriedigung erlangen. Umgekehrt entfällt für Insolvenzgläubiger eine Beitragspflicht, wenn die geltend zu machende Forderung allenfalls zur Deckung der Masseverbindlichkeiten reicht (BGH, ZInsO 2005, 877 bei Masseunzulänglichkeit; KG, ZInsO 2005, 992).

55a Für **Insolvenzgläubiger mit geringen Forderungen** ist ein Kostenvorschuss generell nicht zumutbar (BGH, ZInsO 2004, 501). Überwiegend wird angenommen, dass der Gläubiger mit zumindest 5% an der Gesamtsumme aller festgestellten Forderungen beteiligt sein muss (OLG Hamm, ZIP 2007, 147; OLG Hamm; ZInsO 2005, 1050; OLG Schleswig, NZI 2009, 522; a. A. BGH, Beschl. v. 25.11.2010 – Az. VII ZB 71/08; OLG München, ZInsO 2013, 1091 auch unter 5%). Das KG Berlin stellt bei der Definition des Kleingläubigers auf den Vergleich zwischen der Höhe des eigenen Erfolgsanteils und der Höhe des durch die kostenmäßige Beteiligung an dem Prozess mutmaßlich ausgelösten Verwaltungsaufwand ab (KG Berlin, ZIP 2009, 832). Auch von **Arbeitnehmern** kann kein Vorschuss verlangt werden (BGH, NJW 1991, 40; LAG Hamm, ZInsO 2001, 432). Die Unzumutbarkeit der Kostenaufbringung wird überwiegend mit deren fehlenden Leistungsfähigkeit begründet.

55b Nach der Rspr. des BGH sind Kostenvorschüsse nur solchen Beteiligten zuzumuten, welche die erforderlichen Mittel unschwer aufbringen können und für die der zu erwartende Nutzen unter Berücksichtigung des Eigeninteresses sowie des Prozessrisikos deutlich größer sein wird (BGH, ZInsO 2014, 79 Rn. 3; BGH, NZI 2013, 82 Rn. 2; BGH, ZInsO 2012, 2198 Rn. 2). Bei Beurteilung der Zumutbarkeit ist teilweise auf die zu erwartende Quotenverbesserung abgestellt worden (OLG Celle, ZInsO 2004, 396: 50%; KG, NZI 2003, 148: 40%; LG Frankfurt am Main, NZI 2002, 263: 50%, so immer noch OLG Naumburg, NZI 2011, 406 bei 24%). **Die voraussichtliche Quotenverbesserung ist allein nicht aussagekräftig** (s. OLG Celle, ZIP 2009, 933, 936 Zumutbarkeit sogar bei Quotenverbesserung von nur 1,26%; Rechenbeispiele bei Pape, EWiR 1992, 927). **Abzustellen ist vielmehr auf eine überschlägige Berechnung mit absoluten Zahlen sowie Abwägung aller Einzelumstände** (BGH, ZInsO 2006, 369; BGH, ZIP 2011, 98; OLG Schleswig, NZI 2009, 522). Für die Zumutbarkeit ist zunächst das **Kosten-Nutzen-Verhältnis** zu ermitteln. Das ist auf der Grundlage einer wertenden Abwägung aller Umstände zu entscheiden, bei der insb. die zu erwartende Verbesserung der Quote bei Obsiegen, das Prozess- und Vollstreckungsrisiko und die Gläubigerstruktur zu berücksichtigen sind (BGH, ZInsO 2014, 79 Rn. 3; BGH, ZInsO 2012, 1941 Rn. 8; BGH, ZInsO 2006, 369 Rn. 15). Zwischen den aufzubringenden Kosten und der zu erwartenden Quote muss ein nennenswerter Unterschied bestehen (BGH, NZI 2012, 192 unpräzise »deutlich übersteigt«). Abzustellen ist nicht auf den gesamten Massezufluss, sondern lediglich die sich hieraus ergebende **konkrete Quotenverbesserung** für den vorschusspflichtigen Gläubiger **im Verhältnis zu seinem Kostenbeitrag** (BGH, NZI 2013, 82 Rn. 6 ff.; BGH, ZInsO 2011, 1553; OLG Celle, ZInsO 2007, 331; ZIP 2009, 933, 936). Der zu leistende Vorschuss ist dem Betrag ggü. zu stellen, den der Gläubiger bei Einbeziehung des Prozess- und Ausfallrisikos als Quotenverbesserung zu erwarten hat (BGH, ZInsO 2012, 1941 Rn. 8; BGH, Beschl. v.

23.10.2008 – Az. II ZR 211/08, BeckRS 2008, 24064: die Quotenverbesserung im Klageerfolg überschreitet den Kostenaufwand um ein fünffaches; ebenso BGH, ZIP 2011, 1553 Zumutbarkeit, wenn Quotenverbesserung den Kosteneinsatz um das 5-fache übersteigt; OLG München, ZInsO 2013, 1091; mehr als das Doppelte reicht; OLG Hamm, ZInsO 2007, 1049: 6-fache; OLG Schleswig, NZI 2009, 522: 4-fache; KG, ZIP 2009, 832 3,5-fache). Ist die Kostenaufbringung für die wirtschaftlich Beteiligten unzumutbar, bedarf es keiner Glaubhaftmachung fehlender Bereitschaft zur Vorfinanzierung (OLG Hamm, ZInsO 2006, 164). Nebenforderungen sind bei der Ermittlung der Zumutbarkeit ebenso zu berücksichtigen wie die Werthaltigkeit des Anspruches sowie etwaige Prozessrisiken (BGH, ZIP 2011, 98 Rn. 9; OLG Karlsruhe, ZIP 2012, 494; OLG Hamm, ZInsO 2006, 164; OLG Celle, ZInsO 2008, 1083 bei unsicherem Vollstreckungsergebnis keine Zumutbarkeit). Gleiches gilt, wenn sich die Quotenaussicht bei erfolgreicher Anspruchsdurchsetzung nur geringfügig verbessern würde oder der Insolvenzverwalter durch die beabsichtigte Prozessführung erst in die Lage versetzt werden soll, das Insolvenzverfahren durchzuführen. Ist der beabsichtigte **Prozess nicht auf einen unmittelbaren Mittelzufluss** gerichtet, sondern dient zur Prüfung, ob und ggf. welche Ansprüche für die Masse bestehen könnten (insb. Auskunftsklagen), kann den Gläubigern **kein Kostenbeitrag zugemutet** werden (OVG Berlin-Brandenburg bei Auskunft nach dem IFG). Der Rechtsverfolgung durch den Insolvenzverwalter ist im geordneten Insolvenzverfahren ein eigenständiges, schutzwürdiges Interesse beizumessen (BGH, ZIP 1991, 1490). PKH sollte daher im Zweifel gewährt werden. Nach OLG Hamm (ZInsO 2005, 1050; ZInsO 2007, 1050) ist zunächst unter Berücksichtigung des Prozess- und Ausfallrisikos der anteilige Klagbetrag zu ermitteln, welcher quotal auf seine angemeldete Forderung entfällt. Sodann sind hierauf die anteiligen Prozesskosten zu berechnen, welche aufzubringen wären, wenn der Gläubiger den auf ihn entfallenden Teilbetrag im Wege der (fiktiven) Einzelklage geltend machen würde.

Mehrere Gläubiger zu einem Kostenvorschuss zu bewegen, erfordert einen unzumutbaren **Koordinationsaufwand** für den Insolvenzverwalter. Der Insolvenzverwalter kann sich auf die Unzumutbarkeit einer Einziehung von Kostenvorschüssen berufen, wenn der Koordinationsaufwand unangemessen ist (BGH, ZInsO 2006, 369 zust. bei 5 Großgläubigern). Er muss dann in dem PKH-Antrag nicht darlegen, dass er erfolglos versucht hat, die Gläubiger zu einer Bevorschussung zu bewegen (Sterzinger, NZI 2008, 525, 528; a.A. KG NZI 2000, 221). Eine präzise Abgrenzung hat sich zur Unzumutbarkeit des Koordinierungsaufwandes bisher nicht gebildet. Vielmehr sind die Instanzgerichte dem BGH nicht gefolgt (Zumutbarkeit des Koordinierungsaufwandes bejaht: OLG Düsseldorf, ZIP 2002, 1208: 12 Gläubiger; OLG Koblenz, OLGReport 2006, 316 15 Gläubiger; OLG Schleswig, SchlHA 2008, 25: 12 Gläubiger; OLG Schleswig, NZI 2009, 522: 6 Gläubiger). Der BGH hat nachfolgend entschieden, eine starre Grenze gibt es nicht und ein Koordinierungsaufwand sei sogar bei 26 Gläubigern gerechtfertigt (BGH, ZIP 2011, 98 Rn. 12; Vorinstanz KG, ZIP 2009, 883; zustimmend OLG München, ZInsO 2013, 1091). Ist jedoch bereits für einen wirtschaftlich Beteiligten die Prozessbevorschussung nach dem Kosten-Nutzen-Verhältnis zumutbar, kommt es auf Schwierigkeiten in der Koordination mehrerer Gläubiger nicht an (OLG Karlsruhe, ZInsO 2007, 822; OLG Hamburg, ZInsO 2010, 1701). Hierbei ist zu berücksichtigen, dass einem Gläubiger nicht zuzumuten ist, für den gleichen wirtschaftlichen Erfolg anderer ein Vorfinanzierungsrisiko allein einzugehen und dieses für andere zu übernehmen (BGH, ZInsO 2012, 1941 Rn. 14). Mehrere Gläubiger können zur anteiligen Kostenaufbringung grds. nur im Verhältnis zu der für sie anzunehmenden Quotenverbesserung herangezogen werden. Anderenfalls könnte sich jeder Gläubiger auf den anderen verlassen, sodass schließlich kein Gläubiger zur Vorfinanzierung bereit ist (ausführl. Küpper/Heinze, ZInsO 2007, 680, 685). Wirtschaftliche Erwägungen und eine Abwägung der Umstände des Einzelfalles sind daher neben der rechnerischen Kosten-Nutzen-Prüfung in die Zumutbarkeitsprüfung einzubeziehen. Ist allerdings bereits einem Großgläubiger aufgrund des individuellen positiven Kosten-Nutzen-Verhältnisses die Vorfinanzierung allein zumutbar, entfällt die Zumutbarkeit nicht deshalb, weil andere Gläubiger, denen ein Kostenbeitrag ebenfalls zuzumuten ist, eine Vorfinanzierung ablehnen (BGH, ZIP 2011, 98 Rn. 11; Vorinstanz KG, ZIP 2009, 883; ZInsO 2004, 90 »Risikogemeinschaft der Gläubiger«; Uhlenbruck-Uhlenbruck § 80 Rn. 124). Verweigert ein wirtschaftlich Beteiligter den ihm zumutbaren Vorschuss, ist

55c

dem Insolvenzverwalter nach herrschender Meinung PKH zu versagen, wenn auch die übrigen Gläubiger hierzu ebenfalls nicht bereit sind (BGH, ZInsO 2014, 79 Rn. 3; BGH, NZI 2013, 82; BGH, ZInsO 2012, 2198 Rn. 6). Die PKH-Bewilligung setzt nicht voraus, dass sämtlichen Gläubigern, die ggf. nur untergeordnet vom Erfolg profitieren, die Kostenaufbringung zuzumuten ist. Ist der Kostenbeitrag bereits einem oder mehreren Gläubigern zumutbar, ist PKH nicht zu gewähren, wenn diese eine Vorschusspflicht ablehnen (BGH, ZInsO 2014, 79 Rn. 4; BGH, ZInsO 2012, 2198 Rn. 6). Dies gilt auch dann, wenn die übrigen Gläubiger zur Finanzierung außerstande sind (BGH, NJW 1997, 3318; BGH, NJW 1998, 1868; OLG Hamburg, ZInsO 2010, 1701; OLG Naumburg, NZI 2011, 406; **a. A.** Mitlehner, NZI 2001, 617, 621). Möglich bleibt dann die **Freigabe des Anspruches**, sodass dann der Schuldner den Prozess führen kann. Hat der Insolvenzverwalter den streitgegenständlichen Anspruch freigegeben, nachdem die Gläubiger einen zumutbare Kostenvorschuss abgelehnt haben, kann PKH für den Schuldner nicht mit der Begründung versagt werden, dadurch werde die gesetzliche Wertung des § 116 Abs. 1 Nr. 1 ZPO umgangen. Lediglich bei einer modifizierten Freigabe, bei der die Ermächtigung des Schuldners zur Prozessführung mit einer Erlösvereinbarung zugunsten der Masse verbunden ist, wäre PKH zu versagen (OLG Celle, ZIP 2013, 1191).

d) Prozesskostenhilfeantrag

56 Der Insolvenzverwalter hat zum Nachweis der Bedürftigkeit der Masse das gegenwärtig von ihm verwaltete Vermögen darzulegen. Ferner hat er darzustellen, welche weiteren Aktiva vorhanden sind und ob diese zeitnah realisiert werden können. Des Weiteren hat er eine genaue und nachvollziehbare Aufstellung der Massekosten und -verbindlichkeiten vorzulegen. Beizubringen ist zudem eine Übersicht derjenigen Gläubiger, die am wirtschaftlichen Erfolg beteiligt sind (Übersicht der Insolvenzgläubiger, ggf. auch Massegläubiger s. Rdn. 52). Sodann sind das Ergebnis des Prozesserfolges den Verfahrenskosten gegenüberzustellen, um das Kosten-Nutzen-Verhältnis für die Gläubiger zu ermitteln. Bei der Berechnung ist zunächst die Klagforderung, einschließlich etwaiger Nebenforderungen, festzustellen. Bei zweifelhafter Leistungsfähigkeit ist hiervon ein Abschlag vorzunehmen. Für das Prozessrisiko, generell bei Anfechtungsprozessen (OLG Schleswig, NZI 2009, 522; OLG Köln, ZIP 2007, 1030), ist ein weiterer Abschlag zu gewähren. Von dem sich sodann ergebenden Betrag ist derjenige abzuziehen, der erforderlich ist, um eine etwaige Unterdeckung der Massekosten auszugleichen. Ferner ist derjenige Anteil abzuziehen, der auf Kleingläubiger, die Arbeitnehmer und Träger der Sozialversicherungen (soweit insoweit eine wirtschaftliche Beteiligung zu verneinen ist, s. Rdn. 54) entfällt. Der sich dann ergebende Betrag ist quotal den wirtschaftlich beteiligten Gläubigern zuzuordnen. Der auf einen Gläubiger entfallende absolute Betrag ist seinem Kostenbeitrag zur Vorfinanzierung des Prozesses gegenüberzustellen. Ist eine Bevorschussung zumutbar, hat der Antragsteller zu belegen, mit welchem Erfolg er versucht hat, eine Vorschussleistung vom Gläubiger einzufordern (BGH, ZIP 2011, 98). Dem nachstehenden Antragsentwurf liegt ein Beispielsfall mit einer vorhandenen Insolvenzmasse von 5.000 € sowie eine beabsichtigte Klageerhebung i. H. v. 10.000 € zugrunde. Einzusetzende Masse und wirtschaftlich beteiligte Gläubiger sind übersichtlich, um Transparenz zu wahren.

▶ **Formulierungsbeispiel: Prozesskostenhilfeantrag**

1. Der Antragsteller ist nicht in der Lage, die Kosten des Rechtsstreites aus der verwalteten Insolvenzmasse aufzubringen. Der Massebestand beträgt 5.000,00 €. Der letzte Auszug des Hinterlegungskontos liegt als Anlage ASt 1 bei. Dem vorhandenen Barbestand sind kurzfristig oder zumindest in absehbarer Zeit realisierbare Zuflüsse hinzuzusetzen. Mit Ausnahme des streitgegenständlichen Anspruches bestehen keine weiteren liquidierbaren Vermögenswerte. Die Erklärung des Antragstellers über die wirtschaftlichen Verhältnisse wird als Anlage ASt 2 vorgelegt.

Anmerkung: Sollten kurzfristig oder zumindest in absehbarer Zeit realisierbare Geldzuflüsse möglich sein, sind diese Vermögenswerte und deren Durchsetzbarkeit einzeln darzulegen.

2. Den am Rechtsstreit wirtschaftlich beteiligten Insolvenzgläubigern ist nicht zuzumuten, die Kosten des Rechtsstreites aufzubringen.

2.1. Sollte der Antragsteller mit der Klage und der Anspruchsdurchsetzung Erfolg haben, würde der Massebestand auf 15.000,00 € anwachsen. Hiervon wären nachstehende Massekosten/-verbindlichkeiten (§§ 54, 55) abzusetzen:

Gerichtskosten/-auslagen (§ 54 Nr. 1)	1.000,00 €
Vergütung Insolvenzverwalter	6.960,00 €
(§§ 63, 54 Nr. 2 i. V. m. § 2 Abs. 1 InsVV)	
Auslagen Insolvenzverwalter	1.044,00 €
(§§ 63, 54 Nr. 2 i. V. m. § 8 Abs. 3 InsVV)	
Vergütung vorläufiger; Insolvenzverwalter	1.740,00 €
(§§ 21 Abs. 2 Nr. 1, 54 Nr. 2 i. V. m. § 11 Abs. 1 InsVV)	
Auslagen vorläufiger Insolvenzverwalter	260,00 €
(§§ 21 Abs. 2 Nr. 1, 54 Nr. 2 i. V. m. § 8 Abs. 3 InsVV)	
Vergütung/Auslagen Sachverständiger	1.000,00 €
(§ 54 Nr. 2 i. V. m. § 11 Abs. 2 InsVV)	
Archivierungskosten (§ 55 Abs. 1)	**500,00 €**
Insgesamt	**12.504,00 €**

Anmerkung: Sollten weitere Massekosten/-verbindlichkeiten bestehen, sind diese ebenfalls einzeln darzulegen und der Höhe nach zu beziffern. Gegebenenfalls sind Belege für die Kostenpositionen beizubringen.

2.2. Nach Abzug der Massekosten wären an die Gläubiger im Falle des Klageerfolges rund 2.500,00 € zu verteilen. Zum Gläubigerverzeichnis sind Ansprüche von 50.000,00 € angemeldet:

Finanzamt	10.000,00 €
Sozialversicherungsträger	10.000,00 €
Arbeitnehmer A	5.000,00 €
Lieferant A	5.000,00 €
Lieferant B	10.000,00 €
Sonstige Kleingläubiger (unter 1.000,00 €)	10.000,00 €

Die Insolvenztabelle wird als Anlage ASt 3 beigefügt. Die Gläubiger hätten bei Anspruchsdurchsetzung Aussicht auf eine Quote von 5 %. Die Träger der Sozialversicherungen sind keine am Rechtsstreit wirtschaftlich Beteiligten (anders die im Vordringen befindliche Meinung s. Rdn. 54). Für Kleingläubiger und Arbeitnehmer ist ein Kostenvorschuss stets unzumutbar. Kostenvorschüsse können nur von solchen Beteiligten verlangt werden, welche die erforderlichen Mittel unschwer aufbringen können. Für die übrigen leistungsfähigen, wirtschaftlich beteiligten Gläubiger ist der Kostenvorschuss ebenfalls unzumutbar. Zwischen den aufzubringenden Kosten und der zu erwartenden Quote muss ein nennenswerter Unterschied bestehen. Die voraussichtlichen Prozesskosten betragen 1.500,00 €. Der größte Gläubiger kann mit einer Quotenausschüttung von allenfalls 500,00 € rechnen. Für den jeweiligen Einzelgläubiger ist es unzumutbar, den Rechtsstreit zu führen, da dessen Ergebnis im Wesentlichen den anderen Gläubigern zugutekommt.

Anmerkung: Bei beabsichtigten Klagen mit hohen Streitwerten kann die Zumutbarkeitsgrenze schnell überschritten werden. Sollten die Gläubiger zur Kostenbevorschussung nicht bereit sein, ist Teilklage zu erwägen (s. Rdn. 49 a. E.). Das Kosten/Nutzen-Verhältnis zwischen Kostenvorschuss und Quotenverbesserung wird hierdurch nachhaltig beeinflusst. Der PKH-Antrag hat gem. § 204 Abs. 1 Nr. 14 BGB nur dann **verjährungshemmende Wirkung**, wenn das Gericht die Bekanntgabe an den Gegner veranlasst hat (BGH, ZIP 2008, 698). Die Hemmung tritt ausnahmsweise rückwirkend mit der Antragstellung ein, wenn die Bekanntgabe demnächst nach Antragstellung veranlasst wird. Soll dem Antrag verjährungshemmende Wirkung zukommen, ist zusätzlich zu beantragen, dass das Gericht dem Gegner den PKH-Antrag und die beabsichtigte Klage bekanntgeben soll. Diesem Ersuchen hat das Gericht zu entsprechen. Bei **Einlegung eines Rechtsmittels** besteht Anspruch auf Wiedereinsetzung in den vorherigen Stand, wenn das PKH-Gesuch bis zum Ablauf der Rechtsmittelfrist eingereicht wurde und nach den gegebenen Umständen vernünftigerweise nicht mit einer Ablehnung des PKH-Gesuchs gerechnet werden musste. Die mittellose Partei ist bis zur Entscheidung über ihren Antrag ohne Verschulden als gehindert an der Einlegung des Rechtsmittels anzusehen (BGH, NJW 1993, 732). Die Mittellosigkeit der Partei stellt einen Entschuldigungsgrund i. S. d. § 233 ZPO dar, wenn diese Ursache für die Fristversäumung ist. Dies ist dann der Fall, wenn die mittellose Partei nicht in der Lage ist, einen Rechtsanwalt mit der Einlegung und Begründung eines Rechtsmittels zu beauftragen (BGH, NJW-RR 2012, 757 Rn. 9; BGH, NJW 2012, 2041 Rn. 5). Beantragt der Insolvenzverwalter PKH für die Durchführung einer Rechtsmittelinstanz, steht der Ursächlichkeit der Mittellosigkeit für die Fristversäumung nicht entgegen, dass er als Rechtsanwalt selbst hätte Berufung einlegen können (BGH, ZInsO 2013, 1430 Rn. 18). Nach Entscheidung über das PKH-Gesuch muss innerhalb der Frist des § 234 ZPO das Rechtsmittel verbunden mit dem Antrag auf Wiedereinsetzung eingereicht werden. Der mittellosen Partei ist sodann Wiedereinsetzung in den vorherigen Stand zu gewähren (BGH, ZInsO 2013, 1430 Rn. 13; BGH, NJW 2011, 230 Rn. 16). Dies trifft auch dann zu, wenn PKH mangels Erfolgsaussicht versagt worden ist (BGH, NJW 1993, 732, 733; BVerfG, NJW 2010, 2567 Rn. 17). Die Begründungsfrist für eine Berufung beginnt mit Gewährung der Wiedereinsetzung (BGH, NJW 2007, 3354). Für die Begründung einer Rechtsbeschwerde ist bei der Fristberechnung indessen auf den Zeitpunkt der PKH-Entscheidung abzustellen (BGH, ZIP 2008, 1350). Die Begründung ist innerhalb der Monatsfrist des § 234 Abs. 1 Satz 2 ZPO nachzuholen. Die Differenzierung ist sachgerecht, da abweichend von Berufung/Revision die Rechtsbeschwerde innerhalb der Monatsfrist des § 575 ZPO einzulegen und zu begründen ist.

II. Rechtsstellung des Schuldners

1. Umfang der Verfügungsbeschränkung

57 Der Schuldner bleibt nach Verfahrenseröffnung Inhaber seiner Rechte. Er verliert jedoch die Befugnis, das massezugehörige Vermögen zu verwalten und darüber zu verfügen. Verfügungen über Massebestandteile sind unwirksam (§ 81). Verpflichtungsgeschäfte sind zwar wirksam, binden die Masse indessen nicht (vgl. § 81 Rdn. 5).

58 Die Rechtsfolgen des § 80 betreffen nur das zur Insolvenzmasse gehörende Vermögen. Der Schuldner bleibt verfügungs- und verwaltungsbefugt über das insolvenzfreie Vermögen (unpfändbare oder freigegebene Rechte). Der Schuldner ist insoweit frei von den Verfügungsbeschränkungen der InsO. Er kann das insolvenzfreie Vermögen, nicht aber die Masse verpflichten und Zahlungen hieraus leisten (Uhlenbruck-Uhlenbruck § 80 Rn. 7). Ist der Schuldner eine natürliche Person, ist bei Zahlung an einen Insolvenzgläubiger § 295 Abs. 1 Nr. 4 zu beachten.

2. Rechtsfolgen in Einzelfällen

59 Der Schuldner bleibt **rechts- und geschäftsfähig** (MK-Ott/Vuia § 80 Rn. 11). Die sich aus der Insolvenzeröffnung ergebenden Konsequenzen sind unter den Rdn. 23 bis 35 dargestellt. Ergänzend hierzu ist anzumerken, dass der Schuldner **scheck- und wechselfähig** bleibt (Uhlenbruck-

Uhlenbruck § 80 Rn. 8; KPB-Lüke § 80 Rn. 12). Wechselverpflichtungen, welche der Schuldner nach Insolvenzeröffnung eingeht, sind weder Masseverbindlichkeiten noch Insolvenzforderungen. Der Schuldner begründet eine Neuschuld, haftet nur mit seinem insolvenzfreien Vermögen. Der Schuldner bleibt auch prozessführungsbefugt, soweit insolenzfreie Streitgegenstände betreffend (BGH, ZInsO 2009, 1029 zum Schutzantrag nach § 765a ZPO) und kann nach Verfahrenseröffnung noch die Rechte geltend machen, welche ihm nach Verfahrenseröffnung verbleiben (BGH, NZI 2006, 169). Der Schuldner bleibt somit berechtigt, gegen Steuerbescheide vorzugehen, die unter Missachtung der § 87, §§ 240, 249 ZPO ergangen sind (BFH, ZInsO 2012, 2303 Rn. 10; BFH, ZInsO 2012, 785 Rn. 10). Der Schuldner bleibt auch insoweit prozessführungsbefugt, als er sich gegen die Unzulässigkeit einer Klagerhebung nach Verfahrenseröffnung verteidigt (OLG Köln, NZI 2012, 26).

Der Schuldner soll nicht mehr zum Schöffen (§ 33 Nr. 5 GVG), Arbeitsrichter (§§ 21 Abs. 2 Satz 2, 37 Abs. 2, 43 Abs. 3 ArbGG), Sozialrichter (§§ 17 Abs. 1, 35 Abs. 1, 47 Abs. 2 SGG), Verwaltungsrichter (§ 21 Abs. 2 VwGO), ehrenamtlicher Beisitzer in Landwirtschaftssachen (§§ 4 Abs. 3, 7 LwVG) oder zum Finanzrichter (§ 18 Abs. 2 FGO) berufen werden (Uhlenbruck-Uhlenbruck § 80 Rn. 20; KPB-Lüke § 80 Rn. 15). Die Insolvenzeröffnung hat mittelbare **Auswirkung auf berufsspezifische Zulassungen**. Die Nichtzulassung oder der Widerruf setzt Vermögensverfall voraus, welcher aufgrund des eröffneten Insolvenzverfahrens vermutet wird. Gem. § 50 Abs. 1 Nr. 6 BNotO ist der **Notar** bei Vermögensverfall seines Amtes zu entheben (BGH, NJW 2004, 2018; KPB-Lüke § 80 Rn. 16). Die Zulassung zur **Rechts-/Patentanwaltschaft** ist gem. § 14 Abs. 2 Nr. 7 BRAO/§ 21 Abs. 2 Nr. 9 PatAnwO zurückzunehmen, es sei denn, die Interessen der Ratsuchenden sind nicht gefährdet (Uhlenbruck-Uhlenbruck § 80 Rn. 21; HK-Kayser § 80 Rn. 24; zum Verhältnis Kanzleiabwickler/Insolvenzverwalter s. Sattler/Rickert ZInsO 2006, 76). Die Vermögensverhältnisse gelten auch dann als nicht ungeordnet, wenn die Gläubigerversammlung einer Berufsfortsetzung auf Grundlage eines Insolvenzplans zugestimmt und das Gericht diesen Plan angenommen hat (BVerfG, ZVI 2004, 297; Uhlenbruck-Uhlenbruck § 80 Rn. 21). Entsprechendes gilt für **Steuerberater/Steuerbevollmächtigte** (§ 46 Abs. 2 Nr. 4 StBerG) sowie den **Wirtschaftsprüfer** (§ 10 Abs. 1 Nr. 4 WiPrO; Einzelheiten MK-Ott/Vuia § 80 Rn. 16; Uhlenbruck-Uhlenbruck § 80 Rn. 22). Übt der Schuldner einen **Heilberuf** aus, hat die Insolvenzeröffnung rgm. keine Auswirkung auf die Approbation. Die Approbation ist zu versagen oder zu widerrufen, wenn der Betreffende unwürdig oder unzuverlässig ist (§§ 3 Abs. 1 Nr. 2, 5 Abs. 2 Satz 2 BÄO). Der Vermögensverfall erfüllt das Kriterium der Unzuverlässigkeit grds. nicht (MK-Ott/Vuia § 80 Rn. 18; Uhlenbruck-Uhlenbruck § 80 Rn. 23). Gem. §§ 1778 Abs. 1 Nr. 4, 1779 Abs. 2 Satz 1, 1897 Abs. 1, 1908b Abs. 1, 1915 Abs. 1 BGB wird die Vermögenslage bei Berufung zum **Vormund, Betreuer, Pfleger** oder **Nachlassverwalter** berücksichtigt. Ein Schuldner wird daher rgm. ungeeignet sein (Uhlenbruck-Uhlenbruck § 80 Rn. 25; KPB-Lüke § 80 Rn. 17a). Zu den öffentlich-rechtlichen Genehmigungen im Insolvenzverfahren s. Rdn. 39a.

3. Bindung des Schuldners an Verwalterhandeln

Rechtshandlungen des Insolvenzverwalters binden den Schuldner und die Insolvenzmasse. Zu den Einschränkungen und zur Nachhaftung des Schuldners nach Verfahrensbeendigung wird auf Rdn. 24 verwiesen.

III. Unwirksamkeit von Verfügungsverboten (Abs. 2)

1. Einzelne Verfügungsverbote

Die Vorschrift **erfasst nur relative Veräußerungsverbote** (MK-Ott/Vuia § 80 Rn. 154). **Absolute Veräußerungsverbote bleiben im Insolvenzverfahren wirksam** (Uhlenbruck-Uhlenbruck § 80 Rn. 203, KPB-Lüke § 80 Rn. 108; K. Schmidt § 80 Rn. 72). Ein relatives Veräußerungsverbot soll den Insolvenzverwalter nicht hindern, den Gegenstand für die Masse zu verwerten, um den Zweck der gleichmäßigen Befriedigung aller Gläubiger sicherzustellen. Rechtsfolge ist, dass der Insolvenzverwalter ungeachtet eines relativen Veräußerungsverbots den Gegenstand verwerten kann. Die

Rechtsfolge ist aber beschränkt auf den Zweck des Insolvenzverfahrens und entfällt bei Freigabe/ Verfahrensaufhebung (KPB-Lüke § 80 Rn. 114; Jaeger-Windel § 80 Rn. 285; s. zur schwebenden Unwirksamkeit § 88 Rn. 13). Gesetzliche Veräußerungsverbote, welche nur zum Schutz einzelner Personen bestehen, sind selten und ohne praktische Relevanz. Von erheblicher Bedeutung sind allein gerichtliche/behördliche Veräußerungsverbote i. S. d. § 136 BGB. Hierzu gehören Zwangsvollstreckungen in Sachen, Forderungen oder Rechte, eine einstweilige Verfügung gem. § 938 Abs. 2 ZPO sowie die in § 1019 ZPO vorgesehene Zahlungssperre im Aufgebotsverfahren. Zwangsvollstreckungen werden nach Abs. 2 Satz 2 ausdrücklich ausgenommen (s. Rdn. 64). Die **strafrechtliche Beschlagnahme gem.** § 111c StPO hat keine Wirkung im Insolvenzverfahren, da sie lediglich ein relatives Veräußerungsverbot ist (BGH, ZInsO 2007, 709; LG Düsseldorf, ZInsO 2002, 87; ausführl. von Gleichenstein, ZIP 2007, 1151). Auffangrechtserwerb nach § 111i StPO zugunsten des Fiskus findet daher nicht statt, wenn vor Ablauf des Zeitauer von 3 Jahren das Verfahren eröffnet wird. Streitig ist, ob ein **dinglicher Arrest nach § 111d StPO** ein absolutes Veräußerungsverbot ist, selbst wenn für den Gläubiger nur ein Nachrang gem. § 39 besteht (befürwortend: OLG Hamm, ZInsO 2013, 1790; KG, ZInsO 2013, 2444 Rn. 12; OLG Köln, ZIP 2004, 2013; KG, ZIP 2008, 2374; für relatives Veräußerungsverbot i. R. d. Rückgewinnungshilfe nach § 111g Abs. 3 StPO: OLG Oldenburg, ZInsO 2012, 1271; OLG Frankfurt am Main, ZInsO 2009, 1446; i. E. ebenso OLG Nürnberg, ZInsO 2014, 96; OLG Karlsruhe, NZI 2014, 430; OLG Nürnberg, NZI 2013, 552: der strafprozessuale dingliche Arrest hat mit Insolvenzeröffnung seine »Platzhalterfunktion« verloren). Nicht erfasst werden strafprozessuale Beschlagnahmen der §§ 94 ff., 290 ff., 443 StPO sowie die Regelungen über den Verfall und die Einziehung des Wertersatzes gem. §§ 73d Abs. 2, 74e Abs. 2 StGB (K. Schmidt-Sternal § 80 Rn. 74).

63 **Rechtsgeschäftliche Veräußerungsverbote** sind ohne dingliche Wirkung (§ 137 BGB), sodass Abs. 2 unanwendbar ist (KPB-Lüke § 80 Rn. 112; Uhlenbruck-Uhlenbruck § 80 Rn. 204). Ein rechtsgeschäftlich begründetes **Abtretungsverbot** fällt nicht in den Regelungsbereich von § 137 BGB (Uhlenbruck-Uhlenbruck § 80 Rn. 202, 204). Es führt zu einem absoluten Verfügungsverbot (BGHZ 112, 387 = NJW 1991, 559; HK-Kayser § 80 Rn. 62). Der Insolvenzverwalter ist hieran gebunden (KPB-Lüke § 80 Rn. 113, Ausnahme § 287 Abs. 3 im RSB-Verfahren). Auch das Zustimmungserfordernis nach §§ 5 Abs. 4, 8 Abs. 2, 12 WEG ist von dem Insolvenzverwalter zu beachten (MK-Ott/Vuia § 80 Rn. 156; Uhlenbruck-Uhlenbruck § 80 Rn. 204; KPB-Lüke § 80 Rn. 113). § 719 ist kein relatives Veräußerungsverbot. Die Abtretung ohne erforderliche Genehmigung der Gesellschafter führt zur schwebenden Unwirksamkeit (BGHZ 166, 74, 80; Uhlenbruck-Uhlenbruck § 80 Rn. 203; KPB-Lüke § 80 Rn. 108).

2. Ausnahmen (Abs. 2 Satz 2)

64 Die Vorschriften über die Wirkungen einer Pfändung oder einer Beschlagnahme durch Zwangsvollstreckung bleiben unberührt. Das durch die Zwangsvollstreckung begründete Absonderungsrecht wird geschützt (Uhlenbruck-Uhlenbruck § 80 Rn. 206; HK-Kayser § 80 Rn. 66). Voraussetzung ist, dass die Pfändung/Beschlagnahme vor Insolvenzeröffnung wirksam geworden ist. Hierbei sind die **Rückschlagsperre (§ 88)** sowie ein **mögliches Verbot der Zwangsvollstreckung im Insolvenzeröffnungsverfahren** (§ 21 Abs. 2 Nr. 3) zu beachten. Möglich ist auch die Anfechtung des Sicherungsrechtes nach §§ 129 ff. Die Forderungspfändung wird mit Zustellung des Beschlusses an den Drittschuldner wirksam (§§ 829 Abs. 3, 846 ZPO). Die Mobiliarvollstreckung ist mit Inbesitznahme durch den Gerichtsvollzieher wirksam geworden (§ 808 Abs. 1 ZPO). Das Grundstück wird mit Zustellung des Anordnungsbeschlusses an den Schuldner oder mit Eingang des Antrages auf Eintragung des Versteigerungsvermerkes gem. § 22 ZVG wirksam beschlagnahmt (Uhlenbruck-Uhlenbruck § 80 Rn. 206; KPB-Lüke § 80 Rn. 116). Die **Vorpfändung** entfaltet insolvenzrechtliche Wirkung erst mit der nachfolgenden Hauptpfändung, wird deshalb durch Abs. 2 Satz 2 nicht geschützt (BGH, ZInsO 2006, 553; KPB-Lüke § 80 Rn. 116).

IV. Öffentlichkeitsarbeit

Das Medieninteresse hat in den vergangenen Jahren an Großverfahren mit bundesweiter Relevanz, aber auch an regional bedeutsamen Insolvenzen erheblich zugenommen. Die Tätigkeit insb. des vorläufigen Insolvenzverwalters rückt immer mehr in den Focus der Öffentlichkeit. Seine Prüfungsergebnisse über Fortführungsmöglichkeiten, Sanierungsmaßnahmen und den Erhalt von Arbeitsplätzen sind Gegenstand der Medienberichterstattung. Insolvenzverwalter ziehen fallbezogen die Dienste externer Medienberater zu Hilfe oder richten kanzleiintern eine eigene Presse-Abteilung ein (INDat-Report 3/2006). Frühzeitige Pressemitteilungen können Spekulationen vermeiden und die angestrebte Sanierung fördern. Ein zeitnahes Votum für eine Betriebsfortführung kann die Zustimmung der Lieferanten, sonstiger Gläubiger, Mitarbeiter sowie weiterer Beteiligter zum Sanierungskonzept hervorrufen (Frind, NZI 2005, 654, 655). Die InsO enthält keine ausdrücklichen Regeln, inwieweit sich ein (vorläufiger) Insolvenzverwalter öffentlich äußern darf. Die Pressearbeit an sich wird ihm unbestreitbar zuzubilligen sein. Die Berichterstattung hat sachlich, neutral und nicht werbend zu erfolgen. Kein Presseorgan darf übergangen oder benachteiligt werden. Fraglich ist jedoch, ob und in welchen Fällen der Berichterstattung Einschränkungen zu beachten sind. Über die **dem Insolvenzgericht kraft Gesetzes zugewiesenen Entscheidungsbefugnisse** (z. B. Verwalterbestellung, Anordnung von Sicherungsmaßnahmen, Verfahrenseröffnung) hat ausschließlich die gerichtliche Pressestelle Auskunft zu erteilen. Unzulässig ist auch, Entscheidungen über eine Betriebseinstellung, den Unternehmensverkauf sowie sonstiger dem **Zustimmungsvorbehalt des Gläubigerausschusses/der Gläubigerversammlung** unterliegender Maßnahmen vorwegzunehmen.

65

Zunächst ist zwischen vorläufigem und »endgültigem« Insolvenzverwalter zu differenzieren. Vertreten wird, die Öffentlichkeitsarbeit des **vorläufigen Insolvenzverwalters** unterliege seinem Verantwortungsbereich. Informationen über seine Tätigkeit hätten sich an den Zielen der InsO messen zu lassen. Eine Abstimmung mit dem Insolvenzgericht sei nicht erforderlich, lediglich wünschenswert (Huff, NZI 2005, 661; ähnlich Schmittmann ZInsO 2010, 2044, 2045). Gegen Letzteres spricht: Das Insolvenzgericht ist berechtigt, Aufgaben und Befugnisse des vorläufigen Insolvenzverwalters gem. § 22 Abs. 2 zu beschränken. Es kann anordnen, dass Medienberichte nur nach Abstimmung mit dem Gericht erstattet werden dürfen (Frind, NZI 2005, 654, 658). Im Insolvenzeröffnungsverfahren ohne Gläubigerausschuss/-versammlung tritt an die Aufsichts- und Überwachungskompetenz der fehlenden Gläubigerversammlung die des Insolvenzgerichts (§ 69 Rn. 6; MK-Haarmeyer § 22 Rn. 72). Das Insolvenzgericht hat verfahrensbedeutsamen Handlungen im Insolvenzeröffnungsverfahren zuzustimmen. Der vorläufige Insolvenzverwalter, der rgm. zugleich Sachverständiger ist, hat sein Gutachten an das Gericht zu erstatten (§§ 407, 409, 411 ZPO). Das Insolvenzgericht, nicht der Sachverständige, befindet über die weitere Verwendung (§ 411 Abs. 3 ZPO). Die Veröffentlichung der Beurteilungsergebnisse durch den Gutachter wäre pflichtwidrig. Hinzu kommt, dass meist ein sog. schwacher vorläufiger Insolvenzverwalter bestellt wird. Die Verfügungs- und Verwaltungsbefugnis steht weiterhin dem organschaftlichen Vertreter der Schuldnerin zu, begrenzt durch den Zustimmungsvorbehalt nach § 21 Abs. 2 Nr. 2 2. Fall. Dem vorläufigen Insolvenzverwalter ist aus mehreren Gründen nicht die alleinige Entscheidungsbefugnis über unternehmensrelevante Fragen zugewiesen. Dies spricht dafür, dass Erklärungen über wichtige betriebsbezogene und verfahrensbestimmende Entscheidungen mit dem Insolvenzgericht (ebenso Frind, NZI 2005, 654, 662; Uhlenbruck-Uhlenbruck § 80 Rn. 201) als auch mit dem Schuldner **abzustimmen** sind. Die Festlegung des Umfanges vorweg durch den Anordnungsbeschluss nach § 22 Abs. 2 oder generalisierte Leitlinien wird in der Praxis schwierig umsetzbar sein, da im Insolvenzeröffnungsverfahren zu unterschiedlichen, nicht vorhersehbaren Themenkreisen Fragestellungen von öffentlichem Interesse auftreten. Die Abstimmung im Einzelfall wird rgm. vorzugswürdig sein. Bei eiligen Pressemitteilungen sollte dem Gebot der Dringlichkeit in Ausnahmefällen der Vorzug zu geben sein, wenn eine vorherige Abstimmung mit dem Insolvenzgericht nicht möglich ist, bei einem Abwarten überwiegend wahrscheinlich ein Schaden entstanden wäre und bei der öffentlichen Erklärung die oben dargestellten Grenzen berücksichtigt werden.

66

67 Der »endgültige« **Insolvenzverwalter** ist über das Schuldnervermögen verfügungs- und verwaltungsbefugt. Er rückt in die Rechte und Pflichten des Schuldners ein. Er hat daher eine **weniger eingeschränkte Befugnis**, an Medien zu berichten, als der vorläufige Insolvenzverwalter. Die Pflicht zur sachlichen und förderlichen Berichterstattung bleibt ebenso bestehen, wie die Beachtung der aus §§ 58, 158, 160 folgenden Grenzen eigener Entscheidungsbefugnis. Die Gläubigerversammlung ist nicht öffentlich. Die Zulassung von Presseberichterstattern wird in Großverfahren mit erheblicher Bedeutung dennoch befürwortet (LG Frankfurt am Main, ZIP 1983, 344 »AEG«; Schmittmann, ZInsO 2010, 2044, 2045; MK-Ehricke § 76 Rn. 5).

§ 81 Verfügungen des Schuldners

(1) ¹Hat der Schuldner nach der Eröffnung des Insolvenzverfahrens über einen Gegenstand der Insolvenzmasse verfügt, so ist diese Verfügung unwirksam. ²Unberührt bleiben die §§ 892, 893 des Bürgerlichen Gesetzbuchs, §§ 16, 17 des Gesetzes über Rechte an eingetragenen Schiffen und Schiffsbauwerken und §§ 16, 17 des Gesetzes über Rechte an Luftfahrzeugen. ³Dem anderen Teil ist die Gegenleistung aus der Insolvenzmasse zurückzugewähren, soweit die Masse durch sie bereichert ist.

(2) ¹Für eine Verfügung über künftige Forderungen auf Bezüge aus einem Dienstverhältnis des Schuldners oder an deren Stelle tretende laufende Bezüge gilt Absatz 1 auch insoweit, als die Bezüge für die Zeit nach der Beendigung des Insolvenzverfahrens betroffen sind. ²Das Recht des Schuldners zur Abtretung dieser Bezüge an einen Treuhänder mit dem Ziel der gemeinschaftlichen Befriedigung der Insolvenzgläubiger bleibt unberührt.

(3) ¹Hat der Schuldner am Tag der Eröffnung des Verfahrens verfügt, so wird vermutet, daß er nach der Eröffnung verfügt hat. ²Eine Verfügung des Schuldners über Finanzsicherheiten im Sinne des § 1 Abs. 17 des Kreditwesengesetzes nach der Eröffnung ist, unbeschadet der §§ 129 bis 147, wirksam, wenn sie am Tag der Eröffnung erfolgt und der andere Teil nachweist, dass er die Eröffnung des Verfahrens weder kannte noch kennen musste.

Übersicht	Rdn.		Rdn.
A. Normzweck	1	II. Rechtsfolgen	14
B. Norminhalt	4	1. Absolute Unwirksamkeit	14
I. Verfügungen des Schuldners	4	2. Genehmigung durch den Insolvenzverwalter	16
1. Begriff der Verfügung	4	3. Gutglaubensschutz (Abs. 1 Satz 2)	18
2. Zeitpunkt der Verfügung	7	4. Rückgewähr der Gegenleistung (Abs. 1 Satz 3)	21
3. Besonderheit: Gestreckte Verfügung	8	III. Verfügung über künftige Bezüge (Abs. 2)	22
4. Verfügungen Dritter	11	IV. Beweiserleichterung (Abs. 3)	25
5. Verfügung über massefremdes Vermögen	13		

A. Normzweck

1 Die Vorschrift ist auf Verfügungen beschränkt, während nach früherem Recht sämtliche Rechtshandlungen des Schuldners erfasst waren. Der Gesetzgeber war der Auffassung, eine Erstreckung auf Verpflichtungsgeschäfte sei nicht erforderlich, da aus § 38 folge, dass nach Verfahrenseröffnung eingegangene Verpflichtungen durch den Schuldner nicht im Insolvenzverfahren geltend gemacht werden können (RegE BT-Drucks. 12/2443 S. 135). Abweichend vom früheren Recht sind Verfügungen absolut unwirksam (§ 7 KO: relative Unwirksamkeit ggü. Insolvenzgläubigern).

2 Abs. 3 Satz 2 wurde durch das Gesetz zur Umsetzung der RL 2002/47/EG über Finanzsicherheiten vom 06.06.2002 und zur Änderung des Hypothekenbankgesetzes u. a. Gesetze angefügt. Die Vorschrift gilt nur für Verfahren, welche nach dem 09.04.2004 eröffnet wurden.

Verfügungen des Schuldners **§ 81 InsO**

§ 81 flankiert die §§ 80, 89, 90, 91 zum **Schutz der Insolvenzmasse** vor dem Verlust von Vermögensgegenständen. Die Norm ist konsequente Fortsetzung der auf den Insolvenzverwalter übergegangenen Verwaltungs- und Verfügungsbefugnis (§ 80 Abs. 1). Der Schutzzweck setzt dort ein, wo derjenige von § 129 aufhört (MK-Ott/Vuia § 81 Rn. 11). Bei angeordneter Eigenverwaltung (§§ 270 ff.) findet die Regelung nur Anwendung, wenn die Voraussetzungen des § 277 Abs. 1 vorliegen (FK-App § 81 Rn. 5; K. Schmidt-Sternal § 81 Rn. 2).

B. Norminhalt

I. Verfügungen des Schuldners

1. Begriff der Verfügung

Im Gegensatz zu § 7 KO erfasst die Vorschrift nicht sämtliche Rechtshandlungen, sondern nur Verfügungen des Schuldners. Letztere sind Rechtsgeschäfte, die unmittelbar auf ein Recht durch Begründung, Veränderung, Übertragung oder Aufhebung einwirken (BGH, NZI 2010, 138). Unproblematisch erfasst sind **dingliche Rechtsgeschäfte**, aber auch **Gestaltungsrechte** (MK-Ott/Vuia § 81 Rn. 4; Jaeger-Windel § 81 Rn. 5) sowie **Prozesshandlungen** mit verfügendem Charakter (KPB-Lüke § 81 Rn. 7; Braun-Kroth § 81 Rn. 3; A/G/R-Piekenbrock § 81 Rn. 9). Nicht dazu gehört die **Entgegennahme von empfangsbedürftigen Erklärungen** (Jaeger-Windel § 81 Rn. 6). Der Schuldner ist wegen § 80 nicht empfangszuständig, sodass die an ihn gerichtete Willenserklärung ins Leere geht.

Verpflichtungsgeschäfte des Schuldners bleiben von § 81 unberührt (MK-Ott/Vuia § 81 Rn. 5; BK-Blersch/v. Olshausen § 81 Rn. 4). Begründet der Schuldner nach Insolvenzeröffnung eine Verpflichtung über einen massezugehörigen Gegenstand, ist diese zwar wirksam, jedoch wegen § 80 unerfüllbar. Gegen die Insolvenzmasse besteht kein durchsetzbarer Anspruch (Uhlenbruck-Uhlenbruck § 81 Rn. 1; K. Schmidt-Sternal § 81 Rn. 3). Die Voraussetzungen des § 38 liegen nicht vor, da der Verpflichtungsgrund nach Insolvenzeröffnung entstanden ist. Eine Masseschuld wurde nicht begründet. Der Schuldner haftet ggü. seinem Vertragspartner mit seinem insolvenzfreien Vermögen gem. §§ 275, 280 ff. BGB (Jaeger-Windel § 81 Rn. 7; HK-Kayser § 81 Rn. 6; A/G/R-Piekenbrock § 81 Rn. 7).

Streitig ist, ob **rechtsgeschäftsähnliche Handlungen** von § 81 erfasst werden. Überwiegend wird eine Ausdehnung des Anwendungsbereiches befürwortet, um die Insolvenzmasse vollständig zu schützen (Uhlenbruck-Uhlenbruck § 81 Rn. 2; KPB-Lüke § 81 Rn. 5 bis 7; FK App § 81 Rn. 1, K. Schmidt-Sternal § 81 Rn. 5). Schon zur KO ist der Begriff der Rechtshandlung weit ausgelegt worden. Um die in § 1 normierten Ziele der InsO zu erreichen, sollten auch verfügungsähnliche oder -gleiche Rechtshandlungen unter § 81 subsumiert werden. Nach herrschender Meinung werden danach von § 81 erfasst: Zahlungen, Überweisungsaufträge, Lastschrifteinlösungen, Fristsetzungen, Aufforderungen (§§ 108 Abs. 2, 177 Abs. 2 BGB), Androhungen (§§ 384 Abs. 1, 1220 Abs. 1 BGB), Weigerungen (§§ 179 Abs. 1, 295 Abs. 1 BGB), Mitteilungen und Anzeigen (§§ 149, 171, 409 Abs. 1, 415 Abs. 1 Satz 2, 416 Abs. 1, 469 BGB) sowie Mängelanzeigen (§ 377 HGB), es sei denn, diese sind für die Masse vorteilhaft (MK-Ott/Vuia § 81 Rn. 5; HK-Kayser § 81 Rn. 8; a. A. Uhlenbruck-Uhlenbruck § 81 Rn. 4; K. Schmidt-Sternal § 81 Rn. 5). **Realakte** (Vermischung, Verbindung, Verarbeitung) sind verfügungsähnlichen Handlungen indessen nicht gleich zu stellen (Uhlenbruck-Uhlenbruck § 81 Rn. 4; FK-App § 81 Rn. 7).

2. Zeitpunkt der Verfügung

Die Norm schützt die Insolvenzmasse nur bei Verfügungen des Schuldners **nach Insolvenzeröffnung**, von der Ausnahme in Abs. 3 Satz 2 abgesehen. Maßgebend ist der **Zeitpunkt des Erlasses** (§ 27). Auf die Zustellung, Bekanntmachung oder Rechtskraft des Eröffnungsbeschlusses kommt es nicht an (Uhlenbruck-Uhlenbruck § 81 Rn. 7; FK-App § 81 Rn. 20, K. Schmidt-Sternal § 81 Rn. 8). Bei Verfügungen am Eröffnungstag ist § 81 Abs. 3 Satz 1 zu beachten (s. Rdn. 25). **Vor Insolvenzeröffnung** vorgenommene Verfügungen können lediglich anfechtbar gem. §§ 129 ff. sein. Zu beachten ist in diesem Zusammenhang, dass die Vorschrift über § 24 Abs. 1 nach Anordnung von Sicherungsmaßnahmen (§ 21, 22) vor Insolvenzeröffnung Geltung erlangt.

7a **Maßgebend ist, wann die Verfügung ungeachtet § 81 wirksam geworden wäre** (MK-Ott/Vuia § 81 Rn. 9; A/G/R-Piekenbrock § 81 Rn. 12; K. Schmidt-Sternal § 81 Rn. 9). Entscheidend ist nicht, wann der mit der Verfügung bezweckte Erfolg eintreten soll, Anknüpfungspunkt ist vielmehr eine Handlung des Schuldners (BGH, ZInsO 2012, 1123 Rn. 11; Braun-Kroth § 81 Rn. 6; a. A. MK-Ott/Vuia § 81 Rn. 10). Die Unwirksamkeit des Rechtserwerbs beurteilt sich dann nach § 91. Eine **einseitige empfangsbedürftige Willenserklärung** wird erst mit Zugang wirksam (§ 130 Abs. 1 BGB). Hat der Schuldner die Erklärung (Kündigung/Rücktritt/Aufrechnung) vor Verfahrenseröffnung abgegeben, wird diese unwirksam, wenn sie dem Empfänger erst nach Erlass des Eröffnungsbeschlusses zugeht (Jaeger-Windel § 81 Rn. 33; KPB-Lüke § 81 Rn. 11; FK-App § 81 Rn. 21). Der Verlust der Verfügungsbefugnis ist dem Verlust der Geschäftsfähigkeit oder dem Tod des Erklärenden nicht gem. §§ 130 Abs. 2, 153 BGB gleich zu stellen (MK-Ott/Vuia § 81 Rn. 11; KPB-Lüke § 81 Rn. 11). Entsprechendes gilt für ein **Vertragsangebot ggü. dem Schuldner** als Antragsempfänger nur, wenn der Antragende sich nicht ggü. der Insolvenzmasse binden wollte (MK-Ott/Vuia § 81 Rn. 11; a. A. Jaeger-Windel § 81 Rn. 37: unabhängig vom Bindungswillen ggü. der Masse kann der Insolvenzverwalter annehmen). Anderenfalls und im umgekehrten Fall ist die Annahme noch möglich, da Verpflichtungsgeschäfte von § 81 nicht erfasst werden (Rdn. 5).

3. Besonderheit: Gestreckte Verfügung

8 Bei mehraktigen Verfügungsgeschäften müssen die Voraussetzungen grds. bis zur Verfahrenseröffnung eingetreten sein, damit das Rechtsgeschäft wirksam ist. Dies gilt in **Abgrenzung zu § 91** nicht uneingeschränkt. Für § 81 ist auf die **Verfügung des Schuldners** abzustellen, während § 91 den **Rechtserwerb des Dritten nach Verfahrenseröffnung** erfasst. § 91 beschränkt sich auf Fälle, in denen zusätzlich zu den wirksam abgeschlossenen Verfügungstatbeständen weitere Erwerbselemente hinzutreten, die nicht Schuldnerverfügung sind (z. B. Registereintrag). § 91 ist anwendbar, wenn der Vermögensgegenstand ganz oder teilweise aus dem Vermögen des Schuldners ausgeschieden ist und er keine Möglichkeit hat, diesen zurückzuerlangen (BGH, ZInsO 2007, 91). § 81 greift, wenn der Schuldner noch nach Verfahrenseröffnung Rechtshandlungen vorzunehmen hat, damit der Verfügungserfolg eintreten kann (BGH, ZInsO 2012, 1123 Rn. 11; BGH, ZInsO 2009, 2336; K. Schmidt-Sternal § 81 Rn. 10). Nach a. A. ist auf den Zeitpunkt abzustellen, in dem die Verfügung voll wirksam wird, selbst wenn Rechtshandlungen des Schuldners zum Eintritt des Verfügungserfolgs nicht mehr erforderlich sind (MK-Ott/Vuia § 81 Rn. 9 f.; KPB-Lüke § 81 Rn. 12a; Simokat, NZI 2012, 57). Auf die unter § 91 dargestellten Einzelfälle (Rdn. 5 bis 21) wird verwiesen. Für **Grundstücksgeschäfte** folgt aus § 878 BGB, dass § 81 unanwendbar ist, wenn dingliche Einigung und Eintragungsantrag vor Verfahrenseröffnung erfolgt sind (BGH, ZInsO 2012, 1123 Rn. 10; MK-Ott/Vuia § 81 Rn. 10; K. Schmidt-Sternal § 81 Rn. 12; s. auch Rdn. 19). Ob der Rechtserwerb bei Eintragung nach Insolvenzeröffnung wirksam ist, bestimmt sich nach § 91 Abs. 2 i. V. m. § 878 BGB (Uhlenbruck-Uhlenbruck § 81 Rn. 9).

9 Die Übergabe einer **beweglichen Sache** ist indessen Verfügung i. S. d. § 81 (KPB-Lüke § 81 Rn. 12; OLG Frankfurt/Main, ZInsO 2003, 713 für Bargeld). Die Verfügungsbefugnis muss zur Wirksamkeit noch bei Übergabe vorhanden sein. Erfolgt die Übergabe somit nach Verfahrenseröffnung, scheitert die Übereignung an § 81. Bei **aufschiebend bedingter Übereignung** folgt aus § 161 Abs. 1 Satz 2 BGB, dass § 81 dem Rechtserwerb bei Bedingungseintritt nach Insolvenzeröffnung nicht entgegensteht (BGH, NZI 2006, 230; HK-Kayser § 81 Rn. 18; K. Schmidt-Sternal § 81 Rn. 12). § 81 ist auch anwendbar bei der **wirksamkeitsbegründenden Anzeige einer Forderungsverpfändung** (§ 1280 BGB) oder der **Abtretung von Steuererstattungsansprüchen** bei der Finanzbehörde (§ 46 AO).

10 Hat der Schuldner durch eine **Vorausabtretung** über seinen Forderungsbestand verfügt, **ist nach herrschender Meinung § 91 auf die im Voraus abgetretene, erst nach Insolvenzeröffnung entstandene Forderung anzuwenden** (BGH, ZInsO 2009, 2336; dazu Kuleisa, InsVZ 2010, 203, 205 ff.).

Vorinstanz OLG Köln, ZInsO 2008, 622; dazu Herchen, EWiR 2008, 565; Uhlenbruck-Uhlenbruck § 91 Rn. 18, 21; KPB-Lüke § 81 Rn. 12a; Bork, Zahlungsverkehr, Rn. 40; HK-Kayser § 91 Rn. 19; Gehrlein, ZIP 2011, 5, 6; **für § 81** OLG Naumburg, ZInsO 2008, 1022; OLG Dresden, ZInsO 2006, 1057; MK-Ott/Vuia § 81 Rn. 10; Jaeger-Gerhardt § 24 Rn. 6). Der Rechtserwerb als Verfügungserfolg fällt regelmäßig mit dem letzten Akt des Verfügungstatbestandes zusammen. Bei der Abtretung einer bestehenden Forderung reicht allein die Einigung (§ 398 BGB). In diesen Fällen muss die Rechtsmacht des Verfügenden noch zum Zeitpunkt des Rechtserwerbs vorliegen (BGH, ZInsO 2009, 2336 Rn. 10). Anderes gilt bei einer Verfügung über künftige Forderungen. Eine künftige Forderung scheidet nicht bereits mit dem Abschluss des Abtretungsvertrages aus dem Vermögen des Schuldners aus. Rechtliche Wirkung entfaltet die Abtretung erst, wenn das Recht entstanden ist, auf welches sie sich bezieht (BGH, ZIP 1997, 513, 514; ZInsO 2008, 35 Rn. 33; ZInsO 2009, 383 Rn. 27). Der Rechtsübergang bei Abtretung einer künftigen Forderung vollzieht sich endgültig erst mit Entstehung des zedierten Anspruches. Verfügungstatbestand und Verfügungserfolg fallen auseinander (Staudinger-Busche, § 398 Rn. 63). **Die Verfügungsmacht muss beim letzten Teilakt, der Entstehung der abgetretenen Forderung, nicht mehr bestehen** (BGH, ZIP 2009, 2347; dazu Gehrlein, ZIP 2011, 5, 6; BGH, ZIP 1997, 737; dazu Henckel, EWiR 1997, 943; a. A. Eckardt, ZIP 1997, 957, 959 ff.). Die Abtretung einer künftigen Forderung allein enthält bereits alle Merkmale, aus denen der Übertragungstatbestand besteht. Die Entstehung der abgetretenen Forderung gehört sogar dann nicht dazu, wenn noch nicht einmal der Rechtsgrund gelegt ist. Deshalb wird die Rechtsstellung des Zessionars dadurch, dass der Zedent nach Abtretung, aber vor Entstehung der abgetretenen Forderung die Verfügungsmacht verliert, nicht berührt. Dadurch, dass die Verfügungsbefugnis dem Schuldner entzogen und auf den Insolvenzverwalter übertragen wird, werden jedenfalls abgeschlossene Rechtshandlung auch insoweit nicht wirkungslos, als es um Rechtsfolgen geht, die erst nach dem Verlust der Verfügungsbefugnis eintreten. Vielmehr werden nur Handlungen aus der Zeit vor dem Wegfall der Verfügungsmacht hinfällig, soweit sie nicht bereits dazu geführt haben, dass ein Vermögensgegenstand bereits zu diesem Zeitpunkt ganz oder teilweise aus dem Vermögen des Schuldners ausgeschieden war. Da anerkannt ist, dass die Einigung über den Rechtsübergang nicht bis zum Entstehen der Forderung fortbestehen muss (Palandt-Grüneberg, § 398 Rn. 11; Staudinger-Busche, § 398 Rn. 71), hat Entsprechendes für die Verfügungsmacht zu gelten. **Der Verfügende hat mit der Vorauszession bereits alles von seiner Seite Erforderliche für den Rechtsübergang getan.** Die noch künftig entstehende Forderung scheidet mit der Vorausabtretung endgültig aus seinem Vermögen aus. Im Entstehungszeitpunkt muss daher keine Verfügungsmacht über den Anspruch bestehen (ebenso Gehrlein ZIP 2011, 5, 6). Zudem spricht der Regelungsinhalt der §§ 24, 81 InsO dafür, im Fall einer Vorauszession auf den Zeitpunkt der Abtretung und nicht auf den des Entstehens der Forderung abzustellen. Hätte das Entstehen der Forderung und damit der Zeitpunkt der Vollendung des Rechtserwerbs maßgeblich sein sollen, hätte näher gelegen, in § 24 InsO auch auf § 91 InsO zu verweisen. Dies ist indessen durch den Gesetzgeber unterblieben. Der Gesetzgeber hat darüber hinaus als Beispiel für einen Rechtserwerb i. S. d. § 91 InsO den Fall einer Vorausverfügung ausdrücklich erwähnt (BT-Drucks. 12/2443, S. 138 zu § 102). Muss der Schuldner nach Anordnung von Sicherungsmaßnahmen noch am Eintritt einer aufschiebenden Bedingung (Abschluss eines Kaufvertrages) mitwirken, damit die Forderung entsteht, stehen die §§ 24, 81 einem Rechtserwerb des Zessionars ebenfalls nicht entgegen (BGH, ZIP 2010, 138; dazu Gehrlein, ZIP 2011, 5, 7). § 81 erfasst nur Verfügungen, keine Verpflichtungsgeschäfte. Entsteht die abgetretene Forderung nach Verfahrenseröffnung, scheitert der Rechtserwerb des Zessionars an § 91 (BGH, ZInsO 2010, 1001 Rn. 9).

Die Abgrenzung zwischen §§ 81, 91 ist bei Entstehung der zedierten Forderung nach Verfahrenseröffnung ohne Belang, jedoch **bedeutsam für die Entstehung nach Anordnung von Sicherungsmaßnahmen im Eröffnungsverfahren**, da § 24 lediglich auf § 81 verweist (vgl. § 24 Rdn. 7 bis 8) und § 91 nicht entsprechend über § 24 zwischen Anordnung der Sicherungsmaßnahmen und Insolvenzeröffnung anwendbar ist (BGH, ZInsO 2007, 91). Im Interesse umfänglichen Masseschutzes wäre vorzugswürdig gewesen, § 81 anzuwenden. Es bleibt jedoch die Anfechtungsmöglichkeit des Rechtserwerbs gem. §§ 130 ff. (dazu Kuleisa, InsVZ 2010, 203, 207). Diese Sicherheit wird kongruent erlangt (BGH, ZInsO 2008, 91; ZInsO 2008, 801). Die Entscheidung des BGH für § 91 schränkt zudem die Finanzierung einer Betriebsfortführung im Eröffnungsverfahren erheblich ein. Da der Rechtsübergang nach § 130 erst mit Verfahrenseröffnung anfechtbar wird, kann der vorläufige Insolvenzverwalter auf Forderungserlöse zedierter Ansprüche nicht zur Deckung von Betriebskosten zurückgreifen, sondern hat diese zu separieren (zur Separierungspflicht BGH, NZI 2010, 339; dazu Ganter, NZI 2010, 551 und Flöther/Wehner, NZI 2010, 554). Zur Vermeidung dieses Dilemmas wird vorgeschlagen, dass der vorläufige Insolvenzverwalter mit dem Zessionar vereinbart, dass er die eingezogenen Gelder in dem Umfang für Zwecke der Betriebsfortführung verbrauchen darf, in dem durch die Betriebsfortführung neue Forderungen entstehen, welche der Globalzession unterliegen. Dieser Forderungsübergang sei als Bargeschäft (§ 142) unanfechtbar (Ganter, NZI 2010, 551, 553).

4. Verfügungen Dritter

11 Nur Verfügungen des Schuldners fallen unter § 81. Hierzu gehören auch Verfügungen seines **gesetzlichen oder gewillkürten Vertreters** (NR-Wittkowski/Kruth § 81 Rn. 6; Braun-Kroth § 81 Rn. 5). Handelt der Dritte ohne Vertretungsmacht für den Schuldner, belastet dies die Masse nicht. Genehmigt bei vollmachtloser Vertretung der Schuldner gem. § 177 BGB, ist diese wegen § 81 wirkungslos (A/G/R-Piekenbrock § 81 Rn. 5). Ein im eigenen Namen handelnder **Treuhänder** ist kein Vertreter des Schuldners, sodass dessen Verfügung nicht dem Anwendungsbereich des § 81 unterliegt (K. Schmidt-Sternal § 81 Rn. 7; Uhlenbruck-Uhlenbruck § 81 Rn. 6). Dies gilt auch dann, wenn der Verfügungsgegenstand wirtschaftlich zur Masse gehört, da der Treuhänder Vollrechtsinhaber ist (BGH, ZInsO 2012, 1419 Rn. 10; MK-Ott/Vuia § 81 Rn. 12; HK-Kayser § 81 Rn. 20; A/G/R-Piekenbrock § 81 Rn. 16). Endet die Treuhand mit Insolvenzeröffnung gem. §§ 115, 116, gelten die allgemeinen Vorschriften über den Erwerb von einem Nichtberechtigten (KPB-Lüke § 81 Rn. 9; K. Schmidt-Sternal § 81 Rn. 7). Weist der Schuldner den Treuhänder nach Eintritt der Verfügungsbeschränkung an, eine Verfügung vorzunehmen, ist die Verfügung des Treuhänders wirksam und der Insolvenzverwalter kann nach Genehmigung die Erstattung vom Empfänger gem. § 816 Abs. 2 BGB verlangen (BGH, ZInsO 2012, 1419 Rn. 8).

12 Problematisch ist die Einordnung einer vom Schuldner in Auftrag gegebenen **Banküberweisung**. Hierbei ist zu differenzieren: Der Überweisungsauftrag ist nach § 676a BGB lediglich Antrag an die Bank auf Abschluss eines Überweisungsvertrages. Diese schuldrechtliche Verpflichtung wird – unstreitig – nicht von § 81 erfasst (Rdn. 5). Der Überweisungsauftrag besteht gem. § 116 Satz 3 insolvenzübergreifend mit Wirkung für die Masse fort (angefügt durch Gesetz v. 21.07.1999, BGBl. I S. 1642, 1646). Die Bank ist berechtigt, den ihr erteilten Überweisungsauftrag durchzuführen (BGH, ZInsO 2014, 33 Rn. 8; BGH, ZInsO 2009, 659 Rn. 21). Führt die Bank den Überweisungsauftrag aus, leistet sie damit an den Kontoinhaber. Ist der Bank die Insolvenzeröffnung unbekannt, erfolgt die Leistung Schuld befreiend und das Kreditinstitut kann das Konto mit ihrem Aufwendungsersatzanspruch aus der durchgeführten Banküberweisung belasten (§ 82 Rdn. 8–10, im Ergebnis ebenso BGH, ZInsO 2014, 33 Rn. 9; Jaeger-Windel § 82 Rn. 25). Die Schuld befreiende Leistung der Bank bedeutet jedoch nicht, dass der Zahlungsempfänger den Geldeingang behalten kann. Der Schuldner hat durch Überweisung rechtsgeschäftlich über seinen Anspruch gegen die kontoführende Bank auf Auszahlung des Kontoguthabens/der Kreditlinie verfügt (BGH, ZIP 2007, 436). Insoweit greift § 81. Der Geldempfänger ist zur Herausgabe des Erlangten an die Masse gem. § 812 Abs. 1 Satz 1 1. Fall BGB verpflichtet (BGH, ZInsO 2014, 33 Rn. 12; HK-Kayser § 81 Rn. 23; Uhlenbruck-Uhlenbruck § 82 Rn. 6; Canaris, Bankvertragsrecht, Rn. 504 für § 812 Abs. 1 Satz 1 2. Fall BGB). Durch gutgläubige Ausführung des Überweisungsauftrages hat der Begünstigte im Verhältnis zur Gesamtgläubigerschaft nicht das Recht erworben, zu deren Lasten volle Deckung seiner Forderung zu erhalten. Für die Rückzahlungsverpflichtung ist unerheblich, ob der Empfänger gut- oder bösgläubig gewesen ist (Jaeger-Windel § 82 Rn. 25). Die Aufrechnung gegen den Herausgabeanspruch mit anderweitigen Ansprüchen ist rgm. nach § 96 ausgeschlossen.

5. Verfügung über massefremdes Vermögen

Der Verfügungsgegenstand muss massebezogen sein (KPB-Lüke § 81 Rn. 8). Hierzu gehören auch Passiva, wobei die Begründung von Verbindlichkeiten zulasten der Insolvenzmasse nach Insolvenzeröffnung kaum denkbar ist. Auslandsvermögen des Schuldners wird von § 81 erfasst (LG Köln, ZIP 1997, 1165). Der Schuldner bleibt berechtigt, über sein insolvenzfreies Vermögen zu verfügen oder diesbezüglich Verbindlichkeiten einzugehen (Uhlenbruck-Uhlenbruck § 81 Rn. 5; HK-Kayser § 81 Rn. 10). Dem Schuldner bleibt daher unbenommen, aus seinem pfandfreien Vermögen Zahlungen an Insolvenzgläubiger zu leisten. §§ 87, 81 stehen einer Befriedigung einzelner Insolvenzgläubiger aus dem insolvenzfreien Vermögen nicht entgegen (BGH, ZInsO 2010, 376). Der Insolvenzverwalter kann solche Leistungen nicht kondizieren.

II. Rechtsfolgen

1. Absolute Unwirksamkeit

Eine gegen § 81 verstoßende Verfügung ist absolut unwirksam (MK-Ott/Vuia § 81 Rn. 13; FK-App § 81 Rn. 15). Die Unwirksamkeit, **keine Nichtigkeit** (Braun-Kroth § 81 Rn. 7), tritt unmittelbar kraft Gesetzes ein und besteht **von Anfang an** als rechtshindernde Einwendung des Insolvenzverwalters (Jaeger-Windel § 81 Rn. 16; KPB-Lüke § 81 Rn. 14). Folglich kann der Insolvenzverwalter bei unwirksamer Verfügung sofort Herausgabeklage gem. § 985 BGB erheben (HK-Kayser § 81 Rn. 25), die nicht wirksam abgetretene Forderung einziehen (BGH, ZInsO 2012, 1417) bzw. hat bei grundstücksbezogenen Rechten einen Grundbuchberichtigungsanspruch gem. § 894 BGB (Jaeger-Windel § 81 Rn. 52), es sei denn, die Voraussetzungen des gutgläubigen Erwerbs liegen vor (Eintritt der Grundbuchsperre erst mit Eintragung des Insolvenzvermerks s. Rdn. 20). Verfügt der Schuldner nach Eintritt der Verfügungsbeschränkung (unwirksam), hat die Leistung des Drittschuldners an den Scheinzessionar keine Erfüllungswirkung. § 81 mit der angeordneten Rechtsfolge der absoluten Unwirksamkeit geht in diesem Fall § 82 vor (BGH, ZIP 2012, 1565 Rn. 7). Der Drittschuldner wird auch nicht durch § 409 BGB geschützt, da der Schuldner nicht mehr verfügungsbefugt war (MK-Ott/Vuia § 82 Rn. 3d). Folglich kann der Insolvenzverwalter bei Leistung an den Scheinzessionar nicht von diesem nach § 816 Abs. 2 BGB kondizieren, sondern hat sich an den weiter verpflichteten Drittschuldner zu halten (BGH, ZIP 2012, 1565 Rn. 8). Eine Schuld befreiende Leistung nach §§ 407 ff. BGB kommt nur in Betracht, soweit diese Regelungen nicht mit §§ 81, 82 kollidieren (BGH, ZIP 2012, 1565 Rn. 10). Auch **Dritte können sich auf die Unwirksamkeit berufen** (Jaeger-Windel § 81 Rn. 21). Der Insolvenzverwalter kann aber auch die unwirksame Verfügung des Schuldners gem. § 185 Abs. 2 BGB genehmigen, wenn die Rechtshandlung des Schuldners für die Masse Vorteile bringt (s. Rdn. 16).

Nach überwiegender Ansicht (Uhlenbruck-Uhlenbruck § 81 Rn. 11; KPB-Lüke § 81 Rn. 15) wird die angeordnete Rechtsfolge inhaltlich durch den Zweck der Vorschrift, die Insolvenzmasse zu sichern, beschränkt (NR-Wittkowski/Kruth § 81 Rn. 14; KPB-Lüke § 81 Rn. 15; a. A. K. Schmidt-Sternal § 81 Rn. 14). Bei **Freigabe oder Verfahrensbeendigung** greift § 185 Abs. 2 Satz 1 Fall 2 BGB entsprechend, sodass die schwebend unwirksame Verfügung mit Zurückerlangung der Verfügungsbefugnis **ex nunc** wirksam wird (BGH, ZIP 2013, 1181 Rn. 26; BGH, ZInsO 2006, 261, 263; MK-Ott/Vuia § 81 Rn. 18; K. Schmidt-Sternal § 81 Rn. 16; s. a. § 88 Rdn. 13 und § 91 Rdn. 28 zur schwebenden Unwirksamkeit m. w. N.).

2. Genehmigung durch den Insolvenzverwalter

Der Insolvenzverwalter kann die unwirksame Verfügung des Schuldners nach § 185 Abs. 2 BGB analog mit **ex tunc-Wirkung** genehmigen (KPB-Lüke § 81 Rn. 18; HK-Kayser § 81 Rn. 27; K. Schmidt-Sternal § 81 Rn. 15; für ex-nunc-Wirkung: Gottwald/Eickmann, InsRHdb, § 31 Rn. 9). Der Insolvenzverwalter hat zu prüfen, ob eine Genehmigung dem Insolvenzzweck dient und im Interesse der Gläubiger liegt. Dies wird nur bei Mehrung der Masse der Fall sein, wenn z. B. der Vertragspartner die Gegenleistung noch nicht erbracht hat (Braun-Kroth § 81 Rn. 8). Wird trotz

§ 81 die Leistung an den Schuldner bewirkt, folgt aus der Rückwirkung der Genehmigung, dass der Leistungsgegenstand ab Übergabe massezugehörig und der Schuldner zur Herausgabe an den Insolvenzverwalter verpflichtet ist (FK-App § 81 Rn. 19). Bei einseitigen Rechtsgeschäften ist eine Genehmigung ausgeschlossen (KPB-Lüke § 81 Rn. 19).

17 Nach überwiegender Ansicht können **einseitige Rechtsgeschäfte** wegen der zivilrechtlichen Grundsätze der §§ 111, 180 BGB nicht durch Genehmigung des Verwalters wirksam werden (MK-Ott/Vuia § 81 Rn. 17; A/G/R-Piekenbrock § 81 Rn. 17; NR-Wittkowski/Kruth § 81 Rn. 15; a.A. Jaeger-Windel § 81 Rn. 28). Das einseitige Rechtsgeschäft muss vielmehr durch den Insolvenzverwalter erneut vorgenommen werden (FK-App § 81 Rn. 19). Die Genehmigungsmöglichkeit bei **Prozesshandlungen** bezieht sich nur auf die Prozessführung als Ganzes, nicht auf einzelne Prozesshandlungen (Jaeger-Windel § 81 Rn. 29). Erwirkungshandlungen sind bereits wegen § 80 unzulässig, da dem Schuldner die Prozessführungsbefugnis fehlt (KPB-Lüke § 81 Rn. 16). Für die Heilung einzelner Prozesshandlungen greift § 295 ZPO.

3. Gutglaubensschutz (Abs. 1 Satz 2)

18 Der gutgläubige Erwerber wird **nur eingeschränkt geschützt**. Vorrang hat grds. der Schutz der Masse vor Verfügungen des Schuldners. Ein gutgläubiger Erwerb von beweglichen Sachen ist nicht möglich (FK-App § 81 Rn. 41). Gleiches gilt für die Bestellung eines Pfandrechtes oder Nießbrauches (KPB-Lüke § 81 Rn. 24). Die Gutglaubensvorschriften sind aber dann anwendbar, wenn der Schuldner eine ihm nicht gehörende Sache veräußert (HK-Kayser § 81 Rn. 41; Uhlenbruck-Uhlenbruck § 81 Rn. 16). Hierbei ist zu beachten, dass guter Glauben noch bei Übergabe vorhanden sein muss (§ 932 BGB). Kannte der Erwerber zwar die Insolvenzeröffnung, nicht jedoch das fehlende Eigentum des Schuldners, ist die Schutzwürdigkeit streitig (für gutgläubigen Erwerb: BGH, WM 1969, 175; HK-Kayser § 81 Rn. 42; Jaeger-Windel § 81 Rn. 78; KPB-Lüke § 81 Rn. 24; a.A. Uhlenbruck-Uhlenbruck § 81 Rn. 16). Die herrschende Meinung führt als Begründung an, das dem Gläubigerschutz dienende Verfügungsverbot führe nicht zum Schutz des Eigentümers massefremder Sachen. Hat der Erwerber gutgläubig erworben, kann er bei Übergabeersatz nach § 930 BGB den Gegenstand aussondern (BGH, KTS 1959, 188). Der herrschenden Meinung ist zuzustimmen. § 81 erfasst nur massebezogene Vermögensgegenstände und verfolgt nicht den Schutz fremder Rechte. Verfügt ein Dritter als Nichtberechtigter über Massevermögen, greift § 81 nicht (FK-App § 81 Rn. 42). Gutgläubiger Erwerb nach den allgemeinen Regeln ist möglich (Jaeger-Windel § 81 Rn. 76). Das gilt auch für den Fall, dass die nach § 81 unwirksam übertragene Sache durch den Erwerber weiterveräußert wird (FK-App § 81 Rn. 43).

19 Schutz genießt nur der **Erwerber dinglicher Rechte** an Grundstücken sowie an eingetragenen Schiffen, Schiffsbauwerken sowie Luftfahrzeugen. Nicht eingetragene Schiffe werden hingegen wie bewegliche Sachen behandelt (§ 929a BGB), sodass die Grundsätze vorstehend Rdn. 18 gelten. Geschützt wird nach § 81 Abs. 1 Satz 2 nur der rechtsgeschäftliche Erwerb, Vollstreckungen in das Grundvermögen scheitern an § 89 (K. Schmidt-Sternal § 81 Rn. 17; NR-Wittkowski/Kruth § 81 Rn. 16). Der gutgläubige Erwerb setzt einen unterbliebenen Eintrag des Insolvenzvermerks nach §§ 32 und 33 und fehlende Kenntnis von der Verfügungsbeschränkung voraus. Grob fahrlässige Unkenntnis schadet nicht (MK-Ott/Vuia § 81 Rn. 22; HK-Kayser § 81 Rn. 39). Ebenso unschädlich ist die Kenntnis von Insolvenzgründen oder einem gestellten Insolvenzantrag (K. Schmidt-Sternal § 81 Rn. 18). Ist der Erwerber bei Stellung, des Eintragungsantrages bösgläubig, hat somit Kenntnis von der Verfügungsbeschränkung, scheitert ein gutgläubiger Rechtserwerb gem. § 892 Abs. 2 BGB. Der für die Kenntnis **maßgebende Zeitpunkt** ist grds. die Vollendung des Rechtserwerbs (BGH, NJW 2001, 359; Palandt-Bassenge, BGB, § 892 Rn. 25). Ist hierfür die Eintragung erforderlich (§ 873 Abs. 1 BGB), ist auf den Zeitpunkt des Grundbuchantrages oder, wenn die Einigung erst später erfolgt, auf diesen Zeitpunkt abzustellen (Uhlenbruck-Uhlenbruck § 81 Rn. 14). Liegen die dingliche Einigung und grundbuchrechtliche Bewilligung vor Eintritt der Verfügungsbeschränkung, gilt § 91 Abs. 2 (A/G/R-Piekenbrock § 81 Rn. 19; HK-Kayser § 81 Rn. 56). § 81 Abs. 1 Satz 2 hat nur dann Bedeutung, wenn die Einigung oder Bewilligung nach der Verfügungsbeschränkung

erteilt wird. Ist die dingliche Einigung erfolgt und der Eintragungsantrag gestellt, hindert die nachfolgende Anordnung einer Verfügungsbeschränkung nicht den Eintritt des Verfügungserfolgs (BGH, ZInsO 2012, 1123). Ein gutgläubiger Rechtserwerb kann jedoch anfechtbare Rechtshandlung nach §§ 129 ff. sein. § 147 ermöglicht auch die Anfechtung von Rechtshandlungen, welche nach Verfahrenseröffnung erfolgt sind.

Nach nunmehr h. M. bewirkt erst die Eintragung des Insolvenzvermerks nach §§ 32, 33 eine **Grundbuch-/Registersperre** (Uhlenbruck-Uhlenbruck § 81 Rn. 15; A/G/R-Piekenbrock § 81 Rn. 21; NR-Wittkowski/Kruth § 81 Rn. 18). Hat das Grundbuchamt aus anderem Grund Kenntnis von der Insolvenzeröffnung erlangt, ist der Eintragungsantrag des Erwerbers zu bearbeiten und darf nicht zurückgewiesen werden (HK-Kayser § 81 Rn. 40; FK-App § 81 Rn. 18; A/G/R-Piekenbrock § 81 Rn. 21). Dies folgt zum einen aus dem Prioritätsprinzip des § 17 GBO (BK-Blersch/v. Olshausen § 81 Rn. 11), zum anderen aus der gesetzlichen Wertung, dem gutgläubigen Erwerber Vorrang einzuräumen. Der Antrag des Gläubigers darf wegen § 17 GBO auch nicht dann zurückgewiesen werden, wenn das Ersuchen auf Eintragung des Insolvenzvermerks zwar vorliegt, aber danach eingegangen ist (Jaeger-Windel § 81 Rn. 19). Das Grundbuchamt ist zur Zurückweisung verpflichtet, wenn das Ersuchen auf Eintragung des Insolvenzverwalters vorher vorlag (Gottwald-Eickmann, InsRHdb, § 31 Rn. 87). Trägt das Grundbuchamt entgegen §§ 17, 45 GBO dennoch vor dem Insolvenzvermerk ein, ist diese wirksam und es kommt eine Haftung aus § 839 BGB in Betracht (A/G/R-Piekenbrock § 81 Rn. 22).

4. Rückgewähr der Gegenleistung (Abs. 1 Satz 3)

Die Gegenleistung ist an den Vertragspartner des Schuldners zurück zu gewähren, wenn sie zur Masse gelangt ist. Dies setzt voraus, dass die Leistung nach Verfahrenseröffnung erbracht wurde (Jaeger-Windel § 81 Rn. 54). Der **Bereicherungsanspruch ist Masseverbindlichkeit** i. S. d. § 55 Abs. 1 Nr. 3 (HK-Kayser § 81 Rn. 44). Folglich besteht keine Erstattungspflicht, wenn im Eröffnungsverfahren an den vorläufigen Insolvenzverwalter geleistet wurde und die Masse nach Verfahrenseröffnung noch bereichert ist (Jaeger-Windel § 81 Rn. 54). Inhalt und Umfang des Anspruches richten sich nach den §§ 818, 819 BGB. Danach entfällt eine Erstattungspflicht, wenn die Masse entreichert ist (§ 818 Abs. 3 BGB). Ob die Leistung an die Masse als Gegenleistung zu bewerten ist, bestimmt sich nach den Grundsätzen zur Entgeltlichkeit. Ist die Gegenleistung der Verzicht auf eine im Insolvenzverfahren verfolgbare Forderung gewesen, wird diese als fortbestehend behandelt (Uhlenbruck-Uhlenbruck § 81 Rn. 18). Erhalten bleiben deshalb **akzessorische Sicherungsrechte**, welche andernfalls erloschen wären (MK-Ott/Vuia § 81 Rn. 26; K. Schmidt-Sternal § 81 Rn. 21; NR-Wittkowski/Kruth § 81 Rn. 24). Dieses Ergebnis wird dem Zweck des Abs. 1 Satz 3 gerecht, dem Vertragspartner das Äquivalent zurück zu gewähren und den Zustand vor Verfügung wieder herzustellen. Wurde an den Schuldner geleistet und hat dieser nicht an die Masse weitergeleitet, greift die Vorschrift nicht (HK-Kayser § 81 Rn. 44; FK-App § 81 Rn. 29). Der Vertragspartner hat dann auch keine anmeldefähige Insolvenzforderung, da der Anspruch gegen den Schuldner erst nach Verfahrenseröffnung entstanden ist. Er muss sich mit der Neuschuld an das insolvenzfreie Vermögen des Schuldners wenden (Uhlenbruck-Uhlenbruck § 81 Rn. 18; FK-App § 81 Rn. 29; A/G/R-Piekenbrock § 81 Rn. 24).

III. Verfügung über künftige Bezüge (Abs. 2)

Verfügungen des Schuldners über künftige Forderungen auf Bezüge aus einem Dienstverhältnis oder an deren Stelle tretende laufende Bezüge, welche nach Verfahrensbeendigung entstehen, sind ebenfalls unwirksam. Die Vorschrift ergänzt Abs. 1, um die pfändbaren Einkünfte für die Verteilung während der Restschuldbefreiung, zur Erfüllung eines Insolvenzplanes oder eines Schuldenbereinigungsplanes zur Verfügung zu stellen. Unberührt bleibt gem. Abs. 2 Satz 2 das Recht des Schuldners, Ansprüche dieser Art an einen Treuhänder abzutreten, was Voraussetzung für die Restschuldbefreiung ist (§ 287 Abs. 2). Die Vorschrift erfasst nur den massezugehörigen pfändbaren Teil der Bezüge (Jaeger-Windel § 81 Rn. 80).

23 Nach dem Willen des Gesetzgebers ist der **Begriff der Bezüge** weit auszulegen (Begr. RegE BT-Drucks. 12/2443 S. 136). Erfasst werden nicht nur Arbeitseinkommen i. S. d. § 850 ZPO, sondern sämtliche laufenden Geldleistungen der Sozialversicherungsträger bei Ruhestand, Erwerbsunfähigkeit oder Arbeitslosigkeit sowie der öffentlichen Hand nach dem SGB, ferner auch das Arbeitsentgelt von Strafgefangenen nach § 43 StVollzG (A/G/R-Piekenbrock § 81 Rn. 26).

24 Eine vor Insolvenzeröffnung getroffene Verfügung über Bezüge bleibt in der Zeitschranke des § 114 wirksam (für Insolvenzeröffnungen bis zum 30.06.2014). Die Unwirksamkeit einer Verfügung während des Verfahrens richtet sich nach Abs. 1 (s. o. Rdn. 14 bis 16).

IV. Beweiserleichterung (Abs. 3)

25 Ist am Tag der Eröffnung verfügt worden, wird **kraft Gesetzes widerlegbar vermutet**, dass die Verfügung erst danach stattgefunden hat. Den Insolvenzverwalter trifft die volle Darlegungs- und Beweislast dafür, dass am Tag der Insolvenzeröffnung verfügt wurde (MK-Ott/Vuia § 81 Rn. 14; FK-App § 81 Rn. 46). Dem Gegner obliegt es, den Entlastungsbeweis zu führen. Wurde zuvor verfügt, trägt der Insolvenzverwalter die Beweislast dafür, dass dem Schuldner bei Vornahme der Verfügung die Befugnis hierzu gefehlt hat. Er muss dann bei einem Streit darüber, wann verfügt wurde, nachweisen, dass dies nach Eintritt der Verfügungsbeschränkung war.

26 Eine Sonderstellung nehmen Finanzsicherheiten gem. § 1 Abs. 17 KWG ein. Verfügungen des Schuldners über Finanzsicherheiten am Tag der Insolvenzeröffnung sind wirksam, aber anfechtbar. Die Wirksamkeit tritt jedoch nur ein, wenn der Gläubiger nachweist, dass er die Insolvenzeröffnung weder kannte noch kennen musste. Gelingt dieser Beweis, schließt dies die Anfechtung bei kongruenter Sicherung aus (krit. zur Besserstellung der Kreditinstitute Hölzle, ZIP 2003, 2144).

§ 82 Leistungen an den Schuldner

¹Ist nach der Eröffnung des Insolvenzverfahrens zur Erfüllung einer Verbindlichkeit an den Schuldner geleistet worden, obwohl die Verbindlichkeit zur Insolvenzmasse zu erfüllen war, so wird der Leistende befreit, wenn er zur Zeit der Leistung die Eröffnung des Verfahrens nicht kannte. ²Hat er vor der öffentlichen Bekanntmachung der Eröffnung geleistet, so wird vermutet, daß er die Eröffnung nicht kannte.

Übersicht

	Rdn.
A. Normzweck	1
B. Norminhalt	3
I. Leistungen an den Schuldner	3
1. Voraussetzungen	3
2. Leistung an Dritte/Geheißpersonen	5
3. Zeitpunkt	6
4. Besonderheiten im Bankverkehr	7
a) Überweisung	7
b) Scheck	12
c) Wechsel	14
5. Besonderheiten im Lastschriftverfahren	16
a) Differenzierung Abbuchungsverfahren/Einzugsermächtigung	16
b) Genehmigungstheorie für Lastschriftabbuchungen bis 08.07.2012	19
c) Widerspruchsrecht des Insolvenzverwalters	20
d) Lastschriftgenehmigung	21
e) SEPA-Lastschriftverfahren	22
f) Anpassung der Sonderbedingungen im Lastschriftverkehr	23
g) Anfechtung der Lastschriftzahlung	24
h) Bereicherungsrechtliche Rückabwicklung bei Widerspruch des Insolvenzverwalters	25
i) Rechtsposition der Zahlstelle bei Lastschriftwiderruf bis 09.07.2012	26
j) Insolvenz des Zahlungsempfängers	27
II. Schutz des guten Glaubens	28
1. Zurechnung der Kenntnis	29
2. Vermutungswirkung (Satz 2)	30
III. Sonstige Gründe der Leistungsbefreiung	31
1. Massezufluss	31
2. Genehmigung/Freigabe des Insolvenzverwalters	32
IV. Rechtsfolgen bei nicht eingetretener Leistungsbefreiung	33

A. Normzweck

Die Vorschrift bezweckt ebenfalls den Schutz der Masse durch Fortbestehen des Anspruchs, wenn in Kenntnis der Verfahrenseröffnung an den Schuldner geleistet wurde. Aus dem Umkehrschluss der Norm folgt, dass in diesem Fall nicht Schuld befreiend geleistet wurde. Die Annahme einer geschuldeten Leistung ist eine Verfügung über den Anspruch, sodass eigentlich § 81 einschlägig wäre (Uhlenbruck-Uhlenbruck § 82 Rn. 1). § 82 schränkt den Grundsatz der absoluten Unwirksamkeit von Rechtshandlungen des Schuldners nach Insolvenzeröffnung bei Leistungen an diesen ein, ist daher lex specialis zu § 81 (Jaeger-Windel § 82 Rn. 2). Da gem. § 35 auch dasjenige massezugehörig ist, was der Schuldner nach Verfahrenseröffnung erlangt, ließe sich hieraus folgern, § 82 sei obsolet. Wird an den Schuldner geleistet, ist das Erlangte über § 35 massebefangen. Dies birgt aber das Ausfallrisiko der Gläubiger, wenn der Schuldner das Erlangte verbraucht. § 82 ist daher die speziellere Bestimmung für Leistungen auf bei Verfahrenseröffnung bestehende Forderungen (KPB-Lüke § 82 Rn. 4). Wird der Gläubiger hingegen nach § 82 von der Leistungspflicht frei, hat der Schuldner das Erlangte nach § 35 an die Masse herauszugeben (vgl. Rdn. 33).

Die Norm erfasst nur **Leistungen auf schuldrechtliche Ansprüche** (HK-Kayser § 82 Rn. 4; A/G/R-Piekenbrock § 82 Rn. 2). Leistungen auf ein eingetragenes Recht sind nicht § 82 zuzuordnen, was aus § 81 Abs. 1 i. V. m. § 893 BGB folgt (Braun-Kroth § 82 Rn. 2). Hierzu gehören Zins- und Tilgungsleistungen des Grundstückseigentümers auf Grundpfandrechte sowie sonstige Leistungen auf eine Rentenschuld oder Reallast (HK-Kayser § 82 Rn. 4). Bei Briefrechten findet § 893 BGB nur Anwendung, wenn der Schuldner im Besitz des Briefes ist (Uhlenbruck-Uhlenbruck § 82 Rn. 9). Die Regelung ist bei **Eigenverwaltung** nur anwendbar, wenn ein Zustimmungsvorbehalt angeordnet wurde (vgl. § 277 Abs. 1 Satz 2 – MK-Ott/Vuia § 82 Rn. 9a; KPB-Lüke § 82 Rn. 1). Im **Insolvenzplanverfahren** ist die Vorschrift zu beachten, wenn der Insolvenzplan zur Sicherung der Planerfüllung einen Zustimmungsvorbehalt vorsieht (§ 263 Satz 2; vgl. K. Schmidt-Sternal § 82 Rn. 2).

B. Norminhalt

I. Leistungen an den Schuldner

1. Voraussetzungen

Der Drittschuldner muss die Leistung an den Schuldner zur Erfüllung einer massezugehörigen Verbindlichkeit erbracht haben. Eine **Leistung zwecks Erfüllung** setzt voraus, dass sie dem Inhalt des zugrunde liegenden Schuldverhältnisses entspricht, wobei die allg. Leistungsgrundsätze der §§ 262 ff. BGB zur Anwendung kommen (Uhlenbruck-Uhlenbruck § 82 Rn. 2; BK-Blersch/v. Olshausen § 82 Rn. 2). Aus der systematischen Stellung folgt, dass der Anspruchsgrund grds. vor Insolvenzeröffnung entstanden sein muss (HK-Kayser § 82 Rn. 8; Schäfer, ZInsO 2008, 16). Aus der Einbeziehung des Neuerwerbs ergibt sich aber, dass auch während des Verfahrens erworbene Rechte dem Anwendungsbereich unterfallen (Jaeger-Windel § 82 Rn. 7; BK-Blersch/v. Olshausen § 82 Rn. 3; a. A. Schäfer, ZInsO 2008, 16, weshalb dann § 81 anwendbar sei). Bei einer Nachlassinsolvenz steht die Leistung an den Schuldner einer solchen an den Erben gleich (Uhlenbruck-Uhlenbruck § 82 Rn. 11). Der zu erfüllende Anspruch muss **massezugehörig** sein (BGH, NZI 2013, 434 Rn. 9), wobei pfändbare, während des Insolvenzverfahrens erworbene Ansprüche wegen **Einbeziehung des Neuerwerbs** ebenfalls dazu gehören (BK-Blersch/v. Olshausen § 82 Rn. 3; Uhlenbruck-Uhlenbruck § 82 Rn. 3). **Auch im Anwendungsbereich des § 166 InsO ist § 82 zu beachten.** Der Drittschuldner kann daher nicht mehr mit befreiender Wirkung an den Sicherungszessionar leisten, wenn ihm die Insolvenzeröffnung über das Vermögen seines ursprünglichen Gläubigers bekannt ist und er weiß, dass die Abtretung zu Sicherungszwecken erfolgt ist (BGH, ZInsO 2009, 1058 Rn. 23; K. Schmidt-Sternal § 82 Rn. 7). An den Schuldner kann Schuld befreiend nur auf insolvenzfreie oder freigegebene Forderungen geleistet werden. Leistet hingegen der Drittschuldner nach Freigabe der Forderung in Unkenntnis dessen an den Insolvenzverwalter, findet § 82 analoge Anwendung mit der Folge, dass der Drittschuldner frei geworden ist (BGH, ZInsO 2011, 281; anders aber bei

Zahlung an den vormaligen Insolvenzverwalter nach Verfahrensaufhebung BGH, ZInsO 2011, 1151). Nicht zur Insolvenzmasse zu erfüllen sind **Ansprüche höchstpersönlicher Art** (z. B. Unterhalt, Ansprüche aus Dienstleistungen persönlicher Art, Forderungen aus dem Persönlichkeitsrecht sowie familienrechtlicher Art) oder **unpfändbare bzw. freigegebene Rechte** (BGH, NZI 2013, 434 Rn. 9; HK-Kayser § 82 Rn. 9; Uhlenbruck-Uhlenbruck § 82 Rn. 3).

4 Leistung i. S. d. Vorschrift ist jede Art von **Leistung, welche einer zur Insolvenzmasse zu erfüllenden Verbindlichkeit dient** (Uhlenbruck-Uhlenbruck § 82 Rn. 4; K. Schmidt-Sternal § 82 Rn. 3). Die Annahme einer **Leistung an Erfüllung statt** (§ 364 BGB) fällt nicht in den Anwendungsbereich des § 82 (Jaeger-Windel § 82 Rn. 9; Braun-Kroth § 82 Rn. 7; KPB-Lüke § 82 Rn. 4). Dem Schuldner fehlt nach Insolvenzeröffnung die Berechtigung, die Annahme einer Leistung an Erfüllung statt zu vereinbaren (§ 80). Bei Insolvenz des Auftragnehmers kann der Auftraggeber nicht mehr Schuld befreiend gem. § 16 Nr. 6 VOB/B an den Gläubiger des Auftragnehmers (Subunternehmer) leisten (BGH, ZIP 1986, 720; Uhlenbruck-Uhlenbruck § 82 Rn. 48; vgl. § 91 Rdn. 2), es sei denn, der Auftraggeber war gutgläubig (KPB-Lüke § 82 Rn. 44). Der Erlass eines Verfügungsverbotes steht einer Insolvenzeröffnung gleich, sodass die Ermächtigung zur Direktzahlung ihre Wirkung verliert (Uhlenbruck-Uhlenbruck § 82 Rn. 48).

2. Leistung an Dritte/Geheißpersonen

5 Die Leistung an einen gesetzlichen/gewillkürten Vertreter des Schuldners oder eine von ihm benannte Geheißperson ist als eine solche an ihn anzusehen. Sie ist deshalb unter den Voraussetzungen des § 82 unwirksam (MK-Ott/Vuia § 82 Rn. 3b; Jaeger-Windel § 82 Rn. 11; KPB-Lüke § 82 Rn. 5). Hat der Schuldner die **Forderung nach Insolvenzeröffnung** abgetreten, ist die Zession gem. § 81 Abs. 1 unwirksam. Der Leistende wird nicht durch § 409 BGB geschützt, wenn er an den vermeintlichen Zessionar zahlt, da der Schuldner nicht mehr verfügungsbefugt war (BGH, ZIP 2012, 1565 Rn. 12; MK-Ott/Vuia § 82 Rn. 3d; a. A. Uhlenbruck-Uhlenbruck § 82 Rn. 10; HK-Kayser § 82 Rn. 13). Eine Schuld befreiende Leistung nach §§ 407 ff. BGB kommt nur in Betracht, wenn diese Regelungen nicht mit §§ 81, 82 kollidieren. § 81 geht mit der Rechtsfolge der absoluten Unwirksamkeit § 82 vor (BGH, ZIP 2012, 1565 Rn. 6). Tritt der Schuldner nach Anordnung der Verfügungsbeschränkung – unwirksam – ab, wird der Drittschuldner durch die Zahlung an den Scheinzessionar nicht frei. Der Insolvenzverwalter hat sich daher weiterhin an den Drittschuldner zu halten, ein Herausgabeanspruch gegen den vermeintlichen Zessionar als Zahlungsempfänger (§ 816 Abs. 2 BGB) besteht nur bei Genehmigung der unwirksamen Zession.

3. Zeitpunkt

6 Maßgeblicher Zeitpunkt für die Leistungsvornahme ist der Erlass des Eröffnungsbeschlusses nach § 27 (MK-Ott/Vuia § 82 Rn. 8). Leistungen vor der Insolvenzeröffnung werden nur über § 24 Abs. 1 erfasst. Ein abweichender Zeitpunkt gilt für die Vermutungsregelung des Satz 2 (dazu Rdn. 29). Abzustellen ist auf den Zeitpunkt, in welchem der Leistungserfolg noch verhindert werden konnte (BGH, ZInsO 2009, 1646 Rn. 9 ff.; s. u. Rdn. 27), allein auf den Zeitpunkt der Zahlungshandlung kommt es nicht an (krit. A/G/R-Piekenbrock § 82 Rn. 7). Unerheblich ist, ob die zu erfüllende Verbindlichkeit bereits vor Verfahrenseröffnung begründet wurde (MK-Ott/Vuia § 82 Rn. 8a).

4. Besonderheiten im Bankverkehr

a) Überweisung

7 In der **Insolvenz des Überweisenden** erlöschen der Zahlungsdienstrahmenvertrag und ein Kontokorrentkreditvertrag zwischen dem Schuldner und der Bank (§§ 115 Abs. 1, 116). Nach § 115 Abs. 3 Satz 1 wird der Fortbestand des Girovertrages fingiert, solange die Bank von der Verfahrenseröffnung unverschuldet keine Kenntnis erlangt hat. Der **bei Verfahrenseröffnung unerledigte Überweisungsvertrag** besteht gem. § 116 Abs. 3 mit Wirkung für die Masse fort, wenn keine rechtzeitige Kündigung durch die Bank oder den Insolvenzverwalter erfolgt ist (§ 676a BGB). Die Bank

bleibt in den Grenzen des §675o Abs. 2 BGB berechtigt, die Durchführung der Überweisung abzulehnen (KPB-Lüke §82 Rn. 18; zu den Voraussetzungen des §675o BGB vgl. Obermüller, ZInsO 2010, 8, 10ff.; Grundmann, WM 2009, 1109, 1114). Führt sie die Überweisung aus, kann sie das kreditorische Konto mit ihrem Aufwendungsersatzanspruch belasten (BGH, ZInsO 2009, 659 Rn. 18; KPB-Lüke §82 Rn. 18; Uhlenbruck-Uhlenbruck §82 Rn. 21). Bei einem debitorischen Konto ist die Bank insoweit Insolvenzgläubiger (KPB-Lüke §82 Rn. 19; Bork, Zahlungsverkehr, Rn. 179). Wegen §§82, 116 Satz 3 bestehen keine Ausgleichsansprüche des Insolvenzverwalters gegen die Bank aufgrund der durchgeführten Überweisung. Der Insolvenzverwalter ist darüber hinaus verpflichtet, den Überweisungsauftrag durch Erklärung ggü. der Bank zum Erlöschen zu bringen.

Einem **Überweisungsauftrag nach Insolvenzeröffnung** steht grds. §81 Abs. 1 entgegen (BGH, ZInsO 2009, 659 Rn. 18; MK-Ott/Vuia §82 Rn. 21), für die Bank ist die Rechtslage nach §82 als lex specialis zu beurteilen. §116 Abs. 3 ist unanwendbar (KPB-Lüke §82 Rn. 19). Die **Bank** leistet bei Erledigung des Überweisungsauftrages Schuld befreiend an den Schuldner, wenn sie **gutgläubig** ist (BGH, ZInsO 2014, 33 Rn. 9; BGH, ZInsO 2006, 92). Der Schuld befreienden Leistung bei Gutgläubigkeit steht nicht entgegen, dass die Anweisung nach §81 unwirksam war (BGH, ZInsO 2006, 92; Jaeger-Windel §82 Rn. 19, 24). Die Beweislast für die fehlende Kenntnis trifft vor der öffentlichen Bekanntmachung den Insolvenzverwalter, danach die Bank. Die Bank ist bei Gutgläubigkeit berechtigt, das im Guthaben geführte Kundenkonto mit ihrem Aufwendungsersatzanspruch zu belasten (Uhlenbruck-Uhlenbruck §82 Rn. 21; Bork, Zahlungsverkehr, Rn. 169). Wurde das Schuldnerkonto debitorisch geführt, ist der Aufwendungsersatzanspruch einfache Insolvenzforderung (BGH, ZInsO 2014, 33 Rn. 9; Jaeger-Windel §82 Rn. 24; KPB-Lüke §82 Rn. 20; a. A. Nichtleistungskondiktion des Zahlungsdienstleisters gegen den Zahlungsempfänger: A/G/R-Piekenbrock §82 Rn. 4; MK-Ott/Vuia §82 Rn. 21 a. E.). Das Kreditinstitut kann aus ihm eingeräumten Sicherheiten insoweit abgesonderte Befriedigung beanspruchen (KPB-Lüke §82 Rn. 26; Braun-Kroth §82 Rn. 13; Obermüller, ZInsO 2010, 8, 17), wobei die Erlangung des Sicherungsrechts anfechtbar sein könnte (Uhlenbruck-Uhlenbruck §82 Rn. 23). Der Insolvenzverwalter kann die von der Bank an den Zahlungsempfänger Schuld befreiend bewirkte Zahlung gem. §812 Abs. 1 Satz 1. Fall BGB von diesem kondizieren (BGH, ZInsO 2014, 33 Rn. 10ff.; s. auch §81 Rdn. 12; Jaeger-Windel §82 Rn. 25; KPB-Lüke §82 Rn. 19).

Hat die **Bank** bei Ausführung des Überweisungsauftrages **Kenntnis von der Insolvenzeröffnung** gehabt, wird sie von ihren Vertragspflichten nicht frei. Ein Aufwendungsersatzanspruch, welcher mit dem Guthaben verrechnet oder bei debitorischem Konto zur Tabelle angemeldet werden könnte, entsteht nicht (BGH, ZInsO 2009, 659 Rn. 18; Uhlenbruck-Uhlenbruck §82 Rn. 24). Die Bank muss den überwiesenen Betrag an die Masse erstatten (Bork, Zahlungsverkehr, Rn. 182; Uhlenbruck-Uhlenbruck §82 Rn. 24). Das Kreditinstitut kann den gezahlten Betrag jedoch von dem Überweisungsempfänger kondizieren (BGH, ZInsO 2014, 33 Rn. 11; BGH, ZInsO 2010, 479 Rn. 15; BGH, ZIP 2006, 1041; ZIP 2009, 1041, 1042 zur Durchgriffskondiktion bei Lastschriftabbuchung; Uhlenbruck-Uhlenbruck §82 Rn. 8, 24; Canaris, Bankvertragsrecht, Rn. 503; Bork, Zahlungsverkehr, Rn. 183; a. A. KPB-Lüke §82 Rn. 22: Anspruch der Bank gegen Insolvenzschuldner als sog. Neuschuld). Die **Durchgriffskondiktion** besteht auch dann, wenn der Empfänger von der Insolvenzeröffnung keine Kenntnis gehabt hat. §818 Abs. 3 BGB ist bei Gutgläubigkeit des Zahlungsempfängers zu beachten (Uhlenbruck-Uhlenbruck §82 Rn. 8, 24, 25; Bork, Zahlungsverkehr, Rn. 183).

Wegen des Verweises nach §24 Abs. 1 gilt Entsprechendes für das **Antragsverfahren**. Der Girovertrag bleibt jedoch bestehen, da die Vorschriften der §§115, 116 noch nicht gelten (Uhlenbruck-Uhlenbruck §82 Rn. 26; Obermüller, ZInsO 2010, 8, 13). Ein bereits geschlossener Überweisungsvertrag wird durch nachfolgende Anordnung von Sicherungsmaßnahmen nicht unwirksam (Nobbe, KTS 2007, 397, 401). Die Bank muss die Überweisung bei Deckung ausführen und darf anschließend das Konto mit ihrem Aufwendungsersatzanspruch belasten (§676a Abs. 3 BGB), sofern die Voraussetzungen des Ablehnungsrechts aus §675o Abs. 2 BGB nicht vorliegen (für Zurückweisung durch die Bank: Obermüller, ZInsO 2010, 8, 14). § 96 Abs. 1 Nr. 3 greift nicht ein (Obermüller, ZInsO 2010, 8, 10; ders. InsR Bankpraxis, Rn. 3.13; Uhlenbruck-Uhlenbruck § 82 Rn. 26). Wird der Überweisungsvertrag erst nach Anordnung der schwachen vorläufigen Insolvenzverwaltung geschlossen, ist dieser trotz der Sicherungsmaßnahme – anders als bei Auferlegung eines allg. Verfügungsverbots (vgl. Obermüller, ZInsO 2010, 8, 13) – wirksam zustande gekommen (BGH, ZInsO 2014 Rn. 8). Das bloße Zustimmungserfordernis hindert dies nicht, da der Überweisungsvertrag lediglich ein Verpflichtungsgeschäft ist. Hat die Bank aber Kenntnis von den angeordneten Sicherungsmaßnahmen und führt den Überweisungsvertrag aus, kann sie mangels Genehmigung das Schuldnerkonto nicht belasten (BGH, ZInsO 2009, 659 Rn. 21; Obermüller, ZInsO 2010, 8, 13).

11 Ist der **Überweisungsempfänger insolvent**, gilt für das Valutaverhältnis § 82 (Canaris, Bankvertragsrecht, Rn. 509; Obermüller, InsR Bankpraxis, Rn. 3.44 ff.). Der Anspruch des Überweisungsempfängers auf die Gutschrift entsteht mit der buchmäßigen Deckung bei der kontoführenden Bank (BGH, ZInsO 2002, 721). Die Bank ist zur Gutschrift auf das Schuldnerkonto verpflichtet, unabhängig davon, ob sie die buchmäßige Deckung vor oder nach Insolvenzeröffnung erhalten hat (Obermüller, InsR Bankpraxis, Rn. 3.82). Für die Bank besteht eine **nachvertragliche Pflicht, noch nach Beendigung des Girovertrages Überweisungen entgegenzunehmen** und den Anspruch des Kunden auf/aus der Gutschrift zu erfüllen (BGH, ZIP 2006, 1005; KPB-Lüke § 82 Rn. 28; a. A. nur Berechtigung zur Gutschrift: Uhlenbruck-Uhlenbruck § 82 Rn. 29, 30). Die Verrechnung des Geldeinganges mit dem Anspruch auf Kreditrückführung ist gem. § 96 Abs. 1 Nr. 1 unzulässig, das AGB-Pfandrecht unwirksam nach § 91 Abs. 1. Die Bank ist im Ergebnis verpflichtet, den Gutschriftbetrag an die Masse weiterzuleiten (a. A. HK-Kayser § 82 Rn. 27; Uhlenbruck-Uhlenbruck § 82 Rn. 29, 30: nur Befugnis zur Weiterleitung). Eine Warnpflicht der Empfängerbank ggü. dem Auftraggeber besteht, wenn die Durchführung des Überweisungsauftrages gegen die Grundsätze von Treu und Glauben verstoßen würde (BGH, ZIP 1986, 1537; Bork, Zahlungsverkehr, Rn. 187; Uhlenbruck-Uhlenbruck § 82 Rn. 29). Leistungsbefreiung für den Drittschuldner tritt bei Überweisungsauftrag nach Insolvenzeröffnung ein, wenn er hiervon keine Kenntnis gehabt hat (Satz 1) oder der Zahlungsbetrag der Masse zufließt (z. B. durch Weiterleitung der Bank).

b) Scheck

12 **Insolvenz des Scheckausstellers**: Der Scheckvertrag erlischt zusammen mit dem Zahlungsdiensterahmenvertrag (Canaris, Bankvertragsrecht, Rn. 818; KPB-Lüke § 82 Rn. 34). Der Schuldner kann nach Insolvenzeröffnung einen Scheck nicht mit Wirkung gegen die Masse ausstellen (Obermüller, InsR Bankpraxis, Rn. 3.207). Dieser verpflichtet den Schuldner mit seinem insolvenzfreien Vermögen als sog. Neuschuld (Uhlenbruck-Uhlenbruck § 82 Rn. 38). Ist der Scheck vor Insolvenzeröffnung ausgestellt worden, hat nach überwiegender Ansicht das Insolvenzereignis keine Auswirkung auf den ausgestellten Scheck, da dieser von dem zugrunde liegenden Rechtsverhältnis unabhängig ist (MK-Ott/Vuia § 82 Rn. 30; Obermüller, InsR Bankpraxis, Rn. 3.206; Bork, Zahlungsverkehr, Rn. 439; Uhlenbruck-Uhlenbruck § 82 Rn. 38). Die Rechtslage für die einlösende Bank entspricht derjenigen bei Durchführung des Überweisungsauftrages (Rdn. 8–9). Das Kreditinstitut kann das Kontoguthaben belasten, wenn sie den Scheck in Unkenntnis vom Insolvenzereignis einlöst (Bork, Zahlungsverkehr, Rn. 440; Canaris, Bankvertragsrecht, Rn. 818). Anderenfalls ist der Aufwendungsersatzanspruch Insolvenzforderung nach § 38. Bei Kenntnis von der Insolvenzeröffnung besteht keine Ausgleichsforderung gegen den Schuldner, sondern ein Bereicherungsanspruch gegen den Begünstigten (KPB-Lüke § 82 Rn. 34; Obermüller, InsR Bankpraxis, Rn. 3.212; Bork, Zahlungsverkehr, Rn. 441).

13 Ist der **Schecknehmer insolvent**, gehört der Scheck zur Insolvenzmasse (MK-Ott/Vuia § 82 Rn. 32). Einlösungsberechtigt ist der Insolvenzverwalter (HK-Kayser § 82 R. 53; MK-Ott/Vuia § 82 Rn. 32). Die Bank ist zum Inkasso nicht verpflichtet, da das Vertragsverhältnis gem. §§ 116, 115 erloschen ist (Uhlenbruck-Uhlenbruck § 82 Rn. 43). War die Kausalforderung schon vor Insolvenzeröffnung entstanden, wird der Scheckaussteller mit der Leistung nach dem Insolvenzereignis unter den Voraussetzungen des § 82 frei (KPB-Lüke § 82 Rn. 35; Canaris, Bankvertragsrecht, Rn. 821). Hat der

Schuldner dem Insolvenzverwalter einen Scheck vorenthalten, wird dieser von der gutgläubigen Bank eingelöst und der Gutschriftbetrag an den Schuldner ausgezahlt, ist die Bank nach § 82 frei (Obermüller, InsR Bankpraxis, Rn. 3.245). Aus dem Besitz eines Inhaberschecks folgt die Berechtigung, sodass die Bank zu Nachforschungen nicht verpflichtet ist. Eine Nachforschungspflicht besteht nur bei besonderen Verdachtsmomenten (Uhlenbruck-Uhlenbruck § 82 Rn. 43).

c) Wechsel

Für den Wechselverkehr in der Insolvenz gelten weitgehend die vorgenannten Regeln des Scheckverkehrs. Wird der **Bezogene insolvent**, erlischt das zwischen ihm und der Bank bestehende Auftragsverhältnis (§ 116). Ein vor Insolvenzeröffnung ausgestellter Wechsel bleibt wegen Unabhängigkeit von dem zugrunde liegenden Rechtsgeschäft wirksam (MK-Ott/Vuia § 82 Rn. 28; HK-Kayser § 82 Rn. 14). Der Anspruch des Wechselinhabers ist Insolvenzforderung. Löst die Bank den Wechsel nach Insolvenzeröffnung ein, besteht ein Aufwendungsersatzanspruch lediglich unter den Voraussetzungen des § 82 und der §§ 115 Abs. 3, 116. Das kreditorische Kundenkonto kann belastet werden, bei debitorischem Schuldnerkonto ist der Aufwendungsersatzanspruch als Insolvenzforderung zur Tabelle anzumelden. Ein nach Insolvenzeröffnung akzeptierter Wechsel des Schuldners ist wegen § 80 bezogen auf die Masse unwirksam (KPB-Lüke § 82 Rn. 37). Verpflichtet werden kann nur das insolvenzfreie Neuvermögen des Schuldners. 14

Ist der **Aussteller insolvent**, hat die Verfahrenseröffnung auf die davor begründete Verpflichtung des Bezogenen aus Art. 28 WG keinen Einfluss (MK-Ott/Vuia § 82 Rn. 27). Der Wechselinhaber behält seinen selbstständigen Anspruch gegen den Akzeptanten. Die Leistung hat deshalb auch bei Kenntnis vom Insolvenzereignis Schuld befreiende Wirkung (Obermüller, InsR Bankpraxis, Rn. 3.337). Wurde der Wechsel jedoch erst nach dem Insolvenzereignis akzeptiert, wird der Bezogene nur unter den Voraussetzungen des § 82 geschützt (Jaeger-Windel § 82 Rn. 29; Hess/Weis/Wienberg § 82 Rn. 69). Der Bezogene wird frei, wenn er in Unkenntnis von der Insolvenzeröffnung den Wechsel akzeptiert. Er muss sich das Wissen der Domizilbank nicht zurechnen lassen (Uhlenbruck-Uhlenbruck § 82 Rn. 46). Hat der Bezogene nach § 82 Schuld befreiend geleistet, kann der Insolvenzverwalter von dem Empfänger Herausgabe nach § 816 Abs. 2 BGB beanspruchen (OLG Köln, NJW-RR 1999, 700; Uhlenbruck-Uhlenbruck § 82 Rn. 46; a. A. MK-Ott/Vuia § 82 Rn. 27). Liegen die Voraussetzungen des § 82 bei dem Bezogenen nicht vor, hat er einen Bereicherungsanspruch gegen den Zahlungsempfänger (Uhlenbruck-Uhlenbruck § 82 Rn. 46). Dieser kann nach § 814 BGB ausgeschlossen sein. Der BGH (BGHZ 67, 75 = WM 1976, 900) hat einen Bereicherungsanspruch nur dann angenommen, wenn der Begünstigte ebenfalls bösgläubig war. 15

5. Besonderheiten im Lastschriftverfahren

a) Differenzierung Abbuchungsverfahren/Einzugsermächtigung

Hierbei ist zwischen Lastschriften aufgrund von Abbuchungsaufträgen und Einzugsermächtigungen zu unterscheiden. 16

Abbuchungsverfahren: Der Kunde kann seiner Hausbank den Auftrag erteilen, i. R. d. Girovertrages bestimmte Lastschriften einzulösen, um so mit befreiender Wirkung an den Einziehenden zu leisten. Der Abbuchungsauftrag ist generelle Weisung des Kunden an die Bank i. S. d. §§ 675, 665 BGB. Die Bank wird mit der Weisung verpflichtet, die Lastschrift bei Deckung einzulösen. Sie erlangt aufgrund der Weisung zur Lastschrifteinlösung unmittelbar einen Aufwendungsersatzanspruch aus §§ 675, 670 BGB und darf das Konto belasten. Eine Genehmigung des Lastschriftschuldners ist nicht erforderlich, sodass eine Widerspruchsmöglichkeit entfällt (BGH, ZIP 2011, 2206 Rn. 11; BGH, WM 1979, 194; BGH, ZIP 1997, 1540; d'Avoine, ZInsO 2006, 225; Ganter, WM 2005, 1557, 1558). Der Girovertrag und der Abbuchungsauftrag erlöschen gem. § 115 mit Verfahrenseröffnung. Danach ist die Bank nicht mehr berechtigt, Lastschriften einzulösen, sodass ihr kein Aufwendungsersatzanspruch zusteht. Sind im Zeitpunkt der Abbuchung Sicherungsmaßnahmen angeordnet worden, richtet sich die Berechtigung der Bank zur Kontobelastung und der 17 hiermit korrespondierende Aufwendungsersatzanspruch danach, ob sie bösgläubig war (§§ 24, 82 – vgl. Rdn. 9, 10 zur Überweisung).

18 **Einziehungsermächtigung**: In diesem Fall hat der Kunde einen Dritten ermächtigt, sein Konto zu belasten. Zwischen den Beteiligten bestehen mehrere Rechtsverhältnisse. Im **Valutaverhältnis** ist der Schuldner verpflichtet, an den Gläubiger einen Geldbetrag zu leisten. Der Gläubiger ist durch Nebenabrede vom Schuldner zum Lastschrifteinzug ermächtigt worden. Mit deren Erteilung wird die Geldschuld zur Holschuld (BGHZ 69, 361, 366 = NJW 1978, 215). Der Zahlungsempfänger muss weiterhin mit seiner Bank eine Inkassovereinbarung geschlossen haben, damit er zum Lastschriftverfahren zugelassen wird (**Inkassoverhältnis**). Die erste Inkassostelle leitet die Lastschrift an die Bank des Schuldners (Zahlstelle) weiter (**Interbankenverhältnis**). Für das Rechtsverhältnis zwischen erster Inkassostelle und Zahlstelle gilt das Abkommen über den Lastschriftverkehr. Die Rückgabe der Lastschrift wegen Widerspruchs des Schuldners von der Zahlstelle an die erste Inkassostelle ist danach 6 Wochen nach Belastungsbuchung ausgeschlossen. Die Zahlstelle belastet sodann das Schuldnerkonto und löst die Lastschrift bei Deckung ein (**Deckungsverhältnis**; vgl. die übersichtliche Darstellung von Wagner, ZIP 2011, 846, 847; Jacoby, ZIP 2010, 1725). Auf dieses Rechtsverhältnis sind die Sonderbedingungen für den Lastschriftverkehr sowie die §§ 675c ff. BGB (Zahlungsdiensterecht) anwendbar. Die Sonderbedingungen im Lastschriftverkehr sind in der seit 09.07.2012 geltenden Fassung dem SEPA-Basis-Lastschriftverfahren angepasst worden, sodass die Bank vorab zur Kontobelastung autorisiert wird. Zu der bis zum 08.07.2012 geltenden Fassung der Sonderbedingungen im Lastschriftverkehr war zur Wirksamkeit der Belastungsbuchung die Genehmigung des Lastschriftschuldners erforderlich. Hierauf beruhend war hoch umstritten, ob der (vorläufige) Insolvenzverwalter zum pauschalen Lastschriftwiderruf berechtigt war. Dieser Streit hat jedenfalls mit der zunehmenden Bedeutung der SEPA-Lastschriftabbuchungen, jedenfalls aber mit Anpassung der der Sonderbedingungen im Lastschriftverkehr seine Erledigung gefunden. Seit 09.07.2012 besteht keine Möglichkeit einer Massemehrung durch pauschalen Lastschriftwiderruf mehr (dazu nachfolgend Rdn. 22, 23). Die Erläuterungen zu den Rdn. 19–21 beziehen sich daher auf Abbuchungen, welche vor dem 09.07.2012 und nicht als SEPA-Lastschrift erfolgt sind.

b) Genehmigungstheorie für Lastschriftabbuchungen bis 08.07.2012

19 Die Schwäche des Lastschriftverfahrens bis zum 08.07.2012 lag darin, dass das Lastschriftabkommen nur das sog. Interbankenverhältnis regeln konnte, ansonsten aber eine rechtsdogmatische Untermauerung des Lastschriftverfahrens, an dem mindestens vier Parteien beteiligt sind, fehlte. Der **BGH hat in ständiger Rspr.** zur Lastschriftabbuchung im Einziehungsermächtigungsverfahren die **Genehmigungstheorie vertreten** (erstmals ausdrücklich BGH, WM 1989, 520, 521; seitdem ständige Rspr. BGHZ 144, 349, 353; BGH, ZInsO 2004, 1353; BGHZ 162, 294, 302; BGHZ 167, 171; BGH, ZInsO 2007, 1216 Rn. 12; BGH, ZInsO 2008, 1076 Rn. 15; BGH, Urt. v. 21.04.2009 – VI ZR 304/07). Danach beinhaltet eine vom Schuldner dem Gläubiger erteilte Einzugsermächtigung nur die Gestattung, das von der Kreditwirtschaft entwickelte technische Verfahren des Lastschrifteinzugs zu nutzen. Beauftragt der Gläubiger seine Bank, den Geldbetrag einzuziehen, so leitet diese als erste Inkassostelle den Auftrag an die Schuldnerbank als Zahlstelle weiter, die den Betrag vom Schuldnerkonto abbucht, ohne dazu vom Schuldner zunächst ermächtigt zu sein oder eine Weisung erhalten zu haben. Mangels girovertraglicher Weisung steht der Zahlstelle im Deckungsverhältnis damit solange kein Aufwendungsersatzanspruch gem. § 670 BGB zu, bis der Schuldner die unberechtigte Belastung seines Kontos nach § 684 Satz 2 BGB genehmigt hat. Verweigert er die Genehmigung, indem er der Belastungsbuchung widerspricht, muss die Zahlstelle die ausgewiesene Belastung berichtigen. Erfolgt der Widerspruch innerhalb von 6 Wochen nach der Belastungsbuchung, kann die Zahlstelle die Lastschrift im Interbankenverhältnis zurückgeben. Die erste Inkassostelle belastet sodann das Gläubigerkonto mit dem zuvor gutgeschriebenen Betrag einschließlich Rücklastschriftgebühren (BGH, ZInsO 2008, 1076 Rn. 14). Ist die sechswöchige Widerspruchsfrist des Lastschriftabkommens verstrichen, hat die Zahlstelle nur noch die Möglichkeit, den Zahlbetrag vom Gläubiger direkt zu kondizieren (BGHZ 167, 171 Rn. 16 ff.). Bis zur Genehmigung der Belastungsbuchung oder deren Fiktion mit Ablauf der in Nr. 7 Abs. 3 Satz 3

AGB-Banken a. F. (jetzt: Abschn. A Nr. 2.4 der Sonderbedingungen für den Lastschriftverkehr) vereinbarten Frist von 6 Wochen nach Zugang des Rechnungsabschlusses bestand ein Schwebezustand im Deckungsverhältnis zwischen dem Schuldner und seiner Bank, der sich gleichsam auf das Valutaverhältnis zwischen Schuldner und Gläubiger auswirkt. Auch die dem Einzug zugrunde liegende Forderung erlischt erst mit Genehmigung der Belastungsbuchung.

c) **Widerspruchsrecht des Insolvenzverwalters**

Der Insolvenzverwalter war und ist berechtigt, den **nach Insolvenzeröffnung** erfolgten Belastungen zu widersprechen. Sehr streitig war insb., ob und unter welchen Voraussetzungen der vorläufige Insolvenzverwalter befugt gewesen ist, Abbuchungen **vor Insolvenzeröffnung** zu widersprechen, wenn eine Einzugsermächtigung und die zu erfüllende Forderung bestehen. 20

Nach Auffassung insb. des XI. Zivilsenats des BGH stand dem Insolvenzverwalter das Widerspruchsrecht nur soweit zu, als auch der Schuldner hierzu berechtigt ist (BGH, ZInsO 2008, 1076; KG, ZInsO 2009, 237; OLG Hamm, NJW 1985, 865; Obermüller, InsR Bankpraxis, Rn. 3.452). Schwachpunkt der vom BGH vertretenen Genehmigungstheorie sei, dass aufgrund der Widerspruchsmöglichkeit Deckungs- und Valutaverhältnis bis zum Eintritt der Genehmigung in der Schwebe seien und dies Missbrauchsmöglichkeiten für den Schuldner eröffnen könnte. Die Schadensersatzpflicht aus § 826 BGB bei rechtsgrundlosem Widerspruch ist das erforderliche Korrektiv (krit. hierzu Werres, ZInsO 2008, 1354, der zutreffend darauf verweist, dass dann bereits die Nichterfüllung einer schuldrechtlichen Verpflichtung ein sittenwidriges Handeln wäre und das System der Leistungsstörungen durch § 826 BGB verdrängt würde). Dies müsse auch für den Insolvenzverwalter gelten, da er an die von dem Schuldner getroffenen Abreden gebunden ist und mit Insolvenzeröffnung in die bestehende Rechtslage eintritt (**Fußstapfentheorie**). Ein vom Insolvenzverwalter rechtsgrundlos erhobener Widerspruch führe daher zu Schadensersatzansprüchen gegen ihn (ebenso: AG München, ZIP 2008, 592, 596; OLG Hamm, ZIP 2004, 814; LG Erfurt, WM 2003, 1857; Hadding, WM 2005, 1549, 1553; Jungmann, NZI 2005, 84; Canaris, Bankvertragsrecht, Rn. 661, 666; Bork FS Gerhardt, S. 69). 20a

Der IX. Zivilsenat des BGH und ihm folgend der überwiegende Teil des Schrifttums haben den Standpunkt vertreten, der (vorläufige) Insolvenzverwalter sei nicht nur berechtigt, sondern verpflichtet, ungenehmigten Lastschriften zu widersprechen (BGH, ZInsO 2007, 1216, dazu krit. Jungmann, ZIP 2008, 295; ZInsO 2005, 40 m. krit. Anm. Bork, ZIP 2004, 2446; G. Fischer FS Gerhardt, S. 223; OLG Düsseldorf, ZInsO 2009, 1956; OLG Hamburg, ZInsO 2009, 1763; OLG München, ZInsO 2009, 341; OLG Koblenz, ZIP 2008, 1987; KG, ZInsO 2004, 1362; OLG Dresden, ZInsO 2005, 1272; OLG München, NZI 2007, 351; LG Berlin, ZInsO 2007, 384; LG Hildesheim, ZInsO 2006, 1286.). 20b

Der Meinungsstreit über die Widerrufsbefugnis beruhte im Wesentlichen auf der Beurteilung, wie die Genehmigung der Belastungsbuchung rechtlich zu würdigen ist. Der für das Insolvenzrecht zuständige **IX. Zivilsenat des BGH** (ZInsO 2010, 1534) als auch der für das Bankrecht zuständige **XI. Zivilsenat des BGH** (ZInsO 2010, 1538) haben im Jahr 2010 zum Lastschriftwiderruf im Einzugsermächtigungsverfahren in der Insolvenz des Schuldners einvernehmlich entschieden und den vorherigen Meinungsstreit beigelegt (dazu Wagner, NZI 2010, 785; Jacoby, ZIP 2010, 1725; Eyber, ZInsO 2010, 2363; Kuder, ZInsO 2010, 1665; Bitter, WM 2010, 1725; Grote, ZIP 2010, 1546). Der IX. und XI. Zivilsenat des BGH legen **einheitlich** bei der rechtlichen Einordnung des Lastschriftverfahrens aufgrund einer vom Schuldner erteilten Einzugsermächtigung im Deckungsverhältnis (**weiterhin**) **die Genehmigungstheorie** zugrunde. Zur Insolvenzfestigkeit führt abweichend von der früheren Entscheidung aus 2007 (ZInsO 2008, 1076) der XI. Zivilsenat des BGH aus, dass die im Einzugsermächtigungsverfahren erfolgte **Lastschriftabbuchung nicht insolvenzfest** ist. Ein vorläufiger Insolvenzverwalter mit Zustimmungsvorbehalt ist, auch wenn er die Belastungsbuchung aus eigenem Recht nicht selbst genehmigen kann, in der Lage, die Genehmigung des Schuldners und den Eintritt der Genehmigungsfiktion zu verhindern, indem er der Belastungsbuchung widerspricht. Die **Genehmigung ist eine Verfügung** i. S. d. § 21 Abs. 2 Satz 1 Nr. 2, weil erst durch sie 20c die bis dahin unberechtigte Kontobelastung wirksam wird und der Aufwendungsersatzanspruch der Schuldnerbank entsteht. Der »starke« vorläufige Insolvenzverwalter (§ 21 Abs. 2 Satz 1 Nr. 2 Fall 1) und der endgültige Insolvenzverwalter können die Genehmigung der Belastungsbuchung aus eigenem Recht erteilen oder verweigern (ZInsO 2010, 1538 Rn. 11). Die sog. »**Fußstapfentheorie« wurde somit aufgegeben**. Der BGH macht aber deutlich, dass dies zu nicht interessengerechten Ergebnissen führt, wenn der Insolvenzverwalter von der Widerrufsmöglichkeit in der Weise Gebrauch macht, dass er allen noch nicht genehmigten Lastschriften pauschal und unabhängig davon widerspricht, ob gegen die dem Einzug zugrunde liegende Forderung eine sachlich berechtigte Einwendung besteht. Der BGH zeigt rechtliche Möglichkeiten auf, wie dieses seiner Auffassung nach nicht interessengerechte Ergebnis vermieden werden kann:

- **konkludente Genehmigung** durch den Schuldner, die nach der Einschätzung beider Zivilsenate des BGH unabhängig von der in den AGBs geregelten Genehmigungsfiktion und insb. auch vor Ablauf der dortigen Frist erfolgen kann (dazu eingehend Rdn. 21b bis 21g);
- als weitere Möglichkeit kommt das **SEPA-Lastschriftverfahren** in Betracht. Liegt der Lastschriftabbuchung dieses Verfahren zugrunde, so führt dies nach Einschätzung beider Zivilsenate zur Insolvenzfestigkeit der Lastschriftabbuchung (dazu eingehend Rdn. 22 bis 22b);
- schließlich ist möglich, dass die Banken/Sparkassen in ihren **AGBs Klauseln aufnehmen, in denen das SEPA-Basis-Lastschriftverfahren nachgebildet wird**. Diese Klauseln sollen einer Inhaltskontrolle gem. §§ 307 ff. BGB standhalten. Folglich wäre eine Lastschriftabbuchung auf Basis einer entsprechenden AGB-mäßigen Vereinbarung ebenfalls insolvenzfest (dazu Rdn. 23);

d) Lastschriftgenehmigung

21 Der Schuldner kann unstreitig bis zur Anordnung von Sicherungsmaßnahmen die Belastungsbuchung genehmigen, um die Erfüllungswirkung im Valutaverhältnis herbeizuführen. Zu beachten ist, dass die **Genehmigungserklärung ggü. der Schuldnerbank oder dem Schuldner** zu erfolgen hat (BGH, ZIP 2011, 2206 Rn. 12; BGH, ZInsO 2010, 2293 Rn. 10; BGH, ZInsO 2010, 2089 Rn. 17, 18; Kirchhof, WM 2009, 338, 339). Eine **Erklärung ggü. dem Lastschriftgläubiger ist ohne rechtliche Bedeutung**, da er am Rechtsverhältnis unbeteiligt ist. Bis zur Genehmigung hat die kontoführende Bank keinen Aufwendungsersatzanspruch. Eine bereits erfolgte Kontobelastung ist nicht erst bei einem Widerspruch zu korrigieren, da dieser nach der Genehmigungstheorie des BGH keine Rechtswirkung hat. Allein die ausgebliebene Genehmigung lässt den Aufwendungsersatzanspruch der Bank entfallen. Ist die Lastschrift bei Insolvenzeröffnung ungenehmigt, kann der Schuldner wegen § 81 diese nicht mehr erteilen. Da der Gläubiger ohne Genehmigung eine ungesicherte, unerfüllte Insolvenzforderung hat, darf der Insolvenzverwalter nach Verfahrenseröffnung grds. nicht mehr genehmigen. Gleiches gilt für den Zeitraum nach Anordnung von Sicherungsmaßnahmen gem. §§ 21, 22 über § 24 (OLG Köln, ZInsO 2009, 93). Sind Zahlungspflichtiger und Zahlungsempfänger identisch (z. B. bei **Umbuchung von verschiedenen Konten**), liegt zur Lastschriftbelastung von vornherein eine Zustimmung vor und ist somit wirksam (BGH, ZIP 2011, 1460; OLG Hamburg, ZIP 2011, 1406; OLG Brandenburg, WM 2009, 1792)

21a Ggü. dem **Insolvenzverwalter** wirkt die **Genehmigungsfiktion**., obwohl der Girovertrag gem. §§ 115, 116 erlischt (BGH, ZInsO 2007, 1216 Rn. 25 ff.; krit. Werres, ZInsO 2007, 1065, 1066 f.). Gleiches gilt für den **starken vorläufigen Insolvenzverwalter**, da er ebenfalls in die Rechtsstellung des Schuldners einrückt (BGH, ZInsO 2007, 1216 Rn. 28 ff.). Streitig war, ob Nr. 7 Abs. 3 AGB-Banken ggü. dem **schwachen vorläufigen Insolvenzverwalter** wirkt. Der IX. Zivilsenat des BGH hat dies zunächst verneint (ZInsO 2007, 1216; ebenso Schulte-Kaubrügger, ZIP 2008, 2348, 2353; Wagner, NZI 2008, 721, 722), hält an dieser Rspr. aber nicht mehr fest (BGH, ZInsO 2010, 2089; ZInsO 2010, 2293 Rn. 11; ZInsO 2010, 2133 Rn. 9). Ein Rechnungsabschluss, welcher den Lauf der Frist zur fiktiven Genehmigung in Gang setzen soll, muss für den Kontoinhaber klar das Ziel erkennen lassen, einen abschließenden Saldo festzustellen. Eine ausdrückliche Bezeichnung als Rechnungs- oder Periodenabschluss ist nicht erforderlich (BGH, ZInsO 2012, 84 Rn. 22 ff.).

Die **Genehmigung** erfolgt i.d.R. nicht ausdrücklich, sondern kann sich aus den besonderen   21b
Umständen des Einzelfalles, somit **konkludent**, ergeben. Zunächst wurden an eine konkludente
Genehmigung im Interesse des Lastschriftschuldners hohe Anforderungen gestellt. Teilweise wurde
angenommen, vor Ablauf der Genehmigungsfiktion nach Nr. 7 Abs. 3 AGB-Banken a. F. könne
keine konkludente Genehmigung eintreten, da die dem Lastschriftschuldner eingeräumte Frist
anderenfalls bedeutungslos wäre (Schröder, ZInsO 2006, 1, 2; OLG Dresden, ZInsO 2005, 1272;
LG Berlin, ZInsO 2007, 384; a. A. Nobbe/Ellenberger, WM 2006, 1885, 1887). Der IX. Zivilsenat des BGH hat bereits im Jahr 2007 angemerkt, an die konkludente Genehmigung sollten
keine zu hohen Anforderungen gestellt werden, um einen Interessenausgleich zwischen Gläubiger
und Schuldner zu wahren (BGH, ZInsO 2007, 1216 Rn. 20; a.A. OLG München, NZI 2007,
351). Dieser Entscheidung folgend ist teilweise befürwortet worden, den **Rechtsgedanken der
konkludenten Genehmigung auszuweiten, um die Möglichkeit eines pauschalen Widerspruchs
im Insolvenzverfahren einzudämmen** (KG, ZIP 2009, 237; OLG Koblenz, WM 2010, 450, 452;
van Gelder FS Kümpel S. 131, 139; G. Fischer, WM 2009, 629, 632; abl. OLG Köln, ZIP 2009,
232; OLG Düsseldorf, ZInsO 2009, 1956, 1958; Werres, ZInsO 2008, 1065, 1067). Eine konkludente Genehmigung kommt **bereits vor Ablauf der in Nr. 7 Abs. 3 AGB-Banken a. F. vereinbarten
Frist in Betracht** (BGH, ZInsO 2012, 135 Rn. 8; BGH, ZIP 2011, 482 Rn. 14; BGH, ZInsO
2010, 1538 Rn. 43; BGH, ZInsO 2010, 2395 Rn. 16 f.). Bei der Regelung handelt es sich um eine
Maximalfrist, die unterschritten werden kann). Ob aus seinem Verhalten allerdings aus der maßgeblichen objektiven Sicht der Zahlstelle (Bank) als Erklärungsempfängerin (§§ 133, 157 BGB) ein
Erklärungswert beigemessen werden kann, richtet sich stets nach den konkreten Umständen des
Einzelfalles.

Das bloße Schweigen des Kontoinhabers auf zugegangene Kontoauszüge ohne Hinzutreten weiterer Umstände kann nicht als Genehmigung der darin enthaltenen Lastschriftabbuchungen gewertet   21c
werden (BGH, ZInsO 2010, 1538 Rn. 43; ZInsO 2010, 2395 Rn. 19; ZIP 2007, 2273 Rn. 33;
ebenso OLG München, ZInsO 2011, 528; OLG München, NZI 2007, 351; OLG München, ZIP
2006, 2122, 2124). Allein die fortlaufende Nutzung des Girokontos nach der Belastungsbuchung
kann keine konkludente Genehmigung darstellen (BGH, ZInsO 2011, 2328 Rn. 11; ZInsO 2010,
1538 Rn. 45, 47; ZInsO 2011, 95 Rn. 17; OLG Köln, ZInsO 2009, 93; LG Berlin, ZInsO 2007,
384; Spliedt, ZIP 2005, 1260, 1262; ders. NZI 2007, 72, 79; OLG Dresden, ZInsO 2005, 1272,
1274; LG Ulm, WM 2010, 461, 463; Rogge/Leptien, InsVZ 2010, 163, 166; Tetzlaff, ZInsO
2010, 161, 164; a. A. KG, ZInsO 2009, 237). Teilweise wird eine konkludente Genehmigung dann
befürwortet, wenn das Konto in Kenntnis der Belastungsbuchung nach angemessener Prüf- und
Überlegungsfrist weitergenutzt worden ist, indem bspw. Schecks eingezogen oder Überweisungsaufträge erteilt wurden (OLG Düsseldorf, BKR 2007, 514, 516; G. Fischer, WM 2009, 629, 633;
Knees/Kröger, ZInsO 2006, 393; Wittig, FS Nobbe, S. 237, 248 f.; van Gelder, FS Kümpel, S. 131,
139; KG, ZIP 2009, 237: Weiternutzung des Kontos durch einen Kaufmann bei 17 nachfolgenden Überweisungen ausreichend). Es kommt nach zutreffender Ansicht des BGH vielmehr auf
die **Umstände des Einzelfalles** an. Allein aus der Vornahme weiterer Kontodispositionen kann die
kontoführende Bank nicht entnehmen, der Kontoinhaber billige den um die Lastschriftabbuchung
geminderten Kontostand (ebenso OLG München, ZInsO 2011, 528, 530). Die **nachfolgenden
Überweisungsaufträge oder sonstige Kontoverfügungen haben keinen Erklärungswert**, der über
die konkrete Weisung hinausgeht und stellen deshalb nichts anderes als fortgesetztes Schweigen dar (ebenso LG Berlin, ZInsO 2007, 384). Um aus der Weiternutzung des Kontos auf eine
konkludente Genehmigung der Belastungsbuchung schließen zu können, müssen daher **weitere
Umstände hinzutreten**. Ausreichend wäre bspw., wenn der Kunde seinen Zahlungsverkehr unter
Berücksichtigung des Kontostandes und den danach möglichen **Dispositionen mit seinem Kreditinstitut abstimmt** (BGH, ZInsO 2010, 1538 Rn. 47; ebenso OLG Koblenz, ZInsO 2010, 2235,
2237; OLG München ZIP 2005, 2102, 2103; Ganter, WM 2005, 1557, 1562; Nobbe, WM
2009, 1537, 1541; Spliedt, NZI 2007, 72, 79; Wegmann, ZInsO 2010, 78, 80) oder nach der
Belastungsbuchung zwei mangels Deckung nicht eingelöste Lastschriften durch Überweisung ausgleicht (BGH, ZIP 2011, 482 Rn. 21). Nur solche stärkeren Indizien als die bloße widerspruchslose

Kontoführung bringen ggü. der Bank zum Ausdruck, dass die bisherige Kreditausnutzung durch Lastschriftabbuchungen nicht beanstandet werden soll. Ausreichend ist aber, wenn der unternehmerisch tätige Schuldner **nach der Lastschriftabbuchung erst durch nachfolgende Einzahlungen die Deckung für weitere Kontobelastungen sicherstellt** (BGH, ZInsO 2012, 931 Rn. 30; BGH, ZInsO 2011, 1740 Rn. 16 f.). Der Kontoinhaber bringt dadurch zum Ausdruck, mit der Lastschriftabbuchung einverstanden zu sein, da er durch einen Widerspruch anstelle der Einzahlungen für die Deckung Sorge getragen hätte (BGH, ZInsO 2012, 84 Rn. 16; ZInsO 2011, 1740 Rn. 16; ZInsO 2011, 1546 Rn. 15; BGH, NZI 2010, 187 Rn. 20; BGH, ZInsO 2010, 2393 Rn. 23; OLG Koblenz, ZInsO 2010, 191; OLG München, ZInsO 2010, 87, 90; Übersicht zur Entwicklung der Rspr. Fischer, ZInsO 2011, 1761, 1766). **Eine konkludente Genehmigung bei einem Guthabenkonto ist rgm. mit der Begründung abzulehnen, dass die Bank dieses Konto nicht überwacht und sich deshalb nicht mit dem Verhalten des Kontoinhabers auseinandersetzt** (BGH, ZInsO 2011, 1980 Rn. 13; OLG München, ZIP 2011, 1228; a. A. OLG Koblenz, ZInsO 2010, 2235). Der Disposition des Schuldners kommt dann ein Erklärungsinhalt zu, wenn das Konto nach Absprache mit der Bank nur im Haben geführt werden darf und der Schuldner für eine Lastschrift zuvor Deckung durch Einzahlung/Überweisung bereitgestellt hat (BGH, ZInsO 2012, 931 Rn. 30; BGH, ZInsO 2011, 2328 Rn. 5). Nur wer Anlass zur Kontobeobachtung hat, kann sich Gedanken über eine konkludente Genehmigung des Lastschriftschuldners machen. Eine Sonderstellung nehmen **Lastschriften von Finanzämtern und Sozialversicherungsträgern** ein. Die vorherige Anmeldung der Zahlungspflicht gilt als **Vorab-Autorisierung** zum Lastschrifteinzug (BGH, WM 2011, 743; a. A. OLG Koblenz, ZIP 2008, 1987).

21d Der BGH misst darüber hinaus bei **wiederholten Lastschriftabbuchungen** dem unterlassenen Widerruf unter bestimmten Voraussetzungen einen Erklärungswert als konkludente Genehmigung bei (BGH, ZInsO 2012, 135 Rn. 7; BGH, ZInsO 2010, 1538 Rn. 48; ZInsO 2010, 2395 Rn. 21; ZInsO 2010, 2293 zur Abbuchung von Grundbesitzabgaben). Eine konkludente Genehmigung kommt insb. dann in Betracht, wenn es sich für die Zahlstelle erkennbar um **rgm. wiederkehrende Lastschriften aus Dauerschuldverhältnissen**, laufenden Geschäftsbeziehungen oder zum Einzug von wiederkehrenden Steuervorauszahlungen handelt. Erhebt der Schuldner in Kenntnis eines erneuten Lastschrifteinzuges, der den bereits genehmigten betragsmäßig nicht wesentlich übersteigt, gegen diesen nach einer angemessenen Überlegungsfrist keine Einwendungen, so kann auch seitens der Zahlstelle die berechtigte Erwartung entstehen, auch diese Belastungsbuchung solle Bestand haben (BGH, ZInsO 2011, 2330 Rn. 15; ZInsO 2011, 1980 Rn. 17; BGH, ZIP 2011, 482 Rn. 20). Danach müssen nachstehende Voraussetzungen kumulativ vorliegen:
- wiederkehrende Belastungsbuchungen mit annähernd gleichen Beträgen (dazu BGH, ZInsO 2012, 135 Rn. 11 »gewisse Schwankungsbreite nicht überschreitet«; OLG Koblenz, ZInsO 2011, 1743, 1744);
- Genehmigung dieser vorherigen Lastschriftabbuchungen durch den Schuldner,
- Kenntnis des Schuldners von der neuen Belastung;
- kein Widerruf des Schuldners innerhalb angemessener Prüffrist;
- Erkennbarkeit rgm. wiederkehrender Lastschriften aus Dauerschuldverhältnissen/laufenden Geschäftsbeziehungen aus Sicht der Zahlstelle.

Der BGH hat bisher abschließend nicht erklärt, wie lange eine angemessene Prüffrist andauert (BGH ZInsO 2012, 135 Rn. 15; BGH, ZInsO 2012, 931 Rn. 48 »allenfalls 14 Tage«). Die Auffassung des OLG München (ZInsO 2011, 528, 531), diese betrage entsprechend § 121 BGB, § 377 HGB 3 Bankarbeitstage bei wiederkehrenden Abbuchungen, ist ersichtlich zu kurz (für 2 Wochen: Fischer, ZInsO 2011, 1761, 1767; Freitag, NZI 2011, 290 ff.; Kuder, ZInsO 2010, 1665, 1667: 4 Wochen sind jedenfalls zu lang). **Unklar ist weiterhin die Schwankungsbreite sowohl zur zeitlichen Abfolge der Lastschrifteinzüge als auch zur Höhe** (zuletzt BGH, ZInsO 2012, 84 Rn. 20; BGH, ZInsO 2012, 135 Rn. 11 Abweichung von bis zu 300,00 € unschädlich). Auch eine wiederkehrende Belastung kann unrechtmäßig erfolgt sein, wenn bspw. der Leasinggeber nach Beendigung des Leasingvertrages versehentlich eine Lastschriftabbuchung vornimmt. Wenn bei monatlichen oder und im Wesentlichen gleich hohen Lastschriftabbuchungen bereits die zweite Folgeabbuchung unwidersprochen bleibt, kann die Bank davon ausgehen, dass gegen eine weitere mindestens 2 Monate zurückliegende Belastung keine Einwendungen erhoben werden (BGH, ZInsO 2011, 1308). Bei einem **Verbraucher** gelten Einschränkungen und Besonderheiten.

Entscheidend ist bei Feststellung einer konkludenten Genehmigung der durch normative Auslegung zu ermittelnde **objektive Erklärungswert des Verhalten des Erklärenden** (BGH, ZInsO 2011, 1740 Rn. 22; ZInsO 2011, 1546 Rn. 18; BGH, NZI 2011, 321 Rn. 14). Es kommt daher nicht darauf an, ob die Bank, zumal zu einem späteren Zeitpunkt, einem unberechtigten Lastschriftwiderspruch des Insolvenzverwalters Folge leistet. Späteres Verhalten der Parteien belegt weder unmittelbar noch mittelbar den Inhalt eines früheren Rechtsgeschäfts. Es kann allerdings Rückschlüsse auf einen tatsächlichen Willen und das Verständnis der Parteien im Zeitpunkt der Erklärung zulassen (BGH, ZInsO 2011, 1980 Rn. 21; BGH, WM 2007, 1293 Rn. 18). 21e

e) SEPA-Lastschriftverfahren

Die EU-Zahlungsdiensterichtlinie hat eine **neue, grenzüberschreitende Lastschriftform** eröffnet. Die Vorgaben der Richtlinie wurden in den §§ 675c bis 676c BGB umgesetzt. **Differenziert** wird zwischen der **SEPA-Basislastschrift** und der **SEPA-Firmenlastschrift** als zwei unterschiedliche Lastschriftarten. Gem. § 675j Abs. 1 Satz 1 BGB ist für die Wirksamkeit des Zahlungsvorganges nunmehr maßgeblich, ob der Zahler (Schuldner) diesem zugestimmt hat (**Autorisierung**). Ohne Autorisierung kann der Zahlungsdienstleister ggü. seinem Kunden keine Rechte herleiten, insb. steht ihm kein Aufwendungsersatzanspruch gem. § 675c Abs. 1, § 670 BGB zu. Die Autorisierung des Zahlungsvorganges kann vorab oder auch nachträglich erfolgen (§ 675j Abs. 1 Satz 2 BGB). Abweichend vom Zahlungsvorgang mittels Einzugsermächtigungslastschrift wird im SEPA-Lastschriftverfahren ggü. der Zahlstelle bereits vorab mit der Erteilung des SEPA-Lastschriftmandats **die Abbuchung autorisiert**. Das SEPA-Mandat beinhaltet über die Einzugsermächtigung nach bisherigem Recht hinausgehend den Zahlungsauftrag des Zahlers an die Zahlstelle. I. R. d. SEPA-Mandates wird dem Zahlungsempfänger nicht nur gestattet, den Betrag vom Konto des Zahlungspflichtigen einzuziehen, sondern dieses enthält auch die an die Zahlstelle gerichtete Weisung, die vom Zahlungsempfänger auf das Schuldnerkonto gezogene SEPA-Lastschrift einzulösen. In dieser **Vorab-Autorisierung** liegt der Zahlungsauftrag gem. § 675f Abs. 3 Satz 2 BGB. Durch diesen autorisiert der Zahler den Zahlungsvorgang bereits vor deren Ausführung mit seiner Einwilligung i. R. d. SEPA-Mandates gem. § 675j Abs. 1 Satz 2 BGB. Der der Schuldnerbank zu erteilende Zahlungsauftrag wird dieser im SEPA-Lastschriftverfahren durch den Zahlungsempfänger als Erklärungsboten (§ 120 BGB) über sein Kreditinstitut übermittelt (Hadding, FS Hüffer, S. 273, 286; Laitenberger, NJW 2010, 192, 193; Hellner/Steuer/Lohmann, Bankrecht und Bankpraxis, Rn. 20/102; Palandt-Sprau, BGB, § 675f. Rn. 40). Der Zahlungsauftrag wird mit Zugang auf diesem Weg wirksam (§ 675n Abs. 1 Satz 1 BGB). Die notwendige Präzisierung des erteilten Zahlungsauftrages erfolgt, indem der Zahlungsempfänger mit dem SEPA-Mandat berechtigt wird, die Höhe des jeweiligen Zahlungsbetrages zu konkretisieren (Hadding, FS Hüffer, S. 273, 287). **Da beide Arten der SEPA-Lastschriften von Anfang an autorisierte Zahlungsvorgänge sind, sind diese insolvenzfest.** Die i. R. d. SEPA-Lastschriftverfahrens bewirkte Zahlung hat deshalb auch dann Bestand, wenn nach der Belastungsbuchung über das Vermögen des Zahlungspflichtigen das Insolvenzverfahren eröffnet wird oder in einem Insolvenzeröffnungsverfahren Sicherungsmaßnahmen angeordnet werden (BGH, ZInsO 2010, 1538 Rn. 18). **Auf die Rechtsverhältnisse der Beteiligten wirkt sich das SEPA-Mandat wie folgt aus:** 22

Deckungsverhältnis: Da der Zahlungsvorgang vorab autorisiert wurde, ist die Buchung mit der Vornahme wirksam. Die Bank erwirkt sofort, nicht erst mit späterer Genehmigung, ihren Aufwendungsersatzanspruch gem. § 675c Abs. 1, § 670 BGB und kann diesen in das Kontokorrent einstellen. Der Vermögensabfluss beim Lastschriftschuldner erfolgt bereits mit der Kontobelastung. Deren Wirksamkeit hängt nicht mehr von einer späteren Verfügung durch Genehmigung i. S. d. § 21 Abs. 2 Satz 1 Nr. 2 InsO ab, die der Zustimmung eines vorläufigen Insolvenzverwalters bedarf. Auch der Schuldner hat grds. keine Möglichkeit, seinem Kreditinstitut den Aufwendungs- 22a ersatzanspruch durch einseitige Erklärung zu entziehen, es sei denn, der Zahler hat fristgerecht widerrufen (§§ 675j Abs. 2 Satz 1, 675p Abs. 1, Abs. 2 Satz 2 BGB). Der Zahler hat – nur im SEPA-Basislastschriftverfahren, nicht bei einer SEPA-Firmenlastschrift – gegen die Zahlstelle einen **voraussetzungslosen und selbstständigen Anspruch auf Erstattung (§ 675x BGB)**. Er kann binnen 8 Wochen ab Belastungsbuchung von seiner Bank Erstattung des Zahlbetrages verlangen. § 675x BGB gibt dem Zahler einen eigenständigen Anspruch als **aktives Gegenrecht**, der die vorherige Autorisierung des Zahlungsvorganges nicht nachträglich entfallen lässt (BGH, ZInsO 2010, 1538 Rn. 20). **Die Lastschriftabbuchung wird bei Geltendmachung des Rechtes aus § 675x BGB nicht rückgängig gemacht, sondern es wird von dem Schuldner gegen seine Bank ein selbstständiger Anspruch erhoben** (a. A. als verlängertes Recht des Zahlers zum Widerruf der Autorisierung Obermüller/Kuder, ZIP 2010, 349, 354; Grundmann, WM 2009, 1157, 1160 als spezielles Widerspruchsrecht). Der Anspruch aus § 675x BGB entsteht dennoch nach überwiegender Auffassung mit der Lastschriftbuchung (so Jacoby, ZIP 2010, 1725, 1733), um bei späterer Geltendmachung keine Zinsnachteile für den Zahler entstehen zu lassen (anders Obermüller/Kuder, ZIP 2010, 349, 354 Gutschrift des Anspruchs aus § 675x BGB mit Wertstellung des Tages, an dem der Anspruch erhoben wurde). Der Anspruch aus § 675x BGB erlischt zum einen mit der neuerlichen Autorisierung des Zahlers unmittelbar ggü. der Zahlstelle durch Genehmigung (§ 675x Abs. 6 BGB) oder spätestens nach Ablauf von 8 Wochen ab der Belastungsbuchung (§ 675x Abs. 4 BGB).

22b **Valutaverhältnis**: Im SEPA-Lastschriftverfahren ist der Anspruch des Gläubigers mit der vorbehaltlosen Gutschrift auf seinem Konto erfüllt. Eine Genehmigung ist aufgrund der Vorab-Autorisierung nicht erforderlich. Ohne Einfluss auf die Erfüllungswirkung ist das Recht des Zahlers (nur bei SEPA-Basislastschriften), gem. § 675x BGB binnen 8 Wochen ab Belastungsbuchung die Erstattung des Zahlbetrages von seiner Bank verlangen zu können. **Die Zahlung im SEPA-Basislastschriftverfahren ist auch dann insolvenzfest, wenn vor Ablauf der 8-Wochen-Frist des § 675x Abs. 4 BGB das Insolvenzverfahren über das Vermögen des Zahlers eröffnet wird oder Sicherungsmaßnahmen nach §§ 21, 22 InsO angeordnet werden**. Der BGH versagt dem Insolvenzverwalter die Verwaltungsbefugnis über die Geltendmachung des Anspruches aus § 675x BGB (BGH, ZInsO 2010, 1538 Rn. 29 ff.). Dieser Anspruch **ist analog § 377 Abs. 1 BGB unpfändbar**, somit nicht Bestandteil der Insolvenzmasse (§ 36 InsO). Was für den Insolvenzverwalter bleibt, ist die Zahlung durch Lastschrift nach §§ 129 ff. InsO anzufechten. Hierbei ist berücksichtigen, dass es für die Beurteilung der Frage, ob ein Bargeschäft i. S. d. § 142 InsO vorliegt, auf den Zeitpunkt des Lastschrifteinzuges ankommt (BGH, ZInsO 2010, 1538 Rn. 33; Obermüller/Kuder, ZIP 2010, 349, 355; bereits für das Einzugsermächtigungsverfahren BGHZ 177, 69 Rn. 47, BGH, WM 2008, 1327 Rn. 15; BGH, WM 2009, 958 Rn. 10).

f) Anpassung der Sonderbedingungen im Lastschriftverkehr

23 Die Sonderbedingungen im Lastschriftverkehr sind mit Wirkung zum 09.07.2012 an das SEPA-Basis-Lastschriftverfahren so stark angeglichen worden, sodass diese sich hinsichtlich ihrer rechtlichen Wirkungen nicht mehr vom SEPA-Basis-Lastschriftverfahren unterscheiden. Aus der Gegenüberstellung von Einzugsermächtigungsverfahren und SEPA-Lastschriftverfahren ergibt sich, dass die Insolvenzfestigkeit des Lastschrifteinzuges von einer Vorab-Autorisierung des Zahlungsvorganges durch den Zahler abhängt. **Zahler und Zahlstelle vereinbaren danach, dass der Schuldner mit der Einzugsermächtigung zugleich auch der Zahlstelle den Zahlungsauftrag erteilt, die Lastschrift auszuführen**, was gem. § 675j Abs. 1 BGB zulässig ist (krit. zur Umsetzung Eyber, ZInsO 2010, 2363, 2373; Jacoby, ZIP 2010, 1725, 1736). Damit ist der Zahlungsvorgang sowohl im Deckungs-, als auch Valutaverhältnis abgeschlossen und Erfüllung eingetreten. Die den Regelungen des Zahlungsdiensterechts (§§ 675c bis 676c BGB) nachgebildeten Sonderbedingungen des Lastschriftverkehrs in der Fassung ab 09.07.2012 halten der Klauselkontrolle nach §§ 307 ff. BGB stand (BGH, ZInsO 2010, 1538 Rn. 37). Seit 09.07.2012 erfolgte Lastschriftbelastungen können somit nicht mehr durch den (vorläufigen) Insolvenzverwalter widerrufen werden (Nobbe, ZIP 2012, 1937, 1947 »Probleme gelöst, fast alle Fragen geklärt«).

g) Anfechtung der Lastschriftzahlung

Die Lastschrift im Einzugsermächtigungsverfahren ist als verkehrsübliche Zahlungsweise und somit als **kongruente Deckung** zu beurteilen (h. M. BGH, NZI 2012, 301 Rn. 8; BGH, ZInsO 2010, 2293 Rn. 7; ZInsO 2008, 1076 Rn. 45). Dies gilt auch dann, wenn der Schuldner vertraglich nicht zur Ermächtigung des Gläubigers ermächtigt war. Anfechtungsgegner ist der Lastschriftgläubiger, nicht die Bank als Zahlstelle (BGH, ZInsO 2012, 931 Rn. 37; BGH, ZInsO 2008, 814 Rn. 14). Bei einer Zahlung im Einzugsermächtigungsverfahren handelt es sich ebenso wie im Überweisungsverkehr um eine mittelbare Zuwendung des Schuldners, die insolvenzrechtlich so zu behandeln ist, als habe die Bank als zwischengeschalteter Leistungsmittler an den Schuldner geleistet und dieser seinen Gläubiger befriedigt (BGH, ZInsO 2007, 1216 Rn. 3). Maßgebender Zeitpunkt i. S. d. § 140 ist bei einer Lastschrift im **SEPA-Verfahren** aufgrund der Vorab-Autorisierung der **Zeitpunkt der Belastungsbuchung** (ebenso Fischer, ZInsO 2011, 1761, 1770). Gleiches gilt für die Vorab-Autorisierung nach Änderung der Sonderbedingungen im Lastschriftverkehr (ab 09.07.2012, s. Rdn. 23) sowie für eine Lastschriftbelastung im Abbuchungsverfahren (BGH, ZInsO 2013, 335 Rn. 8). Wurde unter Geltung der bis 08.07.2012 maßgebenden Sonderbedingungen im Lastschriftverkehr vor dem Insolvenzantrag ausdrücklich oder konkludent genehmigt, richtet sich die Anfechtbarkeit ebenfalls nach § 130 Abs. 1 Nr. 1, erfolgt diese danach, ist § 130 Abs. 1 Nr. 2 einschlägig (BGH, ZInsO 2010, 2293 Rn. 7). Stimmte der vorläufige Insolvenzverwalter der Genehmigung durch den Schuldner zu, kommt eine Anfechtung gem. § 130 Abs. 1 Nr. 2 nur in Betracht, wenn er sich die Rückforderung vorbehalten hat (BGH, ZInsO 2005, 209, 210). **War eine Genehmigung zur Wirksamkeit der Lastschriftabbuchung noch erforderlich (bis 08.07.2012), ist dieser Zeitpunkt maßgeblich für die Vornahme einer Rechtshandlung i. S. d. § 140 Abs. 1 und Beurteilung der Bösgläubigkeit** (BGH, ZInsO 2012, 138 Rn. 10; BGH, ZInsO 2010, 2133 Rn. 11; BGH, ZInsO 2010, 2089 Rn. 11; ZInsO 2010, 2293 Rn. 7; BGH, NZI 2011, 18 Rn. 18; Fischer, ZIP 2004, 1679; Spliedt, ZIP 2005, 1260, 1266; Welsch, DZWIR 2006, 221, 225). Zuvor wird i. d. R. aber bereits eine konkludente Genehmigung erfolgt sein, sodass dann dieser Zeitpunkt maßgebend ist. Die Bösgläubigkeit kann nicht wegen der Veröffentlichung nach § 9 Abs. 3 unterstellt werden (BGH, ZIP 2010, 2307; a. A. OLG Köln, ZInsO 2009, 337; Wagner, ZIP 2011, 846, 849 f.). Die **Gläubigerbenachteiligung** entfällt grds. nicht bei Zahlung aus dem debitorischem Konto (OLG Hamburg, ZInsO 2004, 982 bei gesichertem Kredit; BGH, ZInsO 2007, 269; OLG Hamburg, ZInsO 2005, 937 bei eingeräumter Kreditlinie; auch bei bloß geduldeter Überziehung: BGH, ZInsO 2012, 138 Rn. 12; BGH, ZInsO 2009, 2060 Rn. 11 ff.; anders noch BGH, ZInsO 2007, 269). Für den **Einwand des Bargeschäfts** ist der **Zeitpunkt der Belastungsbuchung**, nicht der Genehmigung (nur für Lastschriftabbuchungen bis 08.07.2012 erforderlich) maßgebend, da die Genehmigung nach § 184 Abs. 1 BGB zurückwirkt (BGH, ZInsO 2010, 2133 Rn. 11; ZInsO 2008, 1076 Rn. 47; ZInsO 2008, 749; LG Köln, NZI 2007, 469, 472; Schröder, ZInsO 2006, 1, 4; **a. A.** LG Oldenburg, NZI 2007, 53; Werres, ZInsO 2008, 1065, 1067).

h) Bereicherungsrechtliche Rückabwicklung bei Widerspruch des Insolvenzverwalters

Vor der Anpassung der Sonderbedingungen im Lastschriftverkehr mit Wirkung ab 09.07.2012 hat der Insolvenzverwalter im Interesse der Massemehrung zumindest bis zu den Entscheidungen des BGH im Juli 2010 häufig Lastschriftabbuchungen widersprochen, um das Stornierungsvolumen zur Masse zu ziehen. Lastschriftgläubiger haben, da der BGH in den Urteilen aus Juli 2010 die Anforderungen an eine konkludente Genehmigung herabgesetzt hat (s. Rdn. 21d), nachfolgend den Standpunkt eingenommen, dass der Widerruf unzulässig war, da die Lastschriftabbuchung bereits durch den Schuldner konkludent genehmigt worden sei. Bei einem **unberechtigten Widerspruch** erfolgt der Ausgleich zwischen den Beteiligten nach dem Bereicherungsrecht. Hat der vorläufige Insolvenzverwalter einer Lastschriftabbuchung widersprochen, die zuvor schlüssig genehmigt war, und hat die Bank dennoch die Lastschrift retourniert, besteht keine Masseverbindlichkeit. Gem. § 55 Abs. 1 Nr. 3 muss die Masse nach Verfahrenseröffnung ohne Rechtsgrund etwas erlangt haben. Ist die Bereicherung vor Eröffnung in die Masse gelangt, greift § 55 Abs. 1 Nr. 3 auch dann nicht ein, wenn der Rechtsgrund erst mit oder nach Verfahrenseröffnung weggefallen ist (BGH, NZI

2011, 143 Rn. 10). In diesem Fall hat der Bereicherungsgläubiger eine Insolvenzforderung. Eine **Masseverbindlichkeit** ist daher nur zu bejahen, **wenn der Erlös aus der Lastschriftretour der Masse nach Verfahrenseröffnung zugeflossen ist** (Jungclaus/Keller, ZIP 2011, 941, 942; Ringstmeier/ Homann, ZInsO 2010, 2039, 2041). Der Masseforderung kann der **Einwand der Masseunzulänglichkeit (§ 208)** entgegengehalten werden (Jungclaus/Keller, ZIP 2011, 941, 942 ausführl. zu den Besonderheiten des Treuhandkontos und der pers. Haftung des Verwalters). Fraglich ist, ob der **Lastschriftgläubiger einen Bereicherungsanspruch gegen den Insolvenzverwalter hat oder aber dieser der Zahlstelle aufgrund der vorrangigen Leistungsbeziehung zusteht.** Für Letzteres spricht, dass der Gläubiger nichts an die Masse leistet, sodass die Rückabwicklung nach Bereicherungsrecht aus Sicht des Lastschriftgläubigers über seine Bank zu erfolgen hat. Leistende ist vielmehr die Bank als Zahlstelle, da diese mit der Auszahlung des Stornierungsvolumens ihre Pflichten aus dem Girovertrag erfüllt (OLG Frankfurt am Main, ZInsO 2013, 1905; Ringstmeier/Homann, ZInsO 2010, 2039, 2041). **Anspruchsgegner der Masse ist daher die Zahlstelle** (BGH, ZInsO 2011, 2330 Rn. 21; BGH, WM 2011, 743 Rn. 19). Eine Leistung des Schuldners an den Lastschriftgläubiger liegt nicht vor, da es im Deckungsverhältnis zwischen der Zahlstelle und dem Schuldner an einer Anweisung des Zahlungspflichten fehlt (Nobbe, ZIP 2012, 1937, 1945). Zahlt der Lastschriftgläubiger hingegen auf die Eingriffskondiktion an die Bank als Zahlstelle (s. Rdn. 26) und macht nachfolgend geltend, die Lastschriftabbuchungen seien aber bereits schlüssig durch die Schuldnerin genehmigt, kann der Lastschriftgläubiger die Rückerstattung von der Bank verlangen. §§ 814, 818 Abs. 3 BGB stehen nicht entgegen (OLG Saarbrücken, ZInsO 2013, 2496).

i) Rechtsposition der Zahlstelle bei Lastschriftwiderruf bis 09.07.2012

26 Widerspricht der Kunde, hat die Zahlstelle gegen die erste Inkassostelle einen Anspruch auf Rückvergütung. Nach Fristablauf (6 Wochen) war eine Rückgabe und Rückrechnung ausgeschlossen, sodass die Schuldnerbank das Risiko des späteren Widerrufs trägt. Sie konnte zum einen die Abtretung des Rückbelastungsanspruches von der Gläubigerbank aus der von ihr mit dem Lastschriftgläubiger geschlossenen Inkassovereinbarung verlangen (Ganter, WM 2005, 1557, 1561; Jungmann, NZI 2005, 84, 88; Spliedt, ZIP 2005, 1260, 1264). Zum anderen hat die **Zahlstelle einen Bereicherungsanspruch aus Durchgriffskondiktion gegen den Lastschriftgläubiger** (BGH, ZInsO 2011, 1740 Rn. 9; ZInsO 2011, 1546 Rn. 10; BGHZ 167, 171 = ZIP 2006, 1041; abl. unter Hinweis auf den Vorrang des Leistungsverhältnisses Schuldner-Gläubiger Knees/Kröger, ZInsO 2006, 393, 399; Kuder, ZInsO 2004, 1356, 1358). Die Bank als Bereicherungsgläubiger trägt allerdings die Darlegungs- und Beweislast für den Kondiktionsanspruch (BGH, ZInsO 2011, 2330 Rn. 22; ZInsO 2011, 1547 Rn. 13; BGH, ZIP 2011, 722 Rn. 14; BGH, WM 2009, 2093 Rn. 19). Da das Fehlen einer Genehmigung der Lastschriftabbuchung Voraussetzung dafür war, dass zwischen Lastschriftschuldner und -gläubiger keine Leistungsbeziehung besteht, hat die **Bank als Kondiktionsgläubiger aus § 812 Abs. 1 Satz 1, 2. Alt. BGB den Nachweis zu erbringen, dass der Schuldner die streitigen Lastschriften nicht genehmigt hat** (BGH, ZInsO 2011, 1546 Rn. 13; BGH, ZIP 2011, 722 Rn. 15). Um die tatsächlichen Schwierigkeiten eines solchen Nachweises zu mildern, hat die belastete Partei nur Umstände zu widerlegen, die nach dem Vortrag der Gegenseite für die positive Tatsache sprechen (BGH, WM 2009, 2093 Rn. 20; BGH, ZIP 2011, 722 Rn. 20). **War eine Belastungsbuchung vom Schuldner ggf. konkludent genehmigt, scheidet ein unmittelbarer Bereicherungsanspruch der Bank gegen den Lastschriftgläubiger aus, wenn die Lastschriftretour in Unkenntnis der Genehmigung erfolgt ist.** Der Bereicherungsausgleich vollzieht sich dann innerhalb der jeweiligen Leistungsbeziehungen (BGH, NZI 2011, 321 Rn. 16). Eine konkludente Genehmigung kann durch die Bank nicht mit der Begründung in Abrede gestellt werden, sie sei dem Widerspruch des Insolvenzverwalters gefolgt und sei deshalb vom Fehlen einer Genehmigung ausgegangen. Entscheidend ist bei **Feststellung einer konkludenten Genehmigung der durch normative Auslegung zu ermittelnde objektive Erklärungswert des Verhalten des Erklärenden** (BGH, ZInsO 2011, 1740 Rn. 22; ZInsO 2011, 1546 Rn. 18; BGH, NZI 2011, 321 Rn. 14). Hat die Bank eine bereits genehmigte Lastschrift retourniert, entfällt ein Bereicherungsanspruch aus Durchgriffskondiktion gegen den Lastschriftgläubiger. In diesem Fall liegt eine wirk-

same Anweisung vor, sodass für einen unmittelbaren Bereicherungsanspruch der Zahlstelle gegen den Lastschriftgläubiger außerhalb der Leistungsverhältnisse die dogmatische Grundlage fehlt. Die Rückabwicklung vollzieht sich dann i. R. d. Leistungsverhältnisse (BGH, ZInsO 2011, 2330 Rn. 19). Die Zahlstelle muss sich an den Insolvenzverwalter halten (dazu Rdn. 25).

j) Insolvenz des Zahlungsempfängers

Ist der **Zahlungsempfänger insolvent**, gilt Entsprechendes. Die Inkassovereinbarung erlischt. Wird die Lastschrift gutgeschrieben, ist die zugrunde liegende Forderung für Lastschriftbuchungen seit 09.07.2012 erfüllt, da vorab autorisiert. Der Drittschuldner wird bei Lastschrifteinlösungen nach Insolvenzeröffnung von seiner Zahlungspflicht nur befreit, wenn er in Unkenntnis der Verfahrenseröffnung leistet oder der Lastschriftbetrag zur Masse gelangt. Für die Kenntnis ist auf den Zeitpunkt der Lastschrifteinlösung durch die Zahlstelle abzustellen (MK-Ott/Vuia § 82 Rn. 24). Die Bank ist aufgrund nachvertraglicher Pflicht aus dem Girovertrag gehalten, den Lastschriftbetrag gutzuschreiben (KPB-Lüke § 82 Rn. 30). War das Kreditinstitut bei Entstehung des Anspruches auf/aus der Gutschrift gutgläubig, ist die Verrechnung des Geldeinganges mit dem Anspruch auf Kreditrückführung bei einem debitorischem Konto nach § 82 wirksam. Die Unzulässigkeit der Verrechnung kann sich jedoch aus § 96 ergeben. 27

II. Schutz des guten Glaubens

Der Leistende wird von seiner Verbindlichkeit nur bei fehlender Kenntnis von der Insolvenzeröffnung befreit. **Beweispflichtig ist der Leistende**, soweit ihm nicht die Vermutungswirkung des § 82 Satz 2 zugutekommt (dazu Rdn. 30). Entscheidend ist, ob er im **Leistungszeitpunkt** gutgläubig war (Braun-Kroth § 82 Rn. 10). Es kommt somit nicht auf den Zeitpunkt der Leistungshandlung an, sondern darauf an, **wann der Leistungserfolg**, z. B. durch Widerruf der Banküberweisung, **noch verhindert werden kann** (BGH, ZInsO 2009, 1646 Rn. 9; KPB-Lüke § 82 Rn. 24; HK-Kayser § 82 Rn. 16; Jaeger-Windel § 82 Rn. 48; Uhlenbruck-Uhlenbruck § 82 Rn. 11; zur Ermittlung des Zeitpunktes eingehend Obermüller, ZInsO 2010, 8, 18 f.; **a. A.** Zeitpunkt der Leistungshandlung MK-Ott/Vuia § 82 Rn. 18; BGHZ 105, 358 = ZIP 1988, 1610 zur Pfändung: Zeitpunkt des Überweisungsauftrages, da keine aktive Widerrufspflicht besteht). Bei Scheckzahlung tritt der Leistungserfolg erst mit dessen Einlösung (BGHZ 131, 66, 74 = ZIP 1995, 1808) ein. Maßgebender Zeitpunkt ist daher, bis wann die Scheckeinlösung noch verhindert werden kann (K. Schmidt-Sternal § 82 Rn. 16). Wird der Drittschuldner nach § 82 von seiner Leistungspflicht frei, ist der dem Schuldner zugewiesene Gegenstand insolvenzbefangen gem. § 35, somit von ihm an den Insolvenzverwalter herauszugeben (Jaeger-Windel § 82 Rn. 50; s. zum Verhältnis zu § 35 auch Rdn. 3). Schädlich ist lediglich die **positive Kenntnis** (KPB-Lüke § 82 Rn. 8). Grob fahrlässige Unkenntnis von der Insolvenzeröffnung, Kenntnis von Umständen, welche zwingend auf die Insolvenzeröffnung schließen lassen oder von einem gestellten Insolvenzantrag reichen nicht aus (OLG Düsseldorf, ZInsO 2008, 44; OLG Rostock, ZInsO 2006, 884; KPB-Lüke § 82 Rn. 8; Uhlenbruck-Uhlenbruck § 82 Rn. 11). Die **Beweiserleichterungen der §§ 130 greifen nicht** (HK-Kayser § 82 Rn. 15; KPB-Lüke § 82 Rn. 9; Obermüller, ZInsO 2010, 8, 18). Die einmal erlangte Kenntnis von der Verfahrenseröffnung kann rgm. nur durch eine zuverlässige Kenntniserlangung vom Abschluss des Insolvenzverfahrens beseitigt werden (LAG Düsseldorf, ZInsO 2012, 1683; K. Schmidt-Sternal § 82 Rn. 12; a. A. OLG Dresden, ZInsO 2008, 509; dazu Wittmann, ZInsO 2008, 1010, 1013), Keinesfalls entlastet ein »Vergessen« oder »Nicht-mehr-kennen« infolge Zeitablaufs. Bei **Vorverlagerung über § 24 auf das Antragsverfahren** ist maßgebend, ob der Zahlungspflichtige **Kenntnis von der Anordnung der Sicherungsmaßnahmen** gem. §§ 21, 22 hat. Das isolierte Wissen über einen Insolvenzantrag ist unerheblich (Jaeger-Windel § 82 Rn. 45; BK-Blersch/v. Olshausen § 82 Rn. 6). Streitig ist, ob ein strenger Maßstab an die Beweisführung zu stellen oder der Vollbeweis der mangelnden Kenntnis i. S. d. § 286 ZPO ausreichend ist (OLG Rostock, ZInsO 2006, 884; MK-Ott/Vuia § 82 Rn. 15). Zum Schutz der Masse ist der erstgenannten Auffassung der Vorzug zu geben. Der BGH vertritt bei Wissenszurechnung zulasten einer juristischen Person, dass an den Entlastungsbeweis hohe Anforderungen zu stellen sind. Ein am Rechtsverkehr Beteiligter muss 28 organisatorisch Vorsorge treffen, dass Informationen über die Insolvenzeröffnung/Anordnung von Sicherungsmaßnahmen den Entscheidungsträgern zugänglich gemacht werden. Unterbleibt dies, hat sich der Leistende Kenntnisse, die bei einem zur Vornahme von Rechtsgeschäften bestellten und ermächtigten Mitarbeiter vorhanden sind, zurechnen zu lassen (BGH, ZInsO 2006, 92; ebenso BAG, ZInsO 2014, 552 Rn. 10).

1. Zurechnung der Kenntnis

29 Die Beweislast für die mangelnde Kenntnis von der Insolvenzeröffnung trägt grds. der Leistende (MK-Ott/Vuia § 82 Rn. 15). Bei juristischen Personen reicht jedenfalls die Kenntnis eines Mitglieds der organschaftlichen Vertretung aus. Das Wissen eines vertretungsberechtigten Organmitglieds ist Wissen des gesamten Organs und somit der juristischen Person zuzurechnen (BAG, ZInsO 2014, 552 Rn. 10; BGH, NZI 2006, 175; BGH, NJW 1990, 975). Bedient sich der Leistende eines Dritten, muss er sich dessen Kenntnis nach § 166 BGB zurechnen lassen (BGH, ZIP 1982, 670). Zweifelhaft ist die Kenntniszurechnung von **Sachbearbeitern** bei Behörden, Banken oder größeren Unternehmen. Überwiegend wird angenommen, dass neben der Kenntnis des organschaftlichen Vertreters auch die Kenntnis sog. Wissensvertreter zurechenbar ist (BGH, ZInsO 2009, 1646 Rn. 16; ZInsO 2006, 92; MK-Ott/Vuia § 82 Rn. 14; Canaris, Bankvertragsrecht, Rn. 502). **Wissensvertreter** sind Personen, die nach der Organisation beim Leistenden dazu berufen sind, im Rechtsverkehr bestimmte Aufgaben eigenverantwortlich wahrzunehmen und die dabei anfallenden Informationen zur Kenntnis zu nehmen (BGHZ 117, 104, 106; Uhlenbruck-Uhlenbruck § 82 Rn. 14). Rechtsgeschäftliche Vertretungsbefugnis ist nicht erforderlich (BGHZ 117, 104, 106 = NJW 1992, 1099). Demnach hat der Leistende nachzuweisen, dass über die organschaftlichen Vertreter hinaus seine sonstigen Wissensvertreter keine Kenntnis von der Insolvenzeröffnung gehabt haben (BGH, ZIP 1984, 809; LG Dortmund, ZIP 1997, 206). Eine Einschränkung auf die Kenntnis des zuständigen Sachbearbeiters oder der kontoführenden Bankfiliale kommt nicht in Betracht (BGH, ZInsO 2006, 92; KPB-Lüke § 82 Rn. 23). Darüber hinaus muss jede am Rechtsverkehr teilnehmende Organisation im Rahmen des Zumutbaren sicherstellen, dass ihre Repräsentanten die ihnen zugegangenen Informationen weitergeben und andererseits Erkenntnisse einzelner Mitarbeiter an die Entscheidungsträger weitergereicht werden. **Erforderlich ist ein Informationsfluss von oben nach unten und umgekehrt. Fehlen solche organisatorischen Maßnahmen, muss sich der Leistende das Wissen eines einzelnen Mitarbeiters unabhängig davon zurechnen lassen, auf welcher Ebene dieser eingesetzt wird** (BAG, ZInsO 2014, 552 Rn. 10; BGH, ZInsO 2010, 912; BGH, ZInsO 2006, 92; OLG Dresden, ZInsO 2008, 509; Uhlenbruck-Uhlenbruck § 82 Rn. 14). Der beweisbelastete Leistende hat somit umfangreich darzulegen, dass einerseits kein Wissensvertreter bösgläubig und andererseits organisatorisch sichergestellt ist, dass Informationen den Entscheidungsträgern zugänglich gemacht werden. Sog. Institutsgläubiger müssen sich anderenfalls so behandeln lassen, als hätten sie das Wissen gehabt, wenn die Zeit verstrichen ist, die bei Bestehen eines effizienten internen Informationssystems benötigt worden wäre, um die Kenntnis von der Verfahrenseröffnung zu verschaffen. Dieser Zeitraum ist angesichts des Standes der Informations- und Kommunikationstechnik als gering zu bemessen (BGH, ZInsO 2009, 1646 Rn. 16 zur Versicherung). **Der BGH hat die Pflicht zur Beobachtung von Insolvenzbekanntmachungen nachfolgend eingeschränkt** (BGH, ZInsO 2010, 912). Die Veröffentlichungen erfolgen zwischenzeitlich länderübergreifend im Internet. Aus dem Vorhalten eines Internetanschlusses kann anders als bei einem Abonnement des Amtsblattes nicht unterstellt werden, dass von dem konkreten Inhalt der Webseite Kenntnis genommen wird. Haben Unternehmen mit umfangreichem Zahlungsverkehr gutgläubig an den Schuldner geleistet, hindert sie die Möglichkeit, die Information über die Insolvenzeröffnung durch eine Abfrage im Internet zu erlangen, nicht, sich auf ihre Unkenntnis zu berufen. Aufgrund der Möglichkeit einer Internetabfrage hat sich das Unternehmen auch nicht für jeden Mitarbeiter beweismäßig zu entlasten. Es besteht keine Informationsbeschaffungspflicht, sondern nur eine innerorganisatorische Weiterleitungspflicht der Kenntniserlangung (OLG Bremen, ZInsO 2014, 498, 501; Bork, DB 2012, 33, 37). Eine einmal erlangte Kenntnis über die

Verfahrenseröffnung dauert hingegen fort und kann nur über eine zuverlässige Kenntniserlangung über die Aufhebung des Verfahrens entfallen (s. Rdn. 28).

2. Vermutungswirkung (Satz 2)

Die erste **öffentliche Bekanntmachung ist die entscheidende Zäsur** für die Beweislastverteilung. Wurde die Leistung noch vor öffentlicher Bekanntmachung vorgenommen, greift zugunsten des Leistenden die Vermutung des Satzes 2 ein. Er muss dann beweisen, dass die Leistung vor Veröffentlichung vorgenommen wurde, da er eine für sich günstige Rechtsfolge beanspruchen will (HK-Kayser § 82 Rn. 21; Uhlenbruck-Uhlenbruck § 82 Rn. 13). Der Insolvenzverwalter hat bei Leistung vor der Veröffentlichung nachzuweisen, dass der Leistende bösgläubig war. Die Veröffentlichung erfolgt im Internet unter *www.insolvenzbekanntmachungen.de*. Maßgebend ist, wann die Veröffentlichung nach § 9 Abs. 1 Satz 3 und 4, § 222 Abs. 2 ZPO als bewirkt gilt (BGH, ZInsO 2009, 1646 Rn. 8; HK-Kayser § 82 Rn. 20; K. Schmidt-Sternal § 82 Rn. 19), mithin sobald 2 weitere Tage nach der Veröffentlichung im Internet verstrichen sind. Ergänzende Veröffentlichungen außerhalb des Internets, z. B. im Amtsblatt oder in Tageszeitungen, begründen die Vermutungswirkung nicht (BGH, ZInsO 2006, 92 zu Presseberichten in Tageszeitungen; Jaeger-Gerhardt § 9 Rn. 9; Uhlenbruck-Uhlenbruck § 82 Rn. 12; K. Schmidt-Sternal § 82 Rn. 19). Die Zustellfiktion des § 9 Abs. 3 führt nicht zugleich zu einer Fiktion der Bösgläubigkeit (KPB-Lüke § 82 Rn. 9). Die Zustellung nach § 30 Abs. 2 steht der Kenntniserlangung nur dann gleich, wenn der Insolvenzverwalter beweisen kann, dass sie der Leistende auch erhalten hat (Uhlenbruck-Uhlenbruck § 82 Rn. 12). Dies ist z. B. nicht der Fall, wenn die Zustellung einer Ersatzperson ausgehändigt oder niedergelegt wurde. Bei Leistung nach der Veröffentlichung obliegt dem Leistenden die volle Darlegungs- und Beweislast dafür, dass er die Verfahrenseröffnung nicht gekannt hat (BGH, ZInsO 2010, 912; BGH, ZInsO 2009, 1058).

30

III. Sonstige Gründe der Leistungsbefreiung

1. Massezufluss

Der Leistende wird weiterhin von seiner Verpflichtung befreit, wenn das Geleistete an die Insolvenzmasse gelangt, z. B. durch Weiterleitung des Schuldners (K. Schmidt-Sternal § 82 Rn. 7). **Die Rechtsfolge des § 362 BGB tritt mit ex-nunc-Wirkung ein, wenn der Insolvenzverwalter den Leistungsgegenstand erhält** (Jaeger-Windel § 82 Rn. 39). Obwohl der Neuerwerb nach § 35 dem Insolvenzbeschlag unterliegt, ist die Leistung an den Schuldner nicht zugleich eine solche in die Masse. Entscheidend ist, ob der Leistungsgegenstand in das verwaltete Vermögen gelangt. Das Risiko des Verbrauchs oder Beiseiteschaffens durch den Schuldner trägt der Leistende. Dem Insolvenzverwalter obliegt, die an den Schuldner bewirkte Leistung zur Masse zu ziehen (Braun-Kroth § 82 Rn. 4). Hierbei ist zu beachten, dass die Inanspruchnahme des Schuldners schlüssige Genehmigung sein kann, welche den Konditionsanspruch aus § 816 Abs. 2 BGB entfallen lässt (KPB-Lüke § 82 Rn. 6; abl. MK-Ott/Vuia § 82 Rn. 6; Jaeger-Windel § 82 Rn. 40). In der Klagerhebung kann rgm. die Genehmigung der Leistung an den Nichtberechtigten gesehen werden, auch wenn dies nicht ausdrücklich erklärt wird (BGH, ZInsO 2012, 1419 Rn. 16). Der Insolvenzverwalter sollte jedenfalls bei Geltendmachung des Herausgabeanspruches zusätzlich erklären, dass hierin keine Genehmigung zu sehen ist, diese nur unter der aufschiebenden Bedingung tatsächlicher Massezuführung erteilt wird. **Der Insolvenzverwalter hat das Wahlrecht, zuerst den nicht befreiten Drittschuldner in Anspruch zu nehmen, der erneut leisten muss.** Die Auffassung, der Drittschuldner könne dem Insolvenzverwalter die Arglisteinrede entgegenhalten, wenn die Anspruchsdurchsetzung gegen den Schuldner möglich ist (K. Schmidt-Sternal § 82 Rn. 8; BK-Blersch/v. Olshausen § 82 Rn. 8; NR-Wittkowski § 82 Rn. 5; differenzierend Uhlenbruck-Uhlenbruck § 82 Rn. 5; HK-Kayser § 82 Rn. 11; Jaeger-Windel § 82 Rn. 41: Arglisteinwand nur, wenn Leistung vom Schuldner ohne Weiteres erreichbar), ist aufgrund der gesetzlichen Risikoverteilung abzulehnen (str.; ebenso wie hier und zum Meinungsstand MK-Ott/Vuia § 82 Rn. 10). Die Inanspruchnahme des Drittschuldners

31

2. Genehmigung/Freigabe des Insolvenzverwalters

32 Die unwirksame Leistung kann durch den Insolvenzverwalter nach §§ 362 Abs. 2, 185 Abs. 2 BGB genehmigt werden (BGH, ZInsO 2012, 1419 Rn. 16; KPB-Lüke § 82 Rn. 5). Die Befreiung von der Leistungspflicht tritt in diesem Fall ex-tunc ein (K. Schmidt-Sternal § 82 Rn. 11). In der Klagerhebung kann rgm. die Genehmigung der Leistung an den Nichtberechtigten liegen, auch wenn diese nicht ausdrücklich erklärt wird. Die Schuld befreiende Wirkung tritt ferner mit ex-nunc-Wirkung ein, wenn der Insolvenzverwalter den Anspruch, auf den geleistet wurde, aus dem Insolvenzbeschlag freigibt oder das Insolvenzverfahren beendet wurde (Jaeger-Windel § 82 Rn. 39; K. Schmidt-Sternal § 82 Rn. 10; A/G/R-Piekenbrock § 82 Rn. 8; Braun-Kroth § 82 Rn. 4; a.A. Uhlenbruck-Uhlenbruck § 82 Rn. 4).

IV. Rechtsfolgen bei nicht eingetretener Leistungsbefreiung

33 Hat der Drittschuldner statt an die Masse an den Schuldner geleistet, besteht seine Verbindlichkeit ggü. der Masse fort. Da der Drittschuldner erneut leisten muss, hat er sodann einen Bereicherungsanspruch gegen den Schuldner aus § 812 Abs. 1 Satz 2, 2. Alt. BGB (KPB-Lüke § 82 Rn. 12); BK-Blersch/v. Olshausen § 82 Rn. 9; K. Schmidt-Sternal § 82 Rn. 9). Dieser Anspruch ist weder Masseverbindlichkeit noch Insolvenzforderung, sondern richtet sich als sog. Neuschuld gegen das insolvenzfreie Vermögen des Schuldners (Uhlenbruck-Uhlenbruck § 82 Rn. 6; BK-Blersch/v. Olshausen § 82 Rn. 9). Dieser haftet nur mit seinem insolvenzfreien Vermögen. Die §§ 814, 815 BGB schließen den Bereicherungsanspruch nicht aus (MK-Ott/Vuia § 82 Rn. 11; Uhlenbruck-Uhlenbruck § 82 Rn. 6). Der Insolvenzverwalter kann neben dem Erfüllungsanspruch auch weitere Ersatzforderungen (§§ 286, 288 BGB) gegen den nicht befreiten Drittschuldner geltend machen.

§ 83 Erbschaft. Fortgesetzte Gütergemeinschaft

(1) ¹Ist dem Schuldner vor der Eröffnung des Insolvenzverfahrens eine Erbschaft oder ein Vermächtnis angefallen oder geschieht dies während des Verfahrens, so steht die Annahme oder Ausschlagung nur dem Schuldner zu. ²Gleiches gilt von der Ablehnung der fortgesetzten Gütergemeinschaft.

(2) Ist der Schuldner Vorerbe, so darf der Insolvenzverwalter über die Gegenstände der Erbschaft nicht verfügen, wenn die Verfügung im Falle des Eintritts der Nacherbfolge nach § 2115 des Bürgerlichen Gesetzbuchs dem Nacherben gegenüber unwirksam ist.

Übersicht	Rdn.		Rdn.
A. Normzweck	1	II. Vermächtnis (Abs. 1 Satz 1)	10
B. Norminhalt	3	III. Fortgesetzte Gütergemeinschaft (Abs. 1 Satz 2)	11
I. Erbschaft (Abs. 1 Satz 1)	3	1. Fortsetzung	11
1. Annahme	3	2. Ablehnung	12
2. Ausschlagung	6	IV. Vorerbschaft	13
3. Besonderheiten	8	1. Insolvenzmasse	13
a) Pflichtteilsansprüche	8	2. Verwertungsverbot	15
b) Nachlassinsolvenzverfahren	9		

A. Normzweck

1 Die Vorschrift hat zwei unterschiedliche Regelungsgegenstände zum Inhalt. Beide Bestimmungen enthalten Sonderregelungen zu § 80.

Zum einen bleibt der Schuldner berechtigt, das Erbe/Vermächtnis auszuschlagen oder anzunehmen bzw. die Fortsetzung der Gütergemeinschaft abzulehnen. Annahme-/Ausschlagungsbefugnis haben zwar vermögensrechtlichen Bezug, der höchstpersönliche Charakter steht jedoch im Vordergrund. Die Entscheidung ist daher dem Schuldner zugewiesen. Zum anderen ist Abs. 2 Ausnahme zu § 80 Abs. 2 Satz 1. Die Verfügungsbefugnis des Insolvenzverwalters über Erbschaftsgegenstände ist eingeschränkt, wenn die Voraussetzungen des § 2115 BGB vorliegen. Die Vorschrift ist eng auszulegen und nicht analog auf Schenkungsangebote, Rechte aus echten **Verträgen zugunsten Dritter** oder **Anwartschaften** anwendbar (K. Schmidt-Sternal § 83 Rn. 2; KPB-Lüke § 83 Rn. 12a). Gilt jedoch bei einem **Erbverzicht** nach §§ 2346 ff. BGB (BGH, ZInsO 2013, 243).

B. Norminhalt

I. Erbschaft (Abs. 1 Satz 1)

1. Annahme

Gem. § 1922 BGB geht das Nachlassvermögen als Ganzes mit dem Tod auf den Erben über. Dies gilt wegen § 1942 Abs. 1 BGB unbeschadet der Möglichkeit einer Ausschlagung. Einer ausdrücklichen Annahme der Erbschaft bedarf es für die Gesamtrechtsnachfolge nicht. Die Annahme bewirkt lediglich, dass der Schuldner »endgültig« Erbe wird und gem. § 1943 BGB das Recht verliert, die Erbschaft auszuschlagen. Während des Schwebezustandes bis zur Annahme unterliegt der Nachlass vorläufig der Verwaltungsbefugnis des Insolvenzverwalters (BGH, ZInsO 2013, 243 Rn. 11; a. A. Uhlenbruck-Uhlenbruck § 83 Rn. 2 auch nicht »vorläufig«). Erst mit der Annahme, welche ausdrücklich oder schlüssig erfolgen kann (MK-Schumann § 83 Rn. 6; KPB-Lüke § 83 Rn. 5), oder dem Ablauf der Ausschlagungsfrist fällt der Nachlass in die Insolvenzmasse (BGH, ZInsO 2013, 243 Rn. 11; KPB-Lüke § 83 Rn. 6; a. A. Herrler, NJW 2011, 2258, 2260). Die Annahme ist nicht formgebunden, kann aber nicht unter einer Bedingung oder Zeitbestimmung abgegeben werden (§ 1946 BGB). Unerheblich ist, ob diese Voraussetzungen vor oder nach Verfahrenseröffnung eintreten, da § 35 auch den Neuerwerb erfasst (Uhlenbruck-Uhlenbruck § 83 Rn. 3; HK-Kayser § 83 Rn. 6). Auch bei einer vorzeitigen Erteilung der Restschuldbefreiung vor Aufhebung des Insolvenzverfahrens (dazu BGH, NZI 2010, 111) fällt eine danach eingetretene Erbschaft in die Masse (A/G/R-Piekenbrock § 83 Rn. 1). Erfolgt die Annahme zu einer während des Verfahrens angefallenen Erbschaft nach Aufhebung des Insolvenzverfahrens, unterliegt der Nachlass der Nachtragsverteilung, sodass der Schuldner als Erbe durch Abwarten nicht Massezugehörigkeit vereiteln kann (ebenso Herrler, NJW 2011, 2258, 2261). Nach der Annahme verbleibt dem Schuldner aber noch die Möglichkeit der Anfechtung (§§ 1954 bis 1956 BGB).

Mit Einbeziehung des Nachlasses in die Masse werden sowohl **Aktiva als auch Passiva übernommen** (HK-Kayser § 83 Rn. 8; BK-Blersch/v. Olshausen § 83 Rn. 7). War der Erbfall vor Verfahrenseröffnung eingetreten, sind auch die **Nachlass- und Vermächtnisgläubiger** solche im Rang des § 38 (Jaeger-Windel § 83 Rn. 6). Streitig ist die Einordnung für den Fall, dass die Erbschaft nach Insolvenzeröffnung angefallen ist (ebenfalls Insolvenzforderung: MK-Schumann § 83 Rn. 6; HK-Kayser § 83 Rn. 8; für Masseverbindlichkeit gegenständlich beschränkt auf das Nachlassvermögen: Jaeger-Windel § 83 Rn. 7). Die zwar dogmatisch zutreffende Einordnung als Insolvenzforderung führt zu unverhältnismäßigen Ergebnissen, wenn bspw. der Nachlass nicht überschuldet ist. In diesem Fall würden die Nachlassgläubiger auf die Quote verwiesen werden, obwohl sie vor dem Erbfall einen werthaltigen Anspruch gegen den Erblasser hatten. Fällt der Nachlass erst nach der Ausschlussfrist des § 188 in die Masse, können die Nachlassgläubiger bei Einordnung als Insolvenzgläubiger nicht mehr an der Ausschüttung teilnehmen. Der Insolvenzverwalter kann die angenommene Erbschaft weder ausschlagen, freigeben (Jaeger-Windel § 83 Rn. 5) noch anfechten (Braun-Kroth § 83 Rn. 4). Er hat den Nachlass für die Insolvenzmasse zu sichern und dessen Überschuldung zu prüfen. Um die übrige Masse vor einer Inanspruchnahme durch die Nachlassgläubiger zu schützen, verbleibt ihm nur, Nachlassverwaltung (§§ 1975 ff. BGB) oder Nachlassinsolvenz (§§ 315 ff.) zu beantragen (BGH, ZInsO 2006, 705; HK-Kayser § 83 Rn. 9). Letzteres gilt insb. auch, um eine eigene Haftungsinanspruchnahme nach § 60 zu vermeiden. Der Insolvenzverwalter ist auch berechtigt,

Einreden nach §§ 1973 ff., 1990 ff., 2014 ff. BGB zu erheben (KPB-Lüke § 83 Rn. 6; HK-Kayser § 83 Rn. 9). Der Schuldner ist wegen § 80 nicht befugt, die vorgenannten haftungsbeschränkenden Maßnahmen zu ergreifen (Jaeger-Windel § 83 Rn. 8; HK-Kayser § 83 Rn. 9). Die Nachlassgläubiger können Nachlassverwaltung (§ 1981 Abs. 2 BGB) oder Nachlassinsolvenz (§ 317 Abs. 1) beantragen, wenn ihre Befriedigungsaussicht durch die Einbeziehung des Nachlassvermögens in die Insolvenzmasse verkürzt wird (KPB-Lüke § 83 Rn. 7; Uhlenbruck-Uhlenbruck § 83 Rn. 5). Die jeweiligen Vermögensmassen werden hierdurch rückwirkend (§ 1976 BGB) getrennt (MK-Schumann § 83 Rn. 9; FK-App § 83 Rn. 6). Die Nachlassgläubiger erhalten dann Befriedigung ausschließlich aus dem Nachlass, die persönlichen Gläubiger aus dem Eigenvermögen des Schuldners (BGH, ZInsO 2006, 705; HK-Kayser § 83 Rn. 9).

5 Eine vom Erblasser angeordnete **Testamentsvollstreckung** besteht insolvenzübergreifend fort. Die Verfügungsbeschränkung des § 2211 BGB gilt auch im Insolvenzverfahren (BGH, ZInsO 2006, 705; KPB-Lüke § 83 Rn. 7). Ebenso ist das Befriedigungsverbot des § 2214 BGB für die Insolvenzgläubiger, welche nicht Nachlassgläubiger sind, zu beachten (MK-Schumann § 83 Rn. 10). Häufig kommt es zu einem **Nebeneinander von Testamentsvollstreckung und Insolvenzverwaltung.** Der Testamentsvollstrecker kann i. R. d. ihm eingeräumten Befugnisse weiterhin den Nachlass verwalten und über Gegenstände verfügen. Allerdings ist der Nachlass mit dem Erbfall zunächst vorläufig, nach Annahme der Erbschaft endgültig massezugehörig (BGH, ZInsO 2006, 705; MK-Schumann § 83 Rn. 6). Dieser ist während der Testamentsvollstreckung aber der Verfügungsbefugnis des Insolvenzverwalters und gem. § 2214 BGB dem Zugriff der persönlichen Gläubiger des Erben entzogen (BGH, ZInsO 2006, 705; Uhlenbruck-Uhlenbruck § 83 Rn. 7; K. Schmidt-Sternal § 83 Rn. 12). Der Nachlass bildet zunächst ein Sondervermögen, aus dem nur die Nachlassgläubiger zu befriedigen sind und auf das die Erbengläubiger erst nach Beendigung der Testamentsvollstreckung nach den Regeln der §§ 38, 87, 174 ff. zugreifen können (BGH, ZInsO 2006, 705). Mit Wegfall der Testamentsvollstreckung vereinigt sich das Sondervermögen des Nachlasses mit der übrigen Insolvenzmasse. Streitig ist die Einordnung von Verbindlichkeiten, die der Testamentsvollstrecker eingegangen ist (wegen § 324 Abs. 1 Nr. 5 für Masseverbindlichkeit: KPB-Lüke § 83 Rn. 7; für Nachlassverbindlichkeit: im Rang des § 38 Uhlenbruck-Uhlenbruck § 83 Rn. 7). **Pflichtteils- und Pflichtteilsergänzungsansprüche** sind wegen § 2213 Abs. 1 Satz 3 BGB gegen den Insolvenzverwalter und nicht gegen den Testamentsvollstrecker geltend zu machen (BGH, ZInsO 2006, 705). Diese können als Zahlungsanspruch nur mit dem eingeschränkten Klageziel »Zahlung aus dem vom Testamentsvollstrecker verwalteten Nachlass« verfolgt werden. Zusätzlich bedarf es gem. § 2213 Abs. 3 BGB, § 748 Abs. 3 ZPO eines Duldungstitels gegen den Testamentsvollstrecker (Schindler, ZInsO 2007, 484, 486). Der Gläubiger darf, wenn der Erbfall vor Verfahrenseröffnung eingetreten ist, auch Feststellung zur Tabelle beanspruchen. Er ist wegen § 1967 BGB, § 331 analog Insolvenzgläubiger. Die Befriedigung aus der Insolvenzmasse ist aber erst zulässig, wenn er auf die Verwertung des Nachlasses verzichtet oder der Erlös zur Befriedigung nicht ausreicht (§ 52 Satz 2). Der vor Insolvenzeröffnung gegen den Erben begonnene Rechtsstreit wird gem. § 240 ZPO unterbrochen und kann entsprechend § 86 Abs. 1 Nr. 2 aufgenommen werden (BGH, ZInsO 2006, 705). Der Herausgabeanspruch des Erben nach §§ 2218 Abs. 1, 667 BGB steht dem Insolvenzverwalter zu.

2. Ausschlagung

6 Schlägt der Schuldner die Erbschaft aus, gilt der Anfall der Erbschaft als nicht erfolgt (§ 1953 Abs. 1 BGB). Die Ausschlagung ist eine einseitige, bedingungs- und befristungsfeindliche, empfangsbedürftige Willenserklärung und ist ggü. dem Nachlassgericht abzugeben (§ 1945 BGB). Der Nachlass fällt bei Ausschlagung dem nächstberufenen Erben an (§ 1953 Abs. 1 BGB). Der neue Erbe kann Gegenstände des Nachlasses, welche bereits in die Masse gelangt sind, aussondern (MK-Schumann § 83 Rn. 11; BK-Blersch/v. Olshausen § 83 Rn. 5). Der Anspruch des nächstberufenen Erben aus § 1959 Abs. 1 BGB richtet sich nur dann gegen die Masse, wenn er bereits vor Verfahrenseröffnung begründet war (KPB-Lüke § 83 Rn. 9). Bei Nachlassverwaltung steht das Aussonderungsrecht dem Nachlassverwalter zu (FK-App § 83 Rn. 9). Hat der Insolvenzschuldner vor Ausschlagung bereits

erbrechtliche Angelegenheiten wahrgenommen, gelten die Grundsätze der Geschäftsführung ohne Auftrag gem. §§ 1959, 657 ff. BGB (K. Schmidt-Sternal § 83 Rn. 10).

Abs. 1 stellt klar, dass der Schuldner über die Annahme/Ausschlagung **frei entscheiden** kann (Uhlenbruck-Uhlenbruck § 83 Rn. 8). § 295 Abs. 1 Nr. 2 lässt die alleinige persönliche Entscheidungsmacht des Schuldners unberührt. Der Insolvenzverwalter kann weder die Annahme noch die Nichtausschlagung eines überschuldeten Nachlasses verhindern. Die Entscheidung des Schuldners, ob Annahme oder Ausschlagung, ist **nicht anfechtbar** (BGH, ZInsO 2013, 243 Rn. 12 zum Erbverzicht; Jaeger-Windel § 83 Rn. 10; HK-Kayser § 83 Rn. 6). Die Zulassung einer Anfechtungsmöglichkeit würde § 83 zuwiderlaufen (Uhlenbruck-Uhlenbruck § 83 Rn. 11). Der Insolvenzverwalter kann die Erbschaft als solche auch nicht freigeben, sondern nur einzelne Vermögenswerte (K. Schmidt-Sternal § 83 Rn. 11; FK-App § 83 Rn. 10). Die **Ausschlagung** ist wegen § 83 **keine Obliegenheitsverletzung** i. S. d. § 295 (BGH, NJW 2011, 2291 Rn. 6; BGH, NZI 2009, 563 zur Nichtgeltendmachung von Pflichtteilsansprüchen in der Wohlverhaltensphase, zustimmend Schmerbach, NZI 2009, 552; ausführlich zum Meinungsstand KPB-Lüke § 83 Rn. 11a bis 11e; krit. zur gesetzlichen Regelung Jaeger-Windel § 83 Rn. 2; A/G/R-Piekenbrock § 83 Rn. 2; Thora, ZInsO 2002, 176, 178). Bedenklich ist die Auffassung des LG Mainz (ZVI 2003, 362), wonach die Ausschlagung der Erbschaft auch dann kein Versagungsgrund sei, wenn sie in der Absicht durchgeführt wird, die Gläubiger zu benachteiligen. In diesem Fall sollte die Dispositionsbefugnis des Schuldners wegen § 295 Abs. 1 Nr. 2 einzuschränken sein. Möglich ist auch, dass sich der Schuldner mit den Gläubigern dahin gehend verständigt, die Erbschaft nur dann anzunehmen, wenn die Masse einen Teil des Nachlasses erhält und die Gläubiger einer Verfahrensaufhebung nach § 213 zustimmen (ausführliche Besprechung dieses Falles durch Marotzke, ZVI 2003, 309).

3. Besonderheiten

a) Pflichtteilsansprüche

Pflichtteilsansprüche (§ 2303 BGB) entstehen mit dem Erbfall, sind vererblich und übertragbar (§ 2317 BGB). **§ 83 ist unanwendbar**, da Pflichtteilsansprüche nicht ausgeschlagen werden können (MK-Schumann § 83 Rn. 16; HK-Kayser § 83 Rn. 3; Reul, DNotZ 2010, 902, 903; Jaeger-Henckel § 36 Rn. 37). Das Recht ist gem. § 852 Abs. 1 ZPO nur pfändbar, wenn durch Vertrag anerkannt oder rechtshängig. Nach überwiegender Ansicht gehört der **Pflichtteilsanspruch** dennoch mit dem Erbfall zur **Insolvenzmasse**, da er **als aufschiebend bedingter Anspruch pfändbar** ist (BGH, ZInsO 2011, 45 Rn. 8; a. A. LG Göttingen, NZI 2009, 896 Massezugehörigkeit erst mit Rechtshängigkeit oder Anerkenntnis). Seine **Verwertung** ist jedoch erst möglich, wenn die Voraussetzungen des **§ 852 Abs. 1 ZPO** eingetreten sind (BGH, ZInsO 2011, 45; BGH, ZInsO 2013, 243 Rn. 14; Jaeger-Windel § 83 Rn. 15; Uhlenbruck-Uhlenbruck § 83 Rn. 13). Die beschränkte Pfändbarkeit soll vermeiden, dass der Anspruch gegen den Willen des Berechtigten geltend gemacht wird. Mit Rücksicht auf die familiäre Verbundenheit unterliegt die Entscheidung zur Geltendmachung dem Schuldner. Zur Masseverwertung sind daher Mitwirkungshandlungen entweder des Schuldners bei der Klagerhebung oder des Erben durch Anerkenntnis erforderlich. Die Prozessführungsbefugnis des Schuldners endet mit der Rechtshängigkeit des geltend gemachten Pflichtteilsanspruchs, weil dann die Verwertungsbefugnis des Insolvenzverwalters greift: Genügend ist daher, wenn er der Klagerhebung durch den Insolvenzverwalter zustimmt (A/G/R-Piekenbrock § 83 Rn. 9). Wird der während des Insolvenzverfahrens mit dem Ableben des Erblassers entstandene Pflichtteilsanspruch nach dessen Aufhebung anerkannt oder rechtshängig gemacht, unterliegt er der Nachtragsverteilung gem. § 203 Abs. 1 Nr. 3 (BGH, ZInsO 2011, 45 Rn. 9; Herrler, NJW 2011, 2258, 2260). Der Schuldner hat also nicht die Möglichkeit, nach Entstehung des Pflichtteilsanspruches das Verfahrensende abzuwarten, um dann an seinen Gläubigern vorbei den Anspruch nach der Aufhebung zu seinem beschlagnahmefreien Vermögen zu ziehen. Für die Zugehörigkeit zur Masse kommt es auf den **Zeitpunkt des Entstehens des Pflichtteilsanspruchs** (Todeszeitpunkt) an, nicht darauf, wann er vom Berechtigten geltend gemacht oder vom Verpflichteten anerkannt wird.

b) Nachlassinsolvenzverfahren

9 Nach einheitlicher Auffassung ist § 83 im Nachlassinsolvenzverfahren **entsprechend anwendbar** (MK-Schumann § 83 Rn. 12; HK-Kayser § 83 Rn. 7; K. Schmidt-Sternal § 83 Rn. 8). Das Nachlassinsolvenzverfahren ist nach § 316 InsO auch dann zulässig, wenn die Erbschaft noch nicht angenommen wurde. Wurde das Nachlassinsolvenzverfahren vor der Annahme eröffnet, kann der Erbe daher weiterhin ausschlagen (Uhlenbruck-Uhlenbruck § 83 Rn. 4).

II. Vermächtnis (Abs. 1 Satz 1)

10 Das Vermächtnis entsteht gem. § 2176 BGB mit dem Erbfall. Der Vermächtnisnehmer ist zur Ausschlagung berechtigt (§ 2180 BGB). Die Ausschlagung ist ausgeschlossen, wenn das Vermächtnis angenommen wurde (§ 2180 Abs. 1 BGB). Eine **Frist zur Ausschlagung** besteht anders als bei der Erbschaft **nicht**. Es bedarf somit der Annahme durch den Bedachten, die ggü. dem Beschwerten zu erklären ist (§ 2180 Abs. 2 BGB). Auch eine Teilannahme kann erfolgen. Das **Vermächtnis (Anspruch gegen den Erben) gehört erst mit der Annahme zur Insolvenzmasse** (KPB-Lüke § 83 Rn. 8; a. A. K. Schmidt-Sternal § 83 Rn. 14 erst mit Annahme wirtschaftlich nutzbar für die Masse). Der Schuldner kann somit durch Verzögerung der Annahme erreichen, dass das Vermächtnis erst nach Beendigung des Insolvenzverfahrens entsteht. In diesem Fall ist jedoch die Anordnung einer Nachtragsverteilung gem. § 203 Abs. 1 Nr. 3 möglich (MK-Schumann § 83 Rn. 14; A/G/R-Piekenbrock § 83 Rn. 7). Anders als bei einer Erbschaft besteht beim Vermächtnis außer im Fall des § 2307 Abs. 2 BGB keine Ausschlagungsfrist. Der Bedachte hat daher nur die Verjährungsfrist von 3 Jahren des § 196 BGB zu berücksichtigen (MK-Schumann § 83 Rn. 14). In der Wohlverhaltensperiode ist § 295 Abs. 1 Nr. 2 zu beachten. Fällt das Vermächtnis in der Wohlverhaltensperiode an, ist keine Nachtragsverteilung vorgesehen. Nimmt der Schuldner daher das Vermächtnis erst nach Erteilung der Restschuldbefreiung an, kann er den Regelungsinhalt des § 295 Abs. 1 Nr. 2 umgehen (BGH, NJW 2011, 2291 Rn. 6). Die Annahme nach Erteilung der Restschuldbefreiung ist keine Obliegenheitsverletzung. I. Ü. gelten für das Vermächtnis die Erläuterungen zur Erbschaft (Rdn. 3 bis 7; s. auch BGH, ZInsO 2013, 243 Rn. 13).

III. Fortgesetzte Gütergemeinschaft (Abs. 1 Satz 2)

1. Fortsetzung

11 Die Ehegatten können durch Ehevertrag vereinbaren, dass die Gütergemeinschaft nach dem Tod eines Ehegatten mit dem Überlebenden sowie den gemeinschaftlichen Abkömmlingen fortgesetzt wird (§ 1483 BGB). Gleichgestellt sind die eingetragenen Lebenspartner (§§ 6, 7 LPartG). Die fortgesetzte Gütergemeinschaft dient dem Erhalt des gemeinschaftlichen Familienvermögens. Zweck der Vorschrift ist, den überlebenden Ehegatten vor einer Auseinandersetzung mit den Abkömmlingen zu bewahren. Das gemeinsame Vermögen wird bis zum Tod des überlebenden Ehepartners zusammengehalten. Der überlebende Ehegatte kann die Fortsetzung ablehnen (§ 1484 BGB). Das Recht zur Ablehnung ist ebenfalls höchstpersönlich, daher allein dem Schuldner nach Abs. 1 Satz 2 zugeordnet. Verstreicht die Ablehnungsfrist nach §§ 1484 Abs. 2, 1944 BGB, gehört das Gesamtgut (§ 1485 BGB) gem. § 37 Abs. 3 zur Insolvenzmasse (Jaeger-Windel § 83 Rn. 13; HK-Kayser § 83 Rn. 13). Die Abkömmlinge verlieren dadurch ihren Anteil am Gesamtgut (K. Schmidt-Sternal § 83 Rn. 20).

2. Ablehnung

12 Lehnt der Schuldner als überlebender Ehegatte die Fortsetzung der Gütergemeinschaft ab, wird sein Anteil am Gesamtgut sowie sein Vorbehalts-/Sondergut (§ 1486 BGB) Massebestandteil (MK-Schumann § 83 Rn. 20; A/G/R-Piekenbrock § 83 Rn. 12). Der Anteil an dem Gesamtgut ist nach § 84 i. V. m. §§ 1471 ff. BGB zu ermitteln. Zur Masse gehört im Ergebnis der hälftige Netto-Anteil am Gesamtgut (Überschuss nach Berichtigung der Gesamtgutsverbindlichkeiten), der sog. Nettoanteil (vgl. § 84 Rdn. 19). Der andere Anteil des verstorbenen Ehegatten fällt an dessen Erben. Ist

der Schuldner zugleich Erbe des verstorbenen Ehegatten, steht ihm hinsichtl. dieses Anteils das Ausschlagungsrecht nach Abs. 1 Satz 1 zu (BK-Blersch/v. Olshausen § 83 Rn. 12).

IV. Vorerbschaft

1. Insolvenzmasse

Die Vorschrift gilt **nur für den Schuldner als Vorerben**. Sie ist anwendbar in dem Regelinsolvenzverfahren über das Vermögen des Vorerben, betrifft **nicht ein über den Nachlass selbstständiges Nachlassinsolvenzverfahren** (MK-Schumann § 83 Rn. 22; A/G/R-Piekenbrock § 83 Rn. 14; K. Schmidt-Sternal § 83 Rn. 26). Unerheblich ist, ob der Schuldner vor oder nach Verfahrenseröffnung Vorerbe geworden ist (BK-Blersch/v. Olshausen § 83 Rn. 15). Abs. 2 ist auch auf den **befreiten Vorerben** anwendbar (MK-Schumann § 83 Rn. 23; HK-Kayser § 83 Rn. 15; K. Schmidt-Sternal § 83 Rn. 23). Die dem befreiten Vorerben eingeräumten weiter gehenden Verfügungsbefugnisse gelten nicht für seinen Insolvenzverwalter, der an die engeren Grenzen des § 83 Abs. 2 gebunden ist. 13

Bis zum Eintritt der Nacherbfolge (§ 2106 BGB) ist der Vorerbe Inhaber der Erbschaft. Den **Nacherben** steht jedoch ein **erbrechtliches Anwartschaftsrecht** zu (BGHZ 87, 367 = NJW 1983, 2244). Der Nachlass soll den Nacherben weitgehend erhalten bleiben. Der Vorerbe ist daher nur in begrenztem Umfang berechtigt, über Nachlassgegenstände zu verfügen (§§ 2112 ff. BGB). Seinen persönlichen Gläubigern ist der Zugriff auf den Nachlass verwehrt (§ 2115 BGB). Die Einschränkungen gelten in der Insolvenz des Vorerben fort. Die Erbschaftsgegenstände sind zwar Massebestandteil, der **Insolvenzverwalter** darf diese jedoch **nicht verwerten, sondern lediglich die Nutzungen zur Masse ziehen** (BGH, ZInsO 2013, 243 Rn. 17; Jaeger-Windel § 83 Rn. 18; Uhlenbruck-Uhlenbruck § 83 Rn. 19, 20). Die wirtschaftliche Stellung des Vorerben entspricht der eines Nießbrauchberechtigten (MK-Schumann § 83 Rn. 21). Dem Insolvenzverwalter ist untersagt, die Insolvenzgläubiger aus Mitteln des Nachlasses zu befriedigen und Nachlassgegenstände zu diesem Zweck zu verwerten. Es besteht für ihn die Pflicht zur ordnungsgemäßen Verwaltung des Nachlassgegenstandes. Der Insolvenzverwalter erlangt die uneingeschränkte Verfügungsbefugnis über die Erbschaftsgegenstände, wenn die Nacherbschaft ausgeschlagen wird (§ 2142 BGB) oder aus sonstigem Grund entfällt (MK-Schumann § 83 Rn. 24). Tritt die Nacherbfolge während des Insolvenzverfahrens ein, ist der Nacherbe zur Aussonderung an den Erbschaftsgegenständen sowie der nach Eintritt des Nacherbfalls gezogenen Früchte berechtigt (HK-Kayser § 83 Rn. 16; A/G/R-Piekenbrock § 83 Rn. 14). Für die Verteilung der Früchte zwischen Insolvenzmasse und Nacherben gilt § 101 BGB (Jaeger-Windel § 83 Rn. 26). Endet das Insolvenzverfahren vor Eintritt der Nacherbschaft, ist die Substanz des Erbschaftsvermögens an den Vorerben herauszugeben (Jaeger-Windel § 83 Rn. 26; MK-Schumann § 83 Rn. 24). Wurde für die Vorerbschaft **Testamentsvollstreckung** angeordnet, gelten die unter Rdn. 5 dargestellten Grundsätze entsprechend. 14

2. Verwertungsverbot

Die Verfügungsbeschränkung des Abs. 2 greift, wenn bei Verwertung der Erbschaftsgegenstände das Recht des Nacherben vereitelt oder beeinträchtigt würde. Die Verfügung wird mit Eintritt der Nacherbschaft unwirksam (§ 2115 BGB). Erst mit dem Eintritt der Nacherbfolge tritt die gegenüber jedem bestehende absolute Unwirksamkeit ein. Die Verfügung ist wirksam, wenn der Nacherbe diese nach Annahme der Erbschaft genehmigt (K. Schmidt-Sternal § 83 Rn. 22; NR-Wittkowski § 83 Rn. 13), die Nacherbschaft ausgeschlagen wird oder aus sonstigem Grund entfällt (Uhlenbruck-Uhlenbruck § 83 Rn. 20; A/G/R-Piekenbrock § 83 Rn. 14), die Verfügung ausschließlich der Befriedigung von Nachlassgläubigern dient oder zur ordnungsgemäßen Verwaltung notwendig ist (MK-Schumann § 83 Rn. 26). Entsprechendes gilt, wenn der Nacherbe auf seine Rechte zugunsten des Vorerben in der Form des § 2033 BGB verzichtet. Der insolvente Vorerbe wird dann Vollerbe. 15

Streitig ist, ob **gutgläubiger Erwerb** vom Insolvenzverwalter möglich ist, wenn dem Erwerber die Vorerbeneigenschaft des Schuldners weder bekannt noch infolge grober Fahrlässigkeit unbekannt war. Die ablehnende Auffassung (HK-Kayser § 83 Rn. 19; MK-Schumann § 83 Rn. 28) begrün- 16 det ihren Standpunkt mit einer fehlenden, dem § 2113 Abs. 3 BGB vergleichbaren Verweisung in § 2115 BGB. Abs. 2 sei keine eigenständige Verfügungsbeschränkung, welche unter § 135 BGB fiele. Nach herrschender Meinung gilt § 135 Abs. 2 BGB (Uhlenbruck-Uhlenbruck § 83 Rn. 20; KPB-Lüke § 83 Rn. 16) oder § 161 Abs. 3 BGB entsprechend (Jaeger-Windel § 83 Rn. 27; K. Schmidt-Sternal § 83 Rn. 24). Es sei möglich, dass der Gesetzgeber gutgläubigen Erwerb durch das Fehlen einer § 2113 Abs. 3 BGB entsprechenden Regelung in § 2115 BGB nicht ausschließen wollte. Vielmehr handele es sich um eine Regelungslücke. Hat der Insolvenzverwalter an einen gutgläubigen Erwerber veräußert, kann nach herrschender Meinung der Nacherbe Schadensersatz gegen die Masse (§ 55 Abs. 1 Nr. 1) und bei Verschulden des Insolvenzverwalters auch gegen diesen (§ 60 Abs. 1) geltend machen (Jaeger-Windel § 83 Rn. 28; MK-Schumann § 83 Rn. 28; A/G/R-Piekenbrock § 83 Rn. 16).

§ 84 Auseinandersetzung einer Gesellschaft oder Gemeinschaft

(1) ¹Besteht zwischen dem Schuldner und Dritten eine Gemeinschaft nach Bruchteilen, eine andere Gemeinschaft oder eine Gesellschaft ohne Rechtspersönlichkeit, so erfolgt die Teilung oder sonstige Auseinandersetzung außerhalb des Insolvenzverfahrens. ²Aus dem dabei ermittelten Anteil des Schuldners kann für Ansprüche aus dem Rechtsverhältnis abgesonderte Befriedigung verlangt werden.

(2) ¹Eine Vereinbarung, durch die bei einer Gemeinschaft nach Bruchteilen das Recht, die Aufhebung der Gemeinschaft zu verlangen, für immer oder auf Zeit ausgeschlossen oder eine Kündigungsfrist bestimmt worden ist, hat im Verfahren keine Wirkung. ²Gleiches gilt für eine Anordnung dieses Inhalts, die ein Erblasser für die Gemeinschaft seiner Erben getroffen hat, und für eine entsprechende Vereinbarung der Miterben.

Übersicht	Rdn.			Rdn.
A. Normzweck	1		4. Eheliche Gütergemeinschaft	15
B. Norminhalt	3		5. Gemeinschaftskonto	16
I. Anwendungsbereich	3	II.	Rechtsfolgen	17
1. Bruchteilsgemeinschaften	5		1. Absonderungsrecht	17
2. Personengesellschaften	7		2. Gegenstand der Absonderung	19
3. Erbengemeinschaft	14	III.	Vertragliche Beschränkungen (Abs. 2)	20

A. Normzweck

1 Zur Insolvenzmasse gehört nur der Miteigentumsanteil/das Beteiligungsrecht, nicht aber der in Gemeinschaftseigentum stehende Gegenstand oder die Gesellschaft (BGH, ZInsO 2007, 213 Rn. 20). Dies wird durch § 84 klargestellt und darüber hinaus geregelt, wie der Anteil des Schuldners zu verwerten ist. Letzteres vollzieht sich außerhalb des Insolvenzverfahrens durch Teilung/Auseinandersetzung nach den jeweils anzuwendenden gesellschaftsspezifischen materiell-rechtlichen Vorschriften. Der gemeinschaftlichen Vermögensbindung wird Rechnung getragen.

2 Zur Masse gelangt lediglich der wirtschaftliche Wert des (Netto-) Anteils. Hierdurch wird erreicht, dass der Beteiligungswert den anderen Berechtigten unbeschadet der Insolvenz erhalten bleibt (KPB-Lüke § 84 Rn. 2).

B. Norminhalt

I. Anwendungsbereich

3 Massezugehörig ist die beschlagfähige Mitberechtigung des Schuldners an der Gemeinschaft (KPB-Lüke § 84 Rn. 24). Unerheblich ist, ob das Gemeinschaftsverhältnis bei Insolvenzeröffnung kraft Gesetzes, durch Vertrag, Kündigung oder Auflösungsklage beendet war (Uhlenbruck-Hirte § 84 Rn. 2). Gleiches gilt für eine vor Insolvenzeröffnung eingeleitete Liquidation, wenn sie noch nicht

abgeschlossen ist. Da nach § 35 der Neuerwerb zur Insolvenzmasse gehört, fällt ein **während des Insolvenzverfahrens begründetes Beteiligungsrecht** in den Anwendungsbereich des § 84 (Uhlenbruck-Hirte § 84 Rn. 2). Maßgebend ist, ob während des Insolvenzverfahrens ein noch nicht auseinander gesetzter Anteil vorhanden ist. Die Vorschrift gilt uneingeschränkt auch bei angeordneter Eigenverwaltung (K. Schmidt-Sternal § 84 Rn. 2).

Unanwendbar ist die Vorschrift auf **juristische Personen** (Jaeger-Eckardt § 84 Rn. 34), weil es an einer gemeinschaftlichen Vermögenszuordnung fehlt. Zur Insolvenzmasse gehört das jeweilige Anteilsrecht, welches nach den allg. Regeln zu verwerten ist (FK-App § 84 Rn. 5). Satzungsmäßige Übertragungsbeschränkungen gelten nicht für den Insolvenzverwalter (BGH, 2000, 2819). Die **Partenreederei** (MK-Bergmann/Gehrlein § 84 Rn. 19), der **nicht rechtsfähige Verein** (K. Schmidt-Sternal § 84 Rn. 2; Braun-Kroth § 84 Rn. 3), die Wohnungseigentümergemeinschaft (s. Rdn. 6; ebenso KPB-Lüke § 84 Rn. 8) sowie die **Kapitalanlagegesellschaft** (MK-Bergmann/Gehrlein § 84 Rn. 20) unterfallen ebenso nicht dem Anwendungsbereich. Die KGaA nimmt eine **Sonderstellung** ein. Diese ist zwar nach § 278 Abs. 1 AktG eine juristische Person, gem. § 278 Abs. 2 AktG gelten für die Rechtsstellung des Komplementärs die Regelungen der KG (§§ 161 ff. HGB). Der Komplementär scheidet mit Insolvenzeröffnung über sein Vermögen aus der Gesellschaft aus. Für die Auseinandersetzung gilt daher § 84 (KPB-Lüke § 84 Rn. 11; Uhlenbruck-Hirte § 84 Rn. 8). Zum weiteren Anwendungsbereich im Einzelnen: 4

1. Bruchteilsgemeinschaften

Zur Masse gehört der Anteil des Schuldners an der Bruchteilsgemeinschaft (§§ 741 ff. BGB; bei Miteigentum §§ 1008 ff. BGB), nicht aber der gemeinschaftliche Vermögenswert. Der Aufhebungsanspruch nach § 749 BGB ist durch den Insolvenzverwalter durchzusetzen. Die Auseinandersetzung erfolgt nach den §§ 752 ff. BGB außerhalb des Insolvenzverfahrens. In Ausnahmefällen kommt eine Teilung in Natur in Betracht (§ 752 BGB – bspw. Kassenbestand). Regelmäßig wird die Aufteilung durch Verwertung des gemeinschaftlichen Gegenstands vollzogen (§ 755 BGB), Vorab sind Forderungen eines Mitberechtigten aus dem Gemeinschaftsverhältnis zu berichtigen (§ 756 BGB). Diesen Ansprüchen aus dem Gemeinschaftsverhältnis kommt eine »Verdinglichung« zu (MK-Bergmann/Gehrlein § 84 Rn. 5). Der sodann verbleibende Überschuss ist zu verteilen und der auf den Schuldner entfallende Anteil am Überschuss ist massezugehörig. Bei Miteigentumsanteilen an Grundstücken kann der Insolvenzverwalter die **Teilungsversteigerung** (§§ 180 ff. ZVG) beantragen (BGH, NZI 2012, 575). Verwertet der Insolvenzverwalter nur den Anteil des Schuldners, steht den Mitberechtigten am Erlös kein Absonderungsrecht zu, da der Anspruch sodann gegen den Erwerber als Sonderrechtsnachfolger erhoben werden kann (§§ 756, 755 Abs. 2 BGB). Offene Lasten aus dem Innenverhältnis sind daher bei der Kaufpreisbemessung zu berücksichtigen, da anderenfalls eine Rechtsmangelhaftung der Masse droht (A/G/R-Piekenbrock § 84 Rn. 3). Ist der Schuldner in Besitz des gemeinschaftlichen Gegenstandes, sind die Fremdrechte zu beachten. Den Miteigentümern steht ein Aussonderungsanspruch zu, welcher auf Feststellung des Miteigentums, Einräumung des Mitbesitzes oder Auseinandersetzung gerichtet ist (BGH, NZI 2012, 575; Jaeger-Eckardt § 84 Rn. 10; A/G/R-Piekenbrock § 84 Rn. 2). Der Insolvenzverwalter hat die Verfügungsbeschränkung des § 747 Satz 2 BGB zu berücksichtigen. 5

Gem. § 11 **WEG** ist die einseitige Aufhebung der Gemeinschaft ausgeschlossen. § 84 gilt nach herrschender Meinung nicht (MK-Bergmann/Gehrlein § 84 Rn. 7; a. A. Jaeger-Eckardt § 84 Rn. 13, wonach die übrigen Miteigentümer für ihre Ansprüche aus der Gemeinschaft ein Absonderungsrecht am Verwertungserlös haben). Das Wohnungseigentum ist als Bestandteil der Masse – isoliert – zu verwerten (A/G/R-Piekenbrock § 84 Rn. 6). 6

2. Personengesellschaften

BGB-Gesellschaft, OHG, KG: Zur Insolvenzmasse gehört der Gesellschaftsanteil. Die GbR wird aufgelöst, wenn über das Vermögen eines Gesellschafters das Insolvenzverfahren eröffnet wurde (§ 728 Abs. 2 BGB), es sei denn, der Gesellschaftsvertrag enthält eine Fortsetzungsklausel. Die Per- 7 sonenhandelsgesellschaften bestehen fort, die Insolvenzeröffnung führt lediglich zum Ausscheiden des insolventen Gesellschafters (§ 131 Abs. 3 Nr. 2 HGB). Der Gesellschaftsvertrag kann für den Fall eines insolventen Gesellschafters abweichende Regelungen enthalten. Die Auseinandersetzung vollzieht sich außerhalb des Insolvenzverfahrens. Führt die Insolvenz zur Auflösung der Gesellschaft, gelten die §§ 729 ff. BGB bzw. §§ 145 ff. HGB. Das sodann festgestellte Auseinandersetzungsguthaben ist massezugehörig. Scheidet der insolvente Gesellschafter lediglich aus, wächst sein Anteil am Gesellschaftsvermögen den übrigen Gesellschaftern an. Das zu ermittelnde **Abfindungsguthaben (§ 738 BGB) fällt in die Masse**. Ergibt die Auseinandersetzung einen Ausgleichsanspruch der Gesellschaft, ist dieser Insolvenzforderung i. S. d. § 38. Bei einem Zusammenschluss zu einer **Bau-ARGE** sind die Bauleistungen Beiträge des Mitgesellschafters, sodass die Vergütungsforderungen hierfür unselbstständige Rechnungsposten in der Auseinandersetzungsbilanz sind. Haben sich die Gesellschafter vertragskonform verhalten, scheidet die Anfechtung einer Verrechnungslage (§ 96 Abs. 1 Nr. 3) aus (BGH, ZInsO 2007, 213; s. auch Rdn. 19). § 84 gilt in gleicher Weise für die Außen- als auch Innengesellschaft (KPB-Lüke § 84 Rn. 13; Uhlenbruck-Hirte § 84 Rn. 5).

8   Der BGH hat zur KO geurteilt, das Gesamthandsvermögen werde vom Konkursbeschlag erfasst, wenn über das Vermögen aller Gesellschafter gleichzeitig das Konkursverfahren eröffnet wurde (BGHZ 23, 307, 313 = NJW 1957, 750). Die GbR ist nunmehr insolvenzfähig (§ 11 Abs. 2 Nr. 1), sodass diese Rspr. überholt ist (KPB-Lüke § 84 Rn. 13). Das Gesellschaftsvermögen wird nur und dann in Beschlag genommen, wenn über ihr Vermögen das Verfahren eröffnet wurde (MK-Bergmann/Gehrlein § 84 Rn. 9). Die Auseinandersetzung der Gesellschaft findet daher selbst dann außerhalb des Insolvenzverfahrens statt, wenn **alle Gesellschafter insolvent** sind. Ist eine GbR Grundstückseigentümer, kann ein Insolvenzvermerk im Grundbuch nicht erfolgen, wenn nur ein Gesellschafter insolvent ist, sondern ausschließlich dann, wenn die Gesellschaft insolvent ist (BGH, ZIP 2009, 66; OLG Dresden, ZIP 2003, 130). Zwischen Gesellschafter- und Gesellschaftsinsolvenz ist zu differenzieren.

9   **Partnerschaftsgesellschaft:** Diese Gesellschaft ist Sonderform der GbR. Für das Ausscheiden eines Partners, die Auflösung der Partnerschaft und deren Liquidation wird jedoch auf die Vorschriften für die OHG verwiesen (§§ 9, 10 PartGG). Insoweit gilt das zur Rdn. 7 Gesagte entsprechend.

10 **Europäische Wirtschaftliche Interessenvereinigung (EWIV):** Diese Gesellschaft ist der OHG angeglichen, was aus § 1 EWIVG folgt. § 84 gilt auch für diese Gesellschaft.

11 **Stille Gesellschaft:** Die stille Gesellschaft ist durch das Fehlen eines gesamthänderisch gebundenen Vermögens gekennzeichnet. Gem. § 230 Abs. 1 HGB geht die Einlage des stillen Gesellschafters in das Vermögen des Geschäftsinhabers über. Der stille Gesellschafter ist lediglich am Gewinn/Verlust beteiligt (§ 231 HGB). Die Insolvenz des stillen Gesellschafters hat keinen Einfluss auf das Geschäftsvermögen des Inhabers (HK-Kayser § 84 Rn. 16), ebenso der umgekehrte Fall. In beiden Fällen wird die stille Gesellschaft aufgelöst (KPB-Lüke § 84 Rn. 15; MK-Bergmann/Gehrlein § 84 Rn. 12). Nach überwiegender Ansicht wird eine Anwendbarkeit des § 84 sowohl bei Insolvenz des stillen Gesellschafters als auch des Geschäftsinhabers, jedoch eingeschränkt, bejaht (MK-Bergmann/Gehrlein § 84 Rn. 12 bis 14; a. A. K. Schmidt/Jungmann, NZI 2002, 65, 67; MK-K. Schmidt, HGB, § 236 Rn. 12: keine gesellschaftsrechtliche Auseinandersetzung, sondern nur Forderungsberechnung mangels gemeinschaftlichem Vermögen). Obwohl keine gesellschaftsrechtliche Auseinandersetzung stattfindet, ist vorzugswürdig, **den Rechtsgedanken des § 84 auf das Abrechnungsverhältnis entsprechend anzuwenden**. Bei Insolvenz des Geschäftsinhabers ist dessen Insolvenzverwalter verpflichtet, die Auseinandersetzungsrechnung für den stillen Gesellschafter aufzustellen. Der Anspruch auf Berechnung ist entweder als Masseverbindlichkeit (so KPB-Lüke § 84 Rn. 15; Boujong/Ebenroth/Joost/Gehrlein, HGB, § 236 Rn. 2) oder als ein vom Insolvenzverwalter zu erfüllender Anspruch auf eine unvertretbare Handlung zu qualifizieren (Jaeger-Eckardt § 84 Rn. 40): Ein etwaiges Abrechnungsguthaben ist (nicht nachrangige) Insolvenzforderung (§ 236 Abs. 1 HGB). Eine abgesonderte Befriedigung nach Abs. 1 Satz 2 kommt mangels gemeinschaftlich gebundenen Vermögens nicht in Betracht (KPB-Lüke § 84 Rn. 16).

Entsprechendes gilt für die atypisch stille Gesellschaft. Der Gesellschafter ist am Geschäftsvermögen beteiligt, sodass die Aufstellung einer Auseinandersetzungsbilanz erforderlich ist (MK-Bergmann/Gehrlein § 84 Rn. 12). Die Abrechnung unterstellt ein Gesamthandsvermögen. Der Anspruch aus der Abrechnung ist indessen nachrangige Forderung i. S. d. § 39 Abs. 1 Nr. 5. 12

Unterbeteiligung: Die Unterbeteiligung ist eine Innengesellschaft, an der sich ein Dritter an dem Geschäftsanteil eines anderen beteiligt. Für die Unterbeteiligung gelten die §§ 230 ff. HGB, ergänzend §§ 705 ff. BGB (BGHZ 50, 316, 320; MK-Ulmer/Schäfer, BGB, vor § 705 Rn. 92). Wird der Unterbeteiligte insolvent, löst sich die zweigliedrige Innengesellschaft auf (MK-Bergmann/Gehrlein § 84 Rn. 15), bei mehreren Unterbeteiligten scheidet der Insolvente lediglich aus. Das nach §§ 730 ff. BGB zu ermittelnde Abrechnungsguthaben ist massezugehörig (Uhlenbruck-Hirte § 84 Rn. 7). Wird über das Vermögen des Hauptgesellschafters das Insolvenzverfahren eröffnet, löst sich die Innengesellschaft ebenfalls auf. Der Hauptgesellschafter verliert seinen Anteil an der werbenden Gesellschaft. Der Insolvenzverwalter über das Vermögen des Hauptgesellschafters zieht das Abfindungsguthaben zur Masse. Der Unterbeteiligte ist entsprechend § 236 Abs. 1 HGB mit seinem Abrechnungsanspruch Insolvenzgläubiger (KPB-Lüke § 84 Rn. 17). Ein Aussonderungsrecht kommt ausnahmsweise in Betracht, wenn der Hauptgesellschafter als Treuhänder den Beitrag unmittelbar vom Untergesellschafter als Treugeber erhalten hat (MK-Bergmann/Gehrlein § 84 Rn. 15). 13

3. Erbengemeinschaft

Der Anteil eines Miterben gehört zur Insolvenzmasse. Die einzelnen Nachlassgegenstände sind Gesamthandseigentum der Miterben. Die Auseinandersetzung erfolgt nach § 84 i. V. m. §§ 2042 ff. BGB (HK-Kayser § 84 Rn. 18). Zunächst sind die Nachlassverbindlichkeiten und die Aufwendungsersatzansprüche gegen die Miterben zu berichtigen (§§ 2038, 748 BGB). Die nachlassbezogenen Ansprüche der Miterben sind quasi »verdinglicht«. Möglich ist auch die Veräußerung des Erbanteiles nach § 2033 Abs. 1 BGB (Jaeger-Eckardt § 84 Rn. 30). Das Recht auf Auseinandersetzung kann weder durch letztwillige Verfügung noch durch Vereinbarung der Miterben eingeschränkt werden (§ 84 Abs. 2 Satz 2; vgl. Rdn. 21). Die gesetzlichen Einschränkungen der §§ 2043, 2045 BGB gelten hingegen auch im Insolvenzfall (s. Rdn. 23; ebenso Uhlenbruck-Hirte § 84 Rn. 32). 14

4. Eheliche Gütergemeinschaft

Bei einer ehelichen Gütergemeinschaft ist die Sondervorschrift des § 37 Abs. 1 zu beachten. Die Gütergemeinschaft wird nicht aufgelöst, wenn der insolvente Ehegatte das Gesamtgut allein verwaltet. Das Gesamtgut gehört in diesem Fall vollständig zur Insolvenzmasse (Jaeger-Eckardt § 84 Rn. 32). Wird der nicht verwaltende Ehepartner insolvent, fällt dessen Anteil nicht in die Insolvenzmasse (§ 37 Abs. 1 Satz 3). Bei gemeinsamer Verwaltung hat das Insolvenzverfahren über das Vermögen eines Ehegatten keine Auswirkung (§ 37 Abs. 2). Wegen der Rechtsfolgen wird auf § 37 Rdn. 12 ff. verwiesen. 15

5. Gemeinschaftskonto

Die Verfügungsbefugnis über das Gemeinschaftskonto kann den Inhabern jeweils alleine (»Oder-Konto«) oder nur gemeinsam (»Und-Konto«) zustehen. Bei einem sog. »Oder-Konto« hat die Insolvenzeröffnung über das Vermögen eines Kontoinhabers keinen Einfluss auf den Fortbestand des Girovertrages (Obermüller, InsR Bankpraxis, Rn. 2.68; KPB-Lüke § 83 Rn. 22). Der weitere Kontoinhaber bleibt insolvenzübergreifend verfügungsbefugt. § 84 findet keine Anwendung (Jaeger-Eckardt § 84 Rn. 18). Jeder Kontoinhaber kann das Guthaben abheben und die Einzelverfügungsbefugnis des anderen widerrufen (HK-Kayser § 84 Rn. 9). Dem Insolvenzverwalter ist daher der Widerruf der Einzelverfügungsbefugnis anzuraten, um das Guthaben vor der Abverfügung durch den weiteren Berechtigten zu sichern (FK-App § 84 Rn. 10). Wirksam ist der Widerruf aber nur, wenn die übrigen Mitberechtigten und die kontoführende Bank zustimmen (BGH, NJW 1991, 420; BGH, NJW-RR 1993, 233; MK-Bergmann/Gehrlein § 84 Rn. 6). Grds. ist das gesamte 16

Guthaben der Aktivmasse eines jeden Kontoinhabers zuzuordnen, denn diese sind Gesamtgläubiger i. S. d. § 428 BGB und jeder kann von der Bank die Auszahlung des gesamten Guthabens verlangen (OLG Hamburg, ZIP 2008, 88). Eine Auseinandersetzung nach § 84 erfolgt nur hinsichtl. eingegangener Beträge, welche den Berechtigten gemeinschaftlich zustehen (KPB-Lüke § 84 Rn. 21). Im Fall des »Und-Kontos« kann der weitere Kontoinhaber Verfügungen nur mit dem Insolvenzverwalter treffen. Für die Auseinandersetzung gilt § 84 (Jaeger-Eckardt § 84 Rn. 19; Uhlenbruck-Hirte § 84 Rn. 4). Die Bank kann die Durchführung der Verfügung solange verweigern, bis alle Kontoinhaber zugestimmt haben (HK-Kayser § 84 Rn. 10)

II. Rechtsfolgen

1. Absonderungsrecht

17 Abs. 1 Satz 2 räumt den übrigen Teilhabern ein Absonderungsrecht für Ansprüche aus der Gemeinschaft an dem ermittelten Anteil des Schuldners ein. Dieser Anteil steht den Mitgesellschaftern vorweg zur Befriedigung zu. Nur ein etwaiges verbleibendes Restguthaben ist freie Masse. Reicht der Anteil des Schuldners zur Deckung der absonderungsberechtigten Ansprüche nicht aus, nehmen die Mitgesellschafter mit der Restforderung nach § 38 am Insolvenzverfahren teil.

18 Das Absonderungsrecht setzt voraus, dass ein Bruchteils- oder Gesamthandsvermögen während des Insolvenzverfahrens vorhanden ist (Braun-Kroth § 84 Rn. 7). War die Teilung/Auseinandersetzung vor Verfahrenseröffnung vollzogen, haben die anderen Teilhaber nur eine Insolvenzforderung (Uhlenbruck-Hirte § 84 Rn. 20).

2. Gegenstand der Absonderung

19 Bei Ermittlung des Nettoanteiles sind in der Gesamtabrechnung bereits alle in Betracht kommenden Ansprüche aus dem Gemeinschaftsverhältnis zu berücksichtigen (BGH, ZInsO 2007, 213 Rn. 20), sodass es keine Ansprüche mehr gibt, welche Gegenstand des Absonderungsrechts sein können (MK-Bergmann/Gehrlein § 84 Rn. 23; HK-Kayser § 84 Rn. 21). Der Nettoanteil ist deshalb stets freie Masse, da die zur Absonderung berechtigenden Ansprüche der Teilhaber bereits Eingang in die Abrechnung gefunden haben. Es kann nach Ermittlung des Nettoanteiles keine Ansprüche aus dem Gemeinschaftsverhältnis mehr geben, welche zur Absonderung befugen könnten (Jaeger-Eckardt § 84 Rn. 8). Das Absonderungsrecht besteht für Ansprüche aus dem Gemeinschaftsverhältnis (KPB-Lüke § 84 Rn. 35; Braun-Kroth § 84 Rn. 7). Die Forderung muss dem Teilhaber gerade wegen seiner Zugehörigkeit zur Gemeinschaft gegen den Schuldner zustehen. Dies sind z. B. Ansprüche auf Ausgleichung, Aufwendungs- oder Verwendungsersatz, Auszahlung rückständiger Gewinnanteile, Auseinandersetzungskosten sowie das Abfindungsguthaben (Uhlenbruck-Hirte § 84 Rn. 23). Folgt der Anspruch des Mitberechtigten aus einem anderen Rechtsgrund (z. B. Darlehen), steht ihm insoweit kein Absonderungsrecht zu (differenzierend Jaeger-Eckardt § 84 Rn. 54). Nach Auffassung von Eckardt (Jaeger-Eckardt § 84 Rn. 51) soll dem Abs. 1 Satz 2 eigenständige Bedeutung dann zukommen, wenn der Insolvenzverwalter das Beteiligungsrecht veräußert. Dies sei eine sonstige Auseinandersetzung, sodass den Teilhabern ein Absonderungsrecht am Erlös zustehen soll. Diese Auffassung ist abzulehnen. Zum einen ist die Veräußerung keine Auseinandersetzung, zum anderen würde den Gläubigern der Substanzwert der Beteiligung durch das Absonderungsrecht der Teilhaber entzogen werden. Bei der Kaufpreisfindung werden die Verbindlichkeiten aus dem Innenverhältnis bereits berücksichtigt, sodass der Kaufpreis rgm. dem Nettoanteil entsprechen wird. Den Interessen der Teilhaber wird ausreichend Rechnung getragen, da sie einen neuen solventen Partner erhalten (s. auch Rdn. 5). Streitig ist, ob **Forderungen des Schuldners, welche im anfechtungsrelevanten Zeitraum** erbracht wurden, als unselbständige Abrechnungsposten in der **Auseinandersetzungsbilanz** zu berücksichtigen (so BGH, ZInsO 2007, 213; Jaeger-Eckardt § 84 Rn. 24; abl. Schmitz, EWiR 2006, 371) oder **wegen §§ 96 Abs. 1 Nr. 3, 130, 131 gesondert zu vergüten** sind (OLG Frankfurt am Main, ZInsO 2006, 105). Erbringt der Schuldner an die Gesellschaft Leistungen aufgrund seiner vertraglichen Verpflichtung, sind diese rgm. Beiträge gesellschaftsrechtlicher Art, welche grds. in die Auseinandersetzungsbilanz einzustellen sind. Aus

der Wertung der §§ 130 ff. folgt zwar, dass an Forderungen des Schuldners, welche im anfechtungsrelevanten Zeitraum entstanden sind, keine abgesonderte Befriedigung beansprucht werden kann. Hierbei ist jedoch zu berücksichtigen, dass die Verrechnungslage hinsichtl. der gesellschaftlichen Ansprüche bereits mit Abschluss des Gesellschaftsvertrages und somit vor der Krise begründet wurde. Wird die mit Abschluss des Gesellschaftsvertrages begründete Verrechnungsbefugnis durch Leistungen des insolventen Mitgesellschafters in der Krise aufgewertet, rechtfertigt dies nicht, bei vertragsgemäßem Verhalten der übrigen Gesellschafter vom Grundsatz abzuweichen, nur »künstlich« geschaffene Aufrechnungslagen sind nicht schützenswert (BGH, ZInsO 2007, 213). Aus § 84 folgt, dass die gesellschaftsrechtliche Durchsetzungssperre auch nach Insolvenzeröffnung hinsichtl. der Einzelforderungen eines Gesellschafters Bestand hat. § 95 findet insoweit keine Anwendung, da die Vorschrift keine unselbstständigen Rechnungsposten erfasst (BGH, ZInsO 2007, 213). Sog. Drittgläubigeransprüche des Gesellschafters unterliegen nicht der Durchsetzungssperre (BGH, ZIP 2006, 994), sodass diese Leistungen ungeachtet einer in anfechtbarer Weise entstandenen Aufrechnungslage von der Gesellschaft gesondert zu vergüten sind.

III. Vertragliche Beschränkungen (Abs. 2)

Vertragliche Einschränkungen betreffend die Aufhebung der Bruchteilsgemeinschaft sind im Insolvenzverfahren unwirksam. Die Vorschrift ist Ausnahme zu dem Prinzip des Abs. 1 Satz 1, nach dem die Auseinandersetzung der Gemeinschaft durch den Insolvenzverwalter nur insoweit verlangt werden kann, als dies auch dem Schuldner möglich wäre (BK-Blersch/v. Olshausen § 84 Rn. 4). Der Insolvenzverwalter kann ungeachtet beschränkender vertraglicher Vereinbarungen die Teilung der Gemeinschaft verlangen. Die Unwirksamkeit ist nur relativ, wirkt nicht zugunsten der übrigen Teilhaber (Jaeger-Eckardt § 84 Rn. 59; KPB-Lüke § 84 Rn. 30). Diese können über § 749 Abs. 2 BGB Aufhebung verlangen, da die Insolvenzeröffnung über das Vermögen eines Mitberechtigten rgm. einen wichtigen Grund darstellt (MK-Bergmann/Gehrlein § 84 Rn. 21). Abs. 2 bezieht sich nur auf Einschränkungen, die die Auseinandersetzung an sich betreffen (KPB-Lüke § 84 Rn. 32). Ist das gemeinschaftliche Vermögen bereits auseinandergesetzt, die Fälligkeit des Anspruches aber zeitlich hinausgezögert, gilt Abs. 2 als Ausnahmetatbestand nicht. Abfindungsklauseln, die eine Abfindung für den Insolvenzfall ausschließen, sind dagegen unwirksam (Uhlenbruck-Hirte § 84 Rn. 30).

Wegen Abs. 2 Satz 2 erstreckt sich die Unwirksamkeit auch auf Teilungsbeschränkungen durch letztwillige Verfügung oder entsprechende Vereinbarungen zwischen den Miterben. Da über § 2042 Abs. 2 BGB die Regeln der Bruchteilsgemeinschaft anwendbar sind, hätte es einer solchen Bestimmung nicht bedurft (Uhlenbruck-Hirte § 84 Rn. 27).

Klauseln des Gesellschaftsvertrages, welche einen **Auseinandersetzungs- oder Abfindungsanspruch ausschließen oder beschränken**, werden von Abs. 2 nicht erfasst (K. Schmidt-Sternal § 84 Rn. 17). Deren Unwirksamkeit richtet sich grds. nach dem Gesellschaftsrecht (HK-Kayser § 84 Rn. 24). Solche Regeln können wegen sittenwidriger Benachteiligung der Gläubiger unwirksam sein (KPB-Lüke § 84 Rn. 32). In Betracht kommt auch eine Anfechtung gem. §§ 130 ff., wenn der Abschluss des Gesellschaftsvertrages in den Anfechtungszeitraum fällt (BGH, ZIP 2000, 759; BGH, ZInsO 2007, 213). Das Anfechtungsrecht geht dem § 138 BGB nicht als spezielleres Recht vor (Uhlenbruck-Hirte § 84 Rn. 27).

Gesetzliche Teilungsbeschränkungen (z. B. §§ 1066 Abs. 2, 2043, 2045, 2061 BGB, § 11 Abs. 2 WEG) bleiben von Abs. 2 unberührt und sind daher wirksam (MK-Bergmann/Gehrlein § 84 Rn. 22).

Vorbem. zu §§ 85–87 InsO Prozessunterbrechung nach § 240 ZPO

Vorbemerkung zu §§ 85 bis 87 InsO Prozessunterbrechung nach § 240 ZPO

Übersicht

		Rdn.			Rdn.
A.	Voraussetzungen	1	B.	Wirkungen der Unterbrechung	26
I.	Verfahrenseröffnung/starke vorläufige Insolvenzverwaltung	1	I.	Fristen	26
			II.	Prozesshandlungen trotz Unterbrechung	29
II.	Insolvenzschuldner als Partei	4		1. Partei	29
III.	Rechtshängigkeit vor Insolvenzeröffnung	9		2. Gericht	32
IV.	Insolvenzmasse	11	C.	Dauer	35
V.	Einzelne Verfahren	17	I.	Beginn	35
	1. Zivilgerichtliche Verfahren	17	II.	Ende	36
	2. Andere Verfahren	20			

A. Voraussetzungen

I. Verfahrenseröffnung/starke vorläufige Insolvenzverwaltung

1 Die Insolvenzeröffnung oder Anordnung eines allg. Verfügungsverbotes gegen den Schuldner im Insolvenzeröffnungsverfahren (§ 21 Abs. 2 Nr. 2, 1. Alt.) unterbricht einen Rechtsstreit des Schuldners gem. § 240 ZPO, wenn der Streitgegenstand massezugehörig ist. Die Regelung ist Folge des Umstandes, dass die Verwaltungs- und Verfügungsbefugnis auf den Insolvenzverwalter übergeht. Die kraft Gesetzes eintretende Unterbrechung bezweckt, dem (vorläufigen) Insolvenzverwalter Zeit für die Prüfung einer Aufnahme des Rechtsstreites einzuräumen (Zöller-Greger § 240 ZPO Rn. 1; BGH, ZInsO 2007, 100). Erfolgt die **Aufnahme durch den starken vorläufigen Insolvenzverwalter**, wird der Rechtsstreit durch die Verfahrenseröffnung **erneut unterbrochen** (BFH, Beschl. v. 15.03.2007, III B 178/05 Rn. 13; Uhlenbruck-Uhlenbruck § 85 Rn. 73; KPB-Lüke § 86 Rn. 6; HK-Kayser § 86 Rn. 13). Nach a. A. (MK-Schumacher § 86 Rn. 19; A/G/R-Piekenbrock § 85 Rn. 13) werden die §§ 241, 246 ZPO nur dann analog angewandt, wenn eine nicht mit dem vorläufigen Insolvenzverwalter identische Person zum Insolvenzverwalter bestellt wird, ansonsten tritt keine erneute Unterbrechung ein. Diese Auffassung überzeugt nicht. Der Wortlaut der Vorschrift lässt keinen Raum für die Reduktion des Anwendungsbereiches des § 240 Abs. 1 ZPO. Es handelt sich um eigenständige Wahlrechte, sodass der vorläufige Insolvenzverwalter nicht bereits das Wahlrecht für den Insolvenzverwalter ausübt. Wurde die Klage gegen den starken vorläufigen Insolvenzverwalter erhoben, tritt mit Verfahrenseröffnung Unterbrechung ein. Nach einhelliger Auffassung haben Sicherungsanordnungen nach § 21 Abs. 2 Nr. 2, 2. Alt. (**schwacher vorläufiger Insolvenzverwalter**) keine Auswirkungen auf Rechtsstreite des Schuldners (BGH, NZI 2006, 543; BGH, ZInsO 1999, 472; BAG, ZInsO 2001, 1024; BFH, ZIP 2008, 1387). Wird hingegen dem Schuldner wegen der von ihm geführten Aktiv- und Passivrechtsstreite ein (partielles) Verfügungsverbot auferlegt und der vorläufige Insolvenzverwalter ermächtigt, diese Prozesse zu führen, tritt Unterbrechung ein (BGH, ZInsO 2013, 1516 Rn. 12).

2 Bei Anordnung der **Eigenverwaltung** (§§ 270 ff.) wird der massebezogene Rechtsstreit ebenfalls unterbrochen (BGH, ZInsO 2007, 100; OLG Naumburg, ZInsO 2000, 505; OLG München, ZInsO 2003, 232). Entscheidend ist allein, dass das Insolvenzverfahren eröffnet wurde. Nach **a. A.** entfällt der Schutzzweck der Unterbrechungswirkung, wenn bei Verfahrenseröffnung kein Insolvenzverwalter bestellt und sofort Eigenverwaltung angeordnet wurde (Meyer ZInsO 2007, 807; dagegen mit zutreffender Argumentation KPB-Lüke § 85 Rn. 3a, da kein Wechsel der Prozessführungsbefugnis stattfindet). Bei angeordneter Eigenverwaltung behält der Schuldner die Prozessführungsbefugnis (BFH, ZIP 2014, 894). § 240 ZPO gilt in der **Nachlassinsolvenz** (BGH, NZI 2008, 681; OLG Frankfurt am Main, ZInsO 2013, 140 Rn. 17; K. Schmidt-Sternal § 85 Rn. 15; A/G/R-Piekenbrock § 85 Rn. 4) auch dann, wenn Testamentsvollstreckung angeordnet ist (BGH, NZI 2006, 461).

3 Auch ein **im Ausland eröffnetes Insolvenzverfahren** unterbricht einen inländischen Rechtsstreit, wenn das ausländische Recht dem dort eröffneten Insolvenzverfahren universale Wirkung beimisst

(BGH, NZI 2009, 859 zum Verfahren nach Chapter 11 des US-amerikanischen Bankruptcy Code; BAG, ZInsO 2014, 200 zum brasilianischen Insolvenzverfahren; OLG Frankfurt am Main, ZInsO 2012, 1990 zum niederländischen Verfahren »faillissement«; OLG Brandenburg, ZInsO 2011, 1563 zum britischen Insolvency Act; BAG, ZIP 2007, 2047; ZIP 2007, 2287; OLG München, ZInsO 2011, 866 zum schweizerischen Nachlassverfahren; MK-Schumacher vor §§ 85 bis 87 Rn. 7) und zwar unabhängig davon, ob das ausländische Recht eine Unterbrechung vorsieht (BAG, ZInsO 2014, 200; KPB-Lüke § 85 Rn. 9). Der BGH hat die Unterbrechungswirkung bei ausländischen Insolvenzverfahren jedoch dahin gehend eingeschränkt, dass das ausländische Recht weder einen Übergang der Prozessführungsbefugnis vorsieht noch eine Unterbrechungswirkung beansprucht oder sich in sonstiger Weise auf den Fortgang anhängiger Prozesse auswirkt (BGH, NZI 2012, 572; dazu krit. Buntenbroich, NZI 2012, 547). Die Unterbrechung folgt zum einen aus § 352 für Verfahren außerhalb der EU und zum anderen für Mitgliedstaaten der EU (außer Dänemark) aus Art. 15 EuInsVO (OLG München, ZVI 2012, 450; OLG Brandenburg, ZInsO 2011, 1563; eingehend Buntenbroich NZI 2012, 547). Im Rahmen des Art. 16 EuInsVO erfolgt keine Prüfung, ob das ausländische Insolvenzgericht zutreffend die Zuständigkeit angenommen hat. Dies gilt auch bei der Rüge, der Schuldner habe nur zum Schein seinen Wohnsitz in das Ausland verlegt, um dort unter leichteren Bedingungen die Restschuldbefreiung zu erhalten (OLG Nürnberg, ZInsO 2012, 658). Die Entscheidungszuständigkeit des Eröffnungsgerichts ist vom Prozessgericht nicht zu prüfen (OLG Frankfurt am Main, ZInsO 2012, 1990). § 352 enthält, anders als Art. 15 EuInsVO, eine kollisionsrechtliche Bestimmung nur für die Aufnahmebefugnis/Beendigung der Unterbrechung. Insoweit gilt ausländisches Recht. Die Wirkung der Aufnahme richtet sich wiederum nach deutschem Prozessrecht (Liersch, NZI 2003, 308). Im Anwendungsbereich der EuInsVO gilt hingegen das inländische Recht auch für die Frage der Aufnahmebefugnis/Beendigung der Unterbrechung.

II. Insolvenzschuldner als Partei

Der Schuldner muss Partei des Rechtsstreites sein, damit Unterbrechung eintritt. Ist der Schuldner lediglich **gesetzlicher/rechtsgeschäftlicher Vertreter** einer Partei oder **Nebenintervenient**, hat die Insolvenzeröffnung auf den Rechtsstreit keine Auswirkung (OLG Düsseldorf, MDR 1985, 504; MK-Schumacher vor §§ 85 bis 87 Rn. 9; K. Schmidt-Sternal § 85 Rn. 15). Eine Sonderregelung beinhaltet § 17 Abs. 1 AnfG. Der **Anfechtungsrechtsstreit des Gläubigers** gegen den Anfechtungsgegner wird unterbrochen, obwohl der Schuldner nicht Partei ist. Dies gilt trotz § 313 Abs. 2 Satz 3 auch im vereinfachten Verfahren (BGH, NZI 2010, 196 Rn. 15). 4

Einfacher Streitgenosse: Bei einfacher Streitgenossenschaft (§ 61 ZPO) wird das Verfahren **nur hinsichtl. des insolventen Streitgenossen unterbrochen** (BGH, ZIP 2003, 595; OLG Köln, ZInsO 2004, 1143). Die Prozessrechtsverhältnisse sind voneinander unabhängig. Das Gericht kann sodann durch Teilurteil (§ 301 ZPO) entscheiden oder Verfahrenstrennung nach § 145 ZPO anordnen (BGH, NJW 2007, 156). Ein Teilurteil ist auch dann zulässig, wenn sich die Gefahr der Widersprüchlichkeit zu einer späteren Entscheidung über den nicht aufgenommenen und weiterhin unterbrochenen Teil nicht ausschließen lässt (BGH, ZInsO 2012, 244). Wegen § 93 wird der Rechtsstreit jedoch vollständig unterbrochen, wenn einfache Streitgenossen **persönlich haftende Gesellschafter** sind (BGH, ZInsO 2009, 101; BGH, ZInsO 2003, 28; OLG Koblenz, ZInsO 2010, 398; LG Saarbrücken, ZIP 2010, 1823; Jaeger-Windel § 85 Rn. 21; a.A. KPB-Lüke § 85 Rn. 22; für analoge Anwendung des § 265 ZPO: Kesseler, ZInsO 2003, 67, 69). Der BGH gelangt zur Unterbrechung des Rechtsstreites bezogen auf die persönlich haftenden Gesellschafter nicht über § 240 ZPO, sondern über § 17 Abs. 1 AnfG. Diese Vorschrift sei vorzugswürdig, da diese auf einen Prozess zwischen Insolvenzgläubiger und einem Dritten zugeschnitten ist. Dies treffe auf die vorliegende Fallgestaltung zu (ebenso MK-Schumacher vor §§ 85 bis 87 Rn. 17). Hingegen führt die Verfahrenseröffnung über das Vermögen eines Gesellschafters nicht zur Unterbrechung eines Prozesses der Gesellschaft (K. Schmidt-Sternal § 85 Rn. 26). Unterbrechung tritt auch ein im Prozess über Gesamtschäden i. S. d. § 92 (A/G/R-Piekenbrock § 85 Rn. 12; Jaeger/Windel § 85 Rn. 22). 5

6 **Notwendiger Streitgenosse:** Ist das Verfahren über das Vermögen eines notwendigen Streitgenossen eröffnet worden, ist streitig, ob auch das Verfahren **hinsichtl. der übrigen Streitgenossen unterbrochen** wird (so BGH, BeckRS 2000, 02086; KPB-Lüke § 85 Rn. 23; MK-Schumacher vor §§ 85 bis 87 Rn. 18). Die im Vordringen befindliche Auffassung lehnt eine unmittelbare Unterbrechungswirkung ab und differenziert danach, ob eine notwendige Streitgenossenschaft im engeren oder im weiteren Sinne besteht (Jaeger-Windel § 85 Rn. 16; KPB-Lüke § 85 Rn. 23). Können die Streitgenossen nur gemeinsam klagen oder verklagt werden (Streitgenossenschaft im engeren Sinne), kann der Rechtsstreit mit den übrigen Streitgenossen wegen fehlender Verfügungsbefugnis nicht fortgeführt werden. In den übrigen Fällen könne der Prozess mit den anderen Parteien fortgesetzt werden. Beruht die notwendige Streitgenossenschaft auf prozessualen Gründen, soll das Verfahren nur hinsichtl. des insolventen Streitgenossen unterbrochen werden (a. A. A/G/R-Piekenbrock § 85 Rn. 11; KPB-Lüke § 85 Rn. 23: einheitl. Unterbrechung auch bei notwendiger Streitgenossenschaft aus prozessualen Gründen).

7 **Prozessstandschaft:** Ist der Schuldner **Partei kraft Amtes** (z. B. Testamentsvollstrecker, Nachlassverwalter, Insolvenzverwalter), hat die Insolvenzeröffnung über sein Vermögen keine Auswirkung auf von ihm in seiner Eigenschaft geführte Rechtsstreite (MK-Schumacher vor §§ 85 bis 87 Rn. 33; KPB-Lüke § 85 Rn. 25; A/G/R-Piekenbrock § 85 Rn. 7). Es fehlt an der Massebezogenheit des Streitgegenstandes (K. Schmidt-Sternal § 85 Rn. 17; Zöller-Greger § 240 ZPO Rn. 7). Bei **gewillkürter Prozessstandschaft** ist zu differenzieren: Wird der **Rechtsträger insolvent**, gilt § 240 ZPO analog (Jaeger-Windel § 85 Rn. 12; MK-Schumacher vor §§ 85 bis 87 Rn. 15; **a. A.** K. Schmidt-Sternal § 85 Rn. 18; KPB-Lüke § 85 Rn. 26a, weil der Schuldner nicht Partei des Rechtsstreits ist). Gleiches sollte auch dann gelten, wenn die Forderung während des Prozesses abgetreten wird, der Kläger den Rechtsstreit nach § 265 Abs. 2 ZPO fortführt und der Zessionar insolvent wird (MK-Schumacher § 84 Rn. 15; **a. A.** BGH, NJW 1998, 156 zur KO). Zu berücksichtigen ist, dass der Auftrag zur Prozessführung gem. § 115 erlischt (BGH, ZIP 2000, 150) und die Klage dann unzulässig wird (BGH, NZI 2000, 125; HK-Kayser § 85 Rn. 16). Der Prozessstandschafter kann dann aber vom Insolvenzverwalter zur Fortsetzung der Anspruchsverfolgung ermächtigt werden. Führt der **insolvente Kläger** den Rechtsstreit in **gewillkürter Prozessstandschaft**, wird der Rechtsstreit entsprechend § 240 ZPO nur unterbrochen, wenn der Streitgegenstand die Insolvenzmasse berührt (MK-Schumacher vor §§ 85 bis 87 Rn. 34). I. d. R. fehlt es an der Massebezogenheit des Streitgegenstandes, sodass § 240 ZPO keine Anwendung findet (K. Schmidt-Sternal § 85 Rn. 18). Zieht der Schuldner z. B. eine abgetretene Forderung aufgrund erteilter Einziehungsermächtigung ein, liegt ausnahmsweise ein Massebezug vor und die Notwendigkeit der Verfahrensunterbrechung folgt aus § 166 Abs. 2 (Jaeger-Windel § 85 Rn. 12). Entsprechendes gilt, wenn der Schuldner **in gewillkürter Prozessstandschaft eine zuvor abgetretene Forderung einklagt** und die **Zession anfechtbar** ist (BGH, NZI 2010, 298; OLG Rostock, ZIP 2004, 1523). Der Massebezug folgt hier aus § 143 (s. a. Rdn. 11).

8 **Streithelfer:** Der Streithelfer ist nicht Partei (BGH, NJW-RR 1995, 573). Die Insolvenzeröffnung über sein Vermögen hat auf den Rechtsstreit keine Auswirkung (KPB-Lüke § 85 Rn. 24).

III. Rechtshängigkeit vor Insolvenzeröffnung

9 Die Unterbrechung nach § 240 ZPO setzt Rechtshängigkeit, somit **Zustellung der Klageschrift** (§§ 261, 253 ZPO), voraus (KPB-Lüke § 85 Rn. 21). War die Klage gegen den Schuldner zwar erhoben, jedoch noch nicht zugestellt, tritt keine Unterbrechung ein (BGH, ZInsO 2009, 203 Rn. 9 f.; HK-Kayser § 85 Rn. 11; Lattka, ZInsO 2007, 1034; offengelassen durch OLG München, ZIP 2007, 2052; **a. A.** Jaeger-Windel § 85 Rn. 6 f. auch bereits bei Anhängigkeit). Gleiches gilt für **Klagen, welche erst nach Insolvenzeröffnung eingereicht werden** oder vor Verfahrenseröffnung zurückgenommen wurden (LG Bonn, ZInsO 2008, 514). In beiden Fällen ist die gerichtliche Anspruchsverfolgung nach §§ 38, 87, 174 ff. unzulässig (BGH, ZInsO 2009, 203 Rn. 7; MK-Schumacher vor §§ 85 bis 87 Rn. 42; Uhlenbruck-Uhlenbruck § 85 Rn. 4). Bei Klagrücknahme oder übereinstimmender Erledigungserklärung tritt Unterbrechungswirkung dann ein, wenn über die

Kosten noch nicht entschieden wurde (HK-Kayser § 85 Rn. 11). Wird die nach Verfahrenserhebung erhobene Klage dennoch, nunmehr dem Verwalter zugestellt, begründet dies kein Prozessrechtsverhältnis und keine Rechtshängigkeit zu diesem (BGHZ 127, 156 = ZIP 1994, 1700). Beklagter ist nicht der Insolvenzverwalter, sondern der Schuldner. Wird dem Schuldner nach Insolvenzeröffnung zugestellt, ist der Rechtsstreit unzulässig, wenn massebezogen (OLG Hamm, NZI 2012, 680). Er ist nicht prozessführungsbefugt. Sein Kostenerstattungsanspruch unterliegt als Neuerwerb dem Insolvenzbeschlag auch dann, wenn die Zustellung an ihn nach Verfahrenseröffnung erfolgt ist (BGH, ZInsO 2009, 203 Rn. 18 f.). Eine analoge Anwendung von § 269 Abs. 3 Satz 3 ZPO bei einer Rücknahme der erst nach Insolvenzeröffnung dem Schuldner zugestellten Klage ist zu befürworten (ebenso Pießkalla, ZInsO 2013, 1729), da die Klage des Gläubigers aufgrund eines Umstandes unzulässig wird, den er nicht zu vertreten hat.

Erhebt der Schuldner nach Insolvenzeröffnung Klage, ist diese zwar wirksam erhoben, aber aufgrund fehlender Prozessführungsbefugnis unzulässig (Uhlenbruck-Uhlenbruck § 85 Rn. 4; OLG Schleswig, ZInsO 2004, 1086), es sei denn, der Streitgegenstand wurde zuvor durch den Insolvenzverwalter freigegeben. § 240 ZPO findet keine Anwendung (MK-Schumacher vor §§ 85 bis 87 Rn. 43). Führt der Schuldner in Unkenntnis des Insolvenzverwalters einen Rechtsstreit (fort) und weiß das Gericht von der fehlenden Prozessführungsbefugnis nichts, ist fraglich, wer die Kosten bei Unterliegen trägt. Nach der hier vertretenden Auffassung zur Kostenaufteilung (§ 85 Rdn. 10 bis 15) sind vor Insolvenzeröffnung begründete Erstattungsansprüche Insolvenzforderungen, i. Ü. haftet der Schuldner mit seinem pfandfreien Neuerwerb (sog. Neuschuld). Eine Haftung der Insolvenzmasse nach § 55 kommt mangels Handlung des Insolvenzverwalters nicht in Betracht. 10

IV. Insolvenzmasse

Der Streitgegenstand muss **massezugehörig** sein. Dies setzt voraus, dass das für/gegen den Schuldner geltend gemachte Recht Bezug zum insolvenzbefangenen Vermögen hat (Uhlenbruck-Uhlenbruck § 85 Rn. 3; Braun-Kroth vor §§ 85 bis 87 Rn. 11). Abzustellen ist auf die **Hauptsache**, die Kostenpflicht als Annex bleibt bei der Beurteilung grds. außer Betracht (HK-Kayser § 85 Rn. 50; A/G/R-Piekenbrock § 85 Rn. 22; a. A. Gessner, NZI 2013, 677). Etwas anderes gilt aber dann, wenn nach Erledigung oder Klagrücknahme nur noch über die Kosten gestritten wird (isolierter Kostenstreit: BGH, ZInsO 2005, 372; MK-Schumacher vor §§ 85 bis 87 Rn. 23; Jaeger-Windel § 85 Rn. 60; K. Schmidt-Sternal § 85 Rn. 20). Ein **mittelbarer Bezug** auf die Masse kann ausreichen sein. Die Unterbrechung tritt daher nicht bei **pfandfreien**, aus dem Insolvenzbeschlag **freigegebenen** oder **sonstigen insolvenzfreien** (z. B. familien-/persönlichkeitsrechtlichen Ansprüchen) Rechten ein (**Hausratsteilungsverfahren und Wohnrecht**, OLG Naumburg, ZInsO 2004, 279; BK-Blersch/v. Olshausen § 85 Rn. 3). Gibt der Insolvenzverwalter den Neuerwerb nach § 35 Abs. 2 frei, erfasst die Unterbrechungswirkung die zuvor entstandenen Ansprüche/Verbindlichkeiten (LAG Schleswig-Holstein, ZInsO 2011, 447), da die Freigabe nicht zurückwirkt (Berger, ZInsO 2008, 1101, 1106). Die Übertragung von Vermögenswerten an Dritte ist für die Unterbrechung unbeachtlich, wenn die Verfügung anfechtbar ist (BGH, ZIP 2010, 646 Rn. 8). Der Massebezug besteht aufgrund des insolvenzrechtlichen Rückgewähranspruches fort. Der Insolvenzverwalter verfolgt bis zur Rückgewähr als Prozessstandschafter (§ 265 Abs. 2 ZPO) und danach als Partei kraft Amtes den Anspruch weiter. Das **wettbewerbsrechtliche Unterlassungsverfahren** wird nach Ansicht des OLG Köln (ZIP 2008, 518) ebenfalls unterbrochen. Ein Anspruch auf Drittauskunft hat hingegen keinen Vermögensbezug und wird nicht von der Unterbrechungswirkung erfasst (BGH, ZIP 2010, 901 Rn. 19 f.). Der Rechtsstreit eines Arbeitnehmers betreffend seinen **unpfändbaren Gehaltsanteil** bleibt von der Verfahrenseröffnung über sein Vermögen unberührt. Er bleibt weiterhin einziehungsbefugt (LAG Düsseldorf, ZInsO 2005, 391). Der Passivrechtsstreit wegen rückständiger Beiträge zur privaten Krankenversicherung wird hingegen unterbrochen (OLG Hamm, NZI 2012, 922). Der **Kündigungsrechtsstreit eines Arbeitnehmers** hat in der Insolvenz des Arbeitgebers zumindest mittelbaren Vermögensbezug, da er den Weg für eine Insolvenzforderung oder Masseverbindlichkeit ebnet (BAG, ZIP 2007, 745; anders aber, wenn **klagender Arbeitnehmer** insolvent wird: BAG, ZInsO 2010, 438). Klagen auf Erteilung eines **Arbeitszeugnisses** werden nur dann unterbrochen, wenn 11

Vorbem. zu §§ 85–87 InsO Prozessunterbrechung nach § 240 ZPO

der Insolvenzverwalter hierzu verpflichtet ist (s. § 80 Rdn. 28; BAG, ZIP 2004, 1974). Streitigkeiten über **nachrangige Insolvenzforderungen** (§ 39) haben Bezug zur Insolvenzmasse, unterliegen dem Anwendungsbereich des § 240 ZPO (K. Schmidt-Sternal § 85 Rn. 22; KPB-Lüke § 85 Rn. 13).

12 Betrifft das Verfahren **Aussonderungsansprüche** eines Gläubigers, ist maßgebend, ob der Gegenstand der Insolvenzmasse zugeordnet werden kann. Liegen diese Voraussetzungen z. B. aufgrund des Schuldnerbesitzes vor (§ 1006 BGB), ist gerade die Massezugehörigkeit streitig (Jaeger-Windel § 85 Rn. 20; KPB-Lüke § 85 Rn. 14). Erst das Gericht entscheidet über das geltend gemachte Aussonderungsrecht. Bis dahin ist der Prozess dadurch gekennzeichnet, dass der Schuldner »für die Zugehörigkeit zur Sollmasse kämpft« (HK-Kayser § 85 Rn. 23). Dem Sinn und Zweck des § 240 ZPO folgend, ist der Anwendungsbereich auf bestrittene Aussonderungsansprüche jedenfalls dann zu erweitern, wenn die vorgenannten Voraussetzungen vorliegen. Das streitige Besitzrecht in einem **mietrechtlichen Räumungsrechtsstreit** ist grds. massezugehörig, sodass eine Unterbrechung eintritt (AG Charlottenburg, ZInsO 2005, 835). Der Insolvenzverwalter kann auf Herausgabe indessen nicht in Anspruch genommen werden, wenn er keinen Besitz an der Wohnung des Schuldners ausübt oder er unter Anerkennung des fremden Eigentums das Recht beansprucht, die Mietwohnung für die Masse zu nutzen und darüber zu entscheiden, ob und wann er diese an den Vermieter zurückgibt (BGH, NZI 2008, 554; BGHZ 127, 156, 161). Liegen diese Anspruchsvoraussetzungen nicht vor, ist es sachgerecht, einen Räumungsrechtsstreit gegen den Schuldner nicht zu unterbrechen, da der herauszugebende Gegenstand nicht Massebestandteil ist. Der Rechtsstreit ist ohne Unterbrechung gegen den Schuldner fortzusetzen (Jaeger-Windel § 86 Rn. 24).

13 Problematisch und streitig ist, ob Unterbrechungswirkung einheitlich eintritt, wenn der Streitgegenstand **nur teilweise Massebestandteil** ist (zum Meinungsstand: BGH, ZIP 2010, 901 Rn. 20). Überwiegend wird danach differenziert, ob der Streitgegenstand in selbstständige Ansprüche aufteilbar ist (KPB-Lüke § 85 Rn. 15; Jaeger-Windel § 85 Rn. 26). Bei objektiver Klagehäufung ist dies unproblematisch möglich, sodass der Rechtsstreit nur bezogen auf den massezugehörigen Streitgegenstand unterbrochen wird (MK-Schumacher vor §§ 85 bis 87 Rn. 26; A/G/R-Piekenbrock § 85 Rn. 21). Bei **Unterhalt** erfolgt eine Aufteilung in vor und nach Insolvenzeröffnung entstandene Ansprüche (OLG Hamm, ZVI 2005, 89; OLG Celle, FamRZ 2003, 1116; OLG Koblenz, ZInsO 2002, 832). Künftiger Unterhalt gehört gem. § 40 nicht zu den Insolvenzforderungen, sodass hierüber ggf. durch Teilurteil entschieden werden kann. Ist keine klare Abgrenzung möglich, erfasst die Unterbrechungswirkung im Zweifel den gesamten Rechtsstreit. Gleiches gilt, wenn sich ein einheitlicher Anspruch infolge Verfahrenseröffnung aufspaltet (Jaeger-Windel § 85 Rn. 26). Die teilweise Unterbrechung führt dann zur faktischen Trennung der Verfahren. Da ungewiss ist, wann die Unterbrechung endet, gilt das Verbot eines Teilurteils zur Wahrung effektiven Rechtsschutzes ggü. den nicht von der Unterbrechung erfassten Ansprüchen nicht (BGH, ZIP 2010, 901 Rn. 22; BGH, NJW 2007, 156 Rn. 15 bei Beteiligung von Streitgenossen).

14 Aus dem zuvor Gesagten ergibt sich für die **einzelnen Klagearten: Leistungsklagen** des Schuldners/gegen den Schuldner werden unterbrochen, wenn die Insolvenzmasse betroffen ist. Bei Zahlungsklagen ist dies unproblematisch der Fall. Wurde zunächst **Auskunftsklage** erhoben und, dient diese der Vorbereitung zur Durchsetzung eines die Masse betreffenden Anspruches, ist § 240 ZPO anwendbar (KPB-Lüke § 85 Rn. 16; Uhlenbruck-Uhlenbruck § 85 Rn. 3; K. Schmidt-Sternal § 85 Rn. 25). Gleiches gilt im umgekehrten Fall, wenn der Auskunftsanspruch als Masseverbindlichkeit vom Insolvenzverwalter zur Bezifferung einer Insolvenzforderung zu erfüllen ist (KPB-Lüke § 85 Rn. 16; A/G/R-Piekenbrock § 85 Rn. 14). Eine **Unterlassungsklage** wird unterbrochen, wenn die Störung von der Insolvenzmasse nicht vom Schuldner persönlich ausgeht (MK-Schumacher vor §§ 85 bis 87 Rn. 28). Diese Voraussetzungen liegen insb. bei wettbewerbswidrigem Verhalten oder Verletzung gewerblicher Schutzrechte vor. Unberührt von § 240 ZPO bleiben Unterlassungsklagen, welche sich ausschließlich auf das persönliche Verhalten des Schuldners beziehen (KPB-Lüke § 85 Rn. 16a), da kein Zusammenhang zur Insolvenzmasse besteht.

15 **Feststellungsklagen** unterfallen § 240 ZPO, wenn das Feststellungsinteresse auf dem insolvenzbefangenen Vermögen beruht (KPB-Lüke § 85 Rn. 17). Dies gilt für die beantragte Feststellung

als massezugehöriges Recht, ebenso im umgekehrten Fall bei Feststellung von Altverbindlichkeiten gegen den Schuldner (z. B. Kündigungsschutzklage vgl. BAG, ZIP 2007, 745). Die Unterbrechung tritt z. B. auch dann ein, wenn der Schuldner im Insolvenzverfahren über das Vermögen eines Dritten einer Forderung widersprochen und dieser Klage auf Feststellung gegen den Schuldner erhoben hat (§ 179 Abs. 1). Dieser Feststellungs-Rechtsstreit berührt die Quotenaussicht des Schuldners in dem Insolvenzverfahren über das Vermögen des Dritten, ist daher massezugehörig (KPB-Lüke § 85 Rn. 17; A/G/R-Piekenbrock § 85 Rn. 16).

Gestaltungsklagen werden ebenfalls unterbrochen, wenn Bezug zur Insolvenzmasse besteht. Hierbei ist zu beachten, dass eine Klage auf Auflösung einer Personengesellschaft unzulässig wird, wenn das Insolvenzverfahren über das Vermögen eines Gesellschafters eröffnet wurde. Dieser Gesellschafter scheidet, wenn der Gesellschaftsvertrag nichts anderes vorsieht, mit Rechtskraft des Eröffnungsbeschlusses aus der Gesellschaft aus (§ 131 Abs. 3 Nr. 2 HGB). In einer zweigliedrigen Gesellschaft bedeutet dies gleichzeitig deren liquidationslose Vollbeendigung unter Gesamtrechtsnachfolge des verbleibenden Gesellschafters. In diesem Fall finden die §§ 239, 246 ZPO entsprechende Anwendung (BGH, ZInsO 2004, 615). 16

Grundsätzlich werden Verfahren, die den innergesellschaftlichen Bereich betreffen, ohne Unterbrechung gegen die zuständigen Organe weitergeführt (MK-Schumacher vor §§ 85 bis 87 Rn. 39; Uhlenbruck-Uhlenbruck § 85 Rn. 53). **Verbandstreitigkeiten** werden allerdings unterbrochen, nur wenn sich diese auf die Masse beziehen. **Anfechtungs- oder Nichtigkeitsklagen** zu Gesellschafterbeschlüssen haben Massebezug, wenn der angefochtene Beschluss Ansprüche bzw. Verbindlichkeiten des Schuldners begründet oder wegfallen lässt (BGH, NZI 2011, 809; BGH, NJW-RR 2006, 471; K. Schmidt, FS Kreft, S. 503, 511 ff.; A/G/R-Piekenbrock § 85 Rn. 18; K. Schmidt-Sternal § 85 Rn. 25). Tritt Unterbrechung ein, stellt sich die Frage der Aufnahmebefugnis, wenn Beklagter die insolvente Gesellschaft ist. Der enumerative Katalog des § 86 enthält für diese Fallkonstellation keine Aufnahmemöglichkeit. Dagegen werden Anfechtungs- oder Nichtigkeitsklagen, welche die Masse nicht berühren, nicht erfasst (OLG München, ZIP 1994, 1021 zur Abberufung eines Geschäftsführers; KPB-Lüke § 85 Rn. 17a). Der angefochtene Entlastungsbeschluss der Hauptversammlung einer AG hat keinen Massebezug, weil etwaige Schadensersatzansprüche hiervon unberührt bleiben (§ 120 Abs. 2 AktG; ebenso KPB-Lüke § 85 Rn. 17b). Auskunftsklagen nach § 51a GmbHG sollen deshalb Massebezug haben und von der Unterbrechungswirkung erfasst werden, da die Auskunftserteilung durch den Insolvenzverwalter mit erheblichen Kosten zulasten der Masse verbunden sein kann (Gessner, NZI 2013, 677). Diese Auffassung ist abzulehnen, da die isolierte Kostentragungspflicht unzureichend ist (Rdn. 11). Wird ein Beschluss der Vertreterversammlung nach § 51 GenG angefochten, unterbricht die Insolvenzeröffnung über das Vermögen der Genossenschaft den Anfechtungsprozess, wenn der Beschlussgegenstand die Masse zumindest mittelbar tangiert. Hierfür ist nach der Rspr. des BGH ausreichend, dass bei einem Beschluss über die Entlassung des Vorstandes der Massebezug bereits durch die Befreiung von Verbindlichkeiten (Gehaltsansprüche) besteht (BGHZ 32, 114 = NJW 1960, 1008). 16a

V. Einzelne Verfahren

1. Zivilgerichtliche Verfahren

Sämtliche zivilgerichtliche Verfahren werden unabhängig vom Verfahrensstadium unterbrochen. Steht nach Beendigung der Hauptsache nur noch die Kostenentscheidung aus, tritt diese an deren Stelle, sodass § 240 ZPO gilt. Bleibt hingegen ein Teil der Hauptsache (im Streitfall die Nichtzulassungsbeschwerde) erhalten, ist die Kostenentscheidung weiterhin Nebensache, die eine Unterbrechung nach § 240 ZPO nicht begründen kann. Trotz Verfahrenseröffnung kann dann über die **Nichtzulassungsbeschwerde und die Kosten** entschieden werden (BGH, ZInsO 2005, 372). Die Unterbrechung gilt für: **Beschwerdeverfahren** (RGZ 30, 409; MK-Schumacher vor §§ 85 bis 87 Rn. 44), **Arrest- und einstweilige Verfügungsverfahren** (Uhlenbruck-Uhlenbruck § 85 Rn. 33; KPB-Lüke § 85 Rn. 29), **Kostenfestsetzungsverfahren** (BGH, NZI 2006, 128; OLG Brandenburg, ZInsO 2011, 398). Dies gilt auch dann, wenn bereits eine rechtskräftige Kostengrundentscheidung 17

Vorbem. zu §§ 85–87 InsO Prozessunterbrechung nach § 240 ZPO

vorliegt (BGH, ZInsO 2012, 2216 § 240 ZPO gilt für das **Mahnverfahren**, wenn der Mahnbescheid vor Verfahrenseröffnung zugestellt wurde (LG Koblenz, ZInsO 2003, 666; KPB-Lüke § 85 Rn. 27). Das Verfahren wird ebenfalls bei Widerspruch und Abgabe des streitigen Verfahrens unterbrochen. § 240 ZPO greift auch dann, wenn der Vollstreckungsbescheid erlassen, die Einspruchsfrist jedoch noch nicht abgelaufen ist (Uhlenbruck-Uhlenbruck § 85 Rn. 38). Die Anwendung ist abzulehnen bei bloßer **Streitwertfestsetzung** (OLG Frankfurt am Main, BeckRS 2006, 10083; OLG Hamm, MDR 1971, 495; krit. KPB-Lüke § 85 Rn. 31) sowie auf das **Verfahren der Zuständigkeitsbestimmung** nach § 36 Abs. 1 ZPO (BGH, 2014, 243 Rn. 7; BGH, BeckRS 2009, 05200 Rn. 12). Die **Zwangsvollstreckung** und erst recht vorbereitende Maßnahmen werden von § 240 ZPO nicht erfasst (BGH, ZIP 2013, 1045 Rn. 6 zur Abnahme der eidesstattlichen Versicherung; BGH, ZIP 2007, 983 Rn. 8 ff.; BGH, NJW 2008, 918 zur Erteilung einer Vollstreckungsklausel), insoweit gilt das speziellere Vollstreckungsverbot des § 89. Die Unwirksamkeit der Vollstreckungsmaßnahme kann mit dem Rechtsbehelf des § 89 Abs. 3 festgestellt werden. Das Verfahren der **Vollstreckungsabwehrklage** wird indessen unterbrochen, da es sich um ein Erkenntnisverfahren handelt, mit dem die Vollstreckungsunfähigkeit eines titulierten Anspruchs beseitigt werden soll (BGH, NZI 2008, 683). Der **Anfechtungsrechtsstreit des Gläubigers** gegen den Anfechtungsgegner wird, obwohl der Schuldner nicht Partei ist, nach § 17 Abs. 1 AnfG unterbrochen. Dies gilt trotz § 313 Abs. 2 Satz 3 auch im vereinfachten Verfahren (BGH, NZI 2010, 196 Rn. 15). Die herrschende Meinung lehnt die Anwendbarkeit auf das **PKH-Verfahren** ab (BGH, NZI 2006, 543; OLG Saarbrücken, ZIP 2009, 100; OLG Stuttgart, ZIP 2010, 446; OLG Stuttgart, ZInsO 2005, 153; OLG Zweibrücken, ZInsO 2005, 444; OLG Düsseldorf, ZIP 2003, 2131; Uhlenbruck-Uhlenbruck § 85 Rn. 34; MK-Schumacher vor §§ 85 bis 87 Rn. 46; für Unterbrechung: BFH, ZIP 2006, 2333; LAG Hamm, ZInsO 2006, 53, wonach aber über einen »steckengebliebenen« PKH-Antrag trotzdem zu entscheiden ist; OLG Köln, ZInsO 2002, 1184; KPB-Lüke § 85 Rn. 32; FK-App § 85 Rn. 6). Die ablehnende Auffassung begründet ihren Standpunkt mit dem zwar zutreffenden Argument, es stehe kein streitiges Verfahren, sondern ein solches zwischen Antragsteller und Staatskasse in Rede. Der Schutzzweck des § 240 ZPO wird jedoch ohne Unterbrechung des PKH-Verfahrens unterlaufen. Vor Bewilligung von PKH ist zum einen die Bedürftigkeit des Antragenden als auch die Erfolgsaussicht der beabsichtigten Rechtsverfolgung zu prüfen. Aufgrund der Verfahrenseröffnung kann die Bedürftigkeit des antragenden Schuldners, z. B. durch neu entstandene Rückgewähransprüche (§ 143), entfallen sein. Hinzu kommt, dass er für seinen angestrebten Aktivrechtsstreit die Prozessführungsbefugnis verloren hat, die Erfolgsaussicht seiner Klage demnach zu verneinen wäre. Zu unangemessenen Ergebnissen kommt die ablehnende Auffassung dann, wenn PKH verjährungshemmend beantragt wurde. Aufgrund weggefallener Prozessführungsbefugnis wäre der PKH-Antrag abzulehnen mit der Folge, dass der Anspruch ohne Einwirkungsmöglichkeit des Insolvenzverwalters verjährt wäre. Hat der Gläubiger PKH beantragt, wird seine angestrebte Leistungsklage gegen den Schuldner mit Verfahrenseröffnung unzulässig. Er hat zunächst das Prüfungsverfahren nach §§ 174 ff. zu durchlaufen (OLG Köln, ZInsO 2002, 1184). Für die angestrebte Klage/Widerklage entfällt die Erfolgsaussicht (OLG Stuttgart, ZInsO 2005, 153; KPB-Lüke § 85 Rn. 32). Die Interessenlage der Beteiligten ist im PKH-Verfahren wie im Hauptsacherechtsstreit gleich gelagert, da eine Vorprüfung der beabsichtigten Rechtsverfolgung erfolgt. Im Vergabenachprüfverfahren gilt nach Auffassung des OLG Naumburg § 240 analog, wenn die Vergabestelle insolvent ist (ZInsO 2010, 1403). Die Unterbrechung des Hauptsacheverfahrens wirkt sich auf den parallelen PKH-Antrag aber insoweit aus, als eine Entscheidung zum PKH-Gesuch nur noch für den Zeitraum bis zur Unterbrechung des Hauptsacheverfahrens erfolgen kann. Für die Beurteilung der Erfolgsaussichten ist ebenfalls nur auf den Sach- und Streitstand bis zur Unterbrechung abzustellen (OLG Frankfurt am Main, ZInsO 2013, 140 Rn. 20).

18 Unterschiedlich sind die Auffassungen, ob das **selbstständige Beweisverfahren** mit Verfahrenseröffnung unterbrochen wird, solange die Beweisaufnahme andauert (bejahend OLG Frankfurt am Main, ZInsO 2003, 229; OLG Hamburg, ZInsO 2001, 132; **abl.** BGH, ZInsO 2004, 85; MK-Schumacher vor §§ 85 bis 87 Rn. 46; Uhlenbruck-Uhlenbruck § 85 Rn. 39; HK-Kayser § 85 Rn. 27). Die systematische Stellung von § 240 ZPO spricht zwar für eine Anwendung auf das

selbstständige Beweisverfahren. Diese Vorschrift widerspricht aber dem Sinn und Zweck des selbstständigen Beweisverfahrens, ist daher hierauf unanwendbar. Das selbstständige Beweisverfahren dient zügiger Beweissicherung auch ohne Zustimmung des Gegners und ist abhängig von einem Rechtsstreit in der Hauptsache. Für die Beurteilung eines Anspruches sollen tatsächliche Vorfragen geklärt werden. Um diese Ziele zu erreichen, ist das selbstständige Beweisverfahren zügig und ohne Unterbrechung durchzuführen. Einer Überlegungsfrist für den Insolvenzverwalter bedarf es nicht. Es findet lediglich eine vorweggenommene Beweisaufnahme statt, schwierige Rechtsfragen werden nicht entschieden. Ist über das Vermögen des Antragsgegners das Insolvenzverfahren eröffnet worden, kann der Antrag auf Fristsetzung zur Klagerhebung nur durch den Insolvenzverwalter gestellt werden (OLG Zweibrücken, ZInsO 2005, 383). Ein **Antrag gem. § 494a ZPO** ist nach Verfahrenseröffnung aber nicht möglich, da das selbstständige Beweisverfahren mit Beendigung der Beweisaufnahme unterbrochen ist (BGH, NJW 2011, 1679; OLG Dresden, ZInsO 2002, 883). Nach Abschluss der Beweiserhebung besteht kein Beschleunigungsbedürfnis mehr.

Ein inländisches **Vollstreckbarkeitsverfahren** aufgrund eines **ausländischen Titels** wird ebenfalls von der Unterbrechungswirkung des § 240 ZPO erfasst (BGH, ZInsO 2008, 912; OLG Köln, ZIP 2007, 2287; OLG Zweibrücken, ZInsO 2001, 232; a.A. OLG Bamberg, ZIP 2006, 1066; OLG Saarbrücken, NJW-RR 1994, 636). Das Vollstreckbarkeitsverfahren ist mit dem Erkenntnisverfahren vergleichbar, denn Vollstreckungstitel ist die hier ergangene Vollstreckbarkeitsentscheidung. Die Unterbrechungswirkung tritt auch ein, wenn das Insolvenzverfahren in einem anderen Mitgliedsstaat der EU eröffnet wurde (OLG Köln, ZIP 2007, 2287). 19

2. Andere Verfahren

Schiedsgerichtsverfahren: § 240 ZPO findet auf das schiedsgerichtliche Verfahren keine Anwendung (allg. Mg. KPB-Lüke § 85 Rn. 33; BGH, WM 1967, 56; OLG Köln, SchiedsVZ 2008, 152, 154). Der Insolvenzverwalter ist an Schiedsverträge, welche der Schuldner vor Verfahrenseröffnung geschlossen hat, grds. gebunden (BGH, ZInsO 2013, 1539; BGH, ZInsO 2011, 1457 aber keine Bindung wegen insolvenzspezifischer Rechte wie Anfechtung und Wahlrecht aus § 103; BGH, ZInsO 2004, 88). Der Insolvenzverwalter kann daher das Verfahren wegen § 80 weiterführen, es sei denn, der Schiedsvertrag soll nur zwischen den Beteiligten persönlich gelten (Uhlenbruck-Uhlenbruck § 85 Rn. 40). Zu beachten ist, dass § 240 ZPO auf gerichtliche Verfahren, welche durch das schiedsrichterliche Verfahren veranlasst sind, anzuwenden ist (KPB-Lüke § 85 Rn. 33; K. Schmidt-Sternal § 85 Rn. 12). Dies gilt insb. für das Verfahren auf Vollstreckbarerklärung. 20

Freiwillige Gerichtsbarkeit: Insoweit wird eine Anwendung des § 240 ZPO abgelehnt (OLG Köln, ZInsO 2001, 717; Uhlenbruck-Uhlenbruck § 85 Rn. 43). Ausgenommen sind grds. sog. echte Streitverfahren, z. B. Klagen auf rückständiges Wohngeld (MK/ZPO-Feiber § 240 Rn. 5; a.A. OLG Frankfurt am Main, ZInsO 2004, 1362; K. Schmidt-Sternal § 85 Rn. 13). Diese Fälle sind mit Zivilprozessen vergleichbar und haben Vermögensbezug (ebenfalls für differenzierte Betrachtung Jaeger-Windel § 85 Rn. 74 f.). Beim **Spruchverfahren** gegen den insolventen Unternehmensträger, gegen den sich der Anspruch auf Abfindung oder Ausgleich richtet, kommt nach herrschender Meinung indessen § 240 ZPO nicht zur Anwendung (OLG Frankfurt am Main, ZInsO 2006, 876 offengelassen für die ab 01.09.2003 geltende Fassung des § 11 Abs. 2 SpruchG; Uhlenbruck-Uhlenbruck § 85 Rn. 44). Die gerichtliche Entscheidung im Spruchverfahren begründet keine unmittelbare Leistungspflicht, sondern führt nur rückwirkend zu einer Umgestaltung der Unternehmensverträge. 21

Verwaltungsgerichtliche Verfahren: Eine entsprechende Anwendung von § 240 ZPO wird überwiegend befürwortet (BVerwG, ZIP 2003, 726; KPB-Lüke § 85 Rn. 36). Dies folgt aus der Verweisung des § 173 VwGO. Das verwaltungsrechtliche **Gewerbeuntersagungs- oder Genehmigungsverfahren** zum Betrieb einer Anlage soll nach a.A. (BVerwG, ZIP 2006, 530; VG Gießen, ZIP 2005, 2074) nicht die Insolvenzmasse betreffen, sei vielmehr auf Beendigung der persönlichen Tätigkeit der gewerbetreibenden GmbH gerichtet. Dies dürfte sowohl bei einer juristischen als auch einer natürlichen Person dann unzutreffend sein, wenn der Geschäftsbetrieb durch den Insolvenzverwal- 22

Vorbem. zu §§ 85–87 InsO Prozessunterbrechung nach § 240 ZPO

ter fortgeführt wird (BVerwG, GewArch 2007, 247; OVG Rheinland-Pfalz, ZInsO 2012, 2396 zur Genehmigung einer Pferdezucht; Uhlenbruck-Uhlenbruck § 85 Rn. 14; A/G/R-Piekenbrock § 85 Rn. 19). Die betrieblichen Erlöse unterliegen dem Insolvenzbeschlag. Das Gewerbeuntersagungsverfahren hat in diesem Fall unmittelbaren Vermögensbezug. Zu beachten ist zudem § 12 GewO. Auch bei Betriebseinstellung vor Insolvenzeröffnung dürfte, da eine personenbezogene Erlaubnis massezugehörig ist, Unterbrechung eintreten (vgl. zur Massezugehörigkeit der personenbezogenen Erlaubnis § 35 Rdn. 97 - 101). Auf ein Verfahren über die **Untersagung von Finanzdienstleistungsgeschäften** findet § 240 ZPO Anwendung (VGH Hessen, ZIP 2012, 2128; ZIP 2006, 923).

23 **Sozial-/Finanzgerichtliche Verfahren:** Insoweit gilt das zuvor Gesagte entsprechend. Dies folgt aus § 202 SGG (LSG Berlin-Brandenburg, ZIP 2009, 2360) sowie § 155 FGO (BFH, ZIP 2011, 592; ZIP 2006, 968). Nach Verfahrenseröffnung ist die Feststellung einer mit dem Einspruch angefochtenen und vom Verwalter bestrittenen Steuerforderung durch Aufnahme des unterbrochenen Einspruchsverfahrens zu betreiben. Der Erlass eines Feststellungsbescheides nach § 251 Abs. 3 AO kommt nicht in Betracht (BFH, ZInsO 2005, 810). Die Eröffnung des Insolvenzverfahrens über das Vermögen eines Gesellschafters einer Personengesellschaft unterbricht das Klagverfahren gegen den Gewinnfeststellungsbescheid, weil die Gesellschafter notwendige Streitgenossen sind (BFH, NV 2005, 365). Streitig ist, ob die Insolvenzeröffnung über das Vermögen eines Ehepartners das Verfahren unterbricht, wenn beide zusammen veranlagt werden (bejahend BFH/NV 2004, 433; für nur schuldnerbezogene Unterbrechung BFH/NV 2005, 1360).

24 **Verwaltungsverfahren:** Für Verwaltungsverfahren gilt § 240 ZPO grds. nicht (MK-Schumacher vor §§ 85 bis 87 Rn. 51; BPatG, NZI 2012, 291 zum patentamtlichen Widerspruchsverfahren), findet indessen in der Eingriffsverwaltung wegen des Vermögensbezuges rgm. Anwendung (vgl. Fallgruppen-Besprechung bei Jaeger-Windel § 85 Rn. 81 f.). Festsetzungs-, Erhebungs-, Rechtsbehelfs- und Rechtsmittelverfahren werden allerdings analog § 240 ZPO unterbrochen (BFH, NZG 2005, 94; ZIP 1997, 2160). Gleichwohl erlassene Bescheide sind unwirksam (BFHE 201, 392; Tipke-Kruse/Loose, AO, § 251 Rn. 44). Die Steuerforderungen sind nach Maßgabe der §§ 87, 174 ff. zu verfolgen (BFH/NV 2011, 1202; BFH, NZI 2003, 456). Gleiches gilt für steuerliche Grundlagenbescheide (KPB-Lüke § 85 Rn. 37a). Anderes gilt jedoch für ein **steuerliches Ermittlungs-, Außenprüfungs- oder Aufsichtsverfahren**, welches ungeachtet der Insolvenzeröffnung fortgesetzt wird (KPB-Lüke § 85 Rn. 37; Uhlenbruck-Uhlenbruck § 85 Rn. 47).

24a **Patent- und Markenrechtsstreitigkeiten:** Patentnichtigkeitsklagen werden ebenfalls unterbrochen (BGH, NZI 2013, 690; KPB-Lüke § 85 Rn. 20; BK-Blersch/v. Olshausen § 85 Rn. 2). Gleiches gilt wegen § 82 MarkenG zur Löschung einer Marke wegen absoluter Schutzhindernisse (§§ 50, 54 MarkenG) in der Insolvenz des Löschungsantragstellers und für das Beschwerdeverfahren in der Insolvenz des Einspruchsführenden (KPB-Lüke § 85 Rn. 20; BPatGE 38, 131; BPatGE 40, 227). Die durch die Insolvenz des Patentinhabers eingetretene Unterbrechung endet, wenn der Einsprechende das Verfahren aufnimmt und das Patent widerruft (BPatG, ZInsO 2012, 1090). Das **Patentnichtigkeitsverfahren** betrifft die Aussonderung eines Gegenstandes aus der Insolvenzmasse, sodass eine Aufnahmemöglichkeit nach § 86 Abs. 1 Nr. 1 besteht (BGH, NZI 2013, 690). Streitig ist, ob eine Unterbrechung für den **Gebührenzahlungsvorgang bei dem Deutschen Patent- und Markenamt** eintritt (bejahend BPatG, ZInsO 2007, 329; abl. BGH, ZIP 2008, 1198). Das **markenrechtliche Anmeldeverfahren** bleibt von § 240 ZPO unberührt (BPatGE, 41, 75). Gleiches gilt für das patentamtliche Widerspruchsverfahren (BPatG, NZI 2012, 291; s. Rdn. 24). Das Widerspruchsrecht nach § 42 MarkenG ist nicht massezugehörig (BPatG, NZI 2012, 291).

25 **Arbeitsgerichtliche Verfahren:** Auf Rechtsstreite vor den Arbeitsgerichten findet § 240 ZPO wegen §§ 46 Abs. 2, 64 Abs. 6, 72 Abs. 5 ArbGG entsprechende Anwendung (BAG, NZI 2007, 300; NJW 2009, 3529; ZIP 1983, 1095). Das Beschlussverfahren über die Ausübung von Mitbestimmungsrechten des Betriebsrates wird durch die Insolvenz des Arbeitgebers unterbrochen (LAG Berlin-Brandenburg, ZInsO 2012, 1733). Der Kündigungsrechtsstreit wird mit Verfahrenseröffnung unterbrochen, wenn Beklagter der Arbeitgeber ist, da er zumindest mittelbaren Vermögensbezug hat (BAG, ZIP 2009, 1134 Rn. 9; BAG, ZIP 2007, 745; LAG Schleswig-Holstein, ZInsO 2006,

224). Ist der Schuldner klagender Arbeitnehmer, tritt indessen keine Unterbrechung ein (BAG, ZInsO 2010, 438). Der Kündigungsschutzprozess betrifft einen höchstpersönlichen Anspruch des schuldnerischen Arbeitnehmers und ist daher nicht massezugehörig (ebenso Zöller-Greger, ZPO, § 240 Rn. 8).

Das **strafprozessuale Adhäsionsverfahren** wird nach überwiegender Ansicht nicht gem. § 240 ZPO unterbrochen (Uhlenbruck-Uhlenbruck § 85 Rn. 45; K. Schmidt-Sternal § 85 Rn. 8). Ist der Verletzte insolvent, fehlt dem Insolvenzverwalter die Antragsbefugnis (A/G/R-Piekenbrock § 85 Rn. 27). Dem Verletzten fehlt zur weiteren Anspruchsverfolgung wegen § 80 Abs. 1 die Prozessführungsbefugnis. Das Strafgericht hat daher nach dieser Ansicht gem. § 406 Abs. 1 Satz 3 StPO von einer Entscheidung abzusehen. Ist der Angeklagte insolvent, scheitert die Anspruchsverfolgung an den §§ 38, 87, 180 Abs. 2 (Jaeger/Windel § 85 Rn. 78). Vorzugswürdig ist, die Antragsbefugnis im Adhäsionsverfahren aufgrund der Stellung als Partei kraft Amtes zu bejahen (vgl. § 80 Rdn. 40; OLG Celle, NJW 2007, 3795; Löwe-Rosenberg/Hilger, StPO, § 403 Rn. 4; Engelhardt, StPO, § 403 Rn. 7). Die Antragsbefugnis setzt nicht voraus, dass der Insolvenzverwalter Geschädigter ist, somit die Schädigung nach Verfahrenseröffnung erfolgt sein muss (so aber OLG Jena, NZI 2012, 105; Meyer-Goßner, StPO, § 403 Rn. 5).

25a

B. Wirkungen der Unterbrechung

I. Fristen

Die Rechtsfolge der Unterbrechung ergibt sich aus § 249 ZPO. Der Lauf einer jeden Frist hört auf. Nach Beendigung der Unterbrechung beginnt die volle Frist erneut zu laufen (KPB-Lüke § 85 Rn. 40; K. Schmidt-Sternal § 85 Rn. 30). Dies gilt nur für prozessuale, nicht für materiell-rechtliche Fristen (MK-Schumacher vor §§ 85 bis 87 Rn. 59; K. Schmidt-Sternal § 85 Rn. 31). Bei den prozessualen Fristen ist zwischen sog. **eigentlichen Fristen** und **uneigentlichen Fristen** zu unterscheiden. Letztere bleiben von § 249 ZPO unberührt Jaeger-Windel § 85 Rn. 94). Hierbei handelt es sich um Fristen, welche dem Gericht oder einer Gerichtsperson auferlegt werden (z. B. §§ 251a Abs. 2, 310 Abs. 1 Satz 2, 315 Abs. 2, 816 Abs. 1 ZPO). Zweck der §§ 240, 249 ZPO ist, die Parteien, nicht aber das Gericht zu schützen.

26

Der **Fristenstopp** gilt nur für die eigentlichen prozessualen Fristen. Hierzu gehören gesetzliche/ richterliche Stellungnahme-, Klagerwiderungs-, Klagebegründungs- und sonstige Erklärungsfristen (§§ 271 Abs. 2, 273 Abs. 2, 275 Abs. 1 Satz 1, Abs. 3, 4, 276 Abs. 1, 3 ZPO). Gleiches gilt für Notfristen, die Wiedereinsetzungsfrist des § 234 ZPO (BGHZ 9, 308; Jaeger-Windel § 85 Rn. 95), Rechtsmitteleinlegungs-/-begründungsfristen (§§ 517, 520 Abs. 2, 548, 551 Abs. 2) sowie die Ladungsfrist des § 217 ZPO. Eine im **Prozessvergleich vereinbarte Widerrufsfrist** wird ebenfalls von § 240 ZPO erfasst (Jaeger-Windel § 85 Rn. 96; MK-Schumacher vor §§ 85 bis 87 Rn. 59; K. Schmidt-Sternal § 85 Rn. 31).

27

Rechtsfolge der Unterbrechung ist, dass eine Frist ihren Lauf nicht beginnt (BGHZ 111, 104, 108 = ZIP 1990, 1630). Tritt das fristauslösende Ereignis während der Unterbrechung ein, beginnt der Fristenlauf erst mit Beendigung der Unterbrechung. War der Fristenlauf bei Unterbrechung bereits in Gang gesetzt, hört er mit Verfahrenseröffnung auf. **Mit Unterbrechungsende beginnt die volle Frist neu zu laufen (keine bloße Hemmung!).** War das Fristende auf einen bestimmten Kalendertag gesetzt, ist eine neue Frist anzuordnen (Uhlenbruck-Uhlenbruck § 85 Rn. 58; K. Schmidt-Sternal § 85 Rn. 30). Die sog. Datumsfrist wird also hinfällig, beginnt nicht wie eine Zeitraumfrist neu zu laufen. Anderes soll dann gelten, wenn der Richter eine gesetzliche Frist bis zu einem bestimmten Kalendertag verlängert hat. Nach Beendigung der Unterbrechung soll die gesetzliche Frist neu zu laufen beginnen (BGHZ 64, 1, 5 = NJW 1975, 692). Hiervon ist wiederum eine Ausnahme zu machen, wenn die richterliche Datumsfrist später endet als die neu begonnene gesetzliche Frist nach Unterbrechungsende (BGH, NJW 1967, 1420).

28

Vorbem. zu §§ 85–87 InsO Prozessunterbrechung nach § 240 ZPO

II. Prozesshandlungen trotz Unterbrechung

1. Partei

29 Rechtshandlungen **ggü. dem Prozessgegner** sind gem. § 249 Abs. 2 ZPO **unwirksam**, nicht jedoch nichtig (BGH, ZInsO 2009, 1078 Rn. 10; MK-Schumacher vor §§ 85 bis 87 Rn. 65; KPB-Lüke § 85 Rn. 41). Auf die Unwirksamkeit kann sich lediglich die andere Partei, nicht der Handelnde berufen (Uhlenbruck-Uhlenbruck § 85 Rn. 60). Die **Unwirksamkeit** ist **relativ**, sodass der Gegner genehmigen, z. B. durch Rügeverzicht, kann (HK-Kayser § 85 Rn. 41; Zöller-Greger § 249 ZPO Rn. 4). Ist der Schuldner Prozessgegner, kann wegen § 80 nur der Insolvenzverwalter genehmigen oder auf die Rüge der Unwirksamkeit verzichten. **Klagrücknahme, Rechtsmittelrücknahme** und **Rechtsmittelverzicht** durch den Prozessgegner bleiben möglich (OLG Celle, ZIP 2011, 2137 zur Klagrücknahme; Jaeger-Windel § 85 Rn. 99 f.). Die Klagrücknahme kann auch durch den Insolvenzverwalter im Aktivprozess erfolgen, ohne dass hierdurch das Verfahren nach § 85 aufgenommen wurde (OLG Celle, ZInsO 2013, 295).

30 Nach herrschender Meinung sind Prozesshandlungen nach Unterbrechung **ggü. dem Gericht** wirksam (BGH, NZI 2009, 783; BGH, NJW 1997, 1445; zum Meinungsstreit Jaeger-Windel § 85 Rn. 97). § 249 Abs. 2 ZPO findet insoweit keine Anwendung. Rechtsbehelfe/Rechtsmittel können somit auch vom Schuldner trotz Wegfall der Prozessführungsbefugnis wirksam eingelegt/zurückgenommen werden (BGH, ZInsO 2009, 1078 Rn. 6; BGHZ 50, 397 = WM 1968, 1330; BGHZ 111, 104 = ZIP 1990, 1630; LSG Berlin-Brandenburg, ZIP 2009, 2360). Eine vom späteren Schuldner erteilte Vollmacht wird von § 117 nicht erfasst, soweit es um die Einlegung eines Rechtsmittels geht, um eine Entscheidung unter Berufung auf einen Verstoß gegen § 240 ZPO anzugreifen (BAG, ZIP 2009, 1134 Rn. 14 f.). Der anwaltliche Vertreter des Schuldners kann in diesem Fall ohne Mitwirkung des Insolvenzverwalters ein Rechtsmittel einlegen. Das Rechtsmittel ist zwar wirksam eingelegt, das Verfahren läuft aufgrund der Unterbrechung dennoch nicht an. Eine Zustellung ist während der Unterbrechung nicht wirksam möglich. Erfolgt diese gleichwohl, kann der Verfahrensfehler nach § 295 ZPO bei rügeloser Einlassung geheilt werden (BGHZ 50, 397, 400 = WM 1968, 1330).

31 Prozesshandlungen **ggü. Dritten** sind trotz Unterbrechung wirksam (Uhlenbruck-Uhlenbruck § 85 Rn. 63; K. Schmidt-Sternal § 85 Rn. 33), soweit § 80 nicht entgegensteht. Dies gilt z. B. für die Klagerweiterung des Gläubigers ggü. einem Dritten.

2. Gericht

32 **Maßnahmen des Gerichtes** (z. B. Zustellungen, Ladungen, Fristsetzungen) sind ggü. beiden Parteien unwirksam (s. u. Rdn. 34; BGH, ZInsO 2013, 1516 Rn. 18). Dies folgt aus dem Umkehrschluss des § 249 Abs. 3 ZPO sowie dem Regelungszweck der §§ 240, 249 ZPO (MK-Schumacher vor §§ 85 bis 87 Rn. 70; KPB-Lüke § 85 Rn. 42). Die unwirksame gerichtliche Maßnahme muss nach Unterbrechungsende wiederholt werden, es sei denn, Heilung nach § 295 ZPO tritt ein (BGHZ 50, 397 = WM 1968, 1330; MK-Schumacher vor §§ 85 bis 87 Rn. 71).

33 Bei **gerichtlichen Entscheidungen** ist zu **differenzieren**: Nach § 249 Abs. 3 ZPO ist das Gericht berechtigt und verpflichtet, die Entscheidung zu verkünden, wenn die Unterbrechung **nach dem Schluss der mündlichen Verhandlung** eintritt. Lediglich die Zustellung ist unzulässig (KPB-Lüke § 85 Rn. 42). Die Verkündung ist jedoch unzulässig, wenn die Unterbrechung nach dem Schluss der mündlichen Verhandlung, aber vor Ablauf einer nachgelassenen Schriftsatzfrist (§ 283 ZPO) eintritt (BGH, ZInsO 2012, 141 Rn. 8; MK-Schumacher vor §§ 85 bis 87 Rn. 72). Bei dem nachgelassenen Schriftsatz kommt es nicht darauf an, ob die Parteien nur zu Rechtsfragen oder auch Tatsachen vortragen sollen. Wenn die Parteien Gelegenheit erhalten, zu bisher nicht beachteten rechtlichen Gesichtspunkten Stellung zu nehmen, kann auf den Hinweis mit Ergänzung von Tatsachenvortrag und Beweisantritt reagiert werden (BGH, ZInsO 2012, 141 Rn. 8; MK-Prütting, ZPO, § 283 Rn. 9; a. A. Zöller/Greger, § 283 Rn. 2a). Der Lauf dieser Frist hört auf und beginnt nach Unterbrechungsende von neuem. Entsprechendes gilt, wenn nach Schluss der mündlichen

Verhandlung Gründe für die Wiedereröffnung (§ 156 ZPO) vorliegen. Bedarf es wegen § 128 Abs. 2, 3 ZPO keiner mündlichen Verhandlung, gilt § 249 Abs. 3 ZPO entsprechend. Der Schluss der mündlichen Verhandlung entspricht hier dem Zeitpunkt, bis zu welchem Schriftsätze eingereicht werden können. Ein Versäumnisurteil ohne mündliche Verhandlung (§ 331 Abs. 3 ZPO) kann auch nach Unterbrechung ergehen, wenn die Frist des § 276 Abs. 1 ZPO abgelaufen war und der Kläger Antrag auf Erlass eines Versäumnisurteils gestellt hat. Gleiches gilt für das Anerkenntnisurteil. Analog § 249 Abs. 3 ZPO kann ein vor Unterbrechung eingereichtes unzulässiges Rechtsmittel noch nach deren Eintritt verworfen werden (BGH, NJW 1959, 532).

Liegen die Voraussetzungen des § 249 Abs. 3 ZPO nicht vor, ist die **gerichtliche Entscheidung lediglich anfechtbar, nicht etwa nichtig** (BGH, ZInsO 2013, 1516 Rn. 18; BGH, ZInsO 2009, 1078 Rn. 10; BGH, ZIP 2004, 1120; BAG, ZIP 2009, 1134 Rn. 10; OVG Rheinland-Pfalz, ZInsO 2012, 2396). Der Insolvenzverwalter und der Prozessgegner (dazu BGH, ZInsO 2009, 1078) können das unter Verstoß gegen § 240 ZPO erlassene Urteil durch Rechtsbehelf/Rechtsmittel anfechten (BAG, ZIP 2009, 1134 Rn. 10 f.; BGH, NJW 1997, 1445), ohne die Unterbrechungswirkung zuvor beenden zu müssen (BAG, ZIP 2007, 745; Jaeger-Windel § 85 Rn. 106; Uhlenbruck-Uhlenbruck § 85 Rn. 61). Die Einlegung eines Rechtsmittels gegen eine gegen § 240 ZPO verstoßende Entscheidung beinhaltet keine schlüssige Aufnahme des Rechtsstreites. Nach h. M. (BAG, ZIP 2009, 1134 Rn. 11, 15; BAG, BB 2008, 1897; LSG Berlin-Brandenburg, ZIP 2009, 2360; MK-Schumacher vor §§ 85 bis 87 Rn. 74; KPB-Lüke § 85 Rn. 43) ist zur Einlegung eines solchen Rechtsmittels auch der Schuldner befugt, da er durch die unrichtige Entscheidung materiell beschwert ist (s. § 80 Rdn. 40; abl. mangels Prozessführungsbefugnis Jaeger-Windel § 85 Rn. 106; Uhlenbruck-Uhlenbruck § 85 Rn. 64). Ist die gerichtliche Entscheidung unanfechtbar, hat sie ungeachtet der übersehenen Verfahrenseröffnung Bestand (KPB-Lüke § 85 Rn. 43). **Ist streitig, ob die Voraussetzungen des § 240 ZPO vorliegen**, ist über die Unterbrechung durch **Zwischenurteil** zu entscheiden (BGH, ZIP 2010, 646 Rn. 6; BGH, NZI 2009, 859 Rn. 5; BGH, ZInsO 2004, 858). Die Entscheidung ist wie ein Endurteil anfechtbar (BGH, ZInsO 2006, 429; BGH, ZInsO 2004, 1310). Streitigkeiten zwischen Insolvenzverwalter und Schuldner über die Massezugehörigkeit und somit den Eintritt der Unterbrechung sind hingegen in einem gesonderten Rechtsstreit zu klären (K. Schmidt-Sternal § 85 Rn. 35; KPB-Lüke § 85 Rn. 47). Wurde während der Unterbrechung mündlich verhandelt und ein Urteil gegen den Schuldner erlassen, ist dies ein **absoluter Revisionsgrund** (BGH, ZInsO 2012, 141 Rn. 7; BGH, ZInsO 2009, 1078; BGH, ZIP 1988, 446). Wird der Rechtsstreit nicht wirksam aufgenommen, bleibt er unterbrochen. Entscheidet das Gericht dennoch, kann eine Zurückverweisung entsprechend § 538 Abs. 2 ZPO erfolgen (OLG Oldenburg, ZInsO 2005, 381; OLG Hamburg, OLGR 2005, 765; OLG Hamm, OLGR 2006, 740). § 538 Abs. 2 ZPO n. F. enthalte zwar für diesen Fall keine Zurückverweisungsbefugnis, hierbei handele es sich jedoch um eine planwidrige Gesetzeslücke, weshalb eine analoge Anwendung geboten sei. Die anfechtbare gerichtliche Entscheidung wird wirksam, wenn der Insolvenzverwalter das Urteil nicht rechtzeitig angefochten hat und kein Rechtsmittel gegen die Entscheidung mehr statthaft ist (BGH, NJW-RR 2012, 1465 zur getroffenen Kostengrundentscheidung in Unkenntnis der Verfahrenseröffnung; MK-Schumacher vor §§ 85 bis 87 Rn. 74).

C. Dauer

I. Beginn

Die Unterbrechung tritt mit Erlass des Beschlusses (Insolvenzeröffnung/Anordnung des allg. Verfügungsverbotes) ein. Auf die Rechtskraft kommt es nicht an (Zöller-Greger § 240 ZPO Rn. 3). Für den Eintritt der Unterbrechung kommt es weder auf die Kenntnis der Parteien/des Gerichtes noch auf die Rechtmäßigkeit des Beschlusses an (BGH, NJW 1995, 2563; A/G/R-Piekenbrock § 85 Rn. 3). Eine sofortige Beschwerde nach §§ 21 Abs. 1 Satz 2 bzw. § 34 Abs. 2 hat keine Auswirkung auf die Unterbrechungswirkung (Jaeger-Windel § 85 Rn. 85; MK-Schumacher vor §§ 85 Rn. 58). Bei Auferlegung eines allg. Verfügungsverbots im Eröffnungsverfahren tritt Unterbrechung mit

Erlass des Anordnungsbeschlusses, nicht erst mit dessen Zustellung ein (Uhlenbruck-Uhlenbruck § 85 Rn. 10; K. Schmidt-Sternal § 85 Rn. 27).

II. Ende

36 Die Unterbrechung endet, wenn der Rechtsstreit aufgenommen oder das Insolvenzverfahren beendet wird (§ 240 Satz 1 ZPO). Als Gründe für das Ende der Unterbrechung kommen in Betracht:
– Aufnahme nach den §§ 85, 86, 180 Abs. 2,
– Erledigung des unterbrochenen Rechtsstreit durch Anerkenntnis im Insolvenzverfahren (BFH, Beschl. v. 23.06.2008 – VIII B 12/08),
– Einstellung des Verfahrens gem. §§ 207, 211, 212 oder 213 (OLG Karlsruhe, ZInsO 2005, 823),
– Aufhebung des Eröffnungsbeschlusses durch das Beschwerdegericht gem. § 34 (BGH, ZIP 1989, 1411),
– Aufhebung des Insolvenzverfahrens nach Schlussverteilung gem. § 200 Abs. 1 (BFH, Beschl. v. 15.03.2007, III B 178/05),
– Aufhebung des Insolvenzverfahrens nach Bestätigung eines Insolvenzplanes gem. § 258 Abs. 1,
– Aufhebung des allgemeinen Verfügungsverbotes gem. § 25 bei Unterbrechung nach § 240 Satz 2 ZPO (starker vorläufiger Verwalter),
– Freigabe aus dem Insolvenzbeschlag (BGH, ZIP 2010, 646 Rn. 17; BGH, ZInsO 2005, 594; MK-Schumacher vor §§ 85 bis 87 Rn. 86: erst nach Aufnahme durch den Schuldner oder den Gegner, s. a. § 85 Rdn. 24).

Bei Aufhebung des Eröffnungsbeschlusses (§ 34) oder Verfahrensaufhebung nach Bestätigung des Insolvenzplanes (§ 258) ist die Rechtskraft des Beschlusses entscheidend. In den übrigen Fällen reicht die Wirksamkeit der Beschlussfassung aus (Uhlenbruck-Uhlenbruck § 85 Rn. 68). Die Wirksamkeit bestimmt sich nach § 9 Abs. 1 Satz 3. Zur erneuten Unterbrechung und Fortsetzung des Verfahrens nach Beendigung des Insolvenzverfahrens s. § 85 Rdn. 30.

37 Der Verzicht des Insolvenzgläubigers auf die Verfahrensteilnahme führt nicht zur Beendigung der Unterbrechung des Rechtsstreites (MK-Schumacher vor §§ 85 bis 87 Rn. 88).

§ 85 Aufnahme von Aktivprozessen

(1) ¹Rechtsstreitigkeiten über das zur Insolvenzmasse gehörende Vermögen, die zur Zeit der Eröffnung des Insolvenzverfahrens für den Schuldner anhängig sind, können in der Lage, in der sie sich befinden, vom Insolvenzverwalter aufgenommen werden. ²Wird die Aufnahme verzögert, so gilt § 239 Abs. 2 bis 4 der Zivilprozeßordnung entsprechend.

(2) Lehnt der Verwalter die Aufnahme des Rechtsstreits ab, so können sowohl der Schuldner als auch der Gegner den Rechtsstreit aufnehmen.

Übersicht	Rdn.		Rdn.
A. Normzweck	1	2. Rechtsfolgen	19
B. Norminhalt	2	IV. Ablehnung der Aufnahme (Abs. 2)	21
I. Aktivprozess (Abs. 1 Satz 1)	2	1. Befugnis/Form	21
II. Aufnahme (Abs. 1 Satz 1)	6	2. Rechtsfolgen	23
1. Befugnis/Form	6	3. Besonderheiten	25
2. Wirkung	9	a) Eigenverwaltung	25
3. Verfahrenskosten	11	b) Nachlassinsolvenz	26
III. Verzögerung der Aufnahme (Abs. 1 Satz 2)	18	c) Gesellschaftsinsolvenz	27
		4. Verfahrenskosten	29
1. Begriff der Verzögerung	18	V. Beendigung des Insolvenzverfahrens	30

A. Normzweck

Die Vorschrift ergänzt § 240 ZPO. Der Schuldner verliert mit Verfahrenseröffnung zwar nicht die **Prozessfähigkeit**, jedoch gem. § 80 Abs. 1 die **Prozessführungsbefugnis** über massezugehörige Gegenstände. Nach § 240 ZPO tritt kraft Gesetzes Unterbrechung anhängiger Rechtsstreite ein, welche vom Insolvenzverwalter nach §§ 85, 86 aufgenommen werden können. Die Aufnahme oder Ablehnung von Prozessen ist in das pflichtgemäße **Ermessen des Insolvenzverwalters** gestellt (BGH, ZIP 2010, 646 Rn. 22; Uhlenbruck-Uhlenbruck § 85 Rn. 1, 74; MK-Schumacher § 85 Rn. 32). Er muss prüfen, ob die Prozessfortführung unter Berücksichtigung des Kostenrisikos für die Masse vorteilhaft ist. Durch die Unterbrechung erhält der Insolvenzverwalter einen Beurteilungszeitraum, um die Erfolgsaussicht des Rechtsstreites prüfen zu können. Hierbei muss er die Interessen des Prozessgegners nicht berücksichtigen. Ist der **Kostenerstattungsanspruch** des Gegners insolvenzbedingt (bspw. infolge Masseunzulänglichkeit) entwertet, **haftet der Insolvenzverwalter grds. nicht** (BGHZ 148, 177; 161, 240; vgl. § 80 Rdn. 40). Bei Prozessen mit erheblichem Streitwert hat der Insolvenzverwalter zuvor die Zustimmung des Gläubigerausschusses einzuholen (§ 160 Abs. 2 Nr. 3). Gleiches gilt für die Beendigung eines solchen Rechtsstreites durch Vergleich. Ein Verstoß gegen das Zustimmungserfordernis berührt die Wirksamkeit der Aufnahme oder des Vergleiches wegen § 164 nicht.

B. Norminhalt

I. Aktivprozess (Abs. 1 Satz 1)

Maßgeblicher Zeitpunkt für die Abgrenzung zwischen Aktiv-/Passivprozess ist nicht der Eintritt der Unterbrechung (so aber MK-Schumacher § 85 Rn. 9; HK-Kayser § 85 Rn. 22), sondern der Zeitpunkt der Aufnahme (ebenso Jaeger-Windel § 85 Rn. 113 und § 86 Rn. 4; K. Schmidt-Sternal § 85 Rn. 37; A/G/R-Piekenbrock § 85 Rn. 31). Klagänderungen und der Unterbrechung nachfolgende Umstände (z. B. Erfüllungswahl nach § 103, Erledigungen) werden daher berücksichtigt. Ein sog. **Teilungsmassestreit** setzt voraus, dass der Streitgegenstand des Prozesses einen Aktivposten der Masse betrifft (Uhlenbruck-Uhlenbruck § 85 Rn. 75). Der Rechtsstreit muss für den Fall des Obsiegens zu einer Massemehrung führen. Die Parteirolle ist für die Beurteilung ohne Belang (BGH, ZInsO 2004, 389; BFH, ZInsO 2009, 1365). Entscheidend ist, ob in dem Rechtsstreit über die Pflicht zu einer **Leistung** gestritten wird, **welche in die Masse zu gelangen hat** (BGH, ZInsO 2005, 534; OLG Hamburg, ZInsO 2013, 2178; FK-App § 85 Rn. 5).

▶ Beispiele:

Eine gegen den Schuldner gerichtete **negative Feststellungsklage** ist für diesen ein Aktivprozess (Jaeger-Windel § 85 Rn. 116; Uhlenbruck-Uhlenbruck § 85 Rn. 75; A/G/R-Piekenbrock § 85 Rn. 34), eine von ihm erhobene negative Feststellungsklage jedoch Passivrechtsstreit (vgl. § 86 Rdn. 2). **Unterlassungsansprüche** sind rgm. § 86 zuzuordnen, da es nicht um eine Massemehrung, sondern um die Abwehr einer Masseminderung (Teilungsmassegegenstreit) geht (MK-Schumacher § 85 Rn. 6; s. a. ausführlich § 86 Rdn. 7 m. w. N.; a. A. für Aktivprozess KG, ZInsO 2001, 959; KPB-Lüke § 85 Rn. 53b; FK-App § 85 Rn. 5.). Die Klage gegen den **Haftungsbescheid des FA oder Anfechtung belastender Verwaltungsakte** betrifft eine Verbindlichkeit des Schuldners, ist folglich ein Passivprozess (BFH, ZIP 2006, 968; Jaeger-Windel § 85 Rn. 113). Wird in einem **verwaltungsrechtlichen Anfechtungsrechtsstreit** hingegen um belastende Anordnungen oder Aufhebung von Genehmigungen gestritten, besteht der Streitgegenstand teilweise aus aktiv- und passivrechtlichen Elementen. In solchen Mischfällen ist danach abzustellen, welchem Teil das größere Gewicht zukommt (VGH Kassel, NZI 2012, 765). Bei **Auskunfts- und sonstigen vorbereitenden Klagen** ist maßgebend, was mit der Information erlangt werden soll (Jaeger-Windel § 85 Rn. 118). Macht der Schuldner nur **aufrechenbare Gegenansprüche** geltend, liegt trotz der Rechtskraftwirkung des § 322 Abs. 2 ZPO ein Passivstreit vor (Uhlenbruck-Uhlenbruck § 85 Rn. 76; K. Schmidt-Sternal § 85 Rn. 39). Der **Prätendentenrechtsstreit** ist, sofern gegen den Schuldner erhoben, auf Aussonderung des Hinterlegten gerichtet und somit als Passivprozess zu beurteilen (A/G/R-Piekenbrock § 85 Rn. 34). Die auf eine widerrechtliche Entnahme gestützte **Patentnichtigkeitsklage** des Schuldners ist ein Aktivprozess, da um die Vermögenszugehörigkeit der Erfindung, welche als Patent angemeldet werden kann, gestritten wird (Benkard/Rogge, PatG, § 21 Rn. 19). Eine umkehrt gegen den Schuldner erhobene Patentnichtigkeitsklage fällt in den Anwendungsbereich von § 86 Abs. 1 Nr. 1, da auf Aussonderung gerichtet (BGH, ZIP 2013, 1447 Rn. 10).

4 Zahlt der Schuldner auf einen vorläufig vollstreckbaren Titel vor Unterbrechung, wird wegen **§ 717 Abs. 2 ZPO** der Rechtsstreit in der Rechtsmittelinstanz von einem Passiv- in einen Aktivprozess gewandelt (BGH, NJW-RR 1986, 672; ZIP 1995, 643). Dies gilt auch dann, wenn der Schuldner noch keinen Anspruch gem. § 717 Abs. 2 ZPO erhoben hat und in der Rechtsmittelinstanz lediglich Klagabweisung beantragt. Die Weiterverfolgung des Abweisungsantrages ermöglicht die Anspruchsverfolgung nach § 717 Abs. 2 ZPO, ist somit mittelbar auf Massemehrung gerichtet (BGHZ 36, 258, 260 ff.; Jaeger-Windel § 85 Rn. 115). Ein Aktivprozess liegt auch dann vor, wenn der Schuldner statt Zahlung Sicherheit geleistet hat (MK-Schumacher § 85 Rn. 9; Uhlenbruck-Uhlenbruck § 85 Rn. 77). Ein Aktivprozess liegt im umgekehrten Fall nicht vor, wenn über einen vom Schuldner erhobenen Anspruch bereits zu dessen Gunsten erkannt wurde, die ausgeurteilte Leistung erbracht ist und der Titelschuldner im Rechtsmittelverfahren wegen seiner Leistung Ersatz nach § 717 Abs. 2 ZPO verlangt (BGH, ZInsO 2004, 389). Gleiches gilt, wenn der Schadensersatzanspruch nach § 717 Abs. 2 ZPO gesondert eingeklagt wird (BGH, ZInsO 2005, 534). Gegenstand des Rechtsstreites ist dann kein Anspruch auf Leistung an die Masse, sondern ob die erbrachte Leistung in der Masse verbleibt. Die Zahlung der Urteilssumme vor Verfahrenseröffnung wandelt insoweit den vorherigen Aktiv- in einen Passivprozess (K. Schmidt-Sternal § 85 Rn. 39). Genauso ist ein **Nachverfahren im Urkundsprozess** einzuordnen: Wurde auf das Urteil im Urkundsprozess an den klagenden Schuldner geleistet, ist das Nachverfahren ein Passivprozess. Es geht dann um die Frage, ob das Erlangte im Schuldnervermögen verbleibt (OLG Hamburg, ZIP 2013, 2178). Umgekehrt liegt ein Aktivprozess vor, wenn der Kläger aufgrund eines Vorbehaltsurteils Befriedigung vom Schuldner erlangt hat und das Nachverfahren insolvenzbedingt unterbrochen wird. Der Insolvenzverwalter kann dann das Nachverfahren gem. § 85 Abs. 1 aufnehmen (MK-Schumacher § 85 Rn. 10).

5 Wurden Klage und **Widerklage** erhoben, ist zunächst der gesamte Rechtsstreit unterbrochen. Für Klage und Widerklage ist **jeweils selbstständig zu prüfen**, ob § 85 oder § 86 einschlägig ist (Uhlenbruck-Uhlenbruck § 85 Rn. 76; HK-Kayser § 85 Rn. 47). Hat der Schuldner eine Gegenforderung nur **aufrechnungsweise** geltend gemacht, verbleibt es trotz § 322 Abs. 2 ZPO bei einem Passivprozess (Jaeger-Windel § 85 Rn. 115; HK-Kayser § 85 Rn. 48; KPB-Lüke § 85 Rn. 53b). Gleiches gilt für sonstige einredeweise erhobene Gegenrechte. Wurde eine gegen den Schuldner gerichtete Klage vor Verfahrenseröffnung zurückgenommen oder die Hauptsache für erledigt erklärt, ist § 85 auf den **isolierten Kostenerstattungsanspruch** anwendbar (Jaeger-Windel § 85 Rn. 119 ff.; Uhlenbruck-Uhlenbruck § 85 Rn. 78; K. Schmidt-Sternal § 85 Rn. 38). Der mit Prozessbeginn entstandene – mögliche – Kostenerstattungsanspruch des beklagten Schuldners ist im Fall des Obsiegens jedoch allein nicht geeignet, den Rechtsstreit in einen Aktivprozess zu wandeln (HK-Kayser § 85 Rn. 49; A/G/R-Piekenbrock § 85 Rn. 33), sodass der Verwalter den Kostenerstattungsanspruch nicht isolieren und zur Masse ziehen kann.

II. Aufnahme (Abs. 1 Satz 1)

1. Befugnis/Form

6 **Aufnahmeberechtigt** ist der **Insolvenzverwalter**, nicht aber der Schuldner (BGH, ZIP 2009, 832). Der Insolvenzverwalter hat nach pflichtgemäßem Ermessen über die Aufnahme zu befinden (BGH, ZIP 2010, 646 Rn. 22). Hierbei sind die Erfolgsaussichten und eine hierdurch bedingte Massemehrung gegen die Haftungsrisiken abzuwägen (ausführlich KPB-Lüke § 85 Rn. 73 f.; FK-App § 85 Rn. 18; s. a. Rdn. 1). Die **Aufnahme kann ausnahmsweise auf einen Teil des Streitgegenstandes beschränkt** werden, wenn die Gefahr einander widersprechender Entscheidungen bezogen auf den

aufgenommenen und den weiterhin unterbrochenen Teil des Rechtsstreits nicht besteht (BGH, ZInsO 2013, 1102 Rn. 11 ff.; a. A. OLG Zweibrücken, NJOZ, 3592 Teilaufnahme sei prozessual unzulässig). Konnte der Rechtsstreit durch den Insolvenzverwalter nur teilweise aufgenommen worden, da dieser auch Passivelemente enthält und eine Aufnahmebefugnis für den Insolvenzverwalter insoweit nicht besteht, ist ein Teilurteil auch dann zulässig, wenn sich die Gefahr der Widersprüchlichkeit zu einer späteren Entscheidung über den nicht aufgenommenen Teil nicht ausschließen lässt (BGH, ZIP 2012, 2465 Rn. 15). Wird der Schuldner trotz fehlender Aufnahmebefugnis im Prozess aktiv, ist er durch Beschluss aus dem Prozess zu weisen (BFH, ZInsO 2009, 1365). Gem. § 24 Abs. 2 steht im Eröffnungsverfahren dem **vorläufigen Insolvenzverwalter** mit Verfügungs- und Verwaltungsbefugnis die Aufnahmebefugnis nach § 85 Abs. 1 zu (s. auch Rdn. 22 zur Ablehnung). Bei **Eigenverwaltung** (§§ 270 ff.) ist nicht der Sachwalter, sondern der Schuldner zur Aufnahme befugt, da er die Verfügungs- und somit Prozessführungsbefugnis über die Insolvenzmasse behält (s. Rdn. 25 zur Ablehnung; BFH, ZIP 2014, 894; BGH, ZIP 2007, 249; MK-Schumacher § 85 Rn. 12; FK-App § 85 Rn. 16).

Die Aufnahme erfolgt **durch Zustellung eines bei Gericht einzureichenden Schriftsatzes** (§ 250 ZPO). Das Aktivrubrum ist auf den Insolvenzverwalter zu ändern. Durch Zustellung wird die Unterbrechung beendet (BGH, ZInsO 1999, 106; OLG Celle, ZIP 2011, 2127). Die Aufnahme unterliegt nach Maßgabe des § 78 ZPO dem Anwaltszwang (Jaeger-Windel § 85 Rn. 130). Eine in der mündlichen Verhandlung erklärte Aufnahme bei Anwesenheit des Prozessgegners ist ausreichend (RGZ 109, 47; KPB-Lüke § 85 Rn. 54). Eine Parteivereinbarung über die Aufnahme ist ungenügend, da diese keine Prozesshandlung darstellt (Uhlenbruck-Uhlenbruck § 85 Rn. 79; KPB-Lüke § 85 Rn. 54). **Aufnahme kann auch stillschweigend erfolgen** (BGH, ZIP 1983, 592). Hierbei ist jedoch Zurückhaltung geboten. Aus einer Prozesshandlung eines Aufnahmebefugten muss unzweifelhaft der Wille hervorgehen, den Prozess fortsetzen zu wollen. Eine schlüssige Aufnahme ist z. B. Fortsetzung der Verhandlung zur Sache (RGZ 140, 348; KPB-Lüke § 85 Rn. 55) oder die Einlegung eines Rechtsmittels (Uhlenbruck-Uhlenbruck § 85 Rn. 80), nicht aber die Klagrücknahme (OLG Celle, ZIP 2011, 2127; OLG Celle, ZInsO 2013, 295). Erklärungen des vom Schuldner Bevollmächtigten sind unbeachtlich, da die erteilte Vollmacht mit Verfahrenseröffnung gem. § 117 InsO erloschen ist (OLG Karlsruhe, ZInsO 2005, 151). Anderes gilt jedoch dann, wenn der Insolvenzverwalter den Prozessanwalt des Schuldners mit der Fortsetzung beauftragt hat (BGH, ZIP 1983, 592).

Wurde der Rechtsstreit **nach Urteilsverkündung und vor Rechtsmitteleinlegung unterbrochen**, ist die Einlegung des Rechtsmittels Aufnahmeerklärung (BGHZ 36, 258; BGHZ 111, 104). Die Aufnahme kann zusammen mit dem Rechtsmittel erklärt und bei dem Gericht der Rechtsmittelinstanz eingelegt werden (Jaeger-Windel § 85 Rn. 131; FK-App § 85 Rn. 21). Vor der Revisionseinlegung kann die Aufnahme auch durch den nicht beim BGH postulationsfähigen Verfahrensbevollmächtigten der Vorinstanz erklärt werden (BGH, ZIP 2001, 578; dazu Häcker, EWiR 2001, 551; KPB-Lüke § 85 Rn. 55).

2. Wirkung

Der Insolvenzverwalter führt den Rechtsstreit in der bestehenden Lage fort. Er ist an **Prozesshandlungen des Schuldners gebunden**, es sei denn, er kann diese nach §§ 129 ff. anfechten (HK-Kayser § 85 Rn. 56; KPB-Lüke § 85 Rn. 57). Er kann deshalb auch kein sofortiges Anerkenntnis erklären, wenn dies zuvor für den Schuldner nicht mehr möglich war (BGH, ZInsO 2006, 1214). Der Insolvenzverwalter ist nach Aufnahme berechtigt, sämtliche Angriffs- und Verteidigungsmittel vorzubringen und Prozesserklärungen abzugeben (Jaeger-Windel § 85 Rn. 132; FK-App § 85 Rn. 23). Auch nach Aufnahme ist der Insolvenzverwalter berechtigt, den Streitgegenstand aus dem Insolvenzbeschlag freizugeben. Das Wahlrecht aus § 85 schränkt diese Dispositionsfreiheit nicht ein. **Bei Freigabe gilt § 265 ZPO** (Uhlenbruck-Uhlenbruck § 85 Rn. 99; KPB-Lüke § 85 Rn. 72). Rechtshandlungen und Urteile entfalten Rechtskraft auch ggü. dem Schuldner (MK-Schumacher § 85 Rn. 17; FK-App § 85 Rn. 23; A/G/R-Piekenbrock § 85 Rn. 41). Ausgenommen sind Urteile, wenn der Insolvenzverwalter irrtümlich einen Prozess über massefremdes Vermögen fortgeführt hat (Uhlenbruck-Uhlenbruck § 85 Rn. 83; K. Schmidt-Sternal § 85 Rn. 43). Eine solche Konstellation ist nur denkbar, wenn die unzulässige Aufnahme bei massefremden Gegenständen nicht zuvor durch Beschluss des Gerichtes zurückgewiesen wurde.

10 Der Insolvenzverwalter ist berechtigt, den **Schuldner** zur Fortsetzung des unterbrochenen Rechtsstreites **zu ermächtigen** (KPB-Lüke § 85 Rn. 57a). Eine gewillkürte Prozessstandschaft ist jedoch unzulässig, wenn sie lediglich dazu dient, die Masse von dem Prozessrisiko freizuhalten (BGH, ZIP 1986, 25; KPB-Lüke § 85 Rn. 57a).

3. Verfahrenskosten

11 Obsiegt der Insolvenzverwalter, kann er die Verfahrenskosten, auch soweit vor Unterbrechung entstanden, zur Masse ziehen. Der **anwaltliche Vertreter des Schuldners** ist an dem Kostenerstattungsanspruch nur absonderungsberechtigt, wenn ihm ein hierzu berechtigendes Sicherungsrecht anfechtungsfrei eingeräumt wurde. Geht der aufgenommene Rechtsstreit für die Insolvenzmasse verloren, ist **streitig, ob der Erstattungsanspruch des Gegners einheitlich Masseverbindlichkeit oder zwischen Entstehung der eigenständigen Kostentatbestände vor/nach Unterbrechung zu differenzieren ist.**

12 Wohl überwiegend wird wie zur KO vertreten, das **Prinzip einheitlicher Kostenentscheidung** schließe eine Unterscheidung zwischen vor/nach Unterbrechung entstandenen Kostentatbeständen aus (HK-Kayser § 85 Rn. 58; Jaeger-Windel § 85 Rn. 139; K. Schmidt-Sternal § 85 Rn. 45; OLG Düsseldorf, ZInsO 2001, 560 zu § 86; BFH, ZIP 2011, 1066 Rn. 16; OLG Koblenz, ZIP 2009, 783; OLG Stuttgart, ZInsO 2007, 43 für den Fall, dass die Kostengrundentscheidung nach Verfahrenseröffnung gegen den Insolvenzverwalter ergangen ist. In diesem Fall sei die Kostengrundentscheidung für die Qualifizierung als Masseschuld bindend). Danach sind die Kosten des gesamten Rechtsstreites, auch soweit vor Aufnahme entstanden, Masseschulden i. S. d. § 55 Abs. 1 Nr. 1 InsO. Eine Abgrenzung zwischen Insolvenzforderung und Masseverbindlichkeit wird teilweise nur dann befürwortet, wenn bei Aufnahme eine Instanz abgeschlossen war (A/G/R-Piekenbrock § 85 Rn. 42).

13 Vorzugswürdig ist unter Berufung auf den **Rechtsgedanken des § 105** danach zu differenzieren, ob der Gebührentatbestand und somit der Kostenerstattungsanspruch vor oder nach Verfahrenseröffnung entstanden ist (OLG Rostock, ZIP 2001, 2145; BFH, ZIP 2002, 2225; KPB-Lüke § 85 Rn. 59; MK-Schumacher § 85 Rn. 20; Uhlenbruck-Uhlenbruck § 85 Rn. 84 ff.; Hofmann, EWiR 2007, 85; Damerius, ZInsO 2007, 569). Diesen Standpunkt befürwortet auch das OLG Stuttgart (ZInsO 2007, 43), kommt aber aufgrund der bindenden Kostengrundentscheidung zu dem Ergebnis, dass die Masse einheitlich die Kosten zu tragen hat (ebenfalls für Bindung an die Kostengrundentscheidung OLG Bremen, ZInsO 2005, 1219). Der BGH hat zunächst offen gelassen, welcher Ansicht zu folgen ist (ZInsO 2004, 1308), sodann für den Fall eines in erster Instanz im schriftlichen Vorverfahren unterbrochenen und sodann nach § 180 Abs. 2 aufgenommenen Rechtsstreites entschieden, eine Auflösung des einheitlichen Kostenerstattungsanspruches dahin gehend, dass bei Unterbrechung in einem solch frühen Verfahrensstadium die Qualifizierung als Masseverbindlichkeit auf die Mehrkosten nach der Aufnahme beschränkt sei, komme nicht in Betracht (BGH, ZInsO 2006, 1214). Die Kritik an der undifferenzierten Behandlung eines Kostenerstattungsanspruches als Masseverbindlichkeit ist nach Ansicht des BGH allenfalls dann berechtigt, wenn die Unterbrechung in einer höheren Instanz oder nach Zurückweisung der Sache an die Vorinstanz eintritt.

14 Der dem Rechtsgedanken des § 105 folgenden, differenzierenden Ansicht ist zuzustimmen. Die gegenteilige Auffassung führt zu einer systemfremden Bevorzugung des Kostengläubigers, welche den Wertungen der §§ 38, 53, 55, 87, 187 ff. widerspricht. Die Einordnung der vor Verfahrenseröffnung entstandenen und als Masseschuld zu erstattenden Gebührentatbestände würde den Kostengläubiger bei seinen Befriedigungsaussichten unzulässig bevorzugen (so auch BGH, ZInsO 2004, 1308). Der Grundsatz einheitlicher Kostenentscheidung, welcher ohnehin mehrfach durch-

brochen wird (§§ 96, 97, 344 ZPO), steht der gebotenen differenzierenden Betrachtungsweise nicht entgegen (ebenso KPB-Lüke § 85 Rn. 59). Die einzelnen Kostentatbestände sind eigenständig und somit trennbar. Zu Recht wird darauf verwiesen, dass es in der Sache nicht um eine Aufspaltung der Kostenentscheidung, sondern vielmehr um Qualifizierung des Erstattungsanspruches als Masseverbindlichkeit/Insolvenzforderung geht (KPB-Lüke § 85 Rn. 58; Uhlenbruck ZIP 2001, 1988; OLG Stuttgart, ZInsO 2007, 43; OLG Rostock, ZIP 2001, 2145). Die Aufteilung der Kosten nach Zeitabschnitten ist somit eine besondere Form der Quotelung einer nach wie vor einheitlichen Kostenentscheidung. Der vom BGH (ZInsO 2006, 1214) eingenommene Standpunkt ist abzulehnen (ebenso Hofmann, EWiR 2007, 85). Der BGH hat dem Insolvenzverwalter in einem gegen ihn nach § 180 Abs. 2 aufgenommenen Rechtsstreites die Möglichkeit eines sofortigen Anerkenntnisses mit der Begründung versagt, der Schuldner habe aufgrund seiner Verteidigung bereits vor Unterbrechung die Rechtsfolge des § 93 nicht mehr herbeiführen können. Der Insolvenzverwalter nehme den Rechtsstreit in der Lage auf, in der er sich befindet. Prozesshandlungen des Schuldners habe er gegen sich gelten zu lassen, sofern nicht nach §§ 130 ff. anfechtbar. Der Rechtsstreit wird bei Aufnahme nach § 180 Abs. 2 zwar nicht geändert i. S. d. § 264 Nr. 3, 2. Alt. ZPO fortgeführt. Der Rechtsgedanke des § 96 ZPO, der bei Klageänderung Anwendung findet (Zöller-Greger § 263 ZPO Rn. 18), sollte jedoch auch bei Aufnahme des Rechtsstreites nach Unterbrechung berücksichtigt werden. Der Insolvenzmasse könnten anderenfalls zuvor entstandene Verfahrenskosten, welche zunächst Insolvenzforderung sind, durch eine schnelle Prozessaufnahme nach dem Bestreiten im Prüfungstermin als Masseverbindlichkeit aufgezwungen werden, wenn der Schuldner sich bereits so verteidigt hat, dass der Insolvenzverwalter nicht mehr sofort i. S. d. § 93 anerkennen kann. Vorzugswürdig ist, unter Berücksichtigung des aus § 96 ZPO folgenden Rechtsgedankens darauf abzustellen, ob der Insolvenzverwalter nach Aufnahme des Rechtsstreites sofort anerkennt (vgl. Zöller-Herget § 93 ZPO Rn. 4 bei Klageänderung, Rn. 6 zur zunächst unschlüssigen Klage).

§ 86 Abs. 2 steht der hier vertretenen Ansicht nicht entgegen. Danach sind bei sofortigem Anerkenntnis des Insolvenzverwalters sämtliche Verfahrenskosten Insolvenzforderungen, somit auch solche, welche aufgrund des sofortigen Anerkenntnisses Masseverbindlichkeit wären. Die mit dem Anerkenntnis als Masseverbindlichkeit entstandenen Verfahrenskosten wandeln sich kraft Gesetzes in eine Insolvenzforderung. § 86 Abs. 2 bringt nicht den Willen des Gesetzgebers zum Ausdruck, eine einheitliche Kostenentscheidung zu befürworten. Die Vorschrift unterstreicht vielmehr das Anliegen des Gesetzgebers, die Masse von Verbindlichkeiten zu entlasten, welche vor Insolvenzeröffnung begründet worden sind. Für eine Kostenaufteilung spricht zudem, dass Masseverbindlichkeiten, von § 55 Abs. 2 abgesehen, erst nach Verfahrenseröffnung entstehen. Der Kostenerstattungsanspruch wird mit Klageerhebung aufschiebend bedingt begründet, ist im Grundsatz Insolvenzforderung i. S. d. § 38. Nimmt der Insolvenzverwalter den Rechtsstreit auf, kann er Masseverbindlichkeiten nur insoweit begründen, als Kosten durch die Aufnahme und Fortführung des Prozesses entstehen (§§ 55 Abs. 1, 105). 15

Für den **starken vorläufigen Insolvenzverwalter** gilt die Differenzierung bei Aufnahme im Antragsverfahren (§§ 24 Abs. 2, 85) entsprechend. Die ab Verfahrensaufnahme und später im eröffneten Verfahren angefallenen Prozesskosten sind Masseverbindlichkeiten nach § 55 Abs. 2 (Uhlenbruck, ZIP 2001, 1988, 1989). 16

Offen ist, wie die **gerichtliche Kostenentscheidung bei Aufteilung** zu erfolgen hat. Das OLG Koblenz (ZIP 2009, 783) lehnt eine nachträgliche Korrektur durch den Rechtspfleger ab. Die gerichtliche Kostengrundentscheidung sei vielmehr bindend. Angelehnt an § 86 Abs. 2 ist daher empfehlenswert, eine Quotelung über das Verhältnis des wechselseitigen Obsiegens/Unterliegens hinaus zusätzlich für die Qualifizierung als Masseschuld/Insolvenzforderung vorzunehmen. Würde lediglich nach § 92 ZPO gequotelt, wäre es Aufgabe des Kostenbeamten, i. R. d. Kostenfestsetzungsverfahrens zu prüfen und zu entscheiden, welcher anteilige Erstattungsanspruch wie einzuordnen ist (so aber BFH, ZIP 2002, 2225). Für den vor Insolvenzeröffnung begründeten Erstattungsanspruch besteht kein Festsetzungsinteresse, sodass diese Teilforderung nach §§ 38, 87, 174 ff. zum Gläubigerverzeichnis anzumelden ist. Eine gleichwohl beantragte Kostenfestsetzung ist als unzu- 17 lässig zurückzuweisen. Lediglich der als Masseschuld einzuordnende Erstattungsanspruch kann im Festsetzungsverfahren geltend gemacht werden, es sei denn, Masseunzulänglichkeit ist angezeigt (BGH, ZInsO 2008, 1204; LG Kassel, ZInsO 2004, 400; OLG München, ZIP 2004, 2248). Diese schwierige Abgrenzung erfordert, dass die Differenzierung bereits Eingang in die gerichtliche Kostengrundentscheidung finden sollte (ebenso Uhlenbruck-Uhlenbruck § 85 Rn. 87; für Verlagerung in das Kostenfestsetzungsverfahren Damerius, ZInsO 2007, 569). Die Kostenquote gegen den Insolvenzverwalter sollte zum einen als Masseverbindlichkeit, zum anderen als Insolvenzforderung ausgesprochen werden, was hinreichende Zuordnung ermöglicht (so auch OLG Stuttgart, ZInsO 2007, 43; OLG Rostock, ZIP 2001, 2145).

III. Verzögerung der Aufnahme (Abs. 1 Satz 2)

1. Begriff der Verzögerung

18 Die Aufnahme wird verzögert, wenn der Insolvenzverwalter (gilt aufgrund des Verweisungskette nicht für den vorläufigen Insolvenzverwalter) den Prozess in einer den Umständen nach angemessenen Frist ohne Entschuldigungsgrund nicht aufnimmt (MK-Schumacher § 85 Rn. 35; Uhlenbruck-Uhlenbruck § 85 Rn. 89). Der Fristlauf beginnt mit Kenntnis von dem Verfahren (FK-App § 85 Rn. 26). Eine Verzögerung bemisst sich danach, ob seit Kenntnis vom Rechtsstreit eine für die Entscheidung angemessene Frist verstrichen ist. Hierbei ist auf den Einzelfall und die Schwierigkeiten bei Bewertung der Prozessaussichten abzustellen. Bei Bemessung der Fristdauer ist ferner zu berücksichtigen, dass der Insolvenzverwalter die Massezulänglichkeit für etwaige zu erstattende Verfahrenskosten zu beurteilen hat (KPB-Lüke § 85 Rn. 60). Ist die Zustimmung des Gläubigerausschusses nach § 160 Abs. 2 Nr. 3 erforderlich, verlängert dies die Frist um die übliche Dauer der Abstimmung mit den Mitgliedern des Gläubigerausschusses.

2. Rechtsfolgen

19 Unterbleibt die Aufnahme innerhalb **angemessener Frist**, kann der Gegner nach Abs. 1 Satz 2 i. V. m. § 239 Abs. 2 ZPO den Insolvenzverwalter zur Aufnahme und Verhandlung laden lassen. Die Ladung ist dem Insolvenzverwalter, nicht dem bisherigen Prozessbevollmächtigten des Schuldners zuzustellen, da dessen Vollmacht gem. § 117 erloschen ist (OLG Karlsruhe, ZInsO 2005, 151; Jaeger-Windel § 85 Rn. 155; BK-Blersch/v. Olshausen § 85 Rn. 11). Verhandelt der Insolvenzverwalter im Termin zur Hauptsache, ist dies schlüssige Aufnahme (Rdn. 7). Wird die Aufnahme im Termin abgelehnt, bleibt das Verfahren unterbrochen. Es gilt dann § 85 Abs. 2. Besteht über die Aufnahmebefugnis des Insolvenzverwalters Streit, weil z. B. der Prozessgegenstand nicht insolvenzbefangen ist, hat das Gericht nach § 280 ZPO vorzugehen (MK-Schumacher § 85 Rn. 38). Das Gericht entscheidet durch **Zwischenurteil**, ob der Insolvenzverwalter aufnahmebefugt ist oder der Rechtsstreit unterbrochen bleibt (BGH, ZIP 2010, 646 Rn. 6; KPB-Lüke § 85 Rn. 61; OLG Karlsruhe, ZInsO 2003, 768). Die beschwerte Partei kann das Zwischenurteil wie ein Endurteil anfechten (BGH, ZInsO 2004, 858; 2004, 1310). Ist der Aufnahmeantrag des Gegners unbegründet, wird dieser durch Endurteil abgewiesen (Uhlenbruck-Uhlenbruck § 85 Rn. 90; bei Säumnis des Gegners durch Versäumnisurteil (HK-Kayser § 85 Rn. 72). Erscheint der Insolvenzverwalter im Termin nicht, kann auf Antrag des Gegners zur Hauptsache Versäumnisurteil erlassen (§ 239 Abs. 4 ZPO) oder nach Aktenlage entschieden werden (§ 331a ZPO). Hiergegen steht dem Insolvenzverwalter die Einlegung des Einspruchs oder des Rechtsmittels zu, um auf diese Weise die Aufnahme des Rechtsstreits abzulehnen (KPB-Lüke § 85 Rn. 65). Die Säumnis ist keine schlüssige Ablehnung nach Abs. 2 (Jaeger-Windel § 85 Rn. 158; HK-Kayser § 85 Rn. 72). Ist das Gericht dagegen von der fehlenden Prozessführungsbefugnis des Insolvenzverwalters z. B. aufgrund fehlender Massezugehörigkeit überzeugt, wird der Aufnahmeantrag des Gegners durch Zwischenurteil abgewiesen (MK-Schumacher § 85 Rn. 39; HK-Kayser § 85 Rn. 72). Folge ist dann, dass die Unterbrechung andauert. Die durch den unberechtigten Aufnahmeantrag entstandenen Kosten hat der Antragsteller zu tragen (Uhlenbruck-Uhlenbruck § 85 Rn. 91). Der Nebenintervenient hat kein Antragsrecht aus § 239 Abs. 2 ZPO, da die Ladungsmöglichkeit gem. § 85 Abs. 1 Satz 2 nur dem Gegner

zusteht (BGH, ZIP 2010, 646 Rn. 25). Sind beide Parteien im Termin säumig, kann das Gericht nach § 251a ZPO entscheiden, wenn vor Eintritt der Unterbrechung bereits mündlich verhandelt worden ist (A/G/R-Piekenbrock § 85 Rn. 45; a.A. FK-App § 85 Rn. 26). Anderenfalls ruht das Verfahren (K. Schmidt-Sternal § 85 Rn. 49).

Bei **Unterbrechung zwischen den Instanzen** ist das Gericht der Ausgangsinstanz für die Ladung nach § 239 Abs. 2 ZPO zuständig (BGH, ZIP 2008, 1941 Rn. 15; MK-Schumacher § 85 Rn. 41). Die Ladung erfolgt dann nur zur Verhandlung über die Aufnahme, nicht zur Hauptsache (HK-Kayser § 85 Rn. 74). Bestreitet der Insolvenzverwalter seine Prozessführungsbefugnis zu Recht, soll das Gericht durch ergänzendes Endurteil aussprechen können, dass das bereits erlassene Endurteil auch ggü. dem Verwalter wirkt (Jaeger-Windel § 85 Rn. 156; KPB-Lüke § 85 Rn. 63). Erfolgt im Termin eine Aufnahme durch den Insolvenzverwalter, endet die Unterbrechung. Das Rechtsmittel ist sodann innerhalb der gesetzlichen Fristen einzulegen (BGH, ZIP 2008, 1941 Rn. 15). Entsprechendes gilt für die Unterbrechung/Aufnahme zwischen Einlegung des Rechtsmittels und Ablauf der Begründungsfrist. 20

IV. Ablehnung der Aufnahme (Abs. 2)

1. Befugnis/Form

Ausschließlich der Insolvenzverwalter ist berechtigt, die Aufnahme des unterbrochenen Prozesses abzulehnen. Die Ablehnungserklärung ist formfrei (Uhlenbruck-Uhlenbruck § 85 Rn. 93). Sie ist **ggü. dem Schuldner oder dem Prozessgegner zu erklären**, nicht ggü. dem Gericht (BGH, ZInsO 2007, 94; HK-Kayser § 85 Rn. 60). Aus diesem Grund besteht kein Anwaltszwang (BGH, MDR 1969, 389; KPB-Lüke § 85 Rn. 67). Die Ablehnung kann auch schlüssig, z. B. durch Freigabe des Streitgegenstandes aus dem Insolvenzbeschlag, erklärt werden (BGH, ZInsO 2003, 943; BGH, ZIP 2007, 196 Rn. 18). 21

Der **starke vorläufige Insolvenzverwalter** ist zur Ablehnung **nicht befugt**. § 24 Abs. 2 verweist lediglich auf Abs. 1 Satz 1, nicht auf Abs. 2. Seine Aufgabe ist, die Masse zu sichern und zu erhalten. Eine mit der Ablehnung verbundene Freigabe würde diesem Gesetzeszweck zuwiderlaufen. Eine Ablehnung des starken vorläufigen Insolvenzverwalters ist wirkungslos (Jaeger-Windel § 85 Rn. 153; MK-Schumacher § 85 Rn. 21, 33; a.A. KPB-Lüke § 85 Rn. 50: Ablehnung der Aufnahme hat nur keine Freigabe zur Folge; an die Ausübung des Wahlrechtes ist der spätere Insolvenzverwalter gebunden). Das Verfahren bleibt unterbrochen (§ 240 Satz 2 ZPO), der vorläufige Insolvenzverwalter kann auch nicht über § 239 ZPO zu einer Entscheidung angehalten werden (HK-Kayser § 85 Rn. 45). Mit Verfahrenseröffnung geht die Entscheidungsbefugnis auf den Insolvenzverwalter über. Wird der Insolvenzantrag abgewiesen, endet mit rechtskräftiger Entscheidung die Unterbrechung. 22

2. Rechtsfolgen

Die Ablehnung ist **zugleich Freigabe** des streitbefangenen Vermögensgegenstandes aus dem Insolvenzbeschlag (BGH, ZInsO 2007, 94; MK-Schumacher § 85 Rn. 23; differenzierend Jaeger-Windel § 85 Rn. 144: Doppeltatbestand prozessualer Ablehnung und materiell-rechtlicher Freigabe), die Freigabe umgekehrt Ablehnung der Prozessfortsetzung (HK-Kayser § 85 Rn. 62; KPB-Lüke § 85 Rn. 69). Der Schuldner erlangt mit der Ablehnung und gleichzeitigen Freigabe die gesetzliche Prozessführungsbefugnis über den dann massefreien Streitgegenstand zurück. Die – unwirksame – Ablehnung, einen Passivprozess aufzunehmen, der versehentlich für einen Aktivprozess gehalten wurde, führt nicht zur Rechtsfolge des Abs. 2 (BGH, ZInsO 2007, 94 Rn. 96). Der Rechtsstreit bleibt unterbrochen. Behält sich der Insolvenzverwalter bei Ablehnung vor, den Gegenstand gleichwohl für die Masse in Anspruch nehmen zu wollen, ist diese Erklärung nichtig (Uhlenbruck-Uhlenbruck § 85 Rn. 94; KPB-Lüke § 85 Rn. 68). Gleiches gilt für einen entsprechenden geheimen Vorbehalt (Jaeger-Windel § 85 Rn. 144; MK-Schumacher § 85 Rn. 23). Die Ermächtigung des Schuldners zur Aufnahme des unterbrochenen Prozesses ist deshalb unzulässig, wenn die gewill- 23 kürte Prozessstandschaft nur bezweckt, die Masse von dem Prozessrisiko freizuhalten (BGH, NJW 1973, 2065; NJW 1988, 218; FK-App § 85 Rn. 29; A/G/R-Piekenbrock § 85 Rn. 47).

24 Nach Ablehnung ist der **Schuldner prozessführungsbefugt**. Die Unterbrechung endet jedoch nicht bereits mit der Ablehnung durch den Insolvenzverwalter, sondern erst mit Aufnahme durch den Schuldner oder seinen Gegner (BGH, ZIP 2010, 646 Rn. 17; MK-Schumacher § 85 Rn. 24; KPB-Lüke § 85 Rn. 72). Wurde der Prozessgegenstand nach Aufnahme durch den Insolvenzverwalter freigegeben, bleibt er gem. § 265 ZPO zur Prozessführung befugt (KPB-Lüke § 85 Rn. 72). Das aufgrund des Urteils Erlangte ist freies Vermögen des Schuldners (Uhlenbruck-Uhlenbruck § 85 Rn. 96). Die Freigabe erfasst auch unselbstständige Nebenrechte (BGH, ZInsO 2007, 94 Rn. 21; Uhlenbruck-Uhlenbruck § 85 Rn. 99). Ist der Schuldner nach Abs. 2 zur Aufnahme berechtigt und lehnt sodann die Fortsetzung des Rechtsstreites ab, wird dies als Klagrücknahme auszulegen sein.

3. Besonderheiten

a) Eigenverwaltung

25 Bei Eigenverwaltung bleibt der **Schuldner prozessführungsbefugt**, der Sachwalter ist zur Aufnahme nicht berechtigt. Teilweise wird ein Zustimmungsbedürfnis des Sachwalters nach § 275 Abs. 1 für erforderlich gehalten (A/G/R-Piekenbrock § 85 Rn. 48). Die Auffassung, nach Ablehnung der Aufnahme oder Freigabe durch den Schuldner könne der Gegner den Rechtsstreit ggü. der Insolvenzmasse aufnehmen (KPB-Pape § 283 Rn. 6), ist bedenklich. Dem Rechtsgedanken des Abs. 2 folgend wäre der Streitgegenstand insolvenzfreies Vermögen. Die Ablehnung der Prozessaufnahme ist daher zugleich Klagrücknahme (ebenso KPB-Lüke § 85 Rn. 68a; a. A. MK-Schumacher § 85 Rn. 25 wegen Missbrauchsgefahr durch Überführung in das insolvenzfreie Vermögen bedenklich). Um einer solchen Missbrauchsgefahr entgegenzuwirken, sollte die Ablehnung unter dem Zustimmungsvorbehalt des Sachwalters nach § 275 Abs. 1 stehen.

b) Nachlassinsolvenz

26 Abs. 2 gilt auch für den Insolvenzverwalter im Nachlassinsolvenzverfahren (Uhlenbruck-Uhlenbruck § 85 Rn. 97). Anstelle des Schuldners sind die Erben neben dem Gegner berechtigt, den Prozess aufzunehmen (Jaeger-Windel § 85 Rn. 149; KPB-Lüke § 85 Rn. 71). Zu beachten ist, dass die Masse bei beschränkter Erbenhaftung (§ 1975 BGB) für die Verfahrenskosten haftet (§ 1978 Abs. 3 BGB, § 324 Abs. 1). Der Insolvenzverwalter hat bei fehlender Erfolgsaussicht abzuwägen, welche Möglichkeit masseschonend ist. Die der Masse auferlegten Kosten könnten bei Vorgehen des Gegners nach Abs. 1 Satz 2 geringer sein als bei Fortführung des Rechtsstreites durch die Erben gem. Abs. 2.

c) Gesellschaftsinsolvenz

27 Streitig ist, ob in der Insolvenz einer juristischen Person oder Gesellschaft ohne Rechtspersönlichkeit eine Ablehnungsmöglichkeit nach Abs. 2 besteht. Teilweise wird vertreten, der Insolvenzverwalter könne Massegegenstände ggü. der Gesellschaft nicht freigeben, woraus die Unanwendbarkeit des Abs. 2 folge (OLG Karlsruhe, ZInsO 2003, 768; K. Schmidt, KTS 1994, 309, 315; Bork, Einführung in das neue Insolvenzrecht, Rn. 133, 186). Der Insolvenzverwalter sei nach § 199 Abs. 2 zur Vollabwicklung der Gesellschaft verpflichtet, was erklärter Wille des Gesetzgebers sei. Hieraus folge, dass kein massefreies Vermögen durch Freigabe/Ablehnung der Aufnahme entstehen dürfe.

28 Diese Auffassung widerspricht der herrschenden Meinung (BGH, ZInsO 2007, 94; 2005, 594 mit ausführl. Begr.; Uhlenbruck-Uhlenbruck § 85 Rn. 95; MK-Schumacher § 85 Rn. 26 bis 28; KPB-Lüke § 85 Rn. 70). Das Gesetz differenziert nicht zwischen natürlichen Personen und anderen Schuldnern. Die Pflicht zur Vollabwicklung wird durch Abs. 2 eingeschränkt. Das Ablehnungsrecht soll dem Insolvenzverwalter bei aussichtslosen Prozessen ermöglichen, die Masse von dem Kostenrisiko freizuhalten.

4. Verfahrenskosten

Die Insolvenzmasse trägt nach herrschender Meinung keine Verfahrenskosten als Masseverbindlichkeit, wenn der Insolvenzverwalter die Aufnahme des Rechtsstreites ablehnt (Uhlenbruck-Uhlenbruck § 85 Rn. 100; K. Schmidt-Sternal § 85 Rn. 56). Der Schuldner soll danach für sämtliche Verfahrenskosten mit seinem insolvenzfreien Vermögen als sog. Neuschuld haften (Jaeger-Windel § 85 Rn. 147; KPB-Lüke § 85 Rn. 72). Richtig ist aber, auch im Fall des Abs. 2 danach zu differenzieren, welche Kosten vor/nach Unterbrechung angefallen sind. Der Gegner nimmt mit seinem Erstattungsanspruch, welcher vor Insolvenzeröffnung begründet wurde, nach §§ 38, 87, 174 ff. am Insolvenzverfahren teil. Für die danach begründeten Kosten (sog. Neuschulden) haftet der Schuldner mit seinem insolvenzfreien Neuerwerb (MK-Schumacher § 85 Rn. 30; Damerius, ZInsO 2007, 569, 573). Der Gegenmeinung ist vorzuhalten, einerseits bei Aufnahme durch den Insolvenzverwalter eine Aufteilung der Kosten zu befürworten, andererseits bei Ablehnung und Fortsetzung des Prozesses durch den Schuldner – inkonsequent – von einheitlicher Kostenentscheidung auszugehen. Eine Benachteiligung des Prozessgegners folgt hieraus nicht. Im Gegenteil: Er wird mit seinem vor Verfahrenseröffnung begründeten Erstattungsanspruch allen übrigen Insolvenzgläubigern gleichgestellt. Eine differenzierende Ansicht (A/G/R-Piekenbrock § 85 Rn. 49), wonach eine Gesamtschuldnerhaftung für die vor Verfahrenseröffnung begründeten Kostenerstattungsansprüche besteht (einerseits nach § 38 andererseits als Neuschuld) ist als systemwidrig zurückzuweisen, da einerseits vor Verfahrenseröffnung begründete Ansprüche keine Neuschuld darstellen können und andererseits eine Gesamtschuld gar nicht bestehen kann.

29

V. Beendigung des Insolvenzverfahrens

Der vom Insolvenzverwalter aufgenommene oder begonnene Rechtsstreit wird mit Aufhebung des Insolvenzverfahrens **entsprechend §§ 239, 242 ZPO unterbrochen** (MK-Schumacher vor §§ 85 bis 87 Rn. 89; Uhlenbruck-Uhlenbruck § 80 Rn. 108). Dies gilt nicht, wenn hinsichtlich des streitgegenständlichen Anspruchs die Nachtragsverteilung vorbehalten wurde (Uhlenbruck-Uhlenbruck § 85 Rn. 72). Hat der Insolvenzverwalter einen Prozessbevollmächtigten bestellt, tritt keine Unterbrechung ein (OLG Karlsruhe, ZInsO 2005, 823). Es kann Aussetzung beantragt werden (§ 246 ZPO). Die Vollmacht bleibt bestehen. Der Insolvenzverwalter verliert mit Verfahrensbeendigung seine Prozessführungsbefugnis, der Schuldner erlangt diese zurück (BGH, ZInsO 2008, 1017). Den mit der Verfahrensbeendigung einhergehenden Parteiwechsel hat der Prozessgegner hinzunehmen (BGH, ZIP 1992, 1152; OLG Karlsruhe, ZInsO 2005, 823). Will der Insolvenzverwalter den Prozess in gewillkürter Prozessstandschaft fortsetzen, muss er dies während der Tatsacheninstanzen offen legen (BGH, ZInsO 2008, 1017). Unterlässt er dies, ist der Rechtsstreit mit ihm fortzuführen und die Klage wegen Unzulässigkeit abzuweisen.

30

§ 86 Aufnahme bestimmter Passivprozesse

(1) Rechtsstreitigkeiten, die zur Zeit der Eröffnung des Insolvenzverfahrens gegen den Schuldner anhängig sind, können sowohl vom Insolvenzverwalter als auch vom Gegner aufgenommen werden, wenn sie betreffen:
1. die Aussonderung eines Gegenstands aus der Insolvenzmasse,
2. die abgesonderte Befriedigung oder
3. eine Masseverbindlichkeit.

(2) Erkennt der Verwalter den Anspruch sofort an, so kann der Gegner einen Anspruch auf Erstattung der Kosten des Rechtsstreits nur als Insolvenzgläubiger geltend machen.

Übersicht	Rdn.		Rdn.
A. Normzweck	1	1. Unterbrochener Passivprozess	2
B. Norminhalt	2	2. Besonderer Streitgegenstand (Abs. 1)	6
I. Voraussetzungen	2	a) Aussonderung (Abs. 1 Nr. 1)	6

b) Abgesonderte Befriedigung (Abs. 1 Nr. 2)	9	2. Wirkungen........................	19
c) Masseverbindlichkeiten (Abs. 1 Nr. 3)	11	3. Verfahrenskosten (Abs. 2)......... a) Grundsatz.................. b) Besonderheit................	20 20 21
II. Aufnahme....................... 1. Vorgehensweise	15 15	III. Besonderheiten bei Freigabe	23

A. Normzweck

1 Die Norm ergänzt § 85 für die Aufnahme von unterbrochenen Passivprozessen. Die Ansprüche von Aus-/Absonderungsberechtigten und Massegläubigern sollen zügiger Klärung zugeführt werden. Dies ermöglicht zeitnahe Feststellung der Teilungsmasse. Das Ziel schneller Verfahrensdurchführung wird hierdurch gefördert. Die in § 86 Abs. 1 als Teilungsmassegegenstreit bezeichneten Passivprozesse kann der Insolvenzverwalter nicht von der Masse fernhalten, sondern lediglich Kosten zulasten der Masse durch ein sofortiges Anerkenntnis nach § 86 Abs. 2 vermeiden. Die übrigen Passivprozesse können erst nach Anmeldung zur Tabelle und Bestreiten im Prüfungstermin aufgenommen werden (s. § 87 Rdn. 6).

B. Norminhalt

I. Voraussetzungen

1. Unterbrochener Passivprozess

2 § 86 regelt den sog. **Teilungsmassegegenstreit** (KPB-Lüke § 86 Rn. 2). Der Streitgegenstand muss auf **Minderung der Teilungsmasse gerichtet** sein (Uhlenbruck-Uhlenbruck § 86 Rn. 1, 3; K. Schmidt-Sternal § 86 Rn. 3). Deshalb kommt es auf die Parteirolle des Schuldners nicht an (BFH, ZInsO 2009, 1365; MK-Schumacher § 86 Rn. 5; KPB-Lüke § 86 Rn. 4). Regelmäßig wird zwar der Schuldner auch Beklagter im Teilungsmassegegenstreit sein. Ein solcher liegt z. B. aber auch dann vor, wenn der Schuldner durch negative Feststellungsklage das Recht des Gegners bestreitet (HK-Kayser § 86 Rn. 6; BK-Blersch/v. Olshausen § 86 Rn. 2) oder er Vollstreckungsgegenklage gegen ein Absonderungsrecht erhoben hat (BGH, NJW 1973, 2065; vgl. i. Ü. zur Abgrenzung Aktiv-/Passivrechtsstreit § 85 Rdn. 2 bis 5). Maßgebender Zeitpunkt für die Abgrenzung zwischen Aktiv- und Passivprozess ist die Entscheidung über die Aufnahme (s. § 85 Rdn. 2, streitig).

3 Der Rechtsstreit muss unterbrochen sein. Die Vorschrift findet keine Anwendung auf Klagen, welche nach Verfahrenseröffnung erhoben wurden. Ist der Streitgegenstand von § 86 erfasst, kann der Gläubiger den Insolvenzverwalter nach Eröffnung verklagen. Für den sog. **Schuldenmassestreit**, sonstige Streitigkeiten über die Passivseite des schuldnerischen Vermögens, sind die §§ 87, 174 ff. zu beachten (K. Schmidt-Sternal § 86 Rn. 3). Klagerhebung/Aufnahme eines solchen unterbrochenen Rechtsstreites sind nur und erst dann zulässig, wenn das Prüfungsverfahren durchlaufen wurde (vgl. § 87 Rdn. 6).

4 Ein Rechtsstreit wird nicht unterbrochen, wenn der Streitgegenstand insolvenzfreies Schuldnervermögen (z. B. unpfändbarer Gegenstand) betrifft (MK-Schumacher § 86 Rn. 4; KPB-Lüke § 86 Rn. 7). In diesem Fall wird der Rechtsstreit gegen den Schuldner fortgesetzt (HK-Kayser § 86 Rn. 5). Besteht zwischen den Beteiligten Streit über die **Massezugehörigkeit**, ist die Auffassung des Gerichtes maßgebend. Nimmt der Verwalter z. B. einen Rechtsstreit nach § 86 auf, welcher nach Ansicht des Gerichtes insolvenzfreies Vermögen betrifft, ist die Aufnahme als unzulässig durch Zwischenurteil abzuweisen (MK-Schumacher § 86 Rn. 4).

5 Wegen § 24 Abs. 2 kann auch der **starke vorläufige Insolvenzverwalter** einen gem. § 240 Satz 2 ZPO unterbrochenen Rechtsstreit aufnehmen. Erfolgt die Aufnahme durch den starken vorläufigen Insolvenzverwalter, wird der Rechtsstreit durch die Verfahrenseröffnung erneut unterbrochen (BFH, Beschl. v. 15.03.2007, III B 178/05; Uhlenbruck-Uhlenbruck § 85 Rn. 73; KPB-Lüke § 86 Rn. 6; HK-Kayser § 86 Rn. 13; K. Schmidt-Sternal § 86 Rn. 10). Die gegenteilige Auffassung von

Schumacher (MK-Schumacher § 86 Rn. 18; A/G/R-Piekenbrock § 86 Rn. 2) überzeugt nicht. Der Wortlaut der Vorschrift lässt keinen Raum für die Reduktion des Anwendungsbereiches des § 240 Abs. 1 ZPO. Es handelt sich um eigenständige Wahlrechte, sodass der vorläufige Insolvenzverwalter nicht bereits das Wahlrecht für den Insolvenzverwalter ausübt. Wurde die Klage gegen den starken vorläufigen Insolvenzverwalter erhoben, tritt mit Verfahrenseröffnung Unterbrechung ein. Eine Aufnahmemöglichkeit für einen **schwachen vorläufigen Insolvenzverwalter** besteht indessen nicht. § 240 Abs. 2 ZPO ist bei Anordnung der vorläufigen Insolvenzverwaltung ohne allgemeines Verwaltungs- und Verfügungsverbot nicht entsprechend anwendbar (BGH, NJW-RR 2006, 1208 Rn. 3; BGH, ZInsO 1999, 472; KG, ZInsO 2001, 265; BAG, ZInsO 2001, 1024). Wird dem Schuldner hingegen im Eröffnungsverfahren partiell wegen der von ihm geführten Aktiv- und Passivprozesse ein allgemeines Verfügungsverbot auferlegt und der vorläufige Insolvenzverwalter ermächtigt, diese Prozesse zu führen, tritt Unterbrechung ein (BGH, ZInsO 2013, 1516 Rn. 12–16).

2. Besonderer Streitgegenstand (Abs. 1)

a) Aussonderung (Abs. 1 Nr. 1)

Gegenstand sind Streitigkeiten über die Nichtzugehörigkeit eines Vermögenswertes zur Insolvenzmasse, somit die Bereinigung der Ist-Masse zur Soll-Masse (K. Schmidt-Sternal § 86 Rn. 4). Zum Anwendungsbereich gehören **Klagen auf Herausgabe** gem. § 985 BGB (gilt nicht für Sicherungseigentum wegen § 51 Nr. 1, in diesem Fall ermöglicht Abs. 1 Nr. 2 die Aufnahme), Feststellung des Eigentums oder einer Dienstbarkeit, Grundbuchberichtigung oder auf Abtretung einer Forderung aus dem Kommissionsgeschäft (§ 392 Abs. 2 HGB). Auch Herausgabeklagen beruhend auf schuldrechtlichen Ansprüchen (Herausgabe-/**Räumungsanspruch des Vermieters**/Herausgabe von Treugut) werden von § 86 erfasst (MK-Schumacher § 86 Rn. 6; Jaeger-Windel § 86 Rn. 5). Die **Drittwiderspruchsklage** unterfällt ebenfalls § 86 (Jaeger-Windel § 86 Rn. 7).

Gegenstand von **Unterlassungsklagen** können auch Aussonderungsansprüche sein und daher unter § 86 fallen. Hierzu gehören Klagen auf Unterlassung von Patentverletzungen, wenn die Inhaberschaft des Rechtes streitig ist (OLG Köln, ZIP 2008, 518; Jaeger-Windel § 86 Rn. 13 ff.). Die **Patentnichtigkeitsklage** fällt daher unter § 86 Abs. 1 Nr. 1 (BGH, ZIP 2013, 1447 Rn. 10). Das Klagverfahren auf Nichtigkeit des Patents kann somit aufgenommen werden, wenn der Gegner vom Insolvenzverwalter aus dem Streitpatent in Anspruch genommen wird. Durch die Geltendmachung der mangelnden Patentfähigkeit soll dieses Recht dem Schuldnervermögen entzogen werden, sodass die beanspruchte Nichtigkeit des Patents zur Minderung der Teilungsmasse führen würde. Der Schuldner beruft sich auf ein ihm zustehendes Recht, welches vom Prozessgegner bestritten wird. Wie bei einer Aussonderung geht es darum, ob das Recht Massebestandteil ist oder nicht, weshalb § 86 greift (KPB-Lüke § 86 Rn. 9; Uhlenbruck-Uhlenbruck § 86 Rn. 9). Entsprechendes gilt für sonstige Schutzrechte (Marken, Lizenzen). Das RG hat die Zugehörigkeit eines Unterlassungsanspruches zu den drei Fallgruppen des § 11 KO (heute § 86 Abs. 1 InsO) noch verneint und diese als Aktivprozess dem § 10 KO (heute § 85 InsO) zugeordnet (RGZ 134, 377, 379). Im Anschluss an diese Rechtsprechung hat der BGH entschieden, dass der Rechtsstreit wegen eines Unterlassungsanspruches aus einem gewerblichen Schutzrecht gegen den Schuldner ein Aktivprozess ist (BGH, GRUR 1966, 218, 219). Das Schrifttum hat demgegenüber nahezu einhellig den Standpunkt eingenommen, dass es sich bei einem Rechtsstreit gegen den Schuldner, gerichtet auf einen Unterlassungsanspruch, um einen Passivprozess handelt (Jaeger/Windel § 86 Rn. 13; MK-Schumacher § 86 Rn. 15; K. Schmidt, ZZP 90 [1977], 38, 45). Der BGH hat sich in der »Modulgerüst II«-Entscheidung der herrschenden Meinung. für den Fall angeschlossen, dass es sich bei der Klage gegen den Schuldner um einen **gesetzlichen Unterlassungsanspruch wegen Verletzung eines gewerblichen Schutzrechtes oder eines Wettbewerbsverstoßes** handelt (BGH, ZIP 2010, 948, Rn. 26). Für die Einordnung als Passivprozess spricht, dass der Rechtsstreit keine für einen Aktivprozess typische Pflicht zu einer Leistung betrifft, welche in die Masse zu gelangen hätte. Verletzt der Schuldner ein gewerbliches Schutzrecht, befinden sich die Produkte regelmäßig in der Masse. Ein solcher auf Unterlassung gerichteter Rechtsstreit betrifft typischerweise keine Leistung, die noch erst in die Masse gelangen soll. Entsprechendes gilt, wenn der Gläubiger einen wettbewerbsrechtlichen Unterlassungsanspruch gegen den Schuldner verfolgt. Ein Aktivprozess i. S. d. § 85 (sog. Teilungsmassestreit) setzt hingegen voraus, dass der Streitgegenstand des Prozesses einen Aktivposten der Masse betrifft. Der Rechtsstreit muss für den Fall des Obsiegens zu einer Massemehrung führen. Unterlassungsklagen gegen den Schuldner bewirken keine Masseanreicherung. Diese sind vielmehr auf Schmälerung/Entzug der Teilungsmasse gerichtet. Folgerichtig ist die gegen den Schuldner gerichtete Unterlassungsklage als Passivprozess einzuordnen. Die Aufnahmebefugnis für den gestörten Gläubiger richtet sich nach § 86 InsO. Ob die Aufnahme indessen nach **§ 86 Abs. 1 Nr. 1 oder Nr. 3 oder analog § 86 Abs. 1 erfolgt**, wird nicht einheitlich beantwortet. Teilweise wird die Ansicht vertreten, der auf ein gewerbliches Schutzrecht gestützte Unterlassungsanspruch betreffe ein Aussonderungsrecht mit der Folge, dass für die Aufnahme des unterbrochenen Rechtsstreites § 86 Abs. 1 Nr. 1 gilt (K. Schmidt, ZZP [1977], 38, 49; ders. FS Gerhardt 2004, 903, 921; MK-BGB-Baldus § 1004 Rn. 151). Nach anderer Auffassung ist zu differenzieren: Für die Aufnahme gilt § 86 Abs. 1 Nr. 1, wenn die Klage die Aussonderung eines Gegenstandes aus der Masse betrifft, bspw. wenn die Unterlassungsklage dazu dient, ein aussonderungsfähiges Recht (Eigentum, Patent) vor der drohenden Verwertung durch den Schuldner bzw. Insolvenzverwalter zu schützen. Betrifft der Unterlassungsanspruch indessen eine allgemeine Handlungspflicht, ist § 86 Abs. 1 Nr. 3 direkt oder analog anwendbar (MK-Schumacher § 86 Rn. 15, Stürner, ZZP 94 [1981], 263, 305 ff.; HK-Kayser § 86 Rn. 14). Schließlich wird angenommen, der Gläubiger könne den Prozess nur dann gem. § 86 Abs. 1 Nr. 3 aufnehmen, wenn der Insolvenzverwalter mit der Masse für den Anspruch auf Unterlassung bzw. die Vornahme einer unvertretbaren Handlung einzustehen hat (Jaeger-Windel § 86 Rn. 16). Der BGH hat sich für eine analoge Anwendung des § 86 Abs. 1 Nr. 3 entschieden, wenn Streitgegenstand ein Unterlassungsanspruch wegen Verletzung eines gewerblichen Schutzrechtes oder wegen einer unerlaubten geschäftlichen Handlung ist (ZIP 2010, 948 Rn. 28). Der gesetzliche Unterlassungsanspruch betreffe nach Ansicht des BGH zwar keine Masseverbindlichkeit. Für die Aufnahme des als Passivprozess einzuordnenden Rechtsstreites über einen gesetzlichen Unterlassungsanspruch würde dann aber eine Regelungslücke entstehen, die durch entsprechende Anwendung des § 86 Abs. 1 Nr. 3 zu schließen sei. Zum Zwecke eines effektiven Rechtsschutzes habe der gestörte Gläubiger ein schützenswertes Interesse daran, den Rechtsstreit unabhängig von der Entscheidung des Insolvenzverwalters aufnehmen zu können. In dem zugrunde liegenden Streitfall des BGH wurde ein Unterlassungsanspruch gegen den Insolvenzverwalter verneint, da keine Feststellungen getroffen wurden, welche die Annahme einer Begehungsgefahr in der Person des Insolvenzverwalters rechtfertigen. **Eine in der Person des Schuldners entstandene Wiederholungsgefahr ist dem Insolvenzverwalter nicht zuzurechnen.** Die Wiederholungsgefahr ist ein tatsächlicher Umstand, welcher nach den Verhältnissen in der Person des in Anspruch Genommenen zu beurteilen ist. Auch eine Erstbegehungsgefahr im Hinblick auf zukünftige Verletzungshandlungen habe nicht bestanden. Bei einer solcher Sachlage ist fragwürdig, warum eine analoge Anwendung des § 86 Abs. 1 Nr. 3 erforderlich ist. Ein schützenswertes Interesse, den Rechtsstreit aufnehmen zu können, hat in dem vorliegenden Fall gar nicht bestanden. Vielmehr hat der **Unterlassungsanspruch mit der Verfahrensunterbrechung nach § 240 ZPO seine Erledigung gefunden, wenn eine Wiederholungs- oder Erstbegehungsgefahr nur vom Schuldner, nicht vom Insolvenzverwalter ausgeht.** Eine Aufnahmebefugnis nach § 86 Abs. 1 Nr. 3 ist daher erst dann anzunehmen, wenn der Insolvenzverwalter den Geschäftsbetrieb fortführt und sich hieraus eine drohende Rechtsverletzung ergeben kann. Der BGH verlagert diese Prüfung in die Begründetheit des geltend gemachten Unterlassungsanspruches. Vorzugswürdiger wäre gewesen, die Aufnahmebefugnis mangels eines schutzwürdigen Interesses zu verneinen. Nur dann, wenn der Insolvenzverwalter mit der Masse für den Unterlassungsanspruch bzw. die Vornahme einer unvertretbaren Handlung einzustehen hat, besteht ein Bezug zu § 86 Abs. 1 Nr. 3, da eine Masseverbindlichkeit betroffen wäre. Soll mit der Unterlassungsklage ein aussonderungsfähiges Recht geschützt werden, ist mit der differenzierenden Ansicht auf § 86 Abs. 1 Nr. 1 abzustellen.

8 Problematisch und streitig ist, ob der **insolvenzrechtliche Rückgewähranspruch (§ 143)** ein Fall des § 86 ist. Nach herkömmlicher Auffassung gewährt § 143 einen schuldrechtlichen Verschaffungs-

anspruch, sodass grds. § 87 gilt (BGHZ 22, 128; BGHZ 71, 61). Vordringlich und vorzugswürdig ist die sog. haftungsrechtliche Theorie (KPB-Lüke § 86 Rn. 10; zum Meinungsstand ausführl. Haas/Müller ZIP 2003, 49; Uhlenbruck-Uhlenbruck § 86 Rn. 8). Danach ist § 86 auf den Rückgewähranspruch des § 143 anwendbar. Die Rspr. billigt dem Anfechtungsgläubiger ein Aussonderungsrecht dann zu, wenn der Anfechtungsgegenstand noch bestimmbar in der Masse vorhanden ist (BGH, NZI 2009, 45; NZI 2009, 429; ZInsO 2003, 1096).

b) Abgesonderte Befriedigung (Abs. 1 Nr. 2)

Eine Aufnahme des unterbrochenen Rechtsstreites kommt außerdem in Betracht, wenn dieser auf abgesonderte Befriedigung gerichtet ist. Dies betrifft Rechtsstreite, in denen dem Anspruchsinhaber ein Recht auf vorzugsweise Befriedigung am Sicherungsgut eingeräumt wird. Regelfälle sind Klagen auf Duldung der Zwangsvollstreckung (§ 1147 BGB), Herausgabe sicherungsübereigneter oder verpfändeter Sachen oder die Widerspruchsklage nach § 115 Abs. 3 ZVG (Jaeger-Windel § 86 Rn. 9; Uhlenbruck-Uhlenbruck § 86 Rn. 10), aber auch Streitigkeiten über Pfändungspfandrechte und Zurückbehaltungsrechte (§ 51 Nr. 2, 3). Wehrt sich der Schuldner gegen die Zwangsvollstreckung aufgrund eines Absonderungsrechtes (§ 767 ZPO), greift § 86 Abs. 1 Nr. 2 (MK-Schumacher § 86 Rn. 9). Die Vorschrift findet entsprechende Anwendung bei einer gegen den Erben gerichteten Zahlungsklage gem. § 2213 Abs. 3 BGB (Pflichtteilsanspruch bei angeordneter Testamentsvollstreckung). Dieser Fall ist, da die Zahlungspflicht auf den vom Testamentsvollstrecker verwalteten Nachlass zu beschränken ist, mit dem Bestehen eines Absonderungsrechts vergleichbar (BGH, ZInsO 2006, 705).

9

Gem. § 110 VVG kann der Geschädigte wegen des ihm gegen den Versicherungsnehmer zustehenden Anspruchs abgesonderte Befriedigung aus dem Freistellungsanspruch des Versicherungsnehmers verlangen, wenn dieser insolvent ist. Der Geschädigte kann diesen Freistellungsanspruch durch unmittelbare Klage gegen den Insolvenzverwalter, allerdings beschränkt auf die Leistung aus der Versicherungsforderung, geltend machen, und zwar ohne zuvor das Anmelde- und Prüfungsverfahren zu durchlaufen (BGH, ZInsO 2013, 2215 Rn. 10). Ist vor Verfahrenseröffnung ein Rechtsstreit zwischen Geschädigtem und Schuldner anhängig, kann dieser nach Verfahrenseröffnung gem. § 86 Abs. 1 Nr. 2 gegenüber dem Insolvenzverwalter aufgenommen werden. Gegenstand des unterbrochenen Haftungsprozesses ist zwar der Zahlungsanspruch des Geschädigten und nicht das Recht, sich aus der Deckung gegen den Versicherer zu befriedigen. Dennoch wird diese Zahlungsklage von § 86 Abs. 1 Nr. 2 erfasst, wobei nach der Aufnahme der Antrag auf die Leistung aus der Versicherung zu beschränken ist. Durch die Notwendigkeit dieser Beschränkung wird sichergestellt, dass nicht ein als Insolvenzforderung zu qualifizierender Haftungsanspruch entgegen § 87 von § 86 erfasst wird (BGH, ZInsO 2013, 2215 Rn. 13). Das Recht zur Aufnahme schließt die entstandenen Kosten ein, soweit diese durch das Recht gesichert sind, abgesonderte Befriedigung zu beanspruchen. War bereits vor Verfahrenseröffnung ein Haftungsrechtsstreit anhängig, ist dieser aufzunehmen. Eine erneute Klage gerichtet gegen den Insolvenzverwalter ist als unzulässig zurückzuweisen.

9a

Besonderheiten sind bei **Herausgabeklagen aus Sicherungsrechten** wegen §§ 166 ff. zu beachten. Steht dem Verwalter das Verwertungsrecht zu, kann Herausgabe nach Prozessaufnahme nicht mehr verlangt werden (Uhlenbruck-Uhlenbruck § 86 Rn. 12). Der Absonderungsgläubiger kann den Rechtsstreit für erledigt erklären (Jaeger-Windel § 86 Rn. 26 f.; KPB-Lüke § 86 Rn. 11). Der Kostenerstattungsanspruch ist dann Insolvenzforderung, welcher wie der Hauptanspruch zur abgesonderten Befriedigung berechtigt (s. Rdn. 21; BK-Blersch/v. Olshausen § 86 Rn. 5). Möglich ist auch, den Antrag auf Feststellung des Absonderungsrechtes umzustellen (MK-Schumacher § 86 Rn. 9; A/G/R-Piekenbrock § 86 Rn. 8). Hiergegen werden aufgrund eines möglichen sofortigen Anerkenntnisses durch den Insolvenzverwalter mit der Kostenfolge des § 86 Abs. 2 Bedenken entgegengebracht (Smid ZInsO 2001, 433, 440). Der Klageantrag sei deshalb auf Auskehrung des Verwertungserlöses (§ 170 Abs. 1 Satz 2) umzustellen (K. Schmidt-Sternal § 86 Rn. 7). Dieser Auffassung ist zuzustimmen, wenn das Sicherungsgut bereits verwertet wurde. In diesem Fall ist für die subsidiäre Feststellungsklage kein Raum.

10

c) Masseverbindlichkeiten (Abs. 1 Nr. 3)

11 Da Masseverbindlichkeiten rgm. nach Verfahrenseröffnung entstehen, ist der Anwendungsbereich eingeschränkt. Unterbrochene Rechtsstreite betreffend solcher Masseverbindlichkeiten sind insoweit nicht denkbar. In den Anwendungsbereich fallen daher zunächst im Eröffnungsverfahren begründete Masseverbindlichkeiten nach § 55 Abs. 2 (s. Rdn. 13) und Abs. 4. Eine Prozessaufnahme kommt außerdem in Betracht, wenn Ansprüche aus einem unerfüllten gegenseitigen Vertrag geltend gemacht werden, deren Erfüllung gewählt wurde (§§ 103 Abs. 1, 55 Abs. 1 Nr. 2). Die Möglichkeit der Prozessfortführung ist erst eröffnet, wenn der Verwalter Erfüllung verlangt. Mit der Ausübung des Wahlrechtes entsteht eine Masseverbindlichkeit (vgl. § 103 Rdn. 29.; MK-Schumacher § 86 Rn. 11). Sind die geschuldeten Leistungen teilbar i. S. d. § 105 Abs. 1, kann der Rechtsstreit nur hinsichtlich desjenigen Anspruches aufgenommen werden, welcher durch das Erfüllungsverlangen Masseverbindlichkeit geworden ist (K. Schmidt-Sternal § 86 Rn. 9; HK-Kayser § 85 Rn. 12; KPB-Lüke § 86 Rn. 13). Nicht hierzu gehören solche aus ungerechtfertigter Bereicherung nach § 55 Abs. 1 Nr. 3 oder vom Insolvenzverwalter begründete Neumasseschulden, da diese erst nach Verfahrenseröffnung entstehen und somit nicht Gegenstand eines durch die Eröffnung unterbrochenen Rechtsstreites sein können (Uhlenbruck-Uhlenbruck § 86 Rn. 13; BK-Blersch/v. Olshausen § 86 Rn. 6). Anfechtungsrechtsstreite gegen behördliche Anordnungen unterliegen nicht dem Anwendungsbereich des § 86 Abs. 1 Nr. 3 (VGH Kassel, NZI 2012, 765).

12 Masseverbindlichkeiten, welche aus insolvenzübergreifend fortbestehenden gegenseitigen Verträgen (§§ 108 bis 113) folgen, fallen ebenfalls unter § 86. Denkbar sind Feststellungsklagen des Vermieters/Arbeitnehmers auf Zahlung künftiger Miete/künftigen Entgeltes (LAG Baden-Württemberg, ZInsO 2003, 100). Ein **Kündigungsrechtsstreit** kann gem. § 86 nur aufgenommen werden, wenn sich der Bestandsschutz auch auf den Zeitraum nach Verfahrenseröffnung erstreckt (BAG, ZIP 2007, 745; LAG Hamm, NZA-RR 2008, 198). Ein Feststellungsantrag ist bei Aufnahme auf Zahlung zwischenzeitlich fällig gewordener Ansprüche umzustellen. Bei rückständigem Arbeitsentgelt für die letzten 3 Monate des Anstellungsverhältnisses vor Verfahrenseröffnung besteht Anspruch auf Insolvenzgeld (§§ 183 ff. SGB III). Die Gehaltsforderung geht mit Antragstellung auf die BA über (§ 187 SGB III). § 55 Abs. 3 stellt klar, dass der Insolvenzgeldanspruch der BA eine Insolvenzforderung ist, sodass insoweit eine Aufnahme nach § 86 entfällt.

13 Streitig ist, ob die Vorschrift auf **Masseverbindlichkeiten des starken vorläufigen Insolvenzverwalters** (§ 55 Abs. 2) Anwendung findet (bejahend: Uhlenbruck-Uhlenbruck § 86 Rn. 13; Jaeger-Windel § 86 Rn. 12; KPB-Lüke § 86 Rn. 13a; K. Schmidt-Sternal § 86 Rn. 9). Die ablehnende Auffassung (MK-Schumacher § 86 Rn. 13; A/G/R-Piekenbrock § 86 Rn. 11) widerspricht dem Wortlaut.

14 Ist die Klage gegen den Schuldner auf Vornahme einer **unvertretbaren Handlung** gerichtet, welche sich auf die Masse bezieht, und von dem Verwalter nach Verfahrenseröffnung erfüllt werden muss, steht eine Masseverbindlichkeit in Rede (MK-Schumacher § 86 Rn. 16). Die Aufnahme des Rechtsstreites kann nach Abs. 1 Nr. 3 erfolgen (Uhlenbruck-Uhlenbruck § 86 Rn. 13; A/G/R-Piekenbrock § 86 Rn. 10).

II. Aufnahme

1. Vorgehensweise

15 **Aufnahmebefugt** sind der **Insolvenzverwalter** und der **Prozessgegner**. Der Gläubiger kann anders als beim Aktivprozess die Aufnahme sofort erklären (Braun-Kroth § 86 Rn. 7). Die Aufnahme durch den Gläubiger ist bei Masseverbindlichkeiten nach § 55 Abs. 1 Nr. 2, 1. Alt. erst möglich, nachdem der Insolvenzverwalter Erfüllung gewählt hat (MK-Schumacher § 86 Rn. 11; KPB-Lüke § 86 Rn. 14). Hat der Vorbehaltsgläubiger auf Herausgabe geklagt, besteht die Pflicht des Insolvenzverwalters zur Abgabe der Erklärung nach § 103 erst nach dem Berichtstermin (§ 107 Abs. 2). Eine Aufnahme vor dem Berichtstermin ist unzulässig (HK-Kayser § 86 Rn. 15). Der Insolvenzverwalter hat vor Aufnahme die §§ 160 Abs. 2 Nr. 3, 164 zu beachten. Bei erheblichem Streitwert ist zuvor die Zustimmung des Gläubigerausschusses/der Gläubigerversammlung einzuholen.

Der **Schuldner** hat, ausgenommen bei Eigenverwaltung (HK-Kayser § 86 Rn. 16), **kein Aufnahmerecht** nach § 86 (BGH, ZIP 2009, 832; Jaeger-Windel § 86 Rn. 21; KPB-Lüke § 86 Rn. 15). Die Prozessführungsbefugnis fällt an den Schuldner zurück, wenn der Verwalter den Gegenstand des Rechtsstreites vor der Aufnahme freigibt. Dann kann der Prozess zwischen dem Schuldner und dem Gegner fortgesetzt werden (s. Rdn. 23 f.; BGH, ZInsO 2005, 594, 595; MK-Schumacher § 86 Rn. 19). Es bedarf in diesem Fall aber einer Aufnahme des Rechtsstreites durch eine Partei (Uhlenbruck-Uhlenbruck § 86 Rn. 16). Eine treuhänderische Ermächtigung oder sonstige Prozessstandschaft reicht für die Aufnahmebefugnis des Schuldners nicht aus (Uhlenbruck-Uhlenbruck § 86 Rn. 16). Bei einer Freigabe nach Aufnahme gilt § 265 ZPO (Jaeger-Windel § 86 Rn. 23). 16

Die **Aufnahme** erfolgt durch **Zustellung eines bei Gericht einzureichenden Schriftsatzes an den Gegner** (§ 250 ZPO; vgl. i. Ü. § 85 Rn. 7). Die dem Prozessvertreter des Schuldners erteilte Vollmacht erlischt mit Verfahrenseröffnung (§ 117). Die Aufnahmeerklärung des Gegners ist daher dem Insolvenzverwalter zuzustellen (OLG Brandenburg, NJW-RR 2002, 265; KPB-Lüke § 86 Rn. 16; Uhlenbruck-Uhlenbruck § 86 Rn. 1, 18). Die Parteibezeichnung muss entsprechend geändert werden (FK-App § 86 Rn. 10; eingehend Paulus NJW 2010, 1633). Eine Aufnahme durch **schlüssiges Verhalten** wird zwar für möglich gehalten (MK-Schumacher § 86 Rn. 20; Uhlenbruck-Uhlenbruck § 86 Rn. 18). Hierbei ist jedoch Zurückhaltung geboten. Aus einer Prozesshandlung eines Aufnahmebefugten muss unzweifelhaft der Wille hervorgehen, den Prozess fortsetzen zu wollen. Die Klagrücknahme allein ist keine schlüssige Aufnahme (OLG Celle, ZIP 2011, 2127) 17

Das Gericht des bereits anhängigen Rechtsstreites bleibt zuständig (Uhlenbruck-Uhlenbruck § 86 Rn. 19). Ist prozessrechtlich eine Verweisung/Abgabe des Rechtsstreites noch möglich, kann der Gerichtsstand nach § 19a ZPO gewählt werden (KPB-Lüke § 86 Rn. 16a). Besteht über die Aufnahmebefugnis Streit, ist wie unter § 85 Rdn. 19 zu verfahren. 18

2. Wirkungen

Das Gericht hat zunächst zu prüfen, ob die Aufnahme nach Abs. 1 zulässig ist. Die Unterbrechungswirkung endet mit der Aufnahme. Fristen beginnen neu zu laufen (§ 249 Abs. 1 ZPO). Der Insolvenzverwalter ist an die erfolgten **Prozesserklärungen des Schuldners gebunden**, es sei denn, diese können nach §§ 129 ff. angefochten werden (MK-Schumacher § 86 Rn. 21). Abweichend hiervon hat der BGH (ZInsO 2006, 320) entschieden, dass eine substanziierte Verteidigung des Schuldners vor Unterbrechung für eine Kostenentscheidung nach § 93 ZPO unerheblich sei, den Insolvenzverwalter aber sodann (BGH, ZInsO 2006, 1214) an die Prozesshandlungen des Schuldners abweichend von der wenige Monate zuvor ergangenen Entscheidung binden will. Endet das Insolvenzverfahren nach Prozessaufnahme, tritt der Schuldner entsprechend §§ 239, 242, 246 ZPO in den Rechtsstreit ein (KPB-Lüke § 86 Rn. 16b). Wurde das Insolvenzverfahren vor der Aufnahme aufgehoben, endet die Unterbrechungswirkung. 19

3. Verfahrenskosten (Abs. 2)

a) Grundsatz

Die Kostenpflicht für den aufgenommenen Passivprozess folgt aus den §§ 91 ff. ZPO. Unterliegt der Verwalter, haftet die Masse nach § 55 Abs. 1 Nr. 1 (HK-Kayser § 86 Rn. 20). Streitig ist hierbei, ob zwischen den vor und nach Eröffnung entstandenen Verfahrenskosten zu differenzieren ist (§ 85 Rdn. 11 bis 17). 20

b) Besonderheit

Erkennt der Insolvenzverwalter den Anspruch sofort nach Aufnahme des Prozessgegners an und wird er gem. § 307 ZPO verurteilt, ist der Kostenerstattungsanspruch Insolvenzforderung. Das Gericht hat dies in der Kostenentscheidung nicht ausdrücklich auszusprechen, ein klarstellender Hinweis wird jedoch empfohlen (MK-Schumacher § 86 Rn. 23). Ob das Anerkenntnis sofort erklärt wurde, bestimmt sich nach § 93 ZPO (Jaeger-Windel § 86 Rn. 32). Berechtigte Prozess- 21 rügen stehen einem späteren »sofortigen« Anerkenntnis nicht entgegen (KPB-Lüke § 86 Rn. 19). Zu beachten ist, dass Abs. 2 lediglich eine **Regelung über die Qualifizierung der Kostenschuld, jedoch keine Kostenentscheidung enthält**. Erkennt der Verwalter sofort an und hat der Schuldner keinen Anlass zur Klage gegeben, trägt der Gegner die Kosten nach § 93 ZPO. Abs. 2 kommt daher zur Anwendung, wenn der Schuldner Klaganlass gegeben hat und der Insolvenzverwalter unverzüglich anerkennt. Dann sind zwar dem Insolvenzverwalter die Kosten aufzuerlegen, aber nur als Insolvenzforderung im Rang des § 38. Das Anerkenntnis muss wie im Fall des § 93 ZPO unverzüglich abgegeben werden. Der Insolvenzverwalter kann zwar nicht die Aufnahme durch den Prozessgegner verhindern, sondern nur den Rang als Masseverbindlichkeit bezogen auf den Kostenerstattungsanspruch. Bei aussichtslosen Passivrechtsstreiten verbleibt dem Insolvenzverwalter ferner die Möglichkeit der Freigabe, um eine Kostenbelastung der Masse damit sogar vollständig zu vermeiden (MK-Schumacher § 86 Rn. 23, 27; A/G/R-Piekenbrock § 86 Rn. 13). In Abgrenzung zur Entscheidung des BGH (ZInsO 2006, 1214) ist zu beachten, dass im Streitfall eine Aufnahme nach § 180 Abs. 2 erfolgt ist, auf die Abs. 2 keine Anwendung findet (Jaeger-Windel § 86 Rn. 31; KPB-Lüke § 86 Rn. 19a). Trotz Qualifizierung als Insolvenzforderung berechtigt der Kostenerstattungsanspruch bei Aufnahme nach Abs. 1 Nr. 2 zur abgesonderten Befriedigung (Jaeger-Windel § 86 Rn. 30; Uhlenbruck-Uhlenbruck § 86 Rn. 12). Das Absonderungsrecht erstreckt sich auch auf nach Insolvenzeröffnung entstandenen Kostenforderungen (BGH, ZIP 2008, 2276; A/G/R-Piekenbrock § 86 Rn. 14).

22 Zu Recht wird darauf hingewiesen, dass Abs. 2 ein **haftungsrechtliches Dilemma** für den Insolvenzverwalter beinhaltet (Uhlenbruck-Uhlenbruck § 86 Rn. 22; Braun-Kroth § 86 Rn. 13). Erkennt er zur Vermeidung von Masseverbindlichkeiten sofort an, stellt sich später heraus, dass sich die Befriedigungsaussichten der Insolvenzgläubiger hierdurch vermindert haben, kann er nach § 60 in Anspruch genommen werden. Verhindert die umfangreiche Prüfung ein sofortiges Anerkenntnis, kann dies gleichsam Haftung nach § 60 auslösen, wenn der Prozess verloren geht und die Masse die Kosten trägt.

III. Besonderheiten bei Freigabe

23 Erfolgt die Freigabe durch den Insolvenzverwalter **vor Aufnahme des Rechtsstreites**, fällt die Prozessführungsbefugnis an den Schuldner zurück. Eine Übertragung der Prozessführungsbefugnis durch Freigabe ist nur bei Rechtsstreiten i. S. d. Abs. 1 Nr. 1 und 2 denkbar (BGH, ZIP 2003, 2133; KPB-Lüke § 86 Rn. 17). Mit der Freigabe endet die Unterbrechung (BGH, ZInsO 2005, 594). Sowohl der Schuldner als auch der Gegner setzen den unterbrochenen Rechtsstreit nach erklärter Aufnahme fort (BGH, NJW 1966, 51; MK-Schumacher § 86 Rn. 26). Zu beachten ist bei Passivprozessen, dass der Insolvenzverwalter grds. nur Vermögensgegenstände, jedoch keine Verbindlichkeiten freigeben kann (Ringstmeier, Hdb. der Insolvenzverwaltung, § 23 Rn. 77). Entlässt er bspw. einen zur Absonderung berechtigenden Deckungsanspruch gegen den Haftpflichtversicherer aus dem Insolvenzbeschlag (§ 110 VVG), ist der Feststellungsrechtsstreit wegen der Schadensersatzforderung gleichwohl gegen ihn (fort) zu führen (OLG Nürnberg, Urt. v. 12.12.2007 – Az. 12 U 195/07). Verliert der Schuldner den freigegebenen Prozess, hat er die Kosten zu tragen. Zweifelhaft ist, ob der Gegner bei Obsiegen seinen Kostenerstattungsanspruch zur Tabelle anmelden kann (bejahend MK-Schumacher § 86 Rn. 26; a. A. Uhlenbruck-Uhlenbruck § 86 Rn. 17: einheitliche Neuschuld; für Differenzierung der Gebührentatbestände vor/nach Insolvenzeröffnung vgl. § 85 Rdn. 29).

24 Eine Freigabe kann auch **nach Prozessaufnahme** erfolgen. § 265 ZPO gilt entsprechend (MK-Schumacher § 86 Rn. 27; KPB-Lüke § 86 Rn. 17; a. A. K. Schmidt-Sternal § 86 Rn. 11, § 80 Rn. 5: Parteiwechsel). Dem Rechtsgedanken des Abs. 2 folgend kann der Insolvenzverwalter unverzüglich nach Aufnahme durch den Gegner die Freigabe mit der Folge erklären, dass der Rechtsstreit gegen den Schuldner fortgesetzt wird und Letztgenannter die Kosten trägt. Erst wenn keine sofortige Freigabe i. S. d. Abs. 2, § 93 ZPO mehr möglich ist, können die Kosten nicht auf den Schuldner abgewälzt werden (Jaeger-Windel § 86 Rn. 23). Wird der Prozess bei nicht rechtzeitiger Freigabe verloren, haftet die Masse für die Kosten gem. § 55 Abs. 1 Satz 1.

§ 87 Forderungen der Insolvenzgläubiger

Die Insolvenzgläubiger können ihre Forderungen nur nach den Vorschriften über das Insolvenzverfahren verfolgen.

Übersicht

	Rdn.			Rdn.
A. Normzweck	1		1. Grundsatz	5
B. Norminhalt	2		2. Rechtshängiges Verfahren	6
I. Anwendungsbereich	2		3. Schadensersatz gem. § 103 Abs. 2	7
1. Insolvenzforderungen	2		4. Steuerforderungen	8
2. Sicherstellungsanspruch	4	III.	Vorläufiges Bestreiten durch den	
II. Rechtsfolgen	5		Insolvenzverwalter	9

A. Normzweck

Die Vorschrift ist § 12 KO angelehnt. Der Anwendungsbereich ist jedoch erweitert. Unter der KO konnte ein Gläubiger den Schuldner während des Verfahrens verklagen, wenn er auf die Konkursteilnahme verzichtet hat (BGHZ 25, 393, 395 = NJW 1959, 1079; BGHZ 72, 234 = NJW 1979, 162). Eine solche Befugnis ist durch § 87 entfallen (BT-Drucks. 12/2443 S. 137; Jaeger-Windel § 87 Rn. 11). § 87 regelt die Verfolgung von Insolvenzforderungen generell. Die Vorschrift ist eine Generalklausel zum Zweck der Sicherstellung des Gläubigergleichbehandlungsgrundsatzes (MK-Breuer § 87 Rn. 3). Die von der Norm erfassten Ansprüche können nur noch nach den Vorschriften über das Insolvenzverfahren **unabhängig von der Verfahrensteilnahme** gegen den Schuldner verfolgt werden. Die Teilnahme am Verfahren erfolgt durch Anmeldung zum Gläubigerverzeichnis (§§ 174 ff.). Der Gläubiger ist gehalten, das Prüfungsverfahren zu durchlaufen, bevor er im Klageweg auf Feststellung vorgehen kann (§ 179). Eine »normales« Klageverfahren zur Erlangung eines Titels gegen den Schuldner scheidet aus (BGH, ZInsO 2010, 376). Die Vorschrift gilt auch bei **Eigenverwaltung** (Jaeger-Windel § 87 Rn. 2), nicht jedoch im Eröffnungsverfahren, im Verfahren der Restschuldbefreiung (Uhlenbruck-Uhlenbruck § 87 Rn. 5; MK-Breuer § 87 Rn. 5). Im Verfahren der Restschuldbefreiung ist das Vollstreckungsverbot des § 294 Abs. 1 zu beachten (zur Zulässigkeit von vorbereitenden Maßnahmen wie Klagerhebung s. § 294 Rdn. 6). 1

B. Norminhalt

I. Anwendungsbereich

1. Insolvenzforderungen

Die Norm erfasst alle Insolvenzforderungen. Insoweit wird auf die Erläuterungen zu § 38 verwiesen. In den Anwendungsbereich fallen auch **nachrangige Insolvenzforderungen** i. S. d. § 39 (Uhlenbruck-Uhlenbruck § 87 Rn. 1; K. Schmidt-Sternal § 87 Rn. 2). Letztere können wegen § 174 Abs. 3 nur dann angemeldet werden, wenn das Insolvenzgericht hierzu besonders auffordert. Unterbleibt, wie im Regelfall, diese Aufforderung, bedeutet dies nicht, dass der nachrangige Insolvenzgläubiger losgelöst von § 87 gegen den Schuldner persönlich vorgehen kann (Jaeger-Windel § 87 Rn. 3; KPB-Lüke § 87 Rn. 2). Hält der Gläubiger die Forderung nicht für nachrangig, kann er sie anmelden, der Insolvenzverwalter aber die Anmeldefähigkeit bestreiten (Jaeger-Windel § 87 Rn. 9; HK-Kayser § 87 Rn. 7). Dem Anwendungsbereich unterliegen zudem **Deliktsforderungen** i. S. d. § 302 Nr. 1 (K. Schmidt-Sternal § 87 Rn. 2; MK-Breuer § 87 Rn. 6). 2

Aus- und Absonderungsberechtigte sowie **Massegläubiger** unterliegen nicht dem Anwendungsbereich des § 87 (K. Schmidt-Sternal § 87 Rn. 5; HK-Kayser § 87 Rn. 3). Absonderungsgläubiger können aber ihre besicherte Forderung anmelden. Ansprüche, welche sich gegen den Schuldner **höchstpersönlich** richten (Auskunfts- oder Unterlassungsansprüche), oder sog. **Neuschulden** fallen ebenfalls nicht unter § 87 (KPB-Lüke § 87 Rn. 3a; FK-App § 87 Rn. 4; MK-Breuer § 87 Rn. 13). Klage und Zwangsvollstreckung stehen diesen Gläubigern offen (Jaeger-Windel § 85 Rn. 6; OLG 3

Celle, NZI 2003, 201; Pape, ZInsO 2002, 917 ff.). Der Gläubiger einer oktroyierten Masseforderung (s. § 90 Rdn. 2) kann nach Verfahrensbeendigung (str. für das laufende Insolvenzverfahren vgl. MK-Hefermehl § 53 Rn. 46, 53) und während des Verfahrens der Restschuldbefreiung den Schuldner verklagen und gegen ihn vollstrecken (BGH, ZInsO 2007, 994). Ferner wird die Durchsetzung gegen einen **mithaftenden Dritten** nicht durch § 87 ausgeschlossen (K. Schmidt-Sternal § 87 Rn. 6).

2. Sicherstellungsanspruch

4   Auch Ansprüche auf Sicherstellung fallen unter § 87 (Uhlenbruck-Uhlenbruck § 87 Rn. 17; K. Schmidt-Sternal § 87 Rn. 3). Der Insolvenzverwalter kann daher die Bestellung einer Sicherheit verweigern, ohne arglistig zu handeln (MK-Breuer § 87 Rn. 8; NR-Wittkowski § 87 Rn. 12).

II. Rechtsfolgen

1. Grundsatz

5   Der Insolvenzgläubiger wird auf die Teilnahme am Insolvenzverfahren verwiesen. Eine gegen den Schuldner erhobene Klage ist wegen Fehlens des Rechtsschutzbedürfnisses als unzulässig abzuweisen (BGH, ZVI 2009, 116; OLG München, ZInsO 2011, 526; FK-App § 87 Rn. 3). Der Gläubiger hat zunächst seine Forderung beim Insolvenzverwalter anzumelden (§ 174). Der Anspruch wird im Prüfungstermin geprüft und gilt gem. § 178 als festgestellt, wenn ein Widerspruch weder vom Insolvenzverwalter noch vom Insolvenzgläubiger erhoben wird. Wegen § 178 Abs. 1 Satz 2 steht der Widerspruch des Schuldners der Feststellung nicht entgegen. Für den Fall des Bestreitens kann der Gläubiger Klage auf Feststellung erheben (§ 179 Abs. 1), sofern der Anspruch noch nicht rechtshängig war. Die Klage ist gegen den Bestreitenden zu richten. Haben **mehrere Beteiligte widersprochen**, hat der Gläubiger gegen alle Bestreitende Feststellungsklage zu erheben. Unterliegt er in nur einem Verfahren, ist nach h. M. die Aufnahme zur Tabelle vereitelt (§ 178 Abs. 1), da durch die rechtskräftige Klagabweisung der Widerspruch eines Widersprechenden für begründet erklärt wird, was wegen § 183 Abs. 1 gegenüber dem Insolvenzverwalter und allen Insolvenzgläubigern wirkt (MK-Breuer § 87 Rn. 19; K. Schmidt-Sternal § 87 Rn. 17). Eine nicht angemeldete, ungeprüfte oder unbestrittene Forderung kann nicht durch Klage verfolgt werden (BGH, KTS 1982, 45). Dies gilt uneingeschränkt auch für **nachrangige Insolvenzforderungen** (§ 39). Die Möglichkeit zur Forderungsanmeldung erst nach besonderer Aufforderung durch das Insolvenzgericht (§ 174 Abs. 3) ändert nichts daran, dass der nachrangige Gläubiger das Prüfungsverfahren vor Klagerhebung zu durchlaufen hat (Uhlenbruck-Uhlenbruck § 87 Rn. 21). Besteht Streit über die Nachrangigkeit, muss der Gläubiger die Vollwertigkeit des Anspruchs bzw. die bestrittene Anmeldefähigkeit im Feststellungsrechtsstreit klären lassen (K. Schmidt-Sternal § 87 Rn. 21). Liegen die Voraussetzungen der §§ 179, 184 nicht vor, ist die Klage unzulässig. Entsprechendes gilt für die Rechtsverfolgung von Insolvenzforderungen in anderer Art (z. B. Mahnverfahren). Der Grundsatz der Gleichbehandlung gilt nur bezogen auf die Insolvenzmasse. Dem Schuldner bleibt daher **unbenommen, aus seinem pfandfreien Vermögen Zahlungen an Insolvenzgläubiger zu leisten**. §§ 87, 81 stehen einer Befriedigung einzelner Insolvenzgläubiger aus dem insolvenzfreien Vermögen nicht entgegen (BGH, ZInsO 2010, 376). Der Insolvenzverwalter kann solche Leistungen **nicht kondizieren**. Der BGH hat offen gelassen, ob solche Leistungen aus dem insolvenzfreien Vermögen einen Versagungsgrund nach § 295 Abs. 1 Nr. 4 darstellen.

2. Rechtshängiges Verfahren

6   War im Zeitpunkt der Insolvenzeröffnung ein Rechtsstreit rechtshängig, wird dieser mit Verfahrenseröffnung kraft Gesetzes gem. § 240 ZPO unterbrochen. Der Gläubiger hat auch in diesem Fall anzumelden (§ 174) und die Prüfung abzuwarten. Die Aufnahme des unterbrochenen Rechtsstreites (§ 180 Abs. 2) ist erst zulässig, wenn der Forderung im Prüfungstermin widersprochen wurde (BGH, NZI 2005, 108; Uhlenbruck-Uhlenbruck § 87 Rn. 8). Der Leistungsantrag ist auf Feststellung zur Tabelle umzustellen (§ 264 Nr. 3 ZPO). Der auf Leistung gerichtete Klagantrag

wird unzulässig (MK-Breuer § 87 Rn. 20). Einer neuen Klagerhebung, gerichtet auf Feststellung zur Tabelle, steht der Einwand der Rechtshängigkeit entgegen (MK-Breuer § 87 Rn. 20; KPB-Lüke § 87 Rn. 7). Wurde im Prüfungstermin nicht widersprochen, hat sich der unterbrochene Rechtsstreit in der Hauptsache ohne Aufnahme erledigt (BGH, ZInsO 2005, 372; BFH, ZIP 2011, 592; KPB-Lüke § 87 Rn. 4a). Die zur Beendigung des Rechtsstreites erforderliche Prozesserklärung kann jedoch erst nach Beendigung der Unterbrechungswirkung (Aufhebung des Insolvenzverfahrens) abgegeben werden. Der Gläubiger kann aber seinen Kostenerstattungsanspruch anmelden, da dieser aufschiebend bedingt mit Rechtshängigkeit entstanden ist (KPB-Lüke § 87 Rn. 4a). Erhebt der Gläubiger nach der Leistungs- eine Feststellungsklage, steht Letztgenannter der Einwand der Rechtshängigkeit entgegen (BGHZ 105, 34 = ZIP 1988, 979). Bestreitet nur der Schuldner, kann der Gläubiger den Schuldner auf Feststellung klagen oder einen unterbrochenen Rechtsstreit gegen diesen aufnehmen (vgl. § 184). Der Widerspruch des Schuldners hindert nicht die Feststellung zur Tabelle (§ 178 Abs. 1 Satz 2), steht aber einer späteren Vollstreckung aus dem Tabellenauszug entgegen (§ 201 Abs. 2).

3. Schadensersatz gem. § 103 Abs. 2

Lehnt der Verwalter nach § 103 Abs. 1 die Erfüllung eines beidseitig noch nicht vollständig erfüllten Vertrages ab, kann der Gläubiger Schadensersatz wegen Nichterfüllung geltend machen. Auch insoweit gelten die §§ 174 ff. Wird im Prüfungstermin Widerspruch erhoben, kann auf Feststellung geklagt werden (§ 179 Abs. 1). War bereits vor Insolvenzeröffnung ein Anspruch rechtshängig, besteht für den Gläubiger ein Wahlrecht. Er kann entweder den unterbrochenen Rechtsstreit als Feststellungsklage aufnehmen (§ 180 Abs. 2) oder neue Klage, unmittelbar auf Feststellung gerichtet, erheben, wenn zuvor der angemeldete Schadenersatzanspruch wegen Nichterfüllung angemeldet und bestritten wurde (K. Schmidt-Sternal § 87 Rn. 22). Der Einwand der Rechtshängigkeit steht einer neuen Klage in diesem Fall ausnahmsweise nicht entgegen, da die Streitgegenstände nicht identisch sind (KPB-Lüke § 87 Rn. 13; MK-Breuer § 87 Rn. 21). 7

4. Steuerforderungen

Steuerforderungen sind zur Tabelle anzumelden. Fiskalische Forderungen können durch Erlass eines Feststellungsbescheides zur Tabelle festgestellt werden (§ 251 Abs. 3 AO). Hier hat der Widersprechende, rgm. der Insolvenzverwalter, Klage zu erheben. Wird der Bescheid bestandskräftig, beseitigt er den Widerspruch zur Tabelle gem. § 183 Abs. 2 (HK-Kayser § 87 Rn. 6). § 240 ZPO findet auf steuerliche Festsetzungs-, Erhebungs-, Rechtsbehelfs- und Rechtsmittelverfahren entsprechende Anwendung (BFHE 183, 365 = ZIP 1997, 2160; BK-Blersch/v. Olshausen § 87 Rn. 9). Steuerbescheide sind während des Verfahrens, soweit die fiskalischen Ansprüche vor Verfahrenseröffnung entstanden sind, nichtig (BFH, ZInsO 2003, 471; BFH, NZG 2005, 94). Zulässig sind sie für Veranlagungszeiträume vor Verfahrenseröffnung, wenn sich keine Zahllast oder sogar ein Guthaben ergibt (BFH, DZWIR 2009, 412). Nach herrschender Meinung sind Steuermessbescheide, obwohl sie nur Grundlagen für spätere Steuerforderungen enthalten, ebenfalls nichtig (BFHE 183, 365 = ZIP 1997, 2160; BFH, ZIP 2006, 968, 971; KPB-Lüke § 87 Rn. 14; a. A. K. Schmidt-Sternal § 87 Rn. 12). 8

III. Vorläufiges Bestreiten durch den Insolvenzverwalter

Häufig werden angemeldete Ansprüche durch den Insolvenzverwalter **vorläufig bestritten** (vgl. auch § 179 Rdn 14 f.). Da das Gesetz ein vorläufiges Bestreiten nicht kennt, gilt dieses als ein Bestreiten i. S. d. § 179 (BGH, ZInsO 2006, 320; Uhlenbruck-Uhlenbruck § 87 Rn. 10; BAG, ZIP 1998, 1587; OLG München, ZInsO 2005, 778), sodass der Insolvenzgläubiger einen Rechtsstreit nach §§ 179, 180 aufnehmen oder fortführen kann. Das sog. vorläufige Bestreiten ist jedoch bei der Kostenentscheidung in dem aufgenommenen oder erhobenen Feststellungsrechtsstreit zu berücksichtigen. Der Insolvenzverwalter gibt hierdurch zu erkennen, dass er sich noch nicht endgültig entschieden hat und sich die abschließende Prüfung vorbehält (MK-Breuer § 87 Rn. 23). Das vor- 9 läufige Bestreiten bietet daher grds. keinen genügenden Anlass zur Klageerhebung oder Aufnahme des unterbrochenen Rechtsstreites, findet somit Berücksichtigung unter Würdigung aller Umstände nach den zu § 93 ZPO entwickelten Grundsätzen i. R. d. Kostenentscheidung (BGH, ZInsO 2006, 320). Für den Gläubiger ist erkennbar, dass eine Feststellung seiner Forderung noch möglich ist. Für ihn ist zumutbar, sich zunächst außergerichtlich an den Insolvenzverwalter zu wenden, um etwaige Hinderungsgründe für ein Anerkenntnis auszuräumen und sich zu vergewissern, ob der Widerspruch aufrechterhalten bleibt. Überwiegend wird dem Insolvenzverwalter bei einem vorläufigen Bestreiten nur eine Überlegungs- und Benachrichtigungspflicht von 2 Monaten in Anlehnung an § 29 Abs. 1 Nr. 2 zugebilligt (OLG München, ZInsO 2005, 778; ebenso OLG Celle, ZInsO 2009, 1819; offen gelassen in BGH, ZInsO 2006, 321). Benötigt der Insolvenzverwalter zur Prüfung mehr Zeit, hat er dies dem Gläubiger unter Angabe von Gründen mitzuteilen. Unterbleibt dies, sei für eine Kostenentscheidung nach § 93 ZPO kein Raum (OLG München, ZInsO 2005, 778). Die Grundsätze des § 93 ZPO finden keine Anwendung nach Veröffentlichung des Verteilungsverzeichnisses gem. § 188 (BGH, ZInsO 2006, 320). Dem Gläubiger ist wegen der Ausschlussfrist des § 189 ein weiteres Zuwarten nicht zumutbar. Hat hingegen der Insolvenzverwalter **endgültig bestritten**, braucht sich der Gläubiger vor Aufnahme des Rechtsstreits nach § 180 Abs. 2 nicht vergewissern, ob der Insolvenzverwalter sein Bestreiten aufrecht hält (BGH, NZI 2011, 937 Rn. 9; NZI 2006, 295 Rn. 7).

Vielfach stößt das Bestreiten durch den Insolvenzverwalter bei den Gläubigern auf Unverständnis. Hierbei ist jedoch zu berücksichtigen, dass insb. in großen Verfahren eine abschließende Prüfung bis zum Prüfungstermin nicht möglich ist. Oftmals fehlen dem Insolvenzverwalter prüfungsrelevante Unterlagen. Der Gläubiger kann sich nicht auf bei dem Schuldner befindliche Dokumente berufen. Der Anmeldung sind die zum Nachweis erforderlichen Unterlagen beizufügen, damit im Prüfungstermin sämtliche Widerspruchsberechtigten eine Beurteilungsgrundlage haben.

▶ Hinweis:

Unterlässt der Gläubiger dies und erhebt nach dem Widerspruch Feststellungsklage, trifft ihn möglicherweise die Kostenlast nach § 93 ZPO. Ein sofortiges Anerkenntnis des Insolvenzverwalters durch Widerspruchsrücknahme liegt auch dann noch vor, wenn der Gläubiger den Forderungsnachweis erst im Feststellungsprozess erbringt. Der Gläubiger sollte zunächst bei dem Insolvenzverwalter anfragen, welche Gründe einer Feststellung entgegenstanden haben.

§ 88 Vollstreckung vor Verfahrenseröffnung

(1) Hat ein Insolvenzgläubiger im letzten Monat vor dem Antrag auf Eröffnung des Insolvenzverfahrens oder nach diesem Antrag durch Zwangsvollstreckung eine Sicherung an dem zur Insolvenzmasse gehörenden Vermögen des Schuldners erlangt, so wird diese Sicherung mit der Eröffnung des Verfahrens unwirksam.

(2) Die in Absatz 1 genannte Frist beträgt drei Monate, wenn ein Verbraucherinsolvenzverfahren nach § 304 eröffnet wird.

Übersicht	Rdn.		Rdn.
A. Normzweck	1	II. Rechtsfolgen	13
B. Norminhalt	3	1. Grundsatz	13
I. Voraussetzungen	3	2. Umsetzung im Grundbuchverfahren	16
1. Insolvenzgläubiger	3	III. Besonderheiten	17
2. Massezugehörigkeit	4	1. Arbeitseinkommen	17
3. Vollstreckungsmaßnahmen	5	2. Miete/Pacht	18
4. Sicherung	7	IV. Sonderregelung für vereinfachte Insolvenzverfahren	19
5. Monatsfrist	9		

A. Normzweck

§ 88 stärkt den Grundsatz der Gläubigergleichbehandlung (KPB-Lüke § 88 Rn. 2) und ergänzt das Anfechtungsrecht der §§ 129 ff. (Uhlenbruck-Uhlenbruck § 88 Rn. 1). Zur Durchsetzung der par conditio creditorum ist die Norm nur bedingt tauglich (K. Schmidt-Keller § 88 Rn. 2; für ersatzlose Streichung: Marotzke, DZWIR 2007, 265, 267). Insb. wird kritisiert, dass nur die Sicherung, nicht aber die Befriedigung erfasst wird (HK-Kayser § 88 Rn. 2; MK-Breuer § 88 Rn. 10; dagegen Raebel, ZInsO 2003, 1124, 1126; Jaeger-Eckardt § 88 Rn. 9 ff.). Der rigoros vollstreckende Gläubiger würde besser gestellt (Marotzke, ZInsO 2006, 7, 9; Uhlenbruck-Uhlenbruck § 88 Rn. 3). Ausreichende Korrekturmöglichkeiten eröffnet die Insolvenzanfechtung über § 131 Abs. 1 Nr. 1 InsO (Jaeger-Eckardt § 88 Rn. 9). Das durch Zwangsvollstreckung Erlangte ist stets inkongruente Deckung (BGH, ZInsO 2003, 611; 2004, 145). Die Anfechtung scheitert wegen fehlender Gläubigerbenachteiligung nur, wenn das zuvor erlangte Sicherungsrecht insolvenzfest ist. Da die §§ 130 ff. auch die durch Zwangsvollstreckung erlangte Sicherung erfassen, erlangt § 88 eigenständige Bedeutung insb. dann, wenn der Insolvenzverwalter zügig einen belasteten Gegenstand verwerten will (Jaeger-Eckardt § 88 Rn. 7 ff.). Wäre er nur auf die Anfechtungsmöglichkeit beschränkt, bedarf die Durchsetzung des Rückgewähranspruchs u. U. langjähriger gerichtlicher Auseinandersetzung. Die Rechtsfolgen des § 88 sind dagegen schneller umsetzbar (vgl. Rdn. 13 ff.). Ferner ist die Vorschrift bedeutsam bei Sicherungshypotheken (K. Schmidt-Keller § 88 Rn. 7). 1

Die Vorschrift wird ergänzt durch § 110 (Miete/Pacht) sowie § 114 (Arbeitseinkommen, entfällt ab 01.07.2014). Als Sondervorschriften ist § 321 (Nachlassinsolvenz) zu beachten. 2

B. Norminhalt

I. Voraussetzungen

1. Insolvenzgläubiger

Nach dem eindeutigen Wortlaut werden nur Vollstreckungsmaßnahmen von Insolvenzgläubigern (§§ 38, 39) erfasst (KPB-Lüke § 88 Rn. 5; K. Schmidt-Keller § 88 Rn. 9). Dies gilt auch, wenn der Insolvenzgläubiger auf die Teilnahme am Verfahren verzichtet (Uhlenbruck-Uhlenbruck § 88 Rn. 5; MK-Breuer § 88 Rn. 12). **Massegläubiger, Neugläubiger** sowie **Aus- und Absonderungsberechtigte**, soweit ihr dingliches Recht betreffend, unterliegen nicht dem Anwendungsbereich. Daher bleiben Vollstreckungsmaßnahmen von Gläubigern, die nach Verfahrenseröffnung, z. B. durch Erfüllungswahl, zum Massegläubiger erstarkt sind, wirksam (Uhlenbruck-Uhlenbruck § 88 Rn. 5; BK-Blersch/v. Olshausen § 88 Rn. 4). Für den dinglichen Anspruch sind beim Absonderungsgläubiger die Beschränkungen der §§ 166 ff. und im Eröffnungsverfahren § 21 Abs. 1 Nr. 5 zu beachten (Uhlenbruck-Uhlenbruck § 88 Rn. 5; BK-Blersch/v. Olshausen § 88 Rn. 4). Für den Absonderungsbefugten greift aber § 88, wenn er den persönlichen Anspruch geltend macht (HK-Kayser § 88 Rn. 11; K. Schmidt-Keller § 88 Rn. 10). Betreibt bspw. der Vermieter die Vollstreckung in die im Mietobjekt befindlichen Sachen aus seiner persönlichen Forderung, wird das durch die Vollstreckung erlangte Pfandrecht von § 88 erfasst, sein Pfandrecht aus anderem Rechtsgrund bleibt hingegen bestehen (K. Schmidt-Keller § 88 Rn. 10; MK-Breuer § 88 Rn. 13). 3

2. Massezugehörigkeit

Die Sicherung muss an Vermögensgegenständen des Schuldners erlangt worden sein, welche dem Insolvenzbeschlag unterliegen (KPB-Lüke § 88 Rn. 12). Auf die §§ 35 ff. wird verwiesen. Hierzu gehört auch das **Auslandsvermögen** des Schuldners (Jaeger-Eckardt § 88 Rn. 16; HK-Kayser § 88 Rn. 13). Bei einem Insolvenzverfahren über **Sondervermögen**, bezieht sich die Vorschrift allerdings nur auf die jeweilige Sonderinsolvenzmasse (MK-Breuer § 88 Rn. 14). Zwangsvollstreckungen in den erweitert pfändbaren Teil des Arbeitseinkommens durch Unterhalts-/Deliktgläubiger (§§ 850d, 850f Abs. 2 ZPO) sind möglich (FK-App § 88 Rn. 12; A/G/R-Piekenbrock § 88 Rn. 5; vgl. auch § 89 Abs. 2 Satz 2). Wurde das Gehalt gepfändet, wird die Vollstreckungsmaßnahme hinsichtl. des unpfändbaren Anteils nicht von § 88 erfasst (HK-Kayser § 88 Rn. 14; Uhlenbruck-Uhlenbruck 4

§ 88 Rn. 7). Die Unwirksamkeit einer durch Zwangsvollstreckung erlangten Sicherung an unpfändbaren Sachen des Schuldners (§ 811 ZPO) richtet sich nach den Vorschriften der ZPO, nicht nach § 88 (KPB-Lüke § 88 Rn. 12; Uhlenbruck-Uhlenbruck § 88 Rn. 7). Der Zugriff auf das Vermögen eines **mithaftenden Dritten** wird ebenfalls von § 88 nicht erfasst (MK-Breuer § 88 Rn. 15).

3. Vollstreckungsmaßnahmen

5 Der Begriff der Vollstreckungsmaßnahme ist vollumfänglich auszulegen. Erfasst werden sämtliche Vollstreckungsmaßnahmen. Hierzu gehören zivilprozessuale Vollstreckungen (auch Vollzug von Arresten/einstweiligen Verfügungen) sowie solche nach öffentlich-rechtlichen Vorschriften, einschließlich finanz-/sozialgerichtlichen (MK-Breuer § 88 Rn. 16; Uhlenbruck-Uhlenbruck § 88 Rn. 8). Sicherungen nach § 88 sind insb. Pfandrechte an beweglichen Sachen (§§ 804 ff. ZPO), an Forderungen (§§ 829 ff. ZPO), an sonstigen Vermögensgegenständen (§§ 857 ff. ZPO), Arrestpfandrechte (§§ 930 ff. ZPO) sowie die Immobiliarbeschlagnahme (§ 10 Abs. 1 Nr. 5 ZVG). Die Eintragung einer Zwangssicherungshypothek (§§ 866 ff. ZPO) oder einer Zwangsvormerkung (§§ 941 ff. ZPO) fällt ebenfalls in den Anwendungsbereich der Norm (MK-Breuer § 88 Rn. 16, 24; FK-App § 88 Rn. 5). Gleiches gilt für die Eintragung einer Vormerkung zur Sicherung einer Bauhandwerkerhypothek nach § 648 BGB (MK-Breuer § 88 Rn. 24). Der Rückschlagsperre unterliegt darüber hinaus der Vollzug eines Arrestes oder einstweiligen Verfügung (Uhlenbruck-Uhlenbruck § 88 Rn. 9; BK-Blersch/v. Olshausen § 88 Rn. 5). **Rechtsgeschäftliche Sicherungsrechte** fallen nicht hierher, diese können lediglich nach §§ 130 ff. angefochten werden (Jaeger-Eckardt § 88 Rn. 20; KPB-Lüke § 88 Rn. 3), selbst wenn diese unter Vollstreckungsdrohung erlangt werden (K. Schmidt-Keller § 88 Rn. 15). Gleiches gilt für die Vollstreckung **vorbereitende Maßnahmen**, da diese nicht zu einer Sicherung geführt haben (Jaeger-Eckardt § 88 Rn. 28; MK-Breuer § 88 Rn. 19).

6 Eine **Beschlagnahme nach § 111c StPO** (A/G/R-Piekenbrock § 88 Rn. 6) oder ein **dinglicher Arrest nach § 111d StPO** (KG, ZIP 2008, 2374; OLG Köln, ZIP 2004, 2013) fallen unter § 88. Die Beschlagnahme verliert mit Verfahrenseröffnung wegen § 80 Abs. 2 ohnehin ihre Wirkung (BGH, ZInsO 2007, 709; vgl. § 80 Rdn. 62). Das Erlangte ist an die Masse herauszugeben. Eine vor der Monatsfrist des § 88 erlassene Beschlagnahme nach § 111c StPO hilft dem Verletzten trotz der Rückwirkung des gem. § 111g Abs. 3 StPO nicht, wenn die zugelassene Vollstreckungsmaßnahme innerhalb der kritischen Zeit erfolgt (BGH, ZInsO 2007, 709; dazu Malitz, EWiR 2007, 693; von Gleichenstein, ZIP 2007, 1151; **a. A.** Greier, ZInsO 2007, 953). Maßgebend ist allein der Zeitpunkt der Vollstreckungsmaßnahme (von Gleichenstein, ZIP 2007, 1151). Der dingliche Arrest nach § 111d StPO bleibt indessen bestehen und berechtigt den Fiskus zur abgesonderten Befriedigung, soweit außerhalb der Zeitschranke des § 88 entstanden oder nicht anfechtbar (str. vgl. § 80 Rdn. 62; KG, ZIP 2008, 2374; OLG Köln, ZIP 2004, 2013).

4. Sicherung

7 § 88 regelt lediglich vollstreckungsrechtliche **Sicherungen**. Erlangt der Gläubiger im Wege der Zwangsvollstreckung **Befriedigung, greift § 88 nicht** (allg. M.: KPB-Lüke § 88 Rn. 10; BK-Blersch/v. Olshausen § 88 Rn. 6; OLG Frankfurt am Main, ZInsO 2002, 1032). In diesem Fall kommt rgm. Anfechtung nach § 131 Abs. 1 Nr. 1 in Betracht. Für die **Abgrenzung**, ob durch die Zwangsvollstreckungsmaßnahme Befriedigung oder erst Sicherung erlangt wurde, ist Art und Inhalt des titulierten Anspruches maßgebend (Jaeger-Eckardt § 88 Rn. 30; KPB-Lüke § 88 Rn. 10; FK-App § 88 Rn. 8). Ist der Schuldner zur Bestellung des Sicherungsrechtes verurteilt, tritt durch die Erlangung Befriedigung ein (Uhlenbruck-Uhlenbruck § 88 Rn. 13). Stellt der Zwangszugriff lediglich einen Zwischenschritt zur Durchsetzung des titulierten Anspruchs dar, ist der Anwendungsbereich von § 88 eröffnet (MK-Breuer § 88 Rn. 18 mit Fallbeispielen). § 88 ist unanwendbar auf **freiwillige Zahlungen**, Leistungen im Rahmen einer **Vollstreckungsvereinbarung** oder **Sicherungsleistungen** an den Gläubiger zur Abwendung der Zwangsvollstreckung (Jaeger-Eckardt § 88 Rn. 21; Uhlenbruck-Uhlenbruck § 88 Rn. 15). Befürwortet wird indessen eine Anwendung dann, wenn der Schuldner zur Abwendung der Zwangsvollstreckung **an den Gerichtsvollzieher** »frei-

willig« zahlt und der Erlös noch nicht an den Gläubiger weitergeleitet wurde (Gottwald-Gerhardt, InsRHdb, § 33 Rn. 31 Fn. 86; HK-Kayser § 88 Rn. 18; Uhlenbruck/Uhlenbruck § 88 Rn. 14; a. A. Jaeger-Eckardt § 88 Rn. 21). Dieser Auffassung ist zuzustimmen. Bei freiwillig – auch unter Vollstreckungsdruck – geleisteter Zahlung tritt Erfüllung erst mit Ablieferung des Geldes an den Gläubiger ein (Zöller/Stöber § 755 ZPO Rn. 4). § 815 ZPO ist auf die freiwillige Zahlung an den Gläubiger unanwendbar (Zöller/Stöber § 815 ZPO Rn. 2). Bei **Pfändung von Bargeld** ist hingegen der Zeitpunkt der Wegnahme entscheidend (K. Schmidt-Keller § 88 Rn. 19).

Vorgeschlagen wurde weiterhin, die **Inbesitznahme von Absonderungsgut** der Rückschlagsperre zu unterwerfen. Der Absonderungsgläubiger kann hierdurch seine Pflicht zum Kostenbeitrag nach §§ 170, 171 vermeiden. Da das Absonderungsrecht von der Rückschlagsperre unberührt bleibt, sind diese Erwägungen abzulehnen (Eckardt, ZIP 1999, 1734, 1743; Uhlenbruck-Uhlenbruck § 88 Rn. 12). Streitig ist, ob bei **verfahrensrechtlicher Tilgungswirkung** (§ 815 Abs. 3, § 819 ZPO) § 88 zur Anwendung gelangt (bejahend: HK-Kayser § 88 Rn. 23; Jaeger-Eckardt § 88 Rn. 32; a. A. Vallender, ZIP 1997, 1995, Grothe, KTS 2001, 231). Wird dies befürwortet, kann der Versteigerungserlös zur Masse beansprucht werden, wenn der Gerichtsvollzieher diesen noch nicht an den Gläubiger weitergeleitet hat. 8

5. Monatsfrist

Die Fristberechnung erfolgt nach § 139 (BGH, ZInsO 2011, 1413 Rn. 9; OLG Brandenburg, ZInsO 2010, 2097; HK-Kayser § 88 Rn. 29; eingehend zur Fristberechnung FK-App § 88 Rn. 17). § 193 BGB ist unanwendbar (LG Berlin, ZInsO 2001, 1066). Zu beachten ist für das **vereinfachte Verfahren die Drei-Monats-Frist des Abs. 2 (s. Rdn. 19).** Unerheblich ist, ob der Antrag mangelhaft und bei einem unzuständigen Gericht gestellt wurde (BGH, ZInsO 2011, 1413 Rn. 9; OLG Köln, ZIP 2010, 1763; BayObLG, ZInsO 2000, 455; Kirchhof, ZInsO 2001, 1, 6; FK-App § 88 Rn. 15). Maßgebend ist, dass der Antrag letztendlich zur Verfahrenseröffnung geführt hat. **§ 88 setzt keinen fehlerfreien Antrag voraus.** Liegen mehrere Anträge gegen den Schuldner vor, ist nach § 139 Abs. 2 grds. der erste zulässige und begründete Antrag für die Fristberechnung zugrunde zu legen (LAG Niedersachsen, ZInsO 2011, 1027; KPB-Lüke § 88 Rn. 15; K. Schmidt-Keller § 88 Rn. 30). Bei einer einheitlichen Insolvenz ist auch dann der erste mangels Masse abgewiesene Antrag maßgebend, selbst wenn zwischen ihm und dem zur Verfahrenseröffnung führenden mehrere Jahre liegen (BGH, ZIP 2008, 235; K. Schmidt-Keller § 88 Rn. 30). Frühere zurückgenommene oder erledigte Anträge bleiben aber außer Betracht (Jaeger-Eckardt § 88 Rn. 39; A/G/R-Piekenbrock § 88 Rn. 12). 9

Die Sicherung muss innerhalb der Monatsfrist oder danach erlangt worden sein. **Das Sicherungsrecht wurde begründet, wenn die Vollstreckungsmaßnahme beendet ist.** Dies bestimmt sich nach den jeweils geltenden Verfahrensvorschriften. Maßgeblicher Zeitpunkt ist die Vollendung des Tatbestandes, welcher zur Sicherung führt (KPB-Lüke § 88 Rn. 16; Uhlenbruck-Uhlenbruck § 88 Rn. 17). Unerheblich ist, wann die Vollstreckungshandlung vorgenommen wurde. Das Pfandrecht an **beweglichen Sachen** wird durch Inbesitznahme des Gerichtsvollziehers begründet (§ 808 Abs. 1 ZPO). Das Pfandrecht an **Forderungen** entsteht mit Zustellung an den Drittschuldner (§§ 829, 846 ZPO). Die **Vorpfändung** (§ 845 ZPO) außerhalb der Frist des § 88 begründet keine insolvenzfeste Sicherung, auch wenn die Forderungspfändung im Monatszeitraum erfolgt (BGH, ZInsO 2006, 553 zur Anfechtbarkeit; MK-Breuer § 88 Rn. 30; KPB-Lüke § 88 Rn. 16). Mit der Vorpfändung entsteht lediglich ein auflösend bedingtes Arrestpfandrecht. Wird eine **künftige Forderung** gepfändet, entsteht das Pfandrecht erst mit der Forderung selbst (BGH, NZI 2003, 320; ZInsO 2006, 261). Bei einer **Kontopfändung** ist der Zeitpunkt der Gutschrift maßgeblich (BFH, ZInsO 2005, 888; OLG Frankfurt am Main, ZInsO 2003, 283). Der **Rentenanspruch** (LG Kleve, ZInsO 2008, 755) und die **Mietforderung** (BGH, ZIP 1997, 513; MK-Eckardt § 110 Rn. 11) entstehen monatlich fortlaufend. Gleiches gilt für die Gehaltsforderung (FK-App § 88 Rn. 19). Wird in sonstige Vermögensgegenstände vollstreckt, kommt es auf die Zustellung an den Schuldner oder den Drittschuldner an (§ 857 Abs. 2 ZPO). Bei der **Arrestvollziehung** in das bewegliche Vermögen ist der Zeitpunkt des Entstehens des Arrestpfandrechts nach § 930 ZPO maßgebend (K. Schmidt-Keller 10

§ 88 Rn. 27). Wird eine **Vormerkung aufgrund einstweiliger Verfügung** eingetragen, ist die Vollstreckungsmaßnahme noch nicht beendet, sondern erst eingeleitet (BGH, ZInsO 2000, 332 zu § 7 Abs. 3 GesO). Das OLG Düsseldorf (ZInsO 2003, 804) überträgt diese Entscheidungsgrundsätze auf den Anwendungsbereich des § 88 für eine **Sicherungshypothek**. Hierbei wird übersehen, dass § 88 auf die erlangte Sicherung abstellt und Tatbestandsvoraussetzung keine unbeendete Vollstreckungsmaßnahme ist. Der BGH führt in der zuvor genannten Entscheidung (ZInsO 2000, 332) aus, dass durch Eintragung das Sicherungsrecht begründet wird (so auch Uhlenbruck-Uhlenbruck § 88 Rn. 21). Bei der Anordnung der **Zwangsversteigerung/Zwangsverwaltung** ist der Zeitpunkt der Beschlagnahme entscheidend (Anordnungsbeschluss §§ 22, 146 ZVG).

11 Ist für das Entstehen der Sicherung die **Eintragung in ein öffentliches Register/Verzeichnis erforderlich**, kommt es nach überwiegender Auffassung auf diese Eintragung an (MK-Breuer § 88 Rn. 29, 31; Uhlenbruck-Uhlenbruck § 88 Rn. 20; OLG Brandenburg, ZInsO 2010, 2097; OLG Köln, ZIP 2010, 1763; LG Berlin, ZInsO 2001, 1066; LG Bonn, ZIP 2004, 1374). Der gegenteiligen Ansicht (KPB-Lüke § 88 Rn. 17; FK-App § 88 Rn. 19; A/G/R-Piekenbrock § 88 Rn. 15), welche auf den Eintragungsantrag abstellt, ist der eindeutige Wortlaut entgegenzuhalten. Ferner schützen die §§ 878, 892 BGB nur den rechtsgeschäftlichen Erwerber, nicht aber den Vollstreckungsgläubiger (K. Schmidt-Keller § 88 Rn. 26). Das Sicherungsrecht wird nach h. M. erst mit Grundbucheintragung, nicht schon mit Antragstellung erlangt. Der Rechtsgedanke des § 140 Abs. 2 findet keine Anwendung (Jaeger-Eckardt § 88 Rn. 41), da sich diese Vorschrift auf Eintragungen aufgrund eines abgeschlossenen Rechtsgeschäftes bezieht, § 88 InsO dagegen ausschließlich auf durch Zwangsvollstreckung erlangte Sicherungen anzuwenden ist (MK-Breuer § 88 Rn. 29; LG Berlin, ZInsO 2001, 1066).

12 Hat das Gericht **Sicherungsmaßnahmen nach § 21 Abs. 2 Nr. 3** angeordnet (einstweilige Einstellung von Vollstreckungsmaßnahmen), ist **§ 775 Nr. 1, 2 ZPO vorrangig** (Jaeger-Eckardt § 88 Rn. 35; Uhlenbruck-Uhlenbruck § 88 Rn. 26.; a. A. HK-Kayser § 88 Rn. 27). § 88 erlangt nur insoweit Geltung, bis die Anordnung nach § 21 Abs. 2 Nr. 3 wirksam wird (MK-Breuer § 88 Rn. 25).

II. Rechtsfolgen

1. Grundsatz

13 Die erlangte Sicherung wird mit rechtskräftiger Verfahrenseröffnung **ipso iure unwirksam** (BGH, ZInsO 2006, 261; MK-Breuer § 88 Rn. 32; LG Bonn, ZIP 2004, 1374). Die Unwirksamkeit des § 88 wirkt **absolut**, nicht nur ggü. den Insolvenzgläubigern und dem Insolvenzverwalter (h. M. BGH, ZInsO 2006, 261; Raebel, ZInsO 2003, 1124, 1128; für relative Unwirksamkeit: KPB-Lüke § 88 Rn. 25; Grothe, KTS 2001, 205, 232; Thietz-Bartram/Spilger, ZInsO 2005, 858, 859). Nach dem Willen des Gesetzgebers tritt die Unwirksamkeit bei Verfahrensbeginn unabhängig von dessen Ausgang ein (BT-Drucks. 12/2443 S. 137). Das vor Verfahrenseröffnung im Vollstreckungswege erlangte **Sicherungsrecht erlischt** folglich mit Insolvenzeröffnung. Dies gilt auch für die Zwangssicherungshypothek. Die Rückschlagsperre führt daher nicht zu einer Eigentümergrundschuld (BGH, ZInsO 2012, 1633 Rn. 8; BGH, ZInsO 2006, 261; offen gelassen OLG Köln, ZIP 2010, 1763; a. A. BayObLG, ZInsO 2000, 455; OLG Düsseldorf, NZI 2004, 93; Uhlenbruck-Uhlenbruck § 88 Rn. 25; MK-Breuer § 88 Rn. 34 Analogie zu § 868 ZPO). Wird gegen den Eröffnungsbeschluss sofortige Beschwerde eingelegt (§ 34), hat diese keine aufschiebende Wirkung (KPB-Pape § 34 Rn. 42). Bei Aufhebung des Eröffnungsbeschlusses allerdings besteht das Sicherungsrecht dann entweder fort (KPB-Lüke § 88 Rn. 25–27; Uhlenbruck-Uhlenbruck § 88 Rn. 28) oder lebt analog § 185 Abs. 2 Satz 1 Fall 2 BGB wieder auf (so h. M. **schwebende Unwirksamkeit** BGH, ZInsO 2006, 261; OLG Brandenburg, ZInsO 2010, 2097). Namentlich bei **Freigabe** des belasteten Vermögensgegenstandes aus dem Insolvenzbeschlag oder **Verfahrensbeendigung** ist eine **einschränkende Auslegung** geboten (deshalb gegen den Gesetzeswortlaut für relative Unwirksamkeit: KPB-Lüke § 88 Rn. 26; LG Leipzig, ZInsO 2005, 833; dagegen MK-Breuer § 88 Rn. 34; ausführl. zum Meinungsstreit Jaeger-Eckardt § 88 Rn. 50 ff.; für teleologische Reduktion wegen partieller Verfassungswidrigkeit Jacobi, KTS 2006, 239). Die Unwirksamkeit soll nach herrschender Meinung nur

und solange bestehen, wie dies zur Durchführung des Insolvenzverfahrens und zur gleichmäßigen Befriedigung aller Gläubiger erforderlich ist. Die Rechtswirkung ist auf das Insolvenzverfahren begrenzt, aber absolut. Der BGH wendet § 185 Abs. 2 Satz 1 Fall 2 BGB entsprechend mit der Folge an, dass das Sicherungsrecht mit der Freigabe des belasteten Vermögensgegenstandes aus dem Insolvenzbeschlag wieder wirksam wird, sofern die sonstigen Voraussetzungen der hoheitlichen Vollstreckungsmaßnahme noch bestehen (BGH, ZInsO 2006, 261 **schwebende Unwirksamkeit** [h. M.]; bestätigt BGH, ZInsO 2011, 1413 Rn. 11; zustimmend Uhlenbruck-Uhlenbruck § 88 Rn. 23 f.; krit. Thietz-Bartram, ZInsO 2006, 527; Keller, ZIP 2006, 1174, 1181; Alff/Hintzen, ZInsO 2006, 481, Böttcher, NotBZ 2007, 86). Analog § 185 Abs. 2 Satz 1 Fall 2 BGB wird die Verfügung eines Berechtigten ex nunc wirksam, wenn er ohne Verfügungsmacht gehandelt und diese später wieder erlangt hat. Die Freigabe aus dem Insolvenzbeschlag bewirkt gerade, dass der Schuldner die Verfügungsbefugnis zurückerlangt. Gleiches wird dann auch für den noch nicht entschiedenen Fall der Verfahrensbeendigung zu gelten haben.

Das **Aufleben des Sicherungsrechts** setzt jedoch voraus, dass die Vollstreckungshandlung (Verstrickung) noch besteht. Wurde bspw. die **Zwangshypothek** im Grundbuch vor Freigabe/Verfahrensbeendigung gelöscht, kommt ein Wiederaufleben nicht in Betracht (OLG Köln, ZIP 2010, 1763). Nur bei Erhalt der Buchposition wird das Sicherungsrecht mit dem Zeitpunkt des Wegfalls der Verfügungsbeschränkung wieder analog § 185 Abs. 2 Satz 1 Fall 2 BGB wirksam. Einer Neueintragung bedarf es in diesem Fall nicht. Mehrere auflebende Sicherheiten haben untereinander gem. § 879 Abs. 1 Satz 2 BGB den gleichen Rang, was ggf. durch Rangvermerk im Grundbuch klarzustellen ist (BGH, ZInsO 2006, 261, 264; für Wiederaufleben im bisherigen Rang Kreft, FS Fischer, S. 297, 304; A/G/R-Piekenbrock § 88 Rn. 20). Zum Wiederaufleben einer **Forderungspfändung** ist eine erneute die Zustellung des Pfändungs- und Überweisungsbeschlusses an den Drittschuldner erforderlich (BGH, ZInsO 2006, 261, 264; kritisch MK-Breuer § 88 Rn. 34). Bei Pfändung **beweglicher Sachen** besteht die öffentlich-rechtliche Verstrickung fort (Rdn. 14), sodass das Sicherungsrecht unmittelbar mit der Freigabe/Verfahrensbeendigung auflebt. Eine erneute Pfändung ist erforderlich, wenn der Gerichtsvollzieher den Besitz aufgegeben hat oder die Sache entstrickt worden ist (Thietz-Bartram, ZInsO 2006, 527, 529). Das Vollstreckungsverbot des § 89 ist für den Fall des aufgelebten Sicherungsrechts eingeschränkt auszulegen (vgl. § 89 Rdn. 9).

Bestehen bleibt jedoch die **öffentlich-rechtliche Verstrickung** bis zu ihrer Aufhebung (MK-Breuer § 88 Rn. 32; BGH, ZIP 1980, 23 zu §§ 28, 104 VerglO). Streitig ist, ob die **Aufhebung von Amts wegen** (so Uhlenbruck-Uhlenbruck § 88 Rn. 24, 27, anders aber bei Grundbuchpositionen s. dort Rn. 30; Jaeger-Eckardt § 88 Rn. 61; A/G/R-Piekenbrock § 88 Rn. 17; MK-Breuer § 88 Rn. 37) oder auf **Antrag des Insolvenzverwalters** (so HK-Kayser § 88 Rn. 45; K. Schmidt-Keller § 88 Rn. 47) erfolgt. Die Aufhebung von Amts wegen ist dem Vollstreckungsrecht fremd, weshalb der letztgenannten Auffassung zuzustimmen ist. Wird die Aufhebung verweigert oder besteht Streit über die Unwirksamkeit, ist bei der Mobiliarvollstreckung und Forderungspfändung die **Vollstreckungserinnerung (§ 766 ZPO)** einzulegen (A/G/R-Piekenbrock § 88 Rn. 17; Braun-Kroth § 88 Rn. 9; KPB-Lüke § 88 Rn. 23). Die Erinnerung richtet sich dagegen, dass eine Vollstreckungsmaßnahme entgegen der Rechtswirkung des § 88 aufrechterhalten bleibt. Erinnerungsbefugt ist nur der Insolvenzverwalter (MK-Breuer § 88 Rn. 23; NR-Wittkowski § 88 Rn. 13). Zuständig ist analog § 89 Abs. 3 das Insolvenzgericht. § 88 enthält, anders als § 89, eine planwidrig Regelungslücke zur Zuständigkeit, die durch **analoge Anwendung von § 89 Abs. 3** zu schließen ist. Denn auch im Fall des § 88 ist die Sachnähe der Insolvenzgerichte für Entscheidungen zur Umsetzung der Rückschlagsperre des § 88 ebenso gegeben wie bei den Vollstreckungsverboten nach § 89. Durch die entsprechende Anwendung des § 89 Abs. 3 i. R. d. Rückschlagsperre des § 88 werden zudem der Prozessökonomie zuwiderlaufende Rückverweisungen an die Vollstreckungsgerichte vermieden und die Rechtssicherheit zeitnah gewährleistet (HK-Kayser § 88 Rn. 46; Jaeger-Eckardt § 88 Rn. 73; K. Schmidt-Keller § 88 Rn. 45; AG Hamburg, Beschl. v. 19.01.2010, Az. 67g IN 177/09; a. A. FK-App § 88 Rn. 21; MK-Breuer § 88 Rn. 40 weiterhin das sachlich zuständige Fachgericht). Der Pfändungs- und Überweisungsbeschluss ist aufzuheben, ebenso die Beschlagnahme durch Mobi-

§ 88 InsO Vollstreckung vor Verfahrenseröffnung

liarvollstreckung. Zwangsversteigerung und Zwangsverwaltung sind einzustellen (K. Schmidt-Keller § 88 Rn. 49).

15 Die Rückschlagsperre führt bei Vollstreckung in das bewegliche Vermögen zum Erlöschen des Pfändungspfandrechts (HK-Kayser § 88 Rn. 34). Wird das **Sicherungsgut unter Verstoß gegen § 88 versteigert**, erwirbt der Ersteher Eigentum, wenn die Verstrickung noch Bestand gehabt hat (Uhlenbruck-Uhlenbruck § 88 Rn. 28). Leistet der Drittschuldner gutgläubig trotz Unwirksamkeit des Pfändungs- und Überweisungsbeschlusses an den Vollstreckungsgläubiger, wird er von seiner Leistungspflicht befreit (§ 836 Abs. 2 ZPO). In beiden Fällen hat der vollstreckende Gläubiger das Erlangte nach §§ 812 ff. BGB an die Insolvenzmasse herauszugeben (Uhlenbruck-Uhlenbruck § 88 Rn. 27; KPB-Lüke § 88 Rn. 19b).

2. Umsetzung im Grundbuchverfahren

16 Das Grundbuch ist unrichtig i. S. d. §§ 894, 899 BGB, wenn die Voraussetzungen des § 88 vorliegen. Die Berichtigung kann nur **vom Insolvenzverwalter beantragt** werden (§§ 13, 22, 29 GBO). § 32, wonach das Insolvenzgericht das Grundbuchamt zur Eintragung/Löschung des Insolvenzvermerks ersuchen kann, ist unanwendbar (K. Schmidt-Keller § 88 Rn. 50). Das GBA ist nicht verpflichtet, von Amts wegen tätig zu werden (Uhlenbruck-Uhlenbruck § 88 Rn. 30: HK-Kayser § 88 Rn. 43; Keller, ZIP 2000, 1324, 1330). Der Insolvenzverwalter kann den Nachweis zur Grundbuchberichtigung durch öffentliche Urkunde (§§ 22, 29 GBO) **oder** durch Berichtigungsbewilligung des betroffenen Rechtsinhabers (§§ 19, 29 GBO) führen (BGH, ZInsO 2012, 1633 Rn. 12; OLG München, ZIP 2012, 382; a. A. OLG Stuttgart, ZIP 2011, 1876). Bei Wahl der ersten Möglichkeit sind das Verwalterzeugnis und der Eröffnungsbeschluss vorzulegen. Weiterhin ist durch öffentliche Urkunden nachzuweisen, dass das betroffene Grundstück/Grundpfandrecht zur Insolvenzmasse gehört, die Vollstreckungsmaßnahme im letzten Monat vor dem Insolvenzantrag vorgenommen wurde und der Vollstreckende Insolvenzgläubiger ist (Keller, ZIP 2000, 1324, 1331). Eine Bescheinigung des Insolvenzgerichts über den Zeitpunkt der Antragstellung ist unzureichend (BGH ZInsO 2012, 1633 Rn. 18; OLG München, ZIP 2010, 1861). Ebenso wenig ist genügend, wenn im Eröffnungsbeschluss der Zeitpunkt der Antragstellung, auf dessen Grundlage die Verfahrenseröffnung erfolgt ist, erwähnt wird (OLG Hamm, ZInsO 2014, 150). Dem Insolvenzgericht kommt nicht die Aufgabe zu, den Eingang des der Insolvenzeröffnung zugrunde liegenden Antrags gegenüber dem Grundbuchamt zu bescheinigen. Wurde das Insolvenzverfahren allerdings einen Monat nach der Eintragung eröffnet, ist der Nachweis durch den Eröffnungsbeschluss geführt (BGH, ZInsO 2012, 1633 Rn. 17; OLG München, ZIP 2012, 382; OLG Hamm, ZInsO 2014, 150). Der Nachweis der Massezugehörigkeit kann durch den Insolvenzvermerk im Grundbuch geführt werden (OLG Köln, ZIP 2010, 1764; Uhlenbruck-Uhlenbruck § 88 Rn. 30). Da dies rgm. schwierig ist, wird der Insolvenzverwalter die Grundbuchberichtigung aufgrund Bewilligung des betroffenen Gläubigers beantragen. Der Berichtigungsantrag ist auf Löschung zu richten. Ist die Löschungsbewilligung des Vollstreckungsgläubigers nicht beizubringen und kann der Nachweis durch öffentliche Urkunden nicht geführt werden, muss gegen den Vollstreckungsgläubiger **Klage auf Grundbuchberichtigung (§ 894 BGB)** erhoben werden. Eine nach § 88 unwirksam gewordene **Zwangshypothek wird keine Eigentümergrundschuld**. § 868 ZPO findet keine entsprechende Anwendung (BGH, ZInsO 2012, 1633 Rn. 8; BGH, ZInsO 2006, 261, 263; OLG Stuttgart, ZIP 2011, 1876; OLG Brandenburg, ZInsO 2010, 2097; **a. A.** OLG Düsseldorf, ZInsO 2003, 804; BayObLG, ZInsO 2000, 455; Keller, ZIP 2000, 1324, 1329; KPB-Lüke § 88 Rn. 19; MK-Breuer § 88 Rn. 34). Nachrangige Grundpfandrechte rücken somit auf (K. Schmidt-Keller § 88 Rn. 41).

III. Besonderheiten

1. Arbeitseinkommen

17 § 114 Abs. 3 ergänzt § 88. Eine vor dem Monatszeitraum (bei Verbraucherinsolvenzverfahren 3 Monate) ausgebrachte Pfändung bleibt wirksam in der Zeitgrenze des § 114 Abs. 3. § 114 entfällt für Insolvenzverfahren, deren Eröffnung nach dem 01.07.2014 beantragt wird. Durch § 114 Abs. 3

Satz 3 wird für Altfälle (Antragstellung bis 30.06.2014) klargestellt, dass eine Gehaltspfändung im Monatszeitraum vor Insolvenzantrag unwirksam gem. § 88 wird (HK-Kayser § 88 Rn. 8). Dies gilt nach § 114 Abs. 3 Satz 3 Halbs. 2 nicht für Pfändungen von Unterhalts-/Deliktsgläubigern in den ihnen zugewiesenen Vermögensanteil i. S. d. § 89 Abs. 2 Satz 2 (MK-Breuer § 88 Rn. 43). Bezogen auf den Streitgegenstand im Ergebnis zutreffend, aber in der Begründung unrichtig ist die Entscheidung des OLG Nürnberg (ZInsO 2014, 157). § 88 bezieht sich auf die konkrete Vollstreckungsmaßnahme, nicht darauf, wann die gepfändete Forderung entsteht. Wird die Vollstreckungsmaßnahme von § 88 erfasst, entfällt auch das Absonderungsrecht des Gläubigers an – zunächst – gepfändeten Lohnforderungen im Monat der Verfahrenseröffnung und ggf. im Folgemonat. Für § 114 Abs. 3 Satz 1 verbleibt kein Anwendungsbereich, wenn die Vollstreckungsmaßnahme von § 88 erfasst wird.

2. Miete/Pacht

Eine § 114 Abs. 3 entsprechende Regelung enthält § 110 Abs. 2 Satz 2 für Miet- und Pachtforderungen. Allerdings fehlt es an einer § 114 Abs. 3 Satz 3 vergleichbaren Bestimmung. Das Gesetz lässt ungeregelt, ob § 88 neben § 110 Abs. 2 Satz 2 anwendbar ist. Aufgrund der fehlenden Verweisung wird teilweise vertreten, dass § 88 insoweit ausgeschlossen sei. Eine Besserstellung des Miet- oder Pachtgläubigers ist nicht nachvollziehbar. Aus dem fehlenden Verweis folgt zudem kein Vorrang des § 110 vor § 88. Beide Vorschriften sind vielmehr kumulativ anwendbar. Liegen die Voraussetzungen des § 88 vor, ist die Vollstreckung in Miet-/Pachtforderungen unwirksam (ebenso Jaeger-Eckardt § 88 Rn. 77–78; MK-Breuer § 88 Rn. 44; KPB-Lüke § 88 Rn. 21; Mitlehner, ZIP 2007, 804). § 110 ergänzt nach einhelliger Auffassung § 88 (HK-Kayser § 88 Rn. 9) und verdrängt diese Norm nicht. 18

IV. Sonderregelung für vereinfachte Insolvenzverfahren

Der ab 01.07.2014 neu eingefügte § 88 Abs. 2 übernimmt im Wesentlichen die vorherige Regelung des § 312 Abs. 1 Satz 3 a. F., der zu diesem Zeitpunkt aufgehoben wurde (BT-Drucks. 17/11268, S. 22; BT-Drucks. 17/13535, S. 38). Abweichend von § 312 Abs. 1 Satz 3 gilt die Erweiterung auf einen Zeitraum von 3 Monaten nicht nur dann, wenn das Verbraucherinsolvenzverfahren auf einen Antrag des Schuldners eröffnet wird. Zweck der Sonderregelung und Ausweitung auf einen Zeitraum von 3 Monaten ist, Störungen des außergerichtlichen Einigungsversuchs zu unterbinden (BT-Drucks. 14/5680, S. 54). Bei der praxisrelevanten Gehaltspfändung führt die Regelung dazu, dass der pfändbare Anteil der Masse gebührt, wenn die Vollstreckungsmaßnahme mit Verfahrenseröffnung unwirksam wird. Da die Rückschlagsperre nur die erlangte Sicherung, nicht aber Befriedigung erfasst, konnte nach der bis 30.06.2014 geltenden Rechtslage der Treuhänder die Befriedigung nur anfechten, wenn er von der Gläubigerversammlung beauftragt wurde (§ 313 Abs. 3 Satz 3 a. F.). Seit 01.07.2014 steht dem Insolvenzverwalter auch im Verbraucherinsolvenzverfahren ohne Ermächtigung durch die Gläubigerversammlung das Recht zur Anfechtung zu. 19

§ 89 Vollstreckungsverbot

(1) Zwangsvollstreckungen für einzelne Insolvenzgläubiger sind während der Dauer des Insolvenzverfahrens weder in die Insolvenzmasse noch in das sonstige Vermögen des Schuldners zulässig.

(2) ¹Zwangsvollstreckungen in künftige Forderungen auf Bezüge aus einem Dienstverhältnis des Schuldners oder an deren Stelle tretende laufende Bezüge sind während der Dauer des Verfahrens auch für Gläubiger unzulässig, die keine Insolvenzgläubiger sind. ²Dies gilt nicht für die Zwangsvollstreckung wegen eines Unterhaltsanspruchs oder einer Forderung aus einer vorsätzlichen unerlaubten Handlung in den Teil der Bezüge, der für andere Gläubiger nicht pfändbar ist.

(3) ¹Über Einwendungen, die auf Grund des Absatzes 1 oder 2 gegen die Zulässigkeit einer Zwangsvollstreckung erhoben werden, entscheidet das Insolvenzgericht. ²Das Gericht kann vor der Entscheidung eine einstweilige Anordnung erlassen; es kann insbesondere anordnen, daß

§ 89 InsO Vollstreckungsverbot

die Zwangsvollstreckung gegen oder ohne Sicherheitsleistung einstweilen einzustellen oder nur gegen Sicherheitsleistung fortzusetzen sei.

Übersicht

	Rdn.			Rdn.
A. Normzweck	1		1. Unwirksamkeit	13
B. Norminhalt	3		2. Zeitgrenze	14
I. Voraussetzungen (Abs. 1)	3	III.	Erweitertes Vollstreckungsverbot (Abs. 2)	15
1. Betroffene Vollstreckungsmaßnahmen	3		1. Künftige Bezüge	15
2. Betroffene Gläubiger	5	IV.	2. Unterhalts-/Deliktsgläubiger	16
a) Insolvenzgläubiger	5		Rechtsbehelfe (Abs. 3)	17
b) Andere Gläubiger	6		1. Zulässiger Rechtsbehelf	17
3. Geschütztes Vermögen	9		2. Zuständigkeit	20
II. Rechtsfolgen	13		3. Rechtsmittel	24

A. Normzweck

1 Die Vorschrift dient dem Verfahrensziel (§ 1), die gleichmäßige Befriedigung der Gläubiger sicherzustellen. Der vollstreckende Gläubiger soll sich keinen Sondervorteil verschaffen. Zudem wird die Masse vor dem Zugriff nicht beteiligter Gläubiger geschützt (Begr. RegE BT-Drucks. 12/7302 S. 35, 36).

2 Die Vorschrift gilt auch im Verbraucherinsolvenzverfahren (FK-App § 89 Rn. 5) Der Gesetzeszweck wird im Antragsverfahren durch § 21 Abs. 2 Nr. 3 ergänzt. Sondervorschriften sind für das vereinfachte Insolvenzverfahren (§ 306 Abs. 2 Satz 1) und die Restschuldbefreiung (§ 294 Abs. 1) zu beachten.

B. Norminhalt

I. Voraussetzungen (Abs. 1)

1. Betroffene Vollstreckungsmaßnahmen

3 Vom Verbot des § 89 werden sämtliche Vollstreckungsmaßnahmen erfasst, auch solche betreffend Steuerforderungen oder sonstige öffentlich-rechtlicher Forderungen (vgl. § 88 Rdn. 5). Unstatthaft sind Vollstreckungen wegen Geldforderungen in das bewegliche/unbewegliche Vermögen sowie Forderungen (§§ 803 ff., 828 ff., 864 ff. ZPO). Bereits begonnene Vollstreckungsmaßnahmen dürfen nicht fortgesetzt werden (Uhlenbruck-Uhlenbruck § 89 Rn. 5). Bei **eintragungspflichtigen Zwangsvollstreckungsmaßnahmen** kommt es auf den Zeitpunkt der Eintragung, nicht den der Antragstellung an. Der Rechtsgedanke des § 140 Abs. 2 findet keine Beachtung (str. vgl. § 88 Rdn. 11; Jaeger-Eckardt § 89 Rn. 72; MK-Breuer § 89 Rn. 61). Ist der Antrag bei Verfahrenseröffnung unerledigt, muss er durch das Registergericht zurückgewiesen werden. Erfolgt die Eintragung dennoch, ist diese unrichtig. Der Insolvenzverwalter kann nach § 894 BGB vorgehen. Das Registergericht muss, wenn es den Fehler erkennt, einen Widerspruch eintragen (§ 53 GBO). Erfasst werden auch Vorpfändungen, da sie zu einem auflösend bedingten Pfandrecht führen und somit keine vorbereitende Maßnahme sind (Uhlenbruck-Uhlenbruck § 89 Rn. 6). Die vor Verfahrenseröffnung ausgebrachte **Vorpfändung** i. S. d. § 845 ZPO führt zu keiner Privilegierung des Gläubigers (HK-Kayser § 89 Rn. 21; vgl. zur Unwirksamkeit im Monatszeitraum vor dem Insolvenzantrag § 88 Rn. 10). Selbst wenn die Vorpfändung nicht von § 88 erfasst wird, bleibt die nachfolgende Hauptpfändung unstatthaft (MK-Breuer § 89 Rn. 32; Jaeger-Eckardt § 89 Rn. 53; P/U-Engels § 89 Rn. 17). Vollstreckungsmaßnahmen nach §§ 883 ff. ZPO unterliegen § 89, soweit es Ansprüche von Insolvenzgläubigern betrifft. Die Durchsetzung **vertretbarer Handlungen** § 887 ZPO) ist untersagt, **während unvertretbare Handlungen** (§ 888 ZPO) und **Unterlassungen/Duldungen** (§ 890 ZPO) nicht von § 89 erfasst werden (Jaeger-Eckardt § 89 Rn. 40; FK-App § 89 Rn. 16; LAG Düsseldorf, ZIP 2004, 631; LAG Köln, ZIP 2009, 988 – Erteilung eines Arbeitszeugnisses), es sei denn, sie dienen, wie bspw. der Auskunftsanspruch (§ 260 BGB, §§ 889, 888 ZPO), der Durchsetzung einer Insolvenzforderung (HK-Kayser § 89 Rn. 24). § 89 gilt daher ebenso für Auskunftsansprüche aus §§ 666, 1580, 1605, 2314 BGB sowie akzessorische Auskunftsansprüche zur Durchsetzung des geistigen Eigentums (A/G/R-Piekenbrock § 89 Rn. 11). Das Verfahren zur **Abnahme der Vermögensauskunft** (§ 802c ZPO) ist unzulässig (BGH, ZInsO 2012, 1262 Rn. 9 f.; MK-Breuer § 89 Rn. 34; KPB-Lüke § 89 Rn. 9; a. A. FK-App § 89 Rn. 15: lediglich vorbereitende Maßnahme). Hat der Schuldner Widerspruch gegen die Abnahme der Vermögensauskunft eingelegt, wird das Widerspruchsverfahren nicht nach § 240 ZPO unterbrochen und der Widerspruch darf nicht zurückgewiesen werden (BGH, ZInsO 2013, 984 Rn. 7). § 89 gilt ebenso für den **Erlass eines Haftbefehls** nach § 802g ZPO (OLG Jena, ZInsO 2002, 134 zu § 901 ZPO a. F.). Ein Haftbefehl ist aufzuheben, ohne dass es einer Mitwirkung des Gläubigers bedarf (AG Frankfurt an der Oder, ZInsO 2013, 396). War der Schuldner vor Verfahrenseröffnung in Haft genommen (§ 802g ZPO), ist er nach Eröffnung zu entlassen (MK-Breuer § 89 Rn. 35). Die Durchsetzung des nach bürgerlichen Rechts begründeten Anspruchs auf Abgabe der eidesstattlichen Versicherung (§ 259 Abs. 2 BGB) bleibt aber zulässig (Uhlenbruck-Uhlenbruck § 89 Rn. 10). **Arrest** (§§ 916 ff. ZPO) und die **einstweilige Verfügung** (§§ 935 ff. ZPO) unterliegen dem Vollstreckungsverbot, wenn diese auf Sicherung einer Insolvenzforderung gerichtet sind (Uhlenbruck-Uhlenbruck § 89 Rn. 12). Dies gilt auch für den nach §§ 111b, 111d StPO angeordneten Arrest (KG, ZInsO 2005, 1047; Jaeger-Eckardt § 89 Rn. 44). War der Arrestbefehl bei Verfahrenseröffnung erlassen, jedoch noch nicht vollzogen, wird dieser auf Widerspruch (§ 924 Abs. 1 ZPO) des Insolvenzverwalters ohne Sachprüfung aufgehoben (MK-Breuer § 89 Rn. 37; A/G/R-Piekenbrock § 89 Rn. 24). Hat der Schuldner das Widerspruchsverfahren betrieben, wird dieses analog § 240 ZPO unterbrochen. Der Insolvenzverwalter kann das Widerspruchsverfahren aufnehmen (Uhlenbruck-Uhlenbruck § 89 Rn. 12; MK-Breuer § 89 Rn. 37). Unstatthaft ist auch die Eintragung einer **Vormerkung aufgrund einstweiliger Verfügung** (Jaeger-Eckardt § 89 Rn. 46).

Zulässig bleiben Maßnahmen, welche die **Zwangsvollstreckung** lediglich **vorbereiten** (BGH, ZInsO 2008, 158; OLG Düsseldorf, NZI 2002, 388). Auch die Erteilung einer **Vollstreckungsklausel** (FK-App § 89 Rn. 14) sowie die **Zustellung**, soweit sie keine unmittelbare Vollstreckungswirkung herbeiführt (z. B. Zustellung des Pfändungs- und Überweisungsbeschlusses) sind lediglich vorbereitende Maßnahmen (BGH, ZInsO 2008, 158 Rn. 13; Jaeger-Eckardt § 89 Rn. 55). Zulässig sind auch **Vollstreckbarerklärungen von ausländischen Urteilen oder Schiedssprüchen** (BK-Blersch/v. Olshausen § 89 Rn. 25). **Freiwillige Leistungen**, selbst unter dem Druck drohender Zwangsvollstreckung, und **Aufrechnungen** sind Vollstreckungsmaßnahmen i. S. d. § 89 nicht gleich zu stellen (Uhlenbruck-Uhlenbruck § 89 Rn. 18). Leistungen aus dem insolvenzfreien Vermögen sind wirksam und können nicht vom Insolvenzverwalter kondiziert werden (BGH, ZInsO 2010, 376). Für die Aufrechnung gelten die Sondervorschriften der §§ 94 ff. Der **Fiktion einer Willenserklärung** (§ 894 ZPO) ist keine Vollstreckungswirkung beizumessen, da das Urteil einer Willenserklärung nach § 898 ZPO gleichsteht (Jaeger-Eckardt § 89 Rn. 58). Zulässig bleibt nach Verfahrenseröffnung auch die Vollstreckung der **Ersatzfreiheitsstrafe** (BVerfG, NZI 2006, 711; dazu Pape ZVI 2007, 7; Petershagen ZInsO 2007, 703; vgl. auch § 39 Rdn. 12). Die Geldstrafe, nachrangige Insolvenzforderung nach § 39 Abs. 1 Nr. 3, ist rgm. entwertet. Die Vollstreckung in die Freiheit bleibt dagegen zulässig, da nicht auf Verschaffung eines Vermögensvorteils, sondern Verwirklichung des Strafzweckes gerichtet. Die Ersatzfreiheitsstrafe ist kein Beugemittel zur Durchsetzung der Geldstrafe, sondern tritt als echte Strafe an die Stelle der Geldstrafe (BGHSt 20, 13, 16). Dies ist solange unbedenklich, als der Schuldner die Ersatzfreiheitsstrafe durch Zahlung aus seinem unpfändbaren Vermögen oder durch Einsatz seiner freien Arbeitskraft abwenden kann und ihn die Obliegenheit aus § 295 Abs. 1 Nr. 1, 4 während des Insolvenzverfahrens nicht trifft (dazu BGH, ZInsO 2010, 345 Rn. 9). Mit Inkrafttreten des § 287b InsO am 01.07.2014 trifft den Schuldner bereits ab Verfahrenseröffnung die Erwerbsobliegenheit, die nicht durch Vollstreckung der Ersatzfreiheitsstrafe konterkariert werden sollte (A/G/R-Piekenbrock § 89 Rn. 5). Durch die Rspr. ungeklärt ist noch, ob die **Erzwingungshaft im Bußgeldverfahren** nach § 96 OWiG von § 89 erfasst wird. Die Erzwingungshaft ist Beugemittel zur Durchsetzung einer Geldbuße (BVerfGE 43, 101, 105), was dadurch

§ 89 InsO Vollstreckungsverbot

bestätigt wird, dass der Schuldner nach Zahlung aus der Erzwingungshaft zu entlassen ist (§ 97 OWiG). Dennoch ist eine Anwendung des § 89 abzulehnen (ausführlich FK-App § 89 Rn. 18; a.A. A/G/R-Piekenbrock § 89 Rn. 6 da Zahlungen aus dem unpfändbaren Vermögen nicht erzwungen werden dürfen).

2. Betroffene Gläubiger

a) Insolvenzgläubiger

5 Das Vollstreckungsverbot gilt für sämtliche Insolvenzgläubiger (§ 38), auch für die nachrangigen i.S.d. § 39 (HK-Kayser § 89 Rn. 9; Braun-Kroth § 89 Rn. 6). Eine Verfahrensteilnahme ist unerheblich (BGH, ZInsO 2006, 994 zu § 294; KPB-Lüke § 89 Rn. 4; BK-Blersch/v. Olshausen § 89 Rn. 9).

b) Andere Gläubiger

6 **Aussonderungsberechtigte Gläubiger** (§ 47) können die Herausgabevollstreckung betreiben. Das Aussonderungsgut ist nicht massebefangen, sodass die Voraussetzungen des § 89 nicht vorliegen (MK-Breuer § 89 Rn. 17). Die Durchsetzung des Herausgabeanspruchs gegen den Insolvenzverwalter, wenn er den auszusondernden Gegenstand in Besitz hat, bedarf vorheriger Titelumschreibung (§ 727 ZPO). Der Wohnungsvermieter kann nach Verfahrenseröffnung seinen **Räumungsanspruch** durchsetzen (Jaeger-Eckardt § 89 Rn. 17). Hat der Insolvenzverwalter die Wohnung wie rgm. nicht in Besitz, kann der Vermieter weiterhin gegen den Schuldner auf Herausgabe vollstrecken (A/G/R-Piekenbrock § 89 Rn. 8). Das Vollstreckungsverbot bezieht sich ebenso wenig auf **Gläubiger, welche ihr Absonderungsrecht verfolgen** (AG Hamburg, ZInsO 2005, 1058; LG Traunstein, NZI 2000, 438). Die Absonderungsgläubiger werden aber wegen ihrer persönlichen Forderung vom Vollstreckungsverbot erfasst, nur nicht bzgl. der Verwertung ihrer Sicherheit. Für die Verwertung des Sicherungsrechtes gelten aber die Beschränkungen der §§ 49, 165 ff., §§ 30d ff., 153b ff. ZVG (eingehend MK-Breuer § 89 Rn. 18 ff.; HK-Kayser § 89 Rn. 7). Ist der Insolvenzverwalter gem. §§ 166 Abs. 1, 173 Abs. 2 verwertungsbefugt, steht dem absonderungsberechtigten Gläubiger kein Herausgabeanspruch zu (Jaeger-Eckardt § 89 Rn. 19). Die Zugriffsmöglichkeit auf das Sicherungsgut ist aufgrund der Verwertungszuständigkeit des Insolvenzverwalters ausgeschlossen (Uhlenbruck-Uhlenbruck § 89 Rn. 20). Eine Pfändung der **Mietansprüche** durch den absonderungsberechtigten Grundpfandgläubiger aus seinem dinglichen Recht ist daher unzulässig, wie aus den §§ 49, 165 folgend (nicht § 89). Gleiches gilt für eine Pfändung des der Insolvenzmasse gebührenden Überschusses aus einer uneingeschränkt aufgehobenen Zwangsverwaltung (BGH, ZInsO 2013, 2270 Rn. 7). Der Absonderungsgläubiger ist auf die Möglichkeiten der Zwangsversteigerung/-verwaltung beschränkt (BGH, ZInsO 2006, 873; AG Hamburg, ZInsO 2005, 1058).

7 Ob auch **Neugläubigern** die Zwangsvollstreckung in die Insolvenzmasse verwehrt ist, wird **streitig** beurteilt (bejahend KG, ZInsO 2005, 1047; Uhlenbruck-Uhlenbruck § 89 Rn. 19; FK-App § 89 Rn. 6; abl. Jaeger-Eckardt § 89 Rn. 25), sofern sich aus Abs. 2 nicht anderes ergibt. Neugläubiger sind zwar keine Insolvenzgläubiger i.S.d. § 38, aus den §§ 35, 38, 49 ff. und insb. § 91 folgt jedoch, dass die Masse für die Befriedigung der Insolvenz- und Massegläubiger vorbehalten ist (MK-Breuer § 89 Rn. 16). Die Zwangsvollstreckung durch Neugläubiger kann daher nur in das insolvenzfreie, pfändbare Vermögen des Schuldners erfolgen (BGH, ZIP 2014, 480 Rn. 8; OLG Hamm, ZIP 2011, 1068; LG Celle, ZInsO 2003, 128; AG Göttingen, ZInsO 2007, 1165; HK-Kayser § 89 Rn. 14; A/G/R-Piekenbrock § 89 Rn. 7), was aufgrund der Einbeziehung des Neuerwerbs in die Masse rgm. nur dann von praktischer Relevanz ist, wenn bspw. der Neuerwerb nach § 35 Abs. 2 freigegeben wurde. Der Gläubiger hat jedoch seine Stellung als Neugläubiger ebenso nachzuweisen, wie die fehlende Insolvenzbeschlagnahme am Vollstreckungsgegenstand.

8 Für **Massegläubiger** gilt die Sondervorschrift des § 90, bei Anzeige der Masseunzulänglichkeit § 210.

3. Geschütztes Vermögen

Das Vollstreckungsverbot erstreckt sich nicht nur auf **Massegegenstände einschließlich Neuerwerb**, sondern auch auf das **sonstige, insolvenzfreie oder freigegebene Schuldnervermögen** (BGH, ZInsO 2009, 830 Rn. 10 ff.; 2006, 261, 264; MK-Breuer § 89 Rn. 27; KPB-Lüke § 89 Rn. 13, 14). Die Zwangsvollstreckung in das insolvenzfreie oder freigegebene Vermögen ist nach der hier vertretenen Auffassung für Neugläubiger aber zulässig (s. Rdn. 7). Die Einbeziehung des insolvenzfreien Vermögens ist, da der Neuerwerb massezugehörig ist, im Wesentlichen unbedeutend. Sonstiges Schuldnervermögen können nur die nach § 36 nicht der Zwangsvollstreckung unterliegenden sowie freigegebene Vermögensgegenstände (insb. Neuerwerb § 35 Abs. 2) sein (BK-Blersch/v. Olshausen § 89 Rn. 8). Für die Vermögensgegenstände gem. § 36 folgt das Verbot der Einzelzwangsvollstreckung dann bereits aus §§ 811, 850 ff. ZPO. **Das Vollstreckungsverbot ist zugunsten solcher Gläubiger einschränkend auszulegen, die ihr Sicherungsrecht wegen der Rückschlagsperre des § 88 zunächst verloren haben und dieses infolge Freigabe des belasteten Vermögensgegenstandes aus dem Insolvenzbeschlag wieder auflebt** (BGH, ZInsO 2006, 261, 264; MK-Breuer § 89 Rn. 32; vgl. auch § 88 Rdn. 13). Die nur im Interesse der Gesamtgläubiger normierte Rückschlagsperre darf bei Freigabe des Vollstreckungsgegenstandes nicht auch den Schuldnerschutz aus § 89 zurückschlagen lassen.

9

Wegen § 93 bezieht sich das Vollstreckungsverbot auch auf das Vermögen des **persönlich haftenden Gesellschafters**. Dessen Vermögen wird vor Zugriffen durch Insolvenzgläubiger (der Gesellschaft) geschützt (OLG Jena, ZInsO 2002, 134; Jaeger-Eckardt § 89 Rn. 32; A/G/R-Piekenbrock § 89 Rn. 17; a. A. OLG Saarbrücken, ZInsO 2009, 1704). Das Vollstreckungsverbot greift nur, wenn die Voraussetzungen des § 93 vorliegen, sich die Vollstreckungsforderung aus der persönlichen Haftung als Gesellschafters ergibt. Die Vollstreckung ist aber möglich für sonstige (private) Gläubiger des persönlich haftenden Gesellschafters (FK-App § 89 Rn. 9; Uhlenbruck-Uhlenbruck § 89 Rn. 27). Ist dieser ebenfalls insolvent, gilt § 89 direkt. Die Vollstreckung in das Gesellschaftsvermögen nicht aber das Beteiligungsrecht bleibt für die persönlichen Gläubiger des insolventen Gesellschafters zulässig, solange die Gesellschaft nicht insolvent ist (Jaeger-Eckardt § 89 Rn. 33; MK-Breuer § 89 Rn. 28).

10

Aufgrund des Universalitätsprinzips gehört auch das **Auslandsvermögen** zur Insolvenzmasse (BGHZ 95, 256 = BB 1985, 1758; BGHZ 88, 147 = ZIP 1983, 961; Uhlenbruck-Uhlenbruck § 89 Rn. 23, 29). Das Vollstreckungsverbot gilt für das im Ausland befindliche Vermögen jedoch **nur dann, wenn das ausländische Recht eine Vollstreckung nicht zulässt** (MK-Breuer § 89 Rn. 29) Für das schuldnerische Vermögen in der EU (ohne Dänemark) gilt das Verbot der Einzelzwangsvollstreckung wegen Art. 4 Abs. 2 lit. f InsVfVO unmittelbar (AG Duisburg, ZInsO 2003, 476; A/G/R-Piekenbrock § 89 Rn. 15). Der inländische Gläubiger kann in das Auslandsvermögen außerhalb der EU vollstrecken, wenn das ausländische Internationale Insolvenzrecht dies zulässt (KPB-Lüke § 89 Rn. 26; FK-App § 89 Rn. 8). Eine solche Vollstreckung wirkt ggü. Insolvenzgläubigern im Inland jedoch nicht (BGH, ZIP 1983, 961; MK-Breuer § 89 Rn. 29). Der Vollstreckungsgläubiger hat das Erlangte gem. §§ 812 ff. BGB an den Insolvenzverwalter herauszugeben (BGH, ZIP 1983, 961; Uhlenbruck-Uhlenbruck § 89 Rn. 29).

11

Ein **im Ausland eröffnetes Verfahren** erfasst das im Inland befindliche Vermögen unter den Voraussetzungen des § 343. Die Einzelzwangsvollstreckung ist im Inland unzulässig, wenn das ausländische Recht eine dem § 89 entsprechende Regelung vorsieht (Jaeger-Eckardt § 89 Rn. 36; Uhlenbruck-Uhlenbruck § 89 Rn. 30).

12

II. Rechtsfolgen

1. Unwirksamkeit

Das Vollstreckungsverbot beginnt mit Wirksamwerden des Eröffnungsbeschlusses (§ 27) und ist von den Vollstreckungsorganen von Amts wegen zu beachten (BGHZ 152, 166, 169; MK-Breuer § 89 Rn. 59; FK-App § 89 Rn. 21). Begonnene Maßnahmen sind zu beenden, neue Anträge zurück-

13

zuweisen (Uhlenbruck-Uhlenbruck § 89 Rn. 39). Zweifel über die Verfahrenseröffnung, die Eigenschaft des Antragstellers als Insolvenzgläubiger oder die Massezugehörigkeit des Vollstreckungsgegenstandes muss das Vollstreckungsgericht ggf. mithilfe des Insolvenzgerichtes klären. Eine gegen § 89 verstoßende Vollstreckungsmaßnahme ist materiell-rechtlich unwirksam. Ein Pfändungspfandrecht entsteht nicht; eine öffentlich-rechtliche Verstrickung besteht jedoch (KPB-Lüke § 89 Rn. 21; Uhlenbruck-Uhlenbruck § 89 Rn. 41). Eine **gesetzeswidrig durchgeführte Versteigerung** führt zum Rechtserwerb bei dem Ersteher (MK-Breuer § 89 Rn. 64; A/G/R-Piekenbrock § 89 Rn. 36). Der Gläubiger ist verpflichtet, das Erlangte nach den bereicherungsrechtlichen Vorschriften (§§ 812 ff. BGB) an den Insolvenzverwalter herauszugeben (Jaeger-Eckardt § 89 Rn. 75; KPB-Lüke § 89 Rn. 22). Fehlende Kenntnis des Gläubigers von der Verfahrenseröffnung ist unerheblich (MK-Breuer § 89 Rn. 33; Braun-Kroth § 89 Rn. 4).

2. Zeitgrenze

14 Das Vollstreckungsverbot erstreckt sich auf die Dauer des Insolvenzverfahrens, gilt somit bis zur Aufhebung/Einstellung (§§ 34, 200, 207, 211 bis 213, 258; vgl. LG Hamburg, ZInsO 2009, 1707). Wurde eine Vollstreckungsmaßnahme vor Verfahrenseröffnung verfrüht vorgenommen (§§ 750, 751, 794 Nr. 5 i. V. m. 798 ZPO) und treten die Wirksamkeitsvoraussetzungen erst danach ein, sind sie gem. § 89 unwirksam. Gleiches gilt für die Heilung von Vollstreckungsmängeln nach Eröffnung (Uhlenbruck-Uhlenbruck § 89 Rn. 7; MK-Breuer § 89 Rn. 65). Vor Eröffnung begonnene Maßnahmen dürfen, sofern die Vollstreckung nicht abgeschlossen ist, nach Verfahrenseröffnung nicht fortgesetzt werden. Erfasst werden auch vor Verfahrenseröffnung erfolgte Pfändungen künftiger Ansprüche, wenn die Forderungen erst nach Verfahrenseröffnung entsteht (P/U-Engels § 90 Rn. 18). Hat der Gläubiger allerdings vor Verfahrenseröffnung ein insolvenzfestes Pfandrecht erworben, kann er als Absonderungsgläubiger in das Sicherungsgut weiter vollstrecken (bspw. Zwangsversteigerung aufgrund zuvor erlangter Sicherungshypothek, dazu Rdn. 6). Verwertet der Insolvenzverwalter die verbotswidrig gepfändete Sache nicht, entsteht für den Gläubiger mit Verfahrensbeendigung das Pfändungspfandrecht (Heilung). Ist von mehreren Gläubigern unzulässig vollstreckt worden, haben die Pfandrechte den gleichen Rang (Uhlenbruck-Uhlenbruck § 89 Rn. 41; MK-Breuer § 89 Rn. 65). Nach Verfahrensaufhebung können die Insolvenzgläubiger gem. § 201 unbeschränkt gegen den Schuldner vollstrecken, es sei denn, das Verfahren der Restschuldbefreiung läuft (§ 294 Abs. 1). Bei Verstoß gegen das Vollstreckungsverbot während der Restschuldbefreiung (§ 294), ist streitig, ob das allgemeine Vollstreckungsgericht zuständig ist (vgl. § 89 Rdn. 22; § 294 Rdn. 7; FK-Ahrens § 294 Rn. 25).

III. Erweitertes Vollstreckungsverbot (Abs. 2)

1. Künftige Bezüge

15 Abs. 2 weitet das Vollstreckungsverbot auf künftige Forderungen aus einem Dienstverhältnis aus. Die Terminologie entspricht derjenigen des § 287 Abs. 2. Da laufende Einkünfte während des Verfahrens als Neuerwerb dem Insolvenzbeschlag unterliegen, sind Bezüge gemeint, welche während des Verfahrens entstehen, aber erst danach fällig werden (BGH, ZInsO 2008, 39; KPB-Lüke § 89 Rn. 33). Regelungszweck ist, die künftigen Forderungen für eine evtl. Restschuldbefreiung zu reservieren (Begr. RegE BT-Drucks. 12/7302, S. 35 f.). Aus diesem Grund gilt das Vollstreckungsverbot nicht nur für Inhaber von Insolvenzforderungen, sondern **für sämtliche Gläubiger**. Da das Vollstreckungsverbot des Abs. 1 bereits die Insolvenzgläubiger erfasst, bleiben für Abs. 2 Satz 1 Neu- und Unterhaltsgläubiger i. S. d. § 40 (BGH, ZInsO 2007, 1226; 2008, 39). Dem Anwendungsbereich unterliegen alle Entgelte für Dienstleistungen sowie an deren Stelle tretende laufende Bezüge (vgl. § 287 Abs. 2 Satz 1). Hierunter fallen Arbeitseinkommen i. S. d. § 850 ZPO, somit sämtliche wiederkehrende Entgelte für Dienstleistungen aller Art (Uhlenbruck-Uhlenbruck § 89 Rn. 33–36).

2. Unterhalts-/Deliktsgläubiger

Der Grundsatz des Vollstreckungsverbots in laufende Bezüge des Abs. 2 Satz 1 wird durch Satz 2 durchbrochen. Unterhalts-/Deliktsgläubiger dürfen nach Abs. 2 Satz 2 in den erweiterten pfändbaren Einkommensanteil (§§ 850d, 850f Abs. 2 ZPO) weiterhin vollstrecken. Dieser Teil der Einkünfte ist nicht massezugehörig. Zu den nach Abs. 2 Satz 2 privilegierten Gläubigern gehören jedoch **nicht Inhaber von Insolvenzforderungen** (BGH, ZIP 2014, 480 Rn. 8; BGH, ZInsO 2008, 39; BAG, ZIP 2010, 952; OLG Zweibrücken, ZInsO 2001, 625; AG Göttingen, ZInsO 2009, 2354). Die Vollstreckung ist nur für **Neugläubiger von Unterhalts-/Deliktsansprüchen** möglich (BGH, ZIP 2014, 480 Rn. 8; BGH, ZInsO 2008, 39; BGH, ZInsO 2006, 1166). Der Anwendungsbereich ist nicht auf Deliktsgläubiger von Schadensersatzansprüchen nach § 844 Abs. 2 BGB aus fahrlässig begangener Handlung zu erweitern (BGH, ZInsO 2006, 1166; dazu Schmidt ZInsO 2007, 14) und gilt auch nicht für Steuerforderungen bei Steuerhinterziehungen, da Entstehungsgrund für die Steuerforderung der Besteuerungstatbestand, nicht die Steuerhinterziehung ist (MK-Breuer § 89 Rn. 55; FK-App § 89 Rn. 20). Die Beschränkung des § 89 Abs. 2 auf Neugläubiger gilt auch dann, wenn der Schuldner keinen Antrag auf Restschuldbefreiung gestellt hat (Jaeger-Eckhardt § 89 Rn. 60; Uhlenbruck-Uhlenbruck § 89 Rn. 32; zweifelnd A/G/R-Piekenbrock § 89 Rn. 31).

IV. Rechtsbehelfe (Abs. 3)

1. Zulässiger Rechtsbehelf

§ 89 lässt offen, welcher Rechtsbehelf statthaft ist. Bei Verstoß gegen das Vollstreckungsverbot ist rgm. die **Erinnerung nach § 766 ZPO** einzulegen, da Einwendungen gegen die Zulässigkeit der Zwangsvollstreckung erhoben werden (Jaeger-Eckardt § 89 Rn. 78; MK-Breuer § 89 Rn. 67). Materielle Einwendungen sind gegen die angemeldeten Forderungen zu erheben, werden somit im Feststellungsrechtsstreit geprüft. Für § 767 ZPO ist daher kein Raum. Das Insolvenzgericht ist auch für den Rechtsbehelf des Gläubigers zuständig, wenn Vollstreckungsorgane den Erlass einer beantragten Maßnahme ablehnen. Die Verweigerung kann als actus contrarius nicht anders als die Anordnung bewertet werden (BGH, ZInsO 2007, 1165; 2008, 39). Gegen Entscheidungen des Vollstreckungsgericht ist auch die sofortige Beschwerde statthaft (§ 793 ZPO, § 11 Abs. 1 RPflG). Hat das Vollstreckungsgericht einen Pfändungs- und Überweisungsbeschluss erlassen, kann entweder die Vollstreckungserinnerung (§ 766 ZPO) oder die sofortige Beschwerde (§ 793 ZPO) eingelegt werden. Bei der unzulässigen **Immobiliarvollstreckung** ist der Grundbuchberichtigungsanspruch mittels Eintragung eines Widerspruches nach § 71 Abs. 2 GBO durchzusetzen (KG Berlin, ZIP 2010, 2467; KPB-Lüke § 89 Rn. 36). Eine Amtslöschung erfolgt nicht, da die Eintragung nicht ihrem Inhalt nach unzulässig ist (§ 53 GBO). Eine Beschwerde/Erinnerung unmittelbar gegen die Eintragung ist unzulässig (Uhlenbruck-Uhlenbruck § 89 Rn. 45). Nach überwiegender Ansicht soll auch ein Amtswiderspruch nach § 53 GBO in Betracht kommen (KG, ZIP 2010, 2467; MK-Breuer § 89 Rn. 67; KPB-Lüke § 89 Rn. 36).

Antragsbefugt ist grds. der **Insolvenzverwalter**. Bei angeordneter Eigenverwaltung (§ 270) und Vollstreckung in das sonstige, insolvenzfreie Vermögen ist der Schuldner berechtigt, den Rechtsbehelf einzulegen (MK-Breuer § 89 Rn. 68; Schäferhoff ZVI 2008, 331; FK-App § 89 Rn. 22). Wird in das Vermögen des **persönlich haftenden Gesellschafters** vollstreckt, ist dies nach §§ 89, 93 unzulässig (OLG Jena, ZInsO 2002, 134). Zur Erinnerungsbefugnis des Insolvenzverwalters wird auf die Erläuterungen zu § 93 Rdn. 93, 94 verwiesen. Der Rechtsbehelf kann in diesem Fall auch durch den Vollstreckungsschuldner (= persönlich haftender Gesellschafter) eingelegt werden. Insolvenzgläubiger sind zur Einlegung einer Erinnerung nicht berechtigt (MK-Breuer § 89 Rn. 68), ihnen steht aber der Rechtsbehelf zu, wenn die beantragte Vollstreckungsmaßnahme entgegen ihrer Auffassung abgelehnt wurde (BGH, ZInsO 2008, 39; zu den Zuständigkeitsproblemen für den Antrag des Gläubigers s. Schäferhoff ZVI 2008, 331, 332). Bei einer Forderungspfändung kann neben dem Insolvenzverwalter auch der Drittschuldner Erinnerung einlegen (AG Göttingen, ZInsO 2006, 1063; KPB-Lüke § 89 Rn. 37).

§ 89 InsO Vollstreckungsverbot

19 Die Erinnerung nach § 766 ZPO ist an **keine Frist** gebunden. Die Form richtet sich nach § 4 i. V. m. § 569 Abs. 2 ZPO. Das Insolvenzgericht stellt die Unzulässigkeit der Vollstreckungsmaßnahme fest und hebt diese nach Maßgabe der §§ 775 Nr. 1, 776 ZPO auf. Das Insolvenzgericht kann nach Abs. 3 Satz 2 die gleichen Anordnungen treffen wie das Vollstreckungsgericht nach §§ 766 Abs. 1 Satz 2, 732 Abs. 2 ZPO. Es kann daher auch eine einstweilige Anordnung erlassen oder anordnen, dass die Vollstreckung mit oder ohne Sicherheitsleistung fortgesetzt werden darf (MK-Breuer § 89 Rn. 69; KPB-Lüke § 89 Rn. 34). Hierdurch darf jedoch nicht die Hauptsache vorweggenommen werden, d. h. die streitige Vollstreckungsmaßnahme kann durch eine einstweilige Anordnung noch nicht aufgehoben werden.

2. Zuständigkeit

20 Über Einwendungen wegen unzulässiger Vollstreckungen nach § 89 entscheidet aufgrund der größeren Sachnähe ausschließlich das **Insolvenzgericht**. Erfasst werden nur Einwendungen, soweit die Unzulässigkeit der Vollstreckung nach Abs. 1 und 2 gerügt wird. Die Vorschrift wird aufgrund der Sachnähe des Insolvenzgerichtes analog bei Einwendungen angewandt, die sich auf **Vollstreckungsverbote für Massegläubiger** (§§ 90, 210) beziehen (BGH, ZInsO 2006, 1049; dazu Schwarz/Lehre ZInsO 2007, 26) sowie bei **Anträgen gem. §§ 850 ff. ZPO** (AG Memmingen, ZInsO 2000, 240; AG Solingen, ZInsO 2000, 240). Problematisch ist, ob die funktionale Zuständigkeit auch bei **Auslandsinsolvenzen** gilt, die dem internationalen Insolvenzrecht unterliegen (so LG Kiel, ZInsO 2007, 1360; Jaeger-Eckardt § 89 Rn. 90; abl. Mankowski, ZInsO 2008, 1324, 1328). Für die ablehnende Auffassung spricht, dass Sinn und Zweck der Vorschrift, die Sachnähe des Insolvenzgerichtes, bei einem ausländischen Insolvenzverfahren nicht greift. Sowohl für das Vollstreckungsgericht als auch das Insolvenzgericht wird ausländisches Insolvenzrecht fremd sein. Streitig ist, ob bei **unzulässiger Immobiliarvollstreckung** die allgemeinen Zuständigkeitsregeln ebenfalls durch Abs. 3 durchbrochen werden. Nach überwiegender Auffassung ist auch in diesem Fall das Insolvenzgericht berechtigt, die Eintragung des Widerspruches anzuordnen (MK-Breuer § 89 Rn. 67; Uhlenbruck-Uhlenbruck § 89 Rn. 45; **a. A.** KG Berlin, ZIP 2010, 2467; Jaeger-Eckardt § 89 Rn. 89; HK-Kayser § 89 Rn. 39; A/G/R-Piekenbrock § 89 Rn. 40).

21 Für die Entscheidung ist **funktionell der Richter, nicht der Rechtspfleger** (§ 20 Nr. 17 Satz 2 RPflG) zuständig (BGH, ZInsO 2004, 391; dazu Lüke, EWiR 2004, 1231; Uhlenbruck-Uhlenbruck § 89 Rn. 44; **a. A.** AG Hamburg, NZI 2006, 646; AG Duisburg, NZI 2000, 608; AG Göttingen, ZInsO 2001, 275). Entscheidet dennoch der Rechtspfleger, muss das Beschwerdegericht die Entscheidung der ersten Instanz aufheben und die Sache zur erneuten Behandlung an diese zurückverweisen (BGH, ZInsO 2005, 708). Dies gilt auch bei sachlich richtigem Beschluss durch den – unzuständigen – Rechtspfleger. Die Entscheidung des Rechtspflegers ist nach § 8 Abs. 4 Satz 1 RPflG unwirksam.

22 Hat das Insolvenzgericht **im Eröffnungsverfahren** Sicherungsmaßnahmen nach § 21 Abs. 2 Nr. 3 angeordnet, soll nach bestrittener Auffassung das Vollstreckungsgericht und nicht das Insolvenzgericht zuständig sein (AG Dresden, ZIP 2004, 778; AG Rostock, NZI 2000, 142; AG Köln, ZInsO 1999, 419; **a. A.** Steder, NZI 2000, 456; Schäferhoff, ZVI 2008, 331; 334). Entsprechendes soll für das **Verfahren der Restschuldbefreiung** gelten (LG Köln, NZI 2003, 669; a. A. LG Hamburg, ZInsO 2009, 1707). Richtig ist zwar, dass das Gesetz wegen § 802 ZPO keine Regelungslücke enthält. Die Sachnähe des Insolvenzgerichtes ist aber in diesen Fällen ebenfalls gegeben, was insb. für das Eröffnungsverfahren gilt. Abs. 3 sollte für Einwendungen im Eröffnungsverfahren und während der Restschuldbefreiung entsprechend angewendet werden (für das Eröffnungsverfahren: MK-Haarmeyer § 21 Rn. 75; Jaeger-Eckardt § 89 Rn. 87; FK-App § 89 Rn. 25; zur Restschuldbefreiung: LG Offenburg, NZI 2000, 277; AG Göttingen, ZInsO 2006, 1063 wenn vor Verfahrensaufhebung der Rechtsbehelf eingelegt wurde; 2003, 770; **a. A.** zur Restschuldbefreiung § 294 Rdn. 7; LG Hamburg, ZInsO 2009, 1707; LG Saarbrücken, ZInsO 2012, 1136; FK-Ahrens § 294 Rn. 25). Bei Verstößen gegen das **Vollstreckungsverbot des § 210** ist ebenfalls § 89 Abs. 3 aufgrund der größeren

Sachnähe anzuwenden (BGH, NZI 2006, 697; LG Frankfurt an der Oder, Beschl. v. 10.05.2011, 19 T 45/11).

Abs. 3 begründet die ausschließliche Zuständigkeit des Insolvenzgerichtes nur für Rechtsbehelfe, mit denen die Unwirksamkeit wegen Verstoßes gegen Abs. 1 gerügt wird (OLG Jena, ZInsO 2002, 134). **Außerhalb des Anwendungsbereiches des Abs. 1 bleibt es bei der Zuständigkeit der Vollstreckungsgerichte** (a. A. MK-Breuer § 89 Rn. 66). Für eine Vollstreckungsgegenklage, gerichtet auf Beseitigung der Vollstreckbarkeit des Titels, besteht daher keine Zuständigkeit des Insolvenzgerichts nach § 89 Abs. 3 (OLG Düsseldorf, NZI 2002, 388). Zur Vermeidung einer **gespaltenen Zuständigkeit** sind bei Vorliegen von insolvenzspezifischen Einwendungen aber auch alle weiteren Rügen zu prüfen (AG Göttingen, ZInsO 2007, 1165; LG Kiel, ZInsO 2007, 1360). Verneint das Insolvenzgericht einen spezifischen Verstoß gegen Abs. 1, 2, ist bei weiteren Rügen das Verfahren an das Vollstreckungsgericht abzugeben (FK-App § 89 Rn. 25). Wurde ein solcher Rechtsstreit zuvor an das Insolvenzgericht verwiesen, ist auch bei Bindung an die Verweisung das Prozessgericht des Amtsgerichts zuständig, wenn es ausschließlich um Vollstreckungseinwendungen außerhalb des Anwendungsbereichs des § 89 geht (BGH, ZIP 2011, 1283 Rn. 11). 23

Schwierigkeiten bereitet in der Praxis die **Abgrenzung zu den § 36 Abs. 4 und § 148 Abs. 2**. § 89 Abs. 3 betrifft rgm. das Streitverhältnis Insolvenzverwalter – Gläubiger, bei massefreiem Vermögen Schuldner-Gläubiger, über die Zulässigkeit einer Vollstreckungsmaßnahme. Streitigkeiten zwischen Insolvenzverwalter und Schuldner werden nicht erfasst. Diese unterliegen, soweit es um die Frage geht, welche Gegenstände zur Masse gehören, dem Anwendungsbereich des § 36 Abs. 4. Solche Streitigkeiten sind grds. vor dem Prozessgericht auszutragen (BGH, ZIP 2008, 417; § 35 Rn. 272). Hiervon macht § 36 Abs. 4 für die in Abs. 1 gelisteten Fälle eine Ausnahme. Streitigkeiten zwischen Insolvenzverwalter und Schuldner über die Massezugehörigkeit bei zwangsweiser Inbesitznahme von Schuldnervermögen sind § 148 Abs. 2 zuzuordnen (vgl. zur Abgrenzung Schäferhoff ZVI 2008, 331, 335 mit übersichtlicher Darstellung).1 23a

3. Rechtsmittel

Die InsO sieht **kein Rechtsmittel gegen Entscheidungen des Insolvenzgerichts** vor. Anerkannt ist, dass die Beteiligten sofortige Beschwerde nach § 793 ZPO erheben können (BGH, ZInsO 2004, 391; OLG Köln, ZInsO 2002, 495). Die Vorschrift des § 793 ZPO ist als speziellere Norm vorrangig ggü. § 6 Abs. 1, wenn das Insolvenzgericht als besonderes Vollstreckungsgericht entscheidet. Der Rechtsmittelzug richtet sich daher nach den allgemeinen vollstreckungsrechtlichen Vorschriften. Abs. 3 greift nicht in den allgemeinen Rechtsmittelzug des Vollstreckungsrechts ein (BGH, ZInsO 2004, 391; OLG Jena, ZInsO 2002, 134). 24

§ 90 Vollstreckungsverbot bei Masseverbindlichkeiten

(1) Zwangsvollstreckungen wegen Masseverbindlichkeiten, die nicht durch eine Rechtshandlung des Insolvenzverwalters begründet worden sind, sind für die Dauer von sechs Monaten seit der Eröffnung des Insolvenzverfahrens unzulässig.

(2) Nicht als derartige Masseverbindlichkeiten gelten die Verbindlichkeiten:
1. aus einem gegenseitigen Vertrag, dessen Erfüllung der Verwalter gewählt hat;
2. aus einem Dauerschuldverhältnis für die Zeit nach dem ersten Termin, zu dem der Verwalter kündigen konnte;
3. aus einem Dauerschuldverhältnis, soweit der Verwalter für die Insolvenzmasse die Gegenleistung in Anspruch nimmt.

§ 90 InsO Vollstreckungsverbot bei Masseverbindlichkeiten

Übersicht

	Rdn.		Rdn.
A. Normzweck	1	a) Dauer	5
B. Norminhalt	2	b) Wirkung	6
I. Voraussetzungen	2	c) Auswirkung auf Rechtsstreite	7
1. Aufgezwungene Masseverbindlichkeiten (Abs. 1)	2	2. Ausnahmetatbestand (Abs. 2)	8
		III. Besonderheiten	11
2. Masseverbindlichkeiten (§ 55 Abs. 1 Nr. 1, 2. Alt.)	3	1. Rechtsbehelfe	11
3. Masseverbindlichkeiten (§ 55 Abs. 2)	4	2. Haftung des Schuldners	12
II. Rechtsfolgen	5	a) Während des Insolvenzverfahrens	12
1. Vollstreckungsverbot	5	b) Nach Verfahrensaufhebung	13

A. Normzweck

1 Gesetzgeberischer Zweck ist, die Masse in der regelmäßig schwierigen Anfangsphase vor einer **Aushöhlung durch Masseverbindlichkeiten** zu schützen, auf deren Entstehung der Insolvenzverwalter keinen Einfluss hat. Sanierungsbemühungen sollen durch den Vollstreckungsschutz erleichtert werden (Begr. RechtsA BT-Drucks. 12/7302 S. 165). Der Zinsanspruch des Massegläubigers bleibt von dem Vollstreckungsverbot unberührt, solcher ist Masseforderung (Begr. RechtsA BT-Drucks. 12/7302 S. 165; MK-Breuer § 90 Rn. 5). Als Sondervorschrift sind § 210 (Vollstreckungsverbot nach Anzeige der Masseunzulänglichkeit) und § 123 Abs. 3 Satz 2 (dauerhaftes Vollstreckungsverbot für Sozialplangläubiger) zu beachten.

B. Norminhalt

I. Voraussetzungen

1. Aufgezwungene Masseverbindlichkeiten (Abs. 1)

2 Das Vollstreckungsverbot gilt nur für sog. »aufgezwungene« Masseschulden. Hierunter sind Verbindlichkeiten des Schuldners zu verstehen, auf deren Entstehung der Verwalter keinen Einfluss hat. Betroffen sind grds. alle Verbindlichkeiten nach § 55 Abs. 1 Nr. 2 und 3 sowie in der Nachlassinsolvenz solche nach § 324 (KPB-Lüke § 90 Rn. 6; HK-Kayser § 90 Rn. 10).

2. Masseverbindlichkeiten (§ 55 Abs. 1 Nr. 1, 2. Alt.)

3 Zweifelhaft ist, ob die »in anderer Weise durch die Verwaltung« in § 55 Abs. 1 Nr. 1, 2. Alt. genannten Ansprüche der Vollstreckungssperre zuzuordnen sind. Die herrschende Meinung stellt alle von § 55 Abs. 1 Nr. 1 erfassten Ansprüche von dem Vollstreckungsverbot frei (Uhlenbruck-Uhlenbruck § 90 Rn. 4; differenzierend Jaeger-Eckardt § 90 Rn. 7; Braun-Kroth § 90 Rn. 4; BK-Blersch/v. Olshausen § 90 Rn. 4). Zutreffend ist, dass nicht sämtliche »in sonstiger Weise« begründeten Masseverbindlichkeiten auf Rechtshandlungen des Insolvenzverwalters beruhen (ebenso MK-Breuer § 90 Rn. 9). Unter Zugrundelegung des Gesetzeszweckes ist darauf abzustellen, ob »in anderer Weise« entstandene Masseverbindlichkeiten gewillkürt sind, was jedoch regelmäßig der Fall ist. Als Ausnahmefall denkbar sind gesetzliche Haftungstatbestände, bspw. Ersatzvornahmekosten bei Altlasten, die nicht an Rechtshandlungen des Insolvenzverwalters anknüpfen.

3. Masseverbindlichkeiten (§ 55 Abs. 2)

4 Die herrschende Meinung wendet § 90 Abs. 1 nicht auf **Masseverbindlichkeiten des starken vorläufigen Insolvenzverwalters** i.S.d. § 55 Abs. 2 an (Jaeger-Eckardt § 90 Rn. 8; MK-Breuer § 90 Rn. 10; A/G/R-Piekenbrock § 90 Rn. 10; a. A. Braun-Kroth § 90 Rn. 8; BK-Blersch/v. Olshausen § 90 Rn. 5). Die betroffenen Massegläubiger nach § 55 Abs. 2 sollen darauf vertrauen dürfen, dass sie sowohl vor wie nach Verfahrenseröffnung in die Masse vollstrecken können. Diese Auffassung lässt den Wortlaut der Vorschrift unbeachtet. Das Vollstreckungsverbot gilt für Masseverbindlichkeiten, welche durch eine Rechtshandlung des (endgültigen) Insolvenzverwalters, nicht des vorläufigen

Insolvenzverwalters, begründet worden sind. Rechtshandlungen des vorläufigen sind nicht mit solchen des endgültigen Insolvenzverwalters gleichzusetzen, was die Anfechtbarkeit von Rechtshandlungen durch den späteren Insolvenzverwalter unterstreicht (BGH, ZInsO 2013, 551; 2003, 417). I. Ü. ist das Vertrauen von Massegläubigern nach § 55 Abs. 2 primär auf Erfüllung durch den vorläufigen Insolvenzverwalter gerichtet, da die Verfahrenseröffnung ungewiss ist. Zudem durchbricht § 210 möglichen Vertrauensschutz dieser Gläubigergruppe. Teilweise ist danach zu differenzieren, dass Masseverbindlichkeiten nach § 55 Abs. 2 Satz 1, nicht aber solche nach § 55 Abs. 2 Satz 2 das Vollstreckungsprivileg genießen (BK-Blersch/v. Olshausen; Uhlenbruck/Uhlenbruck § 90 Rn. 16 f.; MK-Breuer § 90 Rn. 10). Ein Vertrauensschutz ist nach dieser Auffassung nur gerechtfertigt, wenn der vorläufige Insolvenzverwalter durch Rechtshandlungen Masseverbindlichkeiten begründet. Der Meinungsstreit hat insb. für Masseverbindlichkeiten i. S. d. § 55 Abs. 4 Bedeutung, da diese durch die Finanzbehörde zügig tituliert werden können.

II. Rechtsfolgen

1. Vollstreckungsverbot

a) Dauer

Das Vollstreckungsverbot ist auf 6 Monate ab Verfahrenseröffnung befristet. Maßgebend ist der im Eröffnungsbeschluss angegebene Zeitpunkt (Uhlenbruck-Uhlenbruck § 90 Rn. 9; KPB-Lüke § 90 Rn. 15). Die Fristberechnung erfolgt nach § 4 i. V. m. § 222 ZPO, §§ 187 ff. BGB. Der Tag der Verfahrenseröffnung wird nicht mitgerechnet (§ 188 Abs. 1 BGB). Fällt das Fristende auf das Wochenende oder Feiertag, endet das Vollstreckungsverbot nach § 222 Abs. 2 BGB am darauffolgenden Werktag. Die Unzulässigkeit der Zwangsvollstreckung richtet sich nicht nach dem Zeitpunkt des Antrages auf Durchführung der Vollstreckung, sondern dem des Zugriffes auf die Insolvenzmasse (Uhlenbruck-Uhlenbruck § 90 Rn. 9; KPB-Lüke § 90 Rn. 17; FK-App § 90 Rn. 13).

b) Wirkung

Das Vollstreckungsverbot erfasst sämtliche Vollstreckungsmaßnahmen und ist von Amts wegen zu beachten. Der Begriff Vollstreckungsmaßnahmen ist weit auszulegen. Insoweit wird auf § 89 Rdn. 3 f. verwiesen. Eine gegen § 90 verstoßende Vollstreckungsmaßnahme ist nicht nichtig, führt daher zur öffentlich-rechtlichen Verstrickung. Ein Pfändungspfandrecht sowie ein hieraus folgendes materielles Befriedigungsrecht des Gläubigers entsteht indessen nicht (MK-Breuer § 90 Rn. 20). Wird das Pfandgut versteigert, erwirbt der Ersteher hieran Eigentum (MK-Breuer § 90 Rn. 20). Der Erlös ist von dem vollstreckenden Massegläubiger an die Insolvenzmasse gem. §§ 812 ff. BGB herauszugeben (Braun-Kroth § 90 Rn. 12). Ergänzend wird auf § 89 Rdn. 13 f. Bezug genommen. Eine unzulässige Vollstreckungsmaßnahme wird nicht durch Ablauf der Schonfrist geheilt (FK-App § 90 Rn. 3).

c) Auswirkung auf Rechtsstreite

Die zur Titelerlangung erforderlichen Maßnahmen (Klagerhebung, Mahnverfahren) sind während des Vollstreckungsverbotes zulässig (MK-Breuer § 90 Rn. 11; Uhlenbruck-Uhlenbruck § 90 Rn. 7; BK-Blersch/v. Olshausen § 90 Rn. 6). Das zeitlich befristete Vollstreckungsverbot nimmt den Massegläubigern nicht das Rechtsschutzbedürfnis für eine Klagerhebung, anders als bei Anzeige der Masseunzulänglichkeit (BGH, NZI 2007, 721; ZInsO 2003, 465).

2. Ausnahmetatbestand (Abs. 2)

Gläubiger aller übrigen, **gewillkürten Masseverbindlichkeiten** können ab Verfahrenseröffnung vollstrecken.

Vom Vollstreckungsverbot ausgenommen sind Verbindlichkeiten aus gegenseitigen Verträgen, deren Erfüllung der Verwalter gewählt hat (§ 103 Abs. 1). Der Rechtsgrund ist zwar vor Verfahrenseröffnung gelegt. Rechtsfolge der Erfüllungswahl ist nach Aufgabe der Erlöschenstheorie (BGH, ZInsO 2002, 577) die Durchsetzbarkeit der Forderungen (MK-Breuer § 90 Rn. 17). Folglich liegt eine auf der Rechtshandlung des Verwalters beruhende gewillkürte Masseverbindlichkeit vor (§ 55 Abs. 1 Nr. 2, 1. Alt.).

9 **Verbindlichkeiten aus Dauerschuldverhältnissen**, welche von dem Verwalter nicht zum erst möglichen Zeitpunkt gekündigt wurden, sind gem. Abs. 2 Nr. 2 nach Verfahrenseröffnung vollstreckbar. Dies gilt jedoch nur für die Zeit nach dem frühestmöglichen Beendigungstermin. Unterlässt der Insolvenzverwalter die mögliche Kündigung, ist dies einer Erfüllungswahl gleichzusetzen (Uhlenbruck-Uhlenbruck § 90 Rn. 15). Für die anteiligen Masseverbindlichkeiten, welche bis zur erstmöglichen Beendigungszeit entstanden sind, kommt es darauf an, ob der Insolvenzverwalter die Gegenleistung in Anspruch genommen hat (Abs. 2 Nr. 3). Das Gesetz lässt ungeregelt, ob für die Bestimmung der frühestmöglichen Kündigung objektive Kriterien oder das Wissen des Insolvenzverwalters maßgebend sind. Dem Zweck der Vorschrift, den Insolvenzverwalter zur ordnungsgemäßen Verfahrensabwicklung anzuhalten, folgend ist es richtig, auf den tatsächlichen oder möglichen Wissensstand des Insolvenzverwalters abzustellen (MK-Breuer § 90 Rn. 18; Jaeger-Eckardt § 90 Rn. 9). Fahrlässige Unkenntnis (§ 122 Abs. 2 BGB analog) soll genügen, wobei als Fahrlässigkeitsmaßstab § 60 Abs. 1 Satz 2 herangezogen werden kann (FK-App § 90 Rn. 9).

10 Nimmt der Insolvenzverwalter die Gegenleistung aus einem Dauerschuldverhältnis in Anspruch, unterliegen solche Masseverbindlichkeiten ebenfalls nicht der Sperrfrist (Abs. 2 Nr. 3). Für den Vertragspartner ist unzumutbar, nach Erbringung der Gegenleistung auf die Erfüllung seines Anspruches warten zu müssen. Bei **Mietverhältnissen** ist maßgebend, ob der Insolvenzverwalter den Mietgegenstand nutzt, obwohl er dies hätte verhindern können (BGH, ZIP 2007, 780). Benötigt er die Mietsache nicht, hat er den Vermieter von dessen Überlassungspflicht freizustellen, indem er ihm die weitere Nutzung anbietet (BGH, ZIP 2003, 914). Bei Verbindlichkeiten aus **Arbeitsverhältnissen** bedarf es der Freistellung von der Arbeitspflicht, damit das Vollstreckungsverbot gilt (Jaeger-Eckardt § 90 Rn. 10; Uhlenbruck-Uhlenbruck § 90 Rn. 6). Stellt der Insolvenzverwalter den Mitarbeiter unter Ausspruch der Kündigung von der Arbeitsleistung frei, greift das Vollstreckungsverbot bezogen auf die Gehaltsansprüche, die bis zum erstmöglichen Kündigungszeitpunkt entstanden sind.

III. Besonderheiten

1. Rechtsbehelfe

11 Der Insolvenzverwalter, bei einer Forderungspfändung auch der Drittschuldner, kann gegen die unzulässige Vollstreckungsmaßnahme mit der **Vollstreckungserinnerung** (§ 766 ZPO) vorgehen (BGH, ZInsO 2006, 1049; BK-Blersch/v. Olshausen § 90 Rn. 9; KPB-Lüke § 90 Rn. 20). Ist der Insolvenzverwalter zuvor angehört worden, ist die sofortige Beschwerde nach § 11 RPflG, § 793 ZPO zu erheben (Uhlenbruck-Uhlenbruck § 90 Rn. 19). Bei Grundbuchvollstreckungen kommt ein Berichtigungsantrag nach §§ 71 Abs. 2, 53 GBO in Betracht. Die Zuständigkeit für die Vollstreckungserinnerung des § 766 ZPO ist gesetzlich nicht geregelt. § 89 Abs. 3 ist nach allg. Meinung aufgrund der größeren Sachnähe des Insolvenzgerichtes entsprechend anzuwenden (BGH, ZInsO 2006, 1049; Uhlenbruck-Uhlenbruck § 90 Rn. 19; vgl. i. Ü. § 89 Rdn. 17 ff.).

2. Haftung des Schuldners

a) Während des Insolvenzverfahrens

12 Die Vollstreckung durch Massegläubiger während des Verfahrens in das insolvenzfreie Vermögen des Schuldners ist wegen solcher Ansprüche zulässig, die schon vor Verfahrenseröffnung begründet waren (Uhlenbruck-Uhlenbruck § 90 Rn. 10; Braun-Kroth § 90 Rn. 19). Entsprechendes gilt für das Verfahren der Restschuldbefreiung (BGH, ZInsO 2007, 994; FK-Ahrens § 294 Rn. 14). Der Massegläubiger kann nach Verfahrensbeendigung den Schuldner auf Zahlung der Masseverbindlichkeit verklagen und sodann vollstrecken (BGH, ZInsO 2007, 994; offengelassen für die streitige

Frage, ob bereits während des Insolvenzverfahrens Klage gegen den Schuldner erhoben werden kann). Die Vollstreckungsverbote der §§ 89, 294 gelten nur für Insolvenzgläubiger. Die praktische Bedeutung ist jedoch gering, da sich regelmäßig das Verfahren der Restschuldbefreiung anschließt und die pfändbaren Bezüge an den Treuhänder abgetreten wurden.

b) Nach Verfahrensaufhebung

Nach Beendigung des Verfahrens haftet der Schuldner für sämtliche Masseverbindlichkeiten. Beruhen die Masseverbindlichkeiten auf Rechtshandlungen des vorläufigen oder endgültigen Verwalters, ist die Haftung des Schuldners auf die ihm überlassene restliche Masse (§ 199) beschränkt, da der Verwalter nur die Masse verpflichten kann (Braun-Kroth § 90 Rn. 19). Der Schuldner haftet aber uneingeschränkt für aufgedrängte Masseverbindlichkeiten (BGH, ZInsO 2007, 994). 13

§ 91 Ausschluß sonstigen Rechtserwerbs

(1) Rechte an den Gegenständen der Insolvenzmasse können nach der Eröffnung des Insolvenzverfahrens nicht wirksam erworben werden, auch wenn keine Verfügung des Schuldners und keine Zwangsvollstreckung für einen Insolvenzgläubiger zugrunde liegt.

(2) Unberührt bleiben die §§ 878, 892, 893 des Bürgerlichen Gesetzbuchs, § 3 Abs. 3, §§ 16, 17 des Gesetzes über Rechte an eingetragenen Schiffen und Schiffsbauwerken, § 5 Abs. 3, §§ 16, 17 des Gesetzes über Rechte an Luftfahrzeugen und § 20 Abs. 3 der Schiffahrtsrechtlichen Verteilungsordnung.

Übersicht	Rdn.			Rdn.
A. Normzweck	1	2.	Rechtserwerb kraft Gesetzes	22
B. Norminhalt	2	a)	Verarbeitung, Verbindung, Vermischung	22
I. Anwendungsbereich	2			
II. Zeitpunkt des Rechtserwerbs	4	b)	Ersitzung	23
III. Einzelfälle	5	c)	Fund	24
1. Rechtsgeschäftlicher Erwerb	5	d)	Fruchterwerb	25
a) Bedingte Übertragung von Rechten	5	3.	Hoheitliche Maßnahmen	26
		a)	Zwangsvollstreckung	26
b) Bedingte/Betagte Rechte	9	b)	Verfall/Einziehung	27
c) Künftige Rechte	11	IV. Rechtsfolgen		28
d) Pfandrechte	14	1.	Grundsatz	28
e) Vormerkung	19	2.	Ausnahmen des Abs. 2	29
f) Verfügung eines Nichtberechtigten	20	a)	Rechtserwerb nach § 878 BGB	30
		b)	Rechtserwerb nach § 892 BGB	31
g) Genehmigungserfordernis eines Dritten	21	c)	Rechtserwerb nach § 893 BGB	32

A. Normzweck

Die Vorschrift ergänzt die §§ 81, 89, 90 zum Schutz der Masse vor dem Verlust von Vermögensgegenständen. Die Norm ist Auffangtatbestand, der sicherstellen soll, dass der Gläubigerschaft die Insolvenzmasse in dem Umfang zur Verfügung steht, wie sie bei Verfahrenseröffnung vorhanden war (BGH, NZI 2004, 29; Uhlenbruck-Uhlenbruck § 91 Rn. 2). Erweiternd zu § 15 KO wird auch der Neuerwerb gem. § 35 geschützt. 1

B. Norminhalt

I. Anwendungsbereich

Abs. 1 erfasst grds. jeden Rechtserwerb an **Massegegenständen** nach Verfahrenseröffnung, unabhängig auf welchem Rechtsvorgang beruhend (vgl. ab Rdn. 5 die Besprechung der Einzelfälle mit 2

Ausnahmen). Für die Anwendbarkeit des § 91 ist **entscheidend, ob ein Vermögensgegenstand bereits im Zeitpunkt der Verfahrenseröffnung ganz oder teilweise aus dem Vermögen des Schuldners ausgeschieden ist, ohne dass für ihn die Möglichkeit besteht, diesen aufgrund alleiniger Entscheidung zurückzuverlangen** (BGH, ZInsO 2007, 91; 2008, 317 Rn. 10). Betroffene Rechte sind das Vollrecht (Eigentum/Forderungsinhaberschaft), alle beschränkt dinglichen Rechte (z. B. Pfandrecht, Grundpfandrecht, Nießbrauch, Reallast) sowie Zurückbehaltungsrechte, soweit diese ein Absonderungsrecht nach § 51 Nr. 2, 3 begründen (MK-Breuer § 91 Rn. 9; Uhlenbruck-Uhlenbruck § 91 Rn. 8, 9). Der Anwendungsbereich wird, da Auffangtatbestand (so h. M. MK-Breuer § 91 Rn. 2; K. Schmidt/Sternal § 91 Rn. 1; OLG Saarbrücken, NZI 2013, 1073, 1075; **a. A.** Jaeger-Windel § 91 Rn. 5 »gleichrangig«), auf Rechtsverluste der Insolvenzmasse beschränkt, welche nicht § 81 (Rechtshandlungen des Schuldners nach Verfahrenseröffnung; zur Abgrenzung vgl. § 81 Rdn. 8 bei gestreckten Verfügungen) unterliegen oder nicht auf einer Zwangsvollstreckung (insoweit geht § 89 vor) beruhen. Erfasst werden insb. Vollstreckungszugriffe von Neugläubigern, Rechtserwerbe kraft Gesetzes, Rechtshandlungen Dritter sowie mehraktige Rechtserwerbe durch vom Schuldner vor Verfahrenseröffnung vorgenommene Rechtshandlungen (HK-Kayser § 91 Rn. 4). **Vertraglich begründete Drittzahlungspflichten** (§ 16 Nr. 6 VOB/B) oder **gesetzliche Drittleistungspflichten** (**§§ 48 EStG**) schließen eine Masseverkürzung nicht aus, sodass bei Zahlung nach Verfahrenseröffnung § 91 gilt (BFHE 201, 80 = NJW 2003, 1552 zum Bausteuerabzug; BGH, ZInsO 2008, 1322 zur Anfechtbarkeit einer Direktzahlung nach § 16 Nr. 6 VOB/B; K. Schmidt-Sternal § 91 Rn. 2; MK-Breuer § 91 Rn. 62).

2a **Abgrenzung zu § 81**: Ergänzend zu § 81 erklärt § 91 den Rechtserwerb an massezugehörigen Gegenständen nach Verfahrenseröffnung für unwirksam, auch wenn keine Verfügung des Schuldners und keine Zwangsvollstreckung für einen Insolvenzgläubiger zugrunde liegt. In Abgrenzung zu § 81 erfasst § 91 ergänzend solche Fälle, in denen zusätzlich zu den wirksam abgeschlossenen Verfügungstatbeständen weitere Erwerbselemente hinzukommen, die keine Schuldnerverfügung sind. § 91 ist folglich anwendbar, wenn der Vermögensgegenstand bereits vor Insolvenzeröffnung ganz oder teilweise aus dem Vermögen des Schuldners ausgeschieden ist und er keine Möglichkeit hat, diesen zurückzuerlangen (BGH, ZInsO 2006, 35; BGH, ZInsO 2007, 91 Rn. 17; BGH, ZInsO 2008, 885 Rn. 9; BGH, ZInsO 2009, 383 Rn. 29). Insoweit sind die zu § 95 entwickelten Grundsätze mit denen zu § 91 vergleichbar (BGH, ZInsO 2009, 383 Rn. 24, 32; BGH, ZInsO 2004, 921 zu § 95 InsO). Ergänzend zu § 81 gehören hierzu zum einen alle sonstigen Rechtserwerbe von Massegegenständen nach dem Eröffnungsereignis, welche nicht auf Verfügungen des Schuldners nach Verfahrenseröffnung beruhen, zum anderen auch Rechtsgeschäfte mit dem Schuldner, aber nur insoweit, als dessen Tätigkeit vor der Eröffnung des Insolvenzverfahrens liegt (Jaeger/Windel, InsO, § 91 Rn. 13). **§ 81 hingegen stellt auf eine Verfügung des Schuldners ab, während § 91 ergänzend den sonstigen Rechtserwerb des Dritten nach Verfahrenseröffnung erfasst** (Jaeger/Windel, InsO, § 81 Rn. 3; MK-Ott/Vuia, § 81 Rn. 9). Die Vorschrift des § 81 bezieht sich nicht auf sämtliche Rechtshandlungen, sondern nur Verfügungen des Schuldners.

3 Dem Anwendungsbereich unterfallen nicht bereits vor Verfahrenseröffnung abgeschlossene Erwerbsvorgänge (BGH, ZInsO 2007, 91), Sicherungs- und Erhaltungsmaßnahmen für bereits erworbene Rechte (Fallbeispiel Jaeger-Windel § 91 Rn. 9–11), Verfügungen des Insolvenzverwalters wegen § 80 Abs. 1, Zwangsvollstreckungen der Massegläubiger (§ 90) und Übertragungen von Rechten gegen den Schuldner durch Gläubiger, wenn hierdurch keine Rechtsverluste der Masse entstehen (BGH, ZInsO 2008, 317; Jaeger-Windel § 91 Rn. 81 bis 83; ausführl. Rdn. 17). Die **Übertragung von Darlehensforderungen durch den Gläubiger** ist daher zulässig (K. Schmidt-Sternal § 91 Rn. 4; Sivers ZInsO 2005, 290, 291; Obermüller, FS Greiner, S. 257 ff.). Ebenso die **Poolbildung** durch einzelne Gläubiger, wobei der Pool keine neuen Rechte erwerben kann (MK-Breuer § 91 Rn. 35; BK-Blersch/v. Olshausen § 91 Rn. 3; Uhlenbruck-Uhlenbruck § 91 Rn. 34; Gundlach Frentzel/Schmidt, NZI 2003, 142; krit. Smid, NZI 2005, 538; Jaeger-Windel § 91 Rn. 88 »als wirkungslos zu qualifizieren«). Anderes gilt für Rechtshandlungen Dritter insb. durch Wechsel des Rechtsträgers, wenn hierdurch der Insolvenzmasse Rechte oder Durchsetzungsaussichten entzogen/ beeinträchtigt werden, z. B. durch Wechsel des Drittschuldners (Uhlenbruck-Uhlenbruck § 91

Rn. 2) oder der Poolbildung zum Zwecke der Beweiserleichterung (Jaeger/Windel § 91 Rn. 88). Zulässig sind dagegen Maßnahmen zur Erhaltung eines vor Eröffnung begründeten Rechts mit Aus- oder Absonderungskraft (Uhlenbruck-Uhlenbruck § 91 Rn. 3, z. B. Eintragung eines Widerspruchs nach § 899 BGB).

II. Zeitpunkt des Rechtserwerbs

Der Rechtserwerb ist nur dann unwirksam, wenn er **nach Verfahrenseröffnung** erfolgt. Maßgebend ist der **im Eröffnungsbeschluss genannte Termin** (§ 27 Abs. 2, 3), auf eine nachfolgende Bekanntgabe kommt es nicht an (K. Schmidt-Sternal § 91 Rn. 8). Sind zu diesem Zeitpunkt sämtliche Erwerbstatbestände vollzogen, kommt nur noch **Anfechtung** nach §§ 129 ff. in Betracht (HK-Kayser § 91 Rn. 49). § 147 erweitert die Anfechtung für die Fälle des gültigen Rechtserwerbs nach Abs. 2 auf Rechtshandlungen, die nach Verfahrenseröffnung vorgenommen wurden (Jaeger-Windel § 91 Rn. 14). Ausgenommen ist jedoch der Erwerb nach Abs. 2, § 878 BGB (Uhlenbruck-Uhlenbruck § 91 Rn. 45 ff.; Braun-Kroth § 91 Rn. 13). Maßgebend ist, wann der Rechtserwerb vollendet wird. Dies bestimmt sich nach materiellem Recht (KPB-Lüke § 91 Rn. 13; K. Schmidt-Sternal § 91 Rn. 8). § 91 gilt für das **kaufmännische Zurückbehaltungsrecht** (§ 369 HGB), wenn der Gläubiger die Verfügungsgewalt erst nach der Insolvenzeröffnung erlangt (Jaeger-Windel § 91 Rn. 37). Das **Absonderungsrecht nach § 110 VVG** wird nicht durch § 91 ausgeschlossen, wenn der Versicherungsfall nach Verfahrenseröffnung eintritt (Jaeger-Henckel vor §§ 49 bis 52 Rn. 20 ff.). Die Vorschrift ist auf ein allgemeines Verfügungsverbot **im Eröffnungsverfahren unanwendbar** (BGH, ZIP 2012, 1256 Rn. 6; BGH, ZInsO 2007, 91; Uhlenbruck-Uhlenbruck § 91 Rn. 2). Eine Vorverlagerung mag zwar wünschenswert sein, der Wortlaut des § 24 ist indessen eindeutig. Korrekturmöglichkeiten eröffnen die Anfechtungsvorschriften (§§ 129 ff.). **Beweispflichtig** ist der Insolvenzverwalter, der sich auf die Unwirksamkeit beruft. § 81 Abs. 3 Satz 1 gilt nicht entsprechend (Jaeger-Windel § 91 Rn. 16; K. Schmidt-Sternal § 91 Rn. 8).

III. Einzelfälle

1. Rechtsgeschäftlicher Erwerb

a) Bedingte Übertragung von Rechten

Ein aufschiebend bedingter Rechtserwerb vollendet sich nach Verfahrenseröffnung, wenn es nur noch des Bedingungseintrittes bedarf. Abs. 1 steht der Übertragung des Rechtes nicht entgegen, wenn mit Ausnahme des Bedingungseintrittes alle übrigen Voraussetzungen erfüllt sind (BGH, ZInsO 2012, 546; BGH, ZIP 2008, 885; MK-Breuer § 91 Rn. 36; K. Schmidt-Sternal § 91 Rn. 22). Dies folgt auch aus § 161 Abs. 1 Satz 2 BGB. Nach dieser Vorschrift ist die Zwischenverfügung eines Insolvenzverwalters über das aufschiebend bedingt übertragene Recht unwirksam. Der hieraus folgende Schutz für den Erwerber würde vereitelt, wenn der aufschiebend bedingte Rechtserwerb gem. § 91 ausgeschlossen wäre (KPB-Lüke § 91 Rn. 20; HK-Kayser § 91 Rn. 8). Die **aufschiebend bedingte Verfügung über ein künftiges Recht** ist auch dann insolvenzfest, wenn der Gegenstand bei Vereinbarung nicht vorhanden war, aber bis zur Verfahrenseröffnung entstanden ist und danach die Bedingung eintritt (BGH, ZInsO 2006, 35). Der Insolvenzverwalter kann den Eintritt der Bedingung nicht nach § 103 durch Erfüllungsablehnung vereiteln, wenn der Eintritt der Bedingung (im Streitfall Kündigungserklärung) nur noch vom Willen des Berechtigten abhängt (BGH, ZInsO 2012, 546; BGH, ZInsO 2006, 35).

Häufigster Anwendungsfall ist der Kauf unter **Eigentumsvorbehalt** in der **Insolvenz des Vorbehaltsverkäufers**. Der Erwerber kann auch nach Verfahrenseröffnung das Eigentum an dem Vorbehaltsgut erlangen, indem er den (Rest-) Kaufpreis an den Insolvenzverwalter zahlt (§ 82). § 107 Abs. 1 stellt zudem klar, dass der Vorbehaltskäufer die Vertragserfüllung vom Insolvenzverwalter verlangen kann. Solange der BGH die Erlöschenstheorie zu § 17 KO vertreten hatte, war mit Wegfall der Vertragspflichten das akzessorische Anwartschaftsrecht ebenfalls erloschen. Die Rechtsposition des Vorbehaltskäufers ist durch § 107 Abs. 1 und nach Aufgabe der Erlöschenstheorie (BGH,

ZInsO 2002, 577; ZInsO 2006, 35, 37) insolvenzfest geworden. Tritt die Bedingung ein, kann der Erwerber Aussonderung verlangen (Uhlenbruck-Uhlenbruck § 91 Rn. 28; K. Schmidt-Sternal § 91 Rn. 31). Zum Weiterverkauf des Anwartschaftsrechtes s. Rdn. 9 (sog. Kettenverkauf).

7   Unwirksam sind jedoch **für den Insolvenzfall vereinbarte Bedingungen**, welche haftungsvereitelnd wirken sollen (vgl. Erläuterungen zu § 119). Der Gegenstand bleibt massezugehörig (MK-Breuer § 91 Rn. 38).

8   Wird das Recht vor Verfahrenseröffnung **auflösend bedingt** übertragen, fällt es mit Bedingungseintritt in die Masse zurück oder der vor Eröffnung angelegte Rechtsverlust tritt ein (KPB-Lüke § 91 Rn. 22; HK-Kayser § 91 Rn. 8; K. Schmidt-Sternal § 91 Rn. 23).

8a Bei einer **Blankoverfügung**, die zivilrechtlich zulässig ist (BGHZ 22, 128, 132), ist entscheidend, ob der Verfügungsgegenstand noch zur Masse gehört. Mit der Blankoverfügung ist der Gegenstand aus dem Vermögen des Zedenten ausgeschieden, weshalb das Ausfüllen des Blanketts der Masse nichts mehr entziehen kann. § 91 ist daher unanwendbar (Jaeger-Windel § 91 Rn. 78).

b) Bedingte/Betagte Rechte

9   Von der aufschiebend bedingten Übertragung eines Rechtes ist die unbedingte **Übertragung eines aufschiebend bedingten Rechtes** zu unterscheiden, die ebenfalls insolvenzfest ist (BGH, ZIP 2008, 885 Rn. 9). Entscheidend ist, dass das Recht bei Verfahrenseröffnung aus dem Vermögen des Schuldners ausgeschieden war und für ihn keine Möglichkeit mehr besteht, dieses durch eigene Entscheidung zurückzuerlangen. Hierzu gehört z. B. der **Weiterverkauf von Vorbehaltsware** unter Eigentumsvorbehalt. Abs. 1 findet auch dann keine Anwendung, wenn der Vorbehaltskäufer unter Eigentumsvorbehalt sein Anwartschaftsrecht weiter veräußert. Das an den Zweitkäufer übertragene Anwartschaftsrecht erstarkt durch Zahlung an den Insolvenzverwalter zum Volleigentum, unabhängig davon, ob der insolvente Vorbehaltsverkäufer dem Weiterverkauf zugestimmt hat (KPB-Lüke § 91 Rn. 24). Gleiches gilt, wenn der Vorbehaltskäufer vor Zahlung das Anwartschaftsrecht auf den Zweitkäufer überträgt und anschließend insolvent wird (Uhlenbruck-Uhlenbruck § 91 Rn. 26). Wegen § 161 Abs. 1 Satz 2 BGB ist unerheblich, wer die letzte Rate zahlt. Nach herrschender Meinung erstarkt das Anwartschaftsrecht zum Volleigentum unmittelbar bei dem Zweitkäufer (Direkterwerb: BGHZ 20, 88 = WM 1956, 454; KPB-Lüke § 91 Rn. 24). Die Lehre vom Durchgangserwerb (Serick, Eigentumsvorbehalt und Sicherungsübertragung, Bd. IV § 47 IV) kommt wegen § 161 Abs. 1 Satz 2 BGB und § 107 zum gleichen Ergebnis. Der Insolvenzverwalter hat keine Möglichkeit, den Bedingungseintritt zu vereiteln (BK-Blersch/v. Olshausen § 91 Rn. 9; Uhlenbruck-Uhlenbruck § 91 Rn. 27). Wurde die Anwartschaft von dem Schuldner lediglich sicherungshalber übertragen, ist abgesonderte Befriedigung entsprechend § 51 Nr. 1 zu beanspruchen. Verkauft bei **verlängertem Eigentumsvorbehalt** der Insolvenzverwalter weiter, hindert § 91 wg. § 103 nicht den Rechtserwerb der abgetretenen Forderung beim Verkäufer (Jaeger-Windel § 91 Rn. 65).

9a Auch der **Anspruch auf Rückgewähr von Sicherheiten nach Tilgung** der gesicherten Ansprüche ist aufschiebend bedingt. Der sich aus der Sicherungsabrede ergebende Anspruch auf Rückgewähr der Sicherheit durch Abtretung, Verzicht oder Löschung ist ein aufschiebend bedingter schuldrechtlicher Anspruch in Form einer Wahlschuld nach § 262 BGB, somit kein künftiger Anspruch (BGH, ZInsO 2012, 28 Rn. 12; WM 1986, 763, 765; BGH, NJW 1977, 247). Bedingung ist der Wegfall des Sicherungszwecks. Streitig ist, ob trotzdem die Befriedigung des Sicherungsgläubigers nach Eröffnung den Rechtserwerb beim Zessionar hindert (verneinend: KPB-Lüke § 91 Rn. 26; Uhlenbruck-Uhlenbruck § 91 Rn. 25). Dagegen spricht, dass typisch für einen bedingten Anspruch ist, dass der Rechtserwerb nur noch vom Berechtigten abhängt und nicht mehr vom Zedenten vereitelt werden kann. Von einem solchen sicheren Rechtsboden, wie ihn der BGH für ein insolvenzfestes künftiges Recht verlangt (ZInsO 2009, 599 Rn. 12), kann indessen beim Anspruch auf Rückgewähr der Sicherheit keine Rede sein. Zedent und erstrangiger Gläubiger können den Sicherungszweck erweitern oder neue besicherte Ansprüche zur Valutierung bringen, worauf der Zessionar des Rückgewähranspruchs keinen Einfluss nehmen kann. Der Sicherungswert der Grundschuld ist trotz Abtretung des Rückgewähranspruchs **aus dem Vermögen und der Insolvenzmasse nicht endgültig ausgeschieden,** solange der Sicherungsnehmer allein oder im Einvernehmen mit dem Sicherungsgeber selbst oder dem Insolvenzverwalter (z. B. Besicherung eines Massekredits), die Grundschuld revalutieren kann, ohne dass dadurch der Inhalt des Rückgewähranspruch geändert wird. Bei Abtretung eines vertragsabhängigen Einzelanspruchs kann über das Vertragsverhältnis uneingeschränkt verfügt werden, solange der abgetretene Anspruch nicht entstanden ist (BGH, ZInsO 2012, 28 Rn. 9, 11). In dieser besonderen Konstellation ist **deshalb der bedingte Anspruch wie ein zukünftiger zu behandeln** (OLG Hamm, ZIP 2011, 188; OLG Celle, ZInsO 2010, 1546; Jaeger/Windel § 91 Rn. 58). Fällt der Sicherungszweck nach Verfahrenseröffnung weg, z. B. durch Befriedigung des erstrangigen Gläubigers im Wege der Zwangsversteigerung, hindert § 91 einen Rechtserwerb des nachrangigen Gläubigers. Der Übererlös aus dem erstrangigen Recht steht dann der Masse zu (Büchler ZInsO 2011, 802). Der Abtretungsempfänger des Rückgewähranspruchs ist aber **dann insolvenzfest gesichert**, wenn der abgetretene Anspruch durch Wegfall des Sicherungsrechts vor Insolvenzeröffnung bereits entstanden war (BGH, ZInsO 2012, 2138 Rn. 18 zur Insolvenzfestigkeit einer Zweitabtretung; BGH, ZInsO 2012, 547 Rn. 29; BGH, ZInsO 2012, 28 Rn. 12). Insolvenzfest kann die Position des Zessionars bspw. dann sein, wenn bei einer engen Sicherungsabrede die besicherte Forderung vor Eröffnung vollständig getilgt war (BGH, ZInsO 2012, 28 Rn. 13). Bei einer weiten Sicherungsabrede kann eine Revalutierung ausgeschlossen sein, wenn die **Geschäftsbeziehung des Schuldners zum erstrangigen Grundpfandgläubiger beendet** ist (BGH, ZInsO 2012, 28 Rn. 15–17; Kessler, NJW 2007, 3466, 3468) oder der erstrangige Gläubiger **auf eine Neuvalutierung verzichtet** (so wohl OLG Celle, ZInsO 2010, 1546). Eine nicht eng gefasste Sicherungsvereinbarung kann dahin gehend auszulegen sein, dass sich diese nach Kündigung nur noch auf die bestehende Restschuld konzentriert, sofern eine neue Kreditgewährung oder Abtretung entsprechender Forderungen nicht mehr infrage kommt (BGH, ZInsO 2012, 28 Rn. 17). Wenn sich aus dem Sicherungsvertrag nichts anderes ergibt, entsteht der Anspruch auf Rückgewähr eines entsprechenden Teils einer Grundschuld schon dann, wenn die gesicherte Forderung nur z. T. getilgt ist, vorausgesetzt eine nachträgliche Übersicherung erweist sich als endgültig (BGH, NJW 1984, 169, 171). In diesen Fallkonstellationen ist die bloße Hoffnung auf einen Rechtserwerb zu einer vom Zedenten nicht mehr zu beeinflussenden Rechtsposition des Zessionars erstarkt. In Betracht kommt dann aber eine Anfechtung nach §§ 130 ff., wenn die Rechtsposition des Zedenten erst in der kritischen Zeit unter den vorgenannten Voraussetzungen sicher geworden ist (BGH, ZInsO 2012, 28 Rn. 18). Zur Insolvenzfestigkeit eines gesetzlichen Löschungsanspruchs aus § 1179a BGB s. Rdn. 19a.

Die Übertragung **betagter Rechte** fällt ebenfalls nicht in den Anwendungsbereich des Abs. 1 (MK-Breuer Rn. 41). Der Rechtserwerb wurde bereits vor Insolvenzeröffnung vollendet. Die erst nach Eröffnung eintretende Fälligkeit hindert die Wirksamkeit der Übertragung nicht. Dies gilt z. B. für die Übertragung von Forderungen, welche nach Eröffnung fällig werden (z. B. Steuererstattungen). In Abgrenzung zur Übertragung von künftigen Ansprüchen müssen diese Forderungen bereits vor Eröffnung entstanden sein. Für die Wirksamkeit der **Miet-/Pachtzession** betreffend unbewegliche Sachen oder Räume ist § 110 Abs. 1 zu beachten. Der Anwendungsbereich des § 91 wird durch § 110 verdrängt (BGH, ZIP 2013, 1082 Rn. 25; BGH, ZInsO 2007, 91; Mitlehner, ZIP 2007, 804). Rechte an Miete/Pacht können deshalb auch nach Verfahrenseröffnung aufgrund einer zuvor vorgenommenen Verfügung erlangt werden. Zugunsten der Masse ist die Einschränkung des § 110 zu beachten (BGHZ 170, 196, 201; BGHZ 167, 363, 367). Der Mietanspruch entsteht periodisch mit der Gebrauchsüberlassung am Anfangstermin, ist deshalb nicht betagt (BGH, ZIP 2013, Rn. 28; BGHZ 170, 196, 200; BGH, ZInsO 2010, 43 Rn. 12). Der Rechtserwerb scheitert an § 91, wenn die Frist des § 110 verstrichen ist (BGH, ZIP 2012, 2358 Rn. 14; BGH, ZIP 2010, 335 Rn. 21). Eine Ausnahme gilt hingegen für die Grundmietzeit beim **Finanzierungsleasing**, da der Leasingvertrag von vornherein die zeitliche Schranke des Dauerschuldverhältnisses festlegt (BGH, ZIP 2013, 1082 Rn. 29). Die Forderungen aus dem Finanzierungsleasing sind betagt mit der Folge, dass die Vorausabtretung der Leasingrate in der Insolvenz des Leasinggebers wirksam bleibt.

c) Künftige Rechte

11 **Abtretung künftiger Rechte:** Hierzu gehören insb. **Globalzessionen** sowie **verlängerte Eigentumsvorbehalte**. Bei vorinsolvenzlicher Abtretung ist die Verfügung mit Abschluss des Abtretungsvertrages beendet. Die Entstehung der zedierten Forderung gehört selbst dann nicht dazu, wenn noch nicht einmal der Rechtsgrund für sie angelegt ist (BGH, ZInsO 2009, 383 Rn. 26; BGH, ZInsO 2008, 91 Rn. 27). Die Vorausabtretung ist bei hinreichender Bestimmbarkeit grds. zulässig (BGH, NJW 1978, 538). Die Abtretung wird jedoch erst dann wirksam, wenn der Zessionsgegenstand entsteht (BGH, ZInsO 2003, 372; ZInsO 2004, 967; ZInsO 2007, 91). Bei Abtretung künftiger Forderungen ist zwischen der Abtretung als Verfügungsgeschäft und dem Wirksamwerden des Rechtserwerbs zu differenzieren (BGH, ZInsO 2010, 327 Rn. 18). Entsteht die Forderung erst nach Eröffnung, wendet die h. M. § 91 an (ausführlich zum Meinungsstreit § 81 Rdn. 10). Die Verfügung bei im Voraus abgetretenen Forderungen ist zwar schon mit Abschluss des Abtretungsvertrages beendet (BGH, ZInsO 2009, 2336). Der Rechtsübergang erfolgt aber erst mit dem Entstehen der Forderung. **Entsteht die Forderung nach Verfahrenseröffnung, scheitert der Rechtserwerb des Zessionars an § 91** (BGH, NZI 2013, 42 Rn. 13; BGH, ZInsO 2010, 1001 Rn. 9; BGH, ZInsO 2009, 383 Rn. 27; BGH, ZInsO 2006, 708 Rn. 6). Für die Wirksamkeit einer Vorausverfügung kommt es darauf an, ob der Zessionar eine gesicherte Position erlangt hat, welche durch den Zedenten nicht mehr beeinflusst werden kann (BGH, ZInsO 2012, 547 Rn. 31; BGH, ZInsO 2010, 327 Rn. 20). Selbst wenn von einem Direkterwerb auszugehen ist, hindert § 91 die Entstehung des Rechts, weil die Rechtsfolge der Übertragung nicht bereits mit Abschluss des Verfügungsgeschäfts eintritt, sondern erst mit der Entstehung des Rechts (KPB-Lüke § 91 Rn. 29). Gleiches gilt für Forderungen aus Verträgen, deren Erfüllung vom Insolvenzverwalter nach § 103 gewählt wurde. § 91 erfasst auch hier die Vorausabtretung dieser Forderung unabhängig davon, dass der BGH als Rechtsfolge des § 103 nunmehr die Qualitätsänderungstheorie vertritt (Jaeger/Windel § 91 Rn. 66; zweifelnd Uhlenbruck-Uhlenbruck § 91 Rn. 24; Marotzke, ZInsO 2004, 1273, 1278). Die Differenzierung zwischen § 81 und § 91 ist bedeutsam für die Entstehung der Forderung nach Anordnung von Sicherungsmaßnahmen im Antragsverfahren, da § 24 lediglich auf § 81, nicht aber § 91 verweist (vgl. § 24 Rdn. 6 f.). Als Sondervorschriften, welche den Grundsatz des Abs. 1 durchbrechen, sind § 110 Abs. 1 (Miet-/Pachtzession vgl. Rdn. 10) und, für die bis zum 30.06.2014 beantragten Verfahren, § 114 Abs. 1 (Gehaltsabtretung) zu beachten. Wird ein Anstellungsverhältnis erst nach Verfahrenseröffnung geschlossen, begründet die Gehaltsabtretung für die bis zum 30.06.2014 beantragten Verfahren an den hieraus resultierenden pfändbaren Bezügen ein Absonderungsrecht, § 91 steht dem nicht entgegen (BGH, NZI 2013, 42 Rn. 19; a. A. LG Mosbach, ZInsO 2009, 198). Der **Vergütungsanspruch des Kassenarztes** unterfällt nicht § 114 a. F. Die Abtretung scheitert an § 91, wenn der ärztliche Honoraranspruch nach Verfahrenseröffnung entstanden ist (BGH, ZInsO 2005, 436; ZInsO 2006, 708 Rn. 14; KG Berlin, ZInsO 2009, 665). Wird die Arztpraxis gem. § 35 Abs. 2 freigegeben, »lebt« die Abtretung hingegen wieder auf (BGH, ZInsO 2013, 1146 Rn. 23 ff.; s. auch Rdn. 28). Der **Steuererstattungsanspruch** entsteht mit der Überzahlung, sodass eine Festsetzung nach Eröffnung für den Zessionar unschädlich ist. Hängt der Anspruch von Erklärungen der Beteiligten ab und werden diese erst nach Verfahrenseröffnung abgegeben, hindert § 91 einen Rechtserwerb (BGH, ZInsO 2009, 383 zum **Auseinandersetzungsguthaben bei einer Genossenschaft**; BGH, ZInsO 2010, 327 zu **Gewinnforderungen aus GbR**; dazu krit. Herbst/Harig, NZI 2014, 389). Wird hingegen das Kündigungsrecht von der Abtretung/Pfändung mit erfasst, hat der Gläubiger an der aufschiebend bedingten Forderung eine insolvenzfeste Position erlangt, da der Schuldner durch Verlust des Kündigungsrechts nicht mehr über den Anspruch verfügen kann (BGH, ZInsO 2012, 547 Rn. 31 ff. zur **Pfändung einer Lebensversicherung**).

12 **Leasing:** Nach § 108 Abs. 1 Satz 2 bestehen Leasingverträge mit Wirkung für die Insolvenzmasse in der Insolvenz des Leasinggebers fort, sodass auch nach Verfahrenseröffnung Ansprüche aus dem Leasingvertrag entstehen. Wurde das Leasingobjekt vor Eröffnung des Verfahrens nicht übergeben, liegt keine beidseitige Erfüllung vor. Abs. 1 schließt den Forderungsübergang von künftigen Leasingraten nicht aus, wenn diese, wie rgm., an den Finanzierer des Leasinggegenstandes abgetreten worden sind (BGH, ZIP 2013, 1082 Rn. 29; a. A. Braun-Kroth § 91 Rn. 14). Die Forderungen aus

dem Finanzierungsleasing sind betagt und somit vor Verfahrenseröffnung entstanden mit der Folge, dass die Vorausabtretung der Leasingrate an den Finanzierer in der Insolvenz des Leasinggebers wirksam bleibt.

Kontokorrent-Saldo: Der BGH hatte noch zu § 15 KO entschieden, diese Vorschrift stehe einem Rechtserwerb aufgrund einer Vorausabtretung künftiger Forderungen an einer kausalen Schlusssaldoforderung nicht entgegen (BGHZ 70, 86). Bei dem sog. kausalen Schlusssaldo handele es sich nicht wie möglicherweise bei dem abstrakten Schlusssaldo, der nach erfolgter Anerkennung auf einem neuen Verpflichtungsgrund beruht, um einen erst mit oder nach Verfahrenseröffnung entstehenden künftigen Anspruch. Vielmehr findet der kausale Saldoanspruch, wenn er auch nur auf den Überschuss geltend gemacht werden kann, seine Grundlage in den während der laufenden Verrechnungsperiode in das Kontokorrent eingestellten Einzelforderungen, die damit ihre rechtliche Selbstständigkeit nicht verloren haben. Der kausale Schlusssaldo sei deshalb nicht erst mit Beendigung des Kontokorrentverhältnisses entstanden, sondern bestand dem Grunde nach bereits vorher. Der kausale Saldo sei lediglich die Zusammenfassung von Einzelforderungen, die bei Verfahrenseröffnung bereits bestanden haben, durch ihre Einstellung in das Kontokorrent unberührt bleiben und mit der Verfahrenseröffnung zur saldomäßigen Geltendmachung frei wurden. Diesem Standpunkt des BGH hatte sich der überwiegende Teil der Literatur angeschlossen (Jaeger/Windel § 91 Rn. 16; MK-Breuer § 91 Rn. 45; KPB-Lüke § 91 Rn. 35). **Diese Rechtsprechung ist durch den BGH aufgegeben worden.** Die Vorausabtretung kontokorrentgebundener Forderungen und des kausalen Schlusssaldos aus dem Kontokorrent führen nicht zum Rechtserwerb des Abtretungsempfängers, wenn die Kontokorrentabrede erst mit der Insolvenzeröffnung erlischt (BGH, ZInsO 2009, 1492; dazu Kuleisa, InsVZ 2010, 203). Die in das Kontokorrent eingestellten Einzelforderungen, die durch das Saldoanerkenntnis untergegangen wären (BGH, ZInsO 1999, 284), waren grds. nicht selbstständig abtretbar, solange die Kontokorrentbindung zwischen den Beteiligten Bestand gehabt hat. Das gilt auch für die kausale Schlusssaldoforderung aus dem Kontokorrent. Die Vorausabtretung dieser kausalen Schlusssaldoforderung scheitert mithin an der fortwirkenden Kontokorrentbindung (BGH, ZInsO 2007, 213 Rn. 19). Die Kontokorrentabrede erlischt gem. §§ 115, 116 mit Verfahrenseröffnung. Obwohl § 91 nach dem Wortlaut nur Rechtserwerbe »nach« Verfahrenseröffnung erfasst, wäre es zweckwidrig, wenn aus diesem Zeitraum der Zeitpunkt des Beginns als juristische Sekunde ausgeschlossen bliebt (BGH, ZInsO 2009, 1492 Rn. 10; BGH, ZInsO 2010, 710 Rn. 3; Jaeger/Windel § 91 Rn. 60; Gehrlein ZIP 2011, 5, 8).

13

d) Pfandrechte

Pfandrecht an beweglichen Sachen/Forderungen: Maßgebend ist auch hier, ob der Rechtserwerb vor Verfahrenseröffnung vollständig vollzogen wurde. Das Pfandrecht an beweglichen Sachen entsteht durch Einigung und Übergabe (§ 1205 Abs. 1 BGB). Erfolgt eine Rechtshandlung nach Eröffnung, ist § 81 Abs. 1 einschlägig. Die Anzeige bei einer Forderungsverpfändung ist Wirksamkeitsvoraussetzung (§ 1280 BGB). Wurde die Verpfändung vor Insolvenzeröffnung vereinbart, aber dem Drittschuldner erst nach Eröffnung des Insolvenzverfahrens angezeigt, steht Abs. 1 einem Rechtserwerb entgegen (Uhlenbruck-Uhlenbruck § 91 Rn. 18; K. Schmidt-Sternal § 91 Rn. 18). Ist die Bestellung des Pfandrechts erst nach Insolvenzeröffnung erfolgt, liegt ein Fall des § 81 vor. Eine Genossenschaft kann nach Verfahrenseröffnung am Abfindungsguthaben des Genossen kein Pfandrecht mehr erwerben, wenn die Entstehung des Anspruchs von rechtsgeschäftlichen Erklärungen der Beteiligten abhängt (BGH, ZInsO 2009, 383 Rn. 27; Gehrlein ZIP 2011, 5, 9). Gleiches gilt für das Gewinnbezugsrecht (BGH, ZInsO 2010, 327; dazu Gehrlein ZIP 2011, 5, 9). Zur **Valutierung** nach Verfahrenseröffnung vgl. Rdn. 17.

14

Vermieterpfandrecht: Ein **Vermieterpfandrecht** kann nach Verfahrenseröffnung z. B. nicht mehr entstehen, wenn die Gegenstände erst danach vom Schuldner eingebracht werden (Uhlenbruck-Uhlenbruck § 91 Rn. 8, 29). Der Rechtserwerb scheitert bei Einbringung durch den Schuldner allerdings an § 81 Abs. 1 (K. Schmidt-Sternal § 91 Rn. 16). Das gesetzliche Vermieterpfandrecht entsteht mit Einbringung der Sachen in das Mietobjekt, auch soweit es künftig entstehende For-

14a

derungen aus dem Mietverhältnis sichert (BGH, ZInsO 2007, 91; ZInsO 2005, 94). Mietzinsansprüche entstehen aufschiebend bedingt mit Beginn der periodischen Nutzungsüberlassung (BGH, ZInsO 2007, 91). Maßgebend für die Anwendung des § 91 ist daher, wann die Sachen eingebracht wurden und nicht, wann die besicherte Forderung entstanden ist (BGH, ZInsO 2007, 91). Nach Verfahrenseröffnung entstandene Mieten sind Masseverbindlichkeiten. Das vor Eröffnung entstandene Sicherungsrecht bezieht sich zwar grds. auch hierauf, da künftige Mieten unter der aufschiebenden Bedingung des Fortbestehens des Vertrages mit dem Abschluss entstehen (BGH, ZInsO 2007, 91; ZInsO 2005, 94). Die unter Rdn. 17 dargestellten Grundsätze werden wegen § 50, § 562 BGB durchbrochen (vgl. § 50 Rdn. 31a). Somit werden nicht nur die Insolvenzforderungen aus dem Insolvenzeröffnungsverfahren (BGH, ZInsO 2007, 91), sondern auch **Masseverbindlichkeiten** aus dem Zeitraum nach Insolvenzeröffnung gesichert (ebenso MK-Ganter vor § 50 Rn. 90; Jaeger-Henckel § 50 Rn. 60; A/G/R-Piekenbrock § 91 Rn. 31; a. A. Uhlenbruck-Uhlenbruck § 91 Rn. 16). Werden nach Verfahrenseröffnung Sachen mit Zustimmung des Insolvenzverwalters oder durch diesen selbst eingebracht, erstreckt sich das Pfandrecht (nur) für Masseverbindlichkeiten hieran, wenn der Mietvertrag insolvenzübergreifend fortbesteht (Jaeger-Windel § 91 Rn. 34; Zweiteilung der Haftung).

15 **Grundpfandrecht**: Die Bestellung von Grundpfandrechten setzt gem. § 873 Abs. 1 BGB Einigung und Eintragung in das Grundbuch, bei Briefpfandrechten zusätzlich die Aushändigung des Briefes an den Gläubiger (§ 1117 Abs. 1 BGB), voraus. Ist die Einigung nach Verfahrenseröffnung erfolgt, findet § 81 Abs. 1 Anwendung. Liegt die Einigung vor Insolvenzeröffnung, wird das Recht jedoch erst später eingetragen, greift Abs. 1, es sei denn, die Ausnahmetatbestände des Abs. 2, §§ 878, 892, 893 BGB liegen vor. Entsprechendes gilt für die Briefübergabe nach Eröffnung (MK-Breuer § 91 Rn. 26). Wurde die Briefübergabe durch Aushändigungsabrede nach § 1117 Abs. 2 BGB ersetzt, ist die Übergabe nach Verfahrenseröffnung unschädlich (Uhlenbruck-Uhlenbruck § 91 Rn. 14; K. Schmidt-Sternal § 91 Rn. 19). Aufgrund der vertraglichen Vereinbarung gem. § 1117 Abs. 2 BGB wird die Briefübergabe auf den Zeitpunkt des Vertragsabschlusses fingiert (HK-Kayser § 91 Rn. 23). Bei der **Zubehörhaftung** ist wie beim Vermieterpfandrecht (Rdn. 14a) danach zu unterscheiden, ob die Sache vor oder nach Verfahrenseröffnung in den Haftungsverbund gelangt ist (Uhlenbruck-Uhlenbruck § 91 Rn. 38; K. Schmidt-Sternal § 91 Rn. 7).

16 **Abtretung**: Die Abtretung von Grundpfandrechten erfolgt gem. § 1154 BGB in schriftlicher Form und durch Übergabe des Briefes. Bei Buchrechten hat eine Grundbucheintragung zu erfolgen (§§ 1154 Abs. 3, 873 BGB). Die Zession ist wirksam, wenn sämtliche Voraussetzungen vor Insolvenzeröffnung erfüllt sind. Wird der Brief nach Eröffnung übergeben, ist § 81 Abs. 1 anwendbar, sodass nur gutgläubiger Erwerb gem. § 892 BGB möglich ist (MK-Breuer § 91 Rn. 31; Uhlenbruck-Uhlenbruck § 91 Rn. 14). Abs. 1 ist nur einschlägig, wenn die Abtretung nach Eröffnung eingetragen wurde (BGH, ZInsO 2008, 317). Für die Verpfändung von Grundpfandrechten gelten die vorgenannten Grundsätze wegen §§ 1274, 1291 BGB entsprechend.

17 **Valutierung**: Entsteht die besicherte Forderung durch Valutierung an den Schuldner oder durch ein anderes Rechtsgeschäft mit ihm nach Eröffnung, hindert § 81 Abs. 1 die Entstehung des **akzessorischen Sicherungsrechtes wie Pfandrecht/Hypothek** (Uhlenbruck-Uhlenbruck § 91 Rn. 12; HK-Kayser § 91 Rn. 24; K. Schmidt-Sternal § 91 Rn. 19). Die Entgegennahme der Valuta ist Verfügung des Schuldners, da auf sachenrechtliche Änderung gerichtet (Eigentümer in Fremdhypothek § 1163 BGB). Erfolgt die Valutierung an einen Dritten, greift § 91 (KG, ZInsO 2004, 979, 980; BK-Blersch/v. Olshausen § 91 Rn. 10; A/G/R-Piekenbrock § 91 Rn. 19). Ausgenommen von diesem Grundsatz ist das **Sicherungsrecht des Bürgen**, der erst nach Verfahrenseröffnung in Anspruch genommen wird und zahlt (BGH, ZIP 2008, 886; a. A. KG, ZInsO 2004, 979). Der Regressanspruch gem. § 774 BGB entsteht aufschiebend bedingt (vgl. Rdn. 5) mit Übernahme der Bürgschaft (BGH, ZIP 1990, 53, 55). Die Valutierung durch Inanspruchnahme kann der Schuldner nicht mehr beeinflussen, weshalb ihm in diesem Fall die Einrede der Nichtvalutierung nicht zusteht (BGH, ZIP 2008, 885 Rn. 11; Vogel ZIP 2007, 2198). Für die **Sicherungsgrundschuld** gilt: Der Rechtserwerb erfolgt zwar unabhängig von der besicherten Forderung, solange Letztere

jedoch nicht entstanden ist, kann der Sicherungsgeber die Einrede der Nichtvalutierung erheben (MK-Breuer § 91 Rn. 28; KPB-Lüke § 91 Rn. 40; Jaeger-Windel § 91 InsO Rn. 41). Unwirksamkeit nach Abs. 1 ist gegeben, wenn die Valutierung der besicherten Forderung ggü. einem Dritten erfolgt (MK-Breuer § 91 Rn. 28). Auf den Wegfall der **Einrede der Nichtvalutierung** werden die §§ 81 Abs. 1, 91 Abs. 1 angewendet (BGH, ZInsO 2008, 317; A/G/R-Piekenbrock § 91 Rn. 17; MK-Breuer § 91 Rn. 28; K. Schmidt-Sternal § 91 Rn. 34). Durch die nachträgliche Valutierung, bspw. bei Übertragung von Sicherheiten, wird die Masse um den bereicherungsrechtlichen Herausgabeanspruch verkürzt, wenn der Zedent keine besicherte Forderung hat (BGH, ZInsO 2008, 317 Rn. 13). Die Abtretung bleibt dann wirksam, der Zessionar kann aber keine abgesonderte Befriedigung am Massegegenstand beanspruchen (Uhlenbruck-Uhlenbruck § 91 Rn. 15; Jaeger-Windel § 91 Rn. 41).

Rangänderung: Nach § 880 Abs. 2 BGB ist für die Rangänderung die Einigung zwischen dem zurück- und dem vortretenden Berechtigten sowie die Eintragung der Änderung im Grundbuch erforderlich. Für das **zurücktretende Recht** ist § 81 Abs. 1 anwendbar, wenn sich die Berechtigten nach Verfahrenseröffnung geeinigt haben. Steht bei Eröffnung nur noch die Eintragung aus, gilt Abs. 1. **Tritt das Recht des Schuldners vor**, ist für die §§ 81, 91 nach dem Gesetzeszweck kein Raum (Uhlenbruck-Uhlenbruck § 91 Rn. 5). Ist die Zustimmung durch den **Schuldner als Grundstückseigentümer** wegen § 880 Abs. 2 Satz 2 BGB erforderlich, steht Abs. 1 der Rangänderung entgegen, wenn die Zustimmungserklärung vor Eröffnung zuging, die Eintragung bei Eröffnung noch ausstand (MK-Breuer § 91 Rn. 33). Bedarf es dieser Zustimmung nicht, bleiben die Belange der Masse unberührt und die Rangänderung scheitert nicht an § 91 (Jaeger-Windel § 91 Rn. 47; Uhlenbruck-Uhlenbruck § 91 Rn. 8). 18

e) Vormerkung

Die Vormerkung wird gem. § 885 Abs. 1 BGB durch Bewilligung des Grundstückseigentümers und Eintragung in das Grundbuch bestellt. Die Insolvenzfestigkeit setzt voraus, dass die Vormerkung vor Verfahrenseröffnung bewilligt sowie eingetragen und der gesicherte Anspruch dem Grunde nach angelegt ist (BGH, ZInsO 2006, 599; K. Schmidt-Sternal § 91 Rn. 35). Wird die Bewilligung nach Verfahrenseröffnung erteilt, steht dem Erwerb § 81 Abs. 1 entgegen. Erfolgt lediglich die Grundbucheintragung nach Eröffnung, findet Abs. 1 Anwendung (Uhlenbruck-Uhlenbruck § 91 Rn. 36). Der durch die Vormerkung **besicherte Anspruch** ist indessen **insolvenzfest**, da der Berechtigte nach § 106 Erfüllung vom Insolvenzverwalter verlangen kann (Jaeger-Windel § 91 Rn. 68). Ist die Vormerkung für einen **künftigen Anspruch** bestellt worden (§ 883 Abs. 1 Satz 2 BGB), so entsteht sie aufgrund der Akzessorietät gleichzeitig mit dem Anspruch. § 106 setzt voraus, dass der besicherte Anspruch vor Eröffnung zumindest dem Grunde nach angelegt ist (BGH, ZInsO 2006, 599; vgl. § 106 Rn. 3). Der Vormerkungsschutz wäre unvollkommen, würde er erst in dem Zeitpunkt eintreten, in welchem der gesicherte Anspruch entsteht (BGH, ZInsO 2001, 1056). Die Vormerkung ist daher gegenwärtige Sicherung eines künftigen Anspruches, auch wenn dieser später entsteht. **Der zu besichernde künftige Anspruch ist folglich vormerkungsfähig, wenn »der Rechtsboden bereits gelegt ist«** (BGH, ZInsO 2006, 599). Dies ist bspw. dann gegeben, wenn der Schuldner auf die Entstehung des Anspruches keine Einflussmöglichkeit mehr hat (BGHZ 12, 115; BGH, ZInsO 2001, 1056; Jaeger-Windel § 91 Rn. 68). Die Vormerkungsfähigkeit entfällt, wenn die Entstehung des Anspruches noch von einer Willenserklärung des Schuldners oder davon abhängt, dass dieser ein Rechtsgeschäft noch vorzunehmen hat (BGHZ 134, 182 = ZIP 1997, 420; BGH, ZInsO 2001, 1056). Wird durch die Vormerkung eine **aufschiebend bedingte Forderung besichert** und tritt die Bedingung nach Verfahrenseröffnung ein, ist Abs. 1 wegen § 161 Abs. 1 Satz 2 BGB ausgeschlossen (vgl. § 106 Rdn. 4; BK-Blersch/v. Olshausen § 91 Rn. 10; Braun/Kroth § 91 Rn. 18; a. A. MK-Breuer § 91 Rn. 47). Ist der durch die Vormerkung gesicherte Anspruch indessen weggefallen (z. B. durch Rücktritt vom Kaufvertrag), greift § 91. Ein Rechtserwerb des Käufers ist ausgeschlossen. Der Insolvenzverwalter über das Vermögen des Verkäufers kann Löschung der aufgrund der Akzessorietät erloschenen Vormerkung nach § 894 BGB verlangen (BGH, ZIP 2009, 428; Gehrlein ZIP 2011, 5, 14). In der Praxis sind Auflassungsvormerkungen häufig, in denen 19

§ 91 InsO Ausschluß sonstigen Rechtserwerbs

der Anspruch noch zu benennender Dritter gesichert werden soll (z. B. Kaufverträge, welche ein Bauträger mit dem Grundstückseigentümer zugunsten noch nicht bekannter, künftiger Erwerber abschließt). Nach überwiegender Auffassung sind solche Vormerkungen wirksam, wenn hierdurch das eigene Forderungsrecht auf Leistung an den Dritten (§ 335 BGB) zugunsten des Versprechensempfängers gesichert, somit für diesen eingetragen wurde (Uhlenbruck-Uhlenbruck § 91 Rn. 37; MK-Breuer § 91 Rn. 47).

19a Abweichend von der früheren Rechtsprechung hat der V. Zivilsenat des BGH entschieden, dass der **gesetzliche Löschungsanspruch** insolvenzfest ist (BGH, ZInsO 2012, 1070 unter Aufgabe von BGH, ZInsO 2006, 599). Der IX. Zivilsenat hat hierzu mitgeteilt, an seiner abweichenden Auffassung aus dem Jahr 2006 nicht festhalten zu wollen. Nach § 1179a BGB kann der Grundpfandgläubiger vom Eigentümer verlangen, dass dieser eine vorrangige oder gleichrangige Belastung löschen lässt, wenn sie im Zeitpunkt der Eintragung seines Grundpfandrechts mit dem Eigentum vereinigt ist oder eine solche Vereinigung später eintritt. § 1179a BGB ist eine Rechtsgrundverweisung und nicht eine bloße Rechtsfolgenverweisung, weshalb die Voraussetzungen des § 883 BGB gegeben sein müssen (OLG Hamm, ZIP 2011, 188). Der gesetzliche Löschungsanspruch ist in gleicher Weise gesichert wie eine eingetragene Vormerkung. Der gesetzlich geschaffenen Vormerkungswirkung kommt somit die gleiche Wirkung zu, die im Fall des § 1179 BGB die Eintragung einer Löschungsvormerkung hat (BT-Drucks. 8/89, S. 11). Der nachrangige Grundschuldgläubiger hat allerdings grds. keinen Anspruch gegen den Grundstückseigentümer, den Vereinigungsfall eintreten zu lassen (BGH, ZInsO 2006, 599 Rn. 17; BGH, ZIP 2004, 1724). Er kann nicht widersprechen, wenn der Schuldner seinen Rückgewähranspruch gegen den Vorranggläubiger an einen Dritten abtritt und das Vorrecht neu valutiert wird. Die Rechtsposition des nachrangigen Grundpfandgläubigers ist daher ungesichert. Die Insolvenzfestigkeit eines vormerkungsgesicherten Anspruchs war nach bisheriger Rspr. daher erst anzuerkennen, wenn der sichere Rechtsboden bereits vor Insolvenzeröffnung gelegt war und der Anspruch nicht nur möglich, sondern sicher entstanden war (BGH, ZInsO 2006, 599 Rn. 12). Nur wenn vor Verfahrenseröffnung ein Löschungsvermerk eingetragen wurde oder die Voraussetzungen des § 1179a BGB (Einigungsfall von Eigentümer/Grundschuldinhaber) in diesem Zeitpunkt vorlagen, wäre die Rechtsposition des Berechtigten nach dieser aufgegebenen Rspr. insolvenzfest. Bei wertender Betrachtung kommt es hingegen nicht darauf an, ob der Vereinigungsfall erst nach Verfahrenseröffnung eintritt. Die historische Auslegung ergibt, dass für die Insolvenzfestigkeit des Löschungsanspruches ohne Belang ist, dass die Voraussetzungen des § 1179a Abs. 1 BGB erst nach Verfahrenseröffnung eingetreten sind. Dem nachrangigen Grundpfandgläubiger wird in der Insolvenz des Eigentümers unabhängig davon ein Befriedigungsrecht nach § 106 Abs. 1 verschafft, ob die Voraussetzungen des Löschungsanspruchs bereits vor Verfahrenseröffnung vorlagen oder ob sich das Eigentum erst zu einem späteren Zeitpunkt mit dem vorrangigen Grundpfandrecht in einer Person vereinigt (BGH, ZInsO 2012, 1070 Rn. 11 ff.). Der insolvenzrechtliche Schutz des nachrangigen Gläubigers scheitert auch nicht daran, dass der Eigentümer oder Inhaber des vorrangigen Grundpfandrechts bis zur Eröffnung des Insolvenzverfahrens den Eintritt des Vereinigungsfalles verhindern kann, bspw. durch Abtretung des Rückgewähranspruchs an einen Dritten oder durch Neuvalutierung. Die Löschung kann gem. § 106 Abs. 1 auch in der Insolvenz des Eigentümers durchgesetzt werden, selbst wenn sich das Grundpfandrecht erst nach Eröffnung des Insolvenzverfahrens mit dem Eigentum in einer Person vereinigt. Wird durch eine Zwangsversteigerung nach Verfahrenseröffnung das erstrangige Grundpfandrecht voll befriedigt oder verzichtet der erstrangige Grundpfandgläubiger nach Verfahrenseröffnung auf seine Rechtsposition, gebührt der sodann verbleibende Überschuss dem Nachranggläubiger soweit dessen Absonderungsrecht reicht. Die Rangverbesserung kann jedoch anfechtbar sein (darauf hinweisen Obermüller/Obermüller, ZInsO 2013, 845, 853; Obermüller, ZIP 2013, 299, 300). Für eine Anfechtung ist maßgeblich, wie die Vereinigung von Eigentum und Grundpfandrecht entstanden ist. Dies geschieht regelmäßig durch Tilgung der Forderung, die dem vorrangigen Grundpfandrecht zugrunde liegt. Auch das sog. Werthaltigmachen ist als selbstständige Rechtshandlung anfechtbar (BGH, ZInsO 2008, 209; BGH, ZInsO 2008, 801). Diesen Fällen vergleichbar ist die Aufwertung einer nachrangigen Grundschuld durch Beseitigung des vorrangigen Rechts. Sie beruht auf einer Leistung des

Schuldners, wenn er die Forderung, die durch das vorrangige Grundpfandrecht besichert wird, mit Mitteln der künftigen Masse tilgt. Zur Frage, ob die Abtretung des Rückgewähranspruches aus der Sicherungsabrede an § 91 scheitert, wenn der Sicherungszweck nach Verfahrenseröffnung wegfällt s. Rdn. 9a.

f) Verfügung eines Nichtberechtigten

Verfügt der Schuldner als Nichtberechtigter, findet Abs. 1 keine Anwendung. Der Verfügungsgegenstand ist dann nicht massezugehörig (K. Schmidt-Sternal § 91 Rn. 38; KPB-Lüke § 91 Rn. 53). Hat ein nichtberechtigter Dritter über ein dem Schuldner gehörendes Recht verfügt, steht einer Genehmigung nach Verfahrenseröffnung § 81 Abs. 1 entgegen. Gutgläubiger Erwerb nach § 81 Abs. 1 Satz 2 kommt jedoch in Betracht (A/G/R-Piekenbrock § 91 Rn. 16). Verfügt der Schuldner vor Verfahrenseröffnung über ein fremdes Recht, welches nach Insolvenzeröffnung in die Masse fällt, kann die Verfügung gem. § 185 Abs. 2 Satz 2, 2. Alt. BGB nicht wirksam werden. Die Verfügung würde erst wirksam werden, wenn das Recht in die Insolvenzmasse gelangt, sodass dann Abs. 1 entgegensteht (BGH, NJW-RR 2004, 259; Uhlenbruck-Uhlenbruck § 91 Rn. 44). Praxisrelevant sind **mehrfache Forderungsabtretungen** des Schuldners. Entsteht der Anspruch auf Rückabtretung gegen den ersten Zessionar nach Verfahrenseröffnung, schließt Abs. 1 den Erwerb zugunsten des zeitlich nachfolgenden Vertragspartners aus (BGH, ZInsO 2003, 1099). Nur wenn der Zweitzessionar bereits vor Verfahrenseröffnung eine gesicherte Rechtsposition an der abgetretenen Forderung erlangt hat (z. B. durch gleichzeitige Abtretung des Rückübertragungsanspruchs gegen den Erstzessionar), ist die Zweitzession dennoch insolvenzfest (BGH, ZInsO 2012, 2138 Rn. 17; zustimmend Adolphsen/Hohl, NZI 2013, 278; BGH, ZInsO 2010, 1001 Rn. 9). Eine solche gefestigte und durch § 91 nicht zu beeinträchtigende Rechtsposition hat der Zweitzessionar aber nur dann, wenn der Sicherungszweck vor Verfahrenseröffnung endgültig weggefallen und der mitzedierte Rückgewähranspruch gegen den Erstzessionar deshalb fällig geworden ist.

g) Genehmigungserfordernis eines Dritten

Hängt die Wirksamkeit einer vom Schuldner vor Insolvenzeröffnung vorgenommenen Verfügung über ein ihm gehörendes Recht von der **Genehmigung eines Dritten** ab und wird diese nach Insolvenzeröffnung erteilt, wird die Verfügung durch Abs. 1 nicht beeinträchtigt. Nach § 184 BGB wirkt die Genehmigung zurück. Der Erwerb vollzieht sich im Zeitpunkt der Verfügung (BGH, ZInsO 2009, 482 Rn. 13 m. krit. Anm. Gundlach/Schirrmeister ZInsO 2009, 484; A/G/R-Piekenbrock § 91 Rn. 21; Gehrlein ZIP 2011, 5, 13; Uhlenbruck-Uhlenbruck § 91 Rn. 42). Die Insolvenzeröffnung beseitigt die Verfügungsbefugnis des Schuldners, lässt aber die Genehmigungsbefugnis Dritter unangetastet. Die Genehmigung durch Dritte wird von § 91 nicht eingeschränkt. Die **rechtsgeschäftliche Vertragsübernahme** ist dem Anwendungsbereich des Abs. 1 nicht zuzuordnen (Lange ZIP 1999, 1373, 1379; a. A. Uhlenbruck-Uhlenbruck § 91 Rn. 42). Stimmt der Dritte der Vertragsübernahme erst nach Verfahrenseröffnung zu, geht der Vertrag aufgrund der Rückwirkung der Genehmigung über. Ein Rechtserwerb, welcher gegen **ein vertragliches Abtretungsverbot** (§ 399 BGB, Ausnahme für Kaufleute gem. § 354a HGB) verstößt, scheitert an Abs. 1, wenn nach Verfahrenseröffnung genehmigt wird. Die abredewidrige Zession ist keine Verfügung eines Nichtberechtigten, da die Forderung dem Schuldner zusteht. Die Forderung verbleibt beim Zedenten, er ist lediglich zur Weiterveräußerung nicht befugt (MK-Breuer § 91 Rn. 52). Die Zustimmung des Drittschuldners ist keine Genehmigung i. S. d. §§ 182, 184 BGB, sondern Einverständnis zur Aufhebung des vertraglichen Abtretungsverbotes (BGHZ 70, 299, 303 = NJW 1978, 109). Nimmt der Schuldner dieses Aufhebungsangebot nach Verfahrenseröffnung an, kommt es zur Neuvornahme der Verfügung, die dann an § 81 Abs. 1, nicht an § 91 Abs. 1 scheitert (Jaeger/Windel § 91 Rn. 112; MK-Breuer § 91 Rn. 52; a. A. für § 91: KPB-Lüke § 91 Rn. 56; FK-App § 91 Rn. 16; K. Schmidt-Sternal § 91 Rn. 37).

2. Rechtserwerb kraft Gesetzes

a) Verarbeitung, Verbindung, Vermischung

22 Der Eigentumserwerb gem. §§ 946, 947 Abs. 2, 950 BGB bleibt von Abs. 1 unberührt. Der Rechtserwerb kann sich auch nach Verfahrenseröffnung vollziehen (HK-Kayser § 91 Rn. 37; Jaeger-Windel § 91 Rn. 26; A/G/R-Piekenbrock § 91 Rn. 5). Der Dritte ist als Eigentümer zur Aussonderung berechtigt. Voraussetzung für die Aussonderung ist allerdings, dass das Surrogat ausschließlich aus der Vorbehaltsware hergestellt wurde (anderenfalls nur Absonderungsrecht: Uhlenbruck-Uhlenbruck § 91 Rn. 30). Die Masse hat einen Ausgleichsanspruch gem. § 951 BGB. Von praktischer Relevanz sind die **Verarbeitungsklauseln in den AGB**, wonach die Verarbeitung durch den Käufer für den unter Eigentumsvorbehalt liefernden Verkäufer erfolgt. Der Lieferant wird nur Sicherungseigentümer, sodass er nicht zur Aus-, sondern zur Absonderung befugt ist (Uhlenbruck-Uhlenbruck § 91 Rn. 30). Die Verarbeitungsklausel erlischt mit Verfahrenseröffnung (KPB-Lüke § 91 Rn. 46; Uhlenbruck-Uhlenbruck § 91 Rn. 31; a. A. Bork FS Gaul, 1997, S. 71, 88 ff.), sodass der Lieferant durch Verarbeitung danach kein Eigentum erwerben kann (a. A. A/G/R-Piekenbrock § 91 Rn. 7). Anderes gilt nur, wenn der Insolvenzverwalter Erfüllung nach § 103 wählt (MK-Breuer § 91 Rn. 19). Bei Erfüllungswahl lebt die Verarbeitungsklausel wieder auf und der Lieferant wird Eigentümer der neuen Sache (HK-Kayser § 91 Rn. 38). Die Verarbeitung durch den Insolvenzverwalter ist nicht unbedingt konkludente Erfüllungswahl, da ihm die Lieferanten-AGB nicht bekannt sein müssen (KPB-Lüke § 91 Rn. 47; Uhlenbruck-Uhlenbruck § 91 Rn. 31). Der Vorbehaltsgläubiger wird durch § 951 BGB geschützt. Bei Ablehnung der Erfüllungswahl kann er bei Weiterverarbeitung durch den Insolvenzverwalter seinen Anspruch aus § 951 BGB als Masseverbindlichkeit nach § 55 Abs. 1 Nr. 3 durchsetzen. In Betracht kommen bei schuldhafter Pflichtverletzung aber Schadenersatzansprüche gegen den Verwalter gem. § 60.

b) Ersitzung

23 Hierbei ist danach zu unterscheiden, ob der Ersitzende den Eigenbesitz von einem Dritten oder vom Schuldner erlangt hat. Abs. 1 schließt den Erwerb durch Ersitzung (§ 937 BGB) nicht aus, wenn der Eigenbesitz von einem Dritten erlangt wurde (MK-Breuer § 91 Rn. 11; K. Schmidt-Sternal § 91 Rn. 11). Die Masse hat in diesem Fall einen Bereicherungsanspruch gem. § 816 BGB (MK-Breuer § 91 Rn. 11; HK-Kayser § 91 Rn. 40; zweifelnd A/G/R-Piekenbrock § 91 Rn. 4). Hat indessen der Schuldner den Eigenbesitz gewährt und endet die Ersitzungsfrist nach Verfahrenseröffnung, steht Abs. 1 dem Erwerb entgegen (HK-Kayser § 91 Rn. 39; Jaeger-Windel § 91 Rn. 17; **a. A.** KPB-Lüke § 91 Rn. 48; FK-App § 91 Rn. 12 bei gutgläubigem Erwerb des Eigenbesitzes vom Schuldners).

c) Fund

24 Unerheblich davon, ob die Sache des Schuldners vor oder nach Verfahrenseröffnung gefunden wurde, wird der Finder ungeachtet Abs. 1 Eigentümer, wenn die Voraussetzungen der §§ 973, 974 BGB vorliegen (KPB-Lüke § 91 Rn. 51). Der Masse verbleibt der befristete Bereicherungsanspruch aus § 977 BGB (MK-Breuer § 91 Rn. 13; A/G/R-Piekenbrock § 91 Rn. 9).

d) Fruchterwerb

25 Der Erwerb durch den dinglich Berechtigten (z. B. Nießbrauch) ist insolvenzfest (KPB-Lüke § 91 Rn. 49). Beim Erwerb durch den gutgläubigen Eigenbesitzer (§ 955 BGB) ist danach zu unterscheiden, ob der Eigenbesitz von einem Dritten oder vom Schuldner erlangt wurde (K. Schmidt-Sternal § 91 Rn. 13). Im ersten Fall steht Abs. 1 nicht entgegen, bei Besitzerlangung vom Schuldner und Früchtetrennung nach Verfahrenseröffnung scheitert der Eigentumserwerb an Abs. 1 (MK-Breuer § 91 Rn. 15; Uhlenbruck-Uhlenbruck § 91 Rn. 20; a. A. A/G/R-Piekenbrock § 91 Rn. 8 in beiden Fällen nur Bereicherungsausgleich). Entsprechendes gilt für den Erwerb durch den Nichtberechtigten (§ 957 BGB). Hat der Schuldner die Aneignung gestattet (§ 956 BGB), hängt die Wirksamkeit des Fruchterwerbs vom zugrunde liegenden Vertrag ab (KPB-Lüke § 91 Rn. 50). Ist der Anspruch

auf die Erwerbsgestattung Masseverbindlichkeit (z. B. wegen Erfüllungswahl § 103/Fortbestehens § 108), vollzieht sich der Fruchterwerb auch nach Verfahrenseröffnung. Anderenfalls scheitert er an Abs. 1 (Uhlenbruck-Uhlenbruck § 91 Rn. 20; K. Schmidt-Sternal § 91 Rn. 14).

3. Hoheitliche Maßnahmen

a) Zwangsvollstreckung

Grundsätzlich geht § 89 vor. § 91 hindert bei Zwangsvollstreckung daher nur den **Rechtserwerb** **durch Neugläubiger**, soweit deren Vollstreckung zulässig ist (s. § 89 Rdn. 7). Zulässig bleibt jedoch die Zwangsvollstreckung in das Grundvermögen. Der Zuschlagsbeschluss gem. § 90 ZVG verschafft dem Ersteher das Eigentum kraft Hoheitsaktes ebenso wie die Übertragung durch den Gerichtsvollzieher nach §§ 814 ff. ZPO (K. Schmidt-Sternal § 91 Rn. 39; A/G/R-Piekenbrock § 91 Rn. 11). Abs. 1 ist unanwendbar. Bei Versteigerung beweglicher Sachen durch den Gerichtsvollzieher erwirbt der Ersteher unabhängig von § 91 das Eigentum, wenn die Sache vorher wirksam verstrickt war (Jaeger-Windel § 91 Rn. 96). Das gilt auch, wenn die Vollstreckungsmaßnahme wegen Verstoßes gegen § 89 unzulässig war (§ 89 Rdn. 13).

26

b) Verfall/Einziehung

Die Anordnung des Verfalls (§ 73 StGB) ist nach Verfahrenseröffnung unzulässig (LG Duisburg, ZIP 2003, 1361). Bei strafrechtlicher Einziehung (§§ 74 ff. StGB) ist maßgeblich, ob diese mit Sicherungs- oder Strafcharakter erfolgt. Eine Maßnahme mit Sicherungscharakter wird von Abs. 1 nicht erfasst, der Masse steht der Entschädigung nach § 74f StGB zu (A/G/R-Piekenbrock § 91 Rn. 14). Erfolgt die Einziehung mit Strafcharakter nach Verfahrenseröffnung, steht Abs. 1 entgegen (MK-Breuer § 91 Rn. 59; Uhlenbruck-Uhlenbruck § 91 Rn. 40; K. Schmidt-Sternal § 91 Rn. 41).

27

IV. Rechtsfolgen

1. Grundsatz

Bei Verstoß gegen Abs. 1 ist der Rechtserwerb absolut unwirksam, nicht nichtig (KPB-Lüke § 91 Rn. 72; BK-Blersch/v. Olshausen § 91 Rn. 12). Der Insolvenzverwalter kann gem. § 185 Abs. 2 BGB nachträglich genehmigen (OLG Düsseldorf, ZIP 1992, 257; Braun-Kroth § 91 Rn. 6; A/G/R-Piekenbrock § 91 Rn. 36). Es gelten die gleichen Grundsätze zur **schwebenden Unwirksamkeit** bezogen auf den Verfahrenszweck wie zu §§ 81, 82, 88, 89 (s. dort § 81 Rdn. 15 und § 88 Rdn. 13; ablehnend K. Schmidt-Sternal § 91 Rn. 10). Namentlich bei Freigabe der selbstständigen Tätigkeit gem. § 35 Abs. 2 erlangt die Vorausabtretung an künftigen, erst nach Verfahrenseröffnung entstehenden Forderung ihre Wirksamkeit zurück (BGH, ZInsO 2013, 1146 Rn. 26). Diese Entscheidung ist zwar dogmatisch zutreffend, führt aber dazu, dass dem Schuldner die Möglichkeit eines wirtschaftlichen Neustarts erschwert, wenn nicht gar abgeschnitten wird. Der Zessionar kann auf die Erlöse ohne Rücksicht auf zu erfüllende betriebliche Aufwendungen zugreifen. Ferner fehlt für Zahlungen an die Masse gem. §§ 35 Abs. 2, 295 Abs. 2 das Substrat (A/G/R-Piekenbrock § 91 Rn. 25). Die Konvaleszenz zu den §§ 81, 82, 88, 89 und 91beruht insb. auf der zutreffenden Erwägung, dass die Verfügungsbeschränkungen ihre Rechtfertigung verlieren bei Freigabe oder Beendigung des Insolvenzverfahrens. Hier endet der Zweck der Verfügungsbeschränkungen. Übergeordnetes Ziel des Insolvenzverfahrens ist der wirtschaftliche Neustart bzw. die Sanierung des Unternehmens. Zur Sicherung dieser übergeordneten Gesetzeszwecke sollte die Konvaleszenz in abzuwägenden Einzelfällen zurücktreten, um diese gesetzgeberischen Ziele zu erreichen.

28

2. Ausnahmen des Abs. 2

Der Gesetzgeber hat zur Sicherung des Rechtsverkehrs den Gutglaubensvorschriften der §§ 892, 893 BGB sowie den weiteren nachgebildeten Normen Vorrang eingeräumt. Über § 81 Abs. 1 Satz 2 hinaus wird zusätzlich § 878 BGB einbezogen. Der durch die Eintragung im öffentlichen Register bedingte Zeitverlust soll nicht zulasten des Rechtsverkehrs gehen.

29

a) Rechtserwerb nach § 878 BGB

30 Sämtliche Bedingungen des Rechtserwerbs mit Ausnahme der Registereintragung müssen vor Verfahrenseröffnung eingetreten sein. Mangelt es neben der Eintragung an weiteren Voraussetzungen, insb. **behördlichen Genehmigungen**, kann das Recht nicht wirksam erworben werden (MK-Breuer § 91 Rn. 81; Jaeger-Windel § 91 Rn. 120; OLG Frankfurt, ZInsO 2006, 269 bei Zustimmungserfordernis nach § 12 Abs. 3 WEG). Der Schutz des § 878 BGB greift nur, wenn vor Eintritt der Verfügungsbeschränkung eine bindende Einigungserklärung abgegeben wurde (§§ 873 Abs. 2, 875 Abs. 2, 877 BGB), sämtliche anderen materiell-rechtlichen Wirksamkeitsvoraussetzungen vorliegen und Antrag auf Eintragung der Rechtsänderung gestellt worden ist (BGH, ZIP 2008, 323). **Spätere Kenntnis von der Insolvenzeröffnung schadet nicht**, da § 878 BGB keine Gutglaubensvorschrift ist. Das Grundbuchamt hat die beantragte Eintragung deshalb auch dann vorzunehmen, wenn der Insolvenzvermerk bei Verstoß gegen §§ 17, 45 GBO früher eingetragen wurde (Uhlenbruck-Uhlenbruck § 91 Rn. 49; HK-Kayser § 91 Rn. 54; a. A. A/G/R-Piekenbrock § 91 Rn. 37: Eintragung scheitert an § 91 – dafür Staatshaftung nach § 839 BGB). Eine Antragsrücknahme durch den Insolvenzverwalter, um die Eintragung zu verhindern, ist unzulässig (BGH, ZIP 1997, 423; 2008, 323 Rn. 10). Liegen die Voraussetzungen nach § 878 nicht vor, hat insb. nur der Schuldner den Eintragungsantrag allein gestellt, kann der Insolvenzverwalter den Eintragungsantrag noch zurücknehmen und nach § 103 vorgehen (BGH, ZIP 2008, 323 Rn. 10; A/G/R-Piekenbrock § 91 Rn. 37; Raebel, ZInsO 2002, 954, 955; a. A. Jaeger-Windel § 91 Rn. 118). Der Schutzzweck entfällt, wenn der Antrag zurückgenommen oder zurückgewiesen wird (Jaeger-Windel § 91 Rn. 118). § 91 gilt, wenn die **Einigung rechtskräftig nach § 894 BGB** erklärt wurde und der Antrag vor Verfahrenseröffnung gestellt wurde (Jaeger-Windel § 91 Rn. 118).

b) Rechtserwerb nach § 892 BGB

31 Der Anwendungsbereich ist wegen § 81 Abs. 1 i. V. m. § 892 BGB eingeschränkt. Übrig bleiben lediglich Fälle, bei denen sich nach Verfahrenseröffnung der Erwerbsvorgang ohne Verfügung des Schuldners vollzieht (z. B. späterer Eintragungsantrag oder Eintritt der Bindungswirkung nach Verfahrenseröffnung). Gutgläubiger Erwerb ist nur möglich, solange der Insolvenzvermerk (§§ 32, 33) nicht im Grundbuch eingetragen wurde. Weiterhin darf der Erwerber keine Kenntnis vom Insolvenzereignis haben. Maßgebend ist wegen § 892 Abs. 2 BGB der Zeitpunkt der Antragstellung oder, wenn die Einigung erst später bindend wurde, dieser Termin. Der Insolvenzverwalter ist für die Bösgläubigkeit beweispflichtig (HK-Kayser § 91 Rn. 56).

c) Rechtserwerb nach § 893 BGB

32 Die Relevanz des Gutglaubensschutzes nach § 893 BGB ist gering. Die nach Verfahrenseröffnung an den eingetragenen Schuldner bewirkte Leistung ist rgm. wegen § 82 wirksam. Zudem kommt die Vorschrift bei Verfügungen des Schuldners nach Eröffnung über § 81 zur Anwendung. Die Auffassung, die Wirksamkeit der Leistung an den ohne Eröffnungsvermerk eingetragenen Schuldner richte sich nach Abs. 2, § 893 BGB (so MK-Breuer § 91 Rn. 87; KPB-Lüke § 91 Rn. 67), ist abzulehnen. Zu Recht verweist Uhlenbruck (Uhlenbruck-Uhlenbruck § 91 Rn. 56) auf § 82.

§ 92 Gesamtschaden

[1]Ansprüche der Insolvenzgläubiger auf Ersatz eines Schadens, den diese Gläubiger gemeinschaftlich durch eine Verminderung des zur Insolvenzmasse gehörenden Vermögens vor oder nach der Eröffnung des Insolvenzverfahrens erlitten haben (Gesamtschaden), können während der Dauer des Insolvenzverfahrens nur vom Insolvenzverwalter geltend gemacht werden. [2]Richten sich die Ansprüche gegen den Verwalter, so können sie nur von einem neu bestellten Insolvenzverwalter geltend gemacht werden.

Übersicht

	Rdn.
A. Normzweck	1
B. Norminhalt	4
I. Tatbestand	4
1. Anspruch	4
a) Ansprüche aus der Zeit vor Verfahrenseröffnung	6
b) Ansprüche aus der Zeit nach Verfahrenseröffnung	9
2. Anspruchsinhaber	10
a) Insolvenzgläubiger	10
b) Massegläubiger	12
3. Gesamtschaden	14
a) Definition	14
b) Abgrenzung	17
c) Konkurrenz von Gesamt- und Individualschäden	20
4. Exkurs: Berechnung des Quotenschadens bei Insolvenzverschleppung	21
II. Rechtsfolgen	25
1. Sperrwirkung	26
a) Rechtsstellung des Gläubigers	26
b) Schutz des Gläubigers	28
2. Ermächtigungswirkung	31
a) Rechtsstellung des Insolvenzverwalters	31
b) Beschränkung auf teilnehmende Gläubiger	32

	Rdn.
c) Einzug/Sondermassenbildung	33
d) Freigabe/Vergleich durch den Insolvenzverwalter	35
e) Eigenverwaltung	36
3. Dauer der Sperr- und Ermächtigungswirkung	37
4. Aufrechnung	38
5. Leistungen an den Gläubiger	41
a) Gutglaubensschutz	41
b) Rückabwicklung	42
III. Sonderfall: Ansprüche der Neugläubiger	45
1. Abgrenzung	45
2. Schaden des Neugläubigers	46
3. Geltendmachung	49
4. Antrag	51
IV. Haftung des Insolvenzverwalters (Satz 2)	52
C. **Verfahrensfragen**	59
I. Laufende Prozesse	59
1. Unterbrechung	59
2. Aufnahme	60
3. Wahlmöglichkeiten des Insolvenzverwalters	63
4. Schutz des Gläubigers	65
II. Klageerhebung/Prozessführung	66
1. Durch den Insolvenzverwalter	66
2. Durch den Gläubiger	67
III. Vollstreckungsfragen	71

A. Normzweck

Die Vorschrift dient zunächst dem Grundsatz der **Gläubigergleichbehandlung** (par conditio creditorum; BGH, ZInsO 2011, 1453; MK-Brandes/Gehrlein § 92 Rn. 1), der insoweit auf das Vermögen eines Dritten (des Ersatzpflichtigen) ausgedehnt wird. Gleichzeitig wird mit der Bündelung und konsequenten Verfolgung der Ansprüche durch den Insolvenzverwalter eine **Massemehrung** bezweckt, wodurch die Befriedigungschancen der Gläubigergemeinschaft insgesamt steigen sollen (Uhlenbruck-Hirte § 92 Rn. 2). Die Masse soll so wiederhergestellt werden, wie sie ohne das schadenstiftende Ereignis stünde (OLG Köln, ZInsO 2007, 218). Ferner dient die Konzentration der Ansprüche in der Hand des Insolvenzverwalters dem **geordneten Ablauf des Insolvenzverfahrens** sowie der **Prozessökonomie** (K/P/B-Lüke § 92 Rn. 10; HK-Kayser § 92 Rn. 1). 1

Mit der Regelung wird die zur Konkursordnung entwickelte **Rspr. festgeschrieben**, die dem Konkursverwalter die Liquidation von Gesamtschäden ermöglicht (vgl. BGH, ZInsO 2009, 2008 f., m. w. N.). 2

Verwandte Vorschriften, die den Insolvenzverwalter ermächtigen, Ansprüche der Gläubiger gegen schuldnerfremde Dritte geltend zu machen, sind §§ 93, 334; § 171 Abs. 2 HGB; vgl. auch § 1978 Abs. 2 BGB; §§ 26 Abs. 1 Satz 1, 125 Satz 1 UmwG. 3

B. Norminhalt

I. Tatbestand

1. Anspruch

§ 92 wirkt **nicht anspruchsbegründend**, sondern regelt lediglich die Einziehung bereits anderweitig begründeter Ersatzansprüche (BGH, ZInsO 2011, 1453 m. w. N.). Unerheblich ist, aus welcher 4

§ 92 InsO Gesamtschaden

Anspruchsgrundlage sich der Anspruch ableitet (Uhlenbruck-Hirte § 92 Rn. 17) und gegen welchen schuldnerfremden Dritten er sich richtet (BGH, ZInsO 2003, 562, 564).

5 Erforderlich ist nur, dass es sich um einen Anspruch aus einem **Gesamtschaden** handelt (dazu Rdn. 14 ff.). Liegt ein solcher vor, ist damit freilich nicht ausgeschlossen, dass die jeweilige Masseverkürzung – wie häufig – **gleichzeitig Ersatzansprüche der Insolvenzmasse** selbst auslöst, die der Insolvenzverwalter unmittelbar über § 80 Abs. 1 geltend machen kann. Die Ansprüche der Gläubiger und die der Masse treten dann in Händen des Verwalters in **Konkurrenz** zueinander, wobei der Insolvenzverwalter die Ersatzleistung freilich insgesamt nur einmal verlangen kann (Uhlenbruck-Hirte § 92 Rn. 7). In diesen Fällen kommt § 92 vor allem wegen seiner sog. Sperrwirkung (Rdn. 26 ff.) zum Tragen.

a) Ansprüche aus der Zeit vor Verfahrenseröffnung

6 Für die Zeit vor Verfahrenseröffnung kommen etwa Gesamtschadensersatzansprüche aus Pflichtverletzungen der **Geschäftsführung** in Betracht (z. B. wegen Vermögensverschiebungen oder unzulässigen Ausschüttungen) oder sittenwidrige Schädigungen durch **Dritte** gem. **§ 826 BGB** bei Vermögensverschiebungen in Kenntnis der drohenden Insolvenz (K/P/B-Lüke § 92 Rn. 14 m.w.N.; Jaeger/Henckel/Gerhardt-Müller Bd. 2 § 92 Rn. 6 f.; MK-Brandes/Gehrlein § 92 Rn. 9 mit weiteren Beispielen). Deshalb sind von § 92 auch deliktische Schadensersatzansprüche der Gläubiger gegen einen Dritten erfasst, der die Entwertung einer sog. harten **Patronatserklärung** durch Ausplünderung des Patrons bewirkt hat; diese Ansprüche können im Insolvenzverfahren über das Vermögen des Patrons nur vom Insolvenzverwalter geltend gemacht werden (BGH, ZInsO 2003, 562, 564; BK-Blersch/v. Olshausen § 92 Rn. 3; Jaeger/Henckel/Gerhardt-Müller Bd. 2 § 92 Rn. 12 m.w.N.).

7 Unter § 92 fallen ferner Ansprüche sog. Altgläubiger (Rdn. 45 ff.) wegen **Insolvenzverschleppung**, die sich aus § 823 Abs. 2 BGB i.V.m. § 15a Abs. 1 bis 3 als Schutzgesetz ergeben (vgl. MK-Brandes/Gehrlein § 92 Rn. 9 m.w.N.; hierzu Anh. zu § 35, Abschnitt H Geschäftsführerhaftung, Rdn. 38 ff.). Hat danach etwa der Geschäftsführer einer GmbH (vgl. § 15a Abs. 1) nach Eintritt der Insolvenzreife die Beantragung des Insolvenzverfahrens verschleppt und wird das haftende Gesellschaftsvermögen in der Zeit, in der der Insolvenzantrag hätte gestellt werden müssen, durch Vermehrung der Passiva und/oder Verminderung der Aktiva verringert, ergibt sich hieraus ein unter § 92 fallender Gesamtschaden (vgl. MK-Brandes/Gehrlein a.a.O.; HK-Kayser § 92 Rn. 6, 11 mit weiteren Anwendungsfällen). Dieser besteht darin, dass diejenigen Gläubiger, deren Ansprüche bei Eintritt der Insolvenzantragspflicht bereits begründet waren (sog. Altgläubiger; zu den Neugläubigern unten Rdn. 45 ff.), infolge der verspäteten Antragstellung eine geringere Quote erhalten, als sie sie bei rechtzeitiger Antragstellung erhalten hätten (sog. **Quotenschaden**). Aufgrund der enormen Schwierigkeiten des Insolvenzverwalters, diesen Schaden in der Praxis darzulegen und zu beweisen, kommt der Realisierung dieses Quoten(verringerungs)schadens der Altgläubiger in der forensischen Praxis – auf der Grundlage derzeitiger höchstrichterlicher Rspr. – nahezu keine Bedeutung zu (Rdn. 23 f.), sodass sich insoweit **allein** die sog. **Sperrwirkung** von § 92 (Rdn. 26 ff.) auswirkt.

8 **Merke:** Mit § 92 **nichts** zu tun hat dagegen die – hinsichtl. Voraussetzungen, Rechtsfolge und Beweislast äußerst »scharfe« – Haftungsnorm des **§ 64 GmbHG** n. F. (= § 64 Abs. 2 GmbHG a. F.), nach der der Geschäftsführer zum Ersatz von »Zahlungen« verpflichtet ist, die nach Eintritt der Insolvenzreife der Gesellschaft geleistet werden (sog. **Masseschmälerungshaftung**; s. etwa BGH, ZInsO 2007, 542; dazu ausführl. Anh. zu § 35, Abschnitt H Geschäftsführerhaftung, Rdn. 1–37 MK-Brandes/Gehrlein, § 92 Rn. 27); denn dieser Anspruch steht nicht den Gläubigern, sondern **der Gesellschaft** zu und wird daher vom Insolvenzverwalter originär über § 80 Abs. 1 für die Insolvenzmasse geltend gemacht.

b) Ansprüche aus der Zeit nach Verfahrenseröffnung

9 Nach Verfahrenseröffnung entstandene Gesamtschadensersatzansprüche sind in der Praxis vornehmlich solche, die auf Pflichtverletzungen des **Insolvenzverwalters** beruhen (vgl. § 60, z. B.

wegen Verschleuderung von Vermögenswerten, pflichtwidrig unterlassener Insolvenzanfechtung, unnötig verursachter Masseverbindlichkeiten, mangelnder Obhut über Massegegenstände oder pflichtwidriger Anerkennung von Vorzugsrechten und Forderungen; zur Geltendmachung Satz 2, dazu Rdn. 52 ff.). In Betracht kommen ferner Haftungsansprüche ggü. dem **Insolvenzgericht** aus § 839 BGB i. V. m. Art. 34 GG (z. B. wegen ungenügender Auswahl oder Überwachung des Insolvenzverwalters) oder ggü. den **Mitgliedern des Gläubigerausschusses** nach §§ 69, 71 (Jaeger/Henckel/Gerhardt-Müller Bd. 2 § 92 Rn. 9; K/P/B-Lüke § 92 Rn. 16; jeweils m. w. N.; zur letzteren Haftung Ganter, FS Fischer, 2008, S. 121 ff.).

2. Anspruchsinhaber

a) Insolvenzgläubiger

§ 92 erfasst seinem **Wortlaut** nach nur Ansprüche der Insolvenzgläubiger (§ 38), zu denen auch die nachrangigen Insolvenzgläubiger gehören (BGH, ZInsO 2013, 929, 934 m. w. N.). 10

In Fällen sog. **Insolvenzverschleppung** ist innerhalb der Gruppe der Insolvenzgläubiger wiederum zwischen Alt- und Neugläubigern zu unterscheiden. Hierfür kommt es darauf an, ob der jeweils begründete Gläubigeranspruch **vor** (Altgläubiger) oder **nach** (Neugläubiger) Entstehung der Insolvenzantragspflicht erworben wurde. Während § 92 auf die **Altgläubiger** uneingeschränkte Anwendung findet, ist seine Anwendbarkeit auf die **Neugläubiger** fraglich (hierzu Rdn. 45 ff.). 11

Da die **Gesellschafter** (z. B. Treuhand-/Kommanditisten) einer Anlagegesellschaft (z. B. GmbH/AG & Co. KG) keine Insolvenzgläubiger i. S. v. § 38 sind, sondern sie die Personengesellschaft konstituieren und ihnen in deren Insolvenz nur der Überschuss nach § 199 Satz 2 (anteilig) zusteht, findet § 92 auf sie und ihre gegen einen Dritten (z. B. Mittelverwendungskontrolleur) gerichteten Schadensersatzansprüche **keine** unmittelbare Anwendung (BGH, ZInsO 2013, 929, 934 Rn. 43). Jedoch kommt auch eine analoge Anwendung der Norm – die allenfalls zur Bildung einer Sondermasse (vgl. dazu Rdn. 33 f.) zugunsten der geschädigten Gesellschafter/Anleger führen könnte – nicht in Betracht: Zwar würde hiermit nicht nur ein möglicher »Wettlauf« der Gesellschafter auf das Vermögen des schädigenden Dritten unterbunden, sondern auch die Rechtsdurchsetzung erleichtert und eine Vielzahl von Prozessen geschädigter Kleinanleger vermieden (darauf hinweisend Müller, EWiR 2013, 367, 368); dieser Zweck reicht aber für eine Analogie von § 92 allein nicht aus, zumal die Wahrnehmung der Interessen der Gesellschafter des Schuldners – bis auf eng begrenzte Ausnahmebereiche (z. B. § 199 Satz 2) – nicht zu den Aufgaben des Insolvenzverwalters gehört und den Insolvenzgläubigern ein Sondermasseeinzug (s. o.) auch nicht zugute käme (so insgesamt BGH, ZInsO 2013, 929, 934 Rn. 44–47; i. E. zust. Müller, a. a. O.). 11a

b) Massegläubiger

Aufgrund seines **Normzwecks** muss § 92 in bestimmten Fällen jedoch analog auch auf Forderungen von Massegläubigern anwendbar sein. So bilden die Massegläubiger **nach Anzeige der Masseunzulänglichkeit** gem. § 208 – ebenso wie vorher ausschließlich die Insolvenzgläubiger nach § 38 – eine **Verlustgemeinschaft** (vgl. § 209 Abs. 1 Nr. 3), die nach § 210 auch nicht mehr durch Vollstreckungsmaßnahmen einzelner (Alt-) Massegläubiger beeinträchtigt werden kann. Kommt es **nach** diesem Zeitpunkt zu Masseverkürzungen durch den Insolvenzverwalter oder einen Dritten, erleiden die betroffenen Massegläubiger einen Gesamtschaden (Quotenverringerungsschaden), der die **analoge Anwendung** des § 92 auf entsprechende Ansprüche nach Sinn und Zweck der Norm rechtfertigt (K/P/B-Lüke § 92 Rn. 51, 52; MK-Brandes/Gehrlein § 92 Rn. 8; Jaeger/Henckel/Gerhardt-Müller Bd. 2 § 92 Rn. 20 m. w. N.; K. Schmidt-K. Schmidt § 92 Rn. 20; wohl auch BGH, ZInsO 2004, 609, 611: »mag nahe liegen«; im Anschluss OLG Hamm, ZInsO 2007, 216, 218). Erfolgt die Masseverkürzung dagegen durch ein Verhalten des Insolvenzverwalters **vor** Anzeige der Masseunzulänglichkeit, liegt rgm. ein Individualschaden vor, womit eine analoge Anwendung des § 92 ausscheidet, da die Vorschrift auf einen solchen Fall – mangels Vorliegens einer Verlustgemein- 12 schaft der Massegläubiger – nach ihrem Sinn und Zweck nicht zugeschnitten ist (BGH, a.a.O., m.w.N.; **a.A.** BK-Blersch/v. Olshausen § 92 Rn. 9; K. Schmidt-K. Schmidt § 92 Rn. 21).

13 Voraussetzung für die (analoge) Anwendung des § 92 ist jedoch stets, dass der **Schutzbereich** der jeweiligen Haftungsnorm die Massegläubiger mit einbezieht, was insb. bei der Verwalterhaftung aus § 60 der Fall ist (K/P/B-Lüke § 92 Rn. 52; MK-Brandes/Gehrlein § 92 Rn. 8; vgl. ausführl. Dinstühler, ZIP 1998, 1697, 1706).

3. Gesamtschaden

a) Definition

14 Der Anspruch des Gläubigers muss sich auf einen Schaden beziehen, den dieser ausschließlich aufgrund seiner Gläubigerstellung, also als Teil der Gesamtheit der Gläubiger, erlitten hat und der gerade dadurch entstanden ist, dass das schädigende Verhalten – durch Verringerung der Aktiva und/oder Vermehrung der Passiva – zu einer Verminderung des Schuldnervermögens geführt hat (sog. **Gesamtschaden**; BGH, ZInsO 2011, 1453, 1454 Rn. 6, 9 m.w.N.; MK-Brandes/Gehrlein, § 92 Rn. 11).

15 Dabei müssen nicht alle Gläubiger geschädigt worden sein. Vielmehr ist ausreichend, dass nur ein **Teil der Gläubiger** betroffen ist (sog. **Teilgesamtschaden**), z.B. wenn ein Verhalten des Insolvenzverwalters nur die Massegläubiger betrifft (vgl. Rdn. 12f.). In diesen Fällen ist aus den insoweit erbrachten Ersatzleistungen eine **Sondermasse** zu bilden, die ausschließlich für die geschädigten Gläubiger verwaltet und – nach Abzug der Einziehungskosten – an diese ausgeschüttet wird (Fundstellen s. Rdn. 34).

16 § 92 findet auch dann (»präventive«) Anwendung, wenn nach dem derzeitigen Kenntnisstand das **Vermögen** des Ersatzpflichtigen **ausreicht**, um alle betroffenen Gläubiger zu befriedigen, oder es nur einen **einzigen geschädigten Gläubiger** gibt (Jaeger/Henckel/Gerhardt-Müller Bd. 2 § 92 Rn. 5 m.w.N.), also ein für einen Gläubiger nachteiliger Gläubigerwettlauf nicht zu erwarten ist. Denn es besteht immer die Gefahr, dass sich diese Annahmen später als unzutreffend erweisen.

b) Abgrenzung

17 Ist der Gläubiger dagegen nicht als Teil der Gläubigergesamtheit, sondern vielmehr individuell geschädigt (sog. **Individualschaden**), fällt sein Schadensersatzanspruch **nicht** unter § 92 und kann daher vom Gläubiger selbstständig geltend gemacht werden (BGH, ZInsO 2011, 1453, 1454 Rn. 9; Uhlenbruck-Hirte § 92 Rn. 9f.; K/P/B-Lüke, § 92 Rn. 19 mit Beispielen; jeweils m.w.N.). Dabei führt das Bestehen mehrerer oder sogar vieler Individualschäden nicht dazu, dass nunmehr ein Gesamtschaden vorliegt (zutreffend OLG Köln, ZInsO 2006, 1278, 1279).

18 Ein solcher Individualschaden kann etwa auf der Verletzung von Pflichten aus einem mit dem Gläubiger bestehenden (vertraglichen oder vorvertraglichen) **Schuldverhältnis** oder Rechtsschein beruhen (Jaeger/Henckel/Gerhardt-Müller Bd. 2 § 92 Rn. 11 m.w.N.). Auch Schäden der sog. **Neugläubiger** i.R.d. sog. Insolvenzverschleppungshaftung fallen nach der Rspr. als Individualschäden nicht unter § 92 (dazu Rdn. 45ff.). Ein Individualschaden liegt ferner vor bei der Vereitelung oder Beeinträchtigung eines **Aussonderungsanspruchs** (BGH, ZInsO 2011, 1453, 1454 Rn. 9, m.w.N.), da Aussonderungsgut nicht zur Befriedigung der Gläubigergemeinschaft zur Verfügung steht (vgl. § 47). Wird dagegen ein mit einem **Absonderungsrecht** belasteter Gegenstand (§§ 49 bis 51) – als Teil der Insolvenzmasse – beschädigt oder zerstört, kann **neben** dem Individualschaden des Absonderungsberechtigten auch ein unter § 92 fallender **Gesamtschaden insoweit** vorliegen, als die Verwertung zu einem Übererlös zugunsten der Masse hätte führen können oder bei der Verwertung eines beschädigten Absonderungsgutes die Kostenanteile gem. §§ 170, 171 geringer ausfallen (BGH a.a.O.; HK-Kayser § 92 Rn. 19; MK-Brandes/Gehrlein § 92 Rn. 12; jeweils m.w.N.). Zur Geltendmachung sog. »Reflexschäden« der Gesellschafter näher Kiethe, ZIP 2005, 1535ff. **Ansprüche** geschädigter Massegläubiger **nach § 61** fallen nicht unter § 92, da es sich insoweit um

Individualansprüche handelt, die nicht auf Anreicherung der Insolvenzmasse gerichtet sind (BGHZ 159, 104, 107 f.; BGH, ZInsO 2006, 936).

Bei der **Entwertung von Patronatserklärungen** ist zu differenzieren: Zu den Individualschäden gehören die Schäden, die die Gläubiger durch die Entwertung einer **ihnen ggü.** abgegebenen sog. harten Patronatserklärung (als aufschiebend bedingtem Darlehensversprechen) mit Eröffnung des Insolvenzverfahrens über das Vermögen der patronierten Rechtsträgers erleiden (OLG München, ZInsO 2004, 1040, 1041; Jaeger/Henckel/Gerhardt-Müller Bd. 2 § 92 Rn. 12; BK-Blersch/v. Olshausen § 92 Rn. 4), während bei der Entwertung einer **diesem ggü.** abgegebenen solchen Erklärung ein Gesamtschaden i. S. v. § 92 vorliegt (vgl. BGH, ZInsO 2003, 562, 564; OLG München, ZInsO 2004, 1040, 1041; Jaeger/Henckel/Gerhardt-Müller Bd. 2 § 92 Rn. 12; s. a. Rdn. 6). 19

c) Konkurrenz von Gesamt- und Individualschäden

Treten in einem Verfahren sowohl Individual- als auch Gesamtschäden auf, macht der **Insolvenzverwalter** den Gesamtschaden über § 92 geltend, während der jeweilige **Gläubiger** seinen Individualschaden parallel selbst verfolgen kann, und zwar sogar dann, wenn beide Schäden durch dasselbe Ereignis ausgelöst wurden (Uhlenbruck-Hirte § 92 Rn. 15; HK-Kayser § 92 Rn. 20; Jaeger/Henckel/Gerhardt-Müller Bd. 2 § 92 Rn. 13 m. w. N.). Für die quotal Geschädigten hat der Insolvenzverwalter in diesem Fall eine **Sondermasse** zu bilden (Uhlenbruck-Hirte a. a. O.; BK-Blersch/v. Olshausen § 92 Rn. 6 m. w. N.). 20

4. Exkurs: Berechnung des Quotenschadens bei Insolvenzverschleppung

Der vom Insolvenzverwalter im Fall der Insolvenzverschleppung geltend zu machende Gesamt- bzw. Quotenschaden ist nach der Rspr. des BGH im Wesentlichen **in drei Schritten zu ermitteln** (dazu BGHZ 138, 211, 221 f.; MK-Brandes/Gehrlein § 92 Rn. 18): 21

(1) Zunächst ist eine **fiktive Insolvenzquote** auf den Zeitpunkt des Eintritts der Insolvenzreife zu bestimmen. Diese spiegelt das Verhältnis wider zwischen den damaligen Forderungen der bei Insolvenzreife vorhandenen Insolvenzgläubiger (sog. Altgläubiger) und der für diese Forderungen seinerzeit (noch) zur Verfügung stehenden Masse. 22

(2) Diese fiktive Quote ist dann **auf die tatsächlichen Insolvenzforderungen zu übertragen**, die den später noch am Insolvenzverfahren beteiligten Altgläubigern zustehen, also mit deren Gesamtheit zu multiplizieren. Damit wird der auf diese aktuell bestehenden Forderungen – bei Ansetzung der fiktiven Quote – hypothetisch entfallende Masseanteil ermittelt.

(3) Der vom Verwalter geltend zu machende Schaden ermittelt sich sodann aus der **Differenz** zwischen diesem hypothetischen Betrag und demjenigen Masseanteil, der auf diese Altgläubiger (neben etwa nach Insolvenzreife hinzugetretenen Insolvenzgläubigern, sog. Neugläubigern) später tatsächlich entfällt.

Dabei ist für die Bestimmung der bei Insolvenzreife vorhandenen Masse i. R. d. erstgenannten Rechenschrittes allein auf das **Vermögen** des Schuldners abzustellen, das seinerzeit für die Altgläubiger (in deren Eigenschaft als Insolvenzgläubiger) tatsächlich und rechtlich **verfügbar** war; daher sind neben dem auf die Massegläubiger (§§ 54, 55) entfallenden Masseanteil auch Aus- und Absonderungsrechte (z. B. aus einfachem Eigentumsvorbehalt oder Sicherungsübereignung/-zession) von der Masse ebenso abzusetzen wie – spiegelbildlich – die bevorrechtigten bzw. gesicherten Forderungen von der Summe der bilanzierten Verbindlichkeiten der Schuldnerin (BGHZ 138, 211, 222 m. w. N.; MK-Brandes/Gehrlein § 92 Rn. 19). Darüber hinaus ist die Insolvenzreife des Schuldners **taggenau** zu bestimmen, damit die – für § 92 relevante – Gruppe der Altgläubiger von derjenigen der Neugläubiger abgegrenzt werden kann (dazu Rdn. 45 ff.). All dies ist im Prozess **vom Insolvenzverwalter darzulegen und zu beweisen.** 23

Da der Insolvenzverwalter zu derartigen Darlegungen **rgm. nicht in der Lage** ist, ist eine erfolgreiche Liquidation des Quoten(verringerungs)schadens der Altgläubiger in der **Praxis** auf der Grundlage 24 der Rspr. des BGH – ganz im Gegensatz zur Masseschmälerungshaftung aus § 64 GmbHG – so gut wie nie möglich (s. auch Goette, DStR 1997, 1615; Röhricht, ZIP 2005, 505, 508; s. a. Rdn. 7 f.).

II. Rechtsfolgen

25 Die Rechtsfolgen des § 92 sind zweigliedrig: Für die Dauer des Insolvenzverfahrens können die Gläubiger ihre auf einen Gesamtschaden gestützten Ansprüche nicht (mehr) selbst geltend machen (sog. Sperrwirkung). Vielmehr obliegt dessen Liquidation in diesem Zeitraum ausschließlich dem Insolvenzverwalter (sog. Ermächtigungswirkung).

1. Sperrwirkung

a) Rechtsstellung des Gläubigers

26 Für die Dauer des Insolvenzverfahrens verliert der Gläubiger die **Einziehungs- und Prozessführungsbefugnis** für seinen Schadensersatzanspruch, während ihm die materielle **Rechtsinhaberschaft** und die volle **Verfügungsbefugnis** hierüber **verbleiben** (MK-Brandes/Gehrlein, § 92 Rn. 14; Jaeger/Henckel/Gerhardt-Müller Bd. 2 § 92 Rn. 27 m. w. N.; vgl. BGH, ZInsO 2009, 2008 Rn. 7; ZInsO 2004, 676, 677). Damit behält er auch die Befugnis, die Forderung abzutreten, zu stunden oder zu erlassen (HK-Kayser § 92 Rn. 24; MK-Brandes/Gehrlein § 92 Rn. 14 m. w. N.; zu den prozessualen Möglichkeiten des Gläubigers s. Rdn. 67 ff.). Dies verstößt auch nicht gegen den Normzweck des § 92, da der Insolvenzverwalter die Forderung infolge der Stundung oder des Erlasses dann zwar (anteilig) nicht geltend machen kann, der Forderungsinhaber jedoch auch nicht an der den Gesamtschaden ausgleichenden Ersatzleistung beteiligt wird (Uhlenbruck-Hirte § 92 Rn. 21; Jaeger/Henckel/Gerhardt-Müller Bd. 2 § 92 Rn. 27 m. w. N.), sodass der Gläubigergemeinschaft kein Nachteil entsteht.

27 Dabei bezieht sich die Sperrwirkung ihrem Sicherungs- und Ordnungszweck entsprechend auf **sämtliche** betroffene **Gläubiger**, also auch auf solche, die am Insolvenzverfahren nicht teilnehmen (HK-Kayser § 92 Rn. 24; Jaeger/Henckel/Gerhardt-Müller Bd. 2 § 92 Rn. 26 m. w. N.).

b) Schutz des Gläubigers

28 Ist der Gläubiger aufgrund der Sperrwirkung an der Verfolgung seines Schadensersatzanspruchs gehindert und verzögert oder unterlässt der Insolvenzverwalter die Rechtsdurchsetzung i. R. d. ihm nach § 92 allein zustehenden Einziehungs- und Prozessführungsbefugnis (Rdn. 31), ist der Gläubiger durch die **Verwalterhaftung aus § 60** geschützt.

29 Ein zusätzlicher **verjährungsrechtlicher Schutz** kommt **grds. nicht** in Betracht. Insbesondere erscheint ein Ausschluss der Verjährungseinrede des Ersatzpflichtigen in (mehrfach) analoger Anwendung des § 18 Abs. 2 AnfG mit Blick auf die daraus abzuleitende Rechtsfolge nur schwer begründbar (hierfür aber Oepen, ZIP 2000, 526, 532; im Anschluss Jaeger/Henckel/Gerhardt-Müller Bd. 2 § 92 Rn. 40 ohne Begr.; dagegen auch BK-Blersch/v. Olshausen § 93 Rn. 10; NR-Wittkowski/Kruth, § 92 Rn. 5). Würde der Anspruch danach insgesamt frühestens ein Jahr nach Verfahrensbeendigung verjähren können, liefe dies auf eine Hemmung der Verjährung mit anschließender Ablaufhemmung hinaus, die in §§ 203 ff. BGB nicht vorgesehen ist und den Ersatzpflichtigen wegen der zwischenzeitlichen Einziehungsmöglichkeit des Insolvenzverwalters zudem unangemessen benachteiligen würde.

30 **Allein hinsichtl. der Verwalterhaftung** aus § 60 ist der Gläubiger auch verjährungsrechtlich geschützt, wenn nämlich entweder kein neuer Verwalter zu deren Durchsetzung bestellt wurde (vgl. Satz 2) oder die Voraussetzungen für den Beginn der Verjährungsfrist in dessen Person niemals eingetreten sind. In diesen Fällen beginnt der Lauf der Verjährungsfrist grds. nicht früher als mit rechtskräftiger Beendigung des Insolvenzverfahrens, da der Gläubiger wegen der Sperrwirkung des § 92 im Verfahren erst jetzt wieder zur Geltendmachung des Anspruchs berechtigt ist; ansonsten beginnt die einheitliche Verjährungsfrist mit der Kenntnis des neu eingesetzten Verwalters von den

anspruchsbegründenden Umständen (ausdrücklich BGH, ZInsO 2008, 750, 752; Uhlenbruck-Sinz, § 62 Rn. 6; jeweils m. w. N.), und zwar auch mit (späterer) Wirkung ggü. dem Gläubiger (insoweit missverständlich BGH, ZInsO 2004, 676, 677).

2. Ermächtigungswirkung

a) Rechtsstellung des Insolvenzverwalters

Für die Dauer des Insolvenzverfahrens ist der Insolvenzverwalter nach § 92 ermächtigt, den der Gemeinschaft der geschädigten Gläubiger zustehenden Anspruch auf Ersatz des Gesamtschadens kraft eigenen Rechts und in eigenem Namen **treuhänderisch** einzuziehen und prozessual geltend zu machen; er erhält insoweit die **Einziehungs- und Prozessführungsbefugnis**, nicht jedoch die materielle Rechtsinhaberschaft, die in jeweils quotaler Höhe beim jeweiligen Gläubiger verbleibt (Bork, Kölner Schrift zur InsO, S. 1021 ff. Rn. 15; MK-Brandes/Gehrlein § 92 Rn. 15; Uhlenbruck-Hirte § 92 Rn. 20 m. w. N.; vgl. BGH, ZInsO 2009, 2008 Rn. 7). § 92 regelt somit **keine Legalzession**. Mit dieser Ermächtigung ist spiegelbildlich auch die **Verpflichtung** des Insolvenzverwalters verbunden, das Bestehen von Gesamtschadensersatzansprüchen zu prüfen und diese bejahendenfalls – unter sachgerechter Abwägung der Prozessrisiken und Vollstreckungsaussichten – notfalls auch gerichtlich gegen den Schädiger durchzusetzen (vgl. K/P/B-Lüke § 92 Rn. 31). 31

b) Beschränkung auf teilnehmende Gläubiger

Da der Insolvenzverwalter den über § 92 liquidierten Schaden quotal nur an die am Insolvenzverfahren teilnehmenden Gläubiger ausschüttet und den übrigen Gläubigern die Möglichkeit verbleiben muss, ihre Rechte nach Abschluss des Insolvenzverfahrens selbstständig gegen den Schädiger geltend zu machen, beschränkt sich die Ermächtigungswirkung – anders als die Sperrwirkung (Rdn. 27) – auf die Forderungen der **teilnehmenden Gläubiger** (HK-Kayser § 92 Rn. 26; MK-Brandes/Gehrlein § 92 Rn. 15; Jaeger/Henckel/Gerhardt-Müller Bd. 2 § 92 Rn. 30 m. w. N.). Da der Insolvenzverwalter jedoch nicht verlässlich wissen kann, wie viele Gläubiger materiell durch die Verminderung des Schuldnervermögens betroffen sind, und ihm daher eine Schadensbezifferung auf den geltend zu machenden Anteil am Gesamtschaden schlechterdings nicht möglich wäre, ist zu seinen Gunsten (widerleglich) **zu vermuten**, dass sich **alle Geschädigten** am Insolvenzverfahren beteiligt haben (HK-Kayser § 92 Rn. 26 m. w. N.). 32

c) Einzug/Sondermassenbildung

Die vom Insolvenzverwalter über § 92 eingezogenen Vermögenswerte gelangen zwar dinglich in das vom Insolvenzverwalter verwaltete **Vermögen des Schuldners**, dürfen jedoch ausschließlich zur Befriedigung der durch die Masseverkürzung geschädigten Gläubiger **verwendet** werden (BGH, ZInsO 2013, 929, 934 Rn. 45, m. w. N.; MK-Brandes/Gehrlein § 92 Rn. 15). Deshalb ist eine **Vermischung mit der Insolvenzmasse** (z. B. auf dem Verfahrensanderkonto) nur dann zulässig, wenn sich die Verteilung über die Insolvenzmasse im Ergebnis nicht anders auswirkt als die separate Abwicklung (Bork a. a. O., Rn. 15; MK-Brandes/Gehrlein § 92 Rn. 15; **a. A.** K. Schmidt-K. Schmidt § 92 Rn. 14: rechnerische Trennung stets ausreichend). 33

Sind **nicht alle** Insolvenzgläubiger, sondern ist nur ein (abgrenzbarer) Teil dieser Gläubigergruppe geschädigt worden, ist insoweit eine **Sondermasse** zu bilden, die später – nach Abzug der Einziehungskosten (Bork a. a. O., Rn. 10; Uhlenbruck-Hirte § 92 Rn. 16; Jaeger/Henckel/Gerhardt-Müller Bd. 2 § 92 Rn. 5) – ausschließlich an diese Gläubiger ausgeschüttet wird (OLG Köln, ZInsO 2007, 218; MK-Brandes/Gehrlein § 92 Rn. 15; K. Schmidt-K. Schmidt § 92 Rn. 14; K/P/B-Lüke § 92 Rn. 24, 47 m. w. N.; vgl. auch BGH, ZInsO 2013, 929, 934 Rn. 45), etwa wenn neben dem liquidierten Gesamtschadensersatzanspruch parallele Individualansprüche anderer Gläubiger bestehen (Uhlenbruck-Hirte § 92 Rn. 15 m. w. N.; oben Rdn. 20). Entsprechendes gilt, wenn eine Masseverkürzung bei bestehender Masseunzulänglichkeit nur die **Massegläubiger** gem. § 53 trifft (K/P/B-Lüke § 92 Rn. 24). 34

d) Freigabe/Vergleich durch den Insolvenzverwalter

35 Da mit § 92 der Gläubigerwettlauf auf das Gesellschaftervermögen verhindert werden soll (vgl. Rdn. 1), ist dem Insolvenzverwalter die **Freigabe** eines Gesamtschadensersatzanspruchs an die Gläubiger **grds. untersagt.** Da er jedoch gleichzeitig verpflichtet ist, sich jedweder masseminderner Maßnahme zu enthalten, wird er die von § 92 umfassten Ansprüche nach pflichtgemäßem Ermessen jedenfalls dann (aus Kostengründen) nicht gerichtlich geltend machen dürfen, wenn die Rechtsverfolgung mit unverhältnismäßigen Prozess- oder Vollstreckungsrisiken verbunden ist und die Prozessführung daher wirtschaftlich nicht vertretbar erscheint; unter diesen Voraussetzungen wird man eine Freigabe der betroffenen Ansprüche **ausnahmsweise zulassen** können (MK-Brandes/Gehrlein § 92 Rn. 17; HK-Kayser § 92 Rn. 28; Uhlenbruck-Hirte § 92 Rn. 24; vgl. K/P/B-Lüke § 92 Rn. 33 m. w. N.; mit ausführl. Begr. Böckmann, ZIP 2005, 2186, 2187 ff. zu § 93; enger Bork, Kölner Schrift zur InsO, S. 1021 ff. Rn. 16: nur bei Zustimmung aller geschädigten Gläubiger; **insgesamt dagegen** OLG Dresden, ZIP 2005, 1680, 1682 f., 1684 rechts oben: arg. systemwidrige Verknüpfung von Zulässigkeits- und Begründetheitsaspekten, jedoch sei im Zweifel – zulässige – gewillkürte Prozessstandschaft anzunehmen, S. 1683 rechts oben; bestätigend BGH, ZIP 2008, 364, 369 durch ausdrückliche Inbezugnahme; ebenso Jaeger/Henckel/Gerhardt-Müller Bd. 2 § 92 Rn. 32; K. Schmidt-K. Schmidt § 92 Rn. 13). Unter denselben Voraussetzungen wie bei § 93 ist dem Verwalter auch ein **Vergleichsschluss** im Rahmen von § 92 möglich (vgl. MK-Brandes/Gehrlein § 92 Rn. 17; Jaeger/Henckel/Gerhardt-Müller Bd. 2 § 92 Rn. 33; Krüger, EWiR 2008, 337, 338 m. w. N.; näher zur Rechtslage unter § 93 Rdn. 35 f.).

e) Eigenverwaltung

36 Soweit die Verwaltungskompetenzen im Verfahren der Eigenverwaltung nach den §§ 270 ff. zwischen Schuldner und Sachwalter aufgeteilt werden, ist die Gesamtschadensliquidation nach § 92 in § 280 allein dem **Sachwalter** zugewiesen. Dies dient auch und insb. der Vermeidung von Interessenkollisionen, etwa wenn es um die Geltendmachung der eigenen Haftung des Schuldners bzw. seiner Organe (z. B. wegen Insolvenzverschleppung) geht. Verursacht der Sachwalter Gesamtschäden, so kann ein sich daraus nach §§ 274 Abs. 1, 60 Abs. 1 ergebender Gesamtschadensersatzanspruch aus demselben Grunde analog Satz 2 nur durch einen **Sondersachwalter** oder einen **neu bestellten Sachwalter** geltend gemacht werden (Uhlenbruck-Uhlenbruck § 280 Rn. 3; HK-Landfermann § 280 Rn. 3).

3. Dauer der Sperr- und Ermächtigungswirkung

37 Nach seinem klaren Wortlaut (»während der Dauer des Insolvenzverfahrens«, »Insolvenzgläubiger«) reichen die Wirkungen des § 92 nur von der **Eröffnung bis zur Beendigung** des Insolvenzverfahrens. Eine analoge Anwendung im **Eröffnungsverfahren** kommt insgesamt **nicht** in Betracht (MK-Brandes/Gehrlein, § 92 Rn. 4; Uhlenbruck-Hirte § 92 Rn. 4; HK-Kayser § 92 Rn. 4 m. w. N.; **a. A.** Jaeger/Henckel/Gerhardt-Müller Bd. 2 § 92 Rn. 23 für »starke« vorläufige Insolvenzverwaltung nach § 22 Abs. 1). **Nach Beendigung** des Insolvenzverfahrens kann ein (Sonder-) Insolvenzverwalter zur Durchsetzung eines Gesamtschadens im Rahmen einer Nachtragsverteilung nach § 203 Abs. 1 Nr. 3 – mit denselben Wirkungen wie vor Verfahrensende – bestellt werden (BGH, ZInsO 2009, 2008, 2009 Rn. 8, 14 – auch zum Nebeneinander von Einzel- und Gesamtschäden nach Verfahrensbeendigung; ausf. MK-Brandes/Gehrlein, § 92 Rn. 5; vgl. MK-Brandes/Schoppmeyer, § 60 Rn. 116 a. E.; K/P/B-Lüke, § 92 Rn. 35; Jaeger/Henckel/Gerhardt-Müller Bd. 2, § 92 Rn. 22 m. w. N.). Im Übrigen gelten die Ausführungen zu § 93 (dort Rdn. 39 f.) entsprechend.

4. Aufrechnung

38 Mit Forderungen gegen den Insolvenzschuldner kann der **Ersatzpflichtige** schon deshalb nicht gegen Gesamtschadensersatzansprüche der Gläubiger (vgl. Rdn. 26) aufrechnen, weil es insoweit an der Gegenseitigkeit der jeweiligen Forderungen i. S. d. § 387 BGB fehlt. Will er hingegen mit einer Forderung gegen den Gläubiger aufrechnen, sind zu seinem Schutz die insolvenzspezifischen

Vorschriften der §§ 94 ff. **analog** anzuwenden mit der Folge, dass eine Aufrechnung möglich ist, wenn die Aufrechnungslage bereits vor Verfahrenseröffnung bestand (HK-Kayser § 92 Rn. 31; Uhlenbruck-Hirte § 92 Rn. 28; NR-Wittkowski/Kruth, § 92 Rn. 17; a. A. K/P/B-Lüke § 92 Rn. 57: §§ 406, 407, 412 BGB analog; MK-Brandes/Gehrlein § 92 Rn. 22: genereller Aufrechnungsausschluss). Oftmals wird eine Aufrechnung jedoch bereits an § 393 BGB scheitern (z. B. bei Aufrechnung gegen eine Schadensersatzforderung aus Insolvenzverschleppung).

Da die Aufrechnung eine Form der »Geltendmachung« des Anspruchs darstellt, muss sie für den **Gläubiger** dem Ersatzpflichtigen ggü. – aufgrund der Sperrwirkung des § 92 (oben Rdn. 26) – konsequenterweise **versagt** sein (Bork, Kölner Schrift zur InsO, S. 1021 ff. Rn. 30; K/P/B-Lüke § 92 Rn. 56; Braun-Kroth § 92 Rn. 9; i. E. ebenso MK-Brandes/Gehrlein § 92 Rn. 22; a. A. HK-Kayser § 92 Rn. 30; Jaeger/Henckel/Gerhardt-Müller Bd. 2 § 92 Rn. 34; K. Schmidt-K. Schmidt § 92 Rn. 13: §§ 94 ff. analog). Die Zulassung einer Aufrechnung würde entweder zu einer ungerechtfertigten Bevorzugung des aufrechnenden Gläubigers führen, der im Gegensatz zu den anderen Gläubigern volle Befriedigung seiner Forderung erhielte, oder aber – bei einem anschließenden Bereicherungsausgleich unter den Gläubigern (nach § 816 Abs. 2 BGB) – dem Normzweck des § 92 (u. a. Prozessökonomie, oben Rdn. 1) zuwiderlaufen (vgl. Bork a. a. O.). Der Gläubiger ist daher auf die Ausschüttung der Quote zu verweisen. 39

Die Aufrechnung durch den **Insolvenzverwalter** richtet sich nach den allg. Regeln (Uhlenbruck-Hirte § 92 Rn. 28). Mit den Gesamtschadensersatzansprüchen der Gläubiger (vgl. Rdn. 26) kann der Insolvenzverwalter **ohne** gesonderte Abtretung **niemals** gegen Forderungen aufrechnen, die dem Ersatzpflichtigen (als Insolvenz- oder Masseforderungen) gegen den Insolvenzschuldner zustehen (HK-Kayser § 92 Rn. 32; a. A. K/P/B-Lüke, § 92 Rn. 58; K. Schmidt-K. Schmidt § 92 Rn. 10 m. w. N.: Aufrechnung gg. Masseforderung zulässig). Denn insoweit fehlt es an der Gegenseitigkeit der Forderungen i. S. d. § 387 BGB. Nicht ausgeschlossen ist eine Aufrechnung danach freilich, wenn das Masse schädigende Ereignis – wie häufig – gleichzeitig eigene Schadensersatzansprüche der **Insolvenzmasse** ausgelöst hat, die der Insolvenzverwalter originär über § 80 Abs. 1 geltend macht (vgl. Rdn. 5). 40

5. Leistungen an den Gläubiger

a) Gutglaubensschutz

Da dem Gläubiger infolge der Sperrwirkung des § 92 – unabhängig von seiner Beteiligung am Insolvenzverfahren (Rdn. 27) – die **Empfangszuständigkeit** für das auf die Forderungen Geleistete **fehlt** (Uhlenbruck-Hirte § 92 Rn. 26; Bork, Kölner Schrift zur InsO, S. 1021 ff. Rn. 28), kann der Ersatzpflichtige nach Verfahrenseröffnung **analog § 82** nur noch dann Schuld befreiend an den Gläubiger leisten, wenn er die Verfahrenseröffnung bei Leistung nicht kannte, wobei analog § 82 Satz 2 eine Vermutung der Unkenntnis bei Leistung vor der öffentlichen Bekanntmachung der Verfahrenseröffnung eingreift (Bork a. a. O. ; MK-Brandes/Gehrlein § 92 Rn. 24; K/P/B-Lüke § 92 Rn. 29 m. w. N.). 41

b) Rückabwicklung

Liegen die befreienden Voraussetzungen analog § 82 danach (wie rgm.) **nicht** vor, kann der Insolvenzverwalter vom **Ersatzpflichtigen** konsequenterweise weiterhin die **volle Leistung** verlangen (a. A. wohl MK-Brandes/Gehrlein § 92 Rn. 24: nur das vom Gläubiger **zu viel** Erlangte). Der Ersatzpflichtige ist dem Gläubiger ggü. auf etwaige bereicherungsrechtliche Ansprüche zu verweisen. 42

Zeichnet sich für den Insolvenzverwalter ab, dass das (verbliebene) Vermögen des Ersatzpflichtigen **nicht** für die Befriedigung des vollständigen Gesamtschadensersatzanspruchs **ausreicht**, kann er die Leistung – im Rahmen seines pflichtgemäßen Ermessens – **genehmigen** und die erfolgte Leistung vom empfangenden **Gläubiger** über **§ 816 Abs. 2 BGB insoweit** herausverlangen, als dieser Gläubiger über die ihm zustehende Quote **hinaus** befriedigt wurde (vgl. hierzu Bork, a. a. O.; MK-Brandes/Gehrlein § 92 Rn. 24 u. § 93 Rn. 13). Im Übrigen steht dem Gläubiger der dolo-agit-Einwand 43 aus § 242 BGB zu, da er insoweit einen Anspruch auf (quotale) Befriedigung gegen den Insolvenzverwalter hat. Entsprechend kann der Insolvenzverwalter vorgehen, wenn der Ersatzpflichtige ganz ausnahmsweise analog § 82 (von vornherein) **befreiend geleistet** hatte (vgl. MK-Brandes/Gehrlein § 92 Rn. 24; Bork, a. a. O.).

44 Bei Leistungen des Ersatzpflichtigen **vor Verfahrenseröffnung** kommt eine **Anfechtung** analog §§ 129 ff. in Betracht (Jaeger/Henckel/Gerhardt-Müller Bd. 2 § 92 Rn. 28; vgl. auch § 93 Rdn. 53 m. w. N.).

III. Sonderfall: Ansprüche der Neugläubiger

1. Abgrenzung

45 Im Fall der Insolvenzverschleppung sind **zwei Gläubigergruppen** zu unterscheiden: Zunächst gibt es diejenigen Gläubiger, die bereits bei Eintritt der Insolvenzantragspflicht einen Anspruch gegen den Schuldner hatten (sog. **Altgläubiger**). Diese Gläubiger können ausschließlich einen sog. Quoten(verringerungs)schaden ersetzt verlangen, wenn und soweit die auf ihre Forderungen entfallende Insolvenzquote durch zwischenzeitliche Masseschmälerungen geringer ausfällt, als sie bei rechtzeitiger Antragstellung ausgefallen wäre (BGHZ 126, 181, 190; dazu Rdn. 21 ff.). Dieser Schaden ist ein typischer Anwendungsfall des § 92 und wird daher vom Insolvenzverwalter geltend gemacht (BGH, ZInsO 2007, 376, 377/378). Den Altgläubigern stehen diejenigen Gläubiger ggü., die **erst nach Eintritt der Insolvenzantragspflicht** (aber noch vor Verfahrenseröffnung) einen Anspruch gegen den Schuldner erworben haben (sog. **Neugläubiger**). Dabei kommt es für die Abgrenzung von Alt- und Neugläubigern (insb. bei Dauerschuldverhältnissen) nicht notwendig auf die Begründung des Vertragsverhältnisses, sondern auf Art und Umfang des dem Gläubiger durch die Insolvenzverschleppung entstandenen **Schadens** an, weshalb etwa die Bank bei Einräumung eines Kontokorrentkredits (nur) **insoweit** Neugläubiger ist (sog. Kreditgewährungsschaden), wie sich dessen Saldo in der Insolvenzverschleppungsphase **erhöht** hat (BGH, ZInsO 2007, 376, 378; zur Berechnung im Nachgang: OLG Koblenz, ZInsO 2011, 1012, 1017; HK-Kayser § 92 Rn. 17; speziell zur Abgrenzung bei Dauerschuldverhältnissen: BGH, ZInsO 2013, 2556 f.; ZInsO 2007, 543 ff.; guter Überblick bei Drescher, Die Haftung des GmbH-Geschäftsführers, 7. Aufl. 2013, Rn. 1140 ff., 1162 ff.). Die Behandlung der Neugläubigeransprüche ist umstritten.

2. Schaden des Neugläubigers

46 Nach geänderter Rspr. des BGH (ZInsO 2007, 376, 378: speziell Kreditgewährungsschaden; BGHZ 126, 181, 190 ff.) und herrschender Meinung im Schrifttum (MK-Brandes/Gehrlein § 92 Rn. 30; Bork, Kölner Schrift zur InsO, S. 1021 ff. Rn. 17 m. w. N.) kann der **vertragliche** Neugläubiger nach § 823 Abs. 2 BGB i. V. m. § 15a Abs. 1 bis 3 – als die Insolvenzantragspflicht begründendes Schutzgesetz – nicht mehr nur seinen Quotenschaden ersetzt verlangen, sondern darüber hinaus insgesamt geltend machen, dass er sich auf ein Rechtsgeschäft mit dem Schuldner **gar nicht mehr eingelassen hätte**, wenn der Insolvenzantrag rechtzeitig gestellt worden wäre. Dies gilt **nicht** für Inhaber **gesetzlicher** Ansprüche, da diese keinen entsprechenden Vertrauenstatbestand geltend machen können; sie sind daher – unabhängig vom Zeitpunkt der Anspruchsentstehung – wie Altgläubiger zu behandeln (so Baumbach/Hueck-Haas, § 64 GmbHG Rn. 129; Drescher, a. a. O., Rn. 1183; Jaeger/Henckel/Gerhardt-Müller Bd. 2 § 92 Rn. 17; jeweils m. w. N.; vgl. auch BGH, ZInsO 2009, 329 Rn. 3 sowie 1159, 1160 f. Rn. 15 f.; **a. A.** Röhricht, ZIP 2005, 505, 509; K/P/B-Lüke § 92 Rn. 42 f.).

46a Danach ist dem (vertraglichen) Neugläubiger i. d. R. lediglich das sog. **negative Interesse** zu ersetzen (z. B. Aufwendungen für Waren- und Lohnkosten), nicht dagegen das positive Interesse an der Vertragserfüllung; er ist daher so zu stellen, wie wenn er mit dem Schuldner **keinen Vertrag** geschlossen hätte (BGH, ZInsO 2012, 1367, 1368; ZInsO 2011, 970, 974 Rn. 40 m. w. N.; MK-Brandes/Gehrlein § 92 Rn. 30 f.). Allerdings kann dem Neugläubiger ein Anspruch auf **Ersatz des entgangenen Gewinns** (§ 252 BGB) zustehen, wenn ihm wegen des Vertragsschlusses mit dem

Schuldner nachweislich ein Gewinn entgangen ist, den er ohne diesen anderweitig hätte erzielen können (BGH, ZInsO 2011, 970, 974 Rn. 40; OLG Düsseldorf, ZInsO 2013, 1903, 1905; jeweils m. w. N.). Auch den Ersatz seiner **Rechtsverfolgungskosten** kann der Neugläubiger im Rahmen des Schutzzwecks von § 15a Abs. 1 InsO geltend machen (BGH, ZInsO 2012, 1367, 1370 m. w. N.). Der Schutzbereich der Norm umfasst auch solche Schäden des Neugläubigers, die durch eine fehlerhafte Bauleistung der insolvenzreifen Gesellschaft am Bauwerk verursacht werden und von dieser wegen fehlender Mittel nicht mehr beseitigt werden können (BGH, ZInsO 2012, 1367, 1369; entgegen OLG Koblenz, GmbHR 2011, 249, 250 f. als Vorinstanz).

Dabei lässt der **BGH** den ebenfalls liquidierbaren **Quotenschaden** – den der Neugläubiger dadurch erleidet, dass die Insolvenzantragstellung nach seinem Vertragsschluss **noch weiter** hinausgezögert wurde und sich die Insolvenzquote in der Folgezeit mit der Masse verminderte – gleichsam in dem ersatzfähigen negativen Interesse des Neugläubigers aufgehen (vgl. BGHZ 126, 181, 190 ff.; 138, 211, 214 ff.: Der Anspruch auf Ausgleich des negativen Interesses sei nicht auf den Ersatz des Quotenschadens begrenzt; vgl. auch Uhlenbruck-Hirte § 92 Rn. 12; Oepen, ZInsO 2002, 162, 164; weitere Nachweise bei Bork, Kölner Schrift zur InsO, S. 1021 ff. Rn. 18) und geht hier von einem **einheitlichen Schadensersatzanspruch** aus (dagegen mit beachtlichen Gründen K. Schmidt, ZGR 1998, 633, 666 ff.; Bork, Kölner Schrift zur InsO, S. 1021 ff. Rn. 19, 20 mit Berechnungsbeispiel; insoweit zust. MK-Brandes/Gehrlein § 92 Rn. 33). Zur Abgrenzung von negativem und positivem Interesse bei Ansprüchen auf Abführung der Sozialversicherungsbeiträge s. HK-Kayser § 92 Rn. 36 f. (m. w. N.). 47

Da der Neugläubiger so zu stellen ist, wie er ohne Vertrag stünde, ist bei der Geltendmachung des Vertrauens- und Quotenschadens zu berücksichtigen, dass ihm die **Insolvenzquote im Ergebnis nicht zusätzlich** zukommen darf (vgl. BGH, ZInsO 2009, 1159, 1161; ZInsO 2007, 376, 378 f.; MK-Brandes/Gehrlein § 92 Rn. 30, 37; zur Antragstellung s. Rdn. 51). 48

3. Geltendmachung

Nach der Rspr. des BGH (s. nur BGHZ 138, 211, 214 ff.; NJW 1995, 398, 399; ebenso MK-Brandes/Gehrlein § 92 Rn. 36; Jaeger/Henckel/Gerhardt-Müller Bd. 2 § 92 Rn. 14 f., m. w. N.) können **sämtliche** Neugläubigerschäden nur von den jeweiligen **Neugläubigern selbst** – und nicht vom Insolvenzverwalter – geltend gemacht werden; denn bei sämtlichen der betroffenen Schadenspositionen handelt es sich um reine **Individualschäden** (vgl. Rdn. 17 f.). Von diesem Recht machen die Neugläubiger in jüngerer Zeit zunehmend und mit Erfolg Gebrauch. 49

Bei seiner Anspruchsverfolgung kommt dem Neugläubiger für die Darlegung der Insolvenzreife seines Vertragspartners (aus der sich seine Eigenschaft als **Neugläubiger** ergibt) zugute, dass der BGH (ZInsO 2014, 197, 199 Rn. 17 f., m. w. N. sowie ZInsO 2011, 973 f., Rn. 33 m. w. N.: speziell **Neugläubigerklage**; Baumbach/Hueck-Haas, § 64 GmbHG Rn. 59c, m. w. N.) die Vorlage einer **Handelsbilanz** mit dem Ausweis eines **nicht durch Eigenkapital gedeckten Fehlbetrages** durchweg als (ganz erhebliches) **Indiz** für das Vorliegen einer (an sich aus einer Überschuldungsbilanz abzuleitenden) insolvenzrechtlichen Überschuldung nach § 19 Abs. 2 ansieht und vom Anspruchsteller insoweit nur verlangt, dass dieser die dortigen Ansätze daraufhin überprüft und erläutert, ob und ggf. in welchem Umfang **stille Reserven** oder sonstige daraus nicht ersichtliche Veräußerungswerte vorhanden sind. Ist der Anspruchsteller diesen Anforderungen nachgekommen – was ihm rgm. besonders leicht fällt, wenn die Gesellschaft über kein (wesentliches) Anlagevermögen verfügt, sondern allein mit gemieteten oder gepachteten Produktionsanlagen und auf fremdem Grund und Boden wirtschaftet (vgl. Goette/Kleindiek, Gesellschafterfinanzierung nach MoMiG und das Eigenkapitalersatzrecht in der Praxis, 6. Aufl. 2010, Rn. 105, S. 53), ist es Sache des beklagten **Geschäftsführers**, im Rahmen seiner **sekundären Darlegungslast** (zu den Anforderungen BGH, ZInsO 2014, 197 ff.) im Einzelnen substantiiert vorzutragen, welche stillen Reserven oder sonstigen für eine Überschuldungsbilanz maßgeblichen Werte in der Handelsbilanz nicht abgebildet sind (BGH, a. a. O.); dies gelingt dem Geschäftsführer in der Praxis selten. Die Jahresabschlüsse/Handelsbilanzen der Gesellschaft kann sich der Neugläubiger dabei mittlerweile leicht über die online- 50

Plattform des BMJ (www.unternehmensregister.de) verschaffen, auf der die veröffentlichungspflichtigen Daten deutscher Unternehmen elektronisch gespeichert sind; Erkenntnislücken bleiben freilich hinsichtl. etwaiger für den Neugläubiger nicht erkennbarer (qualifizierter) Rangrücktritte der Gesellschafter oder zur Frage einer positiven Fortbestehensprognose (s. § 19 Abs. 2 Satz 1 i. d. F. des FMStG). Dabei reicht der Nachweis der Überschuldung zu einem vorvertraglichen Zeitpunkt aus, wenn der Auftrag »relativ zeitnah« danach erteilt wurde und der Geschäftsführer keine nachhaltige Beseitigung der Überschuldung bis dahin darlegt (BGH, ZInsO 2011, 971 Rn. 10, m. w. N.).

50a Darüber hinaus steht dem Neugläubiger gegenüber dem Insolvenzgericht gem. § 4 InsO i. V. m. § 299 Abs. 1 (bei VE), Abs. 2 (sonst) ZPO ein **Anspruch auf Einsichtnahme der Insolvenzakten** zu; hierzu gehören insb. der Insolvenzantrag (mit Anlagen), der ausgefüllte Anhörungsfragebogen des Insolvenzgerichts, das Gutachten im Eröffnungsverfahren und die Berichte des Insolvenzverwalters, nicht dagegen die Buchhaltung der Gesellschaft oder die Akten des Insolvenzverwalters (näher zur Informationsbeschaffung des Neugläubigers: Drescher, Die Haftung des GmbH-Geschäftsführers, 7. Aufl. 2013, Rn. 1221 ff.; Gottwald/Haas, InsRHdb, § 92 Rn. 114 f.). Dem rechtlichen Interesse des Neugläubigers i. S. v. § 299 Abs. 2 ZPO steht dabei nicht entgegen, dass er die Akteneinsicht allein begehrt, um festzustellen, ob Schadensersatzansprüche gegen den Geschäftsführer bestehen (BGH, ZInsO 2006, 597, 599). Aufgrund seines Wissensvorsprungs hinsichtlich der Interna der Gesellschaft obliegt es dem **Geschäftsführer** nach den Grundsätzen der **sekundären Darlegungslast**, gegenüber dem Neugläubiger Umstände vorzutragen, die für den (früheren) Zeitpunkt des Vertragsschlusses eine **höhere Bewertung** des Gesellschaftsvermögens rechtfertigen, als sich diese aus den Insolvenzakten für den (späteren) Zeitpunkt der Begutachtung durch den Verwalter/Sachverständigen ergibt (so OLG Hamm, ZInsO 2010, 527, 528 rechts Mitte).

4. Antrag

51 Der Neugläubiger kann bereits während des Insolvenzverfahrens – analog § 255 BGB – sein **gesamtes ersatzfähiges Interesse** geltend machen **Zug um Zug gegen Abtretung** seiner Insolvenzforderung (ausdrücklich BGH, ZInsO 2009, 1159, 1161; ZInsO 2007, 376, 378 f. – anders noch BGHZ 126, 181, 201: Abzug der hypothetischen Insolvenzquote; ebenso bereits MK-Brandes/Gehrlein § 92 Rn. 37; HK-Kayser § 92 Rn. 54).

IV. Haftung des Insolvenzverwalters (Satz 2)

52 Liegt ein Pflichtenverstoß des Insolvenzverwalters vor und ist der Insolvenzmasse dadurch ein Schaden entstanden, so kann der sich daraus ergebende Gesamtschadensersatzanspruch der Gläubiger gem. § 92 Satz 2 – wie bereits unter der KO (vgl. BGH, ZInsO 2004, 676 m. w. N.) – zur Vermeidung von Interessenkollisionen und Insich-Prozessen nur von einem **neu bestellten Insolvenzverwalter** geltend gemacht werden (wegen der Einzelheiten zur Verwalterhaftung s. § 60).

53 Wiegt der erfolgte Pflichtenverstoß so schwer, dass er zur **Entlassung** des Verwalters nach § 59 Abs. 1 und dessen Ersetzung durch einen neuen Verwalter führt, versteht sich die Geltendmachung des Gesamtschadensersatzanspruchs durch diesen von selbst.

54 Eine **eigenständige Bedeutung** kommt Satz 2 dagegen mit der Bestellung eines **Sonderinsolvenzverwalters** in den Fällen zu, in denen der Verwalter nicht entlassen wird, entweder weil das Vertrauensverhältnis zu den Gläubigern und dem Insolvenzgericht trotz des Pflichtenverstoßes weiterhin fortbesteht (z. B. weil der Pflichtenverstoß geringfügig war) oder weil seine Auswechslung die zügige und erfolgreiche Verfahrensabwicklung unverhältnismäßig behindern würde (z. B. im Fall bereits umfangreich eingeleiteter Sanierungsbemühungen oder weitgehendem Verfahrensfortschritt); ebenso K/P/B-Lüke § 92 Rn. 64 f.; MK-Brandes/Gehrlein § 92 Rn. 6; Jaeger/Henckel/Gerhardt-Müller Bd. 2 § 92 Rn. 43; Pape, ZInsO 2005, 953, 962.

55 Insbesondere lässt sich aus Satz 2 **keine Pflicht zur Entlassung** des Insolvenzverwalters entnehmen (so auch HK-Kayser § 92 Rn. 44; MK-Brandes/Gehrlein § 92 Rn. 6; Jaeger/Henckel/Gerhardt-

Müller Bd. 2 § 92 Rn. 43). Andernfalls wäre die Vorschrift überflüssig und würde in vielen Fällen zu unverhältnismäßigen Verfahrensbehinderungen führen.

Nach Satz 2 hat das **Insolvenzgericht** sowohl das **Recht** als auch die **Pflicht** zur Einsetzung eines Sonderinsolvenzverwalters (Uhlenbruck-Hirte § 92 Rn. 30; zum Einsetzungsverfahren ausführl. unter § 56 Rdn. 42 a ff. sowie Lüke, ZIP 2004, 1693 ff.; Pape, ZInsO 2005, 953, 962 f.; insgesamt zum Sonderinsolvenzverwalter ausführlich § 56 Rdn. 41 ff.), sofern Schadensersatzansprüche der Masse gegen den »regulären« Insolvenzverwalter nicht völlig fernliegend sind (OLG München, ZIP 1987, 656; Pape, ZInsO 2005, 953, 963 m. w. N.; vgl. Jaeger/Henckel/Gerhardt-Müller Bd. 2 § 92 Rn. 44). **Verzichten** die durch die Pflichtverletzung des Insolvenzverwalters betroffenen Gläubiger ausnahmsweise auf die Geltendmachung ihres (vermeintlichen) Haftungsanspruchs, kann die Einsetzung eines Sonderinsolvenzverwalters unterbleiben bzw. dessen Bestellung aufgehoben werden. Da die Einsetzung eines Sonderverwalters neben erheblichen Kosten auch zu massiven sonstigen Belastungen des Verfahrens führt und damit den Erfolg des Gesamtverfahrens beeinträchtigen kann, sollte das Insolvenzgericht der Gläubigerschaft **in Zweifelsfällen** vor einer umgehenden Einsetzung eines Sonderverwalters zunächst durch die Einberufung einer Gläubigerversammlung Gelegenheit geben, hierüber zu beschließen. Dabei sind die Gläubiger in der Ladung über die für die anstehende Entscheidung maßgeblichen Umstände aufzuklären. 56

Die **Besorgnis der Befangenheit** eines Sonderinsolvenzverwalters kann nur i. R. d. §§ 56 ff. geltend gemacht werden, nicht über § 4 i. V. m. §§ 41 f., 406 ZPO (BGH, ZInsO 2007, 326 f.). Aufgrund des Klärungsinteresses der Gläubigerschaft und der bestehenden Interessenkollision aufseiten des Verwalters kann der **Insolvenzverwalter weder** die Einsetzung (BGH, ZIP 2007, 547, 548 m. w. N.) **noch** die Ablehnung einer beantragten Entlassung (BGH, ZInsO 2007, 326 f.) eines mit der Prüfung von Ersatzansprüchen der Gläubigergesamtheit gegen ihn beauftragten Sonderinsolvenzverwalters mit der **sofortigen Beschwerde** anfechten. Aus denselben Gründen steht ihm auch gegen einen auf die (gerichtliche) Einsetzung eines entsprechend zu beauftragenden Sonderinsolvenzverwalters gerichteten Beschluss der Gläubigerversammlung **kein Antragsrecht aus § 78 Abs. 1** zu (BGH, ZInsO 2014, 601, 602: teleologische Reduktion). Gegen die umgekehrte Entscheidung des Insolvenzgerichts, keinen Sonderinsolvenzverwalter zu bestellen, steht dem **einzelnen Insolvenzgläubiger** oder auch mehreren von ihnen gemeinsam ebenfalls kein Rechtsmittel zu, selbst wenn der Sonderverwalter einen Gesamtschaden geltend machen soll; vielmehr können die Insolvenzgläubiger ihre Rechte insoweit **nur als Teil der Gläubigerversammlung** ausüben (so BGH, ZInsO 2009, 476, 477 f. Rn. 7–10; ZInsO 2010, 2088 Rn. 5; jeweils m. w. N. zum Streitstand; differenzierend Herchen, EWiR 2009, 389, 390). 56a

Sofern es zur Vermeidung von Interessenkollisionen erforderlich ist, unterfallen Satz 2 i. Ü. auch Gesamtschadensersatzansprüche gegen einen **vorläufigen Insolvenzverwalter** oder einen **Sachwalter** (K/P/B-Lüke § 92 Rn. 60; Jaeger/Henckel/Gerhardt-Müller Bd. 2 § 92 Rn. 41). 57

Zu Beginn und Lauf der **Verjährungsfrist** für Schadensersatzansprüche gegen den Verwalter i. R. d. Satz 2 s. im Einzelnen BGH, ZInsO 2008, 750, 752 Rn. 13; Uhlenbruck-Sinz § 62 Rn. 6; jeweils m. w. N. (näher dazu Rdn. 30). 58

C. Verfahrensfragen

I. Laufende Prozesse

1. Unterbrechung

Laufende Prozesse einzelner Gläubiger, die auf einen Gesamtschaden bezogen sind, werden mit Verfahrenseröffnung **analog § 17 Abs. 1 Satz 1 AnfG** unterbrochen (Bork, Kölner Schrift zur InsO, S. 1021 ff. Rn. 33; Jaeger/Henckel/Gerhardt-Müller Bd. 2 § 92 Rn. 37 m. w. N.; ganz h. M. zu § 93: s. dort Rn. 83 m. w. N.; für Analogie zu § 240 ZPO dagegen: MK-Brandes/Gehrlein § 92 Rn. 25; K/P/B-Lüke § 92 Rn. 67; K. Schmidt-K. Schmidt § 92 Rn. 8). 59

2. Aufnahme

60 Der **Insolvenzverwalter** kann den unterbrochenen Rechtsstreit im Rahmen seines pflichtgemäßen Ermessens **analog § 17 Abs. 1 Satz 2 AnfG** aufnehmen (vgl. MK-Brandes/Gehrlein § 92 Rn. 25; K/P/B-Lüke § 92 Rn. 68; Uhlenbruck-Hirte § 92 Rn. 27; **a. A.** Bork, a. a. O.: Pflicht zur Aufnahme), wobei er den Klageantrag auf Leistung an sich als Verwalter umstellen muss. Wird die Aufnahme verzögert, gilt § 239 Abs. 2 bis 4 ZPO – analog § 17 Abs. 1 Satz 3 AnfG – entsprechend (MK-Brandes/Gehrlein § 92 Rn. 25; Uhlenbruck-Hirte § 92 Rn. 27).

61 **Lehnt** der Insolvenzverwalter die Aufnahme **ab**, kommt eine Aufnahme des Rechtsstreits durch eine der **Prozessparteien** – analog § 17 Abs. 3 Satz 1 AnfG – nur hinsichtl. der **Kosten** in Betracht (MK-Brandes/Gehrlein § 92 Rn. 25; Uhlenbruck-Hirte § 92 Rn. 27), in der Hauptsache erst wieder nach Beendigung des Insolvenzverfahrens, sofern der Anspruch bis dahin noch nicht realisiert worden ist.

62 Eine **analoge Anwendung** von **§ 265 Abs. 2 ZPO**, derzufolge der Gläubiger den Prozess automatisch als Prozessstandschafter des Insolvenzverwalters weiterführt, kommt **nicht** in Betracht (K/P/B-Lüke § 92 Rn. 66; MK-Brandes/Gehrlein § 92 Rn. 25, jeweils m. w. N.), da § 92 den Gläubiger mit seiner Sperrwirkung gerade von der Durchsetzung seiner Forderung und damit auch von der Prozessführung ausschließen will (für § 93: OLG Stuttgart, NZI 2002, 495, 496; Bork, Insolvenzrecht 2003, S. 97, 104).

3. Wahlmöglichkeiten des Insolvenzverwalters

63 Analog § 17 Abs. 3 Satz 2 AnfG behält der Insolvenzverwalter das Recht, neben dem unterbrochenen Rechtsstreit eine **eigene Klage** auf Ersatz des Gesamtschadens zu erheben (MK-Brandes/Gehrlein § 92 Rn. 25; Jaeger/Henckel/Gerhardt-Müller Bd. 2 § 92 Rn. 38; Uhlenbruck-Hirte § 92 Rn. 27). Diese Möglichkeit wird er unter **prozesstaktischen Gesichtspunkten** gegen die alternative Möglichkeit der **Prozessaufnahme** abzuwägen haben (sofern die Rechtsverfolgung nicht ohnehin aus materiellen, prozessualen oder vollstreckungsrechtlichen Gründen aussichtslos erscheint). Dabei kann für die Erhebung einer neuen Klage sprechen, dass der Verwalter im Fall der Prozessaufnahme an eine möglicherweise vom Gläubiger geschaffene ungünstige Prozesslage gebunden wäre.

64 Auch kann der Insolvenzverwalter den Gläubiger im Einzelfall aus verfahrensökonomischen Gründen **zur Prozessführung ermächtigen** bzw. seine ohne entsprechende Ermächtigung begonnene Prozessführung genehmigen, woraufhin der Gläubiger den Prozess dann jeweils – allerdings mit dem auf Leistung **an den Insolvenzverwalter** umzustellenden Klageantrag – in gewillkürter Prozessstandschaft fortsetzt (BGH, ZIP 2008, 364, 369 durch ausdrückliche Bezugnahme auf OLG Dresden, ZIP 2005, 1680, 1682 ff. – dort auf S. 1683/1684, jeweils rechts oben; ebenso Bork, ZInsO 2001, 835, 841; MK-Brandes/Gehrlein § 92 Rn. 16; HK-Kayser § 92 Rn. 25; K/P/B-Lüke, § 92 Rn. 34; **a. A.** zu § 93: OLG Schleswig, ZInsO 2004, 1086, 1087). So kann es etwa bei bereits weit fortgeschrittenen komplizierten Rechtsstreitigkeiten sinnvoll sein, den mit dem Streitstoff vertrauten Gläubiger – mit entsprechend umgestelltem Antrag – weiterprozessieren zu lassen, sofern dieser dazu aufgrund seiner unsicheren Befriedigungsaussichten denn überhaupt bereit ist. Der Insolvenzverwalter muss hier mit Blick auf die Qualität des bisherigen Prozessverhaltens und die Integrität des Gläubigers entscheiden, ob die Überlassung der Prozessführung an diesen vertretbar erscheint.

▶ **Hinweis:**

Bei unterbrochenen Rechtsstreitigkeiten kann es für den Insolvenzverwalter prozesstaktisch günstiger sein, den Prozess nicht aufzunehmen, sondern stattdessen eine neue **eigene Klage** zu erheben oder den Gläubiger zur Prozessführung in gewillkürter Prozessstandschaft zu ermächtigen.

4. Schutz des Gläubigers

Unterlässt oder verzögert der Insolvenzverwalter die Prozessaufnahme oder die Erhebung einer neuen Klage und entsteht den Gläubigern dadurch ein Schaden, werden die Gläubiger durch die **Verwalterhaftung** aus § 60 geschützt (vgl. K/P/B-Lüke § 92 Rn. 69; zu den eingeschränkten prozessualen Möglichkeiten des Gläubigers Rdn. 67 ff.). 65

II. Klageerhebung/Prozessführung

1. Durch den Insolvenzverwalter

Der Insolvenzverwalter ist kraft der Ermächtigungswirkung des § 92 zur klageweisen Geltendmachung der Gesamtschadensersatzansprüche befugt. Er prozessiert dann in **gesetzlicher Prozessstandschaft** im eigenen Namen über ein fremdes Recht (Bork, ZInsO 2001, 835, 836; vgl. auch Rdn. 31) mit dem **Antrag** auf Leistung an sich als Insolvenzverwalter. Der Erhebung einer eigenen Klage steht die vorherige Unterbrechung eines bereits begonnenen Prozesses des Gläubigers analog § 17 Abs. 3 Satz 2 AnfG nicht entgegen (Rdn. 63). 66

2. Durch den Gläubiger

Die prozessualen Möglichkeiten des Gläubigers hängen maßgebend von seiner **Prozessführungsbefugnis** ab. Fehlt sie, ist der jeweilige Antrag grds. als **unzulässig** abzuweisen (MK-Brandes/Gehrlein, § 92 Rn. 25; Jaeger/Henckel/Gerhardt-Müller Bd. 2 § 92 Rn. 36), wenn nicht die Unbegründetheit bereits feststeht (dann ausnahmsweise Sachabweisung; BGH, ZInsO 2003, 562, 563). 67

Die Prozessführungsbefugnis steht dem Gläubiger zu, wenn ihn der Insolvenzverwalter nach pflichtgemäßem Ermessen – als nicht mehr prozessführungsbefugten Rechtsinhaber (Rdn. 26) – zur Prozessführung **ermächtigt** oder seine ohne entsprechende Ermächtigung begonnene **Prozessführung genehmigt** (dazu oben Rdn. 64). Dabei hat der Gläubiger seinen Antrag freilich – außer im Fall einer echten Freigabe des Anspruchs (dazu Rdn. 35) – auf Leistung an den Insolvenzverwalter zu richten bzw. umzustellen. Der Gläubiger führt den Prozess dann als **Prozessstandschafter** des Insolvenzverwalters – mit entsprechender Rechtskraftbindung (Bork, ZInsO 2001, 835, 841) – für diesen. 68

Darüber hinaus wird man dem Gläubiger allenfalls die Prozessführungsbefugnis für die Durchführung eines **Arrestverfahrens nach §§ 935 ff. ZPO** zugunsten der Insolvenzmasse zubilligen können (Uhlenbruck-Hirte § 92 Rn. 4, 27; K/P/B-Lüke § 92 Rn. 27a; Jaeger/Henckel/Gerhardt-Müller Bd. 2 § 92 Rn. 36 m. w. N.), da dieses lediglich der **Sicherung** des Anspruchs dient und keine »Geltendmachung« desselben i. S. d. § 92 darstellt (a. A. Hess-Hammes § 92 Rn. 7). 69

Problematisch erscheint dagegen, dem Gläubiger auch die Prozessführungsbefugnis für eine eigene **Klage auf Leistung an den Insolvenzverwalter** zuzubilligen (so aber Bork, ZInsO 2001, 835, 837 f.; K/P/B-Lüke § 92 Rn. 27a; dagegen auch: MK-Brandes/Gehrlein § 92 Rn. 16; K. Schmidt-K. Schmidt § 92 Rn. 8; Oepen, Massefremde Masse, Rn. 107). Zwar beeinträchtigt eine solche weder den Grundsatz der Gläubigergleichbehandlung noch den der Massemehrung, jedoch kann eine solche eigene Prozessführung des Gläubigers, auf die der Insolvenzverwalter allenfalls als Nebenintervenient nach § 66 ZPO einwirken könnte (Bork, ZInsO 2001, 835, 839), die **Gesamtabwicklung des Insolvenzverfahrens** empfindlich stören (zutreffend Oepen, ZIP 2000, 526, 533). Auch dient die Bündelung der Klagemöglichkeiten in der Person des Insolvenzverwalters der **Prozessökonomie** (vgl. Rdn. 1), welche durch eine Dezentralisierung der Streitführungen und mögliche Parallelprozesse des Gläubigers und des Insolvenzverwalters (jeweils auf Leistung in die Masse) beeinträchtigt würde (vgl. auch Oepen, ZIP 2000, 526, 533). Darüber hinaus erscheint es konsequent, dem Gläubiger bei der Erhebung neuer Klagen **keine weiter gehenden Rechte** einzuräumen, als ihm diese im Fall der Unterbrechung bereits laufender Prozesse zustehen; auch hier kann der Gläubiger anerkanntermaßen den Prozess nicht über § 265 Abs. 2 ZPO weiterführen und ihn auch nur hinsichtl. der Kosten aufnehmen (dazu Rdn. 61 f.). 70

III. Vollstreckungsfragen

71 Aus einem bei Verfahrenseröffnung bereits vorliegenden **Vollstreckungstitel** kann der Gläubiger gegen den Ersatzpflichtigen aufgrund der Sperrwirkung des § 92 während des Insolvenzverfahrens **nicht vollstrecken**, weil die Zwangsvollstreckung eine Form der »Geltendmachung« der Forderung darstellt (Bork, Kölner Schrift zur InsO, S. 1021 ff. Rn. 33; Jaeger/Henckel/Gerhardt-Müller Bd. 2 § 92 Rn. 36; K/P/B-Lüke § 92 Rn. 71 m. w. N. sowie unten § 93 Rn. 90). Dabei kommt es nicht darauf an, ob sich der Gläubiger am Insolvenzverfahren beteiligt oder nicht (vgl. Rdn. 27). Für die **vollstreckungsrechtlichen Rechtsbehelfe** gelten die Ausführungen zu § 93 (dort Rdn. 92–94) entsprechend. Sofern der Titelgläubiger am Insolvenzverfahren teilnimmt (vgl. Rdn. 32), kann der **Insolvenzverwalter** den Titel kraft der Ermächtigungswirkung des § 92 **analog § 727 ZPO** auf sich **umschreiben** lassen und sodann gegen den Ersatzpflichtigen vollstrecken (K/P/B-Lüke § 92 Rn. 71; K. Schmidt-K. Schmidt § 92 Rn. 8; Jaeger/Henckel/Gerhardt-Müller Bd. 2 § 92 Rn. 36 m. w. N.; ebenso für § 93 dort Rdn. 91 m. w. N.).

§ 93 Persönliche Haftung der Gesellschafter

Ist das Insolvenzverfahren über das Vermögen einer Gesellschaft ohne Rechtspersönlichkeit oder einer Kommanditgesellschaft auf Aktien eröffnet, so kann die persönliche Haftung eines Gesellschafters für die Verbindlichkeiten der Gesellschaft während der Dauer des Insolvenzverfahrens nur vom Insolvenzverwalter geltend gemacht werden.

Übersicht	Rdn.
A. Normzweck	1
B. Norminhalt	3
I. Tatbestand	3
1. Gesellschaftsformen	3
2. Persönliche Haftung des Gesellschafters	4
a) Haftungs-/Anspruchsnormen	5
aa) Persönliche akzessorische Gesellschafterhaftung	5
bb) Weitere Anspruchsgründe	9
b) Verbindlichkeiten der Gesellschaft	12
aa) Insolvenzforderungen (§ 38)	13
bb) Masseverbindlichkeiten (§ 55)	14
cc) Speziell: Verfahrenskosten (§ 54)	18
c) Haftung ausgeschiedener Gesellschafter	21
d) Zeitpunkt der Gesellschafterstellung	24
II. Rechtsfolgen	25
1. Sperrwirkung	26
a) Rechtsstellung des Gläubigers	26
b) Schutz des Gläubigers	28
2. Ermächtigungswirkung	31
a) Rechtsstellung des Insolvenzverwalters	31
b) »Geltendmachung« der Forderungen	34
aa) Klage bzw. Anmeldung zur Insolvenztabelle	34
bb) Vergleich/Freigabe durch den Insolvenzverwalter	35
c) Kompetenzen bei Eigenverwaltung	38
3. Dauer der Sperr- und Ermächtigungswirkung	39
4. Einschränkung bei Masseverbindlichkeiten	41
5. Gesellschafterstellung	43
a) Einwendungen	43
b) Gesamtschuld	47
6. Aufrechnung	48
7. Leistungen an den Gläubiger	51
a) Gutglaubensschutz	51
b) Rückabwicklung	52
III. Art und Umfang der Inanspruchnahme	54
1. Keine Insolvenz des Gesellschafters	55
a) Zeitpunkt der Inanspruchnahme	55
b) Umfang der Inanspruchnahme	57
c) Beurteilungs-/Ermessensspielraum	62
d) Substanziierung/Abgrenzung	63a
2. Insolvenz des Gesellschafters (»Doppelinsolvenz«)	64
a) Anmeldung zur Insolvenztabelle	64
b) Höhe der Berücksichtigung	67
c) keine Rangübertragung	68a
3. Parallele Gesellschaftersicherheiten	69
a) Keine Insolvenz des Gesellschafters	69
b) Insolvenz des Gesellschafters (»Doppelinsolvenz«)	70

	aa) Dingliche Sicherheiten	71	I.	Laufende Prozesse	83
	bb) Persönliche Sicherheiten	73	II.	Klageerhebung/Prozessführung	84
IV.	Sondermassen	75	III.	Rechtswegzuständigkeit	86
1.	Bildung	75	IV.	Internationale/örtliche Zuständigkeit	89a
2.	Ausschüttung	80	V.	Vollstreckungsfragen	90
V.	Gesellschafterhaftung im Insolvenzplanverfahren	82	1.	Vorhandene Vollstreckungstitel	90
C.	Verfahrensfragen	83	2.	Wirkungen der Verfahrensbeendigung	95

A. Normzweck

Der Normzweck des § 93 ist mehrschichtig. Zunächst soll die Regelung den Gläubigerwettlauf um die Befriedigung aus dem Vermögen des persönlich haftenden Gesellschafters verhindern und sicherstellen, dass sich kein Gesellschaftsgläubiger in der Insolvenz der Gesellschaft durch schnellen Zugriff auf das Gesellschaftervermögen Sondervorteile verschaffen kann (Begr. RegE BT-Drucks. 12/2443 S. 140). Damit wird der Grundsatz der **Gläubigergleichbehandlung** (par conditio creditorum) auf die Gesellschafterhaftung ausgedehnt. Gleichzeitig soll die Norm einen Beitrag zur **Überwindung der Massearmut** leisten, indem verhindert wird, dass der Antrag auf Eröffnung des Insolvenzverfahrens über das Vermögen der Gesellschaft mangels Masse abgewiesen werden muss (vgl. § 26), obwohl ein persönlich haftender Gesellschafter über ausreichendes Vermögen verfügt (Begr. RegE a. a. O.). Durch die Konzentration der Haftungsrealisierung in der Hand des Insolvenzverwalters wird schließlich auch die **Prozessökonomie** gefördert und die **Ordnungsfunktion** des Insolvenzverfahrens unterstützt. 1

Damit enthält § 93 eine **echte Neuregelung**. Unter der KO konnten die Gesellschaftsgläubiger in der Insolvenz einer Personengesellschaft ohne Einschränkungen gegen den persönlich haftenden Gesellschafter vorgehen. Eine Ausnahme hierzu bildete lediglich § 171 Abs. 2 HGB für die Geltendmachung der persönlichen betragsmäßig beschränkten Kommanditistenhaftung. Diese Vorschrift diente dem Gesetzgeber dabei als Vorbild für § 93. Eine ähnliche Regelung befindet sich in § 334 zur persönlichen Haftung von Ehegatten. 2

B. Norminhalt

I. Tatbestand

1. Gesellschaftsformen

§ 93 gilt für **Gesellschaften ohne Rechtspersönlichkeit** (OHG, KG, Partnerschaftsgesellschaft, GbR, Partenreederei und Europäische wirtschaftliche Interessenvereinigung; § 11 Abs. 2 Nr. 1) sowie die **Kommanditgesellschaft auf Aktien** (KGaA), deren Gesellschafter den Gläubigern der Gesellschaft unbeschränkt persönlich haften (zu Einzelfragen hinsichtl. der jeweiligen Gesellschaftsformen s. K/P/B-Lüke § 93 Rn. 112 ff.). Gleiches gilt konsequenterweise auch für eine AG schweizerischen Rechts mit Verwaltungssitz in Deutschland (vgl. auch K/P/B-Lüke § 93 Rn. 35 m. w. N.), da diese in Deutschland als rechtsfähige Personengesellschaft (OHG oder GbR) zu behandeln ist (vgl. BGH, ZIP 2008, 2411, 2412 Rn. 23; ZInsO 2009, 149, 151 Rn. 22). Auch die **fehlerhafte**, aber in Vollzug gesetzte **Gesellschaft** fällt in den Anwendungsbereich des § 93 (MK-Brandes/Gehrlein § 93 Rn. 3). Wegen der nach herrschender Meinung fehlenden Außenhaftung der Gesellschafter einer **Vor-Gesellschaft** (BGH, NJW 1997, 1507, 1508 f.; a. A. K. Schmidt-K. Schmidt § 93 Rn. 10) findet § 93 bei dieser jedoch grds. **ebenso wenig** Anwendung (HK-Kayser § 93 Rn. 6; a. A. Uhlenbruck-Hirte § 93 Rn. 8: § 93 analog) wie bei **Kapitalgesellschaften** (zu Ausn. jeweils Rdn. 6). Eine nach Entstehung der Gesellschafterhaftung eintretende **Rechtsnachfolge** aufseiten der Gesellschaft (ohne Rechtspersönlichkeit) hat auf die Anwendung des § 93 rgm. keinen Einfluss; z. B. bei Insolvenz des übernehmenden Rechtsträgers nach formwechselnder Umwandlung (K/P/B-Lüke § 93 Rn. 33) oder des verbleibenden Gesellschafters einer zweigliedrigen Gesellschaft nach Übernahme sämtlicher Anteile (MK-Brandes/Gehrlein § 93 Rn. 5; HK-Kayser § 93 Rn. 11; 3

K. Schmidt-K. Schmidt § 93 Rn. 8, 14; Jaeger/Henckel/Gerhardt-Müller Bd. 2 § 93 Rn. 18 f., m. w. N.; vgl. OLG Hamm, ZIP 2007, 1233, 1239 m. zust. Anm. Herchen, EWiR 2007, 527 f.).

2. Persönliche Haftung des Gesellschafters

4   § 93 ist **keine anspruchsbegründende Norm** (BGH, ZInsO 2007, 35, 36). Vielmehr setzt sie voraus, dass anderweitig begründete **Gesellschaftsverbindlichkeiten** bestehen, für die der **Gesellschafter persönlich haftet** (K/P/B-Lüke § 93 Rn. 61; Braun-Kroth § 93 Rn. 12). Auf eigene Ansprüche der **Gesellschaft** gegen den Gesellschafter (z. B. auf die Einlage, aus § 64 GmbHG oder aus existenzvernichtendem Eingriff; dazu Rdn. 7) ist § 93 dagegen **nicht anwendbar**; diese werden vom Insolvenzverwalter über § 80 geltend gemacht.

a) Haftungs-/Anspruchsnormen

aa) Persönliche akzessorische Gesellschafterhaftung

5   Als Haftungsnormen kommen danach für § 93 die eine **persönliche akzessorische Gesellschafterhaftung anordnenden** §§ 128 ff. HGB (für OHG) – ggf. über Rechtsscheinhaftung aus § 15 Abs. 1 HGB –, §§ 161 Abs. 2, 128 ff., 176 HGB (für KG), §§ 128 ff. HGB analog (für GbR; vgl. BGH, ZInsO 2001, 218, 222; MK-Brandes/Gehrlein § 93 Rn. 4 m. w. N.), § 8 Abs. 1 PartGG (für Partnerschaftsgesellschaft), § 278 Abs. 2 AktG i. V. m. §§ 161, 128 HGB (für KGaA) und § 507 Abs. 1 HGB (für Partenreederei) in Betracht; ebenso die Kostentragungspflicht aus § 91 ZPO hinsichtl. eines (allein) auf die persönliche akzessorische Gesellschafterhaftung gestützten Rechtsstreits, da die Kostenfolge nur notwendige Folge dieser Haftung ist (zutreffend LG Saarbrücken, ZIP 2010, 1823, 1824; vgl. auch OLG Brandenburg, ZInsO 2010, 1070, 1071).

6   Seinem Sinn und Zweck entsprechend ist § 93 darüber hinaus auch bei juristischen Personen immer dann **analog** anzuwenden, wenn die Voraussetzungen einer persönlichen **Durchgriffs(außen)haftung** des Gesellschafters für Verbindlichkeiten der Gesellschaft vorliegen (HK-Kayser § 93 Rn. 8; K. Schmidt-K. Schmidt § 93 Rn. 9 m. w. N.), so etwa bei der Haftung des GmbH-Gesellschafters analog § 128 HGB wegen sog. »Vermögensvermischung« (BGH, ZInsO 2006, 328, 329; ZInsO 2007, 881, 884), bei der Durchgriffshaftung von Mitgliedern eines eingetragenen Vereins (BGH, ZIP 2008, 364, 369 unter Bezugnahme auf OLG Dresden, ZIP 2005, 1680, 1682), bei der Haftung des Gesellschafters einer Einmann-Vor-GmbH (OLG Hamm, ZIP 2012, 338; HK-Kayser § 93 Rn. 8) oder bei der Haftung von Vor-Gesellschaftern, die den Geschäftsbetrieb nach Scheitern der Gründung der Gesellschaft fortführen und daher wie persönlich haftende Gesellschafter einer Personengesellschaft (dazu BGHZ 152, 290, 295) haften (HK-Kayser § 93 Rn. 6).

6a Stehen den Gläubigern einer abhängigen Konzerngesellschaft gegenüber der herrschenden Gesellschaft aus **§ 303 Abs. 1 AktG** Ansprüche auf Sicherheitsleistung zu und wandeln sich diese in der Insolvenz der Untergesellschaft in Zahlungsansprüche um (BGHZ 95, 330, 347; 115, 187, 200; vgl. dazu Bork, ZIP 2012, 1001, 1004 Fn. 33–35), findet § 93 hierfür dagegen **keine analoge Anwendung**, da es sich insoweit um selbstständige Ansprüche (und keine Durchgriffshaftung) handelt und diese auch weder an eine Gesellschafterstellung (sondern an einen Beherrschungs- oder Gewinnabführungsvertrag) noch an eine Personengesellschaft anknüpfen (ebenso K/P/B-Lüke § 93 Rn. 27; Klöckner, ZIP 2011, 1454, 1455 f.; K. Schmidt/Lutter-Stephan, § 303 AktG Rn. 29; Emmerich/Habersack-Emmerich, § 303 AktG Rn. 25 m. w. N.; wie selbstverständlich MK-AktG-Altmeppen § 303 Rn. 53; a. A. dezidiert Bork, ZIP 2012, 1001 ff.; jeweils ohne Begründung: MK-Brandes/Gehrlein, § 93 Rn. 6; K. Schmidt-K. Schmidt § 93 Rn. 9; A/G/R-Piekenbrock § 93 Rn. 5; Jaeger-Müller § 93 Rn. 16; Großkomm/AktG-Hirte § 303 Rn. 12, 23). Hierfür spricht zudem, dass eine Analogie zu § 93 unstreitig auch dann ausscheiden würde, wenn die Obergesellschaft die Sicherheitsleistung nach § 303 Abs. 3 AktG durch Bürgschaftsstellung (praktische Regel) abgewendet hätte (vgl. Rdn. 9; die Einwände aus Rdn. 10 greifen hier nicht). Auch auf die Haftung eines an einer Spaltung beteiligten Rechtsträgers nach **§ 133 UmwG** ist § 93 – aufgrund der tatbestandlichen Besonderheiten dieser Haftung sowie des Ausnahmecharakters von § 93 – weder direkt noch analog anwendbar (BGH, ZIP 2013, 1433: sehr restriktiv; eingehend OLG Brandenburg, ZInsO 2013, 2277 ff. – als Vorinstanz; K/P/B-Lüke § 93 Rn. 34; HK-Kayser § 93 Rn. 3). Zweifelhaft ist insofern auch die analoge Anwendbarkeit von §§ 93, 334 auf den unbeschränkt haftenden Erben im Nachlassinsolvenzverfahren (so aber Sämisch, ZInsO 2014, 25 ff. m. w. N. zur ablehnenden Gegenansicht; ablehnend auch K/P/B-Lüke § 93 Rn. 28; vgl. zudem BGH, a. a. O., Rdn. 2). Gegen die Tendenz im Schrifttum, § 93 in andersartigen Anspruchskonstellationen analog anzuwenden, spricht jeweils, dass der Gesetzgeber mit § 93 »keine allgemeine Regelung für alle Fälle drohenden Gläubigerwettlaufs bei abhängiger Haftung Dritter schaffen« wollte (zutreffend K/P/B-Lüke § 93 Rn. 27; vgl. auch BGH, a. a. O., Rdn. 2), sondern – als strukturelles Novum zur KO – eine Ausnahmeregelung für die Geltendmachung der persönlichen akzessorischen Gesellschafterhaftung.

Von vornherein **nicht anwendbar** ist § 93 auf eine reine **Innenhaftung** des Gesellschafters **ggü. der Gesellschaft**; wie etwa diejenige der Gesellschafter einer Vor-Gesellschaft (vgl. BGHZ 134, 333, 334 ff.; BGHZ 149, 273, 274 f. = ZInsO 2002, 188, 189; s. aber Rdn. 6). Gleiches gilt für die Haftung eines GmbH-Gesellschafters wegen sog. existenzvernichtenden Eingriffs, nachdem der BGH in seinem Urt. v. 16.07.2007 (BGHZ 173, 246 ff. = ZInsO 2007, 881 ff. – »Trihotel«; bestätigt in BGHZ 176, 204 ff. = NJW 2008, 2437 ff. – »GAMMA«) festgestellt hat, dass es sich hierbei – entgegen der bisherigen Rspr. – ebenfalls um eine reine **Innenhaftung** (nach § 826 BGB) handelt. Diese Haftung macht der Insolvenzverwalter nicht über § 93, sondern – wie jede Innenhaftung – über § 80 geltend (Jaeger/Henckel/Gerhardt-Müller Bd. 2 § 93 Rn. 16; insoweit überholt: BGHZ 151, 181, 187; 164, 50, 62; BAG, NJW 2005, 2172, 2174). 7

Dagegen findet § 93 auch auf die (persönliche akzessorische) **Nachhaftung ausgeschiedener Gesellschafter** (vgl. §§ 160 HGB, 736 BGB; dazu ausführl. unter Rdn. 21 ff.) Anwendung, und zwar sogar dann, wenn später infolge des Ausscheidens eines oder mehrerer Gesellschafter nur noch ein einziger Gesellschafter übrig bleibt, dieser die Gesellschaft als Einzelunternehmen fortführt und er insolvent wird (K/P/B-Lüke § 93 Rn. 77 m. w. N.). 8

Von der Sperrwirkung des § 93 (dazu Rdn. 26 ff.) werden auch **hoheitliche Maßnahmen** (z. B. Erlass eines Verwaltungsaktes) erfasst, sofern mit diesen die persönliche akzessorische Gesellschafterhaftung geltend gemacht wird (zutreffend K/P/B-Lüke § 93 Rn. 62 m. w. N.). 8a

bb) Weitere Anspruchsgründe

Umstritten ist, ob § 93 neben der persönlichen akzessorischen Gesellschafterhaftung – im Wege der Analogie – auch die Inanspruchnahme des Gesellschafters aus **persönlichen Parallelsicherheiten** (z. B. Bürgschaften, Garantien, Schuldbeitritten) und **sonstigen Anspruchsgründen** (z. B. steuerlichen Haftungsansprüchen aus §§ 69, 34 AO oder Schadensersatzansprüchen) mit umfasst. Die **Rspr.** (grundlegend BGH, ZInsO 2002, 764, 765 f.; ZInsO 2008, 1275, 1277; BFH, ZInsO 2002, 126, 127; BSG, ZInsO 2009, 442 f. für die Haftung aus § 150 Abs. 4 SGB VII) und die **überwiegende Lit.** (MK-Brandes/Gehrlein § 93 Rn. 21; HK-Kayser § 93 Rn. 13 f.; K/P/B-Lüke § 93 Rn. 63–67; K. Schmidt-K. Schmidt § 93 Rn. 20 f.; Uhlenbruck-Hirte § 93 Rn. 17–19) lehnen dies ab und **beschränken § 93** auf die **akzessorische Gesellschafterhaftung** (ebenso ablehnend für Ansprüche gg. Gesellschafter wg. nicht abgeführter AN-Beiträge aus § 823 Abs. 2 BGB/§ 266a StGB AG Fulda, ZInsO 2013, 1001; a. A. AG Siegen, ZInsO 2012, 228; Kranz, ZInsO 2013, 1119, 1121 f.). 9

Dem ist für den **Bereich persönlicher Parallelsicherheiten zu widersprechen**. Denn diese gehen sachlich nicht über die ohnehin bestehende persönliche Haftung des Gesellschafters hinaus, sodass ihre Bestellung **allein** den Zweck verfolgen kann, im Insolvenzfall die Sperrwirkung des § 93 und die damit angestrebte Gläubigergleichbehandlung zu unterlaufen. Daher sind derartige Vereinbarungen als **unzulässige Umgehungsgeschäfte** bzw. **Vorrangvereinbarungen** zu werten, die eine **analoge** Anwendung von § 93 hierauf erforderlich machen (zutreffend Bork, NZI 2002, 362, 364 f.; Jaeger/Henckel/Gerhardt-Müller Bd. 2 § 93 Rn. 24 bis 27; Oepen, ZInsO 2002, 162, 168; Kesseler, 10

ZIP 2002, 1974, 1776 ff.; Häsemeyer, InsR, Rn. 31.20a; FK-App § 93 Rn. 4; HK-Eickmann, 4. Aufl., § 93 Rn. 4 m. w. N.; zur näheren Begründung s. 3. Aufl.).

11 Die **Praxis** wird sich jedoch an der (mittlerweile gefestigten) höchstrichterlichen Rspr. (vgl. Rdn. 9) orientieren, was oftmals zu einer **erheblichen Beeinträchtigung** der mit § 93 verfolgten Zielsetzungen führt (s. bereits Bork, Insolvenzrecht, S. 97, 109 m. w. N.). So lassen sich insb. die rechtlich beratenen Großgläubiger (z. B. Kreditinstitute) häufig zusätzliche Bürgschaften oder vergleichbare Verpflichtungen der Gesellschafter gewähren, um diese im Insolvenzfall möglichst schnell vor dem für die ungesicherten Kleingläubiger (z. B. Handwerker, Zulieferer) über § 93 »antretenden« Insolvenzverwalter durchzusetzen. Bei diesem Wettlauf hat der Insolvenzverwalter gravierende »Startnachteile« bereits dadurch, dass er erst das Insolvenzantragsverfahren und auch noch die Anmeldung der jeweiligen Gläubigerforderung zur Insolvenztabelle abwarten muss (Rdn. 33), bevor er mit der Haftungsrealisierung beginnen kann. Diese Konsequenzen werden zwar auch von der herrschenden Meinung eingeräumt und überwiegend kritisiert, aber unter Hinweis auf die Gesetzeslage hingenommen; insoweit sei der Gesetzgeber aufgefordert, Abhilfe zu schaffen. Als Ausweg wird auf die Möglichkeit einer Anfechtung der Bürgschaftsverpflichtung analog §§ 129 ff. verwiesen (MK-Brandes/Gehrlein § 93 Rn. 21; allgemein zur Anfechtung von Gesellschafterleistungen an den Gläubiger s. Rdn. 53).

b) Verbindlichkeiten der Gesellschaft

12 Fraglich ist, für welche Gesellschaftsverbindlichkeiten der Gesellschafter persönlich haftet. Da die persönliche Gesellschafterhaftung grds. nur dort gerechtfertigt erscheint, wo die Gesellschafter das Schicksal der Gesellschaft steuern können und ihnen auch die Erträge zufließen, ist es geboten, sie in der Insolvenz der Gesellschaft – im Wege teleologischer Reduktion der jeweiligen Haftungsnorm – nur auf solche Gesellschaftsverbindlichkeiten zu beziehen, deren **Rechtsgrund vor Verfahrenseröffnung** gelegt worden ist (sog. **Altverbindlichkeiten**; OLG Brandenburg, ZInsO 2007, 1155 f.; MK-Brandes/Gehrlein § 93 Rn. 7 f.; Uhlenbruck-Hirte § 93 Rn. 36 f.; K. Schmidt, ZHR 174 [2010], 163, 166 f., m. w. N.).

aa) Insolvenzforderungen (§ 38)

13 Eine Haftung des Gesellschafters für Insolvenzforderungen (§ 38) ist – vorbehaltlich der Nachhaftungsbegrenzung (Rdn. 21 ff.) – **unproblematisch** zu bejahen, weil diese vor Verfahrenseröffnung entstanden sind. Gleiches gilt, wenn der Insolvenzverwalter gem. § 103 Abs. 2 nicht die Erfüllung eines gegenseitigen Vertrages wählt und der Gläubiger sodann Schadensersatz verlangt (HK-Kayser § 93 Rn. 18; MK-Brandes/Gehrlein § 93 Rn. 8 m. w. N.). Auch hierfür bildet der vor Verfahrenseröffnung geschlossene Vertrag den Rechtsgrund.

bb) Masseverbindlichkeiten (§ 55)

14 Bei der Haftung des Gesellschafters für Masseverbindlichkeiten (zur diesbezüglichen teleologischen Reduktion von § 93 s. Rdn. 41 f.) ist hingegen zu **differenzieren** (a. A. noch K/P/B-Lüke [10/02] § 93 Rn. 27 ff.: Haftung für sämtliche Masseverbindlichkeiten wegen fehlender Kapitalsicherung in der Personengesellschaft; dagegen mit Recht Marotzke, DB 2013, 681 f.):

15 Soweit sich Masseverbindlichkeiten aus Geschäften oder Handlungen des Insolvenzverwalters (**§ 55 Abs. 1 Nr. 1**), eines sog. »starken« vorläufigen Insolvenzverwalters (**§§ 22 Abs. 1, 55 Abs. 2 Satz 1** – Vorverlegung der Eröffnungswirkungen) oder aus einer ungerechtfertigten Bereicherung der Insolvenzmasse (**§ 55 Abs. 1 Nr. 3**) ergeben, haftet der Gesellschafter hierfür aus den einleitend genannten Gründen **nicht**, vielmehr hat für diese Verbindlichkeiten allein die Insolvenzmasse einzustehen (BK-Blersch/v. Olshausen § 93 Rn. 3; Uhlenbruck-Hirte § 93 Rn. 37; HK-Kayser § 93 Rn. 23; K. Schmidt-K. Schmidt § 93 Rn. 16 m. w. N.; im Ergebnis überwiegend auch Jaeger/Henckel/Gerhardt-Müller Bd. 2 § 93 Rn. 32, 34 f.). Für die auf Rechtshandlungen des Insolvenzverwalters beruhenden Masseverbindlichkeiten (§ 55 Abs. 1 Nr. 1 Fall 1) leitet der **BGH** dieses Ergebnis bereits aus

der Beschränkung der Verpflichtungs-/Verfügungsmacht des Verwalters auf die Insolvenzmasse ab (BGH, ZInsO 2009, 2198, 2199 f. Rn. 11–18, m. w. N.).

Zu den Altverbindlichkeiten, für die der Gesellschafter **persönlich haftet**, gehören dagegen sämtliche aus **§ 55 Abs. 1 Nr. 2 und Abs. 2 Satz 2** resultierende Masseverbindlichkeiten, da deren Rechtsgrund – in Form des jeweiligen Vertragsschlusses – bereits vor Verfahrenseröffnung bzw. Bestellung eines »starken« vorläufigen Insolvenzverwalters nach § 22 Abs. 1 gelegt wurde (BK-Blersch/v. Olshausen § 93 Rn. 3; HK-Kayser § 93 Rn. 19; MK-Brandes/Gehrlein § 93 Rn. 11 f.; Zimmer, ZInsO 2011, 1081, 1084 f.; differenzierend K. Schmidt, ZHR 174 [2010], 163, 178 ff.; jeweils m. w. N.). Dies gilt auch für Erfüllungsansprüche aus einem gegenseitigen Vertrag, dessen **Erfüllung** der Verwalter nach **§ 103 gewählt** hat (MK-Brandes/Gehrlein § 93 Rn. 12; HK-Kayser § 93 Rn. 22; Jaeger/Henckel/Gerhardt-Müller Bd. 2 § 93 Rn. 36; K. Schmidt, a. a. O., S. 178), ebenso wie für nach Verfahrenseröffnung entstandene Verbindlichkeiten aus zuvor abgeschlossenen **Dauerschuldverhältnissen** (Miet-, Pacht-, Arbeits-, Dienstverträgen; § 108) oder Sukzessivlieferungsverträgen, die den Gesellschafter ungeachtet des Zeitablaufes nach Verfahrenseröffnung treffen (HK-Kayser, § 93 Rn. 19; MK-Brandes/Gehrlein, § 93 Rn. 11; Jaeger/Henckel/Gerhardt-Müller Bd. 2 § 93 Rn. 37; a. A. Marotzke, ZInsO 2013, 681, 685–688: Begrenzung des haftungsrelevanten Vertragszeitraums analog § 160 HGB und anhand der dazu früher vom BGH vertretenen sog. »Kündigungstheorie«; vgl. dazu Rdn. 23). Gleiches gilt für im Eröffnungsverfahren – im Rahmen der sog. »schwachen« vorläufigen Insolvenzverwaltung nach § 22 Abs. 2 (sonst: § 55 Abs. 2 Satz 1) – begründete Steuerforderungen, auch wenn diesen von **§ 55 Abs. 4** neuerdings Masseschuldcharakter zugewiesen wird (ausführl. Zimmer, ZInsO 2011, 1081, 1086 ff. – auch auf etwaigen Vorrang von §§ 69, 34 AO, vgl. Rn. 9, sowie BFH, ZInsO 2011, 283 ff. hinweisend).

Auch haftet der Gesellschafter für Masseverbindlichkeiten aus einem **Sozialplan** (vgl. § 123 Abs. 2), soweit diese ihre Wurzeln in den jeweils vor Verfahrenseröffnung geschlossenen Arbeitsverträgen haben und der Insolvenzverwalter mit dem Sozialplan lediglich Pflichten erfüllt, die der Arbeitgeber bei Betriebsstilllegung auch zu erfüllen gehabt hätte (MK-Brandes/Gehrlein § 93 Rn. 11; HK-Kayser § 93 Rn. 21; BK-Blersch/v. Olshausen § 93 Rn. 3 m. w. N.; a. A. Uhlenbruck-Hirte § 93 Rn. 37; Jaeger/Henckel/Gerhardt-Müller Bd. 2 § 93 Rn. 42). **Anderes** gilt nach der Rspr. des BAG (ZIP 1992, 1554, 1555 f.) für den bei Aufstellung des Sozialplans bereits **ausgeschiedenen** bzw. (bei OHG und KG) in die Kommanditistenstellung gewechselten persönlich haftenden Gesellschafter.

cc) Speziell: Verfahrenskosten (§ 54)

Umstritten ist, ob der Gesellschafter auch für die **Verfahrenskosten** gem. § 54 (= Gerichtskosten, Vergütungen/Auslagen des Verwalters und der Mitglieder des Gläubigerausschusses) haftet. Zwar beruht die Verfahrenseröffnung und damit der Anfall der Verfahrenskosten auf der bereits zuvor eingetretenen Insolvenzreife der Gesellschaft; diese bildet aber nicht den **Rechtsgrund**, sondern lediglich eine **tatsächliche Voraussetzung** hierfür (vgl. insoweit Rdn. 12). Deshalb haftet der Gesellschafter für diese verfahrensimmanenten Kosten **nicht** (ganz h. M.; **BGH**, ZInsO 2009, 2198, 2200 ff. Rn. 19 ff. [28] m. w. N.: Vor allem gingen §§ 26 Abs. 1 Satz 1; 207 Abs. 1 Satz 1 von einer Haftung allein der »künftigen Masse« aus – Rn. 21; MK-Brandes/Gehrlein § 93 Rn. 10; HK-Kayser § 93 Rn. 24; BK-Blersch/v. Olshausen § 93 Rn. 3; K. Schmidt-K. Schmidt § 93 Rn. 16 m. w. N.; a. A. für Gerichtskosten sowie Vergütung und Auslagen des Verwalters: Jaeger/Henckel/Gerhardt-Müller Bd. 2, § 93 Rn. 43–46; insgesamt für Kostenhaftung: Berger, EWiR 2009, 775, 776). Auch sollte der Gesellschafter nach dem Willen des Gesetzgebers durch § 93 nicht schlechter gestellt werden, als er nach bisherigem Recht stand (vgl. Begr. RegE BT-Drucks. 12/2443 S. 140). Dem steht auch ein Vergleich mit der Haftung der Gesellschafter für Kosten im Rahmen einer »gewöhnlichen« Liquidation nicht entgegen, da jene Kosten mit denen eines Insolvenzverfahrens nicht vergleichbar sind (zust. BGH, ZInsO 2009, 2198, 2202 Rn. 27 m. w. N.). Auch wäre insoweit konsequenterweise stets zwischen fortführungsbedingten (z. B. Vergütungszuschläge des Verwalters für Betriebsfortführung) und liquidationsbedingten Verfahrenskostenanteilen (z. B. Vergütung für

Verwertungsmaßnahmen) zu unterscheiden, wodurch zahllose Differenzierungen erforderlich würden und oftmals kaum lösbare Abgrenzungsschwierigkeiten entstünden (zust. BGH a. a. O.).

19 Scheidet eine materielle Haftung des Gesellschafters für die Verfahrenskosten danach aus, bedeutet dies – mit Blick auf das Einzugsrecht des Verwalters gegenüber dem Gesellschafter aus § 93 (dazu Rdn. 31) – jedoch **nicht** gleichzeitig, dass der **Insolvenzantrag gem. § 26 abzuweisen** ist, wenn sich die Verfahrenskosten nicht bereits aus dem Vermögen der Gesellschaft aufbringen lassen (AG Hamburg, ZInsO 2007, 1283; MK-Brandes/Gehrlein § 93 Rn. 10; Pohlmann, ZInsO 2008, 21 ff.; Heitsch, ZInsO 2008, 793, 794 f.; Schaltke, ZInsO 2010, 1249, 1252 ff.; Uhlenbruck-Hirte § 93 Rn. 37; Gottwald-Haas/Vogel, InsRHdb, § 94 Rn. 35; K. Schmidt-K. Schmidt § 93 Rn. 42; ders., KTS 2011, 161, 168; NR-Wittkowski/Kruth, § 93 Rn. 6a; HK-Kirchhof § 26 Rn. 7 m w. N.; MK-Haarmeyer § 26 Rn. 21; ebenso oben § 26 Rdn. 9 f.; wohl auch Runkel/J. Schmidt, ZInsO 2007, 578, 579; wie selbstverständlich Fuchs, ZIP 2000, 1089, 1093; ebenso zu § 92: Jaeger/Henckel/Gerhardt-Müller Bd. 2 § 92 Rn. 21 m. w. N.; einschränkend Marotzke, ZInsO 2008, 57, 62 ff.: Abweisung, wenn Verfahrenseröffnung auch bei Heranziehung von max. 9 % der vom Gesellschafter voraussichtlich zu erwartenden Mittel nicht gedeckt ist, arg. §§ 170, 171; abl. Ries, NZI 2009, 844, 845; ausdrücklich **offengelassen** in **BGH**, ZInsO 2009, 2198, 2202 Rn. 25). Denn mit § 93 wollte der **Gesetzgeber** gerade verhindern, dass der Antrag auf Eröffnung des Insolvenzverfahrens über das Gesellschaftsvermögen mangels Masse gem. § 26 abgewiesen werden muss, obwohl ein persönlich haftender Gesellschafter über ausreichendes Vermögen verfügt (Begr. RegE BT-Drucks. 12/2443 S. 140; dagegen BK-Blersch/v. Olshausen § 93 Rn. 3, S. 5). Diese gesetzgeberische Zielsetzung, aus der teilweise sogar die materiellrechtliche Haftung des Gesellschafters für den Großteil der Verfahrenskosten abgeleitet wird (so etwa Jaeger/Henckel/Gerhardt-Müller Bd. 2 § 93 Rn. 43), lässt sich nicht als »Nebenzweck« des § 93 oder bloße »Hoffnung« des Gesetzgebers abwerten (so aber Marotzke, ZInsO 2008, 57, 59, 60 ohne Begr.); vielmehr handelt es sich um einen gleichrangigen Normzweck (weiter gehend Brinkmann, ZGR 2003, 264: Hauptzweck), der in der **höchstrichterlichen Rspr.** auch ernst genommen und bei der Auslegung und Anwendung von § 93 maßgebend zugrunde gelegt wird (vgl. etwa BGHZ 178, 171, 174 = ZInsO 2008, 1275, 1276; BAG, ZIP 2008, 846, 848). Insoweit hat der BGH – durch bewusste wörtliche Übernahme der gesetzgeberischen Begr. (vgl. BGH a. a. O., Rn. 11 a. E.: »wird«) – deutlich signalisiert, dass sich diese Zielsetzung des Gesetzgebers auch verwirklichen lassen wird (vgl. auch HK-Kayser § 93 Rn. 1: »leistet zugleich einen Beitrag zur Verhinderung der Masseamut«; vgl. aber auch BGH, ZInsO 2009, 2198, 2201 Rn. 21).

19a **Rechtstechnisch** lässt sich dieses Ergebnis – aufgrund eines naheliegenden redaktionellen Versehens des Gesetzgebers – mit einer am Normzweck von §§ 26, 93 orientierten weiten Auslegung des Begriffs »Vermögen des Schuldners« in § 26 Abs. 1 bzw. einer teleologischen Reduktion dieser Vorschrift begründen (ausführl. Pohlmann, ZInsO 2008, 21, 22; dem steht auch BGH, ZInsO 2009, 2198, 2201 Rn. 21 nicht entgegen). Das AG Hamburg (ZInsO 2007, 1283) stützt sich darüber hinaus auf das eröffnungsfreundliche Regelungssystem der InsO sowie eine zugunsten der Ordnungsfunktion des Insolvenzverfahrens ausgehende Abwägung mit den Interessen der Sondermasse-Gläubiger (zu diesem Begriff Rdn. 75), die mit dieser Auslegung übrigens in mehrfacher Hinsicht ganz maßgeblich mitbedient werden (darauf hinweisend Pohlmann, ZInsO 2008, 21, 23). Für diese Auslegung spricht i. Ü. auch, dass zwischen den Insolvenzgläubigern und den Sondermasse-Gläubigern (Rdn. 75 ff.) auch in umgekehrter Richtung eine »Solidargemeinschaft« besteht, wenn nämlich ein gegen einen Gesellschafter anstehender Haftungsrechtsstreit über § 93 mit Mitteln der »regulären« Insolvenzmasse »vorfinanziert« werden muss, weil dem Insolvenzverwalter bei Vorliegen hinreichender »regulärer« Insolvenzmasse für einen solchen Rechtsstreit keine PKH gewährt werden dürfte.

20 Auch wenn der Gesellschafter nicht für die Verfahrenskosten haftet (dazu Rdn. 18), ist der vorgenannte Normzweck des § 93 (Rdn. 19) dadurch umzusetzen, dass dem **Insolvenzverwalter gestattet** wird, die Verfahrenskosten – notfalls in voller Höhe – aus den über § 93 vom Gesellschafter eingezogenen Mitteln **vorab zu entnehmen**, damit das **Insolvenzverfahren eröffnet** werden kann (ausdrücklich jeweils AG Hamburg, ZInsO 2007, 1283; MK-Brandes/Gehrlein § 93 Rn. 10; Pohlmann, ZInsO 2008, 21 ff.; Heitsch, ZInsO 2008, 793, 794 f.; Schaltke, ZInsO 2010, 1249, 1252 ff.; NR-Wittkowski/Kruth, § 93 Rn. 6a; Uhlenbruck-Hirte § 93 Rn. 37: wenn nach Einschätzung des Verwalters »deren spätere Zuführung in die zu bildende Sondermasse dadurch nur aufgeschoben wird«; sympathisierend Runkel/J. Schmidt, ZInsO 2007, 578, 579; in der Konsequenz auch K. Schmidt, Kirchhof, Haarmeyer, Haas/Vogel jeweils a. a. O. [s. Rdn. 19]; vgl. auch Fuchs, ZIP 2000, 1089, 1093; einschränkend Marotzke, ZInsO 2008, 57, 62 ff.: lediglich max. 9 % der vom Gesellschafter voraussichtlich zu erwartenden Mittel, arg. §§ 170, 171, es sei denn, die Sondermasse-Gläubiger stimmen zu; vgl. auch BK-Blersch/v. Olshausen § 93 Rn. 3, Fn. 20: »bedenkenswert«; ablehnend insges. wohl Bork, Kölner Schrift zur InsO, S. 1021 ff. Rn. 25; ders. Insolvenzrecht, S. 97, 101, dort in Fn. 15; ausdrücklich offengelassen in BGH, ZInsO 2009, 2198, 2202 Rn. 25).

Da die vom Gesellschafter über § 93 erlangten Mittel jedoch an sich nur denjenigen Gläubigern zur Verfügung stehen sollen, denen der Gesellschafter auch materiell haftet (dazu Rdn. 80 f.), hat der Insolvenzverwalter die **in der Sondermasse** so entstandene **Lücke** unverzüglich mit Mitteln der »regulären« Insolvenzmasse wieder **aufzufüllen** (MK-Brandes/Gehrlein § 93 Rn. 10; Pohlmann, ZInsO 2008, 21, 24; a. A. Schaltke, ZInsO 2010, 1249, 1254 f.: wegen Kostenverantwortung der Haftungsgläubiger – je nach Verhältnis Masse/Sondermasse – nur quotale Auffüllung; zust. NR-Wittkowski/Kruth, § 93 Rn. 6a; Gottwald-Haas/Vogel, InsRHdb, § 94 Rn. 83: generell keine Auffüllung). Gelingt ihm dies nicht, bleibt es bei dieser Lücke in der Sondermasse, zumal wegen des in § 93 formulierten Handlungsauftrages und des hierauf gestützten Eröffnungsbeschlusses auch eine Haftung des Insolvenzverwalters – gerichtet auf Wiederauffüllung der Sondermasse – ausscheiden dürfte (Pohlmann, ZInsO 2008, 21, 24; i. E. wohl auch MK-Brandes/Gehrlein § 93 Rn. 10 a. E.; zweifelnd Runkel/J. Schmidt, ZInsO 2007, 578, 579; einschränkend Marotzke, ZInsO 2008, 57, 62 ff.: keine Haftung für Entnahme bis zur Höhe von 9 % der vom Gesellschafter erlangten Mittel, arg. §§ 170, 171, darüber hinaus Haftung nach §§ 60, 61 bei Annahme eines »Darlehensmodells«). Denn wurde das Insolvenzverfahren eröffnet und damit die oben erörterte – und in diesen Fallgestaltungen zentrale – Fragestellung im Rahmen von § 26 Abs. 1 entschieden, hat der Verwalter seine an diese Entscheidung anknüpfenden gesetzlichen Aufgaben zu erfüllen, nämlich u. a. die persönliche Gesellschafterhaftung über § 93 geltend zu machen (vgl. Rdn. 31) und die ausgelösten Kosten des Verfahrens – vorrangig (§ 209 Abs. 1 Nr. 1) – zu bezahlen (anderenfalls wäre das Insolvenzverfahren gem. § 207 mangels Masse gleich wieder einzustellen). Da der Gesellschafter durch seine Leistung in entsprechendem Umfang ggü. seinen Haftungsgläubigern frei wird (MK-Brandes/Gehrlein § 93 Rn. 10 a. E.), erleidet er durch die spätere interne Verwendung der von ihm geleisteten Mittel im Insolvenzverfahren keinen Nachteil. 20a

c) Haftung ausgeschiedener Gesellschafter

§ 93 ist auch auf die Gesellschafterhaftung **ausgeschiedener Gesellschafter** anzuwenden, soweit diese den Gläubigern für die z. Zt. ihres Ausscheidens »begründeten« Verbindlichkeiten in bestimmtem zeitlichen Umfang persönlich nachhaften (vgl. § 160 HGB, § 736 BGB; BGH, ZInsO 2009, 101; OLG Hamm, ZIP 2007, 1233, 1238; Jaeger/Henckel/Gerhardt-Müller Bd. 2 § 93 Rn. 20 m. w. N.). Auch hier besteht das Bedürfnis, einen Wettlauf der betroffenen (Alt-) Gläubiger auf diese zusätzliche Haftungsmasse des nachhaftenden Gesellschafters zu verhindern. Aus denselben Gründen gilt dies ebenso für die Haftung des **in die Kommanditistenstellung zurückgetretenen Gesellschafters** einer OHG oder KG, da auch dieser für die z. Zt. der Eintragung seines Wechsels in das Handelsregister (ausdrücklich § 160 Abs. 3 HGB) »begründeten« Verbindlichkeiten in bestimmtem zeitlichen Umfang persönlich nachhaftet (ausdrücklich jetzt auch BGH a. a. O.). 21

Betrifft die Nachhaftung – wie rgm. – nur einen Teil der Gläubiger (sog. Altgläubiger), so ist aus den vom jeweiligen Gesellschafter hierüber erlangten Beträgen zugunsten dieser Gläubiger eine **Sondermasse** zu bilden (ausdrücklich BGH, ZInsO 2009, 101, 102; K/P/B-Lüke § 93 Rn. 78; Uhlenbruck-Hirte § 93 Rn. 10, 31 m. w. N.; vgl. auch Rdn. 75 ff.). 22

§ 93 InsO Persönliche Haftung der Gesellschafter

23 Die Nachhaftung für Verbindlichkeiten speziell aus **Dauerschuldverhältnissen** hat dadurch an **Bedeutung gewonnen**, dass es für deren »Begründetheit« i. S. d. § 160 HGB (ggf. i. V. m. § 736 Abs. 2 BGB) nach geänderter Rspr. (BGH, NJW 2000, 208, 209 f.; BAG, NJW 2004, 3287, 3288 m. w. N.; OLG Hamm, ZIP 2007, 1233 m. w. N.) ausreicht, wenn ihr **Rechtsgrund** – in Form des Vertragsschlusses – vor dem jeweiligen Nachhaftungsstichtag (§ 160 Abs. 1, 3 HGB) angelegt war, und es nicht darauf ankommt, ob die Forderung erst später entstanden ist und wann das Dauerschuldverhältnis (erstmals) hätte gekündigt werden können. Daher können bei mehrjährigem Weiterlaufen von Dauerschuldverhältnissen (insb. Miet-, Pacht- und Arbeitsverträge) nach diesem Stichtag ganz erhebliche Forderungsbeträge auflaufen, für die der Insolvenzverwalter den nachhaftenden Gesellschafter im zeitlichen Rahmen des § 160 HGB (ggf. i. V. m. § 736 Abs. 2 BGB) über § 93 heranziehen kann.

d) Zeitpunkt der Gesellschafterstellung

24 § 93 greift solange ein, wie die persönliche Haftung des Gesellschafters für Altverbindlichkeiten andauert (K/P/B-Lüke § 93 Rn. 33 m. w. N.). Der Insolvenzverwalter ist somit auch dann zur Geltendmachung der Gesellschafterhaftung befugt, wenn diese nach erfolgter Umwandlung einer dem Anwendungsbereich des § 93 unterfallenden Gesellschaft in eine andere Rechtsform (z. B. in eine Kapitalgesellschaft; § 224 Abs. 1 UmwG) fortdauert (OLG Schleswig, ZInsO 2004, 1086; Uhlenbruck-Hirte § 93 Rn. 11; BK-Blersch/v. Olshausen § 93 Rn. 2; jeweils m. w. N.; so bereits zu § 171 Abs. 2 HGB: BGHZ 112, 31, 32 ff.).

II. Rechtsfolgen

25 § 93 bewirkt, dass die Gläubiger die persönliche Gesellschafterhaftung für die Dauer des Insolvenzverfahrens nicht mehr selbst geltend machen können (sog. **Sperrwirkung**) und dieses Recht in jenem Zeitraum allein dem Insolvenzverwalter zugewiesen ist (sog. **Ermächtigungswirkung**).

1. Sperrwirkung

a) Rechtsstellung des Gläubigers

26 Nach § 93 **verliert** der Gläubiger für die Dauer des Insolvenzverfahrens die **Einziehungs- und Prozessführungsbefugnis** für seinen unter die Vorschrift fallenden (dazu Rdn. 4 ff.) Haftungsanspruch gegen den Gesellschafter, während ihm die materielle **Rechtsinhaberschaft** hierüber **verbleibt** (BGH, ZInsO 2012, 1587, 1588; ZInsO 2007, 35, 36; BAG, ZIP 2008, 846, 848; Uhlenbruck-Hirte § 93 Rn. 3, 6 m. w. N.). Darüber hinaus behält der Gläubiger auch die volle **Verfügungsbefugnis** über die Haftungsforderung (Uhlenbruck-Hirte § 93 Rn. 6; BK-Blersch/v. Olshausen § 93 Rn. 6; jeweils m. w. N.; vgl. auch Begr. RegE BT-Drucks. 12/2443 S. 140, wonach der Gläubiger aufrechnen können soll). Ein vom Gläubiger ausgesprochener **Verzicht** auf die Gesellschafterhaftung bindet den Verwalter, ist aber für die übrigen Gläubiger auch nicht nachteilhaft, da der verzichtende Gläubiger im Umfang seines Verzichts an der Ausschüttung der von diesem Gesellschafter über § 93 anderweitig erlangten Mittel – auf seine etwa weiterhin zur Insolvenztabelle der Gesellschaft angemeldete Forderung – **nicht** beteiligt wird (MK-Brandes/Gehrlein § 93 Rn. 15; Uhlenbruck-Hirte, BK-Blersch/v. Olshausen, jeweils a. a. O. m. w. N.). Ein schützenswertes Bedürfnis, dem Gläubiger einen Haftungsverzicht ggü. dem Gesellschafter nur über einen Verzicht auch auf die dieser akzessorischen Haftung zugrunde liegende Forderung gegen die Gesellschaft zu gestatten (so Jaeger/Henckel-Gerhardt-Müller Bd. 2 § 93 Rn. 53; HK-Kayser § 93 Rn. 33), ist nicht erkennbar, weshalb ein solcher (»isolierter«) Haftungsverzicht zuzulassen ist (ebenso K/P/B-Lüke § 93 Rn. 49 f., 94). Dass der Gläubigerverzicht im Einzelfall dazu führen kann, dass das Verfahren mangels Kostendeckung nicht eröffnet werden kann und sich die Zwecke des § 93 insoweit nicht umsetzen lassen (vgl. dazu Rdn. 19 f.), rechtfertigt es nicht, dem Gläubiger seine Verfügungsbefugnis über die Haftungsforderung zu entziehen (Fuchs, ZIP 2000, 1089, 1093 f.; **a. A.** Jaeger/Henckel-Gerhardt-Müller Bd. 2 § 93 Rn. 53 unter Hinweis auf die »masseanreichernde Funktion des § 93«).

Die Sperrwirkung des § 93 bezieht sich ihrem Sicherungs- und Ordnungszweck entsprechend auf **sämtliche** betroffene **Gläubiger**, unabhängig davon, ob diese am Insolvenzverfahren teilnehmen oder nicht (MK-Brandes/Gehrlein § 93 Rn. 13; HK-Kayser § 93 Rn. 25 m. w. N.). 27

b) Schutz des Gläubigers

Ist der Gläubiger danach an der Geltendmachung seines Anspruchs gehindert und verzögert oder unterlässt der Insolvenzverwalter die Rechtsdurchsetzung i. R. d. ihm nach § 93 allein zustehenden Einziehungs- und Prozessführungsbefugnis (Rdn. 31), ist der Gläubiger zunächst auf **haftungsrechtlicher** Ebene über § 60 geschützt. 28

Ihm droht jedoch auch in **verjährungsrechtlicher** Hinsicht grds. keine Gefahr, da die Anmeldung seiner (Haupt-) Forderung im Insolvenzverfahren der Gesellschaft deren Verjährung gem. § 204 Abs. 1 Nr. 10 BGB hemmt und sich dies der Gesellschafter, der der Gesellschaft bei Eintritt der Hemmung angehört, über § 129 Abs. 1 HGB entgegenhalten lassen muss (Baumbach/Hopt-Hopt § 129 HGB Rn. 2, 6; MK-HGB-K. Schmidt § 129 Rn. 8 m. w. N.; vgl. auch K/P/B-Lüke § 93 Rn. 56 f.). Die Einleitung verjährungshemmender Schritte ist hier allenfalls im Hinblick auf die Fünfjahresfrist aus §§ 159 Abs. 1, 131 Abs. 1 Nr. 3 HGB erforderlich. 29

Beim **ausgeschiedenen** oder in die Kommanditistenstellung zurückgetretenen persönlich haftenden **Gesellschafter** ist jedoch zu beachten, dass der Ablauf der Nachhaftungsfristen des § 160 Abs. 1, 3 HGB (i. V. m. § 736 Abs. 2 BGB) eine **persönliche** Einwendung des Gesellschafters begründet, die vom Einwendungsausschluss des § 129 Abs. 1 HGB **nicht** erfasst ist (Hopt, K. Schmidt, jeweils a. a. O. m. w. N.). Ihm ggü. bedarf es daher über § 160 Abs. 1 Satz 3 HGB (grds.) der **rechtzeitigen Einleitung** der in § 204 BGB aufgeführten **Maßnahmen** (näher MK-HGB-K. Schmidt § 160 Rn. 28 f.) durch den Verwalter. Dabei ist jedoch zu berücksichtigen, dass es sich bei den in § 160 HGB geregelten Nachhaftungsfristen nicht um Verjährungsfristen, sondern um materiellrechtliche **Ausschlussfristen** handelt, auf die die verjährungsrechtlichen Regelungen des BGB nur über die Einzelverweisung in § 160 Abs. 1 Satz 3 HGB zur Anwendung kommen. Da dort die Hemmungsnorm des § 203 BGB nicht aufgeführt ist, können **Verhandlungen** zwischen Gläubiger bzw. Insolvenzverwalter und Gesellschafter die Entstehung der Präklusionseinwendung aus § 160 HGB **nicht** verhindern. Dies ist aufgrund des nach herrschender Meinung dispositiven Charakters der Norm aber durch eine ausdrückliche **Vereinbarung** (nicht: einseitiger »Einredeverzicht«) zwischen ihnen dahin möglich, dass die Wirkungen des § 160 HGB mit Fristablauf nicht eintreten sollen (MK-HGB-K. Schmidt § 160 Rn. 16 m. w. N.: Schriftform erforderlich; Baumbach/Hopt-Hopt § 160 HGB Rn. 8: auch mündlich). 30

▶ Hinweis:

Bei der Inanspruchnahme ausgeschiedener Gesellschafter hat der Insolvenzverwalter zu beachten, dass die Präklusionswirkung des § 160 HGB (grds.) nur durch die rechtzeitige Einleitung der verjährungshemmenden Maßnahmen aus § 204 BGB verhindert werden kann, wobei Verhandlungen i. S. d. § 203 BGB den Lauf der Präklusionsfristen nicht »hemmen« und die Prolongation dieser Fristen eine Vereinbarung (!) mit dem Gesellschafter voraussetzt (näher Rdn. 30).

2. Ermächtigungswirkung

a) Rechtsstellung des Insolvenzverwalters

Nach § 93 ist der Insolvenzverwalter für die Dauer des Insolvenzverfahrens ermächtigt, die unter die Vorschrift fallenden (dazu Rdn. 4 ff.) Haftungsansprüche der Gläubiger kraft eigenen Rechts im eigenen Namen **treuhänderisch** einzuziehen und prozessual geltend zu machen; er erhält insoweit die **Einziehungs- und Prozessführungsbefugnis**, nicht jedoch die materielle **Rechtsinhaberschaft**, die beim jeweiligen Gläubiger verbleibt (BGH, ZInsO 2012, 1587, 1588; ZInsO 2008, 1275; BAG, ZIP 2008, 846, 848; Uhlenbruck-Hirte § 93 Rn. 3). Zahlt der Gesellschafter hierauf an den Insolvenzverwalter, bringt er damit konkrete Gläubigerforderungen zum Erlöschen (BGH, ZInsO 31

2012, 1587, 1588; ZInsO 2007, 35, 36; jeweils m. w. N.). § 93 regelt somit **keine Legalzession** (statt aller K/P/B-Lüke § 93 Rn. 51). Aus der Ermächtigung des § 93 ergibt sich spiegelbildlich eine **Verpflichtung** des Insolvenzverwalters, das Bestehen einer Gesellschafterhaftung und die Möglichkeiten ihrer Realisierung zu prüfen und unter sachgerechter Abwägung der Prozessrisiken und Vollstreckungsaussichten ggf. auch klageweise geltend zu machen (näher Rdn. 62 f.).

32 Sperr- und Ermächtigungswirkung greifen auch dann ein, wenn nach den vorliegenden Erkenntnissen das Vermögen des Gesellschafters für alle seine Haftungsgläubiger **ausreicht** oder nur ein **einziger Haftungsgläubiger** vorhanden ist, mit einem Wettlauf der Gläubiger also nicht gerechnet wird; denn diese Annahmen könnten sich im Nachhinein allzu leicht als unzutreffend herausstellen (MK-Brandes/Gehrlein § 93 Rn. 14 m. w. N.).

33 Dabei bezieht sich die Ermächtigungswirkung – **anders** als die Sperrwirkung (Rdn. 27) – nur auf die Forderungen der am Insolvenzverfahren **teilnehmenden** Gläubiger (MK-Brandes/Gehrlein § 93 Rn. 14; HK-Kayser § 93 Rn. 31; vgl. auch BGH, ZInsO 2009, 101, 102), Denn die über § 93 eingezogenen Vermögenswerte werden auch nur unter diesen verteilt (dazu näher Rdn. 80 f.).

b) »Geltendmachung« der Forderungen

aa) Klage bzw. Anmeldung zur Insolvenztabelle

34 Der Insolvenzverwalter macht die Gesellschafterhaftung nach § 93 geltend, indem er den Gesellschafter zur Zahlung an sich als Insolvenzverwalter auffordert und ihn bei Weigerung gerichtlich in Anspruch nimmt (näher Rdn. 55 ff., 83 f.). Ist auch über das Vermögen des Gesellschafters das Insolvenzverfahren eröffnet, meldet der Insolvenzverwalter die Ansprüche der Haftungsgläubiger zur dortigen Insolvenztabelle an (näher Rdn. 64 ff.).

bb) Vergleich/Freigabe durch den Insolvenzverwalter

35 Die dem Insolvenzverwalter durch § 93 eingeräumte Einziehungsbefugnis umfasst auch die **Möglichkeit**, mit dem Gesellschafter einen **Vergleich** über die Forderung(en) zu schließen und sie dem Gesellschafter insofern auch teilweise zu erlassen, sofern dies nicht objektiv dem Insolvenzzweck zuwiderläuft und der Abschluss im gemeinsamen Gläubigerinteresse geboten ist (ausdrücklich BAG, ZIP 2008, 846, 848 f.; K/P/B-Lüke § 93 Rn. 52–54; HK-Kayser § 93 Rn. 32; MK-Brandes/Gehrlein § 93 Rn. 14; Jaeger/Henckel/Gerhardt-Müller Bd. 2 § 93 Rn. 52; Krüger, NZI 2002, 367, 369 f.; K. Schmidt-K. Schmidt § 93 Rn. 30 m. w. N.; allgemein **a. A.** Fuchs, ZIP 2000, 1089, 1093 f.; Klinck, NZI 2008, 349, 350 f.; Uhlenbruck-Hirte § 93 Rn. 6). Nur so ist oftmals überhaupt in vertretbarem Zeitrahmen eine erfolgreiche Durchsetzung jedenfalls eines angemessenen Teils der Forderung möglich. Der Vergleichsschluss und der darin liegende Teilverzicht sind daher als notwendiger Teil der »**Geltendmachung**« der Forderung i. S. d. § 93 anzusehen. Die Gläubiger sind durch die Verwalterhaftung aus § 60 ausreichend geschützt (ebenso BAG, ZIP 2008, 846, 849; K/P/B-Lüke § 93 Rn. 53 m. w. N.). Will der Verwalter einen Vergleich in erster Linie auf **wirtschaftliche** Gründe stützen, was aus Zweckmäßigkeitserwägungen geboten sein kann (vgl. BAG, ZIP 2008, 846, 848), sollte er zur Vermeidung seiner Haftung zuvor auf einer umfassenden Darlegung der wirtschaftlichen Verhältnisse des Haftenden bestehen, sich behauptete Belastungen im Einzelnen nachweisen lassen und bei Vorhandensein werthaltigen Vermögens eine sorgfältige Einschätzung über den im Wege der Zwangsvollstreckung voraussichtlich erzielbaren Erlös vornehmen (BAG, ZIP 2008, 846, 849). Darüber hinaus vermeidet der Verwalter unnötige Haftungsrisiken, wenn er von den Gläubigern, über deren Forderungen (vgl. Rdn. 26, 31) er sich vergleichen will, auf der Grundlage ordnungsgemäßer Information über die Erfolgs- und Vollstreckungsrisiken die Zustimmung zu dem angestrebten Vergleich einholt (zutreffend insoweit Klinck, NZI 2008, 349, 351). Je nach den Auswirkungen des Vergleichsschlusses auf die Gesamtgläubigerschaft (Umfang der Passivmasse, Prozesskosten; vgl. Rdn. 75 ff.) kann die Zustimmung der Gläubigerversammlung bzw. des Gläubigerausschusses hierzu nach § 160 einzuholen sein.

Dass dem Gläubiger die materiell-rechtliche Verfügungsbefugnis verbleibt (Rdn. 26), ist dabei **36** **unschädlich** (ebenso BAG, ZIP 2008, 846, 849; BK-Blersch/v. Olshausen § 93 Rn. 6 m. w. N.; a. A. Klinck, NZI 2008, 349, 350 f.). So kann etwa auch der Rechtsvorgänger i. R. d. § 265 Abs. 2 ZPO nach Veräußerung der Streitsache nach ganz herrschender Meinung wirksam einen (Prozess-) Vergleich schließen, der den Rechtsnachfolger als verfügungsbefugten Rechtsinhaber prozessual und materiell bindet (BGH, NJW-RR 1987, 307; MK-ZPO-Lüke § 265 Rn. 75; Rosenberg/Schwab/ Gottwald, Zivilprozessrecht, § 99 Rn. 16; Thomas/Putzo-Reichold § 265 ZPO Rn. 12; Schellhammer, Zivilprozess, Rn. 1220; bestätigend BAG a. a. O.).

Ebenfalls sollte dem Verwalter eine **Freigabe** des einzelnen Anspruchs an den jeweiligen Gläubiger **37** unter denselben Voraussetzungen und mit denselben Folgen wie i. R. d. § 92 (dort Rdn. 35 m. w. N.) möglich sein (vgl. HK-Kayser § 93 Rn. 32; Uhlenbruck-Hirte § 93 Rn. 6; **a. A.** insoweit BGH, ZIP 2008, 364, 369 durch ausdrückliche Bezugnahme auf OLG Dresden, ZIP 2005, 1680, 1682 ff. – dort auf S. 1683: bloße Möglichkeit der Ermächtigung zur Prozessführung in gewillkürter Prozessstandschaft auf Leistung an den Insolvenzverwalter; ebenso Jaeger/Henckel/Gerhardt-Müller Bd. 2 § 93 Rn. 55; K. Schmidt-K. Schmidt § 93 Rn. 32; dazu näher unter Rdn. 83; vgl. auch BAG, ZIP 2008, 846, 849).

c) Kompetenzen bei Eigenverwaltung

Im Verfahren der Eigenverwaltung nach §§ 270 ff. werden die Verwaltungskompetenzen zwischen **38** Schuldner und Sachwalter aufgeteilt. Die Geltendmachung der Gesellschafterhaftung gem. § 93 ist in § 280 **allein** dem **Sachwalter** zugewiesen (näher Uhlenbruck-Uhlenbruck § 280 Rn. 2 f.).

3. Dauer der Sperr- und Ermächtigungswirkung

Die Wirkungen des § 93 reichen **von der Eröffnung bis zur Beendigung des Insolvenzverfahrens** **39** und beruhen auf der Bindungswirkung des Eröffnungsbeschlusses (OLG Hamm, ZIP 2007, 1233, 1236). Eine generelle **analoge** Anwendung von § 93 im **Eröffnungsverfahren** scheidet wegen des gerade in zeitlicher Hinsicht klaren Wortlauts der Norm (»während der Dauer des Insolvenzverfahrens«) sowie der unterschiedlichen Normzwecke von §§ 21, 22 einerseits (Vermögenssicherung) und § 93 andererseits (Vermögensverwertung durch Haftungsrealisierung) – auch im Verfahren der »starken« vorläufigen Insolvenzverwaltung nach § 22 Abs. 1 (a. A. Jaeger/Henckel/Gerhardt-Müller Bd. 2 § 93 Rn. 6) – **aus** (ebenso BK-Blersch/v. Olshausen § 93 Rn. 2; K. Schmidt-K. Schmidt § 93 Rn. 13; K/P/B-Lüke § 93 Rn. 37 m. w. N.; ebenso zu § 92: Uhlenbruck-Hirte § 92 Rn. 4). Zur singulären analogen Anwendung der **Ermächtigungswirkung** von § 93 auf das **Anfechtungsrecht** s. jedoch Rdn. 53.

Mit Blick auf die **Sperrfunktion** des § 93 lässt sich allenfalls überlegen, ob dem Insolvenzgericht **40** **analog** § 21 Abs. 2 Nr. 3 die Befugnis einzuräumen ist, den Gläubigern für die Dauer des Eröffnungsverfahrens ein **Zwangsvollstreckungsverbot** ggü. dem Gesellschafter aufzuerlegen (hierfür Oepen, Massefremde Masse, Rn. 188). Auch dies erscheint jedoch **problematisch** (abl. auch Runkel/J. Schmidt, ZInsO 2007, 578, 579), da die gesamte Regelung des § 21 und speziell auch das Vollstreckungsverbot aus § 21 Abs. 2 Nr. 3 ausschließlich die Sicherung des (insolvenz-)schuldnerischen Vermögens bezweckt (vgl. Jaeger/Henckel/Gerhardt-Gerhardt § 21 Rn. 30) und eine Einzelanalogie des § 21 Abs. 2 Nr. 3 zur Sicherung schuldnerfremden Vermögens insofern systemfremd wäre. Gegen eine solche Analogie spricht im Wege des Umkehrschlusses auch die im Jahr 2007 eingefügte Sondervorschrift des § 21 Abs. 2 Nr. 5 (vgl. näher 2. Aufl.).

4. Einschränkung bei Masseverbindlichkeiten

Haftet der Gesellschafter im Einzelfall für eine **Masseverbindlichkeit** (dazu Rdn. 14 ff.), müsste **41** auch diese Haftung nach dem **Wortlaut** des § 93 stets ausschließlich vom Insolvenzverwalter geltend zu machen sein, da § 93 nur allg. von »Verbindlichkeiten der Gesellschaft« spricht und sich damit – anders als § 92 – nicht auf die Forderungen der Insolvenzgläubiger beschränkt (dies vertritt

Jaeger/Henckel/Gerhardt-Müller Bd. 2 § 93 Rn. 31). **Zweck** des § 93 ist es jedoch insoweit nur zu verhindern, dass sich einzelne Gesellschaftsgläubiger durch einen schnelleren Zugriff auf den Gesellschafter **Sondervorteile** im Vergleich zur Verteilungsordnung der InsO verschaffen (Rdn. 1). Da Masseverbindlichkeiten aber grds. **voll** zu befriedigen sind und deren Gläubiger erst bei Masseunzulänglichkeit (§§ 208, 209) Befriedigungsausfälle erleiden (sog. »Insolvenz in der Insolvenz«), ist die Norm **teleologisch** dahin **zu reduzieren**, dass sie (bestehende) Masseverbindlichkeiten **erst ab** dem Zeitpunkt der **Anzeige der Masseunzulänglichkeit** nach § 208 erfasst (MK-Brandes/Gehrlein § 93 Rn. 20; BK-Blersch/v. Olshausen § 93 Rn. 3; Oepen, Massefremde Masse, Rn. 200 ff.), die materiellen und prozessualen Rechtswirkungen des § 93 also erst auf diesen Zeitpunkt bezogen eingreifen. Die weiteren Normzwecke der Prozessökonomie und des geordneten Verfahrensablaufs rechtfertigen eine Beschneidung der Rechte der Massegläubiger vor Eintritt der Masseunzulänglichkeit allein nicht.

42 Eine **Ausnahme** von diesem Grundsatz muss allerdings für Masseverbindlichkeiten aus einem nach Verfahrenseröffnung aufgestellten **Sozialplan** gelten, da ansonsten die Umsetzung der spezifischen Verteilungsprinzipien des § 123 Abs. 2, 3 gefährdet wäre. Daher kann der Insolvenzverwalter die Haftung des Gesellschafters hierfür (dazu Rdn. 17) bereits vor einer etwaigen Anzeige der Masseunzulänglichkeit (allein) geltend machen (MK-Brandes/Gehrlein § 93 Rn. 20; Oepen, Massefremde Masse, Rn. 202 m. w. N.).

5. Gesellschafterstellung

a) Einwendungen

43 Dem Gesellschafter stehen neben seinen **persönlichen Einwendungen** (z. B. keine phG-Stellung, Ablauf der Nachhaftungsfristen des § 160 HGB, bilaterale Vereinbarungen mit Gläubigern wie Verzicht, Stundung oder Vergleich) wegen der Akzessorietät seiner Haftung auch die **Einwendungen der Gesellschaft** gegen die Hauptforderung zu, soweit sie von dieser erhoben werden können (vgl. § 129 Abs. 1 HGB; K/P/B-Lüke § 93 Rn. 92 f.; dazu instruktiv Sander, ZInsO 2012, 1285 f., 1291 f., m. w. N.).

44 Danach **verliert** der im Zeitpunkt der Forderungsanmeldung **noch aktive** persönlich haftende Gesellschafter die Einwendungen der Gesellschaft, sobald die jeweilige Insolvenzforderung gem. §§ 178 Abs. 3, 201 Abs. 2 **ohne** den **Widerspruch** eines persönlich haftenden Gesellschafters **rechtskräftig zur Insolvenztabelle** der Gesellschaft **festgestellt** wurde und er an dem Feststellungsverfahren beteiligt war und Gelegenheit hatte, der Forderungsanmeldung für seine persönliche Haftung zu widersprechen (vgl. BGH, ZInsO 2007, 35, 36 – unter III.); wegen ihrer persönlichen unbeschränkten Haftung ist den Gesellschaftern – unabhängig von ihrer etwaigen Stellung als Vertreter der Gesellschaft – im Forderungsprüfungsverfahren insoweit ein **eigenes Widerspruchsrecht** analog §§ 178 Abs. 2, 201 Abs. 2 einzuräumen (vgl. BGH a. a. O.; BGH, ZInsO 2006, 328, 331; MK-Brandes/Gehrlein § 93 Rn. 31; HK-Kayser § 93 Rn. 35; BK-Blersch/v. Olshausen § 93 Rn. 8 m. w. N.; so bereits Bork, Kölner Schrift zur InsO, S. 1021 ff. Rn. 32). Ist der Gesellschafter dagegen im Zeitpunkt der ordnungsgemäßen Forderungsanmeldung des Gläubigers bereits aus der Gesellschaft **ausgeschieden** oder (bei OHG oder KG) in die Kommanditistenstellung gewechselt, steht ihm ein solches Widerspruchsrecht **nicht** zu, sodass er sich auch auf die Einwendungen stützen kann, auf die sich die Gesellschaft infolge der rechtskräftigen Tabellenfeststellung nicht mehr berufen darf (MK-Brandes/Gehrlein § 93 Rn. 31; Jaeger/Henckel/Gerhardt-Müller Bd. 2 § 93 Rn. 59). War eine Forderung **bereits vor Insolvenzeröffnung rechtskräftig tituliert**, kann der Gesellschafter sie entsprechend § 129 Abs. 1 HGB nicht mehr bestreiten (BGH, ZInsO 2006, 328, 331).

45 Ferner kann der persönlich haftende Gesellschafter gem. § 129 Abs. 2 HGB die **Anfechtbarkeit** nach §§ 119 ff. BGB einwenden (MK-Brandes/Gehrlein § 93 Rn. 31) und bei bestehender Aufrechnungsbefugnis der Gesellschaft den Einwand der **Aufrechenbarkeit** aus § 129 Abs. 3 HGB erheben (Bork, Kölner Schrift zur InsO, S. 1021 ff. Rn. 31; Jaeger/Henckel/Gerhardt-Müller Bd. 2 § 93 Rn. 63; K/P/B-Lüke § 93 Rn. 98 m. w. N.).

Ein besonderer persönlicher Einwand des Gesellschafters ergibt sich im Hinblick auf § 199 Satz 2 aus **§ 242 BGB (dolo-agit)**, soweit der Insolvenzverwalter von ihm Beträge einfordert, die er für die Befriedigung der Gläubiger (offensichtlich) nicht benötigt, weil die Insolvenzmasse hierfür ausreicht (dazu näher Rdn. 57 ff.). 46

b) Gesamtschuld

Gem. § 128 HGB haften **mehrere Gesellschafter** den Gläubigern der Gesellschaft **als Gesamtschuldner** für deren Verbindlichkeiten. Jeder Gesellschafter kann daher auf die gesamte Leistung in Anspruch genommen werden, während der Insolvenzverwalter sie insgesamt nur einmal fordern kann (§ 421 BGB). Im Rahmen seines pflichtgemäßen Ermessens kann der Insolvenzverwalter auswählen, welche(n) Gesellschafter er in welcher Höhe in Anspruch nimmt; zu einer gleichmäßigen Inanspruchnahme ist er nicht verpflichtet (MK-Brandes/Gehrlein § 93 Rn. 16; näher Rdn. 62). 47

6. Aufrechnung

Mit Forderungen gegen die **Gesellschaft** (z. B. aus § 110 HGB) kann der **Gesellschafter** ggü. den vom Insolvenzverwalter über § 93 geltend gemachten Forderungen nicht aufrechnen, da diese materiell den **Gläubigern** zustehen (Rdn. 26) und es insoweit an der nach § 387 BGB erforderlichen Gegenseitigkeit fehlt (HK-Kayser § 93 Rn. 41; Jaeger/Henckel/Gerhardt-Müller Bd. 2 § 93 Rn. 64 m. w. N.). Eine Aufrechnung mit Forderungen gegen die **Gläubiger** ist ihm dagegen grds. möglich, soweit die Aufrechnungslage bereits vor Verfahrenseröffnung bestand; insoweit bleibt ihm die Aufrechnungsmöglichkeit **analog §§ 94 ff.** erhalten (MK-Brandes/Gehrlein § 93 Rn. 37, HK-Kayser § 93 Rn. 41; Jaeger/Henckel/Gerhardt-Müller Bd. 2 § 93 Rn. 63; Uhlenbruck-Hirte § 93 Rn. 5; bereits Bork a. a. O.; **a. A.** K/P/B-Lüke § 93 Rn. 99; Braun-Kroth § 93 Rn. 24: §§ 412, 406 BGB analog; K. Schmidt-K. Schmidt § 93 Rn. 26: Aufrechnung stets unzulässig). 48

Da die Aufrechnung ebenfalls eine Form der »Geltendmachung« des Anspruchs darstellt, dem **Gläubiger** diese Befugnis aber aufgrund der Sperrwirkung des § 93 entzogen ist (Rdn. 26), ist ihm konsequenterweise auch die Aufrechnung zu **versagen** (Uhlenbruck-Hirte § 93 Rn. 5; Bork, Kölner Schrift zur InsO, S. 1021 ff. Rn. 30; Braun-Kroth § 93 Rn. 16; K/P/B-Lüke § 93 Rn. 96 f. m. w. N.; **a. A.** MK-Brandes/Gehrlein § 93 Rn. 32 ff.; HK-Kayser § 93 Rn. 40; Sander, ZInsO 2012, 1291 m. w. N.; K. Schmidt-K. Schmidt § 93 Rn. 26; BK-Blersch/v. Olshausen § 93 Rn. 9 m. w. N.: jeweils §§ 94 ff. analog; A/G/R-Piekenbrock § 93 Rn. 12: Aufrechnung immer möglich). 49

Die Aufrechnung durch den **Insolvenzverwalter** folgt den allg. Regeln (Uhlenbruck-Hirte § 93 Rn. 6). Es gelten die Ausführungen zu § 92 (dort Rdn. 40) entsprechend. 50

7. Leistungen an den Gläubiger

a) Gutglaubensschutz

Da dem Gläubiger aufgrund der Sperrwirkung des § 93 – unabhängig von seiner Beteiligung am Insolvenzverfahren (Rdn. 27) – die **Empfangszuständigkeit** für das auf seine Forderung Geleistete **entzogen** ist (MK-Brandes/Gehrlein § 93 Rn. 13; Bork, Kölner Schrift zur InsO, S. 1021 ff. Rn. 28; BK-Blersch/v. Olshausen § 93 Rn. 6 m. w. N.), kann der Gesellschafter **analog § 82** nur dann durch seine Leistung an den Gläubiger freiwerden, wenn er die Verfahrenseröffnung bei Leistung nicht kannte (Uhlenbruck-Hirte § 93 Rn. 4; K/P/B-Lüke § 93 Rn. 44; K. Schmidt-K. Schmidt § 93 Rn. 25 m. w. N.). 51

b) Rückabwicklung

Für die Rückabwicklung **nach Verfahrenseröffnung** erfolgter Leistungen des Gesellschafters an den Gläubiger gelten die Ausführungen zu § 92 (dort Rdn. 42 f.) entsprechend. Liegen danach die Voraussetzungen analog § 82 nicht vor, kann der Insolvenzverwalter vom Gesellschafter erneut die volle Leistung verlangen, alternativ die erfolgte Leistung genehmigen und hinsichtl. des vom 52

Gläubiger zu viel Erhaltenen – also unter Abzug der auf ihn entfallenden Quote – gem. § 816 Abs. 2 BGB gegen diesen vorgehen, ebenso wie bei Vorliegen der Voraussetzungen analog § 82 (MK-Brandes/Gehrlein § 93 Rn. 13, 30; K/P/B-Lüke § 93 Rn. 43; HK-Kayser § 93 Rn. 28 m. w. N.; BK-Blersch/v. Olshausen § 93 Rn. 6: kein Abzug der Quote). Das vom Gläubiger auf diesen Bereicherungsanspruch Geleistete hat der Verwalter in diejenige **Sondermasse** (dazu Rdn. 75 ff.) fließen zu lassen, in die auch die entsprechende Leistung des Gesellschafters geflossen wäre (Häsemeyer, InsR, Rn. 31.17; Baumbach/Hopt-Hopt § 128 HGB Rn. 46).

53 Hat der Gesellschafter dagegen bereits **vor Verfahrenseröffnung** an einen Gläubiger geleistet, kommt eine **Anfechtung der Leistung** durch den Insolvenzverwalter der Gesellschaft gem. **§§ 129 ff.** in Betracht; insoweit erfordern es die Normzwecke des § 93 (Rdn. 1), die Ermächtigungswirkung der Vorschrift (Rdn. 31 ff.) im Wege der **Analogie** auf das Anfechtungsrecht zu erstrecken (ausdrücklich BGH ZInsO 2008, 1275, 1276; ZInsO 2009, 101 sowie 2198, 2200 Rn. 15; zust. Uhlenbruck-Hirte § 93 Rn. 4; MK-Brandes/Gehrlein § 93 Rn. 30; HK-Kayser § 93 Rn. 29; weitere Fundstellen in 4. Aufl.; a. A. FK-App § 93 Rn. 3). Im Fall der Eröffnung des Insolvenzverfahrens auch über das Vermögen des Gesellschafters (sog. **Doppelinsolvenz**) steht die Anfechtungsbefugnis allerdings allein dem Insolvenzverwalter über das Gesellschaftervermögen zu (ausführl. BGH, ZInsO 2008, 1275, 1276; ZInsO 2009, 2198, 2200 Rn. 15; MK-Brandes/Gehrlein § 93 Rn. 30; Braun-Kroth § 93 Rn. 36; K/P/B-Lüke § 93 Rn. 55, 136 m. w. N.), wobei zur Berechnung der Anfechtungszeiträume auf den jeweils früher gestellten Insolvenzantrag abzustellen ist (BGH, ZInsO 2008, 1275, 1277; K/P/B-Lüke § 93 Rn. 136). Ebenso unterliegen danach auch **Sicherungshandlungen** zulasten des Vermögens eines persönlich haftenden Gesellschafters, der vom Gesellschaftsgläubiger in dieser Eigenschaft in Anspruch genommen wird, der Insolvenzanfechtung (ausdrücklich BGH, ZInsO 2008, 1275, 1277 Rn. 26, m. w. N.; Braun-Kroth § 93 Rn. 36; BK-Blersch/v. Olshausen § 93 Rn. 6 a. E.).

III. Art und Umfang der Inanspruchnahme

54 Wie und in welcher Höhe der Insolvenzverwalter den Gesellschafter über § 93 in Anspruch nehmen kann, hängt maßgebend davon ab, ob über dessen Vermögen ebenfalls das Insolvenzverfahren eröffnet ist und inwieweit der Gesellschafter dem jeweiligen Haftungsgläubiger Sicherheiten gewährt hatte.

1. Keine Insolvenz des Gesellschafters

a) Zeitpunkt der Inanspruchnahme

55 Da sich der Insolvenzverwalter bei der Geltendmachung der Gesellschafterhaftung im Wettlauf mit den Privatgläubigern des Gesellschafters sowie den durch persönliche (h. M. Rdn. 9 ff.) oder dingliche Sicherheiten des Gesellschafters abgesicherten Gesellschaftsgläubigern (Rdn. 69 ff.) befindet, ist er grds. verpflichtet, die persönliche Haftung des Gesellschafters **möglichst frühzeitig** geltend zu machen (ebenso OLG Hamm, ZIP 2007, 1233, 1235 m. zust. Anm. Herchen, EWiR 2007, 527, 528; BK-Blersch/v. Olshausen § 93 Rn. 7; K/P/B-Lüke § 93 Rn. 56 m. w. N.), nämlich sobald er nach Anmeldung der Forderung zur Insolvenztabelle (vgl. Rdn. 33) aufgrund vorläufiger Prüfung vom Bestehen einer durchsetzbaren Forderung überzeugt ist.

56 Ist er jedoch z. B. auf die Mitwirkung des/der Gesellschafter(s) im Rahmen eingeleiteter Sanierungsbemühungen angewiesen, kann es **im Einzelfall** geboten sein, die Gesellschafterhaftung nicht bzw. nicht umgehend zu realisieren (vgl. Theißen, ZIP 1998, 1625, 1630 m. w. N.). Kommt es infolge einer solchen Verzögerung der Haftungsdurchsetzung allerdings zu einer für die Haftungsgläubiger nachteiligen Schmälerung der Haftungsmasse des Gesellschafters, droht dem Insolvenzverwalter die **Haftung aus § 60**. Diese »Haftungsfalle« kann der Insolvenzverwalter durch einen Antrag auf Aussetzung der Einziehung analog § 233 zu vermeiden versuchen (so Oepen, Massefremde Masse, Rn. 251; krit. dazu Stürner, Insolvenzrecht im Umbruch, S. 41, 44).

b) Umfang der Inanspruchnahme

Ist über das Vermögen des Gesellschafters kein Insolvenzverfahren eröffnet, kann der Insolvenzverwalter die von § 93 erfassten Ansprüche gegen diesen **grds. in voller Höhe** geltend machen. Soweit die von ihm eingeforderten Beträge jedoch nicht für die Befriedigung der von § 93 erfassten Haftungsgläubiger benötigt werden (weil nämlich die Insolvenzmasse hierfür bereits ausreicht) und der Verwalter diese daher am Ende des Verfahrens gem. § 199 Satz 2 ohnehin wieder an den Gesellschafter auszukehren hätte, steht dem Gesellschafter der »**dolo-agit**«-**Einwand aus** § 242 BGB zu (h. M.; OLG Hamm, ZIP 2007, 1233, 1240; K/P/B-Lüke § 93 Rn. 74; Bork, Insolvenzrecht, S. 97, 103; MK-Brandes/Gehrlein § 93 Rn. 25, 31; Jaeger/Henckel/Gerhardt-Müller Bd. 2 § 93 Rn. 57; Bitter in K. Schmidt/Bitter, ZIP 2000, 1077, 1082 f.; s. a. BGH, ZInsO 2006, 328, 331; a. A. FK-App § 93 Rn. 15: meistens keine sofortige Rückgewährpflicht). Der Insolvenzverwalter handelt daher rechtsmissbräuchlich, wenn er die Summe der Insolvenzforderungen, für die der Gesellschafter haftet, geltend macht, ohne zuvor den **Liquidationswert** der vorhandenen Masse **abzuziehen** (OLG Hamm, ZIP 2007, 1233, 1240; MK-Brandes/Gehrlein § 93 Rn. 25; HK-Kayser § 93 Rn. 46; vgl. bereits BGH, ZInsO 2006, 328, 331). 57

Nach dem von **K. Schmidt.** (etwa in: K. Schmidt, § 93 Rn. 35 m. w. N.) als Gegenkonzept vertretenen »**Ausfallhaftungsmodell**« soll § 93 die hiervon erfasste Außenhaftung (z. B. aus § 128 HGB) – in Anlehnung an § 735 BGB – in eine **interne Unterdeckungshaftung** verwandeln, womit eine schlüssige Klage des Insolvenzverwalters dann die Darlegung einer »bilanziellen Überschuldung der Netto-Masse« i. H. d. Klageforderung – unter Passivierung sämtlicher Masseverbindlichkeiten – voraussetzte. Ob die als Abwicklungsnorm gedachte und konzipierte Vorschrift des § 93 derartige materiellrechtliche Auswirkungen auf die hiervon erfasste Haftung entfalten kann und soll, scheint indes **zweifelhaft**. Dogmatisch weniger einschneidend, praktisch handhabbarer und oftmals interessengerechter dürfte das hier vertretene auf allgemeine zivilrechtliche (§ 242 BGB) und haftungsrechtliche (§ 128 HGB) Mechanismen zurückgreifende Abwicklungskonzept der h. M. sein, welches zudem den Vorteil größerer Flexibilität und Einzelfallgerechtigkeit bietet (dazu Rdn. 57–61; vgl. aber auch BGH, ZInsO 2006, 328, 331; ZInsO 2009, 2198, 2201 Rn. 26: »Differenzbetrag«; dazu K. Schmidt, ZHR 174 [2010], 163, 187). 57a

Da der persönlich haftende Gesellschafter grds. mit seiner vollen Inanspruchnahme für die Verbindlichkeiten der Gesellschaft rechnen muss und sich die bestehenden gesellschaftsrechtlichen Bindungen auch in der Insolvenz der Gesellschaft fortsetzen, erscheint es sach- und interessengerecht, ihm den Einwand aus § 242 BGB **erst dann** einzuräumen, wenn und soweit seine Inanspruchnahme durch den Verwalter **offensichtlich rechtsmissbräuchlich** erscheint (OLG Hamm, ZIP 2007, 1233, 1240; K/P/B-Lüke § 93 Rn. 74; A/G/R-Piekenbrock § 93 Rn. 19; Gottwald-Haas/Vogel, InsRHdb, § 94 Rn. 86 m. w. N.), weil bereits **feststeht**, dass er die angeforderten Beträge nicht zur vollständigen Gläubigerbefriedigung benötigt (HK-Eickmann, 4. Aufl., § 93 Rn. 7; Bork, Insolvenzrecht, S. 97, 103 m. w. N.). 58

Die Voraussetzungen dieses Einwandes aus § 242 BGB hat nach allgemeinen Grundsätzen der **Gesellschafter darzulegen** und ggf. **zu beweisen** (MK-Brandes/Gehrlein § 93 Rn. 25; Jaeger/Henckel/Gerhardt-Müller Bd. 2 § 93 Rn. 57; A/G/R-Piekenbrock § 93 Rn. 19; K/P/B-Lüke § 93 Rn. 74). Die Anforderungen an die Darlegungs- und Substanziierungslast des Gesellschafters richten sich dabei nach dem Grad seiner Einsichts- und Informationsmöglichkeiten, sodass die Darlegung der für die Befriedigung der Gläubiger bedeutsamen Umstände ausnahmsweise dem Insolvenzverwalter obliegt, sofern nur er hierzu in der Lage ist (MK-Brandes/Gehrlein § 93 Rn. 25 m. w. N.; ebenso zu § 172 Abs. 2 HGB: BGH, NJW 1990, 1109, 1111 m. w. N.). 59

Sofern den Insolvenzverwalter danach im Einzelfall die Darlegungslast trifft, wird man es mit Blick auf die erheblichen und vielfältigen Prognoseschwierigkeiten im laufenden Insolvenzverfahren sowie seine Pflicht zur zügigen Haftungsrealisierung ausreichen lassen müssen, dass er den späteren Ausfall der Gesellschaftsgläubiger anhand der gem. § 153 zum Berichtstermin aufzustellenden und ggf. zu aktualisierenden **Vermögensübersicht** darstellt (ausdrücklich K/P/B-Lüke § 93 Rn. 75; BK- 60

Blersch/v. Olshausen § 93 Rn. 7; im Anschluss OLG Hamm, ZIP 2007, 1233, 1240). Hierbei ist ihm ein angemessener, also großzügiger Bewertungsspielraum einzuräumen (Braun-Kroth § 93 Rn. 20; FK-App § 93 Rn. 15; Herchen, EWiR 2007, 527, 528; vgl. auch OLG Hamm a. a. O.).

61 Allgemein dürfen die **Anforderungen** an eine etwaige **Darlegungs- und Substanziierungslast** des Insolvenzverwalters im Rahmen eines Prozesses gegen den Gesellschafter nicht überspannt werden, da ansonsten eine effektive (nämlich rechtzeitige) Haftungsrealisierung und damit die Erreichung der Normzwecke des § 93 gefährdet wäre (K/P/B-Lüke § 93 Rn. 76; BK-Blersch/v. Olshausen § 93 Rn. 7). Aus diesem Grunde können auch **parallel laufende Aktiv- oder Passivprozesse** des Insolvenzverwalters nicht als »vorgreiflich« i. S. d. § 148 ZPO angesehen werden und so den Haftungsrechtsstreit verzögern (ebenso OLG Hamm, ZIP 2007, 1233, 1235; zust. Uhlenbruck-Hirte § 93 Rn. 25; Herchen, EWiR 2007, 527, 528).

c) Beurteilungs-/Ermessensspielraum

62 Bei der Geltendmachung der Gesellschafterhaftung über § 93 steht dem Insolvenzverwalter allgemein ein nicht unerheblicher Beurteilungs- und Ermessensspielraum zu (vgl. auch BAG, ZIP 2008, 846, 848). So hat er etwa bei mehreren persönlich haftenden Gesellschaftern im Rahmen seines pflichtgemäßen Ermessens zu entscheiden, **welche(n) der Gesellschafter** er in **welcher Höhe** in Anspruch nimmt; zu einer gleichmäßigen Inanspruchnahme aller persönlich haftenden Gesellschafter ist er nicht verpflichtet (MK-Brandes/Gehrlein § 93 Rn. 16; Uhlenbruck-Hirte § 93 Rn. 20; A/G/R-Piekenbrock § 93 Rn. 13; jeweils m. w. N.). Er wird sich dabei nach den jeweiligen **Befriedigungsmöglichkeiten** richten (K/P/B-Lüke § 93 Rn. 71) und insoweit grds. den sichersten und schnellsten Weg zu wählen haben (zust. Gottwald-Haas/Vogel, InsRHdb, § 94 Rn. 85).

63 Liegen dem Insolvenzverwalter hinreichend verlässliche Anhaltspunkte dafür vor, dass das Gesellschaftervermögen für eine vollständige Erfüllung der einklagbaren Haftungsansprüche nicht ausreicht (z. B. über Creditreform-Auskunft), wird er im Kosteninteresse die Erhebung einer **Teilklage** oder den Abschluss eines **Vergleiches** mit dem Gesellschafter (hierzu näher unter Rdn. 35 f.) zu erwägen haben.

d) Substanziierung/Abgrenzung

63a Der Insolvenzverwalter hat die über § 93 geltend gemachten Einzelforderungen, die vom Insolvenzverfahren in ihrer **Selbstständigkeit** unangetastet bleiben (vgl. Rdn. 26, 31), **substanziiert** nach Schuldgrund und bei Haftung nachträglich beigetretener oder ausgeschiedener Gesellschafter auch Entstehungszeitpunkt **darzulegen**, bei bloßer **Teilklage** – zur Bestimmung des Streitgegenstandes, der materiellen Rechtskraft und der Verjährungsfristen – **zusätzlich** die konkrete Verteilung des eingeklagten Betrages auf die einzelnen Ansprüche sowie die Reihenfolge deren Geltendmachung (vgl. § 253 Abs. 2 Nr. 2 ZPO; BGH, ZInsO 2007, 35, 36; HK-Kayser § 93 Rn. 52; K/P/B-Lüke § 93 Rn. 103; Sander, ZInsO 2012, 1285, 1292). Fehlt es an der gebotenen Abgrenzung, ist die Klage unzulässig (BGH a. a. O.).

2. Insolvenz des Gesellschafters (»Doppelinsolvenz«)

a) Anmeldung zur Insolvenztabelle

64 Ist neben der Gesellschaft – wie in der Praxis häufig – auch der persönlich haftende Gesellschafter insolvent, kann der Insolvenzverwalter der Gesellschaft wegen der von § 93 erfassten Forderungen **Gläubigerinsolvenzantrag** stellen (HK-Kayser § 93 Rn. 43; Jaeger/Henckel/Gerhardt-Müller Bd. 2 § 93 Rn. 66; K. Schmidt-K. Schmidt § 93 Rn. 29, 39; MK-Brandes/Gehrlein § 93 Rn. 13: IA durch Gläubiger wäre unzulässig; ebenso K/P/B-Lüke § 93 Rn. 42). Wurde ein entsprechender Antrag bereits von einem der betroffenen Gläubiger gestellt, rückt der Insolvenzverwalter der Gesellschaft verfahrensrechtlich an die Stelle des antragstellenden Gläubigers (AG Hamburg, ZVI 2005, 436, 437; K/P/B-Lüke § 93 Rn. 42; HK-Kayser § 93 Rn. 43; vgl. auch AG Dresden, ZInsO 2009, 2056, 2058 f.: Gl.-IA wird unzulässig, wobei IV dort nicht zur Weiterverfolgung

bereit war). Wird das Insolvenzverfahren über das Gesellschaftervermögen eröffnet, ist allein er kraft der Ermächtigungswirkung des § 93 befugt und gleichzeitig verpflichtet, die hiervon erfassten Forderungen gem. §§ 174 ff. – bei der Insolvenz mehrerer Gesellschafter in jedem Verfahren einzeln (MK-Brandes/Gehrlein § 93 Rn. 23; K/P/B-Lüke § 93 Rn. 135) – **zur Insolvenztabelle anzumelden** (BGH, Rpfleger 2002, 94, 95; Bork, Insolvenzrecht, S. 97, 101; K/P/B-Lüke, a. a. O.) und erforderlichenfalls im Feststellungsrechtsstreit durchzusetzen (K/P/B-Lüke, MK-Brandes/Gehrlein, jeweils a. a. O.; HK-Kayser § 93 Rn. 44).

Da es sich insoweit um völlig **eigenständige Forderungen** unterschiedlicher Gesellschaftsgläubiger handelt, die der Insolvenzverwalter des Gesellschafters jeweils gesondert feststellen oder bestreiten können muss, sind diese **jeweils einzeln** zur Insolvenztabelle **anzumelden** (vgl. BGH, ZInsO 2007, 35, 36 Rn. 9; OLG Hamm, ZInsO 2013, 2008, 2009; Bork, Insolvenzrecht, S. 97, 101 f.; HK-Kayser § 93 Rn. 44; K/P/B-Lüke § 93 Rn. 136; NR-Wittkowski/Kruth, § 93 Rn. 7). Eine **Sammelanmeldung** (= Anmeldung eines addierten Gesamtbetrages) ließe sich aus rein prozesspraktischen Gründen **allenfalls** dann in Erwägung ziehen, wenn konkret absehbar ist, dass die Forderungen entweder alle festgestellt oder alle bestritten werden, etwa wegen der Bindungswirkung einer rechtskräftigen Tabellenfeststellung in der Gesellschaftsinsolvenz (Rdn. 44) oder wenn sich der Streit (wie oftmals bei der Nachhaftung ausgeschiedener Gesellschafter) auf die Haftung dem Grunde nach beschränkt. Da jedoch bilaterale Absprachen, Einreden oder Einwendungen im Verhältnis zwischen dem Gesellschafter und einzelnen Gläubigern selten auszuschließen sind, ist von einer Sammelanmeldung auch in diesen Fällen grds. abzuraten.

▶ Hinweis:

Wegen der rechtlichen Eigenständigkeit der jeweiligen Forderungen der unterschiedlichen Gläubiger sind diese jeweils einzeln – und nicht im Wege der sog. Sammelanmeldung – zur Insolvenztabelle des Gesellschafters anzumelden (näher Rdn. 65).

Wegen der über § 93 noch engeren Verknüpfung der Insolvenzverfahren der Gesellschaft und des Gesellschafters werden die **Insolvenzverwalter beider Verfahren** häufig **personenverschieden** sein (hierfür K/P/B-Lüke § 93 Rn. 135; HK-Kayser § 93 Rn. 45; MK-Brandes/Gehrlein § 93 Rn. 23 jeweils m. w. N.; dagegen NR-Wittkowski/Kruth § 93 Rn. 7; für Bestellung verschiedener Berufsträger aus demselben Büro Braun-Kroth § 93 Rn. 34). Anderenfalls ist zur Prüfung der angemeldeten Ansprüche im Insolvenzverfahren des Gesellschafters ein **Sonderverwalter** zu bestellen (BK-Blersch/v. Olshausen § 93 Rn. 12; vgl. auch Braun-Kroth a. a. O., m. w. N.).

b) Höhe der Berücksichtigung

Umstritten ist, in welcher Höhe der Insolvenzverwalter der Gesellschaft die Haftungsforderungen der Gläubiger im Gesellschafterinsolvenzverfahren zur Geltung bringen kann. **Teilweise** wird weiterhin das in § 212 KO festgeschriebene **Ausfallprinzip** angewandt, nach dem der Haftungsgläubiger im Gesellschafterkonkursverfahren quotale Befriedigung nur auf seinen Ausfall im Gesellschaftskonkurs erlangen konnte (dafür K. Schmidt in K. Schmidt/Bitter, ZIP 2000, 1077, 1085 f.; MK-Brandes/Gehrlein § 93 Rn. 27 f.; HK-Kayser § 93 Rn. 46 ff.; Jaeger/Henckel/Gerhardt-Müller Bd. 2 § 93 Rn. 67 f.; Uhlenbruck-Hirte § 93 Rn. 22 f., 26; A/G/R-Piekenbrock § 93 Rn. 23). Wegen der ersatzlosen Streichung des § 212 KO geht die (wohl noch) **überwiegende Gegenauffassung** von der Abschaffung des Ausfallprinzips aus und legt das **Doppelberücksichtigungsprinzip des § 43** zugrunde (statt vieler K/P/B-Lüke § 93 Rn. 135; Bork, Insolvenzrecht 2003, S. 97, 103; BK-Blersch/v. Olshausen § 93 Rn. 12; NR-Wittkowski/Kruth § 93 Rn. 7; Bitter in K. Schmidt/Bitter, ZIP 2000, 1077, 1082 f.; Häsemeyer, InsR, Rn. 31.25 f.; Gottwald-Haas/Vogel, InsRHdb, § 94 Rn. 134; vgl. auch OLG Bremen, ZIP 2002, 679; weitere Fundstellen in 4. Aufl.). Danach kann der Insolvenzverwalter der Gesellschaft eine Gläubigerforderung im parallelen Insolvenzverfahren eines oder mehrerer Gesellschafter (jeweils) **in voller** – bei (jeweiliger) Verfahrenseröffnung bestehender – **Höhe** zur Insolvenztabelle anmelden und auf diesen vollen Forderungsbetrag (jeweils) die

Insolvenzquote verlangen, solange bis die gesamte Forderung erfüllt ist (zu Einschränkungen beim Vorliegen von Parallelsicherheiten des Gesellschafters s. Rdn. 69 ff.).

68 Die letztgenannte Auffassung von der **Doppelberücksichtigung** (besser: Vollberücksichtigung) verdient de lege lata **Zustimmung**, weil sich eine Beschränkung der Gesellschafterhaftung sowie eines entsprechenden Einziehungsrechts des Verwalters auf den bloßen Ausfall der Gesellschaftsgläubiger weder aus dem Wortlaut der maßgeblichen Vorschriften noch aus der Gesetzesbegründung zur InsO oder deren Regelungsgefüge ergibt (vgl. Bork, Insolvenzrecht, S. 97, 103; Bitter in K. Schmidt/Bitter, ZIP 2000, 1077, 1082 f.; Oepen, ZInsO 2002, 162, 167). Vielmehr hat der Gesetzgeber gerade umgekehrt zugunsten des Doppel- bzw. Vollberücksichtigungsprinzips auf die allgemeine Übernahme des in § 212 KO niedergelegten Ausfallprinzips verzichtet (ausdrücklich Allg. Begr. RegE BT-Drucks. 12/2443 S. 85 r.o.) und dieses in § 52 Satz 2 nur singulär für die Rechtsstellung des Absonderungsberechtigten übernommen. Wortlaut und Regelungsinhalt des § 93 sind für die Begründung einer bloßen Verlustdeckungshaftung unergiebig. Eine solche lässt sich auch nicht aus der Gesetzesbegründung zu § 93 ableiten, wonach der Gesellschafter nicht schlechter stehen soll, als er nach früherem Recht stand (vgl. Begr. RegE BT-Drucks. 12/2443, S. 140 l. u.). Denn insoweit liegt hier gerade eine – vom Gesetzgeber gewollte – Änderung der Rechtslage ggü. der KO vor. Soweit die Gesetzesbegründung (a.a.O.) in diesem Zusammenhang exemplarisch auf die **faktische Ausfallhaftung** der Gläubiger **außerhalb** der Insolvenz des Gesellschafters verweist, hat dies mit dem Ausfallprinzip des früheren § 212 KO nichts zu tun (zutreffend Bitter in K. Schmidt/Bitter, ZIP 2000, 1077, 1083; näher dazu Rdn. 57), weshalb der Gesetzgeber auch dessen Weitergeltung nicht etwa »der Sache nach vorausgesetzt« hat (so aber Uhlenbruck-Hirte § 93 Rn. 22 f.). Dass der Gesetzgeber die Regelung einer bloßen Verlustdeckungshaftung für überflüssig – weil selbstverständlich – gehalten hat, ist nicht erkennbar (die von MK-Brandes/Gehrlein § 93 Rn. 28 niedergelegten Gedanken hat sich der Gesetzgeber offensichtlich nicht gemacht). Mag die materielle Berechtigung des allgemeinen Ausfallprinzips des § 212 KO auch nach wie vor fortbestehen und eine Verschlechterung der Rechtsstellung der Privatgläubiger des Gesellschafters ungerechtfertigt erscheinen (darauf abstellend MK-Brandes/Gehrlein § 93 Rn. 27), so ist die bewusste Abkehr des Gesetzgebers vom generellen Ausfallprinzip des § 212 KO de lege lata hinzunehmen.

c) keine Rangübertragung

68a Da es sich bei den Insolvenzverfahren über das Vermögen der Gesellschaft einerseits und des Gesellschafters andererseits um zwei getrennte Verfahren handelt, ist der Rang einer Forderung in jedem Verfahren gesondert nach dem abschließenden Katalog in §§ 54, 55 festzustellen; eine Rangübertragung vom Gesellschaftsinsolvenzverfahren auf das Gesellschafterinsolvenzverfahren findet daher nicht statt (HK-Kayser § 93 Rn. 49; MK-Brandes/Gehrlein § 93 Rn. 29; K/P/B-Lüke § 93 Rn. 90, 138; Jaeger/Henckel/Gerhardt-Müller Bd. 2 § 93 Rn. 70 m. w. N.).

3. Parallele Gesellschaftersicherheiten

a) Keine Insolvenz des Gesellschafters

69 Solange über das Vermögen des Gesellschafters kein Insolvenzverfahren eröffnet ist, bestehen die Einzugsberechtigung des Insolvenzverwalters aus § 93 und das Zugriffsrecht des Gläubigers aus einer vom Gesellschafter bestellten Sicherheit **nebeneinander**, sodass das **Prioritätsprinzip** darüber entscheidet, ob die Haftungsforderung oder die Gesellschaftersicherheit realisiert wird (s. nur Oepen, ZInsO 2002, 162, 169). Ein solcher Wettlauf mit **persönlich** gesicherten Gläubigern wäre nur ausgeschlossen, wenn man deren Sicherungsrechte – entgegen der herrschenden Meinung (Rdn. 9) – der Sperrwirkung des § 93 unterwirft (dafür Rdn. 10).

b) Insolvenz des Gesellschafters (»Doppelinsolvenz«)

70 Wird das Insolvenzverfahren über das Vermögen des Gesellschafters eröffnet, ist zwischen dinglichen und persönlichen Sicherheiten des Gesellschafters zu **unterscheiden**, wobei hier das nach herr-

schender Meinung geltende Doppelberücksichtigungsprinzip aus § 43 (dazu Rdn. 67 f.) zugrunde gelegt wird (ausführl. Berechnungsbeispiele für die unterschiedlichen Modelle bei v. Olshausen, ZIP 2003, 1321):

aa) Dingliche Sicherheiten

Beim Vorliegen dinglicher Sicherheiten kann der Insolvenzverwalter der Gesellschaft die (gesicherte) Gläubigerforderung im Insolvenzverfahren des Gesellschafters gem. § 52 Satz 2 nur für den **Ausfall** des Gläubigers realisieren, also die Quote nur hierauf erhalten (HK-Kayser § 93 Rn. 48; Oepen, ZInsO 2002, 162, 169 m. w. N.). Zwar hat er sie in voller Höhe zur Tabelle anzumelden, wo sie auch für den ganzen Betrag geprüft und (ggf.) festgestellt wird; beim späteren Verteilungsverfahren berechnet sich die Quote jedoch nur auf den Ausfallbetrag (vgl. Uhlenbruck-Brinkmann § 52 Rn. 2, 7 m. w. N.). 71

Die auf diese Ausfallforderungen eingezogenen Beträge sind zugunsten der jeweiligen Sicherungsgläubiger in **einzelnen Sondermassen** (vgl. dazu Rdn. 75 ff.) von den Mitteln zu separieren, die der Verwalter vom betreffenden Gesellschafter auf die Forderungen der nicht gesicherten Gläubiger erlangt hat (Bitter in K. Schmidt/Bitter, ZIP 2000, 1077, 1085). Denn insoweit hat der Verwalter die Quote auf deren jeweilige **Gesamtforderungen** erhalten, sodass es nicht gerechtfertigt wäre, die gesicherten Gläubiger (quotal) auch hieran zu beteiligen. 72

bb) Persönliche Sicherheiten

Nimmt man beim Vorliegen persönlicher Sicherheiten (z. B. Bürgschaften, Garantien) mit der herrschenden Meinung an, dass der **Gläubiger** diese Rechte außerhalb der Insolvenz des Gesellschafters (neben der vom Verwalter über § 93 verfolgten Haftungsforderung) **selbst** geltend machen kann (dazu Rdn. 9 ff.), fragt sich, wem nach Eröffnung des Insolvenzverfahrens über das Vermögen des Gesellschafters das dortige Anmeldungsrecht zustehen soll. Zur Vermeidung einer ungerechtfertigten doppelten Berücksichtigung der **wirtschaftlich identischen** Forderung im selben Insolvenzverfahren ist **analog** § 44 von einem ausschließlichen Anmeldungsrecht des gesicherten **Gläubigers** auszugehen, welches das des Insolvenzverwalters verdrängt (ausdrücklich MK-Brandes/Gehrlein § 93 Rn. 28; Küpper/Heinze, ZInsO 2006, 452, 459; K/P/B-Lüke § 93 Rn. 68 m. w. N.). 73

Macht der gesicherte Gläubiger von diesem Anmeldungsrecht Gebrauch, ist er jedoch nicht (ein zweites Mal) an den Beträgen (quotal) zu beteiligen, die der Insolvenzverwalter der Gesellschaft im Insolvenzverfahren des betreffenden Gesellschafters auf die Forderungen der ungesicherten Gläubiger erhält. Daher hat der Verwalter aus den hierauf entfallenden Beträgen zugunsten dieser Gläubiger eine **Sondermasse** (vgl. Rdn. 75 ff.) zu bilden (Bitter in K. Schmidt/Bitter, ZIP 2000, 1077, 1084 f.; MK-Brandes/Gehrlein § 93 Rn. 28 m. w. N.). Da dem Insolvenzverwalter der Gesellschaft jedoch selten verlässliche Informationen über die (wirksame) Bestellung von Gesellschaftersicherheiten vorliegen werden, wird er die Gläubigerforderung **im Zweifel** zur Insolvenztabelle **anzumelden** haben (zust. BK-Blersch/v. Olshausen § 93 Rn. 14 a. E.; a. A. Bitter in K. Schmidt/Bitter, ZIP 2000, 1077, 1084: erst nach negativ verlaufener genauer Recherche). 74

IV. Sondermassen

1. Bildung

Haftet der in Anspruch genommene Gesellschafter nicht allen, sondern nur einem **Teil der Gesellschaftsgläubiger**, so hat der Insolvenzverwalter aus den von ihm über § 93 erlangten Beträgen eine **Sondermasse** zu bilden (BGH, ZInsO 2009, 101, 102; Uhlenbruck-Hirte § 93 Rn. 3, 10; Jaeger/Henckel/Gerhardt-Müller Bd. 2 § 93 Rn. 56; BK-Blersch/v. Olshausen § 93 Rn. 11 mit Anwendungsfällen), die grds. nur der Befriedigung dieser sog. **Sondermasse-Gläubiger** dienen soll (dazu Rdn. 80 f.). 75

76 Bei konsequenter Anwendung dieser Grundsätze ist keine Leistung denkbar, die der Gesellschafter auf seine persönliche Gesellschafterhaftung erbringt und die nicht in eine Sondermasse zu fließen hat (zust. Sander, ZInsO 2012, 1285, 1293, Fn. 75), sondern in die allgemeine Insolvenzmasse fließen darf (vgl. Häsemeyer, InsR, Rn. 31.17; Baumbach/Hopt-Hopt § 128 HGB Rn. 46; Uhlenbruck-Hirte § 93 Rn. 3; a.A. möglicherweise BK-Blersch/v. Olshausen § 93 Rn. 11). Denn der Gesellschafter hat für die Verfahrenskosten nach § 54 und diverse andere Masseverbindlichkeiten in keinem Fall einzustehen (Rdn. 14 f., 18), sodass schon insoweit (stets) eine Separierung des von ihm gespeisten Haftungspools ggü. der Insolvenzmasse erforderlich ist (vgl. Bork, Insolvenzrecht, S. 97, 101 in Fn. 15; zur Sonderstellung der Verfahrenskosten s. Rdn. 19 f.).

77 Der **Kreis** der insoweit berechtigten Sondermasse-Gläubiger **engt sich** dabei **ein**, wenn und soweit der leistende Gesellschafter mit einzelnen Gläubigern einen **Haftungsverzicht** vereinbart hatte (vgl. Rdn. 26), da diese Gläubiger im Umfang ihres Verzichts nicht an den vom Gesellschafter erlangten Beträgen beteiligt werden (MK-Brandes/Gehrlein § 93 Rn. 15; Uhlenbruck-Hirte § 93 Rn. 6 m.w.N.). Gleiches gilt, wenn es um die Haftung eines **ausgeschiedenen** bzw. (bei OHG und KG) in die Kommanditistenstellung gewechselten persönlich haftenden **Gesellschafters** geht, da dieser i.R.d. §§ 160, 161 Abs. 2 HGB; § 736 Abs. 2 BGB; § 278 Abs. 2 AktG nur bestimmten Gläubigern nachhaftet und die mit den Mitteln dieses Gesellschafters gebildete Sondermasse nur diese zu begünstigen hat (K/P/B-Lüke § 93 Rn. 77 f.; Uhlenbruck-Hirte § 93 Rn. 31; MK-Brandes/Gehrlein § 93 Rn. 22; BK-Blersch/v. Olshausen § 93 Rn. 11 m.w.Bsp.).

78 Die Bildung spezieller Sondermassen wird sich überdies nicht vermeiden lassen, wenn der Insolvenzverwalter Haftungsforderungen ggü. einem Gesellschafter einzieht, der einzelnen seiner Gläubiger **persönliche oder dingliche Sicherheiten** gewährt hatte, aus denen diese gesondert vorgehen (Bitter in K. Schmidt/Bitter, ZIP 2000, 1077, 1084 f.; dazu Rdn. 69 ff.).

79 Schon zur Vermeidung seiner Haftung und mit Blick auf eine mögliche Masseunzulänglichkeit sollte der Insolvenzverwalter die mit den Mitteln der Gesellschafter (jeweils) gebildeten Sondermassen **auf einzelnen Treuhandkonten körperlich separieren** (vgl. Uhlenbruck-Hirte § 93 Rn. 3; a.A. K. Schmidt-K. Schmidt § 93 Rn. 28 m.w.N.: nur rechnerische Trennung in der Insolvenzmasse ausreichend; wohl auch BK-Blersch/v. Olshausen § 93 Rn. 15 in Fn. 115). **Rechtsträger** der vom Insolvenzverwalter über § 93 eingezogenen Vermögenswerte wird stets die Gesellschaft, wobei der Insolvenzverwalter die eingezogene Haftungsmasse **treuhänderisch** für die jeweiligen Sondermasse-Gläubiger zu verwalten hat (MK-Brandes/Gehrlein § 93 Rn. 22 m.w.N.).

2. Ausschüttung

80 Die aus den Mitteln des jeweiligen Gesellschafters gebildete Sondermasse darf – nach Abzug der Einziehungskosten (vgl. speziell für Prozesskosten BK-Blersch/v. Olshausen § 93 Rn. 16; Smid, ZInsO 2013, 1233, 1234, 1241; NR-Wittkowski/Kruth, § 93 Rn. 6a; allgemein ebenso für § 92: Uhlenbruck-Hirte § 92 Rn. 16; Jaeger/Henckel/Gerhardt-Müller Bd. 2 § 92 Rn. 5; K/P/B-Lüke, § 92 Rn. 24) – **ausschließlich** zur Befriedigung derjenigen Gruppe von Gesellschaftsgläubigern (sog. **Sondermasse-Gläubiger**) verwendet werden, denen der betreffende Gesellschafter auch **haftet** (Uhlenbruck-Hirte § 93 Rn. 3; BK-Blersch/v. Olshausen § 93 Rn. 11; Jaeger/Henckel/Gerhardt-Müller Bd. 2 § 93 Rn. 56; vgl. auch BGH, ZInsO 2009, 101, 102; zur Sonderbehandlung der Verfahrenskosten s. Rdn. 19 f.). Dabei kommt es nicht darauf an, auf wessen konkrete Forderung(en) der Insolvenzverwalter letztlich die vom Gesellschafter erlangten Mittel eingezogen hat (s.a. Rdn. 96). Auf diese Weise wird der **Haftungszuordnung** des jeweiligen Gesellschaftervermögens Rechnung getragen.

81 Reicht die jeweilige Sondermasse – nach Abzug der Einziehungskosten (Rdn. 80) – zur vollständigen Befriedigung der insoweit berechtigten Sondermasse-Gläubiger nicht aus, ist sie an diese nach der **Verteilungsordnung der §§ 209, 38, 39** auszuschütten. Denn über § 93 soll die Gläubigergleichbehandlung im Verfahren der Gesellschaft sichergestellt werden (Begr. RegE BT-Drucks. 12/2443 S. 140), sodass für die Verteilung der darüber eingezogenen Mittel konsequenterweise

auch die dort geltende Verteilungsordnung zugrunde zu legen ist (vgl. auch Rdn. 41). Soweit sich bei der Verteilung an die Sondermasse-Gläubiger ein Überschuss ergibt, ist dieser gem. § 199 Satz 2 an den Gesellschafter zurückzugewähren.

V. Gesellschafterhaftung im Insolvenzplanverfahren

Wird eine von § 93 erfasste Gesellschaft mit der im gestaltenden Teil eines Insolvenzplans vorgesehenen Befriedigung der Insolvenzgläubiger diesen ggü. nach § 227 Abs. 1 von ihren restlichen Verbindlichkeiten befreit, gilt dies nach § 227 Abs. 2 entsprechend für die persönliche Haftung ihrer Gesellschafter. Dieser **Gleichlauf der Befreiungswirkungen** kann nicht durch anderweitige Regelungen im Insolvenzplan überwunden werden (K/P/B-Lüke § 93 Rn. 139; MK-Brandes/Gehrlein § 93 Rn. 39). Die Haftungsbefreiung nach § 227 Abs. 2 erfasst jedoch lediglich die persönliche **akzessorische Gesellschafterhaftung** und keine anderweitigen Haftungsgründe (MK-Brandes/Gehrlein § 93 Rn. 41; K/P/B-Lüke § 93 Rn. 139 m.w.N.; s.a. § 254 Abs. 2 Satz 1). Die Regelung des § 227 Abs. 2 ist ebenso auf die persönliche Haftung des **ausgeschiedenen Gesellschafters** anwendbar (Uhlenbruck-Lüer § 227 Rn. 10; K/P/B-Lüke, a.a.O.; MK-Brandes/Gehrlein § 93 Rn. 40; jeweils m.w.N.).

82

C. Verfahrensfragen

I. Laufende Prozesse

Für die Behandlung laufender Prozesse, die sich auf von § 93 erfasste Haftungsansprüche beziehen, gelten die Ausführungen zu § 92 (dort Rdn. 59 ff.) entsprechend. Ein solcher **Rechtsstreit** wird **analog § 17 Abs. 1 Satz 1 AnfG** bis zu einer etwaigen **Aufnahme** durch den Insolvenzverwalter **unterbrochen** (BGH, ZInsO 2009, 101; MK-Brandes/Gehrlein § 93 Rn. 41; A/G/R-Piekenbrock § 93 Rn. 15; jeweils m.w.N.). Die Unterbrechungswirkung bezieht sich dabei auch auf ein **Kostenfestsetzungsverfahren**, sofern die zugrunde liegende Verurteilung in der Hauptsache auf der pers. akzess. Gesellschafterhaftung beruhte (zutreffend LG Saarbrücken, ZIP 2010, 1823, 1824; s.a. oben Rdn. 5). Nimmt der Insolvenzverwalter den Rechtsstreit auf, was in seinem pflichtgemäßem Ermessen steht (vgl. MK-Brandes/Gehrlein § 93 Rn. 41; K/P/B-Lüke § 93 Rn. 102; BK-Blersch/v. Olshausen § 93 Rn. 16; a.A. Bork, Kölner Schrift zur InsO, S. 1021 ff. Rn. 33: Pflicht zur Aufnahme) und was die Anmeldung der Forderung zur Insolvenztabelle voraussetzt (vgl. Rdn. 33), so muss er den **Klageantrag** auf Zahlung an sich als Insolvenzverwalter umstellen und kann ihn analog § 17 Abs. 2 AnfG auf die Haftungsansprüche anderer Gesellschaftsgläubiger erweitern (BK-Blersch/v. Olshausen § 93 Rn. 16). Will er sich nicht durch Aufnahme des unterbrochenen Rechtsstreits an eine vom Gläubiger etwa geschaffene ungünstige Prozesslage binden lassen, kann er analog § 17 Abs. 3 Satz 2 AnfG stattdessen auch eine **eigene Klage** erheben (s. § 92 Rdn. 63 m.w.N.; ebenso BK-Blersch/v. Olshausen § 93 Rn. 16; MK-Brandes/Gehrlein § 93 Rn. 41). Schließlich kann er den Gläubiger im Einzelfall aus verfahrensökonomischen Gründen auch **zur Prozessführung ermächtigen** bzw. seine ohne entsprechende Ermächtigung begonnene Prozessführung genehmigen, woraufhin der Gläubiger den Prozess dann jeweils – mit dem auf Leistung **an den Insolvenzverwalter** umzustellenden Klageantrag – in gewillkürter Prozessstandschaft fortsetzt (BGH, ZIP 2008, 364, 369 durch ausdrückliche Bezugnahme auf OLG Dresden, ZIP 2005, 1680, 1682 f.; Uhlenbruck-Hirte § 93 Rn. 24; zur gleich gelagerten Frage bei § 92 dort unter Rdn. 64; **a.A.** OLG Schleswig, ZInsO 2004, 1086, 1087). Eine sog. **Rückermächtigung**, die den Gläubiger berechtigen würde, Leistung **an sich** zu verlangen, soll nach der Rspr. ausgeschlossen sein (BGH, OLG Dresden, OLG Schleswig, jeweils a.a.O.; näher dazu Rdn. 37 sowie § 92 Rdn. 35, jeweils m.w.N.).

83

II. Klageerhebung/Prozessführung

Der **Insolvenzverwalter** ist aufgrund der Ermächtigungswirkung zur Klageerhebung sowie zur anschließenden Prozessführung hinsichtl. der von § 93 umfassten Ansprüche befugt (Rdn. 31; zu seiner Ermessensentscheidung s. Rdn. 62 f.). Er prozessiert dann als **gesetzlicher Prozessstandschafter** im eigenen Namen über ein fremdes Recht (BGH, ZInsO 2007, 35, 36; Bork, ZInsO 2001,

84

835, 836) mit dem **Antrag** auf Leistung an sich als Insolvenzverwalter (zur Insolvenzantragstellung bei »Doppelinsolvenz« s. Rdn. 64). Zur Darlegung der geltend gemachten Ansprüche s. Rdn. 63a.

85 Klagen einzelner **Gläubiger** sind dagegen im Anwendungsbereich des § 93 mangels Prozessführungsbefugnis (Rdn. 26) grds. als **unzulässig** abzuweisen, wenn nicht ihre Unbegründetheit bereits feststeht (dann ausnahmsweise Sachabweisung; BGH, ZInsO 2003, 562, 563 zu § 92); Gleiches gilt folgerichtig für die Klage eines Gesellschafters gegen einen Gläubiger auf Feststellung, diesem nicht persönlich auf eine Verbindlichkeit der Gesellschaft zu haften (BGH, ZInsO 2012, 1587, 1588 m. w. N.; krit. J. M. Schmidt, EWiR 2013, 121, 122). Für die **prozessualen Möglichkeiten der Gläubiger** gelten die Ausführungen unter § 92 Rdn. 67 ff. vollständig entsprechend.

III. Rechtswegzuständigkeit

86 Macht der Insolvenzverwalter gegen den Gesellschafter über § 93 materiellrechtliche Ansprüche geltend, die ihre Wurzeln in einem **Arbeitsverhältnis** haben, wie insb. Arbeitsentgeltansprüche (u. U. nach Übergang auf die BA), Ansprüche des Pensions-Sicherungsvereins aus betrieblicher Altersversorgung sowie auch Sozialplanansprüche (Zeuner, Anm. zu BAG AP Nr. 8 zu § 128 HGB, Blatt 387/1), ist für entsprechende Klagen gem. §§ 2 Abs. 1 Nr. 3a; 3 ArbGG der **Arbeitsrechtsweg** eröffnet (zutreffend ArbG Düsseldorf, ZInsO 2005, 335, 336; ArbG Münster, ZInsO 2004, 1159, 1160; zust. Jaeger/Henckel/Gerhardt-Müller Bd. 2 § 93 Rn. 75; BK-Blersch/v. Olshausen § 93 Rn. 16; K. Schmidt-K. Schmidt § 93 Rn. 28; K/P/B-Lüke § 93 Rn. 105 m. w. N.).

87 Denn die Arbeitsgerichte wären auch für direkte Klagen der Arbeitnehmer (bzw. ihrer Rechtsnachfolger) gegen den Gesellschafter zuständig, weil insoweit die §§ 2, 3 ArbGG ggü. der Gesellschaft erfüllt wären (ArbG Düsseldorf, ArbG Münster, jeweils a. a. O., m. w. N.), der Arbeitnehmer auch die persönlich haftenden Gesellschafter einer arbeitgebenden Personengesellschaft **als Arbeitgeber** in Anspruch nehmen kann (BAG, ZIP 1993, 848, 849; vgl. auch BAG, NJW 2004, 3287; Lieder, DZWIR 2004, 511 m. w. N.) und sich außerdem durch die Haftungsüberleitungsnorm des § 128 HGB nichts an der **Rechtsnatur** des zugrunde liegenden **materiellen Anspruchs** ändert (darauf abstellend BAG, NJW 1980, 1710, 1711; vgl. auch Baumbach/Hopt-Hopt § 128 HGB Rn. 42). Macht nun die Ansprüche nicht der materiell Berechtigte selbst geltend, sondern für diesen über § 93 der einziehungsbefugte **Insolvenzverwalter** als gesetzlicher Prozessstandschafter (Rdn. 31), so bleibt die Zuständigkeit der Arbeitsgerichte hiervon **unberührt**; die Einziehungsbefugnis des Verwalters erfüllt den Tatbestand des § 3 ArbGG (ausdrücklich ArbG Düsseldorf, ArbG Münster, Lieder, jeweils a. a. O.).

88 Dabei sind die Arbeitsgerichte wohlgemerkt **auch dann zuständig**, wenn sich der Streit der Parteien im Einzelfall gar nicht auf arbeitsrechtliche Fragen bezieht, sondern etwa auf gesellschaftsrechtliche Themen (z. B. Gesellschafterstellung, Nachhaftungsfragen etc.; darauf hinweisend auch K/P/B-Lüke § 93 Rn. 105). Derartige gleichermaßen zuständigkeits- wie anspruchsbegründende Tatsachen hat der Kläger für die Zulässigkeit des Rechtsweges lediglich schlüssig vorzutragen (vgl. Zöller-Lückemann Vor §§ 17 bis 17b GVG Rn. 8); ob die persönliche Haftung im Ergebnis durchgreift, ist dann eine Frage der **Begründetheit** der Klage (zutreffend ArbG Düsseldorf, ArbG Münster, jeweils a. a. O.).

89 Entsprechend sind **sozialrechtliche Ansprüche** – auch auf Abführung der Gesamtsozialversicherungsbeiträge an die jeweiligen Sozialversicherungsträger (zweifelnd insoweit Bescheid jurisPR-ArbR 50/2005 Anm. 5 unter D.) – vom Insolvenzverwalter über § 93 im **Sozialrechtsweg** geltend zu machen, da diese grds. vor die Sozialgerichte gehören und weder die Eigenschaft des Beklagten als persönlich haftender Gesellschafter noch die Einziehungs- und Prozessführungsbefugnis des Insolvenzverwalters aus § 93 etwas an ihrem (sozial-) rechtlichen Charakter ändert (zutreffend OLG Frankfurt, ZIP 2014, 1196, ArbG Münster, ZInsO 2004, 1159, 1160 m. w. N.; zust. Braun-Kroth § 93 Rn. 25; Jaeger/Henckel/Gerhardt-Müller Bd. 2 § 93 Rn. 75; K/P/B-Lüke § 93 Rn. 105; differenzierend Lieder, DZWIR 2004, 510 f.). Entsprechendes hat konsequenterweise auch zu gelten, wenn der Insolvenzverwalter über § 93 die persönliche akzessorische Gesellschafterhaftung (vgl.

Rdn. 9) für **Steuerverbindlichkeiten** der Gesellschaft geltend macht; hierfür ist gem. § 33 Abs. 1 Nr. 1 FGO der **Finanzrechtsweg** eröffnet (ebenso K. Schmidt-K. Schmidt § 93 Rn. 28; K/P/B-Lüke § 93 Rn. 105; Gottwald-Haas/Vogel, InsRHdb, § 94 Rn. 83 mit der Anregung einer Zuständigkeitskonzentration analog § 17 Abs. 2 GVG). Dass der Insolvenzverwalter für diese »öffentlichen« Gläubiger **Zahlungsprozesse** unter Geltung des **Untersuchungsgrundsatzes** durchzuführen hat, ist ungewöhnlich, aber aufgrund der geschilderten Rechtslage zwingend und mit Blick auf etwa zu klärende sozial- bzw. abgabenrechtliche Fachfragen auch rechtspolitisch sinnvoll.

▶ Hinweis:
> Vor einer Klageerhebung aus § 93 hat der Insolvenzverwalter stets zu prüfen, ob die von der Gesellschafterhaftung umfassten materiellen Ansprüche aufgrund ihrer Rechtsnatur in die Zuständigkeit **spezieller Gerichtszweige** fallen und daher vor den entsprechenden Fachgerichten (ArbG, SozG, FG) geltend zu machen sind (näher Rdn. 86 ff.).

IV. Internationale/örtliche Zuständigkeit

Für eine Klage des Insolvenzverwalters aus § 128 HGB (analog) i. V. m. § 93 gegen einen (ehemaligen) Gesellschafter mit Wohnsitz in der Schweiz bzw. einem EU-Vertragsstaat ergibt sich die internationale und örtliche Zuständigkeit deutscher Gerichte aus dem Gerichtsstand des Art. 5 Nr. 1 LugÜ/EuGVO (vgl. LG Saarbrücken, ZInsO 2013, 741; ebenso wohl K/P/B-Lüke § 93 Rn. 107–109), wobei der Insolvenzverwalter sämtliche Ansprüche aus dem »Vertrag« (Mitgliedschaft) bei Gleichrangigkeit der jeweiligen Verpflichtungen nach seiner Wahl an einem der (möglicherweise) unterschiedlichen Erfüllungsorte geltend machen kann (so Haas/Blank, ZInsO 2013, 706, 709 f.). Hält man den Anwendungsbereich von LugÜ/EuGVO dagegen – aufgrund der Sperrwirkung von Art. 1 Abs. 2 lit. b (»ähnliche Verfahren«) – für nicht eröffnet, so ergibt sich die internationale/örtliche Zuständigkeit der deutschen Gerichte für derartige Klagen – je nach den Anforderungen an den für ein solches »Annexverfahren« zu fordernden Auslandsbezug – aus einer analogen Anwendung entweder von Art. 3 Abs. 1 EuInsVO oder aufgrund autonomen Rechts von § 22 ZPO (eingehend Haas/Blank, ZInsO 2013, 706, 710 ff.; s. auch K/P/B-Lüke, a. a. O.; jeweils m. w. N.). 89a

V. Vollstreckungsfragen

1. Vorhandene Vollstreckungstitel

Da auch die Zwangsvollstreckung eine Form der »Geltendmachung« der Forderung darstellt, ist dem **Gläubiger** die Vollstreckung aus einem bei Verfahrenseröffnung bereits vorliegenden Titel aufgrund der Sperrwirkung des § 93 für die Dauer des Insolvenzverfahrens **untersagt** (OLG Jena, ZInsO 2002, 134; OLG Stuttgart, NZI 2002, 495, 496; MK-Brandes/Gehrlein § 93 Rn. 13), und zwar unabhängig davon, ob er sich am Insolvenzverfahren beteiligt oder nicht (Rdn. 27). 90

Nimmt der Titelgläubiger am Insolvenzverfahren teil (vgl. Rdn. 33), kann der **Insolvenzverwalter** den Titel kraft der Ermächtigungswirkung des § 93 **analog § 727 ZPO** auf sich **umschreiben** lassen und sodann daraus gegen den Gesellschafter vollstrecken (OLG Dresden, ZInsO 2000, 607, 608; OLG Stuttgart a. a. O.; HK-Kayser § 93 Rn. 51; Bork, Insolvenzrecht 2003, S. 97, 100). 91

Gegen **Vollstreckungsmaßnahmen**, die der Gläubiger trotz der Sperrwirkung des § 93 aus dem vorliegenden Titel erwirkt, kann der Insolvenzverwalter und der Gesellschafter (s. § 89 Rdn. 18) **Vollstreckungserinnerung nach § 766 ZPO** einlegen, da das Vollstreckungsverfahren mit dem – aus der Sperrwirkung des § 93 abzuleitenden – **Vollstreckungshindernis** an einem Verfahrensmangel (vgl. Zöller/Stöber § 766 ZPO Rn. 10 für § 89 Abs. 1) leidet (ebenso A/G/R-Piekenbrock § 93 Rn. 20; wohl auch OLG Jena, ZInsO 2002, 134; LG Bad Kreuznach, Rpfleger 2004, 517, 518; für Insolvenzverwalter ebenso K/P/B-Lüke § 93 Rn. 111; s. aber AG Bremen, Beschl. v. 11.07.2011 – 507 IN 12/11 – für ZV aus Prozessvergleich: Vollstreckungsabwehrklage nach § 767 ZPO, da Art der verglichenen Haftung unklar; generell für Vollstreckungsabwehrklage: AG Duisburg, NZI 2011, 945 f.; K. Schmidt-K. Schmidt § 93 Rn. 24; für Gesellschafter ebenso K/P/B-Lüke § 93 Rn. 41). 92

Diesen Verfahrensmangel kann auch der Insolvenzverwalter (als Dritter) geltend machen, da er bereits aufgrund seines **Einziehungsrechts aus § 93** von der Vollstreckung betroffen und damit beschwert ist (vgl. OLG Jena, ZInsO 2002, 134; LG Bad Kreuznach, Rpfleger 2004, 517, 518; vgl. auch § 89 Rdn. 18. Gleiches muss nach dem Normzweck des § 93 auch dann gelten, wenn der Gläubiger seine titulierte Forderung nicht zur Insolvenztabelle der Gesellschaft angemeldet hat – und dem Verwalter daher weder das Einziehungsrecht (Rdn. 33) noch das Recht auf Titelumschreibung (Rdn. 91) zusteht. Denn in diesem Fall beeinträchtigt die Vollstreckung (reflexartig) den Wert des Einziehungsrechts, das dem Verwalter zugunsten der anmeldenden übrigen Haftungsgläubiger dieses Gesellschafters zusteht.

93 Für die Entscheidung über die **Vollstreckungserinnerung nach § 766 ZPO** ist in dieser Verfahrenskonstellation **analog § 89 Abs. 3** das **Insolvenzgericht zuständig** (K/P/B-Lüke § 93 Rn. 111; vgl. auch OLG Jena, ZInsO 2002, 134; LG Gera, ZVI 2002, 24, 25; oben § 89 Rdn. 18), dort funktionell der Richter, nicht der Rechtspfleger (BGH, ZInsO 2004, 391, 392; oben § 89 Rdn. 21; jeweils m.w.N.). Zwar ist das Insolvenzgericht bei der Vollstreckung gegen einen Gesellschafter oftmals weiter vom Ort der Vollstreckung entfernt als das nach § 764 Abs. 2 ZPO zu bestimmende Vollstreckungsgericht. Jedoch gilt die hinter § 89 Abs. 3 stehende gesetzgeberische Überlegung, dass das Insolvenzgericht die Voraussetzungen des insolvenzrechtlichen Vollstreckungsverbots, insb. der Insolvenzgläubigereigenschaft des Vollstreckenden, **sachnäher** beurteilen kann (vgl. Begr. RegE BT-Drucks. 12/2443 S. 138; Jaeger/Henckel/Gerhardt-Eckardt § 89 Rn. 80 m.w.N.), gleichermaßen für die hier zu beurteilende vollstreckungsrechtliche Konstellation nach § 93 (vgl. auch § 89 Rdn. 18, 20).

94 Wird die Sperrwirkung des § 93 hingegen durch eine **Entscheidung** im Vollstreckungsverfahren beeinträchtigt (zur Abgrenzung ggü. Vollstreckungsmaßnahmen: Zöller/Stöber § 766 ZPO Rn. 2), steht dem Insolvenzverwalter hiergegen der Rechtsbehelf der **sofortigen Beschwerde nach § 793 ZPO** zu (OLG Jena, ZInsO 2002, 134; K/P/B-Lüke § 93 Rn. 111; BK-Blersch/v. Olshausen § 89 Rn. 20 m.w.N.), für die nicht nach § 89 Abs. 3 das Insolvenzgericht (so aber K/P/B-Lüke, a.a.O., m.w.N.), sondern vielmehr das im allgemeinen zivilprozessualen Instanzenzug zu bestimmende **Zivilgericht zuständig** ist (vgl. zutreffend OLG Jena a.a.O.; BK-Blersch/v. Olshausen § 89 Rn. 21 m.w.N. zum Streitstand).

2. Wirkungen der Verfahrensbeendigung

95 Verläuft die **Vollstreckung** – aus einem umgeschriebenen oder vom Insolvenzverwalter selbst erstrittenen Titel – (teilweise) **erfolglos** und fällt die Einziehungs- und Prozessführungsbefugnis mit Beendigung des Insolvenzverfahrens wieder auf den Gläubiger zurück (Rdn. 31, 39), ist der Titel analog § 727 ZPO (wieder) auf ihn **umzuschreiben**, soweit er im Insolvenzverfahren nicht befriedigt wurde (HK-Kayser § 93 Rn. 51; Jaeger-Müller § 93 Rn. 76). Hatte der Verwalter dabei einen Titel für **mehrere** Gläubigerforderungen erstritten, ist – nach erfolgter Titelumschreibung auf die betreffenden Gläubiger analog § 727 ZPO – **jedem** von ihnen eine vollstreckbare Ausfertigung i.H.d. auf ihn entfallenden **Anteils** an dem nicht befriedigten Gesamtbetrag zu erteilen (zutreffend Bork, Insolvenzrecht 2003, S. 97, 103).

96 War die Zwangsvollstreckung dagegen **erfolgreich** und konnte der Gläubiger der titulierten Forderung **nur deshalb** nicht (vollständig) befriedigt werden, weil die mit dem Vollstreckungserlös gespeiste Sondermasse unter den Sondermasse-Gläubigern aufzuteilen war (dazu Rdn. 80 f.), kann er nach Beendigung des Insolvenzverfahrens gem. § 733 ZPO eine **neue vollstreckbare Ausfertigung** des Titels verlangen, bei deren rechtskräftiger Versagung das Rechtsschutzbedürfnis für eine **neue Klage** besteht (Bork, Insolvenzrecht, S. 97, 100 f.). Zwar ist die titulierte Forderung im Zuge der Zwangsvollstreckung – ebenso wie bei freiwilliger Zahlung – zunächst erloschen (vgl. MK-Brandes/Gehrlein § 93 Rn. 10 a.E.; Oepen, ZInsO 2002, 162, 166). Mit Beendigung des Insolvenzverfahrens lebt sie jedoch **analog § 144 Abs. 1; § 12 AnfG** in der Höhe wieder auf, in der der Vollstreckungserlös nicht dem Gläubiger der Forderung zugeflossen ist (überzeugend Oepen a.a.O.; vgl. auch Bork, Insolvenzrecht, S. 97, 101). Auf diese Weise wird beim Gesellschafter der

Vorteil abgeschöpft, der ihm dadurch entstanden ist, dass der Vollstreckungserfolg bzw. die freiwillige Zahlung an den Verwalter (zunächst) die betreffende Gläubigerforderung in entsprechender nomineller Höhe erfüllt hat (oben Rdn. 31) und durch die spätere quotale Verteilung dieses Erlöses (vgl. Rdn. 75 ff.) auch noch seine **weiteren** Haftungsgläubiger anteilig befriedigt wurden.

Vorbemerkung zu §§ 94 bis 96 Aufrechnung durch Insolvenzgläubiger

Übersicht

	Rdn.			Rdn.
A. Normzweck und Regelungssystematik	1	IV.	Eröffnungsverfahren	11
B. Anwendungsbereich	5	V.	Insolvenzplanverfahren	11a
I. Insolvenzgläubiger	5	VI.	Internationales Insolvenzaufrechnungsrecht	12
II. Massegläubiger	9			
III. Insolvenzverwalter	10			

A. Normzweck und Regelungssystematik

§§ 94 bis 96 regeln die Aufrechnung durch Insolvenzgläubiger (§ 38). Sie knüpfen also an die Sachlage an, dass jemand nicht nur Gläubiger einer aus der Masse zu befriedigenden Verbindlichkeit (Gegenforderung), sondern auch Schuldner einer zur Masse gehörenden Forderung (Hauptforderung) ist. Besteht keine Aufrechnungsmöglichkeit, wird der Insolvenzgläubiger nur quotal aus der Insolvenzmasse befriedigt, muss aber seine Verbindlichkeit voll zugunsten der Insolvenzmasse erfüllen. Die Aufrechnung ermöglicht dem Insolvenzgläubiger indessen, sich selbst aus der gegen ihn gerichteten Forderung zu befriedigen. §§ 94 bis 96 entscheiden, inwieweit eine solche bevorrechtigte **Selbstbefriedigung eines Insolvenzgläubigers** nach Insolvenzeröffnung noch zulässig ist. 1

Es lassen sich drei Regelungsgegenstände unterscheiden, die sich allerdings im Aufbau der Bestimmungen nicht widerspiegeln. § 94 formuliert den **Grundsatz**. Eine Aufrechnung nach Insolvenzeröffnung bleibt zulässig, wenn die Aufrechnungslage bereits bei Insolvenzeröffnung bestand. § 94 enthält also keine spezifisch insolvenzrechtliche Regelung, sondern verweist auf die allg. Regelungen, namentlich §§ 387 ff. BGB. § 95 Abs. 2 enthält eine erweiternde Klarstellung, indem er die Gleichartigkeit von Fremdwährungsschulden regelt. 2

§ 95 Abs. 1 befasst sich wie § 96 Abs. 1 Nr. 1, 2 und 4 mit der Zulässigkeit der Aufrechnung in Fällen, in denen die **Aufrechnungslage nach Verfahrenseröffnung** eintritt. Eine solche Aufrechnung ist gestutzt auf § 95 Abs. 1 Satz 1 nur möglich, wenn die Aufrechnungsmöglichkeit bereits vor Insolvenzeröffnung angelegt war. 3

Eine ganz wesentliche **Einschränkung** der Aufrechnungsmöglichkeit enthält § 96 Abs. 1 Nr. 3. Die Aufrechnung ist unzulässig, wenn die Möglichkeit der Aufrechnung in einer nach §§ 129 ff. anfechtbaren Weise begründet wurde. Im Unterschied zur allg. Bestimmung in § 143 führt die Anfechtbarkeit nicht zu einem Rückgewähranspruch, sondern unmittelbar zur Unwirksamkeit der Aufrechnung. Diese Regelung hat eine besondere Reichweite, weil sie nicht wie die sonstigen Regelungen der §§ 94 bis 96 auf Aufrechnungen beschränkt ist, die nach Insolvenzeröffnung erklärt werden, sondern auch bereits **vor Insolvenzeröffnung erklärte** Aufrechnungen erfasst, die rückwirkend ihre Wirksamkeit verlieren (s. § 96 Rdn. 9). 4

▶ Praxistipp

Für das Prüfungsprogramm der Wirksamkeit einer Aufrechnung sind drei Sachlagen zu unterscheiden:
1. Erfolgte bereits vor Verfahrenseröffnung die materiell-rechtlich wirksame Aufrechnung, kann die Aufrechnung nach § 96 Abs. 1 Nr. 3 mit Verfahrenseröffnung unwirksam werden (s. § 96 Rdn. 9).
2. Liegen bei Verfahrenseröffnung die materiell-rechtlichen Voraussetzungen einer Aufrechnungslage vor (s. § 94 Rdn. 2 ff.), erlaubt § 94 grds. die Aufrechnung durch den Insolvenz-

gläubiger, jedoch kann sich die Unzulässigkeit der Aufrechnung aus § 96 Abs. 1 Nr. 3 ergeben, wenn die Herbeiführung der Aufrechnungslage anfechtbar ist (s. § 96 Rdn. 9 ff.).
3. Liegen bei Verfahrenseröffnung die materiell-rechtlichen Voraussetzungen einer Aufrechnungslage nicht vor (s. § 94 Rdn. 2 ff.), treten diese nach Verfahrenseröffnung aber ein, ist eine Aufrechnung nur unter folgenden engen Voraussetzungen zulässig:
   a) Die Aufrechnungslage muss nach Maßgabe von § 95 Abs. 1 Satz 1 in Abgrenzung zu § 96 Abs. 1 Nr. 1, 2 und 4 bereits bei Verfahrenseröffnung angelegt sein (s. § 95 Rdn. 2 ff.; § 96 Rdn. 3 ff.).
   b) Die Aufrechnung darf nicht nach § 95 Abs. 1 Satz 3 verboten sein, weil die zur Masse gehörende Hauptforderung durchsetzbar war, bevor der Insolvenzgläubiger mit seiner Gegenforderung aufrechnen konnte (s. § 95 Rdn. 35 ff.).
   c) Die Aufrechnung darf nicht nach § 96 Abs. 1 Nr. 3 unzulässig sein, weil die Begründung der Aufrechnungslage anfechtbar erfolgte (s. § 96 Rdn. 9 ff.).

B. Anwendungsbereich

I. Insolvenzgläubiger

5 §§ 94 bis 96 regeln nur die Aufrechnung durch Insolvenzgläubiger. Allein § 96 Abs. 1 Nr. 4 bezieht sich auf die Aufrechnung durch Neugläubiger, denen nur das freie Vermögen des Insolvenzschuldners haftet.

6 Zu den Insolvenzgläubigern zählen auch die **nachrangigen Insolvenzgläubiger** (§ 39). In Betracht kommt daher die Aufrechnung auch mit seit der Eröffnung des Insolvenzverfahrens laufenden Zinsen der Forderung des Insolvenzgläubigers (§ 39 Abs. 1 Nr. 1). Allerdings darf dann die zur Masse gehörende Hauptforderung gegen den Insolvenzgläubiger erst nach Verfahrenseröffnung fällig werden. Ansonsten steht die materielle Rückwirkung der Aufrechnung nach § 389 BGB dem Entstehen von Zinsansprüchen ebenso entgegen wie § 95 Abs. 1 Satz 3 der verfahrensrechtlichen Zulässigkeit der Aufrechnung. Die Aufrechnung mit nachrangigen Insolvenzforderungen, die auf eine unentgeltliche Leistung des Schuldners (§ 39 Abs. 1 Nr. 4) oder auf Rückgewähr eines Gesellschafterdarlehens gerichtet sind (§ 39 Abs. 1 Nr. 5), scheitert rgm. an § 96 Abs. 1 Nr. 3, weil insoweit spezifische Anfechtungstatbestände (§§ 134 f.) bestehen.

7 Gläubiger, denen an Massegegenständen ein Recht zur abgesonderten Befriedigung zusteht (§§ 49 ff.), sind nicht wegen ihres **Absonderungsrechts** zur Aufrechnung berechtigt. Sind sie aber zugleich Insolvenzgläubiger, wenn der Insolvenzschuldner auch persönlicher Schuldner der durch das Absonderungsrecht gesicherten Forderung ist; insoweit greifen §§ 94 bis 96. Z. B. kann der Gläubiger zunächst aufrechnen und nur hinsichtl. eines verbleibenden Forderungsteils die abgesonderte Befriedigung geltend machen.

8 Die Zulässigkeit der Aufrechnung durch den Insolvenzgläubiger wird in §§ 94 bis 96 aber nur insoweit geregelt, als eine Aufrechnung gegen zur Masse gehörende Forderungen in Rede steht. Die jeweiligen Forderungen müssen also auch in haftungsrechtlicher Hinsicht in einem Gegenseitigkeitsverhältnis stehen. Der Insolvenzgläubiger darf wegen § 87 aber auch nicht gegen Forderungen aufrechnen, die in das »freie« Neuvermögen des Schuldners fallen, wie sie sich etwa im Fall einer »Freigabe«/Negativerklärung des Verwalters nach § 35 Abs. 2 aus einer selbstständigen Tätigkeit des Schuldners ergeben können. Daher kann insbesondere der Fiskus während des Insolvenzverfahrens nicht mit Steuerforderungen, die bloße Insolvenzforderungen sind, gegen dem Schuldner zustehende Steuererstattungsansprüche aufrechnen (mit abweichender Begründung im Ergebnis ebenso Kahlert, EWiR 2011, 53; **a. A.** BFH, ZInsO 2011, 51 Rn. 17 ff.). Denn wie § 89 Insolvenzgläubigern ausdrücklich verbietet, im Wege der Zwangsvollstreckung auf das freie Schuldnervermögen zuzugreifen, verwehrt aus Gründen der Gläubigergleichbehandlung der allgemeine § 87 Entsprechendes für die Aufrechnung. Zur Aufrechnung im **Restschuldbefreiungsverfahren** s. BGH, ZInsO 2005, 873; BFH, ZInsO 2011, 51 Rn. 23 ff.; ausführl. § 294 Rdn. 14; zur Aufrechnung gegen Steuererstattungsansprüche s. § 95 Rdn. 34.

II. Massegläubiger

Massegläubiger werden von den Beschränkungen der §§ 94 bis 96 grds. nicht betroffen (BGH, NJW-RR 2004, 50, 52). Da sie ohnehin bevorrechtigt und voll aus der Masse befriedigt werden sollen, können sie jederzeit ggü. dem Insolvenzverwalter gegen zur Masse gehörige Ansprüche aufrechnen. Eine Ausnahme gilt allerdings, wenn infolge von Masseunzulänglichkeit auch die Massegläubiger nicht voll befriedigt werden (§ 209). Daher sind §§ 94 bis 96 nach Anzeige der Masseunzulänglichkeit (§ 208) entsprechend anzuwenden (BFH, ZIP 2008, 886; HK-Kayser § 94 Rn. 11; MK-Brandes/Lohmann § 94 Rn. 11; dazu § 209 Rdn. 15), freilich läuft § 96 Abs. 1 Nr. 3 leer, weil die Insolvenzanfechtung gegen Massegläubiger nicht eröffnet ist (vgl. K. Schmidt-Thole § 94 Rn. 7).

III. Insolvenzverwalter

Der Insolvenzverwalter wird ebenfalls in seiner Möglichkeit, nach den allg. Regelungen ggü. Masse- oder Insolvenzgläubigern aufzurechnen, nicht durch §§ 94 bis 96 beschränkt. Oftmals wird die Aufrechnung ggü. einem Insolvenzgläubiger allerdings die Insolvenzmasse benachteiligen, sodass der Insolvenzverwalter von der Aufrechnung abzusehen hat. Eine dennoch erklärte Aufrechnung kann dann wegen offensichtlicher Insolvenzzweckwidrigkeit (s. BGH, ZInsO 2007, 1216 Rn. 42; BGHZ 150, 353, 361 = ZInsO 2002, 577, 579; dazu § 80 Rdn. 21) unwirksam sein. Dies ist aber keinesfalls stets anzunehmen, sondern vielmehr für den konkreten Einzelfall zu beurteilen (BGH, ZInsO 2014, 1215 Rn. 12). So kann eine Aufrechnung des Insolvenzverwalters ggü. Insolvenzgläubigern angeraten sein, etwa wenn die Forderung der Masse verjährt, aber nach § 215, Alt. 1 BGB noch aufrechenbar ist, oder wenn auch der Insolvenzgläubiger insolvent ist (Doppelinsolvenz). Seine frühere Rechtsprechung dahingehend, dass eine Insolvenzforderung erst mit Feststellung zur Tabelle (§§ 177 ff.) erfüllbar sei, sodass dann erstmalig nach § 387 BGB gegen diese Forderung aufgerechnet werden kann (BGHZ 100, 222, 226 f. = ZIP 1987, 725), hat der BGH nunmehr mit Recht aufgegeben (BGH, ZInsO 2014, 1215 Rn. 11 ff.). Denn die Feststellung der Forderung im Insolvenzverfahren mag das rechtliche Dürfen des Insolvenzverwalters, die Forderung als bestehend zu behandeln und gegen sie aufzurechnen, im Verhältnis zu den Insolvenzgläubigern beeinflussen. Die Erfüllbarkeit einer Forderung wird durch die Insolvenz des Schuldners aber nicht berührt. Daher kann der Insolvenzverwalter – unbeschadet einer möglichen Schadensersatzverpflichtung – wie jeder sonstige Dritte die Forderung erfüllen. Dies bedeutet allerdings auch, dass der Insolvenzverwalter mit dem Einwand, die Insolvenzforderung des Gläubigers sei durch die nach ihrer Feststellung erklärte Aufrechnung des Insolvenzverwalters erloschen, gem. § 767 Abs. 2 ZPO präkludiert ist (BGH, ZInsO 2014, 1215 Rn. 16 ff. a. A. Jaeger-Windel, § 94 Rn. 59; MK-Brandes/Lohmann § 94 Rn. 14).

IV. Eröffnungsverfahren

Im Eröffnungsverfahren greifen §§ 94 bis 96 auch dann nicht, wenn das Insolvenzgericht Sicherungsmaßnahmen angeordnet und einen vorläufigen Verwalter bestellt hat. Insb. lässt sich ein Aufrechnungsverbot weder aus einer entsprechenden Anwendung von § 96 Abs. 1 Nr. 1 auf den Zeitpunkt der Anordnung solcher Maßnahmen (BGH, ZInsO 2004, 852; ZInsO 2000, 284, 285; ZInsO 1998, 141) noch aus § 394 BGB, § 21 Abs. 2 Nr. 2, 3 herleiten (BGH, ZInsO 2005, 94). Eine rückwirkende Unwirksamkeit der Aufrechnung kann sich allerdings mit Insolvenzeröffnung aus § 96 Abs. 1 Nr. 3 ergeben, wenn die Aufrechnungslage in anfechtbarer Weise erlangt war (vgl. BGH, ZInsO 2000, 284, 285 f.; s. § 96 Rdn. 9).

V. Insolvenzplanverfahren

Unter Hinweis auf die Ähnlichkeit von Aufrechnungs- und Absonderungsbefugnis sowie auf den Zweck des Insolvenzplanverfahrens, alle Insolvenzgläubiger möglichst umfassend gleichmäßig zu befriedigen, wird diskutiert, die aufrechnungsberechtigten Gläubiger in den Insolvenzplan einzubeziehen (KPB-Lüke § 94 Rn. 91 ff.). Einer Einschränkung der Aufrechnungsbefugnis ähnlich § 166 steht jedoch de lege lata die eindeutige Anordnung des § 94 entgegen, wonach der aufrechnungsbefugte Gläubiger seine Forderung zu jeder Zeit im Verfahren vollumfänglich durch die Aufrechnung realisieren und sich so einer Einbeziehung in den Insolvenzplan erwehren kann (MK-Brandes/Lohmann § 94 Rn. 6). Beteiligt er sich dennoch am Insolvenzplanverfahren und wird dies rechtskräftig abgeschlossen (§ 248 Abs. 1), treffen ihn grds. auch dessen Wirkungen (§§ 224, 254). Der BGH hält es allerdings unter Hinweis auf den Sinn und Zweck des § 94 für zulässig, dass der Insolvenzgläubiger ungeachtet der Regelung des Insolvenzplans noch aufrechnen kann. So gestand er einem FA zu, eine vor Verfahrenseröffnung begründete Werklohnforderung mit ausstehenden Ust-Forderungen aufzurechnen, obwohl diese Gegenstand eines Erlasses im Insolvenzplanverfahren waren (BGH, ZInsO 2011, 1214). Dem ist entgegenzuhalten, dass der Insolvenzplan mit der Gegenforderung des Insolvenzgläubigers bereits die materiell-rechtlichen Voraussetzungen der Aufrechnung beseitigt (K. Schmidt-Thole § 94 Rn. 30).

VI. Internationales Insolvenzaufrechnungsrecht

12 Bei grenzüberschreitenden Insolvenzen bemisst sich die Zulässigkeit der Aufrechnung im Anwendungsbereich der EuInsVO nach Art. 4 Abs. 2 Buchst. d), Art. 6 EuInsVO (s. Kommentierung zur EUInsVO Art. 6 Rdn. 1 ff.). Das deutsche internationale Insolvenzrecht enthält in § 338 eine dem Art. 6 Abs. 1 EuInsVO entsprechende Regelung (zum Verhältnis der Regelungen s. Vorbemerkung zu §§ 335 ff. Rdn. 14).

§ 94 Erhaltung einer Aufrechnungslage

Ist ein Insolvenzgläubiger zur Zeit der Eröffnung des Insolvenzverfahrens kraft Gesetzes oder auf Grund einer Vereinbarung zur Aufrechnung berechtigt, so wird dieses Recht durch das Verfahren nicht berührt.

Übersicht	Rdn.		Rdn.
A. Normzweck	1	II. Aufrechnungsmöglichkeit kraft Vereinbarung	11
B. Norminhalt	2	1. Abgrenzung	12
I. Aufrechnungsmöglichkeit kraft Gesetzes (§ 387 BGB)	2	2. Keine Modifizierung der Gegenseitigkeit	14
1. Gleichartigkeit	2	3. Zulässige Modifizierungen	15
2. Gegenseitigkeit	3	III. Aufrechnungserklärung	16
a) Wegfall durch Sicherungszession	4	IV. Wirkung der Aufrechnung	17
b) Sonderregeln zugunsten öffentlich-rechtlicher Gläubiger	6	C. **Verfahrensfragen**	18
3. Durchsetzbarkeit der Gegenforderung	8	I. Aufrechnung als prozessualer Einwand des Insolvenzgläubigers	18
4. Erfüllbarkeit der Hauptforderung	9	II. Geltendmachung der Gegenforderung im Insolvenzverfahren	22
5. Kein Aufrechnungsverbot	10		

A. Normzweck

1 § 94 drückt den Grundsatz aus, dass einem Insolvenzgläubiger, dem im Zeitpunkt der Insolvenzeröffnung die Aufrechnung möglich war, diese Aufrechnungsmöglichkeit durch die Insolvenzeröffnung nicht genommen wird. Ob eine Aufrechnungsmöglichkeit besteht, bemisst sich nach materiellem Recht. Die Zulässigkeit der Aufrechnung steht aber unter dem Vorbehalt des § 96 Abs. 1 Nr. 3: Die Aufrechnung ist unzulässig, wenn die Herbeiführung der Aufrechnungslage anfechtbar ist (BGH, ZInsO 2013, 1143 Rn. 10; ZInsO 2014, 36 Rn. 12; s. § 96 Rdn. 9 ff.).

B. Norminhalt

I. Aufrechnungsmöglichkeit kraft Gesetzes (§ 387 BGB)

1. Gleichartigkeit

Der Gegenstand der Forderungen, die gegeneinander aufgerechnet werden sollen, muss nach § 387 BGB gleichartig sein. Die Aufrechnung beschränkt sich daher im Wesentlichen auf Geldforderungen. Die für diese Forderungen bestehende Gleichartigkeit wird rgm. nicht durch die besondere Zweckbindung eines Anspruchs, etwa eines Vorschussanspruchs, ausgeschlossen (BGHZ 54, 244, 246). Ein **Freistellungsanspruch** ist im Verhältnis zu einem Zahlungsanspruch nicht gleichartig (BGHZ 140, 270, 273 = ZInsO 1999, 168, 169; s. § 95 Rdn. 13). Im Gegensatz zum alten Recht (§ 54 Abs. 4 KO) lässt § 95 Abs. 1 Satz 2 nicht genügen, dass die Gleichartigkeit erst mit Insolvenzeröffnung nach § 45 durch Umrechnung der Forderung eines Insolvenzgläubigers in eine Geldforderung herbeigeführt wird. Die Aufrechnung von Fremdwährungsschulden regelt § 95 Abs. 2 (s. § 95 Rdn. 38 f.). 2

2. Gegenseitigkeit

§ 387 BGB verlangt ferner, dass der Gläubiger der einen Forderung Schuldner der anderen ist und umgekehrt. Daher muss der Insolvenzgläubiger grds. Schuldner der zur Masse gehörenden Hauptforderung sein. Dass die Forderung nicht zur Masse gehört, ist allerdings unbeachtlich, wenn der wahre Gläubiger gem. §§ 407, 409 BGB Erfüllungshandlungen des Insolvenzgläubigers ggü. der Masse gegen sich gelten lassen muss (etwa BGHZ 147, 233, 234 f. = ZInsO 2001, 464). Fehlt es an der Gegenseitigkeit bei Verfahrenseröffnung, ist eine Aufrechnung ausgeschlossen (s. § 96 Rdn. 3 ff.). Zu der weiteren Voraussetzung einer **haftungsrechtlichen Gegenseitigkeit** s. Vorbem. §§ 94 bis 96 Rdn. 8 sowie § 96 Rdn. 8. 3

a) Wegfall durch Sicherungszession

Die Gegenseitigkeit kann insb. infolge von Sicherungszessionen entfallen. Für die Gegenseitigkeit ist nämlich auf den rechtlichen Forderungsinhaber, den Sicherungszessionar, abzustellen, weil dieser eigene wirtschaftliche Interessen verfolgt. Hat der **Insolvenzgläubiger** seine Forderung zur Sicherheit abgetreten, so ist er daher zur Aufrechnung nur befugt, wenn ihm die Forderung vor Insolvenzeröffnung vom Sicherungsnehmer zurückübertragen wird. Selbst dann kann der Aufrechnung § 96 Abs. 1 Nr. 3 entgegenstehen, wenn die durch den Rückerwerb erlangte Aufrechnungsmöglichkeit anfechtbar (§§ 129 f.) war (Ganter, FS Kirchhof, S. 105, 109; s. § 96 Rdn. 9, 12, 22). Erfolgt der Rückerwerb erst nach Insolvenzeröffnung, steht § 96 Abs. 1 Nr. 2 der Aufrechnung entgegen (s. § 96 Rdn. 5). 4

Hat der **Insolvenzschuldner** seine Forderung gegen den Insolvenzgläubiger **abgetreten**, setzt die Gegenseitigkeit ebenfalls voraus, dass die Forderung an den Insolvenzschuldner vor Insolvenzeröffnung zurückabgetreten worden ist. Eine Rückabtretung nach Insolvenzeröffnung steht der Aufrechnung nach § 96 Abs. 1 Nr. 1 entgegen (s. § 96 Rdn. 3). Eine Aufrechnungslage lässt sich auch nicht darauf stützen, dass der Insolvenzverwalter nach § 166 Abs. 2 zur Einziehung der Forderung beim schuldenden Insolvenzgläubiger berechtigt ist. Begründen lässt sich eine Aufrechnungslage allein mit §§ 404, 406 BGB, soweit diese Vorschriften das Vertrauen des Insolvenzgläubigers in eine schon bei der Sicherungszession des Insolvenzschuldners an den Sicherungsnehmer bestehende (§ 404 BGB) oder angelegte (§ 406 BGB) Aufrechnungslage schützen (BGHZ 56, 111, 114 f.). 5

b) Sonderregeln zugunsten öffentlich-rechtlicher Gläubiger

Eine (ggü. §§ 387, 395 BGB) erleichterte Aufrechnung ermöglicht § 226 AO dem Fiskus für die Aufrechnung mit **Steuerforderungen**. Gläubiger und damit aufrechnungsbefugt ist sowohl diejenige Körperschaft, der nach Art. 106 GG der Ertrag zusteht (§ 226 Abs. 1 AO), als auch diejenige, die die Steuer verwaltet (§ 226 Abs. 4 AO). Diese **doppelte Aufrechnungsmöglichkeit** gilt auch in 6

§ 94 InsO Erhaltung einer Aufrechnungslage

der Insolvenz, weil das Gesetz beiden Körperschaften die volle Gläubigerstellung zuschreibt (BGH, ZInsO 2007, 879 Rn. 11; Maus, Steuern im Insolvenzverfahren, Rn. 24; a.A. Windel, KTS 2004, 305, 319; s. § 96 Rdn. 7). Die Steuerberechnung gemäß §§ 16 ff. UStG ist aber mangels selbstständiger Forderungen keine Aufrechnung in diesem Sinne und unterliegt damit nicht den §§ 94 ff. (BFH, ZIP 2011, 2481 Rn. 21).

7   Eine Privilegierung der **sozialversicherungsrechtlichen Leistungsträger** beinhalten § 28 Nr. 1 SGB IV, § 52 SGB I. Danach kann ein Leistungsträger, der eine Geldleistung (etwa Arbeitslosengeld oder Altersrente) zu erbringen hat, gegen diesen Anspruch den Anspruch eines anderen Leistungsträgers (vielfach einen Anspruch wegen rückständiger Sozialversicherungsbeiträge) verrechnen, wenn er von diesem anderen Leistungsträger dazu ermächtigt worden ist. Die Reichweite dieser Verrechnungsbefugnis ist in vielen Insolvenzverfahren über das Vermögen natürlicher Personen deshalb von herausragender Bedeutung, weil sich die Verrechnungen wegen § 114 Abs. 2 a. F. auch auf Ansprüche des Insolvenzschuldners beziehen können, die erst bis zu 2 Jahre nach Insolvenzeröffnung fällig werden. Das BSG hält eine solche Verrechnung kraft vor Insolvenzeröffnung erteilter Ermächtigung auch nach Verfahrenseröffnung noch für zulässig (BSG, ZInsO 2004, 741, 742 ff.; ebenso MK-Brandes/Lohmann § 96 Rn. 25; K. Schmidt-Thole § 94 Rn. 15). Dem hat sich entgegen einer starken Meinung in Rspr. und Literatur (BayObLG, ZInsO 2001, 514, 516; Häsemeyer, InsR, Rn. 19.13; Wenzel, ZInsO 2006, 169, 172; Jaeger-Windel § 94 Rn. 113) im Ergebnis auch der BGH angeschlossen (BGH, ZInsO 2008, 742). Zwar sei der Begriff »Aufrechnung« eng auszulegen. § 94 sei jedoch analog auch auf Verrechnungen anwendbar, sodass § 114 Abs. 2 a. F. unmittelbare Geltung beanspruche. Auch die Rspr. zur Unzulässigkeit von Konzernverrechnungsklauseln Rdn. 14, § 96 Rdn. 7) stehe nicht entgegen. Anders als solche führe § 52 SGB I nicht zur Vervielfachung von Verrechnungsmöglichkeiten, weil infolge der Ermächtigung einzig der ermächtigte Leistungsträger zur Verrechnung befugt ist (BGH, ZInsO 2008, 742 Rn. 23). Dem folgend ist die Gegenseitigkeit der Forderungen bereits im Zeitpunkt der Ermächtigung durch diese substituiert, sodass es anders als im Fall einer Konzernverrechnungsklausel einer Individualisierung des entsprechenden Aufrechnungsverhältnisses durch deren Geltendmachung nicht bedürfte. Ist die Ermächtigung vor Insolvenzeröffnung erteilt, ergibt sich demnach die Unzulässigkeit der Verrechnung auch nicht aus § 96 Abs. 1 Nr. 2. Die Argumentation des BGH, die analoge Anwendung von § 94 auf sozialversicherungsrechtliche Verrechnungen verhelfe auch § 114 Abs. 2 a. F. zu unmittelbarer Geltung, ist nicht zwingend (ebenso Looff, EWiR 2008, 537, 538), sondern intendiert vielmehr die Privilegierung der Sozialversicherungsträger in der Insolvenz (Wegener, NZI 2008, 477, 478). In Konsequenz der analogen Anwendung von § 94 kann die Verrechnungsermächtigung allerdings **anfechtbar** und daher nach § 96 Abs. 1 Nr. 3 unwirksam sein (BGH, ZInsO 2008, 742 Rn. 33; vgl. auch schon Wenzel ZInsO 2006, 169, 176).

3. Durchsetzbarkeit der Gegenforderung

8   Die Gegenforderung, mit der der Insolvenzgläubiger aufrechnet, muss (gerichtlich) durchsetzbar, insb. vollwirksam und fällig sein. Diese Voraussetzung erfüllt auch ein Anspruch, der unter einer auflösenden Bedingung (§ 158 Abs. 2 BGB) steht, solange die Bedingung nicht eingetreten ist (§ 42). Über die Fälligkeit ist nach den Regelungen des jeweiligen Rechtsverhältnisses zu entscheiden. Besteht eine Einrede gegen die Forderung, so schließt § 390 BGB die Aufrechnung aus. Die **Einrede der Verjährung** ist allerdings wegen der Rückwirkung der Aufrechnung (s. Rdn. 17) nach § 215, 1. Alt. BGB unbeachtlich, wenn vor Eintritt der Verjährung die Aufrechnungslage bereits bestand. Wird die Forderung nach Insolvenzeröffnung fällig, kommt eine **Aufrechnung** nach § 95 in Betracht. Für § 94 ist allerdings ausreichend, dass die Fälligkeit zugleich mit der Insolvenzeröffnung eintritt (s. § 95 Rdn. 4, 36), etwa weil die Insolvenzeröffnung zum Erlöschen eines Rechtsverhältnisses (§ 115) oder zum Ausscheiden eines Gesellschafters aus einer Gesellschaft (§ 131 Abs. 3 Nr. 2 HGB) führt.

4. Erfüllbarkeit der Hauptforderung

Die zur Masse gehörende Hauptforderung, die gegen den Insolvenzgläubiger gerichtet ist, braucht **9** nicht durchsetzbar, muss aber erfüllbar sein. Ist die Forderung entstanden, so schadet im Zweifel nach § 271 Abs. 2 BGB fehlende Fälligkeit nicht. Künftige Forderungen und solche, die unter einer aufschiebenden Bedingung (§ 158 Abs. 1 BGB) oder Befristung (§§ 158 Abs. 1, 163 BGB) stehen, sind hingegen nicht erfüllbar (BGHZ 103, 363, 367 = ZIP 1988, 1065; BGH, ZInsO 2004, 921, 922). Insb. bei Dauerschuldverhältnissen kann die Abgrenzung zwischen erfüllbaren betagten Forderungen und nicht erfüllbaren befristeten Forderungen maßgeblich sein. Bspw. werden Ansprüche auf Pacht und Miete als befristete (BGH, ZInsO 2005, 884), solche auf Leasingraten als betagte Forderungen eingeordnet (BGH, ZInsO 2004, 852, 854; BGH, WM 1997, 545, 546; Einordnung von Schulgeld offengelassen von BGH ZInsO 2011, 2229 Rn. 9). Tritt die Erfüllbarkeit erst nach Insolvenzeröffnung ein, kommt eine Aufrechnung nach § 95 Abs. 1 in Betracht (s. § 95 Rdn. 20).

5. Kein Aufrechnungsverbot

Die **gesetzlichen** Aufrechnungsverbote (insb. §§ 392 bis 394 BGB, § 19 Abs. 2 Satz 2 GmbHG) **10** stehen in der Insolvenz einer Aufrechnung, wie sonst außerhalb der Insolvenz, entgegen. **Vertragliche** Aufrechnungsverbote (zur Zulässigkeit § 309 Nr. 3 BGB) sind nach ihrem Sinn und Zweck daraufhin zu überprüfen, inwieweit sie auch in der Insolvenz greifen. Betrifft das Aufrechnungsverbot lediglich die Interessen von Gläubiger und Schuldner, entfällt es grds. in der Insolvenz des Schuldners. Das Aufrechnungsverbot würde anderenfalls den Gläubiger unbillig belasten, weil er seine Forderung nicht anders als durch Aufrechnung realisieren kann (BGH, NJW 1984, 357 zum Aufrechnungsverbot in AGB; BGH, NJW-RR 1991, 971, 972). Trägt aber das Aufrechnungsverbot **Interessen Dritter** Rechnung, können diese Interessen den Bestand des Verbots in der Insolvenz rechtfertigen, insb. wenn ein Aufrechnungsverbot einen Sicherungszessionar vor dem Verlust seiner Sicherheit schützen soll (BGH, NJW-RR 1989, 124, 125). Ein weiteres Beispiel bedeutet das Aufrechnungsverbot, das Kontoinhaber und Bank jedenfalls konkludent durch Einrichtung eines offenen Treuhandkontos vereinbaren (BGHZ 61, 72, 77 = WM 1973, 894; BGH, NJW 1987, 3250, 3251): Die Bank kann gegen ein Guthaben aus dem Treuhandkonto nicht mit ihren sonstigen Forderungen gegen den kontoführenden Treuhänder aufrechnen, weil dieses Guthaben wirtschaftlich offensichtlich dem Treugeber zusteht.

II. Aufrechnungsmöglichkeit kraft Vereinbarung

§ 94 erfasst in seinem zweiten Fall auch die Aufrechnung auf vertraglicher Grundlage. Diese **11** Regelung wurde erst vom Rechtsausschuss »zum Zwecke der Klarstellung« eingefügt (BT-Drucks. 12/7302 S. 165). Diese Entstehungsgeschichte rechtfertigt eine **enge Auslegung**. Es werden nur Abreden erfasst, die die gesetzlichen Aufrechnungsvoraussetzungen modifizieren. Nicht abdingbar sind die typischen Merkmale einer Aufrechnungslage (Windel, KTS 2004, 305, 306). Es müssen nicht nur die zur Aufrechnung gestellten Forderungen existieren (BGH, NJW-RR 1991, 744), sondern auch die Gegenseitigkeit der Forderungen hergestellt sein (s. Rdn. 14). Über die Voraussetzungen der vereinbarten Aufrechnungslage entscheidet allein der Zustand bei Verfahrenseröffnung, da die Erleichterungen von § 95 sich nur auf gesetzliche Aufrechnungslagen beziehen.

1. Abgrenzung

Von diesen von § 94, 2. Alt. erfassten Vereinbarungen sind zunächst **Aufrechnungsvollzugsvereinbarungen** abzugrenzen. Solche Vereinbarungen führen – anstelle einer einseitigen Aufrechnungserklärung – zum unmittelbaren Erlöschen der erfassten Forderungen. Beispiele sind Kaufverträge, bei denen die Anrechnung einer Altforderung auf den Kaufpreis vereinbart wird (BGH, ZInsO 2004, 1028), und Vergleiche, die das Erlöschen beiderseitiger Forderungen vorsehen (Gerhardt, KTS 2004, 195, 199). Solche Verfügungsverträge können vor Verfahrenseröffnung – vorbehaltlich abweichender Anordnungen im Eröffnungsverfahren – vom Schuldner wirksam abgeschlossen werden, nach Verfahrenseröffnung wegen § 80 lediglich vom Insolvenzverwalter. Derartige Ver- **12** einbarungen werden entsprechend § 96 Abs. 1 Nr. 3 unwirksam, wenn die durch sie vollzogene Aufrechnungslage – entweder wie sie auch ohne die Vereinbarung bereits bestand oder wie sie erst durch die Vereinbarung hergestellt wurde – anfechtbar ist (BGH, ZInsO 2004, 1028).

13 Auch (antizipierte) **Verrechnungsvereinbarungen** werden von § 94, 2. Alt. nicht erfasst (a. A. K. Schmidt-Thole § 94 Rn. 26). Das sind insb. im Giroverkehr anzutreffende Verrechnungs-, Kontokorrent- oder Clearingabreden, die der Saldierung in Zukunft entstehender Forderungen dienen. Sie haben den Charakter von Vorausverfügungen über künftige Ansprüche in Gestalt von Aufrechnungen. Aufgrund ihres Charakters als Vorausverfügung ist über ihr Schicksal in der Insolvenz entsprechend der Regelung in § 91 zu entscheiden (Bork, FS Kirchhof, S. 57, 60). Folglich erlöschen diese Abreden mit Insolvenzeröffnung (BGHZ 74, 253, 255 = BB 1979, 1007; OLG Köln, ZInsO 2004, 683, 686), was freilich die Möglichkeit der Aufrechnung nach §§ 94 bis 96 unberührt lässt (s. § 95 Rdn. 29). Sicherungsanordnungen im Eröffnungsverfahren haben indessen keinen Einfluss auf eine Verrechnungsvereinbarung, da § 24 auch bei Anordnung von Verfügungsbeschränkungen nicht auf § 91 verweist (im Ergebnis ebenso BGHZ 135, 140, 147 = ZIP 1997, 737; ferner BGH, ZInsO 2009, 2336; abweichend bei Verhängung eines allg. Verfügungsverbots nach § 21 Abs. 2 Nr. 2 Häsemeyer, InsR, Rn. 19.29). Vor Verfahrenseröffnung aufgrund solcher Abreden erfolgte Verrechnungen werden nach § 96 Abs. 1 Nr. 3 mit Insolvenzeröffnung unwirksam, wenn die Herstellung der Verrechnungslage anfechtbar ist (s. § 96 Rdn. 9).

2. Keine Modifizierung der Gegenseitigkeit

14 Unter den Vereinbarungen, die die Voraussetzungen einer Aufrechnung modifizieren, sind diejenigen am bedeutendsten, die vom Erfordernis der Gegenseitigkeit absehen. Dazu zählen insb. Konzernverrechnungsklauseln (weitere Beispiele bei Windel, KTS 2004, 305, 313). Solche Abreden sollen es einem Schuldner, gegen den eine zur Insolvenzmasse gehörende Forderung besteht, ermöglichen, mit der Forderung eines Insolvenzgläubigers aufzurechnen, statt die geschuldete Leistung in die Masse zu bewirken. Diese Abreden wurden unter der KO überwiegend als nicht insolvenzfest erachtet (BGHZ 81, 15, 18 ff. = ZIP 1981, 880). Mit Inkrafttreten der InsO wurde vielfach im Hinblick auf den Wortlaut von § 94 die Aufrechnung auf Grundlage von Konzernverrechnungsklauseln in der Insolvenz für zulässig gehalten (OLG Frankfurt am Main, ZInsO 2003, 423, 424 f.), aber teilweise auch an der hergebrachten abl. Ansicht festgehalten (Windel, KTS 2004, 305, 310). Inzwischen hat der BGH zu Recht die Unzulässigkeit einer solchen Aufrechnung ausgesprochen (BGHZ 160, 107 = ZInsO 2004, 973 f.; BGH, ZInsO 2006, 939). Die Aufrechnung aufgrund einer Konzernverrechnungsklausel ist so zu beurteilen, als ob im Zeitpunkt der Aufrechnung die Gegenforderung an den aufrechnenden Schuldner abgetreten wird. Dann steht § 96 Abs. 1 Nr. 2 der Zulässigkeit der Aufrechnung entgegen (s. § 96 Rdn. 7).

3. Zulässige Modifizierungen

15 Nach § 94 insolvenzfeste Vereinbarungen können sich auf die Aufrechnungsvoraussetzungen, dass die Forderungen **erfüllbar bzw. fällig** sein müssen, beziehen (Schwahn, NJW 2005, 473, 475; Windel, KTS 2004, 305, 307; a. A. Rendels, ZIP 2003, 1583, 1587 f.). Wie die Beteiligten über die Voraussetzungen von Erfüllbarkeit und Fälligkeit disponieren können, so können sie auch die aufrechnungsspezifischen Folgen dieser Merkmale modifizieren. Gleichfalls zulässig und insolvenzfest ist eine Modifizierung der **Gleichartigkeit**, sofern die Beteiligten vereinbaren, wie ein Geldbetrag zu bestimmen ist, durch den sich Sachleistungen kompensieren lassen. Die Beachtlichkeit von Vereinbarungen, die Aufrechnungsverbote abbedingen, richtet sich allein danach, inwieweit solche Vereinbarungen materiell-rechtlich zulässig sind. In allen Fällen zulässiger vertraglicher Modifizierungen kann die Aufrechnung freilich nach § 96 Abs. 1 Nr. 3 mit Insolvenzeröffnung unwirksam werden, wenn die in der Aufrechnungsvereinbarung liegende Herstellung der Aufrechnungslage **anfechtbar** ist.

III. Aufrechnungserklärung

Die Aufrechnung erfolgt nach § 388 Satz 1 BGB durch eine empfangsbedürftige Aufrechnungserklärung. Erklärungsempfänger ist nach Insolvenzeröffnung wegen § 80 der Insolvenzverwalter (BGH, NJW 1984, 357, 358). Eine gegenüber dem Insolvenzschuldner vorgenommene Erklärung ist mangels dessen Empfangszuständigkeit unwirksam, kann aber rgm. ohnehin dem Insolvenzverwalter ggü. wiederholt werden (K. Schmidt-Thole § 94 Rn. 28 unter zutreffendem Hinweis darauf, dass § 82 – entgegen der bislang hier aufgestellten Behauptung – auf die Abgabe der Aufrechnungserklärung nicht anwendbar ist). War die Aufrechnung bereits vor Verfahrenseröffnung erklärt, ohne dass die Aufrechnungsvoraussetzungen vorlagen, etwa wenn ein vertragliches Aufrechnungsverbot erst mit Insolvenzeröffnung seine Wirksamkeit verliert (s. Rdn. 10), muss die Aufrechnung nach Verfahrenseröffnung ggü. dem Insolvenzverwalter nochmals erklärt werden (BGH, NJW 1984, 357, 358). Die Aufrechnungserklärung muss unbedingt und unbefristet sein (§ 388 Satz 2 BGB). Zur Aufrechnungserklärung im Prozess s. Rdn. 19.

16

IV. Wirkung der Aufrechnung

Die Aufrechnung führt nach § 389 BGB zum **Erlöschen** von Haupt- und Gegenforderung, soweit sie sich decken. Das Erlöschen wirkt auf den Zeitpunkt, in dem die Aufrechnungslage entstanden ist, zurück, sodass etwa Verzugsfolgen, Zinsanspruch und Vertragsstrafe ex tunc entfallen (BGH, ZIP 1991, 315). Bestehen mehrere Forderungen, so ergibt sich die Anrechnungsreihenfolge gem. § 396 BGB aus der in §§ 366 Abs. 2, 367 BGB geregelten gesetzlichen Tilgungsreihenfolge. Vorrangig ist zwar eine Tilgungsbestimmung des aufrechnenden Teils (§ 396 Abs. 1 Satz 1 BGB). Dieser Tilgungsbestimmung kann der Aufrechnungsempfänger aber durch Widerspruch die Beachtlichkeit nehmen (§ 396 Abs. 1 Satz 2 BGB).

17

C. Verfahrensfragen

I. Aufrechnung als prozessualer Einwand des Insolvenzgläubigers

Ein Insolvenzgläubiger kann sich, wenn er selbst als Schuldner vom Insolvenzverwalter auf Zahlung in die Masse in Anspruch genommen wird, mit dem Einwand der Aufrechnung verteidigen. Da es sich bei der Aufrechnung um eine rechtsvernichtende Einwendung handelt, ist er hinsichtl. der Voraussetzungen der Aufrechnungslage darlegungs- und beweisbelastet. Diese Last des aufrechnenden Gläubigers erstreckt sich auch auf die Entkräftung der Unzulässigkeitsgründe in § 96 Abs. 1 Nr. 1, 2 und 4 (BGH, ZInsO 2013, 878 Rn. 10 zu Nr. 1; Jaeger-Windel § 96 Rn. 11), weil diese Regelungen keine eigenständigen Unzulässigkeitsgründe darstellen, sondern die Grenzen der Voraussetzungen von §§ 94 f. präzisieren (s. § 95 Rdn. 2; § 96 Rdn. 1). Den Insolvenzverwalter indessen trifft die **Darlegungs- und Beweislast**, soweit er sich auf die Unzulässigkeit der Aufrechnung aus § 96 Abs. 1 Nr. 3 wegen der Anfechtbarkeit der Aufrechnungslage stützt (vgl. BGH, ZInsO 2004, 856, 857).

18

Macht der beklagte Insolvenzgläubiger im Prozess nicht geltend, außerprozessual bereits die Aufrechnung erklärt zu haben, sondern nimmt er die Aufrechnung erst im Prozess vor, so kommt dieser Prozessaufrechnung eine **Doppelnatur** als Prozesshandlung und materielle Willenserklärung nach § 388 BGB zu. Die Erklärung wird daher materiell-rechtlich nur wirksam, wenn auch die prozessualen Voraussetzungen erfüllt sind. Anders herum verliert die materielle Erklärung entsprechend § 139 BGB ihre Wirksamkeit, wenn die Erklärung aus prozessualen Gründen nicht berücksichtigt wird. Unbeschadet von § 388 Satz 2 BGB kann der Beklagte sich primär auf andere Einwände gegen die Klageforderung stützen und die Aufrechnung als **Eventualaufrechnung** davon abhängig machen, dass das Gericht die zur Masse gehörende Hauptforderung für gegeben hält.

19

Die Aufrechnung ist Verteidigungsmittel, sodass sie in erster Instanz nach Maßgabe von §§ 282, 296 ZPO als **verspätet** zurückgewiesen werden kann. In zweiter Instanz ist nach § 533 ZPO über die Zulassung des Einwandes zu entscheiden. Eine Aufrechnung ist nur zulässig, wenn sie sich auf nach § 529 ZPO berücksichtigungsfähige Tatsachen stützen lässt. Das sind vom Gericht erstinstanzlich festgestellte Tatsachen (§ 529 Abs. 1 Nr. 1 ZPO), ferner in der Berufungsinstanz neu vorgebrachte

20

Tatsachen, wenn sie entweder die Voraussetzungen von §§ 529 Abs. 1 Nr. 2, 531 Abs. 2 ZPO erfüllen oder wenn sie unstreitig sind (BGH, ZIP 2005, 567; OLG Hamm, NJW 2003, 2325). Ist die zur Masse gehörende Hauptforderung bereits tituliert, so kann sich der Insolvenzgläubiger im Wege der Vollstreckungsabwehrklage nach st. Rspr. des BGH nur auf neue Tatsachen i. S. v. § 767 Abs. 2 ZPO stützen, um die Aufrechnungslage zu begründen (BGHZ 125, 351, 352 ff. = NJW 1994, 2769; BGHZ 100, 222, 225 = ZIP 1987, 725; **a. A.** T/P-Putzo § 767 ZPO Rn. 22a).

21 Auch bei **Klage eines Insolvenzverwalters** kommt in Betracht, dass das Gericht über Hauptforderung und Gegenforderung getrennt verhandelt (§ 145 Abs. 3 ZPO) und die Hauptforderung in einem **Vorbehaltsurteil** zuerkennt (§ 302 ZPO). Zu einer getrennten Verhandlung kommt es insb. bei Aufrechnung mit rechtswegfremden Forderungen, weil nach herrschender Meinung die Verhandlung über eine streitige Gegenforderung in dem für diese Forderung zuständigen Rechtsweg zu erfolgen hat (BFHE 199, 19 = NJW 2002, 2126, 2127 f.). Vollstreckt der Insolvenzverwalter aus einem Vorbehaltsurteil, so kann der Insolvenzgläubiger, wenn das weitere Verfahren ergibt, dass seine Aufrechnung durchgreift, seinen Schadensersatzanspruch nach § 302 Abs. 4 Satz 3 ZPO als Masseforderung (§ 55 Abs. 1 Nr. 1) verfolgen.

II. Geltendmachung der Gegenforderung im Insolvenzverfahren

22 Der Insolvenzgläubiger kann seine Forderung unbeschadet dessen, dass er mit der Forderung aufgerechnet hat oder aufrechnen will, zur **Insolvenztabelle anmelden**. Beweggrund kann sein, dass die Hauptforderung erst während des Verfahrens erfüllbar wird (§ 95) oder Streit über ihr Bestehen bzw. die Zulässigkeit der Aufrechnung herrscht.

23 Die **Rechtsstellung des Insolvenzgläubigers** folgt den allg. Regelungen. Stimmrecht (§ 77) und Teilnahmerecht bei der Verteilung (§§ 187 ff.) wie aus einem etwaigen Insolvenzplan (§ 256) hängen davon ab, ob die Forderung zur Insolvenztabelle festgestellt ist. Wird die Forderung bestritten, kann der Insolvenzgläubiger noch innerhalb einer 2-Wochen-Frist ab der öffentlichen Bekanntmachung des Verteilungsverzeichnisses die Erhebung einer Feststellungsklage zur Tabelle nachweisen (§§ 189 Abs. 1, 179 f.).

24 Wird die Forderung nicht bestritten oder durch Urteil festgestellt, erwächst die **Feststellung der Forderung** nach Maßgabe von §§ 178 Abs. 3, 183 Abs. 1 in Rechtskraft. Folglich kann der Insolvenzverwalter, sofern der Insolvenzgläubiger später mit der festgestellten Forderung aufrechnet, nicht bestreiten, dass die Gegenforderung besteht. Erfolgt die Aufrechnung erst nach Feststellung der Gegenforderung, muss der Insolvenzgläubiger einer Streichung der Forderung aus der Tabelle zustimmen, soweit die Forderung durch die Aufrechnung erloschen ist. Anderenfalls können der Verwalter oder andere Gläubiger entsprechend § 179 Abs. 2 Klage gegen den Insolvenzgläubiger auf Zustimmung zur Löschung erheben.

§ 95 Eintritt der Aufrechnungslage im Verfahren

(1) ¹Sind zur Zeit der Eröffnung des Insolvenzverfahrens die aufzurechnenden Forderungen oder eine von ihnen noch aufschiebend bedingt oder nicht fällig oder die Forderungen noch nicht auf gleichartige Leistungen gerichtet, so kann die Aufrechnung erst erfolgen, wenn ihre Voraussetzungen eingetreten sind. ²Die §§ 41, 45 sind nicht anzuwenden. ³Die Aufrechnung ist ausgeschlossen, wenn die Forderung, gegen die aufgerechnet werden soll, unbedingt und fällig wird, bevor die Aufrechnung erfolgen kann.

(2) ¹Die Aufrechnung wird nicht dadurch ausgeschlossen, daß die Forderungen auf unterschiedliche Währungen oder Rechnungseinheiten lauten, wenn diese Währungen oder Rechnungseinheiten am Zahlungsort der Forderung, gegen die aufgerechnet wird, frei getauscht werden können. ²Die Umrechnung erfolgt nach dem Kurswert, der für diesen Ort zur Zeit des Zugangs der Aufrechnungserklärung maßgeblich ist.

Übersicht	Rdn.			Rdn.
A. Normzweck	1		c) Steuerforderungen des Insolvenz-	
B. Eintritt der Aufrechnungslage nach			gläubigers (Finanzamts)	19
Verfahrenseröffnung (Abs. 1)	2	III.	Hauptforderung gegen den Insolvenz-	
I. Regelungszweck	2		gläubiger (Abs. 1 Satz 1)	20
II. Gegenforderung des Insolvenzgläubigers			1. Grundsätze.	20
(Abs. 1 Satz 1, 2)	4		a) Allgemeine Kriterien.	21
1. Grundsätze.	4		b) Besondere Anordnungen der	
a) Kein Insolvenzgläubiger	5		InsO.	24
b) Insolvenzgläubiger nach § 38 . . .	6		2. Einzelfälle	27
c) Insolvenzgläubiger kraft besonde-			a) Einseitige Leistungsansprüche. . .	27
rer Anordnung	10		b) Gegenseitige Verträge	31
2. Einzelfälle	11		c) Vergleich.	33
a) Einseitige Leistungsansprüche des			d) Steuerrechtliche Vergütungs- oder	
Insolvenzgläubigers.	11		Erstattungsansprüche	34
b) Ansprüche des Vertragspartners		IV.	Aufrechnungsausschluss (Abs. 1 Satz 3) . .	35
aus gegenseitigen Verträgen.	14	**C.**	**Fremdwährungen (Abs. 2)**	38

A. Normzweck

§ 95 knüpft daran an, dass die materiell-rechtlichen Voraussetzungen der Aufrechnung bei Verfahrenseröffnung nicht gegeben sind, sodass die Aufrechnung nicht nach § 94 zulässig ist. Dann erlaubt § 95 die Aufrechnung durch **zwei** ganz unterschiedliche **Erweiterungen** der Aufrechnungsmöglichkeit im Vergleich zu § 94. Abs. 1 bestimmt die Zulässigkeit der Aufrechnung vorbehaltlich des Ausschlusses gem. Abs. 1 Satz 3, wenn die (gesetzliche) Aufrechnungslage bereits vor Verfahrenseröffnung angelegt war und sodann nach Verfahrenseröffnung entsteht. Abs. 2 konkretisiert die Anforderungen an die Gleichartigkeit der aufzurechnenden Forderungen, falls Geldforderungen auf unterschiedliche Währungen lauten. Stets kann sich die Unzulässigkeit der Aufrechnung allerdings noch aus § 96 Abs. 1 Nr. 3 ergeben, wenn die Herstellung der (angelegten) Aufrechnungslage anfechtbar erfolgte (s. § 96 Rdn. 9 ff.). 1

▶ **B. Eintritt der Aufrechnungslage nach Verfahrenseröffnung (Abs. 1)** Praxistipp

Eine Aufrechnung nach Abs. 1 ist die Ausnahme. Das ergibt sich aus einer Durchsicht der in Betracht kommenden Sachlagen:
1. Besaß der Insolvenzgläubiger bereits bei Verfahrenseröffnung eine durchsetzbare Gegenforderung, war die zur Masse gehörende Hauptforderung aber noch nicht erfüllbar, kommt zwar nach Abs. 1 eine Aufrechnung in Betracht, sobald die Hauptforderung erfüllbar wird. Vielfach wird die Aufrechnung aber an § 96 Abs. 1 Nr. 1 scheitern, weil die Hauptforderung erst nach Verfahrenseröffnung begründet wurde (s. Rdn. 20).
2. War die zur Masse gehörende Hauptforderung bei Verfahrenseröffnung durchsetzbar, ist eine Aufrechnung mit einer erst nach Verfahrenseröffnung durchsetzbar werdenden Gegenforderung nach Abs. 1 Satz 3 (s. Rdn. 35 ff.) unzulässig.
3. Waren bei Verfahrenseröffnung Haupt- und Gegenforderung noch nicht durchsetzbar, muss erstens wegen Abs. 1 Satz 3 die Gegenforderung des Insolvenzgläubigers vor der Hauptforderung durchsetzbar werden (s. Rdn. 35 ff.) und zweitens in Abgrenzung zu § 96 Abs. 1 Nr. 1 die Hauptforderung bereits vor Verfahrenseröffnung begründet worden sein (s. Rdn. 20).

I. Regelungszweck

Abs. 1 bestimmt gemeinsam mit § 96 Abs. 1 Nr. 1, 2 und 4, inwieweit noch nach Verfahrenseröffnung eine Aufrechnungslage begründet werden kann. Das soll nur möglich sein, wenn die Aufrechnungsmöglichkeit bereits vor Insolvenzeröffnung angelegt war. Nach Abs. 1 Satz 1 führt die Insolvenz **keine Erleichterung** der Aufrechnung herbei. Die Aufrechnung kommt erst in Betracht, wenn eine Aufrechnungslage nach Maßgabe von § 387 BGB vorliegt. Diese Aussage verstärkt Abs. 1 2

Satz 2. Abweichend vom alten Recht (§ 54 Abs. 2, 4 KO) ist die insolvenzspezifische Regelung von Fälligkeit und Schuldinhalt in §§ 41, 45 unbeachtlich, um über die Aufrechnungslage zu befinden.

3   Abs. 1 sieht vielmehr **Erschwerungen** der Aufrechnung vor. So schließt das Aufrechnungsverbot in Abs. 1 Satz 3 eine Aufrechnung dann aus, wenn die zur Masse gehörende Hauptforderung bereits durchsetzbar war, bevor die Aufrechnungslage entstand. Zusätzlich verlangt Abs. 1 Satz 1, dass es bei Verfahrenseröffnung für die Aufrechnung nur daran fehlte, dass zumindest eine der aufzurechnenden Forderungen aufschiebend bedingt bzw. nicht fällig war oder beide Forderungen nicht auf gleichartige Leistungen gerichtet waren.

II. Gegenforderung des Insolvenzgläubigers (Abs. 1 Satz 1, 2)

1. Grundsätze

4   Der aufrechnende Gläubiger muss wegen § 387 BGB, Abs. 1 im Zeitpunkt der Aufrechnung über eine durchsetzbare Gegenforderung (s. § 94 Rdn. 8) verfügen. Diese Aufrechnungsvoraussetzung ist freilich erfüllt, wenn der Gläubigeranspruch bereits zum Zeitpunkt der Insolvenzeröffnung durchsetzbar ist. Dann könnte der Gläubiger sogar nach § 94 gegen eine vor Verfahrenseröffnung durchsetzbar gewordene Hauptforderung des Insolvenzschuldners aufrechnen. Abs. 1 erlaubt aber darüber hinaus, dass der Gläubigeranspruch erst während des Verfahrens durchsetzbar wird. Jedoch ist aus Abs. 1 Satz 1 zu folgern, dass der Gläubiger bereits **im Zeitpunkt der Verfahrenseröffnung Insolvenzgläubiger** sein muss.

a) Kein Insolvenzgläubiger

5   Vom Anwendungsbereich des Abs. 1 werden durch verschiedene Bestimmungen ausdrücklich solche Gläubiger ausgeschlossen, die im Augenblick der Insolvenzeröffnung nicht Insolvenzgläubiger sind. § 96 Abs. 1 Nr. 4 verbietet Neugläubigern des Insolvenzschuldners die Aufrechnung (s. § 96 Rdn. 8); zu den Massegläubigern s. Vorbem. §§ 94 bis 96 Rdn. 9. Schließlich sperrt § 96 Abs. 1 Nr. 2 Insolvenzgläubiger, die ihren Anspruch erst nach Insolvenzeröffnung von einem anderen Insolvenzgläubiger erworben haben (s. § 96 Rdn. 4).

b) Insolvenzgläubiger nach § 38

6   Im Blick hat Abs. 1 die Konstellationen, in denen der Gläubigeranspruch bereits im Zeitpunkt der Verfahrenseröffnung begründet ist, sodass der Gläubiger nach § 38 Insolvenzgläubiger ist. Für diese Fälle enthält Abs. 1 eine **Parallelregelung zu §§ 41, 45, 191**. Diese Vorschriften regeln, in welcher Weise ein Insolvenzgläubiger am Verfahren teilnehmen kann, wenn seine Forderung bei Verfahrenseröffnung noch nicht fällig (§ 41), noch aufschiebend bedingt (§ 191) oder noch nicht auf Geld gerichtet (§ 45) ist. Entsprechend regelt Abs. 1, unter welchen Voraussetzungen der Insolvenzgläubiger aufrechnen kann, wenn seine Forderung bei Insolvenzeröffnung noch nicht fällig, aufschiebend bedingt oder nicht auf den Inhalt der Hauptforderung (Geld) gerichtet ist. In der Rechtsfolge unterscheiden sich beide Regelungssysteme freilich erheblich. Während für das Insolvenzverfahren die Fälligkeit fingiert (§ 41) und der Schuldinhalt umgerechnet (§ 45) wird, kommt es für die Aufrechnung allein auf die tatsächliche materiell-rechtliche Rechtslage an (Abs. 1 Satz 2).

7   Hinsichtlich der Voraussetzungen, unter denen eine Forderung bereits vor Verfahrenseröffnung begründet ist, herrscht jedoch Übereinstimmung von Abs. 1 und den genannten Parallelregelungen, sodass insoweit auch auf die Kommentierungen zu §§ 38, 41, 45, 191 verwiesen werden kann. Nicht **fällig** ist jede Forderung, die zwar entstanden, aber betagt ist oder der sonst eine Einrede entgegensteht. Wann sie fällig wird, richtet sich allein nach materiellem Recht. Ausreichend ist allerdings, dass die Fälligkeit auf einer Einwirkung der Insolvenz auf das Rechtsverhältnis etwa nach § 728 BGB, § 115 beruht (MK-Brandes/Lohmann § 95 Rn. 7; s. § 94 Rdn. 8).

8   Die **Bedingtheit** einer Forderung ist weit auszulegen (MK-Brandes/Lohmann § 95 Rn. 10 m. w. N.). Darunter ist nicht nur eine rechtsgeschäftlich vereinbarte Bedingung (§ 158 Abs. 1 BGB) oder

Befristung (§ 163 BGB), sondern auch eine sog. Rechtsbedingung zu verstehen (BGH, ZInsO 2005, 94; ZInsO 2004, 921, 922). Eine solche Rechtsbedingung liegt vor, wenn der gesetzliche Tatbestand die Entstehung eines Anspruchs von bestimmten Voraussetzungen (etwa Vornahme einer Abrechnung oder Eintritt eines Schadens) abhängig macht. Es kommt also keinesfalls darauf an, dass bei Verfahrenseröffnung die Entstehung des Anspruchs bereits feststeht. Vielmehr muss der Anspruch nur in seinem Kern angelegt sein (vgl. BFH, ZInsO 2011, 1163 Rn. 12). Diese Voraussetzungen sollten grds. alle Insolvenzforderungen angesichts der Anforderungen des § 38 erfüllen. Die Unterscheidung zwischen erfüllbaren betagten Forderungen und nicht erfüllbaren befristeten Forderungen (s. §§ 94 Rdn. 9) ist daher hier ohne Bedeutung.

Nur einen schmalen Anwendungsbereich hat die Alternative, dass die Gleichartigkeit der Forderungen durch einen **Wechsel des Forderungsinhalts** nach Verfahrenseröffnung herbeigeführt wird (Häsemeyer, InsR, Rn. 19.25). Hauptanwendungsfall ist, dass sich ein Freistellungsanspruch durch Befriedigung des Gläubigers in einen Zahlungsanspruch verwandelt (s. Rdn. 13). 9

c) Insolvenzgläubiger kraft besonderer Anordnung

Die Stellung als Insolvenzgläubiger kann auch auf ausdrücklicher Anordnung durch §§ 55 Abs. 3, 103 Abs. 2 Satz 1, 104 Abs. 3 Satz 3, 105 Satz 1, 108 Abs. 2, 109 Abs. 1 Satz 3 und Abs. 2 Satz 2, 113 Satz 3, 115 Abs. 3 Satz 2, 118 Satz 2, 144 Abs. 1 und 2 beruhen. Im Wege der Auslegung ist der einzelnen Bestimmung zu entnehmen, ob der jeweilige Anspruch bereits mit Insolvenzeröffnung entsteht oder noch von weiteren Voraussetzungen abhängt. Entsteht er bereits mit Insolvenzeröffnung, kommt eine Aufrechnung nach § 94 sogar gegen vor Insolvenzeröffnung durchsetzbar gewordene Hauptforderungen in Betracht (so für § 104 MK-Jahn/Fried § 104 Rn. 183; für § 109 MK-Eckert § 109 Rn. 34 – Letzteres zweifelhaft). Bedarf es noch weiterer Voraussetzungen (etwa einer Gestaltungserklärung vom Insolvenzverwalter), ist bei der Aufrechnung Abs. 1 Satz 3 zu berücksichtigen (zu § 103 Abs. 2 s. Rdn. 17). 10

2. Einzelfälle

a) Einseitige Leistungsansprüche des Insolvenzgläubigers

Ist der Insolvenzgläubiger Inhaber eines einseitigen Leistungsanspruchs, ist allein auf diesen abzustellen, um über die Aufrechenbarkeit zu entscheiden. Für **Zahlungsansprüche** kommt es allein auf ihre Durchsetzbarkeit nach materiellem Recht an. Zu den Zahlungsansprüchen zählen rgm. auch Schadensersatzansprüche. Eine Aufrechnung mit ihnen kommt in Betracht, wenn der rechtsbegründende Tatbestand vor Insolvenzeröffnung gelegt ist. §§ 280 ff. BGB verlangen dafür die schuldhafte Pflichtverletzung, während § 823 Abs. 1 BGB an die schuldhafte Rechtsgutsverletzung anknüpft. Durchsetzbar wird der Anspruch allerdings erst, wenn ein Schaden eintritt. 11

Sachleistungsansprüche etwa des Käufers oder Bestellers nach vollständiger Zahlung von Kaufpreis bzw. Werklohn bedürften der Umwandlung in einen Zahlungsanspruch, damit sie gegen zur Insolvenzmasse zählende Geldforderungen aufgerechnet werden können. Nach Insolvenzeröffnung kann die Grundlage für eine solche Umwandlung allerdings nicht mehr geschaffen werden (vgl. Tintelnot, KTS 2004, 339, 354). Insb. dienen die allg. Schadensersatzregelungen der §§ 280 ff. BGB nicht als Grundlage, weil diese vor Verfahrenseröffnung vom Schuldner schuldhaft hätten verwirklicht werden müssen. Eine Ausnahme kann man nur dann erwägen, wenn vertraglich wie beim absoluten Fixgeschäft (Palandt-Grüneberg § 271 BGB Rn. 17) an den Ablauf eines bestimmten Zeitpunkts die Umwandlung in einen verschuldensunabhängigen Zahlungsanspruch wegen Nichterfüllung geknüpft ist (vgl. auch § 104). 12

Freistellungsansprüche stehen z.B. denjenigen zu, die für Verbindlichkeiten des Insolvenzschuldners dem Gläubiger Personal- oder Realsicherheiten geleistet haben. Sie können vom Schuldner verlangen, dass dieser den Gläubiger befriedigt, sodass der Gläubiger die von ihnen geleistete Sicherheit freigibt (vgl. § 775 BGB). Solche Freistellungsansprüche können mangels Gleichartigkeit gegen zur Masse gehörende Zahlungsansprüche erst aufgerechnet werden, wenn sie sich in 13

Zahlungsansprüche umwandeln (s. § 94 Rdn. 2). Zur Umwandlung kommt es nicht schon, wenn der Hauptschuldner zahlungsunfähig wird (BGHZ 140, 270, 272 ff. = ZInsO 1999, 168, 169 f.). Die Umwandlung tritt erst mit Tilgung der Hauptforderung durch den Freistellungsberechtigten ein (BGH, ZInsO 2005, 90, 93; bestätigt BGH, ZInsO 2005, 875, 876), sodass bei Tilgung nach Verfahrenseröffnung Abs. 1 Satz 3 die Aufrechnung sperren kann. Ein Erlass durch den Gläubiger nach Verfahrenseröffnung begründet die Umwandlung nicht (BGH, ZIP 1990, 53). § 44 steht einer Aufrechnung nicht entgegen, da diese Bestimmung nur die Geltendmachung im Insolvenzverfahren selbst betrifft (BGH, NJW 1960, 1295, 1296; MK-Brandes/Lohmann § 95 Rn. 23; a. A. Häsemeyer, InsR, Rn. 19.23).

b) Ansprüche des Vertragspartners aus gegenseitigen Verträgen

14 Will der Gläubiger/Vertragspartner mit Ansprüchen aus gegenseitigen Verträgen aufrechnen, ist danach zu differenzieren, ob er mit seinem **vertraglich begründeten Primäranspruch** oder mit einem aus §§ 103 Abs. 2 Satz 1, 104 Abs. 3 Satz 3, 109 Abs. 1 Satz 3, Abs. 2 Satz 2, 113 Satz 3 folgenden **Anspruch wegen Nichterfüllung** aufrechnen will. Freilich kann der gegenseitige Vertrag auch Grundlage für einen Schadensersatzanspruch nach §§ 280 ff. BGB sein; dann ergeben sich aber zu den in Rdn. 11 gemachten Ausführungen keine Besonderheiten.

15 Der **Primäranspruch** stellt einen einseitigen Leistungsanspruch dar, wenn der Gläubiger vor Insolvenzeröffnung seine Leistungspflicht vollständig erfüllt hat. Die Aufrechenbarkeit folgt dann den gerade dargelegten Grundsätzen (Rdn. 11 ff.). Leistet der Gläubiger hingegen nicht vor, bleibt ihm entweder nur ein Anspruch aus § 103 Abs. 2 (s. Rdn. 16 ff.) oder der Vertrag wird mit Wirkung für die Masse fortgesetzt (§§ 103 Abs. 1, 108 Abs. 1 Satz 1). Im letzteren Fall wird der Primäranspruch **Masseverbindlichkeit** (§ 55 Abs. 1 Nr. 2), sodass für die Aufrechnung die §§ 94 ff. nicht einschlägig sind (s. Vorbem. §§ 94 bis 96 Rdn. 9). Besonderheiten gelten, wenn die geschuldeten Leistungen teilbar sind und der Gläubiger teilweise vorgeleistet hat. Der Gläubiger kann Teillieferungen erbracht (§ 105) oder eine Mietsache dem Insolvenzschuldner für einen Teil der Mietzeit überlassen haben (§ 108). Dann ist auch hinsichtl. der Gegenleistung eine entsprechende Teilung vorzunehmen (§ 103 Rdn. 44). Der Gläubiger kann seinen Anspruch auf die Gegenleistung, soweit er vorgeleistet hat, wie einen einseitigen Leistungsanspruch als Insolvenzgläubiger (§§ 105 Satz 1, 108 Abs. 3) geltend machen (näher Rdn. 18).

16 Umstritten und in der aktuellen höchstrichterlichen Rspr. nicht abschließend geklärt ist die Einordnung der in § 103 Abs. 2 Satz 1 vorgesehenen »Forderung wegen der Nichterfüllung«. Herkömmlich wird diese als Anspruch auf Schadensersatz statt der Leistung eingeordnet (BGHZ 196, 160 = ZInsO 2013, 494 Rn. 8; BGHZ 176, 43 Rn. 18; BGHZ 96, 392, 394; s. § 103 Rdn. 41). Vorzug verdient aber die im Vordringen befindliche Gegenauffassung (Häsemeyer, InsR, Rn. 20.24; Jaeger-Jacoby § 103 Rn. 34, 253; KPB-Tintelnot § 103 Rn. 97; HK-Marotzke § 103 Rn. 48; v. Wilmowsky, KTS 2011, 453, 464 ff.). Der Anspruch ist kein Sekundäranspruch, sondern der aus dem gegenseitigen Vertrag offene Primäranspruch. Zur Insolvenztabelle kann allerdings der Anspruch nicht seinem vollen Umfange nach angemeldet werden. Es handelt sich um einen Differenzanspruch. Vom Wert des Primäranspruchs ist der Wert der vom Vertragspartner/Gläubiger wegen der Erfüllungsablehnung ersparten Gegenleistung abzuziehen. Ist der Primäranspruch Sachleistungsanspruch, ist bei dieser Berechnung der Anspruch zudem noch nach Maßgabe des § 45 umzurechnen. Diese Auffassung verdient deswegen Gefolgschaft, weil es mangels Pflichtverletzung nach Verfahrenseröffnung an einer Legitimation für einen Schadensersatzanspruch fehlt. Die »Nichterfüllung«, verstanden als quotenmäßige Befriedigung, beruht nicht auf einer in der Erfüllungsablehnung liegenden Pflichtverletzung des Verwalters, sondern ist Folge der Insolvenzeröffnung (§§ 38, 87). Auch der Vertragspartner, der vor Verfahrenseröffnung voll geleistet hat, kann nur seinen Primäranspruch geltend machen, aber keine Schadensersatzforderung (s. Rdn. 11 f.).

17 Dieser Streit um die Rechtsnatur des § 103 Abs. 2 wirkt sich maßgeblich darauf aus, ob dieser Anspruch über Abs. 1 zur Aufrechnung taugt. Wer mit der Rspr. einen Schadensersatzanspruch annimmt, hält den Anspruch aus § 103 Abs. 2 grds. für geeignet zur Aufrechnung. Umstritten ist

freilich, zu welchem Zeitpunkt dieser Anspruch durchsetzbar wird und so zur Aufrechnung gestellt werden kann: Vertreten wird der Zeitpunkt der **Erfüllungsablehnung durch den Insolvenzverwalter** (KPB-Lüke § 95 Rn. 30; Wolf, FS Görg, S. 597, 605), der Zeitpunkt der Geltendmachung durch den Gläubiger (HK-Kayser § 95 Rn. 22; MK-Kreft § 103 Rn. 22), aber auch bereits der Zeitpunkt der Verfahrenseröffnung (MK-Brandes/Lohmann § 95 Rn. 17). Von der Bestimmung des einschlägigen Zeitpunkts hängt ab, in welchem Umfange Abs. 1 Satz 3 die Aufrechnung sperrt. Diese Sperre bleibt nur dann unanwendbar, wenn eine Verrechnung im Wege der Schadensberechnung erfolgt (BGHZ 196, 160 = ZInsO 2013, 494 Rn. 12). Dann bedarf es keiner Aufrechnung, sodass der Anwendungsbereich von §§ 94 ff. nicht eröffnet ist. Wer abweichend von der Rspr. in Übereinstimmung mit dem in Rdn. 16 verfochtenen Standpunkt § 103 Abs. 2 für einen Primäranspruch hält, muss eine Aufrechnung mit diesem Anspruch wegen Abs. 1 Satz 2 (dazu Rdn. 6) ausschließen (Jaeger-Jacoby § 103 Rn. 253; Jaeger-Windel § 95 Rn. 27; Häsemeyer, InsR, Rn. 19.25; a. A. KPB-Tintelnot § 103 Rn. 102). Denn die Umrechnung in eine durchsetzbare Geldforderung erfolgt auch hier über § 103 Abs. 2, § 45 zwecks Quotenberechnung. Der Aufrechnungsausschluss ist dem Vertragspartner auch zumutbar, da er als Gläubiger einer nicht durchsetzbaren Primärleistung zu keiner Zeit in schutzwürdiger Weise auf den Eintritt einer Aufrechnungslage vertrauen durfte (s. Rdn. 12).

Bei **teilerfüllten teilbaren Verträgen** geht der BGH von einer Vertragsspaltung aus (§ 103 Rdn. 44). Nur auf den vom Vertragspartner nicht erfüllten Vertragsteil bezieht sich das Erfüllungswahlrecht des Insolvenzverwalters und damit bei Erfüllungsablehnung ein Anspruch aus § 103 Abs. 2. Für die Aufrechnung mit diesem Anspruch gilt das Vorstehende (Rdn. 17). Hat der Vertragspartner vorgeleistet, so steht ihm insoweit ein Anspruch auf die Gegenleistung zu. Dieser Anspruch ist Insolvenzforderung und mit Verfahrenseröffnung durchsetzbar. Daher kann der Vertragspartner mit einem auf Geld gerichteten Teilvergütungsanspruch aufrechnen, ohne den Beschränkungen nach Abs. 1 zu unterliegen (§ 103 Rdn. 46). Hat der Vertragspartner einen Anspruch auf teilweise Sachleistung, steht Abs. 1 Satz 2 der Aufrechnung gegen eine zur Masse gehörende Geldforderung entgegen (s. Rdn. 6). Hat der Insolvenzschuldner teilweise vorgeleistet, wird der Masse rgm. ein entsprechender Anspruch auf die Gegenleistung zustehen (s. Rdn. 31). Umstritten ist, inwieweit der Vertragspartner/Gläubiger sich gegen diesen Anspruch nach Erfüllungsablehnung mit seiner Insolvenzforderung aus § 103 Abs. 2 verteidigen kann. Der BGH hat jedenfalls herkömmlich die Aufrechnung zugelassen (BGH, ZInsO 2001, 71, 72). Teilweise wird die Aufrechnung unter Hinweis auf Abs. 1 Satz 3 (s. Rdn. 17) für unzulässig gehalten, weil der Anspruch des Vertragspartners/Gläubigers erst mit Erfüllungsablehnung, die zur Masse gehörende Hauptforderung aber spätestens mit Eröffnung fällig werde (Uhlenbruck-Wegener § 103 Rn. 183). Nach dem hier vertretenen Ansatz hindert Abs. 1 Satz 2 eine Aufrechnung (Rdn. 17). 18

Der teilerfüllte Vertrag kann einen **unteilbaren Leistungsgegenstand** haben, z. B. die Übereignung einer Sache (vgl. BGHZ 196, 160 = ZInsO 2013, 494). Hat dann der Vertragspartner vorgeleistet (z. B. Anzahlung auf den Kaufpreis), steht diesem allein ein Anspruch aus § 103 Abs. 2 zu (Jaeger-Jacoby § 103 Rn. 58). Zur Möglichkeit der Aufrechnung mit dieser Forderung gilt das unter Rdn. 17 Ausgeführte. Hat indessen der Insolvenzschuldner vorgeleistet, und lehnt der Insolvenzverwalter später die Erfüllung ab, steht in Rede, ob und inwieweit der Insolvenzverwalter die Vorleistung zurückfordern kann. Der Vertragspartner wird sich indessen damit verteidigen, Nachteile daraus zu erleiden, dass der Vertrag nicht vollständig abgewickelt wird. Eine solche Verrechnung durch den Vertragspartner ist zuzulassen, ohne dass das Aufrechnungsrecht zu bemühen ist. Der BGH gesteht dem Insolvenzverwalter zwar ausnahmsweise – unter Durchbrechung des vom BGH sonst zutreffend verfochtenen Grundsatzes, dass Teilleistungen nicht rückforderbar sind – einen Rückforderungsanspruch zu. Dieser Anspruch soll aber als Rechnungsposten bei der Bestimmung des dem Vertragspartner wegen der Nichterfüllungswahl erwachsenden Anspruchs aus § 103 Abs. 2 einzubeziehen sein (BGHZ 196, 160 = ZInsO 2013, 494 Rn. 12). Überzeugender erscheint es, auch hier daran festzuhalten, dass Teilleistungen nicht zurückgefordert werden können, sondern allein der Anspruch auf die Gegenleistung für die erbrachte Teilleistung gefordert werden kann. Wegen der Unteilbarkeit des Leistungsgegenstands ist dann freilich Unmöglichkeitsrecht heranzuziehen. Der Insolvenzverwalter kann deswegen nach Maßgabe von §§ 346 ff., 326 Abs. 4 BGB Rückgewähr 18a verlangen (näher Jaeger-Jacoby § 103 Rn. 61). Nach § 326 Abs. 2 BGB ist der Vertragspartner zur Rückgewähr indes nur in dem Umfange verpflichtet, in dem er Aufwendungen erspart oder anderweit etwas erwirbt. Der Verkäufer braucht also z. B. dann nichts zurückzugewähren, wenn er die Kaufsache nur zu einem Preis anderweit veräußern kann, der den ursprünglichen Preis um die Teilleistung unterschreitet.

c) Steuerforderungen des Insolvenzgläubigers (Finanzamts)

19 Damit nach Verfahrenseröffnung mit Steuerforderungen nach Abs. 1 aufgerechnet werden kann, brauchen sie vor Verfahrenseröffnung nicht schon im steuerrechtlichen Sinne entstanden (§ 38 AO) zu sein, sondern es genügt die Verwirklichung des zivilrechtlichen Sachverhalts, der zur Entstehung des öffentlich-rechtlichen Steueranspruchs führt (BFHE 236, 274 = ZInsO 2012, 746 Rn. 24; BFHE 208, 10 = ZInsO 2005, 542; ZIP 2007, 1225 Rn. 7). Die zur Aufrechnung erforderliche Fälligkeit und Durchsetzbarkeit von Steuerforderungen setzt grds. zusätzlich zur Entstehung (§ 38 AO) nach § 220 Abs. 1, Abs. 2 Satz 2 AO i. V. m. den Bestimmungen in den Einzelsteuergesetzen die Festsetzung voraus. Nach Insolvenzeröffnung ist eine Festsetzung jedoch durch § 251 Abs. 2 Satz 1 AO, § 87 ausgeschlossen. Der BFH hilft, indem er ab Verfahrenseröffnung § 220 Abs. 2 Satz 1 AO anwendet, sodass sich die Durchsetzbarkeit allein nach dem Entstehen des Anspruchs (§ 38 AO) bemisst (BFH, ZIP 2007, 1514 Rn. 14; ZInsO 2004, 862, 863 f.; App, EWiR 2004, 1063). Folgt man dem (abl. Kinski, Aufrechnung durch das FA in der Insolvenz des Steuerpflichtigen, S. 142 ff.), wäre gar eine Aufrechnung mit vor Verfahrenseröffnung zwar nicht festgesetzten, aber entstandenen Steuerforderungen gegen vor Verfahrenseröffnung durchsetzbare Hauptforderungen zulässig.

III. Hauptforderung gegen den Insolvenzgläubiger (Abs. 1 Satz 1)

1. Grundsätze

20 Die zur Masse gehörende Hauptforderung, gegen die der Insolvenzgläubiger aufrechnen will, muss wegen § 387 BGB, Abs. 1 im Zeitpunkt der Aufrechnung erfüllbar (s. § 94 Rdn. 9) sein. Zwar scheint Abs. 1 Satz 1 angesichts seines unglücklich formulierten Wortlauts darüber hinaus noch Fälligkeit zu verlangen. Tatsächlich will diese Bestimmung aber keine strengeren Voraussetzungen aufstellen, als es das materielle Recht tut. War die Masseforderung bereits im Zeitpunkt der Insolvenzeröffnung durchsetzbar, kommt wegen Abs. 1 Satz 3 (s. Rdn. 35 f.) eine Aufrechnung nur nach § 94 mit einer bei Insolvenzeröffnung durchsetzbaren Gegenforderung in Betracht. War die Masseforderung zu diesem Zeitpunkt noch nicht durchsetzbar, verlangt eine Aufrechnung nach Abs. 1 aber, dass diese Hauptforderung im Zeitpunkt der Insolvenzeröffnung jedenfalls begründet war. Anhand dieser Voraussetzung ist die zulässige Aufrechnung gegen eine Altforderung nach Abs. 1 von dem Aufrechnungsverbot des § 96 Abs. 1 Nr. 1 abzugrenzen (BGH, ZInsO 2005, 94; ZInsO 2004, 921, 922). Dieses Aufrechnungsverbot greift, wenn der Insolvenzgläubiger erst nach Insolvenzeröffnung etwas zur Masse schuldig geworden ist (sog. Neuforderung).

a) Allgemeine Kriterien

21 Über die Voraussetzungen von Abs. 1 hinsichtl. der zur Masse gehörenden Hauptforderung ist im Allgemeinen anhand der für die Gegenforderung aufgezählten Kriterien (s. Rdn. 7 ff.) zu entscheiden (K. Schmidt-Thole § 95 Rn. 5). Spezifische Einordnungsprobleme ergeben sich, wenn der Anspruch aus einem über die Insolvenzeröffnung hinaus fortgesetzten Vertragsverhältnis wie Gesellschaft oder Dienstvertrag herrührt. Der BGH weitet § 96 Abs. 1 Nr. 1 dann zulasten des Abs. 1 aus. Die Aufrechnungssperre des § 96 Abs. 1 Nr. 1 soll alle Ansprüche erfassen, die noch von einer Willensentscheidung (Kündigung) einer Vertragspartei nach Verfahrenseröffnung abhängen (s. Rdn. 22, 27 f.). Diese Alles-oder-Nichts-Lösung steht im Widerspruch zur wertenden Betrachtung, wann eine Forderung in welchem Umfange werthaltig gemacht wurde. Der Maßstab des Werthaltigmachens leitet den BGH in anderen Bereichen des § 96 Abs. 1 Nr. 1 (s. Rdn. 32) sowie bei § 96 Abs. 1 Nr. 3 (§ 96 Rdn. 11, 13).

Die größte Bedeutung kommt der **Bedingtheit** einer Forderung zu. Wie für die Gegenforderung (s. Rdn. 8) ist dieses Tatbestandsmerkmal weit auszulegen, sodass auch Rechtsbedingungen erfasst sind (BGH, ZInsO 2004, 921, 922). Konsequent erscheint es, zwischen Alt- und Neuforderung (zur Bedeutung s. Rdn. 20) grds. ebenfalls nach den für § 38 entwickelten Kriterien abzugrenzen (so für Forderungen aus dem Steuerrechtsverhältnis BFHE 208, 10 = ZInsO 2005, 542). Allerdings kann die Einordnung einer Forderung als Neuforderung darauf beruhen, dass ein Rechtsverhältnis »mit Wirkung für die Masse« fortgesetzt wird, wie es § 108 Abs. 1 formuliert (s. Rdn. 24). Über diese ausdrückliche Regelung hinaus ist in der Rspr. des BGH der sog. Gegenleistungsgrundsatz anerkannt. Es muss in die Masse die Gegenleistung für das fließen, was aus der Masse erbracht wird (BGH, ZInsO 2011, 2229 Rn. 5; BGHZ 129, 336, 339; 155, 87, 98 = ZInsO 2003, 607). § 96 Abs. 1 Nr. 1 verbietet daher die Aufrechnung gegen eine zur Masse gehörende Forderung aus einem gegenseitigen Vertrag, soweit sie mit Mitteln der Masse werthaltig gemacht worden ist (s. Rdn. 25, 32; BGH, ZInsO 2011, 2229 Rn. 5). Der BGH hat eine Neuforderung i. S. v. § 96 Abs. 1 Nr. 1 ferner angenommen, wenn das Entstehen der Forderung von einer rechtsgeschäftlichen Erklärung (Kündigung) des Insolvenzverwalters (BGH, ZInsO 2004, 921, 923; s. Rdn. 28) oder des Vertragspartners (BGH, ZInsO 2013, 1143 Rn. 11; ZInsO 2009, 383 Rn. 24) abhängig ist (zur alternativen Einordnung s. Rdn. 21). 22

Die **Änderung des Schuldinhalts** der Hauptforderung wird den Eintritt einer Aufrechnungslage gem. Abs. 1 Satz 1 rgm. nicht herbeiführen. Insb. kann der Vertragsbruch eines Insolvenzgläubigers keine Aufrechnungslage (nachträglich) begründen (Häsemeyer, InsR, Rn. 19.25; MK-Brandes/Lohmann § 95 Rn. 32). Verweigert ein Sachleistungsschuldner die ordnungsgemäße Erfüllung in die Masse, so erwächst der Masse rgm. ein auf Geld gerichteter Schadensersatzanspruch gegen diesen Schuldner. Gegen diesen Zahlungsanspruch kann der Schuldner, wenn er gleichzeitig Insolvenzgläubiger ist, aber nicht aufrechnen. Regelmäßig sperrt schon Abs. 1 Satz 3 die Aufrechnung, weil der zur Masse gehörende Sachleistungsanspruch durchsetzbar war, bevor die Aufrechnungslage entstand. Jedenfalls entsteht der Schadensersatzanspruch erst nach Verfahrenseröffnung, sodass § 96 Abs. 1 Nr. 1 greift. 23

b) Besondere Anordnungen der InsO

Beruht eine zur Masse gehörende Forderung auf einer Anordnung der InsO, kann sich aus dieser Anordnung die Qualifizierung als Neuforderung ergeben. So ordnet § 108 Abs. 1 an, dass bestimmte **Dauerschuldverhältnisse** mit Wirkung für die Masse fortgesetzt werden. Daher sind alle Ansprüche, die auf der Fortsetzung des Vertragsverhältnisses nach Verfahrenseröffnung beruhen, Neuforderungen. Folglich steht grds. das Aufrechnungsverbot aus § 96 Abs. 1 Nr. 1 einer Aufrechnung gegen diese Neuforderungen entgegen (BGH, ZInsO 2011, 2229 Rn. 9). §§ 110 Abs. 3, 114 Abs. 2 a. F. befreien allerdings von diesem Aufrechnungsverbot zeitlich beschränkt (BGH, ZInsO 2007, 90, 91; zu möglichen Auswirkungen s. § 94 Rdn. 7). Daraus folgt aber nicht, dass eine Aufrechnung einschränkungslos möglich ist. Es kommt vielmehr auf die sonstigen Voraussetzungen der §§ 387 ff. BGB, §§ 95 f. an. Vor allem hat der BGH den Anwendungsbereich von § 114 a. F. (ausdrücklich nur für Abs. 1) erheblich beschränkt. Die Vorschrift soll nicht anwendbar sein, wenn der Erwerb des Vergütungsanspruchs die Begründung von Masseverbindlichkeiten voraussetzt (BGHZ 167, 363 = ZInsO 2006, 708 Rn. 16; BGH, ZInsO 2011, 2229 Rn. 6). 24

Soweit Ansprüche aus Zeitabschnitten vor Verfahrenseröffnung herrühren, sind diese ungeachtet des § 108 Abs. 1 als Altforderungen zu qualifizieren. Das gilt nicht nur für Rückstände, sondern etwa auch für Ansprüche auf Auszahlung von Guthaben aus Nebenkostenvorauszahlungen. Maßgeblich zur Einordnung dieser Ansprüche ist nicht der Zeitpunkt des Vertragsschlusses (so noch BGH, ZInsO 2005, 94), sondern der Zeitraum, für den die Nebenkosten zu entrichten sind und auch tatsächlich fließen (vgl. BGH, ZInsO 2010, 43 Rn. 13). In jedem Fall ist der zur Masse gehörende Anspruch auf Auskehr vor Insolvenzeröffnung überzahlter Nebenkostenvorschüsse Altforderung, gegen die der Vermieter/Gläubiger wegen Abs. 1 Satz 1 aufrechnen kann. Umgekehrt kann der Mieter in der Vermieterinsolvenz gegen neue Ansprüche auf Miete nicht mit dem Anspruch auf 24a

Auskehr vor Verfahrenseröffnung zu viel bezahlter Vorschüsse aufrechnen (vgl. BGH, ZInsO 2011, 2229 Rn. 9 gegen BGH, ZInsO 2007, 91).

25 Die Folgen der Erfüllungswahl bei einem **gegenseitigen Vertrag** werden mittlerweile überwiegend ganz ähnlich verstanden. So fällt der zur Masse zählende Anspruch aus § 103 Abs. 1 unter § 96 Abs. 1 Nr. 1, soweit der Anspruch Gegenleistung für eine nach Insolvenzeröffnung aus der Masse erbrachte (Teil-) Leistung ist (s. Rdn. 32).

26 Ein weiteres Beispiel bietet der **anfechtungsrechtliche Rückgewähranspruch** aus § 143 Abs. 1. Hier beruht der Aufrechnungsausschluss auf der besonderen haftungsrechtlichen Privilegierung dieses Anspruchs (vgl. MK-Brandes/Lohmann § 96 Rn. 10). Wie diese Privilegierung dem Insolvenzverwalter in der Insolvenz des Anfechtungsgegners die Aussonderung erlaubt (BGHZ 156, 350, 359 ff. = ZInsO 2003, 1096), verbietet sie dem Anfechtungsgegner die Aufrechnung (vgl. BGH, ZInsO 2009, 185 Rn. 4).

2. Einzelfälle

a) Einseitige Leistungsansprüche

27 Bei einseitigen Leistungsansprüchen stellt sich vornehmlich die Abgrenzungsfrage, ob diese Ansprüche bei Insolvenzeröffnung bereits (bedingt) begründet waren, dann greift Abs. 1 Satz 1, oder ob sie erst nach Insolvenzeröffnung begründet wurden, dann greift der Aufrechnungsausschluss des § 96 Abs. 1 Nr. 1. So ist die Provision eines Handelsvertreters wegen § 87a HGB zwar erst mit Ausführung des vermittelten Geschäfts verdient, aber bereits mit Abschluss des vermittelten Geschäfts begründet (BGH, ZInsO 2004, 852, 854). Der Abfindungsanspruch des insolventen Handelsvertreters entsteht erst mit Kündigung, sodass § 96 Abs. 1 Nr. 1 eine Aufrechnung ausschließt, wenn die Kündigung nach Verfahrenseröffnung erfolgt (BGH, ZInsO 2013, 1143; dazu bereits Rdn. 21 f.).

28 Das insolvenzbedingte Ausscheiden eines Gesellschafters aus einer Gesellschaft kann **Abfindungsansprüche** (§ 738 Abs. 1 Satz 2 BGB) begründen. Gegen diese Ansprüche kann nach Abs. 1 aufgerechnet werden, wenn das Ausscheiden an die Insolvenzeröffnung anknüpft. § 96 Abs. 1 Nr. 1 sperrt die Aufrechnung indessen, wenn der Insolvenzschuldner erst nach Kündigung durch den Insolvenzverwalter ausscheidet (BGH, ZInsO 2004, 921, 923). Dieses Ergebnis lässt sich darauf stützen, dass die Kündigung sich in diesem Fall auf das mit dem Insolvenzverwalter fortgesetzte Vertragsverhältnis bezieht (dazu Rdn. 21 f.). Indessen wird die ggf. für die Bestimmung des Abfindungsanspruchs notwendige Verrechnung einzelner Rechnungsposten in einer Auseinandersetzungsbilanz nicht vom Anwendungsbereich der §§ 94 bis 96 erfasst (BGH, ZInsO 2007, 213). Denn die Aufrechnung selbstständiger Forderungen ist von der Verrechnung unselbstständiger Rechnungsposten zu unterscheiden.

29 Aufgrund eines Geschäftsbesorgungsvertrages hat der Geschäftsbesorger dem Geschäftsherrn das Erlangte herauszugeben (§§ 667, 675 BGB). Insb. hat der Bankkunde, wenn bei der Bank für ihn Giralgeld eingeht, einen **Anspruch auf Auszahlung** des gutgeschriebenen Betrages. Die Bank will bei debitorischem Konto freilich, auch wenn die Vereinbarung über die Kontokorrentverrechnung mit Insolvenzeröffnung unwirksam geworden ist (s. § 94 Rdn. 13), gegen diese Ansprüche mit ihren Forderungen gegen den Bankkunden aufrechnen. Für vor Verfahrenseröffnung erfolgte Eingänge erlaubt bereits § 94 die Aufrechnung. Die Unwirksamkeit der Aufrechnung kann dann allein auf § 96 Abs. 1 Nr. 3 beruhen (s. § 96 Rdn. 21). Ansprüche wegen nach Verfahrenseröffnung eingegangener Beträge sind – unabhängig vom Schicksal des zugrunde liegenden Vertrages nach §§ 115 f. – Neuforderungen, weil erst der Zahlungseingang diese Ansprüche begründet (BGH, ZIP 2007, 1507; BGHZ 107, 88, 89 f. = ZIP 1989, 453). Eine Aufrechnung scheitert daher an § 96 Abs. 1 Nr. 1. Der Kanzleiabwickler (§ 55 BRAO) kann seinen Vergütungsanspruch gegen den Anspruch auf Herausgabe des aus der Abwicklung Erlangten (§ 667 BGB) grds. aufrechnen, weil beide Ansprüche mit der Abrechnung bei Beendigung der Abwicklung fällig werden (BGH, ZInsO 2005, 929, 930).

Ein Scheinproblem stellt indessen die Frage danach dar, ob eine Bank in der Insolvenz des Kunden 30
gegen den Anspruch auf Wiedergutschrift nach Widerruf einer **Lastschrift** im Einziehungsermächtigungsverfahren (allgemein dazu BGH, ZInsO 2010, 1538; ZInsO 2010, 1534) aufrechnen kann. Aus dem Widerruf erwächst dem Bankkunden kein Zahlungsanspruch, gegen den die Bank bei einem debitorischen Konto aufrechnen müsste. Der Anspruch ist vielmehr darauf gerichtet, dass die Bank die bei Ausführung der Lastschrift vorgenommene Belastungsbuchung tilgt, weil für diese Belastung infolge des Widerrufs der Grund weggefallen ist (BGH, ZInsO 2002, 1138, 1139). Somit kommt die Wiedergutschrift der Bank zugute, ohne dass sie aufrechnen muss. An dieser Rechtslage hat sich durch die neuen Regelungen des Überweisungsrechts (§§ 675c ff. BGB) und der damit einhergehenden Einführung der SEPA-Lastschrift im Grunde nichts geändert. Dem Kunden stehen nunmehr Ansprüche zu aus § 675u BGB bei fehlender Autorisierung oder aus § 675x BGB als dem voraussetzungslosen auf acht Wochen befristeten Erstattungsanspruch. Beide Ansprüche sind aber nicht auf Zahlung, sondern auf Erstattung durch entsprechende Gegenbuchung gerichtet (vgl. Nr. 2.6.1 AGB-Banken Bedingungen für Zahlungen mittels Lastschrift im SEPA-Basislastschriftverfahren), sodass eine Aufrechnung ausscheidet (Jacoby, ZIP 2010, 1725, 1733).

b) Gegenseitige Verträge

Bei gegenseitigen Verträgen ist danach zu unterscheiden, ob der Insolvenzverwalter Erfüllung wählt 31
oder ob er die Erfüllung ablehnt. **Lehnt** der Insolvenzverwalter die **Erfüllung ab**, erwächst daraus kein zur Masse gehörender Anspruch, gegen den der Vertragspartner/Gläubiger aufrechnen könnte. Zur Masse kann aber ein Anspruch gehören, falls der Insolvenzschuldner vor Verfahrenseröffnung bereits teilweise vorgeleistet hatte. Dann besteht ein Anspruch auf die anteilige Gegenleistung. Dieser Anspruch ist Altforderung, die bereits mit Insolvenzeröffnung fällig wird (s. Rdn. 18), sodass die Aufrechnung nach Abs. 1 zulässig ist.

Wählt der Verwalter indessen **Erfüllung**, gehört zur Masse ein Anspruch gegen den Vertragspartner 32
auf Erfüllung (§ 103 Abs. 1). Die Einordnung dieses Anspruchs hängt von der **umstrittenen dogmatischen Qualifizierung der Erfüllungswahl des Verwalters** ab (BGHZ 150, 353, 359 = ZInsO 2002, 577, 579; eingehend Jaeger-Jacoby § 103 Rn. 365 ff.). Nach der gefestigten Rspr. des BGH ist – wie im umgekehrten Verhältnis wegen § 105 (s. Rdn. 15, 18) – danach zu fragen, ob der Vertrag auf **teilbare Leistungen** gerichtet ist (BGHZ 147, 28, 31 ff. = ZInsO 2001, 708, 709; BGHZ 145, 245, 252 = ZIP 2000, 2207; BGHZ 135, 25, 27 = ZIP 1997, 688; BGHZ 129, 336, 338 ff. = ZIP 1995, 926). Dabei legt der BGH einen großzügigen Maßstab an und hält etwa auch die Pflichten aus einem Werklieferungsvertrag (Bau und Übereignung eines Passagierseglers) für teilbar (BGHZ 147, 28, 31 ff. = ZInsO 2001, 708, 709). Soweit der zur Masse gehörende Anspruch Gegenleistung für vom Insolvenzschuldner vor Insolvenzeröffnung erbrachte Teilleistungen ist, ist der Anspruch Altforderung. Die Aufrechnung gegen diesen Anspruch ist insoweit nach Abs. 1 Satz 1 möglich; § 96 Abs. 1 Nr. 1 steht nicht entgegen. Zu berücksichtigen ist aber das Aufrechnungsverbot des § 96 Abs. 1 Nr. 3 (s. § 96 Rdn. 11, 13): Die Leistungen des Schuldners vor Insolvenzeröffnung führen zum Werthaltigwerden der dem Vertragspartner zustehenden Gegenforderung, mit der er aufrechnen möchte; damit hat er gerade eine in dieser Aufrechnungsmöglichkeit liegende Deckung erhalten. Ist diese Deckung nach §§ 129 ff. anfechtbar, verbietet § 96 Abs. 1 Nr. 3 die Aufrechnung. Soweit der zur Masse gehörende Anspruch Gegenleistung für aus der Masse nach Insolvenzeröffnung erbrachte (Teil-) Leistungen ist, ist der Anspruch Neuforderung. Die Aufrechnung wird durch § 96 Abs. 1 Nr. 1 ausgeschlossen (BGH, ZInsO 2011, 2229 Rn. 5; Rdn. 22).

c) Vergleich

Wurde die zur Masse gehörende Forderung durch einen Vergleich unstreitig gestellt, ist nach dem 33
Zeitpunkt des Vergleichsabschlusses zu unterscheiden. Hat noch der Insolvenzschuldner vor Insolvenzeröffnung den Vergleich abgeschlossen, gelten die allg. Regeln. Vergleicht sich der Insolvenzverwalter bei Durchsetzung einer zur Masse gehörenden Altforderung, so wird diese Altforderung durch den Vergleichsschluss rgm. nicht zur Neuforderung, weil ein Vergleich im Grundsatz nicht

schuldumschaffend wirkt (BGH, NJW 1990, 1301, 1302). Ein vertraglicher Aufrechnungsausschluss kann sich allerdings aus dem Vergleich selbst ergeben. Zudem ist für den Ausschluss aus Abs. 1 Satz 3 nicht auf die Fälligkeit der Forderung aus dem Vergleich, sondern auf die ursprüngliche Forderung abzustellen. Schließlich kann ausnahmsweise die Forderung aus dem Vergleich doch als Neuforderung zu qualifizieren sein, insb. wenn die Forderung aus dem Vergleich einen ganz anderen Inhalt hat als die vom Insolvenzverwalter geltend gemachte Altforderung (Geld statt Sachleistung). Dann sperrt § 96 Abs. 1 Nr. 1 eine Aufrechnung nach Abs. 1.

d) Steuerrechtliche Vergütungs- oder Erstattungsansprüche

34 Dem Steuerschuldner können insb. Vergütungsansprüche (zum Vorsteuervergütungsanspruch BFH, BFHE 236, 274 = ZInsO 2012, 746 Rn. 35 ff.) oder Erstattungsansprüche (§ 37 Abs. 2 AO; zur Kfz-Steuer BFH, ZInsO 2005, 495; zur USt BFHE 238, 307 = ZInsO 2012, 2142; zu Körperschaftssteuerguthaben BFHE 233, 114 = ZInsO 2011, 1163) zustehen (eingehend Onusseit, ZInsO 2005, 638 ff.), gegen die das FA mit Steuerforderungen aufrechnen möchte. Wie im umgekehrten Verhältnis für die Steuerforderungen (s. Rdn. 19) ist für eine Aufrechnung nach § 95 ausreichend, dass vor Verfahrenseröffnung der materiell-rechtliche Tatbestand für diese Ansprüche des Steuerschuldners verwirklicht ist (BFHE 238, 307 = ZInsO 2012, 2142 Rn. 17; BFHE 233, 114 = ZInsO 2011, 1163 Rn. 12). Etwa reicht für den Vorsteuervergütungsanspruch, dass ein anderer Unternehmer eine Leistung für das Unternehmen des Steuerschuldners erbracht hat, für die Erstattungsansprüche allg., dass der Steuerschuldner Vorauszahlungen erbracht hat, wenn auch der Anspruch erst mit Geltendmachung eines Gestaltungsrechts durch den Schuldner tatsächlich entsteht (BFHE 233, 114 = ZInsO 2011, 1163 Rn. 13). Speziell für den USt-Erstattungsanspruch muss allerdings ein Berichtigungstatbestand aus § 17 Abs. 2 UStG verwirklicht sein, sodass die Besteuerung der erbrachten Leistung allein hier nicht ausreicht (BFHE 238, 307 = ZInsO 2012, 2142 Rn. 17 gegen BFHE 206, 321 = ZIP 2004, 2060). Entsteht der Erstattungsanspruch des Schuldners erst nach Verfahrenseröffnung, ist eine Aufrechnung gegen diesen ausgeschlossen (§ 96 Abs. 1 Nr. 1). So kann das FA nicht gegen einen ESt-Erstattungsanspruch aufrechnen, soweit dieser auf nach Eröffnung des Insolvenzverfahrens abgeführter Lohnsteuer beruht (BFHE 212, 436 = ZInsO 2006, 875). Zulässig ist hingegen die Aufrechnung gegen Erstattungsansprüche des Schuldners, die in der Wohlverhaltensperiode entstanden sind (BGH, ZInsO 2005, 873; BFH, ZVI 2007, 137). Entgegen einer teilweise vertretenen Ansicht (AG Göttingen, ZInsO 2001, 329; AG Neuwied, NZI 2000, 334; Grote, ZInsO 2001, 452, 454; differenzierend HK-Landfermann § 294 Rn. 17 ff.) kann dem Vollstreckungsverbot des § 294 Abs. 1 kein über die Beschränkung des § 294 Abs. 3 hinausgehendes (allg.) Aufrechnungsverbot für den Zeitraum der Wohlverhaltensperiode entnommen werden (BGH, ZInsO 2005, 873; MK-Ehricke § 294 Rn. 39, 55). Zur Aufrechnung gegen den Anspruch des Insolvenzschuldners auf Auszahlung der Eigenheimzulage Vortmann, ZInsO 2006, 924.

IV. Aufrechnungsausschluss (Abs. 1 Satz 3)

35 Nach dem BGB kommt es ab Eintritt der Aufrechnungslage für die Zulässigkeit der Aufrechnung nicht mehr darauf an, in welcher Reihenfolge Haupt- und Gegenforderung durchsetzbar geworden sind. §§ 392, 406 Halbs. 2, 2. Alt. BGB versagen allerdings dem Vertrauen in die Entstehung einer Aufrechnungslage den Schutz, wenn die **Hauptforderung vor der Gegenforderung durchsetzbar** wird. Entsprechend schließt Abs. 1 Satz 3, der § 392 BGB nachgebildet ist, die Aufrechnung aus, wenn die zur Insolvenzmasse gehörende Hauptforderung durchsetzbar wird, bevor die Aufrechnungslage entsteht. Das Aufrechnungsverbot ist allerdings nicht anwendbar, wenn die Aufrechnung synallagmatisch verbundener Forderungen aus einem Vertragsverhältnis in Rede steht (BGHZ 196, 160 = ZInsO 2013, 494 Rn. 12). So hat der BGH Abs. 1 Satz 3 nicht angewendet auf die Aufrechnung mit einem nach Insolvenzeröffnung fällig gewordenem Anspruch des Gläubigers auf Ersatz von Mängelbeseitigungskosten gegen einen bereits vorher fälligen und zur Masse gehörenden Werklohnanspruch (BGH, ZInsO 2005, 1164, 1166).

Den entscheidenden Einschnitt markiert damit der **Zeitpunkt der Insolvenzeröffnung**. Wenn die 36
Forderung des Insolvenzgläubigers spätestens in diesem Zeitpunkt durchsetzbar wird, kommt eine
Aufrechnung sogar nach § 94 in Betracht. Dass die zur Masse gehörende Hauptforderung vor der
Gegenforderung des Insolvenzgläubigers durchsetzbar geworden ist, stört die Aufrechnung nach
dieser Bestimmung nicht. Wird die Gegenforderung des Insolvenzgläubigers aber erst nach der
Insolvenzeröffnung durchsetzbar, greift das Aufrechnungsverbot aus Abs. 1 Satz 3 immer, wenn die
Hauptforderung zuerst durchsetzbar wird (vgl. auch BGH, ZInsO 2005, 90, 93).

Eine weiter gehende Sperrwirkung ist Abs. 1 Satz 3 indessen nicht zu entnehmen. Es ist erwogen 37
worden, Abs. 1 Satz 3 nicht nur auf die Durchsetzbarkeit, sondern zusätzlich auch noch speziell auf
die **Bedingtheit** anzuwenden (KPB-Lüke § 95 Rn. 15). Eine Aufrechnung wäre dann unabhängig
davon, welche Forderung zuerst durchsetzbar wird, schon dann ausgeschlossen, wenn die Hauptforderung zuerst unbedingt werden würde. Dieser Einschränkung liegt die Wertung zugrunde, dass
das Vertrauen auf den Eintritt einer Bedingung nicht schutzwürdig sei. Diesen Überlegungen ist der
BGH mit Recht nicht gefolgt (ZInsO 2004, 921, 922). Der Wortlaut des Abs. 1 Satz 3 ist eindeutig,
sodass für konkrete Vertrauensschutzerwägungen kein Raum ist.

C. Fremdwährungen (Abs. 2)

Nach dem BGB sind auf unterschiedliche Währungen gerichtete Geldforderungen nicht **gleichartig**. 38
Eine Aufrechnung wird daher nur durch die Ersetzungsbefugnis des § 244 Abs. 1 BGB ermöglicht.
Der Inhaber einer Euro-Geldschuld kann gegen eine auf eine Fremdwährung lautende Geldschuld
aufrechnen, während im umgekehrten Verhältnis nur die Geltendmachung eines (nach § 51 grds.
nicht insolvenzfesten) Zurückbehaltungsrechts in Betracht kommt (OLG Hamm, NJW-RR 1999,
1736). Abs. 2 beseitigt dieses Hindernis, sofern die Währungen am Zahlungsort der Hauptforderung frei getauscht werden können. Zahlungsort ist nach den allg. Grundsätzen (§ 244 BGB) der
Erfolgsort, an dem der Gläubiger eine Zahlung erhalten und umtauschen würde (Staudinger-K.
Schmidt, 1997, § 244 Rn. 85). Da die Hauptforderung zur Insolvenzmasse gehört, ist dies der Ort
der Insolvenzverwaltung. Für die Verrechnung ist auf den Kurs an diesem Ort im Augenblick des
Zugangs der Aufrechnungserklärung abzustellen.

Probleme wirft die **Reichweite** des Abs. 2 auf. Ungeachtet seiner systematischen Stellung sind nicht 39
nur Aufrechnungen nach Abs. 1, sondern auch nach § 94 erfasst. Darüber hinaus wird befürwortet,
diese Bestimmung auch außerhalb der Insolvenz (analog) anzuwenden (MK-Brandes/Lohmann
§ 95 Rn. 35; KPB-Lüke § 95 Rn. 42).

§ 96 Unzulässigkeit der Aufrechnung

(1) Die Aufrechnung ist unzulässig,
1. wenn ein Insolvenzgläubiger erst nach der Eröffnung des Insolvenzverfahrens etwas zur Insolvenzmasse schuldig geworden ist,
2. wenn ein Insolvenzgläubiger seine Forderung erst nach der Eröffnung des Verfahrens von einem anderen Gläubiger erworben hat,
3. wenn ein Insolvenzgläubiger die Möglichkeit der Aufrechnung durch eine anfechtbare Rechtshandlung erlangt hat,
4. wenn ein Gläubiger, dessen Forderung aus dem freien Vermögen des Schuldners zu erfüllen ist, etwas zur Insolvenzmasse schuldet.

(2) Absatz 1 sowie § 95 Abs. 1 Satz 3 stehen nicht der Verfügung über Finanzsicherheiten im Sinne
des § 1 Abs. 17 des Kreditwesengesetzes oder der Verrechnung von Ansprüchen und Leistungen
aus Zahlungsaufträgen, Aufträgen zwischen Zahlungsdienstleistern oder zwischengeschalteten
Stellen oder Aufträgen zur Übertragung von Wertpapieren entgegen, die in Systeme im Sinne des
§ 1 Abs. 16 des Kreditwesengesetzes eingebracht wurden, das der Ausführung solcher Verträge
dient, sofern die Verrechnung spätestens am Tage der Eröffnung des Insolvenzverfahrens erfolgt;

ist der andere Teil ein Systembetreiber oder Teilnehmer in dem System, bestimmt sich der Tag der Eröffnung nach dem Geschäftstag im Sinne des § 1 Absatz 16b des Kreditwesengesetzes.

Übersicht	Rdn.		Rdn.
A. Normzweck	1	2. Voraussetzungen	10
B. Norminhalt	3	a) Rechtshandlung (§ 129)	12
I. Aufrechnungsverbote als Spiegelbild zu § 95	3	b) Zeitpunkt (§ 140)	13
		c) Gläubigerbenachteiligung (§ 129)	14
1. Entstehung der Hauptforderung nach Verfahrenseröffnung (Abs. 1 Nr. 1)	3	aa) Irrelevanz sonstiger Vorteile	15
2. Erwerb der Gegenforderung nach Verfahrenseröffnung (Abs. 1 Nr. 2)	4	bb) Absonderungsrecht an Hauptforderung	16
		d) Anfechtungsgrund	19
a) (Keine) Reduktion	5	aa) Deckungsanfechtung (§§ 130 f.)	20
b) Analogie	7	bb) Vorsatzanfechtung (§ 133)	23
3. Forderung gegen das freie Vermögen des Schuldners (Abs. 1 Nr. 4)	8	cc) Unentgeltliche Leistung (§ 134)	23a
II. Aufrechnungsverbot wegen anfechtbarer Aufrechnungslage (Abs. 1 Nr. 3)	9	3. Rechtsfolgen	24
1. Anwendungsbereich	9		

A. Normzweck

1 § 96 enthält **drei** voneinander abzugrenzende **Regelungsbereiche**. Die Aufrechnungsverbote in Abs. 1 Nr. 1, 2 und 4 verbieten als **Spiegelbild zu § 95 Abs. 1** eine Aufrechnung in Konstellationen, in denen zum Zeitpunkt der Insolvenzeröffnung nicht einmal eine Aufrechnungslage angelegt war. Einen **Sondertatbestand der Insolvenzanfechtung** (§§ 129 ff.) mit modifizierter Rechtsfolge enthält Abs. 1 Nr. 3. Die Aufrechnung ist ausgeschlossen bzw. wird unwirksam, wenn die Herstellung der Aufrechnungslage anfechtbar ist.

2 Abs. 2 enthält eine **Privilegierung der Interbankenverrechnung**. Diese Bestimmung beruht wie §§ 21 Abs. 2, 81 Abs. 2, 130 Abs. 2, 147 Abs. 1 Satz 2, 166 Abs. 2, 223 Abs. 1, 340 Abs. 3 auf europarechtlichen Vorgaben, um die Teilnehmer der von dieser Bestimmung erfassten Abrechnungssysteme vom Risiko der Insolvenz eines ihrer Teilnehmer zu befreien. Zur Begriffsbestimmung s. § 166 Rdn. 21.

B. Norminhalt

I. Aufrechnungsverbote als Spiegelbild zu § 95

1. Entstehung der Hauptforderung nach Verfahrenseröffnung (Abs. 1 Nr. 1)

3 Abs. 1 Nr. 1 schließt die Aufrechnung gegen zur Masse gehörende **Hauptforderungen** aus, die erst **nach Insolvenzeröffnung** entstehen. Dieses Aufrechnungsverbot erfasst somit alle nach Insolvenzeröffnung erst erfüllbar werdenden Hauptforderungen, sofern nicht der vorrangige § 95 Abs. 1 Satz 1 die Aufrechnung zulässt, weil die Erfüllbarkeit der Hauptforderung bereits im Zeitpunkt der Insolvenzeröffnung in einer von dieser Bestimmung verlangten Weise angelegt war (s. § 95 Rdn. 20). Hauptanwendungsfälle des Abs. 1 Nr. 1 sind diejenigen Konstellationen, in denen erst der Insolvenzverwalter vertragliche Ansprüche begründet, Delikte nach Verfahrenseröffnung zulasten der Masse begangen werden oder Forderungen an den Insolvenzverwalter zugunsten der Masse abgetreten werden (zur Rückabtretung zedierter Forderungen s. § 94 Rdn. 5). Ferner sind aber auch alle sich aus der Abgrenzung zu § 95 Abs. 1 Satz 1 ergebenden Neuforderungen erfasst, wie bspw. der Anspruch auf Auszahlung bei der Bank nach Insolvenzeröffnung eingegangenen Giralgeldes (s. § 95 Rdn. 29), der gesellschaftsrechtliche Abfindungsanspruch, wenn das Ausscheiden aus einer Gesellschaft erst auf einer nach Insolvenzeröffnung vom Insolvenzverwalter ausgesprochenen Kündigung beruht (s. § 95 Rdn. 28), Steuererstattungsansprüche, deren Tatbestand erst nach Insolvenzeröffnung verwirklicht wird (BFHE 212, 436 = ZInsO 2006, 875; s. § 95 Rdn. 34), Ansprüche aus

§ 143 (BGH, ZInsO 2009, 185 Rn. 4; s. § 95 Rdn. 26) und § 103 Abs. 1 (s. § 95 Rdn. 32) sowie solche aus Dauerschuldverhältnissen, soweit § 108 Abs. 1 Satz 1 greift (s. § 95 Rdn. 24). Für Letztere schließen allerdings zeitlich begrenzt §§ 110 Abs. 3, 114 Abs. 2 a. F. die Anwendung von Abs. 1 Nr. 1 aus (vgl. hierzu die Kommentierungen in § 110 Rdn. 9 sowie zur einschränkenden Auslegung von § 114 a. F. aus Masseschutzgesichtspunkten BGHZ 167, 363 = ZInsO 2006, 708 Rn. 16; BGH, ZInsO 2011, 2229 Rn. 6 und die Kommentierung in § 95 Rdn. 24).

2. Erwerb der Gegenforderung nach Verfahrenseröffnung (Abs. 1 Nr. 2)

Abs. 1 Nr. 2 schließt die Aufrechnung mit Insolvenzforderungen aus, wenn die Forderung dem aufrechnenden Insolvenzgläubiger im Zeitpunkt der Insolvenzeröffnung noch nicht zustand, sondern dieser die Forderung erst nach Insolvenzeröffnung von einem anderen Insolvenzgläubiger erworben hat. Es wird also in Übereinstimmung mit § 95 Abs. 1 klargestellt, dass die **Gegenseitigkeit** nicht erst nach Insolvenzeröffnung hergestellt werden kann. Auf den Rechtsgrund des Forderungserwerbs kommt es nicht an. Nicht nur der Erwerb im Wege der Abtretung ist also erfasst, sondern auch auf Erbfall oder auf Verschmelzungen bzw. Spaltungen beruhende Gesamtrechtsnachfolgen. Bestand allerdings die Aufrechnungsmöglichkeit schon in der Person des Rechtsvorgängers und geht mit der Hauptforderung auch die Verbindlichkeit im Wege einer Gesamtrechtsnachfolge auf den Rechtsnachfolger über, so kann Abs. 1 Nr. 2 nach seinem Sinn und Zweck nicht greifen.

4

a) (Keine) Reduktion

Eine Reduktion von Abs. 1 Nr. 2 in Fällen des Rückerwerbs ist abzulehnen. Der **Rückerwerb** einer Forderung kann grds. nicht anders behandelt werden als der Ersterwerb. Anderenfalls führte eine Zession stets zu einer ungerechtfertigten Doppelung der Aufrechnungsmöglichkeiten, zum einen beim Zessionar als Forderungsinhaber und zum anderen beim Zedenten als potenziellem Rückerwerber. Dieser Grundsatz gilt insb. auch für die **Sicherungszession** (Ganter, FS Kirchhof, S. 105, 110 ff.; Häsemeyer, InsR, Rn. 19.13; a. A. Kesseler, ZInsO 2001, 148). Zwar stellt der BGH für § 406 BGB den Rückerwerb nicht dem Ersterwerb gleich (BGH, NJW 2003, 1182, 1183). Die unterschiedlichen Interessenlagen bei Abs. 1 Nr. 2 einerseits und § 406 BGB andererseits ermöglichen aber, für beide Normen zu unterschiedlichen Ergebnissen zu gelangen (a. A. Kesseler, NJW 2003, 2211). Bei der uneigennützigen Treuhand (Inkassozession) mag zwar im Ergebnis der Rückerwerber aufrechnen dürfen. Diese Aufrechnungsbefugnis beruht aber nicht auf dem Rückerwerb, sondern darauf, dass die Inkassozession ohnehin eine Aufrechnung unter Erleichterungen vom Gegenseitigkeitsverhältnis erlaubt, da die zedierte Forderung wirtschaftlich weiterhin dem Vermögen des Treugebers zugerechnet wird (BGHZ 110, 47, 81 = ZIP 1990, 156; BGHZ 25, 360, 367 = WM 1957, 1593; MK-Brandes/Lohmann § 96 Rn. 23; vgl. auch zur Deckungsanfechtung gegenüber dem Treugeber bei einer Zahlung an den Treuhänder BGH, ZInsO 2014, 1004 Rn. 14 ff.).

5

Vom Aufrechnungsverbot des Abs. 1 Nr. 2 lässt sich im Wege einer teleologischen Reduktion nur dann absehen, wenn **Abtretung und Rückabtretung nach Verfahrenseröffnung** erfolgen (RGZ 51, 394, 395 ff.; Ganter, FS Kirchhof, S. 105, 118). Der aufrechnende Rückerwerber war dann nämlich auch im Zeitpunkt der Verfahrenseröffnung Insolvenzgläubiger und aufrechnungsbefugt, während der Zwischenerwerber wegen Abs. 1 Nr. 2 niemals aufrechnen konnte.

6

b) Analogie

Der Anwendungsbereich des Abs. 1 Nr. 2 ist im Wege der **Analogie** zu erweitern auf Konstellationen, in denen nach materiellem Recht ein Schuldner mit Forderungen aufrechnen kann, ohne ihr Inhaber zu sein. Die bloße Ermächtigung des Gläubigers begründet diese Befugnis nur bei besonderer gesetzlicher Anordnung (etwa § 52 SGB I, s. § 94 Rdn. 7), nicht nach BGB (BGH, NJW-RR 1988, 1146, 1150). Es muss wie im Fall der Konzernverrechnungsklauseln die Einwilligung des Schuldners der Gegenforderung hinzukommen. Dann können nach materiellem Recht neben dem Gläubiger der Gegenforderung wegen seines originären eigenen Rechts die Ermächtigten aus ihrer abgeleiteten Befugnis aufrechnen. Schon nach materiellem Recht ist diese abgeleitete

7

Aufrechnungsbefugnis nicht so stark wie die eines Forderungsinhabers. Die Aufrechnung kommt alternativ für den Forderungsinhaber und alle Ermächtigten in Betracht, erst der Vollzug der Aufrechnung bringt eine Individualisierung. In der Insolvenz ist die Aufrechnung ausgeschlossen. Der Grundsatz des § 94, bestehende Aufrechnungslagen zu erhalten, wird durch die Wertung des Abs. 1 Nr. 2 verdrängt, nur dem Forderungsinhaber, keinen weiteren Dritten, die Aufrechnung zu ermöglichen (so BGHZ 160, 107 = ZInsO 2004, 973; BGH, ZInsO 2006, 939 zu Konzernverrechnungsklauseln). Abs. 1 Nr. 2 schließt daher die Aufrechnung aufgrund einer **Konzernverrechnungsklausel** (s. § 94 Rdn. 14) und ferner eine solche auf Grundlage einer wechselseitigen stillen Zession (K. Schmidt, NZI 2005, 138, 141; vgl. BGH, NJW 1991, 1060) aus. Anders steht Abs. 1 Nr. 2 der Aufrechnungsmöglichkeit, die der Verwaltungskörperschaft aus § 226 Abs. 4 AO neben der der Ertragskörperschaft erwächst, nicht entgegen, weil die Verwaltungskörperschaft ausdrücklich einem Gläubiger gleichgestellt wird (s. § 94 Rdn. 6). Als insolvenzfest beurteilt der BGH auch Verrechnungen aufgrund einer vor Verfahrenseröffnung erteilten Ermächtigung gem. § 52 SGB I, weil die Ermächtigung – gleich einer Abtretung – zur Folge hat, dass nur der Ermächtigte verrechnen kann (BGH, ZInsO 2008, 742; s. § 94 Rdn. 7). Der Verrechnung aufgrund einer nach Verfahrenseröffnung erteilten Ermächtigung steht Abs. 1 Nr. 2 freilich entgegen.

3. Forderung gegen das freie Vermögen des Schuldners (Abs. 1 Nr. 4)

8 Abs. 1 Nr. 4 verbietet Gläubigern, denen der Schuldner lediglich mit seinem freien Vermögen haftet, gegen zur Masse gehörende Hauptforderungen aufzurechnen. Diese Regelung beruht darauf, dass es für eine Aufrechnung an der **haftungsrechtlichen Gegenseitigkeit** (s. Vorbem. §§ 94 bis 96 Rdn. 8) fehlt. Diese Regelung ist in Ausnahmefällen einzuschränken (MK-Brandes/Lohmann § 96 Rn. 40; Windel, KTS 1995, 367, 399 ff.). Schutzwürdig ist zum einen der Gläubiger, der bei Insolvenzeröffnung Erfüllung zur Masse schuldet, von der Eröffnung aber keine Kenntnis hat. Dieser könnte gem. § 82 befreiend an den Insolvenzschuldner leisten. Entsprechend § 406 BGB bleibt dann auch eine bestehende Aufrechnungsmöglichkeit von Abs. 1 Nr. 4 unberührt. Zum anderen ist Abs. 1 Nr. 4 teleologisch zu reduzieren und daher die Aufrechnung nicht verboten, wenn ein Gläubiger nach Verfahrenseröffnung durch Vertrag mit dem Schuldner eine Neuforderung erwirbt, mit der er gegen eine (wegen § 35 Abs. 1 InsO grds. in die Masse fallende) Passivforderung aufrechnen kann (Jaeger-Windel § 96 Rn. 102; MK-Brandes/Lohmann § 96 Rn. 40; einschränkend nur für konnexe Forderungen HK-Kayser § 96 Rn. 62; K.Schmidt-Thole § 96 Rn. 25; diese teleologische Reduktion übersieht der BGH in seinem obiter dictum BGH, ZInsO 2014, 1272 Rn. 19). Schon tatbestandlich nicht unter diese Vorschrift fällt die Gestaltung, dass ein Insolvenzgläubiger gegen eine zum Neuerwerb gehörende Forderung aufrechnet (BFH, ZInsO 2011, 51 Rn. 28); diese Aufrechnung ist aber wegen § 87 unzulässig (s. Vorbem. §§ 94 bis 96 Rdn. 8 gegen BFH, ZInsO 2011, 51 Rn. 28).

II. Aufrechnungsverbot wegen anfechtbarer Aufrechnungslage (Abs. 1 Nr. 3)

1. Anwendungsbereich

9 Der Anwendungsbereich dieses Aufrechnungsverbots ist nach seinem Sinn und Zweck **weit** zu verstehen. Abs. 1 Nr. 3 soll jede Konstellation erfassen, in der eine Aufrechnungslage in anfechtbarer Weise herbeigeführt worden ist. Daher erfasst dieses Aufrechnungsverbot erstens nicht nur die eigentliche Insolvenzaufrechnung, d.h. die nach Verfahrenseröffnung vom Insolvenzgläubiger erklärte Aufrechnung, sondern auch von Insolvenzgläubigern **vor Verfahrenseröffnung erklärte Aufrechnungen**, die unwirksam werden (BGH, ZInsO 2009, 185 Rn. 13; ZInsO 2004, 1028, 1029; ZInsO 2003, 1101, 1102; OLG Düsseldorf, ZInsO 2005, 934, 935, in Übereinstimmung mit der Gesetzesbegründung BT-Drucks. 12/2443 S. 141; a. A. Gerhardt, KTS 2004, 195, 199 ff.; Ries, ZInsO 2005, 848, 851 ff.; ders. ZInsO 2004, 1231). Das Aufrechnungsverbot greift zweitens auch unabhängig von der **Reihenfolge**, in der Haupt- und Gegenforderung entstehen (BGH, ZInsO 2009, 185 Rn. 12). Die Aufrechnung kann also für den Insolvenzgläubiger sowohl dadurch möglich werden, dass er als Gläubiger des Insolvenzschuldners dessen Schuldner wird, als auch

dadurch, dass er als Schuldner des Insolvenzschuldners gegen diesen einen Anspruch erwirbt und so überhaupt erst zum Insolvenzgläubiger wird (OLG Köln, NJW-RR 2001, 1493, 1494). Das Aufrechnungsverbot erstreckt sich drittens nicht nur auf die einseitige Aufrechnung auf gesetzlicher (§ 387 BGB) bzw. vertraglicher Grundlage, sondern auch auf sonstige Verrechnungen, seien sie einseitig (etwa § 52 SGB I) oder durch Vertrag (BGH, ZInsO 2004, 1028, 1029; s. § 94 Rdn. 12) begründet.

2. Voraussetzungen

Die Möglichkeit der Aufrechnung muss auf einer anfechtbaren Rechtshandlung beruhen. Damit verweist Abs. 1 Nr. 3 auf die Voraussetzungen der **Insolvenzanfechtung in §§ 129 ff.** Die Prüfung der Anfechtbarkeit beschränkt sich hier aber allein auf die Wirkung der anzufechtenden Rechtshandlung, die Aufrechnungslage mit zu begründen (BGH, ZInsO 2009, 185 Rn. 12). Kauft etwa ein Insolvenzgläubiger einen Gegenstand aus der späteren Masse, so ist für die Prüfung des Abs. 1 Nr. 3 nur darauf abzustellen, ob die durch den Kaufvertrag erworbene Möglichkeit anfechtbar ist, gegen die Kaufpreisforderung mit der bestehenden Gegenforderung aufzurechnen. Auf die sonstigen Wirkungen des Kaufvertrages kommt es nicht an (vgl. BGH, ZInsO 2005, 884, 885; ZInsO 2004, 1028, 1029; s. Rdn. 15). Außerhalb des Insolvenzverfahrens ist nach dem AnfG eine derart isolierte Anfechtung nur des Teils eines Gesamtvorgangs ausgeschlossen. Das beruht auf dem Ziel der Einzelgläubigeranfechtung, lediglich die vormals bestehende Zugriffsmöglichkeit des anfechtenden Gläubigers auf das aus dem Schuldnervermögen Weggegebene wiederherzustellen. So erlaubt das AnfG nur die Anfechtung des gesamten Kaufvertrags, nicht aber nur die einer Nebenabrede über die Verrechnung des Kaufpreises mit ausstehenden Forderungen des Käufers (BGH, ZIP 2008, 2272).

10

Die Aufrechnungslage entsteht, indem zu der durchsetzbaren Gegenforderung die erfüllbare Hauptforderung tritt oder umgekehrt (vgl. BGH, ZInsO 2005, 94, 95; ZIP 2007, 1507 Rn. 12). Jede Rechtshandlung, die dazu durch Begründung von Haupt- oder Gegenforderung oder Herstellung der Gleichartigkeit beigetragen hat, kann die Anfechtbarkeit begründen. Irrelevant ist die Aufrechnungserklärung (KG, ZInsO 2006, 607, 608), zu deren Unwirksamkeit Abs. 1 Nr. 3 auf Rechtsfolgenseite führt. Besonderheiten gelten, wenn die **Hauptforderung** des Insolvenzschuldners zwar entstanden und daher erfüllbar ist, eine Aufrechnungsmöglichkeit also vielleicht lange vor Verfahrenseröffnung besteht, diese Forderung aber noch **nicht fällig und werthaltig** ist. Beispiele bieten insb. Forderungen des Insolvenzschuldners aus gegenseitigen Verträgen. Ansprüche des Insolvenzschuldners auf Kaufpreis und Werklohn gewinnen an wirtschaftlichem Wert, wenn der Insolvenzschuldner seine Leistung erbringt, also die Kaufsache übereignet oder das Bauwerk errichtet. Daher wird in einer wertenden Betrachtung auf diese die Werthaltigkeit unterfütternden Rechtshandlungen abgestellt, um über die Anfechtbarkeit nach Abs. 1 Nr. 3, §§ 129 ff. zu befinden (BGH, ZInsO 2013, 492 Rn. 12; ZInsO 2010, 673; OLG München, ZInsO 2009, 2151, 2152). Sind diese Leistungshandlungen wie bei Bauleistungen teilbar, kann auch über die Anfechtbarkeit der Aufrechnungsmöglichkeit hinsichtl. einzelner Teile der Lohnforderung unterschiedlich zu entscheiden sein (BGHZ 147, 28, 35 = ZInsO 2001, 708, 709; BGHZ 145, 245, 253 ff. = ZIP 2000, 2207; BGH, NJW-RR 2002, 262, 263; Fischer, ZIP 2004, 1679, 1683 f.; vgl. § 95 Rdn. 32).

11

a) Rechtshandlung (§ 129)

Die Herstellung der Aufrechnungslage muss auf einer Rechtshandlung beruhen (§ 129). Eine Rechtshandlung liegt nicht nur vor, wenn der Insolvenzschuldner handelt, sondern auch beim **Handeln Dritter**. Ausreichend ist daher bspw., dass der Insolvenzgläubiger seine Forderung ohne Zutun des Schuldners durch Abtretung erwirbt (BGH, ZInsO 2010, 1378; OLG Köln, NJW-RR 2001, 1493, 1494), der Insolvenzgläubiger (Bank) zum Schuldner des Insolvenzschuldners (Bankkunden) wird, weil bei ihm von Dritten Beträge für den Insolvenzschuldner eingehen (s. Rdn. 21; § 95 Rdn. 29) oder bspw. ein Arbeitnehmer Insolvenzgeld beantragt und so die BfA eine Aufrechnungsmöglichkeit erhält (OLG Hamm, ZIP 2010, 296). Ausgeschlossen ist die Anfechtung nur,

12

wenn die Forderungsbegründung – wie möglich etwa bei Versicherungsansprüchen oder Ansprüchen aus Gefährdungshaftung – auf einem Naturereignis beruht. Auch solche Handlungen des Schuldners oder Dritter, die zum Entstehen einer USt-Schuld führen und dadurch dem FA eine Aufrechnung ermöglichen, stellen anfechtbare Rechtshandlungen i. S. d. weit auszulegenden § 129 InsO dar (BGH, ZInsO 2009, 2334; dem folgend BFH, ZInsO 2011, 283; 2011, 735) Der Vorschlag des Bundesrats, diese Rspr. durch eine Spezialregelung in § 226 Abs. 5 AO zu korrigieren (BT-Drucks. 17/6263 S. 83), wurde vom Gesetzgeber nicht aufgegriffen (s. Beschlussempfehlung des Finanzausschusses BT-Drucks 17/7469 S. 82). Nunmehr spricht der BFH jedoch zumindest der Ust-Berechnung gem. §§ 16 ff. UStG die gläubigerbenachteiligende Wirkung ab (BFH, ZIP 2011, 2481 Rn. 36; krit. hierzu Schmittmann, ZIP 2012, 249, 251).

b) Zeitpunkt (§ 140)

13 Die Rechtshandlung muss vor Verfahrenseröffnung vorgenommen worden sein, was nach dem Grundsatz des § 140 Abs. 1 verlangt, dass die rechtlichen Wirkungen eingetreten sind. Eine Erleichterung sieht § 140 Abs. 3 vor: Die Aufrechnungsmöglichkeit hängt, wenn eine der beiden Forderungen einer aufschiebenden **Bedingung** unterliegt, materiell-rechtlich vom Bedingungseintritt ab (s. § 94 Rdn. 8 f.). Für die Prüfung der Anfechtungsvoraussetzungen ist aber nach § 140 Abs. 3 auf den Zeitpunkt der Rechtshandlung abzustellen, die die bedingte Aufrechnungsmöglichkeit geschaffen hat (BGH, ZInsO 2004, 852, 854; KG, ZInsO 2006, 607, 608; Fischer, ZIP 2004, 1679, 1683). Entsprechendes gilt für Befristungen (BGH, ZInsO 2005, 94, 95). Befristet i. S. v. § 140 Abs. 3 (s. § 140 Rdn. 32 ff.) sind bspw. Forderungen, die erst zu einem bestimmten künftigen Termin (»30 Tage nach Rechnungszugang«) fällig werden oder für deren Fälligkeit es einer Kündigung bedarf (BGH, ZInsO 2010, 673 Rn. 12; krit. v. Olshausen, ZIP 2010, 2073). In diesen Fällen ist über § 140 Abs. 3 für die Anfechtbarkeit auf den Zeitpunkt abzustellen, in dem die Forderung entstanden und das Gegenseitigkeitsverhältnis begründet worden ist. Erforderlich ist allerdings, dass die Durchsetzbarkeit der Forderung gesichert ist. Das ist insb. dann nicht der Fall, wenn eine Forderung noch durch Leistungen (des Insolvenzschuldners) werthaltig gemacht werden muss (BGH, ZInsO 2013, 492 Rn. 12; ZInsO 2010, 673 Rn. 13; ebenso BGH, ZInsO 2010, 43 Rn. 13 in Bezug auf Mietforderungen sowie OLG München, ZInsO 2009, 2151 für den Werkvertrag). Es ist nicht auf den Zeitpunkt des Vertragsschlusses, sondern auf den des Werthaltigmachens abzustellen (vgl. Rdn. 11), der freilich bei Teilleistungen sukzessive eintritt.

c) Gläubigerbenachteiligung (§ 129)

14 Die Möglichkeit der Aufrechnung muss die Gläubiger (mittelbar) benachteiligen. Diese Voraussetzung ist grds. erfüllt, weil der Insolvenzverwalter die gegen den Insolvenzgläubiger gerichtete Hauptforderung nicht zur Masse ziehen kann (vgl. BGH, ZInsO 2009, 1294). Anstelle dessen erspart die Masse nur die Belastung mit der Quote für die Gegenforderung (s. Vorbem. §§ 94 bis 96 Rdn. 1).

aa) Irrelevanz sonstiger Vorteile

15 Der so begründeten Gläubigerbenachteiligung steht nicht entgegen, dass die Rechtshandlung, die die Aufrechnungsmöglichkeit herbeiführt, der Masse **andere Vorteile** verschafft (BGH, ZInsO 2005, 884, 885; ZInsO 2004, 739, 740). Namentlich nichts anderes gilt, wenn die durch Aufrechnung zu tilgende Hauptforderung des Insolvenzschuldners gegen den Insolvenzgläubiger auf einem der Masse wirtschaftlich günstigen Kaufvertrag beruht (überhöhter Kaufpreis); selbst dann, wenn sich der Insolvenzgläubiger auf den für ihn ungünstigen Kauf nur angesichts seiner – wegen Abs. 1 Nr. 3 vermeintlichen – Aufrechnungsmöglichkeit eingelassen hat. Eine Gläubigerbenachteiligung lässt sich allein in dem Ausnahmefall ausschließen, dass im Kaufvertrag der überhöhte Kaufpreisteil nur formal als Kaufpreis bezeichnet wurde, tatsächlich aber »zur Debitorenbereinigung« in diesem Umfange der Käufer (Insolvenzgläubiger) dem Verkäufer (Insolvenzschuldner) dessen Schuld

erlassen wollte, was gleichzeitig voraussetzt, dass die Aufrechnung nur auf diesen überschießenden Kaufvertragsteil beschränkt wird (BGH, ZInsO 2004, 1028, 1029).

bb) Absonderungsrecht an Hauptforderung

An der vom Gläubiger durch Aufrechnung zu tilgenden Hauptforderung kann ein Absonderungsrecht bestehen. Insb. kann sich eine **Sicherungszession** oder ein **AGB-Pfandrecht der Banken** auf diese Forderung erstrecken. Dann dient die betroffene Forderung zwar primär dem absonderungsberechtigten Gläubiger zur bevorrechtigten Befriedung, die Forderung ist aber zumindest formal Massebestandteil, was sich nach Verfahrenseröffnung insb. in dem Verwertungsrecht nach § 166 Abs. 2 äußern kann. Daher werden die Gläubiger auch dann benachteiligt, wenn ein dritter Insolvenzgläubiger gegen eine Forderung aufrechnet, an der ein Absonderungsrecht besteht (BGHZ 147, 233, 239 = ZInsO 2001, 464, 465 f.; BGH, NJW-RR 2006, 1062, 1063; BGH, ZInsO 2005, 932; BGH, ZInsO 2002, 1136, 1138). Nichts anderes soll ferner auch dann gelten, wenn die Hauptforderung der Masse aus dem Verkauf einer sicherungsübereigneten Sache stammt, der nur dadurch ermöglicht wurde, dass der Sicherungseigentümer dem Verkauf gerade an den nunmehr aufrechnenden Käufer zugestimmt hat (BGH, ZInsO 2003, 1101, 1102 f.).

16

Eine Gläubigerbenachteiligung kann aber entfallen, wenn die **Aufrechnung durch den Absonderungsberechtigten** selbst erfolgt. Dann bedeutet die Aufrechnung nur einen Weg für den Absonderungsberechtigten, seine Befugnis zur abgesonderten Befriedigung durchzusetzen. Über die Gläubigerbenachteiligung ist dann allein danach zu entscheiden, ob das Absonderungsrecht selbst anfechtbar ist, sodass auch die Befriedigung daraus gläubigerbenachteiligend ist, oder ob es unanfechtbar ist, sodass Abs. 1 Nr. 3 ausscheidet. Bspw. kann die Aufrechnung der Bank mit Kontoguthaben, an denen der Bank ein unanfechtbar erlangtes AGB-Pfandrecht zusteht, insolvenzfest sein (BGH, ZInsO 2008, 913 Rn. 14; ZInsO 2004, 856, 858). Die Unanfechtbarkeit des AGB-Pfandrechts mangels Gläubigerbenachteiligung kann sich daraus ergeben, dass die Gutschrift auf dem Einzug einer Forderung beruhte, die der Bank ihrerseits zustand. Beispiele dafür sind, dass die eingezogene Forderung der Bank aufgrund einer (Global-)Sicherungszession (BGH, ZInsO 2008, 801 Rn. 15) oder im Zuge der Verwertung einer der Bank sicherungsübereigneten Sache (BGH, ZInsO 2012, 1429 Rn. 26) gebührte. Der Ausschluss der Gläubigerbenachteiligung aufgrund einer solchen Sicherungskette setzt freilich voraus, dass das Sicherungsrecht seinerseits unanfechtbar begründet wurde. Ist ein Glied der Sicherungskette indessen anfechtbar oder ist die Sicherungskette auf andere Weise unterbrochen (vgl. ZInsO 2006, 493), liegt grds. eine Gläubigerbenachteiligung vor, ohne dass der Insolvenzverwalter die Anfechtung des Sicherungsrechts innerhalb der Anfechtungsfrist gem. § 146 geltend zu machen braucht (BGH, ZInsO 2008, 913 Rn. 24).

17

Eine Gläubigerbenachteiligung lässt sich bei Aufrechnung durch den Absonderungsberechtigten auch für die Absonderungsrechte, bei denen der Insolvenzverwalter nach Verfahrenseröffnung zur Verwertung befugt wäre (§ 166), nicht auf die der Masse zufließenden **Kostenpauschalen** (§§ 170 f.) stützen (BGH, ZInsO 2004, 1028, 1030; BGH, ZInsO 2003, 1101, 1103). Diese Pauschalen sollen lediglich die Mehrvergütung ausgleichen, die durch die Bearbeitung von Absonderungsrechten innerhalb des Insolvenzverfahrens anfällt. Rechnet der Absonderungsberechtigte vor Verfahrenseröffnung auf, entfallen diese Pauschalen daher ohnehin (BGHZ 154, 72, 80 f. = BGH, ZInsO 2003, 318, 320 f.). Selbst bei Aufrechnung nach Verfahrenseröffnung kann die Masse nur die Feststellungspauschale i. H. v. 4 % (§ 171 Abs. 1) beanspruchen (vgl. BGH, ZInsO 2003, 1137). Folglich kann eine Bank aufrechnen gegen den Anspruch des Kunden auf Auszahlung (s. § 95 Rdn. 29), der darauf beruht, dass ein Drittschuldner die an die Bank zedierte Forderung durch Zahlung auf das Konto des Bankkunden begleicht (BGH, ZInsO 2002, 1136, 1137; vgl. ferner BGH, ZInsO 2004, 856, 857). Eine Gläubigerbenachteiligung bedeutet die Aufrechnung aber, wenn die Bank nicht selbst Sicherungszessionar ist, sondern der Sicherungszessionar ihr lediglich im Rahmen eines schuldrechtlichen Sicherheitenpools verspricht, die Forderung auch für die Bank zu halten, weil der Bank so kein Absonderungsrecht an der zedierten Forderung erwächst (BGH, ZInsO 2005, 932, 933). Das Aufrechnungsverbot entfällt mangels Gläubigerbenachteiligung, wenn der Sicherungs-

18

nehmer, dem eine Sache zur Sicherheit übereignet worden ist, vom Sicherungsgeber diese Sache kauft und gegen den Kaufpreisanspruch mit seiner gesicherten Forderungen aufrechnet (BGH, ZInsO 2004, 1028, 1029 f.).

d) Anfechtungsgrund

19 Eine Aufrechnungsmöglichkeit zu erlangen stellt für den betroffenen Insolvenzgläubiger eine **Deckung** dar. Deswegen kommen als Anfechtungsgründe insb. die Tatbestände der Deckungsanfechtung (§§ 130 f.) in Betracht. Diese Tatbestände setzen allerdings voraus, dass die anfechtbare Rechtshandlung frühestens 3 Monate vor Insolvenzantrag vorgenommen worden ist (zum Zeitpunkt einer Rechtshandlung s. Rdn. 13). Stehen Rechtshandlungen in Rede, die vor diesem 3-Monats-Zeitraum die Aufrechnungsmöglichkeit geschaffen haben, ist aber auch eine Anfechtung nach den allg. Anfechtungsgründen der Vorsatzanfechtung nach § 133 Abs. 1 (vgl. BGH, ZInsO 2004, 852, 854; s. Rdn. 23), der unentgeltlichen Leistung nach § 134 (BGH, ZInsO 2013, 878 Rn. 15 ff.; ZInsO 2009, 185 Rn. 13; s. Rdn. 23a) oder der Gesellschafterdarlehen nach § 135 (Klinck/Gärtner, NZI 2008, 457, 459 ff.) zu erwägen.

aa) Deckungsanfechtung (§§ 130 f.)

20 Die Abgrenzung zwischen kongruenter und inkongruenter Deckung ist grds. anhand der Umstände des Einzelfalls danach vorzunehmen, ob der Gläubiger einen Anspruch auf die Aufrechnungsmöglichkeit bzw. die diese Aufrechnungsmöglichkeit herbeiführende Rechtshandlung hatte (BGHZ 147, 233, 240 = ZInsO 2001, 464, 465; BGH, NJW-RR 2006, 1062, 1063; BGH, ZInsO 2004, 852, 853; ZInsO 2003, 1101, 1102). Regelmäßig fehlt es an einem solchen Anspruch, sodass § 131 einschlägig ist. Typisches Beispiel ist, dass der Gläubiger seinen Anspruch durch Abtretung erlangt hat (BGH, NJW-RR 2006, 1062, 1063). Der Anfechtungstatbestand ist dann ohne weitere Voraussetzungen erfüllt, wenn die Aufrechnungslage im letzten Monat vor dem Eröffnungsantrag oder danach (s. Rdn. 13, 11) herbeigeführt worden ist (§ 131 Abs. 1 Nr. 1). Bei der Rechtshandlung muss der Gläubiger also auch von der Aufrechnungsmöglichkeit gar keine Kenntnis haben (OLG Karlsruhe, ZInsO 2004, 1036, 1037). Wurde die Rechtshandlung im zweiten oder dritten Monat vor Verfahrenseröffnung vorgenommen, muss entweder der Schuldner zahlungsunfähig (§ 17) gewesen sein (§ 131 Abs. 1 Nr. 2) oder dem Gläubiger muss bekannt gewesen sein, dass die Rechtshandlung die Insolvenzgläubiger benachteiligt (§ 131 Abs. 1 Nr. 3). Weitere Fälle einer inkongruenten Deckung sind gegeben, wenn ein Insolvenzgläubiger einen Gegenstand vom Insolvenzschuldner kauft und so auch zu dessen Schuldner wird (BGH, ZInsO 2005, 884) oder wenn ein Insolvenzgläubiger als Geschäftsführer der Schuldner-GmbH verbotene Zahlungen vornimmt und so aufgrund von § 64 Satz 1 GmbHG zum Schuldner wird (BGH, ZInsO 2014, 36 Rn. 15). Liegt indessen eine kongruente Deckung vor, muss der Gläubiger die Zahlungsunfähigkeit des Schuldners oder den Insolvenzeröffnungsantrag kennen (§ 130); ferner kann § 142 die Anfechtbarkeit ausschließen.

21 Hinsichtlich der Möglichkeit der Bank, ihre Forderungen gegen ihren (mittlerweile insolventen) Bankkunden mit Gutschriften wegen bei ihr für den Kunden eingehender Beträge im Wege der **Kontokorrentverrechnung** zu saldieren (s. § 95 Rdn. 29), ist zunächst das Vorliegen einer Gläubigerbenachteiligung nach den unter Rdn. 17 dargelegten Grundsätzen zu hinterfragen. Für die Abgrenzung von kongruenter und inkongruenter Deckung ist dann folgendermaßen zu unterscheiden: Wickelt die Bank den Kontokorrentverkehr in dem von der Anfechtung zu erfassenden Zeitraum vereinbarungsgemäß ab und lässt den Kunden als »Gegenleistung« für die Rückführung des Saldos wieder in entsprechender Höhe über Guthaben verfügen, ist die Verrechnung von Ein- und Ausgängen als Bargeschäft (§ 142) der Anfechtung entzogen (vgl. hierzu ausführl. Bork, FS Fischer, S. 37, 40 ff.). Dabei hält es der BGH für unerheblich, ob der Kunde ohne die Verrechnung seine Kreditlinie überschreitet (BGHZ 150, 122, 130 ff. = ZInsO 2002, 426, 428 f.; BGH, ZInsO 2004, 854, 855; ZInsO 2002, 1136, 1138; **a.A.** Bork, FS Kirchhof, S. 57, 67 ff.). Die Bank darf das eingegangene Guthaben allerdings nicht zur Tilgung eigener, nicht im Kontokorrent stehender

Verbindlichkeiten des Schuldners verwendet haben. Sonst liegt in der Verrechnung insoweit eine inkongruente Deckung (BGH, ZInsO 2008, 163, 164; ZInsO 2004, 856, 857; ZInsO 2002, 1136, 1137; OLG Köln, ZIP 2005, 222, 223 f.). Soweit den Eingängen keine Verfügungen des Schuldners gegenüberstehen, kann die durch Verrechnung bewirkte Saldorückführung nach §§ 130 f. anfechtbar sein. Nach Auffassung des BGH ist allerdings nicht auf einzelne Verrechnungen oder Sollhöchststände, sondern auf die Gesamtsaldierung im einschlägigen Anfechtungszeitraum abzustellen (BGH, ZInsO 2008, 159 Rn. 17). So lässt sich etwa bei einer Anfechtung wegen inkongruenter Deckung nach § 131 Abs. 1 Nr. 2 oder 3 nicht isoliert auf die Rückführung während des zweiten oder/und dritten Monats vor Stellung des Insolvenzantrags abstellen. Es ist vielmehr die Rückführung während des gesamten Dreimonatszeitraums maßgeblich (BGH, ZInsO 2011, 1500 Rn. 8). Kongruente und inkongruente Deckung sind danach voneinander abzugrenzen, ob die Bank die Rückführung beanspruchen konnte Rdn. 20). Kongruenz liegt vor, wenn sich der Kunde außerhalb der ihm eingeräumten Kreditlinie bewegt, ohne dass diese stillschweigend erweitert worden ist, oder wenn der Kredit bereits wirksam gekündigt worden ist (BGHZ 150, 122, 127 f. = ZInsO 2002, 426, 427 f.; BGH, ZInsO 200, 854, 855; ZInsO 1999, 467, 468).

Eigene Regeln gelten, wenn die Aufrechnungsmöglichkeit in der **zeitlichen Reihenfolge** (s. Rdn. 9) entstanden ist, dass der Insolvenzgläubiger zunächst nur Schuldner der Masse war und dann erst eine Forderung gegen den Insolvenzschuldner erworben hat. In diesem Fall war diese Forderung von Anfang an mit der Aufrechnungsmöglichkeit belastet, sodass diese Deckungsmöglichkeit nicht als inkongruent eingeordnet werden kann (Bork, FS Ishikawa, S. 31, 43). Diese Begründung ist nicht einschlägig, wenn der Forderungserwerb auf einer Abtretung beruht. Dann wird die Deckung rgm. inkongruent sein (OLG Köln, NJW-RR 2001, 1493, 1494). 22

bb) Vorsatzanfechtung (§ 133)

Die Vorsatzanfechtung verlangt im objektiven Tatbestand eine **Rechtshandlung des Insolvenzschuldners**. Die Anfechtbarkeit nach dieser Norm ist also ausgeschlossen, wenn die Aufrechnungsmöglichkeit durch die Rechtshandlung Dritter geschaffen wird (s. Rdn. 12). Ist Schuldnerhandeln gegeben, müssen weiterhin die hohen subjektiven Voraussetzungen der Vorsatzanfechtung vorliegen. Der Gläubigerbenachteiligungsvorsatz des Schuldners und die darauf bezogene Kenntnis des anderen Teils setzen allerdings nicht das Vorhandensein anderer Gläubiger zum Zeitpunkt der anfechtbaren Rechtshandlung voraus; insofern genügt auch eine mittelbare, künftige Benachteiligung (BGH, ZInsO 2009, 1909 Rn. 5). Eine Konstellation, in der der Nachweis typischerweise gelingen kann, ist die, dass Insolvenzschuldner und Insolvenzgläubiger einen Kaufvertrag schließen, der es dem Gläubiger ermöglicht, mit seiner Altforderung gegen die Kaufpreisforderung aufzurechnen. Der Nachweis der subjektiven Voraussetzungen wird hier dadurch erleichtert, dass die **inkongruente Deckung**, die die Aufrechnungsmöglichkeit für den Insolvenzgläubiger rgm. bedeutet (OLG Düsseldorf, ZInsO 2013, 1195, 1198; s. Rdn. 20), bei einer erforderlichen tatrichterlichen Gesamtwürdigung ein Beweisanzeichen für diese Voraussetzungen darstellen kann (BGH, ZInsO 2013, 2376 Rn. 12; ZInsO 2010, 807 Rn. 18; ZInsO 2009, 1909 Rn. 8). Der Verrechnung im Bankenkontokorrent droht die Anfechtung nach § 133, wenn der Schuldner in seiner Krise auf Betreiben der Bank seine Drittschuldner anweist, auf das Konto bei der Bank zu zahlen (BGH, ZInsO 2012, 1429 Rn. 43). 23

cc) Unentgeltliche Leistung (§ 134)

Die Aufrechnungsmöglichkeit kann auch auf einer nach § 134 anfechtbaren unentgeltlichen Leistung beruhen. Das hat der BGH am Beispiel der Auszahlung von in »Schneeballsystemen« erzielten Scheingewinnen an Anleger klargestellt (BGH, ZInsO 2009, 185). Es ist nicht nur die Auszahlung selbst nach § 134 anfechtbar mit der Rechtsfolge eines Rückgewähranspruchs gegen den Anleger aus § 143 (BGH, ZInsO 2009, 185 Rn. 6). Die Unentgeltlichkeit der Leistung ist auch in einer Aufrechnungskonstellation zu berücksichtigen, wenn der Anleger Gläubiger eines (ihm zunächst unbekannten) Schadensersatzanspruchs gegen den Insolvenzschuldner als Initiator des Schnee- 23a ballsystems ist. Durch die Auszahlung der Scheingewinne wird der Anleger auch Schuldner des Insolvenzschuldners. Er muss die Scheingewinne jedenfalls dann nach § 812 BGB zurückgewähren, wenn § 814 BGB nicht greift. Die damit entstehende Aufrechnungslage beruht nach Auffassung des BGH ebenfalls auf einer unentgeltlichen Leistung (BGH, ZInsO 2009, 185 Rn. 13). Diese Bewertung lässt sich aber nicht derart verallgemeinern, dass eine Aufrechnungslage, die auf einer Leistung ohne Rechtsgrund (etwa »aufgrund einer Fehlüberweisung,«, s. BGH, ZInsO 2006, 1215) beruht, stets als unentgeltlich einzuordnen ist. Unentgeltlichkeit kommt nur in Betracht, wenn die Zuwendung selbst neben § 812 BGB auch nach §§ 143, 134 zurückzufordern ist.

3. Rechtsfolgen

24 Die Rechtsfolgen sind auf die **Unwirksamkeit** einer bereits vor Verfahrenseröffnung erklärten Aufrechnung bzw. die **Unzulässigkeit** einer nach Verfahrenseröffnung zu erklärenden Aufrechnung beschränkt. Die übrigen Rechtsfolgen der betroffenen Rechtshandlung bleiben bestehen (BGH, ZInsO 2010, 2399 Rn. 7 ff.; ZInsO 2009, 185 Rn. 12; ZInsO 2005, 884, 885; ZInsO 2004, 1028, 1029; s. Rdn. 10, 15). Der Insolvenzverwalter hat die zur Insolvenzmasse zählende Hauptforderung gegen den Insolvenzgläubiger unbeschadet der Aufrechnung geltend zu machen. Er trägt die **Darlegungs- und Beweislast** für die Umstände, die den Aufrechnungsausschluss nach Abs. 1 Nr. 3 begründen (s. § 94 Rdn. 18). Er ist auf den unabhängig von der Insolvenz vorgesehenen Rechtsweg verwiesen. Er kann nicht auf eine Forderung aus § 143 ausweichen, die den Rechtsweg zur ordentlichen Gerichtsbarkeit ermöglichen würde (BGH, ZInsO 2006, 1215; ZInsO 2006, 1219; ZInsO 2005, 707, 708; dies verkennt KG, ZInsO 2004, 744, 745).

25 Der BGH unterstellt die Hauptforderung, die wegen der Unwirksamkeit einer vor Insolvenzeröffnung erklärten Aufrechnung nach § 96 Abs. 1 Nr. 3 für die Dauer und Zwecke des Insolvenzverfahrens fortbesteht, dem **Verjährungsregime** des § 146 (BGH, ZInsO 2006, 1215; so zuvor bereits Kreft WuB VI A. § 96 InsO 3.05; Zenker, NZI 2006, 16, 20; zur Gegenposition vgl. m. w. N. KPB-Jacoby § 146 Rn. 18 ff.). Dies wurde zunächst anhand eines Falles dargelegt, in dem die ursprünglich für Hauptforderung geltende Verjährungsfrist deutlich kürzer war als die des § 146 Abs. 1. Dann müsse dem Insolvenzverwalter mit der § 146 Abs. 1 entnommenen Frist hinreichend Zeit gegeben werden, um den Anfechtungstatbestand (inzident) zu prüfen. Nunmehr wendet der BGH die Verjährungsfrist des § 146 Abs. 1 aber auch zum Nachteil der Masse an, wenn der Insolvenzverwalter die Hauptforderung, deren Verjährungsfrist ursprünglich länger war als die des § 146 Abs. 1, nicht innerhalb dessen Frist geltend macht (BGH, ZInsO 2007, 813). Beruft sich der Insolvenzgläubiger auf die verspätete Geltendmachung, bleibt es bei dem zivilrechtlichen Erlöschen der Hauptforderung durch Aufrechnung oder Verrechnung.

§ 97 Auskunfts- und Mitwirkungspflichten des Schuldners

(1) ¹Der Schuldner ist verpflichtet, dem Insolvenzgericht, dem Insolvenzverwalter, dem Gläubigerausschuß und auf Anordnung des Gerichts der Gläubigerversammlung über alle das Verfahren betreffenden Verhältnisse Auskunft zu geben. ²Er hat auch Tatsachen zu offenbaren, die geeignet sind, eine Verfolgung wegen einer Straftat oder einer Ordnungswidrigkeit herbeizuführen. ³Jedoch darf eine Auskunft, die der Schuldner gemäß seiner Verpflichtung nach Satz 1 erteilt, in einem Strafverfahren oder in einem Verfahren nach dem Gesetz über Ordnungswidrigkeiten gegen den Schuldner oder einen in § 52 Abs. 1 der Strafprozeßordnung bezeichneten Angehörigen des Schuldners nur mit Zustimmung des Schuldners verwendet werden.

(2) Der Schuldner hat den Verwalter bei der Erfüllung von dessen Aufgaben zu unterstützen.

(3) ¹Der Schuldner ist verpflichtet, sich auf Anordnung des Gerichts jederzeit zur Verfügung zu stellen, um seine Auskunfts- und Mitwirkungspflichten zu erfüllen. ²Er hat alle Handlungen zu unterlassen, die der Erfüllung dieser Pflichten zuwiderlaufen.

Übersicht

		Rdn.
A.	Normzweck	1
B.	Norminhalt	2
I.	Geltungsbereich	2
II.	Auskunfts- und Mitwirkungsverpflichtete	3
III.	Abgrenzung von Auskunfts- und Mitwirkungspflicht, insbesondere betreffend Geschäftsunterlagen	4
IV.	Grundsätzlich unentgeltliche Pflichterfüllung/Dienstverträge mit dem Schuldner	5
V.	Auskunftspflicht (Abs. 1)	7
1.	Inhalt und Umfang	7
2.	Art und Weise der Auskunftserteilung	11

		Rdn.
3.	Auskunftspflicht über wirtschaftliche Verhältnisse des Auskunftspflichtigen	12
4.	Durchsetzung der Auskunftspflicht	13
5.	Offenbarung strafrelevanter Tatsachen und Verwertungsverbot (§ 203 StGB)	14
6.	Auskunftsberechtigte	20
VI.	Unterstützungs- und Mitwirkungspflichten (Abs. 2)	21
VII.	Bereitschafts- und Unterlassungspflicht (Abs. 3)	24
VIII.	Rechtsmittel	27

A. Normzweck

§ 97 regelt die Auskunfts- und Mitwirkungspflichten des Schuldners. Die effektive Durchführung des Insolvenzverfahrens setzt Informationen über die rechtlichen und wirtschaftlichen Verhältnisse des Schuldners voraus, die zu einem wesentlichen Teil nur von diesem selbst erlangt werden können. Deshalb ist die Auskunftspflicht des Schuldners außergewöhnlich weitgehend (vgl. Rdn. 3 ff.). In der Praxis liegt der Schwerpunkt auf der Durchsetzung der Pflichten (§ 98) ggü. unkooperativen Schuldnern, die sich infolge des wirtschaftlichen Scheiterns selbst aufgegeben haben, oder Auskunftspersonen, die eine persönliche Inanspruchnahme aufgrund der Insolvenz fürchten (organschaftliche Vertreter). 1

B. Norminhalt

I. Geltungsbereich

§ 97 gilt für alle Verfahrensarten (auch Eigenverwaltung, vgl. dazu § 20 Rdn. 6a, sowie Verbraucherverfahren einschließlich der Ruhensphase des § 306 Abs. 1) und für die gesamte Dauer des Verfahrens (KPB-Prütting § 97 Rn. 16). Im **Eröffnungsverfahren** gilt § 97 entsprechend (§ 20 Abs. 1 Satz 2), vgl. dazu die dortige Kommentierung. Während der Wohlverhaltensperiode (§ 287 Abs. 2) bestehen die umfassenden Auskunfts- und Mitwirkungspflichten des § 97 nicht (Uhlenbruck-Uhlenbruck § 97 Rn. 22); das folgt aus der einschränkenden Spezialregelung in § 295 Abs. 1 Nr. 3. 2

II. Auskunfts- und Mitwirkungsverpflichtete

Auskunfts- und mitwirkungsverpflichtet sind der **Schuldner** und die in § 101 Abs. 1 Satz 1, 2, Abs. 2 genannten **Mitglieder von Vertretungs- und Aufsichtsorganen juristischer Personen** (z.B. Geschäftsführer, Vorstands- und Aufsichtsratsmitglieder, Liquidatoren) sowie **vertretungsberechtigte persönlich haftende Gesellschafter** (z.B. OHG-Gesellschafter, Komplementär einer KG). Die Pflichten bestehen unabhängig von etwaigen internen Zuständigkeitsregelungen in den Vertretungs- und Aufsichtsorganen (MK-Schmahl § 20 Rn. 56; KPB-Pape § 20 Rn. 4). Die Pflichten treffen **auch faktische Organe**, z.B. den sog. faktischen Geschäftsführer (Uhlenbruck-Uhlenbruck § 20 Rn. 5, § 97 Rn. 4; MK-Schmahl § 20 Rn. 62; KPB-Pape § 20 Rn. 3). 3

Auskunftspflichtig sind auch die in § 101 genannten früheren Organe, frühere Angestellte, sofern sie **nicht früher als 2 Jahre vor dem Insolvenzantrag ausgeschieden** sind (§ 101 Abs. 1 Satz 2, Abs. 2) sowie gegenwärtige Angestellte (vgl. auch § 101 Rdn. 5). Frühere Organe sind allerdings nicht mitwirkungspflichtig, da es an einem Verweis in § 101 Abs. 1 Satz 2 auf § 97 Abs. 2 fehlt. Gleiches, d.h. keine Mitwirkungspflicht, gilt auch für gegenwärtige und frühere Angestellte, da § 101 Abs. 2 lediglich auf § 97 Abs. 2 verweist. Ggü. gegenwärtigen und früheren Angestellten kann die Auskunftspflicht jedoch mangels Verweis in § 101 Abs. 2 nicht nach § 98, sondern nur mit den allgemeinen zivilprozessualen Mitteln durchgesetzt werden (§ 4 i. V. m. §§ 373 ff. ZPO).

In der **Nachlassinsolvenz** sind jeder Erbe als Träger der Schuldnerrolle sowie analog § 101 ggf. bestellte Organe wie Testamentsvollstrecker, Nachlassverwalter oder Nachlasspfleger auskunfts- und mitwirkungspflichtig (MK-Schmahl § 20 Rn. 66). In der **Gesamtgutinsolvenz** fällt die Schuldnerrolle den Eheleuten, bei fortgesetzter Gütergemeinschaft dem überlebenden Ehegatten zu.

Zu den Auskunfts- und Mitwirkungspflichten von Schuldnern, die sich in einem sog. Zeugenschutzprogramm nach dem ZSHG befinden: LG Hamburg, ZInsO 2005, 1000; AG Hamburg, ZInsO 2005, 276 und Frind, ZVI 2005, 57.

Nicht auskunfts- und mitwirkungspflichtig sind sonstige Dritte, z. B. **Kreditinstitute, Finanzämter, Steuerberater, Rechtsanwälte** des Schuldners, sein Ehepartner bzw. deren Mitarbeiter (§ 5 Rdn. 11 ff.; zu deren Pflicht, Unterlagen des Schuldners herauszugeben, s. § 5 Rdn. 21 ff.). Allerdings können diese ggf. **durch das Gericht als Zeugen gem. §§ 4, 5 i. V. m. §§ 373 ff. ZPO** vernommen werden.

Ebenfalls **nicht auskunfts- und mitwirkungspflichtig** ist der Insolvenzverwalter; auch dann nicht, wenn zur Überprüfung seiner Tätigkeit ein Sonderinsolvenzverwalter eingesetzt wurde (LG Göttingen, ZInsO 2008, 1144). Nicht auskunftspflichtig sind ferner der antragstellende Gläubiger und (potenzielle) **Anfechtungsgegner** (BGH, ZInsO 2008, 320). Die Auskunftspflicht des Letzteren kann sich aber aufgrund einer Sonderverbindung ergeben, die jedoch – wenn sie nur auf den Anfechtungssachverhalt gestützt wird – voraussetzt, dass das Bestehen des Anspruchs dem Grunde nach dargelegt werden kann (BGH, NJW 1979, 1832).

Auskunftspflichten nach anderen Vorschriften bleiben von § 20 unberührt. Auskunftspflichtig sind Dritte, wenn und soweit außerhalb des Insolvenzverfahrens bestehende Auskunftsansprüche auf den vorläufigen starken bzw. den Insolvenzverwalter übergegangen sind (vgl. OLG Dresden, ZInsO 2012, 1475).

Ein eigenständiger, aus § 242 BGB herzuleitender Auskunftsanspruch gegen Dritte kommt u. U. in engen Grenzen in Betracht, ist aber regelmäßig zu verneinen, wenn insoweit Auskunftspflichten des Schuldners bestehen und noch nicht alle Mittel zu deren Durchsetzung ausgeschöpft sind (OLG Schleswig, ZInsO 2013, 1644, m. zust. Anm. Blank, EWiR 2013, 655)

Soweit das Bankgeheimnis, das Steuergeheimnis oder berufsrechtliche **Verschwiegenheitspflichten** entgegenstehen, ist der Schuldner aufgrund seiner Mitwirkungspflicht verpflichtet, die Betreffenden insoweit davon zu befreien (HK-Kirchhof § 20 Rn. 17; Uhlenbruck-Uhlenbruck § 20 Rn. 19 m. w. N.; a. A. für das Bankgeheimnis: Vallender FS Uhlenbruck, S. 133 ff., 146; zu weitgehend AG Duisburg, NZI 2000, 606, und MK-Schmahl § 20 Rn. 81 ff.: Entbindung von allen etwaigen Schweigepflichten kraft Gesetzes nach §§ 20, 97 Abs. 1; ebenfalls zu weitgehend LG Köln, NZI 2004, 671: automatische Befreiung von der Schweigepflicht bei Eigenantragstellung). Anstelle des Schuldners kann auch der sog. starke vorläufige Insolvenzverwalter, auf den die Verwaltungs- und Verfügungsbefugnis übergegangen ist, von den Schweigepflichten befreien, nicht jedoch der isolierte Sachverständige (LG Göttingen, ZInsO 2002, 1093). Auch das Insolvenzgericht kann dem Sachverständigen dazu nicht die Befugnis erteilen (LG Göttingen a. a. O. Beim schwachen vorläufigen Insolvenzverwalter hängt es vom Inhalt der Sicherungsanordnungen nach § 21 Abs. 1ab, d. h. es bedarf einer entsprechenden Anordnung durch das Gericht, die a maiore ad minus zur Anordnung der starken vorläufigen Verwaltung zulässig ist (Vallender a. a. O. S. 145 f.). Die Befreiung von der den Notar aus § 18 BNotO treffenden Verschwiegenheitspflicht genügt allerdings nicht, da auch die Übrigen an dem notariellen Vorgang beteiligen Personen die Befreiung erklären müssen. Ohne diese Befreiung kann der Verwalter allerdings nach § 51 Abs. 1 BeurkG eine Ausfertigung der entsprechenden Urkunde verlangen, sofern sich sein Ansinnen auf einen hinreichend konkret bezeichneten notariellen Vorgang bezieht (vgl. OLG Schleswig, ZInsO 2013, 1644, m. zust. Anm. Blank, EWiR 2013, 655; BGH, DNotZ 2003, 780; OLG Düsseldorf, RNotZ 2006, 71)

▶ Praxistipp:

Krankenkassen, andere Sozialversicherungsträger und Finanzämter als Anfechtungsgegner sind Behörden i. S. d. § 1 IFG und nach dieser Bestimmung **auch hinsichtlich des Anfechtungssachverhalts auskunftspflichtig** (BVerwG, ZInsO 2011, 49; OVG Hamburg, ZInsO 2012, 989; OVG Nordrhein-Westfalen, ZInsO 2008, 927; VG Berlin, Urt. v. 16.11.2012 – 2 K 248/12). Mit dieser – nach ablehnendem Bescheid (§ 7 IFG) und erfolglosem Widerspruchsverfahren vor den VG zu erhebenden – Klage können mangels anderweitiger Informationen sonst nicht aufklärbare Anfechtungen realisiert werden. Die Finanzämter können sich ggü. dem Insolvenzverwalter auch nicht auf das Steuergeheimnis aus § 30 AO berufen (OVG Nordrhein-Westfalen, ZInsO 2011, 1553 zum mit § 1 Abs. 3 IFG reglungsgleichen § 4 Abs. 2 Satz 1 IFG NRW)

III. Abgrenzung von Auskunfts- und Mitwirkungspflicht, insbesondere betreffend Geschäftsunterlagen

Die Auskunftspflicht vorbereitende Maßnahmen, die an sich auch unter Mitwirkung subsumiert werden könnten, sind als unselbständige Nebenpflicht der Auskunftspflicht einzuordnen und damit auch von früheren Organen sowie gegenwärtigen und früheren Angestellten zu erfüllen, die keine Mitwirkungspflicht trifft (A/G/R-Piekenbrock § 97 Rn. 18). Konsequenterweise werden diese im Hinblick auf die ggf. gebotene strafrechtlich relevante Selbstbelastung bei solchen Vorbereitungshandlungen der Auskunftspflicht auch von § 97 Abs. 1 Satz 3 geschützt. 4

Aufgrund seiner Auskunftspflicht ist der Schuldner verpflichtet, von Dritten erhältliche Auskünfte und Unterlagen zu beschaffen und zugänglich zu machen, wenn er diese nach den allg. Vorschriften von den Betreffenden verlangen kann (z. B. aus §§ 675, 667 BGB; HK-Kayser § 97 Rn. 21; Uhlenbruck-Uhlenbruck § 97 Rn. 5; MK-Schmahl § 20 Rn. 44).

Nach LG Mainz (ZIP-aktuell 1995, Nr. 243) muss ein GmbH-Geschäftsführer, der für seine Auskunft **Buchhaltungsunterlagen** benötigt, **die sich beim Steuerberater befinden**, ein wegen Honorarrückständen bestehendes Zurückbehaltungsrecht ggf. persönlich ablösen (zust. HK-Kirchhof § 20 Rn. 17; FK-Schmerbach § 20 Rn. 11). Gleiches muss für jeden anderen Berater des Schuldners, etwa dessen Rechtsanwalt und seine Handakten, gelten. Jedenfalls ist der Berater, der sich eines Zurückbehaltungsrechts berühmt, dem Schuldner zur Auskunft über den Akteninhalt, zur Gewährung von Akteneinsicht einschließlich der Zulassung der Erstellung von Kopien verpflichtet (HK-Kayser § 97 Rn. 21). Allerdings kann das Gericht den Steuerberater aber auch als Zeugen vernehmen (FK-Schmerbach a. a. O.) oder die Urkundenvorlage ggü. dem Steuerberater gem. § 4 i. V. m. § 142 ZPO anordnen (LG Köln, NZI 2004, 671). Ein Zurückbehaltungsrecht im Verhältnis zum Schuldner berechtigt nicht zur Verweigerung der Vorlage nach § 142 Abs. 2 ZPO. Nach LG Berlin (ZIP 2006, 966) hat i. Ü. zumindest der sog. starke vorläufige Verwalter gegen den Steuerberater des Schuldners einen Anspruch auf Herausgabe der Buchhaltungs- und Steuerdaten, den er ggf. im Wege einstweiliger Verfügung geltend machen kann, wenn er diese zur Sicherung des Schuldnervermögens benötigt, auch wenn noch Honorarrückstände beim Steuerberater bestehen. Zur Verpflichtung einer Muttergesellschaft zur Herausgabe von Geschäftsunterlagen der insolventen Tochter an den vorläufigen Insolvenzverwalter aufgrund gesellschaftsrechtlicher Treuepflicht AG Karlsruhe-Durlach, ZIP 2007, 787.

IV. Grundsätzlich unentgeltliche Pflichterfüllung/Dienstverträge mit dem Schuldner

Die verfahrensrechtliche Mitwirkungspflicht ist als gesetzliche Pflicht unentgeltlich zu erfüllen, sie verpflichtet jedoch nicht zur Mitarbeit im dienstvertraglichen Sinne (allg. Meinung, Uhlenbruck-Uhlenbruck § 20 Rn. 20, 25; § 97 Rn. 16; HK-Kayser § 97 Rn. 5; ausführl. auch zur Abgrenzung zwischen unentgeltlicher Mitwirkung und ggf. entgeltlicher Mitarbeit MK-Schmahl § 20 Rn. 77 ff.). Das bedeutet, dass keine Pflicht zur ständigen Mitarbeit besteht. Teilweise wird dies zutreffend mit der Pflicht, »punktuell mitzuwirken«, umschrieben (A/G/R-Piekenbrock § 97 Rn. 19). 5

Der Schuldner hat für seine Mitwirkung keinen Anspruch auf **Vergütung** oder Erstattung von Auslagen (MK-Passauer/Stephan § 97 Rn. 33; LG Köln, ZInsO 2004, 756, sowie dazu BGHZ 162, 187). Die Zahlung einer angemessenen Vergütung, wie sie § 113 Abs. 1 Satz 2 RegE-InsO (BT-Drucks. 12/2443, S. 26) vorsah, ist nicht Gesetz geworden (BT-Drucks. 12/7302, S. 167). Reisekosten, die der Schuldner nicht aufzubringen vermag, können unter dem Gesichtspunkt der Zumutbarkeit ausnahmsweise erstattungsfähig sein (vgl. dazu auch Uhlenbruck/Uhlenbruck § 97 Rn. 20; K. Schmidt-Jungmann § 97 Rn. 24).

In der Eigenverwaltung folgt aus § 278 Abs. 1 InsO allerdings ein Unterhaltsanspruch. Konsequenterweise muss dann statt einer Mitwirkungspflicht von einer Mitarbeitspflicht ausgegangen werden (so auch A/G/R-Piekenbrock § 97 Rn. 19).

Wenn dem Schuldner außerhalb der Eigenverwaltung gem. § 100 – ins freie Ermessen der Gläubigerversammlung gestellt – Unterhalt gewährt wird, ist er nicht zur ständigen Mitarbeit verpflichtet (**a. A.** wohl MK-Passauer/Stephan § 97 Rn. 33; HK-Eickmann § 97 Rn. 6). Der den Unterschied zu § 278 Abs. 1 rechtfertigende Aspekt liegt gerade im Entnahmerecht des eigenverwaltenden Schuldners einerseits und der freien Ermessensentscheidung der Gläubigerschaft andererseits. Sähe man dies anders könnte der Schuldner auf dem Umweg über § 100 zur ständigen Mitarbeit auf Basis von Unterhaltsleistungen, deren Umfang die Gläubiger bestimmen, zwangsverpflichtet werden.

Selbstverständlich kann mit der Bewilligung eines angemessenen Unterhalts ein Anreiz zur überobligatorischen Mitarbeit geschaffen werden (§ 100 Rdn. 7). Soll schon im Eröffnungsverfahren ein finanzieller Anreiz zur Mitarbeit geschaffen werden, ist dem Schuldner daher vorläufiger Unterhalt gem. § 100 Abs. 2 zu gewähren (vgl. § 100 Rdn. 7f.). Zu Dienstverträgen mit dem Schuldner sogleich Rdn. 6.

6 Ist der Verwalter für die Fortführung des Unternehmens auf die Mitarbeit des Schuldners angewiesen, kann er den Schuldner (bzw. dessen organschaftliche Mitarbeiter) durch den Abschluss von Dienstleistungsverträgen – ggf. unter Kündigung der laufenden, höher dotierten Anstellungsverträge – zu einer über die gesetzlichen Mitwirkungspflichten hinausgehenden Mitarbeit gewinnen. Zur Annahme eines solchen Angebots ist der Schuldner allerdings selbst im Fall angemessener Bezahlung nicht verpflichtet (vgl. Rdn. 5); die Ablehnung gefährdet die Restschuldbefreiung, weil die Erwerbsobliegenheit nun schon in § 287b (und auch § 290 Abs. 1 Nr. 7) geregelt ist. Sofern der Schuldner keiner anderen Erwerbstätigkeit nachgeht, kann die Weigerung allerdings **zur Herabsetzung des ALG II** führen (§ 31 SGB II). Soweit bei natürlichen Personen als Schuldner die angemessene Vergütung den pfändungsfreien Betrag überschreitet, ist dem Schuldner, dessen Neuerwerb der Masse gebührt, nur der pfandfreie Nettobetrag auszukehren.

Im Eröffnungsverfahren über das Vermögen einer natürlichen Person ist der Abschluss eines Dienstleistungsvertrages mit dem Schuldner ausgeschlossen, sofern nur ein schwacher vorläufiger Verwalter bestellt ist. Da in diesem Fall die Verwaltungs- und Verfügungsbefugnis nicht auf den vorläufigen Verwalter übergeht, stünde der Schuldner auf beiden Seiten des Vertrages, er würde also mit sich selbst kontrahieren. Diese rechtstechnische Hürde dürfte auch nicht durch eine (Einzel-) Ermächtigung des Gerichts (vgl. zu diesem Instrument § 22 Rdn. 90 ff.) zu überwinden sein. Diese bewirkt die Heraufstufung einer einfachen Insolvenzforderung in den Rang einer Masseverbindlichkeit und nicht den partiellen Übergang der Verwaltungs- und Verfügungsbefugnis, der aber Voraussetzung für die Möglichkeit eines Vertragsschlusses zwischen dem Schuldner und dem schwachen vorläufigen Verwalter wäre.

V. Auskunftspflicht (Abs. 1)

1. Inhalt und Umfang

7 Die bereits ihrem Wortlaut nach (»über alle das Verfahren betreffenden Verhältnisse«) weit gefasste **Auskunftspflicht** wird von Rechtsprechung und Literatur **denkbar weit** ausgelegt. Es besteht eine **umfassende Auskunftspflicht** des Schuldners und der in § 101 Abs. 1 Satz 1, Abs. 2 genannten

Personen (BGH, ZInsO 2008, 1278). Die Auskunftspflicht umfasst alle rechtlichen, wirtschaftlichen und tatsächlichen Verhältnisse, die für das Verfahren in irgendeiner Weise von Bedeutung sein können (BGH, ZInsO 2012, 751; 2013, 138), insb. alle erforderlichen Tatsachen zur **Vermögenslage des Schuldners** (vgl. BGH, ZInsO 2010, 2148, Tz. 4), jedoch auch zur **Finanz- und Ertragslage** bzw. bei natürlichen Personen zur **Erwerbslage** sowie zu etwaigen künftigen **Anfechtungsansprüchen** (vgl. dazu BGH, ZInsO 2010, 477, Tz. 6; ZInsO 2012, 751; 2013, 138) bzw. Ansprüche nach § 92 (MK-Schmahl § 20 Rn. 29 f.; Uhlenbruck-Uhlenbruck § 20 Rn. 11). Bereits konkrete Anhaltspunkte, die eine Anfechtung möglich erscheinen lassen, begründen die Auskunfts- und Offenbarungspflicht (BGH, ZInsO 2010, 2101, Tz. 5). I. Ü. hat der Schuldner hat **insb. eine geordnete Übersicht seiner Vermögensgegenstände** sowie ein **Verzeichnis seiner Gläubiger und Schuldner** (mit Anschriften für Zustellungen) vorzulegen (BGH, ZInsO 2008, 1278). Die Auskunftspflicht erstreckt sich auch auf treuhänderisch gehaltenes oder übertragenes Vermögen sowie Auslandsvermögen. Betreibt der Schuldner ein Unternehmen, ist Auskunft zu allen **rechtlichen und betrieblichen Verhältnissen eines schuldnerischen Unternehmens** zu erteilen, d. h. z. B. zu gesellschaftsrechtlichen Verhältnissen, bestehenden Vertragsverhältnissen, zum Rechnungswesen, zur betrieblichen Organisation, zu Produktionsverfahren usw. Auch **Betriebs- und Geschäftsgeheimnisse** sind zu offenbaren (MK-Schmahl § 20 Rn. 29 – 31; Uhlenbruck-Uhlenbruck § 20 Rn. 11). Der Schuldner ist auch zu Auskünften verpflichtet, die lediglich der Verifizierung seiner Angaben über die Einkommens- und Vermögensverhältnisse dienen (AG Duisburg, 24.06.2008 – 62 IN 496/06). Zur Auskunftspflicht eines Selbstständigen eingehend AG Köln, ZInsO 2004, 216 (Arzt).

Besteht zwischen Schuldner und Auskunftsberechtigtem **Streit über die Verfahrensrelevanz** einer begehrten Auskunft, ist diese zu erteilen. Verweigert der Schuldner die Auskunft, findet eine endgültige Klärung im Zwangsmittelverfahren nach § 98 Abs. 2, 3 statt.

Schuldner, die als **Arzt, Rechtsanwalt, Wirtschaftsprüfer oder Steuerberater** gesetzlichen Schweigepflichten unterliegen, müssen **Auskunft über Honorarforderungen und eingehende Patienten- bzw. Mandantengelder** geben und verletzen damit nicht ihre Verschwiegenheitspflichten (BGH, ZInsO 2004, 550, 552). Der vorläufige Insolvenzverwalter darf die auf diese Weise gewonnenen Erkenntnisse jedoch nur verwerten, soweit dies zur Erfüllung der ihm übertragenen Aufgaben erforderlich ist (BGH a. a. O.). Ein Schuldner, der der ärztlichen Schweigepflicht unterliegt, muss **Einsicht in seine Bücher und Geschäftspapiere** gestatten, da das individuelle Recht des Patienten auf informationelle Selbstbestimmung hinter dem schwerer wiegenden Informationsinteresse der Gläubigergemeinschaft zurücktritt (LG Berlin, ZInsO 2004, 817 zu § 22 Abs. 3). 8

Der Auskunftsverpflichtete darf sich nicht darauf beschränken, sein präsentes Wissen mitzuteilen, sondern ist ggf. auch verpflichtet, **Vorarbeiten** zu erbringen, die für eine sachdienliche Auskunft erforderlich sind (BGH, ZInsO 2006, 264). Dazu kann auch das Forschen nach vorhandenen Unterlagen und deren Zusammenstellung gehören (BGH a. a. O.). Solche Vorarbeiten sind somit Teil der Auskunftspflicht und nicht erst aufgrund der Mitwirkungspflicht zu erbringen (bedeutsam für den Personenkreis des § 101 Abs. 1 Satz 2; vgl. dazu Rdn. 4). 9

Bei Umständen, die für den Schuldner erkennbar von Bedeutung, jedoch nicht Gegenstand von Nachfragen sein können, weil sie den übrigen Verfahrensbeteiligten nicht bekannt sind, besteht eine **aktive Auskunftspflicht** des Schuldners, diese Umstände auch ohne Nachfrage mitzuteilen (BGH, ZInsO 2011, 396, Tz. 3; ZInsO 2012, 751: »offensichtlich ... von Bedeutung ... und nicht klar zu Tage liegen«; so auch ZInsO 2013, 138). Waren Angaben unrichtig oder unvollständig, sind diese auch **ohne besondere Nachfrage zu korrigieren bzw. zu ergänzen** (BGH, ZInsO 2008, 1278; AG Duisburg, NZI 2007, 596), z. B. auch wenn dem Schuldner weitere Gläubiger bekannt werden (BGH a. a. O.). Die Auskunftspflicht besteht **unabhängig von der** (vermeintlichen) **Werthaltigkeit** oder Wertlosigkeit der jeweiligen Positionen, da deren Bewertung nicht Sache des Schuldners ist (vgl. BGH, ZInsO 2010, 926, 927, Tz. 10). 10

2. Art und Weise der Auskunftserteilung

11 Die Auskunftspflicht ist eine **höchstpersönliche Pflicht**. Der Schuldner kann sich durch einen Rechtsanwalt beraten, nicht jedoch vertreten lassen, wenn nicht der Auskunftsberechtigte dies zulässt (HK-Kirchhof § 20 Rn. 4; HK-Kayser § 97 Rn. 8; Uhlenbruck-Uhlenbruck § 20 Rn. 11, § 97 Rn. 5). Der gerichtliche Sachverständige, der zugleich Rechtsanwalt ist, darf sich direkt an den Schuldner wenden; § 12 BORA gilt insoweit nicht.

Die Auskunft ist grds. mündlich, **auf Verlangen schriftlich** zu erteilen (MK-Schmahl § 20 Rn. 34; Uhlenbruck-Uhlenbruck § 20 Rn. 11, § 97 Rn. 5; HK-Kayser § 97 Rn. 8). Auf Verlangen hat der Schuldner **geordnete schriftliche Verzeichnisse und Übersichten, ggf. einschließlich ergänzender Unterlagen**, zu erstellen und vorzulegen (BGH, ZInsO 2008, 1278; ZInsO 2006, 264; LG Duisburg, ZInsO 2001, 1522; HK-Kirchhof § 20 Rn. 12, 14; MK-Schmahl § 20 Rn. 35, 36; Uhlenbruck-Uhlenbruck § 20 Rn. 11), da darin nur eine besondere Form der Auskunftserteilung liegt. Der Schuldner bzw. die nach § 101 auskunftspflichtigen Personen müssen ihre Auskunft sorgfältig vorbereiten und ggf. entsprechende Unterlagen vorher durcharbeiten.

3. Auskunftspflicht über wirtschaftliche Verhältnisse des Auskunftspflichtigen

12 Auskunftsverpflichtete sind im Eröffnungsverfahren und im eröffneten Verfahren zu Auskünften über Umstände ihrer persönlichen Haftung (z. B. gem. § 64 Abs. 2 GmbHG), einschl. ihrer persönlichen wirtschaftlichen Verhältnisse, verpflichtet (a. A. für Eröffnungsverfahren und eröffnetes Verfahren Uhlenbruck/Uhlenbruck § 97 Rn. 7; Uhlenbruck FS Kreft, S. 543 ff.), da die Realisierbarkeit einer Forderung für die Bestimmung der Ist-Masse ebenso bedeutsam ist wie der Bestand der Forderung. Das gilt für alle Personen, die gem. §§ 97, 101 Abs. 1 auskunftspflichtig sind. Auch die persönlich haftenden Gesellschafter (§§ 128 ff., 161 Abs. 2 HGB, § 8 PartGG) haben, sofern sie nach § 101 Abs. 1 auskunftspflichtig sind (vgl. dort Rdn. 3 f.), ihre persönlichen wirtschaftlichen Verhältnisse zu offenbaren (**a. A.** Uhlenbruck, FS Kreft, S. 543 ff.). Selbst wenn man der Ansicht folgt, dass die auf der persönlichen Haftung für Gesellschaftsverbindlichkeiten gründenden Ansprüche gegen die Gesellschafter rechtstechnisch nicht zur Insolvenzmasse gehören (vgl. Oepen, Massefremde Masse, Rn. 62 f.; **a. A.** § 35 Rdn. 172 ff., vgl. auch Anh. zu § 35, Abschnitt H Geschäftsführerhaftung), betrifft deren Realisierung doch unmittelbar das Verfahren, was sich am augenfälligsten in ihrem Einfluss auf die Befriedigungsquote zeigt. § 93, der persönlich haftende Gesellschafter betrifft, und erst ab Verfahrenseröffnung gilt, kann nicht zur Begründung eines anderen Ergebnisses herangezogen werden, da § 93 allein die Einziehungs- und Prozessführungsbefugnis regelt.

4. Durchsetzung der Auskunftspflicht

13 Zur Durchsetzung der Auskunftspflicht vgl. vor allem §§ 98 und 99 sowie die Kommentierung dazu. Zudem hat das Insolvenzgericht die Möglichkeit zu **Fristsetzungen zur Erfüllung der Auskunftspflicht**. Wegen der Eilbedürftigkeit im Insolvenzverfahren, insbesondere im Insolvenzeröffnungsverfahren, wird allgemein angenommen, dass i. d. R. 2 Wochen ausreichend sind, jedoch können im Einzelfall auch kürzere Fristen angemessen sein (HK-Kirchhof § 20 Rn. 14; Uhlenbruck-Uhlenbruck § 20 Rn. 12).

5. Offenbarung strafrelevanter Tatsachen und Verwertungsverbot (§ 203 StGB)

14 Der Schuldner hat auch solche Tatsachen zu offenbaren, die geeignet sind, eine Verfolgung wegen einer Straftat herbeizuführen (Abs. 1 Satz 2, der auf die Entscheidung BVerfGE 56, 37 = NJW 1981, 1431 zurückgeht). Ein Verstoß gegen das Selbstbezichtigungsverbot (Art. 1, 2 GG) liegt darin nicht, da der Schuldner durch ein umfassendes **Verwertungs-/Verwendungsverbot** geschützt wird, Abs. 1 Satz 3. Ohne die Zustimmung des Schuldners dürfen die von ihm erteilten Auskünfte in einem Straf- oder Ordnungswidrigkeitsverfahren gegen ihn oder einen der in § 52 Abs. 1 StPO bezeichneten Angehörigen weder unmittelbar noch mittelbar (etwa durch Vernehmung einer Per-

son, die zugegen war) verwertet werden. Das gilt unabhängig davon, ob sie freiwillig (so auch Schork, NJW 2007, 2057; a.A. Diversy, ZInsO 2005, 180, 184; teilweise auch Uhlenbruck, NZI 2002, 401, 404 f.) oder unter dem Eindruck von Zwangsmaßnahmen erteilt wurden. Die Gegenauffassung, die auch dem Wortlaut zuwider läuft, würde auskunftspflichtige Personen nötigen, sich gesetzeswidrig zu verhalten. Die Auskunftspflicht besteht nämlich nicht erst nach Aufforderung des Insolvenzgerichts oder gar nach Anordnung von Zwangsmaßnahmen, sondern generell von Verfahrensbeginn an. Der Auskunftspflichtige müsste aber sensible Informationen so lange zurückhalten, bis sie nicht mehr als freiwillig erteilt angesehen werden können, um sich nicht des Schutzes des Abs. 1 Satz 3 zu begeben – eine rechtsstaatlich bedenkliche Konfliktsituation.

Darüber hinaus kommt dem Verwertungsverbot eine Fernwirkung zu, deren Reichweite noch nicht abschließend geklärt ist (zur terminologischen Abgrenzung vom einfachen Verwertungsverbot wird in Abs. 1 Satz 3 von einem **Verwendungsverbot** gesprochen). Verboten ist danach auch, Tatsachen zu verwerten, »zu denen die Auskunft den Weg gewiesen hat und die Auskunft als Ansatz für weitere Ermittlungen« zu nehmen (BR-Drucks. 1/92 S. 25). Unzulässig ist damit jede Verwertung von Beweisen, die aufgrund von Aussagen des Schuldners gewonnen wurden. 15

▶ **Beispiel:**
Bei einer Durchsuchung sichergestellte Unterlagen dürfen nicht verwertet werden, wenn die Strafverfolgungsbehörden von dem durchsuchten Objekt nur aufgrund der Aussage des Schuldners wussten oder zwar das Objekt bekannt war, aber erst die Aussage des Schuldners Anlass zur Durchsuchung gab.

Im konkreten Einzelfall kann man sich an dem Leitgedanken orientieren, dass die zur Verurteilung führende Beweis(erhebungs-)kette ohne Rückgriff auf die durch Abs. 1 Satz 3 geschützten Angaben des Schuldners auskommen muss.

Generell verwertbar bleiben jedoch diejenigen Tatsachen, die bereits bekannt waren oder – in Anlehnung an die »clean-path-Theorie« des angloamerikanischen Rechts – auch auf anderem Wege ordnungsgemäß ermittelt worden wären; beides muss jedoch zur Überzeugung des Strafgerichts dargetan werden. Auf gesetzlichen Buchführungspflichten beruhende Unterlagen bleiben auch dann verwertbar, wenn der Schuldner sie herausgegeben hat (LG Stuttgart, ZInsO 2001, 135). 16

In Berichten des (vorläufigen) Insolvenzverwalters sollten strafrelevante Erkenntnisse, die auf Auskünften des Schuldners beruhen – so weit wie möglich – kenntlich gemacht werden, um die Strafverfolgungsbehörden nicht vor die praktisch unlösbare Aufgabe zu stellen, im Nachhinein zu ermitteln, welche Teile der Berichte verwertbar sind (da dazu regelmäßig die Vernehmung des Insolvenzverwalters erforderlich wäre, wird der durch die Kenntlichmachung verursachte Berichtsmehraufwand leicht aufgewogen). 17

Zutreffend hat Hefendehl (wistra 2003, 1, 4 ff.) herausgearbeitet, dass die Fernwirkung des Abs. 1 Satz 3 die Strafverfolgungsbehörden nicht hindert, ihren Anfangsverdacht auf die geschützten Aussagen zu stützen (ebenso Diversy, ZInsO 2005, 180, 182; a.A. wohl LG Stuttgart, ZInsO 2001, 135; näher zum Ganzen: Hefendehl a.a.O.; Uhlenbruck-Uhlenbruck § 97 Rn. 8 ff.). 18

Schuldner, die gem. **§ 203 StGB** zur Verschwiegenheit verpflichtet sind (Ärzte, Rechtsanwälte usw.), haben auch die zur Durchsetzung von Honoraransprüchen erforderlichen **personenbezogenen Daten** (Name, Anschrift, Forderungshöhe) der Mandanten/Patienten zu offenbaren. Der zur Verschwiegenheit verpflichtete Schuldner macht sich dadurch nicht gem. § 203 StGB strafbar, weil insoweit **keine unbefugte Offenbarung** vorliegt (BGH, ZInsO 2005, 436; LG Berlin, ZInsO 2004, 817). Sind darüber hinausgehende Angaben erforderlich (etwa im Fall des Bestreitens der Forderung), sind die Geheimhaltungsinteressen der Mandanten/Patienten mit den Interessen der Gläubiger im Einzelfall abzuwägen. 19

6. Auskunftsberechtigte

20 Berechtigt, Auskünfte einzufordern, sind das Insolvenzgericht, der Insolvenzverwalter, der Gläubigerausschuss und – wenn das Gericht es anordnet (freies Ermessen) – die Gläubigerversammlung (Abs. 1 Satz 1). Der Schuldner ist auch einem im Eröffnungsverfahren bestellten vorläufigen Gläubigerausschuss auskunftspflichtig, da dieser dieselben Aufgaben und damit Befugnisse wie der endgültige Gläubigerausschuss hat (MK-Schmidt-Burgk § 67 Rn. 8).

VI. Unterstützungs- und Mitwirkungspflichten (Abs. 2)

21 Den Schuldner trifft eine allg. Mitwirkungspflicht (auch Unterstützungspflicht genannt; dazu und zu dogmatischen Erwägungen A/G/R-Piekenbrock § 97 Rn. 18). Anders als noch in § 101 KO besteht keine Residenzpflicht, sondern nur eine Bereitschaftspflicht (§§ 20, 97 Abs. 3 Satz 1; vgl. K. Schmidt-Hölzle § 20 Rn. 14). Darüber hinaus hat der Schuldner aktive und passive Mitwirkungspflichten, d. h. er hat das Gericht bzw. den Sachverständigen bzw. den Insolvenzverwalter bei der Erfüllung seiner Aufgaben zu unterstützen (§§ 20, 97 Abs. 2; z. B. Befreiung von Verschwiegenheitspflichten) und alles zu unterlassen, was der Erfüllung seiner Auskunfts- und Mitwirkungspflichten zuwiderläuft (§§ 20, 97 Abs. 3 Satz 2; vgl. dazu unten Rdn. 26).

Sinn und Zweck der Mitwirkungspflicht ist die Förderung des Sanierungszwecks des Insolvenzverfahrens bzw. der bestmöglichen Verwertung des schuldnerischen Unternehmens. Wenn auch – bereits aufgrund der Wortwahl »unterstützen« in Abs. 2 – eine restriktive Auslegung der Mitwirkungspflicht geboten erscheint und Mitwirkungspflicht nicht als Mitarbeitspflicht zu verstehen ist (vgl. K. Schmidt-Jungmann § 97 Rn. 20 sowie sogleich Rdn. 21a – auch zur Eigenverwaltung), so besteht in Grenzen gleichwohl eine Tätigkeitspflicht. Dies gilt insbesondere, wenn und wo der Zweck der Mitwirkungspflicht andernfalls nicht mehr effizient verwirklicht werden könnte.

Zur Abgrenzung zwischen Auskunfts- und Mitwirkungspflichten im Bereich von Vorbereitungshandlungen der Auskunftspflicht vgl. Rdn. 4.

21a Die Unterstützungshandlungen müssen dem Schuldner zeitlich **zumutbar** sein (Entscheidung des Einzelfalls), ihm also insb. eine anderweitige Erwerbstätigkeit erlauben; den Schuldner trifft in der Insolvenz keine Pflicht zur ständigen Mitarbeit im Umfang einer Vollzeitbeschäftigung. Umgekehrt kann der Schuldner aber nicht geltend machen, seine anderweitige Tätigkeit nehme ihn derart in Anspruch, dass er seinen gesetzlichen Mitwirkungspflichten nicht nachkommen könne.

In die Entscheidung über die Zumutbarkeit fließt auch ein, wie dringend der Verwalter auf die jeweilige Mitwirkungshandlung des Schuldners angewiesen ist.

Verweigert der Schuldner eine Mitwirkungshandlung als unzumutbar, ist darüber ggf. im **Zwangsmittelverfahren** nach § 98 Abs. 2, 3 zu befinden.

22 Einzelne Pflichten: Der Schuldner hat erforderliche Vollmachten (auch zur Realisierung von Auslandsvermögen) zu erteilen, Passwörter, Zugangscodes, Zugangsdaten mitzuteilen (ohne Postsperre allerdings nicht zu Email-Accounts; vgl. § 99 Rdn. 7; K. Schmidt-Jungmann § 97 Rn. 21), den Verwalter in ein unübersichtliches oder komplexes Buchführungs- oder Belegwesen einzuführen, Auszüge und Übersichten zu fertigen, in Organisationsabläufe einzuweisen, bei der Herstellung und Pflege von Kontakten zu Lieferanten oder Kunden unterstützend mitzuwirken, bei der Inventarisierung zu helfen, Abrechnungen zu fertigen, unverzüglich über seine aktuellen Einkünfte Mitteilung zu machen und den pfändbaren Betrag abzuführen (BGH, ZVI 2013, 491) usw.

Die ebenfalls bestehende Pflicht des Schuldners, im Bedarfsfall Rechtsanwälte, Steuerberater sowie Wirtschaftsprüfer (Priebe, ZIP 2011, 312) und Notare (vgl. dazu Rdn. 3 sowie Bous/Solveen, DNotZ 2005, 261) von der beruflichen Verschwiegenheitspflicht zu entbinden (für das Steuerrecht: NZI 2002, 401), erlangt nur beim vorläufigen schwachen Verwalter Bedeutung (näher Rdn. 3), da der starke vorläufige Insolvenzverwalter und nach Verfahrenseröffnung der Insolvenzverwalter die

Geheimnisträger selbst von der Schweigepflicht entbinden kann (OLG Nürnberg, ZInsO 2009, 2399). Gleiches gilt für das Bankgeheimnis (vgl. auch K. Schmidt-Jungmann § 97 Rn. 22).

Der Schuldner ist auch zur Vorlage der zur Erstellung von Steuererklärungen notwendigen Unterlagen verpflichtet (BGH, ZInsO 2009, 300), nicht jedoch, selbst Steuererklärungen abzugeben, da mit dem Übergang der Verwaltungs- und Verfügungsbefugnis auch die steuerlichen Pflichten des Schuldners auf den Insolvenzverwalter übergehen, § 34 Abs. 1 und 3 AO (BGH a. a. O.).

Ist der Schuldner selbst einer berufsrechtlichen Verschwiegenheitspflicht unterworfen, so greift diese jedenfalls insoweit nicht ein, als es erforderlich ist, um zugunsten der Insolvenzmasse Forderungen, insbesondere Honoraransprüche, geltend machen zu können (vgl. zu Arzthonorar: BGHZ 162, 187).

Er hat – als Unterstützung bei der Verwertung – Kaufinteressenten von Grundstücken – einschl. Makler – Zugang zu dem Grundstück zu gewähren (BGH, Beschl. v. 23.02.2012 – IX ZB 182/10).

Sonstige Mitwirkungspflichten insolvenzrechtlicher Art ergeben sich aus § 151 Abs. 1 Satz 2 (dazu § 151 Rdn. 7), aus § 153 Abs. 2 (dazu § 153 Rdn. 19 ff.), aus § 176 (dazu § 176 Rdn. 6) sowie aus § 281 (dazu § 281 Rdn. 2). Vgl. zu diesen Pflichten auch HK-Kayser § 97 Rn. 29 sowie zu deren Durchsetzung § 98 Rdn. 1 ff. 23

VII. Bereitschafts- und Unterlassungspflicht (Abs. 3)

Der Schuldner hat sich auf Anordnung des Gerichts an dem Ort **bereitzuhalten**, an dem er seine Auskunfts- und Mitwirkungspflichten zu erfüllen hat. Ist das nicht der Wohnort des Schuldners, hat dieser auf eigene Kosten anzureisen. Ort und Dauer der Bereitschaftspflicht müssen hinreichend konkret bestimmt sein. Die Anordnung, sich über einen längeren Zeitraum bereit zu halten, sollte auf die üblichen Geschäftszeiten an Werktagen beschränkt sein. Der Schuldner kann sich trotz der Anordnung kurzfristig vom bestimmten Aufenthaltsort entfernen, sofern dadurch die Auskunfts- und Unterstützungspflicht nicht beeinträchtigt wird. Ist der Schuldner telefonisch erreichbar (Mobiltelefon) und kann er innerhalb kürzester Zeit zur Auskunftserteilung erscheinen, rechtfertigt auch eine mehrstündige Abwesenheit keine Zwangsmaßnahmen. Ob die tatsächliche Erreichbarkeit in solchen Fällen sichergestellt ist, ist das Risiko des Schuldners. 24

Die Anordnung kann im Verfügungswege ergehen, eines Beschlusses bedarf es nicht. Die Anordnung setzt voraus, dass ohne sie die Gefahr einer nicht ordnungsgemäßen Erfüllung der Mitwirkungspflichten besteht. 25

Der Schuldner hat ferner alle Handlungen zu **unterlassen**, die der Erfüllung seiner Pflichten zuwiderlaufen (Abs. 3 Satz 2). Das gilt unterschiedslos für sämtliche Pflichten des § 97. Der Schuldner darf insb. nicht seine Erreichbarkeit erschweren, Unterlagen – auch persönliche Aufzeichnungen – beseitigen oder manipulieren, Vermögen beiseiteschaffen oder in anderer Weise die Arbeit des Insolvenzverwalters erschweren. 26

VIII. Rechtsmittel

Aufenthaltsbeschränkende Anordnungen nach Abs. 3 sind unanfechtbar. Deren Berechtigung ist, wie die aller dem Schuldner vom Gericht oder Verwalter abverlangten Mitwirkungshandlungen, jedoch in einem etwaigen Zwangsmittelverfahren nach § 98 überprüfbar. 27

§ 98 Durchsetzung der Pflichten des Schuldners

(1) ¹Wenn es zur Herbeiführung wahrheitsgemäßer Aussagen erforderlich erscheint, ordnet das Insolvenzgericht an, daß der Schuldner zu Protokoll an Eides Statt versichert, er habe die von ihm verlangte Auskunft nach bestem Wissen und Gewissen richtig und vollständig erteilt. ²Die §§ 478 bis 480, 483 der Zivilprozeßordnung gelten entsprechend.

§ 98 InsO Durchsetzung der Pflichten des Schuldners

(2) Das Gericht kann den Schuldner zwangsweise vorführen und nach Anhörung in Haft nehmen lassen,
1. wenn der Schuldner eine Auskunft oder die eidesstattliche Versicherung oder die Mitwirkung bei der Erfüllung der Aufgaben des Insolvenzverwalters verweigert;
2. wenn der Schuldner sich der Erfüllung seiner Auskunfts- und Mitwirkungspflichten entziehen will, insbesondere Anstalten zur Flucht trifft, oder
3. wenn dies zur Vermeidung von Handlungen des Schuldners, die der Erfüllung seiner Auskunfts- und Mitwirkungspflichten zuwiderlaufen, insbesondere zur Sicherung der Insolvenzmasse, erforderlich ist.

(3) ¹Für die Anordnung von Haft gelten die § 802g Abs. 2, §§ 802h und 802j Abs. 1 der Zivilprozeßordnung entsprechend. ²Der Haftbefehl ist von Amts wegen aufzuheben, sobald die Voraussetzungen für die Anordnung von Haft nicht mehr vorliegen. ³Gegen die Anordnung der Haft und gegen die Abweisung eines Antrags auf Aufhebung des Haftbefehls wegen Wegfalls seiner Voraussetzungen findet die sofortige Beschwerde statt.

Übersicht

		Rdn.			Rdn.
A.	Normzweck und Anwendungsbereich	1		1. Voraussetzungen	7
B.	Norminhalt	2		2. Verhältnismäßigkeit	11
I.	Eidesstattliche Versicherung (Abs. 1)	2		3. Verfahrensrechtliches	13
	1. Erforderlichkeit	2	III.	Sog. Unternehmensbestatter	18
	2. Umfang	3	C.	Rechtsmittel	19
	3. Verfahrensrechtliches	4	I.	Eidesstattliche Versicherung	20
II.	Zwangsweise Vorführung und Haft (Abs. 2)	7	II.	Zwangsweise Vorführung	21
			III.	Haft	22

A. Normzweck und Anwendungsbereich

1 § 98 dient der Durchsetzung der in § 97 geregelten Pflichten. Die Vorschrift gilt für alle Verfahrensarten und für die gesamte Dauer des Verfahrens. Für das Eröffnungsverfahren ist in §§ 20 Abs. 1 Satz 2, 22 Abs. 3 Satz 3 die entsprechende Anwendung angeordnet.

Für die Durchsetzung bestimmter insolvenzrechtlicher Pflichten ist die entsprechende Geltung des § 98 angeordnet, so für die Pflichten aus § 153 Abs. 2 Satz 1 in dessen Satz 2 (vgl. dazu § 153 Rdn. 19 ff.). Ergeben sich besondere Auskunfts- und Mitwirkungspflichten aus Spezialregelungen der Insolvenzordnung (etwa aus § 176 – dazu § 176 Rdn. 6 – sowie aus § 281 – dazu § 281 Rdn. 2), so können diese ebenfalls über § 98 durchgesetzt werden (so auch Uhlenbruck/Uhlenbruck § 97 Rn. 17; a. A. HK-Kayser § 97 Rn. 29). Eine Einschränkung auf die Durchsetzung der Pflichten aus § 97 ist § 98 nicht zu entnehmen. Der gelegentlich anzutreffenden Verweisung auf § 98 bedarf es für dessen Anwendbarkeit nicht.

Im **Restschuldbefreiungsverfahren** nach §§ 286 ff., in dem § 97 nicht gilt (§ 97 Rdn. 2), sind keine Zwangsmaßnahmen nach § 98 möglich. Als Sanktion für Verletzungen der Obliegenheiten des § 295 sieht das Gesetz die Versagung der Restschuldbefreiung vor, nicht die Anwendung von Zwangsmitteln.

B. Norminhalt

I. Eidesstattliche Versicherung (Abs. 1)

1. Erforderlichkeit

2 Der Schuldner hat auf Anordnung des Gerichts die Richtigkeit und Vollständigkeit seiner Auskünfte an Eides statt zu versichern, wenn es zur Herbeiführung einer wahrheitsgemäßen Aussage erforderlich erscheint. Obgleich die Erforderlichkeit Ausdruck des im Vollstreckungsrecht beachtlichen Verhältnismäßigkeitsgrundsatzes ist (dazu BVerfGE 52, 214, 219), sind an die Erforderlichkeit keine

allzu hohen Anforderungen zu stellen. Zutreffend dürfte es sein, sich am auf Haftungsrealisierung ausgerichteten Einzelzwangsvollstreckungsrecht (vgl. insbes. § 802c Abs. 3 ZPO) zu orientieren (so HK-Kayser § 98 Rn. 5; MK-Passauer/Stephan § 98 Rn. 11; kritisch K. Schmidt-Jungmann § 98 Rn. 6 f.). Das Insolvenzrecht ist im Hinblick auf die Durchsetzung der Auskunfts- und Mitwirkungspflichten des Schuldners, die dem Ziel der bestmöglichen Gläubigerbefriedigung zu dienen haben, nichts anderes als Vollstreckungsrecht. Es genügt der Erforderlichkeit daher, wenn die Auskunft für das Verfahren von nicht nur geringer Bedeutung ist und die Gläubiger noch keine vollständige Befriedigung erfahren haben (vgl. § 807 Abs. 1 Nr. 2 i. V. m. § 802c Abs. 3 ZPO). Anhaltspunkte für die Unvollständigkeit oder Unrichtigkeit der schuldnerischen Angaben muss es nicht geben (so aber Uhlenbruck-Uhlenbruck § 98 Rn. 3; BK-Blersch/v. Olshausen § 98 Rn. 3). Letztlich fordern auch Vertreter der letztgenannten Auffassung diese Anhaltspunkte in der praktischen Konsequenz nicht, wenn sie nicht glaubhafte Angaben des Schuldners oder aber eine bisher nachlässige Geschäftsführung genügen lassen (BK-Blersch/v. Olshausen § 98 Rn. 3). Unter Verhältnismäßigkeitsgesichtspunkten erscheint es vielmehr sogar geboten, von einer Anordnung und Abnahme der Versicherung an Eides statt abzusehen, wenn feststeht oder doch überwiegend wahrscheinlich ist, dass die Angaben des Schuldners unvollständig oder unrichtig sind, da die Abgabe der Versicherung an Eides statt in einem solchen Fall nicht die Richtigstellung bzw. Vervollständigung, sondern allein die Strafbarkeit des Schuldners bewirkt. Damit wirkt sie gerade nicht auf die Richtigstellung bzw. Vervollständigung hin und kann folglich auch nicht in diesem Sinne erforderlich sein. Vergleichbar erscheint hier der einzelzwangsvollstreckungsrechtliche Fall eines nicht vollständig ausgefüllten Vermögensverzeichnisses. Auch in diesem Fall darf die Versicherung an Eides statt nicht abgenommen werden (Zöller/Stöber § 807 Rn. 36).

2. Umfang

Da § 98 der Durchsetzung der Pflichten des § 97 dient, hat der Schuldner die Richtigkeit aller Auskünfte eidesstattlich zu versichern, zu denen er nach § 97 verpflichtet ist. Darüber hinausgehende, freiwillig erteilte Auskünfte, etwa zu insolvenzfreiem Vermögen, muss er nicht bekräftigen. Die eidesstattliche Versicherung kann der Praktikabilität halber auch auf einzelne, genau bezeichnete Unterlagen Bezug nehmen, die dem Protokoll der eidesstattlichen Versicherung dann als Anlagen beizufügen sind. 3

▶ Hinweis:

In der Praxis stellen unvollständige Auskünfte ein weit größeres Problem dar als falsche Angaben. Um den Druck auf den Schuldner zur Offenbarung verschleierten Vermögens zu erhöhen, sollte man ihn nicht nur allgemein die Vollständigkeit seiner Angaben versichern lassen, sondern auch ausdrücklich, dass er keine Kenntnis von weiteren Vermögenswerten, etwaigen Vermögensverschiebungen oder Anfechtungssachverhalten hat, wobei einem juristischen Laien die inhaltliche Bedeutung eines Anfechtungssachverhalts vor Augen geführt werden muss, damit die Strafdrohung einer falschen Versicherung an Eides statt (§ 156 StGB) insoweit nicht ins Leere geht.

In der Praxis existiert die Anordnung einer Versicherung an Eides statt nahezu nicht. Die in vielen – mangels Verordnung gem. § 13 Abs. 3 nicht amtlichen – Antragsformularen im Regelverfahren vorgesehene Versicherung an Eides statt, die ohnehin nicht mit § 13 Abs. 1 Satz 7 in Einklang zu bringen ist, stellt keine Versicherung an Eides statt nach § 98 Abs. 1 Satz 1 dar. Insoweit fehlt es an einer Anordnung des Gerichts (vgl. unten Rdn. 4).

3. Verfahrensrechtliches

Die **Anordnung** der eidesstattlichen Versicherung erfolgt von Amts wegen oder auf Anregung eines Verfahrensbeteiligten durch Beschluss und ist – wenn er nicht im Termin verkündet wird – dem Schuldner gem. § 6 Abs. 2 zuzustellen. Im Eröffnungsverfahren ist der Richter, im eröffneten Verfahren der Rechtspfleger funktionell zuständig (§ 18 RPflG). 4

§ 98 InsO Durchsetzung der Pflichten des Schuldners

5   Für die **Abnahme** der eidesstattlichen Versicherung gelten §§ 478 bis 480 ZPO (die religiöse Beteuerung ist der eidesstattlichen Versicherung wesensfremd) und § 483 ZPO entsprechend, insb. ist der Eidpflichtige über die Bedeutung der eidesstattlichen Versicherung zu belehren (§ 480 ZPO). Die Abnahme erfolgt vor dem Rechtspfleger (§ 20 Nr. 17 RPflG), ggf. gem. § 6 RPflG vor dem Richter (Anhörungstermin im Eröffnungsverfahren). Die Eidesformel enthält Abs. 1 Satz 1 (»Sie versichern an Eides statt, die von Ihnen verlangte Auskunft ...«). Wegen der Bedeutung der eidesstattlichen Versicherung sind dem Schuldner vor ihrer Abgabe auf Verlangen die Angaben noch einmal vorzulesen.

6   Verweigert der erschienene Schuldner die Abgabe der eidesstattlichen Versicherung, kann der – ggf. hinzuzuziehende – zuständige Richter den Schuldner bereits im Termin in Beugehaft nehmen lassen (näher Rdn. 17 »Hinweis«).

6a Die Abnahme der Versicherung an Eides statt kann – im Unterschied zu der Anordnung – dem ersuchten Richter übertragen werden (§ 98 Abs. 1 Satz 2 i. V. m. § 479 ZPO). Allg. zur Rechtshilfe s. § 2 Rdn. 7.

II. Zwangsweise Vorführung und Haft (Abs. 2)

1. Voraussetzungen

7   Um den Schuldner zur Mitwirkung anzuhalten, kann das Gericht ihn unter den nachfolgend geschilderten Voraussetzungen zwangsweise vorführen und/oder in Haft nehmen lassen. Ein Stufenverhältnis in der Anwendung dieser beiden Zwangsmitteln muss es nicht geben (dazu unten Rdn. 11).

8   Gemäß Abs. 2 Nr. 1 bei **Verweigerung der Auskunft**. Der Schuldner verweigert die Auskunft, wenn er sie nicht erteilt (Nichterscheinen im Anhörungstermin genügt) oder eine unvollständige Aussage trotz Nachfrage nicht vervollständigt. Auch mit einer unrichtigen Auskunft kommt der Schuldner – entgegen der Rechtslage bei §§ 259 ff. BGB – seiner Auskunftspflicht aus § 98 nicht nach. Die §§ 259 ff. BGB dienen der Durchsetzung eines materiell-rechtlichen Anspruchs zwischen Privaten. § 97 begründet demgegenüber eine **öffentlich-rechtliche** Pflicht des Schuldners, am Verfahren aktiv mitzuwirken (OLG Hamm, ZIP 1980, 280). Mit einer unrichtigen Auskunft trägt der Schuldner nicht zur Aufklärung der Vermögensverhältnisse bei und genügt daher seiner Mitwirkungspflicht ebenso wenig, wie wenn er keine Angaben gemacht hätte. Selbst wenn der Schuldner seine – unrichtigen – Angaben an Eides statt versichert, kann er zwangsweise vorgeführt oder in Haft genommen werden. Die eidesstattliche Versicherung ist nur ein Mittel der Glaubhaftmachung, die zur Überzeugungsbildung des Gerichts beitragen kann, aber nicht muss. Beabsichtigt das Gericht, Haftbefehl zu erlassen, sollte jedoch grds. von einer vorherigen eidesstattlichen Bekräftigung der als unrichtig erkannten Angaben abgesehen werden, da ein drohendes Strafverfahren (§ 156 StGB) es dem Schuldner zusätzlich erschwert, seine Angaben später richtigzustellen.

9   Der Schuldner **verweigert die eidesstattliche Versicherung**, wenn er sie nicht abgibt oder wenn er trotz ordnungsgemäßer Ladung zum Termin unentschuldigt nicht erscheint (MK-Passauer/Stephan § 98 Rn. 17).

10 Eine **Verweigerung der Mitwirkung** setzt voraus, dass die allg. Mitwirkungspflicht des Schuldners diesem ggü. durch den Insolvenzverwalter oder das Gericht konkretisiert wurde (BGH, ZInsO 2005, 436). Ist dies geschehen, können mit den Zwangsmitteln des Abs. 2 Mitwirkungspflichten jeglicher Art durchgesetzt werden.

Abs. 2 Nr. 2 gestattet Zwangsmittel bereits bei im Vorfeld erkannter Obstruktionsabsicht des Schuldners. Dazu gehört auch der Fall, dass der Schuldner versucht, Dritte zu beeinflussen oder Unterlagen beiseitezuschaffen. Insoweit kommt es tw. zu Überschneidungen mit Abs. 2 Nr. 3, der darüber hinaus Vorführung und Haft auch zur Sicherung der Insolvenzmasse erlaubt.

2. Verhältnismäßigkeit

Zwangsweise Vorführung und Haft unterliegen als gerichtliche Zwangsmaßnahmen dem **Verhältnismäßigkeitsgrundsatz**. Sie stehen allerdings nicht in einem gestuften Verhältnis (HK-Kayser § 98 Rn. 11, 22; a. A. die Vorauflage; K. Schmidt-Jungmann § 98 Rn. 11; OLG Naumburg, ZInsO 2000, 562: der Verhältnismäßigkeitsgrundsatz gebiete regelmäßig die vorherige Vorführung; LG Arnsberg, ZInsO 2002, 680: »Zwangsweise Vorführung und Haft stehen nach der gesetzlichen Regelung in einem Verhältnis gestufter Eingriffsintensität in die Freiheit eines Schuldners«). Die Annahme eines grundsätzlichen Stufenverhältnisses basiert offenbar auf einem Missverständnis des Wortlauts des § 98 Abs. 2. Die dort genannte (»nach«) »Anhörung« meint nicht die Anhörung im Rahmen der in demselben Satz zuvor genannten Vorführung, sondern die Notwendigkeit, vor der Anordnung der Haft dem Schuldner zu seiner Verfehlung und der Absicht des Gerichts, auf diese mit Haft zu reagieren, rechtliches Gehör zu gewähren (vgl. HK-Kayser § 98 Rn. 19).

11

In der praktischen Rechtsanwendung werden sich allerdings oft keine unterschiedlichen Ergebnisse ergeben, da in vielen Fällen eine Vorführung ohnehin mangels Eignung nicht in Betracht kommt (rgm. bei Abs. 2 Nr. 2 und 3), weil es nicht das mildere unter mehreren gleich geeigneten Mitteln ist. Auch wenn der zunächst vor Gericht erschienene Schuldner zu einem späteren Zeitpunkt weitere Auskünfte trotz wiederholter Aufforderung nicht nachreicht, bedarf es vor Erlass des Haftbefehls keiner Vorführung mehr (LG Göttingen, ZInsO 2003, 134).

Daher ist es nicht zwingende Voraussetzung der Haftanordnung, dass die Vorführung zwar angeordnet worden, aber erfolglos geblieben ist, weil der Vorgeführte etwa die Auskunft verweigert hat oder die Vorführung mehrfach gescheitert ist (a. A. LG Arnsberg a. a. O.). Zum einen gebietet der Verhältnismäßigkeitsgrundsatz eine Rangfolge unter dem Gesichtspunkt der Eingriffsintensität in der Regel nur zwischen gleich geeigneten Mitteln. Eine gleiche Eignung ist zwischen Vorführung und Haft im Hinblick auf den (legitim) verfolgten Zweck insbesondere bei Abs. 2 Nrn. 2 und 3 regelmäßig nicht (vgl. HK-Kayser § 98 Rn. 22), aber auch im Fall des Abs. 2 Nr. 1 teilweise nicht festzustellen (vgl. auch Frind, NZI 2010, 749, 753 f.). Geht es allerdings bspw. allein darum, vom Schuldner bestimmte Auskünfte zu erlangen, so dürfte wenn weitere Anhaltspunkte fehlen, regelmäßig davon auszugehen sein, dass Vorführung und Haft gleichermaßen geeignet sind, diese Auskünfte zu erlangen.

Bei unterschiedlicher Eignung von Haft und Vorführung scheidet Haft folglich in erster Linie aus, wenn im Rahmen der gebotenen Abwägung bei der Angemessenheitsprüfung (als des Verhältnismäßigkeitsprinzips; sog. Verhältnismäßigkeit im engeren Sinne) die Vorteile der Haft außer Verhältnis zu den Nachteilen stehen.

Auch beim (zulässigen) **Eigenantrag** ist die Anordnung von Zwangsmaßnahmen nicht unverhältnismäßig (BGHZ 153, 205 = ZInsO 2003, 217). Angesichts der weitreichenden Konsequenzen eines mangels Mitwirkung abgewiesenen Antrags (umfassend dazu Frind, NZI 2010, 749) und der Tatsache, dass der Schuldner der Zwangsmaßnahme jederzeit durch Rücknahme seines Antrags die Grundlage entziehen kann (vgl. § 13 Rdn. 59 ff.), liegt in manchen Konstellationen die Unverhältnismäßigkeit der Anordnung von Zwangsmitteln zumindest nahe (Frind a. a. O.).

12

3. Verfahrensrechtliches

Für die Androhung und den Erlass des Haftbefehls ist aufgrund des **Richtervorbehalts in Art. 104 GG** funktionell der Richter zuständig (§ 4 Abs. 2 Nr. 2 RPflG). Das gilt gleichermaßen für die zwangsweise Vorführung, die eine Freiheitsentziehung i. S. d. Art. 104 GG darstellt. Die Entscheidung über Vorführung oder Haft ergeht durch Beschluss. Das gebotene **rechtliche Gehör** kann nach Anordnung der Maßnahme ggf. **nachgeholt** werden, um ihren Zweck nicht zu gefährden (Uhlenbruck-Uhlenbruck, § 20 Rn. 23 m. w. N.). Im Haftbefehl müssen die verlangten Auskünfte und Mitwirkungen konkret benannt werden, die Bezugnahme auf ein Schreiben des Insolvenzverwalters reicht nicht (BGH, ZInsO 2005, 436). Der anordnende Teil des Haftbefehls muss dem Schuldner nämlich ohne Weiteres erkennbar machen, durch welche Handlungen er seinen Mit-

13

wirkungspflichten genügt (BGH, ZInsO 2005, 436). Wurden bspw. bestimmte Unterlagen nicht vorgelegt, so sind diese so genau wie möglich zu bezeichnen, z. B. die Buchhaltung bestimmter Zeiträume (selbst wenn diese zuvor vom Schuldner bzw. seinem Organ für die Zwecke der Auskunftserteilung schriftlich zu fertigen wäre; vgl. LG Duisburg, NZI 2001, 384), betriebswirtschaftlichen Auswertungen bestimmter Monate, Bilanzen bestimmter Jahre, Ausgangsrechnungen für bestimmte Zeiträume, Inventurunterlagen bestimmter Inventuren, Kassenbücher bestimmter Zeiträume etc.

Hat der Schuldner einen ihm vom Gericht übermittelten Anhörungsfragebogen zu seinen persönlichen und wirtschaftlichen Verhältnissen nicht ausgefüllt, so genügt es, dessen vollständige und wahrheitsgemäße Ausfüllung im anordnenden Teil zu nennen. In diesem Fall sollte das mit der Verhaftung beauftragte Organ mit dem Fragebogen ausgestattet werden, um dem Schuldner die Möglichkeit zu geben, den Vollzug durch sofortiges Ausfüllen abzuwenden. Dies gebietet der Grundsatz der Verhältnismäßigkeit (vgl. etwa § 147 Satz 1 i. V. m. § 144 Abs. 3 Satz 1 Geschäftsanweisung für Gerichtsvollzieher). Gleiches gilt im Fall der Vorführung.

In der Vollziehungspraxis ist zu beobachten, dass der Gerichtsvollzieher den Schuldner von dem ergangenen Beschluss in Kenntnis setzt, um für diesen Handlungsdruck zu erzeugen. Nicht selten ist die die einzige Möglichkeit, die Mitwirkungs- und Auskunftspflichten durchzusetzen, da die tatsächliche Vollziehung in vielen Fällen scheitert. Gleichviel, ob der Gerichtsvollzieher von dem Insolvenzgericht mit der Vorführung zum Insolvenzgericht oder zum (vorläufigen) Insolvenzverwalter beauftragt wird, ist der Schuldner zu dem zuvor zwischen Gerichtsvollzieher einerseits und Insolvenzgericht oder (vorl.) Insolvenzverwalter andererseits abgesprochenen Termin oft nicht anzutreffen. Das Risiko lässt sich durch die Anordnung der Nachtvollstreckung (vgl. dazu unten Rdn. 16a) vermindern, da Schuldner gegen 4.00 oder 5.00 Uhr regelmäßig mit höherer Wahrscheinlichkeit als zu anderen Zeiten in ihren Wohnungen anzutreffen sind.

In der praktischen Abwicklung von Haft- bzw. Vorführbefehlen, die einen Transport über Gerichtsvollzieherbezirksgrenzen oder Bundeslandgrenzen hinweg erforderlich machen endet die Zuständigkeit des Gerichtsvollziehers nicht an diesen Grenzen. Bei einem Wechsel des Bundeslandes wäre aber eine etwaig hinzugezogene Polizeibesatzung auszutauschen. Dies ist vom Gerichtsvollzieher im Vorwege ggf. zu organisieren. Der Gerichtsvollzieher wird dann zur Minimierung des Aufwandes einen Bahntransport zu erwägen haben, da dann eine durchgehende Begleitung durch die Bundespolizei erfolgen kann.

> ▶ **Hinweis:**
>
> Die Gefahr, dass der Schuldner seine Verhaftung bzw. Vorführung durch unvollständige Angaben in dem Anhörungsfragebogen abwendet, ist – zumindest theoretisch – dadurch gebannt, dass der verhaftende bzw. vorführende Gerichtsvollzieher verpflichtet ist, die Vollständigkeit der in dem Anhörungsbogen gestellten Fragen zu kontrollieren. Dies dürfte sich aus § 147 Satz 1 i. V. m. §§ 138 Abs. 2 Sätze 4 und 5, 145 Abs. 5 Geschäftsanweisung für Gerichtsvollzieher ergeben. In dem Vollziehungsauftrag an den Gerichtsvollzieher sollte diese ggf. darauf hingewiesen werden. Werden Vorführung bzw. Verhaftung auf diese Weise zunächst abgewandt, der Anhörungsbogen aber nicht vollständig ausgefüllt, so gelten Haft- bzw. Vorführungsbefehl weiter. Ein Verbrauch derselben (vgl. § 145 Abs. 5 Satz 3 Geschäftsanweisung für Gerichtsvollzieher) tritt nicht ein.

14 Die Anordnung von Haft setzt – im Gegensatz zur zwangsweisen Vorführung – eine **Anhörung** des Schuldners voraus. Diese kann auch schriftlich erfolgen; dann ist das Fehlverhalten konkret zu benennen (s. vorherige Rdn.) und auf die drohende Haft für den Fall hinzuweisen, dass es nicht abgestellt wird. Bei unbekanntem oder Auslandsaufenthalt des Schuldners kann der Haftbefehl ohne vorherige Anhörung ergehen (§ 10 Abs. 1).

15 Der vom Gerichtsvollzieher oder Gerichtswachtmeister auszuführende Vorführbefehl kann auch zum Inhalt haben, dass der Schuldner dem (vorläufigen) Insolvenzverwalter vorzuführen ist. Der

Vorführbefehl sollte ausdrücklich die **zwangsweise** Vorführung anordnen; einige Gerichtsvollzieher sind der Auffassung, eine Vorführung mit Zwangsmitteln sei nicht möglich, wenn das Wort »zwangsweise« fehlt (vgl. § 191 GVGA).

Hinsichtlich der **Modalitäten der Verhaftung** verweist Abs. 3 Satz 1 auf die einschlägigen Bestimmungen der ZPO. Die Verweisung muss gedanklich um § 901 ZPO ergänzt werden, da der Haftbefehl seit der 2. ZwV-Novelle v. 17.12.1997 in § 901 ZPO n. F. und nicht mehr in § 908 ZPO a. F. geregelt ist; auch die Unterscheidung zwischen Haftanordnung und Haftbefehl ist beseitigt worden (vgl. Ohlshausen ZIP 2004, 350). Die Haft darf 6 Monate nicht übersteigen, § 913 ZPO. Die Verhaftung obliegt dem für den Wohnort des Schuldners zuständigen Gerichtsvollzieher (zu den Einzelheiten: Paschold, DGVZ 2005, 2; zu den damit verbundenen Unzulänglichkeiten Frind, NZI 2010, 749, 755). 16

Für die Vollstreckung des Haft- oder Vorführungsbefehls in den Räumlichkeiten des Schuldners – einschließlich der Wohnung, da es sich nicht um eine Durchsuchung i. S. v. Art. 13 Abs. 2 GG handelt (AGR-Piekenbrock § 98 Rn. 14) – bedarf es keines gesonderten Durchsuchungsbeschlusses nach § 758a Abs. 1 ZPO. 16a

Bei einer »**Nachtvollstreckung**« (§ 758a Abs. 4 Satz 2 ZPO: 21 bis 6 Uhr) bedarf es jedoch eines Beschlusses nach § 758a Abs. 4 ZPO (BGH, NJW-RR 2005, 146). Dies gilt, obgleich wohl bisher nur für den Haftbefehl entschieden, gleichermaßen für von den Vorführbefehl, da § 758a Abs. 4 Satz 1 ZPO für jede Art der Vollstreckungshandlung des Gerichtsvollziehers gilt. Die richterliche Anordnung kann im Einzelfall bereits mit dem Haft- bzw. Vorführbefehl verbunden werden. Unter Verhältnismäßigkeitsgesichtspunkten wird allerdings regelmäßig das Scheitern eines Vollziehungsversuchs außerhalb der Nachtzeit erforderlich sein. Erfolgt die **Vollziehung eines Vorführbefehls zur Nachtzeit**, so ist von dem richterlichen Vorführbefehl – der ohnehin eine Freiheitsentziehung richterlich gestattet – auch die **Unterbringung des Schuldners in einer Gerichts- oder Polizeizelle bis zum tatsächlichen Anhörungstermin** innerhalb der Geschäftszeiten des Gerichts bzw. der üblichen Bürozeiten des Insolvenzverwalters gedeckt. Der Verhältnismäßigkeitsgrundsatz gebietet allerdings, die Verwahrzeit so kurz wie möglich zu halten.

Der Haftbefehl gestattet nicht, die Räumlichkeiten Dritter (Lebensgefährten usw.), an denen der Auskunftspflichtige keinen Mitgewahrsam hat, zwecks Verhaftung des Auskunftspflichtigen gegen den Willen des Dritten zu durchsuchen; das Gericht ist auch nicht befugt, einen Haftbefehl dieses Inhalts zu erlassen (LG Göttingen, ZInsO 2005, 1280).

Zur Rechtshilfe s. § 2 Rdn. 7. 16b

Die **Kosten** der zwangsweisen Vorführung und Haft sind Gerichtskosten gem. § 54 Nr. 1 (Uhlenbruck-Uhlenbruck § 98 Rn. 23) und **nicht vorschusspflichtig**. 17

▶ Hinweis:

Die – mit Rücksicht auf das Gericht – teilweise zu beobachtende Übung der Insolvenzverwalter, sich auch bei auskunftsunwilligen Schuldnern lange mit Anträgen auf gerichtliche Anhörung oder Vorführung zurückzuhalten (vgl. Frind, ZInsO 2010, 752 Fn. 31), ist nicht unproblematisch. Auf Gerichtsseite sollte bedacht werden, dass obstruktive Schuldner sich rgm. nur von gerichtlichen Zwangsmitteln beeindrucken lassen und ein frühzeitiger Anhörungstermin deshalb erhebliche Verfahrensverzögerungen zu verhindern vermag. Der Verwalter hat zu bedenken, dass er sich schadensersatzpflichtig machen kann, wenn er nicht auf alle zur Verfügung stehenden Ermittlungsmöglichkeiten zurückgreift (OLG Düsseldorf, ZInsO 2003, 997). Ist bereits im Vorfeld des Anhörungstermins mit einer Verhaftung des Schuldners zu rechnen, sollte mit dem zuständigen Gerichtsvollzieher vorab dessen Erscheinen abgesprochen werden. Ergeht dann im Termin ein Haftbefehl, bedarf es je einer Ausfertigung für den Schuldner und für die (Untersuchungs-) Haftanstalt, in die der Schuldner vom Gerichtsvollzieher im Anschluss an die Verkündung des Haftbefehls verbracht wird; die Anstalt ist im Verfügungswege um Aufnahme zu ersuchen. Ist der Schuldner bereit, auszusagen – meist nach wenigen Tagen Haft –, hat das Gericht ein Vorführersuchen an die Haftanstalt zu richten. Erklärt sich der vorgeführte Schuldner umfassend, ist der Haftbefehl aufzuheben und der Schuldner noch im Termin in Freiheit zu setzen; dem Vorführbeamten ist eine Entlassungsanordnung auszustellen (auf die entsprechenden, für das Strafverfahren bestimmten Formulare kann zurückgegriffen werden).

III. Sog. Unternehmensbestatter

18 Ein erhebliches Problem stellen professionelle sog. Unternehmensbeerdiger oder -bestatter dar. Sie werden eingeschaltet, um Restvermögen überschuldeter Unternehmen beiseitezuschaffen und/oder alle Spuren der von der bisherigen Geschäftsleitung verwirklichten Haftungs- und Straftatbestände zu beseitigen. Dazu erwirbt der »Bestatter« die Anteile an der späteren Schuldnerin und wird zum neuen Geschäftsführer bestellt. Im Insolvenzverfahren beruft sich der vormalige Geschäftsführer dann darauf, alle Geschäftsunterlagen dem »Erwerber« übergeben zu haben und über kein präsentes Wissen zu verfügen. Der »Bestatter«, immer mit Wohnsitz im Ausland, reagiert auf gerichtliche Schreiben und Aufforderungen überhaupt nicht. Da die Haftbefehle nach § 98 nicht in die Fahndungscomputer der Polizei und des BGS eingestellt werden, müssen die »Bestatter« auch nicht fürchten, bei ihren regelmäßigen Einreisen nach Deutschland verhaftet zu werden. Diese Gesetzeslücke müsste dringend geschlossen werden, um eine Chance zu haben, dieser bedenklichen Entwicklung Herr zu werden (ausführlich zu Unternehmensbestattungen § 3 Rdn. 35 ff.). Ob sich die Erwartung erfüllt, dass die Ergänzung des § 101 (s. § 101 Rdn. 3a) auch dazu beiträgt, das Unwesen der Unternehmensbestattungen einzuschränken, erscheint eher fraglich.

C. Rechtsmittel

19 Die Androhung von Zwangsmitteln ist als vorbereitende Maßnahme nicht selbstständig anfechtbar (s. a. § 6 Rdn. 5 f.).

I. Eidesstattliche Versicherung

20 Die Anordnung des **Rechtspflegers** zur Abgabe der eidesstattlichen Versicherung ist mit der **Erinnerung** angreifbar (§ 11 Abs. 2 RPflG), die des **Richters** ist unanfechtbar (§ 6). Sie ist inzident in dem auf die Verweigerung folgenden Haftbefehlsverfahren überprüfbar (Abs. 3 Satz 3).

II. Zwangsweise Vorführung

21 Die Anordnung der Zwangsvorführung ist unanfechtbar, da die InsO insoweit nicht ausdrücklich ein Rechtsmittel vorsieht (§ 6 Abs. 1).

III. Haft

22 Gegen die Anordnung der Haft und die Abweisung eines Antrags auf Aufhebung des Haftbefehls ist die **sofortige Beschwerde** (§§ 567 ff. ZPO) statthaft (Abs. 3 Satz 3). Die Beschwerde ist beim Insolvenzgericht einzulegen (§ 6 Abs. 1 Satz 2). Dem Insolvenzgericht steht die Befugnis zur Abhilfe zu (§ 572 Abs. 1 Satz 1 ZPO). Die Frist beträgt 2 Wochen (§ 569 Abs. 1 ZPO); näher zur sofortigen Beschwerde die Kommentierung zu § 6. Die sofortige Beschwerde hat entgegen § 570 Abs. 1 ZPO **keine aufschiebende Wirkung** (LG Göttingen, NZI 2005, 339; ausführlich Ahrens, NZI 2005, 299).

23 Der Haftbefehl ist **von Amts wegen aufzuheben**, sobald die Voraussetzungen für die Anordnung der Haft nicht mehr vorliegen. Das Gericht hat sich dazu mit dem Insolvenzverwalter ins Benehmen zu setzen. In der Praxis wird ein vorausschauender Verwalter die für die Aufhebung des Haftbefehls relevanten Umstände unverzüglich anzeigen, sobald er von ihnen Kenntnis hat.

24 Die **Haftunfähigkeit** des Schuldners (s. dazu Zöller/Stöber, § 906 ZPO Rn. 1 f.) steht dem Erlass eines Haftbefehls nicht entgegen, sie kann allenfalls die Aussetzung des Vollzugs des Haftbefehls begründen (LG Köln, ZInsO 2004, 756). Hält der Gerichtsvollzieher den Schuldner für haft-

fähig, steht dem Schuldner die Erinnerung nach § 766 ZPO zu. Zuständig ist in Anlehnung an das in § 36 Abs. 4 Satz 1 und § 148 Abs. 2 Satz 2 zum Ausdruck kommende Prinzip der größeren Sachnähe das Insolvenzgericht als Vollstreckungsgericht (MK-Passauer/Stephan § 98 Rn. 25; a. A. Uhlenbruck-Uhlenbruck § 98 Rn. 20). Gerade mit Blick auf die Haftfähigkeit verfügt das Insolvenzgericht aufgrund des bisherigen Verfahrens rgm. über zusätzliche Informationen. Geht das Insolvenzgericht entgegen der Ansicht des Gerichtsvollziehers von der Haftfähigkeit des Schuldners aus, kann es ihn anweisen, den Haftbefehl auszuführen; eine Erinnerung des Gerichts gem. § 766 Abs. 2 ZPO kommt in dem im Insolvenzverfahren amtsseitig betriebenen Haftbefehlsverfahren nicht in Betracht (a. A. Jaeger § 98 Rn. 29).

§ 99 Postsperre

(1) ¹Soweit dies erforderlich erscheint, um für die Gläubiger nachteilige Rechtshandlungen des Schuldners aufzuklären oder zu verhindern, ordnet das Insolvenzgericht auf Antrag des Insolvenzverwalters oder von Amts wegen durch begründeten Beschluß an, dass die in dem Beschluss bezeichneten Unternehmen bestimmte oder alle Postsendungen für den Schuldner dem Verwalter zuzuleiten haben. ²Die Anordnung ergeht nach Anhörung des Schuldners, sofern dadurch nicht wegen besonderer Umstände des Einzelfalls der Zweck der Anordnung gefährdet wird. ³Unterbleibt die vorherige Anhörung des Schuldners, so ist dies in dem Beschluß gesondert zu begründen und die Anhörung unverzüglich nachzuholen.

(2) ¹Der Verwalter ist berechtigt, die ihm zugeleiteten Sendungen zu öffnen. ²Sendungen, deren Inhalt nicht die Insolvenzmasse betrifft, sind dem Schuldner unverzüglich zuzuleiten. ³Die übrigen Sendungen kann der Schuldner einsehen.

(3) ¹Gegen die Anordnung der Postsperre steht dem Schuldner die sofortige Beschwerde zu. ²Das Gericht hat die Anordnung nach Anhörung des Verwalters aufzuheben, soweit ihre Voraussetzungen fortfallen.

Übersicht	Rdn.		Rdn.
A. Normzweck und Anwendungsbereich	1	1. Anordnungsverfahren	11
B. Norminhalt	2	2. Verhältnis zu Post- und E-Mail-	
I. Voraussetzungen der Postsperre (Abs. 1)	2	Dienstleistern (Providern)	12
1. Erforderlichkeit	2	3. Aufhebung und Wirkungsdauer der	
2. Verhältnismäßigkeit	3	(vorläufigen) Postsperre	13
3. Anhörung	5	IV. Befugnisse des Verwalters und des	
II. Umfang der Postsperre	7	Schuldners (Abs. 2)	14
1. Begriff der Postsendung	7	C. Verfahrensfragen	15
2. Betroffene Postsendungen	8	D. Reform	17
III. Durchführung der Postsperre	11		

A. Normzweck und Anwendungsbereich

Die Postsperre gem. § 99 dient der Massesicherung (»nachteilige Rechtshandlungen des Schuldners aufzuklären oder zu verhindern«). Diesem Zweck dient auch die im Eröffnungsverfahren zulässige vorläufige Postsperre des § 21 Abs. 2 Satz 1 Nr. 4 (»nachteilige Veränderung in der Vermögenslage«), der auf die §§ 99 und 101 Abs. 1 Satz 1 verweist. Für beide Arten der Postsperre gelten dieselben Grundsätze mit wenigen Besonderheiten.

Die Postsperre ist ggf. auch bei **Klein-/Verbraucherinsolvenzen** zulässig (OLG Celle, ZIP 2000, 468, 472), ebenso auch bei **Antrag auf Eigenverwaltung** gem. § 270a und nach dem Gesetzeswortlaut sogar im sog. **Schutzschirmverfahren** nach § 270b (§ 270b Abs. 2 Satz 3 Halbs. 1; vgl. dazu § 270b), wobei es im Fall der angestrebten Sanierung i. d. R. an den tatbestandlichen Voraussetzungen für eine Postsperre fehlen dürfte.

B. Norminhalt

I. Voraussetzungen der Postsperre (Abs. 1)

1. Erforderlichkeit

2 Die Postsperre muss **erforderlich erscheinen**, um nachteilige Rechtshandlungen des Schuldners aufzuklären oder zu verhindern. Es muss sich aus konkreten und im Licht des Art. 10 GG hinreichenden, im Beschluss zu bezeichnenden Tatsachen (OLG Celle, ZInsO 2000, 557; weniger streng demgegenüber BGH, NZI 2010, 260) ein begründeter Verdacht für nachteilige Rechtshandlungen des Schuldners ergeben. Formulierungen wie »der Verwalter habe Verdachtsmomente ergründet« enthalten keine Tatsachen und sind deshalb nicht tragfähig. Die Postsperre muss jedoch nur erforderlich **erscheinen** (nicht sein). An die die Annahme einer Gefährdung rechtfertigenden Tatsachen dürfen keine überzogenen Anforderungen gestellt werden (MK-Passauer § 99 Rn. 15). Gundlach/Frenzel/Schmidt haben die eingängige Formulierung geprägt: »*Ein allgemeiner Verdacht ohne näher zu bezeichnenden Anhaltspunkt, kann die (...) Postsperre (...) nicht tragen – durch Anhaltspunkte verdichtete Verdachtsmomente hingegen schon*« (ZInsO 2001, 979, 983). Dabei ist zu berücksichtigen, dass die Gefahr von Vermögensverschiebungen unmittelbar nach Stellung des Insolvenzantrags besonders groß ist (LG Göttingen, DZWIR 1999, 471). Hauptsächlicher **Anknüpfungspunkt** für die Rechtfertigung einer vorläufigen Postsperre ist die unzureichende Erfüllung der **Auskunfts- und Mitwirkungspflichten des Schuldners** (so ausdrückl. OLG Celle, ZInsO 2002, 131), etwa wenn der Schuldner die Arbeit des vorläufigen Verwalters behindert oder unzureichende Angaben über seine Vermögensverhältnisse macht (BGH, ZInsO 2006, 1212, 1214 = ZIP 2006, 2233, 2234) oder den vorläufigen Verwalter hinhält und ihm Unterlagen nicht aushändigt (LG Bonn, ZInsO 2004, 818; LG Göttingen a. a. O. und NZI 2001, 44; vgl. auch OLG Celle, ZInsO 2000, 684 bei Vermengungsgefahr mit Nachfolgeunternehmen von Familienangehörigen des Schuldners bzw. LG Deggendorf, EWiR 2006, 85 bei Vermengungsgefahr mit Nachfolgeunternehmen mit sich zumindest teilweise deckendem Geschäftsgegenstand).

Bleibt der Schuldner demgegenüber von Beginn an lediglich untätig, wäre eine Postsperre ohne das Hinzutreten weiterer Umstände nicht gerechtfertigt (LG Hamburg v. 16.08.2011, Az: 326 T 117/11 [unveröffentlicht]; **a.A.** MK-Passauer § 99 Rn. 15; Frind, NZI 2010, 749, 752); in diesem Fall ist der Schuldner unverzüglich zu einem Anhörungstermin zu laden.

2. Verhältnismäßigkeit

3 Die Postsperre muss als Eingriff in das Grundrecht aus Art. 10 Abs. 1 GG **verhältnismäßig** sein. Das Interesse des Schuldners an der Wahrung des Post- und Briefgeheimnisses überwiegt – ein begründeter Anfangsverdacht vorausgesetzt (Rdn. 2 f.) – nur ausnahmsweise das Interesse der Gläubiger an einer den Insolvenzzweck wahrenden Rechtspflege, z. B. wenn es nur um sehr geringe Vermögenswerte geht. Nach OLG Celle (ZInsO 2001, 128; a. A. Ries/Böhner, in Haarmeyer/Wutzke/Förster, § 99 Rn. 7; Frind, NZI 2010, 749, 752) ist eine vorläufige Postsperre im **Eröffnungsverfahren** ohne gleichzeitiges allgemeines Verfügungsverbot unverhältnismäßig: Werde dem Schuldner die Verfügungsbefugnis belassen, sei die auf Vermeidung von Verdunklungshandlungen gerichtete Postsperre nicht zu rechtfertigen. Mit dieser Begründung müsste man aber die Zulässigkeit einer Postsperre bei Eigenverwaltung generell ablehnen. Es gibt für diese Auffassung auch keinen sachlichen Grund: obgleich die Postsperre nach dem Gesetzeswortlaut mehr Sicherungsmittel als Mittel der Sachaufklärung ist, dient sie doch der Sicherung durch Sachaufklärung. Letztere ist daher vom Gesetzeszweck erfasst, der bei der Prüfung der Verhältnismäßigkeit zu berücksichtigen ist. Dient daher eine Postsperre auch der Sachaufklärung, wird man sie auch dann für zulässig halten dürfen, wenn durch die Sachaufklärung festgestellt werden soll, ob weiter gehende, eingriffsintensivere Sicherungsmittel zu ergreifen sind (in dieser Richtung wohl HK-Kirchhof § 21 Rn. 12). Man wird daher im Einzelfall eine vorläufige Postsperre auch mit der Bestellung lediglich eines Sachverständigen kombinieren können, da dies ein milderer Eingriff als eine schwache vorläufige Insolvenzverwaltung i. V. m. einer vorläufigen Postsperre sein kann. Ohnehin bietet § 21 Abs. 2 Satz 1 keinen Anhaltspunkt dafür, dass

notwendigerweise beides Hand in Hand zu gehen hat. Regelhaft dürfte aber die Bestellung eines schwachen vorläufigen Insolvenzverwalters geboten sein, wenn das erforderliche Maß an konkreten, verdachtsbegründenden Tatsachen (vgl. oben Rdn. 2) festzustellen ist, das eine vorläufige Postsperre voraussetzt.

Der Umstand, dass der Schuldner berufs- oder standesrechtlichen **Verschwiegenheitspflichten** 4 unterliegt (Arzt, Rechtsanwalt usw.), steht nach allg. Ansicht der Anordnung einer Postsperre nicht entgegen (ausführl. OLG Bremen, NJW 1993, 798). In diesen Fällen darf der Insolvenzverwalter nach herrschender Meinung die Postkontrolle wegen des Geheimhaltungsinteresses der drittbetroffenen Patienten/Mandanten jedoch nicht delegieren, sondern hat sie **persönlich** durchzuführen (OLG Bremen a. a. O., S. 800; Uhlenbruck-Uhlenbruck § 99 Rn. 8). Diese Auffassung überspannt die aus dem Grundgesetz abzuleitenden Anforderungen an die Durchführung der Postkontrolle. Jedenfalls die Delegation an besonders instruierte Vertrauenspersonen ist zulässig.

3. Anhörung

Der Schuldner ist grds. vor Anordnung der Postsperre anzuhören. Das kann mündlich (auch tele- 5 fonisch) oder schriftlich erfolgen. Von der vorherigen Anhörung kann abgesehen werden, sofern dadurch der **Zweck der Maßnahme vereitelt würde**. Allein der Verdacht von Manipulationen kann den Verzicht auf die Anhörung ebenso wenig rechtfertigen (LG Hamburg v. 16.08.2011, Az: 326 T 117/11 [unveröffentlicht]; a. A. Uhlenbruck-Uhlenbruck § 99 Rn. 13; KPB-Lüke § 99 Rn. 9) wie der Umstand, dass der Schuldner durch die vorherige Anhörung gewarnt wird (LG Hamburg a. a. O.). Anderenfalls liefe das Erfordernis der vorherigen Anhörung leer: Der Manipulationsverdacht ist bereits Tatbestandsvoraussetzung der Postsperre und »gewarnt« wird der Schuldner durch jede vorherige Anhörung. Gerade angesichts des Umstands, dass ursprünglich sogar eine zwingende vorherige Anhörung für erforderlich gehalten wurde (vgl. § 112 RegE), ist der gesetzgeberische Wille für eine grds. vorherige Anhörung zu respektieren, auch wenn die Effektivität der Postsperre dadurch geringfügig leiden mag. Wird die Postsperre unmittelbar im Anschluss an die mündliche Anhörung des Schuldners angeordnet, wird der »Überraschungseffekt« auch nur um die Postlaufzeit verkürzt, da der Schuldner ohne vorherige Anhörung spätestens mit der Zustellung des Beschlusses Kenntnis von der Postsperre erhalten hätte. Wird per Gerichtswachtmeister zugestellt, tendiert die Verzögerung gegen null.

Besondere Umstände, die den **Verzicht auf eine Anhörung** rechtfertigen, liegen bei einer besonders 6 schweren Gefährdung der Gläubigerinteressen vor, so wenn der Schuldner bereits seine über bloße Passivität hinausgehende Obstruktionsbereitschaft dokumentiert hat. Unterbleibt die vorherige Anhörung des Schuldners, ist sie unverzüglich nachzuholen (Abs. 1 Satz 3).

II. Umfang der Postsperre

1. Begriff der Postsendung

Der Begriff der Postsendung ist weit zu fassen. Darunter fallen neben Briefen (Tele- und Com- 7 puter-) Faxe, Telegramme und Fernschreiben. Auch E-Mails werden nach der zutreffenden herrschenden Meinung von der Postsperre erfasst (MK-Passauer/Stephan § 99 Rn. 20; BK-Blersch/v. Olshausen § 99 Rn. 6 m. w. N.; ausführl. Münzel/Böhm, ZInsO 1998, 363). Aus rechtlichen wie aus praktischen Gründen sind jedoch die konkreten Mailadressen in den Beschluss aufzunehmen (Uhlenbruck-Uhlenbruck § 99 Rn. 6; Frind, NZI 2010, 749, 753).

Die Verhängung einer Telefonsperre ist nicht von § 99 gedeckt (KPB-Lüke § 99 Rn. 5).

2. Betroffene Postsendungen

Nur eingehende Postsendungen unterfallen der Postsperre. Das Gericht kann bestimmte Sendun- 8 gen ausnehmen; das sollte insb. für Schreiben des Insolvenzgerichts oder Verwalters an den Schuldner angeordnet werden. I. Ü. erfasst die Postsperre die gesamte Post des Schuldners, auch dessen

Privatpost. Erst nach deren Öffnung kann wirklich beurteilt werden, ob die Sendung das Verfahren betrifft. Auch die an einen Häftling gerichtete Verteidigerpost ist erfasst (BVerfG, NJW 2001, 745).

9 Die vorläufige Postsperre kann gegen die in § 101 Abs. 1 Satz 1 genannten Vertretungs- und Aufsichtsorgane bzw. vertretungsberechtigten persönlich haftenden Gesellschafter angeordnet werden, nicht jedoch gegen ausgeschiedene Personen und nicht gegen Angestellte (Abs. 2 Satz 1 Nr. 4, § 101 Abs. 1 Satz 1). In der Insolvenz einer OHG, KG, GbR, EWIV oder Partenreederei ist daher auch die Post an die vertretungsberechtigten persönlich haftenden Gesellschafter erfasst (Uhlenbruck-Uhlenbruck § 99 Rn. 9), in der Insolvenz einer GmbH oder AG auch die Geschäftspost an die Vertretungs- und Aufsichtsorgane, nicht aber an deren (Nur-) Gesellschafter. Werden die Geschäfte der Schuldnergesellschaft unter der Privatanschrift eines Vertretungsorgans oder (Nur-) Gesellschafters betrieben, kann die Postsperre auch auf an diese Adresse gerichtete Privatpost erstreckt werden, weil in diesen Fällen Privat- und Geschäftspost häufig vermischt werden (ähnl. Uhlenbruck-Uhlenbruck § 101 Rn. 20).

10 Postsendungen für Angehörige sind nicht erfasst, es sei denn, der Schuldner ist nur Strohmann des betreffenden Angehörigen.

III. Durchführung der Postsperre

1. Anordnungsverfahren

11 Die Anordnung ergeht von Amts wegen oder auf Antrag des Verwalters durch zu begründenden **Beschluss**. Er hat die Post- und Telekommunikationsunternehmen namentlich zu bezeichnen (Abs. 1 Satz 1; zur Kritik vgl. Rdn. 17) und kann ohne mündliche Verhandlung ergehen, muss dem Schuldner in diesem Fall aber förmlich zugestellt werden. Unterbleibt die Anhörung, ist dies gesondert zu begründen. Die Begründung muss die abwägungsrelevanten Tatsachen mitteilen (Rdn. 2), die sinngemäße Wiederholung des Gesetzestextes genügt nicht (OLG Celle, ZInsO 2000, 557). Die Begründung kann im Beschwerdeverfahren nicht nachgeholt werden (LG Bonn, ZInsO 2009, 2299; a. a. O. auch zu den Anforderungen an die Begründung; zust. Anm. Voß, EWiR 2009, 753). Fallen die Gründe (oder einige derselben) aber später weg, ist das Nachschieben von (neuen) Gründen zulässig (vgl. A/G/R-Piekenbrock § 99 Rn. 18). In diesem Fall wird dem Schuldner allerdings erneut die Möglichkeit der Beschwerde eröffnet (vgl. Rdn. 13, 15). Der den Antrag des Insolvenzverwalters auf Verhängung einer Postsperre zurückweisende Beschluss ist nicht rechtsmittelfähig (Rdn. 13, 15) und bedarf deshalb keiner Begründung. Handelt es sich um eine vorläufige Postsperre, so sollte diese als solche bezeichnet werden. Fehlt die entspr. Bezeichnung, so ist dies allerdings unschädlich, da sich die Vorläufigkeit bereits daraus ergibt, dass die Anordnung im Eröffnungsverfahren ergeht.

Bis zur Verfahrenseröffnung ist der Richter funktionell zuständig, danach der Rechtspfleger (§ 18 Abs. 1 RPflG).

2. Verhältnis zu Post- und E-Mail-Dienstleistern (Providern)

12 Der Beschluss nach § 99 stellt ggü. den Postdienstleistern (Deutsche Post AG u. a.) sowie den Providern – vergleichbar der Situation beim Eröffnungsbeschluss im Verhältnis zu Dritten – keinen vollstreckbaren Titel dar. Berichten aus der Praxis zufolge kooperieren jedoch sämtliche Dienstleister, jedenfalls wenn ihnen der Beschluss zugestellt wird. Verweigert sich ein Dienstleister, ist der Zivilrechtsweg zu beschreiten. Auf Antrag des Insolvenzverwalters kann auch eine einstweilige Verfügung ergehen.

Der Provider ist zu Weiterleitung von E-Mails aufgrund einer Postsperre auch dann verpflichtet, wenn die vom Schuldner genutzte E-Mail-Adresse z. B. auf deren Geschäftsführer zugelassen ist (so im Fall LG Berlin, 31 O 321/08 – unveröffentlicht).

In der 1. Aufl. wurde vertreten, dass dem seit 2003 regional auftretenden Ansinnen der Deutschen Post AG, im Fall einer Postsperre die Einrichtung eines gebührenpflichtigen Nachsendeauftrags zu verlangen, in der Praxis entgegengetreten werden sollte. Ob dies angesichts der Gesetzesbegründung des RefE vom 08.02.2006, dass die Unternehmen das übliche Entgelt für eine Postnachsendung bzw. Postlagerung erheben können, noch durchsetzbar ist, erscheint fraglich. Zwar bindet die Gesetzesbegründung die (Zivil-) Gerichte nicht. Es ist jedoch wahrscheinlich, dass die Beförderungsunternehmen im Fall einer gerichtlichen Geltendmachung der »Nachsendegebühr« obsiegen würden (näher zur Kostenfrage: Vallender, NZI 2003, 244.).

3. Aufhebung und Wirkungsdauer der (vorläufigen) Postsperre

Das Gericht hat nach § 99 Abs. 3 Satz 2 die Postsperre – nach §§ 21 Abs. 2 Satz 1 Nr. 4 i. V. m. § 99 Abs. 3 Satz 2 auch die vorläufige – aufzuheben, wenn und soweit die Voraussetzungen weggefallen sind. Eine Teilaufhebung ist zulässig (»soweit«). Verhältnismäßigkeitsgesichtspunkte können diese im Einzelfall gebieten (vgl. A/G/R-Piekenbrock § 99 Rn. 18). 13

Die vorläufige Postsperre gilt beim Übergang vom Insolvenzeröffnungsverfahren zum Insolvenzverfahren nicht fort, sondern erledigt sich (vgl. den Hinweis unten sowie A/G/R-Piekenbrock § 21 Rn. 44). Zur Fortgeltung bedarf es einer erneuten Anordnung.

Vor der Aufhebung ist nach dem Gesetzeswortlaut der Insolvenzverwalter anzuhören; im Eröffnungsverfahren der vorläufige Insolvenzverwalter bzw. der Sachverständige, wenn man – wie hier (Rdn. 3) – die Anordnung der vorläufigen Postsperre auch ohne Bestellung eines vorläufigen Insolvenzverwalters für zulässig hält. Fehlt es an der Anhörung macht dies die Aufhebung nicht angreifbar, da der grundsätzlich beschwerdebefugte Schuldner (vgl. Rdn. 15) dadurch nicht in seinen Rechten verletzt wird; der (vorläufige) Insolvenzverwalter ist hingegen nicht beschwerdebefugt (vgl. Rdn. 15)

Verhältnismäßigkeitsgesichtspunkte dürften die Aufhebung der Postsperre aufgrund Zeitablaufs schon wegen der zunehmenden Umgehungsmöglichkeiten durch die Organisation einer anderweitigen Postanschrift gebieten. Eine Postsperre über einen längeren Zeitraum als 6 Monate dürfte nur in Ausnahmefällen und bei besonderer Begründung zulässig sein (vgl. A/G/R-Piekenbrock § 99 Rn. 18).

▶ Hinweis:

Die vorläufige Postsperre erledigt sich mit der Entscheidung über den Insolvenzantrag, also mit Verfahrenseröffnung oder Ab- bzw. Zurückweisung des Insolvenzantrags (OLG Köln, ZInsO 2000, 410). Gleichwohl empfiehlt sich in der Praxis ein klarstellender Aufhebungsbeschluss. Dies gilt auch für den Kostenbeschluss nach übereinstimmender Erledigungserklärung. Wird der Insolvenzantrag wirksam (zunächst einseitig) für erledigt erklärt, ist die vorläufige Postsperre allerdings – mangels Erledigung derselben bereits zum Zeitpunkt des Eingangs der Erledigungserklärung bei Gericht – regelmäßig schon aus Gründen der Verhältnismäßigkeit unverzüglich aufzuheben.

IV. Befugnisse des Verwalters und des Schuldners (Abs. 2)

Der Verwalter – und auch der Sachverständige (oben Rdn. 3) – ist befugt, die Post des Schuldners zu öffnen. Er handelt somit nicht unbefugt i. S. v. § 202 StGB. § 99 Abs. 2 führt im Eröffnungsverfahren für den Sachverständigen nicht zu einem anderen Ergebnis, da § 21 Abs. 2 Satz 1 Nr. 4 lediglich die entsprechende Anwendung des Abs. 2 anordnet. Er darf nach herrschender Meinung zur Sichtung der Post unterwiesene Hilfskräfte hinzuziehen (Uhlenbruck-Uhlenbruck § 99 Rn. 14 m. w. N.; zu den Anforderungen bzgl. eines zur Verschwiegenheit verpflichteten Schuldners s. Rdn. 4). Nicht das Verfahren betreffende Sendungen hat er dem Schuldner unverzüglich weiterzuleiten (Abs. 2 Satz 2). Ob es sich um Privatpost des Schuldners handelt, entscheidet der Verwalter in gebundenem Ermessen. 14

Die übrigen Sendungen kann der Schuldner einsehen (Abs. 2 Satz 3); das schließt das Recht ein, auf eigene Kosten Kopien zu fertigen. Es dürfte unbedenklich sein, den Schuldner auf eine wöchentliche Einsichtnahme zu verweisen. Der Verwalter ist in diesem Fall gehalten, den Schuldner von eiligen Angelegenheiten unverzüglich in Kenntnis zu setzen.

C. Verfahrensfragen

15 Gegen die Anordnung der Postsperre sowie das Nachschieben von Gründen (vgl. Rdn. 11) steht dem Schuldner die **sofortige Beschwerde** zu (Abs. 3 Satz 1). Gegen die Ablehnung eines vom Schuldner gestellten **Aufhebungsantrags** ist – anders als beim Haftbefehl (§ 98 Abs. 3 Satz 3) – kein Rechtsmittel gegeben (HK-Kayser § 99 Rn. 39; a. A. A/G/R-Piekenbrock § 99 Rn. 19; Jaeger/Henckel/Gerhardt-Schilken § 99 Rn. 29). Da das Gericht die Anordnung – nach Anhörung des Verwalters – von Amts wegen aufzuheben hat, soweit ihre Voraussetzungen fortfallen (Abs. 3 Satz 2), ist dies verfassungsrechtlich unbedenklich. Dem Verwalter wurde im Verfahren über die Anordnung einer Postsperre bewusst kein Rechtsmittel eingeräumt. Auch den betroffenen Postdienstleistern steht kein Rechtsmittel zu. Der Gesetzgeber hat in dem RefE v. 08.02.2006 von dieser noch in den Entwürfen 2003 und 2004 vorgesehenen Möglichkeit Abstand genommen.

16 Die Aushändigung nicht verfahrensrelevanter Post und das Recht auf Einsicht (Abs. 2 Satz 2, 3) muss der Schuldner mangels insolvenzrechtlicher Rechtsbehelfe ggf. vor den Zivilgerichten erstreiten. Auch eine Anregung an das Gericht, im Wege der Rechtsaufsicht nach § 58 einzuschreiten, verspricht keinen Erfolg, da – bis auf extreme Ausnahmefälle – insoweit nur die vom Gericht nicht nachprüfbare Zweckmäßigkeit des Verwalterhandelns infrage steht.

D. Reform

17 Gegen die durch das Gesetz zur Vereinfachung des Insolvenzverfahrens vom 17.04.2007 (BGBl. I, S. 509) eingeführte **namentliche Bezeichnung der Beförderungsunternehmen im Beschluss** spricht die als Folge der Liberalisierung eingetretene Zersplitterung des Post- und Telekommunikationsmarktes. Die große Zahl der Marktteilnehmer spricht im Gegenteil dafür, de lege ferenda eine unmittelbare gesetzliche Verpflichtung der betroffenen Unternehmen zu statuieren (»Die Post- und Telekommunikationsunternehmen sind verpflichtet ...«), wie es der frühere § 121 KO vorsah. Auch in diesem Fall bliebe aber das Problem, allen Postdienstleistern die Postsperre bekannt zu machen. Eine wirksame Postsperre erfordert daher de lege ferenda ein für alle Post- und Kommunikationsdienstleister verpflichtendes Informationssystem, das es den Insolvenzgerichten erlaubt, ihnen mittels einer Sammel-Email Postsperren mitzuteilen (Frind, NZI 2010, 749, 753).

§ 100 Unterhalt aus der Insolvenzmasse

(1) Die Gläubigerversammlung beschließt, ob und in welchem Umfang dem Schuldner und seiner Familie Unterhalt aus der Insolvenzmasse gewährt werden soll.

(2) ¹Bis zur Entscheidung der Gläubigerversammlung kann der Insolvenzverwalter mit Zustimmung des Gläubigerausschusses, wenn ein solcher bestellt ist, dem Schuldner den notwendigen Unterhalt gewähren. ²In gleicher Weise kann den minderjährigen unverheirateten Kindern des Schuldners, seinem Ehegatten, seinem früheren Ehegatten, seinem Lebenspartner, seinem früheren Lebenspartner und dem anderen Elternteil seines Kindes hinsichtlich des Anspruchs nach den §§ 1615l, 1615n des Bürgerlichen Gesetzbuchs Unterhalt gewährt werden.

Übersicht	Rdn.			Rdn.
A. Normzweck	1		2. Berechtigter Personenkreis	6
B. Norminhalt	2	III.	Vorläufiger Unterhalt durch Verwalter (Abs. 2)	7
I. Geltungsbereich	2	IV.	Verfahrensrechtliches	9
II. Unterhaltsgewährung durch die Gläubigerversammlung (Abs. 1)	3	V.	Rang gewährter Unterhaltsansprüche	10
1. Art und Umfang	3	VI.	Rechtsmittel	11

A. Normzweck

Der Normzweck des § 100 ist bislang wenig geklärt. § 100 dient nicht der Existenzsicherung. Der zum Leben notwendige Unterhalt steht dem Schuldner bereits über § 36 Abs. 1 Satz 2 aufgrund der einschlägigen Bestimmungen der ZPO über den unpfändbaren Teil des Einkommens (das auch auf Sozialleistungen beruhen kann) zu. Auch eine Entschädigungsfunktion im eigentlichen Sinne kommt § 100 nicht zu; die Mitwirkungspflichten dürfen gerade nicht einen Umfang annehmen, der den Schuldner an einer anderweitigen Tätigkeit hindert (§ 97 Rdn. 5).

Richtigerweise wird man § 100 als Erweiterung des Handlungsinstrumentariums der Gläubiger bzw. des Verwalters zur Gestaltung des Verfahrens begreifen müssen. Die Gläubiger können dem Schuldner einen Unterhalt über den unpfändbaren Einkommensteil hinaus zubilligen, **um ihn zu einer überobligatorischen Mitarbeit** zu bewegen (näher § 97 Rdn. 5) oder um einer empfundenen **Sozialverantwortung** zu entsprechen (insb. die Stellung der Unterhaltsgläubiger des Schuldners hat sich mit der Einführung der InsO verschlechtert, vgl. Kothe, Kölner Schrift zur InsO, S. 790 ff.).

B. Norminhalt

I. Geltungsbereich

§ 100 gilt für das eröffnete Regel- und Verbraucherverfahren. Abs. 2 ist im Eröffnungsverfahren analog anwendbar (LG Bonn, ZInsO 2013, 833: §§ 100 Abs. 2, 36 analog). Unter Zugrundelegung der hier vertretenen Auffassung, dass dem Schuldner auch im Fall der Bedürftigkeit kein Anspruch auf Unterhalt zusteht (Rdn. 3), bestehen keine Bedenken gegen die Anwendbarkeit des § 100 im **Nachlass-** (a. A. Braun-Kroth § 100 Rn. 2; Jaeger-Schilken, § 100 Rn. 6) und **Gesamtgutinsolvenzverfahren**. Bei Eigenverwaltung ist der Schuldner berechtigt, die Mittel für eine bescheidene Lebensführung selbst zu entnehmen, vgl. § 278 Abs. 1.

II. Unterhaltsgewährung durch die Gläubigerversammlung (Abs. 1)

1. Art und Umfang

Die Gläubigerversammlung beschließt, ob und in welchem Umfang dem Schuldner und seiner Familie Unterhalt aus der Masse gewährt werden soll. Sie kann den Unterhalt auch von vornherein befristen, z. B. auf die voraussichtlich für die Suche eines neuen Arbeitsplatzes erforderliche Zeit (FK-App § 100 Rn. 11). Die Entscheidung liegt **im freien Ermessen der Gläubiger**, eine Pflicht zur Gewährung von Unterhalt besteht nicht. Dem Schuldner steht selbst dann **kein Anspruch auf Unterhalt** zu, wenn dessen **Existenzminimum** nicht gesichert ist (OLG Celle v. 21.01.2010 – 5 U 90/09) – zitiert nach juris (das aber wohl von der Möglichkeit eines Ermessensfehlgebrauchs ausgeht); LG Hamburg, ZInsO 2000, 108; MK-Passauer/Stephan § 100 Rn. 20; BK-Blersch § 100 Rn. 3 f.; Uhlenbruck-Uhlenbruck § 100 Rn. 2; **a. A.** Kothe, Kölner Schrift zur InsO, S. 781 Rn. 88; OLG Celle, ZInsO 2001, 713 (teilweise überholt durch OLG Celle v. 21.01.2010). Anderenfalls käme den Insolvenzgläubigern systemwidrig die Aufgabe zu, das Existenzminimum des Schuldners zu sichern.

Außerhalb der Insolvenz wird das Existenzminimum auf zwei Wegen gesichert. Dem erwerbstätigen Schuldner wird im Fall der Einzelzwangsvollstreckung der zur Führung eines menschenwürdigen Lebens erforderliche Teil seiner Einkünfte gem. §§ 850 ff. ZPO belassen. Ist der Schuldner erwerbs- und vermögenslos, hat er Anspruch auf ALG II oder Sozialhilfe. Reicht das zunächst anhand von Tabellenwerten festgesetzte, pfändungsfreie Einkommen bzw. der Regelsatz öffentlicher Ersatzleistungen im Einzelfall nicht zur Deckung des Existenzminimums (vgl. Kothe, Kölner Schrift zur InsO, S. 804 Rn. 81 ff.), bildet § 850f. ZPO bzw. die Einbeziehung einzelfallbezogener Erhöhungsfaktoren bei der Leistungsbemessung die Grundlage für die erforderlichen Anpassungen, die ggf. vor den Vollstreckungs- bzw. SG erstritten werden können. Die Sicherung des Existenzminimums erfolgt also immer innerhalb des jeweiligen »Sicherungssystems«.

Auch im Insolvenzverfahren steht dem erwerbstätigen Schuldner über § 36 i. V. m. §§ 850 ff. ZPO der pfändungsfreie Einkommensteil und dem erwerbslosen Schuldner ein Anspruch auf ALG II bzw. Sozialhilfe zu. Dass im Insolvenzverfahren des Schuldners eine staatlich geordnete Haftungsverwirklichung an die Stelle der Einzelzwangsvollstreckung tritt, kann nicht dazu führen, dass die Bestimmung des Existenzminimums auf die Gläubiger abgewälzt oder ihnen gar ein zusätzlicher Beitrag zur Sicherung des Existenzminimums abverlangt wird. Ersteres wäre eine systemwidrige und sachlich fragliche Verschiebung der Entscheidungskompetenz, Letzteres ein nicht gerechtfertigtes Sonderopfer.

4 Neben der Bewilligung von **Barunterhalt** kommt auch die Gewährung von Naturalunterhalt, etwa in Form der unentgeltlichen Überlassung einer zur Insolvenzmasse gehörenden Wohnung, in Betracht. Der Unterhalt kann auch befristet oder unter einer Bedingung gewährt werden.

5 Sofern der Schuldner den lebensnotwendigen Unterhalt nicht aus dem pfändungsfreien Einkommen bestreiten kann, ist er verpflichtet, rechtzeitig ALG II bzw. Sozialhilfe zu beantragen. Verzögert sich die Auszahlung öffentlicher Leistungen, kann – ausnahmsweise – die Pflicht zur **Gewährung von Überbrückungsdarlehen aus der Insolvenzmasse** – ggf. gegen Abtretung der entsprechenden Sozialleistungen (wegen § 53 SGB I vorherige Absprache mit der Behörde angezeigt) – bestehen.

5a Ist der Insolvenzschuldner seinen Auskunfts- und Mitwirkungspflichten nicht nachgekommen, steht dem Insolvenzverwalter auch ggü. den von der Gläubigerversammlung beschlossenen Unterhaltszahlungen ein **Zurückbehaltungsrecht** zu (AG Köln, NZI 2005, 226).

2. Berechtigter Personenkreis

6 Die Auslegung des Begriffs »Familie« obliegt der Gläubigerversammlung. Sie kann also auch Personen Unterhalt gewähren, die bei zivilrechtlicher Betrachtung nicht zur Familie des Schuldners gehören (zu Missbrauchsfällen s. Rdn. 11); die Beschränkung des Abs. 2 Satz 2 trifft als Spezialregelung nur den Verwalter. Für die vertretungsberechtigten persönlich haftenden Gesellschafter einer Gesellschaft ohne Rechtspersönlichkeit gilt § 100 entsprechend (§ 101 Abs. 1 Satz 3). Den **organschaftlichen Vertretern juristischer Personen** kann dagegen kein Unterhalt gewährt werden.

Die Gläubiger können auch nur einzelnen Familienmitgliedern Unterhalt gewähren und dabei den Schuldner unberücksichtigt lassen (Uhlenbruck-Uhlenbruck § 100 Rn. 6).

III. Vorläufiger Unterhalt durch Verwalter (Abs. 2)

7 Bis zur Entscheidung der Gläubigerversammlung (das muss nicht die erste nach § 156 sein) kann der Insolvenzverwalter dem Schuldner den notwendigen Unterhalt gewähren. Ist ein Gläubigerausschuss eingesetzt, bedarf es dessen Zustimmung, anderenfalls entscheidet der Verwalter eigenverantwortlich; auch einer Zustimmung des Gerichts bedarf es in diesem Fall nicht. Da der Verwalter die Insolvenzmasse im Interesse der Gläubiger verwaltet, ist sein Ermessen zur Gewährung von vorläufigem Unterhalt jedoch beschränkt. Der notwendige Unterhalt des Schuldners ist – ohne Rückgriff auf die Masse – sichergestellt (Rdn. 3). Was dem Schuldner darüber hinaus zugebilligt wird, stellt – sofern der Schuldner keine Gegenleistung zu erbringen hat – eine »soziale Wohltat« dar, die grds. dem Auftrag des Verwalters zur treuhänderischen Vermögensverwaltung im Interesse der Gläubiger widerspricht. Bis zu einer gegenteiligen Willensäußerung der Gläubiger hat der Verwalter davon auszugehen, dass die Gläubiger die ihnen zugewiesene Haftungsmasse **nicht ohne Gegenleistung** hergeben wollen. Die Gewährung vorläufigen Unterhalts dürfte demgemäß rgm. nur in Betracht kommen, wenn die Mitarbeit des Schuldners gewonnen werden soll (s. o. Rdn. 1).

8 Der Verwalter darf, anders als die Gläubigerversammlung, in jedem Fall nur den **notwendigen Unterhalt** gewähren, der dem notwendigen Lebensunterhalt i. S. d. § 27 SGB XII (früher § 12 BSHG) entspricht; auf deren Auslegung ist i. R. d. Abs. 2 zurückzugreifen (KPB-Lüke § 100 Rn. 5). Auch darf der Verwalter anderen als den in Abs. 2 Satz 2 aufgeführten Personen keinen Unterhalt gewähren.

IV. Verfahrensrechtliches

Über die Frage des Unterhalts sollte in der ersten Gläubigerversammlung beschlossen werden. Es genügt die einfache Mehrheit. Abändernde Beschlüsse in späteren Gläubigerversammlungen sind möglich (FK-App § 100 Rn. 1); der Schuldner genießt auch keinen Bestandsschutz. Mangels eines materiell-rechtlichen Anspruchs auf Unterhalt oder auch nur auf eine ermessensfehlerfreie Entscheidung der Gläubiger ist der Schuldner nicht berechtigt, die Einberufung einer Gläubigerversammlung zu beantragen, um dort einen Antrag auf Unterhaltsgewährung stellen zu können (a. A. LG Schwerin, ZInsO 2002, 1096). Da der notwendige Unterhalt des Schuldners sichergestellt ist (s. o. Rdn. 3), besteht auch kein praktisches Erfordernis, den Kreis der Antragsberechtigten über § 75 hinaus zu erweitern. Eine Übertragung der Entscheidungsbefugnis auf einen Gläubigerausschuss ist unzulässig (HK-Kayser § 100 Rn. 6 m. w. N.). 9

Der Beschluss über die Gewährung von Unterhalt muss hinreichend bestimmt sein (OLG Celle v. 21.01.2010 – 5 U 90/09 – zitiert nach juris). Insb. müssen im Fall gemischten Bar- und Naturalunterhalts die Einzelteile ergeben und falls die Höhe des Unterhalts von den erwirtschafteten Überschüssen abhängig sein soll, der genaue Berechnungsmodus. 9a

Der Entscheidung des OLG Celle vom 21.01.2010 zufolge (Az: 5 U 90/09 – zitiert nach juris) soll es unzulässig sein, den Insolvenzverwalter zu ermächtigen, Unterhalt innerhalb eines im Beschluss vorgegebenen Rahmens nach eigenem Ermessen zu gewähren. Diese Auffassung begegnet jedenfalls für die Fälle Zweifeln, in denen die vorgegebene Untergrenze den notwendigen Unterhalt des Schuldners sicherstellt. Abs. 2 erlaubt jedenfalls keinen Umkehrschluss (a. A. Martini jurisPR-InsR 16/2010 Anm. 4). 9b

V. Rang gewährter Unterhaltsansprüche

Der nach § 100 bewilligte Unterhalt ist eine **nachrangige Masseverbindlichkeit**, deren Befriedigung im Fall der Masseunzulänglichkeit an letzter Stelle erfolgt (§ 209 Abs. 1 Nr. 3). 10

VI. Rechtsmittel

Da die Entscheidung über die Gewährung von Unterhalt im freien, unüberprüfbaren Ermessen der Gläubigerversammlung bzw. des Verwalters liegt (BK-Blersch § 100 Rn. 4, 7), ist **ein Rechtsmittel nicht eröffnet** (das OLG Celle geht in seiner Entscheidung vom 21.01.2010 – 5 U 90/09 – zitiert nach juris wohl davon aus, dass der Schuldner das von der Gläubigerversammlung ausgeübte Ermessen gerichtlich nachprüfen lassen kann). Missbrauchen dem Schuldner verbundene Gläubiger (z. B. Angehörige) ihr Ermessen zulasten der Gläubigergesamtheit, indem sie dem Schuldner oder Dritten einen unangemessen hohen Unterhalt zubilligen, kann ggf. beantragt werden, den Beschluss gem. § 78 aufzuheben (vgl. Braun-Kroth § 100 Rn. 3). Die Entscheidung des Insolvenzverwalters nach Abs. 2 ist ebenfalls nicht mit Rechtsmitteln angreifbar, gleichwohl darf das Insolvenzgericht die Entscheidung im Rahmen seiner Aufsicht nach § 58 überprüfen (HK-Kayser § 100 Rn. 20). 11

▶ Praxistipp:

Es empfiehlt sich, einem Schuldner bereits im Vorfeld eines Antrags auf öffentliche Ersatzleistungen ein (standardisiertes) Schreiben des Inhalts zur Verfügung zu stellen, dass kein Unterhalt gem. § 100 gewährt wird und dass der Schuldner nach dem Gesetz keinen Anspruch auf Unterhalt nach § 100 hat. Die irrige Annahme einiger Bewilligungsstellen, § 100 ginge der Gewährung öffentlicher Ersatzleistungen vor, verzögert deren Auszahlung. Diese für den Schuldner missliche Situation kann zu – Mehrarbeit verursachenden – Spannungen im Verhältnis zum Verwalter führen, von dem sich der Schuldner die Lösung seines Liquiditätsengpasses erhofft.

§ 101 Organschaftliche Vertreter. Angestellte

(1) ¹Ist der Schuldner keine natürliche Person, so gelten die §§ 97 bis 99 entsprechend für die Mitglieder des Vertretungs- oder Aufsichtsorgans und die vertretungsberechtigten persönlich haftenden Gesellschafter des Schuldners. ²§ 97 Abs. 1 und § 98 gelten außerdem entsprechend für Personen, die nicht früher als zwei Jahre vor dem Antrag auf Eröffnung des Insolvenzverfahrens aus einer in Satz 1 genannten Stellung ausgeschieden sind; verfügt der Schuldner über keinen Vertreter, gilt dies auch für die Personen, die an ihm beteiligt sind. ³§ 100 gilt entsprechend für die vertretungsberechtigten persönlich haftenden Gesellschafter des Schuldners.

(2) § 97 Abs. 1 Satz 1 gilt entsprechend für Angestellte und frühere Angestellte des Schuldners, sofern diese nicht früher als zwei Jahre vor dem Eröffnungsantrag ausgeschieden sind.

(3) Kommen die in den Absätzen 1 und 2 genannten Personen ihrer Auskunfts- und Mitwirkungspflicht nicht nach, können ihnen im Fall der Abweisung des Antrags auf Eröffnung des Insolvenzverfahrens die Kosten des Verfahrens auferlegt werden.

Übersicht	Rdn.		Rdn.
A. Anwendungsbereich	1	V. Kostentragungspflicht bei Verletzung von	
B. Norminhalt	2	Mitwirkungspflichten (Abs. 3)	5a
I. Organmitglieder und persönlich haftende Gesellschafter	3	1. Kein Kausalitätserfordernis	5b
		2. Entscheidungskriterien	5c
II. Anteilseigner bei Führungslosigkeit (Abs. 1 Satz 1 Halbs. 2)	3a	3. Teilweise Kostenüberwälzung	5d
		4. Verfahren	5e
III. Ausgeschiedene Organmitglieder und persönlich haftende Gesellschafter	4	VI. Unterhalt	6
		C. Verfahrensfragen	7
IV. Angestellte	5		

A. Anwendungsbereich

1 § 101 gilt für alle Verfahrensarten und für die gesamte Dauer des Verfahrens. Im Eröffnungsverfahren gilt § 101 – mit Ausnahme von Abs. 1 Satz 3 – entsprechend (§ 20 Abs. 1 Satz 2).

B. Norminhalt

2 § 101 regelt die Anwendbarkeit der §§ 97 bis 100 für den Fall, dass der Schuldner keine natürliche Person ist und darüber hinaus für die Angestellten des Schuldners. Je näher die Beteiligten dem Schuldner stehen, desto umfassendere Auskunfts- und Mitwirkungspflichten treffen sie, angefangen von den Organen des Schuldners bis hin zu den (ehemaligen) Angestellten des Schuldners.

I. Organmitglieder und persönlich haftende Gesellschafter

3 Gemäß Abs. 1 Satz 1 sind im selben Umfang wie der Schuldner auskunfts- und mitwirkungspflichtig:
– **Die Mitglieder der Vertretungsorgane:** Geschäftsführer der GmbH; Vorstand der AG, des Vereins und der Genossenschaft; Abwickler und Liquidatoren. Die §§ 97 ff. gelten auch für faktische organschaftliche Vertreter (MK-Passauer/Stephan § 101 Rn. 19; HK-Kayser § 101, Rn. 7). Dies ist konsequent, da das faktische Organ auch zur Antragstellung verpflichtet ist (vgl. § 15 Rdn. 11 ff.).
– **Mitglieder der Aufsichtsorgane**, auch die eines fakultativen Aufsichtsgremiums (Uhlenbruck-Uhlenbruck § 101 Rn. 6).
– **Die vertretungsberechtigten persönlich haftenden Gesellschafter des Schuldners:** OHG-Gesellschafter (soweit sie nicht nach § 125 HGB von der Vertretung ausgeschlossen sind); Komplementäre; BGB-Gesellschafter; Letztere auch, wenn die Haftung wirksam beschränkt ist, weil sie der Funktion nach persönlich haftende Gesellschafter bleiben.

Besteht ein Organ aus **mehreren Mitgliedern** oder gibt es **mehrere vertretungsberechtigte persönlich haftende Gesellschafter**, trifft die Pflicht zur Mitwirkung und Auskunft jeden Einzelnen, unabhängig von einer etwaigen Gesamtvertretung und unabhängig von den Angaben anderer Auskunftspflichtiger.

Die Organmitglieder und persönlich haftenden Gesellschafter können durch Zwangsmaßnahmen nach § 98 zur Auskunft oder Mitwirkung angehalten werden. Zur Reichweite der Postsperre in diesen Fällen s. § 99 Rdn. 8 f.

Eine Amtsniederlegung oder Abberufung, die nur dem Zweck dient, das Organ von Verfahrenspflichten freizuhalten, ist rechtsmissbräuchlich und damit unwirksam (näher Uhlenbruck-Uhlenbruck § 101 Rn. 14 ff.).

II. Anteilseigner bei Führungslosigkeit (Abs. 1 Satz 1 Halbs. 2)

Durch das **MoMiG** (vgl. § 1 Rdn. 13) wurde zum 01.11.2008 eine subsidiäre Auskunfts- und Mitwirkungspflicht der Anteilseigner für den Fall eingeführt, dass der Schuldner über keinen Vertreter verfügt. Damit wird die – ebenfalls neu aufgenommene – Rechtsfigur der Führungslosigkeit in §§ 15 Abs. 1 Satz 2 InsO, 35 Abs. 1 Satz 2 GmbHG in Bezug genommen. Für diese Bestimmungen genügt es nicht, wenn der Aufenthalt des Vertretungsorgans unbekannt ist, sondern es muss abberufen, zurückgetreten oder verstorben sein (AG Hamburg, ZInsO 2008, 1332). Da der Gesetzgeber von der im RefE noch vorgesehenen Auskunftspflicht schon im Fall des bloß unbekannten Aufenthalts ausdrücklich abgegangen ist (vgl. Begr. RegE zu § 15a Abs. 3 InsO), wird man auch für § 101, der mit der Formulierung »über keinen Vertreter verfügt« sprachlich ebenfalls mehr als bloße Nichterreichbarkeit verlangt, von einer Beendigung des organschaftlichen Verhältnisses auszugehen haben (zum aktuellen Stand der Diskussion Passarge/Brete, ZInsO 2011, 1293).

3a

III. Ausgeschiedene Organmitglieder und persönlich haftende Gesellschafter

Auch die ausgeschiedenen Organmitglieder und vertretungsberechtigten persönlich haftenden Gesellschafter sind auskunftspflichtig, es sei denn, sie sind mehr als 2 Jahre vor dem Insolvenzantrag (Eingang bei Gericht) aus dieser Stellung ausgeschieden (Abs. 1 Satz 2). Mangels Verweisung auf § 97 Abs. 2 und 3 sind sie **aber nicht** verpflichtet, sich bereitzuhalten oder sonst **mitzuwirken** (zur rechtsmissbräuchlichen Amtsniederlegung s. Rdn. 3). Auch die Verhängung einer Postsperre ist nicht möglich. Kommen sie ihren Auskunftspflichten nicht nach, können sie mit den Zwangsmitteln des § 98 dazu angehalten werden.

4

IV. Angestellte

Angestellte des Schuldners sind auskunftspflichtig, sofern sie nicht mehr als 2 Jahre vor Antragstellung ausgeschieden sind (Abs. 2). Durch die auf § 97 Abs. 1 Satz 1 beschränkte Verweisung ist klargestellt, dass Angestellte im Gegensatz zu den übrigen Auskunftspflichtigen **keine strafrelevanten Tatsachen** offenbaren müssen (vgl. § 97 Rdn. 9 ff.). Die Anordnung von Zwangsmitteln nach § 98 und die Anordnung einer Postsperre sind ggü. Angestellten nicht zulässig. Angestellte, die als Auskunftsverpflichtete i. S. d. §§ 97, 101 aussagen, erhalten die mit ihrer Aussage verbundenen **Kosten nicht erstattet** und können im Fall der Auskunftsverweigerung vor den Zivilgerichten **auf Auskunft verklagt** werden. Angestellte können alternativ auch **als Zeugen** vernommen werden (§ 5 Abs. 1). Dann gelten die Vorschriften über den Zeugenbeweis (§§ 373 ff. ZPO) entsprechend, soweit nicht der im Insolvenzverfahren geltende Amtsermittlungsgrundsatz entgegensteht. Die **Entschädigung** der als Zeugen vernommenen Angestellten richtet sich nach dem JVEG. Dass die januskönfige Stellung der Angestellten es dem Gericht und dem Verwalter erlaubt, Angestellte je nach Bedarf als Zeugen oder als Auskunftsperson zu behandeln, mag für die Praxis hilfreich sein, ist aber nicht frei von Bedenken.

5

§ 102 InsO   Einschränkung eines Grundrechts

V. Kostentragungspflicht bei Verletzung von Mitwirkungspflichten (Abs. 3)

5a Der durch das **MoMiG** eingefügte Abs. 3 soll zusätzlichen Druck auf auskunftspflichtige Personen ausüben, ihre verfahrensrechtlichen Pflichten zu erfüllen. Kommen die in den Abs. 1 und 2 genannten Personen ihren Auskunfts- und Mitwirkungspflichten nicht nach (Rdn. 3 ff.), kann das Insolvenzgericht ihnen im Fall der Abweisung des Insolvenzantrages die Kosten des Verfahrens auferlegen. Abs. 3 verhält sich nicht zu den näheren Voraussetzungen einer Überwälzung der Kosten auf »säumige Auskunftspersonen«, sie werden von Lehre und Rspr. herauszubilden sein.

1. Kein Kausalitätserfordernis

5b Die Pflicht zur Kostentragung setzt trotz des Sanktionscharakters des Abs. 3 nicht voraus, dass die unterbliebene Auskunft/Mitwirkung ursächlich für die Abweisung des Eröffnungsantrages ist. Dies zu beurteilen würde Kenntnis der – gerade nicht gegebenen – Auskünfte voraussetzen, da nicht jede erteilte Auskunft zur Eröffnung des Verfahrens geführt hätte. Die Annahme eines Kausalitätserfordernisses würde – dem gesetzgeberischen Ziel zuwider – Abs. 3 weitestgehend leerlaufen lassen.

2. Entscheidungskriterien

5c Für die – aufgrund einer Gesamtschau zu treffende – Entscheidung ist insb. auf Art und Schwere des Verstoßes gegen die Auskunfts- und Mitwirkungspflichten abzustellen sowie auf das Gewicht und die Bedeutung der versäumten Verfahrenshandlung für die ablehnende Entscheidung über den Eröffnungsantrag.

3. Teilweise Kostenüberwälzung

5d Angesichts des jeder Norm mit Strafcharakter innewohnenden Mäßigungsgebotes ist es trotz des Wortlautes (»die Kosten«) auch zulässig, der »säumigen Auskunftsperson« die Kosten teilweise aufzuerlegen (FK-App § 101 Rn. 9).

4. Verfahren

5e Das Insolvenzgericht kann die Entscheidung nach Abs. 3 im Beschlusswege von Amts wegen treffen und entscheidet nach pflichtgemäßem Ermessen. Eines Antrages bedarf es nicht, ein solcher wäre bloße Verfahrensanregung.

VI. Unterhalt

6 Den vertretungsberechtigten persönlich haftenden Gesellschaftern des Schuldners kann Unterhalt nach § 100 gewährt werden (Abs. 1 Satz 3). In Bezug auf den Unterhalt ist die Position dieser Gesellschafter aufgrund ihrer wirtschaftlich dem Einzelkaufmann angenäherten Stellung und der Einbeziehung der persönlichen Haftung gem. § 93 einem natürlichen Schuldner vergleichbar.

C. Verfahrensfragen

7 Für die Rechtsmittel wird auf die Kommentierung der §§ 97 bis 99 verwiesen.

§ 102   Einschränkung eines Grundrechts

Durch § 21 Abs. 2 Nr. 4 und die §§ 99, 101 Abs. 1 Satz 1 wird das Grundrecht des Briefgeheimnisses sowie des Post- und Fernmeldegeheimnisses (Artikel 10 Grundgesetz) eingeschränkt.

1 Die Norm erfüllt das Zitiergebot nach Art. 19 Abs. 1 Satz 2 GG, wonach ein Gesetz, das ein Grundrecht einschränkt, das Grundrecht unter Angabe des Artikels zu nennen hat.

Zweiter Abschnitt Erfüllung der Rechtsgeschäfte. Mitwirkung des Betriebsrats

§ 103 Wahlrecht des Insolvenzverwalters

(1) Ist ein gegenseitiger Vertrag zur Zeit der Eröffnung des Insolvenzverfahrens vom Schuldner und vom anderen Teil nicht oder nicht vollständig erfüllt, so kann der Insolvenzverwalter anstelle des Schuldners den Vertrag erfüllen und die Erfüllung vom anderen Teil verlangen.

(2) ¹Lehnt der Verwalter die Erfüllung ab, so kann der andere Teil eine Forderung wegen der Nichterfüllung nur als Insolvenzgläubiger geltend machen. ²Fordert der andere Teil den Verwalter zur Ausübung seines Wahlrechts auf, so hat der Verwalter unverzüglich zu erklären, ob er die Erfüllung verlangen will. ³Unterläßt er dies, so kann er auf der Erfüllung nicht bestehen.

Übersicht

	Rdn.
A. Normzweck	1
B. Norminhalt	4
I. Dogmatik	4
II. Voraussetzungen	5
1. Gegenseitiger Vertrag	5
2. Bei Eröffnung von keiner Seite vollständig erfüllt	9
a) Nicht vollständige Erfüllung	10
b) Rechtsfolgen bei vollständiger Erfüllung	14
3. Fehlen insolvenzfester Auflösungsvereinbarungen	15
4. Keine Masseverbindlichkeit i. S. d. § 55 Abs. 2	16
III. Ausübung des Wahlrechts	17
1. Erklärung des Insolvenzverwalters	18
2. Aufforderung zur Wahlrechtsausübung (Abs. 2 Satz 2, 3)	24
a) Zeitpunkt der Wahlrechtsausübung	25
b) Analoge Anwendung des § 107 Abs. 2	26
IV. Rechtsfolgen je nach Konstellation und Wahl des Insolvenzverwalters	28

	Rdn.
1. Keine der Vertragsparteien hat bislang etwas geleistet	29
a) Erfüllungswahl	29
aa) Aufrechnung	33
bb) Abtretung	34
cc) Sicherungsrechte	35
b) Erfüllungsablehnung	38
aa) Dogmatische Einordnung	40
bb) Forderung wegen Nichterfüllung	41
2. Teilweiser Leistungsaustausch	44
a) Der Vertragspartner hat vorgeleistet	45
b) Der Schuldner hat vorgeleistet	48
aa) Aufrechnung	49
bb) Abtretung	50
cc) Rückgewähranspruch	51
V. Verjährung	52
VI. Unabdingbarkeit	53
VII. Rechtsfolgen bei Freigabe gem. § 35 Abs. 2	54
VIII. Besonderheiten in Verfahren natürlicher Personen	55

A. Normzweck

Die §§ 103 ff. regeln die Behandlung der bei Eröffnung des Insolvenzverfahrens »schwebenden« Rechtsgeschäfte. Der Grundsatz ist, dass **der Insolvenzverwalter die Wahl hat**, den noch offenen Vertrag zu erfüllen oder die Erfüllung abzulehnen. Die Spezialtatbestände der §§ 104 ff. schränken dieses Wahlrecht ein: Teilweise ist die Erfüllungswahl ausgeschlossen, so in § 104 bei Fix- und Finanztermingeschäften, teilweise ist der Verwalter zur Erfüllung verpflichtet, so bei einem durch Vormerkung gesicherten Anspruch gem. § 106. 1

Im vereinfachten Verfahren übt der **Treuhänder** das Wahlrecht aus, § 313 Abs. 1 Satz 1, bei **Eigenverwaltung** der Schuldner § 279 Satz 1. Wird bei Eigenverwaltung ein entsprechendes Zustimmungserfordernis gem. § 277 Abs. 1 Satz 1. angeordnet, ist eine Erklärung des Schuldners ohne Zustimmung des Sachwalter unwirksam (Jaeger/Henckel/Gerhardt-Jacoby § 103 Rn. 160). 2

Dem vorläufigen Verwalter steht das Wahlrecht nicht zu (BGH, ZInsO 2007, 1275).

▶ **Hinweis für den vorläufigen Verwalter:**

Gibt der vorläufige Insolvenzverwalter eine Erklärung zur Durchführung eines schwebenden Vertrags ab, dann ist er auch als endgültiger Verwalter hieran nicht gebunden. Er sieht sich aber ggf. dem Einwand des treuwidrigen Verhaltens ausgesetzt (§ 242 BGB). Um dies zu vermeiden, sollte er Erklärungen zur Weiterführung eines Vertrags nur unter dem ausdrücklichen Vorbehalt seiner Rechte aus den §§ 103 ff. abgeben. Dann handelt der Vertragspartner auf eigenes Risiko (BGH, ZIP 1986, 448).

3   Zweck der §§ 103 ff. aus insolvenzrechtlicher Sicht ist zum einen die Sicherung der Masse dergestalt, dass sie einerseits nicht zu Leistungen verpflichtet wird, wenn sie **nicht die Gegenleistung erhält**, und dass andererseits für sie **günstige, aber nicht vollständig erfüllte Verträge** bestehen bleiben können. Zum anderen dienen die §§ 103 ff. der **Gläubigergleichbehandlung**.

B. Norminhalt

I. Dogmatik

4   Die Rspr. geht von der Nichtdurchsetzbarkeit der noch nicht erfüllten Ansprüche aus schwebenden Verträgen aus (»Suspensivtheorie«, grundlegend BGH, ZInsO 2002, 577; seither st. Rspr. BGH, ZInsO 2013, 494). Mit Eröffnung bleiben die Verträge unverändert bestehen. Allerdings kann keine der Vertragsparteien ihren noch offenen Anspruch durchsetzen (s. ausführl. MK-Kreft § 103 Rn. 11 ff.).

II. Voraussetzungen

1. Gegenseitiger Vertrag

5   Gegenseitige Verträge sind vollkommen zweiseitige Verträge, bei denen die eine Partei ihre Leistung erbringt, um die Gegenleistung der anderen Partei zu erhalten, d.h. die Hauptleistungen stehen im synallagmatischen Verhältnis zueinander (Uhlenbruck-Wegener § 103 Rn. 25). Jede Vertragspartei muss nur leisten, wenn sie zugleich ihre Gegenleistung erhält, was §§ 320 ff. BGB und § 756 ZPO verdeutlichen.

6   **Nicht erfasst** sind einseitig verpflichtende Verträge, wie Bürgschaft, Leihe, unverzinsliche Darlehen oder unvollkommen zweiseitige Verträge, wie Auftrag, Geschäftsbesorgung oder Geschäftsführung ohne Auftrag (s. §§ 115, 116).

Ebenso wenig darf eine der Ausnahmen der §§ 104 ff. vorliegen, insb. kein Fix- oder Finanztermingeschäft gem. § 104 und kein Dauerschuldverhältnis des § 108, also Miet- und Pachtvertrag über unbewegliche Gegenstände oder Räume, Dienstvertrag oder Darlehensvertrag, bei denen der Schuldner Darlehensgeber ist. Auch darf dem Insolvenzverwalter hinsichtl. des Vertrages nicht die Forderungszuständigkeit fehlen, wie dies z.B. bei Verträgen mit insolvenzbeschlagfreiem Inhalt der Fall wäre (s. ausf. Jaeger/Henckel/Gerhardt-Jacoby vor §§ 103 bis 119 Rn. 46 ff.).

7   ▶ **Positivbeispiele:**
   - Kauf- und Tauschvertrag (§§ 433, 515 BGB), Handelskauf (§§ 373 ff. HGB), wobei §§ 106, 107 zu beachten sind,
   - Dauerbezugsverträge (OLG Naumburg, ZInsO 2004, 1145),
   - Vertragsübernahme (BGH, ZInsO 2001, 1100),
   - Werk- und Werklieferungsverträge (§§ 631, 651 BGB), aber nicht, wenn Geschäftsbesorgungscharakter überwiegt, dann § 116; zu beachten sind §§ 18, 8 VOB/B, wonach das Verwalterwahlrecht abdingbar ist,
   - entgeltliche Verwahrung (§ 688 BGB), Lagergeschäft (§ 476 HGB), Frachtverträge (§§ 407 ff. HGB), Kommissionsvertrag (§§ 383 ff. HGB),
   - bei Darlehensverträgen ist wegen § 108 Abs. 2 die Frage, ob der Vertrag mit Auszahlung vom Darlehensgeber vollständig erfüllt ist, und § 103 somit nicht greift (so: MK-Huber § 103

Rn. 69; FK-Wegener § 103 Rn. 13; a. A. K/P/B-Tintelnot § 103 Rn. 86; Jaeger/Henckel/ Gerhardt-Jacoby vor §§ 103 bis 119 Rn. 88), nur dann entscheidend, wenn der Schuldner Darlehensnehmer ist; vor vollständiger Auszahlung des Kredits ist § 103 anzuwenden (Braun-Kroth § 108 Rn. 26a; FK-Wegener § 108 Rn. 32),
- Miet-, Leasing- und Pachtverträge (§§ 535 ff. BGB) über bewegliche Sachen (BGH, ZIP 2007, 778) und Rechtspacht (Jagd und Fischerei),
- Vergleich i. S. d. § 779 BGB,
- Rückabwicklungsschuldverhältnisse bei Rücktritt (§§ 346 ff. BGB; HK-Marotzke § 103 Rn. 33),
- nachvertragliche Wettbewerbsverbote (Uhlenbruck-Wegener § 103 Rn. 52): besteht der Insolvenzverwalter auf Erfüllung, muss die Karenzentschädigung aus der Masse gezahlt werden,
- Verlagsvertrag, mit den Einschränkungen des § 36 VerlG und unter Beachtung der Urheberrechte (Uhlenbruck-Wegener § 103 Rn. 47 ff.); beim Verfilmungsvertrag gilt § 103 uneingeschränkt (Uhlenbruck-Wegener § 103 Rn. 46),
- Lizenzvertrag (BGH, ZInsO 2006, 35; BGH, ZIP 2012, 1561) mit der Folge, dass bei Erfüllungsablehnung die Lizenz und damit das Nutzungsrecht für den Lizenznehmer ipso iure an den Lizenzgeber zurückfällt (BGH, ZIP 2012, 1561). Wegen des Sukzessionsschutzes im Urheberrecht bleibt nach der Rechtsprechung ein etwaiger Unterlizenzvertrag auch bei Beendigung des Hauptlizenzvertrags unberührt. Der Hauptlizenzgeber hat gegen den Hauptlizenznehmer Anspruch auf Abtretung der Ansprüche auf Lizenzzahlungen gem. § 812 Abs. 1 Satz 1, 2. Alt. BGB im Rang von Masseverbindlichkeiten gem. § 55 Abs. 1 Nr. 3 (BGH, ZIP 2012, 1561; krit. Marotzke, ZInsO 2012, 1737 ff.; s. a. Hirte, ZInsO 2013, 1770 ff.). Teilweise wird dagegen dem Lizenznehmer eine dingliche Rechtsposition dergestalt zugesprochen, dass er ein Aussonderungsrecht gem. § 47 habe (Ganter, NZI 2011, 833 ff.; Jaeger/Henckel/Gerhardt-Henckel § 47 Rn. 107). Richtiger Ansatz ist m. E. aber die Frage, ob eine Vertragspartei die vertraglichen Pflichten vollständig erfüllt hat, also der Lizenzgeber dem Lizenznehmer umfassende Rechte eingeräumt hat oder dieser die vollständige Gebühr gezahlt hat. Dann wäre kein Raum für eine Erfüllungswahl und die Rechtsituation ändert sich nicht (OLG München, ZInsO 2013, 1747 n.rk.; s. a. Brinkmann, NZI 2012, 735, 739 f.; Jaeger/Henckel/Gerhardt-Jacoby vor §§ 113 bis 119 Rn. 125 ff.),
- Versicherungsvertrag, wobei in der Insolvenz des Versicherers das Vertragsverhältnis mit Ablauf eines Monats seit Insolvenzeröffnung endet, § 16 VVG n. F. (entspricht § 13 VVG a. F.),
- Factoring je nach Konstellation (ausführl. Uhlenbruck-Sinz §§ 115, 116 Rn. 37 ff.),
- Dienstvertrag, den der Insolvenzverwalter unter Begründung von Masseverbindlichkeiten mit den Mitteln eines zur Masse gehörenden Dienstleistungsunternehmens erfüllen müsste (BGH, ZIP 2011, 2262).

▶ Negativbeispiele: 8

(ausführl. Uhlenbruck-Wegener § 103 Rn. 53.)
- insolvenzfreie Schuldverhältnisse, die nicht unter §§ 35, 80 fallen, z. B. ein Dienstverhältnis, bei dem der Dienstverpflichtete die Leistung höchstpersönlich zu erbringen hat (**Jaeger/Henckel/Gerhardt**-Jacoby vor §§ 103 bis 119 **Rn. 49 ff.**) oder der Krankenversicherungsvertrag des des Schuldners (OLG Frankfurt am Main, ZInsO 2013, 2160; AG Kiel, ZInsO 2012, 226), wobei dies bei einer Doppelversicherung für den privaten Versicherungsvertrag nicht gelten soll (OLG Frankfurt am Main, ZVI 2013, 310),
- Schenkungsversprechen (§ 518 BGB),
- Bürgschaft (§ 765 BGB),
- Kautionsversicherungsverträge (BGH, ZInsO 2006, 1055),
- unverzinsliche Darlehen,
- unentgeltliche Verwahrung (§ 688 BGB),
- unvollkommene Verbindlichkeiten, Naturalobligationen (Spiel, Wette),

§ 103 InsO Wahlrecht des Insolvenzverwalters

- Erwerb in der Zwangsversteigerung, da Erwerb kraft Hoheitsakt,
- Gesellschafts-, Vereinsverträge,
- Tarifverträge,
- an eine Schiedsabrede bleibt der Insolvenzverwalter gebunden (BGH, ZInsO 2004, 88) wenn es nicht um Rechte des Insolvenzverwalters geht, die sich nicht unmittelbar aus dem vom Gemeinschuldner abgeschlossenen Vertrag ergeben, sondern auf der InsO beruhen und daher insolvenzspezifisch sind (BGH, ZInsO 2011, 1457 ff.).

2. Bei Eröffnung von keiner Seite vollständig erfüllt

9   Der Vertrag darf im Zeitpunkt der Eröffnung des Insolvenzverfahrens von keiner Seite vollständig erfüllt sein (vgl. ausführl. zur KO: BGH, ZInsO 2003, 751).

a) Nicht vollständige Erfüllung

10 Maßgeblich ist der Eintritt des vertraglich geschuldeten Leistungserfolgs (BGH, ZIP 1983, 691). Ob dieser vorliegt, bestimmt sich nach den allg. Vorschriften. Der Vertragspartner muss den Leistungsgegenstand zur freien Verfügung erlangt haben (OLG Naumburg, ZInsO 2002, 677; s. a. BGH, ZIP 1996, 418; ZIP 1998, 2090). Insbesondere bei Lizenzverträgen ist dies durchaus schwierig festzustellen (s. Hirte, ZInsO 2013, 1770 ff.; Brinkmann, NZI 2012, 735 ff.). § 103 findet wegen vollständiger Erfüllung keine Anwendung bei **Erfüllungssurrogaten** i. w. S.:
- Drittleistungen (§ 362 Abs. 2 BGB),
- Leistungen an Erfüllungs statt (§ 364 BGB),
- Annahme der Leistung unter Vorbehalt,
- Aufrechnung (§ 398 BGB),
- Erlass (§ 397 BGB),
- Schuld befreiende Hinterlegung (§ 378 BGB),
- Erfüllung aufgrund von Zwangsvollstreckungsmaßnahmen.

11 ▶ **Beispiel Grundstückskauf:**

Bei einer Grundstücksübertragung genügen für die Erfüllungswirkung auf der einen Seite Auflassung und Antragstellung auf Eintragung ins Grundbuch durch den Käufer. Denn dann hat der Käufer eine Rechtsposition (Anwartschaftsrecht) erlangt, die der Verkäufer nicht mehr einseitig zerstören kann (Palandt-Bassenge § 883 BGB Rn. 24; § 878 Rn. 12 ff.).

Auf der anderen Seite liegt keine Hinterlegung i. S. d. § 378 BGB und damit keine Erfüllung vor, wenn der Kaufpreis für ein Grundstück lediglich auf ein Notaranderkonto eingezahlt wird, denn dies dient allein der Sicherung. Allerdings kann die Erfüllungswirkung schon vor Auszahlung des Kaufpreises an den Verkäufer eintreten, wenn die Parteien dies ausdrücklich vereinbart haben, wenn z. B. die Berechtigung zur Auszahlung mit Erteilung von Genehmigungen gegeben sein sollte, im Zeitpunkt der Erteilung dieser Genehmigungen (BGH, ZIP 1983, 691; OLG Naumburg, ZInsO 2002, 677).

12 **Keine vollständige Erfüllung** (und damit § 103) bei:
- Leistungen erfüllungshalber (z. B. Wechselhergabe),
- fehlenden Nebenleistungen, es sei denn völlig unbedeutende (MK-Huber § 103 Rn. 123),
- mangelhafter Leistung bei Kauf- und Werkvertrag.

13 ▶ **Beispiel Kaufvertrag:**

Nicht vollständige Erfüllung der Pflichten des Verkäufers

Hauptleistungspflicht des Verkäufers bei einem Kaufvertrag ist die Eigentumsverschaffung. Wurde zwischen den Vertragsparteien ein Eigentumsvorbehalt gem. § 449 BGB vereinbart, erlangt der Käufer das Eigentum erst mit vollständiger Zahlung des Kaufpreises. Daher liegt bis zum Eintritt dieser Bedingung keine vollständige Erfüllung der Pflichten des Verkäufers vor (Palandt-Weidenkaff § 449 Rn. 25).

Weiterhin schuldet der Verkäufer die Verschaffung einer mangelfreien Sache (§ 433 Abs. 1 Satz 2 BGB), sodass er bei mangelhafter Leistung nicht vollständig i. S. d. § 103 erfüllt hat (BGH, ZIP 1999, 199 [Werkvertrag]; OLG Dresden, ZIP 2002, 815). An die Stelle der ursprünglichen Leistungspflicht treten bei mangelhafter Leistung die primären und sekundären Gewährleistungsansprüche, also zunächst Nachlieferung und bei Fehlschlagen Rücktritt oder Minderung und Schadensersatz (vgl. § 437 BGB). Sind auch diese Ansprüche noch nicht erfüllt, liegt weiterhin unvollständige Erfüllung der Verkäuferpflichten i. S. d. § 103 vor (BGH, ZIP 1999, 199).

Nicht vollständige Erfüllung der Pflichten des Käufers

Der Käufer schuldet primär die Kaufpreiszahlung. Ist der Kaufpreis nicht vollständig beglichen, liegt ein Fall des § 103 vor. Des Weiteren schuldet er die Abnahme der Kaufsache, sodass ohne seine Mitwirkungshandlung keine vollständige Erfüllung i. S. d. § 103 vorliegt (BGH, ZIP 1983, 709).

b) Rechtsfolgen bei vollständiger Erfüllung

Wenn beiderseits vollständig erfüllt ist, sind die Ansprüche gem. § 362 BGB erloschen und der Insolvenzverwalter muss die vorhandene Situation hinnehmen, es sei denn, er kann die zur Erfüllung des Vertrags erfolgten Rechtshandlungen gem. §§ 129 ff. anfechten.

Wenn der Gläubiger vollständig erfüllt hat, bleibt die Leistung in der Masse (§ 105 Satz 2) und seine Gegenforderung ist nur Insolvenzforderung i. S. d. § 38. Durch die Vorleistung hat er **auf die Rechte aus §§ 320, 322 BGB verzichtet**. Gleiches gilt bei einem Unterlassungsanspruch, sofern er nicht dinglich abgesichert ist (BGH, ZInsO 2003, 751).

Wenn der Insolvenzschuldner vollständig erfüllt hat, kann der Vertragspartner diese Leistung behalten, muss aber die noch offene Gegenleistung in die Masse leisten (§ 35).

3. Fehlen insolvenzfester Auflösungsvereinbarungen

§ 103 ist unanwendbar, wenn eine zulässige Auflösungsklausel für den Insolvenzfall vereinbart wurde. Dann richtet sich die Abwicklung nach allg. Recht. Zur Zulässigkeit derartiger Vereinbarungen s. § 119. Da § 14 VVG a. F. zum 01.01.2008 ersatzlos gestrichen wurde, besteht kein vorrangiges Kündigungsrecht für Versicherungsunternehmen mehr.

4. Keine Masseverbindlichkeit i. S. d. § 55 Abs. 2

Hat der vorläufige Insolvenzverwalter wirksam Masseverbindlichkeiten gem. § 55 Abs. 2 oder aufgrund einer Einzelermächtigung des Gerichts begründet, steht dem endgültigen Insolvenzverwalter kein Wahlrecht zu (HK-Marotzke § 103 Rn. 116; Hoenig/Meyer-Löwy, ZIP 2002, 2162 ff.).

III. Ausübung des Wahlrechts

Der Insolvenzverwalter darf sein Wahlrecht ausschließlich im Interesse der Insolvenzgläubiger, also mit dem **Ziel der Massemehrung** ausüben (BGH, ZIP 1995, 926; BGH, ZIP 1992, 48). Selbst bei bereits nahezu vollständiger Erfüllung hat der Insolvenzverwalter die Wahl, Nichterfüllung zu wählen. Eine **Einschränkung des Wahlrechts** über die Grundsätze von Treu und Glauben gem. § 242 BGB besteht nicht (BGH, ZInsO 2003, 1138).

1. Erklärung des Insolvenzverwalters

Die Erklärung des Insolvenzverwalters ist eine einseitige, empfangsbedürftige Willenserklärung (BGH, NJW 2007, 1594). Sie kann nach den §§ 119 ff. BGB angefochten werden, z. B. wenn sich der Verwalter über den Umfang der vom Schuldner bereits erbrachten Leistungen irrte. Die Erklärung bedarf auch dann **keiner Form**, wenn der Vertrag formbedürftig ist (Uhlenbruck-Wegener § 103 Rn. 113).

19 Mit dem Erfüllungsverlangen wird die Forderung des Vertragspartners in den Rang einer Masseverbindlichkeit erhoben. Wegen der Gestaltungswirkung ist die Erklärung **bedingungsfeindlich** und **unwiderruflich** (BGH, ZIP 1988, 322). In einer Erklärung unter Vorbehalten oder Einschränkungen liegt allenfalls eine Erfüllungsablehnung unter gleichzeitigem Angebot eines neuen Vertrags mit neuen Bedingungen (BGH, NJW 2007, 1594; BGH, ZIP 1988, 322). Nimmt der Vertragspartner dieses an, sind seine Ansprüche hieraus »neue« Masseverbindlichkeiten gem. § 55 Abs. 1 Nr. 1 (s. a. BGH, ZInsO 2006, 933).

20 Umstritten ist, ob der Insolvenzverwalter die Erklärung stets **persönlich** abgeben muss und sich nicht vertreten lassen kann (so: OLG Düsseldorf, ZIP 1996, 337; MK-Huber § 103 Rn. 149; Uhlenbruck-Wegner § 103 Rn. 98; **a. A.** HK-Marotzke § 103 Rn. 127). Jacoby vertritt mit guten Argumenten eine vermittelnde Ansicht: Es käme auf die Bedeutung des betroffenen Rechtsgeschäfts an und der Verwalter dürfe sich durch die Übertragung der Aufgabe nicht seiner Haftung entziehen (Jaeger/Henckel/Gerhardt-Jacoby § 103 Rn. 164 f.).

21 Die Erklärung kann auch **konkludent** erfolgen. Da der Vertragspartner sich durch Aufforderung des Insolvenzverwalters zur Erklärung nach § 103 sehr leicht Gewissheit verschaffen kann, sind an eine konkludente Erklärung aber hohe Anforderungen zu stellen. Demnach liegt eine wirksame Erfüllungswahl nur vor, wenn der Empfänger der Willenserklärung (der Vertragspartner) unzweifelhaft aus dem Verhalten des Insolvenzverwalters erkennen konnte und musste, dass der Verwalter Erfüllung wählen will (OLG Stuttgart, ZIP 2005, 588; BGH, ZIP 1998, 298; OLG Naumburg, ZInsO 2004, 1145; OLG Dresden, ZIP 2002, 815; OLG Düsseldorf, ZIP 2003, 1306). Die Erklärung wirkt unabhängig davon, ob dem Insolvenzverwalter die Wirkung der Erklärung bewusst ist (OLG Naumburg, ZInsO 2004, 1145).

22 ▶ Beispiele Erfüllungswahl:

- Weiterbezug von Strom, Begleichung der Abschlagszahlungen und Erklärung als vorläufiger Insolvenzverwalter kurz vor Eröffnung des Verfahrens, dass am Vertrag festgehalten werde (OLG Naumburg, ZInsO 2004, 1145),
- Aufforderung zur Nachbesserung oder -lieferung (Uhlenbruck-Wegener § 103 Rn. 105; HK-Marotzke § 103 Rn. 133).
- Bzgl. des Konsignationslagervertrags bei Weiternutzung von Waren aus dem Konsignationslager (OLG München, Urt. v. 27.11.2012, 5 U 2733/12 – juris).

23 ▶ Beispiele keine Erfüllungswahl:

- allein Weiterveräußerung oder -verarbeitung von Vorbehaltsware (BGH, ZIP 1998, 298); anders, wenn der Vorbehaltsverkäufer zuvor die Herausgabe der Vorbehaltsware verlangt hatte (OLG Celle, ZIP 1988, 384),
- allein Verwertungshandlungen (BGH, ZIP 1998, 298; OLG Düsseldorf, ZIP 2003, 1306),
- Abtretung von Gewährleistungsansprüchen an Erwerber in Bauträgerinsolvenz (K/P/B-Tintelnot § 103 Rn. 221; **a. A.** Feuerborn, ZIP 1994, 14, 17),
- stillschweigender Weiterbezug bei Dauerlieferungsverhältnissen, hier tritt § 105 ein (BGH, ZIP 1997, 688), selbst wenn Rechnungen beglichen werden (OLG Naumburg, ZInsO 2004, 1145; OLG Brandenburg, ZInsO 2009, 525)
- eine schlichte Zahlungsaufforderung, die für den Erklärungsempfänger erkennen lässt, dass der Insolvenzverwalter von bereits vollständiger Vertragserfüllung durch den Insolvenzschuldner ausgeht (BGH, ZIP 2005, 588; OLG Dresden, ZIP 2002, 815; OLG Stuttgart, ZIP 2005, 588), anders, wenn die Gewährleistungsansprüche des Vertragspartners ausdrücklich bestritten werden (OLG Celle, EWiR 2000, 614),
- bei Bauverträgen: Vorbehaltserklärung gegen Schlussrechnung gem. § 16 Nr. 3 Abs. 5 VOB/B.

2. Aufforderung zur Wahlrechtsausübung (Abs. 2 Satz 2, 3)

Spätestens mit Eröffnung des Insolvenzverfahrens entsteht der Wunsch des Vertragspartners zur Klärung der Sachlage. Daher kann dieser den Insolvenzverwalter gem. Abs. 2 Satz 2, 3 zur Ausübung des Wahlrechts auffordern und zwar auch schon vor Fälligkeit. Eine Aufforderung an den vorläufigen Insolvenzverwalter hat dagegen keine Wirkung (BGH, ZInsO 2007, 1275). 24

a) Zeitpunkt der Wahlrechtsausübung

Nach der Aufforderung zur Ausübung des Wahlrechts muss sich der Insolvenzverwalter **unverzüglich** erklären, d. h. ohne schuldhaftes Zögern (§ 121 Abs. 1 Satz 2 BGB). Ihm steht eine nach den Umständen angemessene Frist zu, um die für eine sinnvolle Ausübung des Wahlrechts erforderliche Sachverhaltsaufklärung herbeiführen zu können (OLG Köln, ZInsO 2003, 336). Entscheidet sich der Verwalter zu spät, kann er gem. Satz 3 nicht auf Erfüllung bestehen. 25

b) Analoge Anwendung des § 107 Abs. 2

Der Gedanke des § 107 Abs. 2, wonach bei Kaufverträgen unter Eigentumsvorbehalt die Erklärung des Verwalters gem. Abs. 2 Satz 2 **erst unverzüglich nach dem Berichtstermin** abzugeben ist, ist in anderen Fällen analog anzuwenden (K/P/B-Tintelnot § 107 Rn. 19; zumindest für Miete, Pacht, Leasing beweglicher Gegenstände: HK-Marotzke § 107 Rn. 37; gegen eine Analogie, aber für eine flexible Handhabung der Überlegungsfrist bis hin zum Abwarten des Berichtstermins: Jaeger/Henckel/Gerhardt-Jacoby § 103 Rn. 214; a. A. MK-Ott/Vuia § 107 Rn. 18; dagegen für Leasingverträge: MK-Eckert § 108 Rn. 139). 26

Gegen eine analoge Anwendung (bzgl. Leasingverträge über Mobilien: Uhlenbruck-Sinz § 108 Rn. 80) wird angeführt, dass bei Dauerschuldverhältnissen die Masse für die Zeit ab Eröffnung bis zur Entscheidung mit den Gegenansprüchen gem. § 55 Abs. 1 Nr. 2 belastet werde (Gottwald-Huber, InsRHdb, § 37 Rn. 19). Richtigerweise schuldet die Masse aber nur dann die Gegenansprüche, wenn der Insolvenzverwalter letztlich auch Erfüllung wählt (Uhlenbruck-Sinz § 108 Rn. 80; Runkel, EWiR 2003, 715, 716). Erst das Erfüllungsverlangen des Verwalters erhebt die Forderungen für die ab Insolvenzeröffnung zu erbringenden Teilleistungen zu originären Masseforderungen (BGH, ZInsO 2002, 577). Von diesem Grundsatz macht nur § 108 eine Ausnahme, wonach diese Verträge bestehen bleiben und die Gegenforderungen des Vertragspartners ab Eröffnung Masseforderungen sind (Uhlenbruck-Wegener § 108 Rn. 43). Lehnt der Insolvenzverwalter die Erfüllung ab, kann somit für die Zeit ab Eröffnung bis zur Rückgabe lediglich eine Nutzungsentschädigung nach den Grundsätzen ungerechtfertigter Bereicherung als Masseschuld gefordert werden, § 55 Abs. 1 Nr. 3 (FK-Wegener § 103 Rn. 100; Uhlenbruck-Sinz § 108 Rn. 80), wodurch auch der notwendige wirtschaftliche Ausgleich sichergestellt ist.

Demgegenüber spricht für eine Heranziehung des § 107 Abs. 2, dass der Grund für diese Ausnahmeregelung, dem Insolvenzverwalter die Fortführung des Unternehmens unter Zuhilfenahme der Vorbehaltsware zu ermöglichen, auch bei anderen Verträgen vorliegt: Die Entscheidung, ob Verträge erfüllt werden, hängt häufig mit der Entscheidung zusammen, ob der Betrieb fortgeführt wird (Uhlenbruck-Wegener § 103 Rn. 129 m. w. N.), und diese Entscheidung soll der Gläubigerversammlung vorbehalten sein. Daher erscheint die analoge Anwendung des § 107 Abs. 2 auf den Zeitpunkt der Wahlrechtsausübung bei den Verträgen angezeigt, auf die der Insolvenzverwalter zur Fortführung des Unternehmens angewiesen ist (Uhlenbruck-Wegener § 103 Rn. 131). Dann ist es an dem Vertragspartner nachzuweisen, dass ihm ein Zuwarten nicht zuzumuten ist (Uhlenbruck-Wegener § 103 Rn. 130).

▶ **Hinweis für den Vertragspartner:** 27

Ist ihm an einer raschen Entscheidung gelegen, sollte er die Gründe hierfür bereits in seinem Aufforderungsschreiben anführen.

IV. Rechtsfolgen je nach Konstellation und Wahl des Insolvenzverwalters

28 Der Grundsatz des § 103 ist, dass der Vertrag mit seinem ursprünglichen Inhalt bestehen bleibt und nur die jeweiligen Ansprüche nicht durchsetzbar sind. Dabei können die folgenden Konstellationen auftreten:
- Keine der Vertragsparteien hat bislang Leistungen erbracht.
- Der Schuldner hat teilweise vorgeleistet.
- Der Vertragspartner hat teilweise vorgeleistet.

1. Keine der Vertragsparteien hat bislang etwas geleistet

a) Erfüllungswahl

29 Wählt der Insolvenzverwalter die Erfüllung des Vertrags, muss der Vertragspartner an die Masse leisten und der Insolvenzverwalter muss aus der Masse leisten (Abs. 1). In Bezug auf die Gegenforderung kommt es zu einer originären Umwandlung in eine Masseforderung (§ 55 Abs. 1 Nr. 2), zu einem »Qualitätssprung« (BGH, ZInsO 2002, 577; BGH, ZInsO 2003, 607).

30 Der Insolvenzverwalter muss den Vertrag in der Form und mit dem Inhalt übernehmen, wie er ihn vorfindet (BGH ZInsO 2006, 933; BGH ZIP 1991, 35). Auch die **Nebenpflichten** und **Gewährleistungspflichten** sind zu erfüllen. **Rücktrittsrechte**, gesetzliche und vertragliche, bleiben ebenfalls bestehen. Bereits in Gang gesetzte **Fristen** verlängern sich in angemessenem Umfang (FK-Wegener § 103 Rn. 91). Reine **Verzögerungsfolgen** (Vertragsstrafen, Verzugsschäden), die aus der Zeit vor Insolvenz herrühren, sind dagegen **keine Masseverbindlichkeiten** (FK-Wegener § 103 Rn. 91; Uhlenbruck-Wegener § 103 Rn. 142). Ebenso wenig muss sich der Insolvenzverwalter Vertragsverletzungen des Schuldners zurechnen lassen, die der Vertragspartner hingenommen hatte (OLG Rostock, ZIP 2006, 1882 [Ls.]).

31 ▶ Beispiele aus dem Werkvertragsrecht:
- Wenn sich der Nacherfüllungsanspruch (§ 635 BGB; auch beim Kauf, s. § 437 BGB) in einen Gewährleistungsanspruch in Geld umgewandelt hat, muss der Insolvenzverwalter dies gegen sich gelten lassen und er hat kein Nachbesserungs- bzw. Nachlieferungsrecht mehr (Schmitz, ZIP 2001, 765, 766).
- Rechtmäßig einbehaltene Sicherheitsleistungen (Sicherheitseinbehalte) können bis zum Ablauf der Gewährleistungsfristen zurückbehalten werden (zu Praxislösungen: Schmitz, ZIP 2001, 765, 770 ff.). Ist umgekehrt kein Recht zum Sicherheitseinbehalt vereinbart, kann der Besteller einen solchen auch nicht in Abzug bringen (OLG Hamm, NJW-RR 1997, 1242; HK-Marotzke § 103 Rn. 70).
- Wählt der Insolvenzverwalter des Unternehmers Erfüllung, ist umstritten, ob auch die Gewährleistungsansprüche hinsichtl. des bereits erbrachten Werkteils als Masseverbindlichkeiten gem. § 55 Abs. 1 Nr. 2 zu erfüllen sind (dafür: HK-Marotzke § 103 Rn. 105; Uhlenbruck-Wegener § 103 Rn. 140; dagegen: Huber, ZInsO 2005, 449, 451 ff.; Schmitz, ZIP 2001, 765, 768; ders. ZInsO 2004, 1051, 1056). Richtigerweise sind diese Gewährleistungsansprüche reine Insolvenzforderungen, da der Vertrag auch bzgl. der Gewährleistungsansprüche geteilt wird (Huber, ZInsO 2005, 449, 451 ff.; zur Teilbarkeit von Werkverträgen s. § 105 Rdn. 4). Hierfür spricht die Gläubigergleichbehandlung, denn der Besteller erhielte ansonsten für eine Forderung, die bereits im Zeitpunkt der Insolvenzeröffnung angelegt war, vollständige Befriedigung. Damit wird der Besteller dem liefernden Gläubiger gleichgestellt, dessen Anspruch auf die Gegenleistung für vor Insolvenzeröffnung an den Schuldner erbrachte Teilleistungen unstreitig nur Insolvenzforderungen sind. Beim Besteller verwirklicht sich lediglich das allg. Insolvenzrisiko: Lehnte der Insolvenzverwalter die Erfüllung ab, müsste er sich einen neuen Unternehmer suchen, der genauso wenig für die Mängel des bereits erbrachten Werkteils haftet.
- Ist bei einem Leasingvertrag ein Andienungsrecht des Leasingnehmers bei Vertragsende vereinbart, kann der Insolvenzverwalter des Leasinggebers trotz Erfüllungswahl bzgl. des

Leasingvertrags die Erfüllung des Andienungsrechts ablehnen (OLG Düsseldorf, ZInsO 2009, 2250).

▶ **Praxistipp:** 32

Solange diese Problematik höchstrichterlich noch nicht entschieden ist, sollte der Verwalter dem Vertragspartner eine Vereinbarung anbieten, wonach die Masse den Vertrag fortführt, aber nicht für die (unbekannten) Mängel einsteht, die dem bei Insolvenzeröffnung bereits erbrachten Teil des Werkes anhaften. Anderenfalls ist das Risiko für die Masse letztlich nicht überschaubar. Der Vertragspartner wird sich darauf einlassen, wenn kommuniziert wird, dass sich bei ihm das »normale« Insolvenzrisiko verwirklicht und die Alternative wäre, einen neuen, i.d.R. teureren, Unternehmer zu suchen.

aa) Aufrechnung

Aus dem Qualitätssprung der ursprünglichen Insolvenzforderung zu einer originären Masseforderung folgt der BGH eine Novation. Demnach ist eine Aufrechnung des Vertragspartners mit Insolvenzforderungen gegen Forderungen des Insolvenzverwalters aus dem Vertrag gem. § 96 Abs. 1 Nr. 1 **unzulässig** (BGH, ZInsO 2001, 708; ZIP 1995, 926). Die Masse soll auch die Gegenleistung für die Leistungen erhalten, die sie erbringt (BGH, ZInsO 2001, 708; ZIP 2000, 2207). Zudem läge eine Gläubigerbenachteiligung vor, wenn ein Gläubiger allein deshalb Befriedigung erlangt, weil der Verwalter Erfüllung wählt (Uhlenbruck-Sinz § 96 Rn. 8). 33

bb) Abtretung

Eine **vorinsolvenzliche** Abtretung verliert ihre Wirkung, soweit sie Leistungen betrifft, welche die Masse erst nach Eröffnung erbringen wird. Die Gegenforderung für Leistungen, die aus der Masse erbracht werden, soll im vollen Umfang der Masse zukommen (BGH, ZInsO 2006, 429; ZInsO 2002, 577). 34

Die Abtretung eines vor Insolvenz vereinbarten, **aufschiebend bedingten Rückzahlungs- oder Rückgewähranspruchs** ist dagegen insolvenzfest, auch wenn die Bedingung erst nach Eröffnung des Insolvenzverfahrens eintritt. Denn diese Forderung ist bereits vor Insolvenzeröffnung aus dem Vermögen des Schuldners ausgeschieden (BGH, ZInsO 2003, 607).

cc) Sicherungsrechte

Wählt der Verwalter Erfüllung, stehen dem Gläubiger grds. die vereinbarten Sicherungsrechte zu, da der Insolvenzverwalter den Vertrag in der vorliegenden Form **unverändert** übernehmen muss (MK-Kreft § 103 Rn. 52). Ist der Anspruch durch eine Bürgschaft gesichert, kann der Gläubiger für den Fall, dass sein Anspruch nicht aus der Masse erfüllt wird, auf den Bürgen zugreifen. Ist ein **einfacher Eigentumsvorbehalt** vereinbart, bleibt der Kaufgegenstand so lange im Eigentum des Verkäufers, bis der Kaufpreis von der Masse vollständig erfüllt ist. 35

Zu differenzieren ist allerdings, wenn die Sicherungsrechte aus Forderungen des Insolvenzschuldners **gegen Dritte** bestehen, so z.B. bei einer Globalzession oder einem verlängerten Eigentumsvorbehalt. 36

Sind diese »Drittforderungen« bereits entstanden und muss die Insolvenzmasse keine Leistungen mehr an den Dritten erbringen, so hat der gesicherte Gläubiger hieran ein Absonderungsrecht gem. § 51.

Anders ist die Rechtslage, wenn die Insolvenzmasse noch Leistungen an den Dritten erbringen muss, damit die »Drittforderung« vollumfänglich entsteht. Auch der Vertrag mit dem Dritten unterliegt der Erfüllungswahl nach § 103. Wählt der Verwalter die Erfüllung, soll die Gegenleistung für die von der Masse zu erbringenden Leistungen auch in die Masse fließen (vgl. zuletzt BGH, ZInsO 2002, 577). Daher bezieht sich die Sicherungsabtretung nicht auf solche Forderungen der Masse gegen den Dritten, für die sie Leistungen erbringt. Waren im Verhältnis zum Dritten bereits vor Eröffnung Leistungen erbracht, kommt es zur Aufspaltung des Sicherungsrechts des Gläubigers. An dem Teil der Drittforderung, der sich auf Leistungen des Insolvenzschuldners vor Eröffnung bezieht, hat der Gläubiger ein Absonderungsrecht nach § 51 Nr. 1 (vgl. Vorbem. §§ 49 bis 51 Rdn. 9). Auf den Teil, für den die Masse nach Eröffnung Leistungen erbringt, kann er nicht zugreifen (vgl. BGH, ZInsO 2002, 577).

37 Die Befriedigung des Gläubigers aus den »Drittforderungen« kann zudem an der **Anfechtbarkeit nach §§ 130, 131** scheitern, wenn die abgetretenen Forderungen im 3-Monats-Zeitraum vor Antragstellung entstanden sind (vgl. OLG Karlsruhe, ZInsO 2005, 552; vgl. § 130 Rdn. 39 f., § 131 Rdn. 26).

b) Erfüllungsablehnung

38 Mit der Erfüllungsablehnung (Nichteintritt) durch den Insolvenzverwalter werden die ursprünglichen Erfüllungsansprüche **undurchsetzbar**. Befinden sich beide Vertragspartner in der Insolvenz, unterbindet die Erfüllungsablehnung eines Insolvenzverwalters das Erfüllungsverlangen des anderen.

39 Die wechselseitigen Erfüllungsansprüche und auch evtl. Sekundäransprüche werden zu **Rechnungsposten in einem Abrechnungsverhältnis** (BGH, ZInsO 2013, 494; ZInsO 2001, 71). Ergibt sich ein Überschuss zugunsten des Gläubigers, kann er diesen als Insolvenzforderung zur Tabelle anmelden (BGH, ZInsO 2013, 494; ZInsO 2001, 71). Ein Saldo zugunsten der Masse ist vom Insolvenzverwalter einzuziehen (BGH, ZInsO 2013, 494). Eine zur Nutzung überlassene Sache ist an den Vertragspartner herauszugeben. Nutzt sie der Verwalter für die Masse, ist die Nutzungsentschädigung gem. § 55 Abs. 1 Nr. 1 Masseverbindlichkeit (BGH, ZIP 2007, 778; krit. Tintelnot, EWiR 2007, 727).

aa) Dogmatische Einordnung

40 Die Erfüllungsablehnung hat **keine rechtsgestaltende Wirkung** auf den Vertrag (BGH, ZInsO 2003, 607; ZInsO 2013, 494). Der Vertragspartner kann den Schwebezustand durch Rücktritt gem. § 324 BGB bzw. Kündigung gem. § 314 BGB beenden. Er kann diese Rechte auch konkludent durch die Geltendmachung der Forderung wegen Nichterfüllung oder das Herausverlangen eines im Voraus übergebenen Gegenstandes wahrnehmen (BGH, ZInsO 2013, 494). Erst dann erlöschen die Erfüllungsansprüche (BGH, ZInsO 2003, 607). Und erst dann kann nach der Dogmatik ein Anspruch der Insolvenzmasse auf Rückgewähr einer Vorleistung des Schuldners entstehen (BGH, ZInsO 2013, 494). Problematisch ist hierbei, dass der Eintritt dieser rechtsgestaltenden Wirkung allein vom Verhalten des Vertragspartners abhängt (s. Dahl/Schmitz, NZI 2013, 631). Bei teilbaren Leistungen hat der BGH der Masse hiervon unabhängig einen Anspruch auf die Gegenleistung für die bereits erbrachte Teilleistung des Schuldners zugesprochen (BGH, NZI 2010, 180). Bei unteilbaren Leistungen wird ein Anspruch gem. § 326 Abs. 4 BGB diskutiert (Bork, in: FS für Wellensiek, 2011, S. 201, 206 ff.). Den Eintritt einer aufschiebenden Bedingung, die auch zu einer Änderung der dinglichen Zuordnung führen kann, kann die Erfüllungsablehnung nicht verhindern (BGH, ZInsO 2006, 35).

bb) Forderung wegen Nichterfüllung

41 Bei Ablehnung der Erfüllung hat der Vertragspartner eine Forderung wegen Nichterfüllung als Insolvenzforderung, Abs. 2 Satz 1. Nach herrschender Meinung handelt es sich hierbei um eine Schadensersatzforderung wegen Nichterfüllung, bei der das Erfüllungsinteresse maßgebend sei (BGH, ZIP 1986, 382; MK-Kreft § 103 Rn. 22). Der Anspruch bemisst sich nach der **Wertdifferenz** zwischen der Vermögenslage, die sich bei ordnungsgemäßer Vertragserfüllung ergeben hätte, und derjenigen, die sich aufgrund der Nichterfüllung des Vertrags ergeben hat (BGH, ZInsO 2001, 71; ZInsO 2000, 99). Streitig ist, ob **entgangener Gewinn** geltend gemacht werden kann (dafür:

MK-Huber § 103 Rn. 190; wohl auch: Uhlenbruck-Berscheid § 103 Rn. 88; **a.A.** FK-Wegener § 103 Rn. 107; K/P/B-Tintelnot § 103 Rn. 318). § 95 Abs. 1 Satz 3 steht dieser Verrechnung nicht entgegen (BGH, ZInsO 2013, 494). Die Gegenansicht sieht in der Forderung den um die ersparte Gegenleistung gekürzten Primäranspruch (Jaeger/Henckel/Gerhardt-Jacoby § 103 Rn. 33 f., 241 ff.; HK-Marotzke § 103 Rn. 88 ff.).

Sicherheiten, die den Erfüllungsanspruchs gesichert haben, sichern auch die Forderung wegen Nichterfüllung (MK-Kreft § 103 Rn. 24).   42

Eine **Aufrechnung** mit der Forderung wegen Nichterfüllung gegen Ansprüche des Verwalters aus anderen Vertragsverhältnissen ist nicht möglich (MK-Kreft § 103 Rn. 23; Uhlenbruck-Sinz § 96 Rn. 11). Hiergegen wird zwar angeführt, dass die Forderung wegen Nichterfüllung bereits vor Eröffnung aufschiebend bedingt entstanden sei, sodass auch § 95 Abs. 1 Satz 3 nicht entgegenstünde (Schmitz, ZIP 2001, 765, 770), die Forderung wegen Nichterfüllung entsteht aber erst nach Verfahrenseröffnung, sodass die Aufrechnung an § 96 Abs. 1 Nr. 1 oder an § 95 Abs. 1 Satz 3 scheitert (vgl. BGH, ZInsO 2002, 577). Sieht man die Forderung wegen Nichterfüllung als Primäranspruch scheitert die Aufrechnung an § 95 Abs. 1 Satz 2 (Jaeger/Henckel/Gerhardt-Jacoby § 103 Rn. 253).   43

2. Teilweiser Leistungsaustausch

Beim teilweisen Leistungsaustausch kommt es zu einer **Aufspaltung des Vertrages** in einen ersten Teil, der vor Eröffnung geleistet wurde sowie die diesem Teil entsprechende Gegenleistung, und in einen zweiten Teil, der nach Insolvenzeröffnung zu leisten gewesen wäre. Diese Aufspaltung setzt voraus, dass der Vertrag i. S. d. § 105 teilbar ist (zur Teilbarkeit s. § 105). Für die Teile, die bei Insolvenzeröffnung noch nicht erbracht worden sind, kann der Insolvenzverwalter Erfüllung wählen oder ablehnen und es gilt das oben Geschilderte. Nach einer weiter gehenden Auffassung kann der Insolvenzverwalter sogar die Lieferung von Teilleistungen ablehnen, die nach Eröffnung, aber vor seiner Erfüllungswahl, fällig waren (OLG Rostock, ZIP 2006, 1882 [Ls.]).   44

▶ Praxistipp:

> Der Begriff der insolvenzrechtlichen Teilbarkeit ist nicht deckungsgleich mit dem umsatzsteuerrechtlichen Begriff der Teilleistung in § 13 Abs. 1 Nr. 1a) UStG. Nur, wenn für teilbare Leistungen das Entgelt gesondert vereinbart wurde, liegt eine Teilleistung nach UStG vor mit der Folge, dass die USt auf diese Teilleistung Insolvenzforderung ist. Liegt nach UStG eine einheitliche Leistung vor, wie i. d. R. bei Werkverträgen, und wählt der Insolvenzverwalter Vertragserfüllung, ist die USt für das gesamte Entgelt Masseverbindlichkeit (BFH, ZInsO 2009, 1659).

a) Der Vertragspartner hat vorgeleistet

Soweit der Vertragspartner vorgeleistet hat, ist seine Gegenforderung bzgl. dieses Teils Insolvenzforderung gem. § 38.   45

Mit dem »vorinsolvenzlichen« Teil der Forderung kann der Gläubiger gegen Forderungen des Insolvenzverwalters **aufrechnen**, da er bereits vor Insolvenz entstanden ist (BGH, ZInsO 2001, 708). Auch die für diesen Teil bestellten **Sicherheiten** bleiben bestehen (Huber, NZI 2002, 467, 469, 470).   46

Seine bereits erbrachte Leistung kann er nicht herausverlangen, wenn sie in das Vermögen des Schuldners übergegangen ist (§ 105 Abs. 1 Satz 2). Ist der Schuldner allerdings nicht Eigentümer geworden, hat der Vertragspartner ein Aussonderungsrecht gem. § 47 (BGH, ZInsO 2013, 494). Das **Recht zum Besitz** des Schuldners gem. § 986 BGB erlischt erst mit der Erfüllungsablehnung des Insolvenzverwalters.   47

b) Der Schuldner hat vorgeleistet

48 Aus § 35 ergibt sich, dass der Gegenanspruch des Schuldners bezogen auf den Teil seiner **vor Insolvenzeröffnung** erbrachten Leistung bestehen bleibt und der Vertragspartner an die Masse leisten muss. Der Gegenanspruch behält seinen ursprünglichen Inhalt, sämtliche Sicherungsrechte bleiben bestehen.

aa) Aufrechnung

49 Die Aufrechnung mit Insolvenzforderungen gegen den Gegenanspruch des Schuldners ist möglich (BGH, ZInsO 2001, 708; BGH, ZIP 2000, 2207). Für diesen Teil hat die Masse keine Leistungen mehr zu erbringen, sodass es nicht geboten ist, sie vor einer Aufrechnung zu schützen (BGH, ZInsO 2001, 708). Allerdings kann § 95 Abs. 1 Satz 3 entgegenstehen, wenn die Forderung der Masse früher fällig wird (BGH, ZInsO 2001, 708). Dies gilt aber nicht für Gewährleistungsansprüche aus Werkverträgen, selbst wenn der Anspruch der Masse auf Werklohn vor dem Mangelanspruch des Bestellers fällig wird (BGH, ZInsO 2005, 1164; a. A. Schmitz, ZInsO 2004, 1051, 1053).

bb) Abtretung

50 Die vorinsolvenzliche Abtretung des Anspruchs des Schuldners ist nur wirksam, soweit sie auf Leistungen entfällt, die der Schuldner **vor Eröffnung des Verfahrens** bereits erbracht hat (BGH, ZInsO 2002, 577). Sie sind auch dann wirksam abtretbar, wenn es sich um **aufschiebend bedingte Ansprüche** handelt und die Bedingung erst nach Insolvenzeröffnung eintritt (BGH, ZInsO 2003, 607). Dann aber ist ggf. eine Anfechtung nach §§ 130, 131 möglich (vgl. Kirchhof, ZInsO 2004, 465, 468). Entscheidend ist, ob der Schuldner die Forderung bereits aus seinem Vermögen gegeben hat, ohne eine Möglichkeit zu haben, sie aufgrund alleiniger Entscheidung wieder zu erlangen, so z.B. die Abtretung eines vertraglichen Anspruchs auf Rückzahlung der Vorleistung für den Fall, dass es nicht zur Vertragsdurchführung kommt (BGH, ZInsO 2003, 607).

cc) Rückgewähranspruch

51 Der Insolvenzmasse steht ein Rückgewähranspruch für bereits erbrachte Vorleistungen des Schuldners zu (BGH, ZInsO 2013, 494). Ob dieser auf §§ 346 ff. BGB oder § 812 BGB gestützt wird ist umstritten (§§ 346 ff. BGB: Dahl/Schmitz, NZI 2013, 631, 632; MK-Ganter § 47 Rn. 72; § 812 BGB: Uhlenbruck-Wegener § 103 Rn. 186 f.). Er steht der Masse nur belastet mit den bereits **vor Insolvenzeröffnung bestehenden Aufrechnungs- und Verrechnungsmöglichkeiten** zu (BGH, ZInsO 2003, 607), da er keine originäre Masseforderung ist. Gegen diese Forderung kann mit anderen Insolvenzforderungen aufgerechnet werden und sie kann wirksam abgetreten werden (BGH, ZIP 1995, 926; s.a. Jaeger/Henckel/Gerhardt-Windel § 95 Rn. 27). Das Wahlrecht soll nicht dazu führen, dass wirtschaftliche Dispositionen des Schuldners rückgängig gemacht werden. Zumindest wenn der Verwalter die Erfüllung ablehnt, entsteht der Masse kein Schaden, da sie keine Leistung erbringt, für die ihr die ungeschmälerte Gegenleistung zukommen sollte (BGH, ZInsO 2003, 607).

Bei längerfristigen Verträgen, bei denen der Schuldner Vorauszahlungen für zukünftige Leistungen erbracht hat, hat die Masse Anspruch auf Rückzahlung, muss aber eine **Abzinsung** hinnehmen (BGH, ZInsO 2001, 71).

V. Verjährung

52 Die Verjährungsfrist der Forderung wegen Nichterfüllung gem. Abs. 1 Satz 2 beginnt **mit der Erfüllungsablehnung** neu zu laufen (Uhlenbruck-Wegner § 103 Rn. 176; a. A. bei Insolvenzeröffnung: MK-Huber § 103 Rn. 195; K/P/B-Tintelnot § 103 Rn. 321; a. A. wie beim Primäranspruch: Jaeger/Henckel/Gerhardt-Jacoby § 103 Rn. 257). Die **Dauer** richtet sich nach dem ursprünglichen Erfüllungsanspruch. Dies gilt auch bei Gewährleistungsansprüchen für Werkleistungen, sodass es auf die

Mängelanzeige nicht ankommt (BGH, ZIP 1986, 386; a. A. Uhlenbruck-Wegener § 103 Rn. 176; K/P/B-Tintelnot § 103 Rn. 100).

VI. Unabdingbarkeit

Vertragliche Vereinbarungen, die § 103 widersprechen, sind gem. § 119 unwirksam. 53

Beispiele (s. a. Uhlenbruck-Wegener § 103 Rn. 92):
– Das Wahlrecht wird von weiteren Voraussetzungen abhängig gemacht,
– Änderungen der Rechtsfolgen, z. B. die Qualifizierung des Schadensersatzanspruches wegen Nichterfüllung als Masseverbindlichkeit,
– Vereinbarung einer Vertragsstrafe,
– Vereinbarung eines pauschalierten Schadensersatzes.

VII. Rechtsfolgen bei Freigabe gem. § 35 Abs. 2

Übt der Schuldner eine selbstständige Tätigkeit aus, kann der Verwalter gem. § 35 Abs. 2 erklären, 54
ob Vermögen hieraus zur Insolvenzmasse gehört. Diese »Freigabeerklärung« **erfasst auch laufende Verträge** (BGH, ZInsO 2012, 481; s. a. § 35 Rdn. 262 f.). Dies ergibt sich schon aus dem Wortlaut, wonach Ansprüche aus der Tätigkeit im Insolvenzverfahren nicht mehr geltend gemacht werden können. Auch das Ziel, die Masse durch die Freigabe zu entlasten, kann nur erreicht werden, wenn auch die nicht vollständig erfüllten Verträge erfasst sind, insb. Dauerschuldverhältnisse des § 108. Nach der Dogmatik des § 103 führt die Insolvenzeröffnung zu einer Art »Einfrieren« der nicht vollständig erfüllten Vertragsverhältnisse. Gibt nun der Insolvenzverwalter die selbstständige Tätigkeit des Schuldners aus dem Insolvenzbeschlag frei und ist der Vertrag von dieser Freigabe erfasst, leben die Vertragspflichten ggü. dem Schuldner wieder auf. Dies bedeutet, dass der Schuldner den Vertrag ab der Freigabe aus seinem insolvenzfreien Vermögen erfüllen muss und der Vertragspartner Erfüllung nur vom Schuldner, nicht aber aus der Masse verlangen kann. Auch Miet- oder Dienstverhältnisse, die gem. § 108 zunächst zulasten der Masse weiter bestehen, gehen auf den Schuldner über (BGH, ZInsO 2012, 481; BAG, ZInsO 2014, 507). Beiden Vertragsparteien stehen nach der Freigabe die vertraglichen und allgemeinen gesetzlichen Kündigungs- und Rücktrittsrechte zu, wobei die **Kündigungssperre des § 112** weiterhin gilt (s. hierzu § 112 Rdn. 1).

Die Verträge unterliegen nach erfolgter Freigabe nicht mehr dem Regelwerk der §§ 103 ff. Dem Schuldner stehen daher weder das Erfüllungswahlrecht noch die verkürzten Kündigungsfristen der §§ 109, 113 zu. Um dem Schuldner den Neustart zu erleichtern, kann der Insolvenzverwalter vor der Freigabeerklärung nicht mehr benötigte Verträge mit den verkürzten Fristen kündigen. Die Verträge gehen dann im gekündigten Zustand auf den Schuldner über. Allein die Erfüllungsablehnung hilft nicht, da diese allein keine rechtsgestaltende Wirkung hat. Kündigt nach Erfüllungsablehnung der Vertragspartner oder verlangt er Schadensersatz wegen Nichterfüllung, erlöschen die gegenseitigen Erfüllungsansprüche und der Vertrag geht bei einer Freigabe ggf. als Rückabwicklungsschuldverhältnis über.

Rückstände aus der Zeit bis zur Freigabe sind Insolvenzforderungen gem. § 38. Hatte aber der Insolvenzverwalter vor der Freigabe die Erfüllung des Vertrags gewählt, handelt es sich für den Zeitraum ab Eröffnung bis zur Freigabe um Masseverbindlichkeiten gem. § 55 Abs. 1 Nr. 2. Dementsprechend steht der Insolvenzmasse auch die Gegenleistung für die bis zur Freigabe erbrachten Leistungen zu. Es kommt zu einer erneuten Aufteilung des Vertrags (s. a. § 105).

▶ **Praxistipp:**

Da die Auswirkung der Freigabe gem. § 35 Abs. 2 auf nicht vollständig erfüllte Verträge höchstrichterlich noch nicht geklärt ist, sollte der Insolvenzverwalter trotz Freigabe vorsorglich die Nichterfüllung erklären und Dauerschuldverhältnisse des § 108 Abs. 1 kündigen. Auf diesem Weg werden können auch die betroffenen Vertragspartner direkt von der Freigabe informiert werden.

VIII. Besonderheiten in Verfahren natürlicher Personen

55 In Verfahren natürlicher Personen existieren zum einen Verträge, hinsichtlich derer dem Insolvenzverwalter offensichtlich die Forderungszuständigkeit fehlt, da sie sich z. B. auf die Verschaffung insolvenzfreier Sachen richten (HK-Marotzke § 103 Rn. 44) oder die private Krankenversicherung des Schuldners (OLG Frankfurt am Main, ZInsO 2013, 2160; AG Kiel, ZInsO 2012, 226). Zum anderen gibt es Vertragsverhältnisse, die zwar für die Insolvenzmasse irrelevant, für den persönlichen Bereich des Insolvenzschuldners jedoch wichtig sind, wie z. B. Mobilfunkverträge, Abonnements oder Verträge mit Fitnessstudios u. Ä. Für die letzteren Verträge gelten keine Besonderheiten. Insb. fehlt dem Insolvenzverwalter/Treuhänder bzgl. dieser Verträge nicht die Forderungszuständigkeit (a. A. wohl HK-Marotzke § 103 Rn. 43 bzgl. des Hauslehrers). Der Verwalter kann daher Eintritt oder Nichteintritt erklären und damit das Vertragsverhältnis klären, er kann aber auch – und das wird in Verfahren natürlicher Personen die Regel sein – zu diesen Verträgen schweigen. Dann obliegt es dem Vertragspartner, den entstehenden Schwebezustand durch Rücktritt gem. § 324 BGB bzw. Kündigung gem. § 314 BGB zu beenden. Geschieht dies nicht, ist für die Frage, um was für Forderungen es sich bei den Entgeltforderungen des Vertragspartners in diesem Fall handelt, zu differenzieren: Die Forderungen aus der Zeit vor Insolvenzeröffnung bleiben bei den typischerweise teilbaren Leistungen dieser Art von Verträgen stets Insolvenzforderungen (s. § 105 Rdn. 8). Soweit der Verwalter schweigt und der Schuldner weder die Leistung in Anspruch nimmt noch zahlt, kann der Vertragspartner lediglich eine Forderung wegen Nichterfüllung als Insolvenzforderung geltend machen (s. Rdn. 41). Nimmt aber der Schuldner die Leistung (zunächst) weiter in Anspruch oder zahlt er aus seinem insolvenzfreien Vermögen, was er darf (HK-Marotzke § 103 Rn. 105 a. E.), so dürfte hierin das konkludente Angebot des Schuldners auf Abschluss eines neuen Vertrages mit identischem Inhalt liegen. Das hierbei eventuell fehlende Erklärungsbewusstsein führt lediglich zur Anfechtbarkeit der Willenserklärung gem. § 119 BGB (Palandt-Ellenberger § 119 Rn. 22). Bei Annahme dieses Angebotes durch den Vertragspartner wird dieser hinsichtl. der neu entstehenden Forderungen Neugläubiger des Schuldners.

§ 104 Fixgeschäfte. Finanzleistungen

(1) War die Lieferung von Waren, die einen Markt- oder Börsenpreis haben, genau zu einer festbestimmten Zeit oder innerhalb einer festbestimmten Frist vereinbart und tritt die Zeit oder der Ablauf der Frist erst nach der Eröffnung des Insolvenzverfahrens ein, so kann nicht die Erfüllung verlangt, sondern nur eine Forderung wegen der Nichterfüllung geltend gemacht werden.

(2) ¹War für Finanzleistungen, die einen Markt- oder Börsenpreis haben, eine bestimmte Zeit oder eine bestimmte Frist vereinbart und tritt die Zeit oder der Ablauf der Frist erst nach der Eröffnung des Verfahrens ein, so kann nicht die Erfüllung verlangt, sondern nur eine Forderung wegen der Nichterfüllung geltend gemacht werden. ²Als Finanzleistungen gelten insbesondere
1. die Lieferung von Edelmetallen,
2. die Lieferung von Wertpapieren oder vergleichbaren Rechten, soweit nicht der Erwerb einer Beteiligung an einem Unternehmen zur Herstellung einer dauernden Verbindung zu diesem Unternehmen beabsichtigt ist,
3. Geldleistungen, die in ausländischer Währung oder in einer Rechnungseinheit zu erbringen sind,
4. Geldleistungen, deren Höhe unmittelbar oder mittelbar durch den Kurs einer ausländischen Währung oder einer Rechnungseinheit, durch den Zinssatz von Forderungen oder durch den Preis anderer Güter oder Leistungen bestimmt wird,
5. Optionen und andere Rechte auf Lieferungen oder Geldleistungen im Sinne der Nummern 1 bis 4,
6. Finanzsicherheiten im Sinne des § 1 Abs. 17 des Kreditwesengesetzes.

³Sind Geschäfte über Finanzleistungen in einem Rahmenvertrag zusammengefaßt, für den vereinbart ist, daß er bei Vorliegen eines Insolvenzgrundes nur einheitlich beendet werden kann, so gilt die Gesamtheit dieser Geschäfte als ein gegenseitiger Vertrag im Sinne der §§ 103, 104.

(3) ¹Die Forderung wegen der Nichterfüllung richtet sich auf den Unterschied zwischen dem vereinbarten Preis und dem Markt- oder Börsenpreis, der zu einem von den Parteien vereinbarten Zeitpunkt, spätestens jedoch am fünften Werktag nach der Eröffnung des Verfahrens am Erfüllungsort für einen Vertrag mit der vereinbarten Erfüllungszeit maßgeblich ist. ²Treffen die Parteien keine Vereinbarung, ist der zweite Werktag nach der Eröffnung des Verfahrens maßgebend. ³Der andere Teil kann eine solche Forderung nur als Insolvenzgläubiger geltend machen.

Übersicht	Rdn.		Rdn.
A. Normzweck	1	2. Rahmenvertrag (Abs. 2 Satz 3)	10
B. Norminhalt	2	III. Rechtsfolge	12
I. Fixgeschäfte (Abs. 1)	2	IV. Forderungsberechnung (Abs. 3)	13
II. Finanzleistungen (Abs. 2)	5	V. Finanzgeschäfte vor Eröffnung/Lösungs-	
1. Einzelvertrag (Abs. 2 Satz 1, 2)	5	klauseln	14

A. Normzweck

§ 104 ist eine Ausnahmeregelung zu § 103. Daher muss wie bei § 103 ein gegenseitiger Vertrag vorliegen, den keine Seite vollständig erfüllt hat (Jaeger/Henckel/Gerhardt-Jacoby § 104 Rn. 10 ff.; Uhlenbruck-Lüer § 104 Rn. 5; MK-Jahn/Fried § 104 Rn. 34; a. A. K/P/B-Köndgen § 104 Rn. 13). Zweck der Norm ist es, die sich aus dem Wahlrecht des Verwalters gem. § 103 ergebende Unsicherheit für den Vertragspartner für bestimmte, besonders riskante Geschäfte auszuschließen. Wegen des Risikocharakters gerade der unter Abs. 2 fallenden Geschäfte soll die Masse auch vor Spekulationen des Verwalters geschützt werden (Jaeger/Henckel/Gerhardt-Jacoby § 104 Rn. 4 ff.). 1

B. Norminhalt

I. Fixgeschäfte (Abs. 1)

Die Voraussetzungen gem. Abs. 1 sind: 2
– Fixgeschäft,
– über die Lieferung von Waren,
– mit einem Markt- oder Börsenpreis und
– der Erfüllungstermin liegt nach Insolvenzeröffnung.

Fixgeschäfte sind solche i. S. d. § 323 Abs. 2 Nr. 2 BGB bzw. § 376 Abs. 1 HGB, bei denen der Vertrag mit der Einhaltung des Liefertermins »stehen und fallen« soll und dem Vertragspartner andernfalls ein Rücktrittsrecht zusteht (MK-Jahn/Fried § 104 Rn. 40). Obwohl in der Gesetzesbegründung nicht ausdrücklich erwähnt, sollte § 104 auch bei **absoluten** Fixgeschäften, bei denen eine verspätete Leistung schon keine Erfüllung mehr darstellt, Anwendung finden, da der Normzweck ebenso greift (Jaeger/Henckel/Gerhardt-Jacoby § 104 Rn. 26; K/P/B-Köndgen § 104 Rn. 10; a. A. Uhlenbruck-Lüer § 104 Rn. 6). 3

Waren sind alle beweglichen Sachen (MK-Jahn/Fried § 104 Rn. 38). Das Kriterium **Markt- oder Börsenpreis** erfordert keinen geregelten, amtlichen Markt. Ausreichend ist es, wenn der Marktpreis von Sachverständigen festgestellt werden kann (Jaeger/Henckel/Gerhardt-Jacoby § 104 Rn. 19 f.; MK-Jahn/Fried § 104 Rn. 39 m. w. N.). Schon Fixgeschäfte, die am **Tag der Insolvenzeröffnung** geschuldet werden, fallen unter § 104 (MK-Jahn/Fried § 104 Rn. 41 f.). 4

II. Finanzleistungen (Abs. 2)

1. Einzelvertrag (Abs. 2 Satz 1, 2)

5 Die Voraussetzungen gem. Abs. 2 Satz 1, 2 sind:
- Vertrag über eine Finanzleistung,
- mit Markt- oder Börsenpreis,
- Termincharakter und
- der Erfüllungstermin liegt nach Insolvenzeröffnung.

6 Eine Definition des Begriffs »**Finanzleistung**« ist schwierig, zumal ähnliche Begriffe in anderen Gesetzen unterschiedlich genutzt werden (vgl. MK-Jahn/Fried § 104 Rn. 44 ff.). Die Auflistung in Satz 2 ist nicht abschließend. Unter Finanzleistung fallen in jedem Fall alle Derivate und dabei die Haupttypen Festgeschäft und Optionsgeschäft sowie Finanzswaps. Nicht erfasst sind Bargeschäfte, Warengeschäfte (mit Ausn. der Edelmetalle gem. Nr. 1) und Darlehen (MK-Jahn/Fried § 104 Rn. 59 ff.).

7 Die Aufzählung in Satz 2 betrifft in den Nr. 1 bis 4 die Festgeschäfte, erweitert in Nr. 5 den Anwendungsbereich auf die entsprechenden Optionsgeschäfte und in Nr. 6 auf Finanzsicherheiten i. S. d. § 1 Abs. 17 KWG. Einzelheiten zu den einzelnen Geschäften (s. a. Jaeger/Henckel/Gerhardt-Jacoby § 104 Rn. 41 ff.; Uhlenbruck-Lüer § 104 Rn. 20 ff.; MK-Jahn/Fried § 104 Rn. 71 ff.):

Nr. 1: **Edelmetalle** wie Gold, Silber, Platinmetalle, nicht aber Rohstoffe (a. A. sofern der Erwerb der Spekulation auf eine bestimmte Wertentwicklung dient: Jaeger/Henckel/Gerhardt-Jacoby § 104 Rn. 37);

Nr. 2: **Wertpapiere** sind solche, bei denen das Recht aus dem Papier dem Recht am Papier folgt (MK-Jahn/Fried § 104 Rn. 61 f.). Abzugrenzen sind Wertpapiergeschäfte, die dem Erwerb einer dauerhaften Beteiligung an einem Unternehmen dienen (MK-Jahn/Fried § 104 Rn. 63);

Nr. 3: **Geldleistungen in ausländischer Währung:** alle Devisenfestgeschäfte;

Nr. 4: **alle Geldleistungen, die von Zinssätzen, Währungskursen, Indizes, Preisen anderer Güter abhängig sind**, insb. Warentermingeschäfte, die nicht effektive Lieferungen zum Gegenstand haben. Anknüpfungspunkt können alle Arten von Indizes sein, insb. auch Wertpapierindizes. Erfasst sind Zinssatz-Swaps, Index-Swaps, Terminsatzgeschäfte;

Nr. 5: die **Option** muss sich auf Geschäfte i. S. d. Nr. 1 bis 4 beziehen. Nur das Geschäft, durch das die Option erworben wird, ist erfasst, nicht aber die Ausübung der Option.

Nr. 6: Finanzsicherheiten i. S. d. § 1 Abs. 17 KWG sind Barguthaben, Wertpapiere, Geldmarktinstrumente sowie Schuldscheindarlehen, die als Sicherheiten im Interbankenverkehr bereitgestellt werden oder vorliegen, wenn eine juristische Person diese Sicherheiten einem Kreditinstitut i. S. d. § 17 KWG für Verträge über Finanzinstrumente bzw. deren Finanzierung bereitstellt (Einzelheiten s. § 166 Rdn. 21).

8 Weitere **Finanzderivate** (Uhlenbruck-Lüer § 104 Rn. 27; MK-Jahn/Fried § 104 Rn. 88 ff.):
- Kassageschäfte;
- Börsentermingeschäfte im engeren Sinne;
- Wertpapierdarlehen mit bestimmter Vertragsdauer;
- echte und unechte Wertpapierpensionsgeschäfte (§ 340b HGB).

Bei Kreditderivaten hängt die Anwendung von § 104 von der Ausgestaltung im Einzelfall ab (s. hierzu MK-Jahn/Fried § 104 Rn. 100 ff.).

9 Für den **Termincharakter** ist es im Gegensatz zu Abs. 1 ausreichend, dass für die Leistung eine bestimmte Zeit oder Frist vereinbart war. Für den Markt- oder Börsenpreis und den Erfüllungstermin nach Eröffnung gilt das zu Abs. 1 Gesagte (vgl. Rdn. 4).

2. Rahmenvertrag (Abs. 2 Satz 3)

Voraussetzung eines Rahmenvertrags i. S. d. Abs. 2 Satz 3 ist, dass mindestens zwei Verträge in einem Rahmenvertrag zusammengefasst sind, und dass vereinbart ist, dass dieser bei Vertragsverletzungen nur einheitlich beendet werden kann. 10

Rahmenverträge i. S. d. Satz 3 führen dazu, dass der Gesamtvertrag als **ein Vertrag** i. S. d. §§ 103, 104 gilt und dieser einheitlich beendet wird. Ist auf mindestens einen Vertrag § 104 anwendbar, unterfallen sämtliche Verträge der Rechtsfolge des § 104. Fallen alle Verträge unter § 103, kann der Insolvenzverwalter sein Wahlrecht nur einheitlich für alle Verträge ausüben (Jaeger/Henckel/Gerhardt-Jacoby § 104 Rn. 55). Hintergrund ist, dass bei Börsengeschäften schon ein sog. »close-out netting« oder »Liquidationsnetting« vorgesehen ist, um zu vermeiden, dass einzelne, lukrative Geschäfte fortgeführt und die uninteressanten beendet werden, sog. »cherry-picking«. Dies gründet sich auf der Netting-Richtlinie 96/10/EG, die Insolvenzen der Banken und Domino-Effekte vermeiden soll. 11

III. Rechtsfolge

Bei den unter § 104 fallenden Geschäften ist die **Erfüllungswahl des Insolvenzverwalters ausgeschlossen**. Mit Insolvenzeröffnung erlöschen die Erfüllungsansprüche endgültig und wandeln sich in Forderungen wegen Nichterfüllung um, die gem. §§ 94, 95 aufrechenbar sind (Uhlenbruck-Lüer § 104 Rn. 44; s. a. HK-Marotzke § 104 Rn. 9). Ergibt sich ein Saldo zugunsten des Vertragspartners ist dieser Insolvenzforderung, Abs. 3 Satz 3. 12

IV. Forderungsberechnung (Abs. 3)

Die Berechnung der Höhe der Forderung wegen Nichterfüllung richtet sich nach Abs. 3. Es wird der Unterschiedsbetrag zwischen dem vertraglich vereinbarten Preis und dem Markt- oder Börsenpreis am vereinbarten Stichtag berechnet, der spätestens der fünfte Werktag nach Eröffnung sein muss (Einzelheiten s. Jaeger/Henckel/Gerhardt-Jacoby § 104 Rn. 62 ff.). Ein höherer Marktpreis kommt also dem Käufer, ein niedrigerer dem Verkäufer zugute. Geschuldete Courtagen, Provisionen, etc. werden miteinbezogen (Jaeger/Henckel/Gerhardt-Jacoby § 104 Rn. 65). Es kommt zu einer Gesamtsaldierung, wie bei § 103 erläutert. Vertragliche Vereinbarungen über eine andere Berechnung verstoßen gegen § 119. 13

V. Finanzgeschäfte vor Eröffnung/Lösungsklauseln

In der Praxis werden die Finanzgeschäfte bereits bei einer Krise eines Vertragspartners abgewickelt, also vor Eröffnung des Insolvenzverfahrens. So wird in den derzeit verwendeten Rahmenverträgen der Zeitpunkt der Beendigung i. d. R. auf den »Insolvenzfall« vorverlegt. »**Insolvenzfall**« sind i. d. S. der Insolvenzantrag oder die Zahlungsunfähigkeit bzw. eine Lage, die die Eröffnung eines Insolvenzverfahrens rechtfertigt (s. Nr. 7 des Rahmenvertrags für Finanztermingeschäfte; s. a. Uhlenbruck-Lüer § 104 Rn. 38). Auch insolvenzabhängige Lösungs- oder Beendigungsklauseln sind aber wirksam, wenn die Vereinbarung einer gesetzlich vorgesehenen Lösungsmöglichkeit entspricht (BGH, ZInsO 2013, 292). Da § 104 im Gegensatz zu § 103 gerade die Beendigung des Vertrags vorsieht, sind Lösungsklauseln in diesen Verträgen wirksam (Obermüller, ZInsO 2013, 476, 477; Uhlenbruck-Lüer § 104 Rn. 38). Auf die Vertragsbeendigung und die Berechnung des Schadensersatzanspruchs finden dann die Vertragsvereinbarungen und nicht Abs. 3 Anwendung (MK-Jahn/Fried § 104 Rn. 171 f.; a. A. Uhlenbruck-Lüer § 104 Rn. 38). 14

Umstritten ist, ob ein **allg. Rücktrittsrecht** oder ein **Schadensersatzanspruch** bereits ab Zahlungsunfähigkeit oder Insolvenzantrag besteht. Bei einem Fixgeschäft ist dies wohl zu bejahen (so auch Uhlenbruck-Lüer § 104 Rn. 46). 15

Die vorzeitige Vertragsbeendigung kann nicht gem. §§ 129 ff. angefochten werden. Gegen eine Anfechtung spricht, dass diese in Kenntnis der weiteren Marktentwicklung erfolgte, sodass Speku- 16 lationen des Verwalters zulasten des Vertragspartners ermöglicht würden (a. A. Uhlenbruck-Lüer § 104 Rn. 39). Auch die angebliche Verschaffung eines günstigeren Aufrechnungszeitpunkts kann kein Ansatzpunkt für eine Anfechtung sein (so aber: K/P/B-Köndgen § 104 Rn. 40; Uhlenbruck-Lüer § 104 Rn. 39), da keine Aufrechnung, sondern lediglich eine Verrechnung vorliegt (MK-Jahn/Fried § 104 Rn. 170).

§ 105 Teilbare Leistungen

¹Sind die geschuldeten Leistungen teilbar und hat der andere Teil die ihm obliegende Leistung zur Zeit der Eröffnung des Insolvenzverfahrens bereits teilweise erbracht, so ist er mit dem der Teilleistung entsprechenden Betrag seines Anspruchs auf die Gegenleistung Insolvenzgläubiger, auch wenn der Insolvenzverwalter wegen der noch ausstehenden Leistung Erfüllung verlangt. ²Der andere Teil ist nicht berechtigt, wegen der Nichterfüllung seines Anspruchs auf die Gegenleistung die Rückgabe einer vor der Eröffnung des Verfahrens in das Vermögen des Schuldners übergegangenen Teilleistung aus der Insolvenzmasse zu verlangen.

Übersicht	Rdn.		Rdn.
A. Normzweck	1	III. Rechtsfolge	8
B. Norminhalt	4	IV. Kein Anspruch auf Rückgabe der Vorleistung (Satz 2)	9
I. Teilbarkeit	4		
II. Vorleistung des Vertragspartners	6	V. Unabdingbarkeit	12

A. Normzweck

1 § 105 ist eine Sonderregelung für den Fall einer teilweisen Vorleistung durch den Vertragspartner, wenn die Gesamtleistung teilbar ist. Zweck der Norm ist es, die Masse bei Erfüllungswahl durch den Insolvenzverwalter nicht mit Altverbindlichkeiten zu belasten. Statt eines »Alles-oder-Nichts-Prinzips« bietet § 105 flexible und sachgerechte Lösungen. Insb. im Hinblick auf **Verträge mit Versorgern** wird die Unternehmensfortführung erleichtert. § 105 dient auch der **Gläubigergleichbehandlung**, denn die teilweise vorleistenden Gläubiger werden ebenso behandelt wie diejenigen, die vollständig vorgeleistet haben (BGH, ZInsO 2001, 708).

2 Nachteil ist allerdings die Gefahr, dass die Vertragspartner, insb. Energieversorger, schon bei geringeren Rückständen kündigen, damit sie im Insolvenzverfahren nicht an Sonderkonditionen gebunden sind, sondern durch Abschluss eines Neuvertrags mit dem Insolvenzverwalter bessere Konditionen verlangen können (HK-Marotzke § 105 Rn. 6).

3 Da der Begriff der »Teilbarkeit« weit gefasst ist (vgl. Rdn. 4 f.), wird § 105 zunehmend zum Regelfall (Uhlenbruck-Wegener § 103 Rn. 26; krit. HK-Marotzke § 105 Rn. 8 ff.).

B. Norminhalt

I. Teilbarkeit

4 Der Begriff der Teilbarkeit ist **weit auszulegen**. Eine Leistung ist immer dann teilbar, wenn sich eine erbrachte Teilleistung feststellen und bewerten lässt (BGH, ZInsO 2002, 577; ZIP 1995, 926). Zur Berechnung kann entweder auf die Regelungen der Minderung im Kaufrecht, § 441 BGB (BGH, ZInsO 2001, 708), oder auf die Regeln bei Kündigung eines Werkvertrags gem. § 649 BGB zurückgegriffen werden (BGH, ZInsO 2002, 577). Die gesamte Gegenleistung ist in dem Wertverhältnis aufzuteilen, in dem die Gesamtleistung zu dem bei Eröffnung erbrachten Teil stand. Keine Teilbarkeit liegt i. d. R. bei **höchstpersönlichen Leistungen** vor, z. B. künstlerischen Leistungen (MK-Kreft § 105 Rn. 22 f.; a. A. Jaeger/Henckel/Gerhardt-Jacoby § 105 Rn. 28; Uhlenbruck-Jacoby § 105 Rn. 11), oder teilweiser Lieferung mehrteiliger Unikate (MK-Kreft § 105 Rn. 22 f.; a. A. Jaeger/Henckel/Gerhardt-Jacoby § 105 Rn. 29; Uhlenbruck-Jacoby § 105 Rn. 11).

Nach der Rechtsprechung des BFH ist § 105 nicht auf die den Vertrag betreffende USt anzuwenden, sondern es kommt auf den steuerrechtlichen Entstehungszeitpunkt an (BFH, ZInsO 2009, 1659; a. A. Fölsing, NZI 2009, 794; krit. Onusseit, ZIP 2009, 2180). Dies bedeutet, dass bei Erfüllungswahl die gesamte USt im Zeitpunkt der Lieferung oder Fertigstellung als Masseverbindlichkeit geschuldet wird, es sei denn, es liegen Teilleistungen i. S. d. § 13 Abs. 1 Nr. 1a UStG vor. Dies ist der Fall, wenn für bestimmte Teile einer wirtschaftlich teilbaren Leistung das Entgelt gesondert vereinbart wurde (BFH, ZInsO 2009, 1659). Nur soweit das Entgelt bereits vor Insolvenzeröffnung vereinnahmt wurde, ist die hierauf entfallende USt Insolvenzforderung, da gem. § 13 Abs. 1 Nr. 1a) Satz 4 UStG die Steuer mit Vereinnahmung entsteht. Der Insolvenzverwalter muss also beachten, dass er bei Erfüllungswahl für das gesamte Entgelt, das er vereinnahmt, USt abzuführen hat. Schließt der Insolvenzverwalter mit dem Vertragspartner einen neuen Vertrag ab, ist nur die USt bezogen auf diesen Vertrag Masseverbindlichkeit (FG Schleswig-Holstein, ZIP 2011, 137).

▶ **Beispiele für Verträge mit teilbaren Leistungen:** 5
– **Sukzessivlieferungsverträge** (BGH, ZInsO 2001, 71), **Ratenlieferungsverträge** und **Dauerlieferungs-** bzw. **-bezugsverträge** wie Energielieferverträge (BGH, ZIP 1997, 688): Aufspaltung des Leistungsaustauschs in mehrere Teilakte (Uhlenbruck-Wegener § 105 Rn. 16 ff.),
– **Kaufverträge** (bei Eigentumsvorbehalt hat § 107 Vorrang),
– **Werkverträge**: Bauleistungen sind i. d. R. teilbar (BGH, ZInsO 2002, 577; ZIP 1995, 926),
– **Werklieferungsverträge** (BGH, ZInsO 2001, 708, zum alten Recht mit der Begründung, dass Werkvertragsrecht gilt). Nach neuem Recht gilt i. d. R. Kaufrecht. Hinsichtl. der Teilbarkeit ist aber ebenso zu verfahren. Das Werk ist in jedem Bauzustand als realer Teil vorhanden, dem ein Teil der Gegenforderung zugeordnet werden kann (A/G/R-Flöther/Wehner § 105 Rn. 6; a. A. Uhlenbruck-Wegener § 105 Rn. 12, 12). Eine weitere Zäsur liegt zwischen der Herstellung und der Lieferung (BGH, ZInsO 2001, 708).
– **Miet- und Leasingverträge**, soweit nicht §§ 108 ff. einschlägig sind (zur VerglO: BGH, ZIP 1994, 715), z. B. bei Überlassung von Containern gegen Entgelt (BGH, ZIP 2000, 2207); der Anspruch des Vermieters auf Wiederherstellung des vertragsgemäßen Zustands ist Insolvenzforderung, soweit die Beeinträchtigung der Mietsache in die Zeit vor Insolvenzeröffnung fällt, soweit sie auf Handlungen des Insolvenzverwalters zurückgeht, ist er Masseverbindlichkeit (BGH, ZInsO 2001, 751; ZIP 1994, 715),
– **Darlehensverträge**, wenn der Darlehensbetrag bei Insolvenzeröffnung noch nicht vollständig ausgezahlt ist: der Rückzahlungsanspruch des ausgezahlten Betrags ist Insolvenzforderung und der Teil, der nach Erfüllungswahl des Insolvenzverwalters ausgezahlt wird, Masseforderung (Uhlenbruck-Wegener § 105 Rn. 23; tw. a. A. Obermüller, Insolvenzrecht in der Bankpraxis, Rn. 5.468),
– **Versicherungsverträge** (OLG Düsseldorf, NJW-RR 2006, 494),
– **Honoraransprüche eines Rechtsanwaltes oder Steuerberaters** (BAG, NJW 2010, 2154 für Berater des Betriebsrats),
– **Kosten eines Rechtsstreits**, der nach Insolvenzeröffnung vom Insolvenzverwalter aufgenommen wird, sofern eine Instanz vor Eröffnung abgeschlossen war (OLG Rostock, ZIP 2001, 2145; OLG Hamm, ZIP 1994, 1547; s. a. BGH, ZInsO 2004, 1308). Dementsprechend haftet die Masse im Revisionsverfahren auch nur auf den Gegenstandswert, mit dem die Revision bei Eröffnung des Insolvenzverfahrens noch anhängig war (BGH, ZInsO 2004, 1308). Innerhalb einer Instanz werden die Kosten aber nicht aufgeteilt (BGH, ZInsO 2006, 1214). Die Einteilung der Kostentragungspflicht als Masseverbindlichkeit oder Insolvenzforderung ist Teil der vom Prozessgericht zu treffenden Kostengrundentscheidung (BGH, ZInsO 2006, 1214; a. A. BFH, ZIP 2002, 2225, was aber praxisfern ist).

II. Vorleistung des Vertragspartners

Eine Vorleistung des Vertragspartners bedeutet, dass er seine gesamte oder einen Teil seiner vertraglich geschuldeten Leistung erbracht hat, die hierfür vom Insolvenzschuldner geschuldete Gegen- 6 leistung aber (zumindest teilweise) noch aussteht. Eine erbrachte Teilleistung muss aber nicht »in sich vollständig« oder gar erfüllt i. S. d. BGB sein, mit der Folge, dass anderenfalls eine Masseschuld entsteht (Jaeger/Henckel/Gerhardt-Jacoby § 105 Rn. 11; Uhlenbruck-Wegener § 105 Rn. 12; so aber FK-Wegener § 105 Rn. 16; HK-Marotzke § 105 Rn. 15).

▶ Beispiel:

> Sind bei einem Bauvertrag jeweils mit Fertigstellung bestimmter Bauabschnitte Abschlagszahlungen fällig, liegt eine Vorleistung i. S. d. § 105 auch dann vor, wenn die Bauleistung noch nicht den Umfang erreicht hat, bei dem eine Abschlagszahlung fällig wird.

7 Unerheblich ist ebenfalls, ob die Vorleistungen des Vertragspartners **mangelhaft** sind (Jaeger/Henckel/Gerhardt-Jacoby § 105 Rn. 45; Uhlenbruck-Wegener § 105 Rn. 21; a. A. HK-Marotzke § 105 Rn. 16) oder ob es sich um eine Sach- oder Geldleistung gehandelt hat (Jaeger/Henckel/Gerhardt-Jacoby § 105 Rn. 13; Uhlenbruck-Wegener § 105 Rn. 13; a. A. HK-Marotzke § 105 Rn. 16).

III. Rechtsfolge

8 § 105 führt im Zusammenspiel mit § 103 zu einer **Aufspaltung des Vertrags** in einen Teil über die vor Insolvenzeröffnung erbrachten Leistungen und einen Teil für die Zeit danach. Wählt der Insolvenzverwalter Erfüllung des Vertrags, ist die Gegenforderung hinsichtl. des nach Eröffnung geleisteten Teils Masseforderung (vgl. § 103 Rdn. 29 f.). Die Gegenforderung hinsichtl. des vor Insolvenz geleisteten Teils bleibt Insolvenzforderung, Satz 1.

IV. Kein Anspruch auf Rückgabe der Vorleistung (Satz 2)

9 Gemäß Satz 2 hat der Vertragspartner keinen Anspruch auf Rückübertragung von in das Vermögen des Schuldners gelangten Vermögenswerten. Erforderlich hierfür ist ein **Eigentumsübergang** nach den sachenrechtlichen Bestimmungen. Beim Verkauf unter Eigentumsvorbehalt geht § 107 dem § 105 als lex specialis vor (Uhlenbruck-Wegener § 105 Rn. 19).

10 Entgegen dem Wortlaut gilt dies **für alle** mit Eigentumsübergang an den Schuldner erbrachten Leistungen und nicht nur bei teilbaren Leistungen (K/P/B-Tintelnot § 105 Rn. 18; MK-Kreft § 105 Rn. 38).

11 Satz 2 schließt nicht nur die Rückforderung der erbrachten Leistung aus (so HK-Marotzke § 105 Rn. 19 ff.), sondern jegliches Rücktrittsrecht, das sich ausschließlich auf die insolvenzbedingte Nichterfüllung des Gegenleistungsanspruchs begründet (FK-Wegener § 105 Rn. 22 f.; Uhlenbruck-Wegener § 105 Rn. 32). Der Rückgabeanspruch kann daher nicht zur Insolvenztabelle angemeldet werden (s. Uhlenbruck-Wegener § 105 Rn. 32). Ein vor Insolvenz bereits ausgesprochener Rücktritt bleibt wirksam mit der Folge, dass das entstandene Rückgewährschuldverhältnis als solches unter § 103 fällt (Uhlenbruck-Wegener § 105 Rn. 32).

V. Unabdingbarkeit

12 Die Unabdingbarkeit gem. § 119 führt dazu, dass der Ausschluss des Rückforderungsanspruchs des Insolvenzgläubigers nicht durch die Vereinbarung einer auflösenden Bedingung für den Insolvenzfall umgangen werden kann (MK-Kreft § 105 Rn. 40; a. A. HK-Marotzke § 105 Rn. 24).

Unwirksam sind ebenso Vereinbarungen, welche die **Unteilbarkeit einer Leistung festlegen** (K/P/B-Tintelnot § 119 Rn. 10; Uhlenbruck-Sinz § 119 Rn. 8).

§ 106 Vormerkung

(1) ¹Ist zur Sicherung eines Anspruchs auf Einräumung oder Aufhebung eines Rechts an einem **Grundstück des Schuldners oder an einem für den Schuldner eingetragenen Recht oder zur Sicherung eines Anspruchs auf Änderung des Inhalts oder des Ranges eines solchen Rechts eine Vor-**

merkung im Grundbuch eingetragen, so kann der Gläubiger für seinen Anspruch Befriedigung aus der Insolvenzmasse verlangen. ²Dies gilt auch, wenn der Schuldner dem Gläubiger gegenüber weitere Verpflichtungen übernommen hat und diese nicht oder nicht vollständig erfüllt sind.

(2) Für eine Vormerkung, die im Schiffsregister, Schiffsbauregister oder Register für Pfandrechte an Luftfahrzeugen eingetragen ist, gilt Absatz 1 entsprechend.

Übersicht	Rdn.			Rdn.
A. Normzweck	1	IV.	Rechtsfolge	14
B. Norminhalt	2	1.	Erfüllungspflicht	14
I. Gesicherte Rechte	2	2.	Weitere Verpflichtungen des Schuldners	19
II. Eintragung der Vormerkung	7			
III. Dingliches Vorkaufsrecht	10	V.	Unabdingbarkeit	22

A. Normzweck

Ist bei einem gegenseitigen Vertrag der Anspruch des Vertragspartners durch eine Vormerkung gesichert, ist der Insolvenzverwalter zur Erfüllung verpflichtet (BGH, ZInsO 2006, 599; ZIP 1998, 836). Der durch die Vormerkung gesicherte Anspruch ist also **insolvenzfest**.   1

B. Norminhalt

I. Gesicherte Rechte

Der Schutzumfang des § 106 entspricht dem der Vormerkung nach dem BGB. Er greift bei Ansprüchen auf eine dingliche, eintragungsfähige Rechtsänderung an einem Grundstück oder Grundstücksrecht. Gleiches gilt gem. Abs. 2 für in einem Register eingetragene Schiffe und Luftfahrzeuge. Erfasst sind Ansprüche auf Einräumung oder Aufhebung von: 2
– Eigentum,
– Grundpfandrechten,
– Bauhandwerksicherungshypothek.

Die Vormerkungsfähigkeit richtet sich nach dem BGB. Anerkannt ist, dass zu den sicherungsfähigen Rechten auch **künftige Ansprüche** zählen (vgl. § 883 Abs. 1 Satz 2 BGB). Insolvenzfest sind sie, sofern zugunsten des Berechtigten eine hinreichend feste Rechtsgrundlage besteht (BGH, ZInsO 2006, 599; MK-Ott/Vuia § 106 Rn. 16; Jaeger/Henckel/Gerhardt-Jacoby § 106 Rn. 16 f.; dazu BGH, ZIP 1983, 334; a. A. K/P/B-Lüke § 91 Rn. 38). Hierbei geht es nicht um eine künftige Sicherung i. S. d. § 91 Abs. 1, sondern um eine bestehende Sicherung für einen künftigen Anspruch (BGH, ZInsO 2006, 599; s. a. Jaeger/Henckel/Gerhardt-Jacoby § 106 Rn. 16 f.). Der gesetzliche Löschungsanspruch des nachrangigen Grundpfandgläubigers gem. **§ 1179a BGB** ist auch dann insolvenzfest, wenn das Eigentum und die vorrangige Grundschuld erst nach Insolvenzeröffnung zusammenfallen (BGH, ZInsO 2012, 1070 unter ausdr. Aufg. früherer Rspr.).   3

Ebenfalls vormerkungsfähig sind **bedingte Ansprüche** (Jaeger/Henckel/Gerhardt-Jacoby § 106 Rn. 25 ff.; MK-Ott/Vuia § 106 Rn. 10; Uhlenbruck-Wegener § 106 Rn. 8). Tritt bei einem aufschiebend bedingten Anspruch die Bedingung erst nach Eröffnung ein, ist dieser insolvenzfest (MK-Ott/Vuia § 106 Rn. 16). Anders ist dies, wenn der Eintritt der Bedingung allein vom Willen des Schuldners abhängt. Dann obliegt diese Willensentscheidung dem Insolvenzverwalter (Jaeger/Henckel/Gerhardt-Jacoby § 106 Rn. 27).   4

Wegen der **strengen Akzessorietät** der Vormerkung muss der gesicherte Anspruch im Zeitpunkt seiner Geltendmachung noch bestehen (BGH, ZInsO 2005, 370) und wirksam sein, also z. B. nicht formnichtig (BGH, ZInsO 2002, 487). Ebenso wenig sichert die Vormerkung nach Rücktritt vom Kaufvertrag vor Insolvenzeröffnung den Rückerstattungsanspruch bzgl. des Kaufpreises, der nur Insolvenzforderung ist (BGH, ZInsO 2009, 378).   5

6 Wird eine Vormerkung **zugunsten eines Dritten** eingetragen, entsteht ein eigener Anspruch des Dritten nur, wenn seine Person bestimmt oder bestimmbar ist. Will der Dritte anonym bleiben, ist aber der Anspruch des Versprechensempfängers auf Leistung an den Dritten insolvenzfest (MK-Ott/Vuia § 106 Rn. 7).

II. Eintragung der Vormerkung

7 Voraussetzung für die Entstehung der Vormerkung ist ein wirksamer, insb. formgültiger (§ 311b BGB) Vertrag (BGH, ZInsO 2002, 487). Die Vormerkung kann kraft **Bewilligung** des dinglich Berechtigten oder aufgrund einer **einstweiligen Verfügung** eingetragen worden sein (K/P/B-Tintelnot § 106 Rn. 10; MK-Ott/Vuia § 106 Rn. 15; **a. A.** BGH, ZInsO 1999, 528 zur GesO). Zu beachten ist aber die Rückschlagsperre des § 88, wonach Zwangsvollstreckungsmaßnahmen unwirksam sind, die im Monat vor dem Antrag auf Insolvenzeröffnung durchgeführt wurden (BGH, ZInsO 1999, 528).

8 § 106 greift nicht bei einer **Amtsvormerkung** gem. §§ 18 Abs. 2, 76 Abs. 2 GBO, denn diese dient nur der Sicherung des Rangs.

9 Zeitlich muss die Vormerkung **vor Eröffnung des Insolvenzverfahrens** bzw. **vor Erlass eines Verfügungsverbots** eingetragen worden sein (BGH, ZInsO 2001, 1056; BGH, ZInsO 2005, 370). Ausreichend ist aber, wenn der Vormerkungsberechtigte eine nach den Vorschriften des BGB nicht mehr zu beseitigende Rechtsposition erlangt hat (vgl. § 878 BGB i. V. m. §§ 140 Abs. 2, 91 Abs. 2). Also genügt es, wenn eine bindende Bewilligung vorliegt und der Berechtigte den Eintragungsantrag gestellt hat (BGH, ZIP 1998, 836). Gleiches gilt im Ergebnis, wenn der Schuldner den Eintragungsantrag vor Insolvenzeröffnung gestellt hat. Der Antrag wird nicht mit Insolvenzeröffnung unwirksam (Jaeger/Henckel/Gerhardt-Jacoby § 106 Rn. 32; MK-Ott/Vuia § 106 Rn. 22 jeweils m. w. N.). Auch der Insolvenzverwalter kann ihn nicht mehr zurücknehmen, da ansonsten der mit § 878 BGB bezweckte Schutz nicht erreicht werden kann (MK-Ott/Vuia § 106 Rn. 22 m. w. N.; Uhlenbruck-Wegener § 106 Rn. 14; **a. A.** Jaeger/Henckel/Gerhardt-Jacoby § 106 Rn. 32). Nicht ausreichend ist allein die bindende Bewilligung der Eigentumsumschreibung, ohne dass ein Antrag auf Eintragung beim Grundbuchamt vorliegt (LG Aachen, ZInsO 2002, 937).

III. Dingliches Vorkaufsrecht

10 In Abgrenzung zum rein obligatorischen Vorkaufsrecht, das in der Insolvenz gem. § 471 BGB keinen Bestand hat, hat das dingliche Vorkaufsrecht gem. § 1098 Abs. 2 BGB die Wirkung einer Vormerkung. Trotzdem entsteht der Schutz des § 106 zugunsten des Vorkaufsberechtigten erst, wenn er einen Anspruch auf Eigentumsübertragung hat, wenn also mit dem Verkauf des Grundstücks der Vorkaufsfall eintritt (Uhlenbruck-Wegener § 106 Rn. 22; s. a. BGH, ZInsO 2006, 599).

11 Der Insolvenzverwalter muss den Kaufvertrag mit dem Vorkaufsberechtigten erfüllen, wenn dieser
 – sein Vorkaufsrecht vor Insolvenzeröffnung wirksam ausgeübt hat oder
 – sein Vorkaufsrecht nach Insolvenzeröffnung ausübt, aber
 – der Schuldner bereits vor Eröffnung den Vertrag mit dem Dritten erfüllt hatte,
 – der Dritte eine insolvenzfeste Rechtsposition i. S. d. § 878 BGB erlangt hatte oder
 – der Insolvenzverwalter Erfüllung gem. § 103 wählt (Uhlenbruck-Wegener § 106 Rn. 24).

12 Hat der Dritte noch keine insolvenzfeste Rechtsposition erlangt, führt die Erfüllungsablehnung des Insolvenzverwalters zum Erlöschen des Vorkaufsrechts für diesen Verkaufsfall (Uhlenbruck-Wegener § 106 Rn. 24; **a. A.** Jaeger/Henckel/Gerhardt-Jacoby § 106 Rn. 85).

13 Verwertet der Insolvenzverwalter das Grundstück, kann der Vorkaufsberechtigte sein Recht nur ausüben, wenn die Verwertung durch freihändigen Verkauf erfolgt (§ 1098 Abs. 1 Satz 2 BGB).

IV. Rechtsfolge

1. Erfüllungspflicht

Der Insolvenzverwalter hat kein Wahlrecht, sondern muss den durch die Vormerkung gesicherten Anspruch als Aussonderungsanspruch erfüllen (BGH, ZInsO 2008, 558). Der gesicherte Gläubiger muss seinerseits den Vertrag zugunsten der Masse erfüllen (OLG Rostock, Urt. v. 14.07.2003 – 3 U 54/03).

Der Vormerkungsberechtigte kann vom Insolvenzverwalter das verlangen, was er auch ohne Insolvenz erlangt hätte. Also muss der Insolvenzverwalter i. d. R. alles tun, damit der Erwerber **Eigentum** erlangt, also die Bewilligung der Eintragung in das Grundbuch oder die Auflassung erklären. Der Erwerber hat aber **keinen Anspruch auf lastenfreie Übertragung** des Eigentums (BGH, ZIP 1994, 1705) und der Insolvenzverwalter hat sämtliche Einreden und Einwendungen des Schuldners. Wegen der strengen Akzessorietät der Vormerkung genügen Einreden und Einwendungen gegen den gesicherten Anspruch.

Verfügungen des Insolvenzverwalters, die den mit der Vormerkung gesicherten Anspruch vereiteln, sind unwirksam (§ 883 Abs. 2 BGB).

Eine **Abtretung der gesicherten Kaufpreisforderung** bleibt wirksam, da der Anspruch wirtschaftlich nicht mehr zum Vermögen des Schuldners zu zählen ist (BGH, ZInsO 1999, 528; krit. HK-Marotzke § 106 Rn. 11).

Der Insolvenzverwalter kann die Vormerkung nach den §§ 129 ff. anfechten, denn die §§ 103 ff. regeln nur die Abwicklung der noch offenen Verträge und nicht deren Bestand (Jaeger/Henckel/Gerhardt-Jacoby § 106 Rn. 35).

2. Weitere Verpflichtungen des Schuldners

Weitere vertragliche Verpflichtungen des Schuldners neben dem durch die Vormerkung gesicherten Anspruch berühren die Insolvenzfestigkeit der Vormerkung nicht (Abs. 1 Satz 2). Hinsichtl. der übrigen Verpflichtungen gilt § 103, d. h. es kommt zu einer **Aufspaltung** in einen insolvenzfesten und einen dem Wahlrecht gem. § 103 unterliegenden Teil (BGH, ZIP 1981, 250), nämlich die Eigentumsübertragung einerseits und die restlichen Verpflichtungen andererseits, z. B. bei einem Bauträgervertrag die Werkleistung (OLG Stuttgart, ZInsO 2004, 1087). Ggf. muss ein einheitlicher Kaufpreis nach den einzelnen Leistungen aufgeteilt werden (BGH, ZIP 1981, 250).

Bezüglich der von der Masse nicht zu erfüllenden Leistungen hat der Vertragspartner ggf. eine Forderung wegen Nichterfüllung (vgl. § 103 Abs. 2 Satz 1). Sofern er bei teilweisen Bauleistungen gem. §§ 93, 94, 946 BGB Eigentümer wird, muss er sich diese Vermögensmehrung auf seine Forderung anrechnen lassen.

▶ **Hinweis für Insolvenzverwalter:**

> Sofern der Insolvenzverwalter wegen § 106 zur Eigentumsübertragung verpflichtet ist, kann er die Bewilligung der Eigentumsumtragung im Grundbuch ausdrücklich auf diese beschränken und i. Ü. die Erfüllung des Vertrags gem. § 103 ablehnen. Im Beispielsfall hatte der Insolvenzverwalter die Bewilligung der Löschung der im Grundbuch eingetragenen Belastungen abgelehnt. Die Verpflichtung zur Löschung der Grundschulden sei eine von der Übereignungspflicht abtrennbare Nebenpflicht, auf die sich die Insolvenzfestigkeit der Vormerkung nicht erstrecke (BayObLG, ZInsO 2003, 1143; vgl. BGH, ZIP 1981, 250; ZIP 1994, 1705). Das Grundstück ist aber frei von Rechtsmängeln zu übertragen, d. h. der Insolvenzverwalter muss einen berechtigten Minderungsanspruch des Käufers gegen sich gelten lassen (BGH, ZInsO 2006, 429).

V. Unabdingbarkeit

22 Mit § 119 ist es z. B. unvereinbar, wenn bei Bauträgerverträgen Gebäudeerstellung und Eigentumsübertragung in einem Bedingungsverhältnis stehen. Hier bleibt der Vormerkungsberechtigte trotz Nichteintritts der Bedingung geschützt (Uhlenbruck-Wegener § 106 Rn. 38).

§ 107 Eigentumsvorbehalt

(1) ¹Hat vor der Eröffnung des Insolvenzverfahrens der Schuldner eine bewegliche Sache unter Eigentumsvorbehalt verkauft und dem Käufer den Besitz an der Sache übertragen, so kann der Käufer die Erfüllung des Kaufvertrages verlangen. ²Dies gilt auch, wenn der Schuldner dem Käufer gegenüber weitere Verpflichtungen übernommen hat und diese nicht oder nicht vollständig erfüllt sind.

(2) ¹Hat vor der Eröffnung des Insolvenzverfahrens der Schuldner eine bewegliche Sache unter Eigentumsvorbehalt gekauft und vom Verkäufer den Besitz an der Sache erlangt, so braucht der Insolvenzverwalter, den der Verkäufer zur Ausübung des Wahlrechts aufgefordert hat, die Erklärung nach § 103 Abs. 2 Satz 2 erst unverzüglich nach dem Berichtstermin abzugeben. ²Dies gilt nicht, wenn in der Zeit bis zum Berichtstermin eine erhebliche Verminderung des Wertes der Sache zu erwarten ist und der Gläubiger den Verwalter auf diesen Umstand hingewiesen hat.

Übersicht

	Rdn.			Rdn.
A. Normzweck	1		2. Rechtsfolgen	16
B. Norminhalt	4		a) Rechtsfolge des Abs. 2	16
I. Insolvenz des Vorbehaltsverkäufers (Abs. 1)	4		aa) Nutzungsrecht	18
1. Voraussetzungen	5		bb) Kein Rücktrittsrecht gem. § 323 BGB	19
2. Rechtsfolgen	6		b) Vertragsabwicklung	20
II. Insolvenz des Vorbehaltskäufers (Abs. 2)	10	III.	Unabdingbarkeit	22
1. Voraussetzungen	11			

A. Normzweck

1 Der Vorbehaltskauf vor vollständiger Ratenzahlung ist ein »Paradefall« des § 103: Der Käufer hat den Kaufpreis noch nicht vollständig erbracht und der Verkäufer seine Pflicht zur Eigentumsübertragung noch nicht erfüllt. Abs. 1 schließt bei **Insolvenz des Vorbehaltsverkäufers** das Wahlrecht des Insolvenzverwalters aus, während bei **Insolvenz des Vorbehaltskäufers** nach Abs. 2 lediglich der Zeitpunkt zur Wahlrechtsausübung nach hinten verschoben wird.

2 § 107 gilt für Kaufverträge (§§ 433, 449 BGB) und über § 651 BGB i. d. R. auch für Werklieferungsverträge. Es muss eine Vereinbarung über einen Eigentumsvorbehalt getroffen worden sein. Erfasst sind auch die Erweiterungsformen, wie der verlängerte oder der erweiterte Eigentumsvorbehalt (MK-Ott/Vuia § 107 Rn. 8).

3 Abs. 2 sollte auf Leasingverträge analog angewandt werden (HK-Marotzke § 107 Rn. 37 ff.; a. A. FK-Wegener § 107 Rn. 15; MK-Ott/Vuia § 107 Rn. 18), vgl. die Kommentierung zu § 103.

B. Norminhalt

I. Insolvenz des Vorbehaltsverkäufers (Abs. 1)

4 Zweck der Regelung des Abs. 1 ist der Schutz des Käufers, der beim Eigentumsvorbehalt mit dem Anwartschaftsrecht eine geschützte Rechtsposition erlangt hat. Der redliche und vertragstreue Käufer soll nicht Gefahr laufen, dass ihn der Insolvenzverwalter am endgültigen Eigentumserwerb hindert (Uhlenbruck-Wegener § 107 Rn. 2). Der Schuldner hatte sich durch Begründung des

Anwartschaftsrechts beim Käufer schon seiner Rechtsposition begeben (Jaeger/Henckel/Gerhardt-Jacoby § 106 Rn. 6).

1. Voraussetzungen

- Kaufvertrag i. S. d. §§ 433, 449 BGB,
- Eigentumsübertragung unter aufschiebender Bedingung der vollständigen Kaufpreiszahlung (§§ 929, 158 Abs. 1 BGB) und
- dem Käufer muss Besitz an der Sache verschafft worden sein, wobei jede Besitzform, also auch der mittelbare Besitz, ausreichend ist (MK-Ott/Vuia § 107 Rn. 11; Uhlenbruck-Wegener § 107 Rn. 6).

2. Rechtsfolgen

In Ausnahme zu § 103 ist der Insolvenzverwalter an den Kaufvertrag gebunden. Damit ist das Anwartschaftsrecht des Käufers insolvenzfest und der Käufer **behält sein Recht zum Besitz** (Jaeger/Henckel/Gerhardt-Jacoby § 107 Rn. 28; MK-Ott/Vuia § 107 Rn. 8, 12). Wenn er weiter ordnungsgemäß erfüllt, d. h. die vereinbarten Raten zahlt, wird er mit Bedingungseintritt Eigentümer.

▶ **Hinweis:**

Der Käufer hat die Raten, sobald er Kenntnis von dem Insolvenzverfahren hat, an den Insolvenzverwalter und nicht mehr an den Schuldner zu leisten. Der Insolvenzverwalter muss den Vorbehaltskäufer unverzüglich informieren.

Der Vertrag wird nach den allgemeinen zivilrechtlichen Regeln abgewickelt: Kommt der Käufer mit Kaufpreisraten in **Verzug**, kann der Insolvenzverwalter gem. § 323 BGB zurücktreten und die Herausgabe der Kaufsache gem. § 985 BGB verlangen (Jaeger/Henckel/Gerhardt-Jacoby § 107 Rn. 29 f.). Eventuelle Stundungen, die der Schuldner vor Eröffnung gewährt hat, muss der Verwalter in den Grenzen der Anfechtbarkeit gem. §§ 129 ff. akzeptieren.

Gemäß Abs. 1 Satz 2 bleibt es für zusätzliche Leistungen neben der Eigentumsverschaffung bei der Grundregel des § 103. Lehnt der Insolvenzverwalter Erfüllung für diesen weiteren Vertragsteil ab, braucht der Käufer nur einen entsprechend reduzierten Kaufpreis zu leisten (Jaeger/Henckel/Gerhardt-Jacoby § 107 Rn. 35; HK-Marotzke § 107 Rn. 10; MK-Ott/Vuia § 107 Rn. 16). Keine zusätzliche Leistung in diesem Sinne ist beim Autoverkauf die Übergabe des Kfz-Briefs, denn das Eigentum am Brief folgt dem Eigentum am Fahrzeug (Uhlenbruck-Wegener § 107 Rn. 9; a. A. MK-Ott/Vuia § 107 Rn. 13).

II. Insolvenz des Vorbehaltskäufers (Abs. 2)

In der Insolvenz des Vorbehaltskäufers bleibt es bei den Regelungen des § 103. Abweichend geregelt ist nur, dass die Ausübung des Wahlrechts erst unverzüglich **nach dem Berichtstermin** erfolgen muss. Zweck der Regelung ist es, die Vermögensgegenstände des schuldnerischen Unternehmens zusammenzuhalten, bis eine endgültige Entscheidung über dessen Fortführung getroffen wird. Der Insolvenzverwalter hat ein **sonstiges Recht zum Besitz** i. S. d. § 986 Abs. 1 BGB (Jaeger/Henckel/Gerhardt-Jacoby § 107 Rn. 65).

1. Voraussetzungen

Voraussetzung ist neben einem Kaufvertrag unter Eigentumsvorbehalt der **Besitz beim insolventen Vorbehaltskäufer** (MK-Ott/Vuia § 107 Rn. 11). Der Vorbehaltskäufer braucht noch kein Anwartschaftsrecht zu haben, d.h. die dingliche Einigung braucht noch nicht erfolgt zu sein (HK-Marotzke § 107 Rn. 27; Uhlenbruck-Wegener § 107 Rn. 12 f.). Ausreichend ist mittelbarer Besitz, bspw. aufgrund eines Verwahrverhältnisses (OLG Düsseldorf, ZIP 2013, 327).

12 Da die §§ 103 ff. grds. die Wirkungen der Eröffnung des Insolvenzverfahrens betreffen, kann der **vorläufige Verwalter** eines Vorbehaltskäufers sein **Besitzrecht** nicht auf Abs. 2 direkt stützen. Im Ergebnis muss aber gerade im Eröffnungsverfahren gesichert sein, dass die betriebliche Einheit des Schuldners nicht durch Herausgabepflichten auseinandergerissen wird. Daher bestimmt § 112 **für Miet- und Pachtverhältnisse** eine Kündigungssperre des Vermieters ab dem Zeitpunkt der Antragsstellung. Die Kündigungssperre des § 112 sollte auf unter Eigentumsvorbehalt geschlossene Kaufverträge analog angewandt werden, da hier der Gesichtspunkt des Zusammenhalts des schuldnerischen Unternehmens ebenso einschlägig ist (Braun-Kroth, § 112 Rn. 14; HK-Marotzke § 107 Rn. 31; K/P/B-Tintelnot § 112 Rn. 5; **a. A.** A/G/R-Flöther/Wehner § 112 Rn. 3; Uhlenbruck-Wegener § 112 Rn. 19; Jaeger/Henckel/Gerhardt-Jacoby § 112 Rn. 15). Der Vorbehaltsverkäufer hat also ggü. dem insolventen Käufer im Eröffnungsverfahren kein Recht zum Rücktritt wegen Nichtzahlung der Kaufpreisraten und kann dementsprechend den Kaufgegenstand nicht herausverlangen (i. E. auch Jaeger/Henckel/Gerhardt-Jacoby § 107 Rn. 67 ff., der dies auf die allg. Dogmatik des § 103 stützt).

13 Der Rücktritt ist zulässig, wenn der Grund, also i. d. R. der Zahlungsverzug, im Eröffnungsverfahren eintritt. Ebenso muss der (vorläufige) Verwalter einen Rücktritt, der bereits **vor Antragsstellung** ausgeübt wurde, gegen sich gelten lassen (Braun-Kroth, § 112 Rn. 6; Uhlenbruck-Wegener § 112 Rn. 8).

14 Fraglich ist aber, ob dem vorläufigen Verwalter eines Vorbehaltskäufers trotzdem ein Besitzrecht gem. Abs. 2 analog zusteht. Dagegen spricht, dass mit dem Rücktritt die vertragliche Grundlage weggefallen ist und ein Schwebezustand demgemäß nicht besteht. Unbestritten besteht aber ein wirtschaftliches Bedürfnis, dem Insolvenzverwalter die Möglichkeit zu geben, an für die Fortführung des Unternehmens erforderlichen Verträgen festzuhalten oder ihm zumindest eine gewisse Zeit einzuräumen, innerhalb derer er sich für die weitere Durchführung entscheiden kann. Ein Lösungsansatz könnte darin gesehen werden, dass sich der Kaufvertrag nach einem Rücktritt in ein Rückgewährschuldverhältnis gem. §§ 346 ff. BGB umwandelt, auf welches wiederum das Wahlrecht des § 103 anzuwenden ist (vgl. § 103 Rn. 7). Wählt der Verwalter Nichterfüllung, erlischt der schuldrechtliche Anspruch des Vertragspartners auf Rückgabe des Kaufgegenstands. Allerdings hat der Vorbehaltsverkäufer als Eigentümer den Herausgabeanspruch gem. § 985 BGB. Dem kann nur dann ein Besitzrecht entgegengehalten werden, wenn die Masse die ausstehenden Kaufpreisraten wie vereinbart zahlt.

15 Sofern die Voraussetzungen vorliegen, kann der Insolvenzverwalter die Rücktrittserklärung **anfechten** und so den ursprünglichen Vertrag wieder aufleben lassen, für den ihm ein Wahlrecht zusteht.

2. Rechtsfolgen

a) Rechtsfolge des Abs. 2

16 Nach Abs. 2 wird lediglich der Termin, bis zu dem der Insolvenzverwalter sich bei Aufforderung des Gläubigers zur Wahlrechtsausübung erklären muss, bis nach dem Berichtstermin hinausgeschoben. Danach muss die Erklärung unverzüglich, also ohne schuldhaftes Zögern erfolgen.

17 Satz 2 enthält eine Sonderregelung für leicht verderbliche Ware und Saisonartikel. Hier ist es dem Vorbehaltsverkäufer nicht zuzumuten, bis zu 3 Monate auf eine Entscheidung zu warten. Der Insolvenzverwalter muss sich unverzüglich nach Aufforderung erklären, wenn der Vorbehaltsverkäufer den Insolvenzverwalter darauf hinweist.

aa) Nutzungsrecht

18 Das Nutzungsrecht und das Recht zum Besitz i. S. d. § 986 BGB ergeben sich aus dem Kaufvertrag. Selbst bei Erfüllungsablehnung durch den Verwalter bleiben sie bestehen, bis der Kaufvertrag erlischt (Uhlenbruck-Wegener § 107 Rn. 16). Dies ist rgm. erst nach Rücktritt vom Vertrag, dessen Kündigung oder der Geltendmachung von Forderungen wg. Nichterfüllung der Fall (s. § 103 Rdn. 40). Nicht umfasst sind allerdings Nutzungen, die zur Wertminderung führen, wie auch Ver-

bindung, Vermischung oder Verarbeitung, die zum Verlust des Eigentumsrechts gem. §§ 947 ff. BGB führen (MK-Ganter § 47 Rn. 65a).

bb) Kein Rücktrittsrecht gem. § 323 BGB

Bis der Insolvenzverwalter nach den genannten Grundsätzen seine Entscheidung treffen muss, steht dem Vorbehaltsverkäufer kein Rücktrittsrecht nach § 323 BGB zu und die Fristsetzung ist nicht gem. § 323 Abs. 2 Nr. 3 BGB entbehrlich. Zwar spricht aus der Sicht des Vorbehaltsverkäufers vieles dafür, aber in der Unternehmensinsolvenz würde die Grundidee des Abs. 2 unterlaufen (Uhlenbruck-Wegener § 107 Rn. 12; s. a. MK-BGB-Ernst § 323 Rn. 140). 19

b) Vertragsabwicklung

Bei **Erfüllungswahl** muss der Insolvenzverwalter erfüllen, und zwar in denselben Raten wie ursprünglich zwischen Vorbehaltsverkäufer und Insolvenzschuldner vereinbart. 20

Bei **Erfüllungsablehnung** hat der Vorbehaltsverkäufer beim einfachen Eigentumsvorbehalt ein **Aussonderungsrecht an der Kaufsache** gem. § 47, da damit das Anwartschaftsrecht und das Recht zum Besitz erlischt (Jaeger/Henckel/Gerhardt-Jacoby § 107 Rn. 74, 77; MK-Ott/Vuia § 107 Rn. 23; a. A. Uhlenbruck-Wegener § 107 Rn. 16: erst mit Geltendmachung der Forderung wegen Nichterfüllung). Der Vorbehaltsverkäufer muss den bisher erlangten Kaufpreis nach Bereicherungsrecht zurückerstatten, allerdings abzüglich seiner evtl. Forderung wegen Nichterfüllung (i. E. auch Jaeger/Henckel/Gerhardt-Jacoby § 107 Rn. 78, § 103 Rn. 54). Bei den Sonderformen des Eigentumsvorbehalts (s. hierzu § 47 Rdn. 11 ff., 31 ff.) hat der Vorbehaltsverkäufer lediglich ein Absonderungsrecht (§ 51 Abs. 1 Nr. 1). 21

III. Unabdingbarkeit

Von Abs. 2 abweichende Regelungen sind gem. § 119 unzulässig, da sonst dessen Ziel nicht erreicht werden kann (HK-Marotzke § 107 Rn. 44). 22

§ 108 Fortbestehen bestimmter Schuldverhältnisse

(1) ¹Miet- und Pachtverhältnisse des Schuldners über unbewegliche Gegenstände oder Räume sowie Dienstverhältnisse des Schuldners bestehen mit Wirkung für die Insolvenzmasse fort. ²Dies gilt auch für Miet- und Pachtverhältnisse, die der Schuldner als Vermieter oder Verpächter eingegangen war und die sonstige Gegenstände betreffen, die einem Dritten, der ihre Anschaffung oder Herstellung finanziert hat, zur Sicherheit übertragen wurden.

(2) Ein vom Schuldner als Darlehensgeber eingegangenes Darlehensverhältnis besteht mit Wirkung für die Masse fort, soweit dem Darlehensnehmer der geschuldete Gegenstand zur Verfügung gestellt wurde.

(3) Ansprüche für die Zeit vor der Eröffnung des Insolvenzverfahrens kann der andere Teil nur als Insolvenzgläubiger geltend machen.

Übersicht	Rdn.		Rdn.
A. Normzweck	1	b) Ansprüche der Insolvenzmasse	15
B. Miet- und Pachtverhältnisse	2	2. Insolvenz des Mieters	16
I. Mietvertrag	3	a) Pflichten des Insolvenzverwalters	16
II. Mietgegenstand	4	b) Ansprüche der Insolvenzmasse	20
III. Ausnahmevorschrift des Abs. 1 Satz 2	5	c) Abwicklung der vor Eröffnung beendeten Verträge	21
IV. Vollzug des Mietverhältnisses	7		
V. Rechtsfolgen	8	C. Darlehensverträge	22
1. Insolvenz des Vermieters	9	D. Unabdingbarkeit	24
a) Pflichten der Insolvenzmasse	9		

§ 108 InsO Fortbestehen bestimmter Schuldverhältnisse

A. Normzweck

1 § 108 ordnet als Ausnahme zu § 103 das Fortbestehen bestimmter Schuldverhältnisse mit Wirkung für und gegen die Masse an: Nach Abs. 1 Satz 1 bestehen Miet- und Pachtverhältnissen über unbewegliche Gegenstände oder Räume und Dienstverhältnisse fort, nach Abs. 1 Satz 2 Miet- und Pachtverträge über sonstige Gegenstände, bei denen der Schuldner Vermieter/Verpächter ist und den Mietgegenstand zur Sicherheit einem finanzierenden Dritten übertragen hat und nach Abs. 2 Darlehensverhältnisse, bei denen der Schuldner Darlehensgeber ist.

Intention ist, dem Insolvenzverwalter für relevante Verträge nicht vor die Alles-oder-Nichts-Wahl zu stellen, sondern ihm die Entscheidung zu überlassen, zu welchem Termin er die Verträge beenden möchte. Im Gegenzug werden die Forderung der Vertragspartner für die Zeit ab Eröffnung zu Masseverbindlichkeiten (Jaeger/Henckel/Gerhardt-Jacoby § 108 Rn. 13 f.). Abs. 1 Satz 2 dient im Wesentlichen den Interessen der Leasingbranche (Jaeger/Henckel/Gerhardt-Jacoby § 108 Rn. 12). Mit Abs. 2 sollte Rechtssicherheit für Darlehensverträge geschaffen werden, bei denen unklar war, ob sie der Erfüllungswahl des § 103 unterfallen (s. § 103 Rdn. 7).

Da die folgenden §§ 109 bis 112 ausschließlich Miet- und Pachtverhältnisse betreffen, werden bei § 108 ausschließlich Miet- und Pachtverhältnisse sowie Darlehensverhältnisse kommentiert. Die Kommentierung der Dienstverhältnisse erfolgt kompakt ab § 113. Zur besseren Verständlichkeit werden im Folgenden lediglich die Begriffe Mietvertrag, Vermieter, Mieter usw. verwendet. Entsprechendes gilt dann jeweils für Pachtverhältnisse.

B. Miet- und Pachtverhältnisse

2 § 108 gilt für bestehende Miet-, Pacht- oder Leasingverträge, unabhängig davon, ob der Schuldner Mieter oder Vermieter ist. Nicht erfasst sind Verträge, die der Insolvenzverwalter im eröffneten Verfahren abschließt (MK-Eckert § 108 Rn. 11), oder solche, die vor Eröffnung wirksam beendet worden sind. Eine Freigabe der selbstständigen Tätigkeit des Schuldners gem. § 35 Abs. 2 führt dazu, dass die Wirkungen des § 108 nur bis zum Freigabezeitpunkt eintreten (BGH, ZInsO 2012, 481; näher s. § 103 Rdn. 54).

I. Mietvertrag

3 Charakteristikum der von § 108 erfassten Verträge ist die **entgeltliche Gebrauchsüberlassung** (vgl. § 535 BGB). Der Untermietvertrag und der Leasingvertrag fallen unter § 108 (ausführl. zum Leasing: MK-Eckert § 108 Rn. 28 ff.; Uhlenbruck-Sinz § 108 Rn. 65 ff.). Nicht erfasst sind die Leihe wegen der Unentgeltlichkeit, Verwahrverträge (§ 688 BGB) oder Lagergeschäfte (§ 416 HGB), da hier die Obhut im Vordergrund steht, und dingliche Nutzungsrechte (zum Erbbaurecht: BGH, ZInsO 2005, 1322; teilweise a. A. MK-Eckert § 108 Rn. 41). Bei gemischten Verträgen ist auf den Schwerpunkt der Leistungspflicht abzustellen (K/P/B-Tintelnot § 108 Rn. 13; MK-Eckert § 108 Rn. 19).

II. Mietgegenstand

4 Mietgegenstand müssen nach Satz 1 unbewegliche Gegenstände oder Räume sein. Unbewegliche Gegenstände sind Gegenstände, die der Zwangsvollstreckung in das unbewegliche Vermögen gem. §§ 864 ff. ZPO unterliegen (§ 49), also im Wesentlichen Grundstücke, wesentliche Grundstücksbestandteile (§ 94 BGB), Gebäude, eingetragene Schiffe und Flugzeuge. Räume sind Innenräume in Bauwerken; keine Räume sind Räume in beweglichen Sachen, wie z. B. Wohnwagen oder Container.

4a **Wer formal Eigentümer des Mietobjekts ist**, ist ausweislich des Wortlauts unerheblich (HK-Marotzke § 108 Rn. 31; Jaeger/Henckel/Gerhardt-Jacoby § 108 Rn. 91; MK-Eckert § 108 Rn. 54). Schwierigkeiten ergeben sich (mit Ausnahme der gewerblichen Weitervermietung von Wohnraum, s. § 565 BGB), wenn das Hauptmietverhältnis beendet wurde/wird und der Insolvenzverwalter als

Vermieter seinem (Unter-) Mieter das Mietobjekt nicht mehr überlassen kann. Zu weitgehend ist es, eine etwaige Schadensersatzforderung des Untermieters als Masseverbindlichkeit einzuordnen (Jaeger/Henckel/Jacoby § 108 Rn. 95; K/P/B-Tintelnot § 108 Rn. 16b; a. A. MK-Eckert § 108 Rn. 78; jedenfalls, wenn der Verwalter den Hauptvertrag beendet hat: Uhlenbruck-Wegener § 108 Rn. 26). Richtigerweise muss dem Insolvenzverwalter in Analogie zu § 109 auch ermöglicht werden, das Untermietverhältnis zu beenden (Jaeger/Henckel/Jacoby § 108 Rn. 94 f.; ähnl. K/P/B-Tintelnot § 108 Rn. 16b).

Mietverträge über **bewegliche Sachen** oder **Rechte** unterfallen § 103, soweit nicht Abs. 1 Satz 2 greift. Nicht erfasst sind also die Rechtspacht, wie die Jagd- oder Fischereipacht (MK-Eckert § 108 Rn. 41, 43; K/P/B-Tintelnot § 108 Rn. 11), die Verpachtung beschränkt dinglicher Rechte, wie z. B. Erbbaurecht (§ 1 ErbbauRG), Wohnungserbbaurecht (§ 30 WoEigG), Nießbrauch (§ 1030 BGB), Wohnungsrecht (§ 1093 BGB) oder Lizenzverträge (BGH, ZIP 2012, 1561; s. a. § 103 Rdn. 7). Bei der Pacht eines Unternehmens, die eigentlich Rechtspacht ist, greift § 108, wenn die Nutzung des Grundstücks bzw. Raums die vorrangige Erwerbsquelle des Unternehmens ist, wie z. B. bei einer Gaststätte (MK-Eckert § 108 Rn. 44 m. w. N.; K/P/B-Tintelnot § 108 Rn. 14).

III. Ausnahmevorschrift des Abs. 1 Satz 2

Satz 2 erweitert den Anwendungsbereich des Satzes 1 auf Miet- oder Pachtverhältnisse über bewegliche Sachen oder Rechte (ausführl. s. Klinck, KTS 2007, 37). Er ist aber eine Ausnahmevorschrift für den Fall der **Insolvenz des Leasinggebers**, der den Erwerb des Leasinggegenstands durch Sicherungsübereignung finanziert hat. Die Sicherungsübereignung muss **vor Insolvenzeröffnung** vorgenommen und rechtswirksam sein. Außerdem muss ein wirtschaftlicher Zusammenhang zwischen der Anschaffung des Leasingguts und dem Sicherungsvertrag vorliegen (Jaeger/Henckel/Gerhardt-Jacoby § 108 Rn. 207 ff.; Uhlenbruck-Sinz § 108 Rn. 135 f.; ähnl. K/P/B-Tintelnot § 108 Rn. 21 f.).

Liegen die Voraussetzungen vor, hat die finanzierende Bank ein **Absonderungsrecht** an den ebenfalls i. d. R. abgetretenen Leasingraten gem. § 51 Abs. 1 Nr. 1, und zwar auch für die erst im Laufe des Insolvenzverfahrens fällig werdenden Raten, da diese als betagte Forderungen bereits mit Abschluss des Leasingvertrags entstanden sind (BGH, ZInsO 2013, 1081; BGH, ZIP 1990, 180; BGH, ZIP 1990, 646). Die Insolvenzfestigkeit des Leasingvertrags bleibt bei Rückübertragung der Sicherheit wegen Tilgung des Anschaffungskredits bestehen (MK-Eckert § 108 Rn. 47; krit. HK-Marotzke § 108 Rn. 26 ff.; a. A. Jaeger/Henckel/Gerhardt-Jacoby § 108 Rn. 213 ff.).

IV. Vollzug des Mietverhältnisses

Nach dem Wortlaut gilt § 108 auch für noch nicht vollzogene Mietverhältnisse. In der **Insolvenz des Mieters** steht beiden Vertragsparteien nach § 109 Abs. 2 dann ein **Rücktrittsrecht** zu. In der **Insolvenz des Vermieters** greift § 108 nur, wenn dem Mieter das Mietobjekt im Zeitpunkt der Eröffnung des Insolvenzverfahrens bereits überlassen worden war, ansonsten hat der Verwalter das Wahlrecht aus § 103 (BGH, ZInsO 2007, 1111). Anderenfalls wäre die Masse ggf. über Gebühr mit den Kosten für die Beschaffung des Mietobjekts belastet.

V. Rechtsfolgen

§ 108 führt zum Fortbestehen des Mietvertrags **zu den bestehenden Konditionen** (BGH, ZInsO 2003, 412). Alle Forderungen aus dem Mietverhältnis, die den Zeitraum vor Eröffnung betreffen, sind Insolvenzforderungen; für die Zeit ab Eröffnung haftet die Masse (§ 55 Abs. 1 Nr. 2). Gleiches gilt, wenn auf den vorläufigen Verwalter die Verwaltungs- und Verfügungsbefugnis übergegangen ist, und er die Gegenleistung in Anspruch nimmt (§ 55 Abs. 2 Satz 2).

§ 108 InsO Fortbestehen bestimmter Schuldverhältnisse

1. Insolvenz des Vermieters

a) Pflichten der Insolvenzmasse

9   In der Insolvenz des Vermieters ist der Insolvenzverwalter verpflichtet, dem Mieter die vertragsgemäße Gebrauchsmöglichkeit zu gewähren und zu erhalten. Die Pflichten bestehen unabhängig davon, ob der Schuldner Eigentümer des Mietobjektes ist oder nur Zwischenmieter. **Zusatzpflichten** muss die Masse nur erfüllen, wenn sie mit der Gebrauchsüberlassung im Zusammenhang stehen, nicht also z. B. Kaufoptionen oder Erwerbsrechte bei Leasingverträgen (BGH, ZIP 1990, 180; MK-Eckert § 108 Rn. 60 ff.). Als zu erfüllende Nebenpflichten kommen in Betracht:
– Erhaltung des vertragsgemäßen Zustands, insb. Versorgung mit Wasser, Strom o. Ä.,
– Verkehrssicherungspflichten,
– Dienstleistungen wie Wartung, Service o. Ä.
– Ggf. Nebenkostenabrechnungen.

10 Der vertragsgemäße Zustand ist unabhängig davon herzustellen, zu welchem Zeitpunkt der nicht vertragsgemäße Zustand entsteht, da diese Pflicht direktes Äquivalent zur Mietzahlung ist (BGH, ZInsO 2003, 412; anders noch BGH, ZInsO 2001, 751).

11 Die Masse muss die Gewährleistungsrechte erfüllen. Eine bereits geltend gemachte **Mietminderung** bleibt bestehen (vgl. § 536 BGB). Sachmängel, die vor Eröffnung entstanden sind, führen nur zu Insolvenzforderungen gem. Abs. 3, auch wenn sie sich erst nach Eröffnung zeigen (BGH, ZInsO 2003, 412). Für Mängel, die nach Verfahrenseröffnung entstehen, haftet die Masse (MK-Eckert § 108 Rn. 71 ff.). **Aufwendungsersatzansprüche** des Mieters muss die Masse nur ersetzen, wenn sie zur Gefahrenabwehr und zur Erhaltung der Mietsache unerlässlich sind (MK-Eckert § 108 Rn. 79; vgl. BGH, NJW-RR 1991, 75). Sind bei einem Leasingvertrag die Gewährleistungsrechte des Leasingnehmers durch die **Abtretung der kaufrechtlichen Gewährleistungsansprüche** des Leasinggebers gegen den Hersteller ersetzt, sind die Ersatzansprüche nur Insolvenzforderungen gem. Abs. 3.

12 Von diesen Belastungen kann sich der Insolvenzverwalter im Ergebnis zumindest für die Zukunft lösen, wenn er den Mietvertrag gem. den vertraglichen Vereinbarungen kündigt, was bei langer Vertragsdauer oder bei Wohnraummiete schwierig sein kann. Ist er Eigentümer, kann er die Mietsache **freigeben** und sich damit von seinen vertraglichen Pflichten lösen (FK-Wegener § 108 Rn. 36; Jaeger/Henckel/Gerhardt-Jacoby § 108 Rn. 106; a. A. K/P/B-Tintelnot § 108 Rn. 16c; MK-Eckert § 108 Rn. 56, 62; Uhlenbruck-Wegener § 108 Rn. 19). Ist er Zwischenmieter kann die selbstständige Tätigkeit »Vermietung von x« gem. § 35 Abs. 2 freigeben (s. a. Jaeger/Henckel/Gerhardt-Jacoby § 108 Rn. 107).

13 Eine gezahlte **Kaution** muss der Insolvenzverwalter ggf. getrennt vom übrigen Vermögen des Schuldners verwahren, wenn auch der Schuldner die Trennung gewahrt hatte, vgl. § 551 BGB (MK-Eckert § 108 Rn. 81). Je nachdem in welcher Form die Kaution gestellt wurde (bspw. Sparbuch, Bürgschaft, Bargeld, Überweisung), kann dem Mieter ein Aus- oder Absonderungsrecht zustehen. Hatte der Schuldner die gezahlte Kaution – vertragswidrig – mit seinem übrigen Vermögen vermischt, sind sowohl der Rückzahlungsanspruch des Mieters als auch der Anspruch auf insolvenzfeste Anlage nur Insolvenzforderungen (BGH, ZInsO 2013, 179 m. w. N.; a. A. für den Fall, dass der Vermieter das Aussonderungsrecht des Mieters bewusst vereitelt hat: HK-Marotzke § 108 Rn. 39; MK-Eckert, § 110 Rn. 25). Ebenso wenig hat der Mieter ein Zurückbehaltungsrecht gem. § 273 BGB (BGH, ZInsO 2013, 179; a. A. HK-Marotzke § 103 Rn. 107).

14 Ist bei Insolvenzeröffnung bereits die **Zwangsverwaltung** über den Mietgegenstand angeordnet, besteht diese fort und der Zwangsverwalter behält seine Rechte und Pflichten zur Verwaltung des Grundbesitzes (Näheres s. § 165 Rdn. 7 f.).

b) Ansprüche der Insolvenzmasse

15 Die Masse hat Anspruch auf die Miete sowie auf Zahlung der **Nebenkosten**. Auch die **akzessorischen Sicherheiten** stehen der Masse zu, ebenso eine vereinbarte **Kaution** (MK-Eckert § 108 Rn. 81). Aus

der Sphäre des Mieters stammende Kündigungsgründe (z. B. Nichtzahlung der Miete) bleiben dem Insolvenzverwalter erhalten (Jaeger/Henckel/Gerhardt § 108 Rn. 102; MK-Eckert § 108 Rn. 59).

2. Insolvenz des Mieters

a) Pflichten des Insolvenzverwalters

In der Insolvenz des Mieters ist der Insolvenzverwalter verpflichtet, die Mietgegenstände **in Besitz zu nehmen**, soweit der Schuldner sie in Besitz hatte. Eine Ausnahme ist die Wohnung des Schuldners, die allein im Besitz des Schuldners bleibt. 16

Der Insolvenzverwalter ist an den Vertrag so gebunden, wie er ihn vorfindet. Er muss ab Eröffnung die vereinbarte Miete und Nebenkosten zahlen (§ 55 Abs. 1 Nr. 2). Die Mietforderung entsteht nach § 163 BGB aufschiebend befristet zum Anfangstermin des jeweiligen Zeitraums der Nutzungsüberlassung (BGH, ZInsO 2007, 91). Dies bedeutet, dass bei Eröffnung am Monatsersten nach 0.00 Uhr die Miete für diesen Monat Insolvenzforderung ist (AG Tempelhof-Kreuzberg, ZInsO 2012, 1137; s. a. Rosenmüller, ZInsO 2012, 1110). Die **Nebenkosten** sind auf den Tag der Eröffnung wie bei einem Mieterwechsel abzurechnen (MK-Eckert § 108 Rn. 91). Nebenkosten für den Zeitraum vor Insolvenzeröffnung sind Insolvenzforderungen, auch wenn die Abrechnung nach Eröffnung erfolgt (BGH, ZIP 2011, 924). Der Insolvenzverwalter darf evtl. **Mietminderungen** übernehmen oder erstmals geltend machen. **Entstandene Kündigungsgründe** bleiben erhalten. 17

Dies gilt grds. auch in Insolvenzverfahren über das Vermögen natürlicher Personen hinsichtlich der **Wohnung des Schuldners**. Da aber die Pfändungsfreigrenzen so berechnet sind, dass eine angemessene Wohnung finanzierbar ist, wäre der Schuldner im Insolvenzverfahren gegenüber Schuldnern in der Einzelvollstreckung privilegiert, wenn die Masse die Miete leisten würde (Pohlmann-Weide/Ahrendt, ZVI 2013, 374). Daher zahlt in der Praxis der Schuldner die Miete für seine Wohnung aus seinem pfändungsfreien Einkommen, zumal i. Ü. ohnehin gerade in Verbraucherinsolvenzverfahren Masseunzulänglichkeit anzuzeigen wäre.

Vertragliche Nebenpflichten, die unlösbar mit der Gebrauchsüberlassung zusammenhängen, muss die Masse aus ihren Mitteln erfüllen, so z. B. **Obhutspflichten** (MK-Eckert § 108 Rn. 98; Uhlenbruck-Wegener § 108 Rn. 29, 30). Hierzu gehört auch die Pflicht zur **Rückgabe der Mietsache** bei Beendigung des Mietverhältnisses. Nicht hierunter fällt aber die mietvertragliche Räumungspflicht, also die Pflicht, die Mietsache im vertragsgemäßen Zustand herauszugeben (BGH, ZInsO 2001, 751). Ein Entschädigungsanspruch wegen verspäteter oder ungeräumter Rückgabe gem. § 546a BGB ist nur dann Masseverbindlichkeit, wenn der Insolvenzverwalter die verspätete Rückgabe oder den vertragswidrigen Zustand selbst zu verantworten hat (OLG Hamm, ZInsO 2014, 243; OLG Saarbrücken, ZInsO 2006, 779). Daher sind auch **Schönheitsreparaturen** i. d. R. nicht von der Masse zu leisten. Eine vertraglich vereinbarte Betriebspflicht braucht die Masse nicht zu erfüllen. Sie berechtigt aber den Vermieter zu einer fristlosen Kündigung, wenn bei Stilllegung ein erheblicher Wertverlust droht (MK-Eckert § 108 Rn. 99). **Vertragliche Zusatzpflichten**, die allein anlässlich des Mietvertrags vereinbart wurden, unterliegen dem Wahlrecht gem. § 103, z. B. Warenbezugsbindungen eines Gaststättenpächters (MK-Eckert § 108 Rn. 101; s. a. Jaeger/Henckel/Gerhardt § 108 Rn. 46). 18

Mietrückstände und Nebenkosten aus der Zeit bis zur Eröffnung sind einfache Insolvenzforderungen, ebenso die noch zu leistende Zahlung einer Kaution Abs. 3. Der Vermieter kann seine Kündigung nicht auf diese stützen und hat **kein Zurückbehaltungsrecht**, s. § 112 (MK-Eckert § 108 Rn. 87). 19

b) Ansprüche der Insolvenzmasse

Die Masse hat zunächst Anspruch auf **Nutzung** der Mietsache gem. den vertraglichen Vereinbarungen. Sie hat auch Anspruch auf Rückzahlung einer geleisteten **Kaution**. Der Vermieter hat aber das 20

Recht, die Kaution weiterhin als Sicherheit zu behalten und seine ausstehende Miete oder sonstige Forderungen mit ihr zu verrechnen (OLG Köln, EWiR 2002, 583; MK-Eckert § 108 Rn. 102).

c) Abwicklung der vor Eröffnung beendeten Verträge

21 Der Insolvenzverwalter ist gem. § 148 verpflichtet, Mietverträge abzuwickeln, die vor Eröffnung wirksam beendet wurden. Die Pflicht zur Rückgabe nach § 546 BGB ist Insolvenzforderung, aber der Vermieter hat ein Aussonderungsrecht gem. § 47 im Umfang des § 985 BGB (BGH, ZInsO 2001, 751). Auch **Entschädigungsansprüche** bei nicht ordnungsgemäßer Rückgabe gem. § 546a BGB sind Insolvenzforderungen. Eine Masseforderung kann gem. § 55 Abs. 1 Nr. 1 entstehen, wenn der Verwalter die Mietsache aktiv in Besitz nimmt und den Vermieter gezielt vom Besitz ausschließt (BGH, ZIP 1995, 1204; BGH, ZIP 2007, 340).

C. Darlehensverträge

22 Darlehensverhältnisse bestehen mit Wirkung für die Masse fort, wenn der **Schuldner Darlehensgeber** ist und der Kreditbetrag ausgezahlt wurde. Damit hat der Insolvenzverwalter des Darlehensgebers Anspruch auf Zinsen und Rückzahlung und die Darlehensnehmer haben die Sicherheit, den Darlehensbetrag wie vertraglich vereinbart behalten zu dürfen. Außerdem sind die Sicherungszessionen der Zins- und Rückzahlungsforderungen des insolventen Darlehensgebers zugunsten seines Kreditgebers insolvenzfest und abzüglich der Kostenbeiträge gem. § 171 an diesen auszukehren.

23 Intention des Gesetzgebers ist es, im Fall einer Bankeninsolvenz zu verhindern, dass der Insolvenzverwalter für die Kreditverträge der Kunden die Nichterfüllung wählt und ihnen so die Liquiditätsgrundlage entzieht (Begr. RegE, BR-Drucks. 549/06 S. 36). Abs. 2 schützt die Darlehensnehmer nicht vor einer vorzeitigen Kündigung nach allgemeinen Rechtsgrundlagen, die im Fall der Insolvenz des Darlehensgebers durchaus einschlägig sein können (s. a. Marotzke, ZInsO 2006, 300). Nach der Begründung soll Abs. 2 nur für **entgeltliche** Darlehensverträge gelten (Begr. RegE, a. a. O. S. 36). Dies kann dem Gesetzestext aber nicht entnommen werden (FK-Wegener § 108 Rn. 33; Marotzke, ZInsO 2006, 300; Schmerbach/Wegener, ZInsO 2006, 400, 402).

D. Unabdingbarkeit

24 Vertragliche Vereinbarungen, die § 108 entgegenstehen, sind gem. § 119 unwirksam, so z. B. eine Regelung im Mietvertrag, die für den Fall eines Insolvenzverfahrens gegen den Mieter ein Kündigungsrecht des Vermieters aus wichtigem Grund vorsieht (OLG Hamm, NZI 2002, 162).

§ 109 Schuldner als Mieter oder Pächter

(1) ¹Ein Miet- oder Pachtverhältnis über einen unbeweglichen Gegenstand oder über Räume, das der Schuldner als Mieter oder Pächter eingegangen war, kann der Insolvenzverwalter ohne Rücksicht auf die vereinbarte Vertragsdauer oder einen vereinbarten Ausschluss des Rechts zur ordentlichen Kündigung kündigen; die Kündigungsfrist beträgt drei Monate zum Monatsende, wenn nicht eine kürzere Frist maßgeblich ist. ²Ist Gegenstand des Mietverhältnisses die Wohnung des Schuldners, so tritt an die Stelle der Kündigung das Recht des Insolvenzverwalters zu erklären, dass Ansprüche, die nach Ablauf der in Satz 1 genannten Frist fällig werden, nicht im Insolvenzverfahren geltend gemacht werden können. ³Kündigt der Verwalter nach Satz 1 oder gibt er die Erklärung nach Satz 2 ab, so kann der andere Teil wegen der vorzeitigen Beendigung des Vertragsverhältnisses oder wegen der Folgen der Erklärung als Insolvenzgläubiger Schadenersatz verlangen.

(2) ¹Waren dem Schuldner der unbewegliche Gegenstand oder die Räume zur Zeit der Eröffnung des Verfahrens noch nicht überlassen, so kann sowohl der Verwalter als auch der andere Teil vom Vertrag zurücktreten. ²Tritt der Verwalter zurück, so kann der andere Teil wegen der vorzeitigen Beendigung des Vertragsverhältnisses als Insolvenzgläubiger Schadenersatz verlangen. ³Jeder

Teil hat dem anderen auf dessen Verlangen binnen zwei Wochen zu erklären, ob er vom Vertrag zurücktreten will; unterläßt er dies, so verliert er das Rücktrittsrecht.

Übersicht

	Rdn.
A. Normzweck	1
B. Norminhalt	3
I. Sonderkündigungsrecht des Insolvenzverwalters (Abs. 1)	3
1. Überlassung des Mietgegenstands	4
2. Sonderkündigungsrecht	6
a) Form und Zeitpunkt der Kündigungserklärung	7
b) Kündigungsfrist	9
3. Rechtsfolgen der Kündigung	11
a) Abwicklung	12
b) Schadensersatzanspruch wegen vorzeitiger Beendigung (Abs. 1 Satz 3)	15
4. Sonderfall: Insolvenzverfahren über das Vermögen eines von mehreren Mietern	19
II. Besonderheiten in der Insolvenz natürlicher Personen	20
1. Mietverhältnis über die persönliche Wohnung des Schuldners, Abs. 1 Satz 2	21
a) Wohnung des Schuldners	22
b) Erklärung des Insolvenzverwalters	23
c) Rechtsfolgen der Erklärung im Einzelnen	25
2. Wohnungsgenossenschaftsanteile	35
III. Rücktrittsrecht bei noch nicht vollzogenen Verträgen (Abs. 2)	39
1. Aufforderung zum Rücktritt (Abs. 2 Satz 3)	40
2. Folgen des Rücktritts	43
IV. Abweichende Vereinbarungen	44

A. Normzweck

Abs. 1 bietet dem Insolvenzverwalter in der Insolvenz des Mieters zwei Möglichkeiten, für die Masse ungünstige Vertragsverhältnisse möglichst schnell beenden zu können. Abs. 2 normiert ein Rücktrittsrecht für beide Seiten, wenn die Mietsache bei Eröffnung noch nicht überlassen war. Bei **Eigenverwaltung** übt der Schuldner diese Rechte aus, § 279 Satz 1.   **1**

Es muss sich um ein Mietverhältnis i. S. d. § 108 über unbewegliche Gegenstände oder Räume (s. § 108 Rdn. 4) handeln, bei dem der Schuldner Mieter ist. Auch § 109 gilt für Leasingverträge (MK-Eckert § 109 Rn. 8). Dagegen greift § 109 nicht ein, wenn der Vertrag vom »starken« vorläufigen Verwalter abgeschlossen wurde, da dann das gesamte Mietverhältnis Masseschuldcharakter hat (MK-Eckert § 109 Rn. 9).   **2**

B. Norminhalt

I. Sonderkündigungsrecht des Insolvenzverwalters (Abs. 1)

Das Sonderkündigungsrecht des Insolvenzverwalters besteht, wenn der **Mietgegenstand überlassen** wurde und es sich nicht um die Wohnung des Schuldners handelt. Als Rechtsfolge ist das Vertragsverhältnis abzuwickeln und dem Vermieter steht ein Schadensersatzanspruch wegen der vorzeitigen Beendigung als Insolvenzforderung zu.   **3**

1. Überlassung des Mietgegenstands

Die Überlassung des Mietgegenstands entspricht der **Gebrauchsgewährungspflicht des Vermieters** gem. § 535 Abs. 1 Satz 1 BGB, sodass die Rspr. zu § 566 BGB herangezogen werden kann (FK-Wegener § 109 Rn. 24; MK-Eckert § 109 Rn. 12 ff.). Voraussetzung ist die **einvernehmliche Einräumung des Besitzes**, also greift § 109 nicht   **4**
– bei reiner Einigung ohne faktischen Vollzug und
– bei verbotener Eigenmacht des Mieters/Schuldners (MK-Eckert § 109 Rn. 14 f.).

Dabei genügt die **Schlüsselübergabe**, eine tatsächliche Nutzung ist nicht erforderlich (MK-Eckert § 109 Rn. 12 f.). Eine nur teilweise Überlassung ist ausgeschlossen, da der Mietgebrauch im Rechtssinn eine unteilbare Leistung ist. Mitbesitz reicht nur aus, wenn dieser vertragsgemäß ist oder der Mieter ihn als vertragsgemäß annimmt (MK-Eckert § 109 Rn. 17 f.).

5 Nicht erforderlich ist, dass die Mietsache bereits vor Eröffnung des Insolvenzverfahrens überlassen wurde (MK-Eckert § 109 Rn. 73; Uhlenbruck-Wegener § 109 Rn. 4 f. m. w. N.; **a. A.** HK-Marotzke § 109 Rn. 20 ff.). Auch eine **vorzeitige Rückgabe** ist unschädlich. Diese allein führt auch nicht zur konkludenten Vertragsaufhebung (MK-Eckert § 109 Rn. 19).

2. Sonderkündigungsrecht

6 Das Sonderkündigungsrecht hat nur der **Insolvenzverwalter**, nicht auch der Vermieter (HK-Marotzke § 109 Rn. 24; Uhlenbruck-Wegener § 109 Rn. 6). Sonst könnte das Ziel der §§ 108, 109 nicht erreicht werden, die Mietsache für eine evtl. Betriebsfortführung zu erhalten. Der Vermieter unterliegt der Kündigungssperre des § 112. Der Insolvenzverwalter hat darüber hinaus die Möglichkeit, ein im Zusammenhang mit der selbstständigen Tätigkeit des Schuldners bestehendes Mietverhältnis gem. § 35 Abs. 2 freizugeben (BGH, ZInsO 2012, 481). Er wird diese Möglichkeit nutzen, da hier keine Frist zu beachten ist.

a) Form und Zeitpunkt der Kündigungserklärung

7 Eine Formpflicht ergibt sich nur aus allg. Vorschriften (§ 568 Abs. 1 BGB für die Wohnraummiete oder §§ 594 ff. BGB für die Landpacht).

8 Die Kündigung kann während der gesamten Dauer des Insolvenzverfahrens erfolgen, da eine mit § 111 Satz 2 vergleichbare Regelung fehlt (FK-Wegener § 109 Rn. 12; Uhlenbruck-Wegener § 109 Rn. 8). Eine **Verwirkung nach den Grundsätzen von Treu und Glauben gem. § 242 BGB** wird im Insolvenzverfahren selten sein, da der Vertragspartner weiß, dass der Insolvenzverwalter die weitere Entwicklung des Verfahrens schwer abschätzen kann (OLG Hamm, BB 1994, 679; FK-Wegener § 109 Rn. 12; MK-Eckert § 109 Rn. 25 f.).

b) Kündigungsfrist

9 Die Kündigungsfrist beträgt höchstens **3 Monate zum Monatsende**. Wie bei der Kündigung von Arbeitsverhältnissen gem. § 113 werden damit längere vertragliche oder gesetzliche Fristen abgekürzt. Sind die vertraglichen oder gesetzlichen Fristen kürzer, gelten diese. Die Frist des § 109 ist also eine Höchstfrist.

10 Auch bei einem vertraglichen **Ausschluss des Rechts zur ordentlichen Kündigung**, der im gewerblichen Bereich bei befristeten Mietverträgen üblich ist, kann der Insolvenzverwalter mit der 3-Monats-Frist kündigen.

3. Rechtsfolgen der Kündigung

11 Rechtsfolge der Kündigung ist zum einen die Pflicht des Insolvenzverwalters, das Vertragsverhältnis abzuwickeln, und zum anderen ggf. ein Schadensersatzanspruch des Vermieters wegen der vorzeitigen Vertragsbeendigung.

a) Abwicklung

12 Der Vermieter kann vom Insolvenzverwalter die Rückgabe der Mietsache als Aussonderungsberechtigter gem. § 47 in demselben Umfang wie den Herausgabeanspruch gem. § 985 BGB geltend machen. Eine **über die Herausgabe hinausgehende Räumungspflicht** besteht nicht (grdl. BGH, ZInsO 2001, 751).

13 ▶ Hinweis:

Da der Verwalter nur zur Herausgabe und nicht zur Räumung verpflichtet ist, bleibt der Vermieter rgm. auf den Räumungskosten »sitzen«, da er sie nur als Insolvenzforderung geltend machen kann. Der Insolvenzverwalter hat demgegenüber ein Interesse daran, das Mietverhältnis noch vor Eröffnung des Insolvenzverfahrens zu beenden, um keine Masseverbindlichkeiten zu schaffen. Im Antragsverfahren verfügt der Schuldner häufig noch über Mitarbeiter, die die Räumung durchführen können. Eine praxisgerechte Lösung ist dann die Aufhebung des Mietvertrags per Eröffnung mit der Maßgabe der geräumten Herausgabe.

Für die geschuldete Miete und die übrigen Abwicklungsansprüche ergibt sich eine Aufteilung auf den **Zeitpunkt der Eröffnung**. Die Ansprüche, die vor Eröffnung entstanden sind, sind Insolvenzforderungen; die nach Eröffnung entstandenen, sind Masseforderungen. Auch Betriebs- und Nebenkosten sind in der Abrechnung auf diesen Zeitpunkt aufzuteilen: Entstammen sie dem Zeitraum vor Eröffnung, handelt es sich um Insolvenzforderungen, unabhängig vom Zeitpunkt der Abrechnung (BGH, ZInsO 2011, 968). Um Streitigkeiten zu vermeiden, sollten im Zeitpunkt der Eröffnung die Zählerstände festgehalten werden. 14

b) Schadensersatzanspruch wegen vorzeitiger Beendigung (Abs. 1 Satz 3)

Der Schadensersatzanspruch gem. Abs. 1 Satz 3 ist kein spezifisch insolvenzrechtlicher, sondern ist gestützt auf §§ 280, 325 BGB (MK-Eckert § 109 Rn. 28; Uhlenbruck-Wegener § 109 Rn. 10; a. A. eigenständiger insolvenzspezifischer Schadensersatzanspruch: Jaeger/Henckel/Gerhardt-Jacoby § 109 Rn. 26 ff.). Abs. 1 Satz 3 stellt klar, dass es sich nur um eine **Insolvenzforderung** handelt. 15

Der Schadensersatzanspruch beinhaltet den **Mietausfall** bis zum vereinbarten Vertragsende, aber der Vermieter muss gegen sich gelten lassen: 16
– Abzinsung (vgl. § 41 Abs. 2),
– Abzug ersparter Aufwendungen,
– Schadensminderungspflicht, d. h. ernsthafte Bemühungen um Weitervermietung (bei ungünstigerer Weitervermietung steht ihm der Differenzbetrag zu).

Überhaupt kein Schaden liegt vor, wenn der Schuldner mit derselben Frist hätte kündigen können (FK-Wegener § 109 Rn. 19; Jaeger/Henckel/Gerhardt-Jacoby § 109 Rn. 29; Uhlenbruck-Wegener § 109 Rn. 11).

Die Geltendmachung erfolgt durch Anmeldung zur Tabelle wie eine aufschiebend bedingte Forderung (§ 191), die unbedingt wird, wenn der Schaden feststeht (MK-Eckert § 109 Rn. 32). 17

Die **Aufrechnung** mit der Schadensersatzforderung gegen vor Eröffnung entstandene Forderungen des Schuldners/Mieters ist möglich (MK-Eckert § 109 Rn. 34 f.; a. A. Jaeger/Henckel/Gerhardt-Jacoby § 109 Rn. 37). Die Schadensersatzforderung ist aber nicht durch das **Vermieterpfandrecht** (§ 562 BGB) gesichert, weil sich dieses gem. § 50 Abs. 2 Satz 1 ausdrücklich nur auf rückständige Mietzahlungen des letzten Jahres bezieht (Uhlenbruck-Wegener § 109 Rn. 13). 18

4. Sonderfall: Insolvenzverfahren über das Vermögen eines von mehreren Mietern

Nach den allg. Regeln des BGB kann ein Mietverhältnis mit mehreren Mietern nur **einheitlich** gekündigt werden. Im Fall der Insolvenz eines Mieters muss der Verwalter die Möglichkeit haben, das Mietverhältnis **ohne die Mitwirkung der Mitmieter** aufzulösen, da sonst der Schutzzweck des § 109 versagt. Nach h. M. löst eine Kündigung des Insolvenzverwalters gem. Abs. 1 das Mietverhältnis insgesamt mit Wirkung für und gegen alle Beteiligte auf (BGH, ZInsO 2013, 873; krit. Eckert, EWiR 2013, 353; a. A. Jaeger/Henckel/Gerhardt-Jacoby § 109 Rn. 42 ff.). Mit dieser Meinung ist der Grundsatz der Einheitlichkeit des Mietverhältnisses und der Unteilbarkeit der vertraglich geschuldeten Gebrauchsgewährung gewahrt (BGH, ZInsO 2013, 873; Braun-Kroth § 109 Rn. 24; FK-Wegener § 109 Rn. 17; diff. K/P/B-Tintelnot § 109 Rn. 46). Nach a. A. scheidet allein der Schuldner aus dem Mietverhältnis aus (MK-Eckert § 109 Rn. 37 f.; Jaeger/Henckel/Gerhardt-Jacoby § 109 Rn. 44). Dann aber würde das Mietverhältnis zulasten der anderen Vertragspartei umgestaltet, die häufig nicht in der Lage ist, den Vertrag allein zu erfüllen. Auch der Schutzzweck des § 109 gebietet keine vom allgemeinen Recht abweichende Auslegung, da die Masse in jedem 19

Fall von dem Vertrag entlastet wird. Dem Vermieter bleibt es unbenommen, mit der verbliebenen Partei einen neuen Vertrag abzuschließen.

II. Besonderheiten in der Insolvenz natürlicher Personen

20 In der Insolvenz natürlicher Personen ergeben sich Besonderheiten bzgl. des Mietverhältnisses über die Wohnung des Schuldners aus § 109 Abs. 1 Satz 2. Diese gelten für Verbraucherinsolvenzverfahren gleichermaßen.

1. Mietverhältnis über die persönliche Wohnung des Schuldners, Abs. 1 Satz 2

21 In der Insolvenz natürlicher Personen ist der besondere Schutz der persönlichen Wohnung des Schuldners nach Art. 13 GG zu beachten. Diesem Schutz dient Abs. 1 Satz 2, der dem Insolvenzverwalter das Kündigungsrecht entzieht. Der Verwalter hat weder ein Recht zur vorzeitigen Kündigung gem. Abs. 1 Satz 1 noch zur ordentlichen **Kündigung** (HK-Marotzke § 109 Rn. 9; FK-Wegener § 109 Rn. 14; MK-Eckert § 109 Rn. 51). Anderenfalls könnte das Ziel des Gesetzgebers, dem Schuldner seine Wohnung zu erhalten, nicht erreicht werden. Zum Schutz der Insolvenzmasse, welche nicht mit den Mietzahlungen für die Wohnung belastet werden soll, kann der Insolvenzverwalter das Mietverhältnis aus der Masse freigeben.

a) Wohnung des Schuldners

22 Die Wohnung des Schuldners ist die vom Schuldner selbst und seiner Familie genutzte Wohnung. Erfasst ist nur die Erstwohnung, nicht die Zweit- oder Ferienwohnung, es sei denn der Schuldner benötigt sie zur Ausübung seiner beruflichen Tätigkeit (Pohlmann-Weide/Ahrendt, ZVI 2013, 374). Bei **gemischter Nutzung** ist die nach dem Parteiwillen überwiegende Nutzungsart maßgebend (MK-Eckert § 109 Rn. 49; diff. K/P/B-Tintelnot § 109 Rn. 16). Besteht hier Unsicherheit oder sind gewerbliche und Wohnräume in einem einheitlichen Mietvertrag angemietet, muss der Insolvenzverwalter im Zweifel die Enthaftungserklärung für die Wohnung abgeben und den Vertrag im Übrigen gem. Satz 1 kündigen. Möchte der Schuldner das Gewerbe fortführen, kann der Insolvenzverwalter den Betrieb einschl. des Mietverhältnisses gem. § 35 Abs. 2 freigeben (BGH, ZInsO 2012, 481; s. im Einzelnen § 35 Rdn. 262).

b) Erklärung des Insolvenzverwalters

23 Gemäß Abs. 1 Satz 2 kann der Insolvenzverwalter dem Vermieter ggü. erklären, dass die nach dem Kündigungstermin entsprechend Satz 1 fällig werdenden Ansprüche nicht im Insolvenzverfahren geltend gemacht werden können. Es handelt sich um eine einseitige empfangsbedürftige Willenserklärung, die grds. persönlich abzugeben ist. Lässt sich der Verwalter vertreten, ist eine Vollmacht beizufügen, da der Empfänger die Erklärung ansonsten gem. § 166 BGB unverzüglich zurückweisen kann. Die Norm ist zwar als Kann-Bestimmung formuliert, da ansonsten aber die Masse gem. § 108 Abs. 1 mit den Mieten belastet wäre, ohne dass ein entsprechender Vorteil entsteht, besteht im Ergebnis eine Pflicht zur unverzüglichen Abgabe der Erklärung.

24 Die rechtlichen Wirkungen dieser **Enthaftungserklärung** sind umstritten. Nach h. M. geht mit Wirksamwerden der Erklärung die Verwaltungs- und Verfügungsbefugnis hinsichtlich des Mietverhältnisses auf den Schuldner über (BGH, ZInsO 2014, 1053; ZInsO 2014, 1272; s. a. Ahrendt/Pohlmann-Weide, EWiR 2014, 453; FK-Wegener § 109 Rn. 16; MK-Eckert § 109 Rn. 53 ff.). Der BGH erteilt der Gegenauffassung, wonach nur die Passivseite betroffen sei, sodass der Vermieter seine Ansprüche nur gegen den Schuldner geltend machen könne, im Übrigen aber der Insolvenzverwalter Partei des Vertrags bleibe, (so: Uhlenbruck-Wegener § 109 Rn. 23 f.; Flatow, NZM 2011, 607, 609) eine klare Absage. So ist sichergestellt, dass der Schuldner als derjenige, der Miete und Nebenkosten zahlen muss, auch derjenige ist, der Erklärungen über das Mietverhältnis abgeben kann und empfängt.

c) Rechtsfolgen der Erklärung im Einzelnen

Die Rechtsfolge der Erklärung ist primär, dass sich die **Mietzinsansprüche** des Vermieters nach Ablauf der Frist des Abs. 1 Satz 1 gegen den Schuldner selbst und etwaige Mitmieter richten. Es kommt zu einer Dreiteilung der Ansprüche:
- Zeitraum bis zur Eröffnung: Insolvenzforderung, § 38
- Zeitraum von Eröffnung bis Ablauf der Frist gem. § 109 Abs. 1 Satz 1: Masseverbindlichkeit gem. §§ 108, 55 Abs. 1 Nr. 2
- Zeitraum ab Ablauf der Frist gem. § 109 Abs. 1 Satz 1: Anspruch gegen Schuldner persönlich

25

Die gleiche Aufteilung gilt für Betriebs- und sonstige Nebenkosten, wobei auch dort auf den Zeitpunkt der Entstehung und nicht die Fälligkeit aufgrund der Abrechnung abzustellen ist (BGH, ZInsO 2011, 968).

Vor Fristablauf bleibt es also bei der Grundregel des § 108, dass Miete und Nebenkosten Masseverbindlichkeiten sind (BGH, ZInsO 2012, 751; Uhlenbruck-Wegener § 109 Rn. 19; a. A. Insolvenzforderungen: HK-Marotzke § 109 Rn. 11). In der Praxis zahlt der Schuldner die Miete aus seinem entsprechend bemessenen pfändungsfreien Einkommen, wozu er auch berechtigt ist (Pohlmann-Weide/Ahrendt, ZVI 2013, 374; a. A. Eckert, ZVI 2006, 133, 140). Nur so kann er eine Kündigung vermeiden, da die Kündigungssperre des § 112 nur Rückstände vor Antragsstellung betrifft (s. § 112 Rdn. 8 ff.). Erklärungen bzgl. des Mietverhältnisses, also bspw. Kündigungen oder Nebenkostenabrechnungen für diesen Zeitraum, sind an den Insolvenzverwalter zu richten (BGH NJW 2012, 2270; a. A. K/P/B-Tintelnot § 109 Rn. 21), der den Schuldner hierüber unverzüglich informieren muss. Das Nutzungsrecht steht wegen Art. 13 GG dem Schuldner ebenso zu wie das Recht zur mieterseitigen Kündigung (Uhlenbruck-Wegener § 109 Rn. 21; a. A. Insolvenzverwalter im Einvernehmen mit dem Schuldner: MK-Eckert § 109 Rn. 51; diff.: Kündigung wird erst nach Wirksamwerden der Enthaftungserklärung wirksam: Jaeger/Henckel/Gerhardt-Jacoby § 109 Rn. 63). Auch der Herausgabeanspruch richtet sich allein gegen den Schuldner, da nur er die Wohnung in Besitz hat (s. a. Jaeger/Henckel/Gerhardt-Jacoby § 109 Rn. 51).

26

Ab Fristablauf haftet nur der Schuldner mit seinem pfändungsfreien Vermögen für Miete und Nebenkosten. Zahlt der Schuldner die Miete nicht, erhöht dies nicht einen möglichen Schadensersatzanspruch wegen der vorzeitigen Beendigung des Mietverhältnisses (Pohlmann-Weide/Ahrendt, ZVI 2013, 374; a. A. Eckert, ZVI 2006, 133, 138). Im Unterschied zur vorzeitigen Beendigung gem. Abs. 1 Satz 1 bleibt bei der Enthaftungserklärung die Pflicht zur laufenden Mietzahlung bestehen, nur das Haftungssubstrat wird auf das nicht massebefangene Vermögen des Schuldners reduziert.

27

Im Gegensatz zur Kündigung gem. Satz 1 hat die Enthaftungserklärung keine Auswirkungen auf etwaige **Mitmieter** (HK-Marotzke, § 109 Rn. 14; Pohlmann-Weide/Ahrendt, ZVI 2013, 374).

28

Sonstige **Forderungen des Schuldners** wie bspw. Guthaben aus Nebenkostenabrechnungen oder Rückerstattungen von Mietvorauszahlungen (zur Kaution s. u. Rdn. 32), stehen nach dem BGH dem Schuldner zu, soweit sie aus der Zeit nach Wirksamwerden der Enthaftungserklärung stammen (BGH, ZInsO 2014, 1272; s. a. AG Göttingen, ZInsO 2010, 829; FK-Wegener § 109 Rn. 16; a. A. Jaeger/Henckel/Gerhardt-Jacoby § 09 Rn. 70 f.; Cymutta, WuM 2008, 441; Hain, ZInsO 2007, 192, 197). Eindeutig ist dies bei dem Recht zur Wegnahme unpfändbarer Gegenständen oder falls Erstattungsansprüche wegen des Bezugs von ALG II gem. § 22 SGB II unpfändbar sind (BGH, ZInsO 2013, 1408). Entstammen Guthaben aus Nebenkostenabrechnungen o. Ä. der Zeit vor Wirksamwerden der Enthaftungserklärung, stehen sie der Masse zu (Ahrendt/Pohlmann-Weide, EWiR 2014, 453).

29

Eine vermieterseitige **Kündigung** ist nach Fristablauf ggü. dem Schuldner zu erklären (BGH, ZInsO 2014, 1053; ZInsO 2014, 1272; HK-Marotzke § 109 Rn. 16; Jaeger/Henckel/Gerhardt-Jacoby § 109 Rn. 52 f.; Pohlmann-Weide/Ahrendt, ZVI 2013, 374; a. A. an den Insolvenzverwalter: Flatow, NZM 2011, 607, 610, 613; Eckert, ZVI 2006, 133, 137). Kündigungsrecht und -fristen

30

richten sich nach Vertrag und BGB. Die Insolvenz allein gibt dem Vermieter keinen Kündigungsgrund, selbst wenn dies vertraglich vereinbart sein sollte, da eine derartige Klausel gegen § 119 verstößt. Die Kündigungssperre des § 112 bleibt bestehen (FK-Wegener § 112 Rn. 6; a. A. Eckert, ZVI 2006, 133, 138). Der Vermieter hat auch dann kein Kündigungsrecht, wenn vor der Eröffnung fällige Mieten aufgrund eines vom vorläufigen Insolvenzverwalter erklärten (pauschalen) Lastschriftwiderrufs zurückgebucht wurden. Diese muss der Mieter nicht nachzahlen (LG Hamburg, ZInsO 2010, 958). Allerdings wird i. d. R. eine konkludente Genehmigung der Lastschriften vorliegen, da es sich um rgm. wiederkehrende Beträge aus einem Dauerschuldverhältnis handelt (BGH, ZInsO 2010, 1538).

31 Der **Räumungsanspruch** richtet sich unabhängig davon, wann und wem ggü. die Kündigung erfolgt, immer gegen den Schuldner, da nur er Besitz an der Wohnung hat (s. o. Rdn. 20 ff.).

32 Solange das Mietverhältnis fortbesteht, steht eine vom Schuldner geleistete **Kaution** dem Vermieter als Sicherheit zu. Er kann sie zur Befriedigung seiner Ansprüche nutzen und zwar unabhängig davon, ob die offenen Forderungen aus der Zeit vor oder nach Insolvenzeröffnung herrühren (OLG Hamburg, Urt. v. 24.04.2008, Az. 4 U 152/07 – juris; OLG Köln, Urt. v. 09.04.2002, Az. 3 U 162/01 – juris; Flatow, NZM 2011, 607, 618; **a. A.** für die Masseverbindlichkeiten, Heinze, ZInsO 2010, 1073, 1077). Der Anspruch auf Wiederauffüllung ist keine Masseverbindlichkeit (Pohlmann-Weide/Ahrendt, ZVI 2013, 374). Der Schuldner persönlich ist jedenfalls dann nicht zur Wiederauffüllung verpflichtet, wenn die Rückstände, welche die Kaution aufgezehrt haben, Insolvenzforderungen sind, da der redliche Schuldner von diesen Verbindlichkeiten gerade befreit werden soll (Pohlmann-Weide/Ahrendt, ZVI 2013, 374). Bei Beendigung des Mietverhältnisses ist eine **nicht verbrauchte Kaution** Teil der Insolvenzmasse. Der Rückzahlungsanspruch ist bereits aufschiebend bedingt mit Leistung der Kaution und damit vor Eröffnung des Insolvenzverfahrens entstanden (Hain, ZInsO 2007, 192, 197; Jaeger/Henckel/Gerhardt-Jacoby § 109 Rn. 71; i. E. auch MK-Eckert § 109 Rn. 62; K/P/B-Tintelnot § 109 Rn. 20; wohl auch: BGH, ZInsO 2014, 1272; offen gelassen: BGH, ZInsO 2014, 1053; **a. A.** FK-Wegener § 109 Rn. 16; ausf. zur Kaution auch in der Vermieterinsolvenz s. Cymutta, WuM 2008, 441 ff.). Allerdings kann der Schuldner im Wege eines Vollstreckungsschutzantrags gem. § 765a ZPO, § 4 InsO an das Insolvenzgericht erreichen, dass der Insolvenzverwalter die Kaution an ihn herauszugeben hat, soweit er sie für die Anmietung einer neuen Wohnung benötigt (Pohlmann-Weide/Ahrendt, ZVI 2013, 374).

33 Die Enthaftungserklärung wirkt nach Ablauf der **Frist** des Abs. 1 Satz 1, die mit Zugang der Erklärung beim Vermieter beginnt. Sie beträgt 3 Monate zum Monatsende, wenn keine kürzere Frist maßgebend ist. Bei Mietwohnungen kann § 573c Abs. 1 BGB zu einer kürzeren Frist führen, da hiernach die Kündigung bis zum dritten Werktag eines Monats zum Ablauf des übernächsten Monats erklärt werden kann. Eine Verlängerung dieser Frist zulasten des Mieters ist gem. § 573c Abs. 4 BGB unzulässig. Dies bedeutet, dass bei Eröffnung des Verfahrens bspw. am 01.02. die Erklärung bis mind. am 03.02. zum 30.04. nach BGB erfolgen kann, während die Frist des § 109 Abs. 1 Satz 1 bis zum 31.05. laufen würde (s. a. Jaeger/Henckel/Gerhardt-Jacoby § 109 Rn. 19 f.).

34 ▶ **Praxistipp:**

Das Schreiben an den Vermieter sollte enthalten:
- die Erklärung, dass die nach dem Kündigungstermin fällig werdenden Ansprüche nicht im Insolvenzverfahren geltend gemacht werden können,
- den Kündigungstermin gem. Satz 1,
- die Erläuterung, dass die Miete und die Nebenkosten nur vom Schuldner aus dessen pfändungsfreien Vermögen verlangt werden können und
- den Hinweis, dass bei Beendigung des Mietverhältnisses eine frei werdende Kaution an den Insolvenzverwalter auszuzahlen ist.

Parallel hierzu sollte der Insolvenzverwalter den Schuldner informieren, dass
- er die Miete aus seinem pfändungsfreien Vermögen zahlen muss,

– bei Beendigung des Mietverhältnisses eine ggf. frei werdende Kaution der Insolvenzmasse zusteht.

2. Wohnungsgenossenschaftsanteile

Ist der Schuldner Mieter einer Wohnungsbaugenossenschaft, so hält er i. d. R. auch Anteile an dieser Genossenschaft. Im Zuge des Gesetzes zur Verkürzung des Restschuldbefreiungsverfahrens und zur Stärkung der Gläubigerrechte wurde das GenG geändert und diese Änderung ist bereits am Tag der Verkündung in Kraft getreten. Der Insolvenzverwalter hat gem. des neu geschaffenen § 66a GenG ausdrücklich das Recht, die **Kündigung der Beteiligung** anstelle des Mitglieds auszuüben (so schon BGH, ZInsO 2009, 826). § 67c GenG schränkt dieses Kündigungsrecht bei Wohnungsbaugenossenschaften wieder ein: Die Kündigung der Beteiligung durch den Insolvenzverwalter ist ausgeschlossen, wenn die **Mitgliedschaft Voraussetzung für die Nutzung der Wohnung** des Mitglieds ist und das Geschäftsguthaben des Mitglieds höchstens das Vierfache des auf einen Monat entfallenden Nutzungsentgelts (ohne die als Pauschale oder Vorauszahlung ausgewiesenen Betriebskosten) oder höchstens 2.000,00 € beträgt (Einzelheiten s. Butenob, ZVI 2014, 129 ff.). Übersteigt das Geschäftsguthaben diese Höchstgrenzen, kann der Insolvenzverwalter eine **Teilkündigung** gem. § 67b GenG aussprechen. Die Teilkündigung darf aber nur so viele Anteile betreffen, dass das verbleibende Geschäftsguthaben nicht unter die Grenzen des § 67c Abs. 1 Nr. 2 GenG sinkt, § 67c Abs. 2 GenG.

35

Die **Kündigungsfrist** beträgt nach § 65 Abs. 2 GenG 3 Monate vor Ablauf des Geschäftsjahres. Eine spätere Kündigung hat nur zur Folge, dass die Mitgliedschaft ein Jahr später endet und das Guthaben entsprechend später ausgezahlt wird. Der Auszahlungsanspruch ist ggf. einer Nachtragsverteilung vorzubehalten, da er nicht zu den gem. § 287 Abs. 2 abgetretenen Forderungen zählt.

36

Mit dieser Neuregelung ist zwar einerseits das Kündigungsrecht des Insolvenzverwalters gesetzlich festgeschrieben, aber andererseits sind im Wesentlichen die **Interessen der Wohnungsbaugenossenschaften** gesichert worden. Die Insolvenzschuldner halten i. d. R. nur die Pflichtanteile und diese übersteigen die Grenzen des § 67 Abs. 1 GenG selten. Der Vorteil ist, dass Wohnungsbaugenossenschaften – hoffentlich – weiterhin auch Mieter mit geringerem Einkommen aufnehmen, da sie nicht mehr fürchten müssen, im Fall einer Insolvenz des Mieters diesen als Genossen zu verlieren.

37

▶ **Praxistipp:**

38

Der Insolvenzverwalter kann die Kündigung gegenüber der Genossenschaft für den Fall erklären, dass sie nicht gem. § 67c GenG ausgeschlossen ist, wobei der Gesetzeswortlaut wiedergegeben werden sollte. Dann muss die Genossenschaft prüfen, ob eine Kündigung zulässig ist.

III. Rücktrittsrecht bei noch nicht vollzogenen Verträgen (Abs. 2)

Bei noch nicht vollzogenen Mietverträgen (hierzu s. o. Rdn. 4 f.) entsteht mit der Insolvenz des Mieters ein Schwebezustand. Diesen kann jede Partei durch ihren Rücktritt beenden. Dieses Rücktrittsrecht besteht zeitlich unbegrenzt (FK-Wegener § 109 Rn. 28; krit. Uhlenbruck-Wegener § 109 Rn. 32 f.). Der Vermieter hat aber kein Rücktrittsrecht, wenn er die Übergabe der Mietsache **schuldhaft selbst verzögert hat** (MK-Eckert § 109 Rn. 69; ähnl. Jaeger/Henckel/Gerhardt-Jacoby § 109 Rn. 83).

39

1. Aufforderung zum Rücktritt (Abs. 2 Satz 3)

Jede Partei kann die andere auffordern, binnen 2 Wochen den Rücktritt zu erklären. Erfolgt diese Erklärung nicht, erlischt das Rücktrittsrecht (Uhlenbruck-Wegener § 109 Rn. 33). Der Vertrag besteht fort, muss also durch das Überlassen des Mietobjekts in Vollzug gesetzt werden (HK-Marotzke § 109 Rn. 44). Mit der Aufforderung erlischt auch das eigene Rücktrittsrecht, zumindest nach Treu und Glauben (MK-Eckert § 109 Rn. 65; ähnl. FK-Wegener § 109 Rn. 30).

40

§ 110 InsO Schuldner als Vermieter oder Verpächter

41 Die starre 2-Wochen-Frist kann für den Insolvenzverwalter zu knapp bemessen sein, wenn er direkt zu Beginn des Verfahrens entscheiden muss, ob er das fragliche Mietobjekt für die Fortführung benötigt oder nicht. Daher ist es sinnvoll, das **Sonderkündigungsrecht** des Abs. 1 auch zuzubilligen, wenn der Vertrag nach Eröffnung zunächst vollzogen wird (vgl. oben, Rdn. 6; Jaeger/Henckel/Gerhardt-Jacoby § 109 Rn. 15 f.; MK-Eckert § 109 Rn. 63; Uhlenbruck-Wegener § 109 Rn. 36 f.; **a. A.** HK-Marotzke § 109 Rn. 21). Der Verwalter kann dann die Frist verstreichen lassen, ohne langfristig gebunden zu werden.

42 Daher ist auch die analoge Anwendung des § 107 Abs. 2 auf nicht vollzogene Mietverhältnisse entbehrlich (HK-Marotzke § 109 Rn. 46; Jaeger/Henckel/Gerhardt-Jacoby § 109 Rn. 88; **a. A.** K/P/B-Tintelnot § 109 Rn. 60 f.).

2. Folgen des Rücktritts

43 Die Abwicklung des Vertrags richtet sich nach §§ 346 ff. BGB (Jaeger/Henckel/Gerhardt-Jacoby § 109 Rn. 91). Das soziale Mietrecht findet keine Anwendung, da es nur für **vertraglich vereinbarte Rücktrittsrechte** gilt (§ 572 BGB). Eine evtl. Schadensersatzforderung des anderen Teils ist Insolvenzforderung, Abs. 2 Satz 2 (HK-Marotzke § 109 Rn. 41).

IV. Abweichende Vereinbarungen

44 Ein vertraglicher Ausschluss des Kündigungs- oder Rücktrittsrechts des Insolvenzverwalters ist ebenso wenig möglich wie eine Verlängerung der Kündigungsfristen, § 119 (MK-Eckert § 109 Rn. 76 f.; Uhlenbruck-Wegener § 109 Rn. 2). Da § 109 ausdrücklich nur dem Insolvenzverwalter und nicht dem Vermieter ein Sonderkündigungsrecht zuspricht, sind Vereinbarungen, die auf ein Kündigungsrecht oder eine Vertragsauflösung aus Anlass der Insolvenz des Mieters hinauslaufen, ebenfalls ein Verstoß gegen § 119 (OLG Hamm, NZI 2002, 162; MK-Eckert § 109 Rn. 79 f.). Gleichfalls unzulässig sind Klauseln, die Schadensersatzansprüche, Schadenspauschalen oder Vertragsstrafen zugunsten des Vermieters festlegen (MK-Eckert § 109 Rn. 84 ff.).

§ 110 Schuldner als Vermieter oder Verpächter

(1) ¹Hatte der Schuldner als Vermieter oder Verpächter eines unbeweglichen Gegenstands oder von Räumen vor der Eröffnung des Insolvenzverfahrens über die Miet- oder Pachtforderung für die spätere Zeit verfügt, so ist diese Verfügung nur wirksam, soweit sie sich auf die Miete oder Pacht für den zur Zeit der Eröffnung des Verfahrens laufenden Kalendermonat bezieht. ²Ist die Eröffnung nach dem fünfzehnten Tag des Monats erfolgt, so ist die Verfügung auch für den folgenden Kalendermonat wirksam.

(2) ¹Eine Verfügung im Sinne des Absatzes 1 ist insbesondere die Einziehung der Miete oder Pacht. ²Einer rechtsgeschäftlichen Verfügung steht eine Verfügung gleich, die im Wege der Zwangsvollstreckung erfolgt.

(3) ¹Der Mieter oder der Pächter kann gegen die Miet- oder Pachtforderung für den in Absatz 1 bezeichneten Zeitraum eine Forderung aufrechnen, die ihm gegen den Schuldner zusteht. ²Die §§ 95 und 96 Nr. 2 bis 4 bleiben unberührt.

Übersicht	Rdn.		Rdn.
A. Normzweck	1	II. Vorausverfügung	4
B. Norminhalt	2	III. Unwirksamkeit der Vorausverfügung	9
I. Erfasste Mietverträge	2	IV. Aufrechnung	11

A. Normzweck

Gem. § 110 sind Vorausverfügungen des Schuldners über Mietzinsansprüche für die Zeit nach Ablauf eines bzw. max. eineinhalb Monate nach Eröffnung des Insolvenzverfahrens unwirksam. Für denselben Zeitraum erweitert Abs. 3 die Aufrechnungsmöglichkeit des Mieters, die diesem sonst gem. § 96 Abs. 1 Nr. 1 verwehrt gewesen wäre. Insgesamt stehen also die Mietzinsansprüche nach Ablauf des ersten Monats des Insolvenzverfahrens vollständig der Masse zur Verfügung. So wird das Ziel erreicht, der Insolvenzmasse die Miete zu erhalten, die gem. § 108 zur Fortsetzung des Mietverhältnisses verpflichtet ist. Parallelnormen sind §§ 566b, 1124 Abs. 2 BGB, § 57b ZVG für die Veräußerung oder Zwangsverwertung des Mietobjekts.

B. Norminhalt

I. Erfasste Mietverträge

§ 110 betrifft Mietverträge über unbewegliche Gegenstände und Räume (vgl. § 108 Rdn. 4), bei denen der **Schuldner Vermieter** ist. Unerheblich ist, ob es sich um einen Miet-, Leasing- oder Mietkaufvertrag handelt. Entscheidend ist, ob die Insolvenzmasse wegen § 108 verpflichtet ist, den Gebrauch eines unbeweglichen Gegenstands oder Raums gegen Entgelt zu überlassen (BGH, ZInsO 2013, 1081). Daher darf das Mietverhältnis nicht vor Insolvenzeröffnung geendet haben (MK-Eckert § 110 Rn. 13). § 110 gilt grundsätzlich unabhängig davon, ob das Mietobjekt bereits übergeben wurde (HK-Marotzke § 110 Rn. 2; K/P/B-Tintelnot § 110 Rn. 1; MK-Eckert § 110 Rn. 3; a. A. wohl Uhlenbruck-Wegener § 110 Rn. 5). Hatte der Schuldner aber den mittelbaren Besitz übertragen und stand einem Dritten das Fruchtziehungsrecht gem. § 99 BGB zu, greift § 110 nicht (OLG Hamburg, ZInsO 2010, 233).

§ 110 gilt selbst dann nicht bei Leasingverträgen über **bewegliche Sachen**, wenn diese Verträge insolvenzfest gem. § 108 Abs. 1 Satz 2 sind, wie der eindeutige Wortlaut ergibt (MK-Eckert § 110 Rn. 29).

II. Vorausverfügung

Allgemein sind Verfügungen Rechtsgeschäfte, die unmittelbar darauf gerichtet sind, auf ein bestehendes Recht einzuwirken, es zu verändern, zu übertragen oder aufzuheben. Abs. 2 erweitert diesen Begriff auf die bloße Einziehung der Miete. Bei **Vorauszahlungen** des Mieters ist zu differenzieren: Sieht der Mietvertrag die Mietzahlung im Voraus für einen bestimmten Zeitabschnitt vor, ggf. sogar für die gesamte Mietzeit, wirkt die Zahlung gegen die Masse und der Mieter muss nicht erneut zahlen. Erfolgt aber eine Vorauszahlung für mehrere Mietperioden, ist die Zahlung für den Zeitraum nach Ablauf des ersten bzw., bei Eröffnung nach dem 15., dem zweiten Monat nach Eröffnung unwirksam und der Mieter muss erneut zahlen (MK-Eckert § 110 Rn. 13; s. a. Jaeger/Henckel/Gerhardt-Jacoby § 110 Rn. 24; A/G/R-Flöther/Wehner § 110 Rn. 7 f.; a. A. für Einmalzahlungen: Uhlenbruck-Wegener § 110 Rn. 7). Der Mieter hat mit der Vorauszahlung das Ausfallrisiko übernommen.

Wichtige Beispiele sind daneben die Abtretung, Verpfändung, Erlass, aber auch Stundung (MK-Eckert § 110 Rn. 5; Uhlenbruck-Wegener § 110 Rn. 9). Da der BGH in einer eigenkapitalersetzenden Nutzungsüberlassung eine rechtsgeschäftliche Stundungsabrede sieht, endet in der Insolvenz des den Gebrauch überlassenden Gesellschafters das Recht der Gesellschaft bzw. dessen Insolvenzverwalters zur unentgeltlichen Nutzung mit Ablauf des Zeitraums gem. Abs. 1 (BGH, ZInsO 2008, 669 – zur Rechtslage vor dem MoMiG).

Die Zahlung eines **Baukostenvorschusses** ist eine Vorausverfügung i. S. d. § 110, jedenfalls für das Gewerberaummietrecht (OLG Schleswig, ZInsO 2001, 239; Jaeger/Henckel/Gerhardt-Jacoby § 10 Rn. 40 ff.; für abwohnbare Zuschüsse: FK-Wegener § 110 Rn. 9). Anderes soll gelten, wenn hiermit eine Wertsteigerung des Grundstücks einhergeht (A/G/R-Flöther/Wehner § 110 Rn. 18;

Braun-Kroth § 110 Rn. 4; a. A. Jaeger/Henckel/Gerhardt-Jacoby § 110 Rn. 40 ff.; MK-Eckert § 110 Rn. 14a).

7   Ebenfalls erfasst sind gem. Abs. 2 Satz 2 **Zwangsvollstreckungsmaßnahmen**. Dies gilt auch für die Grundpfandgläubiger als Absonderungsberechtigte. Diese können nur im Wege der Zwangsverwaltung auf die Mieteinnahmen zugreifen (BGH, ZInsO 2006, 873; MK-Eckert § 110 Rn. 19 f.; Jaeger/Henckel/Gerhardt-Jacoby § 110 Rn. 33 f.; **a. A.** HK-Marotzke § 110 Rn. 12 f.; Uhlenbruck-Wegener § 110 Rn. 12). Auf eine vor der Insolvenz angeordnete Zwangsverwaltung hat § 110 keinen Einfluss. Zu beachten bleibt die Rückschlagsperre des § 88 (HK-Kayser § 88 Rn. 9; K/P/B-Tintelnot § 110 Rn. 7; Uhlenbruck-Wegener § 110 Rn. 11; **a. A.** HK-Marotzke § 110 Rn. 12 f.).

8   Vorausverfügungen im **vorläufigen Insolvenzverfahren** fallen bei Anordnung nur eines Zustimmungsvorbehalts unter § 110 (A/G/R-Flöther/Wehner § 110 Rn. 9; Jaeger/Henckel/Gerhardt-Jacoby § 110 Rn. 30; MK-Eckert § 110 Rn. 9; **a. A.** FK-Wegener § 110 Rn. 14), während Vorausverfügungen eines »starken« vorläufigen Insolvenzverwalters wirksam bleiben (FK-Wegener § 110 Rn. 14; Jaeger/Henckel/Gerhardt-Jacoby § 110 Rn. 30; MK-Eckert § 110 Rn. 9; **a. A.** A/G/R-Flöther/Wehner § 110 Rn. 9). Allerdings sind Verfügungen zugunsten Dritter ohnehin unwirksam, da ihnen ein vorläufiger »schwacher« Verwalter nicht zustimmen wird bzw. ein »starker« vorläufiger Verwalter sie nicht vornimmt und der Schuldner ohne Verfügungsbefugnis handeln würde.

III. Unwirksamkeit der Vorausverfügung

9   Nach der Rechtsprechung des BGH ergibt sich die Unwirksamkeit der Vorausverfügung allein aus § 91, wonach ein Rechtserwerb nach Insolvenzeröffnung ausgeschlossen ist (BGH, ZInsO 2013, 1081; s. schon BGH, ZInsO 2006, 708 zu der Parallelvorschrift § 114; **a. A.** Marotzke, EWiR 2013, 417, 418; Dahl, NZI 2013, 590, 591). Mietforderungen entstehen als aufschiebend bedingte Forderungen mit dem Anfangstermin des jeweiligen Zeitraums der Nutzungsüberlassung (s. nur BGH, ZInsO 2013, 1081 m. w. N.), sodass bei einer Vorausabtretung der Rechtserwerb von Forderungen für Zeiträume nach Eröffnung an § 91 scheitert (s. § 91 Rdn. 10). § 110 **Abs. 1 erweitert in zeitlicher Hinsicht die Wirksamkeit** der Verfügung auf den bei Eröffnung laufenden Monat bzw. bei Eröffnung nach dem 15. eines Monats auf den laufenden und den folgenden Monat. Die Masse muss längstens eineinhalb Monate auf die Gegenleistung verzichten. Ist demgegenüber eine Verfügung **trotz §§ 81, 91 wirksam**, führt § 110 nicht zur Unwirksamkeit (BGH, ZInsO 2013, 1081). Wirksam ist nach dem BGH die Vorausabtretung von Leasingraten beim Finanzierungsleasing für die Grundmietzeit, da es sich hierbei um betagte Forderungen handele, die mit Vertragsschluss vor Insolvenzeröffnung entstanden sind (BGH, ZInsO 2013, 1081 m. w. N.; **a. A.** Jaeger/Henckel/Gerhardt-Jacoby § 110 Rn. 8 f., 25; s. a. MK-Eckert § 110 Rn. 17 f., der für eine Aufspaltung der Raten in einen Miet- und einen Finanzierungsteil votiert).

10 Wegen der negativen Formulierung lässt § 110 die Frage unberührt, ob die Vorausverfügung **aus anderen Gründen** (z. B. Anfechtung [§§ 119 ff. BGB], Sittenwidrigkeit [§ 138 BGB]) unwirksam ist (BGH, ZIP 1997, 513; HK-Marotzke § 110 Rn. 5).

IV. Aufrechnung

11 Abs. 3 erweitert die Aufrechnungsmöglichkeiten des Mieters auf den Zeitraum, der zwar nach Eröffnung liegt, also eigentlich dem Aufrechnungsverbot des § 96 Abs. 1 Nr. 1 unterfällt, aber innerhalb des Zeitraums des Abs. 1 (s. a. BGH, ZInsO 2007, 90). Nach dem Wortlaut gibt Abs. 3 dem Mieter für den fraglichen Zeitraum dagegen kein Zurückbehaltungsrecht (Braun-Kroth § 110 Rn. 11 f.; Jaeger/Henckel/Gerhardt-Jacoby § 110 Rn. 44 f.; **a. A.** HK-Marotzke § 110 Rn. 18 f.; MK-Eckert § 110 Rn. 25).

§ 111 Veräußerung des Miet- oder Pachtobjekts

¹Veräußert der Insolvenzverwalter einen unbeweglichen Gegenstand oder Räume, die der Schuldner vermietet oder verpachtet hatte, und tritt der Erwerber anstelle des Schuldners in das Miet- oder Pachtverhältnis ein, so kann der Erwerber das Miet- oder Pachtverhältnis unter Einhaltung der gesetzlichen Frist kündigen. ²Die Kündigung kann nur für den ersten Termin erfolgen, für den sie zulässig ist.

Übersicht

	Rdn.		Rdn.
A. Normzweck	1	C. Rechtsfolge	5
B. Norminhalt	2		

A. Normzweck

§ 111 betrifft Mietverträge über unbewegliche Gegenstände oder Räume, bei denen der Schuldner Vermieter ist. Zweck des § 111 ist die **Erleichterung der Veräußerung** des Mietgegenstands. Der Erwerber kann in teilweiser Abweichung von § 566 Abs. 1 BGB erleichtert unter Einhaltung der gesetzlichen Fristen kündigen. Baukostenvorschüsse des Mieters schränken seit Aufhebung des § 57c ZVG per 31.12.2007 die Kündigungsmöglichkeit nicht mehr ein. 1

B. Norminhalt

Die Voraussetzungen des erleichterten Kündigungsrechts des Erwerbers gem. Abs. 1 Satz 1 sind: 2
– Der Schuldner ist als **Alleineigentümer** Vermieter von unbeweglichen Gegenständen oder Räumen (vgl. § 108 Rdn. 4 ff.),
– der **Insolvenzverwalter veräußert** die Mietsache und
– das **Mietverhältnis geht** nach gesetzlichen Vorschriften **auf den Erwerber über**.

Bereits der Schuldner muss das Mietverhältnis als Vermieter abgeschlossen haben (Braun-Kroth § 111 Rn. 4; HK-Marotzke § 111 Rn. 4). 3

Veräußerung bedeutet Eigentumsübergang. Erfasst sind Zwangsversteigerung und freihändige Veräußerung. Unter welchen Voraussetzungen der Mietvertrag auf den Erwerber übergeht, richtet sich nach den allg. Vorschriften, insb. § 566 BGB. Dafür muss die Mietsache im Zeitpunkt der Veräußerung bereits an den Mieter überlassen sein und dieser darf sie nicht bereits zurückgegeben haben (MK-Eckert § 111 Rn. 7 f.). Die weiteren Folgen der Veräußerung richten sich ebenfalls nach dem BGB. Die Haftung des Veräußerers gem. § 566 Abs. 2 Satz 1 BGB wegen Nichterfüllung der Vertragspflichten durch den Erwerber richtet sich gegen die Masse, § 55 Abs. 1 Nr. 1 (MK-Eckert § 111 Rn. 9; Uhlenbruck-Wegener § 111 Rn. 13; Jaeger/Henckel/Gerhardt-Jacoby § 111 Rn. 21 f.; a. A. K/P/B-Tintelnot § 111 Rn. 16). 4

▶ **Praxistipp:** 4a

Der Insolvenzverwalter sollte den Mieter über die Veräußerung informieren. Er ist dann gem. § 566 Abs. 2 Satz 2 BGB von der Haftung befreit, wenn nicht der Mieter zum erstmöglichen Termin kündigt. Und bei Kündigung ist die Haftung zumindest auf die Zeit bis zum ersten Kündigungstermin begrenzt. Im Verhältnis zum Käufer der Immobilie kann zudem eine Freihalteverpflichtung vereinbart werden.

C. Rechtsfolge

Die Rechtsfolge des § 111 ist ein **Sonderkündigungsrecht des Erwerbers**. Dieses ist aber insofern eingeschränkt, als dass der Erwerber nur zum ersten Termin ab Kenntnis vom Eigentumsübergang kündigen kann. Unberührt bleibt der Kündigungsschutz zur Wohnraummiete (Jaeger/Henckel/Gerhardt-Jacoby § 111 Rn. 30 ff.; Uhlenbruck-Wegener § 111 Rn. 11). Ein evtl. Schadensersatzanspruch des Mieters wegen der vorzeitigen Beendigung des Vertragsverhältnisses aus §§ 275, 280, 283 5

§ 112 InsO Kündigungssperre

BGB ist nur Insolvenzforderung (Jaeger/Henckel/Gerhardt-Jacoby § 111 Rn. 37 ff.; HK-Marotzke § 111 Rn. 9; K/P/B-Tintelnot § 111 Rn. 14; a. A. Uhlenbruck-Wegener § 111 Rn. 13; FK-Wegener § 111 Rn. 12 f.; MK-Eckert § 111 Rn. 30 ff.). Zwar ist die Veräußerung eine Handlung des Insolvenzverwalters, aber der Schaden entsteht dem Mieter erst infolge der Kündigung des Erwerbers.

§ 112 Kündigungssperre

Ein Miet- oder Pachtverhältnis, das der Schuldner als Mieter oder Pächter eingegangen war, kann der andere Teil nach dem Antrag auf Eröffnung des Insolvenzverfahrens nicht kündigen:
1. wegen eines Verzugs mit der Entrichtung der Miete oder Pacht, der in der Zeit vor dem Eröffnungsantrag eingetreten ist;
2. wegen einer Verschlechterung der Vermögensverhältnisse des Schuldners.

Übersicht	Rdn.		Rdn.
A. Normzweck und Anwendungsbereich	1	III. Verschlechterung der Vermögensverhältnisse (Nr. 2)	12
B. Norminhalt	6	IV. Rechtsfolgen	13
I. Kündigung nach Eröffnungsantrag	6	V. Unabdingbarkeit	15
II. Zahlungsverzug vor Eröffnungsantrag (Nr. 1)	8		

A. Normzweck und Anwendungsbereich

1 § 112 betrifft Mietverträge, bei denen der **Schuldner Mieter** ist, und schränkt die Kündigungsmöglichkeiten des Vermieters ein. Zweck des § 112 ist es, die für die Betriebsfortführung benötigten Gegenstände zusammenzuhalten und das **Unternehmen des Schuldners als wirtschaftliche Einheit** zu erhalten (Jaeger/Henckel/Gerhardt-Jacoby § 112 Rn. 3; MK-Eckert § 112 Rn. 1). Die Einschränkungen des § 112 bleiben auch dann bestehen, wenn der Mietvertrag nach Freigabe der Mietwohnung gem. § 109 Abs. 1 Satz 2 mit dem Schuldner fortgesetzt wird (AG Hamburg, ZVI 2009, 215; FK-Wegener § 112 Rn. 6; a. A. K/P/B-Tintelnot § 109 Rn. 19; MK-Eckert § 109 Rn. 58 f.) oder der Insolvenzverwalter die Freigabe der selbstständigen Tätigkeit gem. § 35 Abs. 2 erklärt hat (i. E. ebenso Jaeger/Henckel/Gerhardt-Jacoby § 112 Rn. 58). Es gibt keinen Grund, die Gläubiger bei einer Freigabe besserzustellen.

2 Die Kündigungssperre des § 112 gilt für sämtliche Miet- und Pachtverträge, unabhängig vom Vertragsgegenstand, also auch für die Rechtspacht und damit i. d. R. für Lizenzverträge (Jaeger/Henckel/Gerhardt-Jacoby § 112 Rn. 14) und angesichts des offenen Wortlauts in Bezug auf die persönliche Wohnung des Schuldners (LG Karlsruhe, ZIP 2003, 677; AG Köln, NZI 2010, 306; AG Hamburg, ZVI 2009, 215; AG Hamburg, ZInsO 2007, 721; Jaeger/Henckel/Gerhardt-Jacoby § 112 Rn. 10; a. A. HK-Marotzke § 109 Rn. 17). Bei **gemischten Verträgen** ist entscheidend, ob die Gebrauchsüberlassung im Vordergrund steht (s. Jaeger/Henckel/Gerhardt-Jacoby § 112 Rn. 12 ff. mit Bsp.; nach a. A. ist angelehnt an den Zweck der Norm danach zu fragen, ob die Nutzung des Vertragsgegenstands für den Betrieb des Schuldners im Vordergrund steht, MK-Eckert § 112 Rn. 5 ff.).

3 Umstritten ist, ob § 112 bei **noch nicht vollzogenen** Mietverträgen gilt (dafür: Braun-Kroth § 112 Rn. 4; MK-Eckert § 112 Rn. 11 ff.; dagegen: HK-Marotzke § 112 Rn. 5 f.; FK-Wegener § 112 Rn. 3; Uhlenbruck-Wegener § 112 Rn. 5 ff.; ausf. Jaeger/Henckel/Gerhardt-Jacoby § 112 Rn. 20 ff.). Die praktische Relevanz ist gering, da ein Mieter vor Überlassung der Mietsache kaum in Verzug sein wird oder sich seine Vermögensverhältnisse nach Vertragsschluss, aber vor Überlassung der Mietsache verschlechtern (s. a. Jaeger/Henckel/Gerhardt-Jacoby § 112 Rn. 20). Jedenfalls wenn der Vertragspartner die Übergabe pflichtwidrig verzögert, greift unstreitig die Kündigungssperre auch vor Überlassung (Jaeger/Henckel/Gerhardt-Jacoby § 112 Rn. 20; HK-Marotzke § 112 Rn. 6).

In der Literatur wird die Vermutung geäußert, dass wegen der Benachteiligung der Vermieter durch die Regelung des § 112 die Gefahr bestehe, dass diese die Kündigungssperre zu vermeiden versuchen, indem sie von ihren vertraglichen und gesetzlichen Kündigungsrechten schneller Gebrauch machen (Braun-Kroth § 112 Rn. 2; MK-Eckert § 112 Rn. 1; a. A. Jaeger/Henckel/Gerhardt-Jacoby § 112 Rn. 5). In der Praxis hängt die Entscheidung, ob und wann eine Kündigung ausgesprochen wird, aber i. d. R. von anderen Faktoren ab. 4

§ 112 ist auf **unter Eigentumsvorbehalt geschlossene Kaufverträge** analog anzuwenden, da hier der Gedanke ebenso greift, das schuldnerische Unternehmen nicht auseinanderzureißen (vgl. § 107 Rdn. 12). 5

B. Norminhalt

I. Kündigung nach Eröffnungsantrag

Trotz des Wortlauts betrifft § 112 **Vertragsbeendigungen jeglicher Art**, z. B. Auflösungsklauseln (Jaeger/Henckel/Gerhardt-Jacoby § 112 Rn. 52). Das Recht auf die Anfechtung des Vertrags nach §§ 119 ff. BGB bleibt dem Vermieter aber erhalten (Jaeger/Henckel/Gerhardt-Jacoby § 112 Rn. 52; MK-Eckert § 112 Rn. 16). Ebenso kann eine den Mietvertrag begleitenden Dienstbarkeit erlöschen (BGH, ZInsO 2011, 918). 6

Um von der Kündigungssperre erfasst zu sein, muss die Kündigungserklärung objektiv **nach dem Eröffnungsantrag zugegangen** sein (§ 130 BGB). Kündigungen, die vor dem Antrag zugegangen sind, bleiben wirksam. Der Insolvenzverwalter muss das Vertragsverhältnis dementsprechend abwickeln (Jaeger/Henckel/Gerhardt-Jacoby § 112 Rn. 50 f.; Uhlenbruck-Wegener § 112 Rn. 8). Die Kündigungssperre **endet** bei Abweisung des Insolvenzantrags mangels Masse, Rücknahme des Antrags und bei Aufhebung des Insolvenzverfahrens. Ist der Schuldner im Restschuldbefreiungsverfahren wegen des Charakters der Rückstände als Insolvenzforderungen gehindert, diese zu begleichen, befindet er sich nicht in Verzug und eine Kündigung wegen dieser Rückstände ist ausgeschlossen (Jaeger/Henckel/Gerhardt-Jacoby § 112 Rn. 58). 7

II. Zahlungsverzug vor Eröffnungsantrag (Nr. 1)

Die Kündigung ist unwirksam, wenn sie sich auf einen Zahlungsverzug aus der Zeit vor dem Eröffnungsantrag stützt, unabhängig davon, ob das Recht zur Kündigung aus dem Gesetz (z. B. § 543 Abs. 2 BGB) oder aus einer vertraglichen Vereinbarung hergeleitet wird. Dies gilt auch, wenn der Verzug erst im Antragsverfahren eintritt, z. B. wenn der vorläufige Insolvenzverwalter den Lastschrifteinzug nicht genehmigt, solange die Miete vor Antragstellung fällig war (AG Hamburg, ZInsO 2007, 721; Jaeger/Henckel/Gerhardt-Jacoby § 112 Rn. 30 f.; MK-Eckert § 112 Rn. 23; **a. A.** Cymutta, ZInsO 2008, 191; HK-Marotzke § 112 Rn. 8). Es genügt, wenn der Zahlungsverzug **im weitesten Sinne** den Grund zur Kündigung bieten soll (MK-Eckert § 112 Rn. 24 f.). Wirksam ist aber eine, auch fristlose, Kündigung aus einem sonstigen Grund (BGH, ZIP 2005, 1085). 8

Bei **mehreren Mietern** ist die Kündigung auch den solventen Mietern ggü. unwirksam (OLGR Düsseldorf 2009, 265; LG Neubrandenburg, WuM 2001, 551). 9

Dagegen berechtigt ein Zahlungsverzug **nach dem Eröffnungsantrag** bei Vorliegen der gesetzlichen oder vertraglichen Voraussetzungen zur Kündigung (BGH, ZIP 2005, 1085; BGH, ZInsO 2002, 819). Dies gilt ebenso für einen Zahlungsverzug während der Überlegungsfrist des Insolvenzverwalters nach Aufforderung des Vermieters zur Wahlrechtsausübung gem. § 103 (OLG Köln, ZInsO 2003, 336; a. A. Runkel, EWiR 2003, 715, 716). Daher ist der Schuldner berechtigt, im Antragsverfahren fällig werdende Mieten zu zahlen, obwohl es Insolvenzforderungen sind, wenn dies i. E. dem allgemeinen Gläubigerinteresse dient. Hiervon ist regelmäßig auszugehen, wenn der Bestand des Mietverhältnisses für den Erhalt des schuldnerischen Unternehmens erforderlich ist. Dann darf/sollte ein vorläufiger Insolvenzverwalter dieser Verfügung zustimmen (s. a. BGH, ZIP 2005, 1085). Eine Anfechtung scheitert i. d. R. am Bargeschäftseinwand gem. § 142. 10

Vorbem. zu §§ 113 ff. InsO

11 Der Vermieter darf einen Zahlungsrückstand für die Zeit nach Antragstellung aber nicht dadurch herbeiführen, dass er nach Antragstellung eingehende Zahlungen mit Altforderungen aus der Zeit vor dem Insolvenzantrag aufrechnet. Insofern gilt die Tilgungsregelung des § 366 Abs. 2 BGB, wonach Zahlungen auf die älteste Schuld angerechnet werden, nicht. Damit würde der Zweck des § 112 unterlaufen (LG Neubrandenburg, WuM 2001, 551; Jaeger/Henckel/Gerhardt-Jacoby § 112 Rn. 39).

III. Verschlechterung der Vermögensverhältnisse (Nr. 2)

12 Die Verschlechterung der Vermögensverhältnisse des Mieters bietet zwar keinen gesetzlichen Kündigungsgrund, findet sich aber häufig als Kündigungsgrund in Vertragsbedingungen. Zur Begriffsfindung kann auf den Begriff der **mangelnden Leistungsfähigkeit** i. S. d. § 321 Abs. 1 BGB zurückgegriffen werden (MK-Eckert § 112 Rn. 28). Indizien für die Verschlechterung der Vermögensverhältnisse sind z. B. Kreditunwürdigkeit, Verzug mit anderen Forderungen, vertragswidrige Verwendung des Mietobjekts als Kreditsicherungsmittel. Bei einer Vermögensverschlechterung schon vor Vertragsschluss bleibt dem Vermieter das **Recht zur Anfechtung gem. §§ 119 ff. BGB** (MK-Eckert § 112 Rn. 27). Die Kündigungssperre der Nr. 2 greift im Unterschied zur Nr. 1 auch, wenn die Vermögensverschlechterung im Eröffnungsverfahren eintritt (MK-Eckert § 112 Rn. 42).

IV. Rechtsfolgen

13 Eine § 112 unterfallende **Kündigung** ist und bleibt **unwirksam**, und zwar wegen der Bedingungsfeindlichkeit von einseitigen Willenserklärungen auch bei Abweisung des Antrags auf Eröffnung des Insolvenzverfahrens (Jaeger/Henckel/Gerhardt-Jacoby § 112 Rn. 57; MK-Eckert § 112 Rn. 31). Im Fall der Eröffnung besteht das Vertragsverhältnis gem. § 108 Abs. 1 weiter (bei unbeweglichen Sachen) bzw. hat der Insolvenzverwalter das Wahlrecht gem. § 103 (bei beweglichen Gegenständen).

14 Da § 112 den Vermieter trotz Kündigungsrecht an den Vertrag bindet, ohne dass ihm für die Zeit des Eröffnungsverfahrens die Mietzahlungen sicher sind, hat er die Einwände aus § 321 BGB. Er kann also die Überlassung der Mietsache oder die Beseitigung von Mängeln von einer Sicherheitsleistung abhängig machen (MK-Eckert § 112 Rn. 32 ff.).

V. Unabdingbarkeit

15 Gem. § 119 sind Individualvereinbarungen oder vorformulierte Klauseln, welche die Kündigungssperre ausschließen oder beschränken, ebenso unwirksam wie Auflösungsklauseln für den Insolvenzfall. Nur so kann das Ziel der Kündigungssperre, der Masse für die Betriebsfortführung wichtige Verträge zu erhalten, erreicht werden.

Vorbemerkung zu §§ 113 ff.

Übersicht

	Rdn.
A. Betriebsübergang	1
I. Definition Betriebsübergang	2
II. Rechtsfolgen des § 613a BGB	8
1. Übergang der Arbeitsverhältnisse	8
2. Unzulässigkeit von Kündigungen wegen des Betriebsübergangs	12
III. Anwendung des § 613a BGB im Insolvenzverfahren	15
IV. Kündigungsschutzklage	20
V. Aufhebungsverträge: Umgehung des § 613a BGB?	21
B. Beschäftigungs- und Qualifizierungsgesellschaften	23
I. Konzept	23
II. Zulässigkeit	28

A. Betriebsübergang

1 Mit der Sanierung insolventer Unternehmen ist häufig die Übertragung des Unternehmens auf einen neuen Rechtsträger in Form eines sog. Asset Deals verbunden. In aller Regel liegt in einem

derartigen Verkauf zugleich ein Betriebsübergang i. S. d. § 613a BGB, sodass der Erwerber in die zum Zeitpunkt des Übergangs bestehenden Arbeitsverhältnisse mit allen Rechten und Pflichten eintritt. § 613a BGB ist im Insolvenzverfahren anzuwenden mit der Ausnahme, dass der Erwerber **nicht für die Altverbindlichkeiten** haftet (Rdn. 15 ff.). Die Geltung im Insolvenzverfahren bestätigt § 128, obwohl § 613a BGB häufig als Sanierungsbremse angesehen wird und seine Anwendung nach den europarechtlichen Vorgaben nicht zwingend ist (Art. 5 der Betriebsübergangsrichtlinie, RL 2001/23/EG v. 12.03.2001; s. a. Uhlenbruck-Berscheid § 128 Rn. 2 ff.). Dies kann den nationalen Gerichten aber als Argument für eine sanierungsfreundliche Auslegung des § 613a BGB im Insolvenzverfahren dienen (LAG Hamm, ZInsO 2000, 292; Uhlenbruck-Berscheid § 128 Rn. 5; a. A. Annuß, ZInsO 2001, 49).

I. Definition Betriebsübergang

Betriebsübergang i. S. d. § 613a BGB ist der rechtsgeschäftliche Übergang eines Betriebs oder Betriebsteils auf einen anderen Inhaber unter Wahrung der Identität der betreffenden wirtschaftlichen Einheit (s. a. EuGH, NJW 2009, 2029 – Klarenberg –). Kein Betriebsübergang ist daher die **Freigabe der selbstständigen Tätigkeit** des Schuldners gem. § 35 Abs. 2 (offen gelassen: BAG, ZInsO 2014, 507 m. w. N. zum Meinungsstand). Hier fehlt es an einem rechtsgeschäftlichen Übergang des Betriebes. Folge der Freigabe ist lediglich, dass die freigegebenen Gegenstände mit Wirkung für die Zukunft wieder der Verwaltungs- und Verfügungsbefugnis des Schuldners unterliegen (MK-Peters § 35 Rn. 103). Das BAG hält eine analoge Anwendung des § 613a BGB für geboten, wenn – außerhalb einer Freigabe nach § 35 – die freigegebenen Gegenstände eine Einheit bilden und das fragliche Arbeitsverhältnis dieser Einheit zuzurechnen ist (BAG, ZInsO 2009, 1116 unter der Prämisse, dass die Freigabe nicht zur Freigabe der Arbeitsverhältnisse führt).

Wirtschaftliche Einheit bedeutet dabei die organisatorische Gesamtheit von Personen und Sachen zur auf Dauer angelegten Ausübung einer wirtschaftlichen Tätigkeit mit eigener Zielsetzung (s. BAG, ZInsO 2012, 1851; st. Rspr. seit EuGHE I 1997, 1259 – Ayse, Süzen –). Es muss eine Gesamtbeurteilung folgender Faktoren erfolgen:
– Art des Betriebs,
– Übergang der materiellen Betriebsmittel,
– Wert der immateriellen Aktiva,
– Übernahme der Hauptbelegschaft,
– Übergang der Kundschaft und Lieferantenbeziehungen,
– Ähnlichkeit der Tätigkeit und
– Dauer der Unterbrechung der Betriebstätigkeit.

Die Gewichtung der einzelnen Merkmale hängt wesentlich von der Art des Unternehmens ab (BAG, ZInsO 2012, 1851; ZInsO 2007, 1229; ausführl. Houben, NJW 2007, 2075 ff.; Willemsen, NJW 2007, 2065 ff.). Die Rechtsprechung unterscheidet zwischen **betriebsmittelgeprägten Betrieben** und **betriebsmittelarmen Betrieben**: Bei ersteren müssen Betriebsmittel übernommen werden, bei Letzteren genügt die Übernahme von Personal. Werden bspw. von einem betriebsmittelgeprägten Betrieb keine Betriebsmittel, sondern nur der Großteil des Personals übernommen, liegt selbst dann kein Betriebsübergang vor, wenn das Personal an die Gesellschaft verliehen wird, welche die Betriebsmittel übernommen hat (BAG, ZInsO 2011, 344). Bei der Übernahme sächlicher Betriebsmittel ist ausreichend, wenn der Erwerber sie aufgrund einer Nutzungsvereinbarung (Pacht, Nießbrauch o. Ä.) für seine Betriebstätigkeit einsetzen kann (BAG, ZInsO 2008, 572; ZIP 1998, 663). Umgekehrt ist eine reine Sicherungsübereignung kein Betriebsübergang (BAG, ZIP 2008, 239). Kommt es für die betriebliche Tätigkeit im Wesentlichen auf das **Know-how** und die **konkreten Arbeitnehmer** an (betriebsmittelarm), so kann für einen Betriebsübergang die Übernahme der Arbeitsverhältnisse genügen (EuGHE I 1997, 1259 [Ayse, Süzen]; s. a. BAG, DB 2013, 1556). Hiervon abzugrenzen ist die **reine Funktionsnachfolge**, also die Übernahme derselben Aufgabe, aber mit anderem Personal durch ein anderes Unternehmen; Stichwort: Neuvergabe von Aufträgen (BAG, ZInsO 2012, 1851; ZIP 2007, 2233; s. a. EuGH, NJW 1999, 1697). Bei einer

Vorbem. zu §§ 113 ff. InsO

Änderung des Unternehmenskonzepts liegt kein Betriebsübergang vor (BAG, ZIP 2006, 2181; ZInsO 2003, 43). Der zugrunde liegende Vertrag darf so gestaltet werden, dass ein Betriebsübergang vermieden wird (BAG, ZIP 2008, 801). Ebenso wenig ausreichend ist die bloße Möglichkeit der Übernahme der Geschäftsführung durch einen Erwerber. Es muss ein **tatsächlicher Übergang der Leitungsmacht** unter Wahrung der wirtschaftlichen Identität vorliegen (BAG, ZInsO 2007, 1229; ZIP 1999, 1496; s. a. EuGH, NJW 1999, 1697). Unerheblich ist, ob der zugrunde liegende Vertrag unter einer aufschiebenden Bedingung steht oder ein Rücktrittsrecht vorsieht (BAG, ZIP 2008, 1740).

5 Ausreichend ist der Übergang **eines Betriebsteils**. Ein Betriebsteil i. d. S. ist eine organisatorische Untergliederung, mit der innerhalb des betriebstechnischen Gesamtzwecks ein Teilzweck verfolgt wird. Die übernommenen Betriebsmittel müssen bereits beim Veräußerer die Qualität eines Betriebsteils gehabt haben (BAG, ZInsO 2011, 2194; ZInsO 2002, 1198). Nicht erforderlich ist, dass der verbleibende Restbetrieb noch lebensfähig ist. Entscheidend ist die **Wahrung der Identität** des Betriebsteils beim Erwerber (so schon: BAG, ZInsO 2002, 1198; s. a. BAG, ZInsO 2011, 2194). Hierbei kommt es nicht auf die Beibehaltung der organisatorischen Selbstständigkeit an, sondern auf die Beibehaltung des Funktions- und Zweckzusammenhangs zwischen den übertragenen Faktoren, die es dem Erwerber erlauben, diese Faktoren zur Verfolgung einer bestimmten wirtschaftlichen Tätigkeit zu nutzen (EuGH, NJW 2009, 2029 – Klarenberg –; BAG, ZInsO 2011, 2194; ZInsO 2009, 2024; krit. Willemsen/Sagan, ZIP 2010, 1205). Daher kann ein Betriebsübergang auch vorliegen, wenn die übernommenen Mittel in die Organisationsstruktur des Erwerbers eingegliedert werden (anders noch BAG, ZIP 2006, 1695).

6 Für die Zuordnung der Arbeitnehmer zum jeweiligen Betriebsteil wird in einem ersten Schritt festgestellt, welche Arbeitsplätze dem Betriebsteil zuzuordnen sind, und im zweiten, mit welchen Arbeitnehmern diese Arbeitsplätze besetzt sind (Uhlenbruck-Berscheid § 128 Rn. 30; s. für Altersteilzeitler BAG, ZIP 2008, 1133). Nicht ausreichend ist die Verrichtung von Tätigkeiten für den Betriebsteil, ohne dass der Arbeitnehmer in den Betriebsteil tatsächlich organisatorisch eingegliedert ist (BAG, NZI 2013, 758).

7 **Maßgeblicher Zeitpunkt** ist der Wechsel des Betriebsinhabers, d. h. die tatsächliche Weiterführung oder Wiederaufnahme der Geschäftstätigkeit durch den Erwerber. Auf die Übertragung einer irgendwie gearteten Leitungsmacht kommt es nicht an (BAG, ZIP 2008, 2132; ZIP 1999, 589). Allein die vertragliche Verpflichtung zur Betriebsübernahme genügt nicht (BAG, ZIP 2008, 2132).

II. Rechtsfolgen des § 613a BGB

1. Übergang der Arbeitsverhältnisse

8 Liegt ein Betriebsübergang i. S. d. § 613a BGB vor, gehen die Arbeitsverhältnisse, die im Zeitpunkt des Übergangs in dem Betrieb bestehen, auf den Erwerber über. Gekündigte Arbeitsverhältnisse und solche von Altersteilzeitlern in der Freistellungsphase gehen ebenfalls mit über (BAG, ZIP 2008, 1133). Sie enden mit Ablauf der Kündigungsfrist bzw. Erreichen der Altersgrenze. Ausgenommen sind wegen ihrer besonderen Stellung die Anstellungsverhältnisse von **GmbH-Geschäftsführern** (BAG, NJW 2003, 2473; LAG Hamm, ZInsO 2001, 282; s. a. BAG, ZIP 1997, 1930). Die Arbeitsverhältnisse gehen mit den Rechten und Pflichten über, wie sie beim Veräußerer bestanden. Für Betriebsvereinbarungen oder Tarifverträge bestimmt dies § 613a Abs. 1 Satz 2 BGB ausdrücklich (Einzelheiten: BAG, ZIP 2012, 1727; ZInsO 2012, 1895; ZIP 2008, 470; ZIP 2008, 378; ZIP 2008, 890; NZA 2008, 420). Diese Bestimmungen können vom Erwerber i. d. R. erst nach Ablauf eines Jahres geändert werden. Vor allem übernimmt der Betriebserwerber grds. auch die ausstehenden Löhne und Gehälter (hiervon wird im Insolvenzverfahren abgewichen, s. Rdn. 15 ff.). Eine vom Veräußerer beantragte und ihm zugestellte Zustimmung des Integrationsamts zur Kündigung eines Schwerbehinderten, gilt dagegen nicht automatisch zugunsten des Erwerbers (BAG, ZIP 2013, 537).

Der bisherige Arbeitgeber und der neue Inhaber sind als Gesamtschuldner verpflichtet, jeden einzelnen Arbeitnehmer vor dem Übergang über die Einzelheiten des Übergangs gem. § 613a Abs. 5 BGB zu **unterrichten** (s. a. BAG, ZIP 2014, 839; ZIP 2010, 46; DB 2008, 1922; ZInsO 2008, 219). Innerhalb eines Monats nach Zugang dieser Unterrichtung kann der Arbeitnehmer dem Übergang des Arbeitsverhältnisses schriftlich widersprechen, § 613a Abs. 6 BGB. Auf die Unterrichtung hat der Arbeitnehmer nach herrschender Meinung einen Anspruch, es liegt **keine bloße Obliegenheit** des Arbeitgebers vor (Palandt-Weidenkaff § 613a BGB Rn. 39; EK-Preis § 613a BGB Rn. 90; a. A. Bauer/v. Steinau-Steinrück, ZIP 2002, 457, 459). Bei einer nicht ordnungsgemäßen Unterrichtung besteht das Widerspruchsrecht unbefristet (BAG, DB 2008, 1922; ZInsO 2007, 1284), kann allerdings verwirkt werden (BAG, NZA 2012, 1097; NJW 2010, 1302; ZIP 2009, 2307).

9

Widerspricht der Arbeitnehmer, wird das Arbeitsverhältnis mit dem bisherigen Arbeitgeber fortgesetzt. In aller Regel kann der bisherige Arbeitgeber dem Arbeitnehmer dann aus **betriebsbedingten Gründen** kündigen. § 613a BGB steht einer Kündigung dann nicht mehr entgegen, da der Arbeitnehmer seinen Schutz durch den Widerspruch verbraucht hat (Uhlenbruck-Berscheid § 128 Rn. 17 ff.; s. a. EuGH, ZIP 1996, 882; BAG, DB 2013, 1178). Der Widerspruch ist auch bei unzureichender Unterrichtung nicht frei widerruflich (LAG Köln, ZIP 2011, 830).

10

▶ Hinweis für den Insolvenzverwalter:

11

Wegen der Gefahr von Schadensersatzansprüchen sollte die Unterrichtung der Arbeitnehmer mit aller Sorgfalt erfolgen. Empfehlenswert ist es, eine Einigung mit dem Arbeitnehmer über den Betriebsübergang zu treffen, in welcher dieser auf die Geltendmachung des Widerspruchsrechts verzichtet (Plössner, NZI 2003, 401, 406).

2. Unzulässigkeit von Kündigungen wegen des Betriebsübergangs

Kündigungen des alten und des neuen Arbeitgebers wegen des Betriebsüberganges sind gem. § 613a Abs. 4 BGB **unwirksam**, wenn der Betriebsübergang nicht nur Anlass, sondern der tragende Grund für die Kündigung ist (BAG, ZIP 1983, 1377; ZInsO 2003, 1057). Bei Ausspruch der Kündigung musste der Betriebsübergang bereits feststehen oder zumindest »greifbare Formen« angenommen haben (BAG, ZIP 1999, 1223).

12

Zulässig sind dagegen Kündigungen, die der Veräußerer ausspricht, um den Betrieb »**verkaufsfähig**« zu machen (BAG, ZIP 2007, 595; ZInsO 2003, 1057; s. a. BAG, ZIP 2013, 537). In der Insolvenz sind auch Kündigungen, die auf einem Konzept des Erwerbers beruhen, unproblematisch zulässig (BAG, ZInsO 2003, 1057; LAG Schleswig-Holstein, ZInsO 2011, 738). Letztlich erfolgen die Kündigungen dann nicht wegen des Betriebsübergangs, wenn sie mit anderen betriebsbedingten Gründen zu rechtfertigen sind, also Sanierungskonzepte umgesetzt werden (BAG, ZIP 2007, 595). Derartige Konzepte dienen immer dem Erhalt der übrigen Arbeitsplätze (Uhlenbruck-Berscheid § 128 Rn. 12).

13

Grundsätzlich sind **Änderungskündigungen** in Bezug auf § 613a BGB an denselben Maßstäben zu messen. Gerade im Insolvenzfall besteht aber häufig die Notwendigkeit, überhöhte Lohn- und Gehaltskosten abzubauen (Uhlenbruck-Berscheid § 128 Rn. 20). Trotzdem verlangt die Rspr. für die Zulässigkeit einer Änderungskündigung im Zuge eines Betriebsübergangs, dass mit der Senkung der Personalkosten eine »**absolute**« Gefahr für den Erhalt Arbeitsplätze abgewendet werden soll (BAG, ZIP 1990, 944).

14

III. Anwendung des § 613a BGB im Insolvenzverfahren

Im eröffneten Insolvenzverfahren findet § 613a BGB mit der Maßgabe Anwendung, dass der Erwerber des Betriebs **nicht für Altschulden aus den Arbeitsverhältnissen haftet**, die vor Eröffnung des Insolvenzverfahrens »erdient« wurden. Begründet wird dies mit dem das Insolvenzrecht prägenden Grundsatz der Gläubigergleichbehandlung. Die übernommenen Arbeitnehmer würden in ihrem neuen Arbeitgeber einen zahlungskräftigen Haftungsschuldner für bereits entstandene

15

Vorbem. zu §§ 113 ff. InsO

Ansprüche erhalten. Dieser Vorteil müsste von den übrigen Insolvenzgläubigern finanziert werden, weil der Betriebserwerber nur einen entsprechend reduzierten Kaufpreis an die Masse leisten würde (s. nur BAG, ZIP 2010, 588; ZInsO 2003, 139; grdl. BAG, ZIP 1980, 117). Auch die von Altersteilzeitlern vor Insolvenzeröffnung erdienten Vergütungsansprüche sind lediglich Insolvenzforderungen (BAG, ZInsO 2009, 1119). Allerdings haftet der Betriebserwerber weiterhin für **Masseverbindlichkeiten** i. S. d. § 55 InsO (BAG, ZIP 2010, 588).

16 Dies bezieht sich auch auf Anwartschaften auf Leistungen aus einer **betrieblichen Altersversorgung** (BAG, ZIP 2005, 1706). Im Versorgungsfall haftet der Erwerber nur für die Anwartschaften, die der Arbeitnehmer während der Beschäftigung bei ihm und während des Insolvenzverfahrens erarbeitet hat (BAG, ZIP 2010, 897). Für die bis zum Insolvenzereignis erdienten Anwartschaften steht der Träger der gesetzlichen Insolvenzsicherung ein, vgl. § 7 BetrAVG (BAG, ZIP 1992, 1247).

17 **Sonderzahlungen und Gratifikationen** müssen der Zeit vor oder nach dem Betriebsübergang zugeordnet werden (FK-Mues vor §§ 113 ff. Rn. 83 ff.). Werden die Sonderzahlungen in den einzelnen Monaten »erdient« und nur zu einem späteren Zeitpunkt gesammelt ausgezahlt, sind sie anteilig auf die Monate zu verteilen. Entsteht der Anspruch dagegen erst mit Fälligkeit der Zahlung, muss ihn der Erwerber in voller Höhe erfüllen (s. nur BAG, ZIP 1996, 239). Letzteres gilt auch für **Urlaubsansprüche**, soweit der Urlaubsanspruch nicht eindeutig der Zeit vor Eröffnung des Insolvenzverfahrens zugeordnet werden kann (BAG, ZInsO 2005, 222).

18 Die Haftungsbeschränkung bleibt bestehen, auch wenn es später zur Einstellung des Insolvenzverfahrens mangels einer die Kosten des Verfahrens deckenden Masse kommt (BAG, ZIP 1992, 1247).

19 Diese Erleichterung gilt nicht im **vorläufigen Insolvenzverfahren**, selbst wenn auf den vorläufigen Verwalter die Verwaltungs- und Verfügungsbefugnis übergegangen ist. Im vorläufigen Verfahren überwiegt der Sicherungscharakter (BAG, ZInsO 2003, 480). Aus diesem Grund werden in der Praxis Unternehmensverkäufe im Eröffnungsverfahren vorbereitet, aber erst nach Eröffnung durchgeführt.

IV. Kündigungsschutzklage

20 Stützt sich der Arbeitnehmer bei seiner Kündigungsschutzklage auf § 613a BGB, ist der **richtige Beklagte der Erwerber des Betriebs**. Hat der Arbeitnehmer bereits vor dem Betriebsübergang Klage erhoben, bleibt der Veräußerer/Insolvenzverwalter auch nach dem Betriebsübergang Partei des Rechtsstreits (BAG, ZInsO 2003, 43; ZInsO 2002, 1198). Ein in diesem Verfahren ergehendes Urteil wirkt in entsprechender Anwendung der §§ 265, 325 ZPO gegen den Erwerber (BAG, ZInsO 2002, 1198; **a. A.** Uhlenbruck-Berscheid § 113 Rn. 146 ff.; LAG Hamm, ZInsO 2003, 47).

V. Aufhebungsverträge: Umgehung des § 613a BGB?

21 Im Fall eines Betriebsübergangs sind mit den Arbeitnehmern geschlossene Aufhebungsverträge oder Eigenkündigungen wegen einer Umgehung des § 613a BGB gem. § 134 BGB nichtig, wenn Arbeitnehmer mit dem Hinweis auf eine geplante Betriebsveräußerung und bestehenden Arbeitsplatzangeboten des Erwerbers veranlasst werden, Aufhebungsverträge abzuschließen oder Eigenkündigungen auszusprechen, um dann mit dem Erwerber neue Arbeitsverträge abzuschließen, **sog. »Lemgoer Modell«** (BAG, ZInsO 2008, 572; NJW 2009, 3260). Hierunter fallen auch Neuverträge mit sog. Beschäftigungsgesellschaften, wenn vorgesehen ist, dass konkrete Arbeitnehmer anschließend von dem Betriebserwerber übernommen werden (BAG, ZInsO 2013, 946; ZInsO 2012, 793; ZIP 1999, 320; s. a. Pils, NZA 2013, 125; Hinrichs/Kleinschmidt, ZInsO 2012, 949; Willemsen, NZA 2013, 242). Bei diesen Modellen handelt es sich letztlich nicht um eine Aufhebung der Arbeitsverhältnisse, sondern lediglich um **Vertragsänderungen**. Dienen sie allein der Aufhebung der Kontinuität des Arbeitsverhältnisses beim Betriebsübergang, sind sie nichtig (BAG, ZInsO 2013, 946; ZInsO 2012, 793; ZInsO 2008, 572; ZInsO 1998, 191).

Nicht unter dieses Umgehungsverbot fallen jedoch Vereinbarungen, die auf ein **endgültiges Ausscheiden** des Arbeitnehmers aus dem Betrieb gerichtet sind, und bei denen lediglich eine ungewisse Aussicht auf ein neues Arbeitsverhältnis mit dem Erwerber besteht, Stichwort: »Risikogeschäft« (BAG, ZInsO 2013, 946; ZInsO 2012, 793; ZInsO 2008, 572; ZInsO 1998, 191; krit. EK-Preis § 613a BGB Rn. 159). Denn dem Arbeitnehmer ist es stets möglich, sein Arbeitsverhältnis einvernehmlich zu beenden (BAG, ZInsO 1998, 191). 22

▶ Hinweis für den Insolvenzverwalter:

Der Insolvenzverwalter sollte wegen der genannten Risiken bei Abschluss des Aufhebungsvertrags den Risikocharakter der Vereinbarung eindeutig klarstellen und darf unter keinen Umständen dem Arbeitnehmer ein neues Arbeitsverhältnis beim Erwerber in Aussicht stellen.

B. Beschäftigungs- und Qualifizierungsgesellschaften

I. Konzept

Seit den 90er Jahren hat sich die Einrichtung von sog. Beschäftigungs- und Qualifizierungsgesellschaften (kurz: BQG), auch Transfergesellschaften genannt, etabliert, um Personalabbau zu erleichtern (ausführl. Hinrichs/Kleinschmidt, ZInsO 2012, 949; Ries, NZI 2002, 521 ff.). Bei diesem Konzept werden Arbeitsverhältnisse gekündigt und den Mitarbeitern werden Arbeitsverträge bei einer rechtlich selbstständigen BQG angeboten. Die BQG bietet zum einen Qualifikationsmaßnahmen an. Zum anderen überlässt sie dem insolventen Unternehmen Personal, damit dieses seinen Betrieb – im reduzierten Maß – aufrechterhalten kann. Häufig wird eine BQG mit der Veräußerung des Unternehmens kombiniert. Die in die BQG gewechselten Arbeitnehmer werden dann in einem zweiten Schritt zumindest teilweise vom Erwerber übernommen. 23

Zu beachten ist, dass i. d. R. gleichzeitig eine **Betriebsänderung** i. S. d. § 111 BetrVG vorliegt. Daher sind mit dem Betriebsrat Verhandlungen über Interessenausgleich und Sozialplan zu führen, in welchen zweckmäßigerweise die Einschaltung der BQG mit vereinbart wird. 24

Finanziert wird dieses Konzept im Wesentlichen über die Inanspruchnahme von **Transfer-Kurzarbeitergeld gem. § 111 SGB III**. Dies wird gewährt, wenn 25
- in einem Betrieb Personalanpassungsmaßnahmen aufgrund einer Betriebsänderung durchgeführt werden und
- die von Arbeitsausfall betroffenen Arbeitnehmer zur Vermeidung von Entlassungen und zur Verbesserung ihrer Eingliederungschancen in einer betriebsorganisatorisch eigenständigen Einheit zusammengefasst werden und
- die Organisation und Mittelausstattung der betriebsorganisatorisch eigenständigen Einheit den angestrebten Integrationserfolg erwarten lassen und
- ein System zur Sicherung der Qualität angewendet wird.

Die persönlichen Voraussetzungen beim Arbeitnehmer sind in § 111 Abs. 4 SGB III geregelt. Das Transfer-KUG beträgt 60 % bzw. 67 % des Nettolohns und wird für längstens 12 Monate gewährt.

▶ Hinweis: 26

Die Maßnahme ist bei der für den insolventen Betrieb zuständigen Agentur für Arbeit anzumelden. Ggü. dieser besteht ein Beratungsanspruch gem. § 111 Abs. 5, 4 SGB III, den die Betriebsparteien wahrnehmen sollten.

An **Eigenleistungen** muss die Insolvenzmasse i. d. R. erbringen: 27
- evtl. Aufzahlungen zum Transfer-KUG (dies beträgt nur 60 bzw. 67 % des Nettolohns),
- Lohnzahlungen an Urlaubs- und Feiertagen,
- Beiträge zu den Sozialversicherungen (sog. Remanenzkosten),
- Verwaltungskostenpauschale für die BQG,
- ggf. Bereitstellung von Räumen nebst Ausstattung.

II. Zulässigkeit

28 Wegen der Übernahme der gesamten oder eines Großteils der Beschäftigten steht bei Einschaltung einer BQG die Gefahr der Unwirksamkeit der Kündigungen wegen einer **Umgehung des § 613a BGB** im Raum (BAG, ZInsO 2013, 946; ZInsO 2012, 793; ZIP 1999, 320; s. a. Pils, NZA 2013, 125; Hinrichs/Kleinschmidt, ZInsO 2012, 949; Willemsen, NZA 2013, 242). Sofern die Arbeitnehmer aber endgültig entlassen werden und ihnen lediglich die Chance der Beschäftigung durch einen Unternehmenserwerber geboten wird, lässt die Rspr. derartige Gestaltungen unter dem Stichwort »**Risikogeschäft**« zu (BAG, ZIP 1999, 320; vgl. Rdn. 22). Problematisch ist die Einschaltung einer BQG aber dann, wenn ein neuer Arbeitsplatz zu veränderten Bedingungen für zumindest einen Teil der Belegschaft bereits zugesichert wird (BAG, ZInsO 2013, 946; ZInsO 2012, 793). Aus Vorsichtsgesichtspunkten sollte eine Unterrichtung gem. § 613a Abs. 5 BGB erfolgen.

§ 113 Kündigung eines Dienstverhältnisses

¹Ein Dienstverhältnis, bei dem der Schuldner der Dienstberechtigte ist, kann vom Insolvenzverwalter und vom anderen Teil ohne Rücksicht auf eine vereinbarte Vertragsdauer oder einen vereinbarten Ausschluß des Rechts zur ordentlichen Kündigung gekündigt werden. ²Die Kündigungsfrist beträgt drei Monate zum Monatsende, wenn nicht eine kürzere Frist maßgeblich ist. ³Kündigt der Verwalter, so kann der andere Teil wegen der vorzeitigen Beendigung des Dienstverhältnisses als Insolvenzgläubiger Schadenersatz verlangen.

Übersicht

		Rdn.			Rdn.
A.	Dienstverhältnisse in der Insolvenz	1		a) Wegfall der Beschäftigungsmöglichkeit	46
I.	Fortbestand der Dienstverhältnisse nach § 108	2		b) Sozialauswahl	50
II.	Begriff Dienstverhältnis	8		c) Wiedereinstellungsanspruch	53
III.	Forderungen aus Dienstverhältnissen	11	2.	Änderungskündigung	55
	1. Lohn und Gehalt	11	3.	Personen- oder verhaltensbedingte Kündigungen	56
	2. Abfindungen	17	4.	Prozessuales	57
	3. Arbeitszeugnis	20		a) Klagefrist	57
B.	Beendigung von Dienstverhältnissen in der Insolvenz	21		b) Beklagte Partei	61
I.	Ordentliche Kündigung	21		c) Darlegungs- und Beweislast	62
II.	Außerordentliche Kündigung	25	II.	Anzeigepflicht bei Massenentlassungen, §§ 17, 18 KSchG	65
III.	Aufhebungsverträge	26			
C.	Erleichterungen des § 113	30	III.	Anhörung des Betriebsrates (§ 102 BetrVG)	73
I.	Aufhebung tariflicher oder vertraglicher Kündigungsausschlüsse und Befristungen	30	IV.	Sonderkündigungsschutz	78
II.	Verkürzung der Kündigungsfristen	32		1. Betriebsverfassungsrecht	79
III.	Nachkündigung	36		2. Ausbildungsverhältnisse	83
D.	Kündigungserklärung	37		3. Behördliche Genehmigungen und gesetzlicher Arbeitsplatzschutz	84
E.	Schadensersatz	40		a) Schwerbehinderte Arbeitnehmer	85
I.	Schadensersatz gem. Satz 3	40		b) Sonstiger gesetzlicher Sonderkündigungsschutz	89
II.	Schadensersatz gem. § 628 Abs. 2 BGB	41			
F.	Kündigungsschutz in der Insolvenz	42	V.	Kündigungsschutz außerhalb des KSchG	91
I.	Kündigungsschutzgesetz (KSchG)	43	G.	Unabdingbarkeit	92
	1. Hauptkündigungsgrund: dringende betriebliche Erfordernisse	45	H.	Wettbewerbsverbote	93

A. Dienstverhältnisse in der Insolvenz

1 Grundsätzlich bleibt im Insolvenzverfahren das allgemeine Arbeits- und Dienstvertragsrecht gültig. Die §§ 113, 114 und §§ 120 bis 128 bieten einige Modifikationen, wie verkürzte Kündigungs-

fristen und Erleichterungen im Betriebsverfassungsrecht, die die Chancen für Sanierungen erhöhen sollen. Diese Normen werden daher auch als **Insolvenzarbeitsrecht** bezeichnet.

I. Fortbestand der Dienstverhältnisse nach § 108

Gem. § 108 Abs. 1 bestehen Dienstverhältnisse des Schuldners zu den bisherigen Konditionen fort. § 108 ist eine Ausnahme zum Wahlrecht des Insolvenzverwalters gem. § 103.

Da der Arbeitnehmer einen **allgemeinen Beschäftigungsanspruch** als Ausprägung des allgemeinen Persönlichkeitsrechts gem. Art. 1 Abs. 1, 2 Abs. 1 GG hat (s. nur BAG, ZIP 1985, 1214), ist eine Freistellung auch im Insolvenzverfahren nur bei einem überwiegenden Interesse des Arbeitgebers/ Insolvenzverwalters möglich (LAG Hamm, ZInsO 2001, 333).

Die **Lohn- und Gehaltsansprüche** bestehen bei einer berechtigten Freistellung als Masseverbindlichkeit fort (Jaeger/Henckel/Gerhardt-Giesen, vor § 113 Rn. 51). Mit diesen Rechten korrespondiert die Leistungspflicht des Arbeitnehmers. Allein die Eröffnung des Insolvenzverfahrens bietet ihm kein Recht zur Kündigung oder Arbeitsverweigerung.

Der Insolvenzverwalter und der vorläufige Insolvenzverwalter, auf den die Verwaltungs- und Verfügungsbefugnis gem. § 22 Abs. 1 übergegangen ist (BAG, ZInsO 2002, 1198), tritt mit Eröffnung des Insolvenzverfahrens in die **Position des Arbeitgebers** ein, was sich aus dem Übergang der Verwaltungs- und Verfügungsbefugnis gem. § 80 ergibt (BAG, ZIP 1998, 437). Ist nur ein sog. »schwacher« vorläufiger Verwalter bestellt, bleibt der Schuldner Arbeitgeber (LAG Hamm, ZInsO 2004, 403), der aber ggf. für Kündigungserklärungen o. Ä. die Zustimmung des vorläufigen Verwalters benötigt (BAG, ZInsO 2003, 817).

Bei Anordnung der **Eigenverwaltung** gem. § 270 behält der Schuldner seine Stellung als Arbeitgeber. Das Insolvenzgericht kann gem. § 277 anordnen, dass bestimmte Rechtshandlungen der Zustimmung des Sachwalters bedürfen und gem. § 279 bedürfen stets der Zustimmung: die Kündigung von Betriebsvereinbarungen, § 120, das Verfahren über die gerichtliche Zustimmung zur Durchführung einer Betriebsänderung, § 122, und das Beschlussverfahren zum Kündigungsschutz nach § 126.

Soweit der vorläufige Verwalter bzw. der Insolvenzverwalter die Position des Arbeitgebers übernimmt, obliegen ihm auch die **Meldepflichten ggü. den Sozialversicherungsträgern**. Er hat die Lohnsteuer an das Finanzamt abzuführen.

▶ **Checkliste für den (vorläufigen) Insolvenzverwalter:**

- ☐ Liste aller Arbeitnehmer mit Sozialdaten, Eintrittsdatum, letztes Bruttogehalt, maßgeblicher Kündigungsfrist, evtl. Kündigungsschutz (Schwerbehinderung, Betriebsratsmitglied, Auszubildender u. Ä.)
- ☐ Entsprechende Liste der freigestellten Arbeitnehmer (Elternzeit, Wehr-, Ersatzdienst)
- ☐ Liste der freien Mitarbeiter (z. B. Berater, Werkunternehmer) mit Sozialdaten, Beginn der Beauftragung, ausgeübte Tätigkeit, Höhe des Honorars, Kündigungsmöglichkeiten, insb. einzuhaltende Fristen; evtl. Musterverträge
- ☐ Liste der Leiharbeitnehmer mit jeweiligem Einsatzbereich und -zeitraum; Rahmenverträge mit den Verleihunternehmen
- ☐ Prüfung der Anstellungsverhältnisse der Vorstandsmitglieder/Geschäftsführer und der leitenden Angestellten
- ☐ Liste der betriebsverfassungsrechtlichen Gremien und deren Besetzung
- ☐ Prüfung der benutzten Musterarbeitsverträge
- ☐ Feststellung der anzuwendenden Tarifverträge; Prüfung der Mitgliedschaft in Arbeitgeberverbänden
- ☐ Feststellung der geltenden Betriebsvereinbarungen, einschließlich konzernweiter Vereinbarungen
- ☐ Prüfung der den Arbeitnehmern gewährten Sozialleistungen (Sonderprämien, Gewinnbeteiligungen, Personaleinkauf u. Ä.)

□ Aufstellung aller Pensionsregelungen (Pensionszusagen, Versorgungspläne, Leistungsordnungen u. Ä.)
□ Eventuelle Feststellung bereits abgeschlossener Interessenausgleiche und Sozialpläne
□ Auflistung der anhängigen arbeitsgerichtlichen Streitigkeiten

II. Begriff Dienstverhältnis

8 Unter Dienstverhältnis ist der Dienstvertrag gem. § 611 BGB zu verstehen. Erfasst sind Arbeitsverträge i. S. d. § 622 BGB und freie Dienstverhältnisse i. S. d. § 621 BGB (MK-Caspers § 113 Rn. 6 ff.; s. a. OLG Düsseldorf, ZInsO 2003, 1149). Ein Dienstverhältnis ist ebenso der Anstellungsvertrag eines geschäftsführenden Gesellschafters einer juristischen Person, selbst wenn er mehrheitlich an dieser beteiligt ist (AG: vgl. § 87 Abs. 3 AktG; GmbH: OLG Brandenburg, NZI 2003, 324; OLG Hamm, ZInsO 2001, 282). Allerdings sind Gesellschaftsorgane in aller Regel keine Arbeitnehmer. Von dem Anstellungsverhältnis ist das **Organverhältnis** zu unterscheiden. Die Stellung als Organ bleibt unberührt (BAG, ZInsO 2013, 539). Die Abberufung kann auch in der Insolvenz nur durch das zuständige Gesellschaftsorgan erfolgen (s. § 46 Nr. 5 GmbHG, § 84 AktG). Ist Gegenstand des Dienstvertrags eine **Geschäftsbesorgung**, erlischt der Vertrag gem. §§ 116, 115 mit der Eröffnung des Insolvenzverfahrens ebenso wie die Vertretungsbefugnisse gem. § 117.

9 Angesichts des klaren Wortlauts gelten § 108 und § 113 für sog. **freie Dienstverhältnisse** i. S. d. § 621 BGB (für Handelsvertretervertrag: OLG Düsseldorf, ZInsO 2010, 143; a. A. OLG München, ZInsO 2006, 1060). Allerdings ist vorrangiges Ziel der Fortgeltung der Dienstverträge der **Schutz der Arbeitnehmerbelange**. Im Interesse der Masseerhaltung ist eine Beschränkung des § 108 auf Arbeitsverhältnisse i. S. d. § 622 BGB sinnvoll. Gründe dafür, freie Dienstverhältnisse, die nicht zugleich Arbeitsverhältnisse sind, z. B. ggü. Werkverträgen zu privilegieren, sind nicht erkennbar. Daher wird zu Recht vorgeschlagen, dem Insolvenzverwalter für freie Dienstverhältnisse in einschränkender Auslegung des § 108 das Wahlrecht gem. § 103 zuzubilligen (Krüger, ZInsO 2010, 507; Wente, ZIP 2005, 335, 337). Jedenfalls wenn der Dienstvertrag vom Insolvenzverwalter unter Begründung von Masseverbindlichkeiten mit den Mitteln eines zur Masse gehörenden Dienstleistungsunternehmens erfüllt werden müsste, greift § 108 Abs. 1 Satz 1 nicht ein, sondern dem Verwalter steht das Wahlrecht nach § 103 zu (BGH, ZIP 2011, 2262).

10 Gerade freie Dienstverhältnisse sind häufig von einem **Werkvertrag** abzugrenzen. Gegenstand eines Werkvertrags ist die Herbeiführung eines bestimmten Erfolges/die Herstellung eines bestimmten Werkes, dessen Erreichung/Herstellung der Werkunternehmer selbstständig und auf eigenes Risiko organisiert. Fehlt es an einem vertraglich festgelegten, abgrenzbaren Erfolg/Werk, ist unabhängig von der Vertragsbezeichnung von einem Dienstverhältnis auszugehen (BGH, NJW 2013, 3672, wiss. Hilfskraft). Von einem Werkvertrag kann sich der Insolvenzverwalter durch Nichterfüllungswahl nach § 103 lösen, während er den Dienstvertrag unter Einhaltung der Kündigungsfristen kündigen muss.

▶ Hinweis:

In Zweifelsfällen sollte der Insolvenzverwalter sowohl die Nichterfüllung erklären als auch den Vertrag kündigen, denn die eine Erklärung lässt sich nicht in die andere umdeuten.

III. Forderungen aus Dienstverhältnissen

1. Lohn und Gehalt

11 In Bezug auf Lohn und Gehalt spaltet sich das Dienstverhältnis auf den Zeitpunkt der Eröffnung des Insolvenzverfahrens auf. Forderungen, die **bis zur Eröffnung des Insolvenzverfahrens** entstanden sind, sind gem. § 108 Abs. 2 Insolvenzforderungen nach § 38. Forderungen, die **nach Eröffnung** entstehen, sind gem. §§ 108 Abs. 1, 55 Abs. 1 Nr. 2 sonstige Masseverbindlichkeiten. Eine Masseverbindlichkeit liegt vor, wenn die Forderung eine Leistung mit Entgeltcharakter zum Gegenstand hat und zumindest in einem teilweise synallagmatischen Verhältnis zu den nach Insolvenzeröffnung

erbrachten Arbeitsleistungen steht (BAG, ZInsO 2013, 1033). Dies gilt ebenso für Versorgungsanwartschaften für eine betriebliche Altersvorsorge, die der Verwalter bei Stilllegung oder Betriebsübergang gem. § 3 Abs. 4 BetrAVG abfinden kann (BAG, ZIP 2010, 897). Gleiches gilt gem. § 55 Abs. 2 Satz 2 für Verbindlichkeiten aus einem Dienstverhältnis, für das der vorläufige Insolvenzverwalter die Gegenleistung in Anspruch genommen hat, wenn auf ihn die Verwaltungs- und Verfügungsbefugnis übergegangen war (BAG, ZInsO 2001, 1171). Der vorläufige Verwalter nimmt die Gegenleistung nicht in Anspruch, wenn er den Arbeitnehmer zulässigerweise von der Arbeit **freigestellt** hat (Uhlenbruck-Berscheid/Wegener § 108 Rn. 56). Ansprüche aus Dienstverhältnissen, die der Insolvenzverwalter selbst nach Eröffnung des Insolvenzverfahren abgeschlossen hat, sind sonstige Masseverbindlichkeiten gem. § 55 Abs. 1 Nr. 1. Bei **Einmalzahlungen** ist zu unterscheiden, ob sie aufgespartes Entgelt für einzelne Abrechnungsperioden sind oder stichtagsbezogen entstehen (s. bspw. LAG Nürnberg, ZIP 2010, 1189).

Die **Höhe des Entgelts** richtet sich wie alle übrigen Konditionen des Dienstverhältnisses nach den bestehenden individual- oder tarifvertraglichen Vereinbarungen, an die der Insolvenzverwalter gebunden bleibt. Im Fall der Freistellung muss sich der Arbeitnehmer ggf. anderweitiges Einkommen oder Ersatzleistungen, insb. Arbeitslosengeld, gem. § 615 BGB anspruchsmindernd anrechnen lassen. **12**

Es bestehen keine Vorrechte mehr für die Arbeitnehmer, wie es noch in der KO der Fall war. Die Arbeitnehmer sind lediglich über ihren **Anspruch auf Insolvenzgeld** geschützt (vgl. Anhang zu § 113). **13**

Beim Vergütungsanspruch des **Altersteilzeiters** in der Freistellungsphase kommt es darauf an, wann die Arbeitsleistung erbracht wurde (BAG, ZIP 2005, 457). Fällt die Insolvenzeröffnung in die Freistellungsphase, ist seine Lohnforderung Insolvenzforderung (BAG, ZIP 2005, 457). Dauert im Zeitpunkt der Insolvenzeröffnung die Arbeitsphase noch an, sind die Löhne für die restliche Arbeitsphase Masseforderung. Beginnt dann die Freistellungsphase, sind die Gehälter, die spiegelbildlich für die während des Insolvenzverfahrens geleistete Arbeit gewährt werden, ebenfalls Masseforderung, einschließlich etwaiger Aufstockungsbeträge. Hat z. B. der Arbeitnehmer nach Eröffnung noch 2 Monate gearbeitet, bevor die Freistellungsphase begann, erhält er noch für 2 Monate in der Freistellungsphase Gehalt als Masseforderung (BAG, ZIP 2005, 457; bei Masseunzulänglichkeit s. BAG, ZIP 2005, 273; a. A. insg. Masseforderung: Schrader/Straube, ZInsO 2005, 234, 238). Gleiches gilt für einen evtl. Differenzbetrag zwischen gezahltem Lohn und dem ohne Altersteilzeit vereinbarten Lohn, den der Arbeitgeber/Insolvenzverwalter für die Arbeitsphase schuldet, wenn er den Altersteilzeitvertrag vorzeitig kündigt (LAG Baden-Württemberg, ArbRB 2005, 72). **14**

§ 8a ATZG bestimmt für ab dem 01.07.2004 abgeschlossene Altersteilzeitverträge, dass der Arbeitgeber die vom Arbeitnehmer erarbeiteten Wertguthaben durch Stellung eines tauglichen Bürgen oder Hinterlegung von Geld oder Wertpapieren nach der HinterlO gegen den Insolvenzfall absichern muss. Der Arbeitnehmer hat gegen den Arbeitgeber einen Anspruch auf **Nachweis der Sicherung**. Wird dieser nicht erfüllt, kann er beim ArbG auf Stellung einer Sicherheitsleistung klagen (Kovács/Koch, NZI 2004, 415 ff.). Einen Ersatzanspruch gegen den Arbeitgeber oder gar dessen Organe hat der Arbeitnehmer im Fall unterlassener Absicherung nicht (BAG, ZInsO 2010, 2194). Den Insolvenzverwalter trifft keine Absicherungspflicht (BAG, ZInsO 2013, 680). **15**

Ein **Urlaubsabgeltungsanspruch** ist Masseverbindlichkeit, wenn das Arbeitsverhältnis nach Insolvenzeröffnung beendet wird, selbst wenn die Zeit ab Eröffnung nicht für die Urlaubsgewährung ausgereicht hätte (BAG, ZIP 2005, 1653; ZInsO 2004, 220). Sog. **Halteprämien** sind jedenfalls dann keine Masseverbindlichkeit, wenn Zweck der Leistung die Honorierung der Betriebstreue ist und der Stichtag, bis zu dem das Arbeitsverhältnis bestanden haben muss, vor Insolvenzeröffnung liegt (BAG, ZIP 2013, 2414). Sowohl **Sonderzuwendungen**, Boni u. Ä. als auch Schadensersatzansprüche wegen nicht abgeschlossener Zielvereinbarungen, sind insolvenzrechtlich dem Zeitraum zuzuordnen, für den sie als Gegenleistung geschuldet sind (BAG, ZInsO 2013, 943). **16**

2. Abfindungen

17 Sind vor Eröffnung Abfindungszahlungen vereinbart worden, sind diese Ansprüche Insolvenzforderungen, selbst wenn die Kündigung erst nach Insolvenzeröffnung erfolgt (BAG, ZIP 2006, 1962; OLG Frankfurt am Main, ZInsO 2004, 1260). Gleiches gilt für Abfindungen aus einem sog. Auflösungsurteil gem. §§ 9, 10 KSchG. Werden dagegen mit dem Insolvenzverwalter Abfindungszahlungen vereinbart oder besteht ein Abfindungsanspruch gem. §§ 9, 10 KSchG wegen einer sozialwidrigen Kündigung durch den Insolvenzverwalter, sind dies Masseverbindlichkeiten gem. § 55 Abs. 1 Nr. 1 (FK-Mues Anh. zu § 113 Rn. 253 ff.; MK-Hefermehl § 55 Rn. 189). Gleiches gilt für den **gesetzlichen Abfindungsanspruch** gem. § 1a KSchG: Bei Kündigung vor Insolvenzeröffnung ist dieser Insolvenzforderung, eine Masseverbindlichkeit kann nur durch ein Abfindungsangebot des Insolvenzverwalter entstehen (Stiller, NZI 2005, 77, 82 f.).

18 [einstweilen unbesetzt]

19 Masseverbindlichkeit ist ebenfalls der Anspruch auf **Zahlung eines Nachteilsausgleichs** gem. § 113 Abs. 3, Abs. 1 BetrVG (Einzelheiten hierzu s. § 122), wenn es der Insolvenzverwalter unterlässt, den erforderlichen Versuch zur Herbeiführung eines Interessenausgleichs vor der Durchführung einer Betriebsänderung zu betreiben (BAG, ZIP 2006, 1510; ZIP 1997, 2203). Wird dagegen die Betriebsänderung bereits vor Eröffnung durchgeführt, also insb. die Kündigungen ausgesprochen, sind auch die Ansprüche auf Nachteilsausgleich nur Insolvenzforderungen, selbst wenn sie mit Zustimmung des vorläufigen Insolvenzverwalters erfolgten (BAG, ZInsO 2003, 670). Zu Abfindungen aus Sozialplänen s. § 124 Rdn. 7.

3. Arbeitszeugnis

20 Der Insolvenzverwalter ist wie ein Arbeitgeber verpflichtet, ein Zeugnis zu erteilen, § 630 BGB, und zwar über den gesamten Zeitraum des Arbeitsverhältnisses (BAG, ZIP 2004, 1974; ZIP 1991, 744). Hierfür hat er einen **Auskunftsanspruch gegen den Schuldner gem. § 97** (BAG, ZIP 2004, 1974). Ist der Arbeitnehmer bereits vor Insolvenzeröffnung ausgeschieden, richtet sich der Anspruch gegen den Schuldner (BAG, ZIP 2004, 1974). Anderes könnte allenfalls gelten, wenn das Arbeitsverhältnis zu einem Zeitpunkt endet, in dem ein sog. »starker« vorläufiger Insolvenzverwalter bestellt ist, da auf diesen die Arbeitgeberstellung übergeht (BAG, ZIP 2004, 1974).

B. Beendigung von Dienstverhältnissen in der Insolvenz

I. Ordentliche Kündigung

21 Bei einer ordentlichen Kündigung eines Dienstverhältnisses sind die vertraglichen oder gesetzlichen Kündigungsfristen einzuhalten, die sich insb. aus den §§ 621, 622 BGB ergeben. Eines **Grundes** bedarf sie nur im Geltungsbereich des KSchG (s. u. Rdn. 43 ff.). § 113 erleichtert die ordentliche Kündigung für Insolvenzverwalter und Arbeitnehmer gleichermaßen und zwar für Dienstverträge, bei denen der Insolvenzschuldner der Dienstberechtigte, also der Arbeitgeber ist. Erfasst sind sämtliche Verträge i. S. d. § 611 BGB und damit sowohl Arbeitsverhältnisse als auch selbständige Dienstverträge. Unterschiede bestehen hinsichtl. der Länge der gesetzlichen Kündigungsfristen und der Geltung des KSchG.

22 Das Dienstverhältnis muss für eine auf § 113 gestützte Kündigung **noch nicht angetreten** worden sein (Braun-Beck § 113 Rn. 41 ff.; MK-Caspers § 113 Rn. 12). Die Kündigungsfrist beginnt dann bereits mit dem Zugang der Kündigungserklärung (Braun-Beck § 113 Rn. 44; MK-Caspers § 113 Rn. 29).

23 Die Erleichterungen des § 113 gelten erst im eröffneten Verfahren (BAG, ZIP 2005, 1289; LAG Hamburg, ZIP 2004, 869; **a. A.** FK-Eisenbeis § 113 Rn. 10). Der **vorläufige Verwalter** kann Dienstverhältnisse nur kündigen, wenn auf ihn die Verwaltungs- und Verfügungsbefugnis übergegangen ist, aber er muss die vertraglichen oder gesetzlichen Fristen einhalten (BAG, ZInsO 2005, 1342). Angesichts der teilweise kürzeren gesetzlichen Fristen bietet es sich für ihn an, bereits im Eröff-

nungsverfahren zu kündigen, um spätere Masseverbindlichkeiten zu vermeiden. Wegen seiner grds. Pflicht zur Unternehmensfortführung gem. § 22 Abs. 2 Nr. 2 darf er Kündigungen wegen einer geplanten Betriebsstilllegung aber nur mit **Zustimmung des Insolvenzgerichts** aussprechen (LAG Düsseldorf, ZInsO 2003, 819). Im Interesse der Masseerhaltung wird gefordert, dem vorläufigen Verwalter das Recht zur Kündigung mit der kurzen Frist des § 113 zuzugestehen, um zu vermeiden, dass die Arbeitsverhältnisse über den dreimonatigen Insolvenzgeldzeitraum hinaus bestehen bleiben (Berscheid, FS Schwerdtner, S. 517, 521 ff.; s. a. Uhlenbruck, FS Schwerdtner, S. 623, 647 ff.).

§ 113 gilt ebenso für Dienstverträge, die der vorläufige oder endgültige Insolvenzverwalter abgeschlossen hat (LAG Berlin, ZIP 2007, 2002; a. A. Henkel, ZIP 2008, 1265). 24

II. Außerordentliche Kündigung

Für eine außerordentliche Kündigung muss auch in der Insolvenz ein **wichtiger Grund gem. § 626 BGB** vorliegen und die Kündigung muss innerhalb von 2 Wochen ab Kenntnis des Grundes erklärt werden, § 626 Abs. 2 BGB (s. a. BAG, NZA 2013, 665). Ein wichtiger Grund ist gegeben, wenn es für die kündigende Partei unzumutbar ist, das Dienstverhältnis bis zum Ablauf der regulären Kündigungsfrist aufrechtzuerhalten. Kein wichtiger Grund ist allein die Insolvenz (s. bspw. BAG, NZA 2013, 959). **Arbeitnehmerseitig** liegt aber wegen fehlender Entgeltsicherheit wenigstens dann ein hinreichender Grund zu außerordentlichen Kündigung vor, wenn offensichtlich ist, dass die Masse nicht zur Zahlung der Vergütung ausreichen wird (LAG Hamm, ZInsO 2007, 837). 25

Dann erhält der Arbeitnehmer selbst bei einer Eigenkündigung **keine Sperrzeit** für den Bezug des Arbeitslosengelds I, s. § 144 SGB III (Pohlmann-Weide/Ahrendt, ZIP 2008, 589). Die Zahlung von **Lohnersatzleistungen**, insb. durch Vorfinanzierung von Insolvenzgeld, lässt den Grund zur außerordentlichen Kündigung für den Arbeitnehmer **nicht entfallen**, da sein Lohnanspruch hierdurch nicht befriedigt wird und er nicht gezwungen werden kann, sich mit der Lohnersatzleistung zu begnügen (LAG Hamm, ZInsO 2007, 837).

III. Aufhebungsverträge

Uneingeschränkt zulässig sind auch in der Insolvenz Aufhebungs- und Abwicklungsverträge. In Aufhebungsverträgen einigen sich die Vertragspartner einvernehmlich über die Beendigung des Arbeitsverhältnisses. In Abwicklungsverträgen werden im Nachgang einer Kündigung Einzelheiten über die Beendigung des Arbeitsverhältnisses festgelegt. 26

Aufhebungsverträge bergen das Risiko der Verhängung einer **Sperrzeit** gem. § 144 SGB V für das Arbeitslosengeld I, wenn der Arbeitslose das Beschäftigungsverhältnis gelöst und er dadurch vorsätzlich oder grob fahrlässig die Arbeitslosigkeit herbeigeführt hat, ohne für sein Verhalten einen wichtigen Grund zu haben. Wichtig sind alle Gründe, die es für den Arbeitslosen unter Berücksichtigung aller Umstände des Einzelfalls und unter Abwägung seiner Interessen mit denen der Versichertengemeinschaft unzumutbar erscheinen lassen, einen Sperrzeittatbestand zu vermeiden (vgl. DA zu § 144 SGB V, 144.78). Die Insolvenz der Arbeitgebers ist ein solcher wichtiger Grund (DA zu § 144 SGB V, 144.87), sodass Aufhebungs- und Abwicklungsverträge im Insolvenzverfahren grds. unproblematisch sind (Pohlmann-Weide/Ahrendt, ZIP 2008, 589). Aufhebungsverträge sollten daher darauf verweisen, dass sie wegen der Insolvenz des Arbeitgebers geschlossen werden (vgl. Pohlmann-Weide/Ahrendt, ZIP 2008, 589). 26a

Ein am Arbeitsplatz oder in der Wohnung des Arbeitnehmers abgeschlossener Aufhebungsvertrag ist **kein Haustürgeschäft** i. S. d. § 312 Abs. 1 Satz 1 Nr. 1 BGB (BAG, ZIP 2004, 1561; LAG Hamm, ZIP 2004, 476). 27

In **Abwicklungsverträgen** kann der Arbeitnehmer rechtsverbindlich auf seinen **Kündigungsschutz verzichten**. Das BSG hatte bei Abwicklungsverträgen Sperrzeiterteilungen für rechtmäßig erklärt (BSG, ZIP 2004, 1517). Nach Neufassung der DA zu § 144 SGB III sind nun aber Aufhebungsverträge und Abwicklungsverträge gleichgestellt, sodass eine Sperrzeit in der Insolvenz nicht mehr 28 droht (Gaul/Niklas, NZA 2008, 137). Gleiches gilt für Aufhebungs- oder Abwicklungsvereinbarungen in gerichtlichen Vergleichen (BSG, DB 2008, 1048). Dies sollte auch bei einem Verzicht auf gesetzlichen Sonderkündigungsschutz gelten.

29 [einstweilen unbesetzt]

C. Erleichterungen des § 113

I. Aufhebung tariflicher oder vertraglicher Kündigungsausschlüsse und Befristungen

30 § 113 ermöglicht eine ordentliche Kündigung auch dann, wenn im Dienst- oder Tarifvertrag
   – die Unkündbarkeit festgelegt ist oder
   – das Dienstverhältnis befristet oder auflösend bedingt ist.

Hintergrund hierfür ist, dass sich häufig in Tarifverträgen gerade für ältere Arbeitnehmer Vereinbarungen finden, die eine ordentliche Kündigung ausschließen. Müssten diese in der Insolvenz beachtet werden, würde ein Personalabbau zu einer überalterten Personalstruktur führen. Deshalb sollen solche Regelungen wegen ihrer **sanierungsfeindlichen Wirkung** in der Insolvenz keinen Bestand haben (BAG, ZIP 2000, 985). § 113 gilt ebenso bei Standortsicherungsvereinbarungen (BAG, ZInsO 2006, 724).

31 Nach h. M. ändert § 113 auch **tarifvertragliche Vereinbarungen** ab. Dies schränkt zwar die in Art. 9 Abs. 3 GG geschützte Tarifautonomie ein, was aber im Insolvenzfall wegen der konkurrierenden Grundrechte der übrigen Gläubiger aus Art. 14 GG gerechtfertigt ist (BAG, ZIP 2005, 1842; ZInsO 2003, 43; ZIP 1999, 1933; zum Verfassungsrecht s. a. BVerfG, ZInsO 1999, 350 [unzulässige Vorlage]).

31a **Die Befristung von Arbeitsverhältnissen** ist im TzBfG geregelt, das auch in der Insolvenz gilt (MK-Caspers § 113 Rn. 39). Ohne sachlichen Grund kann ein Arbeitsverhältnis bis zur Gesamthöchstdauer von 2 Jahren befristet werden, § 14 Abs. 2 TzBfG. Ansonsten müssen konkrete Sachgründe gem. § 14 Abs. 1 TzBfG vorliegen. Allein das Insolvenzverfahren genügt nicht (LAG Düsseldorf, ZIP 1994, 1032). Bei einer unrechtmäßigen Befristung gilt der Arbeitsvertrag als unbefristet abgeschlossen und der Arbeitgeber ist gehindert, das Arbeitsverhältnis vor dem Ende der Befristung zu beenden, § 16 Abs. 1 TzBfG. Da es sich hierbei um einen gesetzlichen Ausschluss der ordentlichen Kündigungsmöglichkeit handelt, ist im Insolvenzverfahren § 113 analog anzuwenden (MK-Caspers § 113 Rn. 39). Ein Arbeitsteilzeitvertrag ist ein befristetes Arbeitsverhältnis, das zumindest in der Arbeitsphase gem. § 113 kündbar ist (BAG, ZIP 2005, 1842; s. a. Rdn. 49).

II. Verkürzung der Kündigungsfristen

32 Im Insolvenzverfahren können beide Seiten den Dienstvertrag mit einer Frist von 3 Monaten zum Monatsende ordentlich kündigen, wenn keine kürzere Frist maßgeblich ist. Dies gilt unabhängig davon, auf welchen Grund die Kündigung gestützt wird, und für die gesamte Zeit des Insolvenzverfahrens (FK-Eisenbeis vor §§ 113 ff. Rn. 32 f.; HK-Linck § 113 Rn. 12 f.). In dem Verstreichenlassen des erstmöglichen Kündigungstermins liegt kein Verzicht (Uhlenbruck-Berscheid § 113 Rn. 28).

33 Kürzere **Fristen** können sich aus Vertrag, einer Tarifvereinbarung oder aus dem Gesetz ergeben. Sind einzel- oder tarifvertraglich längere Fristen als die gesetzlichen vereinbart, beträgt die Kündigungsfrist in der Insolvenz 3 Monate gem. Satz 2 (BAG, ZInsO 2014, 1166; ZIP 1999, 370; ZIP 1999, 1933; Jaeger/Henckel/Gerhardt-Giesen § 113 Rn. 88; wohl auch MK-Löwisch/Caspers § 113 Rn. 26). Nach a. A. ist in der Insolvenz zunächst auf die gesetzlichen Fristen der §§ 621, 622 BGB zurückzugreifen und erst, wenn diese länger als 3 Monate sind, auf die Höchstfrist des § 113 (Uhlenbruck-Berscheid § 113 Rn. 99 m. w. N.; LAG Hamm, NZI 1998, 132).

34 Auch bei vereinbarter Unkündbarkeit, befristeten oder auflösend bedingten Verträgen muss nach h. M. die Kündigungsfrist des Satz 2 von 3 Monaten eingehalten werden (BAG, ZInsO 2000, 567;

LAG Düsseldorf, ZInsO 2000, 169 [Vorinstanz]; LAG Hamm, ZInsO 2000, 407). Bei einer Befristung gilt dies natürlich nur, wenn die Befristung noch länger als 3 Monate andauert. Nach **a. A.** sind die Fristen der §§ 621, 622 BGB maßgeblich (LAG Hamm, ZInsO 2001, 282; MK-Löwisch/Caspers § 113 Rn. 25 f.; Uhlenbruck-Berscheid § 113 Rn. 103 ff.), die häufig kürzer sind. Für die letzte Ansicht spricht das Ziel der Masseentlastung. Für die h. M. ist anzuführen, dass die privatautonome Entscheidung der Vertragsparteien, eine vorzeitige Beendigung möglichst zu vermeiden, in der Insolvenz ebenfalls zu respektieren ist.

Die Kündigungsfristen berechnen sich ab dem **wirksamen Zugang der Kündigung** (s. u. Rdn. 39), und zwar auch dann, wenn das Dienstverhältnis noch nicht angetreten war (HK-Linck § 113 Rn. 5) oder eine andere Vereinbarung getroffen wurde (MK-Caspers § 113 Rn. 30). 35

III. Nachkündigung

Haben bereits vor der Eröffnung des Insolvenzverfahrens der Arbeitgeber oder der vorläufige Verwalter gekündigt, kann und muss der endgültige Verwalter das Dienstverhältnis erneut kündigen, um in den Genuss der kürzeren Frist des Satz 2 zu kommen (BAG, ZInsO 2005, 390; ZInsO 2003, 866). Hierin liegt keine unzulässige Wiederholungskündigung, da durch die Insolvenz ein neuer Sachverhalt vorliegt (BAG, ZIP 2008, 428; ZInsO 2002, 1198). Die Nachkündigung ist dann vorgreiflich und es kommt auf die Wirksamkeit der früheren Kündigung nicht an (BAG, ZInsO 2003, 960). Allerdings muss der Insolvenzverwalter ggf. den Betriebsrat erneut gem. § 102 BetrVG anhören (BAG, ZIP 2008, 428; vgl. unten Rdn. 73 ff.). 36

D. Kündigungserklärung

Grundsätzlich gelten für die Kündigungserklärung des Insolvenzverwalters die allgemeinen Regeln. Eine **Stellvertretung** ist möglich, da die Kündigung keine insolvenztypische Handlung ist (Uhlenbruck-Berscheid § 113 Rn. 29). Der Arbeitnehmer kann die Vorlage der Vollmacht gem. § 174 BGB verlangen. Die Nichtvorlage kann zur Unwirksamkeit der Kündigungserklärung führen. Dies gilt auch, wenn ein Sozius aus der Kanzlei des Insolvenzverwalters die Kündigung ausspricht (BAG, ZInsO 2002, 1198). 37

Für die Kündigung von Arbeitsverhältnissen ist gem. § 623 BGB zwingend **Schriftform** vorgeschrieben und damit gem. § 126 BGB die eigenhändige Unterschrift erforderlich. Dies gilt auch für Änderungskündigungen und das Lossagungsrecht beim Eingehen eines neuen Arbeitsverhältnisses im Laufe eines Kündigungsschutzprozesses nach § 12 Satz 1 KSchG (Uhlenbruck-Berscheid § 113 Rn. 33, 35). Die **Kündigungsgründe** sollten, müssen aber nicht schriftlich mitgeteilt werden. Kündigt ein Arbeitnehmer nur mündlich und erscheint nicht mehr zur Arbeit, kommt der Arbeitgeber nicht in Annahmeverzug und der Arbeitnehmer hat keinen Entgeltanspruch (Uhlenbruck-Berscheid § 113 Rn. 48). Der **Beendigungszeitpunkt** muss genannt werden. Der Hinweis auf die maßgebliche gesetzliche Regelung genügt, wenn der Arbeitnehmer unschwer erkennen kann, zu welchem Termin das Arbeitsverhältnis enden soll (BAG, ZInsO 2013, 2226). Eine zu einem bestimmten Termin erklärte Kündigung kann nicht in eine zum nächstmöglichen Termin umgedeutet werden (BAG, NJW 2010, 3740). 38

Die Kündigung wird als einseitige empfangsbedürftige Willenserklärung mit dem **Zugang** beim Empfänger wirksam, vgl. §§ 130 ff. BGB (Einzelheiten s. MK-Caspers § 113 Rn. 51 ff.). Sie geht auch wirksam zu, wenn der Arbeitnehmer im Urlaub ist und der Arbeitgeber dies weiß (MK-Caspers § 113 Rn. 55 m. w. N.). 39

E. Schadensersatz

I. Schadensersatz gem. Satz 3

Gemäß Satz 3 hat der Dienstnehmer bei einer Kündigung durch den Insolvenzverwalter – nicht aber bei Abschluss eines Aufhebungsvertrages (BAG, ZIP 2007, 1875) – Anspruch auf Schadens- 40 ersatz wegen der vorzeitigen Beendigung des Dienstverhältnisses. Ihm ist der Schaden zu ersetzen, der eintritt, weil das Dienstverhältnis gerade wegen der speziellen Frist des § 113 früher endet als nach den gesetzlichen oder vertraglichen Fristen oder Befristungen, sog. **Verfrühungsschaden** (BAG, ZInsO 2014, 1166; ZInsO 2007, 1117). Der Schadensersatzanspruch ist auf den Zeitraum zu **begrenzen**, bis zu dem der Arbeitnehmer ohne die Kündigung des Insolvenzverwalters voraussichtlich beschäftigt gewesen wäre, also i. d. R. bis zum Ablauf der ordentlichen Kündigungsfrist, bzw. bei vereinbarter Unkündbarkeit bis zum Ablauf der ohne die Unkündbarkeit maßgebliche Frist (BAG, ZInsO 2007, 1117). Umfasst sind die Lohnansprüche für diesen Zeitraum, einschließlich Provisionen, Naturalbezüge etc. (FK-Eisenbeis § 113 Rn. 85), nicht aber Abfindungen oder sonstige Schäden wegen des Verlustes des Arbeitsplatzes, z. B. nach §§ 9, 10 KSchG analog (s. a. LAG Hessen, ZInsO 2013, 2344), wohl aber nach dem BAG direkte sozialversicherungsrechtliche Nachteile (bzgl. Eltern in Elternzeit: BAG, ZInsO 2014, 1166). Dies gilt ebenso bei tariflicher oder vertraglicher Unkündbarkeit (BAG, ZInsO 2007, 1117). Abzuziehen sind in jedem Fall **ersparte Aufwendungen** sowie **andere Arbeitseinkommen**, und zwar auch solche, die der Arbeitnehmer schuldhaft zu erwerben unterlassen hat, § 254 BGB (MK-Caspers § 113 Rn. 32).

II. Schadensersatz gem. § 628 Abs. 2 BGB

41 § 628 Abs. 2 BGB bestimmt, dass im Fall einer durch **vertragswidriges Verhalten des anderen Teils** veranlassten Kündigung dieser zum Ersatz des durch die Aufhebung des Dienstverhältnisses entstehenden Schadens verpflichtet ist. Dies gilt für jede Art der Beendigung des Dienstverhältnisses, wenn nur der Anlass der Beendigung den Charakter eines wichtigen Grundes gem. § 626 Abs. 1 BGB hat (BAG, BB 2003, 206). Der Schadensersatzanspruch umfasst neben der entgangenen Vergütung eine angemessene Abfindung für den Verlust des Arbeitsplatzes (BAG, NZA 2007, 1419). Dieser Schadensersatzanspruch ist eine Insolvenzforderung, wenn die Kündigung vor Insolvenzeröffnung erfolgte. Sie ist nur dann Masseverbindlichkeit gem. § 55 Abs. 1 Nr. 2, wenn sie nach Insolvenzeröffnung erfolgte und auf einem vertragswidrigen Verhalten des Insolvenzverwalters basiert. Denn es kann keinen Unterschied machen, ob der Insolvenzverwalter mangels ausreichender Masse fristgerecht kündigt und den Arbeitnehmer freistellt, wodurch dessen Freistellungslohn Masseverbindlichkeit nach § 55 Abs. 1 Nr. 2 würde, oder ob der Arbeitnehmer aus eben diesem Grund fristlos kündigt.

F. Kündigungsschutz in der Insolvenz

42 § 113 verkürzt nur die Kündigungsfristen. Alle sonstigen Kündigungs-(schutz)vorschriften bleiben grds. bindend (BAG, ZInsO 2013, 1690; ZInsO 2003, 480). Daher sind bei Vorliegen der jeweiligen Voraussetzungen weiterhin zu beachten:
– KSchG: Kündigungsgründe, Sozialauswahl,
– Massenentlassungsanzeige, § 17 KSchG,
– Anhörung des Betriebsrats gem. § 102 BetrVG,
– behördliche Zustimmungen, z. B. bei Schwerbehinderten, § 85 SGB IX,
– Sonderkündigungsschutz, z. B. im Mutterschutz, § 9 Abs. 1 MuSchG, für Wehr- oder Ersatzdienstleistende, § 2 ArbPlSchG.

I. Kündigungsschutzgesetz (KSchG)

43 Das KSchG findet auch in der Insolvenz bei Vorliegen der persönlichen und betrieblichen Voraussetzungen Anwendung (BAG, ZIP 1983, 205). Der zu Kündigende muss **Arbeitnehmer i. S. d. § 14 KSchG** sein, der eine sechsmonatige Betriebszugehörigkeit aufweist, § 1 Abs. 1 KSchG. Keine Arbeitnehmer i. S. d. KSchG sind die zur Vertretung einer Gesellschaft berufenen Personen, § 14 Abs. 1 KSchG. Auf leitende Angestellte findet das KSchG im Wesentlichen Anwendung, § 14 Abs. 2 KSchG. In dem betreffenden Betrieb müssen rgm. mehr als fünf Arbeitnehmer beschäftigt sein bzw. für Arbeitsverhältnisse, die nach dem 31.12.2003 begonnen haben, mehr als zehn Arbeitnehmer, § 23 Abs. 1 Satz 1, 2 KSchG (s. a. BAG, ZIP 2013, 2230).

Eine Kündigung ist nach § 1 Satz 2 KSchG begründet, wenn sie personen-, verhaltens- oder betriebsbedingt ist. Liegt keiner dieser Kündigungsgründe vor oder war bei einer betriebsbedingten Kündigung die Sozialauswahl fehlerhaft, ist die Kündigung rechtsunwirksam.

1. Hauptkündigungsgrund: dringende betriebliche Erfordernisse

Insolvenzverfahren gehen in aller Regel einher mit dem betriebsbedingten Abbau von Arbeitsplätzen.

a) Wegfall der Beschäftigungsmöglichkeit

Eine betriebsbedingte Kündigung ist gem. § 1 KSchG dann sozial gerechtfertigt und damit rechtswirksam, wenn durch dringende betriebliche Erfordernisse die Beschäftigungsmöglichkeit weggefallen ist, keine anderweitige Beschäftigungsmöglichkeit im Unternehmen oder im Gemeinschaftsbetrieb (ein Betrieb gebildet aus mehreren Unternehmen, s. hierzu BAG, ZInsO 2013, 398) gegeben ist und eine korrekte Sozialauswahl stattgefunden hat. Allein die Eröffnung des Insolvenzverfahrens genügt nicht zur Rechtfertigung. Bei der **betriebsbedingten Kündigung** wird zwischen **inner- und außerbetrieblichen Gründen** unterschieden: Innerbetriebliche Gründe sind interne Umorganisationsmaßnahmen, die ihre Ursache in Gewinnrückgang oder Unrentabilität haben. Außerbetriebliche Gründe sind Umsatz- und Produktionsrückgang, die sich wegen geringerem Arbeitsanfall unmittelbar auf die Arbeitsplätze auswirken.

Auch wenn der Insolvenzverwalter zunächst nur **Kurzarbeit** eingeführt hat, können zu einem späteren Zeitpunkt betriebsbedingte Kündigungen gerechtfertigt sein. Dann muss er allerdings das durch die Anordnung der Kurzarbeit gesetzte Indiz entkräften, dass er nur von einer vorübergehenden Verminderung des Arbeitsanfalls ausgegangen war (FK-Eisenbeis vor §§ 113 ff. Rn. 30).

Ein Wegfall der Beschäftigungsmöglichkeit ist stets bei der **Stilllegung des Betriebs** gegeben. Hierunter ist die dauerhafte oder jedenfalls für eine wirtschaftlich nicht unerhebliche Zeit erfolgende Aufhebung der Betriebs- und Produktionsgemeinschaft zwischen Arbeitgeber und Arbeitnehmern zu verstehen (st. Rspr. s. BAG, ZIP 2006, 1917; ZInsO 2009, 1968; NZA-RR 2012, 465). Der Unternehmer muss seine bisherige wirtschaftliche Betätigung in der ernstlichen Absicht einstellen, die Verfolgung des bisherigen Betriebszwecks dauernd oder auf unbestimmte Zeit nicht weiter zu verfolgen (BAG, NZA-RR 2012, 465; ZIP 2006, 1917; ZInsO 2003, 43). Eine **beabsichtigte** Betriebsstilllegung genügt als Kündigungsgrund, wenn in dem Zeitpunkt der Kündigungserklärung davon auszugehen ist, dass im Zeitpunkt des Beendigungstermins die Arbeitskraft nicht mehr benötigt werden wird (BAG, NZA-RR 2012, 465; ZInsO 2003, 43). Eine Stilllegungsabsicht ist zu verneinen, wenn die **Veräußerung des Betriebs** geplant ist (BAG, NZA-RR 2012, 465; ZInsO 2009, 1968; ZInsO 2003, 43). Maßgeblich für die Zulässigkeit ist jeweils die Prognose im Zeitpunkt der Kündigung. Unerheblich ist es, wenn sich der Stilllegungsprozess tatsächlich länger hinzieht oder sich später eine Veräußerungsmöglichkeit für den Betrieb ergibt (BAG, ZIP 2007, 2136; ZInsO 2003, 43). Auch ein bloßer Vorbehalt des Insolvenzverwalters, bei sich ergebender Gelegenheit, den Betrieb zu veräußern, ist unschädlich (BAG a. a. O.).

Ist **Altersteilzeit** in Form des Blockmodells vereinbart, ist eine Kündigung nicht betriebsbedingt, wenn sich der Arbeitnehmer bereits in der Freistellungsphase befindet. Dann ist der Arbeitgeber nur noch zur Gehaltszahlung und nicht mehr zur Beschäftigung verpflichtet, sodass ein möglicher Wegfall der Beschäftigungsmöglichkeit für die Erfüllung seiner Verbindlichkeit keine Rolle mehr spielen kann (BAG, ZInsO 2003, 480; krit. Ries, ZInsO 2007, 414). Allerdings ist seine Lohnforderung bloße Insolvenzforderung (BAG, ZIP 2005, 457; vgl. Rdn. 14). Befindet sich der Arbeitnehmer dagegen noch in der Arbeitsphase, kann eine betriebsbedingte Kündigung zulässig sein (BAG, ZIP 2005, 1842).

b) Sozialauswahl

50 Eine betriebsbedingte Kündigung ist nur dann gerechtfertigt, wenn bei der Auswahl der zu kündigenden Arbeitnehmer soziale Kriterien hinreichend und ausgewogen beachtet wurden. **Kriterien für die Sozialauswahl** sind gem. § 1 Abs. 3 KSchG die Betriebszugehörigkeit, das Lebensalter, die Unterhaltspflichten des zu kündigenden Arbeitnehmers und eine evtl. Schwerbehinderung. In die Sozialauswahl sind alle vergleichbaren Arbeitnehmer eines Betriebs oder Gemeinschaftsbetriebs (ein Betrieb gebildet aus mehreren Unternehmen) mit einzubeziehen. Nicht mit einzubeziehen sind Arbeitnehmer, deren Arbeitsverhältnis nicht durch eine ordentliche Kündigung beendet werden kann, z. B. Betriebsratsmitglieder (s. a. Rdn. 79 ff.; BAG, ZIP 2006, 918). Sog. **Leistungsträger** können gem. § 1 Abs. 3 Satz 2 KSchG grds. von der Sozialauswahl ausgenommen werden. Allerdings ist trotzdem das Interesse des sozial schwächeren Arbeitnehmers gegen das betriebliche Interesse des Arbeitgebers an der Herausnahme des Leistungsträgers abzuwägen (BAG, ZInsO 2013, 146). Die Sozialauswahl muss sich auch dann auf den Gesamtbetrieb erstrecken, wenn nur ein Teil des Betriebs übertragen wird (BAG, ZIP 2005, 412). Vor der Zuordnung der Arbeitnehmer zu den jeweiligen Betriebsteilen hat unter sämtlichen vergleichbaren Mitarbeitern die Sozialauswahl stattzufinden. Dies hat letztlich zur Folge, dass auf den neuen Betriebsinhaber nur die vergleichbaren Arbeitnehmer übergehen können, die sozial am schutzwürdigsten sind, unabhängig davon, in welchem Betriebsteil sie tätig waren.

51 Der Vergleich findet auf **einer Hierarchieebene** statt (**horizontale Vergleichbarkeit**). Dabei ist ein Arbeitsplatz vergleichbar, wenn der Arbeitgeber den Arbeitnehmer dort allein aufgrund seines Weisungsrechts ohne Änderung des Arbeitsvertrags beschäftigen könnte (BAG, ZIP 1990, 1223). Die Arbeitnehmer müssen aufgrund ihrer **beruflichen Qualifikation** und ihrer **Tätigkeiten im Betrieb** in der Lage sein, andersartige, aber gleichwertige Arbeit von anderen Arbeitnehmern nach einer (relativ) kurzen Einarbeitungszeit auszuüben (s. zuletzt BAG, ZIP 2014, 536). Die Sozialauswahl kann im Wege eines Punktesystems erfolgen, woran sich dann eine individuelle Abschlussprüfung anschließen muss, um soziale Härten zu vermeiden (BAG, NJW 2007, 2429).

52 Sind in Tarifverträgen oder Betriebsvereinbarungen gem. § 95 BetrVG **Auswahlrichtlinien** vereinbart, kann die Sozialauswahl im Kündigungsschutzprozess nur auf **grobe Fehlerhaftigkeit** überprüft werden, § 1 Abs. 4 KSchG. § 1 Abs. 5 KSchG und § 125 erleichtern die Sozialauswahl, wenn ein Interessenausgleich mit Namensliste vereinbart wird.

c) Wiedereinstellungsanspruch

53 Wird nach einer Kündigung aus betriebsbedingten Gründen der Betrieb entgegen der ursprünglichen Planungen fortgeführt oder übertragen, steht ein Wiedereinstellungsanspruch – beim Betriebsübergang auch Fortsetzungsanspruch genannt – des gekündigten Arbeitnehmers im Raum. Außerhalb der Insolvenz wird dieser bejaht, wenn noch während des Laufs der Kündigungsfrist der Entschluss zur Betriebsfortführung gefasst wird oder ein Betriebsübergang stattfindet, der Arbeitgeber mit Rücksicht auf die Wirksamkeit der Kündigung noch keine Dispositionen getroffen hat und ihm die unveränderte Fortsetzung des Arbeitsverhältnisses zumutbar ist (grundlegend BAG, NJW 1997, 2257).

54 Im Insolvenzverfahren wird ein Wiedereinstellungsanspruch nach richtiger Ansicht grds. **abgelehnt** (BAG, ZIP 1999, 320; LAG Frankfurt am Main, ZInsO 2003, 1060 [Ls.]; LAG Hamm, ZInsO 2003, 868; Uhlenbruck-Berscheid § 128 Rn. 33 f.; offen gelassen: BAG, ZInsO 2003, 43; **a. A.** LAG Hamm, ZInsO 1999, 302 [Ls.]; LAG Düsseldorf, ZInsO 2004, 402; LAG Niedersachsen, NZA-RR 2004, 567; MK-Caspers § 128 Rn. 32; Moll, KTS 2002, 635, 649). Einigkeit besteht darüber, dass er jedenfalls **nicht über den Ablauf der Kündigungsfrist hinaus** besteht (BAG, ZInsO 2004, 876; ZIP 2000, 1781; ZIP 1999, 320; Jaeger/Henckel/Gerhardt-Giesen vor § 113 Rn. 134; MK-Caspers § 125 Rn. 107). Ein Wiedereinstellungsanspruch widerspräche den Zielen der InsO, die auf Sanierung und erleichterte Kündigungsmöglichkeiten gerichtet sind. Müsste z. B. ein Erwerber mit Wiedereinstellungsforderungen bereits gekündigter Arbeitnehmer rechnen, wird er einen

Erwerb scheuen oder Abschläge beim Kaufpreis fordern (Uhlenbruck-Berscheid § 128 Rn. 33 f.; s. a. BAG, ZIP 1999, 320; LAG Hessen, ZInsO 2002, 48).

2. Änderungskündigung

Als im Vergleich zur Beendigungskündigung weniger einschneidende Maßnahme kommen bei personellen Umstrukturierungen Änderungskündigungen in Betracht. Sie unterliegen denselben Beschränkungen wie außerhalb des Insolvenzverfahrens, d. h. die Veränderung der Arbeitsbedingungen muss durch dringende betriebliche Erfordernisse gerechtfertigt und für den Arbeitnehmer zumutbar sein, § 2 KSchG (FK-Eisenbeis vor §§ 113 ff. Rn. 25). Ein hinreichender Grund liegt vor, wenn der Betrieb ohne die Rationalisierungsmaßnahmen nicht rentabel wirtschaften könnte und stillgelegt werden müsste, sodass sämtliche Arbeitsplätze wegfallen würden (FK-Eisenbeis vor §§ 113 ff. Rn. 27). 55

3. Personen- oder verhaltensbedingte Kündigungen

Für personen- oder verhaltensbedingte Kündigungen gelten in der Insolvenz keine Besonderheiten. Als Gründe kommen bspw. Minderleistungen des Arbeitnehmers im Vergleich zu den durchschnittlichen Leistungen seiner Kollegen in Betracht (z. B. BAG, NJW 2004, 2545). Je nach Kündigungsgrund muss der Kündigung eine **Abmahnung** vorangehen. Vom Schuldner oder einem vorläufigen Insolvenzverwalter mit Arbeitgeberfunktion ausgesprochene Abmahnungen **behalten** in das Insolvenzverfahren hinein **ihre Wirkung**. 56

4. Prozessuales

a) Klagefrist

Die Unwirksamkeit der Kündigung muss der Arbeitnehmer innerhalb der **3-Wochen-Frist** des § 4 KSchG gerichtlich geltend machen und zwar unabhängig davon, aus welchen Gründen er die Kündigung für unwirksam hält. Hält er diese Frist nicht ein, ist die Kündigung wirksam. 57

[einstweilen unbesetzt] 58

Fristbeginn ist der Zugang der Kündigung (§ 130 BGB; s. a. oben Rdn. 39). Sofern eine **behördliche Genehmigung** der Kündigung erforderlich ist, ist Fristbeginn der Zugang dieser Genehmigung beim Arbeitnehmer, § 4 Satz 4 KSchG. Hat der Arbeitgeber/Insolvenzverwalter die erforderliche Zustimmung überhaupt nicht beantragt, kann die Klagefrist nicht zu laufen beginnen, sodass der Insolvenzverwalter sorgfältig prüfen muss, ob und welche Arbeitnehmer einen besonderen Kündigungsschutz genießen (BAG, ZIP 2003, 2129). 59

Eine nachträgliche Klage des Arbeitnehmers ist gem. § 5 KSchG zuzulassen, wenn er trotz zumutbarer Sorgfalt verhindert war, rechtzeitig Klage einzureichen (Einzelheiten s. MK-Caspers § 113 Rn. 69 ff.). Der Arbeitnehmer kann im Laufe des Kündigungsschutzverfahrens weitere Gründe für die Unwirksamkeit der Kündigung **nachschieben**, § 6 KSchG, der nach h. M. in der Insolvenz vollumfänglich gilt (BAG, ZInsO 2000, 351; LAG Köln v. 26.02.2004 – 6 Sa 875/03; LAG Sachsen-Anhalt, Urt. v. 08.06.2001 – 2 Sa 138/01; LAG Hamm, ZInsO 2001, 335; **a. A.** LAG München, ZInsO 1999, 120 [Ls.]). 60

b) Beklagte Partei

Im Insolvenzverfahren wahrt nur eine Klage **gegen den Insolvenzverwalter** in seiner Eigenschaft als Partei kraft Amtes die Klagefrist des § 4 KSchG (BAG, ZInsO 2002, 1198; BGH, ZInsO 1999, 410). Wenn der Insolvenzschuldner als Beklagter bezeichnet ist, ist aber eine Rubrumsberichtigung möglich, sofern sich aus der Klageschrift und/oder dem beiliegenden Kündigungsschreiben ergibt, dass die Kündigung des Insolvenzverwalters angegriffen wird (BAG, ZInsO 2009, 1126). Ist der Kündigungsrechtsstreit bei Eröffnung des Insolvenzverfahrens bereits anhängig, wird das Verfahren gem. § 240 Abs. 1 Satz 1 ZPO i. V. m. § 46 Abs. 2 ArbGG unterbrochen. Nach § 86 Abs. 1 Nr. 3 61 kann das Verfahren vom Insolvenzverwalter und vom Arbeitnehmer wieder aufgenommen werden. Der Arbeitnehmer muss die Klage auf den Insolvenzverwalter als Beklagten umstellen, da sie auf den Fortbestand des Arbeitsverhältnisses gerichtet ist (s. a. Jaeger/Henckel/Gerhardt-Giesen vor § 113 Rn. 29 ff.).

c) Darlegungs- und Beweislast

62 Im Kündigungsschutzprozess muss der **Arbeitgeber/Insolvenzverwalter** darlegen und beweisen, dass ein **Kündigungsgrund** besteht, im Fall einer betriebsbedingten Kündigung also beweisen, dass für den gekündigten Arbeitnehmer keine Beschäftigungsmöglichkeit mehr besteht. Die tatsächlichen Angaben müssen so dargelegt werden, dass sie vom Arbeitnehmer mit Gegentatsachen bestritten und vom Gericht überprüft werden können (BAG, ZIP 1999, 1721). Der **Arbeitnehmer** muss eine **fehlerhafte Sozialauswahl** beweisen, § 1 Abs. 3 Satz 3 KSchG. Wegen seiner fehlenden Kenntnisse über die innerbetrieblichen Angelegenheiten kann er die Sozialauswahl zunächst pauschal rügen und vom Arbeitgeber verlangen, dass dieser die Grundlagen der Auswahl konkret darlegt. Kommt der Arbeitgeber seiner Darlegungslast nach, muss der Arbeitnehmer die Fehlerhaftigkeit der Sozialauswahl vollumfänglich beweisen (sog. **gestufte Darlegungs- und Beweislast**, BAG, ZIP 2003, 1766; DB 2000, 1286; ZIP 1998, 1809).

63 **Erleichterungen zur Beweislast** für den Insolvenzverwalter bieten die §§ 125 ff., wenn ein Interessenausgleich mit Namensliste vereinbart wird (s. dort).

64 In zeitlicher Hinsicht kommt es für die Beurteilung der Wirksamkeit einer Kündigung auf den **Zeitpunkt der Kündigungserklärung** an (st. Rspr. s. nur BAG, ZIP 1997, 122).

II. Anzeigepflicht bei Massenentlassungen, §§ 17, 18 KSchG

65 §§ 17, 18 KSchG regeln, dass beim Überschreiten einer bestimmten Anzahl von Entlassungen in einem Betrieb innerhalb von 30 Tagen eine sog. Massenentlassungsanzeige an die örtliche BA zu erfolgen hat (Einzelheiten s. Niklas/Koehler, NZA 2010, 913 ff.; Krieger/Ludwig, NZA 2010, 919 ff.; s. a. BAG, ZInsO 2012, 1793). Auf diese Weise soll die BA sich vorab auf eine größere Anzahl Arbeitssuchender einstellen können (EK-Kiel § 17 KSchG Rn. 1).

66 Die Wirksamkeit der Entlassungen wird gem. § 18 Abs. 1 KSchG um einen Monat nach Zugang der Anzeige nach hinten verschoben (sog. Sperrfrist): Läuft die Kündigungsfrist länger als die Sperrfrist, bleibt sie maßgebend. Würde die Kündigungsfrist innerhalb der Sperrfrist ablaufen, endet das Arbeitsverhältnis wegen der Sperrfrist erst nach deren Ablauf (Mindestkündigungsfrist) (BAG, ZInsO 2009, 974; EK-Kiel § 17 KSchG Rn. 2 m. w. N.; **a. A.** Kündigungsfrist beginnt mit Ablauf Freifrist zu laufen: LAG Berlin-Brandenburg, BB 2007, 2296). Die BA kann auf Antrag des Arbeitgebers einer früheren Entlassung auch rückwirkend zustimmen, was gerade im Insolvenzverfahren geboten sein kann. Eine Verlängerung der Sperrfrist nach § 18 Abs. 1 KSchG ist im Insolvenzverfahren angesichts der die Masse belastenden Lohnzahlungen unzulässig. Ebenso wenig sind **Masse schädigende Auflagen** zulässig, wie z. B. Abfindungszahlungen (FK-Eisenbeis vor §§ 113 ff. Rn. 46). § 18 Abs. 4 KSchG will sog. Vorratsanzeigen verhindern, sodass die angezeigten Kündigungen innerhalb der 90-Tage-Freifrist tatsächlich auszusprechen sind, ansonsten wäre eine erneute Anzeige erforderlich. Die Kündigungsfrist kann auch nach Ablauf der Freifrist enden (BAG, NJW 2010, 3051).

67 Entlassung bedeutet in richtlinienkonformer (RL 98/59/EG des Rates v. 20.07.1998) Auslegung der §§ 17, 18 KSchG den Ausspruch der Kündigung (EuGH, ZIP 2005, 230; BAG, ZIP 2006, 1644). Das Fehlen einer wirksamen Massenentlassungsanzeige führt ebenso wie eine verspätete Massenentlassungsanzeige zur **Unwirksamkeit der Kündigung** gem. § 134 BGB (BAG, ZInsO 2013, 1698; LAG Düsseldorf, ZIP 2007, 1025; LAG Berlin-Brandenburg, BB 2007, 2296).

68 Ob Fehler bei der Anzeige zur Unwirksamkeit führen, ist im Einzelfall unter Berücksichtigung des arbeitsmarktpolitischen Zwecks der Normen zu entscheiden (s. bspw. BAG, ZInsO 2009, 1968;

LAG Baden-Württemberg, ZInsO 2011, 190; anders: LAG Düsseldorf, ZIP 2011, 490 n.rk.; s.a. BVerfG, ZInsO 2010, 642). Wird bspw. die Stellungnahme des Betriebsrats nachgereicht, wirkt die Anzeige ab diesem Zeitpunkt (BAG, ZInsO 2008, 1153). Daher ist genauestens zu prüfen, ob eine Massenentlassungsanzeige erforderlich ist und diese mit aller Sorgfalt und vor Ausspruch der Kündigung vorzunehmen (s. zu den Schwellenwerten BAG, ZInsO 2012, 1793). Wird von der Kündigungsmöglichkeit nach einer ordnungsgemäßen Massenentlassungsanzeige Gebrauch gemacht, ist für eine weitere (Nach-) Kündigung eine erneute Anzeige erforderlich, falls diese unter § 17 KSchG fällt (BAG, ZInsO 2010, 1754).

[einstweilen unbesetzt] 69

Die Anzeigepflicht besteht für Betriebe, in denen rgm. mehr als 20 Arbeitnehmer beschäftigt sind, wenn von ihnen ein in § 17 Abs. 1 KSchG bestimmter Anteil entlassen wird (Einzelheiten s. Uhlenbruck-Berscheid § 113 Rn. 118 ff.). Maßgebend sind die den Betrieb bis dato allgemein kennzeichnende Personalstärke und eine Zukunftsprognose (BAG, ZInsO 1793; ZIP 2005, 1330; ZIP 1990, 323). Die Zukunftsprognose entfällt i.d.R. im Insolvenzverfahren, da sie bei Betriebsänderungen mit Personalabbau nicht maßgeblich sein kann (BAG, ZIP 2005, 1330; ZIP 1997, 855). 70

[einstweilen unbesetzt] 71

Der Betriebsrat muss mindestens 2 Wochen vor Absendung der Anzeige schriftlich unterrichtet werden, und zwar über den Grund für die Entlassungen, die Anzahl der Entlassungen, die maßgeblichen Kennzahlen für die Massenentlassungsanzeige, die Auswahlkriterien etc., s. § 17 Abs. 2 Satz 1 KSchG. Diese Anhörung ersetzt nicht die »individuelle« Anhörung nach § 102 BetrVG (BAG, ZIP 1999, 1647 [zu § 1 Abs. 5 KSchG a. F.]; EK-Kiel § 17 KSchG Rn. 24). Dieses sog. **Konsultationsverfahren** muss nach dem EuGH vor Ausspruch der Kündigungserklärung abgeschlossen sein (EuGH, ZIP 2005, 230; s.a. zum Streitstand BVerfG, ZInsO 2010, 865), ansonsten ist die Kündigung unwirksam (BAG, ZInsO 2013, 1698). Eine Einigung mit dem Betriebsrat ist nicht erforderlich (BAG, ZInsO 2008, 1153). Der Anzeige an die BA muss dann entweder die **Stellungnahme des Betriebsrats** beigefügt werden oder es muss glaubhaft gemacht werden, dass dieser ordnungsgemäß informiert wurde, oder es muss ein Interessenausgleich mit Namensliste i.S.d. § 125 vorgelegt werden. Die Stellungnahme heilt einen etwaigen Schriftformverstoß bei der Unterrichtung (BAG, ZIP 2012, 2412). Ein Interessenausgleich mit Namensliste i.S.d. § 125 ersetzt aber nicht das Konsultationsverfahren, sondern nur die Stellungnahme des Betriebsrats. Fehlt die Stellungnahme des Betriebsrats und kann der Insolvenzverwalter nicht glaubhaft machen, dass er den Betriebsrat mindestens 2 Wochen vor Erstattung der Anzeige unterrichtet hat, § 17 Abs. 3 Satz 3 KSchG, ist eine folgende Kündigung selbst dann unwirksam, wenn die BA ihre Zustimmung erteilt hatte (BAG, ZInsO 2012, 1793; ZIP 2013, 742). 72

III. Anhörung des Betriebsrates (§ 102 BetrVG)

Besteht ein funktionsfähiger Betriebsrat, ist dieser vor jeder Kündigung gem. § 102 BetrVG anzuhören, wobei im Insolvenzverfahren keine erleichterten Bedingungen gelten (BAG, ZIP 2004, 525). Folge einer fehlenden, unrichtigen oder unvollständigen Unterrichtung ist die **Unwirksamkeit der Kündigung** (BAG, NZA 1997, 813; ZIP 1996, 648). Keine Anhörung ist erforderlich bei einer Beendigung des Arbeitsverhältnisses durch Zeitablauf, Aufhebungsvertrag, Arbeitnehmerkündigung oder Anfechtung. Bei einer Änderungskündigung liegt häufig eine Versetzung vor, bei der der Betriebsrat nach § 99 BetrVG anzuhören ist. 73

Das **Anhörungsverfahren** ist dergestalt geregelt, dass dem Betriebsrat die für die Kündigung relevanten Daten mitzuteilen sind (dazu sogleich Rdn. 75), der Betriebsrat eine Woche (bei einer außerordentlichen Kündigung 3 Tage) Zeit hat, sich zu der Kündigung schriftlich zu äußern, der Arbeitgeber/Insolvenzverwalter sich mit den evtl. vorgetragenen Bedenken auseinandersetzen muss und er dann die Kündigung aussprechen darf. Äußert sich der Betriebsrat in der genannten Frist nicht, gilt seine Zustimmung als erteilt. 74

75 **Dem Betriebsrat sind mitzuteilen**: Personaldaten, Art und Form der Kündigung, Kündigungsfrist und -termin sowie die Kündigungsgründe (BAG, NZA 1994, 311). Die Sozialdaten, wie z.B. Familienstand oder Unterhaltspflichten, sind nur mitzuteilen, wenn eine Sozialauswahl stattfinden muss, also nicht bei Kündigung sämtlicher Mitarbeiter (BAG, ZInsO 2005, 390). Es sind die Kündigungsgründe mitzuteilen, auf die der Insolvenzverwalter subjektiv die Kündigung stützen will (sog. **Grundsatz subjektiver Determination**, s. nur BAG, ZIP 2006, 2329; ZInsO 2005, 390). Sie sind so zu umschreiben, dass der Betriebsrat ohne zusätzliche eigene Nachforschungen die Stichhaltigkeit der Kündigungsgründe prüfen kann (BAG, ZInsO 2003, 960). Können sie die Kündigung nicht rechtfertigen, führt dies nicht zur Unwirksamkeit des Anhörungsverfahrens. Allerdings können Gründe, die im Anhörungsverfahren nicht mitgeteilt wurden, im gerichtlichen Kündigungsschutzverfahren nicht berücksichtigt werden (BAG, NZA 1992, 38).

76 Das Anhörungsverfahren ist dann wirksam eingeleitet, wenn der Arbeitgeber/Insolvenzverwalter seinen Kündigungsentschluss ggü. dem zuständigen Betriebsrat eindeutig zu erkennen gibt und seine o. g. Mitteilungspflichten erfüllt (BAG, ZInsO 2003, 43). **Zuständig** ist stets der Betriebsrat des betroffenen Betriebs, nicht der Gesamtbetriebsrat (LAG, Köln ZInsO 2004, 1099). **Fehler** im Anhörungsverfahren, die aus dem Risikobereich des Arbeitgebers/Insolvenzverwalters stammen, führen zur Unwirksamkeit der Kündigung. Dagegen sind solche Mängel ohne Auswirkungen, die aus dem Zuständigkeits- und Verantwortungsbereich des Betriebsrates stammen (BAG, ZIP 1996, 648; LAG Köln, ZInsO 2004, 1099).

77 Das Anhörungsverfahren nach § 102 BetrVG muss für jede Kündigung neu eingeleitet werden, so z. B., wenn der Insolvenzverwalter nach Eröffnung des Verfahrens erneut kündigt (vgl. BAG, ZIP 1996, 79). Das Anhörungsverfahren gem. § 102 BetrVG kann mit **anderen Beteiligungsverfahren** kombiniert werden, solange deutlich gemacht wird, um welche Anhörungen es jeweils geht und der Betriebsrat eine Stellungnahme gem. § 102 BetrVG abgibt (BAG, ZIP 1999, 1610 zu § 1 Abs. 5 KSchG; LAG Hamm, ZInsO 2004, 566).

▶ **Formulierungsvorschlag (nach LAG Hamm, ZInsO 2004, 820):**

»Die Parteien sind sich darüber einig, dass die Erstellung der Namensliste im Rahmen dieses Interessenausgleichs die Information des Betriebsrats nach § 102 BetrVG ersetzt, der Betriebsrat die beabsichtigten Kündigungen zur Kenntnis genommen hat und das Anhörungsverfahren gem. § 102 BetrVG damit abgeschlossen ist.«

IV. Sonderkündigungsschutz

78 Für bestimmte Arbeitnehmer besteht ein gesetzlicher Sonderkündigungsschutz, der trotz § 113 bestehen bleibt (MK-Caspers § 113 Rn. 19).

1. Betriebsverfassungsrecht

79 Ordentliche Kündigungen von **Mitgliedern des Betriebsrates** oder ähnlichen Interessenvertretungen sind gem. § 15 KSchG unzulässig (zur Kündigungsmöglichkeit von Ersatzmitgliedern s. BAG, NJW 2013, 1323; BAG, NJW 2012, 3740). Eine außerordentliche Kündigung bleibt möglich, wenn die nach § 103 BetrVG erforderliche Zustimmung des Betriebsrats vorliegt oder durch gerichtliche Entscheidung ersetzt ist.

80 Bei einer **Betriebsstilllegung** kann eine Kündigung frühestens zum Zeitpunkt der Stilllegung erfolgen, es sei denn, eine frühere Kündigung ist durch zwingende betriebliche Erfordernisse bedingt, § 15 Abs. 4 KSchG (BAG, NJW 1980, 2543). Im Fall einer **etappenweisen Stilllegung** müssen die Betriebsratsmitglieder also i. d. R. zu der letzten zu entlassenden Gruppe gehören.

81 Der Insolvenzverwalter/Arbeitgeber muss vor der Kündigung eines Betriebsratsmitglieds stets dessen Übernahmemöglichkeit in einer anderen Betriebsabteilung prüfen, § 15 Abs. 5 KSchG. Grds. muss dem Betriebsratsmitglied ein gleichwertiger Arbeitsplatz angeboten und ggf. frei gekündigt werden. Bei der Entscheidung über eine **Freikündigung** eines besetzten Arbeitsplatzes sind die

soziale Belange des zu kündigenden Arbeitnehmers und die betrieblichen Interessen an dessen Weiterbeschäftigung gegen die Interessen der Belegschaft an der Fortführung des Mandats des Betriebsratsmitglieds und dessen sozialen Belange an seiner Weiterbeschäftigung abzuwägen (FK-Eisenbeis § 113 Rn. 50). Ist ein vergleichbarer Arbeitsplatz nicht vorhanden, muss dem Betriebsratsmitglied ein geringwertiger, zumutbarer Arbeitsplatz angeboten werden. Wird dieses Angebot nicht angenommen, ist die Kündigung möglich (FK-Eisenbeis § 113 Rn. 51).

Vom Bestand des Arbeitsverhältnisses ist der **Bestand des Betriebsratsmandats** zu differenzieren. Bei einer Betriebsstilllegung entfällt das Mandat mangels vorhandenen Betriebs, es bleibt aber stets ein Restmandat zur Erfüllung der Aufgaben bestehen, die sich aus der Stilllegung ergeben, wie z. B. die Vereinbarung eines Sozialplans (BGH, ZIP 2004, 426). 82

2. Ausbildungsverhältnisse

Bei Ausbildungsverhältnissen ist das Recht zur ordentlichen Kündigung gem. § 15 Abs. 2 BBiG ausgeschlossen. Eine **außerordentliche Kündigung mit sozialer Auslauffrist** ist möglich, wenn wegen der Insolvenz der Zweck des Ausbildungsverhältnisses nicht mehr erreicht werden kann (Uhlenbruck-Berscheid § 113 Rn. 54 ff.). § 113 ist hier analog anzuwenden, da § 15 Abs. 2 BBiG ein gesetzlicher Kündigungsausschluss ist. Einschlägig ist die 3-Monats-Frist des § 113 (Braun-Beck § 113 Rn. 22; FK-Eisenbeis § 113 Rn. 20; HK-Linck § 113 Rn. 8; a. A. Uhlenbruck-Berscheid § 113 Rn. 56 m. H. auf die i. d. R. kürzeren gesetzlichen Fristen). 83

3. Behördliche Genehmigungen und gesetzlicher Arbeitsplatzschutz

Das Erfordernis behördlicher Genehmigungen und der gesetzliche Arbeitsplatzschutz sind insolvenzfest. Fällt der Arbeitsplatz weg, sind nur außerordentliche Kündigungen mit sozialer Auslauffrist möglich. Behördliche Zustimmungen sind stets vom Insolvenzverwalter einzuholen. Dies gilt selbst dann, wenn sie dem Schuldner zuvor bereits erteilt wurden. Wegen der Insolvenzeröffnung liegen der Kündigung neue Tatsachen zugrunde, die bei der Entscheidung über die Zustimmung zu berücksichtigen sind (LAG Brandenburg, ZInsO 2003, 915). 84

a) Schwerbehinderte Arbeitnehmer

Die Kündigung schwerbehinderter Arbeitnehmer oder diesen gleichgestellter Personen (§ 2 Abs. 2, Abs. 3 SGB IX) bedarf gem. § 85 SGB IX zu ihrer Wirksamkeit der **Zustimmung des Integrationsamts**. Auf die Kenntnis des Arbeitgebers/Insolvenzverwalters von der Schwerbehinderung kommt es nicht an. Der Arbeitnehmer hat aber innerhalb von einem Monat nach Zugang der Kündigung auf seine Schwerbehinderung hinzuweisen. Ausreichend ist, wenn im Zeitpunkt des Zugangs der Kündigung ein Antrag auf Anerkennung der Schwerbehinderung gestellt ist. 85

Der Sonderkündigungsschutz gilt nicht in den Ausnahmefällen des § 90 SGB IX. Zu nennen ist hier z. B. die Kündigung schwerbehinderter Arbeitnehmer, die das 58. Lebensjahr vollendet haben und Anspruch auf Abfindung o. Ä. aus einem Sozialplan haben. 86

Das Integrationsamt hat seine Entscheidung innerhalb eines Monats ab Zugang des Antrags auf Zustimmung zur Kündigung zu fällen, § 88 Abs. 1 SGB IX. Das Ermessen des Amts ist im Insolvenzverfahren eingeschränkt. Zum einen soll gem. § 89 Abs. 3 SGB IX die Zustimmung erteilt werden, wenn der schwerbehinderte Arbeitnehmer in einem Interessenausgleich mit Namensliste (§ 125) benannt ist, dieser unter Beteiligung der Schwerbehindertenvertretung vereinbart wurde, der Anteil der zu entlassenden schwerbehinderten Arbeitnehmer nicht größer ist als der Anteil der zu entlassenden nicht schwerbehinderten Arbeitnehmer und der Betrieb weiterhin die Beschäftigungspflicht nach § 71 SGB IX erfüllt. Zum anderen soll gem. § 89 Abs. 1 Satz 2 SGB IX bei einer teilweisen Betriebsstilllegung die Zustimmung erteilt werden, wenn im Restbetrieb weiterhin die Beschäftigungspflicht nach § 71 SGB IX erfüllt ist. Bei einer vollständigen oder teilweisen Betriebsstilllegung ist aber ab dem Zeitpunkt der Kündigung das Gehalt für weitere 3 Monate zu zahlen, 87

§ 89 Abs. 1 SGB IX. Genügt die Masse nicht zur Erfüllung dieser Pflicht, bleibt die Wirksamkeit der Kündigung hiervon unberührt (FK-Eisenbeis § 113 Rn. 58).

88 Liegt die Zustimmung des Integrationsamts vor, muss die Kündigung innerhalb eines Monats ausgesprochen werden, § 88 Abs. 3 SGB IX. **Widerspruch oder Anfechtungsklage** des Arbeitnehmers gegen den Zustimmungsbescheid haben keine aufschiebende Wirkung, § 88 Abs. 4 SGB IX.

b) Sonstiger gesetzlicher Sonderkündigungsschutz

89 Gesetzlichen Sonderkündigungsschutz haben:
- (werdende) Mütter, § 9 MuSchG,
- Eltern in Elternzeit, § 18 BEEG,
- Wehr- und Ersatzdienstleistende, § 2 Abs. 1 ArbPlSchG,
- Abgeordnete des Bundestags, § 2 Abs. 3 AbgG, Art. 48 Abs. 2 Satz 2 GG und nach Landesrecht entsprechend die Landtagsabgeordneten.

90 Diesen Arbeitnehmern kann beim insolvenzbedingten Wegfall des Arbeitsplatzes ausnahmsweise mit sozialer Auslauffrist gekündigt werden. Maßgeblich ist die 3-Monats-Frist des § 113 (BAG, ZInsO 2014, 1166). Bei der Kündigung eines Arbeitnehmers im Mutterschutz oder in der Elternzeit muss die Zustimmung der für Arbeitsschutz zuständigen obersten Landesbehörde eingeholt werden, § 9 Abs. 3 MuSchG, § 18 Abs. 1 Satz 2 BEEG. Das Fehlen dieser Zulässigkeitserklärung kann bis zur Grenze der Verwirkung geltend gemacht werden (BAG, ZIP 2003, 2129).

V. Kündigungsschutz außerhalb des KSchG

91 Ist das KSchG nicht anwendbar, kann eine Kündigung aufgrund eines Verstoßes gegen folgende Normen unwirksam sein:
- § 242 BGB: treuwidrige Kündigung, z. B. wegen widersprüchlichem Verhalten des Arbeitgebers,
- § 138 BGB: sittenwidrige Kündigung (in engen Grenzen: Rachsucht o. Ä.),
- § 611a BGB: geschlechtsspezifische Benachteiligung,
- § 612a BGB: Maßregelverbot (kein Kündigungsrecht allein, weil ein Arbeitnehmer seine Rechte ausübt),
- § 613a BGB: Betriebsübergang (s. Kommentierung Vorbem. §§ 113 ff.),
- § 11 TzBfG: kein Kündigungsrecht, weil der Arbeitnehmer sich weigert, von einem Teilzeit- in ein Vollzeitarbeitsverhältnis zu wechseln oder umgekehrt.

G. Unabdingbarkeit

92 Vereinbarungen, die im Voraus von § 113 abweichende Regelungen treffen, sind gem. § 119 unwirksam (Jaeger/Henckel/Gerhardt-Giesen § 113 Rn. 163 ff.). Ein solches Recht steht auch nicht den Tarifparteien aus ihrer in Art. 9 Abs. 3 GG geschützten Normsetzungsprärogative zu. Insolvenzbedingte Auflösungsklauseln sind unwirksam, sofern sie dem Arbeitnehmer den allgemeinen Kündigungsschutz nehmen (Uhlenbruck-Berscheid § 113 Rn. 3).

H. Wettbewerbsverbote

93 Wettbewerbsverbote bleiben nur bestehen, wenn das insolvente Unternehmen fortgeführt wird, denn ansonsten besteht **keine Konkurrenzsituation**. Es sind gegenseitige Verträge i. S. d. § 103, bei deren Erfüllungswahl die Masse evtl. Karenzentschädigungen zu tragen hat. Bei Erfüllungsablehnung oder schlichter Kündigung des zugehörigen Dienstverhältnisses ist eine Karenzentschädigung aber nur Insolvenzforderung (BGH ZInsO 2009, 2150). Reicht die Masse nicht aus, hat der Arbeitnehmer ein **außerordentliches Kündigungsrecht** (FK-Eisenbeis § 113 Rn. 100 ff.).

Anhang zu § 113

A. Anspruchsvoraussetzungen (§ 165 SGB III)

Das Insolvenzgeld soll zum einen die Arbeitnehmer im Fall einer Insolvenz vor dem Ausfall ihrer Lohnforderungen schützen und zum anderen die Liquidität beim insolventen Unternehmen wieder herstellen, um Sanierungen zu ermöglichen. Es ist in den §§ 165 bis 172 SGB III geregelt sowie in den Durchführungsanweisungen zum Insolvenzgeld der Bundesagentur für Arbeit (im Folgenden: DA) erläutert (15. Ergänzung, Stand: Mai 2013). Gem. § 165 SGB III haben Anspruch auf Insolvenzgeld gegen die Bundesagentur für Arbeit (BA):
– Arbeitnehmer, die im Inland beschäftigt waren,
– wenn ein Insolvenzereignis vorliegt und
– wenn für die vorausgehenden 3 Monate des Arbeitsverhältnisses Ansprüche auf Arbeitsentgelt offen sind.

I. Persönlicher Anwendungsbereich

Arbeitnehmer ist, wer im Dienst eines anderen zur Arbeit verpflichtet ist und diesen Dienst unter Einordnung in eine vom Arbeitgeber bestimmten Betriebsorganisation und nach Weisungen bzgl. Zeit, Ort, Dauer, Art und Inhalt der geschuldeten Arbeitsleistungen erbringt (s. nur BSG, ZIP 1997, 1120; ZIP 1982, 1230). Auch **beitragsbefreite Arbeitnehmer** haben Anspruch auf Insolvenzgeld, wie z. B. Studenten, Rentner oder geringfügig Beschäftigte (FK-Mues Anhang zu § 113 Rn. 29, Uhlenbruck-Berscheid § 22 Rn. 104). Ebenso erfasst sind in aller Regel **Heimarbeiter**, wobei hier die Abgrenzung zum Werkvertrag schwierig sein kann (FK-Mues Anhang zu § 113 Rn. 28 f.; Uhlenbruck-Berscheid § 22 Rn. 105 f.). **Handelsvertreter** i. S. d. § 84 Abs. 2 HGB oder Handlungsgehilfen i. S. d. § 59 HGB sind anspruchsberechtigt, wenn sie kein selbstständiges Gewerbe betreiben (BSG, ZIP 1983, 956; ZIP 1982, 1230).

Keine Arbeitnehmer sind die **Vorstandsmitglieder** einer AG, da sie eine unternehmerähnliche unabhängige Stellung im Unternehmen haben (BSG, ZIP 1987, 924). Bei **Geschäftsführern** von GmbH ist entscheidend, ob sie rechtlich oder faktisch die Möglichkeit haben, maßgebenden Einfluss auf die Geschicke der Gesellschaft zu nehmen. Eine Mehrheitsbeteiligung am Stammkapital oder eine Sperrminorität lässt i. d. R. die Arbeitnehmereigenschaft entfallen (BSG, ZIP 2007, 2185; s. a. BSG, ZIP 1997, 1120). Bei treuhänderischer Bindung kann umgekehrt eine Arbeitnehmerstellung anzunehmen sein, wenn der die Beteiligung treuhänderisch haltende Geschäftsführer gänzlich auf Weisungen des Treugebers handelt (BSG, ZIP 1997, 1120). Die gleichen Grundsätze gelten für die Geschäftsführer der Komplementär-GmbH bei einer GmbH & Co. KG (FK-Mues Anhang zu § 113 Rn. 36). Es kommt auf die tatsächlichen Gegebenheiten an, sodass jemand, der zwar formal angestellt ist, keinen Anspruch auf Insolvenzgeld hat, wenn er faktisch die Geschäfte führt (LSG NRW, ZInsO 2010, 1799).

Der Arbeitnehmer muss zumindest überwiegend **im Inland** tätig gewesen sein, wobei der Schwerpunkt der rechtlichen und wirtschaftlichen Merkmale des Arbeitsverhältnisses entscheidend ist (s. z. B. BSG, ZInsO 2001, 372; zur Zuständigkeit bei EU-grenzüberschreitenden Unternehmen s. a. EuGH, ZIP 2000, 89). Im Inland beschäftigt sind Arbeitnehmer, wenn sie nur für eine im Voraus begrenzte Zeit im Ausland tätig sind (BSG, ZIP 1982, 1230).

II. Sachliche Voraussetzung: Insolvenzereignis

Als Insolvenzereignisse, die zum Bezug von Insolvenzgeld berechtigen, sind in § 165 Abs. 1 SGB III aufgeführt:
– Eröffnung des Insolvenzverfahrens,
– Abweisung des Antrags auf Eröffnung mangels Masse,
– ohne Insolvenzantrag bei Beendigung der Betriebstätigkeit im Inland, wenn ein Insolvenzverfahren mangels Masse offensichtlich nicht in Betracht kommt.

6 Das dritte Insolvenzereignis betrifft **Auslandsniederlassungen** von inländischen Unternehmen, über die ein gesondertes Insolvenzverfahren in Deutschland hätte geführt werden können. Es liegt vor bei Einstellung jeder vom Arbeitgeber veranlassten, dem Betriebszweck dienenden Tätigkeit im Inland (BSG, ZInsO 2001, 818). Die offensichtliche Masselosigkeit muss im Zeitpunkt der Einstellung der Tätigkeit vorliegen (BSG, ZInsO 2000, 55 [Ls.]; s. a. BSG, ZInsO 2001, 370).

7 Gem. § 165 Abs. 1 Satz 2 SGB III berechtigt **jedes ausländische Insolvenzereignis** im Inland beschäftigte Arbeitnehmer, Insolvenzgeld in Anspruch zu nehmen. Fraglich ist, ob eine **Niederlassung im Inland** erforderlich sein muss (so Uhlenbruck-Berscheid § 22 Rn. 94 unter Hinweis auf die frühere Rspr.; vgl. BSG, ZInsO 2001, 818; a. A. Hützen/Poertzgen, ZInsO 2010, 1719 m. w. N.).

8 Bereits den Zeitpunkt des Insolvenzantrags als maßgebliches Insolvenzereignis anzusehen, ist auch nicht im Wege der Auslegung des § 165 SGB III möglich (BSG, NZA 2004, 782). Bei mehreren aufeinander folgenden Insolvenzereignissen ist **das zeitlich erste** für die Gewährung von Insolvenzgeld maßgeblich (BSG, DZWIR 2001, 324; ZIP 1992, 197). Ein weiteres Insolvenzereignis, das erneut einen Anspruch auf Insolvenzgeld auslösen könnte, kann solange nicht eintreten, wie die Zahlungsunfähigkeit des Insolvenzschuldners andauert (BSG, DB 2013, 1916; ZInsO 2003, 386). Ein neuer Anspruch auf Insolvenzgeld entsteht weder bei jahrelanger Betriebsfortführung durch einen Insolvenzverwalter (BSG, ZInsO 2003, 386) noch solange die Planüberwachung in einem Insolvenzplanverfahren andauert (BSG, ZIP 2008, 1989).

III. Insolvenzgeldzeitraum

9 Insolvenzgeld wird gezahlt **als Ersatz für rückständiges Arbeitsentgelt** der letzten 3 Monate des Arbeitsverhältnisses vor dem Insolvenzereignis. Besteht zum Zeitpunkt des Ereignisses das Arbeitsverhältnis noch, so ist von da an 3 Monate zurückzurechnen (BSG, ZIP 1995, 935; ZIP 1996, 758). Um die Kosten unnötiger Zwischenabrechnungen zu vermeiden, sollte das Insolvenzverfahren jeweils zum ersten Tag eines neuen Abrechnungszeitraums eröffnet werden.

10 Ist das Arbeitsverhältnis beim Insolvenzereignis bereits beendet, kann Insolvenzgeld für den Zeitraum der letzten 3 Monate des Arbeitsverhältnisses beansprucht werden, § 165 Abs. 1 SGB III (BSG, ZInsO 2000, 174). Voraussetzung ist, dass die Nichtzahlung des Lohns auf das Insolvenzereignis zurückzuführen ist (LAG Hamm, NZA-RR 1997, 272). Hat ein Arbeitnehmer in Unkenntnis des Insolvenzereignisses weiter gearbeitet oder die Arbeit aufgenommen, so ist das Insolvenzgeld für den Zeitraum von der Kenntniserlangung an 3 Monate zurückgerechnet zu gewähren, § 165 Abs. 2 SGB III.

B. Höhe des Insolvenzgeldes

I. Nettoprinzip (§ 167 SGB III)

11 Insolvenzgeld wird gem. § 167 Abs. 1 SGB III i. H. d. Nettogehalts geleistet, allerdings max. i. H. d. (fiktiven) Nettoarbeitsentgelts bezogen auf die monatliche Beitragsbemessungsgrenze der gesetzlichen Rentenversicherung (§ 341 Abs. 4 SGB III). Der Begrenzungsbetrag ist jeweils monatsweise zu berücksichtigen und kann nicht für den gesamten Insolvenzgeldzeitraum addiert werden (BSG, ZIP 2014, 1188; a. A. SG Dresden, ZInsO 2010, 1145). **Zum Arbeitsentgelt** i. d. S. gehören alle Ansprüche mit Entgeltcharakter, die der Arbeitnehmer als Gegenwert für die von ihm geleistete Arbeit oder als Ersatz der ihm in diesem Zusammenhang entstandenen Auslagen beanspruchen kann (BSG, ZIP 2011, 47; BSG, ZIP 1983, 956). Zugrunde zu legen sind:
– Gehalt,
– Lohn,
– Zuschläge für Mehrarbeit, Überstunden, Nachtarbeit o. Ä.,
– Zulagen (z. B. Gefahren-, Schmutzzulagen),
– Auslösungen,
– Kleider- oder Kostgelder, Sachbezüge wie z. B. Pkw-Nutzung,
– vermögenswirksame Leistungen,

– Urlaubsgelder (Einzelheiten s. Uhlenbruck-Berscheid § 22 Rn. 113 f.),
– Tantiemen, Gewinnbeteiligungen und Provisionen, selbst wenn der Arbeitnehmer solche wegen eines im Risikobereich des Arbeitgebers liegenden Grundes nicht erdienen konnte (LAG Hessen, ZInsO 2011, 297).

Soweit Arbeitnehmer als Sanierungsbeitrag vor Insolvenz einen **Lohnverzicht** erklärt haben und sich vorbehalten haben, im Fall der Insolvenz wieder die ursprüngliche Vergütung zu erhalten, richtet sich die Höhe des Insolvenzgeldes nach dieser Vergütungshöhe, wenn der Lohn im Insolvenzgeldzeitraum erarbeitet wird (BSG, NJW 2009, 3740).

Haben Arbeitnehmer und Arbeitgeber im Zuge des Altersvermögensgesetzes (v. 26.06.2001, BGBl. I, S. 1310) vereinbart, dass Entgeltansprüche zur Sicherung der **Altersversorgung** in Versorgungsansprüche umgewandelt werden, geht damit der Anspruch auf Entgelt endgültig unter (BSG, ZIP 2007, 929). Hat aber der Arbeitgeber die Beiträge nicht abgeführt, gilt die Entgeltumwandlung für die Berechnung des Insolvenzgeldes gem. § 165 Abs. Satz 2 SGB III als nicht vereinbart. 12

Die BA zahlt gem. § 175 Abs. 1 Satz 1 SGB III den Gesamtbetrag der für den Insolvenzgeldzeitraum fälligen **Beiträge zu den Sozialversicherungen**. Fraglich ist, ob eine Beitragszahlung für Einmalzahlungen zu erfolgen hat. Hier entsteht der Beitragsanspruch nämlich gem. § 22 Abs. 1 SGB IV nach dem Zuflussprinzip erst, wenn die Einmalzahlung tatsächlich geleistet wird (Braun/Wierzioch, ZIP 2003, 2001, 2003). 13

Der Arbeitnehmer muss einen Anspruch auf Arbeitsentgelt gegen den Insolvenzschuldner gehabt haben. Tritt der Arbeitnehmer in ein neues Arbeitsverhältnis ein, hat er ab Aufnahme der neuen Tätigkeit keinen Anspruch auf Insolvenzgeld (BSG, NZA 2004, 782). Auch sonstigen Hinzuverdienst muss er sich anrechnen lassen (s. Uhlenbruck-Berscheid § 22 Rn. 144 f.). 14

II. Zuordnung des Arbeitsentgelts zum Insolvenzgeldzeitraum

1. Prinzip der Erarbeitung

Grundsätzlich gilt das Prinzip der Erarbeitung, wonach die Lohnansprüche zugrunde gelegt werden, die im Insolvenzgeldzeitraum erarbeitet werden (s. nur BSG, ZIP 2014, 1188; ZIP 2004, 1376). Auf den Zeitpunkt der Fälligkeit des Anspruchs kommt es dagegen grds. nicht an (BSG, ZIP 2014, 1188; ZIP 2004, 1376). Auch wenn wegen Krankheit, Urlaub, Freistellung oder Annahmeverzug des Arbeitgebers keine Arbeitsleistung erbracht wurde, besteht ein Anspruch (Uhlenbruck Berscheid § 22 Rn. 117). 15

Haben Arbeitnehmer ihre Lohnansprüche **als Sanierungsbeitrag gestundet** und fällt nur der Fälligkeitszeitpunkt in den Insolvenzgeldzeitraum, dann werden diese Ansprüche nicht mitgerechnet. Werden Lohnansprüche dagegen im Insolvenzgeldzeitraum erarbeitet und aufgrund der Stundungsabrede nur später fällig, sind sie zu berücksichtigen (BSG, ZIP 2005, 1933; ZInsO 2002, 1049). Hierdurch soll ein Missbrauch von Stundungsvereinbarungen zulasten der Insolvenzgeld-Versicherung vermieden werden (Uhlenbruck-Berscheid § 22 Rn. 114; zu einer sittenwidrigen Fälligkeitsvereinbarung s. BSG, ZIP 2004, 1376; s. a. LSG Essen, ZIP 2004, 2397). 16

Maßgebend ist das Entgelt, mit dem der Arbeitnehmer **ausgefallen** ist (BSG, ZIP 1998, 2169). Leistet der Arbeitgeber Nachzahlungen, entfällt in dieser Höhe der Anspruch auf das Insolvenzgeld. Allerdings dürfen Nachzahlungen entgegen der Regel des § 366 BGB nicht auf die jüngste Schuld angerechnet werden, sondern zunächst müssen die am längsten offen Lohnansprüche getilgt werden (BSG, ZInsO 2002, 1049; EuGH, NZI 1998, 37). 17

▶ Hinweis: 18

    Dies gilt ebenso für Sachbezüge, z. B. die Nutzung eines Dienstfahrzeugs, die häufig noch im Insolvenzgeldzeitraum vom Arbeitgeber weitergewährt werden. Diese geldwerten Vorteile können und müssen stets auf die ältesten Lohnansprüche verrechnet werden. Mit ihnen kann daher der Insolvenzgeldzeitraum geringfügig erweitert werden. Hat z. B. ein Arbeitnehmer bei Insolvenzeröffnung Lohnrückstände von dreieinhalb Monaten, so ist der vom Arbeitgeber gewährte geldwerte Vorteil aus der Kfz-Nutzung aller dreieinhalb Monate zunächst auf die älteste Lohnforderung zu verrechnen. Für die Berechnung des Insolvenzgeldes ist er dann »verbraucht« und kann den Insolvenzgeldanspruch nicht mindern.

19 **Provisionen eines Handelsvertreters** werden zugerechnet, wenn er innerhalb des Insolvenzgeldzeitraums alles Notwendige getan hat, um sich den Anspruch auf die Provision zu erdienen und zwar auch, wenn der Insolvenzverwalter die Durchführung des vermittelten Vertrags gem. § 103 ablehnt (BSG, KTS 1996, 195; s. a. BSG, ZIP 1983, 956).

20 **Jahressonderzahlungen** werden anteilig berücksichtigt, wenn sie den Monaten des Insolvenzgeldzeitraums zugerechnet werden können (BSG, ZIP 2014, 1188; ZIP 2006, 1414). Anderenfalls sind sie nur zu berücksichtigen, wenn sie im Insolvenzgeldzeitraum fällig werden, ansonsten überhaupt nicht (BSG, ZIP 2014, 1188). Ist eine Jahressonderzahlung in voller Höhe zu berücksichtigen, ist sie wohl in dem Monat, in dem sie fällig wird, dem Gehalt hinzuzurechnen und die Summe ist durch die monatliche Beitragsbemessungsgrenze gedeckelt (s. BSG, ZIP 2014, 1188). Sofern eine Stichtagsregelung vorliegt, die jedem zu einem bestimmten Zeitpunkt ungekündigten Arbeitnehmer die gesamte Sonderzahlung zuspricht, muss der Arbeitnehmer zu diesem Zeitpunkt noch beschäftigt sein (LSG Essen, ZIP 2004, 2397).

21 **Wertguthaben aus Arbeitszeitkonten** oder in der **Freistellungsphase bei Altersteilzeit** werden berücksichtigt, soweit auch während der Freistellung eine Beschäftigung gegen Entgelt i. S. d. § 7 Abs. 1a SGB IV besteht, § 165 Abs. 1 SGB III. Diese besteht, wenn eine schriftliche Vereinbarung vorliegt und die Höhe des in der Freistellung gewährten Entgelts nicht unangemessen von dem sonst vereinbarten Entgelt abweicht, § 7 Abs. 1a SGB IV.

In der **Arbeitsphase** gilt dagegen uneingeschränkt das **Erarbeitungsprinzip**. D. h., dass auch der Teil des dann erarbeiteten Entgelts berücksichtigt wird, der auf ein Wertkonto fließen soll (BSG, ZInsO 2002, 1049). Umgekehrt wird nur das Entgelt erfasst, das den in diesem Zeitraum geleisteten Arbeitszeiten entspricht und nicht solches, das als Wertguthaben aufgrund zuvor geleisteter Arbeit vorhanden ist (BSG, ZInsO 2002, 1049; s. a. LSG Sachsen, ZInsO 2002, 692 [Schlechtwettergeld]).

2. Ausschluss des Anspruchs

22 Gem. § 166 SGB III ist der Anspruch für solche rückständigen Ansprüche auf Arbeitsentgelt ausgeschlossen, die der Arbeitnehmer wegen der Beendigung des Arbeitsverhältnisses hat. Diese Alternative schließt insb. Abfindungen (DA Insg zu § 166 SGB III, 1. [4]) und den Anspruch auf Urlaubsabgeltung gem. § 7 Abs. 4 BUrlG aus (BSG NZA-RR 2010, 269; BSG, ZInsO 2002, 689; DA Insg zu § 166 SGB III, 1.[5]). Schadensersatz- und Entschädigungsforderungen, die auf Ersatz von Arbeitsentgeltausfall für die Zeit bis zum Ende des Arbeitsverhältnisses gerichtet sind, sind dagegen insolvenzgeldfähig (DA Insg zu § 165 SGB III 5.2 [3]).

23 **Zeiten des Beschäftigungsverbots** nach dem MuSchG, der Elternzeit nach dem BEEG und bei Ableistung des Wehr- oder Ersatzdienstes berechtigen nicht zur Inanspruchnahme von Insolvenzgeld (DA Insg zu § 165 SGB III 4.1 [4]).

C. Verfahren

I. Antrag

24 Der Antrag auf Insolvenzgeld ist vom Arbeitnehmer (einzeln oder gesammelt z. B. über den Betriebsrat oder den Insolvenzverwalter) bei der für den Arbeitgeber örtlich zuständigen Arbeitsagentur zu stellen und zwar innerhalb einer **Ausschlussfrist** von 2 Monaten gem. § 324 Abs. 3 SGB III. Für den Fristbeginn ist objektiv der Eintritt des Insolvenzereignisses maßgebend (BSG, ZInsO 2000, 55 [Ls.]). Bei unverschuldeter Fristversäumnis kann der Arbeitnehmer gem. § 324 Abs. 3 Satz 2 SGB III die Antragstellung innerhalb einer Frist von 2 Monaten ab Kenntniserlangung nachholen

(leichte Fahrlässigkeit genügt für Verschulden, LSG NRW, ZInsO 2010, 440; zur Zurechnung fremden Verschuldens: LSG NRW, ZInsO 2013, 36).

II. Vorschuss (§ 168 SGB III)

Ein Vorschuss auf Insolvenzgeld wird gem. § 168 SGB III nur gewährt, wenn das Arbeitsverhältnis bereits beendet ist und die Voraussetzungen für den Anspruch auf Insolvenzgeld mit hinreichender Wahrscheinlichkeit erfüllt werden. Gerade der erste Punkt bedeutet, dass die Vorschusszahlung für die Erleichterung der Fortführung eines insolventen Unternehmens wenig Bedeutung hat (s. a. HK-Linck § 186 [jetzt § 168] SGB III Rn. 4). Wesentlich effektiver ist hier die Insolvenzgeldvorfinanzierung (vgl. unten Rdn. 29 ff.). 25

III. Vorläufige Entscheidung

Gem. § 328 SGB III kann über die Gewährung von Insolvenzgeld vorläufig entschieden werden, wenn eine abschließende Entscheidung noch nicht möglich ist. Voraussetzung ist, dass die Entgeltansprüche **fällig** sind. Ob eine vorläufige Entscheidung vor einer Entscheidung des Insolvenzgerichts über den Antrag auf Eröffnung des Insolvenzverfahrens möglich ist, ist umstritten (dafür, unter weiteren Voraussetzungen: Uhlenbruck-Berscheid § 22 Rn. 190b; dagegen: SG Aachen, ZIP 1999, 1397). 26

IV. Pflichten des Arbeitgebers und des Insolvenzverwalters

Der Arbeitgeber/Insolvenzverwalter hat dem Arbeitnehmer für die BA eine sog. **Insolvenzgeldbescheinigung** auf den Vordrucken der BA auszustellen. Hierin sind anzugeben: 27
– die Höhe des Arbeitsentgelts für den Insolvenzgeldzeitraum,
– die Höhe der gesetzlichen Abzüge,
– die Höhe der auf das Arbeitsentgelt geleisteten Zahlungen sowie
– evtl. erfolgte Abtretungen oder Pfändungen.

Stehen dem Insolvenzverwalter im insolventen Betrieb geeignete Arbeitnehmer zur Verfügung, muss er ohne Anspruch auf Kostenerstattung die Berechnung und Auszahlung des Insolvenzgeldes selbst vornehmen, § 320 Abs. 2 SGB III. Die BA stellt die erforderlichen Geldmittel für das Insolvenzgeld zur Verfügung (Uhlenbruck-Berscheid § 22 Rn. 191a).

D. Anspruchsübergang (§ 169 SGB III)

Mit Gewährung des Insolvenzgelds gehen die betroffenen Entgeltansprüche auf die BA gem. § 169 SGB III über. Die auf die BA übergegangenen Forderungen haben gem. § 55 Abs. 3 den Rang von **einfachen Insolvenzforderungen** (BAG, ZInsO 2001, 1171). Der Ersatzanspruch der BA gegen den Arbeitgeber/Insolvenzschuldner besteht i. H. d. Bruttolohns (BAG, ZIP 1998, 868; a. A. LAG Schleswig-Holstein, EWiR 1995, 833). 28

E. Vorfinanzierung

Da der Antrag auf Insolvenzgeld erst mit Eröffnung des Insolvenzverfahrens gestellt werden kann, im Zeitpunkt der Stellung des Insolvenzantrags i. d. R. aber bereits Löhne und Gehälter offen sind, steht der vorläufige Insolvenzverwalter bei einer Betriebsfortführung vor dem Problem, wie er die Weiterbeschäftigung der Arbeitnehmer finanzieren kann. Dies gilt insb. für den vorläufigen Insolvenzverwalter, auf den die Verwaltungs- und Verfügungsbefugnis übergegangen ist, da die Ansprüche aus den Arbeitsverhältnissen gem. § 55 Abs. 2 Masseverbindlichkeiten sind. Gerade die für den Betrieb benötigten, gut qualifizierten Arbeitnehmer werden nicht bereit sein, auf weitere Lohnzahlungen zu verzichten, sondern eher kündigen und eine neue Beschäftigung annehmen. 29

Dies ist Hintergrund der Insolvenzgeldvorfinanzierung. Hierbei kauft ein Kreditgeber die jeweiligen Gehaltsforderungen i. H. d. Nettolohns, zahlt den Nettolohn direkt an die Arbeitnehmer aus 30

§ 115 InsO Erlöschen von Aufträgen

und lässt sich im Gegenzug ihre Ansprüche auf Insolvenzgeld abtreten. Später stellt das vorfinanzierende Kreditinstitut den Antrag auf Insolvenzgeld bei der BA. In der Praxis übernimmt dies der Insolvenzverwalter mit entsprechender Vollmacht. Im vorläufigen Eigenverwaltungsverfahren kann das Gericht den Schuldner ermächtigen, Masseverbindlichkeiten zum Zwecke der Insolvenzgeldvorfinanzierung zu begründen (OLG Naumburg, ZInsO 2014, 558; LG Dresden, ZInsO 2013, 1962; LG Duisburg, NZI 2013, 91; s. a. § 270a Rdn. 34 ff.; § 270b Rdn. 32 ff.).

31 Da es sich um einen **Forderungskauf** handelt und dem Arbeitnehmer sein Entgelt direkt ohne weiteres Risiko ausgezahlt wird, steht das **Abtretungsverbot des § 400 BGB i. V. m. §§ 850 ff. ZPO** nicht entgegen (s. schon BSG, ZIP 1992, 941). Die Arbeitnehmer haben bei dieser rechtlichen Konstruktion keine Rückzahlungsansprüche der finanzierenden Bank zu befürchten (s. schon BSG, ZIP 1992, 941).

32 Voraussetzung für eine Vorfinanzierung ist gem. § 170 SGB III die **Zustimmung der BA**. Die BA darf ihre Zustimmung nur erteilen, wenn Tatsachen die Annahme rechtfertigen, dass durch die Vorfinanzierung ein erheblicher Teil der Arbeitsplätze erhalten bleibt. Ausreichend ist eine nachträgliche Genehmigung bis spätestens unmittelbar vor dem Insolvenzereignis (DA Insg zu § 170 SGB III, 3.2 [5]). Es genügt, glaubhaft zu machen, dass der Erhalt der Arbeitsplätze überwiegend wahrscheinlich ist (DA Insg zu § 170 SGB III, 3.2 [6]). **Indizien** hierfür sind erste Maßnahmen zur Durchführung eines Sanierungskonzepts, Angaben zur Fortführung des Geschäftsbetriebes mit dem Ziel der Veräußerung, Erarbeitung eines Sanierungsplans, Erarbeitung eines Unternehmensexposés, Akquirierung potenzieller Übernahmeinteressenten (mit Namensnennung) oder das Gutachten des vorläufigen Insolvenzverwalters mit einer nachvollziehbaren Fortführungsprognose (DA Insg zu § 170 SGB III, 3.2 [7]). Die Quantifizierung des Begriffs »erheblicher Erhalt von Arbeitsplätzen« kann auf § 112a BetrVG gestützt werden, sodass u. U. der Erhalt von 10 % oder weniger Arbeitsplätzen ausreichend sein kann (DA Insg zu § 170 SGB III, 3.2 [8]). Da die Arbeitsplätze auf Dauer erhalten bleiben müssen, genügt ein Erhalt zur Ausproduktion i. d. R. nicht (DA Insg zu § 170 SGB III, 3.2 [11]).

33 Sind bei Insolvenzantragsstellung bereits **Löhne rückständig**, kann das Insolvenzgeld hierfür vorfinanziert werden, soweit die Arbeitnehmer noch nicht gekündigt sind. Wegen der während des Eröffnungsverfahrens auslaufenden Kündigungsfristen bleiben die Arbeitsplätze zumindest für diese Zeit erhalten (DA Insg zu § 170 SGB III, 3.2 [15]).

34 Ein weiterer, dauerhafter Finanzierungseffekt stellt sich für das Vorverfahren ein, da das Insolvenzgeld **gem. § 3 Nr. 2 EStG steuerfrei ist**. Ohne die Insolvenzgeldvorfinanzierung müsste der vorläufige Insolvenzverwalter Lohnsteuer abführen. Der Ersatzanspruch der BA i. H. d. Bruttolohns (vgl. oben, Rdn. 28) ist gem. § 55 Abs. 3 aber nur Insolvenzforderung und belastet nicht die Masse (Braun-Böhm § 22 Rn. 37).

§ 114

(weggefallen)

▶ Hinweis:

§ 114 ist durch das Gesetz zur Verkürzung des Restschuldbefreiungsverfahrens und zur Stärkung der Gläubigerrechte vom 15.07.2013 gestrichen worden. Die Norm findet allerdings weiterhin Anwendung für Verfahren, die bis zum 30.06.2014 beantragt worden sind. § 114 a. F. wird im Anhang zu § 311 kommentiert.

§ 115 Erlöschen von Aufträgen

(1) Ein vom Schuldner erteilter Auftrag, der sich auf das zur Insolvenzmasse gehörende Vermögen bezieht, erlischt durch die Eröffnung des Insolvenzverfahrens.

(2) ¹Der Beauftragte hat, wenn mit dem Aufschub Gefahr verbunden ist, die Besorgung des übertragenen Geschäfts fortzusetzen, bis der Insolvenzverwalter anderweitig Fürsorge treffen kann. ²Der Auftrag gilt insoweit als fortbestehend. ³Mit seinen Ersatzansprüchen aus dieser Fortsetzung ist der Beauftragte Massegläubiger.

(3) ¹Solange der Beauftragte die Eröffnung des Verfahrens ohne Verschulden nicht kennt, gilt der Auftrag zu seinen Gunsten als fortbestehend. ²Mit den Ersatzansprüchen aus dieser Fortsetzung ist der Beauftragte Insolvenzgläubiger.

Übersicht	Rdn.		Rdn.
A. Normzweck	1	II. Rechtsfolgen	5
B. Norminhalt	2	III. Notgeschäftsführung (Abs. 2)	7
I. Voraussetzungen	2	IV. Unverschuldete Unkenntnis (Abs. 3)	10

A. Normzweck

Nach § 115 erlöschen sämtliche Aufträge automatisch mit der Eröffnung des Insolvenzverfahrens. § 115 gilt nach § 116 Satz 1 und § 117 Abs. 2 ebenso für Geschäftsbesorgungsverträge und Vollmachten. Zweck ist es, sicherzustellen, dass allein dem Insolvenzverwalter die Verwaltung der Masse obliegt (MK-Ott/Vuia § 115 Rn. 1; Uhlenbruck-Sinz § 115 Rn. 1; krit.: Jaeger/Henckel/Gerhardt-Jacoby § 115 f. Rn. 8). Zudem wird die Entstehung von Vergütungs- oder Aufwendungsersatzansprüchen zulasten der Masse vermieden (MK-Ott/Vuia § 115 Rn. 1; krit. Jaeger/Henckel/Gerhardt-Jacoby § 115 f. Rn. 11 ff.). 1

B. Norminhalt

I. Voraussetzungen

Voraussetzung ist das Vorliegen eines **Auftrages i. S. d. § 662 BGB**, bei dem der Schuldner der Auftraggeber ist. Ein Auftrag ist jedes Vertragsverhältnis, durch das sich jemand zu einer unentgeltlichen Tätigkeit für den Schuldner verpflichtet hat (MK-Ott/Vuia § 115 Rn. 4). Die Unentgeltlichkeit grenzt den Auftrag vom – praktisch bedeutsameren – Geschäftsbesorgungsvertrag ab. Die Abgrenzung des Auftrags vom bloßen Gefälligkeitsverhältnis richtet sich nach der wirtschaftlichen und rechtlichen Bedeutung, insb. für den Begünstigten (BGB: Palandt-Grüneberg vor § 241 Rn. 7 ff.) 2

Der Auftrag muss sich **auf die Insolvenzmasse beziehen**. Ausgenommen sind also Tätigkeiten ideeller Art und personenbezogene Tätigkeiten, wie Pflege oder Betreuung. 3

Der Auftrag darf nicht bereits vollständig erfüllt worden sein (Jaeger/Henckel/Gerhardt-Jacoby § 115 f. Rn. 51 f.). Dies hängt davon ab, ob die geschuldete Tätigkeit erledigt worden ist. Unschädlich ist, wenn der Beauftragte noch die Herausgabe des durch die Ausführung Erlangten schuldet. Bei teilweiser Ausführung erlischt der Auftrag für den noch nicht erledigten Teil (MK-Ott/Vuia § 115 Rn. 10). 4

II. Rechtsfolgen

Der Auftrag erlischt ohne weitere Erklärung **ex nunc**. Bereits Geleistetes muss der Insolvenzverwalter für und gegen die Masse gelten lassen. Der Beauftragte kann – als Insolvenzforderung – Ersatz von Aufwendungen (§ 670 BGB) und die Masse Herausgabe des aus dem Auftrag Erlangten (§ 667 BGB) verlangen. Pfand- und Zurückbehaltungsrechte bestehen nur, wenn sie insolvenzfest i. S. d. § 51 sind. Eventuell vom Schuldner gestellte Sicherheiten sichern lediglich bereits vor Eröffnung entstandene Aufwandsersatzansprüche (BGH, ZInsO 2006, 1055). Der Vertragspartner hat keine Forderung wegen Nichterfüllung (BGH, ZInsO 2006, 1055). 5

§ 116 InsO Erlöschen von Geschäftsbesorgungsverträgen

6 §§ 115, 116 führen zum Erlöschen des Auftragsverhältnisses bzw. Geschäftsbesorgungsverhältnisses insgesamt (BGH, ZInsO 2006, 1055; a. A. lediglich Erlöschen der dem Auftrag innewohnenden Geschäftsführungsbefugnis, HK-Marotzke § 115 Rn. 4 ff.). Der Verwalter kann nach Eröffnung neue Aufträge erteilen. Unter Umständen kann der Vertragspartner aus nachwirkender Treuepflicht gehalten sein, das Vertragsverhältnis zu angemessenen Konditionen fortzusetzen (MK-Ott/Vuia § 116 Rn. 49; krit.: Jaeger/Henckel/Gerhardt-Jacoby § 115 f. Rn. 18). Im Voraus getroffene Vereinbarungen über einen Fortbestand des Auftrags nach Insolvenzeröffnung sind gem. § 119 unwirksam (BGH, ZInsO 2006, 1055).

III. Notgeschäftsführung (Abs. 2)

7 Die Regelung über die Notgeschäftsführung gelten über § 116 Satz 1 und § 117 Abs. 2 einheitlich für Auftrag, Geschäftsbesorgungsvertrag und Vollmacht. Sinn und Zweck ist der **Schutz der Insolvenzmasse** vor Schäden, die durch das Unterlassen von notwendigen Maßnahmen entstehen könnten (BGH, ZInsO 2006, 1055). Der Beauftragte ist einerseits verpflichtet, die zur Abwehr von Gefahren nötigen Tätigkeiten zu erledigen, hat aber andererseits die Sicherheit, dass der Auftrag als fortbestehend fingiert wird (Satz 2) und seine Ersatz- und Vergütungsansprüche (für den Vergütungsanspruch bestimmt dies § 116 Satz 2) für die Zeit der Notgeschäftsführung als Masseforderungen erfüllt werden, Satz 3 (MK-Ott/Vuia § 115 Rn. 16, § 116 Rn. 53 f.).

8 Ob mit dem Aufschub »Gefahr« verbunden ist, ist objektiv zu bestimmen.

9 Das Vertragsverhältnis gilt als fortbestehend bis der Insolvenzverwalter selbst Fürsorge treffen kann. Wegen der umfangreichen Sicherungspflichten des vorläufigen Insolvenzverwalters ist der praktische Anwendungsbereich der Notgeschäftsführung gering (MK-Ott/Vuia § 116 Rn. 53) und auf sehr kurze Zeiträume beschränkt (nach BayObLG sind 4 Monate zu lang, ZInsO 2003, 1143).

IV. Unverschuldete Unkenntnis (Abs. 3)

10 Auch der Schutz des Beauftragten bei unverschuldeter Unkenntnis von der Insolvenzeröffnung ist einheitlich für Auftrag, Geschäftsbesorgungsvertrag und Vollmacht geregelt. Ohne die Fiktion des Fortbestands des Auftrags würde er als Geschäftsführer ohne Auftrag handeln, mit der Folge der verschärften Haftung gem. § 678 BGB und engeren Voraussetzungen für einen Anspruch auf Aufwendungsersatz, § 683 BGB (MK-Ott/Vuia § 115 Rn. 17).

11 Der Beauftragte/Geschäftsführer/Bevollmächtigte darf die Eröffnung **ohne Verschulden** nicht kennen, sodass bereits **einfache Fahrlässigkeit** schadet.

12 Bei unverschuldeter Unkenntnis von der Eröffnung des Insolvenzverfahrens gilt der Auftrag im Verhältnis Geschäftsführer/Insolvenzverwalter als fortbestehend. Der Beauftragte wird so behandelt, als habe er den Auftrag vor Eröffnung vollständig durchgeführt (Jaeger/Henckel/Gerhardt-Jacoby § 115 f. Rn. 69; MK-Ott/Vuia § 115 Rn. 17). Seine Forderungen sind nur Insolvenzforderungen. Dritte können keine Rechte herleiten (Jaeger/Henckel/Gerhardt-Jacoby § 115 f. Rn. 77). Insb. haftet der Beauftragte nicht als Vertreter ohne Vertretungsmacht gem. § 179 BGB, § 117 Abs. 3.

§ 116 Erlöschen von Geschäftsbesorgungsverträgen

¹Hat sich jemand durch einen Dienst- oder Werkvertrag mit dem Schuldner verpflichtet, ein Geschäft für diesen zu besorgen, so gilt § 115 entsprechend. ²Dabei gelten die Vorschriften für die Ersatzansprüche aus der Fortsetzung der Geschäftsbesorgung auch für die Vergütungsansprüche. ³Satz 1 findet keine Anwendung auf Zahlungsaufträge sowie auf Aufträge zwischen Zahlungsdienstleistern oder zwischengeschalteten Stellen und Aufträge zur Übertragung von Wertpapieren; diese bestehen mit Wirkung für die Masse fort.

Erlöschen von Geschäftsbesorgungsverträgen **§ 116 InsO**

Übersicht	Rdn.		Rdn.
A. Normzweck	1	II. Insb.: Bankverträge	7
B. Norminhalt	2	III. Rechtsfolgen	21
I. Geschäftsbesorgungsvertrag	3		

A. Normzweck

§ 116 verweist in Satz 1 umfänglich auf § 115 und hat denselben Regelungszweck. Im Folgenden sind nur die Abweichungen dargestellt.   1

B. Norminhalt

Es muss ein **Geschäftsbesorgungsvertrag** vorliegen, bei dem der Insolvenzschuldner Geschäftsherr ist. Wegen des Verweises auf § 115 muss sich auch die Geschäftsbesorgung auf die Insolvenzmasse beziehen. Daher sind Geschäftsbesorgungen in rein familienrechtlichen Angelegenheiten nicht erfasst (FK-Wegener § 116 Rn. 26). In der Insolvenz des Geschäftsbesorgers findet § 103 Anwendung (OLG München, ZInsO 2006, 1060; s. a. § 113 Rdn. 9).   2

I. Geschäftsbesorgungsvertrag

Geschäftsbesorgungsvertrag ist ein Dienst- oder Werkvertrag, der eine Geschäftsbesorgung zum Gegenstand hat, § 675 BGB. Geschäftsbesorgung ist jede selbstständige Tätigkeit wirtschaftlicher Art in fremdem Interesse, die gegen Entgelt ausgeführt wird (Palandt-Sprau § 675 BGB Rn. 2 ff.). Charakteristisch ist, dass es sich um eine Tätigkeit handelt, die ursprünglich dem Geschäftsherrn oblag (Palandt-Sprau § 675 BGB Rn. 4; s. a. Jaeger/Henckel/Gerhardt-Jacoby § 115f Rn. 38 f. zur Abgrenzung vom Werkvertrag).   3

Bei gemischten Verträgen muss die Geschäftsbesorgung prägenden Charakter haben. Unerheblich ist die konkrete Einordnung als Dienst- oder Werkvertrag, wenn die Geschäftsbesorgung der Gegenstand ist.   4

▶ **Übersicht: Beispiele typischer Verträge**   5

- Beraterverträge, insb. die Mandatierung eines Rechtsanwalts, Steuerberaters oder Wirtschaftsprüfers, auch die Beauftragung eines Notars zur Durchführung einer Grundstücksübertragung (BayObLG, ZInsO 2003, 1143), zum Abschlussprüfer s. a. § 155 Abs. 3 Satz 2 (s. a. OLG Dresden, ZInsO 2010, 46),
- Maklerverträge (OLG Karlsruhe, ZIP 1990, 1143),
- Handelsvertretervertrag (BGH, ZIP 2003, 216),
- Kommissionsvertrag, nicht der Vertragshändlervertrag, da der Vertragshändler auf eigene Rechnung tätig wird (MK-Ott/Vuia § 116 Rn. 12),
- Speditionsvertrag, nicht aber der Frachtführervertrag (MK-Ott/Vuia § 116 Rn. 12),
- beim Factoring der Rahmenvertrag bei Insolvenz des Anschlusskunden; die einzelnen Forderungskäufe sind Kaufverträge und unterliegen § 103 (ausführl. s. MK-Ott/Vuia § 116 Rn. 13 ff.; Uhlenbruck-Sinz §§ 115, 116 Rn. 37 ff.),
- uneigennützige Treuhandverträge (Verwaltungstreuhand) bei Insolvenz des Treugebers, z. B. Inkassozession (BGH, ZIP 2003, 216), nicht die eigennützige Treuhand (Sicherungstreuhand), da diese dem Interesse des Treuhänders und seiner Sicherung vor der Insolvenz des Treugebers dient, z. B. die Sicherungsabrede i. R. d. Sicherungsübereignung (MK-Ott/Vuia § 116 Rn. 21 ff., 32).

Nicht erfasst sind die Dienstverträge der Organe juristischer Personen (OLG Hamm, ZInsO 2001, 43).   6

II. Insb.: Bankverträge

7   Bankverträge unterliegen § 116, soweit sie Geschäftsbesorgungen darstellen, also nicht Darlehens-, Sparverträge, Schrankfachmiete, Verwahrungsvertrag (MK-Ott/Vuia § 116 Rn. 35).

8   **Der Girovertrag oder Zahlungsdiensterahmenvertrag** ist in § 675f Abs. 2 BGB definiert. Er erlischt als Geschäftsbesorgungsvertrag mit Eröffnung des Insolvenzverfahrens über das Vermögen des Kontoinhabers nach § 116. Allerdings ist die Bank aus nachvertraglicher Fürsorgepflicht verpflichtet, noch eingehende Zahlungen gutzuschreiben (BGH, ZIP 1995, 659). Mit debitorischen Salden verrechnen kann sie diese gem. § 96 Abs. 1 Nr. 1 jedoch nicht (BGH, ZInsO 2008, 803).

9   Als Ausnahme hierzu muss das **Pfändungsschutzkonto (P-Konto)** gem. § 850k ZPO in seinem Bestand unberührt bleiben. Anders könnte der gesetzgeberische Zweck nicht erreicht werden, dem Schuldner als Teil seiner Existenzsicherung den Zugang zum bargeldlosen Geldverkehr zu ermöglichen (LG Verden, NZI 2014, 37; s.a. A/G/R-Flöther/Wehner § 116 Rn. 7).

10 **Der Kontokorrentvertrag** endet auf den Tag der Eröffnung des Insolvenzverfahrens und dann ist ein Saldenabschluss vorzunehmen (BGH, ZInsO 2004, 270; ZInsO 2007, 376; **a.A.** § 103: K/P/B-Tintelnot §§ 115, 116 Rn. 21b; HK-Marotzke § 116 Rn. 5). Hierin können, vorbehaltlich der Anfechtbarkeit, vor Eröffnung entstandene Positionen verrechnet werden (BGH, WM 1979, 719; NJW 1978, 538). Ein Saldo zugunsten der Bank ist Insolvenzforderung. Ein Saldo zugunsten des Schuldners ist an den Verwalter auszukehren. Auch der Kontokorrentkredit endet gem. §§ 115, 116 (Jaeger/Henckel/Gerhardt-Jacoby §§ 115 ff. Rn. 132; Obermüller, InsR Bankpraxis, Rn. 5.461).

11 Ist ein **Gemeinschaftskonto** ein sog. **Oder-Konto**, bleibt das Kontokorrentverhältnis bestehen. Über ein vorhandenes Guthaben darf wegen § 80 anstelle des Schuldners nur der Insolvenzverwalter verfügen. Die Verfügungsbefugnis des Kontomitinhabers bleibt unberührt. Dagegen kann bei einem sog. **Und-Konto** der Kontomitinhaber nur noch zusammen mit dem Insolvenzverwalter verfügen. Die Kontokorrentabrede bleibt wirksam (zu allem Jaeger/Henckel/Gerhardt-Jacoby §§ 115 ff. Rn. 133 ff.).

12 Grundlage einer **Überweisung** ist ein **Zahlungsauftrag** des Zahlers, den er im Rahmen seines Zahlungsdiensterahmenvertrags (§ 675f Abs. 2 BGB) durch Weisung an sein Kreditinstitut erteilt, § 675f Abs. 3 Satz 2 BGB. Im Unterschied hierzu wird der Zahlungsvorgang bei einer Lastschrift vom Zahlungsempfänger ausgelöst. Zahlungsaufträge werden durch Zugang beim Zahlungsdienstleister wirksam, § 675n Abs. 1 Satz 1 BGB. Sie bleiben gem. der Sonderregelung nach **Satz 3** bestehen. Gleiches gilt für Aufträge zur **Übertragung von Wertpapieren**, die in § 675b BGB geregelt sind. Der Aufwendungsersatzanspruch der Bank wird in diesem Fall Masseforderung. Der Insolvenzverwalter kann den Auftrag nur bei terminierten Zahlungsaufträgen widerrufen oder für den Fall, dass die Möglichkeit zum Widerruf auch nach dem Zugangszeitpunkt vereinbart wurde (s.i. Einzelnen Jaeger/Henckel/Gerhardt-Jacoby §§ 115 ff. Rn. 143). Führt die Bank in Unkenntnis des Insolvenzverfahrens einen vom Schuldner nach Eröffnung erteilten Zahlungsauftrag aus, ist ihr Aufwendungsersatzanspruch nur Insolvenzforderung nach § 115 Abs. 3 Satz 2 (MK-Ott/Vuia § 116 Rn. 52).

13 Mit Einführung von SEPA (= Single Euro Payments Area), dem einheitlichen Euro-Zahlungsverkehrsraum, sind seit dem 01.02.2014 neue, europaweit einheitliche Verfahren für den bargeldlosen Zahlungsverkehr (Überweisungen, Lastschriften) eingeführt worden. Für die **SEPA-Lastschrift** gibt es zwei Verfahren: die SEPA-Basislastschrift (SEPA Core Direct Debit) sowie die SEPA-Firmenlastschrift (SEPA Business to Business Direct Debit), die ausschließlich für den Verkehr mit Geschäftskunden vorgesehen ist. Das SEPA-Basis-Lastschriftverfahren ist eher dem früheren Einzugsermächtigungslastschriftverfahren nachgebildet, während das SEPA-Firmen-Lastschriftverfahren eher dem früheren Abbuchungsauftragsverfahren ähnelt. Grundlage der SEPA-Lastschrift ist das Mandat, das die Zustimmung des Zahlers gegenüber dem Zahlungsempfänger zum Einzug fälliger Forderungen mittels Lastschrift und die Weisung an seinen Zahlungsdienstleister (Zahlstelle) zur Einlösung durch Belastung seines Zahlungskontos enthält, Autorisierung des Zahlungsvorgangs gem.

§ 675 Abs. 1 BGB, auch **Doppelmandat** genannt. SEPA-Basislastschriften, bei denen ein gültiges Mandat vorliegt, können bis zu 8 Wochen nach dem Belastungstag ohne Angabe von Gründen zurückgegeben werden, § 675x Abs. 2 BGB i. V. m. Nr. 2.5 Bedingungen für Zahlungen mittels SEPA-Basislastschriften.

Lastschriftaufträge unterfallen im Insolvenzverfahren denselben Regeln wie alle übrigen Zahlungsaufträge. Die Autorisierung des Zahlungsvorgangs, und damit der Zahlungsauftrag, geht der Schuldnerbank (Zahlstelle) zu, wenn sie über die Bank des Lastschriftgläubigers die auf dem Doppelmandat beruhende Weisung ihres Kunden, des Lastschriftschuldners, erhält. Geht diese vor Insolvenzeröffnung zu, bleibt sie gem. Satz 3 wirksam. Im Übrigen erlöschen vom Schuldner erteilte Aufträge gem. §§ 115, 116 und die Bank ist nicht berechtigt, das Konto des Schuldners zu belasten (Jaeger/Henckel/Gerhardt-Jacoby §§ 115 ff. Rn. 155). 14

Die Rückgabe einer SEPA-Basis-Lastschrift gem. § 675x Abs. 2 BGB i. V. m. Nr. 2.5 Bedingungen für Zahlungen mittels SEPA-Basislastschriften führt nicht zu einem Erstattungsanspruch der Insolvenzmasse und kommt daher für den Insolvenzverwalter nicht in Betracht (BGH, ZInsO 2010, 1538). 15

Ein **Scheckvertrag** ist ein Geschäftsbesorgungsvertrag und erlischt mit Insolvenzeröffnung (FK-Wegener § 116 Rn. 55; Obermüller, InsR Bankpraxis, Rn. 3.367). Vom Insolvenzschuldner ausgestellte Schecks dürfen bereits ab der Anordnung eines allgemeinen Verfügungsverbots nicht mehr eingelöst werden. Hatte die Bank keine Kenntnis, kann sie aus einem Guthaben mit befreiender Wirkung leisten. Ihr Aufwendungsersatzanspruch ist aber nur Insolvenzforderung (zu allem: Obermüller, InsR Bankpraxis, Rn. 3.358 ff.). In der Insolvenz des Scheckeinreichers geht die Einzugsbefugnis mit Anordnung eines Verfügungsverbots auf den (vorläufigen) Insolvenzverwalter über (im Einzelnen: Obermüller, InsR Bankpraxis, Rn. 3.383 ff.). 16

Ein **Akkreditiv** ist Geschäftsbesorgung und erlischt, sofern es noch nicht eröffnet ist. 17

Das **Effektengeschäft** ist i. d. R. ein Kommissionsgeschäft und hat damit Geschäftsbesorgungscharakter. 18

Der **Depotvertrag** ist i. d. R. ein gemischter Vertrag, der Elemente der Verwahrung, damit § 103, und der Verwaltung, also Geschäftsbesorgung, enthält. Aus Gründen der Rechtsklarheit erlischt dieser Vertrag insgesamt (Jaeger/Henckel/Gerhardt-Jacoby § 115f Rn. 167; MK-Ott/Vuia § 116 Rn. 44; Uhlenbruck-Sinz § 115, 116 Rn. 25f). 19

Der **Avalkreditvertrag**, in dem sich die Bank zur Stellung von Bürgschaften ggü. dem Schuldner verpflichtet, ist ein Geschäftsbesorgungsvertrag (BGH, ZIP 2011, 2163). Gleiches gilt für einen **Kautionsversicherungsvertrag** (BGH, ZInsO 2010, 2391; ZInsO 2006, 1055). 20

III. Rechtsfolgen

Rechtsfolge ist wie bei § 115 (s. a. dort Rdn. 5 f.) das **Erlöschen des Auftrags** ohne weitere Erklärung. Die Abwicklung richtet sich nach allgemeinen Vorschriften. Aufwendungsersatzanspruch und Vergütungsanspruch sind Insolvenzforderungen (MK-Ott/Vuia § 116 Rn. 50). Hat der Geschäftsführer bereits Entgelte für die Zeit nach Eröffnung des Insolvenzverfahrens erlangt, sind diese der Masse gem. § 812 BGB zu erstatten (bspw. Avalprovisionen, s. BGH, ZInsO 2010, 2391). Bei den jährlichen Prämienzahlungen für Avale ist hierbei zu berücksichtigen, dass sie bloße Vorschüsse auf die erst im Laufe des Jahres entstehenden Provisionsforderungen und nicht Erfüllung bereits entstandener Schuld sind (BGH, ZIP 2011, 2163). Der Geschäftsführer muss gem. §§ 675 Abs. 1, 667 BGB das Erlangte herausgeben, wie z. B. Mandantenunterlagen und auch bei externen Dienstleistern (z. B. Datev) gespeicherte Daten (BGH, ZIP 1990, 48; LG Düsseldorf, ZIP 1997, 1657; KG, DStZ 1996, 476). Er hat aber in Bezug auf sein eigentliches Arbeitsergebnis ein **Zurückbehaltungsrecht** gem. § 273 BGB (BGH, ZIP 1988, 1474; Jaeger/Henckel/Gerhardt-Jacoby § 115f. Rn. 54; HK-Marotzke § 115 Rn. 7; MK-Ott/Vuia § 116 Rn. 49; a. A. LG Cottbus, ZInsO 2002, 635). 21

22 Wenn der Vertrag »fortgesetzt« wird, handelt es sich um einen konkludenten Neuabschluss, da § 103 keine Anwendung findet. Der Vergütungsanspruch hinsichtl. der Tätigkeit nach Insolvenzeröffnung ist Masseverbindlichkeit gem. § 55 Abs. 1 Nr. 1 (BGH, ZIP 2006, 1781; a. A. HK-Marotzke § 115 Rn. 5 ff.: Ausübung des Wahlrechts nach § 103). Hat der Schuldner einen Rechtsanwalt gerade für seine Vertretung im Insolvenzverfahren beauftragt, besteht dieser Geschäftsbesorgungsvertrag fort, denn auch die Vollmacht erlischt nicht (BGH, ZIP 2011, 1014). Dies kann aber nur unter der Maßgabe gelten, dass der Schuldner die Vergütung aus seinem insolvenzfreien Vermögen zahlt.

23 Zur Notgeschäftsführung und unverschuldeter Unkenntnis gilt § 115. Sofern Notgeschäftsführung vorliegt, ist auch der Vergütungsanspruch Masseforderung, Satz 2 (s. § 115 Rdn. 7).

§ 117 Erlöschen von Vollmachten

(1) Eine vom Schuldner erteilte Vollmacht, die sich auf das zur Insolvenzmasse gehörende Vermögen bezieht, erlischt durch die Eröffnung des Insolvenzverfahrens.

(2) Soweit ein Auftrag oder ein Geschäftsbesorgungsvertrag nach § 115 Abs. 2 fortbesteht, gilt auch die Vollmacht als fortbestehend.

(3) Solange der Bevollmächtigte die Eröffnung des Verfahrens ohne Verschulden nicht kennt, haftet er nicht nach § 179 des Bürgerlichen Gesetzbuchs.

Übersicht
	Rdn.		Rdn.
A. Normzweck	1	II. Schutz des vollmachtlosen Vertreters	
B. Norminhalt	2	(Abs. 3)	10
I. Notgeschäftsführung (Abs. 2)	9		

A. Normzweck

1 Die Ziele des § 117 entsprechen denen der §§ 115, 116, nämlich dem Schutz der Handlungskompetenzen des Insolvenzverwalters (MK-Ott/Vuia § 117 Rn. 1). Diskutiert wird, ob § 117 rechtsgestaltende oder nur deklaratorische Bedeutung zukommt (MK-Ott/Vuia § 117 Rn. 4 ff.). Soweit die Vollmacht auf einem Geschäftsbesorgungs- oder Auftragsverhältnis (§§ 115, 116) beruht, hat die Vorschrift wegen § 168 BGB rein klarstellende Funktion (HK-Marotzke § 117 Rn. 3).

B. Norminhalt

2 Von § 117 sind sämtliche Vollmachten erfasst, die der Schuldner in
– Vermögensangelegenheiten und
– in Bezug auf die Insolvenzmasse erteilt hat.

3 Die Norm gilt **für alle Arten von Vollmachten**, z. B. Prokura, Handlungsvollmacht, aufgrund von Dienstverhältnissen erteilte Vollmacht, Prozessvollmacht (OLG Köln, ZInsO 2002, 1184; OLG Brandenburg, NZI 2001, 255), gewillkürte Prozessstandschaft (BGH, ZIP 2000, 149), Vollmacht des Notars, ggü. dem Grundbuchamt tätig zu werden (BayObLG, ZInsO 2003, 1143). Erfasst sind auch unwiderrufliche Vollmachten und solche, die im Eigeninteresse des Vertreters erteilt wurden, ebenso Untervollmachten, da auch der Unterbevollmächtigte mit Wirkung für den Insolvenzschuldner handelt (MK-Ott/Vuia § 117 Rn. 7, 9; FK-Wegener § 117 Rn. 10). Nicht betroffen sind Vollmachten, die der Schuldner gerade zur Vertretung im Insolvenzverfahren erteilt hat (BGH, ZIP 2011, 1014; OLG Dresden, ZIP 2002, 2000).

4 Die **gesetzlichen Vertreter einer rechtsfähigen Gesellschaft** verlieren ihre Geschäftsführungs- und Vertretungsbefugnis in Bezug auf die Insolvenzmasse, bleiben aber ansonsten mit allen Rechten und Pflichten im Amt (MK-Ott/Vuia § 117 Rn. 10 m. w. N.).

Keine Vollmacht sind Einziehungs- oder Verfügungsermächtigungen. Diese verlieren mit Eröffnung des Insolvenzverfahrens gleichwohl ihre Wirkung, da der Ermächtigende seine Verfügungsmacht verliert, § 80 (MK-Ott/Vuia § 117 Rn. 11; Uhlenbruck-Sinz § 117 Rn. 10; für Erlöschen nach § 117 analog: HK-Maroztke § 117 Rn. 8 f.). 5

Mit Eröffnung des Insolvenzverfahrens **erlöschen die o. g. Vollmachten** unabhängig davon, ob das ihnen zugrunde liegende Rechtsverhältnis bestehen bleibt. Die Vollmacht erlischt vollumfänglich und endgültig (Jaeger/Henckel/Gerhardt-Jacoby § 117 Rn. 16; MK-Ott/Vuia § 117 Rn. 12; für Wiederaufleben nach Aufhebung des Verfahrens: FK-Wegener § 117 Rn. 6). Dies gilt auch bei Anordnung von **Eigenverwaltung** (Jaeger/Henkel/Gerhardt-Jacoby § 117 Rn. 53 ff.; Uhlenbruck-Sinz § 117 Rn. 11; MK-Ott/Vuia § 117 Rn. 14). Eine **Prozessvollmacht** bleibt in dem Maße bestehen, wie sie die Vertretung im Rahmen von Rechtsbehelfen umfasst, die dem Schuldner im Insolvenzverfahren persönlich zustehen (OLG Dresden, ZIP 2002, 2000). Sie bleibt bestehen, wenn es lediglich um die Beseitigung eines entgegen § 240 ZPO trotz angeordneter Verfahrensunterbrechung ergangenen Urteils geht (BAG, BB 2008, 1897). 6

Im Eröffnungsverfahren behalten die Vollmachten noch ihre Wirkung, selbst wenn ein sog. »starker« Insolvenzverwalter bestellt ist (dif. Jaeger/Henkel/Gerhardt-Jacoby § 117 Rn. 25 f.). Dieser kann vom Schuldner erteilte Vollmachten aber widerrufen (MK-Ott/Vuia § 117 Rn. 12; a. A. Jaeger/Henkel/Gerhardt-Jacoby § 117 Rn. 25). 7

Der Insolvenzverwalter kann **neue Vollmachten** erteilen oder vollmachtlos abgeschlossene Verträge **genehmigen**. 8

I. Notgeschäftsführung (Abs. 2)

Sofern die Voraussetzungen für die Notgeschäftsführung vorliegen (vgl. § 115), bleibt die Vollmacht bestehen. Die in diesem Umfang abgeschlossenen Verträge wirken gegen die Masse (Uhlenbruck-Sinz § 117 Rn. 17; MK-Ott/Vuia § 117 Rn. 16). 9

II. Schutz des vollmachtlosen Vertreters (Abs. 3)

Sofern keine Notgeschäftsführung vorliegt, handelt der Vertreter ab Insolvenzeröffnung ohne Vertretungsmacht und wäre der Haftung nach § 179 BGB ausgesetzt. Davor wird er gem. Abs. 3 geschützt, sofern er die Eröffnung ohne Verschulden nicht kennt, und zwar auch, wenn die Vollmacht erst nach Eröffnung erteilt wurde (OLG München, ZInsO 2010, 145). Da Abs. 3 dem Schutz des Vertreters dient, sind die Ansprüche aus den vom ihm abgeschlossenen Verträgen nur **Insolvenzforderungen** (Uhlenbruck-Sinz § 117 Rn. 18; MK-Ott/Vuia § 117 Rn. 18). 10

§ 118 Auflösung von Gesellschaften

¹Wird eine Gesellschaft ohne Rechtspersönlichkeit oder eine Kommanditgesellschaft auf Aktien durch die Eröffnung des Insolvenzverfahrens über das Vermögen eines Gesellschafters aufgelöst, so ist der geschäftsführende Gesellschafter mit den Ansprüchen, die ihm aus der einstweiligen Fortführung eilbedürftiger Geschäfte zustehen, Massegläubiger. ²Mit den Ansprüchen aus der Fortführung der Geschäfte während der Zeit, in der er die Eröffnung des Insolvenzverfahrens ohne sein Verschulden nicht kannte, ist er Insolvenzgläubiger; § 84 Abs. 1 bleibt unberührt.

Übersicht	Rdn.		Rdn.
A. Normzweck	1	II. Geschäftsführungsbefugnis nach Auflösung der Gesellschaft	3
B. Norminhalt	2	III. Ansprüche des Geschäftsführers	4
I. Auflösung der Gesellschaft bei Insolvenz eines Gesellschafters	2	IV. Rechtsfolgen	5

§ 119 InsO Unwirksamkeit abweichender Vereinbarungen

A. Normzweck

1 Normzweck ist der Schutz des geschäftsführenden Gesellschafters einer Personengesellschaft in der Insolvenz eines Gesellschafters (MK-Ott/Vuia § 118 Rn. 1).

B. Norminhalt

I. Auflösung der Gesellschaft bei Insolvenz eines Gesellschafters

2 Gesellschaften ohne Rechtspersönlichkeit sind die in § 11 Abs. 2 Nr. 1 genannten, nicht aber der nicht rechtsfähige Verein (HK-Marotzke § 118 Rn. 3 f.). Ob sich die Gesellschaft bei Insolvenz eines ihrer Gesellschafter auflöst, richtet sich nach den gesellschaftsrechtlichen Regeln und Vereinbarungen im Gesellschaftsvertrag. Der Anwendungsbereich ist im Wesentlichen beschränkt auf die **GbR**, § 728 Abs. 2 BGB, wobei auch hier der Gesellschaftsvertrag vorsehen kann, dass die Insolvenz eines Gesellschafters nur zu dessen Ausscheiden führt, sodass § 118 nicht greift. Bei den anderen Personengesellschaften sieht dies bereits das Gesetz vor: **OHG:** § 131 HGB; **KG:** §§ 161 Abs. 2, 131 HGB; **KGaA:** § 289 Abs. 1 AktG, §§ 161 Abs. 2, 131 HGB; **PartG:** §§ 9 Abs. 1 PartGG, 131 HGB. Hier können aber wiederum vertragliche Abreden Gegenteiliges bestimmen.

II. Geschäftsführungsbefugnis nach Auflösung der Gesellschaft

3 Ob der Handelnde nach Auflösung der Gesellschaft zur Führung der Geschäfte befugt ist, richtet sich ebenfalls nach dem Gesellschaftsrecht (MK-Ott/Vuia § 118 Rn. 9). Ist einem Gesellschafter vertraglich die alleinige Geschäftsführungsbefugnis erteilt, besteht diese als Notgeschäftsführung so lange fort, bis der Geschäftsführer von der Auflösung der Gesellschaft hätte Kenntnis erlangen müssen, § 729 Satz 1 und § 728 Abs. 2 i. V. m. § 727 Abs. 2 Satz 2 BGB.

III. Ansprüche des Geschäftsführers

4 Ansprüche des Geschäftsführers aus Maßnahmen der Geschäftsführung nach Auflösung der Gesellschaft gegen den insolventen Gesellschafter kommen kaum in Betracht (MK-Ott/Vuia § 118 Rn. 14). Die wesentlichen Ansprüche des Geschäftsführers, wie solche auf Aufwendungsersatz oder Vergütung, richten sich **gegen die Gesellschaft** (sog. Sozialansprüche). Auch sofern der Gesellschafter persönlich haftet, sind die Ansprüche wegen der gesellschaftlichen Treupflicht zunächst gegen die Gesellschaft geltend zu machen. Erst wenn das Gesellschaftsvermögen zur Befriedigung nicht ausreicht, haften die Gesellschafter persönlich entsprechend ihrer Anteile (MK-Ott/Vuia § 118 Rn. 14).

IV. Rechtsfolgen

5 Mit seinen Ansprüchen aus Notgeschäftsführung ist der Geschäftsführer, soweit sie sich gegen den insolventen Gesellschafter richten, Massegläubiger, da die Geschäftsführung dann auch im Interesse der Masse erfolgte (MK-Ott/Vuia § 118 Rn. 16). Bei lediglich fehlender Kenntnis von der Auflösung der Gesellschaft bleibt er Insolvenzgläubiger. Bezüglich dieser Ansprüche steht ihm aber gem. § 84 Abs. 1 ein Absonderungsrecht am Gesellschaftsanteil des Schuldners zu, also insb. an dem Anspruch auf das Auseinandersetzungsguthaben (HK-Marotzke § 118 Rn. 11; MK/Vuia-Ott § 118 Rn. 18).

§ 119 Unwirksamkeit abweichender Vereinbarungen

Vereinbarungen, durch die im Voraus die Anwendung der §§ 103 bis 118 ausgeschlossen oder beschränkt wird, sind unwirksam.

Übersicht	Rdn.		Rdn.
A. Normzweck	1	I. Unstreitige Punkte	4
B. Insolvenzbedingte Lösungsklauseln	3	II. Streitstand und Ergebnis...........	6

A. Normzweck

Zweck des § 119 ist es zu erreichen, dass im Insolvenzverfahren gegenseitige Verträge allein nach den insolvenzrechtlichen Regelungen der §§ 103 bis 118 abgewickelt werden. Daher sind im Voraus getroffene Vereinbarungen unwirksam, welche die Anwendung der §§ 103 bis 118 ausschließen oder beschränken, d. h. die zu einer anderen Vertragsabwicklung führen, als in den §§ 103 bis 118 vorgesehen (BGH, ZInsO 2013, 292).

Im Voraus ist eine Vereinbarung getroffen, wenn sie vor Eröffnung des Insolvenzverfahrens beschlossen wurde. Der Begriff der **Vereinbarung** ist weit auszulegen.

Im Folgenden wird der Streitstand zur Zulässigkeit sog. insolvenzbedingter Lösungsklauseln dargestellt. Zu den weiteren Einzelheiten des § 119 wird auf die Kommentierung der einzelnen Normen verwiesen.

B. Insolvenzbedingte Lösungsklauseln

Umstritten ist die Zulässigkeit von sog. insolvenzbedingten Lösungsklauseln, d. h. Vertragsklauseln, die dem Vertragspartner die Möglichkeit geben, sich im Fall der Insolvenzeröffnung vom Vertrag – auf welche Weise auch immer – zu lösen.

I. Unstreitige Punkte

Auf der einen Seite unstreitig wirksam sind Klauseln, die für die Lösungsmöglichkeit an **Zeitpunkte vor Insolvenzeröffnung** anknüpfen: z. B. an Verzug, sonstige Vertragsverletzungen oder Vermögensverschlechterung (MK-Huber § 119 Rn. 19 f., 22; Uhlenbruck-Sinz § 119 Rn. 12). Auch wenn eine vertragliche Regelung im tatsächlichen Ergebnis zu einem Wegfall des Wahlrechts gem. § 103 führt, hat sie nach dem BGH Bestand, wenn sie
- nicht auf das Ziel gerichtet ist, das Wahlrecht zu unterlaufen,
- beide Vertragsparteien den Vertrag beenden können,
- die Rechtsfolgen der Kündigung unabhängig davon eintreten, wer kündigt und
- die Rechtsfolgen einer Lösungsmöglichkeit außerhalb der Insolvenz und einer solchen nach Insolvenzeröffnung nicht voneinander abweichen (BGH, ZInsO 2013, 292; ZInsO 2006, 35).

Auf der anderen Seite ebenso unstreitig ist die Unwirksamkeit von insolvenzbedingten Lösungsklauseln für Verträge gem. § 108, da sie gegen die eindeutige gesetzliche Anordnung über das Fortbestehen dieser Verträge verstoßen (OLG Hamm, NZI 2002, 162; LG Stendal, ZInsO 2001, 524). Gleiches gilt für Vereinbarungen, die die Kündigungssperre des § 112 aushebeln (BGH, ZInsO 2013, 2556).

II. Streitstand und Ergebnis

In Abgrenzung dazu handelt es sich um insolvenzabhängige Lösungsklauseln, wenn einer der Parteien für den Fall der Zahlungseinstellung (materieller Insolvenzgrund gem. § 17), des Insolvenzantrags (formeller Insolvenzgrund) oder der Insolvenzeröffnung das Recht eingeräumt wird, sich vom Vertrag zu lösen oder eine auflösende Bedingung für diese Fälle vereinbart ist (BGH, ZInsO 2013, 292; ZInsO 2003, 607).

Nach einer Meinung sind vertragliche Lösungsklauseln mit § 119 vereinbar (OLG München, ZInsO 2006, 1060; LG Köln, Urt. v. 26.02.2003 – 91 O 116/02; zu einem besonders gelagerten Fall: BGH, ZIP 1994, 40; FK-Wegener § 119 Rn. 4 ff.; MK-Huber § 119 Rn. 28). Die Gegenansicht sieht in Lösungsmöglichkeiten für den Insolvenzfall einen Verstoß gegen § 119 (jetzt eindeutig: BGH, ZInsO 2013, 292; Braun-Kroth § 119 Rn. 11; K/P/B-Tintelnot § 119 Rn. 16; HK-Marotzke § 119 Rn. 4). **Gegen die Zulässigkeit** spricht, dass damit mittelbar das Wahlrecht des Insolvenzverwalters aus § 103 beeinträchtigt wird. Der Insolvenzverwalter kann nicht Erfüllung wählen, obgleich ihm dieses Recht in den §§ 103 ff. ausdrücklich zugebilligt wird (HK-Marotzke § 119 Rn. 4). **Für die Zulässigkeit** von Lösungsklauseln wird angeführt, dass der Vorschlag, die

Unwirksamkeit insolvenzbedingter Lösungsklauseln im Gesetz festzuschreiben, wegen seines sanierungsfeindlichen Charakters verworfen worden sei (FK-Wegener § 119 Rn. 3 f.; MK-Huber § 119 Rn. 11). Bei Sanierungsbemühungen eines Unternehmens würde sich kaum ein Vertragspartner auf neue, notwendige Verträge einlassen, wenn er sich im Fall der Insolvenz nicht wieder lösen könnte (MK-Huber § 119 Rn. 11).

8   Aus praktischer Sicht ist der Fortbestand für wesentliche Verträge nach §§ 108 und 112 gesichert (s. a. OLG Hamm, NZI 2002, 162; LG Stendal, ZInsO 2001, 524) und damit die Möglichkeit zur Betriebsfortführung. **Wesentliche Verträge**, die aufgelöst werden könnten, sind Bankverträge und Energie- oder sonstige Versorgungsverträge, auch Sukzessivlieferungsverträge. Für diese Vertragsarten hat sich der BGH nunmehr eindeutig **gegen die Wirksamkeit insolvenzbedingter Lösungsklauseln** ausgesprochen. Der mit § 103 verfolgte Zweck der Massemehrung und Sicherung der Betriebsfortführung könne nicht erreicht werden, wenn sich Vertragspartner von für die Masse günstigen Verträgen lösen könnten (BGH, ZInsO 2013, 292; zust. Marotzke, EWiR 2013, 153; krit. Huber, ZIP 2013, 493 ff.).

9   **Einzelfälle:** Die Kündigungsmöglichkeiten nach **§ 8 Nr. 2 VOB/B** sollen wirksam sein (BGH, ZIP 1985, 1509; OLG Schleswig, ZInsO 2012, 440; LG Wiesbaden, ZIP 2014, 386; Huber, NZI 2014, 49, 53 f.; a. A. HK-Marotzke § 119 Rn. 5; Braun-Kroth § 119 Rn. 13; Wegener, ZInsO 2013, 1105, 1106). Ebenso das in **Nr. 19 AGB-Banken** bzw. Nr. 26 AGB-Sparkassen vorgesehene Recht zur fristlosen Kündigung, da die Regelungen in §§ 103 ff. ohnehin für den Großteil der Bankgeschäfte eine Beendigung vorsieht (Uhlenbruck-Sinz § 119 Rn. 18; Obermüller, ZInsO 2013, 476, 478).

§ 120 Kündigung von Betriebsvereinbarungen

(1) ¹Sind in Betriebsvereinbarungen Leistungen vorgesehen, welche die Insolvenzmasse belasten, so sollen Insolvenzverwalter und Betriebsrat über eine einvernehmliche Herabsetzung der Leistungen beraten. ²Diese Betriebsvereinbarungen können auch dann mit einer Frist von drei Monaten gekündigt werden, wenn eine längere Frist vereinbart ist.

(2) Unberührt bleibt das Recht, eine Betriebsvereinbarung aus wichtigem Grund ohne Einhaltung einer Kündigungsfrist zu kündigen.

Übersicht	Rdn.		Rdn.
A. Normzweck	1	II. Beratungsgebot (Abs. 1 Satz 1)	7
B. Norminhalt	2	III. Ordentliche Kündigung (Abs. 1 Satz 2) . .	9
I. Betriebsvereinbarungen	2	IV. Außerordentliche Kündigung (Abs. 2) . . .	10

A. Normzweck

1   Ziel des § 120 ist es, die Insolvenzmasse kurzfristig von belastenden Betriebsvereinbarungen zu befreien, und zwar insb. im Hinblick auf eine Veräußerung des Betriebes. Die Betriebsvereinbarungen wären nämlich auch für den Erwerber gem. § 613a Abs. 1 Satz 2 BGB wenigstens für ein Jahr verbindlich und könnten ihn vom Erwerb abhalten bzw. sich im Kaufpreis niederschlagen (Uhlenbruck-Berscheid/Ries § 120 Rn. 2).

B. Norminhalt

I. Betriebsvereinbarungen

2   Betriebsvereinbarungen sind Vereinbarungen über Angelegenheiten, die der generellen Regelung der betrieblichen und betriebsverfassungsrechtlichen Ordnung sowie der individuellen Gestaltung der Rechtsbeziehungen zwischen Arbeitgeber und Arbeitnehmer dienen, § 77 BetrVG. Sie werden zwischen Betriebsrat und Arbeitgeber vereinbart und gelten **unmittelbar** und **zwingend** für alle Arbeitsverhältnisse, § 77 Abs. 4 Satz 1 BetrVG (normative Wirkung). Sie können grds. sämtliche Bereiche

der Arbeitsverhältnisse regeln, allerdings, soweit ein Tarifvertrag keine Öffnungsklausel enthält, mit Ausnahme von Vereinbarungen über Arbeitsentgelte oder Arbeitsbedingungen, die in Tarifverträgen geregelt wurden oder üblicherweise geregelt werden, § 77 Abs. 3 BetrVG. Häufig betreffen sie Sozialeinrichtungen wie Kantinen oder Kindergärten. Bei Sozialplänen ist § 124 lex specialis zu § 120 (Jaeger/Henckel/Gerhardt-Giesen § 120 Rn. 13; Uhlenbruck-Berscheid/Ries § 120 Rn. 8).

Sowohl **freiwillige** Betriebsvereinbarungen als auch erzwingbare, also solche, die **mitbestimmungspflichtige** Angelegenheiten i.S.d. § 87 BetrVG betreffen, sind nach § 120 kündbar (Jaeger/Henckel/Gerhardt-Giesen § 120 Rn. 5; HK-Linck § 120 Rn. 2; FK-Eisenbeis § 120 Rn. 3; MK-Caspers § 120 Rn. 4). Zum einen gibt der Wortlaut keinen Grund zur Einschränkung und zum anderen soll nach dem Regelungsziel die Insolvenzmasse schließlich von Belastungen freigehalten werden. 3

Bei mitbestimmungspflichtigen Betriebsvereinbarungen ist die **Nachwirkung** gem. § 77 Abs. 6 BetrVG zu beachten, sodass die Vereinbarung ggf. über den Kündigungstermin hinaus zu erfüllen ist (Jaeger/Henckel/Gerhardt-Giesen § 120 Rn. 31). Die Nachwirkung kann einerseits auch bei mitbestimmungspflichtigen Angelegenheiten von den Betriebspartnern bereits ausgeschlossen worden sein (s. BAG, NZA 1995, 1010). Andererseits kann sie bei freiwilligen Betriebsvereinbarungen zusätzlich vereinbart worden sein (BAG, BB 1998, 2315). Im letzteren Fall erfasst die Kündigung nach h. M. auch die Nachwirkung, sodass die Belastungen mit Ablauf der Kündigungsfrist entfallen (Jaeger/Henckel/Gerhardt-Giesen § 120 Rn. 32; K/P/B-Moll § 120 Rn. 41 ff. m. N. zur a. A.). 4

Zumindest analog ist § 120 auf **sog. Regelungsabreden** anwendbar (Jaeger/Henckel/Gerhardt-Giesen § 120 Rn. 11; Uhlenbruck-Berscheid/Ries § 120 Rn. 5). Dies sind Abreden zwischen Betriebsrat und Arbeitgeber, die lediglich zwischen den Betriebspartnern gelten (rein schuldrechtliche Wirkung). Für die einzelnen Arbeitsverträge erlangen sie erst Wirkung, wenn der Arbeitgeber dies **individualvertraglich** durchsetzt (Uhlenbruck-Berscheid § 120 Rn. 5 m. w. N.). Dementsprechend muss die Kündigung oder eine Herabsetzung durch den Insolvenzverwalter ggü. jedem einzelnen Arbeitnehmer ausgesprochen werden (Uhlenbruck-Berscheid/Ries § 120 Rn. 5). 5

Betriebsvereinbarungen und Regelungsabreden müssen **belastend** sein, damit sie nach § 120 kündbar sind. Eindeutig belastend sind Regelungen, die finanzielle Mittel oder Sachmittel beanspruchen (Jaeger/Henckel/Gerhardt-Giesen § 120 Rn. 21; Uhlenbruck-Berscheid/Ries § 120 Rn. 6 f.). Ebenfalls belastend i. d. S. sind Vereinbarungen, die mittelbar zu einer objektiven Belastung der Insolvenzmasse führen, wie z. B. durch die Zahlung von Überstundenzuschlägen oder Freistellungsansprüche (Jaeger/Henckel/Gerhardt-Giesen § 120 Rn. 22; MK-Caspers § 120 Rn. 9 f.; Uhlenbruck-Berscheid/Ries § 120 Rn. 10; a. A. FK-Eisenbeis § 120 Rn. 10). Betriebsvereinbarungen **mit belastenden und nicht belastenden Regelungen** sind teilweise kündbar, sofern die belastende Regelung ein selbstständiger und sachlich unabhängiger Teilkomplex ist. Kommt eine Teilkündigung nicht in Betracht, ist die Betriebsvereinbarung insgesamt kündbar (Jaeger/Henckel/Gerhardt-Giesen § 120 Rn. 24; FK-Eisenbeis § 120 Rn. 11 f. m. w. N.). 6

II. Beratungsgebot (Abs. 1 Satz 1)

Gemäß Abs. 1 Satz 1 soll der Insolvenzverwalter vor der Kündigung einer Betriebsvereinbarung mit dem Betriebsrat über eine einvernehmliche Herabsetzung der Leistungen beraten. Keine der Parteien muss aber verhandeln und der Betriebsrat muss sich nicht mit einer Herabsetzung der Leistungen einverstanden erklären (Uhlenbruck-Berscheid/Ries § 120 Rn. 12). Teilweise wird vertreten, dass sich der Insolvenzverwalter wegen der allgemeinen Einlassungs- und Erörterungspflicht gem. § 74 Abs. 1 Satz 2 BetrVG mit den vom Betriebsrat vorgetragenen Argumenten auseinandersetzen müsse (so FK-Eisenbeis § 120 Rn. 7 f.). Da eine Sanktion hierfür aber nicht erkennbar ist, kann es sich nur um einen letztlich unverbindlichen Programmsatz handeln. 7

Kommt **keine Einigung** zustande, bleibt dem Insolvenzverwalter nur die Kündigung der Betriebsvereinbarung, die unabhängig von der Einhaltung des Beratungsgebots wirksam ist (K/P/B-Moll § 120 Rn. 22; MK-Caspers § 120 Rn. 21; Uhlenbruck-Berscheid/Ries § 120 Rn. 12; **a. A.** Jaeger/Henckel/Gerhardt-Giesen § 120 Rn. 26: Unwirksamkeit der Kündigung, wenn Beratung noch 8 nicht einmal versucht wurde). Daher ist es aus Sicht des Betriebsrats ratsam, die Chance einer lediglichen Herabsetzung wahrzunehmen.

III. Ordentliche Kündigung (Abs. 1 Satz 2)

9 § 120 ermöglicht dem Insolvenzverwalter, Betriebsvereinbarungen mit einer Höchstfrist von 3 Monaten zu kündigen, unabhängig davon, ob nach der Vereinbarung die Kündigungsfrist länger oder eine ordentliche Kündigung gänzlich ausgeschlossen ist (Einzelheiten s. Uhlenbruck-Berscheid/Ries § 120 Rn. 14). Die Kündigung kann jederzeit erfolgen, auch wenn nach Insolvenzeröffnung der erstmögliche Termin verstrichen ist. Sie bedarf **keines sachlichen Grundes** (Uhlenbruck-Berscheid/Ries § 120 Rn. 14 f.).

Kündbar sind auch Betriebsvereinbarungen, welche die **betriebliche Altersvorsorge** betreffen. Hier tritt keine Nachwirkung gem. § 77 Abs. 6 BetrVG ein, da es sich nur um teilmitbestimmte Vereinbarungen handelt. Soweit von der Kündigung bereits erarbeitete Besitzstände, wie z. B. Versorgungsanwartschaften, betroffen sind, ist die Kündbarkeit außerhalb der Insolvenz begrenzt durch die **Grundsätze des Vertrauensschutzes** und der **Verhältnismäßigkeit**. Dann muss ein wichtiger Grund vorliegen, der die Kündigung sachlich rechtfertigt. Dabei gilt, dass die Gründe für die Kündigung umso gewichtiger sein müssen je stärker in die Besitzstände eingegriffen wird (BAG, ZIP 2000, 850). Angesichts des offenen Wortlauts des § 120 sind diese Einschränkungen richtigerweise in der Insolvenz nicht zu beachten (Jaeger/Henckel/Gerhardt-Giesen § 120 Rn. 10; **a. A.** MK-Caspers, § 120 Rn. 37 ff.).

Bei **Eigenverwaltung** bedarf der Schuldner der Zustimmung des Sachwalters bei Ausübung seiner Rechte aus § 120, § 279 Satz 3.

IV. Außerordentliche Kündigung (Abs. 2)

10 Unberührt bleibt gem. Abs. 2 das Recht zur außerordentlichen Kündigung. Nach der Rspr. ist eine außerordentliche Kündigung möglich, wenn es einer Partei nicht zumutbar ist, an der Fortsetzung der Betriebsvereinbarung bis zum vereinbarten Ende oder bis zum Ablauf der ordentlichen Kündigungsfrist festzuhalten (s. a. BAG, NZA 1997, 830). Allein das Insolvenzverfahren oder fehlende Geldmittel zur Erfüllung der Betriebsvereinbarung bietet noch keinen Grund zur außerordentlichen Kündigung. Der Insolvenzverwalter muss vielmehr **im Einzelnen die Unzumutbarkeit** darlegen (BAG, ZIP 1995, 1037), z. B. dass ohne sofortigen Wegfall die Überlebenschance des Unternehmens konkret gefährdet ist (K/P/B-Moll § 120 Rn. 47).

Vorbemerkung zu §§ 121, 122

Übersicht

	Rdn.			Rdn.
A. Normzweck	1	B.	Mitwirkungsrecht des Betriebsrates nach dem BetrVG	4

A. Normzweck

1 Die §§ 121, 122 dienen der **Beschleunigung des Verfahrens** über einen Interessenausgleich bei Betriebsänderungen i. S. d. §§ 111, 112 BetrVG (Jaeger/Henckel/Gerhardt § 120 Rn. 1; MK-Caspers §§ 121, 122 Rn. 1).

2 **Im Insolvenzverfahren** können Betriebsänderungen durchgeführt werden, wenn
– ein Interessenausgleich mit dem Betriebsrat in eigenen Verhandlungen vereinbart wird,
– der Interessenausgleich im Verfahren vor der Einigungsstelle gem. § 112 Abs. 2, 3 BetrVG zustande kommt oder
– das ArbG seine Zustimmung zur Durchführung der Betriebsänderung gem. § 122 erteilt.

Vorbem. zu §§ 121, 122 InsO

Der Beschleunigungseffekt der arbeitsgerichtlichen Zustimmung gem. § 122 ist angesichts der **3** Überlastung der ArbG krit. zu betrachten. Daher wird teilweise eine Änderung des § 122 in der Form gefordert, dass die Verhandlungsfristen auf max. 4 Monate verlängert werden, im Gegenzug aber nach Ablauf dieser Fristen die Betriebsänderung ohne Zustimmung eines Gerichts zulässig ist (Berscheid FS Schwerdtner, S. 517, 528 f.).

B. Mitwirkungsrecht des Betriebsrates nach dem BetrVG

Der Betriebsrat ist bei einer Betriebsänderung i. S. d. § 111 Satz 2 BetrVG über diese zu unter- **4** richten und der Arbeitgeber/Insolvenzverwalter muss mit ihm über den Abschluss eines Interessenausgleichs verhandeln, da ihm bzw. der Insolvenzmasse ansonsten Nachteilsausgleichsansprüche der Arbeitnehmer gem. § 113 BetrVG drohen. In einem **Interessenausgleich** werden die konkreten Modalitäten der Betriebsänderung vereinbart. Es sollen Modalitäten gefunden werden, welche die wirtschaftlichen Nachteile für die Arbeitnehmer vermeiden oder abmildern (EK-Kania §§ 112, 112a BetrVG Rn. 1). Ob der Betriebsrat im einzelnen Fall zu beteiligen ist, bestimmen die §§ 111 ff. BetrVG (Einzelheiten s. MK-Caspers §§ 121, 122 Rn. 4 ff.). Kommt eine Einigung bei den eigenen Verhandlungen nicht zustande, bestimmt § 112 BetrVG die weiteren Schritte.

Diese Regelungen sind auch im Insolvenzverfahren abgesehen von den Modifikationen der §§ 120 ff. **5** uneingeschränkt anzuwenden. Insb. muss der Insolvenzverwalter im Fall einer Betriebsänderung i. S. d. § 111 BetrVG den Versuch unternehmen, mit dem Betriebsrat einen Interessenausgleich herbeizuführen (BAG, ZInsO 2004, 107). Dies gilt selbst dann, wenn eine **Betriebsstilllegung wirtschaftlich unvermeidlich** ist (BAG, ZInsO 2004, 107), was zu Recht kritisiert wird (Jaeger/ Henckel/Gerhardt-Giesen vor § 113 Rn. 270). Die Verhandlungen über einen Interessenausgleich würden gerade bei Verfahren mit geringer Masse die Durchführung der wirtschaftlich dann unumgänglichen Betriebsänderung, insb. der Kündigungen, unnötig aufschieben. Die Erleichterung des § 122 hilft nur wenig, da angesichts der Arbeitsbelastung der ArbG i. d. R. mit einer Entscheidung nicht früher als 3 Monate nach Antragstellung zu rechnen ist. Es sollte eine Rückbesinnung auf die frühere Rspr. stattfinden, wonach in bestimmten wirtschaftlichen Zwangslagen Verhandlungen über einen Interessenausgleich als entbehrlich angesehen wurden (vgl. BAG, AP zu § 113 BetrVG 1972).

Nichtsdestotrotz muss der Insolvenzverwalter in der **Praxis** Verhandlungen über einen Interessen- **6** ausgleich führen, um Nachteilsausgleichsansprüche zu vermeiden, die Masseverbindlichkeiten darstellen können (s. u. § 122 Rdn. 16; BAG, NZA 1985, 400). Unterlässt er dies und wird die Masse mit Nachteilsausgleichsansprüchen belastet, riskiert er die persönliche Haftung gem. § 60, da den Insolvenzgläubigern bzw. den übrigen Massegläubigern eine geringere Verteilungsmasse verbleibt (vgl. Moll/Henke, EWiR 2004, 239).

Ob überhaupt **finanzielle Mittel** für einen Sozialplan vorhanden wären, spielt für das Beteiligungs- **7** recht des Betriebsrates keine Rolle (BAG, ZInsO 2004, 107). Die Eröffnung des Insolvenzverfahrens zeige in aller Regel, dass ein gewisser Spielraum bei der Gestaltung der Betriebsänderung vorhanden sein müsse, sodass eine Beteiligung des Betriebsrates sinnvoll sei (BAG, ZInsO 2004, 107; LAG Niedersachsen, ZInsO 2004, 572). In zeitlicher Hinsicht ist der Betriebsrat über die Betriebsänderung zu unterrichten, sobald die unternehmerische Entscheidung für die Betriebsänderung gefallen ist (s. u. § 122 Rdn. 3).

Besteht zu dem Zeitpunkt, in dem der Arbeitgeber mit der Durchführung der Betriebsänderung **8** beginnt, **noch kein Betriebsrat** und konstituiert er sich erst später, hat dieser keine Mitwirkungsrechte im Hinblick auf die Betriebsänderung (BAG, ZInsO 2004, 286). Dagegen kommt es nicht darauf an, ob der Betriebsrat bereits bei Insolvenzeröffnung bestanden hat (BAG, ZInsO 2004, 286). Das Mandat des Betriebsrates besteht über den Zeitpunkt einer Betriebsstilllegung hinaus fort, wenn dies zur Wahrnehmung seiner Rechte erforderlich ist, namentlich für Verhandlungen über einen Sozialplan (BAG, ZInsO 2008, 572; BAG, ZInsO 2000, 464).

9   Für die Bestimmung des Begriffs »**Betriebsänderung**« ist die Legaldefinition des § 111 BetrVG maßgeblich. Hiernach liegt eine Betriebsänderung vor bei:
    – Einschränkung und Stilllegung des ganzen Betriebes oder von wesentlichen Betriebsteilen, wobei diese noch nicht mit der widerruflichen Freistellung der Arbeitnehmer beginnt (BAG, ZInsO 2007, 832),
    – Verlegung des ganzen Betriebes oder von wesentlichen Betriebsteilen,
    – Zusammenschluss mit anderen Betrieben oder die Spaltung von Betrieben,
    – grundlegenden Änderungen der Betriebsorganisationen, des Betriebszwecks oder der Betriebsanlagen,
    – Einführung grundlegend neuer Arbeitsmethoden und Fertigungsverfahren.

10 Zudem müssen in dem Unternehmen rgm. **mehr als 20 Arbeitnehmer** beschäftigt sein, § 111 BetrVG (Einzelheiten s. BAG, ZIP 2005, 500; zur Frage der Wesentlichkeit bei Klein-Betrieben: BAG, ZInsO 2011, 826). **Keine Betriebsstilllegung** i. d. S. sind ein Betriebsübergang gem. § 613a BGB und reine Änderungen auf der Unternehmensebene, wie der Wechsel des Unternehmensträgers. Denn diese Maßnahmen allein führen zu keiner Änderung der Strukturen des Betriebes (s. näher BAG, ZIP 2007, 2136; ZInsO 2008, 219; allg. zu den einzelnen Tatbeständen einer Betriebsänderung s. Uhlenbruck-Berscheid/Ries §§ 121, 122 Rn. 31 ff.).

§ 121 Betriebsänderungen und Vermittlungsverfahren

Im Insolvenzverfahren über das Vermögen des Unternehmers gilt § 112 Abs. 2 Satz 1 des Betriebsverfassungsgesetzes mit der Maßgabe, daß dem Verfahren vor der Einigungsstelle nur dann ein Vermittlungsversuch vorangeht, wenn der Insolvenzverwalter und der Betriebsrat gemeinsam um eine solche Vermittlung ersuchen.

1   Nach § 121 können die Verhandlungen mit dem Betriebsrat über einen Interessenausgleich im Insolvenzverfahren **um einen Schritt verkürzt werden**. Grds. sieht § 112 Abs. 1, 2 BetrVG folgende Verfahrensschritte vor:
    – eigene Verhandlungen des Insolvenzverwalters mit dem Betriebsrat,
    – Vermittlungsversuch der Bundesagentur für Arbeit (BA),
    – Anrufen der Einigungsstelle.

Im Insolvenzverfahren ist der Vermittlungsversuch der BA nur erforderlich, wenn Betriebsrat und Insolvenzverwalter gemeinsam um die Vermittlung ersuchen. Dies kommt in der Praxis nicht vor. Die **Einigungsstelle** nach § 76 BetrVG kann also bei gescheiterten Verhandlungen **direkt angerufen werden**. Allerdings wären die Parteien an die einmal getroffene Vereinbarung gebunden, die Vermittlung der BA in Anspruch zu nehmen (Uhlenbruck-Berscheid/Ries §§ 121, 122 Rn. 3). Außerhalb eines Insolvenzverfahrens ist das »Zwischenverfahren« bei der BA zwar auch fakultativ, aber auf Antrag einer Partei muss die andere an dem Verfahren wegen ihrer allgemeinen Kooperationspflicht gem. § 2 Abs. 1 BetrVG teilnehmen (FK-Eisenbeis § 121 Rn. 1).

§ 122 Gerichtliche Zustimmung zur Durchführung einer Betriebsänderung

(1) ¹Ist eine Betriebsänderung geplant und kommt zwischen Insolvenzverwalter und Betriebsrat der Interessenausgleich nach § 112 des Betriebsverfassungsgesetzes nicht innerhalb von drei Wochen nach Verhandlungsbeginn oder schriftlicher Aufforderung zur Aufnahme von Verhandlungen zustande, obwohl der Verwalter den Betriebsrat rechtzeitig und umfassend unterrichtet hat, so kann der Verwalter die Zustimmung des Arbeitsgerichts dazu beantragen, daß die Betriebsänderung durchgeführt wird, ohne daß das Verfahren nach § 112 Abs. 2 des Betriebsverfassungsgesetzes vorangegangen ist. ²§ 113 Abs. 3 des Betriebsverfassungsgesetzes ist insoweit nicht anzuwenden. ³Unberührt bleibt das Recht des Verwalters, einen Interessenausgleich nach § 125 zustande zu bringen oder einen Feststellungsantrag nach § 126 zu stellen.

(2) ¹Das Gericht erteilt die Zustimmung, wenn die wirtschaftliche Lage des Unternehmens auch unter Berücksichtigung der sozialen Belange der Arbeitnehmer erfordert, daß die Betriebsänderung ohne vorheriges Verfahren nach § 112 Abs. 2 des Betriebsverfassungsgesetzes durchgeführt wird. ²Die Vorschriften des Arbeitsgerichtsgesetzes über das Beschlußverfahren gelten entsprechend; Beteiligte sind der Insolvenzverwalter und der Betriebsrat. ³Der Antrag ist nach Maßgabe des § 61a Abs. 3 bis 6 des Arbeitsgerichtsgesetzes vorrangig zu erledigen.

(3) ¹Gegen den Beschluß des Gerichts findet die Beschwerde an das Landesarbeitsgericht nicht statt. ²Die Rechtsbeschwerde an das Bundesarbeitsgericht findet statt, wenn sie in dem Beschluß des Arbeitsgerichts zugelassen wird; § 72 Abs. 2 und 3 des Arbeitsgerichtsgesetzes gilt entsprechend. ³Die Rechtsbeschwerde ist innerhalb eines Monats nach Zustellung der in vollständiger Form abgefaßten Entscheidung des Arbeitsgerichts beim Bundesarbeitsgericht einzulegen und zu begründen.

Übersicht

	Rdn.			Rdn.
A. Norminhalt	1		2. Soziale Belange der Arbeitnehmer	10
I. Voraussetzungen für den Antrag (Abs. 1)	1	III.	Wirkung der gerichtlichen Entscheidung	11
1. Unterrichtung des Betriebsrats und Beratung mit dem Betriebsrat	3	IV.	Folgen fehlender Beteiligung des Betriebsrates	15
2. 3-Wochen-Frist	6	B.	Verfahrensfragen	17
II. Zustimmungserklärung des Gerichts (Abs. 2 Satz 1)	8	I.	Gerichtliches Verfahren	17
			1. Rechtsmittel	18
1. Wirtschaftliche Lage des Unternehmens	9		2. Einstweiliger Rechtsschutz	20
		II.	Sonstige Verfahrensfragen	22

A. Norminhalt

I. Voraussetzungen für den Antrag (Abs. 1)

Nach § 122 kann der Insolvenzverwalter beim ArbG die Zustimmung zu einer geplanten Betriebsänderung beantragen, wenn innerhalb von 3 Wochen ab Verhandlungsbeginn bzw. schriftlicher Aufforderung zu Verhandlungen kein Interessenausgleich zustande gekommen ist. Er braucht dann nicht das in § 112 BetrVG vorgeschriebene Verfahren einzuhalten, d. h. weder ein Vermittlungsversuch der BA noch die Anrufung der Einigungsstelle ist erforderlich. Die Betriebsänderung muss **vom Insolvenzverwalter** durchgeführt werden, um diese Erleichterung nutzen zu können (Einzelheiten s. Schmädicke/Fackler, NZA 2012, 1199 ff.). 1

[derzeit unbesetzt] 2

1. Unterrichtung des Betriebsrats und Beratung mit dem Betriebsrat

Der Antrag setzt neben dem Fristablauf voraus, dass der Betriebsrat rechtzeitig und umfassend von der geplanten Betriebsänderung unterrichtet wurde. **Rechtzeitige Unterrichtung** bedeutet, dass der Betriebsrat bereits von der **geplanten Betriebsänderung** unterrichtet wird. Geplant in diesem Sinne ist sie, sobald die unternehmerische Entscheidung über die Betriebsänderung getroffen wurde (MK-Caspers §§ 121, 122 Rn. 11, 31). Bloße Konzepte und Vorüberlegungen sind allein noch keine Planung in diesem Sinne und lösen noch keine Beteiligungsrechte des Betriebsrates aus (LAG Hamm, Beschl. v. 08.08.2008 – 10 TaBV 21/08). Eine Beteiligung in einem frühen Stadium ist gewollt, da die Mitwirkung des Betriebsrates auf eine Einigung über die Modalitäten der Betriebsänderung gerichtet ist. In **inhaltlicher Hinsicht** ist die Unterrichtung umfassend, wenn die dem Betriebsrat mitgeteilten Umstände den Umfang und die zu erwartenden Auswirkungen der geplanten Maßnahme sowie die Gründe für deren Zweckmäßigkeit erkennen lassen (MK-Caspers §§ 121, 122 Rn. 32; Uhlenbruck-Berscheid/Ries §§ 121, 122 Rn. 68 m. w. N.). 3

Die Unterrichtung **muss objektiv umfassend** sein. Der Betriebsrat hat aber nach dem Gebot der vertrauensvollen Zusammenarbeit gem. § 2 Abs. 1 BetrVG die Pflicht, unzureichende Informatio- 4 nen oder fehlende Unterlagen unverzüglich zu rügen. Ferner muss die Unterrichtung an den sachlich **zuständigen** Betriebsrat gerichtet sein (Uhlenbruck-Berscheid/Ries §§ 121, 122 Rn. 66). Die Einhaltung der **Schriftform** ist zwar nicht für das Ingangsetzen der 3-Wochen-Frist erforderlich, aber zu Beweis- und Dokumentationszwecken dringend anzuraten. Im Fall von Massenentlassungen i. S. d. § 17 KSchG muss die Unterrichtung schriftlich erfolgen (Uhlenbruck-Berscheid/Ries §§ 121, 122 Rn. 67).

5 Neben der Unterrichtung muss der Insolvenzverwalter mit dem Betriebsrat über die geplante Betriebsänderung **beraten**. Die Beratung ist auf das Ziel gerichtet, einen Interessenausgleich herbeizuführen, d. h. eine Einigung darüber, ob, wann und in welcher Form die geplante Betriebsänderung durchgeführt werden soll und wie die Nachteile für die Arbeitnehmer möglichst abgemildert werden können (BAG, ZIP 2002, 817). Der Insolvenzverwalter verwirkt die Rechte aus § 122, wenn er Verhandlungen ablehnt oder gänzlich untätig bleibt (MK-Caspers §§ 121, 122 Rn. 33).

2. 3-Wochen-Frist

6 Die Zustimmung des Gerichts zur Betriebsänderung kann erteilt werden, wenn ab der Unterrichtung des Betriebsrates oder dem Beginn der Verhandlungen 3 Wochen vergangen sind, ohne dass ein Interessenausgleich abgeschlossen wurde. Teilweise wird gefordert, dass die Aufforderung zur Verhandlungsaufnahme schriftlich zu erfolgen habe (MK-Caspers §§ 121, 122 Rn. 35), was in jedem Fall zu empfehlen ist, da der Verhandlungsbeginn schwierig festzustellen sein kann. Haben bereits der Schuldner oder ein vorläufiger Insolvenzverwalter Verhandlungen über einen Interessenausgleich eingeleitet oder den Betriebsrat unterrichtet, gilt dieser Zeitpunkt auch für den Insolvenzverwalter, wenn er die Betriebsänderung inhaltlich unverändert durchführen will (Jaeger/Henkel/Gerhardt-Giesen § 122 Rn. 5; Uhlenbruck-Berscheid/Ries §§ 121, 122 Rn. 69; Schmädicke/Fackler, NZA 2012, 1199, 1200 m. N. zur a. A.). Die Berechnung der Fristen richtet sich nach §§ 187 ff. BGB.

7 ▶ **Hinweis für den Verwalter:**

In der Praxis empfiehlt es sich, die Verhandlungen mit dem Betriebsrat über die Betriebsänderung bereits im Laufe des Eröffnungsverfahrens zu beginnen. Dann kann beim Scheitern der Verhandlungen der Antrag an das ArbG auf Zustimmung bereits direkt nach Eröffnung des Insolvenzverfahrens gestellt werden. Dieses Vorgehen setzt allerdings voraus, dass die Planungen bereits hinreichend greifbare Formen angenommen haben, dass z. B. relativ genau feststeht, wie viele Arbeitnehmer aus welchen Abteilungen entlassen werden sollen.

II. Zustimmungserklärung des Gerichts (Abs. 2 Satz 1)

8 Die Zustimmung des Gerichts betrifft nur den Zeitpunkt der Betriebsänderung, also das »**Wann**« und nicht das »Ob« (ArbG Lingen, ZInsO 1999, 656). Das Gericht entscheidet nur, ob die Betriebsänderung ausnahmsweise vor dem vollständigen Durchlaufen des Verfahrens gem. § 112 BetrVG zulässig ist. Das Gericht erteilt gem. Abs. 2 Satz 1 die Zustimmung zur vorzeitigen Betriebsänderung, wenn die wirtschaftliche Lage des Unternehmens unter Berücksichtigung der sozialen Belange der Arbeitnehmer sie erfordert.

1. Wirtschaftliche Lage des Unternehmens

9 Ob die wirtschaftliche Lage des Unternehmens die vorzeitige Betriebsänderung erfordert, kann vom ArbG **nicht voll umfassend geprüft werden**. Dies würde dem von § 122 intendierten Beschleunigungseffekt zuwiderlaufen. Das Gericht hat daher in einer **Prognoseentscheidung** nur zu prüfen, ob im Interesse der Masseerhaltung die Betriebsänderung so eilig durchgeführt werden muss, dass ein Abwarten des Verfahrens nach § 112 BetrVG wirtschaftlich nicht möglich ist (ArbG Lingen, ZInsO 1999, 656; MK-Caspers §§ 121, 122 Rn. 40; Uhlenbruck-Berscheid/Ries §§ 121, 122 Rn. 72).

2. Soziale Belange der Arbeitnehmer

Erfordert die wirtschaftliche Lage des Unternehmens die sofortige Betriebsänderung, ist in einem **zweiten Schritt** zu prüfen, ob dieser soziale Belange der Arbeitnehmer entgegenstehen. Dies erfordert die ernsthafte Aussicht, dass bei Verhandlungen zwischen Arbeitnehmern und Arbeitgeber in der Einigungsstelle eine sozialverträglichere Lösung gefunden werden könnte. Allein das Hinausschieben der Kündigungstermine wegen der Einhaltung des Verfahrens nach § 112 BetrVG genügt nicht (ArbG Lingen, ZInsO 1999, 656; MK-Caspers §§ 121, 122 Rn. 44; Uhlenbruck-Berscheid/Ries §§ 121, 122 Rn. 73). 10

III. Wirkung der gerichtlichen Entscheidung

Die **Durchführung der Betriebsänderung**, d. h. insb. der Ausspruch der Kündigungen, kann nach Rechtskraft des positiven Beschlusses erfolgen (Uhlenbruck-Berscheid/Ries §§ 121, 122 Rn. 88 f.; zur Rechtskraft vgl. unten Rdn. 18 ff.). Gem. Abs. 1 Satz 2 hat der Insolvenzverwalter insb. **keine Nachteilsausgleichsansprüche** nach § 113 Abs. 3 BetrVG zu befürchten (MK-Caspers §§ 121, 122 Rn. 60). Die Zustimmung des Gerichts ersetzt nicht die Anhörung des Betriebsrates gem. § 102 BetrVG. Aus Beschleunigungsgesichtspunkten sollte dieses Verfahren daher bereits vor der Entscheidung gem. § 122 eingeleitet werden. 11

Wenn der Insolvenzverwalter den Betrieb vor dem Berichtstermin stilllegen will, können **divergierende Entscheidungen** des ArbG nach § 122 und des Insolvenzgerichts nach § 158 Abs. 2 auftreten. Entscheidet das Insolvenzgericht über den Antrag des Schuldners auf Untersagung der Betriebsstilllegung, prüft es jedenfalls hinsichtl. der wirtschaftlichen Lage des Unternehmens dieselben Kriterien wie das ArbG nach § 122. Die Gerichte sind an die Entscheidung des jeweils anderen Gerichts **nicht gebunden** (EK-Kania §§ 112, 112a BetrVG Rn. 10; ausführl. s. Uhlenbruck-Berscheid/Ries §§ 121, 122 Rn. 74 ff.). Allerdings darf der Insolvenzverwalter die Betriebsänderung nicht durchführen, wenn entweder das ArbG oder das Insolvenzgericht die Zustimmung versagt bzw. die Stilllegung untersagt hat (Uhlenbruck-Berscheid/Ries §§ 121, 122 Rn. 78). 12

Versagt das ArbG seine Zustimmung, muss der Insolvenzverwalter vor Durchführung der Betriebsänderung das Verfahren gem. § 112 BetrVG einhalten. Der Versuch, einen Interessenausgleich zu erreichen, ist nach der Rspr. nur dann ausreichend, wenn der Arbeitgeber/Insolvenzverwalter nach dem Scheitern der Verhandlungen die Einigungsstelle gem. § 112 Abs. 2 BetrVG anruft (BAG, ZIP 2002, 817). Nach a. A. genügt es, wenn der Arbeitgeber/Insolvenzverwalter vor Durchführung der Betriebsänderung hinreichende Zeit abwartet, ob der Betriebsrat die Einigungsstelle anruft (MK-Caspers §§ 121, 122 Rn. 23). 13

▶ Hinweis für den Insolvenzverwalter: 14

Dem Insolvenzverwalter ist zu empfehlen, neben seinem Antrag nach § 122 beim ArbG die Einigungsstelle anzurufen, um im Fall einer Versagung der Zustimmung die Betriebsänderung trotzdem zeitnah durchführen zu können.

IV. Folgen fehlender Beteiligung des Betriebsrates

Hat der Insolvenzverwalter vor Durchführung der Betriebsänderung nicht hinreichend versucht, einen Interessenausgleich mit dem Betriebsrat zu vereinbaren, z. B. weil er dem Betriebsrat nur unzulängliche Informationen über die Betriebsänderung und ihre Auswirkungen hat zukommen lassen, haben die entlassenen Arbeitnehmer einen **Anspruch auf Nachteilsausgleich** gem. § 113 Abs. 3, 1 BetrVG (BAG, ZIP 2006, 1510). Dies gilt ebenso, wenn der Insolvenzverwalter von einem vereinbarten Interessenausgleich ohne zwingenden Grund abweicht. Ein zwingender Grund liegt nur vor, wenn er auf neue Tatsachen gestützt werden kann (MK-Caspers §§ 121, 122 Rn. 21 f.; Uhlenbruck-Berscheid/Ries §§ 121, 122 Rn. 109). 15

Dieser Nachteilsausgleichsanspruch ist eine **Masseverbindlichkeit** gem. § 55 Abs. 1 Nr. 1, wenn der Insolvenzverwalter gegen das Betriebsverfassungsrecht verstoßen hat (BAG, ZIP 2006, 1510; ZIP 16

§ 122 InsO Gerichtliche Zustimmung zur Durchführung einer Betriebsänderung

1997, 2203 [zur GesO mit Hinweis auf die InsO]). Der Ausgleichsanspruch richtet sich auf Zahlung einer Abfindung, deren Höhe sich nach § 10 KSchG bemisst. Auch im Insolvenzverfahren kommt **keine Kürzung** dieses Anspruchs in Betracht. Ebenso scheidet eine analoge Anwendung des § 123 Abs. 2, 3 aus (Uhlenbruck-Berscheid/Ries §§ 121, 122 Rn. 116). Schließlich ist Hintergrund des Nachteilsausgleichsanspruchs, den Arbeitgeber/Insolvenzverwalter zur Beteiligung des Betriebsrates anzuhalten. Wegen dieses **Sanktionscharakters** kann die wirtschaftliche Leistungsfähigkeit keine Rolle spielen, sondern es kommt eher auf das Ausmaß des Fehlverhaltens des Insolvenzverwalters an (BAG, ZInsO 2004, 107; ZInsO 2002, 1153; **a.A.** für Ausnahmefälle LAG Niedersachsen, ZInsO 2004, 572). Allerdings werden wegen der identischen Zielsetzung Ansprüche aus einem Sozialplan auf die Nachteilsausgleichsansprüche gem. § 113 Abs. 2, 3 BetrVG angerechnet (BAG, ZIP 2002, 817). Auch kann der Arbeitnehmer auf einen bestehenden Nachteilsausgleichsanspruch in einem Aufhebungs- oder Abwicklungsvertrag durch eine umfassende Verzichtserklärung (i. d. R. gegen Zahlung einer Abfindung) verzichten (BAG, ZIP 2004, 627).

B. Verfahrensfragen

I. Gerichtliches Verfahren

17 Der Antrag nach § 122 kann bereits vor Ende der 3-Wochen-Frist beim Gericht gestellt werden. Maßgebend ist, ob die Frist im Zeitpunkt der **Entscheidung** des Gerichts bereits abgelaufen ist (Jaeger/Henkel/Gerhardt-Giesen § 122 Rn. 10; Schmädicke/Fackler, NZA 2012, 1199, 1201). Ist dies nicht der Fall, wird der Antrag als unzulässig zurückgewiesen. Wird der Antrag vorzeitig gestellt, ist zu beachten, dass das ArbG den Antrag vorrangig gem. § 61a ArbGG zu erledigen hat, Abs. 2 Satz 3.

1. Rechtsmittel

18 Gegen die Entscheidung des ArbG steht grds. **kein Rechtsmittel** zur Verfügung, es sei denn, das Gericht lässt die Rechtsbeschwerde zum BAG ausdrücklich zu. Mangels Verweisung auf die §§ 72a, 92a ArbGG ist die Beschwerde gegen die Nichtzulassung unzulässig und der Beschluss mit Verkündung rechtskräftig (Jaeger/Henkel/Gerhardt-Giesen § 122 Rn. 32; Uhlenbruck-Berscheid/Ries §§ 121, 122 Rn. 85, 89; Schmädicke/Fackler, NZA 2012, 1199, 1203).

19 Ob die **Rechtsbeschwerde** zuzulassen ist, richtet sich nach § 72 ArbGG. Da die Betriebsänderung erst nach Rechtskraft des Beschlusses durchgeführt werden darf, sollte der Insolvenzverwalter bei Zulassung der Rechtsbeschwerde besser eine anderweitige Einigung mit dem Betriebsrat suchen, da dies weniger zeitaufwendig sein wird.

2. Einstweiliger Rechtsschutz

20 Der **Insolvenzverwalter** kann die Zustimmung des Gerichts im Wege einer einstweiligen Verfügung erwirken, da Abs. 2 Satz 2 auf die Vorschriften des Beschlussverfahrens, also einschließlich § 85 Abs. 2 ArbGG verweist (MK-Caspers §§ 121, 122 Rn. 55; Uhlenbruck-Berscheid/Ries §§ 121, 122 Rn. 92 f.). Wegen der Gefahr der Vorwegnahme der Hauptsache besteht ein solcher Anspruch aber nur in ganz engen Ausnahmefällen, so z. B. wenn Massearmut gem. § 207 droht (HK-Linck § 122 Rn. 20; FK-Eisenbeis § 122 Rn. 32 f.; MK-Caspers §§ 121, 122 Rn. 55).

21 Ob der **Betriebsrat** eine einstweilige Verfügung, gerichtet auf die Unterlassung der i. R. d. Betriebsänderung eingeleiteten Maßnahmen, erwirken kann, ist streitig (dagegen: LAG Köln, ZIP 2004, 2155; FK-Eisenbeis § 122 Rn. 37; MK-Caspers §§ 121, 122 Rn. 28; ausführl. m.w.N.: FK-Eisenbeis § 122 Rn. 34 ff.; Uhlenbruck-Berscheid/Ries §§ 121, 122 Rn. 95 ff.). Grds. sind derartige, auf Unterlassung gerichtete einstweilige Verfügungsverfahren zulässig (vgl. BAG, ZIP 1995, 146). Bei § 122 ist aber zu differenzieren, ob die kollektivrechtlichen Mitbestimmungsrechte des Betriebsrates verletzt sind oder ob nur der individualrechtlich ausgestaltete Nachteilsausgleichsanspruch des § 113 BetrVG in Rede steht (Uhlenbruck-Berscheid/Ries §§ 121, 122 Rn. 97 f. m. w. N.). Damit hat der Betriebsrat einen Unterlassungsanspruch nur bis zum Zustandekommen eines Interessenausgleichs bzw. bis zum Scheitern der Interessenausgleichsverhandlungen und nur im Hinblick auf

seinen Anspruch auf umfassende Information (MK-Caspers §§ 121, 122 Rn. 28 m. w. N. zu der Rspr. der LAG).

II. Sonstige Verfahrensfragen

Der Insolvenzverwalter kann, während sein Antrag gem. Abs. 1 bei Gericht anhängig ist, weiter mit dem Betriebsrat über einen Interessenausgleich verhandeln. Er kann auch die Einigungsstelle anrufen. Sind die Verhandlungen erfolgreich, ist das Verfahren vor dem ArbG **für erledigt zu erklären** (MK-Caspers §§ 121, 122 Rn. 20, 51; Uhlenbruck-Berscheid/Ries §§ 121, 122 Rn. 86). Ebenso kann der Betriebsrat die Einigungsstelle anrufen und der Verwalter muss sich an diesem Verfahren beteiligen. Das Verfahren vor der Einigungsstelle erledigt sich aber mit Ablauf der 3-Wochen-Frist. 22

Parallel zu dem Verfahren nach § 122 kann der Insolvenzverwalter nach den §§ 125, 126 vorgehen. 23

§ 123 Umfang des Sozialplans

(1) In einem Sozialplan, der nach der Eröffnung des Insolvenzverfahrens aufgestellt wird, kann für den Ausgleich oder die Milderung der wirtschaftlichen Nachteile, die den Arbeitnehmern infolge der geplanten Betriebsänderung entstehen, ein Gesamtbetrag von bis zu zweieinhalb Monatsverdiensten (§ 10 Abs. 3 des Kündigungsschutzgesetzes) der von einer Entlassung betroffenen Arbeitnehmer vorgesehen werden.

(2) ¹Die Verbindlichkeiten aus einem solchen Sozialplan sind Masseverbindlichkeiten. ²Jedoch darf, wenn nicht ein Insolvenzplan zustande kommt, für die Berichtigung von Sozialplanforderungen nicht mehr als ein Drittel der Masse verwendet werden, die ohne einen Sozialplan für die Verteilung an die Insolvenzgläubiger zur Verfügung stünde. ³Übersteigt der Gesamtbetrag aller Sozialplanforderungen diese Grenze, so sind die einzelnen Forderungen anteilig zu kürzen.

(3) ¹Sooft hinreichende Barmittel in der Masse vorhanden sind, soll der Insolvenzverwalter mit Zustimmung des Insolvenzgerichts Abschlagszahlungen auf die Sozialplanforderungen leisten. ²Eine Zwangsvollstreckung in die Masse wegen einer Sozialplanforderung ist unzulässig.

Übersicht	Rdn.		Rdn.
A. Normzweck	1	III. Obergrenzen für Sozialpläne im Insolvenzverfahren (Abs. 1, 2)	6
B. Norminhalt	2		
I. Regelungen über Sozialpläne im BetrVG	2	C. Verfahrensfragen	8
II. Inhalte eines Sozialplans	5		

A. Normzweck

Der Sozialplan ist eine Betriebsvereinbarung besonderer Art, für die in der Insolvenz die Abweichungen der §§ 120 ff. gelten. Die InsO bietet Verfahrensbeschleunigungen, erleichterte Kündigungs- und Widerrufsmöglichkeiten und begrenzt das Volumen von Sozialplänen. 1

B. Norminhalt

I. Regelungen über Sozialpläne im BetrVG

Ob und nach welchem Verfahren ein Sozialplan abzuschließen ist, richtet sich auch in der Insolvenz nach dem allgemeinen Betriebsverfassungsrecht, §§ 111 ff. BetrVG. Ist ein Sozialplan nicht erzwingbar, sollte der Insolvenzverwalter keinen Sozialplan aufstellen, da er sich sonst schadensersatzpflichtig gem. § 60 machen könnte (HK-Linck § 123 Rn. 4). 2

Erzwingen kann der Betriebsrat einen Sozialplan gem. § 112 Abs. 4, 5 BetrVG beim Vorliegen einer Betriebsänderung i. S. d. § 111 BetrVG (s. Vorbem. §§ 121, 122 Rdn. 9). Beschränkt sich die Betriebsänderung auf **reinen Personalabbau**, muss die Anzahl der Entlassungen zusätzlich die

Grenzwerte des § 112a BetrVG überschreiten. Hierbei ist zu beachten, dass auch ein **stufenweiser Personalabbau** sozialplanpflichtig ist, wenn er auf einer einheitlichen unternehmerischen Planung beruht. Keine Sozialplanpflicht besteht bei neu gegründeten Unternehmen in den ersten 4 Jahren nach der Gründung, § 112a Abs. 2 Satz 1 BetrVG. Dieses **Neugründungsprivileg** gilt auch, wenn eine neu gegründete Gesellschaft ein bereits länger bestehendes Unternehmen übernimmt (BAG, ZIP 2007, 39). Allerdings gilt es nicht bei Unternehmen, die lediglich rechtlich umstrukturiert werden (EK-Kania §§ 112, 112a BetrVG Rn. 18). Entscheidend ist, ob das Unternehmen »wie bisher« nur von einem anderen Rechtsträger weitergeführt wird oder ob tatsächlich ein neues unternehmerisches Engagement vorliegt (vgl. BAG, ZIP 1995, 1031).

3 Weiterhin muss im Zeitpunkt der Entscheidung über die Betriebsänderung bereits ein **Betriebsrat bestehen** (BAG, ZInsO 2004, 286; s.a. Vorbem. §§ 121, 122 Rdn. 8). Gibt es zwar einen Gesamtbetriebsrat, aber in dem von der Betriebsänderung betroffenen Betrieb keinen Einzelbetriebsrat, ist gem. § 50 Abs. 1 BetrVG der Gesamtbetriebsrat zuständig. I. Ü. ist der Gesamtbetriebsrat nur zuständig, wenn ein Bedürfnis nach einer betriebsübergreifenden Regelung besteht (BAG, ZIP 2002, 1498). Der Betriebsrat behält ein sog. »Restmandat« über die Stilllegung des Betriebes hinaus, um die mit der Stilllegung verbundenen Mitwirkungsrechte weiterhin wahrzunehmen, wie insb. den Abschluss des Sozialplans, § 21b BetrVG (BGH, ZIP 2004, 426; ZInsO 2000, 464). Bei der Aufstellung des Sozialplans ist die **Schriftform** des § 77 Abs. 2 Satz 1 BetrVG zu wahren. Insb. muss die Unterzeichnung auf derselben Urkunde erfolgen (EK-Kania § 77 BetrVG Rn. 19).

4 Der Sozialplan ist vom **Interessenausgleich** zu unterscheiden. Der Interessenausgleich ist eine Einigung zwischen Betriebsrat und Arbeitgeber/Insolvenzverwalter über die Durchführungsmodalitäten einer Betriebsänderung. Dagegen regelt ein Sozialplan den Ausgleich der wirtschaftlichen Nachteile, die den Arbeitnehmern infolge der Betriebsänderung entstehen, § 112 Abs. 1 Satz 2 BetrVG (BAG, ZIP 2003, 1414).

II. Inhalte eines Sozialplans

5 In aller Regel werden in einem Sozialplan **Abfindungszahlungen** an die zu entlassenden Arbeitnehmer vereinbart. Die Betriebspartner haben hierbei einen weiten Ermessensspielraum. Die Höhe der Abfindungen kann sich z. B. am Alter, an der Dauer der Betriebszugehörigkeit, der voraussichtlichen Dauer der Arbeitslosigkeit oder an Unterhaltspflichten orientieren (Einzelheiten s. EK-Kania §§ 112, 112a BetrVG Rn. 27; Uhlenbruck-Berscheid/Ries §§ 123, 124 Rn. 25 ff. m. w. N.). Neben den für das Insolvenzverfahren geltenden Grenzen (s. sogleich), schränkt grds. der in § 75 Abs. 1 Satz 1 BetrVG normierte **Gleichbehandlungsgrundsatz** das Ermessen der Betriebsparteien ein. Dieser erfordert z. B., dass sämtliche Arbeitnehmer berücksichtigt werden müssen, die den Betrieb aus Anlass der Betriebsänderung verlassen, unabhängig von der formalen Unterscheidung danach, ob eine Eigenkündigung oder eine Kündigung des Arbeitgebers/Insolvenzverwalters vorliegt (BAG, ZIP 2003, 1414; s. a. EK-Kania §§ 112, 112a BetrVG Rn. 24 ff.). Der Einigungsstelle sind in § 112 Abs. 5 BetrVG Richtlinien für ihre Entscheidung vorgegeben, an denen sich auch die Betriebsparteien orientieren können.

III. Obergrenzen für Sozialpläne im Insolvenzverfahren (Abs. 1, 2)

6 § 123 schreibt für Sozialpläne, die nach Eröffnung des Insolvenzverfahrens vereinbart werden, zwei Obergrenzen für ihr Volumen vor (s. ausführl. Kohnen/Römer, ZInsO 2010, 1206).

Die Obergrenze des Abs. 1 ist eine **absolute Obergrenze** (s. a. Roden, NZA 2009, 659; Schwarzburg, NZA 2009, 176). Sie begrenzt das Volumen auf einen Gesamtbetrag von zweieinhalb Monatsverdiensten der aufgrund der Betriebsänderung zu entlassenden Arbeitnehmer. Eine Entlassung aufgrund der Betriebsänderung liegt auch bei einer Eigenkündigung vor, nicht aber bei einem Ausscheiden aus anderem Grund, wie z. B. dem Ablauf einer Befristung oder einer verhaltensbedingten Kündigung (Uhlenbruck-Berscheid/Ries §§ 123, 124 Rn. 19 m. w. N.). Die Berechnung des Monatsverdienstes richtet sich nach § 10 Abs. 3 KSchG. Auszugehen ist von dem regelmäßigen Verdienst ohne Berücksichtigung von Erhöhungen durch Überstunden oder Verminderungen durch Kurzarbeit. Zu berücksichtigen sind Zulagen (z.B. Schmutz-, Nachtarbeits-, Gefahrenzulagen), aber keine Aufwandsentschädigungen (z.B. Spesen, Fahrtkosten; HK-Linck § 123 Rn. 15). Ein dreizehntes Gehalt und Urlaubsgeld sind zeitanteilig hinzuzurechnen (MK-Caspers § 123 Rn. 61). **Bemessungszeitraum** ist der Monat, in dem die Arbeitnehmer aufgrund der Betriebsänderung entlassen werden (HK-Linck § 123 Rn. 16). Die so ermittelten Monatsverdienste der zu entlassenden Arbeitnehmer werden addiert und mit 2,5 multipliziert, um die Obergrenze zu errechnen.

Ein Überschreiten dieser absoluten Obergrenze führt grds. zur **Nichtigkeit des Sozialplans** (HK-Linck § 123 Rn. 18; FK-Eisenbeis § 123 Rn. 12; a.A. MK-Caspers § 123 Rn. 65). Nur wenn keine Anhaltspunkte dafür vorliegen, dass es bei einem verringertem Gesamtvolumen zu anderen Verteilungsgrundsätzen gekommen wäre, ist eine Umdeutung und anteilige Kürzung gem. § 140 BGB analog denkbar (ArbG Düsseldorf, DB 2006, 1384 [Ls.]; Uhlenbruck-Berscheid/Ries §§ 123, 124 Rn. 18 m.w.N.). Die Unwirksamkeit kann durch eine Regelung im Sozialplan vermieden werden, nach der bei einer ungewollten Überschreitung der Obergrenze eine anteilige Herabsetzung vereinbart wird (HK-Linck § 123 Rn. 19).

Die Grenze des Abs. 2 ist eine **relative Obergrenze**, die das Gesamtvolumen auf ein Drittel der Insolvenzmasse begrenzt, die ohne den Sozialplan zur Verteilung an die Insolvenzgläubiger zur Verfügung stünde. Wird dieser Gesamtbetrag überschritten, sind die einzelnen Forderungen aus dem Sozialplan anteilig gem. Abs. 2 Satz 3 zu kürzen. Zahlungen an eine BQG sind nicht in dieses Drittel mit einzurechnen (Uhlenbruck-Berscheid/Ries §§ 123, 124 Rn. 23). Diese Obergrenze ist nicht analog auf den Nachteilsausgleich gem. § 113 Abs. 3 BetrVG anzuwenden (BAG, ZInsO 2004, 107). 7

C. Verfahrensfragen

Die Abwicklung eines im Insolvenzverfahren vereinbarten Sozialplans regelt Abs. 3. Sooft hinreichende Barmittel vorhanden sind, sind **Abschlagszahlungen** an die Arbeitnehmer zu leisten. Hierbei ist insofern Vorsicht geboten, als dass der Umfang der Insolvenzmasse und damit die relative Obergrenze des Abs. 2 erst mit Abschluss des Insolvenzverfahrens feststehen. Die Ansprüche aus dem Sozialplan sind **Masseverbindlichkeiten** gem. §§ 55 Abs. 1 Nr. 1, 123 Abs. 2, wenn sie einen Ausgleich für die wirtschaftlichen Nachteile der Betriebsänderung darstellen (s. zur Abgrenzung von Guthaben aus Altersteilzeitverträgen, die im Sozialplan mit geregelt wurden, LAG Düsseldorf, ZInsO 2004, 759). 8

Jedoch legt Abs. 3 Satz 2 fest, dass eine **Vollstreckung** in die Insolvenzmasse nicht zulässig ist, sodass die Arbeitnehmer faktisch erst nach den übrigen Massegläubigern befriedigt werden. Wegen des Vollstreckungsverbots können Sozialplanansprüche nur im Wege der Feststellungsklage gerichtlich geltend gemacht werden (BAG, ZInsO 2010, 2193; ZIP 2006, 220). Gleiches gilt für Sozialpläne, die nach Anzeige der Masseunzulänglichkeit abgeschlossen werden (BAG, ZIP 2010, 546). Zu Forderungen aus vorinsolvenzlichen Sozialplänen s. Komm. zu § 124. 9

§ 124 Sozialplan vor Verfahrenseröffnung

(1) Ein Sozialplan, der vor der Eröffnung des Insolvenzverfahrens, jedoch nicht früher als drei Monate vor dem Eröffnungsantrag aufgestellt worden ist, kann sowohl vom Insolvenzverwalter als auch vom Betriebsrat widerrufen werden.

(2) Wird der Sozialplan widerrufen, so können die Arbeitnehmer, denen Forderungen aus dem Sozialplan zustanden, bei der Aufstellung eines Sozialplans im Insolvenzverfahren berücksichtigt werden.

(3) ¹Leistungen, die ein Arbeitnehmer vor der Eröffnung des Verfahrens auf seine Forderung aus dem widerrufenen Sozialplan erhalten hat, können nicht wegen des Widerrufs zurückgefordert

werden. ²Bei der Aufstellung eines neuen Sozialplans sind derartige Leistungen an einen von einer Entlassung betroffenen Arbeitnehmer bei der Berechnung des Gesamtbetrags der Sozialplanforderungen nach § 123 Abs. 1 bis zur Höhe von zweieinhalb Monatsverdiensten abzusetzen.

Übersicht	Rdn.		Rdn.
A. Normzweck	1	II. Sozialpläne außerhalb der Widerrufsfrist.	6
B. Norminhalt	2	III. Forderungen aus vorinsolvenzlichen	
I. Widerruf insolvenznaher Sozialpläne	2	Sozialplänen	7

A. Normzweck

1 § 124 bietet für beide Betriebsparteien die Möglichkeit, sich von sog. insolvenznahen Sozialplänen zu lösen. § 124 ist lex specialis zu § 120 (zu Sozialplänen allgemein vgl. die Komm. zu § 123).

B. Norminhalt

I. Widerruf insolvenznaher Sozialpläne

2 Ein insolvenznaher Insolvenzplan liegt vor, wenn er innerhalb von 3 Monaten vor dem Insolvenzantrag aufgestellt wurde. **Aufgestellt** ist ein Sozialplan entweder, wenn er von Arbeitgeber und Betriebsrat unterzeichnet wurde oder wenn der Spruch der Einigungsstelle beim Arbeitgeber und beim Betriebsrat zugegangen ist (HK-Linck § 124 Rn. 2).

3 Ein solcher Insolvenzplan kann von beiden Parteien **ohne Begründung oder Einhaltung einer Frist** widerrufen werden (HK-Linck § 124 Rn. 3; MK-Caspers § 124 Rn. 7, 14). Der Insolvenzverwalter hat **kein Recht zum Widerruf**, wenn kein Betriebsrat besteht, da dann kein neuer Sozialplan aufgestellt werden kann und die Ansprüche der Arbeitnehmer ersatzlos untergehen würden (MK-Caspers § 124 Rn. 13). Der Insolvenzverwalter ist selbst dann **nicht zum Widerruf verpflichtet**, wenn der Plan die absolute Obergrenze des § 123 Abs. 1 überschreitet (Uhlenbruck-Berscheid/Ries §§ 123, 124 Rn. 31).

4 **Für den Betriebsrat ist ein Widerruf sinnvoll**, wenn die Ansprüche aus dem Sozialplan noch nicht erfüllt sind und die auf die Sozialplanforderung zu erwartende Insolvenzquote die Grenzen des § 123 unterschreitet. Nur so können die Sozialplanforderungen in den Rang von Masseforderungen erhoben werden (s. sogleich Rdn. 7 u. § 123 Rdn. 9). Der Betriebsrat kann auf das Recht zum Widerruf jedenfalls nach Insolvenzeröffnung **verzichten** (LAG Köln, NZI 2003, 335).

5 **Nach dem Widerruf** eines Sozialplans können die hiervon betroffenen Arbeitnehmer bei Aufstellung eines neuen Sozialplans im Insolvenzverfahren berücksichtigt werden, Abs. 2. Leistungen, die aufgrund eines widerrufenen Plans bereits an die Arbeitnehmer erbracht wurden, können gem. Abs. 3 Satz 1 **nicht zurückgefordert werden** (MK-Caspers § 124 Rn. 20). Diese Leistungen sind allerdings gem. Satz 2 in einem neuen Sozialplan bei der Berechnung der absoluten Obergrenze des § 123 Abs. 1 abzuziehen.

II. Sozialpläne außerhalb der Widerrufsfrist

6 Ist ein Sozialplan vor der Widerrufsfrist des Abs. 1 vereinbart worden, besteht nur ein Kündigungsrecht gem. § 120 Abs. 1 Satz 2 oder § 77 Abs. 5 BetrVG (s. a. LAG Niedersachsen, ZInsO 2010, 780). Dies betrifft allerdings nur Sozialpläne, die eine **Dauerregelung** enthalten (Uhlenbruck-Berscheid/Ries §§ 123, 124 Rn. 35 ff.). Sofern die wiederkehrenden Leistungen sich auf einen Zeitraum nach Insolvenzeröffnung beziehen, handelt es sich um Masseforderungen gem. § 55 Abs. 1 Nr. 2 (MK-Caspers § 124 Rn. 27). Beschränken sich die Forderungen aus einem Sozialplan auf eine **einmalige Leistung** und sind diese **noch nicht erfüllt**, sind sie zur Tabelle anzumelden (Uhlenbruck-Berscheid/Ries §§ 123, 124 Rn. 35).

III. Forderungen aus vorinsolvenzlichen Sozialplänen

Forderungen aus Sozialplänen, die vor Eröffnung des Insolvenzverfahrens aufgestellt wurden, sind **Insolvenzforderungen** gem. § 38, und zwar unabhängig davon, ob sie innerhalb der Widerrufsfrist des § 124 vereinbart wurden und ob die Ansprüche nach Insolvenzeröffnung fällig werden (BAG, ZInsO 2002, 998; ZIP 1995, 540). Dies entspricht der Systematik der InsO, die nur zwischen Forderungen differenziert, die vor Eröffnung entstanden sind und solchen, die nach Eröffnung entstehen. Abweichendes ist in den §§ 123, 124 nicht normiert. Unterlässt der Insolvenzverwalter den Widerruf, kann dies nicht als Handlung i. S. d. § 55 Abs. 1 Nr. 1 gewertet werden, da keine Handlungspflicht besteht (BAG, ZInsO 2002, 998). Einzig Sozialpläne, die von einem **vorläufigen Insolvenzverwalter mit Verwaltungs- und Verfügungsbefugnis** abgeschlossen wurden, sind gem. § 55 Abs. 2 Masseverbindlichkeiten. Diese Ansicht hat allerdings zur Folge, dass Betriebsräte i. d. R. insolvenznahe Sozialpläne gem. § 124 widerrufen werden, um aus einem nach Insolvenzeröffnung abzuschließenden Sozialplan Masseforderungen herleiten zu können. 7

§ 125 Interessenausgleich und Kündigungsschutz

(1) ¹Ist eine Betriebsänderung (§ 111 des Betriebsverfassungsgesetzes) geplant und kommt zwischen Insolvenzverwalter und Betriebsrat ein Interessenausgleich zustande, in dem die Arbeitnehmer, denen gekündigt werden soll, namentlich bezeichnet sind, so ist § 1 des Kündigungsschutzgesetzes mit folgenden Maßgaben anzuwenden:
1. es wird vermutet, daß die Kündigung der Arbeitsverhältnisse der bezeichneten Arbeitnehmer durch dringende betriebliche Erfordernisse, die einer Weiterbeschäftigung in diesem Betrieb oder einer Weiterbeschäftigung zu unveränderten Arbeitsbedingungen entgegenstehen, bedingt ist;
2. die soziale Auswahl der Arbeitnehmer kann nur im Hinblick auf die Dauer der Betriebszugehörigkeit, das Lebensalter und die Unterhaltspflichten und auch insoweit nur auf grobe Fehlerhaftigkeit nachgeprüft werden; sie ist nicht als grob fehlerhaft anzusehen, wenn eine ausgewogene Personalstruktur erhalten oder geschaffen wird.

²Satz 1 gilt nicht, soweit sich die Sachlage nach Zustandekommen des Interessenausgleichs wesentlich geändert hat.

(2) Der Interessenausgleich nach Absatz 1 ersetzt die Stellungnahme des Betriebsrats nach § 17 Abs. 3 Satz 2 des Kündigungsschutzgesetzes.

Übersicht	Rdn.		Rdn.
A. Normzweck	1	2. Sozialauswahl (Abs. 1 Nr. 2)	15
B. Norminhalt	3	a) Eingeschränkter Prüfungsmaßstab	16
I. Betriebsänderung	4	b) Darlegungs- und Beweislast	21
II. Abschluss des Interessenausgleichs	5	VI. Verhältnis zu anderen Beteiligungsrechten des Betriebsrats	22
III. Inhalt des Interessenausgleichs: Namensliste	7	VII. Wesentliche Änderung der Sachlage (Abs. 1 Satz 2)	23
IV. Form des Interessenausgleichs	10		
V. Rechtsfolgen	11		
1. Vermutung der Betriebsbedingtheit (Abs. 1 Nr. 1)	13		

A. Normzweck

§ 125 verringert den Kündigungsschutz der Arbeitnehmer in der Insolvenz und soll die Insolvenzmasse vor lang andauernden Kündigungsschutzverfahren bewahren. Bei Vereinbarung eines Interessenausgleichs mit Namensliste wird für den betroffenen Arbeitnehmer die Betriebsbedingtheit der Kündigung vermutet und die Sozialauswahl kann nur im Hinblick auf wenige Kriterien und nur auf grobe Fehlerhaftigkeit überprüft werden. Prüfungskriterien sind die Dauer der Betriebszuge- 1 hörigkeit, das Lebensalter, und die Unterhaltspflichten. Die Sozialauswahl ist auch dann nicht grob fehlerhaft, wenn sie **eine ausgewogene Personalstruktur neu schafft** (zur europarechtlichen Zulässigkeit: BAG, ZIP 2014, 536). Außerhalb eines Insolvenzverfahrens gilt gem. § 1 Abs. 5 i. V. m. Abs. 3 Satz 2 KSchG Ähnliches, wobei dort nur der Erhalt einer ausgewogenen Personalstruktur privilegiert wird und als weiteres Prüfungskriterium eine evtl. Schwerbehinderung aufgenommen wurde. § 125 ist lex speciales zu § 1 Abs. 5 KSchG (BAG, ZInsO 2013, 1690).

2   Liegen die Voraussetzungen für den Abschluss eines Interessenausgleichs nicht vor, weil z. B. kein Betriebsrat existiert, kann der Insolvenzverwalter im **Beschlussverfahren nach § 126** die gerichtliche Zustimmung zur Kündigung beantragen. Gleiches gilt, wenn nicht innerhalb von 3 Wochen nach Verhandlungsbeginn mit dem Betriebsrat ein Interessenausgleich zustande kommt. Im Beschlussverfahren gilt die Beweislastumkehr des § 125 nicht, sodass ein Bemühen um einen Interessenausgleich in jedem Fall sinnvoll ist. Kommt nur hinsichtl. eines Teils der Arbeitnehmer eine Einigung mit dem Betriebsrat zustande, so kann hinsichtl. dieser ein Interessenausgleich nach § 125 vereinbart und hinsichtl. der übrigen das Beschlussverfahren gem. § 126 durchgeführt werden (FK-Eisenbeis § 125 Rn. 29).

B. Norminhalt

3   Ein Interessenausgleich i. S. d. § 125 kann nur vom endgültigen **Insolvenzverwalter** und nicht vom vorläufigen Verwalter abgeschlossen werden (LAG Hamm, Urt. v. 12.01.2006 – 4 Sa 1511/05; HK-Linck § 125 Rn. 2). In der Praxis wird der vorläufige Verwalter häufig den Interessenausgleich unterschriftsreif vorbereiten. Ist bei einem grenzüberschreitenden Insolvenzverfahren nach Art. 10 EuInsVO deutsches Arbeitsrecht anwendbar, kann der ausländischer Verwalter § 125 nutzen (BAG, ZInsO 2012, 2386).

I. Betriebsänderung

4   Es muss eine geplante Betriebsänderung gem. § 111 BetrVG vorliegen (BAG, ZIP 2007, 2136; ZInsO 2003, 43) und der **Grund für die Kündigung** der Arbeitnehmer, die in den Interessenausgleich aufgenommen werden, muss diese Betriebsänderung sein (LAG Hamm, ZInsO 2000, 352 [Ls.]; FK-Eisenbeis § 125 Rn. 2 f.). Zum Begriff der Betriebsänderung s. Vorbem. §§ 121, 122 Rdn. 9 f. Da der Betrieb danach rgm. mehr als 20 wahlberechtigte Arbeitnehmer beschäftigen muss, scheidet in kleineren Betrieben ein Interessenausgleich nach § 125 aus. Ebenso in Einrichtungen von Religionsgemeinschaften, da diese gem. § 118 Abs. 2 BetrVG diesem nicht unterliegen (Berscheid, Anm. zu LAG Hannover, jurisPR-ArbR 18/2011 Anm. 6). Einem »freiwilligen« Interessenausgleich mit Namensliste kommen nicht die Wirkungen des § 125 zu (EK-Gallner § 125 InsO Rn. 3).

II. Abschluss des Interessenausgleichs

5   Das Verfahren zum Abschluss des Interessenausgleichs richtet sich nach § 112 BetrVG mit den Erleichterungen des § 121. I. d. R. werden die Verhandlungen über einen »besonderen« Interessenausgleich nach § 125 mit denen über einen »allgemeinen« Interessenausgleich über die Modalitäten der Betriebsänderung nach § 112 BetrVG verbunden. Allerdings müssen nicht unbedingt beide Interessenausgleiche auch zustande kommen (FK-Eisenbeis § 125 Rn. 3).

▶ Hinweis:

In jedem Fall sollte der Insolvenzverwalter den Betriebsrat frühzeitig und umfassend über die Betriebsänderung unterrichten und mit ihm über die Modalitäten verhandeln. Denn umso eher wird der Betriebsrat bereit sein, einen Interessenausgleich nach § 125 abzuschließen.

6   In **zeitlicher Hinsicht** darf die Kündigung erst nach Abschluss des Interessenausgleichs ausgesprochen werden (LAG Hamm, ZInsO 2003, 47), damit dem Insolvenzverwalter die Vorteile des § 125 zugutekommen. Der Insolvenzverwalter ist nicht verpflichtet, sämtlichen im Interessenausgleich

genannten Arbeitnehmern zu kündigen. Ihm darf die Auswahl aber nicht beliebig überlassen werden (BAG, DB 2000, 1286).

III. Inhalt des Interessenausgleichs: Namensliste

Der Interessenausgleich muss eine Liste mit den Namen der Arbeitnehmer enthalten, deren Arbeitsverhältnisse aufgrund der Betriebsänderung gekündigt werden sollen. Die Bezeichnung muss die **eindeutige Identifizierbarkeit** ermöglichen. Grds. genügen die Namen, bei Namensgleichheit sind weitere Daten, z.B. das Geburtsdatum, anzugeben. Personalnummern reichen nicht aus. Ebenso wenig genügen ein pauschaler Hinweis, dass allen gekündigt wird oder eine Negativliste (MK-Caspers § 125 Rn. 74 f.; a. A. bei Kündigung sämtlicher Arbeitnehmer K/P/B-Moll § 125 Rn. 26). Werden sowohl Beendigungs- als auch Änderungskündigungen ausgesprochen, ist dies entsprechend in der Namensliste zu vermerken (FK-Eisenbeis § 125 Rn. 5).

Der Interessenausgleich kann neben der Namensliste Vereinbarungen über die **sonstigen Modifikationen** der Betriebsänderung enthalten, wie sie in einem »normalen« Interessenausgleich vereinbart werden. Ebenfalls können in der gleichen Urkunde die Inhalte des Sozialplans (insb. Höhe der Abfindungen) festgehalten werden. **Wichtig ist aber**, dass aus der Vereinbarung hervorgeht, dass sich Betriebsrat und Insolvenzverwalter darüber verständigt haben, dass den in der Namensliste genannten Arbeitnehmer aufgrund der Betriebsänderung gekündigt wird (FK-Eisenbeis § 125 Rn. 4 m.w.N.; MK-Caspers § 125 Rn. 77).

▶ **Hinweis für den Insolvenzverwalter:**

Um sicherzugehen, dass sämtliche Mitwirkungsrechte des Betriebsrats eingehalten sind und dem Interessenausgleich die Wirkung des § 125 zukommt, sollte eine gesonderte Namensliste für den Interessenausgleich nach § 125 aufgestellt werden und eine weitere Liste für den Sozialplan. Auch kann im Interessenausgleich eine Rangfolge der zu kündigenden Arbeitnehmer vereinbart werden, um bei nachträglichen Änderungen keine erneute Sozialauswahl treffen zu müssen (Willemsen/Annuß, NJW 2004, 177, 181).

IV. Form des Interessenausgleichs

Für den Interessenausgleich ist gem. § 112 Abs. 1 Satz 1 BetrVG die Einhaltung der Schriftform Wirksamkeitsvoraussetzung (BAG, ZIP 1986, 45), sodass beide Betriebsparteien den Interessenausgleich auf einer Urkunde unterzeichnen müssen. Die Namensliste muss im Text des Interessenausgleichs enthalten, mit diesem fest verbunden sein oder die Anlage muss von beiden Parteien unterzeichnet werden (BAG, ZIP 2013, 234; s.a. BAG, ZIP 2006, 2329).

V. Rechtsfolgen

Die Folgen eines Interessenausgleiches gem. § 125 sind **Beweiserleichterungen** für den Insolvenzverwalter in den Kündigungsschutzverfahren der im Interessenausgleich genannten Arbeitnehmer. Der **Insolvenzverwalter muss**, um in den Genuss der Beweiserleichterungen zu kommen, zuvor die tatbestandlichen Voraussetzungen des § 125 darlegen und **beweisen**. Ihm obliegt der Beweis für das Vorliegen einer Betriebsänderung i.S.d. § 111 BetrVG, den ordnungsgemäßen Abschluss eines Interessenausgleichs gem. § 125 und dafür, dass die Kündigung aufgrund der Betriebsänderung erfolgte (BAG, ZInsO 2003, 43; ZIP 1998, 1809; LAG Düsseldorf, ZInsO 2004, 402). Dann muss der Arbeitnehmer den vollen Gegenbeweis erbringen, dass bspw. bereits im Zeitpunkt der Kündigung tatsächlich keine Betriebsstilllegung, sondern eine Betriebsveräußerung, die keine Betriebsänderung i.S.d. § 111 BetrVG sein kann, geplant war (BAG, ZIP 2007, 2136). Gelingt ihm dieser Beweis, greifen die Erleichterungen der §§ 125, 128 nicht (BAG, NZA 2006, 720; LAG Köln, ZInsO 2010, 2336). Unschädlich ist, wenn der Betrieb letztlich doch veräußert wird (BAG, ZIP 2007, 2136). Bei einem engen zeitlichen Zusammenhang, kann vermutet werden, dass die Veräußerung bereits im Zeitpunkt der Kündigung geplant war (LAG Düsseldorf, ZInsO 2004, 402).

12 Die Verkürzung der Rechtsposition des Arbeitnehmers ist insb. deshalb gerechtfertigt, weil der Betriebsrat die Namensliste vereinbart hat und davon auszugehen ist, dass dieser die Belange der Arbeitnehmer hinreichend berücksichtigt (FK-Eisenbeis § 125 Rn. 7). Lediglich bei einem **kollusiven Zusammenwirken von Betriebsrat und Insolvenzverwalter** und bei **Missbrauchsfällen** kann der Interessenausgleich wegen Sittenwidrigkeit gem. § 138 BGB nichtig sein (FK-Eisenbeis § 125 Rn. 7).

1. Vermutung der Betriebsbedingtheit (Abs. 1 Nr. 1)

13 Gem. Abs. 1 Nr. 1 wird zunächst die Betriebsbedingtheit der Kündigung vermutet. Diese Vermutung führt zu einer **Beweislastumkehr**. Während in einem »normalen« Kündigungsschutzprozess der Arbeitgeber darlegen und beweisen muss, dass für den gekündigten Arbeitnehmer keine Beschäftigungsmöglichkeit mehr besteht, trifft diese Last nun den Arbeitnehmer (s.a. Begr. des Gesetzentwurfs zur Reform des Arbeitsmarkts, BT-Drucks. 15/1204, S. 11; BAG, ZIP 1998, 1809 zu § 1 Abs. 5 KSchG). Der Arbeitnehmer muss die Vermutungen des § 125 im Wege des Vollbeweises entsprechend § 292 Satz 1 ZPO widerlegen (s.a. BAG, ZIP 1998, 1809 zu § 1 Abs. 5 KSchG; LAG Düsseldorf, ZInsO 2004, 402). Sie ist z.B. widerlegt, wenn die Kündigung nicht betriebsbedingt sein kann, weil sich der Arbeitnehmer beim Altersteilzeitmodell bereits in der Freistellungsphase befindet (BAG, ZInsO 2003, 480). Allerdings kommt es nicht darauf an, ob der konkrete Arbeitsplatz weggefallen ist, sondern, ob der Beschäftigungsbedarf bei einer Gruppe vergleichbarer Arbeitnehmer teilweise entfallen ist (BAG, ZIP 2006, 918).

14 Die Vermutung umfasst nach herrschender Meinung die Feststellung, dass der Arbeitnehmer auf keinem anderen Arbeitsplatz im Unternehmen beschäftigt werden kann (BAG, ZIP 2012, 1623; ZIP 1998, 1809 [zu § 1 Abs. 5 KSchG]; **a.A.** FK-Eisenbeis § 125 Rn. 8). Nach der gegenteiligen Ansicht müsste der Arbeitnehmer aber auch zunächst substanziiert vortragen, auf welchem Arbeitsplatz er beschäftigt werden könnte, was ihm rgm. kaum möglich ist (FK-Eisenbeis § 125 Rn. 8), sodass sich beide Ansichten im Ergebnis kaum unterscheiden.

2. Sozialauswahl (Abs. 1 Nr. 2)

15 Hinsichtlich der Sozialauswahl gilt ein **eingeschränkter Prüfungsmaßstab**, aber keine Beweislastumkehr.

a) Eingeschränkter Prüfungsmaßstab

16 Die ordnungsgemäße Sozialauswahl kann nur hinsichtl. der Kernkriterien Dauer der Betriebszugehörigkeit, Lebensalter und Unterhaltspflichten und nur auf grobe Fehlerhaftigkeit überprüft werden.

Grobe Fehlerhaftigkeit ist gegeben, wenn die Gewichtung der genannten Kriterien jede Ausgewogenheit vermissen lässt, etwa, wenn eines der Kriterien überhaupt nicht berücksichtigt wurde oder bei der Gewichtung ins Auge springende Gesichtspunkte nicht mit eingeflossen sind (BAG, ZIP 2013, 234; ZInsO 2013, 284; ZIP 2007, 595; ZInsO 2006, 724; LAG Schleswig-Holstein, ZInsO 2010, 738; LAG Hamm, ZIP 2004, 1863). Die fehlerhafte Auswahl muss sich gerade hinsichtlich des klagenden Arbeitnehmers als grob fehlerhaft erweisen (BAG, ZIP 2013, 234).

17 Grobe Fehlerhaftigkeit liegt nach Halbs. 2 nicht vor, wenn durch die Betriebsänderung eine **ausgewogene Personalstruktur erhalten oder geschaffen wird**. Die Möglichkeit, sich auf die Schaffung einer ausgewogenen Personalstruktur zu berufen, soll die Sanierungschancen des Unternehmens und die Veräußerungsmöglichkeiten erhöhen. Häufig leiden insolvente Unternehmen an einem überalterten Personalbestand. Dieser ist außerhalb des Insolvenzverfahrens schwierig zu verjüngen. Der Schaffung einer ausgewogenen Altersstruktur muss ein erkennbares Konzept zugrunde liegen, insb. durch Bildung gleichmäßiger Altersgruppen (BAG, ZIP 2013, 2476; LAG Hamm, ZIP 2004, 1863; EK-Gallner § 125 Rn. 15). Der Arbeitgeber muss vortragen, welche Altersstruktur er schaffen will und dies muss mit seinem Konzept auch erreicht werden können (BAG, ZIP 2013, 2476). Der

Begriff der Personalstruktur beschränkt sich aber nicht auf die Altersstruktur. Ebenfalls berücksichtigt werden können andere Kriterien wie Ausbildung und Qualifikation (BAG, ZIP 2014, 536; ZIP 2004, 1271).

Der eingeschränkte Prüfungsmaßstab gilt auch für die **Bildung der Personengruppen, innerhalb derer die Sozialauswahl durchgeführt wird** (BAG, ZIP 2012, 1623 [zu § 1 Abs. 5 KSchG]; ZInsO 2006, 724). Diese ist dann grob fehlerhaft, wenn der auswahlrelevante Personenkreis willkürlich bestimmt oder nach unsachlichen Gesichtspunkten eingegrenzt wird (LAG Hamm, ZIP 2004, 1863; s. a. BAG, ZInsO 2006, 724; LAG Schleswig-Holstein, ZInsO 2010, 738) oder die Gruppenbildung dazu führt, dass ohne nachvollziehbare Begründung die sonst übliche Gewichtung der Auswahlkriterien auf den Kopf gestellt wird (LAG Mecklenburg-Vorpommern, Urt. v. 29.05.2006 – 1 Sa 349/05). 18

Nach sozialen Kriterien sind nur die Arbeitnehmer zu vergleichen, die nach ihrer **Stellung** und **Aufgabe im Betrieb vergleichbar**, also austauschbar sind. Dies ist der Fall, wenn der Arbeitgeber allein durch die Ausübung seines Weisungsrechts einen Arbeitnehmer auf einem anderen Arbeitsplatz einsetzen kann (BAG, ZIP 2014, 536; ZIP 1990, 1223; s. a. LAG Schleswig-Holstein, ZInsO 2010, 738). Der Vergleich kann mithilfe eines **Punkteschemas** erfolgen, wobei der Beurteilungsmaßstab für die Betriebsparteien beim Interessenausgleich nach § 125 weiter ist als außerhalb eines Insolvenzverfahrens. So kann das Schwergewicht allein auf die Unterhaltsansprüche gelegt werden (BAG, ZIP 2000, 676 [zu § 1 Abs. 5 KSchG]). Grobe Fehlerhaftigkeit liegt nicht allein deshalb vor, weil ein vergleichbarer Arbeitnehmer nicht in die Sozialauswahl mit einbezogen wurde. Gerade bei größeren Betrieben und einer Vielzahl von Entlassungen kann der Arbeitnehmer schlicht vergessen worden sein (FK-Eisenbeis § 125 Rn. 22). 18a

Die Verkennung des Betriebsbegriffs als Unterfall der Verkennung des auswahlrelevanten Personenkreises ist grob fehlerhaft, wenn seine Fehlerhaftigkeit »ins Auge springt«, aber nicht, wenn gut nachvollziehbare und ersichtlich nicht auf Missbrauch zielende Überlegungen zugrunde liegen (BAG, ZIP 2013, 184). 18b

Auch für die Prüfung der sog. **Leistungsträgerklausel** des § 1 Abs. 3 Satz 2 KSchG gilt der eingeschränkte Prüfungsmaßstab (LAG Köln, ZInsO 2009, 2017; FK-Eisenbeis § 125 Rn. 15; offengelassen in: BAG, ZIP 1998, 1809). Hiernach können solche Arbeitnehmer aus der Sozialauswahl ausgenommen werden, deren Weiterbeschäftigung wegen ihrer Kenntnisse, Fähigkeiten und Leistungen im berechtigten Interesse des Betriebes liegt. Dabei muss nach der Rspr. des BAG das Interesse eines sozial schwächeren Arbeitnehmers gegen das betriebliche Interesse an der Weiterbeschäftigung des sozial stärkeren Arbeitnehmers abgewogen werden (BAG, ZIP 2013, 234; ZIP 2003, 1766; krit. Hanau, ZIP 2004, 1169, 1173). 19

Werden **Schwerbehinderte** in den Interessenausgleich mit einbezogen, ist das Ermessen des Integrationsamts in Bezug auf die Zustimmungserteilung gem. § 89 Abs. 3 SGB IX eingeschränkt (vgl. Komm. zu § 113 Rdn. 87). Bei der Berücksichtigung von **Unterhaltspflichten** gegenüber Kindern genügt es, diejenigen zu berücksichtigen, die sich aus der Lohnsteuerkarte ergeben, aber Ehegatten dürfen nicht gänzlich außer Acht gelassen werden (BAG, ZIP 2012, 1927). 20

b) Darlegungs- und Beweislast

In Bezug auf die Sozialauswahl führt § 125 nicht zu einer Änderung der Darlegungs- und Beweislast (BAG, ZInsO 2006, 724). Es gilt wie außerhalb der Insolvenz eine **abgestufte Verteilung der Darlegungslast** zwischen Arbeitnehmer und Arbeitgeber. Zwar ist grds. der Arbeitnehmer für die fehlerhafte Sozialauswahl beweisbelastet (vgl. § 1 Abs. 3 Satz 3 KSchG), er kann aber wegen seiner fehlenden Kenntnisse über die Interna beim Arbeitgeber diesen zunächst auffordern, die Grundlagen der Sozialauswahl offenzulegen. Unterlässt der Arbeitgeber dies, genügt eine pauschale Rüge. Kommt der Arbeitgeber seiner Darlegungspflicht nach, muss der Arbeitnehmer die Fehlerhaftigkeit der Sozialauswahl vollumfänglich beweisen (im Einzelnen: BAG, ZInsO 2006, 724; ZIP 2003, 1766; ZIP 1998, 1809). 21

VI. Verhältnis zu anderen Beteiligungsrechten des Betriebsrats

22 Der Abschluss eines Interessenausgleichs gem. § 125 ersetzt nicht die Anhörung des Betriebsrats nach § 102 BetrVG. Sind dem Betriebsrat aber aus den Verhandlungen über den Interessenausgleich die für die Anhörung nach § 102 BetrVG erforderlichen Tatsachen bekannt, müssen sie ihm nicht erneut mitgeteilt werden (BAG, ZIP 2004, 525; ZIP 1999, 1610 [zu § 1 Abs. 5 KSchG]; LAG Düsseldorf, ZInsO 2004, 402). Ebenso wenig kann bei einer Änderungskündigung auf die Zustimmung des Betriebsrats zu einer Versetzung gem. § 99 BetrVG verzichtet werden (FK-Eisenbeis § 125 Rn. 27). Dagegen ist das Mitbestimmungsrecht des Betriebsrats gem. § 87 BetrVG mit seiner Beteiligung am Abschluss des Interessenausgleichs abgegolten (FK-Eisenbeis § 125 Rn. 28). Auch genügt für die Massenentlassungsanzeige nach § 17 KSchG die Beifügung des Interessenausgleichs, um die Mitwirkung des Betriebsrats zu dokumentieren, Abs. 2, aber er ersetzt nicht die schriftliche Unterrichtung des Betriebsrats gem. § 17 Abs. 2 KSchG (BAG, ZIP 2012, 1197). Bei betriebsübergreifenden Betriebsänderungen ersetzt der mit dem Gesamtbetriebsrat abgeschlossene Interessenausgleich die Stellungnahmen der örtlichen Betriebsräte gem. § 17 Abs. 3 Satz 2 KSchG (BAG, ZInsO 2011, 1756).

VII. Wesentliche Änderung der Sachlage (Abs. 1 Satz 2)

23 Die Erleichterungen des Abs. 1 Satz 1 gelten gem. Satz 2 nicht, wenn sich die Sachlage nach Abschluss des Interessenausgleichs wesentlich geändert hat. Ähnlich wie beim Wegfall der Geschäftsgrundlage sind die Umstände wesentlich verändert, wenn bei deren Vorliegen die Betriebsparteien den Interessenausgleich nicht oder mit einem anderen Inhalt abgeschlossen hätten (BAG, ZIP 2013, 184; LAG Rheinland-Pfalz, ZInsO 2010, 1149). Als Beispiele werden genannt, dass eine geplante Betriebsstilllegung wegen einer Veräußerungsmöglichkeit vermieden werden kann oder wesentlich weniger Mitarbeiter gekündigt werden müssen (FK-Eisenbeis § 125 Rn. 30 m.w.N.; HK-Linck § 125 Rn. 40; s.a. BAG, ZIP 2013, 184; ausführl. mit Zahlenbsp. Schubert, ZIP 2002, 554, 561). Hierfür reicht wegen der kollektivrechtlichen Grundlage des Interessenausgleichs eine veränderte Beurteilung einer einzelnen Kündigung nicht aus. Vielmehr müssten sich für ca. 25–30 % der im Interessenausgleich genannten Arbeitnehmer Weiterbeschäftigungsmöglichkeiten ergeben (Schubert, ZIP 2002, 554, 561; s.a. Fleddermann, ZInsO 2004, 735; enger, zu § 1 Abs. 5 KSchG: Willemsen/Annuß, NJW 2004, 177, 181; s.a. LAG Rheinland-Pfalz, ZInsO 2010, 1149: keine wesentliche Änderung, wenn statt 24 von 47 nur 22 von 47 Filialen geschlossen werden).

24 In **zeitlicher Hinsicht** kann Satz 2 nur für solche Kündigungen greifen, die nach Eintritt der veränderten Sachlage ausgesprochen werden. Diese sind dann vollumfänglich nach den allgemeinen Regeln des § 1 KSchG zu überprüfen. Kündigungen, die bereits vor Veränderung der Sachlage ausgesprochen wurden, sind gem. Satz 1 zu behandeln (FK-Eisenbeis § 125 Rn. 30 m.w.N.; HK-Linck § 125 Rn. 39). Denn für die Beurteilung der Wirksamkeit einer Kündigung kommt es stets auf den **Zeitpunkt der Kündigungserklärung** an (st. Rspr. s. nur BAG, ZInsO 2003, 43; ZIP 1997, 122). Eine andere Frage ist, ob der gekündigte Arbeitnehmer einen **Wiedereinstellungsanspruch** hat. Ein solcher besteht aber nur unter engen Voraussetzungen und in der Insolvenz jedenfalls nicht bei einer Änderung der Sachlage nach Ablauf der Kündigungsfrist (BAG, ZInsO 2004, 876; im Einzelnen die Komm. zu § 113).

§ 126 Beschlußverfahren zum Kündigungsschutz

(1) ¹Hat der Betrieb keinen Betriebsrat oder kommt aus anderen Gründen innerhalb von drei Wochen nach Verhandlungsbeginn oder schriftlicher Aufforderung zur Aufnahme von Verhandlungen ein Interessenausgleich nach § 125 Abs. 1 nicht zustande, obwohl der Verwalter den Betriebsrat rechtzeitig und umfassend unterrichtet hat, so kann der Insolvenzverwalter beim Arbeitsgericht beantragen festzustellen, daß die Kündigung der Arbeitsverhältnisse bestimmter, im Antrag bezeichneter Arbeitnehmer durch dringende betriebliche Erfordernisse bedingt und sozial gerechtfertigt ist. ²Die soziale Auswahl der Arbeitnehmer kann nur im Hinblick auf die

Dauer der Betriebszugehörigkeit, das Lebensalter und die Unterhaltspflichten nachgeprüft werden.

(2) ¹Die Vorschriften des Arbeitsgerichtsgesetzes über das Beschlußverfahren gelten entsprechend; Beteiligte sind der Insolvenzverwalter, der Betriebsrat und die bezeichneten Arbeitnehmer, soweit sie nicht mit der Beendigung der Arbeitsverhältnisse oder mit den geänderten Arbeitsbedingungen einverstanden sind. ²§ 122 Abs. 2 Satz 3, Abs. 3 gilt entsprechend.

(3) ¹Für die Kosten, die den Beteiligten im Verfahren des ersten Rechtszugs entstehen, gilt § 12a Abs. 1 Satz 1 und 2 des Arbeitsgerichtsgesetzes entsprechend. ²Im Verfahren vor dem Bundesarbeitsgericht gelten die Vorschriften der Zivilprozeßordnung über die Erstattung der Kosten des Rechtsstreits entsprechend.

Übersicht	Rdn.			Rdn.
A. Normzweck	1	IV.	Rechtsmittel	17
B. Norminhalt	2	V.	Kosten	18
C. Verfahrensfragen	9	D.	Verhältnis zu weiteren Beteiligungsrechten	
I. Beteiligte	10		ten	19
II. Antrag	11	E.	Verhältnis zum Sonderkündigungsschutz	20
III. Umfang der gerichtlichen Prüfung	13			

A. Normzweck

§ 126 bietet dem Insolvenzverwalter die Möglichkeit, in einem präventiven **Sammel-Beschlussverfahren** einen arbeitsgerichtlichen Feststellungsentscheid über die Zulässigkeit von Kündigungen mit bindender Wirkung für spätere individuelle Kündigungsschutzverfahren zu erreichen, vgl. § 127 Abs. 1 Satz 1. Das Beschlussverfahren greift für den Fall, dass kein Interessenausgleich gem. § 125 abgeschlossen wird, weil kein Betriebsrat existiert oder trotz ordnungsgemäßer Unterrichtung des Betriebsrats keine Einigung über einen Interessenausgleich erreicht wurde. Das ArbG prüft dann die **Rechtswirksamkeit der Kündigungen sämtlicher Arbeitnehmer gem. § 1 KSchG**, die im Antrag benannt werden. Nach dem Normzweck soll im Interesse der Masseerhaltung vermieden werden, dass zahlreiche Kündigungsschutzverfahren stattfinden, in denen im Wesentlichen identische Sachverhalte geprüft werden würden (MK-Caspers § 126 Rn. 1; Uhlenbruck-Berscheid, §§ 126, 127 Rn. 4). Daher ist das Beschlussverfahren unzulässig, wenn lediglich ein einzelner Arbeitnehmer gekündigt wird oder eine einzelne Kündigung streitig bleibt (LAG München, ZInsO 2003, 339; a. A. A/G/R-Hergenröder § 126 Rn. 7; krit. zur Praktikabilität des Beschlussverfahrens Berscheid FS Schwerdtner, S. 517, 536 f.). 1

B. Norminhalt

Neben den allgemeinen Zulässigkeitsvoraussetzungen der §§ 80 ff. ArbGG müssen die besonderen des § 126 vorliegen. **Existiert ein Betriebsrat**, ist der Antrag zulässig, wenn der Betriebsrat rechtzeitig und umfassend vom Insolvenzverwalter über die geplante Betriebsänderung informiert wurde und innerhalb von 3 Wochen nach Verhandlungsbeginn oder schriftlicher Aufforderung zur Aufnahme von Verhandlungen keine Einigung über den besonderen Interessenausgleich nach § 125 zustande gekommen ist. Der Antrag kann schon **vor Ablauf der 3-Wochen-Frist** gestellt werden. Maßgeblich für seine Zulässigkeit ist der Zeitpunkt der Entscheidung des Gerichts (A/G/R-Hergenröder § 126 Rn. 19; K/P/B-Moll § 126 Rn. 18). 2

Der Betriebsrat muss rechtzeitig und umfassend **informiert** worden sein, wofür den Insolvenzverwalter die Beweislast trifft. Zum Umfang der Informationen s. § 122 Rdn. 3 f. Allerdings muss der Betriebsrat seinerseits eine unzureichende Information rügen (MK-Caspers § 126 Rn. 10 i. V. m. §§ 121, 122 Rn. 31 f.). 3

4 Der Antrag ist unzulässig, wenn ein Interessenausgleich i. S. d. § 125 abgeschlossen wurde (BAG, NZI 2000, 498). Allerdings ist ein Antrag nach § 126 zulässig, wenn der Interessenausgleich eine andere Betriebsänderung regelt, wenn also die Streitgegenstände nicht identisch sind (BAG, NZI 2000, 498).

5 **Existiert kein Betriebsrat**, kann der Antrag nach § 126 sofort gestellt werden (MK-Caspers § 126 Rn. 12; Uhlenbruck-Berscheid §§ 126, 127 Rn. 6 m. w. N.).

6 Umstritten ist, ob eine geplante Betriebsänderung gem. § 111 BetrVG vorliegen muss, ob also ein Interessenausgleich nach § 125 möglich sein muss (dafür: A/G/R-Hergenröder § 126 Rn. 8; HK-Linck § 126 Rn. 5; K/P/B-Moll § 126 Rn. 11; Uhlenbruck-Berscheid §§ 126, 127 Rn. 8; dagegen: EK-Gallner § 126 InsO Rn. 1; Jaeger/Henckel/Gerhardt-Giesen § 126 Rn. 15 f.; MK-Caspers § 126 Rn. 6). Hierfür wird angeführt, dass § 126 lediglich eine Auffangfunktion zu § 125 habe, ein Interessenausgleich also theoretisch möglich sein müsse (Uhlenbruck-Berscheid §§ 126, 127 Rn. 8). Es ist aber nicht einzusehen, warum in kleinen Unternehmen mit mehr als 10 (hier setzt der allgemeine Kündigungsschutz ein) und weniger als 21 wahlberechtigten Arbeitnehmern die Erleichterungen des Beschlussverfahrens nicht gelten sollen. Denn gerade in diesen Fällen, in denen das Listenverfahren nach § 125 InsO mangels Betriebsrates bzw. mangels Betriebsänderung i. S. d. § 111 BetrVG nicht möglich ist, bietet das Beschlussverfahren die einzige rechtliche Möglichkeit, die negativen Folgen des § 613a BGB für übertragende Sanierungen auszuschließen (MK-Caspers § 126 Rn. 6).

7 Wenn die geplante Betriebsänderung erst von dem späteren **Erwerber** des Betriebes durchgeführt werden soll, führt dies nicht zur Unzulässigkeit des Antrags. Der Erwerber ist dann am Beschlussverfahren zu beteiligen, § 128 Abs. 1.

8 Das Beschlussverfahren des § 126 kann sowohl für noch **geplante als auch für bereits ausgesprochene Kündigungen** durchgeführt werden. Zwar hatte der Gesetzgeber den Fall einer präventiven Kontrolle vor Augen (BT-Drucks. 12/2443, S. 149), aber da § 127 Abs. 2 regelt, dass das individuelle Kündigungsschutzverfahren im Fall eines Beschlussverfahrens auszusetzen ist, muss § 126 auch für bereits ausgesprochene Kündigungen gelten (BAG, ZInsO 2000, 664). Dies hat für den Insolvenzverwalter den Vorteil, dass er zunächst abwarten kann, welche Arbeitnehmer sich gegen die Kündigung wehren, um das Beschlussverfahren möglichst schlank halten zu können (FK-Eisenbeis § 126 Rn. 2; MK-Caspers § 126 Rn. 8; Uhlenbruck-Berscheid §§ 126, 127 Rn. 32).

C. Verfahrensfragen

9 Das ArbG entscheidet nach Abs. 2 im Beschlussverfahren (§§ 80 ff. ArbGG) in der Ausgestaltung gem. § 122 Abs. 2 Satz 3, Abs. 3. Der Antrag ist gem. § 61a Abs. 3, Abs. 4 ArbGG vorrangig zu erledigen, Abs. 2 i. V. m. § 122 Abs. 2 Satz 3. Örtlich ist das ArbG ausschließlich zuständig, in dessen Bezirk der schuldnerische Betrieb liegt, § 82 Abs. 1 Satz 1 ArbGG.

I. Beteiligte

10 Beteiligte sind der Insolvenzverwalter, der Betriebsrat, die im Antrag bezeichneten Arbeitnehmer und ggf. der Betriebserwerber (§ 128 Abs. 1 Satz 2). Bei Eigenverwaltung führt zwar der Schuldner die Verhandlungen mit dem Betriebsrat, aber der Antrag nach § 126 bedarf gem. § 279 Satz 3 der Zustimmung des Sachwalters. Wird das Beschlussverfahren vor Ausspruch der Kündigungen betrieben, sind sämtliche Arbeitnehmer zu beteiligen, denen voraussichtlich gekündigt werden soll. Die **formelle Beteiligung** ist Voraussetzung für die subjektive Rechtskraft und damit für die Bindungswirkung gem. § 127 Abs. 1 Satz 1. Wird das Verfahren für bereits ausgesprochene Kündigungen betrieben, brauchen die Arbeitnehmer nicht beteiligt zu werden, die sich bereits mit der ausgesprochenen Kündigung oder Änderung der Arbeitsbedingungen einverstanden erklärt haben, Abs. 2 Satz 1. Dies betrifft zunächst sämtliche Arbeitnehmer, die Aufhebungsverträge abgeschlossen haben. Ein **Verzicht auf Kündigungsschutz** ist nur nach Ausspruch der Kündigung möglich (EK-Oetker § 1 KSchG Rn. 13; FK-Eisenbeis § 126 Rn. 7). In der Verzichtserklärung muss deutlich werden, dass der Arbeitnehmer die Rechtswirksamkeit der Kündigung ausdrücklich anerkennt.

Nicht ausreichend ist z. B. die Formulierung, dass dem Arbeitnehmer aus Anlass der Beendigung des Arbeitsverhältnisses keine Ansprüche mehr zustünden (FK-Eisenbeis § 126 Rn. 7). Das Einverständnis kann der Arbeitnehmer vor oder noch während des Beschlussverfahrens erklären (BAG, ZInsO 2000, 664). Fraglich ist im letzteren Fall dann nur, in welcher Form der betreffende Arbeitnehmer aus dem Prozess ausscheidet (s. hierzu BAG, ZInsO 2000, 664; Uhlenbruck-Berscheid §§ 126, 127 Rn. 29).

II. Antrag

Der Antrag richtet sich auf die **Feststellung**, dass die Kündigungen der Arbeitsverhältnisse der im Antrag namentlich bezeichneten Arbeitnehmer durch dringende betriebliche Erfordernisse bedingt und sozial gerechtfertigt sind. Problematisch ist die Vorgehensweise nach § 126, wenn sich nach Abschluss des Beschlussverfahrens herausstellt, dass weniger Arbeitsverhältnisse gekündigt werden müssen als im Beschluss festgesetzt wurde. Dann muss der Insolvenzverwalter eine erneute Sozialauswahl treffen, die dann ggf. in individuellen Kündigungsschutzverfahren überprüft werden kann, da es sich um eine **nachträgliche Änderung der Sachlage handelt**, § 127 Abs. 1 Satz 2 (FK-Eisenbeis § 126 Rn. 8; s. a. MK-Caspers § 126 Rn. 17).

11

▸ **Hinweis für den Insolvenzverwalter:**

12

Um eine erneute Sozialauswahl zu vermeiden, kann der Insolvenzverwalter in einem Hilfsantrag diejenigen Arbeitnehmer bezeichnen, die in jedem Fall und vorrangig gekündigt werden sollen. Dies hilft dem Insolvenzverwalter aber dann nicht, wenn dem Hauptantrag stattgegeben wird. Sicherer, aber weniger praktikabel ist es, bereits im Antrag eine Reihenfolge festzulegen (FK-Eisenbeis § 126 Rn. 8; gegen die Zulässigkeit eines solchen Antrags: MK-Caspers § 126 Rn. 15 f.).

III. Umfang der gerichtlichen Prüfung

Im Verfahren nach § 126 gilt ein **eingeschränkter Untersuchungsgrundsatz**. Grds. hat das Gericht den Sachverhalt von Amts wegen aufzuklären, Abs. 2 i. V. m. § 83 Abs. 1 ArbGG. Da das Gericht aber nicht berechtigt ist, neuen Streitstoff in das Verfahren einzuführen, kann es nur im Rahmen einer Konkretisierung oder Vervollständigung des Vortrags der Beteiligten eigene Ermittlungen im Form von Beteiligtenvernehmungen oder Auflagen an die Beteiligten durchführen (FK-Eisenbeis § 126 Rn. 9). Insofern haben die Beteiligten an der Aufklärung mitzuwirken (MK-Caspers § 126 Rn. 35). Insb. muss der Insolvenzverwalter alle Tatsachen vortragen, die zur Begründung seines Antrags erforderlich sind (FK-Eisenbeis § 126 Rn. 9; s. a. HK-Linck § 126 Rn. 11), also sämtliche Tatsachen zur Begründung der Betriebsbedingtheit und wegen der gestuften Darlegungslast (s. § 113) die Hintergründe der Sozialauswahl (FK-Eisenbeis § 126 Rn. 9; MK-Caspers § 126 Rn. 36). Aus dem eingeschränkten Untersuchungsgrundsatz ist zu folgern, dass der Insolvenzverwalter die Tatsachen zur Sozialauswahl sogar umfassend vortragen muss. Dies ergibt sich aus der Auffangfunktion des § 126 ggü. dem Abschluss eines Interessenausgleichs gem. § 125, wo der Insolvenzverwalter in den Verhandlungen mit dem Betriebsrat auch sämtliche Tatsachen zur Sozialauswahl vortragen muss (Uhlenbruck-Berscheid §§ 126, 127 Rn. 25 f.; a. A. MK-Caspers § 126 Rn. 36).

13

Die gerichtliche Überprüfung bezieht sich auf **sämtliche Elemente der sozialen Rechtfertigung** der Kündigungen. Geprüft wird nach § 1 KSchG, wobei dem Verwalter die Erleichterungen des § 125 nicht zugutekommen (A/G/R-Hergenröder § 126 Rn. 32). Da § 126 die gerichtliche Überprüfung der sozialen Rechtfertigung erleichtern will und nicht einsehbar ist, warum strengere Maßstäbe als im individuellen Kündigungsschutzverfahren gelten sollten, kann sich der Insolvenzverwalter aber auf die Erleichterungen der Leistungsträgerklausel des § 1 Abs. 3 Satz 2 KSchG und auf kollektivrechtliche Vereinbarungen gem. § 1 Abs. 4 KSchG stützen (A/G/R-Hergenröder § 126 Rn. 33; FK-Eisenbeis § 126 Rn. 10; Uhlenbruck-Berscheid §§ 126, 127 Rn. 24 f.; a. A. Lakies, NZI 2000, 345).

14

Die Prüfung der **Sozialauswahl** ist nach Abs. 1 Satz 2 auf die Kernkriterien, Dauer der Betriebszugehörigkeit, Lebensalter und Unterhaltspflichten begrenzt. Dies gilt unter Ergänzung der Beachtung

15

einer evtl. Schwerbehinderung ebenso nach § 1 Abs. 3 Satz 1 KSchG. Allerdings ist die Prüfung nicht auf grobe Fehlerhaftigkeit begrenzt (MK-Caspers § 126 Rn. 25).

16 Das Gericht prüft auch die **Kündigungsberechtigung** des vorläufigen »starken« oder endgültigen Insolvenzverwalters (BAG, ZInsO 2000, 664). **Sonstige Unwirksamkeitsgründe** werden in die Prüfung nach herrschender Meinung nicht mit einbezogen, wie z. B. die Beteiligung des Betriebsrats gem. § 102 BetrVG (BAG, ZInsO 2000, 664), obwohl hierfür der Zweck des § 126 sprechen würde, individuelle Kündigungsschutzprozesse möglichst zu vermeiden.

IV. Rechtsmittel

17 Wie im Verfahren nach § 122 findet gegen die Entscheidung des ArbG die Berufung nicht statt, Abs. 2 Satz 2 i. V. m. § 122 Abs. 3. Eine Rechtsbeschwerde zum BAG ist für alle Beteiligten nur möglich, sofern das ArbG diese im Urteil ausdrücklich zulässt. Eine Nichtzulassungsbeschwerde gibt es nicht (BAG, ZInsO 2001, 1071; Uhlenbruck-Berscheid §§ 126, 127 Rn. 39). S. i. Ü. die Kommentierung zu § 122 Rdn. 18 f.

V. Kosten

18 Gemäß des Verweises in Abs. 3 auf § 12a Abs. 1 Satz 1, 2 ArbGG gibt es in der ersten Instanz **keinen Kostenerstattungsanspruch**. Der Insolvenzverwalter hat aber dem Betriebsrat die Kosten der Prozessvertretung gem. § 40 BetrVG zu erstatten, wenn die Hinzuziehung eines Rechtsanwalts bei pflichtgemäßer und verständiger Abwägung der zu berücksichtigenden Umstände notwendig war (FK-Eisenbeis § 126 Rn. 15; HK-Linck § 126 Rn. 19; Uhlenbruck-Berscheid §§ 126, 127 Rn. 35). In dem nur ausnahmsweise stattfindenden Rechtsbeschwerdeverfahren vor dem BAG gelten die Kostentragungsvorschriften der ZPO entsprechend, Abs. 3 Satz 2.

D. Verhältnis zu weiteren Beteiligungsrechten

19 § 126 lässt die Beteiligungsrechte des Betriebsrats grds. unberührt. Die Beteiligungsrechte in Bezug auf die Betriebsänderung sind bei einem zulässigen Antrag gewahrt (vgl. oben, Rdn. 2 ff.). Die Anhörung nach § 102 BetrVG muss unabhängig vom Beschlussverfahren vor Ausspruch der einzelnen Kündigung erfolgen (FK-Eisenbeis § 126 Rn. 17; MK-Caspers § 126 Rn. 29). Bei Änderungskündigungen ist ebenfalls die Zustimmung des Betriebsrats gem. § 99 BetrVG oder die Ersetzung durch eine arbeitsgerichtliche Entscheidung erforderlich (FK-Eisenbeis § 126 Rn. 19). Auch die Mitbestimmungsrechte gem. § 87 BetrVG sind einzuhalten (FK-Eisenbeis § 126 Rn. 20). Ansonsten sind die Kündigungen unwirksam (BAG, ZIP 1992, 1095).

E. Verhältnis zum Sonderkündigungsschutz

20 Erforderliche **behördliche Zustimmungs- oder Zulässigkeitserklärungen** (z. B. für Schwerbehinderte, § 85 SGB IX, Mütter im Mutterschutz, § 9 Abs. 3 Satz 1 MuSchG, Eltern in Elternzeit, § 18 Abs. 1 Satz 1 BEEG) werden nicht durch die Gerichtsentscheidung nach § 126 ersetzt. Allerdings wird es in die behördliche Entscheidung mit einfließen, falls das ArbG die Kündigung als betriebsbedingt festgestellt und die Sozialauswahl bestätigt hat. Zum Sonderkündigungsschutz s. Kommentierung zu § 113.

§ 127 Klage des Arbeitnehmers

(1) ¹Kündigt der Insolvenzverwalter einem Arbeitnehmer, der in dem Antrag nach § 126 Abs. 1 bezeichnet ist, und erhebt der Arbeitnehmer Klage auf Feststellung, daß das Arbeitsverhältnis durch die Kündigung nicht aufgelöst oder die Änderung der Arbeitsbedingungen sozial ungerechtfertigt ist, so ist die rechtskräftige Entscheidung im Verfahren nach § 126 für die Parteien bindend. ²Dies gilt nicht, soweit sich die Sachlage nach dem Schluß der letzten mündlichen Verhandlung wesentlich geändert hat.

(2) Hat der Arbeitnehmer schon vor der Rechtskraft der Entscheidung im Verfahren nach § 126 Klage erhoben, so ist die Verhandlung über die Klage auf Antrag des Verwalters bis zu diesem Zeitpunkt auszusetzen.

Übersicht	Rdn.		Rdn.
A. Normzweck	1	B. Norminhalt	2

A. Normzweck

§ 127 bestimmt die **Bindungswirkung** des gerichtlichen Beschlusses gem. § 126 für ein evtl. anschließendes individuelles Kündigungsschutzverfahren. Erhebt ein im Verfahren nach § 126 beteiligter Arbeitnehmer Kündigungsschutzklage, sind die Feststellungen des vorherigen Beschlusses nach § 126 für die Parteien bindend, wenn sich die Sachlage nach dem Schluss der mündlichen Verhandlung nicht wesentlich verändert hat. 1

B. Norminhalt

Die Bindungswirkung bezieht sich auf **negative wie auf positive Feststellungen**. Stellt das Gericht im Beschluss nach § 126 fest, dass die Kündigung sozial gerechtfertigt ist, prüft ein Gericht im individuellen Kündigungsschutzprozess weder die Betriebsbedingtheit noch die Sozialauswahl. Allerdings werden **sonstige Unwirksamkeitsgründe** geprüft (vgl. Kommentierung zu § 126 Rdn. 16), sodass der Arbeitnehmer z. B. noch einwenden kann, der Betriebsrat sei nicht ordnungsgemäß nach § 102 BetrVG angehört worden oder es liege ein Verstoß gegen Sonderkündigungsschutzvorschriften vor (MK-Caspers § 127 Rn. 9; Uhlenbruck-Berscheid §§ 126, 127 Rn. 46). Hat das Gericht im Beschlussverfahren demgegenüber entschieden, dass die Kündigung sozial ungerechtfertigt ist, steht auch dies für das individuelle Verfahren fest (EK-Gallner § 127 InsO Rn. 2; FK-Eisenbeis § 127 Rn. 4; MK-Caspers § 127 Rn. 10; Uhlenbruck-Berscheid §§ 126, 127 Rn. 42; a. A. K/P/B-Moll § 127 Rn. 22). Die Klage des Arbeitnehmers wird Erfolg haben, wenn der Insolvenzverwalter keine wesentliche Änderung der Sachlage vortragen kann. 2

Die Bindungswirkung entfällt, wenn dem Arbeitnehmer im Beschlussverfahren unter Missachtung seiner Beteiligtenstellung **kein hinreichendes rechtliches Gehör** gewährt wurde (K/P/B-Moll § 127 Rn. 20). 3

Sie entfällt ebenfalls bei einer **wesentlichen Änderung der Sachlage**, also bei Eintritt veränderter Tatsachen. Allein neue Beweismittel genügen nicht. Wesentlich ist die Änderung, wenn sich die Gesamtlage anders darstellt und nicht etwa lediglich eine einzelne Kündigung anders zu bewerten ist (vgl. § 125 Rdn. 24 f.). Typisches Beispiel ist, dass es doch zu einer im Zeitpunkt des Beschlusses für ausgeschlossen angesehenen Veräußerung des Betriebes kommt (Uhlenbruck-Berscheid §§ 126, 127 Rn. 46; s. a. MK-Caspers § 127 Rn. 14 f.). Die Bindungswirkung entfällt nur, wenn die **Kündigungen nach Änderung der Sachlage** ausgesprochen worden sind (FK-Eisenbeis § 127 Rn. 5 f.; HK-Linck § 127 Rn. 7; MK-Caspers § 127 Rn. 16; s. a. Kommentierung zu § 125 Rdn. 24 f.). Denn für die Beurteilung der Rechtswirksamkeit einer Kündigung kommt es stets auf den Zeitpunkt der Kündigungserklärung an (st. Rspr. s. nur BAG, ZInsO 2003, 43; BAG, ZIP 1997, 122). 4

Im Fall eines **Betriebsübergangs** kommt auch dem Erwerber gem. § 128 Abs. 1 Satz 1 die Bindungswirkung für den individuellen Kündigungsschutzprozess zugute, wenn er die Kündigungen ausspricht. Die Bindungswirkung erstreckt sich dann auf die Feststellung des Beschlussverfahrens, dass die Kündigung **nicht wegen des Betriebsübergangs** i. S. d. § 613a BGB erfolgt ist, § 128 Abs. 2. Derartige Einwendungen muss der Arbeitnehmer bereits im Beschlussverfahren erheben. Dort prüft das ArbG wegen des eingeschränkten Untersuchungsgrundsatzes (vgl. oben § 126) nicht von sich aus die Unwirksamkeit gem. § 613a Abs. 4 BGB, ohne Anhaltspunkte für einen Betriebsübergang zu haben (Uhlenbruck-Berscheid §§ 126, 127 Rn. 43 f.; s. BAG, ZInsO 2000, 664). 5

§ 128 InsO Betriebsveräußerung

6 Auf Antrag des Insolvenzverwalters muss das Gericht das **individuelle Kündigungsschutzverfahren** bis zum Abschluss des Beschlussverfahrens nach § 126 **aussetzen**, Abs. 2. Macht der Insolvenzverwalter hiervon keinen Gebrauch, läuft er Gefahr, im Kündigungsschutzverfahren eine divergierende Entscheidung zu erlangen (K/P/B-Moll § 127 Rn. 26). Er hat dann nur die Möglichkeit, dieses Urteil durch eine **Restitutionsklage** nach § 580 Nr. 6 ZPO wieder aufheben zu lassen (EK-Gallner § 127 InsO Rn. 5).

§ 128 Betriebsveräußerung

(1) ¹Die Anwendung der §§ 125 bis 127 wird nicht dadurch ausgeschlossen, daß die Betriebsänderung, die dem Interessenausgleich oder dem Feststellungsantrag zugrundeliegt, erst nach einer Betriebsveräußerung durchgeführt werden soll. ²An dem Verfahren nach § 126 ist der Erwerber des Betriebs beteiligt.

(2) Im Falle eines Betriebsübergangs erstreckt sich die Vermutung nach § 125 Abs. 1 Satz 1 Nr. 1 oder die gerichtliche Feststellung nach § 126 Abs. 1 Satz 1 auch darauf, daß die Kündigung der Arbeitsverhältnisse nicht wegen des Betriebsübergangs erfolgt.

Übersicht	Rdn.		Rdn.
A. Normzweck	1	B. Norminhalt	2

A. Normzweck

1 § 128 bietet die Möglichkeit, bei einer Betriebsveräußerung die Zulässigkeit von Kündigungen bereits vom Insolvenzverwalter gem. § 126 feststellen zu lassen oder einen Interessenausgleich mit den Wirkungen des § 125 abzuschließen, obwohl die Betriebsänderung erst vom Erwerber durchgeführt werden soll. So kann eine rasche Klärung erreicht werden, da der Insolvenzverwalter häufig unter enormen Zeitdruck handeln muss und die Veräußerungschancen sinken, solange unklar ist, welche Arbeitnehmer der Erwerber gem. § 613a BGB übernehmen muss. § 128 bestätigt, dass § 613a BGB in der Insolvenz anzuwenden ist (zum Betriebsübergang s. im Einzelnen Vorbem. §§ 113 ff.), obwohl diese Norm häufig als »Sanierungsbremse« angesehen wird (MK-Caspers § 128 Rn. 1 m. w. N.) und dies nach den europarechtlichen Vorgaben nicht zwingend ist (s. Art. 5 der Betriebsübergangsrichtlinie, RL 2001/23/EG v. 12.03.2001).

B. Norminhalt

2 Abs. 1 bestimmt, dass die Kündigungserleichterungen der §§ 125 bis 127 auch Anwendung finden, wenn die Kündigungen erst vom Betriebserwerber ausgesprochen werden und bietet damit eine Art **Bestandsschutz** (so MK-Caspers § 128 Rn. 3). **In der Praxis** spricht allerdings der Insolvenzverwalter die nötigen Kündigungen i. d. R. selbst aus, um die Kündigungsfristen in Gang zu setzen. Die Anwendung des § 128 setzt erstens voraus, dass der Insolvenzverwalter vor dem Betriebsübergang den Interessenausgleich gem. § 125 abgeschlossen oder den Feststellungsantrag nach § 126 gestellt hat, und zweitens, dass die Betriebsübertragung jeweils bereits thematisiert wurde, da sonst eine veränderte Sachlage vorliegt und die Bindungswirkungen entfallen (vgl. § 125 Rdn. 24 f. und § 127 Rdn. 4). Der Erwerber selbst kann das Verfahren nach § 126 nicht durch- oder fortführen oder einen Interessenausgleich mit den Wirkungen des § 125 abschließen (MK-Caspers § 128 Rn. 39).

3 Im Feststellungsverfahren nach § 126 ist er zu beteiligen (Abs. 1 Satz 2). Fraglich ist, ab wann ein Übernahmeinteressent **Erwerber i. S. d. § 128** ist. Unzweifelhaft fest steht der Erwerber mit Unterzeichnung des Betriebsübernahmevertrags. Aber auch, wenn sich die Verhandlungen bereits auf einen einzigen Interessenten konzentriert haben, ist dieser zu beteiligen (Jaeger/Henckel/Gerhardt-Giesen § 128 Rn. 12; MK-Caspers § 128 Rn. 40). Andere fordern, dass ein rechtsverbindlicher Sanierungsplan oder ein Vorvertrag vorliegen muss (A/G/R-Hergenröder § 128 Rn. 49).

Vorbem. zu §§ 129 ff. InsO

Nach Abs. 2 erstreckt sich bei Abschluss eines Interessenausgleichs mit Namensliste die Vermutung des § 125 Abs. 1 Satz 1 Nr. 1 darauf, dass die **Kündigung nicht wegen des Betriebsübergangs** erfolgte (s. a. LAG Köln, Urt. v. 26.02.2004 – 6 Sa 875/03). Gleiches gilt für eine entsprechende Feststellung des Gerichts im Beschlussverfahren nach § 126. Dieser Regelung kommt nur außerhalb des Anwendungsbereichs des KSchG Bedeutung zu, da eine Kündigung, die gegen § 613a BGB verstößt, ohnehin nie sozial gerechtfertigt i. S. d. § 1 KSchG sein kann (FK-Eisenbeis § 128 Rn. 5 f.). Der Arbeitnehmer muss dann eine **doppelte Vermutung widerlegen**: Zum einen gem. § 125 Abs. 1 Satz 1 Nr. 1, dass die Kündigung sozial gerechtfertigt ist, und zum anderen, dass sie nicht wegen des Betriebsübergangs erfolgte (LAG Düsseldorf, ZInsO 2004, 402; LAG Hamm, ZInsO 2004, 820; LAG Hamm, ZInsO 2003, 47; Uhlenbruck-Berscheid § 128 Rn. 26). Zwar muss auch in einem »normalen« Kündigungsschutzprozess der Arbeitnehmer beweisen, dass die Kündigung wegen des Betriebsübergangs erfolgte, es genügt aber der **Beweis von Hilfstatsachen**, die den Schluss auf die Haupttatsache zulassen, z. B. die Darlegung eines zeitlichen und funktionalen Zusammenhangs zwischen Kündigung und Betriebsübergang (FK-Eisenbeis § 128 Rn. 8 f.). 4

Dritter Abschnitt Insolvenzanfechtung

Vorbemerkung zu §§ 129 ff.

Übersicht

		Rdn.			Rdn.
A.	Zweck und Rechtsnatur des Anfechtungsrechts	1	IV.	Verbraucherinsolvenzverfahren	15
B.	Abgrenzung zu AnfG und Anfechtung nach dem BGB	4	V.	Nachlassinsolvenz/Insolvenzverfahren über das Gesamtgut fortgesetzter Gütergemeinschaft	16
I.	AnfG	4	VI.	Insolvenz von Instituten i. S. v. § 1 KWG	18
II.	§§ 119 ff., 2078 f. BGB, § 246 AktG	7	G.	**Insolvenzen mit Auslandsbezug**	19
C.	Abgrenzung zu §§ 134, 138 BGB	8	I.	Grenzüberschreitende Verfahren innerhalb der Mitgliedstaaten der EU	20
D.	Abgrenzung zu § 88	10			
E.	Abgrenzung zu § 96 Abs. 1 Nr. 3	11	II.	Grenzüberschreitende Verfahren mit Bezug zu Nicht-EU-Staaten	21
F.	Anfechtung außerhalb des Regelinsolvenzverfahrens	12	H.	Übergangsregelung (Art. 106 EGInsO)	22
I.	Eröffnungsverfahren	12	I.	Übersicht über die einzelnen Anfechtungstatbestände	25
II.	Eigenverwaltung	13			
III.	Insolvenzplanverfahren	14	J.	Schnellübersicht	26

A. Zweck und Rechtsnatur des Anfechtungsrechts

Die Anfechtung dient der Wiederherstellung des allen Gläubigern haftenden Schuldnervermögens durch Rückholung aufgegebener Vermögenswerte sowie der Befreiung der Masse von in missbilligenswerter Weise eingegangenen Verbindlichkeiten (BGHZ 128, 184, 191) und bewirkt so eine **Vorverlegung des insolvenzrechtlichen Gläubigerschutzes**. 1

Heute vorherrschende Auffassung zur Rechtsnatur der insolvenzrechtlichen Anfechtung ist die schuldrechtliche Theorie (vgl. hierzu BGHZ 135, 140, 149; BGH, ZInsO 2006, 1217; zu den anderen Theorien MK-Kirchhof vor §§ 129 bis 147 Rn. 13, 18). 2

Der **Rückgewähranspruch entsteht** unabhängig von seiner Geltendmachung mit Vollendung des Anfechtungstatbestands, jedoch nicht vor Eröffnung des Insolvenzverfahrens (BGH, ZInsO 2008, 449). Zugleich wird er **fällig**, ohne dass es einer gesonderten Erklärung des zur Anfechtung Berechtigten bedarf (BGH, ZIP 2007, 488). Bei der Ermittlung der Berechnungsgrundlage für die Vergütung des vorläufigen Insolvenzverwalters sind von ihm entfaltete Bemühungen zur Klärung von Anfechtungsansprüchen daher allenfalls über einen Zuschlag zur Regelvergütung zu berücksichtigen (BGH, ZInsO 2004, 672). Da der Rückgewähranspruch außerhalb der Regelungsmacht 3

Vorbem. zu §§ 129 ff. InsO

etwaiger Tarifvertragsparteien steht, unterfällt er nicht tariflichen Ausschlussfristen (BAG, ZInsO 2014, 141); ebenso wenig ist das Recht zur insolvenzrechtlichen Anfechtung im Voraus abdingbar. Zur Verjährung des Rückgewähranspruches vgl. § 146 Abs. 1.

B. Abgrenzung zu AnfG und Anfechtung nach dem BGB

I. AnfG

4 Während das AnfG dem einzelnen Gläubiger außerhalb des Insolvenzverfahrens die Möglichkeit verschafft, sich Befriedigung bzgl. aus dem Vermögen seines Schuldners aufgegebener Werte zu verschaffen, dient die Insolvenzanfechtung der Befriedigung der Gläubigergesamtheit. Während die Tatbestände der Anfechtung nach §§ 130 bis 132 spezifisch insolvenzrechtlicher Natur sind, kommen die Tatbestände der Anfechtung gem. §§ 133 bis 135 als Gläubigeranfechtung gem. §§ 3, 4 und 6 AnfG auch außerhalb eines Insolvenzverfahrens zum Tragen. Die Anfechtungsvoraussetzungen der §§ 133 bis 135, 145, 322 sind mit denen der §§ 3 bis 6, 15 Abs. 1, 2 AnfG identisch, sodass die Ergebnisse der Rspr. und Rechtslehre weitestgehend übernommen werden können.

4a Ist ein Anfechtungsgegner vor Eröffnung des Insolvenzverfahrens im Wege der Gläubigeranfechtung nach dem AnfG bereits in Anspruch genommen worden und hat diesen Anspruch erfüllt, scheidet in diesem Umfang nach Verfahrenseröffnung ein insolvenzanfechtungsrechtlicher Rückgewähranspruch (§ 143 Abs. 1) gegen ihn aus (BGH, ZInsO 2013, 78).

5 Nach Verfahrenseröffnung **geht** die **Insolvenzanfechtung** gem. der §§ 16 ff. AnfG der Einzelgläubigeranfechtung **vor**; aus dem Einzelgläubigeranspruch wird ein Aktivanspruch der Insolvenzmasse (HK-Kreft § 129 Rn. 89). Ein rechtshängiges Verfahren über den Rückgewähranspruch eines Gläubigers wird durch die Eröffnung des Insolvenzverfahrens unterbrochen und kann von dem Insolvenzverwalter – bzw. bei Eröffnung als Verbraucherinsolvenzverfahren von dem Insolvenzgläubiger (BGH, ZInsO 2010, 230) – aufgenommen werden (§ 17 Abs. 1 AnfG). Dies gilt auch dann, wenn die Klage zugleich auf andere Anspruchsgründe, z. B. aus unerlaubter Handlung, gestützt wird (BGHZ 143, 246, 250 = ZInsO 2000, 117). Hat ein Insolvenzgläubiger bereits vor Eröffnung des Insolvenzverfahrens in einem Anfechtungsprozess ein rechtskräftiges obsiegendes Urteil erwirkt, aber noch nicht vollstreckt, steht die Weiterverfolgung des Anspruches dem Insolvenzverwalter zu (RGZ 32, 101, 104). Nach Erteilung einer auf ihn umzuschreibenden Vollstreckungsklausel gem. § 727 ZPO (Zöller/Stöber § 727 ZPO Rn. 18) kann er die Rückgewähr zur Masse erzwingen. Lautet der Titel auf Duldung der Zwangsvollstreckung in einen bestimmten Gegenstand, muss die Klausel umgeschrieben werden auf Herausgabe an den Verwalter (Uhlenbruck-Hirte § 129 Rn. 21). Sofern dem Gläubiger, der das Urteil erstritten hatte, seine Kosten nicht vom Gegner erstattet wurden, hat er einen **Kostenerstattungsanspruch** aus dem zur Masse Zurückgewährten. Gem. § 16 Abs. 2 AnfG gilt § 130 entsprechend, wenn der Gläubiger aus dem Zurückgewährten eine Sicherung oder Befriedigung erlangt. Die Rechtskraft eines abweisenden Urteils wirkt sich gem. § 325 Abs. 1 ZPO ggü. einer Anfechtungsklage des Insolvenzverwalters nicht nachteilig aus (Uhlenbruck-Hirte § 129 Rn. 21).

6 Der Insolvenzverwalter oder Sachwalter wird Träger des Anfechtungsrechtes; im Verbraucherinsolvenzverfahren geht das Anfechtungsrecht gem. § 313 Abs. 2 (analog) auf die Insolvenzgläubiger über (BGH, ZInsO 2010, 230), welche den Treuhänder i. S. d. § 313 in analoger Anwendung von § 313 Abs. 2 Satz 3 beauftragen können (BGH a. a. O.). Absonderungsberechtigte können nach dem AnfG Rechtshandlungen anfechten, soweit diese ihr Absonderungsrecht beeinträchtigen oder in der Entstehung hindern (BGHZ 109, 240, 249).

Nach Beendigung des Insolvenzverfahrens fällt das Anfechtungsrecht gem. § 18 AnfG an die einzelnen Gläubiger zurück.

II. §§ 119 ff., 2078 f. BGB, § 246 AktG

Anders als die Anfechtung nach BGB wirkt die Insolvenzanfechtung nicht rechtsgestaltend (vgl. Rdn. 2), sondern lässt die angefochtene Rechtshandlung in ihrem Bestand unberührt und bewirkt lediglich, dass aus ihr keine Rechte zum Nachteil der Masse verwirklicht werden können bzw. dass nach Maßgabe des § 143 zurückzugewähren ist. Eine Nichtigkeit der vorgenommenen Rechtshandlung kann die insolvenzrechtliche Anfechtung nicht begründen (BGH, ZInsO 2010, 2399). Anders als die Anfechtung nach BGB bedarf die Insolvenzanfechtung keiner besonderen Erklärung (vgl. § 143 Rdn. 2). 7

Nach § 80 Abs. 1 kann der Insolvenzverwalter auch ein dem Schuldner zustehendes BGB-Anfechtungsrecht ausüben. Gleiches gilt für die gesellschaftsrechtliche Anfechtung von Beschlüssen (§ 246 AktG, ggf. analog).

Die Geltendmachung einer Anfechtung nach den Vorschriften des BGB und AktG steht der Zulässigkeit der Insolvenzanfechtung nicht entgegen.

C. Abgrenzung zu §§ 134, 138 BGB

Die §§ 129 ff. sind **keine Verbotsgesetze** i. S. v. § 134 BGB, die Anfechtbarkeit einer Rechtshandlung begründet auch hier allein nicht deren Nichtigkeit (BGH, ZIP 1996, 1475). § 134 BGB findet nur dann Anwendung, wenn über den zur Anfechtung erforderlichen Sachverhalt hinaus weitere Umstände vorliegen, die zusammen mit diesem Sachverhalt oder bereits für sich genommen einen Verstoß gegen ein Verbotsgesetz darstellen. 8

Die §§ 129 ff. sind in ihrem Anwendungsbereich **leges speciales** ggü. § 138 BGB. Ein anfechtbares Rechtsgeschäft ist nicht ohne Weiteres sittenwidrig. Treten bei einem Rechtsgeschäft jedoch zu den Anfechtungsvoraussetzungen weitere Umstände hinzu, die das Rechtsgeschäft insgesamt als sittenwidrig erscheinen lassen (Gesamtabwägung, auch die Anfechtbarkeit begründende Elemente dürfen berücksichtigt werden), ist es nach § 138 Abs. 1 BGB nichtig. Nichtigkeit wird nicht allein dadurch ausgelöst, dass die übertragenen Rechtsgüter nahezu das ganze Schuldnervermögen ausmachen (BGHZ 138, 291, 300 = ZInsO 1998, 89); anders ist zu entscheiden, wenn beide Vertragsteile bei der Rechtshandlung mit der Schädigung anderer Gläubiger gerechnet haben. Kennt der begünstigte Gläubiger die Umstände, die den Schluss auf einen bevorstehenden wirtschaftlichen Zusammenbruch des Schuldners aufdrängen, so handelt er schon dann sittenwidrig, wenn er sich über diese Erkenntnis mindestens grob fahrlässig hinwegsetzt (OLG Brandenburg, ZInsO 2005, 43). 9

D. Abgrenzung zu § 88

Sicherungen zugunsten einzelner Gläubiger, die im letzten Monat vor dem Eröffnungsantrag im Wege der Zwangsvollstreckung erlangt und noch nicht verwertet wurden, werden nach § 88 mit Verfahrenseröffnung ipso iure unwirksam, weshalb es in einem solchen Fall der Anfechtung grds. nicht bedarf. Ausgeschlossen ist sie jedoch nicht (vgl. § 129 Rdn. 13). Zu beachten ist, dass § 88 nicht eingreift, wenn der Gläubiger im Wege der Zwangsvollstreckung bereits eine Befriedigung seiner Forderung erlangt hat. Dann bleibt es bei der alleinigen Anwendbarkeit der Anfechtungsvorschriften. 10

E. Abgrenzung zu § 96 Abs. 1 Nr. 3

Gem. § 96 Abs. 1 Nr. 3 ist eine Aufrechnung – ebenso eine Verrechnung (BGH, ZInsO 2008, 801) – unzulässig, wenn ein Insolvenzgläubiger die Möglichkeit der Aufrechnung durch eine anfechtbare Rechtshandlung erlangt hat. Da die Aufrechnung keine Wirkung entfaltet, kann der Insolvenzverwalter unmittelbar den ursprünglichen Leistungsanspruch des Schuldners geltend machen (vgl. § 129 Rdn. 7) und ist nicht auf den Rückgewähranspruch aus § 143 verwiesen. Grds. findet in solchen Fällen eine Anfechtung nicht statt (BGH, ZInsO 2008, 913). 11

F. Anfechtung außerhalb des Regelinsolvenzverfahrens

I. Eröffnungsverfahren

12 Da der Rückgewähranspruch nicht vor Verfahrenseröffnung entsteht, kommt eine Anfechtung während des Insolvenzeröffnungsverfahrens nicht in Betracht (vgl. § 143 Rdn. 4).

II. Eigenverwaltung

13 Bei der Eigenverwaltung wird das Anfechtungsrecht gem. § 280 vom Sachwalter ausgeübt.

III. Insolvenzplanverfahren

14 Im Insolvenzplanverfahren wird das Anfechtungsrecht vom Insolvenzverwalter ausgeübt, sofern nicht gleichzeitig Eigenverwaltung angeordnet ist (vgl. Rdn. 13).

Gem. § 259 Abs. 3 kann der Insolvenzverwalter, soweit dies im gestaltenden Teil des Insolvenzplanes vorgesehen ist, einen anhängigen Anfechtungsrechtsstreit auch nach Aufhebung des Verfahrens fortführen (vgl. § 144 Rdn. 25).

IV. Verbraucherinsolvenzverfahren

15 In Verbraucherinsolvenzverfahren, die aufgrund nach dem 30. Juni 2014 gestellter Anträge eröffnet werden, übt der Insolvenzverwalter das Anfechtungsrecht aus. In den auf vorherige Anträge eröffneten Verbraucherinsolvenzverfahren wird das Anfechtungsrecht gem. § 313 Abs. 2 durch die Gläubiger nach den Regeln der §§ 129 ff. (nicht AnfG) ausgeübt. Gem. § 313 Abs. 2 Satz 3 (a. F.) kann in diesen »Alt-Fällen« die Gläubigerversammlung jedoch auch einen einzelnen Gläubiger oder den Treuhänder mit der Anfechtung beauftragen. Dies hat durch Beschluss der Gläubigerversammlung zu erfolgen (BGH, ZInsO 2007, 938). Die Kostentragung richtet sich nach § 313 Abs. 2 Satz 2 bzw. 4.

V. Nachlassinsolvenz/Insolvenzverfahren über das Gesamtgut fortgesetzter Gütergemeinschaft

16 Dem Insolvenzschuldner entspricht im Nachlassinsolvenzverfahren der Erbe (LG Berlin, ZInsO 2004, 626). Rechtshandlungen des Erblassers bis zu seinem Tod gelten als Rechtshandlungen des Erben. Allerdings können auch spätere von oder ggü. den Erben bis zur Verfahrenseröffnung vorgenommene Rechtshandlungen anfechtungsrechtlich bedeutsam werden. Außer den §§ 130 bis 135 kommen die besonderen Anfechtungsbestimmungen der §§ 322, 328 in Betracht. So können gem. § 322 **Rechtshandlungen der Erben** angefochten werden, soweit sie die im Zeitpunkt des Erbfalles bestehende Rechtslage durch die Erfüllung bestimmter nachrangiger Verbindlichkeiten aus dem Nachlass zum Nachteil der Insolvenzgläubiger verändert haben. Soweit § 131 in Abs. 1 Nr. 3 **Benachteiligungsabsicht** voraussetzt, kommt es für die Zeit nach dem Erbfall auf den Erben und dessen Kenntnis an (Uhlenbruck-Hirte § 129 Rn. 44). Bei Ausschlagung der Erbschaft ist der vorläufige Erbe maßgeblich, soweit er die Rechtshandlung vorgenommen hat (BGH, NJW 1969, 1349). Handlungen des Nachlasspflegers oder -verwalters oder des Testamentsvollstreckers können ebenso anfechtbar sein, wie solche der Erben (MK-Kirchhof vor §§ 129 bis 147 Rn. 100).

17 Entsprechendes gilt für die Insolvenz des Gesamtgutes einer **fortgesetzten Gütergemeinschaft** (§ 332 Abs. 1).

VI. Insolvenz von Instituten i. S. v. § 1 KWG

18 Gegen Kreditinstitute i. S. v. § 1 KWG kann der Antrag auf Eröffnung des Insolvenzverfahrens über deren Vermögen nur von der Bundesanstalt für Finanzdienstleistungsaufsicht gestellt werden (§ 46b Satz 4 KWG).

Die Fristen für die Anfechtung nach §§ 130 ff. richten sich allerdings nicht erst nach diesem Antrag, sondern beginnen bereits mit dem Erlass von Maßnahmen nach § 46c KWG durch das Bundesaufsichtsamt zu laufen. Grund hierfür ist das Vollstreckungsverbot, das § 46a Abs. 1 Satz 4 KWG an derartige Anordnungen knüpft. Nach § 46a Abs. 1 Satz 2 KWG gestattete Abwicklungsgeschäfte bewirken keine objektive Gläubigerbenachteiligung und sind daher nicht anfechtbar (MK-Kirchhof vor §§ 129 bis 147 Rn. 106).

G. Insolvenzen mit Auslandsbezug

Einen besonderen internationalen Gerichtsstand für Anfechtungsklagen des Insolvenzverwalters im Eröffnungsstaat gibt es nicht, vielmehr folgt die internationale der örtlichen Zuständigkeit (BGH, ZInsO 2003, 707). 19

I. Grenzüberschreitende Verfahren innerhalb der Mitgliedstaaten der EU

Bei grenzüberschreitenden Verfahren innerhalb der Mitgliedstaaten der EU sind die EuInsVO und Art. 102 EGInsO zu beachten. Zu Art. 102 EGInsO vgl. die dortige Kommentierung. 20

Gem. Art. 4 Abs. 1 EuInsVO gilt, soweit die VO nichts anderes regelt, für das Insolvenzverfahren und seine Wirkungen das **Insolvenzrecht des Mitgliedstaates**, in dem das Verfahren eröffnet wird (dies richtet sich nach Art. 3 EuInsVO). Gem. Art. 4 Abs. 2 Buchst. m EuInsVO regelt das Recht des Staates der Verfahrenseröffnung, welche Rechtshandlungen anfechtbar sind. Demnach gelten die §§ 129 ff., wenn das Insolvenzverfahren in Deutschland eröffnet wird, auch hinsichtl. solcher Rückgewähransprüche, die in einem anderen Mitgliedstaat der EU geltend gemacht werden müssen. Eingeschränkt wird die Anfechtungsmöglichkeit jedoch durch Art. 13 EuInsVO. Danach gilt das Insolvenzanfechtungsrecht des Eröffnungsstaates nicht, wenn die durch eine die Gläubiger benachteiligende Rechtshandlung begünstigte Person nachweist (sie trägt hierfür also die Beweislast), dass für die Rechtshandlung das Recht eines anderen Mitgliedstaates als des Staates der Verfahrenseröffnung maßgeblich ist (Wirkungsstatut, nach allgemeinem IPR zu bestimmen) und dass in diesem Fall die fragliche Handlung in keiner Weise nach diesem Recht angreifbar ist. Auf diese Weise soll das schutzwürdige Vertrauen des Anfechtungsgegners auf den Bestand seines Erwerbs Berücksichtigung finden.

Hinsichtlich der Befugnisse des in dem Hauptinsolvenzverfahren bestellten Insolvenzverwalters vgl. Art. 18 Abs. 1 EuInsVO, hinsichtl. der des Insolvenzverwalters im Sekundärinsolvenzverfahren (Art. 27 ff. EuInsVO) vgl. Art. 18 Abs. 2 EuInsVO. Dieser ist gem. Abs. 2 Satz 2 auch zur Erhebung von Anfechtungsklagen berechtigt (Bierbach, ZIP 2008, 2203).

Hinsichtlich der Zuständigkeit bei prozessualer Durchsetzung der Anfechtung hat der EuGH (ZInsO 2009, 493) entschieden, dass die Gerichte des Mitgliedstaats, in dessen Gebiet das Insolvenzverfahren eröffnet worden ist, für eine Insolvenzanfechtungsklage auch dann zuständig sind, wenn der Anfechtungsgegner seinen Sitz in einem anderen Mitgliedstaat hat. In solchen Fällen der europarechtlich internationalen Zuständigkeit liegt die nationale örtliche Zuständigkeit des Prozessgerichts am Ort des Insolvenzgerichts (BGH, ZInsO 2009, 1270). Die Gerichte des Mitgliedstaates, in dessen Gebiet das Insolvenzverfahren eröffnet worden ist, sind auch dann in diesem Sinne zuständig, wenn der Anfechtungsgegner seinen Gerichtsstand nicht in einem Mitgliedstaat hat (EuGH, ZInsO 2014, 192).

Der zeitliche Geltungsbereich der EuInsVO richtet sich nach Art. 43 EuInsVO. Danach ist die EuInsVO anwendbar auf alle Verfahren, die nach dem 31.05.2002 eröffnet wurden. Für Rechtshandlungen des Schuldners, die dieser vor dem 01.06.2002 vorgenommen hat, gilt jedoch weiterhin das Recht, das für die Rechtshandlung anwendbar war, als sie vorgenommen wurde.

II. Grenzüberschreitende Verfahren mit Bezug zu Nicht-EU-Staaten

Gem. § 335 gilt, soweit nichts anderes bestimmt ist, für das Insolvenzverfahren und seine Wirkungen das Insolvenzrecht des Staates, in dem das Verfahren eröffnet wird. Die Insolvenzanfechtung in derartigen Verfahren ist speziell in § 339 geregelt. Danach gilt grds. das Insolvenzanfechtungsrecht 21 des Eröffnungsstaates, es sei denn, dass die durch die gläubigerbenachteiligende Rechtshandlung begünstigte Person nachweist, dass für die Rechtshandlung das Recht eines anderen Staates als des Staates der Verfahrenseröffnung maßgeblich ist und dass in diesem Fall die fragliche Handlung in keiner Weise nach diesem Recht angreifbar ist (§ 339).

Hinsichtlich der örtlichen Zuständigkeit bei prozessualer Durchsetzung der Anfechtung hat der EuGH (ZInsO 2014, 192) entschieden, dass die Gerichte des Mitgliedstaates, in dessen Gebiet das Insolvenzverfahren eröffnet worden ist, auch dann zuständig sind, wenn der Anfechtungsgegner seinen Gerichtsstand außerhalb der Mitgliedstaaten hat; hinsichtlich der nationalen örtlichen Zuständigkeit des Prozessgerichts wird man auf die durch den BGH (ZInsO 2009, 1270) aufgestellten Grundsätze in entsprechender Anwendung zurückgreifen können.

H. Übergangsregelung (Art. 106 EGInsO)

22 Ob das Anfechtungsrecht der KO oder das der InsO auf Rechtshandlungen Anwendung findet, die **vor dem 01.01.1999** vorgenommen worden sind, richtet sich nach Art. 106 EGInsO.

Eine Ausnahme bildet § 41 KO, der durch die Verjährungsfrist des § 146 ersetzt wurde. Gegen eine Anwendung des Art. 106 EGInsO auf dieses Vorschriftenpaar spricht insb., dass – wie das BVerfG in strafrechtlich gelagerten Fällen wiederholt entschieden hat (statt aller BVerfG, NJW 2000, 1554) – Verjährungs- und ähnliche Fristen nicht zu denjenigen Normen zählen, für die aus verfassungsrechtlichen Gründen in besonderem Maße Vertrauensschutz zu gewähren ist. Demgemäß hat der BGH entschieden, dass Rückgewähransprüche auch dann der Verjährung des § 146 InsO unterliegen, wenn die anfechtbare Rechtshandlung bereits vor 1999 erfolgt, das Insolvenzverfahren aber erst auf nach dem 31.12.1998 gestellten Antrag hin eröffnet worden ist (BGH, ZInsO 2007, 31).

23 Zu beachten ist, dass Art. 106 EGInsO nur solche Verfahren betrifft, auf die grds. die InsO Anwendung findet, d. h. Verfahren, deren Eröffnung nach Inkrafttreten der InsO beantragt wurde (Art. 103 EGInsO).

24 Da es sich bei Art. 106 EGInsO um eine Ausnahmevorschrift zu Art. 104 InsO handelt, trägt die **Beweislast** für das Vorliegen der tatsächlichen Voraussetzungen des Art. 106 EGInsO der Anfechtungsgegner (BK-Breutigam § 129 Rn. 39).

I. Übersicht über die einzelnen Anfechtungstatbestände

25

I.	Tatbestand				
1.	Allgemeine Anfechtungsvoraussetzungen:				
	Rechtshandlung i. S. d. § 129: Tun/Unterlassen				
	Vor Verfahrenseröffnung vorgenommene (Ausn.: § 147) Gläubigerbenachteiligung				
2.	Besondere Anfechtungsvoraussetzungen:				
Norm	Rechtshandlung	Zeitraum u. objektive Voraussetzungen	Subjektive Voraussetzungen beim Schuldner	Subjektive Voraussetzungen beim Anfechtungsgegner	Beweislast
§ 130 Abs. 1 Satz 1 Nr. 1	Kongruente Sicherung o. Befriedigung	In den letzten 3 Monaten vor Antragstellung, Zahlungsunfähigkeit Ausn.: § 137	–	Kenntnis von Zahlungsunfähigkeit bzw. § 130 Abs. 2	Grds. InsVerw. Ausnahme: Beweislastumkehr für nahe stehende Personen gem. §§ 130 Abs. 3, 138

§	Rechtshandlung	Zeitpunkt	Vorsatz	Kenntnis	Beweislast
§ 130 Abs. 1 Satz 1 Nr. 2	Kongruente Sicherung o. Befriedigung	Nach Antragstellung, Zahlungsunfähigkeit (bei 1., 1. Alt.) Ausn.: § 137	–	Kenntnis von Antragstellung oder Zahlungsunfähigkeit bzw. § 130 Abs. 2	Grds. InsVerw. Ausn.: Beweislastumkehr für nahe stehende Personen gem. §§ 130 Abs. 3, 138
§ 131 Abs. 1 Nr. 1	Inkongruente Sicherung o. Befriedigung	Im letzten Monat vor Antragstellung oder nach Antragstellung	–	–	InsVerw.
§ 131 Abs. 1 Nr. 2	Inkongruente Sicherung o. Befriedigung	Im zweiten oder dritten Monat vor Antragstellung, Zahlungsunfähigkeit	–	–	InsVerw.
§ 131 Abs. 1 Nr. 3	Inkongruente Sicherung o. Befriedigung	Im zweiten oder dritten Monat vor Antragstellung, Zahlungsunfähigkeit	–	Kenntnis von Gläubigerbenachteiligung bzw. § 131 Abs. 2 Satz 1	Grds. InsVerw. Ausn.: Beweislastumkehr für nahe stehende Personen gem. §§ 131 Abs. 2 Satz 2, 138
§ 132 Abs. 1 Nr. 1	Unmittelbar benachteiligende Rechtshandlung, ggf. gem. Abs. 2	In den letzten 3 Monaten vor Antragstellung, Zahlungsunfähigkeit	–	Kenntnis von Zahlungsunfähigkeit bzw. §§ 132 Abs. 3, 130 Abs. 2	Grds. InsVerw. Ausnahme: Beweislastumkehr für nahe stehende Personen gem. §§ 132 Abs. 3, 130 Abs. 3, 138
§ 132 Abs. 1 Nr. 2	Unmittelbar benachteiligende Rechtshandlung, ggf. gem. Abs. 2	Nach Antragstellung, Zahlungsunfähigkeit oder Antragstellung	–	Kenntnis von Zahlungsunfähigkeit oder Antragstellung bzw. §§ 132 Abs. 3, 130 Abs. 2	Grds. InsVerw. Ausnahme: Beweislastumkehr für nahe stehende Personen gem. §§ 132 Abs. 3, 130 Abs. 3, 138
§ 133 Abs. 1	Vorsätzliche Benachteiligung	In den letzten 10 Jahren vor Antragstellung oder nach Antragstellung	Gläubigerbenachteiligungsvorsatz	Kenntnis vom Gläubigerbenachteiligungsvorsatz des Schuldners	Grds. InsVerw. Ausn.: Beweislastumkehr hinsichtl. der Kenntnis nach § 133 Abs. 1 Satz 1, wenn Insolvenzverwalter die Voraussetzungen des § 133 Abs. 1 Satz 2 nachweist

Vorbem. zu §§ 129 ff. InsO

§ 133 Abs. 2	Unmittelbar benachteiligender entgeltlicher Vertrag mit nahe stehender Person	In den letzten 2 Jahren vor Antragstellung	Gesetzliche Vermutung des Gläubiger-benachteiligungs-vorsatzes	Kenntnis vom Gläubigerbenach-teiligungsvorsatz des Schuldners wird gesetzlich vermutet	Grds. InsVerw.; Anfechtungs-gegner muss beweisen, dass Vertragsschluss früher als 2 Jahre vor Antrag-stellung erfolgte bzw. dass kein Gläubigerbe-nachteiligungs-vorsatz bzw. keine Kenntnis davon vorlag
§ 134	Unentgeltliche Leistung	In den letzten 4 Jahren vor Antragstellung Ausn.: Abs. 2: Gelegenheits-geschenke	–	–	Grds. InsVerw.; Anfechtungs-gegner muss beweisen, dass Zuwendung früher als 4 Jahre vor Antragstel-lung erfolgte
§ 135 Abs. 1 Nr. 1	Sicherungs-gewährung für Rückgewähr-forderung aus Darlehen eines Gesellschafters i. S. d. § 39 Abs. 1 Nr. 5 oder gleichgestellte Forderung	In den letzten 10 Jahren vor Antragstellung oder nach Antragstellung	–	–	InsVerw.
§ 135 Abs. 1 Nr. 2	Befriedigungs-gewährung für Rückgewähr-forderung aus Darlehen eines Gesellschafters i. S. d. § 39 Abs. 1 Nr. 5 oder gleichgestellte Forderung	Im letzten Jahr vor Antragstel-lung oder nach Antragstellung	–	–	InsVerw.
§ 135 Abs. 2	Befriedigungs-gewährung einer Gesellschaft bzgl. Darlehen oder gleichgestellter Forderungen Dritter, wenn Gesellschafter sich für diese verbürgt oder selbst Sicherheit gestellt hatte	Im letzten Jahr vor Antragstel-lung oder nach Antragstellung	–	–	InsVerw.

| § 136 | Einlagenrückgewähr oder Verlusterlass ggü. stillem Gesellschafter | Im letzten Jahr vor Antragstellung oder nach Antragstellung Ausn.: Abs. 2: Eröffnungsgrund erst nach Vereinbarung eingetreten | – | – | InsVerw. |

3.	Keine Einreden/Einwendungen (insb. §§ 142, 146)
II.	Rechtsfolgen
1.	Rückgewähr des aus dem schuldnerischen Vermögen Weggegebenen (§ 143)
2.	Wiederaufleben der Forderung des Anfechtungsgegners bei Rückgewähr des anfechtbar Empfangenen (§ 144 Abs. 1)
3.	Rückgewähr der Gegenleistung des Anfechtungsgegners (§ 144 Abs. 2)

J. Schnellübersicht

Übersicht: Besondere praxisrelevante Fallkonstellationen 26

Fallkonstellation	Fundstelle Kommentar
Anfechtung von Handlungen des vorläufigen Insolvenzverwalters	§ 129 Rdn. 20 f., 113, § 130 Rdn. 50, § 132 Rdn. 8, § 142 Rdn. 19
Anfechtung von Lohnzahlungen	§ 130 Rdn. 22a, § 143 Rdn. 110
Einräumung/Übertragung von Bezugsrechten an Lebensversicherungen	§ 134 Rdn. 11, § 140 Rdn. 5, § 143 Rdn. 10, § 146 Rdn. 13
Für erledigt erklärte/zurückgenommene Eröffnungsanträge	§ 139 Rdn. 13
Honoraransprüche bei gescheiterten Sanierungsversuchen	§ 129 Rdn. 101 ff. § 132 Rdn. 11, § 142 Rdn. 22
Kontokorrentverrechnungen	§ 129 Rdn. 85, § 130 Rdn. 41 ff., § 131 Rdn. 33, § 142 Rdn. 3b, 16
Nachträgliche Veränderung des Schuldverhältnisses	§ 130 Rdn. 6 § 131 Rdn. 3, 20 § 133 Rdn. 21
Mittelbare Zuwendungen aus dem schuldnerischen Vermögen	§ 129 Rdn. 29 ff., 56, 115, § 130 Rdn. 35, 45, § 133 Rdn. 2, 19 § 134 Rdn. 6, 9 ff., § 140 Rdn. 16, § 143 Rdn. 7e, 10, 87b § 144 Rdn. 9
Scheingewinne/Schneeballsystem	§ 134 Rdn. 19a
Sicherung/Befriedigung im Wege der Zwangsvollstreckung	§ 129 Rdn. 19, 26, § 131 Rdn. 11 ff., 26 ff., § 133 Rdn. 6 f., 35, § 140 Rdn. 17, § 141 Rdn. 6, § 143 Rdn. 33, 46
(Voraus-)abtretungen (insb. Globalzession)	§ 129 Rdn. 58, 65c, 87, 93 ff. § 130 Rdn. 40, § 131 Rdn. 22a, § 133 Rdn. 5, § 140 Rdn. 14 f., 35, § 142 Rdn. 19, § 143 Rdn. 22 f., 97
Voraus-(ver-)pfändungen von Forderungen	§ 129 Rdn. 65d, 92, 115, § 130 Rdn. 39, § 131 Rdn. 17, 22 ff., § 140 Rdn. 12 f., 17, § 143 Rdn. 32, 46
Zahlungen auf angedrohte/bereits gestellte Eröffnungsanträge	§ 131 Rdn. 14, § 133 Rdn. 36, § 143 Rdn. 102

§ 129 InsO Grundsatz

- Zahlungen im Lastschriftverfahren § 129 Rdn. 5b, 59, 84, § 130 Rdn. 42, 47, § 133 Rdn. 2 § 140 Rdn. 10, § 142 Rdn. 15a
- Zahlungen an Sozialversicherungsträger § 129 Rdn. 56 § 130 Rdn. 21 § 133 Rdn. 21, 26, 29 § 143 Rdn. 7a

§ 129 Grundsatz

(1) Rechtshandlungen, die vor der Eröffnung des Insolvenzverfahrens vorgenommen worden sind und die Insolvenzgläubiger benachteiligen, kann der Insolvenzverwalter nach Maßgabe der §§ 130 bis 146 anfechten.

(2) Eine Unterlassung steht einer Rechtshandlung gleich.

Übersicht

	Rdn.			Rdn.
A. Norminhalt	1		a) Unmittelbar	73
I. Rechtshandlungen	2		b) Mittelbar	78
1. Begriff	3	5.	Besonders praxisrelevante Einzelfälle der Gläubigerbenachteiligung	80
a) Positives Tun	4		a) Vertragsklauseln speziell für den Insolvenzfall	80
aa) Allgemeines	4			
bb) Willenserklärung	5		b) Erfüllung	82
cc) Rechtsgeschäftsähnliche Handlungen	9		c) Besitzübertragung	86
dd) Realakte	10		d) Kreditsicherheiten	87
ee) Prozesshandlungen	11		aa) Allgemeines	87
ff) Unwirksame Rechtshandlungen	12		bb) Sachsicherheiten	96
			cc) Forderungsabtretung	98
b) Unterlassungen	15		dd) Grundpfandrechte	99
2. Handelnder	18		e) Treuhandverhältnisse	100
3. Mittelbare Zuwendungen	29		f) Sanierungsmaßnahmen	101
4. Zeitpunkt	36		g) Gesellschaftsrechtliche Benachteiligungen	106
II. Gläubigerbenachteiligung	37		h) Schnellübersicht	110
1. Allgemeines	37	III.	Kausalität	111
2. Verkürzung des Schuldnervermögens	40	B.	Verfahrensfragen	115
3. Beeinträchtigung des Gläubigerzugriffs	60	I.	Prüfung jeder einzelnen Rechtshandlung	115
4. Arten der Gläubigerbenachteiligung	72	II.	Darlegungs- und Beweislast	118

A. Norminhalt

1 § 129 regelt diejenigen Voraussetzungen, die in jedem Fall für eine erfolgreiche Anfechtung erfüllt sein müssen.

I. Rechtshandlungen

2 Voraussetzung jeder Insolvenzanfechtung ist das Vorliegen einer Rechtshandlung (zur – insoweit gleichgestellten – Unterlassung [Abs. 2] vgl. Rdn. 15). Einzelne Anfechtungstatbestände enthalten Einschränkungen hinsichtl. der Art der Rechtshandlung (z. B. § 133 Abs. 2) oder der Person des Handelnden (z. B. § 133 Abs. 1).

1. Begriff

3 Eine Rechtshandlung im Sinne der Vorschrift ist jedes von einem Willen getragene Handeln, das rechtliche Wirkungen auslöst und das schuldnerische Vermögen zum Nachteil der Gläubiger verändern kann (BGH, ZInsO 2012, 241). Der Begriff ist bewusst weit gefasst, um jede rechtlich erhebliche Handlung erfassen zu können (BGH a. a. O.). Erfasst sind sowohl positives Tun als auch

Unterlassungen (Abs. 2). Die bloße Erfüllung rechtsfolgenauslösender gesetzlicher Tatbestandsmerkmale – sei diese auch u. a. durch Rechtshandlungen verursacht – reicht demgegenüber nicht aus (BFH, ZInsO 2009, 159 zur umsatzsteuerrelevanten Uneinbringlichkeit von Entgelten).

Mehrere Rechtshandlungen sind anfechtungsrechtlich stets auch dann jeweils selbstständig zu betrachten, wenn sie gleichzeitig vorgenommen (§ 140) worden sind und/oder sich wirtschaftlich ergänzen (BGH, ZInsO 2010, 711).

a) Positives Tun

aa) Allgemeines

Rechtshandlungen sind zunächst **Willenserklärungen** als Bestandteile von Rechtsgeschäften aller Art, ferner **rechtsgeschäftsähnliche Handlungen** (BGH, WM 1975, 1182), d. h. auf einen tatsächlichen Erfolg gerichtete Erklärungen, deren Rechtsfolgen kraft Gesetzes eintreten (Palandt-Ellenberger, BGB, Überbl. v. § 104 Rn. 6), z. B. Mahnungen. Erfasst sind des Weiteren Realakte, soweit sie rechtliche Wirkungen entfalten wie Verbindung, Vermischung, Verarbeitung (§§ 946 ff. BGB) oder Verwendungen auf eine Sache. **Nicht erfasst** sind rein tatsächlich wirkende Maßnahmen. 4

Das Erfordernis, jede Handlung selbstständig auf ihre Anfechtbarkeit zu prüfen, gilt auch für die Anfechtung von Grund- und Erfüllungsgeschäft (vgl. Rdn. 116). Auch **mehrseitige Rechtsgeschäfte**, wie der Abschluss und die Änderung von Gesellschaftsverträgen oder die von Gesellschaftsorganen einschließlich der Hauptversammlung gefassten **Beschlüsse**, kommen als anfechtbare Rechtshandlungen in Betracht.

bb) Willenserklärung

Erfasst sind vor allem **verpflichtende und verfügende Rechtsgeschäfte** jeder Art, d. h. Rechtshandlungen, die aus einer oder mehreren Willenserklärungen bestehen, die allein oder i. V. m. anderen Tatbestandsmerkmalen Rechtsfolgen herbeiführen, weil sie gewollt sind (Palandt-Ellenberger, BGB, Überbl. v. § 104 Rn. 2). 5

Neben expliziten Willenserklärungen sind grds. auch **stillschweigende Willenserklärungen** – solche durch schlüssiges Verhalten oder bloßes Schweigen mit Erklärungswirkung (vgl. zur Differenzierung: Palandt-Ellenberger Einf. v. § 116 Rn. 6 ff.) – als Rechtshandlungen i. S. d. Abs. 1 zu verstehen. Bei der konkludenten Willenserklärung – bspw. der Inanspruchnahme einer entgeltlich angebotenen Leistung – liegt die anzufechtende Rechtshandlung i. S. d. Abs. 1 eben in der an die Stelle der Willenserklärung tretenden Rechtshandlung, welche den Schluss auf einen bestimmten Rechtsfolgewillen zulässt. 5a

Da bloßes **Schweigen** i. d. R. keine Willenserklärung ist, muss für das Vorliegen einer Rechtshandlung, dem Schweigen objektiv Erklärungswert zukommen, so z. B. bei ausdrücklicher gesetzlicher Anordnung (Schweigen als Genehmigung/Annahme in § 455 BGB, §§ 362 Abs. 1, 377 Abs. 2 HGB) oder vertraglicher Vereinbarung (bspw. Bedingungen der Banken/Sparkassen für Zahlungen mittels Lastschrift im Einzugsermächtigungsverfahren, vormals Nr. 7 Abs. 3 AGB-Banken bzw. Nr. 7 Abs. 4 AGB-Sparkassen). Es handelt sich hierbei um sog. **fingierte Willenserklärungen**, da das Schweigen in seinen gewollten Rechtswirkungen einer expliziten Willenserklärung gleichsteht (Palandt-Ellenberger a. a. O.). Bei diesen Fällen der stillschweigenden Willenserklärung handelt es sich trotz des Umstandes, dass der Erklärungswert gerade im Unterlassen einer expliziten Willenserklärung liegt, um Rechtshandlungen i. S. d. Abs. 1 (so auch OLG Karlsruhe, ZIP 2007, 286), **nicht** um **Unterlassungen** i. S. d. Abs. 2 (vgl. Rdn. 15; zu den unterschiedlichen Rechtsfolgen vgl. § 143 Rn. 44). Wenn bei der gebotenen weiten Auslegung des Begriffs Rechtshandlung stillschweigende Willenserklärungen ausgenommen würden, wäre den in der Praxis vorkommenden vertraglichen Gestaltungsformen und den einschlägigen Vorschriften im Hinblick auf einen effektiven Gläubigerschutz nicht genügend Rechnung getragen. 5b

6   Grds. kann auch die Vereinbarung eines vor Verfahrenseröffnung erarbeiteten **Sozialplans** eine anfechtbare Rechtshandlung darstellen. Für einen innerhalb der letzten 3 Monate vor dem Eröffnungsantrag aufgestellten Sozialplan besteht neben dem Widerruf gem. § 124 Abs. 1 die Möglichkeit einer Anfechtung gem. §§ 130 bis 132. § 124 Abs. 3 Satz 1 schließt die Rückforderung von an Arbeitnehmer aufgrund eines widerrufenen Sozialplans erbrachter Leistungen lediglich »wegen des Widerrufs« aus, die Möglichkeit einer Anfechtung sollte dadurch nicht ausgeschlossen werden (Begr. RegE zu § 124, BT-Drucks. 12/2443 S. 155). Eine Anfechtung ist daher auch bei einem früher als 3 Monate vor Antragstellung aufgestellten Sozialplan möglich, wenn also ein Widerruf gem. § 124 Abs. 1 nicht mehr in Betracht kommt.

7   § 96 Abs. 1 Nr. 3 erklärt eine **Aufrechnung** für unzulässig, wenn ein Insolvenzgläubiger die Möglichkeit der Aufrechnung – oder Verrechnung (BGH, ZInsO 2008, 801) – durch eine anfechtbare Rechtshandlung erlangt hat, wenn also die Aufrechnungslage in anfechtbarer Weise hergestellt worden ist. Die anfechtbare Rechtshandlung kann dabei auch von einem Dritten vorgenommen worden sein (OLG Köln, NZI 2001, 475). Maßgeblicher Zeitpunkt für die Frage der Anfechtbarkeit der Herstellung der Aufrechnungslage ist allein die Aufrechnungslage, d. h. der Zeitpunkt der erstmaligen Aufrechnungsmöglichkeit, nicht maßgeblich ist der Zeitpunkt der Aufrechnungserklärung. Dieser wird im Hinblick auf § 140 ermittelt (BGH, ZInsO 2008, 801). Da in den Fällen des § 96 Abs. 1 Nr. 3 eine Tilgungswirkung von vornherein nicht eintritt (BGH, ZInsO 2008, 913), bedarf es einer Anfechtung der vor Verfahrenseröffnung erklärten Aufrechnung nicht mehr (BGH, ZInsO 2008, 801). Der Insolvenzverwalter kann den Anspruch der Insolvenzmasse gegen den Gläubiger durchsetzen (BGH, ZInsO 2012, 1429). Eine Aufrechnungserklärung nach Verfahrenseröffnung hat keine Wirkung. Dem Wortlaut nach erfasst § 96 Abs. 1 Nr. 3 zwar nur den Fall, dass ein Insolvenzgläubiger des Schuldners die Aufrechnungslage erlangt hat, indem er in der Krise des Schuldners zu dessen Schuldner wurde; der Gesetzgeber wollte jedoch die Aufrechnung unabhängig davon ausschließen, ob der Aufrechnende zuerst Gläubiger oder Schuldner war (Begr. RegE zu § 108, BT-Drucks. 12/2443 S. 141), sodass § 96 Abs. 1 Nr. 3 auch dann eingreift, wenn der Aufrechnende erst durch die anfechtbare Handlung zum Gläubiger wird (vgl. auch Rdn. 85).

Auch eine **Kontosperre**, mit der eine spätere Verrechnung erst ermöglicht werden soll, ist eine Rechtshandlung i. S. d. §§ 129 ff. (BGH, ZInsO 2004, 342; vgl. § 130 Rdn. 44).

8   Die Annahme oder **Ausschlagung** einer dem Schuldner vor oder nach Eröffnung des Insolvenzverfahrens angefallenen **Erbschaft** steht gem. § 83 Abs. 1 Satz 1 nur dem Schuldner zu. Aus dieser alleinigen persönlichen Entscheidungsmacht des Schuldners folgt, dass eine Anfechtung der Ausschlagung der Erbschaft selbst dann nicht in Betracht kommt, wenn sie mit Gläubigerbenachteiligungsvorsatz erfolgte (BGHZ 160, 1 = ZInsO 2006, 635). Gleiches gilt für das **Vermächtnis**. Ebenfalls unanfechtbar sind der **Erbverzicht** gem. §§ 2346 ff. BGB (BGH a. a. O.) sowie der (teilweise) Verzicht auf einen bereits angefallenen **Pflichtteil** vor Eintritt der Pfändungsvoraussetzungen des § 852 ZPO (BGH a. a. O.) oder die einvernehmliche Aufhebung eines den Schuldner begünstigenden Erbvertrages (BGH, ZInsO 2013, 243). Gleiches gilt gem. § 83 Abs. 1 Satz 2 für die Ablehnung der **fortgesetzten Gütergemeinschaft**.

cc) Rechtsgeschäftsähnliche Handlungen

9   Rechtsgeschäftsähnliche Handlungen z. B. Mahnungen, Mängelrügen gem. § 377 HGB, Abtretungsanzeigen gem. § 409 BGB, Verjährungseinredeverzichtserklärungen (OLG Dresden, ZIP 2010, 747), die Aufgabe einer handelsrechtlichen Firma (OLG Düsseldorf, ZIP 1989, 457) oder die Zustimmung eines Gesellschafters zur Einziehung seines Gesellschaftsanteiles gem. § 34 Abs. 2 GmbHG, können ebenfalls anfechtbar sein (BGH, WM 1975, 1182).

dd) Realakte

10 Auch Realakte können anfechtbar sein, z. B. Herstellung eines Werkes, die Übertragung oder die Ergreifung des Besitzes, die Einbringung gem. §§ 562, 647 BGB, der Eigentumserwerb gem.

§§ 946 ff. BGB einschließlich einer Verarbeitungsklausel (MK-Kirchhof § 129 Rn. 22), die Dienstleistungserbringung oder die Verwendung auf fremde Sachen. Rechtshandlungen i. d. S. sind auch die Einstellung eines Gewerbebetriebes durch den Schuldner, um dadurch einer ihm nahe stehenden Person die faktische Fortführung des Betriebes zu ermöglichen (BGH, ZIP 1996, 637), oder das Verheimlichen von pfändbaren Gegenständen, um dem Begünstigten den Zugriff auf diese zu ermöglichen (BGH, WM 1965, 14). Gleiches gilt für die Benachrichtigung eines Gläubigers von einer bevorstehenden Zwangsvollstreckung durch einen Dritten bei gleichzeitiger Aufforderung, diesem Dritten zuvorzukommen.

ee) Prozesshandlungen

Prozesshandlungen können ebenfalls anfechtbar sein, z. B. Verzicht oder Anerkenntnis gem. §§ 306 ff. ZPO, die Rücknahme einer Klage (§ 269 ZPO), eines Rechtsmittels (§ 515 ZPO) oder eines Insolvenzantrages (KPB-Ehricke § 129 Rn. 41), ferner das Erwirken eines Vollstreckungstitels (OLG Stuttgart, ZIP 1994, 722), die Aufnahme einer vollstreckbaren Urkunde (RGZ 126, 304, 307), ein Geständnis i. S. v. § 288 ZPO, der Antrag auf Eintragung im Grundbuch sowie Parteihandlungen zur Einleitung oder Durchführung des Zwangsvollstreckungsverfahrens oder Arrestvollzugs. Die Rechtskraft einer gerichtlichen Entscheidung steht der Anfechtung einer prozessualen Rechtshandlung gem. § 141 nicht entgegen (vgl. dort). 11

ff) Unwirksame Rechtshandlungen

Zum Verhältnis zwischen §§ 134, 138 BGB und §§ 129 ff. vgl. vor §§ 129 ff. Rdn. 8 ff. Nichtige und unwirksame Rechtshandlungen sind anfechtbar, wenn trotz der Nichtigkeit/Unwirksamkeit eine **Gläubigerbenachteiligung** vorliegt. Dies ist dann der Fall, wenn die nichtige bzw. unwirksame Rechtshandlung, etwa durch Veränderung der formellen Rechtslage (z. B. Grundbucheintragungen, Abtretungsurkunden oder Besitzübergang), zu einer Erschwerung oder Gefährdung des Gläubigerzugriffes (etwa durch die Möglichkeit des gutgläubigen Erwerbes) geführt hat (BGHZ 141, 96, 105 f. = ZInsO 1999, 286). Anfechtbar sein kann z. B. der wegen der Rückschlagsperre gem. § 88 unwirksame Erwerb, das Scheingeschäft gem. § 117 BGB, das gem. §§ 119 ff. BGB angefochtene Rechtsgeschäft oder das Geschäft eines nicht voll Geschäftsfähigen oder eines Geschäftsunfähigen. Auch schwebend unwirksame Rechtshandlungen können bereits angefochten werden (BGH, WM 1958, 1417). 12

Die Anfechtung nach §§ 21 Abs. 2 Nr. 2, 24, 81, 82, 88 unwirksamer Rechtshandlungen ist i. d. R. nicht erforderlich, kann aber dann geboten sein, wenn der Nachweis der Unwirksamkeit Schwierigkeiten bereitet. 13

Die Anfechtung einer nichtigen/unwirksamen Rechtshandlung kann **im Wege der Klagehäufung**, z. B. durch Haupt- und Hilfsantrag, neben der Nichtigkeit geltend gemacht werden (BGH, ZIP 1996, 1516). Wird zunächst nur der Rückgewähranspruch aus Insolvenzanfechtung oder der sich aufgrund der Nichtigkeit ergebende Anspruch geltend gemacht, stellt der Übergang vom einen zum anderen Anspruch eine an §§ 263 ff. ZPO zu messende Klageänderung dar. 14

b) Unterlassungen

Unterlassungen stehen gem. Abs. 2 Rechtshandlungen gleich und sind somit anfechtbar, wenn in einer Situation, die naheliegenderweise rechtliche Konsequenzen auslöst, bewusst keine Veranlassungen getroffen werden (BGH, ZInsO 2006, 140). 15

Die Unterlassung muss **wissentlich** und **willentlich** erfolgen und für die Gläubigerbenachteiligung ursächlich sein, um anfechtungsrechtlich beachtlich zu sein (BGH, ZInsO 2011, 574). Nötig ist insoweit das Bewusstsein, dass die Unterlassung Rechtsfolgen auslöst (BGH a. a. O.). Irrtümer bei der Willensbildung schließen die Anfechtbarkeit jedoch nicht aus. Die Vorstellungen des Schuldners müssen sich auch nicht auf eine konkrete Rechtsfolge beziehen oder rechtlich zutreffend sein (BGH, ZInsO 2014, 293). Eine spezielle Handlungspflicht ist nicht erforderlich.

Grds. sind Unterlassungen nach allen Anfechtungsvorschriften anfechtbar, Einschränkungen erfährt diese Regel in §§ 132 Abs. 1, 133 Abs. 2 (vgl. dort).

16 **Anfechtbare materiell-rechtliche Unterlassungen** sind z. B. die Nichterhebung bestehender Einreden und Einwendungen wie z. B. der Verjährungseinrede, der Mängelrüge oder des Wechselprotests sowie die Nichtinanspruchnahme Dritter bei deren Haftung (OLG Brandenburg, ZInsO 2009, 330), die nicht erfolgte Anfechtung gem. §§ 119 ff. BGB und die unterlassene Kündigung eines Girovertrages, die der Bank die Möglichkeit erhält, an einem noch aufzubauenden Guthaben ein Pfandrecht zu erwerben (BGH, ZIP 1996, 2080).

16a Unterlässt der Schuldner einen ihm möglichen Erwerb, so ist dieses Unterlassen hingegen nicht anfechtbar, da es nicht zu einer Minderung des Schuldnervermögens führt, sondern lediglich dessen Mehrung verhindert. Daher ist auch der Nichteinsatz der Arbeitskraft des Schuldners nicht anfechtbar (BGH, ZInsO 2008, 801).

17 Anfechtbare **Unterlassungen auf prozessualem Gebiet** sind vor allem die Unterlassung von nicht von vornherein aussichtslosen Rechtsbehelfen (BGH, ZInsO 2011, 574 (Unterlassen des Widerspruchs gegen einen Mahnbescheid oder Arrestbefehl, des Einspruches gegen ein Versäumnisurteil oder einen Vollstreckungsbescheid, die Ermöglichung eines Versäumnisurteils) oder das unterlassene oder verspätete Vorbringen bzw. Erheben von Sachvortrag oder Einreden (BGHZ 162, 143 = BGH, ZInsO 2005, 260). Zu den Rechtsfolgen eines derartigen Unterlassens vgl. § 143 Rdn. 45.

2. Handelnder

18 Soweit nichts anderes bestimmt ist (Einschränkungen in §§ 132 Abs. 1, 2, 133 Abs. 1 Satz 1, Abs. 2, 134 Abs. 1, 142), muss die Rechtshandlung nicht vom Schuldner vorgenommen worden sein. Handelnder kann auch ein anderer, z. B. ein Gläubiger, sein. Eine Rechtshandlung des Schuldners liegt auch dann vor, wenn dieser lediglich an dieser beteiligt ist, sie also nicht allein ausführt (BGHZ 155, 75, 79 = ZInsO 2003, 764). Daher ist eine Vollstreckungshandlung eines Gläubigers zugleich eine Rechtshandlung des Schuldners, wenn dieser die Voraussetzungen für die Vollstreckungshandlung mitschafft, indem er z. B. pfändbare Gegenstände einzelnen Gläubigern vorenthält, um sie für den Zugriff eines anderen Gläubigers bereit zu halten. Auch **Verfügungen** eines Schuldners gemeinsam mit einem Mitberechtigten können anfechtbar sein (BGH, ZIP 1992, 124).

19 Leistet der Schuldner zur **Abwendung der angedrohten Zwangsvollstreckung,** liegt lediglich u. U. eine Handlung des Schuldners vor (BGHZ 162, 143 = BGH ZInsO 2005, 260).

20 Erfüllungshandlungen, denen ein **vorläufiger Insolvenzverwalter mit Zustimmungsvorbehalt** zugestimmt oder welche er genehmigt hat, soweit nicht ausnahmsweise der vorläufige Insolvenzverwalter durch sein Handeln bei dem Empfänger einen schutzwürdigen Vertrauenstatbestand geschaffen hat und dieser infolgedessen nach Treu und Glauben (§ 242 BGB) damit rechnen durfte, ein nicht mehr entziehbares Recht errungen zu haben, stellen Handlungen des Schuldners, nicht des vorläufigen Insolvenzverwalters dar und sind somit grundsätzlich anfechtbar (BGH, ZInsO 2014, 598 m. w. N.; BAG, ZInsO 2005, 388; vgl. § 130 Rdn. 50).

20a Hat das Insolvenzgericht im Rahmen eines »Eigenverwaltungs-Eröffnungsverfahrens« (§§ 270 oder 270b) und unter Bestellung eines **vorläufigen Sachwalters** eine Anordnung nach § 270b Abs. 3 getroffen oder eine Einzelermächtigung (vgl. dazu § 270a Rdn. 34) ausgesprochen und wird durch den Schuldner in Erfüllung diesbezüglicher Verbindlichkeiten geleistet, scheidet eine Anfechtbarkeit der Erfüllungshandlung aus; in allen anderen Fällen ist eine Anfechtbarkeit grundsätzlich gegeben.

21 Ist dem Schuldner ein **allgemeines Verfügungsverbot** gem. §§ 21 Abs. 2 Nr. 2, 22 Abs. 1 auferlegt worden, entspricht die Rechtsstellung des vorläufigen Insolvenzverwalters weitgehend derjenigen des Insolvenzverwalters im eröffneten Verfahren, da die von ihm begründeten Verbindlichkeiten gem. § 55 Abs. 2 nach Verfahrenseröffnung als Masseverbindlichkeiten gelten. Dessen Rechtshandlungen sind demnach einer Anfechtung entzogen, soweit diese solche Masseverbindlichkeiten

begründet haben (BGH, ZInsO 2014, 598). Gleiches gilt, wenn ein vorläufiger Insolvenzverwalter, auf den nicht die allgemeine Verwaltungs- und Verfügungsbefugnis übergegangen ist, in Ausführung einer gerichtlichen Einzelermächtigung zur Begründung von Masseverbindlichkeiten handelt (BGH a. a. O.). Anfechtbar bleibt allerdings stets die Erfüllung oder Sicherung von Gläubigerforderungen, die nach Verfahrenseröffnung nur Insolvenzforderungen darstellen würden (BGH a. a. O.; a. A. Jaeger-Gerhardt § 22 Rn. 229).

Rechtshandlungen des **Insolvenzverwalters** sind nicht – wie es § 129 grds. verlangt (Ausnahme § 147) – vor Verfahrenseröffnung vorgenommen worden und selbst bei späterer Masselosigkeit oder -unzulänglichkeit unanfechtbar (MK-Kirchhof § 129 Rn. 42). Gegen die teilweise erwogene (vgl. hierzu Pape, ZIP 2001, 901, 902; Uhlenbruck-Hirte § 129 Rn. 10) analoge Anwendung spricht, dass der Gesetzgeber eine entsprechende Anwendung der Anfechtungsvorschriften trotz Diskussionen zu dieser Frage schon unter Geltung der KO nicht vorgesehen hatte (BT-Drucks. 12/2443 S. 219; BT-Drucks. 12/7302 S. 180). Ferner würde das Vertrauen in die Rechtshandlung von Insolvenzverwaltern untergraben, wenn die insoweit Betroffenen mit der (anschließenden) Anfechtung rechnen müssten; für fehlerhafte Maßnahmen kann der Verwalter nach §§ 60, 61 haften. Eindeutig insolvenzzweckwidrige Handlungen können nach allg. Regeln nichtig sein. 22

Rechtshandlungen eines **Vertreters** mit Vertretungsmacht werden dem Vertretenen (Schuldner oder sonstigen Beteiligten) gem. §§ 164, 166 Abs. 1 BGB zugerechnet. Gleiches gilt nach einer Genehmigung gem. §§ 177, 180 BGB für Handlungen eines Vertreters ohne Vertretungsmacht, allerdings gilt hier die Rückwirkungsfiktion des § 184 BGB nicht, d. h. das Handeln des Vertretenen wird erst nach der Genehmigung zugerechnet (BGH, WM 1978, 1237) 23

Rechtshandlungen eines **Rechtsvorgängers** des Schuldners sind in der Insolvenz des Schuldners grds. **nicht anfechtbar** (Ausnahme in § 331). Wurde das Rechtsgeschäft eines Einzelkaufmannes von einer KG übernommen, so unterliegen im Insolvenzverfahren über deren Vermögen Rechtshandlungen des Einzelkaufmannes nicht der Anfechtung (MK-Kirchhof vor §§ 129 bis 147 ff. Rn. 103). Erlischt jedoch eine Gesellschaft durch eine **Verschmelzung** mehrerer Gesellschaften, bei der der Rechtsvorgänger durch den Rechtsnachfolger übernommen wird, oder werden alle Gesellschaftsanteile einer **Personenhandelsgesellschaft** von einer Kapitalgesellschaft **übernommen**, so kann in einer späteren Insolvenz dieser Gesellschaft der Verwalter auch Rechtshandlungen der erloschenen Gesellschaft anfechten, soweit noch nicht befriedigte Gläubiger dieser Gesellschaft existieren. Die auf diese Weise in die Masse gelangenden Vermögenswerte sind in Form einer »Sondermasse« auf diese Gläubiger zu verteilen (BGHZ 71, 296, 304). Gleiches gilt, wenn ein Einzelkaufmann das Vermögen einer Personenhandelsgesellschaft mit allen Aktiva und Passiva übernimmt (MK-Kirchhof a. a. O.). 24

Selbstständige Verwalter fremden Vermögens, z. B. **Testamentsvollstrecker**, handeln anfechtungsrechtlich für dieses. 25

Auch Rechtshandlungen eines **Gläubigers** (oder dessen Vertreters), wie z. B. Zwangsvollstreckungen oder Arrestvollziehungen, sind anfechtbar. Gläubigerhandlungen sind grds. nur nach §§ 130 bis 132 anfechtbar, soweit nicht der Schuldner mitgewirkt hat (vgl. Rdn. 18). Die Anfechtbarkeit der Rechtshandlung des Gläubigers entfällt nicht deshalb, weil sie sich auf einen Titel stützt (§ 141). Zur Geltendmachung bzw. Verwertung von unanfechtbar entstandenen Absonderungsrechten vor oder nach Verfahrenseröffnung vgl. Rdn. 93. 26

Eine Gläubigerbenachteiligung scheidet rgm. aus, wenn die Befriedigung eines Gläubigers aus Mitteln, die nicht zum pfändbaren Vermögen des Schuldners gehören, erfolgt (BGH, ZInsO 2008, 1200; vgl. aber Rdn. 41). Sofern ein **Dritter** Verbindlichkeiten des Schuldners auf dessen Anweisung hin ggü. Gläubigern befriedigt, ohne selbst Schuldner des Schuldners zu sein, kommt eine Gläubigerbenachteiligung grds. nicht in Betracht (BGH a. a. O.). Demnach scheidet eine Gläubigerbenachteiligung bspw. aus, wenn nicht persönlich haftende Gesellschafter Verbindlichkeiten der Gesellschaft ggü. Gläubigern tilgen, sofern die Gesellschafter durch die Tilgung nicht gleichzeitig eigene Verbindlichkeiten ggü. der Gesellschaft erfüllt haben. Demgegenüber ist für den Fall, dass 27 der persönlich unbeschränkt haftende Gesellschafter Verbindlichkeiten der Gesellschaft tilgt, eine Gläubigerbenachteiligung anzunehmen, weil hierdurch eigene haftungsrechtliche Verbindlichkeiten getilgt werden (BGH, ZIP 2008, 2224).

Auch ist Gläubigerbenachteiligung in solchen Fallkonstellationen zu bejahen, in denen der Dritte durch die auf Anweisung des Schuldners erfolgende Gläubigerbefriedigung eine eigene Verbindlichkeit ggü. dem Schuldner tilgt (BGH, ZIP 2008, 2224).

28 Rechtshandlungen von **uneigennützig mitwirkenden Behörden** (z. B. Grundbuchamt) oder eines Vollstreckungsorgans gelten als solche des Veranlassers; dessen Handlung ist maßgeblich. Vollstreckungshandlungen verwaltungseigener Vollziehungsbeauftragter werden der veranlassenden Behörde zugerechnet. Stellt ein Notar für Beteiligte grundbuch- oder registerliche Eintragungsanträge oder ergreift er sonstige betreuende Maßnahmen für sie, so ist er insoweit als ihr Stellvertreter zu behandeln (BGHZ 123, 1, 3 f.), die reine Beurkundungstätigkeit ist hingegen uneigennützig.

3. Mittelbare Zuwendungen

29 Anfechtbar sind nach st. Rspr. des BGH auch **mittelbare Zuwendungen**, d. h. Rechtshandlungen, bei denen eine unmittelbare Leistung an den Empfänger, die ohne Weiteres anfechtbar wäre, durch Einschaltung eines Leistungsmittlers umgangen wird (BGH, ZInsO 2009, 2061). Hierzu gehören insb. die Fälle, in denen der Schuldner Bestandteile seines Vermögens mithilfe einer Mittelsperson, die ihm ggü. zur Leistung verpflichtet ist, an einen Dritten verschiebt, ohne mit diesem in unmittelbare Rechtsbeziehungen zu treten (BGH, ZInsO 2011, 782). Im Rahmen der Deckungsanfechtung (§§ 130, 131) ist das gesamte Rechtsverhältnis so zu betrachten, als habe der Schuldner von der Mittelsperson und der Dritte unmittelbar vom Schuldner erworben (BGH, ZInsO 2012, 924), da wirtschaftlich letztendlich das Vermögen des Schuldners zugunsten dieses Dritten vermindert wird. Trotz Mithilfe der Mittelsperson (z. B. eines eingeschalteten Treuhänders, vgl. Rdn. 30) gilt die Rechtshandlung als solche des Schuldners auch i. S. d. § 133. **Eine Gutgläubigkeit** der eingeschalteten Mittelsperson steht der Anfechtbarkeit **nicht entgegen** (BGHZ 38, 44, 46). Für den Dritten muss allerdings erkennbar gewesen sein, dass es sich um eine Leistung des Schuldners gehandelt hat (BGH, ZInsO 2008, 1202). Die Absicht zumindest des Schuldners muss darauf gerichtet sein, den Vermögenswert letztendlich gerade dem Dritten zuzuwenden; dass dies nur zufällig geschieht, genügt nicht. An dieser Voraussetzung fehlt es häufig, wenn der Schuldner eine eigene Verbindlichkeit tilgt, was gleichzeitig dazu führt, dass Mitverpflichtete aus ihrer Haftung entlassen werden.

30 Zu den mittelbaren Zuwendungen zählen **Gesamtvorgänge**, bei denen der Schuldner zunächst eine in seinem Vermögen befindliche Rechtsposition auf die Mittelsperson überträgt, die diese auf den Dritten weiter überträgt. Typische Anwendungsfälle hierfür sind Übertragungen von Vermögensgegenständen unter Zwischenerwerb eines Treuhänders mit zeitlicher Verzögerung auf den von Anfang an beabsichtigten Empfänger (hier kommt dann unter Umständen auch eine Vorsatzanfechtung [§ 133 Abs. 1] gegenüber dem Treuhänder in Betracht, vgl. Rdn. 35) oder die einvernehmliche Aufhebung eines zwischen Schuldner und Mittelsperson geschlossenen, für ersteren günstigen Vertrages, wenn der Schuldner die Mittelsperson dazu veranlasst, einen neuen Vertrag zu gleichartigen Bedingungen alsbald mit ihm nahestehenden Dritten abzuschließen (BGH, ZIP 1992, 124).

31 Ein **direkter anfechtungsrechtlicher Durchgriff** vom Schuldner auf den Leistungsempfänger ist aber auch dann gerechtfertigt, wenn eine Zwischenperson auf Veranlassung des Schuldners durch eine **einheitliche Rechtshandlung** gleichzeitig sowohl das Schuldnervermögen mindert als auch das Vermögen des Dritten mehrt, wobei für Letzteren erkennbar ist, dass er wirtschaftlich eine Leistung des Auftraggebers erhält (BGH, ZIP 2008, 650). Typisch sind hier die **Anweisungsfälle** (vgl. Rdn. 83), wenn also z. B. der Schuldner seinen Drittschuldner anweist, die Schuld ggü. einem Gläubiger des Schuldners zu erbringen (BGH, ZInsO 2008, 1200). In solchen Fällen können Rückgewähransprüche gegen den Angewiesenen und gegen den Zuwendungsempfänger nebeneinander bestehen; die Anfechtungsgegner haften dann u. U. als Gesamtschuldner (BGH, ZIP 2008, 650).

Entsprechendes gilt auch im umgekehrten Fall, wenn also der Gläubiger den späteren Insolvenzschuldner anweist, eine Leistung nicht direkt an sich, den Gläubiger, sondern an eine Zwischenperson zu erbringen. Die Leistung des späteren Insolvenzschuldners gilt dann als Leistung direkt an den Gläubiger, wenn dieser durch sie einen Erstattungsanspruch gegen die Zwischenperson erlangt oder durch sie eine Schuld des Gläubigers ggü. der Zwischenperson getilgt wird (BGHZ 128, 196).

Auch der Abschluss eines **Vertrages zugunsten Dritter** (§ 328 Abs. 1 BGB) gehört grds. hierher. Der Insolvenzverwalter des Versprechensempfängers kann deshalb ggf. ggü. dem Leistungsempfänger anfechten, derjenige des Versprechenden ggü. dem Versprechensempfänger (MK-Kirchhof § 129 Rn. 52). Wird dem Dritten das Bezugsrecht aus einer **Lebensversicherung** innerhalb eines anfechtungsrechtlich relevanten Zeitraumes unwiderruflich nachträglich eingeräumt, kommt eine Anfechtung ebenfalls in Betracht (zur bereits anfänglichen [widerruflichen] Einräumung eines Bezugsrechtes vgl. BGHZ 156, 350 = ZInsO 2003, 1096; NR-Nerlich § 134 Rn. 31 ff.). Der anfechtungsrechtliche Anspruch richtet sich dann auf Rückgewähr der Versicherungssumme, nicht lediglich der vom Schuldner geleisteten Prämien. Überträgt der Arbeitgeber innerhalb des anfechtungsrechtlich relevanten Zeitraumes seine Rechte als Versicherungsnehmer aus einer **Direktversicherung** auf den versicherten Arbeitnehmer, so bewirkt dies eine Gläubigerbenachteiligung, wenn dem Arbeitnehmer noch keine unverfallbare Anwartschaft i. S. d. Gesetzes zur Verbesserung der betrieblichen Altersversorgung zustand (BAG, ZInsO 2004, 284). Regelmäßig richtet sich die Anfechtung nach § 134; vgl. dort Rdn. 11. Zum Umfang des Rückgewähranspruches vgl. § 143 Rdn. 10. 32

Eine mittelbare Zuwendung kann auch vorliegen, ohne dass dem Schuldner gegen die Mittelsperson bereits ein Anspruch auf diejenige Leistung zustand, die in das Vermögen des begünstigten Dritten geflossen ist, z. B. wenn der spätere Insolvenzschuldner nach Eintritt seiner Zahlungsunfähigkeit durch Aufwendung eigener Mittel seiner Ehefrau zum Erwerb eines Grundstückes verhilft. Die Zahlungen des späteren Insolvenzschuldners an den Grundstücksverkäufer stellen dann mittelbare Zuwendungen an die **Ehefrau** dar (BGH, WM 1955, 407). 33

Auf Übertragung des Erlangten geht der Rückgewähranspruch nur dann, wenn der Schuldner selbst einen Anspruch gerade auf dasjenige hatte, was anfechtbar in das Vermögen des Anfechtungsgegners gelangt ist; i. Ü. ist Wertersatz zu leisten. Da die Vermögensverschiebung rgm. bereits mit der Weggabe des schuldnerischen Vermögens an die **Mittelsperson** eintritt, muss diese Handlung die zeitlichen Voraussetzungen des geltend gemachten Anfechtungsgrundes erfüllen; dass die Mittelsperson innerhalb der entsprechenden Fristen den Anfechtungsgegner befriedigt hat, genügt nicht. Die Handlung der Mittelsperson kann auch nach Verfahrenseröffnung liegen, da ihr ggü. die §§ 80 ff., 89 nicht eingreifen. Tritt allerdings die Minderung des Schuldnervermögens ausnahmsweise erst zu einem späteren Zeitpunkt ein, so ist dieser maßgeblich. 34

Anfechtungsgegner ist im Rahmen der **Deckungsanfechtung** (§§ 130, 131) grds. der begünstigte Dritte. Hat neben dem Dritten auch die Mittelsperson einen eigenen Vorteil erlangt, also nicht lediglich als »Zahlungs- und Verrechnungsstelle« fungiert, so richtet sich der Rückgewähranspruch auch gegen diese; in allen anderen Fällen schließt die mögliche Anfechtbarkeit ggü. dem Dritten eine denkbare Anfechtung gem. § 132 ggü. der Zwischenperson aus (BGHZ 142, 284, 287). In Betracht kommt jedoch gegenüber dem Leistungsmittler die **Vorsatzanfechtung** (§ 133 Abs. 1) (BGH, ZInsO 2012, 924). Unter Umständen ist dieser gesamtschuldnerisch mit dem Leistungsempfänger zur Rückgewähr verpflichtet (BGH a. a. O.). 35

4. Zeitpunkt

Anfechtbar gem. §§ 129 ff. sind grds. nur **vor Eröffnung des Insolvenzverfahrens** vorgenommene Rechtshandlungen; nach Verfahrenseröffnung vorgenommene Rechtshandlungen sind i. d. R. bereits gem. §§ 81 Abs. 1 Satz 1, 89 unwirksam (vgl. dort). Gleiches gilt gem. § 91 Abs. 1 für vor Verfahrenseröffnung vorgenommene Rechtshandlungen, wenn sich der auf ihnen beruhende Erwerb ohne weitere Mitwirkung des Schuldners und ohne eine Zwangsvollstreckung des Insol- 36 venzgläubigers erst nach Verfahrenseröffnung vollendet. Ist allerdings unklar, ob die insolvenzrechtlichen Verfügungsbeschränkungen eingreifen, sollte – ähnlich der Anfechtung nichtiger Rechtshandlungen – hilfsweise das Abstellen auf die Anfechtungsnormen zulässig sein (MK-Kirchhof § 129 Rn. 74), vgl. Rdn. 12. Der Zeitpunkt, in dem eine Rechtshandlung als vorgenommen gilt, richtet sich nach § 140.

Rechtshandlungen, die **nach Verfahrenseröffnung** erfolgten, können ausnahmsweise gem. § 147 (vgl. dort Rdn. 1) anfechtbar sein, wenn sie zu einem Gutglaubenserwerb geführt haben.

Bezüglich des Zeitpunktes der Gläubigerbenachteiligung vgl. Rdn. 73, 78.

II. Gläubigerbenachteiligung

1. Allgemeines

37 Die für alle Anfechtungstatbestände erforderliche Gläubigerbenachteiligung liegt nach st. Rspr. des BGH vor, wenn die Rechtshandlung entweder die Schuldenmasse vermehrt oder die Aktivmasse verkürzt und dadurch den Zugriff auf das Schuldnervermögen vereitelt, erschwert oder verzögert hat (BGH, ZInsO 2012, 924 m. w. N.), sich also die **Befriedigungsmöglichkeiten der Insolvenzgläubiger ohne die Handlung** bei wirtschaftlicher Betrachtungsweise **günstiger** gestaltet hätten (BGH, ZInsO 2014, 195 m. w. N.). **Zweck der Insolvenzanfechtung** ist es demnach **nicht**, der Masse Vermögensvorteile zu verschaffen, die sie ohne die anfechtbare Rechtshandlung nicht erlangt hätte (BGHZ 86, 349). Die Gesamtheit der nicht nachrangigen Insolvenzgläubiger muss benachteiligt sein; eine Gläubigerbenachteiligung liegt daher nicht vor, wenn durch Befriedigung und/oder Besicherung nicht nachrangiger Gläubiger (§ 38) ausschließlich nachrangige Gläubiger (§ 39) benachteiligt werden, bspw. weil die Insolvenzmasse ausreicht, alle nicht nachrangigen Gläubiger zu befriedigen (BGH, ZInsO 2013, 609). Ob die benachteiligten Gläubiger als solche bereits bei Vornahme der Rechtshandlung vorhanden sind, ist für den objektiven Tatbestand unerheblich (BGH, ZInsO 2009, 1909). Ein objektiv nachteiliger Erfolg reicht aus. Der Eintritt der Gläubigerbenachteiligung ist isoliert auf die konkret in Bezug genommene Minderung des Aktivvermögens oder die Vermehrung der Passiva des Schuldners zu beurteilen (BGH, ZInsO 2009, 2149). Vorsatz des Schuldners hinsichtl. der Benachteiligung ist außer bei § 133 nicht erforderlich. Unerheblich ist, ob die Rechtshandlung vom Standpunkt des Schuldners als vorteilhaftes oder als unvorteilhaftes Geschäft erscheint, da die Anfechtung nicht den persönlichen Belangen des Schuldners, sondern ausschließlich der Mehrung der Insolvenzmasse im Interesse der Insolvenzgläubiger dient (BGH, KTS 1956, 190). Eine Benachteiligung nur einzelner Gläubiger genügt daher nicht, selbst wenn das Verhalten des Schuldners Schadensersatzansprüche des geschädigten Gläubigers nach § 826 BGB auslöst (Uhlenbruck-Hirte § 129 Rn. 108). Auch die Befriedigung von Massegläubigern i. S. v. § 53, z. B. durch Begleichung von Schulden, welche nach Verfahrenseröffnung als Masseverbindlichkeiten zu klassifizieren wären, begründet mangels Benachteiligung der Insolvenzgläubiger keine Anfechtbarkeit (BGH, ZIP 1998, 830).

38 Ein Vorteil für **einzelne** Insolvenzgläubiger schließt die Benachteiligung im insolvenzrechtlichen Sinne nicht aus; insb. sind die Insolvenzgläubiger im Allgemeinen auch dann benachteiligt, wenn einer von ihnen wegen einer berechtigten Insolvenzforderung volle Befriedigung oder eine Sicherheit erlangt, während für die anderen eine entsprechend geringere Quote verbleibt (BGH, ZIP 1991, 807).

Eine Gläubigerbenachteiligung kann auch bereits dann vorliegen, wenn das Vermögen des Schuldners aufgrund der Rechtshandlung in einer Handelsbilanz noch nicht als vermindert erschiene, z. B. wenn der Schuldner eine ihm gehörende Sache langfristig verleiht (BGH, ZIP 1988, 725).

39 Durch **Masseunzulänglichkeit** wird eine Gläubigerbenachteiligung und damit die Anfechtbarkeit nicht ausgeschlossen (BGH, ZInsO 2001, 904). Demgegenüber fehlt sie, wenn die Insolvenzmasse ausreicht, um alle Insolvenzgläubiger zu befriedigen. Eine Bereicherung des Anfechtungsgegners ist nicht erforderlich und allenfalls für die Rückgewährpflicht relevant.

2. Verkürzung des Schuldnervermögens

Die benachteiligende Rechtshandlung muss sich gerade auf Vermögensbestandteile beziehen, die im Vornahmezeitpunkt zum Schuldnervermögen gehört haben (BGH, ZInsO 2004, 856). Rechtshandlungen, die ausschließlich schuldnerfremdes Vermögen betreffen, bewirken keine Gläubigerbenachteiligung (BGH, ZInsO 2009, 828, vgl. aber Rdn. 54). Hierbei ist der Begriff des »Vermögens« nicht wörtlich zu verstehen; entscheidend ist, was den Gläubigern als Haftungssubstrat zugewiesen ist (KPB-Ehricke § 129 Rn. 69). Z. B. kann auch die **Wahl einer ungünstigen Steuerklasse** des Schuldners anfechtbar sein (BGH, ZInsO 2005, 1212 zu § 850 ZPO). 40

Ist der Schuldner Mitinhaber eines sog. »**Oder-Kontos**« und werden von diesem Konto Zahlungen vorgenommen, liegt ungeachtet der Mitberechtigung weiterer Kontoinhaber eine Gläubigerbenachteiligung vor (OLG Hamburg, ZIP 2008, 88). Unbeachtlich ist insoweit, ob und ggf. inwieweit dem Schuldner im Innenverhältnis der Mitinhaber das Kontoguthaben zustand (OLG Hamburg a. a. O.). Zahlungen, die der Schuldner aus **darlehensweise** in Anspruch genommenen Mitteln bewirkt, sind gläubigerbenachteiligend, selbst wenn dem Schuldner kein pfändbarer Anspruch auf Auszahlung der Darlehensvaluta zugestanden hat (BGH, ZInsO 2009, 2060) und die Darlehensmittel von dem Darlehensgeber ohne in das schuldnerische Vermögen gelangt zu sein direkt und entsprechend einer vereinbarten Zweckbindung zur Gläubigerbefriedigung verwendet werden (BGH, ZInsO 2012, 1425 m. w. N.; vgl. auch Rdn. 37). Zahlungen unter Ausnutzung einer **nicht ausgeschöpften Kreditlinie** sind stets gläubigerbenachteiligend, da der Anspruch auf Auszahlung der Kreditmittel i. H. d. eingeräumten Kreditlinie pfändbar und der Einzelzwangsvollstreckung unterworfen ist (BGH, ZInsO 2002, 276.). Dies gilt sogar dann, wenn der **Kredit zweckgebunden** gewährt worden ist, sofern sich aus der Zweckvereinbarung nicht eine bloß treuhänderische Verfügungsberechtigung des Schuldners ergibt (BGHZ 155, 75 = ZInsO 2003, 764). Zahlungen, die der Schuldner unter Inanspruchnahme einer lediglich **geduldeten Kontoüberziehung** leistet, wirken als mittelbare Zuwendung gläubigerbenachteiligend (BGH, ZInsO 2009, 2060). Dies gilt entgegen früherer Rspr. des BGH unabhängig davon, ob durch die Gewährleistung der Überziehungskreditlinie ein pfändbarer Anspruch gegen das Kreditinstitut entsteht oder durch die Inanspruchnahme Sicherheitenrückübertragungsansprüche aufgrund der Valutierung verloren gehen (BGH a. a. O.). Werden Zahlungen eines Schuldners von einem debitorisch geführten Konto auf ein anderes, bei demselben Kreditinstitut ebenfalls debitorisch geführten Konto des Schuldners gebucht, ist dies nur gläubigerbenachteiligend, wenn das Konto, dessen debitorischer Saldo verringert wurde, schlechter gesichert – Drittsicherheiten und Bürgschaften Dritter bleiben außer Betracht ist, als das Konto, dessen debitorischer Saldo erhöht wurde (BGH, ZIP 2008, 1695). 41

Auch **künftiges Vermögen** betreffende Rechtshandlungen können, da dieses gem. § 35 zur Insolvenzmasse gehört, anfechtbar sein. 41a

Ob die in anfechtungsrechtlich relevanter Weise erlangten Vermögensbestandteile des Schuldners zuvor durch diesen **durch Straftaten erlangt** worden sind, ist anfechtungsrechtlich irrelevant (OLG Hamm, ZInsO 2006, 717). 41b

Nicht erfasst sind Rechtshandlungen, die reine **Persönlichkeitsrechte des Schuldners** betreffen, da diese nicht Vermögensbestandteile sind. 42

Unanfechtbar sind danach Rechtshandlungen, die sich auf die **Arbeitskraft des Schuldners** beziehen, da die Gläubiger keinen Anspruch darauf haben, dass der Schuldner seine Arbeitskraft zu ihren Gunsten einsetzt (BGH, ZInsO 2008, 801). Manipuliert der Schuldner vor Verfahrenseröffnung jedoch sein Arbeitseinkommen, indem er seinen Arbeitgeber anweist, einen Teil seines Lohnes an einen Dritten zu zahlen, kommt eine Schenkungsanfechtung der (teilweise) unentgeltlichen Arbeitsleistung in Betracht. Der Insolvenzverwalter kann in derartigen Fällen alles zur Masse ziehen, was außerhalb des Insolvenzverfahrens dem Zugriff nach § 850h ZPO unterliegt; er kann also vom Arbeitgeber den pfändbaren Lohnanteil verlangen, und zwar auch noch in Bezug auf nach Verfahrenseröffnung entstehende Lohnansprüche (Uhlenbruck-Hirte § 129 Rn. 96). Arbeitet der Schuldner im Betrieb eines ihm Nahestehenden in einer Weise mit, die üblicherweise vergütet wird, ist die tatsächlich erbrachte unentgeltliche Dienstleistung gem. § 134 anfechtbar. Die Vorausabtretung künftiger Lohnforderungen bewirkt eine Gläubigerbenachteiligung insoweit, als der Schuldner (später) ein Arbeitsverhältnis eingeht, da durch die Arbeitsleistung die Abtretungswirkung ausgelöst wird.

Demgegenüber hat der **arbeitsvertragliche Anspruch** eines Schuldners auf Leistung seiner Arbeitnehmer einen – auch anfechtungsrechtlich relevanten – Vermögenswert, sodass durch die Inanspruchnahme solcher Leistungen eine Gläubigerbenachteiligung entstehen kann (BGH, ZInsO 2008, 801).

43 Die bloße **Aufgabe** einer **freiberuflichen Praxis** ist, da diese auf der persönlichen Arbeitskraft des Schuldners beruht, nicht anfechtbar (RGZ 70, 226, 228 f.). Demgegenüber kann die **Veräußerung der Praxis** anfechtbar sein. Soweit die Rückgewähr in Natur wegen der erforderlichen Zustimmung der Patienten bzw. Klienten und des Schuldners nicht möglich ist, ist Wertersatz zu leisten (MK-Kirchhof § 129 Rn. 93).

44 Unanfechtbar sind ferner **Änderungen des Personenstandes** des Schuldners, selbst wenn diese durch die Entstehung von Unterhaltsverpflichtungen mittelbar wirtschaftliche Benachteiligungen bewirken. Selbstständige Unterhaltsvereinbarungen sind hingegen anfechtbar. Während die Umwandlung des Güterstandes selbst nicht anfechtbar ist, kann die anschließende Auseinandersetzung der Zugewinngemeinschaft eine anfechtbare Rechtshandlung sein (BGHZ 57, 123, 126 ff.).

45 Die **Ausschlagung** einer **Erbschaft** oder eines **Vermächtnisses** bewirkt keine die Anfechtung rechtfertigende Gläubigerbenachteiligung (vgl. Rdn. 8). Gleiches gilt auch für den Erbverzicht, die einvernehmliche Aufhebung eines den Schuldner begünstigenden Erbvertrages (BGH, ZInsO 2013, 243) und weitere Fälle höchstpersönlichen Erwerbs sowie für den (teilweisen) Verzicht auf einen Pflichtteil vor Eintritt der Pfändungsvoraussetzungen des § 852 Abs. 1 ZPO (vgl. Rdn. 8). Dasselbe dürfte auch für die in § 852 Abs. 2 ZPO genannten Ansprüche des verarmten Schenkers gelten. Unterlässt es der Schuldner, eine (überschuldete) Erbschaft oder ein (überschuldetes) Vermächtnis auszuschlagen, belastet dies umgekehrt im Allgemeinen die Gläubigergesamtheit nicht; der Insolvenzverwalter kann die Insolvenzmasse gem. §§ 1975 ff., 2187 ff. BGB schützen, soweit der Schuldner nicht bereits unbeschränkt haftete (MK-Kirchhof § 129 Rn. 90).

46 Nicht anfechtbar ist auch das **Ausscheiden** des Schuldners aus einer **Gesellschaft**. Als anfechtbare Rechtshandlung kommt jedoch die gesellschaftsvertragliche Vereinbarung einer **Lösungsklausel** grds. in Betracht (BGH, ZInsO 2007, 213; vgl. hierzu auch Rdn. 107).

47 Urheberrechte sind gem. § 113 UrhG allein wegen ihres Nutzungswertes pfändbar. Diese Pfändung ist nur mit Einwilligung des Urhebers möglich, weshalb auch die Anfechtung der Einräumung oder Veränderung eines Urheberrechtes nur mit der Zustimmung des Urhebers anfechtbar ist. Rechtshandlungen der **Inhaber von Nutzungsrechten i. S. d. § 31 UrhG** können dagegen in der Insolvenz des Inhabers wie solche über Lizenzen (vgl. Rdn. 53) angefochten werden (MK-Kirchhof § 129 Rn. 98).

Rechtshandlungen bzgl. Konzessionsrechten unterliegen, soweit diese personenbezogen sind, wegen Höchstpersönlichkeit des Rechts ebenfalls nicht der Insolvenzanfechtung (Uhlenbruck-Hirte § 129 Rn. 101).

48 Von der Anfechtbarkeit nicht erfasst ist wegen § 36 rgm. das **unpfändbare Vermögen**. Die Pfändbarkeit richtet sich allein nach den gesetzlichen Bestimmungen (z. B. §§ 811, 811c, 812, 850 bis 850i, 851, 857 ZPO); vertragliche Regelungen sind unmaßgeblich, wenn die in ihr enthaltene Zweckbindung allein den Interessen des Dritten dient (BGH, DZWIR 2001, 460). Unanfechtbar ist z. B. der Verzicht des Schuldners auf ein dingliches Wohnrecht. **Entfällt die Unpfändbarkeit** nach Vornahme der Rechtshandlung, können die Gläubiger – mittelbar – benachteiligt sein. Dies gilt z. B. für Pflichtteilsansprüche, die zwar uneingeschränkt erst pfändbar sind, wenn sie anerkannt oder rechtshängig gemacht sind (§ 852 Abs. 1 ZPO), jedoch schon vorher als in ihrer Verwertbarkeit durch die Voraussetzungen des § 852 Abs. 1 ZPO aufschiebend bedingten Anspruch übertragen

und verpfändet werden können (§ 2317 Abs. 2 BGB). Die Abtretung eines Pflichtteilsanspruches ist daher bereits vor dessen Pfändbarkeit möglich (BGHZ 123, 183, 186 ff.).

Anfechtbar ist eine Rechtshandlung auch dann, wenn gerade durch sie erst die Unpfändbarkeit begründet wird (BGHZ 130, 314, 320). Ungeachtet ihrer grds. Unabtretbarkeit hat der BGH die Pfändbarkeit von Gebührenforderungen der **Steuerberater** bejaht (BGHZ 141, 173, 176 = ZInsO 1999, 280). Gleiches wird für die Honorarforderungen der **Rechtsanwälte und Notare** gelten müssen. 49

Nach herrschender Meinung (MK-Kirchhof § 129 Rn. 94 m.w.N.) ist die **Veräußerung eines kaufmännischen Unternehmens** als Ganzes, nicht allein der einzelnen übertragenen Bestandteile anfechtbar, wenngleich dieses nicht lediglich pfändbare Gegenstände, sondern darüber hinaus rein tatsächliche Werte, die gem. §§ 803 ff. ZPO nicht der Einzelzwangsvollstreckung unterliegen, enthält. Wie §§ 22 Abs. 2 Satz 2 Nr. 2, 36 Abs. 2 voraussetzen, gehören nämlich trotz § 36 Abs. 1 auch diese tatsächlichen Werte zur Insolvenzmasse, sodass ihre Weggabe die Gläubigergesamtheit benachteiligt (OLG Saarbrücken, ZInsO 2001, 132). 50

Auch die selbstständige Aufgabe einer **Firma** (§ 23 HGB) kann, soweit das unter ihr betriebene Unternehmen in die Insolvenzmasse fällt, gläubigerbenachteiligend wirken, wenn durch die Aufgabe die Unternehmensfortführung erschwert wird (OLG Düsseldorf, ZIP 1989, 457). 51

Nach § 29 Abs. 3 MarkenG unterliegen geschäftliche **Marken** dem Insolvenzbeschlag, sodass auch deren Aufgabe oder Veräußerung gläubigerbenachteiligend wirken kann. 52

Immaterialgüterrechte, z.B. Patente (BGHZ 125, 334, 337), Geschmacks- und Gebrauchsmuster sowie ausschließliche Lizenzen des Schuldners sind nicht höchstpersönlich, weshalb auf sie bezogene Rechtshandlungen anfechtbar sein können. Bei einfachen Lizenzen gehören die durch sie begründeten schuldrechtlichen Ansprüche ebenfalls zum insolvenzrechtlich geschützten Vermögen (RGZ 134, 91, 95 ff.). 53

Soweit die Rechtshandlung des Schuldners Gegenstände betrifft, die nicht zu seinem, sondern zu **fremdem Vermögen** gehören, hängt es von den Umständen ab, ob dennoch eine Gläubigerbenachteiligung vorliegt. 54

Bei Ausgleich von Verbindlichkeiten des (späteren) Insolvenzschuldners durch Dritte ist nach Rspr. des BGH (zuletzt ZInsO 2012, 1425 m.w.N.) hinsichtlich der Gläubigerbenachteiligung zwischen der Anweisung auf Schuld und der Anweisung auf Kredit zu unterscheiden. Bei der – gläubigerbenachteiligenden – Anweisung auf Schuld tilgt der Angewiesene mit der Zahlung an den Empfänger eine eigene gegenüber dem Anweisenden bestehende Verbindlichkeit, während bei der – nicht gläubigerbe-nachteiligenden – Anweisung auf Kredit ohne Pflicht des Angewiesenen gezahlt wird. 54a

Zahlungen eines persönlich haftenden Gesellschafters der (späteren) Insolvenzschuldnerin aus seinem privaten Vermögen an einzelne Gläubiger können in dem anschließend eröffneten Insolvenzverfahren über das Vermögen der Gesellschaft ohne Rechtspersönlichkeit gläubigerbenachteiligend i.S.d. § 129 wirken (BGH, ZInsO 2008, 1275; vgl. aber § 143 Rdn. 87a), während solche Zahlungen eines nicht persönlich haftenden Gesellschafters grds. als nicht gläubigerbenachteiligend anzusehen sind (BGH, ZInsO 2012, 1425). Zu Leistungen, die durch Ehegatten/nichteheliche Lebensgefährten/Lebenspartner des Schuldners an den Gläubiger erbracht werden vgl. Heitsch, ZInsO 2011, 1533. 54b

In der Herausgabe einer Sache, die hätte **ausgesondert** werden können, liegt ebenso wenig eine Gläubigerbenachteiligung (BGH, ZInsO 2008, 558 zur Rückauflassungsvormerkung) wie in der **Ablösung eines Aus- oder Absonderungsrechtes** durch eine wertausgleichende Zahlung (BGH, ZIP 1998, 830 zum Aussonderungsrecht; ZInsO 2012, 1318 [m.w.N.] zum Absonderungsrecht; vgl. insoweit aber Rdn. 55a) oder in der Herausgabe von **Treugut**, das dem Schuldner überlassen war und das materiell nicht zu seinem Vermögen gehörte (BGH, ZInsO 2004, 856). **Gibt** der Schuldner mit der fremden Sache allerdings eine ihm **eingeräumte Sicherheit auf**, so benachteiligt 55 er damit seine Gläubiger. Dies gilt auch, wenn der Schuldner als Treunehmer/Verkaufskommissionär das Treugut/die Kommissionsware veräußert und den Erlös an den Treugeber/Kommittenten vor Verfahrenseröffnung auskehrt. Denn obgleich der Treugeber/Kommittent in der Insolvenz des Treunehmers/Verkaufskommissionärs das Treugut/die Kommissionsware aussondern kann, steht ihm doch wegen des vom Schuldner vor Eröffnung des Verfahrens eingezogenen Erlöses nur eine einfache Insolvenzforderung zu (RGZ 94, 305, 308).

55a Bei der Anfechtung von Zahlungen zur Ablösung eines – nach Verfahrenseröffnung zur abgesonderten Befriedigung berechtigenden – Sicherungsrechts ist diese dann nicht ausgeschlossen, wenn die Zahlung den Betrag übersteigt, den der gesicherte Gläubiger bei einer Verwertung hätte erzielen können (BGH, ZInsO 2012, 1429) oder das Sicherungsrecht selbst in anfechtbarer Weise erlangt worden und somit Gegenstand einer eigenen Anfechtung ist (BGH, ZInsO 2009, 1585). Vgl. insoweit § 130 Rdn. 39 ff., § 140 Rdn. 12 ff.

55b Die Zahlung von **Versicherungsprämien** auf durch den Schuldner bei ihm beschäftigte Arbeitnehmer abgeschlossene **Direktversicherungen** i. S. d. BetrAVG wirkt – wie das OLG Karlsruhe zutreffend ausführt (ZIP 2007, 286) – auch dann gläubigerbenachteiligend, wenn den versicherten Arbeitnehmern unwiderrufliche Bezugsrechte eingeräumt waren (vgl. zur Anfechtung bei Direktversicherung auch Rdn. 32).

56 Bei der **Zahlung von Sozialversicherungsbeiträgen** (vgl. insgesamt zur Anfechtbarkeit abgeführter Sozialversicherungsbeiträge die zusammenfassende Bestätigung der bisherigen Rspr. bei BGH, ZInsO 2006, 94) wirkt diese auch nach Inkrafttreten der Änderungen zu § 28e Abs. 1 Satz 2 SGB IV insgesamt – also auch hinsichtl. des »Arbeitnehmeranteils« – gläubigerbenachteiligend und kann – wegen des »Arbeitnehmeranteils« als mittelbare Zuwendung an die Einzugsstelle – in bisherigem Umfang angefochten werden (BGH, ZInsO 2009, 2293).

57 Bei der **Abführung von Lohnsteuer** an das FA zahlt der Schuldner bis auf Ausnahmefälle, in denen eine Treuhandabrede zwischen Arbeitgeber und Arbeitnehmer vorliegt, aus seinem eigenen Vermögen. Zwar ist Steuerschuldner – anders als bei den Sozialversicherungsbeiträgen – allein der Arbeitnehmer (§ 38 Abs. 2 Satz 1 EStG). Der Arbeitnehmer hat gegen seinen Arbeitgeber jedoch lediglich einen **schuldrechtlichen Anspruch** auf Leistung des ihm rechtlich zustehenden Lohns sowie auf Abführung des gesetzlich vorgeschriebenen Anteils an das FA. Vor der vom Arbeitgeber an das FA zu erbringenden Zahlung wird allein durch die Führung von Lohnkonten eine treuhänderische Berechtigung des Arbeitnehmers nicht begründet (BGHZ 157, 350, 359 = ZInsO 2004, 270). Führt der Schuldner (Arbeitgeber) die Lohnsteuer nicht innerhalb der gesetzlich vorgeschriebenen Frist (§§ 41a Abs. 1 und 2, 42d Abs. 1 Nr. 1 EStG) ab, haftet er ggü. dem FA, das den Arbeitnehmer nur noch in den Ausnahmefällen des § 42d Abs. 3 Satz 4 EStG in Anspruch nehmen kann, für die einbehaltenen und abzuführenden Lohnsteuern. Zahlt der Schuldner (Arbeitgeber) später doch noch an das FA, so leistet er zur Erfüllung seiner eigenen Haftungsschuld. Ohne diese Befriedigung könnte das FA die Haftungsschuld nur als Insolvenzgläubigerin gem. § 38 geltend machen.

58 Hat der Schuldner einem Dritten das Eigentum an einer ihm, dem Schuldner, unter **Eigentumsvorbehalt** gelieferten Sache verschafft, so sind die Insolvenzgläubiger nur dann benachteiligt, wenn der Wert der Sache größer war als der noch offene Teil des Kaufpreises, da der Schuldner dann nicht nur über fremdes Eigentum, sondern auch über die ihm zustehende Anwartschaft verfügt hat. Nicht gläubigerbenachteiligend ist grds. der **verlängerte Eigentumsvorbehalt**. In der Abtretung künftiger Forderungen, die an die Stelle des vereinbarten Eigentumsvorbehalts treten sollen, liegt keine Gläubigerbenachteiligung, wenn und soweit sich die Vorausabtretung auf das mit der unter Eigentumsvorbehalt gelieferten Ware Erlangte beschränkt (BGH, ZInsO 2011, 778).

59 Reicht ein Gläubiger des Schuldners **Lastschriften** des Letzteren bei seiner Hausbank zum Einzug im **Abbuchungsauftragsverfahren** ein und schreibt die Bank den Gegenwert vorläufig gut, so wird die Gutschrift endgültig, wenn die Schuldnerbank die Lastschrift nicht rechtzeitig zurückgibt (vgl. § 140 Rdn. 10). Steht der Belastung des schuldnerischen Kontos durch die Schuldnerbank bereits ein Veräußerungsverbot (§§ 24, 81, 82) entgegen, so tritt eine Beeinträchtigung des Schuldnervermögens nicht ein. Der Gläubiger hat die Befriedigung seiner Forderung vielmehr bereits durch die Kreditgewährung seitens seiner eigenen Bank erhalten, der er zur Abdeckung die Lastschriften übergeben und die ihnen zugrunde liegenden Forderungen gegen den Schuldner abgetreten hatte. Die Abdeckung dieses Kredites erfolgte schließlich dadurch, dass die Schuldnerbank die von der Gläubigerbank eingereichten Lastschriften nicht rechtzeitig zurückgab (BGH, ZIP 1980, 425).

3. Beeinträchtigung des Gläubigerzugriffs

Vgl. zunächst Rdn. 37 ff. Da die Beeinträchtigung nach § 129 nur Voraussetzung der Anfechtung ist, nicht jedoch deren Umfang bestimmt, sind benachteiligende Rechtshandlungen grds. **insgesamt** anfechtbar, auch wenn sie die Gläubiger nur in geringem Umfang beeinträchtigen. Hat der Anfechtungsgegner eine Gegenleistung erbracht, so wird diese nach Maßgabe des § 144 berücksichtigt, i. Ü. wird er auf eine Insolvenzforderung verwiesen. 60

Die Gläubiger werden nicht benachteiligt, wenn die Insolvenzmasse trotz der Rechtshandlung zur Befriedigung aller Gläubiger, einschließlich der nachrangigen, ausreicht (BGH, ZInsO 2008, 1202). Allerdings spricht eine tatsächliche Vermutung gegen eine solche Möglichkeit, da Zahlungsunfähigkeit oder Überschuldung bereits Voraussetzung für die Verfahrenseröffnung sind. Daher muss der Anfechtungsgegner die voraussichtliche Unzulänglichkeit der Insolvenzmasse entkräften (BGH, ZInsO 2001, 904). 61

Bei der **Prüfung der Vermögensunzulänglichkeit** sind i. S. v. § 178 Abs. 1 Satz 1 bestrittene Gläubigerforderungen, deren Feststellung noch möglich ist, zu berücksichtigen (BGHZ 105, 168, 187 f.). Unerheblich ist in diesem Zusammenhang die Insolvenzquote, die dem Anfechtungsgegner bei Verfahrensende zugeteilt werden könnte; diese ist erst zu ermitteln, nachdem das anfechtbar Weggegebene in die Insolvenzmasse zurückgelangt ist (BGH, ZInsO 1999, 409).

Keine Gläubigerbenachteiligung liegt vor, wenn Ansprüche befriedigt werden, die der Insolvenzverwalter ebenso als sonstige Masseverbindlichkeit i. S. v. § 55 hätte befriedigen müssen (BGHZ 114, 315, 322). Damit wirkt der Ausgleich von bspw. Umsatzsteuerverbindlichkeiten, sofern diese von einem vorläufigen Insolvenzverwalter oder mit dessen Zustimmung begründet worden sind, nach Einführung von § 55 Abs. 4 ebensowenig gläubigerbenachteiligend, wie der Ausgleich von Verbindlichkeiten i. S. d. § 55 Abs. 2. 62

An einer Benachteiligung der Insolvenzgläubiger fehlt es darüber hinaus bei der Vornahme von für die Insolvenzmasse **wirtschaftlich neutralen Rechtshandlungen**. Hierzu gehört nicht der Austausch eines Insolvenzgläubigers gegen einen – gleichrangigen, gleich gesicherten – anderen Insolvenzgläubiger (BGH, ZInsO 2009, 2060). Für den umgekehrten Fall des Austausches zweier Schuldner des Insolvenzschuldners gilt dies nicht unbedingt, da auch die Bonität dieser Schuldner zu berücksichtigen ist. Stehen der Insolvenzmasse aus Anlass der anfechtbaren Handlung, die die Haftungsmasse selbst verkürzt hat, auch Ansprüche gegen Dritte zu, so schließt dies die Gläubigerbenachteiligung grds. **nicht** aus. Bestehen z. B. aufgrund der Leistung an den Anfechtungsgegner Ansprüche gem. § 64 GmbHG gegen den Geschäftsführer der Schuldnerin, können diese mit anfechtungsrechtlichen Ansprüchen gegen den Leistungsempfänger konkurrieren; der Insolvenzverwalter hat die Wahl, gegen wen er die Ansprüche der Insolvenzmasse geltend machen will (vgl. § 143 Rdn. 108). 63

Sofern ein unbeschränkt **persönlich haftender Gesellschafter** Verbindlichkeiten der Gesellschaft befriedigt hat, kann der Insolvenzverwalter in dem Insolvenzverfahren über das Vermögen der Gesellschaft diese Rechtshandlungen im Wege der aus § 93 erwachsenden Ermächtigung anfechten, sofern nicht über das Vermögen des Gesellschafters ebenfalls ein Insolvenzverfahren eröffnet ist; dann kann die Anfechtung nur von dem dort bestellten Insolvenzverwalter geltend gemacht werden (BGH, ZIP 2008, 2224). 63a

Durch Rechtshandlungen, die für die Insolvenzmasse **wirtschaftlich wertlose** Gegenstände betreffen, z. B. nicht gebrauchsfähige Sachen, tritt eine Gläubigerbenachteiligung nicht ein. Ist die Über- 64 tragung von Vermögensgütern des Schuldners rechtsunwirksam, so benachteiligt sie rgm. die Insolvenzgläubiger nicht; vgl. zur Anfechtbarkeit nichtiger Rechtshandlungen jedoch oben Rdn. 12.

65 **Absonderungsrechte** scheiden den Gegenstand nicht immer aus dem Schuldnervermögen aus (BGH, ZInsO 2003, 1101), sondern nur dann, wenn der **Gegenstand wertausschöpfend belastet** ist und eine Herausgabe nicht bewirkt, dass auch andere Teile des Schuldnervermögens nur weniger günstig verwertet werden können, weil der »technisch-organisatorische Verbund des Schuldnervermögens zerrissen wurde« (HK-Kreft § 129 Rn. 60). In diesem Fall ist die Veräußerung grds. nicht gläubigerbenachteiligend, weil der Gegenstand in der Insolvenz allein der abgesonderten Befriedigung der gesicherten Gläubiger gedient hätte. Die Herausgabe des (i. d. R. sicherungsübereigneten) Gegenstandes an den Sicherungsnehmer kann allein mit der Begründung, der Masse sei durch die Herausgabe die Feststellungskostenpauschale gem. §§ 170, 171 entgangen, nicht angefochten werden (BGH, ZInsO 2005, 148). Demgegenüber hat die Veräußerung bereits sicherungsübereigneter Gegenstände an Dritte bzw. der Einzug bereits sicherungshalber abgetretener Forderungen durch Dritte durchaus gläubigerbenachteiligende Wirkung, da hier ein – trotz des mit Verfahrenseröffnung entstehenden Absonderungsrechts – im Kern geschützter Vermögenswert der (zukünftigen) Insolvenzmasse der ausschließlichen (§ 166 InsO) Verwertungsbefugnis des Insolvenzverwalters entzogen wird (BGH, ZInsO 2011, 1979 m. w. N.; krit. zu dieser Entscheidung § 166 Rdn. 15; vgl. auch § 96 Rdn. 16). Eine Gläubigerbenachteiligung kann sich nach BGH, ZInsO 2007, 605 auch bereits daraus ergeben, dass – zusätzlich zum Verlust des Sicherungsguts aus dem schuldnerischen Vermögen – die Insolvenzmasse mit aufgrund Verwertung angefallener **USt** belastet wird.

Handelt es sich um die **Weggabe mehrerer Gegenstände**, kommt es darauf an, ob jeder Einzelne wertausschöpfend belastet ist. Ist dies nicht der Fall, ist insoweit eine Anfechtung möglich (BGH, ZInsO 2009, 828).

65a Die Übertragung wertausschöpfend grundpfandrechtlich belasteter **Immobilien** ist nach gefestigter Rspr. des BGH zum AnfG lediglich dann gläubigerbenachteiligend, wenn der i.R.e. Zwangsversteigerungsverfahrens zu erzielende Verwertungserlös die vorrangigen Belastungen und die Kosten des Zwangsversteigerungsverfahrens übersteigen würde (BGH, ZInsO 2009, 1241). Ob eine wertausschöpfende Belastung vorliegt, ist durch Vergleich des Grundstückwerts mit der tatsächlichen Valuta der grundpfandrechtlich gesicherten Forderungen festzustellen (BGH, ZInsO 2007, 778 zum AnfG). Zum maßgeblichen Zeitpunkt für das Vorliegen der Gläubigerbenachteiligung vgl. § 140 Rdn. 6, 22. Nicht zu berücksichtigen sind insoweit weitere dem Grundpfandrechtsgläubiger aus dem schuldnerischen Vermögen gestellte Sicherheiten, da es – jedenfalls rgm. – allein Sache des Gläubigers ist zu entscheiden, aus welcher ihm gestellten Sicherheit er Befriedigung sucht (so unter Hinweis auf § 16 Abs. 2 AGB-Banken BGH, ZInsO 2007, 101 [zum AnfG]). Steigt der Wert des Grundstückes nach Vornahme der anfechtbaren Rechtshandlung, so ist dies, sofern eine mittelbare Benachteiligung der Insolvenzgläubiger genügt, zugunsten des Anfechtenden zu berücksichtigen. Beruht die Wertsteigerung auf dem Einsatz von Mitteln des Anfechtungsgegners, so steht diesem lediglich ein Aufwendungsersatzanspruch gem. § 143 Abs. 1 Satz 2 zu (BGH, ZIP 1996, 1907). Hat der Anfechtungsgegner den anfechtbar erworbenen Gegenstand selbst weiter belastet, bleiben diese Belastungen bei der Beurteilung der Wertausschöpfung unberücksichtigt, da der Anfechtungsgegner diese Belastungen ohnehin zu entfernen hat (Huber, EWiR 2004, 361).

65b Ist ein Grundstück bereits wertausschöpfend belastet, stellt die **unentgeltliche Einräumung einer nachrangigen Grundschuld** dennoch eine anfechtbare Gläubigerbenachteiligung dar, wenn diese Grundschuldbestellung die freihändige Verwertung erschwert und der an sich wertlosen Grundschuld einen »**Lästigkeitswert**« gibt, dessen Realisierung der Masse zusteht. Aus der bloß formalen, bezogen auf vorrangige Grundstücksbelastungen an sich nicht werthaltigen, Grundschuldposition lässt sich ein nicht unbeträchtlicher Wert realisieren, wenn andere Grundpfandrechtgläubiger im Interesse einer schnelleren freihändigen Verwertung des Grundstückes bereit sind, dem Grundschuldgläubiger seine Zustimmung »abzukaufen« (OLG Hamburg, ZIP 2001, 1332).

Bei den – äußerst praxisrelevanten – Fallkonstellationen mit **sicherungshalber erfolgter Vorausabtretung von Forderungen** (bspw. im Rahmen einer **Globalzession**) ist zu unterscheiden: Ist die Abtretung der Forderung(en) als solche auch im Hinblick auf § 140 Abs. 1 (vgl. § 140 Rdn. 14a) anfechtungsfest, gewährt diese im Insolvenzverfahren über das Vermögen des Sicherungsgebers ein Recht des Sicherungsnehmers auf abgesonderte Befriedigung, sodass der Ausgleich der gesicherten Forderung des Sicherungsnehmers durch die abgetretenen Forderungen nicht gläubigerbenachteiligend wirkt. Eine Gläubigerbenachteiligung kann sich jedoch auch hier ergeben, wenn die anfechtungsfest abgetretene Forderung in anfechtbarer Weise »werthaltig« wurde (vgl. § 130 Rdn. 40). Ist allerdings das Sicherungsrecht vor der Befriedigung des gesicherten Gläubigers bereits erloschen – bspw. weil die abgetretene Forderung durch den Drittschuldner ggü. dem zur Einziehung berechtigten Sicherungsgeber befriedigt wird – und führt der Sicherungsgeber den berechtigt vereinnahmten Betrag anschließend an den Sicherungsnehmer ab, benachteiligt dies die Gesamtheit der Gläubiger (sog. »Weiterleitungsfälle«: BGH, ZInsO 2006, 493; ZInsO 2006, 544). 65c

Wird ein Gläubiger, der zuvor wirksam und anfechtungsfest die Ansprüche des Schuldners gegen seine Bank gepfändet hatte, durch Zahlung von dem bei dieser Bank im Guthaben geführten Konto befriedigt, fehlt es wegen des durch Pfändung erlangten insolvenzfesten Sicherungsrechts (§ 50 Abs. 1) an einer Gläubigerbenachteiligung (BGH, ZIP 2008, 131). Die Zahlung eines Schuldners von einem Konto, welches zuvor gepfändet war, der Pfändungsgläubiger die Vollziehung dieser Zwangsvollstreckungsmaßnahme jedoch ausgesetzt hatte, benachteiligt demgegenüber die Gläubiger insgesamt jedenfalls dann, wenn die Zahlung zugunsten eines weiteren Gläubigers erfolgt (BGH, ZInsO 2009, 31). 65d

Die **Gläubigerbenachteiligung entfällt** jedoch auch bei Befriedigung eines Gläubigers aus wirksam und anfechtungsfest abgetretenen Forderungen **nicht**, wenn die **Forderungen zugunsten eines Dritten abgetreten** waren. Sofern sich daher mehrere Kreditgeber zu einem Pool zusammenschließen und im Rahmen dieses Pools vereinbaren, dass die einem einzelnen Mitglied gestellten Sicherungen durch ein anderes Poolmitglied treuhänderisch zu verwerten und dann innerhalb des Pools weiterzuleiten sind, steht dem treuhänderisch verwertenden Poolmitglied mangels dinglicher Zuordnung kein zur Absonderung berechtigendes eigenes Sicherungsrecht zu (OLG Köln, ZIP 2007, 391). 65e

Da der die – zukünftigen – Miet- oder Pachtforderungen umfassende grundpfandrechtliche Haftungsverband i. S. d. §§ 1123, 1124 BGB lediglich eine »potentielle Haftung« (BGH, NJW – RR 1989, 200) begründet, welche erst durch Anordnung der Zwangsverwaltung zur voll wirksamen Haftung der Mietforderungen erstarkt, sind diese vor entsprechender Anordnung weder der Verfügung des Schuldners noch dem Zugriff seiner Gläubiger entzogen; insb. ist der Grundpfandrechtsgläubiger an diesen nicht vorrangig gesichert. Rechtshandlungen in Bezug auf zukünftige Mietforderungen sind daher bis zur Anordnung der Zwangsverwaltung grds. gläubigerbenachteiligend i. S. d. § 129 Abs. 1 (BGH, ZInsO 2010, 43). 65f

Zur **Ablösung eines Absonderungsrechts** durch Zahlung vgl. Rdn. 55. 66

Verkauft der Schuldner ohne vorherige Verpflichtung im anfechtungsrechtlich relevanten Zeitraum an einen Insolvenzgläubiger Gegenstände, die er einem anderen Gläubiger zur Sicherheit übereignet hatte und die dieser zur Veräußerung nur an diesen Gläubiger »freigibt«, so werden die Insolvenzgläubiger im Allgemeinen durch die dadurch zugunsten des Käufers hergestellte Aufrechnungslage benachteiligt (BGH, ZInsO 2003, 1101). 67

Bei **nachträglichem Wegfall einer Belastung** kann aus den §§ 129 ff. nur angefochten werden, soweit eine mittelbare Gläubigerbenachteiligung ausreicht.

Gibt der Insolvenzverwalter einen Gegenstand wegen wertausschöpfender Belastung frei, kann er die Belastung nachträglich nicht mehr anfechten, weil es infolge der Freigabe an der Gläubigerbenachteiligung fehlt. Er kann sich aber bei der Freigabe eines Grundstückes das Recht der Anfechtung einer hypothekarischen Belastung vorbehalten, um sie für den Fall, dass sie erfolgreich ist, als

Eigentümergrundschuld für die Masse in Anspruch nehmen zu können (Uhlenbruck-Hirte § 129 Rn. 104).

68 Nicht gläubigerbenachteiligend wirkt der **bloße Austausch** gleichwertiger Sicherheiten (BGHZ 147, 233, 239) oder Gegenstände, der Austausch einer gesicherten Forderung gegen eine nicht höhere andere, die Ersetzung eines Sicherungsvertrages durch einen anderen mit nicht nachteiligeren Bedingungen (für den Schuldner), die Ablösung eines vollwertigen Pfandrechts (solange der Pfandgegenstand beim Schuldner verbleibt) oder die Zahlung des Schuldners auf insolvenz- und anfechtungsfestes Pfändungspfandrecht (st. Rspr., BGH, ZInsO 2010, 43 m. w. N.) und die Übertragung einer Eigentumsanwartschaft an einem Gegenstand, dessen Wert nicht höher ist als der noch offene Kaufpreis.

69 Nicht gläubigerbenachteiligend wirkt auch die Eingehung einer **Naturalobligation**, da diese nicht einklagbar ist; die Erfüllung einer solchen Schuld ist hingegen anfechtbar.

70 Bestimmte Bestandteile des Schuldnervermögens können aufgrund besonderer Gesetzesvorschriften **zweckbestimmt** sein. Das gilt bspw. in der Insolvenz einer Hypothekenbank. Nach § 35 Abs. 1 HypBG fallen die im Hypothekenregister eingetragenen Werte nicht in die Insolvenzmasse. Die Forderungen der Pfandbriefgläubiger sind aus den eingetragenen Werten (Sondermasse) voll zu befriedigen. Hieraus folgt, dass eine Gläubigerbenachteiligung kraft gesetzlicher Zweckbestimmung ausscheidet, da die Insolvenzgläubiger in ihrer Gesamtheit nicht benachteiligt werden können.

Dies gilt jedoch nicht, wenn die gesetzliche Zweckbestimmung mit Eröffnung des Insolvenzverfahrens endet (vgl. Rdn. 72 ff. zum Zeitpunkt der Gläubigerbenachteiligung). Nach OLG Hamm, ZInsO 2007, 331 tritt eine solche Beendigung der gesetzlichen Zweckbestimmung bei der Verwendungspflicht des § 1 Abs. 1 GSB mit Verfahrenseröffnung ein, sodass Rechtshandlungen, die **Baugeld** betreffen, die Gesamtheit der Insolvenzgläubiger benachteiligen können. Die Pfändung auf dem Konto des Schuldners befindlicher Baugeldbeträge i. S. d. GSB durch den Baugeldberechtigten führt demnach zu einer Benachteiligung der übrigen Gläubiger (OLG Hamm a. a. O.).

71 Übernimmt ein Dritter neben dem **Vermögen** des Schuldners auch dessen sämtliche Verbindlichkeiten **befreiend** (§§ 414, 415 BGB), so fehlt es ebenfalls an einer Gläubigerbenachteiligung. Demgegenüber schließt der Schuldbeitritt oder die Erfüllungsübernahme im Innenverhältnis eine Gläubigerbenachteiligung nicht grds. aus, da in diesen Fällen die Gläubiger des Übernehmers mit denen des Insolvenzschuldners in Konkurrenz treten, ohne dass die Wertbeständigkeit des übernommenen Vermögens in der Person des Übernehmers gesichert wäre (MK-Kirchhof § 129 Rn. 110a).

Zuwendungen aus dem Gesellschaftsvermögen einer OHG an einen der Gesellschafter oder aus dem ehelichen Gesamtgut in das Vorbehaltsgut eines Ehegatten werden durch die jeweilige persönliche Haftung des Begünstigten in der Insolvenz der OHG oder des Gesamtgutes wegen der Konkurrenz mit den Eigengläubigern des Begünstigten nicht ausgeglichen (MK-Kirchhof § 129 Rn. 110a).

4. Arten der Gläubigerbenachteiligung

72 Die InsO unterscheidet zwischen unmittelbarer und mittelbarer Gläubigerbenachteiligung. Soweit eine unmittelbare Gläubigerbenachteiligung erforderlich ist (§§ 132 Abs. 1, 133 Abs. 2) findet dies in den entsprechenden Vorschriften ausdrückliche Erwähnung.

a) Unmittelbar

73 Unmittelbar ist eine Benachteiligung, wenn die Rechtshandlung – ohne Hinzutreten weiterer Umstände – als solche schon mit der Vornahme die Befriedigungsmöglichkeiten (zukünftiger) Gläubiger verschlechtert hat (BGH, ZInsO 2013, 337). **Maßgeblicher Zeitpunkt** ist also derjenige der Vollendung der Rechtshandlung (§ 140), ohne dass jedoch in diesem Zeitpunkt bereits Insolvenzgläubiger vorhanden sein müssen. Zweck des Erfordernisses der Unmittelbarkeit ist, denjenigen Nachteil als unbeachtlich auszuschließen, der durch den späteren (Wert-) Verlust der Gegenleistung

beim Schuldner eintritt. Eine unmittelbare Gläubigerbenachteiligung liegt immer vor bei einseitigen Vermögensopfern des Insolvenzschuldners, wenn er also für seine Leistung keine ausgleichende Gegenleistung erhält. Demgegenüber fehlt es an einer unmittelbaren Gläubigerbenachteiligung, wenn für die Leistung des Insolvenzschuldners eine Gegenleistung in sein Vermögen gelangt, die den Insolvenzgläubigern eine gleichwertige Befriedigungsmöglichkeit bietet, was insb. beim Austausch gleichwertiger Leistungen der Fall ist (BGH ZInsO 2007, 1107). Hierbei stellt der Umstand, dass an die Stelle des veräußerten Gegenstandes (zunächst) eine vollwertige Kaufpreisforderung tritt, noch keine unmittelbare Gläubigerbenachteiligung dar. Bei Vorliegen einer gleichwertigen Gegenleistung tritt eine unmittelbare – im Gegensatz zur mittelbaren – Gläubigerbenachteiligung auch dann nicht ein, wenn die Gegenleistung nachträglich entwertet oder sofort verbraucht wird (RGZ 116, 134, 136 f.) oder wenn der Vertragspartner vorgeleistet hat und seine Leistung schon verbraucht war, bevor die Leistung des Schuldners erfolgte (BGH, WM 1955, 404). Zwar entfällt bei einem Bargeschäft stets die unmittelbare Gläubigerbenachteiligung, weil definitionsgemäß eine gleichwertige Gegenleistung in das Schuldnervermögen gelangen muss. Allerdings ist für das Fehlen einer unmittelbaren Gläubigerbenachteiligung das Vorliegen eines Bargeschäfts nicht erforderlich, da es an einer derartigen Gläubigerbenachteiligung auch dann fehlen kann, wenn sich der Austausch der gleichwertigen Leistungen über einen längeren Zeitraum hinzieht.

Eine zunächst eingetretene Gläubigerbenachteiligung kann jedoch nachträglich wegfallen, wenn der aus der anfechtbaren Rechtshandlung Begünstigte das anfechtbar Erlangte – oder dessen vollen Wert – mit dem Zweck, die Verkürzung des Schuldnervermögens wieder zu beseitigen, wieder in das Vermögen des Schuldners zurückführt, also praktisch den späteren Rückgewähranspruch vorab befriedigt (BGH, ZInsO 2013, 670).

Bei **Leistungen im Dreiecksverhältnis** ist entscheidend, ob im selben Zusammenhang eine ausgleichende Gegenleistung ins Schuldnervermögen zurückgelangt. Zur Tilgung/Besicherung fremder Verbindlichkeiten vgl. § 134 Rdn. 25, 27. 74

Für die Bestimmung einer Benachteiligung ist das **Wertverhältnis** zwischen Leistung und Gegenleistung allein nach **objektiven wirtschaftlichen Maßstäben** zu ermitteln (MK-Kirchhof § 129 Rn. 117). 75

▶ **Übersicht: Beispiele für eine unmittelbare Gläubigerbenachteiligung** 76

- Veräußerungen unter Wert durch den Insolvenzschuldner; die vereinbarte Gegenleistung soll bestimmungsgemäß (d. h. aufgrund vertraglicher Vereinbarung) nur einzelnen Gläubigern zugutekommen (BGH, WM 1955, 404);
- Gewähren eines langfristigen Darlehens zu niedrigeren als marktüblichen Zinsen (BGH, ZIP 1988, 725);
- Sicherungsübereignung eines Gegenstandes, der den Wert der gesicherten Forderung erheblich übersteigt (BGH, WM 1964, 1166);
- Zustimmung des Schuldners als Sicherungsgeber zur Veräußerung von Sicherungsgut unter Wert (BGH, ZIP 1997, 367);
- Käufer eines Gegenstandes zahlt für eine gleichwertige Gegenleistung des verkaufenden Schuldners den Kaufpreis an einen Dritten, um dessen Forderung, für die wiederum der Käufer gebürgt hatte, gegen den Schuldner zu tilgen, da hierdurch der Schuldner gezielt die Bürgschaft des Käufers aus eigenen Mitteln zum Erlöschen bringt (BGHZ 130, 38);
- Zahlungen des Schuldners für ein ihm persönlich bestelltes unpfändbares dingliches Wohnrecht, da dieses für die Insolvenzgläubiger nicht zu verwerten ist (BGHZ 130, 314, 318);
- durch Zwangsvollstreckung begründetes Pfandrecht, da die §§ 803 ff. ZPO kein Recht auf Befriedigung mit staatlichen Mitteln in der wirtschaftlichen Krise des Schuldners mehr verleihen (BGHZ 136, 309, 311);

§ 129 InsO Grundsatz

- bei Rückzahlung eines Darlehens vor Fälligkeit nur hinsichtl. der Zwischenzinsen (BGH, ZIP 1997, 853);
- Begleichung einer Verbindlichkeit durch den Schuldner, der dieser eine Einwendung hätte entgegenhalten können (BGHZ 129, 236, 255).

77 ▶ **Übersicht: Beispiele für fehlende unmittelbare Gläubigerbenachteiligung**

- Leistung fachgerechter gleichwertiger Dienste durch den Vertragspartner des Schuldners (vgl. Rdn. 79);
- Tilgung einer vollwertigen Verbindlichkeit des Schuldners;
- Bestellung einer dem Umfang nach angemessenen Sicherheit gegen Gewährung eines neuen Kredites oder die Ablösung einer vollwertigen, selbst insolvenzbeständigen Sicherheit (BGH, ZInsO 2000, 333).

b) Mittelbar

78 Für die mittelbare Gläubigerbenachteiligung genügt es, wenn zwar die maßgebliche Rechtshandlung allein noch keinen Nachteil für die Insolvenzgläubiger bewirkt, aber die Grundlage für einen weiteren gläubigerbenachteiligenden Ablauf bildet (BGH, ZInsO 2012, 1127 m.w.N.). Nicht erforderlich ist, dass die hinzutretenden weiteren Ursachen selbst auch durch die angefochtene Rechtshandlung verursacht wurden (BGHZ 143, 246, 254 = ZInsO 2000, 117). **Maßgeblicher Zeitpunkt** für die Beurteilung, ob eine mittelbare Gläubigerbenachteiligung eingetreten ist, ist derjenige der letzten mündlichen Verhandlung der Tatsacheninstanz (BGHZ 123, 320). **Wertsteigerungen** einer Sicherheit, die infolge des Wegfalls vorrangiger Sicherungsrechte bis zur Verhandlung eintreten, sind zu berücksichtigen (BGH, ZIP 1993, 271). Eine zunächst eingetretene Benachteiligung kann durchaus vor dem maßgeblichen Zeitpunkt wieder entfallen, z.B. durch Rückführung des anfechtbar weggegebenen Gegenstandes in das Vermögen des Schuldners zum Zwecke der vorweggenommenen Befriedigung des Rückgewähranspruches (BGH, ZInsO 2013, 670) oder durch Rücknahme einer angemeldeten Forderung (OLG Köln, ZInsO 2004, 624).

79 ▶ **Übersicht: Beispiele für eine nur mittelbare Gläubigerbenachteiligung**

- Der bei einer zu einem angemessenen Preis erfolgten Veräußerung erzielte Erlös oder die sonstige Gegenleistung steht für die Gläubigerbefriedigung nicht mehr zur Verfügung, etwa weil das Geld verbraucht wurde (OLG Hamburg, ZIP 1984, 1373) oder vom Schuldner verborgen wird (RegE zu § 144, BT-Drucks. 12/2443 S. 157);
- der angemessene Erlös ist uneinbringlich, weil der Erwerber zahlungsunfähig ist (MK-Kirchhof § 129 Rn. 122);
- der Gegenwert der durch den Schuldner erbrachten Leistung fließt nicht zur Masse, weil der Vertragspartner wirksam mit einer Insolvenzforderung aufrechnen konnte (BGHZ 89, 189, 195);
- der seitens des Schuldners zu einem angemessenen Preis erworbene Gegenstand wird später bei ihm zerstört oder entwertet (MK-Kirchhof § 129 Rn. 122);
- angemessene Vergütung für Sanierungsmaßnahmen, die letztendlich scheitern (BGH, KTS 1998, 251);
- der Schuldner veräußert Wertpapiere zum aktuellen Kurswert, der Wert steigt in der Folgezeit (MK-Kirchhof § 129 Rn. 122);
- die Forderung eines Gläubigers, die im Fall der Insolvenzverfahrenseröffnung lediglich Insolvenzforderung wäre, wird durch Vereinbarung zur Masseverbindlichkeit aufgewertet (BGH, ZInsO 2012, 1127);
- Leistungen auf einen erzwingbaren Sozialplan, soweit sie nicht in der Insolvenz ebenfalls zu erbringen wären;
- zu weiteren Fallgruppen vgl. Rdn. 80 ff.

5. Besonders praxisrelevante Einzelfälle der Gläubigerbenachteiligung

a) Vertragsklauseln speziell für den Insolvenzfall

Nicht selten enthalten (ansonsten ausgewogene) Verträge Vertragsklauseln, die nur für den Fall, dass ein Vertragsteil insolvent wird, diesem i. R. d. Vertragsbeendigung einseitig Vermögensopfer auferlegen, sog. **Lösungsklauseln**. Auch soweit die vereinbarte Beendigung eines Vertrages gerade für den Insolvenzfall wirksam ist (vgl. § 119 Rdn. 6 f.), gilt dies nicht ohne Weiteres für darüber hinausgehende Vermögenseinbußen zulasten der Insolvenzgläubiger. Im Einzelfall kann eine derartige Vertragsgestaltung gegen § 138 BGB verstoßen, doch sind die Voraussetzungen der Sittenwidrigkeit nicht in jedem Fall gegeben; i. Ü. kommt eine Anfechtung in Betracht. Die Abgrenzung im Hinblick auf eine mögliche Gläubigerbenachteiligung hat danach zu erfolgen, ob auch ohne die Klausel gleich nachteilige Folgen eingetreten wären oder ob der Vertragspartner des Schuldners in dessen Insolvenz jedenfalls kraft Gesetzes dieselbe Rechtsfolge wie vereinbart hätte herbeiführen dürfen, insb. wegen Leistungsverzuges (BGH, ZInsO 2000, 284). Ist dies der Fall, so sind die Insolvenzgläubiger ebenso wenig im Rechtssinne benachteiligt, wie wenn der Vertrag ohnehin mit Verfahrenseröffnung gem. §§ 103 ff. außer Kraft tritt und die vereinbarten Folgen im Ergebnis nicht über diejenigen des § 103 Abs. 2 Satz 1 hinausgehen. Ist hingegen die Gläubigerbenachteiligung für den Insolvenzfall weder gesetzlich gerechtfertigt noch bei einer Gesamtbetrachtung aller Umstände zur Erreichung des Vertragszweckes vorrangig geboten, so ist die Regelung entgegen der Grundregel, dass Rechtshandlungen nur einheitlich angefochten werden können, selbstständig anfechtbar (BGHZ 124, 76, 81), und zwar als unmittelbare Gläubigerbenachteiligung, da die Insolvenzeröffnung dann von vornherein eine Vertragsbedingung ist. Nach diesen Grundsätzen kann insb. die Einbeziehung des § 8 Nr. 2 Abs. 2 Satz 2 VOB/B in den **Bauvertrag** eine Gläubigerbenachteiligung bewirken (ausführl. MK-Kirchhof § 129 Rn. 131). Demgegenüber ist bei Überlassung eines Grundstücks **zugunsten** des späteren Insolvenzschuldners und gleichzeitig durch Vormerkung gesicherter Rückauflassung die **Rückauflassungsklausel** nicht gläubigerbenachteiligend (BGH, ZInsO 2008, 558).

Zum Teil enthalten Verträge auch Vereinbarungen dahin gehend, dass **Sicherheiten bedingt auf den Insolvenzfall** bestellt werden. Zur Anfechtbarkeit derartiger Vereinbarungen vgl. § 140 Rdn. 34.

b) Erfüllung

Erfüllt der Schuldner eine Verbindlichkeit genau so, wie er sie schuldet, kommt allenfalls eine mittelbare Gläubigerbenachteiligung in Betracht. Zu einer unmittelbaren Benachteiligung kann es hingegen (im Umfang der Abweichung) kommen, wenn der Schuldner mehr oder früher leistet als geschuldet. Andererseits fehlt es selbst an einer mittelbaren Benachteiligung, soweit der befriedigte Insolvenzgläubiger im Umfang der Zahlung insolvenzbeständig am Schuldnervermögen gesichert war und der Wert des Sicherungsgutes nach der Zahlung im gleichen Umfang wirtschaftlich dem Vermögen des Schuldners zuzuordnen ist. Erfüllt der Schuldner hingegen eine Verbindlichkeit, für die ein Dritter eine Sicherheit bestellt hatte, so kann in der Auslösung dieser Sicherheit ebenso eine anfechtbare Zuwendung an den Dritten liegen, wie wenn eine vom Schuldner (auch) für die Rückgriffsforderung eines Dritten bestellte Sicherheit verwertet wird (MK-Kirchhof § 129 Rn. 142b).

Keine Besonderheiten gelten für die **Erfüllung einer Geldstrafe** i. S. v. § 39 Abs. 1 Nr. 3 (BGH, ZInsO 2010, 2295).

Zahlungen einer weisungsgebundenen Zwischenperson auf **Anweisung** des Schuldners gelten als Leistung des Schuldners selbst (vgl. Rdn. 29). Dabei benachteiligt die Anweisung (bzw. die Erteilung eines **Überweisungsauftrages**) als solche die Gläubiger solange noch nicht, wie sie **frei widerruflich** ist. Erst ihre Ausführung kann gläubigerbenachteiligend wirken (vgl. Rdn. 54a).

Zahlungen per **Lastschrift** vom Bankkonto des Schuldners im Wege des Abbuchungsauftrags- oder des Einzugsermächtigungsverfahrens sind Rechtshandlungen (auch) des Schuldners (BGH, ZInsO

2003, 324) und können als solche gläubigerbenachteiligend wirken. Zum maßgeblichen Zeitpunkt vgl. § 140 Rdn. 10.

85 Bei einer **Auf- bzw. Verrechnung** (vgl. zunächst Rdn. 7) ist rgm. nicht die Aufrechnungserklärung als solche anfechtbar, da die hierdurch verursachte Rechtsgestaltung nicht selbstständig die Insolvenzgläubiger benachteiligt, sofern die zugrunde liegende Aufrechnungslage materiell- und insolvenzrechtlich wirksam ist. Letzteres beurteilt sich – im Hinblick auf eine etwaige Anfechtbarkeit – nach § 96 Abs. 1 Nr. 3. Diese Vorschrift setzt ihrerseits einen Anfechtungstatbestand und somit eine Gläubigerbenachteiligung voraus. Selbst wenn das die Aufrechnungslage herbeiführende Rechtsgeschäft (etwa der Abschluss eines Kaufvertrages, der dazu führt, das der Gläubiger nun auch zum Schuldner des Insolvenzschuldners wird) als solches unanfechtbar sein sollte, kann die Herstellung der Aufrechnungslage selbstständig anfechtbar sein (BGH, ZInsO 2005, 884). Benachteiligend wirkt insoweit einerseits der Forderungserwerb oder die Forderungsbegründung gegen den Schuldner, wenn diesem der Erwerber seinerseits verpflichtet ist. Umgekehrt benachteiligt auch jede Verpflichtung die Insolvenzgläubiger, die einer von ihnen ggü. dem Schuldner eingeht oder in die der Gläubiger eintritt oder die aus Leistungen Dritter an einen solchen Gläubiger auf Rechnung des Schuldners entstehen, soweit der Gläubiger bereits forderungsberechtigt ist. An einer Gläubigerbenachteiligung fehlt es jedoch, wenn der Schuldner einem Gläubiger Gegenstände veräußert, an denen dieser bereits **unanfechtbar Sicherungseigentum** erworben hatte und dieser Gläubiger anschließend mit seiner Forderung gegen die Kaufpreisforderung aufrechnet (BGH, ZInsO 2004, 1028).

Inkongruent ist die Herstellung der Aufrechnungslage, wenn der Schuldner dem Gläubiger ggü. nicht zum Vertragsschluss verpflichtet war (BGH, ZInsO 2004, 739; vgl. § 130 Rdn. 8, § 131 Rdn. 6). Anfechtbare Aufrechnungslagen können insb. auch bei **Zahlungen** von Drittschuldnern **auf ein debitorisch geführtes Konto** des Schuldners entstehen. Verrechnet das Kreditinstitut diese Zahlungseingänge mit Kreditforderungen, so tritt eine Gläubigerbenachteiligung in dem Umfang ein, in dem die Verrechnung nach bürgerlichem Recht zur Erfüllung führt. Dies gilt nur dann nicht, wenn die Ansprüche des Schuldners gegen den Zahlenden bereits vorher insolvenzbeständig an das Kreditinstitut abgetreten worden waren oder ein anderweitiges insolvenzbeständiges Sicherungsrecht des Kreditinstitutes an der Forderung besteht. Keine anfechtbare Aufrechnung des Kreditinstitutes liegt vor, soweit es dem Schuldner gestattet, selbst wieder zeitnah über Eingänge zu verfügen (BGHZ 150, 122, 130 ff. = ZInsO 2002, 426; vgl. auch § 130 Rdn. 43).

c) **Besitzübertragung**

86 Die Aufgabe des Besitzes an einer Sache durch den Schuldner kann dessen Insolvenzgläubiger zum einen dann benachteiligen, wenn dem neuen Besitzer zugleich ein Besitzrecht, z. B. als Mieter, eingeräumt wird, zum anderen dann, wenn durch die Weggabe die Erwerbsmöglichkeiten des Schuldners, z. B. gem. § 937 BGB, beeinträchtigt werden. Die Anfechtung ist **nicht subsidiär** ggü. Herausgabeansprüchen aus materiellem Recht (BGH, WM 1962, 252; **a. A.** NR-Nerlich § 129 Rn. 102).

d) **Kreditsicherheiten**

aa) **Allgemeines**

87 Zur Kongruenz/Inkongruenz von Sicherheiten vgl. § 130 Rdn. 3, 9, § 131 Rdn. 20 ff. Sicherheiten, die der Schuldner aus seinem Vermögen leistet, verkürzen die Zugriffsmöglichkeiten der Insolvenzgläubiger, soweit nicht lediglich gleichwertige Sicherheiten ausgetauscht werden oder wertlose oder unpfändbare Gegenstände als Sicherheit gewährt werden. Gläubigerbenachteiligend wirkt die Gewährung einer Sicherheit, die der Schuldner für eine eigene Bürgschuld oder für eine von ihm verbürgte Hauptschuld stellt oder die dadurch zusätzliche Verbindlichkeiten sichert, dass der Schuldner sich nachträglich für sie verbürgt (BGH, ZInsO 1999, 409). Eine (unmittelbare) Gläubigerbenachteiligung scheidet nur aus, wenn sich der Sicherungsanspruch gerade (auch) auf die

konkret bestellte Sicherheit bezog (BGH, NJW 1998, 1561). Von den o. g. Austauschfällen abgesehen, benachteiligt eine nach Auszahlung eines Kredites vereinbarte Sicherung die Insolvenzgläubiger unmittelbar, da sie keine ausgleichende Gegenleistung für den Kredit mehr darstellt. Werden Sicherheiten nicht nur für neu begründete, sondern auch für bereits bestehende Verbindlichkeiten bestellt, wirkt dies deshalb gläubigerbenachteiligend und die Sicherheitenbestellung kann als Ganzes angefochten werden.

Auf **Ersatzgegenstände** bezieht sich die (wirksame) Sicherheit nicht ohne Weiteres: hatte z. B. der Insolvenzschuldner Forderungen sicherungshalber an einen Gläubiger zediert und tilgen die Schuldner dieser Forderungen ihre Verbindlichkeiten vor Offenlegung der Abtretung auf ein Bankkonto des Schuldners, so dient dessen Anspruch gegen seine Bank nicht als Sicherheit für den Abtretungsempfänger (BGH, ZIP 1989, 785). 88

Die **Umwandlung** eines Ab- in ein Aussonderungsrecht kann wegen der stärkeren Wirkung des Letzteren gläubigerbenachteiligend wirken (BGH, ZIP 1980, 40). 89

Die Veräußerung **wertausschöpfend belasteter Gegenstände** des Schuldners benachteiligt dessen Insolvenzgläubiger grds. nicht (vgl. Rdn. 65 ff.). 90

Erwirbt ein gesicherter Kreditgeber die Forderungen ungesicherter Gläubiger des Schuldners, so werden die Insolvenzgläubiger hierdurch benachteiligt, wenn auch diese Forderungen nunmehr gesichert werden (BGHZ 59, 230, 232 f.).

Die (nicht vorzeitige) **Rückzahlung eines Kredites** zur Ablösung einer vom Schuldner geleisteten Sicherheit benachteiligt die Insolvenzgläubiger allenfalls mittelbar, und zwar dann, wenn die Sicherheit nicht vollwertig oder dem Schuldner von einem Dritten zur Verfügung gestellt worden war. Ist die Schuldtilgung anfechtbar, gilt für die Rückforderung der Sicherheit durch den Gläubiger § 144 Abs. 1. Gibt der Insolvenzschuldner als Sicherungsgeber eine Sicherheit nach Eintritt des Sicherungsfalles an den Sicherungsnehmer heraus, dem im eröffneten Verfahren nur ein Absonderungsrecht zugestanden hätte, kann dies die Insolvenzgläubiger benachteiligen (vgl. Rdn. 87). Demgegenüber fehlt es stets an einer Gläubigerbenachteiligung, wenn der Schuldner als Sicherungsnehmer nach Befriedigung seiner Ansprüche das Sicherungsgut an den Sicherungsgeber herausgibt. 91

Pfändungen des Schuldnervermögens benachteiligen die Insolvenzgläubiger grds. unmittelbar, da ihnen haftendes Vermögen entzogen wird. Zur Vollendung der Pfändung vgl. § 140 Rdn. 17, zur Inkongruenz vgl. § 131 Rdn. 26. Pfändet der Gläubiger hingegen ihm selbst gehörende, beim Schuldner befindliche Gegenstände, fehlt es ebenso an einer Gläubigerbenachteiligung (BGH, ZIP 1995, 630), wie wenn ihm vor der Pfändung an den Gegenständen (lediglich) ein Absonderungsrecht zustand und die Pfändung nur wegen und bis zur Höhe der gesicherten Forderung erfolgt (BGH a. a. O.). Pfändet der Gläubiger wegen einer anderen als der gesicherten Forderung, so benachteiligt dies die Insolvenzgläubiger nur dann nicht, wenn die durch das Absonderungsrecht an sich gesicherte Forderung den Wert des Sicherungsgutes erschöpft und nicht anderweitig gesichert ist (MK-Kirchhof § 129 Rn. 161). Eine Gläubigerbenachteiligung liegt vor, wenn der Anfechtungsgegner, der in kongruenter Weise ein gesetzliches Frachtführerpfandrecht erlangt hat, dieses in der Weise geltend macht, dass der Empfänger des Frachtgutes nach Absprache mit dem Schuldner die durch das Pfandrecht gesicherten rückständigen Frachtforderungen gegen diesen erfüllt (OLG Rostock, ZInsO 2004, 454). Die die Pfandreife begründende Kündigung eines Kredites ist als solche keine anfechtbare Rechtshandlung (LG Mainz, ZInsO 2003, 94). 92

Verwertet der Gläubiger ein eigenes, insolvenzbeständig erworbenes Sicherungsrecht ordnungsgemäß, so werden die Insolvenzgläubiger hierdurch nicht benachteiligt (BGH, ZIP 1996, 2080). Hat der Gläubiger ein anfechtungsfestes Pfandrecht erworben, so braucht er davon gedeckte Zahlungen nicht zurückzugewähren, weil sie die Gläubiger nicht benachteiligen. Dies gilt auch dann, wenn der Schuldner die Zahlung von dem gepfändeten Konto, d. h. aus der gepfändeten Forderung, erst vornimmt, nachdem der Gläubiger die Pfändung aufgrund einer entsprechenden Abrede mit dem Schuldner ausgesetzt hat (BGH, ZInsO 2005, 260). Hat ein absonderungsberechtigter Gläubiger 93 vor Insolvenzeröffnung eine Forderung nach Aufdeckung der Abtretung eingezogen, kann diese Rechtshandlung auch nicht mit der Begründung angefochten werden, der Masse sei die Verwertungskostenpauschale entgangen (BGH, ZInsO 2003, 1137). Die Zustimmung des Schuldners zu einer vom Sicherungsnehmer beabsichtigten Verwertung einer Sicherheit befreit diesen von weiteren Bemühungen um eine günstigere Verwertung. Die Zustimmung des Schuldners kann daher eine Gläubigerbenachteiligung bewirken, wenn anderenfalls ein höherer Erlös erzielt worden wäre (BGH, ZIP 1997, 367).

94 Schließen mehrere Gläubiger miteinander einen **Poolvertrag** (Vertrag zur Zusammenfassung ihrer Sicherheiten), so benachteiligt dies die Insolvenzgläubiger solange nicht, wie die beteiligten Sicherungsnehmer insgesamt nicht mehr Rechte erhalten, als ihnen einzeln ohnehin zustehen (BGH, ZIP 1982, 543).

95 Auch der in der Krise erklärte Widerruf einer »harten« **Patronatserklärung** ggü. dem Schuldner oder der Austausch einer solchen dem Schuldner gegebenen Patronatserklärung gegen eine Patronatserklärung, die dem Schuldner keinen umfassenden eigenen Ausstattungsanspruch einräumt, bewirkt eine Gläubigerbenachteiligung (OLG München, ZInsO 2004, 1040).

bb) Sachsicherheiten

96 Bei insolvenzfester Vereinbarung eines **verlängerten Eigentumsvorbehalts** unterliegt die Vorausabtretung des Kaufpreisanspruches insoweit nicht der Anfechtung, als er sich auf den mit der Vorbehaltsware erlangten Teil der Forderung beschränkt, denn mit der Weiterveräußerung der Ware gegen Abtretung der Forderung wird nur eine insolvenzfeste Sicherheit durch eine andere ersetzt.

Zahlt eine Bank gegen Abtretung der Lohnforderungen die Löhne an die Arbeitnehmer eines insolvenzreifen Unternehmens und erreicht dadurch, dass ihr übereignetes Sicherungsgut zu höherwertigen Waren verarbeitet wird, werden die Insolvenzgläubiger dadurch benachteiligt (BAG, BB 1964, 699).

97 Überträgt der Schuldner nach **Sicherungsübereignung** einer eigenen Sache das ihm verbliebene Anwartschaftsrecht oder seinen schuldrechtlichen Anspruch auf Rückübereignung nach Wegfall des Sicherungszwecks im Voraus auf einen neuen Kreditgeber, so benachteiligt die spätere unmittelbare Übereignung vom ersten an den zweiten Sicherungsnehmer die Insolvenzgläubiger nicht selbständig. Demgegenüber kommt eine Gläubigerbenachteiligung in Betracht, wenn der erste Sicherungsnehmer die Sache zunächst dinglich wirksam an den Schuldner zurück überträgt (insgesamt zur Anfechtbarkeit der Bestellung von Sachsicherheiten sehr instruktiv Kirchhof, ZInsO 2004, 465).

Übersendet ein Kunde des Schuldners diesem zur Erfüllung einer Forderung, die ohne Offenlegung an einen Gläubiger abgetreten worden war, einen Scheck, so werden die Insolvenzgläubiger durch die Weiterübertragung des Schecks an den Abtretungsempfänger benachteiligt, da sich dessen Sicherungsrecht nicht auf den Scheck erstreckte (OLG Stuttgart, ZIP 1980, 860). Zieht der Schuldner die von ihm abgetretene Forderung hingegen erkennbar für den Abtretungsempfänger ein, wirkt die Scheckweitergabe nicht gläubigerbenachteiligend.

cc) Forderungsabtretung

98 Forderungsabtretungen wirken schon vor ihrer Offenlegung sofort mit Entstehen der abgetretenen Forderung (vgl. § 140 Rdn. 14).

Das **echte Factoring** oder die Forfaitierung von Forderungen benachteiligt die Insolvenzgläubiger des Anschlusskunden/Forfaitisten nicht unmittelbar, wenn dieser den angemessenen Gegenwert der abgetretenen Forderung erhält. Demgegenüber stellt das **unechte Factoring** wirtschaftlich lediglich eine Form der Kreditsicherung dar, da bei ihm das Risiko der Zahlungsunfähigkeit des Drittschuldners (Delkredere-Risiko) beim Anschlusskunden verbleibt. In der Insolvenz des Anschlusskunden greifen daher die Grundsätze der Sicherungsabtretung ein (BGHZ 82, 50, 63). Gleiches gilt, wenn jedenfalls ein Teil der Gegenleistung des Factors dieses Risiko mit absichert, etwa über ein Sperrkonto (MK-Kirchhof § 129 Rn. 157).

dd) Grundpfandrechte

Bestellt der Schuldner einem Gläubiger unter Ausnutzung eines Rangvorbehaltes ein Grundpfandrecht, so werden die Insolvenzgläubiger insoweit benachteiligt, als die Verwertung des Grundstückes ohne die Ausnutzung des Rangvorbehaltes einen höheren Erlös für die Insolvenzmasse erbracht hätte. 99

Bestellen in Bruchteilsgemeinschaft verbundene Miteigentümer eine Eigentümer-Gesamtgrundschuld an ihrem Grundstück, so erwirbt jeder von ihnen eine vermögensmäßige Beteiligung auch an den Bruchteilen der anderen. Die Insolvenzgläubiger jedes Miteigentümers können deshalb dadurch benachteiligt werden, dass die Grundschuld an einen Fremdgläubiger abgetreten wird (BGH, ZIP 1996, 1178).

e) Treuhandverhältnisse

Bei der **uneigennützigen Treuhand** werden die Gläubiger des **insolventen Treuhänders** nicht durch Verfügungen über das Treugut benachteiligt, da dieses nicht zum haftenden Vermögen gehört (BGH, ZInsO 2004, 856). Hat allerdings der Schuldner eine ihm zur uneigennützigen Treuhand übereignete Sache in eigenem Namen veräußert, so fällt der Erlös nicht ohne Weiteres unter die Treuhandabrede; eine dingliche Surrogation findet nicht statt. Die Auszahlung des Erlöses an den Treuhänder kann deshalb anfechtbar sein (RGZ 94, 305, 307), falls nicht ein Treuhandverhältnis auch hinsichtl. des Erlöses offenkundig gemacht wurde. Trotz § 115 kann in der **Insolvenz des Treugebers** bereits die Begründung des Treuhandverhältnisses unmittelbar benachteiligend wirken, weil bereits hierdurch ein Zugriffshindernis für die Insolvenzgläubiger entsteht (BGHZ 124, 298, 300). Unabhängig von der Auflösung des Treuhandverhältnisses mit Verfahrenseröffnung benötigt der Insolvenzverwalter einen Herausgabetitel gegen den Treuhänder, bis zu dessen Durchsetzung dieser faktisch in der Lage bleibt, über das Treugut – gem. § 932 BGB ggf. wirksam – zu verfügen. Auch kann die Weiterleitung von Treuhandgeldern durch den uneigennützigen Treuhänder im Rahmen des Insolvenzverfahrens über das Vermögen des Treugebers zur Vorsatzanfechtung gegenüber dem Treuhänder führen (BGH, ZInsO 2012, 924). Zur Sanierungstreuhand vgl. Rdn. 104. Zur **eigennützigen Treuhand**, deren Hauptanwendungsfall die Kreditsicherheiten bilden, vgl. Rdn. 87. 100

f) Sanierungsmaßnahmen

Ein objektiv wie subjektiv ernsthafter Sanierungsversuch kann u. U. eine unmittelbare Gläubigerbenachteiligung ausschließen, selbst wenn er letztlich scheitert. Dies setzt aber zumindest ein **in sich schlüssiges Konzept** voraus, das von den erkannten und erkennbaren tatsächlichen Gegebenheiten ausgeht und nicht offensichtlich undurchführbar ist (BGH, ZInsO 2007, 816). Dabei ist sowohl für die Frage der Erkennbarkeit der Ausgangslage als auch für die Prognose der Durchführbarkeit auf die Beurteilung eines unvoreingenommenen – nicht notwendigerweise unbeteiligten – branchenkundigen Fachmannes abzustellen, dem die vorgeschriebenen oder üblichen Buchhaltungsunterlagen zeitnah vorliegen (BGH, ZIP 1998, 251). Das Ausmaß der Prüfung kann dem Umfang des Unternehmens angepasst werden, in jedem Fall muss die Prüfung unter Berücksichtigung der verfügbaren Zeit die wirtschaftliche Lage des Schuldners im Rahmen seiner Wirtschaftsbranche analysieren und die Krisenursachen sowie die Vermögens-, Ertrags- und Finanzlage erfassen. 101

Unter diesen Voraussetzungen wirkt die Zahlung oder Sicherung bei Fälligkeit einer angemessenen **Vergütung** eines Rechtsanwalts, Steuerberaters oder Treuhänders für die Bemühungen um die Sanierung nicht unmittelbar gläubigerbenachteiligend, weil ein Nachteil nicht unmittelbar durch den an sich ausgewogenen Vertragsschluss, sondern erst durch das Scheitern der Bemühungen eintritt. Die Erfüllung des Vergütungsanspruches kann allerdings nach den allg. Maßstäben eine mittelbare Gläubigerbenachteiligung bewirken. Ist die Vergütung selbst oder ihre Sicherung unan- 102 gemessen hoch, so ist bei Teilbarkeit der Vergütung nur der nicht angemessene Teil zur Insolvenzmasse zurückzugewähren (BGHZ 128, 196). Ist danach eine Rechtsanwaltsgebühr aufzuteilen, ist hierfür die Einholung eines Gutachtens der Rechtsanwaltskammer nicht erforderlich (BGHZ 77, 250, 254).

103 Durch eine **übertragende Sanierung,** bei der das schuldnerische Aktivvermögen ohne vollen Wertersatz auf einen anderen Rechtsträger zur Betriebsfortführung übertragen wird, werden die Altgläubiger unmittelbar benachteiligt, wenn es nicht zugleich zu einer befreienden Schuldübernahme kommt. Die **bloße Schuldmitübernahme** oder (gesetzliche) **Mithaftung** stellt keine ausgleichende Gegenleistung dar (vgl. Rdn. 71).

104 Ebenso gläubigerbenachteiligend kann die **Übertragung** des haftenden **Vermögens** des Schuldners **auf einen Treuhänder** i.R.e. außergerichtlichen Vergleichs wirken, selbst dann, wenn der Treuhänder die Gesamtheit aller Insolvenzgläubiger in gleicher Weise wie innerhalb eines Insolvenzverfahrens berücksichtigen soll, weil er anderenfalls den Insolvenzverwalter von der Erfüllung seiner Aufgaben hinsichtl. des noch vorhandenen Vermögens ausschließen könnte (MK-Kirchhof § 129 Rn. 167). Eine treuhänderische Übertragung des Schuldnervermögens auf einen Sanierer kann im Einzelfall zugleich als Sicherung dessen Vergütungsanspruches gewollt und damit anfechtbar sein (RGZ 136, 152, 160).

105 Bei der Besicherung von **Sanierungskrediten** entfällt (nur) die unmittelbare Gläubigerbenachteiligung, wenn i.R.d. Sanierungsversuchs für einen neu ausgereichten Kredit eine angemessene Sicherheit bestellt wird. Dies gilt auch dann, wenn der Kreditnehmer im Zeitpunkt der Sicherungsgewährung überschuldet ist, da hiervon unabhängig die Leistung des Kreditgebers vollwertig ist (MK-Kirchhof § 129 Rn. 168). Erfasst die Sicherung allerdings auch Altkredite, so wirkt sie unmittelbar gläubigerbenachteiligend.

Scheitern die Sanierungsbemühungen, so tritt in der Insolvenz eine mittelbare Gläubigerbenachteiligung ein, wenn die Kreditmittel bei Insolvenzeröffnung nicht mehr in der Masse vorhanden sind.

105a Die so entwickelten Grundsätze sind auf wirtschaftliche Neugründungen und »Anschubfinanzierungen« nicht ohne Weiteres übertragbar (BGH, ZInsO 2009, 873).

g) Gesellschaftsrechtliche Benachteiligungen

106 Eine Leistung der Gesellschaftereinlage oder **Einzahlung des Stammkapitals** aus dem freien Vermögen des Gesellschafters kann in dessen Insolvenz die Insolvenzgläubiger benachteiligen, weil rgm. der Gesellschaftsanteil weniger leicht zu verwerten ist.

Die **Rückzahlung einer Gesellschaftseinlage** benachteiligt die Insolvenzgläubiger selbst dann, wenn der begünstigte Gesellschafter durch arglistige Täuschung zur Beteiligung bewogen worden war (OLG Hamm, ZIP 1999, 1530).

107 In dem durch das **Ausscheiden des Gesellschafters** aus der Gesellschaft verursachten Verlust des diesem ansonsten zustehenden Gewinnes liegt keine Gläubigerbenachteiligung, da dieser Gewinn im Ergebnis untrennbar auch i.R.d. Auseinandersetzung von den übrigen Gesellschaftern erlangt werden kann. Allerdings können die Folgen der **Auseinandersetzung** die Insolvenzgläubiger benachteiligen, wenn sie zu deren Ungunsten von der gesetzlichen Regelung abweichen (BGH, ZInsO 2007, 213).

108 Hingegen schon bei Errichtung der Gesellschaft statuierte **Einschränkungen der Rechte** ausscheidender Gesellschafter in der Weise, dass deren gesetzlicher Abfindungsanspruch nicht nach dem wahren Wert ihrer Anteile, sondern nach einem geringeren Wert bemessen werden soll, begründen keine Benachteiligung speziell der Insolvenzgläubiger, da der Gesellschaftsanteil von vornherein nur mit dieser Begrenzung entsteht und die Gläubiger nicht mehr verlangen können, als auch dem Schuldner von Rechts wegen zusteht (BGH, NJW 1959, 1433). Häufig unterscheiden **Abfindungsklauseln** nach dem Grund des Ausscheidens, wobei Gesellschafter, denen ggü. ein wichtiger

Grund – z. B. Insolvenz des Gesellschafters – zum Ausschluss besteht, schlechter gestellt werden. Diese Klausel bewirkt jedenfalls dann eine Gläubigerbenachteiligung, wenn durch sie im Wesentlichen allein der insolvente Gesellschafter schlechter gestellt wird, die Schlechterstellung also nicht deshalb erforderlich ist, weil der Vermögensverfall bereits eines einzelnen Gesellschafters den Gesellschaftszweck gefährden würde (MK-Kirchhof § 129 Rn. 133). Derartige Klauseln wären dann allerdings bereits gem. § 138 Abs. 1 BGB nichtig.

Die (umfangreiche) **Zahlung einer Tochtergesellschaft** auf eine für Verbindlichkeiten der Muttergesellschaft übernommene **Bürgschaft** kann zu einer Verringerung des Werts der Gesellschaftsanteile der Muttergesellschaft an der Tochtergesellschaft führen und so die Insolvenzgläubiger der Muttergesellschaft benachteiligen (Hirte, ZInsO 2004, 1161). 109

h) Schnellübersicht

Fallkonstellation	Fundstelle
- Anweisungen des Schuldners	Rdn. 83
- Auf- und Verrechnungen	Rdn. 85
- Ausscheiden aus einer Gesellschaft	Rdn. 107
- Besicherung von Sanierungskrediten	Rdn. 105
- Besitzübertragungen	Rdn. 86
- Erfüllung von Verbindlichkeiten	Rdn. 82
- Erfüllung von Geldstrafen	Rdn. 82
- Factoring	Rdn. 98
- Forderungsabtretung	Rdn. 98
- Grundpfandrechte	Rdn. 99
- Kreditsicherheiten	Rdn. 87
- Lösungsklauseln	Rdn. 80
- Masseunzulänglichkeit	Rdn. 39
- Pfandrechte allg.	Rdn. 92
- Poolvertrag	Rdn. 94
- Rückzahlung von Gesellschaftseinlagen	Rdn. 106
- Sanierungsmaßnahmen	Rdn. 101
- Sicherheiten bedingt auf den Insolvenzfall	Rdn. 81
- Treuhandverhältnisse	Rdn. 100
- Verlängerter Eigentumsvorbehalt	Rdn. 96
- Verwertung von Sicherungsgut	Rdn. 93
- Zahlungen im Lastschriftverfahren	Rdn. 84

110

III. Kausalität

Zwischen der angefochtenen Rechtshandlung und der Gläubigerbenachteiligung muss ein ursächlicher Zusammenhang bestehen. Es ist – auf der Grundlage des **realen Geschehens** (BGH, ZInsO 2005, 884) – zu prüfen, ob die Befriedigung der Insolvenzgläubiger ohne die Rechtshandlung günstiger gewesen wäre (BGH, ZIP 1989, 785). Dies ist nicht der Fall, wenn z. B. der Schuldner auf dem Grundstück des Anfechtungsgegners Bauleistungen erbracht hat, die sich jedoch auf den für das Grundstück erzielten Kaufpreis nicht ausgewirkt haben (BGH, ZIP 1980, 250). Ist ein Betrieb des Schuldners nur mit der Zustimmung eines Lieferanten günstig zu verwerten und macht dieser 111 seine Zustimmung davon abhängig, dass ihm ggü. bestehende Verbindlichkeiten des Schuldners ausgeglichen werden, so benachteiligt diese Schuldentilgung die anderen Insolvenzgläubiger nicht, wenn der Betrieb ohne die »erkaufte« Zustimmung weniger wert gewesen wäre als der tatsächlich erzielte Kaufpreis abzgl. der Tilgungsleistungen (BGH, WM 1960, 377). Ein Erwerb im Wege der **Zwangsvollstreckung** beruht nur dann auf einem **Unterlassen** im anfechtungsrechtlichen Sinne (Abs. 2), wenn der Gläubiger bei Vornahme der dem Schuldner möglichen und von ihm bewusst vermiedenen Rechtshandlung den zwangsweise erworbenen Gegenstand nicht erlangt hätte oder ihn vor Insolvenzeröffnung hätte zurückgewähren müssen (BGH, ZInsO 2005, 260). Das Unterlassen von Handlungen, die nicht geeignet sind, dem Gläubiger das zwangsweise erwirkte Recht zu entziehen, ist nicht anfechtbar, da es keine Gläubigerbenachteiligung bewirkt. Zu derartigen unanfechtbaren Unterlassungen zählt auch die Verzögerung des Insolvenzantrages, da sich diese Verzögerung anfechtungsrechtlich allein auf den Fristablauf auswirkt und hierbei alle Gläubiger in gleicher Weise trifft (BGH a. a. O.).

Hypothetische Kausalverläufe vermögen rgm. die Ursächlichkeit einer Rechtshandlung für die Gläubigerbenachteiligung nicht zu begründen (std. Rspr., vgl. BGH, ZInsO 2013, 1077 m. w. N.). Für die Berücksichtigung solcher nur gedachter Geschehensabläufe ist jedenfalls solange kein Raum, wie sich der weggegebene Gegenstand oder ein Surrogat noch im Vermögen des Anfechtungsgegners befindet (BGH, ZInsO 2002, 276). Unerheblich ist daher z. B., ob der Schuldner über den fraglichen Gegenstand auch unanfechtbar hätte verfügen können (BGHZ 130, 314), ob andere Gläubiger unanfechtbar auf den Gegenstand zugegriffen hätten (BGH a. a. O.), ob der begünstigte Gläubiger hätte vollstrecken können anstatt gegen Sicherheit die Forderung zu stunden, ob der Gläubiger einen neuen Kredit nicht gewährt hätte, wenn nicht auch Altforderungen mitbesichert worden wären (RG, JW 1935, 118) oder ob der Gegenstand mutmaßlich beim Schuldner durch einen Brand zerstört worden wäre, wenn dieser ihn nicht vorher weggegeben hätte (Gerhardt, ZIP 1984, 397).

112 Soweit der Anfechtungsgegner statt des ursprünglich empfangenen Gegenstandes **Wertersatz** zu leisten hat, schränkt § 143 Abs. 1 Satz 2 bzw. Abs. 2 die Haftung für die Unmöglichkeit der Herausgabe ein. Hierbei können ausnahmsweise auch hypothetische Ursachen zu berücksichtigen sein. Hat z. B. der Anfechtungsgegner das ihm Zugewandte zu demselben Zweck verwendet, zu dem es auch der Schuldner hätte verwenden müssen, oder zu einem Zweck, der in vollem Umfang der Gläubigergesamtheit zugutegekommen ist, so ist Rückgewähr durch Wertersatz ausgeschlossen, da den Insolvenzgläubigern jedenfalls der Wert des Geleisteten nicht verloren gegangen ist (MK-Kirchhof § 129 Rn. 183).

Nicht erforderlich ist, dass die anzufechtende Rechtshandlung die einzige Ursache für eine mittelbare Gläubigerbenachteiligung gewesen ist. Zuzurechnen sind auch solche Vermögenszuwendungen, die erst dadurch endgültig werden, dass der Insolvenzverwalter die Leistung des Schuldners an einen Dritten genehmigt.

113 Die schadenersatzrechtlichen Grundsätze der **Vorteilsausgleichung** greifen nicht ein (BGH, ZInsO 2007, 1107). Die §§ 143, 144 regeln selbstständig, inwieweit mögliche ausgleichende Vorteile zu berücksichtigen sind. Demnach gleicht die fortgesetzte Nutzung der vom Schuldner gemieteten Räume nicht die Pfändung des Vermieters wegen älterer Mietforderungen aus. Ebenso wenig entfällt die durch Zahlung auf fällige (Alt-) Forderungen für die Lieferung von Strom eintretende Gläubigerbenachteiligung dadurch, dass es bei Nichtzahlung zu einer Einstellung der Stromversorgung und damit zu Produktionsausfällen gekommen wäre (BGHZ 97, 87, 93). Zur Anfechtbarkeit derartiger durch Drohung mit dem Abbruch der für die Betriebsfortführung entscheidenden Geschäftsbeziehungen erlangter Zahlungen des **vorläufigen Insolvenzverwalters** auf Altverbindlichkeiten vgl. § 130 Rdn. 50. Die Tilgung von Steuerschulden benachteiligt die Insolvenzgläubiger rgm., obwohl anderenfalls das Gewerbe des Schuldners möglicherweise noch vor der tatsächlichen Verfahrenseröffnung hätte geschlossen werden müssen (OLG Köln, ZIP 1992, 1325).

Sobald der Insolvenzverwalter den anfechtbar enteäußerten Gegenstand rechtswirksam aus der Insolvenzmasse **freigibt**, entfällt das Recht zur Insolvenzanfechtung (MK-Kirchhof § 129 Rn. 184). Vor massechädigenden Freigabeerklärungen schützt nicht das Anfechtungsrecht, sondern § 60. Allerdings darf der Insolvenzverwalter den inhaltlichen Umfang einer Freigabe einschränken, z. B. indem er bei der Freigabe eines wertausschöpfend belasteten Grundstückes eine anfechtbar bestellte Hypothek ausnimmt; insoweit verbleibt das Anfechtungsrecht in der Insolvenzmasse (MK-Kirchhof § 129 Rn. 185).

B. Verfahrensfragen

I. Prüfung jeder einzelnen Rechtshandlung

Grds. ist jede Rechtshandlung selbstständig auf ihre Ursächlichkeit für die konkret angefochtene gläubigerbenachteiligende Folge zu überprüfen, da jede anfechtbare Rechtshandlung ein eigenes **selbstständiges Rückgewährschuldverhältnis** begründet (BGH, ZInsO 2007, 1107). Anfechtungsrechtlich selbstständig zu erfassen sind auch mehrere Rechtshandlungen, die gleichzeitig vorgenommen werden oder sich wirtschaftlich ergänzen (BGH a. a. O.). Demgegenüber stellen dinglich wirkende Übertragungen von Vermögensgütern, die rechtlich in mehreren Einzelakten verwirklicht werden (z. B. Einigung und Übergabe bei Übereignung oder Verpfändung) stets eine einzige Rechtshandlung im anfechtungsrechtlichen Sinne dar. Wirtschaftliche Erwägungen rechtfertigen es allenfalls unter besonderen, als zusätzliche Klammern wirkenden rechtlichen Voraussetzungen (insb. im Fall mittelbarer Zuwendungen), mehrere Rechtshandlungen zu einer Einheit zu verbinden. Dazu genügt es bspw. nicht allein, dass der Schuldner einen Kredit nur aufgenommen hat, um eine bestimmte Schuld zu tilgen (BGH, ZInsO 2002, 276; 2009, 1585). Auch Forderungspfändung anderweitige Sicherheitengestellung/-erlangung und die nachfolgende Zahlung des Drittschuldners bzw. Ablösung durch den Schuldner sind zwei selbstständig anfechtbare Rechtshandlungen und stellen keinen einheitlichen, mehraktigen Erwerbsvorgang dar (BGH, ZInsO 2000, 333). Allerdings braucht in derartigen Fällen die Anfechtung beider Rechtshandlungen nicht ausdrücklich zu erfolgen, sondern **es genügt**, wenn das Klagebegehren und der vorgetragene Sachverhalt erkennen lassen, dass es dem Kläger um die Herausgabe des aus der Forderungspfändung erlangten Vorteils geht (OLG Hamm, ZInsO 2002, 132).

Auch **Grund- und Erfüllungsgeschäft** sind hinsichtl. ihrer Anfechtbarkeit gesondert zu betrachten. Ist allerdings das Grundgeschäft anfechtbar, so folgt daraus grds. auch die Anfechtbarkeit des Erfüllungsgeschäftes (RGZ 20, 180, 182). Bei unanfechtbarem oder nicht angefochtenem Grundgeschäft ist das der Verpflichtung entsprechende Erfüllungsgeschäft kongruent i. S. v. § 130 und daher nur unter erschwerten Voraussetzungen anfechtbar. Ist allein das Erfüllungsgeschäft angefochten, bleibt die Masse gem. § 144 Abs. 1 aus dem Kausalgeschäft mit einer Insolvenzforderung des Vertragspartners belastet.

Werden Vermögensverschiebungen derart in mehrere rechtlich selbstständige Einzelakte zerlegt, dass erst der **Gesamtvorgang** die Insolvenzgläubiger wirtschaftlich benachteiligt, und beruht dieses Vorgehen auf einem vorgefassten Plan, ist es zulässig und geboten, den Gesamtvorgang im Hinblick auf das beabsichtigte Ergebnis unter wirtschaftlichen Gesichtspunkten als einheitliche Rechtshandlung zu erfassen (BGH, ZIP 1992, 124). Anhaltspunkt für einen derartigen Plan des Schuldners ist es, wenn verständige Beteiligte, die keine Vermögensverschiebung beabsichtigen, den Vorgang als rechtlich einheitlich gestalten würden (MK-Kirchhof § 129 Rn. 65). Hauptanwendungsfall ist die mittelbare Zuwendung (vgl. Rdn. 29 ff.), bei der die Anfechtung gegen denjenigen zu richten ist, der letztendlich den wirtschaftlichen Vorteil aus der Transaktion erlangt hat. Erlangt die Mittelsperson selbst Vorteile aus dem Geschäft, kann es insoweit auch ihr ggü. anfechtbar sein.

Zur Anfechtung der einzelnen Rechtshandlungen bei der Übertragung eines wertausschöpfend belasteten Grundstücks bei gleichzeitiger weiterer Verpflichtung des Schuldners vgl. BGH, ZInsO 2007, 778.

II. Darlegungs- und Beweislast

118 Darlegung und Beweis der **Gläubigerbenachteiligung** und – soweit erforderlich – ihrer **Unmittelbarkeit** obliegen dem Insolvenzverwalter (soweit hier und im Folgenden bei der Erörterung verfahrens- oder prozessrechtlicher Fragen von dem Insolvenzverwalter die Rede ist, bezieht sich dies auch auf die außerhalb des Regelinsolvenzverfahrens jeweils zur Anfechtung Berechtigten (vgl. insoweit vor §§ 129 ff. Rdn. 6 und 12 ff.). Dieser Obliegenheit genügt er, wenn er das Fehlen einer Gegenleistung des Anfechtungsgegners darlegt bzw. – soweit mittelbare Benachteiligung genügt – beweist, dass eine erbrachte Gegenleistung im Zeitpunkt der letzten mündlichen Verhandlung in der Tatsacheninstanz nicht mehr vorhanden oder dass sie nicht gleichwertig ist (BGH, ZIP 1999, 196). Behauptet der Anfechtungsgegner, die Insolvenzmasse sei ausreichend, um alle Gläubiger zu befriedigen, so trifft ihn hierfür die Beweislast, jedenfalls im Fall der Eröffnung des Insolvenzverfahrens wegen **Überschuldung** gem. § 19 (BGH, ZIP 1997, 853). Bei Verfahrenseröffnung wegen **Zahlungsunfähigkeit** (§ 17) spricht zumindest der Anschein dafür, dass die Masse nicht zur Befriedigung aller Gläubiger ausreicht. Dieses Indiz hat der Anfechtungsgegner zu entkräften (BGH a. a. O.). Daher trägt der Insolvenzverwalter lediglich im Fall der Verfahrenseröffnung wegen **drohender Zahlungsunfähigkeit** (§ 18) die volle Beweislast für die gläubigerbenachteiligende Wirkung der Rechtshandlung.

119 Den Beweis der nicht wertausschöpfenden Belastung eines weggegebenen Gegenstandes/Rechts hat der Insolvenzverwalter zu führen (KG, ZInsO 2005, 656 zum AnfG); dabei ist für die Behauptung, der Erlös eines Grundstückes bei der Zwangsversteigerung reiche nicht zur Befriedigung aller Grundpfandrechtsgläubiger aus, grds. durch Sachverständige und nicht durch Zeugenbeweis anzutreten (BGH, ZInsO 2006, 151). Beruft sich der Anfechtungsgegner auf wertausschöpfende Belastung eines Grundstücks im Zeitpunkt der Vornahme der angefochtenen Rechtshandlung, trifft ihn eine sekundäre Darlegungslast bzgl. der zu diesem Zeitpunkt valutierenden grundpfandrechtlichen Belastungen (BGH a. a. O.).

120 Zur schlüssigen Darlegung der Gläubigerbenachteiligung gehört nicht, dass der Insolvenzverwalter nachweist, dass angefochtene Zahlungen aus dem der Pfändung unterworfenen schuldnerischen Vermögen stammen (BGH, ZInsO 2009, 2060).

121 Zu weiteren **verfahrens- und prozessrechtlichen** Fragen vgl. § 143 Rdn. 88 ff.

122 Zu besonders relevanten Fallkonstellationen i. R. d. Insolvenzanfechtung vgl. Schnellübersicht, vor §§ 129 ff. Rdn. 26.

§ 130 Kongruente Deckung

(1) ¹Anfechtbar ist eine Rechtshandlung, die einem Insolvenzgläubiger eine Sicherung oder Befriedigung gewährt oder ermöglicht hat,
1. wenn sie in den letzten drei Monaten vor dem Antrag auf Eröffnung des Insolvenzverfahrens vorgenommen worden ist, wenn zur Zeit der Handlung der Schuldner zahlungsunfähig war und wenn der Gläubiger zu dieser Zeit die Zahlungsunfähigkeit kannte oder
2. wenn sie nach dem Eröffnungsantrag vorgenommen worden ist und wenn der Gläubiger zur Zeit der Handlung die Zahlungsunfähigkeit oder den Eröffnungsantrag kannte.

²Dies gilt nicht, soweit die Rechtshandlung auf einer Sicherungsvereinbarung beruht, die die Verpflichtung enthält, eine Finanzsicherheit, eine andere oder eine zusätzliche Finanzsicherheit im Sinne des § 1 Abs. 17 des Kreditwesengesetzes zu bestellen, um das in der Sicherungsvereinbarung festgelegte Verhältnis zwischen dem Wert der gesicherten Verbindlichkeiten und dem Wert der geleisteten Sicherheiten wiederherzustellen (Margensicherheit).

(2) Der Kenntnis der Zahlungsunfähigkeit oder des Eröffnungsantrags steht die Kenntnis von Umständen gleich, die zwingend auf die Zahlungsunfähigkeit oder den Eröffnungsantrag schließen lassen.

(3) Gegenüber einer Person, die dem Schuldner zur Zeit der Handlung nahestand (§ 138), wird vermutet, daß sie die Zahlungsunfähigkeit oder den Eröffnungsantrag kannte.

Übersicht	Rdn.			Rdn.
A. Norminhalt	1	IX.	Subjektive Anfechtungsvoraussetzungen	16
I. Rechtshandlung und Gläubigerbenachteiligung	2		1. Kenntnis von der Zahlungsunfähigkeit	17
II. Insolvenzgläubiger	3		a) Anfechtbarkeit gem. Abs. 1	17
III. Gewährung einer Sicherung oder Befriedigung	6		b) Anfechtbarkeit gem. Abs. 2	18
1. Allgemeines	6		2. Kenntnis hinsichtlich des Eröffnungsantrags	24
2. Sicherung	7		3. Inhaber der Kenntnis	28
3. Befriedigung	8	X.	Einzelfälle	39
IV. Ermöglichung einer Sicherung oder Befriedigung	9	XI.	Finanzsicherheiten gem. Abs. 1 Satz 2	51
V. Z. Zt. der Handlung	11	XII.	Konkurrenzen	54
VI. Zahlungsunfähigkeit des Schuldners	12	B.	Verfahrensfragen	55
VII. Eröffnungsantrag	14	I.	Darlegungs- und Beweislast	55
VIII. Zeitrahmen	15	II.	Beweiserleichterung und Beweislastumkehr (Abs. 3)	59

A. Norminhalt

§ 130 erklärt bestimmte, während des durch die Norm erfassten Zeitraums vorgenommene Handlungen für anfechtbar, selbst dann, wenn die seitens des Insolvenzgläubigers erlangte Sicherung oder Befriedigung (**Deckung**) diesem gebührt (d. h. **kongruent** ist), und bewirkt dadurch eine Vorverlagerung des Grundsatzes der Gleichbehandlung aller Insolvenzgläubiger. Allerdings muss ein Gläubiger, der eine vertraglich geschuldete Leistung zur rechten Zeit in der rechten Weise erhält, grds. darauf vertrauen dürfen, dass er die ihm zustehende Leistung behalten darf. Dieses Vertrauen ist nur dann nicht schutzwürdig, wenn er **Kenntnis** von der Krise hatte. Diese Kenntnis wird daher in allen Tatbeständen des § 130 vorausgesetzt. 1

Abs. 1 Satz 2 wurde in Umsetzung der »Finanzsicherheiten-Richtlinie« (RL 2002/47/EG vom 06.06.2002) eingefügt. Ziel dieser Richtlinie ist eine EU-weite Regelung für die Bereitstellung von Wertpapieren und Barguthaben als Sicherheit (vgl. Rdn. 51 ff.).

I. Rechtshandlung und Gläubigerbenachteiligung

Zu den Begriffen der Rechtshandlung und der Gläubigerbenachteiligung vgl. die Kommentierungen zu § 129 Rdn. 2 ff. bzw. 37 ff. Diese Voraussetzungen müssen zusätzlich zu den besonderen Voraussetzungen des § 130 vorliegen. Nicht erforderlich ist, dass die zur Deckung führende oder sie ermöglichende Handlung gerade vom Schuldner vorgenommen wird, sie muss von ihm nicht einmal veranlasst sein (BGHZ 70, 177, 181). Eine **mittelbare** Benachteiligung der Insolvenzgläubiger genügt (BGH, ZInsO 2012, 241). 2

II. Insolvenzgläubiger

Anfechtungsgegner i. S. d. § 130 kann nur ein **Insolvenzgläubiger** bzw. jemand, der ohne die anfechtbare Rechtshandlung ein solcher wäre, sein (h. M.: BGH, ZInsO 2012, 241 m. w. N.). So richtet sich die **Deckungsanfechtung** allein gegen den Empfänger der Leistung auch dann, wenn der Schuldner eine Zwischenperson als Leistungsmittler einsetzt, welche für ihn im Wege einheitlicher Handlung die Leistung an einen Dritten bewirkt und damit das schuldnerische Vermögen schmälert (BGH, ZInsO 2013, 1077). Wer Insolvenzgläubiger ist, richtet sich nach den §§ 38, 39 (vgl. die dortigen Kommentierungen). Eine Insolvenzforderung in diesem Sinne liegt bereits dann vor, wenn der anspruchsbegründende Sachverhalt vor Verfahrenseröffnung abgeschlossen ist, mag sich eine Forderung des Gläubigers hieraus auch erst nach Verfahrenseröffnung ergeben (BGH, 3

ZInsO 2012, 692). Insolvenzgläubiger im anfechtungsrechtlichen Sinne ist darüber hinaus der Empfänger einer rechtsgrundlos erfolgten Leistung, wenn diese aus seiner Warte bei objektiver Betrachtung zur Tilgung einer tatsächlichen nicht bestehenden Forderung bestimmt ist (BGH, ZInsO 2012, 264). Unerheblich ist, ob der Anfechtungsgegner als Insolvenzgläubiger tatsächlich am Verfahren teilnimmt (Uhlenbruck-Hirte § 130 Rn. 25). Die Tilgung einer Verbindlichkeit durch den Schuldner, für die ein Dritter eine Sicherheit gewährt hat, führt rgm. zugleich zur Erfüllung des Befreiungsanspruches des Sicherungsgebers, weshalb auch dieser i. H. d. Wertes der gewährten Sicherheit Insolvenzgläubiger i. S. d. § 130 ist (MK-Kirchhof § 130 Rn. 17). Hatte der Schuldner selbst für die Verbindlichkeit eines Dritten eine Sicherheit gestellt oder diese Verbindlichkeit getilgt, so ist der Gläubiger jener Verbindlichkeit nur dann Insolvenzgläubiger, wenn der Insolvenzschuldner ihm ebenfalls zur Deckung verpflichtet war. Zur Zahlung der Organgesellschaft einer umsatzsteuerlichen Organschaft auf Steuerschulden des Organträgers vgl. BGH, ZInsO 2012, 264 (in Abgrenzung zur BFH-Rspr.). War hingegen der Insolvenzschuldner – wie rgm. bei der Tilgung fremder Verbindlichkeiten – dem Empfänger der Leistung ggü. nicht zu der gewährten Leistung verpflichtet, kommt lediglich eine Anfechtung gem. §§ 132 ff. in Betracht (BGH, ZInsO 2004, 499; vgl. § 132 Rdn. 5, § 134 Rdn. 25).

4 Nicht zu den Insolvenzgläubigern gehören die (Ersatz-) **Aussonderungsberechtigten** i. S. d. §§ 47, 48 und die **Massegläubiger** i. S. d. §§ 54, 55. Demgegenüber sind (Ersatz-) **Absonderungsberechtigte** i. S. d. § 52 Satz 1 wegen ihrer gesamten Forderung zugleich Insolvenzgläubiger, soweit ihnen der Schuldner auch persönlich haftet. Rechtshandlungen, die die durch das Absonderungsrecht gesicherte Forderung verringern, betreffen daher grds. deren Berechtigten in seiner Eigenschaft als Insolvenzgläubiger, wenn sie sich nicht erkennbar ausschließlich auf das Sicherungsrecht beziehen, wie z. B. die Verwertung schuldnerseits gestellter Sicherheiten oder die Ablösung einer Grundschuld (BGH, ZInsO 2006, 544). Der absonderungsberechtigte Gläubiger als Inhaber seines Sicherungsrechts ist hingegen insoweit nicht Insolvenzgläubiger (BGH, ZInsO 2006, 544).

5 Grds. muss die erfüllte oder gesicherte Forderung des Insolvenzgläubigers schon **vor der Deckungshandlung** begründet gewesen sein (d. h. das ihr zugrunde liegende Rechtsverhältnis muss bereits bestanden haben), wobei es jedoch unschädlich ist, wenn sie im Zeitpunkt der Deckungshandlung noch nicht durchsetzbar oder sogar nichtig war (MK-Kirchhof § 130 Rn. 21). Unerheblich ist es auch, ob die Forderung des Insolvenzgläubigers vor oder nach Eintritt der Zahlungsunfähigkeit des Schuldners entsteht (BGH, WM 1955, 404).

III. Gewährung einer Sicherung oder Befriedigung

1. Allgemeines

6 § 130 erfasst die **kongruente Deckung**, d. h. Sicherungen und Befriedigungen, die dem Insolvenzgläubiger gebühren, weil er auf sie so, wie sie erbracht wurden, einen Anspruch hatte (OLG Stuttgart, ZInsO 2002, 986). Nach der Verkehrsanschauung unerhebliche **Abweichungen** von dem zu Beanspruchenden führen dabei nicht bereits zu einer Inkongruenz (MK-Kirchhof § 131 Rn. 11). Im Hinblick auf **nachträglich vorgenommene Änderungen des Schuldverhältnisses** sei auf die Kommentierung zu § 131 verwiesen (vgl. dort Rdn. 3). **Auch inkongruente Deckungen** können jedoch bei Vorliegen sämtlicher Tatbestandsvoraussetzungen gem. § 130 angefochten werden, was allerdings wegen der in § 131 erleichterten Anfechtungsvoraussetzungen nur selten relevant wird (z. B. wenn der Nachweis der Inkongruenz nicht gelingt).

Erhält der Schuldner für die erbrachte kongruente Sicherung oder Befriedigung in engem zeitlichen Zusammenhang hierzu eine gleichwertige Gegenleistung, sog. **Bargeschäft**, so scheidet eine Anfechtbarkeit gem. § 142 aus (vgl. § 142 Rdn. 1).

Hat ein Insolvenzgläubiger vor Eröffnung des Insolvenzverfahrens aufgrund seines eigenen Anfechtungsanspruchs nach dem AnfG eine Sicherung oder Befriedigung erlangt, verweist **§ 16 Abs. 2 AnfG** auf § 130. Derartige Deckungen sind folglich stets kongruent (MK-Kirchhof § 131 Rn. 30).

2. Sicherung

Eine Sicherung erhält, wer eine Rechtsposition eingeräumt bekommt, mit deren Hilfe die **Durchsetzung** des weiterhin bestehenden Anspruches, für den sie eingeräumt wurde, **erleichtert** möglich ist.

Von diesem Begriff sind sowohl **vertragliche** als auch **gesetzliche Sicherheiten** erfasst, z. B. Sicherungsübereignungen, Sicherungszessionen (auch künftiger Forderungen), Pfand- und Zurückbehaltungsrechte aller Art oder Personalsicherheiten. So stellt z. B. auch das Einbringen von Gegenständen des Mieters in die Mieträume eine sicherungsgewährende (§ 562 BGB) Rechtshandlung i. S. d. §§ 130, 131 dar. Obgleich die **Vormerkung** i. S. v. §§ 883 ff. BGB sachenrechtlich die geschuldeten dinglichen Rechtswirkungen teilweise vorwegnimmt, zählt auch sie zu den Sicherungsmitteln i. S. d. §§ 130 ff. (MK-Kirchhof § 130 Rn. 8; vgl. § 131 Rdn. 31). Schließlich stellt auch die **Herstellung einer Aufrechnungs- oder Verrechnungslage** eine Sicherung dar, da sie es ermöglicht, durch Erklärung der Aufrechnung die eigene Forderung jedenfalls i. H. d. Forderung des Schuldners zu realisieren (vgl. Rdn. 43 f. sowie § 129 Rdn. 7, 85).

Keine Sicherung i. S. d. §§ 130 ff. stellt hingegen die Entgegennahme einer Lieferung unter **Eigentumsvorbehalt** dar, da diese Sicherung nicht aus dem Vermögen des Schuldners gewährt wird.

3. Befriedigung

Unter Befriedigung ist die vollständige oder teilweise **Erfüllung** eines Anspruches zu verstehen. Die Erfüllung ist außer durch Leistung i. S. v. § 362 BGB auch durch **Leistung an Erfüllungs statt** (§ 364 Abs. 1 BGB) oder Schuld befreiende **Hinterlegung** (§§ 372 ff. BGB) möglich. Auch die **Aufrechnung** mit einer Forderung des Schuldners stellt eine Deckung dar, wobei zeitlich auf die Begründung der Aufrechnungslage abzustellen ist. Sie ist kongruent, wenn nicht die §§ 94, 96 entgegenstehen, insb. nicht die Aufrechnungslage in anfechtbarer Weise hergestellt worden war (vgl. § 129 Rdn. 7, 85). Zu weiteren Einzelfällen, insb. bei Beteiligung von Banken, vgl. Rdn. 39 ff.

IV. Ermöglichung einer Sicherung oder Befriedigung

§ 130 erfasst auch das bloße Ermöglichen einer Sicherung oder Befriedigung und damit Rechtshandlungen, die selbst noch keine Deckung bewirken, aber zu einer solchen führen können. Es handelt sich um vorbereitende Verhaltensweisen, die Insolvenzgläubiger in die Lage versetzen, sich eine Sicherung oder Befriedigung zu verschaffen, so z. B. bei einem **Anerkenntnis** gem. § 307 ZPO oder der **Kündigung** eines Darlehens durch den Schuldner, die dazu führt, dass ein Pfandrecht kongruent wird, weil es nunmehr beansprucht werden kann. Das bloße Unterlassen einer Kündigung ist hingegen keine »ermöglichende« Rechtshandlung, solange der Schuldner die Kündigung nicht bewusst in Betracht gezogen hatte (BGH, ZIP 1996, 2080). Lagert ein Schuldner bei einer Bank Wertpapiere ein und löst dadurch deren AGB-Pfandrecht (Nr. 14 AGB-Banken) aus, so wird hierdurch ebenfalls eine Sicherung ermöglicht. Zur Ermöglichung einer Sicherung durch **Wertauffüllung** einer bereits abgetretenen Forderung durch Erbringung weiterer Leistungen vgl. Rdn. 40. Weiterhin ermöglicht auch die Entscheidung des Schuldners, gegen einen Vollstreckungstitel oder eine Vorpfändung nicht vorzugehen, eine spätere Sicherung oder Befriedigung. Gleichzeitig stellt das Erwirken eines Titels eine die Sicherung ermöglichende Rechtshandlung des Gläubigers dar.

Erfolgte die Ermöglichung der Sicherung oder Befriedigung außerhalb des geschützten zeitlichen Bereichs, kann dies dazu führen, dass die im kritischen Zeitraum erfolgte Deckung kongruent und damit nur unter erschwerten Voraussetzungen anfechtbar ist.

V. Zur Zeit der Handlung

Ab wann eine Befriedigung oder Sicherung als gewährt oder ermöglicht gilt, richtet sich nach § 140 (vgl. die dortige Kommentierung).

Bei Abs. 1 Nr. 2 muss dieser Zeitpunkt nach dem Zugang des Eröffnungsantrags bei Gericht liegen.

VI. Zahlungsunfähigkeit des Schuldners

12 Der Schuldner muss für die Anwendbarkeit des Abs. 1 Nr. 1 und Nr. 2, 1. Alt. im Zeitpunkt der Vornahme der Rechtshandlung (§ 140) bereits zahlungsunfähig sein, wobei jedoch bereits die Handlung, die die Zahlungsunfähigkeit begründet, anfechtbar sein kann (Uhlenbruck-Hirte § 130 Rn. 35), wenn der Anfechtungsgegner Kenntnis hiervon hat.

Zahlungsunfähig ist, wer nicht dazu in der Lage ist, die fälligen Zahlungspflichten zu erfüllen, § 17 Abs. 2 Satz 1 (vgl. § 17 Rdn. 4 ff.). Der Umstand, dass der Schuldner noch vereinzelt Zahlungen leisten kann und dies tut, ist unerheblich, weil Schuldner in der Krise erfahrungsgemäß aus unterschiedlichsten Gründen einzelne Gläubiger bevorzugt befriedigen (BGHZ 155, 75, 84 = ZInsO 2003, 764).

Bei der Anfechtung einer Forderungssicherung ist die gesicherte Forderung bei der Frage, ob Zahlungsunfähigkeit vorliegt, mitzuberücksichtigen (BGH, ZIP 1997, 1926). Lediglich drohende Zahlungsunfähigkeit (§ 18) oder allein die Überschuldung (§ 19) genügen nicht.

13 Die im Zeitpunkt der Rechtshandlung vorliegende Zahlungsunfähigkeit muss auch noch bei Verfahrenseröffnung fortbestehen. Dieser nötige **Kausalzusammenhang** zwischen Zahlungsunfähigkeit und Insolvenzverfahren fehlt, wenn die bei Vornahme der Deckungshandlung bestehende Zahlungsunfähigkeit vor Verfahrenseröffnung allgemein beseitigt wurde, das Verfahren also aus den Gründen der §§ 18 ff. oder aufgrund einer später neu eingetretenen Zahlungsunfähigkeit eröffnet wurde.

VII. Eröffnungsantrag

14 Für die Anwendbarkeit des **Abs. 1 Nr. 2, 2. Alt.** ist eine Zahlungsunfähigkeit des Schuldners **nicht zwingend erforderlich**. Es genügen daher auch auf drohende Zahlungsunfähigkeit (§ 18) oder Überschuldung (§ 19) gestützte Eröffnungsanträge. War nur ein Eröffnungsantrag gestellt worden, muss dieser später tatsächlich zur Verfahrenseröffnung geführt haben. Es genügt, wenn der Antrag erst im Zeitpunkt der Verfahrenseröffnung **zulässig und begründet** ist; im Zeitpunkt der Antragstellung und im Zeitpunkt der Rechtshandlung muss dies noch nicht der Fall gewesen sein (HK-Kreft § 130 Rn. 31). Bei einem ausländischen Insolvenzverfahren, das im Inland anerkennungsfähig ist, kann der im Ausland gestellte Insolvenzantrag für die Anwendbarkeit von § 130 genügen (BGH, ZIP 1991, 1014).

VIII. Zeitrahmen

15 **Nr. 1** erfasst alle Rechtshandlungen, die innerhalb der letzten 3 Monate vor Stellung des Antrags auf Verfahrenseröffnung vorgenommen (§ 140) wurden, **Nr. 2** nach Antragstellung erfolgte Rechtshandlungen. Die Fristberechnung richtet sich nach § 139 (vgl. die dortige Kommentierung), wobei es für den Fristbeginn auf den Eingang des (ersten zulässigen und begründeten) Antrags bei Gericht ankommt (zu den Besonderheiten in der Insolvenz von Instituten i. S. v. § 1 KWG vgl. vor §§ 129 ff. Rdn. 18).

Bei weiter zurückliegenden Rechtshandlungen kommt eine Anfechtung lediglich gem. §§ 133 ff. in Betracht.

IX. Subjektive Anfechtungsvoraussetzungen

16 Da der Insolvenzgläubiger i. R. d. § 130 im Regelfall nur dasjenige erlangt hat, worauf er einen fälligen Anspruch hatte, wird er der Anfechtung erst ausgesetzt, wenn er von der Zahlungsunfähigkeit und/oder von einem Eröffnungsantrag Kenntnis hatte (oder zwingend hätte haben müssen, Abs. 2).

Kenntnis bedeutet für sicher gehaltenes Wissen (BGH, ZInsO 2009, 515), d. h. positive Kenntnis. Die rechtlichen Zusammenhänge muss der Insolvenzgläubiger nicht kennen (MK-Kirchhof § 130 Rn. 33).

Der begünstigte Insolvenzgläubiger muss die Kenntnis bereits im **Zeitpunkt der** Wirksamkeit der Rechtshandlung (§ 140) haben; spätere Kenntnis ist für ihn unschädlich (BGH, ZIP 2008, 930).

Bei anfechtbaren Aufrechnungen ist Kenntnis im Zeitpunkt der Entstehung der Aufrechnungslage erforderlich.

Eine bereits vor dem maßgeblichen Zeitpunkt (§ 140) gegebene Kenntnis des Anfechtungsgegners von der Zahlungsunfähigkeit des Schuldners (oder von Umständen i. S. d. Abs. 2) kann allerdings bei Wirksamkeit der Rechtshandlung **wieder entfallen** sein, wenn der Anfechtungsgegner aufgrund zwischenzeitlich eingetretener, objektiv geeigneter Tatsachen zu der Ansicht gelangt, der Schuldner sei möglicherweise wieder zahlungsfähig (BGH, ZIP 2008, 930). Den Wegfall solcher Kenntnis hat der Anfechtungsgegner zu beweisen (BGH a. a. O.). 16a

▶ Hinweis für das Prozessgericht und den Insolvenzverwalter:

Weil dessen Voraussetzungen leichter nachzuweisen sind, sollte hinsichtl. der subjektiven Merkmale beim Anfechtungsgegner immer zuerst Abs. 2 geprüft werden.

1. Kenntnis von der Zahlungsunfähigkeit

a) Anfechtbarkeit gem. Abs. 1

Für die Anfechtbarkeit gem. Nr. 1 muss der Anfechtungsgegner die Zahlungsunfähigkeit gekannt haben. Kenntnis von der Zahlungsunfähigkeit liegt (bereits) dann vor, wenn der Insolvenzgläubiger die Liquidität oder das Zahlungsverhalten des Schuldners wenigstens laienhaft als Zahlungsunfähigkeit wertet. Hierfür genügt es, wenn der Insolvenzgläubiger aus den ihm bekannten Tatsachen und dem Schuldnerverhalten bei natürlicher Betrachtungsweise selbst den Schluss zieht, dass jener wesentliche Teile seiner fälligen und ernsthaft eingeforderten Verbindlichkeiten innerhalb der nächsten 3 Wochen nicht wird tilgen können. Die Kenntnis von der Zahlungseinstellung steht der Kenntnis der Zahlungsunfähigkeit gleich; die in § 17 Abs. 2 Satz 2 formulierte Vermutung gilt auch im Insolvenzanfechtungsrecht (BGH, ZInsO 2009, 515). Die positive Kenntnis von der lediglich **drohenden Zahlungsunfähigkeit** genügt nicht (RGZ 95, 152, 153), erst recht nicht allein die Kenntnis von **Zahlungsstockungen** oder dem allgemeinen Vermögensverfall des Schuldners (MK-Kirchhof § 130 Rn. 33). Auch die Kenntnis von der **Überschuldung** gem. § 19 genügt nicht, da diese nicht alsbald zur Zahlungsunfähigkeit führen muss. Die **Kenntnis** allein von **Tatsachen**, die für sich die Zahlungsunfähigkeit begründen, genügt allenfalls nach Abs. 2, wenn aus ihnen zwingend der Schluss auf die Zahlungsunfähigkeit gezogen werden muss. Positive Kenntnis hat z. B. der Rechtsanwalt, der den Schuldner bis wenige Tage vor Antragstellung beraten und selbst ggü. den Gläubigern die Zahlungsunfähigkeit des Schuldners dargelegt hatte (AG Hannover, ZInsO 2002, 89). 17

b) Anfechtbarkeit gem. Abs. 2

Den grds. dem Insolvenzverwalter (Ausn. in Abs. 3, vgl. Rdn. 59) obliegenden **Beweis** dieser Kenntnis **erleichtert** Abs. 2, indem er der positiven Kenntnis der Zahlungsunfähigkeit die Kenntnis von Umständen gleichstellt, die zwingend auf die Zahlungsunfähigkeit schließen lassen. Der Anfechtungsgegner muss also (nur) die tatsächlichen Umstände, aus denen bei zutreffender rechtlicher Bewertung sich die Zahlungsunfähigkeit zweifelsfrei ergibt, **positiv kennen** (BGH, ZInsO 2009, 515). Ist die Rechtslage aufgrund dieser dem Anfechtungsgegner bekannten Tatsachen eindeutig, zieht dieser diese Schlussfolgerung jedoch nicht, schadet ihm diese eindeutige Fehlbewertung (BGHZ 149, 178, 185 = ZInsO 2002, 29). 18

Hätte ein durchschnittlich geschäftserfahrener, unvoreingenommener Gläubiger aufgrund der vorgenannten Tatsachen ohne ernsthafte Zweifel die Zahlungsunfähigkeit des Schuldners angenommen, so ist der Anfechtungsgegner, der diese Tatsachen kannte, gem. diesem **objektiven Maßstab** unwiderleglich (MK-Kirchhof § 130 Rn. 36) so zu behandeln, als hätte er die Zahlungsunfähigkeit selbst gekannt. 19

Dabei genügt es z. B., wenn ein (Groß-) Gläubiger vor oder bei Empfang der angefochtenen Leistung seine unstreitigen Ansprüche **vergeblich eingefordert** hat, diese verhältnismäßig hoch sind und er keine greifbare Grundlage für die Annahme hat, dass der Schuldner genügend flüssige Geldmittel zur Verfügung haben wird, um die Forderung fristgerecht erfüllen zu können (BGH, ZInsO 2003, 180). Denn es ist ausreichend, wenn die Zahlungsunfähigkeit lediglich ggü. demjenigen Gläubiger zum Ausdruck kommt, der zugleich der Anfechtungsgegner ist (BGH, ZInsO 2001, 318). Da der (spätere) Anfechtungsgegner regelmäßig keine Kenntnis von dem Gesamtvolumen der fälligen Verbindlichkeiten des Schuldners hat, muss – soweit die Kenntnis von der Zahlungsunfähigkeit des Schuldners oder von diese belegenden Umständen zu beurteilen ist – darauf abgestellt werden, ob sich die schleppende oder ausbleibende Tilgung seiner Forderung bei einer Gesamtbetrachtung der für den Gläubiger erkennbaren Umstände, insb. unter Berücksichtigung der Art der Forderung, der Person des Schuldners und des Zuschnitts seines Geschäftsbetriebes, als ausreichendes Indiz der Zahlungsunfähigkeit darstellt (BGH, ZInsO 2010, 1598).

Kenntnis des Gläubigers von der Zahlungsunfähigkeit kann im Einzelfall z. B. auch dann gegeben sein, wenn der Schuldner ihn darauf hingewiesen hat, dass Maßnahmen in der Zwangsvollstreckung fruchtlos seien (BGH, ZIP 1997, 513) oder wenn – für den Gläubiger erkennbar – unter Eigentumsvorbehalt gelieferte **Waren** von den Lieferanten **abgeholt** werden und der Schuldner nur noch Neuschulden bedient (OLG Stuttgart, ZIP 1997, 652).

20 **Umstände i. S. d. Abs. 2** sind ferner anzunehmen, wenn der Schuldner dem Anfechtungsgegner – z. B. i. R. d. Bemühungen um einen außergerichtlichen **Sanierungsvergleich** – erklärt, dass er nicht dazu in der Lage sei, wesentliche Teile seiner fälligen Verbindlichkeiten kurzfristig zu tilgen, oder wenn der Schuldner dem Gläubiger einer verhältnismäßig hohen Geldforderung auf dessen Zahlungsaufforderung hin erklärt, dass er nicht zahlen, aber die Abtretung einer Kundenforderung anbieten könne (BGH, ZIP 1997, 1926). Auch die Tatsache, dass ein **Scheck** über einen relativ geringen Betrag nicht eingelöst werden konnte, stellt einen Umstand dar, der – i. V. m. anderen Faktoren – das Eingreifen von Abs. 2 rechtfertigen kann (BGH, ZInsO 2001, 1049); Gleiches gilt für die Rückgabe von Lastschriften (BGH, ZInsO 2010, 1598).

21 Nach allgemeinem Erfahrungssatz werden Träger der Sozialversicherung auch noch in der Krise des Schuldners vor anderen Gläubigern bedient (BGH, ZInsO 2010, 1598). Die Nichtzahlung der geschuldeten **Sozialversicherungsbeiträge** deutet daher auf Zahlungsunfähigkeit hin, da solche nur dann nicht ausgeglichen werden, wenn keine Mittel mehr vorhanden sind (BGH, ZInsO 2010, 1324).

Hat der Schuldner bereits ein halbes Jahr Sozialversicherungsbeiträge nicht abgeführt, so kennt der Sozialversicherungsträger Umstände, aus denen er zwingend auf die Zahlungsunfähigkeit schließen muss, da es ein Schuldner – nicht zuletzt wegen der Strafvorschrift des § 266a StGB – erfahrungsgemäß zu solchen Rückständen nicht kommen lässt, wenn er dies unschwer vermeiden könnte (BGHZ 149, 178 = ZInsO 2002, 29). Bei Hinzutreten weiterer Umstände, wie z. B. ein weiteres Anwachsen der Rückstände trotz bereits gestelltem Insolvenzantrag oder »vertröstendes« Verhalten des Schuldners, liegen bereits bei einem Zahlungsrückstand von weniger als sechs Monatsbeiträgen Umstände vor, aus denen der Sozialversicherungsträger auf die eingetretene Zahlungsunfähigkeit schließen muss (BGH a. a. O.).

22 Kenntnis des Gläubigers i. S. d. Abs. 2 ist auch anzunehmen, wenn der Schuldner, der mit seinen laufenden (**steuerlichen**) Verbindlichkeiten seit mehreren Monaten zunehmend in Rückstand geraten ist, lediglich eine Teilzahlung leistet und keine konkreten Anhaltspunkte dafür bestehen, dass er in Zukunft die fälligen Forderungen alsbald erfüllt (BGH, ZInsO 2003, 180) oder wenn der Gläubiger nach monatelang anwachsenden, nicht unwesentlichen Rückständen des Schuldners und fruchtlosen Vollstreckungsversuchen die Eröffnung des Insolvenzverfahrens wegen Zahlungseinstellung beantragt und daraufhin Zahlungen des Schuldners erhält, die zur Antragsrücknahme führen (BGH, ZInsO 1999, 712). Gleiches gilt, wenn die **Hausbank** des Schuldners, die anhand der Buchhaltungsunterlagen über dessen wirtschaftlichen Verhältnisse informiert ist, alle ihm gewähr-

ten Kredite zur sofortigen Rückzahlung fällig stellt, weil sie ihn für nicht mehr kreditwürdig hält, und anschließend Zahlungseingänge mit dem Sollsaldo verrechnet, der den größten Teil der schuldnerischen Verbindlichkeiten ausmacht (BGH, ZInsO 2001, 318), oder wenn ihr innerhalb kurzer Zeit mehrere Pfändungs- und Überweisungsbeschlüsse als Drittschuldnerin zugestellt werden (KG, ZInsO 2004, 394). Demgegenüber genügt es als Zurechnungsgrundlage grds. nicht, wenn die Hausbank (ohne das Hinzutreten weiterer Indizien) keine Belastungen auf dem schuldnerischen Girokonto mehr zulässt (BGHZ 138, 40) oder die gewährten Kredite kündigt, ohne deren Rückführung zu verlangen (BGHZ 118, 171, 175).

Hinsichtlich der Kenntnis von Arbeitnehmern bzgl. der Zahlungsunfähigkeit ihres Arbeitgebers bzw. hierfür sprechende Umstände hat der BGH die Anforderungen konkretisiert und auf die Erkenntnismöglichkeit des einzelnen Arbeitnehmers durch Einsichtnahme in die Finanzbuchhaltung des Arbeitgebers und/oder die Wahrnehmung kaufmännischer Leitungsaufgaben abgestellt (BGH, ZInsO 2009, 515; 2009, 2244; vgl. jedoch die insoweit arbeitnehmergewogenere Auffassung des BAG, ZInsO 2012, 271 und 834). Demnach reicht bei einem Arbeitnehmer ohne diese Erkenntnismöglichkeiten die bloße Kenntnis von eigenen fälligen und über sogar mehrmonatigen Zeitraum unbefriedigten Arbeitsentgeltansprüchen selbst dann nicht aus, eine Kenntnis i. S. d. Abs. 2 anzunehmen, wenn gleichzeitig in den Medien negative Berichterstattung über die wirtschaftliche Situation des Arbeitgebers stattfindet (BGH, ZInsO 2009, 515). Eine Erkundigungs- oder Nachforschungspflicht trifft den Arbeitnehmer nicht (BGH a. a. O.). Bei Erkenntnismöglichkeit eines Arbeitnehmers hinsichtlich der gesamtwirtschaftlichen Situation seines Arbeitgebers (sog. »Insiderkenntnisse«) sind an die Vermutung der Kenntnis i. S. d. Abs. 2 demgegenüber deutlich geringere Anforderungen zu stellen (BGH, ZInsO 2009, 2244). 22a

Hat der Gläubiger, der selbst einen **Antrag auf Eröffnung des Insolvenzverfahrens** über das Vermögen des Schuldners stellt, Kenntnis von einer eingetretenen Zahlungsunfähigkeit oder hätte er aus den ihm bekannten Umständen auf eine solche schließen müssen, so entfällt diese Kenntnis auch dann, wenn der Gläubiger nur seine eigene Forderung positiv kennt, nicht allein dadurch wieder, dass der Schuldner die Forderung des Gläubigers tilgt, soweit es für den Gläubiger (z. B. wegen Kenntnis der Art des Betriebes des Schuldners) offensichtlich ist, dass außer ihm weitere Gläubiger vorhanden sind (BGHZ 149, 178 = ZInsO 2002, 29). 23

Die Kenntnis von Umständen i. S. d. Abs. 1 muss grds. im Zeitpunkt des Eintritts der Rechtswirkung der Rechtshandlung vorliegen (BGH, ZInsO 2011, 1115). Haben zunächst Umstände i. S. d. Abs. 2 vorgelegen und macht der Anfechtungsgegner den **Wegfall** diesbezüglicher Kenntnis geltend, ist zunächst zu prüfen, ob die Umstände objektiv nicht mehr gegeben sind. Nur wenn dies der Fall ist, ist zu prüfen, ob aufgrund der veränderten Umstände auch die Kenntnis des Anfechtungsgegners weggefallen ist (BGH, ZIP 2008, 930). 23a

2. Kenntnis hinsichtlich des Eröffnungsantrags

Erfolgte die Deckungshandlung, nachdem bereits ein Antrag auf Eröffnung des Insolvenzverfahrens gestellt worden war, muss der Begünstigte gem. Abs. 1 Nr. 2 **alternativ** die Zahlungsunfähigkeit des Schuldners oder den Eröffnungsantrag kennen. Hinsichtlich der Kenntnis vom Vorliegen des Eröffnungsantrags ist grds. wiederum **positives Wissen** oder die **Kenntnis von Umständen gem. Abs. 2** (vgl. Rdn. 18 ff.) erforderlich. Dabei muss der Gläubiger wissen oder aus ihm bekannten Tatsachen zwingend hätte schließen müssen, dass eine als Eröffnungsantrag zu wertende Erklärung beim Gericht **bereits eingegangen** ist. Nicht erforderlich ist, dass der Begünstigte auch die Zulässigkeit und Begründetheit des Antrags kennt; hierbei handelt es sich um rein objektive Voraussetzungen für die Anwendbarkeit des § 130. Darum ist es unerheblich, ob der Anfechtungsgegner den Antrag nicht ernst genommen oder für unbegründet gehalten hat (MK-Kirchhof § 130 Rn. 54). 24

Wurden **mehrere Eröffnungsanträge** gestellt, so genügt die Kenntnis des Anfechtungsgegners von einem (der anfechtbaren Rechtshandlung vorausgehenden) Antrag, der die Eröffnungsvoraus- 25 setzungen erfüllt, auch wenn letztendlich die Verfahrenseröffnung auf einen anderen Antrag hin erfolgt (HK-Kreft § 130 Rn. 28).

26 Die Kenntnis vom Vorhandensein eines Eröffnungsantrags wird nicht auch dann vermutet, wenn ein Beschluss des Insolvenzgerichts im Eröffnungsverfahren öffentlich bekannt gemacht worden ist, der **Sicherungsmaßnahmen gem. §§ 21, 22** angeordnet hat, (BGH, ZInsO 2010, 2296).

▶ **Hinweis für den vorläufigen Insolvenzverwalter/Sachverständigen im Insolvenzeröffnungsverfahren:**

Nach Zugang des ersten auf die Antragstellung hin ergehenden Beschlusses des Insolvenzgerichtes sollte dieser umgehend den als Gläubiger in Betracht kommenden Kreditinstituten per Telefax/E-mail zur Kenntnis gebracht werden, um die Voraussetzungen des Abs. 1 Satz 1 für den Fall sich anschließender Kontokorrentverrechnungen zu schaffen.

27 Ein Kreditinstitut ist aufgrund seiner wirtschaftlichen Bedeutung verpflichtet, organisatorische Vorsorge dafür zu treffen, dass seine Kunden betreffende Informationen über Verfahrenseröffnungen oder die Anordnung von Sicherungsmaßnahmen im Eröffnungsverfahren im eigenen Hause zur Kenntnis genommen werden (BGH, ZInsO 2006, 92).

3. Inhaber der Kenntnis

28 Grds. muss gerade der die Deckung erlangende **Insolvenzgläubiger persönlich** im maßgeblichen Zeitpunkt Kenntnis von der Zahlungsunfähigkeit oder dem Eröffnungsantrag bzw. von den Tatsachen haben, aus denen Zahlungsunfähigkeit oder das Vorliegen eines Eröffnungsantrags zwingend folgt.

29 Ist aufseiten des Insolvenzgläubigers bei der Deckungshandlung ein **rechtsgeschäftlicher Stellvertreter** beteiligt, so findet § 166 Abs. 1, 2 Satz 1 BGB Anwendung. Im Fall des Abs. 2 bezieht sich die Zurechnung allein auf die maßgeblichen Tatsachen; die Wertung, ob aus diesen zwingend auf die Zahlungsunfähigkeit/das Vorliegen eines Eröffnungsantrags zu schließen ist, erfolgt demgegenüber rein objektiv (vgl. Rdn. 19). Gleiches gilt für die Zurechnung des Wissens des **gesetzlichen Vertreters** einer nicht (voll) geschäftsfähigen natürlichen Person (BGHZ 38, 65, 66 f.) oder eines **Prozess- bzw. Verfahrensbevollmächtigten** (BGH, ZInsO 2013, 179).

Im Fall einer **Gesamtvertretung** genügt im Hinblick auf § 28 Abs. 2 BGB, §§ 125 Abs. 2 Satz 3, 150 Abs. 2 Satz 2 HGB, § 78 Abs. 2 Satz 2 AktG, § 35 Abs. 2 Satz 3 GmbHG, § 25 Abs. 1 Satz 3 GenG und § 170 Abs. 3 ZPO die Kenntnis lediglich **eines der Gesamtvertreter** (MK-Kirchhof § 130 Rn. 43).

Auch dann, wenn der Vertreter des Gläubigers zugleich den Schuldner vertritt, ist dem Gläubiger die Kenntnis des Vertreters zuzurechnen (BGH, ZIP 2000, 702). Nimmt der Schuldner selbst im Wege eines wirksamen **Insichgeschäfts** (§ 181 BGB) die Deckungshandlung vor, so ist dem Gläubiger die Kenntnis des als sein Vertreter handelnden Schuldners ebenfalls nach § 166 Abs. 1 BGB zuzurechnen (BGH, ZIP 1990, 1420).

30 Kennt der rechtsgeschäftliche oder gesetzliche Vertreter die für das Eingreifen des § 130 maßgeblichen Tatsachen nicht, wohl aber der Begünstigte selbst, so schadet ihm diese Kenntnis gem. § 166 Abs. 2 Satz 1 BGB, wenn der Vertreter auf **Weisung** handelt. Dafür genügt es, dass sich die Vollmacht auf ein bestimmtes Rechtsgeschäft (das Deckungsgeschäft) bezieht (BGHZ 50, 364, 368); nicht nötig ist, dass der Gläubiger auf die nähere Ausgestaltung des Rechtsgeschäfts Einfluss nimmt (BGHZ 38, 65, 68). Für die Zurechnung genügt es, dass der Insolvenzgläubiger die Kenntnis in einem Zeitpunkt erlangt, zu dem er noch auf die Vornahme der Rechtshandlung maßgeblichen Einfluss hätte nehmen können (BGHZ 50, 364, 368).

31 Das Wissen eines **vollmachtlosen Vertreters** wird dem Begünstigten nur bei dessen Genehmigung der Vertreterhandlung zugerechnet. Genehmigt er, so schadet ihm auch die Kenntnis, die er seiner-

seits bis zum Zeitpunkt der Genehmigung erlangt, da diese erst das Ausscheiden des zugewendeten Gegenstandes aus dem Vermögen des Schuldners bewirkt (§ 177 Abs. 1 BGB).

Zwar ist der **Besitzdiener** nicht Stellvertreter, jedoch ist seine Kenntnis maßgebend, wenn ihn der Besitzherr im Rechtsverkehr selbstständig für sich hat handeln lassen und er i. R. d. ihm zur freien Entscheidung zugewiesenen Tätigkeit den Besitz für den Besitzherrn erworben hat (BGHZ 41, 17, 21 f.). 32

Einer **juristischen Person** ist die Kenntnis auch nur einer ihrer organschaftlichen Vertreter selbst dann gem. § 31 BGB zuzurechnen, wenn dieser die Rechtshandlung nicht selbst vorgenommen hat (BGHZ 109, 327, 331), da er rgm. dazu verpflichtet ist, erhebliche Kenntnisse, die er in seiner Eigenschaft als Organmitglied erlangt hat, an die zuständige Person weiterzuleiten. Das Wissen eines Allein- oder beherrschenden Gesellschafters einer GmbH ist im Hinblick auf § 166 Abs. 2 Satz 1 BGB jedenfalls dann zugleich Wissen der Gesellschaft, wenn dieser Gesellschafter vorab Kenntnis von der geplanten (später anfechtbaren) Rechtshandlung hatte (BGH, ZIP 1990, 371). Auch die Kenntnis weiterer bestellter Vertreter, wie des Prokuristen oder Filialleiters (BGH, ZIP 1989, 1184), ist der juristischen Person zuzurechnen. Gleiches gilt für die Kenntnis eines Kassierers (BGH, ZIP 1984, 809) oder Kreditsachbearbeiters (BGH, ZIP 1995, 929), der mit Durchführungsarbeiten i. R. d. Kreditverhältnisses betraut ist und daher als Wissensvertreter (vgl. Rdn. 36) zu gelten hat. Die Kenntnis eines Aktionärs einer AG genügt demgegenüber genauso wenig wie das Wissen eines Genossen bei einer Genossenschaft (RG, HRR 1938, 410). 33

Bei **Personengesellschaften** genügt jedenfalls in den Fällen der Gesamtvertretung die Kenntnis eines der Vertreter, die nur gemeinschaftlich handeln dürfen. Im Fall der **Einzelvertretungsbefugnis mehrerer Gesellschafter** ist das Wissen eines anderen als des konkret handelnden, vertretungsberechtigten Gesellschafters jedenfalls unter den Voraussetzungen der Wissenszurechnung (vgl. Rdn. 36) der Gesellschaft zuzurechnen (BGHZ 140, 54, 61 = ZInsO 1998, 392). Eine **Erbengemeinschaft** muss sich im Hinblick auf § 2038 BGB die Kenntnis eines jeden Miterben zurechnen lassen (MK-Kirchhof § 130 Rn. 50). 34

Bei **mittelbaren Zuwendungen** (vgl. § 129 Rdn. 29 ff.) ist das Wissen der Mittelsperson jedem zuzurechnen, zu dessen Gunsten sie bei dem Rechtsgeschäft weisungsgebunden handelt (KPB-Schoppmeyer § 130 Rn. 139). 35

Da es für die Kenntnis nicht auf rechtsgeschäftliche Wirkungen, sondern allein auf die **Wissenszurechnung** ankommt, bildet § 166 BGB auch im Anwendungsbereich des § 130 keine abschließende Schranke, sondern es gelten die von der Rspr. unter Verallgemeinerung des in § 166 BGB enthaltenen Rechtsgedankens zur Wissenszurechnung entwickelten Grundsätze. Danach muss jede am Rechtsverkehr teilnehmende Organisation, die sich bei ihrer Tätigkeit die Hilfe weisungsgebundener Hilfspersonen zunutze macht, sicherstellen, dass die diesen Personen im Rahmen ihrer Aufgabenerfüllung zur Kenntnis gelangenden rechtserheblichen Informationen an die Entscheidungsträger weitergegeben werden (BGHZ 140, 54, 62 = ZInsO 1998, 392). Maßgeblich ist, ob **unter den Umständen des konkreten Einzelfalles** ein Informationsaustausch zwischen den verschiedenen Repräsentanten der Organisation möglich und geboten gewesen wäre. Kommt der Verantwortliche dieser Organisationsverpflichtung nicht nach, so muss er sich materiell-rechtlich so behandeln lassen, als habe er von der Information Kenntnis gehabt (BGHZ 132, 30, 36). 36

Dies gilt auch für Behörden (BGH, ZInsO 2011, 1454). Allerdings kann hieraus nicht die Zurechnung von Wissen anderer Behörden des gleichen Rechtsträgers abgeleitet werden (BGH a. a. O.).

Hat ein **Amtswalter (bspw. Insolvenzverwalter)** für das von ihm verwaltete Vermögen als Insolvenzgläubiger etwas erlangt, ist für eine mögliche Anfechtbarkeit die Kenntnis des handelnden Verwalters maßgebend (Uhlenbruck-Hirte § 130 Rn. 58). Demgegenüber ist der vom Schuldner zur Schuldenregulierung bestellte **Treuhänder**, mit dem er einen Vertrag zugunsten der Gläubiger schließt, nicht deren Wissensvertreter, da er diese bei diesem Vertragsschluss nicht repräsentiert (BGHZ 55, 307, 310 ff.). 37

38 Weder das Wissen eines **Gerichtsvollziehers** noch dasjenige eines Vollziehungsbeauftragten einer öffentlich-rechtlichen **Vollstreckungsstelle** kann dem die Vollstreckung beauftragenden Gläubiger zugerechnet werden (BGH, ZInsO 2013, 608). Dagegen ist im Hinblick auf § 249 Abs. 2 AO die Kenntnis des Leiters oder Sachbearbeiters der Vollstreckungsstelle (§§ 249, 250 AO) dem Steuergläubiger (§ 252 AO) zuzurechnen (BGH a. a. O.). Dies gilt über die Verweisung aus § 5 Abs. 1 VwVG (i. V. m. § 66 Abs. 1 SGB X, § 4 Buchst. b) VwVG, § 1 Nr. 4 FVG) auch für den Fall, dass sich ein Sozialversicherungsträger zur Vollstreckung seiner durch Bescheid festgestellten Forderungen des Hauptzollamtes bedient (BGH a.a.O).

X. Einzelfälle

39 Eine vor Eintritt der Krise vorgenommene **Kontopfändung** ist als Sicherung gewährende Deckungshandlung gem. Abs. 1 anfechtbar, soweit sie Beträge erfasst, die nach Anbruch des Dreimonatszeitraumes eingegangen sind, nachdem der Pfändungsgläubiger von der Zahlungsunfähigkeit Kenntnis erlangt hatte (OLG München, ZIP 1988, 1269). Dies liegt darin begründet, dass bei einem Rechtserwerb, der in mehreren Teilakten erfolgt, ein Anfechtungsrecht besteht, soweit Kenntnis bei Vollendung des Rechtserwerbs besteht. Durch die Pfändung des Anspruches auf Gutschrift allein hat der Anfechtungsgegner noch keine gesicherte Rechtsposition hinsichtl. aller zukünftig eingehenden Gutschriften erlangt. Vollendung des Erwerbs tritt bei der **Vorauspfändung** oder auch **Vorausverpfändung künftiger Forderungen** erst mit Entstehung der Forderung ein (§ 140), d. h. bei der Pfändung künftiger Zahlungseingänge erst in dem Moment, in dem der Anspruch auf Gutschrift der einzelnen Forderung durch Eingang des Überweisungsbetrages bei der Empfängerbank entsteht. Ein Pfandrecht, das an Zahlungseingängen auf dem Konto des Schuldners in den letzten 3 Monaten vor dem Eröffnungsantrag gegen diesen entsteht, ist darüber hinaus auch als inkongruente Sicherung gem. § 131 anfechtbar, weil vor Eingang des Überweisungsbetrages kein Anspruch des Pfandgläubigers auf gerade diesen Zahlungseingang besteht (BGHZ 150, 122, 126 = ZInsO 2002, 426; vgl. § 131 Rdn. 22).

40 Die sicherungshalber erfolgende **Vorausabtretung zukünftiger Forderungen** (bspw. durch Globalzession) stellt eine kongruente Deckung dar (BGH, ZInsO 2011, 778). Gleiches gilt für die Vereinbarung eines **verlängerten oder erweiterten Eigentumsvorbehalts** (BGH a.a.O.). Hat also ein Sicherungsnehmer sich im Voraus zukünftige Forderungen des Schuldners – bspw. durch Vereinbarung eines verlängerten Eigentumsvorbehalts – sicherungshalber abtreten lassen, müssen für eine erfolgreiche Anfechtung die Voraussetzungen des § 130 im Zeitpunkt der Entstehung der Forderung (vgl. zum Entstehungszeitpunkt einzelner vertraglicher Forderungen § 140 Rdn. 14a) vorgelegen haben (BGH, 2008, 91.). Kommt eine diesbezügliche Anfechtung nicht in Betracht (rgm. wegen des Fehlens der subjektiven Tatbestandsmerkmale des § 130), kann allerdings eine Anfechtbarkeit der **Wertschöpfung** der einzelnen Forderungen als selbstständige Rechtshandlung gegeben sein (BGH, ZInsO 2008, 91), welche wiederum ebenfalls nur als kongruente Deckung anfechtbar ist (BGH, ZInsO 2008, 801). Wird bspw. durch Herstellung eines Werks, Übergabe einer Kaufsache oder Dienstleistungserbringung die Fälligkeit einer Vergütung herbeigeführt oder die sonst mögliche Nichterfüllungseinrede ausgeräumt, ist für das Vorliegen der Voraussetzungen des § 130 auf den Zeitpunkt der wertschöpfenden Handlung abzustellen (BGH a. a. O.; vgl. zum Zeitpunkt der Wertausschöpfung einer Forderung BGH, ZInsO 2013, 492).

41 **Verrechnungen** innerhalb eines **Kontokorrentes** von Forderungen der Bank mit **Gutschriften der Bank** auf dem Konto des späteren Schuldners, mit denen bewirkt wird, dass sich ein debitorischer Saldo des Kunden verringert, stellen ebenfalls Deckungshandlungen mit Befriedigungswirkung dar und können wegen Anfechtbarkeit der Herstellung der Verrechnungssituation (vgl. § 129 Rdn. 7, 85) gem. § 96 Abs. 1 Nr. 3 unzulässig sein, sodass der Insolvenzverwalter die Forderungen des Schuldners gegen die Bank uneingeschränkt geltend machen kann. Einer Anfechtung der Auf-/Verrechnung bedarf es dann nicht (BGH, ZInsO 2008, 801). Die Verrechnungslage entsteht in dem Augenblick, in dem die Bank buchmäßige Deckung durch Einzahlung eines Geldbetrages bzw. Einziehung einer Forderung erlangt (BGHZ 118, 171, 176). Unerheblich ist hierbei, ob die Gutschrift

auf einer Einzahlung des Insolvenzschuldners, der Überweisung eines Dritten, der Zahlung im Rahmen eines Lastschriftverfahrens (BGHZ 70, 177, 181), der Einreichung eines Kundenschecks oder der Einziehung eines Akkreditivbetrages durch die Bank (OLG Hamburg, WM 1997, 1773) beruht.

Die Wiedergutschrift von Belastungsbuchungen nach einem Widerspruch des (vorläufigen) Insolvenzverwalters gegen **Lastschriften im Einzugsermächtigungsverfahren** (vgl. Rdn. 47, § 22 Rdn. 155 ff.) stellt als bloße Korrektur (nunmehr) zu Unrecht erfolgter Buchungen hingegen keine anfechtbare Herstellung einer Verrechnungslage dar (Fischer FS Gerhardt, S. 223, 235). Die hierdurch erfolgende **Verringerung eines debitorischen Kontosaldos** erhöht nicht ein etwaiges »Anfechtungsvolumen« (BGH, ZInsO 2009, 659), da das Widerspruchsrecht des (vorläufigen) Insolvenzverwalters hier lediglich einen Gläubigeraustausch bewirkt (vgl. § 22 Rdn. 161, § 129 Rdn. 63). Deshalb ist – aus Sicht des vorläufigen Insolvenzverwalters – wie unter Rdn. 48 vorzugehen. 42

Ist die der Zahlung eines Dritten zugrunde liegende Forderung der Bank **unanfechtbar abgetreten** worden, so fehlt es bei einer Verrechnung der Ansprüche der Bank mit dem Zahlungseingang an einer Gläubigerbenachteiligung, weil die Bank auch aus der Forderung abgesonderte Befriedigung hätte verlangen dürfen (BGH, ZInsO 2008, 811; vgl. auch § 129 Rdn. 65c). Der Umstand, dass insoweit u. U. der Insolvenzmasse Kostenpauschalen i. S. d. § 171 verlorengehen, rechtfertigt nicht die Annahme einer Gläubigerbenachteiligung (BGH, ZInsO 2003, 1137). Gleiches gilt beim Scheckinkasso (vgl. Rdn. 46), wenn die Bank das mit der Einreichung des Schecks entstehende Sicherungseigentum unanfechtbar erworben hat (BGH, ZIP 1992, 778). In diesen Fällen ist daher stets zu prüfen, ob nicht das Sicherungsrecht als solches bereits unwirksam (vgl. § 129 Rdn. 65c) oder anfechtbar erlangt worden ist oder die der Zahlung des Dritten zugrunde liegende Forderung anfechtbar werthaltig gemacht wurde (vgl. Rdn. 40).

Ob es sich bei der **Herstellung der Aufrechnungslage** um eine kongruente oder inkongruente Deckung handelt, ist davon abhängig, ob die Bank die Deckung im maßgeblichen Zeitpunkt verlangen kann. Eine kongruente Deckung liegt danach vor, wenn die Bank einen aufrechenbaren fälligen Zahlungsanspruch gegen den Schuldner hatte, was der Fall ist, wenn entweder der Kontokorrentkreditvertrag durch Zeitablauf oder Kündigung beendet wurde oder ein solcher nie eingeräumt worden oder das Kreditlimit überzogen war (weiter gehend Bork, FS Kirchhof, S. 57, 62, der bei Verrechnungen im Kontokorrentverhältnis stets von einer Inkongruenz der Herstellung der Aufrechnungslage ausgeht mit dem zutreffenden Argument, dass die Bank zwar von ihrem Kunden verlangen könne, dass er ihr eingehende Beträge belasse, nicht jedoch, dass er seine Schuldner anweise, gerade auf das bei ihr geführte Konto zu zahlen). Die Frage nach Kongruenz oder Inkongruenz der Deckung kann für den gesamten anfechtungsrelevanten Zeitraum nur einheitlich beantwortet werden (BGH, ZInsO 2011, 1500). Die Bezeichnung als **»Überziehungskredit«** steht der Kongruenz nicht entgegen, sofern die Überziehung der vereinbarten Kreditlinie lediglich geduldet wurde und jederzeit Rückführung verlangt werden kann (BGHZ 138, 40). Liegt in der Duldung des Kreditinstitutes hingegen eine **stillschweigende Erweiterung** der Kreditlinie, so ist die Rückführung des Sollsaldos ohne vorherige Kündigung inkongruent (BGH, ZInsO 2004, 854). Ist der Kreditvertrag weder beendet noch das eingeräumte Limit überzogen, so hat die Bank selbst im Fall der vereinbarten Saldierung kein Recht auf dessen endgültige Rückführung (BGHZ 150, 122, 127 = ZInsO 2002, 426). Auch in derartigen Fällen sind Verrechnungen im Kontokorrent jedoch in dem Umfang kongruent, in dem die Bank den späteren Insolvenzschuldner vereinbarungsgemäß wieder über die Eingänge verfügen lässt, insb. eine Kreditlinie offenhält (BGH, ZInsO 2004, 854). Lediglich in dem Umfang, in dem im Rahmen eines unbeendeten Kreditvertrages eine tatsächliche Rückführung des debitorischen Saldos erfolgt, liegt Inkongruenz vor (vgl. § 131 Rdn. 6). Ob der Kunde die Kreditlinie voll ausnutzt, ist unerheblich (BGHZ 150, 122, 131 = ZInsO 2002, 426). Aufgrund der Giroabrede ist die Bank berechtigt und verpflichtet, für den Kunden bestimmte Geldeingänge entgegenzunehmen und gutzuschreiben. Aus der Giroabrede folgt rgm. zugleich das Recht der Bank, bei einem debitorischen Girokonto den Sollsaldo zu verringern. Umgekehrt verpflichtet sich die Bank, Überweisungsaufträge des Kunden zulasten seines Girokontos auszuführen, 43 sofern es eine ausreichende Deckung aufweist. Indem sich die Bank an diese Absprachen hält und den Giroverkehr fortsetzt, handelt sie vertragsgemäß, also kongruent (BGHZ 150, 122, 129 = ZInsO 2002, 426). Regelmäßig scheitert eine Anfechtung derartiger kongruenter Verrechnungen an § 142. Gleichwertige Gegenleistung i. S. d. § 142 ist die erneute Kreditgewährung durch die Bank aufgrund der Kontokorrentabrede. Regelmäßig erfolgen die Verrechnungen auch »unmittelbar«, d. h. im engen zeitlichen Zusammenhang, wobei die genaue Reihenfolge zwischen Ein- und Auszahlungen unerheblich ist und ein Zeitraum von 2 Wochen zwischen Ein- und Auszahlungen nicht den Rahmen des engen zeitlichen Zusammenhanges übersteigt (BGH, ZInsO 2004, 854). Erst wenn die Bank Verfügungen des Kunden nicht mehr in der vereinbarten Weise zulässt, kann sie mit Verrechnungen vertragswidrig, also inkongruent handeln, soweit dadurch ihre eigene Forderung vor deren Fälligkeit durch die saldierten Gutschriften befriedigt wird (BGH, ZInsO 2009, 1054), (zu Besonderheiten bei einer **Mehrzahl von Kreditnehmern oder -gebern** vgl. Obermüller FS Kirchhof, S. 355 ff.).

44 Wenn ein entsprechendes Sicherungsbedürfnis besteht, kann die Bank von ihrem Pfandrecht an den Forderungen eines Kunden aus einem Kontoguthaben auch schon vor Pfandreife Gebrauch machen, indem sie zur Sicherung einer späteren Verwertung (d. h. also Verrechnung mit Forderungen gegen den Schuldner) keine Verfügungen des Kunden mehr zulässt (»**Kontosperre**«), vgl. BGH, ZInsO 2004, 342. Die Kontosperre ist selbst eine Rechtshandlung i. S. d. §§ 129 ff. und kongruent, soweit das Pfandrecht, auf das sich die Bank stützt, seinerseits kongruent ist. Dies ist nicht der Fall, wenn das auf Nr. 14 Abs. 1 AGB-Banken gestützte Pfandrecht an innerhalb der letzten 3 Monate vor Insolvenzantragstellung für den Bankkunden eingehenden Zahlungen entsteht (BGHZ 150, 122, 125 f. = ZInsO 2002, 426). Lässt die Bank es zu, dass der Kunde über sein Kontoguthaben nach Sperrung des Kontos dennoch verfügt, gibt sie insoweit ihr Pfandrecht auf. Erhöht sich anschließend im für § 131 relevanten Zeitraum durch Gutschriften der Kontostand, so ist das in entsprechender Höhe neu entstehende Pfandrecht unter den Voraussetzungen des § 131 (innerhalb des letzten Monats vor Antragstellung also ohne Weiteres) anfechtbar (BGH, ZInsO 2004, 342).

45 Die Erteilung eines **Überweisungsauftrages** wirkt als solche noch nicht gläubigerbenachteiligend, da sie rgm. bis zur Gutschrift widerrufen werden kann. Die Lastschrift der Bank auf dem Konto des Überweisenden zur Deckung ihres Vorschussanspruches (gem. §§ 676a ff., 675 Abs. 1 Halbs. 1, §§ 669, 670 BGB) ist ggü. der Bank rgm. nicht nach §§ 130, 131 anfechtbar. Bei einer Überweisung von einem im Haben geführten Konto des Überweisenden muss dies gelten, weil anderenfalls die Bank ohne sachlichen Grund schlechter gestellt würde, als wenn sie das Geld dem Schuldner ausgezahlt und dieser damit seine Gläubiger befriedigt hätte. Nimmt die Bank zugleich mit einer ihren Vorschussanspruch deckenden Bareinzahlung einen ausgehenden Überweisungsauftrag an, so kommt wegen § 142 auch bei Überweisung von einem debitorischen Konto eine Anfechtung gem. § 131 nicht in Betracht (FK-Dauernheim § 130 Rn. 18). Die ausgeführte Überweisung stellt eine mittelbare Zuwendung (vgl. § 129 Rdn. 29 ff., 83) des Schuldners an den Empfänger dar und ist daher grds. nur diesem ggü. anfechtbar (BGH, ZInsO 2013, 1077. Eine Anfechtung ggü. der Bank kommt lediglich dann in Betracht, wenn der Schuldner der Bank in anfechtbarer Weise Deckung für ihren Vorschussanspruch verschafft oder die Bank letztlich den wirtschaftlichen Vorteil aus der Überweisung hat und dies auch bezweckt war, wie z. B., wenn eine Konzerngesellschaft an eine andere Gesellschaft desselben Konzerns leistet und damit deren Verbindlichkeiten bei der angewiesenen Bank vermindert (BGHZ 138, 291, 306 ff.). Weiter gehend ist eine Anfechtung nach § 133 sowohl ggü. dem Empfänger der Leistung als auch ggü. dem Angewiesenen möglich, wenn auch letzterem bekannt ist, dass der Schuldner mit der Anweisung das Ziel verfolgt, einzelne Gläubiger zu begünstigen oder in sonstiger Weise Geld beiseitezuschaffen (BGH, ZInsO 2013, 1077).

46 Die **Hingabe** eines **Schecks** bei Fälligkeit der Gläubigerforderung stellt als verkehrsübliche Zahlungsweise eine kongruente Deckung dar (BGH, ZInsO 2006, 1210). Bei Scheck- und Wechselzahlungen ist vorrangig § 137 zu beachten (vgl. dort). In der Insolvenz des Scheckausstellers ist maßgeblicher Zeitpunkt für die Anfechtbarkeit derjenige der Gutschrift, nicht derjenige der

Hereinnahme. So kommt es beim **Scheckinkasso** bei Hereinnahme des (Kunden-) Schecks vor der Krise und Verrechnung mit einem Debetsaldo des späteren Insolvenzschuldners darauf an, wann die Verrechnungslage entstanden ist. Dies ist erst dann der Fall, wenn die bezogene Bank den Scheck durch Belastung des Ausstellerkontos eingelöst hat und dadurch die zunächst unter Vorbehalt erfolgten Gutschrift- und Belastungsbuchungen in der Girokette wirksam geworden sind (BGHZ 118, 171, 177). Nur wenn dieser Zeitpunkt vor Beginn der Krise liegt, ist die Verrechnung unanfechtbar. Das an dem Scheck mit dessen Einreichung entstandene Sicherungs- bzw. Absonderungsrecht der Bank für ein auf dem Konto des Schuldners befindliches Debet stellt eine inkongruente Deckung dar, wenn die Bank keinen Anspruch gegen den Scheck ausstellenden Kunden hatte (BGHZ 118, 171, 178.).

Im **Lastschriftverfahren** erwirbt der Lastschriftgläubiger bis zur unwiderruflichen Einlösung der Lastschrift zunächst eine aufschiebend bedingte Gutschrift, d. h. einen Kredit seiner Bank (zum maßgeblichen Zeitpunkt der endgültigen Zuwendung des Zahlungsbetrages vgl. § 140 Rdn. 10). Die gegebenenfalls anfechtbare Rechtshandlung liegt hier erst in der Genehmigung der Lastschriftbuchung (BGH, ZInsO 2012, 138). Der Insolvenzverwalter und auch bereits der vorläufige Insolvenzverwalter mit Zustimmungsvorbehalt (§ 21 Abs. 2 Nr. 2., Alt. 2) ist dazu berechtigt, im Einzugsermächtigungsverfahren vorgenommene Lastschriften, deren Belastung der Zahlungspflichtige noch nicht (fingiert) genehmigt hat (vgl. zur Möglichkeit der konkludenten Genehmigung bei periodisch wiederkehrend erfolgenden Belastungen des schuldnerischen Kontos BGH, ZInsO 2010, 2393), zu widersprechen (BGH, ZInsO 2005, 40). Dies ist jedoch nur dann sinnvoll, wenn durch den Widerspruch und die daraufhin vorzunehmende Berichtigung der Buchungen ein Guthaben auf dem schuldnerischen Konto entsteht oder erhöht wird, oder wenn aufgrund der nach der Buchungsberichtigung geringeren Forderung der Bank Sicherheiten, die dieser vom Schuldner gestellt worden waren, frei werden. Dies hat der Widersprechende zu prüfen (vgl. § 82 Rdn. 16 ff.). 47

▶ **Hinweis für den vorläufigen Insolvenzverwalter:** 48

Würde ein Widerspruch gegen die auf dem schuldnerischen Konto gebuchten Lastschriften nicht zur Entstehung/Erhöhung eines Guthabens auf dem schuldnerischen Konto führen und würden durch diese Maßnahme auch keine dem Kreditinstitut gestellten Sicherheiten zugunsten der Insolvenzmasse frei, so sollte der vorläufige Insolvenzverwalter diejenigen Gläubiger, die im Zeitraum des § 130 bisher vom Schuldner noch nicht genehmigte Zahlungen im Wege des Einzugsermächtigungsverfahrens erlangt hatten, davon unterrichten, dass ein Antrag auf Eröffnung des Insolvenzverfahrens gestellt worden ist und dass Zahlungen, die vom schuldnerischen Konto in den letzten 3 Monaten vor Antragstellung oder nach Antragstellung im Einzugsermächtigungsverfahren erbracht worden sind, nach Verfahrenseröffnung angefochten werden müssten. Genehmigt er anschließend die Lastschriften (vgl. insoweit zum zuständigen Adressaten BGH, ZInsO 2010, 2133), so gilt erst in diesem Zeitpunkt die Zahlung als i. S. d. § 140 vorgenommen (vgl. § 140 Rdn. 10). Da der Gläubiger aufgrund der Mitteilung des (vorläufigen) Insolvenzverwalters nunmehr Kenntnis von dem Eröffnungsantrag hat, kann ihm ggü. die Zahlung nach Verfahrenseröffnung gem. Abs. 1 Satz 1 Nr. 2 angefochten werden. Allerdings kann der Anfechtbarkeit das Bargeschäftsprivileg (§ 142) entgegenstehen (vgl. § 142 Rn. 15a).

Hat der Schuldner seiner Bank Lastschriften gegen Kunden zum Einzug eingereicht und wurden diese seinem Konto (vorläufig) gutgeschrieben, bevor das Insolvenzverfahren über sein Vermögen eröffnet wurde, erhält die Bank durch den Eingang der Lastschriftbeträge eine kongruente Deckung, da sie mit Hereinnahme der Lastschriften in unmittelbarem zeitlichen Zusammenhang (§ 142) mit der Kreditgewährung zu dessen Deckung die Lastschriften erhalten hatte, wobei die ihnen zugrunde liegenden Forderungen ihr nach den AGB der Banken abgetreten wurden (BGH, ZIP 1980, 425). Der Eingang der Lastschriftbeträge bedeutet somit lediglich eine Verwertung einer unanfechtbar erlangten Sicherheit. 49

Veranlasst ein Gläubiger, der mit seiner Forderung nach Eröffnung des Insolvenzverfahrens über das Vermögen des Schuldners lediglich Insolvenzgläubiger wäre, durch die Weigerung, anderenfalls 50 eine für die Fortführung des Unternehmens des Schuldners notwendige Leistung nicht zu erbringen, den unter Anordnung eines Zustimmungsvorbehalts bestellten **vorläufigen Insolvenzverwalter** dazu, dem Gläubiger nicht nur das Entgelt für die neue Leistung zu zahlen bzw. der Bezahlung neuer Leistungen durch den Schuldner zuzustimmen, sondern auch der Befriedigung von Altforderungen zuzustimmen, sind Zustimmung zu der zweiten Leistung und diese selbst unmittelbar gläubigerbenachteiligend und gem. § 132 anfechtbar (BGHZ 154, 190, 194 = BGH ZInsO 2003, 417; hierzu Ganter FS Gerhardt, S. 237, der die Zustimmung des vorläufigen Insolvenzverwalters mit guter Begründung nach den Grundsätzen des Missbrauchs der Vertretungsmacht unwirksam sein lässt, sodass es einer Anfechtung der Zustimmung nicht bedarf; vgl. § 132 Rdn. 8). Da nach höchstrichterlicher Rspr. bereits die kausale Abrede, die der Zahlung zugrunde liegt und auf die sich der Zustimmungsvorbehalt nach § 21 Abs. 2 Nr. 2, Alt. 2 nicht bezieht, anfechtbar ist, muss sich der Anfechtungsgegner so behandeln lassen, als habe der Schuldner ihm auf eine bloße Insolvenzforderung eine volle Befriedigung gewährt (BGHZ 154, 190, 199 = ZInsO 2003, 417; BAG, ZInsO 2005, 388). Darüber hinaus ist die Zahlung auf die Altforderung, sog. **Druckzahlung**, selbst gem. Abs. 1 Nr. 2 anfechtbar, soweit nicht ausnahmsweise der vorläufige Insolvenzverwalter durch sein Handeln bei dem Empfänger einen schutzwürdigen Vertrauenstatbestand geschaffen hat und dieser infolgedessen nach Treu und Glauben damit rechnen durfte, ein nicht mehr entziehbares Recht errungen zu haben (BGH, ZInsO 2005, 88). Stimmt der vorläufige Insolvenzverwalter Verträgen des Schuldners vorbehaltlos zu, die dieser mit dem Vertragspartner nach Anordnung von Sicherungsmaßnahmen schließt und in denen im Zusammenhang mit noch zu erbringenden Leistungen des Vertragspartners Erfüllungszusagen für Altverbindlichkeiten gegeben werden, begründet dies grds. einen Vertrauenstatbestand, den er später bei der Vornahme der Erfüllungshandlung durch den Schuldner nicht mehr zerstören kann (BGH, ZInsO 2005, 88). Hat dagegen der vorläufige Insolvenzverwalter schon bei Vertragsschluss die beabsichtigte spätere Anfechtung der von ihm gebilligten oder als Stellvertreter des Schuldners selbst vorgenommenen Deckungshandlung angekündigt, hat er von vornherein keinen Vertrauenstatbestand gesetzt (Homann/Neufeld ZInsO 2005, 741). Hierher gehört u. a. der Fall, dass der Vertragspartner sich hinsichtl. seiner Altforderungen eine Bevorzugung vor anderen Gläubigern verschaffen will, in dem er es ausnutzt, dass der vorläufige Insolvenzverwalter dringend auf seine weitere Leistung angewiesen ist (BGH, ZInsO 2005, 88). **Nicht schutzwürdig** ist der Vertragspartner i. a. R. auch dann, wenn der mit Zustimmungsvorbehalt ausgestattete vorläufige Insolvenzverwalter einer Erfüllungshandlung des Schuldners zustimmt, die nicht im Zusammenhang mit einem neuen Vertragsschluss steht, da hier der Gläubiger (einer rechtsgeschäftlichen oder gesetzlichen Schuld) nach Antragstellung nur noch Zahlung verlangt, die von keiner eigenen Leistung an den Schuldner mehr abhängig ist (BGH, ZInsO 2005, 88; vgl. zum gesamten Themenkomplex Spliedt, ZInsO 2007, 405).

XI. Finanzsicherheiten gem. Abs. 1 Satz 2

51 Abs. 1 Satz 2 bewirkt, dass Kreditinstitute zulasten des Grundsatzes der Gläubigergleichbehandlung (vgl. Vorbem. §§ 129 ff. Rdn. 1) teilweise dem Anwendungsbereich des § 130 entzogen sind. Als Ausnahmevorschrift ist die Regelung restriktiv zu interpretieren und nicht analogiefähig (Braun-de Bra § 130 Rn. 39).

52 Der Begriff der **Finanzsicherheit** ist in § 1 Abs. 17 des Kreditwesengesetzes definiert und erfasst Barguthaben, Wertpapiere, Geldmarktinstrumente sowie sonstige Schuldscheindarlehen einschließlich jeglicher damit in Zusammenhang stehender Rechte oder Ansprüche, die als Sicherheit in Form eines beschränkt dinglichen Sicherungsrechts oder im Wege der Vollrechtsübertragung bereitgestellt werden. Wer hierbei **Vertragspartner** sein kann, regelt ebenfalls § 1 Abs. 17 des KWG unter Verweisung auf Art. 1 Abs. 2 Buchst. a) bis e der RL 2002/47/EG. In Art. 1 Abs. 2 Buchst. a) bis d werden »Banken« im weitesten Sinne erfasst, Buchst. e) erfasst »andere als natürliche Personen sowie Einzelkaufleute und Personengesellschaften« jedoch nur dann, wenn die andere Partei eine Einrichtung i. S. d. Buchst. a) bis d) ist. Ist eine Person i. S. d. Buchst. e) beteiligt, liegt eine Finanzsicherheit nur dann vor, wenn die Sicherheit der Besicherung aus bestimmten Verträgen über »Finanzinstru-

mente« dient, welche in § 1 Abs. 11 KWG legaldefiniert sind und in § 1 Abs. 17 Satz 2 im Hinblick auf Termingeschäfte erweitert sind.

Voraussetzung der Privilegierung ist es, dass die Rechtshandlung gerade auf einer Sicherungsvereinbarung beruht, die die Verpflichtung enthält, eine Finanzsicherheit zu bestellen, um das in der Sicherungsvereinbarung festgelegte Verhältnis zwischen dem Wert der gesicherten Verbindlichkeiten und dem Wert der geleisteten Sicherheiten wiederherzustellen. Gleiches gilt, wenn in Übereinstimmung mit der Sicherungsvereinbarung eine Sicherheit erstmals gestellt wird. Erforderlich ist somit der (unanfechtbar) vertraglich vereinbarte Ausgleich für eine Schwankung des Wertes entweder der Sicherheit oder der gesicherten Verbindlichkeit (»Margensicherheit«; Braun-de Bra § 130 Rn. 42). 53

XII. Konkurrenzen

§ 130 kann grds. mit allen Anfechtungstatbeständen außer dem subsidiären § 132 frei konkurrieren, bei Wechsel- und Scheckzahlungen ist jedoch vorrangig § 137 zu beachten. Im Verhältnis zu den §§ 131, 135 bildet § 130 zugleich einen Auffangtatbestand, wenn sich die Inkongruenz der Deckungshandlung bzw. die eigenkapitalersetzende Funktion der erfüllten oder gesicherten Forderung nicht feststellen lässt. 54

B. Verfahrensfragen

I. Darlegungs- und Beweislast

Darlegungs- und Beweislast für die Erfüllung sämtlicher Tatbestandsmerkmale des § 130 trägt rgm. der **Insolvenzverwalter**. 55

Soweit die Zahlungsunfähigkeit des Schuldners zum Zeitpunkt der angefochtenen Handlung für die Anfechtung maßgeblich ist, genügt es, wenn der Insolvenzverwalter die **Zahlungseinstellung** i. S. d. § 17 Abs. 2 Satz 2 darlegt und ggf. beweist, da diese eine – widerlegbare – **gesetzliche Vermutung der Zahlungsunfähigkeit** begründet (BGH, ZInsO 2006, 1210). Die Zahlungseinstellung kann aus einzelnen, aber auch aus einer Gesamtschau mehrerer darauf hindeutender Beweisanzeichen gefolgert werden (BGH, ZInsO 2012, 976); einer darüber hinausgehenden Darlegung der genauen Höhe der Verbindlichkeiten bedarf es dann nicht. Falls eine solche Zahlungseinstellung nicht festgestellt werden kann, ist die Zahlungsunfähigkeit i. S. d. § 17 Abs. 2 Satz 1 darzulegen und ggf. zu beweisen. Die Erstellung einer Liquiditätsbilanz kann hierfür erforderlich sein, wenn prognostische Gesichtspunkte in die Beurteilung der wirtschaftlichen Situation einzufließen haben. Eine **Liquiditätsbilanz** ist jedoch zur Darlegung der Zahlungsunfähigkeit **nicht erforderlich**, wenn zum fraglichen Zeitpunkt fällige Verbindlichkeiten bestanden haben, die bis zur Verfahrenseröffnung nicht zum Ausgleich gebracht worden sind (BGH a.a.O.). In diesen Fällen ist rgm. von Zahlungsunfähigkeit bereits zum fraglichen Zeitpunkt auszugehen (BGH a.a.O.).

Der Insolvenzverwalter muss jedoch im Rahmen seiner Darlegung nicht die **Möglichkeit der Kreditinanspruchnahme** durch den Schuldner ausräumen; vielmehr muss der Anfechtungsgegner konkrete Kreditaufnahmemöglichkeiten darlegen und ggf. beweisen (BGH, ZIP 1997, 1926).

Wurde das Insolvenzverfahren wegen Zahlungsunfähigkeit des Schuldners eröffnet, spricht i. R. d. Anfechtung eine **tatsächliche Vermutung** dafür, dass die Insolvenzmasse nicht zur Befriedigung aller Gläubiger ausreicht. Diese Vermutung muss der Anfechtungsgegner entkräften (BGH, ZIP 1997, 853; OLG Celle, ZInsO 2002, 980).

Eine einmal eingetretene Zahlungseinstellung (§ 17 Abs. 2 Satz 2 i. V. m. § 130) wirkt grds. fort und kann nur dadurch beseitigt werden, dass die Zahlungen im Allgemeinen wieder aufgenommen werden (BGHZ 149, 178, 188 = ZInsO 2002, 29). Die allgemeine Aufnahme der Zahlungen hat grds. derjenige zu beweisen, der sich auf den nachträglichen Wegfall einer zuvor eingetretenen Zahlungseinstellung beruft (BGH a.a.O.). 56

57 Beruft sich der Anfechtungsgegner darauf, eine vor der Rechtshandlung bei ihm gegebene Kenntnis von der Zahlungsunfähigkeit (oder von für eine solche sprechenden Umständen, Abs. 2) sei aufgrund neuer Tatsachen bis zum maßgeblichen Zeitpunkt **weggefallen**, hat er dies zu beweisen (BGH, ZIP 2008, 930). Der Beweis ist erbracht, wenn feststeht, dass der Anfechtungsgegner infolge der neuen Tatsachen ernste Zweifel am Fortbestand der Zahlungsunfähigkeit hatte (BGH a. a. O.).

58 Da in einem Anfechtungsprozess der Insolvenzverwalter und nicht der Schuldner Kläger ist, kann Letzterer als **Zeuge** aussagen (RGZ 29, 29, 38). Der Anfechtungsgegner kann als **Partei** vernommen werden (§§ 445 ff. ZPO).

II. Beweiserleichterung und Beweislastumkehr (Abs. 3)

59 Die **Beweisführung** wird dem Insolvenzverwalter durch Abs. 2 **erleichtert**. Dies geschieht durch die Gleichstellung der Kenntnis von Umständen, die zwingend auf das Vorliegen der Zahlungsunfähigkeit oder des Eröffnungsantrags schließen lassen, mit der Kenntnis von der Zahlungsunfähigkeit oder dem Eröffnungsantrag selbst (vgl. Rdn. 18 ff.).

60 Darüber hinaus wird in **Abs. 3** ggü. einer Person, die dem Schuldner im Zeitpunkt der Rechtshandlung i. S. v. § 138 nahe stand, die Kenntnis der Zahlungsunfähigkeit oder des Eröffnungsantrags vermutet. Der Grund für diese **Beweislastumkehr** liegt darin, dass diese Personen besondere Informationsmöglichkeiten über die wirtschaftlichen Verhältnisse des Schuldners haben. Ihnen steht jedoch der Entlastungsbeweis offen, dass sie weder von der Zahlungsunfähigkeit noch von dem Eröffnungsantrag Kenntnis hatten. Gelingt der nahe stehenden Person dieser Nachweis, so ist umstritten, ob sie darüber hinaus auch den Nachweis dafür erbringen muss, dass sie von Umständen, die zwingend auf die Zahlungsunfähigkeit oder den Eröffnungsantrag schließen lassen, keine Kenntnis hatte, oder ob die Beweislast insoweit beim Insolvenzverwalter verbleibt. Die Informationssituation ist für nahe stehende Personen hinsichtl. der vorgenannten Umstände dieselbe wie hinsichtl. der Zahlungsunfähigkeit bzw. des Eröffnungsantrages selbst. Deshalb ist die Beweislastumkehr auch auf die in Abs. 2 genannten Umstände zu erstrecken (MK-Kirchhof § 130 Rn. 67; a. A. Uhlenbruck-Hirte § 130 Rn. 67).

61 Auch im Anfechtungsprozess muss sich das Gericht seine Überzeugung darüber, ob sämtliche Voraussetzungen gegeben sind, die einen Anfechtungsanspruch begründen, im Wege der freien Beweiswürdigung bilden (**§ 286 ZPO**). Relevant wird dies insb. bei den **subjektiven Anfechtungsvoraussetzungen** (vgl. insb. § 133 Rdn. 24 ff.).

62 Hinsichtlich weiterer Verfahrensfragen sei verwiesen auf die Kommentierung zu § 143 Rdn. 88 ff.

63 Zu besonders relevanten Fallkonstellationen i. R. d. Insolvenzanfechtung vgl. Schnellübersicht, vor §§ 129 ff. Rdn. 26.

§ 131 Inkongruente Deckung

(1) Anfechtbar ist eine Rechtshandlung, die einem Insolvenzgläubiger eine Sicherung oder Befriedigung gewährt oder ermöglicht hat, die er nicht oder nicht in der Art oder nicht zu der Zeit zu beanspruchen hatte,
1. wenn die Handlung im letzten Monat vor dem Antrag auf Eröffnung des Insolvenzverfahrens oder nach diesem Antrag vorgenommen worden ist,
2. wenn die Handlung innerhalb des zweiten oder dritten Monats vor dem Eröffnungsantrag vorgenommen worden ist und der Schuldner zur Zeit der Handlung zahlungsunfähig war oder
3. wenn die Handlung innerhalb des zweiten oder dritten Monats vor dem Eröffnungsantrag vorgenommen worden ist und dem Gläubiger zur Zeit der Handlung bekannt war, daß sie die Insolvenzgläubiger benachteiligte.

(2) ¹Für die Anwendung des Absatzes 1 Nr. 3 steht der Kenntnis der Benachteiligung der Insolvenzgläubiger die Kenntnis von Umständen gleich, die zwingend auf die Benachteiligung schließen lassen. ²Gegenüber einer Person, die dem Schuldner zur Zeit der Handlung nahestand (§ 138), wird vermutet, daß sie die Benachteiligung der Insolvenzgläubiger kannte.

Übersicht	Rdn.		Rdn.
A. Norminhalt	1	III. Weitere Voraussetzungen (Abs. 1)	36
I. Gläubigerbenachteiligende Rechtshandlung	2	1. Innerhalb eines Monats vor Antragstellung (Nr. 1)	36
II. Inkongruente Deckungshandlungen	3	2. Im zweiten/dritten Monat vor Antragstellung und objektive Zahlungsunfähigkeit (Nr. 2)	37
1. Allgemeines	3		
2. Inkongruente Befriedigung	4		
a) Nicht zu beanspruchende Befriedigung	4	3. Im zweiten/dritten Monat vor Antragstellung und Kenntnis des Anfechtungsgegners von der Gläubigerbenachteiligung (Nr. 3)	38
b) Nicht in der Art	8		
c) Nicht zu der Zeit	18		
3. Inkongruente Sicherung	20	IV. Konkurrenzen	41
a) Nicht zu beanspruchende Sicherung	20	B. Verfahrensfragen	42
		I. Darlegungs- und Beweislast	42
b) Nicht in der Art	25	II. Beweiserleichterung (Abs. 2 Satz 1) und Beweislastumkehr (Abs. 2 Satz 2)	43
c) Nicht zu der Zeit	32		
d) Einzelfälle	33		

A. Norminhalt

§ 131 erklärt wie § 130 bestimmte, während des ebenfalls dort geschützten Zeitraums vorgenommene Rechtshandlungen für anfechtbar, ggü. § 130 jedoch unter erleichterten Voraussetzungen, da ein Insolvenzgläubiger, der sich eine ihm nicht gebührende Sicherung oder Befriedigung gewähren lässt, wegen der besonderen Verdächtigkeit derartiger Handlungen weniger schutzwürdig ist (BGH, ZInsO 2010, 1090; BAG, ZInsO 2014, 238).

I. Gläubigerbenachteiligende Rechtshandlung

Zu den Begriffen der Rechtshandlung, der Gläubigerbenachteiligung und des Insolvenzgläubigers vgl. die Kommentierung zu § 129 Rdn. 2 ff. bzw. Rdn. 37 ff. bzw. zu § 130 Rdn. 3. Auch i. R. d. § 131 genügt eine **mittelbare** Gläubigerbenachteiligung (vgl. § 129 Rdn. 78).

Diese gläubigerbenachteiligende Rechtshandlung muss gerade einem **Insolvenzgläubiger** (BGH, ZInsO 2012, 264 m. w. N.) eine Sicherung oder Befriedigung seiner Forderung gewähren oder ermöglicht haben (vgl. dazu § 130 Rdn. 6 ff.). Im Gegensatz zu § 130 muss es sich um eine Deckung handeln, die der Gläubiger im Zeitpunkt der Leistung (§ 140) nicht oder nicht in der Art oder nicht zu der Zeit zu beanspruchen hatte. Insolvenzgläubiger i. S. d. § 131 kann daher insb. auch derjenige sein, der eine Deckung ohne einen objektiv wirksamen Rechtsgrund erlangt, z. B. weil das Kausalgeschäft nichtig (MK-Kirchhof § 131 Rdn. 6) oder anfechtbar ist.

Nach der Rspr. ist die Anfechtung gem. § 131 trotz des anderslautenden Wortlautes des § 142 (**Bargeschäft**) auch bei Austauschgeschäften im Sinne jener Norm möglich (BGH, ZInsO 2006, 712; vgl. § 142 Rdn. 4), da der Wortlaut der Norm (Leistung des Schuldners, »für die« unmittelbar eine gleichwertige Leistung in sein Vermögen gelangt) voraussetzt, dass Leistung und Gegenleistung durch Parteivereinbarung miteinander verknüpft und damit kongruent sind (OLG Stuttgart, ZInsO 2004, 156) und weder rechtlich noch wirtschaftlich ein Anlass dafür besteht, Umsatzgeschäfte in der Krise zu privilegieren, die anders als vereinbart abgewickelt werden (Uhlenbruck-Hirte § 142 Rn. 4).

II. Inkongruente Deckungshandlungen

1. Allgemeines

3 Inkongruent ist eine Deckungshandlung, wenn der Gläubiger ausgehend von dem zwischen ihm und dem Schuldner bestehenden (ggf. nichtigen) Schuldverhältnis im maßgeblichen Zeitpunkt entweder überhaupt keinen Anspruch auf Deckung hatte oder jedenfalls das Erlangte in dieser Form oder zu dieser Zeit nicht beanspruchen konnte. Die Übereinstimmung der Deckung mit dem Schuldinhalt ist objektiv zu beurteilen; abweichende subjektive Vorstellungen der Beteiligten sind wegen des Normzwecks unerheblich (MK-Kirchhof § 131 Rn. 9). **Maßgeblicher Zeitpunkt** für die Beurteilung der Inkongruenz ist derjenige, in dem die Rechtshandlung vollendet wurde (§ 140). Wird eine Leistungspflicht des Schuldners durch **nachträglich vorgenommene Änderung des Schuldverhältnisses** (bspw. Ersatzleistung statt Geld) verändert, kommt eine Kongruenz der dann entsprechend der nachträglichen Vereinbarung erfolgenden Deckungshandlung nur in Betracht, wenn die nachträgliche Vereinbarung selbst außerhalb des durch § 131 geschützten zeitlichen Bereichs erfolgt oder nicht selbstständig hiernach anfechtbar ist (zur Stundung vgl. Rdn. 9; zur nachträglich vereinbarten Besicherung Rdn. 20). Gleiches gilt, wenn die inkongruente Deckungshandlung zum Zeitpunkt der nachträglichen Änderung bereits vollendet war. Im Interesse der Gleichbehandlung aller Insolvenzgläubiger ist die Kongruenz zwischen Anspruch und Deckungsleistung nach strengen Maßstäben zu beurteilen (BGH, ZInsO 2003, 178), sodass nach der Verkehrsanschauung **unerhebliche Abweichungen** zwischen Anspruch und Deckung nicht zur Inkongruenz führen (BGH, ZInsO 2003, 178). Die verkehrsübliche bargeldlose Überweisung eines Geldbetrages auf ein bekannt gegebenes Konto ist daher ebenso kongruent wie die Hingabe eines eigenen Schecks (BGH, ZInsO 2007, 816) und die Einziehung im Lastschriftverfahren aufgrund einer Ermächtigung des Schuldners (BGH, ZInsO 2008, 1076) oder die Einziehung im Abbuchungsauftragsverfahren (BGH, ZInsO 2013, 245). Auch Teilleistungen sind trotz § 266 BGB kongruent (OLG Saarbrücken, ZIP 2008, 2430).

Bei der **Wahlschuld** ist jede der vom Schuldner zu erbringenden Leistungen kongruent (RGZ 71, 89, 91); stand dem Schuldner eine **Ersetzungsbefugnis** zu, so ist jede Leistung kongruent, durch die sich der Schuldner von seiner Pflicht befreien durfte (BGHZ 70, 177, 183).

Eine unteilbare Leistung, die lediglich **teilweise inkongruent** ist, gilt insgesamt als inkongruent.

2. Inkongruente Befriedigung

a) Nicht zu beanspruchende Befriedigung

4 Die Befriedigung ist nicht zu beanspruchen, wenn der Gläubiger gar **keinen Anspruch** gegen den Schuldner auf dessen Leistung hat, wenn der Anspruch **nicht durchsetzbar** ist oder der Durchsetzung ein **Einwand** oder eine **dauernde Einrede** entgegensteht (MK-Kirchhof § 131 Rn. 13). So hat z. B. der Gläubiger eines gem. §§ 119 ff. BGB anfechtbaren Rechtsgeschäfts zwar eine Forderung, jedoch keine Befriedigung zu beanspruchen, ebenso wenig wie der Gläubiger einer verjährten (§§ 194 ff. BGB) oder nicht einklagbaren Forderung i. S. d. §§ 762 ff. BGB (BGH, ZInsO 2012, 264). Auch ist die Befriedigung nicht zu beanspruchen, wenn durch sie Verbindlichkeiten ausgeglichen werden, bei denen ein Formmangel durch die Leistungsbewirkung erst geheilt wird (BGH, ZInsO 2012, 264). Ist die Leistung des Schuldners als Bestätigung eines anfechtbaren Geschäfts i. S. v. § 144 BGB zu werten, so ist diese – unter den weiteren Voraussetzungen des § 131 – ebenfalls als inkongruent anfechtbar (FK-Dauernheim § 131 Rn. 6). Gleiches gilt für das Unterlassen der Anfechtung (nach BGB) bei Ablauf der Anfechtungsfrist.

5 Ist die Forderung des Gläubigers **aufschiebend bedingt**, so hat er vor Eintritt der Bedingung noch nichts zu beanspruchen. Gleichwohl ist er Insolvenzgläubiger im anfechtungsrechtlichen Sinne (BGH, ZInsO 2012, 264). Tritt die Bedingung nachträglich ein, kann die Deckung kongruent werden. Eine unter einer auflösenden Bedingung (§ 158 Abs. 2 BGB) stehende Leistung ist zunächst zu

beanspruchen und daher kongruent; tritt die auflösende Bedingung später ein, so kann die Leistung jedenfalls als rechtsgrundlos erbracht zurückgefordert werden (MK-Kirchhof § 131 Rn. 15).

Ob die Befriedigung einer Forderung durch **Auf- oder Verrechnung** (vgl. zunächst § 129 Rdn. 7, 85) als kongruent oder inkongruent zu bewerten ist, hängt davon ab, ob der Gläubiger im Zeitpunkt der Entstehung der Aufrechnungslage einen Anspruch auf Herstellung dieser Aufrechnungslage hatte (vgl. § 130 Rdn. 8, 43). Dies ist z. B. nicht der Fall, wenn der Gläubiger (was ohne Vorvertrag rgm. der Fall ist) auf den Abschluss des Kaufvertrages, mit dem die Gegenforderung des Schuldners begründet wurde, keinen Anspruch hatte (BGH, ZInsO 2004, 528). Auch der einer Verrechnung zugrunde liegende Vertrag über die Saldierung deckt allein nicht die endgültige Rückführung eines eingeräumten Krediten, sondern lediglich das Offenhalten des Kreditlimits für weitere Verfügungen des Schuldners (BGHZ 150, 122, 127 = ZInsO 2002, 462). Die tatsächliche Verringerung eines debitorischen Saldos innerhalb einer durch unbeendeten Vertrag eingeräumten Kreditlinie stellt eine inkongruente Deckung dar (BGH, ZInsO 2009, 1054). 6

Zur Inkongruenz von durch Konzernverrechnungsklauseln eingeräumten Sicherheiten vgl. Rendels, EWiR 2004, 1041, 1042.

Vergleichen sich ein Bauunternehmer, der ein nachbesserungsbedürftiges Werk abgeliefert hat, und der Auftraggeber über die Höhe des geschuldeten **Werklohns** in der Weise, dass dieser unter Verzicht auf eine Nachbesserung ermäßigt wird, kann in dem Verzicht auf die weiter gehende Forderung ein inkongruentes Deckungsgeschäft liegen, weil der Besteller zunächst keinen Anspruch darauf hat, dass der in Rechnung gestellte Werklohnanspruch durch Zahlung eines Bruchteils der Forderung abgegolten wird (BGH, ZInsO 2004, 803); vielmehr hat er lediglich die Ansprüche aus § 634 BGB, wonach ein Recht zur Minderung grds. erst nach Verstreichen einer Nachbesserungsfrist und auch dann nur in dem Umfang des tatsächlich bestehenden Mangels gegeben ist (vgl. zur Anfechtbarkeit solcher Vergleiche § 134 Rdn. 17a). 7

b) Nicht in der Art

Nicht in der Art zu beanspruchen ist die Befriedigung, wenn dem Gläubiger zwar eine Befriedigung zusteht, jedoch in einer die Insolvenzgläubiger **weniger benachteiligenden Art** als die tatsächlich gewährte, an Erfüllungs statt (§ 364 BGB) oder erfüllungshalber erbrachte Leistung. **Inkongruent** ist demnach z. B. die Begleichung einer Geldschuld durch Übertragung oder Hinterlegung von Gegenständen (BGH, ZIP 1999, 33) oder durch die Abtretung eines Anspruchs (BGH, ZInsO 2014, 195 [zur erfüllungshalber erfolgten Vorausabtretung]). Eine inkongruente Befriedigung erhält der Gläubiger auch dann, wenn der Schuldner einen eigenen Schuldner (mit Ausn. seiner Bank) dazu anweist, unmittelbar an den Gläubiger zu leisten (BAG, ZInsO 2014, 238; BGH, ZInsO 2011, 421 zum Dauerschuldverhältnis [Miete]), da Schuldner erfahrungsgemäß im Geschäftsverkehr nicht dazu bereit sind, mehr oder etwas anderes zu gewähren als das, wozu sie rechtlich verpflichtet sind (BGH, ZInsO 2006, 94). Nach Heitsch (ZInsO 2011, 1533) soll dies sogar gelten, wenn die Forderung des (späteren) Insolvenzschuldners gegen den Drittschuldner bereits an einen weiteren Gläubiger sicherungshalber abgetreten war, solange dem (späteren) Insolvenzschuldner die diesbezügliche Einziehungsbefugnis durch den Zessionar eingeräumt ist (in diesem Sinne wohl auch BGH, ZInsO 2009, 31, vgl. § 129 Rdn. 65d). Direktzahlungen (bspw. i. S. d. § 16 Nr. 6 VOB/B) vom Auftraggeber an den Subunternehmer des Schuldners bewirken somit eine nicht in der Art zu beanspruchende Befriedigung (BGH, ZInsO 2008, 1322). Gleiches gilt, wenn der Schuldner des Insolvenzschuldners den Kaufpreis für ein Grundstück auf ein Notaranderkonto überweist und der Notar weisungsgemäß einen Teilbetrag von dem Anderkonto an den Anfechtungsgegner überweist (OLG Rostock, ZInsO 2004, 933). 8

Gibt der Schuldner, **anstatt** den Kaufpreis zu begleichen, die ihm bereits übereignete Kaufsache zurück, so handelt es sich um eine inkongruente Deckung (KPB-Schoppmeyer § 131 Rn. 56), die jedoch mangels Gläubigerbenachteiligung nicht anfechtbar ist, wenn sich der Verkäufer das Eigentum vorbehalten hatte und daher in der Insolvenz hätte aussondern dürfen. Kongruent ist die 9

Rückgabe nur, wenn sie aufgrund eines (vor der Frist des § 131) vereinbarten oder eines gesetzlichen Rücktrittsrechts nach Erklärung des Rücktritts erfolgt, da der Verkäufer dann einen Anspruch auf Rückgabe hat (§ 346 Abs. 1 BGB).

Die Hinterlegung der geschuldeten Leistung selbst ist demgegenüber als echtes Erfüllungssurrogat (§§ 372 ff. BGB) kongruent. Ebenfalls kongruent sind **Banküberweisungen** vom Konto des Schuldners und Hingabe **eigener Schecks** (vgl. Rdn. 3). Die Weitergabe von **Kundenschecks** an einen Gläubiger ist demgegenüber grds. inkongruent, weil sie dem Gläubiger gem. Art. 12 ScheckG einen Anspruch gegen den Scheckaussteller verschafft (BGHZ 123, 320, 324). Kongruent ist die Weitergabe jedoch dann, wenn der Gläubiger mit dem späteren Insolvenzschuldner mehr als 3 Monate vor dem Insolvenzantrag dahin gehend eine **Vereinbarung** getroffen hat, dass Zahlungen eines Kunden des Insolvenzschuldners an den Gläubiger weitergeleitet werden, damit Letzterer ein im Auftrag des Insolvenzschuldners erstelltes Produkt an diesen Kunden ausliefert (OLG Stuttgart, ZInsO 2004, 156). Dieses Regel-/Ausnahmeverhältnis gilt ebenso bei Vereinbarung eines **Stillhalteabkommens/Ratenzahlung** (vgl. BGH, ZIP 2008, 420). Gleiches muss erst recht für die **Stundung** (Palandt-Heinrichs, BGB, § 271 Rn. 12) gelten. Ebenfalls inkongruent ist die Hingabe eines eigenen **Wechsels** – und erst recht eines Kundenwechsels –, da es sich hierbei um kein verkehrsübliches Zahlungsmittel handelt (FK-Dauernheim § 131 Rn. 11). Hatte sich allerdings die Bank des Schuldners dazu verpflichtet, Kundenwechsel in Zahlung zu nehmen, so hatte dieser eine die Kongruenz begründende Ersetzungsbefugnis (RGZ 71, 89, 91). Zu **Wahlschuld** und **Ersetzungsbefugnis** vgl. Rdn. 3.

10 Die Zahlung auf eine fällige Forderung ist insoweit inkongruent, als sie **mitursächlich** auf **Maßnahmen** beruht, **auf die kein Anspruch bestand**. Veranlasst z. B. die Gläubigerbank innerhalb der Fristen des § 131 eine Kontosperre, auf die sie keinen Anspruch hatte, und ermöglicht diese erst die spätere Befriedigung der fälligen Forderung, weil ein bei Sperrung des Kontos auf diesem befindliches Guthaben nicht abfließen konnte, sondern zur Befriedigung der Bank zur Verfügung stand, so muss sich die Bank so behandeln lassen, als wäre auch die Befriedigung selbst inkongruent (BGH, ZInsO 2004, 201). Zur Kontosperre vgl. § 130 Rdn. 44.

11 Die Befriedigung einer titulierten Forderung im Wege der **Zwangsvollstreckung** ist ebenfalls inkongruent, soweit sie innerhalb des Drei-Monats-Zeitraumes des § 131 erfolgt (st. Rspr. seit BGHZ 136, 309, 311; BGHZ 167, 11, 14 = ZInsO 2006, 553; BAG ZInsO 2011, 1560). Zweck des § 131 ist es auch, während der letzten 3 Monate vor Antrag auf Eröffnung des Insolvenzverfahrens den Grundsatz des Vorrangs des schnelleren Gläubigers, der in der Einzelzwangsvollstreckung gem. § 804 Abs. 2 ZPO gilt, durch den Grundsatz der Gleichbehandlung aller Gläubiger zu ersetzen; dieser soll gerade nicht durch die Inanspruchnahme staatlicher Zwangsmittel eingeschränkt werden (BGH, ZInsO 2008, 806).

12 Inkongruenz ist auch dann anzunehmen, wenn die Befriedigung im Rahmen einer bereits eingeleiteten Zwangsvollstreckung in ein **Bankkonto** in der Weise erfolgt, dass die Bank dem Kontoinhaber gestattet, von dem gepfändeten Konto eine Überweisung an den Pfandgläubiger vorzunehmen (BGH, ZInsO 2008, 374).

13 Ebenso inkongruent ist eine **Leistung** des Schuldners an einen Gläubiger, der bereits einen **Antrag auf Eröffnung des Insolvenzverfahrens** über das Vermögen des Schuldners gestellt hat (BGH, ZInsO 2004, 145; BAG, ZInsO 2011, 1560).

14 Inkongruent ist nach st. höchstrichterlicher Rspr. (seit BGHZ 136, 309 [zur KO]) auch eine **Leistung** des Schuldners, die dieser **zur Abwendung** einer unmittelbar **drohenden Zwangsvollstreckung** (BGHZ 157, 242; BAG, ZInsO 2014, 1108 m.w.Nw.), der Erledigung einer bereits ausgebrachten Zwangsvollstreckungsmaßnahme (BGH, ZInsO 2008, 374) oder der **angedrohten Stellung eines Antrags auf Eröffnung des Insolvenzverfahrens** erbringt (BGH, ZInsO 2013, 778). Nicht erforderlich – aber auch nicht schädlich – ist, dass die Vollstreckung z. Zt. der Leistung im formalrechtlichen Sinne bereits begonnen hat (BAG, ZInsO 2014, 1108). Eine Zwangsvollstreckung droht vielmehr bereits dann unmittelbar, wenn der Schuldner im Zeitpunkt seiner Leistung

damit rechnen muss, dass ohne sie der Gläubiger mit der ohne Weiteres zulässigen Zwangsvollstreckung beginnt (st. Rspr. des BGH, zuletzt ZInsO 2011, 423); einer Fristsetzung durch den Gläubiger zur Zahlung bedarf es für die Annahme von **Vollstreckungsdruck** nicht (BGH a. a. O.). Ob der Schuldner aufgrund eines **unmittelbaren Vollstreckungsdrucks** geleistet hat, beurteilt sich aus der objektivierten Sicht des Schuldners (BGH a. a. O.). Es ist ausreichend, wenn sich die Motivation des Schuldners durch den Vollstreckungsdruck bei der Zahlung aus den Umständen ergibt, ohne dass eine Zwangsvollstreckungsmaßnahme unmittelbar vor der Leistung ausdrücklich angedroht worden sein muss (OLG Jena, ZIP 2000, 1734). Der Vollstreckungsdruck entfällt auch nicht dadurch, dass der Schuldner zunächst eine Teilzahlung leistet und der Gläubiger nicht binnen der nächsten 4 Wochen die bereits angedrohten Maßnahmen fortsetzt; vielmehr wirkt der ursprüngliche Druck weiter fort (OLG Hamburg, ZInsO 2005, 657). Dies gilt jedoch nicht, wenn zwischen (angedrohter) Vollstreckung und Zahlung ein Zeitraum von einem Jahr liegt (OLG Rostock, ZInsO 2006, 1109). Nicht ausreichend für die Annahme von Vollstreckungsdruck ist demgegenüber die nach § 699 Abs. 4 Satz 1 ZPO erfolgende Zustellung eines Vollstreckungsbescheids (BGH, ZInsO 2007, 99), sofern der Gläubiger die Zwangsvollstreckung aus diesem Titel nicht zuvor (oder zeitgleich) eingeleitet oder wenigstens angedroht hat (BGH, ZInsO 2011, 423; BAG, ZInsO 2014, 1108); ebenfalls nicht ausreichend für den zur Inkongruenz führenden zumindest unmittelbar bevorstehenden hoheitlichen Zwang ist die Mitteilung der titulierten Zahlungsrückstände durch den Gläubiger (BGH, ZInsO 2010, 1324).

Der für eine Inkongruenz notwendige **zeitliche Zusammenhang** zwischen der – nicht notwendigerweise expliziten (BGH, ZInsO 2013, 778) – Drohung mit einem Insolvenzantrag und der Leistung des Schuldners endet je nach Lage des Einzelfalles nicht mit Ablauf der von dem Gläubiger mit der Androhung gesetzten Zahlungsfrist. Rückt der Gläubiger von der Drohung mit dem Insolvenzantrag nicht ab und verlangt er von dem Schuldner fortlaufend Zahlung, so kann der Leistungsdruck über mehrere Monate fortbestehen (BGH, ZInsO 2004, 145). Gleiches muss gelten, wenn der Gläubiger mit der Durchführung von Einzelzwangsvollstreckungen droht oder derartige bereits durchgeführt hat, ohne dass sie zu einer vollständigen Erfüllung seiner Forderung geführt haben.

Keine Inkongruenz der Deckungshandlung ist indes nach zutreffender Auffassung des OLG Köln (ZInsO 2007, 382 zur Zahlung an Energieversorger nach von diesem angedrohter Versorgungseinstellung) bei anderweitigen **Drucksituationen oder Erpressungsszenarien** anzunehmen (zu sog. Druck-/Erpressungssituationen ggü. dem vorläufigen Insolvenzverwalter vgl. § 130 Rdn. 50), sofern nicht weitere Umstände hinzutreten. Zutreffend weist Schoppmeyer (Bork, Handbuch des Insolvenzanfechtungsrechts, S. 308) darauf hin, dass die Inkongruenz bei Androhung von Vollstreckungshandlungen/Insolvenzanträgen sich aus der Inkongruenz der angedrohten Maßnahmen, nicht aus dem mit der Drohung erzielten Druck, herleitet. So hat der BGH (ZInsO 2005, 648) entschieden, dass derjenige, der (in kongruenter Weise) ein Frachtführerpfandrecht erwirbt und unter Ausnutzung desselben den Schuldner nötigt, dessen Drittschuldner zur Zahlung direkt an den Pfandgläubiger zu veranlassen, keine inkongruente Befriedigung erfährt. 15

Auch die Drohung mit einem Strafantrag bewirkt keine Inkongruenz (Bork-Schoppmeyer, Handbuch des Insolvenzanfechtungsrechts, S. 308). Soweit das OLG Rostock (ZInsO 2004, 933) eine Inkongruenz bejaht hat, nachdem eine Behörde ihre Zustimmung zu einem privatrechtlichen Geschäft des Schuldners mit einem Dritten von dem Ausgleich rückständiger Abgabenforderungen abhängig gemacht hat, ist dem lediglich insoweit zuzustimmen, als dass eine Zustimmungskompetenz der Behörde überhaupt nicht gegeben war.

Demgegenüber bewirkt eine mit Mietrückständen des Schuldners (Mieters) begründete **fristlose Kündigung** eines Mietverhältnisses durch den Vermieter keine Inkongruenz der daraufhin erfolgenden Befriedigung, da es sich bei der fristlosen Kündigung nicht um eine vollstreckungsähnliche Maßnahme handelt, die der Durchsetzung fälliger Zahlungen dient. Vielmehr hat die fristlose Kündigung des Mietverhältnisses in erster Linie das Ziel, das Mietverhältnis schnell zu beenden, damit dem Vermieter nicht zu große Mietausfälle entstehen (AG Hamburg, Urt. v. 06.02.2004 – 8B C 559/03). 16

17 Inkongruent ist die Befriedigung aufgrund einer **Pfändung**, soweit diese selbst in inkongruenter Weise erfolgte (BGHZ 136, 309, 312). Hat der Gläubiger hingegen die Sicherung vor der Drei-Monats-Frist erlangt, so ist diese selbst und auch die ihr nachfolgende Befriedigung aus der Sicherheit kongruent (Uhlenbruck-Hirte § 131 Rn. 21). Auch die zur Abwendung der Versteigerung des Pfandobjektes erbrachte Zahlung ist dann allenfalls nach § 130 anfechtbar (RGZ 14, 80).

▶ Hinweis für den Insolvenzverwalter:

> Vielfach lässt sich Forderungsanmeldungen entnehmen, ob im geschützten zeitlichen Bereich des § 131 Leistungen an den anmeldenden Insolvenzgläubiger erbracht wurden und ob diese im Wege der Zwangsvollstreckung erfolgten.

c) Nicht zu der Zeit

18 Die Befriedigung einer Forderung ist inkongruent, wenn diese im Zeitpunkt der Befriedigung noch **nicht fällig, betagt** oder **befristet** i. S. v. § 163 BGB war. § 271 Abs. 2 BGB ändert hieran nichts (FK-Dauernheim § 131 Rn. 14). Die Leistung trotz eines vorübergehenden Leistungsverweigerungsrechts (z. B. § 273 BGB) führt zur Inkongruenz (KPB-Schoppmeyer § 131 Rn. 68). Tritt die Fälligkeit kraft Gesetzes oder aufgrund einer unanfechtbaren Vereinbarung noch vor Verfahrenseröffnung ein, so kommt eine Anfechtung gem. § 131 nur hinsichtl. der Zwischenzinsen in Betracht (BGHZ 129, 236, 242), i. Ü. kann die Anfechtung lediglich auf § 130 gestützt werden. Nicht inkongruent sind Zahlungen des Schuldners, die vor Fälligkeit zum Zwecke der Inanspruchnahme von »Skonto« erfolgen (BGH, ZInsO 2010, 1090). Zur (nachträglichen) **Stundung** vgl. Rdn. 9.

18a Zahlungen des Schuldners an einen von ihm beauftragten **Rechtsanwalt** können inkongruente Befriedigungen darstellen, wenn es sich entweder erklärterweise um **Vorschusszahlungen i. S. d. § 9 RVG** handelt, die bearbeitete Angelegenheit aber bereits erledigt ist (da mit Erledigung der Angelegenheit der Vorschussanspruch erlischt) oder aber ein bei Erledigung der Angelegenheit fällig gewordener Vergütungsanspruch des Rechtsanwalts mangels dem Schuldner mitgeteilter Vergütungsberechnung i. S. d. § 10 RVG noch nicht eingefordert werden kann (BGH, ZInsO 2006, 712 zu den entsprechenden Regelungen der BRAGO). Zahlungen des Schuldners an einen von ihm beauftragten Rechtsanwalt, die auf einen noch nicht fälligen Vergütungsanspruch geleistet werden, sind stets inkongruent (BGH, ZInsO 2006, 712).

18b Ist der Anspruch auf **Auflassung eines Grundstückes** noch nicht fällig, so scheitert die Anfechtung auch nicht daran, dass zugunsten des Anfechtungsgegners bereits eine Auflassungsvormerkung (§ 883 BGB) im Grundbuch eingetragen war, da die Vormerkung nicht die Folge hat, dass der Käufer einen fälligen Anspruch auf Erklärung der Auflassung ohne Zahlung des Kaufpreises haben würde. Der Käufer kann seinen Anspruch aufgrund der Vormerkung lediglich durchsetzen, wenn er den restlichen Kaufpreis bezahlt.

18c Eine durch den Schuldner per **Banküberweisung** an seinen Gläubiger geleistete Zahlung, die auf dessen Konto früher als fünf Bankgeschäftstage vor Fälligkeit gutgeschrieben wird, ist jedenfalls inkongruent (BGH, ZInsO 2005, 766). Eine solche inkongruente Deckung benachteiligt die Gläubiger auch in voller Höhe, sofern noch vor Eintritt der Fälligkeit gerichtliche Sicherungsmaßnahmen i. S. d. §§ 22 Abs. 2, 21 Abs. 2. Nr. 2, 2. Alt. angeordnet werden (BGH, ZInsO 2005, 766). Gleiches muss gelten, wenn vor Fälligkeit weiter gehende Sicherungsmaßnahmen oder gar die Verfahrenseröffnung erfolgen. Tritt die Fälligkeit kraft Gesetzes oder aufgrund einer unanfechtbaren Vereinbarung noch vor Verfahrenseröffnung ein, kommt eine Anfechtung gem. § 131 nur hinsichtl. der Zwischenzinsen in Betracht (BGHZ 129, 236, 242). I. Ü. kann die Anfechtung lediglich auf § 130 gestützt werden.

19 Wird die Fälligkeit erst durch eine **Kündigung** begründet, so kann auch diese eine anfechtbare, die Deckung ermöglichende Rechtshandlung darstellen (MK-Kirchhof § 131 Rn. 41). Fällig wird der Anspruch des Gläubigers allerdings nur, wenn ein rechtswirksamer Kündigungsgrund vorliegt.

Soweit dies der Fall ist, führt der Ausspruch der Kündigung **durch den Gläubiger** grds. sogar dann zu einer kongruenten Deckung, wenn die Kündigung innerhalb der letzten 3 Monate vor Antragstellung oder nach Antragstellung erfolgt (OLG Köln, NZI 2001, 262), weil der Kündigungsgrund den Anspruch auf Fälligstellung begründet. Die durch Kündigung nach Nr. 19 AGB-Banken bzw. Nr. 26 AGB-Sparkassen herbeigeführte Fälligkeit ist daher i. d. R. kongruent. Die vom **Schuldner** selbst ausgesprochene Kündigung oder sein Mitwirken bei der Vertragsaufhebung innerhalb des für § 131 maßgeblichen Zeitraumes ist demgegenüber i. d. R. inkongruent, weil er damit dem Gläubiger mehr Rechte einräumt als diesem von sich aus gebühren (MK-Kirchhof § 131 Rn. 41a). Hieran ändert sich auch nichts, wenn der Gläubiger selbst hätte kündigen dürfen, weil hypothetische Kausalverläufe nicht berücksichtigungsfähig sind (vgl. § 129 Rdn. 111).

3. Inkongruente Sicherung

a) Nicht zu beanspruchende Sicherung

Da die Forderung auf die Hauptleistung allein (selbst wenn sie bereits tituliert wurde, BGHZ 34, 254, 258) noch **kein Recht** auf eine Sicherung gibt (BGH, ZIP 2000, 82), ist eine Sicherung nur dann zu beanspruchen, wenn sie vertraglich, ggf. auch durch Vertrag zugunsten Dritter (RG, WarnRspr 1929, 302), hinreichend bestimmt (vgl. Rdn. 22) besonders vereinbart worden war (BGH, ZInsO 2001, 706) oder kraft Gesetzes ein Sicherungsanspruch besteht. Unerheblich ist dabei, ob die Sicherheit entgeltlich oder unentgeltlich bestellt wurde (MK-Kirchhof § 131 Rn. 19). **Schadensersatzansprüche** geben einen Anspruch auf Sicherung nur dann, wenn gerade die Bestellung einer Sicherheit als Naturalrestitution geschuldet ist (BGH LM Nr. 2a zu § 30 KO). Solange dann die schuldrechtlichen Verpflichtungen nicht erfolgreich angefochten sind, begründet auch die mögliche Übersicherung noch keine Inkongruenz, weil der Übererlös an den Schuldner auszukehren ist (BGH, ZInsO 2001, 706). Eine Übertragung von Sicherheiten, die allein für den Insolvenzfall vereinbart worden ist, ist jedoch als inkongruent anfechtbar (BGH, ZIP 1993, 521). Die **nachträgliche vertraglich vereinbarte Besicherung** einer bereits bestehenden Verbindlichkeit in den Fristen des § 131 bedeutet rgm. eine inkongruente Deckung (BGHZ 150, 326, 333 = ZInsO 2002, 670; BGH ZInsO 2010, 807; insgesamt zur Anfechtbarkeit der Bestellung von Sachsicherheiten sehr instruktiv Kirchhof ZInsO 2004, 465). Wird für eine bestimmte Verbindlichkeit vor oder bei ihrer Begründung eine Sicherheit bestellt, so wird allein hierdurch kein Anspruch begründet, andere Ansprüche des Gläubigers dieser Sicherung ebenfalls zu unterstellen (BGH, ZInsO 2001, 706). Wird für eine Verbindlichkeit eine Sicherung gewährt, die neben dieser Verbindlichkeit auch ältere Ansprüche des Gläubigers sichern soll, so ist das Deckungsgeschäft **insgesamt als inkongruent anfechtbar**, falls nicht festgestellt werden kann, ob und in welchem Umfang sich die Sicherungen auf bestimmte Ansprüche beziehen (anders bei gesetzlichen Sicherheiten BGH, ZInsO 2002, 670; vgl. Rdn. 24). Ist diese Feststellung möglich, so kommt eine **Teilanfechtung** hinsichtl. der für die Altverbindlichkeiten gewährten Sicherung in Betracht, wenn sich die Sicherung in selbstständige Teile zerlegen lässt (BGH, ZIP 1993, 276). Eine Anfechtung scheidet jedoch mangels Gläubigerbenachteiligung aus, wenn die Sicherheit vorrangig die aktuelle Forderung, z. B. aus dem im Gegenzug zur Sicherheitenbestellung gewährten Kredit, abdecken soll und der Erlös allenfalls zur Tilgung dieser Forderung ausreicht (BGH a. a. O.). Dies wird insb. auch beim Abschluss von **Sicherheitenpoolverträgen** bedeutsam (BGH a. a. O.). Derartige Pool-Vereinbarungen der Sicherungsgläubiger sind rgm. nicht anfechtbar, da sie nicht zu einer Verminderung des Haftungsvermögens des Schuldners führen, sondern lediglich Beweisschwierigkeiten ausräumen sollen (BGH, ZIP 1982, 543).

Zieht ein Gläubiger in der »kritischen Zeit« die ungesicherte Forderung eines anderen Gläubigers an sich und stellt sie unter freie, nicht valutierte Sicherheiten ein, so kann darin trotz einer dahin gehenden Vereinbarung mit dem Schuldner eine inkongruente Deckung liegen, weil weder der Zedent noch der Gläubiger vor der Abtretung einen Anspruch darauf hatte, dass gerade diese bestimmte Forderung gesichert werde (BGH, WM 1974, 1218), sog. **Auffüllen von Sicherheiten**.

Wurde dem Gläubiger zwar ein Anspruch auf Sicherung eingeräumt, ist dieser jedoch im maßgeblichen Zeitpunkt (§ 140) **nicht bestimmt genug**, so ist die Gewährung der Sicherung ebenfalls inkongruent (BGHZ 137, 267, 283 f.). Kongruenz besteht nur, wenn die gesicherte Forderung und das dafür einzuräumende Sicherungsgut so weit konkretisiert sind, dass aus der Sicherungsabrede auf Einräumung des Sicherungsrechtes geklagt werden könnte (BGH, ZIP 1993, 276). Eine schuldrechtliche Verpflichtung zur Übertragung von Sicherungseigentum muss allerdings nicht schon so weit konkretisiert sein wie die dingliche Einigung; erforderlich ist jedoch, dass die Vereinbarung Umfang und Art der Sicherheit bzw. die Auswahl der Sicherheiten genau festlegt (BGH, ZIP 1998, 248). Z. B. reicht **Nr. 13, 14 Abs. 1 AGB-Banken**, die einen Anspruch auf Bestellung bankmäßiger Sicherheiten für alle Ansprüche aus der bankmäßigen Geschäftsverbindung vorsieht, nicht aus, um eine aufgrund dieser Bestimmung begründete Sicherheit als kongruent anzusehen (BGHZ 150, 122, 125 f. = ZInsO 2002, 426; dies bestätigend BGH, ZInsO 2008, 91). Selbst wenn man die AGB-Banken dahin gehend auslegt, dass Bank und Kunde sich nicht nur über die **Pfandrechtsbestellung** dinglich einig sind, sondern zugleich einen schuldrechtlichen Anspruch darauf begründen, wird dieser erst dann auf einen bestimmten Pfandgegenstand konkretisiert, wenn die Sache in den Besitz der Bank gelangt oder die Forderung (d. h. der Anspruch auf Gutschrift, BGH, ZIP 1996, 2080) entsteht (BGH, ZInsO 2002, 426). An der einmal bestehenden Inkongruenz ändert sich auch dann nichts, wenn das Vermögen des Schuldners später schrumpft und z. Zt. der Sicherungsbestellung nur noch ein werthaltiges Sicherungsobjekt vorhanden ist (BGH, ZInsO 1999, 107).

22a Sofern ein Schuldner außerhalb des durch § 131 geschützten zeitlichen Bereichs einem Gläubiger zur Besicherung von dessen Forderungen im Wege der – hinreichend konkreten – **Vorausabtretung** (bspw. durch Vereinbarung eines **verlängerten Eigentumsvorbehalts**) seine innerhalb des durch § 131 geschützten zeitlichen Bereichs entstandenen Forderungen abgetreten hat, ist die Abtretung als solche im Hinblick auf § 140 nicht inkongruent, da dem Gläubiger ein schuldrechtlicher Anspruch auf Sicherheitenbestellung zustand. Die Anfechtbarkeit der Abtretung nach § 130 bleibt hiervon unberührt (vgl. § 130 Rdn. 40).

23 Ein **gesetzlicher Anspruch auf Sicherung** ergibt sich insb. aus §§ 648, 648a (n. F.), 775 Abs. 2, 1039 Abs. 1 Satz 2, 1051, 1067 Abs. 2 und 2128 BGB. Bestellt der später insolvente Bauherr entsprechend der Bestimmung des § 648 BGB dem Werkunternehmer eine Bauhandwerkersicherungshypothek, so ist diese kongruent. § 648a BGB a. F. verschafft dem Gläubiger dagegen keinen Anspruch auf die Sicherheitsleistung selbst, sondern nur ein Verweigerungsrecht hinsichtl. der vom Unternehmer zu erbringenden Vorleistung, solange die geforderte Sicherheit nicht geleistet ist. Da dies eine weitere Willenserklärung des Bestellers (Schuldners) voraussetzt, begründet **erst** seine diesbezügliche Einigung mit dem Unternehmer die Kongruenz (LG Dresden, ZIP 2001, 1428). § 648a BGB n. F. (ab 01.01.2009) hingegen gewährt dem Gläubiger nunmehr einen durchsetzbaren Anspruch, sodass obige Ausführungen zu § 648 BGB gelten. § 222 Abs. 2 AO gibt keinen Anspruch auf eine bestimmte Sicherung, sondern macht ihn von einer Vereinbarung zwischen Schuldner und FA abhängig, die nur dann eine kongruente Deckung begründet, wenn sie vor der Krise getroffen wurde (BGH, ZInsO 2005, 1160).

24 Auf die **kraft Gesetzes entstehenden Pfandrechte**, z. B. nach §§ 559, 647, 704 BGB, §§ 397, 441, 475b HGB, besteht vor Entstehung kein schuldrechtlicher Anspruch; sie entstehen mit dinglicher Wirkung unmittelbar durch die Einbringung bzw. Besitzübergabe der Sache. Damit entsteht zugleich der schuldrechtliche Anspruch für das Behaltendürfen. Derartige gesetzliche Pfandrechte entstehen grds. in kongruenter Weise (BGHZ 150, 326, 330 ff. = ZInsO 2002, 670). Hat der Schuldner allerdings feststellbar in verdächtiger Weise Wertsachen in die Mieträume eingebracht (z. B. in unüblich großem Umfang), so kommt eine Anfechtung gem. § 133 in Betracht, soweit dessen weitere Voraussetzungen vorliegen.

Hinsichtlich des **Frachtführerpfandrechts** gem. § 441 HGB stellt die das Pfandrecht begründende Inbesitznahme – auch soweit inkonnexe Forderungen gesichert werden – auch dann eine kongruente Sicherung dar, wenn ein Anspruch auf Abschluss eines Frachtvertrages, Inbesitznahme des Frachtgutes und die damit verbundene Sicherheit nicht bestand (BGH, ZInsO 2002, 670). Gleiches muss für das Pfandrecht des Spediteurs gem. § 464 HGB gelten.

b) Nicht in der Art

Der Gläubiger erhält eine der Art nach nicht zu beanspruchende Sicherung, wenn der Schuldner 25 eine andere Sicherheit leistet, als er sie vertraglich oder nach dem Gesetz schuldet. Ganz **geringfügige Abweichungen** zwischen der unanfechtbar zu beanspruchenden Sicherung und dem Gewährten führen nicht zu einer Inkongruenz (vgl. Rdn. 3). § 131 greift deshalb nicht bereits ein, wenn bei einem Anspruch auf Pfandbestellung derselbe Gegenstand zur Sicherheit übereignet wird oder statt einer Hypothek eine Grundschuld im gleichen Rang bestellt wird (Uhlenbruck-Hirte § 131 Rn. 27). Gleiches gilt, wenn der Gläubiger eine hypothekarische Sicherung erhalten sollte, das Grundstück jedoch bereits vor Eintragung der Sicherheit zwangsversteigert wird und der Schuldner daraufhin den ihm zustehenden Überschuss des Versteigerungserlöses sicherungshalber an den Gläubiger abtritt (Uhlenbruck-Hirte § 131 Rn. 27).

Bei erheblichem Abweichen der gestellten Sicherheit ist es unerheblich, ob diese für den Gläubiger eine Sicherung geringerer Art darstellt, weil die Vermutung nahe liegt, dass der Schuldner andere Sicherheiten nicht mehr anbieten konnte (MK-Kirchhof § 131 Rn. 38).

Der Gläubiger eines Zahlungsanspruches hat eine Sicherung, die er während der Krise des Schuldners durch eine Pfändung im Wege der **Zwangsvollstreckung** erlangt, nicht zu beanspruchen, sie ist also inkongruent (st. Rspr. seit BGHZ 136, 309, 311; BGHZ 162, 143 = ZInsO 2005, 25); es gelten dieselben Grundsätze wie oben unter Rdn. 11 dargestellt. Bei der **Pfändung künftiger Forderungen** wird das Pfändungspfandrecht erst in dem Augenblick begründet, in dem die jeweils gepfändete Forderung entsteht, § 140 (st. Rspr. seit BGHZ 157, 350, 354 = ZInsO 2004, 270); dieser Zeitpunkt, nicht derjenige der Zustellung des Pfändungs- und Überweisungsbeschlusses, ist dann dafür maßgeblich, ob die Rechtshandlung innerhalb des durch § 131 geschützten Zeitraums als vorgenommen gilt (vgl. zum Entstehen einzelner vertraglicher Forderungen § 140 Rdn. 14a). 26

▶ **Hinweis für das Insolvenzgericht/den vorläufigen Insolvenzverwalter:**

Im Insolvenzeröffnungsverfahren kann die Verwertung eines wahrscheinlich anfechtbar durch Zwangsvollstreckung erworbenen Pfandrechts durch vorsorgliche einstweilige Einstellung nach § 21 Abs. 2 Nr. 3 verhindert werden (AG Hamburg, WM 2000, 895).

Sicherungen, die im letzten Monat vor dem Eröffnungsantrag im Wege der Zwangsvollstreckung 27 erlangt wurden und noch nicht verwertet wurden (vgl. Rdn. 11), werden nach § 88 mit Verfahrenseröffnung ipso iure unwirksam, weshalb es in einem solchen Fall der Anfechtung grds. nicht bedarf. Ausgeschlossen ist sie jedoch nicht (vgl. § 129 Rdn. 13).

Bei einer **Anschlusspfändung** ist darauf abzustellen, wann sie, nicht die Erstpfändung, ausgebracht 28 wurde. Da die Anschlusspfändung nach erstmaliger Vollstreckungswirkung vom weiteren Schicksal der Erstpfändung unabhängig fortbesteht, beseitigt die Anfechtung der Erstpfändung die Anschlusspfändung nicht. Sie muss vielmehr **gesondert** angefochten werden (MK-Kirchhof § 131 Rn. 27).

Vorpfändung gem. § 845 ZPO und Hauptpfändung sind grds. selbstständig anfechtbar. Wurden 29 Vor- und Hauptpfändung beide innerhalb der Fristen des § 131 ausgebracht, bewirkt die erfolgreiche Anfechtung der Hauptpfändung gem. § 845 Abs. 2 ZPO zugleich die Unwirksamkeit der Vorpfändung, wohingegen die Anfechtung allein der Vorpfändung nicht zur Unwirksamkeit der Hauptpfändung führt. Wurde die Vorpfändung außerhalb des anfechtungsrechtlich relevanten Zeitraums ausgebracht, die Hauptpfändung hingegen innerhalb dieser Frist und auch innerhalb der Monatsfrist des § 845 Abs. 2 ZPO, war nach der zu § 30 KO vorherrschenden Ansicht die Hauptpfändung unanfechtbar (RGZ 83, 332, 335). Nunmehr sind jedoch nach §§ 130 ff. auch Rechtshandlungen anfechtbar, welche die Deckung lediglich ermöglichen. Da die rechtzeitige Hauptpfändung erst dazu führt, dass die Wirkungen des § 845 Abs. 2 ZPO, insb. also die Rückdatierung der Pfändung auf den Zeitpunkt der Vorpfändung, eintreten, ermöglicht sie erst die Verwertung des Pfandobjekts und ist daher als ermöglichende Rechtshandlung anfechtbar (MK-Kirchhof § 131 Rn. 28). Wird also die Vorpfändung i. S. d. § 845 ZPO außerhalb des durch § 131 geschützten Zeitraums ausgebracht, während die Hauptpfändung innerhalb dieses Zeitraums erfolgt, ist die

Anfechtung der Hauptpfändung möglich und hat automatisch die Unwirksamkeit der Vorpfändung zur Folge (BGH, ZInsO 2006, 553).

30 Auch die Eintragung einer **Sicherungshypothek** stellt eine inkongruente Sicherung dar (Uhlenbruck-Hirte § 131 Rn. 20).

31 Die Eintragung einer **Vormerkung** zur Sicherung eines Eintragungsanspruches bildet nur dann eine inkongruente Sicherung, wenn der zu sichernde Anspruch innerhalb der letzten 3 Monate vor Antragstellung entstanden ist (Uhlenbruck-Hirte § 131 Rn. 20). Dies gilt selbst dann, wenn die Vormerkung aufgrund einer einstweiligen Verfügung nach § 885 BGB erwirkt wurde (OLG Stuttgart, ZIP 1994, 723), es sei denn, sie ist auf die Verschaffung eines Sicherungsrechts gerichtet (BGHZ 34, 254, 256). Zwangsvormerkungen, die im Wege der einstweiligen Verfügung im letzten Monat vor Antragstellung oder danach eingetragen werden, werden mit Verfahrenseröffnung gem. § 88 unwirksam (Uhlenbruck-Hirte § 106 Rn. 18).

c) Nicht zu der Zeit

32 Nicht zu der Zeit zu beanspruchen hat der Gläubiger die Sicherung, wenn sein unanfechtbar begründeter Anspruch auf Sicherung noch nicht fällig oder aufschiebend bedingt oder befristet ist (vgl. Rdn. 18).

d) Einzelfälle

33 Zur **Verrechnung im Kontokorrent** vgl. zunächst § 130 Rdn. 41. Inkongruent sind derartige Verrechnungen, wenn die Bank mangels Kündigung des Kontokorrentkreditvertrages keinen aufrechenbaren fälligen Zahlungsanspruch gegen den Schuldner hatte, und zwar in dem Umfang, in dem die Zahlungseingänge die Zahlungsausgänge übersteigen (BGHZ 150, 122, 127 = ZInsO 2002, 462; BGH, ZInsO 2010, 2399). Setzt eine Bank eine Frist zur Rückführung eines ausgereichten Kontokorrentkredits, so stellt die Rückführung des Kredits vor Fristablauf auch dann eine inkongruente Deckung dar, wenn das Kreditinstitut gleichzeitig ankündigt, weitere Belastungen ab sofort nicht mehr zuzulassen (BGH, ZInsO 2002, 1136). Auf die Unterscheidung zwischen Kongruenz und Inkongruenz kommt es nicht an, soweit der Sollsaldo nicht zurückgeführt, sondern im Gegenteil laufend weiter ausgedehnt wird. Dann hat das Kreditinstitut durch die saldierten Gutschriften von dem Schuldner keine Leistung erhalten. Das Kriterium der Inkongruenz ist insofern bedeutungslos, solange und soweit die Annahme der Leistung nicht einer Deckung wegen eigener Forderungen des Empfängers (d.h. der Bank) dient, sondern der fremdnützigen Erfüllung von Vertragspflichten ggü. dritten Auftraggebern (BGH, ZInsO 2004, 854).

34 Das an einem **Kundenscheck** mit dessen Einreichung entstandene Sicherungs- bzw. Absonderungsrecht der Bank für ein auf dem Konto des Schuldners befindliches Debet stellt eine inkongruente Deckung dar, da die Bank rgm. vor der Scheckeinreichung keinen Anspruch gegen den den Scheck ausstellenden Kunden auf Begleichung ihrer Forderung hatte (BGHZ 118, 171, 178).

35 Ist vor Beginn der Drei-Monats-Frist des § 131 ein **verlängerter Eigentumsvorbehalt** vereinbart worden, so ist die Sicherung, die dadurch mit der Begründung der vorausabgetretenen Forderung entsteht, kongruent (BGH, ZInsO 2011, 778). Auch bei Vereinbarung innerhalb der Fristen des § 131 fehlt es bereits an einer Gläubigerbenachteiligung, wenn die Vereinbarung bis zur Lieferung erfolgt und ihr Umfang nicht darüber hinausgeht. Wurde hingegen zunächst unter **einfachem Eigentumsvorbehalt** geliefert, so ist die innerhalb der Drei-Monats-Frist nachträglich geschlossene Vereinbarung über die Verlängerung des Eigentumsvorbehalts inkongruent. Das infolge einer Verarbeitungsklausel geschaffene höherwertige Eigentum (§ 950 BGB) des Vorbehaltsverkäufers an dem neu geschaffenen Produkt ist je nachdem kongruent oder inkongruent, ob die Klausel vor oder innerhalb der Drei-Monats-Frist vereinbart wurde (FK-Dauernheim § 131 Rn. 19). Eine Gläubigerbenachteiligung liegt jedoch nur in dem Umfang vor, in dem der Wert der neu geschaffenen Sache denjenigen des bis dahin unter Eigentumsvorbehalt stehenden Materials übersteigt.

Inkongruent ist auch die **Rückübertragung** des vom Schuldner erworbenen **Eigentums** an der Kaufsache an den Veräußerer zur Sicherung der Kaufpreisschuld (BGH, ZIP 1980, 40).

III. Weitere Voraussetzungen (Abs. 1)

1. Innerhalb eines Monats vor Antragstellung (Nr. 1)

Im Rahmen der Anfechtung gem. Abs. 1 Nr. 1 ist nicht erforderlich, dass der Schuldner im Zeitpunkt der Vornahme der Rechtshandlung zahlungsunfähig ist. Einzige zusätzliche Voraussetzung ist, dass die Deckungshandlung bis zu **einen Monat** vor Stellung des Antrags auf Eröffnung des Insolvenzverfahrens (§ 139) oder danach erfolgte.   36

2. Im zweiten/dritten Monat vor Antragstellung und objektive Zahlungsunfähigkeit (Nr. 2)

Abs. 1 Nr. 2 betrifft solche Rechtshandlungen, die im **zweiten oder dritten Monat** vor Antragstellung (§ 139) vorgenommen worden sind. Im Unterschied zu Nr. 1 ist hier wegen des größeren zeitlichen Abstandes zur Antragstellung weiterhin erforderlich, dass der Schuldner bereits im Zeitpunkt der Vornahme der Rechtshandlung (§ 140) **zahlungsunfähig** war (vgl. § 130 Rdn. 12 ff.). Weiterhin ist die Frage der Inkongruenz für den gesamten – auch den in Nr. 1 der Vorschrift genannten – Zeitraum nur einheitlich und nicht nach den einzelnen Zeitabschnitten zu beantworten (BGH, ZInsO 2011, 1500). Unerheblich ist, ob der Gläubiger von dieser Zahlungsunfähigkeit Kenntnis hatte.   37

▶ **Hinweis für den Insolvenzverwalter:**

I. R. d. für die Darlegung der Zahlungsunfähigkeit erforderlichen Ermittlung, welche Verbindlichkeiten des Schuldners bereits im Zeitpunkt der Vornahme der anfechtbaren Rechtshandlung (§ 140) fällig waren, sollten zunächst die Forderungsanmeldungen auf bereits im maßgeblichen Zeitpunkt titulierte Forderungen bzw. Vollstreckungsprotokolle hin überprüft werden.

3. Im zweiten/dritten Monat vor Antragstellung und Kenntnis des Anfechtungsgegners von der Gläubigerbenachteiligung (Nr. 3)

Auch Abs. 1 Nr. 3 erfasst solche Rechtshandlungen, die im **zweiten oder dritten Monat** vor Stellung des Antrags auf Eröffnung des Insolvenzverfahrens (§ 139) vorgenommen (§ 140) worden sind. Als zusätzlich erschwerendes Merkmal enthält Nr. 3 anstatt der objektiven Zahlungsunfähigkeit des Schuldners die **Kenntnis des Anfechtungsgegners von der benachteiligenden Wirkung** der Deckungshandlung. Objektiv muss daher eine durch die Handlung verursachte (**mittelbare**) Gläubigerbenachteiligung (vgl. § 129 Rdn. 37 ff.) vorliegen. Von dieser Benachteiligung muss der Insolvenzgläubiger Kenntnis haben. Er muss positiv wissen (vgl. § 130 Rdn. 16), dass die Deckungshandlung die Befriedigungsaussichten der übrigen Insolvenzgläubiger verschlechtert. Der Begünstigte muss die Vorstellung haben, dass die Handlung das zur Gläubigerbefriedigung zur Verfügung stehende Vermögen des Schuldners schmälert, sodass dieses voraussichtlich nicht mehr ausreichen wird, um sämtliche Insolvenzgläubiger voll zu befriedigen (MK-Kirchhof § 131 Rn. 53).   38

Dieser positiven Kenntnis steht nach **Abs. 2 Satz 1** die **Kenntnis** solcher **Umstände** gleich, die zwingend auf die Benachteiligung schließen lassen (vgl. § 130 Rdn. 18 ff.). Der Gläubiger muss also die tatsächlichen Umstände kennen, aus denen sich ergibt, dass durch die fragliche Rechtshandlung das zur Gläubigerbefriedigung zur Verfügung stehende Schuldnervermögen in einer Weise geschmälert wird, dass es nicht mehr zur Befriedigung aller Insolvenzgläubiger ausreicht.   39

Diejenigen Tatsachen, die die Inkongruenz begründen und nahezu immer das Schuldnervermögen schmälern, sind dem Gläubiger als Empfänger der (in dieser Weise/zu dieser Zeit) **nicht geschuldeten Leistung** immer bekannt. Problematisch ist daher allenfalls die Kenntnis von der kritischen wirtschaftlichen Situation des Schuldners. **Nicht erforderlich** ist insoweit die Kenntnis einer bereits eingetretenen Zahlungsunfähigkeit, da auch Abs. 1 Nr. 3 die Anfechtung im Vergleich zu § 130 Abs. 1 Satz 1 Nr. 1 erleichtern soll. **Es genügt** daher, wenn der Anfechtungsgegner aufgrund der ihm bekannt gewordenen Tatsachen die Liquiditäts- und Vermögenslage des Schuldners als so unzulänglich einschätzt, dass dieser in absehbarer Zeit voraussichtlich nicht mehr in der Lage sein wird, seine Zahlungsverpflichtungen vollständig zu erfüllen, sodass Gläubiger jedenfalls teilweise unbefriedigt bleiben (MK-Kirchhof § 131 Rn. 54). Kennt der Anfechtungsgegner die vorgenannten Tatsachen, so folgt daraus rgm. zwingend der Schluss auf die Benachteiligung, da derjenige, der weiß, dass der Schuldner mit überwiegender Wahrscheinlichkeit demnächst nicht mehr alle seine Gläubiger wird befriedigen können und trotzdem an der Vermögensverschiebung mitwirkt, zweifelsfrei mit der Benachteiligung der übrigen Gläubiger rechnen muss. Die dem Gläubiger bekannte mehrmalige Nichteinlösung von Schecks ist ein wesentliches Beweisanzeichen für die Kenntnis von einer eingetretenen Zahlungsunfähigkeit (BGH, ZInsO 2002, 125). Zur Kenntniserlangung verbundener Gesellschaften im Rahmen sog. »Frühwarnsysteme« innerhalb von unternehmensübergreifenden »Cash-Management-Systemen« (sog. »**Cash-Pooling**«) und den anfechtungsrelevanten Folgen vgl. Thomas ZInsO 2007, 77.

40 Hinsichtlich der **Zurechnung fremder Kenntnis** vgl. § 130 Rdn. 28 ff.

40a Die Rspr. des BGH zum **Wegfall der** i. R. d. § 130 erforderlichen **Kenntnis** (BGH, ZIP 2008, 930; vgl. § 130 Rdn. 16a) wird man auf die Kenntnis i. S. d. § 131 Abs. 1 Nr. 3, Abs. 2 Satz 1 sinngemäß anzuwenden haben.

Eine **Begünstigungsabsicht** des Schuldners ist nicht erforderlich.

IV. Konkurrenzen

41 § 131 kann mit allen anderen Anfechtungstatbeständen außer § 132 konkurrieren. Im Vergleich zu § 130 wird die Anfechtung erleichtert, wenn Inkongruenz vorliegt.

§ 131 ist nicht subsidiär ggü. §§ 812 ff. BGB im Fall der Leistung bei Nichtigkeit des Kausalgeschäftes und auch nicht ggü. § 823 Abs. 2 BGB (MK-Kirchhof § 131 Rn. 14a). Zum Eingreifen des § 817 Satz 1 BGB neben Abs. 1 Nr. 3 vgl. § 143 Rdn. 102.

B. Verfahrensfragen

I. Darlegungs- und Beweislast

42 Darlegungs- und beweisbelastet für das Vorliegen aller Voraussetzungen des § 131 ist im **Regelfall** der **Insolvenzverwalter** (vgl. § 130 Rdn. 55 ff.). Zum Beweis der Inkongruenz genügt es, wenn der Insolvenzverwalter die Behauptung, auf die der Anfechtungsgegner seinen Deckungsanspruch stützt, widerlegt (BGHZ 123, 320, 330). Hinsichtlich des i. R. d. Anfechtung nach Abs. 1 Nr. 2 erforderlichen Beweises der Zahlungsunfähigkeit vgl. § 130 Rdn. 55 f.

II. Beweiserleichterung (Abs. 2 Satz 1) und Beweislastumkehr (Abs. 2 Satz 2)

43 Grds. muss der Insolvenzverwalter **in Fällen des Abs. 1 Nr. 3** nachweisen, dass der Begünstigte im Zeitpunkt der Vornahme der Rechtshandlung (§ 140) die Gläubigerbenachteiligung kannte. Dieser Nachweis wird ihm **durch Abs. 2 erleichtert** (zu Abs. 2 Satz 1 vgl. Rdn. 39). Bei der im Fall eines Rechtsstreits vom Gericht vorzunehmenden Beweiswürdigung gem. § 286 ZPO ist der Erfahrungswert mitzuberücksichtigen, dass Gläubiger eine andere als die an sich geschuldete Leistung oft nur deshalb fordern oder annehmen, weil sie fürchten, dass sie die an sich geschuldete Leistung wegen eines befürchteten Vermögensverfalls des Schuldners nicht mehr erlangen würden (BGHZ 157, 242 = ZInsO 2004, 145). Daher kann der Inkongruenz ein **Beweisanzeichen** für die Kenntnis des Anfechtungsgegners von einer Gläubigerbenachteiligung zu entnehmen sein, wenn der Gläubiger – was vom Insolvenzverwalter zu beweisen ist – bei Vornahme der Handlung wusste, dass sich der Schuldner in einer finanziell beengten Lage befand (BGH, ZInsO 2004, 967). Der Gläubiger, der diese Indizwirkung allein mit der Behauptung erschüttern will, er habe die Deckung für kongruent gehalten, muss dazu grds. eine auf den Anlass und die begleitenden Umstände hin nachprüfbare Sachdarstellung geben, die Rückschlüsse auf seine Vorstellungen zulassen (so zu § 3 Abs. 1 Nr. 1 AnfG a. F. BGH, WM 1968, 683).

Darüber hinaus wird in **Abs. 2 Satz 2** ggü. einer Person, die dem Schuldner im Zeitpunkt der Rechtshandlung i. S. v. § 138 nahe stand, die Kenntnis von der Benachteiligung der Insolvenzgläubiger vermutet. Zum Grund für diese **Beweislastumkehr** und zu den Entlastungsmöglichkeiten vgl. § 130 Rdn. 57.

Hinsichtlich weiterer Verfahrensfragen sei verwiesen auf die Kommentierung zu § 143 Rdn. 88 ff.   44

Zu besonders relevanten Fallkonstellationen i. R. d. Insolvenzanfechtung vgl. Schnellübersicht vor §§ 129 ff. Rdn. 26.   45

§ 132 Unmittelbar nachteilige Rechtshandlungen

(1) Anfechtbar ist ein Rechtsgeschäft des Schuldners, das die Insolvenzgläubiger unmittelbar benachteiligt,
1. wenn es in den letzten drei Monaten vor dem Antrag auf Eröffnung des Insolvenzverfahrens vorgenommen worden ist, wenn zur Zeit des Rechtsgeschäfts der Schuldner zahlungsunfähig war und wenn der andere Teil zu dieser Zeit die Zahlungsunfähigkeit kannte oder
2. wenn es nach dem Eröffnungsantrag vorgenommen worden ist und wenn der andere Teil zur Zeit des Rechtsgeschäfts die Zahlungsunfähigkeit oder den Eröffnungsantrag kannte.

(2) Einem Rechtsgeschäft, das die Insolvenzgläubiger unmittelbar benachteiligt, steht eine andere Rechtshandlung des Schuldners gleich, durch die der Schuldner ein Recht verliert oder nicht mehr geltend machen kann oder durch die ein vermögensrechtlicher Anspruch gegen ihn erhalten oder durchsetzbar wird.

(3) § 130 Abs. 2 und 3 gilt entsprechend.

Übersicht	Rdn.			Rdn.
A. Norminhalt	1	II.	Gleichgestellte Rechtshandlungen des Schuldners (Abs. 2)	14
I. Unmittelbar nachteilige Rechtsgeschäfte des Schuldners (Abs. 1)	3	III.	Weitere Voraussetzungen	19
1. Rechtsgeschäft des Schuldners	3	B.	Verfahrensfragen	20
2. Unmittelbare Gläubigerbenachteiligung	9			

A. Norminhalt

Abs. 1 erfasst sämtliche Rechtsgeschäfte des Schuldners, die Insolvenzgläubiger unmittelbar benachteiligen und die nicht unter die Deckungsanfechtung der §§ 130, 131 fallen. Er richtet sich vor allem schon gegen das **Begründen von Verbindlichkeiten** zugunsten Einzelner in der Krise, die erfahrungsgemäß nicht gegen eine angemessene Gegenleistung vorgenommen werden (KPB-Schoppmeyer § 132 Rn. 7). Zwischen Schuldner und Anfechtungsgegner muss also, **anders als** in §§ 130, 131, vor Vornahme der anfechtbaren Rechtshandlung noch keine Rechtsbeziehung bestanden haben. § 132 spricht daher auch vom »anderen Teil« und nicht vom Insolvenzgläubiger.   1

Abs. 2 bildet einen **Auffangtatbestand** für bestimmte Rechtshandlungen, insb. Unterlassungen, die weder unter die §§ 130, 131 noch unter Abs. 1 fallen, jedoch nach dem Willen des Gesetzgebers anfechtbar sein sollen, ohne dass die strengen Anforderungen des § 133 erfüllt sein müssen.   2

I. Unmittelbar nachteilige Rechtsgeschäfte des Schuldners (Abs. 1)

1. Rechtsgeschäft des Schuldners

Nach Abs. 1 sind allein **Rechtsgeschäfte des Schuldners**, d. h. Handlungen, die aus mindestens einer Willenserklärung bestehen und auf die Herbeiführung einer Rechtsfolge gerichtet sind (vgl. Palandt-Ellenberger, BGB, Überbl. v. § 104 Rn. 2), anfechtbar. Hierzu zählen nicht nur verpflich-   3 tende (Rdn. 4) und verfügende (Rdn. 5) Verträge, sondern auch einseitige Rechtsgeschäfte (Rdn. 6). Gewährt oder ermöglicht der Schuldner durch das Rechtsgeschäft einem Insolvenzgläubiger (vgl. § 130 Rdn. 3 ff.) eine Sicherung oder Befriedigung, so greifen jedoch die spezielleren Vorschriften der §§ 130 ff. ein. Eine Anfechtung des Erfüllungsgeschäftes gem. Abs. 1 ist dann wegen des Vorrangs der §§ 130, 131 ausgeschlossen, während das Verpflichtungsgeschäft nach Abs. 1 zu beurteilen ist.

4 **Verträge** i. S. d. Abs. 1 sind z. B. Kaufverträge, durch die der Anfechtungsgegner eine Aufrechnungsmöglichkeit erhält oder ihm Ware unter Wert verkauft wird (**sog. Verschleuderungsanfechtung**; Uhlenbruck-Hirte § 132 Rn. 1), Ankäufe über Wert der Ware, Schenkungen des Schuldners, die Hingabe oder Aufnahme von Darlehen zu ungünstigen Bedingungen (BGH, ZIP 1988, 725) sowie der Abschluss von Verträgen zugunsten Dritter (BGH, BB 1955, 269) oder mit nachteiligen Klauseln gerade für den Insolvenzfall (BGHZ 154, 190, 196 f. = ZInsO 2003, 417). Mangels Gläubigerbenachteiligung nicht erfasst ist hingegen die Eingehung von Naturalobligationen (vgl. § 129 Rdn. 69). Soweit ein Vertrag ausnahmsweise durch Schweigen zustande kommen kann, ist auch er wegen § 129 Abs. 2 von Abs. 1 erfasst.

Für innerhalb der letzten 3 Monate vor Antragstellung aufgestellte **Sozialpläne** enthält § 124 eine speziellere Regelung.

5 Wegen des Vorrangs der §§ 130 ff. fallen **Erfüllungshandlungen**, die eine Sicherung oder Befriedigung eines Insolvenzgläubigers bewirken, nicht unter § 132 (vgl. Rdn. 3). Von Abs. 1 erfasst sein können hingegen die Sicherung oder Befriedigung von Forderungen, die Personen zustehen, die – hinsichtl. der erfüllten/gesicherten Forderung – keine Insolvenzgläubiger waren, z. B. die Erfüllung von Verbindlichkeiten Dritter i. S. v. § 267 Abs. 1 BGB (vgl. § 130 Rdn. 3, § 134 Rdn. 25). Auch die Erfüllung eines (form-)nichtigen Vertrages ist von Abs. 1 erfasst (Uhlenbruck-Hirte § 132 Rn. 4). Gleiches gilt für die Abtretung einer Forderung des Schuldners an einen Dritten zwecks Verteilung des Erlöses nur unter einzelnen, bestimmten Gläubigern (MK-Kirchhof § 132 Rn. 8). Weitere nach Abs. 1 anfechtbare **verfügende Verträge** sind z. B. Erlassverträge gem. § 397 Abs. 1 BGB.

6 Zu den von Abs. 1 erfassten **einseitigen Rechtsgeschäften** zählt insb. die Geltendmachung von Gestaltungsrechten, z. B. die Kündigung eines für den Schuldner günstigen Vertrags (HK-Kreft § 132 Rn. 6) oder der Rücktritt oder Widerruf, ferner das Einverständnis mit einer bestimmten, gläubigerschädigenden Verwertungsart (BGH, ZIP 1997, 367).

7 Werden durch ein Rechtsgeschäft des Schuldners Ansprüche des Anfechtungsgegners begründet, so dient die Anfechtung gem. § 132 in erster Linie dazu, durch einen auf sie gestützten Widerspruch des Insolvenzverwalters die **Feststellung der Gläubigerforderung** zur Tabelle zu verhindern (HK-Kreft § 132 Rn. 6).

8 Das Rechtsgeschäft muss **vom Schuldner vorgenommen** worden sein. Das Handeln eines **Vertreters** wird ihm gem. § 164 BGB zugerechnet. Handelte der Vertreter ohne Vertretungsmacht, so kommt es auf die Genehmigung des Schuldners an. Deren Vornahmezeitpunkt ist maßgeblich für die Berechnung der Anfechtungszeiträume (Uhlenbruck-Hirte § 132 Rn. 6). Hat das Insolvenzgericht einen **vorläufigen Insolvenzverwalter** bestellt und angeordnet, dass Rechtshandlungen des Schuldners nur noch mit Zustimmung des vorläufigen Insolvenzverwalters wirksam sein sollen, so gelten Abreden des letzteren als Rechtsgeschäft des Schuldners, weil bei diesem die Verwaltungs- und Verfügungsbefugnis verblieben ist, sodass der vorläufige Insolvenzverwalter nur in dessen Namen und mit dessen Vollmacht handeln konnte (BGHZ 154, 190, 194 = ZInsO 2003, 417). Eine Anfechtung scheidet ausnahmsweise aus, wenn der vorläufige Insolvenzverwalter durch sein Handeln einen schutzwürdigen Vertrauenstatbestand (OLG Celle, ZInsO 2005, 148) beim Empfänger begründet hat und dieser infolgedessen nach Treu und Glauben (§ 242 BGB) damit rechnen durfte, ein nicht mehr entziehbares Recht errungen zu haben (BGH, ZInsO 2003, 420; vgl. § 129 Rdn. 20).

2. Unmittelbare Gläubigerbenachteiligung

Abs. 1 erfordert eine **unmittelbare Gläubigerbenachteiligung**, d. h. eine Benachteiligung der Gläubigergesamtheit bereits im Zeitpunkt der Vornahme (§ 140) der anzufechtenden Rechtshandlung. Zur Gläubigerbenachteiligung vgl. § 129 Rdn. 37 ff., zur Unmittelbarkeit vgl. § 129 Rdn. 73 ff.

Das Vorliegen einer unmittelbaren Gläubigerbenachteiligung ist ausschließlich mit Bezug auf das **Wertverhältnis** zwischen den konkret ausgetauschten Leistungen zu beurteilen (BGHZ 154, 190, 195 = ZInsO 2003, 417). Erhält der Schuldner etwas, das zwar keine Gegenleistung darstellt, sich aber in anderer Weise als zumindest gleichwertiger Vorteil erweist, kommt es darauf an, ob der Vorteil unmittelbar mit dem Vermögensopfer zusammenhängt. Das ist nicht schon dann der Fall, wenn das Vermögensopfer gezielt eingesetzt wird, um den Vorteil zu erreichen. Daher ist es zugunsten des Anfechtungsgegners **nicht berücksichtigungsfähig**, dass erst dessen von der Bezahlung von Altforderungen abhängig gemachte Bereitschaft, eine vor Antragstellung mit dem Schuldner verabredete Leistung an diesen zu erbringen, einen neuen Kredit auszureichen oder neue Verträge mit dem Schuldner abzuschließen, die Fortführung des Schuldnerbetriebes ermöglicht hat (BGH, ZInsO 2003, 417).

Unmittelbar gläubigerbenachteiligend wirkt insb. der **Kauf zu überhöhtem Preis** oder der **Verkauf unter Wert**. Ob zu überhöhtem Preis ge- oder unter Wert verkauft wird, richtet sich nach dem objektiv zu ermittelnden normalen Marktpreis. Da § 132 gerade vor dem Risiko einer **Verschleuderung** der Insolvenzmasse schützen soll, führen auch Preisabweichungen aufgrund krisenbedingter Eilbedürftigkeit zu einem Missverhältnis zwischen Leistung und Gegenleistung (Uhlenbruck-Hirte § 132 Rn. 10). Kaufverträge, die einen angemessenen Kaufpreis vorsehen, dem Käufer jedoch die **Aufrechnung** mit einer eigenen Forderung ermöglichen, können zwar hierdurch die Insolvenzgläubiger benachteiligen, jedoch wird diese Benachteiligung nicht schon unmittelbar durch den Vertragsschluss, sondern erst mittelbar durch die Insolvenzeröffnung verursacht. Gem. §§ 130 ff. kann jedoch die durch die Aufrechnungslage geschaffene Sicherung anfechtbar sein (vgl. § 129 Rdn. 7, 85).

Auch die **Einräumung langfristiger Rechte**, etwa durch Miet- oder Pachtvertrag, kann eine unmittelbare Gläubigerbenachteiligung bedeuten, wenn der Insolvenzverwalter gem. §§ 103 ff. an den Vertragsschluss gebunden ist (Uhlenbruck-Hirte § 129 Rn. 2).

Risikoverträge wie Versicherungsverträge sind, wenn der Umfang der Leistungspflicht nicht bereits festgelegt ist, nur dann unmittelbar nachteilig, wenn sich die Leistungsdisparität zulasten des Schuldners bereits bei Vertragsschluss erkennen lässt (KPB-Schoppmeyer § 132 Nr. 32).

Im Rahmen von **Sanierungsversuchen** entstandene **Vergütungsansprüche Dritter** für Dienstleistungen oder Geschäftsbesorgungen, die dem Schuldner erbracht wurden, benachteiligen dessen Gläubiger nicht bereits deswegen unmittelbar, weil die Bemühungen die Insolvenzverfahrenseröffnung letztlich nicht abwenden konnten. Der objektive Wert der geschuldeten Bemühungen hängt grds. davon ab, ob die Leistungen des geeigneten Geschäftsbesorgers einer fachgerechten, zweckmäßigen Sacherledigung gerade mit Bezug auf die konkreten Verhältnisse des späteren Insolvenzschuldners dienten (MK-Kirchhof § 132 Rn. 14). Die Vergütungsvereinbarung kann die Insolvenzgläubiger daher dann unmittelbar benachteiligen, wenn die zu vergütenden Dienste objektiv keinen gleichwertigen Nutzen bringen konnten, weil die Sanierungsversuche von vornherein erkennbar aussichtslos waren (BGH, ZIP 1988, 322). Ferner ist die Anfechtung gem. § 132 möglich, wenn das vereinbarte Honorar unangemessen hoch war. Für die Feststellung, ob die Höhe des Honorars angemessen ist, gibt die übliche bzw. nach einer Gebührenordnung vorgesehene Vergütung gewisse Anhaltspunkte, wobei im Einzelfall eine deutliche Überschreitung im Wege einer Vergütungsvereinbarung nicht ausgeschlossen ist (BGHZ 77, 250, 253 f.). Ist das überhöhte Honorar teilbar, so kommt eine **Teilanfechtung** in Betracht, wodurch das Honorar auf das angemessene Maß reduziert wird (BGHZ 77, 250, 255 f.).

11a Hinsichtlich der **Vergütung** für die **Beratung vor Verbraucher- und Kleininsolvenzverfahren** gilt grds. dasselbe, wenngleich es für Verbraucher und andere natürliche Personen rgm. nicht um eine Sanierung zur Vermeidung eines Insolvenzverfahrens, sondern um die angestrebte Erteilung der Restschuldbefreiung (§§ 286 ff.) gerade im Zusammenhang mit einem solchen Verfahren geht. Werthaltige Gegenleistung des Beraters ist in diesen Fällen eine Beratung des Schuldners, die geeignet sein kann, die Voraussetzungen der Erteilung einer Restschuldbefreiung zu prüfen, diese ggf. vorzubereiten sowie zu verwirklichen. Dies gilt sowohl für die vorgerichtliche Beratung als auch für die Antragstellung und die Vertretung im Eröffnungsverfahren (Kirchhof ZInsO 2005, 340, 341). Zur angemessenen Höhe der Vergütung vgl. Kirchhof a.a.O., 342 f.

12 Eine **Kreditgewährung** an den Schuldner ist nach Abs. 1 nicht schon dann anfechtbar, wenn von vornherein die Aussichtslosigkeit des Sanierungsversuches feststeht; vielmehr müsste auch hier der vereinbarte Zinssatz verkehrsunüblich sein, wobei i.R.v. **Sanierungskrediten** die besonderen Risiken zu berücksichtigen sind (KPB-Schoppmeyer § 132 Rn. 30 f.). Stellt sich die Sinnlosigkeit des Sanierungsversuches hingegen erst nachträglich heraus, so fehlt es grds. an der unmittelbaren Gläubigerbenachteiligung (Uhlenbruck-Hirte § 132 Rn. 9). Unmittelbar benachteiligend ist darüber hinaus die Darlehensaufnahme zu einem überhöhten Zinssatz oder die Vereinbarung einer sicheren, verzinslichen Grundschuld i.H.v. 600.000 DM (= 306.775,13 €) für ein Darlehen von nur 430.000 DM (= 219.855,51 €; LG Potsdam, DZWIR 1999, 40).

13 Grundsätzlich (vgl. aber Rdn. 11) ist ein unmittelbar nachteiliges Rechtsgeschäft nur **insgesamt anfechtbar**, nicht lediglich im Umfang der konkret verursachten Gläubigerbenachteiligung, eine Saldierung findet also nicht statt. Die vom Anfechtungsgegner gewährte, jedoch nicht ausgleichende Gegenleistung wird ihrerseits in vollem Umfang nach Maßgabe des § 144 Abs. 2 behandelt (MK-Kirchhof § 132 Rn. 29).

II. Gleichgestellte Rechtshandlungen des Schuldners (Abs. 2)

14 Abs. 2 bildet einen **selbstständigen Auffangtatbestand** zu §§ 130, 131, 132 Abs. 1 und erfasst alle vom Schuldner vorgenommenen Rechtshandlungen i.S.d. § 129 (vgl. dort Rdn. 2 ff.), soweit sie nicht Abs. 1 unterfallen. Mit seiner Hilfe sollten Regelungslücken der KO geschlossen werden, die insb. bei der Anfechtung von Unterlassungen im Bereich der besonderen Konkursanfechtung gesehen wurden (Begr. RegE zu § 147, BT-Drucks. 12/2443 S. 159). Abs. 2 erfasst daher vor allem **Unterlassungen** (§ 129 Abs. 2) des Schuldners.

Die in Abs. 2 genannten Handlungsfolgen (Rechtsverlust etc.) müssen **unmittelbar** durch die Rechtshandlung des Schuldners eintreten. Es genügt also nicht, wenn ein Gläubiger aufgrund einer Rechtshandlung des Schuldners berechtigterweise ein Gestaltungsrecht ausübt und so die in der Norm genannten Folgen eintreten (MK-Kirchhof § 132 Rn. 22). Demgegenüber ist es unschädlich, wenn die Gläubigerbenachteiligung erst durch das Hinzutreten weiterer Umstände eintritt (z. B. wenn sich der Schuldner des Insolvenzschuldners auf den Eintritt der Verjährung der gegen ihn gerichteten Forderung beruft, nachdem der Insolvenzschuldner den Eintritt der Verjährung nicht verhindert hat), da i.R.d. Abs. 2 eine nur **mittelbare Gläubigerbenachteiligung** (vgl. § 129 Rdn. 78 ff.) genügt (Begr. RegE zu § 147, BT-Drucks. 12/2443 S. 159).

15 Der Schuldner **verliert ein Recht** z. B. dann, wenn er den Protest nach Wechselrecht unterlässt und dadurch Rechte verliert, die den Protest voraussetzen (Begr. RegE zu § 147, BT-Drucks. 12/2443 S. 160). Gleiches gilt, wenn er eine auflösende Bedingung i.S.d. § 158 BGB und damit den Wegfall eines ihm zustehenden Vermögensrechtes auslöst (KPB-Paulus § 132 Rn. 8). Unterlässt es der Schuldner, ein Rechtsmittel oder einen Rechtsbehelf einzulegen, weshalb er einen aussichtsreichen Aktivprozess verliert, oder unterlässt er die Unterbrechung der Verjährung, so kann er **ein Recht nicht mehr geltend machen**. Ein Rechtsgeschäft, durch das ein **vermögensrechtlicher Anspruch gegen ihn erhalten wird**, liegt z. B. vor, wenn der Schuldner bewusst die Herbeiführung einer auflösenden Bedingung oder die rechtzeitige Anfechtung einer ihm ungünstigen Willenserklärung gem. §§ 119 ff. BGB unterlässt oder wenn er einen für ihn ungünstigen Vertrag nicht kündigt.

Unterlässt es der Schuldner in einem Passivprozess, ein – mangels Bestehens des vom Anfechtungsgegner geltend gemachten Anspruchs – Erfolg versprechendes Rechtsmittel einzulegen oder die Einrede der Verjährung zu erheben, so liegt darin eine Rechtshandlung, durch die ein **Anspruch durchsetzbar wird**.

Nicht von Abs. 2 erfasst wird die Nichtgeltendmachung von Pflichtteilsansprüchen wegen der insoweit bestehenden Entscheidungsfreiheit des Schuldners (BGH, ZIP 1997, 1302). 16

Auch Abs. 2 erfasst nur Rechtshandlungen des **Schuldners** oder seines **Vertreters** (vgl. Rdn. 8). 17

Die Anfechtung nach Abs. 2 ist grds. nur für entgeltliche Rechtshandlungen sinnvoll, da ansonsten die Anfechtbarkeit nach § 134, welcher weniger hohe Anforderungen stellt, möglich ist. 18

III. Weitere Voraussetzungen

Die unter Nr. 1 und 2 genannten Voraussetzungen des Abs. 1 hinsichtl. des Zeitrahmens der Vornahme des Rechtsgeschäfts, des Erfordernisses der bereits eingetretenen Krise (d. h. Zahlungsunfähigkeit bzw. Vorliegen eines Eröffnungsantrages) und der subjektiven Voraussetzungen aufseiten des Anfechtungsgegners **entsprechen** denjenigen des § 130 Abs. 1, weshalb auf die dortigen Erläuterungen in Rdn. 12 ff. verwiesen sei. Aus der Gleichstellung der in Abs. 2 genannten Rechtshandlungen mit den Rechtsgeschäften i. S. d. Abs. 1 ergibt sich, dass die vorgenannten Voraussetzungen auch i. R. d. Anfechtung gem. Abs. 2 erfüllt sein müssen. 19

B. Verfahrensfragen

Die Darlegungs- und Beweislast für das Vorliegen der Anfechtungsvoraussetzungen liegt rgm. bei dem Insolvenzverwalter. Abs. 3 verweist jedoch auf die **Beweiserleichterungen** des § 130 Abs. 2 und 3, weshalb die Ausführungen unter § 130 Rdn. 18 ff., 59 ff. hier entsprechend heranzuziehen sind. 20

Hinsichtlich weiterer Verfahrensfragen sei verwiesen auf die Kommentierung zu § 143 Rdn. 88 ff. 21

Zu besonders relevanten Fallkonstellationen i. R. d. Insolvenzanfechtung vgl. Schnellübersicht vor §§ 129 ff. Rdn. 26. 22

§ 133 Vorsätzliche Benachteiligung

(1) ¹Anfechtbar ist eine Rechtshandlung, die der Schuldner in den letzten zehn Jahren vor dem Antrag auf Eröffnung des Insolvenzverfahrens oder nach diesem Antrag mit dem Vorsatz, seine Gläubiger zu benachteiligen, vorgenommen hat, wenn der andere Teil zur Zeit der Handlung den Vorsatz des Schuldners kannte. ²Diese Kenntnis wird vermutet, wenn der andere Teil wußte, daß die Zahlungsunfähigkeit des Schuldners drohte und daß die Handlung die Gläubiger benachteiligte.

(2) ¹Anfechtbar ist ein vom Schuldner mit einer nahestehenden Person (§ 138) geschlossener entgeltlicher Vertrag, durch den die Insolvenzgläubiger unmittelbar benachteiligt werden. ²Die Anfechtung ist ausgeschlossen, wenn der Vertrag früher als zwei Jahre vor dem Eröffnungsantrag geschlossen worden ist oder wenn dem anderen Teil zur Zeit des Vertragsschlusses ein Vorsatz des Schuldners, die Gläubiger zu benachteiligen, nicht bekannt war.

§ 133 InsO Vorsätzliche Benachteiligung

Übersicht

	Rdn.
A. Norminhalt	1
I. Rechtshandlung	2
II. Anfechtungszeitraum	9
III. Gläubigerbenachteiligung	10
IV. Gläubigerbenachteiligungsvorsatz	11
V. Kenntnis bzw. Vermutung der Kenntnis des anderen Teils	20
B. Verfahrensfragen	24
I. Darlegungs- und Beweislast	24
II. Beweiserleichterung und Beweislastumkehr (Abs. 1 Satz 2, Abs. 2)	26
1. Besonderheiten bei Abs. 1	26
a) Kenntnis von drohender Zahlungsunfähigkeit und Gläubigerbenachteiligung (Abs. 1 Satz 2)	26
b) Tatsächliche Beweisanzeichen	31
2. Beweislastumkehr (Abs. 2)	43
a) Entgeltlicher Vertrag	44
b) nahestehende Personen	46
c) Unmittelbare Gläubigerbenachteiligung	47
d) Rechtsfolgen	48
III. Weitere Verfahrensfragen/Reformbestrebungen	49

A. Norminhalt

1 Der **Regelfall** der Anfechtung wegen vorsätzlicher Benachteiligung ist in Abs. 1 Satz 1 normiert (vgl. Rdn. 2 ff.). Bei Vorliegen bestimmter weiterer objektiver Voraussetzungen greift die **Beweislastumkehr** des Satzes 2 ein (vgl. Rdn. 43 ff.). Die Verwirklichung des Tatbestandes des § 133 stellt keine unerlaubte Handlung dar (Uhlenbruck-Hirte § 133 Rn. 2). Zum Verhältnis von § 133 zu §§ 134, 138 BGB vgl. vor §§ 129 ff. Rdn. 8 f.

I. Rechtshandlung

2 Abs. 1 erfasst Rechtshandlungen aller Art (vgl. § 129 Rdn. 2 ff.), soweit sie **vom Schuldner** willensgeleitet und verantwortungsgesteuert (BGH, ZInsO 2014, 293) vorgenommen wurden. Erfasst sind auch solche Rechtshandlungen, die unter Abs. 2 fallen.

Das Handeln eines **Stellvertreters** oder einer angewiesenen Zwischenperson wird dem Schuldner nach allg. Grundsätzen als eigenes Handeln zugerechnet; Gleiches gilt bei **mittelbaren Zuwendungen** unter Einschaltung eines Dritten (vgl. § 129 Rdn. 23, 29 ff.). Veranlasst daher der Schuldner seinen Schuldner, unmittelbar an seinen Gläubiger zu zahlen, kommt – bei Vorliegen der übrigen Tatbestandsmerkmale – die Vorsatzanfechtung gegen den Angewiesenen und den Zuwendungsempfänger (als Gesamtschuldner) in Betracht (BGH, ZInsO 2008, 814). Somit kommt auch die Anfechtung der Tilgung fremder Verbindlichkeiten nach dieser Vorschrift grundsätzlich in Betracht (BGH, ZInsO 2013, 73).

Eine Rechtshandlung des Schuldners liegt auch bei Zahlung mittels **Lastschrift** vor, wenn sich der Schuldner seines Kreditinstitutes als »Zahlungs- und Verrechnungsstelle« bedient und die vereinbarten und üblichen Regeln des Abbuchungsauftrags- bzw. Einzugsermächtigungsverfahrens eingehalten werden (BGH, ZInsO 2013, 1077). Demnach kann auch das für den Schuldner kontoführende Kreditinstitut als »Leistungsmittler« durchaus gesamtschuldnerisch mit dem Leistungsempfänger Anfechtungsgegner sein (BGH, ZInsO 2013, 384).

3 Rechtshandlungen **Dritter** sind grds. nicht nach Abs. 1 anfechtbar. Es ist jedoch nicht erforderlich, dass die Initiative zu dem die Gläubiger benachteiligenden Handeln vom Schuldner ausgeht (BGHZ 162, 143 = ZInsO 2005, 260). Eine Rechtshandlung des **Schuldners** liegt deshalb bereits dann vor, wenn dieser lediglich an ihr beteiligt ist, sie also nicht allein ausführt (BGHZ 155, 75, 79 = ZInsO 2003, 764). Rechtshandlungen Dritter genügen daher den Anforderungen des Abs. 1, wenn sie im einverständlichen **Zusammenwirken** mit dem Schuldner erfolgen. Eine ausdrückliche Verabredung zwischen Schuldner und Anfechtungsgegner ist nicht erforderlich, vielmehr genügt aufseiten des Schuldners bewusstes und willentliches Unterlassen (§ 129 Abs. 2), wenn daraus auf einen Gläubigerbenachteiligungsvorsatz zu schließen ist (BGH, ZInsO 2011, 574).

Eine Rechtshandlung i. S. d. Abs. 1 liegt z. B. vor, wenn der Schuldner durch Annahme einer **Erfüllungsleistung** eines Drittschuldners die eigene Forderung gegen diesen zum Erlöschen bringt (MK-Kirchhof § 133 Rn. 8). 4

Auch Verfügungen eines Schuldners gemeinsam mit einem **Mitberechtigten** können anfechtbar sein (BGH, ZIP 1992, 124). Die Vorausabtretung künftiger Forderungen unterliegt unter den in § 140 Abs. 1 genannten Voraussetzungen der Anfechtung gem. Abs. 1. Eine Ausnahme gilt insoweit für den verlängerten Eigentumsvorbehalt: eine Anfechtung gem. Abs. 1 kommt nicht in Betracht, wenn und soweit die Vorausabtretung sich auf die mit der Vorbehaltsware erlangte Forderung beschränkt (BGHZ 64, 312, 313 f.). 5

Zwangsvollstreckungsmaßnahmen von Gläubigern unterliegen grds. nicht der Anfechtung gem. Abs. 1, sondern nur dann, wenn Rechtshandlungen des Schuldners oder diesen gleichstehende Unterlassungen zum Erfolg der Vollstreckungsmaßnahme beigetragen haben (BGH, ZInsO 2014, 293 m. w. N.), wenn also der Schuldner die Voraussetzungen für die Vollstreckungshandlung aktiv fördert (BGH, ZInsO 2011, 574) oder willentlich mitschafft, indem er z. B. durch Einzahlung auf ein debitorisches Konto ein an diesem erwirktes Pfandrecht werthaltig macht (BGH, ZInsO 2013, 2213) oder pfändbare Gegenstände einzelnen Gläubigern vorenthält, um sie für den Zugriff eines anderen Gläubigers bereit zu halten (BGH, ZIP 1986, 926), oder dem Gläubiger bewusst bei der Erwirkung eines Titels gegen ihn durch Unterlassung eines aussichtsreichen Rechtsbehelfes (BGHZ 162, 143 = ZInsO 2005, 260), Versäumung eines Termins, durch Anerkenntnis, Vollstreckungsunterwerfung gem. § 794 Abs. 1 Nr. 5 ZPO etc. Hilfe leistet (Uhlenbruck-Hirte § 133 Rn. 8). Anfechtbar kann ggf. jedoch nur das Betreiben der Zwangsvollstreckung, nicht hingegen der hoheitliche Eigentumserwerb in der Versteigerung sein (BGH, ZIP 1986, 926). Hat der Anfechtungsgegner den fraglichen Gegenstand zunächst rechtsgeschäftlich erworben und wird er ihm später im Rahmen einer seitens eines Gläubigers des Schuldners eingeleiteten Zwangsvollstreckung erneut zugeschlagen, ist allein der vorangehende rechtsgeschäftliche Erwerb maßgeblich (BGHZ 159, 397 zu § 11 AnfG m. Anm. Stickelbrock, EWiR 2005, 53). 6

Leistet der Schuldner unter dem Druck oder zur Abwendung der **angedrohten Zwangsvollstreckung**, so liegt eine Handlung des Schuldners vor, soweit der Schuldner noch die Möglichkeit hat, darüber zu entscheiden, ob er die angeforderte Leistung zu erbringen oder zu verweigern hat. Dies ist der Fall, wenn der Schuldner zur Abwendung der ihm angedrohten, demnächst zu erwartenden Vollstreckung leistet (BGH, ZInsO 2012, 1318 m. w. N.). Hat er dagegen nur noch die Wahl, die geforderte Zahlung sofort zu leisten oder die Vollstreckung durch die bereits anwesende Vollziehungsperson zu dulden, ist jede Möglichkeit zu einem selbstbestimmten Handeln ausgeschaltet, weshalb es an einer in Abs. 1 tatbestandlichen willensgeleiteten Rechtshandlung des Schuldners fehlt (BGH, ZInsO 2012, 2244 m. w. N.). Sofern die Vollstreckung voraussichtlich fruchtlos verlaufen würde und der Schuldner dennoch per Scheck an die bereits anwesende Vollziehungsperson leistet, handelt es sich um eine Handlung des Schuldners (BGH, ZInsO 2012, 1318). Gleiches gilt für Zahlungen des Schuldners an die in dessen Wohnung erschienene und zur Vollstreckung bereite Vollziehungsperson, wenn weder eine richterliche Anordnung i. S. d. § 758a ZPO vorliegt, noch der Schuldner einer Durchsuchung zustimmt. In solchen Fällen besteht mangels Duldungspflicht noch die Möglichkeit zur willensgeleiteten Handlung (BGH, ZInsO 2011, 574; vgl. jedoch insoweit § 287 Abs. 4 Satz 2 AO). Auch die (Teil-) Zahlung eines Schuldners auf eine durch das Vollstreckungsorgan nach fruchtlosem Zwangsvollstreckungsversuch herbeigeführte Ratenzahlungsvereinbarung stellt schuldnerisches Handeln dar (BGH, ZInsO 2010, 226). 7

Wird ein Darlehensanspruch des Schuldners – bspw. aus Dispositionskredit – gepfändet und überweist daraufhin der Schuldner aus den darlehensweise in Anspruch genommenen Mitteln an den Pfändungsgläubiger, liegt eine **schuldnerische** Handlung schon aufgrund der höchstpersönlichen Natur des Darlehensabrufs vor (BGH, ZInsO 2011, 1350).

Die Tatsache, dass es sich bei der schuldnerischen Rechtshandlung um den Bestandteil eines **Bargeschäfts** (§ 142) handelt, schließt die Anfechtung gem. Abs. 1 nicht aus; häufig wird es jedoch an 8 dem Gläubigerbenachteiligungsvorsatz fehlen, wenn der Schuldner eine kongruente Gegenleistung für eine von ihm empfangene Leistung erbringt, die der Fortführung seines Unternehmens dient und damit den Gläubigern im Allgemeinen nützt (insgesamt sehr instruktiv hierzu Kayser FS Fischer, S. 267, 283; vgl. Rdn. 16, 32 ff.).

Unerheblich ist, anders als in §§ 130, 131, ob die Rechtshandlung gerade einem Insolvenzgläubiger zugutekommt. Tatsächlich ist eine drittbegünstigende Wirkung der schuldnerischen Rechtshandlung für die Anwendbarkeit des Abs. 1 überhaupt nicht erforderlich (BFH, ZIP 2010, 1356 zu dem wortlautgleichen § 3 Abs. 1 AnfG). Der Wortlaut der Vorschrift (»wenn der andere Teil«) beschränkt ihren Anwendungsbereich insoweit nicht; vielmehr erschöpft sich die Bedeutung des Abs. 1 Satz 1 Halbs. 2 darin, den gutgläubigen Erwerber in Fällen der Drittbegünstigung zu schützen (BFH a. a. O.). Im Fall der Selbstbegünstigung einer schuldnerischen Rechtshandlung geht der Konditionalsatz ins Leere (BFH a. a. O.).

II. Anfechtungszeitraum

9   Die Rechtshandlung muss innerhalb von **10 Jahren** vor dem Eröffnungsantrag oder zwischen Antragstellung und Verfahrenseröffnung vorgenommen worden sein (vgl. jedoch Art. 106 EGInsO). Der maßgebliche Antrag ergibt sich aus § 139. Der Zeitpunkt, in dem die Rechtshandlung als vorgenommen gilt, richtet sich nach § 140. In diesem Zeitpunkt müssen auch (erst) die subjektiven Voraussetzungen des § 133 erfüllt sein.

III. Gläubigerbenachteiligung

10   Die Rechtshandlung muss wie sämtliche anfechtbaren Handlungen zu einer Gläubigerbenachteiligung (vgl. § 129 Rdn. 37 ff.) geführt haben, wobei eine **mittelbare** Benachteiligung (vgl. § 129 Rdn. 78 ff.) genügt. Die Benachteiligung muss objektiv eingetreten sein; die darauf gerichtete Absicht allein reicht nicht aus, wenn sie nicht diesen Erfolg hat (NR-Nerlich § 133 Rn. 15). Nicht erforderlich ist jedoch, dass sich die tatsächlich eingetretene Benachteiligung mit der vom Vorsatz umfassten deckt (MK-Kirchhof § 133 Rn. 11).

IV. Gläubigerbenachteiligungsvorsatz

11   Der erforderliche Gläubigerbenachteiligungsvorsatz des Schuldners ist gegeben, wenn dieser bei Vornahme der Rechtshandlung (§ 140) die Benachteiligung der Gläubiger im Allgemeinen als Erfolg seiner Handlung gewollt oder als mutmaßliche Folge erkannt und gebilligt hat (BGH, ZInsO 2011, 1410). Das gleiche gilt im Rahmen von gem. § 129 Abs. 2 gleichgestellten Unterlassungen; solche können nicht Anknüpfungspunkt einer Vorsatzanfechtung sein, wenn sie ohne schuldnerisches Bewusstsein hins. der Möglichkeit um eine die Vermögensverlagerung verhindernden Rechtshandlung erfolgen (BGH, ZInsO 2011, 574; vgl. insoweit auch § 129 Rdn. 15). Der Vorsatz eines für ihn handelnden **Stellvertreters** oder einer sonstigen Hilfsperson ist dem Schuldner gem. § 166 Abs. 1 BGB (analog) zuzurechnen (zur Wissenszurechnung beim Einsatz von Hilfspersonen vgl. § 130 Rdn. 36). Handelt der Vertreter nach bestimmter Weisung des Schuldners, gilt § 166 Abs. 2 BGB. Ist z. B. die Schuldnerin eine juristische Person, hat diese eine Rechtshandlung mit Gläubigerbenachteiligungsvorsatz vorgenommen, wenn ihr Alleingesellschafter das Vertretungsorgan zu der Rechtshandlung angewiesen und dabei in Gläubigerbenachteiligungsabsicht gehandelt hat (BGH, ZInsO 2004, 548 für die GmbH). Handeln für den Schuldner **mehrere Personen gemeinschaftlich**, z. B. mehrere Geschäftsführer einer GmbH, genügt es, wenn eine von ihnen mit Gläubigerbenachteiligungsvorsatz handelte; auch insoweit gelten die Grundsätze über die Kenntnis auf Gläubigerseite (vgl. § 130 Rdn. 28 ff.) entsprechend.

12   Nicht erforderlich ist eine Absicht des Schuldners im engeren Sinne. Abs. 1 verlangt lediglich einen auf den Erfolg der Gläubigerbenachteiligung gerichteten bestimmten Willen, wobei – auch im Fall einer kongruenten Deckung (BGHZ 155, 75, 84 = ZInsO 2003, 764) – ein **bedingter Vorsatz** ausreichend ist. Ein solcher bedingter Vorsatz liegt vor, wenn der Schuldner bei Vornahme

der anfechtbaren Rechtshandlung das Bewusstsein hat, seine Handlung könnte sich zum Nachteil der Gläubiger in ihrer Gesamtheit auswirken, und diese Auswirkung als notwendige Nebenfolge **billigend mit in Kauf nimmt** (st. Rspr. seit BGHZ 155, 75, 84 = ZInsO 2003, 764), sei es auch als unvermeidliche Nebenfolge eines an sich erstrebten anderen Vorteils (BGH, ZInsO 2011, 1410).

Dabei reicht es aus, wenn der Schuldner die Benachteiligung seiner Gläubiger im **wirtschaftlichen Sinne** erkennt und in Kauf nimmt. Dies ist rgm. der Fall, wenn der Schuldner seine – auch bloß drohende – Zahlungsunfähigkeit kennt [BGHZ 167, 190 (=, ZInsO 2006, 712); BGH, ZInsO 2012, 1318]. Eine zutreffende rechtliche Bewertung der Situation durch den Schuldner ist nicht erforderlich (BGH, ZInsO 2004, 616). Ebenso wenig erforderlich ist, dass die Gläubigerbenachteiligung der Beweggrund oder vorrangige Zweck des schuldnerischen Handelns ist (BGH, ZInsO 1999, 165; ZInsO 2008, 738 zur Zahlung einer Geldauflage gem. § 153a StPO) oder dass gerade diejenige Gläubigerbenachteiligung eintritt, die der Schuldner gewollt hat (KPB-Bork § 133 Rn. 24). Erst recht nicht erforderlich ist ein unlauteres Handeln des Schuldners (BGH, ZInsO 2004, 859) oder gar ein unlauteres Zusammenwirken zwischen Schuldner und Anfechtungsgegner (BGH, ZInsO 2008, 738). 13

Es genügt, wenn sich der Benachteiligungsvorsatz gegen unbestimmte zukünftige Insolvenzgläubiger richtet, weshalb die Anfechtung gem. § 133 auch dann möglich ist, wenn der Schuldner z. Zt. der fraglichen Rechtshandlung noch gar **keine Gläubiger** hatte (BGH, ZInsO 2012, 971). 14

Der Gläubigerbenachteiligungsvorsatz ist regelmäßig dann nicht anzunehmen, wenn der Schuldner für die von ihm empfangene Leistung eines Dritten eine kongruente Gegenleistung erbringt, welche auch zur Fortführung seines Unternehmens erforderlich ist (BGH, ZInsO 2010, 87). 15

Der Gläubigerbenachteiligungsvorsatz fehlt weiterhin, wenn der Schuldner aufgrund **konkreter Vorstellung** davon überzeugt war, in naher Zukunft alle Insolvenzgläubiger in angemessener Zeit befriedigen zu können (BGH, ZInsO 2009, 873). So kann es dem Schuldner z. B. an dem Bewusstsein der Gläubigerbenachteiligung fehlen, wenn er sein Unternehmen in der festen Überzeugung und mit dem Willen veräußert, aus dem Erlös alle Gläubiger befriedigen zu können (NR-Nerlich § 133 Rn. 30). Demgegenüber fehlt der Gläubigerbenachteiligungsvorsatz nicht, wenn die Zurverfügungstellung ausreichender Mittel zwar erhofft oder erwartet wird, jedoch nicht gewährleistet ist (BGH, ZInsO 2006, 712).

Weiterhin ist der Gläubigerbenachteiligungsvorsatz nicht allein deswegen ausgeschlossen, weil der Schuldner davon überzeugt ist, die Gesamtheit seiner Aktiva übersteige die Passiva, da es allein auf solche Vermögenswerte ankommt, die in absehbarer Zeit in Zahlungsmittel umwandelbar sind (BGH, ZInsO 1999, 107). Die **Hoffnung** auf eine künftige Verbesserung der Geschäftszahlen bzw. Einkommenssituation schließt ebenso wenig das Vorhandensein eines Benachteiligungsvorsatzes aus, wenn der Schuldner im vollen Bewusstsein handelt, möglicherweise seinen künftigen Zahlungsverpflichtungen nicht nachkommen zu können (BGH, ZIP 1995, 297).

Sowohl eine **inkongruente** als auch eine **kongruente Deckung** kann mit Benachteiligungsvorsatz vorgenommen werden. Zu den aus der Inkongruenz/Kongruenz herzuleitenden Beweisanzeichen vgl. Rdn. 31 ff. 16

Irrtümer können dem Vorliegen der subjektiven Voraussetzungen des § 133 entgegenstehen. Ein **Irrtum** allein in der rechtlichen Bewertung der bekannten Tatsachen ist allerdings unerheblich (BGH, ZInsO 2004, 616). 17

Ein ernsthaftes, wenngleich letztendlich erfolgloses **Sanierungsbemühen** kann (BGH, ZInsO 2012, 171) den Gläubigerbenachteiligungsvorsatz ausschließen. Dieser kann insb. dann fehlen, wenn der Sanierungsversuch zwar – für den Schuldner erkennbar – mit Risiken behaftet war, die Bemühungen um eine Rettung des Unternehmens jedoch ganz im Vordergrund standen und aufgrund konkret benennbarer Umstände eine positive Prognose nachvollziehbar und vertretbar erschien (BGH, ZInsO 2007, 819; MK-Kirchhof § 133 Rn. 37). Regelmäßig ist ein in sich schlüssiges, auf den Einzelfall bezogenes Sanierungskonzept vorauszusetzen, dessen Umsetzung bereits begonnen 18 haben muss und infolgedessen aufseiten des Schuldners z. Zt. der Rechtshandlung die ernsthafte und begründete Aussicht auf Erfolg zu rechtfertigen ist (BGH, ZInsO 2012, 171 m. w. N.). Für die Frage der Erkennbarkeit der Ausgangslage und der Durchführbarkeit des Sanierungsversuches ist auf die Einschätzung eines unvoreingenommenen – nicht notwendig unbeteiligten –, branchenkundigen Fachmanns abzustellen, dem die erforderlichen Buchhaltungsunterlagen vorliegen (BGH, ZIP 1998, 248). Eine nicht fachgerechte Einleitung eines Sanierungsversuches kann Rückschlüsse auf eine mangelnde Ernsthaftigkeit der Sanierung zulassen, jedoch kann selbst in einem derartigen Fall der Gläubigerbenachteiligungsvorsatz fehlen, wenn der Schuldner aufgrund konkreter Umstände davon überzeugt war, dass die Sanierung erfolgreich sein werde (BGH a. a. O.). Die so entwickelten Grundsätze zur Feststellung eines Gläubigerbenachteiligungsvorsatzes im Rahmen von Sanierungsbemühungen lassen sich auf wirtschaftliche Neugründungen und »Anschubfinanzierungen« nicht ohne Weiteres übertragen (BGH, ZInsO 2009, 873).

19 Der Gläubigerbenachteiligungsvorsatz muss im **Zeitpunkt der Vornahme** der Rechtshandlung (§ 140) vorliegen (BGH, ZInsO 2008, 814).

Sofern die Anfechtung ggü. einem Angewiesenen und einem Zuwendungsempfänger in Betracht kommt (vgl. Rdn. 2), kann der Gläubigerbenachteiligungsvorsatz des Schuldners nur einheitlich festgestellt werden (BGH, ZInsO 2012, 924). Zu beachten ist insoweit, dass tatsächliche Beweisanzeichen im Dreiecksverhältnis u. U. andere Berücksichtigung erfahren als in Zwei-Personen-Konstellationen (vgl. Rdn. 32).

V. Kenntnis bzw. Vermutung der Kenntnis des anderen Teils

20 Der **andere Teil**, d. h. derjenige, der den zum Nachteil der Gläubigergesamtheit weggegebenen Vermögenswert erlangt hat und **dabei nicht notwendig Insolvenzgläubiger** sein muss, muss im Zeitpunkt der Vornahme der Rechtshandlung (§ 140) Kenntnis von dem Benachteiligungsvorsatz des Schuldners haben (BGH, ZInsO 2014, 495). Ein eigener Benachteiligungsvorsatz des Anfechtungsgegners ist weder erforderlich noch ausreichend (BGH, ZInsO 2011, 1453).

21 Die Kenntnis von dem Gläubigerbenachteiligungsvorsatz wird gem. Abs. 1 Satz 2 vermutet, wenn der andere Teil wusste, dass die Zahlungsunfähigkeit drohte und dass die Handlung die Gläubiger benachteiligte (vgl. Rdn. 26 ff.). Die aus § 17 Abs. 2 Satz 2 resultierende Vermutung der Zahlungsunfähigkeit bei Zahlungseinstellung gilt auch im Rahmen des § 133 Abs. 1 Satz 2 (BGH, ZInsO 2014,1004 m.w.Nw.). Aus der **Kenntnis von Umständen**, die zwingend auf eine drohende Zahlungsunfähigkeit schließen lassen, kann rgm. auf die Kenntnis der drohenden Zahlungsunfähigkeit und der Gläubigerbenachteiligung geschlossen werden (BGH, ZInsO 2004, 859; ausführl. zur Berechtigung dieser »doppelten Vermutungsregelung« Rendels INDAT-Report 2004, 24; vgl. Rdn. 28). Ist der Schuldner unternehmerisch tätig, muss der bediente institutionelle Gläubiger immer damit rechnen, dass jedenfalls Arbeitnehmer, Sozialversicherungsträger bzw. Finanzämter als weitere Gläubiger vorhanden sind (BGH, ZInsO 2012, 696 m. w. N.). Kennt der Anfechtungsgegner derartige Umstände, wird die Kenntnis des Gläubigerbenachteiligungsvorsatzes insb. nicht bereits durch die bloße Hoffnung, die Insolvenz könne noch vermieden werden, ausgeschlossen, sondern nur durch die Überzeugung des Anfechtungsgegners, dass alle Insolvenzgläubiger in absehbarer Zeit befriedigt werden können (BGH, ZIP 1997, 1509). Allerdings reicht auch bei institutionellen Gläubigern für die Annahme der Kenntnis um eine (drohende) Zahlungsunfähigkeit nicht allein aus, dass Beitragsforderungen in zunehmendem Umfang nicht ausgeglichen werden, sofern keine fruchtlosen Massnahmen zur Forderungseinziehung oder ähnliches hinzutreten (BGH, ZInsO 2014, 1057). Ein Gläubiger, der auf Bitten des Schuldners mit diesem ein **Stillhalteabkommen** samt (geringem) ratenweisen Ausgleich seiner Forderung vereinbart, hat Kenntnis i. S. d. Abs. 1 Satz 2 (BGH, ZIP 2008, 420). Gleiches muss erst recht für die nachträgliche **Stundung** gelten (Palandt-Heinrichs, BGB, § 271 Rn. 12 ff.). Zu Beweisanzeichen für das Vorliegen der Kenntnis des Anfechtungsgegners vgl. Rdn. 31 ff. Zum Eingreifen des § 817 Satz 1 BGB neben § 133 vgl. § 143 Rdn. 102.

Ist der Anfechtungsgegner jedoch selbst nicht Begünstigter, sondern lediglich Leistungsmittler, ist nach seiner Funktion bei der Leistungsvermittlung zu differenzieren: Wird er als bloße Zahlstelle nur in technischer Funktion und in gesetzlicher Verpflichtung zur Ausführung der Leistungsvermittlung tätig – wie bspw. Kreditinstitute bei der Ausführung von Zahlungsaufträgen – kann auch bei Kenntnis von Zahlungsunfähigkeit des Schuldners oder sogar einem Insolvenzantrag nicht auf Kenntnis vom Benachteiligungsvorsatz geschlossen werden; solche kann sogar nur ausnahmsweise angenommen werden (BGH, ZInsO 2013, 1077).

21a

Hat der Anfechtungsgegner **durch Dritte** gehandelt, ist ihm deren Kenntnis nach den Grundsätzen des § 166 BGB zuzurechnen (BGH, ZInsO 2013, 179 zu durch den Anfechtungsgegner mandatierten Rechtsanwälten; BGH, ZInsO 2014, 1004 zu durch den Anfechtungsgegner eingeschaltetem Inkassounternehmen), die Ausführungen zu § 130 Rdn. 28 ff. gelten entsprechend.

22

Hinsichtlich etwaiger **Irrtümer** des Anfechtungsgegners gelten die unter Rdn. 17 dargestellten Grundsätze sinngemäß.

23

B. Verfahrensfragen

I. Darlegungs- und Beweislast

Darlegungs- und beweisbelastet für das Vorliegen aller Voraussetzungen des Abs. 1 Satz 1 ist im **Regelfall** der **Insolvenzverwalter**. Er kann sich dabei des Schuldners als Zeugen bedienen und den Anfechtungsgegner als Partei vernehmen lassen (vgl. § 130 Rdn. 58).

24

Die subjektiven Tatbestandsvoraussetzungen hat der Tatrichter gem. § 286 ZPO unter freier Würdigung aller maßgeblichen Umstände des Einzelfalls auf der Grundlage der Verhandlung und etwaigen Beweisaufnahme zu prüfen (st. Rspr. seit BGHZ 131, 189). Die subjektiven Tatbestandsmerkmale können als »innere Tatsachen« nur mittelbar aus objektiven Tatsachen hergeleitet werden (BGH, ZInsO 2012, 171). Die durch die Rspr. entwickelten Erfahrungssätze und Beweisanzeichen dürfen hierbei nicht schematisch im Sinne einer zu widerlegenden Tatsache angewendet werden, denn solche machen eine Gesamtwürdigung nicht entbehrlich (BGH, ZInsO 2009, 2149). Grundlage für die **Feststellung der subjektiven Voraussetzungen**, also des Gläubigerbenachteiligungsvorsatzes und der Kenntnis hiervon, ist die Feststellung, welche objektiv maßgeblichen Tatsachen der Schuldner bzw. Anfechtungsgegner im Zeitpunkt der Vornahme der Rechtshandlung (§ 140) kannte. Allerdings ist, insb. aufseiten des Schuldners, letztendlich allein dessen persönliche Auffassung über die wirtschaftliche Lage im maßgeblichen Zeitpunkt erheblich, weshalb der Vorsatz z. B. nicht allein aufgrund der Ermittlung einer objektiven Gläubigerbenachteiligung festgestellt werden kann (BGH, ZIP 1998, 248). Insb. kann im Einzelfall aus dem festgestellten Bewusstsein des Schuldners, dass die Gläubigerbenachteiligung die nahezu zwingende Folge seines Handelns ist, auf einen auf diese Folge gerichteten Willen geschlossen werden (BGH, ZIP 1997, 423). Auch daraus, dass die Rechtshandlung in **besonderer Eile** – vor allem im zeitlichen Zusammenhang mit einer sich abzeichnenden wirtschaftlichen Krise des Schuldners – vorgenommen wurde, können Rückschlüsse auf eine erkannte und gewollte Gläubigerbenachteiligung gezogen werden. Liegt der Eintritt einer objektiven Gläubigerbenachteiligung eher fern, spricht dies gegen einen hierauf gerichteten Vorsatz.

25

II. Beweiserleichterung und Beweislastumkehr (Abs. 1 Satz 2, Abs. 2)

1. Besonderheiten bei Abs. 1

a) Kenntnis von drohender Zahlungsunfähigkeit und Gläubigerbenachteiligung (Abs. 1 Satz 2)

Die Vermutung des § 133 Abs. 1 Satz 2 bewirkt eine **Beweislastumkehr** hinsichtl. der Kenntnis des Anfechtungsgegners. Während die weiteren Voraussetzungen des Abs. 1 Satz 1 durch den Insolvenzverwalter zu beweisen bleiben, obliegt dem Anfechtungsgegner bei Vorliegen des Vermutungstatbestands des Abs. 1 Satz 2 der Gegenbeweis.

26

Abs. 1 Satz 2 bedeutet somit eine Beweislastumkehr zulasten des Anfechtungsgegners insoweit, als die – wohl nur äußerst selten tatsächlich nachweisbare – positive Kenntnis von dem Gläubigerbenachteiligungsvorsatz **vermutet** wird, wenn der andere Teil wusste, dass die Zahlungsunfähigkeit des Schuldners jedenfalls drohte (§ 18 Abs. 2) und dass die Handlung die Gläubiger benachteiligte (BGH, ZInsO 2009, 145). Hinsichtlich **drohender Zahlungsunfähigkeit** und Gläubigerbenachteiligung ist dann jedoch nach dem Wortlaut des Abs. 1 Satz 2 **positive Kenntnis** erforderlich (vgl. aber Rdn. 28). Da Außenstehende von einer erst drohenden Zahlungsunfähigkeit nur selten Kenntnis haben, wird Abs. 1 Satz 2 seinem Wortlaut nach praktisch nur für solche Anfechtungsgegner relevant, die Einblick in die wirtschaftlichen Verhältnisse des Schuldners haben (vgl. aber Rdn. 28). Kenntnis von der (zumindest drohenden) Zahlungsunfähigkeit des Schuldners und der nachteiligen Auswirkungen der Rechtshandlung auf die Befriedigungsaussichten der Gläubigergesamtheit ist daher vergleichsweise häufiger nachweisbar bei **institutionellen Gläubigern** wie den Finanzämtern, Banken oder Sozialversicherungsträgern als bei sonstigen Gläubigern, da die institutionellen Gläubiger insb. aufgrund der häufig langjährigen und weitreichenden Beziehung zum Schuldner bessere Einblickmöglichkeiten in dessen wirtschaftliche Situation haben. Zum Indiz der Nichtabführung von Sozialversicherungsbeiträgen vgl. Rdn. 28.

Die Voraussetzungen des Abs. 1 Satz 2 können z. B. dann gegeben sein, wenn die Verbindlichkeiten des Schuldners bei dem späteren Anfechtungsgegner über einen längeren Zeitraum hinweg ständig in beträchtlichem Umfang nicht ausgeglichen wurden (BGH, ZInsO 2012, 2244) und diesem den Umständen nach bewusst war, dass es noch weitere Gläubiger mit ungedeckten Ansprüchen gab (BGH, ZInsO 2004, 859).

Liegen die Voraussetzungen des Abs. 1 Satz 2 vor, muss der Anfechtungsgegner konkrete Umstände **darlegen und beweisen**, die es naheliegend erscheinen lassen, dass er keine Kenntnis hatte (BGH, ZInsO 2007, 819).

27 Wer weiß, dass werthaltiges Schuldnervermögen, welches zur Insolvenzmasse gehören würde (§§ 35 ff.), vermindert oder die in einem Insolvenzverfahren zu berichtigende Schuldenmasse (§§ 38 ff.) vermehrt wird oder dass das verbleibende Vermögen des Schuldners nicht dazu ausreicht, alle Verbindlichkeiten zu befriedigen, kennt die Gläubigerbenachrichtigung (OLG Celle, ZInsO 2002, 979). Droht der Schuldner zahlungsunfähig zu werden, ist Letzteres sehr wahrscheinlich. Dass dann insb. der Abfluss werthaltigen Vermögens die Befriedigungsaussichten der übrigen Gläubiger im Insolvenzfall weiter beeinträchtigt, liegt auf der Hand (MK-Kirchhof § 133 Rn. 24d). Kann der Insolvenzverwalter die Kenntnis des Anfechtungsgegners von einer (drohenden) Zahlungsunfähigkeit des Schuldners beweisen, wird daher nicht selten **zugleich** die Kenntnis des Anfechtungsgegners von einer Gläubigerbenachteiligung bewiesen sein (BGHZ 155, 75 = ZInsO 2003, 764). Anders kann dies bei Bargeschäften oder kongruenten Deckungen sein, weil der Anfechtungsgegner hier rgm. glaubt, eine ausgleichende Gegenleistung in das schuldnerische Vermögen erbracht zu haben bzw. zu erbringen.

28 Nach st. Rspr. des BGH (zuletzt ZInsO 2010, 1598 m. w. N.) greift Abs. 1 Satz 2 in erweiternder Auslegung bereits dann ein, wenn der (spätere) Anfechtungsgegner **Umstände** kannte, **die zwingend auf eine drohende (oder bereits eingetretene) Zahlungsunfähigkeit hindeuten**. Es genügt daher, dass der Anfechtungsgegner die tatsächlichen Umstände kennt, aus denen bei zutreffender rechtlicher Würdigung die (drohende) Zahlungsunfähigkeit folgt (BGHZ 180, 63 66 = ZInsO 2009, 515). Die Kenntnis von Umständen, die zwingend auf eine drohende Zahlungsunfähigkeit hindeuten, bedeutet i. d. R. auch Kenntnis vom Gläubigerbenachteiligungsvorsatz des Schuldners (BGH, ZInsO 2009, 145).

29 Solche Umstände können bereits durch Nichterfüllung beträchtlicher Verbindlichkeiten über einen längeren Zeitraum hinweg vorliegen (BGH, ZInsO 2009, 145). So muss sich nach höchstrichterlicher Rspr. (BGHZ 155, 75, 86 = ZInsO 2003, 764) einem Sozialversicherungsträger aus dem Umstand der Strafbarkeit der vorsätzlichen Nichtabführung von **Sozialversicherungsbeiträgen** gem. § 266a StGB die allg. Erfahrung aufdrängen, dass seine Ansprüche oft vorrangig vor anderen

befriedigt werden, deren Nichterfüllung für den insolvenzreifen Schuldner weniger gefährlich ist. Diesem Erfahrungssatz steht nicht entgegen, dass das Vertretungsorgan einer juristischen Person pflichtwidrig (noch) keinen Insolvenzantrag gestellt hat (OLG Stuttgart, ZInsO 2004, 752 für die GmbH).

Kenntnis von der (drohenden) Zahlungsunfähigkeit und der gläubigerbenachteiligenden Wirkung der Rechtshandlung des Schuldners kann ferner z. B. anzunehmen sein, wenn der Anfechtungsgegner, bevor er eine Leistung des Schuldners erhielt, dessen Geschäftskonto **fruchtlos gepfändet** hatte, weil er dann weiß, dass dieses Konto eine Befriedigung seiner Forderung und folglich auch eine Deckung der Forderungen anderer Gläubiger nicht zuließ (BGH, ZIP 2003, 1900).

Umstände, die bei zutreffender rechtlicher Würdigung auf eine (drohende) Zahlungsunfähigkeit schließen lassen, sind ferner Erklärungen des Schuldners selbst – ggf. verbunden mit Stundungsbitten – aus welchen sich ergibt, dass er nicht in der Lage sein wird, seine fälligen und/oder zeitnah fällig werdenden Verbindlichkeiten binnen eines Zeitraums von 3 Wochen jedenfalls zu 90% ausgleichen zu können (BGH, ZInsO 2010, 1598).

Auch die Rückgabe von Lastschriften stellt ein erhebliches Beweisanzeichen für eine zumindest drohende Zahlungsunfähigkeit dar (BGH a. a. O.).

Nach dem Wortlaut erstreckt sich die **Beweislastumkehr** nicht auch auf den **Benachteiligungsvorsatz des Schuldners**; jedoch wird in den seltensten Fällen der Gläubiger als Außenstehender die drohende Zahlungsunfähigkeit des Schuldners besser erkennen als dieser selbst. I. d. R. wird, soweit die Kenntnis des anderen Teiles von drohender Zahlungsunfähigkeit und Gläubigerbenachteiligung nachgewiesen werden kann, dieselbe Kenntnis auch bzw. erst recht aufseiten des Schuldners nachgewiesen werden können. Weiß der Schuldner um seine drohende Zahlungsunfähigkeit, muss ihm klar sein, dass er binnen kurzer Zeit nicht mehr dazu in der Lage sein wird, alle seine Gläubiger zu befriedigen. Befriedigt er dennoch einzelne von ihnen, muss sich ihm nahezu zwangsläufig die Erkenntnis aufdrängen, dass infolge dieser Handlung andere Gläubiger benachteiligt werden. Daher begründet der Nachweis, dass der Schuldner seine eigene drohende Zahlungsunfähigkeit und die Gläubigerbenachteiligung kannte, jedenfalls bei Vorliegen weiterer Indizien (wie z. B. Vollstreckungsdruck) zugleich wenigstens einen **Anscheinsbeweis** für das Vorliegen eines Gläubigerbenachteiligungsvorsatzes (Bork, ZIP 2004, 1684). 30

b) Tatsächliche Beweisanzeichen

Die subjektiven Tatbestandsmerkmale der Vorsatzanfechtung können – da es sich um innere, dem Beweis nur eingeschränkt zugängliche Tatsachen handelt – häufig nur mittelbar aus objektiven Tatsachen hergeleitet werden (BGH, ZInsO 2009, 1909). Auch unterhalb der Schwelle der Beweislastumkehr finden sich zahlreiche Erfahrungswerte, welche Beweisanzeichen für das Vorliegen eines Benachteiligungsvorsatzes bzw. die entsprechende Kenntnis des Anfechtungsgegners darstellen und bei der **lebensnahen Beweiswürdigung gem. § 286 ZPO** zu berücksichtigen sind. 31

Insbesondere bedeutet eine **inkongruente Deckung** (vgl. § 131 Rdn. 3 ff.; zur Zwangsvollstreckung außerhalb der Frist des § 131 vgl. Rdn. 35) ein starkes Beweisanzeichen für das Vorliegen sowohl des Gläubigerbenachteiligungsvorsatzes als auch der entsprechenden Kenntnis des Anfechtungsgegners (st. Rspr: BGH, ZInsO 2013, 2376 m. w. N.), soweit der jeweilige Beteiligte die Inkongruenz erkannt hat (Huber FS Kirchhof S. 247, 255 f.). Dabei genügt es, wenn er die Umstände kennt, bei deren Vorliegen der Rechtsbegriff der Inkongruenz erfüllt ist (BGH, ZInsO 2004, 616). Ferner muss zumindest der Anfechtungsgegner im Zeitpunkt der Vornahme der Rechtshandlung (§ 140) Anlass gehabt haben, an der Liquidität des Schuldners zu zweifeln (BGH, ZInsO 2012, 2244). Wenn dieses Beweisanzeichen nicht durch andere vom Anfechtungsgegner zu beweisende Umstände entkräftet wird, kann es für den Nachweis der Benachteiligungsabsicht ausreichen (BGH, ZInsO 2004, 803). Zu beachten ist insoweit, dass im Dreiecksverhältnis der Kenntnis des Anfechtungsgegners von der Inkongruenz nicht die ihr sonst innewohnende Indizwirkung zukommt (BGH, ZInsO 2009, 143). Wenn sich der Benachteiligungsvorsatz des Schuldners aus der Inkongruenz 32 seiner Rechtshandlung im Deckungsverhältnis herleiten soll, reicht nicht aus, dass der lediglich im Valutaverhältnis zu dem Schuldner stehende Dritte die Inkongruenz kennt; dessen Kenntnis muss sich der Anfechtungsgegner nicht anrechnen lassen (BGH a. a. O.).

§ 131 Abs. 1 Nr. 3 stellt keine das Beweisanzeichen der Inkongruenz verdrängende Sonderregelung dar (BGH, ZInsO 2010, 807), insb. hindert er nicht daran, das Beweisanzeichen der **Inkongruenz** für Zeiträume anzuwenden, die **länger als 3 Monate** vor einem Eröffnungsantrag liegen (MK-Kirchhof § 133 Rn. 30). Das Beweisanzeichen der Inkongruenz ergibt sich aus der Erfahrung, dass Schuldner im Allgemeinen nicht dazu bereit sind, etwas anderes oder mehr bzw. früher zu leisten, als sie verpflichtet sind. Tun sie es – ggf. auf Drängen des Gläubigers (BGH, ZInsO 2004, 740) – dennoch, liegt der Verdacht nahe, der Leistungsempfänger solle zum Nachteil der anderen Gläubiger begünstigt werden (BGH, ZIP 1997, 513). Nicht erforderlich ist, dass im Zeitpunkt der Vornahme der Rechtshandlung (§ 140) bereits eine Liquiditätskrise oder gar die Zahlungsunfähigkeit eingetreten ist. Es **genügt das ernsthafte Risiko bevorstehender Zahlungsstörungen** oder -stockungen, weil sich damit die Gefährdung der anderen Gläubiger aufdrängt (BGH, ZInsO 2004, 739 zu § 10 GesO). Verdächtig wird die Inkongruenz also bereits dann, wenn erste, ernsthafte Zweifel an der Zahlungsfähigkeit des Schuldners auftreten (HK-Kreft § 133 Rn. 20).

33 Je geringer die Inkongruenz ist, desto geringer wird im Einzelfall auch ihre Bedeutung als Beweisanzeichen. Z. B. ist die **Indizwirkung** der Annahme einer Leistung an Erfüllungs statt geringer als diejenige der Annahme einer infolge Drohung mit Zwangsvollstreckungsmaßnahmen angebotenen Sicherheit (Bork ZIP 2004, 1684, 1690). Ist der schuldnerische Bauunternehmer dem **Sicherungsverlangen** eines Subunternehmers **nach § 648a BGB a. F.** (zu § 648a BGB n. F. vgl. § 131 Rdn. 23) nachgekommen, indem er sich dem Subunternehmer ggü. in der Höhe von dessen Forderung zur Abtretung von Teilen seines Werklohnanspruches gegen den Bauherrn verpflichtet hat, ist die Inkongruenz der Sicherungsvereinbarung so schwach, dass daraus ein starkes Beweisanzeichen für einen Gläubigerbenachteiligungsvorsatz des Schuldners nicht abgeleitet werden kann (BGH, ZInsO 2005, 439). Das Beweisanzeichen der Inkongruenz ist **entkräftet**, wenn Umstände feststehen, die den Benachteiligungsvorsatz ernsthaft infrage stellen, weil sie auf einen anfechtungsrechtlich unbedenklichen Willen hinweisen und das Bewusstsein der Benachteiligung anderer Gläubiger infolgedessen zurücktritt (BGH, ZInsO 2004, 548). Dies kann z. B. der Fall sein, wenn die Gewährung einer inkongruenten Deckung Bestandteil eines ernsthaften, aber letztendlich fehlgeschlagenen Sanierungsversuches ist (BGH, ZInsO 2012, 172 m. w. N.). Zu den Anforderungen an einen solchen Sanierungsversuch vgl. Rdn. 18. Ferner kann das Beweisanzeichen entkräftet sein, wenn der Schuldner davon überzeugt war, in absehbarer Zeit alle seine Gläubiger befriedigen zu können (vgl. Rdn. 15).

34 Das Vorliegen einer **kongruenten Deckung** schließt einen Benachteiligungsvorsatz nicht aus, an dessen Nachweis sind jedoch erhöhte Anforderungen zu stellen, da der Schuldner in solchen Fällen rgm. nur seine Verbindlichkeiten ausgleichen will (BGH, ZInsO 2007, 819). Nachzuweisen ist dann, dass es dem Schuldner weniger auf die Erfüllung seiner Vertragspflichten als vielmehr auf die Schädigung der anderen Insolvenzgläubiger durch Beseitigung von Zugriffsobjekten oder auf die Begünstigung des Anfechtungsgegners auf Kosten anderer Insolvenzgläubiger ankam (BGH, ZInsO 1998, 89). Der Wille, vorrangig den Anfechtungsgegner auf Kosten anderer Gläubiger zu befriedigen, liegt z. B. vor, wenn der Schuldner sich von der kongruenten Deckung der Forderungen einzelner Gläubiger Vorteile für die Zeit nach der Insolvenzeröffnung verspricht, z. B. im Zusammenhang mit der Gründung einer neuen Existenz oder wenn der Leistungsempfänger wirtschaftlich dem Schuldner selbst gehört (OLG Karlsruhe, ZIP 1980, 260; vgl. insgesamt zu der Problematik kongruenter Deckung i. R. d. § 133 Fischer NZI 2008, 588).

35 Durch (angedrohte) **Einzelzwangsvollstreckungsmaßnahmen** erlangte Deckungen, die **außerhalb des Drei-Monats-Zeitraums** der §§ 130, 131 erlangt wurden, sind nach der Rspr. des BGH als kongruent anzusehen (BGH, ZIP 2003, 1900). Nur für den Drei-Monats-Zeitraum werde durch § 131 der die Einzelzwangsvollstreckung beherrschende Prioritätsgrundsatz zugunsten der Gleichbehandlung der Gläubiger verdrängt. Dennoch kann die Tatsache, dass die anzufechtende Leistung

zur Abwendung unmittelbar bevorstehender Zwangsvollstreckungsmaßnahmen erbracht wurde, bei Kenntnis der Möglichkeit einer Gläubigerbenachteiligung deren billigende Inkaufnahme auch dann indizieren, wenn die Zahlung außerhalb der in § 131 genannten Fristen vorgenommen wurde (BGH, ZInsO 2009, 1394). Denn wenn der Schuldner zur Vermeidung einer unmittelbar bevorstehenden Zwangsvollstreckung an einen einzelnen Gläubiger leistet, obwohl er weiß, dass er nicht mehr alle seine Gläubiger befriedigen kann und infolge der Zahlung an einen einzelnen Gläubiger andere Gläubiger benachteiligt werden, ist in aller Regel die Annahme gerechtfertigt, dass es dem Schuldner nicht in erster Linie auf die Erfüllung seiner vertraglichen oder gesetzlichen Pflichten, sondern auf die Bevorzugung dieses einzelnen Gläubigers ankommt (BGH, ZInsO 2004, 859), sofern nicht der »Pfändungsdruck« bestimmend ist (BGH, ZInsO 2009, 1394).

Zahlungen zur Abwendung eines **angedrohten oder bereits gestellten Insolvenzantrages** bewirken nach std. Rspr. (vgl. zuletzt BGH, ZInsO 2012, 2244 m.w.N.) auch bei Vornahme außerhalb der Fristen des §131 mit der entsprechenden Indizwirkung eine inkongruente Deckung, da der Insolvenzantrag zu keinem Zeitpunkt und unter keinen Umständen ein von der Rechtsordnung anerkanntes Mittel zur Durchsetzung persönlicher Ansprüche gegen den Schuldner ist (BGH a.a.O.). Bei der so begründeten Inkongruenz bleibt es i.Ü. auch dann, wenn neben der Drohung mit einem Insolvenzantrag Einzelzwangsvollstreckungsmaßnahmen außerhalb des Drei-Monats-Zeitraums ausgebracht waren. Eine Überlagerung der Drohung mit einem Insolvenzantrag durch die Einzelzwangsvollstreckung findet gerade nicht statt, da hierdurch das Mittel der Drohung mit dem Insolvenzantrag nicht weniger rechtsmissbräuchlich in o.g. Sinne wird. 36

Wie im Fall der kongruenten Deckung ist der Nachweis des Benachteiligungsvorsatzes erschwert, wenn der Schuldner die Rechtshandlung aufgrund ähnlicher, objektiver **Pflichtenkollisionen** vorgenommen hat. So kann es am Benachteiligungsvorsatz fehlen, wenn der Schuldner durch einen Notverkauf den **notwendigen Unterhalt** für sich und seine Familie beschaffen wollte (MK-Kirchhof §133 Rn. 35). Ferner fehlt es rgm. am Benachteiligungsvorsatz, wenn der Schuldner für die Ausarbeitung eines Insolvenzplanes oder Sanierungskonzepts das angemessene Honorar bezahlt (Uhlenbruck-Hirte §133 Rn. 22; zur Angemessenheit des Honorars vgl. §132 Rdn. 11). 37

Die Tatsache, dass die anzufechtende Rechtshandlung eine **unmittelbare Gläubigerbenachteiligung** bewirkt hat, stellt lediglich ein Beweisanzeichen geringerer Wirkung dar (BGH, ZIP 1998, 248), aus dem rgm. noch nicht auf einen Gläubigerbenachteiligungsvorsatz des Schuldners geschlossen werden kann. Unentgeltliche Zuwendungen (BGH, ZIP 2002, 85) oder Verträge, bei denen der Leistung des Schuldners lediglich eine offensichtlich nicht gleichwertige Leistung des Anfechtungsgegners gegenübersteht (**Verschleuderungsverträge**), können jedoch Beweisanzeichen darstellen (MK-Kirchhof §133 Rn. 32). 38

Bei Sicherheitenbestellungen unter der **aufschiebenden Bedingung** des Eintritts der **Insolvenz** haben die Vertragsparteien von vornherein den Willen, im Fall des Eintrittes der Bedingung die Insolvenzmasse um das Sicherungsgut weiter zu verringern. Gleichzeitig müssen sie damit rechnen, dass im Fall der Insolvenz das verbleibende Vermögen nicht mehr zur Befriedigung aller übrigen Gläubiger ausreicht. Für die Hoffnung, das Vermögen werde doch noch ausreichen, bleibt in derartigen Fällen nahezu kein Raum. Für Gläubigerbenachteiligungsvorsatz und Kenntnis des Gläubigers hiervon spricht daher jedenfalls ein Anscheinsbeweis (BGH, ZInsO 2013, 2376). Gleiches gilt für andere Vereinbarungen, die Nachteile für das Schuldnervermögen gerade für den Insolvenzfall begründen (BGH, ZInsO 2012, 971 m.w.N.; vgl. auch §140 Rdn. 34). Dementsprechend ist die erbbaurechtsvertragliche Regelung eines Heimfalls der Erbbaurechte in der Insolvenz des Erbbauberechtigten nach §133 anfechtbar (BGH, ZInsO 2007, 600). 39

Die nachträgliche Bestellung einer Sicherheit ohne entsprechende Verpflichtung stellt eine inkongruente Sicherung und somit ein Beweisanzeichen dar (BGH, ZInsO 2010, 807).

Auf mit Begründung einer Verbindlichkeit wirksam werdende Sicherheiten sind die vorgenannten Grundsätze hingegen **nicht anwendbar**. Allein der Umstand, dass alle Sicherheiten insb. vor einer

Insolvenz des Sicherungsgebers schützen sollen, genügt nicht zur Konkretisierung eines Vorsatzes und der entsprechenden Kenntnis des Anfechtungsgegners (BGH, ZIP 1997, 1596).

40 Weitere Beweisanzeichen für das Vorliegen des Benachteiligungsvorsatzes – sowie der Kenntnis hiervon – sind Vereinbarungen von **Scheingeschäften** (BGH, ZIP 1996, 1516) sowie allg. das **kollusive Zusammenwirken** in dem Bestreben, anderen Gläubigern Zugriffsobjekte zu entziehen.

Auch die Übertragung eines zunächst im Eigentum des Schuldners stehenden Grundstückes mit gleichzeitiger **Vormerkung eines Rückauflassungsanspruches** deutet auf einen Gläubigerbenachteiligungsvorsatz hin (MK-Kirchhof § 133 Rn. 27).

41 Ernsthafte **Sanierungsbemühungen** (vgl. Rdn. 18) haben die (widerlegbare) Bedeutung eines Beweisanzeichens gegen einen Benachteiligungsvorsatz des Schuldners (BGH, ZInsO 2007, 816).

41a Soll eine Gesellschaft ohne gesetzlich vorgesehenes Liquidationsverfahren im Wege sog. »**Firmenbestattung**« beseitigt werden, liegt dem nach Rspr. des BGH zum AnfG (ZInsO 2006, 140) Gläubigerbenachteiligungsvorsatz zugrunde. Gleiches hat zu gelten, wenn eine solche »Firmenbestattung« in der praxisüblichen Weise – Geschäftsführerwechsel, (mehrere) Sitzverlegungen, Aktenvernichtung – erfolgt und dennoch ein Insolvenzverfahren eröffnet wird (so auch im Ergebnis LG Berlin, ZInsO 2006, 722).

42 Sämtliche Beweisanzeichen sind für die **Kenntnis des anderen Teils** vom Benachteiligungsvorsatz entsprechend zu berücksichtigen. Durch sie kann die Kenntnis des Anfechtungsgegners ggf. auch unabhängig von Abs. 1 Satz 2 bewiesen werden. Das in der Inkongruenz liegende Beweisanzeichen kann jedoch entkräftet sein, wenn der Anfechtungsgegner keine Zweifel an der Liquidität des Schuldners hatte (BGH, ZInsO 2003, 80) oder rechtsirrig annahm, die ihm gewährte Deckung beanspruchen zu dürfen (BGH, ZIP 1998, 248). Zur Auswirkung von Irrtümern vgl. Rdn. 23, 17. Handelt es sich bei dem Anfechtungsgegner um ein **Kreditinstitut**, stellt ein Nachbesicherungsverlangen oder insb. eine außerordentliche Kündigung eines befristeten Kredites mit der Begründung einer wesentlichen Verschlechterung der Vermögensverhältnisse ein Indiz dafür dar, dass das betreffende Kreditinstitut den Eintritt der Insolvenz des Kreditnehmers vor Beendigung des Kreditverhältnisses sowie eine Benachteiligung der übrigen Gläubiger infolge der Rückzahlung des Kredites bzw. der Nachbesicherung jedenfalls ernsthaft für möglich hält (Rechtmann/Tetzlaff, ZInsO 2005, 196, 198).

42a Beruft sich der Anfechtungsgegner auf den Wegfall der Zahlungsunfähigkeit nach diesbzgl. Kenntniserlangung, hat er den objektiv gegebenen Wegfall zu beweisen, sofern der Anfechtende die objektive Zahlungsunfähigkeit – und Kenntnis des Anfechtungsgegners – für einen früher liegenden Zeitpunkt bewiesen hat (BGH, ZInsO 2012, 2244).

2. Beweislastumkehr (Abs. 2)

43 Abs. 2 enthält keinen eigenständigen Anfechtungstatbestand, sondern einen Unterfall des Tatbestandsmerkmals »vorsätzliche Benachteiligung« aus Abs. 1 Satz 1 (BGH, ZInsO 2010, 1489) und bewirkt für den Fall, dass der Schuldner in Gläubigerbenachteiligungsabsicht mit einer **nahestehenden Person** (§ 138) einen entgeltlichen Vertrag abgeschlossen hat, durch den die Insolvenzgläubiger unmittelbar benachteiligt werden, eine teilweise **Beweislastumkehr**.

Abs. 2 bewirkt somit zugunsten des Insolvenzverwalters ggü. Abs. 1 eine Umkehr der Beweislast hinsichtl. des Vornahmezeitpunkts und der subjektiven Voraussetzungen für die in Abs. 2 genannte besonders verdächtige Rechtshandlung.

Mehr als die Tatbestandsmerkmale des Abs. 2 braucht der Insolvenzverwalter daher nicht vorzutragen; Abweichungen hiervon werden der Darlegungs- und Beweislast des Anfechtungsgegners zugeordnet (BGH a.a.O.).

a) Entgeltlicher Vertrag

Der Begriff des **Vertrags** in Abs. 2 ist weit auszulegen (BGH, ZInsO 2010, 1489). Erfasst sind neben allen schuld- und sachenrechtlichen zweiseitigen rechtsgeschäftlichen Absprachen i. S. d. §§ 145 ff. BGB auch nicht rechtsgeschäftliche Erwerbsvorgänge, die auf wechselseitiger Willensübereinstimmung beruhen (MK-Kirchhof § 133 Rn. 40), z. B. das Geben und Nehmen einer Leistung als Erfüllung (BGH, ZIP 1990, 459) bzw. das Mitwirken des Schuldners bei einer Aufrechnung des Anfechtungsgegners. Auch **Rechtshandlungen Dritter** werden erfasst, sofern der Schuldner an ihnen mitgewirkt hat (vgl. Rdn. 3). **Rein einseitige Rechtshandlungen** sind hingegen nicht von Abs. 2 erfasst. 44

Entgeltlich sind Verträge, bei denen der Leistung des Schuldners eine ausgleichende Gegenleistung der ihm nahestehenden Person gegenübersteht und beide rechtlich voneinander abhängen (BGH, ZInsO 2013, 337). Jeder wirtschaftliche Vorteil des Schuldners kann ausreichend sein. Hierzu zählen auch güterrechtliche Vereinbarungen zwischen Ehegatten bzw. hieraus resultierende Auseinandersetzungsvereinbarungen (BGH, ZInsO 2010, 1489) oder unterhaltsberechtigte Vereinbarungen (BGH, ZInsO 2013, 337). In Betracht kommen weiterhin z. B. Kreditgewährungen, Stundungen oder Zahlungserleichterungen. Die Tilgung einer durch einen entgeltlichen Vertrag begründeten Verbindlichkeit des Schuldners ist ihrerseits entgeltlich, während die Befriedigung einer durch einen unentgeltlichen Vertrag begründeten Verbindlichkeit wiederum unentgeltlich ist. Um einen **entgeltlichen Vertrag** handelt es sich z. B. auch bei der Abrede der Verrechnung gegenseitiger Forderungen (BGH, ZInsO 2004, 1028). Zur Abgrenzung zu unentgeltlichen Leistungen vgl. § 134 Rdn. 13 ff. 45

b) nahestehende Personen

Der Vertrag muss mit einer nahestehenden Person abgeschlossen worden sein. Abs. 2 verweist insoweit auf § 138, auf dessen Kommentierung verwiesen wird. **Stellvertretung** ist nach den allg. Regeln möglich. 46

c) Unmittelbare Gläubigerbenachteiligung

Die Anfechtung gem. Abs. 2 setzt voraus, dass die **Gläubigergesamtheit** unmittelbar durch die fragliche Rechtshandlung benachteiligt worden ist (vgl. zur unmittelbaren Gläubigerbenachteiligung § 129 Rdn. 73 ff. und § 132 Rdn. 9 ff., zum erforderlichen Zurechnungszusammenhang vgl. § 129 Rdn. 111 f.). 47

Nicht erforderlich ist auch hier, dass der Schuldner bereits im Zeitpunkt des Vertragsschlusses andere Gläubiger hatte (MK-Kirchhof § 133 Rn. 44a).

d) Rechtsfolgen

Sind die unter a) bis c) genannten Voraussetzungen erfüllt und im Bestreitensfall vom **Insolvenzverwalter** bewiesen, greift die Beweislastumkehr des Abs. 2. Aufgrund der bei **nahestehenden Personen** zu erwartenden Kenntnis von Motiven des Schuldners und der besonderen Anreize, diese Personen zu begünstigen, unterstellt Abs. 2 den Gläubigerbenachteiligungsvorsatz des Schuldners sowie die Kenntnis der nahestehenden Person hiervon. Der **Anfechtungsgegner** muss daher beweisen, dass es entweder bereits an einem Gläubigerbenachteiligungsvorsatz des Schuldners fehlte oder dass er von diesem Vorsatz jedenfalls keine Kenntnis hatte. Ferner hat aufgrund der erhöhten Gefahr, dass der Vertrag **rückdatiert** wurde, der Anfechtungsgegner zu beweisen, dass der Vertragsschluss länger als 2 Jahre vor dem Eröffnungsantrag erfolgt ist. Zum Zeitpunkt, in dem die Rechtshandlung als vorgenommen gilt, vgl. § 140; zum maßgeblichen Antrag vgl. § 139. 48

Um den **Entlastungsbeweis** zu führen, kann der Anfechtungsgegner den Schuldner als Zeugen vernehmen lassen (MK-Kirchhof § 133 Rn. 47). Bei der Würdigung, ob der Entlastungsbeweis geführt ist, sind die Vermutung des Abs. 1 Satz 2 sowie die allg. Beweisanzeichen (vgl. Rdn. 31) bei freier Würdigung durch den Tatrichter zu berücksichtigen (BGH, ZInsO 2007, 819; vgl. insoweit Rdn. 24 f.). Insb. im Fall der inkongruenten Deckung ist daher der Entlastungsbeweis erheblich **erschwert**.

Gelingt dem Anfechtungsgegner lediglich der Nachweis, dass der Vertragsschluss mehr als 2 Jahre vor der Antragstellung erfolgte, kommt ggf. eine **Anfechtung gem. Abs. 1** in Betracht. Gleiches gilt, wenn lediglich eine mittelbare Gläubigerbenachteiligung vorliegt.

III. Weitere Verfahrensfragen/Reformbestrebungen

49   Hinsichtlich weiterer Verfahrensfragen sei verwiesen auf die Kommentierung zu § 143 Rdn. 88 ff.

50   Zu besonders relevanten Fallkonstellationen i. R. d. Insolvenzanfechtung vgl. Schnellübersicht vor §§ 129 ff. Rdn. 26.

51   Insbesondere Vorstöße von Wirtschaftsverbänden (so u. a. Positionspapier des Bundesverbandes der Deutschen Industrie und des Zentralverbandes des Deutschen Handwerks vom 14.10.2013, veröffentlicht in ZInsO 2013, 2312) haben die Koalition aus CDU, CSU und SPD veranlasst, in ihrem Koalitionsvertrag zur 18. Legislaturperiode (S. 25, Nr. 1. 1) anzukündigen, »das Insolvenzanfechtungsrecht im Interesse der Planungssicherheit des Geschäftsverkehrs sowie des Vertrauens der Arbeitnehmerinnen und Arbeitnehmer in ausgezahlte Löhne auf den Prüfstand (zu) stellen«. Infolge dieser Ankündigung sieht sich der Gesetzgeber mit (zu) weit reichenden Änderungsvorschlägen hinsichtlich – u. a. aber nicht ausschließlich – des § 133 konfrontiert (vgl. u. a. Marotzke, ZInsO 2014, 417; Fawzy/Köchling, ZInsO 2014, 1073). Diese Vorschläge werden mit einer vermeintlich ausufernden Rechtsprechung des BGH zu § 133 begründet. Sie lassen allerdings bisher eine sauber ermittelte Tatsachengrundlage hinsichtlich des behaupteten »Massenphänomens Vorsatzanfechtung« vermissen und sind daher in der offensichtlich seitens einzelner Gläubigergruppen gewünschten Form einer »Generalrevision des Anfechtungsrechts« abzulehnen (so auch: Bork, ZIP 2014, 797). Das gilt insbesondere für den, da sog. »Druck-Anträgen« wieder Anreiz gebenden, Vorschlag, im Rahmen des subjektiven Tatbestandes des § 133, statt Vorsatz, eine »Absicht« des Schuldners, seine (übrigen) Gläubiger zu benachteiligen, zu erfordern.

§ 134 Unentgeltliche Leistung

(1) Anfechtbar ist eine unentgeltliche Leistung des Schuldners, es sei denn, sie ist früher als vier Jahre vor dem Antrag auf Eröffnung des Insolvenzverfahrens vorgenommen worden.

(2) Richtet sich die Leistung auf ein gebräuchliches Gelegenheitsgeschenk geringen Werts, so ist sie nicht anfechtbar.

Übersicht	Rdn.			Rdn.
A. Norminhalt	1		3. Einzelfälle	22
I. Leistung des Schuldners	2	IV.	Gläubigerbenachteiligung	35
II. Leistungsempfänger	7	V.	Zeitraum	36
III. Unentgeltlichkeit	13	VI.	Haftungsumfang	37
1. Allgemeines	13	VII.	Gebräuchliches Gelegenheitsgeschenk	
2. Teilweise Unentgeltlichkeit und			(Abs. 2)	38
verdeckte Schenkung	20	B.	Verfahrensfragen	42

A. Norminhalt

1   Der Empfänger einer unentgeltlichen Leistung ist entsprechend einem u. a. auch in §§ 528, 822 BGB, § 39 Abs. 1 Nr. 4 zum Ausdruck kommenden allg. Rechtsgrundsatz **weniger schutzbedürftig** als Gläubiger, deren Forderungen entgeltliche Rechtsgeschäfte zugrunde liegen. Deshalb hat aus Billigkeitsgründen sein Interesse am Verbleib des Zugewendeten in seinem Vermögen gem. Abs. 1

in einem zeitlich begrenzten Rahmen hinter dem Interesse der Insolvenzgläubiger an einer Erhöhung der Insolvenzmasse zurückzutreten. Eine Ausnahme hiervon sieht **Abs. 2** für gebräuchliche Gelegenheitsgeschenke vor, die aufgrund ihres relativ geringen Wertes die Gläubigergesamtheit nicht wesentlich belasten. Geschützt ist der Anfechtungsgegner ferner gem. § 143 Abs. 2, wenn er entreichert ist. § 134 kann grds. mit allen anderen Anfechtungsnormen frei konkurrieren. Er greift nur dann **nicht** ein, wenn § 133 Abs. 2 zur Anwendung kommt.

I. Leistung des Schuldners

Der Begriff der Leistung ist in § 134 weit zu verstehen. Erfasst sind Rechtshandlungen (vgl. § 129 Rdn. 2 ff.) im umfassenden Sinne, welche dazu dienen, einen Vermögenswert aus dem haftenden Vermögen des Schuldners (vgl. § 129 Rdn. 40 ff.) zugunsten eines anderen zu entfernen. Ausreichend ist hierbei, dass die Handlung den Begünstigten dazu in die Lage versetzt, das zugewendete Vermögensgut tatsächlich zu nutzen und weiter zu übertragen (BGH, ZInsO 2001, 555 [Ls.] = ZIP 2001, 889).

Von § 134 erfasst sind außer **Schenkungsversprechen** i. S. v. § 518 BGB (welche, soweit sie bei Verfahrenseröffnung noch nicht erfüllt wurden, aufgrund des § 39 Abs. 1 Nr. 4 nur ausnahmsweise gläubigerbenachteiligend wirken) und **Verfügungen** des Schuldners, **nicht rechtsgeschäftliche Handlungen** wie Handlungen i. S. d. §§ 946 ff. BGB oder **Prozesshandlungen** – Letztere, soweit sie, wie z. B. ein Anerkenntnis gem. § 307 ZPO, im weiteren Verlauf zum Verlust von haftendem Vermögen führen (MK-Kirchhof § 134 Rn. 9). Auch **Gebrauchsüberlassungen** wie die Leihe (NR-Nerlich § 134 Rn. 6) kommen als Leistung in Betracht. Stellt der Schuldner einem Dritten die Arbeitskraft eines bei ihm angestellten Arbeitnehmers zur Verfügung, ohne dass der Empfänger dafür eine Gegenleistung zu erbringen hat, liegt darin rgm. eine unentgeltliche Übertragung von Vermögenswerten, wenn der Schuldner wegen Aufgabe des Geschäftsbetriebes für den Arbeitnehmer keine Verwendung mehr hat (BGH, ZInsO 2004, 149). Die **Aufgabe** eines Rechts ohne Übertragung ist ebenfalls eine Leistung i. S. d. Norm, wenn ein anderer daraus einen Vorteil erlangt, wie z. B. bei der Dereliktion einer Sache mit dem Zweck, einem anderen die Aneignung zu ermöglichen (Uhlenbruck-Hirte § 134 Rn. 6), oder bei dem Verzicht auf ein Pfandrecht oder dem **Erlass** einer Forderung. Unter § 134 fallen ferner Beschlüsse, Aufsichts- oder Vertretungsorganen Entlastung zu erteilen (MK-Kirchhof § 134 Rn. 8).

Unterlassungen i. S. d. § 129 Abs. 2 (vgl. § 129 Rdn. 15 ff.) stehen einer Leistung gleich, wenn sie die Geltendmachung eines zum Schuldnervermögen gehörenden Rechts ausschließen oder dieses Vermögen einer nicht mehr abzuwehrenden Haftung aussetzen (MK-Kirchhof § 134 Rn. 10), wie z. B. beim Unterlassen eines Einspruches gegen einen Vollstreckungsbescheid.

Im Nachlassinsolvenzverfahren wird nach § 322 die Erfüllung von Pflichtteilsansprüchen, Vermächtnissen oder Auflagen durch den Erben aus dem Nachlass wie eine unentgeltliche Leistung des Erben behandelt.

§ 134 erfasst nur Handlungen des **Schuldners**, es genügt jedoch jede selbstbestimmte Mitwirkungshandlung, wie z. B. das Mitschaffen der Vollstreckungsvoraussetzungen (vgl. § 133 Rdn. 6). Auch **mittelbare Zuwendungen** (vgl. § 129 Rdn. 29 ff.) sind dem Zuwendungsempfänger ggü. anfechtbar (vgl. Rdn. 8 ff.). Leistungen eines Vertreters werden dem Schuldner nach allg. Grundsätzen zugerechnet.

II. Leistungsempfänger

Durch die Leistung des Schuldners muss der Anfechtungsgegner einen Vermögenswert erlangt haben (MK-Kirchhof § 134 Rn. 5), der jedoch z. Zt. der Anfechtung nicht mehr in seinem Vermögen vorhanden zu sein braucht. Deshalb unterliegt z. B. auch die echte **Schenkung unter Auflagen** (§§ 525, 527 BGB) im Ganzen der Anfechtung gem. § 134, solange nach dem Parteiwillen jedenfalls ein geringfügiger Vorteil beim Empfänger verbleibt, obgleich der Hauptzweck der Schenkung nicht dessen Bereicherung ist (NR-Nerlich § 134 Rn. 25). Der Wegfall der Bereicherung ist allein

i. R. d. § 143 Abs. 2 (vgl. dort) bei der Frage des Umfanges der Rückgewährpflicht zu berücksichtigen. Ist der Empfänger der Schenkung unter Auflagen verpflichtet, den gesamten erlangten Vorteil an einen Dritten weiter zu übertragen, liegt keine unentgeltliche Zuwendung an ihn, sondern eine uneigennützige Treuhandschaft bzw. nach Weitergabe des Erlangten eine mittelbare Zuwendung (vgl. § 129 Rdn. 29 f.) an den Dritten vor.

8 Grds. ist bei der Übertragung eines Vermögensgegenstandes unter Einschaltung eines **uneigennützigen Treuhänders** auf einen Dritten diesem Dritten ggü. anzufechten (KPB-Schoppmeyer § 134 Rn. 24). Eine Anfechtung gem. § 134 ggü. dem uneigennützigen Treuhänder kommt rgm. nicht in Betracht, da er nichts für sich erlangt hat und das Treugut – bis zur Weiterleitung an den Dritten – unbeschadet der allg. vermögensrechtlichen Übertragung noch zum haftenden Vermögen des Schuldners gehört (KPB-Schoppmeyer § 134 Rn. 24). Hat er den Vermögensgegenstand noch in seinem Besitz, ergibt sich seine Rückgabepflicht aufgrund des Erlöschens des Treuhandvertrages mit Verfahrenseröffnung (§§ 115 ff.) aus den allg. Vorschriften (§§ 667, 675 BGB). Soweit die Treuhänderstellung die Insolvenzgläubiger dennoch benachteiligt (vgl. § 129 Rdn. 100), kommt darüber hinaus eine Anfechtung nach den §§ 130 bis 133 in Betracht. Soweit der Treuhänder über seine angemessenen Gebühren hinaus einen Teil des übertragenen Vermögens selbst zur freien Verfügung erhalten hat, ist die Übertragung des Vermögensgegenstandes insgesamt wie im Fall der Schenkung unter Auflagen (vgl. Rdn. 7) anfechtbar.

9 Der Anfechtungsgegner muss die Leistung nicht unmittelbar aus dem Vermögen des Schuldners erlangt haben, vielmehr können auch **mittelbare Zuwendungen** gem. § 134 angefochten werden. Bei echten **Verträgen zugunsten Dritter** kann sowohl der erworbene Anspruch als auch das Erlangte selbst im Wege der Anfechtung gem. § 134 zur Insolvenzmasse gezogen werden (FK-Dauernheim § 134 Rn. 23). Unerheblich ist dabei, ob der Wert des vom Anfechtungsgegner empfangenen Gegenstandes dem des vom Schuldner an die Zwischenperson geleisteten objektiv entspricht. Entscheidend ist allein, dass der Versprechende sich verpflichtet hat, für die vom Schuldner versprochene Leistung die eigene Leistung an den Dritten zu erbringen. Dieser hat dasjenige herauszugeben, was er unentgeltlich erlangt hat, sei es objektiv auch mehr oder weniger wert als die ursprüngliche Leistung des Schuldners (MK-Kirchhof § 134 Rn. 14; vgl. Rdn. 11).

10 Wurde dem Dritten in dem zu seinen Gunsten geschlossenen Vertrag noch kein eigenes Recht auf die Leistung eingeräumt (**unechter Vertrag zugunsten Dritter**), hat er vor der Übertragung des Vermögensgegenstandes vom Versprechenden an ihn noch nichts erlangt, sodass solange auch eine Anfechtung ihm ggü. nicht in Betracht kommt (NR-Nerlich § 134 Rn. 29).

11 Von besonderer Bedeutung sind in diesem Zusammenhang **Lebensversicherungen** und **Unfallversicherungen**, bei denen der Schuldner Versicherungsnehmer ist, das **Bezugsrecht** jedoch einem Dritten gewährt oder die Ansprüche aus dem Versicherungsvertragsverhältnis abgetreten (BGH, ZInsO 2013, 240) wurden. Regelmäßig wird das Bezugsrecht dem Dritten unentgeltlich zugewandt; anders ist es z. B., wenn die (Lebens-) Versicherung als Sicherheit oder (ggf. in der Sonderform der Direktversicherung) als Vergütung für geleistete Dienste vereinbart wurde (Kayser FS Kreft, S. 341, 352). Anfechtungsgegner ist der begünstigte Dritte. Zu unterscheiden ist zwischen der Einräumung eines unwiderruflichen und eines widerruflichen Bezugsrechtes.

Wurde dem Begünstigten ein **unwiderrufliches Bezugsrecht** (anfänglich oder nachträglich) unentgeltlich eingeräumt und erwirbt er somit sofort Anspruch auf die Versicherungsleistung (BGH, ZInsO 2012, 2294; § 159 Abs. 3 VVG n. F.), kann der Insolvenzverwalter in dem Insolvenzverfahren über das Vermögen des Versicherungsnehmers im Wege der Anfechtung nicht die Versicherungssumme oder die Übertragung der Berechtigung verlangen, wenn der Versicherungsvertrag außerhalb des zeitlich geschützten Bereichs des § 134 abgeschlossen und das Bezugsrecht unwiderruflich wurde (BGH, ZInsO 2013, 240). Vom Begünstigten verlangt werden kann in einem solchen Fall – vorbehaltlich des § 143 Abs. 2 – lediglich die Herausgabe der während des Vierjahreszeitraums des § 134 gezahlten Prämien (BGH a. a. O.). Ist das Bezugsrecht hingegen erst innerhalb des von § 134 zeitlich geschützten Bereichs – durch Eintritt des Versicherungsfalles (§ 166 Abs. 2 VVG

a. F.) oder durch entsprechende (nachträgliche oder bei Vertragsschluss innerhalb des Vierjahreszeitraums auch anfängliche) Vereinbarung – unwiderruflich geworden, kann der Insolvenzverwalter die Begünstigung insgesamt anfechten und Zahlung der gesamten Versicherungssumme, nicht lediglich der vom Schuldner erbrachten Prämienzahlungen, verlangen (BGHZ 156, 350, 355 = ZInsO 2003, 1096). Bei Erteilung einer **widerruflichen Bezugsberechtigung** an einen Dritten gilt die anfechtbare Rechtshandlung erst dann als vorgenommen, wenn der Versicherungsfall eingetreten ist (BGH, ZInsO 2012, 2294 m.w.N.). Solange das Bezugsrecht noch widerruflich und der Versicherungsfall noch nicht eingetreten ist, bedarf es der Anfechtung nicht, da der Insolvenzverwalter das Bezugsrecht gem. § 166 Abs. 1 Satz 1 a.E. VVG a.F. widerrufen kann.

Bei geteilter Begünstigung, d.h. bspw. Begünstigung eines Dritten aus einer Lebensversicherung im Todesfall des Versicherungsnehmers bei gleichzeitiger Begünstigung des Versicherungsnehmers im Erlebensfall erwirbt der Dritte sofort, während der Erwerb des Versicherungsnehmers aufschiebend bedingt ist (BGH, ZInsO 2012, 2294). 11a

Wendet der Schuldner einem Anderen **Geld** unentgeltlich zu, damit dieser mit dem Betrag ein Grundstück erwerben kann, kann je nach Inhalt der Abrede auch das Grundstück zugewendet und nach §§ 134, 143 herauszugeben sein, denn zu einer Zuwendung gehört – wie bereits die unter Rdn. 11 genannten Fälle zeigen – nicht, dass der Gegenstand der Zuwendung schon vor deren Vornahme Eigentum des Zuwendenden war (Uhlenbruck-Hirte § 134 Rn. 8). 12

III. Unentgeltlichkeit

1. Allgemeines

Eine Leistung ist unentgeltlich, wenn vereinbarungsgemäß der Vermögenswert zugunsten einer anderen Person aufgegeben wird, **ohne** dass diese Person eine **ausgleichende Gegenleistung** an den Schuldner oder mit dessen Einverständnis an einen Dritten erbringt oder zu erbringen verpflichtet ist (BGHZ 141, 96, 99 = ZInsO 1999, 286). Einigkeit zwischen Leistendem und Zuwendungsempfänger hinsichtlich der Unentgeltlichkeit ist nicht erforderlich (BGH, ZInsO 2011, 183; vgl. zum Irrtum Rdn. 19). Sofern Einigkeit darüber besteht, dass es einer ausgleichenden Gegenleistung des Anfechtungsgegners nicht bedürfen soll, kann diese formlos herbeigeführt werden, sodass es genügt, wenn der Schuldner einseitig eine Leistung zuwendet und der Empfänger sie in dem Bewusstsein annimmt, dass von ihm eine Gegenleistung nicht erwartet wird (MK-Kirchhof § 134 Rn. 17). Als die Unentgeltlichkeit ausschließendes Entgelt genügt jeder entsprechend werthaltige Vermögensvorteil (zum Fall des nur teilweisen Ausgleiches, »**gemischte Schenkung**« vgl. Rdn. 20), wie z.B. eine Stundung; um eine Gegenleistung i.S.d. §§ 320 ff. BGB muss es sich nicht handeln (BGH, ZInsO 2010, 807). Wurde eine ausgleichende Gegenleistung vereinbart, bleibt sie jedoch später aus, führt dies nicht zur Anfechtbarkeit gem. § 134 (BGH, ZInsO 1999, 163), vielmehr kann der Insolvenzverwalter ggf. auf Leistung klagen. Nicht erforderlich ist, dass die Leistung des Schuldners freiwillig erfolgt (MK-Kirchhof § 134 Rn. 17b). 13

Die **Gegenleistung** kann auch mit Einverständnis des Schuldners **an Dritte** erbracht werden. In derartigen Fällen liegt Entgeltlichkeit dann vor, wenn der jeweilige Leistungsempfänger seinerseits eine ausgleichende Gegenleistung, z.B. im Valutaverhältnis, zu erbringen hat (BGHZ 141, 96, 99 = ZInsO 1999, 286). Hat demgegenüber der Leistungsempfänger für die Leistung des Schuldners keine Vermögenswerte aufzuwenden, kann die Leistung auch dann unentgeltlich sein, wenn der Schuldner etwas von einem Dritten erhält (BGH a.a.O.). Für die Frage der Entgeltlichkeit kommt es also nicht entscheidend darauf an, ob der Schuldner für seine Leistung eine Gegenleistung erhielt, sondern darauf, ob der **Empfänger** für die Leistung ein Vermögensopfer erbringen musste (BGH, ZInsO 2014, 493). Daher ist auch die Befriedigung von berechtigten (bspw. vertraglich vereinbarten) Schadensersatzansprüchen nicht unentgeltlich, da diese als Ausgleich eines Vermögensopfers des Geschädigten erfolgt (vgl. insoweit auch OLG Frankfurt am Main, ZInsO 2011, 1600). 14

Soweit es sich bei der Leistung nicht um ein Verpflichtungsgeschäft handelt, richtet sich die Unentgeltlichkeit nach dem Kausalgeschäft, aus welchem abzuleiten ist, ob die Leistung des Schuldners 15 von einer ausgleichenden Gegenleistung abhängt (BGHZ 121, 179, 183). Bei der **Bestellung von Sicherheiten** ist die Entgeltlichkeit bzw. Unentgeltlichkeit nicht dem Sicherungsvertrag, sondern ebenfalls dem Kausalgeschäft zu entnehmen, das der zu sichernden Forderung zugrunde liegt (vgl. Rdn. 23).

15a Bei der **Leistung auf eine Nichtschuld** ist nach richtiger Auffassung zu differenzieren: wird mit Rechtsgrund geleistet, obwohl der Anspruch des Empfängers (noch) nicht durchsetzbar ist, liegt Unentgeltlichkeit nicht vor. Eine Anfechtung der Leistung kann sich dann nur aus §§ 131, 132 ergeben. Wird demgegenüber vollständig ohne Rechtsgrund geleistet und wäre der Leistende außerhalb eines Insolvenzverfahrens unter bereicherungsrechtlichen Grundsätzen zum Rückgewährverlangen berechtigt, liegt Unentgeltlichkeit vor, sodass eine Anfechtung nach § 134 möglich ist (BGH, ZInsO 2013, 1577).

16 Maßgebender **Zeitpunkt** für die Beurteilung der Unentgeltlichkeit ist derjenige der Vornahme der Rechtshandlung (§ 140), also der des Rechtserwerbs des Anfechtungsgegners infolge der Leistung des Schuldners (BGH, ZInsO 2012, 2294). Bei der Anfechtung von Verfügungsgeschäften und isolierten Leistungen nichtrechtsgeschäftlicher Art ist auf den Zeitpunkt bei deren Vornahme abzustellen, da bis zu diesem Zeitpunkt die Beteiligten die Möglichkeit haben, den Leistungszweck zu bestimmen bzw. zu ändern. Durch nachträgliche Vereinbarung einer Gegenleistung kann eine unentgeltliche Leistung nicht in eine entgeltliche umgewandelt werden (Uhlenbruck-Hirte § 134 Rn. 22, 42).

17 Im Ansatz erfolgt die Ermittlung der (Un-) Entgeltlichkeit durch den **objektiven Vergleich** der ausgetauschten Werte (BGH, ZInsO 2008, 811). Zunächst ist zu untersuchen, ob objektiv etwas in das Vermögen des Schuldners gelangt ist, das nach den gemeinsamen Vorstellungen der Beteiligten auch eine Gegenleistung für die Leistung des Schuldners darstellt. Nur bei der Beurteilung, ob die objektiv geschuldete Gegenleistung den Wert der Leistung des Schuldners erreicht, nicht bei der Frage der Gegenseitigkeit sind – in eingeschränktem Umfang – die subjektiven Vorstellungen der Beteiligten mit zu berücksichtigen (BGHZ 113, 98, 102). Insofern steht den Beteiligten ein **angemessener Bewertungsspielraum** zu (BGH, ZIP 1998, 830), der auch objektiven Unsicherheiten bei der Bewertung der ausgetauschten Leistungen Rechnung zu tragen hat. Wegen des gläubigerschützenden Normzweckes sind dem Bewertungsspielraum jedoch Grenzen gesetzt, die nicht zu weit gezogen werden dürfen. Insb. müssen die Bewertungen eine reale Grundlage haben (MK-Kirchhof § 134 Rn. 40). Wertvorstellungen der Beteiligten, die der objektiven Sachlage eindeutig nicht entsprechen, können eine Entgeltlichkeit oder Unentgeltlichkeit der Leistung nicht begründen. **Notverkäufe** des Schuldners unter Wert sind i. d. R. entgeltlich, sofern nicht bei der Preisabsprache der große Bewertungsspielraum überschritten wurde (FK-Dauernheim § 134 Rn. 12).

17a Hinsichtlich des Abschlusses von **(Prozess-) Vergleichen** sind die eben beschriebenen und auf Austauschverträge zugeschnittenen Maßgaben sinngemäß fortzubilden (BGH, ZInsO 2006, 1322). Wird ein Vergleich geschlossen, um die bei verständiger Würdigung des Sachverhalts und/oder der Rechtslage bestehende Ungewissheit durch gegenseitiges Nachgeben (§ 779 BGB) zu beseitigen, ist zu vermuten, dass die vergleichsweise Regelung die gegenseitigen Interessen ausreichend berücksichtigt. Insofern steht den Parteien ein Ermessens- und Bewertungsspielraum zu (BGH a. a. O.).

Das im Vergleichswege teilweise Nachgeben einer Partei kann daher erst dann als unentgeltliche Leistung zugunsten der anderen Partei gewertet werden, wenn der Inhalt der vergleichsweisen Regelung den Bereich verlässt, der bei objektiver Beurteilung der Sach- und/oder Rechtslage **ernstlich zweifelhaft** sein kann (BGH a. a. O.). Auf eine rechnerische Gegenüberstellung des gegenseitigen Nachgebens kommt es nicht an. Sofern durch den Vergleich ein angemessener Interessenausgleich gefunden wird, scheidet die Annahme der Unentgeltlichkeit aus (BGH, ZInsO 2012, 830 zum Erlass einer Forderung durch Prozessvergleich).

Demgegenüber liegt Unentgeltlichkeit des im Vergleichswege erfolgenden Nachgebens rgm. vor, wenn das Nachgeben nicht auf Ungewissheit bzgl. Sach- und/oder Rechtslage beruht, sondern auf rein **wirtschaftlichen Erwägungen** wie z. B. einem Liquiditätsengpass (BGH a. a. O.).

Die **Schenkung eines belasteten Gegenstandes** bzw. die vereinbarte Übernahme der dinglichen **18**
Belastungen einer Sache durch deren Erwerber mindert den Wert der von ihm erhaltenen Zuwendung (im Umfang der tatsächlichen Valutierung der Belastungen), ist aber kein Entgelt für die Übertragung (BGHZ 121, 179, 187). Dementsprechend stellt auch die Bewilligung eines **Nießbrauches** für den Schuldner bei einer Grundstücksschenkung keinen ausgleichenden Gegenwert dar (BGHZ 141, 96, 102 = ZInsO 1999, 286). Demgegenüber kann die vereinbarte **Freistellung** des Veräußerers von Schulden eine Gegenleistung darstellen (MK-Kirchhof § 134 Rn. 24). Wird z. B. ein hoch belastetes Grundstück übertragen, kann eine ausgleichende Gegenleistung darin liegen, dass der Erwerber den Schuldner auch von der persönlichen Schuld freizustellen hat; anders das OLG Schleswig (ZIP 1987, 1331) für den Fall, dass der Erwerber ohnehin schon persönlicher Schuldner war, wobei jedoch nicht berücksichtigt wird, dass die Gegenleistung dann in dem Verzicht des Erwerbers auf den Ausgleichsanspruch aus § 426 BGB bestehen kann, soweit dieser Anspruch im maßgeblichen Zeitpunkt noch werthaltig war.

Der einseitige **Irrtum des Empfängers** über den objektiven Wert seiner eigenen Gegenleistung oder **19**
darüber, dass sich seine Gegenleistung auf die vom Schuldner erbrachte Leistung bezieht, ist für die Frage der (Un-) Entgeltlichkeit der Schuldnerleistung ohne Bedeutung (BGHZ 113, 98, 103), da den Gläubigern des Schuldners allein deshalb, weil der Anfechtungsgegner davon ausging, eine ausgleichende Gegenleistung zu erbringen, noch kein die Weggabe des Vermögensgegenstandes kompensierender Ausgleich zur Verfügung steht. Aus demselben Grund sind auch **Irrtümer des Schuldners** oder beider Teile unerheblich, soweit sie einen angemessenen Bewertungsspielraum unzweifelhaft überschreiten (MK-Kirchhof § 134 Rn. 22). Einseitige Vorstellungen des Schuldners über mögliche wirtschaftliche Vorteile, die in keiner rechtlichen Abhängigkeit von seiner Leistung stehen, vermögen eine Entgeltlichkeit ebenso wenig zu begründen (BGHZ 113, 98, 103 f.) wie eine vom Schuldner nur erhoffte Gegenleistung (OLG Celle, NJW 1990, 720).

Die Auszahlung sog. »Scheingewinne« aus »Schneeballsystemen« durch den (späteren) Insolvenz- **19a**
schuldner an die Anleger stellt stets eine unentgeltliche und nach Abs. 1 anfechtbare Leistung dar (st. Rspr., BGH, ZInsO 2013, 1577 m. w. N.); dies gilt jedoch nicht hinsichtlich (gleichzeitig) erfolgter Rückzahlungen auf die durch den Anleger geleistete Einlage (BGH, ZInsO 2011, 728). Ausschüttungen im Rahmen eines solchen Systems erfolgen regelmäßig vorrangig auf die ausgewiesenen »Scheingewinne« und erst danach auf die geleistete Einlage (BGH a. a. O.). Eine Saldierung mit der Einlagenrückforderung des Anlegers als Anfechtungsgegner kommt wegen Nichtanwendbarkeit der Saldotheorie hier nicht in Betracht (BGH, ZInsO 2010, 1185). Endgültige steuerliche Mehrbelastungen des Anfechtungsgegners, die aufgrund der »Scheingewinn«-Auszahlung entstanden sind, sind jedoch i. R. d. vorzutragenden »Entreicherung« zu berücksichtigen (BGH a. a. O.). Zu Zahlungen, die ohne Rechtsgrund an (ausgeschiedene) (Schein-) Gesellschafter der Insolvenzschuldnerin bewirkt werden, vgl. Rdn. 15a.

2. Teilweise Unentgeltlichkeit und verdeckte Schenkung

Sobald die Beteiligten den ihnen zustehenden Bewertungsspielraum (vgl. Rdn. 17) überschritten **20**
haben, liegt eine **teilweise unentgeltliche Leistung** vor, die der Anfechtung unterliegt (BGH, ZIP 1998, 830). Die zu § 516 BGB entwickelten Grundsätze über **gemischte Schenkungen** sind wegen des gläubigerschützenden Zwecks des § 134 nur eingeschränkt anwendbar. Ob die Parteien wollten, dass die Leistung des Schuldners teilweise unentgeltlich erbracht werden soll, ist nur dann maßgeblich, wenn sie sich innerhalb des ihnen zustehenden Beurteilungsspielraumes halten (MK-Kirchhof § 134 Rn. 41). Als Rechtsfolge der teilweise unentgeltlichen Leistung ist vorrangig der Wertüberschuss der schuldnerischen Leistung an die Insolvenzmasse zurückzuerstatten. Soweit die **Leistung teilbar** ist, bleibt die Rechtsfolge der Anfechtung gem. § 134 auf den überschießenden Teil, der als unentgeltlich gilt, beschränkt (BGH, ZIP 1992, 1089). Der übrige Teil kann nur mitangefochten werden, wenn zusätzlich andere Anfechtungsnormen eingreifen. Ist die höherwertige **Leistung** des Schuldners **unteilbar**, richtet sich die Anfechtung auf Rückgewähr der Leistung insgesamt, allerdings Zug um Zug gegen Rückgabe der erbrachten Gegenleistung (BGHZ 107, 156, 159). Alter-

nativ kann der Anfechtungsgegner die Rückgewähr der erlangten Leistung auch durch anteiligen Wertersatz abwenden (MK-Kirchhof § 134 Rn. 42).

21 **Verdeckte (verschleierte) Schenkungen** begründen nur den Anschein der Entgeltlichkeit, um die wirklich gewollte Schenkung zu verdecken. Für sie gelten die Regeln über die teilweise unentgeltliche Leistung nicht; die Anfechtbarkeit richtet sich ohne Besonderheiten nach § 134, während das lediglich vorgespiegelte entgeltliche Geschäft nach § 117 Abs. 2 BGB nichtig ist (BGH, ZIP 1993, 1170).

Unentgeltlich sind schließlich auch **Spenden**, da die steuerliche Abzugsfähigkeit keine Gegenleistung darstellt (BGH, WM 1978, 671).

3. Einzelfälle

22 Die **Erfüllung einer eigenen Verbindlichkeit** ist entgeltlich, wenn diese Verbindlichkeit durch einen entgeltlichen Vertrag (BGH, ZIP 1992, 1089) oder durch ein gesetzliches Schuldverhältnis (MK-Kirchhof § 134 Rn. 26) rechtswirksam begründet wurde, da der Schuldner auf diese Weise von der Verbindlichkeit frei wird. Ob die Leistung kongruent oder inkongruent (z. B. durch Leistung an Erfüllungs statt, vgl. § 131 Rdn. 8) erbracht wurde, ist für die Frage der Entgeltlichkeit unerheblich. Ferner ist auch die Erfüllung einer unvollkommenen Verbindlichkeit (BGHZ 113, 98, 101) oder verjährten (Uhlenbruck-Hirte § 134 Rn. 34) Forderung entgeltlich.

Demgegenüber ist die Erfüllung einer unentgeltlich begründeten Verbindlichkeit ihrerseits wieder unentgeltlich (BGH, ZIP 1988, 585). Die Erfüllung einer bloßen Anstandspflicht, die über die Grenzen des Abs. 2 hinausgeht, stellt keinen Ausgleich im Verhältnis zu den Gläubigern dar (OLG Hamm, ZIP 1992, 1755). Unentgeltlich ist ferner die bewusste Erfüllung einer nicht bestehenden Verbindlichkeit (BGHZ 113, 98, 104). Demgegenüber ist die Erfüllung eines entgeltlich begründeten, unerkannt unwirksamen Vertrages durch den Schuldner nicht unentgeltlich (Zeuner, Anfechtung, Rn. 220); die Rückforderung richtet sich hier nach § 132 bzw. nach Bereicherungsrecht. Solange bei einer **aufschiebend bedingten** Verpflichtung die Bedingung noch nicht eingetreten ist, ist die Erfüllung dieser Verbindlichkeit unentgeltlich, wohingegen die Leistung auf eine unter einer **auflösenden Bedingung** stehenden entgeltlich begründeten Verbindlichkeit entgeltlich ist, solange die auflösende Bedingung nicht eingetreten ist (MK-Kirchhof § 134 Rn. 26). Bei der Erfüllung einer betagten Schuld kommt Unentgeltlichkeit lediglich im Hinblick auf die Zwischenzinsen in Betracht (Uhlenbruck-Hirte § 134 Rn. 24). Demgegenüber ist das bloße Unterlassen der Rückforderung/Durchsetzung einredefreier fälliger Ansprüche (Darlehen) (sog. »Stehenlassen«) keine Gegenleistung (BGH, ZInsO 2009, 1056).

Die Zahlung des Schuldners zur Herbeiführung der Einstellung eines gegen ihn gerichteten **Strafverfahrens** stellt keine unentgeltliche Leistung dar, wenn die Zahlungsauflage in einem ausgewogenem Verhältnis zum Verurteilungsrisiko steht (BGH, ZInsO 2008, 738).

Der Erlass einer werthaltigen Forderung ohne Gegenleistung ist grundsätzlich als unentgeltlich zu bewerten (BGH, ZInsO 2012, 830); vgl. zu derartigen Fallkonstellationen im Rahmen von (Prozess-) Vergleichen Rdn. 17a.

Überlässt der **persönlich haftende Gesellschafter** einer KG dieser sein Vermögen zur Begleichung ihrer Verbindlichkeiten, tilgt er damit keine eigene Schuld, da er zwar den Gläubigern der Gesellschaft, nicht aber dieser selbst haftet (BGHZ 121, 179, 184 f.).

23 Während die (auch nachträgliche) **Sicherung eigener**, entgeltlich begründeter **Verbindlichkeiten** ihrerseits ebenfalls entgeltlich ist (BGH, ZInsO 2013, 73 m. w. N.), selbst wenn bei Begründung der Verbindlichkeit eine Verpflichtung zur Sicherheitenbestellung nicht vereinbart worden war (BGHZ 137, 267, 282; a. A. MK-Kirchhof § 134 Rn. 27 ff.), erfolgt die Sicherung eigener, unentgeltlich begründeter Verbindlichkeiten wiederum unentgeltlich. Entsprechendes gilt für das abstrakte Anerkenntnis einer Verbindlichkeit des Schuldners: wurde die Verbindlichkeit des Schuld-

ners entgeltlich begründet, ist es auch das **Schuldanerkenntnis** (BGH, ZInsO 2010, 807) – i. Ü. ist es unentgeltlich.

Zur (Un-) Entgeltlichkeit von **Verträgen zugunsten Dritter** vgl. Rdn. 9 ff. 24

Erbringt der Schuldner ohne rechtliche Verpflichtung ggü. einem Anderen Leistungen, die dann jedoch durch einen **Dritten** abgerechnet und diesem ggü. vergütet werden, hat der Schuldner ggü. dem Dritten unentgeltlich geleistet (BGH, ZInsO 2007, 598).

Die **Tilgung einer fremden Schuld** ist grds. unentgeltlich, wenn der Leistungsempfänger keine 25 ausgleichende Gegenleistung zu erbringen hat (BGH, ZInsO 2008, 101). Unerheblich ist für die Beurteilung der (Un-)entgeltlichkeit insoweit, ob der Leistende selbst einen Ausgleich für seine Leistung erhalten hat; maßgeblich ist vielmehr, ob der Leistungsempfänger seinerseits eine Gegenleistung zu erbringen hat (BGH, ZInsO 2010, 36). Eine solche liegt bei der Tilgung einer fremden Schuld rgm. darin, dass der Leistungsempfänger – der den Empfang der Leistung nur unter den Voraussetzungen des § 267 Abs. 2 BGB ablehnen kann – seine gegen den Dritten gerichtete Forderung verliert.

Ist also die gegen den Dritten gerichtete Forderung des Leistungsempfängers zum Zeitpunkt des Leistungsempfangs **werthaltig**, liegt keine Unentgeltlichkeit der Leistung vor; eine Anfechtung nach § 134 scheidet dann ggü. dem Leistungsempfänger aus (BGH, ZInsO 2008, 811). In Betracht kommt dann jedoch eine Anfechtung ggü. dem Dritten nach §§ 132 ff. (vgl. § 132 Rdn. 5). Dies entspricht den bereicherungsrechtlichen Wertungen der Rückabwicklung im Leistungsverhältnis. Ist demgegenüber die gegen den Dritten gerichtete Forderung des Leistungsempfängers zum Zeitpunkt des Leistungsempfangs – nur auf diesen ist abzustellen, vorherige Umstände oder Vorleistungen des Leistungsempfängers sind unbeachtlich (BGHZ 174, 228, 231 = ZInsO 2008, 106) – **wertlos**, liegt Unentgeltlichkeit der Leistung vor, unabhängig davon, ob der Leistungsempfänger die Wertlosigkeit überhaupt kannte oder ob der Leistende mit der Leistung eigene wirtschaftliche Interessen verfolgt hat (BGH, ZInsO 2010, 1091, m. w. N.), da der Leistungsempfänger nichts verliert, was als Gegenleistung anzusehen wäre und deshalb nicht schutzwürdig ist (BFH, ZInsO 2010, 141). Insoweit erfolgt eine Abkehr von bereicherungsrechtlichen Grundsätzen. Ob die gegen den Dritten gerichtete Forderung zum maßgeblichen Zeitpunkt werthaltig oder -los ist, beurteilt sich nach der objektiven Vermögenslage des Dritten, nicht nach subjektiven Vorstellungen oder tatsächlichem Geschehen (BGH, ZInsO 2010, 36). Von einer solchen Wertlosigkeit der gegen den Dritten gerichteten Forderung ist auch bei fehlender Durchsetzungsmöglichkeit wegen dessen »Insolvenzreife« oder der Insolvenzverfahrenseröffnung über sein Vermögen ohne Weiteres auszugehen (BGH, ZInsO 2013, 1085). Eine etwaige quotale Befriedigung i. R. d. Insolvenzverfahrens kann hierbei außer Betracht bleiben (BGH, ZInsO 2009, 2241). Lediglich ausnahmsweise kann auch in einem solchen Fall die Werthaltigkeit der Forderung angenommen werden, wenn diese im Wege der Aufrechnung hätte befriedigt werden können (BGH, ZInsO 2013, 1085).

Die Zahlung eines **Bürgen** ist ggü. dem Gläubiger allerdings auch dann eine entgeltliche Leistung, wenn die nach § 774 BGB übergehende Forderung wirtschaftlich wertlos ist, da der Leistende in einem solchen Fall aufgrund der Bürgschaft selbst zur Leistung verpflichtet ist. Anfechtbar ist als unentgeltliche Leistung ggü. dem Gläubiger allenfalls die Bürgschaft selbst, wenn sich Gläubiger und Bürge bewusst waren, dass der Hauptschuldner nicht zahlen kann (FK-Dauernheim § 134 Rn. 16).

Ob ggü. **dem Dritten** eine entgeltliche oder unentgeltliche Leistung vorliegt, ist wiederum von dem der Zahlung zugrunde liegenden Kausalgeschäft zwischen Insolvenzschuldner und Drittem abhängig. Ein Ausgleichsanspruch nach § 774 BGB stellt allein keine Gegenleistung des Dritten dar (MK-Kirchhof § 134 Rn. 31). War der Schuldner **dem Dritten** ggü. **nicht zur Leistung verpflichtet**, kann der Anfechtende gem. § 134 ggü. diesem Dritten anfechten oder gegen diesen Ansprüche aus ungerechtfertigter Bereicherung geltend machen (BGH, ZInsO 2004, 499). Hat also der Schuldner vereinbarungsgemäß an einen von dem Gläubiger benannten Dritten geleistet, dieser Dritte aber

§ 134 InsO Unentgeltliche Leistung

vereinbarungsgemäß keine Gegenleistung zu erbringen, ist die Leistung des Schuldners unentgeltlich (BGH, ZInsO 2006, 937).

Wird ein Anspruch durch Leistung eines Dritten erfüllt, geht der hieraus resultierenden Unentgeltlichkeitsanfechtung die Deckungsanfechtung des Anspruchsverpflichteten vor (BGH, ZInsO 2009, 2241).

Demgegenüber kommt bei der Tilgung fremder Verbindlichkeiten im Rahmen des Insolvenzverfahrens über das Vermögen des Leistungsmittlers neben der Anfechtung nach § 134 rglm. auch die Anfechtung nach § 133 Abs. 1 in Betracht (BGH, ZInsO 2013, 73).

26 Tilgt der Schuldner die Verbindlichkeit ggü. einem Gläubiger, für die ein anderer **gesamtschuldnerisch** mithaftet und verzichtet er im Innenverhältnis auf den ihm von Rechts wegen zustehenden Ausgleichsanspruch, ohne dass der hierdurch Begünstigte dafür etwas aufwenden muss, wird der Insolvenzschuldner zwar durch die Leistung von einer eigenen Schuld ggü. dem Gläubiger frei, er bewirkt damit jedoch zugleich eine unentgeltliche Zuwendung ggü. dem begünstigten Mithaftenden (BGHZ 141, 96, 101 = ZInsO 1999, 286).

27 Die **Besicherung einer fremden Schuld** ist grds. unentgeltlich, wenn der Sicherungsgeber zur Bestellung der Sicherheit nicht aufgrund einer entgeltlich begründeten Verpflichtung gehalten war (st. Rspr. seit BGHZ 141, 96, 100; BGH, ZInsO 2006, 771). Dies gilt dann nicht, wenn der Sicherungsnehmer im Gegenzug an den Schuldner oder Dritte eine ausgleichende Gegenleistung erbringt (BGH a. a. O.). Demgegenüber wird die Unentgeltlichkeit der Besicherung nicht dadurch ausgeschlossen, dass der Sicherungsgeber mit ihr ein eigenes wirtschaftliches Interesse verfolgt; ein solches kann höchstens Indizwirkung haben. Maßgebend ist ausschließlich, ob der Sicherungsnehmer zugunsten des Sicherungsgebers oder **Dritten** ein nach objektiven Kriterien zu beurteilendes Vermögensopfer erbringt (BGH a. a. O.).

28 **Verbürgt** sich der Schuldner für die Verbindlichkeit eines Dritten oder übernimmt er die **Mithaftung** für eine solche Verbindlichkeit, hat der auf diese Weise gesicherte Gläubiger die Verstärkung seiner Rechtsposition unentgeltlich erlangt, wenn er dafür keine Gegenleistung (insb. an seinen Schuldner oder den Insolvenzschuldner) erbracht hat. Die Frage der (Un-) Entgeltlichkeit der Leistung im Verhältnis zwischen Schuldner und Drittem entscheidet sich auch hier nach dem zwischen diesen bestehenden Rechtsverhältnis. Der Ausgleichsanspruch nach § 774 BGB stellt allein keine Gegenleistung des Dritten dar, sondern ist lediglich gesetzliche Folge der geleisteten Zahlung (Hirte ZInsO 2004, 1161). Die Anfechtung ist auf Freistellung von der Bürgenpflicht gerichtet (MK-Kirchhof § 134 Rn. 34). Soweit der Bürge bereits vor Eröffnung des Insolvenzverfahrens über sein Vermögen an den Gläubiger gezahlt hat, gelten die Ausführungen zur Tilgung fremder Schulden (vgl. Rdn. 25). Zur Anfechtung der Zahlung eines Tochterunternehmens auf eine für Verbindlichkeiten des Mutterunternehmens gestellte Bürgschaft (**upstream guarantee**) vgl. Hirte, ZInsO 2004, 1161.

29 Die einem **Arbeitnehmer** versprochene oder gewährte **Betriebsrente** ist eine aufgrund des Arbeitsverhältnisses gegebene entgeltliche Zuwendung (Uhlenbruck-Hirte § 134 Rn. 33). Dies gilt auch, wenn die Zusage erst nach Beendigung des Arbeitsverhältnisses (RG, JW 1936, 343) oder der Witwe des Arbeitnehmers ggü. (RAG JW 1934, 377) erteilt wurde. Auch die Abtretung eines Anspruches des Arbeitgebers aus einer Rückdeckungsversicherung, die er zur Erfüllung einer Ruhegehaltszusage abgeschlossen hatte, ist entgeltlich, soweit die Ruhegehaltszusicherung durch die Versicherung abgelöst werden soll (BAGE 20, 11, 19 f. = KTS 1967, 237). Unentgeltlich ist eine Ruhegeldzusage allerdings, wenn sie (i. d. R. dem Gesellschafter-Geschäftsführer) nur im Hinblick auf die drohende Insolvenz gegeben wird, um die Gläubiger zu benachteiligen (Uhlenbruck-Hirte § 134 Rn. 33). Auch **Sozialplanleistungen** sind i. d. R. entgeltlich, da sie eine Fürsorgepflicht des Arbeitgebers erfüllen (MK-Kirchhof § 134 Rn. 35). Eine freiwillige, nicht überhöhte **Weihnachtsgratifikation** für besonderen Diensteifer an einen Arbeitnehmer ist diesem ggü. auch dann entgeltlich, wenn sie von dem Alleingesellschafter einer Handelsgesellschaft geleistet wird, die Arbeitgeberin ist (BGH, ZIP 1997, 247). Demgegenüber sind Gratifikationen, die ausnahmsweise nur einen Dank ausdrü-

cken sollen und über den Umfang des Abs. 2 hinausgehen, unentgeltlich (Uhlenbruck-Hirte § 134 Rn. 32). Gleiches gilt für Zuwendungen des Arbeitgebers für geleistete Überstunden, die nach dem Arbeitsvertrag durch das Gehalt abgegolten werden (LAG Hamm, ZIP 1998, 920).

Klauseln in Gesellschaftsverträgen, denen zufolge die Gesellschafter einen Gesellschaftsanteil u. a. dann einziehen können, wenn sein Inhaber stirbt, und die gleichzeitig vorsehen, dass der Abfindungsanspruch der Erben ausgeschlossen oder eingeschränkt wird, stellen nach überwiegender Ansicht unentgeltliche Zuwendungen des Gesellschaftsanteiles bzw. des Abfindungsanspruches durch den Verstorbenen an die anderen Gesellschafter dar; wohingegen Bestimmungen, die die Abfindungsansprüche beim Ausscheiden (insb. auf den Buchwert) beschränken, als entgeltlich angesehen werden (MK-Kirchhof § 134 Rn. 39). 30

Zuwendungen im Familienbereich, die über den gesetzlich geschuldeten und damit als entgeltlich zu behandelnden Unterhalt zwischen Familienangehörigen hinausgehen, stellen unentgeltliche Leistungen des Schuldners dar. Dies gilt auch dann, wenn sie als »Entgelt« für die Führung des Haushaltes und die Kinderbetreuung durch den nicht berufstätigen Ehepartner bezeichnet werden (BGHZ 71, 61, 66). Insb. sind die sog. »**ehebedingten Zuwendungen**« zwischen Ehegatten i. d. R. unentgeltlich (BGH, ZInsO 1999, 163). Die durch BGHZ 177, 193 vorgenommene Abgrenzung zwischen Schenkung und ehebedingter Zuwendung ist anfechtungsrechtlich unbeachtlich (BGH, ZInsO 2012, 128 [zum AnfG]). Im Rahmen des Insolvenzverfahrens über das Vermögen eines Ehegatten ist eine güterrechtliche Vereinbarungen zwischen Eheleuten gleichgestellt (BGH a. a. O.). Die Vereinbarung, einen bestimmten Vermögensbestandteil für den Fall der Auseinandersetzung der ehelichen Zugewinngemeinschaft dem Anfangsvermögen eines Ehegatten zuzurechnen stellt daher eine unentgeltliche Leistung des anderen Ehegatten selbst dann da, wenn die Zugewinngemeinschaft noch besteht (BGH a. a. O.) Arbeitet hingegen ein Ehepartner im Geschäft des anderen ohne Abschluss eines Arbeits- oder Dienstvertrages in einer Weise mit, die üblicherweise vergütet wird, und ist diese Mitarbeit nicht im Einzelfall gesetzlich geschuldet, ist eine dafür vereinbarte und gewährte Vergütung grds. entgeltlich (FK-Dauernheim § 134 Rn. 20). Sinngemäß gelten die vorstehenden Ausführungen **auch für andere (nicht eheliche)** Lebensgemeinschaften, wobei jedoch in Ermangelung einer gesetzlichen Leistungspflicht allein die Absprachen der Beteiligten maßgeblich sind, soweit sie nicht gegen den Schutzzweck des § 134 verstoßen (MK-Kirchhof § 134 Rn. 36). 31

Bei **Güterrechtsverträgen** ist zwischen dem eigentlichen **Ehevertrag** und dem nachfolgenden **Auseinandersetzungsvertrag** zu unterscheiden. Verträge über die Änderung des ehelichen Güterstandes sind i. d. R. entgeltlich (BGHZ 116, 178, 180). Nur in Fällen, in denen die Eheleute über die Unentgeltlichkeit der Zuwendung einig waren und ihre Geschäftsabsichten nicht zwecks Verwirklichung der Ehe auf eine Ordnung der beiderseitigen Vermögen gerichtet waren, ist Raum für die Annahme eines Schenkungsvertrages (BGH a. a. O.). Das Vollzugsgeschäft (Auseinandersetzungsvertrag) kann hingegen eine einseitige und damit unentgeltliche Bevorzugung eines der Ehegatten enthalten (BGHZ 57, 123, 127 ff.). Derartige Verträge sind nach denselben Grundsätzen zu behandeln wie (sonstige) gemischte Schenkungen (vgl. Rdn. 20). Sollen nach dem Willen der Ehegatten Güterrechts- und Auseinandersetzungsvertrag eine Einheit bilden und sich wechselseitig ergänzen, sind beide Verträge dennoch gesondert auf ihre Anfechtbarkeit hin zu überprüfen (BGH a. a. O., S. 125; vgl. auch BGH, ZInsO 2010, 1489). 32

Der **Ausbildungsunterhalt für ein Kind** ist gem. § 1610 Abs. 2 BGB gesetzlich geschuldet und damit entgeltlich. Demgegenüber ist die ohne besondere Gegenleistung erbrachte Ausstattung, da heute neben dem Ausbildungsunterhalt unüblich, entgegen § 1624 Abs. 1 BGB anfechtungsrechtlich eine unentgeltliche Leistung (LG Tübingen, ZInsO 2005, 781; MK-Kirchhof § 134 Rn. 37). Hinsichtlich der Vergütung für die Mitarbeit eines Kindes im elterlichen Geschäft gelten die Ausführungen in Rdn. 31 zur Mitarbeit im Betrieb des Ehepartners entsprechend. Die Vermögensübertragung im Wege der **vorweggenommenen Erbauseinandersetzung** erfolgt rgm. unentgeltlich (BFHE 125, 500, 507 = BB 1979, 1443). 33

34 Der **Verzicht auf den Pflichtteil** ist in aller Regel keine Gegenleistung, die eine Leistung des Schuldners zu einer entgeltlichen macht (BGHZ 113, 393, 396), da der andere Teil hierdurch lediglich die nicht als wirtschaftlicher Vorteil anzusehende Testierfreiheit erlangt.

IV. Gläubigerbenachteiligung

35 Die Leistung des Schuldners muss zu einer Gläubigerbenachteiligung (vgl. § 129 Rdn. 37 ff.) geführt haben. Eine **mittelbare** Gläubigerbenachteiligung (vgl. § 129 Rdn. 78) ist ausreichend. Deshalb ist auch die Vermögenslage des Schuldners im Zeitpunkt der Leistung unerheblich. Ebenfalls unerheblich ist, ob der Schuldner in jenem Zeitpunkt schon Gläubiger hatte (MK-Kirchhof § 134 Rn. 43). Regelmäßig folgt die Benachteiligung bereits aus der Unentgeltlichkeit der Leistung. Nicht ausgeschlossen ist die Anfechtung allein durch die Möglichkeit der Rückforderung des Geschenkten oder des Widerrufs der Schenkung gem. §§ 528, 530 BGB oder durch die Nichtigkeit der Schenkung (zur Gläubigerbenachteiligung bei nichtigen Rechtsgeschäften vgl. § 129 Rdn. 12).

V. Zeitraum

36 Die Rechtshandlung muss jedenfalls – auch bei Tilgung fremder Schuld (BGH, ZInsO 2009, 2241) – innerhalb der letzten **4 Jahre** vor dem Antrag auf Eröffnung des Insolvenzverfahrens vorgenommen worden sein. Zum maßgeblichen Zeitpunkt vgl. § 140. Die Fristberechnung richtet sich nach § 139 (vgl. die dortige Kommentierung). Erfolgte die Schenkung mehr als 4 Jahre vor Antragstellung, kommt bei Vorliegen der zusätzlichen Voraussetzungen eine Anfechtung gem. § 133 Abs. 1 in Betracht. Die Frist für die Anfechtung des Schenkungsversprechens einerseits sowie von dessen **Vollzug** andererseits ist jeweils **gesondert** zu bestimmen.

VI. Haftungsumfang

37 Regelmäßig ist wegen § 143 Abs. 2 lediglich der Wert der Bereicherung herauszugeben. Wird ein Lotterielos verschenkt, ist auch der darauf entfallende Gewinn herauszugeben (Uhlenbruck-Hirte § 134 Rn. 38).

37a Anders als nach der Rspr. des BGH zur KO (BGHZ 113, 98, 105 f.) ist seit Geltung der InsO der anfechtungsrechtliche Rückgewähranspruch auch dann nicht ausgeschlossen, wenn dem Bereicherungsanspruch des Insolvenzschuldners **§ 814 BGB** entgegensteht (BGH, ZIP 2009, 186). Der Aufrechnungsmöglichkeit des Anfechtungsgegners steht nunmehr § 96 Abs. 1 Nr. 3 entgegen (BGH a. a. O.).

VII. Gebräuchliches Gelegenheitsgeschenk (Abs. 2)

38 Nach Abs. 2 kommt die Anfechtung gem. § 134 nicht in Betracht, wenn sich die Leistung auf ein »gebräuchliches Gelegenheitsgeschenk geringen Werts« richtete. Der Anwendungsbereich des Abs. 2 erfasst **lediglich Schenkungen i. S. v. § 516 BGB** und nicht, wie Abs. 1, sämtliche Arten unentgeltlicher Leistungen. Gelegenheiten i. S. d. Vorschrift sind bestimmte Anlässe wie Weihnachten, Ostern, Geburtstag, Taufe, Konfirmation, Hochzeit, Jubiläen etc., jedoch ist ein derartiger Anlass nicht notwendige Voraussetzung, sondern das Geschenk kann zu einer beliebigen Zeit erbracht werden. Von Abs. 2 erfasst sind **Spenden**. Überwiegend werden auch Schenkungen, durch die einer Anstandspflicht oder einer sittlichen Pflicht entsprochen wird, von der Anfechtung ausgenommen (HK-Kreft § 134 Rn. 16; **a. A.** Uhlenbruck-Hirte § 134 Rn. 49 bei nur sittlicher Pflicht).

39 Die **Gebräuchlichkeit** des Geschenkes richtet sich danach, was für Geschenke nach Art und Umfang in der Gesellschaftsschicht, der der Schuldner angehört, zu dem jeweiligen Anlass üblich sind (HK-Kreft § 134 Rn. 17). Soweit das Geschenk nicht eindeutig aus dem üblichen Rahmen fällt, sind die individuellen Vermögensverhältnisse des Schuldners im Zeitpunkt der Vornahme der Schenkung mit zu berücksichtigen (MK-Kirchhof § 134 Rn. 47).

Die **Geringwertigkeit** des Geschenkes richtet sich nach der Größe der jeweils verbleibenden Haftungsmasse. Die allg. Obergrenze der Geringwertigkeit darf nicht zu niedrig angesetzt werden, damit noch ein gewisser individueller Spielraum für die »Gebräuchlichkeit« des Geschenkes verbleibt (MK-Kirchhof § 134 Rn. 48). 40

Ein Geschenk mit einem Wert von 1.000,00 € ist aber jedenfalls nicht mehr geringwertig.

Eine Anfechtung gem. §§ 130 bis 133 Abs. 1 wird durch Abs. 2 nicht ausgeschlossen, wegen des geringen Wertes des anfechtbar weggegebenen Gegenstandes wird eine Anfechtung in derartigen Fällen jedoch selten sinnvoll sein. 41

B. Verfahrensfragen

Darlegungs- und beweisbelastet für das Vorliegen aller Voraussetzungen des Abs. 1 mit Ausnahme der zeitlichen Grenzen ist im **Regelfall** der Insolvenzverwalter (vgl. auch § 130 Rdn. 55). Er muss also beweisen, dass der Schuldner eine unentgeltliche Leistung an den Anfechtungsgegner erbracht hat und diese Leistung kausal für eine Benachteiligung der Gläubigergesamtheit geworden ist. Bei Rechtsgeschäften unter **Ehegatten** spricht die Vermutung des § 1362 Abs. 1 BGB zugunsten des Insolvenzverwalters gegen eine Gegenleistung aus dem gemeinsamen Besitz (MK-Kirchhof § 143 Rn. 49). 42

Den Anfechtungsgegner trifft die Beweislast dafür, dass die Leistung mehr als 4 Jahre vor Antragstellung erfolgte (durch diese **Beweislastumkehr** soll der Gefahr betrügerischer Rückdatierungen von Urkunden entgegengewirkt werden) sowie ggf. für das Vorliegen der Voraussetzungen des Abs. 2. Zur Beweislast hinsichtl. des Entreicherungseinwandes vgl. § 143 Rdn. 91. 43

Hinsichtlich weiterer Verfahrensfragen sei verwiesen auf die Kommentierung zu § 143 Rdn. 88 ff. 44

Zu besonders relevanten Fallkonstellationen i. R. d. Insolvenzanfechtung vgl. Schnellübersicht vor §§ 129 ff. Rdn. 26. 45

§ 135 Gesellschafterdarlehen

(1) Anfechtbar ist eine Rechtshandlung, die für die Forderung eines Gesellschafters auf Rückgewähr eines Darlehens im Sinne des § 39 Abs. 1 Nr. 5 oder für eine gleichgestellte Forderung
1. Sicherung gewährt hat, wenn die Handlung in den letzten zehn Jahren vor dem Antrag auf Eröffnung des Insolvenzverfahrens oder nach diesem Antrag vorgenommen worden ist, oder
2. Befriedigung gewährt hat, wenn die Handlung im letzten Jahr vor dem Eröffnungsantrag oder nach diesem Antrag vorgenommen worden ist.

(2) Anfechtbar ist eine Rechtshandlung, mit der eine Gesellschaft einem Dritten für eine Forderung auf Rückgewähr eines Darlehens innerhalb der in Absatz 1 Nr. 2 genannten Fristen Befriedigung gewährt hat, wenn ein Gesellschafter für die Forderung eine Sicherheit bestellt hatte oder als Bürge haftete; dies gilt sinngemäß für Leistungen auf Forderungen, die einem Darlehen wirtschaftlich entsprechen.

(3) ¹Wurde dem Schuldner von einem Gesellschafter ein Gegenstand zum Gebrauch oder zur Ausübung überlassen, so kann der Aussonderungsanspruch während der Dauer des Insolvenzverfahrens, höchstens aber für eine Zeit von einem Jahr ab der Eröffnung des Insolvenzverfahrens nicht geltend gemacht werden, wenn der Gegenstand für die Fortführung des Unternehmens des Schuldners von erheblicher Bedeutung ist. ²Für den Gebrauch oder die Ausübung des Gegenstandes gebührt dem Gesellschafter ein Ausgleich; bei der Berechnung ist der Durchschnitt der im letzten Jahr vor Verfahrenseröffnung geleisteten Vergütung in Ansatz zu bringen, bei kürzerer Dauer der Überlassung ist der Durchschnitt während dieses Zeitraums maßgebend.

(4) § 39 Abs. 4 und 5 gilt entsprechend.

§ 135 InsO Gesellschafterdarlehen

Überleitungsvorschrift:

Art. 103d EGInsO

Auf Insolvenzverfahren, die vor dem Inkrafttreten des Gesetzes vom 23. Oktober 2008 (BGBl. I S. 2026) am 1. November 2008 eröffnet worden sind, sind die bis dahin geltenden gesetzlichen Vorschriften weiter anzuwenden. Im Rahmen von nach dem 1. November 2008 eröffneten Insolvenzverfahren sind auf vor dem 1. November 2008 vorgenommene Rechtshandlungen die bis dahin geltenden Vorschriften der Insolvenzordnung über die Anfechtung von Rechtshandlungen anzuwenden, soweit die Rechtshandlungen nach dem bisherigen Recht der Anfechtung entzogen oder in geringerem Umfang unterworfen sind.

Gesetzesfassung vor Inkrafttreten des MoMiG am 01.11.2008:

§ 135 InsO Kapitalersetzende Darlehen

Anfechtbar ist eine Rechtshandlung, die für die Forderung eines Gesellschafters auf Rückgewähr eines kapitalersetzenden Darlehens oder für eine gleichgestellte Forderung
1. *Sicherung gewährt hat, wenn die Handlung in den letzten zehn Jahren vor dem Antrag auf Eröffnung des Insolvenzverfahrens oder nach diesem Antrag vorgenommen worden ist;*
2. *Befriedigung gewährt hat, wenn die Handlung im letzten Jahr vor dem Eröffnungsantrag oder nach diesem Antrag vorgenommen worden ist.*

Übersicht

		Rdn.
A.	**Normzweck und Normentwicklung**	1
B.	**Norminhalt**	10
I.	Erfasste Gesellschaften	10
II.	Gesellschafterdarlehen (Abs. 1)	13
1.	Allgemeines	13
2.	Gesellschafter	14
3.	Darlehensforderung	17
4.	Gleichgestellte Forderungen	19
	a) Gleichgestellung in sachlicher Hinsicht	21
	b) Gleichstellung in persönlicher Hinsicht	24
5.	Rechtshandlung	27
6.	Sicherung (Nr. 1)	29
7.	Befriedigung (Nr. 2)	31
8.	Gläubigerbenachteiligung	34
9.	Bargeschäft (§ 142)	35
10.	Rechtsfolgen	36
11.	Verjährung	38a
III.	Gesellschafterbesicherte Drittdarlehen (Abs. 2)	39
1.	Allgemeines	39
2.	Voraussetzungen	44
3.	Rechtsfolgen	49
4.	Verjährung	51a
IV.	Nutzungsüberlassung (Abs. 3)	52
1.	Allgemeines	52
2.	Verhältnis zu §§ 103, 108 ff.	56
3.	Aussonderungssperre (Satz 1)	59
	a) Gegenstand des Nutzungsverhältnisses	59
	b) Gesellschafter	61
	c) Erhebliche Bedeutung für die Unternehmensfortführung	63
	d) Dauer der Aussonderungssperre	65
	e) Leistungsstörungen	67
4.	Ausgleichsanspruch (Satz 2)	69
V.	Ausnahmen: Sanierungs- und Kleinbeteiligtenprivileg (Abs. 4)	71
C.	**Verfahrensfragen**	75
I.	Prozessuale Geltendmachung	75
1.	Gerichtsstand	75
2.	Darlegungs- und Beweislast	76
3.	Sonstiges	80
II.	Anspruchskonkurrenzen	81
D.	**Übergangsrecht**	87
E.	**Auslaufendes Eigenkapitalersatzrecht**	94
I.	Grundlagen	95
1.	Entwicklung, Funktion und Legitimation des auslaufenden Eigenkapitalersatzrechts	95
2.	Anwendungsbereich des § 135 a. F.	98
	a) Rechtsprechungs- und Novellenregeln	98
	b) Einzelne Rechtsformen	99
	aa) Kapitalgesellschaften	99
	bb) Sonstige Körperschaften	100
	cc) GmbH & Co. KG	102
	dd) Sonstige Personengesellschaften	103
II.	Insolvenzanfechtung gem. § 135 a. F.	106
1.	Anfechtungsvoraussetzungen	106
	a) Kapitalsetzendes Darlehen	107
	aa) Darlehen	107
	(1) Gewähren	109
	(2) Stehenlassen	111
	(a) Allgemeines	111

(b) Erkennbarkeit der Krise 112	aa) Freistellung von Kleinbeteiligten 164
(c) Abzugs- oder Liquidationsmöglichkeit 113	(1) Allgemeines 164
	(2) 10%-Grenze 166
(3) Vereinbarung 115	(3) Keine Geschäftsführung 167
(4) Zweckbestimmung. . . . 116	bb) Anteilserwerb in der Krise (sog. Sanierungsprivileg) . . . 169
(5) Darlehen im Insolvenz-(eröffnungs-)verfahren . 117	(1) Allgemeines 169
bb) Gesellschafter 118	(2) Anteilserwerb eines Neugesellschafters 171
(1) Formelle Gesellschafterstellung 118	(3) Sanierungszweck 172
(2) Ausgeschiedener Gesellschafter 119	cc) Kapitalersatz bei gemeinschaftswidrigen EU-Beihilfen 173
(3) Neuer Gesellschafter . . 120	dd) Unternehmensbeteiligungsgesellschaften (UBG) 174
(4) Rechtsnachfolger 121	e) Anfechtbare Rechtshandlungen . 175
b) Gleichgestellte Forderungen 122	aa) Sicherung (Nr. 1 a. F.) 176
aa) Allgemeines 122	bb) Befriedigung (Nr. 2 a. F.) . . . 177
bb) Gleichstellung in sachlicher Hinsicht 123	f) Gläubigerbenachteiligung 182
(1) Nutzungsüberlassung . . 123	2. Rechtsfolgen der Anfechtung 183
(a) Voraussetzungen . . 124	III. Besonderheiten bei Eigenkapitalersatz in der GmbH & Co. KG 186
(b) Rechtsfolgen 131	1. Allgemeines 186
(2) Sicherheitengewährung 137	2. Erfasste Gesellschafter bzw. gleichgestellte Dritte 187
(3) Sonstige Einzelfälle . . . 139	
cc) Gleichstellung in persönlicher Hinsicht 142	3. Sonstige Voraussetzungen 190
(1) Nahe Angehörige 142	4. Rechtsfolgen der Anfechtung 191
(2) Mittelbare Beteiligung . 144	IV. Exkurs: Finanzplankredite 193
(3) Verbundene Unternehmen 145	V. Insolvenzanfechtung gem. § 32b GmbHG a. F. 197
(a) Allgemeines 145	1. Allgemeines 197
(b) Einzelfälle 148	2. Anfechtungsvoraussetzungen 201
(4) Sonstige Einzelfälle . . . 150	3. Rechtsfolgen der Anfechtung 206
c) Krise 151	VI. Verfahrensfragen 211
aa) Allgemeines 151	1. Gerichtsstand 211
bb) Insolvenzreife 155	2. Darlegungs- und Beweislast 217
cc) Kreditunwürdigkeit 156	a) Allgemeines 217
(1) Begriff 156	b) Einzelfälle 220
(2) Indizien 158	3. Anspruchskonkurrenzen 225
dd) Überlassungsunwürdigkeit . . 162	4. Vergleichsbefugnis des Insolvenzverwalters 230
d) Einschränkungen des alten Kapitalersatzrechts 164	

A. Normzweck und Normentwicklung

§ 135 regelt die **Insolvenzanfechtung bei Gesellschafterdarlehen und gleichgestellten Rechtshandlungen** (Abs. 1) **sowie** die Insolvenzanfechtung **bei gesellschafterbesicherten Drittdarlehen** (Abs. 2). Die gleichgestellten Rechtshandlungen ergeben sich nach Abs. 1 Satz 1, Abs. 4 durch Verweisung aus § 39 Abs. 1 Nr. 5, Abs. 4, Abs. 5. 1

Darüber hinaus trifft Abs. 3 Regelungen für die **Nutzungsüberlassung** von Gegenständen des Gesellschafters oder gleichgestellten Dritten an den Schuldner, wenn der Gegenstand für die Unternehmensfortführung von erheblicher Bedeutung ist, und ist insofern an die Stelle der früheren kapitalersetzenden Nutzungsüberlassung getreten (dazu Rdn. 123 ff.). 2

§ 135 InsO Gesellschafterdarlehen

3   § 135 hat seine jetzige Fassung durch Art. 9 Nr. 8 des **Gesetzes zur Modernisierung des GmbH-Gesetzes und zur Bekämpfung von Missbräuchen (MoMiG)** erhalten und gilt seit dem 01.11.2008 (vgl. zum Übergangsrecht Rdn. 87 ff.). Das MoMiG sieht neben Regelungen zur Bekämpfung von Missbräuchen (Stichwort: »GmbH-Bestattung«) verschiedene Regelungen zur Modernisierung und Deregulierung des GmbH-Rechts vor, um die Attraktivität der GmbH im Licht der Rspr. des EuGH zur Niederlassungsfreiheit (»Inspire Art«) ggü. ausländischen Rechtsformen zu stärken (BT-Drucks. 16/6140, S. 25 f.). Zur Deregulierung gehört insb. die **Reform bzw. Abschaffung des alten Eigenkapitalersatzrechts**, die insb. auf Vorschläge von Huber/Habersack BB 2006, 1 zurückgeht (ausführl. zu den rechtspolitischen Vorüberlegungen und dem Gesetzgebungsverfahren: Seibert, RWS-Dok. 23, S. 1 ff., 39 ff.).

4   Durch Art. 1 Nr. 20, 22 MoMiG sind §§ 32, 32b GmbHG a. F. aufgehoben und die analoge Anwendung der §§ 30, 31 GmbHG a. F. nach den Rechtsprechungsregeln gesetzlich ausgeschlossen worden (§ 30 Abs. 1 Satz 3 GmbHG). Stattdessen hat der Gesetzgeber durch Art. 10 Nr. 8, 9 MoMiG in §§ 135, 143 Abs. 3 **rein insolvenzrechtliche Anfechtungsregeln** für Gesellschafterdarlehen bzw. -sicherheiten und gleichgestellte Rechtshandlungen geschaffen.

5   Das alte zweistufige, aus Novellen- und Rechtsprechungsregeln (vgl. Rdn. 95 ff.) bestehende Kapitalersatzrecht hatte der Gesetzgeber des MoMiG als unübersichtlich, z. T. redundant und im internationalen Vergleich unüblich angesehen und vor allem mit Blick auf die mittelständische Wirtschaft eine **Vereinfachung** angestrebt (BT-Drucks. 16/6140, S. 42). Mit dem Wegfall der alten Rechtsprechungsregeln ist zugleich die Mithaftung der Mitgesellschafter analog § 31 Abs. 3 GmbHG und der Geschäftsführer analog § 43 Abs. 3 GmbHG weggefallen. Durch die insolvenzrechtliche Einordnung wird zugleich erreicht, dass kollisionsrechtlich das **Insolvenzstatut** zur Anwendung kommt (Gehrlein, WM 2008, 846, 849; zweifelnd Altmeppen, NJW 2008, 3601, 3602) und die neuen Anfechtungsregeln bei Gesellschafterdarlehen bzw. -sicherheiten **auch für** hiesige Insolvenzverfahren über das Vermögen von haftungsbeschränkten **Scheinauslandsgesellschaften** (dazu Rdn. 12) gelten (BT-Drucks. 16/6140, S. 57; vgl. auch BGH, ZInsO 2011, 1792, 1794, Tz. 30 – PIN – zum alten Recht).

6   **Forderungen aus Gesellschafterdarlehen bzw. -sicherheiten und gleichgestellten Rechtshandlungen** sind **im Insolvenzverfahren** nach Maßgabe der § 39 Abs. 1 Nr. 5, Abs. 4, Abs. 5 **nachrangig**; bei gesellschafterbesicherten Drittdarlehen gilt für den Gläubiger die Beschränkung auf den Ausfall nach Maßgabe des § 44a. Die **Insolvenzanfechtung** nach § 135 Abs. 1, Abs. 2 soll der **Durchsetzung der Nachranganordnung** des § 39 Abs. 1 Nr. 5 InsO im Insolvenzverfahren dienen (Gehrlein, BB 2011, 3, 6; Bitter/Laspeyres, ZInsO 2013, 2289, 2293 f.; ähnl. bereits RegE zur GmbH-Novelle 1980, BT-Drucks. 8/1347, S. 10; a. A. Thole, ZHR 176 [2012], 513 ff.; Mylich, ZHR 176 [2012], 547, 558 ff., ders. ZIP 2013, 2444, 2447).

7   **Außerhalb des Insolvenzverfahrens**, namentlich bei Abweisungen mangels Masse, sind die Anfechtungsmöglichkeiten durch die neuen §§ 6, 6a AnfG entsprechend verbessert worden (Art. 11 MoMiG; näher dazu Seibert, ZIP 2006, 1157, 1162). I. Ü. wird der präventive Kapitalschutz im Vorfeld der Insolvenz durch die Aufhebung der Rechtsprechungsregeln allerdings eingeschränkt (krit. dazu insb. Kleindiek, ZGR 2006, 335, 355 ff.). Dies soll nach der Vorstellung des Gesetzgebers z. T. dadurch kompensiert werden, dass in **§ 64 Satz 3 GmbHG** und den entspr. Parallelnormen ein Zahlungsverbot und eine Haftung der Geschäftsführung für Zahlungen eingeführt werden soll, die zur Zahlungsunfähigkeit der Gesellschaft »führen mussten« (sog. Insolvenzverursachungshaftung).

8   **Umstritten** ist die **dogmatische Grundlage** bzw. der **Normzweck** des neuen Rechts. Diese ist für Insolvenzanfechtung und die Nachranganordnung einheitlich zu suchen, da die Insolvenzanfechtung der Durchsetzung der Nachranganordnung dient (vgl. Rdn. 6; **a. A.** Eidenmüller, FS Canaris, Bd. II, S. 49, 53 f.). Beide dienen dem Gläubigerschutz (Bork, FS Ganter, 135, 141; vgl. auch BGH, ZInsO 2011, 1792, 1794, Tz. 29 f. – PIN –). Dieser Ausgangspunkt allein erklärt jedoch noch nicht, warum Gesellschafterdarlehen und gleichgestellte Forderungen nicht an der par conditio creditorum teilnehmen, sondern im Insolvenzverfahren zurückgestuft werden. Der BGH hat die

Frage der dogmatischen Legitimation des neuen Rechts bisher ausdrücklich offengelassen (BGH, ZInsO 2011, 626, 628, Tz. 16f.).

Nach h. M. liegt der Regelungsgrund für die Sonderbehandlung von Gesellschafterdarlehen weiterhin in der **Finanzierungsfolgenverantwortung**, wobei die Krise vom Gesetz aus Vereinfachungsgründen im Zeitpunkt der Verfahrenseröffnung (§ 39 Abs. 1 Nr. 5 InsO) bzw. der in § 135 Abs. 1, Abs. 2 InsO genannten Fristen unwiderleglich vermutet wird; die Krise gehört danach nicht mehr zum Tatbestand, bleibt jedoch Regelungsmotiv bzw. Regelungsgrund (grundlegend Bork, ZGR 2007, 250, 257 f.; Altmeppen, NJW 2008, 3601, 3602; ders., ZIP 2011, 741, 747 f.; Uhlenbruck/Hirte, § 39 Rn. 33, 35; Michalski/Dahl, Anh. II §§ 32a, 32b a. F., Rn. 6; Bork/Schäfer-Thiessen, Anh. zu § 30 Rn. 6 a. E.; Spliedt, ZIP 2009, 149, 153; Hölzle, ZIP 2009, 1939, 1943 f.; Pluta/Keller, FS Wellensiek, S. 511, Fn. 1; Mock, DStR 2008, 1645, 1647; ähnl. Grigoleit/Rieder, Rn. 235). Auch der **BGH** geht davon aus, dass die ausdrückliche Bezugnahme des Gesetzgebers auf die Novellenregeln verbunden mit der Erläuterung, die Regelungen in das Insolvenzrecht verlagert zu haben, die Annahme nahelege, dass das neue Recht mit der Legitimationsgrundlage des früheren Rechts im Sinne einer Finanzierungsfolgenverantwortung harmoniere (BGH, ZInsO 2013, 543, 545, Tz. 18; noch deutlicher in Tz. 31: »Infolge der den Gesellschafter treffenden Finanzierungsfolgenverantwortung...«).

Nach der **Gegenauffassung** von Huber und Habersack, auf deren Vorarbeiten das neue Recht zurückgeht (Rdn. 3), sehen den Zweck des neuen Rechts darin, einen **Ausgleich** dafür zu schaffen, dass der Gesellschafter für seine unternehmerische Tätigkeit das **Privileg der Haftungsbeschränkung** in Anspruch nehme (Huber, ZIP-Beilage 39/2010, 7, 14; Ulmer/Habersack/Winter-Habersack, Ergänzungsbd. MoMiG, § 30 Rn. 37; dem folgend § 39 Rdn. 34; K/P/B-Preuß, § 39 Rn. 31). **Andere Auffassungen** sehen die dogmatische Legitimation des neuen Rechts in der Finanzierungszuständigkeit des Gesellschafters (K. Schmidt, ZIP-Beilage 39/2010, 15, 18 f.), der »näher dran« als der Drittgläubiger sei (K. Schmidt-K. Schmidt, § 39 Rn. 32), der Doppelstellung als Gesellschafter und Kreditgeber (HK-Kleindiek, § 39 Rn. 27), der Risikoübernahmeverantwortung des Gesellschafters (Krolop, GmbHR 2009, 397, 399 f.), der Steuerungsfunktion des Eigenkapitalrisikos (Baumbach/Hueck-Hueck/Fastrich, § 30 Anh. Rn. 6), der typischen Gefährlichkeit von Gesellschafterdarlehen für die Gläubigergemeinschaft (Haas, FS Ganter, S. 189, 197; ders., ZInsO 2007, 617, 618; ähnl. Schäfer, ZInsO 2010, 1311, 1313) oder der Insiderstellung des Gesellschafters (NR-Nerlich, § 135 Rn. 15; Noack, DB 2007, 1395, 1398). Schall spricht von einem Sonderopfer der Gesellschafter als Fortentwicklung der Finanzierungsfolgenverantwortung (Kapitalgesellschaftsrechtlicher Gläubigerschutz, S. 169 ff., 177). Pentz sieht die dogmatische Legitimation demgegenüber in der widerleglichen Vermutung der Insolvenzreife (Pentz, FS Hüffer, S. 747, 767).

Stellungnahme: Der h. M. ist zuzustimmen. Das ergibt sich insb. aus der Entstehungsgeschichte der gesetzlichen Neuregelungen, d. h. den Regelungsabsichten und Normvorstellungen des Gesetzgebers (ausführl. Schröder, Reform des Eigenkapitalersatzrechts, Rn. 315 ff., 335 ff.). 8a

Die Gesetzesmaterialien nennen keinen neuen Normzweck, was bereits ein erstes Indiz für die Fortgeltung des bisherigen Normzwecks ist. Lediglich für die Neuregelung der Nutzungsüberlassung in § 135 Abs. 3 InsO, mit der die alte kapitalersetzende Nutzungsüberlassung jedoch gerade abgeschafft wird, nennen die Gesetzesmaterialien insofern konsequenterweise als neue dogmatische Grundlage die gesellschaftsrechtliche Treuepflicht (BT-Drucks. 16/9737, S. 59).

Vor allem jedoch ergibt sich aus den Gesetzesmaterialien, dass der Gesetzgeber des MoMiG in seinen Normvorstellungen vom bisherigen Eigenkapitalersatzrecht, zu denen maßgeblich auch die Legitimation durch die Finanzierungsfolgenverantwortung gehört, geprägt ist. Dies zeigt sich nicht nur daran, dass die Regierungsbegründung ausdrücklich von einer »Neugestaltung der Eigenkapitalgrundsätze« spricht (vgl. Begr. RegE BT-Drucks. 16/6140, S. 42), sondern auch daran, dass der Gesetzgeber an vielen Stellen die jeweilige Vorgängerregelung bewusst, oft fast wörtlich, übernommen hat (vgl. z. B. BT-Drucks. 16/6140, S. 56 zu § 39: »bisherigen § 32a Abs. 3 Satz 1 GmbHG in personeller Hinsicht (Dritte) und in sachlicher Hinsicht übernehmen«).

Demgemäß sind die Regelungsabsichten des Gesetzgebers nicht auf eine Abschaffung, sondern auf eine »Neugestaltung der Eigenkapitalgrundsätze im Interesse größerer Rechtssicherheit und einfachere Handhabbarkeit auf dem vom BGH mit Urteil vom 30.01.2006 (Az.: II ZR 357/03) vorgezeichneten Weg« gerichtet (Begr. RegE BT-Drucks. 16/6140, S. 42). In jenem Urteil Entscheidung hatte der BGH entschieden, dass der Eigenkapitalersatzcharakter einer Gesellschafterforderung und die Krise im Jahr vor Insolvenzantragstellung unwiderleglich vermutet werden, wenn die Gesellschaft bereits davor in der Krise war (BGH, ZIP 2006, 466, 467). Diesen »von der Rechtsprechung vorgezeichneten Weg« hat der Gesetzgeber des MoMiG bei der Neuregelung des Rechts der Gesellschafterdarlehen dann, wie er selbst sagt, »eingeschlagen« und ihn »im Interesse größerer Rechtssicherheit und einfacherer Handhabbarkeit der Eigenkapitalgrundsätze« (Begr. RegE BT-Drucks. 16/6140, S. 42) dahin gehend ausgebaut, dass die Rückgewähr von Gesellschafterdarlehen nach Abs. 1 Nr. 2 im letzten Jahr vor Insolvenzantragstellung generell anfechtbar ist, da es sich hierbei nach Vorstellung des Gesetzgebers um eine »typischerweise kritische Zeitspanne« (Begr. RegE BT-Drucks. a. a. O., S. 26), m.a.W. eine vermutete Krisensituation, handelt.). Demgegenüber ergibt sich die Vermutung der Krise und die daraus folgende Anfechtbarkeit bei besicherten Gesellschafterdarlehen gem. Abs. 1 Nr. 1 nach der hier vertretenen Auffassung nicht aus dem Zehnjahreszeitraum, sondern aus dem Vorliegen einer Nachbesicherung (vgl. Rdn. 29).

Die Neugestaltung »der Eigenkapitalergrundsätze« soll nach Vorstellung des Gesetzgebers zum einen durch die »Vereinfachung durch Verzicht auf die Doppelspurigkeit der Rechtsprechungs- und Novellenregeln durch Abschaffung der Rechtsprechungsregeln unter gleichzeitigem Ausbau der Novellenregeln« (Begr. RegE BT-Drucks. 16/6140, S. 26, 42) und zum anderen durch Verzicht auf die Qualifizierung »kapitalersetzend« zugunsten einer fristgebundenen Lösung erreicht werden (Begr. RegE BT-Drucks. 16/6140, S. 26, 42, 56). Dass auch die nun ausgebauten Novellenregeln ihre dogmatische Legitimation stets in der Finanzierungsfolgenverantwortung des Gesellschafters hatten und haben, stand lange Zeit zu Recht nicht Frage (st. Rspr., vgl. BGHZ 127, 336, 346 m.w.N.; daran anknüpfend BGH, ZInsO 2013, 543, 545, Tz. 12, 18; offenbar a. A. lediglich BGH, ZInsO 2011, 1792, 1795, Tz. 35 – PIN –).

Demgegenüber hat der Gesetzgeber an keiner Stelle im Gesetzeswortlaut oder den amtlichen Gesetzesmaterialien einen vermeintlich neuen Normzweck erwähnt, auch nicht die von Huber/Habersack vertretene Lehre vom Ausgleich für das Privileg der Haftungsbeschränkung. Wollte man trotz dieser Tatsache gleichwohl einen neuen Normzweck annehmen, würde dies die zentrale Regelungsabsicht der Vereinfachung und größeren Rechtssicherheit konterkarieren, zumal dann auch nicht mehr in gleichem Maße auf die jahrzehntelang ausgeformte und weithin akzeptierte Rechtsprechung zum bisherigen Eigenkapitalersatzrecht zurückgegriffen werden könnte.

Die Fortgeltung der Finanzierungsfolgenverantwortung berührt auch die vom Gesetzgeber vor allem mit Blick auf Auslandsgesellschaften beabsichtigte insolvenzrechtliche Einordnung des neuen Rechts der Gesellschafterdarlehen nicht. Diese Einordnung hängt nämlich nicht von dem gesellschaftsrechtlichen Ausgangspunkt, sondern vielmehr davon ab, dass die §§ 39 Abs. 1 Nr. 5, 135 ausschließlich im Insolvenzverfahren gelten (vgl. BGH, ZInsO 2011, 1792, 1795, Tz. 32 f.).

9 Für »Altverfahren«, d. h. **vor dem 01.11.2008** eröffnete Insolvenzverfahren (vgl. Rdn. 87 ff.), findet sich eine Kommentierung des auslaufenden Rechts bei Rdn. 94 ff.

B. Norminhalt

I. Erfasste Gesellschaften

10 Der Anwendungsbereich des § 135 ist durch den Verweis auf § 39 Abs. 1 Nr. 5 und damit auch auf § 39 Abs. 4 **rechtsformneutral** ausgestaltet (BT-Drucks. 16/6140, S. 56 f.). § 135 gilt **für alle haftungsbeschränkten Gesellschaften** (vgl. auch Rdn. 99 ff.), die weder eine natürliche Person noch eine Gesellschaft als persönlich haftenden Gesellschafter haben, bei der ein persönlich haftender Gesellschafter eine natürliche Person ist (ausführl. zu Anwendungsbereich § 39 Rdn. 21 ff.).

Darunter fallen neben der GmbH (inkl. Vor-GmbH, vgl. BGH, ZInsO 2009, 1258, 1261, Tz. 18 zu § 32a GmbHG a. F.) die UG (haftungsbeschränkt), die AG, die KGaA, die Europäische Gesellschaft (SE), ferner »kapitalistische« Personengesellschaften wie die OHG, KG, GbR, PartG, EWIV, wenn kein Vollhafter eine natürliche Person ist (BT-Drucks. 16/6140, S. 56 f.), nicht jedoch die Unternehmensbeteiligungsgesellschaft i. S. d. § 1 UBGG (vgl. § 24 UBGG). Zur Anwendung auf Genossenschaft, Verein und Stiftung vgl. § 39 Rdn. 26, 27. 11

§ 135 ist auch auf sog. **Scheinauslandsgesellschaften** anzuwenden, sofern ihre Haftungsbeschränkung aufgrund **EU-Recht** oder aufgrund **Staatsvertrag** (z. B. Deutsch-Amerikanischer Freundschafts-, Handels- und Schifffahrtsvertrag v. 29.10.1954, BGHZ 153, 353, oder EWR-Abkommen, BGHZ 164, 148) als solche anerkannt wird und das Insolvenzverfahren nach deutschem Recht durchgeführt wird (BT-Drucks. 16/6140, S. 57; vgl. auch BGH, ZInsO 2011, 1792, 1796, Tz. 48 ff. – PIN – zum alten Recht). 12

Für Scheinauslandsgesellschaften aus sonstigen **Drittstaaten** gilt demgegenüber weiterhin die sog. Sitztheorie, d. h. sie im Inland werden als Personengesellschaft behandelt (BGH, ZInsO 2009, 2154; BGH, NJW 2009, 289 = DStR 2009, 59 m. Anm. Goette), sodass §§ 39 Abs. 1 Nr. 5, 135 für sie nicht gilt, solange ein persönlich haftender Gesellschafter eine natürliche Person ist (s. o. Rdn. 10).

II. Gesellschafterdarlehen (Abs. 1)

1. Allgemeines

Die Insolvenzanfechtung der Rückzahlung oder Besicherung eines Gesellschafterdarlehens stellt den Grundtatbestand des § 135 Abs. 1 dar. Sachliche und persönliche Erweiterungen des Grundtatbestandes ergeben sich durch den Verweis auf § 39 Abs. 1 Nr. 5 und gleichgestellte Forderungen bzw. die Einbeziehung gesellschafterbesicherter Drittdarlehen nach Abs. 2. 13

2. Gesellschafter

Die Anfechtung nach § 135 Abs. 1 setzt voraus, dass ein **Gesellschafter** innerhalb der in Nr. 1 bzw. Nr. 2 genannten Fristen eine Tilgungs- bzw. Sicherungsleistung erhalten hat. Dies ist vor allem der Fall, wenn der Empfänger zum Zeitpunkt der Sicherungs- bzw. Tilgungsleistung Gesellschafter war. Der Anfechtung nach § 135 unterliegt jedoch auch, wer seine Beteiligung erst nach Gewährung des Darlehens oder der Sicherung erworben hat (BGH, ZInsO 2014, 598, 600, Tz. 15). Bei Treuhandverhältnissen ist der Treuhänder formeller Gesellschafter und der Treugeber gleichgestellter Dritter (vgl. Rdn. 144 zum alten Recht). **Privilegierungen** bestehen nach Abs. 4 bei **Sanierungs- und Kleinbeteiligungen** (dazu Rdn. 71 ff.). 14

Bei **Abtretung der Forderung innerhalb der Jahresfrist** kann die **Anfechtung der Befriedigung** nach der BGH-Rspr. sowohl gegenüber dem Gesellschafter, als auch gegenüber dem Zessionar nach Abs. 1 Satz 2 erfolgen (BGH, ZInsO 2013, 543, 546, Tz. 23 ff.). Im Fall der Forderungsabtretung muss der Zessionar wie nach früherem Recht gem. § 404 BGB das Nachrangrisiko gegen sich gelten lassen (BGH a. a. O., Tz. 24 f.), d. h. die Forderung bleibt »insolvenzrechtlich verstrickt« (BGH a. a. O., Tz. 32 a. E.). Demgegenüber wird die Anfechtbarkeit ggü. dem Gesellschafter auf einen wirksamen Umgehungsschutz gestützt wird (BGH a. a. O., Tz. 31 f.). Der Forderungszessionar und der Gesellschafter sind nach der Rspr. Gesamtschuldner des Anfechtungsanspruchs (BGH a. a. O., Tz. 28). Steht die abgetretene Forderung bei Eröffnung des Insolvenzverfahrens noch offen, besteht ein Freistellungsanspruch gegen den Gesellschafter, die Gesellschaft von einer Inanspruchnahme durch den Zessionar freizustellen (BGH a. a. O., Tz. 31; Preuß, ZIP 2013, 1145, 1149 ff.). Im Fall der **Abtretung der Beteiligung innerhalb der Jahresfrist** des Abs. 1 Nr. 2 kann die Rückzahlung weiterhin ggü. dem ehemaligen Gesellschafter angefochten werden, da der Gesellschafter das Nachrangrisiko seiner Forderung auch nicht durch Anteilsabtretung innerhalb der Jahresfrist umgehen können soll (BGH a. a. O., Tz. 24 f.). Nicht der Anfechtung nach Abs. 1 Nr. 2 unterliegt in diesem Fall der neue Gesellschaftern der isoliert die Beteiligung erwirbt (MK-Gehrlein, § 135 Rn. 22). Zu 15

Anfechtungsrisiken aus der Veräußerung von Gesellschafterdarlehen bei Unternehmensverkäufen näher Reinhard/Schützler, ZIP 2013, 1898 ff.

Lag hingegen die betreffende Abtretung der Forderung oder der Beteiligung vor der Jahresfrist, fehlt es zumindest für eine Anfechtung der Befriedigung gem. Abs. 1 Nr. 2 schon an einem »Gesellschafterdarlehen« in kritischer Zeit (HK-Kleindiek, § 39 Rn. 38; Altmeppen, NJW 2008, 3601, 3604, Fn. 49).

16 Im Fall der **Anfechtung der Besicherung** wird man **in Abtretungsfällen**, wenn der Gesellschafter die von der Gesellschaft besicherte Forderung oder seine Beteiligung abgetreten hat, entsprechend auf die Zehnjahresfrist des Abs. 1 Nr. 1 abstellen müssen (MK-Gehrlein, § 135 Rn. 22), nachdem der BGH eine Sperrwirkung durch den Befriedigungstatbestand des Abs. 1 Nr. 2 abgelehnt hat (vgl. dazu BGH, ZInsO 2013, 1573).

3. Darlehensforderung

17 Das Gesellschafterdarlehen stellt den Grundfall des § 135 dar. Der **Begriff** des Darlehens ist der der §§ 488, 607 BGB, d. h. erfasst werden Geld- und Sachdarlehen (K. Schmidt-K. Schmidt, § 39 Rn. 51; Jaeger-Henckel § 135 Rn. 14). Erfasst werden **Zinsen und sonstige Nebenforderungen** gehören zur subordinierten Darlehensforderung, unabhängig davon, ob sie gesondert gestundet oder stehen gelassen wurden (OLG München, ZInsO 2014, 897, 901 zu Zinsen; K. Schmidt-K. Schmidt, § 39 Rn. 51; Habersack, ZIP 2007, 2145, 2150; Schröder, Reform des Eigenkapitalersatzrechts, Rn. 128 ff.; a. A. Mylich, ZGR 2009, 474, 494 ff.; Henkel ZInsO 2009, 1577, 1579; Seibert, RWS-Dok. 23, S. 43). Kein Darlehen im genannten Sinn, sondern eine gleichgestellte Forderung gem. § 39 Abs. 1 Nr. 5 ist der Lieferantenkredit.

18 Nach neuem Recht ist nun im Interesse der vom Gesetzgeber angestrebten Rechtsvereinfachung ausdrücklich »jedes Gesellschafterdarlehen« bei Eintritt der Insolvenz gem. § 39 Abs. 1 Nr. 5 InsO nachrangig (Begr. RegE BT-Drucks. 16/6140, S. 56), also **alle Arten von Darlehen** (vgl. zu Darlehensarten Palandt-Weidenkaff, Vorbem. § 488 BGB Rn. 9 ff.), jedoch nur valutierte Darlehen, nicht Darlehenszusagen. Das gilt auch für den **kurzfristigen Überbrückungskredit** (BGH, ZInsO 2013, 717, 719, Tz. 14).

Gewährt ein Gesellschafter seiner Gesellschaft fortlaufend Kredite nach der Art eines **Kontokorrentkredits** mit entsprechenden Rückzahlungen innerhalb einer Kreditobergrenze ist die Anfechtung gem. § 135 wie bei einem bankmäßigen Kontokorrentkredit auf die Verringerung des Schuldsaldos im Anfechtungszeitraum begrenzt (BGH, NZI 2014, 309, 310, Tz. 4; ZInsO 2013, 717, 719 ff., dort zur Vorfinanzierung von Sozialversicherungsbeiträgen). Ein solcher **Staffelkredit** liegt nicht vor, wenn zwischen den Krediten kein enger zeitlicher und sachlicher Zusammenhang besteht (BGH, NZI 2014, 309, 310, Tz. 6; vgl. auch OLG München, ZInsO 2014, 897).

4. Gleichgestellte Forderungen

19 Nach **§ 39 Abs. 1 Nr. 5** werden einem Gesellschafterdarlehen Forderungen aus Rechtshandlungen, die einem Gesellschafterdarlehen wirtschaftlich entsprechen, gleichgestellt.

20 Mit der Regelung des § 39 Abs. 1 Nr. 5 soll nach dem ausdrücklichen Willen des Gesetzgebers »der bisherige § 32a Abs. 3 S. 1 GmbHG a. F. in personeller (Dritte) und sachlicher Hinsicht übernommen« werden (BT-Drucks. 16/6140, S. 56). Insofern kann vollen Umfangs auf die dazu entwickelten Grundsätze und Fallgruppen – abgesehen von der Nutzungsüberlassung (vgl. § 135 Abs. 3) – zurückgegriffen werden (BGH, ZInsO 2013, 543, 544, Tz. 16 ff.; BAG, ZInsO 2014, 1019, 1021, Tz. 27). Für eine »teilweise Neudefintion« (so Habersack, ZIP 2008, 2385, 2389 ff.) bzw. eine »eher restriktive Handhabung« bei gesellschaftergleichen Dritten (so Habersack, in: Goette/Habersack, MoMiG, Rn. 23) besteht angesichts des ausdrücklichen Willens des Gesetzgebers zur Übernahme des § 32a Abs. 3 Satz 1 GmbHG a. F. weder Anlass noch Raum (vgl. BGH a. a. O.).

a) Gleichgestellung in sachlicher Hinsicht

In sachlicher Hinsicht werden alle Rechtshandlungen gleichgestellt, die eine **Kreditierungswirkung** für den Schuldner haben. Dies gilt weiterhin nicht nur, jedoch **insb.** für das **Stehenlassen oder die Stundung von Forderungen**. Für die Abgrenzung zwischen einem verkehrsüblichen Umsatzgeschäft und einem Kreditgeschäft bzw. dem Stehenlassen einer Forderung kann auf die Kriterien zum Bargeschäft i. S. d. § 142 zurückgegriffen werden (OLG Schleswig, ZIP 2013, 1485, 1486). Das Stehenlassen einer Forderung kann seinerseits auch nach neuem Recht insb. gem. § 134 angefochten werden (Michalski/Dahl, Anh. II §§ 32a, 32b a. F., Rn. 30 f.; Commandeur/Nienerza, NZG 2009, 860; a. A. Burmeister/Nohlen, NZI 2010, 41, 42 ff.; Haas, DStR 2009, 1592, 1594).   21

Für die Besicherung von **Drittdarlehen** enthalten Abs. 2, § 143 Abs. 3 eine Sonderregelung (dazu Rdn. 39 ff.). Die in Abs. 3 geregelte **Nutzungsüberlassung** (dazu Rdn. 52 ff.) stellt der Gesetzgeber nicht mehr der Darlehensgewährung gleich. Die Zahlung von Nutzungsentgelten ist daher nur anfechtbar, wenn diese i. S. d. § 39 Abs. 1 Nr. 5 stehen gelassen wurden (Rdn. 54).   22

Wegen der weiteren **Einzelheiten** wird auf § 39 Rdn. 41 ff. sowie hinsichtl. der zu § 32a Abs. 3 Satz 1 GmbHG a. F. entwickelten Grundsätze auf Rdn. 123 ff. verwiesen (ausführl. zur sachlichen Erstreckung auf darlehnsähnliche Rechtshandlungen ferner Schröder, Reform des Eigenkapitalersatzrechts, Rn. 371 ff.).   23

b) Gleichstellung in persönlicher Hinsicht

Der Gesetzgeber hat auf eine Verweisung auf § 138 verzichtet und stattdessen auf die zu § 32a Abs. 3 Satz 1 GmbHG a. F. entwickelten Grundsätze verwiesen (BGH, ZInsO 2013, 543, 544, 16 ff.; BAG, ZInsO 2014, 1019, 1021, Tz. 27) Bei den gleichgestellten Personen sind **Umgehungsfälle** mit Mittelspersonen, die mit Mitteln oder auf Rechnung des Gesellschafters Kredit gewähren (z. B. Strohmann; u. U. nahe Angehörige), und **mitgliedschaftsähnliche Fälle** zu unterscheiden, bei denen der Dritte durch entsprechende vertragliche Gestaltungen im wirtschaftlichen Ergebnis gesellschafterähnliche Mitbestimmungs- und Kontrollrechte sowie eine gesellschafterähnliche Beteiligung an Gewinn und Vermögen hat (z. B. atypisch stiller Gesellschafter, BGH, ZInsO 2012, 1775). Einen Sonderfall bilden die **Fallgruppe der verbundenen Unternehmen** (vgl. BGH, ZInsO 2013, 543, 544, 16 ff.), wo es sich je nach Lage des Falles um einen Umgehungsfall oder einen mitgliedschaftsähnlichen Fall handeln kann (vgl. Rdn. 145 ff. und § 39 Rdn. 39).   24

Wegen der weiteren **Einzelheiten** wird auf § 39 Rdn. 29 ff. sowie hinsichtl. der zu § 32a Abs. 3 Satz 1 GmbHG a. F. entwickelten Grundsätze auf Rdn. 142 ff. verwiesen (ausführl. zur persönlichen Erstreckung auf gesellschafterähnliche Dritte ferner Schröder, Reform des Eigenkapitalersatzrechts, Rn. 419 ff.).   25

Kein gleichgestellter Dritter ist der Drittgläubiger, der nicht § 39 Abs. 1 Nr. 5 unterfällt, jedoch einen freiwilligen **Rangrücktritt** erklärt hat (Bork, ZIP 2012, 2277, 2278). Umstritten ist, ob für diesen § 135 analog anwendbar ist (so Bork, ZIP 2012, 2077, 2281) oder nicht (so Bitter, ZIP 2013, 2, 7).   26

5. Rechtshandlung

Unter dem Begriff der Rechtshandlung ist auch i. R. d. Anfechtung gem. § 135 jede bewusste Willensbetätigung zu verstehen, die eine rechtliche Wirkung auslöst (BGH, ZInsO 2013, 1686, 1687, Tz. 15; ausführl. zum Begriff der Rechtshandlung § 129 Rdn. 2 ff.).   27

Der Zeitpunkt der Vornahme der Rechtshandlung bestimmt sich nach § 140 (BGH a. a. O., Tz. 25; Jaeger-Henckel § 135 Rn. 22). Die Frist vor dem Eröffnungsantrag berechnet sich nach § 139 (Jaeger-Henckel a. a. O.).   28

6. Sicherung (Nr. 1)

29 Anfechtbar nach Nr. 1 ist die Gewährung einer **Sicherung** an den Gesellschafter oder gleichgestellten Dritten **in den letzten 10 Jahren vor dem Insolvenzantrag oder nach Insolvenzantragstellung**, während die Anfechtung der Verwertung gewährter Sicherheiten sich nach Abs. 1 Nr. 2 richtet (K. Schmidt-K. Schmidt, § 135 Rn. 17; HK-Kleindiek, § 135 Rn. 6, 8).

Die Zehnjahresfrist ist rechtspolitisch umstritten und wird vor allem mit Blick auf den Wegfall des Tatbestandsmerkmals der Krise als Korrektiv z.T. als zu lang angesehen (vgl. Bitter, ZIP 2013, 2013, 1497, 1507; Mylich, ZIP 2013, 2444, 2446). Der BGH hat die Frist demgegenüber als nicht unverhältnismäßig beurteilt (BGH, ZInsO 2013, 1573, 1575 f., Tz. 18 ff.) und darüber hinaus ausgesprochen, dass **keine Sperrwirkung der Befriedigungstatbestandes** des Abs. 1 Nr. 2 bestehe (BGH a.a.O., S. 1574 ff., Tz. 10 ff. m.w.N.). Eine Anfechtung nach Abs. 1 Nr. 1 scheide nur aus, wenn die Sicherheitengewährung länger als zehn Jahre zurückliege und deswegen unanfechtbar sei (BGH a.a.O., S. 1576, Tz. 21). Im Fall unanfechtbarer Sicherheitengewährung ist zugleich eine Befriedigung nach Abs. 1 Nr. 2 unanfechtbar, da es wegen der insolvenzfesten Sicherheit an eine Gläubigerbenachteiligung fehlt (BGH a.a.O., S. 1575, Tz. 14). Unanfechtbar ist auch, wenn die Gesellschaft den gesicherten Gesellschafter außerhalb der Frist Abs. 1 Nr. 2 befriedigt, ohne dass der Gesellschafter von der gewährten Sicherheit Gebrauch macht (BGH a.a.O., S. 1576, Tz. 21). Die v.g. BGH-Rspr. hat z.T. Kritik (vgl. Anm. Bitter, ZIP 2013, 1583 ff.) erfahren und intensive Diskussionen zu besicherten Gesellschafterdarlehen ausgelöst (vgl. Altmeppen, ZIP 2013, 1745 ff.; Bitter, ZIP 2013, 1998 ff.; Gehrlein, NZI 2014, 481, 485 f.; Hölzle, ZIP 2013, 1992 ff.; Mylich, ZIP 2013, 2444 ff.; Plathner/Luttmann, ZInsO 2013, 1630 ff.; schon zuvor Bitter, ZIP 2013, 1497 ff. und Marotzke, ZInsO 2013, 641 ff.).

Anfechtbar ist nach zutr. h.M. **nur** die **nachträgliche Besicherung**, während die anfängliche Besicherung dem Bargeschäftsprivileg unterfällt, sofern sie gem. § 142 unmittelbar im Zuge der Darlehensgewährung erfolgt ist und eine gleichwertige Gegenleistung für diese darstellt (Bitter, ZIP 2013, 1998, 1999; ders. ZIP 2013, 1497, 1506 ff.; Marotzke, ZInsO 2013, 641, 650 ff.; Mylich, ZHR 176 [2012], 547, 569 f.; Schröder, Reform des Eigenkapitalersatzrechts, Rn. 166; **a.A.** K. Schmidt-K. Schmidt, § 135 Rn. 17; Altmeppen, ZIP 1745, 1751 f.; Hölzle, ZIP 2013, 1992, 1997 f.). Zugleich ist nur Anfechtbarkeit der nachträglichen Besicherung mit dem Normzweck der Finanzierungsfolgenverantwortung vereinbar, wobei die Nachbesicherung die Vermutung der Krise rechtfertigt (vgl. dazu Rdn. 8 f.).

Darüber hinaus besteht ein zivilrechtlicher **Freigabeanspruch** des Insolvenzverwalters gegen den Gesellschafter auf Freigabe der Sicherheit aus dem Sicherungsvertrag, wenn feststeht, dass der Gesellschafter auf eine besicherte nachrangige Forderung gem. § 39 Abs. 1 Nr. 5 wegen Höhe der nicht nachrangigen Insolvenzforderungen (§ 38) keinerlei Zahlung erwarten kann und der Sicherungszweck dadurch weggefallen ist (BGH, ZInsO 2009, 530, 532, Tz. 17).

30 Erfasst werden **alle Arten von Sicherheiten** (MK-Gehrlein § 135 Rn. 15), z.B. Sicherungsübereignungen, Sicherungsabtretungen (BGH, ZInsO 2013, 1573, 1574, Tz. 8), Pfandrechte einschließlich Grundpfandrechten und Sicherungshypothek usw. (vgl. zum Begriff der Sicherung auch § 130 Rdn. 7).

7. Befriedigung (Nr. 2)

31 Anfechtbar nach Nr. 2 ist die Gewährung einer **Befriedigung** an den Gesellschafter oder gleichgestellten Dritten **im letzten Jahr vor dem Insolvenzantrag oder nach Insolvenzantragstellung**.

32 Der Begriff der Befriedigung umfasst weiterhin die **Erfüllung und alle Erfüllungssurrogate**; unter Nr. 2 fallen z.B. auch Leistungen an Erfüllungsstatt oder erfüllungshalber, die Aufrechnung oder die Verwertung einer Sicherheit aus dem Gesellschaftsvermögen (HK-Kleindiek, § 135 Rn. 8). Nach OLG Koblenz soll die Anfechtung der Auszahlung eines stehen gelassenen Gewinnanspruchs auch die für den Gesellschafter an das Finanzamt gezahlte Kapitalertragsteuer erfassen (OLG Koblenz, ZInsO 2013, 2168,).

Nicht nach § 135 Nr. 2, sondern nach Abs. 2 anfechtbar ist die Befriedigung eines gesellschafterbesicherten Drittkredits bzw. gleichgestellter Drittforderungen (dazu Rdn. 39 ff.). 33

§ 135 findet auch bei **Cash Pooling** Anwendung (ausführl. zum Begriff und Formen des Cash Pooling: Willemsen/Rechel, BB 2009, 2215 ff.; ausführl. zur Anfechtung gem. § 135 im Cash Pool: Cash-Pooling und die Insolvenzanfechtung nach § 135 InsO im Zuge des MoMiG, 2013; Reuter, NZI 2011, 921 ff.; zur Anfechtung ggü. der kontoführenden Bank bei Cash-Pooling BGH, ZInsO 2013, 1898; dazu Kamm/Kropf, ZInsO 2014, 689 ff.). 33a

In einen Cash-Pool eingebundene Gesellschaften sind i. d. R. gesellschaftsrechtlich so verbunden, dass sie dem persönlichen Anwendungsbereich des § 39 Abs. 1 Nr. 5 InsO unterfallen, namentlich wenn die Cash-Pool-Führerin Allein- oder Mehrheitsgesellschafterin der am Cash-Pool teilnehmenden Gesellschaften ist. Dadurch besteht für die Cash-Pool-Führerin das Risiko, dass durch die Eröffnung des Insolvenzverfahrens über das Vermögen einer Cash-Pool-Teilnehmerin ihre Kontokorrentverrechnungen gem. § 96 Abs. 1 Nr. 3 InsO i. V. m. § 135 Abs. 1 Nr. 2 InsO unwirksam werden, der Insolvenzverwalter die von der Insolvenzschuldnerin in den Cash-Pool geleisteten Zahlungen gem. § 135 Abs. 1 Nr. 2 InsO anficht und die Cash-Pool-Führerin ihre Darlehensforderungen nur als nachrangige Insolvenzforderung gem. § 39 Abs. 1 Nr. 5 InsO zur Insolvenztabelle geltend machen kann, und damit i. d. R. ausfällt. Die Privilegierungen des Cash Pooling in §§ 30 Abs. 1 Satz 2 GmbHG, 57 Abs. 1 Satz 2 AktG gelten nur für das Kapitalerhaltungsrecht und nicht für die Insolvenzanfechtung.

Maßgebend ist insoweit die **Jahresfrist** des § 135 Abs. 1 Nr. 2 InsO, da es sich bei der (i. d. R. täglichen) Kontokorrentverrechnung um ein Erfüllungssurrogat und insofern anfechtungsrechtlich um eine Befriedigung handelt (HK-Kleindiek, § 135 Rn. 13; MK-Gehrlein, § 135 Rn. 16; Baumbach/Hueck-Hueck/Fastrich, § 30 Anh., Rn. 75; Rönnau/Krezer, ZIP 2010, 2269, 2270; Willemsen/Rechel, BB 2009, 2215, 2219; Spliedt, ZIP 2009, 149, 151; Hamann, NZI 2008, 667, 668) und nicht etwa nur um eine Sicherung (so Klinck/Gärtner, NZI 2008, 457, 459 f.).

Es ergibt sich jedoch eine Begrenzung durch das Bargeschäftsprivileg des § 142 InsO (vgl. Rdn. 9) wie bei der Anfechtung von Kontokorrentverrechnungen. Nach der Rechtsprechung des BGH zur Verrechnung von Ein- und Ausgängen im Rahmen eines Bankkontokorrents liegt ein unanfechtbares Bargeschäft in dem Umfang vor, wie die Bank den Kunden (Schuldner) wieder über den Gegenwert verfügen lässt (BGHZ 150, 122; BGH, ZIP 2008, 237, 238, Tz. 5). Diese Grundsätze lassen sich auch auf die Verrechnungen im Cash-Pool anwenden, sodass im Ergebnis nur der **Saldo von Ein- und Ausgängen des** letzten Jahres vor Insolvenzantrag anfechtbar (§ 135 Abs. 1 Nr. 2 InsO) und die Verrechnung gem. § 96 Abs. 1 Nr. 3 InsO nur insoweit unwirksam ist (Reuter, NZI 2011, 922, 926; Altmeppen, NZG 2010, 401, 404; Willemsen/Rechel, BB 2009, 2215, 2219; Schall, ZGR 2009, 126, 145; a. A. HK-Kleindiek, § 135 Rn. 16: Durchschnittssaldo innerhalb der Jahresfrist des Abs. 1 Nr. 2).

Neben der Anfechtung nach Abs. 1 Nr. 2 können gegen den Gesellschafter auch Ansprüche auf Fortsetzung der Kredithilfe aus gesellschaftsrechtlicher Treuepflicht bzw. auf Schadensersatz bei Verletzung derselben bestehen (BGH, ZInsO 2013, 1686, 1689, Tz. 36). 33b

8. Gläubigerbenachteiligung

§ 135 setzt wie die anderen Insolvenzanfechtungstatbestände eine Gläubigerbenachteiligung gem. § 129 Abs. 1 voraus (A/G/R-Gehrlein, § 135 Rn. 2; HK-Kleindiek, § 135 Rn. 21; ausführl. zum Begriff der Gläubigerbenachteiligung § 129 Rdn. 38 ff.). Eine Gläubigerbenachteiligung liegt vor, wenn die Insolvenzmasse ohne die anfechtbare Rechtshandlung größer wäre, jedoch nicht, wenn die Insolvenzmasse auch sonst zur Befriedigung aller Gläubiger ausreicht (BGH a. a. O.). Nach der Rspr. besteht jedoch ein Anscheinsbeweis dafür, dass in einem eröffneten Insolvenzverfahren die 34

§ 135 InsO Gesellschafterdarlehen

Insolvenzmasse nicht ausreicht, um alle Gläubigeransprüche zu befriedigen (BGH, ZInsO 2014, 598, 601, Tz. 20). Die Gläubigerbenachteiligung entfällt, wenn der Gesellschafter die erhaltenen Beträge an die Gesellschaft zurückzahlt, um die ursprüngliche Vermögenslage wiederherzustellen (BGH, ZInsO 2013, 1686, 1689, Tz. 31). Für eine nachträgliche Beseitigung der Gläubigerbenachteiligung ist der Anfechtungsgegner darlegungs- und beweisbelastet (BGH a. a. O.). Eine Gläubigerbenachteiligung liegt auch vor, wenn die Insolvenzmasse zwar zur Befriedigung aller Massegläubiger und Insolvenzgläubiger gem. § 38 ausreicht, nicht jedoch zur Befriedigung der anderen nachrangigen Insolvenzgläubiger i. S. d. § 39 (OLG München, ZInsO 2002, 538, 540).

9. Bargeschäft (§ 142)

35 Nach zutr. h. M. gilt das Bargeschäftsprivileg des § 142 InsO auch i. R. d. Anfechtung nach § 135, da § 142 nach dem Gesetzeswortlaut nur bei § 133 nicht anwendbar ist (K. Schmidt-Ganter/Weinland § 142 Rn. 10 m. w. N.; MK-Kirchhof § 142 Rn. 22; Uhlenbruck/Hirte § 135 Rn. 10; § 135 Rn. 10; K/P/B-Preuß § 135 Rn. 13; K/S/W-Wagner, Rn. O 18; Bitter, ZIP 2013, 1998, 1999; Marotzke, ZInsO 2013, 641, 650 ff.; **a. A.** Haas, FS Ganter, S. 189, 200 ff.; ders. ZInsO 2007, 617, 624; Graf-Schlicker/Neußner, § 135 Rn. 21; Hölzle, ZIP 2013, 1992, 1997; Henkel, ZInsO 2009, 1577 ff.; ders., ZInsO 2010, 2209, 2212 f.; wohl auch MK-Gehrlein, § 135 Rn. 19; offengelassen Altmeppen, ZIP 2013, 1745, 1749). Allerdings wird es bei Darlehensrückzahlungen bzw. der Erfüllung gleichgestellter, z. B. stehen gelassener Gesellschafterforderungen, i. d. R. an den tatbestandlichen Voraussetzungen fehlen (HK-Kleindiek, § 135 Rn. 9; ähnl. MK-Kirchhof § 142 Rn. 22), insb. an der Unmittelbarkeit (dazu § 142 Rdn. 5 ff.). Anders ggf. bei anfänglicher Besicherung im Zuge einer Darlehensgewährung (näher dazu Rdn. 29 ff.). Auch die Rückzahlung eines Darlehens stellt kein Bargeschäft dar, da die Darlehensrückgewähr keine Gegenleistung für die ursprüngliche Darlehensgewährung ist (BGH, NZI 2013, 816; MK-Kirchhof a. a. O.).

10. Rechtsfolgen

36 Infolge der Anfechtung ist die gewährte Sicherung bzw. die gewährte Befriedigung nach Maßgabe des § 143 Abs. 1 an die Insolvenzmasse zurückzugewähren. Der anfechtungsrechtliche Rückgewähranspruch ist grds. auf **Rückgewähr** in Natur und nicht auf Wertersatz gerichtet (näher zum Ganzen § 143 Rdn. 8 ff.). Ein Anspruch auf Wertersatz besteht nur, wenn die Rückgewähr unmöglich ist, § 143 Abs. 1 Satz 2 InsO i. V. m. § 818 Abs. 2 InsO (BGH, NZI 2005, 453). Der Anspruch auf Rückgewähr einer gewährten Sicherung ist i. d. R. auf Aufhebung bzw. Freigabe der Sicherheit gerichtet (BGH, ZInsO 2013, 1573, 1576, Tz. 26), kann jedoch auch einredeweise geltend gemacht werden (K. Schmidt-K. Schmidt § 135 Rn. 18).

37 Auf **Entreicherung** nach § 818 Abs. 3 BGB kann der Anfechtungsgegner sich nicht berufen, vielmehr haftet er gem. § 143 Abs. 1 Satz 2 InsO i. V. m. §§ 819 Abs. 1, 818 Abs. 4 BGB wie ein bösgläubiger Bereicherungsschuldner. Das bedeutet bei gem. § 135 InsO anfechtbarem Erwerb von Geld, dass der Anfechtungsgegner ab dem Zeitpunkt der Vornahme der anfechtbaren Rechtshandlung Herausgabe der gezogenen und schuldhaft nicht gezogenen **Zinsen** (§ 143 Abs. 1 Satz 2 InsO i. V. m. §§ 819 Abs. 1, 818 Abs. 4, 292 Abs. 2, 987 BGB) sowie ab Eröffnung des Insolvenzverfahrens Prozesszinsen (§ 143 Abs. 1 Satz 2 InsO i. V. m. §§ 819 Abs. 1, 818 Abs. 4, 291, 288 Abs. 1 BGB) schuldet (vgl. BGHZ 171, 138, Tz. 14 ff.).

38 Nach erfolgter Rückgewähr kommt es zu einem **Wiederaufleben der Forderung** (§ 144 Abs. 1) des Gesellschafters bzw. gleichgestellten Dritten. Die Forderung kann als nachrangige Forderung nach Maßgabe der §§ 39 Abs. 1 Nr. 5, 174 Abs. 3 am Insolvenzverfahren teilnehmen (§ 144 Abs. 2 Satz 2). Im Insolvenzplanverfahren gilt sie als erlassen, wenn der **Insolvenzplan** nichts anderes regelt (§ 225 Abs. 1).

11. Verjährung

Der Anfechtungsanspruch aus § 135 verjährt gem. § 146 Abs. 1 i. V. m. §§ 195, 199 Abs. 1 BGB innerhalb von 3 Jahren ab Anspruchsentstehung und Kenntnis bzw. grob fahrlässiger Unkenntnis, frühestens jedoch ab Verfahrenseröffnung (näher § 146 Rdn. 3 ff.). Als Einrede kann der Insolvenzverwalter dem Gesellschafter den Einwand der Anfechtbarkeit gem. § 146 Abs. 2 auch darüber hinaus entgegenhalten (BGH, ZInsO 2009, 1060, 1063, Tz. 34 ff.). 38a

III. Gesellschafterbesicherte Drittdarlehen (Abs. 2)

1. Allgemeines

Die Besicherung eines Drittdarlehens durch den Gesellschafter ist ein **Sonderfall einer Finanzierungsleistung**, die der Gewährung eines Gesellschafterdarlehens i. S. d. § 39 Abs. 1 Nr. 5 wirtschaftlich entspricht (BGH, ZIP 2011, 2417, 2418, Tz. 9; K. Schmidt, BB 2008, 1966, 1968). Abs. 2 hat die Durchsetzung des Nachrangs des Regressanspruchs des Gesellschafters gem. § 39 Abs. 1 Nr. 5 zum Ziel (BGH a. a. O.). Anfechtungsrechtlich wird die Gesellschaftersicherung wie Vermögen der Gesellschaft behandelt und die Befreiung des Gesellschafters von seiner Sicherung der Rückführung eines Gesellschafterdarlehens gleichgestellt (BGH, ZInsO 2014, 598, 600, Tz. 18). Der rechtliche Grund für die insolvenzrechtlichen Regelungen für gesellschafterbesicherte Drittdarlehen (§§ 39 Abs. 1 Nr. 5, 44a, 135 Abs. 2, 143 Abs. 3) liegt also im Verhältnis zwischen der Gesellschaft und dem Gesellschafter und nicht im Verhältnis zum Drittkreditgeber (K. Schmidt a. a. O.). Folgerichtig entfällt die Anfechtung nach Abs. 2 wie nach früherem Recht auch nicht dadurch, dass der Drittkreditgeber innerhalb der Jahresfrist vor Insolvenzantragstellung oder danach auf die Gesellschaftersicherheit verzichtet (OLG Stuttgart, ZInsO 2012, 885, 889; näher dazu und zur sog. Doppelbesicherung Ede, ZInsO 2012, 853 ff.). Wegen der Einbeziehung des Dritten bedarf es jedoch einer Sonderregelung, da anders als sonst üblich nicht die Tilgungsleistung ggü. dem Kreditgeber, sondern das Freiwerden der Sicherheit ggü. dem Gesellschafter angefochten wird (BGH a. a. O. Tz. 7, 20). 39

Die Anfechtungsvorschrift des Abs. 2 übernimmt die bisher in § 32b GmbHG a. F. enthaltene Regelung, die trotz ihrer damaligen Stellung im GmbHG eine insolvenzrechtliche Anfechtungsnorm war (BGH, ZInsO 2013, 1686, 1688, Tz. 40; ausführl. zu § 32b GmbHG a. F. Rdn. 197 ff.). Da es sich bei Abs. 2 um einen atypischen Anfechtungstatbestand handelt, sind die Rechtsfolgen der Anfechtung nach Abs. 2 in § 143 Abs. 3 gesondert geregelt (vgl. BGH, ZIP 2011, 2417, 2418, Tz. 20). 40

Vor Verfahrenseröffnung besteht nach der Rspr. ein **Freistellungsanspruch der Gesellschaft** gegen den Gesellschafter, die Gesellschaft von einer Inanspruchnahme durch den Drittkreditgeber freizustellen (BGH, ZInsO 2013, 598, 600, Tz. 18). Hat der Gesellschafter die Gesellschaft freigestellt, ist der **Regressanspruch des Gesellschafters** im Insolvenzverfahren nachrangig (BGH a. a. O.). Hat der Gesellschafter gleichwohl innerhalb der Jahresfrist Regress bei der Gesellschaft genommen, unterliegt dies der Anfechtung nach Abs. 1 Nr. 2. 41

Der Drittkreditgeber hat bei sog. **Doppelbesicherung** wie nach altem Kapitalersatzrecht (vgl. Rdn. 202) ein **Wahlrecht**, inwieweit er die Gesellschaftersicherheit oder eine daneben bestellte Sicherheit der Gesellschaft verwertet (BGH, ZIP 2011, 2417, 2419, Tz. 13 ff.). Im Insolvenzverfahren kann er über die **Insolvenztabelle** gem. § 44a jedoch nur anteilsmäßige Befriedigung verlangen, soweit er bei der Verwertung der Gesellschaftersicherheit ausgefallen ist (ausführl. dazu § 44a Rdn. 2 ff.; ausführl. zur Doppelbesicherung sowie zum Verzicht des Drittkreditgebers auf die Gesellschaftersicherheit Ede, ZInsO 2012, 853 ff.) 42

Außerhalb des Insolvenzverfahrens gelten §§ 6a, 11 Abs. 3 AnfG. 43

2. Voraussetzungen

44 Die Anfechtung nach Abs. 2 setzt voraus, dass die Gesellschaft einem Kreditgeber für ein **Drittdarlehen**, für das der Gesellschafter gebürgt oder eine sonstige **Gesellschaftersicherheit** gestellt hat, innerhalb der **Jahresfrist** des Abs. 1 Nr. 2 **Befriedigung** gewährt, d. h. das Darlehen zurückgewährt hat.

Privilegierungen bestehen nach Abs. 4 bei **Sanierungs- und Kleinbeteiligungen** (dazu Rdn. 71 ff.).

45 Leistungen auf **Forderungen, die einem Darlehen wirtschaftlich entsprechen**, werden gem. Abs. 2 Halbs. 2 gleichgestellt. Abs. 2 muss wie Abs. 1 ebenso sinngemäß für die Rückgewähr durch Personen gelten, die einem Gesellschafter nach § 39 Abs. 1 Nr. 5 gleichgestellt werden (Uhlenbruck/Hirte, § 135 Rn. 16; K/P/B-Preuß, § 44a Rn. 8; Scholz/K. Schmidt, §§ 32a/b a. F. Nachtrag MoMiG Rn. 54; Baumbach/Hueck-Hueck/Fastrich, § 30 Anh., Rn. 96; Michalski/Dahl, Anh. II §§ 32a, 32b a. F. Rn. 37; vgl. auch § 44a Rdn. 11). Der Wortlaut, der ohnehin Kritik erfahren hat (vgl. K. Schmidt, BB 2008, 1966, 1968; Altmeppen, NJW 2008, 3601, 3607), ist insoweit verkürzt, und eine **analoge Anwendung auf gleichgestellte Personen** geboten.

46 Abs. 2 umfasst alle Sicherheiten im weitesten Sinne, z. B. Bürgschaften und Grundschulden (BGH, ZInsO 2014, 598, 600, Tz. 14). Die Begriffe der Rechtshandlung, der Befriedigung und der gem. § 129 Abs. 1 erforderlichen Gläubigerbenachteiligung entsprechen denen bei Abs. 1. Eine anfechtbare Kreditrückführung durch die Gesellschaft liegt auch vor, wenn ein vorläufiger Insolvenzverwalter Einziehungsaufträge und Abbuchungsermächtigungen widerruft (BGH, ZInsO 2014, 598, 599, Tz. 9).

Der Zeitpunkt der Vornahme der Rechtshandlung bestimmt sich nach § 140 (BGH, ZInsO 2013, 1686, 1688, Tz. 25). »Rechtliche Wirkung« i. S. d. § 140 ist nach der ratio legis das Freiwerden der Gesellschaftersicherheit, das rgm. mit Rückgewähr des Drittdarlehens erfolgt (vgl. Rdn. 39). Für die Berechnung der Anfechtungsfrist gilt § 139 (HK-Kleindiek a. a. O.).

47 Wie nach § 32b GmbHG a. F. sind auch **Darlehensrückführungen nach Insolvenzeröffnung**, insb. durch Sicherheitenverwertung im Insolvenzverfahren bei sog. **Doppelbesicherung**, anfechtbar (BGH, ZIP 2011, 2417, 2419, umfangreiche Nachweise zum Streitstand in Tz. 11). Der BGH sieht insoweit eine Regelungslücke im Gesetz und wendet zu deren Schließung § 143 Abs. 3 analog an (BGH a. a. O., Tz. 12 ff.: offensichtlich um mit Blick auf § 129 Abs. 1 einen Systembruch zu vermeiden; da § 143 Abs. 3 jedoch nur Rechtsfolgen regelt und in seinem S. 1 ohnehin § 135 Abs. 2 in Bezug nimmt, ist es vorzugswürdig, Abs. 2 wegen seiner unstreitigen Besonderheiten (vgl. dazu Rdn. 39) als lex specialis zu § 129 Abs. 1 anzusehen (stattdessen für analoge Anwendung von Abs. 2 OLG Hamm, ZIP 2011, 1226).

48 § 142 ist zwar generell auch bei § 135 n. F. anwendbar (Rdn. 35), jedoch bei der Rückgewähr gesellschafterbesicherter Drittdarlehen tatbestandlich grds. nicht einschlägig.

3. Rechtsfolgen

49 Die Rechtsfolgen der Anfechtung gem. Abs. 2 ergeben sich aus **§ 143 Abs. 3** und entsprechen § 32b GmbHG a. F. (dazu Rdn. 206 ff.). Nach § 143 Abs. 1 Satz 1 hat der Gesellschafter bzw. der gleichgestellte Dritte (Rdn. 24 ff.) die dem Dritten von der Gesellschaft gewährte Leistung an die Insolvenzmasse zu erstatten (**Erstattungspflicht**), ggf. einschließlich Nebenleistungen wie Zinsen und Kosten.

50 Der **Umfang der Anfechtung** reicht gem. § 143 Abs. 3 Satz 2 nur soweit, wie der Gesellschafter bzw. gleichgestellte Dritte als Bürge oder deren sonstige Sicherheit im Zeitpunkt der Rückgewähr des Darlehens haftete. Maßgebend für die Höhe des Erstattungsanspruchs ist, inwieweit die Gesellschaftersicherheit durch die anfechtbare Rechtshandlung frei geworden ist (BGH, ZInsO 2009, 1774, 1776, Tz. 17 ff. zu §§ 30, 31 GmbHG a. F. analog). Führt die Gesellschaft das besicherte Drittdarlehen teilweise zurück und kann der Gesellschafter von dem Kreditgeber weiterhin aus der

von ihm bestellten Sicherheit in Anspruch genommen werden, darf die Summe aus dem Anfechtungsanspruch nach Abs. 2 und der fortbestehenden Verpflichtung aus der Sicherheit den Höchstbetrag der eingegangenen Sicherheitsverpflichtungen des Gesellschafters nicht übersteigen (BGH, ZInsO 2013, 1686, 1688, Tz. 22).

§ 143 Abs. 3 Satz 3 sieht eine **Ersetzungsbefugnis** vor, d. h. der Gesellschafter bzw. gleichgestellte Dritte wird von Erstattungspflicht nach Satz 1 frei, wenn er die Gegenstände, die dem Drittgläubiger als Sicherheit gedient hatten, der Insolvenzmasse zur Verfügung stellt.

4. Verjährung

Wegen der Verjährung s. o. Rdn. 38a.

IV. Nutzungsüberlassung (Abs. 3)

1. Allgemeines

Abs. 3 ersetzt die frühere kapitalersetzende Nutzungsüberlassung, deren dogmatische Grundlage durch die Abschaffung der Rechtsprechungsregeln analog §§ 30, 31 entfallen ist (BT-Drucks. 16/9737, S. 59). Für die Auffassung, die Nutzungsüberlassung sei selbst weiterhin eine einem Darlehen wirtschaftlich entsprechende Rechtshandlung i. S. d. § 39 Abs. 1 Nr. 5 InsO, ist nach dem ausdrücklichen Willen des Gesetzgebers kein Raum mehr (vgl. nur HK-Kleindiek, § 135 Rn. 20; **a. A.** Hölzle, ZIP 2009, 1939, 1944 f.; Marotzke, ZInsO 2009, 2073; Büscher, FS Hüffer, S. 81 ff., 89). Die Regelung ist auf Empfehlung des Rechtsausschusses aufgenommen worden und lehnt sich an § 26a der österreichischen KO an (BT-Drucks. a. a. O.).

Die Neuregelung wirft zahlreiche Auslegungs- und Anwendungsfragen auf (vgl. nur Spliedt, ZIP 2009, 149, 156 ff.; K. Schmidt, DB 2008, 1727; Marotzke, ZInsO 2008, 1281; Burg/Blasche, GmbHR 2008, 1250; Holzer, ZVI 2008, 369). In der Sache geht es bei Abs. 3 **nicht um die Insolvenzanfechtung, sondern um eine Modifikation der §§ 103 ff. bei Nutzungsverhältnissen mit dem Gesellschafter** (K. Schmidt, DB 2008, 1727, 1732; Altmeppen, NJW 2008, 3601, 3607).

Dabei betrifft Abs. 3 das **Nutzungsrecht** nach Verfahrenseröffnung selbst, nicht das Nutzungsentgelt aus der Zeit vor Verfahrenseröffnung. **Dogmatische Grundlage** für Abs. 3 ist die **gesellschaftsrechtliche Treuepflicht**, derzufolge der Gesellschafter alles zu unterlassen hat, was die Interessen der Gesellschaft nachhaltig schädigt (BT-Drucks. 16/9737, S. 101 f.; krit. Bitter, ZIP 2010, 1, 8).

Die **Zahlung des Nutzungsentgelts** kann nach den allgemeinen Regeln der §§ 130 ff., also auch nach § 135 Abs. 1 Nr. 2 InsO, angefochten werden (Goette/Kleindiek, Rn. 213 f.). Voraussetzung für eine Anfechtung nach § 135 Abs. 1 Nr. 2 InsO ist jedoch stets, dass das Nutzungsentgelt einem Darlehen i. S. d. § 39 Abs. 1 Nr. 5 wirtschaftlich entsprechend kreditiert wurde (OLG Hamm, ZInsO 2014, 243; OLG Schleswig, ZInsO 2013, 1678; 1680 f.; HK-Kleindiek, § 135 Rn. 9 K. Schmidt-K. Schmidt, § 135 Rn. 19). Die Gegenauffassung, derzufolge die Nutzungsüberlassung selbst weiterhin eine wirtschaftlich entsprechende Rechtshandlung i. S. d. § 39 Abs. 1 Nr. 5 InsO und infolgedessen jede Zahlung von Nutzungsentgelt innerhalb der Jahresfrist des § 135 Abs. 1 Nr. 2 InsO anfechtbar sein soll (so LG Kiel, ZInsO 2012, 181, 182; Henkel, ZInsO 2010, 2209, 2211 ff.; Hölzle, ZIP 2009, 1939, 1944 ff.; Marotzke, ZInsO 2008, 1281, 1284 f.), ist mit der Neukonzeption des § 135 Abs. 3 InsO nicht mehr vereinbar.

Ist das Nutzungsverhältnis bereits vor Verfahrenseröffnung beendet und der überlassene Gegenstand zurückgegeben worden, greift § 135 Abs. 3 InsO nicht ein. Die Problematik der **vorzeitigen Nutzungsbeendigung** im Vorfeld der Insolvenz war bereits im Gesetzgebungsverfahren bekannt und ist vom Gesetzgeber bewusst der Rechtsprechung überantwortet worden (vgl. Seibert, RWS-Dok. 23, S. 45).

In Betracht kommt eine **Insolvenzanfechtung** der vorzeitigen Nutzungsbeendigung. § 135 Abs. 3 gibt selbst kein Anfechtungsrecht (Seibert a. a. O.), auch nicht § 135 Abs. 1 Nr. 2, da die Nutzungsüberlassung kein Fall einer wirtschaftlich entsprechenden Rechtshandlung i. S. d. § 39 Abs. 1 Nr. 5 InsO mehr ist (vgl. nur HK-Kleindiek § 135 Rn. 26; a. A. Marotzke, ZInsO 2008, 1281, 1285). Die Insolvenzanfechtung der vorzeitigen Nutzungsbeendigung kann sich also nur nach den sonstigen Anfechtungsvorschriften vollziehen. Die Rückgabe des Nutzungsgegenstandes ist selbst nicht anfechtbar, soweit damit nur der Aussonderungsanspruch des Nutzungsgebers gem. § 47 InsO erfüllt wird (Gruschinske, GmbHR 2010, 179, 182; Rühle, ZIP 2010, 1358, 1364; Spliedt, ZIP 2009, 149, 158 f.). Anfechtbar kann jedoch die vorherige rechtliche Beendigung des Nutzungsverhältnisses sein (Gruschinske, GmbHR 2010, 179, 183; ähnl. Rühle, ZIP 2010, 1358, 1364). Kündigt der Gesellschafter das Nutzungsverhältnis, kann sich die Insolvenzanfechtung nach §§ 130, 131 InsO (Scholz/K. Schmidt §§ 32a/b a. F. Nachtrag MoMiG Rn. 73; Gruschinske, GmbHR 2010, 179, 182 ff.; Schäfer, NZI 2010, 505, 507 f.; a. A. Rühle, ZIP 2010, 1358. 1364; wohl auch Spliedt, ZIP 2009, 149, 158 f.) bzw. § 133 InsO (G. Fischer, FS Wellensiek, S. 443, 446; Scholz/K. Schmidt §§ 32a/b a. F. Nachtrag MoMiG Rn. 72; Rühle, ZIP 2010, 1358. 1364 ff.; a. A. wohl Spliedt, ZIP 2009, 149, 158 f.) vollziehen. Dabei stehen dem Insolvenzverwalter die Anfechtungserleichterungen der §§ 130 Abs. 3, 131 Abs. 2 Satz 2, 133 Abs. 2 InsO i. V. m. § 138 Abs. 2 Nr. 1 InsO zur Seite, wenn der Gesellschafter zu mehr als einem Viertel an der Schuldnerin beteiligt oder Mitglied eines Vertretungs- oder Aufsichtsorgans ist (Gruschinske, GmbHR 2010, 179, 183). Erfolgt die Beendigung des Nutzungsverhältnisses hingegen durch ein Rechtsgeschäft der Schuldnerin (z. B. Vertragsaufhebung), kommt auch eine Anfechtung nach § 132 InsO in Betracht. Gleichwohl hilft die Insolvenzanfechtung der vorzeitigen Nutzungsbeendigung für die tatsächliche Fortführung des Unternehmens unmittelbar nur weiter, wenn die Rückgewähr unverzüglich und insb. ohne Anfechtungsrechtsstreit erfolgt.

Ansonsten können **Schadensersatzansprüche** bestehen, wenn sich die vorzeitige Beendigung des Nutzungsverhältnisses und Rücknahme des überlassenen Gegenstandes gem. § 826 BGB als existenzvernichtender Eingriff (vgl. MK-Liebscher, GmbHG § 13 Anh. Rn. 552 m. w. N.) oder gem. § 280 BGB als Verletzung der gesellschaftsrechtlichen Treupflicht darstellt. Dass § 135 Abs. 3 diese Belassungspflicht erst für das Insolvenzverfahren regelt, schließt nicht aus, unter entsprechenden Umständen auch eine vorzeitige Beendigung des Nutzungsverhältnisses im Vorfeld der Insolvenz als Verstoß gegen die gesellschaftsrechtliche Treuepflicht anzusehen (in diese Richtung wohl Büscher, FS Hüffer, S. 81, 94), im Gegenteil.

Ähnliche Fragen ergeben sich bei **Veräußerung der Gesellschaftsanteile oder des überlassenen Gegenstandes im Vorfeld** der Insolvenz. §§ 130 bis 134 scheiden hier i. d. R. tatbestandlich aus. Zum Teil wird erwogen, bei Veräußerungen innerhalb der Jahresfrist des § 135 Abs. 1 Nr. 2 die Regelung des § 135 Abs. 3 InsO ebenfalls zur Anwendung kommen zu lassen (Rühle, ZIP 2010, 1358, 1364 f.; zust. Michalski/Dahl, Anh. II §§ 32a, 32b a. F., Rn. 46; wohl auch HK-Kleindiek, § 135 Rn. 30). Dagegen spricht, dass Nutzungsüberlassung gerade keine wirtschaftlich entsprechende Rechtshandlungen i. S. d. § 39 Abs. 1 Nr. 5 InsO mehr ist. Zu prüfen ist vielmehr auch hier, ob sich die Veräußerung der Geschäftsanteile bzw. des überlassenen Gegenstandes in der jeweiligen Situation gem. § 280 BGB als schuldhafte Verletzung der gesellschaftsrechtlichen Treuepflicht darstellt (s. o.).

2. Verhältnis zu §§ 103, 108 ff.

56 Bei einem entgeltlichen Nutzungsverhältnis gelten neben Abs. 3 die §§ 103, 108 ff. Der **Insolvenzverwalter** hat also ein **Wahlrecht**, ob er das vertragliche Nutzungsverhältnis fortsetzt oder nach §§ 103, 108 ff. beendet und nach Abs. 3 vorgeht. Die Anwendung des Abs. 3 setzt nach der gesetzl. Konzeption (Aussonderungssperre) jedoch die vorherige Beendigung des vertraglichen Nutzungsverhältnisses voraus (OLG Hamm, ZInsO 2014, 243, 245; HK-Kleindiek Rn. 25; K. Schmidt, DB 2008, 1727, 1733; Rühle, ZIP 2009, 1358, 1362; wohl auch G. Fischer, FS Wellensiek, S. 443, 446; **a. A.** K/P/B-Preuß § 135 Rn. 40; K/S/W-Schäfer, Rn. H 93; NR-Nerlich § 135 Rn. 58; Michalski/Dahl, Anh. II §§ 32a, 32b a. F. Rn. 49; ähnl. Bitter, ZIP 2010, 1, 13). Vorgehen nach Abs. 3 liegt z. B. nahe, wenn das Nutzungsentgelt im letzten Jahr vor Verfahrenseröffnung nicht

oder nur teilweise gezahlt wurde. Ein widersprüchliches Verhalten liegt darin aufgrund der gesetzlichen Konzeption nicht (K. Schmidt, DB 2008, 1727, 1733).

Beendet der Insolvenzverwalter das **vertragliche Nutzungsverhältnis** und geht nach Abs. 3 vor, entsteht an dessen Stelle ein **gesetzliches Schuldverhältnis** zwischen dem Insolvenzverwalter und dem Gesellschafter nach Abs. 3 (G. Fischer, FS Wellensiek, S. 443, 446; K. Schmidt, DB 2008, 1727, 1733). 57

Für das gesetzliche Schuldverhältnis gelten die **Konditionen** des vorherigen Nutzungsvertrages mit der Besonderheit von Satz 2 wegen des Nutzungsentgelts (BT-Drucks. 16/9737, S. 59: »zu den vereinbarten Konditionen weiterhin zur Verfügung steht«). 58

3. Aussonderungssperre (Satz 1)

a) Gegenstand des Nutzungsverhältnisses

Bei dem Gegenstand, den der Gesellschafter dem Schuldner zur Nutzung (»Gebrauch«, »Ausübung«) überlassen haben muss, kann es sich um **bewegliche oder unbewegliche Sachen** oder **Rechte** (z. B. Lizenzen) handeln (BT-Drucks. 16/9737, S. 101). Die Überlassung zum »Gebrauch« betrifft Sachen, die »Ausübung« Rechte. 59

Der Rechtsgrund des Nutzungsverhältnisses zwischen der Gesellschaft und dem Gesellschafter ist unerheblich (z. B. Miete, Leasing, Lizenzvertrag). 60

b) Gesellschafter

Abs. 3 nennt ausdrücklich nur die Nutzungsüberlassung durch **Gesellschafter**. Die Vorschrift ist analog anzuwenden auf »**gleichgestellte Dritte**« (dazu Rdn. 24 ff.), da der Gesetzgeber (vgl. BT-Drucks. 16/9737, S. 59) grds. und auch bei Abs. 3 von einem Gleichlauf von Gesellschafterdarlehen und gleichgestellten Forderungen (vgl. § 39 Abs. 1 Nr. 5) ausgeht (HK-Kleindiek § 135 Rn. 30; Uhlenbruck/Hirte § 135 Rn. 21; NR-Nerlich § 135 Rn. 63; Scholz/K. Schmidt §§ 32a/b a. F. Nachtrag MoMiG Rn. 83; Baumbach/Hueck-Hueck/Fastrich § 30 Anh., Rn. 96; G. Fischer, FS Wellensiek, S. 443, 447; a. A. K/P/B-Preuß § 135 Rn. 33; Michalski/Dahl, Anh. II §§ 32a, 32b a. F., Rn. 46; Spliedt, ZIP 2009, 149, 156). I. Ü. kann sich die gesellschaftsrechtliche Treuepflicht, namentlich bei Einschaltung von Strohleuten und bei Konzernsachverhalten, auch nach allg. Regeln ausnahmsweise auf Dritte erstrecken (vgl. dazu Ulmer/Habersack/Winter-Raiser § 14 Rn. 77 m. w. N.). Schließlich gilt das vom Gesetzgeber gewählte Vorbild, § 26a der österreichischen KO (vgl. Rdn. 52), gem. §§ 5 bis 10 des österreichischen Eigenkapitalersatz-Gesetzes (EKEG) auch für gleichgestellte Dritte. 61

Privilegierungen bestehen nach Abs. 4 bei **Sanierungs- und Kleinbeteiligungen** (dazu Rdn. 71 ff.).

Abs. 3 gilt wie nach auslaufendem Eigenkapitalersatzrecht (vgl. Rdn. 127 f.) nicht ggü. einem **Zwangsverwalter** bzw. bei **Doppelinsolvenz** von Gesellschaft und Gesellschafter (HK-Kleindiek § 135 Rn. 34; K/P/B-Preuß § 135 Rn. 38; Michalski/Dahl Anh. II §§ 32a, 32b a. F., Rn. 60; differenzierend Bitter, ZIP 2010, 1, 13; **a. A.** Graf-Schlicker/Neußner § 135 Rn. 38; Göcke/Henkel, ZInsO 2009, 170, 172 f. und Vorauf1.). Abs. 3 will nur Gesellschaft bzw. gleichgestellte Dritte binden und die früher sehr umstrittenen Rechtsfolgen der (ehem. eigenkapitalersetzenden) Nutzungsüberlassung begrenzen und nicht noch erweitern (Michalski/Dahl a. a. O.). 62 f.

c) Erhebliche Bedeutung für die Unternehmensfortführung

Der Aussonderungsanspruch kann nur dann nicht geltend gemacht werden, wenn der Gegenstand erhebliche Bedeutung für die Fortführung des Unternehmens des Schuldners hat. Die Formulierung entspricht bewusst der des § 21 Abs. 2 Satz 1 Nr. 5 (BT-Drucks. 16/9737, S. 102; G. Fischer, FS Wellensiek, S. 443, 446). 63

64 An die »erhebliche Bedeutung« sollten im Fortführungs- und Sanierungsinteresse keine überspannten Anforderungen gestellt werden (NR-Nerlich § 135 Rn. 66), zumal der Gesellschafter einen Ausgleich nach Satz 2 erhält. Die Begründung des Rechtsausschusses spricht von den »zur Betriebsfortführung notwendigen Gegenständen« (BT-Drucks. 16/9737, S. 59). Eine erhebliche Bedeutung für die Fortführung des Unternehmens des Schuldners ist daher bereits dann zu bejahen, wenn der Betriebsablauf ohne die Nutzungsmöglichkeit der fraglichen Sache nicht nur geringfügig gestört würde (HK-Kleindiek § 135 Rn. 28; NR-Nerlich a. a. O., ähnl. G. Fischer, FS Wellensiek, S. 443, 446; vgl. entspr. § 21 Rdn. 69d).

d) Dauer der Aussonderungssperre

65 Die Dauer der Aussonderungssperre beträgt **höchstens ein Jahr ab Insolvenzeröffnung**. Der Gesetzgeber geht davon aus, dass es dem Insolvenzverwalter rgm. möglich sein wird, innerhalb der Jahresfrist eine Vereinbarung zu erreichen, die die Fortführung des schuldnerischen Unternehmens ermöglicht (BT-Drucks. 16/9737, S. 59).

66 Der Insolvenzverwalter muss die Jahresfrist nicht ausschöpfen, sondern kann die Nutzung auch vorzeitig beenden (K. Schmidt, DB 2008, 1727, 1734). Die Nutzungsbeendigung erfolgt durch Aussonderung an den Gesellschafter. Einer gesonderten Kündigungserklärung bedarf es nicht (K. Schmidt a. a. O.).

e) Leistungsstörungen

67 Kann der Insolvenzverwalter den Ausgleich nach Satz 2 (Rdn. 69 ff.) wegen § 208 nicht zahlen, muss er die Nutzung beenden, wenn er nicht nach § 61 haften will. Ferner kommt bei Nichtzahlung des Nutzungsentgelts ein Kündigungsrecht des Gesellschafters aus wichtigem Grund analog § 543 Abs. 2 Nr. 3 BGB in Betracht.

68 Kann der Gesellschafter seine Überlassungspflicht nach Abs. 3 nicht erfüllen, gelten die allgemeinen zivilrechtlichen Vorschriften, z. B. § 281 BGB. Zur Nutzungsüberlassungspflicht des Gesellschafters gehört nicht nur die Belassung des Besitzes, sondern auch die Gewährleistung nach Maßgabe des vorherigen Nutzungsvertrages (vgl. Rdn. 58).

4. Ausgleichsanspruch (Satz 2)

69 Für die Nutzungsüberlassung steht dem Gesellschafter ein Ausgleichsanspruch i. H. d. im Durchschnitt der im letzten Jahr vor Verfahrenseröffnung (dazu Rdn. 70) geleisteten Vergütung zu, bei kürzerer Überlassungsdauer nach dem Durchschnitt während dieser Zeit. Der Ausgleichsanspruch nach Satz 2 ist **Masseforderung** (BT-Drucks. 16/9737, S. 59; HK-Kleindiek § 135 Rn. 31).

70 Für die Nutzungsüberlassung steht dem Gesellschafter ein Ausgleichsanspruch i. H. d. im Durchschnitt im letzten Jahr vor Verfahrenseröffnung geleisteten Vergütung zu, bei kürzerer Überlassungsdauer nach dem Durchschnitt während dieser Zeit. Die Orientierung an der »im Durchschnitt der im letzten Jahr vor Verfahrenseröffnung geleisteten Vergütung« meint nach den Gesetzesmaterialien die »vereinbarte Vergütung«, jedoch begrenzt auf das vertragsgemäß und periodengerecht gezahlte Nutzungsentgelt (BT-Drucks. a. a. O.). Damit sind zugleich **anfechtbare Zahlungen** wie z. B. Überzahlungen oder Nachzahlungen von der **Berechnung** ausgeschlossen, die der Gesellschafter insolvenzrechtlich nicht behalten darf (HK-Kleindiek Rn. 33; Uhlenbruck/Hirte § 135 Rn. 23; Scholz/K. Schmidt §§ 32a/b a. F. Nachtrag MoMiG Rn. 83; K. Schmidt, FS Wellensiek, S. 551, 556 ff.; vgl. zur Berechnung des Ausgleichsanspruchs auch G. Fischer, FS Wellensiek, S. 443, 448 ff.). Hingegen ist die Zahlung eines marktunüblich hoch vereinbarten Nutzungsentgelts nur unter den besonderen Voraussetzungen der §§ 132, 133, u. U. auch des 134 InsO (vgl. K. Schmidt, FS Wellensiek, S. 551, 556) anfechtbar. Ein **marktunüblich überhöhtes Nutzungsentgelt** wäre jedoch als verdeckte Kapitalausschüttung gem. § 30 Abs. 1 Satz 1 GmbHG unzulässig und ist daher auch bei der Bemessung des Ausgleichsanspruchs nach § 135 Abs. 3 Satz 2 InsO nicht zu berücksichtigen (K. Schmidt, FS Wellensiek, S. 551, 558; Spliedt, ZIP 2009, 148, 159; ähnl. wohl Bitter, ZIP 2010, 1, 11).

Umstritten ist der **Berechnungszeitraum**. Nach dem Gesetzeswortlaut ist »das letzte Jahr vor Verfahrenseröffnung« maßgebend. Das kann problematisch sein, wenn das Zahlungsverhalten des Schuldners im Eröffnungsverfahren von verfahrensbedingten Umständen überlagert wird, insb. dem Verhalten des vorläufigen Insolvenzverwalters. Nach den Gesetzesmaterialien kommt es jedoch auf das »tatsächlich vom Schuldner Geleistete«(BT-Drucks. 16/9737, S. 59), also auf das »unverfälschte« (Begriff nach K/P/B-Preuß, § 135 Rn. 40) Zahlungsverhalten des Schuldners selbst an. Daher ist für die Berechnung des Ausgleichsanspruchs der **Zeitpunkt der Verfahrenseröffnung** maßgeblich, es sei denn, der Schuldner war bereits vorher aufgrund der Anordnung von Sicherungsmaßnahmen gem. § 21 InsO verfügungsbeschränkt. Dann ist der **Zeitpunkt der Anordnung einer Verfügungsbeschränkung** gem. § 21 InsO maßgebend (ähnl. Spliedt, ZIP 2009, 142, 157: »Zeitraum vor Anordnung der vorläufigen Verwaltung«; **a. A.** HK-Kleindiek § 135 Rn. 32: »Verfahrenseröffnung«; K/P/B-Preuß § 135 Rn. 40; Uhlenbruck/Hirte, § 135 Rn. 23; NR-Nerlich § 135 Rn. 73; Michalski/Dahl Anh. II §§ 32a, 32b a. F., Rn. 57; G. Fischer, FS Wellensiek, S. 443, 448, und Voraufl.: »Insolvenzantragstellung«).

V. Ausnahmen: Sanierungs- und Kleinbeteiligtenprivileg (Abs. 4)

Nach Abs. 4 ist die Insolvenzanfechtung nach Abs. 1 ausgeschlossen, wenn die Voraussetzungen des Sanierungsprivilegs des § 39 Abs. 4 bzw. des Kleinbeteilungsprivilegs gem. § 39 Abs. 5 vorliegen. Der Gesetzgeber hat das Sanierungs- und das Kleinbeteiligungsprivileg des § 32a Abs. 3 Satz 2 u. Satz 3 GmbHG a. F. (vgl. dazu Rdn. 164 ff.) mit wenigen Änderungen in die insolvenzrechtliche Neuregelung übernommen (BT-Drucks. 16/6140, S. 57). Gleichwohl haben sich einige wenige strukturbedingte Neuerungen ergeben (z. B. »bis zur nachhaltigen Sanierung«). 71

Das Sanierungs- und Kleinbeteiligtenprivileg gilt auch für gesellschafterbesicherte Drittdarlehen (Abs. 2) und die Nutzungsüberlassung nach Abs. 3.

Nach dem **Sanierungsprivileg** des § 39 Abs. 4 sind Forderungen eines Gläubigers bis zur nachhaltigen Sanierung vom Nachrang und der Anfechtung nach § 135 ausgenommen, wenn der Gläubiger bei drohender oder eingetretener Zahlungsunfähigkeit oder bei Überschuldung der Gesellschaft Anteile zum Zwecke ihrer Sanierung übernimmt (ausführl. zum Sanierungsprivileg § 39 Rdn. 48 ff.). 72

Nach dem **Kleinbeteiligtenprivileg** des § 39 Abs. 5 sind rechtsformneutral Forderungen von Gesellschaftern, die mit nicht mehr als 10 % am Haftkapital der Gesellschaft beteiligt und in der Gesellschaft nicht geschäftsführend tätig sind, vom Nachrang und der Anfechtung nach § 135 ausgenommen. 73

Das Kleinbeteiligtenprivileg greift nicht ein, wenn der Gesellschafter zu irgendeinem Zeitpunkt innerhalb der relevanten Fristen des § 135 die in § 39 Abs. 5 genannten Voraussetzungen nicht erfüllt (Altmeppen, NJW 2008, 3601, 3604 f.; Haas, ZInsO 2007, 617, 620; **a. A.** Freitag, WM 2007, 1681, 1683: Zeitpunkt des Insolvenzantrags). Die Abgabe von Anteilen oder der Geschäftsführung innerhalb der anfechtungsrelevanten Fristen hilft insoweit nicht (ausführl. zum Kleinbeteiligungsprivileg § 39 Rdn. 55 ff.). 74

C. Verfahrensfragen

I. Prozessuale Geltendmachung

1. Gerichtsstand

Die örtliche Zuständigkeit richtet sich nach den allgemeinen Vorschriften der §§ 13 ff. ZPO. Der allgemeine Gerichtsstand bestimmt sich nach dem Sitz des Anfechtungsgegners (§§ 13 bis 18 ZPO). Besondere Bedeutung für § 135 hat der besondere Gerichtsstand der Mitgliedschaft gem. § 22 ZPO. Durch Art. 8 Nr. 1 MoMiG ist § 22 ZPO dahin gehend geändert worden, dass für Klagen des Insolvenzverwalters gegen Mitglieder der Gesellschaft im **Inland** auch das Gericht zuständig ist, an dem die Gesellschaft ihren allgemeinen Gerichtsstand hat, rgm. also am **Sitz der Gesellschaft** (§ 17 ZPO). Die Vorschrift sollte analog auf Klagen gegen gesellschaftergleiche Dritte 75 (vgl. Rdn. 24 ff.) angewendet werden. Sie gilt auch für andere Klagen des Insolvenzverwalters gegen Mitglieder der Gesellschaft als solche außerhalb von § 135 n. F. (Seibert, RWS-Dok. 23, S. 45). Ausführlich **zu weiteren Gerichtsständen** bei Anfechtungsklagen s. § 143 Rdn. 111 ff.

International zuständig für Insolvenzanfechtungsklagen sind innerhalb der **EU-Mitgliedstaaten** nach **Art. 3 Abs. 1 EUInsVO**; die Gerichte des Mitgliedstaats, in dessen Gebiet das Insolvenzverfahren eröffnet worden ist (EuGH, ZInsO 2009, 470; BGH, ZInsO 2009, 1270; beide zu – Deko Marty Belgium –). In einem solchen Fall ist nach der Rechtsprechung des BGH im Inland das für den Sitz des eröffnenden Insolvenzgerichts örtlich zuständige Prozessgericht analog § 19a ZPO i. V. m. § 3 InsO Art. 102 § 1 EGInsO ausschließlich örtlich zuständig (BGH a. a. O., Tz. 11 ff.). Art. 13 EUInsVO entfaltet keine Sperrwirkung, da das Insolvenzstatut und das anwendbare Anfechtungsrecht gem. Art. 4 Abs. 2 Satz 2 m) EUInsVO dabei nicht auseinanderfallen (OLG Naumburg, ZInsO 2010, 2325, 2327; vgl. dazu auch Schall, ZIP 2011, 2177 ff.).

Nach der Rspr. des EuGH ist Art. 3 Abs. 1 EuInsVO dahin auszulegen, dass die Gerichte des Mitgliedsstaates, in dessen Gebiet das Insolvenzverfahren eröffnet wurde, als Annexverfahren auch für Insolvenzanfechtungsklagen gegen Anfechtungsgegner mit Sitz in **Drittstaaten** außerhalb der EU zuständig sind (EuGH, ZInsO 2014, 192, 194 f.; krit. dazu Paulus, EWiR 2014, 85, 86; BGH, ZInsO 2014, 1176, 1177, Tz. 6; näher zum Ganzen Art. 13 EUInsVO, Rdn. 10).

Gerichtsstands- und Schiedsvereinbarungen des Schuldners binden den Insolvenzverwalter nicht (BGH, ZIP 2011, 1477; BGH, ZInsO 2004, 88). Andererseits kann dieser solche selbst abschließen (MK-InsO/Kirchhof § 146 Rn. 38). Der Anfechtungsanspruch gem. §§ 135, 143 kann auch durch **einstweilige Verfügung** gesichert werden (dazu § 143 Rdn. 124; vgl. OLG Frankfurt am Main, ZInsO 2013, 350).

2. Darlegungs- und Beweislast

76 Nach allgemeinen Regeln trägt der Insolvenzverwalter die Darlegungs- und Beweislast für alle tatbestandlichen Anfechtungsvoraussetzungen des § 135 InsO (BGH, NJW 1989, 1219, 1220 zu den Vorgängerregelungen der §§ 32a KO, 32a GmbHG). Durch den Wegfall des Tatbestandsmerkmals der Krise und die Einführung der fristengebundenen Lösung des § 135 InsO haben sich die Darlegungs- und Beweisanforderungen für den Insolvenzverwalter allerdings deutlich verringert. Zur Darlegungs- und Beweislast für die Gläubigerbenachteiligung vgl. Rdn. 9.

77 Der Insolvenzverwalter trägt auch die Darlegungs- und Beweislast für die Voraussetzungen der persönlichen Erstreckung auf Dritte gem. § 39 Abs. 1 Nr. 5 InsO. Ihm können insoweit jedoch Beweiserleichterungen im Sinne eines Anscheinsbeweises zukommen, wenn es konkrete Hinweise dafür gibt, dass die fraglichen Mittel des Dritten aus dem Vermögen des Gesellschafters stammen (BGH, ZInsO 2011, 626, 629, Tz. 23 f.). Allein ein Ehe- oder Verwandtschaftsverhältnis reicht insoweit jedoch nicht (BGH a. a. O.). Familiäre Vermögensvermischungen können jedoch u. U. einen Anscheinsbeweis rechtfertigen (KG, GmbHR 2004, 1334 zum alten Recht).

78 Der Anfechtungsgegner ist nach allgemeinen Regeln darlegungs- und beweisbelastet für einen etwaigen Privilegierungstatbestand wie das Sanierungsprivileg gem. § 39 Abs. 4 Satz 2 InsO (vgl. BGHZ 165, 106 zum alten Recht) oder das Kleinbeteiligungsprivileg gem. § 39 Abs. 5 InsO (Scholz/K. Schmidt §§ 32a, 32b Rn. 221 m. w. N. zum alten Recht) sowie etwaige Einreden und Einwendungen (K/P/B-Jacoby § 143 Rn. 74 ff. m. w. N.) wie z. B. Verjährung. gem. § 146 InsO.

79 Der Anfechtungsgegner trägt nach der Rspr. jedenfalls bei Verfahrenseröffnung wegen Überschuldung gem. § 19 InsO auch die Darlegungs- und Beweislast dafür, dass es an einer Gläubigerbenachteiligung i. S. d. § 129 InsO fehlt, weil die Insolvenzmasse auch sonst zur Befriedigung aller Masse- und Insolvenzgläubiger ausreicht (vgl. BGHZ 105, 168, 187 zum alten Recht). Näher zur Darlegungs- und Beweislast für die **Gläubigerbenachteiligung** vgl. § 129 Rdn. 118.

3. Sonstiges

I. Ü. ist der Insolvenzverwalter auch berechtigt, anstelle oder im Rahmen einer prozessualen Geltendmachung über den Anfechtungsanspruch einen **Vergleich** zu schließen, wenn die Voraussetzungen des § 779 BGB vorliegen (MK-Kirchhof § 129 Rn. 196 m.w.N.). § 160 ist zu beachten. Näher zu **sonstigen prozessualen Fragen** § 143 Rdn. 118 ff. 80

II. Anspruchskonkurrenzen

Ansprüche aus § 135 können sowohl mit den **anderen Insolvenzanfechtungsansprüchen** gem. §§ 130 ff. (BGH, ZInsO 2006, 371, 374), also auch mit anderen **zivilrechtlichen Ansprüchen** konkurrieren, d.h. sowohl mit **gesetzlichen Ansprüchen** (z.B. § 64 Satz 1 und Satz 3 GmbHG, § 826 BGB), als auch mit vertraglichen Ansprüchen (MK-Kirchhof Vor §§ 129 bis 147 Rn. 86 ff.). 81

In der Literatur wird für entsprechende Fälle insb. die **Vorsatzanfechtung** nach § 133 in Betracht gezogen (vgl. MK-Gehrlein § 135 Rn. 35; Bangha-Szabo, ZIP 2013, 1058 ff.; Nassal, NJW 2010, 2305, 2308 ff.). Hier bestehen Darlegungs- und Beweiserleichterungen gem. § 133 Abs. 1 Satz 2 (Kenntnis des Gesellschafters von der zumindest drohenden Zahlungsunfähigkeit und der Gläubigerbenachteiligung) und § 133 Abs. 2 Satz 1 (Gesellschafter als nahestehende Person i.S.d. § 138 Abs. 2) für den Insolvenzverwalter (Bangha-Szabo a.a.O., Nassal, a.a.O.). 82

[derzeit unbesetzt] 83-86

D. Übergangsrecht

Das MoMiG ist am 28.10.2008 im BGBl. I, S. 2026 ff. verkündet worden und gem. Art. 25 **MoMiG am 01.11.2008 in Kraft getreten**. Für das Insolvenzverfahren maßgebliche und auch einzige **Überleitungsvorschrift** ist **Art. 103d EGInsO** (ausführl. dazu Altmeppen, ZIP 2011, 641 ff.; Gutmann/Nawroth, ZInsO 2009, 174 ff.; Rellermeyer/Gröblinghoff, ZIP 2009, 1933 ff.; Holzer, ZIP 2009, 206 ff.). 87

Die Übergangsvorschrift des Art. 103d EGInsO regelt die Fragen des Übergangsrechts bei wörtlicher Auslegung nur fragmentarisch und bedarf daher der Auslegung. 88

Weitgehend klar ist die Übergangsregelung des Art. 103d Satz 1 EGInsO. Danach sind für Insolvenzverfahren, die **vor dem 01.11.2008 eröffnet** worden sind, die bis dahin geltenden gesetzlichen Vorschriften weiterhin anzuwenden. Das betrifft alle gesetzlichen Vorschriften, also nicht nur den § 135 InsO a.F., sondern auch den § 39 InsO a.F. und die Rechtsprechungsregeln analog §§ 30, 31 GmbHG a.F. (BGH, ZInsO 2009, 674, 677, Tz. 17 ff. – Gut Buschow –) und gilt deshalb auch für die eigenkapitalersetzende Nutzungsüberlassung (OLG Jena, ZIP 2011, 572; Graf-Schlicker-Neußner § 135 Rn. 44; Wedemann, GmbHR 2008, 1131, 1135; ähnl. Baumbach-Hueck/Fastrich, § 30 Anh. Rn. 113, allerdings unter Bezugnahme auf die Grundsätze des intertemporalen Schuldrechts; **a.A.** HK-Kleindiek § 135 Rn. 23: Wegfall des Rechts zur unentgeltlichen Weiternutzung; ebenso NR-Nerlich § 135 Rn. 79 und Holzer, ZIP 2009, 206, 208). 89

Ähnlich klar ist die Übergangsregelung des Art. 103d **Satz 2** EGInsO für Insolvenzverfahren, die **nach dem 01.11.2008 eröffnet** worden sind, was **Insolvenzanfechtungssprüche** betrifft. Danach sind auch auf die vor dem 01.11.2008 vorgenommenen Rechtshandlungen die bis dahin geltenden Vorschriften der InsO über die Anfechtung von Rechtshandlungen anzuwenden, soweit die Rechtshandlungen nach dem bisherigen Recht der Anfechtung entzogen oder in geringerem Umfang unterworfen sind. S. 2 gilt entsprechend für die anfechtungsrechtlichen Novellenregeln der §§ 32a, 32b GmbHG a.F. (vgl. BGH, ZInsO 2013, 1686, 1688, Tz. 26). S. 2 gilt nach Sinn und Zweck entsprechend bei am 01.11.2008 eröffneten Insolvenzverfahren. 90

Der »**Günstigkeitsvergleich**« des Art. 103d **Satz 2** EGInsO dient dem Vertrauensschutz in eine ggf. mildere Anfechtungsrechtslage vor dem 01.11.2008 (HK-Kleindiek § 39 Rn. 26; Gutmann/Nawroth, ZInsO 2009, 174, 175 f.; Holzer, ZIP 2009, 206, 207). Nicht in den Günstigkeitsver- 91 gleich einzubeziehen sind die Rechtsprechungsregeln, denn Satz 2 stellt nur das neue und das alte Anfechtungsrecht ggü. (vgl. auch Rdn. 92; so wohl auch Holzer, a. a. O.; a. A. Altmeppen, ZIP 2011, 641, 647). Unterlag die Rechtshandlung nach altem Recht in mindestens gleichem Umfang der Anfechtung, gilt das neue Anfechtungsrecht i. d. F. des MoMiG (AG Hamburg, ZInsO 2008, 1333; Gutmann/Nawroth, ZInsO 2009, 174, 176).

92 **Umstritten** ist die etwaige **Weitergeltung der Rechtsprechungsregeln** analog §§ 30, 31 GmbHG (vgl. Rdn. 95 ff.), in Insolvenzverfahren, die **ab 01.11.2008 eröffnet** worden sind, jedoch bereits vorher die Rückzahlung eines damals eigenkapitalentziehenden Darlehens erfolgt ist. Der BGH hat eine Weitergeltung der Rechtsprechungsregeln für bereits vor dem 01.11.2008 entstandene Ansprüche in der Entscheidung »Gut Buschow« in einem obiter dictum angedeutet und auf die allg. Grundsätze intertemporalen Rechts gestützt (BGH, ZInsO 2009, 674, 677, Tz. 19 ff. Dem folgt die **h. M.** (OLG München, ZIP 2011, 225; OLG Jena ZIP 2009, 2098,; K. Schmidt-K. Schmidt, § 135 Rn. 6; HK-Kleindiek § 39 Rn. 30; Graf-Schlicker/Huber § 135 Rn. 44; NR-Nerlich § 135 Rn. 79; K/S/W-Schäfer, Rn. H 28b; Gutmann/Nawroth, ZInsO 2009, 174). Nach zutr. **Gegenauffassung** ist die Übergangsvorschrift des Art. 103d EGInsO jedoch nach dem erkennbaren gesetzgeberischen Willen, mit einer Stichtagsregelung die »verwirrende Doppelspurigkeit der sog. Rechtsprechungsregeln und der Novellenregeln zu beseitigen« (BT-Drucks. 16/6140, S. 26), dahin gehend auszulegen, dass die Rechtsprechungsregeln in ab dem 01.11.2008 eröffneten Insolvenzverfahren nicht mehr zur Anwendung kommen sollen (Ulmer/Habersack/Winter-Habersack Ergänzungsbd. MoMiG, § 30 Rn. 35; Altmeppen, ZIP 2011, 641, 647 ff.; Haas, DStR, 2009, 976, 978 f.; Holzer, ZIP 2009, 206, 207; Hirte/Knof/Mock, NZG 2009, 48, 50; Schröder, Reform des Eigenkapitalersatzrechts, Rn. 574 ff.).

93 Die drittinstanzliche **Zuständigkeit** für das alte Kapitalersatzrecht, sowohl in Gestalt der Rechtsprechungs-, als auch der Novellenregeln, verbleibt beim **II. Zivilsenat** des BGH, während das neue Insolvenzanfechtungsrecht des § 135 n. F. in die Zuständigkeit des **IX. Zivilsenats** fällt.

E. Auslaufendes Eigenkapitalersatzrecht

94 Aufgrund der Übergangsregelung des Art. 103d Satz 1 EGInsO (Rdn. 87 ff.) wird das auslaufende zweistufige Eigenkapitalersatzrecht für »Altfälle«, in denen die Eröffnung des Insolvenzverfahrens vor dem 01.11.2008 erfolgt ist, noch viele Jahre fortgelten, zumal die Verjährungsfrist für Ansprüche nach den Rechtsprechungsregeln (Rdn. 95) analog § 31 Abs. 5 GmbHG 10 Jahre beträgt (Löwisch, Eigenkapitalersatzrecht, Rn. 346 m. w. N.).

I. Grundlagen

1. Entwicklung, Funktion und Legitimation des auslaufenden Eigenkapitalersatzrechts

95 Das auslaufende Eigenkapitalersatzrecht stellte eines der rechtstatsächlich effektivsten Mittel zum Gläubigerschutz bei Kapitalgesellschaften und gleichgestellten Verbänden dar (Goette/Kleindiek, Eigenkapitalersatzrecht in der Praxis, Rn. 1). Es war zunächst von der Rspr. in **Analogie zu §§ 30, 31 GmbHG a. F.** entwickelt (st. Rspr. seit BGHZ 31, 258 = NJW 1960, 285 – Lufttaxi) und immer weiter ausgeformt worden (**sog. Rechtsprechungsregeln**). Der Gesetzgeber hatte diese Rspr. in der **GmbH-Novelle 1980** aufgegriffen und dazu die §§ 32a, 32b GmbHG a. F., §§ 129a, 172a HGB a. F., § 32a KO, § 3b AnfG a. F. geschaffen (**sog. Novellenregeln**). Die Rechtsprechungsregeln galten neben den Novellenregeln weiter, da die Novellenregeln z. T. hinter den Rechtsprechungsregeln zurückblieben (st. Rspr. seit BGHZ 90, 370, 380 = NJW 1984, 1891 – Nutzfahrzeuge; sog. zweistufiges Schutzsystem). Anders als die Novellenregeln galten die Rechtsprechungsregeln auch dann, wenn es nicht zu einem Insolvenzverfahren kam (BGH, ZInsO 2006, 140). Näher zu Anspruchskonkurrenzen Rdn. 225 ff.

96 Das alte Kapitalersatzrecht diente dem **Gläubigerschutz bei Gesellschaften mit** rechtsformbedingt (z. B. GmbH) **beschränktem Haftungsvermögen**. Es sollte die Gläubiger davor schützen, dass Gesellschafter bzw. gleichgestellte Dritte (vgl. dazu Rdn. 36 ff.) die der Gesellschaft anstelle von

Eigenkapital zur Verfügung gestellten Fremdmittel in der Krise der Gesellschaft (vgl. Rdn. 44 ff.) abziehen. Für diesen Fall sah das alte Kapitalersatzrecht entsprechende Rückgewähransprüche wegen Anfechtung (§§ 135 a. F., § 6 AnfG a. F.) bzw. Erstattungsansprüche (§§ 30, 31 GmbHG a. F. analog) vor. Unzulässig war jede Form des Abzugs, neben der Rückzahlung z. B. auch eine Aufrechnung durch den Gesellschafter (vgl. BGHZ 95, 188, 191 = ZIP 1985, 1198). Etwaige Sicherheiten am Gesellschaftsvermögen für die kapitalersetzende Forderung konnten nicht mehr durchgesetzt werden (BGHZ 81, 252, 262, 263 = NJW 1981, 2570). Im Insolvenzverfahren konnten kapitalersetzende Gesellschafterleistungen nur nachrangig als Insolvenzforderung geltend gemacht werden (§ 39 Abs. 1 Nr. 5 a. F.).

Die rechtliche **Legitimation** der Umqualifizierung von Fremdmitteln eines Gesellschafters in eigenkapitalersetzende Mittel lag in der sog. **Finanzierungsfolgenverantwortung** (BGHZ 127, 17, 29 = NJW 1994, 2760; BGHZ 127, 336, 345 = NJW 1995, 326; ausführl. dazu v. Gerkan/Hommelhoff-Hommelhoff, Handbuch des Kapitalersatzrechts, Rn. 2.20 ff.; K. Schmidt, GmbHR 2005, 797; Haas, NZI 2001, 1). Die Finanzierungsfolgenverantwortung ihrerseits wurzelt in dem Grundsatz von Treu und Glauben (§ 242 BGB), konkret in dem **Verbot widersprüchlichen Verhaltens** (venire contra factum proprium) (st. Rspr. seit BGHZ 31, 258 – Lufttaxi –; BGHZ 75, 334, 336 f., 339; BGHZ 76, 326, 329; BGHZ 90, 381, 388 f.; vgl. auch Goette/Kleindiek Rn. 14, 97). Grds. besteht Finanzierungsfreiheit, d. h. es steht den Gesellschaftern frei, wie sie die Gesellschaft finanzieren, solange sie die Regeln über die Kapitalaufbringung und -erhaltung einhalten und die Insolvenzantragspflichten beachten (ausführl. dazu v. Gerkan/Hommelhoff-Hommelhoff, Handbuch des Kapitalersatzrechts, Rn. 2.8 ff. m. w. N.). Entscheiden sich die Gesellschafter jedoch in der Krise der Gesellschaft, d. h. in einem Zeitpunkt, in dem ihr die Gesellschafter als ordentliche Kaufleute Eigenkapital zugeführt hätten (vgl. § 32a Abs. 1 GmbHG a. F.), für weitere Fremdmittel, durften sie diese Mittel nach Treu und Glauben so lange nicht abziehen, bis die Krise behoben war, um außenstehende Gläubiger durch den Abzug nicht weiter zu gefährden (vgl. BGHZ 75, 334, 337 = NJW 1980, 592). Die Gesellschafter wurden mit dem **Abzugsverbot** an den Folgen ihrer Finanzierungsentscheidung festgehalten (BGHZ 127, 17, 29 = NJW 1994, 2760). Aufgrund des Abzugsverbots waren die betreffenden Forderungen des Gesellschafters bzw. der gleichgestellten Dritten nicht mehr durchsetzbar (BGHZ 140, 147 = ZInsO 1999, 173), sie waren eigenkapitalersatzrechtlich gesperrt.

2. Anwendungsbereich des § 135 a. F.

a) Rechtsprechungs- und Novellenregeln

Indem § 135 a. F. nicht ausdrücklich auf § 32a GmbHG a. F. Bezug nahm, sondern allgemein von der Forderung eines Gesellschafters auf Rückgewähr eines kapitalersetzenden Darlehens oder einer gleichgestellten Forderung sprach, wurde klargestellt, dass neben den sog. Novellenregeln einschließlich der gesetzlichen Verweisung in §§ 129a, 172a HGB a. F. auch die sog. Rechtsprechungsregeln von § 135 a. F. erfasst wurden (vgl. Begr. RegE BT-Drucks. 12/2443 S. 161). Dies betrifft auch die Erstreckung auf Rechtsformen neben der GmbH, z. B. die AG (vgl. Begr. RegE BT-Drucks. a. a. O., ausführl. dazu sogleich Rdn. 99 ff.). Die Insolvenzanfechtung wegen kapitalersetzender Sicherheitengewährung war in § 32b GmbHG a. F. geregelt (dazu Rdn. 197 ff.).

b) Einzelne Rechtsformen

aa) Kapitalgesellschaften

Das alte Kapitalersatzrecht galt für die **GmbH** (vgl. §§ 32a, 32b GmbHG a. F., §§ 30, 31 GmbHG a. F. analog), auch schon im Stadium der Vor-GmbH (BGH, ZInsO 2009, 1258).

Es galt ferner sinngemäß auch für die **AG** (vgl. Begr. RegE BT-Drucks. a. a. O.), jedoch nur, wenn der Aktionär unternehmerisch an der AG beteiligt war (BGHZ 90, 381 = NJW 1984, 189; BGH, ZInsO 2005, 989). Davon war rgm. bei einem Aktienanteil von mehr als 25 % des Grundkapitals auszugehen (BGH a. a. O.). Bei einer darunter liegenden, jedoch nicht unbeträchtlichen Beteiligung konnte eine Gesellschafterleistung dem alten Kapitalersatzrecht unterworfen werden, wenn die Beteiligung i. V. m. weiteren Umständen dem Aktionär Einfluss auf die Unternehmensleitung sicherte und er ein entsprechendes unternehmerisches Interesse erkennen ließ (BGH a. a. O.). Ein Vorstands- oder Aufsichtsratsamt genügte dafür nicht (BGH a. a. O.). Die Gesellschaftsbeteiligungen mehrerer eine Finanzierungshilfe gewährender Gesellschafter konnten jedenfalls dann nicht zusammengerechnet werden, wenn die Hilfe nicht auf Krisenfinanzierung angelegt war, außerhalb einer Krise der Gesellschaft gewährt wurde und ein »koordiniertes Stehenlassen« der Hilfe in der Krise der Gesellschaft nicht festzustellen war (BGH, ZInsO 2005, 989). Andererseits hat die Rspr. einen Aktienanteil von 15 % bei einer mit Mitaktionären koordinierten und auf Verhinderung der Insolvenz gerichteten Kapitalhilfe eines Aktionärs ausreichen lassen (BGH, ZInsO 2010, 1396, 1397, Tz. 8; vgl. zur Zusammenrechnung treuhänderisch von Dritten gehaltenen Aktien OLG Köln, ZInsO 2009, 1402, 1403).

Abgesehen von § 135 a. F. waren die kapitalersatzrechtlichen Rechtsfolgen, insb. auch der Umfang der Kapitalersatzbindung, bei der AG z. T. umstritten (ausführl. dazu v. Gerkan/Hommelhoff-Bayer, Handbuch des Kapitalersatzrechts, Rn. 11.28 ff. m. w. N.). Das alte Kapitalersatzrecht fand wie bei der AG auch auf die **KGaA** Anwendung (v. Gerkan/Hommelhoff-Bayer, Handbuch des Kapitalersatzrechts, Rn. 11.39, 40 m. w. N.; MK/AktG-Semler/Perlitt § 278 Rn. 344). Gem. Art. 5 SE-VO galt das alte Kapitalersatzrecht auch für die **Europäische Gesellschaft** (SE; näher dazu MK-AktG/Oechsler Art. 5 SE-VO Rn. 27 m. w. N.).

Die **Umwandlung** einer Kapitalgesellschaft in eine Personengesellschaft mit mindestens einer natürlichen Person als Vollhafter führt dazu, dass eine etwaige Verstrickung nach dem Kapitalersatzrecht endet (BGH, ZInsO 2009, 339; OLG Dresden, ZInsO 2009, 339).

bb) Sonstige Körperschaften

100 Das alte Kapitalersatzrecht galt auch für **Genossenschaften**, sofern nach der Satzung (vgl. § 6 Nr. 3 GenG) keine unbeschränkte Nachschusspflicht bestand, wobei auch hier abgesehen von § 135 a. F. die kapitalersatzrechtlichen Rechtsfolgen, insb. auch der Umfang der Kapitalersatzbindung, z. T. umstritten waren (ausführl. dazu v. Gerkan/Hommelhoff-Bayer, Handbuch des Kapitalersatzrechts, Rn. 11.58 ff. m. w. N.). Nach der von K. Schmidt entwickelten Lehre zur Finanz- und Haftungsverfassung der Verbände sollte das alte Kapitalersatzrecht rechtsformübergreifend bei allen Verbänden gelten, bei denen zwischen Eigenkapital und Fremdkapital zu unterscheiden ist (K. Schmidt, GesR, § 18 III 4. m. w. N.; str., zust. v. Gerkan/Hommelhoff-Bayer, Handbuch des Kapitalersatzrechts, Rn. 11.1; BK-Haas § 135 Rn. 13), also z. B. auch beim **Verein und VvaG** (zust. jedenfalls bei wirtschaftlicher Betätigung Löwisch, Eigenkapitalersatzrecht, Rn. 478; krit. Ulmer/Habersack §§ 32a/b GmbHG Rn. 14; zur Anwendung des alten Kapitalersatzrechts beim nichtwirtschaftlichen Verein: Haas/Prokop, FS Röhricht, S. 1149 ff.). Da die **Stiftung** kein Verband ist und es für die Anwendbarkeit des Kapitalersatzrechts an Gesellschaftern mit Finanzierungsfolgenverantwortung fehlt, war das Kapitalersatzrecht nicht auf Stiftungen anwendbar (**a. A.** Oepen, NZG 2001, 209).

101 Das bisherige Kapitalersatzrecht fand zumindest in Gestalt der dem Insolvenzrecht zuzuordnenden Novellenregeln auch Anwendung auf **Auslandsgesellschaften aus EU-Mitgliedstaaten**, wenn über deren Vermögen im Inland das Hauptinsolvenzverfahren eröffnet worden ist, sie also den Mittelpunkt ihrer hauptsächlichen Interessen in Deutschland hatten (BGH, ZInsO 2011, 1792 – PIN –). Entsprechendes dürfte auch für die Rechtsprechungsregeln gelten (OLG Köln, ZInsO 2011, 1071, 1073 f.; AG Hamburg, ZInsO 2008, 1332; offengelassen in BGH, ZInsO 2011, 1792, 1794, Tz. 31 – PIN –; a. A. Goette, ZIP 2006, 541, 545 f. und Vorauf.) die ebenfalls insolvenzrechtliche Wurzeln haben und sich der Analogie zu §§ 30, 31 GmbHG nur bedient haben solange es die Novellenregeln noch nicht gab (so Röhricht, ZIP 2005, 505, 512). Entsprechendes gilt ferner für Gesellschaften, die aufgrund **Staatsvertrag** Niederlassungsfreiheit genießen (z. B. Deutsch-Amerikanischer Freundschafts-, Handels- und Schifffahrtsvertrag v. 29.10.1954 [BGHZ 153, 353] oder EWR-Abkommen [BGHZ 164, 148]).

Für Scheinauslandsgesellschaften aus **Drittstaaten**, die im Inland keine Niederlassungsfreiheit genießen, fand das frühere Eigenkapitalersatzrecht keine Anwendung, da für solche Gesellschaften weiterhin die Sitztheorie gilt und ihre Gesellschafter persönlich haften (BGH, ZInsO 2009, 2154).

cc) GmbH & Co. KG

Für die **GmbH & Co. KG** ergab sich die Anwendbarkeit des alten Kapitalersatzrechts unmittelbar aus dem Gesetz (vgl. § 172a HGB a. F.). 102

dd) Sonstige Personengesellschaften

Bei sonstigen Personengesellschaften war das alte Kapitalersatzrecht anwendbar, wenn kein persönlich haftender Gesellschafter eine natürliche Person ist. Für die **OHG** ergab sich dies aus § 129a HGB a. F., der entsprechend für die **GbR galt** (BGH, ZInsO 2011, 1792, 1796, Tz. 49, 51 – PIN –; ZInsO 2009, 530), nicht jedoch für die **Partnerschaftsgesellschaft**, da dieser nur natürliche Personen angehören können (§ 1 Abs. 1 Satz 3 PartGG). 103

Nach der von K. Schmidt entwickelten Lehre zur Finanz- und Haftungsverfassung der Verbände sollte das alte Kapitalersatzrecht darüber hinaus auch bei sog. **gesetzestypischen Personengesellschaften**, d. h. solchen mit natürlichen Personen als persönlich haftenden Gesellschaftern, gelten (K. Schmidt, GesR, § 18 III 4. m. w. N.). Diese Auffassung hatte sich jedoch nicht durchgesetzt (v. Gerkan/Hommelhoff-v. Gerkan, Handbuch des Kapitalersatzrechts, Rn. 10.31; differenzierend Löwisch, Eigenkapitalersatzrecht, Rn. 461 m. w. N.). 104

Das alte Kapitalersatzrecht war auf die **stille Gesellschaft** selbst nicht anwendbar, da die stille Gesellschaft eine reine Innengesellschaft ist (§ 230 HGB). Allerdings konnten Leistungen des stillen Gesellschafters an den Geschäftsinhaber dem Kapitalersatzrecht unterliegen, wenn es sich um eine sog. atypisch stille Beteiligung handelte (vgl. Rdn. 38). 105

II. Insolvenzanfechtung gem. § 135 a. F.

1. Anfechtungsvoraussetzungen

Gem. § 135 a. F. war eine Rechtshandlung (vgl. zum Begriff § 129 Rdn. 2 ff.) anfechtbar, die für die Forderung eines Gesellschafters (Rdn. 23 ff.) auf Rückgewähr eines kapitalersetzenden Darlehens (Rdn. 13 ff.) oder für eine gleichgestellte Forderung (Rdn. 27 ff.) eine Sicherung in den letzten 10 Jahren vor dem Insolvenzantrag bzw. danach (Rdn. 65) oder Befriedigung im letzten Jahr vor dem Insolvenzantrag bzw. danach gewährte (Rdn. 66 ff.). 106

a) Kapitalersetzendes Darlehen

aa) Darlehen

Das Gesellschafterdarlehen stellt den Grundfall und den Ausgangspunkt der Entwicklung des alten Kapitalersatzrechts dar (vgl. BGHZ 31, 258 = NJW 1960, 285 – Lufttaxi). Der Begriff des Darlehens ergibt sich aus § 488 BGB. Erfasst wurden nur valutierte Darlehen, nicht Darlehenszusagen (BGHZ 133, 298 = NJW-RR 1997, 479; vgl. auch Rdn. 81 zu sog. Finanzplankrediten). Allerdings konnte ein später valutiertes Darlehen eigenkapitalersetzend sein, wenn die Voraussetzungen dafür zum insoweit maßgeblichen Zeitpunkt der Kreditzusage vorlagen (BGH a. a. O.). Ein Darlehen konnte bereits bei Gewährung kapitalersetzend sein (Rdn. 14), durch sog. Stehenlassen später kapitalersetzend werden (Rdn. 16 ff.) oder kraft Vereinbarung oder Zweckbestimmung bei Kriseneintritt kapitalersetzend werden (Rdn. 20 ff.). Die spätere Umwandlung eines kapitalersetzenden Darlehens in eine stille Einlage änderte an der Kapitalersatzbindung nichts (BGH, ZIP 2005, 82). 107

Auch **kurzfristige Überbrückungskredite** unterfielen grds. den Eigenkapitalersatzregeln (BGH, ZInsO 2011, 1396, 1398, Tz. 17). Dies war nur in besonderen Ausnahmefällen nicht der Fall, wenn die Gesellschaft zwar für kurze Zeit dringend auf die Zufuhr von Geldmitteln angewiesen 108 war, aufgrund ihrer wirtschaftlichen Lage jedoch mit der fristgerechten Rückzahlung objektiv gerechnet werden konnte. Die zeitliche Grenze für einen solchen Überbrückungskredit betrug entsprechend der Wertung des § 15a Abs. 1 längstens 3 Wochen (BGH a. a. O.). Eine Gesellschafterhilfe und auch ein Überbrückungskredit hatten jedoch stets eigenkapitalersetzenden Charakter, wenn sie zur Abwendung der Insolvenz dienten (BGH, ZInsO 2007, 38). Dies galt erst recht, wenn die Insolvenzreife trotz des »Überbrückungskredits« weiter bestand. Nicht als kurzfristiger Überbrückungskredit, sondern als kapitalersatzrechtlich relevante Gesellschafterhilfe – ähnl. einem Dispositionskredit – wurde die laufende Vorfinanzierung von Lieferantenforderungen durch einen Gesellschafter angesehen (OLG Hamburg, ZIP 2006, 1950). Zum **Kapitalersatz bei Konsortialkrediten** Kühne, NZI 2007, 560 ff.

(1) **Gewähren**

109 Ein Darlehen konnte bereits von Anfang an **eigenkapitalersetzend** sein, d. h. **ab Darlehensgewährung**. Der Eigenkapitalersatzcharakter wurde nicht dadurch beseitigt, dass der Nachrang der Forderung im Insolvenzverfahren zusätzlich vertraglich vereinbart wurde (vgl. Begr. RegE BT-Drucks. 12/2443, S. 161). Im Gegenteil sprach dies eher für Eigenkapitalersatz.

110 In der Literatur wurde überwiegend davon ausgegangen, dass wie beim sog. Stehenlassen auch für die kapitalsetzende Darlehensgewährung die Kenntnis des Gesellschafters von der Krise oder **zumindest die Erkennbarkeit der Krise erforderlich** ist, diese jedoch bei Darlehensgewährung in einer objektiv feststellbaren Krise rgm. anzunehmen ist (GmbHG: Scholz-K. Schmidt §§ 32a, 32b Rn. 44; GmbHG; Baumbach/Hueck-Fastrich § 32a Rn. 49; GmbHG: Michalski-Heidinger §§ 32a, 32b Rn. 101; a. A. OLG Celle, GmbHR 1998, 1131; KG, GmbHR 1998, 938, 939; GmbHG: Roth/Altmeppen § 32a Rn. 17). Dem ist mit Blick auf die Finanzierungsentscheidung des Gesellschafters und seine Finanzierungsfolgenverantwortung (vgl. Rdn. 4) sowie zur Vermeidung von Wertungswidersprüchen zum sog. Stehenlassen zuzustimmen. Näher zu den Anforderungen an die Erkennbarkeit der Krise Rdn. 112.

(2) **Stehenlassen**

(a) **Allgemeines**

111 Der Gewährung eines eigenkapitalersetzenden Darlehens wurde unter gewissen Voraussetzungen das sog. Stehenlassen eines Darlehens gleichgestellt (vgl. § 32a Abs. 3 Satz 1 GmbHG a. F.; ausführl. dazu v. Gerkan/Hommelhoff-Johlke/Schröder, Handbuch des Kapitalersatzrechts, Rn. 5.76–5.107 m. w. N.). Das eigenkapitalersetzende Stehenlassen eines Gesellschafterdarlehens setzte voraus, dass der Gesellschafter die Krise der Gesellschaft kannte oder diese zumindest erkennbar war (**Erkennbarkeit der Krise**) und der Gesellschafter mindestens objektiv in der Lage war, auf den Eintritt der Krise durch den Abzug der Mittel oder Liquidation der Gesellschaft zu reagieren (**Abzugs- bzw. Liquidationsmöglichkeit**), wenn er die Krise nicht durch Nachschuss von Eigenkapital abwenden wollte (BGHZ 127, 336, 344 ff. = NJW 1995, 326). Das sog. Stehenlassen eines Darlehens entfiel nicht bereits dadurch, dass der Gesellschafter das Darlehen in Kenntnis der Krise wiederholt zurückforderte, jedoch **keine rechtlichen Schritte** zur Forderungsdurchsetzung oder Einleitung der Liquidation ergriff (OLG Koblenz, ZInsO 2006, 946).

Das **Stehenlassen einer Gesellschafterleistung**, das zur Umqualifizierung in Eigenkapitalersatz führt, ist in der Insolvenz des Gesellschafters ggü. der Gesellschaft seinerseits als unentgeltliche Leistung **gem. § 134 anfechtbar** (BGH, ZInsO 2009, 1060, 1061, Tz. 14 ff.; vgl. ergänzend Bork, FS Uhlenbruck, S. 279 ff. zur Insolvenzanfechtung des Stehenlassens gem. §§ 132, 133).

(b) **Erkennbarkeit der Krise**

112 An die Erkennbarkeit der Krise (ausführl. zum Begriff der Krise Rdn. 151 ff.) stellte die Rspr. **keine hohen Anforderungen** und ging davon aus, dass dem Gesellschafter die wirtschaftliche Situation der Gesellschaft, die die Umqualifizierung in Eigenkapital begründete, rgm. bekannt sein konnte

oder musste, da der Gesellschafter von sich aus sicherstellen musste, dass er laufend zuverlässig über die wirtschaftliche Lage der Gesellschaft, insb. einen evtl. Eintritt der Krise, informiert war (BGHZ 127, 336, 344 ff. = NJW 1995, 326). Dabei räumte die Rspr. dem Gesellschafter unter Berücksichtigung des Maßstabs des § 64 Abs. 1 GmbHG **i. d. R. eine zwei- bis dreiwöchige Überlegungsfrist** ein (BGH, ZIP 1996, 273, 275), bis die Umqualifizierung in Eigenkapitalersatz erfolgte, die in Ausnahmefällen auch überschritten werden konnte (BGH, ZIP 1998, 1352, 1353). Demgegenüber war eine sog. **Finanzierungsabrede** zwischen der Gesellschaft und dem Gesellschafter nach der Rspr. **nicht erforderlich** (BGH, ZInsO 2003, 323, 324; ZIP 1992, 177, 179; OLG Koblenz, ZInsO 2006, 946; a. A. Hachenburg-Ulmer §§ 32a, 32b GmbHG Rn. 30 ff.).

(c) **Abzugs- oder Liquidationsmöglichkeit**

Voraussetzung war ferner, dass der Gesellschafter mindestens objektiv in der Lage war, auf die Krise zu reagieren und seine Mittel abzuziehen oder die Liquidation der Gesellschaft herbeizuführen, wenn er kein Eigenkapital nachschießen wollte; ansonsten fehlte es an einer Finanzierungsentscheidung und damit auch an der Finanzierungsfolgenverantwortung (s. Rdn. 4) des Gesellschafters (BGHZ 121, 31, 35, 36 = NJW 1993, 392; BGHZ 127, 336, 345 = NJW 1995, 326). Die **Abzugsmöglichkeit** richtet sich nach allg. Regeln, d. h. beim Darlehen **nach den vertraglichen oder gesetzlichen Beendigungsmöglichkeiten**, wobei die wesentliche Verschlechterung der Vermögenslage der Gesellschaft i. d. R. einen Grund zur fristlosen Kündigung des Darlehens gibt (vgl. § 490 Abs. 1 BGB; anders bei sog. Finanzplankredit, vgl. Rdn. 81 ff.). Die gesellschaftsrechtliche Treuepflicht steht dem Abzug nicht entgegen (v. Gerkan/Hommelhoff-Johlke/Schröder, HB des Kapitalersatzrechts, Rn. 5.96).

113

Auch die **Liquidationsmöglichkeiten** des Gesellschafters richten sich nach allg. Regeln. In Betracht kommen ein Auflösungsbeschluss, der allerdings rgm. eine qualifizierte Mehrheit erfordert (vgl. z. B. § 60 Abs. 1 Nr. 2 GmbHG), eine Auflösungsklage (vgl. z. B. § 61 GmbHG) oder auch ein Insolvenzantrag (ausführl. dazu v. Gerkan/Hommelhoff-Johlke/Schröder, Handbuch des Kapitalersatzrechts, Rn. 5.100–5.106 m. w. N.).

114

(3) **Vereinbarung**

Ein Darlehen konnte unmittelbar bei Kriseneintritt kraft Vereinbarung zwischen dem Gesellschafter bzw. gleichgestellten Dritten und der Gesellschaft eigenkapitalersetzend werden, ohne dass es des sog. Stehenlassens bedurfte, d. h. ohne dass es z. B. auf die Erkennbarkeit der Krise bzw. den Ablauf der Überlegungsfrist (vgl. dazu Rdn. 17 f.) ankam. Dies war z. B. beim Rangrücktritt, bei einer sog. gesplitteten Einlage (BGHZ 104, 33, 38 ff. = NJW 1988, 1841) oder auch beim Finanzplankredit (vgl. dazu Rdn. 81 ff.) der Fall.

115

(4) **Zweckbestimmung**

Ein Darlehen konnte ferner unmittelbar bei Kriseneintritt kraft Zweckbestimmung eigenkapitalersetzend werden, ohne dass es auf ein sog. Stehenlassen ankam. Dies war der Fall, wenn das Darlehen nach seiner Zweckbestimmung von vornherein (auch) als Krisenfinanzierung angelegt war, d. h. der Gesellschaft bzw. ihren Gläubigern gerade auch in der Krise zur Verfügung stehen sollte (BGH, ZIP 1992, 616, 617); näher dazu v. Gerkan/Hommelhoff-Dauner/Lieb, Handbuch des Kapitalersatzrechts, Rn. 9.18 ff.). Man sprach in diesem Zusammenhang von einer **sog. Krisenfinanzierung** (BGH a. a. O.) bzw. einem Krisendarlehen (v. Gerkan/Hommelhoff-Dauner/Lieb a. a. O.). Die Legitimation für die Kapitalersatzbindung bei Eintritt der Krise lag darin, dass der Gesellschafter seine, einen Abzug in der Krise ausschließende Finanzierungsentscheidung schon im Voraus getroffen hatte (BGH a. a. O.; BGHZ 142, 116, 120 = ZInsO 1999, 329).

116

(5) Darlehen im Insolvenz-(eröffnungs-)verfahren

117 Darlehen eines Gesellschafters oder eines gleichgestellten Dritten nach Eröffnung des Insolvenzverfahrens (sog. Massekredit) waren im Insolvenzverfahren nicht kapitalersetzend, da es mit Eröffnung des Insolvenzverfahrens an der Finanzierungsverantwortung des Gesellschafters fehlt (v. Gerkan/Hommelhoff-Johlke/Schröder, Handbuch des Kapitalersatzrechts, Rn. 14.152 ff.; Haas, DZWIR 1999, 177, 182). Entsprechendes galt für Darlehen im Eröffnungsverfahren, jedenfalls wenn ein sog. starker vorläufiger Verwalter bestellt war (v. Gerkan/Hommelhoff-Johlke/Schröder, Handbuch des Kapitalersatzrechts, Rn. 14.155; Haas a.a.O.). Darlehen aus der Zeit der Überwachung eines Insolvenzplanes unterlagen hingegen dem alten Kapitalersatzrecht (vgl. § 264 Abs. 3; Scholz-K. Schmidt §§ 32a, 32b GmbHG Rn. 66; Baumbach/Hueck-Fastrich § 32a GmbHG Rn. 11).

bb) Gesellschafter

(1) Formelle Gesellschafterstellung

118 Der Gesellschafter musste im Zeitpunkt des Eintritts der Kapitalersatzbindung formell Gesellschafter sein (vgl. Rdn. 55 ff. zu Beschränkungen bei Kleinbeteiligungen sowie Rdn. 36 ff. zur Erstreckung auf gleichgestellte Dritte). Dies galt auch, wenn er den Geschäftsanteil nur als Treuhänder für einen Dritten hielt (BGHZ 105, 168, 175 = NJW 1988, 3143; zur Kapitalersatzbindung des Treugebers vgl. Rdn. 38).

(2) Ausgeschiedener Gesellschafter

119 Eine der Gesellschaft in der Krise gewährte oder belassene Gesellschafterleistung verlor ihre Eigenschaft als Kapitalersatz nicht dadurch, dass der Gesellschafter später aus der Gesellschaft ausschied (BGHZ 127, 1, 6 f. = ZIP 1994, 1261; ZIP 2005, 82, 84). Die Darlehensgewährung durch einen ausgeschiedenen Gesellschafter unterlag grds. nicht der Kapitalersatzbindung; anders, wenn der rechtliche Grund für die Leistung schon geschaffen wurde, als der ausgeschiedene Gesellschafter noch Gesellschafter war (BGHZ 81, 252, 258 = NJW 1981, 2570).

(3) Neuer Gesellschafter

120 Trat der Darlehensgeber der Gesellschaft bei, wurde das Darlehen in der Krise nur kapitalersetzend, wenn das Darlehen bereits in sachlichem Zusammenhang mit dem vorgesehenen Eintritt in die Gesellschaft gegeben wurde (OLG Hamburg, GmbHR 1996, 535) oder der neue Gesellschafter es eigenkapitalersetzend stehen ließ (vgl. zur Privilegierung von Sanierungsleistungen Rdn. 60 ff.).

(4) Rechtsnachfolger

121 Die Eigenkapitalersatzbindung traf auch den Rechtsnachfolger. Der eigenkapitalersetzende Charakter einer Forderung erlosch nicht durch Abtretung und konnte gem. § 404 BGB auch dem Abtretungsempfänger entgegengehalten werden (BGH, ZInsO 2011, 392, 395, Tz. 24; BGHZ 104, 33, 43 = NJW 1988, 1841). Das gilt auch für eine der Abtretung im wirtschaftlichen Ergebnis gleich kommende vertragliche Gestaltung mittels Schuldübernahme und Begründung einer neuen Forderung gegen die Gesellschaft (BGH, ZInsO 2011, 392, 395, Tz. 24). Veräußerte ein Gesellschafter eine eigenkapitalersetzende Darlehensforderung an einen Dritten, der gleichzeitig seine Gesellschafterstellung übernahm, teilte die dadurch erlangte Kaufpreisforderung das rechtliche Schicksal der Darlehensforderung (BGH, ZIP 2006, 2272).

b) Gleichgestellte Forderungen

aa) Allgemeines

122 Der Begriff »gleichgestellte Forderung« zielte insb. auf die Fälle des § 32a Abs. 3 Satz 1 GmbHG ab (Begr. RegE BT-Drucks. 12/2443, S. 161). Die Gleichstellungen galten kraft gesetzlicher Verweisung in §§ 129a, 172a HGB a.F. auch dort, ferner auch nach den sog. Rechtsprechungsregeln

(vgl. Baumbach/Hueck-Fastrich § 32a GmbHG Rn. 75). Eine Forderung wurde einem kapitalersetzenden Darlehen gleichgestellt, wenn sie diesem wirtschaftlich entsprach (vgl. § 32a Abs. 3 Satz 1 GmbHG a. F.). Dies konnte sich entweder daraus ergeben, dass eine sonstige Leistung eines Gesellschafters einem Darlehen wirtschaftlich gleichzustellen war (**sachliche Erweiterung**, dazu Rdn. 28 ff.) und/oder ein Dritter einem Gesellschafter wirtschaftlich gleichzustellen war (**persönliche Erweiterung**, dazu Rdn. 36 ff.). Ausführlich dazu v. Gerkan/Hommelhoff-Johlke/Schröder, Handbuch des Kapitalersatzrechts, Rn. 5.1 ff. m. w. N.

bb) Gleichstellung in sachlicher Hinsicht

(1) Nutzungsüberlassung

Ein Hauptfall der wirtschaftlichen Gleichstellung mit einem kapitalersetzenden Darlehen war die sog. kapitalersetzende Nutzungs- oder Gebrauchsüberlassung (ausführl. dazu v. Gerkan/Hommelhoff-Haas/Dittrich, Handbuch des Kapitalersatzrechts, Rn. 8.1 ff. m. w. N.; Bork-Preuß, Handbuch des Insolvenzanfechtungsrechts, Kap. 10, Rn. 128 ff. m. w. N.). Sie war vom BGH insb. durch die sog. Lagergrundstück-Entscheidungen in st. Rspr. anerkannt und ausgeformt worden (vgl. z. B. BGH, ZIP 1997, 1374 – Lagergrundstück V). Zum neuen Recht s. § 135 Abs. 3 n. F. (Rdn. 52 ff.).

(a) Voraussetzungen

Gegenstand der kapitalersetzenden Nutzungsüberlassung war die **Überlassung von beweglichen** (z. B. **Maschinen**, **Patente** usw.) oder **unbeweglichen Wirtschaftsgütern** (z. B. **Grundstücke oder Geschäftsräume**) an die Gesellschaft. Der Rechtsgrund der Nutzungsüberlassung (z. B. Miete, Pacht, Leasing, Nießbrauch, Lizenzvertrag usw.) war unerheblich, auch tatsächliche Überlassung (z. B. societatis causa oder im Konzern) reichte (v. Gerkan/Hommelhoff-Haas/Dittrich, Handbuch des Kapitalersatzrechts, Rn. 6a).

Erhebliche praktische Bedeutung hatten die Fälle der sog. **Betriebsaufspaltung**. Im Einzelfall wurde eine kapitalersetzende Nutzungsüberlassung sogar angenommen, wenn die Gesellschafter der Betriebsgesellschaft in der Besitzgesellschaft nicht die Mehrheit, sondern nur 50 % der Anteile hielten, dort allerdings die Geschäftsführung innehatten (OLG Schleswig, ZIP 2007, 1217).

Bei der kapitalersetzenden Nutzungsüberlassung verlangte die Rspr. für das Merkmal der Krise die sog. Überlassungsunwürdigkeit (ausführl. dazu Rdn. 162 f.).

Die kapitalersetzende Nutzungsüberlassung endete analog § 1124 Abs. 2 BGB mit **Anordnung der Zwangsverwaltung** über das Vermögen des überlassenden Gesellschafters, konkret mit Wirksamwerden des Beschlagnahmebeschlusses (BGHZ 140, 147 = NJW 1999, 577). Zu Ersatzansprüchen der Gesellschaft bzw. der Insolvenzmasse Rn. 31. Entsprechendes galt für die Zwangsversteigerung, wobei hier auf das Wirksamwerden des Zuschlagsbeschlusses abzustellen ist (so wohl auch Michalski/Barth, NZG 1999, 277, 280 f.; a. A. v. Gerkan/Hommelhoff-Haas/Dittrich, Handbuch des Kapitalersatzrechts, Rn. 8.104: Beschlagnahmezeitpunkt).

Die kapitalersetzende Nutzungsüberlassung endete ferner analog § 110 Abs. 1, wenn das **Insolvenzverfahren über das Vermögen des überlassenden Gesellschafters** eröffnet wurde und zwar spätestens mit Ablauf des auf die Insolvenzeröffnung folgenden Monats (BGH, ZInsO 2008, 669; a. A. LG Zwickau, ZInsO 2006, 110; Löwisch, Eigenkapitalersatzrecht Rn. 245; Henkel, ZInsO 2006, 1013; Rendels, ZIP 2006, 1274); vgl. zum Ganzen auch Brauner, ZInsO 2007, 306). Der Ersatzanspruch der Gesellschaft bzw. deren Insolvenzverwalters (näher dazu Rdn. 31) begründete in der Gesellschafterinsolvenz nur eine Insolvenzforderung (Bork, NZG 2005, 495, 496). Die kapitalersetzende Nutzungsüberlassung endete hingegen nicht bereits mit der Anordnung einer sog. starken vorläufigen Insolvenzverwaltung, da § 110 InsO eine Verfahrenseröffnung voraussetzt (Henkel, a. a. O., S. 1019; **a. A.** LG Erfurt, NZI 2004, 599).

Der Einwand der kapitalersetzenden Nutzungsüberlassung wirkte nicht gegen einen außenstehenden **Grundstückserwerber**. Vielmehr endete die eigenkapitalersetzende Nutzungsüberlassung auch, wenn ein außenstehender Dritter infolge des Erwerbs eines Grundstücks von einem Gesellschafter kraft Gesetzes in dessen Mietverhältnis mit seiner Gesellschaft eintrat, da § 566 BGB nur für solche Rechte und Pflichten gilt, die sich unmittelbar aus dem Mietverhältnis selbst ergeben (BGH, ZInsO 2006, 322). Anders als z. B. bei Abtretung einer kapitalersetzenden Darlehensforderung galt § 404 BGB hier nicht (BGH a. a. O.). Konnte der Gesellschafter den Anspruch der Gesellschaft auf unentgeltliche Nutzungsüberlassung z. B. wegen Grundstücksveräußerung nicht mehr erfüllen, stand der Gesellschaft bzw. der Insolvenzmasse jedoch ein entsprechender Ersatzanspruch zu (BGH a. a. O.; näher zum Umfang des Ersatzanspruchs Rdn. 31). Möglicherweise konnte der Insolvenzverwalter das Erlöschen des Eigenkapitalersatzeinwands infolge einer Veräußerung des Grundstücks auch als Befriedigung des Anspruchs des Gesellschafters auf Rückgewähr der eigenkapitalersetzenden Nutzungsüberlassung gem. § 135 a. F. Nr. 2 anfechten (vom BGH a. a. O. angedeutet, jedoch offengelassen; dort auch zum Beginn der möglichen Anfechtungsfrist i. S. d. § 140 Abs. 2).

130 Demgegenüber konnte der Einwand der eigenkapitalersetzenden Nutzungsüberlassung dem **Zessionar** der Mietforderungen entgegengehalten werden, bei Vorausabtretung künftiger Mietforderungen selbst dann, wenn die Eigenkapitalersatzbindung erst nach der Abtretung eingetreten war (BGH, ZInsO 2008, 35).

(b) Rechtsfolgen

131 Nach § 135 a. F. konnte der Insolvenzverwalter die **Zahlung von Nutzungsentgelten** im letzten Jahr vor dem Insolvenzantrag oder danach bzw. **Sicherungen** dafür aus den letzten 10 Jahren vor dem Insolvenzantrag oder danach anfechten und zurückverlangen. Dies galt auch hinsichtl. der Nebenkosten z. B. für Wärme, Wasser oder Strom, wenn der Gesellschafter nach dem zugrunde liegenden Miet- oder sonstigen Nutzungsvertrag die Versorgung damit schuldete (BGH, NJW 2000, 3564).

132 Ohne zeitliche Begrenzung, jedoch der Höhe nach begrenzt auf das satzungsmäßige Kapital, konnten Nutzungsentgelte nach den sog. Rechtsprechungsregeln analog §§ 30, 31 GmbHG a. F. zurückgefordert werden, wobei die Verjährungsfrist für den Gesellschafter grds. 10 Jahre bzw. für mithaftende Gesellschafter i. S. d. § 31 Abs. 3 GmbHG 5 Jahre beträgt (§ 31 Abs. 5 GmbHG).

133 Der überlassende Gesellschafter konnte seine Forderungen im Insolvenzverfahren nur als nachrangige Insolvenzforderung gem. § 39 Abs. 1 Nr. 5 geltend machen. Auf **Vermieter-/Verpächterpfandrecht** konnte er sich nicht berufen (KG, ZInsO 2006, 1268).

134 Die eigenkapitalersetzende Nutzungsüberlassung berührte die **dingliche Zuordnung** des Nutzungsgegenstands nicht und begründete auch keinen Anspruch der Gesellschaft bzw. des Insolvenzverwalters auf Übertragung des Eigentums bzw. des sonstigen dinglichen Rechts, z. B. Patent (BGHZ 127, 17 = NJW 1994, 2760). Der Insolvenzverwalter war jedoch berechtigt, den überlassenen **Nutzungsgegenstand bis zum Ende der Nutzungsdauer unentgeltlich weiterzunutzen bzw. auch weiterzuvermieten/-verpachten** (BGH a. a. O.). Die weitere Nutzungsdauer richtete sich in erster Linie nach dem zugrunde liegenden Nutzungsvertrag (BGHZ 127, 1 = NJW 1994, 2349). Wäre jedoch ein inhaltsgleicher Vertrag mit einem außenstehenden Dritten unter Vereinbarung einer längeren Überlassungsdauer oder längerer Kündigungsfrist geschlossen worden, galt diese (BGH a. a. O.).

135 Wurde die **weitere Nutzungsüberlassung** aus einem von dem Gesellschafter zu vertretenden Grund **unmöglich**, war der Gesellschafter entsprechend den Regeln über Leistungsstörungen bei Sacheinlagen verpflichtet, der Gesellschaft bzw. der Insolvenzmasse den **objektiven Wert** der unmöglich gewordenen Nutzung in Geld **zu erstatten** (BGH, ZInsO 2005, 490; NJW 1994, 2349). Bei der Wertbemessung konnte die vereinbarte Miete eine Richtschnur bilden (BGH, ZInsO 2005, 653). Dies galt auch, wenn die Nutzung wegen Anordnung der Zwangsverwaltung endete (BGH, ZInsO 2005, 490; ZInsO 2005, 653). Der Ersatzanspruch setzte jedoch voraus, dass der Insolvenzverwalter das Grundstück, hätte er es nicht an den Zwangsverwalter herausgegeben, tatsächlich hätte nutzen können, z. B. im Wege der Untervermietung (BGH, ZInsO 2005, 490). I. Ü. war der Gesellschafter

nicht verpflichtet, anstelle der weiteren Nutzungsüberlassung Wertersatz in Geld zu leisten (BGH, NJW 1994, 2349).

Stand der überlassene Gegenstand im **Miteigentum** mehrerer Gesellschafter und stellte die Überlassung nur für einen Gesellschafter eine eigenkapitalersetzende Gesellschafterhilfe dar, mussten sich die anderen Miteigentümer den Eigenkapitalersatzeinwand gem. § 432 Abs. 2 BGB in der Höhe entgegenhalten lassen, die der internen Berechtigung des Gesellschafters an dem Nutzungsentgelt entsprach (BGH, ZIP 1997, 1375). 136

(2) Sicherheitengewährung

Der kapitalersetzenden Darlehensgewährung gleichzustellen war die kapitalersetzende Sicherheitengewährung für ein Drittdarlehen, wie auch §§ 32a Abs. 2, 32b GmbHG a. F. zeigten (ausführl. dazu v. Gerkan/Hommelhoff-Fleischer, Handbuch des Kapitalersatzrechts, Rn. 6.1 ff. m. w. N.). Wichtiger Anwendungsfall war die Bürgschaftsstellung durch einen Gesellschafter oder gleichgestellten Dritten. 137

Die kapitalersetzende Sicherheitengewährung löste keine Insolvenzanfechtungsrechte nach § 135 a. F., sondern nach § 32b GmbHG a. F. bzw. Erstattungsansprüche analog §§ 30, 31 GmbHG a. F. aus, wenn die Sicherheit durch Rückzahlung des Darlehens im letzten Jahr vor dem Insolvenzantrag oder danach frei wurde (dazu Rdn. 85 ff.). Allerdings unterlag eine Befriedigung oder Sicherung des Regressanspruches des Gesellschafters der Insolvenzanfechtung nach § 135 a. F. Ausführl. zum Ganzen Rdn. 197 ff. 138

(3) Sonstige Einzelfälle

Einer Darlehensgewährung gleichzustellen waren: Verlängerung, Stundung oder Stehenlassen (Rdn. 111 ff.) eines Darlehens; Rangrücktritt (OLG Brandenburg, ZInsO 2009, 1862, 1865), Stundung oder Stehenlassen sonstiger Forderungen, gleich aus welchem Rechtsgrund, z. B. aus Warenlieferung (BGHZ 81, 252, 262 f. = NJW 1981, 2570); nicht ausgeschütteten Gewinnen (BGHZ 75, 334 = NJW 1980, 592), Gehaltsansprüchen (BGHZ 76, 326 = NJW 1980, 1524; OLG Karlsruhe, ZInsO 2003, 856), Spesen und Tantiemen (BGHZ 81, 365 = NJW 1982, 386), Provisionen (BGH, ZInsO 2001, 467) oder Honoraransprüchen aus einem Managementvertrag mit einer AG (LG Freiburg, GmbHR 2006, 704; bei ständigen Stehenlassen fälliger Forderungen Gesellschafterhilfe in der Höhe des Durchschnittssaldos und nicht der jeweiligen Einzelfordcrungen (BGH, ZInsO 2011, 2230, 2231, Tz. 10); Erwerb gestundeter Forderungen (BT-Drucks. 8/1347); systematische Überschreitung von Zahlungszielen (BGH, ZIP 1995, 23); Ankaufverpflichtung über Verkehrswert (BGH, DStR 1999, 1409); Nutzungsentschädigungsanspruch bei Rücktritt vom Kaufvertrag nach eigenkapitalersetzend gestundeter Kaufpreisforderung (BGH, ZInsO 2001, 907); stille Beteiligung (vgl. dazu Rdn. 11); Schuldbeitritt (OLG München ZIP 2006, 1350); sog. harte Patronatserklärung (OLG Celle, ZIP 2008, 2416; OLG München, ZInsO 2004, 1040; vgl. zu Patronatserklärungen in der Insolvenz auch BGH, ZInsO 2010, 2137, 2140, Tz. 24 f., ferner Tetzlaff, ZInsO 2008, 337 und Küpper/Heinze, ZInsO 2006, 913); Zurverfügungstellung von Geldern auf Treuhandkonto (OLG Düsseldorf, ZIP 1998, 2101); Eigentumsvorbehaltslieferungen, betr. ggf. Kaufpreisforderung und Kaufsache (OLG Celle, NZG 1999, 75; OLG Hamm, GmbHR 1992, 753; OLG Karlsruhe, ZIP 1989, 588; LG Hamburg, ZIP 1991, 180); laufende Vorfinanzierung von Lieferantenforderungen (OLG Hamburg, GmbHR 2006, 813; unechtes Factoring (OLG Köln, ZIP 1986, 1585); sale and lease back (OLG Düsseldorf, GmbHR 1997, 353); Finanzierungsleasing (Scholz-K. Schmidt §§ 32a, 32b GmbHG Rn. 122; Baumbach/Hueck-Fastrich § 32a GmbHG Rn. 33c; Michalski-Heidinger §§ 32a, b GmbHG Rn. 161; a. A. Roth/Altmeppen § 32a GmbHG Rn. 213); Operatingleasing ist Nutzungsüberlassung; Diskontierung von Wechseln (Scholz-K. Schmidt §§ 32a, 32b GmbHG Rn. 117; Roth/Altmeppen § 32a GmbHG Rn. 216). 139

Dienstleistungsverpflichtungen eines Gesellschafters können nach der Rspr. als solche nicht in Eigenkapitalersatz umqualifiziert werden, wohl stehen gelassene Entgeltforderungen aus Dienstleis- 140 tungsverhältnissen (BGH, ZInsO 2009, 775, 778, Tz. 24 ff.; offengelassen noch von OLG Hamm, DStR 1992, 591).

141 Der BGH begründet dies mit der mangelnden Sacheinlagefähigkeit von Dienstleistungen und Unzumutbarkeit der Fortsetzung der Diensttätigkeit ohne Entgeltanspruch (BGH a. a. O.; **a. A.** v. Gerkan/Hommelhoff-Johlke/Schröder, Handbuch des Kapitalersatzrechts, Rn. 5.75c ff.).

cc) Gleichgestellung in persönlicher Hinsicht

(1) Nahe Angehörige

142 Nach der Rspr. wurden Finanzierungsmittel, die ein naher Angehöriger eines Gesellschafters der Gesellschaft in Krisenzeiten zur Verfügung stellte, nur dann vom alten Kapitalersatzrecht erfasst, wenn entweder die Mittel aus dem Vermögen des Gesellschafters stammten oder der Gesellschafter den Anteil nur treuhänderisch für den Angehörigen hielt (BGH, ZIP 1991, 366; ZIP 1993, 432). Die Beweislast dafür trifft den Insolvenzverwalter; eine Beweiserleichterung steht ihm allenfalls zu, wenn es sonstige Hinweise darauf gibt, dass die Mittel aus dem Vermögen des Gesellschafters stammten oder der Gesellschafter den Anteil nur treuhänderisch für den Angehörigen hielt (BGH, ZInsO, 2009, 1258, 1259, Tz. 9) Ein Ehe- oder Verwandtschaftsverhältnis zwischen Darlehensgeber und Gesellschafter begründet für sich allein nicht einmal eine Beweiserleichterung für den Insolvenzverwalter (BGH a. a. O.). Familiäre Vermögensvermischungen können einen entspr. Anscheinsbeweis rechtfertigen (KG, GmbHR 2004, 1334).

143 Die **BGH-Rspr.** hat die Erstreckung des Eigenkapitalersatzrechts auf nahe Angehörige allein wegen der Angehörigenstellung ebenso wie einen generellen Anscheinsbeweis zulasten naher Angehöriger abgelehnt (BGH, ZIP 1991, 366), jedoch auch ausgeführt, dass Fälle mit nahen Verwandten allerdings besondere Aufmerksamkeit verdienten (BGH, NJW 1993, 2179, 2180).

(2) Mittelbare Beteiligung

144 Bei Treuhandverhältnissen waren der Treuhänder als formeller Gesellschafter (BGHZ 105, 168, 175 = NJW 1988, 3143) und der **Treugeber** als gleichgestellter Dritter (BGHZ 31, 258 = NJW 1960, 285) dem alten Kapitalersatzrecht unterworfen. Dies galt gleichermaßen für eigennützige wie fremdnützige Treuhandverhältnisse (BGHZ 105, 168, 175 = NJW 1988, 3143; Baumbach/Hueck-Fastrich § 32a GmbHG Rn. 23). Beim **Unterbeteiligten** hing es davon ab, ob seine Mitwirkungs-, Kontroll- und Informationsrechte sowie seine Beteiligung am Anteilswert oder Unternehmensergebnis vertraglich so ausgestaltet waren, dass sie eine Gleichstellung mit einem Gesellschafter erlaubten (v. Gerkan/Hommelhoff-Johlke/Schröder, Handbuch des Kapitalersatzrechts, Rn. 5.34, 5.35 m. w. N.). Entsprechendes galt für den sog. **atypisch stillen Gesellschafter**, während der typisch stille Gesellschafter nicht gleichgestellt wurde, er aufgrund der vertraglichen Ausgestaltung des stillen Gesellschaftsverhältnisses hinsichtlich seiner vermögensmäßigen Beteiligung und seines Einflusses auf die Geschicke der Gesellschaft weitgehend einem GmbH-Gesellschafter gleichstand (BGH, ZInsO 2013, 2436, 2437, Tz. 20). Dabei hat die Rspr. es ausreichen lassen, wenn der stille Gesellschafter zwar nicht am Vermögen, jedoch zu 95 % am Gewinn und Verlust der Gesellschaft beteiligt war und zudem über Vollmachten bzw. gesetzliche Vertretungsmacht (Tochter) die Möglichkeit hatte, die Gesellschafterrechte in vollem Umfang auszuüben (BGH a. a. O.). In einem anderen Fall hat die Rspr. die Parallele zur Rechtsstellung eines Kommanditisten gezogen (BGH, NZI 2012, 860, 861, Tz. 17). Auch ein **Pfandgläubiger** unterfiel dementsprechend dem alten Kapitalersatzrecht nur, wenn er sich zusätzlich Befugnisse einräumen ließ, die es ihm ermöglichten, die Geschicke der Gesellschaft wie ein Gesellschafter (mit-)zubestimmen (BGHZ 119, 191 = NJW 1993, 3035). Entsprechendes galt für den **Nießbraucher** (BGH, ZIP 2011, 1371; Scholz-K. Schmidt §§ 32a, 32b GmbHG Rn. 139; Baumbach/Hueck-Fastrich § 32a GmbHG Rn. 21; krit. Roth/Altmeppen § 32a GmbHG Rn. 181). Zur mittelbaren Beteiligung bei verbundenen Unternehmen sogleich Rdn. 145 ff.

(3) Verbundene Unternehmen

(a) Allgemeines

Die Anwendung des alten Kapitalersatzrechts bei verbundenen Unternehmen war in vielen Einzelfragen stark umstritten (ausführl. v. Gerkan/Hommelhoff-Fleischer, Handbuch des Kapitalersatzrechts, Rn. 12.1 ff. m. w. N.; Bork-Preuß, Handbuch des Insolvenzanfechtungsrechts, Kap. 10 Rn. 94 ff.; Roth/Altmeppen § 32a GmbHG a. F. Rn. 145 ff. m. w. N.; Gutsche, Eigenkapitalersetzende Leistungen im Konzern und deren Schicksal in der Insolvenz, Diss. 2008). 145

Die Rspr. stellte ein einem Gesellschafter verbundenes Unternehmen dem Gesellschafter gleich, wenn der **Gesellschafter an dem verbundenen Unternehmen maßgeblich beteiligt** war und dort aufgrund einer Mehrheit der Anteile oder der Stimmrechte bestimmenden Einfluss ausüben und insb. entsprechende Weisungen erteilen bzw. durchsetzen konnte (BGH, ZInsO 2012, 790, 792, Tz. 17 f. m. w. N.; ZIP 2008, 1230, 1231). Dies war **i. d. R.** bei einer Mehrheitsbeteiligung, also bei **mehr als 50 %**, der Fall, hing i. Ü. jedoch von den gesellschaftsrechtlichen Regelungen, namentlich der Satzung, ab (BGH a. a. O.; **z. T. anders bei AG** nach BGH, ZIP 2008, 1230 wegen der Weisungsunabhängigkeit des Vorstands gem. § 76 AktG; dem folgend OLG Köln, ZInsO 2009, 238, 240, krit. dazu zu Recht Jungclaus/Keller, EWiR 2008, 463). 146

In anderen Fällen hat die Rspr. auf eine **wirtschaftliche Einheit** zwischen dem Gesellschafter und dem verbundenen Unternehmen abgestellt, wie es insb. bei **verbundenen Unternehmen i. S. d. §§ 15 ff. AktG** der Fall sein konnte (BGHZ 105, 168, 176), jedoch auch bei der **Betriebsaufspaltung**, wenn Besitz- und Betriebsgesellschaft von denselben Gesellschaftern getragen wurden (BGHZ 121, 31, 35 = NJW 1993, 392; vgl. zur Betriebsaufspaltung ohne Mehrheitsbeteiligung OLG Schleswig, ZIP 2007, 1217). Zunehmend wurde von der Literatur mit Recht verlangt, dass zusätzlich zur Unternehmensverbindung i. S. d. §§ 15 ff. AktG eine nach den Umständen des Einzelfalls festzustellende Finanzierungsfolgenverantwortung des verbundenen Unternehmens hinzukommen musste (Scholz-K. Schmidt §§ 32a, 32b GmbHG Rn. 136; weiter gehend v. Gerkan/Hommelhoff-Fleischer, Handbuch des Kapitalersatzrechts, Rn. 12.8 ff.: wertende Betrachtung im Einzelfall). Allerdings sollte bei Unternehmensverbindung i. S. d. §§ 15 ff. AktG eine widerlegliche Vermutung für eine Gleichstellung des verbundenen Unternehmens mit dem Gesellschafter angenommen werden können (Scholz-K. Schmidt a. a. O.; Michalski-Heidinger §§ 32a, b GmbHG Rn. 203). 147

(b) Einzelfälle

Eine Gleichstellung mit einem Gesellschafter ist bejaht worden bei Krediten von maßgeblich beteiligten Gesellschaftern der Muttergesellschaft an die Tochtergesellschaft (BGH, ZIP 1990, 1467, 1469) oder an eine Enkelgesellschaft (OLG Hamm, ZIP 1989, 1398), ebenso bei mittelbarer Beteiligung über eine vom Darlehensgeber beherrschte Gesellschaft (OLG Köln, GmbHR 2008, 1098). Die Zwischenschaltung einer 100 %igen Tochtergesellschaft stand einer Kapitalersatzbindung nicht entgegen (BGHZ 81, 311, 315 = NJW 1982, 383). Auch die Einschaltung einer Zwischenholding, die alleinige Gesellschafterin der Kreditnehmerin war, befreite die Gesellschafter der Zwischenholding nicht von der Anwendbarkeit des alten Kapitalersatzrechts; auf eine maßgebliche Beteiligung des kreditgebenden Gesellschafters an der Zwischenholding kam es insoweit nicht an (OLG Hamburg, ZInsO 2006, 41; HK-Kleindiek § 39 Rn. 42 m. w. N., str.). Bei Finanzhilfen zwischen Schwestergesellschaften oder von der Tochter- zur Muttergesellschaft konnte sich die Gleichstellung ggf. über den herrschenden Gesellschafter vermitteln (str., ausführl. dazu v. Gerkan/Hommelhoff-Fleischer, Handbuch des Kapitalersatzrechts, Rn. 12.19 ff. m. w. N.). Nach LG Bonn (WM 2005, 2179) sollte das alte Kapitalersatzrecht nicht auf aufsteigende Finanzhilfen anwendbar sein. Zu Kapitalersatzfragen beim sog. cash-management-System vgl. Blöse, GmbHR 2002, 675. Auch eine Gebietskörperschaft, die sich über ihre Landesbank an der Gesellschaft beteiligte, konnte ein verbundenes Unternehmen im vorgenannten Sinn darstellen (BGHZ 105, 168). Der Komplementär einer KG, die an einer GmbH beteiligt war, wurde einem Gesellschafter der GmbH gleichgestellt, 148 wenn er entweder die KG beherrschte oder eine Sicherheit nicht als Privatperson, sondern in seiner Eigenschaft als Komplementär der KG übernommen und deswegen einen Freistellungsanspruch nach §§ 161 Abs. 2, 110 HGB gegen die KG hatte (BGH, ZIP 1997, 115).

149 Die Grundsätze des alten Kapitalersatzrechts galten auch im GmbH-Vertragskonzern (BGH, ZInsO 2006, 818). Allerdings waren Gesellschafterleistungen, die in Anrechnung auf oder zur Vorfinanzierung von Verlustausgleichsansprüchen i. S. d. § 302 AktG erbracht wurden, nicht als eigenkapitalersetzend zu qualifizieren (BGH a. a. O.).

(4) **Sonstige Einzelfälle**

150 Eine Gleichstellung mit einem Gesellschafter kam darüber hinaus in folgenden Fällen in Betracht: Leistung für Rechnung des Gesellschafters (BGHZ 81, 365, 368 = ZIP 1981, 1332; OLG Hamburg, GmbHR 1991, 103, 108 f., z. B. durch mittelbaren Stellvertreter oder Zahlungsmittler; Kreditgeber/Sicherungsnehmer, wenn Einfluss auf Gewinnverwendung und Geschäftsführung der eines Gesellschafters gleichstanden (LG Erfurt, ZIP 2001, 1673); Mitglied einer nicht auseinandergesetzten Erbengemeinschaft (OLG Düsseldorf, NZG 2003, 1078); Sparkasse, wenn der Landkreis als Gewährträger zu 20 % an der kreditunwürdigen Gesellschaft beteiligt war (OLG Brandenburg, ZIP 2006, 184 m. abl. Anm. Schodder, EWiR 2006, 73); zu Kreditinstituten als gesellschaftergleiche Dritte Schwintowski/Dannischewski, ZIP 2005, 840, zu sog. financial covenants Fleischer, ZIP 1998, 313.

c) **Krise**

aa) **Allgemeines**

151 Gesellschafterdarlehen oder gleichgestellte Leistungen unterlagen der Eigenkapitalersatzbindung nicht schlechthin (vgl. BGHZ 76, 326, 330 = NJW 1980, 1524), sondern nur in der sog. Krise der Gesellschaft. Damit war nicht der anfechtungsrechtliche Krisenbegriff i. S. d. §§ 130, 131 (sog. Drei-Monatszeitraum) gemeint, sondern der **kapitalersatzrechtliche Begriff der Krise**.

152 Dieser war in § 32a Abs. 1 GmbHG a. F. definiert als **Zeitpunkt, in dem die Gesellschafter als ordentliche Kaufleute der Gesellschaft Eigenkapital zugeführt hätten**. Dies war der Fall, wenn die Gesellschaft entweder **insolvenzreif oder kreditunwürdig** war (st. Rspr., vgl. BGH, ZInsO 2011, 2230, 2231, Tz. 13 m. w. N.). Insolvenzreife einerseits und Kredit- bzw. Überlassungsunwürdigkeit andererseits waren eigenständige, in ihren Anwendungsvoraussetzungen voneinander unabhängige Tatbestände der Krise i. S. d. Eigenkapitalersatzrechts (BGH a. a. O.). Durch das Merkmal der Kreditunwürdigkeit wurde die Eigenkapitalersatzbindung ggü. der Insolvenzreife vorverlagert (BGH a. a. O.). Kreditunwürdigkeit setzte voraus, dass die Gesellschaft objektiv Kredit benötigte, nicht bei vermeintlichem Kreditbedarf aufgrund fehlerhafter Kalkulation (BGH, ZInsO 2011, 2230, 2231, Tz. 15).

153 **Bei kapitalersetzender Nutzungsüberlassung** war umstritten, inwieweit zusätzlich zur oder anstelle der Kreditunwürdigkeit auf die **sog. Überlassungsunwürdigkeit** abzustellen ist (ausführl. dazu Rdn. 162 f.).

154 Die Eigenkapitalersatzbindung **entfiel, wenn die Krise durchgreifend behoben war** (BGH, NJW-RR 1997, 606), wobei einmal analog §§ 30, 31 a. F. entstandene Erstattungsansprüche unberührt blieben (str., so z. B. Goette/Kleindiek, Eigenkapitalersatzrecht in der Praxis, Rn. 136a; **a. A.** z. B. Haas, NZI 2002, 457, 464). Die Durchsetzungssperre endete erst in dem Zeitpunkt, in dem das satzungsmäßige Kapital der Gesellschaft nachhaltig wiederhergestellt war, d. h. die GmbH zu fortgeführten Buchwerten über ein entsprechendes, die Stammkapitalziffer übersteigendes Vermögen verfügte (BGH, ZInsO 2005, 1168). Nr. 2 a. F. begründete die **unwiderlegliche Vermutung für eine Krise**, d. h. dafür, dass ein Gesellschafterdarlehen, das bei der Hergabe Eigenkapital ersetzen musste, diese Funktion auch noch im Zeitpunkt der Rückzahlung hatte, wenn innerhalb eines

Jahres danach das Insolvenzverfahren eröffnet (BGHZ 90, 370, 381 = NJW 1984, 1891) bzw. Insolvenzantrag gestellt wurde (OLG Hamm, ZInsO 2004, 451).

Wurde beim Ausscheiden eines Gesellschafters aus einer GmbH deren Eigenkapital durch Forderungsverzichte des Gesellschafters lediglich »auf null gestellt«, änderte dies an einer bestehenden Eigenkapitalersatzbindung seiner verbleibenden Darlehen nichts (BGH, ZIP 2005, 163).

bb) Insolvenzreife

Eine Gesellschaft befand sich zum einen in der Krise, wenn sie insolvenzreif, d. h. zahlungsunfähig oder überschuldet, war (BGHZ 76, 326, 330 = NJW 1980, 1524; BGH, NJW 2001, 1490, 1491 f.). Ausführlich zur Zahlungsunfähigkeit bzw. Überschuldung bei §§ 17 bzw. 19. Drohende Zahlungsunfähigkeit i. S. d. § 18 begründete lediglich ein Indiz für Kreditunwürdigkeit (Löwisch Eigenkapitalersatzrecht, Rn. 85). 155

cc) Kreditunwürdigkeit

(1) Begriff

Eine Gesellschaft befand sich zum anderen in der Krise, wenn sie kreditunwürdig war, d. h. wenn sie **von dritter Seite keinen Kredit zu marktüblichen Bedingungen hätte erhalten können** und deshalb ohne die Leistung hätte liquidiert werden müssen (BGH, ZInsO 2013, 1573, 1576 f., Tz. 28; BGHZ 76, 326, 330 = NJW 1980, 1524, BGHZ 119, 201, 206 = NJW 1992, 2891). Dabei war eine **objektive Betrachtungsweise** bezogen auf den Zeitpunkt der Kreditgewährung (BGHZ 119, 201, 205, 207 = NJW 1992, 2891) und die konkrete Gesellschafterhilfe, um deren Umqualifizierung es ging (BGH, NJW 1995, 457, 459), geboten. Die für die Umqualifizierung eines Gesellschafterdarlehens in Eigenkapitalersatz erforderliche Feststellung, dass sich die Gesellschaft bei der Gewährung oder Belassung in der Krise befunden hat, war grds. **für jedes Darlehen eigenständig** zu treffen (BGHZ 119, 201 = NJW 1992, 2891). 156

Ob eine Gesellschaft von dritter Seite keinen Kredit zu marktüblichen Bedingungen hätte erhalten können, lässt sich in der Praxis i. d. R. nur anhand von **Indizien** feststellen (dazu Rdn. 51). 157

(2) Indizien

Dabei wird zwischen unternehmensbezogenen und kreditbezogenen Indizien differenziert. **Unternehmensbezogene Indizien für Kreditunwürdigkeit**: buchmäßige Überschuldung (BGH, ZInsO 2013, 1573, 1577, Tz. 30) oder Unterbilanz – diese reichten jedoch zur Feststellung der Kreditunwürdigkeit allein nicht aus, insb. wenn stille Reserven bestanden (BGH, ZInsO 2001, 467; ZIP 1999, 1524, 1525; ZInsO 2005, 486); zu stillen Reserven aus immateriellen Vermögenswerten wie Marktzugang und Kundenkontakten: OLG München, ZInsO 2006, 658; Verlust der Hälfte des satzungsmäßigen Kapitals: BGH, ZIP 1996, 275, 276: »gewisses Indiz«; Nichtbegleichung fälliger Verbindlichkeiten in erheblichem Ausmaß: BGH a. a. O.: »gewichtiges Indiz«; Nichtzahlung von Löhnen und Gehältern, Sozialversicherungsbeiträgen und Steuern: BGH, NJW 1996, 720; Höhe der Überschuldung bei Eröffnung des Insolvenzverfahrens: BGH a. a. O.); Kreditablehnung durch mehrere Hausbanken: OLG Hamm, NZG 2001, 517; Veräußerung der Geschäftsanteile zu symbolischem Wert: OLG Frankfurt am Main, NZG 1999, 949 und KG, NJW 1990, 459, 460; 3 Jahre ständig wachsende Verluste: KG a. a. O.; Kreditgewährung nur gegen Gesellschaftersicherheit: OLG Frankfurt am Main NZG 2000, 549 und OLG München, NZG 1999, 603, sofern nicht banküblich (vgl. BGH, NJW 1988, 824: Tatfrage); hohe Verluste, unbefriedigender Auftragseingang, negativ verlaufende Bankverhandlungen, Aussetzen der Mietzahlungen: OLG Stuttgart, NZG 1998, 308, 310; Vollstreckungsmaßnahmen (BGH, ZInsO 2013, 1573, 1577, Tz. 30); Versendung von Stundungsschreiben an alle Gläubiger, Kassenpfändung, Kündigung aller Mitarbeiter: OLG München a. a. O. Kein ausreichendes Indiz für Kreditunwürdigkeit war die Kreditablehnung durch die Hausbank trotz entsprechender Sicherheiten nur wegen mangelndem Vertrauen in die Sanierungsbemühungen der Geschäftsführung (BGH, ZIP 1987, 1541). 158

159 **Unternehmensbezogene Indizien für Kreditwürdigkeit:** ausreichende Sicherheiten aus eigenem Vermögen (BGH, NJW 1985, 858); nicht voll ausgeschöpfte Kreditlinien (BGH, NJW 1995, 457, 459; OLG Dresden, NZG 1999, 347, 348); Neuvergabe von Krediten (OLG Celle, NZG 2001, 847, 848).

160 **Kreditbezogene Indizien für Kreditunwürdigkeit:** ungewöhnlich günstige Kreditbedingungen; Finanzierungsleistung von vornherein auf Krisenfinanzierung angelegt (BGH, NJW 1998, 1080), z. B. bei Kündigungsverzicht oder Rangrücktritt; keine Sicherheiten bei 5% Zinsen, verzögerter Zinsbeginn (OLG Celle, ZInsO 2000, 617); ungewöhnlich hohe Zinsen: 4% monatlich (OLG Düsseldorf, ZIP 1989, 586).

161 **Kreditbezogenes Indiz für Kreditwürdigkeit:** insb. hinreichend freies Gesellschaftsvermögen zur Besicherung (BGH, ZIP 2008, 218).

dd) Überlassungsunwürdigkeit

162 Bei kapitalersetzender Nutzungsüberlassung wurde anstelle der Kreditunwürdigkeit auf die **Überlassungsunwürdigkeit** abgestellt (BGH, ZInsO 2013, 1759, 1761, Tz. 13 m. w. N.). Überlassungsunwürdigkeit wird angenommen, wenn ein außenstehender Dritter als ordentlicher Kaufmann der Gesellschaft die Nutzung des überlassenen Gegenstandes nicht oder nicht weiter überlassen hätte (BGH, a. a. O.). Unabhängig davon lag auch bei der kapitalersetzenden Nutzungsüberlassung bei Insolvenzreife (vgl. Rdn. 48) immer eine Krise i. S. d. § 32a Abs. 1 GmbHG a. F. vor (BGH a. a. O.). Für die Bestimmung der Überlassungsunwürdigkeit hat die Rspr. auf die Bonität der Gesellschaft als Mieter oder Pächter und nicht darauf abgestellt, ob der vereinbarte Miet- oder Pachtzins für den Vermieter oder Verpächter günstig war (BGH a. a. O.).

163 Hinsichtlich der Überlassungsunwürdigkeit ist zwischen **Standardwirtschaftsgütern** und **Spezialwirtschaftsgütern** zu **differenzieren**. Bei Vermietung, Verpachtung usw. von Standardwirtschaftsgütern war i. d. R. von Überlassungswürdigkeit auszugehen, wenn die Gesellschaft das laufende Nutzungsentgelt zahlen und evtl. Schäden an den überlassenen Sachen ausgleichen konnte (BGHZ 109, 55, 63 = NJW 1990, 516). Hingegen kam es bei Spezialwirtschaftsgütern darauf an, ob der Vermieter, Verpächter usw. die begründete Aussicht hat, über die vorgesehene Vertragsdauer hinweg rgm. einen die Investitionskosten zuzüglich eines angemessenen Gewinns deckenden Mietzins (BGHZ 121, 31, 40 f. = NJW 1993, 392) oder zumindest die Veränderungskosten bei Umnutzung (OLG Düsseldorf, GmbHR 1997, 353, 355) zu erhalten. Dies war zu verneinen, wenn die Gesellschaft von dritter Seite kein entsprechendes Investitionsdarlehen mehr erhalten hätte, mit dem sie den betreffenden Gegenstand selbst hätte erwerben können (BGHZ 109, 55, 64 = NJW 1990, 516). Damit kam die Überlassungsunwürdigkeit bei Spezialwirtschaftsgütern der Kreditunwürdigkeit gleich (so auch v. Gerkan/Hommelhoff-Haas/Dittrich, Handbuch des Kapitalersatzrechts, Rn. 8.26).

d) Einschränkungen des alten Kapitalersatzrechts

aa) Freistellung von Kleinbeteiligten

(1) Allgemeines

164 Gem. § 32a Abs. 3 Satz 2 GmbHG a. F. galt das alte Kapitalersatzrecht bei der **GmbH** nicht für Gesellschafter, die mit 10% oder weniger am Stammkapital beteiligt und nicht geschäftsführend tätig waren. Die Regelung war durch das Kapitalaufnahmeerleichterungsgesetz (KapAEG) **mit Wirkung v. 24.04.1998** in das Gesetz gekommen und nur auf Fälle ab diesem Datum anwendbar, d. h. ältere Darlehen usw. von Kleinbeteiligten bleiben ggf. eigenkapitalersetzend (BGH, NJW 2001, 1490, 1491; ZIP 2005, 1638; **a. A.** ArbG Dresden, GmbHR 2002, 1068, 1070 f.; vgl. zu einer Zwischenbilanz der Neuregelung Pentz, GmbHR 2004, 529). Über die Verweisung in §§ 129a, 172a HGB a. F. galt das Kleinbeteiligungsprivileg auch bei der **OHG und KG**, wenn kein persönlich haftender Gesellschafter eine natürliche Person war. Zur Anwendung des Kleinbeteiligungsprivilegs

bei der GmbH & Co. KG vgl. Rdn. 77. Bei der **AG** gilt **grds.** die **25 %-Grenze** (vgl. Rdn. 6, dort auch zu Ausn.).

Die Freistellung **galt für die Novellen- wie für die Rechtsprechungsregeln** (Scholz-K. Schmidt §§ 32a, 32b GmbHG Rn. 189; Roth/Altmeppen § 32a GmbHG Rn. 7; Michalski-Heidinger §§ 32a/b GmbHG Rn. 210). Sie galt nicht nur bei Gesellschafterdarlehen, sondern **auch bei gleichgestellten Leistungen** (vgl. Rdn. 28 ff., z. B. Nutzungsüberlassung) und **gleichgestellten Personen** (vgl. Rdn. 36 ff., z. B. Treugeber; Michalski-Heidinger §§ 32a, b GmbHG Rn. 210, 212 m. w. N.). Bei gleichgestellten Dritten war der unternehmerische Einfluss entsprechend zu bewerten. 165

(2) **10 %-Grenze**

Hinsichtlich der **10 %-Grenze** kam **ggf.** eine **Zusammenrechnung von Geschäftsanteilen** bei verbundenen Unternehmen, Treuhandverhältnissen, Stimmbindungen, koordinierter Kreditvergabe usw. in Betracht (vgl. BGH, ZIP 2007, 1407 zu koordinierter Kreditvergabe bzw. koordiniertem Stehenlassen in der Krise). Die Einzelheiten waren in der Literatur umstr. (ausführl. zu Fragen der Zusammenrechnung z. B. K. Schmidt, GmbHR 1999, 1269; Pentz, GmbHR 1999, 437; Riegger, FS Siegle, S. 229 ff.). Umgehungsversuche waren nach § 32 Abs. 3 Satz 1 GmbHG a. F. zu bewerten (Baumbach/Hueck-Fastrich § 32a GmbHG Rn. 18). Bei der **AG** galt **grds.** die **25 %-Grenze** (vgl. Rdn. 6, dort auch zu Ausn.). Zur Zusammenrechnung bei koordinierter Finanzierung bzw. koordiniertem Stehenlassen einer Hilfe durch mehrere Gesellschafter (in der AG) s. BGH, ZInsO 2005, 989. 166

(3) **Keine Geschäftsführung**

Eine Privilegierung wegen Kleinbeteiligung nach § 32a Abs. 3 Satz 2 GmbHG a. F. kam **nicht** in Betracht, **wenn** der Gesellschafter oder gleichgestellte Dritte »**geschäftsführend**« war. Neben der formellen Organstellung kamen insoweit auch andere Fälle einer geschäftsführenden Tätigkeit in Betracht, z. B. faktische Geschäftsführung (Scholz-K. Schmidt §§ 32a, 32b GmbHG Rn. 183; Baumbach/Hueck-Fastrich § 32a GmbHG Rn. 18) oder Handeln aufgrund »Generalvollmacht« (Wirksamkeit str., vgl. dazu Baumbach/Hueck-Zöllner § 35 GmbHG Rn. 36a m. w. N.), streitig für Handlungsbevollmächtigten und Prokuristen (dafür: Pentz, GmbHR 1999, 437, 444 f.; Riegger, FS Siegle, S. 229, 246; dagegen: Baumbach/Hueck-Fastrich a. a. O.); str. für weitgehende Weisungsrechte des Gesellschafters ggü. der Geschäftsführung. Maßgebend waren Art und Umfang der geschäftsführenden Tätigkeit (Tatfrage). 167

Veränderungen in der Beteiligungsquote bzw. der Geschäftsführung waren nach allg. Regeln zu behandeln, d. h. der Eintritt der Privilegierungsvoraussetzungen entsperrte bereits kapitalersetzend gewordene Leistungen nicht, während ein Wegfall der Privilegierungsvoraussetzungen zur Kapitalersatzbindung nach den Regeln für stehen gelassene Gesellschafterleistungen führen konnte (Goette/Kleindiek, Eigenkapitalersatzrecht in der Praxis, Rn. 118). 168

bb) **Anteilserwerb in der Krise (sog. Sanierungsprivileg)**

(1) **Allgemeines**

Erwarb ein Darlehensgeber in der Krise der Gesellschaft Geschäftsanteile zum Zweck der Überwindung der Krise, führte dies gem. § 32a Abs. 3 Satz 3 GmbHG a. F. für seine bestehenden oder neu gewährten Kredite nicht zur Anwendung der Regeln über den Eigenkapitalersatz. (sog. Sanierungsprivileg; ausführl. dazu v. Gerkan/Hommelhoff-Dauner/Lieb, Handbuch des Kapitalersatzrechts, Teil 4 S. 97–138). Die Regelung war durch das am 01.05.1998 in Kraft getretene Gesetz zur Kontrolle und Transparenz im Unternehmensbereich (KonTraG) eingeführt worden (ausführl. zum Sanierungsprivileg: Pentz, ZIP 2006, 1169). Das Sanierungsprivileg galt nur für Anteilserwerbe ab diesem Datum und entfaltete keine Rückwirkung (Pentz, a. a. O., S. 1173). Die Privilegierung des Sanierungsdarlehens endete nicht nur mit erfolgreichem Abschluss der Sanierung, sondern auch im Fall des Scheiterns der Sanierung, wenn der Kredit stehen gelassen wurde (ausführl. dazu v. Gerkan/ 169

Hommelhoff-Dauner/Lieb, Handbuch des Kapitalersatzrechts, Rn. 4.60 ff. m. w. N.; vgl. zum Wegfall des Sanierungsprivilegs bei Scheitern der Sanierung auch v. Gerkan, FS Röhricht, S. 105 ff., Goette, KTS 2006, 217, 230).

170 Das **Sanierungsprivileg** des § 32a Abs. 3 Satz 3 GmbHG a. F. **galt für das gesamte alte Kapitalersatzrecht**, also auch für einem Gesellschafter gleichgestellte Dritte bzw. andere Gesellschafterleistungen (z. B. eine Nutzungsüberlassung) und die sog. Rechtsprechungsregeln (BGH, ZInsO 2006, 148; ausführ. v. Gerkan/Hommelhoff-Dauner/Lieb, Handbuch des Kapitalersatzrechts, Rn. 4.21–4.27a m. w. N.), ferner entsprechend für andere Rechtsformen (v. Gerkan/Hommelhoff-Dauner/Lieb, Handbuch des Kapitalersatzrechts, Rn. 4.27 m. w. N.).

(2) **Anteilserwerb eines Neugesellschafters**

171 Privilegiert wurde der **Anteilserwerb eines Neugesellschafters** in der Krise mit dem Ziel der Sanierung. Ein allg. Sanierungsprivileg für Krisendarlehen bestand nicht. Das **Sanierungsprivileg galt nicht für Altgesellschafter bzw. diesen gleichgestellte Dritte**, d. h. die Bindungen des alten Kapitalersatzrechts konnten nicht durch Hinzuerwerb neuer Anteile aufgehoben werden (v. Gerkan/Hommelhoff-Dauner/Lieb, Handbuch des Kapitalersatzrechts, Rn. 4.46 f.; Scholz-K. Schmidt §§ 32a, 32b GmbHG Rn. 197; Michalski-Heidinger §§ 32a, b GmbHG Rn. 225). Dies galt nicht nur für Altkredite, sondern auch für Neukredite des Altgesellschafters bzw. diesem gleichgestellte Dritte (Michalski-Heidinger §§ 32a, b GmbHG Rn. 226; v. Gerkan/Hommelhoff-Dauner/Lieb, Handbuch des Kapitalersatzrechts, Rn. 4.51 ff.; **a. A.** Altmeppen, FS Siegle, S. 211, 220 f.; Pentz GmbHR 1999, 437, 449). Ausnahmsweise privilegiert war allerdings die Aufstockung einer vom Kapitalersatzrecht freigestellten Kleinbeteiligung (Baumbach/Hueck-Fastrich § 32a GmbHG a. F. Rn. 19; v. Gerkan/Hommelhoff-Dauner/Lieb, Handbuch des Kapitalersatzrechts, Rn. 4.48 f.; vgl. zur privilegierten Kleinbeteilung Rdn. 55 ff.). Der Anteilserwerb konnte auf der Übertragung bestehender Anteile oder auf einer Kapitalerhöhung beruhen; einem Anteilserwerb gleichzustellen war das Einrücken in die Position eines gleichgestellten Dritten i. S. d. § 32 Abs. 3 Satz 1 GmbHG a. F. (Scholz-K. Schmidt a. a. O.; Michalski-Heidinger §§ 32a, b GmbHG Rn. 225). Für das Sanierungsprivileg war nicht erforderlich, dass bereits vor dem Anteilserwerb eine Darlehensgewährung erfolgt war (OLG Düsseldorf, ZIP 2004, 508). Zur Anwendbarkeit des Sanierungsprivilegs auf Kreditinstitute als gesellschafterähnliche Darlehensgeber: Tillmann, DB 2006, 199.

(3) **Sanierungszweck**

172 Weitere Voraussetzung für das sog. Sanierungsprivileg war, dass der **Anteilserwerb zum Zweck der Überwindung der Krise** erfolgte (**sog. Sanierungszweck**). Der Sanierungszweck i. S. v. § 32a Abs. 3 Satz 3 GmbHG a. F. hatte eine objektive und eine subjektive Komponente. Objektive Voraussetzung war, dass nach der pflichtgemäßen Einschätzung eines objektiven Dritten im Augenblick des Anteilserwerbs die Gesellschaft objektiv sanierungsfähig war und die für ihre Sanierung konkret in Angriff genommenen Maßnahmen zusammen objektiv geeignet waren, die Gesellschaft in überschaubarer Zeit durchgreifend zu sanieren (BGH, ZInsO 2006, 148). Dies setzte rgm. ein dokumentiertes Sanierungskonzept voraus (BGH a. a. O.). Der subjektive Sanierungswille konnte bei einem Anteilserwerb und nachfolgender Darlehensgewährung in der Krise im Regelfall als selbstverständlich vermutet werden (BGH a. a. O.). Die Privilegierung hing weder vom tatsächlichen Eintritt des Sanierungserfolges, noch von den sonstigen Motiven des Anteilserwerbers ab (BGH a. a. O.).

cc) **Kapitalersatz bei gemeinschaftswidrigen EU-Beihilfen**

173 Die Rückzahlung gemeinschaftswidriger EU-Beihilfen konnte gem. § 135 a. F. angefochten werden, wohingegen Rückgewähransprüche analog §§ 30, 31 GmbHG a. F. wegen des Vorrangs des EU-Beihilferechts ausschieden (BGH, ZInsO 2007, 989; ausführ. zum Ganzen Cranshaw, DZWIR 2008, 89 und Kiethe, ZIP 2007, 1248). Auch Bereicherungsansprüche der öffentlichen Hand als Gesellschafter, die aus einer wegen Verstoßes gegen EU-Beihilferecht nichtigen Darlehenshingabe

resultierten, konnten durch Stehenlassen in der Krise eigenkapitalersatzrechtlich verstrickt werden (BGH a.a.O., S. 994). Zur Anmeldung des beihilferechtlichen Rückforderungsanspruchs zur Insolvenztabelle BGH, ZInsO 2007, 986.

dd) Unternehmensbeteiligungsgesellschaften (UBG)

Eine weitere Einschränkung des Kapitalersatzrechts enthält das Gesetz über Unternehmensbeteiligungsgesellschaften (UBGG), das allerdings nur für behördlich anerkannte Unternehmensbeteiligungsgesellschaften i. S. d. § 1 UBGG gilt. Die Unternehmensbeteiligungsgesellschaft (UBG) ist eine Sonderform der Kapitalbeteiligungsgesellschaft zur Verbesserung der Mittelstandsfinanzierung, insb. durch Wagniskapital. Hatte ein an einer solchen UBG beteiligter Gesellschafter einer Gesellschaft, an der die UBG ihrerseits beteiligt war, ein Darlehen gewährt oder eine andere wirtschaftlich entsprechende Rechtshandlung vorgenommen, fanden die Eigenkapitalersatzregeln gem. § 24 UBGG insoweit keine Anwendung. Die Befreiung vom Eigenkapitalersatzrecht galt jedoch nicht für Darlehen und gleichgestellte Leistungen der UBG selbst. Ausführlich zum Ganzen: Fock § 24 UBGG m. w. N.

174

e) Anfechtbare Rechtshandlungen

Anfechtbar waren nach § 135 a. F. Rechtshandlungen (vgl. zum Begriff § 129 Rdn. 2 ff.), die dem Gläubiger **innerhalb der in Nr. 1 a. F. und 2 a. F. genannten Zeiträume** eine **Sicherung oder Befriedigung** gewährt hatten. Die Rechtshandlung musste nicht vom Schuldner vorgenommen sein, ausreichend waren z. B. auch Aufrechnungen des Gläubigers oder Zwangsvollstreckungsmaßnahmen (vgl. § 129 Rdn. 18 ff.).

175

aa) Sicherung (Nr. 1 a. F.)

Anfechtbar nach Nr. 1 a. F. war eine Rechtshandlung, die einem Eigenkapitalersatzgläubiger **in den letzten 10 Jahren vor dem Insolvenzantrag oder danach** eine Sicherung gewährt hatte. Erfasst wurden **alle Arten von Sicherheiten** (Löwisch Eigenkapitalersatzrecht, Rn. 259), z. B. Sicherungsübereignungen/-abtretungen, Pfandrechte einschließlich Grundpfandrechten und Sicherungshypothek usw., jedoch auch Zurückbehaltungsrechte. Eine Sicherung war in dem vorgenannten Zeitrahmen auch anfechtbar, wenn die besicherte Forderung erst nach der Sicherheitengewährung durch sog. Stehenlassen (vgl. Rdn. 16 ff.) kapitalersetzend geworden war (OLG München, ZInsO 2002, 538; Scholz-K. Schmidt §§ 32a, 32b GmbHG Rn 73).

176

Darüber hinaus besteht ein **Freigabeanspruch** des Insolvenzverwalters gegen den Gesellschafter auf Freigabe der Sicherheit aus dem Sicherungsvertrag, wenn feststeht, dass der Gesellschafter auf eine besicherte nachrangige Forderung gem. § 39 Abs. 1 Nr. 5 wegen Höhe der nicht nachrangigen Insolvenzforderungen (§ 38) keinerlei Zahlung erwarten kann und sich der Sicherungszweck dadurch weggefallen ist (BGH, ZInsO 2009, 5030, 532, Tz. 17).

bb) Befriedigung (Nr. 2 a. F.)

Anfechtbar nach Nr. 2 a. F. war eine Rechtshandlung, die einem Eigenkapitalersatzgläubiger im Jahr vor dem Insolvenzantrag oder danach Befriedigung gewährt hatte.

177

Der Begriff der Befriedigung umfasst die Erfüllung und alle Erfüllungssurrogate; unter Nr. 2 a. F. fielen z. B. auch Leistungen an Erfüllungsstatt oder erfüllungshalber, die Aufrechnung oder die Verwertung einer Sicherheit aus dem Gesellschaftsvermögen (BGH, NJW 1992, 166; OLG Köln, GmbHR 2008, 1098; Scholz-K. Schmidt §§ 32a, 32b GmbHG Rn. 70). Die einvernehmliche Aufhebung einer sog. harten Patronatserklärung stellt wegen ihrer Rechtsnatur als aufschiebend bedingtes Darlehensversprechen eine Befriedigung des Patrons dar (OLG München, ZInsO 2004, 1040, 1043; dazu Paul, ZInsO 2004, 1327 und Tetzlaff, EWiR 2005, 31).

178

179 Hinsichtlich der Jahresfrist war auf den Zeitpunkt der Erfüllung abzustellen (§ 140 Abs. 1). Lag die Befriedigung weiter zurück, kam ein Erstattungsanspruch analog §§ 30, 31 GmbHG a. F. nach den sog. Rechtsprechungsregeln in Betracht, der keiner zeitlichen Begrenzung unterlag, jedoch analog § 31 Abs. 5 Satz 1 in 10 Jahren verjährte, wobei die Verjährung bei Eröffnung des Insolvenzverfahrens nicht vor Ablauf von 6 Monaten ab Verfahrenseröffnung eintrat (§§ 31 Abs. 5 Satz 2, 19 Abs. 6 Satz 2 GmbHG analog).

180 Voraussetzung für die Anfechtung der Befriedigung war anders als bei Nr. 1 a. F., dass die getilgte Forderung zum Zeitpunkt der Befriedigung bereits eigenkapitalersetzend war (Uhlenbruck-Hirte § 135 a. F. Rn. 38; **a. A.** OLG Rostock, OLGReport 2004, 238). Nr. 2 a. F. begründete eine unwiderlegliche Vermutung dafür, dass ein Darlehen, das bei Gewährung eigenkapitalersetzenden Charakter hatte, diese Funktion auch noch im Zeitpunkt der Rückzahlung hatte, wenn es innerhalb eines Jahres nach diesem Zeitpunkt zum Insolvenzantrag gekommen war (BGH, ZInsO 2006, 466; BGHZ 90, 370 = NJW 1984, 1891, 1893; OLG Hamm, DZWIR 2004, 388). Dem Gesellschafter war im Interesse eines effektiven Gläubigerschutzes der Einwand abgeschnitten, dass im Rückzahlungszeitpunkt das Stammkapital der Gesellschaft nachhaltig wiederhergestellt und damit die Durchsetzungssperre für das Darlehen entfallen war (BGH a. a. O.).

181 Nicht nach § 135 a. F. Nr. 2, sondern nach § 32b GmbHG a. F. anfechtbar war die Befriedigung einer eigenkapitalersetzend besicherten Drittforderung (vgl. Rdn. 85 ff.).

f) Gläubigerbenachteiligung

182 § 135 a. F. setzte wie die anderen Insolvenzanfechtungstatbestände eine Gläubigerbenachteiligung gem. § 129 Abs. 1 voraus (BGHZ 105, 168, 171 = NJW 1988, 3143, 3148). Die Gläubigerbenachteiligung entfiel, wenn der Gesellschafter die erhaltenen Beträge an die Gesellschaft zurückzahlte, um die ursprüngliche Vermögenslage wiederherzustellen (BGH, NZI 2013, 804). Näher oben Rdn. 34.

2. Rechtsfolgen der Anfechtung

183 Infolge der Anfechtung war die gewährte Sicherung bzw. die gewährte Befriedigung nach Maßgabe des § 143 Abs. 1 an die Insolvenzmasse zurückzugewähren. Der anfechtungsrechtliche Rückgewähranspruch war grds. auf Rückgewähr in Natur und nicht auf Wertersatz gerichtet; ein Anspruch auf Wertersatz setzte gem. § 143 Abs. 1 Satz 2 i. V. m. §§ 819 Abs. 1, 818 Abs. 4, 292, 989 BGB Verschulden oder gem. §§ 278 Abs. 2, 990 Abs. 2 BGB Verzug voraus (vgl. § 143 Rdn. 57 ff.). Demgegenüber umfasste die Eigenkapitalersatzhaftung nach den sog. Rechtsprechungsregeln rgm. auch den Ersatz einer etwaigen Wertminderung des weggegebenen Vermögensgegenstands bis zur Höhe der Stammkapitalziffer, es sei denn, die Wertminderung wäre auch eingetreten, wenn sich der Gegenstand noch im Vermögen der Gesellschaft befunden hätte (BGH, ZIP 2008, 922). Ausführlich zu einem Rechtsfolgenvergleich, auch in der Insolvenz des Leistungsempfängers, Haas, ZIP 2006, 1373, 1379 f.

184 Der Anspruch auf Rückgewähr der gewährten Sicherung ist i. d. R. auf Aufhebung der Sicherung gerichtet (Scholz-K. Schmidt §§ 32a, 32b GmbHG Rn. 72). Der Anspruch auf Rückgewähr der gewährten Befriedigung war anders als der Erstattungsanspruch analog §§ 30, 31 GmbHG a. F. (sog. Rechtsprechungsregeln) der Höhe nach nicht auf die Wiederherstellung des satzungsmäßigen Kapitals beschränkt, er richtete sich vielmehr in voller Höhe auf Rückgewähr des zur Befriedung der eigenkapitalersetzenden Forderung Geleisteten (Scholz-K. Schmidt §§ 32a, 32b GmbHG Rn. 70), einschließlich ggf. geleisteter Zinsen (BGHZ 67, 171, 179 f. = NJW 1997, 104, 106) bzw. sonstiger Nebenforderungen.

185 Nach erfolgter Rückgewähr lebt die Forderung des Gesellschafters bzw. gleichgestellten Dritten gem. § 144 Abs. 1 wieder auf und nimmt als nachrangige Forderung nach Maßgabe der §§ 39 Abs. 1 Nr. 5, 174 Abs. 3 am Insolvenzverfahren teil (§ 144 Abs. 2 Satz 2). Im Insolvenzplanverfahren gilt sie als erlassen, wenn der Insolvenzplan nichts anderes regelt (§ 225 Abs. 1).

Der Anfechtungsanspruch aus § 135 verjährt gem. § 146 Abs. 1 i. V. m. §§ 195, 199 Abs. 1 BGB innerhalb von 3 Jahren ab Anspruchsentstehung und Kenntnis bzw. grob fahrlässiger Unkenntnis, beginnend frühestens mit Verfahrenseröffnung (näher § 146 Rdn. 3 ff.). Als Einrede kann der Insolvenzverwalter dem Gesellschafter den Eigenkapitalersatzeinwand gem. § 146 Abs. 2 auch darüber hinaus entgegenhalten (BGH, ZInsO 2009, 1060, 1063, Tz. 34 ff.). 185a

III. Besonderheiten bei Eigenkapitalersatz in der GmbH & Co. KG

1. Allgemeines

Auf die GmbH & Co. KG waren **sowohl** die **Novellenregeln** (vgl. § 172a HGB a. F.) **als auch** die **Rechtsprechungsregeln** (st. Rspr. seit BGHZ 67, 171 = NJW 1997, 104) anwendbar. Infolgedessen waren auch die Befriedigung bzw. Besicherung kapitalersetzender Leistungen bei der GmbH & Co. KG nach § 135 a. F. anfechtbar (Löwisch Eigenkapitalersatzrecht, Rn. 180 ff. Zur Anwendung des Eigenkapitalersatzrechts auf die sog. gesetzestypische KG vgl. Rdn. 10. 186

2. Erfasste Gesellschafter bzw. gleichgestellte Dritte

Erfasst wurden zunächst Darlehen bzw. gleichgestellte Leistungen der **Gesellschafter der Komplementär-GmbH** und der **Kommanditisten** (vgl. § 172a HGB a. F.), auch wenn Letztere nur als Kommanditisten und nicht zugleich an der GmbH beteiligt waren (BGHZ 110, 342 = NJW 1990, 1725). Ferner wurden über den Wortlaut des § 172a HGB a. F. hinaus auch Darlehen bzw. gleichgestellte Leistungen der **Komplementär-GmbH** selbst erfasst (Scholz-K. Schmidt §§ 32a, 32b GmbHG Rn. 209; v. Gerkan/Hommelhoff-v. Gerkan, Handbuch des Kapitalersatzrechts, Rn. 10.18; a. A. Staub/Habersack § 129a HGB Rn. 11; Baumbach-Hopt § 172a HGB Rn. 5). 187

Dritte wurden gem. § 172a HGB a. F., § 32a Abs. 3 Satz 1 GmbHG a. F. gleichgestellt, wenn ihre Position wirtschaftlich der eines Gesellschafters entsprach (vgl. Rdn. 36 ff.). 188

Hinsichtlich des Kleinbeteiligungsprivilegs (§ 172a HGB a. F., § 32a Abs. 3 Satz 2 GmbHG a. F.) war auf die Beteiligung an der KG abzustellen, wobei Kommanditanteile und eine Beteiligung an der Komplementär-GmbH zusammenzurechnen waren, wenn diese am Kapital der KG beteiligt ist (Scholz-K. Schmidt §§ 32a, 32b GmbHG Rn. 210; wohl auch Michalski-Heidinger §§ 32a, b GmbHG Rn. 247; a. A. v. Gerkan/Hommelhoff-v. Gerkan, Handbuch des Kapitalersatzrechts, Rn. 3.24a: 10 %-Beteiligung an KG oder GmbH ausreichend). Entsprechendes galt auch für das Sanierungsprivileg (§ 172a HGB a. F., § 32a Abs. 3 Satz 3 GmbHG a. F.), d. h. maßgebend war entweder der Erwerb einer Kommanditbeteiligung oder der Erwerb eines Geschäftsanteils an der Komplementär-GmbH, wenn diese am Kapital der KG beteiligt war (str.). 189

3. Sonstige Voraussetzungen

Hinsichtlich der sonstigen Anfechtungsvoraussetzungen nach § 135 a. F. gab es bei der GmbH & Co. KG keine Besonderheiten. Demgegenüber war hinsichtl. des Erstattungsanspruchs analog §§ 30, 31 GmbHG a. F. nach den sog. Rechtsprechungsregeln zu beachten, dass der Erstattungsanspruch nur insoweit bestand, als durch die unzulässige Rückzahlung in der KG bei der GmbH das zur Erhaltung des Stammkapitals erforderliche Vermögen angegriffen wurde (BGHZ 76, 326, 336 = NJW 1980, 1524; BGHZ 110, 342, 357 = NJW 1990, 1725). Dies konnte der Fall sein, wenn die GmbH mit Blick auf ihre persönliche Haftung Rückstellungen bilden musste, ohne den Rückgriffsanspruch gem. §§ 161 Abs. 1, 110 HGB wegen des Mittelabflusses bei der KG entsprechend aktivieren zu können (BGHZ 110, 342, 357 = NJW 1990, 1725) bzw. auch eine etwaige Beteiligung der GmbH an der KG durch den dortigen Mittelabfluss an Wert verlor (BGHZ 60, 324, 329 = NJW 1973, 1036). 190

4. Rechtsfolgen der Anfechtung

191 Hinsichtlich der Rechtsfolgen der Anfechtung nach § 135 a. F. gab es bei der GmbH & Co. KG keine Besonderheiten. Allerdings war hinsichtl. des Erstattungsanspruchs analog §§ 30, 31 GmbHG a. F. nach den sog. Rechtsprechungsregeln anerkannt, dass die Ausfallhaftung des § 31 Abs. 3 GmbHG nicht für sog. Nur-Kommanditisten galt; sie galt jedoch für Mitgesellschafter der Komplementär-GmbH, wenn der Leistungsempfänger (auch) Gesellschafter der GmbH war (Scholz-K. Schmidt §§ 32a, 32b GmbHG Rn. 214; v. Gerkan/Hommelhoff-v. Gerkan, Handbuch des Kapitalersatzrechts, Rn. 10.14).

192 Die Rückgewähr eigenkapitalersetzender Mittel an einen Kommanditisten konnte auch zum Wiederaufleben der Außenhaftung nach § 172 Abs. 4 HGB führen (vgl. dazu v. Gerkan/Hommelhoff-v. Gerkan, Handbuch des Kapitalersatzrechts, Rn. 10.23 ff.).

IV. Exkurs: Finanzplankredite

193 Keine eigenständige Figur des alten Kapitalersatzrechts waren die sog. Finanzplankredite (BGHZ 142, 116 = ZInsO 1999, 529; ausführl. dazu v. Gerkan/Hommelhoff-Dauner/Lieb, Handbuch des Kapitalersatzrechts, Rn. 9.1 ff.). Hierunter werden in Anknüpfung an die Rspr. zur sog. gesplitteten Einlage (vgl. dazu BGHZ 104, 33, 38 f. = NJW 1988, 1841) Kredite verstanden, die einlagenähnlich sind, da bzw. wenn die Finanzplanung der Gesellschaft von vornherein auf einer Kombination von Einlagen im engeren Sinn und Gesellschafterdarlehen beruht (vgl. BGHZ 142, 116, 121 = ZInsO 1999, 529; BGHZ 104, 33, 38 = NJW 1988, 1841).

194 Bereits **valutierte Finanzplankredite** wurden bei Kriseneintritt unmittelbar eigenkapitalersetzend, ohne dass es eines sog. Stehenlassens bedurfte, d. h. ohne dass es etwa auf die Erkennbarkeit der Krise bzw. den Ablauf der Überlegungsfrist (vgl. Rdn. 20 f.) ankam (BGHZ 142, 116, 120 = ZInsO 1999, 529). Zum Eigenkapitalersatz von Gesellschafterbürgschaften bei systematischer Fremdfinanzierung OLG Schleswig, ZInsO 2002, 1086.

195 Inwieweit ein Gesellschafter verpflichtet war, **zugesagte**, jedoch noch **nicht valutierte Finanzplankredite** der Gesellschaft in der Krise oder sogar im Insolvenzverfahren noch zur Verfügung zu stellen, richtete sich nach dem Inhalt und Fortbestand der zwischen den Gesellschaftern untereinander oder mit der Gesellschaft auf satzungsrechtlicher oder schuldrechtlicher Grundlage getroffenen Vereinbarungen (BGHZ 142, 116 = ZInsO 1999, 529). Zur Nachschusspflicht bei sog. milestone payments im Insolvenzfall Weisser, GmbHR 2004, 1370.

196 Dem sog. Finanzplankredit entsprach hinsichtl. Nutzungsüberlassungen die sog. **Finanzplannutzung** (Michalski-Heidinger §§ 32a, b GmbHG Rn. 400).

V. Insolvenzanfechtung gem. § 32b GmbHG a. F.

1. Allgemeines

197 Nicht in § 135 a. F., sondern in § 32b GmbHG a. F. war die Insolvenzanfechtung wegen **Rückgewähr eigenkapitalersetzend besicherter Drittdarlehen** geregelt (ausführl. zum Eigenkapitalersatz bei gesellschafterbesicherten Drittdarlehen v. Gerkan/Hommelhoff-Fleischer, Handbuch des Kapitalersatzrechts, Rn. 6.1 ff.). Das eigenkapitalersetzend besicherte Dritt- oder Fremddarlehen, z. B. das vom Gesellschafter in der Krise verbürgte Bankdarlehen, stand wirtschaftlich einem eigenkapitalersetzenden Gesellschafterdarlehen gleich (vgl. § 32a Abs. 2 GmbHG). Dass es sich bei § 32b GmbHG a. F. um einen Insolvenzanfechtungstatbestand handelte, war allgemein anerkannt (vgl. z. B. Scholz-K. Schmidt §§ 32a, 32b GmbHG Rn. 167 Uhlenbruck-Hirte § 135 a. F. Rn. 44) und ergab sich auch aus der klarstellenden Anordnung in § 32b Satz 1 Halbs. 1 GmbHG a. F., dass für die Verjährung § 146 entsprechend galt.

198 Daneben galten auch bei eigenkapitalersetzend besicherten Drittdarlehen die **sog. Rechtsprechungsregeln** analog §§ 30, 31 GmbHG a. F. fort (BGH, ZIP 1985, 158). § 32b GmbHG a. F. fand

in dem oben dargestellten Umfang (vgl. Rdn. 99 ff.) analog Anwendung auf andere Rechtsformen außerhalb der GmbH.

Der eigenkapitalersetzende Charakter einer Sicherheit eines Gesellschafters oder eines gleichgestellten Dritten führte also dazu, dass der Gesellschafter bzw. der gleichgestellte Dritte Darlehensrückzahlungen sowohl analog §§ 30, 31 GmbHG a. F., als auch im Wege einer Anfechtung gem. § 32b GmbHG a. F. zu erstatten hatte (BGH, NZI 2007, 418, 420). 199

Nach den sog. Rechtsprechungsregeln hatten die Gesellschaft bzw. der Insolvenzverwalter i. Ü. analog § 30 Abs. 1 GmbHG a. F. einen entsprechenden **Freistellungsanspruch** gegen den Gesellschafter bzw. den gleichgestellten Dritten (BGH, ZInsO 2011, 1774, 1776, Tz. 16; BGH, NJW 1992, 1166; ausführl. dazu Thonfeld, Eigenkapitalersetzende Gesellschaftersicherheiten und der Freistellungsanspruch der Gesellschaft). Die Unterlassung der Geltendmachung des Freistellungs- bzw. Erstattungsanspruchs durch die Gesellschaft konnte ihrerseits anfechtbar sein (BGH, ZInsO 2006, 140 zu § 6 AnfG). 200

2. Anfechtungsvoraussetzungen

Die Insolvenzanfechtung nach § 32b GmbHG a. F. setzte voraus, dass im letzten Jahr vor dem Insolvenzantrag oder danach ein **eigenkapitalersetzend verbürgtes oder sonst wie** (z. B. durch Sicherungsübereignung/-abtretung, Pfandrechte einschließlich Grundpfandrechten usw.) **eigenkapitalersetzend besichertes Drittdarlehen** von der Gesellschaft zurückgezahlt worden war. Entsprechendes galt für ein durch einen (stehen gelassenen) Schuldbeitritt eigenkapitalersetzend »besichertes« Darlehen (OLG München, ZIP 2006, 1350; vgl. zur stehen gelassenen Bürgschaft OLG Köln, ZInsO 2011, 205). Die Eigenkapitalersatzbindung setzte voraus, dass die **Sicherheit wirksam** bestand (BGH, ZIP 2008, 218; ZIP 2000, 1523). Hingegen steht die Vermögenslosigkeit des bürgenden Gesellschafters Anwendbarkeit des Eigenkapitalersatzrechts nicht entgegen (OLG Düsseldorf, GmbHR 2009, 1099). Die übrigen Voraussetzungen der Eigenkapitalersatzhaftung, d. h. Gesellschafterstellung, gleichgestellte Dritte, Krise usw., entsprachen denen bei § 135 a. F. Nach OLG München u. U. Einschränkungen bei rein projektbezogener Sicherheitenbestellung für künftiges Bauvorhaben und unabhängig von der Finanzlage der Gesellschaft (OLG München, GmbHR 2011, 928, mit teilw. krit. Anm. Blöse; zweifelh.) 201

Rückzahlung i. S. d. § 32b GmbHG a. F. war jede Rechtshandlung i. S. d. §§ 129 ff., die zur Befriedigung des Gläubigers und zum Freiwerden des Gesellschafters von seiner Bürgschaft bzw. der sonstigen Sicherheit führt (Scholz-K. Schmidt §§ 32a, 32b GmbHG Rn. 170; Uhlenbruck-Hirte § 135 a. F. Rn. 46), z. B. auch die Aufrechnung oder Verwertung einer von der Gesellschaft gestellten Sicherheit (vgl. BGH, NJW 1988, 824, sog. Doppelsicherung). Wurde die Sicherheit nicht frei, bestand auch kein Erstattungsanspruch (vgl. Rdn. 92). Bei **sog. Doppelsicherung** aus dem Gesellschafts- und dem Gesellschaftervermögen, hatte der **Gläubiger** ein **Wahlrecht**, auch zuerst die Gesellschaftssicherheit in Anspruch zu nehmen (BGH, ZIP 1985, 158; **a. A.** Scholz-K. Schmidt §§ 32a, 32b GmbHG Rn. 163). Zum **Freistellungsanspruch** gegen den Gesellschafter vgl. Rdn. 87. 202

Tilgte ein Gesellschafter eine gegen ihn bestehende Darlehensforderung der GmbH durch Überweisung auf ein Bankkonto der Gesellschaft, für das er eine eigenkapitalersetzende Bürgschaft übernommen hatte, lag in der mit dem Zahlungsvorgang verbundenen Verminderung der Bürgschaftsschuld zugleich eine unzulässige Einlagenrückgewähr gem. § 30 Abs. 1 GmbHG a. F. (BGH, ZIP 2005, 659). 203

Die weitere Besicherung des Drittgläubigers aus dem Gesellschaftsvermögen stand der Rückzahlung nur gleich, wenn im gleichen Zuge der Gesellschafter befreit wurde. Soweit die Gesellschaftersicherheit trotz teilweiser Befriedigung des Drittgläubigers nicht frei wurde, sondern dem Drittgläubiger weiter haftete, bestand auch kein Anfechtungsrecht nach § 32b GmbHG a. F. bzw. auch kein Erstattungsanspruch analog §§ 30, 31 GmbHG a. F. (vgl. BGH, NJW 1990, 2260). 204

205 Die **Jahresfrist** vor dem Insolvenzantrag bemaß sich nach §§ 139, 140. »Rechtliche Wirkung« i. S. d. § 140 ist nach der ratio legis das Freiwerden der Gesellschaftersicherheit, das rgm. mit Rückgewähr des Drittdarlehens erfolgt. Lag die Rückzahlung weiter zurück, kam ein Erstattungsanspruch analog §§ 30, 31 GmbHG a. F. nach den sog. Rechtsprechungsregeln in Betracht, der keiner zeitlichen Begrenzung unterlag, jedoch analog § 31 Abs. 5 Satz 1 GmbHG in 10 Jahren verjährte, wobei die Verjährung bei Eröffnung des Insolvenzverfahrens nicht vor Ablauf von 6 Monaten ab Verfahrenseröffnung eintrat (§§ 31 Abs. 5 Satz 2, 19 Abs. 6 Satz 2 GmbHG analog).

3. Rechtsfolgen der Anfechtung

206 Infolge der Anfechtung hatte der Gesellschafter bzw. gleichgestellte Dritte den »**zurückgezahlten Betrag**« zu erstatten, jedoch gem. § 32b Satz 2 GmbHG a. F. nur **bis zur Höhe der Bürgschaft bzw. des Werts der sonstigen Gesellschaftersicherheit** und ferner nur **soweit** der Bürge oder die gestellte **Sicherheit durch die Rückzahlung frei geworden** war (BGH, NJW 1990, 2260). Maßgebend für die Höhe des Erstattungsanspruchs war, inwieweit die Gesellschaftersicherheit durch die anfechtbare Rechtshandlung frei wurde (BGH, ZInsO 2009, 1774, 1776, Tz. 17 ff. zu §§ 30, 31 GmbHG a. F. analog).

207 Der Erstattungsanspruch umfasste auch **Nebenforderungen** wie Zinsen usw., wenn die Bürgschaft oder sonstige Sicherheit sich darauf erstreckt hatte (Scholz-K. Schmidt §§ 32a, 32b GmbHG Rn. 172; Baumbach/Hueck-Fastrich § 32a GmbHG a. F. Rn. 4; v. Gerkan/Hommelhoff-Fleischer, Handbuch des Kapitalersatzrechts, Rn. 6.56).

208 Der Bürge konnte sich hinsichtl. des Umfangs der Bürgschaft nicht auf die sog. Anlassrechtsprechung des BGH berufen, auch wenn er erst nach Bürgschaftsübernahme Gesellschafter geworden war, falls er aufgrund seiner faktischen Stellung bereits vorher in der Lage war, den Umfang der Kreditaufnahme zu bestimmen (OLG Zweibrücken, GmbHR 2002, 740).

209 Das Gesetz sah eine **Ersetzungsbefugnis** vor, d. h. der Gesellschafter bzw. gleichgestellte Dritte wird von der Erstattungspflicht frei, wenn er dem Drittgläubiger den Sicherungsgegenstand zur Verfügung stellt (§ 32b Satz 3 GmbHG a. F.). Ein Anspruch der Gesellschaft auf Übertragung der nicht verbrauchten Gesellschaftersicherheiten zur Sicherung ihres Erstattungsanspruchs bestand nicht (BGH, NJW 1986, 429).

210 Da es sich bei § 32b GmbHG a. F. um einen Anfechtungsanspruch handelte (vgl. Rdn. 85), galten auch §§ 143 bis 145, ebenso die **Verjährungsfrist** des § 146. Der Anfechtungsanspruch aus § 32b GmbHG a. F. verjährte gem. § 146 Abs. 1 i. V. m. §§ 195, 199 Abs. 1 BGB innerhalb von 3 Jahren ab Anspruchsentstehung und Kenntnis bzw. grob fahrlässiger Unkenntnis, beginnend frühestens mit Verfahrenseröffnung (näher § 146 Rdn. 3 ff.). Als Einrede konnte der Insolvenzverwalter dem Gesellschafter den Eigenkapitalersatzeinwand gem. § 146 Abs. 2 auch darüber hinaus entgegenhalten (BGH, ZInsO 2009, 1060, 1063, Tz. 34 ff., näher zu Verjährungsfragen bei § 32b GmbHG a. F. Kellner/Lind, ZInsO 2006, 413).

Hingegen galt für den parallelen Erstattungsanspruch nach den Rechtsprechungsregeln im Grundsatz eine die 5-jährige und bei sog. böslicher Handlungsweise analog § 31 Abs. 5 GmbHG a. F. eine 10-jährige Verjährungsfrist (BGH, ZInsO 2013, 780, 783, Tz. 28). Seit dem Verjährungsanpassungsgesetz vom 01.12.2004 galt generell eine 10-jährige Frist analog § 31 Abs. 5 GmbHG a. F. (BGH, ZInsO 2011, 1470; zum Begriff der böslichen Handlungsweise i. S. d. § 31 Abs. 5 GmbHG a. F. vgl. BGH, ZInsO 2013, 2436, 2438, Tz. 36). Die Verjährung begann hier frühestens mit der Verwertung der Sicherheit als dem Zeitpunkt der Auszahlung (BGH, ZInsO 2011, 1774, 1776, Tz. 22).

Nach erfolgter Erstattung lebte die Forderung des Gesellschafters bzw. des gleichgestellten Dritten gem. § 144 Abs. 1 wieder auf und nahm als nachrangige Forderung nach Maßgabe der §§ 39 Abs. 1 Nr. 5, 174 Abs. 3 am Insolvenzverfahren teil (§ 144 Abs. 2 Satz 2). Im Insolvenzplanverfahren galt sie als erlassen, wenn der Insolvenzplan nichts anderes regelte (§ 225 Abs. 1).

VI. Verfahrensfragen

1. Gerichtsstand

Die sachliche Zuständigkeit des Prozessgerichts bestimmt sich nach dem Streitwert (§§ 23 Nr. 1, 71 Abs. 1 GVG). Neben dem **allg. Gerichtsstand** gem. §§ 12, 17 ZPO, dem Wohnsitz bzw. Sitz des Gesellschafters oder gleichgestellten Dritten, sind für Eigenkapitalersatzklagen sowohl nach den alten Novellenregeln, als auch nach den alten Rechtsprechungsregeln die **besonderen Gerichtsstände** der Mitgliedschaft gem. § 22 ZPO (OLG Karlsruhe, GmbHR 1998, 332; OLG Düsseldorf, InVO 1997, 326, 327) und des Erfüllungsortes gem. § 29 ZPO (OLG Koblenz, NZG 2001, 750, 760) gegeben – jeweils der Sitz der Gesellschaft –, nicht hingegen der ausschließliche Gerichtsstand des § 29a ZPO bei kapitalersetzender Nutzungsüberlassung (LG Hamburg, ZIP 1998, 480). 211

Beim LG ist wegen des Sachzusammenhangs mit den gesellschaftsrechtlich geprägten sog. Rechtsprechungsregeln funktionell die **Kammer für Handelssachen** zuständig (LG Hamburg, ZIP 1998, 480; v. Gerkan/Hommelhoff-Johlke/Schröder, Handbuch des Kapitalersatzrechts, Rn. 14.4 ff.). 212

Die **internationale Zuständigkeit für Insolvenzanfechtungsklagen nach den Novellenregeln** richtet sich innerhalb von **EU-Mitgliedstaaten** nach Art. 3 Abs. 1 EuInsVO; zuständig sind die Gerichte des Mitgliedstaats, in dessen Gebiet das Insolvenzverfahren eröffnet worden ist (EuGH, ZInsO 2009, 470; BGH, ZInsO 2009, 1270: beide zu – Deko Marty Belgium –). In einem solchen Fall örtlich zuständig ist nach der Rechtsprechung des BGH analog § 19a ZPO i. V. m. § 3 InsO Art. 102 § 1 EGInsO ausschließlich das für den Sitz des eröffnenden Insolvenzgerichts im Inland örtlich zuständige Prozessgericht (BGH a. a. O., Tz. 11 ff.). Art. 13 EUInsVO entfaltet keine Sperrwirkung, da das Insolvenzstatut und das anwendbare Anfechtungsrecht gem. Art. 4 Abs. 2 Satz 2m) EUInsVO dabei nicht auseinanderfallen (OLG Naumburg, ZInsO 2010, 2325, 2327; vgl. dazu auch Schall, ZIP 2011, 2177 ff.). 213

Nach der Rspr. des EuGH ist Art. 3 Abs. 1 EuInsVO dahin auszulegen, dass die Gerichte des Mitgliedsstaates, in dessen Gebiet das Insolvenzverfahren eröffnet wurde, auch für Insolvenzanfechtungsklagen gegen Anfechtungsgegner mit Sitz in **Drittstaaten** außerhalb der EU zuständig sind (EuGH, ZInsO 2014, 192, 194 f.; krit. dazu Paulus, EWiR 2014, 85, 86; BGH, ZInsO 2014, 1176; ausführl. Baumert, NZI 2014, 106, ferner Art. 13 EUInsVO, Rdn. 10).

Anders beurteilt sich die **internationale Zuständigkeit für Eigenkapitalersatzklagen nach den Rechtsprechungsregeln.** Hier richtet sich die internationale Zuständigkeit nach Art. 5 Nr. 1a EuGVVO, da diese im Gesellschaftsvertrag wurzeln und auch unabhängig von einem Insolvenzverfahren gelten (str., so OLG Jena, ZIP 1998, 1496; OLG Hamm, NZG 2001, 759 m. Anm. Schwarz S. 760 ff., jeweils noch zu Art. 5 Nr. 1 EuGVÜ; OLG München, OLGR 2006, 766 zur Parallelregelung des Art. 5 Nr. 1 LugÜbK; **a. A.** v. Gerkan/Hommelhoff-Haas, Handbuch des Kapitalersatzrechts, Rn. 15.12 ff. m. w. N.; vgl. zu Insolvenzverwalterklagen wegen eigenkapitalersetzender Leistungen nach dem EuGVVO auch Schwarz, NZI 2002, 290). Zuständig gem. Art. 5 Nr. 1a EuGVVO ist das Gericht des Erfüllungsortes, also des Sitzes der Gesellschaft. Wird eine Eigenkapitalersatzklage sowohl auf Insolvenzanfechtung gem. § 135 a. F., § 32b GmbHG a. F., als auch auf die sog. Rechtsprechungsregeln gestützt, spricht vieles dafür, das Gericht des Erfüllungsortes gem. Art. 5 Nr. 1a EuGVVO kraft Sachzusammenhangs auch für den entsprechenden Anspruch aus Insolvenzanfechtung als zuständig anzusehen. 214

Einer **Gerichtsstandsvereinbarung** gem. §§ 38 ff. ZPO kann ggf. die fehlende Kaufmannseigenschaft des Gesellschafters bzw. gleichgestellten Dritten entgegenstehen. 215

Schiedsvereinbarungen waren im alten Kapitalersatzrecht grds. zulässig und zu beachten (vgl. BGHZ 160, 127 = NJW 2004, 2898 zur Schiedsfähigkeit von Stammeinlageforderungen). Allerdings erfasst eine vom Schuldner getroffene Schiedsabrede keine Ansprüche aus Insolvenzanfechtung (BGH ZInsO 2004, 88). Ausführlich zu Schiedsvereinbarungen im Insolvenzverfahren Kück, ZInsO 2006, 11; Heidbrink/von der Groeben, ZIP 2006, 265. 216

2. Darlegungs- und Beweislast

a) Allgemeines

217 Die Darlegungs- und Beweislast bei Ansprüchen nach dem alten Eigenkapitalersatzrecht richtet sich nach allg. Regeln (Baumbach/Hueck-Fastrich § 32a GmbHG Rn. 52; ausführl. dazu v. Gerkan/Hommelhoff-Johlke/Schröder, Handbuch des Kapitalersatzrechts, Rn. 14.42 ff. u. Blöse, ZIP 2003, 1687). Den **Insolvenzverwalter** trifft die Darlegungs- und Beweislast für **alle erforderlichen tatbestandlichen Voraussetzungen** (BGH, NJW 1989, 1219, 1220). Dem Insolvenzverwalter können jedoch nach den allg. Regeln Darlegungs- und Beweiserleichterungen zur Seite stehen (vgl. Einzelfälle bei Rdn. 100), insb. die Grundsätze der sog. sekundären Behauptungslast (BGH, ZInsO 2003, 323).

218 Der **Anspruchsgegner** trägt die Darlegungs- und Beweislast für einen etwaigen **Wegfall der Anspruchsvoraussetzungen** (BGH a. a. O.) sowie für einen etwaigen **Privilegierungstatbestand** wie das Sanierungs- oder Kleinbeteiligungsprivileg (v. Gerkan/Hommelhoff-Johlke/Schröder, Handbuch des Kapitalersatzrechts, Rn. 14.76 ff. m. w. N.). Ferner trägt der Anspruchsgegner jedenfalls bei Verfahrenseröffnung wegen Überschuldung die Darlegungs- und Beweislast dafür, dass die Insolvenzmasse auch sonst zur Befriedigung aller Gläubiger ausreicht und deshalb **ausnahmsweise keine Gläubigerbenachteiligung** vorliegt (BGHZ 105, 168, 187 = NJW 1988, 3143).

219 Zu möglichen Beweismitteln, z. B. Zeugenvernehmung von früheren Beratern oder Bankmitarbeitern, ausführl. v. Gerkan/Hommelhoff-Johlke/Schröder, Handbuch des Kapitalersatzrechts, Rn. 14.85 ff.

b) Einzelfälle

220 Die **Krise bzw. Kreditunwürdigkeit** ist häufig nur über Indizien darzulegen und zu beweisen. Eine im handelsrechtlichen Jahresabschluss ausgewiesene Überschuldung ist zum Nachweis der Krise weder erforderlich, noch ausreichend, kann jedoch indizielle Bedeutung haben (BGH, ZInsO 2005, 486; ZInsO 2001, 467).

Beruft sich der Insolvenzverwalter wegen der Krise auf eine Insolvenzreife der Gesellschaft, reicht es nicht aus, wenn sich aus dem handelsrechtlichen Jahresabschluss ein nicht durch Eigenkapital gedeckter Fehlbetrag ergibt, vielmehr muss ein Überschuldungsstatus i. S. d. § 19 aufgestellt oder dargelegt werden, dass stille Reserven und sonstige aus dem handelsrechtlichen Jahresabschluss nicht ersichtliche Veräußerungswerte nicht vorhanden sind (BGH, ZInsO 2005, 486). Dabei muss der Insolvenzverwalter nicht jede denkbare Möglichkeit ausschließen, sondern nur naheliegende Anhaltspunkte – z. B. stille Reserven aus Grundvermögen – und die vom Gesellschafter insoweit aufgestellten Behauptungen widerlegen.

221 Indes ist es nach den Grundsätzen der sog. sekundären Behauptungslast Sache des Gesellschafters bzw. des gleichgestellten Dritten darzulegen, dass keine Kreditunwürdigkeit bestand, wenn kein ordnungsgemäßes Rechnungswesen oder nicht einmal geordnete Geschäftsaufzeichnungen vorhanden sind, das dem Insolvenzverwalter vorliegende Material jedoch hinreichende Anhaltspunkte für die Kreditunwürdigkeit gibt (vgl. BGH, ZInsO 2003, 323) zur Unterbilanzhaftung gem. §§ 30, 31 GmbHG a. F.; dazu Blöse, ZIP 2003, 1687). Zu weiteren Indizien für bzw. gegen Kreditunwürdigkeit ausführl. Rdn. 51 ff.

222 Die Darlegungs- und Beweislast für die ggf. fehlende **Erkennbarkeit der Krise** trägt der Gesellschafter bzw. gleichgestellte Dritte und nicht der Insolvenzverwalter (BGH, ZIP 1998, 1352).

223 Der Insolvenzverwalter muss für eine **Gleichstellung von Familienangehörigen** die Mittelherkunft vom Gesellschafter darlegen und ggf. beweisen; Beweiserleichterungen kommen grds. allenfalls in Betracht, wenn es sonstige Hinweise darauf gibt, dass die Mittel aus dem Vermögen des Gesellschafters stammen oder der Gesellschafter den Anteil nur treuhänderisch für den Angehörigen hält

(BGH, ZIP 1991, 366, 367; OLG Stuttgart, NZG 1999, 997). Familiäre Vermögensvermischungen können einen Anscheinsbeweis rechtfertigen (KG, GmbHR 2004, 1334).

Hinsichtlich des Sanierungsprivilegs des § 32a Abs. 3 Satz 3 GmbHG a. F. kann der **Sanierungswille** bei einem Anteilserwerb und nachfolgender Darlehensgewährung in der Krise im Regelfall vermutet werden (OLG Düsseldorf, GmbHR 2004, 564). 224

3. Anspruchskonkurrenzen

Mit der Insolvenzanfechtung nach den Novellenregeln der § 135 a. F., § 32b GmbHG a. F. konkurriert nach altem Kapitalersatzrecht insb. die **analoge Anwendung der §§ 30, 31 GmbHG a. F.** (sog. Rechtsprechungsregeln; vgl. zum zweistufigen Schutzsystem Rdn. 5, zu Auswirkungen auf die internationale Zuständigkeit Rdn. 95). 225

Die Insolvenzanfechtung hat insofern geringere Anforderungen an die Darlegungs- und Beweislast, als sie anders als die sog. Rechtsprechungsregeln keine Darlegung und ggf. Beweis der Unterbilanz zum Auszahlungszeitpunkt erfordert, sondern die Befriedigung bzw. Sicherung der eigenkapitalersetzenden Forderung innerhalb der in § 135 a. F., § 32b GmbHG a. F. genannten Zeiträume ausreicht. Demgegenüber kann der Insolvenzverwalter nach den alten Rechtsprechungsregeln Erstattung auch länger zurückliegender Rückzahlungen verlangen, da die Rechtsprechungsregeln keiner zeitlichen Begrenzung unterliegen und entsprechende Ansprüche analog § 31 Abs. 5 Satz 1 GmbHG erst in 10 Jahren verjähren, wobei die Verjährung bei Eröffnung des Insolvenzverfahrens nicht vor Ablauf von 6 Monaten ab Verfahrenseröffnung eintritt (§§ 31 Abs. 5 Satz 2, 19 Abs. 6 Satz 2 GmbHG analog). 226

Ferner besteht nach den alten Rechtsprechungsregeln neben der Haftung des Leistungsempfängers auch die **Ausfallhaftung der Mitgesellschafter** (§ 31 Abs. 3 GmbHG analog; BGH, ZIP 2005, 1638). Diese gilt jedoch nicht für Kleingesellschafter i. S. d. § 32a Abs. 3 Satz 2 GmbHG a. F. (BGH a. a. O.). Die Ausfallhaftung der Mitgesellschafter analog § 31 Abs. 3 GmbHG ist allerdings auf den Betrag der Stammkapitalziffer begrenzt (BGH a. a. O.) und besteht auch nur proratarisch im Verhältnis der Geschäftsanteile, nicht gesamtschuldnerisch (ganz h. M., vgl. nur Michalski-Heidinger §§ 32a, 32b GmbHG Rn. 272 m. w. N.). 227

Nach den alten Rechtsprechungsregeln besteht darüber hinaus eine **Haftung der Geschäftsführung** für die Rückgewähr eigenkapitalersetzender Leistungen (§ 43 Abs. 3 GmbHG analog, BGH, ZIP 1992, 108, 109; Scholz-Schneider § 43 GmbHG Rn. 193; Baumbach/Hueck-Zöllner § 43 GmbHG Rn. 39; a. A. Michalski-Haas § 43 GmbHG Rn. 219). Die Voraussetzungen für die Haftung des Geschäftsführers nach § 43 Abs. 3 GmbHG muss grds. der Insolvenzverwalter darlegen und beweisen. Den Geschäftsführer trifft jedoch eine sekundäre Darlegungs- und Beweislast, auch wenn er vor Eröffnung des Insolvenzverfahrens aus dem Amt ausgeschieden ist, ihm anders als dem Insolvenzverwalter jedoch entsprechende Unterlagen oder Erkundigungsmöglichkeiten zur Verfügung stehen oder er einschlägige Kenntnisse hat (BGH, ZInsO 2006, 428 zur Unterbilanzhaftung). 228

Ist eine Krise der Gesellschaft nicht nachweisbar, kann gleichwohl ggf. eine gegen das Kapitalerhaltungsgebot verstoßende Auszahlung, d. h. ein **direkter Anwendungsfall der §§ 30, 31 GmbHG a. F.**, vorliegen, z. B. bei sog. verdeckter Gewinnausschüttung (vgl. dazu BGH, ZIP 1996, 68). Ferner können ggf. **Ansprüche nach allg. Regeln** konkurrieren. Neben § 135 a. F. sind auch die übrigen Anfechtungsnormen der §§ 129 ff. anwendbar (BGH, ZInsO 2006, 371, 374). 229

4. Vergleichsbefugnis des Insolvenzverwalters

Der Insolvenzverwalter darf wegen Ansprüchen nach dem alten Eigenkapitalersatzrecht auch Vergleiche abschließen, wenn die Voraussetzungen i. S. d. § 779 BGB dafür vorliegen. Das Erlassverbot des § 19 Abs. 2 GmbHG, das über § 30 Abs. 1 GmbHG a. F. grds. auch für das Kapitalerhaltungs- und Kapitalersatzrecht gilt (vgl. BGHZ 146, 105 = ZInsO 2001, 264 zum Aufrechnungsverbot nach § 19 Abs. 2 Satz 2 GmbHG), steht nicht entgegen (vgl. BGHZ 160, 127 = NJW 2004, 2898 230 entspr. zu Stammeinlageforderungen). Bei erheblichem Streit- bzw. Vergleichswert ist die Zustimmung der Gläubigerversammlung bzw. eines bestellten Gläubigerausschusses nach § 160 erforderlich.

§ 136 Stille Gesellschaft

(1) ¹Anfechtbar ist eine Rechtshandlung, durch die einem stillen Gesellschafter die Einlage ganz oder teilweise zurückgewährt oder sein Anteil an dem entstandenen Verlust ganz oder teilweise erlassen wird, wenn die zugrundeliegende Vereinbarung im letzten Jahr vor dem Antrag auf Eröffnung des Insolvenzverfahrens über das Vermögen des Inhabers des Handelsgeschäfts oder nach diesem Antrag getroffen worden ist. ²Dies gilt auch dann, wenn im Zusammenhang mit der Vereinbarung die stille Gesellschaft aufgelöst worden ist.

(2) Die Anfechtung ist ausgeschlossen, wenn ein Eröffnungsgrund erst nach der Vereinbarung eingetreten ist.

Übersicht	Rdn.		Rdn.
A. Normzweck	1	a) Rückgewähr der Einlage	9
B. Norminhalt	3	b) Erlass des Verlustanteils	11
I. Anfechtungsvoraussetzungen (Abs. 1)	3	6. Gläubigerbenachteiligung	13
1. Stille Gesellschaft	3	II. Ausschluss der Anfechtung (Abs. 2)	14
2. Insolvenzverfahren über das Vermögen des Geschäftsinhabers	5	III. Rechtsfolgen der Anfechtung	15
3. Besondere Vereinbarung	6	C. Verfahrensfragen	16
4. Jahresfrist	8	I. Gerichtsstand	16
5. Anfechtbare Rechtshandlungen	9	II. Darlegungs- und Beweislast	17
		III. Anspruchskonkurrenzen	18

A. Normzweck

1 § 136 stellt einen **Sonderfall der Anfechtung wegen inkongruenter Deckung** dar (vgl. Rdn. 6). Er regelt im Interesse einer gleichmäßigen Gläubigerbefriedigung in Anlehnung an § 237 HGB a. F. die Anfechtbarkeit von Rechtshandlungen im Rahmen einer stillen Gesellschaft, durch die dem stillen Gesellschafter die Einlage ganz oder teilweise zurückgewährt oder sein Anteil am Verlust ganz oder teilweise erlassen wird (Begr. RegE BT-Drucks. 12/2443, S. 161). Aufgrund der **besonderen gesellschaftsrechtlichen Beziehungen zwischen dem Inhaber des Handelsgeschäfts und dem stillen Gesellschafter** (»Insider«) hat der Gesetzgeber die Anfechtung nur von objektiven Anfechtungsvoraussetzungen abhängig gemacht (Begr. RegE BT-Drucks. a. a. O.; MK-Gehrlein, § 136 Rn. 1; K/S/W-Schäfer, Rn. I 2; vgl. zum Normzweck auch Florstedt, ZInsO 2007, 914).

2 Die **Eröffnung des Insolvenzverfahrens über das Vermögen des Inhabers** eines Handelsgeschäftes führt zur **Auflösung der stillen Gesellschaft** analog § 728 Satz 2 BGB (BGHZ 51, 350, 352 = WM 1969, 1077; vgl. auch Rdn. 3; ausführl. zum Ganzen: Landsmann, Die stille Gesellschaft in der Insolvenz, 2007). Der **Anspruch** des stillen Gesellschafters **auf Rückgewähr der Einlage** ist, soweit sie den auf ihn entfallenden Anteil am Verlust übersteigt, **Insolvenzforderung** gem. § 38 (§ 236 Abs. 1 HGB, vgl. auch § 84 Rdn. 11) bzw. nachrangige Insolvenzforderung gem. § 39, wenn es sich um eine atypisch stille Beteiligung handelt, die eine gesellschafterähnliche Stellung i. S. d. § 39 Abs. 1 Nr. 5 vermittelt (vgl. BGH, ZInsO 2012, 1775). In letzterem Fall sind die Rückgewähr oder Besicherung der Einlage nicht nur nach § 136, sondern auch nach § 135 anfechtbar (K. Schmidt-K. Schmidt § 136 Rn. 5; näher Rdn. 18 f.).

Daneben ist auch der Erlass des Verlustanteils des stillen Gesellschafters gem. § 136 anfechtbar. Ist die Einlage des stillen Gesellschafters bei Insolvenzeröffnung rückständig, muss der stille Gesellschafter sie einzahlen, soweit sein Anteil am Verlust reicht (§ 236 Abs. 2 HGB). Am Verlust der Gesellschaft nimmt der stille Gesellschafter grds. bis zum Betrage seiner eingezahlten oder rückständigen Einlage teil (§ 232 Abs. 2 Satz 1 HGB), es sei denn, es ist etwas anderes vereinbart (vgl. dazu OLG Schleswig, GmbHR 2009, 1164).

B. Norminhalt

I. Anfechtungsvoraussetzungen (Abs. 1)

1. Stille Gesellschaft

Der zurückgewährten Einlage oder erlassenen Verlustbeteiligung muss eine **stille Gesellschaft** zwischen dem Insolvenzschuldner und dem Anfechtungsgegner i. S. d. §§ 230 ff. HGB zugrunde gelegen haben. Die stille Gesellschaft ist eine handelsrechtliche **Innengesellschaft** zwischen dem Inhaber eines Handelsgeschäftes und dem stillen Gesellschafter, mit der der stille Gesellschafter sich an dem Handelsgewerbe beteiligt (§ 230 Abs. 1 HGB). Im Außenverhältnis wird nur der Geschäftsinhaber und nicht der stille Gesellschafter berechtigt und verpflichtet (§ 230 Abs. 2 HGB; vgl. zur Außenhaftung BGH, ZInsO 2010, 1285, 1286 Tz. 2). Zum Begriff des Handelsgewerbes i. S. d. § 1 Abs. 1 HGB vgl. Baumbach-Hopt § 1 HGB Rn. 11 ff., zur Abgrenzung ggü. dem sog. partiarischen Darlehen und anderen Verträgen Baumbach-Hopt § 230 HGB Rn. 4.

3

Bei der typischen stillen Gesellschaft stellt die stille Einlage **Fremdkapital** dar (KPB-Preuß § 136 Rn. 3; zur Eigenkapitalersatzbindung bei atypisch stillen Beteiligungen vor Inkrafttreten des MoMiG, vgl. § 135 Rdn. 144). Die stille Gesellschaft muss bei Verfahrenseröffnung nicht mehr bestehen, sondern kann bereits im Zuge der Vereinbarung über die Einlagenrückgewähr bzw. den Erlass der Verlustbeteiligung zwischen dem stillen Gesellschafter und dem späteren Insolvenzschuldner aufgelöst worden sein (Abs. 1 Satz 2). Die stille Gesellschaft selbst ist **nicht insolvenzfähig**, da sie **kein Gesellschaftsvermögen** hat (vgl. § 11 Rdn. 30; zur Auseinandersetzung der stillen Gesellschaft s. § 84 Rdn. 11).

Die **analoge Anwendung** auf sog. stille Gesellschaften des bürgerlichen Rechts, Unterbeteiligungen, Formen langfristiger Fremdfinanzierungen sowie masselose Liquidationen wird überwiegend abgelehnt (MK-Gehrlein § 136 Rn. 6–8 m. w. N.; z. T. differenzierend MK/HGB-K. Schmidt Anh. § 236 Rn. 30 ff., ähnl. für »eigenkapitalgleiche« stille Einlagen BK-Haas § 136 Rn. 8). Wegen der Abgrenzungsschwierigkeit zum **partiarischen Darlehen** wird hier allerdings zu Recht die analoge Anwendung erwogen (Jaeger-Henckel § 136 Rn. 20; K/P/B-Preuß § 136 Rn. 9).

Auf sog. **fehlerhafte stille Gesellschaften** findet § 136 insoweit Anwendung, als diese nach den Grundsätzen über die fehlerhafte Gesellschaft als wirksam anzusehen sind, also ausnahmsweise nur dort nicht, wo gewichtige Interessen der Allgemeinheit oder einzelner schutzwürdiger Personen entgegenstehen, namentlich bei verbotenem oder sittenwidrigem Gesellschaftszweck bzw. fehlerhafter Beteiligung nicht voll geschäftsfähiger Personen (BGHZ 55, 5, 9 f. = NJW 1971, 375 zu § 342 HGB a. F.; OLG Hamm, ZIP 1999, 1530, 1533 zu § 237 HGB a. F.; MK-Gehrlein § 136 Rn. 5; HK-Kreft § 136 Rn. 5). Die Grundsätze über die sog. fehlerhafte Gesellschaft gelten sowohl bei der typisch als auch bei der atypisch stillen Gesellschaft (BGH, NJW 1992, 2696, 2698). Allerdings ist eine Anfechtung nach § 136 ausgeschlossen, wenn die stille Gesellschaft wegen der Fehlerhaftigkeit beendet worden ist und die Einlagenrückgewähr bzw. der Erlass des Verlustanteils darauf und nicht auf einer freiwilligen Vereinbarung zwischen dem Geschäftsinhaber und dem stillen Gesellschafter beruht (BGHZ 55, 5, 10 = NJW 1971, 375 zu § 342 HGB a. F.; OLG Stuttgart, NZG 2000, 93, 94 zu § 237 HGB a. F.; MK-Gehrlein § 136 Rn. 5; HK-Kreft § 136 Rn. 5; **a. A.** OLG Hamm, ZIP 1999, 1530, 1532 f. zu § 237 HGB a. F.).

4

2. Insolvenzverfahren über das Vermögen des Geschäftsinhabers

Weitere Voraussetzung ist, dass über das Vermögen des Geschäftsinhabers das Insolvenzverfahren eröffnet und noch nicht beendet ist. Ist eine Gesellschaft ohne Rechtspersönlichkeit Inhaber des Handelsgeschäfts, reicht die Verfahrenseröffnung über das Vermögen eines Gesellschafters nicht. Die stille Gesellschaft selbst ist als Innengesellschaft nicht insolvenzfähig (vgl. § 11 Rdn. 30).

5

3. Besondere Vereinbarung

6 Abs. 1 Satz 1 spricht davon, dass der anfechtbaren Einlagenrückgewähr bzw. dem Erlass des Verlustanteils eine »Vereinbarung« zwischen dem stillen Gesellschafter und dem Geschäftsinhaber zugrunde liegen muss. Voraussetzung ist eine **freiwillige Vereinbarung zwischen dem Geschäftsinhaber und dem stillen Gesellschafter** (BGHZ 55, 5, 10 = NJW 1971, 375; OLG München, NZG 2000, 92, 93 zu § 237 HGB a. F.). § 136 stellt insofern einen Sonderfall der Anfechtung wegen inkongruenter Deckung dar (MK-Gehrlein § 136 Rn. 1, 9; Jaeger-Henckel § 136 Rn. 13; BK-Haas § 136 Rn. 2). Eine freiwillige Vereinbarung kann auch darin liegen, dass der Geschäftsinhaber eine unwirksame Kündigung des stillen Gesellschafters als wirksam behandelt (K/P/B-Preuß § 136 Rn. 11; BK-Haas § 136 Rn. 13).

7 An einer **freiwilligen Vereinbarung fehlt** es, **wenn** der stille Gesellschafter auf die Einlagenrückgewähr bzw. den Erlass des Verlustanteils aus sonstigem Rechtsgrund einen **gesetzlichen oder vertraglichen Anspruch** hatte (OLG Oldenburg, NZG 1999, 897 zu § 237 HGB a. F.; MK-Gehrlein § 136 Rn. 9; HK-Kreft § 136 Rn. 7). Dies ist insb. der Fall, wenn sich ein Anspruch auf Einlagerückgewähr aus einer wirksamen Kündigung des stillen Gesellschafters aufgrund eines gesetzlichen oder vertraglichen Kündigungsrechts ergibt (BGHZ 55, 5, 10 = NJW 1971, 375 zu § 342 HGB a. F.; OLG Stuttgart, NZG 2000, 93, 94 zu § 237 HGB a. F.; MK-Gehrlein § 136 Rn. 10; HK-Kreft § 136 Rn. 7). Dies gilt auch dann, wenn die stille Gesellschaft selbst erst in der Jahresfrist (vgl. Rdn. 8) eingegangen wurde (MK/HGB-K. Schmidt Anh. § 236 Rn. 18), nicht jedoch, wenn das Kündigungsrecht seinerseits innerhalb der Jahresfrist besonders vereinbart worden ist (MK-Gehrlein a. a. O.; HK-Kreft a. a. O.). Ein Kündigungsrecht des stillen Gesellschafters aus wichtigem Grund kann sich gem. § 243 Abs. 1 Satz 2 HGB, § 723 Abs. 1 BGB ggf. auch aus wirtschaftlichen Schwierigkeiten des Geschäftsinhabers ergeben (krit. dazu MK-Gehrlein § 136 Rn. 12). Die rechtliche Form der Beendigung der stillen Gesellschaft ist insoweit nicht maßgebend: Das einem stillen Gesellschafter vertraglich eingeräumte Kündigungsrecht kann auch ohne ausdrückliche Berufung hierauf ausgeübt werden und schließt die Insolvenzanfechtung einer Einlagenrückgewähr auch dann aus, wenn es nach der Kündigung zu einer Auflösungsvereinbarung kommt, die lediglich das konkretisiert, was der stille Gesellschafter auch ohne die Vereinbarung aufgrund der Kündigungsregelung im ursprünglichen Vertrag hätte verlangen können (BGH, NJW 2001, 1270). Entsprechendes gilt für eine vergleichsweise Beendigung der stillen Gesellschaft (OLG München, NZI 2000, 180).

Die wohl herrschende Meinung nimmt eine freiwillige Vereinbarung auch dann an, wenn dem stillen Gesellschafter zwar objektiv ein Kündigungsrecht zustand, die Auflösungsvereinbarung jedoch aus sonstigen Gründen geschlossen wird (OLG Hamm, ZIP 1999, 1530, 1532 f. zu § 237 HGB a. F.; zust. Jaeger-Henckel § 136 Rn. 14; K/P/B-Preuß § 136 Rn. 15; Braun-Riggert § 136 Rn. 10; **a. A.** Dauner-Lieb, EWiR 1999, 655).

4. Jahresfrist

8 Gemäß Abs. 1 Satz 1 muss die vorgenannte **Vereinbarung** zwischen dem Geschäftsinhaber und dem stillen Gesellschafter **im letzten Jahr vor dem Insolvenzantrag** getroffen worden sein. Anders als bei sonstigen Insolvenzanfechtungstatbeständen stellt das Gesetz also ausnahmsweise nicht auf den Zeitpunkt der anfechtbaren Rechtshandlung, sondern auf den Zeitpunkt der zugrunde liegenden Vereinbarung ab. Für die Berechnung der Jahresfrist gilt § 139, zumal § 139 Abs. 1 Satz 1 ausdrücklich auch auf § 136 verweist (MK-Gehrlein § 136 Rn. 14; Jaeger-Henckel § 136 Rn. 15; HK-Kreft § 136 Rn. 8; MK/HGB-K. Schmidt Anh. § 236 Rn. 30 ff.; K/S/W-Schäfer, Rn. I 22; **a. A.** NR-Nerlich § 136 Rn. 13; Smid-Zeuner § 136 Rn. 9: §§ 187, 188 BGB). Ferner gilt § 140 entsprechend, d. h. abzustellen ist nicht auf den Abschluss der Vereinbarung, sondern darauf, wann ihre rechtlichen Wirkungen eintreten (HK-Kreft a. a. O.; Uhlenbruck-Hirte § 136 Rn. 8).

5. Anfechtbare Rechtshandlungen

a) Rückgewähr der Einlage

Unter Rückgewähr der Einlage ist neben der Rückzahlung jede dementsprechende **Leistung an den stillen Gesellschafter** zu verstehen, die die Gläubiger i. S. d. § 129 Abs. 1 Satz 1 benachteiligt, also auch Erfüllungssurrogate, Leistung an Dritte (§ 362 Abs. 2 BGB), Leistung an Erfüllungs statt (§ 364 Abs. 1 BGB), Aufrechnung (§ 389 BGB), die Bestellung von zur Absonderung berechtigenden Sicherheiten und die Auszahlung von Gewinnanteilen, die gem. § 232 Abs. 2 Satz 2 HGB zur Deckung eines Verlustes hätten verwendet werden müssen (MK-Gehrlein § 136 Rn. 16–20; HK-Kreft § 136 Rn. 9; MK/HGB-K. Schmidt Anh. § 236 Rn. 11–16; jeweils m. w. N.). Bei Aufrechnung bedarf es jedoch in den Fällen des § 96 Abs. 1 Nr. 3 keiner Anfechtung. Die Einlagenrückgewähr unterliegt in voller Höhe der Insolvenzanfechtung und nicht nur mit dem Teil, der zur Verlustdeckung benötigt wird (MK-Gehrlein § 136 Rn. 16; MK/HGB-K. Schmidt Anh. § 236 Rn. 12; K/P/B-Preuß § 136 Rn. 20). 9

Keine Einlagenrückgewähr sind die Umwandlung in ein Darlehen, wobei eine darauffolgende Darlehensrückzahlung gem. § 136 anfechtbar wäre, und die Rückgabe von Gegenständen, die der stille Gesellschafter dem Geschäftsinhaber als sonstigen Gesellschafterbeitrag zur Verfügung gestellt hatte (MK-Gehrlein § 136 Rn. 17 bzw. Rn. 19; MK/HGB-K. Schmidt Anh. § 236 Rn. 12 bzw. Rn. 14). Keine Einlagenrückgewähr, sondern ggf. eine unentgeltliche Leistung i. S. d. § 134 ist ferner die Auszahlung von Scheingewinnen (BGH, ZInsO 2010, 1454; näher dazu Mylich, ZIP 2011, 2182 ff.). 10

b) Erlass des Verlustanteils

Anfechtbar ist auch der Erlass des Anteils des stillen Gesellschafters **an entstandenen Verlusten**, der Erlass des Anteils an künftigen Verlusten ist gem. § 136 nicht anfechtbar (MK-Gehrlein § 136 Rn. 21; HK-Kreft § 136 Rn. 10; MK/HGB-K. Schmidt Anh. § 236 Rn. 17). Der Erlass des Anteils an künftigen Verlusten kann jedoch gem. §§ 130 bis 134 anfechtbar sein (K/P/B-Preuß § 136 Rn. 22). 11

Zur Bemessung des Verlustanteils ist gem. § 140 Abs. 1 auf den Zeitpunkt abzustellen, an dem die rechtlichen Wirkungen des Erlasses eintreten, und auf diesen Zeitpunkt ist grds. ein **Zwischenabschluss** für das Handelsgeschäft des Geschäftsinhabers analog § 232 HGB aufzustellen (vgl. nur MK-Gehrlein § 136 Rn. 21; zur Berechnung des Gewinns bzw. Verlustes vgl. Baumbach-Hopt § 232 HGB Rn. 1–3). Ist die Aufstellung eines Zwischenabschlusses unterblieben und nicht bzw. nur mit unzumutbarem Aufwand möglich, wird zu Recht überwiegend eine zeitanteilige Aufteilung auf Basis des nächsten Jahresabschlusses für zulässig gehalten (MK-Gehrlein § 136 Rn. 21; Jaeger-Henckel § 136 Rn. 11; HK-Kreft, § 136 Rn. 10; ähnl. K/P/B-Preuß § 136 Rn. 23; a. A. MK/HGB-K. Schmidt Anh. § 236 Rn. 17; FK-Dauernheim § 136 Rn. 11: Berechnung auf den nächsten Bilanzstichtag).

Der **Erlass einer offenen Einlageforderung** ist als Erlass des Verlustanteils anfechtbar, soweit die offene Einlage des stillen Gesellschafters gem. Abs. 2 zur Verlustdeckung benötigt wird (MK-Gehrlein § 136 Rn. 20; MK/HGB-K. Schmidt Anh. § 236 Rn. 15). 12

6. Gläubigerbenachteiligung

§ 136 setzt wie die anderen Insolvenzanfechtungstatbestände eine Gläubigerbenachteiligung gem. § 129 Abs. 1 voraus. Mittelbare Benachteiligung reicht (vgl. § 129 Rdn. 38 ff.). § 142 ist auch bei § 136 anwendbar (MK-Gehrlein § 136 Rn. 22; Jaeger-Henckel § 136 Rn. 18; NR-Nerlich § 136 Rn. 11; Braun-Riggert § 136 Rn. 16). 13

§ 136 InsO Stille Gesellschaft

II. Ausschluss der Anfechtung (Abs. 2)

14 Die Anfechtung ist nach Abs. 1 nicht nur **ausgeschlossen, wenn** die **Vereinbarung** zwischen dem Geschäftsinhaber und dem stillen Gesellschafter länger als ein Jahr vor dem Eröffnungsantrag zurückliegt (vgl. Rdn. 8), sondern gem. Abs. 2 auch, wenn sie zwar innerhalb der Jahresfrist erfolgt ist, jedoch **vor Eintreten eines Eröffnungsgrundes** gem. §§ 17 bis 19 geschlossen worden ist, wobei in zeitlicher Hinsicht gem. § 140 Abs. 1 auf den Eintritt der rechtlichen Wirkungen der Vereinbarung abzustellen ist (vgl. Rdn. 8). Zu den Eröffnungsgründen zählt auch die drohende Zahlungsunfähigkeit gem. § 18, d. h. die Anfechtung ist nicht ausgeschlossen, wenn dem Geschäftsinhaber die Zahlungsunfähigkeit bei Abschluss der besonderen Vereinbarung (vgl. Rdn. 6 f.) bereits drohte (Begr. RegE BT-Drucks. 12/2443, S. 161; MK-Gehrlein § 136 Rn. 24; Jaeger-Henckel § 136 Rn. 17). Zur Darlegungs- und Beweislast vgl. Rdn. 17.

III. Rechtsfolgen der Anfechtung

15 Infolge der Anfechtung ist die **zurückgewährte Einlage** bzw. **der Erlass des Verlustanteils** nach Maßgabe des § 143 Abs. 1 **an die Insolvenzmasse zurückzugewähren**. Die Einlagenrückgewähr unterliegt **in voller Höhe** und nicht nur mit dem Teil, der zur Verlustdeckung benötigt wird, der Insolvenzanfechtung (MK-Gehrlein § 136 Rn. 16; MK/HGB-K. Schmidt Anh. § 236 Rn. 12; K/P/B-Preuß § 136 Rn. 20).

Nach Rückgewähr durch den stillen Gesellschafter gem. § 143 Abs. 1 lebt der Einlagenrückgewähranspruch des stillen Gesellschafters gem. § 144 Abs. 1 wieder auf und kann gem. § 144 Abs. 2 Satz 2, § 236 Abs. 1 HGB als Insolvenzforderung zur Tabelle angemeldet werden, soweit er den Betrag des auf den stillen Gesellschafter entfallenden Anteils am Verlust übersteigt.

C. Verfahrensfragen

I. Gerichtsstand

16 Die **sachliche Zuständigkeit** des Prozessgerichts bestimmt sich nach dem Streitwert (§§ 23 Nr. 1, 71 Abs. 1 GVG). Beim LG ist die Zivilkammer und nicht die Kammer für Handelssachen funktionell zuständig, da es sich auch bei der Insolvenzanfechtung nach § 136 nicht um eine Handelssache i. S. d. § 95 GVG handelt (MK-Kirchhof § 146 Rn. 36 m. w. N.).

Die **örtliche Zuständigkeit** bestimmt sich nach den allgemeinen Vorschriften (§§ 12 ff. ZPO). Der besondere Gerichtsstand der Mitgliedschaft gem. § 22 ZPO besteht nicht, da die stille Gesellschaft nicht unter § 22 ZPO fällt (Zöller-Vollkommer § 22 ZPO Rn. 2).

Zur **internationalen Zuständigkeit** für Insolvenzanfechtungsklagen auf europäischer Ebene vgl. Art. 13 EUInsVO Rn. 10.

II. Darlegungs- und Beweislast

17 Den **Insolvenzverwalter** trifft nach allgemeinen Grundsätzen die Darlegungs- und Beweislast für **Anfechtungsvoraussetzungen nach Abs. 1**, den **stillen Gesellschafter** die Darlegungs- und Beweislast für einen möglichen **Anspruchsausschluss nach Abs. 2** (K/S/W-Schäfer, Rn. I 34, 36).

Der Insolvenzverwalter trägt auch die Darlegungs- und Beweislast dafür, dass der anfechtbaren Rechtshandlung eine besondere »**Vereinbarung**« (vgl. dazu Rdn. 6 f.) zwischen dem Geschäftsinhaber und dem stillen Gesellschafter innerhalb des letzten Jahres vor dem Insolvenzantrag zugrunde liegt (MK-Gehrlein § 136 Rn. 23; K/P/B-Preuß § 136 Rn. 28; Uhlenbruck/Hirte, § 136 Rn. 10; Graf-Schlicker/Huber, § 136 Rn. 8; grds. auch HK-Kreft § 136 Rn. 11, und K/S/W-Schäfer, Rn. I 35, die jedoch eine sekundäre Darlegungslast des stillen Gesellschafters annehmen; a. A. MK/HGB-K. Schmidt Anh. § 236 Rn. 24; FK-Dauernheim § 136 Rn. 14; NR-Nerlich § 136 Rn. 15; Smid-Zeuner § 136 Rn. 19). Insoweit können sich allerdings **ggf. Darlegungs- und Beweiserleichterungen** für den Insolvenzverwalter nach den allgemeinen Regeln ergeben, wenn der Insolvenzverwalter darüber keine Kenntnis hat und sich diese auch nicht in zumutbarer Weise beschaffen kann (MK-Gehrlein a. a. O.; Jaeger-Henckel § 136 Rn. 19; ähnl. K/P/B-Preuß § 136 Rn. 28).

III. Anspruchskonkurrenzen

Neben der Insolvenzanfechtung nach § 136 können sich weitere Anfechtungsmöglichkeiten gem. §§ 130 ff. ergeben (HK-Kreft § 136 Rn. 8; Graf-Schlicker/Huber § 136 Rn. 9; BK-Haas § 136 Rn. 9); da allgemein alle Anfechtungstatbestände miteinander konkurrieren (Begr. RegE BT-Drucks. 12/2443, S. 161). In Betracht kommen §§ 130 bis 134 sowie bei atypisch stiller Beteiligung i. S. d. § 39 Abs. 1 Nr. 5 (s. o. Rdn. 2) auch eine Anfechtung gem. § 135 (K. Schmidt-K. Schmidt § 136 Rn. 5).   18

Vor Inkrafttreten des MoMiG konnten bei atypisch stillen Beteiligungen neben § 136 die gesamten Eigenkapitalersatzregeln, d. h. auch die Rechtsprechungsregeln analog §§ 30, 31 GmbHG, eingreifen (vgl. § 135 Rdn. 144; zur Umwandlung einer eigenkapitalersetzenden Gesellschafterleistung in eine stille Einlage BGH, ZIP 2005, 83; zum Übergangsrecht vgl. § 135 Rdn. 87 ff.).

Irrtümlich zugewiesene oder ausgezahlte Gewinne können trotz § 232 Abs. 2 Satz 2 HGB gem. § 812 BGB vom stillen Gesellschafter grds. zurückgefordert werden (vgl. zu den Einzelheiten MK/HGB-K. Schmidt § 232 Rn. 35–37).   19

§ 137 Wechsel- und Scheckzahlungen

(1) Wechselzahlungen des Schuldners können nicht auf Grund des § 130 vom Empfänger zurückgefordert werden, wenn nach Wechselrecht der Empfänger bei einer Verweigerung der Annahme der Zahlung den Wechselanspruch gegen andere Wechselverpflichtete verloren hätte.

(2) ¹Die gezahlte Wechselsumme ist jedoch vom letzten Rückgriffsverpflichteten oder, wenn dieser den Wechsel für Rechnung eines Dritten begeben hatte, von dem Dritten zu erstatten, wenn der letzte Rückgriffsverpflichtete oder der Dritte zu der Zeit, als er den Wechsel begab oder begeben ließ, die Zahlungsunfähigkeit des Schuldners oder den Eröffnungsantrag kannte. ²§ 130 Abs. 2 und 3 gilt entsprechend.

(3) Die Absätze 1 und 2 gelten entsprechend für Scheckzahlungen des Schuldners.

Übersicht	Rdn.			Rdn.
A. Norminhalt	1		2. Ersatzrückgewährpflichtige	6
I. Einschränkung des § 130 bei Wechsel-			3. Weitere Voraussetzungen	9
zahlungen des Schuldners (Abs. 1)	2		a) Objektive Voraussetzungen	9
1. Zahlung auf einen Wechsel	2		b) Subjektive Voraussetzungen	10
2. Verlust des Rückgriffsrechts	3		4. Anspruchsinhalt	12
3. Rechtsfolge	4	III.	Scheckzahlungen des Schuldners (Abs. 3)	13
II. Ersatzrückgewährpflicht Dritter (Abs. 2) .	5	B.	**Verfahrensfragen**	14
1. Allgemeines	5			

A. Norminhalt

§ 137 ist eine Sondervorschrift zu §§ 130, 132 (MK-Kirchhof § 137 Rn. 1). Er beruht auf den Besonderheiten des Wechsel- und Scheckrechts und trägt der **Zwangslage des Zahlungsempfängers** Rechnung, der, wenn er die angebotene Zahlung ablehnt, keinen Protest erheben darf und damit die Rückgriffsvoraussetzungen gem. Art. 43, 44, 47, 61 WG und Art. 40 ScheckG nicht herbeiführen kann (FK-Dauernheim § 137 Rn. 2). Im Fall der Anfechtung gem. § 130 wäre dem Empfänger trotz § 144 Abs. 1 auch der Rückgriff ggü. vorrangig verpflichteten Wechsel- oder Scheckschuldnern verwehrt. Dies soll durch Abs. 1 ggf. i. V. m. Abs. 3 verhindert werden.   1

Bei konsequenter Umsetzung des Abs. 1 bzw. 3 würde der letzte Regressschuldner, der ohne die Zahlung des Schuldners für den Wechsel- oder Scheckbetrag hätte aufkommen müssen, durch die (unanfechtbare) Zahlung entlastet und bliebe im Genuss des Betrages, der ihm durch die Begebung des Papiers zugeflossen ist. Einer Umgehung des § 130 dadurch, dass sich ein Gläubiger trotz Kenntnis der Krise seines Schuldners unanfechtbar befriedigt, indem er sich von diesem einen Scheck ausstellen lässt, den er anschließend weitergibt, oder indem er einen Wechsel auf den Schuldner zieht und verwertet (HK-Kreft § 137 Rn. 3), beugt Abs. 2 vor: Bei Kenntnis der Krise hat der **letzte »Bereicherte«** die Wechsel- oder Schecksumme herauszugeben – selbst wenn keinerlei Umgehungsabsicht bestand (MK-Kirchhof § 137 Rn. 1). Handelte der letzte Rückgriffsverpflichtete für Rechnung eines Dritten, so hat dieser Hintermann als letztendlich Bereicherter die Wechsel- bzw. Schecksumme herauszugeben.

I. Einschränkung des § 130 bei Wechselzahlungen des Schuldners (Abs. 1)

1. Zahlung auf einen Wechsel

2 § 137 gilt nur für Zahlungen auf Wechsel und Schecks, nicht für Zahlung auf andere (indossable) Wertpapiere (z. B. die in § 363 HGB Genannten), da diese keine Garantiefunktion haben (FK-Dauernheim § 137 Rn. 2).

Der Schuldner muss in seiner Eigenschaft als Verpflichteter (Akzeptant i. S. d. Art. 28 WG, Aussteller i. S. d. Art. 78 WG oder Ehrenannehmer i. S. d. Art. 58 WG) eine fällige Schuld gerade aus dem Wechsel (sei es auch kraft der zugrunde liegenden schuldrechtlichen Vereinbarung) ggü. einem Insolvenzgläubiger erfüllen. Zur Zahlung durch Dritte, wie z. B. Domizilaten (Art. 27 WG) oder Ehrenzahler (Art. 59 WG) vgl. MK-Kirchhof § 137 Rn. 5. § 137 erfasst nur Barzahlungen und diesen nach der Verkehrsauffassung gleichgestellte Zahlungsarten, z. B. Überweisungen (Uhlenbruck-Hirte § 137 Rn. 1). Die Aufrechnung ab Verfall kann einer Barzahlung gleich zu achten sein (MK-Kirchhof § 137 Rn. 6). Eine Zahlung vor Fälligkeit wäre inkongruent und daher nicht begünstigt (KPB-Schoppmeyer § 137 Rn. 4); Gleiches gilt für Leistungen an Erfüllungs statt und Zwangsvollstreckungen aus dem Wechsel ohne vorangegangenen Protest (MK-Kirchhof § 137 Rn. 6).

2. Verlust des Rückgriffsrechts

3 Ohne die Zahlung müsste ein Rückgriffsrecht des Zahlungsempfängers gegen andere Wechselverpflichtete bestanden haben (KPB-Schoppmeyer § 137 Rn. 6). Dies scheidet von vornherein aus, wenn der Zahlende der einzige Wechselschuldner ist (Uhlenbruck-Hirte § 137 Rn. 2) oder an den letzten Rückgriffsberechtigten geleistet wird (MK-Kirchhof § 137 Rn. 7), sodass ein Rückgriffsanspruch nicht gegeben sein kann.

Der Rückgriffsanspruch muss verloren gehen, falls der Empfänger die Annahme der Zahlung verweigert. Der Rechtsverlust muss sich unmittelbar aus dem Wechselrecht (Art. 43, 44, 47, 61 WG) ergeben, da nur die **notgedrungene Zahlungsannahme**, die nach dem Gesetz erforderlich ist, um wechselrechtliche Rückgriffsansprüche nicht zu verlieren, durch § 137 geschützt ist. Notgedrungen ist die Zahlungsannahme nicht, wenn der Protest wirksam gem. Art. 46 Abs. 3 Satz 1 WG erlassen wurde, ebenso wenig bei Zahlung nach rechtzeitiger Protesterhebung (RGZ 40, 40, 43) oder nach Versäumnis der Protestfrist (FK-Dauerheim § 137 Rn. 4). Vereinbarungen über den Rechtsverlust werden ebenfalls nicht von § 137 erfasst (MK-Kirchhof § 137 Rn. 8).

3. Rechtsfolge

4 Liegen die Voraussetzungen des Abs. 1 vor, kommt eine Anfechtung der Zahlung nach §§ 130, 132 nicht in Betracht (MK-Kirchhof § 137 Rn. 10). Die Anfechtung gem. §§ 131, 133 ff. wird durch Abs. 1 (ggf. i. V. m. Abs. 3) hingegen nicht ausgeschlossen (HK-Kreft § 137 Rn. 4).

Die Anfechtung der Eingehung der Wechselverbindlichkeit ist weiterhin möglich. Soweit sie erfolgreich ist, kann auch das Gezahlte ohne Rücksicht auf § 137 zurückverlangt werden (MK-Kirchhof § 137 Rn. 10).

II. Ersatzrückgewährpflicht Dritter (Abs. 2)

1. Allgemeines

Abs. 2 gewährt dem Insolvenzverwalter einen **selbstständigen Rückgewähranspruch** gegen den Ersatzrückgewährpflichtigen (MK-Kirchhof § 137 Rn. 11).

Dass die Anfechtung gem. §§ 131, 133 ff. durch Abs. 1 (ggf. i. V. m. Abs. 3) nicht ausgeschlossen wird (vgl. Rdn. 4), hat auch Auswirkungen auf Abs. 2: die Erstattungspflicht des letzten Rückgriffsverpflichteten oder des Dritten setzt voraus, dass die Wechsel- oder Scheckzahlung an den Empfänger, gäbe es Abs. 1 (ggf. i. V. m. Abs. 3) nicht, nur gem. § 130 anfechtbar wäre (MK-Kirchhof § 137 Rn. 12).

Abs. 2 greift nur ein, wenn die Anfechtung **ausschließlich** wg. des Eingreifens des Abs. 1 ausscheidet, also nicht, wenn der Anspruch gem. § 130 z. B. wegen der dort genannten Frist nicht möglich ist. Auf die subjektiven Voraussetzungen in der Person des unmittelbaren Zahlungsempfängers kommt es allerdings nicht an; diese werden durch die subjektiven Voraussetzungen in der Person des Rückgriffsverpflichteten ersetzt. Daher kommt die Anfechtung gem. Abs. 2 auch dann in Betracht, wenn der unmittelbare Zahlungsempfänger gutgläubig war (MK-Kirchhof § 137 Rn. 12).

2. Ersatzrückgewährpflichtige

Der **letzte Rückgriffsverpflichtete** ist derjenige, der bei wirksamer Protesterhebung letzten Endes hätte zahlen müssen (Uhlenbruck-Hirte § 137 Rn. 6). Dies ist rgm. der **Aussteller** bei gezogenem Wechsel bzw. der **erste Indossant** bei einem vom Schuldner ausgestellten eigenen Wechsel. Nur er bzw. der Dritte, für den er den Wechsel begab (vgl. Rdn. 8), ist gem. Abs. 2 zur Zahlung an die Masse verpflichtet. Eine Inanspruchnahme vorangehender Garanten durch den Insolvenzverwalter kommt selbst dann nicht in Betracht, wenn der letzte Rückgriffsschuldner seinerseits insolvent ist (MK-Kirchhof § 137 Rn. 14).

Hat anstelle des letzten Rückgewährpflichtigen ein **Nichtberechtigter** wirksam (Art. 16 Abs. 2 WG) über den Wechsel verfügt, so kommt die Anfechtung ggü. dem eigentlichen Rückgriffsschuldner nur unter den Voraussetzungen der wechselmäßigen Rechtsscheinhaftung in Betracht (MK-Kirchhof § 137 Rn. 13).

Für Rechnung eines **Dritten** wird der Wechsel vom formell letzten Rückgriffsverpflichteten insb. im Fall des Art. 3 Abs. 3 WG begeben, wenn der Aussteller den Wechsel im eigenen Namen zieht, aber ein Dritter den Aussteller deckt (sog. Kommissionswechsel; MK-Kirchhof § 137 Rn. 13). In solchen Fällen richtet sich der Erstattungsanspruch gegen den Dritten (MK-Kirchhof § 137 Rn. 13).

3. Weitere Voraussetzungen

a) Objektive Voraussetzungen

Die Anfechtung gem. Abs. 2 Satz 1 greift gegen den Rückgewährpflichtigen nur durch, wenn der objektive Tatbestand des **§ 130 (oder § 132)** ggü. dem unmittelbaren Zahlungsempfänger erfüllt ist.

b) Subjektive Voraussetzungen

Für den **Zeitpunkt** der erforderlichen Kenntnis des Anfechtungsgegners ist gem. § 140 Abs. 1 auf den Zeitpunkt der Zahlung der Wechselschuld abzustellen (BGH, ZInsO 2007, 816). Die Kenntnis des letzten Rückgewährpflichtigen, der den Wechsel für Rechnung eines Dritten begeben hat, ist dem Dritten nach dem Rechtsgedanken des § 166 Abs. 1 BGB zuzurechnen (Uhlenbruck-Hirte § 137 Rn. 7; vgl. § 130 Rdn. 28 ff.).

11 Gem. Abs. 2 Satz 2 sind **§ 130 Abs. 2 und 3** entsprechend anwendbar, sodass auch hier die Kenntnis von Umständen, die zwingend auf die Zahlungsunfähigkeit oder den Eröffnungsantrag schließen lassen (vgl. § 130 Rdn. 18 ff.), der Kenntnis gleichstehen und die Kenntnis vermutet wird, wenn der letzte Rückgriffsverpflichtete oder der Dritte z. Zt. der Wechselbegebung eine dem Schuldner nahestehende Person (§ 138) war.

4. Anspruchsinhalt

12 Der Rückgewähranspruch richtet sich im **Umfang** nach § 143. Er erfasst die dem Schuldner gezahlte Wechselsumme (bei Teilzahlungen den Teilbetrag) nebst Zinsen und Kosten und ist nicht durch den Wert, den der Anfechtungsgegner selbst für die Begebung erhalten hat, begrenzt (MK-Kirchhof § 137 Rn. 18). Bei Begleichung des Erstattungsanspruches leben die Ansprüche des letzten Rückgriffsverpflichteten gegen dessen Vormänner entsprechend § 144 wieder auf (KPB-Schoppmeyer § 137 Rn. 3).

III. Scheckzahlungen des Schuldners (Abs. 3)

13 Die für Wechselzahlungen geltenden Regelungen der Abs. 1 und 2 sind nach Abs. 3 bei Scheckzahlungen entsprechend anwendbar. Als Zahlung auf den Verrechnungs- oder Barscheck gilt auch die **Verrechnung** mit der dafür erteilten Gutschrift (Uhlenbruck-Hirte § 137 Rn. 9).

Der **Regressverlust** ist gem. § 40 ScheckG nur möglich, wenn der Bezogene, nach Art. 3, 54 ScheckG also ein Kreditinstitut, den Scheck bei Verfall nicht einlöst. Nach Abs. 3 muss der Bezogene (also das Kreditinstitut) zugleich der Schuldner sein (MK-Kirchhof § 137 Rn. 19), weshalb die praktische Bedeutung der Norm, die nur Bankinsolvenzen erfasst, gering ist.

Wegen des Sinns der Formvorschrift können auch **Teilzahlungen** die Anwendung des Abs. 3 rechtfertigen (MK-Kirchhof § 137 Rn. 20). Mögliche Rückgriffsberechtigte sind die Indossanten nach Art. 18 ScheckG; wer Ersatzrückgewährpflichtiger ist, bestimmt sich nach Art. 44 ScheckG (MK-Kirchhof § 137 Rn. 21).

B. Verfahrensfragen

14 Abs. 1 (i. V. m. Abs. 3) stellt eine **Ausnahme von § 130** (bzw. § 132) dar, weshalb sein Eingreifen rgm. von dem nach nach diesen Vorschriften in Anspruch genommenen **Anfechtungsgegner** darzulegen und ggf. zu beweisen ist.

Die Voraussetzungen des Abs. 2 (i. V. m. Abs. 3) sind hingegen vom Insolvenzverwalter darzulegen und zu beweisen. Zur **Beweiserleichterung des Abs. 2 Satz 2** i. V. m. § 130 Abs. 2 vgl. Kommentierung zu § 130 Rdn. 18 ff. Behauptet der Anfechtungsgegner, er habe im Innenverhältnis für einen Dritten gehandelt (Abs. 2, 2. Alt.), so hat er dies zu beweisen (MK-Kirchhof § 137 Rn. 23). Nach Abs. 2 Satz 2 i. V. m. § 130 Abs. 3 hat die **nahestehende Person** zu beweisen, dass sie die Zahlungsunfähigkeit bzw. den Eröffnungsantrag nicht kannte (vgl. § 130 Rdn. 57).

15 Hinsichtlich weiterer Verfahrensfragen wird auf die Kommentierung zu § 143 Rdn. 88 ff. verwiesen.

§ 138 Nahestehende Personen

(1) Ist der Schuldner eine natürliche Person, so sind nahestehende Personen:
1. der Ehegatte des Schuldners, auch wenn die Ehe erst nach der Rechtshandlung geschlossen oder im letzten Jahr vor der Handlung aufgelöst worden ist;
1a. der Lebenspartner des Schuldners, auch wenn die Lebenspartnerschaft erst nach der Rechtshandlung eingegangen oder im letzten Jahr vor der Handlung aufgelöst worden ist;
2. Verwandte des Schuldners oder des in Nummer 1 bezeichneten Ehegatten oder des in Nummer 1a bezeichneten Lebenspartners in auf- und absteigender Linie und voll- und halbbürtige Geschwister des Schuldners oder des in Nummer 1 bezeichneten Ehegatten oder des

in Nummer 1a bezeichneten Lebenspartners sowie die Ehegatten oder Lebenspartner dieser Personen;
3. Personen, die in häuslicher Gemeinschaft mit dem Schuldner leben oder im letzten Jahr vor der Handlung in häuslicher Gemeinschaft mit dem Schuldner gelebt haben sowie Personen, die sich auf Grund einer dienstvertraglichen Verbindung zum Schuldner über dessen wirtschaftliche Verhältnisse unterrichten können;
4. eine juristische Person oder eine Gesellschaft ohne Rechtspersönlichkeit, wenn der Schuldner oder eine der in den Nummern 1 bis 3 genannten Personen Mitglied des Vertretungs- oder Aufsichtsorgans, persönlich haftender Gesellschafter oder zu mehr als einem Viertel an deren Kapital beteiligt ist oder auf Grund einer vergleichbaren gesellschaftsrechtlichen oder dienstvertraglichen Verbindung die Möglichkeit hat, sich über die wirtschaftlichen Verhältnisse des Schuldners zu unterrichten.

(2) Ist der Schuldner eine juristische Person oder eine Gesellschaft ohne Rechtspersönlichkeit, so sind nahestehende Personen:
1. die Mitglieder des Vertretungs- oder Aufsichtsorgans und persönlich haftende Gesellschafter des Schuldners sowie Personen, die zu mehr als einem Viertel am Kapital des Schuldners beteiligt sind;
2. eine Person oder eine Gesellschaft, die auf Grund einer vergleichbaren gesellschaftsrechtlichen oder dienstvertraglichen Verbindung zum Schuldner die Möglichkeit haben, sich über dessen wirtschaftliche Verhältnisse zu unterrichten;
3. eine Person, die zu einer der in Nummer 1 oder 2 bezeichneten Personen in einer in Absatz 1 bezeichneten persönlichen Verbindung steht; dies gilt nicht, soweit die in Nummer 1 oder 2 bezeichneten Personen kraft Gesetzes in den Angelegenheiten des Schuldners zur Verschwiegenheit verpflichtet sind.

Übersicht

	Rdn.
A. Normzweck	1
B. Norminhalt	2
I. Schuldner ist natürliche Person (Abs. 1)	2
1. Ehegatten, Lebenspartner (Nr. 1, 1a)	3
2. Verwandte (Nr. 2)	6
3. Häusliche Gemeinschaft (Nr. 3, 1. Alt.)	8
4. Dienstvertragliche Verbindung (Nr. 3, 2. Alt.)	8a
5. Juristische Personen (Nr. 4)	9
II. Schuldner ist juristische Person oder Gesellschaft ohne Rechtspersönlichkeit (Abs. 2)	10
1. Mitglieder der Vertretungs- und Aufsichtsorgane, Gesellschafter (Nr. 1)	11
2. Vergleichbare Verbindung zum Schuldner (Nr. 2)	18
a) Gesellschaftsrechtliche Verbindung	19
b) Dienstvertragliche Verbindung	24
3. Persönliche Verbindung des Anfechtungsgegners zu Mitgliedern der Vertretungs- und Aufsichtsorgane, Gesellschaftern oder vergleichbaren Personen (Nr. 3)	26
4. Ehemalige Insider	28

A. Normzweck

§ 138 enthält eine Legaldefinition für den in zahlreichen Anfechtungsvorschriften (§§ 130 Abs. 3, 131 Abs. 2 Satz 2, 132 Abs. 3, § 137 Abs. 2 Satz 2) sowie in § 162 Abs. 1 Nr. 1 verwendeten Begriff der »nahestehenden Personen«. Bei diesen Personen handelt es sich um solche mit besonderen Informationsmöglichkeiten über die Vermögensverhältnisse des Schuldners aus persönlichen, gesellschaftsrechtlichen oder ähnlichen Gründen, sog. »Insider« (Biehl, Insider, S. 1). In diesen Fällen ist vielfach die Annahme gerechtfertigt, dass diese Personen aufgrund ihrer persönlichen und/oder wirtschaftlichen Verbundenheit zum Schuldner eher dazu bereit sind, zum Schaden dessen Gläubiger mit ihm Verträge abzuschließen (BGHZ 96, 352, 358). Daher ist bei Vermögensverschiebungen zu ihren Gunsten ein besonderes Misstrauen angebracht (Uhlenbruck-Hirte § 138 Rn. 1), weshalb die InsO diesen Personen ggü. in mehreren Vorschriften die **Anfechtung erleichtert**. Das Näheverhältnis muss dabei grds. – soweit nicht im Gesetz ausdrücklich verlangt – im Zeitpunkt der Wirksamkeit (§ 140) der angefochtenen Rechtshandlung bestanden haben (OLG Hamm, ZInsO 2008, 457). Hat der Anfechtende ein zunächst bestehendes Näheverhältnis dargelegt und bewiesen und will sich der Anfechtungsgegner auf den Wegfall dieses zum relevanten Zeitpunkt berufen, obliegt ihm für den Wegfall die Darlegungs- und Beweislast (BGH, ZInsO 2012, 2335).

Unabhängig vom Vorliegen der Näheeigenschaft i. S. d. § 138 können Nähebeziehungen zum Schuldner als verdachterregender Umstand im Rahmen von § 286 ZPO berücksichtigt werden (Kirchhof, ZInsO 2001, 825).

B. Norminhalt

I. Schuldner ist natürliche Person (Abs. 1)

2   Abs. 1 erfasst die Fälle, in denen der Schuldner eine natürliche Person ist.

1. Ehegatten, Lebenspartner (Nr. 1, 1a)

3   Der **Ehegatte** des Schuldners ist eine ihm nahestehende Person, unabhängig davon, ob sie zusammen oder getrennt leben. Dabei ist nicht erforderlich, dass die Ehe bereits im Zeitpunkt der Vornahme der Rechtshandlung bestand, vielmehr genügt es, wenn die Ehe bis zum Zeitpunkt der letzten mündlichen Verhandlung in der Tatsacheninstanz geschlossen wurde (HK-Kreft § 138 Rn. 6). Aufhebbarkeit der Ehe (§§ 1313 ff. BGB) schadet bis zur Rechtskraft eines die Aufhebung aussprechenden Urteils nicht (Uhlenbruck-Hirte § 138 Rn. 3). Bei **Ehen mit Auslandsbezug** entscheidet sich die Frage der Wirksamkeit der Ehe nach dem nach Art. 13 Abs. 1 EGBGB anwendbaren Recht. Während bei Nichtehen (Palandt-Brudermüller, BGB, vor § 1313 Rn. 5) Abs. 1 Nr. 1 mangels tatsächlich bestehender Ehe nicht eingreift, kommt vielfach eine Anwendung des Abs. 1 Nr. 3 in Betracht (Braun-Riggert § 138 Rn. 5).

4   Auch **frühere Ehegatten** sind nahestehende Personen i. S. d. Vorschrift, sofern die Ehe erst innerhalb des letzten Jahres vor Vornahme der anfechtbaren Rechtshandlung (zum maßgeblichen Zeitpunkt vgl. § 140) aufgelöst wurde. Eine dem deutschen Ehestatut unterliegende Ehe ist in dem Zeitpunkt aufgelöst, in dem das gerichtliche Gestaltungsurteil rechtskräftig wird. Bloßes Getrenntleben genügt nicht (Uhlenbruck-Hirte § 138 Rn. 4). Die Jahresfrist ist analog § 139 zu bestimmen (HK-Kreft § 138 Rn. 7; vgl. § 139 Rdn. 2).

5   Auch der eingetragene **Lebenspartner** (§ 1 Abs. 1 LPartG) des Schuldners ist eine ihm nahestehende Person. Ihm werden im gleichen zeitlichen Rahmen wie dem Ehegatten die besonderen Informationsmöglichkeiten unterstellt. Auf gleichgeschlechtliche Partnerschaften, bei denen ein der Eheschließung vergleichbares Registrierungsverfahren im Ausland vor Inkrafttreten des Abs. 1 Nr. 1 am 01.08.2001 stattgefunden hat, ist Abs. 1 Nr. 1 entsprechend anwendbar (Uhlenbruck-Hirte § 138 Rn. 6).

5a Der nichteheliche Lebensgefährte des Schuldners gehört nicht zu den in Nrn. 1, 1a genannten Personen, sodass die in Nr. 2 genannte Verweisung für dessen Verwandte nicht gilt; die insoweit vorgenommene Differenzierung zwischen rechtsverbindlichen und lediglich faktischen Beziehungen ist durch den BGH bestätigt worden (BGH, ZInsO 2011, 784).

2. Verwandte (Nr. 2)

6   Das Vorliegen eines Verwandtschaftsverhältnisses regelt sich nach den Vorschriften des BGB. Erfasst sind zunächst Verwandte des Schuldners i. S. d. § 1589 Abs. 1 Satz 1 BGB, und zwar sowohl in ab- (Kinder, Enkel etc.) als auch in aufsteigender (Eltern, Großeltern etc.) Linie, mit Ausnahme der Geschwister, jedoch nicht die Verwandten in der Seitenlinie (Tante, Onkel etc.). Auch zwischen dem **nichtehelichen Kind** und seinem Vater sowie dessen Verwandten besteht Verwandtschaft und zwar gem. Art. 12 § 1 NEhelG auch für den Fall, dass das Kind vor Inkrafttreten jenes Gesetzes geboren wurde.

Die Verwandtschaft durch **Adoption** regeln §§ 1754, 1770 BGB. Voll- und halbbürtige **Geschwister** des Schuldners werden ebenfalls von Abs. 1 Nr. 2 erfasst, nicht jedoch deren Kinder (Uhlenbruck-Hirte § 138 Rn. 8).

Auch **Verwandte des Ehegatten oder des in Nr. 1a bezeichneten Lebenspartners** des Schuldners in auf- und absteigender Linie sowie Geschwister des Partners sind »nahestehende Personen«; Gleiches gilt für die Ehe- oder Lebenspartner dieser Personen. Sie bleiben dies auch dann, wenn die Ehe des Schuldners mit seinem Ehegatten aufgelöst wurde oder dieser Ehegatte verstorben ist (OLG Hamm, ZInsO 2008, 457). Aus der Verweisung auf Abs. 1 Nr. 1 ergibt sich jedoch, dass die Anfechtung auch diesen Personen ggü. nur dann erleichtert ist, wenn die Ehe des Schuldners im Zeitpunkt der Vornahme der fraglichen Rechtshandlung (§ 140) noch nicht länger als ein Jahr aufgelöst ist. Zu beachten ist, dass die Anfechtung ggü. dem Ehegatten oder Lebenspartner eines Verwandten des Ehepartners des Schuldners nur dann erleichtert ist, wenn die Ehe oder Lebenspartnerschaft des Anfechtungsgegners bereits im Zeitpunkt der Rechtshandlung (§ 140) bestanden hat, denn insoweit verweist Nr. 2 nicht auf Nr. 1; eine insolvenzrechtliche »Nachwirkung« findet insoweit nicht statt (OLG Hamm, ZInsO 2008, 457). Verwandte des nichtehelichen Lebensgefährten des Schuldners werden von Nr. 2 nicht erfasst (BGH, ZInsO 2011, 784). 7

3. Häusliche Gemeinschaft (Nr. 3, 1. Alt.)

Auch Personen, die mit dem Schuldner in einer häuslichen Gemeinschaft leben, gelten als nahestehend. Hauptanwendungsfall ist die nichteheliche Lebensgemeinschaft, erfasst sind aber auch andere der Ehe oder nichtehelichen Lebensgemeinschaft vergleichbar enge Gemeinschaften wie z. B. zwischen Pflegekindern und -eltern. Demgegenüber genügt eine bloße **Wohngemeinschaft** nicht, da durch sie nicht der Informationsvorsprung vermittelt wird, der der Regelung des § 138 zugrunde liegt. Die Begründung der häuslichen Gemeinschaft nach Vornahme der entscheidenden Rechtshandlung genügt nicht (Uhlenbruck-Hirte § 138 Rn. 12); die häusliche Gemeinschaft braucht bei Vornahme der Rechtshandlung aber auch nicht mehr zu bestehen, falls ihre Auflösung in jenem Zeitpunkt noch nicht länger als ein Jahr zurückliegt. 8

4. Dienstvertragliche Verbindung (Nr. 3, 2. Alt.)

Die durch Gesetz zur Vereinfachung des Insolvenzverfahrens vom 13.04.2007 (BGBl. I S. 509) neu eingeführte 2. Alt. beseitigt den bislang lückenhaften Normaufbau des Abs. 1 insoweit, als dass nun auch dienstvertraglich verbundene Dritte explizit in den Kreis nahe stehender Personen miteinbezogen werden. Aufgrund vielfältiger Kritik an der bisherigen Regelung wollte der Gesetzgeber ausweislich der amtl. Begründung den Bedürfnissen der Praxis Rechnung tragen. Sofern der Schuldner zum Zeitpunkt der angefochtenen Handlung **selbstständig wirtschaftlich tätig** gewesen ist, kann hinsichtl. des durch Nr. 3, 2. Alt. betroffenen Personenkreises auf die Kommentierung unter Rdn. 24 verwiesen werden. Sofern der Schuldner zum Zeitpunkt der Handlung nicht selbstständig wirtschaftlich tätig gewesen ist, sind zu dem Kreis der dienstvertraglich verbundenen Dritten jedenfalls alle Arten von **Vermögensverwaltern**, aber auch **Steuerberater** (zum Dienstvertragscharakter des Mandats BGH, ZIP 2006, 2320) zu zählen. 8a

5. Juristische Personen (Nr. 4)

Die durch Gesetz zur Vereinfachung des Insolvenzverfahrens v. 13.04.2007 neu eingefügte Nr. 4 trägt der vielfältigen Kritik am bisherigen lückenhaften Normaufbau Rechnung und beseitigt diesen. Erfasst werden nun auch die Fälle, in denen **Vermögensverschiebungen des Schuldners auf Gesellschaften** vorgenommen werden. Vgl. zum betroffenen Personenkreis die Kommentierung unter Rdn. 8a, 24. 9

II. Schuldner ist juristische Person oder Gesellschaft ohne Rechtspersönlichkeit (Abs. 2)

10 Abs. 2 erfasst diejenigen Fälle, in denen der Schuldner eine juristische Person oder Gesellschaft ohne Rechtspersönlichkeit ist. Die Nähebeziehung muss im Zeitpunkt der Vornahme der Rechtshandlung (§ 140) bestehen (OLG Hamm, ZInsO 2008, 457; Uhlenbruck-Hirte § 138 Rn. 13).

Juristische Personen sind insb. die GmbH, die AG, die KGaA, die eingetragene Genossenschaft und der eingetragene Verein. § 11 Abs. 1 Satz 2 stellt den nicht rechtsfähigen Verein für das Insolvenzverfahren einer juristischen Person gleich.

Gesellschaften ohne Rechtspersönlichkeit sind die in § 11 Abs. 2 Nr. 1 genannten Gesellschaften, insb. die OHG, die KG und die GbR.

1. Mitglieder der Vertretungs- und Aufsichtsorgane, Gesellschafter (Nr. 1)

11 Der schuldnerischen Gesellschaft i. S. d. Abs. 2 stehen zunächst die **Mitglieder ihres Vertretungs- oder Aufsichtsorgans** nahe. Dies sind z. B. die Geschäftsführer einer GmbH oder die Vorstands- oder Aufsichtsratsmitglieder einer AG, einer Genossenschaft, einer Stiftung oder eines Vereins. Demgegenüber bildet die Gesellschafterversammlung kein Aufsichtsorgan (Uhlenbruck-Hirte § 138 Rn. 14). Von Nr. 1 erfasst sind auch etwaige »**stellvertretende**« Geschäftsführer oder Vorstandsmitglieder, ebenso »**faktische**« Organe, da es nicht auf die Wirksamkeit der Organbestellung, sondern allein darauf ankommt, dass die Tätigkeit tatsächlich ausgeübt wurde (KPB-Schoppmeyer § 138 Rn. 17) und somit Informationen über die wirtschaftliche Situation der Schuldnerin erleichtert erlangt werden konnten. Aus diesem Grund ist die Anwendung von Nr. 1 auch auf einen freiwilligen Aufsichtsrat oder ein anderes mit Aufsichtsbefugnissen ausgestattetes Kontrollgremium (Beirat, Verwaltungsrat) geboten (Begr. RegE zu § 154 BT-Drucks. 12/2443 S. 162). Besteht bei einer Gesellschaft ohne Rechtspersönlichkeit auf gesellschaftsvertraglicher Grundlage ein Aufsichtsgremium, so insb. bei Publikums-Kommanditgesellschaften, ist auch dieses von Nr. 1 erfasst.

Wurde ein **Organmitglied** von einem Dritten **entsandt**, so ist nicht auch dieser Dritte allein wegen der Entsendung nahestehende Person i. S. d. § 138, da das Organmitglied ggü. der Gesellschaft, deren Organ es angehört, zur Verschwiegenheit verpflichtet ist (Uhlenbruck-Hirte § 138 Rn. 16; vgl. Rdn. 26).

12 Die **persönlich haftenden Gesellschafter** einer insolventen Gesellschaft ohne Rechtspersönlichkeit zählen unabhängig von dem Bestehen oder Nichtbestehen einer Vertretungsbefugnis und der Höhe ihrer Beteiligung (HK-Kreft § 138 Rn. 13) ebenfalls zu den nahestehenden Personen i. S. d. § 138. Interne Freistellungsvereinbarungen sind unbeachtlich (Uhlenbruck-Hirte § 138 Rn. 17). Erfasst sind die Gesellschafter einer GbR oder OHG, die Komplementäre einer KG sowie die Mitreeder einer Partenreederei.

13 Ist ein persönlich haftender Gesellschafter einer Gesellschaft ohne Rechtspersönlichkeit selbst eine juristische Person (z. B. bei der GmbH & Co. KG die GmbH), sind auch die Mitglieder des **Vertretungs- oder Aufsichtsorgans** dieser juristischen Person sowie die an deren Kapital mit mehr als einem Viertel beteiligten **Gesellschafter** im Verhältnis zur Gesellschaft ohne Rechtspersönlichkeit als nahestehend anzusehen (Braun-Riggert § 138 Rn. 11).

14 Sowohl bei juristischen Personen als auch bei Gesellschaften ohne Rechtspersönlichkeit ist nahestehende Person, wer unmittelbar oder mittelbar (vgl. Rdn. 22) **mit mehr als 25 % am Kapital der Gesellschaft beteiligt** ist. In Betracht kommen insb. Gesellschafter einer GmbH (die persönlich haftenden Gesellschafter einer Gesellschaft ohne Rechtspersönlichkeit sind unabhängig von ihrer Beteiligung erfasst, vgl. Rdn. 11), Aktionäre, Kommanditaktionäre und Kommanditisten.

15 Bei der Errechnung der relevanten Beteiligungsschwelle ist allein auf den Anteil am **Grund- bzw. Stammkapital** abzustellen; **Gesellschafterdarlehen** oder sonstige Gesellschafterleistungen mit Kapitalersatzcharakter sind nicht berücksichtigungsfähig (MK-Stodolkowitz/Bergmann § 138 Rn. 23). Ist Schuldnerin eine KG und Leistungsempfänger ein Kommanditist, so ist das Verhältnis

der Pflichteinlage des Kommanditisten zur Summe aller Pflichteinlagen und etwaiger Einlagen des persönlich haftenden Gesellschafters maßgebend (MK-Stodolkowitz/Bergmann § 138 Rn. 23).

Auch **mittelbare Beteiligungen** des Anfechtungsgegners sind bei der Ermittlung der Beteiligung an der Schuldnerin mit zu berücksichtigen. § 154 Abs. 2 RegE hatte insoweit noch ausdrücklich vorgesehen, dass eine Beteiligung i. S. d. jetzigen Abs. 2 Nr. 1 auch dann vorliegt, wenn »ein von der Person abhängiges Unternehmen oder ein Dritter für Rechnung der Person oder des abhängigen Unternehmens am Schuldner beteiligt ist.« Dass diese Zeile nicht Gesetzestext wurden, sollte lediglich zur Straffung der Norm beitragen, inhaltlich jedoch nichts ändern (Begr. Rechtsausschuss zu § 138 BT-Drucks. 12/7302 S. 173 f.). Demgemäß ist nahestehende Person i. S. d. Abs. 2 Nr. 1 auch ein Aktionär, der mit weniger als 25 % an der insolventen AG beteiligt ist, wenn neben ihm noch ein von ihm abhängiges Unternehmen an der AG beteiligt ist und dadurch die Beteiligungsschwelle überschritten wird (Uhlenbruck-Hirte § 138 Rn. 31). Abhängigkeit des Unternehmens liegt vor, wenn die o. g. Person die Mehrheit der Anteile besitzt (§§ 16, 17 Abs. 2 AktG). Mittelbare Beteiligung liegt ferner z. B. auch dann vor, wenn ein **Treuhänder** Anteile für den Insider hält (MK-Stodolkowitz/Bergmann § 138 Rn. 24). Wenn mehrere nahe Angehörige i. S. d. Abs. 1 Nr. 1, 1a und 2 (**Familienverbund**) gemeinsam eine Beteiligungsquote von über 25 % an dem insolventen Unternehmen erreichen, sind sie ebenfalls jeweils als nahestehende Personen i. S. d. Nr. 1 anzusehen (Kirchhof, ZInsO 2001, 825). 16

Welche Aktionäre mehr als 25 % des Grundkapitals halten, lässt sich mithilfe der Mitteilungspflichten gem. §§ 20 ff. AktG ermitteln; i. Ü. gelten die Auskunftspflichten gem. § 101 i. V. m. § 97. 17

2. Vergleichbare Verbindung zum Schuldner (Nr. 2)

Hinsichtlich der soeben in Nr. 1 genannten Personen wird die Insiderstellung, welche die Beweiserleichterungen zugunsten der Insolvenzmasse rechtfertigt, ohne weitere Prüfung vermutet. Demgegenüber verlangt Nr. 2 für die Rechtfertigung der Beweiserleichterung zusätzlich, dass sich die betreffende natürliche oder juristische Person oder Gesellschaft aufgrund einer gesellschaftsrechtlichen oder dienstvertraglichen Stellung zum Schuldner über dessen wirtschaftlichen Verhältnisse informieren kann. Es genügt, dass die Person oder Gesellschaft die **Möglichkeit** hatte, **sich zu informieren**; nicht entscheidend ist, ob diese Möglichkeit tatsächlich wahrgenommen wurde. Die Unterrichtungsmöglichkeit muss aber gerade »aufgrund« der Stellung bestanden haben, bloß zufällige Informationsmöglichkeiten oder tatsächlich erlangte Kenntnisse genügen nicht (Uhlenbruck-Hirte § 138 Rn. 37). Ist der mögliche Insider eine juristische Person oder eine Gesellschaft ohne Rechtspersönlichkeit, so ist für die Frage, ob für sie eine Informationsmöglichkeit bestand, § 166 Abs. 1 BGB entsprechend anzuwenden. Entscheidend sind daher die Unterrichtungsmöglichkeiten der (nicht notwendig organschaftlichen) Vertreter des Insiders (BGHZ 129, 236, 246). Nahestehende Person im Sinne dieser Vorschrift ist daher auch eine Gesellschaft, deren Geschäftsführer zugleich Geschäftsführer und/oder Gesellschafter der Schuldnerin ist (BGH, ZInsO 2007, 816). Die **Beweislast** für das Vorliegen einer Unterrichtungsmöglichkeit im o. g. Sinne trägt der Insolvenzverwalter (Braun-Riggert § 138 Rn. 19). 18

a) Gesellschaftsrechtliche Verbindung

Eine mit den Fällen der Nr. 1 vergleichbare gesellschaftsrechtliche Verbindung besteht zunächst zwischen dem herrschenden und dem von ihm abhängigen (insolventen) Unternehmen, § 17 Abs. 1 AktG (Uhlenbruck-Hirte § 138 Rn. 39). In derartigen Fällen dürfte für das **herrschende Unternehmen** eine Möglichkeit, sich über die Verhältnisse des Schuldners zu informieren, rgm. gegeben sein. Hat das beherrschende Unternehmen eine **Mehrheitsbeteiligung** (Beteiligung von über 50 %) an dem beherrschten Unternehmen, greift bereits Abs. 2 Nr. 1 (vgl. Rdn. 13), sodass dann eine Prüfung der Informationsmöglichkeiten nicht erforderlich ist. Bestand für das abhängige Unternehmen aufgrund seiner gesellschaftsrechtlichen Beziehung zum herrschenden Unternehmen die Möglichkeit, sich über dessen wirtschaftlichen Verhältnisse zu unterrichten (wie i. d. R. bei einem Vertragskonzern, Uhlenbruck-Hirte § 138 Rn. 41, oder weil die Organe der Tochtergesellschaft mit 19

§ 138 InsO Nahestehende Personen

Vertrauensleuten der Muttergesellschaft besetzt sind Kirchhof, ZInsO 2001, 825), ist auch das **beherrschte Unternehmen** nahestehende Person in der Insolvenz des herrschenden Unternehmens (MK-Stodolkowitz/Bergmann § 138 Rn. 27 ff.).

20 Die **Treuhandanstalt** kann wegen § 28a Satz 1 EGAktG nicht als herrschendes Unternehmen qualifiziert werden (Uhlenbruck-Hirte § 138 Rn. 40).

21 **Konzerntöchter bzw. Schwestergesellschaften**, die von demselben Unternehmen beherrscht werden, sollten nach der Begr. zu § 154 RegE im Verhältnis zueinander nicht von Nr. 2 erfasst werden, weil in diesem Verhältnis nicht unterstellt werden könne, dass ein Unternehmen eine besondere Informationsmöglichkeit über die wirtschaftlichen Verhältnisse des anderen habe (Begr. zu § 154 RegE BT-Drucks. 12/2443 S. 163). Richtigerweise sollten Schwestergesellschaften jedoch als nahestehende Personen klassifiziert werden, wenn sie von demselben Unternehmen abhängig sind und die in § 18 Abs. 1 Satz 3 AktG normierte **Konzernvermutung** nicht widerlegt ist, da es naheliegt, dass das den Konzern beherrschende Unternehmen versuchen wird, bei Anzeichen einer Krise Vermögen von dem gefährdeten abhängigen Unternehmen auf ein anderes von ihm abhängiges Unternehmen zu übertragen, um es so vor dem Gläubigerzugriff zu schützen und es weiter nutzen zu können (MK-Stodolkowitz/Bergmann § 138 Rn. 32). Nr. 2 ist ferner dann einschlägig, wenn wesentliche Gesellschafter beider **Gesellschaften identisch** oder nahe Angehörige sind (BGHZ 129, 236, 246).

22 Die an einem Unternehmen beteiligten (**Mit-**) **Gesellschafter** sind (soweit nicht Abs. 1 Nr. 1 bis 3 eingreifen) im Verhältnis zueinander keine nahestehenden Personen (BGHZ 96, 352, 359).

23 Sofern die **Beteiligung** eines Gesellschafters, Aktionärs etc. **nicht** die in Abs. 2 Nr. 1 genannte **25 %-Grenze überschreitet**, kann allein aufgrund seiner dem gesetzlichen Normalfall entsprechenden Gesellschafterstellung auch kein Näheverhältnis i. S. d. Nr. 2 angenommen werden (insofern richtig BGHZ 131, 189, 193, vgl. Rdn. 13). In Fällen, in denen der geringer Beteiligte aufgrund von vom Gesetz abweichenden statuarischen oder sonstigen schuldrechtlichen Regelungen besondere Informationsmöglichkeiten hat, deren Vorliegen der Insolvenzverwalter zu beweisen hat, ist jedoch eine Subsumption unter Abs. 2 Nr. 2 zulässig und angemessen (vgl. Braun-Riggert § 138 Rn. 18 f.). Diese Ansicht ist mit dem Wortlaut der Norm ohne Weiteres vereinbar und entspricht dem Sinn und Zweck des § 138, ggü. Personen mit besonderen Informationsmöglichkeiten die Anfechtung zu erleichtern. Das Gegenargument des BGH (a. a. O.) hinsichtl. der Entstehungsgeschichte des Abs. 2 Nr. 2 überzeugt auch insoweit nicht, als in § 145 Nr. 1 RefE als nahestehend solche (natürlichen) Personen angesehen wurden, »die aufgrund ihrer Tätigkeit im Unternehmen des Schuldners die Möglichkeit hatten, sich über dessen wirtschaftlichen Verhältnisse zu informieren«. Eine Einschränkung auf dienstvertragliche Tätigkeiten enthielt weder die Norm noch die Begründung derselben.

b) Dienstvertragliche Verbindung

24 Auch aus einer dienstvertraglichen Verbindung zum Schuldner kann eine Nähebeziehung i. S. d. § 138 erwachsen. Erfasst sind nach dem Willen des Gesetzgebers solche Personen, die durch ihre Tätigkeit innerhalb des Unternehmens, z. B. als dessen **Prokurist** oder sonstiger **leitender Angestellter**, eine besondere Informationsmöglichkeit über seine wirtschaftlichen Verhältnisse haben (Begr. zu § 155 RegE BT-Drucks. 12/2443 S. 163). Neben den Prokuristen sind hier besonders solche Personen erfasst, die als leitende Angestellte in den für die Beurteilung der Finanzlage des (späteren) Insolvenzschuldners zuständigen Abteilungen tätig sind (Uhlenbruck-Hirte § 138 Rn. 47). Auch juristische Personen oder Gesellschaften ohne Rechtspersönlichkeit können dienstvertraglich in der von Nr. 2 geforderten Weise mit dem Schuldner verbunden sein, wenn sie nämlich von einer Person, die zum Schuldner in einer dienstvertraglichen Verbindung i. S. d. Vorschrift steht, beherrscht werden. Dies ist z. B. dann der Fall, wenn der Geschäftsführer einer Gesellschaft zugleich als »Betriebsführer« im Unternehmen des Schuldners tätig ist (BGHZ 129, 236, 246).

Rein geschäftliche Beziehungen zum Schuldner genügen grundsätzlich nicht. Keine nahestehenden Personen i. S. d. Nr. 2 sind daher z. B. das kontoführende und/oder kreditgewährende Kreditinstitut (»Hausbank«) oder Großlieferanten des Schuldners jedenfalls, solange sie nicht unmittelbar an dem Kapital des schuldnerischen Unternehmens beteiligt sind (BGH, ZInsO 2012, 2335). Gleiches gilt in Ermangelung einer innerbetrieblichen Tätigkeit i. d. R. auch für Freiberufler, wie z. B. **Wirtschaftsberater** (BGH, ZIP 1997, 513), **Rechtsanwälte** oder **Steuerberater** (BGH, ZIP 1998, 247). Wenngleich diese im Einzelfall aufgrund ihrer Tätigkeit für den Schuldner erhebliche Einblickmöglichkeiten in die Vermögensverhältnisse haben können, sind sie doch dem schuldnerischen Unternehmen nicht zugehörig, sodass es an einer Vergleichbarkeit mit den in Nr. 1 genannten Personen fehlt. Dem Freiberufler im Dienste des Schuldners müssen, wenn er als nahestehende Person gem. Abs. 2 Nr. 2 gelten soll, nach der ihm dienstvertraglich eingeräumten Rechtsstellung wie einem in gleicher Zuständigkeit tätigen Angestellten alle über die wirtschaftliche Lage des Auftraggebers erheblichen Daten üblicherweise im normalen Geschäftsgang zufließen (BGH, ZInsO 2012, 2335).

25

3. Persönliche Verbindung des Anfechtungsgegners zu Mitgliedern der Vertretungs- und Aufsichtsorgane, Gesellschaftern oder vergleichbaren Personen (Nr. 3)

Von Personen, die zu einer der in Nr. 1 und 2 genannten Personen in einer der in Abs. 1 genannten Verbindungen stehen, wird vermutet, dass sie aufgrund dieser Verbindung ebenfalls erweiterte Informationsmöglichkeiten hinsichtl. der wirtschaftlichen Situation haben und ausnutzen. Auch sie sind daher in Abs. 2 Nr. 3 als **Insider** erfasst. Es ist weitgehend anerkannt, dass **nur natürliche Personen** gemeint sind (HK-Kreft § 138 Rn. 20), da nur diese in einem »persönlichen Verhältnis« zu einer anderen Person stehen können. Werden einer juristischen Person oder Gesellschaft ohne Rechtspersönlichkeit über einen Dritten Informationen über einen Schuldner i. S. d. Abs. 2 vermittelt, kommt eine Insiderstellung gem. Abs. 2 Nr. 2 in Betracht (vgl. Rdn. 18 ff.).

26

Voraussetzung dafür, ein »Näheverhältnis« zwischen dem Schuldner und der nicht direkt, sondern nur über einen Dritten mit ihm verbundenen Person annehmen zu dürfen, ist jedoch, dass diejenige Person, die die Informationen vermitteln könnte, zur Weitergabe ihres Wissens auch berechtigt ist. Nach Nr. 3 Halbs. 2 besteht daher kein Näheverhältnis i. S. d. § 138, wenn die Person, die der ihr i. S. v. Abs. 1 verbundenen Person die Informationen verschaffen könnte, **kraft Gesetzes** – vertraglich vereinbarte Verschwiegenheitspflichten genügen nicht (Uhlenbruck-Hirte § 138 Rn. 53) – in den Angelegenheiten des Schuldners zur **Verschwiegenheit verpflichtet** ist. Solchen zur Verschwiegenheit Verpflichteten kann nach Ansicht des Gesetzgebers nicht unterstellt werden, dass sie ihre Pflichten durch Weitergabe von Kenntnissen, die auf ihrer besonderen Informationsmöglichkeit beruhen, verletzt haben (Begr. zu § 155 RegE BT-Drucks. 12/2443 S. 163).

27

Derartige gesetzliche Verschwiegenheitspflichten ergeben sich insb. für Vorstands- und Aufsichtsratsmitglieder, Abwickler und Prüfer einer AG aus §§ 93 Abs. 1 Satz 2, 116, 404 AktG sowie für Geschäftsführer, Mitglieder des Aufsichtsrats und Liquidatoren einer GmbH aus § 85 GmbHG. Diese Einschränkung kann allerdings nicht in Fällen wie dem unter Rdn. 20 a. E. dargestellten gelten, also bei **Personenidentität** der beiden vermittelnden Insider. Ferner greift sie jedenfalls dann nicht ein, wenn die in Abs. 2 Nr. 1 oder 2 genannte Person sowohl alleiniger Geschäftsführer als auch einziger Gesellschafter des Schuldners ist, da es in diesem Fall allein von seinem Willen abhängig ist, ob die fragliche Tatsache überhaupt ein Geheimnis darstellt oder ob sie offenbart werden soll. Allein die Annahme, die in Abs. 2 Nr. 1 oder 2 genannte Person werde wegen der strafbewehrten Verschwiegenheitspflicht die Informationen auch nicht an nahestehende i. S. d. Abs. 1 weitergeben, würde jedoch deren Herausnahme aus dem Kreis der Insider rechtfertigen (OLG Düsseldorf, ZInsO 2005, 215).

4. Ehemalige Insider

Ehemalige Insider, d. h. solche Personen, die ihre in den Nr. 1 und 2 genannte Stellung im maßgeblichen Zeitpunkt nicht mehr innehaben, sind **keine** nahestehenden Personen i. S. d. § 138. Eine

28

Regelung für Personen, deren in Nr. 1 oder 2 genannte Beziehung zum Schuldner innerhalb des letzten Jahres vor der Rechtshandlung beendet worden ist, war in § 155 Nr. 2 RegE noch vorgesehen, wurde jedoch vom Rechtsausschuss als zu weitgehend abgelehnt.

§ 139 Berechnung der Fristen vor dem Eröffnungsantrag

(1) ¹Die in den §§ 88, 130 bis 136 bestimmten Fristen beginnen mit dem Anfang des Tages, der durch seine Zahl dem Tag entspricht, an dem der Antrag auf Eröffnung des Insolvenzverfahrens beim Insolvenzgericht eingegangen ist. ²Fehlt ein solcher Tag, so beginnt die Frist mit dem Anfang des folgenden Tages.

(2) ¹Sind mehrere Eröffnungsanträge gestellt worden, so ist der erste zulässige und begründete Antrag maßgeblich, auch wenn das Verfahren auf Grund eines späteren Antrags eröffnet worden ist. ²Ein rechtskräftig abgewiesener Antrag wird nur berücksichtigt, wenn er mangels Masse abgewiesen worden ist.

Übersicht	Rdn.		Rdn.
A. Norminhalt 1		2. Eröffnungsantrag 5	
I. Anwendungsbereich 2		3. Fristberechnung 6	
II. Berechnung der Fristen, §§ 88, 130 bis 136 (Abs. 1) 3		III. Fristberechnung bei mehreren Eröffnungsanträgen (Abs. 2) 10	
1. Zuständigkeit 4		B. Verfahrensfragen 16	

A. Norminhalt

1 Die Vorschrift dient der Klärung von Zweifeln bei der Bemessung des Anfechtungszeitraumes i. S. d. §§ 130 bis 136 sowie des für § 88 maßgeblichen Zeitraums. Während Abs. 1 regelt, wie die jeweilige Frist zurückzuberechnen ist, ergibt sich aus Abs. 2, mit welchem Antrag die Frist beginnt, wenn mehrere Anträge zu verschiedenen Zeitpunkten gestellt wurden.

I. Anwendungsbereich

2 Abs. 1 erfasst sämtliche in den §§ 88, 130 bis 136 genannten, nach vollen Monats- oder Jahreszeiträumen bemessene Fristen. Er wird darüber hinaus entsprechend angewandt auf § 138 Abs. Nr. 1 und 3, der ebenfalls eine Rückrechnung nach Jahren von einem bestimmten, in den Lauf eines Tages fallenden Zeitpunkt an vorsieht (HK-Kreft § 139 Rn. 3). Zum Sonderfall der Insolvenz von Instituten i. S. v. § 1 KWG vgl. vor §§ 129 ff. Rdn. 18. **Abs. 2** gilt ebenfalls für sämtliche Anfechtungstatbestände gem. §§ 130 bis 136 sowie für die Rückschlagsperre gem. § 88.

II. Berechnung der Fristen, §§ 88, 130 bis 136 (Abs. 1)

3 Maßgeblich ist für die **Fristberechnung** der Tag, an dem der (ggf. gem. Abs. 2 zu ermittelnde) Antrag auf Eröffnung des Insolvenzverfahrens beim Insolvenzgericht eingegangen ist.

1. Zuständigkeit

4 Welches Gericht zur Entscheidung über den Eröffnungsantrag sachlich und örtlich berufen ist, ergibt sich aus §§ 2, 3 (vgl. dort). Wird der Antrag bei einem sachlich oder örtlich unzuständigen Gericht gestellt, ist für die Fristberechnung **gleichwohl** auf den Eingang des Antrags bei jenem Gericht abzustellen, wenn dieses den Eröffnungsantrag nach § 4, §§ 281 Abs. 1, 495 ZPO (ggf. nach vorherigem Hinweis gem. § 4, § 139 Abs. 1, 2 ZPO) auf entsprechenden Antrag des Antragstellers an das zuständige Gericht verweist (MK-Kirchhof § 139 Rn. 9) oder das Verfahren ungeachtet der mangelnden Zuständigkeit rechtskräftig eröffnet (BGHZ 138, 40, 42 ff.).

2. Eröffnungsantrag

Maßgeblicher Anknüpfungspunkt für die Fristberechnung ist der Eröffnungsantrag. Dieser muss, wie sich aus Abs. 2 ergibt, grds. zulässig (§§ 2, 3, 11 ff.) und begründet (§§ 16 ff.) sein. Nur ausnahmsweise ist ein **unzulässiger/unbegründeter Antrag** maßgeblich, wenn nämlich das Insolvenzverfahren aufgrund dieses Antrags rechtskräftig (§ 34 Abs. 2) eröffnet wurde (MK-Kirchhof § 139 Rn. 10).

Wird ein eröffnetes Insolvenzverfahren über das Vermögen des Schuldners eingestellt oder aufgehoben und später aufgrund eines neuen Antrags ein neues Verfahren über das Vermögen desselben Schuldners eröffnet, so sind diejenigen Anträge, die zu dem ersten Verfahren geführt haben, **nicht** berücksichtigungsfähig (MK-Kirchhof § 139 Rn. 5).

Wird auf den ersten Antrag hin – ggf. unter Verbindung mit einem später eingegangenen Antrag – das Verfahren rechtskräftig (§ 34 Abs. 2) eröffnet, ist dieser Antrag der Fristberechnung zugrunde zu legen. Im Anfechtungsprozess werden Zulässigkeit und Begründetheit dieses Antrags nicht erneut überprüft (HK-Kreft § 139 Rn. 9). Für den Fall, dass nach Stellung mehrerer Eröffnungsanträge das Verfahren aufgrund des bzw. eines späteren Antrags eröffnet wird, enthält **Abs. 2** eine Sonderregelung (vgl. Rdn. 10).

3. Fristberechnung

Der Beginn der in den §§ 88, 130 bis 136 genannten Fristen wird in der Weise ermittelt, dass von dem **Tag**, an dem der maßgebliche (vgl. Rdn. 5, 10 ff.) Antrag beim Insolvenzgericht eingegangen ist, um die jeweils relevante Anzahl von Monaten oder Jahren zurückgerechnet wird, wobei der Tag des Fristbeginns – außer in den Fällen des Abs. 1 Satz 2 – der Zahl nach dem Tag des Eingangs des Antrags entspricht. § 187 Abs. 1 BGB gilt nicht, weshalb die Frist nicht schon vom Tag vor dem Eingang, sondern erst vom Eingangstag zurückzurechnen ist (MK-Kirchhof § 139 Rn. 6). Da die Anfechtungsfristen nicht durch bestimmte Maßnahmen wahrzunehmen sind, die nur an einem Werktag vorgenommen werden können, sind auch § 193 BGB, § 222 Abs. 2 ZPO nicht anwendbar, sodass es unerheblich ist, ob der Fristbeginn auf einen **Samstag** oder **Feiertag** fällt (NR-Nerlich § 139 Rn. 3). Da es sich bei den Fristen nicht um Verjährungsfristen handelt, kommt auch eine **Hemmung** (§§ 203 ff. BGB) oder ein **Neubeginn** (§ 212 BGB) der Frist nicht in Betracht (Uhlenbruck-Hirte § 139 Rn. 2); ebenso wenig ist eine **Wiedereinsetzung** gem. §§ 233 ff. ZPO möglich (MK-Kirchhof § 139 Rn. 7).

Für den Fall, dass es in dem Monat, in dem die Frist beginnt, einen Tag, der seiner Zahl nach dem Tag des Eingangs des Eröffnungsantrags entspricht, nicht gibt, enthält **Abs. 1 Satz 2** eine Regelung. In derartigen Fällen beginnt die Frist um 0.00 Uhr des Folgetages.

Ging der Eröffnungsantrag etwa am 23.01. beim Insolvenzgericht ein, beginnt die Monatsfrist am 23.12., die Drei-Monats-Frist am 23.10. und die Jahresfrist am 23.01. des Vorjahres bzw. weiter zurückliegender Jahre. Ging der Eröffnungsantrag am 31.07. ein, so beginnt die Monatsfrist am 01.07., die Drei-Monats-Frist am 01.05. Ging der Eröffnungsantrag am 29.03. ein, so beginnt die Monatsfrist in einem Schaltjahr am 29.02., in allen anderen Jahren am 01.03. War das vorangehende Jahr ein Schaltjahr, so beginnt die Jahresfrist am 29.02., anderenfalls am 01.03. (HK-Kreft § 139 Rn. 8). Ob die fragliche Rechtshandlung im maßgeblichen Zeitraum vorgenommen wurde, richtet sich nach § 140 (vgl. dort).

Bei Nachlassinsolvenzverfahren ergeben sich hinsichtlich der Fristberechnung keine Besonderheiten.

III. Fristberechnung bei mehreren Eröffnungsanträgen (Abs. 2)

Gem. Abs. 2 ist Anknüpfungspunkt für die Rückrechnung der erste zulässige und begründete Antrag, auch wenn das Verfahren aufgrund eines späteren Antrags eröffnet wurde. Dies bietet den Vorteil, dass die Anfechtbarkeit **zeitlich vorverlegt** wird, was insb. für die Fälle der §§ 130 bis 132 von Bedeutung ist.

Wird das Verfahren aufgrund eines späteren Antrags eröffnet, kommt es für die Berechnung der Fristen allein darauf an, dass der **erste Antrag** zur Eröffnung des Verfahrens geführt hätte, wäre er nicht mangels Masse abgewiesen (§ 26 Abs. 1) oder das Verfahren nicht aufgrund eines späteren Antrags eröffnet worden (HK-Kreft § 139 Rn. 4).

Abs. 2 soll insb. folgende **Fallgestaltungen** erfassen:
1. Das Insolvenzverfahren wird aufgrund eines späteren Antrags unverzüglich eröffnet, weil dieser Antrag ohne weitere Ermittlungen, welche für den ersten Antrag erforderlich wären, zulässig und begründet ist;
2. ein an sich zulässiger und begründeter Antrag ist allein wegen nicht ausreichender Masse abgewiesen worden; nachdem ein weiterer Antrag gestellt wurde und die Voraussetzungen des § 26 Abs. 1 Satz 2 geschaffen wurden, wird das Verfahren aufgrund des späteren Antrags doch noch eröffnet.

Ferner kommen Fälle in Betracht, in denen das Insolvenzgericht einen früheren Antrag irrtümlich für unzulässig oder unbegründet gehalten oder übersehen hat (MK-Kirchhof § 139 Rn. 8).

11   **Berücksichtigungsfähig** sind nur zulässige (§§ 2, 3, 11 ff.) und begründete (§§ 16 ff.) Anträge, wobei es jedoch genügt, wenn Zulässigkeit und Begründetheit erst im **Zeitpunkt des** (auf demselben oder einem anderen Antrag beruhenden) **Eröffnungsbeschlusses** gegeben sind (MK-Kirchhof § 139 Rn. 9). Umgekehrt sind solche Anträge nicht berücksichtigungsfähig, die zwar zunächst die Anforderungen an Zulässigkeit und Begründetheit erfüllten, jedoch bis zum Eröffnungsbeschluss unzulässig oder unbegründet geworden sind (MK-Kirchhof § 139 Rn. 9a). Der **Eröffnungsgrund** darf daher z.B. zwischen dem ersten Antrag und demjenigen Antrag, der schließlich zur Verfahrenseröffnung geführt hat, nicht weggefallen sein (BGH, ZInsO 2008, 159). Trotz Erfüllung der Forderung des Antragstellers kann weiterhin ein Eröffnungsgrund i.S.d. §§ 17 ff. vorliegen.

12   Gem. **Abs. 2 Satz 2** kommt dem zuerst gestellten **Antrag** keine Bedeutung zu, wenn er – sei es auch zu Unrecht – **rechtskräftig** (§ 34 Abs. 2) **abgewiesen** wurde, es sei denn, die Abweisung erfolgte ausschließlich **mangels Masse** (§ 26 Abs. 1). Mangels Masse abgewiesene Anträge werden berücksichtigt, weil der Unzulänglichkeit der Masse keine geringere Bedeutung beigemessen werden kann als der (drohenden) Zahlungsunfähigkeit oder der Überschuldung bei einer zur Verfahrenseröffnung hinreichenden Masse oder bei einem dazu ausreichenden Vorschuss (HK-Kreft § 139 Rn. 11). Die Vorschrift ist jedoch nach Auffassung des BGH dahin gehend auszulegen, dass der Insolvenzgrund zwischen rechtskräftig mangels Masse abgewiesenem Antrag und späterem zur Verfahrenseröffnung führendem Antrag nicht weggefallen sein darf (BGH, ZInsO 2008, 159). Die Abweisung eines Eröffnungsantrags durch das Insolvenzgericht mangels Masse erfolgt rgm. nur dann, wenn dieses zuvor die Zulässigkeit und Begründetheit des Antrags i.Ü. bejaht hat (OLG Schleswig, ZInsO 2006, 1224). Zulässigkeit und Begründetheit des gem. § 26 Abs. 1 rechtskräftig abgewiesenen Antrags sind in einem anfechtungsrechtlichen Streit durch das angerufene **Prozessgericht** zu prüfen, wobei dieses sich auf den insolvenzgerichtlichen Beschluss stützen kann, ohne an die dort getroffenen Feststellungen gebunden zu sein (OLG Schleswig a.a.O.).

13   Nach st. Rspr. des BGH (ZInsO 2006, 94) ist ein rechtswirksam für **erledigt erklärter** oder **zurückgenommener** Eröffnungsantrag bei der Fristberechnung i.S.d. § 139 nicht berücksichtigungsfähig, weil ein solcher nicht mehr zu einer Verfahrenseröffnung führen kann. Dies gilt sogar dann, wenn der Schuldner nach Erledigungserklärung/Rücknahme seine Zahlungsfähigkeit nicht wiedererlangt hat (BGH a.a.O.). Ausnahmsweise ist ein für erledigt erklärter oder zurückgenommener Antrag bei der Fristberechnung dann berücksichtigungsfähig, wenn er Grundlage einer Verfahrenseröffnung hätte sein können und lediglich wegen prozessualer Überholung für erledigt erklärt oder zurückgenommen worden ist (BGH, ZInsO 2009, 870).

14   Unter Zugrundelegung dieser Rspr. kann bei **missbräuchlichen** Antragsrücknahmen ggü. dem vormaligen Antragsteller bei späterer Verfahrenseröffnung aufgrund eines weiteren Antrags gem. § 130 (wg. Kenntnis der Zahlungsunfähigkeit; vgl. insb. § 130 Rdn. 23), § 131 (vgl. § 131 Rdn. 13, 38 f.), § 133 Abs. 1 (vgl. § 133 Rdn. 36) vorgegangen werden, im Einzelfall auch gem. § 817 Satz 1 BGB

(Frind/Schmidt, ZInsO 2002, 8, 13), § 826 BGB (BGHZ 149, 178, 182 = ZInsO 2002, 29) oder § 242 BGB (Wagner, EWiR 2001, 385; Wienberg, EWiR 2001, 635). Vielfach wird jedoch jedenfalls die Drei-Monats-Frist der §§ 130 ff. bereits abgelaufen sein.

Allein die Mitteilung des Antragstellers an das Insolvenzgericht, die Forderung sei vollständig ausgeglichen worden, stellt allerdings noch **keine verfahrensbeendende Erklärung** dar (AG Hamburg, ZInsO 2005, 158). 15

B. Verfahrensfragen

Der Anfechtende ist dafür **beweispflichtig**, dass ein früherer als der vom Insolvenzgericht bei Verfahrenseröffnung zugrunde gelegte Antrag maßgeblich ist (KPB-Ehricke § 139 Rn. 9). 16

§ 140 Zeitpunkt der Vornahme einer Rechtshandlung

(1) Eine Rechtshandlung gilt als in dem Zeitpunkt vorgenommen, in dem ihre rechtlichen Wirkungen eintreten.

(2) ¹Ist für das Wirksamwerden eines Rechtsgeschäfts eine Eintragung im Grundbuch, im Schiffsregister, im Schiffsbauregister oder im Register für Pfandrechte an Luftfahrzeugen erforderlich, so gilt das Rechtsgeschäft als vorgenommen, sobald die übrigen Voraussetzungen für das Wirksamwerden erfüllt sind, die Willenserklärung des Schuldners für ihn bindend geworden ist und der andere Teil den Antrag auf Eintragung der Rechtsänderung gestellt hat. ²Ist der Antrag auf Eintragung einer Vormerkung zur Sicherung des Anspruchs auf die Rechtsänderung gestellt worden, so gilt Satz 1 mit der Maßgabe, daß dieser Antrag an die Stelle des Antrags auf Eintragung der Rechtsänderung tritt.

(3) Bei einer bedingten oder befristeten Rechtshandlung bleibt der Eintritt der Bedingung oder des Termins außer Betracht.

Übersicht	Rdn.			Rdn.
A. **Norminhalt**	1		7. Ermöglichen einer Sicherung oder Befriedigung	19
I. Vornahmezeitpunkt (Abs. 1)	2	II.	Sonderfall Registereintragung (Abs. 2)	20
1. Allgemeines	2		1. Zeitpunkt bindender Eintragung und Eintragungsantrag des anderen Teils (Satz 1)	22
2. Einaktige Rechtshandlungen	3			
3. Mehraktige Rechtshandlungen	4			
a) Allgemeines	4		a) Erfasste Rechtsgeschäfte	22
b) Einzelfälle	9		b) Voraussetzungen für das Wirksamwerden; Bindung des Schuldners	23
aa) Zahlungsverkehr	9			
bb) Sicherheiten	12			
4. Mittelbare Zuwendungen	16		2. Vormerkung (Satz 2)	30
5. Zwangsvollstreckungen	17	III.	Bedingung/Befristung (Abs. 3)	32
6. Unterlassungen	18	B.	**Verfahrensfragen**	38

A. Norminhalt

§ 140 dient der **Rechtssicherheit** durch Klarstellung des Zeitpunkts, in dem die Rechtshandlung vorgenommen wurde, sowie durch Koordinierung dieses Zeitpunkts mit anderen Regelungen der InsO (§§ 91 Abs. 2, 147). Maßgeblich sein soll der Zeitpunkt, in dem der Anfechtungsgegner eine Stellung erlangt, die in der Insolvenz – ohne die Anfechtung – zu berücksichtigen wäre (Begr. zu § 159 RegE BT-Drucks. 12/2443 S. 166; sehr anschaulich zu Anwendungsfällen des § 140 Fischer, ZIP 2004, 1679). 1

§ 140 InsO Zeitpunkt der Vornahme einer Rechtshandlung

I. Vornahmezeitpunkt (Abs. 1)

1. Allgemeines

2 Gem. Abs. 1 gilt eine Rechtshandlung (vgl. § 129 Rdn. 2 ff.) grds. als vorgenommen, sobald ihre rechtlichen Wirkungen eintreten; die Fälle, in denen ausnahmsweise ein früherer Zeitpunkt maßgeblich ist, sind in Abs. 2 und 3 geregelt.

Die rechtlichen Wirkungen einer Rechtshandlung treten ein, sobald die **gesamten Erfordernisse** vorliegen, die die Rechtsordnung an Entstehung, Aufhebung oder Veränderung eines Rechtsverhältnisses knüpft (MK-Kirchhof § 140 Rn. 5). Unter anfechtungsrechtlichen Gesichtspunkten bedeutet das, dass die rechtlichen Wirkungen eintreten, sobald durch die Rechtshandlung eine Rechtsposition begründet wird, die im Fall der Eröffnung eines Insolvenzverfahrens zu beachten ist und gläubigerbenachteiligende Wirkung hat (BGH, ZInsO 2007, 658). **Nicht erforderlich** ist, dass die Rechtshandlung im Einzelfall auch wirksam ist (vgl. § 129 Rdn. 12).

Wirken sich **mehrere Rechtshandlungen** aus, so sind sie grds. getrennt zu prüfen (vgl. § 129 Rdn. 4), entscheidend sind letztendlich diejenigen, die zu einer Beeinträchtigung des Schuldnervermögens geführt haben (FK-Dauernheim § 140 Rn. 2).

2. Einaktige Rechtshandlungen

3 Rechtshandlungen, die aus lediglich einem Akt bestehen, sind mit dessen **Abschluss** vorgenommen. Einseitig wirkende Gestaltungserklärungen des Schuldners sind – auch wenn sie nach materiellem Recht ex tunc wirken (wie z. B. die Anfechtung nach § 142 BGB) – erst mit ihrer Abgabe vorgenommen (KPB-Ehricke § 140 Rn. 4).

3. Mehraktige Rechtshandlungen

a) Allgemeines

4 Mehraktige Rechtshandlungen sind erst mit dem letzten zur Erfüllung ihres Tatbestandes erforderlichen Teilakt abgeschlossen (BGH, ZInsO 2010, 710). Es genügt in derartigen Fällen also, wenn auch nur ein zur Wirksamkeit nötiger Teilakt noch in die Anfechtungsfrist fällt. Nicht zu verwechseln sind die mehraktigen Rechtshandlungen mit mehreren selbstständigen Rechtshandlungen. So sind z. B. die Pfändung einer Forderung einerseits und die Zahlung des Drittschuldners andererseits selbstständige Rechtshandlungen und nicht eine einheitliche mehraktige Rechtshandlung (BGH, ZInsO 2000, 333). Wird ein schuldrechtliches Grundgeschäft durch mehrere **Teilleistungen** (Teilakte) erfüllt, ein Kaufvertrag z. B. durch Zahlung mehrerer Raten, ist der maßgebliche Zeitpunkt für jede einzelne Teilleistung zu bestimmen (OLG Karlsruhe, ZInsO 2003, 999). Eine mehraktige Rechtshandlung ist demgegenüber z. B. die Übereignung eines Gegenstandes nach § 929 Satz 1 BGB. Hier genügt es, wenn zwar die Einigung vor Beginn der jeweils maßgeblichen Anfechtungsfrist erfolgte, die Übergabe der Sache jedoch erst nach deren Beginn stattfand.

5 **Schuldrechtliche Verpflichtungsgeschäfte** kommen i. d. R. durch Angebot und Annahme zustande und sind erst mit Letzterer vorgenommen. Dies gilt grds. auch für **Verträge zugunsten Dritter** (MK-Kirchhof § 140 Rn. 9). Wird allerdings der Vertrag zunächst zugunsten unbestimmter Dritter geschlossen, entsteht die Berechtigung eines bestimmten Dritten erst mit dessen individueller Festlegung (BGH, WM 1984, 1194). Bei Einräumung eines lediglich **widerruflichen Bezugsrechts** auf die Versicherungssumme einer Lebensversicherung ist maßgeblicher Zeitpunkt der Eintritt des Versicherungsfalls (BGHZ 156, 350, 357 = ZInsO 2003, 1096; vgl. § 134 Rdn. 11).

6 **Erfüllungsgeschäfte** sind erst mit dem jeweils letzten Übertragungsakt abgeschlossen (MK-Kirchhof § 140 Rn. 10). Während Verfügungen über bewegliche Gegenstände stets unter Abs. 1 fallen, greift bei Verfügungen über Grundstücke oder Grundstücksrechte – grds. ist hier der Zeitpunkt der Eintragung der Rechtsänderung im Grundbuch maßgeblich (BGH, ZInsO 2009, 1251 [zum AnfG]) – häufig Abs. 2 ein (vgl. insoweit Rdn. 22). Wird zur Erfüllung einer Schuld eine Leistung

erfüllungshalber (§ 364 Abs. 2 BGB) erbracht, so erlischt die ursprüngliche Schuld erst mit Erfüllung der neuen Verbindlichkeit. Bei der **Einlösung eines Schecks** des Schuldners ist daher die Einlösung durch die bezogene Bank, nicht schon die unter Vorbehalt des Empfangs stehende vorläufige Bankgutschrift, maßgeblich (BGHZ 118, 171, 177; BGH, ZInsO 2007, 816). Zum Sonderfall des bestätigten Schecks der Deutschen Bundesbank FK-Dauernheim § 140 Rn. 8.

Ist die Wirksamkeit einer Rechtshandlung von der **Zustimmung** (§§ 182 ff. BGB) eines Dritten abhängig, so ist nach dem Zeitpunkt deren Vornahme zu unterscheiden: im Fall Zustimmung wird die Rechtshandlung nach den jeweils für sie geltenden Regeln wirksam (MK-Kirchhof § 140 Rn. 8). Wird sie hingegen erst nachträglich genehmigt, so gilt sie rgm. selbst dann erst mit Erteilung der Genehmigung als vorgenommen, wenn die Genehmigung gem. § 184 Abs. 1 BGB zurückwirkt (Begr. zu § 159 RegE BT-Drucks. 12/2443 S. 166). Im Fall der vormundschaftsgerichtlichen Ersetzung einer Zustimmung ist der in § 53 FGG genannte Zeitpunkt maßgeblich (FK-Dauernheim § 140 Rn. 10). Bei der vormundschaftsgerichtlichen Genehmigung hingegen kommt es gem. § 1829 Abs. 1 Satz 2 BGB auf den Zeitpunkt an, in dem der Vormund sie dem Anfechtungsgegner mitteilt (FK-Dauernheim § 140 Rn. 10). 7

Öffentlich-rechtliche Genehmigungen haben hingegen keinen Einfluss auf den Zeitpunkt des Wirksamwerdens der Rechtshandlung i. S. v. § 140 (BGH, WM 1958, 1417). 8

b) Einzelfälle

aa) Zahlungsverkehr

Barzahlungen sind rgm. mit der Übereignung des Geldes vorgenommen (BGH, ZIP 1984, 809); eine nachträgliche Verbuchung der Einzahlung auf einem Konto hat allenfalls deklaratorische Bedeutung (MK-Kirchhof § 140 Rn. 10). 9

Bei der **bargeldlosen Überweisung** kommt es auf den Zeitpunkt an, in dem der Anspruch des Berechtigten auf die Gutschrift entsteht (BGH, ZInsO 2002, 721), nicht jedoch auf deren Vollziehung zugunsten des Empfängerkontos (zu Zahlungen des Schuldners per **Scheck** vgl. Rdn. 6). Da ein Wechselakzept nach allg. Mg. nur erfüllungshalber erfolgt und tatsächliche Erfüllungswirkung erst mit Erfüllung der Wechselschuld durch Zahlung eintritt, ist der Tag der Erfüllungshandlung maßgeblicher Zeitpunkt i. S. v. § 140 (BGH, ZInsO 2007, 816).

Im **Lastschriftverfahren** ist zu unterscheiden: Beim **Abbuchungsauftragsverfahren**, bei dem der Zahlungspflichtige seinem Kreditinstitut den Auftrag erteilt, Lastschriften seines namentlich bezeichneten Gläubigers einzulösen, ist dem Gläubiger der ihm von seiner Bank zunächst unter Vorbehalt des Eingangs vorläufig gutgeschriebene Einzugsbetrag erst mit wirksamer Einlösung der Lastschrift durch die Zahlstelle (Schuldnerbank) vom Schuldner endgültig zugewandt (BGH, ZInsO 2013, 335). Die wirksame Einlösung der Lastschrift setzt die Belastung des Kontos und die Kundgabe des Einlösungswillens der Zahlstelle voraus. Die AGB der Kreditinstitute sehen vor, dass Lastschriften eingelöst sind, wenn die Belastungsbuchung nicht spätestens am zweiten Bankarbeitstag nach ihrer Vornahme rückgängig gemacht wird. Der Einlösungswille der Schuldnerbank kann sich z. B. in der Bereitstellung eines Kontoauszuges äußern (BGH ZInsO 2003, 324). Beim **Einzugsermächtigungsverfahren** hat der Schuldner die Möglichkeit, der Lastschrift zu widersprechen, solange er sie nicht ausdrücklich oder konkludent, etwa durch ein rechtsgeschäftlich bedeutsames Schweigen auf einen Rechnungsabschluss im Kontokorrent oder durch schlüssiges Verhalten bei regelmäßig wiederkehrenden Belastungen aus laufender Geschäftsbeziehung (BGH, ZInsO 2010, 1538), genehmigt hat (BGH, ZInsO 2010, 2133). Erst die Genehmigung bewirkt also, dass dem Gläubiger die erteilte Gutschrift nicht mehr entzogen werden kann und das Schuldnervermögen endgültig verkürzt ist (BGH a. a. O.); dieser Zeitpunkt ist daher maßgeblich (BGH, ZInsO 2012, 264; vgl. Hinweis § 130 Rdn. 48). Die Genehmigung stellt dabei keine Bedingung i. S. d. Abs. 3 dar (vgl. Rdn. 36). Allerdings ist für die Beurteilung des Vorliegens eines Bargeschäfts auf den Zeitpunkt des Lastschrifteinzugs, nicht der Genehmigung, abzustellen (BGH, ZInsO 2009, 869). 10

11 Bei **Auf- und Verrechnungen** – auch i. R. d. Prüfung des § 96 Abs. 1 Nr. 3 ist § 140 anwendbar (BGH, ZInsO 2008, 801) – kommt es auf den Zeitpunkt an, in dem erstmals die Möglichkeit zur Aufrechnung/Verrechnung bestand (Herstellung der Aufrechnungslage; vgl. § 129 Rdn. 7). Dies gilt auch für das **Scheckinkasso**, jedoch kann die Scheckeinreichung insoweit maßgeblich sein, als die Bank mit ihr unanfechtbar Sicherungseigentum am Scheck erworben hat, was eine Anfechtung der Verrechnung ausschließen würde (BGHZ 118, 171, 177; vgl. § 130 Rdn. 41 ff.).

bb) Sicherheiten

12 Die **Verpfändung** von Sachen ist gem. § 1205 BGB mit Einigung und Übergabe vorgenommen (BGHZ 86, 340, 346). Die Verpfändung bestehender Forderungen setzt gem. § 1280 BGB eine Abtretungsanzeige an den Drittschuldner voraus und wird erst mit dieser wirksam. Die Verpfändung zukünftiger Forderungen gilt erst ab dem Zeitpunkt ihrer Entstehung (und Vorliegen aller weiteren rechtlichen Voraussetzungen einschließlich der Anzeige der Verpfändung) als vorgenommen (BGH, ZIP 2010, 335). Dass der Zedent zwischen Verpfändung und Entstehung der Forderung die Verfügungsbefugnis über diese verliert, hindert nicht die Wirksamkeit der Verpfändung (BGH a. a. O.). Bei den durch übliches Girovertragsformular im Voraus vereinbarten Pfandrechten des Kreditinstituts an Bankguthaben des Schuldners ist der maßgebliche Zeitpunkt derjenige des Entstehens des Anspruchs auf die Gutschrift – wegen § 1274 Abs. 2 BGB also nicht der Zeitpunkt der in das Kontokorrent gestellten Einzelforderungen sondern der Schlusssaldo – (BGH, ZInsO 2010, 710). Zur Bestellung von Grundpfandrechten vgl. Rdn. 20 ff.

12a **Gesetzliche Pfandrechte** entstehen erst mit vollständiger Erfüllung des jeweiligen gesetzlichen Tatbestandes.

Das Vermieterpfandrecht gem. **§ 562 BGB** an durch den Mieter eingebrachten pfändbaren Sachen des Mieters entsteht bereits mit der Einbringung, sodass dem Vermieter in der Insolvenz des Mieters insoweit ein anfechtungsfestes Absonderungsrecht zusteht (BGH, ZInsO 2007, 91). Dies gilt auch, soweit es erst zukünftige Forderungen aus dem Mietverhältnis sichert (BGH a. a. O.). Begrenzt werden muss dieses allerdings durch den durch § 562 Abs. 2 BGB und § 50 Abs. 2 Satz 1 vorgegebenen zeitlichen Rahmen.

12b Die Sicherung einer bestehenden Forderung durch **Bürgschaft** wird mit Annahme der formgerechten Bürgschaftserklärung wirksam (BGH, ZInsO 1999, 409).

13 Die **Sicherungsübereignung** ist grds. nach erfolgter Einigung und Übergabe wirksam. Betrifft sie allerdings erst zukünftig zu erwerbende Sachen, wird sie erst mit deren Verbringung in den von der Übereignung vereinbarungsgemäß erfassten räumlichen Bereich wirksam (BGH, ZIP 1991, 807).

14 Die **(Sicherungs-) Abtretung bestehender Forderungen** (z. B. i.R.e. **Globalzession**) wird grds. mit Annahme des Abtretungsangebots wirksam (§ 398 Satz 2 BGB) und zwar selbst dann, wenn es sich um eine aufschiebend bedingte Forderung handelt (OLG Hamburg, ZIP 1981, 1353). Ist hingegen die Abtretung selbst bedingt, so greift Abs. 3 (vgl. Rdn. 32 ff.) ein. Ist – wie gem. § 46 Abs. 2 AO – zum Wirksamwerden der Abtretung eine Anzeige an den Drittschuldner erforderlich, ist die Abtretung erst mit dem Zugang dieser Anzeige vorgenommen (OLG Nürnberg, DZWIR 1999, 37).

14a Die **(sicherungshalber erfolgende) Vorausabtretung zukünftiger Forderungen** (z. B. i.R.e. **Globalzession**) wird erst mit Entstehung der abgetretenen Forderungen wirksam (BGH, ZInsO 2004, 967). Dies gilt auch dann, wenn die Vorausabtretung im Wege der Vereinbarung eines verlängerten **Eigentumsvorbehalts** erfolgt ist (BGH, ZInsO 2000, 349 zur GesO). Dass der Zedent zwischen Abtretung und Forderungsentstehung die Verfügungsmacht verliert, steht der Wirksamkeit der Abtretung nicht entgegen (BGH, ZIP 2010, 335).

Bei der Vorausabtretung **kaufvertraglicher** Ansprüche kommt es demnach auf die Entstehung des Kaufpreisanspruchs – rgm. den Kaufvertragsabschluss – an.

Während es sich bei Forderungen aus **Leasingvertragsverhältnissen** um betagte Forderungen, welche bereits mit Vertragsschluss entstehen, handelt, sind Forderungen aus (Immobiliar-) **Mietvertragsverhältnissen** befristete Forderungen, die mit Beginn des jeweiligen Zeitraums der Nutzungsüberlassung, entstehen (st. Rspr. seit BGHZ 111, 84, 93; BGHZ 170, 196, 2000 = ZInsO 2007, 91). Der Anspruch entsteht spätestens am dritten Werktag des Zeitabschnitts, für den die Miete zu entrichten ist (Palandt-Heinrichs, BGB, § 199 Rn. 12). Die Wirksamkeit der Vorausabtretung von Mietforderungen tritt daher nicht mit Abschluss des Mietvertrages, sondern erst mit periodisch wiederkehrender Entstehung derselben ein (OLG Hamm, ZInsO 2006, 776).

Bei der Vorausabtretung künftigen **Arbeitsentgelts** kommt es auf den jeweiligen Entstehungszeitpunkt der periodisch zu entrichtenden Vergütung (§ 614 BGB), nicht auf den Zeitpunkt des Vertragsschlusses an (BGH, ZInsO 2010, 43).

Bei Vorausabtretung **dienstvertraglicher** Forderungen gilt der allgemeine Grundsatz, dass diese nicht vor der Dienstleistung entstehen (BGH, ZInsO 2008, 806).

Der Anspruch auf Altersrente entsteht bereits vollumfänglich mit Eintritt in das Rentenalter, nicht periodisch wiederkehrend (BGH, ZInsO 2009, 1397 [zu § 8 AnfG]). Ansprüche auf Erstattung gegen Urlaubs- und Lohnausgleichskassen entstehen nicht mit Beitragszahlung des Arbeitgebers, sondern mit Leistung der zu erstattenden Zahlung an Arbeitnehmer (OLG Karlsruhe, ZInsO 2005, 552).

Bei der Abtretung eines **Werklohnanspruches** kommt es auf den Zeitpunkt des Abschlusses des Werkvertrags an, nicht auf die Erbringung der Werkleistung oder die Abnahme, da der Lohnanspruch bereits mit Vertragsschluss entsteht (BGH, ZInsO 2000, 349). Ggf. ist jedoch die im anfechtungsrechtlich relevanten Zeitraum erfolgte Wertschöpfung anfechtbar (vgl. § 130 Rdn. 40, § 143 Rdn. 23; vgl. auch BGH, ZInsO 2013, 492).

Der Anspruch eines Gesellschafters auf Abfindung oder Auseinandersetzungsguthaben entsteht erst mit dem Ausscheiden aus der Gesellschaft, nicht mit entsprechender Vereinbarung (BGH, ZIP 2010, 332).

Ist also die Forderung im o. g. Sinne im anfechtungsrechtlich geschützten zeitlichen Bereich entstanden, ist das Sicherungsrecht selbstständig anfechtbar (vgl. § 130 Rdn. 40). Kommt eine Anfechtung des Sicherungsrechts nicht in Betracht, ist ggf. eine die Forderung werthaltig machende Handlung anfechtbar (vgl. § 130 Rdn. 40, § 143 Rdn. 23).

Eine **Treuhandvereinbarung** gilt in dem Zeitpunkt als vorgenommen, in dem das Treugut entsteht (BGH, ZInsO 2007, 658). 15

Zur Sicherung im Wege der Zwangsvollstreckung vgl. Rdn. 17.

4. Mittelbare Zuwendungen

Bei der mittelbaren Zuwendung unter Einschaltung eines **Dritten** (vgl. § 129 Rdn. 29 ff.) ist das schuldnerische Vermögen i. d. R. schon mit Übertragung des Gegenstands an diesen Dritten endgültig geschmälert, die Rechtshandlung ist daher schon mit der Entäußerung vorgenommen (MK-Kirchhof § 140 Rn. 22). 16

5. Zwangsvollstreckungen

Zwangsvollstreckungsmaßnahmen sind spätestens mit der **Auskehr des Verwertungserlöses** abgeschlossen. Zu beachten ist jedoch, dass eine zur Anfechtung berechtigende Gläubigerbenachteiligung ausscheidet, wenn der Anfechtungsgegner aufgrund eines unanfechtbar entstandenen Pfandrechts gem. § 50 Abs. 1 ein Recht auf abgesonderte Befriedigung geltend machen kann. Über die Anfechtbarkeit der Zwangsvollstreckungsmaßnahme entscheidet daher rgm. bereits die **Vollendung der Pfändung** (BGH, ZInsO 2000, 333). Die **Sachpfändung** ist mit der Inbesitznahme durch den Gerichtsvollzieher (§§ 808, 826 ZPO), die **Rechtspfändung** durch Zustellung des Pfändungsbe- 17 schlusses an den Drittschuldner (§ 829 Abs. 3 ZPO bzw. § 309 Abs. 2 Satz 1 AO; BGH, ZInsO 2011, 1350) bzw. bei Fehlen eines solchen an den Schuldner (§ 857 Abs. 2 ZPO) vorgenommen, wenn die sonstigen Voraussetzungen für das Entstehen eines Pfandrechts bereits vorliegen, anderenfalls erst mit deren Eintritt.

Bei der **Pfändung künftiger Forderungen** ist z. B. zusätzlich deren Entstehen (nicht auch deren Fälligwerden) erforderlich (BGH, ZInsO 2003, 372). Demgemäß kommt es bei der Pfändung eines künftigen Kontoguthabens auf den Zeitpunkt der späteren Eingänge an (BGH a. a. O.); die Pfändung von Ansprüchen aus einem Kontokorrentkredit wird erst dann wirksam, wenn und soweit der Schuldner innerhalb des ihm zustehenden Kreditrahmens einen Kreditbetrag abruft (BGH, ZInsO 2011, 1350).

Die **Vorpfändung** ist mit Zustellung der Pfändungsankündigung gem. § 845 Abs. 2 ZPO vorgenommen. Zu ihrer Anfechtbarkeit vgl. § 131 Rdn. 29.

Keine Besonderheiten ergeben sich, wenn die Sicherheit im Wege der Vollziehung eines **Arrestes** erlangt wurde. Bei Obsiegen in der Hauptsache ist maßgeblich der Zeitpunkt der Arrestvollziehung.

6. Unterlassungen

18 Die rechtlichen Wirkungen einer Unterlassung treten frühestens dann ein, wenn ihre Rechtsfolgen nicht mehr durch eine positive Handlung abgewendet werden können (Begr. zu § 159 RegE BT-Drucks. 12/2443 S. 166). Dies ist insb. der Fall, wenn für die fragliche Handlung eine gesetzliche Frist abgelaufen ist. Z. B. ist die Unterlassung, eine **Verjährung** zu unterbrechen, mit Ablauf der Verjährungsfrist vorgenommen. Hinsichtlich evtl. erforderlicher subjektiver Voraussetzungen genügt es, wenn deren Vorliegen zu irgendeinem Zeitpunkt innerhalb des Zeitraumes, in dem positiv gehandelt werden konnte, feststellbar ist (FK-Dauernheim § 140 Rn. 5).

7. Ermöglichen einer Sicherung oder Befriedigung

19 Bei nach §§ 130, 131 anfechtbaren Rechtshandlungen, die einem Insolvenzgläubiger eine Sicherung oder Befriedigung ermöglicht haben (vgl. § 130 Rdn. 9 f.), ist zu unterscheiden, ob die gläubigerbenachteiligenden Wirkungen unmittelbar durch die Rechtshandlung eintreten oder ob noch ein weiterer Rechtsakt hinzukommen muss. Im Fall der mittelbaren Gläubigerbenachteiligung ist die ermöglichende Rechtshandlung erst mit dem letzten Teilakt des Gesamtvorgangs vorgenommen (MK-Kirchhof § 140 Rn. 20). Bei einem prozessualen Anerkenntnis treten die benachteiligenden Wirkungen z. B. erst mit Erlass des Anerkenntnisurteils (§ 307 ZPO) ein, dessen Verkündung ist daher maßgeblich.

II. Sonderfall Registereintragung (Abs. 2)

20 Bei mehraktigen Rechtshandlungen verlegt Abs. 2 unter bestimmten Voraussetzungen den maßgeblichen Zeitpunkt vor, wenn Eintragungen im Grundbuch oder einem vergleichbaren Register erforderlich sind. Dies bedeutet eine Abkehr von der zur KO herrschenden Meinung, nach der auch in derartigen Fällen der nun in Abs. 1 niedergelegte Grundsatz galt. Auf diese Weise wird der auch in § 878 BGB zum Ausdruck kommenden Tatsache Rechnung getragen, dass der Erwerber auf die Verfahrensdauer bei der registerführenden Stelle kaum Einfluss hat (MK-Kirchhof § 140 Rn. 23). Die Vorverlegung erfolgt nur, wenn alle sonstigen für den endgültigen Rechtserwerb erforderlichen Akte bereits vollzogen sind, sodass nur noch die Registereintragung aussteht. Abs. 2 gilt **nur** für **Rechtsgeschäfte**, **nicht** auch für den Erwerb i. R. d. **Zwangsvollstreckung** oder der **Erbfolge** (MK-Kirchhof § 140 Rn. 24). Die Vollendung des nichtrechtsgeschäftlichen Erwerbs bemisst sich folglich allein nach Abs. 1. Ggf. kann § 88 zu beachten sein. Als rechtsgeschäftlich i. S. d. Abs. 2 gilt allerdings der auf einer gem. § 894 ZPO ersetzten Willenserklärung aufbauende Rechtserwerb (Palandt-Bassenge, BGB, § 878 Rn. 4).

Der Zeitpunkt der Antragstellung ist in den Registerakten zu vermerken (§ 13 Abs. 2 Satz 1 GBO) und lässt sich somit durch Einsichtnahme in die entsprechenden Akten leicht feststellen.

1. Zeitpunkt bindender Eintragung und Eintragungsantrag des anderen Teils (Satz 1)

a) Erfasste Rechtsgeschäfte

Abs. 2 betrifft insb. solche Rechtsgeschäfte, bei denen die Eintragung ins Grundbuch gem. § 873 Abs. 1 BGB **Wirksamkeitsvoraussetzung** ist. Erfasst sind der Erwerb eines Grundstücks(-anteiles), eines grundstücksgleichen Rechts (z. B. Erbbaurecht), eines dinglichen Rechts an einem Grundstück sowie die Bestellung eines Rechts an einem derartigen Grundstücksrecht. Neben der Begründung der vorgenannten Rechte können gem. §§ 873 bis 877 BGB auch deren Übertragung, Inhaltsänderung, Rangänderung oder Aufhebung eintragungsbedürftig sein und damit unter Abs. 2 fallen. Für eingetragene Schiffe und Schiffsbauwerke ergeben sich die Eintragungspflichten aus dem SchiffsRG, für Luftfahrzeuge gilt das LuftfRG.

Der Erwerb muss seiner Art nach gerade durch die Registereintragung **vollendet werden** und die Eintragung muss später tatsächlich auch **erfolgen**. Diese Voraussetzungen sind bei dem Erwerb einer Briefhypothek oder -grundschuld durch Abtretung i. d. R. nicht erfüllt. Dieser bedarf gem. §§ 1154 Abs. 1 Satz 1, 1117, 1192 BGB grds. nicht der Eintragung im Grundbuch; der Erwerb ist vielmehr mit Erklärung der Abtretung und Übergabe des Grundpfandbriefes abgeschlossen und nach Abs. 1 zu beurteilen. Abs. 2 greift nur ein, wenn die Grundbucheintragung gem. § 1154 Abs. 2 BGB die schriftliche Abtretungserklärung ersetzen soll oder das Grundpfandrecht selbst im Zeitpunkt einer – für sich wirksamen – Abtretung noch nicht im Grundbuch eingetragen war (MK-Kirchhof § 140 Rn. 28).

b) Voraussetzungen für das Wirksamwerden; Bindung des Schuldners

Voraussetzung für die Vorverlegung des Vornahmezeitpunktes ist, dass das Rechtsgeschäft – von der Eintragung abgesehen – wirksam, die Willenserklärung des Schuldners für diesen bindend geworden und durch den anderen Teil der Antrag auf Eintragung der Rechtsänderung gestellt worden ist (BGH, ZInsO 2009, 1249). Ist auch nur eine dieser Voraussetzungen nicht erfüllt, ist gem. Abs. 1 maßgeblich, wann der letzte Teilakt zum Erwerb (rgm. die Eintragung) vollzogen wurde (BGH, ZIP 1997, 423).

Das Rechtsgeschäft wird nur wirksam, wenn alle materiell rechtlich nötigen **Willenserklärungen in der erforderlichen Form abgegeben** wurden. Welche Willenserklärungen in welcher Form abzugeben sind richtet sich nach den entsprechenden Vorschriften des BGB (§§ 873 f.; 925, 1153, 1154 Abs. 2) bzw. des SchiffsRG bzw. LuftfRG. Muss ein Formmangel durch die vollzogene Eintragung geheilt werden, so ist der Eintragungszeitpunkt maßgeblich, Abs. 2 ist nicht anwendbar (Braun-Riggert § 140 Rn. 6).

Die **Willenserklärung des Schuldners** muss für diesen **bindend** geworden sein, d. h. er oder der für ihn handelnde Insolvenzverwalter darf nicht mehr dazu in der Lage sein, den Erwerb noch rechtmäßig zu verhindern (BGH, ZInsO 2009, 1249 [zum AnfG], wonach die einem Notar im Kaufvertrag erteilte Vollmacht für den Antrag für die Bindungswirkung nicht ausreicht, wenn die Vollmacht widerruflich ist oder der Antrag zurückgezogen werden kann), insb. zu widerrufen. Die Voraussetzungen für den Eintritt der Bindungswirkung regelt das **BGB** in §§ 873 Abs. 2, 875 ff. Für das **Pfandrecht an Schiffen** (§§ 3 Abs. 2, 8, 9 SchiffsRG) und Schiffsbauwerken (§§ 77, 78 SchiffsRG) sowie an **Luftfahrzeugen** (§ 5 Abs. 2 LuftfRG) gelten, soweit die Rechte einzutragen sind, die vorgenannten Ausführungen entsprechend.

Außer in den Fällen der §§ 892, 893 BGB tritt eine materiell-rechtliche Bindung bei Verfügung eines ohne Einwilligung des Berechtigten Handelnden erst durch die nachträgliche **Zustimmung** des Berechtigten ein. Wird diese Zustimmung erst nach Stellung des Eintragungsantrags erteilt, so entscheidet der Zeitpunkt ihrer Abgabe (Palandt-Bassenge, BGB, § 878 Rn. 7). Entsprechendes gilt, soweit privatrechtliche Zustimmungen Dritter oder behördliche oder gerichtliche Genehmigungen erforderlich sind (Palandt-Bassenge, BGB, § 878 Rn. 15).

26 Der **Anfechtungsgegner** muss selbst oder durch einen Vertreter einen **Eintragungsantrag gestellt** haben, da der Schuldner als Verfügender seinen Eintragungsantrag bis zur Eintragung noch einseitig zurücknehmen kann und der Erwerber somit bei einem Antrag nur des Schuldners noch keine gefestigte anwartschaftsähnliche Rechtsposition innehat (BGH, ZIP 1997, 423). Vertreter des Antragstellers kann auch der ausdrücklich bevollmächtigte beurkundende Notar sein, der hierbei zugleich für beide Teile handeln darf. Ein Antrag des Notars im eigenen Namen auf der Grundlage des § 15 GBO genügt jedoch nicht (BGH, ZInsO 2001, 508).

27 Der beim zuständigen Grundbuchamt gestellte Antrag muss inhaltlich dem dinglichen Geschäft entsprechen und geeignet sein, im weiteren Verlauf zur Eintragung zu führen (MK-Kirchhof § 140 Rn. 42). Dies ist er nicht mehr nach **Rücknahme** oder mit einem Rechtsmittel nicht mehr angreifbaren **Zurückweisung**. Wird eine Zurückweisung auf eine **Beschwerde** (§ 71 GBO) hin aufgehoben, lebt grds. die Antragswirkung wieder auf. Beruht die Aufhebung allerdings auf neuem tatsächlichen Vorbringen, so ist der darauf gestützte Rechtsbehelf wie ein neuer Antrag zu behandeln, seine Einreichung ist gem. Abs. 2 maßgeblich (BGHZ 136, 87, 91 f.). Eine **Zwischenverfügung** i. S. d. § 18 GBO stellt als solche noch keine Zurückweisung dar (Palandt-Bassenge, BGB, § 878 Rn. 14). Ist Anlass für ihr Ergehen jedoch das Fehlen einer materiellen Voraussetzung bei Antragstellung, kann die Bindungswirkung auch nach Heilung dieses Mangels nicht auf die Antragstellung zurückbezogen werden; maßgeblich ist dann vielmehr der Zeitpunkt des Eintritts der materiellen Bindungswirkung (vgl. Rdn. 23; MK-Kirchhof § 140 Rn. 44).

28 Bei einer **Gesamtgrundschuld** ist der Antrag auf Eintragung hinsichtl. des letzten Grundstückes maßgeblich (FK-Dauernheim § 140 Rn. 13).

29 Erfolgte die **Eintragung** gem. § 91 Abs. 2, § 878 BGB **nach Verfahrenseröffnung**, so gilt § 147 (vgl. dort), der entsprechend auch auf die Fälle des § 878 BGB Anwendung findet (FK-Dauernheim § 141 Rn. 14).

2. Vormerkung (Satz 2)

30 Wenn ein Antrag auf Eintragung einer **Vormerkung** zur Sicherung des Anspruchs auf die Rechtsänderung gestellt worden ist, gilt die Rechtshandlung, soweit entsprechend Satz 1 sämtliche sonstigen Voraussetzungen für die Eintragung der Vormerkung vorliegen, mit Stellung des Antrags auf Eintragung der Vormerkung als vorgenommen, da bereits die Vormerkung eine gem. § 106 im Insolvenzverfahren zu beachtende Rechtsposition begründet (BGH, ZInsO 2010, 225). Hierfür muss ein sicherungsfähiger Anspruch i. S. d. § 883 Abs. 1 BGB bestehen, es muss eine entsprechende Bewilligung des Schuldners als Inhaber des dinglichen Rechts vorliegen, die für diesen bereits (entspr. § 873 Abs. 2 BGB, BGHZ 138, 179, 184 = ZInsO 1998, 89) bindend geworden ist, und der Erwerber muss einen Eintragungsantrag gestellt haben, der den Anforderungen, wie unter Rdn. 25 f. dargestellt, entspricht.

31 Abs. 2 Satz 2 erfasst **nicht** die durch einstweilige Verfügung erzwungene Bewilligung (§ 885 Abs. 1 Satz 1 BGB) der Vormerkung oder die auf § 895 ZPO beruhende Eintragung (MK-Kirchhof § 140 Rn. 47).

III. Bedingung/Befristung (Abs. 3)

32 Für bedingte und befristete Rechtshandlungen (§§ 158 ff. BGB) **verlegt** Abs. 3 den anfechtungsrechtlich **maßgeblichen Zeitpunkt** vor auf den »Abschluss der rechtsbegründenden Tatumstände« (Begr. zu § 158 RegE BT-Drucks. 12/2443 S. 167) ohne den Eintritt der Bedingung oder des Termins. Dies entspricht dem in §§ 161, 163 BGB, §§ 42, 107, 191 zum Ausdruck kommenden Gedanken der Schutzbedürftigkeit und -würdigkeit des bedingt/befristet Berechtigten. Der maß-

geblicher Zeitpunkt ist also gem. Abs. 1 zu bestimmen, wobei das Rechtsgeschäft so behandelt wird, als wäre es unbedingt bzw. unbefristet.

In Betracht kommen grds. nur rechtsgeschäftliche **Bedingungen oder Befristungen** jeder Art (BGH, ZInsO 2008, 806). Zwangsvollstreckungsmaßnahmen – insb. bzgl. künftiger Forderungen – fallen nicht in den Anwendungsbereich des Abs. 3 (BGH, ZInsO 2010, 43). Für **auflösende** Bedingungen wird Abs. 3 allerdings nur relevant, wenn die Rechtshandlung schon vor dem Bedingungseintritt angefochten werden soll. In der Praxis wird Abs. 3 daher i. d. R. nur für **aufschiebende** Bedingungen relevant wie insb. beim **Eigentumsvorbehalt**. Zahlt der Eigentumsvorbehaltskäufer in der Insolvenz des Vorbehaltsverkäufers die letzte Rate innerhalb der Anfechtungsfrist, kommt wegen Abs. 3 eine Anfechtung nicht in Betracht, wenn der Eigentumsübergang schon vor Beginn der Anfechtungsfrist nur noch von der Bedingung der Zahlung der letzten Kaufpreisrate abhing (NR-Nerlich § 140 Rn. 19). Der schuldrechtliche Anspruch auf Rückgewähr einer nicht akzessorischen, treuhänderisch gestellten Sicherheit nach Wegfall des Sicherungszwecks besteht (hierdurch aufschiebend bedingt) schon mit Abschluss der Sicherungsvereinbarung (OLG Hamburg, ZIP 1981, 1353). 33

Abs. 3 differenziert nicht nach unterschiedlichen Arten von Bedingungen, sodass nach dem Wortlaut auch die **Bedingung auf den Insolvenzfall** (Antragstellung oder Eröffnung) oder die Zahlungseinstellung in seinen Anwendungsbereich fällt (FK-Dauernheim § 140 Rn. 15). Gegen eine Möglichkeit der Bedingung von Sicherheiten auf den Insolvenzfall wird eingewandt, dass auf diese Weise durch Abschluss derartiger Sicherungsverträge wenig mehr als 10 Jahre vor Antragstellung eine Umgehung der §§ 129 ff. ermöglicht werde (MK-Kirchhof § 140 Rn. 52). Dabei wird jedoch nicht genügend berücksichtigt, dass es den Beteiligten frei gestanden hätte, sogleich ein wirtschaftlich stärker beeinträchtigendes unbedingtes Sicherungsrecht einzuräumen, welches nach Ablauf von 10 Jahren in jedem Fall insolvenzfest gewesen wäre. Der Umstand, dass eine Sicherung nach Ablauf eines gewissen Zeitraums unanfechtbar ist, bedeutet also keine Umgehung der Anfechtungsvorschriften, sondern ist Ausdruck der gesetzgeberischen Konzeption (Huhn/Bayer, ZIP 2003, 1965). Auf den Insolvenzfall bedingte Rechtsgeschäfte, die innerhalb von 10 Jahren vor Antragstellung vorgenommen wurden, sind rgm. gem. § 133 anfechtbar (vgl. § 133 Rdn. 39). 34

Bei der **Abtretung künftiger Forderungen** stellt die Entstehung der Forderung keine Bedingung i. S. d. Abs. 3 dar, da das Entstehen der Forderung eine allg. rechtliche Voraussetzung, keine frei aushandelbare rechtsgeschäftliche Bedingung ist (BGH, ZInsO 2003, 372). 35

Die **Genehmigung einer Lastschrift** durch den Schuldner i. R. d. Einziehungsermächtigungsverfahrens (vgl. Rdn. 10) stellt keine Bedingung i. S. d. Abs. 3 dar, da weder die Abrede über die Einziehungsermächtigung noch die Ausübung der daraus folgenden Befugnisse die Rechtsstellung des Gläubigers ggü. dem Schuldner verstärkt (Fischer, ZIP 2004, 1679). 36

Von Abs. 3 erfasst sind auch Zeitbestimmungen i. S. d. § 163 BGB. Nach der Begr. zu § 159 RegE (BT-Drucks. 12/2443 S. 167) ist als **befristete Rechtshandlung** z. B. die Kündigung zu einem künftigen Termin anzusehen, die mit Zugang der Kündigungserklärung als vorgenommen gilt. 37

B. Verfahrensfragen

Der Insolvenzverwalter muss darlegen und ggf. beweisen, dass die rechtlichen Wirkungen der entscheidenden Rechtshandlung **innerhalb** der Anfechtungsfrist eingetreten sind. Wer jedoch aus dem **früheren** Vornahmezeitpunkt der Abs. 2 und 3 als Anfechtungsgegner etwas für sich herleiten will, muss die Tatsachen darlegen und ggf. beweisen, aus denen sich das Eingreifen dieser Absätze ergibt (BGH, ZIP 1998, 513). 38

Zu besonders relevanten Fallkonstellationen i. R. d. Insolvenzanfechtung vgl. die Schnellübersicht vor §§ 129 ff. Rdn. 26. 39

§ 141 Vollstreckbarer Titel

Die Anfechtung wird nicht dadurch ausgeschlossen, daß für die Rechtshandlung ein vollstreckbarer Schuldtitel erlangt oder daß die Handlung durch Zwangsvollstreckung erwirkt worden ist.

Übersicht

	Rdn.			Rdn.
A.	Normzweck	1	I. Erlangen eines vollstreckbaren Titels....	2
B.	Norminhalt	2	II. Erwirken durch Zwangsvollstreckung...	6

A. Normzweck

1 Die **1. Alt.** stellt klar, dass das Vorliegen eines Vollstreckungstitels die Anfechtung der Rechtshandlung des Schuldners nicht ausschließt. Die Anfechtung von Leistungen auf titulierte Forderungen erfolgt also in derselben Weise wie die Anfechtung von Leistungen auf nicht titulierte Forderungen. Durch **2. Alt.** wird klargestellt, dass eine Rechtsposition, die unter Inanspruchnahme staatlicher Hilfsmittel erzwungen wird, wie eine freiwillig vorgenommene Rechtshandlung angefochten werden kann (MK-Kirchhof § 141 Rn. 1). § 141 statuiert **keinen eigenständigen Anfechtungsgrund**.

B. Norminhalt

I. Erlangen eines vollstreckbaren Titels

2 Die 1. Alt. betrifft diejenigen Fälle, in denen aufgrund eines Titels **freiwillig** (d.h. ohne Zwangsvollstreckung) gezahlt wurde oder die Leistung noch aussteht, anderenfalls greift 2. Alt. ein (KPB-Ehricke § 141 Rn. 2).

3 Vorläufig vollstreckbare und rechtskräftige Urteile aller Gerichtszweige kommen als **vollstreckbare Schuldtitel** i.S.v. § 141 in Betracht, ferner sämtliche in den §§ 794, 796a bis 796c ZPO genannten Titel, Arrestbefehle und einstweilige Verfügungen (§§ 928, 936, 940 ZPO), Auszüge aus Insolvenztabellen über festgestellte Forderungen (§ 201 Abs. 2), Insolvenzpläne (§ 257), Zuschlagsbeschlüsse im Zwangsversteigerungsverfahren (§ 93 ZVG), für vollstreckbar erklärte Schiedssprüche (§ 1060 ZPO), Notarkostenrechnungen (§ 155 KostO) und vollziehbare Verwaltungsakte (BGHZ 128, 196 ff.).

4 Der **Vollstreckungstitel** ist als solcher nicht anfechtbar, sondern nur mit verfahrensrechtlichen Rechtsbehelfen angreifbar (KPB-Ehricke § 141 Rn. 2, vgl. Rdn. 5). Der Anfechtbarkeit unterliegen können hingegen die die Erlangung eines Titels fördernden Rechtshandlungen des Schuldners oder erwirkende oder ausnutzende Rechtshandlungen des Gläubigers (vgl. § 130 Rdn. 9, § 133 Rdn. 6). War die titulierte Forderung in unanfechtbarer Weise entstanden, so führt zwar die Titulierung zu einer Ermöglichung der Sicherung oder Befriedigung (§§ 130, 131) im Wege der Zwangsvollstreckung, die (mittelbare) Gläubigerbenachteiligung tritt jedoch erst durch die Sicherung oder Befriedigung ein, da die sachlich berechtigte Feststellung einer unanfechtbar entstandenen Forderung die Gläubiger nicht unmittelbar benachteiligt (BGH, ZIP 1991, 1014). Bestand die Forderung nicht, so bewirkt die Titulierung eine Erhöhung der Passivmasse und damit eine Verringerung der Befriedigungschancen der übrigen Gläubiger. Hat der Schuldner einem Gläubiger durch betrügerisches Zusammenwirken einen Titel für eine nicht existierende Forderung verschafft, so ist die betrügerische Vereinbarung i.V.m. seiner gerichtlichen Geltendmachung Gegenstand der Anfechtung (RG, JW 1906, 234).

5 Durch die Möglichkeit der Insolvenzanfechtung sollen verfahrensrechtliche Rechtsbehelfe gegen den Schuldtitel **nicht** ausgeschlossen werden. Der Insolvenzverwalter kann also bei Vorliegen der jeweiligen Voraussetzungen gegen den Titel des Gläubigers Rechtsmittel bzw. gegen Vollstreckungsakte die jeweiligen Rechtsbehelfe einlegen. Hierdurch wird die Anfechtungsfrist des § 146 jedoch nicht gewahrt (MK-Kirchhof § 141 Rn. 4).

II. Erwirken durch Zwangsvollstreckung

Die 2. Alt. stellt klar, dass auch die **Zuhilfenahme staatlicher Autorität** nichts an der Anfechtbarkeit der Vermögensverschiebung ändern kann. Unerheblich ist dabei, ob die durch die Vollstreckung gesicherte oder erfüllte Forderung anfechtbar oder unanfechtbar erworben worden war. Wurde bereits die Forderung anfechtbar erworben, so kann die Forderungsbegründung nach §§ 132 ff., die Vollstreckungshandlung gem. §§ 130, 131 angefochten werden (zur Anfechtung nach § 133 vgl. dort Rdn. 6). Zu den erfassten Vollstreckungshandlungen zählen z. B. die Pfändung von beweglichen Sachen und Forderungen, die Begründung von Zwangshypotheken, die Anordnung der Zwangsversteigerung eines Grundstückes sowie die Vollziehung von Arrest und einstweiliger Verfügung (HK-Kreft § 141 Rn. 4).

Der Anfechtung bedarf es rgm. nicht, wenn die Vollstreckungsmaßnahme unter § 88 fällt (vgl. § 131 Rdn. 27).

6

§ 142 Bargeschäft

Eine Leistung des Schuldners, für die unmittelbar eine gleichwertige Gegenleistung in sein Vermögen gelangt, ist nur anfechtbar, wenn die Voraussetzungen des § 133 Abs. 1 gegeben sind.

Übersicht	Rdn.		Rdn.
A. Norminhalt	1	III. Unmittelbarkeit	5
I. Leistung des Schuldners und Gegenleistung	2	IV. Gleichwertigkeit der Leistungen	10
		V. Rechtsfolgen.....................	13
II. Verknüpfung von Leistung und Gegenleistung	3	VI. Einzelfälle......................	15
		B. **Verfahrensfragen**	23

A. Norminhalt

Wenn der Schuldner für seine Leistung eine gleichwertige Gegenleistung erhält, werden die Insolvenzgläubiger nicht unmittelbar benachteiligt. Für die meisten Anfechtungstatbestände genügt jedoch eine mittelbare Gläubigerbenachteiligung. Wären aber in dem von §§ 130, 131, 132 Abs. 2 vorgegebenen Zeitraum auch solche Rechtsgeschäfte des Schuldners, für die eine ausgleichende Gegenleistung in sein Vermögen gelangt, wegen Kenntnis des Vertragspartners von der Krise anfechtbar, würde der Schuldner während dieser Zeit praktisch vom Geschäftsverkehr ausgeschlossen. Indem § 142 die Möglichkeit, einen gleichwertigen, zeitnahen, vertragsgemäßen Leistungsaustausch anzufechten, auf die Fälle beschränkt, in denen der andere Teil nicht nur die Krise, sondern auch einen Gläubigerbenachteiligungsvorsatz des Schuldners kennt (§ 133 Abs. 1), ermöglicht er dem Schuldner in engen Grenzen die weitere Teilnahme am Geschäftsverkehr.

1

I. Leistung des Schuldners und Gegenleistung

Im Rahmen des § 142 kommen – entgegen dem zu engen Wortlaut der Normüberschrift – Leistungen **jeglicher Art** in Betracht, soweit ihnen ein wirtschaftlicher Wert innewohnt. Erfasst sind sowohl Sicherungen als auch Befriedigungen von Forderungen. Die Gegenleistung des anderen Teils muss tatsächlich in das Vermögen des Schuldners **gelangt** sein (BGH, ZIP 2010, 2009); unerheblich ist, ob sie im Schuldnervermögen erhalten bleibt (MK-Kirchhof § 142 Rn. 4a). Unerheblich ist ferner, ob die Gegenleistung dem Gläubigerzugriff unterliegt, da ansonsten die Lieferanten unpfändbarer Gegenstände unberechtigt benachteiligt würden (KPB-Ehricke § 142 Rn. 3).

2

II. Verknüpfung von Leistung und Gegenleistung

Die Gegenleistung muss **für die** Leistung des Schuldners erbracht worden sein, d. h. Leistung und Gegenleistung müssen durch Parteivereinbarung (z. B. Kaufvertrag, BGHZ 123, 320; Kontokorrentvertrag, BGH, ZInsO 2002, 319) miteinander **verknüpft** sein (st. Rspr., BGH, ZInsO 2012,

3

241 m.w.N., wobei eine Erweiterung des Bargeschäftsprivilegs auf öffentlich-rechtliche Verhältnisse für erwägenswert erachtet wird), eine bloße Kausalität der einen Leistung für die andere genügt nicht (MK-Kirchhof § 142 Rn. 5). Der spezifisch schadensersatzrechtliche Grundsatz der Vorteilsausgleichung findet i. R. d. § 142 keine Anwendung (Braun-Riggert § 142 Rn. 19). Eine von dem Anfechtungsgegner an einen Dritten erbrachte Leistung kann den Bargeschäftscharakter nicht rechtfertigen (BGH, ZIP 2010, 2009). **Unschädlich** für die Annahme eines Bargeschäfts ist, dass Leistung und Gegenleistung durch langfristige Vertragsbeziehungen miteinander verknüpft sind, so z. B. bei sog. »Dauermandaten« von Rechtsanwälten, Steuerberatern oder ähnlichen Berufsgruppen (BGH, ZInsO 2006, 712). Für die Annahme eines Bargeschäfts ist jedoch bei länger dauernden Vertragsbeziehungen zu verlangen, dass Leistung und Gegenleistung zeitlich oder gegenständlich teilbar sind und insoweit zeitnah ausgetauscht wurden (BGH, ZInsO 2008, 101).

3a Nicht ausreichend für die Annahme eines Bargeschäfts ist die sozialversicherungsrechtliche Pflicht eines Arbeitgebers zur Abführung der **Sozialversicherungsbeiträge** seiner Arbeitnehmer an die zuständigen Kassen, da es insoweit an einer vereinbarungsgemäßen Verknüpfung von Leistung und Gegenleistung fehlt (st. Rspr. des BGH, ZInsO 2006, 94). Dies muss mit gleicher Argumentation auch für **Lohnsteuern** gelten (so explizit auch Kayser, ZIP 2007, 55). Der BFH hat sich dieser Auffassung bislang nicht explizit angeschlossen, sie aber zum Anlass genommen, die Vollziehung eines Haftungsbescheides auszusetzen (BFHE 210, 410 = ZInsO 2005, 1105).

4 Wesentliche **Abweichungen von der ursprünglichen Vereinbarung** schließen die Annahme eines Bargeschäftes aus, da kein Anlass besteht, Umsatzgeschäfte des Schuldners in der Krise zu begünstigen, die anders als vereinbart abgewickelt werden (BGH, ZInsO 2003, 324). Eine derartige Abweichung liegt insb. bei einer **inkongruenten Deckung** vor, weshalb § 142 i. R. d. § 131 **keine Anwendung** findet (st. Rspr. seit BGHZ 123, 320, 324; zuletzt BGH, ZInsO 2011, 421). Ein Bargeschäft liegt folglich z. B. nicht vor, wenn der Schuldner eine Forderung aus Warenlieferung mit Kundenschecks begleicht (BGHZ 123, 320, 324).

Eine wesentliche Abweichung von der Parteivereinbarung liegt hingegen nicht vor, wenn im Vertrag von vornherein eine Ersetzungsbefugnis für eine der Vertragsparteien eingeräumt worden war (BGHZ 70, 177, 183 f.).

Wird die ursprüngliche Vereinbarung **nachträglich** verändert, so ist dies nur so lange unschädlich, bis die erste Leistung eines Vertragsteils vorgenommen wird (BGHZ 123, 320, 328).

III. Unmittelbarkeit

5 Leistung und Gegenleistung müssen zur Erfüllung des Tatbestandsmerkmals »unmittelbar« in **engem zeitlichem Zusammenhang** ausgetauscht werden. Eine sofortige Zug-um-Zug-Leistung ist ebenso wenig erforderlich wie eine Vorleistung des Schuldners (BGHZ 123, 320, 329). Die Leistungen gelten in dem in § 140 genannten Zeitpunkt als vorgenommen. Starre Zeitgrenzen für die Annahme eines Bargeschäftes gibt es nicht. Entscheidend ist, ob das Rechtsgeschäft unter Berücksichtigung der konkreten Erfüllungsmöglichkeiten und/oder üblichen Leistungsbräuche nach der Verkehrsauffassung noch als einheitliche Bardeckung oder schon als Kreditgewährung beurteilt wird (BGH, ZInsO 2006, 712). Die **Höchstgrenze** liegt bei **30 Tagen** (BGH, ZInsO 2012, 241; a. A. BAG, ZInsO 2012, 37, wonach die Zahlung von Arbeitsentgeltrückständen an Arbeitnehmer auch für einen Zeitraum von 3 Monaten noch unter das Bargeschäftsprivileg fällt). Der Annahme eines Bargeschäfts steht nicht entgegen, dass der Anfechtungsgegner seine Leistung vor der krit. Zeit und der Schuldner sie in der krit. Zeit erbracht hat (BGH, WM 1984, 1430). Allerdings stellt eine zeitlich zwischen Leistung und Gegenleistung des Schuldners erfolgende **Anordnung von Sicherungsmaßnahmen** i. S. d. § 21 Abs. 2 Nr. 2 nach diesseitiger Auffassung eine das Bargeschäftsprivileg ausschließende Zäsur dar.

6 Wenn der Schuldner vorleistet, darf der Zeitraum zwischen Leistung und Gegenleistung nicht größer sein als im Fall der Vorleistung durch den Vertragspartner (BGH, ZInsO 2006, 712). Ver-

zögerungen, die **allein von Dritten** verursacht werden, haben keinen Einfluss auf die Einordnung des Leistungsaustausches (Lwowski/Wunderlich, FS Kirchhof, S. 301, 309).

Ein Bargeschäft ist bei einer **Stundung** der Gegenleistung um nur eine Woche ausgeschlossen, wenn sie darauf beruht, dass der Schuldner im Zeitpunkt ihrer Fälligkeit nicht zahlen kann (BGH, ZInsO 2003, 324). 7

Bei **Vorleistungspflicht eines Vertragsteils** (wie insb. des Dienst- oder Geschäftsbesorgungsverpflichteten, § 614 BGB) ist entscheidend, ob er die ihm zustehende Gegenleistung in unmittelbarer zeitlicher Nähe zu der Annahme des Auftrags oder dem Beginn seiner Tätigkeit erhält (BGH, ZInsO 2006, 712). 8

Bei **Grundstücksgeschäften** ist i. d. R. nur die bis zur Stellung des Eintragungsantrags verstreichende Zeit maßgeblich. Soweit der verfügende Schuldner selbst noch nicht als Berechtigter eingetragen ist, kommt wegen des Erfordernisses der Voreintragung ein über 30 Tage hinausgehender Zeitraum in Betracht (MK-Kirchhof § 142 Rn. 20). 9

IV. Gleichwertigkeit der Leistungen

Nach dem Gesetzestext müssen Leistung und Gegenleistung gleichwertig sein, nach dem Gesetzeszweck darf jedoch die Leistung des Gläubigers auch höherwertig sein; entscheidend ist, dass der Leistungsaustausch nicht zu einer unmittelbaren Gläubigerbenachteiligung führt, sondern lediglich eine **Vermögensumschichtung** bewirkt (HK-Kreft § 142 Rn. 7). Ist die Leistung des Schuldners höherwertiger, so kommt eine Aufspaltung in ein i. R. d. § 142 unanfechtbares Bargeschäft und einen anfechtbaren Teil grds. nicht in Betracht. Eine Teilanfechtung ist nur möglich, wenn sich das Rechtsgeschäft in selbstständige Teile zerlegen lässt (MK-Kirchhof § 142 Rn. 12; vgl. § 143 Rdn. 96). 10

Die Gleichwertigkeit ist nach **objektiven Maßstäben** zu ermitteln (FK-Dauernheim § 142 Rn. 2). Ungleichwertigkeit liegt nicht allein deswegen vor, weil der Schuldner das Erlangte, insb. Bargeld, leichter dem Gläubigerzugriff entziehen kann als das seinerseits Geleistete (Begr. RegE BT-Drucks. 12/2443 S. 167). Geringfügige Wertschwankungen wie z. B. Preisschwankungen im marktüblichen Rahmen können unschädlich sein (MK-Kirchhof § 142 Rn. 9). 11

An der **Gleichwertigkeit fehlt es** z. B., wenn der andere Teil Leistungen an den Schuldner nur unter der Voraussetzung erbringt, dass dieser zugleich mit der sich hieraus ergebenden Verbindlichkeit auch Altverbindlichkeiten begleicht (BGHZ 97, 87, 94) oder wenn eine vom Schuldner gestellte Sicherheit neben einem neu gewährten auch einen alten Kredit absichern soll (HK-Kreft § 142 Rn. 7; vgl. auch Rdn. 16). **Demgegenüber** kann beim Kauf eines Grundstückes unter Anrechnung der valutierten Grundpfandrechte auf den Kaufpreis ein Bargeschäft vorliegen.

Die Gleichwertigkeit der Leistungen muss in dem **Zeitpunkt** gegeben sein, in dem die erste Vertragsleistung erbracht wird, spätere Änderungen sind nur dann beachtlich, wenn die Geltung von Tagespreisen vereinbart worden war oder der Verkehrssitte entspricht (Zeuner, Anfechtung, Rn. 53). Verschiebt sich das Wertverhältnis zwischen Vertragsschluss und erster Leistung nicht nur unerheblich zulasten des Schuldners, liegt wegen des Normzwecks kein Bargeschäft vor (Obermüller, WM 1984, 325, 326 f.). Unvorhergesehene Wertverluste der Gegenleistung nach dem maßgeblichen Zeitpunkt bewirken lediglich eine mittelbare Gläubigerbenachteiligung und ändern nichts an der Anwendbarkeit des § 142. 12

V. Rechtsfolgen

Liegen die Voraussetzungen des § 142 vor, so ist die Anfechtung gem. §§ **130, 132, 135 und 136** ausgeschlossen. Auch die Beweislastumkehr des § **133 Abs. 2** greift nicht ein. Für §§ 132 Abs. 1 und 133 Abs. 2 ergibt sich dies bereits daraus, dass diese Normen eine unmittelbare Gläubigerbenachteiligung erfordern, bei der eine Bardeckung nie eintreten kann (vgl. Rdn. 1). Bedeutendste Folge des § 142 ist, dass trotz einer möglicherweise (durch späteren Wegfall der Gegenleistung) eintretenden 13

§ 142 InsO Bargeschäft

mittelbaren Gläubigerbenachteiligung die **Anfechtung kongruenter Deckungen** gem. **§ 130 ausgeschlossen** ist. Damit wird sichergestellt, dass Rechtsgeschäfte, die nicht nach § 132 angefochten werden können, auch unanfechtbar erfüllt werden können (MK-Kirchhof § 142 Rn. 23).

14   Die Anfechtung gem. § 133 Abs. 1 bleibt gem. § 142 **ausdrücklich** möglich, wenn trotz Vorliegens eines Bargeschäftes eine mittelbare Gläubigerbenachteiligung eingetreten ist und die übrigen Voraussetzungen des § 133 Abs. 1 erfüllt sind. Die Anfechtbarkeit gem. **§ 131** kann § 142 von vornherein nicht ausschließen, weil es hier an der erforderlichen vertraglichen Verknüpfung von Leistung und Gegenleistung fehlt (vgl. Rdn. 4). Wegen der Unentgeltlichkeit der schuldnerischen Leistung findet § 142 i. R. d. **§ 134** ebenfalls von vornherein keine Anwendung.

VI. Einzelfälle

15   Bei der **Verrechnung im Kontokorrent** kann in dem Umfang ein nicht anfechtbares Bargeschäft vorliegen, in dem die Bank, die Zahlungseingänge ins Kontokorrent einstellt und den Schuldner (ihren Kunden) vereinbarungsgemäß wieder über den Gegenwert verfügen lässt (BGH, ZInsO 2004, 854). Das Bargeschäft setzt also voraus, dass das Kreditinstitut dem Kunden gestattet, den durch Zahlungseingang eröffneten Liquiditätsspielraum wieder auszuschöpfen, in dem eine vereinbarte Kreditlinie offengehalten und von dem Kunden nach eigenem Ermessen erteilte Zahlungsaufträge ausgeführt werden (BGH, ZInsO 2012, 1429). Es genügt, wenn das Kreditinstitut zwar nicht alle, aber einzelne Verfügungen des Schuldners über sein im Soll geführtes Konto im Ausgleich gegen verrechnete Eingänge ausführt (BGH, ZInsO 2002, 1136). Darauf, ob der Schuldner den vereinbarten Kreditrahmen voll ausnutzt und ob ohne die Verrechnung die Kreditobergrenze überschritten worden wäre, kommt es nicht an. Voraussetzung ist ein enger zeitlicher Zusammenhang zwischen Soll- und Habenbuchung (BGH, ZInsO 2012, 1429). Eine Bardeckung ist jedenfalls dann anzunehmen, wenn zwischen Soll- und Habenbuchung nicht mehr als 2 Wochen vergehen (BGH, ZInsO 2004, 854). Unerheblich ist die zeitliche Reihenfolge zwischen Ein- und Auszahlungen (BGH, ZInsO 2012, 1429). Wesentliche Voraussetzung ist, dass die Verrechnungen nicht gegen den Willen des Schuldners durchgeführt werden, sondern sein eigenes Bestimmungsrecht gewahrt bleibt (BGH, ZInsO 2002, 1136). Eigennützige Verrechnungen des kontoführenden Kreditinstitutes stellen keine unanfechtbare Bardeckung i. S. d. § 142 dar (BGH, ZInsO 2008, 163), da ansonsten das Kreditinstitut durch Zahlungen an sich selbst durch Abpassen des geeigneten Zeitpunktes (d. h. kurz nach Eingang einer Gutschrift) ein Bargeschäft konstruieren könnte (Flitsch, EWiR 2004, 1043). Demnach kommt ein unanfechtbares Bargeschäft jedenfalls soweit niemals in Betracht, als dass durch Kontobelastungen (un-)mittelbar eigene Forderungen des kontoführenden Kreditinstituts getilgt werden (BGH, ZInsO 2012, 1429 m. w. N. zur bisherigen Rspr.).

15a Zieht hingegen ein Gläubiger in unmittelbarem Anschluss an von ihm erbrachte Lieferungen und/oder Leistungen seine Forderung aufgrund vom Schuldner erteilter Einziehungsermächtigung von dessen Konto ein und wird der **Lastschrifteneinzug** nachfolgend genehmigt, ist bei der Beurteilung des engen zeitlichen Zusammenhangs auf den Zeitpunkt des Lastschrifteneinzuges und nicht der Genehmigung abzustellen (BGH, ZInsO 2009, 869).

16   Die **Bestellung von Sicherheiten** für einen sonst nicht zu erlangenden (neuen) (**Sanierungs-**) **Kredit** kann objektiv gleichwertig sein (BGH, ZInsO 1998, 89). Werden bewegliche Sicherungsgegenstände hingegeben, so ist ein Risikoaufschlag von ca. 50 % auf den Nennwert des Darlehens noch als angemessen anzusehen (BGHZ 137, 212, 235). Sollen die Sicherheiten zugleich auch alte Verbindlichkeiten sichern, so ist die Sicherheitengewährung als Ganzes anfechtbar, es sei denn, die Sicherheiten sind (z. B. aufgrund einer Rangvereinbarung, vgl. FK-Dauernheim § 142 Rn. 4) in der Weise teilbar, dass ein Teil lediglich die neuen Verbindlichkeiten und ein anderer Teil die Altverbindlichkeiten sichert. In diesem Fall kommt hinsichtlich der neu gewährten Kredite ein Bargeschäft in Betracht (MK-Kirchhof § 142 Rn. 13c).

17   Vereinbart ein Frachtführer mit dem Absender, der offene Altforderungen nicht bezahlen kann, dass der vorerst unter Berufung auf das **Frachtführerpfandrecht** angehaltene Transport ausgeführt

wird und der Absender im Gegenzug den Frachtführer auf den vom Empfänger für das Frachtgut zu zahlenden Kaufpreis oder Werklohn zugreifen lässt, so handelt es sich bei dieser Ablösungsvereinbarung um ein unanfechtbares Bargeschäft, wenn der Wert des abgelösten Pfandes denjenigen der Forderung, auf die der Frachtführer aufgrund einer Abtretung oder Verpfändung nun zugreifen darf, zumindest erreicht (BGH, ZInsO 2005, 648).

Bei der Anfechtung der **Abtretung und/oder Wertschöpfung zukünftiger Forderungen** sind die Voraussetzungen des § 142 rgm. nicht erfüllt, da durch das »Stehenlassen« der besicherten Forderung des Sicherungsnehmers oder dem Belassen der Einziehungsbefugnis bei dem Schuldner keine Gleichwertigkeit der Leistungen vorliegt (BGH, ZInsO 2008, 801). Das Unterlassen der Rückforderung oder die Durchsetzung einredefreier fälliger Forderungen (»Stehenlassen«) stellt mangels Zuführung neuer Vermögenswerte keine Gegenleistung dar (BGH, ZInsO 2009, 1056). 18

Im Eröffnungsverfahren kann in besonderen Fallgestaltungen, bei denen die Liquiditätsvorschau eine drohende Masseunzulänglichkeit wahrscheinlich erscheinen lässt, aber aufgrund der Besonderheiten des Einzelfalles eine Fortführung des Betriebes sinnvoll erscheint, ein Bedürfnis dafür bestehen, die Forderungen der für die Betriebsfortführung notwendigen Dienstleister, Lieferanten etc. (»**Weiterlieferer**«), welche der starke vorläufige Insolvenzverwalter – oder der schwache vorläufiger Insolvenzverwalter aufgrund einer entsprechenden Einzelermächtigung des Insolvenzgerichts (BGHZ 151, 353 = ZInsO 2002, 819) – als Masseverbindlichkeiten begründen konnte, auch vor den Folgen der Anzeige der Masseunzulänglichkeit **abzusichern** (Frind/Rüther/Schmidt/Wendler, ZInsO 2004, 24, 25). Hierfür kommt im Einzelfall die Errichtung eines **Treuhandkontos** durch die Schuldnerin mit Zustimmung des **vorläufigen Insolvenzverwalters** in Betracht (ausführlich Frind, ZInsO 2004, 471). Ist der vorläufige Insolvenzverwalter von dem Gläubiger vor der Bestellung der Sicherheit dadurch massiv unter **Druck** gesetzt worden, dass der Gläubiger erklärte, einer betriebsnotwendigen Weiterbelieferung nur gegen Gewährung von Sicherheiten zuzustimmen, kommt im eröffneten Verfahren eine Anfechtung der Sicherungsgewährung gem. §§ 130 Abs. 1 Satz 1 Nr. 2, 131 Abs. 1 Nr. 1, 133 Abs. 1 jedenfalls dann in Betracht, wenn sich der vorläufige Insolvenzverwalter die Anfechtung vorbehält (Frind a. a. O.). Dieser Anfechtung kann der Anfechtungsgegner nicht mit der Begründung entgegentreten, der vorläufige Insolvenzverwalter hätte die durch das Treuhandkonto besicherten Gläubiger auch im Wege des Bargeschäfts befriedigen können. Bei der Anlegung des Treuhandkontos zugunsten der »Weiterlieferer« handelt es sich nicht um ein Bargeschäft, da ein unmittelbarer Leistungsaustausch zwischen dem Schuldner und den zu besichernden Gläubigern nicht stattfindet. Das Treuhandkonto stellt keine unmittelbare Leistung an die Gläubiger dar, da seine Ausschüttung erst im eröffneten Verfahren vorgesehen ist (Frind a. a. O.). 19

Keine Bardeckung liegt vor bei Vereinbarung eines **erweiterten Eigentumsvorbehaltes**, bei dem der Schuldner das Eigentum an dem erworbenen Gegenstand erst erlangt, wenn er neben dem Kaufpreis bestehende Ansprüche des Vertragspartners befriedigt (Zeuner, Anfechtung, Rn. 55). 20

Bei Vereinbarung marktüblicher Bedingungen kann sowohl beim echten wie auch beim unechten **Factoring** ein Bargeschäft vorliegen (MK-Kirchhof § 142 Rn. 13d). 21

Dienstleistungen eines **Rechtsanwalts oder Steuerberaters** – oder ähnlicher Berufsgruppen – können Bargeschäftscharakter haben (st. Rspr. seit BGHZ 28, 344, 347 f.), auch wenn es sich um länger andauernde Vertragsbeziehungen oder gar sog. »Dauermandate« handelt (BGH, ZInsO 2006, 712). Zu den Voraussetzungen der Annahme eines Bargeschäfts vgl. Rdn. 3. 21a

Das **Honorar** eines **Sanierers** (oder sonstigen Geschäftsbesorgers, vgl. FK-Dauernheim § 142 Rn. 3) oder die Sicherung seiner Vergütungsforderung stellt keine angemessene Gegenleistung für dessen Tätigkeit dar, wenn seine Leistungen von vornherein erkennbar wertlos waren (vgl. § 132 Rdn. 11). Hat der Sanierer/Geschäftsbesorger seine werthaltige Leistung lediglich überhöht abgerechnet, so liegt hinsichtl. der angemessenen Vergütung ein Bargeschäft vor, der überhöhte Teil der Vergütung ist ohne die Einschränkung des § 142 anfechtbar (vgl. § 132 Rdn. 11). Zur Feststellung der Gleichwertigkeit von Honorar eines Rechtsanwaltes und der Beratungsleistung ist die Einholung eines **Gutachtens der Rechtsanwaltskammer** nicht erforderlich (BGHZ 77, 250, 254). 22

B. Verfahrensfragen

23 Der Anfechtungsgegner, der die Anfechtung unter Hinweis auf den die Anfechtungstatbestände einschränkenden § 142 abwehren will, hat dessen sämtliche Voraussetzungen **darzulegen** und ggf. zu **beweisen** (BGH, ZInsO 2012, 1429 m. w. N.).

Soweit eine Bardeckung vorliegt, bildet sie ein Indiz für das Fehlen der subjektiven Voraussetzungen des § 133 Abs. 1, wodurch dem Insolvenzverwalter, der die Bardeckung gem. § 133 Abs. 1 anfechten will und das Vorliegen von dessen Voraussetzungen beweisen muss, der Beweis des Gläubigerbenachteiligungsvorsatzes und der Kenntnis des Anfechtungsgegners hiervon erschwert wird (BGH, ZIP 1997, 1551).

24 Zu besonders relevanten Fallkonstellationen i. R. d. Insolvenzanfechtung vgl. die Schnellübersicht vor §§ 129 ff. Rdn. 26.

§ 143 Rechtsfolgen

(1) ¹Was durch die anfechtbare Handlung aus dem Vermögen des Schuldners veräußert, weggegeben oder aufgegeben ist, muß zur Insolvenzmasse zurückgewährt werden. ²Die Vorschriften über die Rechtsfolgen einer ungerechtfertigten Bereicherung, bei der dem Empfänger der Mangel des rechtlichen Grundes bekannt ist, gelten entsprechend.

(2) ¹Der Empfänger einer unentgeltlichen Leistung hat diese nur zurückzugewähren, soweit er durch sie bereichert ist. ²Dies gilt nicht, sobald er weiß oder den Umständen nach wissen muß, daß die unentgeltliche Leistung die Gläubiger benachteiligt.

(3) ¹Im Fall der Anfechtung nach § 135 Abs. 2 hat der Gesellschafter, der die Sicherheit bestellt hatte oder als Bürge haftete, die dem Dritten gewährte Leistung zur Insolvenzmasse zu erstatten. ²Die Verpflichtung besteht nur bis zur Höhe des Betrags, mit dem der Gesellschafter als Bürge haftete oder der dem Wert der von ihm bestellten Sicherheit im Zeitpunkt der Rückgewähr des Darlehens oder der Leistung auf die gleichgestellte Forderung entspricht. ³Der Gesellschafter wird von der Verpflichtung frei, wenn er die Gegenstände, die dem Gläubiger als Sicherheit gedient hatten, der Insolvenzmasse zur Verfügung stellt.

Übersicht

	Rdn.
A. Norminhalt	1
I. Allgemeines – Rückgewährschuldverhältnis	2
II. Rückabwicklung der Vermögensminderung (Abs. 1)	8
1. Rückgewähr in Natur	8
a) Allgemeines	8
b) Art der Rückgewähr	11
c) Folgen der Anfechtung der Übertragung von Sachen und Rechten	15
d) Folgen der Anfechtung der Belastung von Sachen und Rechten	32
e) Folgen der Anfechtung der Begründung und Tilgung von Verbindlichkeiten	35
f) Folgen der Anfechtung der Einschränkung oder Beendigung von Rechten	40
g) Unterlassungen	44
h) Anfechtbare Prozesshandlungen im Erkenntnisverfahren	45
i) Vollstreckungshandlungen	46
j) Weggabe/-nahme von Geld	46a
2. Ungerechtfertigte Bereicherung (Satz 2)	47
a) Nutzungen	48
b) Verwendungen des Anfechtungsgegners	51
c) Surrogate	56
d) Wertersatz	57
aa) Voraussetzungen	57
bb) Berechnung des Wertersatzes	67
cc) Aufrechnung/Zurückbehaltungsrecht	72
dd) Folgen der Anfechtung der Übertragung von Sachen und Rechten	73
ee) Folgen der Anfechtung der Belastung von Sachen und Rechten	76
ff) Folgen der Anfechtung der Begründung und Tilgung von Verbindlichkeiten	77

	gg) Folgen der Anfechtung der Einschränkung oder Beendigung von Rechten...	81	
	hh) Wertersatz für Nutzungen..	82	
III.	Rückgewähr unentgeltlicher Leistungen (Abs. 2).........................	83	
	1. Herausgabe der Bereicherung (Satz 1)	84	
	2. Bösgläubigkeit................	86	
IV.	Gesellschafterdarlehen (Abs. 3)........	86a	
V.	Insolvenz des Anfechtungsgegners......	87	
VI.	Doppelinsolvenz...................	87a	
B.	**Verfahrensfragen**...................	88	
I.	Auskunftsanspruch................	88	
II.	Beweisfragen.....................	89	
III.	Abtretbarkeit und Verpfändbarkeit des Rückgewähranspruches..............	92	
IV.	Teilanfechtungen.................	96	
V.	Einrede der Anfechtbarkeit...........	98	
VI.	Erlöschen des Anfechtungsrechts......	99	
VII.	Konkurrenzen von Rückgewähransprü- chen............................	101	

VIII. Auswirkung auf weitere Rechtsbeziehun- gen............................	105	
IX. Prozessuales	109	
1. Rechtsweg....................	110	
2. Gerichtliche Zuständigkeit........	111	
a) Örtlich....................	111	
b) Sachlich...................	114	
c) Funktional.................	115	
d) Gerichtsstandsvereinbarungen..	116	
e) Schiedsvertragliche Vereinbarun- gen.......................	117	
3. Klageantrag...................	118	
4. Folgen der Rechtshängigkeit......	121	
5. Grundurteil...................	122	
6. Anfechtungsprozesse nach Eintritt der Massekostenunzulänglichkeit (§ 207) oder Masseunzulänglichkeit (§ 208).......................	123	
7. Sicherung des Anfechtungsrechts...	124	
8. Kosten.......................	125	
a) Kostentragung..............	125	
b) Prozesskostenhilfe...........	126	

A. Norminhalt

§ 143 dient dem Ausgleich zwischen den Belangen der Insolvenzgläubiger einerseits und den schutzwürdigen Interessen des Anfechtungsgegners andererseits (MK-Kirchhof § 143 Rn. 1). Der Tatsache, dass die Anfechtung allein nach § 134 aufseiten des Empfängers keine Bösgläubigkeit und auch keine anderen erschwerenden Umstände voraussetzt, trägt **Abs. 2** dadurch Rechnung, dass der Empfänger einer unentgeltlichen Leistung grds. nur nach allg. bereicherungsrechtlichen Grundsätzen haften soll, insb. den Entreicherungseinwand (§ 818 Abs. 3 BGB) erheben kann. **Abs. 3** regelt die Rechtsfolgen bei Anfechtung von Rechtshandlungen im Zusammenhang mit Gesellschaftsdarlehen und gleichgestellten Forderungen.

1

I. Allgemeines – Rückgewährschuldverhältnis

Der **Ruckgewähranspruch entsteht** unabhängig von seiner Geltendmachung nicht vor Eröffnung des Insolvenzverfahrens (BGH, ZInsO 2008, 449). Gleichzeitig wird er **fällig**, ohne dass es hierfür einer besonderen Erklärung des zur Anfechtung Berechtigten bedarf (BGH, ZInsO 2007, 261). Dies gilt auch dann, wenn zuvor aufgrund desselben Sachverhaltes eine Einzelgläubigeranfechtung möglich gewesen wäre (BGHZ 130, 38, 48). Tritt die benachteiligende Wirkung erst nach Verfahrenseröffnung (§ 147) ein, entsteht auch dann erst das Anfechtungsrecht (MK-Kirchhof § 129 Rn. 186). Zu den Theorien zur Rechtsnatur des Anfechtungsanspruches vgl. vor §§ 129 ff. Rdn. 2; zum Erlöschen des Anspruches vgl. Rdn. 99 f. § 143 begründet einen **schuldrechtlichen Verschaffungsanspruch** (BGH, ZInsO 2006, 1217) gegen den Anfechtungsgegner. Die Anfechtungserklärung bewirkt also nicht die Nichtigkeit der angefochtenen Rechtshandlung (BGH a. a. O.; vgl. vor §§ 129 Rdn. 8). Mit der Anfechtung wird kein Handlungsunrecht sanktioniert, sondern lediglich gläubigerbenachteiligende Rechtswirkungen rückgängig gemacht (BGH, ZInsO 2010, 1489). Der Anspruch ist nicht deliktsrechtlicher Natur, sodass die §§ 823 ff. BGB nicht entsprechend angewandt werden können (BGH, ZIP 1990, 246). Mangels schadensersatzrechtlichem Charakter des Anspruchs gelten auch die §§ 249 ff. BGB nicht; insb. sind die Grundsätze über Mitverschulden (§ 254 BGB) auf die Entstehung des Rückgewähranspruches nicht anwendbar (MK-Kirchhof § 143 Rn. 12; vgl. zum Mitverschulden bei Durchführung der Rückgewähr Rdn. 65). Die allg. Vorschriften über Schuldner- und Gläubigerverzug (§§ 286 ff., 293 ff. BGB; zum Verzug des Anfechtungs-

2

gegners mit der Rückgewähr ausführl. MK-Kirchhof § 143 Rn. 58) und zur Erfüllung (§§ 362 ff. BGB) finden hingegen Anwendung (Uhlenbruck-Hirte § 143 Rn. 1).

3 Wenngleich § 143 einen Anspruch auf Rückgewähr begründet, ist eine Rückgewähr i. e. S. nicht stets notwendig. Sind z. B. in anfechtbarer Weise lediglich schuldrechtliche Ansprüche gegen den Schuldner begründet worden oder hat der Schuldner auf eigene Rechte in anfechtbarer Weise verzichtet, erfolgt die »Rückgewähr« in der Weise, dass die anfechtbare Rechtshandlung (Eingehung der Verbindlichkeit/Verzicht) **nicht zu berücksichtigen** ist; der Anfechtungsgegner kann sich auf sie nicht berufen (HK-Kreft § 143 Rn. 4). Gleiches gilt bei einer Zustimmung des Schuldners zu einer Verwertung des Sicherungsgutes durch den Anfechtungsgegner unter Wert.

4 **Anspruchsinhaber** ist die Insolvenzmasse (MK-Kirchhof § 129 Rn. 187 ff.), die **Geltendmachung** des Anfechtungsrechts erfolgt grds. durch den **Insolvenzverwalter**; zum Verhältnis zur Einzelgläubigeranfechtung vgl. vor §§ 129 ff. Rdn. 4. Einzelne Gläubiger können dem Insolvenzverwalter im Anfechtungsrechtsstreit lediglich als Streithelfer gem. § 66 ZPO beitreten, nicht jedoch als streitgenössische Nebenintervenienten gem. § 69 ZPO (MK-Kirchhof § 129 Rn. 198). Da der Rückgewähranspruch nicht vor Verfahrenseröffnung entsteht (vgl. Rdn. 2), kommt eine Anfechtung durch den **vorläufigen Insolvenzverwalter** nicht in Betracht, ein von ihm erklärter Verzicht auf das Anfechtungsrecht ist unwirksam (LG Bremen, ZIP 1991, 1224). Der vorläufige Insolvenzverwalter kann auch nicht im Eröffnungsverfahren zur Geltendmachung von Rückgewähransprüchen gem. §§ 129 ff. ermächtigt werden; eine derartige Ermächtigung wäre wegen Verstoßes gegen das gesetzliche Verbot aus § 22 Abs. 2 Satz 2 nichtig (OLG Hamm, ZInsO 2005, 21).

Im Fall der **Eigenverwaltung** übt der **Sachwalter** das Anfechtungsrecht aus (§ 280), im Fall des Verbraucherinsolvenzverfahrens verbleibt das Anfechtungsrecht in der Hand des **einzelnen Gläubigers** (§ 313 Abs. 2; vgl. vor §§ 129 ff. Rdn 12 ff.).

5 Der Insolvenzverwalter handelt bei der Geltendmachung des Rückgewähranspruches **im eigenen Namen** (BGHZ 83, 102, 105). Er ist jedoch, da es sich bei dem Anfechtungsanspruch nicht um ein höchstpersönliches Recht handelt, dazu berechtigt, sich **vertreten** zu lassen. Ob die Anfechtung erklärt werden soll, hat er nach der Zweckmäßigkeit für die Insolvenzmasse zu entscheiden. Wird der Insolvenzverwalter nicht tätig, kann er hierzu von den Gläubigern nur über die §§ 58, 59 angehalten werden. Er ist nicht verpflichtet, den Rückgewähranspruch vor anderen Ansprüchen (gegen Dritte) geltend zu machen (vgl. Rdn. 108). Der Insolvenzverwalter ist berechtigt, einen anderen dazu zu ermächtigen, im Wege der **gewillkürten Prozessstandschaft** im Anfechtungsprozess das Anfechtungsrecht mit dem Ziel der Leistung an die Masse auszuüben (BGHZ 100, 217, 218). Zur **Abtretbarkeit** des Anfechtungsrechtes vgl. Rdn. 92 ff.

6 Grds. bedarf die Anfechtung für ihre rechtliche Wirksamkeit keiner Erklärung (BGH, ZInsO 2007, 261); eine solche ist jedoch schon zu Dokumentations- und Informationszwecken rgm. sachdienlich.

Die **Erklärung** des Insolvenzverwalters, dass er das Anfechtungsrecht ausübe, ist **nicht formbedürftig**. Es genügt jede erkennbare – sogar konkludente – Willensäußerung, dass der Anfechtungsberechtigte die Gläubigerbenachteiligung nicht hinnimmt, sondern sie zur Masseanreicherung wenigstens wertmäßig auf Kosten des Anfechtungsgegners wieder ausgeglichen sehen will (BGH, ZIP 2008, 888). Die Benennung bestimmter Anfechtungstatbestände ist nicht notwendig (BGHZ 135, 140, 149). Bis zur Durchführung der Rückgewähr kann der Insolvenzverwalter grds. von der Geltendmachung des Anspruches aus § 143 wieder Abstand nehmen (vgl. Rdn. 105).

7 **Anfechtungsgegner** ist derjenige, der anfechtbar etwas aus dem Vermögen des Schuldners erlangt hat, oder sein Rechtsnachfolger gem. § 145 (Uhlenbruck-Hirte § 143 Rn. 42). Wer im Geschäftsverkehr den Eindruck erweckt, das Unternehmen des eigentlichen Anfechtungsgegners fortzuführen, kann unter Rechtsscheinhaftungsgesichtspunkten auch insolvenzanfechtungsrechtlich passivlegitimiert sein (BGH, ZInsO 2011, 183).

Sozialversicherungsträger, die vom Schuldner Gesamtsozialversicherungsbeiträge einziehen, sind auch insoweit selbst Empfänger, als sie im Innenverhältnis Teilbeiträge an die Träger der **Renten- oder Unfallversicherung** weiterleiten müssen (OLG Hamburg, ZIP 2001, 708). Der Herausgabepflicht der Sozialversicherungsträger steht die Richtlinie des Rates zur Angleichung von Rechtsvorschriften der Mitgliedstaaten über den Schutz der Arbeitnehmer bei Zahlungsunfähigkeit des Arbeitgebers (RL 80/987 EWG) in der nunmehr (nach Änderung durch die RL 2002/74 EG) geltenden Form nicht entgegen (BGH, ZInsO 2005, 1268). Tarifvertraglich zur Einziehung von **Sozialkassenbeiträgen der Bauarbeitgeber** ermächtigte Stellen sind auch insoweit als Anfechtungsgegner zur Rückgewähr an die Masse verpflichtet, als sie fremdnützig eingezogene Beiträge an die hierzu berechtigten Sozialkassen ausgekehrt haben (BGH, ZInsO 2004, 1359). 7a

Hat ein Bundesland in anfechtbarer Weise **Steuern** vereinnahmt, die dem Bund zustehen, ist es auch insoweit Rückgewährschuldner und somit Anfechtungsgegner (BGH, ZInsO 2012, 264 auch zur Abgrenzung zur BFH-Rspr. zur Gläubigerstellung bei umsatzsteuerrechtlicher Organschaft). 7b

Richtiger Anfechtungsgegner ist der Gläubiger einer eingezogenen Forderung auch dann, wenn er sich bei der Einziehung Dritter (bspw. Rechtsanwälte oder Inkassounternehmen) bedient (BGH, ZInsO 2014, 1004). Er ist dies auch hinsichtl. der **Vollstreckungskosten**, die das von ihm oder den Dritten beauftragte Vollstreckungsorgan vor Auskehr des Restbetrages an ihn einbehalten hat (BGH, ZInsO 2004, 441); dies gilt auch dann, wenn die Vollstreckung von Sozialversicherungsbeiträgen durch die Hauptzollämter durchgeführt wurde (OLG Hamburg, ZIP 2002, 1360). 7c

Ist das anfechtbare Rechtsgeschäft mit **mehreren Personen** abgeschlossen worden, so haften sie nur dann als Gesamtschuldner gem. §431 BGB auf das Ganze, wenn eine unteilbare Leistung zurückzugewähren ist (Gottwald-Huber, InsRHdb, §51 Rn. 43). 7d

Im Fall einer **mittelbaren Zuwendung** (vgl. §129 Rdn. 29ff.) ist richtiger Anfechtungsgegner i.d.R. der mittelbare Empfänger, nicht die Mittelsperson. Die Mittelsperson haftet lediglich, soweit sie den Gegenstand noch nicht weitergegeben oder durch die anfechtbare Rechtshandlung selbst einen Vorteil erlangt hat (Uhlenbruck-Hirte §129 Rn. 43; vgl. §129 Rdn. 31, 35). 7e

Zur Insolvenzanfechtung ggü. der **BfA** bei Übergang der in anfechtbarer Weise erlangten Arbeitsentgeltforderungen der Arbeitnehmer auf die BfA mit Stellung des Antrags auf Insolvenzgeldzahlung s. Uhlenbruck-Hirte §129 Rn. 111 f. 7f

II. Rückabwicklung der Vermögensminderung (Abs. 1)

1. Rückgewähr in Natur

a) Allgemeines

Abs. 1 Satz 1 entspricht wörtlich dem §37 Abs. 1 KO, sodass die hierzu ergangene Rspr. – unter Berücksichtigung des Abs. 1 Satz 2 – weiterhin herangezogen werden kann. **Gegenstand der Rückgewähr** ist dasjenige, was durch die anfechtbare Rechtshandlung dem Gläubigerzugriff entzogen wurde, nicht dasjenige, was in das Vermögen des Anfechtungsgegners gelangt ist (BGHZ 71, 61, 63). Die Insolvenzmasse soll in den Zustand versetzt werden, in dem sie sich befände, wenn die anfechtbare Rechtshandlung unterblieben (zu anfechtbaren Unterlassungen vgl. Rdn. 44) wäre (BGHZ 124, 76). 8

Auf eine **fortdauernde Bereicherung** des Gegners kommt es (außer i.R.d. Abs. 2 Satz 1 und bei Schuldlosigkeit nach Abs. 1 Satz 2) nicht an (BGH, NJW 1970, 44; BAG, ZInsO 2011, 1560). Auf der anderen Seite soll die Anfechtung den Insolvenzgläubigern auch keine Vermögensvorteile verschaffen, die ihnen ohne die anfechtbare Rechtshandlung nicht zur Verfügung gestanden hätten (BGHZ 124, 76, 85; vgl. §144 Rdn. 1). 9

Bei **mittelbaren Zuwendungen** (vgl. §129 Rdn. 29ff.) ist ebenfalls grds. maßgeblich, was aus dem Vermögen des Schuldners entfernt wurde. Stand dem Schuldner ein Anspruch auf Leistung eines Gegenstandes aus §433 Abs. 1 BGB zu, so hat der Dritte, dem der Schuldner seinen Anspruch 10 anfechtbar übertragen hatte, wegen der beabsichtigten Zuwendung gerade des gekauften Gegenstands diesen selbst herauszugeben, wenn der Verkäufer ihm ggü. zwischenzeitlich erfüllt hat (BGHZ 116, 222, 226). Wird die mittelbare Zuwendung im Rahmen eines **Vertrages zugunsten Dritter** gewährt, so ist grds. entscheidend, welche Leistungen der Versprechende nach dem Inhalt seiner Vertragsbeziehung zum Schuldner bei Eintritt der Fälligkeit zu erbringen hatte, mit anderen Worten, welche Zuwendung an den Dritten der Versprechensempfänger mit den von ihm aufgewendeten Vermögenswerten erkauft hat (BGHZ 156, 350, 355 = ZInsO 2003, 1096). Hatte der Schuldner für eine von ihm abgeschlossene **Lebensversicherung** einem Dritten ein **widerrufliches Bezugsrecht** eingeräumt (vgl. § 134 Rdn. 11), richtet sich nach Eintritt des Versicherungsfalls der Anfechtungsanspruch gegen den Dritten auf Auszahlung der vom Versicherer geschuldeten Versicherungssumme, nicht auf Rückgewähr der vom Schuldner geleisteten Prämien (BGH a. a. O.).

b) Art der Rückgewähr

11 Grds. hat die Rückgewähr in der Weise zu erfolgen, dass der betroffene Gegenstand in dem vollen Umfang seiner Veräußerung, Weg- oder Aufgabe **in Natur** in die Insolvenzmasse zurückgelangen muss (OLG Celle, ZInsO 2006, 1167; MK-Kirchhof § 143 Rn. 24). Dabei ist rgm. der Zustand wiederherzustellen, der bestünde, wenn der weggegebene Gegenstand bereits bei Verfahrenseröffnung in der Masse befindlich gewesen wäre (BGHZ 15, 333, 337).

12 Normalerweise hat die Rückgewähr gerade **in die Insolvenzmasse** zu erfolgen. Allerdings ist der Insolvenzverwalter i. R. d. Verfahrenszweckes dazu berechtigt, Leistung an Dritte zu verlangen (MK-Kirchhof § 143 Rn. 25). Hatte die BfA Insolvenzgeld gezahlt, so ist dieses gem. § 184 Abs. 2 SGB III an sie zurückzuzahlen, wenn der Anspruch des begünstigten Arbeitnehmers auf Arbeitsentgelt anfechtbar erworben worden war.

13 Selbst dann, wenn nicht der gesamte Erlös aus der Verwertung des anfechtbar weggegebenen Gegenstandes zur Befriedigung der Insolvenzgläubiger erforderlich ist, kann der Insolvenzverwalter die **Übertragung des gesamten Gegenstandes** auf die Insolvenzmasse verlangen (MK-Kirchhof § 143 Rn. 26). Erst bei der Schlussverteilung ist der tatsächlich erzielte Mehrerlös dem Anfechtungsgegner zu überlassen. Der Insolvenzverwalter ist jedoch dazu berechtigt, sein Rückgewährbegehren auf das für seine Zwecke erforderliche Maß einzuschränken, indem er z. B. statt Rückgabe des in anfechtbarer Weise übertragenen Gegenstandes lediglich die **Duldung der Zwangsvollstreckung** in diesen verlangt (HK-Kreft § 143 Rn. 6). Bei der Anfechtung der Übertragung eines Grundstücksbruchteils kann sich der Insolvenzverwalter z. B. darauf beschränken, die Zustimmung des Anfechtungsgegners in die Teilungsversteigerung des gesamten Grundstücks zu verlangen, um den auf die Insolvenzmasse entfallenden Anteil am Erlös zu erhalten (HK-Kreft § 143 Rn. 11). Der Anfechtungsgegner seinerseits hat nicht von sich aus das Recht, statt Naturalrestitution Wertersatz zu leisten (vgl. Rdn. 66).

14 Die gesamten **Kosten** des Vollzuges **der Rückgewähr** hat der Anfechtungsgegner zu tragen (Uhlenbruck-Hirte § 143 Rn. 47). Erfasst sind hier z. B. die bei einer erfolgreich angefochtenen Zwangsvollstreckung durch Einschaltung des Vollstreckungsgerichts bzw. Gerichtsvollziehers entstandenen Kosten, die Aufwendungen für den Rücktransport einer anfechtbar weggegebenen Sache zum Insolvenzverwalter sowie für die Wiederbeschaffung überlassener Urkunden (MK-Kirchhof § 143 Rn. 27).

c) Folgen der Anfechtung der Übertragung von Sachen und Rechten

15 Wer in anfechtbarer Weise das Eigentum bzw. den Besitz an einer zum Schuldnervermögen gehörigen **Sache** erlangt hat, schuldet grds. Rückübereignung bzw. Rückübertragung des Besitzes an den Insolvenzschuldner (nicht an den lediglich für den Schuldner handelnden Insolvenzverwalter). Zur Möglichkeit des Insolvenzverwalters, sich mit der Duldung der Zwangsvollstreckung zu begnügen vgl. Rdn. 13.

Die **Rückübereignung** einer **beweglichen Sache** hat in der Weise zu erfolgen, dass der Anfechtungs- 16
gegner die Einigung zur Rückübereignung anbietet und dem Insolvenzverwalter den Besitz an der
Sache verschafft. Befindet sich die Sache bereits im Besitz des Insolvenzverwalters, kann dieser
zwar Ansprüche des Anfechtungsgegners unbefristet mit der Anfechtungseinrede gem. § 146 Abs. 2
abwehren, ohne Rückübertragung des Eigentums an den Schuldner kommt eine wirksame Übereignung an einen Dritten jedoch nur unter den Voraussetzungen des § 932 BGB in Betracht. Eine
vorherige Rückübertragung des Eigentums an den Schuldner ist daher rgm. sinnvoll (MK-Kirchhof § 143 Rn. 29). Der Besitzer einer durch angefochtene Rechtshandlung erlangten (Bürgschafts-)
Urkunde ist zur Herausgabe verpflichtet (BGH, NZI 2005, 453).

Handelt es sich bei der anfechtbar weggegebenen Sache um **Geld**, so kann der Insolvenzverwalter 17
i. d. R. die Zahlung eines entsprechenden Betrages verlangen (hinsichtl. der zu zahlenden Zinsen
vgl. Rdn. 49). Auf das individuelle Vorhandensein der ursprünglich geleisteten Zahlungsmittel
kommt es nur an, wenn es sich um Sammlerstücke handelt oder wenn ggü. dem Rechtsnachfolger
des Anfechtungsgegners angefochten werden soll (vgl. § 145 Rdn. 10).

War lediglich die **Besitzübertragung** anfechtbar und befindet sich der fragliche Gegenstand im 18
Besitz eines herausgabebereiten Dritten, so kann sich der Insolvenzverwalter darauf beschränken,
die Zustimmung des Anfechtungsgegners in die Herausgabe zu verlangen (BGH, WM 1961, 387).

Ein anfechtbar übereignetes **Grundstück** hat der Anfechtungsgegner an den Schuldner aufzu- 19
lassen, ferner hat er die Wiedereintragung des Schuldners im Grundbuch zu bewilligen (BGH,
ZIP 1986, 787; KG, ZInsO 2012, 1170 mit äußerst instruktiven Ausführungen zu den in diesem
Fall weiterhin bestehenden Hindernissen [notariell beurkundete Annahme der Auflassung durch
den Insolvenzschuldner, steuerliche Unbedenklichkeitsbescheinigung]). Der Rückgewähranspruch
kann durch eine Vormerkung (§ 885 BGB) gesichert werden (vgl. Rdn. 124). Statt Rückübereignung kann der Insolvenzverwalter auch die Duldung der Zwangsvollstreckung in das Grundstück
verlangen (vgl. Rdn. 13).

Hatte der Erwerber (oder dessen Gläubiger im Wege der Zwangsvollstreckung, MK-Kirchhof § 143
Rn. 34) das Grundstück bei/nach dem Erwerb zu seinen Gunsten belastet, so hat er die Belastung
i. R. d. Rückgewähr auf seine Kosten zu beseitigen (BGH, ZIP 1986, 787). Ist ihm dies – z. B. weil
sein im Zwangswege eingetragener Gläubiger die Zustimmung verweigert – nicht möglich, so hat
er Wertersatz zu leisten (vgl. Rdn. 76). Soweit **Belastungen** vor oder nach Veräußerung **durch den
Schuldner** (zu dessen Gunsten oder zugunsten Dritter) vorgenommen wurden, ist das Grundstück
hingegen nur mit diesen Belastungen zurückzuübertragen (BFHE 133, 501, 507 = BStBl. II 1981,
S. 751).

Ist die Eintragung des Erwerbers als Eigentümer im Grundbuch noch nicht erfolgt und ist noch 20
keine unanfechtbare Vormerkung zugunsten des Erwerbers eingetragen, kann der Insolvenzverwalter den Verzicht auf Rechte aus der Auflassung und die Rücknahme eines bereits gestellten Eintragungsantrags verlangen (MK-Kirchhof § 143 Rn. 32). Ist bereits eine **Auflassungsvormerkung**
zugunsten des Anfechtungsgegners eingetragen und ist diese unter Berücksichtigung der §§ 106,
140 Abs. 2 Satz 2 anfechtbar, so hat der Anfechtungsgegner auf die Rechte aus der Vormerkung zu
verzichten und deren Löschung zu bewilligen. Einem Erfüllungsbegehren des Anfechtungsgegners
kann der Insolvenzverwalter die vorgenannten Verpflichtungen einredeweise entgegenhalten (MK-
Kirchhof § 143 Rn. 32).

Sonstige anfechtbar übertragene **Grundstücksrechte oder Rechte an Grundstücksrechten** sind 21
formgerecht an den Schuldner zurückzuübertragen, Grundpfandbriefe sind zu übergeben (MK-
Kirchhof § 143 Rn. 35).

Anfechtbar abgetretene **Forderungen** sind an den Schuldner zurückabzutreten (BGHZ 106, 127, 22
129), vorher darf sie der Insolvenzverwalter grds. nicht einziehen (BGHZ 100, 36, 42; Ausn. vgl.
Rdn. 23); der Zessionar der anfechtbar abgetretenen Forderung bleibt für deren Einzug solange
aktivlegitimiert, wie der Anspruch nicht zurückabgetreten ist (BGH, ZInsO 2006, 1217). Die

zum Beweis der abgetretenen Forderung dienenden Urkunden sind ebenfalls herauszugeben (FK-Dauernheim § 143 Rn. 6).

23 War die **Forderung** lediglich als **Sicherheit** zediert worden, kann der Insolvenzverwalter sie unabhängig von der Zession nach § 166 Abs. 2 verwerten und dem Verlangen des Zessionars auf Auskehr des Erlöses dauerhaft die Einrede der Anfechtbarkeit nach § 146 Abs. 2 entgegenhalten. Ist die Sicherungsabtretung als solche – da sie außerhalb der relevanten Fristen erfolgte – nicht anfechtbar, hat der Schuldner die abgetretene **Forderung** jedoch im geschützten zeitlichen Bereich in gläubigerbenachteiligender Weise durch Erbringung der seinem Drittschuldner aus einem gegenseitigen Vertrag geschuldeten Leistung **aufgewertet** (vgl. § 130 Rdn. 40), gebührt der Insolvenzmasse ein Wertersatzanspruch, dessen Umfang an der **Werterhöhung** der abgetretenen Gegenforderung zu bemessen ist, die durch die Leistung des Schuldners nach dem Anfechtungsstichtag bewirkt wurde. Nach Auffassung des OLG Dresden (ZIP 2005, 2167) erfolgt die **Berechnung der Wertschöpfung** – also des »Anfechtungsvolumens« – nach der aus §§ 441, 437 BGB folgenden »Minderungsformel«, während nach einer in der Literatur vertretenen Auffassung die Aufteilung in Teilleistungen in derselben Weise zu erfolgen hat, wie sie von der Rspr. (BGH, ZInsO 2001, 708) für den bei Verfahrenseröffnung noch nicht vollständig erfüllten gegenseitigen Vertrag vorgenommen wird (Beiner/Lubbe, NZI 2005, 15, 23). Tatsächlich dürfte jedenfalls in den Fällen, in denen durch die schuldnerische Leistung die Nichterfüllungseinrede des Dritten bzgl. der abgetretenen Forderung ausgeräumt wird, die Wertschöpfung in **voller Höhe** der gesamten noch offen Forderung gegeben sein.

23a Leistet im Fall der (nicht lediglich treuhänderischen) Vollabtretung der Forderung der Drittschuldner zur Insolvenzmasse (wozu er nicht allein wegen der Anfechtbarkeit der Zession verpflichtet ist, HK-Kreft § 143 Rn. 15), so kann der Insolvenzverwalter einen auf § 816 Abs. 2 BGB gestützten **Bereicherungsanspruch** des Zessionars ebenfalls mit der **Einrede der Anfechtbarkeit (§ 146 Abs. 2)** abwehren (BGHZ 106, 127, 132). Hatte der Drittschuldner von der Zession keine Kenntnis, so wird er durch seine Leistung gem. § 407 Abs. 1 BGB von der Zahlungspflicht ggü. dem Anfechtungsgegner frei, i. Ü. dann, wenn die Abtretung wirksam angefochten wird (BGH a. a. O.). Hat der Drittschuldner den zu leistenden Betrag **hinterlegt**, so hat die Rückgewähr durch Einwilligung des Anfechtungsgegners in die Auszahlung des hinterlegten Betrages an die Insolvenzmasse zu erfolgen (FK-Dauernheim § 143 Rn. 10).

24 Verfügte der Schuldner über die Forderung nach der anfechtbaren Abtretung ein **zweites Mal** (unanfechtbar), so wird diese spätere Verfügung nicht aufgrund der Anfechtung der ersten Abtretung wirksam (BGHZ 100, 36, 42); Gleiches gilt, falls die anfechtbar abgetretene Forderung später von einem Gläubiger des Schuldners gepfändet wird.

25 Hatte der Anfechtungsgegner die Forderung **bereits eingezogen**, so hat er nach Maßgabe der einschlägigen Vorschriften (vgl. insoweit Rdn. 57 ff.) Wertersatz zu leisten (BGH, ZInsO 2007, 1107). Bei Erlöschen der abgetretenen Forderung durch **Aufrechnung** ergibt sich ein Wertersatzanspruch i. H. d. Nominalbetrages (FK-Dauernheim § 143 Rn. 6).

26 **Anwartschaftsrechte** des Schuldners an einer anfechtbar weggegebenen Sache sind ebenfalls zur Insolvenzmasse zurück zu übertragen (Uhlenbruck-Hirte § 143 Rn. 20). Hatte der Schuldner einen schuldrechtlichen Verschaffungsanspruch anfechtbar übertragen, so hat der Anfechtungsgegner die durch den Schuldner des Verschaffungsanspruches an ihn übereignete Sache dem Insolvenzschuldner zu übereignen (HK-Kreft § 143 Rn. 10).

27 Überträgt der Schuldner einen ihm zustehenden **Miteigentumsanteil** an einer Sache anfechtbar auf einen anderen Miteigentümer, sodass der Anteil des Schuldners in dem Anteil des Anfechtungsgegners aufgeht, so geht der Anfechtungsanspruch auf Wiederherstellung des Miteigentumsanteiles des Schuldners (BGH, ZIP 1982, 1362). Der Insolvenzverwalter kann jedoch auch die Duldung der Zwangsvollstreckung in den vergrößerten Miteigentumsanteil (§ 864 Abs. 2 ZPO) bzw. das gesamte Grundstück verlangen (BGHZ 90, 207, 214; vgl. Rdn. 13).

Mit der (anfechtbaren) Übertragung des **Miterbenanteils** des Schuldners auf den einzigen Miterben 28
geht der Anteil unter, eine Rückgewähr ist unmöglich (HK-Kreft § 143 Rn. 12). Der Insolvenzverwalter ist i. d. R. auf den Wertersatzanspruch verwiesen. Bestand der Nachlass allerdings nur (noch) aus einem Grundstück, so kann der Insolvenzverwalter vom Anfechtungsgegner die Duldung der Zwangsversteigerung des gesamten Grundstückes mit dem Ziel verlangen, den Teil des Versteigerungserlöses, der dem Schuldner ohne die Übertragung zugestanden hätte, zur Masse zu ziehen (BGH, ZIP 1992, 558, vgl. Rdn. 13).

Wurde die **Firma** eines Handelsgeschäftes anfechtbar übertragen, so kann der Insolvenzverwalter 29
grds. ohne Weiteres das (noch nicht liquidierte) Unternehmen des Schuldners unter dieser Firma führen und zum Handelsregister anmelden, wenn die Firma noch nicht von einem anderen Unternehmen geführt wird (OLG Düsseldorf, ZIP 1989, 457). Wird die Firma hingegen bereits von einem anderen Unternehmen verwendet, so ist vor einer Eintragung zugunsten des schuldnerischen Unternehmens die Einwilligung des Namensträgers notfalls im Wege der Anfechtungsklage einzuholen (MK-Kirchhof § 143 Rn. 40). Wurde das gesamte Unternehmen des Schuldners anfechtbar übertragen (vgl. Rdn. 31), ist eine Rückgewähr allein der Firma unmöglich, es ist vielmehr Wertersatz zu leisten, wenn eine Rückgewähr des Unternehmens nicht möglich ist (MK-Kirchhof § 143 Rn. 40).

Anfechtbar übertragene **Gesellschaftsanteile** sind an den Schuldner zurück zu übertragen, ohne 30
dass es hierbei einer Zustimmung der Mitgesellschafter bedarf (Uhlenbruck-Hirte § 143 Rn. 10). Soweit das anfechtbar übertragene Stammrecht zugleich ein **Bezugsrecht** enthält, so sind auch die jungen Mitgliedschaftsrechte zurückzugewähren (Uhlenbruck-Hirte § 143 Rn. 34).

Die Übertragung eines **kaufmännischen Unternehmens** kann zwar als Ganzes angefochten werden 31
(vgl. § 129 Rdn. 50), aufgrund des sachenrechtlichen Bestimmtheitsgrundsatzes hat jedoch die Rückgewähr durch Einzelübertragung jedes Bestandteiles zu erfolgen. Der Insolvenzverwalter muss folglich in einer auf Rückgewähr gerichteten Klage seinen Klageantrag entsprechend aufschlüsseln (BGH, WM 1962, 1316). Vom Erwerber neu eingebrachte Gegenstände darf dieser behalten, soweit es sich nicht um Surrogate handelt. Zu beachten ist, dass bei der Rückgewähr eines kaufmännischen Unternehmens gem. § 613a BGB auch Arbeitsverhältnisse wieder auf die Insolvenzmasse übergehen können (MK-Kirchhof § 143 Rn. 42). Zur Übertragung von Anteilen an einem kaufmännischen Unternehmen vgl. Rdn. 30.

d) **Folgen der Anfechtung der Belastung von Sachen und Rechten**

Hatte der Schuldner eine zur Insolvenzmasse gehörige Sache zugunsten eines anderen anfechtbar belastet, ist jenes dingliche Recht zurück zu übertragen bzw. zu beseitigen (NR-Nerlich § 143 32
Rn. 38). Bei **Verpfändung** einer **beweglichen Sache** ist zugleich der Besitz zurückzugeben (LG Mönchengladbach, NJW-RR 1992, 1514), bei Verpfändung einer **Forderung** hat der Anfechtungsgegner entsprechend § 1280 BGB dem Drittschuldner die Aufhebung der Pfändung anzuzeigen (MK-Kirchhof § 143 Rn. 43). Bei anfechtbarer Begründung von **Grundpfandrechten** kann der Insolvenzverwalter entweder die Einwilligung des Anfechtungsgegners in die Löschung der Belastung fordern (nur zweckmäßig, wenn keine nachrangigen Belastungen vorhanden sind) oder die Übertragung des Grundpfandrechtes an den Insolvenzschuldner in der Form eines Rang wahrenden Verzichts verlangen (um auf diese Weise das Aufrücken nachrangiger Belastungen zu vermeiden; Uhlenbruck-Hirte § 143 Rn. 13). Anfechtbare **Wohnrechte** oder ein **Nießbrauch** sind durch Aufgabeerklärung und Löschungsbewilligung zurückzugewähren, der mit dem Recht verbundene Besitz ist zurückzugeben (MK-Kirchhof § 143 Rn. 44).

Dem aus der Belastung des Gegenstandes resultierenden **Aus- oder Absonderungsrecht** des aufgrund anfechtbarer Rechtshandlung Berechtigten kann der Insolvenzverwalter dauerhaft mit der 33
Einrede der Anfechtbarkeit (§ 146 Abs. 2) begegnen (BGH, ZInsO 2007, 600). Der Anfechtungseinwand kann auch i. R. d. **Vollstreckungsabwehrklage** (§ 767 ZPO) geltend gemacht werden, wenn der Inhaber der anfechtbar erlangten Rechtsposition die Zwangsvollstreckung betreibt (BGHZ 22,

128, 134). Ist die Zwangsvollstreckung bereits beendet, gebührt der auf den Anfechtungsgegner entfallende **Vollstreckungserlös** der Masse. Will der Insolvenzverwalter das belastete Grundstück durch Zwangsversteigerung verwerten, muss er dem Vollstreckungsgericht ggf. durch eine Entscheidung des Prozessgerichtes nachweisen, dass das Recht des Anfechtungsgegners beim Ausgebot zugunsten der Insolvenzmasse zu berücksichtigen ist (Allgayer, Rechtsfolgen und Wirkungen der Gläubigeranfechtung, Rn. 629). Dies gilt entsprechend, wenn ein unanfechtbar nachrangig gesicherter Gläubiger die Zwangsversteigerung betreibt (MK-Kirchhof § 143 Rn. 45).

34 Hatte der Anfechtungsgegner vereinbarungsgemäß den Gegenstand für eigene Verbindlichkeiten seinem Gläubiger **als Sicherheit** zur Verfügung gestellt, so hat er die Sicherheit zwecks Rückgewähr auszulösen bzw. Wertersatz zu leisten, wenn die Auslösung unmöglich ist (MK-Kirchhof § 143 Rn. 43).

e) Folgen der Anfechtung der Begründung und Tilgung von Verbindlichkeiten

35 Ist der **Schuldner** in anfechtbarer Weise eine **Verbindlichkeit eingegangen**, so kann dem Erfüllungsverlangen des Gläubigers unbefristet die Einrede der Anfechtbarkeit entgegengehalten werden (**§ 146 Abs. 2**). Die Anfechtung der Begründung der Verbindlichkeit führt zur Inkongruenz der auf die Schuld erfolgten Leistung bzw. Sicherung (BGH, ZIP 1995, 630). Ist die auf die anfechtbar eingegangene Verbindlichkeit erbrachte Leistung nicht selbstständig anfechtbar, fehlt der Erfüllung infolge der Anfechtung des Kausalverhältnisses der Rechtsgrund, sodass der Masse ein Bereicherungsanspruch zusteht (KPB-Jacoby § 143 Rn. 26). Ist Gegenstand der Anfechtung ein **Dauernutzungsvertrag** (z. B. Miete oder Darlehen), so hängt die Art der Rückgewähr davon ab, ob die Nutzungsüberlassung selbst oder nur eine zu geringe Vergütung angefochten wird. Im ersten Fall ist der überlassene Gegenstand selbst zurückzugeben, im zweiten Fall die angemessene Nutzungsentschädigung nach zu entrichten (MK-Kirchhof § 143 Rn. 54a).

36 Die erfolgreiche Anfechtung der **Tilgung eigener Schulden** des Schuldners ggü. einem Insolvenzgläubiger führt dazu, dass dieser die empfangene Leistung zurückzugewähren hat. Ist dies – wie i. d. R. bei der Erfüllung von Dienst- und Werkleistungspflichten – nicht möglich, so ist Wertersatz zu leisten (vgl. Rdn. 78). Die erfüllte Verbindlichkeit lebt nach Maßgabe des § 144 Abs. 1 (vgl. dort Rdn. 5 ff.) wieder auf. Der Anfechtung der Leistung des Schuldners auf eine geschuldete Einlage in eine Gesellschaft stehen die Vorschriften über die Kapitalerhaltung nicht entgegen (MK-Kirchhof § 143 Rn. 50).

37 Bei anfechtbar herbeigeführter Aufrechnungslage (vgl. § 129 Rdn. 7, 85) ist gem. § 96 Nr. 3 die **Aufrechnung** ggü. der Insolvenzmasse ohne Weiteres unwirksam. Der Insolvenzverwalter kann also die Forderung der Insolvenzmasse geltend machen und dem Aufrechnungseinwand mit der Gegeneinrede der Anfechtbarkeit auch noch nach Ablauf der Verjährungsfrist begegnen (BGH, ZInsO 2008, 913). Wurde die Aufrechnungslage durch den Abschluss eines gegenseitig verpflichtenden Vertrages herbeigeführt, ist eine gleichzeitige Anfechtung des Vertrages nicht erforderlich (BGHZ 147, 233 = ZInsO 2001, 464).

38 Hatte der Schuldner **fremde Verbindlichkeiten** getilgt, richtet sich der Anfechtungsanspruch rgm. gegen den ursprünglichen Schuldner der Verbindlichkeit, nicht gegen dessen Gläubiger. Der eigentliche Schuldner hat den Wert der erlangten Schuldbefreiung zu ersetzen (MK-Kirchhof § 143 Rn. 50a; für die Anfechtung nach § 134 vgl. § 134 Rdn. 25).

39 In anfechtbarer Weise erfolgte **Leistungen an den Schuldner** zur Erfüllung dessen Forderungen gelten als nicht erbracht, es kann erneut Erfüllung verlangt werden (Uhlenbruck-Hirte § 143 Rn. 14). Der Anfechtungsgegner kann seine anfechtbar erbrachte Leistung nach bereicherungsrechtlichen Grundsätzen zurückfordern, rgm. jedoch als bloße Insolvenzforderung. Hatte der Drittschuldner auf unanfechtbare **Anweisung** des Schuldners an dessen Gläubiger geleistet (Fall der mittelbaren Zuwendung, vgl. § 129 Rdn. 29 ff.), so hat jener Gläubiger, soweit ihm ggü. ein Anfechtungsgrund vorliegt, den an ihn gezahlten Betrag herauszugeben (MK-Kirchhof § 143 Rn. 51). Wurde durch

die vorgenannte Leistung zugleich eine Forderung des Anfechtungsgegners gegen den Schuldner getilgt, lebt sie gem. § 144 Abs. 1 wieder auf.

f) Folgen der Anfechtung der Einschränkung oder Beendigung von Rechten

Wird in anfechtbarer Weise ein Recht des Schuldners eingeschränkt oder beendet, so darf der Anfechtungsgegner aus der anfechtbaren Rechtshandlung keine Besserstellung ableiten, der Insolvenzverwalter kann vielmehr uneingeschränkt das Recht in Anspruch nehmen. Z.B. ist die anfechtbare **Stundung** einer Forderung unbeachtlich. Ferner kann der Insolvenzverwalter **anfechtbar erlassene Forderungen** ohne vorherige Neubegründung einklagen (BGH, ZIP 1989, 1611), wobei die Zeit zwischen Erlass und Eröffnung des Insolvenzverfahrens bei der Verjährung der Forderung nicht zu berücksichtigen ist (MK-Kirchhof § 143 Rn. 47). Akzessorische Sicherheiten für die erlassene Forderung bestehen ebenfalls fort. Einen **Bürgen**, der sich für die anfechtbar erlassene Forderung verbürgt hatte, kann der Insolvenzverwalter also auf Erfüllung der Bürgenschuld in Anspruch nehmen, ohne dass dieser gem. § 767 Abs. 1 Satz 1 BGB einwenden könnte, nichts mehr zu schulden (MK-Kirchhof § 143 Rn. 47). 40

Hatte der Schuldner auf ein an einem fremden Grundstück bestelltes **Grundpfandrecht** anfechtbar verzichtet, so ist die auf diese Weise zugunsten des Grundstückseigentümers entstandene Grundschuld (§ 1177 BGB) mit ihrem früheren Rang zur Insolvenzmasse zurück zu übertragen, um diese anschließend verwerten zu können (FK-Dauernheim § 143 Rn. 9). Wurden nachrangig weitere Grundpfandrechte eingetragen, erschweren die Löschungsansprüche der nachrangigen Gläubiger (§ 1179a BGB) die Möglichkeit der Rückgewähr mit dem früheren Rang. Können diese Ansprüche nicht ebenfalls durch Anfechtung beseitigt werden, hat der Grundstückseigentümer Wertersatz zu leisten. 41

Bei anfechtbarer **Aufhebung** eines zugunsten des Schuldners bestellten **Grundpfandrechtes** (§ 1183 BGB) hat der Grundstückseigentümer dieses neu zu bestellen. Hier stellt sich häufig das Problem, dass infolge der Aufhebung nachfolgende Grundpfandrechte aufgerückt sind. Der hierdurch erlangte Rangvorteil kann ggü. dem Inhaber des aufrückenden Rechts ggf. selbstständig anfechtbar sein (i.d.R. gem. § 134). Ist dies nicht möglich, hat der Grundstückseigentümer, der lediglich ein letztrangiges Grundpfandrecht bestellen kann, Wertersatz zu leisten (MK-Kirchhof § 143 Rn. 49). 42

Zur anfechtbaren **Tilgung von Forderungen** des Schuldners vgl. Rdn. 39. 43

g) Unterlassungen

Die Folgen einer **anfechtbaren Unterlassung** des Schuldners sind in der Weise zur Masse zurückzugewähren, dass sich der Anfechtungsgegner so behandeln lassen muss, als sei die unterbliebene Handlung vorgenommen worden (Uhlenbruck-Hirte § 143 Rn. 17). Hatte es der Schuldner z.B. in anfechtbarer Weise unterlassen, die Verjährungseinrede zu erheben, hat sich der Anfechtungsgegner so behandeln zu lassen, als wäre die Verjährung unterbrochen worden; er darf sich also nicht auf die Verjährung berufen. Hat der Anfechtungsgegner aufgrund der Unterlassung ein Recht erlangt (z.B. Eigentum aufgrund der anfechtbar unterlassenen Unterbrechung der Ersitzung), so hat er dieses auf den Schuldner zurück zu übertragen (HK-Kreft § 143 Rn. 17). 44

h) Anfechtbare Prozesshandlungen im Erkenntnisverfahren

Durch die Anfechtung einer Prozesshandlung wird die daraufhin erlassene gerichtliche Entscheidung nicht beseitigt; es werden jedoch deren **materiell-rechtlichen Wirkungen** begrenzt. Die Anfechtbarkeit führt also nicht dazu, dass der ursprüngliche Prozess wieder aufgenommen wird, vielmehr ist ggf. in einem eigenständigen Anfechtungsprozess über die Folgen der anfechtbaren Handlung zu entscheiden (MK-Kirchhof § 143 Rn. 56). Wird das Unterlassen des rechtzeitigen Sachvortrags im noch laufenden Verfahren angefochten, so hat das Gericht (ggf. durch Zwischenurteil) über das Vorliegen eines Anfechtungstatbestandes zu entscheiden und bei Begründetheit den verspäteten Vortrag als **nicht präkludiert** zu verwerten (Kühnemund, KTS 1999, 25, 43 ff.). 45

Ein dem Schuldner infolge einer anfechtbaren Prozesshandlung (z. B. nicht rechtzeitiger Tatsachenvortrag, MK-Kirchhof § 143 Rn. 56) aberkanntes Recht gilt – wie beim anfechtbaren Erlass (vgl. Rdn. 40) – als zugunsten der Insolvenzmasse fortbestehend. Wurde aufgrund der anfechtbaren Prozesshandlung ein Recht gegen den Schuldner festgestellt, kann der Insolvenzverwalter dessen Geltendmachung wie bei der Anfechtung der Begründung von Verbindlichkeiten (vgl. Rdn. 35) abwehren. Der Feststellung der Forderung zur Tabelle hat er zu widersprechen (Uhlenbruck-Hirte § 143 Rn. 18).

i) Vollstreckungshandlungen

46 Im Wege der Zwangsvollstreckung anfechtbar erlangte **Sicherungen** sind wie anfechtbar erworbene Pfandrechte zurückzugewähren, die Verstrickungswirkung der Pfändung ist durch Verzicht gem. § 843 ZPO zu beseitigen (BGH, ZIP 1984, 978). Ein bereits ausgekehrter Vollstreckungserlös ist zur Insolvenzmasse zurückzuzahlen (BGH, KTS 1969, 244). Wurde der Vollstreckungserlös hinterlegt, so ist der Anfechtungsgegner zur Einwilligung in die Auszahlung des hinterlegten Betrages verpflichtet (BGH, ZIP 1995, 630).

j) Weggabe/-nahme von Geld

46a Handelt es sich bei dem durch anfechtbare Handlung aus dem schuldnerischen Vermögen Erlangten um **Geld**, ist der Rückgewähranspruch durch den Anfechtungsgegner ab dem Zeitpunkt der Verfahrenseröffnung zu **verzinsen** (vgl. Rdn. 47a).

2. Ungerechtfertigte Bereicherung (Satz 2)

47 Besteht dem Grunde nach ein Rückgewähranspruch, so verweist Abs. 1 Satz 2 hinsichtl. des **Umfanges** auf bereicherungsrechtliche Vorschriften. Dies bedeutet eine Einschränkung ggü. dem unter der KO bestehenden Rechtszustand, da der Anfechtungsgegner nunmehr nur noch für die **schuldhafte** Unmöglichkeit der Herausgabe bzw. für die schuldhafte Verschlechterung des Gegenstandes haftet. Über die in Abs. 1 Satz 2 nach höchstrichterlicher Rspr. (BGH, ZInsO 2007, 261; BAG, ZInsO 2011, 1560) enthaltene Rechtsfolgenverweisung auf §§ 819 Abs. 1, 818 Abs. 4 BGB werden insb. die Vorschriften über Nutzungen (§§ 992, 987 BGB), Verwendungen (§§ 994 Abs. 2, 995, 997 ff. BGB) und Wertersatz (§§ 989, 990 Abs. 2 BGB) in Bezug genommen, sodass der Anfechtungsgegner tatsächlich gezogene oder vorwerfbar nicht gezogene Nutzungen vom Zeitpunkt der Weggabe an rückzugewähren hat (BGH, ZIP 2005, 1888).

47a Da **Fälligkeit** des Rückgewähranspruchs – außer in den Fällen des § 147 – bereits mit der **Verfahrenseröffnung** eintritt, hat der Anfechtungsgegner den **Rückgewähranspruch** gem. § 291 BGB ab diesem Zeitpunkt mit **5 % über dem Basiszinssatz zu verzinsen**, sofern es sich bei dem Erlangten um Geld handelt (BGH, ZInsO 2007, 262; zu etwaigen weiteren Zinsverpflichtungen vgl. Rdn. 49).

a) Nutzungen

48 Nutzungen sind Sach- und Rechtsfrüchte sowie Gebrauchsvorteile (§ 100 BGB). Tatsächlich gezogene Nutzungen hat der Anfechtungsgegner in Natur herauszugeben, bei Unmöglichkeit ist Wertersatz zu leisten (vgl. Rdn. 82). **Gezogene Nutzungen** sind (anteilig) auch dann herauszugeben, wenn sie nur durch gleichzeitige Nutzung eines Gegenstandes des Anfechtungsgegners entstehen konnten und der anfechtbar weggegebene Gegenstand allein für den Schuldner wertlos gewesen wäre (RG, JW 1937, 3243). Wurde der anfechtbar weggegebene Gegenstand vermietet, so stellt nur die Differenz zwischen Brutto-Einnahmen und Erhaltungskosten zuzüglich erforderlicher Verwaltungskosten die Nutzung dar (BGH, ZIP 1996, 1516). Für **schuldhaft nicht gezogene Nutzungen** (§ 987 Abs. 2 BGB) hat der Anfechtungsgegner Wertersatz zu leisten (vgl. Rdn. 82), unabhängig davon, ob ohne die anfechtbare Handlung Nutzungen vom Schuldner gezogen worden wären (BGH, ZIP 2005, 1888; HK-Kreft § 143 Rn. 21).

Handelt es sich bei dem durch anfechtbare Handlung aus dem schuldnerischen Vermögen Erlangten 49
um **Geld**, hat der Anfechtungsgegner als Nutzungen i. S. d. § 987 BGB zusätzlich (vgl. Rdn. 47a)
auch erzielte und/oder schuldhaft nicht erzielte **Zinserträge** herauszugeben (BGH, ZInsO 2007,
261); dies gilt auch, wenn der Fiskus Anfechtungsgegner ist (BGH, ZInsO 2012, 1168). In diesem Fall sind als gezogene Nutzungen Zinserträge und ersparte Zinsaufwendungen herauszugeben
(BGH a. a. O.). Die Herausgabepflicht erstreckt sich hierbei auf ab dem Zeitpunkt der Vornahme
der angefochtenen Rechtshandlung gezogene oder schuldhaft nicht gezogene Zinsen (BGH a. a. O.).

Hat der Anfechtungsgegner von vornherein lediglich Nutzungen herauszugeben, weil der Schuldner ihm nur diese anfechtbar überlassen hatte (z. B. durch Einräumung eines **Wohnrechtes**), ist die 50
Rückgewähr entsprechend Abs. 1 Satz 2 abzuwickeln (MK-Kirchhof § 143 Rn. 61).

b) Verwendungen des Anfechtungsgegners

Notwendige Verwendungen für die und **Lasten** der anfechtbar erlangten Sache (wie z. B. die 51
Aufwendungen zur Instandhaltung oder Versicherung der anfechtbar erlangten Sache) sind dem
Anfechtungsgegner gem. Abs. 1 Satz 2 i. V. m. §§ 994 Abs. 2, 995, 683, 684 Satz 2, 670 BGB zu
ersetzen, wenn die Vornahme der notwendigen Verwendungen dem **wirklichen oder mutmaßlichen Willen des Geschäftsherrn** entspricht (§ 683 BGB) oder der Geschäftsherr die Vornahme
genehmigt (§ 684 Satz 2). Geschäftsherr in diesem Sinn ist nicht der Schuldner, sondern der Insolvenzverwalter bzw. nach Erlass eines allgemeinen Verfügungsverbotes (§ 21 Abs. 2 Nr. 2) bereits der
vorläufige Insolvenzverwalter (MK-Kirchhof § 143 Rn. 65). Für eine frühere Zeit ist objektivierend
auf einen mutmaßlichen Willen abzustellen, der an den wohlverstandenen Interessen der Gläubigergesamtheit auszurichten ist (BGH, NJW-RR 1989, 970). § 679 BGB findet über § 683 Satz 2
ebenfalls Anwendung. Bei der Ersatzpflicht handelt es sich um eine **Masseverbindlichkeit** gem.
§ 55 Abs. 1 Nr. 3 (Uhlenbruck-Hirte § 143 Rn. 38). Entspricht die Vornahme der Verwendungen
nicht den Voraussetzungen des § 683 BGB, so kann der Anfechtungsgegner gem. § 684 Satz 1 BGB,
§ 55 Abs. 1 Nr. 3 lediglich nach Maßgabe der §§ 812 ff. BGB Herausgabe der bei Rückgabe der
anfechtbar erlangten Sache noch in der Insolvenzmasse verbliebenen Bereicherung verlangen (FK-Dauernheim § 143 Rn. 25).

Hinsichtlich **nützlicher Verwendungen** steht dem Anfechtungsgegner ggf. ein Wegnahmerecht 52
gem. § 997 BGB zu, anderenfalls ist nach allg. bereicherungsrechtlichen Grundsätzen (NR-Nerlich
§ 143 Rn. 18) nur eine z. Zt. der Rückgewähr noch in der Insolvenzmasse verbliebene Bereicherung
zu ersetzen (MK-Kirchhof § 143 Rn. 68).

Nützliche Verwendung im vorgenannten Sinn ist z. B. die Zahlung eines Restkaufpreises für einen
anfechtbar erworbenen Auflassungsanspruch an einen Vorverkäufer, um dadurch die Abwicklung
eines günstigen Weiterverkaufes zu ermöglichen (BGH, ZIP 1992, 493). Bereits eine notwendige
Verwendung liegt in derartigen Fällen vor, wenn der Insolvenzverwalter hinsichtl. des Weiterverkaufs gem. § 103 Erfüllung gewählt hatte und selbst dieselbe Summe an den Vorverkäufer
zahlen müsste (MK-Kirchhof § 143 Rn. 69). Der (Aus-) Bau eines Hauses auf einem anfechtbar
erlangten Grundstück stellt allenfalls eine nützliche Verwendung dar. Ein **Ablösungsrecht** steht
dem Anfechtungsgegner nicht zu, vielmehr hat die Insolvenzmasse die Wertsteigerung zu ersetzen
(MK-Kirchhof § 143 Rn. 69). Ist die danach zu erbringende Zahlung dem Insolvenzverwalter zu
hoch, so kann er die Versteigerung des Grundstückes und anschließende vorrangige Befriedigung
verlangen (BGH, ZIP 1984, 753, vgl. Rdn. 13). Der Insolvenzmasse gebührt dann derjenige Anteil
des Versteigerungserlöses, der dem Wert des unbebauten im Verhältnis zum bebauten Grundstück
entspricht (BGH a. a. O.).

Wegen des Verwendungsersatzanspruchs steht dem Anfechtungsgegner ein **Zurückbehaltungsrecht** 53
gem. §§ 273, 1000 BGB zu (BGHZ 131, 189, 199), soweit es sich bei der anfechtbaren Rechtshandlung nicht zugleich um eine vorsätzliche unerlaubte Handlung handelt. Ebenfalls Anwendung
finden die §§ 1001 ff. BGB (FK-Dauernheim § 143 Rn. 26).

54 **Werterhöhungen** des anfechtbar weggegebenen Gegenstandes, die nicht auf Verwendungen des Anfechtungsgegners beruhen, sind von der Insolvenzmasse nicht zu erstatten (BGH, ZIP 1996, 1907).

55 **Nicht erstattungsfähig** sind die Aufwendungen, die der Anfechtungsgegner für den anfechtbaren Erwerb des Gegenstandes getätigt hat (z. B. Zwangsvollstreckungskosten; Uhlenbruck-Hirte § 143 Rn. 38). Gleiches gilt für die Kosten, die dem Anfechtungsgegner bei einer Weiterveräußerung des Gegenstandes entstanden sind (BGH, ZIP 1991, 807).

c) Surrogate

56 § 285 BGB findet über Abs. 1 Satz 2 i. V. m. §§ 819 Abs. 1, 818 Abs. 4 ebenfalls Anwendung. Der Nutzen der Anwendbarkeit des § 285 BGB liegt für die Insolvenzmasse darin, dass diese Norm – anders als die Verpflichtung zum Wertersatz – kein Verschulden des Anfechtungsgegners voraussetzt (MK-Kirchhof § 143 Rn. 72). Herausverlangt werden können jedoch **nur gesetzliche**, nicht auch rechtsgeschäftliche **Surrogate**, da bei Unmöglichkeit der Herausgabe des anfechtbar weggegebenen Gegenstandes grds. Wertersatz zu leisten ist, der Anfechtende also nicht etwas ganz anderes oder mehr als diesen Wert verlangen kann (NR-Nerlich § 143 Rn. 28). Hatte der Schuldner dem Anfechtungsgegner Geld anfechtbar zur freien Verfügung geleistet, kann der Insolvenzverwalter also nicht den von diesem Geld erworbenen Gegenstand herausverlangen. Der Anfechtungsgegner kann sich von der Verpflichtung zum Wertersatz auch nicht einseitig durch das Angebot auf Herausgabe des rechtsgeschäftlichen Surrogates befreien (MK-Kirchhof § 143 Rn. 71). Hinsichtlich der gesetzlichen Surrogate kann der Insolvenzverwalter **alles beanspruchen**, was in bestimmungsgemäßer Ausübung des anfechtbar übertragenen Rechtes erlangt wurde, z. B. (soweit dieser noch unterscheidbar im Vermögen des Anfechtungsgegners oder bei dem Gerichtsvollzieher vorhanden ist) den Erlös bei Verwertung eines Pfandrechtes (MK-Kirchhof § 143 Rn. 71). Ferner kann er dasjenige herausverlangen, was der Anfechtungsgegner als Ersatz für die Zerstörung, Beschädigung oder Entziehung des anfechtbar erlangten Gegenstandes erhalten hat (MK-Kirchhof § 143 Rn. 71).

d) Wertersatz

aa) Voraussetzungen

57 Sofern die Rückgewähr des anfechtbar erlangten Gegenstandes in Natur nicht (vollständig) möglich ist und auch ein gesetzliches Surrogat nicht zu einem (vollständigen) Ausgleich der für die Gläubigergesamtheit eingetretenen Nachteile führen kann, hat der Anfechtungsgegner **gem. § 143 Abs. 1 Satz 2 i. V. m. §§ 819 Abs. 1, 818 Abs. 4, 292 Abs. 1, 989 BGB Wertersatz** zu leisten. Bei diesem Anspruch auf Wertersatz handelt es sich um einen schuldrechtlichen, nicht jedoch deliktsrechtlichen Schadensersatzanspruch (HK-Kreft § 143 Rn. 20). Die **Ersatzpflicht** erstreckt sich auch auf (im Zeitpunkt der Rückgewähr nicht mehr in Natur vorhandene) gezogene Nutzungen und gesetzliche Surrogate sowie auf schuldhaft nicht gezogene Nutzungen. Eine Besserstellung erfolgt gem. Abs. 2 Satz 1 lediglich zugunsten des unentgeltlich Empfangenden (vgl. Rdn. 84). Der Zeitpunkt, in dem der Anfechtungsgegner den Gegenstand erlangt, gilt als derjenige der Rechtshängigkeit (MK-Kirchhof § 143 Rn. 73; vgl. Rdn. 62).

58 Die **Rückgewähr ist unmöglich**, wenn die anfechtbar empfangene Sache ihrer Substanz nach vernichtet wurde oder das übertragene Recht untergegangen ist (FK-Dauernheim § 143 Rn. 17).

59 **Subjektives Unvermögen** des Anfechtungsgegners steht der Unmöglichkeit nicht in jedem Fall gleich. Es kann z. B. im Einzelfall die Rückübereignung gem. § 931 BGB trotz Weggabe des unmittelbaren Besitzes an einen Dritten noch möglich sein. Steht der Rückgewähr in Natur das Recht eines Dritten entgegen, so ist der Anfechtungsgegner in erster Linie dazu verpflichtet, sich um die Wiederbeschaffung des Gegenstandes zu bemühen (FK-Dauernheim § 143 Rn. 18).

Verweigert ein **Drittberechtigter** endgültig seine notwendige Mitwirkung, bedeutet dies i. d. R. im Verhältnis zum Erstempfänger des weggegebenen Gegenstandes die Unmöglichkeit der Rückgewähr in Natur (BGH, NJW-RR 1986, 991). Der ursprüngliche Leistungsempfänger schuldet in diesen Fällen Wertersatz, während neben ihm ggf. der spätere Erwerber gem. § 145 auf Rückgewähr in Natur (bzw. bei von ihm verschuldeter Unmöglichkeit der Rückgewähr ebenfalls auf Wertersatz) haftet (Uhlenbruck-Hirte § 143 Rn. 27).

Bei **Verschlechterung** der anfechtbar erlangten Sache ist in dem Umfang, in dem die Sache noch vorhanden ist, diese in Natur herauszugeben, wegen des Restes ist Wertersatz zu leisten, insb. ist bei Beschädigung einer Sache die verschuldete Wertminderung zu ersetzen (Uhlenbruck-Hirte § 143 Rn. 37). Gleiches gilt bei nicht zu beseitigenden Belastungen der Sache mit dem Recht eines Dritten (FK-Dauernheim § 143 Rn. 19). 60

Würde die **Rückgewähr in Natur** einem der am Rückgewährschuldverhältnis Beteiligten **unverhältnismäßige Schwierigkeiten** bereiten, ist ebenfalls Wertersatz zu leisten. Dem anfechtenden Insolvenzverwalter kann z. B. die Rückgewähr eines anfechtbar übertragenen Erbanteils in Natur unzumutbar sein, wenn sie mit einer umfangreichen Nachlassauseinandersetzung verbunden wäre (BGH, ZIP 1992, 558). 61

Hat der Anfechtungsgegner die **Unmöglichkeit** der Rückgabe bzw. sein Unvermögen nicht **zu vertreten**, haftet er insoweit gem. §§ 987 Abs. 2, 989 BGB nicht auf Wertersatz (OLG Celle, ZInsO 2006, 1167). Befindet sich der Anfechtungsgegner mit der Rückgewähr im Verzug, so haftet er gem. § 287 Satz 2 BGB grds. auch für einen zufälligen Untergang der Sache (FK-Dauernheim § 143 Rn. 20). Hierbei ist zu berücksichtigen, dass gem. Abs. 1 Satz 2 der Mangel des rechtlichen Grundes als von Anfang an bekannt gilt. Der Anfechtungsgegner ist daher so zu behandeln, als wäre der Rückgewähranspruch gegen ihn schon in demjenigen Zeitpunkt rechtshängig geworden, in dem die anfechtbare Handlung ihm ggü. i. S. v. § 140 vorgenommen wurde (MK-Kirchhof § 143 Rn. 78). Da gem. § 285 Abs. 1 Satz 2 BGB der für den Verzug erforderlichen Mahnung die Rechtshängigkeit des Anspruches gleichsteht, haftet der Anfechtungsgegner letztendlich nur dann nicht für einen zufälligen Untergang der Sache, wenn er (gem. § 285 Abs. 4 BGB) nachweist, dass er das Unterbleiben der Rückgewähr nicht zu vertreten hat (FK-Dauernheim § 143 Rn. 20). Das Verschulden seiner **Erfüllungsgehilfen** ist dem Anfechtungsgegner gem. § 278 BGB zuzurechnen. 62

Die die Rückgewähr unmöglich machende freiwillige **Weiterübertragung** eines anfechtbar erlangten Gegenstandes (vgl. Rdn. 59) führt i. d. R. zu einer Wertersatzpflicht i. H. d. Wertes des übertragenen Gegenstandes (BGH, ZIP 1980, 250). Lediglich ausnahmsweise beschränkt sich diese Wertersatzpflicht auf den vom Anfechtungsgegner selbst erlangten Vorteil, wenn jener den Gegenstand nur als **Treuhänder** erlangt und i. R. d. Treuhandauftrages verwendet hat (BGHZ 124, 298, 302). 63

Wird die Unmöglichkeit der Rückgewähr dadurch verursacht, dass Gläubiger des Anfechtungsgegners den anfechtbar erlangten Gegenstand **pfänden**, so liegt das Verschulden des Anfechtungsgegners i. d. R. darin, dass er seine Gläubiger nicht aus anfechtungsfreiem Vermögen befriedigt hat (MK-Kirchhof § 143 Rn. 80).

Führt bereits die Entgegennahme des anfechtbar Erlangten zur Unmöglichkeit der Rückgewähr in Natur (z. B. bei **bargeldlosen Überweisungen**), so gilt diese Unmöglichkeit als Folge der vom Anfechtungsgegner zu vertretenden Annahme (MK-Kirchhof § 143 Rn. 79). 64

Mitwirkendes Verschulden des Insolvenzverwalters bei der Abwicklung des Rückgewährschuldverhältnisses ist gem. § 254 BGB zu berücksichtigen (FK-Dauernheim § 143 Rn. 20). 65

Weder dem Insolvenzverwalter noch dem Anfechtungsgegner steht kraft Gesetzes ein **Wahlrecht** zwischen Rückgewähr in Natur und Wertersatz zu (BGH, ZIP 1986, 787), jedoch können sich die Beteiligten i. R. d. Insolvenzzwecks über eine bestimmte Art der Rückgewähr einigen (BGHZ 130, 38, 40). Im Hinblick auf § 264 Nr. 3 ZPO gilt die Umstellung des Klageantrags von Herausgabe des Erlangten auf Wertersatz nicht als **Klageänderung**, wenn dem Insolvenzverwalter die Unmöglichkeit der Herausgabe des anfechtbar weggegebenen Gegenstandes erst nach Klageerhebung bekannt geworden ist (MK-Kirchhof § 143 Rn. 82). 66

bb) Berechnung des Wertersatzes

67 Der Anfechtungsgegner hat den **tatsächlichen Wert** zu erstatten, den der Anfechtungsgegenstand bei Unterbleiben der anfechtbaren Handlung für die Masse gehabt hätte (MK-Kirchhof § 143 Rn. 83). Dies gilt auch im Fall der mittelbaren Zuwendung. Grds. unerheblich ist, ob der Schuldner, wäre die anfechtbare Handlung unterblieben, in anderer Weise über den Gegenstand verfügt hätte (vgl. § 129 Rdn. 111 f.).

68 **Maßgeblicher Zeitpunkt** für die Wertberechnung ist i. d. R. derjenige der letzten mündlichen Verhandlung in der Tatsacheninstanz des Anfechtungsprozesses (BGHZ 89, 189, 197 f.). Ist ein Prozess nicht erforderlich oder hat der Anfechtungsgegner seine Rückgewährpflicht vorprozessual erfüllt und die Parteien streiten gerichtlich allein über Werterhöhungen oder -minderungen, so ist der Zeitpunkt der tatsächlichen Rückgewähr entscheidend (MK-Kirchhof § 143 Rn. 85). Hatte der Anfechtungsgegner bereits bei Verfahrenseröffnung nur noch Wertersatz zu leisten, so ist auf den Zeitpunkt der letzten mündlichen Verhandlung in der Tatsacheninstanz (Uhlenbruck-Hirte § 143 Rn. 28) abzustellen.

69 Ist demnach zwischen der anfechtbaren Übertragung des Gegenstandes und dem maßgeblichen Zeitpunkt eine **Wertminderung** eingetreten, so ist diese nur zu berücksichtigen, wenn sie auch im Vermögen des Schuldners eingetreten wäre (FK-Dauernheim § 143 Rn. 21). **Werterhöhungen**, die nicht auf Verwendungen des Anfechtungsgegners (vgl. Rdn. 51) beruhen, sind von der Insolvenzmasse nicht zu erstatten (BGH, NJW 1996, 3341).

70 Die schadensersatzrechtlichen Grundsätze der **Vorteilsausgleichung** greifen nicht ein (BGH, ZInsO 2007, 1107; vgl. § 129 Rdn. 113). Die Gegenleistung des Anfechtungsgegners ist lediglich gem. § 144 Abs. 2 zu berücksichtigen (vgl. dort Rdn. 17 ff.).

71 Für **schuldhaft nicht gezogene Nutzungen** hat der Anfechtungsgegner Ersatz in Form des objektiven Wertes der unterlassenen Nutzungen zu leisten (HK-Kreft § 143 Rn. 21).

cc) Aufrechnung/Zurückbehaltungsrecht

72 Der Anfechtungsgegner kann mit einem gegen die Insolvenzmasse bestehenden Anspruch (§ 55) gegen den Wertersatzanspruch aufrechnen bzw. ein Zurückbehaltungsrecht gem. § 273 BGB geltend machen, soweit die Masse **nicht unzulänglich** ist (BGH, ZIP 1986, 787). Gem. § 393 BGB scheidet eine Aufrechnung jedoch aus, wenn der Anfechtungsgegner zugleich Schadensersatz wegen vorsätzlicher unerlaubter Handlung gem. §§ 823 ff. BGB (vgl. Rdn. 103) schuldet (BGH a.a.O.). Wegen § 96 Abs. 1 Nr. 1 kommt eine Aufrechnung des Anfechtungsgegners mit einer Insolvenzforderung nicht in Betracht (Uhlenbruck-Hirte § 143 Rn. 24). Auch bei Anfechtung der Auszahlung sog. »Scheingewinne« kommt eine Aufrechnung des Anfechtungsgegners mit vor Verfahrenseröffnung entstandenen Schadensersatzansprüchen nicht in Betracht (BGH, ZIP 2009, 186).

dd) Folgen der Anfechtung der Übertragung von Sachen und Rechten

73 Zu ersetzen ist der **gewöhnliche Wert**, den die Sache in unversehrtem Zustand jetzt für die Insolvenzmasse hätte (BGHZ 89, 189, 197 f.), selbst dann, wenn der Anfechtungsgegner bei Veräußerung oder Zwangsversteigerung der Sache lediglich einen geringeren Erlös erzielt hat (MK-Kirchhof § 143 Rn. 86). Bei Rückgabe der Sache im verschlechterten Zustand ist die Differenz zwischen dem derzeitigen Wert und dem gewöhnlichen Wert in unversehrtem Zustand zu zahlen. Der Insolvenzverwalter hat keinen Anspruch auf Leistung gleichwertiger vertretbarer Sachen (RGZ 138, 84, 87). Ist beim Schuldner infolge der Weggabe der Sache ein weiterer allg. Vermögensschaden entstanden, so kann hierfür nicht über § 143 Ersatz verlangt werden; insb. ist ein **Vorenthaltungsschaden** erst nach Verzug mit der Rückgewähr zu ersetzen (Uhlenbruck-Hirte § 143 Rn. 33). Zur anfechtbaren Weggabe von Geld vgl. Rdn. 17.

Bei anfechtbarer Übertragung nur des **Besitzes** ist lediglich der Nutzungswert zu ersetzen, soweit die Nutzungen nicht in Natur herausgegeben werden können (vgl. Rdn. 82).

Bei anfechtbarer Übertragung von **Grundstücken** ist die Beseitigung späterer Belastungen (mangels Zustimmung der durch die Belastungen Begünstigten, vgl. Rdn. 42) häufig unmöglich. Der zu entrichtende Wertersatz entspricht dem Mindererlös bei der Verwertung, der gerade aus dieser Belastung resultiert, sofern nicht ausnahmsweise der Insolvenzverwalter von sich aus die Belastung mit geringem Aufwand ablösen kann (MK-Kirchhof § 143 Rn. 89). Zur anfechtbaren Übertragung eines **Miteigentumsanteils** vgl. Rdn. 27, zur anfechtbaren Übertragung eines **Miterbenanteils** an einem Grundstück vgl. Rdn. 28. 74

Wurde eine vom Schuldner anfechtbar **abgetretene Forderung** bereits vom Empfänger eingezogen, so hat dieser Wertersatz i. H. d. eingezogenen Betrages bzw. des dem Drittschuldner erlassenen Betrages zu leisten. Bei (teilweisem) Erlass der Forderung durch den Anfechtungsgegner ist dieser nur dann nicht zum Wertersatz verpflichtet, wenn der Drittschuldner seinerseits zahlungsunfähig war (MK-Kirchhof § 143 Rn. 90). 75

Ist eine **abgetretene Hypothek** bei einer späteren Zwangsversteigerung erloschen, schuldet der Anfechtungsgegner denjenigen Betrag, der auf die Hypothek entfallen wäre, wäre sie im schuldnerischen Vermögen verblieben (MK-Kirchhof § 143 Rn. 90).

Können anfechtbar übertragene **Aktien** nicht zurückgewährt werden, sind ggf. Kursschwankungen bis zum Zeitpunkt der letzten mündlichen Tatsachenverhandlung zu berücksichtigen (MK-Kirchhof § 143 Rn. 91). Zum Ersatzanspruch bei Unmöglichkeit der Rückgewähr eines **Miterbenanteils** vgl. Rdn. 28.

ee) Folgen der Anfechtung der Belastung von Sachen und Rechten

Kann die Belastung einer Sache oder eines Rechtes nicht rückgängig gemacht werden, so ist **Wertersatz** i. H. d. bei der Verwertung des Gegenstandes eingetretenen Mindererlöses zu leisten (MK-Kirchhof § 143 Rn. 92). Hatte der Schuldner an einem eigenen Gegenstand zur Sicherung der Verbindlichkeiten eines Dritten ein Pfandrecht bestellt und ist es dem Dritten aus finanziellen Gründen nicht möglich, die Sicherheit auszulösen (vgl. Rdn. 63), so ist als Wertersatz grds. der zur Ablösung erforderliche Betrag zu zahlen, wozu der Dritte in derartigen Fällen jedoch ebenfalls nicht in der Lage sein dürfte (MK-Kirchhof § 143 Rn. 93). 76

ff) Folgen der Anfechtung der Begründung und Tilgung von Verbindlichkeiten

Hatte der Schuldner anfechtbar eine **Verbindlichkeit begründet** und kann der Anfechtungsgegner seine Forderung gegen den Schuldner nicht in Natur zurückgewähren (weil er sie z. B. abgetreten hat), so muss er deren Wert ersetzen, der sich danach bestimmt, was bereits auf die Forderung (ggf. an einen Dritten) geleistet wurde und (soweit sie bei Verfahrenseröffnung noch besteht) nach der Quote, die auf die Forderung aus der Insolvenzmasse zu zahlen ist (MK-Kirchhof § 143 Rn. 95). 77

Kann das anfechtbar vom Schuldner zur **Tilgung seiner Verbindlichkeiten** Geleistete nicht in Natur zurückgewährt werden, so ist Wertersatz zu leisten. Hat der Schuldner in anfechtbarer Weise **Dienst- oder Werkleistungen** erbracht, so ist als Wertersatz grds. die übliche, hilfsweise die angemessene Vergütung zu entrichten (MK-Kirchhof § 143 Rn. 94a). Hatte der Schuldner anfechtbar eine **fremde Verbindlichkeit getilgt**, so hat ihm deren Schuldner denjenigen Betrag zu erstatten, der an den Gläubiger gezahlt wurde; zum Sonderfall, dass der Schuldner der getilgten Schuld bereits im Zeitpunkt der Vornahme der anfechtbaren Schuldentilgung zahlungsunfähig war, vgl. § 134 Rn. 25. 78

Im Fall der **Leistung an Erfüllung statt** ist deren objektiver Wert zu ersetzen, selbst wenn dieser größer als die getilgte Verbindlichkeit ist. 79

Enthielt die getilgte Schuld **USt**, so ist die Bruttovergütung selbst dann zu ersetzen, wenn sich der Schuldner seinerseits die USt vom FA hat erstatten lassen; der Insolvenzverwalter hat dann den in Anspruch genommenen **Vorsteuerabzug** zu berichtigen (BGH, ZIP 1995, 297). 80

gg) Folgen der Anfechtung der Einschränkung oder Beendigung von Rechten

81 Hatte der Schuldner auf ein an einem fremden Grundstück bestelltes **Grundpfandrecht** anfechtbar **verzichtet** und kann die auf diese Weise zugunsten des Grundstückseigentümers entstandene Grundschuld (§ 1177 BGB) nicht mit ihrem früheren Rang zur Insolvenzmasse zurück übertragen werden, weil nachrangig weitere Grundpfandrechte unanfechtbar eingetragen worden sind, ist Wertersatz i. H. d. bei der Verwertung des Gegenstandes eingetretenen Mindererlöses zu leisten. Gleiches gilt, wenn bei anfechtbarer **Aufhebung** eines zugunsten des Schuldners bestellten **Grundpfandrechtes** (§ 1183 BGB) infolge der Aufhebung nachfolgende Grundpfandrechte unanfechtbar aufgerückt sind (MK-Kirchhof § 143 Rn. 92, vgl. Rdn. 42).

hh) Wertersatz für Nutzungen

82 Bei Unmöglichkeit der Herausgabe **gezogener Nutzungen** hat der Anfechtungsgegner den gewöhnlichen Wert, d. h. ein angemessenes Nutzungsentgelt für die gesamte Dauer der Nutzungsmöglichkeit herauszugeben (MK-Kirchhof § 143 Rn. 97, zur Nutzung von Geld vgl. Rdn. 49). Die zu ersetzenden Nutzungen bei anfechtbarer Übertragung eines Unternehmens (vgl. Rdn. 31) werden nicht durch die Summe der Nutzungswerte der einzelnen Unternehmensbestandteile ersetzt, da ggf. aus der einheitlichen Nutzung der einzelnen Bestandteile auch höhere Nutzungen erzielt werden können. Herauszugeben ist grds. der Gewinn, der bei ordnungsgemäßer Geschäftsführung aus dem Unternehmen des Schuldners nach bisherigem Zuschnitt (nach Abzug einer angemessenen Vergütung für den Geschäftsführer) hätte erwirtschaftet werden können. Ein vom Erwerber erzielter höherer Gewinn ist nicht herauszugeben, wenn er wesentlich auf einem persönlichen und/oder finanziellen Einsatz der neuen Geschäftsleitung beruht (MK-Kirchhof § 143 Rn. 97). Bei **schuldhaft nicht gezogenen Nutzungen** kommt von vornherein nur Wertersatz in Betracht, der nach dem gewöhnlichen Wert der Nutzungen, die hätten gezogen werden müssen, zu ermitteln ist (vgl. Rdn. 71).

III. Rückgewähr unentgeltlicher Leistungen (Abs. 2)

83 Aus dem unter Rdn. 1 genannten Grund haftet der Empfänger einer unentgeltlichen Leistung gem. Abs. 2 grds. **nur wie ein gewöhnlicher Bereicherungsschuldner** (Satz 1), sofern nicht seine Bösgläubigkeit im Einzelfall feststeht (Satz 2).

1. Herausgabe der Bereicherung (Satz 1)

84 Die **Haftungsmilderung gem. Satz 1** greift nur ein, wenn die Anfechtung ausschließlich nach §§ 134 Abs. 1, 145 Abs. 2 Nr. 3, 322 möglich ist (MK-Kirchhof § 143 Rn. 101). Die Haftungsbeschränkung gilt **nur** für die Verpflichtung zum Wertersatz; sie greift **nicht** ein, sofern die anfechtbar aus dem Vermögen des Schuldners gewährte Leistung noch in Natur vorhanden ist (BGH, ZInsO 2010, 521). I. Ü. sind noch vorhandene Bereicherungen entsprechend § 818 Abs. 3 BGB herauszugeben (BGH a. a. O.). Darlegungs- und Beweislast bzgl. etwaiger »Entreicherung« liegen bei dem Anfechtungsgegner.

Nutzungen sind nur in dem Umfang herauszugeben, in dem sie tatsächlich gezogen wurden und in dem sie sich noch im Vermögen des Anfechtungsgegners befinden (Uhlenbruck-Hirte § 143 Rn. 54). Hat der Anfechtungsgegner wegen des Untergangs des anfechtbar erlangten Gegenstandes ein gesetzliches Surrogat erlangt, so ist dieses – soweit noch in seinem Vermögen befindlich – herauszugeben (vgl. Rdn. 56).

85 Der Anfechtungsgegner ist **noch bereichert**, wenn er durch die Weggabe des Empfangenen notwendige Ausgaben aus eigenem Vermögen erspart oder eigene Schulden getilgt hat (BGHZ 118, 383, 386) bzw. wenn die angefochtene Zuwendung in der unentgeltlichen Tilgung von Schulden des Anfechtungsgegners bestand (BGHZ 141, 96, 101 = ZInsO 1999, 286). Andererseits fehlt es auch dann an einer fortbestehenden Bereicherung, wenn der Zuwendungsempfänger mit dem Erlangten

Verbindlichkeiten des Schuldners getilgt hat (MK-Kirchhof § 143 Rn. 105). Vergleiche i. Ü. zum Wegfall der Bereicherung Palandt-Sprau, BGB, § 818 Rn. 34 ff.

2. Bösgläubigkeit

Weiß der Anfechtungsgegner, dass die unentgeltliche Leistung die Gläubiger benachteiligt, oder hätte er dies den Umständen nach wissen müssen, wird er nicht mehr begünstigt. Neben **positiver Kenntnis** schadet auch **grob fahrlässige Unkenntnis** von der Benachteiligung. Diese liegt vor, wenn dem Anfechtungsgegner Umstände bekannt sind, die mit auffallender Deutlichkeit für die Gläubigerbenachteiligung sprechen und deren Kenntnis auch einem Empfänger mit durchschnittlichem Erkenntnisvermögen ohne gründliche Überlegung die Annahme nahe legt, dass die Befriedigung der Insolvenzgläubiger infolge der Freigiebigkeit verkürzt wird (HK-Kreft § 143 Rn. 31). Soweit z. T. bereits **einfache Fahrlässigkeit** als ausreichend erachtet wird (z. B. MK-Kirchhof § 143 Rn. 107), steht dem entgegen, dass LS 5.12 Abs. 6 1. KommBer ausdrücklich lediglich bei grober Fahrlässigkeit und positiver Kenntnis die Haftung gem. Abs. 1 vorsah und dass den folgenden Gesetzgebungsmaterialien nicht zu entnehmen ist, dass mit der Gesetzestext gewordenen Wortwahl von dieser Beschränkung abgewichen werden sollte. Vielmehr ist in der Begr. zu § 162 RegE von dem »gutgläubigen Empfänger« die Rede (BT-Drucks. 12/2443 S. 167). Dieser Begriff wird unter Bezugnahme auf § 162 RegE (jetzt § 143) auch in der Begr. zu § 164 RegE (jetzt § 145) wiederholt (BT-Drucks. 12/2443 S. 168). Gutgläubig ist jedoch gem. der in § 932 Abs. 2 BGB enthaltenen Definition nur derjenige nicht, dem Umstände bekannt oder infolge grober Fahrlässigkeit unbekannt sind. Es ist nicht ersichtlich, warum der Begriff der Gutgläubigkeit in § 143 anders zu verstehen sein sollte als in § 932 Abs. 2 BGB (Zeuner, Anfechtung, S. 193; zweifelnd auch Uhlenbruck-Hirte § 143 Rn. 51 unter Hinweis auf ein mögliches Redaktionsversehen während des Gesetzgebungsverfahrens). Kenntniserlangung von den maßgeblichen Umständen nach Empfang des Gegenstandes aber vor Eintritt der Unmöglichkeit führt zur verschärften Haftung ab Kenntnis (NR-Nerlich § 143 Rn. 61). Spätestens ab dem Zeitpunkt der Rechtshängigkeit des Anfechtungsanspruches trifft den Anfechtungsgegner gem. § 818 Abs. 4 BGB die volle Haftung (FK-Dauernheim § 143 Rn. 31).

IV. Gesellschafterdarlehen (Abs. 3)

Der durch das MoMiG vom 23.10.2008 neu angehängte Abs. 3 regelt die Rechtsfolgen einer Anfechtung von Rechtshandlungen bzgl. Gesellschafterdarlehen und gleichgestellter Forderungen und entspricht inhaltlich dem § 32b GmbHG a. F. (wegen Einzelheiten wird auf § 135 Rdn. 49 ff. verwiesen).

Nach der Rspr. des BGH (ZInsO 2012, 81) ist in analoger Anwendung der Vorschrift der Gesellschafter, der nach Verfahrenseröffnung durch Verwertung schuldnerseits gestellter Sicherheiten gegenüber dem Sicherungsnehmer hinsichtlich selbst gestellter Sicherheiten »befreit« wird, der Insolvenzmasse insoweit ausgleichspflichtig (vgl. § 135 Rdn. 39 ff.).

V. Insolvenz des Anfechtungsgegners

In der Insolvenz des Anfechtungsgegners hat die zur Anfechtung berechtigte Insolvenzmasse wegen ihres Anfechtungsanspruches ein (Ersatz-) **Aussonderungsrecht** (§§ 47 f.), soweit der anfechtbar weggegebene Gegenstand oder ein hierfür erlangtes Surrogat noch unterscheidbar im Vermögen des Anfechtungsgegners vorhanden ist (BGHZ 156, 350, 358 = ZInsO 2003, 1096). Es besteht kein Grund, weshalb die Gläubiger des Anfechtungsgegners von einem anfechtbaren Erwerb ihres Schuldners profitieren sollten. Demgegenüber ist der lediglich auf Wertersatz gerichtete Zahlungsanspruch eine **einfache Insolvenzforderung** (BGHZ 155, 199, 203 = ZInsO 2003, 761). Die Rückgewähr des Erlangten kann für die Insolvenzmasse des Anfechtungsgegners durchaus von Vorteil sein, wenn nämlich durch sie neben der Forderung des Anfechtungsgegners gem. § 144 Abs. 1 auch unanfechtbare Sicherheiten wieder aufleben (vgl. § 144 Rdn. 13 f.). Dies hat auch der anfechtende Insolvenzverwalter zu bedenken.

VI. Doppelinsolvenz

87a Ist über das Vermögen einer Gesellschaft und über das Vermögen ihres persönlich unbeschränkt haftenden Gesellschafters jeweils ein Insolvenzverfahren eröffnet und hat der Gesellschafter anfechtungsrelevant Gesellschaftsgläubiger befriedigt, steht das diesbezügliche Anfechtungsrecht dem Insolvenzverwalter des **Gesellschafterinsolvenzverfahrens** zu (BGH, ZInsO 2008, 1275).

87b Wird bei Anfechtbarkeit einer mittelbaren Zuwendung (vgl. § 129 Rdn. 29) das Insolvenzverfahren über das Vermögen sowohl des Leistenden als auch des Leistungsmittlers eröffnet und ist die erfolgte Leistungshandlung im Rahmen beider Insolvenzverfahren anfechtbar, gebührt dem Insolvenzverwalter in dem Insolvenzverfahren des Leistenden der Vorrang vor dem des Leistungsmittlers (BGH, ZInsO 2008, 106).

B. Verfahrensfragen

I. Auskunftsanspruch

88 Auskunftsansprüche bestehen gem. §§ 5 Abs. 1, 97 bis 99, 101 gegen den **Schuldner** bzw. seine (ehemaligen) organschaftlichen Vertreter und Angestellten. Diese umfassen auch und gerade insolvenzanfechtungsrechtlich relevante Auskünfte (BGH, ZInsO 2012, 751); die Auskunftspflicht ist insoweit eine aktive, d. h., entsprechende Auskünfte müssen auch ohne entsprechende Nachfrage erteilt werden (BGH a. a. O.). Steht die Rückgewähr- bzw. Wertersatzpflicht des Anfechtungsgegners dem Grunde nach fest, so hat der Insolvenzverwalter **auch** gegen den **Anfechtungsgegner** gem. § 242 BGB einen Auskunftsanspruch hinsichtl. der Anspruchshöhe (BGH, ZInsO 2009, 1810). Demgegenüber besteht kein Auskunftsanspruch gegen Personen, gegen die nur möglicherweise Rückgewähransprüche geltend gemacht werden können (BGH, ZInsO 1999, 163; ausführl. Gerhardt/Kreft, Aktuelle Probleme der Insolvenzanfechtung, Rn. 209 ff.). So begründet allein die Tatsache, dass eine Person in einzelnen Fällen als Anfechtungsgegner feststeht, keinen Auskunftsanspruch hinsichtl. weiterer, lediglich vermuteter Vermögensverschiebungen (BGH a. a. O.).

88a Die **Auskunftsansprüche** des Insolvenzverwalters sind in der InsO nicht abschließend geregelt (OVG Nordrhein-Westfalen, ZInsO 2008, 927). Ihm steht nach § 1 Abs. 1 Satz 1 IFG (bzw. den entsprechenden Vorschriften der jeweiligen IFG der einzelnen Bundesländer, soweit diese von ihrer Gesetzgebungskompetenz Gebrauch gemacht haben) der – stets im Verwaltungsrechtsweg prozessual geltend zu machende (BVerwG, ZInsO 2012, 1268; BSG, ZInsO 2012, 1789; OVG Hamburg, ZInsO 2012, 222; ZInsO 2012, 989; VG Freiburg, ZInsO 2011, 1956) – allgemeine Informationszugangsanspruch gegen Behörden des Bundes (bzw. der Länder) und über Art. 87 Abs. Satz 1 GG gegen **Sozialversicherungsträger** zu (BSG, ZInsO 2012, 1789); dieser Auskunftsanspruch umfasst auch solche im Zusammenhang mit anfechtungsrechtlichen Rückgewähransprüchen (OVG Nordrhein-Westfalen a. a. O.; OVG Hamburg a. a. O.; VG Freiburg a. a. O.; VG Stuttgart, ZIP 2009, 2259; a. A. BFH, ZInsO 2010, 1705, der – obiter – feststellt, dass aus einem zivilrechtlichen Rechtsverhältnis resultierende Auskunftsansprüche nicht Gegenstand einer öffentlich-rechtlichen Streitigkeit sein können). Dieser Anspruch ist nicht ggü. den sich aus der InsO oder § 242 BGB ergebenden Ansprüchen subsidiär (BVerwG, ZInsO 2011, 49). Soweit sich dieser Auskunftsanspruch gegen die Finanzverwaltung richtet, ist er nicht den Einschränkungen aus der Abgabenordnung unterworfen (BVerwG, ZInsO 2012, 1268).

88b Grds. ist jedoch auch im Anfechtungsprozess die **Behauptung** einer nur vermuteten Tatsache zulässig, wenn greifbare Anhaltspunkte für das Vorliegen eines bestimmten Sachverhaltes bestehen, die sich auch aus unstreitigen oder unter Beweis gestellten Indizien ergeben können (BGH, ZInsO 2002, 721; **Verdachtsklage**, vgl. § 5 Rdn. 31). Der Insolvenzverwalter hat dann unter Beweisantritt vorzutragen, dass er keine eigene Kenntnis von den behaupteten Vorgängen hat, dass er sich diese auch nicht anderweitig verschaffen konnte, und worin die greifbaren Anhaltspunkte für die nach Lage der Dinge als wahrscheinlich angesehenen Tatsachen bestehen (Huber, FS Gerhardt, S. 379, 395). Hierauf hat der Anfechtungsgegner gem. § 138 Abs. 2 ZPO substanziiert zu erwidern.

II. Beweisfragen

Die **Wirksamkeit der Bestellung** des Insolvenzverwalters durch einen nicht nichtigen Beschluss des Insolvenzgerichts ist der Überprüfung im Anfechtungsprozess entzogen (MK-Kirchhof § 129 Rn. 196).

89

Der **Insolvenzverwalter** hat zu beweisen, welche Leistung der Anfechtungsgegner aus dem schuldnerischen Vermögen erlangt hat. Ist Wertersatz zu leisten, trägt er ferner die Beweislast für die Höhe des zu ersetzenden Wertes. Auch die Beweislast dafür, dass Nutzungen gezogen wurden bzw. schuldhaft nicht gezogen wurden und dafür, dass der Anfechtungsgegner ein gesetzliches Surrogat (vgl. Rdn. 56) erlangt hat, trägt der Anfechtende (MK-Kirchhof § 143 Rn. 110). Will er einen Verzugsschaden geltend machen, so hat der Insolvenzverwalter auch die objektiven Verzugsvoraussetzungen zu beweisen. I. R. d. Abs. 2 trifft den Insolvenzverwalter die Beweislast für das Eingreifen weiterer Anfechtungstatbestände neben denen der unentgeltlichen Zuwendung sowie für die Unredlichkeit des Empfängers, Abs. 2 Satz 2 (HK-Kreft § 143 Rn. 3). Bei der Beweiswürdigung ist ein etwaiges Näheverhältnis (§ 138) des Anfechtungsgegners zum Schuldner zu berücksichtigen (HK-Kreft § 143 Rn. 34).

90

Demgegenüber hat der **Anfechtungsgegner** ggf. zu beweisen, warum ihm die Rückgewähr in Natur unmöglich ist und weshalb ihn an der Unmöglichkeit der Rückgewähr bzw. an der Verschlechterung des Gegenstandes und ggf. an dem eingetretenen Verzug kein Verschulden trifft (vgl. die Beweislastregelung in § 280 Abs. 1 Satz 2 BGB). Ferner trifft ihn die Beweislast für berücksichtigungsfähige Verwendungen (vgl. Rdn. 51 f.) sowie i. R. d. Abs. 2 für die Tatsache und den Grund des Wegfalls der Bereicherung (BGH, ZInsO 2010, 521).

91

III. Abtretbarkeit und Verpfändbarkeit des Rückgewähranspruches

Die früher umstrittene Frage zur Abtretbarkeit des insolvenzanfechtungsrechtlichen Rückgewähranspruchs ist für die Praxis durch die Rspr. des BGH geklärt; als schuldrechtlicher Anspruch auf Rückführung des anfechtbar weggegebenen Vermögensgegenstandes kann dieser – innerhalb der durch die Insolvenzzweckdienlichkeit (§ 1) aufgegebenen Grenzen (vgl. insoweit BGH, ZInsO 2013, 441) – ohne Veränderung des Anspruchsinhalts übertragen (abgetreten, §§ 398 ff. BGB) werden (BGH, ZInsO 2011, 1154). Der Anfechtungsgegner kann dann nach Maßgabe des § 404 BGB dem neuen Gläubiger diejenigen Einwendungen entgegensetzen, die zum Zeitpunkt der Abtretung ggü. dem Insolvenzverwalter begründet waren (BGH a. a. O.).

92

Die Abtretung des Anfechtungsanspruches kann insb. **sinnvoll** sein, wenn dieser als einziger Vermögenswert noch in der Masse befindlich ist, seine Durchsetzung bzw. Vollstreckung jedoch lange dauern wird. Ein Verkauf des Anspruches zu einem angemessenen Preis (insb. im Wege des echten Factorings) kann dann im Interesse aller Gläubiger zu einem kurzfristigen Abschluss des Verfahrens führen (BGH, ZInsO 2011, 1154). Bei Ermittlung der die Abtretung ausgleichenden **Gegenleistung** sind vom Nennwert des Rückgewähranspruches insb. die mutmaßlichen Kosten einer Rechtsverfolgung, wie sie der Insolvenzmasse ohne die Abtretung entstanden wären, abzurechnen, ferner ist das vom Zessionar übernommene Prozessrisiko zu berücksichtigen (MK-Kirchhof § 129 Rn. 217). Für eine Unangemessenheit hat der Insolvenzverwalter der Gläubigergesamtheit gem. § 60 einzustehen (BGH, ZInsO 2013, 441). Eine Alternative zum echten Factoring kann eine Abtretung des Anfechtungsanspruches mit gleichzeitiger auf einen günstigen Prozessausgang bezogener Teilvorausrückabtretung i. H. d. der Insolvenzmasse zustehenden Anteils der Forderung bilden (Braun, ZIP 1985, 786, 789). Ist die Gegenleistung anders als beim echten Factoring nicht sofort, sondern erst nach Abschluss des Anfechtungsprozesses endgültig geschuldet, ist ein etwa gezahlter Vorschuss für eine Nachtragsverteilung zurückzubehalten.

93

Der nach erfolgter Abtretung auf den Zessionar übertragene Rückgewähranspruch erlischt dann auch nicht durch Aufhebung oder Einstellung des Insolvenzverfahrens.

94

95 Aus der hier vertretenen Übertragbarkeit des Rückgewähranspruchs folgt, dass dieser – i. R. d. Insolvenzzweckes, z. B. zur Sicherung eines Massedarlehens – auch **verpfändet** bzw. i. R. d. Vollstreckung einer Masseverbindlichkeit (§§ 54 f.) **gepfändet** werden kann (Uhlenbruck-Hirte § 143 Rn. 4).

IV. Teilanfechtungen

96 Einheitliche Wirkungen ein und desselben Rechtsgeschäftes (z. B. eines Vertragsschlusses) sind grds. nur einheitlich anfechtbar, eine Teilanfechtung kommt nicht in Betracht (BGHZ 124, 83).

Lässt sich die Rechtshandlung hingegen in **mehrere selbstständige Teile** zerlegen, kommt eine Anfechtung einzelner Teile in Betracht. Dabei ist Teilbarkeit nicht nur in einem rein zahlenmäßigen Sinn zu verstehen, sondern kann z. B. auch dann gegeben sein, wenn ein allg. ausgewogener Vertrag allein und gezielt für den Fall der Insolvenz des Schuldners für diesen bzw. dessen Gläubiger einseitig und unangemessen benachteiligend ist (HK-Kreft § 129 Rn. 81). Eine Teilanfechtung kommt daher z. B. in Betracht bei **Lösungsklauseln** auf den Insolvenzfall (vgl. § 129 Rdn. 80), überhöhten Honorarzahlungen an Sanierer (vgl. § 132 Rdn. 11) sowie bei teilweise unentgeltlichen Leistungen bei Teilbarkeit des vom Schuldner Weggegebenen (vgl. § 134 Rdn. 20). Werden mehrere Forderungen durch lediglich eine Sicherheit gesichert und ist die Sicherung hinsichtl. jedenfalls einer der Forderungen anfechtbar, kommt eine Teilanfechtung nur in Betracht, wenn die Sicherheit auf die verschiedenen Forderungen aufgegliedert werden kann (OLG Hamburg, ZIP 1984, 1373). Der Abschluss eines Vertrages und die hierdurch begründete Aufrechnungslage bilden zwei gesondert anfechtbare Rechtshandlungen (BGH, ZInsO 2004, 1028).

97 Nur äußerlich zusammengefasste Rechtsgeschäfte (z. B. Veräußerung mehrerer Gegenstände oder Bestellung mehrerer Sicherheiten) können einzeln angefochten werden (MK-Kirchhof § 143 Rn. 19). So kann bei der **Vorausabtretung künftiger Forderungen** in einem einheitlichen Vertrag die Anfechtung auf diejenigen Forderungen beschränkt werden, die in der Zeit der wirtschaftlichen Krise des Schuldners entstanden sind (vgl. § 140 Rdn. 14a).

V. Einrede der Anfechtbarkeit

98 Der Rückgewähranspruch kann gem. § 146 Abs. 2 gegen anfechtbar begründete Leistungsansprüche des Anfechtungsgegners zeitlich unbegrenzt auch im Wege der Einrede geltend gemacht werden (vgl. § 146 Rdn. 13 ff.).

VI. Erlöschen des Anfechtungsrechts

99 Das Anfechtungsrecht besteht grds. nur für die **Dauer des Insolvenzverfahrens**, d. h. bis zur Aufhebung oder Einstellung (BGH, ZInsO 2011, 1154); zur Rechtslage bei Abtretung des Rückgewähranspruchs vgl. Rdn. 94. Soweit die Möglichkeit einer **Nachtragsverteilung** (§ 203) besteht, ist der Insolvenzverwalter jedoch auch nach Beendigung des Verfahrens zur Fortsetzung des Anfechtungsprozesses berechtigt (BGHZ 83, 102, 103). Bei nachträglicher Anordnung einer Nachtragsverteilung (§ 211 Abs. 3) kommt die Einleitung eines Anfechtungsprozesses auch noch nach vollzogener Schlussverteilung in Betracht (HK-Kreft § 129 Rn. 85). Wird das Verfahren nach rechtskräftiger Bestätigung eines **Insolvenzplanes** aufgehoben (§ 258 Abs. 1), so kann der Insolvenzverwalter einen anhängigen Anfechtungsprozess fortführen, soweit dies im gestaltenden Teil des Plans vorgesehen ist (§ 259 Abs. 1 Satz 3; vgl. § 144 Rdn. 25).

100 Im Übrigen erlischt der Rückgewähranspruch mit **Erfüllung** (§§ 362 ff. BGB), durch **Erlass** (§ 397 BGB), ferner durch **Verzicht** des Insolvenzverwalters (zum Verzicht des vorläufigen Insolvenzverwalters vgl. Rdn. 4), welcher jedoch erst ab Kenntnis vom Bestehen des Rückgewähranspruches möglich ist (OLG Hamburg, ZIP 1988, 927). Allein in der Ablehnung der Aufnahme eines von einem Einzelgläubiger eingeleiteten Anfechtungsprozesses liegt ebenso wenig ein Verzicht, wie in der Erfüllungswahl gem. § 103 (MK-Kirchhof § 129 Rn. 223). Das **Nichtbestreiten** einer anfechtbar erworbenen Forderung **im Prüfungstermin** (§ 176) durch Insolvenzverwalter und Gläubiger

führt gem. § 178 Abs. 1, 3 zur Unanfechtbarkeit der zur Tabelle festgestellten Forderung (BGHZ 113, 381, 382).

VII. Konkurrenzen von Rückgewähransprüchen

Der Rückgewähranspruch aus § 143 kann neben weitere Rückgewähransprüche gegen den Anfechtungsgegner oder Dritte treten; er ist nicht subsidiär. Die gleichzeitig bestehenden weiteren Rückgewähransprüche, z. B. nach §§ 812 ff. BGB oder **vertragliche Rückforderungsansprüche** gegen den Insolvenzgläubiger, schließen eine Gläubigerbenachteiligung nicht von vornherein aus (MK-Kirchhof vor §§ 129 bis 147 Rn. 86). 101

Liegen dessen Voraussetzungen im Einzelnen vor, kommt neben § 143 auch **§ 817 BGB** zur Anwendung (Frind/Schmidt, ZInsO 2002, 8, 13). Insb. greift § 817 Satz 1 BGB ein, wenn ein Gläubiger eine inkongruente Deckung eines zahlungsunfähigen Schuldners annimmt, nachdem er durch die Androhung von Zwangsvollstreckungsmaßnahmen bzw. durch Stellung eines Antrags auf Eröffnung des Insolvenzverfahrens auf diesen Druck ausgeübt hat. Der drängende Gläubiger verstößt hierbei rgm. gegen das gesetzliche Verbot des § 283c StGB. In subjektiver Hinsicht genügt es, wenn der Empfänger leichtfertig vor dem Verbot die Augen verschließt (Frind/Schmidt, ZInsO 2002, 8, 13). 102

Greift die anfechtbare Rechtshandlung ausnahmsweise in absolut geschützte Rechtsgüter i. S. d. **§ 823 Abs. 1 BGB** ein, tritt der sich hieraus ergebende Schadensersatzanspruch neben den Rückgewähranspruch aus § 143 (BGHZ 95, 10, 16). Zwar sind die §§ 129 ff. keine Schutzgesetze i. S. d. § 823 Abs. 2 BGB, dieser kann jedoch neben § 143 einen Anspruch begründen, wenn die anfechtbare Rechtshandlung zugleich andere Schutzgesetze, z. B. § 64 Abs. 1 GmbHG oder § 92 Abs. 2 AktG, verletzt (MK-Kirchhof vor §§ 129 bis 147 Rn. 87). 103

Soweit der Schuldner nicht ausnahmsweise als Rechtsnachfolger i. S. d. § 145 in Anspruch genommen wird, kann er nach allg. Regeln nach **§ 826 BGB** haften (MK-Kirchhof vor §§ 129 bis 147 Rn. 89 ff.); handelte er als Rechtsnachfolger, so gelten die folgenden Ausführungen auch für ihn. Allein der Empfang des in anfechtbarer Weise weggegebenen Gegenstandes löst für sich genommen die Ersatzpflicht nach § 826 BGB nicht aus (BGH, BB 1958, 1152), hinzukommen müssen weitere erschwerende Umstände (BGHZ 143, 246) entsprechend denen für die Anwendbarkeit des § 138 BGB (vgl. vor §§ 129 ff. Rdn. 8); zusätzlich setzt § 826 BGB hinsichtl. der Schadenszufügung Vorsatz des Anspruchsgegners voraus. Der Schadensersatzanspruch aus § 826 BGB steht rgm. allein dem geschädigten Gläubiger zu; soweit jedoch ein Gesamtschaden eingetreten ist, ist der Insolvenzverwalter gem. § 92 für die Masse einziehungsbefugt. Es besteht dann freie Anspruchskonkurrenz zwischen § 143 und § 826 BGB, wobei der auf Ersatz des vollen negativen Interesses gerichtete Schadensersatzanspruch u. U. weiter geht als § 143. 104

VIII. Auswirkung auf weitere Rechtsbeziehungen

Wird der **Abschluss eines gegenseitigen Vertrages** erfolgreich **angefochten**, entfallen die beiderseitigen vertraglichen Hauptleistungspflichten. Hatte der Schuldner noch nicht geleistet, kann der Insolvenzverwalter auf diese Weise (überhöhte) Gegenansprüche abwehren (MK-Kirchhof § 143 Rn. 16a). Auch nach Erklärung der Anfechtung eines gegenseitigen Vertrages ist der Insolvenzverwalter bis zur Erfüllung des Anspruches aus § 143 bzw. bis zur Grenze des § 242 BGB nicht daran gehindert, von der Verfolgung des Rückgewähranspruches abzusehen und Vertragserfüllung zu wählen (BGH, NJW 1962, 1200). Hat er demgegenüber zunächst Vertragserfüllung gewählt, ist die spätere Anfechtung des Vertragsschlusses als unzulässiger Widerruf des Erfüllungsverlangens ausgeschlossen (MK-Kirchhof § 143 Rn. 16a). 105

Die **Anfechtung eines Änderungsvertrages** führt nicht automatisch auch zum Erlöschen der Verpflichtungen aus dem Ursprungsvertrag (MK-Kirchhof § 143 Rn. 16a). 106

§ 143 InsO Rechtsfolgen

107 Ficht der Insolvenzverwalter lediglich **einzelne zur Erfüllung eines gegenseitigen Vertrages erbrachte Leistungen** an, kann auch ggü. der Insolvenzmasse (nach Maßgabe des § 144 Abs. 1) das allg. Leistungsstörungs- und Gewährleistungsrecht eingreifen, wobei es sich bei den hieraus resultierenden Ansprüchen des Anfechtungsgegners lediglich um Insolvenzforderungen handelt.

108 Leistungen des Geschäftsführers einer GmbH nach Eintritt der Zahlungsunfähigkeit der Gesellschaft oder nach Feststellung ihrer Überschuldung können zugleich Ansprüche der Gesellschaft gegen den Geschäftsführer gem. § 64 GmbHG und Ansprüche gem. § 143 gegen den Empfänger der Leistung begründen (zur Verzahnung des § 64 GmbHG mit dem Insolvenzrecht vgl. Goette, ZInsO 2005, 1). Der Insolvenzverwalter ist nicht dazu verpflichtet, vor **Inanspruchnahme des Gesellschafters** nach § 64 GmbHG zunächst die Anfechtung von Rechtshandlungen zu versuchen (OLG Jena, ZIP 2002, 986; OLG Oldenburg, ZInsO 2004, 984 [jeweils noch zu § 64 Abs. 2 GmbHG]). In einem der Klage des Insolvenzverwalters stattgebenden, auf § 64 GmbHG gestützten Urteil ist dem Geschäftsführer vorzubehalten, seinen Gegenanspruch nach Erstattung an die Masse gegen den Insolvenzverwalter zu verfolgen. Dabei deckt sich der ihm zustehende Anspruch nach Rang und Höhe mit dem Betrag, den der begünstigte Gesellschaftsgläubiger im Insolvenzverfahren erhalten hätte (BGHZ 146, 264 = ZInsO 2001, 260). Sofern man mit dem BGH die Abtretbarkeit des Anfechtungsanspruches bejaht (vgl. Rdn. 92), bietet **§ 255 BGB** eine sachgerechte Lösung des Haftungskonfliktes (Braun-de Bra § 129 Rn. 69; s. a. BGHZ 146, 264, 279 = ZInsO 2001, 260): Zahlt der in Anspruch genommene Geschäftsführer den der Insolvenzmasse entzogenen Betrag an diese, so kann er aus den Zug-um-Zug abgetretenen insolvenzanfechtungsrechtlichen Rückgewähransprüchen (innerhalb der Frist des § 146 Abs. 1) auf eigene Kosten die Zahlungsempfänger in Anspruch nehmen. Da durch die Zug-um-Zug-Verurteilung des Geschäftsführers der GmbH eine ungerechtfertigte Bereicherung der Masse ausgeschlossen werden kann, darf der Insolvenzverwalter bei ungewissem Vollstreckungsausgang den GmbH-Geschäftsführer und den Empfänger der angefochtenen Leistung gleichzeitig in Anspruch nehmen (OLG Oldenburg, ZInsO 2004, 984).

IX. Prozessuales

109 Vor Erhebung einer Anfechtungsklage mit erheblichem Streitwert hat der Insolvenzverwalter gem. § 160 Abs. 2 Nr. 3 die **Zustimmung** des Gläubigerausschusses bzw. der Gläubigerversammlung einzuholen (vgl. § 160 Rdn. 11). Unterlässt er dies, ist seine Maßnahme im Außenverhältnis dennoch wirksam (§ 164).

1. Rechtsweg

110 Insolvenzanfechtungsrechtliche Rückgewährstreitigkeiten sind bürgerlich-rechtliche Rechtsstreitigkeiten i. S. d. § 13 GVG (GmS-OGB, ZInsO 2010, 2400) und demnach grds. vor den ordentlichen Gerichten auszutragen (BGH, ZInsO 2011, 723); eine Ausnahme besteht nach wenig überzeugender und wohl rein rechtspolitisch zu verstehender Auffassung des GmS-OGB, wenn das der anfechtbaren Leistung zugrunde liegende Schuldverhältnis arbeitsrechtlicher Natur ist (**Anfechtung von Lohnzahlungen**). Dann ist die ausschließliche Zuständigkeit der Arbeitsgerichtsbarkeit gegeben (GmS-OGB a. a. O.). Dies gilt auch dann, wenn Gegenstand der Anfechtung Rückgewähr im Wege der Zwangsvollstreckung befriedigter Arbeitsentgeltansprüche ist (BGH, ZInsO 2011, 1368). Die von dem GmS-OGB zur Begründung seiner Entscheidung herangezogenen Erwägungen lassen sich aber auf andere anfechtungsrechtlich relevante Sachverhalte nicht übertragen (BGH, ZInsO 2011, 723); demnach bleibt es abseits der Rückgewähransprüche aufgrund von Leistungen im Rahmen eines Arbeitsverhältnisses bei der Zuständigkeit der ordentlichen Gerichte (so ausdrücklich für die Anfechtung der Zahlung von Sozialversicherungsbeiträgen BGH a. a. O.). Soweit ein Dritter anstelle des (insolventen) Arbeitgebers die dem Arbeitnehmer geschuldeten Vergütungsansprüche befriedigt, ist bei insolvenzrechtlicher Anfechtung dieser Befriedigung der Rechtsweg zu den ordentlichen Gerichten gegeben (BGH, ZInsO 2012, 1538). Gleiches gilt, wenn der die Leistung an den Arbeitnehmer erbringende Insolvenzschuldner gar nicht Arbeitgeber ist (BGH, ZInsO 2012, 2302).

Ist Streitgegenstand nicht der eigentliche Rückgewähranspruch, sondern die in anfechtbarer Weise hergestellte Aufrechnungslage (§ 96 Abs. 1 Nr. 3), bleibt die ursprüngliche Forderung rechtswegbestimmend (BGHZ 169, 167).

2. Gerichtliche Zuständigkeit

a) Örtlich

Örtlich zuständig ist grds. dasjenige Gericht, in dessen Bezirk der Anfechtungsgegner seinen allgemeinen Gerichtsstand (§§ 12 ff. ZPO), Aufenthaltsort (§ 20 ZPO) oder sein Vermögen (§ 23 ZPO) hat (vgl. zur europarechtlich internationalen örtlichen Zuständigkeit vor §§ 129 Rdn. 20). Der Gerichtsstand der Niederlassung (§ 21 ZPO) kann als Wahlgerichtsstand eingreifen, wenn die Anfechtung eine Lieferung gerade an die Niederlassung oder einen von dort aus geschlossenen Vertrag betrifft (MK-Kirchhof § 146 Rn. 31). Stützt der Insolvenzverwalter seine Klage gegen den Gesellschafter des Schuldners, so ist der Gerichtsstand der Mitgliedschaft (§ 22 ZPO) begründet (OLG Karlsruhe, ZIP 1998, 1005). 111

Nicht anzuwenden sind selbst bei einer Anfechtung gem. § 133 die Gerichtsstände des Erfüllungsortes, § 29 ZPO (HK-Kreft § 129 Rn. 98) und – soweit die Klage nicht zugleich auf einen Anspruch aus unerlaubter Handlung gestützt wird – der unerlaubten Handlung, § 32 ZPO (BGH, ZIP 1990, 246). § 19a ZPO betrifft nur **Klagen gegen den Insolvenzverwalter**.

Wird das Eigentum an einem Grundstück, dessen dingliche Belastung oder deren Nichtbestehen selbst geltend gemacht (z. B. bei Anfechtung des Erlasses eines Grundpfandrechtes), ist **§ 24 Abs. 1 ZPO** unmittelbar anwendbar (HK-Kreft § 129 Rn. 98). Nicht anwendbar ist § 24 ZPO hingegen bei dem lediglich schuldrechtlichen Anspruch auf Verschaffung eines Rechts an einem Grundstück, wie dem aus § 143 folgenden Anspruch auf Rückgewähr des anfechtbar übertragenen Eigentums an einem Grundstück (Zöller-Vollkommer § 24 ZPO Rn. 9). Umstritten ist die Anwendbarkeit des § 24 ZPO auf den schuldrechtlichen Anspruch auf Befreiung von einer Verbindlichkeit (dagegen mit Recht MK-Kirchhof § 146 Rn. 33), da § 24 ZPO lediglich bezweckt sicherzustellen, dass bei Grundstücksstreitigkeiten das Gericht mit der größeren Sachnähe entscheidet (z. B. Erleichterung von Beweisaufnahmen vor Ort). Im Anfechtungsrechtsstreit spielen derartige Gesichtspunkte jedoch i. d. R. eine untergeordnete Rolle im Vergleich zu den speziellen Anfechtungsvoraussetzungen (MK-Kirchhof § 146 Rn. 33). 112

Nach Rspr. des BGH (ZIP 1990, 246) finden die Gerichtsstände der **§§ 771, 805 Abs. 2 ZPO** keine Anwendung. Im Fall der Vollstreckungsabwehrklage (vgl. Rdn. 120) gem. **§ 767 ZPO** ist das Prozessgericht des ersten Rechtszuges zuständig. 113

b) Sachlich

Die sachliche Zuständigkeit ist **streitwertabhängig** (§§ 23 Nr. 1, 71 Abs. 1 GVG). Die Wertbestimmung anhand des Klageantrags erfolgt nach §§ 3 ff. ZPO. Eine anfechtbare Schuldbegründung ist mit der Quote zu bewerten, die bei einer Berücksichtigung auf diese Insolvenzforderung entfiele (MK-Kirchhof § 146 Rn. 35). Wird die Rückgewähr eines Gegenstandes verlangt, so bildet der Wert dieses Gegenstandes abzüglich seiner unangefochtenen Belastungen den Streitwert (Uhlenbruck-Hirte § 143 Rn. 67). Die Vollstreckungsabwehrklage (§ 767 ZPO, vgl. Rdn. 120) ist vor dem Prozessgericht des ersten Rechtszuges zu erheben. 114

c) Funktional

Der Anfechtungsanspruch stellt selbst dann **kein Handelsgeschäft** dar, wenn es sich bei der angefochtenen Rechtshandlung um ein Handelsgeschäft handelte (BGH, ZIP 1987, 1132), die **Kammer für Handelssachen** ist daher nie zuständig. Auch eine Zuständigkeit des **Familiengerichts** ergibt sich selbst dann nicht, wenn die Rückgewähr von Leistungen aus familienrechtlichen Beziehungen verlangt wird (FK-Dauernheim § 143 Rn. 48). 115

d) Gerichtsstandsvereinbarungen

116 Der Insolvenzverwalter ist an Gerichtsstandsvereinbarungen des Schuldners **nicht gebunden**, soweit nicht bei Verfahrenseröffnung bereits ein Rechtsstreit rechtshängig war und die Zuständigkeit des Gerichts hierfür bindend begründet worden ist (MK-Kirchhof § 146 Rn. 37).

e) Schiedsvertragliche Vereinbarungen

117 Hat der Schuldner bzgl. etwaiger Streitigkeiten aus Rechtsbeziehungen mit den Beteiligten die **Zuständigkeit eines Schiedsgerichts** vereinbart, so kann der hieran gebundene Insolvenzverwalter in dem Schiedsgerichtsverfahren nicht die Anfechtbarkeit einzelner i. R. d. Rechtsbeziehung erfolgter Rechtshandlungen geltend machen, da der insolvenzanfechtungsrechtliche Rückgewähranspruch nicht von der Schiedsgerichtsvereinbarung umfasst ist (BGH, ZInsO 2007, 269). Die Einrede der Anfechtbarkeit ist durch den Insolvenzverwalter dann in dem – vor der ordentlichen Gerichtsbarkeit zu führenden – Verfahren auf Vollstreckbarerklärung des Schiedsspruchs zu erheben. (BGH a. a. O.)

Vom Insolvenzverwalter abgeschlossene Schiedsvereinbarungen i. S. d. §§ 1029 ff. ZPO sind (soweit sie nicht offenkundig dem Insolvenzzweck widersprechen) wirksam, wohingegen ein vom Schuldner geschlossener Schiedsvertrag nicht gem. § 1032 Abs. 1 ZPO die Unzulässigkeit einer bei einem staatlichen Gericht erhobenen Anfechtungsklage begründet (BGH, ZInsO 2004, 88).

3. Klageantrag

118 In der Regel ist ein dem jeweiligen Rückgewährbegehren angepasster **Leistungsantrag** auf Rückgewähr an den Insolvenzverwalter in dieser Eigenschaft zu stellen; ggf. kann vorangehend auch ein Mahnbescheid beantragt werden (FK-Dauernheim § 143 Rn. 50). Zu den Anforderungen an einen hinreichenden Klagevortrag vgl. § 146 Rdn. 10. Eine Prüfung unter anfechtungsrechtlichen Gesichtspunkten hat durch das Gericht selbst dann zu erfolgen, wenn dies nicht ausdrücklich beantragt wurde, das Klagebegehren des Insolvenzverwalters jedoch im Ergebnis auf eine solche Rechtsfolge hinausläuft und er einen Sachverhalt vorträgt, der möglicherweise die Merkmale eines Anfechtungstatbestandes erfüllt (BGH, ZInsO 2001, 72). Verlangt der Insolvenzverwalter Leistung an sich selbst, so ist der Antrag im Zweifel dahin auszulegen, dass er nicht als Privatperson, sondern in seiner Eigenschaft als Insolvenzverwalter handelt (MK-Kirchhof § 146 Rn. 39). Zu unbestimmt ist ein Klageantrag, der darauf zielt, den Anfechtungsgegner allg. zum Verzicht auf Rechte aus einem erwirkten Titel zu verurteilen (BGH, ZIP 1991, 1014). Ist ungewiss, ob der Anfechtungsgegner Rückgewähr in Natur leisten kann, so kann der auf Rückgewähr gerichtete Antrag um einen Antrag auf Fristbestimmung gem. § 255 ZPO ergänzt werden (MK-Kirchhof § 146 Rn. 40). Alternativ kann der Anspruch auf Wertersatz sogleich als Hilfsantrag gestellt werden. Ist der Insolvenzverwalter nicht dazu in der Lage, einen dem § 253 Abs. 2 Nr. 2 ZPO entsprechenden bestimmten Antrag zu stellen, kommt eine in der ersten Stufe auf Auskunft gerichtete **Stufenklage** gem. § 254 ZPO in Betracht, sofern ein Auskunftsanspruch gegen den Anfechtungsgegner (vgl. Rdn. 88) besteht.

119 Unter den Voraussetzungen des § 256 ZPO ist eine **Feststellungsklage** zulässig (BGH, ZIP 1995, 630, 635). Diese ist insb. zur Fristwahrung (§ 146) geeignet (NR-Nerlich § 129 Rn. 110). Eine negative Feststellungsklage des Anfechtungsgegners ist unter den Voraussetzungen des § 256 ZPO ebenfalls möglich (BGH, ZIP 1991, 113).

120 Die **Vollstreckungsabwehrklage** gem. § 767 ZPO kann erhoben werden, wenn das in anfechtbarer Weise erlangte Recht aufgrund eines vor Verfahrenseröffnung erlangten Titels geltend gemacht wird. Zur Erhebung der Klage gem. § 767 ZPO ist der Insolvenzverwalter z. B. berechtigt, wenn der durch eine anfechtbar erlangte Sicherungshypothek gesicherte Gläubiger die Zwangsversteigerung des schuldnerischen Grundstückes betreibt. Obsiegt der Insolvenzverwalter, so darf der Anfechtungsgegner sein zur Vollstreckung berechtigendes Recht ggü. dem Insolvenzverwalter nicht geltend machen (BGHZ 130, 314, 325).

4. Folgen der Rechtshängigkeit

Die zurückzugewährende Sache wird durch die Anfechtungsklage nicht streitbefangen gem. § 265 ZPO (MK-Kirchhof vor §§ 129 bis 147 Rn. 24). **121**

Der Insolvenzverwalter muss daher seine Klage auf Wertersatz umstellen, wenn der Anfechtungsgegner den anfechtbar erlangten Gegenstand nach Rechtshängigkeit veräußert. Gem. § 264 Nr. 3 ZPO stellt dies keine Klageänderung dar.

Die Einstellung einer bereits gegen den Schuldner eingeleiteten Zwangsvollstreckung durch einen auch in der Insolvenz zur Vollstreckung berechtigten Gläubiger kommt nur auf der Grundlage des § 767 ZPO in Betracht (vgl. Rdn. 120).

Zur Möglichkeit, den Schuldner als Zeugen bzw. den Anfechtungsgegner als Partei vernehmen zu lassen, vgl. § 130 Rdn. 58.

5. Grundurteil

Soweit der Insolvenzverwalter eine Geldleistung (insb. Wertersatz) verlangt, kann zunächst ein Grundurteil gem. § 304 ZPO erlassen werden (BGH, ZIP 1995, 297). **122**

6. Anfechtungsprozesse nach Eintritt der Massekostenunzulänglichkeit (§ 207) oder Masseunzulänglichkeit (§ 208)

Die Tatsache, dass der Insolvenzverwalter bereits vor der Anfechtung die Masseunzulänglichkeit angezeigt hat und dass selbst bei einem Erfolg der Anfechtungsklage die Masseunzulänglichkeit unverändert fortbesteht, sodass mit einer (Teil-) Befriedigung der Insolvenzgläubiger nicht zu rechnen ist, steht der Erhebung der Anfechtungsklage nicht entgegen (allgemeine Meinung vgl. BGH, ZInsO 2008, 378 m.w.N.); tatsächlich ist der Insolvenzverwalter im Hinblick auf § 208 Abs. 3 zur – prozessualen – Durchsetzung von Rückgewähransprüchen verpflichtet. Demgegenüber darf der Insolvenzverwalter nach Eintritt der Massekostenunzulänglichkeit einen (Anfechtungs-) Rechtsstreit weder beginnen noch fortsetzen, wenn selbst im Fall des Obsiegens die Massekostenunzulänglichkeit nicht beseitigt werden kann (BGH, ZInsO 2012, 736). **123**

7. Sicherung des Anfechtungsrechts

Der Anspruch nach Abs. 1 Satz 1 kann durch **einstweilige Verfügung** (§§ 935 ff. ZPO), (OLG Frankfurt am Main, ZInsO 2013, 351) der Anspruch auf Geldzahlung durch **persönlichen oder dinglichen Arrest** (§§ 916 ff. ZPO) gesichert werden (HK-Kreft § 129 Rn. 107). Bei einem auf Übereignung eines Grundstückes oder Übertragung eines Rechtes daran gerichteten Anspruch kann eine Sicherung durch Eintragung einer **Vormerkung gem. § 885 Abs. 1 BGB** (HK-Kreft § 129 Rn. 107) erreicht werden. **124**

8. Kosten

a) Kostentragung

Die Entscheidung über die Prozesskosten richtet sich nach §§ 91 ff. ZPO. Bei Unterliegen des Insolvenzverwalters haftet grds. nur die Masse, eine persönliche Haftung des Insolvenzverwalters kann sich bei Vorliegen der Voraussetzungen der §§ 823 Abs. 2, 826 BGB ergeben (MK-Kirchhof § 129 Rn. 192). Die Vornahme der anfechtbaren Handlung stellt grds. keine Veranlassung i. S. v. § 93 ZPO dar (Uhlenbruck-Hirte § 143 Rn. 78); der Insolvenzverwalter sollte daher vor Klageerhebung jedenfalls ein außergerichtliches Anfechtungsschreiben mit (kurzer) Frist an den Anfechtungsgegner richten, um ein sofortiges Anerkenntnis mit der Kostenfolge des § 93 ZPO zu vermeiden. Sofern dieses jedoch hinsichtl. der jeweiligen anfechtungsrelevanten Tatbestandsmerkmale nicht ausreichend substanziiert (»schlüssig«) ist, besteht für den klagenden Insolvenzverwalter weiterhin das aus § 93 ZPO resultierende Kostenrisiko (BGH, ZInsO 2007, 323). Dieses ist jedoch inso- **125** weit limitiert, als dass der Insolvenzverwalter ggü. einem Sozialversicherungsträger, der sich vorprozessual die »von den Sozialversicherungsträgern üblicherweise vorgebrachten Einwendungen« vorbehält, nicht mit einem plötzlichen Einwendungsverzicht zu rechnen braucht (BGH, ZInsO 2006, 1164).

b) Prozesskostenhilfe

126 Unter den Voraussetzungen des § 116 Satz 1 Nr. 1 ZPO kann der Insolvenzmasse für den Anfechtungsprozess PKH gewährt werden (BGH, ZInsO 2012, 736). Wirtschaftlich Beteiligter i. S. d. § 116 Satz 1 Nr. 1 ZPO ist jeder, dessen Befriedigungsaussichten sich bei einem Unterliegen des Anfechtungsgegners verbessern (BGH, ZInsO 1998, 283). Der **Insolvenzverwalter** ist wegen seines Vergütungsanspruches **nicht** im Prozess der Insolvenzmasse wirtschaftlich beteiligt (BGH, ZIP 1998, 297), denn er nimmt die im öffentlichen Interesse liegende Aufgabe der Abwicklung eines geordneten Insolvenzverfahrens war (OLG Hamm, ZInsO 2005, 217). Gläubigern mit geringer Quotenerwartung oder mit bestrittenen Forderungen ist der Einsatz eigener finanzieller Mittel nicht zuzumuten (OLG Naumburg, ZIP 1994, 383). Zu weiteren Fällen der Unzumutbarkeit Uhlenbruck-Hirte § 143 Rn. 81. PKH kann bereits dann gewährt werden, wenn sie allein oder zumindest vorwiegend zur Realisierung der Vergütungsansprüche des Insolvenzverwalters dient (OLG Rostock, ZIP 1997, 1710); sie ist nicht zu gewähren, wenn selbst im Fall des Obsiegens eine bereits eingetretene Massekostenunzulänglichkeit i. S. v. § 207 nicht beseitigt werden kann (BGH, ZInsO 2012, 736; vgl. auch Rdn. 123). Der Insolvenzverwalter muss die Forderungen der Insolvenzgläubiger dem Prozessgericht nach Art und Höhe vortragen, um diesem die Beurteilung der Zumutbarkeit zu ermöglichen (BGH, ZInsO 1998, 283).

127 Zu besonders relevanten Fallkonstellationen i. R. d. Insolvenzanfechtung vgl. die Schnellübersicht, vor §§ 129 ff. Rdn. 26.

§ 144 Ansprüche des Anfechtungsgegners

(1) Gewährt der Empfänger einer anfechtbaren Leistung das Erlangte zurück, so lebt seine Forderung wieder auf.

(2) ¹Eine Gegenleistung ist aus der Insolvenzmasse zu erstatten, soweit sie in dieser noch unterscheidbar vorhanden ist oder soweit die Masse um ihren Wert bereichert ist. ²Darüber hinaus kann der Empfänger der anfechtbaren Leistung die Forderung auf Rückgewähr der Gegenleistung nur als Insolvenzgläubiger geltend machen.

Übersicht	Rdn.		Rdn.
A. Norminhalt	1	3. Erstattungsanspruch	20
I. Wiederaufleben der Forderung des Anfechtungsgegners (Abs. 1)	2	a) Gegenleistung noch unterscheidbar in der Masse/Masse um Wert bereichert (nach Satz 1)	21
1. Berechtigter	3		
2. Schuldtilgung	4	b) Einfache Insolvenzforderung (nach Satz 2)	23
3. Rechtsfolgen	5		
II. Schicksal der Gegenleistung des Anfechtungsgegners (Abs. 2)	17	B. Verfahrensfragen	24
		I. Darlegungs- und Beweislast	24
1. Berechtigter	18	II. Sonderfall Insolvenzplan	25
2. Gegenleistung	19		

A. Norminhalt

1 § 144 regelt das insolvenzrechtliche Schicksal einerseits der Forderung des Anfechtungsgegners, auf die in anfechtbarer Weise geleistet wurde (**Anfechtbarkeit des Erfüllungsgeschäftes, Abs. 1**), andererseits der Gegenleistung des Anfechtungsgegners, wenn das schuldrechtliche Geschäft angefochten wurde (**Anfechtbarkeit des Kausalgeschäftes, Abs. 2**). Durch Abs. 2 soll eine ungerecht-

fertigte Bereicherung der Insolvenzmasse vermieden werden (Uhlenbruck-Hirte § 144 Rn. 8). Die Anfechtung soll nicht dazu führen, dass der Insolvenzmasse mehr zugeführt wird, als dies der Fall sein würde, wenn der anfechtbare Vorgang unterblieben wäre (BGH, ZIP 1986, 787). Abs. 1 und 2 schließen sich gegenseitig aus.

I. Wiederaufleben der Forderung des Anfechtungsgegners (Abs. 1)

Inhaltlich stimmt Abs. 1 mit § 39 KO sowie im Wesentlichen mit § 12 AnfG überein, sodass die zu diesen Normen ergangene Rspr. entsprechend herangezogen werden kann.

1. Berechtigter

Berechtigter i. S. v. Abs. 1 ist, wer als Gläubiger eines unanfechtbaren/nicht angefochtenen Anspruchs, der in anfechtbarer Weise befriedigt wurde, seinerseits das Erlangte zurückgewährt hat bzw. sein Gesamtrechtsnachfolger. Abs. 1 findet auch dann Anwendung, wenn bei Verfahrenseröffnung ein Verfahren nach dem AnfG noch nicht abgeschlossen ist, § 12 AnfG.

2. Schuldtilgung

Abs. 1 erfasst die Fälle der Befreiung des Insolvenzschuldners von seiner Verbindlichkeit durch eine anfechtbare Erfüllungshandlung. Er ist nur anwendbar, wenn die erfüllte Verpflichtung nicht ihrerseits anfechtbar begründet worden war oder ggü. dem Anfechtungsgegner jedenfalls nicht wirksam angefochten worden ist (HK-Kreft § 144 Rn. 2), da es ansonsten an einer wiederauflebenden Gegenforderung fehlt. Abs. 1 ist auch dann anzuwenden, wenn der Schuldner zur Befriedigung seines Gläubigers eine Leistung an Erfüllungs statt oder durch Hinterlegung erbracht hat (KPB-Jacoby § 144 Rn. 4), wenn seine Leistung erzwungen wurde, wenn die Forderung durch Aufrechnung erloschen ist oder wenn der Schuldner zur Erbringung seiner Leistung eine Mittelsperson (vgl. § 129 Rdn. 29 ff.) eingeschaltet hat (MK-Kirchhof § 144 Rn. 6).

3. Rechtsfolgen

Erst mit der tatsächlichen Rückgewähr des Erlangten gem. § 143 lebt die getilgte Forderung ohne Weiteres wieder auf, und zwar mit Rückwirkung auf die Zeit unmittelbar vor Verfahrenseröffnung in derselben Form, wie sie vor der Erfüllung bestanden hat (d. h. ggf. als bereits verjährt; vgl. jedoch Rdn. 10, als Naturalobligation etc.). Sie kann als Insolvenzforderung zur Insolvenztabelle (nach-)gemeldet werden, wenn sie ohne ihr Erlöschen als (ggf. nachrangige) Insolvenzforderung hätte angemeldet werden können (Uhlenbruck-Hirte § 144 Rn. 3). Eine Anmeldung der Forderung ist bereits vor der Rückgewähr als auf die Rückgewähr aufschiebend bedingte Forderung möglich (Uhlenbruck-Hirte § 144 Rn. 3).

▶ Hinweis für den Anfechtungsgegner:

Durch eine vorsorgliche – ohne Anerkennung einer Rückgewährpflicht erfolgte – Anmeldung der Forderung können, soweit die Anmeldung innerhalb der vom Insolvenzgericht vorgegebenen Frist zur Forderungsanmeldung erfolgt, die Kosten einer besonderen Prüfung (§ 177) vermieden werden. Will man dem Insolvenzverwalter nicht in die Hände spielen, sollte diese Anmeldung jedoch erst erfolgen, nachdem dieser bereits die Anfechtung erklärt hat.

Bei nur teilweiser Rückgewähr lebt der Gegenanspruch anteilig im selben wertmäßigen Verhältnis wieder auf. Bestand die anfechtbare Rechtshandlung in der Gewährung einer Sicherheit, so lebt dieser Anspruch auf Sicherung zwar wieder auf, jedoch ist er im Insolvenzverfahren nicht mehr durchsetzbar (Zeuner, Anfechtung, Rn. 331).

Handelt es sich bei der anfechtbar getilgten Schuld um eine **Bürgen- oder Mitschuld** oder handelte der Schuldner auf **Anweisung**, so lebt mit der Rückgewähr der Leistung die Forderung des Gläubigers auch gegen den Hauptschuldner, die anderen Mitschuldner bzw. den Anweisenden wieder auf (Uhlenbruck-Hirte § 144 Rn. 6). Auch bei Erfüllung des Erstattungsanspruches nach § 137 Abs. 2

gilt § 144 entsprechend (vgl. § 137 Rdn. 12). Haftet im umgekehrten Fall neben dem Anfechtungsgegner ein Dritter der Insolvenzmasse, so kann der Ersatzanspruch gegen diesen dem Anfechtungsgegner entsprechend § 255 BGB zu übertragen sein (MK-Kirchhof § 144 Rn. 9).

9 Weist der Schuldner seinen eigenen Schuldner an, unmittelbar an den Gläubiger zu zahlen (**mittelbare Zuwendung**, vgl. § 129 Rdn. 29 ff.), lebt bei Rückgewähr der dem Gläubiger zugeflossenen Leistung die Forderung dieses Gläubigers gegen den Schuldner ebenfalls wieder auf. Leistet der Insolvenzschuldner auf Weisung seines Gläubigers anfechtbar an einen Dritten, lebt mit der Rückgewähr gleichfalls der Anspruch des Gläubigers gegen den Insolvenzschuldner wieder auf (MK-Kirchhof § 144 Rn. 9).

Zur Rechtsfolge bei Rückgewähr von Versicherungsprämien, welche bei Zahlung bereits i. S. d. § 39 VVG angemahnt waren, vgl. Homann/Neufeld, ZInsO 2005, 741.

9a Haftete dem Gläubiger und späteren Anfechtungsgegner zum Zeitpunkt der Vornahme der anfechtbaren Rechtshandlung neben dem Schuldner ein Dritter kraft Gesetzes, lebt auch diese Haftung nach Rspr. des BFH (ZIP 2009, 516) wieder auf; nach dieser Auffassung ist die zum Erlöschen des Hauptschuldverhältnisses führende Erfüllungswirksamkeit der anfechtbaren Leistung aufgrund der Anfechtbarkeit auflösend bedingt (BFH a. a. O.).

10 Da die Stellung des Anfechtungsgegners nach Rückgewähr der empfangenen Leistung derjenigen zum Zeitpunkt der Vornahme des Rechtsgeschäfts entsprechen soll, bleibt der Zeitraum zwischen Leistungsempfang und Rückgewähr bei der Ermittlung des Zeitpunkts des **Verjährungseintritts** unberücksichtigt. Es handelt sich um einen Tatbestand der Verjährungshemmung (§§ 203 ff. BGB; Hess/Weis/Wienberg § 144 Rn. 7).

11 Eine **Aufrechnung** des Gläubigers mit seiner wiederauflebenden Forderung ggü. dem Rückgewähranspruch ist ausgeschlossen. Dies ergibt sich zum einen daraus, dass gem. Abs. 1 sein Anspruch erst nach Erfüllung der Rückgewährpflicht wieder auflebt, zum anderen aus § 96 Abs. 1 Nr. 1. Demgegenüber kann wegen der Rückwirkung des Wiederauflebens gegen sonstige, vor Insolvenzeröffnung begründete Forderungen der Insolvenzmasse aufgerechnet werden.

12 Ein **Zurückbehaltungsrecht** zugunsten des Anfechtungsgegners wegen der wiederauflebenden Forderung ist im Anfechtungsprozess (d. h. vor Rückgewähr) grds. ausgeschlossen; ausnahmsweise kommt ein solches Recht in Betracht, wenn der Anspruch des Gläubigers auch ggü. der Insolvenzmasse gesichert ist, z. B. durch eine unanfechtbare Vormerkung gem. § 106 (MK-Kirchhof § 144 Rn. 9).

13 Zugleich mit der anfechtbar getilgten Forderung leben rückwirkend auch die für diese bestellten **Sicherheiten** sowie **Nebenrechte** wieder auf und berechtigen ggf. gem. §§ 49 ff. zur Absonderung. Dies gilt zunächst für vom **Schuldner selbst gestellte akzessorische und nichtakzessorische Sicherheiten**. Entsprechendes gilt für von Dritten für Verbindlichkeiten des Schuldners bestellte akzessorische und nichtakzessorische Sicherheiten (OLG Frankfurt am Main, ZInsO 2004, 211). Z. B. leben vom Schuldner bestellte Hypotheken, Pfandrechte, Grundschulden und Vormerkungen (MK-Kirchhof § 144 Rn. 10), von dritter Seite bestellte Bürgschaften (BGH, NJW 1974, 57) oder Grundpfandrechte wieder auf.

14 Soweit zu ihrer Begründung nicht zusätzlich ein Realakt erforderlich ist, leben akzessorische Sicherheiten ohne Weiteres wieder auf, abstrakte Sicherheiten müssen hingegen ggf. neu begründet werden. War die nichtakzessorische Sicherheit zunächst erloschen, ist dies ohne Rechtsgrund geschehen (Bork, FS Kreft, S. 229, 241 f.). Der Schuldner/Insolvenzverwalter bzw. ein Dritter, der eine Sicherheit für eine Verbindlichkeit des Schuldners geleistet hat, ist daher zur Neubestellung verpflichtet. Bei seiner Inanspruchnahme aus dem Sicherungsrecht kann er sich nach den Grundsätzen von Treu und Glauben nicht auf das Nichtbestehen des Sicherungsrechtes berufen und ist so zu behandeln, als wäre er seiner Pflicht zur Neubestellung nachgekommen (OLG Frankfurt am Main, ZInsO 2004, 211).

Urkunden über die anfechtbar getilgte Forderung sind dem Anfechtungsgegner zurückzugeben 15
bzw. wiederherzustellen (FK-Dauernheim § 144 Rn. 3). Gelöschte Grundpfandrechte sind im Wege
der Grundbuchberichtigung (§ 894 BGB) wieder einzutragen. Kann – z. B. wegen Untergang oder
Veräußerung des sichernden Gegenstandes – die Sicherheit nicht mehr wiederhergestellt werden,
so kann in der Höhe ihres Wertes ein Massebereicherungsanspruch gem. § 55 Abs. 1 Nr. 3 bestehen
(Uhlenbruck-Hirte § 144 Rn. 7).

▶ Hinweis: 16

Vom Insolvenzverwalter ist stets zu prüfen, ob auch die Sicherheitenbestellung selbst in anfechtbarer Weise erfolgte. Ist dies der Fall, sollte diese Anfechtung mit der des Erfüllungsgeschäftes verbunden werden.

II. Schicksal der Gegenleistung des Anfechtungsgegners (Abs. 2)

Abs. 2, der inhaltlich dem § 38 KO entspricht, betrifft die Gegenleistung des Anfechtungsgegners 17
aus einem angefochtenen gegenseitigen Schuldverhältnis, d. h. das Kausalgeschäft, nicht die Leistung zu seiner Erfüllung (hierfür gilt Abs. 1), wird (gem. §§ 132, 133, bei gemischten Schenkungen
ggf. gem. § 134) angefochten. Der Anspruch des Schuldners auf die Gegenleistung muss gerade
durch die Anfechtung erloschen sein, nicht z. B. als Folge einer Erfüllungsablehnung nach § 103
(MK-Kirchhof § 144 Rn. 13).

1. Berechtigter

Berechtigter i. S. d. Abs. 2 ist, wer als Empfänger der anfechtbaren Leistung des Schuldners seiner- 18
seits die Gegenleistung erbracht hat bzw. sein Gesamtrechtsnachfolger. Einzelrechtsnachfolger i. S. v.
§ 145 Abs. 2 hinsichtlich des vom Schuldner in anfechtbarer Weise weggegebenen Gegenstandes
sind nicht als solche wegen des Gegenwertes anspruchsberechtigt (FK-Dauernheim § 144 Rn. 10).
Sie müssen sich an ihren Rechtsvorgänger halten, können sich jedoch dessen Ansprüche aus Abs. 2
abtreten lassen oder sie pfänden und sich zur Einziehung überweisen lassen (Uhlenbruck-Hirte
§ 144 Rn. 16). Abs. 2 findet über § 17 Abs. 2 AnfG auch dann Anwendung, wenn der Insolvenzverwalter nach Verfahrenseröffnung in den Anfechtungsprozess des nach dem AnfG anfechtenden
Gläubigers eintritt und die Ergebnisse des Prozesses nutzt (Uhlenbruck-Hirte § 144 Rn. 17).

2. Gegenleistung

Gegenleistung ist alles, was der Anfechtungsgegner aufgrund der angefochtenen Rechtshandlung 19
als Ausgleich hingegeben (Uhlenbruck-Hirte § 144 Rn. 10) und was tatsächlich in das schuldnerische Vermögen gelangt ist.

Eigene Aufwendungen des Anfechtungsgegners für den Vertragsschluss oder auf den Anfechtungsgegenstand sind nicht berücksichtigungsfähig (MK-Kirchhof § 144 Rn. 14, 17). Mangels Gegenleistung ist Abs. 2 bei der Anfechtung gem. § 134 grds. nicht anwendbar. Eine Ausnahme bildet die
gemischte Schenkung: ist bei dieser die Leistung des Schuldners unteilbar, so ist das Teilentgelt die
Gegenleistung (FK-Dauernheim § 144 Rn. 5). Die Besicherung eines Darlehens ist hingegen keine
Gegenleistung für die Auszahlung der Darlehensvaluta selbst (FK-Dauernheim § 144 Rn. 5).

3. Erstattungsanspruch

Der Erstattungsanspruch entsteht mit dem Vollzug des Rückgewähranspruches aus § 143 (BGH, 20
ZIP 1986, 787), da erst ab diesem Augenblick eine ungerechtfertigte Bereicherung der Masse eintritt (FK-Dauernheim § 144 Rn. 4).

a) Gegenleistung noch unterscheidbar in der Masse/Masse um Wert bereichert (nach Satz 1)

Soweit die Gegenleistung noch unterscheidbar in der Insolvenzmasse vorhanden ist, ist diese gem. 21
Abs. 2 Satz 1 **in natura** herauszugeben, die Herausgabepflicht für gezogene **Nutzungen** richtet sich

nach § 818 Abs. 1 BGB (KPB-Jacoby § 144 Rn. 26 f.). An die Stelle der Gegenleistung tritt ggf. das **Surrogat**, das die Insolvenzmasse dafür erlangt hat (BGH, ZIP 1986, 787). Nicht erfasst sind allerdings rechtsgeschäftliche Surrogate (BGHZ 75, 203, 206). Bei Unmöglichkeit der Naturalrestitution ist **Wertersatz** in dem Umfang zu leisten, in dem die Insolvenzmasse um den Wert des Gegenstandes bereichert ist. Für die Frage, ob die Massebereicherung entfallen ist, gilt § 818 Abs. 3 BGB sinngemäß (MK-Kirchhof § 144 Rn. 17). Bis zum Zeitpunkt der tatsächlichen Rückgewähr des anfechtbar Erlangten trägt der Anfechtungsgegner das Risiko des zufälligen Untergangs der Gegenleistung (FK-Dauernheim § 144 Rn. 6). Als **bösgläubig** i.S.d. § 819 Abs. 1 BGB gilt der Insolvenzverwalter erst ab Geltendmachung der Anfechtung (MK-Kirchhof § 144 Rn. 17).

22 Der Anspruch aus Abs. 2 Satz 1 stellt eine **Masseverbindlichkeit** gem. § 55 Abs. 1 Nr. 3, kein Aussonderungsrecht dar (KPB-Jacoby § 144 Rn. 27). Eine Anmeldung zur Insolvenztabelle hat nicht zu erfolgen. Wegen dieses Anspruches kann der Anfechtungsgegner – sofern der gegen ihn gerichtete Anspruch nicht aus einer vorsätzlichen unerlaubten Handlung stammt (BGH, ZIP 1986, 787) – ein **Zurückbehaltungsrecht** ggü. dem gegen ihn gerichteten Anspruch aus § 143 geltend machen (BGH, ZInsO 2000, 410). Nach herrschender Meinung können Gegenleistung und Rückerstattungsforderung bei Gleichartigkeit auch ohne Aufrechnungserklärung miteinander verrechnet werden. Es kann somit unmittelbar auf die Differenz beider Forderungen erkannt werden. Dies gilt nur dann nicht, wenn nach § 209 Abs. 1 Nr. 2 und 3 nur eine noch nicht feststehende verhältnismäßige Befriedigung verlangt werden kann (Uhlenbruck-Hirte § 144 Rn. 13).

b) Einfache Insolvenzforderung (nach Satz 2)

23 Sofern sich die Leistung des Anfechtungsgegners im maßgeblichen Zeitpunkt (vgl. Rdn. 20) nicht mehr unterscheidbar in der Insolvenzmasse befindet und diese auch nicht mehr um den Wert jener Leistung bereichert ist, steht dem Anfechtungsgegner ein Erstattungsanspruch zu, der – obwohl er erst mit Verfahrenseröffnung entsteht – nach Abs. 2 Satz 2 eine einfache Insolvenzforderung (§ 38) darstellt. Auch diesen Anspruch kann der Anfechtungsgegner bereits während des Anfechtungsprozesses vorsorglich als durch die Rückgabe aufschiebend bedingten Anspruch zur Insolvenztabelle anmelden (Uhlenbruck-Hirte § 144 Rn. 15; vgl. Rdn. 6).

Mit seinem Anspruch aus Abs. 2 Satz 2 kann der Anfechtungsgegner wegen § 96 Abs. 1 Nr. 1 nicht aufrechnen, auch ein Zurückbehaltungsrecht besteht zu seinen Gunsten nicht.

B. Verfahrensfragen

I. Darlegungs- und Beweislast

24 Im Rahmen des Abs. 1 ist für die Frage, ob für die in anfechtbarer Weise getilgte Forderung wiederauflebende Sicherheiten bestellt wurden, derjenige darlegungs- und beweispflichtig, der daraus Rechte herleiten will.

Bei Abs. 2 trägt der Anfechtungsgegner die Beweislast hinsichtlich der Erbringung einer Gegenleistung. Der Insolvenzverwalter hat im Bestreitensfall den Beweis für den späteren Wegfall der Bereicherung zu erbringen. Ferner trifft ihn die Beweislast für die Voraussetzungen, aus denen sich ergibt, dass er diesen Wegfall nicht zu vertreten hat.

II. Sonderfall Insolvenzplan

25 Gem. § 259 Abs. 3 kann der Insolvenzverwalter, soweit dies im gestaltenden Teil des Insolvenzplanes vorgesehen ist, einen anhängigen Anfechtungsrechtsstreit auch nach Aufhebung des Verfahrens fortführen. Soweit im Plan keine andere Regelung getroffen wurde, wird der Rechtsstreit für Rechnung des Schuldners geführt. Der Erlös eines erfolgreichen Anfechtungsprozesses ist an den Schuldner auszukehren (Uhlenbruck-Hirte § 259 Rn. 18), er hat bei Unterliegen die Verfahrenskosten zu tragen (Uhlenbruck-Hirte § 259 Rn. 20). § 144 ist auch im Anwendungsbereich des § 259 Abs. 3 (soweit nichts anderes vereinbart wurde) zu berücksichtigen. Soweit die Gegenleistung i. S. d.

Abs. 2 oder ihr Wert bei Erklärung der Anfechtung noch in der Masse vorhanden ist, sollte eine Verwertung und Verteilung bis zur rechtskräftigen Entscheidung über den Anfechtungsanspruch unterbleiben, da in diesen Fällen ein Berufen auf den Wegfall der Bereicherung grds. ausscheidet (vgl. Rdn. 21). Der Anfechtungsgegner sollte seine Masse- (Abs. 2 Satz 1) bzw. Insolvenzforderung (Abs. 1, Abs. 2 Satz 2) rechtzeitig anmelden, um im Plan Berücksichtigung zu finden.

§ 145 Anfechtung gegen Rechtsnachfolger

(1) Die Anfechtbarkeit kann gegen den Erben oder einen anderen Gesamtrechtsnachfolger des Anfechtungsgegners geltend gemacht werden.

(2) Gegen einen sonstigen Rechtsnachfolger kann die Anfechtbarkeit geltend gemacht werden:
1. wenn dem Rechtsnachfolger zur Zeit seines Erwerbs die Umstände bekannt waren, welche die Anfechtbarkeit des Erwerbs seines Rechtsvorgängers begründen;
2. wenn der Rechtsnachfolger zur Zeit seines Erwerbs zu den Personen gehörte, die dem Schuldner nahestehen (§ 138), es sei denn, daß ihm zu dieser Zeit die Umstände unbekannt waren, welche die Anfechtbarkeit des Erwerbs seines Rechtsvorgängers begründen;
3. wenn dem Rechtsnachfolger das Erlangte unentgeltlich zugewendet worden ist.

Übersicht	Rdn.		Rdn.
A. Norminhalt	1	b) Rechtsnachfolger ist eine dem Schuldner nahe stehende Person (Nr. 2)	19
I. Gesamtrechtsnachfolger (Abs. 1)	3		
1. Allgemeines	3	c) Unentgeltlicher Erwerb des Rechtsnachfolgers (Nr. 3)	20
2. Erbe	6		
3. Andere Gesamtrechtsnachfolger	7	4. Rechtsfolgen	22
II. Einzelrechtsnachfolger (Abs. 2)	9	B. Verfahrensfragen	26
1. Sonstige Rechtsnachfolger	9	I. Geltendmachung	26
2. Anfechtbarkeit	15	II. Darlegungs- und Beweislast	28
3. Persönliche Voraussetzungen	16		
a) Kenntnis von Anfechtbarkeit des Vorerwerbs (Nr. 1)	16		

A. Norminhalt

Die Rückführung von Massegegenständen etc. soll auch dann noch möglich sein, wenn das anfechtbar weggegebene Vermögensgut vom Empfänger an weitere Vermögensträger gelangt ist; anderenfalls könnte der unmittelbare Empfänger der anfechtbaren Leistung durch Weiterübertragung die Naturalrestitution vereiteln. Ggü. dem Gesamtrechtsnachfolger kann daher stets angefochten werden; die Anfechtung ggü. dem Einzelrechtsnachfolger ist möglich, soweit dieser aus den in Abs. 2 Nr. 1 bis 3 genannten Gründen nicht schutzwürdig ist. 1

§ 145 setzt die Rechtsnachfolge bzgl. des anfechtbar weggegebenen Gegenstand selbst voraus (BGHZ 155, 199 = BGH ZInsO 2003, 761), gilt unter dieser Voraussetzung jedoch nicht nur ggü. dem ersten, sondern auch ggü. jedem weiteren Rechtsnachfolger, soweit dieser die weiteren Voraussetzungen der Norm erfüllt. Schuldete bereits der Erstempfänger wegen Unmöglichkeit der Rückgewähr in Natur lediglich Wertersatz, so greift § 145 nicht ein (BGH a.a.O.). Allerdings kann die Wertersatzpflicht des Erstempfängers nach allgemeinen Grundsätzen (z. B. § 1967 BGB, § 25 HGB) auf den Gesamtrechtsnachfolger übergehen (MK-Kirchhof § 145 Rn. 16; vgl. zur insolvenzanfechtungsrechtlichen Rechtsscheinhaftung eines Unternehmens, das im Geschäftsverkehr den Eindruck der Fortführung eines anderen Unternehmens erweckt BGH in ZInsO 2011, 183). Auch der auf Rückgewähr in Natur gerichtete Anspruch kann nach diesen allgemeinen Vorschriften übergehen, § 145 erleichtert in diesen Fällen jedoch die Durchsetzbarkeit, da auf besondere Haftungsbeschränkungen der allgemeinen Vorschriften keine Rücksicht genommen werden muss (MK-Kirchhof § 145 Rn. 16). 2

Aufgrund der Übereinstimmung mit § 15 Abs. 1 und 2 AnfG kann die zu dieser Vorschrift ergangene Rspr. übernommen werden.

I. Gesamtrechtsnachfolger (Abs. 1)

1. Allgemeines

3　Ist die Anfechtung ggü. dem Rechtsvorgänger begründet, so ist sie dies ohne Weiteres auch ggü. dessen Gesamtrechtsnachfolger, soweit dieser den anfechtbar weggegebenen Gegenstand selbst erlangt hat (vgl. Rdn. 2).

Gesamtrechtsnachfolger ist, wer auf gesetzlicher Grundlage in alle Verbindlichkeiten seines Vorgängers eintritt, wobei es genügt, wenn er nunmehr lediglich neben dem Rechtsvorgänger haftet (BT-Drucks. 2443/12 S. 168; vgl. im Einzelnen Rdn. 6 ff.).

4　Bei wiederholter Rechtsnachfolge muss der Erwerb jeder Zwischenperson anfechtbar sein. Hat auch nur ein Zwischenerwerber den Gegenstand unanfechtbar erworben, scheidet die Anfechtung ggü. seinen Rechtsnachfolgern selbst dann aus, wenn diese die Anfechtbarkeit des Ersterwerbers oder eines früheren Zwischenerwerbers kannten (MK-Kirchhof § 145 Rn. 6).

5　Nicht erforderlich ist, dass die Anfechtung bereits ggü. dem Rechtsvorgänger geltend gemacht worden ist. Ebenso ist unerheblich, ob die Rechtsnachfolge vor oder nach Verfahrenseröffnung eintrat (MK-Kirchhof § 145 Rn. 5).

2. Erbe

6　Gesamtrechtsnachfolger ist zunächst der in Abs. 1 ausdrücklich erwähnte Erbe (§ 1922 BGB), soweit das anfechtbar Erlangte nach allgemeinen Grundsätzen vererblich ist (BGH, NJW 1996, 3006 zu § 11 AnfG a. F.). Mehrere Erben haften wegen ihrer gesamthänderischen Verbundenheit als Gesamtschuldner. Die Haftungsbeschränkung nach § 1975 BGB kann der Erbe nur im Rahmen von § 143 Abs. 1 Satz 2 geltend machen, soweit die Wertersatzpflicht des Erblassers gem. § 1922 BGB auf ihn übergegangen ist (MK-Kirchhof § 145 Rn. 8).

Hat der Erblasser **Vor- und Nacherben** eingesetzt, so haftet der Vorerbe bis zum Eintritt des Nacherbfalles; danach haftet gem. § 2139 BGB grds. der Nacherbe. Ausnahmsweise haftet gem. § 2145 BGB der Vorerbe weiter, soweit der Nacherbe nicht haftet (Uhlenbruck-Hirte § 145 Rn. 4).

Wenn der Schuldner den ursprünglichen Anfechtungsgegner vor oder nach Verfahrenseröffnung selbst beerbt, fällt das anfechtbar Weggegebene ohne Weiteres in die Insolvenzmasse, Wertersatzansprüche erlöschen durch Konfusion. Einer Anfechtung bedarf es also nicht mehr. Bei einer haftungsrechtlichen Sonderung des Nachlasses gem. § 1975 BGB gelten die Rückgewähransprüche allerdings gem. § 1976 BGB als nicht erloschen.

Auch der Erbschaftskäufer gem. § 2382 BGB ist Gesamtrechtsnachfolger; erwirbt er lediglich einen Miterbenanteil, so haftet er wie der Miterbe (HK-Kreft § 145 Rn. 2).

3. Andere Gesamtrechtsnachfolger

7　Außer im Erbfall tritt Gesamtrechtsfolge z. B. ein durch **Verschmelzung** (§§ 20, 36 UmwG) und **Spaltung** (§ 131 UmwG) von Gesellschaften, wohingegen der bloße **Formwechsel** (§§ 190 ff. UmwG) keine Rechtsnachfolge darstellt, weil gem. § 202 Abs. 1 Nr. 1 UmwG der haftende Rechtsnachfolger als solcher erhalten bleibt (MK-Kirchhof § 145 Rn. 14).

Vereinigen sich bei einer **Personengesellschaft** alle Anteile in einer Hand mit der Folge, dass die Gesellschaft erlischt, so geht das Vermögen der Gesellschaft auf den letzten verbliebenen Gesellschafter als ihren Rechtsnachfolger über (Uhlenbruck-Hirte § 145 Rn. 8). Kein weiterer Fall der Gesamtrechtsnachfolge i. S. d. Abs. 1 ist die **Firmenfortführung** gem. § 25 HGB; hier handelt es sich um eine Abs. 2 unterworfene Einzelrechtsnachfolge (KPB-Brinkmann § 145 Rn. 15). Ferner stellt die Einbringung in das Gesamtgut einer (ggf. fortgesetzten) ehelichen **Gütergemeinschaft** eine Gesamtrechtsnachfolge dar (MK-Kirchhof § 145 Rn. 12).

Im Fall der Eröffnung des Insolvenzverfahrens über das Vermögen des Leistungsempfängers gilt der dortige **Insolvenzverwalter** als Rechtsnachfolger entsprechend Abs. 1 (BGHZ 155, 199, 203 = ZInsO 2003, 761); in diesem Fall ist die Möglichkeit der (Ersatz-) Aussonderung zu beachten (vgl. § 143 Rdn. 87).

Zur Anfechtung von vor der Gesamtrechtsnachfolge durch den Rechtsvorgänger anfechtbar vorgenommenen Rechtshandlungen in der Insolvenz des Rechtsnachfolgers vgl. § 129 Rdn. 24. 8

II. Einzelrechtsnachfolger (Abs. 2)

1. Sonstige Rechtsnachfolger

Ggü. **Einzelrechtsnachfolgern** ist die Anfechtung ggü. Abs. 1 dadurch erschwert, dass sie nur bei 9 Vorliegen weiterer Voraussetzungen, unter denen der Rechtsnachfolger als weniger schutzwürdig anzusehen ist, begründet ist. Einzelrechtsnachfolger ist dabei jeder, der den anfechtbar weggegebenen Gegenstand anders als durch Gesamtrechtsnachfolge von dem ursprünglichen Anfechtungsgegner erlangt hat (BGH, ZInsO 2008, 1202). Auch in diesem Fall ist es unerheblich, ob die Rechtsnachfolge vor oder nach Verfahrenseröffnung stattfand. **Unerheblich** ist ferner, auf welcher **Rechtsgrundlage** (rechtsgeschäftlicher Erwerb, Gesetz, z. B. § 774 BGB, oder Zwangsvollstreckung) die Rechtsnachfolge beruht (Uhlenbruck-Hirte § 145 Rn. 18). Unerheblich ist des Weiteren, ob die Einzelrechtsnachfolge auf einem **Erwerb unter Lebenden oder von Todes wegen** beruht. Der Vermächtnisnehmer ist daher rgm. Einzelrechtsnachfolger des Erben (FK-Dauernheim § 145 Rn. 9).

Allerdings muss es sich um einen **abgeleiteten Erwerb** handeln, was nicht der Fall ist, wenn der 10 anfechtbar weggegebene Gegenstand beim ursprünglichen Leistungsempfänger oder früheren Zwischenerwerber untergeht, ohne dass ein Rechtsübergang auf eine andere Person stattgefunden hat. Dies trifft insb. bei Erfüllung oder Erlass (HK-Kreft § 145 Rn. 7), bei Erwerb durch Zuschlag in der Zwangsversteigerung sowie unter den Voraussetzungen der §§ 946 ff. BGB zu (MK-Kirchhof § 145 Rn. 18). Bei der Weitergabe von **Geld** ist daher eine Rechtsnachfolge nur dann anzunehmen, wenn die anfechtbar übertragenen Münzen oder Scheine als solche – nicht nur ihrem Wert nach – weitergegeben werden (BGH, ZInsO 2008, 1202). Rechtsnachfolger ist daher nicht, wer als Kreditgeber im Rahmen eines **Kreditgeberpools** durch einen weiteren Poolkreditgeber eingezogene Rückzahlungsansprüche weitergeleitet erhält (OLG Köln, ZIP 2007, 391 [Ls.]).

Rechtsnachfolger kann unter den weiteren Voraussetzungen der Norm auch der gutgläubige Erwer- 11 ber (§§ 892, 932 ff. BGB) oder der »Erwerber« im Fall eines Scheingeschäftes gem. § 117 BGB sein (MK-Kirchhof § 145 Rn. 17a). Schließlich kann auch **der Schuldner selbst** Rechtsnachfolger sein, jedoch bedarf es ihm ggü. grds. nicht der Anfechtung (vgl. Rdn. 6).

Rechtsnachfolge ist sowohl im Wege der **Voll-** als auch der **Teilübertragung** des anfechtbar 12 erlangten Gegenstandes möglich. Rechtsnachfolger ist danach z. B. der Zessionar eines anfechtbar begründeten oder erworbenen Rechts (MK-Kirchhof § 145 Rn. 19), aber auch derjenige, zu dessen Gunsten an dem anfechtbar übertragenen Gegenstand eine Hypothek oder Dienstbarkeit bestellt wird (BGHZ 130, 314, 317 zu § 11 Abs. 2 AnfG a. F.). Rückt ein nachrangig Berechtigter aufgrund der anfechtbaren Aufgabe eines vorrangigen Rechtes des Insolvenzschuldners im Rang auf, so ist er als Rechtsnachfolger in diese Rangstelle anzusehen (MK-Kirchhof § 145 Rn. 20).

Rechtsnachfolger ist grds. auch derjenige, der als Folge einer **Zwangsvollstreckung** ein Pfandrecht 13 an anfechtbar weggegebenen Gegenständen erlangt (FK-Dauernheim § 145 Rn. 11) oder wer eine anfechtbare Forderung durch Pfändung und Überweisung zur Einziehung erwirbt (Uhlenbruck-Hirte § 145 Rn. 20). Hat allerdings ein Gläubiger des späteren Insolvenzschuldners aufgrund des AnfG bei Dritten vollstreckt, so gilt nach § 16 Abs. 2 AnfG die Vollstreckung als Rechtshandlung unmittelbar gegen den Insolvenzschuldner selbst (BGHZ 29, 230, 234).

14 Rechtsnachfolger ist ferner derjenige, der – wie z. B. ein Mieter – aufgrund eines schuldrechtlichen Vertrages lediglich den **Besitz** an der anfechtbar weggegebenen Sache erlangt hat (Uhlenbruck-Hirte § 145 Rn. 18).

2. Anfechtbarkeit

15 Die Anfechtbarkeit ggü. dem Einzelrechtsnachfolger ist nur dann gegeben, wenn die Anfechtung auch ggü. dem ersten Erwerber und jedem Zwischenerwerber begründet ist, wobei jeweils unterschiedliche Anfechtungsgründe eingreifen können. Weiter ist erforderlich, dass die Übertragung des Erlangten die Insolvenzgläubiger jedenfalls mittelbar – z. B. durch Aufrechterhaltung des durch die anfechtbare Weggabe entstandenen benachteiligenden Zustandes (BGHZ 130, 314, 320 zu § 11 Abs. 2 AnfG a. F.) – benachteiligt. Schließlich muss jedenfalls eine der in Abs. 2 Nr. 1 bis 3 genannten Alternativen eingreifen, weshalb eine Anfechtung ggü. dem gutgläubigen, entgeltlichen Einzelrechtsnachfolger nicht möglich ist (MK-Kirchhof § 145 Rn. 24).

3. Persönliche Voraussetzungen

a) Kenntnis von Anfechtbarkeit des Vorerwerbs (Nr. 1)

16 Damit Abs. 2 Nr. 1 eingreift, müssen dem Rechtsnachfolger im Zeitpunkt seines Erwerbs die Umstände bekannt sein, welche die Anfechtbarkeit des Erwerbs seines Rechtsvorgängers begründen. Erforderlich ist die positive Kenntnis dieser (auch subjektiven; BGHZ 116, 222) Tatsachen. Dabei braucht sich allerdings die Kenntnis des Rechtsnachfolgers nur auf solche objektiven Tatsachen zu beziehen, für die auch aufseiten des Ersterwerbers Kenntnis vorliegen muss, um die Anfechtbarkeit zu begründen. Obgleich die Zahlungsunfähigkeit i. R. d. § 131 Abs. 1 Nr. 2 eine die Anfechtbarkeit begründende objektive Tatsache ist, sollte es für eine Anfechtbarkeit ggü. dem Anfechtungsgegner genügen, wenn dieser weiß, dass sein Rechtsvorgänger den Gegenstand als inkongruente Deckung erlangt hat. Denn bereits die Kenntnis um die Inkongruenz lässt seine besondere Schutzbedürftigkeit entfallen. Nicht erforderlich ist, dass der Anfechtungsgegner auch die rechtlichen Folgen der ihm bekannten Umstände, d. h. die Anfechtbarkeit selbst, kennt (HK-Kreft § 145 Rn. 10).

17 Bei mehreren zeitlich aufeinanderfolgenden Rechtsvorgängern muss der Rechtsnachfolger zunächst die Umstände kennen, aus denen sich die Anfechtbarkeit des Erwerbs seines unmittelbaren Rechtsvorgängers ergibt. Hatte dieser den Gegenstand seinerseits als Rechtsnachfolger i. S. d. Abs. 2 Nr. 1 und 2 erworben, muss der Rechtsnachfolger ferner die Kenntnis seines Vorgängers und die zur Anfechtbarkeit führenden Umstände des vorangegangenen Erwerbs hin zu seinem Rechtsvorgänger kennen. Ist hingegen die Anfechtbarkeit ggü. dem Rechtsvorgänger über Abs. 2 Nr. 3 gem. § 134 begründet, so braucht der Rechtsnachfolger lediglich die Unentgeltlichkeit jenes Erwerbsvorganges zu kennen (Uhlenbruck-Hirte § 145 Rn. 28). Ergab sich die Anfechtbarkeit ggü. dem Rechtsvorgänger aus einem Anfechtungstatbestand, der eine Rechtsvermutung für das Vorliegen einer Anfechtungsvoraussetzung enthält (z. B. §§ 130 Abs. 3, 131 Abs. 2 Satz 2, 133 Abs. 1 Satz 2), so gilt diese Vermutung auch i. R. d. Abs. 2 Nr. 1 und 2. Ferner genügt das Bewusstsein des Rechtsnachfolgers, dass sein Vorgänger Umstände kannte, die zwingend auf die Zahlungsunfähigkeit schließen lassen (NR-Nerlich § 145 Rn. 18).

18 **Maßgeblicher Zeitpunkt** für die erforderliche Kenntnis des Rechtsnachfolgers ist derjenige der Vollendung (§ 140) seines eigenen Rechtserwerbs (HK-Kreft § 145 Rn. 10).

b) Rechtsnachfolger ist eine dem Schuldner nahe stehende Person (Nr. 2)

19 Wenn der Rechtsnachfolger **dem Insolvenzschuldner nahe stand** (§ 138), wird gem. Nr. 2 die Kenntnis des Rechtsnachfolgers i. S. d. Nr. 1 widerleglich vermutet. Unerheblich ist die Beziehung des Anfechtungsgegners zu seinen Rechtsvorgängern (HK-Kreft § 145 Rn. 11).

c) Unentgeltlicher Erwerb des Rechtsnachfolgers (Nr. 3)

Erwirbt der Rechtsnachfolger den anfechtbar weggegebenen Gegenstand unentgeltlich, so ist er zur Rückgewähr verpflichtet, unabhängig davon, ob er z. Zt. des Erwerbs die Umstände kannte, die die Anfechtbarkeit des Erwerbs seiner Rechtsvorgänger begründete. Die Unentgeltlichkeit in Nr. 3 ist ebenso zu verstehen wie in § 134 (vgl. dort Rdn. 13 ff.). Allerdings ist auch die Pfändung eines anfechtbar weggegebenen Gegenstandes und die Befriedigung hieraus wie ein unentgeltlicher Erwerb zu behandeln (MK-Kirchhof § 145 Rn. 30). Unentgeltlich muss allein der Erwerb des Anfechtungsgegners von seinem Rechtsvorgänger erfolgt sein; nach welcher Norm der Erwerb seines Vorgängers anfechtbar ist, ist unerheblich (FK-Dauernheim § 145 Rn. 17). Dabei gilt § 134 Abs. 2 entsprechend, wenn es sich bei dem vom Rechtsnachfolger Erlangten um ein gebräuchliches Gelegenheitsgeschenk von geringem Wert (vgl. § 134 Rdn. 38 ff.) handelt (FK-Dauernheim § 145 Rn. 17). 20

§ 145 Abs. 2 Nr. 3 regelt die Anfechtbarkeit gegenüber einem unentgeltlich erwerbenden Rechtsnachfolger spezialgesetzlich abschließend; § 822 BGB ist daneben nicht anwendbar (BGH, ZInsO 2012, 1522).

Die Haftungsmilderung nach § 143 Abs. 2 (vgl. § 143 Rdn. 83 ff.) greift i. R. d. Abs. 2 Nr. 3 zugunsten des (ausschließlich nach Nr. 3 haftenden; MK-Kirchhof § 145 Rn. 31) Rechtsnachfolgers ein, sodass dieser das Erlangte nur zurückzugewähren hat, wenn er um dieses noch bereichert oder bösgläubig ist (HK-Kreft § 145 Rn. 12). Die Gutgläubigkeit seines Rechtsvorgängers kommt dem selbst bösgläubigen Rechtsnachfolger nicht zugute (MK-Kirchhof § 145 Rn. 31). 21

4. Rechtsfolgen

Der Rechtsnachfolger haftet nur in dem **Umfang**, in dem er den anfechtbar weggegebenen Gegenstand selbst erlangt hat (Zeuner, Anfechtung, Rn. 294), unterliegt insoweit jedoch dem Rückgewähranspruch gem. § 143 mit allen Modifikationen. Auch er hat somit gem. **§ 143 Abs. 1 Satz 2** gezogene Nutzungen herauszugeben oder Wertersatz zu leisten, wenn ihm die Rückgewähr in Natur unmöglich wird. Die **Unredlichkeit des ursprünglichen Leistungsempfängers** wird lediglich seinem Gesamtrechtsnachfolger i. R. d. § 143 Abs. 1 Satz 2 zugerechnet (MK-Kirchhof § 145 Rn. 32). 22

Die **Haftung** des Rechtsnachfolgers tritt selbstständig **neben** diejenige **früherer Leistungsempfänger** (MK-Kirchhof § 145 Rn. 33). Haften Rechtsvorgänger und -nachfolger – wie im Fall von Wertersatzansprüchen – auch inhaltlich auf das Gleiche, sind sie Gesamtschuldner gem. §§ 421 ff. BGB (BGH, ZIP 1986, 787). Der Insolvenzverwalter hat also die Wahl, gegen wen er vorgehen will; steht aber fest, dass der Rechtsnachfolger zur Herausgabe in Natur nicht mehr in der Lage ist, so darf auch der Vorgänger nicht zur Herausgabe, sondern allenfalls zur Leistung von Wertersatz verurteilt werden (BGH, ZIP 1986, 787). 23

§ 144 gilt nur, soweit der Schuldner selbst vom Anfechtungsgegner eine Schuldbefreiung oder Gegenleistung für die anfechtbare Rechtshandlung erlangt hat. Die Erstattung der unmittelbar an seinen Rechtsvorgänger erbrachten Leistung kann der Rechtsnachfolger also nicht von der Masse verlangen, er muss sich derentwegen vielmehr an seinen Rechtsvorgänger halten, der ihm nach allgemeinen Vorschriften verpflichtet sein kann (MK-Kirchhof § 145 Rn. 35). Da die seitens des Rechtsnachfolgers erbrachte Gegenleistung i. d. R. nicht in die Insolvenzmasse gelangt ist, kann dieser sich auch nicht mit Erfolg auf **§ 142** berufen (Braun-Riggert § 145 Rn. 19). 24

Die Anfechtbarkeit kann auch den durch den Rechtsnachfolger anfechtbar erworbenen Ansprüchen gem. **§ 146 Abs. 2** unbefristet im Wege der Einrede entgegengehalten werden. 25

B. Verfahrensfragen

I. Geltendmachung

26 Rechtsvorgänger und -nachfolger sind **keine notwendigen Streitgenossen** (§ 62 ZPO), sondern können getrennt voneinander verklagt werden. Im Fall der Einzelrechtsnachfolge findet § 265 ZPO keine Anwendung, weil der rechtshängig gewordene Rückgewähranspruch gegen den Rechtsvorgänger nicht mit dem Anspruch gegen den Rechtsnachfolger identisch ist (MK-Kirchhof § 145 Rn. 38). Daher kann ein durch den Rechtsvorgänger erstrittener Titel auch nicht gem. §§ 325, 727 ZPO auf den Rechtsnachfolger umgeschrieben werden (OLG Köln, ZIP 1991, 1369). Auch wird i. R. d. Abs. 2 die **Rechtskraft** einer Entscheidung im Prozess gegen einen von ihnen nicht auf das andere Rechtsverhältnis erstreckt (MK-Kirchhof § 145 Rn. 39). Der Gesamtrechtsnachfolger muss hingegen nach allgemeinen Regeln eine gegen seinen Rechtsvorgänger ergangene Entscheidung gegen sich gelten lassen. Wurde die Klage zunächst auf einen mittelbaren Erwerb vom Schuldner selbst gestützt, später jedoch auf einen Erwerb im Wege der Rechtsnachfolge, so liegt darin nur dann eine **Klageänderung** (§ 263 ZPO), wenn der Erwerb im Wege der Rechtsnachfolge auf einem anderen Lebenssachverhalt beruht (MK-Kirchhof § 145 Rn. 38).

27 Die **Verjährung** des Anspruches aus § 145 richtet sich nach § 146, wobei der Rückgewähranspruch bei Rechtsnachfolge vor Verfahrenseröffnung mit Verfahrenseröffnung (vgl. § 143 Rdn. 2), bei Rechtsnachfolge nach Verfahrenseröffnung mit Vornahme der die Rechtsnachfolge herbeiführenden Rechtshandlung (§ 140) entsteht. Im Fall der Gesamtrechtsnachfolge nach Verfahrenseröffnung dürfte allerdings gem. § 198 BGB auf die gegen den Rechtsvorgänger abgelaufene Frist abzustellen sein (MK-Kirchhof § 145 Rn. 37). Die gerichtliche Geltendmachung des Anspruches gegen den Rechtsvorgänger unterbricht die Verjährung gegen den Einzelrechtsnachfolger nicht (Uhlenbruck-Hirte § 145 Rn. 25). War der Rückgewähranspruch ggü. dem Ersterwerber im Zeitpunkt der Rechtsnachfolge bereits verjährt, kommt eine Anfechtung ggü. dem Rechtsnachfolger nicht in Betracht (Gerhardt, FS Kirchhof, S. 121, 129 f.).

II. Darlegungs- und Beweislast

28 Der **Insolvenzverwalter** hat für Abs. 1 und 2 die Voraussetzungen der Rechtsnachfolge sowie die Anfechtbarkeit ggü. allen Rechtsvorgängern darzulegen und ggf. zu beweisen. Beweiserleichterungen aus den einzelnen Anfechtungsvorschriften sind auch ggü. dem Rechtsnachfolger zu berücksichtigen. Bei einer Anfechtung gem. Abs. 2 trifft den Insolvenzverwalter auch die Beweislast für das Vorliegen einer Gläubigerbenachteiligung (vgl. Rdn. 15) sowie i. R. d. Nr. 1 für die Kenntnis des Rechtsnachfolgers (FK-Dauernheim § 145 Rn. 15). Erfolgt die Anfechtung gem. Abs. 2 Nr. 2, so hat der Insolvenzverwalter das Näheverhältnis des Anfechtungsgegners zum Schuldner im maßgeblichen Zeitpunkt zu beweisen (KPB-Brinkmann § 145 Rn. 33). Bei einer Anfechtung nach Nr. 3 trifft ihn die Beweislast für die Unentgeltlichkeit des Erwerbs (MK-Kirchhof § 145 Rn. 41).

29 Der **Anfechtungsgegner** hat bei Anfechtung nach Abs. 2 Nr. 2 seine Unkenntnis von den in Nr. 1 genannten Umständen im Erwerbszeitpunkt darzulegen und ggf. zu beweisen (BGH, ZInsO 2002, 223). Bei einer Anfechtung nach Abs. 2 Nr. 3 obliegt es ihm, die in § 134 enthaltene gesetzliche Vermutung zu widerlegen, dass die Leistung innerhalb von 4 Jahren vor Antragstellung erfolgte (MK-Kirchhof § 145 Rn. 41).

§ 146 Verjährung des Anfechtungsanspruchs

(1) Die Verjährung des Anfechtungsanspruchs richtet sich nach den Regelungen über die regelmäßige Verjährung nach dem Bürgerlichen Gesetzbuch.

(2) Auch wenn der Anfechtungsanspruch verjährt ist, kann der Insolvenzverwalter die Erfüllung einer Leistungspflicht verweigern, die auf einer anfechtbaren Handlung beruht.

Übersicht

	Rdn.			Rdn.
A. Norminhalt	1		1. Allgemeines	13
I. Anwendungsbereich	2		2. Voraussetzungen	14
II. Regelmäßige Verjährung (Abs. 1)	3		3. Geltendmachung	15
1. Allgemeines	3		4. Wirkung der Einrede	17
2. Klageerhebung	10	**B.**	**Verfahrensfragen**	21
III. Leistungsverweigerungsrecht des Insolvenzverwalters nach Verjährung (Abs. 2)	13			

A. Norminhalt

§ 146 begrenzt die Durchsetzbarkeit des Rückgewähranspruches aus § 143 in zeitlicher Hinsicht und dient damit der Rechtssicherheit. Zugleich enthält Abs. 2 ein unverjähreres Leistungsverweigerungsrecht, um zu verhindern, das Gegenstände und Rechte, die sich noch in der Insolvenzmasse befinden, aufgrund eines anfechtbaren Rechtserwerbs nur deshalb der Masse entzogen werden, weil der Rückgewähranspruch verjährt ist (HK-Kreft § 146 Rn. 13). 1

I. Anwendungsbereich

§ 146 gilt für alle Anfechtungstatbestände der InsO, insb. auch für die Anfechtung nach § 145 ggü. Rechtsnachfolgern (vgl. dort Rdn. 27). Auch i. R. d. § 96 Abs. 1 Nr. 3 ist § 146 anzuwenden; die Unzulässigkeit einer Auf- oder Verrechnung kann von dem Insolvenzverwalter nach Ablauf der Frist des § 146 nicht mehr durchgesetzt werden, wenn sich die andere Seite auf die Verjährungseinrede beruft (BGH, ZInsO 2007, 813) Es verbleibt dann bei der zivilrechtlichen Wirkung der Auf- oder Verrechnung. Dies gilt jedoch nicht hinsichtl. der durch den Insolvenzverwalter zu erhebenden Gegeneinrede der Anfechtbarkeit i. S. d. Abs. 2; diese ist nicht binnen der Frist des Abs. 1 zu erheben (BGH, ZInsO 2008, 913). 2

II. Regelmäßige Verjährung (Abs. 1)

1. Allgemeines

Durch das Gesetz zur Anpassung von Verjährungsvorschriften an das Gesetz zur Modernisierung des Schuldrechts vom 09.12.2004 (BGBl. I 2004, S. 3214) wurde Abs. 1 dahin gehend geändert, dass der Rückgewähranspruch aus § 143 nicht mehr innerhalb von 2 Jahren ab Verfahrenseröffnung, sondern innerhalb der **regelmäßigen Verjährungsfrist des BGB** verjährt. Es finden also die §§ 194 ff. BGB Anwendung. Der Anfechtungsanspruch verjährt daher nunmehr nach **3 Jahren** (§ 195 BGB) wobei sich der Beginn der Verjährungsfrist nach § 199 BGB richtet. Gem. **§ 199 Abs. 1 BGB** beginnt die Verjährung damit am Ende des Jahres, in dem der **Anspruch entstanden ist und der Gläubiger von den den Anspruch begründenden Umständen und der Person des Schuldners Kenntnis erlangt oder ohne grobe Fahrlässigkeit** hätte erlangen müssen. Der Rückgewähranspruch entsteht frühestens mit Verfahrenseröffnung (vgl. § 143 Rdn. 2). Maßgeblich ist der Tag des Erlasses des Eröffnungsbeschlusses. Durch einen nicht richterlich unterschriebenen oder verkündeten Beschluss über die Verfahrenseröffnung wird die Verjährungsfrist auch dann nicht in Gang gesetzt, wenn der Beschluss dem Schuldner zugestellt und öffentlich bekannt gemacht worden ist (BGHZ 137, 49, 51 ff.). Entsteht der Rückgewähranspruch ausnahmsweise zu einem späteren Zeitpunkt (vgl. § 143 Rdn. 2; § 145 Rdn. 27), so ist dieser maßgeblich. Hinsichtlich der in § 199 Abs. 1 BGB geforderten **Kenntnis** muss sich der Insolvenzverwalter die Kenntnis des Schuldners zurechnen lassen: der Übergang der Verfügungsbefugnis auf den Insolvenzverwalter entspricht einem Fall der Rechtsnachfolge (BGHZ 155, 199, 203 = ZInsO 2003, 761). Für die Rechtsnachfolge ist die Zurechnung der Kenntnis des Rechtsvorgängers anerkannt (BGH, NJW 1996, 117). 3

Die Verjährung eines Rückgewähranspruchs richtet sich auch dann nach § 146, wenn die anfechtbare Rechtshandlung zwar vor Inkrafttreten der InsO vorgenommen, das Insolvenzverfahren aber auf einen nach dem 31.12.1998 gestellten Antrag hin eröffnet worden ist (BGH, ZInsO 2007, 4

31). Gem. **Art. 229 § 12 Abs. 1 Nr. 4 EGBGB** gilt Abs. 1 in seiner heutigen Fassung auch für alle Rückgewähransprüche, die am 15.12.2004 bereits bestanden und noch nicht verjährt waren. Der Beginn, die Hemmung, die Ablaufhemmung und der Neubeginn der Verjährung bestimmen sich jedoch für den Zeitraum vor dem 14.12.2004 nach dem bis dahin geltenden Recht. Da die Verjährungsfrist des alten Rechts kürzer war, bleibt es letztendlich gem. Art. 229 § 6 Abs. 3 EGBGB bei der 2-jährigen Verjährungsfrist ab Insolvenzeröffnung (Huber ZInsO 2005, 190, 191).

5 Die Verjährungsfrist läuft für jede anfechtbare Rechtshandlung und gegen jeden Anfechtungsgegner gesondert (BGH, ZIP 1995, 630). Hinsichtlich der **Hemmung** und des **Neubeginns** der Verjährung vgl. **§§ 203 ff. BGB**, auf die einschlägige Kommentarliteratur kann verwiesen werden. Von besonderer Bedeutung sind § 204 BGB (Hemmung der Verjährung durch Rechtsverfolgung) sowie § 212 BGB (Neubeginn der Verjährung nach Anerkenntnis oder Zwangsvollstreckung). Zu den Anforderungen an die eine Hemmung der Verjährung herbeiführende Klageerhebung (§ 204 Abs. 1 Nr. 1 BGB) vgl. Rdn. 10. Soweit man die Abtretung des Rückgewähranspruches aus § 143 für zulässig hält (vgl. § 143 Rdn. 92), beginnt die Verjährungsfrist mit der Zession nicht erneut. Eine Hemmung der Verjährung seitens des Insolvenzverwalters vor der Abtretung wirkt jedoch auch zugunsten des Zessionars (Uhlenbruck-Hirte § 146 Rn. 6).

Auch bei einem **Wechsel des Insolvenzverwalters** beginnt die Frist nicht erneut, sondern sie endet entsprechend §§ 210 ff. BGB frühestens nach Ablauf von 6 Monaten seit Bestellung des neuen Verwalters (Braun-Riggert § 146 Rn. 3).

6 § 852 Satz 2 BGB findet keine Anwendung, da der Rückgewähranspruch nicht aus einer unerlaubten Handlung herrührt (vgl. § 143 Rdn. 2).

7 Die Verjährung muss als **Einrede** geltend gemacht werden, § 214 Abs. 1 BGB. Die Folgen der Erhebung der Verjährungseinrede richten sich nach §§ 214 ff. BGB, insb. kann gem. § 215 BGB auch nach Eintritt der Verjährung noch mit einem verjährten Rückgewähranspruch ggü. sonstigen Forderungen des Anfechtungsgegners (Insolvenzforderungen oder Masseverbindlichkeiten; MK-Kirchhof § 146 Rn. 10) aufgerechnet bzw. es kann diesen Ansprüchen ein Zurückbehaltungsrecht entgegengehalten werden, soweit sie aus demselben rechtlichen Verhältnis stammen. Erforderlich ist allerdings, dass die Aufrechnungslage oder die Möglichkeit zur Geltendmachung des Zurückbehaltungsrechts bereits vor Eintritt der Verjährung bestand.

8 Die **Erhebung der Einrede** der Verjährung kann ausnahmsweise gem. § 242 BGB treuwidrig und damit unwirksam sein, wenn der Anfechtungsgegner zuvor den Insolvenzverwalter objektiv – sei es auch schuldlos und nicht zielgerichtet – von der rechtzeitigen Hemmung der Verjährung abgehalten hat, z. B. indem er die Aufklärung des zugrunde liegenden Sachverhalts durch den Insolvenzverwalter in unzulässiger Weise erheblich verzögert hat (MK-Kirchhof § 146 Rn. 28).

▶ Hinweis:

Eine derartige Verzögerung ist anzunehmen, wenn ein Sicherungsnehmer ein anfechtbar erlangtes Sicherungsrecht entgegen § 28 Abs. 2 nicht anzeigt, um Rechte daraus erst nach Ablauf der Anfechtungsfrist geltend zu machen oder wenn der Anfechtungsgegner vor Ablauf der Verjährungsfrist auf die Geltendmachung der Einrede der Verjährung (stillschweigend) (befristet) verzichtet (OLG Naumburg, WRP 2000, 252).

Solange die die Treuwidrigkeit begründenden Umstände vorliegen, ist die Verjährungseinrede nicht berücksichtigungsfähig. Nach Wegfall dieser Umstände verbleibt dem Insolvenzverwalter ein Zeitraum von 4 Wochen, um die Hemmung der Verjährung durch eine der Maßnahmen des § 204 BGB herbeizuführen (MK-Kirchhof § 146 Rn. 29).

9 Eine **Verwirkung** des Rückgewähranspruches gem. § 242 BGB ist vor Eintritt der Verjährung nicht ausgeschlossen, jedoch genügt das bloße Untätigbleiben des Insolvenzverwalters nicht als Grundlage für die Annahme einer Verwirkung (MK-Kirchhof § 146 Rn. 11).

2. Klageerhebung

Gem. § 204 Abs. 1 Nr. 1 BGB hemmt insb. die Erhebung der (Wider-) Klage auf Leistung oder Feststellung den Ablauf der Verjährung. Die Anforderungen an die Klageschrift ergeben sich aus § 253 ZPO. Danach muss diese zur Individualisierung insb. die Parteien sowie den Gegenstand und Grund des erhobenen Anspruches bezeichnen (HK-Kreft § 146 Rn. 8). Um den jeweiligen Rückgewähranspruch als Streitgegenstand zu individualisieren, muss die Klagschrift diejenigen Tatsachen nennen, aus denen die Anfechtung hergeleitet wird (MK-Kirchhof § 146 Rn. 15); nicht erforderlich ist dabei, dass die Anfechtung ausdrücklich erklärt wird (BGH, ZInsO 2001, 72) oder einzelne Anfechtungsvorschriften genannt werden (BGH, ZInsO 1999, 107). Ebenfalls nicht erforderlich ist, dass die Klage bereits bei Erhebung schlüssig ist (BGH, ZIP 1996, 552).

Die Einreichung der Klagschrift genügt gem. § 167 ZPO zur Hemmung der Verjährung, wenn die Zustellung an den Beklagten demnächst erfolgt (FK-Dauernheim § 146 Rn. 7). Die Einreichung der Klagschrift beim unzuständigen Gericht genügt zur Hemmung der Frist, wenn das Gericht bis zur letzten mündlichen Verhandlung zuständig wird oder wenn die Klage an das zuständige Gericht abgegeben wird (FK-Dauernheim § 146 Rn. 7). Auch durch einen erfolglosen Antrag des Insolvenzverwalters auf Zuständigkeitsbestimmung wird ggü. den in der Antragsschrift bezeichneten Anfechtungsgegnern bei nachfolgend fristgerechter Klage die Verjährung gehemmt (BGH, ZInsO 2004, 1201).

Durch **Klageänderung** (§ 263 ZPO) entfällt die Hemmungswirkung für den ursprünglich geltend gemachten Anspruch. Hinsichtlich des neu geltend gemachten Anspruches kann erst der Klage ändernde Schriftsatz die Hemmung bewirken (BGH, ZInsO 1998, 394 zu § 209 BGB a. F.). Eine Klageänderung liegt jedoch noch nicht vor, wenn die neuen Behauptungen die früheren tatsächlichen Ausführungen nur ergänzen oder berichtigen (MK-Kirchhof § 146 Rn. 15c). Der Übergang von der Forderung nach Rückgewähr in Natur auf den Wertersatzanspruch und umgekehrt ist gem. § 264 Nr. 3 ZPO ebenfalls unschädlich. Wurde die Klage zunächst auf einen mittelbaren Erwerb vom Schuldner selbst gestützt, später jedoch auf einen Erwerb im Wege der Rechtsnachfolge, so liegt darin nur dann eine Klageänderung, wenn der Erwerb im Wege der Rechtsnachfolge auf einem anderen Lebenssachverhalt beruht (MK-Kirchhof § 145 Rn. 38).

Wird die Klage nur hinsichtl. einer **Teilforderung** erhoben, so wird die Verjährungsfrist lediglich hinsichtl. jenes Teils gehemmt (FK-Dauernheim § 146 Rn. 13).

III. Leistungsverweigerungsrecht des Insolvenzverwalters nach Verjährung (Abs. 2)

1. Allgemeines

Abs. 2 normiert zum Schutz der Insolvenzmasse ein unverjährbares **Leistungsverweigerungsrecht**. Es berechtigt nur zur Verweigerung der Erfüllung einer **Leistungspflicht**; erfasst sind jedoch Leistungspflichten jeder Art, neben schuldrechtlichen Leistungspflichten z. B. auch Aus- und Absonderungsansprüche (BT-Drucks. 12/2443 S. 169; HK-Kreft § 146 Rn. 12) oder aus der Vereitelung dieser Ansprüche (z. B. durch Verwertung des mit dem Aus- oder Absonderungsrecht belasteten Gegenstandes; Uhlenbruck-Hirte § 146 Rn. 10, 12) hergeleitete Ersatz- oder Herausgabeansprüche (KPB-Jacoby § 146 Rn. 13 f.). So kann die Freigabe anfechtbar erlangter Anwartschaften eines Arbeitnehmers aus einem unwiderruflichen Lebensversicherungsbezugsrecht auch noch nach Ablauf der Verjährungsfrist verweigert werden (OLG Düsseldorf, ZIP 1996, 1476). Wird das von der anfechtbaren Handlung betroffene Vermögen auf einen Dritten übertragen, so kann diesem zum Zweck der Verteidigung gegen anfechtbar erlangte Rechte des Anfechtungsgegners an dem Gegenstand der Rückgewähranspruch abgetreten werden (HK-Kreft § 146 Rn. 12; zur Abtretbarkeit des Anfechtungsanspruches vgl. § 143 Rdn. 92).

2. Voraussetzungen

14 Die zu verweigernde Leistungspflicht muss bei Verfahrenseröffnung noch nicht bestehen, es genügt, wenn sie nach Verfahrenseröffnung durch eine Handlung des Verwalters entstanden ist (FK-Dauernheim § 146 Rn. 14), die auch noch nach Ablauf der Verjährungsfrist gem. Abs. 1 vorgenommen worden sein kann (MK-Kirchhof § 146 Rn. 46a).

Erforderlich ist, dass eine anfechtbare Handlung kausal für die Leistungspflicht ist. Die Leistungspflicht müsste also – wäre der Anspruch aus § 143 nicht bereits verjährt – erfolgreich angefochten werden können. Ein mittelbarer Zusammenhang genügt. Es reicht daher aus, wenn die anfechtbare Rechtshandlung nur ein Tatbestandsmerkmal des gegen die Insolvenzmasse erhobenen Anspruches bildet (BGHZ 118, 374, 382).

3. Geltendmachung

15 Der Insolvenzverwalter hat die Einrede der Anfechtbarkeit (formfrei) geltend zu machen, die Anfechtbarkeit ist nicht von Amts wegen zu berücksichtigen (MK-Kirchhof § 146 Rn. 51). Es genügt allerdings die außerprozessuale Geltendmachung. Diese ist im Anfechtungsprozess nach allgemeinen Grundsätzen zu beachten, sobald eine Partei die Ausübung mitteilt (MK-Kirchhof § 146 Rn. 51). Unter den Voraussetzungen des § 256 ZPO kann die Einrede der Anfechtbarkeit auch mit einer negativen Feststellungsklage geltend gemacht werden (BGHZ 83, 158, 161).

16 Die Parteistellung des Anfechtenden im Prozess ist unerheblich (BGH, ZIP 1984, 171), solange sein Tätigwerden sich darauf beschränkt, verteidigungsweise die Rechtsstellung der Insolvenzmasse zu wahren (vgl. Rdn. 17). Dass der Insolvenzverwalter selbst **Partei** des fraglichen Rechtsstreites ist, ist allerdings Voraussetzung. Er kann die Einrede des Abs. 2 **nicht** als **Nebenintervenient** in einem Rechtsstreit zwischen dem Anfechtungsgegner und einem Dritten geltend machen, da der Nebenintervenient nur dazu berechtigt ist, diejenigen Verteidigungsmittel vorzubringen, die auch der von ihm unterstützten Partei zustehen (BGHZ 106, 127, 129).

4. Wirkung der Einrede

17 Abs. 2 greift nur dann ein, wenn ein seitens des Anfechtungsgegners geltend gemachter anfechtbar erlangter Leistungsanspruch abgewehrt und so ein noch in der Insolvenzmasse befindlicher Gegenstand – oder bei Veräußerung des Gegenstandes durch den Insolvenzverwalter dessen Gegenwert – für diese erhalten werden soll (MK-Kirchhof § 146 Rn. 52); er greift nicht ein, wenn dem Anspruch des Anfechtungsgegners eine andere als die anfechtbare Handlung zugrunde lag (BGHZ 30, 248, 254). Abs. 2 findet daher Anwendung, wenn der Insolvenzverwalter seinen Widerspruch gegen die Anmeldung einer anfechtbar begründeten Forderung zur Insolvenztabelle mit einer eigenen Klage verfolgt, aber auch, wenn die Klage eines Inhabers eines anfechtbar erlangten Grundpfandrechtes auf Duldung der Zwangsvollstreckung abgewehrt werden soll (MK-Kirchhof § 146 Rn. 53). Demgegenüber kann der Insolvenzverwalter auf Grundlage des Abs. 2 nicht gem. § 813 BGB eine Leistung zurückfordern, die bereits auf eine anfechtbar begründete Forderung erbracht wurde (§ 214 Abs. 2 BGB) oder nach Ablauf der Anfechtungsfrist die Löschung einer anfechtbar erlangten Grundschuld verlangen (OLG Hamm, MDR 1977, 668).

18 Abs. 2 begründet nur eine **aufschiebende Einrede**, da sie nur für die Dauer und die Zwecke des Insolvenzverfahrens wirkt, die Wirkung entfällt daher z. B. bei Freigabe des anfechtbar weggegebenen Gegenstandes (MK-Kirchhof § 146 Rn. 54).

19 Wurde der Erlös aus der Verwertung eines anfechtbar erlangten Gegenstandes **hinterlegt**, so kann der Insolvenzverwalter, der dieses Geld selbst verwahrt, das Herausgabeverlangen des anderen gem. Abs. 2 unbefristet abwehren und Freigabe durch den Mitberechtigten verlangen (MK-Kirchhof § 146 Rn. 55). Wird das Geld bei einer öffentlichen Stelle verwahrt, ist streitig, ob der Insolvenzverwalter nach der Verjährung noch Möglichkeiten hat, den hinterlegten Betrag zu verlangen (MK-Kirchhof § 146 Rn. 55).

Verteidigt sich der Anfechtungsgegner oder derjenige, der in anfechtbarer Weise Auf- oder Verrechnungen vorgenommen hat (§ 96 Abs. 1 Nr. 3), gegen eine Leistungsklage des Insolvenzverwalters durch Geltendmachung eines anfechtbar erlangten Rechts, so kann der Insolvenzverwalter dieses Verteidigungsmittel gem. Abs. 2 jederzeit und dauerhaft mit der **Gegeneinrede** der Anfechtbarkeit entkräften (BGH, ZInsO 2008, 913). Behauptet also der Anfechtungsgegner, der Schuldner habe ihm die seitens des Insolvenzverwalters eingeklagte Schuld erlassen, so kann ihm der Insolvenzverwalter Abs. 2 entgegenhalten, soweit der Erlass in anfechtbarer Weise erfolgte. Aus demselben Grund scheitert auch eine auf Herausgabe oder Auszahlung gerichtete Klage des Insolvenzverwalters nicht an einem anfechtbar erlangten Pfandrecht oder Recht zum Besitz (BGH a. a. O.) und eine Klage auf Erfüllung nicht an einer anfechtbar erbrachten Erfüllungsleistung (MK-Kirchhof § 146 Rn. 56). 20

B. Verfahrensfragen

Der **Anfechtungsgegner** trägt die Darlegungs- und Beweislast für Beginn und Ablauf der Verjährungsfrist, der **Insolvenzverwalter** für diejenigen Tatsachen, aus denen sich Hemmung oder Neubeginn der Verjährung ergeben bzw. aus denen sich gem. § 242 BGB die Unzulässigkeit der Geltendmachung der Verjährungseinrede ergibt. Steht die Hemmung der Verjährung fest, so hat der Anfechtungsgegner diejenigen Umstände zu beweisen, aus denen sich das Ende der Hemmungswirkung ergibt. 21

Nach Ablauf der Verjährungsfrist hat der Insolvenzverwalter i. R. d. Abs. 2 die Einredevoraussetzungen darzulegen und ggf. zu beweisen (MK-Kirchhof § 146 Rn. 59).

§ 147 Rechtshandlungen nach Verfahrenseröffnung

¹Eine Rechtshandlung, die nach der Eröffnung des Insolvenzverfahrens vorgenommen worden ist und die nach § 81 Abs. 3 Satz 2, §§ 892, 893 des Bürgerlichen Gesetzbuchs, §§ 16, 17 des Gesetzes über Rechte an eingetragenen Schiffen und Schiffsbauwerken und §§ 16, 17 des Gesetzes über Rechte an Luftfahrzeugen wirksam ist, kann nach den Vorschriften angefochten werden, die für die Anfechtung einer vor der Verfahrenseröffnung vorgenommenen Rechtshandlung gelten. ²Satz 1 findet auf die den in § 96 Abs. 2 genannten Ansprüchen und Leistungen zugrunde liegenden Rechtshandlungen mit der Maßgabe Anwendung, dass durch die Anfechtung nicht die Verrechnung einschließlich des Saldenausgleichs rückgängig gemacht wird oder die betreffenden Zahlungsaufträge, Aufträge zwischen Zahlungsdienstleistern oder zwischengeschalteten Stellen oder Aufträge zur Übertragung von Wertpapieren unwirksam werden.

Übersicht	Rdn.		Rdn.
A. Normzweck	1	2. Voraussetzungen	7
B. Norminhalt	3	3. Wirkung	8
I. Grundsatz beim gutgläubigen Erwerb unbeweglicher Sachen (Satz 1)	3	II. Rechtsfolgen bei Verrechnungen in Clearingsystemen (Satz 2)	9
1. Anwendungsbereich	3		

A. Normzweck

Gem. § 129 Abs. 1 sind grds. nur vor Verfahrenseröffnung vorgenommene Rechtshandlungen anfechtbar. Nach Verfahrenseröffnung vorgenommene Rechtshandlungen sind rgm. nach §§ 81, 82, 89 und 91 Abs. 1 unwirksam (vgl. § 129 Rdn. 36). Die §§ 81 Abs. 1, 91 Abs. 2 enthalten jedoch Ausnahmefälle, in denen Rechtshandlungen wegen des öffentlichen Glaubens des Grundbuches, des Schiffsregisters, des Schiffsbauregisters und des Registers für Luftfahrzeuge noch nach Verfahrenseröffnung wirksam werden können. Für den Fall, dass der Anfechtungsgegner keine Kenntnis von der Verfahrenseröffnung hatte, aber die weiteren subjektiven und objektiven Voraussetzungen eines Anfechtungstatbestandes erfüllt, führt **Satz 1** zu einer **Überwindung des Gutglaubensschutzes** (Braun-Riggert § 147 Rn. 1). 1

2 Satz 2 soll die Beständigkeit laufender oder täglicher Verrechnungen in bestimmten, in § 96 Abs. 2 genannten Finanzsystemen für und gegen alle Teilnehmer sichern und somit das Vertrauen der Finanzmärkte schützen, dass das Ergebnis oft vielseitiger und weit verzweigter Verrechnungen nicht insgesamt rückwirkend für die Zeit bis zur Verfahrenseröffnung infrage gestellt werden kann (BR-Drucks. 456/99 S. 6 ff.).

B. Norminhalt

I. Grundsatz beim gutgläubigen Erwerb unbeweglicher Sachen (Satz 1)

1. Anwendungsbereich

3 Satz 1 erfasst Rechtshandlungen, die **Immobilien** (oder – wie bei Schiffen und Luftfahrzeugen – ebenso behandelte Gegenstände) des Schuldners betreffen und nach Verfahrenseröffnung vorgenommen (§ 140) wurden, ferner Verfügungen des Schuldners über die in § 81 Abs. 3 Satz 2 genannten Finanzsicherheiten. Satz 1 gilt hingegen **nicht** für den Fall, dass ein Dritter nach Verfahrenseröffnung eine **Mobilie** vom Schuldner erhält, da dieser Erwerb bereits nach § 81 Abs. 1 Satz 1 unwirksam ist.

4 Die Wirksamkeit der die Immobilien des Schuldners betreffenden Rechtshandlung muss sich auf den öffentlichen Glauben des Grundbuchs oder eines entsprechenden Registers stützen. Solange die Insolvenzeröffnung in dem entscheidenden Register nicht eingetragen ist, wird der gute Glaube Dritter an seine Richtigkeit geschützt (MK-Kirchhof § 147 Rn. 3). Gutgläubiger Erwerb ist nur rechtsgeschäftlich möglich und setzt daher eine gem. § 81 Abs. 1 Satz 2 noch wirksam werdende Verfügung des Schuldners voraus (MK-Kirchhof § 147 Rn. 3). Nicht erforderlich ist, dass die schuldnerische Handlung die letzte zur Eintragung führende ist. Vielmehr kann der nachfolgende Eintragungsantrag auch vom Anfechtungsgegner gestellt worden sein (HK-Kreft § 147 Rn. 4).

5 Eine **entsprechende Anwendung** des Satzes 1 kommt auf Leistungen an den Schuldner in Betracht, die gem. **§ 82 Satz 1** Erfüllungswirkung haben. Die Annahme dieser Leistungen stellt eine Verfügung des Schuldners über seinen Leistungsanspruch dar. Kennt also der Drittschuldner im Leistungszeitpunkt zwar nicht die bereits erfolgte Verfahrenseröffnung, wohl aber die Zahlungsunfähigkeit oder einen Benachteiligungsvorsatz des Schuldners, so kann die Erfüllungsleistung ihm ggü. nach allgemeinen Grundsätzen (insb. §§ 132, 133) angefochten werden, wenn die Erfüllung zu einer Gläubigerbenachteiligung führt (MK-Kirchhof § 147 Rn. 4).

6 § 147 erfasst nach seinem Wortlaut nicht die Fälle des Erwerbs gem. **§ 878 BGB**, der nach ganz herrschender Meinung sowohl in den Fällen eingreift, in denen der Schuldner selbst den Antrag gestellt hat, als auch in den Fällen der Antragstellung durch den Erwerber (Palandt-Bassenge § 878 BGB Rn. 14). Wurde der Eintragungsantrag vor Verfahrenseröffnung von dem »anderen Teil« gestellt, so ist – soweit ferner bereits die bindende Einigung vorliegt – gem. § 140 Abs. 2 anfechtungsrechtlich der Zeitpunkt der Antragstellung maßgeblich (vgl. § 140 Rdn. 20). Hatte hingegen der Schuldner selbst den Eintragungsantrag gestellt, findet § 140 Abs. 2 keine Anwendung, sodass maßgeblicher Zeitpunkt gem. § 140 Abs. 1 derjenige der Eintragung ist. Erfolgte die Eintragung nach Verfahrenseröffnung, so käme nach dem Wortlaut des § 147 eine Anfechtung des gem. § 91 Abs. 2 wirksamen Erwerbs bei Antragstellung durch den Schuldner nicht mehr in Betracht. Dieses Ergebnis kann – obwohl sich die Begründung des RegE (BT-Drucks. 12/2443 S. 169) gegen die Einbeziehung **der § 878 BGB**, § 3 Abs. 3 SchiffsRG und § 5 Abs. 3 LuftRG in § 147 ausspricht – nicht gewollt sein (FK-Dauernheim § 147 Rn. 2), da damit ein auf einem alleinigen Schuldnerantrag beruhender Rechtserwerb für den Erwerber besser behandelt würde als der auf einem Erwerberantrag beruhende (Uhlenbruck-Hirte § 147 Rn. 9). Daher ist Satz 1 auf den Erwerb nach **§ 878 BGB**, § 3 Abs. 3 SchiffsRG und § 5 Abs. 3 LuftRG entsprechend anzuwenden, wenn der Eintragungsantrag allein durch den Schuldner gestellt worden ist (Uhlenbruck-Hirte § 147 Rn. 10). Dem steht auch die Begründung des RegE zu § 147 nicht entgegen, da diese aus dem RefE unverändert übernommen wurde, der jedoch in § 140 Abs. 2 die Einschränkung, dass der Eintragungsantrag von »dem anderen Teil« gestellt sein müsse, noch nicht enthielt (MK-Kirchhof § 147 Rn. 7). Hätte der

Gesetzgeber alle Fälle des § 878 BGB von der Anfechtbarkeit ausnehmen wollen, so hätte es der Beschränkung auf Anträge des »anderen Teils« in § 140 Abs. 2 nicht bedurft (Braun-Riggert § 147 Rn. 5). Eine aufgrund des § 878 BGB materiell wirksame Rechtshandlung ist mithin nur dann unanfechtbar, wenn auch § 140 Abs. 2 eingreift, wenn also der Vornahmezeitpunkt auf eine Zeit vor Verfahrenseröffnung (und vor Eingreifen der maßgeblichen anfechtungsrechtlich relevanten Zeiträume) zurückzubeziehen ist (MK-Kirchhof § 147 Rn. 7).

2. Voraussetzungen

Die Anfechtung gem. Satz 1 setzt eine rechtsgeschäftliche Verfügung voraus, die nach Verfahrens- 7
eröffnung vorgenommen worden ist und trotz §§ 81 Abs. 1 Satz 1, 91 Abs. 1 wirksam werden konnte. Dies ist möglich, wenn der Erwerbsvorgang eine Registereintragung voraussetzt, sich aus dem Register die Verfahrenseröffnung nicht ergibt und der Erwerber auch nicht anderweitig Kenntnis von der Verfahrenseröffnung erlangt hatte. Der Zeitpunkt der Vornahme der Rechtshandlung richtet sich nach § 140 (vgl. dort). Erfasst sind neben Rechtshandlungen des Schuldners selbst auch solche dritter Personen wie insb. des Begünstigten. Hat der Schuldner seine (mitwirkende) Verfügung bereits vor Verfahrenseröffnung vorgenommen, kommt als anfechtbare spätere Rechtshandlung insb. der Eintragungsantrag des hinsichtl. der Verfahrenseröffnung gem. §§ 892, 893 BGB gutgläubigen Begünstigten in Betracht (KPB-Ehricke § 147 Rn. 4). In diesen Fällen kann im Hinblick auf § 140 Abs. 2 die Anfechtung durchgreifen, wenn ggü. dem Begünstigten bis zum Eintragungsantrag ein Anfechtungstatbestand erfüllt war (MK-Kirchhof § 147 Rn. 12). Demgegenüber bleibt der Erwerb unanfechtbar, wenn erst nach dem gem. § 140 Abs. 2 maßgeblichen Zeitpunkt ein Anfechtungstatbestand verwirklicht wird (MK-Kirchhof § 147 Rn. 13).

3. Wirkung

Satz 1 bewirkt, dass die Anfechtung nicht allein deshalb ausgeschlossen ist, weil die maßgebliche 8
Rechtshandlung erst nach der Eröffnung des Insolvenzverfahrens abgeschlossen wird. I. V. m. § 147 können alle Anfechtungsnormen der §§ 130 ff. anwendbar sein. Die dort genannten Fristen sind, da sie sich auf einen Zeitraum vor Verfahrenseröffnung beziehen, nicht anwendbar, die übrigen Voraussetzungen des jeweiligen Anfechtungstatbestandes müssen jedoch erfüllt sein. Die Rechtsfolgen der Anfechtung richten sich auch in diesen Fällen nach den §§ 143 bis 146. Die **Verjährungsfrist** fängt mit Wirksamwerden des Rechtsgeschäftes (und Kenntnis gem. § 195 BGB; vgl. § 146 Rdn. 3) an zu laufen.

II. Rechtsfolgen bei Verrechnungen in Clearingsystemen (Satz 2)

Satz 2 betrifft Zahlungs-, Überweisungs- und Übertragungsverträge, welche vor Verfahrenseröff- 9
nung über einen Beteiligten in das System eingebracht wurden. Erfasst sind in erster Linie Ansprüche zwischen Kredit- und ähnlichen Institutionen, da gem. Art. 2 Buchst. a) bis f der RL 98/26/EG nur diese an den genannten Zahlungssystemen teilnehmen können (Uhlenbruck-Hirte § 147 Rn. 3).

Der Schutzgedanke des § 96 Abs. 2 (hierzu Braun-Riggert § 147 Rn. 7) wird in Satz 2 auf die in § 96 Satz 2 genannten Verrechnungen erweitert, indem die Rückgewähr der Verrechnungen in Natur innerhalb des Zahlungssystems selbst ausgeschlossen wird (MK-Kirchhof § 147 Rn. 5). Das Wirksambleiben der Verrechnung soll jedoch nicht dazu führen, dass die durch die ihnen zugrunde liegenden Rechtshandlungen bewirkte Gläubigerbenachteiligung folgenlos bleibt. Der Anspruch auf Rückgewähr in Natur wird daher durch einen **Wertersatzanspruch** ersetzt, der sich gegen denjenigen richtet, zu dessen Gunsten der anfechtbare Zahlungs- oder Überweisungsvertrag verrechnet wurde (MK-Kirchhof § 147 Rn. 5). Ferner erstreckt Satz 2 die (den vorgenannten Einschränkungen unterworfene) Anfechtbarkeit auf die den in § 96 Abs. 2 genannten Ansprüchen und Leistungen zugrunde liegenden Rechtshandlungen, die am Eröffnungstag nach Verkündung des Eröffnungsbeschlusses vorgenommen worden sind, da eine exakte Trennung zwischen vor und nach Verfahrenseröffnung durchgeführten Verrechnungen zu erheblichen praktischen Schwierigkeiten führen würde.

Vierter Teil Verwaltung und Verwertung der Insolvenzmasse

Erster Abschnitt Sicherung der Insolvenzmasse

§ 148 Übernahme der Insolvenzmasse

(1) Nach der Eröffnung des Insolvenzverfahrens hat der Insolvenzverwalter das gesamte zur Insolvenzmasse gehörende Vermögen sofort in Besitz und Verwaltung zu nehmen.

(2) Der Verwalter kann auf Grund einer vollstreckbaren Ausfertigung des Eröffnungsbeschlusses die Herausgabe der Sachen, die sich im Gewahrsam des Schuldners befinden, im Wege der Zwangsvollstreckung durchsetzen. § 766 der Zivilprozeßordnung gilt mit der Maßgabe, daß an die Stelle des Vollstreckungsgerichts das Insolvenzgericht tritt.

Übersicht	Rdn.			Rdn.
A. Normzweck	1		2. Geschäftsbücher	22
B. Norminhalt	4	IV.	Verwalterwechsel	25
I. Begriff des Vermögens	4	V.	Herausgabevollstreckung (Abs. 2)	27
II. Besitzerstellung des Verwalters	13	VI.	Verwaltung der Masse	30
III. Fremdbesitz	16		1. Prüfung des Versicherungsschutzes	31
1. Verhältnis Insolvenzbeschlag zur strafprozessualen Beschlagnahme (§ 98 StPO)	18		2. Sonderfälle	32
			3. Unternehmensfortführung	34
		VII.	Zuständigkeit	38

A. Normzweck

1 Die in Abs. 1 ausgesprochene **Verpflichtung** des Verwalters zur **tatsächlichen Inbesitznahme** und **Verwaltung** des gesamten Schuldnervermögens gewährleistet die Sicherung der Masse (§ 35) gegen faktische und tatsächliche Beeinträchtigungen. Zwingend einbegriffen von dieser Verpflichtung sind das möglichst lückenlose Aufspüren der Masse sowie deren Katalogisierung (§ 151), die durch die Auskunfts- und Mitwirkungspflichten des Schuldners aus § 97 flankiert werden.

2 Abs. 2 Satz 1, der die vollstreckbare Ausfertigung des Eröffnungsbeschlusses als Herausgabetitel i. S. v. § 794 Abs. 1 Nr. 3 ZPO qualifiziert, regelt die zwangsweise Durchsetzung des Herausgabeanspruches, der aus Abs. 1 folgt (MK-Füchsl/Weishäupl § 148 Rn. 60), was den Insolvenzverwalter in die Lage versetzt, die ihm übertragene Verfügungsbefugnis ggü. dem Schuldner durchzusetzen ohne das es eines weiteren Titels bedarf (BGH, Beschl. v. 03.11.2011, Az. IX ZR 46/11). Gleichzeitig wird dadurch festgestellt, dass der Insolvenzverwalter mit seiner Rechtsposition ansonsten an die auch für Dritte zu beachtenden gesetzlichen Regelungen gebunden ist und die Sonderstellung insoweit beschränkt wird.

3 In Abs. 2 Satz 2 wird schließlich die **Zuständigkeit** des Insolvenzgerichtes über die **Vollstreckungserinnerung** gem. § 766 ZPO normiert.

B. Norminhalt

I. Begriff des Vermögens

4 In Kombination mit § 166 sowie § 159 ergibt sich, dass der Vermögensbegriff i. S. v. Abs. 1 weiter gefasst ist, als die Insolvenzmasse i. S. v. § 35, sodass hiervon auch nicht zur Masse gehörige Gegen-

stände, wie z. B. ein unter Eigentumsvorbehalt gelieferter Gegenstand, umfasst sind, sog. Ist-Masse (Uhlenbruck-Uhlenbruck § 148 Rn. 1; Gundlach/Frenzel/Schmidt, NZI 2003, 142, 143 f.). Dem Verwalter soll die Möglichkeit gegeben werden, die Rechtslage hinreichend zu prüfen. Eine persönliche Haftung des Verwalters nach § 60 (Aussonderungskosten u. a.) durch die so vollzogene Inbesitznahme massefremder Sachen folgt hieraus nicht (MK-Füchsl/Weishäupl § 148 Rn. 12 m. w. N.; a. A. Häsemeyer, InsR, Rn. 13.02), es sei denn, dies ist evident (BGHZ 127, 156, 161 = ZIP 1994, 1700). Im Zusammenhang mit der Inbesitznahme der Masse hat der Insolvenzverwalter für eine ausreichende Versicherung Sorge zu tragen (BGHZ 105, 230, 237).

Die **Verpflichtung zur sofortigen Besitzergreifung** (BGH, ZIP 1996, 1307), nicht nur unverzüglich i. S. v. § 121 Abs. 1 Satz 1 BGB (KPB-Holzer § 148 Rn. 7), erstreckt sich zunächst auf das **Altvermögen** des Schuldners. Abzustellen ist hierbei auf die **Vermögens- und Besitzverhältnisse** des Schuldners zum Zeitpunkt der Verfahrenseröffnung. Insofern kann es zur Ermittlung der Insolvenzmasse angezeigt sein, auch bei einer zweifelhaften Massezugehörigkeit von einem Besitzverschaffungsanspruch auszugehen, da andernfalls die Unterscheidung und Prüfung der Massezugehörigkeit bei einer Nachverfolgung der möglichen Ansprüche erschwert werden würde (Vallender, NZI 2003, 244, 246). 5

Besitzergreifung meint bei Sachen (§ 90 BGB) die tatsächliche Gewaltverschaffung i. S. v. § 854 BGB. Die Besitzerlangung durch den Insolvenzverwalter vollzieht sich nicht kraft Gesetzes, sondern setzt die Erlangung der tatsächlichen Sachherrschaft durch den Insolvenzverwalter voraus (LG Köln, ZInsO 2010, 53; a. A. OVG Niedersachsen, ZInsO 2010, 1886, welches jedoch übersieht, dass der Verwalter auf die Inbesitznahme verzichten kann, wenn sich diese als für die Masse nachteilig auswirken wird, s. hierzu Uhlenbruck-Uhlenbruck, § 148 Rn. 2 m. w. N.). Bei Rechten und Forderungen kommt eine körperliche Inbesitznahme nicht in Betracht und wäre zur Sicherung der Masse gegen faktische Beeinträchtigungen auch nicht notwendig, da ein gutgläubiger Erwerb grds. ausscheidet (Palandt-Heinrichs § 405 BGB Rn. 1). Jedoch sind Urkunden wie z. B. Sparkassenbücher, Wertpapiere, Hypotheken-, Grund-, Rentenschuldbriefe, Wechsel, Patentschriften, aber auch Geschäftsbücher, zwingend in Besitz zu nehmen (OLG Naumburg, ZInsO 2011, 677). 6

Neuvermögen des Schuldners ist, da es gem. § 35 zur Insolvenzmasse gehört, mit Entstehen in Besitz und Verwaltung zu nehmen (s. § 35 Rdn. 49). 7

Soweit der Schuldner eine natürliche Person ist, sind insb. bei Arbeitseinkommen die Pfändungsgrenzen, § 811 ZPO (außer Abs. 1, Nr. 4, 9) sowie § 114 zu beachten. 8

Jedoch greifen die Pfändungsschutzvorschriften der §§ 850a ff. ZPO nicht zugunsten des **selbstständig Tätigen** ein (BGH, ZInsO 2003, 413; MK-Peters § 36 Rn. 40 ff.). Er kann insofern lediglich gem. § 100 einen Antrag auf Unterhaltsgewährung aus der Masse stellen, wobei ein Anspruch auf Alimentierung nicht besteht (LG Hamburg, ZInsO 2003, 416), bzw. beim Insolvenzgericht einen Antrag gem. § 850i ZPO einreichen (BGH, ZInsO 2003, 413; Grote, ZInsO 2003, 416). Demzufolge sollte der Verwalter zunächst die gesamten Einkünfte des selbstständigen Schuldners in Besitz nehmen und ihn auf die aufgeführten Anträge verweisen und ihm ggf. Hilfestellung leisten (vgl. § 35 Rdn. 36 f.). Im Fall der Freigabe der selbstständigen Tätigkeit gem. § 35 Abs. 2 entfällt die Verpflichtung zur Inbesitznahme. 9

Von der Verpflichtung zur Inbesitznahme ist grds. auch das **Auslandsvermögen** des Schuldners mit umfasst (**Universalitätsprinzip**); selbst dann, wenn der Eröffnungsbeschluss als Vollstreckungstitel im Ausland nicht greift (BGHZ 68, 16 = NJW 1977, 900; BGHZ 88, 147 = NJW 1983, 2147, 2148 m. w. N.). Soweit eine Inbesitznahme rechtlich nicht möglich ist, besteht diese Verpflichtung nicht (BGH, MDR 1960, 578). 10

Allerdings greift dann die verfassungsrechtlich unbedenkliche (BVerfG, ZIP 1986, 1336) **Mitwirkungspflicht des Schuldners** aus § 98 Abs. 2 ein, z. B. auf Erteilung einer entsprechenden **Vollmacht**, die den Verwalter berechtigt, über die im Ausland befindlichen Vermögensgegenstände zu verfügen (OLG Köln, WM 1986, 682; OLG Koblenz, ZIP 1993, 844). Als Zwangsmittel zur Abgabe einer 11 unwiderruflichen Bevollmächtigung des Verwalters ist die Verhaftung nach § 98 Abs. 2 Nr. 2 sowie die Beugehaft (LG Memmingen, ZIP 1983, 204) in Betracht zu ziehen. Weiterhin könnte der Verwalter einen Gläubiger beauftragen, gegen den Schuldner einen Vollstreckungstitel im Ausland zu erwirken, um daraus die Zwangsvollstreckung zu betreiben (Begr. § 383 RegE; Geimer, Internationales Zivilprozessrecht, Rn. 3482, 3485; vgl. hierzu MK-Füchsl/Weishäupl § 148 Rn. 20 f.).

12 Fälle dieser Art dürften jedoch nur selten auftreten, da der Verwalter in den Mitgliedsstaaten der EU nach Art. 18 Abs. 1 Satz 1 **EuInsVO** i. V. m. § 148 ungehindert Massegegenstände in Besitz und Verwaltung nehmen kann (hierzu ausführl. Art. 18 EuInsVO Rn. 3 ff.), solange in dem anderen Staat nicht ein weiteres Insolvenzverfahren eröffnet ist bzw. gegenteilige Sicherungsmaßnahmen ausgesprochen wurden (umfassend hierzu Pannen/Kühnle/Riedemann, NZI 2003, 72, 74 f.).

II. Besitzerstellung des Verwalters

13 Nach herrschender Meinung (BVerwGE 13, 120 = NJW 1962, 979; Uhlenbruck-Uhlenbruck § 148 Rn. 8) erlangt der Verwalter mit Besitzergreifung **unmittelbaren Besitz** an der Insolvenzmasse als Fremdbesitz i. S. v. § 868 BGB, soweit der Schuldner selbst unmittelbarer Besitzer war. Insoweit stehen dem Verwalter die aus §§ 859 ff., 1007 BGB folgenden Besitzschutzrechte zu (Kilger-K. Schmidt § 117 KO Rn. 3).

14 Soweit der Verwalter dem Schuldner in Besitz genommene Gegenstände wieder anvertraut, übt der Schuldner als Besitzdiener i. S. v. § 855 BGB die tatsächliche Gewalt über die Sache für den Verwalter aus.

15 Werden massebefangene Vermögensgegenstände in den Räumlichkeiten der gemeinsamen Wohnung des Schuldners und seines **Ehegatten** belassen, so ist zu beachten, dass die Vermutung des **§ 1362 Abs. 1 BGB** auch zugunsten der Gläubiger des Ehegatten/Lebenspartners (§ 8 Abs. 1 Satz 1, 2 LPartG) greift. Dem Verwalter bliebe im Fall von Vollstreckungshandlungen des Gläubigers nur die Widerspruchsklage (§ 771 ZPO) sowie die Rüge nach § 739 ZPO (LG Münster, DGVZ 1978, 136). Im Zweifel sollte der Verwalter daher die Vermögensgegenstände aus der gemeinsamen Wohnung entfernen.

III. Fremdbesitz

16 Soweit sich Gegenstände des schuldnerischen Vermögens im Besitz Dritter befinden, ist der Verwalter im Fall der Herausgabeverweigerung auf die klageweise Geltendmachung des Anspruches angewiesen, da der Eröffnungsbeschluss Dritten ggü. keinen zur Wegnahme im Zwangsvollstreckungswege geeigneten Titel bildet, Abs. 2 Satz 1 (OLG Düsseldorf, NJW 1965, 2409). Der Verwalter wird also rechtlich nicht in eine »Sonderstellung« befördert, die über die sonstigen Durchsetzungsrechte Dritter hinausgeht. Nicht Dritter ist z. B. der Ehepartner des Schuldners (§ 1362 BGB).

17 Bei der Inbesitznahme von Geschäftsbüchern, die gem. § 36 Abs. 2 Nr. 1 ausdrücklich zur Insolvenzmasse gehören, können sich insofern gleich mehrere Probleme ergeben:

1. Verhältnis Insolvenzbeschlag zur strafprozessualen Beschlagnahme (§ 98 StPO)

18 Oftmals sind die Geschäftsunterlagen des Schuldners bereits vor Verfahrenseröffnung im Zuge steuerstrafrechtlicher oder sonstiger strafrechtlicher Ermittlungen beschlagnahmt.

19 Erfolgte die Beschlagnahme **vor Eröffnung** des Insolvenzverfahrens, so ist umstritten, ob die Beschlagnahme nach § 98 StPO vorrangig ist (dafür: OLG Stuttgart, wistra 1984, 240; Schäfer, wistra 1985, 209; dagegen: Uhlenbruck-Uhlenbruck § 148 Rn. 14 m. w. N.). Sinnvollerweise sollte der Insolvenz- mit dem Strafverfolgungszweck koordiniert werden; eine enge Zusammenarbeit mit der Staatsanwaltschaft in den Grenzen des § 97 Abs. 1 Satz 3 ist hierbei hilfreich. Denkbar ist z. B. die Beschlagnahmeanordnung aufrechtzuerhalten und dem Verwalter die Sachen im Wege der Sicherstellung »in anderer Weise« i. S. d. § 94 Abs. 1 StPO zu überlassen (Schäfer, KTS 1992, 23, 27; weitere Beispiele bei MK-Füchsl/Weishäupl § 148 Rn. 14).

Nach Verfahrenseröffnung dürfte das Besitzrecht des Verwalters absoluten Vorrang vor dem Sicherungsinteresse der Staatsanwaltschaft besitzen (so etwa: NR-Andres § 148 Rn. 27; a. A. SK-Rudolphi § 93 StPO Rn. 21 ff.). Bei der Beschlagnahme handelt es sich insofern um ein relatives Veräußerungsverbot des Staates (LG Düsseldorf, ZInsO 2002, 87), das nach § 80 Abs. 2 Satz 1 im Insolvenzverfahren keine Wirkung entfaltet. 20

Wichtig in diesem Zusammenhang ist, dass die Zurückgewinnungshilfe nach § 111g StPO dem Vollstreckungsverbot nach § 89 unterliegt (AG Moers, ZInsO 2001, 1118; LG Düsseldorf, ZInsO 2002, 87 zu § 111c StPO). Soweit jedoch der Arrest zur Sicherung der Verfallsanordnung bzw. des Wertsersatzes nach §§ 73 Abs. 1, 3, 73a StGB, §§ 111b Abs. 2, 111d StPO bereits vor Insolvenzeröffnung unter Beachtung der Rückschlagsperre (§ 88) vollzogen worden ist, steht dem Staat ein Absonderungsrecht zu (OLG Köln, ZIP 2004, 1013, 1014). Auf den strafprozessualen dinglichen Arrest finden im Wesentlichen die Vorschriften der ZPO (hierzu: KPB-Prütting § 50 Rn. 15, § 80 Rn. 77 ff.; MK-Ott § 80 Rn. 158) über § 111d Abs. 2 StPO Anwendung, die eine andersartige Betrachtung nicht rechtfertigen (OLG Köln, ZIP 2004, 1013, 1015). 21

2. Geschäftsbücher

Der Verwalter kann die sich bei den bisherigen Beratern des Schuldners befindlichen Geschäftsunterlagen – ohne sich auf ein mögliches **Zurückbehaltungsrecht**, etwa aus § 273 BGB, verweisen zu lassen – herausverlangen (LG Cottbus, ZInsO 2002, 635; OLG Hamm, ZIP 1987, 133). Das Zurückbehaltungsrecht aus § 273 BGB hat in der Insolvenz insoweit grds. keinen Bestand (BGH, ZIP 1995, 225, 227). Auch ein **vertraglich vereinbartes Zurückbehaltungsrecht** gewährt insofern kein Absonderungsrecht nach § 51 Nr. 2 (RGZ 77, 436; Uhlenbruck-Uhlenbruck § 148 Rn. 9). 22

Ein Anspruch des Verwalters auf Herausgabe der Hauptabschlussübersicht besteht dagegen **nicht**, da es sich insofern um das Ergebnis **originärer Steuerberatertätigkeit** handelt (BGH, BB 1988, 765). In einem solchen Fall erstreckt sich der Herausgabeanspruch lediglich auf die Unterlagen, die z. B. für die Erstellung einer Bilanz durch den Schuldner eingereicht wurden. 23

Weigert sich z. B. der Steuerberater, die DATEV-Buchhaltungsausdrucke an den Verwalter herauszugeben, so kann er hierzu im Wege der **einstweiligen Verfügung** nach § 940 ZPO oder der Herausgabeklage nur gezwungen werden, wenn es sich um das Ergebnis vorbereitender Arbeitsleistungen des Insolvenzschuldners handelt und nicht um eigene, nicht vergütete Leistungen aus dem Vertragsverhältnis (BGH, ZIP 2004, 1267; Braun § 148, Rn. 12). 24

IV. Verwalterwechsel

Weitgehend umstr. ist der Besitzübergang, soweit in der Person des Verwalters ein Wechsel eintritt (einen Besitzübergang ohne Übertragungsakt nicht für erforderlich haltend: Uhlenbruck-Uhlenbruck § 148 Rn. 18; A/G/R-Lind § 148 Rn. 10; a. A. Hess/Weis/Wienberg § 148 Rn. 23). Wird ein Verwalter nach § 57 abgewählt bzw. nach § 59 seines Amtes enthoben, stellt das Protokoll der Gläubigerversammlung bzw. der Einsetzungsbeschluss unabhängig vom Streitentscheid einen Herausgabetitel gegen den vorherigen Verwalter dar (Smid-Smid § 148 Rn. 18). 25

Ähnlich verhält es sich auch bei dem Tod des Verwalters, wobei ebenfalls ungeklärt ist, ob der unmittelbare Besitz zunächst auf die Erben übergeht (MK-Füchsl/Weishäupl § 148 Rn. 32 m. w. N.). 26

▶ Hinweis:

Um im Bedarfsfall Unsicherheiten zu vermeiden, sollte der neue Verwalter den Gerichtsvollzieher mit der Wegnahme beauftragen (§ 90 GVGA).

V. Herausgabevollstreckung (Abs. 2)

Ein eigenmächtiges Vorgehen bei der Besitzergreifung gegen oder ohne den Willen des Schuldners ist dem Verwalter nicht gestattet und stellt mithin verbotene Eigenmacht i. S. v. § 858 Abs. 1 BGB 27 dar. Eine Gestattung enthält der Eröffnungsbeschluss nicht (vgl. OLG Naumburg, OLG-NL 1997, 163). Der Verwalter ist aber berechtigt, einen Gerichtsvollzieher mit der Wegnahme zu beauftragen (§ 90 GVGA), wobei die vollstreckbare Ausfertigung des Eröffnungsbeschlusses den **Herausgabetitel i. S. v. § 794 Abs. 1 Nr. 3 ZPO** bildet (BGH, ZInsO 2006, 1105; NR-Andres § 148 Rn. 39 m. w. N.). Der Gerichtsvollzieher hat hier die Massezugehörigkeit von Amts wegen zu prüfen, wobei die Prüfung aber auf äußerlich erkennbare Umstände, wie z. B. die Sachherrschaft, beschränkt ist (LG Stendal, DGVZ 2008, 77, 79, weiter gehend Holzer, DGVZ 2008, 69, 71). Das Rechtsschutzbedürfnis für eine erneute Klage auf Herausgabe kann im Einzelfall aber dennoch bestehen, wenn ein besonderes Bedürfnis dafür besteht, wenn z. B. mit einer drohenden Vollstreckungsgegenklage zu rechnen ist (OLG Naumburg, ZInsO 2011, 677, 678).

28 Die Vollstreckungsgegenstände brauchen im Eröffnungsbeschluss weder näher bezeichnet zu werden (LG Düsseldorf, KTS 1957, 143) noch benötigt der Verwalter bzw. der Gerichtsvollzieher nach herrschender Meinung für das **Betreten** und **Durchsuchen der Privat- oder Geschäftsräume** des Schuldners im Hinblick auf Art. 13 Abs. 2 GG eine zusätzliche richterliche Anordnung (LG Berlin, DGVZ 1981, 184; Uhlenbruck-Uhlenbruck § 148 Rn. 20 m. w. N.; **a. A.** u. a. Häsemeyer, InsR, Rn. 13.04.). Dies gilt nicht für den durch das Gericht bestellten **Sachverständigen oder den vorläufigen Insolvenzverwalter** (BGH, ZInsO 2004, 550).

29 Der für vollstreckbar erklärte Eröffnungsbeschluss stellt gleichsam einen **Räumungstitel** dar, der nach § 885 ZPO vollstreckt wird (LG Düsseldorf, KTS 1963, 58). Das mögliche Rechtsmittel gegen eine Räumung gem. § 765a ZPO findet grds. dann Anwendung, wenn eine unmittelbare Gefahr für Leben oder Gesundheit des Schuldners besteht, wobei im Interesse der Insolvenzgläubiger eine enge Auslegung geboten ist (BGH, ZInsO 2008, 1383). Für den Fall der Zwangsverwaltung einer selbstgenutzten Immobilie wird der Besitzverschaffungsanspruch des Insolvenzverwalters nur dann durch § 149 ZVG eingeschränkt, wenn dem Insolvenzschuldner das weitere Wohnen nach § 100 InsO gestatte wurde (BGH, ZInsO 2013, 1075). Mit der früher herrschenden Meinung (OLG Frankfurt am Main, MDR 1969, 852; AG Stuttgart, DGVZ 1983, 190) war davon auszugehen, dass **die Räumungsvollstreckung auch gegen den Ehegatten** des Schuldners betrieben werden konnte (so noch MK-Füchsl/Weishäupl § 148 Rn. 70 m. w. N.). Nach einer Entscheidung des BGH vom 25.06.2004 (NJW 2004, 3041) und der Bestätigung in der aktuellen Rspr. (LG Trier, ZInsO 2005, 780; AG Darmstadt, DGVZ 2009, 168) ist der Eröffnungsbeschluss kein Räumungstitel gegen Dritte, sodass ein eigener Räumungstitel erwirkt werden muss (so auch A/G/R-Lind § 148 Rn. 23). Hierbei ist zu beachten, dass die Wirkung des § 148 auch insoweit nicht Dritte erfasst, wie z. B. bei einer gemeinschaftliche Nutzung einer Immobilie (OLG Nürnberg, ZInsO 2005, 892). Bei Mietwohnungen, die die Wohnung des Schuldners darstellen, ist § 109 Abs. 1 Satz 2 zu beachten. Insofern verbietet sich eine Räumung.

VI. Verwaltung der Masse

30 Nach der Inbesitznahme der Masse ist der Verwalter gehalten, diese sofort gegen allgemeine Risiken abzusichern.

1. Prüfung des Versicherungsschutzes

31 Meist ist der Schuldner infolge seiner finanziellen Notlage mit der Zahlung seiner Prämie säumig und die Leistungspflicht der Versicherungsgesellschaft gem. § 39 VVG entfällt (hierzu allg. Homann/Neufeld, ZInsO 2005, 741 f.). Bei **Immobilien** sind insb. die bestehenden **Versicherungen** (Gebäudehaft- und Betriebshaftpflichtversicherung) zu überprüfen (BGHZ 105, 230, 237 = ZIP 1988, 1411) und **Grundsteuern** und **Grundbesitzabgaben** zu entrichten, da andernfalls die Zwangsversteigerung droht (§ 10 Abs. 1 Nr. 3 ZVG). Im Fall einer Unterversicherung droht im Versicherungsfall eine **persönliche Haftung des Verwalters** (OLG Brandenburg, ZInsO 2003, 852), es sei denn, dass die Masse nicht für den Versicherungsschutz ausreicht.

2. Sonderfälle

Warenvorräte sind, soweit sie verderblich sind, zu veräußern (zu den wettbewerbsrechtlichen Schranken eines Insolvenzverkaufs vgl. OLG Koblenz, ZInsO 2003, 569); andernfalls ist der Berichtstermin abzuwarten (§ 159). Insb. ist bei Vorliegen einer **Globalzession** diese auf ihre Wirksamkeit hin zu prüfen und sind notfalls Erfolg versprechende, wirtschaftlich vertretbare Rechtsbehelfe gegen den Zessionar zu erheben (Notthoff, DZWIR 2003, 431, 433). Ein **GmbH-Geschäftsanteil** des Schuldners ist, auch wenn seine Übertragbarkeit vertraglich ausgeschlossen ist, massebefangen und folglich mit allen Gesellschafterrechten in Besitz und Verwaltung zu nehmen (hinsichtl. der Reichweite der Verwaltung vgl. Bergmann, ZInsO 2004, 225). **Lastschriften** sind unter Beachtung der neueren Rechtsprechung des BGH nur noch eingeschränkt zu widerrufen (hierzu ausführlich Kommentierung zu § 35 Rdn. 225 f.). 32

Bankguthaben sind sofort zur Masse zu ziehen; **Wertpapiere** sind nach entsprechender Beratung zu veräußern. 33

3. Unternehmensfortführung

Da nicht der Verwalter, sondern die Gläubigerversammlung im Berichtstermin über die Stilllegung oder Fortführung des schuldnerischen Unternehmens entscheidet (§ 157 Satz 1), umfasst das Verwaltungsrecht auch das Unternehmen. 34

Bei einer Fortführung hat der Verwalter sämtliche **Pflichten**, auch arbeits- und sozialversicherungsrechtlicher Art, zu erfüllen, die vormals den Schuldner bzw. dessen organschaftliche Vertreter trafen (vgl. hierzu die Kommentierung zu § 80; zu den handels- und steuerrechtlichen Buchführungspflichten § 155). 35

Aus § 61 folgt, dass der Verwalter gehalten ist, auch ohne bzw. gegen einen Beschluss der Gläubigerversammlung den Geschäftsbetrieb **sofort einzustellen**, wenn überwiegend wahrscheinlich ist (MK-Füchsl/Weishäupl § 148 Rn. 56), dass die bei einer Fortführung entstehenden Masseverbindlichkeiten nicht mehr gedeckt werden können (BGHZ 99, 151, 156 = ZIP 1987, 115). 36

Bei einem selbstständig tätigen Schuldner ist die Schutzvorschrift des § 811 Abs. 1 Nr. 5 ZPO zu beachten. Grds. fällt z. B. die **Arztpraxis** als Ganzes in die Masse (BFH, ZIP 1994, 1823; Bange, ZInsO 2006, 362). Sollte sich der Schuldner jedoch, auch gegen einen anderslautenden Beschluss der Gläubigerversammlung, entschlossen haben, die Praxis fortzusetzen, so greift der Pfändungsschutz des § 811 Abs. 1 Nr. 5 ZPO (AG Köln, ZInsO 2003, 667; a. A. AG Dresden, ZVI 2002, 119). Dies folgt aus dem Umstand, dass die Arbeitskraft des Schuldners nicht zur Insolvenzmasse gehört, wobei aber wieder die Honorare vollumfänglich an die Masse abzuführen sind (SG Düsseldorf, ZInsO 2005, 828), was faktisch eine Fortführung außerhalb des Verfahrens unmöglich macht. 37

VII. Zuständigkeit

Bei Vollstreckungserinnerungen (§ 766 ZPO), sowohl des Insolvenzverwalters als auch des Schuldners (Uhlenbruck-Uhlenbruck § 148 Rn. 23), tritt in funktioneller Zuständigkeit an die Stelle des Vollstreckungs- das Insolvenzgericht (Abs. 2 Satz 2). Gegen die Entscheidung des Insolvenzgerichts ist kein Rechtsmittel gegeben (§ 6 Abs. 1). Ob die Art und Weise der Zwangsvollstreckung zulässig ist, ist hingegen nach den Vorschriften der ZPO zu beurteilen, welche für die Durchführung der Zwangsvollstreckung gelten. Hiergegen kann, bei Zulassung durch das Insolvenzgericht, Rechtsbeschwerde gem. § 793 ZPO eingelegt werden (BGH, ZInsO 2006, 1105). Eine Ausnahme greift nur dann, wenn Streit über die Massezugehörigkeit bei Positionen mit Auslandsbezug besteht, wie z. B. bei einem ausländischen Arbeitsverhältnis, und das deutsche Gericht nicht für die Einzelzwangsvollstreckung zuständig wäre (BGH, ZInsO, 2013, 1260), da die Rechte der Verfahrensbeteiligten durch die Insolvenzeröffnung insoweit nicht geändert werden. 38

39 Die Zuständigkeitsregelung des Abs. 2 Satz 2 greift **nicht** vor Erlass des Eröffnungsbeschlusses (AG Dresden, EWiR 2004, 345; AG Rostock, Rpfleger 2000, 182; a.A. AG Duisburg, NZI 2004, S. VIII).

40 Nimmt der Verwalter die Sache, über deren Massezugehörigkeit Streit besteht, selbst in Besitz, so wird dieser Streit vor dem allgemeinen **Prozessgericht** entschieden, da es sich hierbei nicht um eine Vollstreckungshandlung handelt (BGH, NJW 1962, 1392; Uhlenbruck-Uhlenbruck § 148 Rn. 23), es sei denn es liegt ein Fall des § 36 Abs. 4 vor (vgl. § 36 Rdn. 51), wobei in den übrigen Fällen eine Leistungsklage zulässig ist (A/G/R-Lind § 148 Rn. 24). Ggf. kann sich ein Dritter auch im Wege des einstweiligen Rechtsschutzes gegen das Handeln eines Insolvenzverwalters wehren (OLG Düsseldorf, ZIP 2008, 1930).

§ 149 Wertgegenstände

(1) ¹Der Gläubigerausschuß kann bestimmen, bei welcher Stelle und zu welchen Bedingungen Geld, Wertpapiere und Kostbarkeiten hinterlegt oder angelegt werden sollen. ²Ist kein Gläubigerausschuß bestellt oder hat der Gläubigerausschuß noch keinen Beschluß gefaßt, so kann das Insolvenzgericht entsprechendes anordnen.

(2) Die Gläubigerversammlung kann abweichende Regelungen beschließen.

Übersicht

		Rdn.			Rdn.
A.	Normzweck	1	2.	Bestimmung durch den Gläubigerausschuss (Abs. 1 Satz 1)	17
B.	Norminhalt	4	3.	Beschlussfassung durch die Gläubigerversammlung (Abs. 2)	19
I.	Gegenstände der Anlage und Hinterlegung	4	4.	Wirkung der Anordnung	20
II.	Hinterlegungs- und Anlagestellen	9	IV.	Pflichten der Hinterlegungsstelle	22
	1. Zulässigkeit von Anderkonten oder Anderdepots	10	V.	Haftung der Beteiligten	28
	2. Sonderkonto	11		1. Haftung der Hinterlegungsstelle	28
	3. Zinsabschlagsteuer bei der Hinterlegung von Geld	12		2. Haftung des Verwalters	29
III.	Rechte des Gerichts, des Gläubigerausschusses, der Gläubigerversammlung	16		3. Haftung der Mitglieder des Gläubigerausschusses	30
	1. Anordnung des Insolvenzgerichts (Abs. 1 Satz 2)	16	VI.	Genossenschaftsinsolvenz	31

A. Normzweck

1 § 149 bezweckt den über eine bloße Überwachung hinausgehenden (§§ 58, 69) Schutz der Masse gegen eine zweckwidrige oder gar missbräuchliche Verwendung durch den Verwalter. Hierzu wird die **Verwaltungsbefugnis** (Abs. 1) bzgl. der Art der Anlage und Hinterlegung eingeschränkt und auf den Gläubigerausschuss/die Gläubigerversammlung bzw. das Insolvenzgericht übertragen.

2 Insofern gilt das **Prinzip der gestaffelten Zuständigkeiten** (Uhlenbruck-Uhlenbruck § 149 Rn. 2 ff.): Primär hat der Verwalter nach seinem Ermessen eingehende Gelder, Wertpapiere und Kostbarkeiten anzulegen bzw. zu hinterlegen (§§ 80, 148). Soweit ein Gläubigerausschuss eingesetzt ist, kann dieser die Art und Weise der Hinterlegung bzw. Anlage bestimmen. Auch das Gericht besitzt eine entsprechende Anordnungskompetenz (Abs. 1 Satz 2). Als Organ der Selbstverwaltung obliegt es schließlich der Gläubigerversammlung, auch von Abs. 1 abweichende Anordnungen zu treffen (Abs. 2 n. F.). Im Regelfall wird ein solcher Beschluss in der Gläubigerversammlung getroffen oder die Möglichkeit auf den Gläubigerausschuss verlagert.

3 Vor dem Hintergrund der Verfahrensvereinfachung und der hinreichenden Sicherstellung der Gläubigerinteressen durch die persönliche Haftung des Insolvenzverwalters wäre eine Streichung des Abs. 1 Satz 2 sowie des Abs. 2 ebenfalls diskussionswürdig.

B. Norminhalt

I. Gegenstände der Anlage und Hinterlegung

Die in Abs. 1 genannten Objekte sind hinsichtl. des Sicherungsbedürfnisses weit auszulegen. 4

Der Begriff »**Geld**« ist demnach nicht im institutionellen Sinne (Bargeld), sondern im konkret funktionellen Sinne (Bargeld, ausländische Währungen und Buchgeld; MK/BGB-Grundmann §§ 244, 245 Rn. 11 f.) zu verstehen (MK-Füchsl/Weishäupl § 149 Rn. 7), da die entsprechenden Bestimmungen der Hinterlegungsordnungen der Bundesländer nicht analog herangezogen werden können und die Regelungen der InsO weiter gefasst sind (K. Schmidt-Jungmann § 150 Rn. 10) 5

Der **Wertpapierbegriff** erstreckt sich nicht nur auf Urkunden, ohne deren Besitz ein darin verbrieftes Recht nicht geltend gemacht werden kann (Palandt-Sprau Einf. v. § 793 BGB Rn. 1), sondern auch auf qualifizierte Legitimationspapiere (§ 808 BGB) wie Sparkassenbücher, Inhaberversicherungsscheine, Leihhausscheine u. a. (Uhlenbruck-Uhlenbruck § 149 Rn. 9; Braun-Gerbers § 149 Rn. 2; a. A. hinsichtl. Versicherungsverträgen: MK-Füchsl/Weishäupl § 149 Rn. 8). 6

Kostbarkeiten sind Gegenstände, deren Wert im Vergleich zu ihrem Umfang und ihrem Gewicht besonders hoch ist (KG, Rpfleger 1976, 316). Ob dabei auf die Verkehrsanschauung abzustellen ist (so RGZ 105, 204), ist fraglich. Auch hierbei empfiehlt sich im Zweifel eine großzügige Auslegung (wie hier MK-Füchsl/Weishäupl § 149 Rn. 9). Hierunter fallen z. B. Edelsteine, Kunstwerke, Münzsammlungen. 7

Eine Grenze muss das Sicherungsinteresse der Gläubiger dort finden, wo die Verwaltungs- und Verfügungsbefugnis des Verwalters auf nicht hinnehmbare Weise eingeschränkt wird, zumal der Verwalter nicht unter einen Generalverdacht der Veruntreuung zu stellen ist, das Sicherungsinteresse mit anderen Verpflichtungen der InsO kollidieren kann oder der Verfahrenszweck dadurch auf andere Weise beschränkt wird. 8

II. Hinterlegungs- und Anlagestellen

Als **Hinterlegungsstelle** kommen neben öffentlichen Hinterlegungsstellen (§ 1 Abs. 2 HinterlO) auch private Stellen in Betracht (MK-Füchsl/Weishäupl § 149 Rn. 10), da es sich nicht um eine Hinterlegung i. S. d. §§ 372 ff. BGB, sondern lediglich um eine Sicherstellung gegen den Zugriff Nichtberechtigter handelt (KPB-Holzer § 149 Rn. 6). Sie muss einzig und allein eine angemessene Gewähr für Sicherheit und Verzinsung bieten (Braun-Gerbers § 149 Rn. 6). Hierfür kommen mündelsichere Kreditinstitute (§ 1807 Abs. 1 Nr. 5 BGB), also öffentliche Sparkassen und Kreditinstitute, die einer »ausreichenden Sicherungseinrichtung« angehören, in Betracht (Obermüller, InsR Bankpraxis, Rn. 2.143). 9

1. Zulässigkeit von Anderkonten oder Anderdepots

In der Praxis spielen Anderkonten sowie Anderdepots bzgl. der Anlage bzw. Verwahrung von Geldern oder Kostbarkeiten eine übergeordnete Rolle. Anderkonten stellen eine Unterart der **offenen Treuhandkonten** dar (Canaris, NJW 1973, 833). Sie sind nur bestimmten Personengruppen, deren Standesrecht eine gewisse Gewähr für die sichere Verwaltung fremder Gelder gewährt, wie Rechtsanwälten, Notaren, Angehörigen der öffentlich bestellten wirtschaftsprüfenden und wirtschafts- und steuerberatenden Berufe sowie Patentanwälten, zugänglich. Die Eigenschaft als Insolvenzverwalter ohne diese besondere Qualifikation genügt dem zufolge nicht. 10

Hierbei ist in der Literatur umstritten, ob diese Form der Verwahrung geeignet und zulässig ist (dafür: MK-Füchsl/Weishäupl § 149 Rn. 28 ff. m. w. N.; NR-Andrei § 149 Rn. 13; G. Kreft FS Merz, S. 313, 318, 326; Paulus, WM 2008, 473; dagegen: BGH, ZIP 1988, 1136; Uhlenbruck-Uhlenbruck § 149 Rn. 11), wobei durch die hier in § 149 geregelte Einschränkung der Befugnisse der Streit nicht praxisrelevant ist. Beim Anderkonto ist Rechtsinhaber der Treuhänder (BGH, WM 1955, 372). § 80 bestimmt jedoch nur, dass die Verfügungsbefugnis auf den Verwalter übergeht.

Insofern würde dem Verwalter unnötig die Möglichkeit einer zweckfremden Verwendung von Massewerten verschafft (Uhlenbruck-Uhlenbruck § 149 Rn. 11).

2. Sonderkonto

11 Daher ist es angezeigt, ein **Sonderkonto** einzurichten, bei dem der Verwalter als **Ermächtigungstreuhänder** handelt (BGH, ZIP 1995, 225; ZInsO 2007, 1228 und HK-Depré § 149 Rn. 6), was aber eine dementsprechende gerichtliche Ermächtigung voraussetzt.

3. Zinsabschlagsteuer bei der Hinterlegung von Geld

12 Um ggf. die Kapitalertragsteuer (§ 20 Abs. 1 Nr. 7 EStG) zu vermeiden, können größere Geldbeträge des Schuldners im **Ausland** angelegt werden – die meisten größeren Banken haben Tochtergesellschaften im Ausland, für die sie die volle Haftung übernehmen (MK-Füchsl/Weishäupl § 149 Rn. 39; Obermüller, InsR Bankpraxis, Rn. 2.155). Die Zustimmung einer außerordentlichen Gläubigerversammlung ist in solchen Fällen nicht erforderlich (MK-Füchsl/Weishäupl § 149 Rn. 39; a. A. KPB-Holzer § 149 Rn. 14), aber aus Transparenzgründen geboten.

13 Sollten Gelder trotzdem im Inland angelegt werden, ist zu beachten, dass entgegen der Intention der InsO, der Steuergesetzgeber »die auszahlende Stelle« (§ 44 Abs. 1 EStG) zum Einbehalt und zur Abführung der Abgeltungssteuer verpflichtet hat. Die Bank hat in diesem Fall dem Verwalter eine auf seinen Namen lautende **Steuerbescheinigung** mit dem Zusatz »Anderkonto« auszustellen (BMF, DStZ 1993, 127; NJW 1993, 115; Uhlenbruck-Uhlenbruck § 149 Rn. 12). Bei **Massearmut** ist entsprechend der Rangfolge des § 209 die Bank darauf hinzuweisen, dass sie von ihrer Einbehaltungs- und Abführungsverpflichtung entbunden ist, da durch § 44 EStG nicht in die Verteilungsprinzipien der InsO eingegriffen werden sollte (Maus, Steuern im Insolvenzverfahren, Rn. 402; Obermüller, InsR Bankpraxis, Rn. 2.154; a. A. wohl BFH, HFR 1995, 507). Tritt die Massearmut später ein, so hat das Finanzamt, soweit eine Erstattung oder Aufrechnung noch nicht erfolgt ist, den Zinsabschlag an den Verwalter zu erstatten (Maus a. a. O.).

14 Dem Verwalter kann weder eine **Nichtveranlagungsbescheinigung** nach § 44a Abs. 1 i. V. m. Abs. 4 EStG ausgestellt werden (BFH, ZIP 1995, 661; Uhlenbruck-Uhlenbruck § 149 Rn. 13 m. w. N.; a. A. KPB-Holzer § 149 Rn. 16) noch kann der Verwalter selbst einen **Freistellungsauftrag** erteilen (KU § 137 KO Rn. 1d).

15 Probleme ergeben sich insb., wenn Schuldner und Steuersubjekt nicht identisch sind, wie etwa bei einer schuldnerischen **Personengesellschaft** (§ 15 Abs. 1 Satz 1 Nr. 2 EStG). Da der Gewinnanteil je nach der gesetzlichen oder vertraglichen Regelung den einzelnen Gesellschaftern steuerrechtlich zugerechnet wird und der Zinsabschlag somit als Vorauszahlung auf die ESt des Steuerpflichtigen anzurechnen ist (§ 36 Abs. 2 Nr. 2 EStG), ist der Gesellschafter verpflichtet, die erhaltene Steuererstattung der Masse auszukehren (LG Freiburg, ZIP 1999, 2063). Die einbehaltene und abgeführte Kapitalertragsteuer wird dementsprechend als Einnahme der Personengesellschaft und als Entnahme ihrer Gesellschafter behandelt (BGH, NJW 1995, 1088, 1090).

III. Rechte des Gerichts, des Gläubigerausschusses, der Gläubigerversammlung

1. Anordnung des Insolvenzgerichts (Abs. 1 Satz 2)

16 Die Anordnungskompetenz des Insolvenzgerichts aus Abs. 1 Satz 2 hat für die Praxis nur eine untergeordnete Bedeutung. Das Gericht kann nach Ausübung seines Entschließungsermessens anstelle des Gläubigerausschusses die Art und Weise der Anlegung/Hinterlegung durch **unanfechtbaren Beschluss** (Uhlenbruck-Uhlenbruck § 149 Rn. 4) bestimmen. Ein Antrag des Verwalters ist nicht erforderlich (Uhlenbruck-Uhlenbruck § 149 Rn. 4; a. A. KPB-Holzer § 149 Rn. 10). Es wird von seinem Bestimmungsrecht jedoch nur Gebrauch machen, wenn es sich um Vermögenswerte von großem und bedeutendem Wert handelt und die Bestellung eines Gläubigerausschusses nicht absehbar ist.

2. Bestimmung durch den Gläubigerausschuss (Abs. 1 Satz 1)

Das Bestimmungsrecht des Gläubigerausschusses aus Abs. 1 Satz 1 ist eine Konkretisierung seiner in § 69 festgelegten Aufgaben. Der Gläubigerausschuss kann die Art und Weise der Anlage und Hinterlegung der Wertgegenstände sowie die Hinterlegungsstelle selbst bestimmen, was zu seiner Haftung führen kann, wenn er den Insolvenzverwalter bei der Ausführung der diesbezüglichen Beschlüsse nur unzureichend überwacht (OLG Celle, ZInsO 2010, 1233).

17

Die Anweisung des Gläubigerausschusses an den Verwalter, Gelder bei einem Kreditinstitut seiner Wahl zu den üblichen Bedingungen anzulegen, bzw. die Gestattung, Kostbarkeiten in ein Anderdepot zu verbringen, stellen keine Bestimmung i. S. d. Abs. 1 Satz 1 dar (Braun-Gerbers § 149 Rn. 5; NR-Andres § 149 Rn. 12; a. A. Uhlenbruck-Uhlenbruck § 149 Rn. 7).

18

3. Beschlussfassung durch die Gläubigerversammlung (Abs. 2)

Die Gläubigerversammlung als oberstes Organ der Selbstverwaltung ist bei ihrem Bestimmungsrecht nach Abs. 2 **nicht** an Abs. 1 gebunden. Insb. ist die Gläubigerversammlung ermächtigt, eine gerichtliche oder durch den Gläubigerausschuss angeordnete Hinterlegung **abzuändern** und eine andere Stelle sowie die Art und Weise der Hinterlegung bzw. der Anlage **neu zu bestimmen** (Uhlenbruck-Uhlenbruck § 149 Rn. 5)

19

4. Wirkung der Anordnung

Haben das Gericht bzw. der Gläubigerausschuss oder die Gläubigerversammlung eine Hinterlegungsstelle bestimmt, ist eine **Zustimmung** z. B. der Bank, zu ihrer Bestimmung **nicht erforderlich** (RGZ 80, 37, 39; MK-Füchsl/Weishäupl § 149 Rn. 13). Die Wirkung trifft kraft Gesetzes ein.

20

Ist explizit eine Hinterlegungs-/Anlagestelle bestimmt worden, so ist der Verwalter selbst in dem Fall einer Betriebsfortführung nicht berechtigt, weitere Massekonten bei anderen Kreditinstituten anzulegen (LG Freiburg, ZIP 1983, 1098 m. Anm. Kübler, 1100).

21

IV. Pflichten der Hinterlegungsstelle

Die zur Hinterlegungsstelle bestimmte Bank ist Beteiligte i. S. v. §§ 60, 61, 71 (BGH, NJW 1962, 869) sowie Gehilfin (RGZ 140, 185; Obermüller, InsR Bankpraxis, Rn. 2.145) für die Durchführung des Insolvenzverfahrens.

22

Soweit die Bank Wertgegenstände des Schuldners verwahrt, muss und darf sie davon ausgehen, dass sie zur Hinterlegungsstelle bestimmt und ein Gläubigerausschuss bestellt worden ist (RGZ 80, 37) bzw. das Gericht sie zur Hinterlegungsstelle bestimmt hat. Die Bank ist demnach gehalten, sich unverzüglich darüber zu vergewissern, ob eine entsprechende Konstellation gegeben ist, da sie andernfalls erheblichen Haftungsrisiken ausgesetzt ist (Kießling, NZI 2006, 440).

23

Darüber hinaus ist die Hinterlegungsstelle verpflichtet, sich gegen eine Abs. 1 widersprechende Anweisung zu wehren (MK-Füchsl/Weishäupl § 149 Rn. 41), und hat ggf. das Insolvenzgericht von Verstößen des Verwalters in Kenntnis zu setzen (Uhlenbruck-Uhlenbruck § 149 Rn. 16).

24

Insb. ist sie im erhöhten Maße verpflichtet, sich Gewissheit über die Identität des Verwalters zu verschaffen (Obermüller, InsR Bankpraxis, Rn. 2.155a).

25

Ob die Bank als Hinterlegungsstelle von ihrem **Bankgeheimnis** ggü. dem Gericht und der Gläubigerversammlung bzw. dem Gläubigerausschuss entbunden ist, ist umstritten (ausführl. hierzu: Uhlenbruck-Uhlenbruck § 149 Rn. 20 und A/G/R-Lind § 148 Rn. 8). Jedenfalls sieht die InsO keine Verpflichtung der Bank zur Auskunftserteilung vor; diese kann weder aus § 69 Satz 2 geschlossen werden, noch greift die Aufsicht des Insolvenzgerichts gem. § 58 InsO unmittelbar gegenüber Dritten. Auf jeden Fall kann der Verwalter die Bank ggü. dem Gericht sowie der Gläubigerversammlung von ihrer Verschwiegenheitspflicht **freistellen** (OLG Düsseldorf, NJW-RR 1994, 958).

26

Weigert sich der Verwalter, so kann das Insolvenzgericht den Verwalter nach § 58 Abs. 2 anweisen, eine entsprechende Freistellung zu erteilen (Hess/Weis/Wienberg § 149 Rn. 20).

27 Schließlich hat sich die Bank vor Übertragung des schuldnerischen Guthabens auf ein Ander-/Sonderkonto zu vergewissern, dass der Saldo korrekt ermittelt ist, da mit der Übertragung ihr Stornorecht hinsichtl. nicht gedeckter Schecks oder Lastschriftwiderrufen erlischt (Nr. 8 AGB-Banken bzw. Kreditgenossenschaften und Sparkassen). Der bereicherungsrechtliche Anspruch der Bank, der eine Masseforderung darstellt (§ 55 Abs. 1 Nr. 3), ist insofern mit einem hohen Ausfallrisiko bei Masseunzulänglichkeit behaftet (§ 209 Abs. 1 Nr. 3).

V. Haftung der Beteiligten

1. Haftung der Hinterlegungsstelle

28 Durch die ersatzlose Streichung des Abs. 2 a. F. hat sich die insolvenzspezifische Haftung der Hinterlegungsstelle weitgehend erledigt. Einzig für den Fall, dass die Hinterlegungsstelle aufgrund konkreter Verdachtsmomente erkennen konnte, dass der Verwalter z. B. in Veruntreuungsabsicht handelt oder entgegen der Bestimmung des Gläubigerausschusses Gelder auf Konten anderer Kreditinstitute transferiert, ist sie der Masse schadensersatzpflichtig.

2. Haftung des Verwalters

29 Der Verwalter haftet der Hinterlegungsstelle aus § 60 für die Einhaltung der aus § 149 folgenden Verpflichtung (MK-Füchsl/Weishäupl § 149 Rn. 42; s. hierzu auch § 60 Rdn. 7). Jedoch dürfte der Anspruch der Bank rgm. um ihr **Mitverschulden gem. § 254 BGB** zu kürzen sein. Aber auch eine Haftung des unredlichen Verwalters ggü. der Masse kommt in Betracht (NR-Andres § 149 Rn. 18).

3. Haftung der Mitglieder des Gläubigerausschusses

30 Die Haftung der Mitglieder des Gläubigerausschusses ggü. der Masse ergibt sich aus § 71 (zum Umfang s. § 71 Rdn. 2). Bei gleichzeitiger Haftung der Mitglieder mit der Hinterlegungsstelle besteht kein echtes Gesamtschuldverhältnis i. S. d. § 426 BGB (Hess/Weis/Wienberg § 149 Rn. 19 m. w. N.). Darüber hinaus scheitert eine Haftung der Mitglieder des Gläubigerausschusses ggü. der Hinterlegungsstelle an § 71 (MK-Füchsl/Weishäupl § 149 Rn. 43).

VI. Genossenschaftsinsolvenz

31 Die eingezogenen Vorschüsse der Genossen sind bis zur vollständigen Verwertung der Insolvenzmasse gem. §§ 110, 115a GenG nach der Maßgabe des § 149 zu hinterlegen oder anzulegen. § 110 GenG erlangt nur insoweit eine eigenständige Bedeutung, als die Vorschüsse nach streitiger Meinung nicht als Teil der Insolvenzmasse angesehen werden (Uhlenbruck-Uhlenbruck § 149 Rn. 19 m. w. N.).

§ 150 Siegelung

¹Der Insolvenzverwalter kann zur Sicherung der Sachen, die zur Insolvenzmasse gehören, durch den Gerichtsvollzieher oder eine andere dazu gesetzlich ermächtigte Person Siegel anbringen lassen. ²Das Protokoll über eine Siegelung oder Entsiegelung hat der Verwalter auf der Geschäftsstelle zur Einsicht der Beteiligten niederzulegen.

Übersicht

	Rdn.			Rdn.
A. Normzweck	1	4.	Vornahme der Siegelung und Niederlegung des Protokolls	5
B. Norminhalt	2			
I. Durchführung	2	5.	Entsiegelung	6
1. Gegenstand der Siegelung	2	6.	Kosten	7
2. Antragsberechtigte	3	II.	Strafrechtlicher Schutz	8
3. Ermessen des Verwalters	4	C.	**Verfahrensfragen**	9

A. Normzweck

§ 150 reiht sich in die Funktionsweise der §§ 148, 149 ein und dient ausschließlich der Sicherung der Insolvenzmasse durch Kennzeichnung der Massezugehörigkeit. Insofern ist die Siegelung **kein Vollstreckungsakt** (BGH, NJW 1962, 1392; Delhaes, KTS 1987, 597, 601). 1

B. Norminhalt

I. Durchführung

1. Gegenstand der Siegelung

Der Siegelung unterliegen, abgesehen von den in § 149 angesprochenen **Wertgegenständen**, alle Massegegenstände, die der Verwalter nach § 148 Abs. 1 in Besitz zu nehmen hat. Findet der Gerichtsvollzieher Gegenstände i. S. d. § 149 bei der Siegelung vor, so muss er sie gem. § 22 Nr. 4 ErgGVGA im Protokoll verzeichnen und dem Insolvenzverwalter aushändigen (Holzer, DGVZ 2003, 147). 2

2. Antragsberechtigte

Zur Sicherung der Insolvenzmasse kann der Verwalter nach eigenem pflichtgemäßen Ermessen (Uhlenbruck-Maus § 150 Rn. 1) die Siegelung der Insolvenzmasse oder einzelner Gegenstände durch den **Gerichtsvollzieher** oder eine andere dazu gesetzlich ermächtigte Person (z. B. Notar) durchführen lassen. Auch der sog. »**starke**« **vorläufige Verwalter** (§ 22 Abs. 1) ist nach Ausübung seines pflichtgemäßen Ermessens berechtigt, Vermögensgegenstände des Schuldners entsprechend § 150 siegeln zu lassen (LG Baden-Baden, ZIP 1983, 345). Einer gesonderten Anordnung des Insolvenzgerichtes bedarf es nicht. Ergeht gleichsam eine entsprechende Anordnung, so kommt dieser nur deklaratorische Wirkung zu (LG Baden-Baden, ZIP 1983, 345). Weiterhin kann der **Insolvenzrichter** im Eröffnungsverfahren nach § 21 Abs. 2 eine Siegelung anordnen (KPB-Pape § 21 Rn. 44 m. w. N.), Die Anordnung verdrängt die Siegelungsbefugnis des »starken« vorläufigen Verwalters (Holzer, DGVZ 2003, 147). 3

3. Ermessen des Verwalters

Die Siegelung, die in der Praxis nur eine sehr untergeordnete Rolle spielt, bietet sich vor allem bei der Sicherstellung von **Geschäftspapieren** des Schuldners an, bei denen die Gefahr der Manipulation besteht (Uhlenbruck-Maus § 150 Rn. 1), sowie bei Vermögensgegenständen, die sich durch ihre Größe und Unhandlichkeit faktisch einer Inbesitznahme verschließen. Das Insolvenzgericht kann allerdings, sollte es nach § 58 feststellen, dass der Verwalter die Siegelung pflichtwidrig unterlassen hat, diesen anweisen die Siegelung vorzunehmen (FK-Wegener § 150 Rn. 1). Diese Aufsichtsmaßnahme (s. hierzu § 58 Rdn. 8) ist aber in der Praxis nicht relevant, da die Siegelung aus praktischen Erwägungen selten erfolgt. 4

4. Vornahme der Siegelung und Niederlegung des Protokolls

Bei der Vornahme der Siegelung ist es nicht notwendig den Schuldner hinzuzuziehen (§ 22 Nr. 5 ErgGVGA). Die Schlüssel zu versiegelten Räumen und Behältnissen sind dem Verwalter, nicht aber dem Gericht auszuhändigen (Uhlenbruck-Maus § 150 Rn. 2). Der Gerichtsvollzieher hat nach § 22 Nr. 6 Satz 1 ErgGVGA über die Siegelung ein **Protokoll** aufzunehmen, das der Verwalter nach Satz 2 in Urschrift auf der Geschäftsstelle des Insolvenzgerichts zur Einsicht der Beteiligten **niederzulegen** hat. Dies Protokoll ergänzt dann die weiteren Verzeichnisse gem. §§ 151 ff. Beteiligte in diesem Sinne sind Schuldner und Gläubiger; absonderungsberechtigte Gläubiger nur, sofern der Schuldner ihnen auch persönlich haftet, aussonderungsberechtigte Gläubiger nicht (a. A. KPB-Holzer § 150 Rn. 11). Eine Einbeziehung weitere Dritter (so. K. Schmidt-Jungmann § 150 Rn. 7) ist gesetzlich nicht zu begründen, da der Beteiligtenbegriff nicht beliebig ausgedehnt werden kann. 5

Soweit die Durchführung durch den Richter angeordnet wurde, ist das Protokoll zur Verfahrensakte zu nehmen (Holzer, DGVZ 2003, 147), was den Beteiligten auch ein Akteneinsichtsrecht eröffnet.

5. Entsiegelung

6 Der Verwalter darf die Siegel nicht selbst entfernen, sondern muss den Gerichtsvollzieher mit der Entsiegelung beauftragen. Hierüber ist ebenfalls ein Protokoll anzufertigen, in dem anzugeben ist, ob die Siegel noch vorhanden und unverletzt sind (MK-Füchsl/Weishäupl § 150 Rn. 4).

6. Kosten

7 Die Kosten der Siegelung gem. § 12 GvKostG sind, soweit sie der Verwalter in Auftrag gegeben hat, Massekosten i. S. v. § 55 Abs. 1 Nr. 1 bzw. § 55 Abs. 2 Satz 1 bei Anordnung durch den vorläufigen Verwalter.

II. Strafrechtlicher Schutz

8 Zum einen begeht derjenige, der das Siegel beschädigt, ablöst oder unkenntlich macht, einen Siegelbruch nach § 136 Abs. 2 StGB. Zum anderen liegt bei Zerstörung, Beschädigung oder Unbrauchbarmachung sowie Entzug der der Siegelung unterliegenden Sache der Tatbestand des **Verstrickungsbruchs nach § 136 Abs. 1 StGB** vor (Holzer, DGVZ 2003, 147, 152).

C. Verfahrensfragen

9 Ein Rechtsmittel des Schuldners oder eines Dritten gegen Aufträge zur Siegelung oder Entsiegelung ist nicht zulässig, da der Verwalter ggü. dem Gerichtsvollzieher als Privatperson handelt und die Siegelung keine »gerichtliche Maßnahme« darstellt. Die **Vollstreckungserinnerung** (§ 766 ZPO) ist ebenfalls **unzulässig**, weil die Siegelung keine »Maßnahme« der Zwangsvollstreckung darstellt (Uhlenbruck-Maus § 150 Rn. 8). Dem Fehlverhalten kann nur im Wege einer **Dienstaufsichtsbeschwerde** begegnet werden. Macht ein Gläubiger oder ein Dritter ein Recht an dem gesiegelten Gegenstand geltend, so hat er dies auf dem **ordentlichen Rechtsweg** gegen den Verwalter zu verfolgen (LG Baden-Baden, ZIP 1983, 345), wobei auch ein einstweiliger Rechtsschutz zulässig ist (K. Schmidt-Jungmann § 148 InsO Rn. 8).

§ 151 Verzeichnis der Massegegenstände

(1) ¹Der Insolvenzverwalter hat ein Verzeichnis der einzelnen Gegenstände der Insolvenzmasse aufzustellen. ²Der Schuldner ist hinzuzuziehen, wenn dies ohne eine nachteilige Verzögerung möglich ist.

(2) ¹Bei jedem Gegenstand ist dessen Wert anzugeben. ²Hängt der Wert davon ab, ob das Unternehmen fortgeführt oder stillgelegt wird, sind beide Werte anzugeben. ³Besonders schwierige Bewertungen können einem Sachverständigen übertragen werden.

(3) ¹Auf Antrag des Verwalters kann das Insolvenzgericht gestatten, daß die Aufstellung des Verzeichnisses unterbleibt; der Antrag ist zu begründen. ²Ist ein Gläubigerausschuß bestellt, so kann der Verwalter den Antrag nur mit Zustimmung des Gläubigerausschusses stellen.

Übersicht

		Rdn.			Rdn.
A.	Normzweck	1	1.	Liquidationswert	17
B.	Norminhalt	3	2.	Fortführungswert	20
I.	Bestandsaufnahme (Inventur)	3	3.	Zuziehung eines Sachverständigen	
	1. Gegenstände (Abs. 1 Satz 1)	8		(Abs. 2 Satz 3)	23
	2. Gliederung des Masseverzeichnisses	13	III.	Entbindung des Verwalters von der	
II.	Wertangabe (Abs. 2)	16		Verpflichtung (Abs. 3)	25

A. Normzweck

Sinn und Zweck der Erstellung eines Verzeichnisses der Massegegenstände nach § 151 (kurz Masseverzeichnis) ist es, die Masse – nicht nur die nach § 148 Abs. 1 in Besitz genommene – in ihrer Gesamtheit festzustellen, eine Kontrolle des Verwalters zu ermöglichen, den Beteiligten einen Überblick über die Lage des Insolvenzschuldners zu verschaffen (BGH, ZInsO 2010, 2234, 2235) und den Gläubigern eine Entscheidungsbasis für den weiteren Fortgang des Verfahrens an die Hand zu geben. Ferner soll das Insolvenzgericht in die Lage versetzt werden, seiner Pflicht zur Aufsicht über den Insolvenzverwalter gem. § 58 (s. § 58 Rdn. 4) nachzukommen, was dem Gericht nur möglich ist, wenn wahrheitsgemäße und vollständige Verzeichnisse vorgelegt werden (Mäusezahl, ZInsO 2006, 580; Frind, ZInsO 2006, 1035).

Das **Masseverzeichnis** bildet zusammen mit dem **Gläubigerverzeichnis** (§ 152) die Grundlage für die **Vermögensübersicht** (§ 153; Balz/Landfermann, Begr. § 170 RegE, S. 193). Die Erstellung der einzelnen Verzeichnisse gehört zu den zentralen **Pflichten des Verwalters** (OLG Celle, KTS 1973, 200; Smid § 151 Rn. 2).

B. Norminhalt

I. Bestandsaufnahme (Inventur)

Die nach §§ 151 ff. aufzustellenden Verzeichnisse stellen nichts anderes als das **Inventar** i. S. d. § 240 HGB durch eine **körperliche Bestandsaufnahme** aller Vermögenswerte bzw. bei immateriellen Gegenständen durch Erfassung entsprechender Urkunden dar.

Die Aufstellung des Masseverzeichnisses folgt den Grundsätzen der ordnungsgemäßen Inventur (Binz/Hess, Der Insolvenzverwalter, Rn. 1087). Die einzelnen Massegegenstände sind **vollständig** zu erfassen und **detailliert**, dem **Grundsatz der Einzelerfassung** folgend, aufzuführen (Braun-Gerbes § 151 Rn. 3). Dementsprechend müssen die Massegegenstände im Verzeichnis genau bezeichnet und individualisiert werden. Bei Grundstücken ist die exakte Grundbuchbezeichnung anzugeben, bei beweglichen Gegenständen z. B. der Hersteller und die Fabrikationsnummer.

Gleichartige und gleichwertige Gegenstände, z. B. die des Vorratsvermögens, können i. S. d. § 240 Abs. 4 HGB in einer **Gruppenbewertung** gemeinsam veranlagt werden. **Inventurvereinfachungsmaßnahmen**, z. B. das Stichprobenverfahren nach § 241 Abs. 1 HGB, sind grds. bei der Erstellung des Masseverzeichnisses anwendbar (h. M. Uhlenbruck-Maus § 151 Rn. 4; HK-Depré § 151 Rn. 5, a. A. Pink, Insolvenzrechnungslegung, S. 57; Hess/Mitlehner, Steuerrecht Rechnungslegung Insolvenz, Rn. 158). Dies setzt jedoch voraus, dass z. B. eine bestandszuverlässige Lagerbuchführung bei Insolvenzeröffnung vorliegt (MK/HGB-Ballwieser § 241 Rn. 10 m. w. N.), was zumeist nicht der Fall sein dürfte. Keinesfalls kann das Masseverzeichnis durch eine »Bildmappe« ersetzt werden (Hess/Weis, NZI 1999, 482, 483). Bei dem auf Grundlage des Masseverzeichnisses zu erstellenden Vermögensverzeichnis handelt es sich um eine **Stichtagsinventur** (§ 153 Abs. 1), sodass das Masseverzeichnis gleichsam auf den **Tag der Insolvenzeröffnung** zu erstellen ist (NR-Andres § 151 Rn. 5). Die Ansicht (K. Schmidt-Jungmann § 151 Rn. 8), dass das Verzeichnis auf einem nahe am Berichtstermin liegenden Stichtag zu erstellen ist, verkennt, dass die Gläubiger gerade auch bei einer Betriebsfortführung darüber zu entscheiden haben, ob diese nachteilig für die Masse ist, z. B. durch Vermögenverzehr, oder nicht und dies nur durch eine Feststellung des »Ist«-Zustande am Insolvenzeröffnungstag möglich bleibt.

Eine **Frist** für die Erstellung des Masseverzeichnisses sieht die InsO nicht vor. Da die Verzeichnisse jedoch spätestens eine Woche vor dem Berichtstermin vorzulegen sind (§ 154) und der Berichtstermin spätestens 3 Monate nach dem Wirksamwerden des Eröffnungsbeschlusses abgehalten werden muss (§ 29 Abs. 1 Nr. 1), ist der zeitliche Rahmen klar abgesteckt (weiter gehend NR-Andres § 151 Rn. 2: »unverzüglich«).

Die nach Abs. 1 Satz 2 geforderte **Hinzuziehung des Schuldners** soll unterbleiben, wenn die Aufzeichnung der Gegenstände dadurch verzögert wird (Hess/Weis/Wienberg § 151 Rn. 4 m. w. N.).

§ 151 InsO Verzeichnis der Massegegenstände

Einen Anspruch auf Hinzuziehung, z. B. durch die Verlegung des Termins, hat der Schuldner nicht (Uhlenbruck-Maus § 151 Rn. 9).

1. Gegenstände (Abs. 1 Satz 1)

8   Der Kreis der aufzeichnungspflichtigen Gegenstände ist umfassend i. S. d. §§ 35, 36 Abs. 2 und beinhaltet Mobilien wie Immobilien, Forderungen und Rechte sowie sonstige immaterielle Gegenstände, soweit hier eine Bewertung erfolgen kann (Fröhlich/Köchling, ZInsO 2002, 478).

9   Insofern sind in das Verzeichnis aufzunehmen: originäre immaterielle Vermögenswerte (Firmenwert u. a.), Anfechtungsrechte (Balz/Landfermann, Begr. zu § 151 RegE, S. 305) sowie weitere **insolvenzspezifische Ansprüche** (MK-Füchsl/Weishäupl § 151 Rn. 7) aus §§ 64, 32a, 32b GmbHG, § 302 AktG, §§ 92 Abs. 1, 93.

10 Die **handels- und steuerrechtlichen Ansatzverbote** (§ 248 HGB) sind unbeachtlich (Pink, Insolvenzrechnungslegung, S. 142), da die Verzeichnisse einer anderen Zielrichtung dienen, nämlich der Erfassung der Insolvenzmasse.

11 Darüber hinaus sind die der Aufrechnung unterliegenden Forderungen (Umkehrschluss aus Abs. 3 Satz 1) Forderungen, deren Bestand zweifelhaft ist (Braun-Gerbers § 151 Rn. 2) und absonderungsbelastete Gegenstände aufzunehmende Gegenstände i. S. d. Abs. 1 Satz 1. Sie sind jedoch in dem Masseverzeichnis besonders zu **kennzeichnen** (Möhlmann, DStR 1999, 164).

12 **Aussonderungspflichtige Gegenstände** zählen nach § 47 nicht zur Insolvenzmasse und fallen somit nicht unter § 151 (a. A. MK-Füchsl/Weishäupl § 151 Rn. 6 für unter Eigentumsvorbehalt gelieferte Ware, soweit der Verwalter die Erfüllung noch nicht abgelehnt hat, § 107 Abs. 2) und sind daher in einer engen Auslegung der Regelung nicht in das Verzeichnis mit aufzunehmen (K. Schmidt-Jungmann § 151 Rn. 3)

▶ **Hinweis:**

Dennoch empfiehlt es sich vor dem Hintergrund, dass die Gläubiger durch das Masseverzeichnis befähigt werden sollen, ökonomisch rational über Fortführung oder Zerschlagung des insolventen Unternehmens zu entscheiden (Heni, ZInsO 1999, 609, 610), diese in das Verzeichnis unter einer eigenen Rubrik aufzunehmen (Möhlmann, Die Berichterstattung im neuen Insolvenzverfahren, S. 128). Denn der Verwalter hat bis zum Berichtstermin die Möglichkeit, einer Herauslösung der mit Aussonderungsrechten belasteten Gegenstände gem. § 30d Abs. 1 Nr. 1 ZVG analog zu widersprechen, sodass die Gegenstände wirtschaftlich bis zu diesem Zeitpunkt der Masse faktisch zuzuordnen sind (Möhlmann, Die Berichterstattung im neuen Insolvenzverfahren, S. 129).

2. Gliederung des Masseverzeichnisses

13 Da es keine Gliederungsvorschrift gibt, sind die bewerteten Sachverhalte **klar** und **übersichtlich** darzustellen (Plate, Die Konkursbilanz, S. 192), da nur dies den Nachweis über den Verbleib und die Realisierung der insolvenzspezifischen Vermögenswerte möglich macht.

14 Für die **Vertikalgliederung** bieten sich zwei Möglichkeiten an: Die Auflistung der Massepositionen nach dem Grad ihrer Liquidierbarkeit (Beispiel bei Möhlmann, DStR 1999, 163, 166) oder nach dem handelsrechtlichen Gliederungsschema des § 266 HGB (Beispiel bei Hess/Weis, NZI 1999, 482). Da der Grad der Liquidierbarkeit oftmals von einer sehr unsicheren Prognose abhängen wird – für die Gläubiger ist nicht die zeitliche Reihenfolge der Verwertung, sondern vielmehr die Dauer des Verfahrens von Interesse –, ist dem handelsrechtlichen Schema der Vorzug zu geben und wird auch von den Verwaltern im Regelfall herangezogen.

15 Zwingend und gesetzlich vorgesehen sind die Spalten Liquidations- und Fortführungswert in die **Horizontalgliederung** aufzunehmen. Daneben empfiehlt es sich weitere Spalten aufzunehmen, welche die Art und Qualität bzw. Bonität (Veit, Die Konkursrechnungslegung, S. 58), die Fremdrechte

sowie die freie Masse ausweisen (Arians, Sonderbilanzen, S. 108 f.). Diese weiteren Aufgliederungen dienen dem Interesse aller Beteiligten an der Wahrnehmung ihrer Verfahrenrechte. Nur wenn den Beteiligten die tatsächliche Möglichkeit gegeben wird, sich sachgerecht mit Materialien und Inhalt der Insolvenzakte bei Gericht zu beschäftigen, können wiederum sachgerechte Erwägungen für die ggf. folgenden Entscheidungen der Gläubigerversammlung getroffen werden. Im Zuge der Gläubigerautonomie im Insolvenzverfahren bedarf es hier des sachkundigen Gläubigers, denn nur dieser wird das Verfahren positiv begleiten wollen. Insofern sind die Regelungen über die Erstellung der verschiedenen Verzeichnisse mehr als eine gesetzliche Formalie.

II. Wertangabe (Abs. 2)

Jeder Gegenstand der Masse ist **einzeln zu bewerten** (Abs. 2 Satz 1). Sollten sich die Gegenstände nicht im Besitz des Schuldners befinden, hat der Verwalter ein **Besichtigungsrecht** aus §§ 809, 811 BGB (Balz/Landfermann, Begr. zu § 151 RegE, S. 305) um die entsprechende Bewertung vornehmen zu können. 16

1. Liquidationswert

Wert i. S. v. Abs. 2 Satz 1 ist der voraussichtliche Verwertungserlös (Liquidationswert), der zum einen objektorientiert die Art und Qualität bzw. die Verität und Bonität bei Forderungen berücksichtigt, zum anderen aber auch die tatsächliche Marktsituation und den negativen Verwertungszwang des Insolvenzverfahrens einkalkuliert (Plate, Die Konkursbilanz, S. 89 ff.). Auf den **Buchwert** ist nicht zurückzugreifen (König, ZIP 1988, 1003), da dieser keinerlei Aussagen über die Werthaltigkeit gibt. Der Liquidationswert ist grds. für jeden Gegenstand einzeln anzugeben. Abweichungen sind dort vorzunehmen, wo einzelne Gegenstände nur in ihrer Gesamtheit veräußerbar sind oder ein konkretes Angebot vorliegt (Möhlmann, Die Berichterstattung im neuen Insolvenzverfahren, S. 132 m. w. N.). 17

Halbfertige Erzeugnisse, die bei einer sofortigen Betriebsstilllegung nur einen Schrottwert ausweisen würden, sind, soweit eine zielgerichtete »**Ausproduktion**« noch möglich erscheint, mit demjenigen **Stilllegungswert** im Masseverzeichnis anzugeben, den der Verwalter nach seiner Liquidationsstrategie erwarten darf (Uhlenbruck-Maus § 151 Rn. 7). Faktisch werden Ausproduktionen aber häufig im Antragsverfahren abgeschlossen, sodass zum Zeitpunkt der Insolvenzeröffnung wiederum der Liquidationswert maßgeblich ist. 18

Anzugeben ist der **Bruttoverwertungserlös** inkl. USt (MK-Füchsl/Weishäupl § 151 Rn. 14) aber abzüglich der Verwertungskosten (Möhlmann, DStR 1999, 163, 164; a. A. hinsichtl. der Verwertungskosten: NR-Andres § 151 Rn. 16). 19

2. Fortführungswert

Hängt der Wert davon ab, ob das schuldnerische Unternehmen fortgeführt oder stillgelegt wird und erscheint eine Fortführung nicht völlig ausgeschlossen (vgl. hierzu § 22 Rdn. 57), ist neben dem Liquidations- auch der Fortführungswert anzugeben (Abs. 2 Satz 2). Insofern ist nur bei bereits endgültig eingestelltem Geschäftsbetrieb ein Verzicht möglich. 20

In der Literatur werden hierzu verschiedene Konzepte, ausgehend vom handelsrechtlichen Buchwert (NR-Andres § 151 Rn. 15) über eine entsprechende Verwendung des Teilwertbegriffs des Steuerrechts gem. § 6 EStG (KPB-Holzer § 151 Rn. 21) bis hin zu einem modifizierten Substanzwertkonzept (Braun-Gerbers § 151 Rn. 7 ff.), vertreten. Der Meinung, dass der Fortführungswert nicht aufzuführen sei, da er in der Praxis nicht zu ermitteln sei (HK-Depré § 151 Rn. 6; Smid § 151 Rn. 9; Heni, ZInsO 1999, 609), kann aufgrund der eindeutigen gesetzlichen Vorgabe nicht gefolgt werden (Braun-Gerbers § 151 Rn. 5). 21

Jeder der diskutierten Ansätze hat seine Stärken und Schwächen, sodass der Verwalter sich **situationsgebunden** für den einen oder anderen Bewertungsansatz entscheiden sollte. Insoweit ist von 22 der für den Einzelfall jeweils wahrscheinlichsten Verwertungsmöglichkeit auszugehen. Bei einer **übertragenden** wie auch **zerschlagenden Sanierung** ist der **zeitanteilige, d. h. um Abschreibungen für Wertabnutzung reduzierte, Wiederbeschaffungswert** (Braun-Gerbers § 151 Rn. 5) in Ansatz zu bringen. Sollte die Fortführung des Unternehmens in einem **Insolvenzplanverfahren** angestrebt werden, sind die Fortführungswerte nach dem **Discounted-Cash-Flow-Verfahren** zu ermitteln, wobei die Dauer des Insolvenzplanverfahrens und die geschätzten Nettozuflüsse des Unternehmens die Basis dieses Bewertungskonzeptes darstellen. Die gesonderte Einbeziehung eines »Firmenwerts« oder »Goodwills« erscheint insoweit problematisch, da neben der problematischen Wertermittlung eines solchen Wertes in der Insolvenzsituation, die Vergleichbarkeit der Bewertung möglicherweise entfällt.

3. Zuziehung eines Sachverständigen (Abs. 2 Satz 3)

23 Bei »besonders schwierigen Bewertungen« kann der Verwalter einen Sachverständigen hinzuziehen. Insb. bei einer übertragenden Sanierung sowie einem Insolvenzplanverfahren bietet es sich an, einen Wirtschaftsprüfer/Steuerberater mit der Unternehmensbewertung zu beauftragen (MK-Füchsl/Weishäupl § 151 Rn. 15). Faktisch werden in nahezu allen Insolvenzverfahren, in denen Massegegenstände vorhanden sind, deren Wert nicht unmittelbar zu ermitteln ist, Dritte vom Verwalter hinzugezogen. Zum einen kann ein Insolvenzverwalter nicht alle Bewertungen vornehmen, zum anderen schützt die Hinzuziehung fachlicher Kenntnisse Dritter ggf. vor Fehlbewertungen, die auch einen Haftungsfall darstellen können (s. hierzu § 60 Rdn. 14).

24 Der Einsatz von Dritten bei der Bewertung der Vermögensgegenstände ist anders als im Eröffnungsverfahren zu bewerten (vgl. hierzu § 5 Rdn. 14). § 4 i. V. m. § 407a Abs. 2 Satz 2 ZPO gelten nicht. Das Recht, für die Masse Werkverträge abzuschließen und eine angemessene Vergütung aus der Masse zu zahlen, folgt aus § 4 Abs. 1 Satz 3 InsVV. Eventuell schränkt die Beschäftigung dieser Hilfskräfte die Verwaltervergütung ein, § 8 Abs. 2 InsVV (vgl. hierzu § 4 InsVV Rdn. 3). Die Kosten sind als sonstige Masseverbindlichkeiten i. S. d. § 55 Abs. 1 Nr. 1, 1. Alt. zu begleichen.

III. Entbindung des Verwalters von der Verpflichtung (Abs. 3)

25 Das Insolvenzgericht (evtl. mit Zustimmung des Gläubigerausschusses, Abs. 3 Satz 2) kann den Verwalter von seiner Verpflichtung zur Erstellung eines Masseverzeichnisses **freistellen** (Abs. 3 Satz 1). Die Regelung ist **restriktiv auszulegen**, da das Masseverzeichnis die Grundlage für die Erstellung des Vermögensverzeichnisses nach § 153 bildet (NR-Andres § 151 Rn. 25). Hiervon kann insb. bei **Kleinstverfahren** Gebrauch gemacht werden, in denen bereits **zuverlässige Aufzeichnungen des Schuldners** vorliegen oder faktisch nichts aufzuzeichnen ist (Regelfall: sog. Stundungsverfahren gem. § 4a).

26 Durchaus möglich erscheint aber der Gedanke, ob sich nicht aus Abs. 3 ein allgemeiner Rechtsgedanke ergibt, der es dem Insolvenzgericht auf Antrag gestattet, in Kleinstverfahren den Verwalter von weiteren, über die Erstellung des Masseverzeichnisses hinausgehenden Verpflichtungen zu befreien. Hier ist aber der Gesetzgeber und nicht der Anwender gefragt.

§ 152 Gläubigerverzeichnis

(1) Der Insolvenzverwalter hat ein Verzeichnis aller Gläubiger des Schuldners aufzustellen, die ihm aus den Büchern und Geschäftspapieren des Schuldners, durch sonstige Angaben des Schuldners, durch die Anmeldung ihrer Forderungen oder auf andere Weise bekannt geworden sind.

(2) [1]In dem Verzeichnis sind die absonderungsberechtigten Gläubiger und die einzelnen Rangklassen der nachrangigen Insolvenzgläubiger gesondert aufzuführen. [2]Bei jedem Gläubiger sind die Anschrift sowie der Grund und der Betrag seiner Forderung anzugeben. [3]Bei den absonderungsberechtigten Gläubigern sind zusätzlich der Gegenstand, an dem das Absonderungsrecht

besteht, und die Höhe des mutmaßlichen Ausfalls zu bezeichnen; § 151 Abs. 2 Satz 2 gilt entsprechend.

(3) ¹Weiter ist anzugeben, welche Möglichkeiten der Aufrechnung bestehen. ²Die Höhe der Masseverbindlichkeiten im Falle einer zügigen Verwertung des Vermögens des Schuldners ist zu schätzen.

Übersicht	Rdn.		Rdn.
A. Normzweck	1	3. Aufrechnungsberechtigte Gläubiger	9
B. Norminhalt	2	4. Masseverbindlichkeiten	10
I. Inhalt des Gläubigerverzeichnisses	4	II. Gliederung des Gläubigerverzeichnisses	11
1. Aussonderungsberechtigte Gläubiger	6	III. Keine Entbindung des Verwalters von der Verpflichtung	13
2. Absonderungsberechtigte Gläubiger	7		

A. Normzweck

Das Gläubigerverzeichnis nach § 152 bildet das Gegenstück zum Masseverzeichnis und soll den Insolvenzgläubigern ein erstes Bild über die Belastung des schuldnerischen Vermögens insb. mit Absonderungsrechten und Aufrechnungsmöglichkeiten vermitteln (HK-Depré § 152 Rn. 2). Als **sachliches Bestandsverzeichnis** (KPB-Holzer § 152 Rn. 1) bietet es den Beteiligten darüber hinaus eine Bewertungsbasis der **Fortführungswürdigkeit** des schuldnerischen Unternehmens. Weiterhin dient es dem Insolvenzgericht zur Ermittlung der Adressen zur Zustellung des Eröffnungsbeschlusses, §§ 30 Abs. 2, 8 Abs. 2 (MK-Füchsl/Weishäupl § 152 Rn. 1) und zur Ermittlung eventueller Stimmrechte von Gläubigern (BGH, ZInsO 2009, 1532). Des Weiteren kann das Gläubigerverzeichnis Grundlage für die Bestimmung von Rechten zur Teilnahme in einer Gläubigerversammlung sein (s. § 74 Rdn. 11), da anderenfalls dem Gericht die Überprüfung nicht möglich ist (AG Aurich, ZInsO 2006, 782 mit Besprechung von Hanken). 1

B. Norminhalt

Anders als die Gläubigertabelle i. S. v. § 175 sind in das Gläubigerverzeichnis alle bekannten Gläubiger aufzunehmen. Den Verwalter trifft insofern eine **eigenständige Ermittlungspflicht**. 2

§ 152 sieht wie § 151 **keine Frist** für die Erstellung des Gläubigerverzeichnisses vor (vgl. § 151 Rdn. 6), wobei aber § 154 InsO zu beachten ist. 3

I. Inhalt des Gläubigerverzeichnisses

Das Gläubigerverzeichnis erfasst neben den nachrangigen Gläubigern (§§ 39, 174 Abs. 3 Satz 1) insb. auch absonderungsberechtigte Gläubiger, denen keine persönliche Forderung gegen den Schuldner zusteht und Gläubiger, die ihre Forderungen nicht anmelden werden. Dementsprechend gewinnt dieses Verzeichnis bei einer etwaigen **Restschuldbefreiung**, von der alle Insolvenzforderungen erfasst werden, Bedeutung (Binz/Hess, Der Insolvenzverwalter, Rn. 1111). Die Forderungen sind, dem Prinzip der **Einzelbewertung** folgend, separat aufzulisten (Möhlmann, Die Berichterstattung im neuen Insolvenzverfahren, S. 144). Da die Fortführungswürdigkeit des schuldnerischen Unternehmens anhand der Verzeichnisse ermittelt werden soll, sind auch solche Forderungen zu berücksichtigen, die dem Grund und der Höhe nach noch ungewiss, wie etwa drohende Gewährleistungsrisiken (Uhlenbruck-Maus § 152 Rn. 3), oder streitig sind (Eventualforderungen). 4

Nicht in das Verzeichnis aufzunehmen sind Forderungen, die auf Vornahme einer **unvertretbaren Handlung** (MK/ZPO-Schilken § 888 Rn. 3), die nur vom Schuldner erbracht werden kann, gerichtet sind. 5

1. Aussonderungsberechtigte Gläubiger

6   Aussonderungsberechtigte Gläubiger müssen nicht in das Verzeichnis mit aufgenommen werden (Balz/Landfermann, Begr. zu § 171 RegE, S. 261). Sollten die aussonderungsbefangenen Gegenstände jedoch in das Masseverzeichnis aufgenommen worden sein, so sind – i.S.e. anzustrebenden Synchronität – die Aussonderungsgläubiger ebenfalls im Gläubigerverzeichnis unter einer gesonderten Rubrik auszuweisen (Möhlmann, Die Berichterstattung im neuen Insolvenzverfahren, S. 142 f.).

2. Absonderungsberechtigte Gläubiger

7   Die absonderungsberechtigten Gläubiger sind mit dem absonderungsbefangenen Gegenstand und der Höhe des mutmaßlichen Ausfalls in das Verzeichnis aufzunehmen (Abs. 2 Satz 3 Halbs. 1). Da die Höhe des mutmaßlichen Ausfalls von dem Fortgang des Verfahrens abhängt, ist der Ausfall im Fall der Unternehmensfortführung wie der Stilllegung gesondert zu berechnen und auszuweisen, Abs. 2 Satz 2 (zu den einzelnen Bewertungsmethoden s. § 151 Rn. 16 ff.).

8   Sollte das Absonderungsrecht **anfechtbar i.S.d. §§ 129 ff.** erlangt sein, so ist der betroffene Gläubiger nicht unter der Rubrik »absonderungsberechtigter Gläubiger« aufzunehmen, sondern in die Abteilung »Insolvenzgläubiger« mit einem entsprechenden Vermerk einzuordnen (a.A. MK-Füchsl/Weishäupl § 152 Rn. 19), da der den Anspruch behauptende Gläubiger diesen gerichtlich durchsetzen müsste und dies bei der Erstellung der Verzeichnisse bis zu einer Rechtskraft des dementsprechenden Urteils nicht zu berücksichtigen ist.

3. Aufrechnungsberechtigte Gläubiger

9   Aufrechnungsberechtigte Gläubiger i.S.d. §§ 94 ff. sind ebenfalls unter einer eigenen Rubrik aufzuführen.

4. Masseverbindlichkeiten

10 Die Massekosten sind unter der Prämisse einer zügigen Verwertung der Masse zu schätzen. Insofern passen sie nicht in das System einer mehrdimensionalen Bewertung des schuldnerischen Unternehmens (KPB-Holzer § 152 Rn. 23 sieht hierin sogar einen Systembruch), ist aber für eine mögliche Entscheidung der Gläubiger z.B. über eine Betriebsfortführung oder -einstellung wiederum verfahrensrelevant. Die Massekosten setzen sich aus den **Verfahrenskosten**, die der geschuldeten Übersichtlichkeit wegen separat auszuweisen sind, sowie den **sonstigen Masseverbindlichkeiten** (§ 55) zusammen. Insb. sind hier die infolge der Masseverwertung anfallende USt und die Kosten für eine Ausproduktion unfertiger Erzeugnisse einzustellen (Uhlenbruck-Maus § 152 Rn. 6), ggf. auf einer geschätzten Basis.

II. Gliederung des Gläubigerverzeichnisses

11 Die Gliederung des Gläubigerverzeichnisses ist durch die Differenzierung nach Gläubigergruppen (Abs. 2 Satz 1) in der **vertikalen Gliederungsebene** weitgehend vorgegeben. Vorgeschlagen wird folgende Reihenfolge, wobei Abweichungen grundsätzlich zulässig sind (K. Schmidt-Jungmann § 153 Rn. 5):
– Verfahrenskosten,
– sonstige Masseverbindlichkeiten,
– Insolvenzgläubiger,
– aufrechnungsberechtigte Gläubiger,
– Gläubiger mit Absonderungsrechten,
– Gläubiger mit Nachrang (§§ 39 Abs. 1 Nr. 1 bis 5, 327),
– aussonderungsberechtigte Gläubiger.

Zwingend in die **Horizontalgliederung** sind die Spalten ladungsfähige Adresse des Gläubigers, Forderungsgrund (KPB-Holzer § 152 Rn. 20), Forderungshöhe, Aufrechnungsmöglichkeit bzw. Absonderungsrechte, Höhe des Ausfalls bei Zerschlagung sowie bei Fortführung aufzunehmen. Daneben empfiehlt es sich, eine weitere Spalte aufzunehmen, in der ausgewiesen wird, ob die Forderung dem Grunde oder der Höhe nach streitig ist.

III. Keine Entbindung des Verwalters von der Verpflichtung

Das Insolvenzgericht kann, anders als beim Masseverzeichnis, den Verwalter nicht von seiner Verpflichtung zur Erstellung eines Gläubigerverzeichnisses entbinden. Jedoch wird das Insolvenzgericht in der Eröffnungsphase dem Schuldner aufgeben, ein entsprechendes Gläubigerverzeichnis vorzulegen (§ 20 Satz 1), das der Verwalter seinem Verzeichnis zugrunde legen kann, aber nicht die eigene Sachverhaltsermittlungspflicht ersetzt.

§ 153 Vermögensübersicht

(1) ¹Der Insolvenzverwalter hat auf den Zeitpunkt der Eröffnung des Insolvenzverfahrens eine geordnete Übersicht aufzustellen, in der die Gegenstände der Insolvenzmasse und die Verbindlichkeiten des Schuldners aufgeführt und einander gegenübergestellt werden. ²Für die Bewertung der Gegenstände gilt § 151 Abs. 2 entsprechend, für die Gliederung der Verbindlichkeiten § 152 Abs. 2 Satz 1.

(2) ¹Nach der Aufstellung der Vermögensübersicht kann das Insolvenzgericht auf Antrag des Verwalters oder eines Gläubigers dem Schuldner aufgeben, die Vollständigkeit der Vermögensübersicht eidesstattlich zu versichern. ²Die §§ 98, 101 Abs. 1 Satz 1, 2 gelten entsprechend.

Übersicht

	Rdn.		Rdn.
A. Normzweck	1	II. Eidesstattliche Versicherung des Schuldners (Abs. 2)	19
B. Norminhalt	5	1. Antragsberechtigte Personen	22
I. Vermögensverzeichnis (Abs. 1)	5	2. Verpflichteter (Abs. 2)	23
1. Grundsätze der ordnungsgemäßen Buchführung und Bilanzierung	5	3. Inhalt und Umfang der eidesstattlichen Versicherung	25
2. Stichtagsprinzip	7	4. Abgabe der eidesstattlichen Versicherung	28
3. Frist	9	5. Zwangsmittel	29
4. Aufbau der Vermögensübersicht	10	6. Rechtsmittel	30
a) Anordnung der Aktiva	13	7. Strafbewehrung	32
b) Anordnung der Passiva	17		

A. Normzweck

Die Vermögensübersicht stellt das insolvenzbefangene Vermögen den Verbindlichkeiten des Schuldners konzentriert (Möhlmann, Die Berichterstattung im neuen Insolvenzverfahren, S. 153) ggü. Sie ist ein wesentlicher Baustein der **internen Insolvenzrechnungslegung**, die sich weiterhin aus den Zwischen- und Schlussrechnungen (§§ 66, 58 Abs. 1) und dem Verteilungsverzeichnis (§ 188) zusammensetzt (Hess/Mitlehner, Steuerrecht Rechnungslegung Insolvenz, Rn. 149).

Die Vermögensübersicht soll den Beteiligten »ähnlich einer Bilanz« (Balz/Landfermann, Begr. zu § 172 RegE, S. 261) einen schnellen und gesicherten **Überblick** über die **tatsächlichen wirtschaftlichen Verhältnisse** des Schuldners verschaffen, den einzelnen Gläubigern gleichsam Aufschluss über eine mögliche **Ausschüttungsquote**, abhängig vom weiteren Gang des Verfahrens (§ 157), geben (Uhlenbruck-Maus § 153 Rn. 1) und dem Insolvenzgericht und den Gläubigern eine Prüfung der späteren Schlussrechnung ermöglichen (Mäusezahl, ZInsO 2006, 580), da diese auf den Angaben und Werten der Vermögensübersicht aufbauen muss.

3   Für die Gläubiger ist die Vermögensübersicht Informations- und Planungsgrundlage, um **autonom** in Ausübung seiner Gläubigerrechte eine wirtschaftlich orientierte Entscheidung über Liquidation oder Fortführung des schuldnerischen Unternehmens zu treffen (Braun-Gerbers § 153 Rn. 2).

4   Darüber hinaus ist es dem Verwalter durch Vorlage der Vermögensübersicht möglich, in einem **PKH-Antragsverfahren** schlüssig i. S. v. § 116 Nr. 1 ZPO darzulegen, dass die Kostenaufbringung weder den Gläubigern zuzumuten noch durch die Masse möglich ist (vgl. LAG Düsseldorf, InVo 2003, 438). I. Ü. ist hier auf die Kommentierung zu § 4 zu verweisen.

B. Norminhalt

I. Vermögensverzeichnis (Abs. 1)

1. Grundsätze der ordnungsgemäßen Buchführung und Bilanzierung

5   Die Vermögensübersicht wird aus der Zusammenfügung des Masse- und Gläubigerverzeichnisses gebildet und muss, wie die Verzeichnisse selbst, den **Grundsätzen einer ordnungsgemäßen Buchführung und Bilanzierung** (Pelka/Niemann, Praxis der Rechnungslegung in Insolvenzverfahren, Rn. 456) in modifizierter Form entsprechen.

6   Den Grundsätzen der **Richtigkeit** und der »**neutralen Wertermittlung**« ist im Wege einer sorgfältigen Prognose des Insolvenzverwalters zu entsprechen. Der Grundsatz der **Vollständigkeit** korreliert schließlich mit dem jeweiligen Verfahrensstand (zur Konsequenz vgl. OLG Frankfurt am Main, GmbHR 1993, 652).

2. Stichtagsprinzip

7   Die Vermögensübersicht ist »auf den Zeitpunkt der Eröffnung des Insolvenzverfahrens« (Abs. 1 Satz 1) zu beziehen. **Neuerwerb** der Masse ist daher nicht aufzunehmen (MK-Füchsl/Weishäupl § 153 Rn. 7).

8   Das **Stichtagsprinzip** wird nicht durch den Umstand, dass in das Verzeichnis auch die geschätzten Masseverbindlichkeiten aufzunehmen sind, durchbrochen (a. A. MK-Füchsl/Weishäupl § 153 Rn. 7), da diese mit Eröffnung dem Grunde nach entstehen. Vielmehr setzt es die geschätzten Liquidationserlöse in Beziehung zu den unmittelbar und mittelbar anfallenden Verwertungskosten.

3. Frist

9   § 152 sieht wie § 151 **keine Frist** für die Erstellung des Gläubigerverzeichnisses vor (vgl. § 151 Rdn. 6).

4. Aufbau der Vermögensübersicht

10 Die Gliederung der Vermögensübersicht bezweckt die Darstellung eines übersichtlichen und klaren Bildes der insolvenzrechtlichen Sachverhalte, damit die Adressaten die für sie relevanten Informationen eindeutig und gezielt entnehmen können (Möhlmann, Die Berichterstattung im neuen Insolvenzverfahren, S. 156).

11 Grundsätzlich bieten sich zwei Vorgehensweisen an:
    – die **kontoförmige Gliederung**, bei der Aktiva und Passiva ähnlich einer Handelsbilanz nebeneinander ausgewiesen werden oder
    – die **staffelförmige Darstellung** (KPB-Holzer § 153 Rn. 13 ff.), bei der Aktiva und Passiva untereinander angeordnet werden (illustrierte Beispiele bei Hess/Weis/Wienberg § 153 Rn. 13).

12 Der kontoförmigen Gliederung ist, abgesehen von der klaren Intention des Gesetzgebers (Balz/Landfermann, Begr. zu § 172 RegE, S. 261), der Vorzug zu geben (Möhlmann, Die Berichterstattung im neuen Insolvenzverfahren, S. 157; a. A. KPB-Holzer § 153 Rn. 13 ff.), da sie das Vermögen klarer den Verbindlichkeiten gegenüberstellt.

a) Anordnung der Aktiva

Demnach bietet es sich an, die Aktiva **vertikal** wie folgt zu gliedern: 13

A. Anlagevermögen

B. Umlaufvermögen

C. Stammeinlage

D. Insolvenzspezifische Ansprüche

E. Überschuldung

Ob das Anlagevermögen sowie das Umlaufvermögen weiter aufzugliedern ist, ist von Fall zu Fall zu entscheiden. 14

Die ausgewiesene Überschuldung gibt nicht die Überschuldung i. S. v. § 19 wieder, sondern bringt als Rechnungsgröße die bilanzielle Darstellung zum Ausgleich (Möhlmann, Die Berichterstattung im neuen Insolvenzverfahren, S. 159). 15

Horizontal sind nur die Spalten Liquidations- und Fortführungswert zwingend vorgegeben (Abs. 1 Satz 2 Halbs. 1). Im Interesse einer transparenten Darstellung ist jedoch anzuraten, die Spalten »Absonderungsrechte/Aufrechnung« sowie »freie Masse« ausgewiesen unter Zerschlagungs- und Fortführungsgesichtspunkten hinzuzufügen (so auch MK-Füchsl/Weishäupl § 153 Rn. 13). 16

b) Anordnung der Passiva

Die **vertikale** Gliederung der Passiva ist durch Verweis auf § 152 Abs. 2 Satz 1 weitgehend vorgegeben. Horizontal bietet es sich an, neben dem Betrag der Forderung (Buchwert) auch die Befriedigungsquote für die jeweilige Gläubigergruppe im Liquidationsfall zu errechnen (Möhlmann, Die Berichterstattung im neuen Insolvenzverfahren, S. 159). Der Wert hat nur vorläufigen Charakter. 17

Die nachfolgende Abbildung skizziert die Aufteilung einer Bilanz, wobei hierzu vertiefend auf die ausführl. Erläuterungen in Haarmeyer/Pape/Stephan/Nickert, Formularbuch Insolvenzrecht, Muster 3, zurückgegriffen werden sollte. 18

Aktiva						Passiva		
Titel	Liquidationswert	Fortführungswert	Absonderungsrechte Aufrechnung	Freie Masse a) Zerschlagung b) Fortführung		Titel	Buchwert	Liquidationsquote

A. Anlagevermögen
B. Umlaufvermögen
C. Stammeinlage
D. Insolvenzspezifische Ansprüche
						A. Massekosten
						  I. Verfahrenskosten
						  II. Sonstige Masseverbindlichkeiten
						B. Insolvenzforderungen
						C. Absonderungsberechtigte Gläubiger
						D. Aufrechnungsberechtigte Gläubiger
						E. Nachrangige Insolvenzforderungen (aufgeführt nach einzelnen Rangklassen, § 39 Abs. 1)		

F. Überschuldung								

II. Eidesstattliche Versicherung des Schuldners (Abs. 2)

19 Der Insolvenzverwalter ist, trotz seiner eigenständigen Ermittlungspflicht, weitgehend auf die Mithilfe des Schuldners oder seines organschaftlichen Vertreters i. R. d. Auskunftspflicht (§§ 97 Abs. 1, 101 Abs. 1) angewiesen.

20 Sollten berechtigte Zweifel an der Vollständigkeit und Richtigkeit des Vermögensverzeichnisses bestehen, sieht Abs. 2 als Spezialvorschrift zu § 98 Abs. 1 Satz 1 (vgl. § 98 Rdn. 1) die Möglichkeit vor, die **Vollständigkeit** der Vermögensübersicht **an Eides statt versichern** zu lassen. Die **berechtigten Zweifel** müssen durch einen **Tatsachenvortrag** des Antragenden dem Gericht schlüssig dargelegt werden (NR-Andres § 153 Rn. 16; **a. A.** KPB-Holzer § 153 Rn. 30 m. w. N.).

21 Im Insolvenzverfahren können die Gläubiger nicht die eidesstattliche Versicherung nach § 807 ZPO verlangen, da ihr die zwingenden Vorschriften der §§ 87, 89, 90 entgegenstehen (MK-Füchsl/Weishäupl § 153 Rn. 18). Insofern unterbleibt ein Eintrag in das **Schuldnerverzeichnis** (HK-Depré § 153 Rn. 9).

1. Antragsberechtigte Personen

22 Antragsberechtigt sind neben dem Verwalter die Insolvenzgläubiger, die ihre Forderung zur Tabelle angemeldet haben. **Aus- und Absonderungsberechtigte** sind, soweit sie keine persönliche Forderung gegen den Schuldner besitzen, **nicht** antragsberechtigt (KPB-Holzer § 153 Rn. 27; Uhlenbruck-Maus § 153 Rn. 4; **a. A.** MK-Füchsl/Weishäupl § 153 Rn. 19 f. m. w. N.). Die Antragsberechtigung ist von Amts wegen zu prüfen (MK-Füchsl/Weishäupl § 153 Rn. 20; **a. A.** Uhlenbruck-Maus § 153 Rn. 4).

2. Verpflichteter (Abs. 2)

23 Zur Abgabe der eidesstattlichen Versicherung verpflichtet i. S. v. Abs. 2 ist der Schuldner bzw. sind die Mitglieder des Vertretungs- oder Aufsichtsorgans und die vertretungsberechtigten persönlich haftenden Gesellschafter einer schuldnerischen Personengesellschaft i. S. v. § 101 Abs. 1. Sollte der Schuldner nicht prozessfähig sein, ist der **gesetzliche Vertreter**, bei mehreren derjenige, dem die Vermögensbetreuungspflicht obliegt, heranzuziehen.

24 **Nicht** zur Abgabe verpflichtet sind die **Angestellten** oder gar **Angehörigen** des Schuldners (Uhlenbruck-Maus § 153 Rn. 5). § 101 Abs. 2 gilt nicht, da diese aus tatsächlichen Gründen keine Ausführungen auf den Zeitpunkt der Eröffnung machen können.

3. Inhalt und Umfang der eidesstattlichen Versicherung

25 Die eidesstattliche Versicherung nach Abs. 2 bezieht sich, anders als bei der nach § 807 ZPO (vgl. BGHSt 3, 310), nicht auf das gesamte Vermögen des Schuldners z. Zt. ihrer Abgabe, sondern vielmehr auf das zur **Insolvenzmasse** zum **Zeitpunkt der Eröffnung** gehörige Vermögen. Der Schuldner ist **nicht** verpflichtet, völlig **wertlose Gegenstände** (BGHSt 3, 309) anzugeben bzw. **insolvenzfreies Vermögen** (BGHSt 3, 310) offenzulegen. Daneben umfasst die eidesstattliche Versicherung auch die **Passivseite** der Vermögensübersicht (Balz/Landfermann, Begr. zu § 172 RegE, S. 261; Uhlenbruck-Maus § 153 Rn. 6; **a. A.** Hess/Weis/Wienberg § 153 Rn. 18 m. w. N.).

26 Anzumerken ist aber, dass **Inhalt** der eidesstattlichen Versicherung die Richtigkeit und Vollständigkeit der **Vermögensübersicht als Ganzes** ist und nicht die Richtigkeit der einzelnen Vermögensgegenstände oder Verbindlichkeiten (KPB-Holzer § 153 Rn. 32 m. w. N.). Der Schuldner kann die eidesstattliche Versicherung daher nicht mit dem Hinweis der Unrichtigkeit oder Unvollständigkeit verweigern, sondern muss ggf. die von dem Verwalter vorgelegten Übersichten berichtigen oder vervollständigen (BGH, ZInsO 2010, 2292).

Es bleibt dem Gericht vorbehalten, den Schuldner zur Abgabe einer umfassenderen eidesstattlichen 27
Versicherung anzuhalten (§ 98 Abs. 1 Satz 1), was in der Praxis erst als letzter Schritt nach dem
Fehlschlagen anderer Maßnahmen des Insolvenzverwalters erfolgt.

4. Abgabe der eidesstattlichen Versicherung

Der Schuldner ist über Sinn und Zweck der Abgabe sowie den Umfang der eidesstattlichen Ver- 28
sicherung aufzuklären sowie über die Strafbarkeit der Abgabe einer falschen oder unvollständigen
Versicherung zu belehren. Zur Abnahme der eidesstattlichen Versicherung ist nur das **zuständige
Insolvenzgericht** berechtigt (BGH, ZInsO 2010, 2292, 2293; Uhlenbruck-Maus § 153 Rn. 7).
Zum Ablauf des Verfahrens s. A/G/R-Lind § 148 Rn. 4.

5. Zwangsmittel

Sollte der Schuldner die Abgabe der eidesstattlichen Versicherung grundlos verweigern, kann das 29
Gericht einen **Vorführungs-** oder, nach Anhörung des Schuldners, einen **Haftbefehl** erlassen (§ 98
Abs. 2). Zu den Einzelheiten und Voraussetzungen vgl. die Kommentierung zu § 98.

6. Rechtsmittel

Der **Schuldner** kann das Vorliegen der Voraussetzung des Abs. 2 durch Erhebung eines **Wider-** 30
spruchs beim zuständigen Insolvenzgericht bestreiten (KPB-Holzer § 153 Rn. 32a).

Den **Antragstellern** selbst steht, sollte das Gericht den Antrag nach Abs. 2 durch Beschluss ableh- 31
nen, **kein Rechtsmittel** gegen diesen zur Verfügung (§ 6 Abs. 1).

7. Strafbewehrung

Die Abgabe einer falschen oder unvollständigen eidesstattlichen Versicherung nach Abs. 2 ist gem. 32
§ 156 StGB strafbewehrt (zu den Einzelheiten: Richter, KTS 1985, 443).

§ 154 Niederlegung in der Geschäftsstelle

Das Verzeichnis der Massegegenstände, das Gläubigerverzeichnis und die Vermögensübersicht
sind spätestens eine Woche vor dem Berichtstermin in der Geschäftsstelle zur Einsicht der Beteiligten niederzulegen.

Übersicht	Rdn.		Rdn.
A. Normzwecks....................	1	II. Einsichtnahme/Verweigerung der Einsichtnahme................	7
B. Norminhalt	3	III. Rechtsmittel bei Einsichtsverweigerung .	10
I. Beteiligte	4	IV. Pflichtverletzung des Verwalters	11

A. Normzwecks

Die Niederlegungsverpflichtung soll es allen Verfahrensbeteiligten ermöglichen, sich rechtzeitig vor 1
dem Berichtstermin über die Vermögensverhältnisse des Schuldners zu informieren, um sich binnen Wochenfrist die weitere Vorgehensweise, insb. die Erhebung von Einwänden (RGZ 154, 291,
298), zu überlegen. Die kurze Frist dient damit ganz wesentlich der **Verfahrensbeschleunigung**
(Uhlenbruck-Maus § 154 Rn. 1), da alle allgemeinen Informationen über das Verfahren und die
Massegegenstände damit bei Gericht vorliegen (BGH, ZInsO 2010, 2234). Eine darüber hinausgehende Informationspflicht des Verwalters besteht nicht.

Für das **Planverfahren** sieht § 234 eine entsprechende Regelung vor. 2

B. Norminhalt

3 Der Verwalter hat das Masse- sowie das Gläubigerverzeichnis und die Vermögensübersicht, in dem in §§ 151 bis 153 geregeltem Umfang, **spätestens eine Woche vor dem Berichtstermin** (§ 156) in der Geschäftsstelle des Insolvenzgerichts zur Einsicht niederzulegen. Weitere Unterlagen sind, abgesehen von dem vom Schuldner erstellten **Insolvenzplan**, nicht vorzulegen (KPB-Holzer § 154 Rn. 2a). Die Vorschrift ist **nicht abdingbar** (Braun-Gerbers § 154 Rn. 2).

I. Beteiligte

4 Der Beteiligtenbegriff ist, anders als bei § 150, weit zu fassen. Hierbei ist die Rechtsstellung des Beteiligten von dem bloßen Recht auf Akteneinsicht zu trennen.

5 Beteiligte sind neben den Insolvenzgläubigern i. S. v. § 38, unabhängig davon, ob deren Forderungen angemeldet, anerkannt oder bestritten worden sind, die Mitglieder des Gläubigerausschusses und nachrangige Insolvenzgläubiger. Eingeschlossen sind ferner neben aus- (a. A. FK-Wegener § 154 Rn. 2) und absonderungsberechtigten Gläubigern, denen keine persönliche Forderung gegen den Schuldner zusteht (Uhlenbruck-Maus § 154 Rn. 3), auch der Betriebsrat und Vertreter der Arbeitnehmer i. S. d. § 67 Abs. 2 Satz 2.

6 **Dritten**, wie potenziellen Unternehmenserwerbern (Hess/Weis/Wienberg § 154 Rn. 2; a. A. FK-Wegener § 154 Rn. 2), kann ein Einsichtsrecht gewährt werden. Voraussetzung ist aber, dass diese ein **berechtigtes Interesse** an der Einsichtnahme haben (MK-Füchsl/Weishäupl § 154 Rn. 2) und dieses entsprechend § 299 Abs. 2 ZPO glaubhaft machen, es sei denn, der Schuldner stimmt zu. Maßstab ist die Wahrung des Rechts des Schuldners auf informationelle Selbstbestimmung (zu Verfahren und Abwägung vgl. § 4 Rdn. 45 f. sowie Heeseler, ZInsO 2001, 873, 883).

II. Einsichtnahme/Verweigerung der Einsichtnahme

7 Das Recht zur Einsichtnahme ermächtigt die Beteiligten auch auf ihre Kosten **Abschriften** bzw. **Fotokopien** der Verzeichnisse und der Übersicht fertigen zu lassen, § 299 Abs. 1 ZPO, § 4 (Hess/Weis/Wienberg § 154 Rn. 2).

8 **Rechtsmissbräuchliches Verhalten**, wie etwa die Verwendung der in dem Gläubigerverzeichnis aufgeführten Adressen für Werbezwecke, führt zur **Verwirkung des Einsichtsrechts** (MK-Füchsl/Weishäupl § 154 Rn. 3).

9 Darüber hinaus kann z. B. das Gläubigerverzeichnis durch begründeten Beschluss des Insolvenzgerichts von der **Einsichtnahme ausgeschlossen** werden, wenn **gewichtige öffentliche Interessen** dagegen sprechen, wie z. B. das ZSHG (LG Hamburg, Rpfleger 2004, 364; K. Schmidt-Jungmann § 154 Rn. 2; a. A. AG Hamburg, ZInsO 2004, 561, 562 mit überzeugenden Argumenten). Gründe in der Person des Gläubigers oder des Schuldners, abgesehen von der Verwirkung, reichen hierfür nicht aus (zur Ermessensabwägung vgl. § 4 Rdn. 46), sondern es muss eine missbräuchliche Verwendung zu befürchten sein.

III. Rechtsmittel bei Einsichtsverweigerung

10 Gegen den Beschluss des Insolvenzgerichts, die Einsichtnahme zu verwehren, gibt es **kein Rechtsmittel** (§ 6). Dem Antragssteller bleibt allenfalls die Möglichkeit der **Rechtspflegererinnerung** gem. § 11 RPflG (vgl. § 4 Rdn. 44; FK-Wegener § 154 Rn. 7).

IV. Pflichtverletzung des Verwalters

11 Unterlässt es der Verwalter pflichtwidrig, die Unterlagen rechtzeitig bei der Geschäftsstelle niederzulegen, so hat das Gericht ein Aufsichtsverfahren nach § 58 einzuleiten und ihn in schwerwiegenden Fällen gem. § 59 seines Amtes zu entheben (vgl. § 59 Rdn. 5).

§ 155 Handels- und steuerrechtliche Rechnungslegung

(1) ¹Handels- und steuerrechtliche Pflichten des Schuldners zur Buchführung und zur Rechnungslegung bleiben unberührt. ²In bezug auf die Insolvenzmasse hat der Insolvenzverwalter diese Pflichten zu erfüllen.

(2) ¹Mit der Eröffnung des Insolvenzverfahrens beginnt ein neues Geschäftsjahr. ²Jedoch wird die Zeit bis zum Berichtstermin in gesetzliche Fristen für die Aufstellung oder die Offenlegung eines Jahresabschlusses nicht eingerechnet.

(3) ¹Für die Bestellung des Abschlußprüfers im Insolvenzverfahren gilt § 318 des Handelsgesetzbuchs mit der Maßgabe, daß die Bestellung ausschließlich durch das Registergericht auf Antrag des Verwalters erfolgt. ²Ist für das Geschäftsjahr vor der Eröffnung des Verfahrens bereits ein Abschlußprüfer bestellt, so wird die Wirksamkeit dieser Bestellung durch die Eröffnung nicht berührt.

Übersicht

	Rdn.
A. Normzweck	1
I. Allgemeines, Rechtsentwicklung bis zur Insolvenzordnung	1
II. Zweck der handelsrechtlichen Rechnungslegung	3
B. Anwendbarkeit der handelsrechtlichen Rechnungslegungsvorschriften	4
I. Trennung zwischen handels- und insolvenzrechtlichen Buchführungs- und Rechnungslegungspflichten	4
II. Rechnungslegung bei Massearmut und Masseunzulänglichkeit	5
III. Anwendbarkeit gesellschaftsrechtlicher oder handelsrechtlicher Rechnungslegungsvorschriften	6
IV. Nichtige Bilanz	7
V. Schlussbilanz	8
VI. Neues Geschäftsjahr (Abs. 2 Satz 1)	9
VII. Rechnungslegung bei Unternehmenseinstellung	10
VIII. Handelsrechtliche Buchführungs- und Bilanzierungspflichten bei Unternehmensfortführung über den Berichtstermin hinaus	11
IX. Aufstellungs- und Offenlegungspflichten	12
X. Pflicht zur Aufstellung eines Lageberichts	13
XI. Jahresabschlussprüfung	14
XII. Offenlegung	15
C. Steuerrechtliche Buchführungspflichten – Verhältnis von Steuerrecht und Insolvenzrecht	16
D. Steuerrechtliche Stellung des Insolvenzverwalters, Sachwalters und Treuhänders	18
I. Grundsatz	18
II. Starker vorläufiger Insolvenzverwalter	19
III. Schwacher vorläufiger Insolvenzverwalter	20
IV. Sachwalter (§ 270)	21
V. Treuhänder (§ 313)	22
VI. Treuhänder (§ 292)	23
E. Buchführungspflicht	24
I. Abgabe von Steuererklärungen	25
II. Einheitliche und gesonderte Erklärung	26
III. Berichtigung von Steuererklärungen	27
IV. Insolvenzverwalter als Inhalts- oder Bekanntgabeadressat	28
V. Verpflichtung zur Rechnungserstellung	29
F. Steuerrechtliche Pflichten des Insolvenzverwalters bei Massearmut	30
I. Auskunftsrechte	31
II. Persönliche steuerrechtliche Stellung des Insolvenzverwalters	32
III. Steuerrechtliche Haftung des Insolvenzverwalters	33
G. Stellung des FA im Insolvenzverfahren	34
I. Steueransprüche des FA	35
II. Bestrittene Forderungen	36
H. Steuern als Masseverbindlichkeiten	38
I. Dem Insolvenzverwalter zurechenbare Handlung	39
II. Oktroyierte Masseverbindlichkeiten	40
III. Veranlagungszeitraum	41

A. Normzweck

I. Allgemeines, Rechtsentwicklung bis zur Insolvenzordnung

§ 155 findet in der KO keine direkte Entsprechung. Nach älterem, konkursrechtlichem Verständnis diente die KO vorrangig der Haftungsverwirklichung. Die Sanierung von Unternehmen kam nur ausnahmsweise i.R.e. »übertragenden Sanierung« vor, der Unternehmensträger wurde rgm. liquidiert. Nachdem Kilger in seinem Aufsatz (KTS 1975, 142) »Konkurs des Konkurses« auf

1

Vollzugsdefizite der KO aufmerksam gemacht hatte, hat der damalige Bundesjustizminister die Kommission für Insolvenzrecht berufen. 1982, als die Kommissionsvorschläge schon in Umrissen bekannt waren, legte Karsten Schmidt auf dem 52. Juristentag sein Gutachten vor, in welchem der insolvenzrechtliche Paradigmenwechsel von der Liquidation zur Reorganisation beschrieben wurde (Möglichkeiten der Sanierung von Unternehmen durch Maßnahmen im Unternehmens-, Arbeits-, Sozial- und Insolvenzrecht, Gutachten D). Nach dem von der Insolvenzrechtskommission 1984 vorgelegten ersten Bericht sollte das Gericht auf Grundlage des vom Verwalter vorgelegten Berichts über die Einleitung eines Reorganisationsverfahrens beschließen, wenn dieses hinreichende Aussicht auf Erfolg habe. Anderenfalls sollte das Gericht die Einleitung eines Liquidationsverfahrens beschließen (Ls. 1.3.4.3.; 1.3.4.4.). Die dem Insolvenzverwalter auferlegten Pflichten waren abhängig von der gewählten Verfahrensart. Während im Liquidationsverfahren ausschließlich die insolvenzrechtliche Rechnungslegung geboten war, sollten im Reorganisationsverfahren die handelsrechtlichen Regelungen gelten, wenn sie den Schuldner zur Rechnungslegung verpflichten würden. Diese Unterscheidung der Verfahrensarten wurde sowohl in den RegE als auch den Gesetzestext nicht übernommen.

2 Die Norm hat **klarstellenden Charakter**. Abs. 1 stellt klar, dass die Bestimmungen über die insolvenzrechtliche Rechnungslegung die Buchführungs- und Rechnungslegungspflichten des Handels- und Steuerrechts unberührt lassen und dass diese Pflichten, soweit es um die Insolvenzmasse geht, vom Insolvenzverwalter zu erfüllen sind. Damit ist der Gesetzgeber der sog. »dualen Betrachtungsweise« gefolgt, wonach der Verwalter **zwei getrennte Rechenwerke** zu erstellen habe. Zum einen handelt es sich um die Verpflichtung des Verwalters fremden Vermögens i. S. e. Rechenschaftslegung (§ 66) und zum anderen um die Erfüllung der handelsrechtlichen Rechnungslegungspflichten des Unternehmens (K/P/B-Kübler § 155 Rn. 2 ff.; Kunz/Mundt, DStR 1997, 620; vgl. K. Schmidt, Liquidationsbilanzen, S. 25 ff.).

II. Zweck der handelsrechtlichen Rechnungslegung

3 Die »Hauptzwecke« der kaufmännischen Rechnungslegung werden in der Informations- und Dokumentationsfunktion sowie der Ausschüttungsbemessung gesehen (Beisse, BB 1999, 2118; Hinz in Beck'sches HdB der Rechnungslegung, B 100, Rn. 5 ff.). Als weitere Nebenzwecke der Rechnungslegung werden die Rechenschaftslegung, die Dokumentation, die Grundlage für die steuerliche Gewinnermittlung, die interne Selbstinformation und der Gläubigerschutz genannt. Die Bilanzierung nach IAS/IFRS sieht sich demgegenüber vorrangig den Informationsinteressen des Kapitalmarkts verpflichtet. Handels- und steuerrechtliche Bilanzierungen sind **streng getrennt**, ein Maßgeblichkeitsprinzip ist nicht gegeben (Förschle/Holland/Kroner, Internationale Rechnungslegung US-GAAP, HGB und IAS, S. 100 ff.; Coenenberg, Jahresabschluss und Jahresabschlussanalyse, S. 56 ff.).

B. Anwendbarkeit der handelsrechtlichen Rechnungslegungsvorschriften

I. Trennung zwischen handels- und insolvenzrechtlichen Buchführungs- und Rechnungslegungspflichten

4 Die handelsrechtlichen Buchführungs- und Rechnungslegungspflichten sind streng von den insolvenzrechtlichen Buchführungspflichten zu trennen. Im Mittelpunkt der handels- und steuerrechtlichen Rechnungslegung stehen neben der **Dokumentationsfunktion** insb. die **Gewinnermittlungs-**, **Ausschüttungsbemessungs-** und **Steuerungsfunktion**. Bei der insolvenzrechtlichen Rechnungslegung handelt es sich um die **fiduziarische Rechenschaftslegung des Insolvenzverwalters** als Treuhänder fremden Vermögens. Der Gesetzgeber und mit ihm große Teile der insolvenzrechtlichen Literatur sehen den Insolvenzverwalter – unabhängig von der Verfahrensabwicklung – zur handels- und steuerrechtlichen Buchführung verpflichtet. Demgegenüber vertreten namentlich Uhlenbruck und Füchsl/Weishäupl die zutreffende Ansicht, dass eine handelsrechtliche Buchführung, die keinen die Kosten übersteigenden Erkenntnisnutzen hervorbringe, »l'art pour l'art« sei (vgl. K/P/B-Kübler § 155 Rn. 8; MK-Füchsl/Weishäupl § 155 Rn. 14; Uhlenbruck-Maus § 155 Rn. 3;

Uhlenbruck, KTS 1989, 229, 231). Zutreffend weist Mohrbutter (Mohrbutter/Ringstmeier, Hdb Insolvenzverwaltung, §33 Rn. 89) darauf hin, dass nur dann, wenn der Masse Vorteile entstehen, der Insolvenzverwalter verpflichtet sein kann, dem Schuldner für die Zeit nach Verfahrensende die Verlustvorträge zu erhalten. Maßgebend ist ein zusätzlicher, sich nach den Grundsätzen der Wirtschaftlichkeit (vgl. Rdn. 6) ergebender Erkenntnisnutzen für die Masse. Umgekehrt dürfen notwendige Arbeiten nicht unterlassen werden, um eine höhere Bemessungsgrundlage für den Verwalter zu erreichen (vgl. BGH, ZInsO 2007, 436; HK-Lohmann §60 Rn. 13). Die insolvenzrechtlichen Rechnungslegungs- und Rechenschaftslegungspflichten sind ggü. den handelsrechtlichen vorrangig (K/P/B-Kübler §155 Rn. 17).

II. Rechnungslegung bei Massearmut und Masseunzulänglichkeit

Unter Hinweis auf BFH, BStBl. II 1995, S. 184, wird in der Lit. vertreten, dass selbst **Massearmut** den Insolvenzverwalter grds. nicht von seiner Buchführungs- und Rechnungslegungsverpflichtung entbinden kann. Zur Begründung wird ausgeführt, dass die Buchführungspflicht an die Kaufmannseigenschaft anknüpfe und darüber hinaus dem Insolvenzgericht die ihm obliegende Prüfung der materiellen Richtigkeit der Schlussrechnung des Verwalters nicht möglich sei (vgl. NR-Andres §155 Rn. 15; a.A. K/P/B-Kübler §155 Rn. 94ff.; Uhlenbruck-Maus §155 Rn. 4; vgl. Maus, ZInsO 2004, 1139; nur unter der Voraussetzung einer bei einem massearmen Verfahren im Normalfall erfolgten Betriebseinstellung: MK-Füchsl/Weishäupl §155 Rn. 9ff.). §155 betrifft nur die handels- und steuerrechtliche Rechnungslegung. Wenn durch die besondere Art der Verfahrensabwicklung keine der handels- und steuerrechtlichen Rechnungslegungszwecke, Dokumentation, Gewinnermittlung, Ausschüttungsbemessung, erfüllt werden können, verfehlt die handels- und steuerrechtliche Rechnungslegung ihren Zweck. Der **Dokumentationsfunktion** in massearmen Verfahren genügt die insolvenzrechtliche Rechnungslegung (vgl. §66 Rdn. 10; Uhlenbruck-Uhlenbruck §66 Rn. 19). Die zivilrechtliche Rechtsprechung relativiert den Umfang der Rechnungslegungsvorschriften, indem die Pflichten des Insolvenzverwalters aus §34 Abs. 3 AO bei Masseunzulänglichkeit einzuschränken seien. Dem Insolvenzverwalter kann weder bei bestehender noch bei angezeigter Masseunzulänglichkeit zugemutet werden, die Buchführung selbst mit eigenen Mitarbeitern ohne Vergütung zu erbringen, wenn zuvor Dritte mit der Buchführung beauftragt wurden (vgl. BGH, ZInsO 2004, 970; ZInsO 2004, 1348). Wird das Insolvenzverfahren wegen **Massearmut** und **endgültiger Masseunzulänglichkeit** nach §211 Abs. 1 eingestellt, entfällt die Verpflichtung des Verwalters zur Erfüllung der Buchführungs- und Steuererklärungspflichten, weil das Verwaltungs- und Verfügungsrecht wieder auf den Schuldner übergeht (§215 Abs. 2) (vgl. MK-Füchsl/Weishäupl §155 Rn. 40f.).

III. Anwendbarkeit gesellschaftsrechtlicher oder handelsrechtlicher Rechnungslegungsvorschriften

Die handelsrechtliche Rechnungslegung im Insolvenzverfahren erfolgt auf Grundlage der – ggf. modifizierten – **handelsrechtlichen Rechnungslegungsvorschriften** (a.A. K/P/B-Kübler §155 Rn. 18ff.; Braun-Gerbers §155 Rn. 6). Die gesellschaftsrechtlichen, die Abwicklung betreffenden Vorschriften (§270 AktG, §71 GmbHG) finden **keine analoge Anwendung**. Die abwicklungs- bzw. liquidationsspezifischen gesellschaftsrechtlichen Rechnungslegungsvorschriften ergeben sich nicht aus dem Abwicklungs- bzw. Liquidationsstatus der Gesellschaft, sondern aus dem Auftrag der Liquidatoren als Verwalter fremden Vermögens ggü. den Gesellschaftern. Deshalb regeln §270 AktG, §71 GmbHG auch die Pflichten der Abwickler bzw. der Liquidatoren, nicht die der Gesellschaft selbst. Der Insolvenzverwalter ist **weder Abwickler noch Liquidator i.S.d. gesellschaftsrechtlichen Rechnungslegungsvorschriften**. Zur Vermeidung von Massekosten kann die Stellung eines Befreiungsantrags entsprechend §71 Abs. 3 GmbHG zweckmäßig sein (Kind/Frank, NZI 2006, 205, 207; a.A. OLG München, ZInsO 2005, 1278). Das Insolvenzverfahren endet nicht zwingend mit der Abwicklung des Unternehmensträgers. Im Einzelfall können im Insolvenzverfahren jedoch die besonderen Vorschriften für die Jahresabschlüsse im Liquidationsstadium insoweit entsprechend angewendet werden, als dort vorgesehen ist, dass das Registergericht von der

Prüfung der Jahresabschlüsse und des Lageberichts durch einen Abschlussprüfer befreien kann (Balz/Landfermann, Begr. zu § 174 RegE, S. 290). Die Rechnungslegung dient der Aggregation und Bereitstellung von zweckorientiertem Wissen. Art und Umfang ist durch Rückgriff auf die maßgebenden Insolvenzzwecke zu konkretisieren. Durch das Verfahren sollte eine Allokationseffizienz erreicht werden. Die Allokationseffizienz soll durch die einzelwirtschaftliche Rentabilitätsrechnung der Beteiligten in einem gerichtlichen Verfahren erfolgen, wobei die Entscheidungen nach denselben Rationalitätsgesichtspunkten wie bei einer außergerichtlichen Investitions- oder Desinformationsentscheidung fallen sollen. Die InsO soll sich als marktkonformes Verfahren deshalb an den Vermögensinteressen der Geldgeber des Schuldners (Gläubiger) ausrichten und soll vermögens- und nicht organisationsorientiert sein (Balz/Landfermann, Begr. RegE, S. 11). Damit die vom Gesetzgeber gewünschte masseeffiziente Verwertung zu einer Allokationseffizienz führt, ist aufseiten der beteiligten Gläubiger eine umfassende Information über die wirtschaftlichen Verhältnisse des Schuldners und deren Entwicklung bei Annahme unterschiedlicher Abwicklungsszenarien erforderlich. Die umfassende Information, die idealtypisch zur richtigen Entscheidung führt, setzt voraus, dass es zwischen den Gläubigern keine Informationsasymmetrien gibt. Diese Informationen können nur aus der internen Rechnungslegung ermittelt werden. Informationsadressaten sind Gläubiger und Insolvenzgericht bei wesentlichen Entscheidungen nach §§ 157 ff. InsO. Für die **interne Rechnungslegung** finden die Grundsätze ordnungsgemäßer Buchführung (GoB) keine Anwendung. Zur Konkretisierung von Art und Umfang der Darstellung können sie – wie auch die US GAAP/IASB – vorsichtig in entsprechender Anwendung herangezogen werden. Es ist jedoch zu berücksichtigen, dass die vorgenannten Bilanzierungsgrundsätze in der Insolvenz weder ein geschlossenes System (wie die GoB im Handelsrecht) darstellen noch ihrem unmittelbaren Zweck der Berichterstattung im Insolvenzverfahren dienen. Die Zielsetzung und Aufgabe der Rechnungslegung liegt für die Beteiligten des Insolvenzverfahrens in der Bereitstellung von Informationen, die geeignet sind, auch auf das finanzielle Engagement in Unternehmungen abzielende Entscheidungen zu unterstützen und insolvenzrechtlich gesehen, Entscheidungen der Gläubiger und des Gerichts auf Grundlage ordnungsgemäßer Information zu ermöglichen. Erforderlich ist deshalb zuerst ein über die Kosten hinausgehender Nutzen der Rechnungslegung (**Grundsatz der Wirtschaftlichkeit**; vgl. Bieg in Beck'sches HdB der Rechnungslegung, A 100 Rn. 77). D. h., die Anforderungen an die Buchhaltung dürfen nicht überspannt werden. Ferner muss die Information dem Grundsatz der »materiality« (**Wesentlichkeit**) entsprechen. Als Größenordnung einer nicht explizit oder nicht regelgerecht offengelegten Information, die es unter den gegebenen Umständen wahrscheinlich erscheinen lässt, dass das Urteil einer vernünftigen Person, die sich auf die übermittelten Informationen stützt, durch die fehlende oder regelfremd ermittelte Information verändert oder beeinflusst worden wäre, verbirgt sich auch ein subjektiv zu greifender Sachverhalt, Schildbach US-GAAP S. 43. Die von der Rechnungslegung bereitgestellten Informationen müssen zwar vor allem entscheidungsnützlich sein, sie müssen aber auch der Anforderung der **Verständlichkeit** »understandability« genügen. Die zentrale Eigenschaft der »decision usefullness« besitzen Informationen, soweit sie die Kriterien der **Entscheidungsrelevanz** (»relevance«) und der **Verlässlichkeit** (»reliability«) erfüllen. Weitere Methodengrundsätze sind die Grundsätze der Vergleichbarkeit und der Stetigkeit. Die weiteren Grundsätze der **Vorsicht** und der **Neutralität** stehen in einem Spannungsverhältnis. Die interne Rechnungslegung ist rgm. Bestandteil weiterer Tätigkeitsberichte und ist nur bei besonderer Gelegenheit Anlass, die Gerichtsakte zu bringen, bspw. bei beantragter Einzelermächtigung (vgl. § 22 Rdn. 90, § 157 Rdn. 4 ff., § 160 Rdn. 1).

IV. Nichtige Bilanz

7 Die in § 256 Abs. 1 AktG benannten Nichtigkeitsgründe führen rechtsformübergreifend zur **Nichtigkeit des Jahresabschlusses**, wenn diese den Grundsätzen ordnungsgemäßer Buchführung widersprechen und ihrem Umfang nach nicht bedeutungslos sind (vgl. BGHZ 83, 341 = NJW 1983, 42). Die Über- oder Unterbewertung von Bilanzposten kann zur Nichtigkeit der Jahresabschlüsse führen. Der Insolvenzverwalter wird deshalb zumindest kursorisch prüfen, ob ggf. (Rückforderungs-) Ansprüche wegen analog § 253 Abs. 1 AktG nichtiger Gewinnverwendungsbeschlüsse, kon-

zernrechtlicher Ausgleichsansprüche (§ 302 AktG) etc. bestehen und die Realisierungschancen die Kosten der Aufstellung übersteigen. Für diese Tätigkeit wird er rgm. Sonderfachleute beauftragen, welches ihm bei Massearmut oder Masseunzulänglichkeit rgm. verwehrt ist. Für die Klage ist er aktiv-, nicht aber passivlegitimiert (vgl. Bange, ZInsO 2006, 519 m. w. N.).

V. Schlussbilanz

Der Zeitraum vor Eröffnung des Insolvenzverfahrens wird mit der Schlussbilanz des Rumpfgeschäftsjahres abgeschlossen. Die **allg. Ansatz- und Bewertungsgrundsätze des HGB** finden Anwendung. Es ist »going concern« zu bilanzieren, sofern dem nicht tatsächliche oder rechtliche Gegebenheiten entgegenstehen (§ 152 Abs. 1 Nr. 2 HGB). Bilanzierungsverbote, insb. für nicht entgeltlich erworbene immaterielle Vermögensgegenstände des Anlagevermögens (§ 248 Abs. 2 HGB) sind auch im Fall der Verwertbarkeit – anders als bei der Aufstellung des Masseverzeichnisses – weiterhin zu beachten (Förschle/Weisang, in Budde/Förschle/Winkeljohann, Sonderbilanzen, R. Rechnungslegung im Insolvenzverfahren Rn. 65). Es ist darauf zu achten, dass in der Schlussbilanz insb. die Kosten des vorläufigen Insolvenzverfahrens und der Vorsteuerberichtigungsanspruch (§ 17 UStG) angesetzt werden.

8

VI. Neues Geschäftsjahr (Abs. 2 Satz 1)

Gem. Abs. 2 Satz 1 beginnt mit der Eröffnung des Insolvenzverfahrens ein neues Geschäftsjahr. Auch **handelsrechtlich** ist der Verwalter verpflichtet, eine Eröffnungsbilanz auf den Tag der Verfahrenseröffnung aufzustellen. Durch die Schlussbilanz und die Insolvenzeröffnungsbilanz werden die Verantwortungszeiträume von Gesellschaftern und Insolvenzverwalter in Bezug auf das verwaltete Vermögen voneinander abgegrenzt (Uhlenbruck-Maus § 155 Rn. 13). **Faktisch** erfolgt mit der Eröffnung des Insolvenzverfahrens eine »**wirtschaftliche Neugründung**«. Das nach Begleichung der Masseverbindlichkeiten bereitstehende Vermögen wird den Gläubigern nach Maßgabe der §§ 196, 198 zugeordnet. Das neue Geschäftsjahr beginnt mit der Stunde des Eröffnungszeitpunkts und nicht erst mit dem auf die Eröffnung des Insolvenzverfahrens folgenden Tag (K/P/B-Kübler § 155 Rn. 23). Der Beginn des ersten Geschäftsjahres führt rgm. zur Entstehung von **Rumpfgeschäftsjahren**. Soll das ursprüngliche Geschäftsjahr beibehalten werden, ist ein weiteres Rumpfgeschäftsjahr für die Zeit ab Insolvenzeröffnung bis zum Ende des ursprünglichen Geschäftsjahres zu bilden (Wahlrecht des Insolvenzverwalters zur Wiederherstellung des satzungsmäßigen Geschäftsjahres; s. a. K/P/B-Kübler § 155 Rn. 28).

9

Die Zuständigkeit zur Änderung des mit der Eröffnung des Insolvenzverfahrens beginnenden »Insolvenzgeschäftsjahres« liegt alleine beim Insolvenzverwalter. Diese Änderung stellt keine Satzungsänderung dar, setzt für ihre Wirksamkeit aber die Anmeldung durch den Insolvenzverwalter zum Handelsregister der Gesellschaft und die dortige Eintragung der Änderung in das Handelsregisterblatt der Gesellschaft voraus (vgl. OLG Frankfurt am Main, 21.05.2012 – 20 W 65/12; so auch K/P/B-Kübler § 155 Rn. 32; MK-Füchsl/Weishäupl § 155 Rn. 18). Einer rückwirkende Eintragung einer Geschäftsjahresänderung nach Ablauf des schon angemeldeten Rumpfgeschäftsjahres (bzw. auch nachfolgender Geschäftsjahre) durch den hierfür zuständigen Insolvenzverwalter stehen die Bestimmungen der § 264 Abs. 1 Satz 2 (ggf. Satz 4 Halbs. 2) HGB und § 325 Abs. 1 Satz 1 HGB entgegen, wenn die dort genannten Fristen – unter Berücksichtigung von § 155 Abs. 2 Satz 2 – für das angemeldete Rumpfgeschäftsjahr abgelaufen sind (vgl. OLG Frankfurt am Main, 01.10.2013 – 20 W 340/12).

▶ Hinweis:

Die **Rückkehr zum bisherigen Geschäftsjahr**, insbesondere zum Kalenderjahr, ist gerade in größeren Verfahren, die sich oftmals über Jahre hinziehen, praktikabel. Für die steuerliche Wirksamkeit der Wiederherstellung des ursprünglichen Wirtschaftsjahres bedarf es in diesem Fall nicht der Zustimmung des Finanzamts gem. § 4a Abs. 1 Satz 2 Nr. 2 Satz 2 EStG (vgl. K/P/B-Kübler § 155 Rn. 30 f.).

In kleineren Verfahren oder bei übersichtlichen Konzerntochtergesellschaften kann hingegen die Ausnutzung der max. Dauer des neuen Geschäftsjahres von 12 Monaten Sinn machen. Dies ist insbesondere der Fall, wenn mit Beendigung des Verfahrens innerhalb dieser 12 Monate, jedoch nicht vor Ablauf des laufenden Kalenderjahres gerechnet werden kann, z. B. weil der Insolvenzverwalter davon ausgeht, dass innerhalb dieses Zeitraumes die Verwertung der Vermögensgegenstände abgeschlossen ist. Auf diese Weise kann zwecks Masseschonung vermieden werden, neben der Schlussbilanz zum 31.12. des Eröffnungsjahres einen weiteren Abschluss erstellen zu müssen. Die dadurch erfolgende **Umstellung des Geschäftsjahres** bedarf für deren steuerliche Wirksamkeit jedoch der Zustimmung des Finanzamts gem. § 4a Abs. 1 Satz 2 Nr. 2 Satz 2 EStG. Für weitere steuerliche Beweggründe zur Umstellung des Geschäftsjahres vgl. Rdn. 41.

VII. Rechnungslegung bei Unternehmenseinstellung

10 War das schuldnerische Unternehmen zum Zeitpunkt der Verfahrenseröffnung bereits eingestellt, entfällt rgm. die Verpflichtung zur handelsrechtlichen Rechnungslegung (MK-Füchsl/Weishäupl § 155 Rn. 8; a.A. NR-Andres § 155 Rn. 15). Für das **einzelkaufmännische Unternehmen** ergibt sich das aus dem Wegfall der Kaufmannseigenschaft gem. § 1 Abs. 1 HGB, weil nach der Entlassung der Arbeitnehmer und der Einstellung der Produktion nach Art und Umfang kein kaufmännisch eingerichteter Gewerbebetrieb mehr erforderlich ist. Bei **Personenhandelsgesellschaften** und **Kapitalgesellschaften** wird dieses aus einer teleologischen Reduktion der §§ 238 ff. HGB abgeleitet, wenn keiner der handelsrechtlichen Rechnungslegungszwecke (Dokumentationsfunktion, Gewinnermittlung, Ausschüttungsbemessung) durch die Rechnungslegungsvorschriften erfüllt werden kann (MK-Füchsl/Weishäupl § 155 Rn. 10, 11). Rechnungslegung bedeutet **zweckorientiertes Wissen** (vgl. K. Schmidt, Liquidationsbilanzen und Konkursbilanzen, S. 20 ff.). Bei »Zweckverfehlung« ist die handelsrechtliche Rechnungslegung nicht geschuldet.

Wird trotz Einstellung des Geschäftsbetriebs des Schuldner-Unternehmens (§ 22 Abs. 1 S 2 Nr. 2 oder § 158) eine Eröffnungsbilanz aufgestellt, erfolgt die Bewertung des Vermögens zu Liquidationswerten (§ 252 Abs. 1 Nr. 2 HGB). Dabei bilden die Anschaffungs- und Herstellungskosten jedoch weiterhin die Obergrenze (§ 253 Abs. 1 Satz 1 HGB). Die mit der Zerschlagung verbundenen Verbindlichkeiten und Rückstellungen sind in diesem Fall zu passivieren (MK-Füchsl/Weishäupl § 155 Rn. 7).

VIII. Handelsrechtliche Buchführungs- und Bilanzierungspflichten bei Unternehmensfortführung über den Berichtstermin hinaus

11 Die Buchführungs- und Bilanzierungspflichten bei Unternehmensfortführung ergeben sich aus den §§ 238 ff. HGB i.V.m. Abs. 1 (MK-Füchsl/Weishäupl § 155 Rn. 18; K/P/B-Kübler § 155 Rn. 54 ff.). Von diesen Vorschriften darf nur **aufgrund insolvenzbedingter Besonderheiten** abgewichen werden (K/P/B-Kübler § 155 Rn. 54 ff.). Angewendet werden die kodifizierten GoB: Prinzip der Klarheit des Jahresabschlusses (§ 243 Abs. 2 HGB), Vollständigkeitsprinzip (§ 246 Abs. 1 Satz 1 HGB), Verrechnungsverbot (§ 246 Abs. 2 HGB), Prinzip wirtschaftlicher Betrachtungsweise (§ 246 Abs. 1 Satz 2 o. 3 HGB), Bilanzidentitätsprinzip (§ 252 Abs. 1 Nr. 1 HGB), Fortführungsprinzip (§ 252 Abs. 1 Nr. 2 HGB), Einzelbewertungsprinzip (§ 252 Abs. 1 Nr. 3 HGB), Stichtagsprinzip (§ 252 Abs. 1 Nr. 3 HGB), Vorsichtsprinzip (§§ 252 Abs. 1 Nr. 4, 341d HGB), Realisationsprinzip (§ 252 Abs. 1 Nr. 4 HGB), Imparitätsprinzip (§ 252 Abs. 1 Nr. 4 HGB), Wertaufhellungsprinzip (§ 252 Abs. 1 Nr. 4 HGB), Periodisierungsprinzip (§ 252 Abs. 1 Nr. 5 HGB), Stetigkeitsprinzip (§§ 252 Abs. 1 Nr. 6, 265 Abs. 1 Satz 1 HGB), Anschaffungskostenprinzip (§ 253 Abs. 1 Satz 1 HGB), Prinzip der einheitlichen Bewertung (§ 308 Abs. 1 Satz 1 HGB). Daneben kommen auch die unkodifizierten GoB, z. B. der Grundsatz der Wahrheit, der Redlichkeit i.S.d. »true and fair view«, der Richtigkeit und der Willkürfreiheit sowie das Objektivierungsprinzip der Rechnungslegung, zur Anwendung. Sofern keine Unternehmenseinstellung gegeben ist, erfolgt die Bilanzierung nach dem Fortführungsprinzip, also zu fortgeführten Buchwerten. Abweichungen beim Ansatz oder der Bewertung einzelner Vermögensgegenstände gegenüber dem Vorjahr können sich jedoch im Fall einer Stilllegung von Betriebsteilen oder der beabsichtigten Veräußerung von Anlagevermögen ergeben (Umgliederung von Anlage- in Umlaufvermögen, § 270 Abs. 2 S 3 AktG, § 71 Abs. 2 S 3 GmbHG) (Förschle/Weisang, in Budde/Förschle/Winkeljohann, Sonderbilanzen, R. Rechnungslegung im Insolvenzverfahren Rn. 66 f.; MK-Füchsl/Weishäupl § 155 Rn. 6 f.). Die im Insolvenzstatus vorgenommenen Ansätze sind für die fortzuführende Rechnungslegung nach HGB nur insoweit von Bedeutung, als sie einen Abwertungsbedarf, eine Wertaufholung (§ 280 HGB) oder Anlass zu weiterer Rückstellungsbildung indizieren (Förschle/Weisang, in Budde/Förschle/Winkeljohann, Sonderbilanzen, R. Rechnungslegung im Insolvenzverfahren Rn. 51).

IX. Aufstellungs- und Offenlegungspflichten

Um der insolvenzrechtlichen Rechnungslegung (§§ 151 bis 154) Vorrang einzuräumen, werden die gesetzlichen Fristen für die Aufstellung und Offenlegung von Jahresabschlüssen durch Abs. 2 Satz 2 um den Zeitraum zwischen der Verfahrenseröffnung und dem Berichtstermin verlängert. 12

X. Pflicht zur Aufstellung eines Lageberichts

Die Pflicht zur Aufstellung eines Lageberichts gem. § 289 HGB ergibt sich aus § 264 Abs. 1 Satz 1 HGB i. V. m. Abs. 1 Satz 1. Sie besteht nicht für kleine Kapitalgesellschaften i. S. v. § 267 Abs. 1 HGB. Der Insolvenzverwalter erfüllt mit seinen **periodischen internen Berichten** (§§ 58 Abs. 1 Satz 2, 79 Satz 2) zugleich die Anforderungen des § 289 Abs. 1 HGB, weil auch in ihnen der Geschäftsverlauf und die Lage der Kapitalgesellschaft so darzustellen sind, dass den Gläubigern ein den tatsächlichen Verhältnissen entsprechendes Bild vermittelt wird (MK-Füchsl/Weishäupl § 155 Rn. 20). 13

XI. Jahresabschlussprüfung

Die in § 316 Abs. 1 Satz 1 HGB für Kapitalgesellschaften grds. normierte Pflicht zur Prüfung des Jahresabschlusses und des Lageberichts durch einen Abschlussprüfer besteht auch in der Insolvenz (K/P/B-Kübler § 155 Rn. 63). Bei einer mittelgroßen (§ 267 Abs. 2 HGB) oder großen (§ 267 Abs. 3 HGB) Kapitalgesellschaft kommt eine **Befreiung durch das Registergericht** von der Prüfungspflicht in entsprechender Anwendung von § 270 Abs. 3 AktG und § 71 Abs. 3 GmbHG in Betracht (OLG München, BB 2008, 886 m. Anm. Schultze-Osterloh; MK-Füchsl/Weishäupl § 155 Rn. 21; K/P/B-Kübler § 155 Rn. 64). 14

Bei Änderung des »Insolvenzgeschäftsjahres« durch den Insolvenzverwalter wird die Eintragung der Änderung in das Handelsregisterblatt der Gesellschaft vorausgesetzt. Ohne diese Eintragung kommt die gerichtliche Bestellung eines Abschlussprüfers auf Antrag des Insolvenzverwalters für das bisherige, sich aus der Satzung ergebende Geschäftsjahr der Gesellschaft nicht infrage (vgl. OLG Frankfurt am Main, 21.05.2012 – 20 W 65/12).

XII. Offenlegung

Kapitalgesellschaften sind nach Maßgabe der §§ 325 ff. HGB i. V. m. Abs. 1 Satz 1 zur Offenlegung verpflichtet. Das Informationsinteresse gleicht hier dem Informationsinteresse der Stakeholder bei einer werbenden Gesellschaft. Die Verpflichtung trifft sowohl die gesetzlichen Vertreter, als auch den Insolvenzverwalter, soweit sie die Insolvenzmasse betreffen (NR-Andres § 155 Rn. 29 m. w. N.; Maus, in Uhlenbruck § 155 Rn. 14; Schmittmann, in Karsten Schmidt § 155 Rn. 41 ff.; a. A. LG Bonn, ZInsO 2008, 630; Weitzmann, ZInsO 2008, 662; Pink/Fluhme, ZInsO 2008, 817). 15

C. Steuerrechtliche Buchführungspflichten – Verhältnis von Steuerrecht und Insolvenzrecht

Im Spannungsfeld zwischen Insolvenz- und Steuerrecht galt seit der Entscheidung des Reichsfinanzhofs v. 25.10.1926 (RFHE 19, 337, 355) lange das Prinzip: »Insolvenzrecht geht vor Steuerrecht«. Dieses Prinzip wurde nach ständiger Kritik sogar umgekehrt in »Steuerrecht geht vor Insolvenzrecht«. Eine Abgrenzung von Insolvenzrecht und Steuerrecht kann jedoch nicht nach abstrakten 16

Grundsätzen, sondern nur nach dem Regelungsbereich des jeweiligen Rechtsgebiets erfolgen (Frotscher, Besteuerung bei Insolvenz, S. 18). Das Insolvenzrecht regelt die Form und den Umfang der Geltendmachung, nicht jedoch die Entstehung der Ansprüche (BFH, BStBl. II 1900, S. 124; BFHE 181, 202 = ZIP 1996, 1838, Kahlert/Rühland Sanierungs- und Insolvenzsteuerrecht, Rn. 1400 ff., 1440). D. h., die Finanzbehörde kann nach Eröffnung des Insolvenzverfahrens die Ansprüche aus dem Steuerschuldverhältnis nicht mehr nach den Vorschriften der AO vollstrecken. Die Entstehung und die Höhe der Steuerforderungen richten sich hingegen weiter allein nach dem Steuerrecht (Maus, Steuern im Insolvenzverfahren, Rn. 2; Frotscher, Besteuerung bei Insolvenz, S. 20). Der Grundsatz wird jedoch auch auf Kollisionsfälle Anwendung finden müssen (vgl. Rdn. 30).

Die neue Regelung des § 55 Abs. 4 und die Rechtsprechung des BFH, wonach es für den Zeitpunkt des Entstehens von Masseverbindlichkeiten auf die steuerrechtliche Tatbestandsverwirklichung ankommt, räumt jedoch den Steuerforderungen einen Vorrang gegenüber den übrigen Gläubigern ein (s. a. die [Wieder-] Einführung des Fiskusprivilegs § 55 Abs. 4).

17 Das »Insolvenzsteuerrecht« ist nur unvollkommen geregelt (vgl. Uhländer, ZInsO 2005, 1192, 1197 m. w. N.; Ganter/Brünink, NZI 2006, 257). Ausgangspunkt für die Auflösung des Spannungsverhältnisses muss § 1 sein. Danach dient das Insolvenzverfahren der rechtsstaatlichen und allokationseffizienten, d. h. masseeffizienten Verwaltung und Verwertung der Schuldnermasse (Balz/Landfermann, Begr. RegE, S. 11; Frotscher, Besteuerung bei Insolvenz, S. 18). Materiell-rechtlich wird die Stellung des Schuldners als Steuerschuldner und »Steuerpflichtiger« i. S. d. § 33 AO durch die Eröffnung des Insolvenzverfahrens nicht geändert. Auch seine steuerrechtlichen Mitwirkungspflichten werden grds. nicht berührt (Stadie in: Bork/Koschmieder, Fachanwaltshandbuch für InsolvenzR, Rn. 20.4). Mit der Eröffnung des Insolvenzverfahrens geht die Verwaltungs- und Verfügungsmacht auf den Insolvenzverwalter über. Er ist **Vermögensverwalter i. S. d. § 34 Abs. 3 AO**. Durch den Übergang der Verwaltungs- und Verfügungsmacht soll sich der Schuldner seinen Pflichten jedoch nicht entziehen können. Soweit der Steuerpflichtige zur Erfüllung dieser Pflichten in der Lage ist, etwa weil es sich um **tatsächliche Wissenserklärungen** handelt oder der Insolvenzverwalter ihm den Zugang zu der Buchführung, ihrem Abschluss und zur Erstellung der Bilanz gestattet, bleibt **der Schuldner zur Erfüllung der steuerrechtlichen Pflichten** auch hinsichtlich der Insolvenzmasse **verpflichtet** (vgl. Frotscher, Besteuerung bei Insolvenz, S. 28; Tipke/Kruse AO § 251 Rn. 41). Diese Erklärungs- und Mitwirkungspflicht ergibt sich auch aus § 97. Im Besteuerungs- und Haftungsverfahren bleibt der Schuldner als »Beteiligter« nach § 93 Abs. 1 AO vorrangig ggü. dem Insolvenzverwalter als »anderer Person« zur Auskunft verpflichtet (FG Brandenburg, ZInsO 2005, 331).

Die Eröffnung des Insolvenzverfahrens führt **nicht zu einer Unterbrechung des Besteuerungszeitraums** (vgl. BFH, ZIP 1987, 1130; Maus, Steuern im Insolvenzverfahren, Rn. 347 m. w. N.; Frotscher, Besteuerung bei Insolvenz, S. 30). Steuerfestsetzungsverfahren, Rechtsbehelfsverfahren und Rechtsbehelfsfristen werden dagegen analog § 240 ZPO unterbrochen (BFH, ZInsO 2005, 97; BFHE 183, 365 = ZIP 1997, 2160). Ein dennoch erlassener Steuerbescheid ist nichtig. Das Steuerverfahren wird nach bisheriger Rechtslage durch Anmeldung zur Tabelle fortgesetzt. Es erfolgt eine Steuerberechnung (informatorischer Bescheid ohne Leistungsgebot; Onusseit, ZInsO 2006, 1084 m. w. N.). Das FA kann den streitig gebliebenen Anspruch auch gesondert feststellen (§ 251 Abs. 3 AO).

D. Steuerrechtliche Stellung des Insolvenzverwalters, Sachwalters und Treuhänders

I. Grundsatz

18 Der **Insolvenzverwalter ist Vermögensverwalter** i. S. v. § 34 Abs. 3 AO. Er hat, soweit seine Verwaltung reicht, dieselben steuerrechtlichen Pflichten zu erfüllen wie die Vertreter natürlicher und juristischer Personen (BFH, BStBl. II 1995, S. 195; Tipke/Kruse AO § 34 Rn. 25). Daraus folgt jedoch nicht, dass der steuerpflichtige Schuldner seinerseits von allen steuerlichen Pflichten befreit ist, die der Insolvenzverwalter zu erfüllen hat (Rdn. 17). Die Steuergesetze erlegen dem Steuerpflichtigen i. S. v. § 33 AO vielfältige Pflichten auf. Die Erfüllung dieser Pflichten wird dem Steuerpflichtigen

auch dann nicht erlassen, wenn (auch) ein anderer sie für ihn zu erfüllen hat. Die §§ 34, 35 AO bestimmen nicht, dass die steuerrechtlichen Pflichten in der Weise auf die dort genannten Personen übergehen, dass die Steuerpflichtigen selbst von diesen Pflichten befreit würden; grds. bleiben auch sie mit diesen Pflichten belastet. Allerdings ist insoweit der insolvenzrechtlichen Situation Rechnung zu tragen (Frotscher, Besteuerung der Insolvenz, S. 27; Pink in: Runkel, Anwaltshandbuch Insolvenzrecht, §§ 3, 10 Rn. 17; Tipke/Kruse AO § 251 Rn. 41). Das umsatzsteuerliche Verhältnis zwischen dem Insolvenzverwalter und dem Schuldner ist wie jedes andere Leistungsaustauschverhältnis anzusehen. Das **Wahlrecht** der Ehegatten für eine Getrennt- oder Zusammenveranlagung zur ESt wird in der Insolvenz eines Ehegatten durch den Insolvenzverwalter und im vereinfachten Insolvenzverfahren durch den Treuhänder ausgeübt (BGH, ZInsO 2007, 656). Die Veranlagung hat nach Zweckmäßigkeitserwägungen gem. § 1353 BGB, wobei ein etwaiger Nachteil auszugleichen ist, BGH, ZInsO 2011, 47.

II. Starker vorläufiger Insolvenzverwalter

Der **starke vorläufige Insolvenzverwalter** (mit Verfügungsbefugnis gem. § 21 Abs. 2 Nr. 2) ist Verfügungsberechtigter i. S. v. § 35 AO mit allen sich aus § 34 Abs. 1 AO ergebenden Pflichten und Haftungen.   19

III. Schwacher vorläufiger Insolvenzverwalter

Der **schwache vorläufige Insolvenzverwalter** (Anordnung nur eines allg. Zustimmungsvorbehalts, § 21 Abs. 2 Nr. 2) kann weder den Schuldner als Eigentümer von der Verwertung des Vermögens ausschließen noch rechtlich und wirtschaftlich über Mittel verfügen, die einem anderen (dem Schuldner) nach § 39 AO zuzurechnen sind. Der schwache vorläufige Insolvenzverwalter ist demnach weder Vermögensverwalter noch Verfügungsberechtigter i. S. v. §§ 34 Abs. 3, 35 AO.   20

IV. Sachwalter (§ 270)

Bei der Eigenverwaltung bestellt das Insolvenzgericht keinen Insolvenzverwalter, sondern lediglich einen Sachwalter nach §§ 270 ff. Die Einsetzung schränkt die steuerrechtlichen Pflichten des Schuldners rgm. nicht ein. Der Schuldner **bleibt verfügungsberechtigt** und **erklärungsverpflichtet**. Die Übertragung der Kassenführung auf den Sachwalter führt nicht zu einem Übergang der Erklärungspflichten. Entsprechendes gilt für den vorläufigen Sachwalter.   21

V. Treuhänder (§ 313)

Mit Inkrafttreten des Gesetzes zur Verkürzung des Restschuldbefreiungsverfahrens und zur Stärkung der Gläubigerrechte zum 01.07.2014 wird § 313 InsO aufgehoben. In Anbetracht der noch laufenden Verfahren mit einem Treuhänder gem. § 313 InsO ist jedoch in dieser Auflage noch darauf hinzuweisen, dass der **Treuhänder gem. § 313 InsO** nach einer starken Literaturmeinung (Maus, Steuern im Insolvenzverfahren, Rn. 166; Frotscher, Besteuerung der Insolvenz, S. 48 ff.) Vermögensverwalter nach § 34 Abs. 3 AO ist. Nach § 304 Abs. 1 gelte § 80 Abs. 1 auch für das Verbraucherinsolvenzverfahren. Die Ansicht übersieht, dass zur Insolvenzmasse gem. §§ 35, 36 nur die pfändbaren Vermögensgegenstände gehören. In der Praxis ist rgm. keine freie Masse vorhanden, sodass sich die wirtschaftliche Abwicklung der Schuldnerexistenz »unterhalb der Eingriffsgrenze« abspielt. Zumindest in diesen Fällen würde es Übermaß bedeuten, den Treuhänder mit den Pflichten eines Insolvenzverwalters zu belegen. Dass dem Treuhänder gerade nicht die allg. Verwaltungs- und Verfügungsbefugnis übertragen wurde, ergibt sich auch aus § 313 Abs. 2, 3. Die Einräumung eines summenmäßig begrenzten Verfügungsrechts (oberhalb der Pfändungsfreigrenze) durfte ihn nicht zum Verfügungsberechtigten nach § 35 AO machen.   22

VI. Treuhänder (§ 292)

23 Noch deutlicher wird die Abgrenzung beim **Treuhänder gem. § 292**. Der Treuhänder erhält keine uneingeschränkte Verfügungsbefugnis über das von ihm verwaltete Schuldnervermögen. Seine Verfügungsbefugnis ist nach § 292 Abs. 1 Satz 1, 2 auf die Verteilung des verwalteten Vermögens, also die künftigen Bezüge des Schuldners, begrenzt. Damit ist er – mit der herrschenden Lehre – weder Verfügungsberechtigter noch Vermögensverwalter, sodass ihn die steuerlichen Pflichten des Insolvenzschuldners nicht treffen (MK-Ehricke, § 292 Rn. 41; Maus, Steuern im Insolvenzverfahren, Rn. 164 m. w. N.).

E. Buchführungspflicht

24 Buchführungs- und Aufzeichnungspflichten für die Besteuerung obliegen gem. § 140 AO demjenigen, der nach anderen Gesetzen als den Steuergesetzen Bücher und Aufzeichnungen zu führen hat, die für die Besteuerung von Bedeutung sind. Primär gilt gem. § 140 AO das **Prinzip der sog. »abgeleiteten Buchführungspflicht«** demnach für die handelsrechtlichen Buchführungs- und Rechnungslegungspflichten, wie auch für das Steuerrecht. Fehlt eine gesonderte Buchführungspflicht, legt § 141 AO diese gesondert fest.

I. Abgabe von Steuererklärungen

25 Den Insolvenzverwalter trifft die Verpflichtung zur **Abgabe von Steuererklärungen** nicht nur, soweit sie Steuern betreffen, die nach Eröffnung des Verfahrens begründet wurden, d. h. zu Masseverbindlichkeiten führen, sondern auch für vor der Eröffnung des Verfahrens liegende Abschnitte (Stadie in: Bork/Koschmieder, Fachanwaltshandbuch InsolvenzR, Rn. 20.7). Diese Verpflichtung kann der Insolvenzverwalter jedoch nicht oder nur eingeschränkt erfüllen, wenn die Buchhaltung nicht den Grundsätzen ordnungsgemäßer Buchführung und Bilanzierung entspricht und er mit vertretbarem Aufwand die Buchführung nicht erstellen kann (BGHZ 74, 316; vgl. auch Rdn. 5). Allerdings muss sich der Insolvenzverwalter in diesen Fällen bemühen, die Buchführung im Rahmen des ihm Zumutbaren hinsichtlich der steuerrechtlichen Anforderungen in Ordnung zu bringen (so auch K/P/B-Kübler § 155 Rn. 90). Ist der Insolvenzverwalter zur Erstellung der Steuererklärungen begründbar nicht in der Lage bzw. der Schuldner nicht bereit und/oder in der Lage, unter Aufsicht des Insolvenzverwalters diese Aufgaben zu erfüllen, verbleibt ggf. nur noch die Mitteilung einer Schätzungsgrundlage ggü. dem FA (vgl. K/P/B-Kübler § 155 Rn. 90). Im letzteren Fall hilft auch die Rspr. des BGH zur Aufwandserstattung der Steuerberatungskosten (ZInsO 2004, 970) nicht weiter. Zu den **fortbestehenden Erklärungs- und Mitwirkungspflichten des Schuldners** vgl. Rdn. 17. Eine Prüfungspflicht des Insolvenzverwalters besteht auch für die Masse betreffende Steuerbescheide.

Die Festsetzung von **Zwangsgeld** zur Durchsetzung der steuerlichen Erklärungspflichten des Insolvenzverwalters ist laut wiederholter Rechtsprechung weder unverhältnismäßig noch ermessensfehlerhaft, auch wenn voraussichtlich nicht mit steuerlichen Auswirkungen zu rechnen ist. Die Abgabe von »Null-Erklärungen« auf Basis des ohnehin zu erstellenden Schlussberichtes bedeutet keinen unverhältnismäßigen Aufwand (BFH vom 06.11.2012 – VII R 7/11 und vom 23.08.1994 – VII R 143/92).

II. Einheitliche und gesonderte Erklärung

26 Nicht zu den Aufgaben, die der Insolvenzverwalter auszuführen hat, gehört die Erklärung zur einheitlichen und gesonderten Feststellung des Gewinns einer (nicht gewerblich tätigen) **Personengesellschaft**, da nicht diese selbst, sondern die Mitunternehmer Subjekt der ESt sind. Der Insolvenzverwalter hat die steuerrechtlichen Pflichten nur zu erfüllen, soweit sich diese Pflichten auf das vom Insolvenzverfahren ergriffene Vermögen beziehen. Dazu gehören die Steuererklärungspflichten, soweit die Steuern aus dem vom Insolvenzverfahren ergriffenen Vermögen (als Masseverbindlichkeit oder Insolvenzforderung, so z. B. die Gewerbesteuer) zu entrichten sind (BFH, ZIP 1994,

1969). Allerdings können die Gesellschafter einer Personengesellschaft vom Insolvenzverwalter die Vorlage steuerlicher Jahresabschlüsse verlangen, wenn sie zur Erfüllung ihrer steuerlichen Pflichten auf die Erstellung angewiesen sind (vgl. MK-Füchsl/Weishäupl § 155 Rn. 32). Die Kosten, die bei der Erstellung der Jahresabschlüsse für Personengesellschaften entstehen, sind auszugleichen, BGH, ZInsO 2010, 2094; Anm. Müller, EWIR 2010, 827. Zu beachten ist allerdings, dass bei gewerblich tätigen Mitunternehmerschaften der Verwalter für die Gewerbesteuer ohnehin eine Erklärung zur einheitlichen und gesonderten Feststellung des steuerlichen Gewinns abgeben muss, da insoweit die Gesellschaft selbst Steuergegenstand ist und die Ermittlung der Gewerbesteuer auf der einheitlichen gesonderten Gewinnfeststellung aufbaut (vgl. MK-Füchsl/Weishäupl § 155 Rn. 32, 35).

III. Berichtigung von Steuererklärungen

Der Insolvenzverwalter ist verpflichtet, die **Steuererklärungen** zu **berichtigen**, soweit er positive Kenntnis des Berichtigungsbedarfs hat (§§ 153, 34 AO). Kennen können oder kennen müssen reicht nicht aus. Der Verwalter ist nicht verpflichtet, betriebsnotwendige Vorgänge zu suchen (Tipke/Kruse AO § 153 Rn. 12; Maus, Steuern im Insolvenzverfahren, Rn. 174). Die Berichtigungspflicht trifft auch den Schuldner (Pink in: Runkel, Anwaltshandbuch Insolvenzrecht, § 10 Rn. 17, 36). Zu prüfen ist auch, ob ggf. ein analog § 256 Abs. 1 Nr. 1 AktG nichtiger Jahresabschluss neu aufzustellen ist. Die Berichtigungspflicht bezieht sich auf eine Wissenserklärung, nicht auf eine Willenserklärung. Der Schuldner ist deshalb durch den Übergang der Verwaltungs- und Verfügungsmacht nicht an der Vorlage einer berichtigten Steuererklärung gehindert. Die Berichtigungspflicht endet dort, wo sich der Schuldner der Gefahr strafrechtlicher Verfolgung aussetzen würde (Maus a. a. O.). 27

IV. Insolvenzverwalter als Inhalts- oder Bekanntgabeadressat

Nach der herrschenden Amtstheorie ist der **Insolvenzverwalter Partei kraft Amtes**. D. h., die **Bekanntgabe** (Adressierung) **von Steuerbescheiden** (und anderen Verwaltungsakten) bzgl. derjenigen Steuern, die die Masse treffen, hat ggü. dem Insolvenzverwalter zu erfolgen (BFHE 174, 290 = ZIP 1994, 1371; Tipke/Kruse AO § 251 Rn. 40). Gleiches gilt auch für die Adressierung einer Betriebsprüfungsanordnung. Eine Adressierung an den Schuldner »zu Händen des Insolvenzverwalters« ohne genaue Bezeichnung ist nicht ausreichend (Stadie in: Bork/Koschmieder, Fachanwaltshandbuch InsolvenzR, Rn. 20.10; Frotscher, Besteuerung der Insolvenz, S. 31). Die Finanzverwaltung unterscheidet zwischen dem **Inhaltsadressaten** und dem **Bekanntgabeadressaten** (Abschnitt 86 AEAO zu § 122 AO Nr. 1.1.1.). Inhaltsadressat eines Steuerbescheids ist der Steuerschuldner. Der Inhaltsadressat muss im Bescheid so eindeutig bezeichnet werden, dass Zweifel über seine Identität nicht bestehen. Die Person, der ein Verwaltungsakt bekannt zu geben ist, wird als Bekanntgabeadressat bezeichnet. Bei Steuerfestsetzungen ist dieses i. d. R. der Steuerschuldner als Inhaltsadressat, bei dem der Steuerbescheid seinem Inhalt nach für ihn bestimmt ist oder er von ihm betroffen wird. Als Bekanntgabeadressat kommen auch **Dritte** in Betracht, wenn sie für den Inhaltsadressaten (Steuerschuldner) steuerrechtliche Pflichten zu erfüllen haben, also Vermögensverwalter i. S. v. § 34 Abs. 3 AO oder Verfügungsberechtigte i. S. v. § 35 AO. Ist der Bekanntgabeadressat nicht mit dem Inhaltsadressat identisch, so ist er zusätzlich zum Inhaltsadressaten anzugeben. Der Insolvenzverwalter ist nicht Steuerschuldner und kann deshalb auch nicht Inhaltsadressat sein. 28

V. Verpflichtung zur Rechnungserstellung

Der Verwalter hat für die der Masse zuzurechnenden steuerpflichtigen Umsätze die Verpflichtung zur Erteilung von Rechnungen (§ 14 UStG i. V. m. § 34 Abs. 1, 3 AO). Diese Verpflichtung besteht grds. auch für die vor Eröffnung des Insolvenzverfahrens vom Schuldner ausgeführten Umsätze (BGH, ZIP 1981, 764; Stadie in: Bork/Koschmieder, Fachanwaltshandbuch InsolvenzR, Rn. 20.11; Maus, Steuern im Insolvenzverfahren, Rn. 176). Allerdings ist es dem Insolvenzverwalter nicht bei jeder zweifelhaften Steuerrechtslage zuzumuten, eine Rechnung nach § 14 Abs. 1 UStG auszustellen, die u. U. nach der Beurteilung des zuständigen FA unberechtigt ist und ihn der Steuer nur aufgrund der Sanktion des § 14c Abs. 2 UStG unterwirft (Maus, Steuern im Insolvenzverfahren, 29

Rn. 176). Die gleichen Grundsätze gelten auch für die Rechnungsberichtigung nach Eröffnung des Insolvenzverfahrens.

F. Steuerrechtliche Pflichten des Insolvenzverwalters bei Massearmut

30 Die Pflicht des Verwalters zur Verwaltung und Verwertung der Masse besteht nach Anzeige der Masseunzulänglichkeit fort (§ 208 Abs. 3). Zur Verwaltungspflicht des Insolvenzverwalters gehört auch die Pflicht zur steuerrechtlichen Buchführung und Rechnungslegung gem. § 155. Zu berücksichtigen ist jedoch, dass die Anzeige der Masseunzulänglichkeit zu einer **Änderung des Verfahrenszwecks** führt (Uhlenbruck-Uhlenbruck § 208 Rn. 20; Maus, Steuern im Insolvenzverfahren, Rn. 177) und die Fälle der Masseunzulänglichkeit häufig mit einer nicht geordneten, den Grundsätzen ordnungsgemäßer Buchführung auch nur ansatzweise entsprechenden Buchhaltung einhergehen. Der Verwalter wird das Verfahren als Ordnungsverfahren betreiben und/oder das Verfahren nach § 209 abschließen. Die Fehlallokation von liquiden Mitteln für die Aufarbeitung der Buchhaltung wäre in diesem Verfahrensstadium insolvenzzweckwidrig und steuerrechtlich nicht geschuldet. Demgegenüber sind nach BFH, HV 2008, 334 die Erklärungspflichten – soweit die Verwaltung reicht – auch bei Masseunzulänglichkeit zu erfüllen (vgl. BGH, ZIP 1980, 25; Maus, Steuern im Insolvenzverfahren, Rn. 178 ff.; Pink in: Runkel, Anwaltshandbuch InsolvenzR, § 10 Rn. 61). Zur Würdigung der Rechtsprechung auch für steuerrechtliche Zwecke vgl. Rdn. 5 und 25.

I. Auskunftsrechte

31 Das FA hat das **Steuergeheimnis** (§ 30 AO) auch ggü. dem schwachen vorläufigen Insolvenzverwalter und dem Gutachter zu wahren. Der (starke vorläufige) Insolvenzverwalter ist Verfügungsberechtigter und Vermögensverwalter. Als solchem sind ihm gem. § 34 Abs. 1 AO alle Auskünfte über die Verhältnisse des Schuldners zu erteilen. Der Schuldner ist jedoch aufgrund der ihm nach § 97 obliegenden Auskunfts- und Mitwirkungspflichten verpflichtet, den Gutachter und schwachen vorläufigen Insolvenzverwalter entsprechend ggü. dem FA zu bevollmächtigen. Kommt er diesem nicht nach, kann das Insolvenzgericht gem. § 21 Abs. 1 den vorläufigen Insolvenzverwalter ermächtigen, ggü. den Finanzbehörden eine Erklärung gem. § 30 Abs. 4 Nr. 3 AO dahin gehend abzugeben, dass die Finanzbehörden ggü. dem Gutachter und vorläufigen Insolvenzverwalter vom Steuergeheimnis befreit werden (§ 21 Abs. 1). Wegen der eingeschränkten Befugnisse sind auch die Treuhänder und der Sachwalter dem Gutachter gleichgestellt.

II. Persönliche steuerrechtliche Stellung des Insolvenzverwalters

32 Der vorläufige Insolvenzverwalter erbringt mit seiner Amtstätigkeit eine sonstige Leistung gem. § 1 Abs. 1 Nr. 1, § 3 Abs. 9 UStG an den Insolvenzschuldner. Rechnet er ggü. der Masse ab, muss dieses durch Vorlage einer ordnungsgemäßen Rechnung gem. § 14 UStG erfolgen. Der Beschluss des Insolvenzgerichts gem. § 64 InsO zur Festsetzung des Vergütungsanspruchs des Insolvenzverwalters ist keine Rechnung eines Dritten i. S. d. § 14 Abs. 2 Satz 4 UStG, die zum Vorsteuerabzug berechtigt (BFH vom 26.09.2012 – V R 9/11).

III. Steuerrechtliche Haftung des Insolvenzverwalters

33 Die **steuerrechtliche Haftung** des Insolvenzverwalters richtet sich nach §§ 34, 69 AO und ist streng von der **insolvenzrechtlichen Verantwortlichkeit** des Insolvenzverwalters zu trennen. Der Insolvenzverwalter haftet als Vermögensverwalter nach § 34 Abs. 3 AO gem. § 69 AO, soweit infolge vorsätzlicher oder grob fahrlässiger Verletzung seiner Pflichten Ansprüche aus dem Steuerschuldverhältnis nicht oder nicht rechtzeitig festgesetzt oder erfüllt oder soweit infolgedessen Steuervergütungen oder Steuererstattungen ohne rechtlichen Grund gezahlt werden. § 69 AO regelt die Sanktionen gerade der steuerrechtlichen Pflichten zum Zweck der ordnungsgemäßen Besteuerung (**steuerrechtliche Pflichtverletzung**). Deshalb ist gesondert zu prüfen, ob die steuerlichen Pflichten dem Insolvenzverwalter obliegen, die steuerbaren Tatbestände in der Insolvenzmasse verwirklicht sind, oder ob ggf. eine insolvenzfreie Tätigkeit des Schuldners gegeben ist (BFH, ZInsO 2006,

774 m. Anm. Schmittmann). Demgegenüber greift die insolvenzrechtliche Haftung aus § 60 bei einer Verletzung der insolvenzrechtlichen (Vermögensbetreuungs-) Pflichten. Nach § 61 haftet der Insolvenzverwalter, wenn Masseverbindlichkeiten nicht vollständig bezahlt werden können und er dieses bei Anwendung ordnungsgemäßer Sorgfalt hätte erkennen können. Betrifft die Pflichtverletzung Steueransprüche, die Masseverbindlichkeiten darstellen, so kommt eine Haftung nach § 69 AO in Betracht, wenn sich die Haftung nach § 60 auf Insolvenzforderungen bezieht (BGHZ 105, 134; Maus, Steuern im Insolvenzverfahren, Rn. 242). Die steuerrechtliche Haftung nach § 69 AO ist **keine Ausfallhaftung**. Voraussetzung für die Entstehung des Haftungsanspruchs ist die Verletzung der in §§ 34, 35 AO genannten Pflichten. Das sind alle Pflichten des Erstschuldners, die während des Bestehens der Vertretungs- oder Verfügungsmacht durch die AO oder Einzelsteuergesetze begründet worden sind. Zu diesen Pflichten gehört insb. die Pflicht des Geschäftsführers von Kapitalgesellschaften, den Steuerfiskus nicht ggü. anderen Gläubigern zu benachteiligen, wenn die Mittel zur Befriedigung aller Schuldner nicht ausreichen (Tipke/Kruse-Loose AO § 69 Rn. 12). Da es sich um einen Schadensersatzanspruch handelt, muss haftungsbegründende und haftungsausfüllende Kausalität vorhanden sein. Verlangt wird Kausalität zwischen Pflichtverletzung und Steuerausfall (BFHE 164, 203 = ZIP 1991, 1008). Die Haftung greift deshalb nur soweit, wie aus den zur Verfügung stehenden Mitteln die Steuerschulden ebenso wie die übrigen Schulden hätten bedient werden können (**Grundsatz der anteiligen Tilgung**), d. h. soweit der Steuergläubiger bei pflichtgemäßem Verhalten im Fälligkeitszeitraum befriedigt worden wäre. Der Sachverhalt ist **von Amts wegen** zu ermitteln (§ 88 Abs. 1 Satz 1 AO). **Ein Verschulden** kann nicht unterstellt werden (Tipke/Kruse-Loose AO § 69 Rn. 30). Die Geltendmachung der Haftung steht im Ermessen der Finanzbehörde (§ 191 Abs. 1 Satz 1 AO). Erstschuldner und Haftender sind **Gesamtschuldner** (§ 44 Abs. 1 Satz 1 AO). Die Haftung nach § 69 AO ist durch Haftungsbescheid geltend zu machen, während die Haftung nach §§ 60, 61 im Klagewege vor den ordentlichen Gerichten zu verfolgen ist (vgl. auch § 60 Rdn. 27).

▶ Hinweis:

Ein Insolvenzverwalter verletzt seine Pflichten vorsätzlich, wenn er bei der Veräußerung von zur Insolvenzmasse gehörenden Grundstücken auf Veranlassung der Grundpfandgläubiger zur USt optiert, obwohl er weiß, dass er wegen Masseunzulänglichkeit und der Auskehr des Kaufpreises an die Grundpfandgläubiger die USt nicht wird abführen können (FK-Wimmer § 155 Rn. 640). Er haftet für die nicht entrichtete USt nach § 69 AO.

Ein entsprechendes Haftungsrisiko könnte nach vollständiger Verteilung der Masse an die Insolvenzgläubiger bei greifender Mindestbesteuerung bestehen (vgl. Hinweis unter Rdn. 41), wenn der Insolvenzverwalter weiß, dass eine entsprechende Ertragsteuerforderung aufgrund beschränkter Verlustverrechnungsmöglichkeit nach § 10d EStG entstehen wird. Der BFH – I R 59/12 – hat die Frage der Verfassungsgemäßheit der Mindestbesteuerung zwar jüngst den BVerfG vorgelegt. Bei Redaktionsschluss lag die schriftliche Begründung des BFH noch nicht vor. Bis zu einer Entscheidung des BVerfG können daher Insolvenzverfahren, in denen der Mindestbesteuerung unterliegende steuerbilanzielle Gewinne erzielt worden sind, daher nicht beendet werden.

Zur **Quotenermittlung** kann auf die Darstellung bei FK-Boochs, § 155 Rn. 461 verwiesen werden. Zur Berechnung der USt- bzw. der Körperschaftsteuerquote ist zunächst das Verhältnis der gesamten Zahlungsverpflichtungen der GmbH zu den USt- bzw. Körperschaftsteuerschulden im Haftungszeitraum zu ermitteln. Dieser Vomhundertsatz (Quote) ist auf die im Haftungszeitraum von der GmbH insgesamt erbrachten Zahlungen anzuwenden. Von der sich daraus ergebenden Zwischensumme sind die im Haftungszeitraum von der GmbH bezahlten Umsatz- oder Körperschaftsteuern abzusetzen. Der verbleibende Restbetrag ist die Haftungsmasse.

§ 155 InsO Handels- und steuerrechtliche Rechnungslegung

Zur Ermittlung der Haftungsmasse und zur Berechnung der Gesamtverbindlichkeiten werden i. d. R. **folgende Unterlagen** eingesehen:
- Summen- und Saldenlisten zum Stichtag: Antrag auf Eröffnung des Insolvenzverfahrens oder Eröffnung des Insolvenzverfahrens;
- Bankkonten (Darlehen, Giro) und Scheckslisten; diese sind wichtig für die Ermittlung der Verbindlichkeiten und entscheidend für die Sachverhaltsermittlung der noch durchgeführten Zahlungen von Verbindlichkeiten ggü. Gläubigern;
- Lohnkonten, auch die ausstehenden Löhne gehören zu den Verbindlichkeiten;
- Gerichtskosten und Unterlagen des Insolvenzverwalters (die z. B. Erkenntnisse bringen könnten über das Verschulden des Geschäftsführers).

Zur Feststellung der Haftungsmasse kann das **FA vom Haftungsschuldner** die notwendigen **Auskünfte** über die anteilige Gläubigerbefriedigung im Haftungszeitraum verlangen. Der Haftungsschuldner ist jedoch nicht verpflichtet, die Gläubiger zu benennen sowie Angaben über den jeweiligen Schuldgrund und den Zahlungszeitpunkt der einzelnen Verbindlichkeiten zu machen.

Für die steuerrechtliche Haftung des (vorl.) Insolvenzverwalters sind die typischen insolvenzrechtlichen Sachverhalte und die sich aus der InsO ergebenden Handlungspflichten zu berücksichtigen. Die Haftung nach § 69 AO ist eine **persönliche Haftung** bei Vorsatz und grober Fahrlässigkeit. Eine **Umkehr der Beweislast** bei Masseunzulänglichkeit besteht nicht. Die Haftungsansprüche **verjähren** gem. § 169 Abs. 2 AO mit Ablauf der Festsetzungsfrist (im Allgemeinen 4 Jahre).

G. Stellung des FA im Insolvenzverfahren

34 Art und Weise der Geltendmachung der Abgabenansprüche durch den Steuergläubiger (vertreten durch das FA) hängt davon ab, ob es sich um eine Insolvenzforderung oder um eine Masseverbindlichkeit (§ 55) handelt.

I. Steueransprüche des FA

35 Nach § 87 kann das FA Steueransprüche, die einen Zeitraum vor Eröffnung des Insolvenzverfahrens betreffen, und/oder bei Eröffnung des Insolvenzverfahrens bereits begründet waren, nur nach den Vorschriften der InsO verfolgen. **Steuerforderungen** des Fiskus sind durch Anmeldung zur Insolvenztabelle zu verfolgen. Soweit sie bei Eröffnung des Insolvenzverfahrens noch nicht festgesetzt waren, tritt an die Stelle des Steuerbescheids die »Steuerberechnung«. Ein gleichwohl erlassener Steuerbescheid **ist nichtig** (BFH, ZIP 1987, 1134; Tipke/Kruse AO § 251 Rn. 44). Auch der **Erlass von Grundlagenbescheiden** (Feststellungs- oder Steuermessbescheide) ist grds. unzulässig, da sie sich ausschließlich auf die als Insolvenzforderungen geltend zu machenden Steueransprüche beziehen, indem sie die Besteuerungsgrundlagen verbindlich feststellen (BFHE 183, 365 = ZIP 1997, 2160). Eine Ausnahme ist geboten, wenn der Grundlagenbescheid zu einem Verlustrücktrag oder (zusammen mit einem Steuerbescheid) zu einer Erstattung führt (Stadie in: Bork/Koschmieder, Fachanwaltshandbuch InsolvenzR, Rn. 20.155; Maus, Steuern im Insolvenzverfahren, 96 ff.).

Für die Aufrechnung mit einer Steuerforderung gelten die gleichen Grundsätze wie für die Aufrechnung mit anderen Forderungen. Die Aufrechnung von Steuerforderungen richtet sich im Insolvenzverfahren grds. nach § 226 AO i. V. m. §§ 387 ff. BGB. Die insolvenzrechtlichen Aufrechnungsverbote sind zu beachten (Pink in: Runkel, Anwaltshandbuch InsolvenzR, § 10 Rn. 114 ff.). Die Fälligkeit der Steuer richtet sich nach den einzelnen Steuergesetzen (§ 220 Abs. 1 AO); ansonsten ist die Steuer grds. mit Entstehung fällig, § 220 Abs. 2 AO (vgl. BFHE 205, 409 = ZInsO 2004, 862; weiterführend auch Maus ZInsO 2005, 583; Onusseit ZInsO 2005, 638; Obermair, BB 2005, 2610). Der Insolvenzverwalter kann die Anfechtung einer vom FA erklärten Aufrechnung durch selbstständige Klage vor dem Zivilgericht geltend machen. Das FA hat über die Anfechtung nicht durch Abrechnungsbescheid zu befinden (FG Münster EFG 91, 587). Die Aufrechnung ist gem. BFH (BStBl. II 1987, S. 536) – mangels hoheitlicher Maßnahme – kein Verwaltungsakt. Der Verwalter muss nicht zuvor den Erlass eines Abrechnungsbescheids gem. § 218 Abs. 2 AO erwirken (a. A. Pink in: Runkel, Anwaltshandbuch InsolvenzR, § 10 Rn. 116).

II. Bestrittene Forderungen

Wird der Steueranspruch, Erstattungsanspruch (Rückforderungsanspruch) oder ein anderer Anspruch aus dem Steuerschuldverhältnis bestritten, so hängt die weitere Vorgehensweise davon ab, ob es sich um eine Insolvenzforderung nach § 38 oder um nachrangige Forderungen (Säumniszuschläge) handelt und ob für die Forderung ein »vollstreckbarer Schuldtitel« vorliegt. Der Steueranspruch ist »tituliert«, d. h. es liegt ein vollstreckbarer Verwaltungsakt vor, wenn bzgl. des Steueranspruchs ein Steuerbescheid **wirksam bekannt gegeben** oder eine Steueranmeldung abgegeben und diese rechtskräftig geworden ist (Stadie in: Bork/Koschmieder, Fachanwaltshandbuch InsolvenzR, Rn. 20.158).

Wird ein nicht titulierter, d. h. noch nicht festgesetzter Steueranspruch bestritten, bleibt es dem FA (als Vertreter des Steuergläubigers) überlassen, die Feststellung ggü. dem Bestreitenden zu betreiben (§ 179 Abs. 1). Die Festsetzung erfolgt durch **schriftlichen Verwaltungsakt**, für den der Finanzrechtsweg gegeben ist.

H. Steuern als Masseverbindlichkeiten

Die durch Handlungen des Verwalters oder »in anderer Weise durch die Verwaltung, Verwertung und Verteilung der Insolvenzmasse« begründeten Abgabenforderungen (sonstige Masseverbindlichkeiten) sind vorweg aus der Insolvenzmasse zu begleichen (§§ 53, 55 Abs. 1 Nr. 1, Abs. 4). Das gilt grds. auch für Einkommensteueransprüche (BFH, ZIP 2008, 1643). Diese sind nach std. Rspr. (BFHE 141, 2; 176, 248) jedoch nur insoweit Massekosten, als der Erlös auch zur Masse gelangt ist (s. a. Kahlert/Rühland, Sanierungs- und Insolvenzsteuerrecht, Rn. 1373 f.). In der Insolvenz der Mitunternehmerschaft gelten jedoch steuerrechtliche Besonderheiten. Da die Mitunternehmerschaft steuerlich lediglich Gewinnerzielungssubjekt, nicht jedoch Steuersubjekt ist, stehen die Gewinne den Masse- und Insolvenzgläubigern zu, während steuerlich die Gewinne den Gesellschaftern zugerechnet werden (BFH, DStRE 2008, 1040). Hat der Insolvenzverwalter dem Schuldner durch Freigabe eine gewerbliche Tätigkeit ermöglicht, fällt ein durch diese Tätigkeit erworbener Umsatzsteuervergütungsanspruch nicht in die Masse und kann vom FA mit vorinsolvenzrechtlichen Steuerschulden verrechnet werden (BGH, ZInsO 2011, 51, Kahlert, EWIR 2011, 53). Abgabenansprüche können zu **Masseverbindlichkeiten** führen, wenn sie vor Eröffnung mit Zustimmung eines »schwachen« vorl. Insolvenzverwalters durch einen »starken« vorl. Insolvenzverwalter oder nach Eröffnung des Insolvenzverfahrens begründet wurden. Der Insolvenzverwalter kann durch sein Handeln **unmittelbar keine Steuerforderungen begründen**; diese knüpfen vielmehr kraft Gesetzes an die Tatbestandsverwirklichung durch den Insolvenzverwalter an. § 55 Abs. 1 Nr. 1 erfasst alle vom Insolvenzverwalter für die Insolvenzmasse vorgenommenen Rechtsgeschäfte und Rechtshandlungen. Voraussetzung für die Anerkennung von Masseverbindlichkeiten ist, dass der Insolvenzverwalter sich innerhalb seines amtlichen Wirkungskreises betätigt hat, denn »**insolvenzzweckwidrige« Handlungen des Insolvenzverwalters** sind zur Begründung von Masseverbindlichkeiten nicht geeignet (Uhlenbruck-Uhlenbruck § 55 Rn. 7; Maus, Steuern im Insolvenzverfahren, Rn. 44). Gleiches gilt für Handlungen des Schuldners, die schon wegen **fehlender Verfügungsmacht** keine Rechtswirksamkeit entfalten.

Zu den Masseverbindlichkeiten gehören mit der Verfahrenseröffnung nach § 55 Abs. 4 InsO auch Ansprüche aus dem Steuerschuldverhältnis, die ein »schwacher« vorläufiger Insolvenzverwalter oder der Insolvenzschuldner mit seiner Zustimmung während des vorläufigen Insolvenzverfahrens begründet haben (vgl. FK-Wimmer § 155 Rn. 179).

I. Dem Insolvenzverwalter zurechenbare Handlung

39 Steuerschulden als Masseverbindlichkeiten kann nur der Insolvenzverwalter durch Handlungen oder mit zur Masse gehörenden Gegenständen begründen (vgl. FG Saarland, EFG 2003, 594). Erforderlich ist eine **zurechenbare Handlung** des Insolvenzverwalters (FG Niedersachsen, ZVI 2003, 479). Gibt der Insolvenzverwalter Gegenstände aus der Insolvenzmasse frei, gehören die Gegenstände zum nicht pfändbaren Vermögen – und sind damit nicht Gegenstand der Masse – und die daraus resultierenden Steuerforderungen sind **keine Masseverbindlichkeiten**. Gleiches gilt, wenn der Insolvenzverwalter ein Unternehmen aus der Masse freigibt. Die in diesem Fall vom Schuldner begründeten Masseverbindlichkeiten belasten den Schuldner, nicht aber die Insolvenzmasse (LG Erfurt, ZInsO 2002, 1090; FG Hannover, ZVI 2003, 479). D. h., Steuerschuldner, Inhaltsadressat und Bekanntgabeadressat ist in diesen Fällen der **Schuldner**. Will das FA nach der Eröffnung des Insolvenzverfahrens die **Aufrechnung** gegen einen Vorsteuervergütungsanspruch des Schuldners erklären und setzt sich der Anspruch sowohl aus vor, als auch aus nach Eröffnung begründeten Vorsteueransprüchen zusammen, hat das FA nach § 96 Abs. 1 sicherzustellen, dass die Aufrechnung den Vorsteuervergütungsanspruch nur insoweit erfasst, als sich dieser aus Vorsteuerbeträgen zusammensetzt, die vor Eröffnung des Verfahrens begründet wurden. § 96 Abs. 1 Nr. 3 hindert nach fiskalischer Auffassung nicht die Aufrechnung des FA mit Steuerforderungen aus der Zeit vor Eröffnung des Insolvenzverfahrens gegen den aus der Zeit vor Eröffnung des Insolvenzverfahrens herrührenden Vorsteueranspruch des Schuldners. Nach Ansicht des BFH (BFHE 208, 296 = ZInsO 2005, 638) beruht die Aufrechnungslage nicht auf einer anfechtbaren Rechtshandlung. Diese fiskalisch geprägte Rechtsansicht wird von den Zivilgerichten in Anfechtungsrechtsstreitigkeiten zutreffend abgelehnt, vgl. Rdn. 35. Sie widerspricht maßgeblichen insolvenzrechtlichen Grundsätzen; nach Eintritt der Krise haben Gläubiger kein Recht auf gesonderte Befriedigung.

II. Oktroyierte Masseverbindlichkeiten

40 **Aufgedrängte Masseverbindlichkeiten**, etwa Beschlüsse der Gläubigerversammlung, den Geschäftsbetrieb nach Anzeige der Masseunzulänglichkeit wieder zu eröffnen oder fortzuführen (vgl. BFHE 141, 2 = BB 1984, 602), sind unzulässig und erfordern den Widerspruch des Verwalters in der Gläubigerversammlung (§ 78 Abs. 1). Gerade in **Verbraucherinsolvenzverfahren** sind Sachverhalte denkbar, in welchen der Schuldner mit Zustimmung der Gläubigerversammlung seinen nicht rentablen Geschäftsbetrieb fortführt. Der Insolvenzverwalter wird hier zur Vermeidung eigener Haftung das Unternehmen freigeben und den Schuldner zur Abrechnung und Auskehrung eines Überschusses auffordern. Der Neuerwerb gehört damit nach der Entscheidung des BGH vom 20.03.2003 (ZInsO 2003, 413) grds. zur Insolvenzmasse. Da diese jedoch freigegeben wird, gelangt er nicht endgültig zur Insolvenzmasse und kann deshalb **keine Masseverbindlichkeiten** begründen (vgl. BFH a. a. O.; Maus, Steuern im Insolvenzverfahren, Rn. 56 ff. m. w. N.; Onusseit, ZIP 2002, 230 ff.). Zutreffend weist das FG Thüringen (ZInsO 2004, 393) darauf hin, dass anderenfalls der Schuldner die Masse willkürlich schmälern könne. Mit anderen Worten, Steuerschulden entstehen nur, soweit der Insolvenzverwalter über den Gegenstand letztendlich verfügungsbefugt ist. Der BFH (ZInsO 2005, 774) hat zutreffend festgestellt, dass Umsatzsteuerverbindlichkeiten nur durch Handlungen des Verwalters oder in anderer Weise durch Verwaltung, Verwertung und Verteilung der Insolvenzmasse begründet werden können. Soweit der Schuldner eine **insolvenzfreie Tätigkeit** entfaltet, werden keine Masseverbindlichkeiten begründet (vgl. auch Uhländer, ZInsO 2005, 1192).

III. Veranlagungszeitraum

41 Die Eröffnung des Insolvenzverfahrens begründet keinen neuen Veranlagungszeitraum. Besteuerungszeitraum bleibt das Kalenderjahr (§§ 2 Abs. 7, 25 Abs. 1 EStG), er wird durch die Eröffnung des Insolvenzverfahrens nicht unterbrochen. Es ist eine einheitliche Veranlagung durchzuführen, in der alle Einkünfte einzubeziehen sind, die der Schuldner im Veranlagungszeitraum bezogen hat, bei Zusammenveranlagung sind auch die Einkünfte des Ehegatten einzubeziehen (BFH/NV 1996,

117; BMF Schreiben v. 17.12.1998, ZIP 1999, 775). Aufteilungsmaßstab ist nach der Rspr. das **Verhältnis der Teileinkünfte**, d. h. die Jahressteuerschuld wird im Verhältnis zur Summe der jeweiligen Teileinkünfte, die der Schuldner bis zur Eröffnung des Verfahrens und die der Verwalter nach Eröffnung des Verfahrens erzielt hat, aufgeteilt.

▶ **Hinweis (Gestaltungsmöglichkeiten zur Vermeidung der Mindestbesteuerung):**

Nach den Regelungen über die sog. Mindestbesteuerung nach § 10d EStG ist ein **Verlustrücktrag** grundsätzlich auf 511.500 € bzw. erstmals für Verluste die auf den 31.12.2013 festgestellt werden auf 1 Mio. begrenzt. Darüber hinausgehende Verluste können durch **Verlustvortrag** im jeweils folgenden Veranlagungszeitraum bis zu einem Gesamtbetrag der Einkünfte von 1 Mio. € unbeschränkt, darüber hinaus nur i. H. v. 60 % der Einkünfte verrechnet werden. Lässt man den Sockelbetrag von 1 Mio. € außer Betracht, werden damit im Ergebnis 40 % der Einkünfte unabhängig von bestehenden Verlustvorträgen der Besteuerung unterworfen. Dies bedeutet, dass Unternehmer auch in den Jahren, in denen sie wirtschaftlich Verluste erleiden, Steuern zahlen müssen. Es kommt somit zu einer Substanzbesteuerung (vgl. Lüdicke/Sistermann, Unternehmenssteuerrecht, § 16 Verlustnutzung, Rn. 27–30).

Die **Umstellung des Geschäftsjahres** auf die auf die Verfahrenseröffnung folgenden vollen 12 Monate (vgl. Hinweis unter Rdn. 9) kann unter anderem vor dem Hintergrund der Mindestbesteuerung erheblich zur Masseschonung beitragen. Würden in einem Beispielsverfahren mit Verfahrenseröffnung am 01.08.2014 in den ersten Monaten erhebliche Verluste anfallen und nach Abschluss von Vertragsverhandlungen im Folgejahr jedoch bis zum 31.07.2015 erhebliche Veräußerungsgewinne realisiert werden, könnten diese uneingeschränkt miteinander verrechnet werden. Bei einem Jahresabschluss zum 31.12.2014 würden die bis dahin realisierten Verluste steuerlich nur nach § 10d EStG festgestellt und in den o. g. Grenzen des § 10d EStG mit den Gewinnen des Folgejahres (und ggf. des vorangegangenen Jahres) verrechnet werden können.

Die Mindestbesteuerung greift im Übrigen nicht nur bei der **ESt**, sondern in ähnlicher Form auch bei der **Gewerbe- und Körperschaftsteuer** (§ 10a GewStG, § 8 Abs. 1 KStG).

Bei Kapitalgesellschaften ermöglicht die **Liquidationsbesteuerung gem. § 11 KStG** eine weitere vom Gesetzgeber geschaffene Möglichkeit der Vermeidung einer Mindestbesteuerung. Voraussetzung ist jedoch, dass das Unternehmen auch nicht nur vorübergehend fortgeführt wird. Das Verfahren soll anhand des nachfolgenden Beispiels verdeutlicht werden:

Verfahrenseröffnung:	01.10.2014
Beginn Liquidationszeitraum:	01.10.2014 (Wahlrecht: Einbezug Rumpf-GJ 01.01.2014 bis 30.09.2014)
Ende:	nach 3 Jahren
Überschreitung:	Bei einer Überschreitung des Dreijahreszeitraums sind die danach beginnenden weiteren Besteuerungszeiträume grundsätzlich jeweils auf ein Jahr begrenzt.

Die Gesellschaft erfüllt mit Insolvenzeröffnung vom 01.10.2014 die Voraussetzungen der Liquidationsbesteuerung gem. § 11 Abs. 7 i. V. m. Abs. 1 bis 6 KStG. Insbesondere sind die Voraussetzungen erfüllt, da seit Eröffnung auch tatsächlich mit der Abwicklung begonnen wurde (keine vorübergehende Fortführung). Der Insolvenzverwalter möchte in diesem Zusammenhang von dem gem. R 51 Abs. 1 Satz 3 KStR im Rahmen einer Billigkeitsmaßnahme eingeräumten Wahlrecht Gebrauch machen. Danach kann das Rumpf-GJ 01.01.2014 bis 30.09.2014 in den Liquidationszeitraum gem. § 11 Abs. 1 Satz 2 KStG einbezogen werden (um alte Verluste vor Verfahrenseröffnung so weit wie möglich einzubeziehen). Daraus würde folgen, dass der für den Liquidationsgewinn maßgebliche Zeitraum die Zeit vom Beginn des Wirtschaftsjahres in das

Denkhaus

die Auflösung fällt (01.01.2014) bis zum Abschluss der eigentlichen Abwicklung umfasst (grds. max. 3 Jahre, also 31.12.2016 ggf. sogar 30.09.2017).

▪ In diesem Fall ist auch handelsbilanziell keine Eröffnungsbilanz auf den 01.10.2014 zu erstellen.

Zweiter Abschnitt Entscheidung über die Verwertung

§ 156 Berichtstermin

(1) ¹Im Berichtstermin hat der Insolvenzverwalter über die wirtschaftliche Lage des Schuldners und ihre Ursachen zu berichten. ²Er hat darzulegen, ob Aussichten bestehen, das Unternehmen des Schuldners im ganzen oder in Teilen zu erhalten, welche Möglichkeiten für einen Insolvenzplan bestehen und welche Auswirkungen jeweils für die Befriedigung der Gläubiger eintreten würden.

(2) ¹Dem Schuldner, dem Gläubigerausschuß, dem Betriebsrat und dem Sprecherausschuß der leitenden Angestellten ist im Berichtstermin Gelegenheit zu geben, zu dem Bericht des Verwalters Stellung zu nehmen. ²Ist der Schuldner Handels- oder Gewerbetreibender oder Landwirt, so kann auch der zuständigen amtlichen Berufsvertretung der Industrie, des Handels, des Handwerks oder der Landwirtschaft im Termin Gelegenheit zur Äußerung gegeben werden.

Übersicht	Rdn.		Rdn.
A. Normzweck	1	V. Erhaltungsaussichten	6
B. Norminhalt	2	VI. Auswirkung auf die Befriedigung	7
I. Termin	2	VII. Recht zur Stellungnahme	8
II. Form	3	C. Exkurs: Auskunftserteilung an einzelne	
III. Inhalt	4	Gläubiger	9
IV. Insolvenzursachen	5		

A. Normzweck

1 Die Berichterstattung des Insolvenzverwalters im Berichtstermin ist die **Entscheidungsgrundlage der Gläubigerversammlung** über den Fortgang des Verfahrens (§ 157). Eine Analyse des aktuellen Zustands des Unternehmens sowie eine Darstellung der Erhaltungs-, Verwertungs- und Insolvenzplanmöglichkeiten unter Aufzeigen der sich jeweils ergebenden Befriedigungsaussichten soll der Gläubigerversammlung eine **autonome Beschlussfassung** auf einer umfassenden Informationsbasis ermöglichen zur Verwirklichung des Verfahrensziels einer bestmöglichen gemeinschaftlichen Gläubigerbefriedigung (§ 1 Satz 1). Stellungnahmerechte und Äußerungsmöglichkeiten weiterer Verfahrensbeteiligter kommen zur Förderung ergänzend hinzu.

B. Norminhalt

I. Termin

2 Der Termin wird im Eröffnungsbeschluss, der die Tagesordnung zu enthalten hat (§ 74 Abs. 2), anberaumt (§ 29 Abs. 1 Nr. 2). Er ist sowohl **öffentlich bekannt zu machen** (§ 30 Abs. 1 i.V.m. § 9) als auch den Gläubigern, dem Schuldner und den Drittschuldnern besonders zuzustellen (§ 30 Abs. 2). Eine **Zustellung** auch an die Verfahrensbeteiligten des Abs. 2 ist nicht vorgeschrieben, empfiehlt sich jedoch bei größeren Verfahren für das Gericht (MK-Görg/Janssen § 156 Rn. 41), das zu seiner Entlastung dem Insolvenzverwalter auch diese Zustellung übertragen kann (§ 8 Abs. 3). Für den Berichtstermin gelten ergänzend die **allgemeinen Regelungen für die Gläubigerversammlung** (§§ 74 bis 79). Der Berichtstermin soll binnen 6 Wochen, muss jedoch binnen 3 Monaten nach Verfahrenseröffnung stattfinden. Er wird aus verfahrensökonomischen Gründen häufig mit dem Prüfungstermin verbunden (§ 29 Abs. 2). Dann kann auch eine Verbindung mit dem Erörterungs-

und Abstimmungstermin (§ 235) über einen schon vorliegenden Insolvenzplan erfolgen (§ 236 Satz 2). Obschon in der Praxis der **Drei-Monats-Zeitraum** weitestgehend ausgeschöpft wird, ist der Berichtstermin i. d. R. – eine frühere Versammlung ist möglich (§ 75) – die erste Gläubigerversammlung. Neben dem Bericht des Insolvenzverwalters und den anschließenden Beschlussfassungen der Gläubigerversammlung nach §§ 157 ff. erfolgen dann weitere Entscheidungen etwa über die Beibehaltung des Insolvenzverwalters (§ 57), Zwischenrechnungslegung (§ 66 Abs. 3), Wahl eines Gläubigerausschusses (§ 68), Unterhaltsgewährung (§§ 100, 101), die Hinterlegungsstelle (§ 149), ggf. über bedeutsame Rechtshandlungen (§§ 160 ff.) und die Anordnung oder Aufhebung der Eigenverwaltung (§§ 271, 272). Ergänzender Tagesordnungspunkt kann die Anhörung zur späteren Einstellung mangels Masse sein (§ 207 Rdn. 19). Spätestens eine Woche vor dem Berichtstermin sind zur Einsichtnahme für die Gläubiger in der Geschäftsstelle des Gerichts vom Insolvenzverwalter Verzeichnisse der Massegegenstände (§ 151) und Gläubiger (§ 152) sowie die Vermögensübersicht (§ 153) niederzulegen (§ 154). **Kein Berichtstermin** findet im vereinfachten Insolvenzverfahren statt (§ 312 Abs. 1 Satz 2) oder wenn bei einer Regelinsolvenz die Durchführung im schriftlichen Verfahren angeordnet worden ist (§ 5 Abs. 2).

II. Form

Die Form des Berichts ist nicht geregelt. Üblicherweise überreicht der unter der Aufsicht des Insolvenzgerichts (§ 58 Abs. 1) stehende Insolvenzverwalter vorab unaufgefordert gemeinsam mit den Verzeichnissen gem. §§ 151 bis 153 einen **schriftlichen Bericht**. Dieser dient nicht nur zur Erleichterung der Terminvorbereitung für das Gericht und die Gläubiger, sondern auch dem Insolvenzverwalter zur Dokumentation seiner bisherigen Tätigkeit (Braun-Esser § 156 Rn. 3, 5). Schließlich wird der schriftliche Bericht im Termin **Protokollanlage** gem. § 4 i. V. m. § 160 Abs. 5 ZPO (Uhlenbruck-Uhlenbruck § 156 Rn. 5). Eine Einstellung des Berichts im Internet ist unter Berücksichtigung der Nichtöffentlichkeit der Gläubigerversammlung und dem beschränkten Akteneinsichtsrecht nur den berechtigten Gläubigern unter Vergabe eines PIN-Codes zu ermöglichen (Uhlenbruck-Uhlenbruck § 156 Rn. 5). Im Berichtstermin selbst hat der Insolvenzverwalter persönlich zu erscheinen (Graeber, NZI 2003, 569, 575; OLG Hamburg, ZIP 2005, 2165, 2166) und mündlich Bericht zu erstatten. In der Quantität und Schwerpunktsetzung seines Vortrags wird er versuchen, auf den spezifischen Informationsbedarf der anwesenden Gläubiger bzw. deren Vertreter einzugehen (Borchardt/Frind-von Websky, Betriebsfortführung, Rn. 1990 ff.). Die Gläubigerversammlung kann vom Insolvenzverwalter ergänzend einzelne Auskünfte verlangen (§ 79 Satz 1). Bei angeordneter Eigenverwaltung ist der Schuldner berichtspflichtig; der Sachwalter nimmt Stellung (§ 281 Abs. 2). 3

III. Inhalt

Der Bericht ist in der Praxis die inhaltliche Fortsetzung des zumeist im Eröffnungsverfahren vorausgegangenen Sachverständigengutachtens (§ 5 Rdn. 14; zu der vom BAKinso hierfür empfohlenen Checkliste ZInsO 2009, 22 ff.). Inhaltlich ist im Bericht zunächst die **wirtschaftliche Lage des Schuldners** darzustellen, die sich in die Komplexe Rechts-, allgemeine wirtschaftliche, Vermögens- und Ertragsverhältnisse gliedern lässt (zur Gliederung Hess § 156 Rn. 2; Hess/Weis, NZI 1999, 482, 485; Möhlmann, NZI 1999, 433, 438). Für die Darstellung der **Rechtsverhältnisse** bei natürlichen Schuldnerpersonen sind Familien- und Güterstand sowie die Unterhaltspflichten maßgebend, bei Gesellschaften ohne Rechtspersönlichkeit und juristischen Personen die Gesellschafts- und Gesellschafterverhältnisse sowie der handelsregisterliche Status. Bei den **wirtschaftlichen Verhältnissen** im Allgemeinen ist auf die Wohn- bzw. Betriebsstätte, die berufliche bzw. unternehmerische Art der Tätigkeit, die wesentlichen Geschäftsbeziehungen und Vertragsverhältnisse – insb. schwebende und Dauerschuldverhältnisse –, den Zustand des Rechnungswesens, die steuerlichen Verhältnisse und die Beteiligung an Aktiv- oder Passivprozessen einzugehen. Es empfiehlt sich eine **Anlehnung an den Lagebericht** gem. § 289 HGB (Uhlenbruck-Uhlenbruck § 156 Rn. 7). Die Darstellung der **Vermögensverhältnisse** orientiert sich an dem bereits vorliegenden Vermögensverzeichnis (§ 153). Sofern eine (Teil-) Betriebsfortführung in Betracht kommt, wird der Insolvenzverwalter die gebo- 4 tene Differenzierung in Liquidations- und Fortführungswerte näher erläutern. Die Berichterstattung zu den **Ertragsverhältnissen** wird sich an die Gliederung der Gewinn- und Verlustrechnung (§ 275 HGB) anlehnen und die Entwicklung der wesentlichen Ertrags- und Aufwandpositionen im Verlauf der jüngeren Geschäftsjahre aufzeigen. Der Insolvenzverwalter wird berichten, inwieweit es ihm im bisherigen Verfahrensverlauf bislang gelungen ist, die Ergebnis- und Liquiditätssituation zu verbessern und eine prognostische Ergebnis- und Liquiditätsplanung für den Fall der Unternehmensfortführung vorlegen (Zur Finanzplanung ausführlich Borchardt/Frind – von Websky, Betriebsfortführung, Rn. 2027 ff., FA-InsR/Weimar Kapitel 26 Rn. 17ff.). Bei entscheidungsrelevanten (KPB-Onusseit § 156 Rn. 8) **Berichtsmängeln** kann das Insolvenzgericht als Aufsichtsmaßnahme (§ 58 Rdn. 8, 9) Nachbesserung verfügen und den Termin auch vertagen (FK-Wegener § 156 Rn. 13). Kausale Schäden führen zur Haftung des Insolvenzverwalters gem. § 60 (§ 60 Rdn. 17).

IV. Insolvenzursachen

5   Die Darstellung der Geschäftsentwicklung ermöglicht eine nahtlose Überleitung zur Analyse der Insolvenzursachen. Die kritischen Positionen der Gewinn- und Verlustrechnung mit ihrer Auswirkung auf die verfügbare Liquidität sind zu hinterfragen im Hinblick auf ihre unternehmensinterne Steuerbarkeit oder Abhängigkeit von externen Markt- und Sachzwängen. Unternehmerische Fehlentscheidungen sowie Defizite im Produktions- bzw. Leistungsbereich und der Verwaltung sind offen zu legen, wobei eine möglichst objektive Darstellung zu beachten ist (Borchardt/Frind-von Websky, Betriebsfortführung, Rn. 1993). Der Insolvenzverwalter hat Mängel, sofern er sie nach pflichtgemäßem Ermessen für die Entscheidung der Gläubigerversammlung – etwa im Hinblick auf eine Eigenverwaltung (§§ 270ff.) – für bedeutsam erachtet, auch zu personifizieren (MK-Görg/Janssen § 156 Rn. 28).

V. Erhaltungsaussichten

6   Der Berichtsteil zu den Erhaltungsaussichten eines bis zum Berichtstermin fortgeführten Unternehmens beinhaltet die Vorstellung der möglichen Sanierungsinstrumentarien als Alternative zur operativen Stilllegung und Liquidation. Empfohlen wird, in der Darstellungsform den IDW-Anforderungen an Sanierungskonzepte zufolgen (Berger/Frege/Nicht, NZI 2010, 321, 330). In Betracht kommen eine **Innensanierung** mit oder ohne Durchführung eines **Insolvenzplanverfahrens** (§§ 217ff.) unter Erhalt des Rechtsträgers sowie eine **rechtsträgerwechselnde übertragende Sanierung**. Der Einsatz dieser Instrumentarien kann bei Betriebsteilen, dem Betrieb oder Unternehmen insgesamt auch kumulativ und differenziert erfolgen, einhergehend mit der Stilllegung nicht erhaltungsfähiger Teile (ausführl. hierzu § 157 Rdn. 7ff.). Liegt nicht schon ein schuldnerseitig vorbereiteter Plan oder ein kurzfristig umsetzbares konkretes Erwerbsangebot Dritter vor, werden die vom Insolvenzverwalter vorzustellenden **Sanierungskonzepte** zwangsläufig **prognostischen Charakter** haben. Insb. hinsichtlich eines Insolvenzplans wird der Insolvenzverwalter ein Gerüst vorlegen können, das den Gläubigern die Entscheidung ermöglicht, ob ein Plan weiter durch einen Ausarbeitungsauftrag (§ 157 Satz 2) verfolgt werden soll. Je länger eine vorläufige Fortführung erfolgen soll, desto intensiver und vorsichtiger ist die damit notwendig einhergehende **Liquiditätsplanung** darzustellen (MK-Görg/Janssen § 156 Rn. 31, 32). Die Wahrscheinlichkeiten, Chancen und Risiken sollte der Insolvenzverwalter nicht zuletzt im Interesse der Vermeidung seiner Haftung (§ 61) dabei deutlich machen.

VI. Auswirkung auf die Befriedigung

7   Mit der Darstellung der Auswirkung auf die Befriedigung der Gläubiger schließt der Bericht. Für die in Betracht kommenden Instrumentarien ist gesondert und einander gegenüberstellend wiederum prognostisch das wirtschaftliche Ergebnis für die Gläubiger vorzustellen. Dazu gehören nicht nur die **Quotenaussichten** bei einer liquidierenden Abwicklung differenziert nach den Gläubigern der Ränge der §§ 209, 38, 39, 123 Abs. 2 und die **Insolvenzplanfolgen für die Rechte der Gläubigergruppen** (§§ 223ff.), sondern auch etwaige **individuelle Auswirkungen** auf einzelne, insb. aus- oder

absonderungsberechtigte Gläubiger (etwa §§ 107 Abs. 2, 170, 172). Neben der **Höhe der verteilbaren Barmittel** ist auch auf deren **voraussichtliche Verteilungszeitpunkte** (§§ 187 Abs. 2, 196 Abs. 1) einzugehen. Es ist nicht Aufgabe des Insolvenzverwalters und unter Haftungsgesichtspunkten gerade bei prognoseträchtigen Entscheidungen gefährlich, eine ausdrückliche Empfehlung für oder wider den Einsatz eines bestimmten Instrumentariums abzugeben (Uhlenbruck-Uhlenbruck § 156 Rn. 13; Borchardt/Frind-von Websky, Betriebsfortführung, Rn. 2020). Ein schlüssiger und vollständiger Bericht wird für sich sprechen.

VII. Recht zur Stellungnahme

Ein Recht zur Stellungnahme haben neben dem **Schuldner** bzw. dessen organschaftlichen Vertretern (§ 101) der **Gläubigerausschuss**, der **Betriebsrat** und der **Sprecherausschuss** der leitenden Angestellten. Sie sind zwar nicht gesondert zu laden (K. Schmidt/Jungmann § 156 Rn. 18), jedoch rechtzeitig zu unterrichten (MK-Görg/Janssen § 156 Rn. 41). Äußern kann sich die Kammer der für den Schuldner zuständigen **Berufsvertretung bei einem Handels-, Handwerks- oder Landwirtschaftsbetrieb**. Die Beiträge dieser damit an der Gläubigerversammlung Teilnahmeberechtigten i. S. v. § 74 Abs. 1 ergänzen die Berichterstattung des Insolvenzverwalters im Interesse einer umfassenden Information der Gläubiger.

C. Exkurs: Auskunftserteilung an einzelne Gläubiger

Nicht nur im Berichtstermin als Nachfrage zum Bericht, sondern auch bei weiteren Gläubigerversammlungen hat die teilnehmende Gläubigerschaft Auskunftsansprüche (§ 79 Satz 1). Eine Grenze setzt die Insolvenzzweckwidrigkeit, wenn die Frage Einzelinteressen etwa eines Wettbewerbers betrifft oder einen unverhältnismäßigen Aufwand zeitigt (§ 79 Rdn. 8; Sponagel, DZWIR 2011, 270, 274). Auskunftsberechtigt sind ferner das Aufsichts führende Insolvenzgericht (§ 58 Abs. 1) und der den Insolvenzverwalter überwachende Gläubigerausschuss (§ 69). Weitere Auskunftsansprüche haben zweckgebunden absonderungsberechtigte Gläubiger (§ 167), der insolvenzplanvorlageberechtigte Schuldner sowie sonstige aufgrund eines besonderen Interesses nähere Verfahrensbeteiligte wie etwa Aussonderungsberechtigte (§ 47). Letztere können Auskunft gem. § 242 BGB verlangen als Annex zu ihrer Aussonderungsbefugnis (Heeseler, ZInsO 2001, 873, 880). Die Gesellschafter einer Insolvenzschuldnerin verlieren mit Verfahrenseröffnung ihre Kontrollrechte und haben keine korrespondierenden Auskunftsansprüche aus § 51a GmbHG mehr (BayObLG, ZInsO 2005, 816; OLG Köln, ZIP 2008, 1131). Keine Nebenpflicht zur Auskunftserteilung besteht dann, wenn diese der Vorbereitung der Geltendmachung eines Ersatzanspruchs gegen den Geschäftsführer oder Dritte dient und nicht auf die Befriedigung als Insolvenzforderung aus der Masse (§ 38) gerichtet ist (BGH, ZInsO 2005, 770). Den Informationsanspruch des Kommanditisten aus § 166 Abs. 3 HGB erfüllt der Insolvenzverwalter durch die Ermöglichung der Einsichtnahme in die Geschäftsunterlagen aus dem Zeitraum vor Verfahrenseröffnung (OLG Zweibrücken, ZInsO 2006, 1171). Nicht beantworten muss der Insolvenzverwalter nach herrschender Meinung (Uhlenbruck-Uhlenbruck § 156 Rn. 14 m. w. N.) auch die in der Praxis häufigen allgemeinen **Anfragen zum Sachstand und den Quotenaussichten**, auch wenn der Gläubiger die Auskunft für seinen Kreditversicherer benötigt. Ihm ist zuzumuten, sich durch Einsichtnahme in die Gerichtsakte, in die die fortlaufende Berichterstattung des Insolvenzverwalters eingeht, kundig zu machen. Sofern die Belastung der Geschäftsstelle dies zulässt, hat das Insolvenzgericht Aktenkopien zu erteilen (LG Karlsruhe, ZInsO 2004, 690). Vielerorts fügt der Insolvenzverwalter seinem turnusmäßigen Bericht an das Gericht eine kurze Zusammenfassung bei, die die voraussichtliche Verfahrensdauer sowie die Quotenaussichten enthält und auf Anfrage an die Gläubiger versandt wird. Einige Insolvenzverwalter ermöglichen den Gläubigern Zugriff auf EDV-gestützte Gläubigerinformationssysteme. Alle Interessierten können zugreifen auf die öffentlichen Bekanntmachungen im Internet (§ 9) unter www.insolvenzbekanntmachungen.de.

§ 157 Entscheidung über den Fortgang des Verfahrens

¹Die Gläubigerversammlung beschließt im Berichtstermin, ob das Unternehmen des Schuldners stillgelegt oder vorläufig fortgeführt werden soll. ²Sie kann den Verwalter beauftragen, einen Insolvenzplan auszuarbeiten, und ihm das Ziel des Plans vorgeben. ³Sie kann ihre Entscheidungen in späteren Terminen ändern.

Übersicht

	Rdn.
A. Normzweck	1
B. Norminhalt	2
I. Beschlussfassung	2
II. Beschlussinhalte	3
III. Stilllegungsentscheidung	4
IV. Sofortige Stilllegung	5
V. Sukzessive Stilllegung	6
VI. Vorläufige Fortführung	7
VII. Übertragende Sanierung	8
VIII. Haftungsrisiken im Rahmen einer übertragenden Sanierung	9
IX. Insolvenzplan	11
X. Grenzen der Beschlussfassung	12
XI. Änderungen der getroffenen Entscheidungen	13
XII. Übertragung der Entscheidungskompetenz	14
XIII. Ausbleibende Entscheidung	15

A. Normzweck

1 Nach der Vorstellung des Gesetzgebers soll i. d. R. erst die Gläubigerversammlung auf der Grundlage des Berichts des Insolvenzverwalters (§ 156) ihre autonome und abänderbare Entscheidung über die vom Insolvenzverwalter einzusetzenden Instrumentarien zur Erreichung des zu bestimmenden Verfahrensziels (§ 1) treffen (krit. zu fehlender Rechtsaufsicht über die Organe der Gläubigerschaft Gundlach, Frenzel, Strandmann NZI 2008, 461, 463). Häufig sind jedoch die weichenstellenden Entscheidungen schon vorher gefallen durch eine Stilllegung oder Veräußerung vor dem Berichtstermin gem. § 158, weil die kritische Unternehmenssituation ein dreimonatiges Zuwarten auf die Vollversammlung der Gläubiger nicht erlaubt.

B. Norminhalt

I. Beschlussfassung

2 Die Formalien zur Beschlussfassung der Gläubigerversammlung hinsichtl. der Beschlussfähigkeit, des Stimmrechts und zur Aufhebung eines Beschlusses durch das Insolvenzgericht sind in §§ 76 bis 78 geregelt. Unterbleibt eine Beschlussfassung, nimmt der handlungspflichtige (MK-Görg/Janssen § 157 Rn. 31; Uhlenbruck-Uhlenbruck § 157 Rn. 22) Verwalter die Verwertung nach eigenem pflichtgemäßen Ermessen gem. § 159 vor (§ 159 Rdn. 8). Bei Beschlussunfähigkeit greift bei bedeutsamen Rechtshandlungen die gesetzliche Zustimmungsfiktion des § 160 Abs. 1 Satz 3.

II. Beschlussinhalte

3 Die aufgeführten Beschlussinhalte Stilllegung, vorläufige Fortführung und Insolvenzplanauftrag verstehen sich **exemplarisch für die vielfältigen Verwertungsvarianten** der Stilllegung mit Liquidation oder Fortführung zur Sanierung entweder nach den Regelungen der §§ 148 ff. oder abweichend hiervon durch einen unternehmensspezifisch ausgestalteten Insolvenzplan (§§ 217 ff.). Die Entscheidung muss nicht unternehmenseinheitlich gefällt werden; Betriebs- bzw. Unternehmensteile können unterschiedliche Wege gehen, insb. kann auch eine Teilstilllegung beschlossen werden (MK-Görg/Janssen § 157 Rn. 6; Uhlenbruck-Uhlenbruck § 157 Rn. 10; Borchart/Frind-Henkel, Betriebsfortführung, Rn. 2706). Die Entscheidungsfindung obliegt grds. der autonomen Gläubigerversammlung, die der Insolvenzverwalter durch seine Berichterstattung (§ 156) fördert. Eine vorweggenommene Stilllegung oder Veräußerung lediglich mit der Zustimmung eines Gläubigerausschusses ist zulässig in den Grenzen des § 158. Bei der Umsetzung der getroffenen unternehmerischen Entscheidungen sind vom Insolvenzverwalter die fortgeltenden ordnungsrechtlichen

Rahmenbedingungen und Rechte Dritter, etwa der betriebsverfassungsrechtlichen Organe, zu beachten (Uhlenbruck-Uhlenbruck § 157 Rn. 20; MK-Görg/Janssen § 157 Rn. 35).

III. Stilllegungsentscheidung

Die Stilllegungsentscheidung ist nach wie vor die häufigste insb. in ihrer Erscheinungs- und Entscheidungsform, dass ein schon vor Insolvenzantragstellung stillgelegtes oder operativ zum Erliegen gekommenes, nicht reaktivierbares oder nicht aufrechterhaltungsfähiges Unternehmen stillgelegt bleiben soll. In diesen Fällen hat die **Gläubigerversammlung keine Entscheidungsalternative**. Es geht nur noch darum, im Rahmen einer geordneten Abwicklung die noch vorgefundenen Aktiva schnellst- und bestmöglich durch Veräußerung zu liquidieren und die insolvenzspezifisch anfechtungsrechtlichen Rückgewähr-, Haftungs- und Kapitalersatzansprüche durchzusetzen. Die Möglichkeit der Beendigung des operativen Geschäftsbetriebs eines selbstständigen Schuldners für Rechnung und Risiko der Insolvenzmasse durch eine Freigabeerklärung des Insolvenzverwalters ist durch das InsOÄndG 2007 in § 35 Abs. 2 Satz 1 geregelt worden. Diese Entscheidung können Gläubigerausschuss bzw. Gläubigerversammlung jedoch durch einen Antrag an das Insolvenzgericht, die Unwirksamkeit der Freigabe zu erklären, revidieren lassen, § 35 Abs. 2 Satz 3. 4

IV. Sofortige Stilllegung

Eine sofortige Stilllegung – falls nicht ohnehin schon im Vorfeld gem. § 158 erfolgt – wird beschlossen werden, wenn zwar ein in gewissem Umfang noch operativer Geschäftsbetrieb vorhanden ist, jedoch **jedwede Sanierungsperspektive fehlt** und auf Basis der vom Insolvenzverwalter in seinem Bericht vorgestellten Liquiditäts- und Erfolgsplanung eine auch nur kurzfristige weitere Aufrechterhaltung des Geschäftsbetriebs einen rapiden und dauerhaften Masseverzehr erwarten ließe. Ist schon ein Insolvenzplan vorgelegt, kann das Insolvenzgericht die Verwertung auf Antrag des Insolvenzverwalters oder des Schuldners gem. § 233 aussetzen und damit die Umsetzung der Stilllegung aufschieben. 5

V. Sukzessive Stilllegung

Eine sukzessive Stilllegung kommt hingegen dann in Betracht, wenn die Fertigstellung noch vorhandener Aufträge oder die Ausproduktion und der Abverkauf prognostisch bei Abwägung der Risiken ein **wirtschaftlich besseres Ergebnis** ermöglichen. Stehen etwa die angemietete Betriebsstätte und Mitarbeiter während auslaufender Kündigungsfristen noch zur Verfügung und ist eine hinreichende Liquidität zur Befriedigung dieser sonstigen Masseverbindlichkeiten i. S. d. § 55 Abs. 1 Nr. 2 und Deckung der noch anfallenden sonstigen notwendigen Betriebsausgaben vorhanden bzw. zu erwirtschaften, verbessern diese Restumsätze eines kontrolliert auslaufenden Geschäftsbetriebs das Ergebnis. 6

VI. Vorläufige Fortführung

Die vorläufige Fortführung dient der weiteren **Prüfung von Sanierungschancen,** der Umsetzung eines schon vorgelegten Konzepts (Uhlenbruck-Uhlenbruck § 156 Rn. 10; HK-Flessner § 157 Rn. 3) oder der weitern Prüfung der Erfolgsaussichten eines Insolvenzplans. Ohne einen Insolvenzplan mit dem einhergehenden wirtschaftlichen Verzicht der Gläubiger wird eine **Innensanierung** selten gelingen, bei der die Erträge des fortgeführten Geschäftsbetriebs zu für die Gläubiger zeitlich und betragsmäßig akzeptablen Abschlagsverteilungen (§§ 187 ff.) und schließlich bei der Schlussverteilung (§ 196) zu einer Vollbefriedigung führen, mit dem Ergebnis des Wegfalls der Eröffnungsgründe (§ 212) und somit der Schuldner als Rechtsträger des Unternehmens dauerhaft erhalten werden kann. Die Gläubigerversammlung kann die Dauer der Fortführung zu Prüfungszwecken entweder in das Ermessen des Verwalters stellen oder sich die Entscheidung für eine spätere Versammlung vorbehalten. Zweckmäßiger, weil flexibler, ist die Wahl eines Gläubigerausschusses, der die vorläufige Fortführung begleitet und im Fall einer negativen Entwicklung der Betriebseinstel- 7 lung zustimmt. Eine zeitlich unbegrenzte Fortführung ohne Verwertungs- oder Planperspektive widerspräche hingegen der Zielvorgabe des § 1 Abs. 1 Satz 1.

VII. Übertragende Sanierung

8 Häufiger dient eine vorläufige Fortführung dazu, den Geschäftsbetrieb so lange aufrecht, d. h. am Markt präsent zu erhalten, bis eine übertragende Sanierung erfolgt (Borchardt/Frind-Denkhaus Rn. 2513 ff.; hierzu krit. Müller-Feldhammer, ZIP 2003, 2186, 2188; Zipperer, NZI 2008, 206). Bei dieser verbleiben die Passiva im Unternehmen, während die **zukünftig wirtschaftlich erfolgsnotwendigen Aktiva aus dem Unternehmen** herausgelöst werden (Uhlenbruck-Uhlenbruck § 157 Rn. 7 m. w. N.). Diese Separierung erfolgt durch die mehrheitliche Übertragung der einzelnen betriebsnotwendigen materiellen und immateriellen Vermögensgegenstände des Unternehmens auf einen Dritten nach den allgemeinen Regeln des Schuld- und Sachenrechts. Im Rahmen von nur Teilveräußerungen an einen oder mehrere Dritte können einzelne Unternehmensteile dabei unterschiedliche Wege gehen. Vorrangiges Ziel der übertragenden Sanierung ist es, für die Gläubigerschaft und den veräußernden Insolvenzverwalter einen Veräußerungserlös möglichst weit oberhalb der Summe der einzelnen Zerschlagungswerte beim Erwerber zu erzielen. Mit der Veräußerung kommt es zwangsläufig zu einer **Stilllegung des operativen Betriebs** des Unternehmens. Die geschäftlichen Aktivitäten führt der Erwerber zur Vermeidung einer Schwächung der Marktposition optimalerweise nahtlos fort. Hat das Unternehmen ungeachtet seiner Krise eine interessante Marktposition, werden potenzielle Erwerbsinteressenten meist bereits im vorausgehenden Antragsverfahren oder zumindest zeitnah nach Insolvenzverfahrenseröffnung vorstellig werden. Ist dies noch nicht der Fall, kommt eine vorläufige Fortführung in Betracht, um solche Übernahmeinteressenten aufzutun. In dieser Phase wird der Insolvenzverwalter bemüht sein, die Attraktivität des Unternehmens zu steigern. Denkbar ist hierbei, dass er selbst aus Massemitteln für deren Rechnung die fortführende neue Unternehmung als Auffanggesellschaft gründet und ihr die Aktiva überträgt. Dann kann später die Übertragung an einen endgültigen Erwerber auch durch Veräußerung der Gesellschaftsanteile erfolgen (zur Zustimmungspflichtigkeit s. § 160 Rdn. 8).

VIII. Haftungsrisiken im Rahmen einer übertragenden Sanierung

9 Haftungsrisiken im Rahmen einer übertragenden Sanierung ergeben sich für den Erwerber zwar weder aus einer Firmenfortführung gem. § 25 HGB (BGHZ 104, 151, 153 = NJW 1988, 1912) noch abgabenrechtlich (§ 75 Abs. 2 AO). Beträchtlich und damit ausgesprochen sanierungsfeindlich (MK-Görg/Janssen § 157 Rn. 17) wirken sich jedoch die sich aus § 613a BGB ergebenden Risiken aus. Bei einem **Betriebsübergang** tritt der Erwerber in die beim Veräußerer bestehenden Pflichten aus Arbeitsverhältnissen ein. Zwar beschränkt sich – abgesehen von Urlaubsansprüchen und der betriebliche Altersversorgung – die Haftung des Erwerbers auf die nach Insolvenzverfahrenseröffnung entstandenen Verbindlichkeiten, löst jedoch nicht etwaige strukturelle Probleme eines überhöhten und kostenintensiven Personalbestands.

10 Als verlässliche, jedoch gleichermaßen kostenträchtige und damit gerade bei kleineren Unternehmen selten praktikable Lösung hat sich die Installation einer sog. **Transfergesellschaft** bewährt. Auf der Grundlage eines Interessenausgleichs schließt die Belegschaft des insolventen Unternehmens Aufhebungsverträge mit dem Insolvenzverwalter. Sodann gehen die Mitarbeiter neue Arbeitsverhältnisse bei einer zu diesem Zweck gegründeten Trägergesellschaft ein. Diese wird finanziell ausgestattet zum einen durch die im Sozialplan versprochenen Mittel der Insolvenzmasse und zum anderen durch eine Förderung über das Transferkurzarbeitergeld gem. § 216b SGB III. Erfolgt dann die Veräußerung und mit ihr der Betriebsübergang, sind aus Erwerbersicht keine übergangsfähigen Arbeitsverhältnisse mehr vorhanden. Werden die in der Grundsatzentscheidung des BAG (ZIP 1999, 320) an dieses Prozedere gestellten komplexen Anforderungen erfüllt, liegt keine Umgehung des § 613a BGB vor (ausführl. hierzu Vorbem. zu §§ 113 ff. Rdn. 23 ff.; s.a. Borchardt/Frind-Rahden, Betriebsfortführung, Rn. 2454 ff.).

IX. Insolvenzplan

Die Gläubigerversammlung kann den Insolvenzverwalter beauftragen, einen Insolvenzplan (§§ 217 ff.) auszuarbeiten und ihm dabei das **Planziel** vorgeben. Der Insolvenzverwalter hat ihn dann binnen einer angemessenen Frist dem Insolvenzgericht vorzulegen (§ 218 Abs. 2). Zudem ist der Insolvenzverwalter ebenso wie der Schuldner selbst auch eigeninitiativ planvorlageberechtigt bis zum Schlusstermin (§ 218 Abs. 1). Die **Kompetenz der Gläubigerversammlung zur Zielvorgabe** soll nach einer Auffassung (Uhlenbruck-Uhlenbruck § 157 Rn. 12) so weit gehen können, dem Insolvenzverwalter die Vorlage eines eigenen, abweichende Vorstellungen beinhaltenden Plans zu untersagen. Hierfür besteht jedoch keine Notwendigkeit, da das Insolvenzgericht einen aussichtslosen eigenen Plan des Insolvenzverwalters später bei dessen Vergütung mindernd berücksichtigen kann (HK-Ries § 157 Rn. 6; KPB-Onusseit § 157 Rn. 16). Förderlich dürfte hingegen eher sein, dass insgesamt bis zu drei Pläne im Interesse eines Wettbewerbs um das beste Konzept (§ 218 Rdn. 11) vorgelegt werden können. Inhaltlich ist im Insolvenzplan die gesamte Bandbreite von einer sofortigen Gesamtstilllegung bis hin zur dauerhaften innensanierenden Gesamtfortführung denkbar unter Ausschöpfung der den Planbeteiligten aufzuerlegenden wirtschaftlichen Opfer (§§ 224, 225).

11

X. Grenzen der Beschlussfassung

Grenzen der Beschlussfassung gerade zur Fortführung können sich aus tatsächlichen oder rechtlichen Hindernissen ergeben. Zwar wird gem. § 12 GewO ein wegen Unzuverlässigkeit des Gewerbetreibenden noch nicht bestandskräftig abgeschlossenes Untersagungsverfahren suspendiert; und eine Stellvertretung oder zeitlich befristete Fortführung ist nach den jeweils im Einzelfall zu prüfenden einschlägigen gewerberechtlichen Vorschriften häufig möglich (KPB-Onusseit § 157 Rn. 9 ff.). Jedoch wird etwa die **Fortführung der Praxis eines insolventen Freiberuflers** rgm. entweder schon an den berufsständischen Zulassungsvoraussetzungen (hierzu Schmittmann, ZInsO 2004, 725, 726) oder an der praktischen Umsetzbarkeit scheitern, wenn der Schuldner selbst zur fortdauernden Mitwirkung nicht willens oder fachlich in der Lage ist. Die Gläubigerversammlung kann den Schuldner nicht zur Fortführung zwingen (Uhlenbruck-Uhlenbruck § 157 Rn. 16; KPB-Onusseit § 157 Rn. 7). Andererseits kann dem Schuldner die selbstständige Tätigkeit auch nicht untersagt werden (Tetzlaff, ZInsO 2005, 393). Es ist nicht die Aufgabe des Insolvenzverwalters, i. R. d. ihm gem. § 80 zufallenden einzelunternehmerischen Leitungsmacht anstelle des Schuldners dessen berufsspezifische Tätigkeiten im operativen Tagesgeschäft zu übernehmen. Vielmehr kann er erwarten, dass der Schuldner im Fortführungsfall unter seiner Anleitung und Überwachung auch die administrativen Tätigkeiten erledigt. Geschieht dies nicht Masse generierend oder ist sogar ein Massezehr über anfallende Verbindlichkeiten zu besorgen, ist eine Freigabeerklärung gem. § 35 Abs. 2 geboten. Fasst die Gläubigerversammlung einen dem gemeinschaftlichen Interesse der Insolvenzgläubiger zuwiderlaufenden Beschluss, hebt das Insolvenzgericht ihn auf einen noch in der Versammlung zu stellenden Antrag eines Berechtigten hin auf (§ 78 Abs. 1). Ein weiteres Rechtsmittel besteht nicht (Uhlenbruck-Uhlenbruck § 157 Rn. 32; MK-Görg/Janssen § 157 Rn. 25). Sieht sich der Insolvenzverwalter außerstande, Entscheidungen der Gläubigerversammlung mitzutragen und umzusetzen, wird er seine Entlassung beantragen (§ 59 Abs. 1). Beschlüsse der Versammlung, der Insolvenzverwalter möge bestimmte einzelne Verwertungsmaßnahmen durchführen, sind zulässig. Sie haben jedoch keine rechtliche Bindungswirkung (vgl. § 164), sondern nur meinungsbildenden, empfehlenden Charakter. Ein Handeln gegen den erklärten Willen der Versammlung erhöht aber das Haftungsrisiko aus § 60 (Pape, NZI 2006, 65).

12

XI. Änderungen der getroffenen Entscheidungen

Änderungen der getroffenen Entscheidungen kann die Gläubigerversammlung in einem späteren Termin (§ 75) oder nach Vertagung (§ 74 Rdn. 9) uneingeschränkt vornehmen, § 157 Satz 3. Ergeben sich im weiteren Verfahrensverlauf **gravierende Umstandsänderungen**, wird der pflichtgemäß handelnde Insolvenzverwalter, der ihn überwachende Gläubigerausschuss oder eine qualifizierte Gläubigergruppe (§ 75) die Einberufung einer weiteren Gläubigerversammlung beantragen. Diese

13

nimmt i. R. d. Gläubigerautonomie ihre Kompetenz wahr, entsprechend den geänderten Rahmenbedingungen die verfahrensförderlichen vom Insolvenzverwalter einzusetzenden Instrumentarien neu festzulegen. Die **Entscheidungsfindung** hat der Insolvenzverwalter durch eine seinen ersten Bericht (§ 156) aktualisierende weitere Berichterstattung zu fördern. Neben der turnusmäßigen weiteren Berichterstattung, die das Insolvenzgericht üblicherweise im Berichtstermin im Rahmen seiner Aufsicht (§ 59 Abs. 1 Satz 2) verfügt, wird der Insolvenzverwalter notwendige Entscheidungsänderungen durch einen Sonderbericht vorbereiten.

XII. Übertragung der Entscheidungskompetenz

14 Die Übertragung der Entscheidungskompetenz durch die Gläubigerversammlung auf den Gläubigerausschuss ist nach herrschender Meinung uneingeschränkt zulässig (K. Schmidt/Jungmann § 157 Rn. 16; MK Görg/Janssen § 157 Rn. 28 jeweils m. w. N. m. w. N.). Die pauschale Übertragung der Entscheidungskompetenz auf den Insolvenzverwalter wird hingegen überwiegend kritisch gesehen (K. Schmidt/Jungmann § 157 Rn. 18; Uhlenbruck-Uhlenbruck § 157 Rn. 24) mit der Begründung, die gesetzliche Aufgabenverteilung und die Kontrollmechanismen dürften nicht grundlegend außer Kraft gesetzt werden (Heukamp, ZInsO 2007, 57, 61; FK-Wegener § 157 Rn. 8). Es können aber sowohl einzelne **Entscheidungsbefugnisse** ggf. unter Auflagen und Bedingungen (MK-Görg/Janssen 157 Rn. 30: »Vorratsbeschlüsse«) übertragen als auch eine **Generalermächtigung** zur Vornahme besonders bedeutsamer Rechtshandlungen (§ 160) erteilt werden (Uhlenbruck-Uhlenbruck § 157 Rn. 25). Eine Delegation inhaltlicher Entscheidungen an das Gericht ist hingegen nach ganz herrschender Meinung (Uhlenbruck-Uhlenbruck § 157 Rn. 29; KPB-Onusseit § 157 Rn. 24; jeweils m. w. N.) unzulässig.

XIII. Ausbleibende Entscheidung

15 Trifft die Gläubigerversammlung keine Entscheidung oder ist beschlussunfähig, erhält das Gericht nach h. M. (Ehricke, NZI 2000, 57, 62; K. Schmidt/Jungmann § 157 Rn. 10 m. w. N.) keine Ersetzungskompetenz. Bei Beschlussunfähigkeit – und auch bei unterbliebener Entscheidung (Uhlenbruck-Uhlenbruck § 157 Rn. 27) – führt die Zustimmungsfiktion des § 160 Abs. 1 Satz 3 zur Umsetzungsbefugnis des Insolvenzverwalters für die Vornahme bedeutsamer Rechtshandlungen. Eine weiter gehende Kompetenzanwachsung zum Handeln nach pflichtgemäßem Ermessen (MK-Görg/Janssen § 157 Rn. 32) wird begrenzt durch die Verwertungspflicht gem. § 159 (FK-Wegener § 157 Rn. 11).

§ 158 Maßnahmen vor der Entscheidung

(1) Will der Insolvenzverwalter vor dem Berichtstermin das Unternehmen des Schuldners stilllegen oder veräußern, so hat er die Zustimmung des Gläubigerausschusses einzuholen, wenn ein solcher bestellt ist.

(2) ¹Vor der Beschlußfassung des Gläubigerausschusses oder, wenn ein solcher nicht bestellt ist, vor der Stillegung oder Veräußerung des Unternehmens hat der Verwalter den Schuldner zu unterrichten. ²Das Insolvenzgericht untersagt auf Antrag des Schuldners und nach Anhörung des Verwalters die Stillegung oder Veräußerung, wenn diese ohne eine erhebliche Verminderung der Insolvenzmasse bis zum Berichtstermin aufgeschoben werden kann.

Übersicht	Rdn.		Rdn.
A. **Normzweck**	1	V. Gläubigerausschuss	7
B. **Norminhalt**	2	VI. Unterrichtung des Schuldners........	8
I. Unternehmen des Schuldners	2	VII. Untersagungsantrag	9
II. Entscheidung zur Stilllegung	3	VIII. Untersagungsbeschluss	10
III. Stilllegungsgrund	4	C. **Verfahrensfragen**	11
IV. Unternehmensveräußerung..........	5		

A. Normzweck

Grundsätzlich soll erst die Gläubigerversammlung im Berichtstermin (§ 157) über den Verfahrensfortgang entscheiden. Die **Verwertungspflicht** beginnt erst nach dem Berichtstermin (§ 159). Bis zur Entscheidung über die Insolvenzverfahrenseröffnung hat ein vorläufiger Insolvenzverwalter mit Verwaltungs- und Verfügungsbefugnis ein vom Schuldner betriebenes Unternehmen fortzuführen. Eine Stilllegung zur Vermeidung einer erheblichen Minderung des Vermögens bedarf der Zustimmung des Insolvenzgerichts (§ 22 Abs. 1 Nr. 2). Der sog. schwache vorläufige Insolvenzverwalter begleitet und überwacht im Eröffnungsverfahren die Fortführung durch den Schuldner (BGH, ZIP 2007; 1330, 1331; § 22 Rdn. 112). § 158 Abs. 1 regelt in Einschränkung des **vorläufigen Fortführungsgebotes** die Kompetenz des Insolvenzverwalters, in der Phase zwischen der Insolvenzverfahrenseröffnung und dem Berichtstermin ausnahmsweise die Entscheidung der Gläubigerversammlung vorwegzunehmen durch eine Unternehmensstilllegung oder -veräußerung mit Zustimmung eines Gläubigerausschusses. Zum Ausgleich der Einschränkung des Fortführungsgebots verpflichtet Abs. 2 den Insolvenzverwalter zur Unterrichtung des Schuldners, der eine vorläufige gerichtliche Suspendierung beantragen kann.

1

B. Norminhalt

I. Unternehmen des Schuldners

Ausgangspunkt ist ein noch geschäftsaktives Unternehmen des Schuldners. Der weit auszulegende Unternehmensbegriff (hierzu § 160 Rdn. 6) meint rechtsformunabhängig die **gesamten wirtschaftlichen Aktivitäten des Schuldners**. Obschon der Begriff des »Betriebs« anders als in § 160 Abs. 1 Nr. 1 nicht genannt wird, wird nicht nur die vollständige Einstellung der Aktivitäten, sondern auch die Aufgabe einzelner als Betriebe oder Betriebsteile organisierter Tätigkeitsfelder als Teilstilllegung erfasst, sofern dies nennenswerten Einfluss auf die Unternehmensstruktur und deren wirtschaftliche Zweckverfolgung hat (Uhlenbruck-Uhlenbruck § 158 Rn. 3). Gleiches gilt für eine Teilveräußerung. Die Erheblichkeitsschwelle deckt sich mit der der besonders bedeutsamen Rechtshandlungen des § 160 Abs. 2 Nr. 1 (MK-Görg/Janssen § 158 Rn. 7) und greift dann, wenn die der Gläubigerversammlung obliegende Entscheidungsfreiheit über die Unternehmensfortführung hierdurch einschränkend beeinflusst werden kann.

2

II. Entscheidung zur Stilllegung

Die Entscheidung zur Stilllegung des Schuldnerunternehmens durch den Insolvenzverwalter beendet die auf dauerhafte Gewinnerzielung gerichtete operative Tätigkeit des Schuldners. Die unternehmerische Willensentscheidung des Insolvenzverwalters führt zu einem **Substanzeingriff entweder durch aktives Tun** (etwa die Beendigung von Dauerschuldverhältnissen, Freistellung von Mitarbeitern, Herausgabe von Absonderungsgegenständen) **oder durch ein Unterlassen fortführungsnotwendiger Maßnahmen** (etwa Neuabschlüsse, Materialeinkauf, Beauftragung von Fremdleistungen) trotz Handlungsmöglichkeit. Hiervon als unschädlich zu trennen ist die fortlaufende Veräußerung von Gegenständen des Umlaufvermögens (Förster, ZInsO 2000, 141), der Einzug der Forderungen aus Lieferungen und Leistungen (BGH, ZInsO 2003, 318, 320) und der Verkauf entbehrlicher Gegenstände des Anlagevermögens (Kirchhof, ZInsO 1999, 436) mit dem Ziel der Liquiditätsverbesserung zur Aufrechterhaltung des Geschäftsbetriebs. Nicht bei dieser (unternehmerischen) Stilllegungsentscheidung, aber bei der Durchführung durch Stilllegung hat der Insolvenzverwalter einen Betriebsrat gem. §§ 111 BetrVG zu beteiligen (FK-Wegner § 158 Rn. 5; Uhlenbruck-Uhlenbruck § 158 Rn. 11; a.A. wohl MK-Görg/Janssen § 158 Rn. 23 für den Fall der Entscheidung ohne Gläubigerausschuss).

3

III. Stilllegungsgrund

Ein Stilllegungsgrund kann sich zum einen aus Rechtshindernissen ergeben, die entweder in **berufsrechtlichen Besonderheiten der Person des Schuldners** oder gewerbeaufsichtsrechtlichen Maßnah-

4

men (vgl. § 157 Rdn. 12) ihre Ursache haben. Zum anderen ergibt sich häufig eine **wirtschaftliche Notwendigkeit**. Nicht ausreichend allein ist der Umstand, dass das Unternehmen kostenunterdeckend arbeitet (so aber OLG Karlsruhe, ZInsO 2003, 229, 230). Entscheidend ist vielmehr, ob durch einen Aufschub der sofortigen Stilllegung prognostisch eine erhebliche Verminderung der Insolvenzmasse i. S. d. Abs. 2 Satz 2 zu besorgen ist. Geboten ist eine vergleichende Liquiditäts- und Erfolgsplanung unter der Prämisse der Stilllegung einerseits und der einstweiligen Fortführung andererseits. Auch ein zwischenzeitlich nennenswerter Masseverzehr kann vertretbar sein (Uhlenbruck-Uhlenbruck § 158 Rn. 5), etwa wenn noch die realistische Aussicht auf eine übertragende Sanierung besteht, die die Erzielung höherer Fortführungswerte und ggf. sogar die Entlastung von Masseverbindlichkeiten i. S. d. § 55 Abs. 1 Nr. 2 erwarten lässt (vgl. § 157 Rdn. 8). Entscheidend ist eine saldierende Betrachtung der jeweiligen Auswirkung auf die Befriedigungsaussichten für die Insolvenzgläubiger durch eine Berechnung der sich voraussichtlich jeweils ergebenden Quote. Auszunutzen ist vom Insolvenzverwalter bei einer fortführungsbedingten zwischenzeitlichen Liquiditätsknappheit auch die Möglichkeit der Anzeige der Masseunzulänglichkeit gem. § 208 (Borchardt/Frind-von Websky Rn. 2040; KPB-Onusseit § 158 Rn. 6a; a. A. wohl MK-Görg/Janssen § 158 Rn. 17). Nicht vertretbar und unter Haftungsaspekten weder dem aufsichtführenden Gericht noch dem Insolvenzverwalter (§ 61) zumutbar ist hingegen eine Fortführung, bei der nach angezeigter Masseunzulänglichkeit auch die Befriedigung der Neumassegläubiger i. S. d. § 209 Abs. 1 Nr. 2 i. R. d. Liquiditätsplanung nicht gesichert ist.

IV. Unternehmensveräußerung

5 Nicht selten gelingt es nach einer länger währenden Betriebsfortführung im Antragsverfahren, endverhandelte Verträge für eine sofort nach Verfahrenseröffnung umzusetzende Veräußerung (vgl. auch § 160 Rdn. 6, § 162 Rdn. 2) des Unternehmens im Rahmen einer übertragenden Sanierung vorzulegen. Dabei ist ein mehrmonatiges Zuwarten auf eine Entscheidung der Gläubigerversammlung im Berichtstermin wegen der damit einhergehenden Unsicherheit weder für die Kunden- und Vertragsbeziehungen noch für die Motivation der Belegschaft dienlich (K. Schmidt/Jungmann § 158 Rn. 7). Der Erwerbsinteressent erwartet eine schnelle und verbindliche Entscheidung und ist bereit, dafür einen nennenswert über dem Liquidationswert liegenden Preis zu zahlen. Nur so kann er notwendige Sanierungsmaßnahmen sofort umsetzen und das Unternehmen als marktgefestigt präsentieren. Daher ist i. d. R. weder für den Interessenten noch dessen Finanzgeber ein Vertragsschluss unter der aufschiebenden Bedingung einer späteren Zustimmung der Gläubiger akzeptabel, sodass ein kurzfristiges Handeln geboten ist (Graf-Schlicker/Remmert, ZInsO 2002, 563, 565).

6 Durch das InsOÄndG 2007 ist § 158 tatbestandlich auf die **Unternehmensveräußerung** erweitert worden. Die von der Praxis schon länger (etwa: Vorschläge des Arbeitskreises der Insolvenzverwalter Deutschland e. V. NZI 2002, 3, 9) geforderte und allenthalben begrüßte (etwa Pannen/Riedemann, NZI 2006, 193, 195; Schmerbach/Wegener, ZInsO 2006, 400, 407) Neuregelung hat die vormalige Rechtsunsicherheit beseitigt. Sie ermöglicht dem Verwalter **mit Zustimmung des Gläubigerausschusses** die Veräußerung vor dem Berichtstermin, wenn dies die optimale Massenverwertung darstellt.

V. Gläubigerausschuss

7 Ist ein **Gläubigerausschuss** (§ 67) bestellt, so hat der Insolvenzverwalter wie in den Fällen des § 160 nach herrschender Meinung vorab dessen Einverständnis einzuholen. Ebenso wie ein gültiger (§ 72) ablehnender Beschluss bedeutet ein Schweigen des Gläubigerausschusses die Verweigerung der Zustimmung. Eine dennoch vom Insolvenzverwalter getroffene Maßnahme ist entsprechend § 164 wirksam (BGH, ZIP 1995, 290, 291 zu § 15 GesO; KPB-Onusseit § 158 Rn. 4d). Zwar setzt er sich dann den Haftungsgefahren aus §§ 60, 61 aus, jedoch bestehen diese gleichermaßen bei einer ordnungsrechtswidrigen oder wirtschaftlich unvernünftigen Betriebsfortführung oder dann, wenn er eine außerordentlich günstige Verwertungschance bei einer Unternehmensveräußerung ungenutzt lässt. Besteht kein Gläubigerausschuss, entscheidet der Insolvenzverwalter allein nach pflichtge-

mäßem Ermessen (MK-Görg/Janssen § 158 Rn. 13; Borchardt/Frind-Henkel, Betriebsfortführung, Rn. 2709). Weder ist die Entscheidung einer vorgezogenen Gläubigerversammlung einzuholen (HK-Flessner § 158 Rn. 3), noch bedarf es einer hilfsweisen Zustimmung des Insolvenzgerichts (Uhlenbruck-Uhlenbruck § 158 Rn. 9). I. d. R. ist schon im Insolvenzeröffnungsverfahren absehbar, ob eine Stilllegung vor dem Berichtstermin notwendig werden wird oder eine schnelle übertragende Sanierung gelingen kann. Der spätere Insolvenzverwalter wird daher vielmehr sowohl im Interesse der von ihm zu wahrenden Gläubigerautonomie als auch zur Verringerung seiner Haftungsrisiken rechtzeitig schon im Eröffnungsverfahren im Rahmen seiner Berichterstattung – spätestens in seinem Sachverständigengutachten – das Gericht über voraussichtlich zeitnah anstehende verfahrensbedeutsame Entscheidungen unterrichten. Das wird i. d. R. einhergehen mit der Empfehlung zur Einsetzung eines vorläufigen Gläubigerausschusses (57 Abs. 1). Anderenfalls sollte der (vorläufige) Insolvenzverwalter darlegen, warum dies ausnahmsweise entbehrlich sein soll. Dies wird selten der Fall sein: Ein defizitäres und sanierungsunfähiges Unternehmen dürfte schon im Eröffnungsverfahren zum Erliegen gekommen oder stillgelegt (vgl. § 22 Abs. 1 Nr. 2) worden sein. Bei einer Unternehmensveräußerung dürfte die Eilbedürftigkeit einer Entscheidung selten so groß sein, dass nicht die gut vorbereitete zeitnahe Beschlussfassung eines bereits mit Eröffnung bestellten Gläubigerausschusses abgewartet werden kann. Es kann vorkommen, dass sämtliche Gegenstände einer Unternehmensveräußerung umfassend und über Verkehrswert absonderungsrechtsbelastet sind. Ist so eine Benachteiligung der Interessen der übrigen Gläubigerschaft wirtschaftlich ausgeschlossen und sind die Absonderungsgläubiger gem. § 168 eingebunden, mag mangels Beeinträchtigung der Gläubigerautonomie bei besonderer Eilbedürftigkeit die Mitwirkung von Gläubigerausschuss oder -versammlung entbehrlich sein. Eine fundierte Darstellung des Insolvenzverwalters ermöglicht dem Gericht eine pflichtgemäße zeitnahe Entscheidung zur Einsetzung eines Gläubigerausschusses. Mit dessen Unterstützung ist eine sofortige Entscheidungskompetenz hergestellt und Handlungsfähigkeit gegeben. Nachdem so binnen weniger Tage nach Verfahrenseröffnung die Voraussetzungen für eine Veräußerung geschaffen werden können, dürften Stilllegungen oder Veräußerungen allein durch den Verwalter die Ausnahme bleiben. In einer die Entscheidung vorbereitenden Sitzung wird der Insolvenzverwalter den Ausschussmitgliedern umfassend – wie ansonsten im Berichtstermin (§ 156) – die Lage des Schuldners (§ 156 Rdn. 4) darstellen und begründen, warum ein Zuwarten auf eine Entscheidung der Gläubigerversammlung (§ 157) nachteilig wäre. Versagt der Gläubigerausschuss dem Insolvenzverwalter die Zustimmung, bleibt ihm die Möglichkeit, die Einberufung einer vorgezogenen Gläubigerversammlung gem. § 75 Abs. 1 Nr. 1 zu beantragen.

▶ Hinweis:

Ist eine notwendigerweise zeitnah nach Verfahrenseröffnung erfolgende übertragende Sanierung absehbar, wird sich schon im vorausgehenden Eröffnungsverfahren der vorläufige Insolvenzverwalter bemühen, die dominierenden Gläubiger in die zu treffende Entscheidung einzubinden und einen Konsens herzustellen. Ist nicht schon ein vorläufiger Gläubigerausschuss gem. § 22a bestellt, wird der vorläufige Insolvenzverwalter die Einsetzung eines vorläufigen Gläubigerausschusses gem. § 67 Abs. 1 rechtzeitig – zweckmäßigerweise mit seinem Sachverständigengutachten – anregen und geeignete (hierzu § 67 Rdn. 4) Ausschussmitglieder vorschlagen. Zur Beschleunigung sollte er die schriftlichen Erklärungen zur Bereitschaft der Amtsannahme sogleich beifügen. So kann zugleich mit dem Eröffnungsbeschluss ein sofort handlungsfähiger Ausschuss installiert werden. Hat der (vorläufige) Insolvenzverwalter die (potenziellen) Ausschussmitglieder schon im Vorfeld umfassend unterrichtet und einen Termin zur Ausschusssitzung in Erwartung der Verfahrenseröffnung abgestimmt, ermöglicht dies eine schnelle Entscheidung. Ist hingegen schon im Eröffnungsverfahren erkennbar, dass es stark differierende Gläubigerinteressen gibt, empfiehlt sich die Anberaumung einer vorgezogenen Gläubigerversammlung gem. § 75 Abs. 1 Nr. 1 zeitnah nach der Eröffnung zwecks Abstimmung.

VI. Unterrichtung des Schuldners

8 Eine Zustimmung des Schuldners ist weder bei Stilllegung noch bei Veräußerung erforderlich. Mit Verfahrenseröffnung steht das Vorliegen eines Insolvenzgrundes fest. Die wirtschaftlichen Interessen der Gläubiger an einer erforderlichenfalls schnellen Entscheidung haben dann Vorrang. Die Unterrichtung des Schuldners durch den Insolvenzverwalter vor der Beschlussfassung des Gläubigerausschusses bzw. Umsetzung der von ihm allein getroffenen Entscheidung zur Stilllegung oder Veräußerung hat so **rechtzeitig** und **umfassend** zu erfolgen, dass dieser von seinem Antragsrecht Gebrauch machen kann. Bei Erreichbarkeitshindernissen gem. § 10 Abs. 1 kann die Unterrichtung unterbleiben, nicht jedoch im Fall einer nachteiligen Verzögerung i. S. d. § 161 Satz 1 (Uhlenbruck-Uhlenbruck § 158 Rn. 14; **a. A.** NR-Balthasar § 158 Rn. 22). Vielmehr wird der Insolvenzverwalter den Schuldner auch dann unterrichten müssen, jedoch ohne Zuwarten auf einen etwaigen Antrag sofort handeln. Der Schuldner mag dies im Nachhinein überprüfen lassen.

VII. Untersagungsantrag

9 Der Untersagungsantrag des Schuldners erfordert weder Vollbeweis, Glaubhaftmachung noch überhaupt eine – jedoch zu empfehlende – Begründung (Uhlenbruck-Uhlenbruck § 158 Rn. 15). Er sollte auf Basis seiner Unterrichtung zumindest Anhaltspunkte für die Fehleinschätzung des Insolvenzverwalters liefern, dass die Maßnahme im Interesse der Masse unaufschiebbar ist. Andernfalls wird das Insolvenzgericht neben der gebotenen **Anhörung des Insolvenzverwalters**, der umgekehrt die Notwendigkeit seiner Entscheidung plausibel begründen wird, keinen Anlass für weitere Ermittlungen von Amts wegen (§ 5 Abs. 1) sehen.

VIII. Untersagungsbeschluss

10 Der Untersagungsbeschluss als Rechtsfolge ist eine gebundene Entscheidung ohne Ermessen, jedoch eröffnet der unbestimmte Rechtsbegriff der »Erheblichkeit« dem Gericht tatbestandlich einen **Beurteilungsspielraum** (MK-Görg/Janssen § 158 Rn. 28; kritisch hinsichtlich dieser Entscheidungskompetenz K. Schmidt/Jungmann § 158 Rn. 23). Stehen der Fortführung Rechtshindernisse (s. o. Rdn. 4) entgegen, muss das Gericht den Antrag als unbegründet zurückweisen. Die wirtschaftliche Stilllegungsnotwendigkeit im Hinblick auf die zu erwartende Masseverbindlichkeiten und die Quotenerwartung für die Gläubiger bedarf hingegen einer prognostischen Einzelfallentscheidung, ob ein Zuwarten vertretbar erscheint. Zu betrachten ist der Zeitraum bis zum Berichtstermin, in dem dann die Gläubigerversammlung ihre autonome, möglicherweise abweichende Entscheidung trifft.

C. Verfahrensfragen

11 Eine **sofortige Beschwerde** ist unzulässig (§ 6 Abs. 1). Gegen den Beschluss des Rechtspflegers können Insolvenzverwalter und Schuldner über die **befristete Erinnerung** gem. § 11 Abs. 2 RPflG bei Nichtabhilfe die Entscheidung des Richters herbeiführen.

§ 159 Verwertung der Insolvenzmasse

Nach dem Berichtstermin hat der Insolvenzverwalter unverzüglich das zur Insolvenzmasse gehörende Vermögen zu verwerten, soweit die Beschlüsse der Gläubigerversammlung nicht entgegenstehen.

Übersicht

	Rdn.		Rdn.
A. Normzweck	1	IV. Unverzüglich	5
B. Norminhalt	2	V. Art und Weise	6
I. Massezugehörigkeit	2	VI. Entgegenstehende Beschlüsse	7
II. Verwertung	3	VII. Ausbleiben einer Beschlussfassung	8
III. Veräußerung	4	VIII. Sonstige Verwertungsbeschränkungen	9

A. Normzweck

Mit Insolvenzverfahrenseröffnung nimmt der Insolvenzverwalter das massezugehörige Vermögen in Besitz und Verwaltung (§ 148 Abs. 1). Er ist zwar schon dann verfügungsbefugt (§ 80), hat aber die das Verfahrensziel vorgebende autonome Entscheidung der Gläubigerversammlung im Berichtstermin (§ 157) abzuwarten. Mangels abweichender Beschlussfassung erfolgt die Verwertung sodann durch eine schnellst-, aber auch bestmögliche Liquidation.

B. Norminhalt

I. Massezugehörigkeit

Die Massezugehörigkeit von Vermögensgegenständen ergibt sich zunächst aus §§ 35 bis 37. Dem Insolvenzbeschlag unterfallen das gesamte zum Zeitpunkt der Insolvenzverfahrenseröffnung vorhandene nach Maßgabe von §§ 811 Nr. 5, 850 ff. ZPO pfändbare Vermögen, die Geschäftsbücher des Schuldners und dessen Neuerwerb im Verlauf des eröffneten Verfahrens. Eine Verwertungsbefugnis (§§ 165, 166) besteht auch bei absonderungsrechtsbelasteten Gegenständen (§§ 49 bis 51) mit der Einschränkung für bewegliche Sachen, dass sie sich im Besitz des Insolvenzverwalters befinden müssen.

II. Verwertung

Die Verwertung ist die finale Umwandlung der noch nicht liquiden Vermögensgegenstände (hierzu im Einzelnen ausführl. § 35 Rdn. 72 ff.) in Geld, das an die Gläubiger zu deren Befriedigung (§ 187) verteilt wird (BGH, ZInsO 2003, 318, 320 in Abgrenzung zur – fortführenden – Verwaltung). Abgesehen von einigen Sonderregelungen für absonderungsrechtsbelastete Gegenstände (§§ 167 bis 173) und den Kompetenzbegrenzungen der §§ 160 bis 163 erfolgt die Verwertung nach den allgemeinen Regeln des Zivil- und Prozessrechts unter Beachtung des auch für den Insolvenzverwalter geltenden Ordnungsrechts. Ist die Verwertung eines Vermögensgegenstands nicht sinnvoll oder nicht möglich, kann der Verwalter ihn freigeben (hierzu ausführl. § 35 Rdn. 59 ff.). Die Zugehörigkeit von Vermögen zur Insolvenzmasse aus einer selbstständigen Tätigkeit des Schuldners kann der Verwalter durch eine spezifische Erklärung gem. § 35 Abs. 2 beenden.

III. Veräußerung

Regelfall der Verwertung ist die Veräußerung. Grundstücke und Grundstücksrechte können sowohl **freihändig veräußert** als auch über **Zwangsverwaltung und -versteigerung** verwertet werden (§ 165, § 172 ZVG i. V. m. §§ 15 ff. und 146 ff. ZVG). Dem kann eine sog. »kalte Zwangsverwaltung« unter Erlösbeteiligung der Masse vorausgehen (MK-Görg/Janssen § 159 Rn. 11). Bewegliche Sachen werden veräußert durch einen – vorzugsweise Gewährleistungsansprüche ausschließenden – individuell verhandelten Kaufvertrag oder durch eine beauftragte Versteigerung. Die Verwertung einer Forderung erfolgt durch Einziehung oder Verkauf. Die Informations- und Schutzrechte (§§ 166 bis 169) beteiligter Absonderungsrechtsinhaber sind zu beachten. Weitere Besonderheiten ergeben sich bei der **Verwertung von immateriellen Vermögensgegenständen**: Die Firma ist Massebestandteil und vom Insolvenzverwalter entgegen § 23 HGB auch ohne Zustimmung des Inhabers veräußerbar (§ 35 Rdn. 108 ff), weil § 25 HGB beim Erwerb vom Insolvenzverwalter nicht greift (§ 157 Rdn. 9). Bei isolierter Veräußerung einer Arbeitnehmererfindung ist das Vorkaufsrecht sowie der Abfindungsanspruch des Erfinders zu beachten (§ 27 Nr. 2 ArbnErfG). Scheidet der insolvente Mitgesellschafter aus einer Personengesellschaft aus, zieht der Insolvenzverwalter den Abfindungsanspruch ein (§§ 736, 738 BGB, §§ 105, 131, 146 HGB). Auch bei einem Geschäftsanteil an einer juristischen Person kann der Veräußerbarkeit (§ 15 GmbHG) eine in der Satzung vorgesehene Einziehung (§ 34 GmbHG) entgegenstehen mit der Folge eines zu realisierenden Abfindungsanspruchs. Ansonsten gelten in der Insolvenz des Gesellschafters weder hier noch beim insolventen Aktionär die Zustimmungserfordernisse der § 15 Abs. 5 GmbHG, § 68 Abs. 2 AktG. Geschäftsunterlagen, darunter Kunden- und Adressdaten (§ 36 Abs. 2), sind massezugehörig und veräußerbar (OLG Saarbrücken, ZInsO 2001, 132, 133) unter Beachtung der zivil- und steuerrechtlichen Aufbewahrungspflichten (§ 157 Abs. 2 HGB, § 74 Abs. 2 GmbHG, § 147 AO) sowie des Berufsgeheimnisses des Freiberuflers (K. Schmidt/Jungmann § 159 Rn. 13 m. w. N.).

IV. Unverzüglich

5   Die Verwertung soll nach dem Berichtstermin unverzüglich, also **ohne schuldhaftes Zögern** (§ 121 Abs. 1 BGB) erfolgen, es sei denn, die Verwertung ist ausgesetzt; § 233. Frühere Veräußerungen sind nur in den Grenzen des § 158 zulässig (§ 158 Rdn. 3). Mangels Vorgaben der Gläubiger entscheidet der Insolvenzverwalter nach pflichtgemäßem Ermessen getragen von dem Ziel der optimalen Gläubigerbefriedigung über eine höchstmögliche Quote mit weitem Spielraum (allgem. M. vgl. MK-Görg/Janssen § 159 Rn. 9 m. w. N.). Zeitlich ist eine zwischen einer sofortigen oder gedehnten Veräußerung abwägende **Erlösprognose**, die sich an den Marktgegebenheiten orientiert, notwendig. Eine Obergrenze stellt die aus sonstigen Gründen zu erwartende Verfahrensdauer bis zur Möglichkeit einer Abschlags- oder Schlussverteilung dar. Fällige Forderungen sind stets sofort einzuziehen. Gleiches gilt für die Veräußerung eines vom Preisverfall bedrohten Warenlagers etwa bei Saison-, Mode- oder begrenzt haltbaren Artikeln. Bei weniger marktgängigen Gegenständen des Anlagevermögens wird hingegen eine längere Marktbeobachtung und Preisprüfung erforderlich sein. Eine geordnete Ausproduktion zur Vollendung unfertiger Leistungen oder zum Verbrauch des Vorratsvermögens lässt häufig ein besseres Ergebnis erwarten. Dabei können die Grenzen zur zeitweiligen Betriebsfortführung fließend sein, wenn Neuaufträge zur besseren Auslastung angenommen oder Rohstoffe, halbfertige Erzeugnisse oder Fremdleistungen neu eingekauft werden. Einander gegenüberzustellen sind der höhere Erlös einerseits und die mit der Ausproduktion verbundenen notwendigen Kosten als Masseverbindlichkeiten andererseits. Hierunter fallen insb. gekündigte, aber noch gem. § 55 Abs. 1 Nr. 2 zu bedienende auslaufende Dauerschuldverhältnisse wie Miet- und Arbeitsverträge. Ein betriebswirtschaftlich positives Ergebnis des auslaufenden Betriebs wird i. d. R. zugleich eine Quotenverbesserung bedeuten. Die Grenze einer unzulässigen, die Verwertung verzögernden Betriebsfortführung wird dann überschritten, wenn auch nach Beendigung der wesentlichen, Masse verzehrenden Dauerschuldverhältnisse die Betriebstätigkeit fortgesetzt wird. Mangels gesetzlichen Sanierungsauftrags (MK-Görg/Janssen § 159 Rn. 1) scheidet eine zeitlich unbeschränkte unternehmerische Betätigung des Insolvenzverwalters aus (Uhlenbruck-Uhlenbruck § 159 Rn. 45).

V. Art und Weise

6   Auch die Art und Weise der Verwertung erfolgt **quotenorientiert bestmöglich nach pflichtgemäßem Ermessen**. Die Vermögensgegenstände können einzeln, in Gruppen oder insgesamt, etwa bei einer übertragenden Sanierung, veräußert werden. Trotz der Höchstpersönlichkeit seines Amtes (§ 56 Abs. 1) kann sich der Insolvenzverwalter je nach Quantität und Schwierigkeitsgrad interner und – in angemessenem Umfang – auch externer Hilfsfachkräfte bedienen und Letztere aus der Masse entlohnen (BGH, ZInsO 2004, 1348). In Betracht kommen hierbei neben Rechtsanwälten und Steuerberatern insb. **marktkundige Makler und Versteigerer**. Eine öffentliche Versteigerung bietet die Möglichkeit optimaler und vollständiger Verwertung größerer Massen unter Gewährleistungsausschluss (FK-Wegener § 159 Rn. 11). Der Schuldner selbst bzw. dessen Organe haben den Insolvenzverwalter zu unterstützen (§§ 97 Abs. 2, 101 Abs. 1 Satz 1). Wettbewerbsrechtlich ist § 5 UWG, bei freihändiger Grundstücksverwertung sind dingliche Vorkaufsrechte (§ 1098 Abs. 1 Satz 2 BGB) und bei Unternehmensveräußerungen die Umsatzsteuerbarkeit (§ 1 Abs. 1 UStG) sowie der Betriebsübergang (§ 613a BGB; § 157 Rdn. 9) zu beachten.

VI. Entgegenstehende Beschlüsse

7   Entgegenstehende Beschlüsse der Gläubigerversammlung im Berichtstermin oder einer späteren Gläubigerversammlung (§ 157) hat der Insolvenzverwalter zu beachten. Dies gilt entsprechend bei auf den Gläubigerausschuss kompetenzverlagerten (§ 157 Rdn. 14) Entscheidungen (KPB-Onusseit § 159 Rn. 8). Sie binden ihn und entbinden ihn zugleich von seiner gesetzlichen Verwertungspflicht.

Dies kann zunächst durch eine ausdrückliche Untersagung oder schlüssig durch eine der Liquidation entgegenstehende Beschlussfassung zur Unternehmensfortführung oder zum Insolvenzplanauftrag geschehen. Sollten trotz des entscheidungsvorbereitenden Berichts des Insolvenzverwalters (§ 156 Abs. 1) und der Versammlungsleitung des Gerichts (§ 76 Abs. 1) unklare Beschlüsse gefasst werden, sind diese daraufhin auslegend zu prüfen, ob nach dem Willen der Gläubiger bestimmte Handlungen zu unterlassen sind (MK-Görg/Janssen § 159 Rn. 26). Der Insolvenzverwalter ist auch an ihm interessenwidrig erscheinende Beschlüsse gebunden, wenn das Gericht sie nicht gem. § 78 Abs. 1 aufgehoben hat. An rechtsmissbräuchliche Beschlüsse der Gläubigerversammlung ist der Verwalter allerdings nicht gebunden (Uhlenbruck-Uhlenbruck § 159 Rn. 54). Da die Beschlüsse der Gläubigerversammlung nur das Innenverhältnis zwischen Verwalter und Gläubiger betreffen, haben Verstöße entsprechend § 164 keine Auswirkung auf die Wirksamkeit der Verwertungshandlung (MK-Görg/Janssen § 159 Rn. 28; BGH, ZInsO 2011, 1550, 1551).

VII. Ausbleiben einer Beschlussfassung

Ein Ausbleiben einer Beschlussfassung ergibt sich, wenn (wie bei kleineren Verfahren häufig der Fall) die einberufene Versammlung mangels Gläubigerteilnahme beschlussunfähig ist oder trotz Teilnahme keine Beschlussfassung erfolgt. Eine ersatzweise Zuweisung der Entscheidungskompetenz an das Insolvenzgericht folgt hieraus nicht (Pape, ZInsO 1999, 305, 312; Ehricke, NZI 2000, 57, 61). Vielmehr trifft nach herrschender Meinung (MK-Görg/Janssen § 157 Rn. 30; Uhlenbruck-Uhlenbruck § 157 Rn. 22) der Insolvenzverwalter nach pflichtgemäßem Ermessen die Entscheidungen i. R. d. ihm dann obliegenden gesetzlichen Verwertungsauftrags (K. Schmidt/Jungmann § 159 Rn. 1). Diese Auffassung hat ihre Bestätigung gefunden in Form der ergänzenden Regelung des § 160 Abs. 1 Satz 2 durch das InsOÄndG 2007, nach der bei Beschlussunfähigkeit der Gläubigerversammlung die Zustimmung zu beabsichtigten besonders bedeutsamen Rechtshandlungen des Verwalters fingiert wird. Die veräußernde Regelabwicklung ohne Besonderheiten liegt mithin erst recht in der alleinigen Kompetenz des Verwalters. 8

VIII. Sonstige Verwertungsbeschränkungen

Sonstige Verwertungsbeschränkungen ergeben sich (derzeit noch) für den Treuhänder, der nicht zur Verwertung absonderungsrechtsbelasteter Gegenstände berechtigt ist (§ 313 Abs. 3). Mit Inkrafttreten des Gesetzes zur Verkürzung der RSB und zur Stärkung der Gläubigerrechte am 01.07.2014 werden die Einschränkungen für die ab diesem Zeitpunkt eröffneten Verfahren aufgehoben. Anstelle einer Verwertung kann im vereinfachten Insolvenzverfahren eine Ablösung durch den Schuldner gem. § 314 erfolgen. Bei Eigenverwaltung obliegt die Verwertung dem Schuldner gem. § 270 Abs. 1 Satz 1. Gefährdet die Verwertung die Durchführung eines vorgelegten Insolvenzplans, ordnet das Insolvenzgericht auf Antrag die Aussetzung an (§ 233 Satz 1). Besonders bedeutsame Veräußerungen und Betriebsveräußerungen unter Wert kann das Insolvenzgericht bis zur Entscheidung einer einzuberufenden Gläubigerversammlung suspendieren (§§ 161 Satz 2, 163 Abs. 1). 9

§ 160 Besonders bedeutsame Rechtshandlungen

(1) ¹Der Insolvenzverwalter hat die Zustimmung des Gläubigerausschusses einzuholen, wenn er Rechtshandlungen vornehmen will, die für das Insolvenzverfahren von besonderer Bedeutung sind. ²Ist ein Gläubigerausschuß nicht bestellt, so ist die Zustimmung der Gläubigerversammlung einzuholen. ³Ist die einberufene Gläubigerversammlung beschlussunfähig, gilt die Zustimmung als erteilt; auf diese Folgen sind die Gläubiger bei der Einladung zur Gläubigerversammlung hinzuweisen.

(2) Die Zustimmung nach Absatz 1 ist insbesondere erforderlich,
1. wenn das Unternehmen oder ein Betrieb, das Warenlager im ganzen, ein unbeweglicher Gegenstand aus freier Hand, die Beteiligung des Schuldners an einem anderen Unternehmen,

die der Herstellung einer dauernden Verbindung zu diesem Unternehmen dienen soll, oder das Recht auf den Bezug wiederkehrender Einkünfte veräußert werden soll;
2. wenn ein Darlehen aufgenommen werden soll, das die Insolvenzmasse erheblich belasten würde;
3. wenn ein Rechtsstreit mit erheblichem Streitwert anhängig gemacht oder aufgenommen, die Aufnahme eines solchen Rechtsstreits abgelehnt oder zur Beilegung oder zur Vermeidung eines solchen Rechtsstreits ein Vergleich oder ein Schiedsvertrag geschlossen werden soll.

Übersicht

		Rdn.
A.	Normzweck	1
B.	Norminhalt	2
I.	Generalklausel bedeutsame Rechtshandlungen	2
II.	Einholung der Zustimmung	3
III.	Zustimmungsfiktion bei Beschlussunfähigkeit	3a
IV.	Gläubigerausschuss	4
V.	Gläubigerversammlung	5
VI.	Veräußerung des Unternehmens oder eines Betriebs	6
VII.	Veräußerung eines unbeweglichen Gegenstands	7
VIII.	Veräußerung einer Unternehmensbeteiligung	8
IX.	Veräußerung wiederkehrender Einkünfte	9
X.	Aufnahme eines Darlehens	10
XI.	Entscheidungen über Rechtsstreitigkeiten	11
XII.	Analoge Anwendung im Eröffnungsverfahren	12

A. Normzweck

1 § 160 flankiert und präzisiert die grundlegende Entscheidungskompetenzzuweisung an die Gläubigerversammlung im Berichtstermin durch § 157. Verfahrensspezifisch wichtige und weichenstellende Maßnahmen soll der Insolvenzverwalter nach Einwilligung der gläubigervertretenen Organe umsetzen, wenn nicht schon eine Entscheidung gem. §§ 158, 159 gefallen ist. Die Generalklausel des Abs. 1 Satz 1 wird präzisiert durch die Regelbeispiele des Abs. 2. Mangels Gläubigerbeteiligung entscheidet und vollzieht der Insolvenzverwalter auch bedeutsame Entscheidungen allein (Abs. 1 Satz 3) nach pflichtgemäßem Ermessen. Bei Eigenverwaltung gelten §§ 276, 277. Im Eröffnungsverfahren gilt die Regelung eingeschränkt. Bei einem angenommenen und bestätigten Insolvenzplan ist eine gesonderte Zustimmung nach § 160 nicht erforderlich.

B. Norminhalt

I. Generalklausel bedeutsame Rechtshandlungen

2 Nach der Generalklausel des Abs. 1 Satz 1 besteht für bedeutsame Rechtshandlungen ein grundsätzliches **Zustimmungserfordernis**. Als Rechtshandlung kommt wie im Anfechtungsrecht (§§ 129 ff.) jede Willensbetätigung in Betracht, die eine Rechtswirkung auslöst, also verpflichtungs- und verfügungsgeschäftliche Willenserklärungen, rechtsgeschäftsähnliche Handlungen und Realakte durch Tun oder Unterlassen (KPB-Onusseit §§ 160 Rn. 9a; FK-Wegener § 160 Rn. 4; jetzt auch MK-Görg/Janssen § 160 Rn. 6; a. A. für tatsächliches Handeln Hess, § 160 Rn. 7). Die besondere Bedeutung für das Insolvenzverfahren meint zunächst verfahrenszielbezogen (§ 1) die Intensität der Auswirkung auf die Befriedigung der Gläubiger in Form der Quotenerwartung. Aufgrund des spürbaren Einflusses der wirtschaftlichen Auswirkung der Handlung auf die verteilbare Masse kann der betragsmäßige Schwellenwert kein taugliches Kriterium sein (Uhlenbruck-Uhlenbruck § 160 Rn. 14; a. A. BK-Undritz/Fiebig § 160 Rn. 19: Sockelbetrag 25.000 € bis 50.000 €). Bei einer Vielzahl mit knapper Verfahrenskostendeckung eröffneter Verfahren wird ein solcher Sockelbetrag nie erreicht werden. Man wird nicht annehmen dürfen, dass dort grds. keine für die Gläubigerschaft bedeutsame Entscheidung auftreten kann. Ebenso wenig bieten gelegentlich vorgeschlagene Prozentsätze (NR-Balthasar § 160 Rn. 8: 5% bis 10%) eine verlässliche Orientierung. Entscheidend ist vielmehr – auch wenn dies wenig griffig ist – eine **Einzelfallbetrachtung**, die die betragsmäßig greifbaren Auswirkungen der Handlung, die gesamten Unternehmensaktiva, etwaig zu erwartende

Masseverbindlichkeiten und schließlich die Quotenaussicht zueinander in ein Verhältnis setzt. Unerlässlich ist dabei auch eine **Risikoeinschätzung der Schaden-Nutzen-Relation** für die weitere Verfahrensabwicklung: Die Veräußerung oder Freigabe von wirtschaftlich nur zu geringen Beträgen liquidierbaren Schlüsselpositionen kann eine spätere Sanierung oder einen Insolvenzplan vereiteln, während anderseits etwa die Verwertung des Anlagevermögens zwar großer und umsatzträchtiger, jedoch ergebnisdefizitärer Unternehmensbereiche als betriebswirtschaftliche Notwendigkeit unausweichlich und aus Gläubigersicht unbedeutend sein mag. Neben den Regelbeispielen des Abs. 2 werden etwa Grundstückskäufe, Erfüllungswahl (§ 103) und Neueingehung von Dauerschuldverhältnissen sowie Sicherheitengewährungen, die nach früherem Recht (§§ 133, 134 KO) als genehmigungsbedürftig galten, In-Sich-Geschäfte des Insolvenzverwalters, infrage kommen (Pape, NZI 2006, 65, 68). Eine fortdauernde einzelunternehmerische Betätigung des Schuldners für Rechnung der Masse kann bedeutsam sein wegen des zufließenden Neuerwerbs, aber auch Risiken bergen im Hinblick auf entstehende Masseverbindlichkeiten. Die Erklärung des Verwalters, dass solches Vermögen nicht (mehr) massezugehörig ist und Ansprüche aus dieser Tätigkeit nicht (mehr) gegen die Masse geltend gemacht werden können, ist durch das InsOÄndG 2007 in § 35 Abs. 2 geregelt worden.

II. Einholung der Zustimmung

Die Einholung der Zustimmung des Gläubigerorgans obliegt dem Insolvenzverwalter. Zustimmung meint hier richtigerweise eine **vorherige Einverständniserklärung als Einwilligung** i. S. d. § 183 Satz 1 BGB (Uhlenbruck-Uhlenbruck § 160 Rn. 5; Braun-Esser § 160 Rn. 2) und nicht auch eine Genehmigung gem. § 184 BGB (so aber HK-Flessner § 160 Rn. 11). Letztere ist im Außenverhältnis wegen § 164 unnötig. Mag sie auch haftungsentlastend sein (hierzu § 69 Rdn. 8 u. 9), bleibt es doch zunächst pflichtwidrig, weil den Gläubigerorganen die ihnen zugewiesene aktive Gestaltungskompetenz genommen wird. Der Insolvenzverwalter hat daher hinreichend rechtzeitig vor der beabsichtigten Maßnahme aktiv auf eine Beschlussfassung hinzuwirken. Er bereitet diese Entscheidung dadurch vor, dass er den Entscheidungsträgern die erforderlichen Informationen durch Berichterstattung gibt. Zumeist wird er spätestens zur rgm. ersten Gläubigerversammlung im Berichtstermin (§ 156) mit seinem Bericht konkrete Beschlussvorlagen liefern können. Ist ein Zuwarten bis dahin der Masse abträglich, legt er seinen Handlungsvorschlag dem (vorläufigen) Gläubigerausschuss (§ 67 Abs. 1) oder einer frühzeitiger einberufenen Gläubigerversammlung (§ 75) zur Entscheidung vor (s. a. § 158 Rdn. 7 zur Unternehmensveräußerung).

3

III. Zustimmungsfiktion bei Beschlussunfähigkeit

Auch die Abschaffung der Rangklassen der Gläubiger durch die InsO hat die Gläubigerbeteiligung gerade bei kleineren Insolvenzverfahren und zumeist geringen Quotenaussichten nicht beleben können. Mangels Gläubigerpräsenz ist häufige Folge die Beschlussunfähigkeit der Versammlung, sodass dem Insolvenzverwalter erforderliche Zustimmungen versagt bleiben (BK-Undritz/Fiebig § 160 Rn. 4). Eingefügt worden ist daher durch das InsOÄndG 2007 mit § 160 Abs. 1 Satz 3 die Kompetenz des Insolvenzverwalters zur Vornahme bedeutsamer Rechtshandlungen, wenn kein Gläubigerausschuss bestellt ist und die einberufene Gläubigerversammlung beschlussunfähig ist. **Beschlussunfähigkeit** liegt vor, wenn trotz ordnungsgemäßer Einladung mit Hinweis auf die Folgen der Kompetenzverlagerung auf den Insolvenzverwalter keine Beschlussfassung (§ 76 Abs. 2) möglich ist, weil kein stimmberechtigter Gläubiger (§ 77 Abs. 1) erscheint (§ 76 Rdn. 8). Die ergänzende Neuregelung des Abs. 1 Satz 3 durch das InsOÄndG 2007 beendete die unklare Rechtslage und den Meinungsstreit, wie in solchen Fällen zu verfahren sei zugunsten der Auffassung, die im Nichterscheinen der Gläubiger eine Zustimmung zum Handeln des Verwalters sieht. Die eingeführte **gesetzliche Fiktion** einer erteilten Zustimmung beschleunigt die Verfahrensabwicklung (Schmerbach/Wegener, ZInsO 2006, 400, 408), ermöglicht die zügige Wahrnehmung von Sanierungschancen (Begründung zum Gesetzentwurf S. 40), vermeidet Kompetenzstreitigkeiten (BK-Undritz/Fiebig § 160 Rn. 4) und ermöglicht dem Insolvenzverwalter bedeutsame Verwertungsmaßnahmen auch ohne die haftungsgeneigte Berufung auf die Zulässigkeit im Außenverhältnis (§ 164 Rdn. 3).

3a

Der Insolvenzverwalter muss sich später, insb. bei einer Entscheidung mit prognostischen Unsicherheitsmomenten, nicht entgegenhalten lassen, er habe im Innenverhältnis zu den Gläubigern trotz verwehrter weil unterbliebener Zustimmung agiert. Trotz der Zustimmungsfiktion bleibt es aber selbstverständlich dabei, dass er nach pflichtgemäßem Ermessen bestmöglich zu entscheiden bzw. zu verwerten hat und sich bei Pflichtverletzungen gem. § 60 haftbar macht (Heukamp, ZInsO 2007, 57, 62). Die Einladung zur Gläubigerversammlung soll einen **Hinweis** auf die Fiktion enthalten (Uhlenbruck-Uhlenbruck § 160 Rn. 4). Die Fiktion greift trotz unterbliebenen Hinweises, dies kann aber Amtshaftungsansprüche auslösen (KPB-Onuseit § 160 Rn. 7). Nach einer Auffassung soll sich die fingierte Zustimmung nur auf bestimmte, in der Ladung bereits konkret dargestellte Anträge beziehen können (Braun-Esser § 160 Rn. 6). Dies widerspräche zum einen den Zielvorgaben der Verfahrensbeschleunigung, wenn sich im Zeitraum zwischen Ladung und Versammlung der entscheidungsrelevante Sachverhalt ändert. Zum anderen entstünde möglicherweise Streit über die hinreichende inhaltliche Konkretheit des Antragssachverhalts und damit verbliebe Kompetenzunklarheit. Wesentlich ist, dass die Tagesordnung die Beschlussgegenstände zumindest schlagwortartig bezeichnet (§ 74 Rdn. 6 m.w.N.), damit Beschlüsse wirksam sind (BGH, ZInsO 2008, 504; 2011, 1598, 1599; Zimmermann, ZInsO 2012, 245, 248). Erst in der Versammlung sind die anstehenden bedeutsamen Rechtshandlungen konkret, aktuell und umfassend vom Insolvenzverwalter darzustellen, zu erörtern und dann von der Gläubigerschaft zu entscheiden. Ernsthaft verfahrensinteressierte Gläubiger werden hierzu erscheinen. Besteht zur Entscheidungsfindung dann noch größerer Zeitbedarf, kann die Versammlung vertagt werden. Die Beschlussunfähigkeit oder die Entscheidung hinsichtlich der dann konkret bezeichneten beabsichtigten Rechtshandlung wird protokolliert.

IV. Gläubigerausschuss

4   Die Zustimmung vom Gläubigerausschuss ist einzuholen, wenn ein solcher besteht. Er wird bestellt vor dem Berichtstermin durch das Gericht entweder im Eröffnungsverfahren (vgl. hierzu Rdn. 12) gem. §§ 22a Abs. 1, Abs. 3 als Pflicht- bzw. Antragsausschuss oder nach Insolvenzverfahrenseröffnung als einstweiliger Ausschuss (§ 67 Abs. 1). Den endgültigen Ausschuss wählt die Gläubigerversammlung (§ 68 Abs. 1) durch Stimmenmehrheit (§ 72). Die Überwachungs- und die weitere Pflicht, sich über den Gang der Geschäfte unterrichtet zu halten (§ 69), verbietet es dem Ausschuss, ohne nähere Prüfung dem Insolvenzverwalter eine **Generaleinwilligung** zu sämtlichen Handlungen des § 160 zu erteilen (§ 69 Rdn. 7; Uhlenbruck-Uhlenbruck § 160 Rn. 8; MK-Görg/Janssen § 160 Rn. 31; Zimmermann, ZInsO 2012, 245, 247); a. A. KPB-Onusseit § 160 Rn. 8). Andernfalls würde die Pflicht zur aktiven Zweckmäßigkeitskontrolle (§ 71 Rdn. 2a) aus der Hand gegeben. Möglich ist hingegen eine Einwilligung zu Handlungen, die zwar noch abstrakt, jedoch schon in Fallgruppen eingegrenzt sind (HK-Flessner § 160 Rn. 12). Handelt der Insolvenzverwalter den Beschlüssen des Gläubigerausschusses zuwider, wird Letzterer über diese Pflichtwidrigkeit im Innenverhältnis, die ohne Rechtswirkung nach außen ist (§ 164 Rdn. 3), das Insolvenzgericht unterrichten, das dann ein Einschreiten im Rahmen seiner Rechtsaufsicht (§ 58 Rdn. 9) prüfen wird (Gundlach, ZInsO 2007, 1028, 1029). Ein Einschreiten wird das Insolvenzgericht auch prüfen, wenn der Gläubigerausschuss dem Insolvenzverwalter eine erbetene Entscheidung verweigert, was rgm. (MK-Görg/Janssen § 160 Rn. 32) ebenfalls pflichtwidrig sein wird.

V. Gläubigerversammlung

5   Die auf Antrag des Insolvenzverwalters durch das Gericht einzuberufende Gläubigerversammlung (§ 75 Abs. 1 Nr. 1) entscheidet, wenn kein Gläubigerausschuss vorhanden ist oder der Insolvenzverwalter sie anruft, weil seiner Auffassung nach eine Zustimmungsversagung durch den Ausschuss nachteilig für die Gläubigergemeinschaft ist. Umgekehrt kann bei Streit auch der Gläubigerausschuss die Einberufung der Gläubigerversammlung beantragen (§ 75 Abs. 1 Nr. 2). Sie kann nach herrschender Meinung als oberste und autonome Entscheidungsinstanz der Gläubiger auch generelle Einwilligungen erteilen (Uhlenbruck-Uhlenbruck § 160 Rn. 7 m.w.N.). Kann der Insolvenzverwalter im Berichtstermin schon ein Konzept vorstellen, wird er für eine dahin gehende

umfassende Einwilligung plädieren. Die Gläubigerversammlung kann ihre Entscheidungen auch jederzeit ändern (vgl. § 157 Satz 2) und restriktiv ihr wichtig erscheinende sonstige Handlungen auch unterhalb der Intensität des § 160 unter Zustimmungsvorbehalt stellen. Ferner kann sich die Gläubigerversammlung trotz bestehenden Gläubigerausschusses einzelne Entscheidungen vorbehalten (MK-Görg/Janssen § 160 Rn. 32). Str. ist, ob die Gläubigerversammlung eine Entscheidung des Gläubigerausschusses ersetzen oder aufheben kann (bejahend u. a. Uhlenbruck-Uhlenbruck § 160 Rn. 10; MK-Görg/Janssen § 160 Rn. 32; verneinend K. Schmidt/Jungmann § 160 Rn. 7 u. 10 und HK-Wegener Rn. 14 unter Hinweis auf LG Göttingen, NZI 2000, 491, 492). Die Entscheidung des LG Göttingen betrifft jedoch den zeitlich abweichenden Fall einer zunächst von der Gläubigersammlung versagten und später vom Gläubigerausschuss erteilten Zustimmung. Die finale Entscheidungskompetenz liegt bei der Gläubigerversammlung, wie §§ 161 S. 2, 162 zeigen. Hat jedoch der Insolvenzverwalter mit Zustimmung des Gläubigerausschusses eine Rechtshandlung schon vollzogen, geht die aufhebende Entscheidung der Gläubigerversammlung ins Leere.

VI. Veräußerung des Unternehmens oder eines Betriebs

Die erste Fallgruppe des Abs. 2 Nr. 1 umfasst zunächst die Veräußerung des Unternehmens oder eines Betriebs, die im Hinblick auf die Fortführbarkeit des Schuldners substanzielle Bedeutung haben (vgl. auch § 162 Rdn. 2). Es gibt keinen einheitlichen Rechtsbegriff des »Unternehmens« (Baumbach/Hopt-Hopt Einl. vor § 1 HGB Rn. 31). Er ist stets **gesetzeszweckorientiert** zu bestimmen (K. Schmidt, Gesellschaftsrecht, § 31 II 1.; derselbe, grundlegend zu den Begriffen »Unternehmen« und »Unternehmensträger« Handelsrecht, §§ 4, 5; K. Schmidt/Jungmann § 157 Rn. 1). Allgemein wird ein Unternehmen verstanden als wirtschaftliche organisatorische Einheit, deren Zweck ein oder mehrere eingebundene Betriebe dienen (Uhlenbruck-Uhlenbruck § 162 Rn. 2). Ein Betrieb oder Betriebsteil versteht sich angelehnt an § 613a BGB (K. Schmidt/Jungmann § 160 Rn. 24) als eine dauerhafte organisatorische Einheit, in der Arbeitgeber und Arbeitnehmer gemeinschaftlich materielle und immaterielle Mittel zur Erreichung eines arbeitstechnischen Zwecks einsetzen (Palandt-Weidenkaff Einf. v. § 611 BGB Rn. 14, § 613a BGB Rn. 9, 10). Gemein ist solchen Veräußerungen, dass neben dem gegenständlichen Vermögen i. d. R. auch immaterielle Werte in Form von Kundenstamm, Know-How und Good Will weggegeben werden. Hierdurch wird die Funktionalität eingeschränkt und die damit wirtschaftliche Zweckerreichung infrage gestellt. Gleiches gilt bei einer Veräußerung des gesamten Warenlagers in Abgrenzung zu einem sukzessiven Abverkauf entweder i. R. d. fortlaufenden Betriebs oder der Ausproduktion.

VII. Veräußerung eines unbeweglichen Gegenstands

Die Veräußerung eines unbeweglichen Gegenstands aus freier Hand soll zustimmungspflichtig sein. Ohne Einwilligung möglich ist die Verwertung i. R. d. Zwangsversteigerung gem. § 165 i. V. m. § 172 ZVG. Nach allgemeiner Meinung entfällt eine Freihändigkeit und mit ihr das Zustimmungserfordernis ebenso bei der vom Insolvenzverwalter beauftragten öffentlichen Versteigerung (§ 383 Abs. 3 BGB), weil auch hierbei die Erzielung eines angemessenen (Markt-) Wertes gewährleistet ist (MK-Görg/Janssen § 160 Rn. 18). Häufig wird der Insolvenzverwalter zwecks Wertermittlung ein qualifiziertes Gutachten etwa eines öffentlich bestellten und vereidigten Sachverständigen eingeholt haben. Ein **freihändiger Verkauf auf Basis eines qualifizierten Verkehrswertgutachtens** ist dann bei zweckorientierter Auslegung nicht zustimmungspflichtig, wenn der Kaufpreis den Verkehrswert erreicht oder übersteigt (a. A. FK-Wegener § 160 Rn. 5). Ein gutachterlich gesichert über Verkehrswert drittrechtsbelastetes Grundstück, das der Insolvenzverwalter abgestimmt mit den dinglichen Gläubigern freihändig veräußert, hat eine Auswirkung auf die Insolvenzmasse nur über den Zufluss einer vereinbarten Erlösbeteiligung, die üblicherweise im unteren einstelligen Prozentbereich liegt. Eine Zustimmung ist auch hier bei zweckorientierter Auslegung nicht erforderlich (**a. A.** Weis/Ristelhuber, ZInsO 2002, 859, 860).

VIII. Veräußerung einer Unternehmensbeteiligung

8 Die Veräußerung einer Unternehmensbeteiligung, die der Schuldner zur Herstellung einer dauerhaften Verbindung an einer Personen- oder Kapitalgesellschaft hält, ist einwilligungsbedürftig. Zweckorientiert ist abzugrenzen ein bloße Kapitalanlagebeteiligung (MK-Görg/Janssen § 160 Rn. 19). Nicht nur eine Kapitalanlage, sondern eine verbindende strategische Beteiligung vermutet § 271 Abs. 1 Satz 3 HGB bei einer Anteilsinhaberschaft oberhalb 20 %.

IX. Veräußerung wiederkehrender Einkünfte

9 Schließlich hat der Gesetzgeber die Zustimmungspflichtigkeit zur Veräußerung eines Rechts auf wiederkehrende Einkünfte aus § 134 KO übernommen. Nachdem die Wertermittlung und Diskontierung solcher Rechte wie etwa Nießbrauch (§§ 1030 ff. BGB) oder Rente (§§ 759 ff. BGB) jedoch transparent und missbrauchsunanfällig ist, wird die Regelung in der Lit. ganz überwiegend als anachronistisch zur restriktiven Handhabung empfohlen (NR-Balthasar § 160 Rn. 39).

X. Aufnahme eines Darlehens

10 Die Aufnahme eines Darlehens nach Abs. 2 Nr. 2 führt zu belastenden Masseverbindlichkeiten gem. § 55 Abs. 1 Nr. 1 mit einer qualifizierten Haftung gem. § 61. Erheblichkeitskriterien sind die Darlehenshöhe, Laufzeit, zu stellende Sicherheiten und der Finanzierungszweck (pauschal mehr 10 % des »Massevermögens« FK-Wegener § 160 Rn. 9). Ein kurzfristig (MK-Görg/Janssen § 160 Rn. 21: etwa ein Monat) aus zu erwartenden Einnahmen tilgbares Darlehen zur Überbrückung eines Liquiditätsengpasses im Rahmen einer Betriebsfortführung ist als tagesgeschäftliche Entscheidung nicht zustimmungsbedürftig (a. A. K. Schmidt/Jungmann § 160 Rn. 29 bei »sehr hoher« Darlehenssumme). Anderes gilt für Darlehen zur Finanzierung unternehmensstrategischer Maßnahmen.

XI. Entscheidungen über Rechtsstreitigkeiten

11 Entscheidungen über Rechtsstreitigkeiten mit erheblichem Streitwert nach Abs. 2 Nr. 3 unterfallen der Einwilligung (a. A. K. Wimmer, ZIP 2013, 2038, der Anfechtungsklagen generell der Disposition der Gläubiger entziehen will). Genannte Fallgruppen sind das Anhängigmachen insb. durch Klagerhebung (§ 253 ZPO), Widerklage (§ 33 ZPO) oder Nebenintervention (§ 66 ZPO), die Aufnahme oder ihre Ablehnung von Aktivprozessen (§ 85), die Nichtaufnahme von Passivprozessen (§ 86), der gerichtliche oder außergerichtliche Vergleich (§§ 794 Abs. 1 Nr. 1, 796a Abs. 1, 1053 ZPO, § 779 BGB und auch ein Sozialplan § 123) und Schiedsvertrag (§ 1029 ZPO). Erfolgreich durchgesetzte Aktivprozesse mehren die Insolvenzmasse. Bei Unterliegen entstehen Masseverbindlichkeiten. Aufgenommene und verlorene Passivprozesse mindern zudem die Quote. Vergleichsweises Nachgeben führt i. d. R. zu einem masserelevanten Opfer. Die Schiedsvereinbarung entzieht die Entscheidung eines Rechtsstreites den staatlichen Gerichten (Zöller-Geimer § 1029 ZPO Rn. 15). Wie stets sind auch hier die **Auswirkungen auf die Befriedigungsquote der Gläubiger** entscheidendes Kriterium. Nicht zu berücksichtigen sind die Interessen des Prozessgegners an seiner Kostenerstattung (BGH, ZInsO 2005, 146, 147). Die Höhe des Streitwertes ist im Verhältnis zur Insolvenzmasse i. Ü. zu sehen. Keine Zustimmungsnotwendigkeit besteht, wenn ein Aktivprozess unter Inanspruchnahme von PKH (§ 116 Satz 1 Nr. 1 ZPO) geführt werden soll. Bedürftigkeit und hinreichende Erfolgsaussichten werden dann gerichtlich überprüft.

XII. Analoge Anwendung im Eröffnungsverfahren

12 Im Eröffnungsverfahren steht das Vorliegen eines Eröffnungsgrundes noch nicht mit Sicherheit fest, sodass schwere Eingriffe in das Schuldnereigentum nicht gerechtfertigt sind. Es ist vor unwiderbringlichen Vermögenseinbußen zu schützen und als Ganzes zu erhalten (BGH, ZInsO 2011, 1463, 1469). Abzugrenzen ist die Verwertung im Eröffnungsverfahren (BGH, ZInsO 2003, 318, 320) von der betriebsfortführenden Verwaltungstätigkeit (BGH, ZInsO 2001, 165, 167). Eine Betriebsveräußerung im Eröffnungsverfahren ist daher rgm. unzulässig (§ 22 Rdn. 41). Diskutiert

wurde bislang die Zulässigkeit einer Betriebsveräußerung und sonstiger bedeutsamer Rechtshandlungen bereits im Eröffnungsverfahren in dringlichen Situationen, wenn entweder ein sog. »vor-vorläufiger« Gläubigerausschuss eingesetzt ist und zustimmt (vgl. hierzu § 67 Rn. 2 der 2. Aufl.) oder das Insolvenzgericht zustimmt (vgl. hierzu § 22 Rn. 41 der 2. Aufl.; AG Hamburg, ZInsO 2005, 1057). Das »ESUG« sieht jetzt die Einsetzung eines vorläufigen Gläubigerausschusses in §§ 22a Abs. 1 und Abs. 3 ausdrücklich vor, dem dann die Wahrnehmung der Gläubigerinteressen in diesem Verfahrensabschnitt obliegt. Diesem Pflicht- bzw. Antragsausschuss wird der vorläufige Insolvenzverwalter die gewichtigen Notwendigkeiten dafür vorzutragen haben, dass im Interesse der (zukünftigen) Insolvenz- oder Massegläubiger die beabsichtigte Rechtshandlung nicht bis zur Verfahrenseröffnung zurückgestellt werden kann, um sie der kurzfristigen Entscheidung eines gem. § 67 Abs. 1 einzusetzenden schnell entscheidungsfähigen einstweiligen Gläubigerausschusses oder einer vorgezogenen Gläubigerversammlung gem. § 75 Abs. 1 Nr. 1 zuzuführen. Denkbar ist etwa der Fall, dass eine Verfahrenseröffnung wegen der Vorfinanzierung des Insolvenzgeldes noch nicht kurzfristig ansteht, aber zur sanierungsnotwendigen Liquiditätsbeschaffung Darlehen gegen Sicherungsrechtsbestellung aufgenommen oder an sich fortführungsnotwendige Gegenstände eines Betriebsteils veräußert werden sollen, um die Fortführbarkeit anderer Betriebsteile zu ermöglichen. Ist der Geschäftsbetrieb hingegen schon unumkehrbar zum Erliegen gekommen, wird rgm. die Verfahrenseröffnung abgewartet werden können. Gerade weil dem Antrags- bzw. Pflichtausschuss im Eröffnungsverfahren die Wahrnehmung der Gläubigerinteressen obliegt, sollte er sich darauf beschränken, die im Eröffnungsverfahren vorgefundenen Zustände solange zu wahren, bis die Verfahrenseröffnung erfolgt ist und dann die Gläubigergesamtheit im Rahmen ihrer Autonomie hierüber befinden kann, wenn nicht bis dahin spürbare Vermögensminderungen (BGH, ZInsO 2011, 1463, 1469: Schädigender Aufschub der Verwertung) zu besorgen sind. Will der sog. starke vorläufige Insolvenzverwalter im Eröffnungsverfahren eine bedeutsame Rechtshandlung vornehmen, wird er den Schuldner (§ 161 Satz 1) und das Insolvenzgericht schon zwecks eigener Haftungsbegrenzung unterrichten und – sofern kein Pflichtausschuss besteht – gem. § 22a Abs. 3 die Einsetzung eines Antragsausschusses beantragen oder zumindest die gerichtliche Zustimmung beantragen. Will der sog. schwache vorläufige Insolvenzverwalter einer bedeutsamen Rechtshandlung des Schuldners zustimmen, wird er gleichermaßen das Insolvenzgericht unterrichten und dessen Zustimmung bzw. die Einsetzung eines Antragsausschusses beantragen. Stimmt der Ausschuss zu, bedarf es nicht zusätzlich auch der Zustimmung des Insolvenzgerichts. Es beschränkt sich dann auf seine beaufsichtigende Rechtmäßigkeitskontrolle (§ 58 Rdn. 3b).

§ 161 Vorläufige Untersagung der Rechtshandlung

¹In den Fällen des § 160 hat der Insolvenzverwalter vor der Beschlußfassung des Gläubigerausschusses oder der Gläubigerversammlung den Schuldner zu unterrichten, wenn dies ohne nachteilige Verzögerung möglich ist. ²Sofern nicht die Gläubigerversammlung ihre Zustimmung erteilt hat, kann das Insolvenzgericht auf Antrag des Schuldners oder einer in § 75 Abs. 1 Nr. 3 bezeichneten Mehrzahl von Gläubigern und nach Anhörung des Verwalters die Vornahme der Rechtshandlung vorläufig untersagen und eine Gläubigerversammlung einberufen, die über die Vornahme beschließt.

Übersicht	Rdn.		Rdn.
A. Normzweck	1	III. Vorbereitung der Beschlussfassung	4
B. Norminhalt	2	IV. Gerichtliche Entscheidung	5
I. Unterrichtung des Schuldners	2	C. **Verfahrensfragen**	6
II. Antragsberechtigung	3		

A. Normzweck

Der zu unterrichtende Schuldner sowie eine qualifizierte Gläubigerminderheit können die Zustimmungskompetenz bei einer beabsichtigten bedeutsamen Rechtshandlung vom Gläubigerausschuss

1

§ 161 InsO Vorläufige Untersagung der Rechtshandlung

auf die Gläubigerversammlung durch Beschluss des Insolvenzgerichts verlagern lassen, um dort ihre Bedenken vorzutragen. Die praktische Bedeutung ist gering (Braun-Esser § 161 Rn. 8). Anders als im Fall einer oftmals eiligen Unternehmensveräußerung, die in § 158 gesondert geregelt ist, wird der Insolvenzverwalter bei sonstigen bedeutsamen Rechtshandlungen zumeist auf den Berichtstermin warten können. Dort kann er die Zustimmung der Gläubigerversammlung einholen. Eine ähnliche verwertungssuspendierende Regelung findet sich ferner auch in § 233.

B. Norminhalt

I. Unterrichtung des Schuldners

2 Der Insolvenzverwalter hat vor Maßnahmen gem. § 160 den Schuldner zu unterrichten, und zwar so rechtzeitig und hinreichend, dass dieser in die Lage versetzt wird, einen Untersagungsantrag zu stellen. **Formanforderungen** und **Fristen** sind nicht geregelt. Deren Angemessenheit ergibt sich einzelfallabhängig aus der Komplexität des jeweiligen Sachverhalts (BK-Undritz/Fiebig § 161 Rn. 2: jedoch zumindest eine Woche). Inhaltlich hat der Insolvenzverwalter in gleicher Qualität zu berichten wie dem Gläubigerausschuss bzw. der Versammlung gem. § 160 Abs. 1. Die Unterrichtung kann wie bei § 158 Abs. 2 Satz 1 (dort Rdn. 8) unterbleiben bei Erreichbarkeitshindernissen gem. § 10 Abs. 1 und zusätzlich in praktisch seltenen Fällen, wenn, etwa aus wettbewerbsnotwendigen Geheimhaltungsgründen (NR-Balthasar § 161 Rn. 9; Uhlenbruck-Uhlenbruck § 161 Rn. 2), die frühere Information des Schuldners vor der Entscheidung der Gläubigerversammlung quotenrelevante Nachteile besorgen lässt. In diesem Fall wird sich der Insolvenzverwalter durch Erörterung mit dem Insolvenzgericht rückversichern. Ansonsten darf er die Unterrichtung nicht unterlassen. Es obliegt vorläufig dem Insolvenzgericht und ggf. sodann der Gläubigerversammlung, über die Bedenken des Schuldners zu befinden. Keine Unterrichtungspflicht besteht ggü. der Gläubigerschaft. Zwar besteht die Gefahr, dass im Gläubigerausschuss nicht oder unterrepräsentierte Gläubiger mangels Information ihr Antragsrecht nicht wahrnehmen können (BK-Undritz/Fiebig § 161 Rn. 4), jedoch wäre die Alternative der Unterrichtung sämtlicher Gläubiger kaum praktikabel.

II. Antragsberechtigung

3 Antragsberechtigt sind der **Schuldner** und eine nach Maßgabe von § 75 Abs. 1 Nr. 3 **qualifizierte Gläubigergruppe**, nicht hingegen einzelne, wenn auch gewichtige Gläubiger i. S. d. § 75 Abs. 1 Nr. 4. Diese werden i. d. R. im Gläubigerausschuss repräsentiert sein. Der herrschenden Meinung folgend, dass das Gericht auch über die Zweckmäßigkeit des Antrags zu entscheiden hat (Rdn. 5), muss die Antragstellung durch Tatsachenvortrag so substanziiert sein, dass Zweifel hinsichtl. der Maßnahme aufkommen. Andernfalls wird dem Gericht eine Abwägung nicht möglich sein. Querulatorische und lediglich verzögernde Gläubiger- und Schuldneranträge gilt es zu verhindern, zumal der Gläubigerausschuss den Insolvenzverwalter überwacht (§ 69 Satz 1) und das Gericht ihn beaufsichtigt (§ 58 Abs. 1 Satz 1).

III. Vorbereitung der Beschlussfassung

4 Zur Vorbereitung der Beschlussfassung hat das Insolvenzgericht den Verwalter anzuhören. Dieser begründet sein Festhalten an der beabsichtigten Maßnahme oder erklärt die Abstandnahme. Dann ist Erledigung eingetreten (Uhlenbruck-Uhlenbruck § 161 Rn. 7). Ferner hat das Gericht zu prüfen, ob der Antragsgegenstand nicht bereits von der Gläubigerversammlung entschieden worden ist oder bereits zur Entscheidung anstand und mangels Beschlussfähigkeit der Versammlung die Zustimmung aufgrund der Fiktion des § 160 Abs. 1 Satz 2 als erteilt gilt. Hat die Gläubigerversammlung konkret durch **Generaleinwilligung** (§ 160 Rdn. 4) oder durch **Entscheidungskompetenzübertragung** auf den Gläubigerausschuss (Uhlenbruck-Uhlenbruck § 161 Rn. 4; MK-Görg/Janssen § 161 Rn. 10) schon positiv entschieden oder greift die Zustimmungsfiktion, kann eine spätere Versammlung dies zwar ändern (vgl. § 157 Satz 2), jedoch kann eine neue Entscheidung durch die Antragstellung nicht erzwungen werden (Uhlenbruck-Uhlenbruck § 161 Rn. 4; MK-Görg/Janssen § 161 Rn. 9). Schließlich scheidet eine Beschlussfassung als faktisch leerlaufend aus,

wenn der Insolvenzverwalter pflichtwidrig eigenmächtig, aber wirksam (§ 164) oder mit Zustimmung des Gläubigerausschusses die Rechtshandlung bereits formell wirksam vorgenommen hat (Hilzinger, ZInsO 1999, 560, 562).

IV. Gerichtliche Entscheidung

Bei seiner Entscheidung prüft das Gericht neben der **Rechtmäßigkeit der Antragstellung** nach herrschender Meinung (MK-Görg/Janssen § 161 Rn. 11 m. w. N.) auch die **Zweckmäßigkeit der beabsichtigten Rechtshandlung** (abweichend HK-Flessner § 161 Rn. 4: auf gravierende Nachteile reduzierte Ermessensentscheidung; K. Schmidt/Jungmann § 161 Rn. 9: Überprüfung auf erhebliche Nachteile wegen des Leitcharakters der Entscheidung des Gläubigerausschusses). Es gilt abzuwägen: Einerseits kann aus der vorläufigen Versagung ein Verzögerungsschaden entstehen. Andererseits schädigt auch eine fehlentschiedene bedeutsame Rechtshandlung die Masse. Erscheint der Verzögerungsschaden nicht so gravierend oder wahrscheinlich, dass ein Zuwarten unvertretbar wäre, wird das Gericht eine vorläufige Untersagung beschließen. Zugleich erfolgt von Amts wegen die Terminierung einer außerordentlichen Gläubigerversammlung, sofern nicht schon kurzfristig der Berichtstermin (§§ 29 Abs. 1 Nr. 1, 157) ansteht, wobei sich das Gericht an der Drei-Wochen-Frist des § 75 Abs. 2 orientieren wird (MK-Görges/Janssen § 161 Rn. 17). 5

C. Verfahrensfragen

Eine **sofortige Beschwerde** ist unzulässig (§ 6 Abs. 1). Die Rechtspflegerentscheidung ist mit der **Erinnerung** angreifbar (§ 11 Abs. 2 RPflG). Zwar keine vorläufige Untersagung, jedoch eine Gläubigerversammlung kann die qualifizierte Gläubigergruppe auch gem. § 75 Abs. 1 Nr. 3 herbeiführen und eine Beschlussfassung zur **Amtsentlassung des Insolvenzverwalters** betreiben (§ 59 Abs. 1 Satz 1). 6

§ 162 Betriebsveräußerung an besonders Interessierte

(1) Die Veräußerung des Unternehmens oder eines Betriebs ist nur mit Zustimmung der Gläubigerversammlung zulässig, wenn der Erwerber oder eine Person, die an seinem Kapital zu mindestens einem Fünftel beteiligt ist,
1. zu den Personen gehört, die dem Schuldner nahestehen (§ 138),
2. ein absonderungsberechtigter Gläubiger oder ein nicht nachrangiger Insolvenzgläubiger ist, dessen Absonderungsrechte und Forderungen nach der Schätzung des Insolvenzgerichts zusammen ein Fünftel der Summe erreichen, die sich aus dem Wert aller Absonderungsrechte und den Forderungsbeträgen aller nicht nachrangigen Insolvenzgläubiger ergibt.

(2) Eine Person ist auch insoweit im Sinne des Absatzes 1 am Erwerber beteiligt, als ein von der Person abhängiges Unternehmen oder ein Dritter für Rechnung der Person oder des abhängigen Unternehmens am Erwerber beteiligt ist.

Übersicht	Rdn.		Rdn.
A. Normzweck	1	III. Nahestehende Personen	4
B. Norminhalt	2	IV. Erwerbender Gläubiger	5
I. Veräußerung eines Unternehmens oder		V. Mittelbare Beteiligung	6
Betriebs	2	VI. Zustimmung der Gläubigerversammlung	7
II. Besonders Interessierte	3	C. Verfahrensfragen	8

A. Normzweck

Im Spezialfall des § 160 Abs. 2 Nr. 1, dass der Erwerber zu dem Unternehmen oder Betrieb ein besonderes Näheverhältnis hat, ist nicht auch ein Gläubigerausschuss, sondern nur die Gläubigerversammlung zustimmungskompetent (hierzu krit. Gundlach/Frenzel/Jahn, ZInsO 2008, 360, 1

361). Aufgrund der gesteigerten Missbrauchsgefahr bei einer übertragenden Sanierung (§ 157 Rdn. 8) soll das oberste Gläubigerorgan entscheiden, ob der Fortführungswert (§ 151 Abs. 2 Satz 1) angemessen vergütet wird (kritisch wegen eines fehlenden Minderheitenschutzes K. Schmidt/Jungmann § 162 Rn. 4).

B. Norminhalt

I. Veräußerung eines Unternehmens oder Betriebs

2   Die Tatbestandsmerkmale Veräußerung eines Unternehmens oder Betriebs sind identisch mit denen des § 160 Abs. 2 Nr. 1 (dort Rdn. 6). Funktional wesentliche Vermögensgegenstände zur Fortführung des Unternehmens werden i. d. R. in einem schuldrechtlich einheitlichen Vertrag veräußert zu einem ausgehandelten Gesamtkaufpreis. Die wertbildenden Faktoren ergeben sich zunächst aus Fortführungswerten der Kaufgegenstände. Faktisch gehen jedoch zumeist auch nicht bilanziell aktivierbare immaterielle Vermögenspositionen wie der Kundenstamm sowie das Know-how über. Deren Bewertung zur Einbeziehung in den Kaufpreis setzt unternehmens- und marktspezifische Fachkenntnisse voraus, die sich der Insolvenzverwalter in der Unternehmenskrise unter Zeitdruck häufig erst wird aneignen müssen. Gleichzusetzen ist der Fall der längerfristigen Unternehmensverpachtung, weil sie in gleicher Weise die Disposition über eine Gesamtheit von Vermögenswerten zu einem fraglichen Entgelt entzieht (KPB-Onusseit § 162 Rn. 3a; **a. A.** Uhlenbruck § 162 Rn. 4; MK-Görg/Janssen § 162 Rn. 4: einschränkend FK-Wegener § 162 Rn. 5, der auf angemessene Kündigungsfristen abstellen will). Eine Unternehmens- oder Betriebsveräußerung setzt schon nach § 160 Abs. 2 Nr. 1 zumindest die Zustimmung des Gläubigerausschusses voraus, dessen Zusammensetzung von Großgläubigern zumindest mitdominiert wird.

II. Besonders Interessierte

3   Als besonders Interessierte sind in § 162 **zwei Erwerbergruppen** genannt: Die dem Schuldner nahestehenden Personen können ggü. dem Insolvenzverwalter als ihrem Verhandlungspartner einen deutlichen Wissensvorsprung haben als sog. »Informationsinsider« (MK-Görg/Janssen § 162 Rn. 6). Es besteht die Gefahr, dass ein solcher **Insider** im eigenen Interesse Informationen über wertbildende Faktoren oder **erwerbsinteressierte Dritte**, insb. Wettbewerber, vorenthält (Fröhlich/Köchling, ZInsO 2003, 923, 925) und seine Verhandlungsposition massenachteilig ausnutzt (Köchling, ZInsO 2007, 690, 694). Ein Verkauf an einen Insider ist per se verdächtig; der Verwalter hat alternative Veräußerungsperspektiven zu verfolgen (OLG München, NZI 1998, 84, 87). Aufgrund des Umfangs ihrer Forderungs- oder Absonderungsrechte können Gläubiger eine Steuerungsmacht hinsichtl. der Verwertungsentscheidung haben als sog. »Verfahrensinsider« (MK-Görg/Janssen § 162 Rn. 8). Ein **Insidergeschäft** liegt zum einen dann vor, wenn ein die Voraussetzungen des Abs. 1 Nr. 1 oder 2 erfüllender Insider selbst erwirbt. Zur Vermeidung einer Umgehung gilt Gleiches, wenn dieser Insider eine mindestens 20 %ige Beteiligung an der Erwerberin hält. Letztere kann sowohl eine Personen- als auch eine Kapitalgesellschaft sein. Zustimmungspflichtige Fälle einer mittelbaren Beteiligung des Insiders an der Erwerberin erfasst Abs. 2.

III. Nahestehende Personen

4   Hinsichtlich der nahestehenden Personen des Abs. 1 Nr. 1 wird auf die Kommentierung zu § 138 verwiesen. Ungeregelt ist der Fall, dass die Insolvenzmasse selbst am Erwerber beteiligt ist etwa bei (Mit-) Gründung der Auffanggesellschaft durch den Insolvenzverwalter (hierzu Falk/Schäfer, ZIP 2004, 1337, 1339). Hier sollte der Insolvenzverwalter schon zur Vermeidung von Haftungsrisiken sein Sanierungsmodell der Gläubigerversammlung zur Entscheidung vorlegen (weiter gehend K. Schmidt/Jungmann § 162 Rn. 11: Zwingend gem. § 138 Abs. 1 Nr. 4).

IV. Erwerbender Gläubiger

Absonderungsberechtigt oder nicht nachrangig sind Gläubiger, denen entweder ein Recht auf abgesonderte Befriedigung (§§ 49 bis 51) zusteht oder die einen persönlichen Vermögensanspruch gegen den Schuldner haben (§ 38), der nicht erst nachrangig gem. § 39 zu befriedigen ist. Der Betrag des Rechts oder der Forderung muss wie bei § 75 Abs. 1 Nr. 3 einen 20%igen Anteil am Volumen der insgesamt verfahrensbeteiligten Rechte und Forderungen erreichen. Bei Zusammenschlüssen von kleineren Gläubigern sind deren Beträge zu addieren, um die Überschreitung des Schwellenwerts zu prüfen (MK-Görg/Janssen § 162 Rn. 10). Ebenso wie bei § 75 hat das Insolvenzgericht die Beträge zu schätzen.

V. Mittelbare Beteiligung

Eine die **Zustimmungspflichtigkeit** auslösende mittelbare Beteiligung gem. Abs. 2 ist in **drei Fällen** vorgesehen: Im ersten Fall ist statt des Insiders selbst ein von ihm abhängiges Unternehmen ein zumindest 20%iger Gesellschafter des Erwerbers. Die Abhängigkeitskriterien, insb. die Abhängigkeitsvermutung bei einer Mehrheitsbeteiligung sind nach herrschender Meinung §§ 16 bis 18 AktG zu entnehmen. Nicht dagegen wird der Fall erfasst, dass das herrschende oder ein anderes abhängiges Unternehmen des herrschenden Unternehmens den Betrieb oder den Betriebsteil übernimmt und ein weiteres abhängiges Unternehmen unter den Insiderbegriff des § 160 Abs. 1 Nr. 2 fällt (Uhlenbruck-Uhlenbruck § 162 Rn. 5) In der zweiten Variante ist statt des Insiders ein Dritter an dem Erwerber beteiligt. Dieser Dritte hält für Rechnung des Insiders als Treugeber die Anteile an dem Erwerber. Zur Vermeidung eines Gestaltungsmissbrauchs ist eine wirtschaftliche Betrachtung geboten, die auch verdeckte Treuhandverhältnisse erfasst, bei denen der Dritte als Strohmann des Insiders agiert (MK-Görg/Janssen § 162 Rn. 13). In der letzten Konstellation beherrscht der Insider ein abhängiges Unternehmen, das als Treugeber den an dem Erwerber beteiligten Dritten steuert. Sämtliche unmittelbaren und mittelbaren Beteiligungen des Insiders sind zur Prüfung, ob durch die Summe der Schwellenwert erreicht wird, zu addieren (Uhlenbruck § 162 Rn. 6; HK-Flessner § 162 Rn. 6, 7).

VI. Zustimmung der Gläubigerversammlung

Die Zustimmung – als Einwilligung i. S. d. § 183 Satz 1 BGB (§ 160 Rdn. 3) – der Gläubigerversammlung setzt deren Anberaumung voraus. Der Insolvenzverwalter wird sie gem. § 75 Abs. 1 Nr. 1 beantragen. Im Fall erwerbsinteressierter Gläubiger leitet der Insolvenzverwalter dem Gericht die notwendigen Informationen zu, die es zur schätzenden Prüfung (s. o. Rdn. 5) der Gläubigerrechte und Forderungen benötigt. Die praktische Bedeutung der Vorschrift ist gering. **Verdeckte mittelbare Beteiligungen** wird der Insolvenzverwalter kaum aufdecken können. Bei der Veräußerung an Verfahrensinsider wird häufig die reguläre Gläubigerversammlung im Berichtstermin abgewartet werden können. Bis dahin wird der Erwerber bereit sein, eine Betriebsfortführung für Rechnung der Masse zu unterstützen. Ansonsten kann eine frühere erste Gläubigerversammlung anberaumt werden (§ 158 Rdn. 7). Die Gläubigerversammlung kann die ihr durch § 162 zugewiesene Kompetenz delegieren, in dem sie entweder dem Gläubigerausschuss (MK-Görg/Janssen § 162 Rn. 16) oder dem Insolvenzverwalter eine Generaleinwilligung auch zur Veräußerung an besonders Interessierte erteilt. Ist die einberufene Gläubigerversammlung beschlussunfähig, so gilt für nach dem 01.07.2007 eröffnete Verfahren (klarstellend Uhlenbruck-Uhlenbruck, § 162 Rn. 9), dass deren Zustimmung fingiert wird (§ 160 Abs. 1 Satz 3).

C. Verfahrensfragen

Der Schuldner ist vom Insolvenzverwalter schon nach § 161 Satz 1 zu unterrichten (HK-Flessner Rn. 8). Antragsberechtigt- und verpflichtet ist zunächst der Insolvenzverwalter. Sodann hat das Gericht im Fall des § 162 Abs. 1 Nr. 2 zu schätzen, ob die Schwellenwerte erreicht werden. Verneint es dies, kann es den Antrag auf Einberufung der Gläubigerversammlung ablehnen (Uhlenbruck-Uhlenbruck § 162 Rn. 9). Streitig ist (dagegen MK-Görg/Janssen § 162 Rn. 17), ob auch

§ 163 InsO Betriebsveräußerung unter Wert

das Insolvenzgericht bei Kenntniserlangung von Amts wegen (vgl. § 58 Rdn. 6) einzuberufen hat (KPB-Onusseit § 162 Rn. 7; FK-Wegener § 162 Rn. 5) und auch die Verfahrensbeteiligten i. S. d. § 75 Abs. 1 Nr. 2 bis 4 (Braun-Esser § 162 Rn. 7) antragsberechtigt sind. Im Rahmen seiner Rechtsaufsicht wird das Insolvenzgericht drohenden Verfahrensverstößen durch Einberufung entgegenwirken dürfen(§ 74 Rdn. 3). Die übrigen Verfahrensbeteiligten können schon nach § 75 jederzeit eine Einberufung beantragen, ohne dass dies einer Begründung bedarf (§ 75 Rdn. 4). Lehnt das Insolvenzgericht die Einberufung ab, steht dem Antragsteller die sofortige Beschwerde zu (§ 75 Abs. 3).

§ 163 Betriebsveräußerung unter Wert

(1) Auf Antrag des Schuldners oder einer in § 75 Abs. 1 Nr. 3 bezeichneten Mehrzahl von Gläubigern und nach Anhörung des Insolvenzverwalters kann das Insolvenzgericht anordnen, daß die geplante Veräußerung des Unternehmens oder eines Betriebs nur mit Zustimmung der Gläubigerversammlung zulässig ist, wenn der Antragsteller glaubhaft macht, daß eine Veräußerung an einen anderen Erwerber für die Insolvenzmasse günstiger wäre.

(2) Sind dem Antragsteller durch den Antrag Kosten entstanden, so ist er berechtigt, die Erstattung dieser Kosten aus der Insolvenzmasse zu verlangen, sobald die Anordnung des Gerichts ergangen ist.

Übersicht	Rdn.			Rdn.
A. Normzweck	1	IV.	Zustimmung der Gläubigerversammlung	5
B. Norminhalt	2	V.	Gerichtliche Entscheidung	6
I. Beabsichtigte Veräußerung	2	VI.	Kostenerstattung (Abs. 2)	7
II. Antragsgrund	3	C.	Verfahrensfragen	8
III. Glaubhaftmachung	4			

A. Normzweck

1 Während § 162 bei einem Insiderverkauf eine Gefährdungslage für die Insolvenzmasse (§ 162 Rdn. 3) vermutet, muss der Antragsteller bei § 163 (weiterer Sonderfall zu § 160 Abs. 1 Nr. 1) zum **Nachweis eine bessere Alternative** darlegen, um eine Verlagerung der Zustimmungskompetenz vom Gläubigerausschuss zur Gläubigerversammlung hin zu erreichen. Die Norm ist ein redaktionsversehentliches Überbleibsel des Gesetzgebungsverfahrens. § 182 RegE sah eine Anordnungsbefugnis vor, auf einen Antrag hin die Veräußerung unter Wert nur auf der Grundlage eines Insolvenzplans zuzulassen. Mit der Begründung einer Verfahrensvereinfachung und Gerichtsentlastung koppelte der Rechtsausschuss die Zulässigkeit der Veräußerung von der Insolvenzplanerstellung ab und unterstellte sie der Zustimmung der Gläubigerversammlung. Er übersah dabei, dass die Antragsteller Gleiches bereits über einen vorläufigen Untersagungsantrag gem. § 161 Satz 2 (dort Rdn. 3) erreichen können. Bis auf den Kostenerstattungsanspruch des Abs. 2 hat § 163 damit keinen eigenständigen Regelungsgehalt (MK-Görg/Janssen § 163 Rn. 3) und ist praktisch überflüssig (KPB-Onusseit 163 Rn. 7).

B. Norminhalt

I. Beabsichtigte Veräußerung

2 Ausgangssituation ist eine beabsichtigte Veräußerung des Unternehmens oder eines Betriebs. Wie beim Grundfall des § 160 hat der Insolvenzverwalter bereits eine konkrete Verkaufsentscheidung (§ 160 Rdn. 5) getroffen und wird, wenn dies nicht ausnahmsweise unterbleiben kann, pflichtgemäß den Schuldner hinreichend umfassend (§ 161 Rdn. 2) unterrichten. Parallel holt er die Zustimmung des Gläubigerausschusses ein.

II. Antragsgrund

Der Antragsgrund einer für die Insolvenzmasse günstigeren Veräußerung ist konkret **glaubhaft zu machen**. Nach herrschender Meinung muss der Antragsteller den alternativen Interessenten und dessen Angebotskonditionen angeben (Uhlenbruck-Uhlenbruck § 163 Rn. 5; MK-Görg/Janssen § 163 Rn. 9 m. w. N.). Nicht ausreichend ist ein Verweis auf ggü. dem Kaufpreis höhere Wertansätze im Verzeichnis der Massegegenstände gem. § 151 Abs. 2 Satz 1 (a. A. NR-Balthasar § 163 Rn. 12) oder – auch durch Sachverständige abstrakt ermittelte – erzielbare Marktpreise. Denn neben dem Kaufpreis sind die weiteren Vertragsbedingungen, etwa Zahlungstermin, Rücktrittsrecht, Gewährleistungsumfang, Sicherheiten sowie außervertragliche Rahmenbedingungen wie die Solvenz des Käufers und dessen begleitende Übernahme von Arbeits- und sonstigen Dauerschuldverhältnissen relevant. Entscheidend ist nicht nur der bloße Massezufluss, sondern auch dessen Zeitpunkt im Hinblick auf die Verfahrensdauer und die Entlastung von vorrangigen Masseverbindlichkeiten im Hinblick auf die die Gläubiger schlussendlich interessierende Quote. Maßgebend ist wie stets die Befriedigung der Gläubiger. Berechtigt zur Antragstellung sind wie bei § 161 (dort Rdn. 3) der Schuldner und eine qualifizierte Gläubigerminderheit gem. § 75 Abs. 1 Nr. 3.

III. Glaubhaftmachung

Die Glaubhaftmachung gem. § 4 i. V. m. § 294 ZPO erfordert nach herrschender Meinung (Uhlenbruck-Uhlenbruck § 163 Rn. 5; MK-Görg/Janssen § 163 Rn. 9 m. w. N.) die Darlegung einer überwiegenden Wahrscheinlichkeit anhand sämtlicher präsenter Beweismittel. Eine bloße Möglichkeit dürfte nicht ausreichen sein, wenn bereits der Gläubigerausschuss als Kontrollinstanz zugestimmt hat.

IV. Zustimmung der Gläubigerversammlung

Die Zustimmung der Gläubigerversammlung entweder durch aktive Entscheidung oder durch Fiktion bei Beschlussunfähigkeit gem. § 161 Abs. 1 Satz 2 muss noch ausstehen. § 163 gibt grds. ebenso wenig wie § 161 dem Antragsteller einen Anspruch, erneute bzw. mehrfache Entscheidungen der Gläubigerversammlung über dieselbe beabsichtigte Rechtshandlung des Verwalters herbeizuführen. Hierdurch soll einem verschleppenden Missbrauch des Antragsrechts insb. durch den Schuldner vorgebeugt werden (Köchling, ZInsO 2007, 690, 693). Etwas anderes gilt in dem Ausnahmefall, dass zum einen der Antragsteller zum Zeitpunkt der ersten Entscheidung der Versammlung aus nachvollziehbaren Gründen außerstande war, sein Angebot vorzustellen (BK-Undritz/Fiebig § 163 Rn. 8) und dies zum anderen deutlich besser (MK-Görg/Janssen § 163 Rn. 11) ist. Eine solche Umstandsänderung erfordert eine Befassung der Gläubigerversammlung (K. Schmidt/Jungmann § 163 Rn. 3). Dies gilt insbesondere dann, wenn sofern es zuvor lediglich eine pauschale Ermächtigung zur »bestmöglichen Veräußerung« oder die Zustimmungsfiktion des § 160 Abs. 1 Satz 3 gab (FK-Wegener § 163 Rn. 3).

V. Gerichtliche Entscheidung

Die gerichtliche Entscheidung erfolgt nach **Anhörung des Insolvenzverwalters** und vergleichender Betrachtung der jeweils dargelegten Veräußerungsbedingungen (Rdn. 3). Das Gericht hat insoweit zu prüfen und erforderlichenfalls im Wege der Amtsermittlung (§ 5) festzustellen, ob es sich bei der glaubhaft gemachten alternativen Verwertungsmöglichkeit tatsächlich um die günstigere handelt (so Uhlenbruck-Uhlenbruck § 163 Rn. 7; a. A. Castrup in Graf-Schlicker § 163 Rn. 5, der in einer ausufernden Prüfung i. R. d. Amtsermittlungspflicht einen Vorgriff auf die Entscheidung der Gläubigerversammlung sieht). Ob bei erfolgreicher Glaubhaftmachung noch Ermessen besteht (so MK-Görg/Janssen § 163 Rn. 12) oder dieses »auf Null« reduziert ist (KPB-Onusseit § 163 Rn. 6b), wird wiederum wegen des Antragsrechtes aus § 161 Satz 1, auf das der Antragsteller hilfsweise zurückgreifen wird, unentschieden bleiben können. Im Interesse der Gläubigergesamtheit wird das Gericht im Zweifel die Entscheidung der Gläubigerversammlung als oberstes Organ herbeiführen. Ist der Antragsgrund glaubhaft gemacht, beruft (K. Schmidt/Jungmann § 163 Rn. 10: gebundene

§ 164 InsO Wirksamkeit der Handlung

Entscheidung) das Gericht von Amts wegen eine Gläubigerversammlung ein (MK-Görges/Janssen § 163 Rn. 17; a. A. wohl HK-Ries § 163 Rn. 6: Möglichkeit des Zuwartens auf einen Einberufungsantrag gem. §§ 74, 75).

VI. Kostenerstattung (Abs. 2)

7 Abs. 2 begründet zugunsten des Antragstellers einen Kostenerstattungsanspruch gegen die Insolvenzmasse, wenn das Gericht dem Untersagungsantrag stattgibt, unabhängig davon, wie dann die Gläubigerversammlung entscheidet. Dies mag nach § 182 RegE sachgerecht gewesen sein, weil der Antragsteller eine Zustimmung nur durch einen Insolvenzplan (s. o. Rdn. 1) erreichen konnte. Nach aktueller Gesetzesfassung erfolgt hingegen nur eine Kompetenzverlagerung auf die Gläubigerversammlung, was – wie gesagt – auch ohne eine Begründung mit einhergehenden Kosten bereits über § 161 Satz 1 möglich ist. Hat die Gläubigerversammlung Zweifel, welches der beiden konkurrierenden Angebote besser ist, kann sie den Insolvenzverwalter beauftragen, dies unter Kostentragung der Masse durch ein **externes Gutachten** klären zulassen. Vor diesem Hintergrund dürften dem Antragsteller zu erstattende notwendige Kosten kaum anfallen. Von dem Erstattungsanspruch erfasst werden lediglich die Kosten der (formalen) Antragstellung wie Rechtsanwaltskosten, nicht aber etwaige dem Antragsteller entstandene (wirtschaftliche) Kosten der Angebotsakquisition durch eingeschaltete Unternehmensberater, Makler etc. (MK-Görg/Janssen § 163 Rn. 18). Über Umfang und Höhe der Kostenerstattungspflicht entscheidet im Streitfall das Zivilgericht. (Uhlenbruck-Uhlenbruck § 163 Rn. 10; FK-Wegener § 163 Rn. 7)

C. Verfahrensfragen

8 Eine **sofortige Beschwerde** ist unzulässig (§ 6 Abs. 1). Gegen den Beschluss des Rechtspflegers können die Gläubiger und der Insolvenzverwalter über die **befristete Erinnerung** gem. § 11 Abs. 2 RPflG bei Nichtabhilfe die Entscheidung des Richters herbeiführen.

§ 164 Wirksamkeit der Handlung

Durch einen Verstoß gegen die §§ 160 bis 163 wird die Wirksamkeit der Handlung des Insolvenzverwalters nicht berührt.

Übersicht	Rdn.		Rdn.
A. Normzweck	1	II. Wirksamkeit der Rechtshandlung	3
B. Norminhalt	2	III. Unwirksamkeit im Außenverhältnis	4
I. Verstoß	2		

A. Normzweck

1 §§ 160 bis 163 regeln Kompetenz zuweisend die Zustimmungsbedürftigkeit einzelner Rechtshandlungen im Innenverhältnis zwischen Insolvenzverwalter, Gläubigerausschuss und Gläubigerversammlung unter Beteiligung des Schuldners und von Gläubigerminderheiten. Im Interesse der Verkehrssicherheit (BGH, ZIP 1995, 290, 291) stellt § 164 klar, dass die Verwaltungs- und Verfügungsbefugnis (§ 80) des Insolvenzverwalters in Außenrechtsverhältnissen zu Dritten hierdurch nicht beschränkt wird und seine Rechtshandlungen wirksam bleiben.

B. Norminhalt

I. Verstoß

2 Ein Verstoß des Insolvenzverwalters kann zum einen darin liegen, dass er die ihm ggü. dem Schuldner obliegende Unterrichtungspflicht nicht bzw. nicht hinreichend wahrnimmt. Ein Verstoß liegt zum anderen auch dann vor, wenn er entweder eine erforderliche positive Zustimmung des zuständigen Gläubigerorgans nicht einholt oder die Zustimmungsfiktion des § 161 Abs. 1 Satz 2 nicht

herbeiführt. Ein – offenkundiger – Verstoß ist schließlich auch dann gegeben, wenn er trotz einer ihm ausdrücklich verweigerten Zustimmung die Rechtshandlung vornimmt (Uhlenbruck-Uhlenbruck § 164 Rn. 2).

II. Wirksamkeit der Rechtshandlung

Die Wirksamkeit der Rechtshandlung erfordert keinen guten Glauben des Geschäftspartners hinsichtlich der internen Handlungskompetenz des Verwalters (Gundlach/Frenzel/Jahn, ZInsO 2007, 1028, 1030). Auch bei positiver Kenntnis des Zustimmungsmangels ist die Rechtshandlung nach herrschender Meinung wirksam (Uhlenbruck-Uhlenbruck § 164 Rn. 2; MK-Görg/Janssen § 164 Rn. 3 m.w.N.). Umgekehrt kann sich auch der Insolvenzverwalter nicht im Nachhinein auf eine fehlende Zustimmung berufen (OLG Koblenz, KTS 1962, 123, 125). Er kann aber die Wirksamkeit der Rechtshandlung nach allgemeiner Meinung unter die aufschiebende Bedingung der Zustimmung des entscheidungsberufenen Gläubigerorgans stellen oder ein Rücktrittsrecht vereinbaren (Braun-Esser § 164 Rn. 3). Ohne Außenwirkung ist eine fehlende Zustimmung folgerichtig auch in Zivilprozessrechts- und öffentlich-rechtlichen Verhältnissen. Auch ein Verstoß des Insolvenzverwalters gegen § 158 beeinträchtigt das Außenverhältnis nicht (MK-Görg/Janssen § 158 Rn. 31). Gleiches gilt bei einer Verwertung eines einzelnen Gegenstands oder sogar bei der Veräußerung des gesamten Unternehmens entgegen der anderslautenden Beschlussfassung eines Gläubigerorgans (§ 159 Rdn. 7; BGH, ZInsO 2011, 1550, 1551). § 164 ermöglicht es dem Verwalter, sich im Einzelfall über Beschlüsse der Gläubigerorgane, die nicht im Interesse der Gläubigergesamtheit liegen, hinwegzusetzen (K. Schmidt/Jungmann § 164 Rn. 3; Gundlach/Frenzel/Strandmann, NZI 2008, 461, 465). Von der Wirksamkeit im Außenverhältnis zu trennen ist die mögliche Haftung des im Innenverhältnis pflichtwidrig handelnden Verwalters (§ 60 Rdn. 14) und die Auslösung aufsichtsrechtlicher Maßnahmen des Insolvenzgerichts (Pape, NZI 2006, 65, 71).

III. Unwirksamkeit im Außenverhältnis

Eine ausnahmsweise Unwirksamkeit im Außenverhältnis wegen **offenkundiger Insolvenzzweckwidrigkeit** ist grds. in Anlehnung an die Regeln über den Missbrauch der Vertretungsmacht zu beurteilen (FK-Wegener § 164 Rn. 4; hierzu Palandt-Ellenberger § 164 BGB Rn. 13, 14). Voraussetzung ist danach neben einem evidenten Pflichtverstoß mit massenachteiliger Auswirkung, dass sich dem Geschäftspartner aufgrund der Umstände des Einzelfalls ohne Weiteres begründete Zweifel an der Vereinbarkeit der Handlung mit dem Zweck des Insolvenzverfahrens aufdrängen mussten (BGH, ZInsO 2002, 577, 579), wie dies etwa bei einer Schenkung (MK-Görg/Janssen § 164 Rn. 6), Zahlungen auf nicht angemeldete Insolvenzforderungen (KPB-Onusseit § 164 Rn. 2) oder bei kollusivem Zusammenwirken (Uhlenbruck-Uhlenbruck § 164 Rn. 3) von Insolvenzverwalter und Drittem offensichtlich ist. Für den beteiligten Dritten muss erkennbar sein, dass der Verwalter zum Nachteil der Masse entgegen dem Verfahrensziel des § 1 handelt (Preuß, NZI 2003, 625, 631). Im Übrigen gelten für Rechtshandlungen des Insolvenzverwalters die allgemeinen Regelungen der §§ 134 ff. BGB.

Dritter Abschnitt Gegenstände mit Absonderungsrechten

§ 165 Verwertung unbeweglicher Gegenstände

Der Insolvenzverwalter kann beim zuständigen Gericht die Zwangsversteigerung oder die Zwangsverwaltung eines unbeweglichen Gegenstands der Insolvenzmasse betreiben, auch wenn an dem Gegenstand ein Absonderungsrecht besteht.

Übersicht

	Rdn.			Rdn.
A. Normzweck	1	III.	Einwendungen gegen die Vollstreckung, Vollstreckungsschutz	27
B. Norminhalt	2		1. Insolvenzverwalter	27
I. Verwertung durch Absonderungsberechtigte	3		a) Unzulässigkeit nach Regelungen der InsO	28
1. Absonderungsberechtigte	3		b) Vollstreckungsschutz nach §§ 30d ff., 153b ZVG, § 765a ZPO	31
2. Zwangsversteigerung	4			
3. Zwangsverwaltung	7		2. Schuldner	36
II. Verwertung durch den Insolvenzverwalter	9	IV.	Steuern	37
1. Freihändige Verwertung	10		1. Grunderwerbsteuer	37
a) Freihändige Veräußerung	11		2. Umsatzsteuer	38
b) »Kalte Zwangsverwaltung«	14		3. Ertragsteuern	40a
2. Freigabe	16	V.	Verbraucherinsolvenzverfahren, Eigenverwaltung	41
3. Zwangsversteigerung	19			
4. Zwangsverwaltung	24	VI.	Verwertung von Schiffen, Schiffsbauwerken und Luftfahrzeugen	43
C. Sonderfragen	25			
I. Verwertung von Zubehör	25			
II. Verfahrensfragen	26			

A. Normzweck

1 Der Insolvenzverwalter darf belastete Immobilien im Wege der Zwangsversteigerung und Zwangsverwaltung verwerten. Verwertungsberechtigt sind daneben auch die Absonderungsberechtigten (§ 49). Für den Insolvenzverwalter besteht neben den ausdrücklich geregelten Verwertungsmöglichkeiten auch das Recht, unbewegliches Vermögen freihändig zu veräußern (Rdn. 10 ff.). Als Alternative zur Verwertung kommt schließlich die Freigabe durch den Insolvenzverwalter (Rdn. 16 ff.) in Betracht.

B. Norminhalt

2 § 165 erfasst alle Gegenstände, die der Zwangsvollstreckung in das unbewegliche Vermögen unterliegen (§ 49 Rdn. 2 ff.). Hauptfälle sind die Verwertung von Grundstücken und Zubehör (Rdn. 25); zur Verwertung von Bruchteilen an Grundstücken, Wohnungseigentum und Erbbaurechten vgl. die Ausführungen bei MK-Tetzlaff § 165 Rn. 287 ff., zu Schiffen und Luftfahrzeugen Rdn. 43.

I. Verwertung durch Absonderungsberechtigte

1. Absonderungsberechtigte

3 Absonderungsberechtige können sowohl vor als auch nach Insolvenzeröffnung **aus dinglichen Titeln** die Zwangsvollstreckung in Grundstücke betreiben. Von praktischer Bedeutung ist die Vollstreckung durch dingliche Gläubiger der Rangklassen in § 10 Abs. 1 Nr. 2 i.V. m. Abs. 3 ZVG (Beiträge aus Wohnungseigentum), § 10 Abs. 1 Nr. 3 ZVG (öffentliche Lasten) und § 10 Abs. 1 Nr. 4 ZVG (Grundpfand- und Reallastgläubiger), auch wegen älterer Rückstände aus diesen Rechten (BGH NZI 2011, 939 zu § 10 Abs. 1 Nr. 7 ZVG). Diese Gläubiger können auch nach Insolvenzeröffnung wegen der gesicherten Insolvenzforderungen die Zwangsvollstreckung in das Grundstück betreiben oder der Vollstreckung durch andere Gläubiger beitreten; soweit sie über

keinen vollstreckbaren Titel verfügen, müssen sie zuvor Pfandklage gegen den Insolvenzverwalter erheben (BGH, ZInsO 2011, 1649). Die Zwangsvollstreckung in Miet- und Pachtzinsforderungen über §§ 829 ff. ZPO ist nach Insolvenzeröffnung unzulässig (§ 49 Rdn. 10d). **Persönliche Gläubiger** (§ 10 Abs. 1 Nr. 5 ZVG) können vor Insolvenzeröffnung Zwangsversteigerungs- und Zwangsverwaltungsverfahren einleiten; Vollstreckungen innerhalb der Sperrfrist des § 88 sind unzulässig und werden nach Insolvenzeröffnung vom Vollstreckungsgericht aufgehoben (§ 28 Abs. 2 ZVG). Nach Insolvenzeröffnung ist die Zwangsvollstreckung durch persönliche Gläubiger gem. § 89 unzulässig. **Massegläubiger** können nach Insolvenzeröffnung in Massegegenstände und somit auch in Grundstücke vollstrecken (§ 90). Ansonsten werden Masseverbindlichkeiten nicht durch Absonderungsrechte am Grundstück gesichert (BGH, ZInsO 2011, 1649). Schließlich kann auch der **Insolvenzverwalter** aus einer Gläubigerposition die Zwangsvollstreckung betreiben, wenn das Grundstück mit einem **Eigentümergrundpfandrecht** belastet ist. § 1197 Abs. 1 BGB steht der Verwertung des Eigentümerrechts für die Masse nicht entgegen (MK-Ganter § 49 Rn. 63; Jaeger-Henckel § 49 Rn. 24; zu Löschungsansprüchen nachrangiger Grundpfandgläubiger § 49 Rdn. 18a).

2. Zwangsversteigerung

Das Zwangsversteigerungsverfahren wird auf Antrag des Gläubigers beim zuständigen Vollstreckungsgericht angeordnet (§§ 15, 1 Abs. 1 ZVG). Die **Beschlagnahme** erfasst das Grundstück und die zum Haftungsverband gehörenden Bestandteile, nicht getrennten Erzeugnisse und Zubehör (§§ 20 Abs. 2, 21 Abs. 1 ZVG, §§ 1120 ff. BGB), nicht aber Miet- und Pachtzinsforderungen (§ 21 Abs. 2 ZVG).

Das Vollstreckungsgericht setzt den **Verkehrswert des Grundstücks** fest (§ 74a Abs. 5 ZVG). Zu schätzen ist auch der Wert des Zubehörs (wichtig für die Massekostenbeteiligung nach § 10 Abs. 1 Nr. 1a ZVG, dazu § 49 Rdn. 14). Für die Versteigerung wird das **geringste Gebot** bestimmt, das sich aus den Verfahrenskosten und den Rechten zusammensetzt, die dem Recht des bestrangig betreibenden Gläubigers nach der Rangordnung des § 10 ZVG vorgehen (§ 44 Abs. 1 ZVG). Den Zuschlag in der Versteigerung erhält das **Meistgebot**. Liegt das Meistgebot unter 5/10 des Verkehrswerts, ist der Zuschlag im ersten Versteigerungstermin zu versagen (§ 85a Abs. 1 ZVG). Liegt das Meistgebot unter 7/10 des Verkehrswerts, kann ein nach § 10 ZVG Berechtigter im ersten Versteigerungstermin die Versagung des Zuschlags beantragen, wenn sein Anspruch durch das Meistgebot nicht gedeckt ist, aber bei einem Gebot von 7/10 des Verkehrswerts gedeckt wäre (§ 74a Abs. 1 ZVG). Dieses Recht steht dem Insolvenzverwalter allerdings nicht zu; ein Antragsrecht des Insolvenzverwalters besteht nur, wenn er selbst Berechtigter ist, weil ein massezugehöriges Eigentümergrundpfandrecht vom Ausfall bedroht ist (MK-Tetzlaff § 165 Rn. 38; Uhlenbruck-Brinkmann § 165 Rn. 16).

Mit dem **Zuschlag** erwirbt der Ersteher Eigentum am Grundstück und allen Gegenständen, deren Beschlagnahme wirksam ist (§§ 90, 55 Abs. 1, 20 Abs. 2 ZVG, § 1120 BGB). Dazu gehört auch schuldnerfremdes Zubehör, soweit Drittrechte nicht gem. § 37 Nr. 5 ZVG geltend gemacht wurden (§ 55 Abs. 2 ZVG). Nachrangige Rechte, die nicht in das geringste Gebot aufgenommen wurden, erlöschen (§ 91 Abs. 1 ZVG). Der **Versteigerungserlös** wird nach der Reihenfolge des § 10 ZVG (§ 49 Rdn. 12 ff.) an die Absonderungsberechtigten verteilt, soweit deren Rechte nicht bestehen bleiben. Damit steht zugleich der Ausfall dieser Absonderungsberechtigten fest (§ 52). Soweit die Absonderungsberechtigten Zahlungen aus dem Erlös erhalten, gelten sie als befriedigt. Erwirbt ein Absonderungsberechtigter das Grundstück zu einem Meistgebot unterhalb der 7/10 Grenze, gilt er insoweit als befriedigt, als seine Forderung bei einem Gebot von 7/10 des Verkehrswerts gedeckt wäre (§ 114a ZVG). Er kann daher nur den Restbetrag seiner Forderung als Ausfallforderung geltend machen. Ein Übererlös fällt in die Masse.

3. Zwangsverwaltung

Für die Zwangsverwaltung gelten die Regelungen zur Zwangsversteigerung entsprechend, soweit die §§ 147 ff. ZVG keine abweichenden Bestimmungen treffen (§ 146 Abs. 1 ZVG). Die Beschlagnahme erfasst auch getrennte Erzeugnisse sowie Miet- und Pachtzinsforderungen (§§ 148 Abs. 1, 21 Abs. 1, 2 ZVG); Mietzins aus Untervermietung bzw. -verpachtung wird von der Beschlagnahme grds. nicht erfasst (zu Ausnahmen BGH, ZInsO 2005, 371). Der vom Vollstreckungsgericht bestellte Zwangsverwalter erhält den Besitz am Grundstück und den mitbeschlagnahmten Sachen (§ 150 Abs. 2 ZVG). Ist über das Vermögen des Grundstückseigentümers ein Insolvenzverfahren eröffnet, bricht das **Besitzrecht des Zwangsverwalters** den Besitz des Insolvenzverwalters (MK-Tetzlaff § 165 Rn. 249). Ist das Grundstück vermietet, gebühren die Mietzinsen ab Beschlagnahme nicht mehr der Insolvenzmasse, sondern den die Zwangsverwaltung betreibenden Gläubigern. Wird auf dem beschlagnahmten Grundstück ein Unternehmen geführt, dessen Betrieb nicht von dem Grundstück gelöst werden kann und zur wirtschaftlich sinnvollen Nutzung des Grundstücks erforderlich ist, ist der Zwangsverwalter anstelle des Insolvenzverwalters zur Betriebsfortführung berechtigt (BGH, ZInsO 2005, 771; eingehend Förster, ZInsO 2005, 746; Schmidt-Ränsch, ZInsO 2006, 303).

Die Verteilung ist in §§ 155 ff., 10 ZVG geregelt. Verbleibt nach Aufhebung der Zwangsverwaltung ein **Überschuss**, muss der vormalige Zwangsverwalter diesen Überschuss an die Insolvenzmasse auskehren (BGH, ZInsO 2013, 2270).

8 Zu den Folgen der »eigenkapitalersetzenden Nutzungsüberlassung« eines Grundstücks an den Schuldner bei Altfällen vor dem 01.11.2008 vgl. die 2. Aufl. und § 135 Rdn. 123 ff. Zur Geltung des § 135 Abs. 3 ggü. dem Zwangsverwalter vgl. § 135 Rdn. 62.

II. Verwertung durch den Insolvenzverwalter

9 Bei der Verwertung durch den Insolvenzverwalter steht die **freihändige Veräußerung** im Vordergrund. Die Einleitung von Zwangsversteigerungs- oder Zwangsverwaltungsverfahren ist in der Praxis eher selten. Als Alternative zur Verwertung kann der Insolvenzverwalter das Grundstück an den Schuldner freigeben, wenn ansonsten Nachteile für die Masse drohen.

1. Freihändige Verwertung

10 Statt der Verwertung im Wege der Zwangsversteigerung kann der Insolvenzverwalter ein Grundstück freihändig veräußern (Rdn. 11 ff.). Als Alternative zur Zwangsverwaltung kann der Insolvenzverwalter aufgrund einer Verwertungsvereinbarung mit den Absonderungsberechtigten eine sog. »kalte Zwangsverwaltung« durchführen (Rdn. 14 ff.).

a) Freihändige Veräußerung

11 Die freihändige Veräußerung durch den Insolvenzverwalter ist an die Zustimmung der Gläubigerorgane gebunden (§ 160 Abs. 2 Nr. 1).

12 Im Regelfall will der Erwerber das Grundstück lastenfrei erwerben. Zur Vorbereitung der Verwertung schließt der Insolvenzverwalter eine **Verwertungsvereinbarung** mit den Absonderungsgläubigern ab, in der geregelt wird, dass die Gläubiger gegen Erlösbeteiligung auf ihre dinglichen Rechte verzichten. Neben den Grundpfandberechtigten sind auch die Absonderungsberechtigten der übrigen Rangklassen aus dem Erlös zu befriedigen (Jaeger-Henckel § 49 Rn. 33; KPB-Flöther § 165 Rn. 8; a. A. zu öffentlichen Lasten Uhlenbruck-Brinkmann § 51 Rn. 38). Die Rechte gem. § 10 Abs. 1 Nr. 2 und 3 ZVG sind auch dann vom Insolvenzverwalter zu berücksichtigen, wenn keine Beschlagnahme des Grundstücks erfolgt ist. Eine Massekostenbeteiligung für Zubehör gem. § 10 Abs. 1 Nr. 1a ZVG fällt bei der freihändigen Veräußerung nicht an (HK-Landfermann § 165 Rn. 7). Für die Verteilung des Erlöses sind die Regelungen der §§ 10 ff. ZVG maßgeblich; der Insolvenzverwalter kann aufgrund einer **Verwertungsvereinbarung** mit den Absonderungsberechtigten auch abweichende Regelungen treffen. Erwirbt der Absonderungsberechtigte selbst das Grundstück, kann er mit seiner Erlösbeteiligung gegen den Kaufpreis aufrechnen (d'Avoine, NZI 2008, 17).

Soweit die Rechte der Absonderungsgläubiger bei freihändiger Veräußerung – durch Zustimmung gemäß Verwertungsvereinbarung oder in sonstiger Weise – erlöschen, setzen sie sich am Verwertungserlös fort. Bleibt ein dingliches Recht nach der Veräußerung bestehen – etwa weil der Gläubiger der Verwertungsvereinbarung nicht zugestimmt hat oder schlicht nicht berücksichtigt wurde –, ist der Gläubiger nicht aus dem Erlös zu befriedigen (BGH, ZInsO 2010, 764; BGH, ZInsO 2010, 914). Das Grundstück haftet insbesondere fort für Grundpfandrechte und öffentliche Lasten gem. § 10 Abs. 1 Nr. 3 ZVG, die nicht aus dem Verwertungserlös abgelöst werden. Keine dingliche Forthaftung des Grundstücks besteht dagegen für rückständige Hausgelder gem. § 10 Abs. 1 Nr. 2 ZVG (BGH, ZInsO 2013, 2056). Für die Hausgelder haftet daher nicht das veräußerte Grundstück, sondern der Verwertungserlös (Bales, ZInsO 2014, 182, 185).

Soweit der Insolvenzverwalter dem Erwerber lastenfreien Verkauf versprochen hat, kann der Erwerber wegen der fortbestehenden Belastung Regressansprüche gegen die Insolvenzmasse geltend machen (Büchler, ZInsO 2011, 718).

Übernimmt der Erwerber sämtliche Belastungen, zahlt er den Übererlös, der sich aus der Differenz zwischen dem Verkehrswert und dem Wert der Gesamtbelastung ergibt. Dieser Übererlös ist nicht mit den Rechten der Absonderungsberechtigten belastet, da deren Rechte am Grundstück erhalten bleiben. Dies gilt auch für die nicht im Grundbuch eingetragenen öffentlichen Lasten, da insoweit kein gutgläubig lastenfreier Erwerb möglich ist (MK/BGB-Joost § 1105 Rn. 72). Der freihändige Verkauf bietet Vorteile ggü. der Zwangsversteigerung, da er i. d. R. kostengünstiger ist und schneller abgewickelt wird. Die Erlösaussichten des freihändigen Verkaufs sind rgm. höher als die bei der Zwangsversteigerung. Wird ein zu Wohnzwecken vermietetes Grundstück veräußert, ist die Haftung des Erwerbers aus § 566a BGB für Mietkautionen zu beachten. Offen ist, ob diese Haftung auch dann besteht, wenn der Schuldner die Kaution nicht insolvenzfest angelegt hat und der Mieter insoweit nur einfacher Insolvenzgläubiger ist (abl. Nolt, NZI 2007, 149: Parallelfall zu § 613a BGB). Soll das Grundstück lastenfrei veräußert werden, bietet sich für nachrangige Grundpfandgläubiger, die bei einer Zwangsversteigerung voraussichtlich nicht befriedigt werden (»Schornsteinhypotheken«), die Chance, am Erlös beteiligt zu werden. Auch diese nachrangigen Gläubiger müssen Löschungsbewilligungen für ihre Grundpfandrechte erteilen. Sie können die Erteilung davon abhängig machen, dass ihnen eine Quote aus dem Erlös ausgezahlt wird, sog. »Lästigkeitsprämie«. Auf diesem Wege wird der Mehrwert, der beim freihändigen Verkauf erzielt wird, teilweise an die nachrangigen Absonderungsberechtigten ausgekehrt. Auch die Insolvenzmasse profitiert von dem Mehrwert, da der Insolvenzverwalter den freihändigen Verkauf nur gegen Zahlung eines **Massekostenbeitrages** aus dem Verwertungserlös durchführt.

Der BGH hat entschieden, dass die Zahlung einer **Lästigkeitsprämie**, die über die Löschungskosten des nachrangigen Gläubigers hinausgeht, **insolvenzzweckwidrig** sein kann und daher vom Insolvenzverwalter zurückzufordern ist (BGH, ZIP 2008, 884; krit. Schulz, EWiR 2008, 471; Frege/Keller, NZI 2009, 11). In dem konkreten Sachverhalt hat der freihändige Verkauf nicht zu einem Massezuwachs geführt, sodass der Vereinbarung der Lästigkeitsprämie keine Vorteile für die Insolvenzmasse gegenüberstanden. Da der Insolvenzverwalter in der Praxis rgm. einen Massekostenbeitrag für den freihändigen Verkauf erhält, ist die Zahlung der Lästigkeitsprämie als Voraussetzung für die Durchführbarkeit des freihändigen Verkaufs rgm. nicht insolvenzzweckwidrig (Schulz, EWiR 2008, 471). I. Ü. wird die Lästigkeitsprämie nicht zulasten der Insolvenzmasse, sondern aus dem Erlös der vorrangigen Gläubiger bezahlt, sodass der nachrangige Gläubiger nicht zulasten der Gläubigergesamtheit befriedigt wird. Soweit die Insolvenzmasse vom freihändigen Verkauf profitiert und nicht durch Zahlung der Lästigkeitsprämie geschmälert wird, ist die Zahlung einer Lästigkeitsprämie daher insolvenzfest. Inzwischen hat der BGH seine Rechtsprechung korrigiert. Die Zahlung der Lästigkeitsprämie ist dann nicht insolvenzwidrig, wenn der gezahlte Betrag zu Lasten der zustimmenden vorrangigen Grundpfandgläubiger geht (BGH, ZInsO 2014, 1009). Da in der Praxis die Lästigkeitsprämie regelmäßig nicht aus der Insolvenzmasse sondern für Rechnung vorrangiger Gläubiger entrichtet wird, hat sich die Diskussion zu der Insolvenzzweckwidrigkeit der Lästigkeitsprämie weitgehend erledigt. Die Zahlung einer Lästigkeitsprämie lässt sich vermeiden,

§ 165 InsO Verwertung unbeweglicher Gegenstände

wenn der nachrangige Gläubiger aus § 242 BGB zur Rückgewähr bzw. Löschung der Belastung verpflichtet ist, weil er ohnehin keine Befriedigungsaussicht hat (so OLG Nürnberg, ZInsO 2014, 93; OLG Schleswig, ZInsO 2011, 1745 [Bank]; LG Regensburg, ZInsO 2009, 2015; LG Leipzig, ZInsO 2014, 100; einschr. Oster/Steinwachs, ZInsO 2011, 1638). Zweifelhaft ist, ob diese Lösung mit Art. 14 GG vereinbar ist.

13b Die **Höhe des Massekostenbeitrages** ist frei verhandelbar und übersteigt i. d. R. die Feststellungskosten gem. § 10 Abs. 1 Nr. 1a ZVG. Der Insolvenzverwalter ist **nicht verpflichtet**, die freihändige Verwertung durchzuführen, wenn der geforderte Massekostenbeitrag von den Absonderungsberechtigten nicht akzeptiert wird (MK-Tetzlaff § 165 Rn. 183).

b) »Kalte Zwangsverwaltung«

14 Absonderungsberechtigte können aufgrund eines dinglichen Titels die Anordnung der Zwangsverwaltung über das Grundstück beantragen. Bis zur Beschlagnahme kann der Insolvenzverwalter die Miet- bzw. Pachtzinsforderungen zur Masse einziehen; hat der Absonderungsberechtigte vor der Beschlagnahme Miet- bzw. Pachtzinsforderungen eingezogen, muss er die Erlöse an den Insolvenzverwalter auskehren (LG Stendal, ZInsO 2005, 614). Den Absonderungsberechtigten droht die Freigabe des Grundstücks an den Schuldner, wenn der Insolvenzmasse durch die Zwangsverwaltung die laufenden Einnahmen verloren gehen. Dann müssen die Absonderungsberechtigten die Verwertung des Grundstücks ggü. dem Schuldner betreiben und sind für die Veräußerung auf das Verfahren der Zwangsversteigerung angewiesen. Der Insolvenzverwalter kann das Grundstück nach Freigabe nicht mehr freihändig veräußern und somit keine Massekostenbeiträge erwirtschaften. Somit besteht für die Beteiligten ein Interesse daran, die Einnahmen aus der Vermietung/Verpachtung aufzuteilen und damit einer Freigabe des Grundstücks aus der Masse entgegenzuwirken. **Verwertungsvereinbarungen** über die Aufteilung der Miet- bzw. Pachtzinsen zur Vermeidung der Zwangsverwaltung werden als sog. »kalte Zwangsverwaltung« bezeichnet. Die **Aufteilung der Mietzinsen** kann sich an den Regelungen der Zwangsverwaltung (§§ 17 ff. ZwVwV) orientieren, i. d. R. behält der Insolvenzverwalter aber eine höhere Quote für die Masse ein. Im Gegenzug kann der Insolvenzverwalter auf die Vergütung fiktiver Mieten verzichten und nur tatsächlich zur Masse eingezogene Mietzinsen aufteilen. Durch diese Vereinbarung wird der Absonderungsberechtigte sofort an den Mietzinsen beteiligt und muss nicht zunächst die Anordnung der Zwangsverwaltung abwarten. Der Massekostenbeitrag ist Bestandteil der Insolvenzmasse und keine – zusätzliche – Sondervergütung für den Insolvenzverwalter (Bork, ZIP 2013, 2129, 2135f.; a. A. AG Leipzig, ZInsO 2007, 148).

15 Übersicht: Regelungen in der Verwaltungsvereinbarung (vgl. Tetzlaff, ZInsO 2004, 521, 528)

▶ Praxistipp

- Aufteilung der Einnahmen zwischen Masse und Absonderungsberechtigten,
- Aufteilung rückständiger Miet-/Pachtzinsen sowie Einnahmen der Insolvenzmasse vor fiktiver Beschlagnahme,
- Aufteilung Instandhaltungs-/Instandsetzungskosten,
- Beginn und Dauer der Laufzeit (fiktiver Beschlagnahmezeitpunkt),
- Ende der Aufteilung, wenn Absonderungsberechtigter Zwangsverwaltung einleitet,
- Anrechnung von Zahlungen auf Hauptforderung und Zinsen der Absonderungsberechtigten,
- Befriedigung von Kautionsansprüchen der Mieter/Pächter,
- Ausweis von USt (dazu de Weerth, NZI 2007, 329).

15a Bei einem **eigengenutzten Grundstück**, das der Insolvenzverwalter für die Betriebsfortführung benötigt, ist zur Vermeidung von Vollstreckungsmaßnahmen eine Nutzungsvereinbarung mit den Absonderungsberechtigten zu schließen (Borchardt/Frind-Henkel, Betriebsfortführung, Rn. 2169). Das Nutzungsentgelt wird sich an den Erträgen in einem Zwangsverwaltungsverfahren orientieren.

2. Freigabe

Der Insolvenzverwalter kann das Grundstück aus der Masse freigeben (zur Freigabe im Insolvenzverfahren über das Vermögen einer juristischen Person § 35 Rdn. 64). Die Freigabe kann gem. § 160 Abs. 1 zustimmungspflichtig sein. Die Freigabe setzt voraus, dass der Insolvenzverwalter dem Schuldner die freie Verfügungsbefugnis über das Grundstück zurückgibt (§ 35 Rdn. 53, 69). Die Freigabe ist auch während einer »kalten Zwangsverwaltung« zulässig (Molitor, ZInsO 2009, 231).

Die Freigabe ist dann angezeigt, wenn die Belastung der Masse mit den Grundstückskosten den voraussichtlichen Erlös übersteigt. Ist ein Grundstück über den Verkehrswert hinaus mit Absonderungsrechten belastet und sind auf Sicht keine Mieteinnahmen zu erzielen, hängt die Entscheidung über die Freigabe davon ab, ob die Absonderungsberechtigten bereit sind, für die Verwertung mindestens einen Massekostenbeitrag i. H. d. anfallenden Verwaltungs- und Verwertungskosten zu leisten. Eine Freigabe kann auch dann erforderlich sein, wenn das Grundstück mit Altlasten (z. B. Abfälle, Bodenkontaminationen) belastet ist. Zur Haftung der Masse für Altlasten vgl. § 55 Rdn. 72 ff.

▶ **Hinweis:**

Die **Freigabe an den Schuldner** kann als **Verwertung** ausgestaltet sein. Wird eine Immobilie vom Schuldner selbst genutzt, kann der Schuldner diese mit Drittmitteln aus der Insolvenzmasse ablösen. Der Ablösebetrag ermittelt sich aus der Differenz zwischen dem Verkehrswert und der Summe der dinglichen Belastungen. Auch wenn die Immobilie werterschöpfend belastet ist, kann die Freigabe für den Schuldner interessant sein, wenn er Tilgungsvereinbarungen mit den Absonderungsberechtigten abschließt. Das setzt voraus, dass der Schuldner mit Drittmitteln oder aus seinem unpfändbaren Einkommen die Belastungen tilgen kann. Die Höhe des Ablösungsbetrags orientiert sich an der Beteiligung, die die Absonderungsberechtigten dem Insolvenzverwalter bei einer freihändigen Verwertung der Immobilie einräumen würden. Die Immobilie wird gegen Zahlung des Ablösungsbetrags mit den Belastungen aus der Insolvenzmasse freigegeben, sodass der Ablösungsbetrag nicht mit Rechten der Absonderungsberechtigten belastet ist. Wirtschaftlich entspricht diese Vorgehensweise der freihändigen Veräußerung der belasteten Immobilie an einen Dritten (Rdn. 13).

3. Zwangsversteigerung

Der Insolvenzverwalter kann die Zwangsversteigerung als sog. Verwalterversteigerung beantragen. Das Verfahren richtet sich nach §§ 172 ff. ZVG. Die Vorteile der Zwangsversteigerung ggü. dem freihändigen Verkauf liegen darin, dass der Insolvenzverwalter keine Gewährleistung übernimmt (§ 56 Satz 3 ZVG) und dingliche Vorkaufsrechte nicht ausgeübt werden können (§ 1098 Abs. 1 Satz 2 BGB). In der Praxis überwiegen die Vorteile des freihändigen Verkaufs (Rdn. 11 ff.) deutlich, sodass die Verwalterversteigerung nur in Ausnahmefällen durchgeführt wird. Sie ist daher von geringer praktischer Bedeutung.

Die **Verwalterversteigerung** erfolgt auf Antrag des Insolvenzverwalters. Voraussetzung ist, dass das Grundstück Bestandteil der »Soll-Masse« ist. Gehört nur ein Miteigentumsanteil zur Insolvenzmasse, kann der Insolvenzverwalter nicht das gesamte Grundstück nach §§ 172 ff. ZVG versteigern lassen (BGH, ZInsO 2013, 256: Teilungsversteigerung nach §§ 180 ff. ZVG). Die Anordnung der Verwalterversteigerung hat keine Beschlagnahmewirkung (§ 173 Satz 1 ZVG). Das Grundstück kann daher weiter freihändig veräußert werden. Für die Verwertung von Gegenständen des Haftungsverbandes gelten die Grundsätze aus der Zeit vor Beschlagnahme (§ 49 Rdn. 5 ff.). Die **Vollstreckungsversteigerung** auf Antrag eines Absonderungsberechtigten und die Verwalterversteigerung werden getrennt durchgeführt. Der Beitritt des Insolvenzverwalters zur Vollstreckungsversteigerung ist unzulässig, ebenso umgekehrt der Beitritt eines Vollstreckungsgläubigers zur Verwalterversteigerung (Stöber § 172 ZVG Rn. 7.1; Knees, ZIP 2001, 1568, 1579; a. A. MK-Tetzlaff § 165 Rn. 142; KPB-Flöther § 165 Rn. 12). Sind beide Verfahren angeordnet, wird zuerst die Vollstreckungsversteigerung durchgeführt und erst wenn diese erfolglos bleibt die Verwalterversteigerung (Stöber § 172 ZVG Rn. 7.4). Die Verwalterversteigerung wird vom Insolvenzverwalter aus der Rangklasse des § 10 Abs. 1 Nr. 5 ZVG betrieben. In das geringste Gebot werden daher die Verfahrenskosten, die Rangklassen Nr. 1 bis 3 sowie alle weiteren dinglichen Rechte aufgenommen (Stöber § 174 ZVG Rn. 2.1). Dadurch kann es zu einem hohen geringsten Gebot kommen, sodass die Verwalterversteigerung oft erfolglos bleibt.

21 Die Absonderungsberechtigten müssen auf eine Verwertung des Grundstücks hinwirken, damit sie im Insolvenzverfahren ihren Ausfall nachweisen können (§ 52). Damit sie zur Verwertung nicht gesondert die Vollstreckungsversteigerung betreiben müssen, können sie in der Verwalterversteigerung ein abweichendes geringstes Gebot beantragen, § 174 ZVG (zur Wahl des Absonderungsberechtigten zwischen Vollstreckungsversteigerung und Antrag nach § 174 ZVG in der Verwalterversteigerung Weis/Ristelhuber, ZInsO 2002, 859, 863). Voraussetzung ist, dass der Absonderungsberechtigte gegen den Schuldner eine dingliche und eine persönliche Forderung hat und der Anspruch vom Insolvenzverwalter anerkannt ist (Stöber § 174 ZVG Rn. 3.2). In das abweichende geringste Gebot nach § 174 ZVG werden nur die Rechte aufgenommen, die dem Recht des Absonderungsberechtigten vorgehen. Stellen mehrere Absonderungsberechtigte Anträge nach § 174 ZVG, so ist das geringste Gebot des bestrangigen Absonderungsberechtigten maßgeblich. Es kommt zu einem **Doppelausgebot** des Insolvenzverwalters aus § 172 ZVG und des Absonderungsberechtigten aus § 174 ZVG. Werden auf beide Ausgebote Gebote abgegeben, erfolgt der Zuschlag auf das Ausgebot nach § 174 ZVG (Stöber § 174 ZVG Rn. 3.11). Nur dann ist der Absonderungsberechtigte in der Lage, seinen Ausfall nach § 52 nachzuweisen.

22 Der Insolvenzverwalter kann in der Verwalterversteigerung auch ein abgeändertes geringstes Gebot nach § 174a ZVG beantragen. Dann betreibt der Insolvenzverwalter die Versteigerung aus dem Rang des § 10 Abs. 1 Nr. 1a ZVG. In das geringste Gebot werden hier nur die Verfahrenskosten und die Ansprüche aus Rangklasse 1 aufgenommen. Voraussetzung für ein solches Gebot ist, dass sich die Zwangsversteigerung auf bewegliche Gegenstände des schuldnerischen Vermögens erstreckt und diese Gegenstände mit einem Verkehrswert belegt werden, da ansonsten keine Feststellungskostenpauschale anfällt. Durch das niedrige geringste Gebot erhöhen sich die Verwertungsaussichten beträchtlich. Bei einem Zuschlag auf dieses Gebot erlöschen die Rechte aller Gläubiger im Rang nach § 10 Abs. 1 Nr. 1a ZVG. Damit entfällt auch eine erstrangige – an sich gem. § 106 insolvenzfeste – **Auflassungsvormerkung** (Uhlenbruck-Brinkmann § 165 Rn. 14a; krit. Stöber § 174a ZVG Rn. 2.6). Um den Insolvenzverwalter zur Rücknahme seines Antrags zu bewegen, können nachrangige Gläubiger den Feststellungskostenbeitrag an den Insolvenzverwalter zahlen; der Anspruch auf den Kostenbeitrag geht dann gem. § 268 Abs. 3 BGB auf den ablösenden Gläubiger über (Stöber § 174a ZVG Rn. 3.2; MK-Tetzlaff § 165 Rn. 173; a. A. Hintzen, FS Kirchhof, S. 219 ff.). Wird das Grundstück anschließend freihändig veräußert oder aus der Masse freigegeben, geht der Anspruch aus § 10 Abs. 1 Nr. 1a ZVG allerdings unter und der ablösende Gläubiger leer aus. Der an die Masse gezahlte Ablösungsbetrag kann dann nicht vom Gläubiger zurückgefordert werden (HK-Landfermann § 165 Rn. 10). Es kommt zu einem **Doppelausgebot** nach §§ 172 und 174a ZVG. Wird auf beide Ausgebote geboten, erfolgt der Zuschlag auf das Ausgebot nach § 172 ZVG (Stöber § 174a ZVG Rn. 2.4; MK-Tetzlaff § 165 Rn. 163). Die Interessen des Insolvenzverwalters werden dadurch gewahrt, dass die Feststellungskosten aus dem Bargebot zu § 172 ZVG befriedigt werden (§ 49 Abs. 1 ZVG). Wird gleichzeitig von einem Absonderungsgläubiger ein Antrag nach § 174 ZVG gestellt, kommt es zu einem **Dreifachausgebot** nach §§ 172, 174a und 174 ZVG. Erfolgen hier Gebote auf alle Ausgebote, ist der Zuschlag auf das höchste Gebot zu erteilen (MK-Tetzlaff § 165 Rn. 166; a. A. Stöber § 174a ZVG Rn. 2.5: Gebot nach § 174a ZVG).

23 Die **Erlösverteilung** erfolgt wie bei der Vollstreckungsversteigerung (Rdn. 6).

4. Zwangsverwaltung

24 Der Insolvenzverwalter kann nach § 172 ZVG die Anordnung der Zwangsverwaltung über ein Massegrundstück beantragen. Diese Form der Verwertung ist höchst selten, da der Insolvenzverwalter Einnahmen aus Vermietung/Verpachtung unmittelbar zur Masse einzieht und nicht an der

Zwischenschaltung eines Zwangsverwalters interessiert ist. Zu den Einzelheiten der Zwangsverwaltung auf Antrag des Insolvenzverwalters vgl. Stöber § 172 ZVG Rn. 8.

C. Sonderfragen

I. Verwertung von Zubehör

Die Verwertung von Gegenständen aus dem Haftungsverband von Grundpfandrechten kann gem. §§ 1120 ff. BGB zur Enthaftung dieser Gegenstände führen. Dann ist zu klären, ob der Verwertungserlös der Insolvenzmasse gebührt oder an die Absonderungsberechtigten auszukehren ist (vgl. zu diesem Problemkreis § 49 Rdn. 3 ff.). Im Vordergrund steht in der Praxis die Verwertung von Zubehör. Die Grundsätze zur Verwertung von Zubehör vor der Beschlagnahme gelten auch in der Verwalterversteigerung, da dieses Verfahren insoweit keine Beschlagnahmewirkung hat (§ 173 Satz 1 ZVG; dazu Rdn. 20). Bei der Verwertung von Zubehör im Wege der **Zwangsversteigerung** erhält die Insolvenzmasse einen Feststellungskostenbeitrag von 4% (§ 10 Abs. 1 Nr. 1a ZVG). Im **Zwangsverwaltungsverfahren** und in der **freihändigen Veräußerung** fällt diese Massekostenbeteiligung nicht an. Die Regelungen der §§ 170, 171 gelten für das Zubehör belasteter Grundstücke nicht, da der Insolvenzverwalter ohne ausdrückliche Vereinbarung mit den Absonderungsberechtigten nicht verwertungsberechtigt ist (§ 49 Rdn. 5). Dies gilt auch dann, wenn das Zubehör zusätzlich an den Grundpfandgläubiger sicherungsübereignet ist, sog. »**Doppelsicherung**«. Wird das sicherungsübereignete Zubehör in der **Zwangsversteigerung** verwertet, fallen nur die Kostenbeiträge nach § 10 Abs. 1 Nr. 1a ZVG an; wird das Zubehör **freihändig verwertet**, kann der Insolvenzverwalter Massekostenbeiträge nach §§ 170, 171 beanspruchen, wenn der Absonderungsberechtigte als Sicherungseigentümer mit dieser Art der Verwertung einverstanden ist (MK-Tetzlaff § 165 Rn. 240.; weiter gehend Jaeger-Henckel vor § 49 Rn. 48: stets Anwendung der §§ 170, 171). Die freihändige Veräußerung ohne Einverständnis des Absonderungsberechtigten führt dazu, dass der Erlös analog § 48 herauszugeben ist. Zur **USt** aus der Verwertung von Zubehör s. Rdn. 39.

II. Verfahrensfragen

Zwangsversteigerungs- und Zwangsverwaltungsverfahren, bei denen die Beschlagnahme bereits vor Insolvenzeröffnung wirksam geworden ist, werden nicht gem. § 240 ZPO unterbrochen. Diese Verfahren werden gegen den Insolvenzverwalter fortgeführt; der Titel muss nicht auf den Insolvenzverwalter umgeschrieben werden. **Vollstreckungsmaßnahmen** können auch im Insolvenzeröffnungsverfahren eingeleitet werden, da gerichtliche Vollstreckungsuntersagungen nicht das unbewegliche Vermögen betreffen (§ 21 Abs. 2 Nr. 3); § 21 Abs. 2 Nr. 5 gilt nicht für Absonderungsrechte an Immobiliargegenständen. Hat das Gericht einen »starken« vorläufigen Insolvenzverwalter bestellt, muss der **Titel** zuvor auf diesen umgeschrieben und zugestellt werden (MK-Tetzlaff § 165 Rn. 49). Wird die Vollstreckung erst nach Insolvenzeröffnung eingeleitet, ist ein dinglicher Titel gegen den Insolvenzverwalter erforderlich; ein gegen den Schuldner gerichteter Titel muss gegen den Insolvenzverwalter umgeschrieben und zugestellt werden. Massegläubiger vollstrecken aus dem gegen den Insolvenzverwalter erwirkten Titel. Hat der Insolvenzverwalter das Grundstück aus der Masse an den Schuldner freigegeben, bedarf es keiner neuen Umschreibung auf den Schuldner (BGH, WM 2005, 1324). Wenn noch kein Titel vorliegt, muss der Absonderungsberechtigte zunächst Pfandklage gegen den Insolvenzverwalter erheben, soweit sich dieser nicht freiwillig der Zwangsvollstreckung in das Grundstück unterwirft.

III. Einwendungen gegen die Vollstreckung, Vollstreckungsschutz

1. Insolvenzverwalter

Der Insolvenzverwalter kann ggü. Zwangsversteigerungs- und Zwangsverwaltungsanträgen die Unzulässigkeit nach den Regelungen der InsO einwenden und Vollstreckungsschutzanträge stellen.

a) Unzulässigkeit nach Regelungen der InsO

28 Zwangsvollstreckungsanträge **persönlicher Gläubiger** vor Insolvenzeröffnung sind unwirksam, wenn sie innerhalb der Frist des § 88 gestellt wurden. Nach Insolvenzeröffnung sind diese Anträge gem. § 89 unzulässig. Die Vollstreckung durch **dingliche Gläubiger** ist unzulässig, wenn diese ihr Absonderungsrecht innerhalb der Frist des § 88 im Wege der Zwangsvollstreckung erlangt haben. Damit kann der Insolvenzverwalter die Löschung von Grundpfandrechten erzwingen und anschließend gem. § 28 ZVG die Aufhebung des Zwangsversteigerungs-/Zwangsverwaltungsverfahrens beantragen.

29 Gegen Vollstreckungsanträge von **Massegläubigern** kann der Insolvenzverwalter in den ersten 6 Monaten nach Insolvenzeröffnung den Einwand nach § 90 Abs. 1 geltend machen, bei Masseunzulänglichkeit den Einwand nach § 210.

30 Der Insolvenzverwalter kann Absonderungsrechte ggf. im Wege der **Insolvenzanfechtung** beseitigen (dazu §§ 129 ff.).

b) Vollstreckungsschutz nach §§ 30d ff., 153b ZVG, § 765a ZPO

31 Im Zwangsversteigerungsverfahren können Anträge auf einstweilige Einstellung gem. § 30d ZVG gestellt werden.

32 Im **Insolvenzeröffnungsverfahren** kann der vorläufige Insolvenzverwalter beim Vollstreckungsgericht einen Antrag nach **§ 30d Abs. 4 ZVG stellen**. Voraussetzung ist eine nachteilige Veränderung in der Vermögenslage des Schuldners. Damit soll verhindert werden, dass der Insolvenzmasse vorzeitig Gegenstände entzogen werden, die für die Betriebsfortführung bzw. Sanierung erforderlich sind (Uhlenbruck-Brinkmann § 49 Rn. 33). Das **Insolvenzgericht** kann dagegen kein Verwertungsverbot anordnen: § 21 Abs. 2 Satz 1 Nr. 3 ist nicht auf unbewegliche Gegenstände anwendbar, § 21 Abs. 2 Satz 1 Nr. 5 findet keine Anwendung auf Absonderungsgut, das von § 165 erfasst wird. **Nach Insolvenzeröffnung** richtet sich der Einstellungsantrag nach **§ 30d Abs. 1 ZVG** (Überbl. bei Mönning/Zimmermann, NZI 2008, 134). Der Einstellungsantrag ist begründet, wenn der Berichtstermin noch bevorsteht (§ 30d Abs. 1 Nr. 1 ZVG). Nach dem Berichtstermin ist der Antrag begründet, wenn das Grundstück für die Betriebsfortführung oder -veräußerung benötigt wird (§ 30d Abs. 1 Nr. 2 ZVG), wenn die Versteigerung die Durchführung eines vorgelegten Insolvenzplans gefährden würde (Nr. 3) oder die Versteigerung in sonstiger Weise die angemessene Verwertung der Insolvenzmasse wesentlich erschwert (Nr. 4). Bei Nr. 4 handelt es sich um eine Auffangvorschrift; hier muss der Insolvenzverwalter darlegen, dass bei einer späteren Veräußerung ein erheblich höherer Erlös zu erwarten ist (MK-Tetzlaff § 165 Rn. 98; Stöber § 30d ZVG Rn. 2.3). Der Gläubiger kann die einstweilige Einstellung verhindern, wenn er deren Unzumutbarkeit darlegt, § 30d Abs. 1 Satz 2 ZVG (Beispiele bei Stöber § 30d ZVG Rn. 3). Zum Einstellungsverfahren vgl. §§ 30d Abs. 3, 30b Abs. 2 bis 4 ZVG.

33 Als Ausgleich für die einstweilige Einstellung ordnet das Vollstreckungsgericht **Auflagen** nach § 30e ZVG an. Anzuordnen ist die Auflage der Zinszahlung nach § 30e Abs. 1 ZVG, auf Antrag des betreibenden Gläubigers die Auflage, dass ein Wertverlust des Grundstücks auszugleichen ist (§ 30e Abs. 2 ZVG). Diese Auflagen begründen **Masseverbindlichkeiten** gem. § 55 Abs. 1 Nr. 1. Die **laufenden Zinsen** sind beginnend nach dem Berichtstermin an den betreibenden Gläubiger zu entrichten. Wurde das Versteigerungsverfahren bereits vor Insolvenzeröffnung eingestellt, beginnt die Zinszahlung unabhängig vom Berichtstermin 3 Monate nach Einstellung (§ 30e Abs. 1 Satz 2 ZVG). Gemeint ist der **vertragliche Zins**, nicht der dingliche Zins des Grundpfandrechts (MK-Tetzlaff § 165 Rn. 104; Uhlenbruck-Brinkmann § 165 Rn. 19b; LG Göttingen, ZInsO 2000, 163; a.A. Stöber § 30e ZVG Rn. 2.2). Basis der Zinszahlungspflicht ist der Verkehrswert des Grundstücks bis zur Höhe des Kapitalbetrags, aus dem die Zwangsvollstreckung betrieben wird (LG Göttingen, ZInsO 2000, 163; zur Wertermittlung MK-Tetzlaff § 165 Rn. 109). Die Forderung des betreibenden Gläubigers kann nur insoweit berücksichtigt werden, als er bei der Versteigerung tatsächlich mit einer Befriedigung rechnen kann (§ 30e Abs. 3 ZVG). Für »Schornsteinhypotheken«

erhält der betreibende Gläubiger daher keine Zinszahlung. Ordnet das Vollstreckungsgericht einen **Ausgleich für Wertverlust** an, so entsteht dieser Anspruch sofort und ist neben dem Zinsanspruch zu bedienen. Auch hier gilt die Einschränkung des § 30e Abs. 3 ZVG für »Schornsteinhypotheken«. Die **Aufhebung der einstweiligen Einstellung** der Zwangsversteigerung richtet sich nach §§ 30 ff. ZVG; die einstweilige Einstellung ist insb. aufzuheben, wenn die Einstellungsvoraussetzungen entfallen oder das Insolvenzverfahren aufgehoben wird.

Im **Zwangsverwaltungsverfahren** richtet sich die **einstweilige Einstellung** nach § 153b ZVG (Übersicht bei Mönning/Zimmermann, NZI 2008, 134, 137 ff.). Voraussetzung ist, dass die Nutzung der Insolvenzmasse durch die Fortsetzung der Zwangsverwaltung wesentlich erschwert wird (§ 153b Abs. 1 ZVG). Dies ist z. B. dann der Fall, wenn der Insolvenzverwalter das Grundstück zur Betriebsfortführung benötigt und der Zwangsverwalter das Grundstück an einen Dritten vermieten will (MK-Tetzlaff § 165 Rn. 255). Auch hier erfolgt die Einstellung mit **Aufl. eines Nachteilsausgleichs als Masseverbindlichkeit** (§ 153b Abs. 2 ZVG). Ab Einstellung sind die in der Zwangsverwaltung nachweisbar erzielbaren Erlöse an den betreibenden Gläubiger zu zahlen (Stöber § 153b ZVG Rn. 5.3). Im **Insolvenzeröffnungsverfahren** richtet sich die einstweilige Einstellung der Zwangsverwaltung nach §§ 146, 30d Abs. 4 ZVG (MK-Tetzlaff § 165 Rn. 261; Klein, ZInsO 2002, 1065, 1068 f.; a. A. Stöber § 153b ZVG Rn. 3.1; Knees, ZIP 2001, 1568, 1571). Zur **Aufhebung der einstweiligen Einstellung** vgl. § 153c ZVG.   34

Zum Vollstreckungsschutz nach § 765a ZPO vgl. MK-Tetzlaff § 165 Rn. 68 f.   35

2. Schuldner

Der Schuldner kann die Einstellung der Zwangsversteigerung beantragen, wenn er einen Insolvenzplan vorgelegt hat und die Versteigerung die Durchführung des Insolvenzplans gefährden würde (**§ 30d Abs. 2 ZVG**). Dieser Antrag kann auch in der Verwalterversteigerung gestellt werden. Anträge des Schuldners nach § 30a ZVG sind unzulässig (MK-Tetzlaff § 165 Rn. 67; a. A. Uhlenbruck-Brinkmann § 165 Rn. 19 zur Verwalterversteigerung; zu Anträgen nach § 765a ZPO MK-Tetzlaff § 165 Rn. 69).   36

IV. Steuern

1. Grunderwerbsteuer

Bei der Verwertung von Grundstücken – ob im Wege der Zwangsversteigerung oder durch freihändige Veräußerung – fällt **Grunderwerbsteuer** an. Steuerschuldner ist bei der Zwangsversteigerung der Meistbietende (§ 1 Abs. 1 Nr. 4 GrEStG); bei der freihändigen Veräußerung sind Veräußerer und Erwerber Gesamtschuldner (§ 1 Abs. 1 Nr. 1 GrEStG).   37

2. Umsatzsteuer

Der Grundstücksumsatz ist wegen der Grunderwerbsteuerpflicht umsatzsteuerfrei (§ 4 Nr. 9a UStG). Der Insolvenzverwalter kann bei Veräußerung an einen Unternehmer auf die **Umsatzsteuerfreiheit verzichten** (§ 9 Abs. 1 UStG). Im **Zwangsversteigerungsverfahren** ist der Verzicht bis zur Aufforderung zur Gebotsabgabe zu erklären (§ 9 Abs. 3 UStG). Dadurch wird die Insolvenzmasse nicht mit möglichen Ansprüchen des FA aus Berichtigung von Vorsteuerabzug (§ 15a UStG) belastet (**Vorsteuerberichtigungsansprüche** aus § 15a UStG sind Masseverbindlichkeiten, BFH, ZInsO 2011, 1217; Uhlenbruck-Maus § 171 Rn. 13). Handelt es sich um eine Geschäftsveräußerung im Ganzen an einen Unternehmer, ist die Veräußerung nicht steuerbar (§ 1 Abs. 1a UStG) und es findet keine Vorsteuerberichtigung statt (MK-Kling Insolvenzsteuerrecht Rn. 179). Vorsteuerberichtigungsansprüche zugunsten der Masse können vom Insolvenzverwalter eingezogen werden. Umsatzsteuerschuldner ist der Erwerber (§ 13b Abs. 2 Nr. 3, Abs. 5 UStG); die Masse wird nicht mit der USt belastet (Eckert, ZInsO 2004, 702, 706). Die Insolvenzmasse wird daher auch nach **Freigabe** des Grundstücks nicht mit USt belastet, wenn der Schuldner das Grundstück anschließend   38

39 Bei der **Verwertung von Zubehör** fällt die USt der Masse zur Last; für Zubehör gilt die Umsatzsteuerfreiheit nach § 4 Nr. 9a UStG nicht. Ob der Insolvenzverwalter die USt vom Erlös des Absonderungsberechtigten abziehen kann, hängt von seinem **Verwertungsrecht** ab. Hat der Insolvenzverwalter die **Zwangsversteigerung** beantragt, hat er sein Verwertungsrecht nach § 165 ausgeübt. Dann kann die USt entsprechend § 171 Abs. 2 Satz 3 dem Gläubiger auferlegt werden (Uhlenbruck-Maus § 171 Rn. 10; ders. ZIP 2000, 339, 342; **a. A.** die herrschende Meinung MK-Tetzlaff § 165 Rn. 238, 280; einschr. KPB-Flöther § 165 Rn. 54a: Anwendung der §§ 170, 171 nur bei Doppelsicherung). Erfolgt die Zwangsversteigerung auf Antrag des Absonderungsberechtigten, fällt der Umsatzsteueranteil in den auszukehrenden Erlös. Wird dem Insolvenzverwalter bei der **freihändigen Verwertung** »doppelgesicherten« Zubehörs (Rdn. 25) ein Verwertungsrecht durch den Absonderungsberechtigten eingeräumt, finden §§ 170 Abs. 1, 171 Abs. 2 Satz 3 Anwendung; ohne Verwertungsvereinbarung ist der vollständige Erlös einschließlich Umsatzsteueranteil mit dem Ersatzabsonderungsrecht des Absonderungsberechtigten belastet und an diesen auszukehren. Zur Verwertung durch den Schuldner nach Freigabe vgl. § 171 Rdn. 15.

40 Der **Massekostenbeitrag** für die freihändige Veräußerung eines Grundstücks durch den Insolvenzverwalter stellt ein Entgelt dar und ist somit umsatzsteuerpflichtig (BFH, ZInsO 2011, 1904; ZInsO 2005, 1214; ZInsO 2005, 813 m. krit. Anm. Onusseit; BMF-Schreiben v. 30.04.2014, ZInsO 2014, 2006; **a. A.** Beck, ZInsO 2006, 244; MK-Tetzlaff § 165 Rn. 283). Der USt unterliegt daher auch der Massekostenbeitrag bei der »kalten Zwangsverwaltung« (BFH, ZInsO 2011, 1904, 1908; BMF-Schreiben v. 30.04.2014, ZInsO 2014, 2006). Keine entgeltliche Leistung und damit keine Umsatzsteuerpflicht liegt vor, wenn aus der Verwertung statt des Massekostenbeitrages ein Übererlös für die Insolvenzmasse verbleibt (BFH, ZInsO 2011, 1904, 1907).

3. Ertragsteuern

40a Entsteht durch die **Verwertung** von Absonderungsgut eine **Einkommensteuerschuld**, so ist diese als Masseverbindlichkeit zu qualifizieren. Sie ist auch dann in voller Höhe aus der Insolvenzmasse zu entrichten, wenn der Erlösanteil der Insolvenzmasse nicht ausreicht, um die Steuerverbindlichkeit zu erfüllen (BFH, ZInsO 2013, 1536). Diese Belastung kann der Insolvenzverwalter nicht dadurch abwenden, indem er das Grundstück aus der Insolvenzmasse freigibt: Auch die nachfolgende Verwertung durch den Schuldner oder den Gläubiger belastet die Insolvenzmasse mit der Einkommensteuerschuld, wenn sie zugleich die Insolvenzforderung des absonderungsberechtigten Gläubigers reduziert (Büchler/Jarchow, ZVI 2013, 436; Parallelfall zur Umsatzsteuerschuld, dazu BFH, ZInsO 2002, 222).

40b Ertragsteuern aus der **Bewirtschaftung** des Grundstücks belasten sowohl in der »kalten Zwangsverwaltung« als auch in der gerichtlichen Zwangsverwaltung die Insolvenzmasse (FG Münster, ZInsO 2014, 677; Ackermann/Reck, ZInsO 2012, 1969; **a. A.** zur gerichtlichen Zwangsverwaltung MK-Ganter vor § 49 Rn. 100d). Grund für die Belastung der Insolvenzmasse ist, dass die Erträge den absonderungsberechtigten Insolvenzgläubigern zugutekommen und damit die Insolvenzmasse auf der Passivseite entlasten (FG Münster, ZInsO 2014, 677). Diese Passivverknüpfung bleibt auch nach Freigabe des Grundstücks aus der Insolvenzmasse erhalten (§ 52 Rdn. 3). Daher kann der Insolvenzverwalter die Belastung mit Masseverbindlichkeiten nicht durch die Freigabe des Grundstücks vermeiden.

V. Verbraucherinsolvenzverfahren, Eigenverwaltung

41 Bei Grundstücken, die mit Absonderungsrechten belastet sind, ist der Treuhänder nicht verwertungsberechtigt (§ 313 Abs. 3 Satz 1). Folglich kann er keinen Kostenbeitrag nach § 10 Abs. 1 Nr. 1a ZVG beanspruchen (MK-Tetzlaff § 165 Rn. 300). Umstritten ist, ob der Treuhänder Einstellungsanträge nach §§ 30d, 153b ZVG stellen kann (so Stöber § 15 ZVG Rn. 23.13; offen MK-Tetz-

laff § 165 Rn. 299). Eingehend zur Grundstücksverwertung durch den Treuhänder vgl. Hintzen, ZInsO 2004, 713.

Bei der Eigenverwaltung ist statt eines Insolvenzverwalters der Schuldner verwertungsberechtigt (dazu § 282). 42

VI. Verwertung von Schiffen, Schiffsbauwerken und Luftfahrzeugen

Bei eingetragenen **See- und Binnenschiffen, Schiffsbauwerken** sowie **Luftfahrzeugen** ist neben der freihändigen Verwertung nur die Zwangsversteigerung zulässig, §§ 870a Abs. 1 ZPO, 162, 170a, 171a ZVG. Der Zwangsverwaltung ähnlich ist die Nutzung durch einen gerichtlich bestellten Treuhänder, die bei einstweiliger Einstellung des Zwangsversteigerungsverfahrens im Einverständnis mit dem betreibenden Gläubiger angeordnet werden kann, §§ 165 Abs. 2, 171c Abs. 3 ZVG. Zu Absonderungsrechten an Schiffen vgl. § 49 Rdn. 22. 43

Der Verwertung von Schiffen wird regelmäßig durch eine **Verwaltungsvereinbarung** zwischen der Bank als Schiffshypothekengläubiger und dem Insolvenzverwalter eingeleitet. Die Bank wird durch die Verwaltungsvereinbarung an den Chartereinnahmen beteiligt, auf die sie über die Schiffshypothek nicht zugreifen könnte (zum Haftungsverband bei Schiffen § 49 Rdn. 22a). Der Insolvenzverwalter benötigt üblicherweise einen Massekredit, um die laufenden Schiffskosten zu decken (insb. Wartungs- und Klasseerneuerungskosten); zur Vermeidung von Schiffsarresten müssen die Forderungen von Schiffsgläubigern abgelöst werden. Die Wahl der Verwertungsart ist von der verbleibenden Belastung des Schiffs abhängig. Ist das Schiff nur mit der Schiffshypothek belastet, bietet sich eine freihändige Verwertung an. Besteht eine – ungewisse – Belastung mit Schiffsgläubigerrechten, ist die Versteigerung vorzugswürdig, um das Schiff auf diese Weise lastenfrei zu stellen. 44

§ 166 Verwertung beweglicher Gegenstände

(1) Der Insolvenzverwalter darf eine bewegliche Sache, an der ein Absonderungsrecht besteht, freihändig verwerten, wenn er die Sache in seinem Besitz hat.

(2) Der Verwalter darf eine Forderung, die der Schuldner zur Sicherung eines Anspruchs abgetreten hat, einziehen oder in anderer Weise verwerten.

(3) Die Absätze 1 und 2 finden keine Anwendung
1. auf Gegenstände, an denen eine Sicherheit zu Gunsten des Betreibers oder des Teilnehmers eines Systems nach § 1 Abs. 16 des Kreditwesengesetzes zur Sicherung seiner Ansprüche aus dem System besteht,
2. auf Gegenstände, an denen eine Sicherheit zu Gunsten der Zentralbank eines Mitgliedstaats der Europäischen Union oder Vertragsstaats des Europäischen Wirtschaftsraums oder zu Gunsten der Europäischen Zentralbank besteht, und
3. auf eine Finanzsicherheit im Sinne des § 1 Abs. 17 des Kreditwesengesetzes.

Übersicht	Rdn.		Rdn.
A. Normzweck	1	2. Verwertung durch Absonderungsberechtigte	11
B. Norminhalt	3	a) Verwertungsrecht	11
I. Verwertung beweglicher Sachen (Abs. 1)	4	b) Verwertungsart	12
1. Verwertung durch den Insolvenzverwalter	5	II. Verwertung von Forderungen (Abs. 2)	14
a) Besitz	5	1. Verwertung durch den Insolvenzverwalter	14
b) Freihändiger Verkauf	7	a) Abgetretene Forderungen	14
c) Ablösung	8	b) Verwertung	17
d) Freigabe	9	2. Verwertung durch Absonderungsberechtigte	18
e) Sonstige Verwertungsarten	10		

a) Verwertungsrecht	18	C.	**Sonderfragen**	22
b) Verwertungsart	19	I.	Verwertung durch den vorläufigen	
3. Sonstige Rechte	20		Insolvenzverwalter	22
III. Von der Verwertung ausgenommene Gegenstände (Abs. 3)	21	II.	Verfahrensfragen	24

A. Normzweck

1 § 166 weist dem Insolvenzverwalter das Verwertungsrecht an beweglichen Sachen, die sich in seinem Besitz befinden, und sicherungsabgetretenen Forderungen zu. Die Regelung soll verhindern, dass das schuldnerische Vermögen vorzeitig auseinandergerissen wird; dadurch werden die Fortführungs- und Sanierungschancen verbessert. Im Gegensatz zu §§ 49, 165 (Nebeneinander der Verwertungsbefugnisse bei unbeweglichen Gegenständen) schließt das Verwertungsrecht des Insolvenzverwalters aus § 166 die Verwertung durch den Absonderungsberechtigten aus. Die Anknüpfung an das Besitzrecht des Insolvenzverwalters soll die Verwertung erleichtern. Schließlich kann der Insolvenzverwalter aus den erzielten Erlösen vorab die Kostenbeiträge nach §§ 170, 171 abziehen. **Aussonderungsgut** wird von § 166 nicht erfasst: Sachen, die mit einem **einfachen EV** belastet sind (§ 47 Rdn. 11 ff.), darf der Insolvenzverwalter daher nicht nach § 166 Abs. 1 verwerten; Forderungen, die erfüllungshalber – und nicht nur zur Sicherung – abgetreten wurden, darf der Insolvenzverwalter nicht nach § 166 Abs. 2 einziehen (BGH, BeckRS 2009, 12972). § 166 ist **zwingendes Recht** und kann nicht durch Vereinbarung zwischen Schuldner oder Drittschuldner und Absonderungsberechtigtem abbedungen werden (BGH, ZInsO 2009, 766; BGH, ZInsO 2009, 1058).

2 Die Abwicklung der Verwertung beweglicher Sachen und Forderungen ist in den §§ 167 bis 169 geregelt. §§ 170, 171 bestimmen die Kostenbeiträge der Absonderungsberechtigten. Das Nutzungsrecht des Insolvenzverwalters am Absonderungsgut ist in § 172 normiert. § 173 betrifft schließlich die Verwertung der Gegenstände, die nicht dem Verwertungsrecht nach § 166 unterliegen.

B. Norminhalt

3 Das Verwertungsrecht umfasst bewegliche Sachen (Abs. 1) und sicherungsabgetretene Forderungen (Abs. 2). Ausgenommen vom Verwertungsrecht sind die in **Abs. 3** bestimmten Gegenstände. Die **Verwertungsreife** im Verhältnis zum Absonderungsberechtigten ist keine Voraussetzung für das Verwertungsrecht des Insolvenzverwalters. Bis zum Eintritt der Verwertungsreife muss der Insolvenzverwalter den Erlösanteil des Absonderungsberechtigten zurückbehalten (BGH, ZInsO 2009, 143 zur Sicherung von Drittverbindlichkeiten).

I. Verwertung beweglicher Sachen (Abs. 1)

4 Das Verwertungsrecht umfasst **körperliche Gegenstände** (§ 90 BGB), auch **Tiere**. Erfasst werden **Scheinbestandteile** (§ 95 BGB), nicht aber wesentliche Bestandteile von Sachen und Grundstücken (§§ 93, 94 BGB). Die Verwertung von Erzeugnissen, Bestandteilen und **Zubehör** von Grundstücken, die mit Absonderungsrechten belastet sind, ist von § 165 erfasst (§ 165 Rdn. 25; zum Verwertungsrecht bei der »Doppelsicherung« von Zubehör s. § 165 Rdn. 25).

4a **Unpfändbare Sachen** (§ 36) unterliegen nicht dem Verwertungsrecht nach § 166; es besteht auch dann kein Verwertungsrecht, wenn die unpfändbaren Sachen an einen Dritten sicherungsübereignet wurden (OLG Köln, EWiR 2006, 625 m. Anm. Gundlach/Schmidt/Frenzel; a. A. MK-Tetzlaff § 166 Rn. 61).

1. Verwertung durch den Insolvenzverwalter

a) Besitz

Das Verwertungsrecht knüpft an den Besitz an. Bei juristischen Personen, Handelsgesellschaften und der GbR ist die Sachherrschaft der Geschäftsführer bzw. geschäftsführenden Gesellschafter maßgeblich. Es genügt auch **mittelbarer Besitz** des Schuldners oder Insolvenzverwalters, es sei denn, der Absonderungsberechtigte ist unmittelbarer Besitzer (BGH, ZInsO 2006, 433; BGH, ZInsO 2006, 1320; HK-Landfermann § 166 Rn. 15; KPB-Flöther § 166 Rn. 8; auf fortführungsnotwendige Sachen beschränkend MK-Tetzlaff § 166 Rn. 18; Uhlenbruck-Brinkmann § 166 Rn. 4 ff.; Sessig/Fischer, ZInsO 2011, 618, 621 ff.; a. A. Zahn, ZIP 2007, 365 [Leasinggut]). Auch **Mitbesitz** genügt, es sei denn, der Absonderungsberechtigte ist weiterer Mitbesitzer und kann jederzeit den Alleinbesitz übernehmen. Grds. kommt es auf den **Besitz des Insolvenzverwalters bei Insolvenzeröffnung** an. Mit dem freiwilligen Besitzverlust entfällt das Verwertungsrecht des Insolvenzverwalters (BGH, ZInsO 2006, 1320 zur Besitzaufgabe durch den Besitzmittler; a. A. HK-Landfermann § 166 Rn. 18; Gundlach/Frenzel/Schirrmeister, NZI 2007, 327). Hat der Schuldner den Besitz vor Insolvenzeröffnung unfreiwillig verloren, kann der Insolvenzverwalter Besitzschutzansprüche gem. §§ 858, 861 BGB verfolgen. Erlangt er den rechtmäßigen Besitz nach Insolvenzeröffnung, ist er ebenfalls zur Verwertung berechtigt. Beim **mittelbaren Besitz** verliert der Insolvenzverwalter sein Verwertungsrecht, wenn der unmittelbare Besitzer das Besitzmittlungsverhältnis beendet und der Insolvenzmasse kein Anspruch auf erneute Einräumung zusteht. Endet der mittelbare Besitz, weil der Absonderungsberechtigte nach Insolvenzeröffnung auf den unmittelbaren Besitzer einwirkt, bleibt das Verwertungsrecht beim Insolvenzverwalter (BGH, ZInsO 2006, 1320; krit. MK-Tetzlaff § 165 Rn. 19).

▶ Hinweis:

Der Insolvenzverwalter kann der Masse die Feststellungskostenbeiträge sowie die USt aus der Verwertung sichern, wenn er dem Absonderungsberechtigten das Verwertungsrecht gem. § 170 Abs. 2 überlässt, bevor er den Besitz aufgibt.

b) Freihändiger Verkauf

Der freihändige Verkauf ist der Regelfall der Verwertung durch den Insolvenzverwalter. Das Verfahren ist in § 168 geregelt. Bei **gepfändeten Sachen** ist das Pfandsiegel zuvor durch den Gerichtsvollzieher zu entfernen (HK-Landfermann § 166 Rn. 21 f.; a. A. Uhlenbruck-Brinkmann § 166 Rn. 11). Bei der Verwertung von Kfz ist der Absonderungsberechtigte verpflichtet, die Zulassungsbescheinigung an den Insolvenzverwalter herauszugeben (OLG Stuttgart, ZInsO 2012, 1526).

Die Veräußerung führt zum lastenfreien Erwerb des Käufers. Die Rechte der Absonderungsberechtigten setzen sich am Erlös fort.

c) Ablösung

Der Insolvenzverwalter kann das Absonderungsrecht durch Zahlung ablösen. Dann fällt der Gegenstand unbelastet in die Masse.

d) Freigabe

Bei der **echten Freigabe** an den Schuldner, etwa bei Wertlosigkeit, scheidet der Gegenstand aus der Insolvenzmasse aus. Regelfall ist aber die **unechte Freigabe** gem. § 170 Abs. 2, die den Absonderungsberechtigten verpflichtet, die Feststellungskostenpauschale und die USt an die Masse abzuführen.

e) Sonstige Verwertungsarten

10 Möglich ist auch die Verwertung im Wege des Pfandverkaufs (§ 1228 BGB) sowie durch Zwangsversteigerung (§§ 814 ff. ZPO); diese Verwertungsarten haben aber keine praktische Bedeutung (Näheres bei MK-Tetzlaff § 166 Rn. 46 ff., 49).

2. Verwertung durch Absonderungsberechtigte

a) Verwertungsrecht

11 Fehlt es am Besitz des Insolvenzverwalters, steht das Verwertungsrecht dem Absonderungsberechtigten zu, § 173. Ist der Besitz des Absonderungsberechtigten fehlerhaft (Besitzerlangung durch **verbotene Eigenmacht**, § 858 Abs. 1 BGB) und betreibt er trotzdem die Verwertung, muss er die Feststellungskosten an die Masse abführen sowie gem. § 823 Abs. 2 BGB, § 166 Schadensersatz leisten, wenn der Insolvenzverwalter einen höheren Erlös erzielt hätte (BGH, ZInsO 2006, 1320 zur Einwirkung auf einen Besitzmittler; BGH, ZInsO 2003, 1137 zum unberechtigten Forderungseinzug; weiter gehend A/G/R-Homann § 166 Rn. 13: Liegt der Besitz beim Insolvenzverwalter, sei die Verwertung durch den Absonderungsberechtigten gem. §§ 134 BGB, 166 Abs. 1 unwirksam)

b) Verwertungsart

12 Die Verwertungsart richtet sich nach den Vereinbarungen mit dem Schuldner oder den gesetzlichen Regelungen, die für das jeweilige Absonderungsrecht maßgeblich sind. Ein Übererlös ist zur Insolvenzmasse abzuführen; Kostenbeiträge nach §§ 170, 171 fallen nicht an.

12a Bei der **Sicherungsübertragung** ist der Absonderungsberechtigte i. d. R. zur **freihändigen Verwertung** berechtigt.

12b Bei vertraglichen und gesetzlichen **Pfandrechten**, kaufmännischen Zurückbehaltungsrechten und Selbstverwertungsrechten nach § 1003 Abs. 1 Satz 2 BGB erfolgt die Verwertung durch **Pfandverkauf** im Wege der öffentlichen Versteigerung gem. §§ 1228, 1233 ff. BGB (Ausnahme: freihändiger Verkauf gem. §§ 1221, 1259 BGB oder Pfandverkauf aufgrund abweichender Vereinbarung nach Eintritt der Verkaufsberechtigung gem. §§ 1245, 1246 BGB) oder nach den Regeln der ZPO über die Zwangsversteigerung. Eine Vereinbarung zur Übertragung des Eigentums auf den Pfandgläubiger nach § 1229 BGB ist im Insolvenzverfahren nicht durchsetzbar (Jaeger-Henckel vor § 49 Rn. 38).

Für das Insolvenzeröffnungsverfahren hat der BGH entschieden, dass der vorläufige Insolvenzverwalter gem. **§ 1246 Abs. 1 BGB** verpflichtet ist, der freihändigen Veräußerung durch den Absonderungsberechtigten zuzustimmen, wenn dort ein höherer Erlös als in der Versteigerung zu erwarten ist (BGH, ZInsO 2011, 1463 zum kaufmännischen Zurückbehaltungsrecht). Im eröffneten Insolvenzverfahren wird die Zustimmungsverpflichtung nach § 1246 Abs. 1 BGB durch die Regelungen der §§ 166 ff. verdrängt: Wenn das Verwertungsrecht originär beim Absonderungsberechtigten liegt, kann er dem Insolvenzverwalter die Übertragung des (mittelbaren) Besitzes anbieten, damit dieser nach § 166 Abs. 1 die freihändige Verwertung durchführen kann. Der Insolvenzverwalter ist dann aus § 168 verpflichtet, konkrete Verkaufsmöglichkeiten des Absonderungsberechtigten zu berücksichtigen. Lehnt der Insolvenzverwalter die Verwertung über die Masse ab, kann er dem Absonderungsberechtigten gem. § 170 Abs. 2 das Verwertungsrecht zurückübertragen. Er muss dann – nach Prüfung der Verwertungsmöglichkeiten in der Versteigerung und im freihändigen Verkauf – über die Zustimmung zur freihändigen Veräußerung durch den Absonderungsberechtigten gem. § 1246 Abs. 1 BGB entscheiden. Damit ist gewährleistet, dass die Insolvenzmasse für die Prüfung der Verwertungsmöglichkeiten Massekostenbeiträge nach §§ 170 Abs. 1, 171 bzw. 170 Abs. 2, 171 erhält.

12c Beim **Pfändungspfandrecht** ist die **öffentliche Versteigerung** durch den Gerichtsvollzieher durchzuführen (§§ 814 ff. ZPO).

Verletzt der Absonderungsberechtigte die **Verwertungsvorschriften** (z. B. rechtswidriger Verkauf einer Pfandsache statt öffentlicher Versteigerung), kann der Insolvenzverwalter Schadensersatz verlangen, wenn er einen höheren Erlös bei ordnungsgemäßer Verwertung nachweisen kann. In entsprechender Anwendung der Regelungen zur Verwertung ohne Verwertungsrecht (Rdn. 11) ist an die Insolvenzmasse als Mindestschaden die Feststellungskostenpauschale abzuführen, da nur der Insolvenzverwalter die freie Wahl zwischen den Verwertungsmöglichkeiten hat. 13

II. Verwertung von Forderungen (Abs. 2)

1. Verwertung durch den Insolvenzverwalter

a) Abgetretene Forderungen

Forderungen unterliegen dem Verwertungsrecht des Insolvenzverwalters, wenn sie mit **Sicherungsabtretungen** belastet sind (z. B. Globalzession, verlängerter Eigentumsvorbehalt mit Vorausabtretungsklausel). Ob die Abtretung zuvor offengelegt wurde, ist unerheblich (LG Limburg, NZI 2000, 279; a.A. Schlegel, NZI 2003, 17, 18). Zugleich wird das Einziehungsrecht und damit auch die Prozessführungsbefugnis des Absonderungsberechtigten ausgeschlossen (OLG Dresden, ZInsO 2006, 1168). **Mit Eröffnung des Insolvenzverfahrens** kann der Drittschuldner nur noch an den Insolvenzverwalter befreiend leisten (BGH, ZInsO 2009, 1058; KG, ZIP 2001, 2012; a.A. Wegmann, ZInsO 2008, 1014). Zahlt der Drittschuldner mangels Kenntnis von der Insolvenzeröffnung und dem Einziehungsrecht des Insolvenzverwalters gutgläubig an den Absonderungsberechtigten, tritt analog § 82 befreiende Wirkung ein (BGH, ZInsO 2009, 1058; HK-Landfermann § 166 Rn. 33). Auch wenn der Absonderungsberechtigte die Verwertung bereits vor Insolvenzeröffnung eingeleitet hat, ist die Verwertung durch den Insolvenzverwalter fortzusetzen (BGH, ZInsO 2002, 826 zu Lebensversicherungsverträgen; OLG Düsseldorf, ZInsO 2002, 1139 zum Wechseleinzug). Ist die Fälligkeit der Forderung an eine Kündigung gebunden, steht dem Insolvenzverwalter das Kündigungsrecht zu (OLG Düsseldorf, ZInsO 2006, 1270). Das Verwertungsrecht des Insolvenzverwalters besteht auch dann, wenn das Kündigungsrecht an den Absonderungsberechtigten abgetreten wurde (OLG Hamm, ZInsO 2006, 878). 14

Der Absonderungsberechtigte kann die Forderung auch nach Insolvenzeröffnung an einen Dritten **abtreten**. § 166 Abs. 2 überträgt dem Insolvenzverwalter nur das Einziehungs- und Verwertungsrecht, nicht aber die Forderung an sich. Die Abtretung der Forderung an den Drittschuldner führt nicht zum Erlöschen wegen **Konfusion**, da das Einziehungsrecht trotz Abtretung beim Insolvenzverwalter verbleibt (BGH, ZInsO 2009, 960). Daher kann der Insolvenzverwalter mangels Konfusion Zahlung des Massekostenbeitrages vom Drittschuldner verlangen. Auch hier wird der gutgläubige Drittschuldner über § 82 geschützt (oben Rdn. 14). 14a

Ist die **Forderung bei Insolvenzeröffnung erloschen**, entfällt zugleich das Verwertungsrecht des Insolvenzverwalters, z. B. wenn der Drittschuldner den geschuldeten Betrag vor Insolvenzeröffnung unter Verzicht auf die Rücknahme (§ 378 BGB) hinterlegt hat (BGH, ZInsO 2006, 34). Für Zahlungen **vor Insolvenzeröffnung** gilt Folgendes: Hat der Drittschuldner **an den Absonderungsberechtigten gezahlt**, kann kein Verwertungsrecht des Insolvenzverwalters mehr entstehen. **Befreiende Wirkung** hat die **Zahlung an den Schuldner**, wenn dessen Einziehungsermächtigung noch bestand. Die befreiende Wirkung kann auch dann eintreten, wenn der Absonderungsberechtigte die Zahlung an den Schuldner dadurch genehmigt, dass er Ersatzabsonderungsrechte an dem in der Insolvenzmasse vorhandenen Erlös geltend macht (§§ 362 Abs. 2, 185 BGB). Hat der Drittschuldner dagegen in Kenntnis der Abtretung an den Schuldner gezahlt und ist die Einziehungsermächtigung erloschen, tritt **keine befreiende Wirkung** ein (§ 407 BGB); der Insolvenzverwalter kann erneut Zahlung auf die abgetretene Forderung verlangen (OLG Dresden, ZInsO 2006, 1168). Zu Zahlungen im Insolvenzeröffnungsverfahren bei Anordnung eines Verwertungsverbots vgl. Rdn. 23. 15

Hat der Drittschuldner **befreiend an den falschen Gläubiger** (folgend: »Scheinzessionar«) geleistet, unterliegt der Bereicherungsanspruch des wahren Gläubigers (folgend: »Sicherungsnehmer«) aus 15a

§ 816 Abs. 2 BGB nicht dem Verwertungsrecht aus § 166 (BGH, ZInsO 2003, 612). Die Zahlung an den Scheinzessionar soll aber anfechtbar sein und kann dadurch zur Masse eingezogen werden (BGH, ZInsO 2011, 1979; § 129 Rdn. 65). Damit tritt der Anspruch des Sicherungsnehmers aus § 816 Abs. 2 BGB in Konkurrenz zum Rückgewähranspruch des Insolvenzverwalters aus § 143. Der Scheinzessionar kann sich jeweils auf Entreicherung berufen, wenn er den geleisteten Betrag herausgibt und dann von dem Konkurrenten in Anspruch genommen wird. Zahlt der Scheinzessionar an den anfechtenden Insolvenzverwalter, entsteht kein Ersatzabsonderungsrecht des Sicherungsnehmers am Anfechtungserlös (dazu § 48 Rdn. 23; a. A. Primozic/Schwab, NZI 2011, 927, 928), denn der Scheinzessionar leistet nur Wertersatz für die durch Erfüllung erloschene Forderung. Somit verliert der Sicherungsnehmer durch die Anfechtung ersatzlos seine Rechte an der ursprünglichen Forderung und zugleich den Bereicherungsanspruch aus § 816 Abs. 2 BGB wegen Entreicherung des Scheinzessionars. Dieses Ergebnis widerspricht der Annahme, dass der Bereicherungsanspruch des Sicherungsnehmers außerhalb des Insolvenzverfahrens durchgesetzt wird. Gerade weil der Scheinzessionar dem Sicherungsnehmer aus § 816 Abs. 2 BGB haftet, kann die Zahlung an den Scheinzessionar mangels Gläubigerbenachteiligung nicht anfechtbar sein.

16 **Verpfändete bzw. gepfändete Forderungen** unterliegen nicht dem Verwertungsrecht des Insolvenzverwalters (MK-Tetzlaff § 166 Rn. 63; HK-Landfermann § 166 Rn. 27; Jaeger-Henckel § 50 Rn. 83). Der Insolvenzverwalter kann vom Absonderungsberechtigten zum Forderungseinzug ermächtigt werden (BGH, ZInsO 2008, 557).

16a Vor Eintritt der **Pfandreife** darf der Insolvenzverwalter verpfändete Forderungen einziehen, muss den Erlös aber für den Absonderungsberechtigten hinterlegen, bis die gesicherte Forderung fällig wird (BGH, ZInsO 2005, 535 zur **Rückdeckungsversicherung**; Fröhling, ZInsO 2006, 249; Krumm, ZIP 2010, 1782; § 191 Rdn. 6). Analog §§ 170, 171 kann der Insolvenzverwalter Feststellungs- und Verwertungskostenbeiträge einbehalten (BGH, ZInsO 2013, 926). Alternativ kann der Insolvenzverwalter die Forderung sofort **gegen Zahlung eines Ablösebetrages freigeben**. Bei Rückdeckungsversicherungen ist zu berücksichtigen, dass der Insolvenzverwalter bei Freigabe zum **Lohnsteuerabzug** verpflichtet ist (Rhein/Lasser, NZI 2007, 153).

16b Eine Sicherungsabtretung kann nach Offenlegung nicht ohne Weiteres in eine Verpfändung umgedeutet werden (BGH, ZInsO 2002, 826; a. A. HK-Landfermann § 166 Rn. 29 bei »angezeigter Sicherungsabtretung«). Zieht der Insolvenzverwalter ohne Verwertungsbefugnis verpfändete bzw. gepfändete Forderungen ein, unterliegt der Erlös dem **Ersatzabsonderungsrecht** des Absonderungsberechtigten.

b) Verwertung

17 Die Verwertung erfolgt durch **Forderungseinzug** oder Verkauf der Forderung. Der Insolvenzverwalter darf Dritten eine Einziehungsermächtigung erteilen (BGH, ZInsO 2012, 2341). Erkennt der Insolvenzverwalter Einwendungen oder Einreden des Drittschuldners an, ist dies auch für den Absonderungsberechtigten bindend (OLG Rostock, ZIP 2008, 1128). Auch ein Vergleich über die Forderung ist vom Einziehungsrecht gedeckt und gegenüber dem Absonderungsberechtigten wirksam. Eine Zustimmung des Absonderungsberechtigten ist nicht erforderlich (a. A. Ganter, ZIP 2014, 53, 55). Die Rechte des Absonderungsberechtigten werden durch den Hinweis nach § 168 gewahrt (§ 168 Rdn. 2).

Der Insolvenzverwalter ist an eine Schiedsvereinbarung zwischen dem Schuldner und dem Drittschuldner gebunden (BGH, ZInsO 2013, 1583).

2. Verwertung durch Absonderungsberechtigte

a) Verwertungsrecht

18 Dem Verwertungsrecht des Absonderungsberechtigten unterliegen **verpfändete und gepfändete Forderungen**. Vor Eintritt der Pfandreife ist allerdings der Insolvenzverwalter verwertungsberech-

tigt (Rdn. 16a). Zieht der Absonderungsberechtigte **abgetretene Forderungen** nach Insolvenzeröffnung ein, ist er verpflichtet, den **Feststellungskostenbeitrag** an den Insolvenzverwalter abzuführen (BGH, ZInsO 2003, 1137; BGHZ 154, 72, 79 = ZInsO 2003, 318).

b) Verwertungsart

Der Gläubiger ist zum Forderungseinzug berechtigt. Beim Pfandrecht an Forderungen gelten §§ 1279, 1282 ff. BGB, beim Pfändungspfandrecht §§ 829 ff. ZPO. 19

3. Sonstige Rechte

§ 166 Abs. 2 spricht nur von Forderungen. Sonstige Rechte (Geschäftsanteile, Mitgliedschaftsrechte, Marken, Patentrechte, Gebrauchsmusterrechte, Geschmacksmusterrechte, Urheberrechte etc.) werden nicht erwähnt. Auch für diese Rechte treffen die Motive des § 166 zu, insb. der Erhalt des schuldnerischen Vermögensverbunds (dazu Rdn. 1). Somit sind für diese Rechte die Regelungen in Abs. 1 bzw. Abs. 2 analog anzuwenden (NR-Becker § 166 Rn. 35; Häcker, ZIP 2001, 995; Szalai, ZInsO 2009, 1177, 1179 ff.; Berger, FS Kirchhof, S. 11 f. zu urheberrechtlichen Nutzungsrechten; ders. ZInsO 2013, 569, 578; offen Uhlenbruck-Brinkmann § 166 Rn. 14; HK-Landfermann § 166 Rn. 31; a. A. AG Karlsruhe, ZIP 2009, 143; MK-Tetzlaff § 165 Rn. 99; Sessig/Fischer, ZInsO 2011, 618, 624 f.). Zum Verwertungsrecht des Insolvenzverwalters an **verpfändeten Aktien** Bitter/ Alles, KTS 2013, 113; Uhlenbruck ZInsO 2008, 114; abl. Berger, ZIP 2007, 1533; Sessig/Fischer, ZInsO 2011, 618, 623 f.). 20

III. Von der Verwertung ausgenommene Gegenstände (Abs. 3)

Gem. **Abs. 3 Nr. 1** sind Gegenstände von der Verwertung ausgenommen, die mit Sicherungsrechten von Betreibern oder **Teilnehmern an Abrechnungssystemen gem. § 1 Abs. 16 KWG** (Abrechnungen in Zahlungs- sowie Wertpapierliefer- und -abrechnungssystemen) belastet sind (Interbankenverkehr, HK-Landfermann § 166 Rn. 39); **Abs. 3 Nr. 2** betrifft Gegenstände, die mit **Sicherheiten der Europäischen Zentralbank** oder **Zentralbanken der EU** belastet sind (dazu Uhlenbruck-Uhlenbruck § 166 Rn. 15). Diese Regelungen wurden in Umsetzung der Richtlinie 98/26/EG v. 19.05.1998 eingefügt. 21

Abs. 3 Nr. 3 schließt das Verwertungsrecht des Insolvenzverwalters für **Finanzsicherheiten gem. § 1 Abs. 17 KWG** aus. Bei Finanzsicherheiten handelt es sich um Barguthaben, Wertpapiere, Geldmarktinstrumente sowie Schuldscheindarlehen, die durch Vereinbarungen im Interbankenverkehr besichert werden. Soweit Finanzsicherheiten aufgrund von Vereinbarungen mit juristischen Personen, Einzelkaufleuten und Personengesellschaften belastet werden, ist nur die Sicherung von Verbindlichkeiten aus Verträgen über die Anschaffung und Veräußerung von Finanzinstrumenten, aus Pensions-, Darlehens- sowie vergleichbaren Geschäften auf Finanzinstrumente oder Darlehen zur Finanzierung des Erwerbs von Finanzinstrumenten gemeint (§ 1 Abs. 17 Satz 2 KWG). **Finanzinstrumente** sind insb. Wertpapiere, Geldmarktinstrumente, Devisen, Derivate bzw. Termingeschäfte (§ 1 Abs. 11, Abs. 17 Satz 3 KWG), aber **keine sonstigen Kreditgeschäfte**. Abs. 3 Nr. 3 setzt die Richtlinie 02/47/EG v. 06.06.2002 um und soll den freien Dienstleistungs- und Kapitalverkehr im Finanzbinnenmarkt fördern sowie das Finanzsystem der EU stärken; nennenswerte Auswirkungen auf die übliche Sicherheitenverwertung durch den Insolvenzverwalter hat diese Regelung nicht.

C. Sonderfragen

I. Verwertung durch den vorläufigen Insolvenzverwalter

Der vorläufige Insolvenzverwalter hat grds. **kein Verwertungsrecht** an belasteten Gegenständen (BGHZ, 146, 165, 172 = ZInsO 2001, 165; Uhlenbruck-Brinkmann § 166 Rn. 21). Der Absonderungsberechtigte ist bis zur Insolvenzeröffnung berechtigt, abgetretene Forderungen einzuziehen; Kostenbeiträge nach §§ 170, 171 fallen nicht an (BGHZ 154, 72, 79 = ZInsO 2003, 318; BGH, 22

ZInsO 2003, 1137). Die unberechtigte Verwertung durch den vorläufigen Insolvenzverwalter führt dazu, dass der Erlös analog § 48 an den Absonderungsberechtigten herauszugeben ist.

22a **Mit Zustimmung des Absonderungsberechtigten** kann der vorläufige Insolvenzverwalter verwerten, wenn Absonderungsgut nicht zur Betriebsfortführung in der Masse verbleiben muss und die Insolvenzmasse mindestens i. H. d. Massekostenbeiträge nach §§ 170, 171 am Verwertungserlös beteiligt wird (HK-Kirchhof § 22 Rn. 17; einschränkend auf Umlaufvermögen Jaeger-Gerhardt § 22 Rn. 113, 115). Die Abrechnung des Verwertungserlöses ist in einer **Verwertungsvereinbarung** zu regeln (§ 48 Rdn. 35a, § 172 Rdn. 16). Handelt es sich bei der Verwertung um eine bedeutsame Rechtshandlung i. S. v. § 160 ist zusätzlich die Zustimmung des Insolvenzgerichts einzuholen (Haarmeyer, FS Kreft, S. 285 ff.). Schließlich kann der vorläufige Insolvenzverwalter aufgrund einer fortgeltenden Verfügungsermächtigung zur Verwertung berechtigt sein (§ 48 Rdn. 12 ff., 37 ff.). Unter den genannten Voraussetzungen sollte die Veräußerung von **Umlaufvermögen** in der Betriebsfortführung rgm. zulässig sein: Hier handelt es sich um die gebotene Verwaltungstätigkeit des vorläufigen Insolvenzverwalters (§ 22 Rdn. 39). Auch die Veräußerung von **Anlagevermögen** kann gerechtfertigt sein, z. B. wenn das schuldnerische Unternehmen stillgelegt ist und die Masse bei verzögerter Verwertung mit weiteren Kosten (insb. Sicherungskosten, Einlagerungskosten; vgl. AG Hamburg, ZInsO 2005, 1056) belastet wird. Zum **Nutzungsrecht** des vorläufigen Insolvenzverwalters vgl. § 172 Rdn. 11 f.

23 § 21 Abs. 2 Satz 1 Nr. 5 sieht die gerichtliche Anordnung eines **Verwertungsverbotes für Absonderungsberechtigte** vor. Dieses Verwertungsverbot betrifft Gegenstände, die im Fall der Eröffnung des Insolvenzverfahrens von § 166 erfasst werden. Für den vorläufigen Insolvenzverwalter kann neben dem Verwertungsverbot ein **Verwertungsrecht für den Forderungseinzug** angeordnet werden. Dann gelten für den Forderungseinzug die **§§ 170, 171 entsprechend**. Auch im Insolvenzeröffnungsverfahren fallen **Feststellungskostenbeiträge** für die Masse an, wenn der Absonderungsberechtigte entgegen dem Verwertungsverbot Forderungen einzieht (Rdn. 18). Hat der Drittschuldner nicht befreiend an den Absonderungsberechtigten gezahlt (§§ 24 Abs. 1, 82), kann der vorläufige Insolvenzverwalter die Genehmigung der Zahlung ablehnen und erneute Zahlung fordern (§ 21 Rdn. 69i). Das angeordnete Verwertungsverbot besteht auch dann fort, wenn der Absonderungsberechtigte dem Schuldner erteilte Einziehungsermächtigung widerruft (HK-Kirchhof § 21 Rn. 28; Gundlach/Frenzel/Jahn, NZI 2010, 336, 338; a. A. Uhlenbruck-Vallender § 21 Rn. 38 f.). Für **bewegliche Sachen** kann das Insolvenzgericht **kein Verwertungsrecht** des vorläufigen Insolvenzverwalters nach § 21 Abs. 2 Satz 1 Nr. 5 anordnen. Die Nutzungsbefugnis bei Anordnung nach § 21 Abs. 2 Satz 1 Nr. 5 entspricht den Befugnissen nach § 172 Abs. 2, deckt aber nicht den Verbrauch oder die Weiterverarbeitung (HK-Kirchhof § 21 Rn. 30; wohl auch Uhlenbruck-Vallender § 21 Rn. 38j). Solche Handlungen müssen durch **Verwertungsvereinbarungen** legitimiert werden (Rdn. 22a).

II. Verfahrensfragen

24 Die **Herausgabevollstreckung** durch Absonderungsberechtigte kann im Insolvenzeröffnungsverfahren gem. § 21 Abs. 2 Satz 1 Nr. 3 untersagt werden (Jaeger-Gerhardt § 22 Rn. 106). Eine **Herausgabepflicht** des vorläufigen Insolvenzverwalters besteht nicht (§ 22 Rdn. 47, 108, § 172 Rdn. 12). Nach Insolvenzeröffnung ist ein Herausgabeanspruch des Absonderungsberechtigten ausgeschlossen (HK-Landfermann § 166 Rn. 33). Es besteht auch kein Herausgabeanspruch, wenn der Insolvenzverwalter die Rechte des Absonderungsberechtigten bei der Verwertung nicht beachtet (OLG Celle, ZInsO 2004, 42 zur einstweiligen Verfügung wegen Verstoßes gegen § 168). Der Absonderungsberechtigte kann nicht im Wege der einstweiligen Verfügung in die Verwertung durch den Insolvenzverwalter eingreifen (OLG Oldenburg, ZInsO 2014, 304).

25 Eine **Verwertungsfrist** für den Insolvenzverwalter ist nicht geregelt. Bei verzögerter Verwertung droht allerdings eine Zinszahlungspflicht nach § 169.

In der **Eigenverwaltung** (§ 282) und im **Verbraucherinsolvenzverfahren** (§ 313 Abs. 3) ist der Sachwalter/Treuhänder nicht verwertungsberechtigt. 26

§ 167 Unterrichtung des Gläubigers

(1) ¹Ist der Insolvenzverwalter nach § 166 Abs. 1 zur Verwertung einer beweglichen Sache berechtigt, so hat er dem absonderungsberechtigten Gläubiger auf dessen Verlangen Auskunft über den Zustand der Sache zu erteilen. ²Anstelle der Auskunft kann er dem Gläubiger gestatten, die Sache zu besichtigen.

(2) ¹Ist der Verwalter nach § 166 Abs. 2 zur Einziehung einer Forderung berechtigt, so hat er dem absonderungsberechtigten Gläubiger auf dessen Verlangen Auskunft über die Forderung zu erteilen. ²Anstelle der Auskunft kann er dem Gläubiger gestatten, Einsicht in die Bücher und Geschäftspapiere des Schuldners zu nehmen.

Übersicht	Rdn.			Rdn.
A. Normzweck	1	II.	Gestattung der Besichtigung des Absonderungsguts sowie der Einsichtnahme in Bücher und Geschäftspapiere (Abs. 1 Satz 2, Abs. 2 Satz 2)	5
B. Norminhalt	2			
I. Auskunftspflicht (Abs. 1 Satz 1, Abs. 2 Satz 1)	2			
		C.	Verfahrensfragen	6

A. Normzweck

§ 167 räumt dem Absonderungsberechtigten in Ergänzung zu § 166 Auskunftsrechte ein; diese Auskunftsrechte stellen einen Ausgleich für das alleinige Verwertungsrecht des Insolvenzverwalters und das damit verbundene Informationsdefizit des Absonderungsberechtigten dar. Für unbewegliche Gegenstände wurde keine entsprechende Regelung geschaffen, da der Absonderungsberechtigte dort ein eigenes Verwertungsrecht hat (§ 165). Zu Auskunftsrechten von Aussonderungsberechtigten vgl. § 47 Rdn. 70. 1

B. Norminhalt

I. Auskunftspflicht (Abs. 1 Satz 1, Abs. 2 Satz 1)

Auskunftspflichten des Insolvenzverwalters sind für bewegliche Sachen in Abs. 1 Satz 1, für Forderungen in Abs. 2 Satz 1 geregelt. **Auskunftsberechtigt** sind Absonderungsberechtigte. Die Auskunftspflicht setzt ein **formloses Verlangen** des Absonderungsberechtigten voraus. Er muss sein Absonderungsrecht und den belasteten Gegenstand konkret bezeichnen (Uhlenbruck-Brinkmann § 167 Rn. 2; MK-Tetzlaff § 167 Rn. 17; Smid, NZI 2009, 669; einschr. HK-Landfermann § 167 Rn. 2). Die Auskunftspflicht besteht nicht, wenn der Gläubiger lediglich die Berücksichtigung konkurrierender Absonderungsrechte bei der Erlösverteilung überprüfen will (BGH, ZInsO 2010, 2234). 2

Bei **beweglichen Sachen** bezieht sich die Auskunftspflicht auf den Zustand. Gemeint ist die qualitative und quantitative Beschaffenheit der Sache sowie die Auskunft über eine Verarbeitung, Vermengung, Vermischung oder Verbindung (MK-Tetzlaff § 167 Rn. 11). In der Praxis lässt der Insolvenzverwalter werthaltige Gegenstände begutachten; dem **Wertgutachten** kann der Absonderungsberechtigte den Zustand der Sache sowie Liquidations- und Fortführungswerte entnehmen. Bei geringwertigen Sachen genügt die Übersendung einer **Inventarübersicht mit Schätzwerten**. Bei **Forderungen** ist Auskunft über deren Höhe, Fälligkeit sowie die Bonität der Drittschuldner zu erteilen. Hier kann der Insolvenzverwalter auf die **Debitorenbuchhaltung** des Schuldners zurückgreifen. Nach abgeschlossener Verwertung erstreckt sich die Auskunftspflicht auf den Erlös (Uhlenbruck-Brinkmann § 167 Rn. 6). 3

§ 168 InsO Mitteilung der Veräußerungsabsicht

4   Die Auskunftspflicht ist durch die **Zumutbarkeit** eingeschränkt (eingehend MK-Tetzlaff § 167 Rn. 17 ff.; Uhlenbruck-Brinkmann § 167 Rn. 2). Die Auskunftspflicht kann ausgeschlossen sein, wenn sie die Masse mit erheblichen Kosten belastet oder für den Insolvenzverwalter mit erheblichem zeitlichen Aufwand verbunden ist. In diesen Fällen muss der Insolvenzverwalter die **Einsichtnahme** nach Abs. 2 Satz 2 ermöglichen (Rdn. 5). Zur Erteilung von Auskünften ist der Insolvenzverwalter nur bei eigenen Handlungen am Absonderungsgut uneingeschränkt verpflichtet, insb. bei eigener Veräußerung und eigenem Forderungseinzug. Auskunftspflichtig ist ein neubestellter Insolvenzverwalter für Handlungen des früheren (auch vorläufigen) Insolvenzverwalters (BGH, ZInsO 2004, 151). Ggf. muss sich der Insolvenzverwalter über §§ 97, 101 Informationen beim Schuldner verschaffen, um seiner Auskunftspflicht nachzukommen (MK-Tetzlaff § 167 Rn. 21; a. A. Uhlenbruck-Brinkmann § 167 Rn. 4).

II. Gestattung der Besichtigung des Absonderungsguts sowie der Einsichtnahme in Bücher und Geschäftspapiere (Abs. 1 Satz 2, Abs. 2 Satz 2)

5   Der Insolvenzverwalter kann von seiner **Ersetzungsbefugnis** Gebrauch machen und dem Absonderungsberechtigten neben bzw. statt Auskunft die Besichtigung bzw. Einsicht ermöglichen. Ein **Anspruch auf Besichtigung** oder Einsichtnahme besteht dagegen nicht. Besichtigungstermine sind vom Insolvenzverwalter festzulegen. Der Absonderungsberechtigte kann bei der Besichtigung Lichtbilder und Kopien fertigen. Das Besichtigungsrecht ist – ebenso wie die Auskunftspflicht des Insolvenzverwalters – durch die **Zumutbarkeit** begrenzt, insb. wenn der Schutz von Geschäftsgeheimnissen zu besorgen ist (HK-Landfermann § 167 Rn. 4; MK-Tetzlaff § 167 Rn. 27, 30). Auch die Einsichtnahme kann im Einzelfall verweigert werden, wenn die Abwicklung des Verfahrens dadurch erheblich gestört wird, z. B. bei einer Vielzahl von Absonderungsberechtigten.

C. Verfahrensfragen

6   Das Auskunftsrecht des Absonderungsberechtigten kann mit der **Auskunftsklage** durchgesetzt werden. Ist die Auskunft für den Insolvenzverwalter unzumutbar, sodass er von seiner Ersetzungsbefugnis Gebrauch machen muss, kann der Absonderungsberechtigte Klage auf Duldung der Einsichtnahme erheben. Zuständig für die Klage sind die ordentlichen Gerichte.

7   **Aufwendungsersatzansprüche** für die mit der **Auskunft** verbundenen Kosten bestehen nicht; diese Kosten sind mit der Feststellungskostenpauschale nach §§ 170, 171 abgegolten. Die Kosten der **Einsichtnahme** – etwa Transportkosten des Archivierungsunternehmers – trägt dagegen der Absonderungsberechtigte. Ist die Auskunft des Insolvenzverwalters **fehlerhaft oder unvollständig**, kann er für Schadensfolgen vom Absonderungsberechtigten aus § 60 in Anspruch genommen werden (Uhlenbruck-Brinkmann § 167 Rn. 10).

§ 168 Mitteilung der Veräußerungsabsicht

(1) ¹Bevor der Insolvenzverwalter einen Gegenstand, zu dessen Verwertung er nach § 166 berechtigt ist, an einen Dritten veräußert, hat er dem absonderungsberechtigten Gläubiger mitzuteilen, auf welche Weise der Gegenstand veräußert werden soll. ²Er hat dem Gläubiger Gelegenheit zu geben, binnen einer Woche auf eine andere, für den Gläubiger günstigere Möglichkeit der Verwertung des Gegenstands hinzuweisen.

(2) Erfolgt ein solcher Hinweis innerhalb der Wochenfrist oder rechtzeitig vor der Veräußerung, so hat der Verwalter die vom Gläubiger genannte Verwertungsmöglichkeit wahrzunehmen oder den Gläubiger so zu stellen, wie wenn er sie wahrgenommen hätte.

(3) ¹Die andere Verwertungsmöglichkeit kann auch darin bestehen, daß der Gläubiger den Gegenstand selbst übernimmt. ²Günstiger ist eine Verwertungsmöglichkeit auch dann, wenn Kosten eingespart werden.

Übersicht

		Rdn.			Rdn.
A.	Normzweck	1	III.	Hinweis des Gläubigers (Abs. 2)	5
B.	Norminhalt	2	IV.	Nachteilsausgleich (Abs. 2 Halbs. 2, Abs. 3)	9
I.	Veräußerung eines Gegenstandes (Abs. 1 Satz 1 Halbs. 1)	2	C.	Verfahrensfragen, Haftung	10
II.	Mitteilung der Veräußerungsabsicht (Abs. 1 Satz 1 Halbs. 2)	3	I.	Beweislast	10
			II.	Haftung	11

A. Normzweck

Dem Absonderungsberechtigten soll Gelegenheit gegeben werden, den Insolvenzverwalter auf eine günstige Verwertungsmöglichkeit hinzuweisen. Dadurch werden **bessere Verwertungsmöglichkeiten des Absonderungsberechtigten** berücksichtigt, über die der Insolvenzverwalter nicht verfügt. Nutzt der Insolvenzverwalter den Hinweis nicht, wird der Absonderungsberechtigte durch einen **Nachteilsausgleichsanspruch** geschützt. Schließlich soll durch das Verfahren nach § 168 Streit über die optimale Verwertung durch den Insolvenzverwalter vermieden werden. 1

B. Norminhalt

I. Veräußerung eines Gegenstandes (Abs. 1 Satz 1 Halbs. 1)

§ 168 betrifft alle Gegenstände, zu deren **Verwertung der Insolvenzverwalter nach § 166 berechtigt** ist, also **bewegliche Sachen und Forderungen**. Erfasst werden **Veräußerungsgeschäfte**. Der Begriff »Veräußerung« umfasst den freihändigen Verkauf und auch andere Verwertungsarten, etwa die öffentliche Versteigerung (OLG Celle, ZInsO 2004, 445), aber nicht den **Einzug von Forderungen** (Uhlenbruck-Brinkmann § 168 Rn. 4). Beim **Forderungseinzug** sollte ein Vergleich mit dem Drittschuldner angezeigt werden (Uhlenbruck-Brinkmann § 168 Rn. 4; a. A. MK-Tetzlaff § 168 Rn. 10). Keine Anwendung findet § 168 auf den Notverkauf verderblicher Waren (Uhlenbruck-Brinkmann § 168 Rn. 3). 2

II. Mitteilung der Veräußerungsabsicht (Abs. 1 Satz 1 Halbs. 2)

Die Veräußerungsabsicht ist allen betroffenen Absonderungsberechtigten mitzuteilen. Die **Mitteilung** soll folgende Angaben umfassen (vgl. MK-Tetzlaff § 168 Rn. 17; Uhlenbruck-Brinkmann § 168 Rn. 6): 3
- Gegenstand,
- Zeitpunkt der Veräußerung,
- Art der Veräußerung,
- Kaufpreis und Zahlungsmodalitäten (z. B. Ratenzahlung),
- bei Sachgesamtheiten Erlösverteilung an die Absonderungsberechtigten,
- Kosten der Verwertung, wenn sie höher sind als die Verwertungskostenpauschale (AG Duisburg, ZInsO 2003, 190),
- ggf. Person des Käufers (entbehrlich, HK-Landfermann § 168 Rn. 4).

Diese Regelung ist unpraktikabel, wenn **bei Betriebsfortführung belastete Warenvorräte veräußert** werden. Hier genügt die Angabe des Preisangebots (HK-Landfermann § 168 Rn. 4). Vorzugswürdig ist eine generelle Verwertungsvereinbarung (z. B. Zahlung des Einkaufspreises aus Verwertungserlös). Entsprechendes gilt für die Veräußerung von Absonderungsgut bei einer **übertragenden Sanierung** (MK-Tetzlaff § 168 Rn. 45). Hier sollte der Insolvenzverwalter vorab in einer Verwertungsvereinbarung mit dem Absonderungsberechtigten festlegen, welcher Anteil aus dem Gesamterlös auf das Absonderungsrecht auszukehren ist. Erkennt der Insolvenzverwalter **innerhalb der Wochenfrist nach Abs. 2 eine andere bessere Verwertungsmöglichkeit**, ist er nicht verpflichtet, eine erneute Mitteilung nach Abs. 1 abzusenden (OLG Karlsruhe, ZInsO 2008, 1329; LG Neubrandenburg, ZInsO 2006, 381; LG Freiburg, ZInsO 2008, 676; Uhlenbruck-Brinkmann § 168 Rn. 13; MK-Tetzlaff § 168 Rn. 20). Hat der Gläubiger bereits den Selbsteintritt nach Abs. 3 erklärt, 4 kann ein erneuter Hinweis auf das bessere Angebot erfolgen, damit der Absonderungsberechtigte sein Gebot nachbessern kann (Uhlenbruck-Brinkmann § 168 Rn. 7b). Dazu ist der Insolvenzverwalter aber nicht verpflichtet. Es obliegt dem Absonderungsberechtigen, den Selbsteintritt zu angemessenen Bedingungen zu erklären: Er kann auf einen niedrigen Preis spekulieren, da ihm ein Mehrerlös aus nachfolgender Eigenverwertung zusteht (Rdn. 7). Wenn ein Dritter das Angebot des Absonderungsberechtigten überbietet, muss der Insolvenzverwalter eine weitere Verzögerung der Verwertung durch das Verfahren nach § 168 nicht hinnehmen (BGH, ZInsO 2010, 1000).

III. Hinweis des Gläubigers (Abs. 2)

5 Der Gläubiger kann auf eine günstige Verwertungsmöglichkeit hinweisen (Abs. 1 Satz 2) oder das Eintrittsrecht ausüben (Abs. 3 Satz 1).

5a Eine **günstige Verwertungsmöglichkeit** ist gegeben, wenn der Gläubiger auf einen höheren Erlös (höherer Kaufpreis, günstigere Zahlungskonditionen) oder geringere Kosten (z. B. Einsparung von Sicherungskosten) hinweist. Entscheidend ist die Höhe des Nettoerlöses, der nach Abzug der Kosten für den Absonderungsberechtigten verbleibt. Ungenügend ist aber die Übernahme des Absonderungsguts ohne Verwertung, da der Insolvenzmasse dadurch der Verwertungskostenbeitrag verloren geht. Maßgeblich ist daher, ob der Hinweis des Gläubigers Verwertungskosten ausweist, die unter den konkreten Verwertungskosten des Insolvenzverwalters (z. B. der Provision eines beauftragten Verwerters) oder der Pauschale von 5 % liegen.

5b Der Hinweis selbst muss konkrete Angaben enthalten, die vom Insolvenzverwalter nachprüfbar sind. Die **Anforderungen an den Hinweis** entsprechen daher den Anforderungen an die Mitteilung des Insolvenzverwalters (Rdn. 3); hier ist allerdings die Angabe des Käufers unentbehrlich. Bei Hinweisen mehrerer Absonderungsberechtigter ist das günstigste Angebot maßgeblich. Die Frist nach Abs. 1 Satz 2 ist **keine Ausschlussfrist**. Der Hinweis kann gem. Abs. 2 auch rechtzeitig vor der Veräußerung erfolgen; es genügt, wenn die andere Verwertungsmöglichkeit keine weiteren Kosten auslöst.

6 Der Insolvenzmasse kann ein Schaden entstehen, wenn sich die auf den **Hinweis des Absonderungsberechtigten** wahrgenommene Verwertungsmöglichkeit **nicht realisiert** und der vom Insolvenzverwalter vorgeschlagene Interessent inzwischen abgesprungen ist. Das Gesetz regelt insoweit keine Haftung des Absonderungsberechtigten. Der Absonderungsberechtigte sollte für die Erfüllung der von ihm vorgeschlagenen Verkaufsmöglichkeit entsprechend § 179 Abs. 1 BGB haftbar zu machen sein. Damit wird sichergestellt, dass sich der Insolvenzverwalter nur mit ernst zu nehmenden Hinweisen beschäftigen muss.

7 Das **Eintrittsrecht** des Absonderungsberechtigten nach Abs. 3 Satz 1 muss nicht mit einem günstigeren Angebot verbunden sein, ein gleichartiges Angebot genügt (Uhlenbruck-Brinkmann § 168 Rn. 10; a. A. HK-Landfermann § 168 Rn. 12). Nimmt der Insolvenzverwalter das Eintrittsangebot des Absonderungsberechtigen wahr, ist der Erlös nach §§ 170, 171 abzurechnen. Dabei wird die Erlösbeteiligung des Absonderungsberechtigten mit dem Kaufpreis verrechnet, sodass der Insolvenzverwalter letztlich den Übererlös bzw. die Kostenbeiträge einbehält. Ein **Mehrerlös** aus einer nachfolgenden Weiterveräußerung durch den Absonderungsberechtigten fällt nicht in die Masse (BGH, ZInsO 2005, 1270). Auf die Insolvenzforderung des Absonderungsberechtigten wird der Mehrerlös nicht angerechnet (§ 52 Rdn. 6).

8 Der Absonderungsberechtigte darf eigene Verwertungskosten nicht mit den Kostenbeiträgen nach §§ 170, 171 verrechnen (MK-Tetzlaff § 168 Rn. 41; HK-Landfermann § 168 Rn. 14).

IV. Nachteilsausgleich (Abs. 2 Halbs. 2, Abs. 3)

9 Der Insolvenzverwalter ist **nicht verpflichtet**, die vom Absonderungsberechtigten genannte **Verwertungsmöglichkeit anzunehmen** (Uhlenbruck-Brinkmann § 168 Rn. 14; HK-Landfermann § 168 Rn. 11; KPB-Flöther § 168 Rn. 13; MK-Tetzlaff § 168 Rn. 33). Insbesondere bei der Veräußerung

von Sachgesamtheiten kann es für die Masse vorteilhaft sein, den Hinweis des Absonderungsberechtigten zur Veräußerung einzelner Gegenstände abzulehnen und aus der Veräußerung des Gesamtbestandes einen Mehrerlös zu erzielen (zum Nachweisrecht des Absonderungsberechtigten bei der Veräußerung von Sachgesamtheiten BGH, ZInsO 2013, 1690). Dem Gläubiger ist dann ein **Nachteilsausgleich** zu zahlen (Abs. 2). Der Nachteilsausgleich errechnet sich aus der Differenz zwischen dem fiktiven Erlös aus dem Hinweis des Absonderungsberechtigten und dem erzielten Erlös, soweit der Absonderungsgläubiger nicht bereits aus dem erzielten Erlös voll befriedigt wird. Ein Gewinninteresse des Absonderungsberechtigten aus der entgangenen Veräußerungsmöglichkeit wird nicht erstattet (OLG Karlsruhe, ZInsO 2008, 1329). Zahlungen nach §§ 169, 172 sind anzurechnen (MK-Tetzlaff § 168 Rn. 34). Der Nachteilsausgleichsanspruch ist eine **Masseverbindlichkeit** gem. § 55 Abs. 1 Nr. 1.

C. Verfahrensfragen, Haftung

I. Beweislast

Der **Insolvenzverwalter** trägt die Beweislast für die Mitteilung nach Abs. 1 und die **Einhaltung der Wochenfrist** vor Verwertung gem. Abs. 2. Der **Absonderungsberechtigte** trägt die Beweislast für den **Zugang des Hinweises** nach Abs. 2 beim Insolvenzverwalter; er trägt die Beweislast für den **Nachweis einer besseren Verwertungsmöglichkeit**, wenn der Insolvenzverwalter die Einhaltung des Verfahrens nach § 168 verletzt. Hält der Insolvenzverwalter das Verfahren nach § 168 ein und äußert sich der Absonderungsberechtigte nicht, so ist zu vermuten, dass die Veräußerung durch den Insolvenzverwalter nicht unter Wert vorgenommen wurde (HK-Landfermann § 168 Rn. 16; weiter gehend Gundlach/Frenzel/Schmidt, ZInsO 2001, 537, 540: Einwand der Schlechtverwertung wird ausgeschlossen). Die Vermutung der »ordnungsgemäßen Verwertung« erstreckt sich auf alle Angaben im Hinweis des Insolvenzverwalters, also auch auf die Zahlungsmodalitäten, die Abwicklung der Verwertung und die Höhe der Kostenbeiträge.

II. Haftung

Der **Insolvenzverwalter** kann gem. § 60 in Haftung genommen werden, wenn er das **Verfahren nach § 168 nicht einhält**. Verletzt der Insolvenzverwalter die **Mitteilungspflicht** gem. § 168, handelt es sich trotzdem um eine »berechtigte« Verwertung, sodass der Absonderungsberechtigte keine Ersatzabsonderungsrechte am Erlös erwirbt; der Insolvenzverwalter kann daher die Kostenbeiträge nach §§ 170, 171 einbehalten (HK-Landfermann § 168 Rn. 6; Ganter, NZI 2005, 1, 8; Ganter/Bitter, ZIP 2005, 93, 101 f.; a. A. LG Bielefeld, ZInsO 2014, 612; MK-Tetzlaff § 168 Rn. 23). Kommt es zu einer **nachweislich ungünstigen Veräußerung**, so kann der Absonderungsberechtigte seinen Differenzschaden einfordern. Gegenüber der Masse kann sich der Insolvenzverwalter wegen eines geringeren Übererlöses haftbar machen. Nimmt der Insolvenzverwalter die vom Absonderungsberechtigten genannte Verwertungsmöglichkeit nicht wahr, wird die Masse durch den **Nachteilsausgleichsanspruch** belastet. Soweit dadurch ein Schaden eintritt, haftet der Insolvenzverwalter ggü. der Masse; kann er den Nachteilsausgleichsanspruch ggü. dem Absonderungsberechtigten nicht aus der Masse bedienen, haftet er diesem auf Schadensersatz (§ 61). Vgl. zu diesem Problemkreis Uhlenbruck-Brinkmann § 168 Rn. 15; MK-Tetzlaff § 168 Rn. 22.

§ 169 Schutz des Gläubigers vor einer Verzögerung der Verwertung

¹Solange ein Gegenstand, zu dessen Verwertung der Insolvenzverwalter nach § 166 berechtigt ist, nicht verwertet wird, sind dem Gläubiger vom Berichtstermin an laufend die geschuldeten Zinsen aus der Insolvenzmasse zu zahlen. ²Ist der Gläubiger schon vor der Eröffnung des Insolvenzverfahrens auf Grund einer Anordnung nach § 21 an der Verwertung des Gegenstands gehindert worden, so sind die geschuldeten Zinsen spätestens von dem Zeitpunkt an zu zahlen, der drei Monate nach dieser Anordnung liegt. ³Die Sätze 1 und 2 gelten nicht, soweit nach der

§ 169 InsO Schutz des Gläubigers vor einer Verzögerung der Verwertung

Höhe der Forderung sowie dem Wert und der sonstigen Belastung des Gegenstands nicht mit einer Befriedigung des Gläubigers aus dem Verwertungserlös zu rechnen ist.

Übersicht

	Rdn.		Rdn.
A. Normzweck	1	II. Ende der Zinszahlungsverpflichtung	5
B. Norminhalt	2	III. Umfang der Zinszahlung	6
I. Beginn der Zinszahlungsverpflichtung (Sätze 1 und 2)	2	IV. Anwendbarkeit auf Aussonderungsgut	7a
		V. Abwicklung	8

A. Normzweck

1 Der Insolvenzverwalter ist bis zur Verwertung von Absonderungsgut zur Nutzung berechtigt (vgl. § 172 Rdn. 2 f.). § 169 gibt dem Absonderungsberechtigten einen Nachteilsausgleichsanspruch in Gestalt einer Zinszahlungspflicht des Insolvenzverwalters. Der Zinsanspruch dient dem Schutz vor verzögerter Verwertung und soll den Absonderungsberechtigten in die Lage versetzen, sich bis zur Verwertung anderweitig Liquidität zu beschaffen. Der Anspruch aus § 169 tritt zusätzlich neben den Wertausgleichsanspruch aus § 172. Voraussetzung für die Zinszahlungspflicht ist, dass dem Insolvenzverwalter das Verwertungsrecht nach § 166 zusteht. Für die Nutzung unpfändbarer Gegenstände gilt § 169 daher nicht (LG Aachen, NZI 2006, 643; bestätigt durch OLG Köln, EWiR 2006, 625 m. Anm. Gundlach/Schmidt/Frenzel).

B. Norminhalt

I. Beginn der Zinszahlungsverpflichtung (Sätze 1 und 2)

2 Der Insolvenzverwalter ist **nach dem Berichtstermin** verpflichtet, das Vermögen des Schuldners zu verwerten (§ 159). Daran anknüpfend beginnt gem. Satz 1 die Zinszahlungsverpflichtung. Ein **Verschulden des Insolvenzverwalters** für die Verzögerung der Verwertung nach dem Berichtstermin ist **nicht erforderlich** (Uhlenbruck-Brinkmann § 169 Rn. 3a; HK-Landfermann § 169 Rn. 5; zu Einschränkungen der Zinszahlungspflicht aber Rdn. 3). Da die Masse nun mit Zinsen belastet wird, **wird das Nutzungsrecht des Insolvenzverwalters zur Nutzungspflicht** (Uhlenbruck-Brinkmann § 169 Rn. 3b). Besteht keine Aussicht auf zügige Verwertung und ist das Absonderungsgut nicht nutzbar, muss der Insolvenzverwalter zur Abwendung der Zinszahlungsverpflichtung eine Verwertungsvereinbarung mit dem Absonderungsberechtigten treffen oder das Absonderungsgut gem. § 170 Abs. 2 freigeben.

3 Die Zinszahlungsverpflichtung bezieht sich auf das Verwertungsrecht nach § 166 und erfasst somit **bewegliche Sachen und Forderungen**. Voraussetzung für die Zinszahlungspflicht ist, dass der Absonderungsberechtigte den Gegenstand früher hätte verwerten können; die **Beweislast** dafür, dass die Verzögerung nicht auf insolvenzspezifischen Gründen beruht, trägt der Insolvenzverwalter (zu beweglichen Sachen: BGH, ZInsO 2006, 433; zu Forderungen: BGHZ 154, 72, 86 ff. = ZInsO 2003, 318; krit. Hellmich, ZInsO 2005, 678, 681; **a.A.** HK-Landfermann § 169 Rn. 8).

4 Wurde das Verwertungsrecht des Absonderungsberechtigten bereits **vor Insolvenzeröffnung** aufgrund einer Anordnung nach § 21 behindert, läuft die Zinszahlungspflicht ab Berichtstermin, **spätestens aber 3 Monate nach der Anordnung**, (Satz 2). Maßgeblich sind Anordnungen nach § 21 Abs. 2 Satz 1 Nr. 1 bis Nr. 3, soweit sie tatsächlich die Verwertung behindern (abl. zum Vollstreckungsverbot bei Sicherungsabtretung BGH, ZIP 2003, 632, 636).

Auch bei **Anordnungen nach § 21 Abs. 2 Satz 1 Nr. 5** besteht nach 3 Monaten eine Zinszahlungspflicht; für den Beginn der Zahlungspflicht und den Umfang der Zinszahlung wird ausdrücklich auf § 169 Satz 2 und 3 verwiesen. Diese Zinszahlungspflicht gilt nicht nur für Absonderungsgut, sondern auch für **Aussonderungsgut** (Rdn. 7a).

II. Ende der Zinszahlungsverpflichtung

Die Zahlungspflicht endet mit **Befriedigung des Absonderungsberechtigten** aus dem Erlös (BGHZ 154, 72, 88 = ZInsO 2003, 318; Uhlenbruck-Brinkmann § 169 Rn. 8; HK-Landfermann § 169 Rn. 19; a. A. AG Stendal, ZIP 2002, 765: Ende mit Verwertung des Absonderungsguts; LG Köln, ZIP 2003, 2312 keine Anwendung bei verzögerter Erlösauskehr). Ferner endet die Zahlungsverpflichtung mit **Übertragung des Verwertungsrechts an den Absonderungsberechtigten** oder mit **Ablauf der Zinsschuld** aufgrund Vereinbarung zwischen Absonderungsberechtigtem und Schuldner (Uhlenbruck-Brinkmann § 169 Rn. 8).

5

III. Umfang der Zinszahlung

Verzinst wird der **Wert des Gegenstandes bzw. der abgetretenen Forderung**, soweit die gesicherte Forderung nicht niedriger ist. Der Gegenstandswert wird vom Insolvenzverwalter zum Berichtstermin festgestellt und ist dem Verzeichnis der Massegegenstände (§ 151) zu entnehmen; Kostenbeiträge nach §§ 170, 171 werden abgezogen. Soweit der Absonderungsberechtigte nicht mit einer Befriedigung aus dem Verwertungserlös rechnen kann (z. B. wegen vorrangiger Belastungen), werden die Zinsen auf den voraussichtlichen Teilerlös berechnet (Satz 3). **Wertminderungen** des Absonderungsguts führen zur Anpassung der Zinszahlung (Uhlenbruck-Brinkmann § 169 Rn. 11; HK-Landfermann § 169 Rn. 11); dafür erhält der Absonderungsberechtigte Wertausgleich gem. § 172. Ergibt sich aus der Verwertung ein Mehr- bzw. Mindererlös, wird der Zinsanspruch nicht rückwirkend angepasst (Uhlenbruck-Brinkmann § 169 Rn. 11; HK-Landfermann § 169 Rn. 12; a. A. MK-Tetzlaff § 169 Rn. 38).

6

Die **Höhe des Zinssatzes** richtet sich nach den **vertraglichen Vereinbarungen** zwischen Absonderungsberechtigtem und Schuldner, entsprechend § 246 BGB mindestens 4 % p. a. (BGH, ZInsO 2006, 433; krit. HK-Landfermann § 169 Rn. 15). Soweit Zinsforderungen aus dem Verwertungserlös bedient werden, sind diese Zahlungen auf den Anspruch aus § 169 anzurechnen (BGH, ZInsO 2008, 915).

7

IV. Anwendbarkeit auf Aussonderungsgut

Die Zinszahlungspflicht aus § 169 Satz 2 gilt auch für die Nutzung von **Aussonderungsgut im Insolvenzeröffnungsverfahren**, wenn das Gericht ein Aussonderungsverbot nach § 21 Abs. 2 Satz 1 Nr. 5 InsO anordnet. Die Zinszahlungspflicht ist auch bei der Anordnung des Aussonderungsverbotes zwingendes Recht (BGH, ZInsO 2010, 136, 138). Insoweit findet § 169 Satz 2 auch auf **unbewegliche Gegenstände** Anwendung. Schwierigkeiten bereitet der **Umfang der Zahlungspflicht**. Wurde das Aussonderungsgut dem Schuldner aufgrund eines Nutzungsvertrags überlassen (z. B. Miete, Pacht, Leasing), dürfte das vereinbarte Nutzungsentgelt maßgeblich sein (OLG Braunschweig, ZInsO 2011, 1895, 1897; Ganter, NZI 2007, 549, 553, 555; einschr. HK-Kirchhof § 21 Rn. 35). Bei Austauschverträgen (z. B. Kauf von Eigentumsvorbehaltsware) ist die Kaufpreisforderung bis zur Höhe des Wertes des Aussonderungsguts mit mindestens 4 % p. a. zu verzinsen bzw. ein Nutzungsentgelt i. H. d. fiktiven Mietzinses anzusetzen (Heublein, ZIP 2009, 11, 14; Ganter, NZI 2007, 549, 554; dort auch zur Anknüpfung des Nutzungsentgelts an einer Ratenzahlungsvereinbarung; offen HK-Kirchhof § 21 Rn. 33). Die Zahlungspflicht setzt aber erst 3 Monate nach der Anordnung des Aussonderungsverbots ein (§§ 21 Abs. 2 Satz 1 Nr. 5, 169 Satz 2; BGH, ZInsO 2010, 136, 138). Eine zeitlich frühere Zahlungspflicht kann das Insolvenzgericht durch ausdrückliche Einzelermächtigung auf entsprechende Anregung des »schwachen« vorläufigen Insolvenzverwalters anordnen (Büchler, ZInsO 2008, 719; Sinz/Hiebert, ZInsO 2011, 798, 799; KPB-Pape § 21 Rn. 40s; a. A. Heublein, ZIP 2009, 11, 15). Da Insolvenzeröffnungsverfahren i. d. R. nicht 3 Monate überschreiten, ist die praktische Bedeutung der Zinszahlungspflicht bei Nutzung von Aussonderungsgut gering. Zum Wertausgleich neben der Zinszahlung bei Nutzung von Aussonderungsgut § 172 Rdn. 13b.

7a

Die Verweisung in § 21 Abs. 2 Satz 1 Nr. 5 auf § 169 Satz 3 ist bei Aussonderungsgut gegenstandslos (Ganter, NZI 2007, 549, 553).

V. Abwicklung

8 Bei der Zinszahlungsverpflichtung handelt es sich um eine **Masseverbindlichkeit** (§ 55 Abs. 1 Nr. 1). Aufgrund Satz 2 können Masseverbindlichkeiten bereits im Insolvenzeröffnungsverfahren begründet werden, insb. bei Anordnung nach § 21 Abs. 2 Satz 1 Nr. 5 (§ 21 Rdn. 69e). Die Zinsen sollen laufend monatlich gezahlt werden (MK-Tetzlaff § 169 Rn. 35; HK-Landfermann § 169 Rn. 21).

§ 170 Verteilung des Erlöses

(1) ¹Nach der Verwertung einer beweglichen Sache oder einer Forderung durch den Insolvenzverwalter sind aus dem Verwertungserlös die Kosten der Feststellung und der Verwertung des Gegenstands vorweg für die Insolvenzmasse zu entnehmen. ²Aus dem verbleibenden Betrag ist unverzüglich der absonderungsberechtigte Gläubiger zu befriedigen.

(2) Überläßt der Insolvenzverwalter einen Gegenstand, zu dessen Verwertung er nach § 166 berechtigt ist, dem Gläubiger zur Verwertung, so hat dieser aus dem von ihm erzielten Verwertungserlös einen Betrag in Höhe der Kosten der Feststellung sowie des Umsatzsteuerbetrages (§ 171 Abs. 2 Satz 3) vorweg an die Masse abzuführen.

Übersicht	Rdn.			Rdn.
A. Normzweck	1	III.	Verwertung durch Absonderungsberechtigte (Abs. 2)	9
B. Norminhalt	2	IV.	Verwertung durch den vorläufigen Insolvenzverwalter	12
I. Verwertungserlös	2	V.	Eigenverwaltung, Verbraucherinsolvenz	14
II. Verwertung durch den Insolvenzverwalter (Abs. 1)	4			

A. Normzweck

1 § 170 folgt dem **Prinzip der Kostenverursachung**: Die Absonderungsberechtigten werden mit den Kosten der Feststellung ihrer Rechte und der Verwertung des Absonderungsguts belastet, damit diese Kosten nicht zulasten der ungesicherten Gläubiger von der Masse getragen werden müssen.

B. Norminhalt

I. Verwertungserlös

2 Geregelt ist die Verteilung des Erlöses aus der Verwertung von beweglichen Sachen oder Forderungen (zur Einbeziehung sonstiger Rechte vgl. § 166 Rdn. 20). Voraussetzung für die Anwendung der §§ 170, 171 ist stets, dass der **Insolvenzverwalter nach § 166 verwertungsberechtigt** ist (MK-Tetzlaff § 170 Rn. 13; krit. Uhlenbruck-Brinkmann § 170 Rn. 1); daher keine Kostenbeiträge bei der **Einziehung verpfändeter Forderungen** nach Pfandreife (§ 166 Rdn. 16). Ist der Absonderungsberechtigte verwertungsberechtigt (§ 173), hat er daher keine Massekostenbeiträge zu leisten. § 170 gilt nur zulasten der Absonderungsberechtigten, nicht ggü. Aussonderungsberechtigten (MK-Tetzlaff § 170 Rn. 13). Der Erlös knüpft an Verwertungshandlungen an, die den **Substanzwert** des Gegenstands realisieren. Nutzungsentgelte unterliegen daher nicht den Regelungen des § 170 (BGH, ZInsO 2006, 938).

3 **Berechnungsgrundlage** für die Kostenbeträge ist der **Bruttoerlös** aus der Verwertung (AG Düsseldorf, ZInsO 2004, 1091; MK-Tetzlaff § 170 Rn. 27; HK-Landfermann § 171 Rn. 3, 6; Uhlenbruck-Brinkmann § 171 Rn. 2a, 3; Onusseit, ZInsO 2007, 247; a. A. LG Halle-Saale, ZInsO 2001, 270; LG Köln, ZIP 2003, 2312; de Weerth, ZInsO 2007, 70: nur Nettoerlös, wenn Masse zum Vorsteuerabzug berechtigt ist). Gehört nur ein **Anteil** an dem verwerteten Gegenstand zur

»Sollmasse« des Schuldners, ist nur der entsprechende anteilige Erlös als Berechnungsgrundlage zu berücksichtigen (AG Köln, ZInsO 2011, 1260 zu §84). Maßgebliche Berechnungsgrundlage ist der tatsächlich zur Masse geflossene Betrag, nicht die – ggf. höhere – Kaufpreisforderung (OLG Nürnberg, ZInsO 2014, 206). Die **Höhe** der Kostenbeiträge ist in § 171 geregelt.

II. Verwertung durch den Insolvenzverwalter (Abs. 1)

Verwertet der Insolvenzverwalter selbst, sind die Kostenbeiträge vorab dem Erlös zu entnehmen. Eine **konkrete Verwertungsvereinbarung** zwischen Insolvenzverwalter und Absonderungsberechtigtem hat **Vorrang** vor den Regelungen der §§ 170, 171 (OLG Koblenz, ZInsO 2004, 929; HK-Landfermann § 170 Rn. 23). Verwertet der Insolvenzverwalter ohne Verwertungsrecht, sind §§ 170, 171 nicht anwendbar, sondern § 48 (§ 48 Rdn. 34). Genehmigt der Absonderungsberechtigte die unberechtigte Verwertung nach § 185 BGB, steht ihm der volle Erlös gem. § 816 Abs. 1 Satz 1 BGB, § 55 Abs. 1 Nr. 3 zu (Ganter/Bitter, ZIP 2005, 93, 100). 4

Die **Feststellungskosten** decken die Kosten für die Ermittlung der Gegenstände und die Prüfung der Rechtsverhältnisse an diesen Gegenständen ab (Einzelheiten bei § 171 Rdn. 2). Die **Verwertungskosten** beziehen sich auf die Vorbereitung und Durchführung der Verwertung (Einzelheiten bei § 171 Rdn. 4 ff.). Zu den Verwertungskosten gehört auch die **Umsatzsteuerbelastung** (Einzelheiten bei § 171 Rdn. 8 ff.). **Erhaltungskosten** (z. B. Aufbewahrungskosten, Versicherungsbeiträge) sind grds. nicht abzugsfähig. Sie können ggf. den Verwertungskosten zugeordnet werden (HK-Landfermann § 170 Rn. 20 f. mit Beispiel; a. A. Uhlenbruck-Brinkmann § 170 Rn. 11, § 171 Rn. 14). Die Erstattung von Erhaltungskosten sollte in einer Verwertungsvereinbarung mit dem begünstigten Absonderungsberechtigten geregelt werden; ggf. kommt auch eine Erstattung nach den Regelungen der Geschäftsführung ohne Auftrag in Betracht (MK-Tetzlaff § 170 Rn. 34; HK-Landfermann § 170 Rn. 22; a. A. Uhlenbruck-Brinkmann § 170 Rn. 11, A/G/R-Homann § 170 Rn. 14). 5

Der **verbleibende Erlös** ist nach der Verwertung unverzüglich an den Absonderungsberechtigten auszukehren. Bei verzögerter Auskehrung haftet die Masse aus § 169 (§ 169 Rdn. 5). Bei konkurrierenden Absonderungsrechten und unklarer Rangfolge kann der Erlös hinterlegt werden (A/G/R-Homann § 170 Rn. 21). Haftet der Schuldner nicht persönlich für die gesicherte Forderung, muss der Insolvenzverwalter den Erlös bis zum Eintritt des Sicherungsfalls analog § 191 Abs. 1 zurückbehalten (BGH, ZInsO 2009, 143). Vor Eintritt des Sicherungsfalls besteht daher kein Anspruch des Absonderungsberechtigten aus § 169. Da der **Erlös das Surrogat des Absonderungsguts** darstellt, setzt sich das Absonderungsrecht am Erlös fort (MK-Tetzlaff § 170 Rn. 27; Uhlenbruck-Brinkmann § 170 Rn. 9; Ganter/Bitter, ZIP 2005, 93, 98: Spezialfall der Ersatzabsonderung). Wurde das Absonderungsgut als Teil einer Sachgesamtheit für einen Gesamtpreis veräußert, steht dem Absonderungsberechtigten ein entsprechender Anteil am Erlös zu (BGH, ZInsO 2008, 918). Der Erlös muss in der Masse unterscheidbar vorhanden sein (MK-Tetzlaff § 170 Rn. 40; KPB-Flöther § 170 Rn. 3; HK-Landfermann § 170 Rn. 9; Ganter/Bitter, ZIP 2005, 93, 99, 102), was bei der Einziehung auf das Insolvenzverwalteranderkonto rgm. erfüllt ist (§ 48 Rdn. 29). Fehlt es an der Unterscheidbarkeit, entsteht eine Masseverbindlichkeit nach § 55 Abs. 1 Nr. 1 bzw. Nr. 3 (BGH, ZInsO 2007, 91). Kann der Erlös nicht vollständig bezahlt werden, weil der Insolvenzverwalter ihn nicht gesichert hat, kommt die Haftung nach § 60 in Betracht. Zu den Rechtsfolgen bei Vermischung des Erlöses s. die Übersicht bei § 48 Rdn. 32. Der Anspruch auf Auskehrung des Erlöses **verjährt** gem. § 197 Abs. 1 Nr. 1 BGB in 30 Jahren (Schmidt, ZInsO 2005, 422; krit. HK-Landfermann § 170 Fn. 6). 6

Erzielt der Insolvenzverwalter einen **Übererlös**, so sind die Feststellungs- und Verwertungskostenbeiträge diesem Übererlös zu entnehmen. Die Kostenbeiträge fallen dem Absonderungsberechtigten daher nur dann zur Last, wenn der Erlös nicht die Beiträge und die gesicherte Forderung abdeckt (AG Wittlich, NZI 2000, 444; AG Kiel, ZInsO 2003, 1008). Es ist daher unzulässig, den Übererlös einzubehalten und anschließend den Erlös des Absonderungsberechtigten noch um die 7

Feststellungs- und Verwertungskostenbeiträge zu mindern (LG Verden, ZInsO 2002, 942; zust. Heeseler, ZInsO 2002, 924).

8 **Verwertet der Absonderungsberechtigte das Absonderungsgut**, obwohl das Verwertungsrecht beim Insolvenzverwalter liegt, ist der Feststellungskostenbeitrag in entsprechender Anwendung von § 170 Abs. 2 an die Masse abzuführen (BGHZ 154, 72, 79 = ZInsO 2003, 318 zum Forderungseinzug; BGH, ZInsO 2006, 1320 zur Verwertung beweglicher Sachen). Verwertungskostenbeiträge stehen der Masse aber nicht zu (BGH, ZInsO 2003, 1137).

III. Verwertung durch Absonderungsberechtigte (Abs. 2)

9 Der Insolvenzverwalter kann dem Absonderungsberechtigten das **Absonderungsgut nach Abs. 2 zur Verwertung überlassen**. Es handelt sich hier um eine »unechte Freigabe« des Gegenstandes, da er Bestandteil der »Soll-Masse« bleibt. Die Überlassung zur Verwertung kommt in Betracht, wenn die mit der Verwertung verbundenen Kosten nicht auf den Absonderungsberechtigten abgewälzt werden können (insb. Erhaltungskosten, s. Rdn. 5), wenn der Insolvenzmasse wegen Verwertungsverzögerungen die Zinszahlungspflicht aus § 169 droht oder wenn dem Insolvenzverwalter der Verlust seines Verwertungsrechts droht (insb. bei mittelbarem Besitz, dazu § 166 Rdn. 5). Verfügt der Absonderungsberechtigte über bessere Verwertungsmöglichkeiten, ist ggf. der Absonderungsberechtigte zum Selbsteintritt gem. § 168 Abs. 3 aufzufordern, um der Insolvenzmasse die Verwertungskostenbeiträge zu sichern (§ 168 Rdn. 7). Nach Überlassung des Gegenstandes darf der Absonderungsberechtigte die Verwertung nur auf die **Art und Weise** durchführen, die ihm außerhalb eines Insolvenzverfahrens gestattet ist (zu den Verwertungsarten vgl. § 166 Rdn. 12 ff.). Ist dem Absonderungsberechtigten die freihändige Verwertung nicht gestattet (z. B. beim Vermieterpfandrecht), so wird ihm ein Recht zur freihändigen Verwertung auch nicht durch die Überlassung des Verwertungsrechts gem. § 170 Abs. 2 eingeräumt. Zur Durchführung der freihändigen Verwertung muss er sich daher wiederum an den Insolvenzverwalter wenden, der ggf. gegen Zahlung eines höheren Massekostenbeitrages zur Verwertung bereit ist oder der freihändigen Veräußerung durch den Absonderungsberechtigten – insb. im Fall des § 1246 Abs. 1 BGB (dazu § 166 Rdn. 12b) – zustimmt. Bei **Forderungen** geht mit der Überlassung zur Verwertung auch das **Recht zur Prozessführung im eigenen Namen** auf den Absonderungsberechtigten über. Daraus folgt, dass der Absonderungsberechtigte Prozesse, die mit Insolvenzeröffnung gem. § 240 ZPO unterbrochen wurden, analog § 85 Abs. 1 anstelle des Insolvenzverwalters aufnehmen kann. Der Absonderungsberechtigte kann die Übernahme des Verwertungsrechts **ablehnen** (MK-Tetzlaff § 170 Rn. 22; HK-Landfermann § 170 Rn. 14); das Verwertungsrecht kann auch dann an den Insolvenzverwalter (zurück-)übertragen werden, wenn er zuvor auf sein Verwertungsrecht verzichtet hat (BGH, ZInsO 2008, 557). Ist die Verwertung für die Masse unwirtschaftlich, verbleibt dem Insolvenzverwalter nur noch die Möglichkeit der echten Freigabe an den Schuldner (zur Abwägung zwischen Verwertung, Überlassung des Verwertungsrechts und Freigabe Ries, ZInsO 2007, 62). Ein Anspruch des Absonderungsberechtigten auf Überlassung zur Verwertung besteht nicht (LG Halle-Saale, ZInsO 2001, 270); das Wahlrecht zwischen § 166 und § 170 Abs. 2 steht allein im Ermessen des Insolvenzverwalters (LG Gera, ZInsO 2009, 2206).

10 Die Überlassung zur Verwertung gem. Abs. 2 ist **zu unterscheiden** von dem **Eintrittsrecht** des Gläubigers nach § 168 Abs. 3 (Verwertung durch den Insolvenzverwalter mit Abrechnung nach Abs. 1) und dem **originären Verwertungsrecht** des Absonderungsberechtigten (§ 173, keine Kostenbeiträge nach §§ 170, 171).

11 Sobald der Absonderungsberechtigte aus der Verwertung einen Erlös erzielt hat, sind **Feststellungskostenbeitrag und USt an die Masse** abzuführen. Als Verwertung ist jede Form der Realisierung des Geldwertes anzusehen, der in dem Absonderungsgut verkörpert wird (OLG Düsseldorf, ZInsO 2010, 770 zur Rückgabe eines Kfz an den Hersteller). Verwertungskostenbeiträge fallen nicht an; auch nicht, wenn der Insolvenzverwalter zuvor Kosten durch vergebliche Verwertungsversuche verursacht hat (HK-Landfermann § 170 Rn. 19). Der Insolvenzverwalter kann vom Absonderungsberechtigten **Auskunft** über die Verwertung und die Höhe des erzielten Erlöses verlangen (Uhlenbruck-Brinkmann § 171 Rn. 2a). **Verzögert** der Absonderungsberechtigte die Verwertung, kann der Insolvenzverwalter den Gegenstand nach Fristsetzung zurückverlangen (Uhlenbruck-Brinkmann § 170 Rn. 16).

IV. Verwertung durch den vorläufigen Insolvenzverwalter

Im Insolvenzeröffnungsverfahren sind die **§§ 170, 171 grds. nicht anwendbar** (BGHZ 154, 72, 79 = ZInsO 2003, 318; ZInsO 2003, 1137; ZInsO 2005, 148; zur Ausnahme beim Forderungseinzug Rdn. 13). Der vorläufige Insolvenzverwalter ist nicht verwertungsberechtigt; das Verwertungsrecht steht bis zur Insolvenzeröffnung dem Absonderungsberechtigten zu. Auch wenn ausnahmsweise ein Verwertungsrecht besteht (Notverkauf, gerichtliche Ermächtigung), gelten die §§ 170, 171 nicht. Der vorläufige Insolvenzverwalter muss daher stets eine **Verwertungsvereinbarung** mit dem Absonderungsberechtigten abschließen; anderenfalls kann er sich wegen des Verlustes der Kostenbeiträge ggü. der Masse haftbar machen. Trifft der vorläufige Insolvenzverwalter mit dem Absonderungsberechtigten eine Verwertungsvereinbarung, setzen sich die Rechte am belasteten Gegenstand an dem entsprechenden Erlös fort (BGH, ZInsO 2004, 151, 152; zur Sicherung der Erlösanteile des Absonderungsberechtigten § 47 Rdn. 58a, § 48 Rdn. 35a). Da der vorläufige Insolvenzverwalter nicht herausgabepflichtig ist (§ 172 Rdn. 12), kann er das Absonderungsgut bis zur Insolvenzeröffnung einbehalten und dann nach den Regelungen der §§ 166 ff. verwerten. 12

§ 21 Abs. 2 Satz 1 Nr. 5 sieht die Anwendbarkeit der §§ 170, 171 für den **Einzug abgetretener Forderungen** vor, wenn das Gericht das Verwertungsrecht des vorläufigen Insolvenzverwalters anordnet (dazu § 166 Rdn. 23). Zieht der Absonderungsberechtigte entgegen dieser Anordnung abgetretene Forderungen ein, kann der vorläufige Insolvenzverwalter die Zahlung des **Feststellungskostenbeitrages** verlangen. 13

Der BGH hält § 170 Abs. 1 Satz 2 für **analog** anwendbar, wenn der vorläufige Insolvenzverwalter aufgrund einer fortgeltenden Einziehungsermächtigung Forderungen einzieht (BGH, ZIP 2010 739; dazu § 48 Rdn. 38b). Der vorläufige Insolvenzverwalter muss dann die eingezogenen Erlöse an den Absonderungsberechtigten auskehren, ohne Massekostenbeiträge abzuziehen zu dürfen.

V. Eigenverwaltung, Verbraucherinsolvenz

Sonderregelungen für die Eigenverwaltung sind in § 282 bestimmt. Im Verbraucherinsolvenzverfahren ist der Treuhänder nicht zur Verwertung berechtigt, sodass §§ 170, 171 nicht anwendbar sind (§ 313 Abs. 3). 14

§ 171 Berechnung des Kostenbeitrags

(1) ¹Die Kosten der Feststellung umfassen die Kosten der tatsächlichen Feststellung des Gegenstands und der Feststellung der Rechte an diesem. ²Sie sind pauschal mit vier vom Hundert des Verwertungserlöses anzusetzen.

(2) ¹Als Kosten der Verwertung sind pauschal fünf vom Hundert des Verwertungserlöses anzusetzen. ²Lagen die tatsächlich entstandenen, für die Verwertung erforderlichen Kosten erheblich niedriger oder erheblich höher, so sind diese Kosten anzusetzen. ³Führt die Verwertung zu einer Belastung der Masse mit Umsatzsteuer, so ist der Umsatzsteuerbetrag zusätzlich zu der Pauschale nach Satz 1 oder den tatsächlich entstandenen Kosten nach Satz 2 anzusetzen.

Übersicht	Rdn.		Rdn.
A. Normzweck	1	1. Umsatzsteuer aus Verwertung	8
B. Norminhalt	2	a) Forderungen	8a
I. Feststellungskosten (Abs. 1)	2	aa) Forderungseinzug nach	
II. Verwertungskosten (Abs. 2 Sätze 1, 2)	4	Insolvenzeröffnung	8a
III. USt (Abs. 2 Satz 3)	8		

bb) Forderungseinzug vor Insolvenzeröffnung 8b
b) Bewegliche Sachen 9
aa) Verwertung nach Insolvenzeröffnung 10
bb) Verwertung vor Insolvenzeröffnung 13
c) Grundstückszubehör. 14
2. Freigabe von Absonderungsgut..... 15
3. Umsatzsteuer und Kostenbeiträge .. 16

A. Normzweck

1   § 171 ergänzt § 170 und definiert die abzugsfähigen Kostenarten und die Höhe der Kostenbeiträge.

B. Norminhalt

I. Feststellungskosten (Abs. 1)

2   Mit dem **Feststellungskostenbeitrag** werden abgegolten:
   – Identifizierung des Absonderungsguts,
   – Feststellung und Prüfung der Absonderungsrechte,
   – Prüfung von Kollisionslagen mit Aussonderungsrechten und sonstigen Absonderungsrechten.

3   Die Pauschale beträgt 4 % vom **Bruttoerlös** (dazu § 170 Rdn. 3); eine Anpassung bei Mehr- oder Minderaufwand findet – anders als bei der Verwertungskostenpauschale – nicht statt (BGH, ZInsO 2002, 826).

II. Verwertungskosten (Abs. 2 Sätze 1, 2)

4   Die Abgrenzung der Verwertungskosten zu den Feststellungskosten und den nicht abzugsfähigen Erhaltungskosten ist i.E. problematisch (vgl. Übersichten bei MK-Tetzlaff § 170 Rn. 33 f.; Ehlenz, ZInsO 2003, 165). Aufwendungen für das Absonderungsgut können nach den Grundsätzen der Geschäftsführung ohne Auftrag erstattungsfähig sein, wenn dadurch die Verwertungschancen bzw. die Erlöserwartungen gesteigert werden (OLG Nürnberg, ZInsO 2014, 206). Zuzuordnen sind folgende **Kostenarten**:

5   ▶ Übersicht: Verwertungskosten

   – Bewertung des Absonderungsguts (Abgrenzung zu Identifizierungskosten, Rdn. 2),
   – Transport zum Ort der Verwertung, Abwicklungskosten des Verkaufs (OLG Nürnberg, ZInsO 2014, 206)
   – Kosten des Auktionators (BGH, ZInsO 2005, 1103; OLG Nürnberg, ZInsO 2014, 206; Weis, ZInsO 2002, 170, 176),
   – USt (dazu Rdn. 8 ff.),
   – ggf. Reparatur, Sicherung, Lagerung (Abgrenzung zu Erhaltungskosten),
   – Aufwendungen für die Fertigstellung halbfertigen Absonderungsguts (Uhlenbruck-Brinkmann § 171 Rn. 3),
   – Aufwendungen für die gerichtliche Durchsetzung von Forderungen,
   – Abrechnung und Auszahlung der Verwertungserlöse (Janca, ZInsO 2003, 449, 450),
   – Kosten für Auseinandersetzungen mit Absonderungsberechtigten (Uhlenbruck-Brinkmann § 171 Rn. 13; a.A. OLG Jena, ZInsO 2004, 509; LG Flensburg, NZI 2006, 709; HK-Landfermann § 171 Rn. 4).

6   **Nicht** hierher gehören die allg. Kosten der Abwicklung des Insolvenzverfahrens (z. B. Bürokosten des Insolvenzverwalters, MK-Tetzlaff § 171 Rn. 23).

7   Die Kosten müssen **für die Verwertung erforderlich** sein (Gegenbeispiel bei AG Duisburg, ZInsO 2003, 190: Räumungskosten bei Inventarverkauf). Der Insolvenzverwalter muss auf die Kosten gem. § 168 Abs. 1 Satz 1 hinweisen; übt der Absonderungsberechtigte sein Eintrittsrecht nicht aus, ist zu vermuten, dass er mit den Kosten einverstanden ist. Die **Kostenpauschale** beträgt 5 % des **Bruttoerlöses** (dazu § 170 Rdn. 3). Bei erheblicher Abweichung sind die tatsächlichen Kosten in

Ansatz zu bringen (Abs. 2 Satz 2). Neben tatsächlichen Kosten kann die Pauschale nicht gesondert geltend gemacht werden (keine »Mischkalkulation«, BGH, ZInsO 2007, 374). Eine erhebliche Abweichung ist anzunehmen, wenn die tatsächlichen Kosten 50 % über oder unter der Pauschale von 5 % liegen (HK-Landfermann § 171 Rn. 6; ggf. schon bei Abweichungen um 10 %, MK-Tetzlaff § 171 Rn. 34; a.A. A/G/R-Homann § 171 Rn. 16: bei Kostenüberschreitung 100 % erforderlich). Die **Beweislast** für die tatsächlichen Kosten trägt derjenige, der von der Pauschale abweichen will (AG Wuppertal, ZInsO 2006, 386; AG Göttingen, ZInsO 2014, 106). Ist die erhebliche Abweichung unstreitig, tritt für die tatsächlichen Kosten eine Beweislastumkehr ein (OLG Nürnberg, ZInsO 2005, 380). Insbesondere bei der Verwertung von Lebensversicherungsverträgen liegen die tatsächlichen Kosten rgm. unterhalb der Pauschale (AG Bonn, NZI 2001, 50; OLG Jena, ZInsO 2004, 509; ZInsO 2004, 1364; AG Mainz, ZInsO 2004, 1376; Tetzlaff, EWiR 2003, 1199; Janca, ZInsO 2003, 449, 450), ebenso beim Einzug von Bankguthaben. Mangels Kostenbelastung der Masse entfällt die Verwertungskostenpauschale, wenn der Absonderungsberechtigte selbst das Absonderungsgut verwertet (§ 170 Rdn. 8).

III. USt (Abs. 2 Satz 3)

1. Umsatzsteuer aus Verwertung

Die USt ist als **Teil der Verwertungskosten** vom Erlös abzuziehen (Abs. 2 Satz 3). Voraussetzung ist, dass die Masse durch die Verwertung tatsächlich mit USt als Masseverbindlichkeit belastet wird (BGH, ZInsO 2007, 374; HK-Landfermann § 171 Rn. 12). Das ist nicht der Fall, wenn der **Schuldner nicht umsatzsteuerpflichtig** ist. Abzugsfähig ist nur die USt aus dem tatsächlich erzielten Erlös, nicht die weitergehend entrichtete USt auf einen höheren vereinbarten Erlös (OLG Nürnberg, ZInsO 2014, 206). 8

a) Forderungen

aa) Forderungseinzug nach Insolvenzeröffnung

Beim Einzug abgetretener Forderungen ist zu beachten, dass nach Rechtsprechung des BFH Masseverbindlichkeiten begründet werden, wenn der Insolvenzverwalter Entgelte für Leistungen vereinnahmt, die der unternehmerische Schuldner vor Insolvenzeröffnung erbracht hat. Das gilt unabhängig davon, ob der Schuldner der Ist- oder der Sollbesteuerung unterliegt (BFH, ZInsO 2013, 1739; ZInsO 2011, 823; zur Ist-Besteuerung noch BFH, ZInsO 2009, 920). Diese Rechtsprechung ist auf Insolvenzverfahren anzuwenden, die ab 01.01.2012 eröffnet wurden (BMF-Schreiben vom 09.12.2011, ZInsO 2012, 25). Für bis zum 31.12.2011 eröffnete Insolvenzverfahren begründet der Insolvenzverwalter beim Einzug von Altforderungen nur dann Masseverbindlichkeiten, wenn der Schuldner der Ist-Besteuerung unterliegt. Zur Haftungsvermeidung muss der Insolvenzverwalter vereinnahmte USt als Masseverbindlichkeit verbuchen. Er kann die USt daher auch beim Forderungseinzug als Massekostenbeitrag einbehalten (a.A. de Weerth, ZInsO 2011, 853). 8a

bb) Forderungseinzug vor Insolvenzeröffnung

Zieht der »schwache« vorläufige Insolvenzverwalter Forderungen ein, die dem Leistungszeitraum vor Anordnung der vorläufigen Insolvenzverwaltung zuzuordnen sind, gilt folgendes: Für die vereinnahmten Umsatzsteuerbeträge werden nach § 55 Abs. 4 Masseverbindlichkeiten begründet, wenn der Schuldner der Ist-Besteuerung unterliegt. Unterliegt der Schuldner der Soll-Besteuerung, werden für nicht abgeführte Umsatzsteuerbeträge nur Insolvenzforderungen begründet (BMF-Schreiben vom 17.01.2012, ZInsO 2012, 213). Daraus folgt, dass im Fall der Ist-Besteuerung die vereinnahmte USt analog § 171 Abs. 2 Satz 3 vom Erlösanteil des Absonderungsberechtigten abzuziehen ist; im Fall der Soll-Versteuerung ist der eingezogene Betrag einschließlich Umsatzsteueranteil an den Absonderungsberechtigten auszukehren. Der Absonderungsberechtigte haftet für nicht abgeführte USt nach § 13c UStG (BFH, ZInsO 2013, 1375). 8b

b) Bewegliche Sachen

9   Bei der Verwertung **beweglicher Sachen** können sich folgende Konstellationen ergeben (Übersicht bei MK-Kling Insolvenzsteuerrecht Rn. 156 ff.; de Weerth, ZInsO 2003, 246).

aa) Verwertung nach Insolvenzeröffnung

10 Bei der **Verwertung durch den Insolvenzverwalter** findet nach h. M. nur eine Lieferung des Insolvenzverwalters an den Erwerber statt, also ein »**Einfachumsatz**« (MK-Kling Insolvenzsteuerrecht Rn. 158). Die Finanzverwaltung hält dagegen für Umsätze ab 01.07.2014 die Grundsätze des »Dreifachumsatzes« für anwendbar (BMF-Schreiben v. 30.04.2014, ZInsO 2014, 1000, 1001 f.). Insoweit bezieht sich das BMF auf die Rechtsprechung des BFH zur Verwertung außerhalb des eröffneten Insolvenzverfahrens (dazu BFH, ZInsO 2009, 2155; unten Rdn. 13d). Nach Auffassung des BMF ist die Umsatzsteuer in der Gutschrift des Insolvenzverwalters gegenüber dem Sicherungsnehmer auf den Betrag der Schuldtilgung aus dem Verwertungserlös anzuweisen. Dieser Betrag der Schuldtilgung errechnet sich aus dem Bruttoerlös der Verwertung unter Abzug der Umsatzsteuer und der weiteren Kostenbeiträge für Feststellung und Verwertung. Der Sicherungsnehmer erteilt dem Insolvenzverwalter für die Rücklieferung ebenfalls eine Rechnung auf diesen Betrag der Schuldtilgung. Die Umsatzsteuerbeträge werden jeweils mit den Vorsteuerbeträgen verrechnet und führen zu keiner Zahllast.

10a Die Masse wird mit der Umsatzsteuerschuld aus der Lieferung an den Erwerber als **Masseverbindlichkeit** (§ 55 Abs. 1 Nr. 1) belastet (de Weerth, ZInsO 2003; MK-Kling Insolvenzsteuerrecht Rn. 159). Die USt ist dem Erlös zu entnehmen (§§ 170 Abs. 1 Satz 1, 171 Abs. 2 Satz 3). Dies gilt auch beim Eintritt des Absonderungsberechtigten gem. § 168 Abs. 3 und beim Übergang des Verwertungsrechts auf den Insolvenzverwalter nach § 173 Abs. 2 (MK-Kling Insolvenzsteuerrecht Rn. 160 f.).

11 Bei der **Verwertung von Sicherungsgut durch den Sicherungsnehmer gem. § 170 Abs. 2** finden zwei Lieferungen statt: die Lieferung des Schuldners an den Sicherungsnehmer und die Lieferung des Sicherungsnehmers an den Erwerber, also ein »**Doppelumsatz**« (de Weerth, ZInsO 2003, 249; MK-Kling Insolvenzsteuerrecht Rn. 165). Die Masse wird mit der USt als **Masseverbindlichkeit** belastet, die der Absonderungsberechtigte an die Masse abzuführen hat (§§ 170 Abs. 2, 171 Abs. 2 Satz 3). Das für das Sicherungseigentum entwickelte Modell vom »Doppelumsatz« ist auch auf andere Fälle zu übertragen, bei denen ursprünglich der Insolvenzverwalter verwertungsberechtigt ist und dieses Verwertungsrecht dem Absonderungsberechtigten überlässt. Ein »Doppelumsatz« findet daher auch statt, wenn der Eigentumsvorbehaltsverkäufer Absonderungsgut verwertet, das mit erweitertem Eigentumsvorbehalt (bezahlte Warenvorräte) oder verlängertem Eigentumsvorbehalt (Produkte nach Verarbeitung) belastet ist; Gleiches gilt beim besitzlosen Pfandrecht, wenn dem Pfandgläubiger das Absonderungsgut überlassen wird, z. B. beim Vermieterpfandrecht (MK-Kling Insolvenzsteuerrecht Rn. 174).

12 Ist der **Absonderungsberechtigte verwertungsberechtigt** (§ 173), führt die Verwertung von **Sicherungseigentum** durch den Sicherungsnehmer ebenfalls zu zwei Lieferungen und somit zu einem »**Doppelumsatz**«. Der Sicherungsnehmer erteilt dem Insolvenzverwalter eine Gutschrift über den Bruttobetrag und die Umsatzsteuerschuld ist **Masseverbindlichkeit** (de Weerth, ZInsO 2003, 250; MK-Kling Insolvenzsteuerrecht Rn. 172). Die Verwertung durch den Sicherungsnehmer nach Insolvenzeröffnung löst nicht dessen Umsatzsteuerschuld nach § 13b Abs. 2 Nr. 2, Abs. 5 UStG aus, da diese Regelung nicht für Lieferungen während des laufenden Insolvenzverfahrens gilt (BFH, ZInsO 2010, 721; BFH, ZIP 2007, 1998; krit. Ries, ZInsO 2010, 689). Die USt aus dem Veräußerungsgeschäft ist **analog §§ 170 Abs. 2, 171 Abs. 2 Satz 3 an die Insolvenzmasse abzuführen**, wenn ein Sicherungsnehmer das Sicherungsgut vor Insolvenzeröffnung in Besitz nimmt und erst nach Insolvenzeröffnung verwertet (BGH, ZInsO 2007, 605; krit. MK-Tetzlaff § 170 Rn. 25a, § 171 Rn. 6; de Weerth, ZInsO 2008, 1252, 1255).

Die **analoge Anwendung der §§ 170 Abs. 2, 171 Abs. 2 Satz 3** auf den Umsatzsteueranteil des Verwertungserlöses dürfte auch für andere Absonderungsrechte gelten, die dem Modell vom »Doppelumsatz« unterliegen, soweit das Verwertungsrecht an sich beim Insolvenzverwalter liegen würde, wenn nicht vor Insolvenzeröffnung der Besitzwechsel stattgefunden hätte (z. B. beim **erweiterten/verlängerten Eigentumsvorbehalt** oder bei **besitzlosen Pfandrechten**, oben Rdn. 11). 12a

Bei sonstigen Absonderungsrechten wird die Insolvenzmasse nur dann mit der USt belastet, wenn auch dort die Verwertung durch den Absonderungsberechtigten zugleich eine Lieferung der Masse auslöst. Diese Fallgruppe betrifft insb. Absonderungsrechte aus **Besitzpfandrechten** (z. B. vertragliches Pfandrecht, Werkunternehmerpfandrecht). Hier ist im Einzelnen streitig, ob bei der Verwertung durch den Pfandgläubiger ein »Doppelumsatz« stattfindet oder nur ein »Einfachumsatz« zwischen Eigentümer und Erwerber (für »Doppelumsatz« Maus, ZIP 2000, 339, 341; für »Einfachumsatz« Siebert, NZI 2007, 17 mit Übersicht zum Meinungsstand). Jedenfalls ist die Insolvenzmasse an der Lieferung beteiligt, sodass die Verwertung eine Umsatzsteuerpflicht der Masse auslöst. Allerdings ist zweifelhaft, ob der Umsatzsteueranteil auch bei originärem Verwertungsrecht des Absonderungsberechtigten auf die Insolvenzmasse abgewälzt werden kann (für die analoge Anwendung der §§ 170 Abs. 2, 171 Abs. 2 Satz 3 HK-Landfermann § 171 Rn. 14; a. A. Uhlenbruck-Maus § 171 Rn. 9). 12b

bb) Verwertung vor Insolvenzeröffnung

Bei der Verwertung im **Insolvenzeröffnungsverfahren** wird eine **Masseverbindlichkeit** für die USt begründet, wenn das Absonderungsgut durch einen »**starken**« **vorläufigen Insolvenzverwalter** verwertet wird; es handelt sich um einen »**Einfachumsatz**«. 13

Gleiches gilt, wenn der »**schwache**« **vorläufige Insolvenzverwalter** mit Ermächtigung des Insolvenzgerichts verwertet (OFD Frankfurt am Main, ZInsO 2007, 1039). 13a

Im Übrigen ist die Verwertung mit Zustimmung des »schwachen« vorläufigen Insolvenzverwalters kein Fall des § 55 Abs. 4, so dass hinsichtlich der USt keine Masseverbindlichkeiten begründet werden (BMF-Schreiben vom 17.01.2012, ZInsO 2012, 213). 13b

Die **Verwertung von Sicherungseigentum** durch den **Sicherungsnehmer** führt zu einem »**Doppelumsatz**«; der Sicherungsnehmer schuldet gem. § 13b Abs. 2 Nr. 2, Abs. 5 UStG die USt aus der Lieferung des Schuldners. 13c

Die **Verwertung von Sicherungseigentum** durch den **Schuldner** in der »schwachen« vorläufigen Insolvenzverwaltung führt zu einem »**Dreifachumsatz**«, wenn die Verwertung **für Rechnung des Sicherungsnehmers** stattfindet: Lieferung des Schuldners an Sicherungsnehmer, Rücklieferung des Sicherungsnehmers an Schuldner, Lieferung des Schuldners an Erwerber (BFH, ZInsO 2006, 651 m. Anm. de Weerth; BFHE 212, 146 = NZI 2006, 251). Die USt schuldet der Sicherungsnehmer aus der ersten Lieferung des Schuldners (§ 13b Abs. 2 Nr. 2, Abs. 5 UStG). Der Erwerber ist aus der Lieferung des Schuldners zum Vorsteuerabzug berechtigt. Voraussetzung für den »Dreifachumsatz« ist, dass die Verwertung zur **Rückführung der gesicherten Verbindlichkeit** durchgeführt wird; das setzt den Eintritt der Verwertungsreife und die Zustimmung des Sicherungsnehmers voraus (BFH, ZInsO 2009, 2155). Im Insolvenzeröffnungsverfahren verlangt der Dreifachumsatz somit eine **Verwertungsvereinbarung** zwischen dem Schuldner, dem vorläufigen Insolvenzverwalter und dem Sicherungsnehmer. Fehlt es daran, liegt nur ein Einfachumsatz vor (unten Rdn. 13e). 13d

Ungeklärt ist, ob das Modell des »Dreifachumsatzes« auch auf die **Verwertung sonstiger Absonderungsgüter** Anwendung findet. Voraussetzung dafür ist, dass § 13b Abs. 2 Nr. 2 UStG über den zivilrechtlichen Begriff des Sicherungseigentums hinaus auch auf wirtschaftlich vergleichbare Sicherungsrechte Anwendung findet. Dies dürfte jedenfalls für die dem Sicherungseigentum ähnlichen Sicherungsrechte aus erweitertem Eigentumsvorbehalt (an bezahlter Ware) und aus verlängertem Eigentumsvorbehalt (an Produkten nach Verarbeitung) gelten (Siebert, NZI 2008, 529) bzw. für besitzlose Pfandrechte.

13e Die Verwertung **vor Verwertungsreife** oder **ohne Zustimmung des Sicherungsnehmers** führt dagegen zu einem »**Einfachumsatz**« zwischen Schuldner und Erwerber (BFH, ZInsO 2009, 2155; FG Hessen, ZInsO 2010, 861; LG Wuppertal, ZInsO 2007, 447; de Weerth, ZInsO 2008, 1252, 1256). Eine Verwertung nach Eintritt der Verwertungsreife ohne Zustimmung des Sicherungsnehmers führt in der vorläufigen Insolvenzverwaltung zu Ersatzabsonderungsrechten des Sicherungsnehmers am gesamten Erlös analog § 48 und ggf. zu Haftungsansprüchen gegen den vorläufigen Insolvenzverwalter aus § 60.

c) Grundstückszubehör

14 Zur Umsatzsteuerbelastung bei Verwertung von Grundstückszubehör vgl. § 165 Rdn. 39.

2. Freigabe von Absonderungsgut

15 Die **Freigabe** an den Schuldner ist **nicht umsatzsteuerbar** (Uhlenbruck-Maus § 171 Rn. 9). Die anschließende Verwertung durch den Schuldner belastet nach Ansicht des BFH die Masse mit der USt, wenn die Masse i. H. d. Verwertungserlöses von Insolvenzforderungen des Absonderungsberechtigten befreit wird (BFH, ZInsO 2002, 222; krit. MK-Tetzlaff § 170 Rn. 25; de Weerth, ZInsO 2008, 1252, 1255). Erfolgt die Freigabe im Zusammenhang mit der freigebenden Erklärung zur selbständigen Tätigkeit des Schuldners (§ 35 Abs. 2), sind Umsatzsteuerschulden aus nachfolgenden Lieferungen und Leistungen des Schuldners keine Masseverbindlichkeiten (Uhlenbruck-Maus § 171 Rn. 9).

3. Umsatzsteuer und Kostenbeiträge

16 Der Feststellungskostenbeitrag nach § 171 Abs. 1 ist umsatzsteuerfrei. Verwertungskostenbeiträge nach § 171 Abs. 2 sind dagegen nach Rechtsprechung des BFH Entgelte für Leistungen des Insolvenzverwalters und somit umsatzsteuerpflichtig (BFH ZInsO 2011, 1904, 1907: anders noch BFH, ZInsO 2005, 813; ZInsO 2005, 1214; a.A. MK-Tetzlaff § 171 Rn. 46; LG Wiesbaden, ZInsO 2014, 910 zum Verwertungskostenbeitrag beim Forderungseinzug). Die USt ist auf das gesamte Entgelt und somit auf die Verwertungskostenpauschale bzw. die tatsächlichen Kosten sowie den Umsatzsteuerbetrag aus dem Verwertungserlös auszuweisen (BFH, ZInsO 2011, 1907).

17 Kostenbeiträge, die **abweichend von §§ 170, 171** vereinbart werden, sind ebenfalls **umsatzsteuerpflichtig** (BFH, ZInsO 2011, 1907 f.; ZInsO 2005, 1214; a.A. Ganter/Brünink, NZI 2006, 257, 260). Entsprechendes gilt für **Kostenbeiträge**, die für Verwertungen im **Insolvenzeröffnungsverfahren** vereinbart werden. Ein Übererlös, der den Verwertungskostenbeitrag übersteigt, ist dagegen umsatzsteuerfrei.

§ 172 Sonstige Verwendung beweglicher Sachen

(1) ¹Der Insolvenzverwalter darf eine bewegliche Sache, zu deren Verwertung er berechtigt ist, für die Insolvenzmasse benutzen, wenn er den dadurch entstehenden Wertverlust von der Eröffnung des Insolvenzverfahrens an durch laufende Zahlungen an den Gläubiger ausgleicht. ²Die Verpflichtung zu Ausgleichszahlungen besteht nur, soweit der durch die Nutzung entstehende Wertverlust die Sicherung des absonderungsberechtigten Gläubigers beeinträchtigt.

(2) ¹Der Verwalter darf eine solche Sache verbinden, vermischen und verarbeiten, soweit dadurch die Sicherung des absonderungsberechtigten Gläubigers nicht beeinträchtigt wird. ²Setzt sich das Recht des Gläubigers an einer anderen Sache fort, so hat der Gläubiger die neue Sicherheit insoweit freizugeben, als sie den Wert der bisherigen Sicherheit übersteigt.

Übersicht

	Rdn.		Rdn.
A. Normzweck	1	1. Nutzung durch den vorläufigen Insolvenzverwalter	11
B. Norminhalt	2	2. Nutzung von Aussonderungsgut	13
I. Nutzung durch den Insolvenzverwalter (Abs. 1)	2	a) Nach Insolvenzeröffnung	13
II. Verbindung, Vermischung, Verarbeitung (Abs. 2)	6	b) Vor Insolvenzeröffnung	13a
III. Entsprechende Anwendung des § 172	11	IV. Alternative Gestaltungsmöglichkeiten	14

A. Normzweck

§ 172 erlaubt dem Insolvenzverwalter die Nutzung von Absonderungsgut, das für die Betriebsfortführung benötigt wird. Der Absonderungsberechtigte muss diese Nutzung dulden. Für einen eintretenden Wertverlust ist die Masse zu Ausgleichzahlungen an den Absonderungsberechtigten verpflichtet. § 172 ersetzt insoweit auch vertragliche Vereinbarungen zwischen Schuldner und Absonderungsberechtigtem, die mit Insolvenzeröffnung wirkungslos werden (Uhlenbruck-Brinkmann § 172 Rn. 1a; HK-Landfermann § 172 Rn. 2). Zur Verbindung, Vermischung und Verarbeitung ist der Insolvenzverwalter nur dann berechtigt, wenn das Absonderungsrecht nicht beeinträchtigt wird. Eine Werterhöhung aus der Verbindung, Vermischung oder Verarbeitung steht der Masse und nicht dem Absonderungsberechtigten zu. § 172 tritt neben die Zinszahlungsverpflichtung aus § 169. 1

Ebenso wie § 169 gilt auch § 172 nicht für die Nutzung unpfändbarer Gegenstände, die nicht vom Verwertungsrecht aus § 166 erfasst sind (LG Aachen, NZI 2006, 643; § 169 Rdn. 1).

B. Norminhalt

I. Nutzung durch den Insolvenzverwalter (Abs. 1)

Der Insolvenzverwalter ist zur **Nutzung beweglicher Sachen** berechtigt, soweit er gem. § 166 verwertungsberechtigt ist. Sonstige Gegenstände (z. B. Marken, Patente etc.) sind in den Anwendungsbereich einzubeziehen, soweit diese auch unter das Verwertungsrecht fallen (§ 166 Rdn. 20). § 172 gilt nicht für Aussonderungsgut (Ausnahme Rdn. 13a). 2

Nutzung ist der **bestimmungsgemäße Gebrauch** sowie die **Verbindung und Vermischung** als Spezialfälle gem. Abs. 2. Die **Verarbeitung** führt zum Verlust des Absonderungsrechts und ist daher grds. nicht zulässig (Rdn. 7, 8; a.A. Runkel, FS Kirchhof, S. 462 f.). **Nicht erlaubt** ist die **Überlassung an Dritte**, soweit die Sache nicht für Vermietung, Verpachtung oder Leasing bestimmt ist (MK-Tetzlaff § 172 Rn. 14; Uhlenbruck-Brinkmann § 172 Rn. 1a). Auch der **Verbrauch** ist nicht erlaubt (MK-Tetzlaff § 172 Rn. 13; Uhlenbruck-Brinkmann § 172 Rn. 3), ebenso wenig die **Weiterveräußerung**. 3

Die Verpflichtung zur **Ausgleichszahlung** bemisst sich am **Wertverlust** im Zeitraum der Nutzung. Der Wertverlust muss als Folge der Nutzung eintreten (KPB-Flöther § 172 Rn. 4). Nutzt der Insolvenzverwalter die Sache nicht, ist ein Wertverlust nicht über § 172 auszugleichen. Beim Wertverlustausgleich handelt es sich nicht um eine Nutzungsentschädigung, sodass nur die tatsächliche Wertminderung maßgebend ist, nicht die Nutzungsvorteile für die Masse oder entgangene Nutzungsmöglichkeiten des Absonderungsberechtigten. Die Zahlungsverpflichtung **beginnt mit Aufnahme der Nutzung** nach Insolvenzeröffnung. Bei der Sicherung von Drittverbindlichkeiten (dazu BGH, ZInsO 2009, 143) beginnt die Zahlungsverpflichtung erst mit Eintritt der Verwertungsreife. Die Zahlungsverpflichtung endet mit: 4
- Einstellung der Nutzung,
- vollständigem Wertverlust,
- Befriedigung der gesicherten Forderung des Absonderungsberechtigten,
- Wegfall des Verwertungsrechts des Insolvenzverwalters,
- Verwertung des Absonderungsguts.

§ 172 InsO Sonstige Verwendung beweglicher Sachen

5 Für die **Höhe der Ausgleichszahlung** ist die Beeinträchtigung der Sicherheit des Absonderungsberechtigten maßgeblich (Abs. 1 Satz 2). Eine **Zahlungspflicht entfällt** daher, wenn der Gegenstand trotz Wertverlustes die Forderung des Absonderungsberechtigten vollständig sichert, wobei auf die gesicherte Forderung noch eine Marge – insb. zur Abdeckung der Kostenbeiträge – aufgeschlagen werden muss (MK-Tetzlaff § 172 Rn. 25; HK-Landfermann § 172 Rn. 7). Ebenso entfällt die Zahlungspflicht, wenn der Absonderungsberechtigte keine Erlösbeteiligung erwarten kann, etwa bei wertausschöpfenden vorrangigen Belastungen (MK-Tetzlaff § 172 Rn. 26). Für die Höhe des Wertverlustes ist der Absonderungsberechtigte beweisbelastet. Um der Darlegungslast nachzukommen, ist daher eine **Schätzung des Absonderungsguts** zum Beginn des Nutzungszeitraumes erforderlich (MK-Tetzlaff § 172 Rn. 16). Der Insolvenzverwalter ist insoweit ggü. dem Absonderungsberechtigten zur **Auskunft** verpflichtet (Uhlenbruck-Brinkmann § 172 Rn. 4). Der Wert bei der Beendigung der Nutzung entspricht in der Regel dem Veräußerungserlös.

Die Verpflichtung zur Ausgleichszahlung ist **Masseverbindlichkeit** gem. § 55 Abs. 1 Nr. 1. Zahlungen werden auf die gesicherte Hauptforderung des Absonderungsberechtigten angerechnet (HK-Landfermann § 172 Rn. 11). Ergibt sich, dass die Ausgleichszahlungen zu hoch oder zu niedrig waren, können der Insolvenzverwalter bzw. der Absonderungsberechtigte Rück- bzw. Nachzahlung verlangen (Uhlenbruck-Brinkmann § 172 Rn. 7). Es sind laufende Zahlungen an den Absonderungsberechtigten zu leisten; vorgeschlagen werden monatliche Zahlungen (MK-Tetzlaff § 172 Rn. 21; HK-Landfermann § 172 Rn. 6). Dies dürfte jedoch nur im Rahmen einer **Verwertungsvereinbarung** praktikabel sein (Rdn. 14 ff.). Die Ausgleichszahlung ist als Schadensersatz anzusehen und daher **nicht umsatzsteuerpflichtig** (OFD Frankfurt am Main, ZInsO 2007, 1039, 1041).

II. Verbindung, Vermischung, Verarbeitung (Abs. 2)

6 Dem Insolvenzverwalter ist die Verbindung, Vermischung, Verarbeitung erlaubt, soweit die in §§ 946 bis 950 BGB geregelten Rechtsfolgen nicht zu einem Rechtsverlust führen und die bewegliche Sache keine Wertminderung erleidet. Absonderungsberechtigte sind von diesen Tatbeständen als Eigentümer (Sicherungseigentum, EV) oder als Inhaber von beschränkten dinglichen Rechten (z. B. Pfandrechte) betroffen. Die §§ 946 bis 950 BGB können zu einem Eigentumsverlust führen; mit dem Eigentumsverlust erlöschen auch Rechte Dritter an der betreffenden Sache (§§ 949, 950 Abs. 2 BGB). Für die einzelnen Tatbestände ergeben sich daraus **folgende Befugnisse des Insolvenzverwalters:**

7 **Zulässig: Verbindung gem. § 947 BGB**, wenn das Absonderungsgut mit anderen Sachen verbunden wird und **keine der anderen Sachen Hauptsache gem. § 947 Abs. 2 BGB** ist. Dann wird der Absonderungsberechtigte Miteigentümer bzw. Alleineigentümer nach Verbindung; Rechte an der Sache bleiben bestehen. **Vermischung oder Vermengung gem. § 948 BGB**, wenn **kein Eigentumsverlust gem. §§ 948, 947 Abs. 2 BGB** eintritt. Der Absonderungsberechtigte erwirbt auch hier Miteigentum bzw. Alleineigentum; Rechte Dritter an der Sache bleiben erhalten (§ 949 BGB). Ausnahmsweise ist die **Verarbeitung gem. § 950 BGB** zulässig, wenn sich das Absonderungsrecht am Produkt fortsetzt, z. B. beim **Vermieterpfandrecht**: Das besitzlose Pfandrecht erfasst die auf dem Mietgrundstück hergestellten Produkte (§ 50 Rdn. 29). Ein weiterer Ausnahmefall ist die **geringwertige Wertsteigerung** durch Verarbeitung (BGH, NJW 1995, 2633: geringwertige Wertsteigerung bei Verhältnis zwischen Verarbeitungswert und Stoffwert bis 60:100; statt § 950 BGB gelten dann §§ 947 bis 949 BGB), soweit kein Eigentumsverlust nach §§ 947, 948 BGB eintritt.

8 **Unzulässig: Verbindung** des Absonderungsguts **mit Grundstück (§ 946 BGB)**; das Eigentum an der Sache geht unter. **Verbindung gem. § 947 BGB**, wenn die **andere Sache Hauptsache** ist; auch hier tritt Eigentumsverlust ein (§ 947 Abs. 2 BGB). **Vermischung oder Vermengung gem. § 948 BGB bei Eigentumsverlust** gem. §§ 948 Abs. 1, 947 Abs. 2 BGB. **Verarbeitung gem. § 950 BGB**: Eine Verarbeitungsklausel zwischen Schuldner und Absonderungsberechtigtem erlischt mit Insolvenzeröffnung (§ 51 Rdn. 18). Da der Absonderungsberechtigte nicht über § 950 BGB Eigentum am Produkt erwerben kann, fällt das Eigentum an der neuen Sache bei Verarbeitung nach Insolvenzeröffnung in die Masse. Die **Verarbeitung ist daher von § 172 grds. nicht gedeckt** (MK-Tetz-

laff § 172 Rn. 46; Gundlach/Frenzel/Schmidt, ZInsO 2001, 537, 543; KPB-Flöther § 172 Rn. 12; Ausnahmen Rdn. 7).

Erleidet der Absonderungsberechtigte durch Verbindung, Vermischung, Verarbeitung einen Rechtsverlust, entstehen **Masseverbindlichkeiten** gem. § 55 Abs. 1 Nr. 3 i. V. m. § 951 BGB. Diese Ansprüche sind allerdings bei Masseunzulänglichkeit nicht werthaltig. Ergänzend haftet der Insolvenzverwalter gem. § 60. 9

Wird das Absonderungsgut durch die Verbindung oder Vermischung werthaltiger, entsteht zugunsten der Masse ein **schuldrechtlicher Freigabeanspruch i. H. d. Wertzuwachses** (MK-Tetzlaff § 172 Rn. 51; Uhlenbruck-Brinkmann § 172 Rn. 14). Der Freigabeanspruch wird bei der Abrechnung des Verwertungserlöses berücksichtigt. 10

▶ Beispiel:

Der Insolvenzverwalter verbindet Sicherungsgut mit Massegegenständen, das Sicherungsgut ist Hauptsache i. S. v. § 947 Abs. 2 BGB. Der Wert des Sicherungsguts erhöht sich durch die Verbindung von 1.000 € auf 1.200 €. Am Verwertungserlös wird der Absonderungsberechtigte nach Abzug des Freigabeanspruchs nur mit 5/6 beteiligt.

III. Entsprechende Anwendung des § 172

1. Nutzung durch den vorläufigen Insolvenzverwalter

§ 21 Abs. 2 Satz 1 Nr. 5 ermöglicht die gerichtliche Anordnung, dass der vorläufige Insolvenzverwalter Absonderungsgut bereits im Insolvenzeröffnungsverfahren zur Betriebsfortführung nutzen darf, wenn im Fall der Insolvenzeröffnung das Verwertungsrecht nach § 166 besteht. Der Nutzungsbegriff erfasst nicht die Weiterveräußerung, Verarbeitung oder den Verbrauch (oben Rdn. 3). Ein Wertverlust ist durch laufende Zahlungen an den Absonderungsberechtigten auszugleichen. Die Regelung des § 172 Abs. 1 ist insoweit entsprechend anzuwenden (KPB-Pape § 21 Rn 40v). Die Einschränkung nach § 172 Abs. 1 Satz 2 (Rdn. 5) wird in § 21 Abs. 2 Satz 1 Nr. 5 ausdrücklich wiederholt. Die Zahlungsverpflichtung ist auch in der »schwachen« vorläufigen Insolvenzverwaltung entsprechend § 55 Abs. 2 **Masseverbindlichkeit**. 11

Ansonsten sind die §§ 166 ff. im Insolvenzeröffnungsverfahren nicht anwendbar (§ 166 Rdn. 22). Daher findet auch **§ 172 ohne Anordnung nach § 21 Abs. 2 Satz 1 Nr. 5 keine entsprechende Anwendung** (BGH, ZInsO 2006, 938; Uhlenbruck-Uhlenbruck § 172 Rn. 5; a. A. Jaeger-Gerhardt § 22 Rn. 108, 112). Der vorläufige Insolvenzverwalter ist nicht zur Herausgabe des Absonderungsguts verpflichtet (Jaeger-Gerhardt § 22 Rn. 106; Uhlenbruck-Vallender § 22 Rn. 41; MK-Haarmeyer § 22 Rn. 48; HK-Kirchhof § 22 Rn. 17). Er darf das Absonderungsgut auch außerhalb einer Anordnung nach § 21 Abs. 2 Satz 1 Nr. 5 nach Maßgabe des Sicherungsvertrages nutzen (§ 22 Rdn. 49, 109). Der vorläufige Insolvenzverwalter ist daher zur Verarbeitung berechtigt, wenn eine Verarbeitungsgestattung im Insolvenzeröffnungsverfahren fortbesteht (§ 51 Rdn. 21). 12

2. Nutzung von Aussonderungsgut

a) Nach Insolvenzeröffnung

Auf die Nutzung von Gegenständen, die mit Aussonderungsrechten belegt sind, findet **§ 172 im eröffneten Insolvenzverfahren keine analoge Anwendung** (Uhlenbruck-Brinkmann § 172 Rn. 9 mit Überblick zum Meinungsstand). Der Aussonderungsberechtigte kann Schadensersatzansprüche bzw. Nutzungsersatz nach §§ 987 ff. BGB als Masseverbindlichkeiten (§ 55) geltend machen, wenn der Insolvenzverwalter nicht zum Besitz berechtigt ist. Der Insolvenzverwalter ist zur Nutzung von Aussonderungsgut berechtigt, wenn durch Erfüllungswahl (§ 103) oder Neuabschluss ein Nutzungsvertrag mit dem Aussonderungsberechtigten zustande kommt. Beim **einfachen EV** besteht ein Besitzrecht des Insolvenzverwalters bis zum Berichtstermin, soweit keine erhebliche 13

§ 172 InsO Sonstige Verwendung beweglicher Sachen

Wertminderung zu erwarten ist (§ 107 Abs. 2). Anschließend ist der Insolvenzverwalter je nach Ausübung seines Wahlrechts zur Herausgabe oder zur Kaufpreiszahlung verpflichtet.

b) Vor Insolvenzeröffnung

13a Im **Insolvenzeröffnungsverfahren** sieht § 21 Abs. 2 Satz 1 Nr. 5 einen Wertverlustausgleich vor, wenn das Insolvenzgericht ein **Aussonderungsverbot und ein Nutzungsrecht des vorläufigen Insolvenzverwalters** anordnet. Das Verbot gilt für jedes Aussonderungsgut, also auch für unbewegliche Gegenstände (§ 47 Rdn. 75). Für den **Umfang des Nutzungsrechts** gilt § 172 Abs. 2 entsprechend (KPB-Pape § 21 Rn. 40x; zum Umfang des Nutzungsrechts oben Rdn. 3, 6 ff.). Die Zahlungsverpflichtung wird als **Masseverbindlichkeit** begründet (BGH, ZInsO 2012, 701).

13b Ebenso wie beim Absonderungsgut (Rdn. 11) ist auch hier für den Wertverlustausgleich § 172 Abs. 1 Satz 1 entsprechend anzuwenden (BGH, ZInsO 2012, 701). Satz 2 hat dagegen für Aussonderungsrechte keine Bedeutung (Heublein, ZIP 2009, 11, 12). Soweit der Aussonderungsberechtigte Zinszahlungsansprüche nach §§ 21 Abs. 2 Satz 1 Nr. 5, 169 Satz 2 geltend machen kann (also nach Ablauf von 3 Monaten ab Anordnung des Aussonderungsverbots), besteht nur insoweit ein Anspruch aus § 172 Abs. 1, als der Wertverlustausgleich nicht bereits in die Zinszahlung einkalkuliert ist. Praktisch ist dann neben der Zinszahlung nur eine »ungewöhnliche Abnutzung« abzugelten (Ganter, NZI 2007, 549, 554; KPB-Pape § 21 Rn. 40w). Bis zum Beginn der Zinszahlungspflicht gilt § 172 Abs. 1 dagegen für jede Wertminderung (BGH, ZInsO 2012, 701; NZI 2012, 841; Heublein, ZIP 2009, 11, 12; einschr. auf ungewöhnliche Abnutzung Sinz/Hiebert, ZInsO 2011, 798, 799; Uhlenbruck-Vallender § 21 Rn. 38k).

13c Um den Wertverlust feststellen zu können, ist der vorläufige Insolvenzverwalter verpflichtet, bei der Inventarisierung des schuldnerischen Vermögens die Liquidations- und Fortführungswerte der Aussonderungsgegenstände feststellen zu lassen, die er zu nutzen beabsichtigt. Die Kosten der Bewertung trägt die Insolvenzmasse. Bei **Leasingobjekten** kann die Wertminderung i. d. R. aus den Vertragsunterlagen des Schuldners ermittelt werden, nämlich auf Grundlage des ursprünglichen Kaufpreises und des geschätzten Restwertes beim Ablauf des Leasingzeitraumes oder nach den AfA-Sätzen (dazu LG Erfurt, ZIP 2013, 281). Unterlässt der Insolvenzverwalter die Bewertung des Aussonderungsguts, werden dem Aussonderungsberechtigten Beweiserleichterungen für den Nachweis des Wertverlustes gewährt (BGH, ZInsO 2012, 1421, 1425).

13d Auch bei der Nutzung von Aussonderungsgut ist zu beachten, dass auf die Wertminderung **keine USt** zu berechnen ist (oben Rdn. 5).

IV. Alternative Gestaltungsmöglichkeiten

14 § 172 ist für den **Absonderungsberechtigten** unpraktikabel, da die exakte Darlegung des Wertverlustes mit **Beweisproblemen** verbunden ist. Eine laufende Ausgleichszahlung ist nur durchsetzbar, wenn auch der laufende Wertverlust festgestellt werden kann. Aufgrund des damit verbundenen Aufwandes wird der Absonderungsberechtigte eine Ausgleichszahlung i. d. R. erst nach Beendigung der Nutzung und abschließender Wertfeststellung erhalten. Für den Insolvenzverwalter bietet § 172 für einen Hauptanwendungsfall der **Nutzung von Absonderungsgut** – nämlich der **Verarbeitung von Warenvorräten** – keine Grundlage. Auch der **Verbrauch** belasteter Gegenstände ist nicht von § 172 abgedeckt (Rdn. 3). Auf die **Nutzung von Aussonderungsgut** nach Insolvenzeröffnung findet § 172 keine Anwendung (Rdn. 13). Zum **Verbrauch** oder zur **Verarbeitung** von Aussonderungsware (EV) ist der Insolvenzverwalter berechtigt, wenn er die Erfüllung des Kaufvertrags wählt (§ 103). Die Erfüllung kann aber nachteilig für die Masse sein, wenn die Ware einem erweiterten EV unterliegt (§ 51 Rdn. 13) oder der Zeitwert der Ware nicht mehr dem Einkaufspreis entspricht. Die **Weiterveräußerung** ist bei Absonderungsgut von §§ 166 ff. abgedeckt, bei Aussonderungsgut besteht kein Verwertungsrecht des Insolvenzverwalters. Insolvenzverwalter und Berechtigter müssen in den nicht von § 172 erfassten Fällen **Nutzungs- bzw. Verwertungsvereinbarungen** treffen.

Für den **bloßen Gebrauch** massefremder oder belasteter Gegenstände ist ein Nutzungsvertrag, i.d.R. als **Miet- bzw. Pachtvertrag**, zu schließen. Mit dem Nutzungszins sind Ansprüche des Absonderungsberechtigten aus §§ 169, 172 abzugelten. Soweit in die Zahlungen ein Wertausgleich einkalkuliert ist, ist dieser auf die Erlösbeteiligung einer nachfolgenden Verwertung anzurechnen. Ergänzend sind Regelungen für die Aufteilung der Kosten für die Erhaltung und Sicherung der Gegenstände zu vereinbaren (Instandhaltung, Instandsetzung, Versicherung). 15

▶ **Hinweis:** 16

Bei Verarbeitung oder Verbrauch von Aus- bzw. Absonderungsgut oder Weiterveräußerung von Aussonderungsgut sind folgende Verwertungsregelungen zu empfehlen:
– Umfang des Nutzungsrechts des Insolvenzverwalters (Verarbeitung/Verbrauch/Weiterveräußerung),
– Anerkennung des Aus-/Absonderungsrechts bzw. Vorbehalt der Anerkennung durch den Insolvenzverwalter,
– Erlösbeteiligung des Berechtigten (Einkaufspreis/Zeitwert oder prozentuale Beteiligung am Erlös),
– Wertzuwachs ab Insolvenzeröffnung gebührt der Masse (entsprechend § 172 Abs. 2 Satz 2),
– Sicherungsrechte des Berechtigten als Schutz vor nachfolgender Masseunzulänglichkeit (z.B. Sicherungsübereignung des Produkts, Sicherungsabtretung der Forderung aus Weiterveräußerung),
– Abbedingung der §§ 169, 172; Erlösbeteiligung ersetzt Rechte aus §§ 170, 171.

Vor Insolvenzeröffnung sind entsprechende Verwertungsregelungen zu vereinbaren, wenn der vorläufige Insolvenzverwalter Aus- oder Absonderungsgut verbraucht, verarbeitet oder veräußert. Stichtag für die Zuordnung des Wertzuwachses ist hier die Anordnung der vorläufigen Insolvenzverwaltung. In der Praxis sind Verwertungsvereinbarungen vor allem dann erforderlich, wenn der vorläufige Insolvenzverwalter EV-Ware verarbeiten oder veräußern will und nicht durch fortgeltende Verarbeitungsgestattung (§ 51 Rdn. 21) oder Weiterveräußerungsermächtigung (§ 48 Rdn. 37a, 16 ff.) legitimiert ist. 17

§ 173 Verwertung durch den Gläubiger

(1) Soweit der Insolvenzverwalter nicht zur Verwertung einer beweglichen Sache oder einer Forderung berechtigt ist, an denen ein Absonderungsrecht besteht, bleibt das Recht des Gläubigers zur Verwertung unberührt.

(2) ¹Auf Antrag des Verwalters und nach Anhörung des Gläubigers kann das Insolvenzgericht eine Frist bestimmen, innerhalb welcher der Gläubiger den Gegenstand zu verwerten hat. ²Nach Ablauf der Frist ist der Verwalter zur Verwertung berechtigt.

Übersicht	Rdn.		Rdn.
A. Normzweck	1	II. Übergang des Verwertungsrechts auf den	
B. Norminhalt	2	Insolvenzverwalter (Abs. 2)	4
I. Verwertungsrecht des Gläubigers (Abs. 1)	2		

A. Normzweck

Soweit der Insolvenzverwalter nicht nach § 166 verwertungsberechtigt ist, liegt das Verwertungsrecht beim Absonderungsberechtigten. Der Insolvenzverwalter kann die Übertragung des Verwertungsrechts nach Abs. 2 beantragen. 1

B. Norminhalt

I. Verwertungsrecht des Gläubigers (Abs. 1)

2 Der Insolvenzverwalter ist verwertungsberechtigt, wenn er Besitz an beweglichen Sachen hat oder Forderungen zur Masse gehören, die sicherungsabgetreten sind. In anderen Fällen liegt das Verwertungsrecht beim Absonderungsberechtigten. Zur Verwertungsart vgl. § 166 Rdn. 12, 19. Abs. 1 ist zu unterscheiden von den Fällen der §§ 168 Abs. 3 und 170 Abs. 2, in denen der Insolvenzverwalter verwertet bzw. das Verwertungsrecht dem Absonderungsberechtigten überlässt.

3 **Kostenbeiträge** fallen bei der Verwertung durch den Absonderungsberechtigten nicht an. Er ist grds. berechtigt, die USt einzubehalten (§ 171 Rdn. 12; zur Ausnahme beim Sicherungseigentum BGH, ZInsO 2007, 605; zu weiteren Ausnahmen § 171 Rdn. 12a). Ein Übererlös ist an die Masse abzuführen.

II. Übergang des Verwertungsrechts auf den Insolvenzverwalter (Abs. 2)

4 Der **Übergang des Verwertungsrechts** auf den Insolvenzverwalter setzt Folgendes voraus:
– Antrag des Insolvenzverwalters,
– Anhörung des Absonderungsberechtigten,
– Fristsetzung durch das Insolvenzgericht,
– keine Verwertung innerhalb Fristablaufs.

5 Die zu bestimmende **Frist** beträgt i. d. R. einen Monat (Uhlenbruck-Brinkmann § 173 Rn. 8). Die Fristsetzung erfolgt durch das Insolvenzgericht. Gegen die Entscheidung des Rechtspflegers ist die Erinnerung nach § 11 RPflG zulässig; die Entscheidung des Richters ist unanfechtbar (HK-Landfermann § 173 Rn. 5). Nach Übertragung des Verwertungsrechts kann der Insolvenzverwalter die **Herausgabe des Absonderungsguts** erzwingen (Uhlenbruck-Brinkmann § 173 Rn. 11).

6 Nach **Übergang des Verwertungsrechts** finden die §§ 170, 171 Anwendung (HK-Landfermann § 173 Rn. 6; a. A. KPB-Flöther § 173 Rn. 16; Uhlenbruck-Brinkmann § 173 Rn. 14; MK-Tetzlaff § 173 Rn. 28: keine Feststellungskostenpauschale). Die Verwertung kann der Insolvenzverwalter ebenso wie beim originären Verwertungsrecht nach § 166 durchführen, also i. d. R. freihändig. Die Schutzvorschriften der §§ **167 bis 169** sind nicht anwendbar (Uhlenbruck-Brinkmann § 173 Rn. 12; HK-Landfermann § 173 Rn. 6; **a. A.** MK-Tetzlaff § 173 Rn. 27). § 172 findet Anwendung (HK-Landfermann § 173 Rn. 6; MK-Tetzlaff § 173 Rn. 29; Uhlenbruck-Brinkmann § 173 Rn. 13; KPB-Flöther § 173 Rn. 17). Abs. 2 gilt auch in der **Verbraucherinsolvenz** (§ 313 Abs. 3 Satz 3).

Fünfter Teil Befriedigung der Insolvenzgläubiger. Einstellung des Verfahrens

Erster Abschnitt Feststellung der Forderungen

§ 174 Anmeldung der Forderungen

(1) ¹Die Insolvenzgläubiger haben ihre Forderungen schriftlich beim Insolvenzverwalter anzumelden. ²Der Anmeldung sollen die Urkunden, aus denen sich die Forderung ergibt, in Abdruck beigefügt werden.³ Zur Vertretung des Gläubigers im Verfahren nach diesem Abschnitt sind auch Personen befugt, die Inkassodienstleistungen erbringen (registrierte Personen nach § 10 Abs. 1 Satz 1 Nr. 1 des Rechtsdienstleistungsgesetzes).

(2) Bei der Anmeldung sind der Grund und der Betrag der Forderung anzugeben sowie die Tatsachen, aus denen sich nach Einschätzung des Gläubigers ergibt, dass ihr eine vorsätzlich begangene unerlaubte Handlung, eine vorsätzliche pflichtwidrige Verletzung einer gesetzlichen

Unterhaltspflicht oder eine Steuerstraftat des Schuldners nach den §§ 370, 373 oder § 374 der Abgabenordnung zugrunde liegt.

(3) ¹Die Forderungen nachrangiger Gläubiger sind nur anzumelden, soweit das Insolvenzgericht besonders zur Anmeldung dieser Forderungen auffordert. ²Bei der Anmeldung solcher Forderungen ist auf den Nachrang hinzuweisen und die dem Gläubiger zustehende Rangstelle zu bezeichnen.

(4) ¹Die Anmeldung kann durch Übermittlung eines elektronischen Dokuments erfolgen, wenn der Insolvenzverwalter der Übermittlung elektronischer Dokumente ausdrücklich zugestimmt hat. ²In diesem Fall sollen die Urkunden, aus denen sich die Forderung ergibt, unverzüglich nachgereicht werden.

Übersicht	Rdn.			Rdn.
A. Normzweck	1	C.	Verfahrensfragen	20
B. Norminhalt	2	I.	Rücknahme der Anmeldung.	20
I. Teilnahmeberechtigung.	2	II.	Prüfung der Anmeldung.	21
II. Form der Forderungsanmeldung (Abs. 1)	7	III.	Wirkungen der Anmeldung	29
III. Inhalt der Forderungsanmeldung (Abs. 2)	14	IV.	Anmeldung nachrangiger Forderungen. .	31

A. Normzweck

Die Vorschrift des § 174 normiert die **Anmeldung zur Insolvenztabelle** als das für Insolvenzgläubiger einzig mögliche Verfahren, ihre persönlichen Vermögensansprüche gegen den Schuldner geltend zu machen. Nach der Verfahrenseröffnung ist es dem Insolvenzgläubiger nicht mehr möglich, seine Forderung im Wege der ordentlichen Gerichtsbarkeit durchzusetzen. Er kann nach § 87 seine Forderung nur noch nach den Vorschriften des Insolvenzverfahrens verfolgen; die Vorschrift konkretisiert insofern § 87. In den Abs. 1 und 2 werden die Zuständigkeit, die Form und der Inhalt der Forderungsanmeldung und in Abs. 3 die Anmeldung nachrangiger Forderungen geregelt. Abs. 4 ermöglicht die elektronische Anmeldung, sofern der Insolvenzverwalter zustimmt. Mit dem Inkrafttreten des »Gesetzes zur Verkürzung des Restschuldbefreiungsverfahrens und zur Stärkung der Gläubigerrechte« zum 01.07.2014 wurde der Abs. 2 ergänzt (s. § 174 Rdn. 14). 1

Zur Forderungsanmeldung bei grenzüberschreitenden Insolvenzverfahren s. § 341 InsO sowie Art. 32 EuInsVO Rdn. 2 ff. 1a

B. Norminhalt

I. Teilnahmeberechtigung

Zur Forderungsanmeldung berechtigt sind die **Insolvenzgläubiger** des § 38 und die **absonderungsberechtigten Gläubiger**, soweit ihnen der Schuldner auch persönlich haftet. Massegläubiger sowie Aussonderungsberechtigte nach § 47 und die übrigen Absonderungsberechtigten sind **keine Insolvenzgläubiger**. Sie nehmen am Feststellungsverfahren nicht teil. Massegläubiger werden vorab befriedigt (§§ 53 bis 55); Aussonderungsberechtigte gehören nicht zu den Insolvenzgläubigern, sie machen ihre Ansprüche gem. § 47 Satz 2 außerhalb des Insolvenzverfahrens unter Anwendung der entsprechenden Gesetze geltend. Bezüglich der übrigen Absonderungsberechtigten steht ein **besonderes Verfahren** (§§ 165 ff.) zur Verfügung. Hier tritt ein selbstständiges Befriedigungsverfahren an die Stelle der Forderungsanmeldung, sodass dem Verwalter lediglich das Bestehen des Absonderungsrechts mitgeteilt wird. 2

Nachrangige Insolvenzgläubiger (§ 39) sind nur dann anmeldeberechtigt, wenn das Gericht nach Abs. 3 Satz 1 gesondert zur Anmeldung aufgefordert hat. 3

Aufrechnungsberechtigte Insolvenzgläubiger (§§ 94, 95) nehmen am Feststellungsverfahren ebenfalls nicht teil, da ihre Aufrechnungsrechte von der Verfahrenseröffnung nicht betroffen sind. 4

§ 174 InsO Anmeldung der Forderungen

5 Gläubiger nicht fälliger Forderungen (§ 41), auflösend bedingter Forderungen (§ 42) und von Forderungen für die ihnen nach § 43 mehrere Personen haften (Gesamtschuld) können diese als normale Insolvenzforderungen anmelden (A/G/R-Wagner, § 174 Rn. 4; Graf-Schlicker-Graf-Schlicker § 174 Rn. 4).

6 Für **Steuerforderungen**, die Insolvenzforderungen sind, gelten keine Sonderregelungen hinsichtl. der Eröffnung des Insolvenzverfahrens, sodass wegen Steuerforderungen, die bereits vor Insolvenzeröffnung bestanden, während des laufenden Insolvenzverfahrens die Anmeldung dieser Forderung zur Tabelle zu erfolgen hat.

II. Form der Forderungsanmeldung (Abs. 1)

7 Bei der Anmeldung handelt es sich für den Gläubiger um eine Verfahrenshandlung, mit der die Teilnahme am Insolvenzverfahren beantragt wird.

8 Die **Forderungsanmeldung** hat **beim Insolvenzverwalter** zu erfolgen (Abs. 1), dem die Führung der Insolvenztabelle nach § 175 obliegt. Die Aufgaben des Gerichts im Feststellungsverfahren beschränken sich auf die Überwachung des Verwalters, die Leitung der Prüfungstermine, die Protokollierung von dessen Verlauf sowie die Eintragung der Ergebnisse der Prüfung in die Tabelle gem. § 178 Abs. 2.

Forderungsanmeldungen, die fälschlicherweise nicht beim Verwalter sondern beim Gericht vorgenommen worden sind, werden von diesem an den Insolvenzverwalter weitergeleitet. Sie entfalten erst dann rechtliche Wirkung, wenn sie beim Verwalter **eingegangen** sind.

9 Die **Anmeldung** hat **schriftlich** zu erfolgen, wobei § 126 Abs. 1 BGB hierbei nicht eingehalten werden muss. Eine Übermittlung der Forderungsanmeldung durch Telegrafie, Telefax oder E-Mail ist möglich. Eine Originalunterschrift des Anmeldenden ist nicht nötig, es genügt, wenn der Anmeldende hinreichend bestimmbar ist und es zweifellos erkennbar bleibt, wer Absender ist. Seine Verantwortung für den Inhalt muss unzweifelhaft feststehen und es muss ebenfalls eindeutig sein, dass nicht lediglich ein Entwurf vorliegt (Uhlenbruck-Sinz § 174 Rn. 4, 18; MK- Riedel, § 174 Rn. 2, 21; H/W/F, InsO § 174 Rn. 7). Nicht prozessfähige Antragsteller müssen durch ihren gesetzlichen Vertreter vertreten sein. Die Forderungsanmeldung einer juristischen Person hat durch seine Vertretungsorgane zu erfolgen.

In Abs. 4 hat der Gesetzgeber die Zulässigkeit der elektronischen Anmeldung bestätigt, sofern der Insolvenzverwalter dieser Form der Anmeldung ausdrücklich zugestimmt hat. Die Urkunden, aus denen sich die Forderung ergibt, sollen nachgereicht werden. Dieser Form der Anmeldung kommt bisher nur geringe praktische Bedeutung zu, da i. d. R. zur Prüfung und Anerkennung einer Forderung die Vorlage der forderungsbegründenden Dokumente erforderlich ist.

Erfolgt die Forderungsanmeldung über einen Bevollmächtigten, so ist der Nachweis der **Bevollmächtigung** der Anmeldung schriftlich beizufügen. Eine Ausnahme gilt nach § 88 Abs. 2 ZPO nur für Rechtsanwälte.

Abs. 1 Satz 3 wurde durch das Rechtsdienstleistungsgesetz eingefügt. Materielle Änderungen sind hierdurch nicht erfolgt.

10 Obwohl die Anmeldung nicht mehr beim Gericht erfolgt, ist sie in deutscher Sprache vorzunehmen, denn § 184 GVG ist auf die Anmeldung beim Verwalter analog anzuwenden (MK- Riedel § 175 Rn. 8, H/W/F, InsO, § 174 Rn. 7). Der Verwalter hat die Möglichkeit, Anmeldungen, die nicht in deutscher Sprache abgefasst sind, zurückzuweisen. Uneingeschränkt hat dies allerdings keine Geltung, denn zu berücksichtigen ist hierbei **Art. 42 Abs. 2 EuInsVO**. Danach kann jeder Gläubiger aus anderen Vertragsstaaten seine Forderung auch in der Amtssprache dieses anderen Staates anmelden. In diesem Fall muss die Anmeldung jedoch mindestens die Überschrift »Anmeldung einer Forderung« in der Amtssprache des Staates der Verfahrenseröffnung tragen. Daneben sieht Art. 42 Abs. 2 Satz 3 EUInsVO vor, dass vom Gläubiger eine Übersetzung der Anmeldung in

die Amtssprache des Staates der Verfahrenseröffnung verlangt werden kann. Verfügt der Verwalter über entsprechend ausreichende Sprachkenntnisse, so ist er nicht verpflichtet, eine Übersetzung zu fordern.

Die noch in § 139 Satz 2 KO enthaltene Möglichkeit der **Anmeldung zu Protokoll der Geschäftsstelle ist** in der **InsO nicht mehr vorgesehen.**

Die Anmeldung hat innerhalb der vom Insolvenzgericht im öffentlich bekannt gemachten Eröffnungsbeschluss bestimmten **Frist** von höchstens 3 Monaten zu erfolgen (§ 28 Abs. 1 Satz 1 und 2). Es handelt sich dabei nicht um eine **Ausschlussfrist** (KPB-Pape § 174 Rn. 25). Dem verspätet anmeldenden Gläubiger drohen jedoch Kostennachteile wegen der gesondert anfallenden Gerichtskosten. Meldet ein Gläubiger erst nach Beginn der Verteilung an, so erleidet er rechtliche Nachteile bis hin zum Rechtsverlust.   11

Nach Abs. 1 Satz 2 sind der Anmeldung die **Urkunden, aus denen sich die Forderung ergibt**, in Kopie beizufügen. Als Urkunden kommen hier jegliche Schriftstücke in Betracht, die geeignet sind, den Beweis für das Bestehen der Forderung nach den zivilprozessualen Vorschriften zu erbringen (z. B. Verträge, Abtretungserklärungen, Rechnungen, Urteile, Schuldanerkenntnisse, Wechsel, Vollstreckungsbescheide). Diese Urkunden sollen grds. in Kopie der Anmeldung beigefügt sein – die Einreichung von Originalen ist unschädlich, kann jedoch nicht erzwungen werden (FK, InsO, § 174 Rn. 6; H/W/F, InsO, § 174 Rn. 8).   12

Dem Wortlaut der Regelung in Abs. 1 Satz 2 ist zu entnehmen, dass es sich hier um eine Sollvorschrift – und damit eine Vorschrift mit Ordnungscharakter – handelt. Das Fehlen von Urkunden oder deren Ablichtung beeinflusst die Wirksamkeit der Anmeldung nicht (s. § 178 Rdn. 6; BGH, ZInsO 2006, 102). Bestreitet der Verwalter wegen des Fehlens von Unterlagen die angemeldete Forderung endgültig und kommt es zur Feststellungsklage nach § 179 Abs. 1, so trägt der Gläubiger die Kostengefahr (LG Aurich, ZInsO 2000, 410; A/G/R-Wagner, § 174 Rn. 12a).

Titel, Wechsel und sonstige Schuldurkunden sind nach Abs. 2 Satz 3 **dem Gericht im Original** einzureichen, da auf ihnen nach Abhaltung des Prüfungstermins die Feststellung der Forderung vermerkt wird (s. § 178 Rdn. 17).   13

Die Vorschriften über die Feststellung der Forderungen der Gläubiger (§§ 174 bis 186) dürfen nicht durch einen **Insolvenzplan** abweichend geregelt werden; sie sind mithin für den Planvorleger sowie auch durch Mehrheitsbeschluss der Gläubiger in einem Planverfahren nicht disponibel (s. hierzu § 217 Rdn. 7 sowie BGH, ZInsO 2009, 478).   13a

III. Inhalt der Forderungsanmeldung (Abs. 2)

Nach Abs. 2 sind zusammen mit der Forderungsanmeldung **Grund und Betrag** der Forderung anzugeben sowie die Tatsachen, aus denen sich nach Einschätzung des Gläubigers ergibt, dass ihr eine **vorsätzlich begangene unerlaubte Handlung, eine vorsätzlich pflichtwidrige Verletzung einer gesetzlichen Unterhaltspflicht oder eine Steuerstraftat nach den §§ 370, 373 oder § 374 der AO** des Schuldners zugrunde liegt. Mit Inkrafttreten des Gesetzes zur Verkürzung des Restschuldbefreiungsverfahrens ist der Schutz der Unterhaltsberechtigten durch Erweiterung des Kataloges der von der Restschuldbefreiung ausgenommenen Forderungen nach § 302 InsO ergänzt worden. Bislang wurde rückständiger Unterhalt nur dann von einer Restschuldbefreiung gem. § 302 InsO (alt) ausgenommen, wenn er als Forderung aus unerlaubter Handlung nach § 823 Abs. 2 BGB i. V. m. § 170 StGB zu qualifizieren war. Wegen der besonderen Schutzbedürftigkeit der Unterhaltsberechtigten ist es jetzt nicht mehr erforderlich, dass der Schuldner den Straftatbestand der Unterhaltspflichtverletzung verwirklicht hat. Dies ist besonders im Hinblick auf Beweisschwierigkeiten im Strafprozess wegen Unterhaltspflichtverletzung bedeutsam. Jetzt sind Forderungen aus rückständigem Unterhalt schon dann von der Restschuldbefreiung ausgenommen, wenn der Schuldner vorsätzlich pflichtwidrig seinen Unterhaltsverpflichtungen nicht nachgekommen ist und der Gläubiger   14

§ 174 InsO Anmeldung der Forderungen

die Forderung unter Angabe des Rechtsgrundes zur Tabelle angemeldet hat. Insofern handelt es sich bei den Ergänzungen in Abs. 2 um Folgeänderungen zu den Erweiterungen von § 302 Satz 1 Nr. 1.

14a Desweiteren können künftig auch Verbindlichkeiten des Schuldners aus dem Steuerschuldverhältnis von der Erteilung der Restschuldbefreiung ausgenommen sein, sofern der Schuldner wegen einer Steuerstraftat nach den §§ 370, 373 oder § 374 der AO rechtskräftig verurteilt worden ist und die entsprechende Forderung von den Steuerbehörden unter Angabe des Rechtsgrundes nach § 174 Abs. 2 zur Tabelle angemeldet wurde. Unbeachtlich ist, zu welchem Zeitpunkt die Verurteilung erfolgt. Nach der Begründung des Entwurfs des Gesetzes zur Verkürzung des Restschuldbefreiungsverfahrens und zur Stärkung der Gläubigerrechte (BT-Drucks. Nr. 17/11268 v. 31.10.2012) rechtfertigt es der Unrechtsgehalt der hier genannten Steuerstraftaten, die in diesem Zusammenhang bestehenden Verbindlichkeiten des Schuldners dem unbegrenzten Nachforderungsrecht des Fiskus zu unterwerfen, auch wenn es sich nicht um Forderungen aus vorsätzlich unerlaubter Handlung i. S. d. § 823 BGB handelt. Gewöhnliche Steuerrückstände des Schuldners oder andere Geldforderungen der Steuerbehörden – wie etwa Zwangsgelder – sollen weiterhin von der Restschuldbefreiung erfasst werden. Um dem Gericht zu ersparen, selbst die objektiven und subjektiven Voraussetzungen einer solchen Steuerstraftat feststellen zu müssen, wird im Gesetzestext eine rechtskräftige Verurteilung vorausgesetzt.

Diese Ausweitung der ausgenommenen Forderungen von der Restschuldbefreiung wird als Systembruch von der Literatur allgemein abgelehnt. Es wird zu Recht die Gefahr gesehen, dass weitere Gläubigerprivilegien folgen werden, die die eigentlich durch die InsO überwundenen Verhältnisse der Zeit vor dem 01.01.1999 wiederherstellen (Grote/Pape, ZInsO 2013, 1433; Schmerbach, NZI 2013, 566 ff.).

15 Mit dem **Grund der Forderung** ist der Sachverhalt gemeint, aus dem die Forderung hergeleitet wird und sie ihre Berechtigung erfahren hat. Der Gläubiger hat also den Sachverhalt konkret, individuell und schlüssig darzustellen, aus dem sich die Forderung ergibt. Es gelten hierfür die gleichen vom BGH für den Zivilprozess entwickelten Substanziierungsgrundsätze (BGH, NJW 1984, 2888; s. a. MK- Riedel § 174 Rn. 10). So ist die Einreichung von Rechnungen dann nicht ausreichend, wenn und soweit sie nicht ausreichend substanziiert Umstände und Grund ihrer Ausstellung erkennen lassen. Prozessakten eines durch die Eröffnung des Verfahrens unterbrochenen Rechtsstreits, auf die sich der Anmeldende bezieht, braucht der Verwalter nicht einsehen, um die Berechtigung der Anmeldung zu prüfen. Überhaupt ist der Insolvenzverwalter nicht verpflichtet, im Rahmen geltend gemachter Ansprüche von Anmeldenden Ermittlungen aufzunehmen und sich selbst Unterlagen oder Urkunden zu beschaffen. **Das Betreiben der Anmeldung liegt allein in den Händen der Gläubiger.**

Die Forderung ist so anzumelden, dass der Insolvenzverwalter und die übrigen Insolvenzgläubiger die Möglichkeit haben, die Forderung zu prüfen und den Schuldgrund zu erkennen. Ergeben sich bereits in diesem Stadium des Verfahrens für den Insolvenzverwalter Unklarheiten oder ist der Vortrag des Anmeldenden nicht schlüssig, so muss der Insolvenzverwalter auf eine Ergänzung der Anmeldung hinwirken, denn der Verwalter ist im Rahmen seiner Tätigkeit verpflichtet, auf bestehende Mängel in der Anmeldung hinzuweisen (KPB-Pape § 174 Rn. 22). Das OLG Stuttgart vertritt die gegenteilige – abzulehnende – Ansicht, dass der Insolvenzverwalter vor dem Prüfungstermin keiner Hinweispflicht unterliegt, wenn die Forderungsanmeldung des Gläubigers z. B. Schlüssigkeitsmängel aufweist (OLG Stuttgart, ZInsO 2008, 627).

Der in der Anmeldung **angegebene Grund ist für** einen **nachfolgenden Feststellungsprozess maßgeblich** und darf später in diesem **nicht** ausgetauscht werden – nicht erforderlich ist hingegen die Angabe der Anspruchsgrundlage in der Anmeldung (BGH, ZInsO 2009, 381, mit weiteren Hinweisen zur ordnungsgemäßen Forderungsanmeldung und BGH, ZInsO 2013, 602).

15a Handelt es sich um eine **Sammelanmeldung**, der mehrere Forderungen eines Berechtigten zugrunde liegen, hat für **jede einzelne Forderung** eine Substanziierung zu erfolgen, denn jede einzelne Forderung muss **individualisierbar** sein, damit es dem Verwalter und anderen Gläubigern möglich bleibt, einzelne Forderungen zu bestreiten. Es genügt nicht, die einzelnen Forderungen zu addieren und lediglich den Gesamtbetrag mit einer Aufstellung der hieran beteiligten Gläubiger anzugeben (BGH, ZInsO 2009, 381). Wenn mehrere Forderungen im Raum stehen und der Gläubiger Verrechnungen mit – streitigen – Gegenansprüchen des Schuldners vornimmt, muss aus einer Sammelanmeldung deutlich hervorgehen, welche Verrechnung sich auf welche Forderung bezieht (OLG Jena, ZInsO 2013, 1523).

Gem. § 302 Nr. 1 sind **Verbindlichkeiten des Schuldners, die aus einer von ihm vorsätzlich begangenen unerlaubten Handlung, aus rückständigem gesetzlichen Unterhalt, den der Schuldner vorsätzlich pflichtwidrig nicht gewährt hat, oder aus einem Steuerschuldverhältnis, sofern der Schuldner im Zusammenhang damit wegen einer Steuerstraftat nach §§ 370, 373 oder § 374 der Abgabenordnung rechtskräftig verurteilt worden ist**, resultieren, von der Restschuldbefreiung ausgenommen. Um den Schuldner vor Überraschungen nach Ablauf der Wohlverhaltensperiode zu schützen, hat der Gläubiger daher **bereits bei** der Forderungsanmeldung die Tatsachen mitzuteilen, aus denen sich nach seiner Einschätzung ergibt, dass der Forderung eine vorsätzlich begangene unerlaubte Handlung des Schuldners zugrunde liegt (Abs. 2). Allerdings besteht die Möglichkeit, dass der Anmeldegläubiger die Tatsache, dass seine Forderung aus einer vorsätzlich unerlaubten Handlung des Schuldners herrührt, auch noch nach Durchführung des Prüfungstermins beim Insolvenzverwalter angibt und der Insolvenzverwalter daraufhin verpflichtet ist, diese behauptete Tatsache in die Tabelle einzutragen. Die Rechtskraftwirkung des § 178 Abs. 3 steht der erst nach Forderungsfeststellung erfolgten nachträglichen Bezeichnung als vorsätzlich begangene unerlaubte Handlung und damit einer Änderung der Anmeldung i. S. d. § 177 Abs. 1 nicht entgegen (BGH, ZInsO 2008, 325 m. w. N.; AG Hamburg, ZInsO 2005, 107). Erst bei einer nach Ablauf der 6-jährigen Abtretungsfrist des § 287 Abs. 2 Satz 1 erfolgten Nachmeldung des Rechtsgrundes der vorsätzlich begangenen unerlaubten Handlung ist das Begehren auf Feststellung des Rechtsgrundes der unerlaubten Handlung und damit der Durchsetzbarkeit der Forderung nicht (mehr) begründet (BGH, Rpfleger 2013, 640).

16

Hinsichtlich der Angabe in der Forderungsanmeldung ist es erforderlich, dass der Gläubiger den Rechtsgrund der vorsätzlich begangenen unerlaubten Handlung in der Anmeldung so beschreibt, dass der aus ihm hergeleitete Anspruch in tatsächlicher Hinsicht zweifelsfrei bestimmt ist und der Schuldner erkennen kann, welches Verhalten ihm vorgeworfen wird (BGH, ZInsO 2014, 236). Dabei ist es nicht notwendig, jedes Tatbestandsmerkmal der unerlaubten Handlung mit Tatsachen zu unterlegen; es reicht, wenn anhand der Gläubigerangaben nachvollzogen werden kann, in welchem Geschehen der Anspruch begrundet ist, sog. tatsächlicher Aspekt (KPB-Pape § 174 Rn. 45; A/G/R-Wagner, § 174 Rn. 14, 15). Daneben muss der Gläubiger seinen Anspruch ausdrücklich als aus vorsätzlich begangener unerlaubter Handlung herrührend bezeichnen. Zu hohe Anforderungen an den Gläubigervortrag bei einer solchen Forderungsanmeldung dürfen aber nicht gestellt werden – zumal der Gesetzgeber gerade keine Glaubhaftmachung fordert (MK-Riedel § 174 Rn. 23). Es bedarf dementsprechend nicht zwingend der Vorlage von Titeln durch den Gläubiger.

17

Der Forderungsbetrag soll grds. in Euro angegeben werden. Eine Forderungsanmeldung in einer Fremdwährung ist nicht als unzulässig zurückzuweisen. Nachdem die Umrechnungsmodalitäten gesetzlich feststehen, handelt es sich nur noch um einen technischen Vorgang, den ggf. der Insolvenzverwalter vorzunehmen hat. Nach der Zulässigkeit von fremdsprachlichen Anmeldungen durch Art. 42 Abs. 2 EuInsVO kann insofern für Fremdwährungen nichts anderes gelten (s. a. Rdn. 19).

17a

Durch diese Regelung wird dem Schuldner die Möglichkeit gegeben, die Gefahr einer nicht vollständigen Restschuldbefreiung abzuschätzen und ggf. noch während des laufenden Insolvenzverfahrens Klärung herbeiführen zu können, ob deren Forderung von der Restschuldbefreiung erfasst werden. Der Schuldner soll bereits vor Beginn der Wohlverhaltensphase abschätzen können, ob maßgebliche Verbindlichkeiten von einer Restschuldbefreiung ausgenommen wären (Uhlenbruck-Sinz § 174 Rn. 1 u. 16). Erst auf dieser Grundlage kann er entscheiden, ob sich für ihn der entbehrungsreiche Weg zur Restschuldbefreiung überhaupt lohnt. Deswegen soll im Streitfall so früh wie möglich rechtsverbindlich über den qualifizierten Rechtsgrund entschieden werden. Will der

18

Schuldner die Rechtsfolge des § 302 Nr. 1 vermeiden, so muss er im Prüfungstermin der Forderung des Gläubigers durch **einfaches Bestreiten** hinsichtl. des Rechtsgrundes widersprechen (§§ 176 Satz 2, 178 Abs. 2). Das hat zur Folge, dass der Gläubiger, sofern er den Schuldnerwiderspruch nicht durch Klärung über den Umstand der unerlaubten Handlung im gesonderten Zivilrechtsstreit gem. § 184 beseitigt, nach Aufhebung des Insolvenzverfahrens nicht aus dem Tabelleneintrag die Zwangsvollstreckung gegen den Schuldner betreiben kann (§ 201 Abs. 2 Satz 1 i. V. m. § 302 Nr. 1).

19 **Unterlässt der Gläubiger den Hinweis**, wird die Forderung von der Restschuldbefreiung erfasst. Trägt der Gläubiger mit seiner Anmeldung vor, dass die Forderung aus einer vorsätzlich begangenen unerlaubten Handlung des Schuldners resultiert, so wird dieser Vortrag des Gläubigers als Attribut neben der geprüften Forderung in die Tabelle in der Spalte »Genaue Bezeichnung des Grundes der Forderung« eingetragen, was nach § 178 Abs. 3 wie ein rechtskräftiges Urteil ggü. dem Insolvenzverwalter und den Insolvenzgläubigern wirkt. Diese Forderung wird in dem Fall von der Restschuldbefreiung nicht erfasst.

Der Forderungsbetrag ist grds. in Euro anzugeben. Mit Abschaffung der DM im Jahr 2002 hatte auch für die Altverfahren eine Umstellung in Euro stattzufinden (Bähr, InVo 1998, 205 ff.). Forderungen in Fremdwährungen sind gem. § 45 Satz 2 nach dem Kurswert, der z. Zt. der Verfahrenseröffnung für den Zahlungsort maßgeblich ist, in inländische Währung umzurechnen. Zinsen sind gesondert mit dem Beginn des Zinslaufs und dem geltend gemachten Prozentsatz anzumelden. Der Zinsbetrag ist ggf. von dem Verwalter selbst zu errechnen und in entsprechender Höhe in die Insolvenztabelle mit aufzunehmen.

Forderungen auf Arbeitsentgelt sind als Bruttobetrag anzumelden, da dies die vom Arbeitgeber geschuldete Leistung ist.

C. Verfahrensfragen

I. Rücknahme der Anmeldung

20 Ein Insolvenzgläubiger kann seine Anmeldung zurücknehmen, allerdings im Hinblick auf § 178 Abs. 3 **nur bis zur Feststellung**. Die Form der Rücknahme entspricht derjenigen der Anmeldung. Die Rücknahme der Anmeldung stellt **keinen Verzicht** auf die Forderung dar, sondern lediglich einen Verzicht auf die Teilnahme am Verfahren. Der Gläubiger kann seine Forderung auch nach der Rücknahme wieder anmelden, solange das Insolvenzverfahren noch läuft.

II. Prüfung der Anmeldung

21 Die Prüfung der Anmeldung erfolgt durch den Insolvenzverwalter. Ihm ist damit die Pflicht zugewiesen, zu prüfen, ob die **Anmeldung der Forderung ordnungsgemäß erfolgt** ist. Im Einzelnen sind zu prüfen der Forderungsgrund, der Forderungsbetrag sowie die Behauptung, es handele sich hierbei um eine Insolvenzforderung. Dabei hat der Insolvenzverwalter diese Kriterien eingeschränkt nur unter dem Gesichtspunkt der **Zulässigkeit und der Plausibilität** zu prüfen. Nur in diesem eingeschränkten Rahmen wird ihm auch ein Zurückweisungsrecht zuerkannt (Uhlenbruck-Sinz § 175 Rn. 3). Der Insolvenzverwalter ist hiernach nicht berechtigt nachzuforschen, ob die angegebenen Tatsachen zutreffend sind. Ebenso wenig darf der Insolvenzverwalter die angegebenen Tatsachen der Forderungsanmeldung rechtlich bewerten. Es handelt sich mithin um eine **reine Formalienprüfung**. Der Insolvenzverwalter hat z. B. nicht festzustellen, ob die Behauptungen des Anmeldenden die tatsächlichen und rechtlichen Voraussetzungen für das Bestehen der Forderung oder das Attribut der vorsätzlich begangenen unerlaubten Handlung erfüllen. Diese Prüfung ist im Insolvenzverfahren den Widerspruchsberechtigten und ggf. letztlich dem Prozessgericht vorbehalten (MK- Riedel § 174 Rn. 28, 29; a. A. Graf-Schlicker-Graf-Schlicker § 174 Rn. 23 m. w. N.). Hätte der Insolvenzverwalter bei der Entgegennahme der Anmeldungen so weitreichende Prüfungskompetenzen, bestünde die Gefahr, dass anmeldenden Gläubigern der Rechtsweg über §§ 179, 180 verschlossen bliebe. Dies steht nicht im Einklang mit dem Rechtsstaatsgebot des Art. 19 Abs. 4 GG

(Kehe/Meyer/Schmerbach, ZInsO 2002, 615 u. ZInsO 2002, 660; ähnl. Mäusezahl, ZInsO 2002, 462).

Dadurch, dass der Verwalter einerseits die nach der ehemals geltenden KO noch dem Urkundsbeamten der Geschäftsstelle zugewiesene beurkundende Tätigkeit übertragen erhalten hat – in der Insolvenztabelle führt der Verwalter keine beurkundende Tätigkeit aus – und zum anderen er der Verfahrensbeteiligte ist, der die angemeldeten Forderungen zu prüfen hat, rückt der Insolvenzverwalter in die Nähe der Stellung einer Partei. Deshalb ist der Verwalter gehalten, seine Zurückweisungsbefugnis eher restriktiv und zurückhaltend auszuüben. Andererseits ist es dem Verfahren nur förderlich, wenn der Verwalter die Mindestvoraussetzungen der Forderungsanmeldung bereits zu diesem frühen Zeitpunkt prüft und nicht ordnungsgemäße Anmeldungen zunächst nicht in die Tabelle mit aufnimmt. Allerdings muss der Insolvenzverwalter zunächst auf eine **Ergänzung der Anmeldung durch den Gläubiger** hinwirken (HK-Depré § 175 Rn. 5). Eine **rügelose Unterlassung** der Eintragung einer Forderungsanmeldung in die Tabelle kann zur Schadensersatzpflicht des Insolvenzverwalters führen. 22

Der Insolvenzverwalter hat nach Durchführung seiner eingeschränkten Prüfungspflicht deshalb auch die angemeldeten Forderungen in die Tabelle aufzunehmen, von denen er der Überzeugung ist, sie seien von ihm im Prüfungstermin zu bestreiten. Dies gilt auch für fälschlicherweise angemeldete Masseschuldforderungen oder für angemeldete Nachrangforderungen, ohne dass der Gläubiger auf den Nachrang hingewiesen hat (LG Waldshut-Tiengen, ZInsO 2005, 557). In diesen Fällen wird der Verwalter die Forderungen im Prüfungstermin bestreiten. Die Gläubiger haben dann die Möglichkeit, ihre Rechte auf dem Prozessweg weiterzuverfolgen. 23

Die eigentliche **Entscheidung über die Zulässigkeit der Anmeldung** trifft das Insolvenzgericht (hierzu OLG Dresden, ZInsO 2004, 810). Das Gericht ist von Amts wegen gehalten, die insolvenzrechtlichen Vorschriften und damit auch die Bestimmungen über die Anmeldbarkeit von Forderungen zu gewährleisten. Das Gericht ist i. R. d. Aufklärungspflicht (§ 139 ZPO) auch gehalten, im Vorfeld des Prüfungstermins den Gläubiger auf etwaige Mängel hinzuweisen, sodass eine Beanstandung noch vor dem eigentlichen Prüfungstermin behoben werden kann. Das Gericht hat neben den Formalien insb. zu prüfen, ob die Forderung als Insolvenzforderung angemeldet wurde oder nicht. Wurde z. B. eine Forderung nicht als Insolvenzforderung angemeldet, so ist die Aufnahme in die Tabelle durch das Gericht zurückzuweisen. Hat der Rechtspfleger zuständigkeitshalber diese Entscheidung getroffen, so steht für den Gläubiger der Weg über § 11 Abs. 1 RPflG, § 6 Abs. 1 offen. Die Prüfung materiell-rechtlicher Fragen obliegt ausschließlich dem Prozessgericht. 24

Verweigert der Verwalter die Aufnahme der Forderung in die Insolvenztabelle, weil die die Anmeldung stützenden Tatsachen nicht schlüssig dargetan wurden, steht dem Anmeldegläubiger ein formelles Rechtsmittel nicht zur Verfügung. Er kann diesen Umstand aber dem Insolvenzgericht mitteilen und anregen, den Insolvenzverwalter im Wege der Aufsicht nach § 58 Abs. 2 Satz 1 anzuweisen, die Anmeldung wie beantragt in die Tabelle aufzunehmen (HK-Depré § 175 Rn. 9). I. Ü. verbleiben dem Gläubiger **mögliche Schadensersatzansprüche gegen den Verwalter** (s. Rdn. 22). Weist der Rechtspfleger des Insolvenzgerichts die Anmeldung ebenfalls zurück, stehen dem Gläubiger hiergegen formelle Rechtsbehelfe zur Verfügung (s. § 175 Rdn. 11). 25

Haben der Verwalter oder das Insolvenzgericht im Rahmen ihrer Vorprüfungskompetenz die **Forderungsanmeldung** eines Gläubigers aufgrund bestehender formeller Mängel gem. Abs. 1 Satz 2 **zurückgewiesen**, so steht diesem Anmeldegläubiger aufgrund dieser nicht zur Tabelle gelangten Forderung auch **kein Widerspruchsrecht** mehr zu. Diesem Gläubiger fehlt dann auch die Klagebefugnis nach § 179 (s. § 179 Rdn. 10). 26

Die Zulassung einer Forderung zur Prüfung im Termin bedarf grds. keiner förmlichen Entscheidung. 27

Bis zum Ablauf der Anmeldefrist kann der Gläubiger fehlerhafte und unvollständige Anmeldungen korrigieren und ggf. auch den angemeldeten Betrag erhöhen. Nach Ablauf der Anmeldefrist 28 werden derartige Änderungen wie nachträgliche Anmeldungen behandelt (§ 177 Abs. 1 Satz 3). So führt eine Erhöhung des Forderungsbetrages nach Ablauf der Anmeldefrist immer zu einer nachträglichen Anmeldung, während eine Forderungsermäßigung dann unproblematisch ist, wenn die Forderung noch nicht endgültig zur Tabelle festgestellt wurde.

Auch der **Austausch** des Forderungsgrundes stellt nach Ablauf der Anmeldefrist grds. eine nachträgliche Anmeldung dar.

III. Wirkungen der Anmeldung

29 Nur durch eine Anmeldung seiner Forderung nimmt der Insolvenzgläubiger überhaupt am Verfahren teil und erwirbt das Recht, im Prüfungstermin andere Forderungen **zu bestreiten**. Daneben gewähren festgestellte Forderungen automatisch ein **Stimmrecht** (§ 77 Abs. 1). Gläubiger bestrittener Forderungen sind i. R. d. § 77 Abs. 2 stimmberechtigt.

30 Eine ordnungsgemäße, rechtzeitige und vollständige Forderungsanmeldung **hemmt die Verjährung** gem. § 204 Abs. 1 Nr. 10 BGB. Die Anmeldung muss nach Eröffnung des Verfahrens und vor Verjährungsfristablauf beim Insolvenzverwalter eingehen. Der Verwalter muss seinerseits durch Büroorganisation sicherstellen, dass der Eingangszeitpunkt einer Anmeldung korrekt und zweifelsfrei dokumentiert wird. Erfüllt die Anmeldung nicht einmal die Mindestanforderungen, nimmt der Verwalter sie nicht zur Tabelle auf; die Anmeldung ist somit – zunächst – unwirksam und die Verjährung wird nicht gehemmt (BGH, ZInsO 2013, 602). Nach Beendigung des Insolvenzverfahrens dauert die Hemmung der Verjährung weitere 6 Monate an (§ 204 Abs. 2 Satz 1 BGB). Hat der Schuldner die Restschuldbefreiung beantragt, so endet das Verfahren i. S. d. § 204 Abs. 2 Satz 1 BGB erst mit der Entscheidung des Insolvenzgerichts über deren Versagung (Uhlenbruck-Sinz § 174 Rn. 28; A/G/R-Wagner, § 174 Rn. 21).

IV. Anmeldung nachrangiger Forderungen

31 Nachrangige Insolvenzgläubiger können nur dann mit einer Zahlung auf ihre Forderungen rechnen, wenn entweder alle nicht nachrangigen Insolvenzgläubiger **vollständig befriedigt** werden und **darüber hinaus noch ein Überschuss** verbleibt oder wenn in einem Insolvenzplan auch die Befriedigung der Nachranggläubiger vorgesehen ist. Damit stellt die (teilweise) Befriedigung der nachrangigen Insolvenzgläubiger einen Ausnahmefall dar. Um den Verwalter sowie auch das Insolvenzgericht nicht ohne Grund zu belasten, hat der Gesetzgeber daher in Abs. 3 geregelt, dass eine Anmeldung von nachrangigen Forderungen nur dann stattfinden soll, wenn das Gericht dazu gesondert auffordert (Balz/Landfermann, Begr. RegE, S. 426).

Ob ein solcher Ausnahmefall vorliegt, wird sich i. d. R. noch nicht zu Beginn des Verfahrens und damit i. R. d. laufenden Anmeldefristen des § 28 feststellen lassen.

Zumeist wird diese Einschätzung erst im fortgeschrittenen Stadium des Verfahrens, z. B. nach Verwertung des Schuldnervermögens bzw. i. R. d. Erörterungen über einen Insolvenzplan gesichert abgegeben werden können. Dementsprechend hat das Gericht dann – **und auch erst dann** – die Möglichkeit, die nachrangigen Insolvenzgläubiger zur Anmeldung ihrer Forderungen aufzufordern, wenn sich aus der Praxis sicher einschätzen lässt, dass Masse zumindest für eine Teilbefriedigung auch dieser Gläubigergruppe zur Verfügung steht. Aus diesem Grund findet die Prüfung in diesen Fällen daher grds. in einem gesondert abzuhaltenden nachträglichen Termin statt (§ 177).

32 Die **Aufforderung zur Anmeldung** ergeht vom Insolvenzgericht. Zwar enthält die Vorschrift keine Bestimmung, in welcher Weise das Gericht diese Entscheidung bekannt zu machen hat. Eine analoge Anwendung der §§ 9, 30 erscheint im Interesse aller Beteiligten zwingend, d. h. die Entscheidung ist entsprechend zu veröffentlichen und sie ist den nachrangigen Gläubigern gesondert zuzustellen. Die Aufforderung des Gerichts braucht sich nicht pauschal an sämtliche Nachranggläubiger, sondern nur auf diejenigen zu beziehen, die in diesem Einzelfall mit einer – teilweisen – Befriedigung rechnen können.

Kommt es zu einer Aufforderung an die Nachranggläubiger, so sind diese zusätzlich zu den Bestimmungen in Abs. 1 und 2 verpflichtet, **bei Anmeldung** ihrer nachrangigen Forderungen **auf den Nachrang besonders hinzuweisen** und die ihnen zustehende Rangklasse zu bezeichnen (§ 174 Abs. 3 Satz 2). Fehlt diese Bezeichnung, so führt dies nicht zur Unwirksamkeit der Anmeldung. Vielmehr ist diese Forderung als nicht nachrangige Forderung im Prüfungstermin zu bestreiten. 33

Die gerichtliche Aufforderung an die Nachranggläubiger kann infolge Zeitablaufs in der Praxis so spät erfolgen, dass **Verjährung** eingetreten ist mit der Folge, dass die Forderung vom Verwalter zu bestreiten ist. Der Nachranggläubiger ist in einer solchen Konstellation aufgrund des Abs. 3 nicht in der Lage, den Verjährungseintritt abzuwenden. Der z. T. in den Kommentierungen vertretene Standpunkt, in einem solchen Fall die Anmeldung auch ohne gerichtliche Aufforderung im Nachrang zuzulassen (s. Jaeger/Henckel/Gerhardt-Henckel - Bd. 1, § 39 Rn. 4; MK-Ehricke § 39 Rn. 67), überzeugt nicht. Wird nämlich eine nachrangige Forderung als Nachrangforderung angemeldet, obwohl es an der Aufforderung des Abs. 3 fehlt, ist sie vom Insolvenzgericht (Rechtspfleger) durch Beschluss als unzulässig zurückzuweisen (s. § 39 Rdn. 74). Eine Möglichkeit zur Durchsetzung der gerichtlichen Aufforderung zur Forderungsanmeldung hat der Nachranggläubiger von sich aus nicht. Die Lösung dieses Problems liegt in der **Anwendung des § 206 BGB** (s. hierzu: Kübler/Prütting, InsO, § 174 Rn. 65). Entsprechend bleibt die Verjährungsfrist gehemmt, bis **entweder a)** das Insolvenzgericht gem. § 174 Abs. 3 besonders zur Anmeldung auffordert **oder b)** das Insolvenzverfahren durch Aufhebung oder Einstellung beendet wird, ohne dass vorher eine Aufforderung nach Abs. 3 erfolgte (s. § 200 Rdn. 17). **Im Fall a)** endet die Hemmung für alle (Nachrang-) Gläubiger. Zu unterscheiden ist dann zwischen Nachranggläubigern, die ihre Nachrangforderung nicht anmelden: Für diese läuft die Verjährungsfrist jetzt ungehindert weiter – und Nachranggläubigern, die ihre Forderung jetzt anmelden: Ab Anmeldung wird die Verjährung (erneut) gehemmt, analog § 204 Abs. 1 Nr. 10 i. V. m. Abs. 2 Satz 1 BGB. **Im Fall zu b)** wird der Nachranggläubiger behandelt, als ob er nach besonderer gerichtlicher Aufforderung angemeldet hätte mit der Folge, dass die Verjährungshemmung erst 6 Monate nach rechtskräftigem Abschluss des Verfahrens endet (§ 204 Abs. 2 Satz 1 BGB). Diese Lösung hat auch den Vorzug, dass die Gläubiger der §§ 38, 39 Forderungen gleich behandelt werden. 34

§ 175 Tabelle

(1) ¹Der Insolvenzverwalter hat jede angemeldete Forderung mit den in § 174 Abs. 2 und 3 genannten Angaben in eine Tabelle einzutragen. ²Die Tabelle ist mit den Anmeldungen sowie den beigefügten Urkunden innerhalb des ersten Drittels des Zeitraums, der zwischen dem Ablauf der Anmeldefrist und dem Prüfungstermin liegt, in der Geschäftsstelle des Insolvenzgerichts zur Einsicht der Beteiligten niederzulegen.

(2) Hat ein Gläubiger eine Forderung aus einer vorsätzlich begangenen unerlaubten Handlung, aus einer vorsätzlich pflichtwidrig verletzten gesetzlichen Unterhaltspflicht oder aus einer Steuerstraftat nach den §§ 370, 373 oder § 374 der Abgabenordnung angemeldet, so hat das Insolvenzgericht den Schuldner auf die Rechtsfolgen des § 302 und auf die Möglichkeit des Widerspruchs hinzuweisen.

Übersicht	Rdn.			Rdn.
A. Normzweck	1	II.	Niederlegung der Tabelle (Abs. 1 Satz 2) .	7
B. Norminhalt	2	III.	Hinweispflicht des Abs. 2	9
I. Führung der Tabelle	2	C.	Verfahrensfragen	11

A. Normzweck

Die Vorschrift bestimmt, dass der **Insolvenzverwalter für die Führung der Insolvenztabelle zuständig ist**. Diesem ist auferlegt, eine Tabelle anzulegen, aus der sich jede angemeldete Forderung mit Angabe des Grundes und des Betrags der Forderung sowie ggf. die Nachrangigkeit der Forderung 1 ergibt. Die wirksam angemeldeten Forderungen werden somit zugleich katalogisiert und für das Verfahren übersichtlich geordnet. Des Weiteren werden von der Vorschrift die der Tabelle beizufügenden Schriftstücke sowie der Zeitpunkt und die Auslage beim Insolvenzgericht zur Einsicht und Information der Beteiligten bestimmt. Die vom Insolvenzverwalter erstellte Tabelle bildet die Grundlage für das weitere Verfahren, insb. für den Prüfungstermin.

Die Tabelle kann auch unter Zuhilfenahme der elektronischen Datenverarbeitung geführt werden (§ 5 Abs. 3).

Mit dem Inkrafttreten des »Gesetzes zur Verkürzung des Restschuldbefreiungsverfahrens und zur Stärkung der Gläubigerrechte« zum 01.07.2014 wurde der Abs. 2 ergänzt (s. § 174 Rdn. 1, 14 und § 302).

B. Norminhalt

I. Führung der Tabelle

2   Der Insolvenzverwalter hat **jede wirksam angemeldete Forderung** in eine Tabelle **einzutragen**. Unwirksame Anmeldungen finden keine Berücksichtigung (s. § 174 Rdn. 21 ff.; auch: BK-Breutigam § 175 Rn. 6).

Die angemeldeten Forderungen sind unter einer laufenden Nummer in der Reihenfolge der eingehenden Anmeldungen einzutragen; gehen gleichzeitig mehrere Forderungsanmeldungen beim Insolvenzverwalter ein, so werden diese hintereinander und zwar jede unter einer fortlaufenden Nummer, in die Tabelle eingetragen. Weiter ist der Gläubiger mit Sitz bzw. Wohnsitz namentlich zu bezeichnen. Sofern ein Gläubigervertreter vorhanden ist, ist dieser ebenfalls zu bezeichnen. Des Weiteren ist der Tag der Anmeldung genauestens zu dokumentieren und anzugeben – dies ist wegen der verjährungshemmenden Wirkung besonders wichtig (s. § 174 Rdn. 30) – sowie der Forderungsgrund, ob eine vorsätzliche unerlaubte Handlung zugrunde liegt und der Forderungsbetrag mit Nebenforderungen anzugeben.

Da die Tabelle **Grundlage des Prüfungstermins** ist, sollte sie darüber hinaus bereits Spalten für die Eintragung des Prüfungsergebnisses beinhalten. Diese Spalte kann der Verwalter i. R. d. Vorbereitung des Prüfungstermins bereits nutzen, um sein vorläufiges Prüfungsergebnis einzutragen. Sodann sind in der Tabelle das zuständige Insolvenzgericht, das Geschäftszeichen des gerichtlichen Verfahrens, der Name und die Anschrift des Insolvenzverwalters sowie der Tag des Prüfungstermins aufzuführen.

Bei der vom Insolvenzverwalter zu führenden Insolvenztabelle ist **größtmögliche Sorgfalt** anzuwenden. Schließlich ist der Tatsache Rechnung zu tragen, dass der später aus dieser Aufzeichnung hergestellte Tabellenauszug einen vollstreckbaren Titel gewährleisten muss.

Insofern trifft auch das Insolvenzgericht die Verpflichtung, im Rahmen einer kursorischen Prüfung die Übereinstimmung der Anmeldung mit den Tabelleneinträgen zu überprüfen.

3   Bei **nachrangigen Forderungen** ist darüber hinaus der Hinweis auf den Nachrang sowie die Rangstelle der einzelnen Nachrangforderung anzugeben.

4   Die Tabelle wird vom Insolvenzverwalter **nur bis zum Prüfungstermin** geführt. Danach verbleibt sie auf der Geschäftsstelle des Insolvenzgerichts. Infolge der **Beurkundungsfunktion des Insolvenzgerichts** (§ 178 Abs. 3) sind nachträgliche Änderungen sowohl bei Rücknahme des Widerspruchs vom Insolvenzverwalter, vom Insolvenzgläubiger und vom Schuldner als auch nach Obsiegen im Feststellungsprozess (§ 183 Abs. 2) durch das Insolvenzgericht vorzunehmen (A/G/R-Wagner, § 175 Rn. 5; H/W/F, InsO, § 175 Rn. 6). Eine Berichtigung der Tabelle durch den Insolvenzverwalter ist nicht mehr möglich (HK-Depré § 175 Rn. 13). Die Forderungsanmeldungen nebst den Urkunden verbleiben zunächst beim Insolvenzgericht, u. a. wegen der vom Insolvenzgericht nach Abhaltung des Prüfungstermins vorzunehmenden Feststellungsvermerke gem. § 178 Abs. 2 Satz 3.

Da nach Abhaltung des Prüfungstermins auch weitere Forderungsanmeldungen möglich sind (s. § 174 Rdn. 11) und diese auch weiterhin beim Insolvenzverwalter eingehen, ist es pragmatisch, wenn die Pflege der Tabelle auch weiterhin durch den Verwalter erfolgt.

Hinsichtlich des Vorprüfungs- und Zurückweisungsrechts des Insolvenzverwalters im Anmeldeverfahren wird auf die Ausführungen unter § 174 Rdn. 21 ff. hingewiesen. 5

Soweit es sich um **offensichtliche Unrichtigkeiten** handelt, kann die Tabelle entsprechend § 4 i.V.m. § 319 ZPO oder § 164 Abs. 1 ZPO auf Antrag des Insolvenzverwalters oder des anmeldenden Gläubigers durch das Insolvenzgericht berichtigt werden(BGH, ZInsO, 2011, 2278). Sie sind aber nur möglich, sofern es sich nicht um wesentliche Abweichungen von der Anmeldung handelt, die als Neuanmeldung zu werten sind (s. § 174 Rdn. 28). 6

II. Niederlegung der Tabelle (Abs. 1 Satz 2)

Der Insolvenzverwalter hat die Tabelle mit den Anmeldungen und den dazugehörigen Urkunden innerhalb des ersten Drittels des Zeitraums, der zwischen dem Ablauf der Anmeldefrist und dem Prüfungstermin liegt, in der Geschäftsstelle des Insolvenzgerichts **zur Einsicht der Beteiligten niederzulegen** (Abs. 1 Satz 2). Die Niederlegungsfrist ist damit abhängig von der nach § 28 Abs. 1 und § 29 Abs. 1 Nr. 2 vom Insolvenzgericht getroffenen Terminsbestimmung. Erfolgt die Niederlegung nicht rechtzeitig, ist dies ein Grund für die Verlegung oder Vertagung des Prüfungstermins. 7

Eine Niederlegung der Insolvenztabelle außerhalb der Geschäftsstelle des Insolvenzgerichts ist vom Gesetz nicht vorgesehen und deshalb auch nicht möglich(Zu den Möglichkeiten einer zusätzlichen Auslage, s. A/G/R-Wagner, § 175 Rn. 8).

Die Einreichung der Tabelle nebst den Anmeldungen und den diesen beigefügten Urkunden kommt dem Informationsbedürfnis der Verfahrensbeteiligten entgegen. Nur anhand dieser Informationen kann das Bestehen der angemeldeten Forderungen überprüft werden. Alle Verfahrensbeteiligte haben das Recht zur **Einsicht in die Insolvenztabelle**. Beteiligte sind der Insolvenzverwalter, der Insolvenzschuldner, die Mitglieder eines Gläubigerausschusses, die nicht nachrangigen Insolvenzgläubiger, die nachrangigen Insolvenzgläubiger sofern eine Aufforderung zur Anmeldung erfolgt, die Absonderungsberechtigten und die Massegläubiger. 8

III. Hinweispflicht des Abs. 2

Abs. 2 der Vorschrift enthält die **Verpflichtung des Insolvenzgerichts**, den Schuldner darauf hinzuweisen, dass ein Gläubiger eine Forderung mit der Behauptung angemeldet hat, ihr läge eine **vorsätzlich begangene unerlaubte Handlung** zugrunde und dass in dem Fall ihrer Feststellung, diese Forderung nicht an der Restschuldbefreiung teilnimmt. Überdies muss das Insolvenzgericht über die **Möglichkeit des Widerspruchs belehren** auch insoweit, dass der Widerspruch nur im Prüfungstermin erklärt werden kann und daher die persönliche Anwesenheit des Schuldners voraussetzt – es sei denn, es ist das schriftliche Verfahren gem. § 5 Abs. 2 angeordnet – und dass sich der Widerspruch auch nur auf den Rechtsgrund beziehen kann. Fehlt es an einer ordnungsgemäßen Belehrung, ist dem Schuldner auf Antrag Wiedereinsetzung nach § 186 Abs. 1 zu gewähren oder es ist von Amts wegen die ordnungsgemäße Belehrung nachzuholen und ein neuer Prüfungstermin – oder eine neue Ausschlussfrist bei schriftlichem Verfahren gem. § 177 Abs. 1 Satz 2, 2. Alt. – zu bestimmen. 9

Diese besondere Hinweispflicht hat der Gesetzgeber wegen der besonderen existenziellen Rechtsfolgen des § 302 für erforderlich gehalten und ist vom BGH zwischenzeitlich mehrfach bestätigt worden (zuletzt BGH, ZInsO 2011, S. 837).

Wann dieser Hinweis durch das Insolvenzgericht zeitlich zu erfolgen hat, ist im Gesetz nicht näher geregelt. Dem Schuldner ist nach Kenntnisnahme der Belehrung eine **Überlegungsfrist** zuzubilligen, damit er sich über die Folgen des Unterlassens des Widerspruchs oder die Folgen des Widerspruchs sowie den zugrunde liegenden Sachverhalt Klarheit verschaffen bzw. ggf. Rechtsrat einholen kann. Diese Überlegungsfrist sollte in analoger Anwendung des § 217 ZPO **mindestens 3 Tage** betragen. Die Belehrung des Schuldners sollte deshalb so frühzeitig als möglich vor dem Prüfungstermin erfolgen, damit der Schuldner ausreichend Zeit hat, seine Entscheidung zu treffen bzw. einen Widerspruch vorzubereiten (s. a. § 174 Rdn. 18). Da das Insolvenzgericht rgm. erst durch Niederlegung der Tabelle zusammen mit allen Anmeldeunterlagen durch den Insolvenzverwalter Kenntnis erlangt, kann es erst danach seiner Hinweispflicht nachkommen. Um einen Nachweis der i. d. R. schriftlich durchgeführten Belehrung zu erhalten, sollte das Hinweisschreiben dem Schuldner zugestellt werden.

10 Werden Anmeldungen auch auf den Rechtsgrund der vorsätzlich begangenen unerlaubten Handlung gestützt (§ 174 Abs. 2), so **hat der Insolvenzverwalter** das Insolvenzgericht hierüber **gesondert zu informieren**, damit dies seiner Hinweispflicht nach Abs. 2 nachkommen kann. Zwar besteht nach dem Gesetz keine ausdrückliche Hinweispflicht des Insolvenzverwalters ggü. dem Gericht, gleichwohl bietet es sich aufgrund der hieraus für den Gläubiger wie für Schuldner sich ergebenden besonderen Rechtsfolgen an, rechtzeitig zu informieren. Hinsichtlich der Verpflichtung des Insolvenzverwalters, auch für eine bereits zur Tabelle festgestellte Forderung auf Antrag des Gläubigers nachträglich die Deliktseigenschaft in die Tabelle aufzunehmen, s. u. § 174 Rdn. 16.

C. Verfahrensfragen

11 Gegen die **Ablehnung einer Eintragung** einer angemeldeten Forderung in die Tabelle steht dem Insolvenzgläubiger gegen den Insolvenzverwalter kein Rechtsmittel zur Verfügung. Einzige Möglichkeit bleibt die Anrufung des Insolvenzgerichts auf Einschreiten im Aufsichtswege gem. § 58. Rechtlich dürfte ein solcher Antrag eines Anmeldegläubigers allerdings nur als Anregung zum Tätigwerden anzusehen sein. Folgt das Insolvenzgericht der Anregung nämlich nicht, so steht dem Antragsteller an sich kein Beschwerderecht zu. Um dieses unbefriedigende Ergebnis zu vermeiden, wird die Weigerung des Insolvenzverwalters auf Aufnahme der Forderungsanmeldung in die Tabelle zugleich als Weigerung der **gerichtlichen Zulassung** der Forderung i. R. d. gerichtlichen Vorprüfung umzudeuten sein (s. § 174 Rdn. 25). In dem Fall käme für den antragstellenden Gläubiger die **sofortige Erinnerung** gem. § 11 Abs. 2 Satz 1 RPflG in Betracht.

§ 176 Verlauf des Prüfungstermins

¹Im Prüfungstermin werden die angemeldeten Forderungen ihrem Betrag und ihrem Rang nach geprüft. ²Die Forderungen, die vom Insolvenzverwalter, vom Schuldner oder von einem Insolvenzgläubiger bestritten werden, sind einzeln zu erörtern.

Übersicht	Rdn.		Rdn.
A. Normzweck	1	III. Umfang der Prüfung	8
B. Norminhalt	2	IV. Bestreiten einer Forderung	11
I. Bestimmung des Termins	2	V. Protokollierung des Ergebnisses	14
II. Teilnahmeberechtigung	4		

A. Normzweck

1 Aufgrund der vom Insolvenzverwalter erstellten (§§ 174, 175) und beim Insolvenzgericht niedergelegten Tabelle (§ 175 Abs. 1 Satz 2) erfolgt im Gerichtstermin nach § 176 die Prüfung der angemeldeten und eingetragenen Forderungen und zwar hinsichtl. des Betrages und, sofern es sich um Forderungen nachrangiger Gläubiger handelt (§§ 174 Abs. 3, 177), auch hinsichtl. des Ranges. Durch die beabsichtigte Erörterung der bestrittenen Forderungen im Termin, soll eine Klärung der Streitpunkte herbeigeführt werden. Hierdurch soll das Verfahren gestrafft und Zivilprozesse vermieden werden.

Unter den Voraussetzungen des § 5 Abs. 2 wird das Insolvenzverfahren – und damit der Prüfungs- 1a
termin – schriftlich durchgeführt, sofern das Gericht nichts anderes anordnet. Bei einem schriftlichen Prüfungstermin ist sicherzustellen, dass die Gläubiger die Möglichkeit haben, Kenntnis von den angemeldeten Forderungen zu nehmen, diese zu prüfen und ggf. zu bestreiten (s. § 177 Rdn. 13; Uhlenbruck-Sinz, § 176 Rn. 36).

B. Norminhalt

I. Bestimmung des Termins

Den Prüfungstermin hat das **Gericht** gem. § 29 Abs. 1 Nr. 2 **im Eröffnungsbeschluss festzulegen.** 2
Er soll frühestens eine Woche und spätestens 2 Monate nach Ablauf der Frist zur Anmeldung der Forderungen liegen. Die Anmeldefrist wiederum soll nach § 28 Abs. 1 Satz 2 mindestens 2 Wochen und längstens 3 Monate betragen.

Beim Prüfungstermin handelt es sich um eine **Gläubigerversammlung** (§ 29 Abs. 1 Satz 2), die 3
bereits im Eröffnungsbeschluss terminiert wird. Der Prüfungstermin kann gemeinsam mit dem Berichtstermin abgehalten werden (§ 29 Abs. 2). Die Leitung dieses Termins obliegt dem Insolvenzgericht (Richter oder Rechtspfleger gem. § 76 Abs. 1). Der Prüfungstermin ist ebenso wie der Berichtstermin nicht öffentlich (H/W/F, InsO, § 176 Rn. 6; a. A. MK- Riedel § 176 Rn. 3).

II. Teilnahmeberechtigung

Zur **Teilnahme am Prüfungstermin** sind der Insolvenzverwalter, die Mitglieder des Gläubigeraus- 4
schusses, der Schuldner, die absonderungsberechtigten Gläubiger, denen der Schuldner daneben persönlich haftet, und jeder Insolvenzgläubiger, dessen Forderungsanmeldung zugelassen worden ist, berechtigt, § 74 Abs. 1 (BK-Breutigam § 176 Rn. 8). Ist eine angemeldete Forderung vom Insolvenzverwalter bestritten worden, so bleibt die Teilnahmebefugnis dieses Gläubigers gleichwohl bestehen.

Der **Insolvenzverwalter hat grds.** am Prüfungstermin **teilzunehmen.** Ob er den Termin persönlich 5
wahrnehmen muss oder ob er sich vertreten lassen kann, ist in der Vorschrift nicht besonders geregelt. Der Auffassung der Zulässigkeit der Vertretung sollte der Vorzug gegeben werden (so auch BK-Breutigam § 176 Rn. 9; Graf-Schlicker-Graf-Schlicker § 176 Rn. 3). Die gegenteilige Auffassung, dass die Forderungsprüfung originäre Aufgabe des Insolvenzverwalters ist, dem nach den Bestimmungen der InsO jetzt auch die verantwortliche Tabellenführung übertragen worden ist (§§ 174, 175) und dessen Amt in seinen Kernbereichen keine Vertretung erlaubt, kann nicht gefolgt werden (so aber Uhlenbruck-Sinz § 176 Rn. 8; MK- Riedel § 176 Rn. 7; A/G/R-Wagner, § 176 Rn. 9a).

Schließlich lässt der Gesetzgeber – bis auf einige wenige Ausnahmen wie z. B. der Eheschließung – konsequent die Vertretung im außergerichtlichen wie auch im gerichtlichen Verfahren zu. Lässt sich der Insolvenzverwalter vertreten, so tangiert dies den Umfang seiner dem Amt entsprechenden Verantwortung und möglicher Haftungsansprüche nicht.

Der Schuldner hat nicht notwendigerweise am Prüfungstermin teilzunehmen. Seine Anwesenheit 6
kann bei Bedarf jedoch über §§ 97, 98, 101 erzwungen werden. Voraussetzung hierfür ist, dass der Schuldner zu den angemeldeten Forderungen überhaupt Angaben machen kann. Dem schuldlos ausgebliebenen Schuldner gewährt § 186 Abs. 1 die Möglichkeit der **Wiedereinsetzung in den vorigen Stand.** Dadurch erhält er Gelegenheit, das versäumte Bestreiten von Forderungen nachzuholen.

Eine angemeldete Forderung wird unabhängig davon, ob der betreffende Gläubiger im Prüfungs- 7
termin anwesend ist oder nicht, geprüft. Der Gesetzeswortlaut der Vorschrift ist insofern eindeutig und keiner erweiterten Auslegung zugänglich.

III. Umfang der Prüfung

8   Im Prüfungstermin werden grds. nur die **rechtzeitig** innerhalb der Anmeldefrist **angemeldeten Forderungen**, deren Eintragung nach Vorprüfung des Gerichts für zulässig erachtet worden ist (s. § 174 Rdn. 24), geprüft. Für **verspätet angemeldete Forderungen gilt § 177**. Wurden unter Beachtung des § 174 ordnungsgemäß angemeldete Forderungen versehentlich vom Insolvenzverwalter nicht in die Tabelle aufgenommen, so findet dennoch die Prüfung statt. § 176 stellt lediglich auf eine ordnungsgemäße und rechtzeitige Anmeldung ab und nicht auf eine Erfassung in der Tabelle (BK-Breutigam § 176 Rn. 5). Die Erfassung ist in dem Fall vom Gericht im Prüfungstermin nachzuholen.

9   Nachdem das Insolvenzgericht im Rahmen seiner Vorprüfung (s. § 174 Rdn. 24) die allgemeinen Verfahrensvoraussetzungen und die zusätzlichen Anforderungen einer ordnungsgemäßen Anmeldung (§ 174) kontrolliert hat und evtl. festgestellte Mängel in der Anmeldung danach vom Anmeldegläubiger behoben worden sind, beschränkt sich die Prüfung der Forderungen im Prüfungstermin auf den **angegebenen Grund**, den **angemeldeten Betrag** und ob die Forderung mit dem **korrekten Rang** geltend gemacht worden ist. Eine abschließende Prüfung in der Sache, z. B. über das Bestehen der Forderung, findet nicht statt – dies bleibt den Prozessgerichten über §§ 179, 180 vorbehalten. Bezüglich der Betragsangabe wird auf die Ausführungen in der Kommentierung zu § 45 hingewiesen. Hinsichtlich des Rangs kommt nur noch die Einteilung nach § 38 (Insolvenzgläubiger) oder § 39 (nachrangige Insolvenzgläubiger mit der dort angegebenen weiteren Unterteilung) bzw. in Nachlassinsolvenzverfahren nach § 327 in Betracht.

Aussonderungsrechte (§§ 47, 48), **Absonderungsrechte** (§§ 49 bis 52) sowie **Masseansprüche** (§§ 53 bis 55) sind **nicht Gegenstand** des Prüfungstermins.

Zum Prüfungsrecht des Insolvenzverwalters zum Forderungsattribut »vorsätzlich begangene unerlaubte Handlung« s. Schmidt, ZInsO 2006, 523 sowie BGH, ZInsO 2008, 325.

10 Entsprechend der Vorschrift sind nicht alle ordnungsgemäß angemeldeten Forderungen, sondern lediglich diejenigen im Prüfungstermin einzeln zu erörtern, die entweder durch den Insolvenzverwalter, den Schuldner oder einen Insolvenzgläubiger **bestritten** werden. Dies dient der **Beschleunigung des Verfahrens** und führt zu einer **wesentlichen Straffung des Prüfungstermins**. Kann sich ein Beteiligter nicht sofort hinreichend erklären, so hat ihm das Gericht eine angemessene Frist hierzu einzuräumen; ggf. muss der Termin insoweit vertagt werden. **Der Grundsatz des rechtlichen Gehörs** gilt auch hier. Das Insolvenzgericht hat im Rahmen seiner gesetzlichen Aufklärungspflicht gem. § 139 ZPO darauf hinzuwirken, dass Fehleinschätzungen der Beteiligten im Interesse eines zügigen Verfahrensablaufs vermieden werden.

IV. Bestreiten einer Forderung

11 Eine angemeldete Forderung kann im Prüfungstermin durch den Insolvenzverwalter, den Schuldner oder einen oder mehrere Insolvenzgläubiger bestritten werden (Satz 2). Das **Bestreiten erfolgt durch Erhebung des Widerspruchs** im Prüfungstermin (§ 178 Abs. 1). Wirksam kann das Bestreiten durch Erhebung des Widerspruchs nur mündlich im Prüfungstermin erfolgen (HK-Depré § 176 Rn. 5), **Ausnahme**: §§ 177 Abs. 1 Satz 2. Ein **Nichtbestreiten** im Termin **führt** nach § 178 Abs. 1 **zur Feststellung** der Forderung. Der Widerspruch kann sich gegen die Anspruchsberechtigung, den Forderungsgrund, die Höhe des Forderungsbetrags oder den geltend gemachten Rang richten. Der Widerspruch muss nicht begründet werden (KPB-Pape § 176 Rn. 7; MK- Riedel § 176 Rn. 28). Substanziierte Darlegungen sind erst im Feststellungsprozess erforderlich.

Der Widerspruch gegen eine Forderung kann für den Anmeldenden nur im ordentlichen Verfahren im Wege der Feststellungsklage (§§ 179 bis 185) beseitigt werden.

12 Das Bestreiten des Insolvenzverwalters oder eines Insolvenzgläubigers hat zur Folge, dass die Forderung **nicht** zur Tabelle **festgestellt** werden kann (§ 178 Abs. 1). Wird der Widerspruch nicht rechtzeitig beseitigt, findet sie bei der Verteilung keine Berücksichtigung (§ 189 Abs. 3).

Das **Bestreiten des Schuldners** hindert gem. § 178 Abs. 1 Satz 2 nicht die Feststellung der Forderung zur Tabelle. Die Forderung nimmt weiterhin an einer möglichen Verteilung teil und der Gläubiger erhält entsprechende Zahlungen aus der Masse. Wird der Widerspruch des Schuldners bis zur Aufhebung des Verfahrens nicht beseitigt, so erhält der Gläubiger nach Aufhebung des Verfahrens keinen zur Zwangsvollstreckung geeigneten Auszug aus der Tabelle. Für eine Zwangsvollstreckung bzgl. einer noch offenen Restforderung nach Aufhebung des Insolvenzverfahrens, müsste dieser Gläubiger sich einen Titel auf dem ordentlichen Rechtsweg besorgen (§ 201 Abs. 2). 13

Etwas anderes gilt bei angeordneter **Eigenverwaltung**: In diesem Fall wird die Forderung, wenn der Schuldner sie als Eigenverwalter bestreitet, nicht zur Tabelle festgestellt und nicht in das Schlussverzeichnis aufgenommen (§ 283 Abs. 1 Satz 2).

V. Protokollierung des Ergebnisses

Das Prüfungsergebnis wird vom Insolvenzgericht nach Maßgabe des § 178 Abs. 2 in die Tabelle eingetragen. Im Fall eines Bestreitens wird auch derjenige eingetragen, der die Forderung bestritten hat. Das **Insolvenzgericht** wird insoweit nur **beurkundend tätig**. Eine Entscheidung über das Gläubigerrecht erfolgt nicht. Die durch das Insolvenzgericht vorgenommene **Eintragung in die Tabelle wirkt** hinsichtl. des Betrages und des Ranges **wie ein rechtskräftiges Urteil** ggü. dem Insolvenzverwalter und allen Insolvenzgläubigern (§ 178 Abs. 3). 14

§ 177 Nachträgliche Anmeldungen

(1) ¹Im Prüfungstermin sind auch die Forderungen zu prüfen, die nach dem Ablauf der Anmeldefrist angemeldet worden sind. ²Widerspricht jedoch der Insolvenzverwalter oder ein Insolvenzgläubiger dieser Prüfung oder wird eine Forderung erst nach dem Prüfungstermin angemeldet, so hat das Insolvenzgericht auf Kosten des Säumigen entweder einen besonderen Prüfungstermin zu bestimmen oder die Prüfung im schriftlichen Verfahren anzuordnen. ³Für nachträgliche Änderungen der Anmeldung gelten die Sätze 1 und 2 entsprechend.

(2) Hat das Gericht nachrangige Gläubiger nach § 174 Abs. 3 zur Anmeldung ihrer Forderungen aufgefordert und läuft die für diese Anmeldung gesetzte Frist später als eine Woche vor dem Prüfungstermin ab, so ist auf Kosten der Insolvenzmasse entweder ein besonderer Prüfungstermin zu bestimmen oder die Prüfung im schriftlichen Verfahren anzuordnen.

(3) ¹Der besondere Prüfungstermin ist öffentlich bekanntzumachen. ²Zu dem Termin sind die Insolvenzgläubiger, die eine Forderung angemeldet haben, der Verwalter und der Schuldner besonders zu laden. ³§ 74 Abs. 2 Satz 2 gilt entsprechend.

Übersicht	Rdn.		Rdn.
A. Normzweck	1	III. Nachträgliche Änderungen (Abs. 1 Satz 3)	15
B. Norminhalt	3	IV. Verspätete Aufforderung an Nachranggläubiger (Abs. 2)	16
I. Prüfung verspäteter Anmeldungen im Termin (Abs. 1 Satz 1)	3	C. Verfahrensfragen	17
II. Besonderer Prüfungstermin (Abs. 1 Satz 2)	10		

A. Normzweck

Diese Vorschrift stellt zunächst zweierlei klar: Zunächst handelt es sich bei der im Eröffnungsbeschluss nach § 28 Abs. 1 zu bestimmenden Anmeldefrist nicht um eine Ausschlussfrist. Des Weiteren sind auch Forderungen, die nach dem Ablauf der Anmeldefrist angemeldet wurden, danach grds. im Prüfungstermin zu prüfen. Den Gläubigern bleibt es daher unbenommen, ihre Forderungen nach Ablauf der Anmeldefrist oder nach dem Prüfungstermin – letztendlich bis zum Schluss des Verfahrens – anzumelden (Abs. 1). Lediglich dann, wenn die Forderung nach Veröffentlichung und 1

§ 177 InsO Nachträgliche Anmeldungen

Niederlegung des Schlussverzeichnisses angemeldet und erst im Schlusstermin geprüft wird, ist sie nicht in das Schlussverzeichnis mit aufzunehmen – sie nimmt an der Verteilung nicht teil. Sie wird nur in die Tabelle aufgenommen (BGH, ZInsO 2007, 493).

2 Die Vorschrift regelt weiterhin, wie das Verfahren der Prüfung der verspätet angemeldeten Forderungen zu erfolgen hat. Der Fortgang des Prüfungstermins soll nicht aufgehalten werden; andererseits werden auch den Säumigen ggü. ihre Rechte gewahrt. Letztlich wird die Verfahrensweise ggü. den nachrangigen Insolvenzgläubigern geregelt (Abs. 2).

B. Norminhalt

I. Prüfung verspäteter Anmeldungen im Termin (Abs. 1 Satz 1)

3 Die **Anmeldefrist ist keine Ausschlussfrist** (HK-Depré § 177 Rn. 1). Das Gesetz bestimmt nicht, bis wann Gläubiger ihre Forderungen zur Insolvenztabelle anmelden können. Daher ist dies auch noch nach dem Prüfungstermin, grds. sogar **bis zum Schlusstermin** möglich (Uhlenbruck-Sinz § 177 Rn. 2; H/W/F, InsO, § 177 Rn. 8). Erfolgt eine Forderungsprüfung aufgrund verspäteter Anmeldung erst im Schlusstermin, nimmt diese – soweit eine Feststellung erfolgt – an der Verteilung nicht mehr teil (§ 189 Abs. 3; BGH, ZInsO 2007, 493). Um dieses Resultat zu verhindern, muss eine Forderungsanmeldung und deren Prüfung **vor Ablauf** der Ausschlussfrist des § 189 Abs. 1 stattfinden.

4 Auch der Gläubiger, dessen Forderung aufgrund der (zu) späten Anmeldung nicht mehr an der Verteilung teilnimmt, hat ein Rechtsschutzinteresse an der Durchführung der Forderungsprüfung im Schlusstermin. Dies ergibt sich schon allein aus den Wirkungen der Feststellung gem. § 178 Abs. 3 auch für diese – zu spät – angemeldeten und geprüften Forderungen (MK-Riedel § 177 Rn. 2 m.w.N.; KPB-Pape § 177 Rn. 2).

5 Nach Abs. 1 Satz 1 der Vorschrift sind auch diejenigen Forderungen, die erst **nach Ablauf der Anmeldefrist** des § 28 Abs. 1, aber noch vor dem Ende des Prüfungstermins angemeldet worden sind, im Prüfungstermin zu prüfen, es sei denn, ein Insolvenzgläubiger oder der Insolvenzverwalter widerspricht dieser Prüfung (A/G/R-Wagner, § 177 Rn. 3). Die Vorschrift gewährt den Insolvenzgläubigern einschließlich den nachrangigen Insolvenzgläubigern sowie dem Verwalter ein Widerspruchsrecht gegen die Prüfung solcher Forderungen. Die Widerspruchsmöglichkeit verhindert, dass dem Insolvenzgläubiger bzw. dem Verwalter aufgrund zu kurzer Vorbereitungszeit im Termin nicht die Möglichkeit bleibt, die Forderung hinreichend selbst zu prüfen. Erhebt ein Insolvenzgläubiger bzw. der Insolvenzverwalter im Prüfungstermin diesen Widerspruch, der sich nur **gegen die Prüfung der Forderung im Prüfungstermin**, nicht aber gegen die Forderung als solche richtet, muss das Insolvenzgericht einen weiteren (**besonderen**) **Prüfungstermin** anberaumen oder die Prüfung im schriftlichen Verfahren anordnen. Gemäß Abs. 3 Satz 3, der auf § 74 Abs. 2 Satz 2 verweist, ist in einem solchen Fall die Prüfung dieser Forderung im Prüfungstermin zu vertagen.

6 Ein **Widerspruch des Schuldners** verhindert eine Prüfung der Forderung nur im Fall der angeordneten Eigenverwaltung, wenn zugleich der Schuldner in seiner Eigenschaft als Eigenverwalter der Prüfung widerspricht.

7 Der Widerspruch ist vom Berechtigten **mündlich im Prüfungstermin** zu erheben, nachdem das Insolvenzgericht im Termin aufgeklärt hat, dass solche Forderungen vorliegen und auf welche Forderungen dies zutrifft und die anwesenden Beteiligten auf die Möglichkeit dieses Widerspruchs hingewiesen hat. **Einer Begründung** des Widerspruchs durch einen Widerspruchsberechtigten bedarf es nicht (Uhlenbruck-Sinz § 177 Rn. 3); auch kommt es auf **Verschulden** hinsichtl. der Verspätung **nicht an**. Liegt keine rechtzeitige Anmeldung vor, kann ohne Weiteres von den Berechtigten Widerspruch gegen die Prüfung erhoben werden.

8 Wird im Prüfungstermin **kein Widerspruch gegen die Mitprüfung** auch derjenigen Forderungen, die nach Ablauf der Anmeldefrist angemeldet worden sind, durch einen der Berechtigten erhoben, so können auch diese Forderungen – ggf. auch diejenigen, die bis zum Ende des Prüfungstermins

angemeldet werden – im Termin mitgeprüft werden. Der Insolvenzverwalter hat auch die nach Ablauf der Anmeldefrist eingehenden Forderungsanmeldungen in der Tabelle zu erfassen. Kurz vor dem Prüfungstermin hat er dann eine Ergänzung zur Tabelle anzufertigen und diese zusammen mit den Anmeldungen und den dazugehörigen Urkunden dem Insolvenzgericht zur Vorbereitung des Prüfungstermins und zur Einsichtsmöglichkeit der Beteiligten niederzulegen. Die Vorschriften der §§ 174, 175 gelten bis auf die Auslagefrist analog für nachträgliche Forderungsanmeldungen.

Erfolgt die **Anmeldung so kurzfristig vor dem Prüfungstermin**, dass die Forderung ggf. nicht durch den Verwalter in die Tabelle mit aufgenommen werden kann, so hat diese Forderung in dem Fall auch nicht an der Auslage zur Einsicht der Beteiligten gem. § 175 Abs. 1 Satz 2 teilgenommen. Gleichwohl kann sie im Prüfungstermin mitgeprüft werden, solange ein Widerspruch gegen ihre Mitprüfung nicht erhoben wird. Da die Tabelle nach dem Prüfungstermin vom Insolvenzgericht geführt wird, kann in einem solchen Fall die – widerspruchslose – Anmeldung und zugleich das Ergebnis der Prüfung vom Insolvenzgericht in die Tabelle eingetragen werden. In der Praxis ist dies eher der Ausnahmefall. 9

II. Besonderer Prüfungstermin (Abs. 1 Satz 2)

Nach Abs. 1 Satz 2 hat nur dann, wenn ein Insolvenzgläubiger oder der Verwalter der Prüfung der verspätet angemeldeten Forderung widerspricht oder die **Anmeldung von Forderungen** erst **nach dem Prüfungstermin** erfolgt, das Insolvenzgericht **auf Kosten des verspätet anmeldenden Gläubigers** einen **besonderen nachträglichen Prüfungstermin** anzuberaumen oder die **Prüfung im schriftlichen Verfahren** anzuordnen. Die Entscheidung, welche der Möglichkeiten das Insolvenzgericht für die Durchführung des besonderen Prüfungstermins wählt, steht im freien Ermessen des Gerichts. Es wird bei seiner Entscheidung abzuwägen haben, mit welcher Möglichkeit das Gericht Entlastungseffekte für das Verfahren erzielen kann (FK-InsO, Kießner, § 177 Rn. 13). 10

Ablauf und Inhalt des besonderen Prüfungstermins sind **identisch** mit dem des allgemeinen Prüfungstermins. Der besondere Prüfungstermin ist öffentlich bekannt zu machen (Abs. 3 Satz 1). 11

Dies erfolgt gem. § 9 Abs. 1 durch Veröffentlichung in dem für amtliche Bekanntmachungen bestimmten Blatt oder im Internet.

Zu dem Termin sind die Insolvenzgläubiger (ggf. die nachrangigen Insolvenzgläubiger), die eine Forderung angemeldet haben, der Insolvenzverwalter und der Schuldner besonders zu laden (Abs. 3 Satz 2).

Für die **Anberaumung des besonderen Prüfungstermins** hat das Gesetz keine Fristenregelung getroffen. Steht nicht schon bald der Abschluss des Verfahrens bevor, so wird das Gericht den Termin zweckmäßigerweise hinausschieben, um die Prüfung etwaiger weiterer Anmeldungen in demselben Termin zu ermöglichen. Es ist allerdings untunlich, den nachträglichen Prüfungstermin erst mit dem Schlusstermin zu verbinden, denn in das Schlussverzeichnis (§ 188) dürfen nur geprüfte Forderungen aufgenommen wurden und die Verteilung richtet sich nur an die im Schlussverzeichnis enthaltenen Forderungen (s. a. Rdn. 3 und § 188 Rdn. 4). Das Gericht sollte daher den Termin zur Prüfung nachträglich angemeldeter Forderungen auf die Zeit **vor Beginn der Ausschlussfrist** des § 189 Abs. 1 legen, um im Interesse der nachmeldenden Gläubiger sicherzustellen, dass ihre Forderungen für den Fall der Feststellung im Schlussverzeichnis aufgenommen wurden und somit auch an einer Verteilung teilnehmen. Eine Verbindung zusammen mit dem Schlusstermin kommt nur dann in Betracht, wenn die Forderung kurz vor oder nach Ablauf der Ausschlussfrist angemeldet wird und das Insolvenzgericht keine Möglichkeit anderweitiger Zeitplanung aufgrund des Verfahrensstands mehr sieht (MK- Riedel § 177 Rn. 6; H/W/F, InsO, § 177 Rn. 8). 12

Unter den Voraussetzungen des § 5 Abs. 2 wird das Insolvenzverfahren schriftlich durchgeführt – es sei denn, das Gericht ordnet aus verfahrensökonomischen Gründen die Mündlichkeit an. Eine gesetzliche Regelung zur Verfahrensgestaltung des schriftlichen Prüfungsverfahrens fehlt in der InsO. Das Gericht hat nach pflichtgemäßem Ermessen vorzugehen. 13

Zur Sicherung der Verfahrensrechte aller Beteiligten ist es unabdingbar, dass diesen die Möglichkeit der Kenntnisnahme auch von erst nach dem Prüfungstermin angemeldeten Forderungen vermittelt wird, um ihnen die Möglichkeit der Prüfung und ggf. des Bestreitens zu geben. Die **öffentliche Bekanntmachung** ist für die Anordnung des schriftlichen Verfahrens nicht ausdrücklich vorgeschrieben, aufgrund § 74 Abs. 2 Satz 1 und im Interesse der Rechtssicherheit aber **empfehlenswert**. Darüber hinaus sind der Insolvenzverwalter, die Insolvenzgläubiger mit angemeldeter Forderung und der Schuldner von der Forderungsanmeldung und der Widerspruchsfrist gesondert zu unterrichten. Des Weiteren ist eine analoge Anwendung des § 175 auch für das schriftliche Verfahren zu empfehlen (so auch MK-Riedel § 177 Rn. 8; BK-Breutigam § 177 Rn. 11; Graf-Schlicker-Graf-Schlicker § 177 Rn. 18 ff.). Zunächst wird der Nachtrag der Tabelle unter Fristsetzung zur Erhebung von Widersprüchen bei Gericht zur Einsichtnahme ausgelegt; zugleich wird durch öffentliche Bekanntmachung (analog Abs. 3) auf die Auslegung und Fristsetzung hingewiesen. Der Widerspruch hat schriftlich beim Insolvenzgericht zu erfolgen. Ist die vom Gericht gesetzte Frist abgelaufen, so ist ein schriftliches Bestreiten ausgeschlossen. Versäumt der Schuldner im schriftlichen Verfahren die rechtzeitige Erhebung des Widerspruchs, so soll eine Wiedereinsetzung in den vorigen Stand nicht möglich sein (HK-Depré § 177 Rn. 8; MK-Riedel § 177 Rn. 8). Diese Auffassung ist abzulehnen. Eine abweichende Regelung ggü. dem Versäumnis des Prüfungstermins ist sachlich nicht gerechtfertigt und vom Gesetzgeber nicht gewollt.

14 Die **Kosten** für den besonderen Prüfungstermin bzw. für die Prüfung im schriftlichen Verfahren **werden dem verspätet anmeldenden Gläubiger auferlegt** (Abs. 1 Satz 2). Er ist Kostenschuldner, da er die Säumnis zu vertreten hat. Auf Verschulden kommt es nicht an. Als Kosten kommen hier die Gerichtskosten (Nr. 2340 KV GKG) sowie die den Gläubigern und dem Insolvenzverwalter durch die Teilnahme am Termin entstehenden Kosten in Betracht. Die Kosten für die öffentliche Bekanntmachung werden gem. Nr. 9004 KV GKG nicht erhoben.

III. Nachträgliche Änderungen (Abs. 1 Satz 3)

15 Nach Abs. 1 Satz 3 sind **nachträgliche Änderungen der Anmeldung** den nachträglichen Forderungsanmeldungen gleichgestellt. Es gelten hierfür die Sätze 1 und 2 entsprechend.

Als **Änderungen der Anmeldung** gelten alle Umstände, die den Betrag und den Grund der angemeldeten Forderung betreffen. Hierunter fällt auch ein Wechsel in der Person des Gläubigers.

Eine nachträgliche Änderung der Anmeldung liegt vor, wenn die **Änderung nach Ablauf der Anmeldefrist** – unter Einhaltung der Bestimmungen des § 174 – beim Insolvenzverwalter zur Nacherfassung eingereicht wird. Entscheidend für die verfahrensrechtliche Behandlung der Änderung der Anmeldung ist der Zeitpunkt der Änderung. Erfolgt die Änderung der Forderungsanmeldung nach Durchführung des Prüfungstermins, so muss entweder ein nachträglicher Prüfungstermin anberaumt werden oder die Prüfung der geänderten Forderung im schriftlichen Verfahren wird angeordnet. Vermindert ein Gläubiger seine angemeldete Forderung nach Ablauf der Anmeldefrist, so handelt es sich nicht um eine Änderung der Anmeldung, sondern vielmehr um eine **teilweise Rücknahme der Anmeldung** (s. § 174 Rdn. 28).

IV. Verspätete Aufforderung an Nachranggläubiger (Abs. 2)

16 Hat das Insolvenzgericht die nachrangigen Insolvenzgläubiger (§ 39) in Anwendung des § 174 Abs. 3 erst so spät zur Anmeldung ihrer Forderungen zur Tabelle aufgefordert, dass die ihnen gesetzte Anmeldefrist später als eine Woche vor dem Prüfungstermin abläuft, so ist eine verspätete Anmeldung und damit die Notwendigkeit der Vornahme der Prüfung dieser Forderungen in einem nachträglichen Prüfungstermin, nicht auf ein Versäumnis dieser Gläubiger zurückzuführen. Deshalb bestimmt Abs. 2, dass in diesen Fällen die **Kosten** des besonderen Prüfungstermins bzw. die Kosten des schriftlichen Prüfungsverfahrens **die Insolvenzmasse** zu tragen hat.

C. Verfahrensfragen

Erhebt ein Gläubiger im Prüfungstermin gegen eine nach Ablauf der Anmeldefrist angemeldete Forderung Widerspruch (Abs. 1 Satz 2), so hat das Insolvenzgericht zwingend einen besonderen Prüfungstermin anzuberaumen oder die Prüfung im schriftlichen Verfahren anzuordnen. Wird diese Forderung dennoch im ursprünglichen Prüfungstermin geprüft und hat der **Richter** diese Entscheidung als Leiter der Gläubigerversammlung getroffen, ist wegen § 6 Abs. 1 **kein Rechtsmittel** möglich.

17

Wurde diese Gläubigerversammlung durch einen **Rechtspfleger** geleitet und hat er diese Entscheidung getroffen, findet dagegen die **sofortige Erinnerung** (§ 11 Abs. 2 Satz 1 RPflG) statt. Hilft der Rechtspfleger der Erinnerung nicht ab, entscheidet darüber abschließend der Richter (§ 11 Abs. 2 Satz 3 RPflG).

§ 178 Voraussetzungen und Wirkungen der Feststellung

(1) ¹Eine Forderung gilt als festgestellt, soweit gegen sie im Prüfungstermin oder im schriftlichen Verfahren (§ 177) ein Widerspruch weder vom Insolvenzverwalter noch von einem Insolvenzgläubiger erhoben wird oder soweit ein erhobener Widerspruch beseitigt ist. ²Ein Widerspruch des Schuldners steht der Feststellung der Forderung nicht entgegen.

(2) ¹Das Insolvenzgericht trägt für jede angemeldete Forderung in die Tabelle ein, inwieweit die Forderung ihrem Betrag und ihrem Rang nach festgestellt ist oder wer der Feststellung widersprochen hat. ²Auch ein Widerspruch des Schuldners ist einzutragen. ³Auf Wechseln und sonstigen Schuldurkunden ist vom Urkundsbeamten der Geschäftsstelle die Feststellung zu vermerken.

(3) Die Eintragung in die Tabelle wirkt für die festgestellten Forderungen ihrem Betrag und ihrem Rang nach wie ein rechtskräftiges Urteil gegenüber dem Insolvenzverwalter und allen Insolvenzgläubigern.

Übersicht	Rdn.		Rdn.
A. Normzweck	1	V. Beurkundung des Prüfungsergebnisses	14
B. Norminhalt	5	VI. Vermerk auf Wechseln und Schuldurkunden	17
I. Widerspruchsberechtigte	5	VII. Rechtskraftwirkung der Eintragung	19
II. Feststellung der Forderung	6	C. Verfahrensfragen	22
III. Erhebung des Widerspruchs	8		
IV. Beseitigung des Widerspruchs	12		

A. Normzweck

Diese Vorschrift regelt die Voraussetzungen und Wirkungen der **unstreitigen Feststellung** ordnungsgemäß angemeldeter Forderungen der Insolvenzgläubiger. Die Feststellung der angemeldeten Forderung zur Tabelle ist Voraussetzung für die Teilnahme an der Schlussverteilung. Ein im Prüfungstermin oder im schriftlichen Verfahren nach § 177 erhobener Widerspruch vom Insolvenzverwalter oder Insolvenzgläubiger hindert die Feststellung zur Tabelle. Die Insolvenzgläubiger haben allerdings die Möglichkeit, bis zum Schlusstermin den Widerspruch im ordentlichen Gerichtsverfahren (§§ 179 ff.) beseitigen zu lassen.

1

Eine wesentliche Rechtsfolge der Forderungsfeststellung in die Tabelle ist neben der Teilnahme an der Verteilung deren Titulierungswirkung auf diese Tabelleneintragung (Abs. 3). Die Eintragung der Feststellung der Forderung in die Tabelle wirkt ggü. dem Insolvenzverwalter und allen Insolvenzgläubigern **wie ein rechtskräftiges Urteil**.

2

Eine weitere Rechtsfolge der Eintragung der Forderungsfeststellung in die Tabelle ergibt sich aus § 77 Abs. 1. Gläubiger festgestellter Forderungen sind ohne Weiteres in den Gläubigerversammlungen **stimmberechtigt**.

3

4 Schließlich können Insolvenzgläubiger, deren Forderung festgestellt und auch nicht vom Schuldner bestritten worden ist, aus der Tabelleneintragung heraus die **Zwangsvollstreckung** nach Aufhebung des Insolvenzverfahrens gegen den Schuldner betreiben (§ 201 Abs. 2), sofern das Verfahren ohne Restschuldbefreiungsverfahren endet.

B. Norminhalt

I. Widerspruchsberechtigte

5 Die Vorschrift regelt in Abs. 1, wer zur **Erhebung eines Widerspruchs** im Forderungsprüfungsverfahren **berechtigt** ist. Demnach haben der Insolvenzverwalter, jeder Insolvenzgläubiger, dessen Forderung i. R. d. Vorprüfung zugelassen worden ist (s. § 174 Rdn. 29 ff.), und der Schuldner das Recht und die Möglichkeit, einer angemeldeten Forderung im Prüfungstermin oder im schriftlich durchgeführten Prüfungsverfahren zu widersprechen.

Der Insolvenzverwalter ist jedoch nicht berechtigt, dem isolierten Schuldgrund der unerlaubten Handlung zu widersprechen, sofern die Forderung unstreitig auch aus einem anderen Rechtsgrund besteht. Ein solches isoliertes Widerspruchsrecht steht nur dem Schuldner zu (LG Trier, ZIP 2006, 1834 m. w. N.; H/W/F, InsO, § 178 Rn. 7 m. w. N.).

II. Feststellung der Forderung

6 Nach Abs. 1 gilt die ordnungsgemäß angemeldete und vorgeprüfte (s. § 174 Rdn. 21 ff.) **Forderung als festgestellt**, soweit weder der Insolvenzverwalter noch ein Insolvenzgläubiger im Prüfungstermin oder im schriftlichen Verfahren widerspricht oder soweit ein erhobener Widerspruch beseitigt ist. Legt z. B. ein Gläubiger bis zum Prüfungstermin keine Originalurkunden vor, muss die angemeldete Forderung dennoch vom Insolvenzgericht nach § 178 Abs. 2 Satz 1 zur Tabelle festgestellt werden, sofern kein anderer Insolvenzgläubiger oder der Insolvenzverwalter Widerspruch erhebt (BGH, ZInsO 2006, 102). Eine ausdrückliche Zustimmung der Insolvenzgläubiger bzw. des Verwalters zu der angemeldeten Forderung verlangt das Gesetz **nicht**. Das Nichtbestreiten wirkt als **stillschweigendes Anerkenntnis** (MK-Schumacher § 178 Rn. 2). Die Anwesenheit des Gläubigers im Prüfungstermin ist deshalb für die Feststellung einer Forderung nicht erforderlich. Die mit der Feststellung zur Tabelle ggü. dem Insolvenzverwalter und den Insolvenzgläubigern einhergehende **Rechtskraftwirkung** wirkt sich nur bei Insolvenzforderungen aus und nicht bei z. B. Masseverbindlichkeiten. Nach herrschender Auffassung werden nämlich Masseforderungen auch durch Anmeldung, Anerkennung und Feststellung nicht zu Insolvenzforderungen. Die Rechtskraftwirkung des Abs. 3 schließt die spätere Geltendmachung desselben Anspruchs als Masseforderung nicht aus (BGH, ZInsO 2006, 829 m. w. N.).

7 Auch eine **Teilfeststellung** der Forderung ist möglich (MK-Schumacher § 178 Rn. 34 u. 63). Dabei kann sich der »Teil« sowohl auf einen Teilbetrag als auch nur auf ein Attribut der angemeldeten Forderung richten, z. B. Widerspruch nur hinsichtl. des Ranges bei Nachranggläubigern (ausführl. hierzu mit gegensätzlicher Darstellung: MK-Schumacher § 178 Rn. 11 ff.; A/G/R-Wagner, § 178 Rn. 4 ff.).

III. Erhebung des Widerspruchs

8 Der Verwalter, jeder Insolvenzgläubiger (ggf. auch Nachranggläubiger) und der Schuldner sind berechtigt, gegen jede angemeldete Forderung **Widerspruch** zu erheben. Der Verwalter ist zum Widerspruch sowohl im Interesse der Insolvenzgläubiger als auch im Interesse des Schuldners berechtigt und verpflichtet. Ein Widerspruch des Schuldners hindert die Feststellung der Forderung **nicht** (Abs. 1 Satz 2). Wird jedoch der Widerspruch des Schuldners bis zur Beendigung des Verfahrens nicht beseitigt, hat dies zur Folge, dass dem bestrittenen Tabelleneintrag keine Titulierungsfunktion zukommt (§ 201 Abs. 2). Richtet sich der Widerspruch des Schuldners allein gegen das Attribut einer Forderung aus vorsätzlich begangener unerlaubter Handlung, so nimmt diese Forderung an der Restschuldbefreiung teil (§ 302 Nr. 1).

Der Widerspruch des Insolvenzverwalters sowie der Insolvenzgläubiger **führt zur Nichtfeststellung** der Forderung (Abs. 1 Satz 1).

Ist die **Eigenverwaltung** (§ 283 Abs. 1) angeordnet, führt ein Widerspruch des Schuldners ebenfalls zur Nichtfeststellung.

Vor allem in Verfahren mit zahlreichen Forderungsanmeldungen hat sich in der Praxis des Insolvenzverwalters das **Bestreiten unter Vorbehalt** (sog. vorläufiges Bestreiten) eingebürgert. Die InsO sieht eine solche Verfahrensweise nicht vor. In der Literatur werden dazu gegenteilige Auffassungen vertreten (BK-Breutigam § 178 Rn. 3 ff. m.w.N.). Zunächst gibt die InsO dem Insolvenzgericht und dem Insolvenzverwalter die Möglichkeit an die Hand, die Höchstfristen für die Terminierung des Prüfungstermins auszunutzen, sodass zwischen Eröffnung des Verfahrens und Prüfungstermin 5 Monate liegen dürfen (§ 28 Abs. 1 Satz 2 i. V. m. § 29 Abs. 1 Nr. 2). Können in diesem Prüfungstermin nicht alle angemeldeten Forderungen abschließend geprüft werden, besteht weiterhin die Möglichkeit, den Prüfungstermin im Termin zu vertagen, eine erneute öffentliche Bekanntmachung des weiteren Termins ist dann nicht erforderlich (§ 74 Abs. 2 Satz 2).

9

Die Frage, ob ein vorläufiges Bestreiten des Insolvenzverwalters zulässiges, in der Tat praktikables Instrument der InsO ist, ist mittlerweile höchstrichterlich geklärt (BGH, ZInsO 2006, 320). Da die InsO derartiges »vorläufiges« Bestreiten nicht kennt, stellt auch eine solche Äußerung des Insolvenzverwalters ein echtes »endgültiges« Bestreiten dar und löst die vom Gesetz an das Bestreiten geknüpften Rechtsfolgen aus (H/W/F, InsO, § 178 Rn. 8). Jedes Bestreiten ist in diesem Sinne als »vorläufig« anzusehen, da der Widerspruch vom Widersprechenden im Nachhinein wieder zurückgenommen werden kann. In der Praxis hat es sich trotzdem als sinnvoll erwiesen, den Zusatz »vorläufig« in die Tabelle mit aufzunehmen. Denn damit macht der Verwalter deutlich, dass dieses Ergebnis **noch abänderbar** ist. Im Prüfungstermin kann der Verwalter darüber hinaus den Gläubigern »vorläufig« bestrittener Forderungen anheimstellen, mit ihm zur Klärung der Gründe des Bestreitens Kontakt aufzunehmen. So kann verhindert werden, dass Gläubiger bestrittener Forderungen sofort Feststellungsklage erheben und sich so einem evtl. unnötigen Kostenrisiko aussetzen (MK-Schumacher § 178 Rn. 37).

Der Widerspruch ist **im Prüfungstermin mündlich** zu erklären (MK-Schumacher § 178 Rn. 40). Ein schriftlich erhobener Widerspruch ist nur im schriftlichen Verfahren (§§ 5 Abs. 2, 177 Abs. 1 Satz 2) zulässig, wenn das Gericht die Forderungsprüfung im schriftlichen Verfahren durchführt. In dem Fall muss der Widerspruch schriftlich bis zum Ablauf der gesetzten Frist beim Insolvenzgericht erhoben werden; eine mündliche Erhebung ist dann unzulässig (KPB-Pape § 177 Rn. 6).

10

Der Widerspruch muss vom Widersprechenden im Termin nicht begründet werden (A/G/R-Wagner, § 178 Rn. 6b). Dies wäre im Interesse einer möglichen Streitbeilegung aber zweckmäßig. Begründet ein Gläubiger seinen Widerspruch, so muss die Widerspruchsbegründung nicht zur Tabelle aufgenommen werden.

Der Widerspruch kann sich **inhaltlich** auf alle Tatsachen beziehen, die i. R. d. § 174 bereits bei der Anmeldung anzugeben waren. Somit kann der Widerspruch sich gegen den Forderungsgrund bzw. die -höhe, den Rang der Forderung, die Inhaberschaft des anmeldenden Gläubigers bzgl. der Forderung und ihre rechtliche Durchsetzbarkeit (Einreden, Einwendungen) richten.

11

Zulässig ist auch ein **isolierter Widerspruch** des Schuldners, der sich nur gegen die Anmeldung als vorsätzlich begangene unerlaubte Handlung richtet, s. a. § 178 Rdn. 8 (Kehe/Meyer/Schmerbach, ZInsO 2002, 660).

IV. Beseitigung des Widerspruchs

Nach Abs. 1 Satz 1 gilt eine Forderung als festgestellt, soweit ein erhobener **Widerspruch beseitigt** ist. Wurden mehrere Widersprüche erhoben, so bedarf es zur Feststellung der Forderung der Beseitigung aller Widersprüche. Eine Beseitigung des Widerspruchs ist dadurch möglich, dass der Widersprechende seinen Widerspruch **zurücknimmt** (Uhlenbruck-Sinz, § 178 Rn. 23). Diese

12

Erklärung ist vorbehaltlos ggü. dem Insolvenzgericht abzugeben. Es handelt sich auch hier um eine Prozesshandlung, sodass deren allg. Voraussetzungen vorliegen müssen. Des Weiteren kann der Widerspruch durch **Feststellungsrechtsstreit** beseitigt werden (s. §§ 179 ff.). Letztlich führt das **Erlöschen der Forderung** des widersprechenden Gläubigers auch zur Beseitigung seines erhobenen Widerspruchs (a. A. MK-Schumacher § 178 Rn. 46).

13 Der **Widerspruch kann** sowohl im Prüfungstermin als auch danach durch Erklärung ggü. dem Insolvenzgericht oder dem anmeldenden Gläubiger **zurückgenommen** werden. Im Prüfungstermin ist die Rücknahme mündlich, außerhalb des Termins schriftlich oder zu Protokoll der Geschäftsstelle zu erklären (§ 4 i. V. m. § 496 ZPO). Eine Rücknahme **unter einem Vorbehalt** ist **nicht** möglich. Eine beim Insolvenzverwalter eingehende Rücknahmeerklärung ist von diesem unverzüglich dem Insolvenzgericht zuzuleiten. Die Tabelle ist, wenn die Rücknahme direkt beim anmeldenden Gläubiger eingegangen ist, auf dessen Antrag, ansonsten von Amts wegen zu berichtigen. Das Gleiche gilt, wenn die Rücknahme des Widerspruchs erst nach Aufhebung des Insolvenzverfahrens erfolgt, denn die Tabelle ist dadurch unrichtig geworden. Das Insolvenzgericht hat in dem Fall, auch wenn das Verfahren nach der Schlussverteilung bereits aufgehoben war, in entsprechender Anwendung des § 183 Abs. 2, die Rücknahme des Widerspruches nachträglich zu vermerken (LG Braunschweig, ZInsO 2008, 514).

13a Zur Beseitigung des Widerspruchs des Schuldners gegen den Haftungsgrund der unerlaubten Handlung s. Kahlert, ZInsO 2006, 409.

V. Beurkundung des Prüfungsergebnisses

14 Nach Abs. 2 trägt das Insolvenzgericht für **jede angemeldete Forderung** in die Tabelle ein, inwieweit die Forderung ihrem Betrag und ihrem Rang nach festgestellt ist oder wer der Feststellung widersprochen hat. Dabei sollte das Gericht zugleich bei den widersprechenden Gläubigern vermerken, ggü. welchen Forderungen sie widersprochen haben, um bei einer möglichen Forderungsrücknahme des widersprechenden Gläubigers, die Gläubiger der widersprochenen Forderungen informieren zu können und damit Klageverfahren zu vermeiden helfen.

Auch eine **Rücknahme des Widerspruchs** ist zu vermerken, s. a. Rdn. 13, 14. War daneben kein anderer Widerspruch gegen diese Forderung erhoben, ist diese Forderung somit festgestellt.

Hat der **Schuldner widersprochen**, so ist dieser Widerspruch gem. Abs. 2 Satz 2 ebenfalls vom Insolvenzgericht in die Tabelle einzutragen (s. Rdn. 8, 14).

15 Haben **absonderungsberechtigte** Gläubiger, denen zugleich der Schuldner wegen dieser Forderung auch persönlich haftet, ihre volle Forderung zur Tabelle angemeldet, so ist diese nicht uneingeschränkt, sondern lediglich **für den Ausfall** festzustellen. Die Bezifferung des Ausfalls ergibt sich erst im Laufe des Verfahrens, nämlich dann, wenn feststeht, ob und in welcher Höhe die abgesonderte Befriedigung durch Verwertung dem Gläubiger finanziellen Ertrag beschieden hat. In das Verteilungsverzeichnis wird diese Forderung nur mit dem vom Gläubiger rechtzeitig nachzuweisenden Ausfall aufgenommen (§ 190).

16 **Zuständig** für die Eintragung der Prüfungsergebnisse in die Tabelle ist grds. der Rechtspfleger gem. § 18 RPflG. Dem Gericht kommt bei der Eintragung der Prüfungsergebnisse bzw. der Widersprüche eine rein beurkundende Rolle zu. Die materiell-rechtliche Überprüfung angemeldeter Forderungen ist Aufgabe eines ordentlichen Zivilprozessverfahrens.

VI. Vermerk auf Wechseln und Schuldurkunden

17 Auf Wechseln und sonstigen Schuldurkunden ist vom **Urkundsbeamten der Geschäftsstelle** die **Feststellung** – nicht der erhobene Widerspruch – zu vermerken (Abs. 2 Satz 3).

Dieser Vermerk ist sowohl auf zur Zwangsvollstreckung geeignete Titel als auch auf allen Papieren anzubringen, die selber die Forderung repräsentieren (z. B. auch Schecks) und zwar jeweils auf das

Original der Urkunde. Der Urkundsbeamte hat den Vermerk zu unterschreiben und ein Abdruck seines Amtssiegels hinzuzufügen.

Durch diesen Feststellungsvermerk soll verhindert werden, dass der Gläubiger neben dem vollstreckbaren Tabellenauszug des § 201 Abs. 2 über weitere Urkunden verfügt, aus denen er die Vollstreckung gegen den Schuldner aufgrund der gleichen Forderung betreiben kann. Für den Fall, dass der Originaltitel bei der Feststellung der Forderung nicht vorgelegt und deshalb ein Feststellungsvermerk bisher nicht vollzogen wurde, kann eine Doppeltitulierung dadurch vermieden werden, dass das Insolvenzgericht die spätere Erteilung des vollstreckbaren Tabellenauszugs von der Vorlage der Originalurkunde zur Entwertung abhängig macht. Unterbleibt dies und der Gläubiger betreibt aus dem früheren Titel die Vollstreckung, obwohl über den deckungsgleichen Anspruch ein vollstreckbarer Tabellenauszug vorliegt, kann der Schuldner hiergegen mit dem jeweils statthaften Rechtsbehelf vorgehen (vgl. MK-Hintzen § 201 Rn. 38).

Der Feststellungsvermerk ist rein **deklaratorisch** und entfaltet keine konstitutive Wirkung. Nachdem der Feststellungsvermerk auf die Originalurkunde gesetzt ist, ist die Urkunde dem anmeldenden Gläubiger wieder auszuhändigen.

Inhaltlich muss sich aus diesem Vermerk deutlich erkennbar ergeben, in welchem Umfang die gleiche Forderung durch Feststellung zur Insolvenztabelle tituliert worden ist. Sind z. B. Zinsansprüche durch Feststellung zur Tabelle tituliert, so ist darauf zu achten, dass im Insolvenzverfahren grds. nur die Zinsen bis zur Eröffnung des Verfahrens als Insolvenzforderungen gem. § 38 angemeldet werden können. Darüber hinausgehende Zinsansprüche sind Nachrangforderungen (§ 39). Mit dem vollstreckbaren Tabellenauszug werden in dem Fall nur die Zinsen bis zur Verfahrenseröffnung erfasst. Die InsO erkennt in der bloßen Anbringung eines deklaratorischen Vermerkes und in der Regelung des § 179 Abs. 2 den »höheren Rang« des Originaltitels an. Der Schuldner ist daher gegen ungerechtfertigte Zwangsvollstreckungsmaßnahmen auf die allg. Vorschriften (z. B. § 767 ZPO) verwiesen. 18

VII. Rechtskraftwirkung der Eintragung

Nach Abs. 3 wirkt der Tabelleneintrag für die festgestellten Forderungen **ggü. dem Insolvenzverwalter und allen Insolvenzgläubigern ihrem Betrag und ihrem Rang nach wie ein rechtskräftiges Urteil.** Es gelten die allg. Grundsätze zu § 322 Abs. 1 ZPO (Eckardt, Kölner Schrift zur InsO, S. 743 Rn. 38). Mit der Eintragung steht zwischen dem Insolvenzverwalter und allen Insolvenzgläubigern fest, dass die angemeldete Forderung besteht. Der Insolvenzverwalter hat diese Forderung im Verteilungsverfahren entsprechend zu berücksichtigen. Nimmt der Gläubiger nach der Feststellung seine Anmeldung zurück, so wird damit die Rechtskraftwirkung seiner angemeldeten Forderung nicht beseitigt; die Rücknahme ist vielmehr als **Verzicht auf** die Teilnahme am weiteren Verfahren zu werten (MK-Schumacher § 178 Rn. 59). 19

Ggü. dem Schuldner tritt diese Wirkung nur ein, wenn er keinen Widerspruch gegen die Forderung erhoben hat oder ein von ihm eingelegter Widerspruch beseitigt worden ist (§ 201 Abs. 2). Ggü. **anderen Personen** als dem Insolvenzverwalter, den Insolvenzgläubigern und dem Schuldner erzeugt die Eintragung in die Tabelle keine entsprechende Wirkung. Im Nachlassinsolvenzverfahren nehmen die Miterben die Stellung des Schuldners ein. Ein Widerspruch der Miterben in einem Nachlassinsolvenzverfahren steht somit einer Tabellenfeststellung gem. § 178 Abs. 1 Satz 2 nicht entgegen – verhindert jedoch den Eintritt der Rechtskraftwirkung nach § 201 Abs. 2, solange der Widerspruch nicht durch Urteil beseitigt ist (BGH, ZInsO 2014, 37).

Im Verfahren der **Eigenverwaltung** (§§ 270 ff.) besteht eine Besonderheit insoweit, als dass die Rechtskraftwirkung des Abs. 3 ggü. dem Schuldner als Verwalter und als Träger der Insolvenzmasse sowie ggü. dem Sachwalter und allen Insolvenzgläubigern eintritt (§§ 283 Abs. 1, 270 Abs. 1 Satz 2, 178 Abs. 3). 20

21 Die Rechtskraft der Tabelleneintragung erstreckt sich jedoch **nur auf Insolvenzforderungen und deren Umfang der Feststellung** und geht nicht darüber hinaus. Hat der Gläubiger nur eine Teilforderung angemeldet, so bezieht sich die Rechtskraftwirkung auch nur auf den angemeldeten und zur Tabelle festgestellten (Teil-) Betrag und nicht auf den gesamten Anspruch. Die nicht angemeldete Restforderung geht deshalb nicht verloren; Anmeldungen können nachträglich geändert werden, § 177 Abs. 1 Satz 3. Anmeldungen – damit auch Restforderungen – sind bis zum Schlusstermin möglich und nehmen unter den Voraussetzungen des § 178 Abs. 1 dann auch an der Schlussverteilung teil (BGH, Rpfleger 2012, 339). **Forderungen**, die nicht Insolvenzforderungen sind und **irrtümlich** in die Tabelle eingetragen wurden (z. B. Masseverbindlichkeiten, Aus- oder Absonderungsrechte), werden von der Rechtskraftwirkung nicht erfasst. Da in dem Fall die Feststellung in der Tabelle gegenstandslos ist, kann diese von Amts wegen berichtigt werden (KPB-Pape § 178 Rn. 10; Uhlenbruck- Sinz § 178 Rn. 17; A/G/R-Wagner, § 178 Rn. 11b; Graf-Schlicker-Graf-Schlicker § 178 Rn. 11).

21a Zu den Wirkungen des § 178 Abs. 3 bei widerspruchslos festgestellten **Steuerforderungen** s. Roth/Schütz, ZInsO 2008, 186. Demzufolge ist nach § 251 Abs. 2 AO ein Rückgriff auf steuerrechtliche Änderungsvorschriften ausgeschlossen, wenn die angemeldete Steuerforderung im Insolvenzverfahren festgestellt wurde und damit die Wirkungen des § 178 Abs. 3 InsO eingetreten sind (s. a. BFH, ZInsO 2013, 880).

C. Verfahrensfragen

22 **Gegen die Eintragungen** festgestellter Forderungen in die Tabelle stehen diejenigen Rechtsbehelfe zur Verfügung, die gegen rechtskräftige Urteile möglich sind, wie die **Vollstreckungsabwehrklage (§ 767 ZPO)**, wenn nachträglich Einwendungen gegen die Forderung geltend gemacht werden, **die Restitutionsklage (§ 580 ZPO)**, wenn neue Urkunden bzgl. der Forderung aufgefunden werden, **die Nichtigkeitsklage (§ 579 ZPO)**, wenn z. B. der verfahrensleitende Richter/Rechtspfleger von der Ausübung seines Amtes kraft Gesetzes ausgeschlossen war oder **die Arglistklage (§ 826 BGB)**, wenn der Gläubiger seine Forderungsfeststellung arglistig durch sittenwidriges Herbeiführen oder Ausnutzung erschlichen hat.

23 Nach Beendigung des Insolvenzverfahrens kann der Schuldner gegen die Vollstreckung aus einem Tabellenauszug ggf. mit der **Vollstreckungsabwehrklage (§ 767 ZPO)** vorgehen (s. z. B. Rdn. 18).

Bei **offensichtlichen Unrichtigkeiten** kann der Tabelleneintrag nach § 4 i. V. m. § 319 ZPO, ggf. § 164 Abs. 1 ZPO, von Amts wegen oder auf Antrag berichtigt werden (HK-Depré § 178 Rn. 10).

§ 179 Streitige Forderungen

(1) Ist eine Forderung vom Insolvenzverwalter oder von einem Insolvenzgläubiger bestritten worden, so bleibt es dem Gläubiger überlassen, die Feststellung gegen den Bestreitenden zu betreiben.

(2) Liegt für eine solche Forderung ein vollstreckbarer Schuldtitel oder ein Endurteil vor, so obliegt es dem Bestreitenden, den Widerspruch zu verfolgen.

(3) ¹Das Insolvenzgericht erteilt dem Gläubiger, dessen Forderung bestritten worden ist, einen beglaubigten Auszug aus der Tabelle. ²Im Falle des Absatzes 2 erhält auch der Bestreitende einen solchen Auszug. ³Die Gläubiger, deren Forderungen festgestellt worden sind, werden nicht benachrichtigt; hierauf sollen die Gläubiger vor dem Prüfungstermin hingewiesen werden.

Übersicht

	Rdn.			Rdn.
A. Normzweck	1	IV.	Vorläufiges Bestreiten	14
B. Norminhalt	5	1.	Zulässigkeit	14
I. Bestrittene Forderung	5	2.	Kostenentscheidung bei Erledigung	
II. Widerspruchsberechtigung	6		des Feststellungsprozesses, insb. nach	
III. Widerspruchsgründe	11		vorläufigem Bestreiten	15

V.	Rechtsnatur und Gegenstand der Klage	16	1. Insolvenzverwalter	34
VI.	Feststellung nicht titulierter Forderungen	20	2. Insolvenzgläubiger	36
VII.	Feststellung titulierter Forderungen (vollstreckbarer Titel oder Endurteil)	21	C. Verfahrensfragen	39
			I. Mehrfaches Bestreiten und Streitgenossenschaft	39
	1. Aufnahme unterbrochener Rechtsstreite (§ 180 Abs. 2)	21	II. Nebenintervention	43
	2. Aufnahme unterbrochener Rechtsstreite (§ 180 Abs. 2) durch den Gläubiger	22	III. Widerklage des Insolvenzverwalters	45
			IV. Parteirollen	46
	3. Negative Feststellungsklage des Bestreitenden	24	V. Auswirkungen der Beendigung des Insolvenzverfahrens auf den Feststellungsprozess	47
	4. Titulierte Forderungen (vollstreckbarer Titel oder Endurteil)	26	D. Behandlung streitiger Steuerforderungen	52
VIII.	Beteiligte und Beteiligtenwechsel im Feststellungsprozess	33	E. Informationsrechte der Beteiligten	53

A. Normzweck

Die §§ 179 ff. regeln die **Verfolgung bestrittener Insolvenzforderungen**. Diese erfolgt außerhalb des Insolvenzverfahrens. 1

§ 179 bestimmt, wer die gerichtliche Feststellung bestrittener Forderungen, genauer: des bestrittenen Haftungsrechts des Insolvenzgläubigers an der Masse (vgl. Rdn. 17), zu betreiben hat. Abs. 1 weist diese sog. **Feststellungs- bzw. Betreibungslast bei nicht titulierten Forderungen** dem jeweiligen anmeldenden Insolvenzgläubiger zu. Nach Abs. 2 trägt diese Last **bei titulierten Forderungen** der Bestreitende, d. h. der Verwalter bzw. Insolvenzgläubiger. Für nicht titulierte Forderungen folgt die Zuweisung der Feststellungslast an den Gläubiger zudem aus § 189 Abs. 1, 3. Danach wird der Gläubiger einer nicht titulierten Forderung bei Verteilungen im Insolvenzverfahren nicht berücksichtigt, wenn er nicht rechtzeitig nachweist, dass er die Feststellung der Forderung betreibt. Existiert über eine Forderung ein Titel i. S. v. § 179 Abs. 2, ist die Forderung bei Abschlags- und Schlussverteilungen durch Auszahlung der Quote zu berücksichtigen, es sei denn der Bestreitende weist die Verfolgung seines Widerspruchs nach (vgl. § 189 Rdn. 7). 2

Ein Feststellungsprozess erübrigt sich, wenn der Widerspruch zurückgenommen wird (vgl. Rdn. 16). Die **Rücknahme** ist nur ggü. dem Insolvenzgericht zu erklären (AG Bremen, NZI 2005, 399; Eckardt, Kölner Schrift zur InsO, S. 743 ff. Rn. 26; a. A. die wohl h. M. auch ggü. dem Gläubiger der bestrittenen Forderung: z. B. Uhlenbruck-Sinz § 178 Rn. 23; zur GesO OLG Dresden, ZIP 1995, 665); teilweise Rücknahme ist möglich. 3

Die InsO kennt keine **vis attractiva concursus**, d. h. Konzentration der Zuständigkeit für insolvenzrechtliche Streitigkeiten beim Insolvenzgericht. Grds. sind daher die ordentlichen Gerichte für das Feststellungsverfahren zuständig (vgl. § 180 Rdn. 4). **Besondere Rechtswege** (z. B. Verwaltungsrechtsweg) bleiben jedoch für den Feststellungsprozess erhalten (vgl. § 185 Rdn. 2). 4

B. Norminhalt

I. Bestrittene Forderung

Wird gegen eine angemeldete Forderung Widerspruch erhoben (»bestrittene Forderung«), ist darüber im Feststellungsprozess zu entscheiden. Widerspruch kann im Prüfungstermin und im schriftlichen Verfahren (§ 177) erhoben werden. Der Widerspruch hindert grds. die **Feststellung der Forderung** zur Tabelle. Eine **Ausnahme** gilt für den **Widerspruch des Schuldners** (§ 178 Abs. 1 Satz 2). In der Eigenverwaltung hindert allerdings auch dieser die Feststellung (§ 283 Abs. 1 Satz 2). Im vereinfachten Insolvenzverfahren tritt der Treuhänder (§ 313 Abs. 1 Satz 1) und in der Eigenverwaltung der Sachwalter an die Stelle des Insolvenzverwalters. 5

II. Widerspruchsberechtigung

6 **Insolvenzgläubiger**, **Schuldner** und **Verwalter** sind zum Widerspruch berechtigt (vgl. § 174 Rdn. 5). In der Praxis widerspricht rgm. nur der Verwalter.

7 Insolvenzgläubiger, die ihre **Forderung nicht angemeldet** haben, sind zum Widerspruch nicht berechtigt.

8 Eine Ausnahme gilt für **nachrangige Insolvenzgläubiger** (§ 39). Diese sind auch dann zum Widerspruch berechtigt, wenn sie vom Gericht nicht zur Anmeldung ihrer Forderungen nach § 174 Abs. 3 aufgefordert wurden (str.; wie hier Uhlenbruck-Uhlenbruck § 178 Rn. 6; **a.A.** Eckardt, Kölner Schrift zur InsO, S. 43 ff. Rn. 27). Da nachrangige Gläubiger ebenfalls dem Vollstreckungsverbot des § 89 unterliegen, ist es gerechtfertigt, ihnen Einflussnahme auf die Schuldenmasse und die Wahrscheinlichkeit, zur Forderungsanmeldung aufgefordert zu werden, zu ermöglichen.

9 Von geringer praktischer Relevanz ist der Fall, dass ein Gläubiger seine Forderung zwar angemeldet hat, jedoch die Qualifikation als Insolvenzforderung (§ 38) zweifelhaft ist: Sein Widerspruch gegen (eine) andere angemeldete Forderung/en ist zu beachten.

10 **Widerspruch ist unzulässig**, wenn die Forderungsanmeldung nach Vorprüfung im Hinblick auf die inhaltlichen und formellen Anforderungen des § 174 Abs. 1, 2 durch den Verwalter oder das Gericht als unzulässig zurückgewiesen wurde (vgl. § 174 Rdn. 21 ff.). Dem Gläubiger fehlt dann die Klagebefugnis (zu Rechtsbehelfen und zum Streit um die Zulässigkeit des Vorprüfungsrechts des Verwalters vgl. § 174 Rdn. 20).

III. Widerspruchsgründe

11 Der Widerspruch kann gegen das **Bestehen** der Forderung **nach Grund oder Betrag**, die **Qualifikation als Insolvenzforderung** (§ 38) oder den begehrten **Rang** in der Gruppe der nachrangigen Insolvenzforderungen (§ 39) gerichtet werden. Letzterer Fall ist ohne praktische Bedeutung.

12 Bestreitet der Verwalter eine Forderung unter Hinweis auf deren **insolvenzrechtliche Anfechtbarkeit**, liegt darin ein Widerspruch i. S. v. § 179. Dieser ist allerdings nur dann erfolgreich, wenn sich die Anfechtung gegen die causa richtet, d. h. die Forderungsbegründung selbst anfechtbar ist. Im Bestreiten allein ist aber noch keine Insolvenzanfechtung zu sehen (a. A. BFH, ZIP 2011, 2818); diese ist im (Feststellungs-) Prozess als Einrede (vgl. BGH, WM 2009, 2394) bzw. – bei titulierten Forderungen – durch Erhebung einer (Feststellungs-) Klage geltend zu machen.

Praktische Fälle sind bspw. solche, in denen der Schuldner schenkweise, inkongruent oder mit Benachteiligungsabsicht Schuldbeitritte oder selbstständige Schuldversprechen erklärt, Arbeitsverträge zugunsten von Familienmitgliedern, die tatsächlich keine Leistungen für den Schuldner erbringen, oder kapitalbildende Versicherungen zugunsten von Arbeitnehmern oder Organmitgliedern abgeschlossen werden.

13 Beruft sich ein Gläubiger zur Begründung des Widerspruchs auf Insolvenzanfechtung, ist dies unbeachtlich, da nur der Verwalter zur Anfechtung berechtigt ist (§ 129 Abs. 1; vgl. Rdn. 36). Dies darf über den Widerspruch und die allseitige Wirkung (§ 183 Abs. 1; vgl. § 183 Rdn. 2) eines erfolgreichen Widerspruchs nicht unterlaufen werden (a. A. Häsemeyer, InsR, Rn. 22.25).

IV. Vorläufiges Bestreiten

1. Zulässigkeit

14 **Vorläufiges Bestreiten** durch den Verwalter von Forderungen, deren Prüfung bis zum Prüfungstermin nicht abgeschlossen ist, **ist Bestreiten i. S. d. § 179** (h. M. BGH, ZInsO 2006, 320; OLG München, ZInsO 2005, 778; BAGE 59, 197 = ZIP 1988, 1587), da vorläufiges Bestreiten in der InsO nicht vorgesehen ist. Die Erhebung einer **Feststellungsklage** durch den anmeldenden Gläubiger bei vorläufigem Bestreiten des Verwalters ist folglich **zulässig** (OLG Hamm, ZInsO 1999, 352; LG

Mönchengladbach, ZInsO 2002, 1103). Der Verwalter ist gehalten, sich bis zum Prüfungstermin Klarheit zu verschaffen, ob das Haftungsrecht des Gläubigers besteht.

▶ **Hinweis:**
Ihm ist zu raten, die gesetzlichen Fristen (§ 29 Abs. 1 Nr. 2) möglichst auszuschöpfen. Reichen diese nicht aus, kann er Vertagung des Prüfungstermins beantragen.

2. Kostenentscheidung bei Erledigung des Feststellungsprozesses, insb. nach vorläufigem Bestreiten

Ist ein Widerspruch vorläufig, wirkt sich dies bei übereinstimmender **Erledigterklärung des Feststellungsrechtsstreits** nach Rücknahme des Widerspruchs und Feststellung der Forderung zur Tabelle gem. § 178 Abs. 2 Satz 1 bzw. bei **prozessualem Anerkenntnis** des Verwalters in der Kostengrundentscheidung aus. In beiden Fällen ist die Kostenentscheidung unter Würdigung der Umstände des Einzelfalls nach den zu § 93 ZPO entwickelten Grundsätzen zu treffen, die auch i. R. d. Kostenentscheidung nach § 91a ZPO herangezogen werden dürfen (BGH, ZInsO 2006, 320). 15

Durfte der Gläubiger annehmen, nicht ohne Klage zu seinem Recht zu kommen, sind dem Verwalter bei übereinstimmender Erledigungserklärung durch Beschluss die Kosten aufzuerlegen (OLG München, ZInsO 2005, 778). Dies ist bspw. der Fall, wenn der Verwalter die **Vorläufigkeit des Widerspruchs** und damit den Vorbehalt weiterer Sachprüfung **nicht offengelegt**, die ihm zuzubilligende angemessene Prüfungs- bzw. Überlegungsfrist überschritten (offengelassen in BGH, ZInsO 2006, 320, 321) oder sich trotz Rückfrage des Gläubigers, ob er sein Bestreiten aufrecht erhalte, in angemessener Frist nicht geäußert hat (vgl. LG Bonn, ZInsO 2000, 1310 m. Anm. Frind). In letzterem Fall wird man den Gläubiger rgm. für verpflichtet halten müssen, dem Verwalter vor Erhebung der Klage eine angemessene Frist zur abschließenden Prüfung der vorläufig bestrittenen Forderung zu setzen (LG Mönchengladbach, ZInsO 2002, 1103). Hält der Gläubiger keine Rücksprache mit dem Verwalter, kann die Prüfungs- und Überlegungsfrist an § 29 Abs. 1 Nr. 2 InsO (zwei Monate) ausgerichtet werden (OLG München, ZInsO 2005, 778). Will der Verwalter diese ausdehnen, obliegt es ihm, den Gläubiger darauf hinzuweisen (OLG München, ZInsO 2005, 778). Überschreitet der Verwalter die Frist ohne Rücksprache und erkennt den Feststellungsanspruch des Gläubigers an, hat er nach § 93 ZPO die Kosten zu tragen, da er Anlass zur Klage gegeben hat. Er hat die Kosten ebenfalls zu tragen, wenn der Schuldner bereits Klageabweisung beantragt hat, da das Anerkenntnis kein sofortiges i. S. v. § 93 ZPO ist (OLG München, OLGR 2004, 422; vgl. BGH, ZInsO 2006, 320, 321 m. w. N.). Der Gläubiger hat die Kosten des Feststellungsprozesses indes zu tragen, wenn er Feststellungsklage erhoben hat, ohne mit dem Verwalter Rücksprache hinsichtl. der Gründe der Vorläufigkeit des Widerspruchs zu halten (h. M. z. B. OLG Düsseldorf, ZIP 1994, 638), es sei denn, der Verwalter hätte die ihm zuzubilligende angemessene Überlegungsfrist überschritten (offengelassen in BGH, ZInsO 2006, 320, 321). Der Gläubiger hat die Kosten des Feststellungsprozesses schließlich auch zu tragen, wenn die Gründe des Bestreitens in der Sphäre des Gläubigers liegen, etwa in unzureichenden Nachweisen (OLG Dresden, ZIP 1997, 327; OLG Celle, ZIP 1994, 1197).

Ist eine Forderung vorläufig bestritten, ist nach der erstmaligen öffentlichen **Bekanntmachung** eines vom Insolvenzverwalter zu erstellenden **Verteilungsverzeichnisses**, d. h. mit Beginn der zweiwöchigen Ausschlussfrist des § 189 Abs. 1 für den Nachweis der Erhebung einer Feststellungsklage, § 93 ZPO nicht mehr anzuwenden (BGH, ZInsO 2006, 320, 321). Ein sofortiges Anerkenntnis des Insolvenzverwalters allein führt nicht zu einer Kostengrundentscheidung zulasten des Gläubigers (vgl. dazu § 189 Rdn. 4). 15a

V. Rechtsnatur und Gegenstand der Klage

Die Klage ist **Feststellungsklage i. S. v. § 256 ZPO** (BGH, NJW 1967, 1371). Das **Feststellungsinteresse** des Gläubigers folgt aus § 189, wonach eine bestrittene Forderung bei der Verteilung nur berücksichtigt wird, wenn der Gläubiger nachweist, dass er die Feststellung der Forderung betreibt. 16

Sein Feststellungsinteresse entfällt, wenn der Widerspruch zurückgenommen wird (MK-Schumacher § 179 Rn. 9). Das Feststellungsinteresse des Schuldners – ein Fall des § 184 – folgt aus § 201 Abs. 1 und entfällt erst dann, wenn feststeht, dass die durch den Tabellenauszug titulierte Forderung nach Aufhebung des Insolvenzverfahrens nicht mehr vollstreckt werden kann (BGH, ZInsO 2013, 1734; vgl. dazu auch § 184 Rdn. 10).

17 Gegenstand der Klage ist das **subjektive Haftungsrecht des Gläubigers an der Masse** (MK-Schumacher § 179 Rn. 7; Eckardt, Kölner Schrift zur InsO, S. 743 ff. Rn. 1 f., 39; Uhlenbruck-Sinz § 179 Rn. 11; wohl in dieser Richtung BGH, ZInsO 2006, 829; **a. A.** RGZ 55, 157, 169; OLG Schleswig, ZInsO 2004, 687; unentschieden KPB-Pape/Schaltke § 179 Rn. 11a), nicht der Bestand der persönlichen Forderung des Gläubigers nach Grund und Betrag. **Der Bestand der Forderung** ist (nur) **schuldrechtliche Vorfrage des Haftungsrechts**, wohingegen die **Qualifikation als Insolvenzforderung** (§ 38) und die **insolvenzrechtliche Anfechtbarkeit insolvenzspezifische Vorfragen des Haftungsrechts** sind. Dies zeigt sich u. a. an § 182, der den Streitwert des Feststellungsprozesses nicht am Nominalwert der Forderung, sondern an der voraussichtlichen Quote auf den Nominalwert bemisst, mithin an dem Maß der Haftungsrealisierung. Zudem ergibt es sich aus §§ 41, 45, 46, die für die Zwecke des Insolvenzverfahrens und die Verwirklichung der Gläubigergleichbehandlung bestimmten Forderungen einen nominalen Haftungswert und damit dem Gläubiger ein Haftungsrecht mit einem von dem Forderungsinhalt abweichendem Inhalt zuweisen.

18 Das Rechtsschutzziel des klagenden Gläubigers (Abs. 1) ist die **positive Feststellung seines Haftungsrechts an der Masse**. Der Bestreitende (Abs. 2) begehrt hingegen die **negative Feststellung** des Nichtbestehens eines Haftungsrechts des anmeldenden Gläubigers. Das Rechtsschutzinteresse dafür fehlt ihm selbst dann nicht, wenn voraussichtlich keine Quote zu erwarten ist (BGH, ZInsO 2008, 917). Dies erscheint allerdings im Hinblick auf die Ausführungen zum Gegenstand der Feststellung (vgl. Rdn. 16 f.) fraglich, wenn die Nullquote sicher feststeht.

19 Ergeht auf einen – fälschlich – gestellten Zahlungsantrag hin anstelle eines Feststellungs- ein **Leistungsurteil**, so kann dieses u. U. dahin ausgelegt werden, dass ein entsprechendes Haftungsrecht an der Masse festgestellt wird. Die Entscheidungsgründe müssen dies allerdings zum Ausdruck bringen (MK-Schumacher § 179 Rn. 6; BGH, LM KO § 146 Nr. 9).

VI. Feststellung nicht titulierter Forderungen

20 Die Feststellung nicht titulierter Forderungen hat der jeweilige Gläubiger durch Erhebung einer Feststellungsklage im ordentlichen Verfahren (§ 180 Abs. 1 Satz 1) oder durch Aufnahme eines Rechtsstreits zu betreiben, der z. Zt. der Eröffnung des Insolvenzverfahrens über die Forderung anhängig und nach § 240 ZPO unterbrochen ist. Obsiegt der Gläubiger, tritt die Wirkung des § 183 ein. Die Forderung gilt als festgestellt. Die Aufnahme durch den Verwalter ist im Fall einer nicht titulierten Forderung unwirksam (OLG Rostock, OLGR 2000, 412).

VII. Feststellung titulierter Forderungen (vollstreckbarer Titel oder Endurteil)

1. Aufnahme unterbrochener Rechtsstreite (§ 180 Abs. 2)

21 Existiert über die Forderung im Zeitpunkt der Insolvenzeröffnung ein vollstreckbarer Titel oder ein Endurteil, ist es nach Abs. 2 Sache des Bestreitenden, den Widerspruch zu verfolgen. Dies geschieht durch Klage (§ 180 Abs. 1), etwa im Fall eines Titels in Gestalt einer notariellen Urkunde (vgl. dazu und zu weiteren Fällen unten Rdn. 26 ff.), oder durch Aufnahme eines über die Forderung anhängigen, nach § 240 ZPO unterbrochenen Rechtsstreits (§ 180 Abs. 2).

Befugt zur Aufnahme ist der Gläubiger der nicht titulierten Forderung, der nach Ansicht des BGH bei mehreren Widersprüchen ggü. allen Bestreitenden aufnehmen muss (BGHZ 76, 206, 209 = NJW 1980, 1749; BGHZ 112, 95, 98 = NJW 1990, 3207; BGHZ 195, 233 = ZInsO 2013, 251; vgl. dazu ausführlich und zur hier für bestimmte Fallkonstellationen vertretenen a. A. Rdn. 42).

Voraussetzung der Aufnahme ist, dass die klagweise erhobene Forderung angemeldet, geprüft und bestritten wurde (vgl. § 181 Rdn. 1).

Wendet der Bestreitende den Nachrang der Forderung ein und fehlt es an einer Aufforderung gem. § 174 Abs. 3, so hindert dies weder die Wirksamkeit der Aufnahme noch die Zulässigkeit der auf Feststellung geänderten Klage. Diese ist allerdings als (derzeit) unbegründet abzuweisen (OLG Koblenz, GmbHR 2008, 658).

Die Erledigung des Widerspruchs gegen eine Forderung durch deren Feststellung zur Tabelle ersetzt die Aufnahme nicht, da die Unterbrechungswirkung durch die Erledigung nicht beseitigt wird (BFH, BB 2013, 1701; dazu Hölzle, BB 2013, 1704; a. A. FG Nürnberg, EFG 2013, 722).

Eine Teilaufnahme ist regelmäßig nicht zulässig, es sei denn, sich widersprechende Entscheidungen in Bezug auf den aufgenommenen und den nicht aufgenommenen Teil sind ausgeschlossen (BGH, ZInsO 2013, 1102).

Bei rechtskraftfähigen, aber (noch) nicht rechtskräftigen Titeln muss der Bestreitende den Rechtsstreit durch Aufnahme in Berufung oder Revision (BGH, ZVI 2004, 530; WM 1965, 626) bzw. nach Einspruch gegen ein Versäumnisurteil im Verfahrensstadium vor Eintritt der Säumnis (§ 342 ZPO) fortsetzen oder diejenigen Rechtsmittel (Berufung oder Revision) bzw. Rechtsbehelfe (Einspruch oder Anhörungsrüge nach § 321a ZPO) einlegen, die dem Schuldner gegen den Titel bei Insolvenzeröffnung zur Verfügung standen. Ist der Titel rechtskräftig, kann der Bestreitende daher nur Restitutions- bzw. Nichtigkeitsklage (§§ 578 ff. ZPO), Rechtskraft durchbrechende Klage auf Unterlassung der Zwangsvollstreckung und Herausgabe des Titels unter Berufung auf § 826 BGB und Vollstreckungsabwehrklage (§ 767 ZPO) – bei nicht rechtskraftfähigen Titeln nur Letztere – erheben (Kilger/K. Schmidt § 146 KO Anm. 3). In anderen Verfahrensarten, etwa nach der FGO, kommt es auf die in den jeweiligen Verfahrensordnungen vorgesehenen Rechtsbehelfe bzw. Rechtsmittel an (BFH, ZInsO 2013, 1540; vgl. auch Hölzle, BB 2013, 1704). Erfolgte die Unterbrechung im Stadium der Beschwerde gegen die Nichtzulassung der Revision ist das Nichtzulassungsbeschwerdeverfahren aufzunehmen, in dem aber keine Sachentscheidung zu treffen, sondern allein über die Beseitigung der Zugangsschranke zur Revision zu befinden ist. Sodann – und erst dann ist in diesem Fall der Klageantrag umzustellen – ist das Revisionsverfahren – aus Sicht des Bestreitenden mit dem Ziel der Beseitigung des Titels – durchzuführen (vgl. dazu BFH, Beschl. v. 05.11.2013 – IV B 108/13; BFHE 204, 35 = BB 2004, 480; BGHZ 195, 233 = ZInsO 2013, 251). Legt der Bestreitende kein Rechtsmittel bzw. keinen Rechtsbehelf ein, wird der Titel nach dem Ende der Unterbrechungswirkung des § 240 ZPO rechtskräftig.

Liegen die Voraussetzungen des § 179 Abs. 2 vor, existiert also ein dort genannter Titel, so kann der Bestreitende den Rechtsstreit in der Beklagtenrolle des Schuldners aufnehmen und beantragen, seinen Widerspruch für begründet zu erklären (BGH, ZIP 1994, 1193; OLG Naumburg, NZI 2002, 112; vgl. § 179 Rdn. 51;). Trotz der Aufnahme durch den Bestreitenden in der prozessualen Beklagtenrolle des Schuldners muss der anmeldende Gläubiger in diesem Fall seinen Antrag auf Feststellung seiner Forderung zur Tabelle mit der Aufnahme des Verfahrens umstellen (vgl. Rdn. 51). In analoger Anwendung des § 264 Nr. 3, 2. Alt. ZPO handelt es sich bei der Aufnahme unter Antragsänderung um eine stets zulässige Klageänderung. Geschieht die Umstellung nicht, so ist seine Klage als unzulässig abzuweisen (MK-Schuhmacher § 179 Rn. 37).

Der aufnehmende Gläubiger der bestrittenen Forderung behält seine Parteirolle auch im Feststellungsprozess bei (vgl. § 179 Rdn. 46). Der bestreitende Gläubiger oder Verwalter tritt im Wege des Parteiwechsels in die Parteirolle des Schuldners ein (BGHZ 195, 233 = ZInsO 2013, 251 – LS 3 und 4).

Wird das Haftungsrecht unter Hinweis auf insolvenzspezifische Vorfragen (vgl. § 179 Rdn. 17) bestritten, so soll nach einer Ansicht trotz anhängigen, unterbrochenen Rechtsstreits eine »neue« Feststellungsklage zu erheben sein, da in dem unterbrochenen Rechtsstreit lediglich der Streit um Grund und/oder Betrag der Forderung rechtshängig sei (so für den Rangstreit Gottwald-Eickmann,

InsRHdb, § 64 Rn. 47; i. E. wohl auch Uhlenbruck-Sinz § 180 Rn. 20). Dem ist nicht zu folgen. Das rechtshängige Verfahren ist als Rechtsstreit über das Haftungsrecht des Gläubigers (vgl. § 179 Rdn. 17 f.) aufzunehmen.

In diesem hat das Gericht, unabhängig von der Begründung des Widerspruchs, sämtliche aufgeworfene Vorfragen – schuldrechtliche wie insolvenzspezifische – zu klären (Eckardt, Kölner Schrift zur InsO, S. 743 ff. Rn. 43, 52).

2. Aufnahme unterbrochener Rechtsstreite (§ 180 Abs. 2) durch den Gläubiger

22 Die Feststellungslast liegt bei titulierten Forderungen **beim Bestreitenden**. Solange er nicht die negative Feststellung des Haftungsrechts gegen die Masse (dazu oben Rdn. 17 f.) erlangt hat, ist der Gläubiger der bestrittenen Forderung bei der Verteilung der Masse zu berücksichtigen. In entsprechender Anwendung des § 189 Abs. 2 erfolgt die Berücksichtigung durch Zurückbehaltung der auf die Forderung entfallenden Quote, wenn der Bestreitende die Verfolgung des Widerspruchs dem Verwalter rechtzeitig nachweist; andernfalls durch Auszahlung (zum Widerspruch des Verwalters vgl. § 189 Rdn. 2).

Nach ganz herrschender Meinung darf auch der Gläubiger einer bestrittenen titulierten Forderung Feststellungsklage erheben (vgl. BGH, NJW 1965, 1523; BFH, ZInsO 2010, 859; Beschl. v. 05.11.2013 – IV B 108/13; BGHZ 195, 233; 139, 132; OLG Celle, Beschl. v. 23.02.2009 – 7 W 2/09; BAG, ZInsO 2013, 2456 – wenn der Bestreitende den Widerspruch nicht verfolgt bzw. der bestreitende Insolvenzverwalter – ein eher seltener Fall – die Forderung nicht einmal in die Tabelle einträgt; Kilger/K. Schmidt § 146 KO Anm. 3). Der herrschenden Meinung ist nicht zu folgen. **Einer Feststellungsklage des Gläubigers fehlt das Feststellungsinteresse** (vgl. auch § 184 Rdn. 11), da er bei Abschlags- und Schlussverteilung durch Auszahlung der Quote berücksichtigt wird, solange der Bestreitende seinen Widerspruch nicht verfolgt (vgl. § 189 Rdn. 2). Ist dies fehlerhaft im Verteilungs- oder Schlussverzeichnis nicht berücksichtigt, kann sich der anmeldende Gläubiger gem. §§ 194, 197 wehren. Das Argument der herrschenden Meinung für ein Feststellungsinteresse (MK-Schumacher § 179 Rn. 43), dass der Bestreitende es andernfalls in der Hand hätte, durch eine kurz vor Verteilung erhobene Feststellungsklage die Auszahlung zu verzögern, überzeugt nicht, da auch eine unverzüglich erhobene und noch anhängige Feststellungsklage die Auszahlung zugunsten der Zurückbehaltung verhindert und damit verzögert.

Streitig ist, ob der Gläubiger – auf der Grundlage der herrschenden Meinung – in bestimmten Fällen Feststellungsklage erheben muss, ob also die **Feststellungslast beim Gläubiger** liegen kann. Für insolvenzspezifische Vorfragen des Haftungsrechts, d. h. Qualifikation als Insolvenzforderung und insolvenzrechtliche Anfechtbarkeit, nicht aber für den schuldrechtlichen Bestand der Forderung nach Grund und Betrag, entsprach dies der Rspr. zur KO (z. B. BGH, LM KO § 61 Nr. 2, 3). Für die InsO ist es jedoch abzulehnen (so auch MK-Schumacher § 179 Rn. 32; a. A. Uhlenbruck-Sinz § 179 Rn. 29 f.; Jaeger-Gerhardt § 179 Rn. 9). Der Wortlaut des Abs. 2 steht dem entgegen. Die Fortführung dieser Rspr., die für den Rangstreit unter der KO entwickelt wurde, ist nach Abschaffung der Konkursvorrechte nicht geboten; sie wäre auch wenig praktikabel, da es aufgrund fehlender funktionaler und sachlicher Zuständigkeitskonzentration zu 2 Prozessen kommen könnte, wenn z. B. Rang und Bestand angegriffen würden (dann für Feststellungslast allein beim Bestreitenden Jaeger-Gerhardt § 179 Rn. 9).

23 [derzeit unbesetzt]

3. Negative Feststellungsklage des Bestreitenden

24 Der Bestreitende kann jedoch auch **negative Feststellungsklage** erheben (str.; MK-Schumacher § 179 Rn. 34 m. w. N.; **a. A.** die h. M.; z. B. BGH, NZI 2010, 345), soweit er diese auf **insolvenzrechtliche Einwendungen** stützt (Nachrang nach § 39, insolvenzrechtliche Anfechtbarkeit; vgl. Rdn. 12, 13 sowie Rdn. 36) oder Bestreiten der Qualifikation als Insolvenzforderung). Die Rechtskraft des Titels steht der negativen Feststellungsklage nicht entgegen, da insolvenzrechtliche Einwendungen

nicht Gegenstand des dem Titel zugrunde liegenden Verfahrens waren. An der prozessualen Privilegierung des Gläubigers durch die Verschiebung der Feststellungslast zum Bestreitenden aufgrund von § 179 Abs. 2 ändert diese Überlegung allerdings nichts, da die Privilegierung dem eindeutigen Wortlaut des Abs. 2 entspricht (vgl. unten Rdn. 2, 21 f.). Gleiches gilt für nicht rechtskraftfähige Titel, wie vollstreckbare notarielle oder gerichtliche Urkunden (§ 794 Abs. 1 Nr. 5 ZPO).

[einstweilen unbesetzt] 25

4. Titulierte Forderungen (vollstreckbarer Titel oder Endurteil)

Vollstreckbare Schuldtitel i. S. d. Abs. 2 sind Titel, aus denen im Moment der Insolvenzeröffnungsentscheidung die Zwangsvollstreckung grds. hätte betrieben werden können. Darunter fallen vorläufig und endgültig vollstreckbare Endurteile (§ 704 ZPO) sowie die in § 794 ZPO genannten Vollstreckungstitel. Endurteile i. S. d. Abs. 2 sind vor allem nicht vollstreckbare Feststellungsurteile, die die bestrittene Forderung nach Grund und Betrag feststellen, da vorläufig oder endgültig vollstreckbare Urteile bereits unter »vollstreckbare Schuldtitel« fallen. 26

Schiedssprüche (Jaeger-Gerhardt § 179 Rn. 44; Ristelhuber, ZInsO 2004, 427, 429) **und ausländische Titel** fallen unter Abs. 2, wenn sie für vollstreckbar erklärt wurden (§§ 722, 1061 ZPO). Anerkennungsfähigkeit ausländischer Urteile nach § 328 ZPO allein genügt nicht. Die **Vollstreckbarerklärung** ausländischer Titel, inländischer (§§ 794 Abs. 1 Nr. 4a, 1060 ZPO) und ausländischer Schiedssprüche, Schieds- und Anwaltsvergleiche (§§ 1053 Abs. 4, 1060, 796a ZPO) sowie die **Erteilung von Vollstreckungsklauseln** (§ 724 ZPO) kann noch **nach der Eröffnung des Insolvenzverfahrens** erfolgen (MK-Schumacher § 179 Rn. 23). § 89 Abs. 1 steht dem nicht entgegen (str.; vgl. Uhlenbruck-Uhlenbruck § 89 Rn. 16). 27

Der Titel muss **im Zeitpunkt der Insolvenzeröffnung** existieren. Es reicht aus, dass die mündliche Verhandlung, auf die das Urteil ergeht, vor der Eröffnung geschlossen wurde (§ 249 Abs. 3 ZPO). 28

Eine **Steuer- bzw. Abgabenforderung** steht einer titulierten Forderung gleich, wenn die Steuer festgesetzt (§ 155 AO) und dem Schuldner vor Insolvenzeröffnung ein entsprechender Bescheid wirksam zugegangen ist bzw. er eine Steueranmeldung i. S. v. § 168 Satz 1 AO abgegeben hat (h. M.; BFH, ZInsO 2010, 859; BMF-Schreiben v. 17.12.1998, ZInsO 1999, 91, Nr. 6; Gundlach/Frenzel/Schirrmeister, DStR 2004, 318, 320; FG Hamburg, 18.08.2004 – V 162/02; für nicht bestandskräftige Steuerbescheide AG Paderborn, NZI 2004, 389; für bestandskräftige Steuerbescheide str.; vgl. Uhlenbruck-Sinz § 179 Rn. 23). Arrestanordnungen (§§ 324 ff. AO) sind keine Titel i. S. v. Abs. 2. 29

Dem Gläubiger ist zu empfehlen, den Titel spätestens im Prüfungstermin im Original vorzulegen. Nach § 174 Abs. 1 Satz 2 ist aber weder die Vorlage des Originaltitels oder einer beglaubigten Abschrift noch einer einfachen Abschrift rechtlich erforderlich (BGH ZInsO 2006, 102). Wird die Forderung nicht bestritten, ist sie als titulierte Forderung in die Tabelle einzutragen (BGH, ZInsO 2006, 102; anders AG Paderborn, NZI 2004, 389; vgl. § 174 Rdn. 7 ff., 13). Unzutreffend wäre es, die Forderung als nicht titulierte zu behandeln und den Gläubiger auf die nachträgliche Anmeldung (§ 177 Abs. 1 Satz 2; so AG Paderborn, NZI 2004, 389) oder die in einem nachträglichen Prüfungstermin zu prüfende Änderung seiner Anmeldung gem. § 177 Abs. 1 Satz 3 zu verweisen (so AG Düsseldorf, ZInsO 2006, 332). Wird der Titel im Prüfungstermin nicht oder nur in nicht beglaubigter Kopie vorgelegt, besteht allerdings die Gefahr, dass die Forderung durch den Insolvenzverwalter oder andere Insolvenzgläubiger bestritten wird. 30

Im Feststellungsrechtsstreit ist die **Vorlage des Originaltitels** ebenfalls **nicht grds. erforderlich** (BGH, ZInsO 2006, 102). Da es sich um eine öffentliche Urkunde handelt, genügt eine öffentlich beglaubigte Abschrift, es sei denn, dass Gericht ordnet aus besonderem Anlass die Vorlage des Originals an (§§ 420, 435 ZPO). 30a

[einstweilen unbesetzt] 31–32

VIII. Beteiligte und Beteiligtenwechsel im Feststellungsprozess

33 Beteiligte des Feststellungsprozesses können der **Verwalter** und **Gläubiger** sein. Neben diesen kann der Schuldner Widerspruch erheben. Dieser ist jedoch für die Haftung im Insolvenzverfahren ohne Bedeutung und wirkt sich nur bei der Nachhaftung aus (vgl. § 184 Rdn. 1 ff., § 201 Rdn. 8). I. d. R. ist der Schuldner daher nicht Partei des Feststellungsprozesses. Anders ist es in den Fällen der Eigenverwaltung (§§ 283 Abs. 1, 270 Abs. 1) sowie bei § 52 Abs. 2 VAG und § 115 Abs. 2 GenG (dazu Uhlenbruck-Sinz § 179 Rn. 6).

1. Insolvenzverwalter

34 Der Verwalter ist kraft des Übergangs der Verwaltungs- und Verfügungsbefugnis (§ 80 Abs. 1) widerspruchsberechtigt und dazu verpflichtet (vgl. § 174 Rdn. 8; Uhlenbruck-Sinz § 179 Rn. 4). Er kann neben dem Bestreiten der Forderung nach Grund, Betrag und der Qualifikation als Insolvenzforderung (§ 39) sowie der insolvenzrechtlichen Anfechtbarkeit alle in der Person des Schuldners begründeten Einreden und Einwendungen geltend machen.

35 Auf einen **Wechsel des Verwalters** während des Prozesses sind die §§ 241, 246 ZPO entsprechend anzuwenden (Jaeger-Henckel § 6 Rn. 115).

2. Insolvenzgläubiger

36 Gläubiger können einer Forderung nach Grund und Betrag widersprechen oder die Qualifikation als Insolvenzforderung (§ 39) bestreiten. Aus § 129 Abs. 1 folgt (vgl. Rdn. 12, 13), dass sie sich auf insolvenzrechtliche Anfechtbarkeit nicht berufen können (h. M., z. B. Uhlenbruck-Sinz § 179 Rn. 5; **a. A.** Häsemeyer, InsR, Rn. 22.25).

37 Kommt es im Prozess zur **Rechtsnachfolge in die angemeldete und bestrittene Forderung**, z. B. durch Abtretung, ist eine erneute Anmeldung nicht erforderlich (vgl. aber § 181 Rdn. 5). Die Rechtsnachfolge ist dem Insolvenzgericht ggü. nachzuweisen, in der Tabelle zu vermerken und dem Bestreitenden anzuzeigen (MK-Schumacher § 179 Rn. 13). Der Nachweis kann noch in der zweiten Instanz nachgeholt werden (Jaeger-Gerhardt § 180 Rn. 33).

Kommt es vor Rechtshängigkeit **zur Rechtsnachfolge in die Forderung eines widersprechenden Gläubigers**, muss der Zessionar nicht erneut Widerspruch erheben, sondern tritt insoweit in die Rechtsstellung des Zedenten ein.

38 Bei Rechtsnachfolge in die Forderung eines widersprechenden Gläubigers nach Klageerhebung oder Aufnahme des Rechtsstreits (§ 180 Abs. 2) greifen die §§ 265, 325 ZPO ein, im Fall der Gesamtrechtsnachfolge § 239 ZPO. Der Zedent führt den Rechtsstreit nach § 265 Abs. 2 ZPO in Prozessstandschaft fort. Wird ein unterbrochener Prozess nach Eintritt der Rechtsnachfolge gem. § 180 Abs. 2 aufgenommen, gilt § 265 Abs. 2 ZPO nicht.

C. Verfahrensfragen

I. Mehrfaches Bestreiten und Streitgenossenschaft

39 Wird eine Forderung mehrfach (durch Verwalter und Gläubiger oder mehrere Gläubiger) bestritten, muss der anmeldende Gläubiger **alle Widersprüche beseitigen**, um die Rechtskraftwirkung des § 183 herbeizuführen. Der Gläubiger kann die Bestreitenden einzeln oder gemeinsam verklagen. Sie sind **keine notwendigen Streitgenossen i. S. v.** § 62 Abs. 1, 2. Alt. ZPO, d. h. es handelt sich nicht um eine notwendig gemeinschaftliche Klage, die sich aus einer nur gemeinsam bestehenden Prozessführungs- oder Sachbefugnis ergäbe (BGHZ 112, 95, 97 = NJW 1990, 3207). Unterliegt der anmeldende Gläubiger in einem Feststellungsprozess, ist die Feststellung der Forderung zur Tabelle ausgeschlossen. Die übrigen Feststellungsklagen werden unzulässig (vgl. § 183 Rdn. 2).

40 **Mehrere Bestreitende** sind allerdings **notwendige Streitgenossen i. S. v.** § 62 Abs. 1, 1. Alt. ZPO, wenn sie zusammen klagen oder verklagt werden. Die Feststellung kann ihnen ggü. dann nur ein-

heitlich getroffen werden (RGZ 96, 251, 254; MK-Schumacher § 179 Rn. 15 ff., 41). Dies gilt gleichermaßen, wenn das Gericht **mehrere Verfahren verbindet** (§ 147 ZPO). Zweckmäßig ist rgm. eine Klage gegen alle Bestreitenden.

Eine notwendige Streitgenossenschaft besteht auch, wenn in demselben Rechtsstreit von einigen Bestreitenden »nur« die Qualifikation als Insolvenzforderung (§ 39), von anderen aber der Bestand der Forderung nach Grund oder Betrag bestritten wird (vgl. Uhlenbruck-Sinz § 179 Rn. 13). Der Streitgegenstand – Haftungsrecht des Gläubigers an der Masse (vgl. Rdn. 17) – gebietet eine einheitliche Feststellung. 41

Ist ein Rechtsstreit über eine Insolvenzforderung wegen § 240 ZPO mit Insolvenzeröffnung **unterbrochen**, kann der Gläubiger den Rechtsstreit gegen den Prozessgegner allein oder auch **parteierweiternd gegen die übrigen Bestreitenden aufnehmen** (h.L.; vgl. Uhlenbruck-Sinz § 179 Rn. 14; Häsemeyer, InsR, Rn. 22.32). Nach Ansicht des BGH ist die parteierweiternde Aufnahme gegen bzw. durch alle Bestreitende zwingend (BGHZ 76, 206, 209 = NJW 1980, 1749; BGHZ 112, 95, 98 = NJW 1990, 3207 – jeweils zum seerechtlichen Verteilungsverfahren; BGHZ 195, 233 = ZInsO 2013, 251; ZInsO 2013, 950 – jeweils zum Insolvenzverfahren). Dem ist – jedenfalls für die Aufnahme durch die Bestreitenden bei Widerspruch gegen eine titulierte Forderung – **nicht zuzustimmen** (so auch Häsemeyer, InsR, Rn. 22.32; Uhlenbruck-Sinz § 179 Rn. 14). Dem Wortlaut des § 180 Abs. 2 ist die Notwendigkeit einer parteierweiternden Aufnahme nicht zu entnehmen. Die vom BGH angeführten Argumente, Verfahrensbeschleunigung und Ersparnis von Verfahrenskosten, treffen zudem nur im Aktivprozess des anmeldenden Gläubigers zu. Haben – wie bei titulierten Forderungen (Abs. 2) – die Bestreitenden den Rechtsstreit aufzunehmen, führt bereits die Weigerung nur eines Bestreitenden, den Prozess aufzunehmen, zur Unwirksamkeit der Aufnahme und damit zur Versagung von Rechtsschutz für die übrigen Bestreitenden (so auch Häsemeyer, InsR, Rn. 22.32). 42

II. Nebenintervention

Verwalter und Gläubiger – auch wenn sie nicht selbst Widerspruch erhoben haben (Uhlenbruck-Sinz § 179 Rn. 16) – können einem Feststellungsprozess als Nebenintervenienten (§§ 66 ff. ZPO) zur Unterstützung einer der Parteien – rgm. des Bestreitenden – beitreten. Das nach § 66 ZPO erforderliche **rechtliche Interesse** an der Nebenintervention folgt für den Verwalter aus seiner Pflicht zur Wahrung der Interessen der Gläubiger und des Schuldners; für die Gläubiger folgt es aus § 183 Abs. 1 (Uhlenbruck-Sinz § 179 Rn. 16). 43

Der Schuldner ist zur Nebenintervention nicht berechtigt. Dies folgt aus §§ 178 Abs. 1 Satz 2, 184, die ihm die persönliche Einflussnahme auf das Feststellungsverfahren untersagen (B/L/A/H-Hartmann § 66 ZPO Rn. 10; a.A. Stein/Jonas-Bork § 66 ZPO Rn. 13; Uhlenbruck-Sinz § 179 Rn. 16; differenzierend MK-Schumacher § 179 Rn. 20). 44

III. Widerklage des Insolvenzverwalters

Eine Widerklage ist bei unterbrochenem Rechtsstreit auch dann zulässig, wenn der Verwalter den Rechtsstreit nicht aufnehmen kann, weil die Voraussetzungen des Abs. 2 nicht gegeben sind, da die Widerklage ggü. der Klage des unterbrochenen Rechtsstreits selbstständig ist (OLG Jena, NZI 2002, 112). 45

IV. Parteirollen

Die Parteirollen ändern sich durch die Aufnahme des Rechtsstreits nicht (vgl. § 180 Rdn. 33, 42). Befand sich der Schuldner bei Unterbrechung des Rechtsstreits in der Rolle des Beklagten, so haben der Verwalter oder ein Gläubiger bei Aufnahme **trotz der prozessualen Beklagtenposition des Schuldners zu beantragen, den Widerspruch für begründet zu erklären**. Dies ist eine besondere Fassung des Klageabweisungsantrags. An sich sollte es daher genügen, schlicht Abweisung zu beantragen (a.A. BGH, ZIP 1994, 1193). **Aus Gründen der Vorsicht** ist indes zu der erstgenannten 46

Formulierung zu raten. Stellt der Kläger in einem solchen Fall nicht auf einen Feststellungsantrag um, so ist seine Klage unzulässig (ergeht dennoch Leistungsurteil vgl. Rdn. 19).

V. Auswirkungen der Beendigung des Insolvenzverfahrens auf den Feststellungsprozess

47 Wird das Insolvenzverfahren nach § 200 Abs. 1 **aufgehoben**, wird der Rechtsstreit mit gleichbleibenden Anträgen zwischen den bisherigen Prozessparteien fortgesetzt. Das Feststellungsinteresse richtet sich nun auf die Klärung der Berechtigung an den hinterlegten und zurückbehaltenen Beträgen (vgl. §§ 203, 198, 189 Abs. 2). Fehlt es an einer verteilungsfähigen Masse und hinterlegten Beträgen, so fehlt das Feststellungsinteresse (vgl. die Fälle unten bei Rdn. 48). Wird bspw. die Feststellungsklage erst nach Ablauf der Ausschlussfrist des § 189 Abs. 2 erhoben und der Gläubiger daher bei einer Verteilung der Masse nicht berücksichtigt, ist die Klage unzulässig (KPB-Pape/Schaltke § 180 Rn. 24).

48 Wird das Insolvenzverfahren **eingestellt** (§§ 207 ff.) oder **nach Planbestätigung aufgehoben** (§ 258), wird ein nicht beendeter Feststellungsrechtsstreit, an dem der Verwalter beteiligt ist, unterbrochen (§ 239 ZPO analog; vgl. Uhlenbruck-Ries § 215 Rn. 8). Grds. lassen **Aufhebung nach Rechtskraft der Bestätigung eines Insolvenzplanes** und **Einstellung** das Feststellungsinteresse entfallen und führen zur Erledigung des Rechtsstreits, da nicht wie im Fall der Aufhebung des Insolvenzverfahrens nach § 200 Abs. 1 um hinterlegte und zurückbehaltene Beträge gestritten wird. Eine Hinterlegung i. S. v. § 198 findet im Fall der Einstellung nach den §§ 207 ff. sowie bei Verfahrensaufhebung nach Planbestätigung nicht statt. Allein die Möglichkeit, durch Fortsetzung des Prozesses einen Vollstreckungstitel für die Nachhaftung des Schuldners (vgl. § 201 Rdn. 1 ff.) zu schaffen, reicht zur Rechtfertigung einer Fortführung von Feststellungsrechtsstreiten nicht aus, da die Schaffung eines Vollstreckungstitels für die Zeit nach Verfahrensbeendigung nicht Zweck, sondern nur Nebenfolge der Feststellungsklage ist (MK-Schumacher § 179 Rn. 48 ff., 55; Jaeger-Gerhardt § 179 Rn. 108; a. A. zur GesO LG Halle, EWiR 1997, 261 m. Anm. Haarmeyer; KPB-Pape/Schaltke § 180 Rn. 24; § 176 Rn. 3; zweifelnd BGH, ZIP 1998, 515). **Der Klageantrag ist auf Leistung umzustellen**, um der Abweisung als unzulässig zu entgehen.

49 **Ist die Umstellung nicht möglich**, wie z. B. in der Berufungsinstanz dem – in erster Instanz als Kläger siegreichen – Berufungsbeklagten nach Ablauf der Berufungsfrist bzw. der Frist für eine Anschlussberufung (§ 524 Abs. 2 ZPO), so ist ausnahmsweise von einem fortbestehenden Feststellungsinteresse auszugehen, um nachträglich die Berichtigung der Tabelle zu Vollstreckungszwecken ggü. dem Schuldner zu erreichen. Für diese Auffassung spricht, dass der Schuldner bei Fortsetzung des Rechtsstreits an die Prozessführung durch den Verwalter gebunden ist. Er sollte sich der bisherigen Ergebnisse des Verfahrens nicht dadurch entledigen können, dass der Prozessgegner nach Ablauf der Berufungsfrist keine Klageänderung mehr vornehmen kann.

50 ▶ **Formulierungsbeispiele:**

1. Formulierung von Antrag und Tenor bei nicht titulierten Forderungen

Antrag und Urteilstenor sind auf Feststellung einer bestimmten Forderung zur Tabelle gerichtet:
– »Die Forderung des Klägers gegen den Beklagten über ..... € wird in dem Insolvenzverfahren (Az. .....) zur Tabelle (ggf. mit dem Rang des § 39 Abs. 1 Nr. .....) festgestellt.«

Anmerkung: Aufgrund der Üblichkeit dieser Formulierung sollte keine auf Feststellung des Haftungsrechts des Gläubigers gerichtete Formulierung gewählt werden, auch wenn dies präziser wäre (vgl. den Formulierungsvorschlag bei MK-Schumacher § 179 Rn. 6; dazu auch Uhlenbruck-Sinz § 179 Rn. 12).

▶ **Formulierungsbeispiele:** 51

2. Formulierung von Antrag und Tenor bei titulierten Forderungen

Handelt es sich um eine titulierte Forderung, zielen Antrag und Tenor darauf, den erhobenen Widerspruch für begründet zu erklären:
– »Der Widerspruch des Klägers/Beklagten in dem Insolvenzverfahren (Az. .....) hinsichtlich der durch (Bezeichnung des Titels) titulierten Forderung des Klägers/Beklagten über ..... € wird für begründet erklärt.«

Anmerkung: Ist ein Rechtsstreit anhängig und existiert noch kein Titel, ist der Klageantrag, wie oben (Rdn. 50) dargestellt, nach § 263 ZPO umzustellen. Existiert ein nicht rechtskräftiger Titel, so hat derjenige, der den Rechtsstreit aufnimmt, das Rechtsmittel bzw. den Rechtsbehelf einzulegen und mit diesem den Antrag entsprechend umzustellen.

D. Behandlung streitiger Steuerforderungen

Zu der Behandlung streitiger Steuerforderungen s. § 185 Rdn. 4 ff. 52

E. Informationsrechte der Beteiligten

Um den Nachweis von Anmeldung, Prüfung und Widerspruch im Feststellungsprozess zu ermöglichen, erteilt das Insolvenzgericht dem Gläubiger der bestrittenen Forderung einen **beglaubigten Tabellenauszug** (Abs. 3 Satz 1). Liegt die Feststellungslast beim Bestreitenden (Abs. 2), so erhält auch er einen Tabellenauszug (Abs. 3 Satz 2). Gläubiger nicht bestrittener Forderungen werden nicht über die Feststellung ihrer Forderungen benachrichtigt (Abs. 3 Satz 3). Sie erhalten keinen Tabellenauszug. 53

Zur Akteneinsicht der Gläubiger bestrittener Forderungen s. § 4 Rdn. 34. 54

§ 180 Zuständigkeit für die Feststellung

(1) ¹Auf die Feststellung ist im ordentlichen Verfahren Klage zu erheben. ²Für die Klage ist das Amtsgericht ausschließlich zuständig, bei dem das Insolvenzverfahren anhängig ist oder anhängig war. ³Gehört der Streitgegenstand nicht zur Zuständigkeit der Amtsgerichte, so ist das Landgericht ausschließlich zuständig, zu dessen Bezirk das Insolvenzgericht gehört.

(2) War zur Zeit der Eröffnung des Insolvenzverfahrens ein Rechtsstreit über die Forderung anhängig, so ist die Feststellung durch Aufnahme des Rechtsstreits zu betreiben.

Übersicht	Rdn.		Rdn.
A. Normzweck	1	IV. Zahlungsansprüche auf erstes Anfordern.	10a
B. Norminhalt	4	V. Schiedsverfahren	11
I. Grundsatz	4	VI. Kostenfestsetzungsverfahren	13
II. Ausschließliche Zuständigkeit	8	VII. Aufnahme unterbrochener Rechtsstreite	
III. Urkunden-/Wechsel- und Scheckprozess.	10	(Abs. 2)	14

A. Normzweck

Abs. 1 Satz 1 beinhaltet die Grundentscheidung gegen eine **vis attractiva concursus**, d. h. gegen eine Konzentration der Zuständigkeit insolvenzrechtlicher Streitigkeiten beim Insolvenzgericht. Die Feststellung bestrittener Forderungen ist »im ordentlichen Verfahren«, also »außerhalb des Insolvenzverfahrens« zu betreiben. 1

Abs. 1 Satz 2 und 3 **konzentrieren in begrenztem Umfang die örtliche und sachliche Zuständigkeit** ausschließlich auf die Gerichte am Sitz des Insolvenzgerichts bzw. in dessen Landgerichtsbezirk, um die zu weiträumige Aufsplittung der Feststellungsprozesse zu verhindern. 2

§ 180 InsO Zuständigkeit für die Feststellung

3   Abs. 2 konkretisiert die Regelungen der § 240 ZPO und §§ 85 ff. über die Aufnahme unterbrochener Prozesse. Die Regelung ist vom **Gedanken der Verfahrensökonomie** geprägt. Daher ist die Erhebung einer Feststellungsklage ausgeschlossen, wenn die Forderung bei Insolvenzeröffnung streitbefangen war. Dies gilt unabhängig von der anzuwendenden Verfahrensordnung (vgl. etwa BFH, ZInsO 2013, 1540; Hölzle, BB 2013, 1704).

B. Norminhalt

I. Grundsatz

4   Grundsätzlich sind Feststellungsprozesse vor den **ordentlichen Gerichten** anhängig zu machen, es sei denn, es wäre ein anderer Rechtsweg eröffnet, z. B. zu den Finanzgerichten oder der Verwaltungsrechtsweg (§ 185). Die funktionale Zuständigkeit der Kammern für Handelssachen bleibt bestehen (KPB-Pape/Schaltke § 180 Rn. 4).

5   **Abs. 1 gilt nicht** für den Fall der **Aufnahme** eines unterbrochenen Prozesses. Die einmal begründete Zuständigkeit wird durch die nachfolgende Eröffnung eines Insolvenzverfahrens nicht mehr berührt (§ 261 Abs. 3 Nr. 2 ZPO).

6   Landesrechtlich vorgeschriebene **außergerichtliche Schlichtungsverfahren** sind vor Erhebung der Klage durchzuführen (AG Wuppertal, ZInsO 2002, 91 m. Anm. Förster; LG Heilbronn, KTS 2011, 245; Friedrich, NJW 2002, 3223; a. A. wohl aufgrund teleologischer Reduktion des Anwendungsbereichs für das Gesetz zur obligatorischen Streitschlichtung des Landes Baden-Württemberg BGH, ZInsO 2011, 1551: die Begründung überzeugt und dürfte auf alle Schlichtungsgesetze passen).

7   **Für andere Klagen** gegen den Verwalter, etwa auf Aussonderung oder abgesonderte Befriedigung, **gilt § 180 nicht** (BayObLG, ZInsO 2003, 521). Diese richten sich nach allgemeinen Regeln. Vor allem ist § 29a ZPO zu beachten. Ebenso wenig gilt § 180 für Klagen nach § 184 (vgl. § 184 Rdn. 6 f., 9).

II. Ausschließliche Zuständigkeit

8   Abs. 1 regelt die **örtliche und sachliche Zuständigkeit** als ausschließliche. Gerichtsstandvereinbarungen und rügeloses Verhandeln begründen daher nicht die Zuständigkeit des angerufenen Gerichts (§ 40 Abs. 2 Satz 1 Nr. 2, Satz 2 ZPO).

9   Kollidiert ein ausschließlicher Gerichtsstand mit anderen ausschließlichen Gerichtsständen (z. B. § 29a ZPO), hat ein Kläger grds. ein **Wahlrecht**, es sei denn, es besteht ein Vorrangverhältnis (vgl. § 689 Abs. 2 Satz 3 ZPO; Musielak/Heinrich, ZPO, § 12 Rn. 7). Der ausschließliche Gerichtsstand des § 180 dürfte rgm. vorgehen, obgleich es an einem gesetzlich angeordneten Vorrangverhältnis fehlt (a. A. OLG Hamburg, ZInsO 2006, 1059; FK-Kießner § 180 Rn. 2). Dies ergibt sich aus dem Spezialitätsverhältnis der InsO ggü. dem weiteren betroffenen Gesetz.

III. Urkunden-/Wechsel- und Scheckprozess

10 Die Feststellung kann nicht im Wege des Urkunden-, Wechsel- oder Scheckprozesses erfolgen. Diese sind **unstatthaft** (sehr str.; so z. B. OLG München, ZIP 1985, 297; FK-Kießner § 180 Rn. 6; KPB-Pape/Schaltke § 180 Rn. 7 m. w. N. zum Meinungsstand; a. A. MK-Schumacher § 180 Rn. 7; HK-Depré § 180 Rn. 1), da der Sinn des Feststellungsprozesses die abschließende Klärung des Haftungsrechts des Gläubigers an der Masse ist. Dem wird das in diesen Verfahrensarten zunächst ergehende Vorbehaltsurteil nicht gerecht. Mit der Aufnahme eines unterbrochenen Verfahrens ist die Abstandnahme (§ 596 ZPO) vom Urkundsprozess zu erklären. Ist dies, wie in der Revisionsinstanz, nicht möglich (BGH, NJW 1959, 886), so ist für erledigt zu erklären und Feststellungsklage zu erheben.

IV. Zahlungsansprüche auf erstes Anfordern

Bei Zahlungsansprüchen auf erstes Anfordern, insb. **Garantien** und Bürgschaften auf erstes Anfordern, sind – anders als außerhalb des insolvenzrechtlichen Feststellungsverfahrens – sämtliche Einreden und Einwendungen gegen den Anspruch im Feststellungsprozess zu prüfen; ggf. ist Beweis zu erheben. Keineswegs sind im Feststellungsprozess – wie außerhalb einer Insolvenz – nur offensichtliche oder liquide beweisbare Einwendungen in dem Gewand des Rechtsmissbrauchseinwands (§ 242 BGB) zu berücksichtigen (so aber BGH, ZInsO 2008, 861; Jaeger-Gerhardt § 180 Rn. 13; Uhlenbruck-Sinz § 180 Rn. 12). Der Ansprüche auf erstes Anfordern außerhalb einer Insolvenz tragende Gedanke, dem Gläubiger schnell und unkompliziert Liquidität zu verschaffen, widerspricht dem Sinn und Zweck des insolvenzrechtlichen Feststellungsverfahrens. Sinn und Zweck liegen in der abschließenden und endgültigen Klärung des Haftungsrechts eines Insolvenzgläubigers an der Masse (vgl. Rdn. 10). Dieselben Gründe, die gegen die Statthaftigkeit von Urkunden-, Wechsel- und Scheckprozess sprechen (vgl. Rdn. 10), gelten auch hier (so auch FK-Kießner § 180 Rn. 5; vgl. auch KPB-Pape/Schaltke § 180 Rn. 7). Es wird hierbei nicht verkannt, dass es sich im Fall des Urkundsprozesses um eine besondere Verfahrensart des Prozessrechts, in dem Fall der Zahlungsansprüche auf erstes Anfordern allerdings um eine besondere materiell-rechtliche Ausgestaltung des Anspruchs, handelt. Dies allein rechtfertigt jedoch keine unterschiedliche Behandlung. Sowohl bei Zahlungsansprüchen auf erstes Anfordern als auch bei Urkunden-, Wechsel- und Scheckprozessen führte eine Außerachtlassung von Einwendungen gegen den Zahlungsanspruch bei wirtschaftlicher Betrachtung zu einer der Gläubigergleichbehandlung widersprechenden und insolvenzzweckwidrigen Kreditgewährung der Masse an einzelne Gläubiger. Hinzu tritt die Belastung der Masse mit das Insolvenzverfahren verlängernden Rückforderungsprozessen und deren Kosten. Diese könnten allerdings nach hier vertretener Auffassung nicht erst anhängig gemacht werden, wenn die Quote auf den festgestellten Anspruch bei Schlussverteilung ausgekehrt wurde (dazu sogleich unten). Erfolgreich eingeklagte Rückforderungsbeträge bzgl. derer die Masse das Risiko der Einbringlichkeit zu tragen hätte, wären schließlich einer Nachtragverteilung zuzuführen. 10a

Sofern man die Rechtsauffassung des BGH (a. a. O.) für zutreffend hält, erscheint es sachgerecht, dem Insolvenzverwalter analog § 189 Abs. 2 die Zurückbehaltung der Quote bei Verteilungen zuzubilligen (vgl. dazu für den Urkundprozess Stein/Jonas-Schlosser § 592 ZPO Rn. 2a). Den Vorgaben des § 189, wonach bereits vor einer Verteilung die Rechtsverfolgung eingeleitet sein muss, kann durch die klagweise Kondiktion des Tabelleneintrags, die ab Feststellung der Forderung und damit vor einer Verteilung zulässig wäre, Rechnung getragen werden. Die auf § 242 BGB gestützte Einrede der unzulässigen Rechtsausübung aufgrund fehlenden schutzwürdigen Eigeninteresses wegen der Pflicht zur alsbaldigen Rückgewähr (»dolo agit, qui petit, quod statim redditurus est«; z.B. BGHZ 110, 33) greift m. E. zwar nicht ein, da die Rückgewährpflicht rechtlich ungewiss ist, liefert aber zumindest einen Beitrag zur Rechtfertigung der analogen Anwendung des § 189 Abs. 2.

V. Schiedsverfahren

Schiedsvereinbarungen (§§ 1029 ff. ZPO) zwischen den Beteiligten des Feststellungsprozesses sind **zulässig** (bspw. Karsten Schmidt-Jungmann 180 Rn. 4). 11

Eine bereits **vom Schuldner getroffene Schiedsvereinbarung bindet den Verwalter** entgegen der herrschenden Lehre (KPB-Pape/Schaltke § 180 Rn. 7; Jaeger-Gerhardt § 180 Rn. 18; vgl. auch Ehricke, ZIP 2006, 1847, 1849; differenzierend BGH, ZIP 2011, 1477) **nicht**. Dies gilt einerseits soweit über insolvenzspezifische Vorfragen des Haftungsrechts (Qualifikation als Insolvenzforderung, insolvenzrechtliche Anfechtbarkeit; so auch BGH, ZIP 2011, 1477; Jaeger-Gerhardt § 180 Rn. 18) gestritten wird. Dem Schuldner fehlt die Befugnis, ein Schiedsverfahren zulasten des Verwalters zu vereinbaren, da der Schuldner über das insolvenzrechtliche Haftungsrecht nicht dispositionsbefugt ist. Die Argumente der Rspr., die die Bindung des Verwalters an Schiedsabreden des Schuldners in Anfechtungsprozessen (z. B. BGH, ZInsO 2004, 88) und Einziehungsklagen nach § 166 Abs. 2 (BGH, ZIP 2013, 1539; dazu Flöther/Gelbrich, EWiR 2013, 659) ablehnt, gelten hier gleichermaßen. Eine Schiedsvereinbarung bindet andererseits aber auch dann nicht, wenn nur der 12

Bestand der Forderung streitig ist (a. A. Karsten Schmidt-Jungmann § 180 Rn. 4; MK-Schumacher § 180 Rn. 9 ff., 11; § 179 Rn. 10 f.; Uhlenbruck-Sinz § 180 Rn. 16). Die mit einer Schiedsvereinbarung beabsichtigte Verfahrensbeschleunigung wird verfehlt, wenn der Feststellungsprozess teils vor einem Schiedsgericht, teils vor den ordentlichen Gerichten zu führen ist. Zudem verbietet es die Einheitlichkeit des Haftungsrechts – der Bestand der Forderung nach Grund und Betrag sind lediglich schuldrechtliche Vorfragen (vgl. § 179 Rdn. 17) –, eine Schiedsvereinbarung über einzelne Vorfragen zu treffen (vgl. § 1029 Abs. 1 ZPO »in Bezug auf ein bestimmtes Rechtsverhältnis«).

VI. Kostenfestsetzungsverfahren

13 Die Feststellung des Haftungsrechts kann aus den zu Urkunden-, Wechsel- und Scheckprozess genannten Gründen (vgl. Rdn. 10) nicht im Kostenfestsetzungsverfahren verfolgt werden (Uhlenbruck-Sinz § 180 Rn. 14; a. A. OLG München, ZIP 2003, 2318; OLG Brandenburg, ZInsO 2007, 105).

VII. Aufnahme unterbrochener Rechtsstreite (Abs. 2)

14 Vgl. dazu § 179 Rdn. 21 ff.

§ 181 Umfang der Feststellung

Die Feststellung kann nach Grund, Betrag und Rang der Forderung nur in der Weise begehrt werden, wie die Forderung in der Anmeldung oder im Prüfungstermin bezeichnet worden ist.

Übersicht	Rdn.		Rdn.
A. Normzweck	1	C. Verfahrensfragen	7
B. Norminhalt	2		

A. Normzweck

1 § 181 normiert eine besondere – von Amts wegen zu prüfende – **Sachurteilsvoraussetzung** des Feststellungsprozesses: Der Gegenstand des Prüfungsverfahrens und der des Feststellungsprozesses müssen identisch sein. Dies gilt auch für die Tatsachen, die eine Einordnung als aus vorsätzlicher unerlaubter Handlung rechtfertigen (OLG Düsseldorf, JurBüro 2011, 200; ändern sich diese in der Begründung im Feststellungsrechtsstreit, so ist gem. Rdn. 4 zu verfahren). Ist die Forderung nicht angemeldet, geprüft und bestritten, ist eine dennoch erhobene Feststellungsklage unzulässig (BGH, ZInsO 2009, 142; ZInsO 2003, 1138; OLG Köln, ZInsO 2002, 1184; BAGE 111, 131 = ZIP 2004, 1867), wenn nicht bis zum Schluss der mündlichen Verhandlung das Anmeldungs- und Prüfungsverfahren (noch) durchgeführt wird. Eine Verjährungshemmung kann eine solche Klage nicht bewirken (OLG Sachsen-Anhalt, DZWIR 2012, 304; dazu Smid, DZWIR 2012, 267). Kann die Forderung nicht angemeldet werden, weil sie keine Insolvenzforderung ist, so ist die Klage unheilbar unzulässig.

B. Norminhalt

2 § 181 gilt für positive (§ 179 Abs. 1) und negative Feststellungsklagen (§ 179 Abs. 2), für Feststellungsklagen nach § 180 Abs. 1 und aufgenommene Verfahren (§ 180 Abs. 2), nicht aber für Feststellungsklagen nach § 184 (vgl. § 184 Rdn. 6 f., 9).

3 Auf nachträglich nach § 177 angemeldete und im schriftlichen Prüfungsverfahren bestrittene Forderungen ist § 181 ebenfalls anzuwenden.

4 Wechselt der Gläubiger vor oder nach Rechtshängigkeit den Anspruchsgrund aus, klagt er z. B. auf Feststellung eines höheren Betrags oder eines verbesserten Ranges i. R. d. § 39, muss die Forderung neu angemeldet, geprüft und bestritten werden (BAG, ZIP 1986, 518). Um eine **Auswechselung**

des Anspruchsgrundes handelt es sich auch beim Übergang vom Kaufpreisrückzahlungsanspruch aus Rücktritt zum Anspruch auf Nichterfüllungsschaden (BGH, ZInsO 2003, 1138). Eine Auswechslung des Anspruchsgrundes liegt nicht vor bei Anmeldung nur »für den Ausfall« und darauf folgender uneingeschränkter Feststellungsklage (vgl. MK-Schumacher § 181 Rn. 9; a. A. LG Bonn, ZIP 1996, 1672).

Eine Nachmeldung (zur Nachmeldung des Deliktsattributs vgl. § 184 Rdn. 12) ist nach herrschender Meinung wegen des Schutzzwecks des § 181 nicht geboten bei Rechtsnachfolge in die Forderung nach Anmeldung und Prüfung und vor Anhängigkeit bzw. Aufnahme des Feststellungsrechtsstreits (Kilger/K. Schmidt § 146 KO Anm. 1c; KPB-Pape/Schaltke § 181 Rn. 11; Jaeger-Gerhardt § 180 Rn. 33; a. A. MK-Schumacher § 181 Rn. 8 m.w. N.). Die herrschende Meinung überzeugt für die Einzelrechtsnachfolge nicht (wohl anders bei Gesamtrechtsnachfolge; vgl. Jaeger-Gerhardt § 180 Rn. 33), da den übrigen Gläubigern die Möglichkeit genommen wird, die Rechtsnachfolge zu bestreiten. Zudem handelt es sich um die Auswechselung des Anspruchsgrundes, da die Rechtszuständigkeit zum Grund der Forderung i. S. v. § 181 zu rechnen ist. 5

Erfolgt keine Nachmeldung, so ist die Klage bei Betragsänderung i. H. d. Mehrbetrags als unzulässig abzuweisen (Uhlenbruck-Sinz § 181 Rn. 11). Zulässig ohne erneutes Anmeldungs- und Prüfungsverfahren ist jedoch die auf einen geringeren Betrag (BGHZ 103, 1, 3 = ZIP 1988, 229) oder im Unterschied zur Anmeldung nur auf Nachrang nach § 39 (BAGE 47, 343, 353 = ZIP 1985, 754; a. A. BGH, LM KO § 61 Nr. 2 und 3) gerichtete Klage. Im letzteren Fall müssen aber die Voraussetzungen des § 174 Abs. 3 gegeben sein (Eckardt, Kölner Schrift zur InsO, S. 743 ff. Rn. 55). 6

C. Verfahrensfragen

Klageänderungen sind rgm. nach § 264 Nr. 3 ZPO zulässig, zumindest aber i. S. v. § 263 ZPO sachdienlich, wenn sie die Identität des Gegenstands des Forderungsprüfungsverfahrens und des Feststellungsprozesses herbeiführen OLG Brandenburg, ZInsO 2010, 1600). 7

Die bloße Präzisierung des Streitgegenstandes erfolgt bei ungenauer Anmeldung nach § 264 Nr. 1 ZPO ohne Nachmeldung; insoweit wird der Streitgegenstand nicht geändert. I. Ü. steht § 181 Klageänderungen ohne Nachmeldung und Prüfung entgegen. Diese sind unzulässig (vgl. BGH, ZInsO 2007, 986; OLG Düsseldorf, JurBüro 2011, 200; AG Göttingen, ZInsO 2011, 2103). 8

Bei **Abweichungen** zwischen **Tabelleneintrag und Anmeldung** entscheidet die Anmeldung (KG, OLGR 21, 178). Dies folgt bereits aus dem Wortlaut des § 181. 9

Ein **Grundurteil** ist bei Widerspruch gegen Grund und Betrag einer Forderung zulässig. 10

Die **Identität des Gegenstands des Prüfungsverfahrens** und des Feststellungsprozesses ist im Feststellungsprozess mittels eines beglaubigten Tabellenauszugs (§ 179 Abs. 3 Satz 1, 2) nachzuweisen. 11

§ 182 Streitwert

Der Wert des Streitgegenstands einer Klage auf Feststellung einer Forderung, deren Bestand vom Insolvenzverwalter oder von einem Insolvenzgläubiger bestritten worden ist, bestimmt sich nach dem Betrag, der bei der Verteilung der Insolvenzmasse für die Forderung zu erwarten ist.

Übersicht	Rdn.			Rdn.
A. Norminhalt	1	B.	Verfahrensfragen	11
I. Regelungsgegenstand und Anwendungsbereich	1	I.	Für die Bestimmung des Streitwerts relevanter Zeitpunkt	11
II. Streitwert	7	II.	Korrektur des Streitwertbeschlusses	12

§ 182 InsO Streitwert

A. Norminhalt

I. Regelungsgegenstand und Anwendungsbereich

1 § 182 regelt den **Zuständigkeits-, Rechtsmittel- und den Gebührenstreitwert** (BGH, Beschl. v. 25.09.2013 – VII ZR 340/12; BGH ZInsO 2007, 149; BGH NZI 2002, 549) und gilt für alle Feststellungsklagen nach den §§ 179 ff., d. h. sowohl für den Fall der Neuklage (§ 180 Abs. 1) als auch denjenigen der Aufnahme eines unterbrochenen Rechtsstreits (§ 180 Abs. 2).

2 Über den Streitwert entscheidet die im Insolvenzverfahren, d. h. nach erfolgter Abschlags- und Schlussverteilung zu erwartende Quote.

3 Für **Feststellungsklagen nach § 184** gilt § 182 nicht, da der Widerspruch des Schuldners die Feststellung zur Tabelle nicht hindert (vgl. § 184 Rdn. 6 ff., 9). Das für den Streitwert relevante Gläubigerinteresse geht im Fall des § 184 über die Insolvenzquote hinaus und bestimmt sich nach dem Nennwert der Forderung abzgl. der zu erwartenden Quote (OLG Hamm, ZInsO 2007, 215; OLG Hamburg, OLGR 2009, 197; a. A. BGH, ZInsO 2009, 398: die späteren Vollstreckungsaussichten). Anders ist es nur in der Eigenverwaltung, da der Widerspruch des Schuldners hier die Feststellung zur Tabelle hindert.

4 Werden die Widersprüche mehrerer Gläubiger gemeinsam verhandelt, ist **§ 5 ZPO nicht anzuwenden**: Eine Zusammenrechnung findet nicht statt, da nur um das einheitliche Haftungsrecht des anmeldenden Gläubigers gestritten wird. Wird eine Klage nach § 184 mit denen nach §§ 179, 180 verbunden, so entscheidet nach § 6 ZPO der Nennwert der Forderung. Entgegen der Vorauflage ist die zu erwartende Quote i. E. nicht abzuziehen, da der Streitwert einer Klage nach § 184 zwar durch den Nennwert der Forderung abzüglich der zu erwartenden Quote bestimmt wird (s. o. Rdn. 3), aber wegen der unterschiedlichen Zielsetzung der Klagen nach § 184 einerseits und nach §§ 179, 180 andererseits eine Zusammenrechnung und daher wieder eine Zurechnung der zu erwartenden Quote als Streitwert der Klage nach §§ 179, 180 stattzufinden hat (MK-Schumacher § 182 Rn. 11).

5 Über § 185 Satz 3 ist § 182 **auch auf nicht bei den ordentlichen Gerichten anhängige Verfahren anzuwenden** (h. M.; für Verwaltungsstreitverfahren vgl. OVG Mecklenburg-Vorpommern, NordÖR 2004, 219; OVG Nordrhein-Westfalen, ZIP 1982, 1341; für das finanzgerichtliche Verfahren FG Düsseldorf, 22.09.2000 – 14 K 2809/00 U).

6 Auf Klagen wegen Aussonderung, abgesonderter Befriedigung und Zahlung von Masseverbindlichkeiten ist § 182 nicht anzuwenden (a. A. FG Düsseldorf, EFG 1980, 31, 32; vgl. zu dem Sonderfall Umstellung auf Feststellungsklage durch Massegläubiger bei Masseunzulänglichkeit BGH, NJW-RR 1988, 689; OLG Celle, OLGR 1997, 57).

II. Streitwert

7 Die Höhe des Streitwerts richtet sich nach der im Insolvenzverfahren zu erwartenden Quote (anders bei dem Streitwert der sog. Attributsklagen, wenn »lediglich« um die deliktische Rechtsnatur des Anspruchsgrundes gestritten wird; vgl. dazu § 184 Rdn. 15). Das Gericht bestimmt diese von Amts wegen **im Wege der Schätzung** (§ 287 ZPO) unter Ausschöpfung sämtlicher Erkenntnisquellen (BGH, ZInsO 2007, 149; ZInsO 1999, 642). Die gerichtliche Überzeugung ist erforderlichenfalls im Wege des Freibeweises zu bilden. Ggf. ist eine Auskunft des Verwalters über die zu erwartende Quote einzuholen (BGH, ZInsO 1999, 642), die das Gericht jedoch nicht bindet und sorgfältig zu überprüfen ist (BGH, ZInsO 2007, 149). Als Mittel der Überprüfung und eigenständige Erkenntnisquelle bietet sich die Beiziehung der Insolvenzakten an. Ergibt die Schätzung ein Spektrum gleichermaßen wahrscheinlicher Quoten, ist **der höchste Wert** maßgeblich. Hierauf ist rgm. das Interesse des Gläubigers gerichtet (vgl. LAG Hamm, ZInsO 2001, 1072).

8 Die Quote berechnet sich aus dem Verhältnis der Teilungsmasse zur Schuldenmasse. Die festzustellende Forderung ist der Schuldenmasse mit dem Nennwert hinzuzurechnen (RG, JW 1896, 602 Nr. 22). Sicherheiten des Gläubigers (OLG Hamburg, ZIP 1989, 1345; BGH, ZIP 1993,

50 f.; vgl. auch Karsten Schmidt-Jungmann § 182 Rn. 4 m. N. zur älteren Gegenauffassung) sowie Vollstreckungsmöglichkeiten nach Insolvenzverfahrensaufhebung (OLG Celle, ZIP 2005, 1571) bleiben unberücksichtigt. Dem Schuldner zustehende aufrechenbare Gegenforderungen gegen den Kläger sind der Teilungsmasse hinzuzuaddieren (BGH, ZInsO 2000, 99). Bestrittene Forderungen – unabhängig, ob Feststellungsklage erhoben ist oder nicht – sind der Schuldenmasse mit ihrem Wahrscheinlichkeitswert (BGH, ZInsO 1999, 642), Zinsen und Kosten bis zur Insolvenzeröffnung mit ihrem Nominalbetrag hinzuzurechnen (Umkehrschluss aus § 39 Abs. 1 Nr. 1, 2, Abs. 3; vgl. OLG Naumburg, ZIP 1995, 575). Zinsen und Kosten, die nach Verfahrenseröffnung entstanden sind und als Nebenforderungen geltend gemacht werden, sind nicht zu berücksichtigen (§ 4 Abs. 1 Halbs. 2 ZPO; str.; wie hier: OLG München, NJW 1967, 1374; OLG Naumburg, ZIP 1995, 575; a. A. Schneider/Herget Streitwertkommentar, Rn. 3200 f.).

Ist eine Quote nicht zu erwarten, ist von der niedrigsten Streitwertstufe von 300 € auszugehen (BGH, Beschl. v. 25.09.2013 – VII ZR 340/12; BGH, ZInsO 2000, 99). Das gilt auch **bei am LG anhängigen Verfahren** (vgl. LAG Nürnberg, ZInsO 2013, 627). Auf den Mindestwert der landgerichtlichen Zuständigkeit kommt es grds. nicht an (OLG Rostock, ZInsO 2004, 46; a. A. LG Göttingen, ZIP 1990, 61; MK-Schumacher § 182 Rn. 8; Pape, EWiR 1990, 85). Allerdings wird die auf den entscheidungserheblichen Zeitpunkt (s. Rdn. 11) bezogene Schätzung eines LG, das seine sachliche Zuständigkeit bejaht, rgm. nicht unter dem landgerichtlichen Mindeststreitwert liegen. Dies kann anders sein, wenn im entscheidungserheblichen Zeitpunkt erkennbare bzw. bekannte Tatsachen unbeachtet gelassen wurden und der Streitwert später korrigiert wird, oder wenn der Streitwert nachträglich aus Ex-Ante-Sicht festgesetzt (so der Fall des OLG Rostock ZInsO 2004, 46) oder ein unterbrochener Rechtsstreit nach § 180 Abs. 2 fortgesetzt wird. 9

Wird eine **Forderung nur für den Ausfall** mit einem Absonderungsrecht angemeldet, so entscheidet die geschätzte Quote auf den geschätzten Ausfallbetrag (OLG Hamm, ZIP 1984, 1258; zweifelnd MK-Schumacher § 182 Rn. 8, § 178 Rn. 64). 10

Findet der Streit nur über den Rang oder die Höhe der Forderung statt, so entscheidet die Quotendifferenz über den Streitwert (Uhlenbruck-Sinz § 182 Rn. 22). Insoweit handelt es sich um einen Fall analoger Anwendung des § 182 (vgl. BT-Drucks. 12/2443, S. 185). 10a

B. Verfahrensfragen

I. Für die Bestimmung des Streitwerts relevanter Zeitpunkt

Entscheidend ist der Zeitpunkt der Erhebung der Feststellungsklage bzw. der Aufnahme des Rechtsstreits mit auf Feststellung geändertem Antrag (vgl. § 4 Abs. 1 ZPO, § 15 GVG; OLG Köln, NZI 2003, 568). Im Fall der Aufnahme des Rechtsstreits verdrängt § 182 die Regelung des § 40 GKG, der auf den Wert bei Verfahrenseinleitung abstellt (LAG Baden-Württemberg, ZInsO 2012, 2409; LAG Nürnberg, ZInsO 2013, 627). § 182 gilt konsequenterweise nicht für **vor der Aufnahme verwirklichte Gebührentatbestände**. Weitere Veränderungen während des Rechtsstreits – nach Erhebung der Feststellungsklage bzw. Aufnahme des Rechtsstreits – sind grds. **unbeachtlich**; dies gilt auch dann, wenn die Forderung aufgrund deliktischen Rechtsgrundes möglicherweise von einer späteren Restschuldbefreiung nicht erfasst wird und in voller Höhe aus dem Tabellenauszug vollstreckt werden kann (OLG München, ZInsO 2004, 1318; ZInsO 2005, 102; OLG Celle, ZInsO 2005, 776). Eine bei Unterbrechung begründete sachliche Zuständigkeit sowie die Zulässigkeit eines vor Insolvenzeröffnung eingelegten Rechtsmittels (§ 265 Abs. 3 Nr. 2 ZPO; Kilger/K. Schmidt § 148 KO Anm. 1a) bleiben trotz Streitwertabsenkung bei Aufnahme eines unterbrochenen Rechtsstreites bestehen (Uhlenbruck-Sinz § 182 Rn. 18). 11

II. Korrektur des Streitwertbeschlusses

Das Gericht darf den Streitwertbeschluss **von Amts wegen** ändern (§ 63 GKG), wenn es zum maßgeblichen Zeitpunkt bekannte bzw. erkennbare Tatsachen unberücksichtigt gelassen hat (Schneider MDR 1974, 101, 104). **Erinnerung und Beschwerde** richten sich nach den §§ 66 ff. GKG. Eine 12 außerordentliche Beschwerde ist auch bei greifbarer Gesetzwidrigkeit des Streitwertbeschlusses nicht zulässig (BGH, ZInsO 2002, 432), wenn eine Beschwerde wegen Geringfügigkeit der Beschwer (§ 66 Abs. 2 GKG) oder nach § 66 Abs. 3 Satz 3 GKG unzulässig wäre.

§ 183 Wirkung der Entscheidung

(1) Eine rechtskräftige Entscheidung, durch die eine Forderung festgestellt oder ein Widerspruch für begründet erklärt wird, wirkt gegenüber dem Insolvenzverwalter und allen Insolvenzgläubigern.

(2) Der obsiegenden Partei obliegt es, beim Insolvenzgericht die Berichtigung der Tabelle zu beantragen.

(3) Haben nur einzelne Gläubiger, nicht der Verwalter, den Rechtsstreit geführt, so können diese Gläubiger die Erstattung ihrer Kosten aus der Insolvenzmasse insoweit verlangen, als der Masse durch die Entscheidung ein Vorteil erwachsen ist.

Übersicht

	Rdn.			Rdn.
A. Normzweck	1	II.	Tabellenberichtigung (Abs. 2)	7
B. Norminhalt	2	III.	Kosten (Abs. 3)	9
I. Umfang der subjektiven Rechtskrafterstreckung	2	IV.	Kosten des Feststellungsrechtsstreits	11

A. Normzweck

1 § 183 erstreckt die materielle Rechtskraft des Feststellungsurteils auf den Verwalter und die Insolvenzgläubiger. Die materielle Rechtskraft selbst wird von § 183 vorausgesetzt; sie folgt aus allgemeinem Prozessrecht (§ 322 Abs. 1 ZPO; vgl. Eckardt, Kölner Schrift zur InsO, S. 743 ff. Rn. 58).

Zu der Rechtskraftwirkung der Tabelleneintragung vgl. § 178 Rdn. 19.

B. Norminhalt

I. Umfang der subjektiven Rechtskrafterstreckung

2 Stellt das Gericht die Begründetheit eines Widerspruchs fest, wirkt das Urteil zugunsten aller Insolvenzgläubiger und des Verwalters, selbst wenn diese nicht Partei des Rechtsstreits waren. Wird ein Urteil, das einen Widerspruch für begründet erklärt bzw. das Feststellungsbegehren zurückweist, rechtskräftig, ist dies in allen weiteren Feststellungsprozessen von Amts wegen zu berücksichtigen: die Klagen sind aufgrund entgegenstehender Rechtskraft als unzulässig abzuweisen.

Im Kosteninteresse sollten die Verfahren für erledigt erklärt werden. Zu einer solchen Konstellation kommt es bspw. bei mehreren Widersprüchen gegen nicht titulierte Forderungen, falls die selbstständigen Feststellungsrechtsstreite des anmeldenden Gläubigers nicht verbunden werden (§ 147 ZPO) oder bei rechtskräftigen Titeln, gegen die sich der Verwalter und zumindest ein weiterer Gläubiger mit selbstständigen negativen Feststellungsklagen wenden (vgl. § 179 Rdn. 39 ff.).

3 Wurde lediglich von einem Gläubiger oder dem Verwalter Widerspruch erhoben und obsiegt der anmeldende Gläubiger, entfaltet das Urteil Rechtskraft zulasten aller Insolvenzgläubiger und des Verwalters.

4 Sind mehrere Widersprüche erhoben, erfordert die Feststellung nach § 178 Abs. 1 Satz 1 die **Beseitigung aller Widersprüche**. Daher entfaltet lediglich das Urteil zulasten der Gläubiger und des Verwalters Rechtskraftwirkung, das den letzten Widerspruch beseitigt.

5 **Die subjektive Rechtskraft** im Verhältnis zum Schuldner folgt nicht aus § 183. Sie ergibt sich zulasten des Schuldners aus § 178 Abs. 1 Satz 1 und Abs. 3. Danach steht die Feststellung einer

Forderung einem rechtskräftigen Urteil gleich (vgl. § 201 Abs. 2 Satz 1). Hat der Widerspruch eines Gläubigers oder des Verwalters Erfolg, entfällt auch die Nachhaftung nach § 201 Abs. 2 Satz 1, unabhängig davon, ob der Schuldner selbst Widerspruch erhoben hat.

Darüber hinaus spricht die ganz herrschende Meinung einem Urteil, das die Begründetheit eines Widerspruchs auf das Nichtbestehen der Forderung stützt, Rechtskraft zugunsten des Schuldners zu (BGH, WM 1958, 696). Dem ist nicht zu folgen. Der Bestand der Forderung nach Grund und Betrag ist lediglich schuldrechtliche Vorfrage des Haftungsrechts, die von der Rechtskraft nicht umfasst wird (Eckardt, Kölner Schrift zur InsO, S. 743 ff. Rn. 59; MK-Schumacher § 183 Rn. 6; vgl. § 179 Rdn. 17). 6

II. Tabellenberichtigung (Abs. 2)

Die obsiegende Prozesspartei muss die Berichtigung der Tabelle beim Insolvenzgericht beantragen. Die Berichtigung wirkt nur **deklaratorisch**. Die Feststellungswirkungen treten mit Rechtskraft des Urteils ein. Die Berichtigung kann auch nach Aufhebung des Insolvenzverfahrens erfolgen (arg. §§ 189 Abs. 2, 203 Abs. 1 Nr. 1, 183 Abs. 2). Dem Antrag auf Berichtigung ist eine Ausfertigung der Entscheidung mit Rechtskraftvermerk (§ 706 ZPO) beizufügen, bei mehreren Prozessen alle Entscheidungen. 7

Gegen die Berichtigung existiert **kein Rechtsmittel** (Kilger/K. Schmidt § 146 KO Rn. 4). Lehnt der Rechtspfleger die Berichtigung ab, ist **Erinnerung** einzulegen (§ 6 Abs. 1, § 11 RPflG). 8

III. Kosten (Abs. 3)

Abs. 3 gewährt dem bestreitenden Gläubiger einen **Kostenerstattungsanspruch gegen die Masse**, soweit der Masse durch den Rechtsstreit ein Vorteil entstanden ist. Dies begrenzt die Erstattung auf den Betrag, den der anmeldende Gläubiger auf seine Forderung erhalten hätte. Kein Anspruch besteht, wenn der Verwalter ebenfalls als Bestreitender Partei des Rechtsstreits war; Nebenintervention genügt nicht (»geführt«). Gleiches gilt, wenn der Verwalter in einem getrennten Feststellungsprozess mit demselben Gläubiger obsiegt, da auch in diesem Fall die dem Gläubiger entstandenen Kosten nicht zum Vorteil der Masse aufgewendet werden. Der Erstattungsanspruch ist Masseverbindlichkeit nach § 55 Abs. 1 Nr. 3. Er erlischt, wenn vom Prozessgegner Kostenerstattung erlangt wird. 9

Solange der Kostenerstattungsanspruch gegen den Prozessgegner besteht, dürfte die **Durchsetzbarkeit gegen die Masse gehemmt** sein. Dies folgt aus der Pflichtbindung der Gläubiger untereinander, die sich aus der Vergemeinschaftung der Gläubigerrechte durch die Insolvenz ergibt (dazu Berges KTS 1959, 80). Die **Hemmung endet**, sobald der Kostenerstattungsanspruch an die Masse abgetreten wird (vgl. zur Abtretungspflicht nach Kostenerstattung: Kilger/K. Schmidt § 147 KO Anm. 2). 10

IV. Kosten des Feststellungsrechtsstreits

Abs. 3 regelt nicht die Kostenverteilung im Feststellungsrechtsstreit. Diese richtet sich nach allgemeinen Regeln (§§ 91 ff. ZPO). 11

Obsiegt der Gläubiger gegen den Verwalter, steht dem Gläubiger ein **prozessualer Kostenerstattungsanspruch** zu. Dieser ist grds. Masseverbindlichkeit nach § 55 Abs. 1 Nr. 1; im Fall des aufgenommenen Feststellungsprozesses jedoch nur, wenn und soweit der jeweilige Gebührentatbestand nach Insolvenzeröffnung vollendet wurde (str.; ausführl. m. w. N. § 55 Rdn. 55 ff.). Folglich sind die Kosten einer vor Eintritt des Verwalters vollständig abgeschlossenen Instanz keine Masseverbindlichkeit (OLG München, ZInsO 1999, 723; OLG Rostock, ZIP 2001, 2145; Uhlenbruck ZIP 2006, 1988 f.; wohl a. A. BGH, ZInsO 2006, 320, 321; ZInsO 2006, 1214). Eine vermittelnde Auffassung vertritt das OLG Stuttgart (ZInsO 2007, 43, 44): Die Teilung sei rechtlich zulässig, müsse aber in der Kostengrundentscheidung ausdrücklich tenoriert werden. Fehle es daran, seien 12 auch die Kosten einer vollständig abgeschlossenen Instanz Masseverbindlichkeit. Das Kostenfestsetzungsverfahren sei für die Aufteilung der Kosten nach Instanzen nicht geeignet.

13 Zur Kostenentscheidung bei Erledigung des Feststellungsrechtsstreits nach vorläufigem Bestreiten vgl. § 179 Rdn. 15.

§ 184 Klage gegen den Widerspruch des Schuldners

(1) ¹Hat der Schuldner im Prüfungstermin oder im schriftlichen Verfahren (§ 177) eine Forderung bestritten, so kann der Gläubiger Klage auf Feststellung der Forderung gegen den Schuldner erheben. ²War zur Zeit der Eröffnung des Insolvenzverfahrens ein Rechtsstreit über die Forderung anhängig, so kann der Gläubiger diesen Rechtsstreit gegen den Schuldner aufnehmen.

(2) ¹Liegt für eine solche Forderung ein vollstreckbarer Schuldtitel oder ein Endurteil vor, so obliegt es dem Schuldner binnen einer Frist von einem Monat, die mit dem Prüfungstermin oder im schriftlichen Verfahren mit dem Bestreiten der Forderung beginnt, den Widerspruch zu verfolgen. ²Nach fruchtlosem Ablauf dieser Frist gilt ein Widerspruch als nicht erhoben. ³Das Insolvenzgericht erteilt dem Schuldner und dem Gläubiger, dessen Forderung bestritten worden ist, einen beglaubigten Auszug aus der Tabelle und weist den Schuldner auf die Folgen einer Fristversäumung hin. ⁴Der Schuldner hat dem Gericht die Verfolgung des Anspruchs nachzuweisen.

Übersicht	Rdn.			Rdn.
A. Normzweck	1	IV.	Isolierter Widerspruch des Schuldners gegen den Schuldgrund der vorsätzlichen unerlaubten Handlung	12
B. Norminhalt	2			
I. Widerspruch des Schuldners	2			
II. Feststellungsklage und Prozessaufnahme bei nicht titulierten Forderungen	6	V.	Weitere rechtliche Möglichkeiten des Gläubigers und des Schuldners	17
III. Titulierte Forderungen (Abs. 2)	10			

A. Normzweck

1 Hat der Schuldner im Prüfungstermin oder im schriftlichen Verfahren eine Forderung bestritten, wird die Forderung gleichwohl zur Tabelle festgestellt (§ 178 Abs. 1 Satz 2). Die **Nachhaftung des Schuldners** aus dem für vollstreckbar erklärten Tabellenauszug nach Verfahrensbeendigung ist allerdings ausgeschlossen. Der Tabellenauszug erwächst nicht zulasten des Schuldners in Rechtskraft (vgl. §§ 201 Abs. 2, 215 Abs. 2; zur abweichenden Rechtslage in der Eigenverwaltung gem. § 283 Abs. 1 Satz 2 vgl. ebendort Rdn. 3 sowie Uhlenbruck-Sinz § 184 Rn. 2). § 184 behandelt die Beseitigung des Widerspruchs des Schuldners. Die praktische Bedeutung ist gering. Umso größer ist jedoch die praktische Bedeutung des Widerspruchs des Schuldners gegen den Schuldgrund der vorsätzlichen unerlaubten Handlung (unten Rdn. 12 ff.).

B. Norminhalt

I. Widerspruch des Schuldners

2 Der Widerspruch des Schuldners kann sich auf **sämtliche Einwendungen** des Schuldners gegen den Anspruch stützen (OLG Naumburg, NZI 2004, 630), z. B. **Verjährung** (BGH, ZInsO 2006, 489; LG Dresden, ZInsO 2004, 988, 989; vgl. auch Kahlert, ZInsO 2005, 192), da er die insolvenzrechtliche Haftungsverwirklichung unberührt lässt. **Insolvenzspezifische Einwendungen**, d. h. Qualifikation als Insolvenzforderung, Rang und insolvenzrechtliche Anfechtbarkeit, können **nicht** Gegenstand des Widerspruchs sein.

3 Erhebt der Schuldner im Prüfungstermin oder im schriftlichen Verfahren keinen Widerspruch, kann er in der **Zwangsvollstreckung** aus dem Tabellenauszug **Einwendungen** gegen eine angemel-

dete Forderung nicht mehr erheben, die bis zur Feststellung zur Tabelle hätten geltend gemacht werden können (OLG Köln, WM 1995, 597; OLG Naumburg, NZI 2004, 630).

Das Insolvenzgericht ist jedenfalls bei einem geschäftsgewandten Schuldner nicht verpflichtet, auf die Folgen eines unterlassenen Widerspruchs hinzuweisen (AG Göttingen, ZInsO 2004, 516). Aufgrund der Einführung des Abs. 2, wonach nunmehr feststeht, dass die Feststellungslast bei titulierten Forderungen beim Schuldner liegt und die Verfolgung des Widerspruchs binnen eines Monats zu erfolgen hat (vgl. Rdn. 10 ff.), erhöhen sich die Risiken für den Schuldner erheblich (vgl. dazu auch krit. Hattwig/Richter, ZVI 2006, 373, 376; vgl. auch zur Einschränkung des Abs. 2 unten Rdn. 16a). Daher wird man eine – im Prüfungstermin zu erfüllende – **Hinweispflicht des Gerichts auf die Frist des Abs. 2 und Verteilung der Feststellungslast** für den Fall annehmen dürfen, dass der Schuldner Widerspruch erhoben hat (AG Dresden, Beschl. v. 28.09.2009 – 562 IK 3019/09). Findet der Prüfungstermin im schriftlichen Verfahren statt, sollte wie im Fall des § 175 Abs. 2 verfahren werden (vgl. § 175 Rdn. 9). Die hier befürwortete Hinweispflicht ergibt sich nicht aus Abs. 2 Satz 3, da der dort angesprochene Auszug aus der Tabelle erst zu einem Zeitpunkt erteilt wird, zu dem die Monatsfrist abgelaufen ist. Der Hinweis nach Abs. 2 Satz 3 ist überflüssig (vgl. Rdn. 11 a. E.). Im Sonderfall einer **Forderung aus vorsätzlicher unerlaubter Handlung** schreibt § 175 Abs. 2 einen Hinweis des Gerichts auf die Rechtsfolgen des § 302 Nr. 1 vor (vgl. Rdn. 12 ff.). 4

▶ Hinweis: 5

Schließt sich dem Insolvenzverfahren ein Restschuldbefreiungsverfahren an, verliert die Beseitigung des Schuldnerwiderspruchs im Umfang des dann geltenden Vollstreckungsverbots (§ 294 Abs. 1) und bei Erteilung der Restschuldbefreiung (§ 301) mit Ausnahme für deliktische Forderungen (§ 302 Nr. 1) vollumfänglich ihre Bedeutung. Ist davon auszugehen, dass es zur Restschuldbefreiung kommen wird, dürfte der Aufwand eines Rechtsstreits zur Beseitigung des Schuldnerwiderspruchs rgm. nicht gerechtfertigt sein. Dasselbe gilt in der Insolvenz juristischer Personen bzw. Handelsgesellschaften, bei denen kein persönlich haftender Gesellschafter eine natürliche Person ist (§ 141a FGG). Nach Verfahrensbeendigung fehlt rgm. ein für die Nachhaftung relevantes Vermögen, sodass es zur Löschung des Schuldners wegen Vermögenslosigkeit kommt.

II. Feststellungsklage und Prozessaufnahme bei nicht titulierten Forderungen

Der Gläubiger einer nicht titulierten Forderung muss zur Erhaltung der Vollstreckungsmöglichkeit aus dem Tabellenauszug (§ 201 Abs. 2 Satz 2) Klage auf Feststellung der Forderung gegen den Schuldner erheben (Satz 1) oder einen unterbrochenen Rechtsstreit über die Forderung mit dem Ziel ihrer Feststellung aufnehmen (Satz 2). Der Schuldner ist zur Aufnahme nicht befugt (BGH, ZInsO 2004, 88). 6

▶ Formulierungsbeispiel: Antrag bei nicht titulierten Forderungen 6a

»Es wird beantragt, den Widerspruch des ..... in dem Insolvenzverfahren (Az. .....) hinsichtlich der Forderung des ..... über ..... € für unbegründet zu erklären.«

Streitgegenstand der Klage ist nicht das insolvenzrechtliche Haftungsrecht des Gläubigers, sondern die allein für die Nachhaftung relevante **persönliche Forderung in ihrem Bestand nach Grund und Betrag** (LG Dresden, ZInsO 2004, 988, 989; Eisner, NZI 2003, 480, 482). 7

Mit Rechtskraft der Feststellungsentscheidung ist der Widerspruch beseitigt (§ 201 Abs. 2 Satz 2). 8

Die Klage gegen den Widerspruch des Schuldners ist **Feststellungsklage i. S. v. § 256 ZPO** (vgl. § 179 Rdn. 16). §§ 179 bis 183 Abs. 1, 3 sind nicht anwendbar (vgl. § 180 Rdn. 7, § 181 Rdn. 2–5). Das **Feststellungsinteresse** liegt in der Wiederherstellung der Rechtskraft- und Vollstreckungswirkung des Tabelleneintrags. Für Zuständigkeit, Streitwert und Rechtskraft gelten die allgemeinen Regeln der ZPO (vgl. § 182 Rdn. 3 f.). Die Klage kann bereits während des Insolvenzverfahrens und auch nach seiner Beendigung während der Wohlverhaltensphase (OLG Naumburg, Urt. v. 9

§ 184 InsO Klage gegen den Widerspruch des Schuldners

21.02.2007 – 5 U 107/06, n. v.; FK-Ahrens § 302 Rn. 11; **a. A.** Hattwig ZInsO 2004, 636) erhoben werden. Eine Erhebung nach Erteilung der Restschuldbefreiung dürfte unzulässig sein. Die Klage ist nicht an eine **Frist** gebunden. § 184 Abs. 2 gilt nicht (vgl. Rdn. 11b, 14, 16a). Die Tabellenberichtigung erfolgt analog § 183 Abs. 2 (FK-Kießner § 184 Rn. 11 f.). Erhebt ein Gläubiger Feststellungsklage gegen den Schuldner und weitere Bestreitende, so sind die Beklagten **einfache Streitgenossen** (BGH, ZIP 1980, 23; vgl. auch § 179 Rdn. 39).

III. Titulierte Forderungen (Abs. 2)

10 Der Schuldner hat seinen Widerspruch gegen titulierte Forderungen zu verfolgen. Zu Streitgegenstand und Rechtsnatur der Klage kann auf die obigen Rdn. 7 und 9 verwiesen werden. Das auf die Beseitigung der Rechtskraft- und Vollstreckungswirkung des Tabelleneintrags gerichtete Feststellungsinteresse des Schuldners gründet sich in § 201 Abs. 1 und entfällt erst dann, wenn feststeht, dass die durch den Tabellenauszug titulierte Forderung nach Aufhebung des Insolvenzverfahrens nicht mehr vollstreckt werden kann (BGH, ZInsO 2013, 1734; vgl. dazu auch § 179 Rdn. 16). Eine Vollstreckungsmöglichkeit kann bspw. nicht sicher ausgeschlossen werden, wenn und weil bei natürlichen Personen die Restschuldbefreiung scheitern und Personengesellschaften und jur. Personen u. U. fortgesetzt oder insolvenzbefangenes Vermögen freigegeben und so dem vollstreckungsrechtlichen Zugriff ausgesetzt werden kann.

10a Titulierte Forderungen müssen zur Tabelle angemeldet werden, wenn der Gläubiger am Insolvenzverfahren teilnehmen will. Wird sie entweder nicht bestritten oder der Widerspruch des Schuldners beseitigt, kann nach Verfahrensaufhebung (nur noch) aus dem mit einer Vollstreckungsklausel versehenen Tabellenauszug (vgl. § 201 Rdn. 9, 9a; § 202 Rdn. 2 f.), nicht aber aus dem vorinsolvenzlichen Titel die Zwangsvollstreckung gegen den Schuldner betrieben werden (vgl. § 201 Rdn. 12 f., 14 ff.; LG Kleve, DGVZ 2013, 38; Pape, ZVI 2014, 1, 2). Der zum 01.07.2007 eingeführte Abs. 2 (dazu Hattwig/Richter, ZVI 2006, 373, 377 ff.) weist entgegen der früheren herrschenden Meinung die Feststellungslast dem Schuldner zu. Der Widerspruch gegen eine titulierte Forderung gilt nach Abs. 2 als nicht erhoben, wenn der Schuldner nicht binnen eines Monats nach dem Prüfungstermin bzw. im schriftlichen Verfahren nach dem Bestreiten der Forderung den Widerspruch verfolgt. Eine verspätete Feststellungsklage ist dann mangels Widerspruchs, der für begründet erklärt werden könnte, unbegründet. Dies wird vom Insolvenzgericht in die Tabelle eingetragen. Die Regelung ist § 179 Abs. 2 nachgebildet. Auf die Ausführungen zu § 179 Abs. 2 kann zu Verständnis und Auslegung zurückgegriffen werden (zu den Begriffen »vollstreckbarer« Schuldtitel und »Endurteil« vgl. § 179 Rdn. 26 ff.).

Bestreitet der Schuldner die Forderung und ist der Widerspruch weder beseitigt noch gem. Abs. 2 als nicht erhoben zu behandeln, steht dies der Feststellung der Forderung zwar nicht entgegen (§ 178 Abs. 1 Satz 2), die Zwangsvollstreckung nach Verfahrensaufhebung kann jedoch nicht aus dem Tabellenauszug (§ 201 Abs. 2 Satz 1 und 2), sondern (nur) aus dem vorinsolvenzlichen Titel betrieben werden (BGH, ZInsO 2006, 704; ZIP 1998, 1113). War der vorinsolvenzliche Titel bei Insolvenzeröffnung n. rk., kann und muss der Schuldner, will er die Rechtskraft verhindern, nach Aufhebung des Insolvenzverfahrens oder Aufnahme des Rechtsstreits durch den Gläubiger das zulässige Rechtsmittel einlegen (BGH a. a. O.).

In beiden in den vorhergehenden Absätzen genannten Fällen setzt die Zwangsvollstreckung nach Verfahrensaufhebung voraus, dass dem Schuldner keine Restschuldbefreiung erteilt und der Schuldner nicht wegen Vermögenslosigkeit (§ 141a FGG) gelöscht wird (vgl. Rdn. 5).

11 Die **Feststellungslast** bei titulierten Forderungen liegt für Verfahren, die ab dem 01.07.2007 eröffnet wurden (Art. 103c EGInsO) beim Schuldner (vgl. Uhlenbruck-Sinz § 184 Rn. 17). Der Anmeldende muss also nicht »erneut« klagen (anders noch die herrschende Meinung zu § 184 a. F.).

Der früher herrschenden Meinung zur alten Fassung des § 184 ist bereits die erste Auflage nicht gefolgt. Nunmehr hat eine der hier vertretenen Auffassung entsprechende Regelung Eingang in den neuen Abs. 2 gefunden. Der Schuldner bleibt trotz § 80 Abs. 1 prozessführungsbefugt. Dies liegt daran, dass der Widerspruch des Schuldners nur die Nachhaftung beeinflusst und insolvenzspezifische Fragen im Feststellungsrechtsstreit nach § 184 nicht Gegenstand sind. Es gilt insoweit der allgemeine verfahrensrechtliche Grundsatz, wonach es demjenigen obliegt, sich gegen einen Titel zu wehren, der dadurch beschwert ist. Dies ist der Schuldner. Zudem können weder der Feststellungsrechtsstreit nach § 184 noch der Widerspruch des Schuldners die materielle Rechtskraftwirkung eines formell rechtskräftigen Titels infrage stellen (vgl. § 201 Rdn. 10 ff.). Dem Schuldner stehen zur Verfolgung des Widerspruchs folglich keine weiter gehenden Möglichkeiten zu Gebote als außerhalb eines Insolvenzverfahrens, d. h. bei rechtskräftigen Titeln Wiederaufnahme (§§ 578 ff. ZPO), Vollstreckungsgegenklage (§ 767 ZPO) und Rechtskraft durchbrechende Klage nach § 826 BGB. Anderenfalls würde die Rechtskraft des bestehenden Titels im Feststellungsrechtsstreit infrage gestellt werden (KG, ZInsO 2011, 813).

Der Gläubiger hat kein Feststellungsinteresse für eine ergänzende Feststellungsklage (vgl. auch § 179 Rdn. 22 f.; **a. A.** offenbar Pape, NZI 2007, 481, 485; OLG Celle, Beschl. v. 23.02.2009 – 7 W 2/09; zur Rechtslage vor dem 01.07.2007: OLG Brandenburg, Urt. v. 29.07.2008 – 11 U 121/07), sofern der Schuldner seinerseits seiner Feststellungslast nicht nachkommt und nicht beantragt, den Widerspruch für begründet zu erklären lassen. Dies folgt bereits daraus, dass nach Ablauf der Monatsfrist die Gegenstandslosigkeit des Widerspruchs in die Tabelle eingetragen wird.

Aufgrund des neuen Abs. 2 gelten die vorhergehenden Ausführungen auch in den Fällen, in denen im Zeitpunkt der Insolvenzeröffnung ein **nicht rechtskräftiger oder nicht rechtskraftfähiger, aber – zumindest vorläufig – vollstreckbarer Titel** existiert (a. A. noch die bisherige h. M.; vgl. erste Aufl.); die Feststellungslast liegt beim Schuldner. 11a

Die **Monatsfrist** des Abs. 2 beginnt mit dem Prüfungstermin und im schriftlichen Verfahren mit – dem dem Schuldner durch unverzügliche Übersendung des Widerspruchs bekannt zu machenden – Zugang des Widerspruchs beim Gericht (a. A. KPB-Pape/Schaltke § 184 Rn. 28; Uhlenbruck-Sinz § 184 Rn. 17: mit Ablauf der Ausschlussfrist, die das Gericht gem. §§ 5 Abs. 2 Satz 1, 177 Abs. 1 Satz 2 gesetzt hat). Da der Widerspruch im schriftlichen Verfahren spätestens bis zum schriftlichen Prüfungstermin eingegangen sein muss, beginnt die Monatsfrist spätestens an diesem Tag. Erst nach dem Prüfungstermin kann dem Schuldner, wie es Abs. 2 Satz 3 vorsieht, ein Tabellenauszug übersandt werden. Ob der Tabellenauszug dann noch rechtzeitig zugeht, um die Verfolgung des Widerspruchs einzuleiten, ist fraglich. Da es sich nicht um eine Notfrist handelt, ist eine Wiedereinsetzung ausgeschlossen (vgl. die Rechtslage zu der Monatsfrist des § 878 Abs. 1 ZPO, auf den die Gesetzesbegründung hinweist). Aus diesem Grund ist – im schriftlichen Verfahren, da der Schuldner andernfalls die Möglichkeit hatte, am Prüfungstermin teilzunehmen – von einer **zeitlich vorgelagerten Hinweispflicht** des Gerichts auszugehen (vgl. Rdn. 4). Die rechtzeitige Verfolgung des Widerspruchs erfordert grds. die Rechtshängigkeit der Feststellungsklage des Schuldners. Unter den Voraussetzungen des § 167 ZPO (»Zustellung demnächst«) genügt die Anhängigkeit innerhalb der Monatsfrist. Die Monatsfrist gilt unabhängig von der anzuwendenden Verfahrensordnung (vgl. etwa BFH, ZInsO 2013, 1540; Hölzle, BB 2013, 1704). 11b

Nach § 184 Abs. 2 Satz 4 ist der Schuldner verpflichtet, dem Gericht die Verfolgung des Widerspruchs nachzuweisen. Bei der gesetzlichen Formulierung »des Anspruchs« handelt es sich offensichtlich um ein **Redaktionsversehen**. Dies verdeutlicht bereits der Regelungsinhalt des Abs. 2: Es geht um gegen den Schuldner gerichtete Ansprüche von Insolvenzgläubigern und den schuldnerischen Widerspruch dagegen. 11c

▶ **Formulierungsbeispiel: Antrag bei titulierten Forderungen** 11d

»Es wird beantragt, den Widerspruch des ..... in dem Insolvenzverfahren (Az. .....) hinsichtlich der durch ..... (Bezeichnung des Titels) titulierten Forderung des ..... über ..... € für begründet zu erklären.«

IV. Isolierter Widerspruch des Schuldners gegen den Schuldgrund der vorsätzlichen unerlaubten Handlung

12 Nach § 174 Abs. 2 hat der Gläubiger bei der Anmeldung neben Grund und Betrag der Forderung die Tatsachen anzugeben, aus denen sich nach seiner Einschätzung ergibt, dass der Forderung eine vorsätzlich begangene unerlaubte Handlung zugrunde liegt (vgl. dazu § 174 Rdn. 14, 16 ff., sowie ausdr. dazu BGH, ZInsO 2014, 236). Diese Tatsachen können auch im Wege der Nachtragsanmeldung (§ 177 Abs. 1 Satz 3) nach Feststellung der Forderung angemeldet werden (BGH, ZInsO 2008, 325). Nach § 302 Nr. 1 werden als deliktisch festgestellte Forderungen nicht von der Restschuldbefreiung berührt. Dies gilt auch für nach Insolvenzeröffnung auflaufende Zinsen und Kosten, selbst wenn das Insolvenzgericht nicht zu Anmeldung einer solchen, gem. § 39 Abs. 1 Nr. 1 oder § 39 Abs. 3 (vgl. zur Differenzierung K. Schmidt-K. Schmidt/Herchen, § 39 Rn. 9) nachrangigen Forderung aufgefordert hat und die Forderung daher auch nicht als deliktisch angemeldet werden konnte (BGH, ZInsO 2011, 102). Das Insolvenzgericht hat die Pflicht, den Schuldner auf diese Rechtsfolge und die Möglichkeit des Widerspruchs hinzuweisen (BGH, ZInsO 2008, 809; im Einzelnen dazu Fuchs, NZI 2002, 298, 301; vgl. auch Kahlert, ZInsO 2005, 192 sowie oben Rdn. 4, 11b). Verwalter oder Gläubiger können der Qualifikation als deliktisch nicht mit der Rechtsfolge des § 302 Nr. 1 widersprechen, sofern nicht der Bestand der Forderung selbst von einer Vorsatztat abhängt (BGH, ZInsO 2008, 325; 2008, 809; Kehe/Meyer/Schmerbach, ZInsO 2002, 660, 663; vgl. auch unten Rdn. 13b). Widerspricht der Verwalter, kann der Gläubiger die Wirkungslosigkeit des Widerspruchs mittels Feststellungsklage feststellen lassen (BGH, ZInsO 2008, 809).

13 Der isolierte Widerspruch gegen den Schuldgrund der vorsätzlichen unerlaubten Handlung ist im Wege der – **vom anmeldenden Gläubiger zu erhebenden** – **Feststellungsklage nach § 184** zu beseitigen (vgl. aber Rdn. 16 für titulierte Forderungen). Dies ergibt sich aus den Regelungen der §§ 175 Abs. 2, 178 Abs. 1, 184 (BGH, ZInsO 2007, 265; ZInsO 2006, 704, 705; OLG Hamm, ZInsO 2005, 1329; 2004, 683; OLG Brandenburg, ZInsO 2010, 728). Die isolierte Feststellungsklage ist allerdings mangels Feststellungsinteresses unzulässig, wenn die angemeldete, aber nicht titulierte Forderung entweder vom Insolvenzverwalter oder einem Insolvenzgläubiger (Fall des § 179) oder vom Schuldner (Fall des § 184) bestritten und dieser Widerspruch nicht zumindest zugleich mit dem Betreiben der Feststellung der deliktischen Natur der Forderung beseitigt wird, da dann die Klage lediglich zur Feststellung des Deliktsattributs führen kann, ohne dass ein zur Vollstreckung nach Verfahrensaufhebung geeigneter Titel (Tabellenauszug oder vorinsolvenzlicher Titel) herbeigeführt wird (vgl. OLG Hamm, ZInsO 2014, 300). Die Feststellungsklage ist in jedem Fall vor den ordentlichen Gerichten zu erheben, auch wenn bspw. das verletzte Schutzgesetz im Rahmen der Prüfung des § 823 Abs. 2 BGB nicht zivilrechtlicher Natur ist (BGH, ZInsO 2011, 44; BVerwG, ZInsO 2013, 1043; OLG Schleswig, Beschl. v. 15.04.2011 – 16 W 50/11; OLG Rostock, FamRZ 2011, 910). Daran ändert ein zusätzliches Bestreiten der Forderungshöhe nichts (OLG Schleswig, ZInsO 2011, 1708; LG Itzehoe, ZInsO 2012, 505; AG Göttingen, ZInsO 2013, 628; a. A. LSG Thüringen, Beschl. v. 18.10.2012 – L 6 RK 950/12B). In Familiensachen sind die Familien-, nicht die Zivilgerichte sachlich zuständig (so OLG Celle, ZInsO 2013, 297; ZInsO 2013, 610; KG, ZInsO 2011, 1843; a. A. OLG Rostock, FamRZ 2011, 910). Die Steuerbehörden sind in diesem Fall zum Erlass eines **Steuerfeststellungsbescheids gem. § 251 Abs. 3 AO** befugt (AG Hamburg, ZInsO 2006, 1231, sowie § 185 Rdn. 4; FK-Kießner § 185 Rn. 3).

13a Zum Inhalt des Widerspruchs vgl. Rdn. 2. Der Anspruch auf Feststellung des Deliktsattributs verjährt unabhängig von der zugrunde liegenden Zahlungsanspruch (BGH, ZInsO 2011, 41). Die **Verjährung** des gegen den Schuldner gerichteten Zahlungsanspruchs aus vorsätzlicher unerlaubter Handlung führt gleichfalls zur Verjährung des grds. neben diesem Anspruch bestehenden **Anspruchs auf Feststellung des Rechtsgrundes der vorsätzlichen unerlaubten Handlung**. Ein Anspruch des Gläubigers auf Feststellung der Unbegründetheit des isolierten Schuldnerwiderspruchs besteht in diesem Fall nicht (OLG Hamm, NZI 2012, 196). Die Feststellungsklage des Gläubigers ist wegen Verjährung als unbegründet abzuweisen. Im Fall des Schuldnerwiderspruchs ist dieser für begründet zu erklären (OLG Köln, NZI 2014, 272).

Im Einzelfall ist zu prüfen, ob sich der Widerspruch gegen den Schuldgrund der vorsätzlichen unerlaubten Handlung zugleich gegen die Forderung selbst richtet. Dies ist z. B. der Fall, wenn die angemeldete Forderung auf § 826 BGB gestützt wird. Widerspricht der Schuldner der Qualifikation als vorsätzliches Delikt, bestreitet er eine haftungsbegründende Voraussetzung der Forderung (vgl. Mäusezahl, ZInsO 2002, 462, 467). Insofern kann ein gegen die Qualifikation als vorsätzliches Delikt gerichteter Widerspruch des Verwalters oder eines Gläubigers (vgl. Rdn. 12 a. E.) rechtliche Bedeutung erlangen. Richtet sich der Widerspruch des Schuldners neben der deliktischen Natur des Schuldgrunds nicht zugleich auch gegen die Forderung dem Grunde nach, so ist es dem Schuldner, der nicht auch i. Ü. Widerspruch erhoben hat, regelmäßig verwehrt, Einwendungen gegen die Entstehung und den Bestand der Forderung und die Forderungszuständigkeit des Gläubigers zu erheben (so – auch für Verwirkung – OLG Celle, ZInsO 2013, 610). Da dies aus der Titelwirkung des Tabelleneintrags (§ 201 Abs. 1 Satz 1) folgt, ist zugleich erforderlich, dass der Forderung nicht durch den Verwalter oder Dritte widersprochen wurde oder aber diese Widersprüche beseitigt wurden. 13b

Eine **Frist**, innerhalb der die Feststellungsklage erhoben bzw. ein unterbrochener Prozess aufgenommen werden muss, ist im Gesetz nicht vorgesehen. Teilweise wird eine analoge Anwendung des § 189 Abs. 1 (Breutigam/Kahlert, ZInsO 2002, 469; **a. A.** OLG Stuttgart, ZInsO 2008, 981) vertreten, teilweise gefordert, die Klage sei bis zur Ankündigung der Restschuldbefreiung nach § 291 zu erheben (Hattwig, ZInsO 2004, 636). Der § 184 Abs. 2 gilt nicht im Bereich **nicht titulierter Forderungen** (zu titulierten Forderungen vgl. Rdn. 11b, 16 f.). Eine **analoge Anwendung** erscheint u. U. interessengerecht, dürfte indes mangels ausfüllungsbedürftiger Regelungslücke ausscheiden (so ausdrücklich BGH, ZInsO 2009, 278; ZInsO 2012, 1614; Jaeger-Gerhardt, § 184 Rn. 13; Uhlenbruck-Sinz § 184 Rn. 14). Die Monatsfrist ist vom Gesetzgeber in Kenntnis des Meinungsstreits um die mögliche Befristung der Feststellungsklage allein für titulierte Forderungen eingeführt worden. Die Klage kann auch nach Beendigung des Insolvenzverfahrens (BGH, ZInsO 2009, 278) und nach Erteilung der Restschuldbefreiung noch erhoben werden (AG Göttingen, ZInsO 2013, 628). 14

Tatsachenvortrag, der den Schuldgrund der unerlaubten Handlung begründet, kann auch im Prozess nachgeschoben bzw. ausgewechselt werden. Einer Nachmeldung und Prüfung bedarf es anders als in den Fällen des § 179 nicht (dazu § 181 Rdn. 8; so aber OLG Düsseldorf, JurBüro 2011, 200; AG Göttingen, ZInsO 2011, 2103; vgl. auch BGH, ZInsO 2007, 986). Die Notwendigkeit zur Nachmeldung rechtfertigt sich allein aus dem Schutz der weiteren zum Widerspruch berechtigten Gläubiger und ggf. des Insolvenzverwalters, die nicht am Feststellungsprozess beteiligt sind und deren Rechte über die Nachmeldung und Prüfung gewahrt werden müssen. Im Fall des isolierten Widerspruchs gegen den Schuldgrund der unerlaubten Handlung haben jedoch weder diese noch der Insolvenzverwalter ein Widerspruchsrecht. Eine Nachmeldung nebst Prüfung zu ihrem Schutz bedarf es nicht. 14a

Der **Streitwert** der Feststellungsklage entspricht rgm. dem Nominalbetrag der Forderung (LG Mühlhausen, ZInsO 2004, 1046; **a. A.** BGH, ZInsO 2009, 398: entscheidend sind die späteren Vollstreckungsaussichten; so auch OLG Hamm, ZInsO 2012, 1638; LG Kempten, ZInsO 2006, 888: 20% des Nominalbetrages), von dem die zu erwartende Quote in Abzug zu bringen ist. Die vom BGH (a. a. O.) vertretene Auffassung unterscheidet sich im praktischen Ergebnis nicht wesentlich von der hier vertretenen, da aufgrund der Rechtsnatur als Feststellungsklage nach allgemeinen zivilprozessualen Grundsätzen rgm. ein u. U. erheblicher Abschlag vorzunehmen ist. Hierbei ist von wenigstens 20% auszugehen (OLG Celle, ZInsO 2007, 42, 43, hält in dem entschiedenen Fall 75% für angemessen). § 182 gilt nicht. Die Zuständigkeit richtet sich nach den allgemeinen Regeln, § 180 gilt nicht (vgl. § 180 Rdn. 7). 15

Existiert bereits ein **Titel** – sei er formell rechtskräftig oder nicht –, der in der Entscheidungsformel (mindestens) aufgrund richterlicher Schlüssigkeitsprüfung (ein Versäumnisurteil genügt jedoch nur, wenn die Feststellung Streitgegenstand und nicht nur Vorfrage ist, selbst dann nicht, wenn nur eine Verurteilung wegen eines vorsätzlichen Delikts denkbar ist, wie etwa bei einer Klage aus § 826 oder aus § 823 Abs. 2 i. V. m. einer nur vorsätzlich begehbaren Straftat: BGH, ZInsO 2010, 38) die 16

Feststellung ausspricht, dass dem Gläubiger eine Forderung aus einer vorsätzlichen unerlaubten Handlung zustehe (es genügt auch ein gerichtlicher Vergleich, der dies feststellt: BGH, ZInsO 2009, 1494), lag nach früher herrschender Meinung die **Feststellungslast** beim anmeldenden Gläubiger. Der Gläubiger musste danach den Widerspruch des Schuldners gegen das Deliktsattribut durch Feststellungsklage beseitigen (vgl. die Nachweise zur herrschenden Meinung bei Hattwig, ZInsO 2004, 636, 639).

Mit der Schaffung des Abs. 2 ist der Gesetzgeber der früheren herrschenden Meinung auch hier – zu Recht – nicht gefolgt (Rdn. 10 ff.). Die **Feststellungslast liegt beim Schuldner.** Dies gilt allerdings nicht, wenn allein die Forderung, nicht aber das Deliktsattribut tituliert ist und nur Letzteres vom Schuldner bestritten wird (BGH, ZInsO 2011, 39; Pape, NZI 2007, 481, 486; vgl. unten Rdn. 16a). Der Schuldner kann sich nur mit den ihm prozessual zur Verfügung stehenden Mitteln wehren: bei nicht rechtskräftigen Titeln durch Einlegung des statthaften Rechtsmittels bzw., sofern dies vor Insolvenzeröffnung bereits eingelegt wurde, durch Aufnahme des Prozesses; bei rechtskräftigen Titeln durch Wiederaufnahme des Verfahrens (§§ 578 ff. ZPO), Vollstreckungsgegenklage (§ 767 ZPO) oder Rechtskraft durchbrechende Klage nach § 826 BGB. Die zulässigen Mittel hat er binnen der gesetzlichen Monatsfrist des Abs. 2 zu ergreifen (vgl. zur Frist Rdn. 14). **Bleibt der ursprüngliche Titel bestehen**, weil der Schuldner diese Wege nicht (erfolgreich) beschreitet oder beschreiten kann, wird der vorinsolvenzliche Titel weder durch den Tabelleneintrag aufgezehrt (vgl. § 201 Rdn. 10 ff., 15, 15a, 18) noch von der Restschuldbefreiung erfasst (Graf-Schlicker/Remmert, NZI 2001, 569, 572; Kehe/Meyer/Schmerbach, ZInsO 2002, 660, 665). Die »Aufzehrung« eines isolierten Feststellungstitels über den Rechtsgrund der vorsätzlichen unerlaubten Handlung der durch einen Tabellenauszug, der das Haftungsrecht des Gläubigers an der Masse feststellt, wäre auch wegen des abweichenden Gegenstandes des jeweiligen Tenors verfahrensrechtlich nicht zu begründen. Hieraus folgt, dass der Gläubiger, dessen vorinsolvenzlicher Feststellungstitel vom Schuldner nicht angegriffen wird, im Fall des isolierten Widerspruchs des Schuldners gegen die deliktische Rechtsnatur der angemeldeten Forderung keine Feststellungsklage erheben muss. Er kann nach Erteilung der Restschuldbefreiung aus dem vorinsolvenzlichen Titel vollstrecken (so auch Behr, Rpfleger 2003, 389, 391; Heinze, DZWIR 2002, 369, 371; ähnl. Kehe/Meyer/Schmerbach, ZInsO 2002, 660, 665). Der Vollstreckung fehlt nicht das Rechtsschutzbedürfnis (vgl. § 201 Rdn. 15a).

16a **§ 184 Abs. 2 bei titulierten Forderungen indes gilt nicht**, wenn der deliktische Rechtsgrund der Forderung nur in den Gründen einer rechtskräftigen Entscheidung festgestellt oder in einem Titel ohne richterliche Schlüssigkeitsprüfung bezeichnet ist. In diesem Fall handelt es sich um eine titulierte Forderung in dem hier unter Rdn. 16 beschriebenen Sinne. Die ohnehin (nur) analoge Anwendung des § 184 Abs. 2 auf die Attributklage ist nicht interessengerecht, da der gesetzgeberische Wille, den Gläubiger davon zu entlasten, trotz Titels erneut klagen zu müssen, nicht passt, denn der Gläubiger hat vor Insolvenzeröffnung gerade keinen Feststellungstitel erstritten (BGH, ZInsO 2011, 39; vgl. auch § 302 Rdn. 13; a. A. OLG Brandenburg, ZInsO 2010, 2022). Die Feststellung eines deliktischen Rechtsgrundes in den Entscheidungsgründen bzw. in einem **Vollstreckungsbescheid** ist für das Gericht des Feststellungsprozesses nicht bindend (für Bindungswirkung OLG Hamm, ZInsO 2005, 1329, 1331; OLG Brandenburg, ZInsO 2010, 728; dagegen BGH, ZInsO 2006, 704, 705; dagegen i. R. d. § 850f Abs. 2 ZPO: BGH, ZInsO 2005, 538). Die materielle Rechtskraft des Titels umfasst nicht die Feststellung zum Schuldgrund (MK/ZPO-Gottwald, 3. Aufl. 2008, § 322 Rn. 84 ff.; unklar: BGH, ZInsO 2006, 704, 705; **a. A.** OLG Hamm, ZInsO 2005, 1329, 1331; OLG Brandenburg, ZInsO 2010, 728). Der anmeldende Gläubiger muss in diesem Fall den Widerspruch des Schuldners im Wege der Feststellungsklage beseitigen (BGH, ZInsO 2011, 39). Gleiches gilt für eine Feststellung eines deliktischen Rechtsgrundes in einer notariellen Urkunde (a. A. Jaeger-Gerhardt § 184 Rn. 32; für einen Prozessvergleich im Anwaltsprozess OLG Brandenburg 29.07.2008 – 11 U 121/07; Uhlenbruck-Sinz § 184 Rn. 22). Ebenfalls hat dies für ein Versäumnisurteil (OLG Koblenz, NZI 2008, 117; LG Frankenthal, Rpfleger 2006, 629) sowie ein Anerkenntnisurteil (a. A. Brandenburgisches OLG, NZI 2008, 319; ZInsO 2010, 728; Uhlenbruck-Sinz § 184 Rn. 22; Jaeger-Gerhardt § 184 Rn. 32) zu gelten.

Eine Sachprüfung durch ein **Schiedsgericht** oder ein **ausländisches Gericht** genügt bei entsprechender Tenorierung allerdings. Hier ist § 184 Abs. 2 anzuwenden.

Zur **Klauselerteilung** auf den Tabellenauszug bei isoliertem Widerspruch vgl. § 201 Rdn. 9. 16b

▶ Formulierungsbeispiele: 16c

1. Antrag bei nicht titulierten Forderungen

»Es wird beantragt festzustellen, dass die Forderung des ..... gegen den ..... über ..... € aus dem Rechtsgrund einer vorsätzlich begangenen unerlaubten Handlung besteht.«

2. Antrag bei titulierten Forderungen

– »Es wird beantragt, den Widerspruch des ..... in dem Insolvenzverfahren (Az. .....) hinsichtlich der durch ..... (Bezeichnung des Titels) titulierten Forderung des ..... über ..... € für begründet zu erklären.«
– Oder: »Es wird beantragt festzustellen, dass die durch ..... (Bezeichnung des Titels) titulierte Forderung des ..... gegen den ..... über ..... € nicht aus dem Rechtsgrund einer vorsätzlich begangenen unerlaubten Handlung besteht.«

▶ Praxistipp

Um die Realisierung der Forderung nach Verfahrensbeendigung auch hinsichtlich der ab Insolvenzeröffnung laufenden Zinsen sicherzustellen, kann die Klage mit einem Feststellungsantrag hinsichtlich der ab Insolvenzeröffnung laufenden Zinsen verbunden werden, um insoweit die Verjährung zu hemmen. Dies ist notwendig, da eine Anmeldung der ab Insolvenzeröffnung laufenden Zinsen wegen deren Nachrangs (§ 39 Abs. 1 Nr. 1) regelmäßig ausgeschlossen ist. Eine Hemmung der Verjährung nach § 204 Abs. 1 Nr. 1 BGB sowie eine Titulierung nach § 178 Abs. 3 finden daher nicht statt.

V. Weitere rechtliche Möglichkeiten des Gläubigers und des Schuldners

Während des Insolvenzverfahrens ist eine **Leistungsklage** gegen den Schuldner **unzulässig** (str.; Uhlenbruck-Sinz § 184 Rn. 8; KPB-Pape/Schaltke § 184 Rn. 16; Jaeger-Gerhardt § 184 Rn. 11; a. A. MK-Schumacher § 184 Rn. 6; Eckardt, Kölner Schrift zur InsO, S. 743 ff. Rn. 28, mit der Einschränkung, dass die Vollstreckung erst nach Beendigung des Insolvenzverfahrens erfolgen dürfe). Dies gilt auch bei Verzicht auf eine Teilnahme am Insolvenzverfahren (Häsemeyer, InsR, Rn. 10.45; Eckardt, Kölner Schrift zur InsO, S. 743 ff. Rn. 28; a. A. zur KO: BGHZ 72, 234 = NJW 1979, 162; NJW 1996, 2035; **a. A.** zur InsO: MK-Schumacher § 184 Rn. 7). Zur Begründung ist auf § 87 zu verweisen (vgl. Begründung zu § 98 RegE BT-Drucks. 12/7302 S. 35). 17

Eine **negative Feststellungsklage** des Schuldners gegen den anmeldenden Gläubiger einer nicht titulierten Forderung bzw. im Fall eines nicht titulierten Deliktsattributs ist unzulässig (vgl. aber § 179 Rdn. 24); es fehlt am Feststellungsinteresse, da der Schuldner ausreichend durch die Möglichkeit des Widerspruchs geschützt ist (OLG Hamm, ZInsO 2003, 2311; ZInsO 2004, 683; Brandenburgisches OLG, Urt. v. 19.12.2012 – 13 U 18/11; Hattwig, ZInsO 2004, 636; Uhlenbruck-Sinz § 184 Rn. 9; a. A. die Revisionsentscheidung zu Brandenburgisches OLG: BGH, ZInsO 2013, 2206; vgl. auch BGH, ZInsO 2009, 278, sowie Ahrens, NJW-Spezial 2013, 725, 726). 18

§ 185 Besondere Zuständigkeiten

[1]Ist für die Feststellung einer Forderung der Rechtsweg zum ordentlichen Gericht nicht gegeben, so ist die Feststellung bei dem zuständigen anderen Gericht zu betreiben oder von der zuständigen Verwaltungsbehörde vorzunehmen. [2]§ 180 Abs. 2 und die §§ 181, 183 und 184 gelten entsprechend. [3]Ist die Feststellung bei einem anderen Gericht zu betreiben, so gilt auch § 182 entsprechend.

§ 185 InsO Besondere Zuständigkeiten

Übersicht

	Rdn.			Rdn.
A. Normzweck	1	III.	Feststellung von Steuerforderungen durch Steuerfeststellungsbescheid (§ 251 Abs. 3 AO)	4
B. Norminhalt	2			
I. Besondere Rechtswegzuständigkeiten	2			
II. Feststellung durch Verwaltungsakt	3	IV.	Örtliche und sachliche Zuständigkeit, Streitwert, Sonstiges	8

A. Normzweck

1   Regelmäßig fallen Feststellungsrechtsstreite in die Zuständigkeit der Zivilgerichte. Ist der Rechtsweg zu diesen nicht gegeben, regelt § 185, dass die Feststellung bei der jeweiligen Fachgerichtsbarkeit zu betreiben ist und begründet darüber hinaus die Kompetenz der zuständigen Verwaltungsbehörden, die Forderung ggü. dem Bestreitenden durch Verwaltungsakt i. S. v. § 178 festzustellen.

B. Norminhalt

I. Besondere Rechtswegzuständigkeiten

2   Die besonderen Zuständigkeiten der ArbG (§ 2 ArbGG), der SG (§ 51 SozGG), der VG (§ 40 VwGO), der FG (§ 33 FGO), der Finanzbehörden (§ 251 Abs. 3 AO) und z. B. der Krankenkassen als Einzugsstellen (§ 28h Abs. 2 Satz 1 SGB IV) bleiben bei Widerspruch erhalten. Ggf. ist vor der gerichtlichen Klärung ein Verwaltungsverfahren zu durchlaufen (vgl. zur Eröffnung des Sozialrechtswegs BSG ZInsO 2004, 350; LSG Niedersachsen-Bremen, ZInsO 2003, 87). Entsprechend § 240 ZPO unterbrochene Verfahren werden durch Aufnahme fortgesetzt (vgl. zum Verwaltungsverfahren OVG Nordrhein-Westfalen, NWVBl. 1997, 24; zum Finanzgerichtsverfahren BFHE 182, 269 = ZIP 1997, 797). Die Feststellung richtet sich auf das **Haftungsrecht an der Masse** (vgl. § 179 Rdn. 17).

II. Feststellung durch Verwaltungsakt

3   Die Feststellung bestrittener Forderungen erfolgt durch Verwaltungsakt, soweit auch außerhalb des Insolvenzverfahrens die Feststellung ggü. dem Schuldner durch Verwaltungsakt zulässig ist, z. B. Beitragsansprüche eines Sozialversicherungsträgers (Kilger/K. Schmidt § 148 KO Anm. 2c, § 139 KO Anm. 1a; BSG, ZIP 1981, 998) oder gemeindliche Grund- und Gewerbesteuerforderungen (MK-Schumacher § 185 Rn. 11). Wird der Verwaltungsakt bestandskräftig, ist die Tabelle zu berichtigen (§ 185 Satz 2 i. V. m. § 183).

III. Feststellung von Steuerforderungen durch Steuerfeststellungsbescheid (§ 251 Abs. 3 AO)

4   Wird eine Steuerforderung im Prüfungstermin bestritten, erfolgt die Feststellung durch einen Steuerfeststellungsbescheid gem. § 251 Abs. 3 AO (vgl. allg. zu Steuerforderungen in der Insolvenz: Änderung des Anwendungserlasses zur Abgabenordnung [AEAO] zu § 251, BMF-Schreiben vom 31.01.2013, Az. IV A3-S 0062/08/10007-15; BMF-Schreiben v. 17.12.1998 ZInsO 1999, 91), es sei denn, die Steuerforderung ist **bei Insolvenzeröffnung** bereits mit Steuerbescheid **festgesetzt** oder durch Feststellungsbescheid **festgestellt** (vgl. Rdn. 5). Der Bescheid nach § 251 Abs. 3 AO stellt das Haftungsrecht fest, wie es nach Grund, Betrag und Rang angemeldet ist (§ 181). Hieraus folgt, dass ein **Steuerfeststellungsbescheid** nach § 251 Abs. 3 AO ebenfalls **zulässig** ist, **um die deliktische Rechtsnatur** der Forderung i. S. v. § 174 Abs. 2 **festzustellen**, wenn der Schuldner diesem Attribut im Prüfungstermin widersprochen hat (vgl. AG Hamburg, ZInsO 2006, 1231 sowie § 184 Rdn. 12 ff.). Der Bescheid ist Verwaltungsakt, nicht Steuerbescheid i. S. v. § 155 AO (BFH, ZIP 1988, 181; FG Niedersachsen, ZIP 1980, 1136). Gegenstand der Feststellung ist jeweils das Haftungsrecht bzgl. einer einzelnen Steuerforderung, nicht eines Saldos aller offenen Steuerforderungen. Werden **mehrere Steuerforderungen** in einem Bescheid zusammengefasst, handelt es sich um mehrere Verwaltungsakte, gegen die jeweils Einspruch zu erheben ist (vgl. BFHE 126, 122 = BB 1979, 509). Der Tenor des Bescheides entspricht dem eines Feststellungsurteils (vgl. § 179

Rdn. 51, § 184 Rdn. 16c; Vehslage, NVwZ 2003, 776, 778). Der Bescheid ist an den Bestreitenden zu richten und ihm bekannt zu geben. Der Bestreitende kann ihn mit Einspruch (§ 348 Abs. 1 Nr. 11 AO) und sodann mit einer Klage vor dem FG anfechten. Die Vollziehung des Bescheides kann nicht nach § 361 AO oder § 69 FGO ausgesetzt werden; es handelt sich nicht um einen vollziehbaren Verwaltungsakt (FG Rheinland-Pfalz, ZIP 1983, 96). Die Änderung des Bescheides erfolgt ausschließlich nach §§ 130, 131 AO (BFH, ZInsO 2013, 880; vgl. auch BFHE 235, 137 = BStBl. II 2012, S. 298; FG Münster, EFG 2008, 919).

Hat die Finanzbehörde **vor der Insolvenzeröffnung** bereits einen Steuer- oder Feststellungsbescheid erlassen, so ist die Forderung durch die Finanzbehörde im Insolvenzverfahren anzumelden. Wird die Forderung bestritten, ist das unterbrochene Besteuerungs- bzw. Rechtsbehelfsverfahren vom Bestreitenden entsprechend § 179 Abs. 2 aufzunehmen. Die Finanzbehörde ist ebenfalls zur Aufnahme berechtigt (BFHE 212, 11 = ZIP 2006, 968; BFHE 220, 289 = ZIP 2008, 1745; BVerwG, DVBl 1988, 903; BMF-Schreiben v. 17.12.1998, ZInsO 1999, 91, Nr. 6.2; Uhlenbruck-Sinz § 185 Rn. 13). Ein Feststellungsbescheid nach § 251 Abs. 3 AO ist unzulässig, wenn die Steuerforderung bei Insolvenzeröffnung bereits mit Steuerbescheid festgesetzt oder durch Feststellungsbescheid festgestellt ist (BFHE 212, 11 = ZIP 2006, 968; BFHE 209, 23 = ZInsO 2005, 810). 5

§ 179 Abs. 2 eröffnet jedoch auch im Feststellungsstreit über Steuerforderungen **keine weiter gehenden Angriffsmöglichkeiten**, als sie dem Schuldner außerhalb der Insolvenz zustünden (BFHE 149, 98 = BB 1987, 961; FG Niedersachsen, DStRE 2008, 527). Bei **bestandskräftigen Bescheiden** kommen daher nur Wiedereinsetzung (§ 110 AO), Wiederaufnahme (§§ 131 ff. AO), Aufhebung bzw. Änderung in Betracht (§§ 172 ff. AO; str.; Uhlenbruck-Sinz § 185 Rn. 14; MK-Schumacher § 185 Rn. 10; a. A. FG Baden-Württemberg, EFG 1993, 763). 6

Nach herrschender Meinung muss der Bestreitende nur beantragen, den Steuerbescheid aufzuheben (BFH a. a. O. BFHE 182, 269 = ZIP 1997, 797; MK-Schumacher § 185 Rn. 12; a. A. BFH, BStBl. II 1978, S. 165). Eine Antragsumstellung ist **nicht** erforderlich. 7

IV. Örtliche und sachliche Zuständigkeit, Streitwert, Sonstiges

Die außerhalb der Insolvenz bestehende örtliche und sachliche Zuständigkeit wird durch die Insolvenz nicht berührt. Satz 2 verweist gerade nicht auf § 180 Abs. 1. 8

§ 182 gilt für die Streitwertbestimmung nur bei gerichtlicher Feststellung (Satz 3), nicht im Verfahren vor Verwaltungsbehörden (a. A. OVG Sachsen-Anhalt, Beschl. v. 23.07.2007 – 4 O 199/07). 9

I. Ü. gelten die Vorschriften des § 180 Abs. 2 (für Steuerforderungen str.; vgl. MK-Schumacher § 185 Rn. 12 m. w. N.), § 181 (vgl. BFH, ZIP 1988, 183), § 183 und § 184 entsprechend (ob der Schuldner im finanzgerichtlichen Verfahren das unterbrochene Verfahren aufnehmen kann, ist str.; vgl. Frotscher, Besteuerung bei Insolvenz, S. 272). 10

§ 186 Wiedereinsetzung in den vorigen Stand

(1) ¹Hat der Schuldner den Prüfungstermin versäumt, so hat ihm das Insolvenzgericht auf Antrag die Wiedereinsetzung in den vorigen Stand zu gewähren. ²§ 51 Abs. 2, § 85 Abs. 2, §§ 233 bis 236 der Zivilprozeßordnung gelten entsprechend.

(2) ¹Die den Antrag auf Wiedereinsetzung betreffenden Schriftsätze sind dem Gläubiger zuzustellen, dessen Forderung nachträglich bestritten werden soll. ²Das Bestreiten in diesen Schriftsätzen steht, wenn die Wiedereinsetzung erteilt wird, dem Bestreiten im Prüfungstermin gleich.

Übersicht	Rdn.		Rdn.
A. Normzweck	1	I. Allgemeines	4
B. Norminhalt	2	II. Rechtsmittel	8
C. Verfahrensfragen	4	III. Kosten	9

§ 186 InsO Wiedereinsetzung in den vorigen Stand

A. Normzweck

1   Hat der Schuldner unverschuldet den Prüfungstermin versäumt, räumt ihm § 186, wegen der für den Schuldner nach § 201 Abs. 2 erheblichen Folgen, die Möglichkeit der Wiedereinsetzung in den vorigen Stand gemäß den Bestimmungen der ZPO über die Wiedereinsetzung gegen Fristversäumung ein (§§ 233 bis 236 ZPO). Nicht zuletzt der Anspruch auf rechtliches Gehör (Art. 103 GG) gebietet es, dem **unverschuldet säumigen Schuldner** Gelegenheit zur Nachholung für ihn wesentlicher Erklärungen zu gewähren. In analoger Anwendung ist § 186 auch dann zu beachten, wenn der Schuldner im schriftlichen Verfahren (§ 177 Abs. 1 Satz 2) unverschuldet die vom Insolvenzgericht gesetzte Ausschlussfrist nicht beachtet hat (MK-Schumacher § 186 Rn. 1; H/W/F, InsO, § 186 Rn. 5).

B. Norminhalt

2   Versäumt der Schuldner **ohne eigenes Verschulden** den Prüfungstermin, kann er beim Insolvenzgericht beantragen, ihm Wiedereinsetzung in den vorigen Stand zu gewähren (Abs. 1 Satz 1). Dem Verschulden des Schuldners steht das Verschulden des gesetzlichen Vertreters (§ 51 Abs. 2 ZPO) und des Bevollmächtigten (§ 85 Abs. 2 ZPO) gleich (Abs. 1 Satz 2). Die Wiedereinsetzung ist zu gewähren, wenn die Tatbestandsvoraussetzungen der §§ 51 Abs. 2, 85 Abs. 2, 233 bis 236 ZPO erfüllt sind. Eine Wiedereinsetzung scheidet aus, wenn es sich um eigenes Verschulden des Schuldners gehandelt hat bzw. wenn die vorgetragenen unverschuldeten Umstände für die Säumnis nicht ursächlich waren (MK-Schumacher § 186 Rn. 4; AG Göttingen, ZInsO 2004, 516).

3   Eine Wiedereinsetzung kommt nur infrage, wenn der Schuldner im Termin tatsächlich nicht anwesend war bzw. im schriftlichen Verfahren die Ausschlussfrist unverschuldet hat verstreichen lassen (s. BK-Breutigam § 186 Rn. 2 mit Fallschilderung). Eine Säumnis liegt nicht vor, wenn der Schuldner anwesend gewesen ist, jedoch nicht bestritten hat (Uhlenbruck-Sinz § 186 Rn. 1).

Allen **übrigen Verfahrensbeteiligten** (Insolvenzverwalter, Insolvenzgläubiger, Treuhänder) steht diese Möglichkeit **nicht** offen.

3a Die Wiedereinsetzung in den vorigen Stand findet ausschließlich gegen die Versäumung von **Notfristen** statt – dies sind solche Fristen, die im Gesetz ausdrücklich als solche bezeichnet sind (§§ 233, 224 Abs. 1 Satz 2 ZPO). Die Ausschlussfrist des § 189 Abs. 1 ist dementsprechend keine Notfrist, sodass gegen die Versäumung dieser Frist eine Wiedereinsetzung in den vorigen Stand ausgeschlossen ist (s. § 189 Rdn. 6).

C. Verfahrensfragen

I. Allgemeines

4   Der **Antrag** ist innerhalb einer Frist von 2 Wochen (§ 234 Abs. 1 ZPO) schriftlich oder zu Protokoll der Geschäftsstelle (§§ 236 Abs. 1, 496 ZPO) des Insolvenzgerichts (Abs. 1) zu stellen. Die Frist beginnt gem. § 234 Abs. 2 ZPO mit dem Tag, an dem das Hindernis behoben ist. Gegen die Versäumung der Wiedereinsetzungsfrist findet wiederum Wiedereinsetzung statt (§ 233 ZPO). Nach Ablauf eines Jahres, von dem Ende der versäumten Frist an gerechnet, kann der Schuldner keine Wiedereinsetzung mehr beantragen (§ 234 Abs. 3 ZPO).

5   Der Antrag muss **inhaltlich** die Angaben der Wiedereinsetzungsgründe und die zu ihrer Glaubhaftmachung nötigen Tatsachen enthalten (§§ 236 Abs. 2, 294 ZPO). Es sind dabei die Gründe vorzutragen, die dem Schuldner das Bestreiten im Termin oder im schriftlichen Verfahren vereitelt haben. Die Forderungen oder die einzelne Forderung, die bestritten werden sollen, sind dabei vom Schuldner zu bezeichnen. Des Weiteren muss der Schuldner innerhalb der Antragsfrist auf Wiedereinsetzung die von ihm versäumte Prozesshandlung, hier den Widerspruch, nachholen (§ 236 Abs. 2 Satz 2 ZPO). Dazu kann der Widerspruch bereits in diesem Antrag enthalten sein.

Die den Antrag auf Wiedereinsetzung betreffenden Schriftsätze sind nach Abs. 2 Satz 1 sodann **dem Gläubiger** zur Information **zuzustellen**, dessen Forderung vom Schuldner nachträglich bestritten wird. Wird dem Schuldner die Wiedereinsetzung gewährt, ersetzt sein nachträgliches Bestreiten im Wiedereinsetzungsverfahren nach Abs. 2 Satz 2 den im Prüfungstermin oder im schriftlichen Verfahren unterbliebenen Widerspruch. Der Anberaumung eines gesonderten Prüfungstermins für diese bestrittene Forderung bedarf es daher **nicht** (s. auch Graf-Schlicker-Graf-Schlicker § 186 Rn. 5).

Über den Wiedereinsetzungsantrag **entscheidet das Insolvenzgericht** (Abs. 1, § 237 ZPO). Für das Verfahren gelten die Vorschriften der §§ 5 ff. Dem Gläubiger ist Gelegenheit zur Stellungnahme zu geben. Die Entscheidung über den Wiedereinsetzungsantrag ist von Amts wegen gem. § 8 dem Schuldner bzw. dem Gläubiger der bestrittenen Forderung zuzustellen. 6

Ist die **Wiedereinsetzung gewährt** worden, wird das Bestreiten des Schuldners als **Widerspruch in die Tabelle eingetragen** (H/W/F, InsO, § 186 Rn. 8). Dazu bedarf es dann keines erneuten Prüfungstermins (Abs. 2 Satz 2) – auch dann nicht, wenn mangels Bestreiten dieser Forderung im Prüfungstermin eine Erörterung dieser Forderung seinerzeit nicht erfolgte (A/G/R-Wagner, § 186 Rn. 12). 7

Durch den Tabelleneintrag des Schuldnerwiderspruchs wird die Feststellung der Forderung zur Tabelle und deren Aufnahme in das Schlussverzeichnis – und dadurch die Berücksichtigung dieser Forderung an der Verteilung – nicht gehindert (§ 178 Abs. 1 Satz 2, Abs. 3).

Wegen der Folgewirkungen des Widerspruchs s. § 201 Abs. 2.

II. Rechtsmittel

Hat der Rechtspfleger gem. § 18 RPflG die Entscheidung über den Wiedereinsetzungsantrag getroffen, steht dem Gläubiger der vom Schuldner bestrittenen Forderung im Fall der Zulassung der Wiedereinsetzung in den vorigen Stand gem. § 11 Abs. 2 Satz 1 RPflG die **sofortige Erinnerung** zur Verfügung. 8

Lehnt das Insolvenzgericht gem. § 18 RPflG durch den Rechtspfleger die Wiedereinsetzung ab, steht dagegen dem Schuldner die sofortige Erinnerung gem. § 11 Abs. 2 Satz 1 RPflG zur Verfügung (BGH, ZIP 2011, 1170).

Hat der **Richter** gem. § 18 Abs. 2 RPflG die Entscheidung über den Wiedereinsetzungsantrag getroffen, sieht die InsO hiergegen **kein Rechtsmittel** vor (§ 6 Abs. 1).

III. Kosten

Die Kosten des Wiedereinsetzungsverfahrens trägt der säumige Schuldner gem. § 4 i. V. m. § 238 Abs. 4 ZPO. 9

Zweiter Abschnitt Verteilung

§ 187 Befriedigung der Insolvenzgläubiger

(1) Mit der Befriedigung der Insolvenzgläubiger kann erst nach dem allgemeinen Prüfungstermin begonnen werden.

(2) ¹Verteilungen an die Insolvenzgläubiger können stattfinden, sooft hinreichende Barmittel in der Insolvenzmasse vorhanden sind. ²Nachrangige Insolvenzgläubiger sollen bei Abschlagsverteilungen nicht berücksichtigt werden.

§ 187 InsO Befriedigung der Insolvenzgläubiger

(3) ¹Die Verteilungen werden vom Insolvenzverwalter vorgenommen. ²Vor jeder Verteilung hat er die Zustimmung des Gläubigerausschusses einzuholen, wenn ein solcher bestellt ist.

Übersicht

	Rdn.		Rdn.
A. Normzweck	1	III. Abschlagsverteilung an Nachranggläubiger	8
B. Norminhalt	2	IV. Ablauf einer Verteilung	9
I. Verteilungsarten	2	V. Zustimmung des Gläubigerausschusses	11
II. Voraussetzungen der Abschlagsverteilung	5		

A. Normzweck

1   Die Vorschrift stellt klar, dass es Aufgabe des Insolvenzverwalters ist, Verteilungen vorzunehmen (Abs. 3 Satz 1) mit der Einschränkung, dass mit der Befriedigung der Insolvenzgläubiger durch Verteilung erst nach Abhaltung des allg. Prüfungstermins – damit sind nicht die besonderen Prüfungstermine gemeint (MK-Füchsl/Weishäupl/Kebekus/Schwarzer § 187 Rn. 6) – begonnen werden darf – und zwar dann sooft und solange hinreichende Barmittel in der Insolvenzmasse vorhanden sind (Abs. 2 Satz 1). In diesem Fall wird dem Insolvenzverwalter ein Ermessensspielraum eingeräumt, denn es bleibt ihm überlassen, zu entscheiden, ob und wann eine Verteilung nach Durchführung des Prüfungstermins stattfindet (die Vorschrift spricht in Abs. 2 Satz 1 von »... können stattfinden ...«).

Nachrangige Insolvenzgläubiger sollen bei Abschlagszahlungen grds. nicht berücksichtigt werden (Abs. 2 Satz 2).

B. Norminhalt

I. Verteilungsarten

2   Das Gesetz kennt verschiedene **Arten der Verteilung** der Masse an die Gläubiger:
   – die Abschlagsverteilung (Abs. 2),
   – die Schlussverteilung (§ 196),
   – die Nachtragsverteilung (§ 203).

Die Regelungen über die Verteilung der Insolvenzmasse beziehen sich ausschließlich auf die **Ansprüche der Insolvenzgläubiger** (§§ 38, 39). Ansprüche der Massegläubiger (§ 53) sind vorweg, d. h. unabhängig von einer Verteilung zu befriedigen; dies gilt jedoch nur für diejenigen Massegläubiger, deren Masseverbindlichkeiten bis zu den in § 206 genannten Zeitpunkten dem Insolvenzverwalter bekannt werden.

3   Nur die Durchführung der Abschlagsverteilung gem. § 187 steht im pflichtgemäßen Ermessen des Insolvenzverwalters (s. Rdn. 1). Hinsichtlich der Vornahme der Schlussverteilung hat der Verwalter keinen Ermessensspielraum; die Schlussverteilung findet statt, sobald die Verwertung – mit Ausnahme eines fortlaufenden Einkommens – beendet ist (§ 196 Abs. 1). Die Nachtragsverteilung findet nach Anordnung durch das Insolvenzgericht statt (§ 203 Abs. 1).

4   Eine **Verteilung kann nicht vorgenommen werden**, wenn das Insolvenzgericht die Aussetzung der Verwertung und der Verteilung im Rahmen eines Insolvenzplanverfahrens angeordnet hat (§ 233).

II. Voraussetzungen der Abschlagsverteilung

5   Die Vorschrift bestimmt, dass eine Befriedigung der Insolvenzgläubiger **nicht vor dem allgemeinen Prüfungstermin** (§ 176) in Betracht kommt (Abs. 1). Die Insolvenzmasse darf nicht vorher – auch nicht im Rahmen einer Abschlagsverteilung – durch Auszahlungen an Insolvenzgläubiger geschmälert werden, weil frühestens zu diesem Zeitpunkt der voraussichtliche Umfang der festgestellten Forderungen für den Insolvenzverwalter zu erkennen ist.

Nach dem Prüfungstermin kann eine Abschlagsverteilung immer dann vorgenommen werden, wenn genügend Barmittel in der Insolvenzmasse vorhanden sind (Abs. 2 Satz 1). Dem Verwalter wird durch diese Vorschrift pflichtgemäßes Ermessen hinsichtl. Zeitpunkt und Umfang der Verteilung eingeräumt (s. a. Rdn. 3). So kann der Insolvenzverwalter trotz hinreichend vorhandener Barmittel von einer Abschlagsverteilung absehen, wenn er die vorhandenen Barmittel z. B. für die Betriebsfortführung benötigt oder absonderungsberechtigte Insolvenzgläubiger abgefunden werden sollen. Vor einer Abschlagsverteilung muss auf jeden Fall sichergestellt sein, dass die Verfahrenskosten (§ 54) und die Masseverbindlichkeiten (§ 55) dadurch nicht beeinträchtigt werden. Deshalb wird der Insolvenzverwalter immer auch künftig zu erwartende Masseverbindlichkeiten in seine Überlegungen einzubeziehen haben, um die Durchführung des Insolvenzverfahrens nicht zu gefährden.

6

Eine Abschlagsverteilung hat zu unterbleiben, wenn die Kosten der Verteilung in keinem wirtschaftlich vernünftigen Verhältnis zu den auszuzahlenden Beträgen stehen (HK-Depré § 187 Rn. 4).

Die Entscheidung der Vornahme einer Abschlagsverteilung liegt einzig im **pflichtgemäßem Ermessen** des Insolvenzverwalters. Einen klagbaren Anspruch auf Durchführung einer Abschlagsverteilung besitzen die Insolvenzgläubiger nicht (HK-Depré § 187 Rn. 5; A/G/R-Wagner, § 187 Rn. 5). Sie können allenfalls beim Insolvenzgericht anregen, den Insolvenzverwalter im Wege der Aufsicht (§ 58) anzuhalten, eine Abschlagsverteilung durchzuführen. Ist dies erfolglos, so bleibt den Insolvenzgläubigern ggf. die Möglichkeit, Schadensersatzansprüche ggü. dem Verwalter gem. § 60 geltend zu machen (MK-Füchsl/Weishäupl/Kebekus/Schwarzer § 187 Rn. 14 ff.).

7

III. Abschlagsverteilung an Nachranggläubiger

Nachrangige Insolvenzgläubiger (§ 39) sollen nach Abs. 2 Satz 2 bei Abschlagsverteilungen **nicht berücksichtigt** werden. Dies ergibt sich allerdings bereits aus der Gesetzessystematik, denn die Gläubiger gem. § 39 erhalten nur im Fall der vollen Befriedigung der übrigen Insolvenzgläubiger überhaupt Zahlungen aus der Insolvenzmasse. Insofern kommt Abs. 2 Satz 2 kein eigener Regelungsgehalt zu (HK-Depré § 187 Rn. 6 spricht von »Redaktionsversehen des Gesetzgebers«).

8

IV. Ablauf einer Verteilung

Jede Verteilung, nicht nur die Abschlagsverteilung, wird vom Insolvenzverwalter vorgenommen (Abs. 3 Satz 1). Er hat dabei die Vorschriften §§ 188 bis 199 zu beachten. Der Insolvenzverwalter vollzieht die Verteilung entweder durch **Auszahlung der Quote** oder in bestimmten Fällen durch das **Zurückhalten von Beträgen** (für bestrittene Forderungen nach § 189 Abs. 2, für absonderungsberechtigte Gläubiger nach § 190 Abs. 2 Satz 2, für aufschiebend bedingte Forderungen nach § 191 Abs. 1 Satz 2).

9

Die Auszahlung ist **Holschuld** gem. § 269 Abs. 1 BGB und damit von den Gläubigern am Sitz der Insolvenzverwaltung abzuholen (MK-Füchsl/Weishäupl/Kebekus/Schwarzer § 187 Rn. 20). In der Praxis wird die Quote rgm. vom Verwalter an die Gläubiger überwiesen. Sind weder Bankverbindung noch Anschrift des Gläubigers zu ermitteln, sind die Beträge gem. § 372 BGB zu hinterlegen.

Die im Rahmen einer Verteilung stattfindende **Tilgung hat gleichmäßig** auf alle berücksichtigten Forderungen **zu erfolgen**, die §§ 366, 367 BGB finden insoweit keine Anwendung (BGH, ZIP 1985, 487; H/W/F, InsO, § 187 Rn. 11).

10

V. Zustimmung des Gläubigerausschusses

Der Insolvenzverwalter hat vor jeder Verteilung die **Zustimmung des Gläubigerausschusses** einzuholen, sofern ein solcher bestellt ist (Abs. 3 Satz 2). Für jede neue Verteilung ist eine erneute Zustimmung erforderlich. Bei der **Schlussverteilung** ist zusätzlich die Zustimmung des Insolvenzgerichts notwendig (§ 196 Abs. 2).

11

§ 188 InsO Verteilungsverzeichnis

Hat der Insolvenzverwalter in einem Verfahren mit Gläubigerausschuss die Verteilung ohne die erforderliche Zustimmung vorgenommen, wird hierdurch die Wirksamkeit der Verteilung nicht berührt. Die Auszahlungen können von den Gläubigern nicht zurückverlangt werden. Die fehlende Zustimmung des Gläubigerausschusses kann weder vom Insolvenzgericht noch von der Gläubigerversammlung mangels insoweit vorhandener gesetzlicher Regelung ersetzt werden (Uhlenbruck-Uhlenbruck § 187 Rn. 10; A/G/R-Wagner, § 187 Rn. 5).

Ist **kein Gläubigerausschuss bestellt**, handelt der Insolvenzverwalter bei den Verteilungen in alleiniger Verantwortung und auf eigenes Risiko (§ 60 Abs. 1).

§ 188 Verteilungsverzeichnis

¹Vor einer Verteilung hat der Insolvenzverwalter ein Verzeichnis der Forderungen aufzustellen, die bei der Verteilung zu berücksichtigen sind. ²Das Verzeichnis ist auf der Geschäftsstelle zur Einsicht der Beteiligten niederzulegen. ³Der Verwalter zeigt dem Gericht die Summe der Forderungen und den für die Verteilung verfügbaren Betrag aus der Insolvenzmasse an; das Gericht hat die angezeigte Summe der Forderungen und den für die Verteilung verfügbaren Betrag öffentlich bekannt zu machen.

Übersicht

	Rdn.		Rdn.
A. Normzweck	1	III. Niederlegung	10
B. Norminhalt	2	IV. Öffentliche Bekanntmachung	12
I. Anwendungsbereich	2	C. Verfahrensfragen	14
II. Inhalt des Verzeichnisses	4		

A. Normzweck

1 Die Aufstellung des Verzeichnisses soll die ordnungsgemäße Verfahrensabwicklung unterstützen, indem es zunächst als **Berechnungsgrundlage** für die auszuschüttenden Beträge dient. Außerdem verfolgt dessen Niederlegung und Veröffentlichung den Zweck der Gleichbehandlung aller Gläubiger bei der Verteilung durch Schaffung größtmöglicher **Transparenz und Kontrolle**. Durch die Angabe der Teilungsmasse und der bereits teilnahmeberechtigten Forderungssumme soll daneben dem noch nicht berücksichtigten Gläubiger die Prüfung ermöglicht werden, ob es für ihn nicht doch ratsam ist, sich an der bevorstehenden Verteilung zu beteiligen.

B. Norminhalt

I. Anwendungsbereich

2 Die Vorschrift gilt für die **Abschlags-, Schluss- und Nachtragsverteilung**. Bei der Schlussverteilung wird das Verteilungsverzeichnis Schlussverzeichnis genannt (§ 197 Abs. 1 Nr. 2), das auch Grundlage für eine Nachtragsverteilung ist (§ 205 Satz 1).

3 Der Insolvenzverwalter hat **vor jeder Verteilung** der Insolvenzmasse **ein Verzeichnis der Forderungen** aufzustellen, die bei der Verteilung zu berücksichtigen sind (Satz 1). Dies gilt nicht für eine durchzuführende Nachtragsverteilung, weil hier das Schlussverzeichnis die Grundlage für die Verteilung bildet (s. a. Rdn. 2). Ansonsten ist für jede Abschlagsverteilung auch ein neues Verzeichnis zu erstellen. Eine bloße Bezugnahme auf ein früheres Verzeichnis ist unzulässig (MK-Füchsl/Weishäupl/Kebekus/Schwarzer § 188 Rn. 2).

II. Inhalt des Verzeichnisses

4 Bei Verteilungen können nur die **im Verzeichnis aufgeführten Forderungen** berücksichtigt werden (§ 189 Abs. 3). Das gilt auch dann, wenn eine Forderung erst im Schlusstermin (§ 197) festgestellt wird; sie nimmt an der Verteilung **nicht** teil.

Der Verwalter hat das Verzeichnis auf der Grundlage der Tabelle gem. § 178 Abs. 2 Satz 1 zu erstellen. Demgemäß sind ausschließlich **geprüfte** Forderungen aufzunehmen. Ungeprüfte Forderungen sind auch dann nicht aufzunehmen, wenn für sie bereits ein vollstreckbarer Titel vorliegt. Aus diesem Grund bestimmt auch Abs. 1, dass mit einer Verteilung erst nach dem Prüfungstermin begonnen werden darf.

▶ **Übersicht: Aufzunehmende Forderungen**

In das Verteilungsverzeichnis sind aufzunehmen:
- alle **festgestellten** Forderungen gem. § 178 Abs. 1 oder gem. § 183 Abs. 1 alle aufgrund rechtskräftiger Entscheidung im Feststellungsprozess nachträglich festgestellte Forderungen;
- **titulierte** Forderungen, die im Prüfungstermin geprüft, aber **bestritten** sind und bei denen der Titel bei der Prüfung vorgelegen hat (§ 179 Abs. 2);
- alle übrigen im Prüfungstermin geprüften und bestrittenen, aber **nicht titulierten** Forderungen (§ 179 Abs. 1), sofern der Gläubiger dem Insolvenzverwalter nach § 189 Abs. 1 die Erhebung der Feststellungsklage nachweist;
- **absonderungsberechtigte** Forderungen unter den Voraussetzungen des § 190;
- **aufschiebend bedingte** Forderungen unter den Voraussetzungen des § 191;
- **auflösend bedingte** Forderungen, solange die Bedingung nicht eingetreten ist; denn diese Forderungen sind nach § 42 wie unbedingte Forderungen zu behandeln, solange der Bedingungseintritt nicht erfolgt ist.

Soweit Gläubiger wegen Fehlens der nach den §§ 189 bis 191 geforderten Voraussetzungen bei einer Abschlagsverteilung mit ihren Forderungen nicht in das Verteilungsverzeichnis aufgenommen werden können, wird ihre Gleichstellung mit den übrigen Gläubigern im späteren Verfahren unter den Voraussetzungen des § 192 sichergestellt.

Die Forderungen sind mit ihrem **gesamten Betrag** in das Verzeichnis aufzunehmen, auch wenn bereits eine Abschlagsverteilung erfolgt ist und auch unabhängig davon, ob die Anteile zur Auszahlung kommen oder zurückbehalten werden sollen (Uhlenbruck-Uhlenbruck § 188 Rn. 5). In das Schlussverzeichnis (§ 197 Abs. 1 Nr. 2) sind auch diejenigen Gläubiger – z. B. nachrangige Gläubiger gem. § 39 nach Anmeldeaufforderung durch das Gericht nach § 174 Abs. 3 – aufzunehmen, bei denen bereits bei Erstellung des Verzeichnisses abzusehen ist, dass diese nicht an einer Quotenzahlung i. R. d. Schlussverteilung teilnehmen werden; denn nur diejenigen Gläubiger, die im Schlussverzeichnis enthalten sind, können bei einer etwaigen Nachtragsverteilung überhaupt berücksichtigt werden (§ 205 Satz 1).

Ist eine festgestellte und in das Verzeichnis aufgenommene Forderung des Gläubigers ganz oder teilweise **getilgt** worden, bleibt die Forderung in voller Höhe im Schlussverzeichnis erhalten. Verzichtet der Gläubiger nicht auf seine Rechte aus der festgestellten Tabelleneintragung, hat der Insolvenzverwalter die Möglichkeit, Vollstreckungsabwehrklage gem. § 767 ZPO zu erheben. Nach Klageerhebung hat der Verwalter in dem Fall die Auszahlung der Quote zurückzuhalten und analog § 198 zu hinterlegen (HK-Depré § 188 Rn. 4).

Unterlässt es der Insolvenzverwalter **schuldhaft**, die Aufnahme einer zu berücksichtigenden Forderung in das Verteilungsverzeichnis aufzunehmen, haftet er dem Insolvenzgläubiger ggf. für den hieraus resultierenden Schaden nach § 60. Trifft den Insolvenzgläubiger ein **Mitverschulden**, weil er das Fehlen der Aufnahme seiner festgestellten Forderung in das Verteilungsverzeichnis nicht erkannt und deswegen innerhalb der Frist keine Einwendungen erhoben hat, sind bei der Frage der Insolvenzverwalterhaftung die Grundsätze des § 254 BGB anzuwenden (Uhlenbruck- Uhlenbruck § 188 Rn. 22; A/G/R-Wagner, § 188 Rn. 14).

III. Niederlegung

Der Insolvenzverwalter hat das Verteilungsverzeichnis auf der **Geschäftsstelle des Insolvenzgerichts niederzulegen** (Satz 2). Alle Beteiligten, das sind alle Insolvenzgläubiger sowie die absonderungsberechtigten Gläubiger, die eine Forderung angemeldet haben, und der Schuldner können das Verzeichnis dort einsehen.

Eine Prüfung der Ordnungsmäßigkeit des Verteilungsverzeichnisses von Amts wegen durch das Insolvenzgericht ist gesetzlich nicht vorgesehen. Eine materiell-rechtliche Überprüfung der zu berücksichtigenden Forderungen findet im Verteilungsverfahren grds. nicht statt. Allerdings ist die Folgerung daraus, dass dem Insolvenzgericht deshalb keine Prüfungskompetenz bzgl. der Richtigkeit des Verteilungsverzeichnisses zusteht, nicht unumstritten. Einerseits wird nur eine formelle Prüfungspflicht hinsichtl. des Verteilungsverzeichnisses angenommen (MK-Riedel § 66 Rn. 34), andererseits wird auch an dieser Stelle die formelle und materielle Prüfungskompetenz des Insolvenzgerichts bejaht (KPB-Holzer § 187 Rn. 8; Uhlenbruck-Uhlenbruck § 197 Rn. 5). Der letztgenannten Auffassung ist zu folgen: Zwar fehlt eine gesetzlich eindeutige Bestimmung, das Verteilungsverzeichnis muss aber – als notwendige Ergänzung der Schlussrechnung – mit der Insolvenztabelle nach § 175 InsO und den in dem Schlussbericht festgestellten Insolvenzforderungen übereinstimmen. Diese Prüfung hat das Insolvenzgericht vorzunehmen. Das Verteilungsverzeichnis bildet die abschließende Grundlage der Verteilung des vom Insolvenzverwalter gehaltenen Vermögens. Obwohl den Insolvenzgläubigern ein eigenes Einsichts- und Rügerecht gegen das Verteilungsverzeichnis zusteht (vgl. §§ 188 Satz 2, 194, 197 Abs. 1 Satz Nr. 2 InsO), kann dies nicht zum Kriterium dafür gemacht werden, dem Insolvenzgericht diese Prüfungskompetenz und -verpflichtung abzunehmen.

11 Die Niederlegung **muss vor** der öffentlichen Bekanntmachung erfolgen; anderenfalls beginnt die Ausschlussfrist des § 189 Abs. 1 nicht zu laufen (Uhlenbruck-Uhlenbruck § 188 Rn. 20, KPB-Holzer § 188 Rn. 16). Ggf. ist eine erneute Bekanntmachung zu veranlassen, wenn die Niederlegung des Verzeichnisses später als die (erste) Bekanntmachung erfolgte. Die Niederlegung hat in dem Zeitraum zu erfolgen, innerhalb dessen nach §§ 194 Abs. 1, 197 Abs. 1 Nr. 2 Einwendungen zu erheben sind.

IV. Öffentliche Bekanntmachung

12 Nach Satz 3 hat der Insolvenzverwalter dem Gericht die **Summe** der im Verzeichnis berücksichtigten **Forderungen** und den für die anstehende Verteilung **verfügbaren Betrag** aus der Insolvenzmasse anzugeben. Im Anschluss hat **das Gericht** die angezeigte Summe und den für die Verteilung verfügbaren Betrag durch Veröffentlichung im Internet öffentlich bekannt zu machen. Die Veröffentlichung erfolgt nach dem eindeutigen Wortlaut des Gesetzes mithin zweistufig: Der Verwalter zeigt an und diese Anzeige hat dann das Gericht öffentlich bekannt zu machen. Die Veröffentlichung obliegt damit dem Gericht, das in der Veröffentlichung bezeichnet werden muss und nicht dem Insolvenzverwalter (K/P/B-Holzer, § 188 Rn. 18; Graf-Schlicker-Castrup, § 188 Rn. 4; s. auch Rdn. 13a).

Daneben hat sich aus der Bekanntmachung die betreffende Insolvenzsache, die Ankündigung, dass eine Abschlags-, Schluss- oder Nachtragsverteilung erfolgen soll, sowie der Hinweis zu ergeben, dass das Verzeichnis der zu berücksichtigenden Forderungen auf der Geschäftsstelle des Insolvenzgerichts zur Einsicht aller Beteiligten niedergelegt ist (HK-Depré § 188 Rn. 6).

Mit der Bekanntmachung des Verteilungsverzeichnisses nach § 9 **beginnt** der Lauf der **zweiwöchigen Ausschlussfrist** des § 189 Abs. 1. Eine Bekanntmachung ohne vorherige Niederlegung des Verzeichnisses ist unzulässig, die Ausschlussfrist beginnt dann nicht zu laufen (s. Rdn. 11).

Das Fehlen der öffentlichen Bekanntmachung führt zur Unwirksamkeit einer trotzdem vorgenommenen Verteilung (MK-Füchsl/Weishäupl/Kebekus/Schwarzer § 188 Rn. 7). Eine vorgenommene Verteilung ist auch dann unwirksam, wenn die öffentliche Bekanntmachung nicht ordnungsgemäß, z. B. nicht durch das Gericht, vorgenommen worden ist. In einem solchen Fall beginnt die Frist des § 189 Abs. 3 nicht zu laufen. Die öffentliche Bekanntmachung des Verteilungsverzeichnisses ist nur wirksam, wenn sie durch das Insolvenzgericht als Urheber der Erklärung erfolgt (BGH, ZInsO 2013, 496).

Die öffentliche Bekanntgabe der anstehenden Verteilung und die Niederlegung des Verzeichnisses dienen dazu, die Insolvenzgläubiger zu informieren und ihnen die Möglichkeit zu geben, ihre Rechte zu wahren, denn diejenigen Insolvenzgläubiger, die nicht im Verzeichnis aufgenommen sind, werden nach § 189 Abs. 3 bei der Verteilung nicht berücksichtigt.

13

Die Neufassung des Satz 3 berücksichtigte den Umstand, dass für die Insolvenzverwalter keine Möglichkeit bestand, unmittelbar eine Veröffentlichung in das länderübergreifende, zentrale elektronische Informationssystem (Internetseite der Insolvenzbekanntmachungen: www.insolvenzbekanntmachungen.de) einzustellen. Die Praxis behalf sich durch Zwischenschaltung des Gerichts – die Neuregelung trägt dieser Verfahrensweise Rechnung.

13a

C. Verfahrensfragen

Für die **Gläubiger** besteht die Möglichkeit, Einwendungen gegen das Verteilungsverzeichnis zu erheben. Die Entscheidung trifft das Insolvenzgericht; bei Einwendungen gegen das Verteilungsverzeichnis einer Abschlagsverteilung nach § 194 Abs. 1 und bei Einwendungen gegen das Schlussverzeichnis nach § 197 Abs. 1 Nr. 2.

14

Gegen die Entscheidung des Gerichts steht dem Gläubiger die **sofortige Beschwerde** zu (i. R. d. Abschlagsverteilung gem. § 194 Abs. 2 u. 3, i. R. d. Schlussverteilung gem. § 197 Abs. 3).

Dem **Insolvenzverwalter** steht bei Entscheidungen des Gerichts über Einwendungen bei Abschlags- bzw. Schlussverteilung i. R. d. § 194 Abs. 3 bzw. § 197 Abs. 3 die **sofortige Beschwerde** zu.

15

§ 189 Berücksichtigung bestrittener Forderungen

(1) Ein Insolvenzgläubiger, dessen Forderung nicht festgestellt ist und für dessen Forderung ein vollstreckbarer Titel oder ein Endurteil nicht vorliegt, hat spätestens innerhalb einer Ausschlußfrist von zwei Wochen nach der öffentlichen Bekanntmachung dem Insolvenzverwalter nachzuweisen, daß und für welchen Betrag die Feststellungsklage erhoben oder das Verfahren in dem früher anhängigen Rechtsstreit aufgenommen ist.

(2) Wird der Nachweis rechtzeitig geführt, so wird der auf die Forderung entfallende Anteil bei der Verteilung zurückbehalten, solange der Rechtsstreit anhängig ist.

(3) Wird der Nachweis nicht rechtzeitig geführt, so wird die Forderung bei der Verteilung nicht berücksichtigt.

Übersicht	Rdn.		Rdn.
A. Normzweck und analoge Anwendung	1	III. Rechtzeitiger Nachweis des Betreibens der Feststellung	7
B. Norminhalt	3	IV. Rechtsfolgen und Rechtsbehelfe	8
I. Anwendungsbereich	3		
II. Ausschlussfrist	6		

A. Normzweck und analoge Anwendung

Bestrittene nicht titulierte Forderungen (zum Begriff der bestrittenen Forderung vgl. § 179 Rdn. 5) werden nicht in das Verteilungsverzeichnis aufgenommen und bei Abschlags-, Schluss- und Nachtragsverteilungen nicht berücksichtigt, es sei denn, die betroffenen Gläubiger weisen nach, die Feststellung der bestrittenen Forderung zu betreiben. Dann wird die auf ihre Forderung entfallende Quote durch Zurückbehaltung gesichert. Um die Verteilung nicht zu verzögern, unterliegt der Nachweis einer kurzen Ausschlussfrist.

1

§ 189 ist auf **bestrittene titulierte Forderungen** analog anzuwenden. Weist ein anderer Gläubiger die Verfolgung seines Widerspruchs nicht spätestens bis zum Tag der Abschlags- oder Schlussverteilung dem Insolvenzverwalter nach bzw. verfolgt der bestreitende Insolvenzverwalter seinen Widerspruch

2

nicht bis zu diesem Tag, ist die Forderung bei Abschlags- bzw. Schlussverteilung durch Auszahlung der Quote zu berücksichtigen. Erfolgt der Nachweis bzw. verfolgt der Insolvenzverwalter seinen Widerspruch, erfolgt die Berücksichtigung durch Zurückbehaltung der auf die Forderung entfallenden Quote (h. M.: Uhlenbruck-Uhlenbruck § 189 Rn. 1, 12 f. m. w. N.; vgl. AG Düsseldorf, ZInsO 2006, 332; **a. A.** FK-Kießner § 189 Rn. 7). Die Ausschlussfrist des Abs. 1 greift nicht ein.

B. Norminhalt

I. Anwendungsbereich

3   Unbestrittene oder nur vom Schuldner (§ 178 Abs. 1 Satz 2) bestrittene Forderungen sind bei Verteilungen durch Auszahlung zu berücksichtigen. § 189 greift nicht ein.

4   Ist eine Forderung **vorläufig bestritten**, wandelt sich das Bestreiten in endgültiges, wenn die 2-Wochen-Frist des Abs. 1 beginnt und der Verwalter den Widerspruch nicht zurücknimmt (vgl. BGH, ZInsO 2006, 320, 321; § 179 Rn. 15a). Gleiches gilt bei noch ausstehender Schlussverteilung, wenn der Verwalter mit Abschlagsverteilungen beginnt, ohne den Widerspruch zurückzunehmen, weil er sich dann über die Höhe der zu berücksichtigenden Schuldenmasse im Klaren sein muss (Uhlenbruck-Uhlenbruck § 189 Rn. 3). § 189 ist dann anwendbar.

5   Besonderheiten ergeben sich aus § 115 Abs. 2 Satz 1 GenG und § 52 VAG (dazu Uhlenbruck-Uhlenbruck § 189 Rn. 17 m. w. N.).

II. Ausschlussfrist

6   Die Ausschlussfrist beträgt 2 Wochen. Sie ist keine **Notfrist**. Wiedereinsetzung (§ 233 ZPO) und Verlängerung durch Parteivereinbarung (§ 224 Abs. 2 ZPO) sind daher ausgeschlossen. Die Frist beginnt mit öffentlicher Bekanntmachung der Verteilung, d. h. dem dritten Tag nach Veröffentlichung (§ 9 Abs. 1 Satz 3, § 4, § 222 Abs. 1 ZPO, § 187 Abs. 2 BGB). Es entscheidet das tatsächliche Erscheinen des amtlichen Bekanntmachungsblattes, nicht ein abweichendes aufgedrucktes Datum (BGH, NJW-RR 1993, 255; OLG Hamm, ZIP 1994, 1373). Im Fall einer nachgemeldeten Forderung beginnt die Frist frühestens mit der Kenntnis des Gläubigers vom Widerspruch (AG Ansbach, Rpfleger 2007, 498), sofern die Forderung überhaupt noch rechtzeitig nachgemeldet wurde (vgl. BGH, ZInsO 2007, 493; für den Fall einer nachträglich angemeldeten, zunächst bestrittenen Forderung, die der Verwalter nach Ablauf der Frist des § 189 Abs. 1 anerkannt hat LG Krefeld, ZInsO 2011, 870). Das Fristende berechnet sich nach § 188 Abs. 2 BGB. § 222 Abs. 2 ZPO gilt für den Fristbeginn nicht, da § 9 Abs. 1 Satz 3 diesbezüglich eine Fiktion des Fristbeginns enthält (vgl. BGH, ZInsO 1998, 44).

6a Im Ausnahmefall eines Widerrufs der Genehmigung der Schlussverteilung kommt es zur Wiedereröffnung der Frist, da die Genehmigung später erneut zu erteilen und die Bekanntmachung erneut vorzunehmen ist (vgl. AG Düsseldorf, ZInsO 2006, 332). Die Präklusionswirkung (vgl. Rdn. 8) der Versäumung der Frist entfällt.

III. Rechtzeitiger Nachweis des Betreibens der Feststellung

7   Eine besondere Form ist für den Nachweis nicht vorgeschrieben. Der Nachweis muss nur geeignet sein, die Rechtshängigkeit durch Zustellung der Klage bzw. des Aufnahmeschriftsatzes oder die Voraussetzungen des § 167 ZPO nachzuweisen. Zumindest muss Klage bzw. Aufnahmeschriftsatz dem Verwalter übermittelt und der Eingang beim zuständigen Prozessgericht nachgewiesen werden (BGH, ZInsO 2012, 2071; MK-Füchsl/Weishäupl, § 189 Rn. 5; keinen Nachweis des Zugangs fordern etwa FK-Kießner, § 189 Rn. 12; Uhlenbruck-Uhlenbruck § 189 Rn. 5; zu weitgehend Haarmeyer/Wutzke/Förster, Handbuch zur Insolvenzordnung, Kap. 8, Rn. 26: Nachweis durch öffentliche Urkunde). **Adressat ist der Verwalter**, nicht das Insolvenzgericht (BGH, ZInsO 2012, 2071). Der Nachweis ist bzgl. aller erhobenen Widersprüche zu führen, da eine Forderung bei der Verteilung nur berücksichtigt wird, wenn alle Widersprüche beseitigt sind (vgl. § 183 Rdn. 4).

Rechtzeitig ist der Nachweis nur dann, wenn der Verwalter dadurch in Stand gesetzt wird, sicher zu erkennen, dass die Klage innerhalb der zweiwöchigen Ausschlussfrist erhoben ist. Will sich der Gläubiger die Vorwirkung der Einreichung der Klage bei Gericht (§ 167 ZPO) zunutze machen, muss er die Einreichung der Klage bei dem zuständigen Gericht nachweisen (BGH, ZInsO 2012, 2071). Die Einzahlung des Kostenvorschusses ist nachzuweisen, wenn dieser vom Gericht bereits angefordert wurde. Hierzu muss sich der Gläubiger gegenüber dem Verwalter erklären. Die Vorschussanforderung des Prozessgerichts darf grds. abgewartet werden.

IV. Rechtsfolgen und Rechtsbehelfe

Der **rechtzeitige Nachweis** führt zur Aufnahme in das Verteilungs- bzw. Schlussverzeichnis (vgl. § 193 Rdn. 3) und zur Berücksichtigung bei der Verteilung durch Zurückbehaltung der Quote. Ist bei Schlussverteilung der Feststellungsprozess noch n.rk. abgeschlossen, wird der Betrag nach § 198 hinterlegt (vgl. § 198 Rdn. 2 ff.). Ergeht die Entscheidung zugunsten des Bestreitenden, wird der hinterlegte Betrag an die übrigen Gläubiger bei der Schlussverteilung oder einer Nachtragsverteilung (vgl. § 203 Abs. 1 Nr. 1) ausgekehrt.

8

Erbringt der Gläubiger keinen, nur einen **unzureichenden** oder einen **verspäteten Nachweis**, gilt Abs. 3. Die Forderung wird bei der Verteilung nicht berücksichtigt. Falls sie bereits in das Verteilungs- bzw. Schlussverzeichnis aufgenommen worden sein sollte, ist dieses durch Streichung zu berichtigen (vgl. § 193 Rdn. 5 f.). Die Nichtberücksichtigung ist bei Schluss- und Nachtragsverteilung endgültig (vgl. § 205 Satz 1). Ist ein Gläubiger bei einer Abschlagsverteilung nicht berücksichtigt worden, kann er nach § 192 bei folgenden Verteilungen vorrangig berücksichtigt werden (vgl. § 192 Rdn. 5 ff.; § 190 Rdn. 17).

Weigert sich der Verwalter unter Berufung auf einen verspäteten oder unzureichenden Nachweis, das Verteilungsverzeichnis zu berichtigen, stehen dem Gläubiger nach §§ 194, 197 Abs. 1 Satz 1 Nr. 2 Einwendungen gegen das Verteilungsverzeichnis zu Gebote (vgl. § 194 Rdn. 12, § 197 Rdn. 9 ff.). Eine Klage gegen den Verwalter ist unzulässig (OLG Köln, MDR 1990, 558); es fehlt am Rechtsschutzbedürfnis.

§ 190 Berücksichtigung absonderungsberechtigter Gläubiger

(1) ¹Ein Gläubiger, der zur abgesonderten Befriedigung berechtigt ist, hat spätestens innerhalb der in § 189 Abs. 1 vorgesehenen Ausschlußfrist dem Insolvenzverwalter nachzuweisen, daß und für welchen Betrag er auf abgesonderte Befriedigung verzichtet hat oder bei ihr ausgefallen ist. ²Wird der Nachweis nicht rechtzeitig geführt, so wird die Forderung bei der Verteilung nicht berücksichtigt.

(2) ¹Zur Berücksichtigung bei einer Abschlagsverteilung genügt es, wenn der Gläubiger spätestens innerhalb der Ausschlußfrist dem Verwalter nachweist, daß die Verwertung des Gegenstands betrieben wird, an dem das Absonderungsrecht besteht, und den Betrag des mutmaßlichen Ausfalls glaubhaft macht. ²In diesem Fall wird der auf die Forderung entfallende Anteil bei der Verteilung zurückbehalten. ³Sind die Voraussetzungen des Absatzes 1 bei der Schlußverteilung nicht erfüllt, so wird der zurückbehaltene Anteil für die Schlußverteilung frei.

(3) ¹Ist nur der Verwalter zur Verwertung des Gegenstands berechtigt, an dem das Absonderungsrecht besteht, so sind die Absätze 1 und 2 nicht anzuwenden. ²Bei einer Abschlagsverteilung hat der Verwalter, wenn er den Gegenstand noch nicht verwertet hat, den Ausfall des Gläubigers zu schätzen und den auf die Forderung entfallenden Anteil zurückzubehalten.

Übersicht	Rdn.		Rdn.
A. Normzweck	1	II. Allgemeines	9
B. Norminhalt	2	III. Voraussetzungen des Abs. 1	10
I. Anwendungsbereich	2		

§ 190 InsO Berücksichtigung absonderungsberechtigter Gläubiger

1. Verzicht auf abgesonderte Befriedigung 12	3. Rechtsgrundlose Quotenausschüttung 14
2. Nachweis des Ausfalls............ 13	IV. Voraussetzungen des Abs. 2........... 15
	V. Voraussetzungen des Abs. 3........... 18

A. Normzweck

1 Absonderungsberechtigte Gläubiger, denen der Schuldner zugleich persönlich haftet, können nach § 52 als Insolvenzgläubiger quotale Befriedigung nur verlangen, soweit sie auf abgesonderte Befriedigung verzichten oder der Erlös zur Erfüllung der persönlichen Forderung unzureichend ist, sie insoweit mit ihrer Forderung also ausfallen. Um diese Gläubiger nicht bei Abschlagsverteilungen zu benachteiligen oder die Verwertung des Absonderungsgegenstandes unangemessenem Zeitdruck auszusetzen, werden sie bei Abschlagsverteilungen durch Zurückbehaltung der Quote auf den geschätzten Ausfall berücksichtigt.

B. Norminhalt

I. Anwendungsbereich

2 § 190 gilt nicht für Gläubiger, denen keine persönliche Forderung gegen den Schuldner zusteht, z.B. Grundpfandrechtsgläubiger, deren Forderungen gegen Dritte der Schuldner abgesichert hat (vgl. § 52 Satz 1).

3 Befriedigung nach § 190 kann nur für angemeldete und festgestellte Forderungen erlangt werden. Darunter fallen auch für den Ausfall anerkannte Forderungen (Mandlik, Rpfleger 1980, 143).

4 ▶ Hinweis:
> Die Zulässigkeit von Tabelleneinträgen »festgestellt i. H. d. Ausfalls« oder »unter Beschränkung auf den Ausfall« ist streitig (dafür: Uhlenbruck-Sinz § 178 Rn. 4; **a.A.** KPB-Pape/Schaltke § 178 Rn. 24). Auch bei Feststellung für den Ausfall wird eine angemeldete Forderung jedoch in voller Höhe von der Rechtskraftwirkung i.S.v. § 178 Abs. 3 erfasst.

5 Insolvenzgläubiger dürfen ihre Forderungen auch bei Bestehen von Sicherungsrechten grds. in voller Höhe im Verfahren anmelden. Auf Sicherungsrechte ist jedoch in der Anmeldung hinzuweisen.

6 Ist ein **Feststellungsstreit** über die Forderung **anhängig**, greift nur § 189 ein (vgl. MK-Füchsl/Weishäupl § 190 Rn. 3).

7 Dem mit der InsO eingeführten Verwertungsrecht des Verwalters (§§ 165 ff.) trägt Abs. 3 Satz 1 Rechnung. Ist nur der Verwalter zur Verwertung berechtigt, sind Abs. 1 und 2 unanwendbar.

8 § 190 ist entsprechend anzuwenden auf **Nachlassinsolvenz** oder **Nachlassverwaltung** bei gleichzeitiger Insolvenz über das Vermögen des Erben (§ 331), Insolvenz über das Gesamtgut bei fortgesetzter Gütergemeinschaft (§§ 332 Abs. 1, 331 Abs. 1), bei besonderen Vorrechten nach § 32 Abs. 4 DepotG, § 30 Abs. 6 Satz 4 Pfandbriefgesetz, § 11 Abs. 2 Gesetz zur Umwandung der Deutschen Genossenschaftsbank und § 1 Abs. 2 Gesetz betreffend die Industriekreditbank AG.

Bestimmt ein **Insolvenzplan** bzgl. Absonderungsrechten von Insolvenzgläubigern nichts anderes, dürfte Abs. 1 auf Absonderungsrechte von Insolvenzgläubigern analog anzuwenden sein (so zu § 189 Breutigam/Kahlert, ZInsO 2002, 469, 471); wegen § 217 nicht direkt. Dem steht § 223 nicht entgegen, der eine Beeinträchtigung der Ausfallforderung nicht untersagt. Abs. 1 beeinträchtigt allenfalls die Ausfallforderung durch Nichtberücksichtigung bei Verteilungen.

§ 190 Abs. 1 i.V.m. § 189 gilt auch im Restschuldbefreiungsverfahren für die jährliche Verteilung durch den Treuhänder (BGH, ZInsO 2009, 1507).

II. Allgemeines

Zum Begriff des absonderungsberechtigten Gläubigers vgl. die Kommentierung zu §§ 49 bis 51. Zur Ausschlussfrist vgl. § 189 Rdn. 6. Auch wenn die persönliche Forderung in voller Höhe festgestellt ist, wird diese bei nicht ausreichendem oder nicht fristgerechtem Nachweis bei Verteilungen nicht berücksichtigt (Uhlenbruck-Uhlenbruck § 190 Rn. 10). Zur Wahrnehmung der Pflichten der §§ 189, 190 kann dem Gläubiger **keine PKH** gewährt werden (AG Frankfurt an der Oder, Rpfleger 2003, 144).

III. Voraussetzungen des Abs. 1

Abs. 1 gilt nur für die Schlussverteilung und etwaige Nachtragsverteilungen. Für Abschlagsverteilungen gilt Abs. 2.

Um bei der Schlussverteilung und Nachtragsverteilungen berücksichtigt zu werden, muss der Schuldner nachweisen, dass er **auf abgesonderte Befriedigung verzichtet** hat **oder** bei ihr **ausgefallen** ist. Erfüllt der Gläubiger die Voraussetzungen des Abs. 1 Satz 1 nicht, wird der zurückbehaltene Betrag zugunsten der anderen Gläubiger frei (Abs. 1 Satz 2).

1. Verzicht auf abgesonderte Befriedigung

Verzicht ist die endgültige und vorbehaltlose Aufgabe des die Absonderung begründenden Rechts. Eine rechtsverbindliche und unwiderrufliche Vereinbarung, das Absonderungsrecht nicht geltend zu machen, reicht nicht aus (so aber: Kilger/K. Schmidt § 64 KO Anm. 5; großzügiger offenbar auch BGH, ZInsO 2011, 91). Solche Vereinbarungen können nach §§ 313, 314 BGB angreifbar sein. Der Verzicht ist **ggü. dem Verwalter zu erklären** und unwiderruflich (RGZ 64, 425, 428). Der Verzicht kann konkludent erklärt werden (OLG Hamm, ZIP 1993, 1373; vgl. aber §§ 1168, 875 BGB), z. B. durch vorbehaltlose Entgegennahme des Verteilungserlöses trotz Kenntnis des Absonderungsrechts (MK-Füchsl/Weishäupl § 190 Rn. 8; weiteres Beispiel bei Rdn. 13). Dies gilt nicht, wenn der Gläubiger nur die Tatsachen kannte, die sein Absonderungsrecht begründen, sich aber deren rechtlicher Bedeutung nicht bewusst war. Aus dieser Sorgfaltspflichtverletzung ist keine Willenserklärung abzuleiten. Verzichtet ein Gläubiger **mehrerer – durch denselben Gegenstand gesicherter – Forderungen** auf sein Absonderungsrecht bzgl. einer oder einiger Forderungen, so soll dies als Verzicht auf das Absonderungsrecht bzgl. aller Forderungen auszulegen sein (RGZ 85, 53, 58; KPB-Holzer § 190 Rn. 8; Uhlenbruck-Uhlenbruck § 190 Rn. 5). Dies dürfte zumindest bei eindeutigem Wortlaut der Verzichtserklärung nicht zutreffen.

2. Nachweis des Ausfalls

Der Nachweis des Ausfalls kann erst **nach Durchführung der Verwertung** geführt werden (anders BGH, ZInsO 2009, 1507: im Fall des § 114, in dem die 2-Jahres-Frist noch läuft, ist der gesamte zum Ende der Frist des § 189 noch ausstehende Betrag als vorläufiger Ausfall anzugeben). Wertgutachten, die den Unterwert einer Sicherheit nachweisen, sind unzureichend (MK-Füchsl/Weishäupl § 190 Rn. 9 m. w. N.). Im Nachweis eines Unterwertes soll allerdings in Ausnahmefällen ein **konkludenter Verzicht** liegen können (Uhlenbruck-Uhlenbruck § 190 Rn. 7). Gelingt der Nachweis nicht und will der Gläubiger nicht auf das Absonderungsrecht verzichten, bleibt ihm nur, auf die Teilnahme am Insolvenzverfahren zu verzichten. Gleiches gilt auch für Sicherungsrechte, deren Verwertung u. U. über mehrere Instanzen zu führende Prozesse erfordert, wie es z. B. beim Absonderungsrecht nach § 157 VVG der Fall sein kann.

3. Rechtsgrundlose Quotenausschüttung

Hat der absonderungsberechtigte Gläubiger Verteilungserlöse erhalten, obgleich es an den Voraussetzungen des Verzichts oder des Nachweises fehlte, sind diese wegen Verstoßes gegen § 52 rechtsgrundlos erlangt und nach **Bereicherungsrecht** zurückzugewähren.

IV. Voraussetzungen des Abs. 2

15 Nach § 52 Satz 2 sind absonderungsberechtigte Gläubiger zur Befriedigung aus der Masse nur berechtigt, soweit sie auf eine abgesonderte Befriedigung verzichtet haben oder bei ihr ausgefallen sind. Die Höhe des Ausfalls steht bei Abschlagsverteilung allerdings rgm. noch nicht fest. Abs. 2 trägt dem Rechnung und schafft Erleichterungen bzgl. der zu erbringenden Nachweise.

16 Es ist nachzuweisen, **dass die Verwertung betrieben wird.** Der Betrag des **mutmaßlichen Ausfalls ist glaubhaft zu machen** (z. B. mittels Versicherung an Eides statt; § 4 i. V. m. § 294 ZPO). Die auf den Ausfall entfallende Quote wird dann zurückbehalten. Sie wird ausgekehrt, wenn bis zur Schlussverteilung der Nachweis nach Abs. 1 erbracht wird.

17 Absonderungsberechtigte Gläubiger, die bei einer Abschlagsverteilung nicht berücksichtigt wurden und die Voraussetzungen des Abs. 2 vor nachfolgenden Abschlagsverteilungen bzw. der Schlussverteilung erfüllen, erhalten gem. § 192 vorab einen Betrag, der sie den übrigen Gläubigern gleichstellt (vgl. § 192 Rdn. 2 ff.). Gelingt der Nachweis nicht und liegen auch die Voraussetzungen des Abs. 1 nicht vor, wird der zurückbehaltene Betrag zugunsten der anderen Gläubiger frei (Abs. 2 Satz 3, Abs. 1 Satz 2). Ist das Sicherungsgut nicht verwertbar, kann der Gläubiger an der Schlussverteilung nur teilnehmen, wenn er auf abgesonderte Befriedigung verzichtet. Für die Teilnahme an Abschlagsverteilungen reicht es in diesem Fall aus, den Ausfall zu schätzen und insoweit zu verzichten.

V. Voraussetzungen des Abs. 3

18 Abs. 1 und 2 sind nicht anzuwenden, wenn nur der Verwalter zur Verwertung berechtigt ist (vgl. § 166).

19 Ist die Verwertung durch den Verwalter erfolgt, ist der Erlös nach Abzug des Verfahrensbeitrags (§ 171) an den Gläubiger auszukehren (§ 170). Der Ausfallbetrag steht im Fall der Verwertung durch den Verwalter zu dessen Kenntnis fest (Fall des nicht anzuwendenden Abs. 1). Auf diesen ist bei der Verteilung die Quote auszuzahlen.

20 Ist die Verwertung durch den Verwalter noch nicht erfolgt, hat der Verwalter den Ausfall zu schätzen und einen entsprechenden Quotenanteil zurückzubehalten (Uhlenbruck-Uhlenbruck § 190 Rn. 13).

21 **Das Risiko der Nichtverwertung bis zur Schlussverteilung** trägt der Gläubiger (str.: zweifelnd Uhlenbruck-Uhlenbruck § 190 Rn. 13). Verwirklicht sich das Risiko, wird der zurückbehaltene Betrag zugunsten der Masse frei. **Bei schuldhafter Nichtverwertung** kommt eine Haftung des Verwalters nach § 60 in Betracht; der Gläubiger ist zusätzlich durch die Verzinsungspflicht (§ 172 Abs. 1) geschützt.

22 Ist absehbar, dass die **Verwertung nicht rechtzeitig** gelingt, kann der Gläubiger entweder i. H. d. geschätzten Ausfalls auf das Absonderungsrecht verzichten und an der Schlussverteilung teilnehmen oder – durch Rücknahme seiner Anmeldung – auf die Teilnahme am Insolvenzverfahren verzichten und nach Verfahrensbeendigung die Verwertung des Sicherheitsgutes selbst versuchen. **Ist ein Gegenstand schwierig oder mit hoher Wahrscheinlichkeit gar nicht zu verwerten**, kann es ratsam sein, auf die Sicherheit zu verzichten, um die Quote auf den Nominalwert der Forderung in der Schlussverteilung zu erhalten. Wegen der Unwiderruflichkeit des Verzichts scheidet allerdings eine Verwertung nach Verfahrensbeendigung selbst dann aus, wenn sich eine günstige Verwertungsmöglichkeit ergeben sollte

§ 191 Berücksichtigung aufschiebend bedingter Forderungen

(1) ¹Eine aufschiebend bedingte Forderung wird bei einer Abschlagsverteilung mit ihrem vollen Betrag berücksichtigt. ²Der auf die Forderung entfallende Anteil wird bei der Verteilung zurückbehalten.

(2) ¹Bei der Schlußverteilung wird eine aufschiebend bedingte Forderung nicht berücksichtigt, wenn die Möglichkeit des Eintritts der Bedingung so fernliegt, daß die Forderung zur Zeit der Verteilung keinen Vermögenswert hat. ²In diesem Fall wird ein gemäß Absatz 1 Satz 2 zurückbehaltener Anteil für die Schlußverteilung frei.

Übersicht	Rdn.			Rdn.
A. Normzweck	1	III.	Berücksichtigung bei Abschlagsverteilungen (Abs. 1)	9
B. Norminhalt	3	IV.	Berücksichtigung bei der Schlussverteilung (Abs. 2)	10
I. Anwendungsbereich	3			
II. Aufschiebend bedingte Forderungen	5			

A. Normzweck

Aufschiebend bedingte Forderungen berechtigen **nur zur Sicherung** (MK-Lwowski/Bitter § 42 Rn. 11). Die Sicherung erfolgt durch Zurückbehaltung der bei Verteilungen auf die Forderung entfallenden Quote. 1

Auflösend bedingte Forderungen sind dagegen nach § 42 wie unbedingte zu berücksichtigen. Die Quote ist auszukehren (Bitter, NZI 2000, 399, 400). Kommt es später zum Bedingungseintritt, ist der ausgekehrte Betrag zurückzugewähren und auf Antrag eine Nachtragsverteilung durch das Insolvenzgericht anzuordnen (§ 203 Abs. 1 Nr. 2). Dem Verwalter kann daher daran gelegen sein, die ihm zur Verfügung stehenden prozessualen Mittel auszunutzen, um die Auszahlung zu verhindern, wenn es nach seiner Auffassung zum Bedingungseintritt kommen wird. 2

B. Norminhalt

I. Anwendungsbereich

§ 191 ist nur auf Insolvenzforderungen (§ 38) anzuwenden. Bestrittene Forderungen und persönliche Forderungen absonderungsberechtigter Gläubiger, die nach § 189 bzw. § 190 nicht zu berücksichtigen sind, werden auch nach § 191 nicht berücksichtigt. Liegen die Voraussetzungen des § 189 bzw. des § 190 vor, gehen diese § 191 vor. 3

In der Genossenschaftsinsolvenz ist § 191 nach Maßgabe des § 115a GenG anzuwenden. 4

II. Aufschiebend bedingte Forderungen

Aufschiebend bedingte Forderungen sind in voller Höhe im Insolvenzverfahren anzumelden, obwohl erst von einem zukünftigen Ereignis abhängt, ob der Gläubiger Inhaber einer Insolvenzforderung wird. 5

Bedingt sind Forderungen, die unter einer **rechtsgeschäftlichen** (§§ 158 ff. BGB), einer **gesetzlichen Bedingung** oder einer **Rechtsbedingung** stehen. **Aufschiebend befristete Forderungen** (str.: so MK-Füchsl/Weishäupl § 191 Rn. 5; zu § 41 BGH, NJW-RR 2007, 50, 53; a. A. MK-Lwowski/Bitter § 41 Rn. 9), Forderungen mit ungewissem Fälligkeitstermin (Kilger/K. Schmidt § 67 KO Anm. 1), Ansprüche auf Altersruhegeld, Berufsunfähigkeitsrente sowie Hinterbliebenenrente, deren tatbestandliche Voraussetzungen noch nicht eingetreten sind (BGH, ZInsO 2005, 535), und Ansprüche auf Schadensersatz wegen Nichterfüllung nach §§ 103 Abs. 2, 104 Abs. 1 bis 3, 109 Abs. 1 Satz 2, Abs. 2 Satz 2, 113 Abs. 1 Satz 3 sind aufschiebend bedingten gleichzustellen. 6

Rückgriffsansprüche von Bürgen und Mitverpflichteten (vgl. MK-Füchsl/Weishäupl § 191 Rn. 13) sind ebenfalls aufschiebend bedingte Forderungen. Bedingung ist die vollständige Leistung an den Gläubiger. Der Bürge darf nach § 44 am Insolvenzverfahren nur teilnehmen, wenn der Gläubiger nicht teilnimmt (vgl. BGHZ 55, 117 = WM 1971, 107). Nimmt der Gläubiger nicht teil, ist die Regressforderung des Bürgen durch Zurückbehaltung zu berücksichtigen, sobald er den Gläubiger durch Zahlung befriedigt hat. Gleiches gilt für den Regress nehmenden Wechselindossanten und 7 den ausgeschiedenen Kommanditisten, der für Altschulden der Gesellschaft in Anspruch genommen wird (Kilger/K. Schmidt § 67 KO Anm. 1).

8 **Noch nicht entstandene Steuerforderungen,** die insolvenzrechtlich vor Verfahrenseröffnung begründet sind (§ 38), fallen unter § 191. Insolvenzrechtlich ist eine Steuerforderung begründet, wenn der zivilrechtliche Sachverhalt, der zur Entstehung des Steueranspruchs führt, verwirklicht wurde (BFH, ZIP 1993, 1892; zu Einzelfällen: MK-Füchsl/Weishäupl § 191 Rn. 11 ff.), das Entstehen jedoch noch vom Ablauf des Besteuerungszeitraums abhängt (z. B. §§ 13, 18 UStG). Sie sind als aufschiebend bedingte Forderungen zu behandeln (BFHE 134, 57 = ZIP 1981, 1261; Uhlenbruck-Uhlenbruck § 191 Rn. 6).

III. Berücksichtigung bei Abschlagsverteilungen (Abs. 1)

9 Bei Abschlagsverteilungen werden aufschiebend bedingte Forderungen wie unbedingte mit dem Nominalbetrag durch **Zurückbehaltung** berücksichtigt. Tritt die Bedingung vor der Schlussverteilung ein, ist der zurückbehaltene Betrag an den Gläubiger auszukehren. Fällt die Bedingung aus, wird der zurückbehaltene Betrag für die Masse frei. Den Bedingungseintritt hat der Gläubiger nachzuweisen. Ob die Forderung bei der Abschlagsverteilung einen Vermögenswert (vgl. Abs. 2) hat, ist im Unterschied zur Schlussverteilung bei Abschlagsverteilungen irrelevant.

IV. Berücksichtigung bei der Schlussverteilung (Abs. 2)

10 Kommt einer aufschiebend bedingten Forderung **kein Vermögenswert** zu, weil im Moment der Schlussverteilung der Bedingungseintritt fern liegt oder die Bedingung ausgefallen ist, wird der zurückbehaltene Anteil für die Masse frei. Andernfalls ist Abs. 1 Satz 2 bei der Schlussverteilung analog anzuwenden: Es erfolgt keine Auszahlung der Quote, sondern die Zurückbehaltung bis zum Bedingungseintritt. Das Fehlen einer entsprechenden Regelung beruht auf einem Redaktionsversehen des Gesetzgebers (vgl. KPB-Holzer § 191 Rn. 7). Ob der Bedingungseintritt fern liegt, ist vom Verwalter zu prüfen. Im Streitfall entscheidet das Insolvenzgericht gem. §§ 197 Abs. 3, 194 Abs. 2, 3. Der Verwalter ist darlegungs- und beweisbelastet (MK-Füchsl/Weishäupl § 191 Rn. 15). Kommt es zum Bedingungsausfall nach der Schlussverteilung oder ändern sich die Verhältnisse so, dass die Forderung keinen Vermögenswert mehr hat, wird der zurückbehaltene Betrag für die Masse frei. Auf Anordnung des Insolvenzgerichts ist eine Nachtragsverteilung durchzuführen (§ 203 Abs. 1 Nr. 1).

11 Ein in der Praxis zu beobachtendes Problem (so Bork ZIP 2007, 355) stellt die **Behandlung von Prozesskosten** dar, die bis zur Unterbrechung eines Passivprozesses über eine Insolvenzforderung entstanden sind, wenn der Insolvenzgläubiger seine Forderung angemeldet hat und diese zur Tabelle festgestellt wurde. An dem in Grenzen vergleichbaren Fall des § 86 Abs. 2 zeigt sich, dass der Gesetzgeber dem Gläubiger zumindest die Insolvenzquote auf die dem Gläubiger entstandenen Prozesskosten zubilligen will. In diesem Zusammenhang wird für die Möglichkeit des Gläubigers zur Aufnahme des Prozesses trotz Feststellung der Forderung plädiert, um bspw. Erledigungserklärungen – denn erledigt ist der Prozess in der Hauptsache (BGH, NJW 1961, 1066) – und eine Kostenentscheidung nach § 91a ZPO herbeiführen zu können (Bork a. a. O.; Stein/Jonas-Roth § 240 ZPO Rn. 27). Es fehlt allerdings an einer Norm, die dem Insolvenzgläubiger die Aufnahme des Prozesses ausdrücklich gestattet. Weder § 86 Abs. 1 noch § 179 passen ihrem Wortlaut nach. Darüber hinaus fehlt es aber auch an der Notwendigkeit einer Aufnahme des Rechtsstreits, die eine analoge Anwendung der einen oder der anderen Regelung rechtfertigen könnte. Denn der Gläubiger kann neben der Hauptforderung den – mit Rechtshängigkeit des Prozesses entstandenen, aufschiebend bedingten – prozessualen Kostenerstattungsanspruch zur Tabelle anmelden (Stein/Jonas-Bork vor § 91 ZPO Rn. 15). Wird dieser bestritten, kann der Prozess nach § 179 aufgenommen und für erledigt erklärt werden. Wird er zur Tabelle festgestellt, ist er bei der Schlussverteilung durch Zurückbehaltung der Quote zu berücksichtigen (vgl. Rdn. 10). Sobald das Insolvenzverfahren nach Vollzug der Schlussverteilung aufgehoben wird, endet die Unterbrechung des (nur in der Hauptsache, nicht aber im Kostenpunkt erledigten) Rechtsstreits, sodass der Gläubiger für erledigt

erklären kann. Mit Erlass der Kostenentscheidung tritt die (aufschiebende) Bedingung ein und die Quote kann ausgekehrt werden.

§ 192 Nachträgliche Berücksichtigung

Gläubiger, die bei einer Abschlagsverteilung nicht berücksichtigt worden sind und die Voraussetzungen der §§ 189, 190 nachträglich erfüllen, erhalten bei der folgenden Verteilung aus der restlichen Insolvenzmasse vorab einen Betrag, der sie mit den übrigen Gläubigern gleichstellt.

Übersicht	Rdn.			Rdn.
A. Normzweck	1	II.	Antragserfordernis	8
B. Norminhalt	5	III.	Zustimmung des Gläubigerausschusses	9
I. Anwendungsbereich	5	IV.	Weitere Voraussetzungen	10

A. Normzweck

Die Vorschrift dient der Gläubigergleichbehandlung und begrenzt die Ausschlusswirkung der §§ 189, 190. 1

Werden die Voraussetzungen der §§ 189, 190 bei einer Abschlagsverteilung **verspätet erfüllt**, sind die betroffenen Gläubiger nachträglich gleichzustellen. Aus Gründen der Verfahrensökonomie erfolgt die Gleichstellung nicht sofort, sondern i. R. d. folgenden Abschlags- oder Schlussverteilung vorab. 2

Die Gleichstellung erfolgt, soweit die Teilungsmasse dies zulässt. Unter Umständen fallen gleichzustellende Gläubiger (teilweise) aus, da nach der letzten Verteilung entstandene Masseverbindlichkeiten vor der Gleichstellung zu erfüllen sind (i. R. d. § 206). Reicht die Restmasse – nach Begleichung dieser Masseverbindlichkeiten – zur vollständigen Gleichstellung nicht aus, ist sie auf die gleichzustellenden Gläubiger anteilig nach dem Umfang ihrer Forderungen zu verteilen (HK-Depré § 192 Rn. 3). Die bereits berücksichtigten Gläubiger dürfen eine ausgezahlte Dividende jedenfalls behalten (BGHZ 91, 198 = ZIP 1984, 980; Braun-Kießner § 192 Rn. 8). Diese Vorgehensweise ist durch den Grundsatz der Gläubigergleichbehandlung gerechtfertigt, da dieser Grundsatz die Gleichbehandlung der Gläubiger innerhalb einer Gläubigergruppe, nicht aber der Gläubigergesamtheit gebietet. 3

Die Gleichstellung nach § 192 erfolgt bis zur Schlussverteilung. Wer bei der Schlussverteilung mangels Erfüllung der Voraussetzungen der §§ 189, 190 nicht zu berücksichtigen ist, fällt mit seiner Forderung endgültig aus. 4

B. Norminhalt

I. Anwendungsbereich

Die Gleichstellung erfolgt bei **gesetzmäßig nicht berücksichtigten Gläubigern** bestrittener oder besicherter Forderungen, die bei einer vorhergehenden Abschlagsverteilung die Voraussetzungen der §§ 189, 190 nicht erfüllt haben. § 191 gilt analog für verspätet (vgl. § 177 Abs. 1 Satz 2) angemeldete Forderungen (MK-Füchsl/Weishäupl § 192 Rn. 7). 5

Auf gesetzwidrig nicht berücksichtigte Gläubiger ist § 192 analog anzuwenden (allg. Mg. zu § 155 KO; vgl. Kilger/K. Schmidt § 155 KO Anm. 1). Das Gebot der Gleichbehandlung der Gläubiger gebietet einen »Erst-Recht-Schluss«. 6

Nach herrschender Meinung ist die nachträgliche Gleichstellung nicht beim Prozessgericht ggü. dem Verwalter einklagbar. Die Gläubiger sind durch die §§ 58, 60 hinreichend gegen Pflichtverletzung des Verwalters geschützt (Kilger/K. Schmidt § 155 KO Anm. 1). Nach §§ 194, 196, 197 7 können jedoch Einwendungen gegen das Verteilungsverzeichnis bei dem Insolvenzgericht erhoben werden (MK-Füchsl/Weishäupl § 192 Rn. 16).

II. Antragserfordernis

8 Die Gleichstellung bedarf keines Antrags. Bei gesetzwidriger Nichtberücksichtigung ist dies selbstverständlich. Im Fall gesetzmäßig nicht berücksichtigter Forderungen spricht bereits der Wortlaut des § 192 (MK-Füchsl/Weishäupl § 192 Rn. 12) gegen ein Antragserfordernis (»erhalten« im Unterschied zu § 155 KO: »verlangen können«). Ein Antragserfordernis widerspräche zudem der Verpflichtung des Verwalters zur Gleichbehandlung der Gläubiger. Da ein gleichzustellender Gläubiger einer gesetzmäßig nicht berücksichtigten Forderung innerhalb der Ausschlussfristen der §§ 189 Abs. 1, 190 Abs. 1, 2 die dort geforderten Nachweise erbringen muss, um nach § 192 gleichgestellt zu werden, ist die Streitfrage nicht von praktischer Bedeutung. Erbringt der Gläubiger die Nachweise, kann darin ein konkludenter Antrag gesehen werden.

III. Zustimmung des Gläubigerausschusses

9 Die nachträgliche Berücksichtigung erfordert die Zustimmung des Gläubigerausschusses, wenn ein solcher bestellt ist (HK-Depré § 192 Rn. 4; Kilger/K. Schmidt § 155 KO Anm. 1; a. A. MK-Füchsl/Weishäupl § 192 Rn. 13). Die Zustimmung nach § 187 Abs. 3 Satz 2 ist auf ein inhaltlich konkretisiertes Teilungsverzeichnis bezogen. Dessen nachträgliche Korrektur ist von der Zustimmung nicht ohne Weiteres umfasst.

IV. Weitere Voraussetzungen

10 Der gleichzustellende Gläubiger muss die Voraussetzungen der §§ 189, 190 nachträglich erfüllen. Die Nachweise sind ggü. dem Verwalter vor Ablauf der Ausschlussfrist für die nächste Verteilung zu erbringen. **Dies gilt nicht** bei nachträglich angemeldeten unbestrittenen Forderungen; dort genügt deren Feststellung. Gleiches gilt bei gesetzwidrig nicht berücksichtigten Gläubigern.

§ 193 Änderung des Verteilungsverzeichnisses

Der Insolvenzverwalter hat die Änderungen des Verzeichnisses, die auf Grund der §§ 189 bis 192 erforderlich werden, binnen drei Tagen nach Ablauf der in § 189 Abs. 1 vorgesehenen Ausschlußfrist vorzunehmen.

Übersicht

	Rdn.		Rdn.
A. Normzweck	1	II. Änderung des Verzeichnisses	3
B. Norminhalt	2	III. Berichtigung des Verzeichnisses	5
I. Fristenberechnung	2	IV. Niederlegung	7

A. Normzweck

1 Das Verteilungsverzeichnis gem. § 188 bildet die notwendige Voraussetzung und Grundlage für jegliche Verteilung an die Insolvenzgläubiger. Sind Forderungen unter den Bedingungen der §§ 189 bis 192 bei einer Verteilung zu berücksichtigen, hat der Insolvenzverwalter die notwendigen Änderungen des Verteilungsverzeichnisses binnen 3 Tagen nach Ablauf der 2-Wochen-Frist des § 189 Abs. 1 vorzunehmen.

Die kurze 3-Tages-Frist ist im Zusammenhang mit der Regelung des § 194 Abs. 1 zu sehen. Den Gläubigern soll die Möglichkeit gegeben werden, auch gegen die Änderungen des Verzeichnisses in den verbleibenden 4 Tagen der Wochenfrist des § 194 Abs. 1 Einwendungen erheben zu können (MK-Füchsl/Weishäupl/Kebekus/Schwarzer § 193 Rn. 1).

B. Norminhalt

I. Fristenberechnung

Die **3-Tages-Frist** beginnt mit dem Ablauf der Ausschlussfrist des § 189 Abs. 1 (§ 4, § 222 ZPO, § 187 BGB) und endet mit Ablauf des dritten Tages (§ 4, § 222 ZPO, 188 BGB), es sei denn, es handelt sich um einen Sonntag, Feiertag oder Sonnabend. Eine **Wiedereinsetzung ist nicht möglich**, weil es sich um keine Notfrist handelt (§§ 224 Abs. 1, 233 ZPO). Änderungen des Verzeichnisses nach Ablauf der Frist sind unzulässig (MK-Füchsl/Weishäupl/Kebekus/Schwarzer § 193 Rn. 2; H/W/F, InsO, § 193 Rn. 8).

II. Änderung des Verzeichnisses

Die Änderungen erfolgen **ausschließlich durch den Insolvenzverwalter** durch Eintragung eines Vermerks in der Berichtigungsspalte des Verzeichnisses in dem auf der Geschäftsstelle des Insolvenzgerichts niedergelegten Exemplar des Verteilungsverzeichnisses.

Wird die Insolvenztabelle und das daraus resultierende Verteilungsverzeichnis durch den Verwalter elektronisch geführt, ist das bislang niedergelegte Exemplar auf der Geschäftsstelle des Insolvenzgerichts durch Übersendung einer neuen elektronischen Datei nebst Ausdruck mit eingearbeiteten Änderungen zu ersetzen (Uhlenbruck-Uhlenbruck § 193 Rn. 4; H/W/F, InsO, § 193 Rn. 13).

Änderungen des Verzeichnisses kommen in Betracht, wenn nachträglich Forderungen aufgenommen oder gestrichen werden. Im Einzelnen kommen folgende **Änderungen** in Betracht:

▶ Übersicht: Änderungen des Verzeichnisses gem. § 193

- **Änderungen gem. § 189:**
  Weist ein Gläubiger als Inhaber einer nicht titulierten bzw. nicht festgestellten Forderung innerhalb der Ausschlussfrist des § 189 Abs. 1 nach, für welchen Betrag er die **Feststellungsklage** erhoben oder einen früheren Rechtsstreit aufgenommen hat, ist die bestrittene Forderung in dieser Höhe in das Verteilungsverzeichnis aufzunehmen. (Zur Frage der rechtzeitigen und ausreichenden Nachweispflicht der Erhebung der Feststellungsklage durch Gläubiger s. § 189 Rdn. 7 sowie BGH, ZInsO 2012, 1987 m. w. N.).

- **Änderungen gem. § 190:**
  Verzichtet ein Gläubiger auf das Recht auf abgesonderte Befriedigung oder weist er nach, in welcher Höhe er bei der Verwertung endgültig ausgefallen ist (§ 190 Abs. 1), ist die absonderungsberechtigte Forderung in das Verteilungsverzeichnis in entsprechender Höhe aufzunehmen, wenn der Gläubiger den Nachweis innerhalb der Ausschlussfrist des § 189 Abs. 1 führt.
  Bei **Abschlagsverteilungen** ist der **mutmaßliche Ausfall glaubhaft zu machen** (§ 190 Abs. 2). Spätestens bei der Vornahme der Schlussverteilung muss der endgültige Ausfall feststehen, ansonsten wird der zuvor zurückbehaltene Anteil für die Masse frei (§ 190 Abs. 2 Satz 3).

- **Änderungen gem. § 191:**
  Wenn bei der Schlussverteilung die Möglichkeit für den Eintritt der aufschiebend bedingten Forderung weggefallen ist – die Forderung mithin **ausfällt** (§ 191 Abs. 2 Satz 1) –, hat der Insolvenzverwalter dies innerhalb der Frist des § 193 durch Eintragung zu berücksichtigen. Der Eintritt der aufschiebenden Bedingung führt **nicht** zu einer Änderung des Verzeichnisses, weil im Verzeichnis nicht zwischen Zurückbehaltung und Auszahlung unterschieden wird.

- **Änderungen gem. § 192:**
  Das Verzeichnis ist dann zu ändern, wenn Gläubiger, die bei vorangegangenen Verteilungen bisher nicht berücksichtigt wurden, nun aber **nachträglich** fristgerecht **die Voraussetzungen** für die anstehende Verteilung gem. §§ 189, 190 erfüllen. Dabei hat der Verwalter auch den Stand der Gleichstellung dieser Gläubiger hinsichtl. ihrer Quotenzahlung im Vergleich zu den übrigen Gläubigern zu vermerken.

§ 194 InsO Einwendungen gegen das Verteilungsverzeichnis

III. Berichtigung des Verzeichnisses

5 Neben den ausdrücklich in § 193 erwähnten Änderungsmöglichkeiten des Verteilungsverzeichnisses sind auch **Berichtigungen von offenbaren Unrichtigkeiten und Irrtümern** zulässig. Bloße Schreib- oder Rechenfehler können auch noch nach Ablauf der 3-Tages-Frist vom Verwalter berichtigt werden.

6 Eine bloße Beschränkung auf die Berichtigung von Schreib- und Rechenfehlern wird teilweise als fehlerhaft angesehen (MK-Füchsl/Weishäupl/Kebekus/Schwarzer § 193 Rn. 8). Dem Verwalter muss angesichts seiner drohenden Haftung zugebilligt werden, auch sonstige, von ihm ohne Weiteres zu erkennende Fehler – z. B. die fehlerhafte Nichtaufnahme einer festgestellten Forderung in das Verteilungsverzeichnis – von sich aus innerhalb der 3-Tages-Frist zu beseitigen. Die Gegenmeinung hält insoweit an der Gläubigermaxime fest und überlässt die notwendigen Änderungen im Verteilungsverzeichnis der alleinigen Initiative der Gläubiger, sofern es sich nicht um reine Schreib- bzw. Rechenfehler handelt (KPB-Holzer § 193 Rn. 2).

IV. Niederlegung

7 Das geänderte Verteilungsverzeichnis ist gem. § 188 Satz 2 niederzulegen. Grds. sind hierzu die Änderungen in dem auf der **Geschäftsstelle des Insolvenzgerichts niedergelegten Exemplar** in der Berichtigungsspalte des Verteilungsverzeichnisses vorzunehmen, denn dann sind Gläubiger, die bereits in das ursprüngliche Verzeichnis Einblick genommen hatten, ohne Weiteres in der Lage, die vorgenommenen Änderungen zu erkennen (NR-Westphal § 193 Rn. 3).

Der Gesetzgeber hat dies in seinem Wortlaut so explizit nicht geregelt. Der Vorschrift wird danach auch Genüge getan, wenn der Verwalter mit den Änderungen ein komplett neues Verzeichnis auf der Geschäftsstelle des Insolvenzgerichts einreicht; zumal die Insolvenztabelle und das daraus resultierende Verteilungsverzeichnis durch immer mehr Verwalter elektronisch geführt und bearbeitet werden. In dem Fall wird das bislang niedergelegte Exemplar auf der Geschäftsstelle des Insolvenzgerichts durch eine neue Datei und einen neuen Ausdruck mit eingearbeiteten Änderungen ersetzt (Uhlenbruck-Uhlenbruck § 193 Rn. 4; A/G/R-Wagner, § 193 Rn. 4).

8 Eine **erneute Bekanntmachung** der Verteilungsmasse aufgrund der vorgenommenen Änderungen **erfolgt nicht** (NR-Westphal § 193 Rn. 10). Zum einen unterliegt die Verteilungsmasse ohnehin ständigen Veränderungen. Zum anderen soll die Bekanntmachung der Verteilungsmasse den am Verfahren bisher nicht beteiligten Gläubigern die Entscheidung ermöglichen, ob sie am Verfahren überhaupt teilnehmen wollen. Nach Ablauf der Ausschlussfrist des § 189 Abs. 1 ist diese Möglichkeit für diese mangels Verfahrensteilnahme nicht berücksichtigten Gläubiger ohnehin nicht mehr gegeben.

§ 194 Einwendungen gegen das Verteilungsverzeichnis

(1) Bei einer Abschlagsverteilung sind Einwendungen eines Gläubigers gegen das Verzeichnis bis zum Ablauf einer Woche nach dem Ende der in § 189 Abs. 1 vorgesehenen Ausschlußfrist bei dem Insolvenzgericht zu erheben.

(2) ¹Eine Entscheidung des Gerichts, durch die Einwendungen zurückgewiesen werden, ist dem Gläubiger und dem Insolvenzverwalter zuzustellen. ²Dem Gläubiger steht gegen den Beschluß die sofortige Beschwerde zu.

(3) ¹Eine Entscheidung des Gerichts, durch die eine Berichtigung des Verzeichnisses angeordnet wird, ist dem Gläubiger und dem Verwalter zuzustellen und in der Geschäftsstelle zur Einsicht der Beteiligten niederzulegen. ²Dem Verwalter und den Insolvenzgläubigern steht gegen den Beschluß die sofortige Beschwerde zu. ³Die Beschwerdefrist beginnt mit dem Tag, an dem die Entscheidung niedergelegt worden ist.

Einwendungen gegen das Verteilungsverzeichnis **§ 194 InsO**

Übersicht	Rdn.		Rdn.
A. Normzweck	1	IV. Erhebung von Einwendungen	8
B. Norminhalt	2	V. Entscheidung	9
I. Einwendungen	2	C. **Verfahrensfragen**	12
II. Einwendungsberechtigte	5	D. **Irrtümlich unberücksichtigte Gläubiger**	14
III. Einwendungsfrist	7		

A. Normzweck

Abs. 1 gilt unmittelbar **nur für Abschlagsverteilungen**. Für die Schlussverteilung sind Abs. 2 und 3 entsprechend anwendbar (§ 197 Abs. 3). 1

Für Nachtragsverteilungen spielt die Vorschrift unmittelbar keine Rolle, da es kein Nachtragsverteilungsverzeichnis gibt (§ 205). Einwendungen gegen das Schlussverzeichnis können sich aber auf Nachtragsverteilungen auswirken.

Daneben regelt die Vorschrift in den Abs. 2 und 3, wem die Entscheidung des Gerichts zuzustellen und wer beschwerdeberechtigt ist.

B. Norminhalt

I. Einwendungen

Die **Erhebung von Einwendungen** ist sowohl gegen das ursprüngliche Verzeichnis selbst (§ 188 Satz 1) als auch gegen das vom Insolvenzverwalter berichtigte Verzeichnis (§ 193) möglich. Vorgebracht werden können Einwendungen **gegen jede Art der Berücksichtigung oder Nichtberücksichtigung** einer Forderung (BK-Breutigam § 194 Rn. 3). 2

Ein Gläubiger kann also geltend machen, dass seine Forderung entgegen den verfahrensrechtlichen Bestimmungen der §§ 188 ff. zu Unrecht nicht berücksichtigt wurde. Umgekehrt kann der Gläubiger auch das Ziel verfolgen, eine entgegen den Vorschriften der §§ 188 ff. berücksichtigte Forderung eines anderen Gläubigers aus dem Verzeichnis zu streichen. Oder ein Gläubiger kann einwenden, dass vor der Verteilungsvornahme eine Gleichstellung nach § 192 zu erfolgen habe oder gerade nicht erfolgen darf (A/G/R-Wagner, § 194 Rn. 4; NR-Westphal § 194 Rn. 5).

Der vom Gläubiger zu erbringende Nachweis zur Aufnahme in das Verteilungsverzeichnis gem. §§ 189, 190 kann als Einwendung innerhalb der Einwendungsfrist nicht nachgeholt werden, weil ansonsten die Ausschlussfrist des § 189 verlängert würde (MK-Füchsl/Weishäupl/Kebekus/Schwarzer § 194 Rn. 4). Ein anderer Fall liegt vor, wenn der Verwalter bestreitet, die nach den Aussagen des Gläubigers vorgelegten Nachweise rechtzeitig innerhalb der Ausschlussfrist erhalten zu haben. 3

Ein **Anspruch auf Durchführung einer Verteilung** kann ebenfalls nicht im Wege einer Einwendung verfolgt werden. Auch eine Erhöhung der für eine Verteilung vom Insolvenzverwalter bereitgestellten Masse und damit eine Erhöhung der Quote kann nicht mit dem Einwendungsverfahren verfolgt werden, denn nach Abs. 1 sind nur Einwendungen gegen das Verzeichnis als solches zulässig; die Verteilungsquote ergibt sich aber nicht aus dem Verzeichnis, sondern aus der Bekanntmachung gem. § 188 Satz 3 (MK-Füchsl/Weishäupl/Kebekus/Schwarzer § 194 Rn. 5).

Soweit Grund und Höhe einer Forderung streitig sind, sind solche **Einwendungen nur im Feststellungsverfahren** (§ 179 Abs. 1) vor dem Prozessgericht (§ 180) zu verfolgen. Eine solche Einwendung betrifft nicht das Verteilungsverzeichnis und ist daher unzulässig (HK-Depré § 194 Rn. 3). 4

II. Einwendungsberechtigte

Einwendungsberechtigt ist jeder **Insolvenzgläubiger** (§ 38), der seine Forderung angemeldet hat und der ein rechtliches Interesse an der Änderung des Verzeichnisses besitzt. Dagegen müssen die Forderungen noch nicht geprüft worden sein (Uhlenbruck-Uhlenbruck § 194 Rn. 2). Es ist ausreichend, dass die Anmeldung der Forderung beim Insolvenzverwalter erfolgt ist (§ 174 Abs. 1 Satz 1). 5

§ 194 InsO Einwendungen gegen das Verteilungsverzeichnis

Nachrangige Gläubiger (§ 39) scheiden bei einer Abschlagsverteilung aus (§ 187 Abs. 2 Satz 2) und können deshalb grds. nicht am Einwendungsverfahren teilnehmen, da sie nicht beschwert sind. Nur für den Fall, dass bei Erfolg der Einwendung die Möglichkeit besteht, dass der nachrangige Gläubiger doch noch berücksichtigt wird, ist seine Einwendung zuzulassen (MK-Füchsl/Weishäupl/Kebekus/Schwarzer § 194 Rn. 6).

6 **Massegläubiger** (§ 53) und **Gläubiger mit Aussonderungsansprüchen** sind nicht einwendungsberechtigt, da sie vorab aus der Insolvenzmasse zu befriedigen sind (A/G/R-Wagner, § 194 Rn. 3).

Ebenfalls nicht einwendungsberechtigt ist der **Insolvenzschuldner**, dessen Rechte vom Verwalter wahrgenommen werden.

III. Einwendungsfrist

7 Die Einwendungsfrist beträgt **eine Woche** und beginnt mit dem Ablauf des letzten Tages der Ausschlussfrist des § 189 Abs. 1 (§ 222 ZPO, § 187 Abs. 2 BGB, § 4). Sie endet mit Ablauf des Tages, der in seiner Benennung dem letzten Tag der Ausschlussfrist entspricht (§ 188 Abs. 2 BGB, § 222 Abs. 1 ZPO, § 4).

Bei dieser Wochenfrist handelt es sich entsprechend der Frist des § 189 Abs. 1 ebenfalls um eine **Ausschlussfrist** (§§ 230, 231 ZPO, § 4). Sie kann nicht verlängert werden (§ 224 ZPO, § 4). Eine Wiedereinsetzung ist ebenfalls nicht möglich, weil es sich nicht um eine Notfrist handelt (§§ 224 Abs. 1, 233 ZPO, § 4). Bei Säumnis sind die Einwendungsberechtigten nach Fristablauf mit ihren Einwendungen **ausgeschlossen** (HK-Depré § 194 Rn. 4).

Die Erhebung von Einwendungen ist auch schon vor Beginn der Frist statthaft.

IV. Erhebung von Einwendungen

8 Die Einwendungen sind beim **Insolvenzgericht** (§§ 2, 3) geltend zu machen. Funktionell ist der Rechtspfleger zuständig, sofern sich der Richter das Einwendungsverfahren nicht vorbehalten hat (§§ 3 Nr. 2e, 18 Abs. 2 RPflG).

Sind sie ggü. dem Verwalter erhoben worden, so ist zur Fristwahrung erforderlich, dass die Einwendungen weitergegeben werden und innerhalb der Frist bei Gericht eingehen. Gehen die Einwendungen **rechtzeitig bei einem sachlich oder örtlich unzuständigen Gericht** ein, ist es **unschädlich**, wenn erst nach Ablauf der Einwendungsfrist an das zuständige Gericht verwiesen wird (BGHZ 97, 155, 161 = NJW 1986, 2255).

Aus der allg. Verweisung in § 4 auf die ZPO ergibt sich, dass die **Einwendungen schriftlich** einzureichen oder mündlich **zu Protokoll der Geschäftsstelle** des Insolvenzgerichts zu erklären sind (§ 496 ZPO) (A/G/R-Wagner, § 194 Rn. 6; a. A. H/W/F, InsO, § 194 Rn. 15).

V. Entscheidung

9 Für das Verfahren vor dem Insolvenzgericht gelten die Vorschriften der §§ 4 bis 9. Besonderheiten ergeben sich aus § 5 Abs. 1 (Amtsermittlungsprinzip, ggf. Einvernahme von Zeugen oder Sachverständigen), § 5 Abs. 2 (Entscheidungen können ohne vorherige mündliche Verhandlung ergehen).

Dem Insolvenzverwalter ist vor der Entscheidung stets **rechtliches Gehör** zu gewähren, Gläubigern dann, wenn sie von der erhobenen Einwendung betroffen sind (KPB-Holzer § 194 Rn. 11).

10 Das Insolvenzgericht **entscheidet durch Beschluss** (Abs. 2 und 3), indem es entweder die Einwendung zurückweist oder auf die Einwendung hin die Berichtigung des Verteilungsverzeichnisses anordnet. Das Gericht selbst berichtigt das Verzeichnis **nicht** (Abs. 3 Satz 1). Die **Berichtigung** hat **ausschließlich durch den Verwalter** zu erfolgen (§ 193), und zwar entweder durch Aufnahme der bisher nicht berücksichtigten Forderung oder durch Streichung einer bisher im Verzeichnis enthaltenen Forderung.

Im Fall einer die Einwendung **abweisenden Entscheidung** bestimmt Abs. 2, dass das Insolvenzgericht diese von Amts wegen sowohl dem Gläubiger, der diese Einwendung erhoben hat, als auch dem Insolvenzverwalter **zuzustellen** (§ 8) hat. Eine Zustellung an alle übrigen Insolvenzgläubiger erfolgt nicht, da sie durch die abweisende Entscheidung nicht beschwert sind (Uhlenbruck-Uhlenbruck § 194 Rn. 13).

Im Fall einer **stattgebenden Entscheidung** bestimmt Abs. 3, dass das Insolvenzgericht die Berichtigung des Verteilungsverzeichnisses anordnet. Die Entscheidung ist gem. Abs. 3 Satz 1 von Amts wegen dem Gläubiger und dem Verwalter **zuzustellen** (§ 8); des Weiteren ist sie auf der Geschäftsstelle des Insolvenzgerichts zur Einsicht der Beteiligten **niederzulegen**. Eine gesonderte Unterrichtung aller Gläubiger sieht das Gesetz für diesen Fall nicht vor. Da im Fall einer stattgebenden Entscheidung die Beschwerdefrist mit dem Tag der Niederlegung auf der Geschäftsstelle des Insolvenzgerichts beginnt (Abs. 3 Satz 3) und sämtliche Insolvenzgläubiger durch die Berichtigung des Verzeichnisses dann beschwert sind, wenn eine zusätzliche Forderung in das Verzeichnis auf Anordnung des Gerichts aufzunehmen ist, führt der Mangel der Zustellung der Entscheidung durch die durch die Niederlegung beginnende Beschwerdefrist zu einer Benachteiligung derjenigen Insolvenzgläubiger, die nicht am Einwendeverfahren beteiligt waren und so von der Entscheidung und von der Niederlegung i. d. R. keine Kenntnis erlangen (HK-Depré § 194 Rn. 8). Um hier Abhilfe zu schaffen kann das Insolvenzgericht den Verwalter mit der Zustellung an sämtliche Insolvenzgläubiger beauftragen (§ 8 Abs. 3) oder die Entscheidung im Wege der Veröffentlichung gem. § 9 allen Beteiligten ggü. bekannt machen (KPB-Holzer § 194 Rn. 15).

C. Verfahrensfragen

Gegen den Beschluss, durch den die Einwendung eines Gläubigers zurückgewiesen worden ist, ist diesem gem. Abs. 2 Satz 2 die **sofortige Beschwerde** (§ 6) eröffnet. Die Beschwerdefrist beginnt mit der Verkündung der Entscheidung bzw. mit der Zustellung des Beschlusses an den Beschwerdeberechtigten (§ 6 Abs. 2). Das Insolvenzgericht ist nach § 572 Abs. 1 ZPO befugt, der sofortigen Beschwerde abzuhelfen. Wird nicht abgeholfen, so ist die sofortige Beschwerde unverzüglich dem übergeordneten LG zur Entscheidung vorzulegen. Dieses Verfahren findet entsprechend Anwendung, sofern anstelle des Richters der Rechtspfleger die Entscheidung getroffen hat (§ 11 Abs. 1 RPflG).

Die Entscheidung des LG wird erst mit Rechtskraft wirksam, wobei § 6 Abs. 3 Satz 2 eine Anordnung der sofortigen Wirksamkeit ab Verkündung zulässt.

Gegen den Beschluss, durch den eine **Berichtigung** des Verzeichnisses **angeordnet** wird, steht dem Insolvenzverwalter und allen beschwerten Insolvenzgläubigern die sofortige Beschwerde (§ 6) zu. Ein Insolvenzgläubiger ist dann beschwert, sofern durch den Vollzug dieser Entscheidung sein Quotenanspruch beeinträchtigt wird. Abweichend von § 6 Abs. 2 bestimmt Abs. 3 Satz 3, dass der **Tag der Niederlegung** für den **Beginn der zweiwöchigen Beschwerdefrist** (§ 569 Abs. 1 ZPO) maßgeblich ist (s. Rdn. 11). Eine vorherige Zustellung der Entscheidung verkürzt diese Beschwerdefrist nicht.

Hat der Rechtspfleger die die Berichtigung anordnende Entscheidung getroffen, findet Abs. 3 gleichermaßen Anwendung (§ 11 Abs. 1 RPflG).

D. Irrtümlich unberücksichtigte Gläubiger

Sind **Insolvenzgläubiger irrtümlich bei der Verteilung nicht berücksichtigt** worden, obgleich sie im Verzeichnis aufgenommen oder nach der Aufnahme irrtümlich gestrichen wurden, haben sie gegen die anderen, in der Quotenzahlung begünstigten Insolvenzgläubiger **keine** Ansprüche aus ungerechtfertigter Bereicherung (BGHZ 91, 198, 205 = ZIP 1984, 980; H/W/F, InsO, § 194 Rn. 14).

§ 195 InsO Festsetzung des Bruchteils

Hatte der Insolvenzgläubiger seine Forderung ordnungsgemäß angemeldet, ist sie geprüft, festgestellt und in das Verteilungsverzeichnis aufgenommen worden und hat der Insolvenzverwalter sie trotzdem bei der Schlussverteilung nicht berücksichtigt, liegt ggf. ein Sachverhalt vor, der die Haftung des Verwalters nach § 60 begründet. Hatte der betroffene Gläubiger im Schlusstermin keine Einwendungen erhoben, ist er von der Schlussverteilung ausgeschlossen und muss sich ggf. ein Mitverschulden wegen der nicht genutzten Möglichkeit der Einwendungserhebung anrechnen lassen.

Der Insolvenzverwalter kann den den übrigen Insolvenzgläubigern zu viel ausbezahlten Betrag gem. § 812 Abs. 1 Satz 1 BGB zurückfordern (Uhlenbruck-Uhlenbruck § 194 Rn. 19).

§ 195 Festsetzung des Bruchteils

(1) ¹Für eine Abschlagsverteilung bestimmt der Gläubigerausschuß auf Vorschlag des Insolvenzverwalters den zu zahlenden Bruchteil. ²Ist kein Gläubigerausschuß bestellt, so bestimmt der Verwalter den Bruchteil.

(2) Der Verwalter hat den Bruchteil den berücksichtigten Gläubigern mitzuteilen.

Übersicht	Rdn.		Rdn.
A. Normzweck	1	II. Mitteilung an Gläubiger (Abs. 2)	6
B. Norminhalt	2	C. Verfahrensfragen	8
I. Festsetzung des Bruchteils (Abs. 1)	2		

A. Normzweck

1   Die Vorschrift gilt nur für **Abschlagsverteilungen**. Bedeutung erlangt sie dadurch, dass Massegläubiger, die sich nicht rechtzeitig gemeldet haben, ab dem Zeitpunkt der Festsetzung der Quoten von der für die Verteilung bereitgestellten Masse **ausgeschlossen sind** (§ 206 Nr. 1). Der Vollzug der Verteilung schließt sich unmittelbar an.

B. Norminhalt

I. Festsetzung des Bruchteils (Abs. 1)

2   Die Festsetzung des Bruchteils für die Abschlagsverteilung ist eine **Verwaltungsmaßnahme** (Uhlenbruck-Uhlenbruck § 195 Rn. 4). Das Insolvenzgericht nimmt grds. keinen Einfluss, sondern überwacht lediglich gem. § 58.

3   Ist ein **Gläubigerausschuss bestellt**, so hat der Verwalter nach Abs. 1 Satz 1 diesem einen Vorschlag für die Quote zu unterbreiten, nachdem er zunächst den auf die einzelnen Forderungen der Gläubiger entfallenen Bruchteil berechnet hat. Grundlage für diese Berechnung ist das **Verteilungsverzeichnis** (§ 188), wie es sich nach Abschluss des Einwendungsverfahrens und nach Vollzug der ggf. angeordneten Änderungen (§§ 189, 190, 192) i. S. v. §§ 193, 194 darstellt. Bei der **Berechnung des Prozentsatzes der Quote** darf der für die Verteilung verfügbare Betrag nicht über dem gem. § 188 Satz 3 veröffentlichten Betrag liegen, da sich das Ausschlussverfahren gem. § 189 Abs. 1 nur auf die in der öffentlichen Bekanntmachung nach § 188 mitgeteilten Umstände bezieht (MK-Füchsl/Weishäupl/Kebekus/Schwarzer § 195 Rn. 5). Eine nach der Veröffentlichung gem. § 188 Satz 3 eingetretene Reduzierung des zur Verteilung verfügbaren Betrages ist bei der Bruchteilsberechnung zu berücksichtigen.

Der **Gläubigerausschuss** hat die Quote festzusetzen (kritisch dazu: H/W/F, InsO, § 195 Rn. 7 und 12). An den Vorschlag des Verwalters ist der Gläubigerausschuss allerdings nicht gebunden. Sollte der Gläubigerausschuss einen höheren, als den in der Veröffentlichung gem. § 188 Satz 3 zur Verteilung verfügbaren Betrag festsetzen, so ist der Verwalter nicht verpflichtet, diesen Beschluss umzusetzen (BK-Breutigam § 195 Rn. 3).

Ist **kein Gläubigerausschuss** bestellt, so bestimmt der Insolvenzverwalter den Bruchteil und damit die Ausschüttungsquote **nach eigenem Ermessen** (Abs. 1 Satz 2). Hier steht das Ermessen allein unter der Aufsicht des Insolvenzgerichts (§ 58), das aber nicht verpflichtet ist, die Berechnung der Bruchteilsfestsetzung auf Richtigkeit zu überprüfen (MK-Füchsl/Weishäupl/Kebekus/Schwarzer § 195 Rn. 2). Auch in diesem Fall ist Grundlage für die Berechnung des Prozentsatzes das Verzeichnis nach § 188 sowie das ggf. gem. § 193 abgeänderte bzw. nach § 194 nach Abschluss des Einwendungsverfahrens korrigierte Verteilungsverzeichnis. 4

Verzögert der Gläubigerausschuss oder der Insolvenzverwalter **pflichtwidrig** eine Abschlagsverteilung, kann das Insolvenzgericht im Aufsichtswege (§ 58) ggü. dem Verwalter bzw. nach § 70 ggü. Mitgliedern des Gläubigerausschusses vorgehen, um die Vornahme einer gebotenen Abschlagsverteilung zu erzwingen. Daneben können Gläubiger Schadensersatzansprüche ggü. dem Verwalter bzw. Mitgliedern des Gläubigerausschusses (§§ 60, 71) geltend machen. 5

II. Mitteilung an Gläubiger (Abs. 2)

Der Insolvenzverwalter hat nach Abs. 2 den von dem Gläubigerausschuss bzw. von ihm festgelegten Prozentsatz des Bruchteils denjenigen Gläubigern mitzuteilen, die bei der Abschlagsverteilung berücksichtigt werden. Besondere Formvorschriften hierfür sieht das Gesetz nicht vor. Der Insolvenzverwalter kann seiner Mitteilungspflicht entweder mündlich oder schriftlich an alle zu berücksichtigenden Gläubiger oder durch öffentliche Bekanntmachung nachkommen. Es reicht aus, wenn der Insolvenzverwalter den Gläubigern den Bruchteil auf dem Überweisungsformular mitteilt (A/G/R-Wagner, § 195 Rn. 5; BK-Breutigam § 195 Rn. 9). 6

Die Mitteilung an nur einen Gläubiger hat zur Folge, dass die Festsetzung des Bruchteils **wirksam** wird (MK-Füchsl/Weishäupl/Kebekus/Schwarzer § 195 Rn. 7). Massegläubiger, die erst nach Festsetzung des Bruchteils bekannt werden, sind außer Acht zu lassen (§ 206 Nr. 1). 7

Nach der Festsetzung des Bruchteils ist eine **Änderung** nur noch **aus wichtigem Grund** möglich. Dies ist z. B. dann der Fall, wenn die Berechnung offensichtlich fehlerhaft war – keine Änderung bei nachträglicher Kenntnis des Verwalters von weiteren Massegläubigern wegen der Präklusionswirkung des § 206 Nr. 1.

C. Verfahrensfragen

Ein einklagbarer **Anspruch** gegen die Insolvenzmasse **auf Auszahlung** der mitgeteilten Quote besteht für die Gläubiger nicht (MK-Füchsl/Weishäupl/Kebekus/Schwarzer § 195 Rn. 8). 8

Entsteht den Gläubigern durch eine pflichtwidrig vom Verwalter vorenthaltene oder durch eine von ihm verursachte fehlerhafte Durchführung bei der Abschlagsverteilung verschuldeter Schaden, können ggf. Schadensersatzansprüche gem. § 60 – unter Beteiligung eines Gläubigerausschusses gegen diesen gem. § 71 – geltend gemacht werden.

Den Gläubigern steht selbst **kein Rechtsmittel** gegen die Vornahme der Abschlagsverteilung und deren Berechnung zur Verfügung, da es sich um eine reine Verwaltungsmaßnahme handelt (s. § 187 Rdn. 7). 9

§ 196 Schlußverteilung

(1) Die Schlußverteilung erfolgt, sobald die Verwertung der Insolvenzmasse mit Ausnahme eines laufenden Einkommens beendet ist.

(2) Die Schlußverteilung darf nur mit Zustimmung des Insolvenzgerichts vorgenommen werden.

§ 196 InsO Schlußverteilung

Übersicht

	Rdn.			Rdn.
A.	Normzweck	1	III. Widerruf der Zustimmung	11
B.	Norminhalt	3	IV. Durchführung der Schlussverteilung	12
I.	Verwertung der Insolvenzmasse (Abs. 1)	3	C. Verfahrensfragen	15
II.	Zustimmung des Insolvenzgerichts (Abs. 2)	8		

A. Normzweck

1 Die Schlussverteilung ist die **Ausschüttung der gesamten noch vorhandenen Teilungsmasse** an die Gläubiger, die nach der endgültigen Verwertung der Insolvenzmasse verbleibt (HK-Depré § 196 Rn. 1). Der Insolvenzverwalter hat das Verfahren durch Vornahme der Schlussverteilung zu beenden, sobald feststeht, dass weitere Barmittel nicht mehr in absehbarer Zeit zur Verteilung an die Insolvenzgläubiger zu erwirtschaften sind.

Der Vorschrift kommt deshalb große **Bedeutung** zu, weil Insolvenzgläubiger, die bei der Schlussverteilung ausgeschlossen sind, auch bei Nachtragsverteilungen nicht mehr berücksichtigt werden (§ 205 Satz 1). Nach der Schlussverteilung ist es nicht mehr möglich, aufgetretene Irrtümer auszugleichen. Deshalb sieht das Gesetz eine Überprüfung und die Genehmigung durch das Insolvenzgericht vor (Abs. 2).

Die Durchführung der Schlussverteilung liegt **nicht** im Ermessen des Insolvenzverwalters.

2 Die Vorschriften über die Verteilung (§§ 187 bis 189, 190 Abs. 1 u. 3 Satz 1, 191 Abs. 2, 192, 193, 194 Abs. 2 u. 3) finden auch auf die Schlussverteilung Anwendung.

B. Norminhalt

I. Verwertung der Insolvenzmasse (Abs. 1)

3 Die Schlussverteilung hat nach Abs. 1 zu erfolgen, wenn die Insolvenzmasse vollständig verwertet, d. h. der letzte verwertbare Massegegenstand in Geld umgesetzt ist.

Dies ist grds. erst dann der Fall, wenn **sämtliche verwertbaren Vermögensgegenstände** liquidiert worden sind und sich ggf. nur noch unverwertbare Gegenstände in der Masse befinden. Hierdurch ist zum einen der Zeitpunkt festgelegt, zu dem frühestens die Schlussverteilung erfolgen kann, und zum anderen die Bestimmung erfolgt, dass der Insolvenzverwalter nach Beendigung der Verwertung der Masse die Schlussverteilung durchführen muss.

Verzögert der Verwalter **pflichtwidrig** die Durchführung der Schlussverteilung obwohl die Verwertung der Masse beendet ist, kann zuungunsten der Gläubiger ein Zinsschaden entstehen, der ggf. im Wege der Schadensersatzpflicht ggü. dem Verwalter (§ 60) geltend gemacht werden kann (MK-Füchsl/Weishäupl/Kebekus/Schwarzer § 196 Rn. 2).

Das Insolvenzgericht kann den Insolvenzverwalter anweisen, ggf. unter Androhung bzw. Festsetzung von Zwangsgeld (§ 58 Abs. 2), die Schlussverteilung durchzuführen (§ 58).

4 Noch vorhandene **unverwertbare Massegegenstände** hindern die Durchführung der Schlussverteilung nicht, da dadurch der Barbestand der Masse nicht vergrößert wird. Über das Schicksal solcher Gegenstände entscheiden nach § 197 Abs. 1 Satz 2 Nr. 3 die Gläubiger.

5 Sind noch Massegegenstände vorhanden, deren Verwertung aus rechtlichen oder tatsächlichen Gründen erst in **ferner Zukunft** möglich werden kann, so kann die Verwertung dieser Gegenstände im Schlusstermin einer späteren Nachtragsverteilung vorbehalten bleiben (§ 197 Abs. 1 Satz 2 Nr. 3). Dieses Problem kann z. B. auftreten, wenn zur Insolvenzmasse noch **Werklohnforderungen** gehören, aber eine vollständige Zahlungspflicht aufgrund bisher nicht abgelaufener Gewährleistungsfristen noch nicht besteht. Damit die ansonsten mögliche Schlussverteilung nicht ggf. über

Jahre hinaus verzögert wird, kann die Verwertung solcher Massegegenstände im Schlusstermin einer Nachtragsverteilung vorbehalten werden, die dann gem. §§ 203 bis 205 durchzuführen ist.

Anhängige Feststellungsprozesse (§ 179) hindern die Durchführung der Schlussverteilung dann nicht, wenn durch den Ausgang des Prozesses die **materielle Abschlussreife** des Insolvenzverfahrens nicht berührt ist; in diesem Fall ist die Verwertung der Insolvenzmasse nicht betroffen (A/G/R-Wagner, § 196 Rn. 5). Die auf streitigen Forderungen entfallenden Quoten sind gem. § 189 Abs. 2 bis zum Abschluss des Prozesses zurückzubehalten und nach dem Schlusstermin zu hinterlegen (§ 198). Ebenso wenig hindert ein noch nicht beendeter **Aktivprozess** die Durchführung des Schlusstermins.

In beiden Fällen ist die Anordnung der Nachtragsverteilung gem. § 203 möglich. Der Insolvenzverwalter bleibt auch nach Aufhebung des Insolvenzverfahrens zur Führung des Rechtsstreits aktivlegitimiert und prozessführungsbefugt (Uhlenbruck-Uhlenbruck § 195 Rn. 5). I. R. d. Schlussverteilung ist für diesen Fall aus der Masse eine ausreichende Rückstellung für die Prozesskosten zu bilden (BK-Breutigam § 196 Rn. 3).

Etwas anderes gilt, sofern durch den noch nicht abgeschlossenen Prozess Hauptanliegen des Insolvenzverfahrens betroffen sind oder von dem Ausgang die Entwicklung des Messebestandes im Wesentlichen abhängt. In dem Fall hat das Gericht seine Zustimmung zur Schlussverteilung zu versagen. Eine Verlagerung der für das Ergebnis des Insolvenzverfahrens wesentlichen Entscheidung auf eine nach Aufhebung des Insolvenzverfahrens notwendig werdende Nachtragsverteilung ist mit dem Sinn und Zweck des § 203 unvereinbar.

Regelmäßig wird der Verwalter die Schlussverteilung erst dann durchführen, wenn die Aktivprozesse im Wesentlichen abgeschlossen sind, denn tatsächlich ist die Nachtragsverteilung mit nicht unerheblichem Arbeitsaufwand verbunden. Außerdem kann es Probleme mit dem Geldtransfer geben, wenn die Nachtragsverteilung erst Jahre später erfolgt, z. B. dadurch, dass Gläubiger umziehen und neue Anschriften zu ermitteln sind oder ehemals bevollmächtigte Anwälte das Mandat längst beendet haben.

Da auch der **Neuerwerb** des Schuldners zur Insolvenzmasse gehört (§ 35), stellte sich insb. bei wiederkehrenden Leistungen, die im pfändbaren Umfang während der Dauer des Insolvenzverfahrens zur Masse gehören, die Frage, wann die Verwertung überhaupt beendet ist. Durch das **InsOÄndG 2001** (BGBl. I S. 2710, 2712) wurde in Abs. 1 vom Gesetzgeber ausdrücklich klargestellt, dass laufendes, zugunsten der Insolvenzmasse pfändbares Einkommen der Durchführung der Schlussverteilung nicht entgegensteht (so bereits vor InsOÄndG 2001: BGH, ZInsO 2001, 1009). Ansonsten wäre in solchen Fällen – da die Masse nie vollständig verwertet ist – ein Abschluss des Verfahrens bei strenger Beachtung des Gesetzeswortlauts nicht möglich (vgl. hierzu: AG Düsseldorf, ZInsO 2001, 572 m. str. Anm. Haarmeyer/Erdmann, ZInsO 2001, 742).

Nach Aufhebung des Verfahrens steht das Arbeitseinkommen des Schuldners – sofern sich nicht ein Restschuldbefreiungsverfahren anschließt – den Insolvenzgläubigern nach § 201 uneingeschränkt zur Verfügung; es gilt dann jedoch wieder das Prioritätsprinzip aus § 804 Abs. 3 ZPO.

II. Zustimmung des Insolvenzgerichts (Abs. 2)

Nach Abs. 2 darf der Insolvenzverwalter nur mit **vorheriger Zustimmung des Insolvenzgerichts** die Schlussverteilung durchführen (MK-Füchsl/Weishäupl/Kebekus/Schwarzer § 196 Rn. 4). Die Zustimmung ist vom Insolvenzverwalter unter Beifügung der Schlussunterlagen (Schlussbericht mit Hinweis, dass die Verwertung der Insolvenzmasse abgeschlossen ist und Aufstellung der nicht verwertbaren Massegegenstände, Schlussrechnung nebst Belegen gem. § 66 sowie das Schlussverzeichnis gem. § 188) sowie unter Beifügung eines Nachweises der Zustimmung eines vorhandenen Gläubigerausschusses (§ 187 Abs. 3 Satz 2) zu beantragen. Die Zustimmung zur Schlussverteilung ist vom Gericht zu erteilen, wenn die Schlussrechnung geprüft, vorhandene Unregelmäßigkeiten oder Mängel mit dem Verwalter geklärt oder für die abschließende Gläubigerversammlung durch

§ 196 InsO Schlußverteilung

Prüfungsvermerk offengelegt worden sind (zur Prüfungspflicht der Schlussrechnung: s. zu § 66). Eine Prüfung des Schlussverzeichnisses von Amts wegen durch das Gericht findet grds. **nicht** statt. Allerdings kann das Insolvenzgericht das Schlussverzeichnis prüfen, z. B. darauf, ob und dass alle nachgemeldeten Forderungen auch enthalten sind (s. hierzu § 188 Rdn. 10).

Eine **Verweigerung der Zustimmung** durch das Insolvenzgericht kommt nur dann in Betracht, wenn sich aus den vom Insolvenzverwalter eingereichten Unterlagen ergibt, dass die Verwertung der Insolvenzmasse noch nicht beendet ist, denn der Prüfungsumfang des Gerichts erstreckt sich bei der hier zu treffenden Zustimmung zur Schlussverteilung lediglich darauf, ob die Verwertung der Masse abgeschlossen ist (MK-Füchsl/Weishäupl/Kebekus/Schwarzer § 196 Rn. 4).

9 Die Zustimmung des Insolvenzgerichts oder die Verweigerung der Zustimmung erfolgt durch **Beschluss**. Das Gesetz ordnet nicht ausdrücklich an, dass die Zustimmung dem Verwalter **zuzustellen** ist. Jedoch ist der Beschluss dann dem Verwalter zuzustellen, wenn – wie in der Praxis nicht selten – gleichzeitig die Vergütung und die Auslagen des Verwalters und die der Mitglieder des Gläubigerausschusses festgesetzt werden (§§ 64 Abs. 2, 73 Abs. 2).

Erteilt das Insolvenzgericht seine Zustimmung zur Schlussverteilung, so hat es nach § 197 Abs. 1 sogleich einen Termin für eine abschließende Gläubigerversammlung (sog. Schlusstermin) zu bestimmen. Dieser Termin ist nach § 197 Abs. 2 öffentlich bekannt zu machen.

10 Führt der Verwalter die Schlussverteilung **ohne Zustimmung des Gerichts** aus, so ist diese gleichwohl **wirksam** (HK-Depré § 196 Rn. 10). Allerdings trägt der Verwalter das Haftungsrisiko nach § 60 Abs. 1.

III. Widerruf der Zustimmung

11 In Ausnahmefällen ist der **Widerruf der Zustimmung** zur Schlussverteilung möglich, wenn **zwingende Gründe** dieses erfordern (HK-Depré § 196 Rn. 9; A/G/R-Wagner, § 196 Rn. 9). Dies kann z. B. dann der Fall sein, wenn zwischen der Zustimmung zur Schlussverteilung und dem Schlusstermin festgestellt wird, dass weitere Massegegenstände vorhanden sind und verwertet werden müssen, eine Nachtragsverteilung aufgrund des Umfangs nicht angemessen und eine Fortführung des Insolvenzverfahrens deshalb notwendig erscheint (MK-Füchsl/Weishäupl/Kebekus/Schwarzer § 196 Rn. 7). In einem solchen Fall haben dann die Voraussetzungen für die seinerzeitige Zustimmung durch das Gericht tatsächlich nicht vorgelegen, sodass der Widerruf dann zuzulassen ist.

IV. Durchführung der Schlussverteilung

12 Die Schlussverteilung stellt die **Ausschüttung** der nach Abschluss aller Verwertungshandlungen und nach Vornahme der durchgeführten Abschlagsverteilungen noch **vorhandenen Teilungsmasse** dar. Zuvor sind alle Masseverbindlichkeiten zu berichten.

Die Durchführung der Schlussverteilung **obliegt dem Insolvenzverwalter**, der dabei vom Insolvenzgericht überwacht wird. Zu diesem Zweck hat der Verwalter nach Durchführung der Schlussverteilung ein Verzeichnis vorzulegen, das Auskunft über den Massebestand vor und nach Verteilung, die an jeden einzelnen Gläubiger gem. Schlussverzeichnis ausbezahlte Quote, die in der Zeit zwischen Vorlage der Schlussrechnung und dem Ende des Schlusstermins auf Massegläubiger entfallenden Beträge, die für Masse- bzw. Insolvenzgläubiger zurückbehaltenen Beträge, die nicht verwertbaren Massegegenstände und evtl. noch ermittelte Massegegenstände gibt (sog. Schlussquittung). Außerdem hat er einen Nachweis über die Nullstellung des Hinterlegungskontos einzureichen.

13 Die **Auszahlung** der Quote an die einzelnen Gläubiger erfolgt i. d. R. durch Überweisung, per Scheck oder Postanweisung (KPB-Holzer § 196 Rn. 22). Anders als bei späteren Nachtragsverteilungen sind bei der Schlussverteilung grds. auch kleinste Beträge auszuzahlen, sofern Aufwand und Kosten hierzu nicht im krassen Missverhältnis zu den an die Gläubiger auszukehrenden Beträgen stehen (KPB-Holzer § 196 Rn. 23). Dieser Fall tritt rgm. dann ein, wenn i. R. d. Kontoschließung Minimalbeträge übrig bleiben. **Die Praxis** behilft sich in dem Fall damit, dass bereits im Schluss-

termin eine Bestimmung hierzu getroffen (Spende zugunsten einer gemeinnützigen Organisation; kritisch hierzu: H/W/F, InsO, § 196 Rn. 12) und der Insolvenzverwalter entsprechend zur Auskehr ermächtigt wird. Sofern die Ausschüttung an einen Gläubiger nicht erfolgen kann, weil dieser nicht auffindbar ist, hat der Insolvenzverwalter die dem Gläubiger zustehende Quote beim AG zu hinterlegen. Die Hinterlegung richtet sich hierbei nach § 372 Satz 2, 1. Alt. BGB sowie nach den Vorschriften der Hinterlegungsordnung. Dem jeweiligen AG hat der Insolvenzverwalter nachzuweisen, dass er alles Mögliche getan hat, um den Aufenthaltsort des Gläubigers zu ermitteln.

▶ Praxistipp:

Da die Anforderungen der AG hierbei stark variieren, empfiehlt es sich, vor der Hinterlegung mit der Hinterlegungsstelle Kontakt aufzunehmen und die Anforderungen zu erfragen. I. d. R. dürfte es jedoch genügen, wenn der Insolvenzverwalter nachweist, dass er bei natürlichen Personen erfolglos nach der Telefonnummer des Gläubigers bei der Telefonauskunft bzw. in Internettelefonbüchern ermittelt sowie Anfragen bei Einwohnermeldeämtern gestellt hat. Teilweise wird eine Anfrage beim Einwohnermeldeamt als Archivauskunft gefordert. Bei Auslandsumzug des Gläubigers ist eine Anfrage beim entsprechenden Konsulat erforderlich. Bei juristischen Personen ist eine Anfrage beim Handelsregister zwingend. Bei seinen Ermittlungstätigkeiten hat der Insolvenzverwalter stets den Kostenrahmen im Auge zu behalten. Die Kosten für die Ermittlungen dürfen nicht im Missverhältnis zur auszuzahlenden Quote stehen und somit auf nicht hinnehmbare Kosten der anderen Gläubiger erfolgen.

Bei der Verteilung können **nur die im Schlussverzeichnis aufgeführten Forderungen** berücksichtigt werden. Das gilt auch dann, wenn eine Forderung erst in der abschließenden Gläubigerversammlung (Schlusstermin, § 197) geprüft wird; diese Forderung nimmt an der Verteilung nicht mehr teil (s. a. § 188 Rdn. 4, § 197 Rdn. 5 m. w. N.) 14

C. Verfahrensfragen

Gegen den Beschluss des Insolvenzgerichts zur Schlussverteilung kann weder im Fall einer ablehnenden noch im Fall einer zustimmenden Entscheidung sofortige Beschwerde eingelegt werden, weil das Gesetz insoweit **keine Beschwerdemöglichkeit vorsieht** (§ 6 Abs. 1). 15

Hat funktionell der Rechtspfleger entschieden, so kann dessen Entscheidung mit der **sofortigen Erinnerung** gem. § 11 Abs. 2 Satz 1 RPflG – über die, soweit der Rechtspfleger nicht abhilft (§ 11 Abs. 2 Satz 2 RPflG), dann der Richter abschließend entscheidet (§ 11 Abs. 2 Satz 3 RPflG) – angefochten werden.

§ 197 Schlußtermin

(1) Bei der Zustimmung zur Schlußverteilung bestimmt das Insolvenzgericht den Termin für eine abschließende Gläubigerversammlung. Dieser Termin dient
1. zur Erörterung der Schlußrechnung des Insolvenzverwalters,
2. zur Erhebung von Einwendungen gegen das Schlußverzeichnis und
3. zur Entscheidung der Gläubiger über die nicht verwertbaren Gegenstände der Insolvenzmasse.

(2) Zwischen der öffentlichen Bekanntmachung des Termins und dem Termin soll eine Frist von mindestens einem Monat und höchstens zwei Monaten liegen.

(3) Für die Entscheidung des Gerichts über Einwendungen eines Gläubigers gilt § 194 Abs. 2 und 3 entsprechend.

§ 197 InsO Schlußtermin

Übersicht

	Rdn.
A. Normzweck	1
B. Norminhalt	3
I. Bestimmung des Schlusstermins	3
II. Erörterung der Schlussrechnung (Abs. 1 Satz 2 Nr. 2)	6
III. Einwendungen gegen das Schlussverzeichnis (Abs. 1 Satz 2 Nr. 2)	9
IV. Entscheidung über nicht verwertbare Gegenstände (Abs. 1 Satz 2 Nr. 3)	13
C. Verfahrensfragen	15
I. Verfahren mit Restschuldbefreiungsantrag	15
II. Besonderheit im Insolvenzplanverfahren	16
III. Rechtsmittel (Abs. 3)	17

A. Normzweck

1 Der Schlusstermin stellt die **letzte Gläubigerversammlung** im Rahmen eines Insolvenzverfahrens dar. Es finden die §§ 74 ff. Anwendung. Die Gläubigerversammlung wird vom Insolvenzgericht geleitet (§ 76 Abs. 1); für Beschlussfassungen gelten die §§ 76 Abs. 2, 77.

Der Schlusstermin dient der Erörterung der Schlussrechnung nach § 66 sowie der Erhebung von Einwendungen gegen das Schlussverzeichnis nach § 188. Daneben wird endgültig entschieden, was mit den nicht verwertbaren Gegenständen der Insolvenzmasse zu geschehen hat.

2 Neben den in Abs. 1 Satz 2 genannten Punkten dient der Schlusstermin auch der Anhörung von Insolvenzgläubigern und dem Verwalter zu einem Antrag des Schuldners auf Restschuldbefreiung (§ 289 Abs. 1 Satz 1).

B. Norminhalt

I. Bestimmung des Schlusstermins

3 Auch ohne Antrag (§ 75) bestimmt das Insolvenzgericht mit der Zustimmung zur Schlussverteilung (§ 196 Abs. 2) den **Schlusstermin** (Abs. 1 Satz 1). Zeit, Ort und Tagesordnung sind nach § 9 öffentlich bekannt zu machen (§ 74 Abs. 2 Satz 1).

Eine gesonderte Ladung der Insolvenzgläubiger ist – neben der öffentlichen Bekanntmachung – nicht vorgesehen. Die **Bekanntmachung kann unterbleiben**, wenn im Termin die Verhandlung vertagt wird (§ 74 Abs. 2 Satz 2). Dagegen ist eine Terminverlegung bekannt zu machen.

4 Nach Abs. 2 soll der Termin so angesetzt werden, dass zwischen der öffentlichen Bekanntmachung und dem Schlusstermin eine Frist von mindestens **einem Monat** und **höchstens 2 Monaten** liegt. Bei Einhaltung dieser Zeitvorgabe ist sichergestellt, dass die 2-Wochen-Frist des § 189 Abs. 1 zum Zeitpunkt des Schlusstermins bereits abgelaufen ist.

Da es sich hier um eine Sollvorschrift handelt, beeinträchtigen in begründeten Fällen auch Abweichungen von den hier gesetzten Fristen die Zulässigkeit der Terminsbestimmung nicht, sofern der Ablauf der Ausschlussfristen der §§ 189, 190 und die Änderungsfrist des § 193 vor dem Termin sichergestellt ist.

5 Der Schlusstermin kann mit einem Termin zur Prüfung **nachträglich angemeldeter Forderungen** (§ 177 Abs. 1) verbunden werden (kritisch hierzu: H/W/F, InsO, § 197 Rn. 14). In einem solchen Fall sind die Ausschlussfristen der §§ 189, 190 bereits abgelaufen. Da aber nur geprüfte Forderungen in das Schlussverzeichnis aufgenommen werden können (s. §§ 177 Rdn. 1, 188 Rdn. 4, 196 Rdn. 14) und Änderungen des Schlussverzeichnisses wegen des Ablaufs der Frist des § 193 ausgeschlossen sind, ist eine Aufnahme von Forderungen, die erst im Schlusstermin festgestellt werden, in das Schlussverzeichnis nicht mehr möglich (HK-Depré § 197 Rn. 6; OLG Köln, ZIP 1992, 949; LG Verden, ZInsO 2005, 949 zur Frage der Forderungsanmeldung nach Abhaltung des Schlusstermins, sowie AG Potsdam, ZIP 2006, 2230).

▶ **Hinweis:**

Um dieses Ergebnis zu verhindern, empfiehlt es sich, dass der Verwalter rechtzeitig vor dem Abschluss des Verfahrens auf die Anberaumung eines besonderen Prüfungstermins oder die vorherige Prüfung im schriftlichen Verfahren beim Insolvenzgericht hinwirkt (§ 177).

II. Erörterung der Schlussrechnung (Abs. 1 Satz 2 Nr. 2)

Der Insolvenzverwalter hat nach § 66 bei Beendigung seines Amtes der Gläubigerversammlung ggü. Rechnung zu legen. Diese **Schlussrechnung** ist nach § 66 Abs. 2 mit allen erforderlichen Belegen sowie einer Stellungnahme des Gläubigerausschusses – sofern ein solcher vorhanden ist – dem Insolvenzgericht zur Prüfung einzureichen. Das Gericht hat nach Prüfung die Schlussrechnung, mitsamt Belegen und seinen Bemerkungen hierzu, zur Einsicht der Beteiligten auszulegen (Näheres hierzu s. unter § 66). Dies dient der umfassenden Information der Gläubiger über den Ablauf des Insolvenzverfahrens, über Maßnahmen des Insolvenzverwalters in diesem Verfahren und über die Entwicklung des Massebestandes. 6

Die Prüfung der Schlussrechnung durch das Insolvenzgericht muss aber nicht zwingend vor der Erteilung der Zustimmung zur Schlussverteilung erfolgen, denn nach § 66 Abs. 2 Satz 3 ist ausreichend, wenn die Auslage zur Einsicht der Beteiligen spätestens eine Woche vor dem Schlusstermin erfolgt. 7
In der Praxis wird das Insolvenzgericht i. d. R. seine Zustimmung zur Schlussverteilung und die Anberaumung des Schlusstermins erst nach Abschluss der Prüfung der Schlussrechnung und des Schlussverzeichnisses vornehmen, um im Fall bestehender Unklarheiten diese mit dem Verwalter vorab zu klären (Uhlenbruck-Uhlenbruck § 197 Rn. 2).

Im Schlusstermin wird die **Schlussrechnung erörtert**. Hier besteht die Möglichkeit für Gläubiger, einzelne Punkte der Schlussrechnung mit dem Insolvenzverwalter zu besprechen (Abs. 1 Satz 2 Nr. 1) und näheren Aufschluss darüber zu erlangen. Die Regelung in Abs. 1 Satz 2 Nr. 1 (»Erörterung«) stellt im Gegensatz zu Abs. 1 Satz 2 Nr. 2 (»Einwendung«) klar, dass gegen die Schlussrechnung **keine** Einwendungen im Schlusstermin mehr vorgebracht werden können. Dementsprechend kann allerdings insofern auch keine Präklusionswirkung ggü. einem Gläubiger eintreten, denn ein **Anerkenntnis der Schlussrechnung** tritt nicht automatisch dadurch ein, dass im Termin keine Einwendungen erhoben wurden (anders: beim Schlussverzeichnis). Ist ein Gläubiger der Ansicht, durch eine pflichtwidrige Verwalterhandlung geschädigt worden zu sein, bleibt ihm die Möglichkeit der Geltendmachung seiner Schadensersatzansprüche gegen den Verwalter außerhalb des Insolvenzverfahrens ggf. durch Erhebung einer Zivilklage. Die endgültige Entlastung des Verwalters tritt erst mit Ablauf der Verjährungsfrist des § 62 ein. 8

III. Einwendungen gegen das Schlussverzeichnis (Abs. 1 Satz 2 Nr. 2)

Einwendungsberechtigt sind die Insolvenzgläubiger, die ihre Forderung zur Tabelle angemeldet haben. Dabei ist es unerheblich, ob die Forderungen bereits geprüft oder anerkannt worden sind. 9

Hat das Gericht gem. § 5 Abs. 2 angeordnet, dass das Verfahren mündlich durchgeführt wird, sind Einwendungen gegen das Schlussverzeichnis im Schlusstermin **mündlich** zu erheben, um die Möglichkeit zu eröffnen, eine sofortige Klärung an Ort und Stelle herbeizuführen. Vorherige schriftliche Einwendungen oder mündliche Einwendungen zu Protokoll der Geschäftsstelle des Insolvenzgerichts sind zur Vorbereitung möglich, entbinden den Gläubiger aber nicht von seiner Pflicht, diese im Termin mündlich vorzutragen; anderenfalls wird der Gläubiger mit diesen Einwendungen nicht gehört (Uhlenbruck-Uhlenbruck § 197 Rn. 4; AG Krefeld, NZI 2001, 45). Wird das Insolvenzverfahren schriftlich durchgeführt, müssen Einwendungen spätestens zum schriftlichen Schlusstermin dem Gericht vorliegen; anderenfalls sind Gläubiger mit ihrer Einwendung auch im schriftlichen Verfahren ausgeschlossen. Einwendungen können sich **nur auf das Schlussverzeichnis** (§ 188) beziehen; nicht möglich sind Einwendungen z. B. über die zur Verteilung gelangende Masse oder 10 materiell-rechtliche Einwendungen über den Bestand einer Forderung (MK-Füchsl/Weishäupl/Kebekus/Schwarzer § 197 Rn. 5). Ebenso ist ein Gläubiger, dessen Forderung erst im Schlusstermin geprüft und festgestellt wird, mit seiner Einwendung, das Schlussverzeichnis entsprechend § 193 zu berücksichtigen, ausgeschlossen, denn zum Zeitpunkt der Forderungsfeststellung im Schlusstermin war die Ausschlussfrist des § 189 Abs. 1 bereits abgelaufen (s. a. § 177 Rdn. 3, 12). Es ist auch nicht zu beanstanden, dass der Insolvenzverwalter davon absieht, die Forderung des Gläubigers bereits zu einem früheren Zeitpunkt – vor Veröffentlichung des Schlussverzeichnisses (§ 188) – von Amts wegen in die Insolvenztabelle aufzunehmen. Für die Berücksichtigung von Gläubigerrechten im Insolvenzverfahren gilt die **Dispositionsmaxime**. Gläubigerforderungen werden daher nicht von Amts wegen berücksichtigt, sondern nur, wenn und soweit der Gläubiger sein Recht durch Geltendmachung im Anmelde- und Feststellungsverfahren in Anspruch nimmt. Einwendungen sind vom Insolvenzgericht **zu protokollieren**.

11 Über Einwendungen entscheidet das Insolvenzgericht durch **Beschluss**, wobei Abs. 3 der Vorschrift hinsichtlich der Zustellung, Niederlegung und Beschwerde die entsprechende Anwendung von § 194 Abs. 2 und 3 anordnet (s. hierzu § 194 Rdn. 11). Das Einwendungsverfahren muss **vor der Schlussverteilung** abgeschlossen werden, weil das Schlussverzeichnis die Basis hierfür und – nach Verfahrensaufhebung – auch für evtl. Nachtragsverteilungen bildet.

12 **Versäumt ein Gläubiger** die Teilnahme am Schlusstermin, so ist eine Wiedereinsetzung in den vorherigen Stand ausgeschlossen, weil das Gesetz an dieser Stelle keine Notfrist vorsieht (Uhlenbruck-Uhlenbruck § 197 Rn. 7; MK-Füchsl/Weishäupl/Kebekus/Schwarzer § 197 Rn. 6; H/W/F, InsO, § 197 Rn. 9).

Versäumt ein Gläubiger die **Erhebung von Einwendungen** gegen das Schlussverzeichnis im Schlusstermin, so ist er insoweit mit seiner Forderung sowohl bei der Schlussverteilung als auch bei etwaigen Nachtragsverteilungen und ebenso im Verfahren der Restschuldbefreiung endgültig **ausgeschlossen**, weil Verteilungen auf der Grundlage des Schlussverzeichnisses erfolgen (§§ 188, 205, 292). Dieser Gläubiger nimmt an einer Verteilung dann nicht mehr teil (BGHZ 91, 198 = ZIP 1984, 980).

Dies gilt dann nicht, wenn der Gläubiger korrekt im Schlussverzeichnis aufgenommen worden war und nur **irrtümlich** bei der Verteilung nicht berücksichtigt wurde (BGH, ZIP 1984, 980).

Dagegen sind Ansprüche gegen den Insolvenzschuldner nach § 201 (Nachhaftung) von der Präklusion nicht berührt, sofern sich dem Verfahren kein Restschuldbefreiungsverfahren gem. §§ 286 ff. anschließt (BK-Breutigam § 197 Rn. 18). Ebenso tritt keine Präklusionswirkung ein, wenn der Verwalter schuldhaft die Aufnahme einer Forderung im Schlussverzeichnis unterlassen hat; in einem solchen Fall kann der Verwalter gem. § 60 persönlich haftbar gemacht werden (HK-Depré § 197 Rn. 4).

IV. Entscheidung über nicht verwertbare Gegenstände (Abs. 1 Satz 2 Nr. 3)

13 Grundsätzlich liegt die **Entscheidung der Freigabe** eines Massegegenstandes, d. h. die Überführung in das insolvenzfreie Vermögen des Insolvenzschuldners im Ermessen des Verwalters, wenn sich der Gegenstand trotz entsprechender Bemühungen als unverwertbar herausgestellt hat oder nach Verwertung ein Erlös zugunsten der Masse nicht zu erwarten ist. Diese Gegenstände sollen die Beendigung des Insolvenzverfahrens nicht behindern. Allerdings kann sich der Verwalter nach § 60 schadensersatzpflichtig machen, wenn er dabei ermessensfehlerhaft handelt. Die diesbezügliche Entscheidung im Schlusstermin nach Abs. 1 Satz 2 Nr. 3 soll den Verwalter von den möglichen Folgen einer Freigabe entlasten (Uhlenbruck-Uhlenbruck § 197 Rn. 8).

Der Verwalter bereitet die Entscheidung dadurch vor, dass er die nicht verwertbaren Gegenstände in seinem Schlussbericht genau bezeichnet.

Hat der Insolvenzverwalter während des laufenden Verfahrens einzelne Gegenstände aus der Insolvenzmasse freigegeben, ist eine weitere Beschlussfassung der Gläubigerversammlung im Schlusstermin entbehrlich (HK-Depré § 197 Rn. 8; H/W/F, InsO, § 197 Rn. 10).

Die Gläubigerversammlung entscheidet durch Beschluss (§ 76 Abs. 2); dieser kann bereits in einer früher stattfindenden Gläubigerversammlung gefasst werden. 14

Die Gläubigerversammlung kann **jede ihr sinnvoll erscheinende Art der Verwertung** des bisher nicht verwertbaren Gegenstandes wählen. Sie kann z. B. beschließen, dass bestimmte Gegenstände einzelnen interessierten Gläubigern gegen Zahlung eines bestimmten Betrages zur Masse oder auch unentgeltlich überlassen werden, oder den Verwalter anweisen, einen weiteren, ggf. genau vorgegebenen Verwertungsversuch zu unternehmen. Entscheidet die Gläubigerversammlung sich nicht für irgendeine Art der Verwertung, so ist darin eine **konkludente Freigabe** zu sehen und der Gegenstand ist an den Schuldner herauszugeben (A/G/R-Wagner, § 197 Rn. 8, 8a; HK-Depré § 197 Rn. 7).

Die Entlastungswirkung tritt auch dann ein, wenn die Gläubigerversammlung hierzu **keinen Beschluss** fasst. Dasselbe gilt, wenn im Schlusstermin **kein Gläubiger erscheint** (MK-Füchsl/Weishäupl/Kebekus/Schwarzer § 197 Rn. 7).

Ergibt eine von der Gläubigerversammlung beschlossene Verwertung eines bisher vom Verwalter als nicht verwertbar angesehenen Gegenstandes einen Erlös, so hat insofern eine Nachtragsverteilung gem. § 203 stattzufinden.

C. Verfahrensfragen

I. Verfahren mit Restschuldbefreiungsantrag

§ 197 wird für den Fall des Vorliegens eines **Antrags des Schuldners auf Restschuldbefreiung** durch 15
§ 290 Abs. 2 Satz 1 insoweit ergänzt, als dass dort die Anhörung der Insolvenzgläubiger und des Insolvenzverwalters im Schlusstermin zum Restschuldbefreiungsantrag vorgeschrieben ist. Der mit in Kraft treten des Gesetzes zur Verkürzung des Restschuldbefreiungsverfahrens und zur Stärkung der Gläubigerrechte zum 01.07.2014 veränderte § 290 sieht jetzt vor, dass Gläubiger mögliche Versagungsanträge im laufenden Verfahren bis spätestens im Schlusstermin zulässig stellen können (s. hierzu § 290 Rdn. 4 m. w. N.).

Die **Zurückweisung von nach dem Schlusstermin** gehaltenen Vortrag des Schuldners gegen den 15a
Versagungsantrag eines Gläubigers setzt voraus, dass der Schuldner rechtzeitig vor dem Schlusstermin in geeigneter Weise darauf hingewiesen wird, dass Versagungsanträge gestellt werden können und er i. d. R. im mündlichen Verfahren nur durch persönliches Erscheinen in dem Termin Gelegenheit zur Stellungnahme erhält. Dem Schuldner ist insofern rechtliches Gehör zu gewähren (Art. 103 Abs. 1 GG). Das nicht mehr mögliche Bestreiten des Versagungsgrundes nach einem durchgeführten Schlusstermin präkludiert den Schuldner mit seinem Verteidigungsvorbringen, weil danach der Versagungsgrund zumindest in objektiver Hinsicht unabänderlich feststeht. Deshalb entspricht ein bloßer Hinweis auf § 290 Abs. 2 Satz 1 bzw. die bloße Wiedergabe seines Wortlautes in der Anberaumung des Schlusstermins durch das Insolvenzgericht nicht den Anforderungen. Erforderlich ist vielmehr, dass sich aus der Anberaumung/Ladung zum Schlusstermin für den Schuldner mit hinreichender Deutlichkeit ergibt, dass auch er sich zu etwaigen Versagungsanträgen nur abschließend im Termin bzw. im schriftlichen Verfahren zum Termin äußern kann (BGH, ZInsO 2011, 837).

Sollte der Gläubiger im Schlusstermin einen auf einen umfangreichen Schriftsatz gestützten Versagungsantrag stellen, zu dem sich der anwesende Schuldner im Termin nicht abschließend zu erklären vermag, so kann es dem Grundsatz eines fairen Verfahrens entsprechen, dem Schuldner auf seinen Antrag zu gestatten, darauf noch nachträglich fristgebunden schriftlich Stellung zu nehmen. Entsprechendes kommt in Betracht, falls der Schuldner ohne Verschulden daran gehindert war, den Schlusstermin wahrzunehmen; in diesem Fall sollte vom Schuldner die Glaubhaftmachung verlangt werden (BGH, ZInsO 2011, 839).

Zur Frage der Verfassungsmäßigkeit der Restschuldbefreiung s. § 286 Rdn. 3.

II. Besonderheit im Insolvenzplanverfahren

16 Aus § 218 Abs. 1 Satz 3 folgt, dass ein **Insolvenzplan** noch im Schlusstermin vorgelegt werden kann und im Verfahren berücksichtigt werden muss. Die Vorschrift regelt, dass erst ein Insolvenzplan, der nach Abhaltung des Schlusstermins beim Gericht eingeht, nicht mehr berücksichtigt wird.

III. Rechtsmittel (Abs. 3)

17 Das Insolvenzgericht entscheidet über Einwendungen durch Beschluss, der im Termin verkündet oder schriftlich abgesetzt wird. Abs. 3 der Vorschrift verweist insofern auf die entsprechende Anwendung des § 194 Abs. 2 und 3. Danach steht dem Gläubiger gegen den Beschluss die **sofortige Beschwerde** zur Verfügung.

Ordnet das Insolvenzgericht im Schlusstermin die Berichtigung des Schlussverzeichnisses an, so steht den Insolvenzgläubigern und dem Insolvenzverwalter hiergegen nach § 194 Abs. 3 Satz 2 die sofortige Beschwerde zu.

18 Dem **Schuldner stehen keine Rechtsmittel** zu, da Abs. 3 ausschließlich für Gläubiger gilt.

§ 198 Hinterlegung zurückbehaltener Beträge

Beträge, die bei der Schlußverteilung zurückzubehalten sind, hat der Insolvenzverwalter für Rechnung der Beteiligten bei einer geeigneten Stelle zu hinterlegen.

Übersicht

	Rdn.		Rdn.
A. Normzweck	1	II. Bürgerlich-rechtliche Hinterlegung	
B. Norminhalt	2	(§ 372 BGB)	5
I. Insolvenzrechtliche Hinterlegung (§ 198)	2		

A. Normzweck

1 Haben Gläubiger den **Nachweis** der Klageerhebung einer angemeldeten, im Prüfungstermin bestrittenen, nicht titulierten Forderung **rechtzeitig geführt** oder wird bei einer bestrittenen, titulierten Forderung der Widerspruch im Rechtsstreit verfolgt, eine rechtskräftige Entscheidung darüber steht aber noch aus (§ 189 Abs. 1 u. 2), oder ist bei einer aufschiebend bedingten Forderung der Bedingungseintritt zum Zeitpunkt der Schlussverteilung noch nicht erfolgt, aber absehbar (§ 191), so soll der Insolvenzverwalter gleichwohl das Insolvenzverfahren abschließen können.

Den betroffenen Gläubigern droht hierdurch kein Nachteil, da sie jeweils i. H. d. ihnen ggf. zustehenden Quote durch die Vornahme der Hinterlegung dieser Beträge gesichert werden.

B. Norminhalt

I. Insolvenzrechtliche Hinterlegung (§ 198)

2 § 198 kommt nur zur Anwendung, sofern bei einer **Schlussverteilung** Beträge gem. §§ 189, 191 **zurückzubehalten** sind. In dem Fall hat der Verwalter diese Beträge für Rechnung der Beteiligten bei einer geeigneten Stelle zu hinterlegen. Einer vorherigen **Zustimmung** durch das Insolvenzgericht bedarf es ausweislich des Gesetzestextes nicht (obwohl dies zunächst anders beabsichtigt war; s. Dokumentation in ZIP 1998, 2193).

3 Die Hinterlegung erfolgt im Namen der Insolvenzmasse; die Kosten hierfür hat der jeweilige Begünstigte zu tragen – der Gläubiger für den Fall des Obsiegens, ansonsten ist die Masse Kostenschuldner.

Die Hinterlegung erfolgt **ohne Ausschluss des Rückforderungsrechts** (MK-Füchsl/Weishäupl/Kebekus/Schwarzer § 198 Rn. 3). In diesen Fällen erfolgt die Hinterlegung nämlich nicht zum

Zweck der Schuldbefreiung, sondern sie dient lediglich der sicheren Verwahrung der Beträge, solange noch nicht entschieden ist, wem die Beträge letztendlich zustehen. Die Beträge unterliegen als Massebestandteil auch weiterhin dem Insolvenzbeschlag des § 35 und müssen – wegen des noch nicht feststehenden Prozessausgangs – für die Masse nutzbar gemacht werden können. Wird der hinterlegte Betrag später für die Masse frei, so ist eine Nachtragsverteilung durchzuführen (§ 203 Abs. 1 Nr. 1); im anderen Fall hat der Verwalter der Auszahlung des Betrages an den Gläubiger zuzustimmen.

Als **geeignete Stelle** für die Hinterlegung der nach den §§ 189, 191 zurückzubehaltenden Beträge kommt nicht nur eine amtl. Hinterlegungsstelle i. S. v. § 372 BGB in Betracht. Die Beträge können vielmehr bei jeder Stelle, die die Anforderungen an eine sichere und neutrale Verwahrung erfüllt, vom Insolvenzverwalter hinterlegt werden. Geeignet sind z. B. Banken bzw. auch ein gesondert vom Verwalter eingerichtetes Hinterlegungskonto (HK-Depré § 198 Rn. 1; A/G/R-Wagner, § 198 Rn. 2, 3). 4

II. Bürgerlich-rechtliche Hinterlegung (§ 372 BGB)

§ 198 kommt nicht zur Anwendung, wenn eine Auszahlung an den Gläubiger für den Insolvenzverwalter **unmöglich** ist, weil z. B. weder der Aufenthalt noch eine Kontoverbindung bekannt sind. In diesem Fall kommt § 372 BGB zur Anwendung, da dieser Gläubiger nach dem Schlussverzeichnis bei der Verteilung in bekannter Höhe zu berücksichtigen war. 5

Ein Gläubiger, der den ihm zustehenden Betrag nicht bis zur Schlussverteilung geltend macht, befindet sich in Annahmeverzug. Der Insolvenzverwalter ist in diesem Fall berechtigt, den für diesen Gläubiger bestimmten Betrag unter Verzicht auf das Rücknahmerecht gem. § 376 Abs. 2 Nr. 1 BGB auf Kosten und im Namen dieses Gläubigers zu hinterlegen, um die Erfüllungswirkung des § 378 BGB herbeizuführen.

In diesem Fall hinterlegt der Insolvenzverwalter beim AG als amtl. Hinterlegungsstelle gem. § 372 BGB i. V. m. § 1 HinterlO, da nur so die Erfüllungswirkung des § 378 BGB eintritt. 6

§ 199 Überschuß bei der Schlußverteilung

¹Können bei der Schlußverteilung die Forderungen aller Insolvenzgläubiger in voller Höhe berichtigt werden, so hat der Insolvenzverwalter einen verbleibenden Überschuß dem Schuldner herauszugeben. ²Ist der Schuldner keine natürliche Person, so hat der Verwalter jeder am Schuldner beteiligten Person den Teil des Überschusses herauszugeben, der ihr bei einer Abwicklung außerhalb des Insolvenzverfahrens zustünde.

Übersicht	Rdn.		Rdn.
A. Normzweck	1	II. Juristische Personen und Gesellschaften	
B. Norminhalt	3	(Satz 2)	5
I. Überschuss bei Schlussverteilung (Satz 1)	3	III. Verteilung des Überschusses	6

A. Normzweck

Die Vorschrift regelt den in der Praxis seltenen Fall, dass nach der Durchführung der Schlussverteilung und vollständiger Befriedigung aller Insolvenzgläubiger – auch der Nachranggläubiger gem. § 39 – **ein Überschuss verbleibt**. Dieser steht dem Schuldner zu. 1

In Satz 2 ist geregelt, dass, wenn der Schuldner keine natürliche Person ist, es sich also um eine **juristische Person** oder eine **Gesellschaft** handelt, der Verwalter den Überschuss an die einzelnen Anteilseigner zu verteilen hat und zwar in Abhängigkeit von den gesetzlichen oder vertraglichen Bestimmungen über die Aufteilung des Vermögens im Fall einer Liquidation (nähere Bestimmungen hierzu: MK-Hintzen, § 199 Rn. 2). 2

§ 200 InsO Aufhebung des Insolvenzverfahrens

Eine sich im Anschluss an das Insolvenzverfahren anschließende gesellschaftsrechtliche Liquidation wird somit vermieden (s. K. Schmidt, Kölner Schrift zur InsO, S. 1199 ff. Rn. 20).

B. Norminhalt

I. Überschuss bei Schlussverteilung (Satz 1)

3   Die Regelung in Satz 1 stellt klar, dass ein nach vollzogener Schlussverteilung vorhandener Überschuss an Barmitteln an den **Schuldner** herauszugeben ist.

4   Dabei kommt es nicht auf die **vollständige Befriedigung** aller Insolvenzgläubiger an, sondern auf die im **endgültigen Schlussverzeichnis** aufgeführten Insolvenzgläubiger; denn nur diese sind bei der Schlussverteilung überhaupt zu berücksichtigen (§ 188). Dazu gehört es, dass zuvor auch die Insolvenzgläubiger mit **Nachrangforderungen** (§ 39) durch das Insolvenzgericht zur Forderungsanmeldung aufgefordert waren (§ 174 Abs. 3), diese geprüft (§ 177 Abs. 2) und entsprechend dem Prüfungsergebnis in dem Schlussverzeichnis aufgenommen und vollständig getilgt werden konnten (A/G/R-Wagner, § 199 Rn. 3).

Noch nicht geklärte Ansprüche, die gem. §§ 189, 191 vom Verwalter zurückzubehalten sind, sowie bisher nicht abgeholte Quotenanteile sind vorab zu **hinterlegen** (§ 198 oder § 372 BGB).

Nach Beendigung des Schlusstermins bekannt gewordene **Ansprüche von Massegläubigern** hat der Verwalter ebenfalls vorweg aus dem Überschuss zu befriedigen (§ 206 Nr. 2).

II. Juristische Personen und Gesellschaften (Satz 2)

5   In Satz 2 wird bestimmt, dass der Insolvenzverwalter den Überschuss an die Gesellschafter des Schuldners auszukehren hat und zwar i. H. d. den Gesellschaftern aufgrund gesetzlicher bzw. vertraglicher Regelungen zur Gesellschaftsliquidation **zustehenden Anteile** an diesem Überschuss.

Der Insolvenzverwalter ist damit verpflichtet, den Überschuss jeweils den am Schuldner beteiligten Personen anteilig herauszugeben und zwar rechnerisch so, als ob im Anschluss an das Insolvenzverfahren eine **Liquidation** nach gesellschaftsrechtlichen Bestimmungen und ergänzend den jeweils getroffenen vertraglichen Vereinbarungen hierzu durchzuführen wäre (MK-Füchsl/Weishäupl/Kebekus/Schwarzer § 199 Rn. 2; H/W/F, InsO, § 199 Rn. 6).

Auf diese Weise wird eine an sich nach Aufhebung des Insolvenzverfahrens anschließend notwendige gesellschaftsrechtliche Liquidation vermieden. Der Gesetzgeber wollte im Insolvenzverfahren die vollständige und endgültige Abwicklung des Vermögens der Gesellschaft erreichen, sodass nach Durchführung des Verfahrens kein Gesellschaftsvermögen mehr vorhanden und die Löschung im Handelsregister vorzunehmen ist (§ 141a FGG).

III. Verteilung des Überschusses

6   Die ggf. durchzuführende Verteilung bzw. die Auskehr des Überschusses gehört zu den Aufgaben des Insolvenzverwalters. Hierbei steht er weiterhin unter der Aufsicht des Insolvenzgerichts (§ 58). Bei schuldhafter Nichterfüllung seiner insoweit ggü. dem Schuldner bzw. seinen Anteilseignern obliegenden Pflichten kommen ggf. Haftungsansprüche gem. § 60 in Betracht.

§ 200 Aufhebung des Insolvenzverfahrens

(1) Sobald die Schlußverteilung vollzogen ist, beschließt das Insolvenzgericht die Aufhebung des Insolvenzverfahrens.

(2) ¹Der Beschluß und der Grund der Aufhebung sind öffentlich bekanntzumachen. ²Die §§ 31 bis 33 gelten entsprechend.

Übersicht

	Rdn.			Rdn.
A. Normzweck	1	III.	Benachrichtigung öffentlicher Register (Abs. 2 Satz 2)	10
B. Norminhalt	2	IV.	Rechtsfolgen der Aufhebung	12
I. Aufhebung des Insolvenzverfahrens (Abs. 1)	2	V.	Rückgabe restlicher Massegegenstände	20
II. Bekanntmachung (Abs. 2 Satz 1)	7	C.	**Verfahrensfragen**	22

A. Normzweck

Die Vorschrift regelt die Voraussetzungen und den Zeitpunkt der Aufhebung des Insolvenzverfahrens sowie die vorzunehmenden Veröffentlichungen des Aufhebungsbeschlusses. **1**

Darüber hinaus erhält die Vorschrift keine Regelungen über die Rechtsfolgen der Verfahrensaufhebung.

B. Norminhalt

I. Aufhebung des Insolvenzverfahrens (Abs. 1)

Das Insolvenzverfahren wird **nach Vollzug der Schlussverteilung** durch Beschluss förmlich aufgehoben (Abs. 1). Die Schlussverteilung ist vollzogen, wenn der Insolvenzverwalter den gesamten noch vorhandenen Verwertungserlös an die im Verzeichnis nach § 188 aufgeführten Gläubiger ausgeschüttet und/oder die zurückbehaltenen Beträge hinterlegt (§ 198) hat. Einen Überschuss hat der Verwalter an den Schuldner bzw. an den aufgrund seiner Beteiligung Berechtigten nach § 199 herauszugeben. **2**

Den Vollzug der Schlussverteilung hat der Verwalter dem Insolvenzgericht ggü. durch geeignete Belege nachzuweisen (MK-Hintzen § 200 Rn. 8).

Noch nicht beendete Feststellungsprozesse bzw. Rechtsstreitigkeiten über Aktiva hindern die Aufhebung des Insolvenzverfahrens nicht (H/W/F, InsO, § 200 Rn. 10). **3**

Nach § 163 Abs. 1 Satz 1 KO wurde bereits nach Abhaltung des Schlusstermins die Verfahrensaufhebung beschlossen. Der jetzt durch die Regelung in § 200 spätere Zeitpunkt wurde gewählt, um klarzustellen, dass das **Amt des Insolvenzverwalters** während der Schlussverteilung noch **andauert**. Damit ist sichergestellt, dass die gerichtliche Aufsicht über seine Geschäftsführung auch während der Dauer der Schlussverteilung weiter anhält. Diese Regelung stellt weiterhin klar, dass der Insolvenzbeschlag mit seinen materiellen Wirkungen kraft Gesetzes bis zum Vollzug der Schlussverteilung fortbesteht. **4**

Die **Aufhebung** des Insolvenzverfahrens erfolgt **durch Beschluss**. Er ist allen am Verfahren Beteiligten mitzuteilen. In dem Beschluss ist der **Grund der Aufhebung** anzugeben. Der Beschluss mit dem Aufhebungsgrund ist öffentlich bekannt zu machen (Abs. 2 Satz 1). **5**

Der Beschluss wird 2 Tage nach der Veröffentlichung für und gegen alle Beteiligten **wirksam**, denn mit diesem Zeitpunkt gilt die öffentliche Bekanntmachung als bewirkt (§ 9 Abs. 1 Satz 3). Findet die Veröffentlichung in mehreren Medien statt, so berechnet sich die 2-Tages-Frist erst mit der zuletzt erfolgten Veröffentlichung (BK-Breutigam § 200 Rn. 7). **6**

II. Bekanntmachung (Abs. 2 Satz 1)

Der Inhalt der öffentlichen Bekanntmachung ergibt sich aus Abs. 2 Satz 1. Danach sind der **Beschluss** über die Verfahrensaufhebung **und der Grund** der Aufhebung **zu veröffentlichen**. Im Fall des Abs. 1 ist die Angabe »nach Vollzug der Schlussverteilung« bzw. »mangels zu verteilender Masse ohne Schlussverteilung« als Aufhebungsgrund ausreichend (HK-Depré § 200 Rn. 3). **7**

Die öffentliche Bekanntmachung erfolgt nach § 9 Abs. 1 durch Veröffentlichung im **Internet**. **8**

§ 200 InsO Aufhebung des Insolvenzverfahrens

Der frühere Abs. 2 Satz 2 wurde durch das Gesetz zur Vereinfachung des Insolvenzverfahrens vom 13.04.2007 (BGBl. I, S. 509) gestrichen. Die Streichung folgte der Änderung des § 9 InsO; insofern handelte es sich hier um eine Folgeänderung.

Eine besondere Zustellung des Aufhebungsbeschlusses an die einzelnen Verfahrensbeteiligten ist neben der Veröffentlichung nicht erforderlich, da der Nachweis der Zustellung durch die öffentliche Bekanntmachung ersetzt wird (§ 9 Abs. 3).

9 Zuständig für die Veranlassung der öffentlichen Bekanntmachung ist die Geschäftsstelle des Insolvenzgerichts (§ 30 analog).

III. Benachrichtigung öffentlicher Register (Abs. 2 Satz 2)

10 Entsprechend der Verfahrenseröffnung bestimmt Abs. 2 Satz 2, dass die Regelungen der §§ 31 bis 33 auch für die Verfahrensaufhebung gelten. Wie nach der Insolvenzeröffnung hat daher das Insolvenzgericht das für die Führung des Handels-, Vereins- und Genossenschaftsregisters zuständige **Registergericht** von der Aufhebung des Insolvenzverfahrens durch Übersendung einer Ausfertigung des Aufhebungsbeschlusses in Kenntnis zu setzen.

Gleiches gilt für eine erfolgte Eintragung der Insolvenzeröffnung im **Grundbuch** bzw. im **See-, Binnenschiffs-, Luftfahrzeug-** oder **Schiffsbauregister**; sie ist spätestens nach Verfahrensaufhebung wieder zu löschen. Die Löschung kann – wie die Eintragung (§ 32) – auf **Ersuchen** des Insolvenzgerichts erfolgen; sie kann daneben auch auf **Antrag des Insolvenzverwalters** erfolgen (§ 32 Abs. 2 Satz 2); insoweit bleibt er auch nach Aufhebung des Verfahrens legitimiert (Uhlenbruck-Uhlenbruck § 200 Rn. 7).

11 Neben den Benachrichtigungspflichten aus Abs. 2 Satz 2 sieht die InsO keine weiteren Unterrichtungspflichten vor. Allerdings ist die Verfahrensaufhebung allen denjenigen Personen und Behörden mitzuteilen, denen bereits die Insolvenzeröffnung mitgeteilt worden war.

Weitere Mitteilungspflichten ergeben sich für das Insolvenzgericht aus der »Anordnung über Mitteilungen in Zivilsachen« – »MiZi« (NZI 1999, 405 ff.).

IV. Rechtsfolgen der Aufhebung

12 Zwar hat der Gesetzgeber die Rechtsfolgen der Aufhebung des Verfahrens nach Vollzug der Schlussverteilung nicht explizit geregelt. Die bestehende Regelung (§ 215 Abs. 2 Satz 1) zu den unterschiedlichen Verfahrenseinstellungen oder auch die Regelung der Folge eines rechtskräftig bestätigten Insolvenzplans (§ 259 Abs. 1) kann aber auf die Aufhebung des Verfahrens gem. § 200 angewandt werden.

13 Mit der Aufhebung des Insolvenzverfahrens erlangt der **Schuldner** die **Verfügungs- und Verwaltungsbefugnis** über die Massebestandteile zurück. Mit Aufhebung des Verfahrens **enden** auch **das Amt** und die diesbezüglichen Befugnisse **des Insolvenzverwalters**. Der Schuldner erlangt das Recht zurück, über die noch vorhandenen Massebestandteile frei zu verfügen und sie zu verwalten. Der Insolvenzbeschlag entfällt zeitgleich kraft Gesetzes.

Eine **Ausnahme** besteht für diejenigen Massebestandteile, die im Schlusstermin für eine Nachtragsverteilung zurückbehalten und hinterlegt worden sind (§ 203 Abs. 1 Nr. 1).

An diesen Gegenständen setzt sich der Insolvenzbeschlag zunächst fort (BGH, ZIP 1992, 1152) bis zu einer endgültigen Verwertung oder bis zu einer Entscheidung des Insolvenzgerichts i. S. d. § 203 Abs. 3 Satz 1. Die Aufhebung des Insolvenzverfahrens steht dabei der Anordnung einer Nachtragsverteilung nicht entgegen (§ 203 Abs. 2). Vermögenswerte, die erst nach Verfahrensaufhebung bekannt werden (§ 203 Abs. 1 Nr. 2 u. 3) und für die erst nachträglich eine Nachtragsverteilung vom Gericht angeordnet wird, unterliegen erst zum Zeitpunkt der Anordnung der Nachtragsverteilung wieder dem Insolvenzbeschlag. Bis dahin kann der Schuldner ungehindert frei über sie verfügen.

Auch die Ämter der **Gläubigerausschussmitglieder** erlöschen mit Aufhebung des Verfahrens. 14

Die **Rechtswirkungen** der Aufhebung treten bereits im **Zeitpunkt der Beschlussfassung** durch das 15
Insolvenzgericht ein. Aus diesem Grunde sollte im Aufhebungsbeschluss auch die Stunde der Aufhebung angegeben werden; ist dies nicht angegeben, so gilt als Zeitpunkt der Aufhebung die Mittagsstunde des Tages, an dem der Beschluss erlassen ist (BGH ZInsO 2010, 1496). Eine Vorschrift bzw. ein allg. Grundsatz, nach dem nicht verkündete Entscheidungen, deren öffentliche Bekanntmachung vorgeschrieben ist, erst mit deren Bewirkung wirksam werden, ist der InsO auch nicht zu entnehmen. Vielmehr fehlt bei der Verfahrensaufhebung eine Regelung zum Wirkungszeitpunkt, wie sie z. B. für die Eröffnung in § 27 Abs. 2 Nr. 3 vorgesehen ist. Diese Regelungslücke kann jedoch in Anlehnung an den Rechtsgedanken des § 27 Abs. 3 geschlossen werden.

Mit Aufhebung des Verfahrens entfallen auch die Wirkungen der **Vollstreckungsverbote** nach §§ 89, 16
90. Insolvenzgläubiger können ihre im Insolvenzverfahren **nicht befriedigten (Teil-) Forderungen**, soweit diese zur Tabelle festgestellt waren und vom Schuldner im Prüfungstermin nicht bestritten wurden, nach Aufhebung des Verfahrens **unbeschränkt** weiter geltend machen (§ 201 Abs. 1).

Eine **Ausnahme** besteht in dem Fall, wenn es sich bei dem Schuldner um eine natürliche Person handelt und diesem zugleich mit der Eröffnung des Verfahrens die **Restschuldbefreiung** (§ 287a Abs. 1) angekündigt worden ist; Zwangsvollstreckungen für einzelne Insolvenzgläubiger sind während der Laufzeit der Abtretungserklärung unzulässig (§ 201 Abs. 3 i. V. m. § 294).

Die mit der Forderungsanmeldung eingetretene Verjährungshemmung (§ 204 BGB) endet ebenfalls mit der Verfahrensaufhebung. 17

Rechtsverhältnisse zwischen dem Insolvenzschuldner und einem Gläubiger, die nach §§ 103 ff. erloschen sind, leben nicht wieder auf (BK-Breutigam § 200 Rn. 15).

Mit der Aufhebung des Verfahrens erlangt der Schuldner grds. auch die mit der Eröffnung des 18
Verfahrens auf den Insolvenzverwalter übergegangene **Prozessführungsbefugnis** zurück. Hat ein Insolvenzverwalter ein Verfahren, dass nach § 240 ZPO unterbrochen war, während der Dauer des Insolvenzverfahrens nicht aufgenommen, so erhält nun der Schuldner die Prozessführungsbefugnis zurück.

Betreibt der Verwalter im Zeitpunkt der Verfahrensaufhebung noch einen Prozess über einen Streitgegenstand, der zurückbehalten oder einer Nachtragsverteilung vorbehalten ist, so bleibt der Verwalter auch nach Aufhebung weiter prozessführungsbefugt, da auch der Insolvenzbeschlag an diesem Gegenstand fortbesteht (A/G/R-Wagner, § 200 Rn. 11).

Die fortdauernde Prozessführungsbefugnis des Verwalters gilt auch für die Fortführung von **Anfechtungsklagen** nach Verfahrensaufhebung, da der Rückgewähranspruch i. S. v. § 143 Abs. 1 zur Insolvenzmasse gehört und somit einer Nachtragsverteilung unterliegt. Wird ein für eine Nachtragsverteilung in Betracht kommender Anfechtungsanspruch erst nach Verfahrensaufhebung ermittelt und ergeht ein Beschluss des Insolvenzgerichts nach § 203, so erhält der Verwalter in dem Fall erneut seine umfangreichen Befugnisse als Insolvenzverwalter, damit auch seine Prozessführungsbefugnis, über diesen Gegenstand zurück; er ist nun berechtigt, den Anfechtungsprozess zu führen. Ordnet das Gericht keine Nachtragsverteilung an, ist der bisherige Insolvenzverwalter mangels Prozessführungsbefugnis nicht mehr berechtigt, den Anfechtungsprozess zu führen; ein laufendes Verfahren wird analog § 239 ZPO unterbrochen (Uhlenbruck-Uhlenbruck § 200 Rn. 14; s. a. MK-Hintzen § 200 Rn. 37 ff.).

Einwendungen von Gläubigern **gegen** das **Schlussverzeichnis** gem. § 197 Abs. 3 i. V. m. § 194 19
Abs. 2 und 3 werden mit Rechtskraft des Aufhebungsbeschlusses (§ 9 Abs. 1 Satz 3) **gegenstandslos**. Mit der Aufhebung des Verfahrens sollte daher das Insolvenzgericht trotz vollzogener Schlussverteilung bis zur rechtskräftigen Entscheidung über diesbezügliche Einwendungen warten (HK-Depré § 200 Rn. 11).

V. Rückgabe restlicher Massegegenstände

20 Nach Aufhebung des Verfahrens hat der Insolvenzverwalter seine Verwaltungstätigkeit ggü. den Beteiligten, insb. dem Schuldner, einzustellen. Er darf seine Tätigkeit jedoch nicht einfach beenden, sondern er muss einen **geordneten Übergang** gewährleisten. Dazu muss der Insolvenzverwalter dem Schuldner noch in seinen Händen befindliche Massegegenstände – hierzu gehören insb. **Unterlagen, Papiere, Urkunden, Geschäftsbücher** – aushändigen, soweit er sie nicht noch wissentlich für eine Nachtragsverteilung benötigt und der Insolvenzbeschlag insoweit fortwirkt (OLG Stuttgart, ZIP 1998, 1880).

Im Insolvenzverfahren über eine **Handelsgesellschaft** hat der Verwalter die Geschäftsunterlagen einem Gesellschafter oder einem Dritten in Verwahrung zu geben (§ 157 Abs. 2 HGB, § 74 Abs. 2 GmbHG, § 273 Abs. 2 AktG).

21 Der Insolvenzschuldner ist zur **Rücknahme** der Unterlagen verpflichtet (Uhlenbruck-Uhlenbruck § 200 Rn. 16). Ist der Schuldner nicht zur Annahme der Unterlagen bereit, besteht für den früheren Insolvenzverwalter nicht die Möglichkeit, diese Rücknahmeverpflichtung mithilfe des Insolvenzgerichts durch Festsetzung eines **Zwangsgeldes** zu erzwingen. Allenfalls bei einer AG oder einer KG aA kann das Registergericht über eine Zwangsgeldfestsetzung entscheiden, § 157 Abs. 2 Satz 1 HGB, §§ 407, 273 Abs. 2 AktG (a. A. MK-Hintzen § 200 Rn. 43).

In der Praxis bleibt dem Verwalter die Möglichkeit, sich bereits im laufenden Verfahren durch entsprechende **Rückstellungen aus der Masse** die Kosten der späteren Verwahrung bzw. nach Fristablauf der Aufbewahrungsbestimmungen die Vernichtungskosten für einen geeigneten Fremdanbieter sicherzustellen. Um seine Haftungsrisiken zu begrenzen, sollte der Verwalter spätestens im Schlusstermin die Gläubigerversammlung beteiligen, zwecks Ermächtigung der Begründung entsprechender Masseverbindlichkeiten und deren Erfüllung noch vor der Schlussverteilung.

C. Verfahrensfragen

22 Der Aufhebungsbeschluss ist mangels einer gesetzlichen Regelung **unanfechtbar**, sofern der Insolvenzrichter die Entscheidung getroffen hat (§ 6 Abs. 1). Gleiches gilt für einen Beschluss, durch den die Aufhebung des Verfahrens vom Insolvenzgericht abgelehnt wird.

23 Im Fall einer Entscheidung durch den Rechtspfleger ist hiergegen das Rechtsmittel der **sofortigen Erinnerung** gem. § 11 Abs. 2 Satz 1 RPflG statthaft. Die Einlegung der sofortigen Erinnerung hat innerhalb der für die sofortige Beschwerde geltenden Frist zu erfolgen (§ 569 Abs. 1 ZPO). Die Frist beginnt mit Ablauf von 2 weiteren Tagen nach dem Tag der Veröffentlichung (§ 9 Abs. 1 Satz 3). Der Rechtspfleger kann der Erinnerung abhelfen (§ 11 Abs. 2 Satz 2 RPflG); hilft er nicht ab, entscheidet der Insolvenzrichter abschließend (§ 11 Abs. 2 Satz 3 RPflG).

§ 201 Rechte der Insolvenzgläubiger nach Verfahrensaufhebung

(1) Die Insolvenzgläubiger können nach der Aufhebung des Insolvenzverfahrens ihre restlichen Forderungen gegen den Schuldner unbeschränkt geltend machen.

(2) ¹Die Insolvenzgläubiger, deren Forderungen festgestellt und nicht vom Schuldner im Prüfungstermin bestritten worden sind, können aus der Eintragung in die Tabelle wie aus einem vollstreckbaren Urteil die Zwangsvollstreckung gegen den Schuldner betreiben. ²Einer nicht bestrittenen Forderung steht eine Forderung gleich, bei der ein erhobener Widerspruch beseitigt ist. ³Der Antrag auf Erteilung einer vollstreckbaren Ausfertigung aus der Tabelle kann erst nach Aufhebung des Insolvenzverfahrens gestellt werden.

(3) Die Vorschriften über die Restschuldbefreiung bleiben unberührt.

Übersicht	Rdn.		Rdn.
A. Normzweck	1	IV. Nachhaltigkeit der Inhaltsänderung	
B. Norminhalt	3	durch Forderungsfeststellung und Auf-	
I. Anwendungsbereich	3	zehrung früherer Vollstreckungstitel	10
II. Wirkungen der Forderungsfeststellung	8	V. Sonstiges	19
III. Klauselerteilung	9		

A. Normzweck

§ 201 normiert das **grds. unbeschränkte Nachforderungsrecht** der Gläubiger ggü. dem Schuldner und erhebt den **Tabellenauszug** in den Rang eines **vollstreckbaren Titels**. Die Regelung dient dem Ausgleich des die Gläubiger belastenden Vollstreckungsverbots des § 89 Abs. 1. 1

Die Verfahrensaufhebung beendet die haftungsmäßige Trennung von Insolvenzmasse und insolvenzfreiem Vermögen einerseits sowie die unterschiedliche Haftung für Insolvenzforderungen, Masseverbindlichkeiten und Neuforderungen andererseits. Die Aufhebung dieser Trennung stellt die gesetzliche Umsetzung des unbeschränkten Nachforderungsrechts dar. Das Nachforderungsrecht erfährt allerdings durch die Restschuldbefreiung eine wesentliche Einschränkung (Abs. 3, § 291 Abs. 1). Die Nachhaftung des Schuldners wird mit Ankündigung der Restschuldbefreiung und Einsetzung eines Treuhänders bis zur endgültigen Entscheidung über die Restschuldbefreiung ausgesetzt. Das Verfahren zur Restschuldbefreiung ist ein selbstständiges, vom Insolvenzverfahren zu unterscheidendes Verfahren. Ein vollstreckbarer Tabellenauszug kann daher nach ganz h. M. bereits nach Aufhebung des Insolvenzverfahrens (vgl. Abs. 2 Satz 3) erteilt werden, d. h. noch während des Restschuldbefreiungsverfahrens (OLG Brandenburg, NZI 2012, 762; LG Göttingen, ZInsO 2005, 1113; Pape, ZVI 2014, 1, 2 f. m. w. N. zur h. M. in Fn. 17; Uhlenbruck-Uhlenbruck § 201 Rn. 13; MK-Ehricke § 294 Rn. 15; **a. A.** AG Göttingen, ZInsO 2005, 668; Graf-Schlicker/Castrup, § 201 Rn. 7). Das Rechtsschutzinteresse des Gläubigers an der Erteilung der Vollstreckungsklausel folgt aus der möglichen Versagung der Restschuldbefreiung bei Obliegenheitsverletzungen (§ 296 Abs. 1) und der dann gegebenen Notwendigkeit, schnell zu reagieren (Schollmeyer, IPRax 2003, 227, 228). Vollstreckt werden darf daraus wegen § 294 während des Restschuldbefreiungsverfahrens nicht (LG Saarbrücken, ZInsO 2014, 158; Pape, ZVI 2014, 1, 2). 2

B. Norminhalt

I. Anwendungsbereich

Die Regelungen über die unbeschränkte Nachhaftung sind ohne Bedeutung für sog. **Neugläubiger**. Dies sind solche, deren Forderungen erst nach der Insolvenzeröffnung begründet worden sind. Neugläubiger unterliegen während des Insolvenzverfahrens nicht dem Vollstreckungsverbot des § 89 Abs. 1. Ihnen haftet während des Insolvenzverfahrens jedoch ausschließlich das insolvenzfreie Vermögen; sie können gegen den Schuldner auch während des Verfahrens einen Vollstreckungstitel erwirken. 3

Nachhaftung findet mangels Feststellung (§ 178) statt, wenn eine (zu rechtskräftig titulierten vgl. unten Rdn. 12) Forderung **nicht angemeldet** (MK-Hintzen § 201 Rn. 18) oder zwar angemeldet, jedoch **bestritten** und der Widerspruch nicht beseitigt ist. Gleiches gilt für **nachrangige Forderungen** (§ 39), es sei denn, das Gericht hat zu deren Anmeldung aufgefordert (§ 174 Abs. 3). Nachrangige Gläubiger, z. B. wegen laufender Zinsen auf Insolvenzforderungen gem. § 39 Abs. 1 Nr. 1, können diese bereits während des Restschuldbefreiungsverfahren gegen den Schuldner einklagen (BGH, ZInsO 2011, 102). 4

Eine Nachhaftung i. S. v. § 201 (»Insolvenzgläubiger«) gibt es für **Massegläubiger** (§ 53) **nicht** (Kilger/K. Schmidt § 57 KO Anm. 2; HK-Depré § 201 Rn. 3, 10). Während des Insolvenzverfahrens haftet den Massegläubigern allerdings nicht das gesamte Vermögen des Schuldners, sondern »nur« die Insolvenzmasse. Da nach der gesetzgeberischen Konzeption Masseverbindlichkeiten grds. im Insolvenzverfahren erfüllt werden, kann es zu einer »Nachhaftung« für Masseverbindlichkeiten 5 nach Verfahrensbeendigung praktisch nur bei Masselosigkeit, Masseunzulänglichkeit (§§ 207 ff.) oder dann kommen, wenn eine Masseverbindlichkeit versehentlich im Verfahren nicht berücksichtigt wird.

6 Wird in den letztgenannten Fällen die **Masseverbindlichkeit** vom Schuldner **vor Insolvenzeröffnung** begründet (vgl. § 55 Abs. 1 Nr. 2), schuldet der Schuldner Erfüllung unzweifelhaft nach der Beendigung des Insolvenzverfahrens. Er haftet insofern nach Beendigung des Insolvenzverfahrens mit seinem gesamten Vermögen. Dies gilt auch für **während des Verfahrens begründete Masseverbindlichkeiten** (Häsemeyer, InsR, Rn. 25.30; Runkel/Schnurbusch, NZI 2000, 49, 56). Die Haftung ist nicht auf Massegegenstände, d. h. gewissermaßen die Insolvenzrestmasse, begrenzt, die der Verwalter entweder während des Verfahrens frei- oder dem Schuldner nach Verfahrensbeendigung zurückgegeben hat (a. A. die h. M., z. B. BGH, WM 1964, 1125; MK-Hintzen § 201 Rn. 16; HK-Depré § 201 Rn. 3). Gegen **Pflichtverletzungen des Verwalters** durch sorgfaltswidrige Begründung von Masseverbindlichkeiten ist der Schuldner ausreichend durch § 60 geschützt.

7 Die Nachhaftung ergreift auch **öffentlich-rechtliche Ansprüche**, insb. Steuerforderungen.

7a Ist eine **Insolvenzforderung** »in Höhe des Ausfalls« festgestellt, erstreckt sich die Rechtskraft des Tabellenauszugs nichtsdestoweniger auf die gesamte Forderung (vgl. § 178 Rdn. 15; Uhlenbruck-Sinz § 178 Rn. 36; MK-Schumacher § 178 Rn. 64). Grds. kann folglich nach Verfahrensaufhebung und Erteilung der Vollstreckungsklausel die Vollstreckung hinsichtl. der Forderung in voller Höhe betrieben werden. Hat während des Insolvenzverfahrens die Verwertung des Absonderungsrechts stattgefunden, ist im Fall der Vollstreckung aus dem Tabellenauszug die durch die Verwertung bewirkte (teilweise) Erfüllung der Forderung im Wege der **Vollstreckungsgegenklage (§ 767 ZPO)** geltend zu machen. Dass die Forderung wegen der Regelung des § 190 nur i. H. d. Ausfalls in das in § 188 geregelte Verteilungsverzeichnis Eingang gefunden hat, beeinflusst nicht den Tabelleneintrag. Die in der Tabelle vermerkte Forderungshöhe wird nicht um den Verwertungserlös reduziert. Auch die bei Verteilungen erhaltenen Quoten werden lediglich auf dem vollstreckbaren Auszug vermerkt, beeinflussen aber nicht die in der Tabelle eingetragene Forderungshöhe (vgl. § 202 Rdn. 2). Wird mangels Erfüllung der Voraussetzungen des § 190 eine für den Ausfall festgestellte Forderung nicht in das Verteilungsverzeichnis aufgenommen und bleibt daher bei Verteilungen unberücksichtigt, hindert dies nicht die Erteilung eines vollstreckbaren Tabellenauszugs über den Nominalbetrag der Forderung.

7b In der **Praxis** kommt es allerdings zu Abweichungen. Um die zur Tabelle festgestellte Forderungshöhe nach der Verwertung an das Verteilungsverzeichnis »anzupassen«, werden die absonderungsberechtigten Gläubiger aufgefordert, einen (teilweisen) Verzicht auf die zur Tabelle festgestellte Forderung i. H. d. Verwertungserlöses (ggf. abzüglich USt, Verwertungs- und Feststellungskosten) zu erklären. Hat der Insolvenzverwalter die Verwertung durchgeführt, können vorgefertigte Verzichtserklärungen mit der Mitteilung des Verwertungsergebnisses und der Ankündigung der Auskehr des Erlöses übersandt werden. Wird der Verzicht erklärt, können aufgrund dieser – durchaus praktikablen – Vorgehensweise vollstreckbare Tabellenauszüge später lediglich über die verbleibende Restforderung erteilt werden. Dies verhindert vollstreckungsrechtliche Folgeprobleme (vgl. Rdn. 7a). Sollte die Tabelle ausnahmsweise ohne erklärten Verzicht irrtümlich »angepasst« worden sein, so ist sie **auf Antrag oder von Amts wegen zu berichtigen** (vgl. zur Berichtigung § 178 Rdn. 23; MK-Schumacher § 178 Rn. 51 f.). Wird unter Hinweis auf eine Nichtberücksichtigung der (Ausfall-) Forderung im Verteilungsverzeichnis die Erteilung eines vollstreckbaren Auszugs aus der – mangels Verzichts zu Recht – nicht angepassten Tabelle verweigert, so steht eine **Klage nach § 731 ZPO** offen (vgl. auch Rdn. 9 sowie § 202 Rdn. 4 ff.).

II. Wirkungen der Forderungsfeststellung

8 Die Feststellung der Insolvenzforderung zur Tabelle wirkt gem. § 178 Abs. 3 wie ein rechtskräftiges Urteil ggü. dem Verwalter und den übrigen Gläubigern. Daneben schafft § 201 zum Zweck der Realisierung der Nachhaftung einen **vollstreckbaren Titel**. Dies gilt auch, wenn Verwalter oder

Gläubiger Widerspruch erhoben haben, dieser aber durch rechtskräftiges Feststellungsurteil oder Rücknahme beseitigt ist. Hat der Schuldner im Prüfungstermin – oder auch im schriftlichen Verfahren, was in § 201 wohl aufgrund eines Redaktionsversehens unerwähnt ist – widersprochen, hindert dies die Vollstreckung aus der Tabelle, es sei denn, der Widerspruch ist nach § 184 beseitigt. Die Forderung nimmt allerdings an der Verteilung im Insolvenzverfahren teil, da die Feststellung zur Tabelle durch den Widerspruch des Schuldners nicht gehindert wird (§ 178 Abs. 1 Satz 2).

III. Klauselerteilung

Der Tabellenauszug ist für die Zwangsvollstreckung mit einer Vollstreckungsklausel zu versehen. Die Erteilung der Vollstreckungsklausel erfolgt **auf Antrag**. Dieser ist (erst) nach Aufhebung des Insolvenzverfahrens (§§ 200, 9 Abs. 1 Satz 3) zulässig (vgl. auch Rdn. 2; Pape, ZVI 2014, 1, 2, 3 f.). Auf das Klauselerteilungsverfahren und die Rechtsbehelfe sind nach § 4 die Vorschriften der ZPO anzuwenden (vgl. § 202 Rdn. 2 f.).

9

Eine Klauselerteilung ist während der Wohlverhaltensphase zulässig (LG Bückeburg, Beschl. v. 25.01.2012 – 4 T 116/11; Pape, ZVI 2014, 1, 2, 3 f.). Sie ist ebenfalls in der Wohlverhaltensphase zulässig, wenn der Schuldner isolierten Widerspruch gegen den Schuldgrund einer vorsätzlichen unerlaubten Handlung erhoben hat, da die tabellenrelevanten Feststellungen zu Grund und Betrag der angemeldeten Forderung damit nicht infrage gestellt werden (LG Köln, ZInsO 2012, 1682; Pape, ZVI 2014, 1, 3 f.). Vollstreckt werden darf aus dem Tabellenauszug wegen § 294 während des Restschuldbefreiungsverfahrens nicht (LG Saarbrücken, ZInsO 2014, 158; Pape, ZVI 2014, 1, 2, 3 f.).

Wurde dem Schuldner bereits rechtskräftig die Restschuldbefreiung erteilt, so kann er sich, wenn eine Vollstreckungsklausel erteilt wurde, gegen die Vollstreckung mit der Vollstreckungsabwehrklage wehren und die Herausgabe des Titels analog § 371 BGB verlangen (Pape, ZVI 2014, 1, 3 f.). Eine Vollstreckungsklausel darf in dieser Phase nicht mehr erteilt werden, wenn der Forderung entweder nicht als eine solche aus einer vorsätzlichen unerlaubten Handlung angemeldet oder ein (zumindest auch) gegen das Attribut erhobener Widerspruch nicht beseitigt wurde (Pape, ZVI 2014, 1, 4 f., 6 f.). Im umgekehrten Fall, in dem also die Forderung von der Restschuldbefreiung gerade ausgenommen ist (§ 302 Nr. 1) darf unproblematisch eine Vollstreckungsklausel erteilt werden.

Die Erteilung des vollstreckbaren Tabellenauszugs darf und sollte bei ursprünglich bereits titulierten Forderungen von der Vorlage des Originaltitels abhängig gemacht werden, um diesen zu entwerten (BGH, ZInsO 2006, 102).

9a

IV. Nachhaltigkeit der Inhaltsänderung durch Forderungsfeststellung und Aufzehrung früherer Vollstreckungstitel

Der Inhalt des Haftungsrechts des Gläubigers an der Masse bestimmt sich über den Inhalt, den die Forderung durch Anmeldung und Feststellung zur Tabelle erhält. So sind nicht auf Geld gerichtete Forderungen mit ihrem geschätzten Wert (§ 45), nicht fällige Forderungen abgezinst (§ 41 Abs. 1) und Forderungen auf wiederkehrende Leistungen mit einer bestimmten Laufzeit und einem bestimmten Betrag summiert und abgezinst (§ 46 Satz 1, 2) anzumelden. In diesem Zusammenhang zu nennen ist auch der Erfüllungsanspruch nach den §§ 103 ff., der sich in einen Schadensersatzanspruch umwandelt, wenn der Verwalter Erfüllung ablehnt (Uhlenbruck-Uhlenbruck § 201 Rn. 14).

10

Mit der Feststellung der Forderung ändert sich nach herrschender Meinung ihr Inhalt. Diese Inhaltsänderung wirkt über die Beendigung des Insolvenzverfahrens hinaus fort. Auf den ursprünglichen Forderungsinhalt kann nicht mehr zurückgegriffen werden (sog. **Nachhaltigkeit der Inhaltsänderung**; vgl. RGZ 93, 209, 213; 112, 297, 300; LG Hannover, KTS 1992, 223; Kilger/K. Schmidt § 164 KO Anm. 1a; MK-Hintzen § 201 Rn. 37; i. E. Uhlenbruck-Uhlenbruck § 201 Rn. 15). Zur Inhaltsänderung kommt es nach herrschender Meinung nicht, wenn der Gläubiger auf die Teilnahme am Insolvenzverfahren verzichtet (BGH, ZIP 1996, 842) oder die Feststellung zur Tabelle aufgrund eines Widerspruchs nicht erfolgt.

11

12 Ist die Forderung bereits vor Insolvenzeröffnung **rechtskräftig tituliert**, wird dieser Titel nach herrschender Meinung durch den Tabellenauszug aufgrund der Gleichstellung mit einem rechtskräftigen Urteil (§ 178 Abs. 3) »aufgezehrt«, »ersetzt« bzw. »verdrängt« (BGH, ZInsO 2006, 704). Die herrschende Meinung erkennt allerdings Ausnahmen an: Der vorinsolvenzliche Titel bleibt Grundlage der Zwangsvollstreckung, wenn der Gläubiger auf eine Teilnahme am Insolvenzverfahren verzichtet hat (vgl. Häsemeyer, InsR, Rn. 25.14; Uhlenbruck-Uhlenbruck § 201 Rn. 8). Gleiches gilt, wenn die angemeldete Forderung bestritten und der Widerspruch weder beseitigt noch zurückgenommen wird (BGH, ZInsO 2006, 704; vgl. dazu auch § 184 Rdn. 10, 10a). Will der Gläubiger bestimmte nachrangige Forderungen geltend machen, z. B. Zinsen ab Verfahrenseröffnung, kann die Zwangsvollstreckung (nur) aus dem vorinsolvenzlichen Titel erfolgen (Jaeger-Weber § 164 KO Rn. 6; MK-Hintzen § 201 Rn. 37). Auch insoweit kommt es nicht zu einer »Aufzehrung«.

13 Vollstreckt ein Gläubiger unberechtigt aus einem – nach herrschender Meinung »aufgezehrten« – vorinsolvenzlichen Titel, steht dem Schuldner die **Vollstreckungsabwehrklage (§ 767 ZPO)** zur Seite (RGZ 132, 113; Häsemeyer, InsR, Rn. 25.27; a. A. nur § 766 ZPO: Pape, KTS 1992, 185, 190).

14 Die herrschende Meinung ist zwar dogmatisch nicht unproblematisch (Pape, KTS 1992, 185; Gaul, FS Weber, S. 156, 173). Ihr ist jedoch mit einer Einschränkung zu folgen (differenzierend Häsemeyer, InsR, Rn. 25.20; Uhlenbruck-Uhlenbruck § 201 Rn. 15 f.).

15 Ist eine Forderung rechtskräftig tituliert, fehlt im Fall uneingeschränkter Anmeldung (vgl. Rdn. 16 f.) und Feststellung der Forderung (§ 178 Abs. 1 Satz 1) lediglich das Rechtsschutzbedürfnis an der Zwangsvollstreckung aus dem vorinsolvenzlichen Titel. Der Titel wird jedoch – entgegen der herrschenden Meinung – nicht »aufgezehrt«. Dies folgt aus dem Grundsatz des Zwangsvollstreckungsrechts, dass für einen Titel nur eine mit Vollstreckungsklausel versehene Ausfertigung erteilt werden soll (Pape, KTS 1992, 185; Gaul, FS Weber, S. 156, 157). Die Feststellungswirkung des Tabellenauszugs ist aber unter dem Gesichtspunkt materieller Rechtskraft nicht geeignet, einen vorinsolvenzlichen rechtskräftigen Leistungstitel zu überlagern, zu verdrängen oder aufzuzehren (folglich »winden« sich die wenigen mit der Thematik befassten Entscheidungen terminologisch durch Verwendung der kaum in die prozessrechtliche Dogmatik von Titel, Rechtskraft und Vollstreckung einzuordnenden Begrifflichkeiten »Verdrängung« bzw. »Aufzehrung«; so etwa LG Köln, ZInsO 2012, 1682. Dies erfordert eine gesetzliche Anordnung, an der es fehlt.

15a Handelt es sich um einen vorinsolvenzlichen rechtskräftigen Titel, der die Feststellung ausspricht, dass dem Gläubiger eine Forderung aus einer vorsätzlichen unerlaubten Handlung zustehe, ist – entgegen der Vorauflage – das Rechtsschutzbedürfnis an der Zwangsvollstreckung aus diesem zu verneinen (vgl. § 184 Rdn. 10a, 16). Dies gilt gleichviel, ob die Feststellung der Forderung als deliktische zur Tabelle nicht erfolgte bzw. ein gegen den deliktischen Forderungsgrund erhobener Schuldnerwiderspruch nicht beseitigt wurde (vgl. Rdn. 18). Das Rechtsschutzbedürfnis zu verneinen, ist mit damit zu begründen, dass die vollstreckungsrechtliche Privilegierung nur solche Forderungen erfasst, die von einer Restschuldbefreiung aufgrund ihrer Anmeldung unter Angabe des Rechtsgrundes gem. § 174 Abs. 2 ausgenommen sind (§ 302 Nr. 1; vgl. auch § 850f Abs. 2 ZPO).

16 Dem Gläubiger ist zu gestatten, seine Forderung im Insolvenzverfahren beschränkt auf die Berücksichtigung im Insolvenzverfahren anzumelden (vgl. Häsemeyer, InsR, Rn. 25.18; Uhlenbruck-Uhlenbruck § 201 Rn. 16), d. h. ohne das Ziel, einen Titel zur Realisierung der Nachhaftung nach Beendigung des Insolvenzverfahrens zu erlangen. Die Haftung nach Beendigung des Insolvenzverfahrens erfolgt dann auf Grundlage der ursprünglichen Forderung, gleichviel ob sie tituliert ist oder ein Titel erst erstritten werden muss. Die erlangte Quote ist anzurechnen, was z. B. im Fall des § 46 Satz 1, 2 einen entsprechenden Abzug bei jeder Einzelforderung bedeutet. Die Erteilung einer Vollstreckungsklausel für den und damit die Vollstreckung aus dem Tabellenauszug scheidet aus.

17 Wird eine Forderung nicht nur beschränkt auf die Berücksichtigung im Insolvenzverfahren angemeldet, widerspricht der Schuldner nicht und erfolgt mangels Widerspruchs i. Ü. oder nach dessen Beseitigung bzw. Rücknahme die Feststellung zur Tabelle, wird die Forderung über die Verfah-

rensbeendigung hinaus geändert (vgl. Rdn. 11). Aus einem vorinsolvenzlichen Titel kann mangels Rechtsschutzbedürfnisses an der Zwangsvollstreckung nicht mehr vollstreckt werden. Es ist daran zu erinnern, dass hier im Unterschied zur herrschenden Meinung zwischen dem Haftungsrecht als Gegenstand der Feststellung und der Forderung als Vorfrage des Haftungsrechts (§ 179 Rdn. 17) unterschieden wird. Daraus folgt, dass durch die insolvenzrechtliche Feststellung des Haftungsrechts grds. nur dieses einen von der Forderung abweichenden Inhalt erhalten kann, nicht aber notwendigerweise die Forderung verändert wird. Erfolgt aber bei uneingeschränkter Anmeldung die Feststellung, so liegt darin zugleich die Vereinbarung eines neuen Schuldinhalts der zugrunde liegenden Forderung. Dem können der Schuldner durch Widerspruch und der Gläubiger durch eine eingeschränkte Anmeldung entgehen. Die Ursache liegt im Schuld-, nicht im Insolvenzrecht. Ein weiterer Grund ist, dass der Grundsatz der Gläubigergleichbehandlung und die insolvenzrechtliche Haftungsverwirklichung nicht über die Beendigung des Insolvenzverfahrens fortwirken. Die §§ 41 ff., die die Änderung der Forderung begründen, dienen jedoch ausschließlich der Gläubigergleichbehandlung und Haftungsverwirklichung (Häsemeyer, InsR, Rn. 25.13, 17.10; vgl. auch Bitter, NZI 2000, 399 und BGH, ZInsO 2003, 1138). Insolvenzrechtlich ließe sich die fortwirkende Inhaltsänderung daher nicht rechtfertigen.

Regelmäßig stellen sich Probleme um Titelaufzehrung und Inhaltsänderung praktisch allerdings nicht: In den meisten Fällen kommt es nicht zu einer Inhaltsänderung. Dann ist es i. E. bedeutungslos, woraus vollstreckt wird (vgl. aber Rdn. 12 »Zinsen«). Ist die **Inhaltsänderung für den Gläubiger vorteilhaft** (z. B. § 41 Abs. 1), ist entsprechend der herrschenden Meinung eine Vollstreckung aus dem Tabellenauszug zu empfehlen. Schließlich fehlt es bei der **Gesellschaftsinsolvenz** rgm. an einem der Nachhaftung unterliegenden relevanten Restvermögen. Bei **natürlichen Personen** ist die Nachhaftung durch die Möglichkeit einer **Restschuldbefreiung** erheblich eingeschränkt. Anders ist dies jedoch bei **Forderungen**, bzgl. derer rechtskräftig tituliert festgestellt ist, dass sie **aus einer vorsätzlichen unerlaubten Handlung** herrühren. Nimmt der Gläubiger einer solchen Forderung am Insolvenzverfahren uneingeschränkt teil (vgl. Rdn. 16) und beseitigt einen vom Schuldner gegen den deliktischen Forderungsgrund erhobenen Widerspruch nicht, wird die Frage der »Aufzehrung« des vorinsolvenzlichen Titels relevant (vgl. Rdn. 15, 15a sowie § 184 Rdn. 12 ff., 16).

18

V. Sonstiges

Die Vollstreckung in der Nachhaftung nach Abs. 2 ist durch die Verjährung der festgestellten Forderung begrenzt. Die Verjährungsfrist beträgt 30 Jahre (§ 197 Abs. 1 Nr. 5 BGB), bei Steuerforderungen 5 Jahre (§ 228 Satz 2 AO).

19

In der **Insolvenz der Personengesellschaft** berechtigt ein vollstreckbarer Tabellenauszug nicht zur Vollstreckung in das Vermögen der Gesellschafter (MK-Schumacher § 201 Rn. 25); der Titel kann nicht nach § 727 ZPO umgeschrieben werden (OLG Hamm, NJW 1979, 51). Hieran hat die Anerkennung der analogen Anwendung der §§ 128, 129 HGB auf die Haftung der Gesellschafter einer GbR für Gesellschaftsverbindlichkeiten (BGH, ZInsO 2001, 218) nichts geändert. Über § 129 Abs. 1 HGB werden dem persönlich haftenden Gesellschafter im Haftungsprozess allerdings Einwendungen, die nicht in seiner Person begründet sind, durch den vollstreckbaren Tabellenauszug abgeschnitten. Insoweit kommt es zu einer **begrenzten Rechtskraft des Tabellenauszugs** ggü. dem persönlich haftenden Gesellschafter (BAG, ZInsO 2002, 1156).

20

§ 202 Zuständigkeit bei der Vollstreckung

(1) Im Falle des § 201 ist das Amtsgericht, bei dem das Insolvenzverfahren anhängig ist oder anhängig war, ausschließlich zuständig für Klagen:
1. auf Erteilung der Vollstreckungsklausel;
2. durch die nach der Erteilung der Vollstreckungsklausel bestritten wird, daß die Voraussetzungen für die Erteilung eingetreten waren;
3. durch die Einwendungen geltend gemacht werden, die den Anspruch selbst betreffen.

§ 202 InsO Zuständigkeit bei der Vollstreckung

(2) Gehört der Streitgegenstand nicht zur Zuständigkeit der Amtsgerichte, so ist das Landgericht ausschließlich zuständig, zu dessen Bezirk das Insolvenzgericht gehört.

Übersicht	Rdn.		Rdn.
A. Normzweck	1	I. Klauselerteilungsverfahren	2
B. Norminhalt	2	II. Klagen i. R. d. Klauselerteilung	4

A. Normzweck

1 Bestimmte Klagen i. R. d. Klauselerteilung werden der Zuständigkeit der Prozessgerichte zugewiesen. Dies entspricht dem Ansatz des § 802 ZPO. Die InsO entscheidet sich auch hier **gegen eine** vis attractiva concursus und für eine sachliche und örtliche Zuständigkeitskonzentration beim Prozessgericht (vgl. auch § 180 Rdn. 1 f.). Die Korrektur offensichtlicher Unrichtigkeiten des Tabelleneintrags, die eine Vollstreckung hindern können, wie z. B. die Falschbezeichnung des Gläubigers, ist nicht Regelungsgegenstand des § 201. Diese richtet sich nach § 4 InsO i. V. m. § 319 ZPO (vgl. § 178 Rdn. 23 sowie OLG Karlsruhe, ZInsO 2011, 526).

B. Norminhalt

I. Klauselerteilungsverfahren

2 Das Klauselerteilungsverfahren richtet sich gem. § 4 nach den §§ 724 ff. ZPO (vgl. § 201 Rdn. 9). Für die Erteilung der Vollstreckungsklausel ist das Insolvenzgericht sachlich und örtlich ausschließlich zuständig (§ 2 Abs. 1; Uhlenbruck-Uhlenbruck § 202 Rn. 2). Für die Erteilung einer einfachen Klausel ist funktional der Urkundsbeamte der Geschäftsstelle (§ 724 Abs. 2 ZPO), für die titelergänzende oder titelumschreibende Klausel der Rechtspfleger (§ 20 Nr. 12 RPflG) zuständig. Diese haben nach Erteilung der Restschuldbefreiung zu prüfen, ob die Forderung gem. § 302 Nr. 1 als deliktisch zur Tabelle festgestellt und daher nicht von der Restschuldbefreiung erfasst wurde (AG Göttingen, ZInsO 2011, 934; vgl. auch unten Rdn. 7). Quotenauszahlungen während des Insolvenzverfahrens aus Abschlags- und Schlussverteilung sind von der Forderung abzusetzen. Dies ist auf der vollstreckbaren Ausfertigung zu vermerken (Uhlenbruck-Uhlenbruck § 201 Rn. 13). Fehlt es daran und erfolgt die Vollstreckung in voller Höhe, kann der Schuldner Vollstreckungsgegenklage nach § 767 ZPO erheben.

3 Für **Rechtsbehelfe** im Klauselerteilungsverfahren enthält § 202 keine Regelung. Wenn der Urkundsbeamte der Geschäftsstelle die Klauselerteilung verweigert, ist Erinnerung nach § 573 Abs. 1 Satz 1 ZPO statthaft. Darüber entscheidet das Insolvenzgericht als sachnäheres Gericht (Uhlenbruck-Uhlenbruck § 202 Rn. 2), nicht das Prozessgericht (so KPB-Holzer § 202 Rn. 13). Gegen die Entscheidung ist die sofortige Beschwerde nach §§ 573 Abs. 2, 567 ff. ZPO gegeben. Gegen die Erteilung einer titelergänzenden oder titelumschreibenden Klausel (§§ 727, 730 ZPO) steht die Erinnerung nach § 11 Abs. 1 RPflG zum Insolvenzgericht zur Verfügung.

II. Klagen i. R. d. Klauselerteilung

4 Abs. 1 regelt die ausschließliche örtliche und sachliche Zuständigkeit für Klagen auf oder gegen die Erteilung der Vollstreckungsklausel und für Vollstreckungsgegenklagen (§§ 731, 768, 767 ZPO). Für andere Rechtsbehelfe bestimmt sich die Zuständigkeit nach den allg. Regeln des Zivilprozess- und Gerichtsverfassungsrechts, z. B. nach § 723 Abs. 1 Satz 1 ZPO für die Erinnerung i. S. v. § 732 ZPO, die bei materiellen Einwendungen neben der Klauselgegenklage (§ 768 ZPO) möglich ist.

5 Mit der **Klauselgegenklage** kann der Schuldner einwenden, dass die materiellen Voraussetzungen für die Erteilung einer qualifizierten Klausel nicht vorliegen.

6 Der Gläubiger kann mit der **Klage auf Klauselerteilung** (**§ 731 ZPO**) vorgehen, wenn er bei einer begehrten titelergänzenden oder titelumschreibenden Klausel den Nachweis nicht durch öffentliche

oder öffentlich beglaubigte Urkunden erbringen kann (vgl. §§ 726 Abs. 1, 727 bis 729, 742, 744, 744a, 745 Abs. 2, 749 ZPO).

Die Vollstreckungsgegenklage steht dem Schuldner zur Verfügung, wenn er materiell-rechtliche Einwendungen gegen den titulierten Anspruch vorzutragen hat (vgl. BGH Rpfleger 1984, 476: Zahlung der festgestellten Forderung außerhalb des Insolvenzverfahrens durch Dritte). Diese müssen nach der Feststellung der Forderung entstanden sein (§ 767 Abs. 2 ZPO), also nach der widerspruchslosen Feststellung oder nach dem Schluss der mündlichen Verhandlung, auf die die rechtskräftige Beseitigung eines Widerspruchs folgt. Dies kann bspw. die Erteilung der Restschuldbefreiung sein (BGH, ZInsO 2008, 1279). Erteilt der Urkundsbeamte der Geschäftsstelle oder der Rechtspfleger gleichwohl eine Vollstreckungsklausel (vgl. oben Rdn. 2), ist nach § 767 ZPO, nicht mit der Erinnerung gem. § 766 ZPO vorzugehen (BGH, ZInsO 2008, 1279; AG Göttingen, ZInsO 2011, 934). 7

§ 203 Anordnung der Nachtragsverteilung

(1) Auf Antrag des Insolvenzverwalters oder eines Insolvenzgläubigers oder von Amts wegen ordnet das Insolvenzgericht eine Nachtragsverteilung an, wenn nach dem Schlußtermin
1. zurückbehaltene Beträge für die Verteilung frei werden,
2. Beträge, die aus der Insolvenzmasse gezahlt sind, zurückfließen oder
3. Gegenstände der Masse ermittelt werden.

(2) Die Aufhebung des Verfahrens steht der Anordnung einer Nachtragsverteilung nicht entgegen.

(3) ¹Das Gericht kann von der Anordnung absehen und den zur Verfügung stehenden Betrag oder den ermittelten Gegenstand dem Schuldner überlassen, wenn dies mit Rücksicht auf die Geringfügigkeit des Betrags oder den geringen Wert des Gegenstands und die Kosten einer Nachtragsverteilung angemessen erscheint. ²Es kann die Anordnung davon abhängig machen, daß ein Geldbetrag vorgeschossen wird, der die Kosten der Nachtragsverteilung deckt.

Übersicht	Rdn.			Rdn.
A.	Normzweck	1	III. Anordnung der Nachtragsverteilung	11
B.	Norminhalt	3	IV. Prüfung der Verhältnismäßigkeit (Abs. 3)	15
I.	Allgemeines	3	C. **Nachtragsverteilung bei eingestellten**	
II.	Massezuflüsse für Nachtragsverteilung . .	7	Verfahren	18

A. Normzweck

Werden nach Beendigung des Schlusstermins zurückbehaltende Beträge für die Verteilung frei, fließen sonstige Beträge zur Insolvenzmasse zurück oder werden nachträglich Gegenstände der Insolvenzmasse ermittelt, kann eine **Nachtragsverteilung** angeordnet werden. Sie ermöglicht den Gläubigern den Zugriff auf Vermögensteile des Schuldners, die der Insolvenzmasse zuzuordnen sind (Massezugehörigkeit ist tatbestandliche Voraussetzung, BGH, ZInsO 2013, 1409), aber aus rechtlichen oder tatsächlichen Gründen nicht bei der Schlussverteilung mitberücksichtigt und somit nicht an die Gläubiger verteilt werden konnten. Insolvenzgläubiger, deren Forderungen in das Schlussverzeichnis aufgenommen sind (§ 188), können somit auch nach Aufhebung des Verfahrens befriedigt werden, sofern später zur Insolvenzmasse gehörende Vermögensgegenstände frei bzw. ermittelt werden. Das **Schlussverzeichnis** bleibt somit auch für eine **Nachtragsverteilung** bindend, § 205 Satz 1 (s. a. § 188 Rdn. 2). 1

Vor Anordnung der Nachtragsverteilung hat das Insolvenzgericht das Kosten/Nutzen-Verhältnis abzuwägen (Abs. 3).

§ 203 InsO Anordnung der Nachtragsverteilung

2   Soweit verwertbare Vermögensgegenstände im Schlusstermin bereits bekannt, aber aus tatsächlichen oder rechtlichen Gründen noch unverwertet sind, können sie einer Nachtragsverteilung **vorbehalten** bleiben, wodurch der Insolvenzbeschlag hinsichtlich dieser Vermögensgegenstände aufrechterhalten bleibt (§ 196 Rdn. 5).

B. Norminhalt

I. Allgemeines

3   Nach Abs. 1 kann eine Nachtragsverteilung grds. nur **nach Beendigung des Schlusstermins**, somit auch während der Schlussverteilung, angeordnet werden. Die Vorschrift stellt ausdrücklich auf den Zeitpunkt der Abhaltung des Schlusstermins ab. Die Schlussverteilung wird unverändert vollzogen, während die weiteren, bisher nicht berücksichtigten Vermögensgegenstände nach Verwertung im Wege der Nachtragsverteilung verteilt werden. Eine Änderung des ursprünglichen Schlussverzeichnisses und eine Einbeziehung der Vermögensgegenstände, die der Nachtragsverteilung vorbehalten sind, in die Schlussverteilung, findet nicht statt. Vielmehr wird das Insolvenzverfahren ordnungsgemäß abgeschlossen – danach erst findet hinsichtl. der Massegegenstände, die bei der Schlussverteilung nicht berücksichtigt werden konnten, die Nachtragsverteilung statt. Dabei können Forderungen, die nicht im Schlussverzeichnis (§ 188) aufgeführt sind, i. R. d. Nachtragsverteilung ebenso nicht berücksichtigt werden (§ 205 Satz 1).

Daneben besteht die Möglichkeit, bereits im Schlusstermin für noch **nicht verwertete Vermögensgegenstände**, die Nachtragsverteilung anzuordnen, sofern tatsächliche oder rechtliche Gründe die Verwertung noch nicht zulassen (Rdn. 2). Sofern Massezuflüsse noch vor Beendigung des Schlusstermins bekannt werden, können diese noch in die Schlussrechnung aufgenommen werden und damit an der Schlussverteilung teilnehmen, ohne dass eine Nachtragsverteilung erforderlich wird.

Nach Abs. 2 ist darüber hinaus die Anordnung der Nachtragsverteilung auch **nach Aufhebung des Insolvenzverfahrens** gem. § 200 zulässig.

3a   Ein von dem Treuhänder nach Schlusstermin und Aufhebung des Verfahrens vereinnahmter Erstattungsbetrag ist ein Vermögensgegenstand, der den einzelnen Nummern des § 203 Abs. 1 zuzuordnen ist. Der Anordnung der Nachtragsverteilung steht nicht entgegen, dass die **Verfügungsbefugnis des Treuhänders** bzgl. des Erstattungsanspruchs im Aufhebungsbeschluss vorbehalten wurde. Mit Einziehung verfügt der Treuhänder über den Anspruch – aus dieser Verfügungsbefugnis ergibt sich aber nicht, dass eine Ausschüttung des Betrages ohne gerichtliche Anordnung der Nachtragsverteilung erfolgen darf (BGH, ZInsO 2011, S. 302).

4   Eine Nachtragsverteilung erfolgt nur auf **Anordnung des Insolvenzgerichts**. Sie bezieht nur die der Nachtragsverteilung unterliegenden Vermögensgegenstände ein. Die Anordnung der Nachtragsverteilung nach Aufhebung gem. § 200 führt **nicht zu einer Wiederaufnahme des Insolvenzverfahrens**, sondern dadurch wird lediglich die noch nicht endgültig abgeschlossene Schlussverteilung fortgesetzt. Es bleibt bei den sonstigen Folgen der Aufhebung des Verfahrens.

5   Die Anordnung erfolgt auf **Antrag** (oder »Anregung«, s. HK-Depré § 203 Rn. 1) des Insolvenzverwalters, eines Insolvenzgläubigers oder von Amts wegen, Abs. 1 Satz 1 (wegen Massegläubiger s. Rdn. 11).

Ist das Insolvenzverfahren aufgehoben, bleibt der ehemalige Insolvenzverwalter antragsberechtigt (MK-Hintzen § 203 Rn. 7). Stellt ein Insolvenzgläubiger den Antrag, so liegt nur dann ein Rechtsschutzbedürfnis vor, sofern es bei der Schlussverteilung nicht zu einer Vollbefriedigung der Insolvenzgläubiger gekommen ist. Sind die Insolvenzgläubiger in der Schlussverteilung vollständig befriedigt worden, sind frei werdende bzw. zurückfließende Beträge oder sonstige ermittelte Gegenstände dem Schuldner herauszugeben (§ 199).

5a   Eine **Nachtragsverteilung findet nicht statt**, wenn das Insolvenzverfahren gem. §§ 212, 213 eingestellt worden ist (s. Rdn. 18). Desgleichen ist eine Nachtragsverteilung nach Aufhebung des

Insolvenzverfahrens infolge rechtskräftiger Bestätigung eines Insolvenzplans ausgeschlossen, denn § 259 Abs. 1 Satz 1 sieht nicht vor, dass der Schuldner seine Verfügungsbefugnis nur teilweise wiedererlangt. Für die mit einer Nachtragsverteilung verbundene Beschränkung der Verwaltungs- und Verfügungsbefugnis fehlt nach der Aufhebung des Insolvenzverfahrens nach rechtskräftiger Planbestätigung eine gesetzliche Grundlage (Uhlenbruck-Luer § 259 Rn. 10). Die Befriedigung der Forderungen der Insolvenzgläubiger ist – entsprechend den Vorgaben im Plan – eine Pflicht des Schuldners (§§ 254, 257), sodass es zu keiner Nachtragsverteilung durch den früheren Insolvenzverwalter kommen kann (BGH, ZInsO, 2008, 1017 Rn. 10).

Eine Nachtragsverteilung findet nur statt, wenn die in Abs. 1 Nr. 1 bis 3 abschließend aufgezählten **zurückbehaltenen bzw. zurückfließenden Beträge bzw. erst später ermittelte Gegenstände der Masse nach dem Schlusstermin**, d. h. ohne dass diese Vermögensgegenstände in der Schlussverteilung berücksichtigt werden konnten, verwirklicht werden (KPB-Holzer § 203 Rn. 8). Diejenigen Gegenstände, die der Insolvenzverwalter oder die Gläubigerversammlung im Laufe des Insolvenzverfahrens bis zum Schlusstermin freigegeben haben, unterliegen nicht mehr dem Insolvenzbeschlag und können somit nicht mehr für eine Nachtragsverteilung herangezogen werden. Auch der während der Dauer des Insolvenzverfahrens sich ergebende Neuerwerb (§ 35) unterliegt nicht der Nachtragsverteilung (MK-Hintzen § 203 Rn. 12). 6

II. Massezuflüsse für Nachtragsverteilung

Der Nachtragsverteilung unterliegen **zurückbehaltene Beträge** (Abs. 1 Nr. 1), die vom Insolvenzverwalter zuvor zu hinterlegen waren (§ 198). 7

Hinsichtlich dieser Beträge bleiben die Wirkungen des Insolvenzbeschlags bis zur endgültigen Verteilung bestehen.

Nach dem Schlusstermin werden die hinterlegten Beträge für die Masse frei, weil
– der Gläubiger einer bestrittenen Forderung im **Feststellungsprozess unterliegt** (§ 189 Abs. 2) oder seine Forderungsanmeldung zurücknimmt,
– bei einer aufschiebend bedingten Forderung (§ 191 Abs. 1 u. 2) die **Bedingung** nach der Schlussverteilung endgültig **wegfällt** oder deren Eintritt **unmöglich** wird,
– sich herausstellt, dass eine im Wege der Rückstellung abgesicherte streitige Masseverbindlichkeit **nicht** oder **nicht in der angenommenen Höhe** besteht,
– auf die zugunsten einer Forderung eines Insolvenzgläubigers hinterlegte Quote von diesem **verzichtet** wurde (HK-Depré § 203 Rn. 3),
– Gegenstände, die die Gläubigerversammlung im Schlusstermin ausdrücklich einer Nachtragsverteilung vorbehalten hat (§ 197 Abs. 1 Nr. 3), mittlerweile **verwertet** werden konnten und dadurch ein verteilungsfähiger Erlös erzielt worden ist.

Diese Auflistung ist nicht abschließend – vielmehr ist der Begriff »für die Verteilung frei werdende Beträge« sehr weit auszulegen; hierunter können auch Forderungen oder andere Vermögensrechte subsumiert werden (MK-Hintzen § 203 Rn. 13).

Der Nachtragsverteilung unterliegen die aus der Masse ausgezahlten und nach dem Schlusstermin an die Masse **zurückfließenden Beträge** (Abs. 1 Nr. 2). Hier tritt der Insolvenzbeschlag erst mit der Anordnung der Nachtragsverteilung – ex nunc – ein. 8

In Betracht kommen z. B. folgende Fälle:
– irrtümlich oder zu hoch ausgezahlte Beträge auf Masseverbindlichkeiten oder Insolvenzforderungen,
– Zahlungen auf **auflösend bedingte** Forderungen, bei denen die auflösende Bedingung eintritt,
– im Beschwerdeverfahren **gekürzte Vergütungen** des Insolvenzverwalters oder der Mitglieder des Gläubigerausschusses.

Der Nachtragsverteilung unterliegen **Gegenstände**, die erst **nachträglich**, d. h. nach dem Schlusstermin oder auch nach Aufhebung des Insolvenzverfahrens **ermittelt** werden (Abs. 1 Nr. 3). Immer 9

dann, wenn Vermögensgegenstände ermittelt werden, deren Erlös nicht an der Schlussverteilung teilgenommen hat, kann dieses zur Notwendigkeit einer Nachtragsverteilung führen. Beispielhaft sollen erwähnt werden:
– Gegenstände, die dem Insolvenzverwalter unbekannt oder ihm verheimlicht wurden (Auslandsvermögen),
– Gegenstände, über die der Schuldner nach Verfahrenseröffnung verbotswidrig verfügt hat (§ 81),
– Gegenstände, die der Insolvenzverwalter irrtümlich als nicht massezugehörig oder als nicht verwertbar angesehen hat,
– Vermögenswerte, die aufgrund nachträglich bekannt gewordener Möglichkeit i. R. d. Insolvenzanfechtung zur Masse gezogen werden können,
– Schadensersatzansprüche gegen den Verwalter, die nach Verfahrensaufhebung zu Massezuflüssen führen (BK-Breutigam § 203 Rn. 13).

10 **Nicht der Nachtragsverteilung** unterliegen Gegenstände, die erst nach Verfahrensaufhebung ermittelt und über **die der Schuldner** zu dem Zeitpunkt bereits **verfügt** hat. Der Insolvenzbeschlag endet mit der Verfahrensaufhebung (§ 80 Abs. 1) und entsteht erst durch die Anordnung der Nachtragsverteilung – ex nunc – wieder neu. Sofern Gegenstände bereits bei Ermittlung nicht mehr dem Vermögen des Schuldners zuzurechnen sind, ist keine Massezugehörigkeit mehr gegeben; mithin kann der Insolvenzbeschlag sich nicht mehr auf diese Gegenstände erstrecken. In diesen Fällen ist mangels Insolvenzbeschlag auch keine Anfechtung möglich. Anders stellt sich die Sachlage dann dar, wenn der Gegenstand im Schlusstermin bekannt und die Verwertung der Nachtragsverteilung vorbehalten war. In dem Fall setzt sich der Insolvenzbeschlag – auch nach Verfahrensaufhebung – an diesem Gegenstand fort (Rdn. 2 u. 3). Verfügt der Schuldner trotzdem über diesen Gegenstand, kommt eine Anfechtung nach Aufhebung des Insolvenzverfahrens in Betracht.

10a Ein dem Schuldner gegen den Treuhänder zustehender Schadensersatzanspruch wird nicht von dem Insolvenzbeschlag erfasst und fällt nicht als neuer Gegenstand in die Masse; dementsprechend unterliegt dieser Anspruch auch keiner Nachtragsverteilung (BGH, ZInsO 2008, 921).

10b Die Anordnung der Nachtragsverteilung wegen eines versehentlich nicht verwerteten Grundstücks ist ebenfalls unzulässig, wenn vor der Anordnung die Auflassung erklärt und der Antrag auf Eintragung beim Grundbuchamt gestellt ist (BGH, ZInsO 2008, 99).

III. Anordnung der Nachtragsverteilung

11 Das Insolvenzgericht entscheidet über den Antrag (Rdn. 4 u. 5) und ordnet ggf. die Nachtragsverteilung durch **Beschluss** an. Hierbei ist es unerheblich, ob bereits im Schlusstermin eine Nachtragsverteilung ausdrücklich oder stillschweigend vorbehalten wurde oder nicht. Das Gericht ist jedenfalls verpflichtet die Nachtragsverteilung dann anzuordnen, wenn ihm die in Abs. 1 Nr. 1 bis 3 bezeichneten Massezuflüsse bekannt werden. Massegläubiger haben nach Abs. 1 zwar kein ausdrückliches Antragsrecht, können aber das Verfahren anregen.

Aufgrund seiner Rechtswirkungen (vgl. Rdn. 7 bis 9) sollte der Beschluss – wie der Eröffnungsbeschluss (§ 27 Abs. 2) – den Tag und die Stunde der Anordnung enthalten.

12 Das Gericht hat in dem Anordnungsbeschluss grds. den **Insolvenzverwalter** zu bestellen, der bis zur Aufhebung des Verfahrens im Amt war. Die Nachtragsverteilung ist als Fortführung der Schlussverteilung zu sehen; daraus ergibt sich die Befugnis bzw. Verpflichtung für den bisherigen Verwalter, seine Aufgaben zu Ende zu führen. Liegen Gründe vor, die eine erneute Bestellung des bisherigen Verwalters ausschließen, hat das Gericht mit dem Anordnungsbeschluss einen neuen Insolvenzverwalter zu bestimmen.

Daneben hat das Insolvenzgericht den Verwalter **zu beaufsichtigen** (§ 58).

Der Insolvenzverwalter hat die aufgefundenen Vermögensgegenstände zu sichern und alsbald zu verwerten. Der Erlös wird an die im Schlussverzeichnis (§ 188) zu berücksichtigenden Gläubiger verteilt; hierüber hat der Verwalter dem Gericht ggü. Rechnung zu legen (§ 205). Ist ein Grundstück betroffen, sollte die Anordnung der Nachtragsverteilung in das Grundbuch eingetragen werden (s. hierzu auch Rdn. 10b).

Hinsichtlich der **Sorgfaltspflichten** und der **Haftung** gelten auch im Verfahren über die Nachtragsverteilung für den Insolvenzverwalter die Grundsätze nach §§ 59, 60. Bei Verletzung seiner Sorgfaltspflichten ist er den Beteiligten zum Schadensersatz verpflichtet.

Funktional zuständig ist der **Rechtspfleger**, sofern kein Richtervorbehalt besteht (§ 18 Abs. 1 RPflG); dies gilt auch für den Fall, dass das Insolvenzverfahren vor Anordnung bereits aufgehoben war (Uhlenbruck-Uhlenbruck § 203 Rn. 19). Wird mit der Anordnung der Nachtragsverteilung nicht der ehemalige, sondern ein neuer Insolvenzverwalter bestellt, bleibt auch für diese Entscheidung der Rechtspfleger zuständig. Das Nachtragsverteilungsverfahren ist die Fortsetzung des mit der Insolvenzeröffnung auf den Rechtspfleger übergegangenen Insolvenzverfahrens (KPB-Holzer § 203 Rn. 4).   13

Der **Anordnungsbeschluss** ist nach § 9 Abs. 1 **öffentlich bekannt zu machen**, § 206 Nr. 3 (MK-Hintzen § 205 Rn. 5).   14

Daneben hat der Verwalter vor der Verteilung entsprechend § 188 Satz 3 die Summe der Forderungen und den für die Nachtragsverteilung zur Verfügung stehenden **Betrag zu veröffentlichen** (MK-Hintzen § 205 Rn. 5; HK-Depré § 205 Rn. 3).

IV. Prüfung der Verhältnismäßigkeit (Abs. 3)

Die Entscheidung über die Anordnung der Nachtragsverteilung steht im **Ermessen** des Gerichts (Abs. 3 Satz 1). Der Gesetzgeber hat hier insb. die Kosten/Nutzen-Analyse dem Gericht zur Prüfung auferlegt. Das Insolvenzgericht soll dabei prüfen, ob die zur Nachtragsverteilung anstehenden ermittelten Vermögensgegenstände in einem adäquaten Kosten/Nutzen-Verhältnis zum Aufwand und zu den Kosten des Verfahrens stehen. Neben den Kosten der Verwertung sind die Vergütung und Auslagen des Verwalters [§ 6 Abs. 1 InsVV] sowie die Veröffentlichungs- und Zustellkosten des Gerichts zu berücksichtigen. Das Gericht kann in dem Fall von der Anordnung der Nachtragsverteilung absehen und den zur Verfügung stehenden Gegenstand bzw. den Betrag dem Schuldner überlassen, wenn der geringe Wert des ermittelten Gegenstandes bzw. die Geringfügigkeit des Betrages im Verhältnis zu den Kosten des Nachtragsverteilungsverfahrens **wirtschaftlich nicht sinnvoll** erscheint.   15

Eine Überlassung **geringfügiger Vermögensgegenstände** bei festgestellter Unwirtschaftlichkeit der Nachtragsverteilung zugunsten des **Verwalters** – quasi die Gewährung einer zusätzlichen Vergütung – ist mit dieser Gesetzesregelung **unvereinbar** (HK-Depré § 203 Rn. 7). In dem Fall hat das Gericht von der Anordnung der Nachtragsverteilung Abstand zu nehmen und der Vermögensgegenstand – ggf. der geringe Geldbetrag – ist dem Schuldner herauszugeben.   16

In Abs. 3 Satz 2 wird die Regelung des Abs. 3 Satz 1 dahin gehend ergänzt, dass das Insolvenzgericht die Anordnung der Nachtragsverteilung von der Zahlung eines **Kostenvorschusses** abhängig machen kann. Dies kann z. B. dann Sinn machen, wenn die Verwertung des Gegenstandes selbst hohe Kosten auslöst, demgegenüber der zu erzielende Erlös ungewiss ist. An dieser Stelle verfolgt der Gesetzgeber das ökonomische Ziel, dass eine Nachtragsverteilung nur dann stattfinden soll, wenn das Ergebnis für die Gläubiger wirtschaftlich sinnvoll ist.   17

Der Vorschuss ist dem antragstellenden Gläubiger aufzugeben.

In der Praxis dürfte diese Regelung nur auf geringe Resonanz stoßen, da der einzelne Gläubiger wenig Interesse daran hat, zugunsten der Gläubigergemeinschaft einen Kostenvorschuss zu leisten. Vielmehr dürfte sich das Interesse daran ausrichten, nach Aufhebung des Verfahrens aus dem vollstreckbaren Tabellenauszug in den betreffenden Vermögensgegenstand die Einzelzwangsvollstreckung zu betreiben (§ 201 Abs. 2 Satz 1).

C. Nachtragsverteilung bei eingestellten Verfahren

18 Die Anwendung der Vorschriften über die Nachtragsverteilung ist in den Fällen, in denen eine Einstellung gem. § 212 oder § 213 erfolgt, ausgeschlossen (Rdn. 5a).

19 Die Vorschrift des § 211 Abs. 3 ordnet die Anwendung der Vorschriften über die Nachtragsverteilung auch für den Fall des **masseunzulänglichen Verfahrens** (§§ 208 ff.) ausdrücklich an (s. Kübler, Kölner Schrift zur InsO, S. 967 Rn. 48 sowie Kommentierung zu § 211).

20 Im Fall der Einstellung des **Verfahrens mangels Masse** (§ 207) fehlt im Gesetz ein entsprechender Verweis. In der Rspr. (LG Darmstadt, Rpfleger 2001, 512 m. Anm. Keller) und in der Literatur (MK-Hintzen § 203 Rn. 29; Kilger/K. Schmidt § 166 KO Anm. 4 m. w. N.) wird die Möglichkeit der Anordnung der Nachtragsverteilung auch in einem Verfahren mangels Masse überwiegend bejaht (abl.: LG Marburg, ZInsO 2003, 288). Die Interessenlagen der Massegläubiger eines masseunzulänglichen Verfahrens gleichen denjenigen eines massearmen Verfahrens. Daher könne die Regelung des § 211 Abs. 3 auch in den Verfahren gem. § 207 entsprechend angewandt werden (BK-Breutigam § 203 Rn. 23). Die Zulässigkeit der Anordnung der Nachtragsverteilung im Anschluss an eine Einstellung des Insolvenzverfahrens aufgrund des Fehlens einer die Verfahrenskosten deckenden Masse hat nunmehr auch der BGH (ZInsO 2013, 2492) für zulässig erachtet.

§ 204 Rechtsmittel

(1) Der Beschluß, durch den der Antrag auf Nachtragsverteilung abgelehnt wird, ist dem Antragsteller zuzustellen. Gegen den Beschluß steht dem Antragsteller die sofortige Beschwerde zu.

(2) ¹Der Beschluß, durch den eine Nachtragsverteilung angeordnet wird, ist dem Insolvenzverwalter, dem Schuldner und, wenn ein Gläubiger die Verteilung beantragt hatte, diesem Gläubiger zuzustellen. ²Gegen den Beschluß steht dem Schuldner die sofortige Beschwerde zu.

Übersicht	Rdn.		Rdn.
A. Normzweck	1	I. Ablehnende Entscheidung (Abs. 1)	2
B. Norminhalt	2	II. Anordnende Entscheidung (Abs. 2)	5

A. Normzweck

1 Die Vorschrift regelt, wem der die Nachtragsverteilung ablehnende Beschluss bzw. wem der anordnende Beschluss zuzustellen ist und wer jeweils berechtigt ist, gegen die gerichtliche Entscheidung das Rechtsmittel der sofortigen Beschwerde einzulegen.

B. Norminhalt

I. Ablehnende Entscheidung (Abs. 1)

2 Wird der Antrag auf Anordnung der Nachtragsverteilung des Insolvenzverwalters oder eines Insolvenzgläubigers vom Insolvenzgericht durch Beschluss abgelehnt, so ist der Ablehnungsbeschluss gem. Abs. 1 Satz 1 nur dem **Antragsteller zuzustellen** (§ 8), da nur dieser von der Entscheidung zunächst nachteilig betroffen ist.

Gegen den ablehnenden Beschluss steht deshalb dem Antragsteller das Rechtsmittel der **sofortigen Beschwerde** zu, Abs. 1 Satz 2 i. V. m. § 6 (HK-Depré § 204 Rn. 1). Gem. § 4 finden die Regelungen der §§ 567 ff. ZPO über die sofortige Beschwerde Anwendung.

Eine öffentliche Bekanntmachung des Ablehnungsbeschlusses ist nicht vorgesehen.

3 Hat der **Rechtspfleger** die ablehnende Entscheidung getroffen, ist ebenfalls die sofortige Beschwerde des § 6 das zulässige Rechtsmittel (§ 11 Abs. 1 RPflG).

Unabhängig von einer die Anordnung der Nachtragsverteilung ablehnenden Entscheidung kann der Insolvenzverwalter bzw. jeder Insolvenzgläubiger einen erneuten Antrag auf Anordnung der Nachtragsverteilung nach § 203 Abs. 1 Satz 1 stellen. 4

II. Anordnende Entscheidung (Abs. 2)

Wird auf Antrag des Insolvenzverwalters oder eines Insolvenzgläubigers oder auch von Amts wegen die Nachtragsverteilung vom Insolvenzgericht durch Beschluss angeordnet, so ist dieser Beschluss an den Insolvenzverwalter, den Schuldner sowie den Antrag stellenden Insolvenzgläubiger **zuzustellen** (Abs. 2 Satz 1 i. V. m. § 8). Diese Zustellung dient der Information, sind diese Personen doch z. T. zur Mitwirkung am Verfahren verpflichtet. 5

Nur dem Schuldner steht nach Abs. 2 Satz 2, § 6 gegen den Anordnungsbeschluss das Rechtsmittel der **sofortigen Beschwerde** zu. Der Schuldner ist durch den stattgebenden Beschluss insoweit in seinen Rechten beschwert, als dass er durch die Anordnung erneut seine Verfügungs- und Verwaltungsbefugnis über die der Nachtragsverteilung unterliegenden Vermögensgegenstände verliert.

Der Anordnungsbeschluss ist darüber hinaus **öffentlich bekannt zu machen**, § 206 Nr. 3 i. V. m. § 9 (HK-Depré § 204 Rn. 2).

Hat der **Rechtspfleger** die Nachtragsverteilung angeordnet, so gilt das unter Rdn. 3 Gesagte auch hier. Auch in diesem Fall ist die sofortige Beschwerde das zulässige Rechtsmittel (§ 11 Abs. 1 RPflG i. V. m. § 6). 6

§ 205 Vollzug der Nachtragsverteilung

¹Nach der Anordnung der Nachtragsverteilung hat der Insolvenzverwalter den zur Verfügung stehenden Betrag oder den Erlös aus der Verwertung des ermittelten Gegenstands auf Grund des Schlußverzeichnisses zu verteilen. ²Er hat dem Insolvenzgericht Rechnung zu legen.

Übersicht	Rdn.		Rdn.
A. Normzweck	1	II. Rechnungslegung	7
B. Norminhalt	2	C. Vergütung des Insolvenzverwalters	9
I. Vollzug der Nachtragsverteilung	2		

A. Normzweck

Die Vorschrift regelt die Durchführung und Abwicklung der angeordneten Nachtragsverteilung und stellt klar, dass Grundlage der Verteilung das bereits vorhandene Schlussverzeichnis ist. Daneben besteht auch in diesem Verfahren für den Insolvenzverwalter die Pflicht zur Offenlegung seiner Einnahmen und Ausgaben ggü. dem Insolvenzgericht. 1

B. Norminhalt

I. Vollzug der Nachtragsverteilung

Zur Durchführung der Nachtragsverteilung wird rgm. der **bisherige Insolvenzverwalter** beauftragt (§ 203 Rdn. 12). 2

Mit der Durchführung der Verteilung der Vermögenswerte nach § 203 Abs. 1 Nr. 1 bis 3 darf der Insolvenzverwalter erst beginnen, **nachdem das Insolvenzgericht den** die Nachtragsverteilung **anordnenden Beschluss erlassen** hat; ggf. erst nach Entscheidung durch das Beschwerdegericht gem. § 204. Erst die gerichtliche Anordnung lässt den Insolvenzbeschlag an den ermittelten Vermögensgegenständen neu entstehen (s. hierzu § 203 Rdn. 7 bis 9); außerdem hat das Gericht eine Kosten-/Nutzen-Analyse durchgeführt und dabei festgestellt, dass die Nachtragsverteilung wirtschaftlich sinnvoll ist (§ 203 Rdn. 15).

3 Die Nachtragsverteilung geschieht auf der Grundlage des bereits vorliegenden ggf. berichtigten **Schlussverzeichnisses** (§§ 188, 193, 194 Abs. 3, 197 Abs. 1 Nr. 2). Das Schlussverzeichnis ist für die Nachtragsverteilung **bindend**; es wird kein gesondertes Verteilungsverzeichnis erstellt. Obwohl in diesem Verfahren eine Verteilung stattfindet, muss das Schlussverzeichnis nicht gem. § 188 Satz 2 erneut auf der Geschäftsstelle des Insolvenzgerichts zur Einsichtnahme der Beteiligten niedergelegt werden. Denn Einwendungen gegen das Schlussverzeichnis konnten nur bis zum Schlusstermin geltend gemacht und berücksichtigt werden. Eine mit dem Schlussverzeichnis verbundene **Präklusion** ist im Nachtragsverteilungsverfahren nicht mehr zu korrigieren (HK-Depré § 205 Rn. 2). Die Nachtragsverteilung stellt kein neues Insolvenzverfahren dar (§ 203 Rdn. 4).

Entsprechend findet im Nachtragsverteilungsverfahren **keine Gläubigerversammlung** und auch **kein Schlusstermin** mehr statt, in dem über Einwendungen bzw. die Berücksichtigung von Insolvenzforderungen verhandelt werden kann.

4 Der Insolvenzverwalter hat den für die Verteilung **verfügbaren Betrag öffentlich bekannt zu machen**, entsprechend § 188 Satz 3 (HK-Depré § 205 Rn. 3).

5 Die Berechnung und Festsetzung der an die sich aus dem Schlussverzeichnis ergebenden Insolvenzgläubiger auszukehrenden **Quote** wird durch den Insolvenzverwalter bestimmt. Sind auch bei einer Nachtragsverteilung Beträge zurückzubehalten, sind diese vom Verwalter bei einer geeigneten Stelle zu hinterlegen (§ 198 Rdn. 4) oder es ist die amtliche Hinterlegung gem. §§ 372 ff. BGB vorzunehmen (§ 198 Rdn. 5 u. 6).

Dem Insolvenzverwalter im Nachtragsverteilungsverfahren verspätet bekannt gewordene **Masseforderungen** sind von ihm entsprechend der Regelung in § 206 Nr. 3 zu berücksichtigen.

6 Auch im Verfahren der Nachtragsverteilung **haftet** der Insolvenzverwalter bei schuldhafter Verletzung seiner Sorgfaltspflichten ggü. allen Beteiligten gem. § 60 Abs. 1 (s. § 203 Rdn. 12).

II. Rechnungslegung

7 Satz 2 bestimmt, dass der Insolvenzverwalter dem Insolvenzgericht über den **Vollzug der Nachtragsverteilung** Rechnung zu legen hat. Hierfür gelten mit Einschränkungen die Grundsätze der Rechnungslegung aus § 66. Es sollte auch hier ein Tätigkeitsbericht des Verwalters vorgelegt werden, aus dem sich die der Nachtragsverteilung unterliegenden Vermögensgegenstände und die durch deren Verwertung erzielten Erlöse ergeben. Des Weiteren ist die Dokumentation der Verteilung anhand des Schlussverzeichnisses nebst einer Übersicht der Einnahmen und Ausgaben erforderlich.

8 Die Nachtragsrechnungslegung wird **ausschließlich vom Insolvenzgericht** geprüft. Dies gilt auch für den Fall, dass im Insolvenzverfahren ein Gläubigerausschuss bestellt war, denn mit Aufhebung des Insolvenzverfahrens enden das Amt und die Tätigkeit eines Gläubigerausschusses. Auch die Mitwirkung einer Gläubigerversammlung ist nicht gegeben (HK-Depré, § 205 Rn. 5).

C. Vergütung des Insolvenzverwalters

9 Für die Durchführung der Nachtragsverteilung erhält der Insolvenzverwalter grds. eine **gesonderte Vergütung**; daneben sind ihm die Auslagen zu erstatten. Die Vergütung richtet sich nach dem Wert der nachträglich verteilten Insolvenzmasse und ist vom Insolvenzgericht nach durchgeführter Verteilung und Rechnungslegung, unter Berücksichtigung des Umfangs und der Schwierigkeit der erbrachten Tätigkeit, nach **billigem Ermessen** festzusetzen (§ 6 Abs. 1 InsVV). Von der Festsetzung einer gesonderten Vergütung kann abgesehen werden, wenn die Nachtragsverteilung voraussehbar war und schon bei der Festsetzung der Vergütung für das Hauptverfahren berücksichtigt worden ist (MK-Hintzen § 205 Rn. 7).

Anspruch auf Auslagenersatz hat der bestellte Insolvenzverwalter aber in jedem Fall.

§ 206 Ausschluß von Massegläubigern

Massegläubiger, deren Ansprüche dem Insolvenzverwalter
1. bei einer Abschlagsverteilung erst nach der Festsetzung des Bruchteils,
2. bei der Schlußverteilung erst nach der Beendigung des Schlußtermins oder
3. bei einer Nachtragsverteilung erst nach der öffentlichen Bekanntmachung

bekannt geworden sind, können Befriedigung nur aus den Mitteln verlangen, die nach der Verteilung in der Insolvenzmasse verbleiben.

Übersicht	Rdn.		Rdn.
A. Normzweck	1	III. Auswirkungen des Ausschlusses	6
B. Norminhalt	2	IV. Zu Unrecht ausgeschlossene Massegläubiger	8
I. Kenntnis des Verwalters	2		
II. Maßgeblicher Zeitpunkt für den Ausschluss	4		

A. Normzweck

Aus der Insolvenzmasse sind zunächst die Verbindlichkeiten der Massegläubiger (§ 53), dies sind die Kosten des Verfahrens (§ 54) und die sonstigen Masseverbindlichkeiten (§ 55), vorweg zu bedienen, bevor überhaupt eine Auszahlung an die Insolvenzgläubiger erfolgt. Werden einzelne Ansprüche von Massegläubigern dem Insolvenzverwalter erst nach durchgeführter Verteilung der Insolvenzmasse bekannt, so beschränkt § 206 in den dort geregelten drei Fallgestaltungen die Möglichkeiten der Durchsetzung dieser Ansprüche gegen die bereits an der Verteilung partizipierten Insolvenzgläubiger. Der betreffende Massegläubiger kann in diesen Fällen die beteiligten Insolvenzgläubiger nicht mit Erfolg wegen eines Anspruchs aus ungerechtfertigter Bereicherung auf Rückzahlung verklagen. Insofern stellt diese Vorschrift klar, **ab welchem Zeitpunkt** Massegläubiger mit ihren dem Insolvenzverwalter unbekannten Forderungen ggü. den erfolgten Auszahlungen an die Insolvenzgläubiger präkludiert sind.

B. Norminhalt

I. Kenntnis des Verwalters

Masseansprüche sind in vollem Umfang – vor einer Verteilung an Insolvenzgläubiger – vom Insolvenzverwalter, auch ohne Anmeldung, **zu berücksichtigen** und vorab aus der Insolvenzmasse vollständig zu befriedigen. Erfüllt der Insolvenzverwalter den Anspruch eines Massegläubigers nicht oder nicht vollständig, ist er ggf. schadensersatzpflichtig, § 61 (Ausn. §§ 208 ff.).

Sobald der Verwalter **Kenntnis** hinsichtl. entstehender bzw. entstandener Masseansprüche erlangt hat, hat er diese **von Amts wegen** zu berücksichtigen und aus der Insolvenzmasse vorweg zu befriedigen. Dabei reicht es aus, wenn dem Insolvenzverwalter der Anspruchsgrund bekannt ist (BGH, ZIP 1985, 359). Wie der Verwalter sich diese Kenntnisse aneignet, ist letzthin unerheblich.

Bestehen **Zweifel**, ob der Anspruch dem Grunde nach oder i. H. d. geltend gemachten Betrags als Masseanspruch zu werten ist, hat der Insolvenzverwalter den hierfür notwendigen Betrag sicherzustellen und aus der Masse bis zur abschließenden Klärung zurückzubehalten, da ansonsten bei einem Forderungsausfall ggf. Schadensersatzansprüche gegen den Verwalter geltend gemacht werden können (HK-Depré § 206 Rn. 2).

Die **Ausschlusswirkung** des § 206 tritt **nur bei Unkenntnis** des Verwalters zu den in den Nr. 1 bis 3 der Vorschrift genannten maßgeblichen Zeitpunkten ein.

§ 206 InsO Ausschluß von Massegläubigern

II. Maßgeblicher Zeitpunkt für den Ausschluss

4 Der **Ausschluss eines Massegläubigers** findet nur statt, wenn dieser Anspruch dem Insolvenzverwalter erst nach den in den Nr. 1 bis 3 genannten Zeitpunkten bekannt geworden ist.

Entscheidend hierbei ist, dass der Verwalter von dem entsprechenden Masseanspruch vor diesen Zeitpunkten keine Kenntnis hatte. Da in einem Insolvenzverfahren mehrere Verteilungen vorgesehen sind, bestimmt § 206 die **Zeitpunkte**, mit deren Eintritt Massegläubiger dann nicht mehr auf die verteilte Quote Zugriff nehmen können. Dies sind:
- bei einer **Abschlagsverteilung** (§ 187 Abs. 2) der Zeitpunkt des Wirksamwerdens der Festsetzung des Bruchteils, mithin der Quote für die jeweiligen Insolvenzgläubiger, durch den bestellten Gläubigerausschuss oder – wenn nicht vorhanden – durch den Insolvenzverwalter (§ 195 Abs. 1). Wirksamkeit erlangt die Festsetzung durch Mitteilung des Bruchteils an den Insolvenzgläubiger (§ 195 Abs. 2);
- bei einer **Schlussverteilung** (§ 196) der Zeitpunkt nach Beendigung des Schlusstermins, mithin der Zeitpunkt nach Schließung der letzten Gläubigerversammlung durch das Insolvenzgericht (§ 197 Abs. 1);
- bei einer **Nachtragsverteilung** (§ 203) der Zeitpunkt nach wirksamer öffentlicher Bekanntmachung des zur Verteilung anstehenden Betrages aus den nachträglich ermittelten Vermögensgegenständen (§ 188 Satz 3; s. a. § 205 Rdn. 4 u. 5). Die öffentliche Bekanntmachung ist bewirkt nach Ablauf von 2 Tagen ab Veröffentlichung (§ 9 Abs. 1 Satz 3).

In diesen Fällen können die Massegläubiger **Befriedigung** nur noch aus den Vermögenswerten verlangen, die sich **nach Verteilung noch in der Insolvenzmasse** befindet.

5 Der **Ausschluss** der Massegläubiger mit ihren Masseansprüchen **wirkt** nach § 206 nicht absolut (wie z. B. die Auswirkungen der Präklusion des § 189 Abs. 1 für Insolvenzgläubiger), sondern **stufenweise**.

Hat der Insolvenzverwalter i.R.e. Abschlagsverteilung die wirksam festgesetzte Quote an die Insolvenzgläubiger verteilt, können die Massegläubiger mit ihren – bis dato unbekannten – Ansprüchen bei der **nächsten Verteilung** wieder berücksichtigt werden. Dann allerdings sind die noch offenen – nun bekannten, aber noch unbefriedigten – Masseansprüche vorweg zu erfüllen, spätestens hat die Befriedigung noch offener, bekannter Masseansprüche vor der Schlussverteilung zu geschehen.

Kann ein Massegläubiger wegen Nr. 2 auch bei einer Schlussverteilung nicht berücksichtigt werden, ist er auf die Nachtragsverteilung angewiesen, die er selbst nicht beantragen, aber beim Insolvenzgericht anregen kann (§ 203 Rdn. 11).

Erfolgt eine Nachtragsverteilung, so sind die bis dahin dem Insolvenzverwalter bekannt gewordenen, bisher nicht vollständig befriedigten Masseansprüche wiederum vorab zu berücksichtigen.

III. Auswirkungen des Ausschlusses

6 Der Ausschluss der Berücksichtigung von Masseansprüchen bei einer Verteilung wirkt **nur zugunsten der Insolvenzmasse und der Insolvenzgläubiger**. Die betreffenden Massegläubiger können ihre Forderung – nach Beendigung des Insolvenzverfahrens – gegen den Schuldner persönlich geltend machen. Dessen Haftung ist jedoch auf die aus der Masse zurückerhaltenen Gegenstände (z. B. freigegebene Gegenstände, die sich als nicht verwertbar herausgestellt hatten) und den Überschuss (§ 199) oder auf nachträglich ermittelte Vermögensgegenstände i. S. d. § 203 Abs. 1 Nr. 3 beschränkt (Uhlenbruck-Uhlenbruck § 206 Rn. 5).

7 Wird dem Schuldner im Restschuldbefreiungsverfahren die **Restschuldbefreiung** erteilt, so erstreckt sich diese auch auf die unbefriedigten Ansprüche der Massegläubiger. Zwar spricht § 301 nur von den Insolvenzgläubigern, eine Differenzierung zwischen Massegläubigern und Insolvenzgläubigern ist für das Restschuldbefreiungsverfahren aber weder gewollt noch sachdienlich (s. hierzu Streck § 301 Rdn. 3 m. w. N.).

IV. Zu Unrecht ausgeschlossene Massegläubiger

Massegläubiger, die zu Unrecht im Insolvenzverfahren vom Verwalter nicht mit ihren Masseansprüchen berücksichtigt werden, sei es, dass der Verwalter die Erfüllung des ihm bekannten Masseanspruchs übersieht oder für den Fall, dass er seine Kenntnisnahme selbst schuldhaft vereitelt, indem er sich die Kenntnis nicht selbst verschafft (MK-Hintzen § 206 Rn. 7), können **Schadensersatzansprüche** gem. § 61 geltend machen. Ob sie daneben die Möglichkeit haben, gegen die ungerechtfertigt bereicherten Insolvenzgläubiger rechtlich vorzugehen, wird streitig diskutiert (KPB-Holzer § 206 Rn. 6; a.A. Uhlenbruck-Uhlenbruck § 206 Rn. 4). Im Ergebnis wird dieses abzulehnen sein. Denkbar sind nur bereicherungsrechtliche Ansprüche des Verwalters nach einem etwaigen Schadensausgleich. 8

Dritter Abschnitt Einstellung des Verfahrens

Vorbemerkung zu §§ 207 ff.

Es entsprach dem wesentlichen Reformziel des Gesetzgebers, einen weit größeren Teil der Insolvenzverfahren zur Eröffnung zu bringen, als dieses in den letzten Jahren der Geltungsdauer der früheren KO der Fall war (Balz/Landfermann, Das neue Insolvenzrecht, allg. Begr. RegE, S. 15). Der Anteil der nicht eröffneten Konkursverfahren war auf zuletzt über 75 % angestiegen. Das Fehlen einer rechtsstaatlichen Abwicklung führte zu schweren Missständen. Nahezu vermögenslose Schuldner, vor allem insolvente GmbH, konnten am Rechtsverkehr teilnehmen und andere schädigen; ihr Marktaustritt konnte ohne geregeltes Insolvenzverfahren nicht erzwungen werden; Haftungsansprüche des Schuldnerunternehmens gegen Geschäftsführer, Gesellschafter und Muttergesellschaften konnten nicht geltend gemacht werden. Vermögensmanipulationen blieben unentdeckt, Wirtschaftsstraftaten wurden nicht geahndet. Dieses führte zu einer erheblichen Belastung der Rechts- und Wirtschaftsmoral. In der neuen InsO wurde ein marktkonformer Mechanismus geschaffen, um durch die Verwertung des Schuldnervermögens und die optimale Abwicklung eine masseeffiziente Verwertung zu erreichen (Balz/Landfermann, Das neue Insolvenzrecht, allg. Begr. RegE, S. 2, 11, 18). Wesentliche verfahrenstechnische Maßnahmen waren neben einer Verschärfung des Anfechtungsrechts, der erleichterten Insolvenzantragsmöglichkeit (§§ 18, 26 Abs. 3) auch die Änderung der Eröffnungsvoraussetzungen. Zur erleichterten Eröffnung des Insolvenzverfahrens wurden die Einstellungsmöglichkeiten modifiziert. Die **Einstellung muss** jetzt bei **Massearmut/-losigkeit** nach § 207 erfolgen. Können noch nicht einmal die vorrangigen Verfahrenskosten gedeckt werden, ist das Verfahren einzustellen. Einer fraudolösen Beratungspraxis, die auf die Massearmut des Verfahrens zielt, kann nur mit einer weitreichenden Gewährung von PKH zur Durchsetzung der gesellschafts- und insolvenzrechtlichen Haftung ggü. den Beteiligten begegnet werden. Die InsO enthält weiter gehende Pflichten zur Fortführung des Unternehmens sowie umfangreiche Entscheidungsbefugnisse der Gläubigerversammlung (§§ 157 ff.). Aus der Abwicklungs- und Fortführungsverpflichtung folgt, dass nicht in jedem Verfahren zwingend eine ausreichende Liquidität zur Begleichung sämtlicher Masseverbindlichkeiten vorhanden ist. Das betrifft insb. die oktroyierten Masseverbindlichkeiten, d.h. Masseverbindlichkeiten, die wegen nachlaufender Kündigungsfristen die Masse weiter belasten, ohne dass der Insolvenzverwalter die Leistung zur Masse zieht. Um auch bei Gestaltung der vorliegenden Art eine masseeffiziente Verwaltung zu ermöglichen, regeln die §§ 208 ff. die Abwicklung bei **Masseunzulänglichkeit** (zur Definition vgl. § 207 Rdn. 2). Bei der Beendigung des Verfahrens ist die **Einstellung** von der **Aufhebung** zu unterscheiden. Die Einstellung des Verfahrens erfolgt bei Massearmut (§ 207), Masseunzulänglichkeit (§ 211), wegen Wegfalls des Eröffnungsgrundes (§ 212) oder bei Zustimmung der Gläubiger (§ 213). Bei einer Einstellung wegen Massearmut oder Masseunzulänglichkeit erfolgt rgm. keine Ausschüttung auf die Insolvenzforderungen. Bei frühzeitiger Einstellung ist nicht sichergestellt, dass alle angemeldeten Forderungen abschließend geprüft werden und ein Auszug aus der Tabelle erteilt wird. Der 1 anwaltliche Vertreter wird deshalb zu prüfen haben, ob die Einleitung verjährungshemmender Maßnahmen wirtschaftlich zweckmäßig ist.

§ 207 Einstellung mangels Masse

(1) ¹Stellt sich nach der Eröffnung des Insolvenzverfahrens heraus, daß die Insolvenzmasse nicht ausreicht, um die Kosten des Verfahrens zu decken, so stellt das Insolvenzgericht das Verfahren ein. ²Die Einstellung unterbleibt, wenn ein ausreichender Geldbetrag vorgeschossen wird oder die Kosten nach § 4a gestundet werden; § 26 Abs. 3 gilt entsprechend.

(2) Vor der Einstellung sind die Gläubigerversammlung, der Insolvenzverwalter und die Massegläubiger zu hören.

(3) ¹Soweit Barmittel in der Masse vorhanden sind, hat der Verwalter vor der Einstellung die Kosten des Verfahrens, von diesen zuerst die Auslagen, nach dem Verhältnis ihrer Beträge zu berichtigen. ²Zur Verwertung von Massegegenständen ist er nicht mehr verpflichtet.

Übersicht

	Rdn.		Rdn.
A. Normzweck	1	d) Kostenerstattungsansprüche	16
I. Kostendeckung bei Verfahrenseröffnung	1	2. Stundung nach Antrag gem. § 4a (Abs. 1 Satz 2)	17
II. Begriff der Massearmut	2		
III. Feststellung der Massearmut	3	III. Einstellung des Verfahrens	18
B. Norminhalt	4	1. Anhörung der Gläubigerversammlung	19
I. Feststellung der Massearmut	4	2. Beschluss des Insolvenzgerichtes	20
1. Verfahrenskosten	5	3. Zeitpunkt der Einstellung	21
2. Ermittlung der Kostendeckung	6	4. Verteilung	21a
a) Kostenrechnung	7	5. Rechtsmittel	22
b) Ansatz- und Bewertungsgrundsätze	8	IV. Schlussrechnungslegung	23
c) Prognosezeitraum	9	V. Verfahrensfragen	24
3. Gerichtliche Überprüfung	10	1. Unmittelbare Rechtsfolgen	24
II. Abwendung der Verfahrenseinstellung	11	2. Prozessuale Folgen	25
1. Kostenvorschuss (Abs. 1 Satz 2)	12	3. Gesellschaftsrechtliche Folgen	26
a) Bestimmung des Verfahrenskostenvorschusses	13	4. Restschuldbefreiung	27
b) Festsetzung durch das Gericht	14	VI. Besonderheiten bei der Genossenschaftsinsolvenz	28
c) Zahlung/Sondermasse	15		

A. Normzweck

I. Kostendeckung bei Verfahrenseröffnung

1 Gem. § 26 Abs. 1 ist das Insolvenzverfahren zu eröffnen, sofern die Verfahrenskosten gedeckt sind. Ist der Schuldner eine natürliche Person und hat er einen Antrag auf Restschuldbefreiung gestellt, können ihm die Verfahrenskosten gestundet werden (§ 4a). Die Eröffnung unterbleibt, wenn die Kosten des Verfahrens (dauerhaft) nicht gedeckt sind.

II. Begriff der Massearmut

2 Die Praxis unterscheidet vier Tatbestände, die zur Einstellung des Verfahrens führen können. Sind die Kosten des Insolvenzverfahrens (§ 54) nicht gedeckt, spricht man von **Massearmut**, **Massekostenarmut** oder **Masselosigkeit** (Uhlenbruck-Uhlenbruck § 207 Rn. 2; Braun-Kießner § 207 Rn. 1 f.).

Hiervon zu unterscheiden ist die **Masseunzulänglichkeit**, die in Form der **drohenden Masseunzulänglichkeit**, der **Masseunzulänglichkeit** und der **weiteren Masseunzulänglichkeit** (**Neumasseunzulänglichkeit**) eintreten kann. Masseunzulänglichkeit bedeutet, dass die Kosten des Insolvenzverfahrens zwar gedeckt sind, die Masse jedoch nicht ausreicht, um die fälligen Masseverbindlichkeiten zu erfüllen (§ 208 Abs. 1). Erkennt der Insolvenzverwalter, etwa auf Grundlage seiner Finanzplanung, dass die Masseunzulänglichkeit voraussichtlich eintritt, spricht man von drohender Masseunzulänglichkeit. Weitere Masseunzulänglichkeit liegt vor, wenn die Masse nicht ausreicht, um auch die nach bereits angezeigter Masseunzulänglichkeit entstandenen, sog. Neumasseverbindlichkeiten zu berichtigen.

III. Feststellung der Massearmut

Massearmut/Masselosigkeit i. S. v. § 207 kann auch eintreten, nachdem der Verwalter zunächst Masseunzulänglichkeit nach § 208 angezeigt hat, wenn sich nachträglich herausstellt, dass nicht einmal die Verfahrenskosten gedeckt werden können. Die §§ 207, 208 schließen sich somit nicht gegenseitig aus, sondern können nacheinander zur Anwendung kommen (Uhlenbruck-Uhlenbruck § 207 Rn. 4). Es gehört zu den Aufgaben des Verwalters, den Schuldner oder das Schuldnerunternehmen hinsichtlich der Massearmut zu überwachen, diese festzustellen und dem Gericht anzuzeigen (Uhlenbruck-Uhlenbruck § 207 Rn. 4). Nach BGH (ZInsO 2006, 1049) ist es nicht Aufgabe des Gerichtes, den jeweiligen Stand der Massekostendeckung zu prüfen. Stellt der Verwalter die Massearmut/Masselosigkeit fest, sollte er dieses dem Insolvenzgericht anzeigen. Die Vorschrift des § 207 statuiert allerdings im Unterschied zu § 208 nicht ausdrücklich eine Pflicht des Insolvenzverwalters zur Anzeige der Massearmut. Die Feststellung der Massearmut durch den Verwalter und die Anzeige an das Insolvenzgericht schließen jedoch nach geltender Rechtslage eine Prüfungsmöglichkeit des Insolvenzgerichts bei Vorliegen besonderer Umstände keineswegs aus. Vielmehr hat das Gericht, um vorschnelle Einstellungen zu vermeiden, von Amts wegen zu prüfen, ob die Voraussetzungen für eine Verfahrenseinstellung nach § 207 gegeben sind. Dazu kann es **Amtsermittlungen** nach § 5 Abs. 1 anstellen. Der Verwalter wird – schon um ungerechtfertigte Haftungsansprüche abzuwehren – den Sachverhalt genau zur Insolvenzakte dokumentieren. Können noch nicht einmal die Massekosten gedeckt werden, ist das Verfahren einzustellen. In diesem Fall muss der durch das Insolvenzverfahren angestrebte Ordnungs- und Regelungscharakter zurücktreten, da den an der Verfahrensabwicklung Beteiligten nicht zugemutet werden kann, den rechtsstaatlichen Ordnungsgedanken auf eigene Kosten umzusetzen. Mit der Anzeige der Massearmut/Masselosigkeit ist die Verwertungspflicht des Verwalters suspendiert (Abs. 3). Er ist zwar noch berechtigt, nicht aber verpflichtet, die vorhandene Masse weiter zu verwerten, da von ihm weder verlangt werden kann, Masseverbindlichkeiten bei der Verwertung auszulösen, für die er mangels Masse persönlich haftet, noch für die Masse tätig zu werden, ohne dass seine Vergütungsansprüche gedeckt sind (BVerfG, ZIP 1993, 838; Uhlenbruck-Uhlenbruck § 207 Rn. 11). Bis zur Einstellung des Verfahrens ist er jedoch berechtigt, Massegegenstände zu verwerten; vor allem, wenn die Möglichkeit besteht, diese risikolos zu veräußern und damit den Bestand an vorhandenen Barmitteln zu vergrößern (K/P/B-Pape § 207 Rn. 25). Ist noch ein Anfechtungsprozess anhängig, muss der Insolvenzverwalter bei Einstellung des Verfahrens den Rechtsstreit für erledigt erklären, es sei denn, für den Anfechtungsanspruch ist die Nachtragsverteilung entsprechend § 211 Abs. 3 vorbehalten worden (K/P/B-Pape § 207 Rn. 44; Braun-Kießner § 207 Rn. 33; a. A. Uhlenbruck-Uhlenbruck § 207 Rn. 13).

B. Norminhalt

I. Feststellung der Massearmut

Die Frage, ob eine Kostendeckung im eröffneten Verfahren vorhanden oder ob das Verfahren nach § 207 einzustellen ist, bemisst sich nach den gleichen Grundsätzen wie im Fall des § 26 Abs. 1 Satz 1 (vgl. Mohrbutter/Ringstmeier-Pape, Hdb Insolvenzverwaltung, § 12 Rn. 9).

1. Verfahrenskosten

Für die Massekostenarmut orientiert sich der Begriff der Massekosten ausschließlich an § 54. Zu den Verfahrenskosten zählen die Gerichtskosten für das Insolvenzverfahren (§ 54 Nr. 1 InsO) sowie die Vergütungen und die Auslagen des vorläufigen Insolvenzverwalters, des Insolvenzverwalters und der Mitglieder des Gläubigerausschusses (vgl. § 26 Rdn. 18 ff, 28.). Während die Ermittlung der gerichtlichen Kosten und der Vergütung auf Grundlage des GKG und der InsVV rgm. keine Probleme bereitet, ist in der Praxis die Qualifizierung »unausweichlicher Verwaltungskosten« streitig, vgl. FK-Kießner § 207 Rn. 10 ff. Bei diesen Kosten, auch »notwendige Verwaltungskosten« genannt, handelt es sich **im engeren Sinne** um Aufwendungen, die dem Insolvenzverwalter unmittelbar aufgrund öffentlich-rechtlichen Normbefehls auferlegt sind, und denen er sich nicht durch Anzeige der Masseunzulänglichkeit entziehen kann. Die Nichterfüllung ist ordnungsrechtlich ggü. dem Insolvenzverwalter pönalisiert. Zu diesen Pflichten gehören u. a. die Vorlegung von Lohnabrechnungen für den vor Insolvenzeröffnung liegenden Zeitraum (§§ 404, 314 SGB III). Der BGH hat in seinem Beschl. v. 22.07.2004 (ZInsO 2004, 970) die Qualifikation der Aufwendungen eines Insolvenzverwalters im Zusammenhang mit der Fertigung von Steuererklärungen als Auslagen, die dem Insolvenzverwalter bei der Fertigung unabwendbarer Steuererklärungen entstanden sind, bejaht (vgl. auch Gottwald-Uhlenbruck, Insolvenzrechts-Handbuch, § 15 Rn. 7; MK-Hefermehl § 207 Rn. 29). Gegen einen erweiterten Auslagenbegriff und die Einbeziehung unausweichlicher Verwaltungskosten wird in der Praxis (vgl. AG Hamburg, ZInsO 2004, 1093; Mohrbutter/Ringstmeier-Pape, Hdb Insolvenzverwaltung, § 12 Rn. 17 u. a.) eingewandt, dass das Insolvenzverfahren dann seiner Ordnungsfunktion nicht mehr genügen könne, es zu einer Vermischung von **Massekostendeckung** und **Masseschuldendeckung** komme. Der Insolvenzverwalter habe immer die Möglichkeit, durch die Anzeige der Masseinsuffizienz i. R. d. Rangordnung des § 209 Abs. 1 neue Masseverbindlichkeiten bevorzugt zu befriedigen.

Die Ansicht ist bezogen auf die unausweichlichen Massekosten im engeren Sinn, die öffentlich-rechtlich ggü. dem Insolvenzverwalter strafbewehrt sind, abzulehnen. Diesen (wenigen) Verpflichtungen kann sich der Insolvenzverwalter nicht durch Anzeige der Masseunzulänglichkeit entziehen. Es kann dem Insolvenzverwalter, insb. in masseunzulänglichen – und bspw. bei Eröffnung liquiditätsarmer – Ordnungsverfahren nicht zugemutet werden, wirtschaftlich selbst in Vorkasse zu gehen (zum Vorschuss Rdn. 15). Diese betrifft insb. bei Eröffnung liquiditätsarme und masseunzulängliche Verfahren, in denen der Insolvenzverwalter Lohnabrechnungen in Insolvenzgeldbescheinigungen für eine große Anzahl von Arbeitnehmern fertigen muss. Im Hinblick auf die **Ordnungsfunktion des Insolvenzrechts** ist es geboten, insoweit den Kosten- und Auslagenbegriff bei natürlichen Personen und juristischen Personen gleich zu fassen. Hinsichtlich der weiteren – nicht strafbewehrten Verpflichtungen –, die unausweichlich mit der Verwaltung zusammenhängen, ist keine Qualifizierung als Auslagen i. S. d. § 54 Nr. 2 geboten. Dieses betrifft insb. Versicherungskosten, Kosten der Altlastenbeseitigung etc. Diese Aufwendungen sind weder strafbewehrt, noch treffen sie den Insolvenzverwalter persönlich.

2. Ermittlung der Kostendeckung

6   Die beständige Überprüfung der Kostendeckung obliegt dem Insolvenzverwalter. Dieser führt eine Massekostenberechnung im Rahmen seiner Liquiditätsplanung.

a) Kostenrechnung

7   Der Verwalter führt eine Massekostenrechnung, die aus der Masseunzulänglichkeitsrechnung abgeleitet werden kann (vgl. § 208 Rdn. 9). Die Massekostendeckungsrechnung ist keine Bilanz in Kontoform, sondern eine Aufstellung der vorhandenen und der realisierbaren Vermögenswerte, von denen die Massekosten abzusetzen sind.

b) Ansatz- und Bewertungsgrundsätze

8   In der Massekostenrechnung sind sämtliche zur Aktivmasse gehörenden Vermögensgegenstände anzusetzen. Die Insolvenzeröffnungsbilanz kann fortgeschrieben werden. Hinsichtlich der Realisierbarkeit und der Verwertbarkeit steht dem Insolvenzverwalter sowohl eine **Einschätzungsprärogative** als auch ein **Beurteilungsermessen** zu (vgl. MK-Hefermehl § 207 Rn. 15). Die zur Insolvenzmasse gehörenden Vermögensgegenstände sind mit ihrem geschätzten Liquidationserlös anzusetzen

(MK-Hefermehl § 207 Rn. 18). Neuerwerb des Schuldners ist hinzuzurechnen. **Prozesskostenhilfe** darf nicht mit dem Hinweis auf Massekostenarmut verweigert werden, wenn diese im Fall der Beitreibung abgewendet würde; BGH, ZInsO 2013, 249.

c) Prognosezeitraum

Der Prognosezeitraum richtet sich nach dem Zeitraum, der für die erstmalige Umsetzung der wesentlichen Verwertungsmaßnahmen erforderlich ist. D. h., bei einem Ordnungsverfahren, bei dem die Geltendmachung insolvenz- und/oder gesellschaftsrechtlicher Ansprüche im Mittelpunkt steht, ist dieses die Prozessdauer der erstinstanzlichen Geltendmachung. Die Rspr. nimmt bisher eine zeitraumbezogene Betrachtung vor und hält einen Zeitraum von ein bis 2 Jahren für angemessen (vgl. BGH, ZInsO 2003, 706; AG Hamburg, NZI 2000, 140; Gottwald-Uhlenbruck, Insolvenzrechts-Handbuch, § 14 Rn. 74). Das Insolvenzverfahren ist ein Ordnungsverfahren, welches der Haftungsverwirklichung dient, wobei dem redlichen Schuldner Gelegenheit gegeben werden soll, sich von seinen restlichen Verbindlichkeiten zu befreien. Dieser Ordnungsfunktion kann nur im Rahmen einer umfassenden Abwicklung des Schuldners nachgekommen werden. Ein Insolvenzverwalter, der bei einem temporär massearmen/masseunzulänglichen Verfahren bestehende Ansprüche unter Einbeziehung von PKH geltend macht, handelt nicht insolvenzzweckwidrig. Wird dem Insolvenzverwalter keine PKH gewährt, weil das Prozessgericht der Ansicht ist, dass wirtschaftlich Beteiligten ein Prozesskostenzuschuss zumutbar wäre, der jedoch von diesen nicht geleistet wird, so ist der Insolvenzverwalter nicht verpflichtet, die Forderungen unter Einschaltung eines Prozesskostenfinanzierers durchzusetzen.

3. Gerichtliche Überprüfung

Das Insolvenzgericht hat sorgfältig und umfassend zu klären, ob die Masselosigkeit als Voraussetzung der Einstellung nach § 207 eingetreten ist. Dieses ist eine Amtspflicht des Gerichts (MK-Hefermehl § 207 Rn. 16). Die Kontrolle ist schon deshalb erforderlich, weil die Einstellung des Verfahrens nach § 207 gem. § 216 Abs. 1 mit der sofortigen Beschwerde anfechtbar ist (Uhlenbruck-Uhlenbruck § 207 Rn. 4, 15). Bestehen Zweifel, kann das Insolvenzgericht diesen ggf. unter Hinziehung eines – weiteren – Sachverständigen nachgehen.

II. Abwendung der Verfahrenseinstellung

Bevor das Gericht die Einstellung des Verfahrens beschließt, ist gem. Abs. 2 eine Gläubigerversammlung einzuberufen, der Insolvenzverwalter und die Massegläubiger anzuhören. Die Anhörung kann sowohl (vorsorglich) im Berichtstermin erfolgen, als auch in dem Schlusstermin mit der Abnahme der Schlussrechnung verbunden werden (Braun-Kießner § 207 Rn. 13; Balz/Landfermann, Das neue Insolvenzrecht, Begr. RegE, S. 309). Erforderlich ist allerdings, dass der Tagesordnungspunkt bei der Einladung der Gläubigerversammlung bekannt gemacht wurde (Braun-Kießner § 207 Rn. 14). Nach der Gegenansicht (MK-Hefermehl § 207 Rn. 42; K/P/B-Pape § 207 Rn. 13) können die Gläubiger in der ersten Gläubigerversammlung auf ihr Anhörungsrecht nach Abs. 2 nicht verzichten, da die Anhörung vom Gesetzgeber ausdrücklich vorgeschrieben sei. Für die erneute Gewährung rechtlichen Gehörs wird darauf abzustellen sein, ob seit dem Berichtstermin neue Erkenntnisse hervorgetreten sind oder ob die Masselosigkeit lediglich auf im Berichtstermin bereits bekannte Tatsachen zurückgeht.

1. Kostenvorschuss (Abs. 1 Satz 2)

Die Einstellung des Verfahrens unterbleibt, wenn ein zur vollständigen Deckung der Verfahrenskosten ausreichender Geldbetrag der Insolvenzmasse von dritter Seite zur Verfügung gestellt wird.

a) Bestimmung des Verfahrenskostenvorschusses

13 Der Betrag ist so zu bemessen, dass er neben den reinen Verfahrenskosten i. S. v. § 54 auch die unausweichlichen Verwaltungskosten, also Kosten, die dem unmittelbaren Schutz und Sicherung der Insolvenzmasse dienen, als Auslagen in die Vorschussberechnung einbezieht (vgl. Gottwald-Uhlenbruck, Insolvenzrechts-Handbuch, § 15 Rn. 7; str. Mohrbutter/Ringstmeier-Pape, Hdb Insolvenzverwaltung, § 12 Rn. 19, 28). Dazu können auch Kosten gehören, die dem Verwalter durch ihm oktroyierte öffentlich-rechtliche Pflichten auferlegt werden, z. B. die Kosten für einen Steuerberater, der die handelsrechtliche Buchhaltung des Schuldners aufarbeiten muss, sofern das FA dem Verwalter als Verfügungsberechtigten gem. § 34 AO Zwangsmaßnahmen auferlegt. Ferner sind zu nennen die Kosten für die Erstellung der vor Insolvenzeröffnung liegenden Lohnabrechnungen, da diese Voraussetzungen für die Erstellung der Insolvenzgeldbescheinigungen sind, zu deren Erstellung der Verwalter öffentlich-rechtlich verpflichtet ist (BGH, ZInsO 2004, 970; Braun-Kießner § 207 Rn. 15; Uhlenbruck-Uhlenbruck § 207 Rn. 5). Bei Massearmut sind die **unausweichlichen Verwaltungskosten** i. e. S. als Auslagen zu berichtigen. Normalerweise steht es dem Verwalter frei, diese Kosten als Masseverbindlichkeiten nach § 55 zu begründen. Das Gesetz regelt nicht den Kreis der **Vorschussberechtigten**. Dieser kann von jeder interessierten Person freiwillig eingezahlt werden (Haarmeyer, ZInsO 2001, 103, 107). Ausgeschlossen von der Vorschussleistung ist der Insolvenzverwalter, da sich die Vorschussleistung und der damit verbundene Rückzahlungsanspruch nicht mit der Unabhängigkeit ggü. den Verfahrensbeteiligten verträgt (K/P/B-Pape § 207 Rn. 19; Uhlenbruck-Uhlenbruck § 207 Rn. 5).

b) Festsetzung durch das Gericht

14 Das Insolvenzgericht hat die Höhe des als ausreichend erachteten Verfahrenskostenvorschusses festzusetzen. Das Gericht kann für die Einzahlung des Vorschusses eine Frist setzen, bei der es sich nicht um eine Ausschlussfrist handelt. Der Vorschuss kann bis zur Rechtskraft des Einstellungsbeschlusses eingezahlt werden (MK-Hefermehl § 207 Rn. 36). Das Insolvenzgericht kann nur dem Antragsteller aufgeben, einen Vorschuss zu leisten; bei mehreren Antragstellern kann von ihnen jeweils der volle Geldbetrag eingefordert werden (MK-Hefermehl § 207 Rn. 36). Der Beschluss des Insolvenzgerichts ist unanfechtbar. Ein Insolvenzgläubiger, der die Auffassung vertritt, das Gericht habe den Vorschuss zu hoch angesetzt, hat allenfalls die Möglichkeit, die Vorschusshöhe im Zusammenhang mit der Anfechtung des Einstellungsbeschlusses mittels sofortiger Beschwerde anzugreifen (vgl. Mohrbutter/Ringstmeier-Pape, Hdb Insolvenzverwaltung, § 12 Rn. 30).

c) Zahlung/Sondermasse

15 Der eingezahlte Verfahrenskostenvorschuss fällt nicht in die Insolvenzmasse, sondern wird **Sondervermögen**, das ausschließlich für die Befriedigung der Verfahrenskosten zur Verfügung steht und an den Vorschussleistenden zurückzuerstatten ist, sobald die Kosten aus dem erwirtschafteten Massebestand gedeckt sind (Uhlenbruck-Uhlenbruck § 207 Rn. 5). Ein Vorschuss kann auch von mehreren Einzahlern gemeinsam in abgeforderter Höhe geleistet werden. Das Gesetz regelt den Kreis der Vorschussberechtigten nicht, sodass der Vorschuss von jeder interessierten Person eingezahlt werden kann (Uhlenbruck-Uhlenbruck § 207 Rn. 5; K/P/B-Pape § 207 Rn. 19). Ausgeschlossen von der Vorschusszahlung ist der Insolvenzverwalter, weil hierdurch wirtschaftliche Inhabilitäten begründet werden können, a. A. K. Schmidt-Jungmann § 207 Rn. 28. Für einen Verfahrenskostenvorschuss des Verwalters besteht rgm. kein Bedarf, da für die Massekostendeckung nicht erforderlich ist, das diese liquide vorhanden ist, sondern nur das diese innerhalb eines angemessenen Zeitraums liquide vorhanden ist; vgl. Schröder § 26 Rdn. 27.

d) Kostenerstattungsansprüche

16 Kann der Massekostenvorschuss nicht aus der realisierten Insolvenzmasse zurückerstattet werden, hat der Vorschussleistende gem. Abs. 1 Satz 2 Halbs. 2 i. V. m. § 26 Abs. 3 einen Ersatzanspruch gegen die Organe der Schuldnerin, die einen Insolvenzantrag schuldhaft nicht oder verspätet

gestellt haben. Dem Massekostenvorschussleistenden kommt die Beweislastumkehr gem. § 26 Abs. 3 zugute. Wirtschaftlich wird dieser Anspruch regelmäßig nicht zu realisieren sein, denn der Insolvenzverwalter wird zuvor eine Anspruchsrealisierung ggü. dem Organ versucht haben.

2. Stundung nach Antrag gem. § 4a (Abs. 1 Satz 2)

Die Einstellung unterbleibt ebenfalls, wenn der Schuldner eine **natürliche Person** ist und die Stundung der Verfahrenskosten nach § 4a beantragt und bewilligt wurde (Abs. 1 Satz 2). Wenn die Voraussetzungen für eine Stundung vorliegen, insb. kein Ausschlussgrund i. S. d. § 4a Abs. 1 Satz 3 gegeben ist, muss das Verfahren auch bei fehlender Deckung der Verfahrenskosten durchgeführt werden. Die Vorschriften über die Anzeige der Masseunzulänglichkeit bleiben jedoch unberührt.   17

III. Einstellung des Verfahrens

Kommt das Gericht aufgrund des vom Insolvenzverwalter mitgeteilten Sachverhaltes und/oder seiner Amtsermittlungen zu dem Ergebnis, dass Massearmut vorliegt, darf es nicht sofort die Einstellung beschließen, sondern hat dem Verwalter die Möglichkeit zu geben, ordnungsgemäße Schlussrechnung zu legen und die vorhandenen Barmittel an die Verfahrensbeteiligten i. S. v. § 54 zu verteilen. Insbesondere wegen der Realisierung möglicher Vorsteuererstattungsansprüche aus der Verwaltervergütung sollte der Einstellungstermin mit dem Insolvenzverwalter abgestimmt werden.   18

1. Anhörung der Gläubigerversammlung

Vor der Einstellung ist die Gläubigerversammlung zu hören. Dieses kann auch bereits zum ersten Berichtstermin erfolgen, wenn das Verfahren als (drohend) masseunzulänglich eröffnet wurde. Eine gesonderte Einberufung ist nur erforderlich, wenn das Gericht nach der Ladung zum Berichtstermin erstmals Kenntnis von der Möglichkeit einer fehlenden Verfahrenskostendeckung Kenntnis erlangt hat. In der Lit. (vgl. Mohrbutter/Ringstmeier-Pape, Hdb Insolvenzverwaltung, § 12 Rn. 39; K. Schmidt-Jungmann § 207 Rn. 11) wird vertreten, dass die Einberufung einer erneuten Gläubigerversammlung nach dem Wortlaut obligatorisch sei und nicht etwa durch »Vorratsbeschluss« in der ersten Gläubigerversammlung verzichtbar sei. Diesem kann in der Praxis nicht gefolgt werden. Durch die restriktive Eröffnungspraxis werden zahlreiche Insolvenzverfahren als Ordnungsverfahren eröffnet, bei denen die wirtschaftliche Durchsetzung der festgestellten Ansprüche fraglich ist. Sofern bereits in dem Eröffnungsbeschluss i. R. d. ersten Gläubigerversammlung zur Beschlussfassung gem. § 207 eingeladen wurde, ist die gesonderte Einberufung einer weiteren Gläubigerversammlung nicht erforderlich, soweit keine neuen Gesichtspunkte Berücksichtigung finden. In diesen Fällen ist der Gläubigerversammlung ausreichend rechtliches Gehör gewährt worden. Sofern die Gläubigerversammlung jedoch noch nicht zur Einstellung gem. § 207 gehört wurde und/oder im Einzelfall wesentliche Informationen der Gläubigerversammlung bei der Beschlussfassung nicht vorgelegen haben, hat das Gericht die Gläubigerversammlung erneut zu laden. Der Grundsatz der Verhältnismäßigkeit ist zu berücksichtigen.   19

2. Beschluss des Insolvenzgerichtes

Die Einstellung des Insolvenzverfahrens erfolgt von Amts wegen, wenn Masseunzulänglichkeit eingetreten ist und ein ausreichender Kostenvorschuss nicht eingezahlt wurde (MK-Hefermehl § 207 Rn. 48). Der Einstellungsbeschluss sowie der Grund der Einstellung sind öffentlich bekannt zu machen (§ 215 Abs. 1 Satz 1). Bis zur Einstellung des Verfahrens ist der Insolvenzverwalter verfügungsbefugt und unterliegt der Aufsicht des Gerichts. Entsprechend ist dem Verwalter vor Erlass des Einstellungsbeschlusses Gelegenheit zur Befriedigung der Massekosten zu geben. Bis zur Einstellung des Insolvenzverfahrens bleibt er zwar zur Verwaltung der Insolvenzmasse berechtigt und verpflichtet (§ 80 Abs. 1 InsO). Er mag – wie in der Kommentarliteratur vertreten wird – bis zur Aufhebung noch befugt sein, naheliegende Verwertungsmöglichkeiten zu nutzen (vgl. etwa K/P/B-Pape § 207 Rn. 25; Uhlenbruck-Ries 13. Aufl. § 207 Rn. 11; HK-Landfermann § 207 Rn. 21),   20 wenn die Masse dadurch nicht mit zusätzlichen Kosten belastet und die Verfahrenseinstellung nicht verzögert wird. Eine Verpflichtung besteht insoweit jedoch nicht, BGH, ZInsO 2009, 1556 Rn. 6.

3. Zeitpunkt der Einstellung

21 Der Einstellungsbeschluss wird wirksam in dem Zeitpunkt, in dem die öffentliche Bekanntmachung als bewirkt gilt. Gem. § 9 Abs. 1 Satz 3 gilt die Bekanntmachung als bewirkt, sobald nach dem Tag der Veröffentlichung 2 weitere Tage vergangen sind. Die vom Insolvenzverwalter vorgenommenen Handlungen bleiben wirksam. Die Einstellung wirkt ex nunc. Der Einstellungsbeschluss kann gem. § 216 vom Gläubiger und vom Schuldner mit der sofortigen Beschwerde angefochten werden. Die sofortige Beschwerde hat grds. keine aufschiebende Wirkung (§ 4 i. V. m. § 572 Abs. 1 ZPO; Uhlenbruck-Uhlenbruck § 207 Rn. 14). Mit der Einstellung des Verfahrens erhält der Schuldner das Recht zurück, über die Insolvenzmasse frei zu verfügen (§ 215 Abs. 2 Satz 1). Das Amt des Insolvenzverwalters endet ebenso wie die Ämter der Gläubigerausschussmitglieder. Entsprechend ist der Treuhänder nicht mehr verfügungsbefugt.

4. Verteilung

21a Nach Einstellung des Verfahrens ist der Verwalter nur noch zur Verteilung der vorhandenen Barmittel verpflichtet. Diese sind anteilig an die Kostengläubiger in zwei Rangklassen zu verteilen (K/P/B-Pape § 207 Rn. 25a). In Rangklasse 1 sind die Auslagen des Gerichts und des Verwalters zu berichtigen. In Rangklasse 2 sind die Kosten des Verfahrens (Gebühren und Vergütungsansprüche) anzusetzen. Eine weiter gehende Differenzierung zwischen im Insolvenzantrags- oder Insolvenzverfahren entstandenen Kosten oder Auslagen findet nicht statt, es gilt der Grundsatz der Einheitlichkeit des Verfahrens (vgl. BK-Gruber § 207 Rn. 32). Soweit Vorschüsse bewilligt wurden, sind diese anzurechnen. Das gilt auch bei Personenverschiedenheit zwischen vorläufigem und endgültigem Insolvenzverwalter.

5. Rechtsmittel

22 Gegen den Beschluss ist die sofortige Beschwerde gegeben (§ 216).

IV. Schlussrechnungslegung

23 Lädt das Gericht zu einer gesonderten Gläubigerversammlung nach Abs. 2, muss es den Verwalter auffordern, nach § 66 Abs. 1 Schlussrechnung zu legen. Die Verpflichtung zur Schlussrechnungslegung besteht auch bei Massearmut/Masselosigkeit. Sie ist Ausfluss des fiduziarischen Sonderrechtsverhältnisses des Verwalters ggü. der verwalteten Masse. Auf die Vorlage eines Schlussverzeichnisses kann verzichtet werden, da es nicht zu einer Verteilung an die Gläubiger kommt. Sind **nachträglich noch Forderungen angemeldet worden**, können diese im Anhörungstermin geprüft werden (Uhlenbruck-Uhlenbruck § 207 Rn. 9).

V. Verfahrensfragen

1. Unmittelbare Rechtsfolgen

24 Mit Rechtskraft verliert der Insolvenzverwalter die Verwaltungs- und Verfügungsbefugnis. Er ist verpflichtet, die nicht verwerteten Massegegenstände an den Schuldner herauszugeben.

2. Prozessuale Folgen

25 Mit der Einstellung des Verfahrens erlangt der Schuldner sein Prozessführungsrecht zurück. Die **Prozessführungsbefugnis** des Verwalters endet. Bei noch anhängigen Rechtsstreitigkeiten findet ein **Parteiwechsel** statt, der nach § 239 ZPO unterbrochene Prozess kann vom Schuldner ordnungsgemäß aufgenommen werden. Hatte der Insolvenzverwalter eine Prozessvollmacht erteilt, so erlischt diese nicht mit der Verfahrenseinstellung nach § 207 InsO, der Prozess ist nicht unterbrochen

(Mohrbutter/Ringstmeier-Pursche, Hdb Insolvenzverwaltung, § 13 Rn. 66). Hatte der Verwalter sich selbst als Rechtsanwalt vertreten, erlischt seine Prozessvollmacht. **Masseverbindlichkeiten**, die der Schuldner selbst begründet hat, sog. oktroyierte Masseverbindlichkeiten nach § 55 Abs. 1 Satz 2, z. B. bei Miet- und Arbeitsverhältnissen, können gegen den Schuldner uneingeschränkt geltend gemacht werden. Für Masseverbindlichkeiten, die durch Handeln des Insolvenzverwalters entstanden sind, haftet er nur noch mit der Insolvenzmasse (Frege/Keller/Riedel, Rn. 1807, str.). Der geltend gemachte insolvenzrechtliche **Anfechtungsanspruch** dient der Verwirklichung der Gläubigergleichbehandlung. Mit der Einstellung des Insolvenzverfahrens nach § 207 erlischt der anfechtungsrechtliche Rückgewähranspruch, da er untrennbar mit dem Amt des Insolvenzverwalters verbunden ist (str., vgl. MK-Hefermehl § 207 Rn. 84; Uhlenbruck-Uhlenbruck § 207 Rn. 13; ders. NZI 2001, 408, BK-Gruber § 207 Rn. 39 ff.). Dagegen ist Pape (Mohrbutter/Ringstmeier-Pape, Hdb Insolvenzverwaltung, § 12 Rn. 57) der Ansicht, dass der Insolvenzverwalter im Hinblick auf anhängige Anfechtungsrechtsstreitigkeiten weiterhin als prozessführungsbefugt anzusehen sei und ihm so die Möglichkeit zur Durchführung von Nachtragsverteilungen analog §§ 203 ff. zu geben ist (vgl. K/P/B-Pape § 207 Rn. 44). Eine entsprechende Handhabung ist unzulässig. Mit der Einstellung mangels Masse endet das Insolvenzverfahren. Es ist ggf. ein neues Insolvenzverfahren anzustrengen, vgl. K. Schmidt-Jungmann § 207 Rn. 19. Ein gegen den Insolvenzverwalter erwirkter Titel ist auf den Schuldner umzuschreiben (AG Düsseldorf, ZInsO 2005, 1283). Vollstreckungen nach Anzeige der Massearmut sind unzulässig (BGH, ZInsO 2006, 541). Die Grundsätze des § 210 sind entsprechend anzuwenden (vgl. § 210 Rdn. 4).

3. Gesellschaftsrechtliche Folgen

Die Einstellung des Insolvenzverfahrens nach § 207 führt rgm. zur Löschung der Gesellschaft nach § 141a FGG. Da die Insolvenzmasse nicht einmal zur Verfahrenskostendeckung ausreicht, folgt hieraus rgm. die Vermögenslosigkeit und damit deren Löschungsreife (Mohrbutter/Ringstmeier-Pape, Hdb Insolvenzverwaltung, § 12 Rn. 64). Damit ist die Gesellschaft jedoch nicht erloschen. Eine **Vollbeendigung der Gesellschaft** tritt nach der »Lehre vom Doppeltatbestand« nur nach Löschung und völliger Vermögenslosigkeit ein. D. h., dass das Organ weiter zur Abwicklung verpflichtet ist (str.: Mohrbutter/Ringstmeier-Pape, Hdb Insolvenzverwaltung, § 12 Rn. 64). Die Einstellung des Insolvenzverfahrens nach § 207 hindert nicht, einen **neuen Insolvenzantrag** zu stellen. Mit der Einstellung des Insolvenzverfahrens nach § 207 erhält der Schuldner seine Verfügungsbefugnis zurück, ihn treffen die **Aufbewahrungspflichten** (OLG Stuttgart, ZIP 1984, 1385; Uhlenbruck-Uhlenbruck § 207 Rn. 20). Lehnen die Organe die Abholung der Geschäftsunterlagen ab, wird man die Gesellschafter analog § 74 Abs. 2 Satz 1 GmbHG für verpflichtet erachten. Der Verwalter ist berechtigt – aber nicht verpflichtet – eine registerrechtliche Klärung herbeizuführen. Kommen die Organe und/oder die Gesellschafter trotz Aufforderung ihren Verpflichtungen zur Abholung der Geschäftsunterlagen nicht nach, kann er diese nach Ankündigung vernichten.

26

4. Restschuldbefreiung

Die Verfahrenseinstellung nach § 207 nimmt dem Schuldner grds. die Möglichkeit zur Restschuldbefreiung, da nach § 289 Abs. 3 Restschuldbefreiung nur bei Einstellung des Verfahrens nach § 211 erteilt werden kann. Mit der Einführung der Stundung der Verfahrenskosten nach § 4a ist das Problem in der Praxis entschärft worden.

27

VI. Besonderheiten bei der Genossenschaftsinsolvenz

Im Insolvenzverfahren über das Vermögen einer eingetragenen Genossenschaft kommt die Einstellung mangels Masse nur infrage, wenn **keine Nachschusspflicht der Genossen** besteht (§ 105 GenG) oder wenn die Nachschüsse von den Genossen nicht zu erlangen sind. Die Nachschusspflicht ist Bestandteil des Vermögens der Gesellschaft. Die in der genossenschaftsrechtlichen Lit. vertretene Ansicht, dass die Nachschusspflicht nur bei Masseunzulänglichkeit, nicht jedoch bei

28

Massearmut bestehe, ist vom Gesetzeswortlaut und Gesetzeszweck nicht gedeckt (K/P/B-Pape § 207 Rn. 55a; Uhlenbruck-Uhlenbruck § 207 Rn. 19).

29 ▶ **Hinweis:**

> Der Massearmut/Masselosigkeit anzeigende Insolvenzverwalter sollte diese transparent zur Insolvenzakte begründen. Die Mitteilung der Massearmut/Masselosigkeit kann bereits nach der geltenden Rechtslage vom Insolvenzgericht geprüft werden. Nur bei substanziierter und transparenter Darlegung kann er vermeiden, dass das Gericht ggf. einen Sachverständigen bestellt, langwierige Untersuchungen vornimmt und/oder zu einem anderen Ergebnis kommt. Sind ggü. den im Berichtstermin genannten möglichen Gründen einer Masselosigkeit neue hinzugetreten, ist den Massegläubigern und der Gläubigerversammlung rechtliches Gehör zu gewähren. Sie müssen die Gelegenheit haben, das Verfahren durch Begebung eines Massekostenzuschusses ordnungsgemäß zu beenden. Nur durch transparente Berichterstattung kann der Verwalter vermeiden, dass in einem ggf. nachgelagerten Schadensersatzverfahren gegen den Verwalter die Schutzbehauptung erhoben wird, dass man selbstverständlich einen Massekostenvorschuss geleistet hätte.

§ 208 Anzeige der Masseunzulänglichkeit

(1) ¹Sind die Kosten des Insolvenzverfahrens gedeckt, reicht die Insolvenzmasse jedoch nicht aus, um die fälligen sonstigen Masseverbindlichkeiten zu erfüllen, so hat der Insolvenzverwalter dem Insolvenzgericht anzuzeigen, daß Masseunzulänglichkeit vorliegt. ²Gleiches gilt, wenn die Masse voraussichtlich nicht ausreichen wird, um die bestehenden sonstigen Masseverbindlichkeiten im Zeitpunkt der Fälligkeit zu erfüllen.

(2) ¹Das Gericht hat die Anzeige der Masseunzulänglichkeit öffentlich bekanntzumachen. ²Den Massegläubigern ist sie besonders zuzustellen.

(3) Die Pflicht des Verwalters zur Verwaltung und zur Verwertung der Masse besteht auch nach der Anzeige der Masseunzulänglichkeit fort.

Übersicht

	Rdn.
A. Normzweck	1
B. Norminhalt	2
I. Feststellung der Masseunzulänglichkeit durch den Verwalter	3
1. Kostenrechnung	4
2. Aktivmasse	5
3. Verfahrenskosten	6
II. Anzeige der Masseunzulänglichkeit	7
1. Masseunzulänglichkeit (Abs. 1 Satz 1)	8
2. Drohende Masseunzulänglichkeit (Abs. 1 Satz 2)	9
3. Temporäre Masseunzulänglichkeit	10
4. Weitere Anzeige der Masseunzulänglichkeit	11
5. Überprüfung durch das Gericht	12
6. Rechtswirkungen	13
7. Beseitigung der Masseunzulänglichkeit	14
III. Auswirkungen auf die Verfahrensabwicklung	15
1. Allgemeines	15
2. Verwertungshandlungen	16
3. Steuererklärungs- und Rechnungslegungspflichten bei Masseunzulänglichkeit	17
4. Insolvenzplan bei Masseunzulänglichkeit	18
5. Sonstiges	19
C. Verfahrensfragen	20
I. Öffentliche Bekanntmachung	20
II. Zustellung	21
III. Rechtsmittel	22
IV. Reformbestrebungen	23

A. Normzweck

1 Wenn die Kosten des Insolvenzverfahrens gedeckt sind, soll eine vollständige Verwertung der Masse erfolgen. § 208 regelt den Sachverhalt, den man früher als »Konkurs im Konkurs« bezeichnete. Durch den ggü. der KO neu eingeführten Regelungsrahmen soll ein Verfahren bereitgestellt wer-

den, welches es dem Insolvenzverwalter ohne übermäßiges Haftungsrisiko ermöglicht, seine Tätigkeit so lange fortzusetzen, bis die Masse vollständig verwertet ist. Im Gegensatz zur Einstellung des Insolvenzverfahrens bei Massearmut (§ 207) findet bei angezeigter Masseunzulänglichkeit eine ordnungsgemäße Abwicklung des Insolvenzverfahrens statt. Auch PKH ist zu gewähren (BGH, ZInsO 2008, 378), wobei für die Frage der Bedürftigkeit die Altmasseverbindlichkeiten mit zu berücksichtigen sind (BGH, ZInsO 2007, 1225). Die Verfahrensabwicklung bei Masseunzulänglichkeit stellt erhöhte Anforderungen an den Insolvenzverwalter. Bei Meidung eigener Haftung (§§ 60, 61) wird er prüfen, welche Leistungen er entgegennimmt und/oder begründet. Die Haftung des Insolvenzverwalters richtet sich ausschließlich nach §§ 60, 61. Die Haftung ist eine Verschuldens- und keine Garantiehaftung. Die ordnungsgemäße Abwicklung der Insolvenzen hat in einem geordneten Verfahren zu erfolgen, soweit die Kosten des Verfahrens gedeckt sind. Die Befriedigungsreihenfolge des § 209 und die Haftungssystematik der §§ 60, 61 gewährleisten die gesetzliche Abwicklung und erschweren die »Gestaltung massearmer Verfahren« mit dem Ziel der Abwicklung außerhalb des Insolvenzverfahrens.

B. Norminhalt

Das Gesetz unterscheidet die **Massearmut**, auch **Masselosigkeit** genannt, von der **Masseunzulänglichkeit**. Masseunzulänglichkeit (Masseinsuffizienz) ist gegeben, wenn die Insolvenzmasse nicht ausreichend ist, nach Begleichung der Kosten des Insolvenzverfahrens (§ 54) auch die sonstigen Masseverbindlichkeiten (§ 55) bei Fälligkeit zu bezahlen. Zu den Masseverbindlichkeiten zählen sowohl die aus der Geschäftsführung des Verwalters entstandenen wie auch die kraft Gesetzes aus fortbestehenden Dauerschuldverhältnissen herrührenden (**oktroyierten**) Masseschulden (§ 55 Abs. 1). Ferner zählen dazu die aus einer ungerechtfertigten Bereicherung der Masse herrührenden Verbindlichkeiten (§ 55 Abs. 1 Nr. 3) sowie die Verbindlichkeiten, die von einem vorläufigen Insolvenzverwalter begründet worden sind, auf den die Verfügungsbefugnis über das Vermögen des Schuldners übergegangen ist (§ 55 Abs. 2 Satz 1). Gleiches gilt für die Verbindlichkeiten aus einem Dauerschuldverhältnis, soweit der vorläufige Insolvenzverwalter, auf den die Verfügungsbefugnis über das Vermögen des Schuldners übergegangen ist, die Gegenleistung für das von ihm verwaltete Vermögen in Anspruch genommen hat. Nicht mehr erfasst sind die Ansprüche auf Arbeitsentgelt, die nach § 187 SGB III auf die BA übergegangen sind (Insolvenzgeld) und von dieser nur noch als Insolvenzforderungen geltend gemacht werden können. In gleicher Weise sind auch die auf Arbeitnehmerforderungen entfallenden Sozialversicherungsansprüche ausgenommen. Zu den Masseverbindlichkeiten gehören darüber hinaus die dem Schuldner oder dem persönlich haftenden Gesellschafter gem. §§ 100, 101 zu gewährenden **Unterhaltsleistungen** (§ 209 Abs. 1 Nr. 3). Ansprüche aus **Sozialplänen** sind gem. § 123 Abs. 2 Satz 1 ebenfalls Masseverbindlichkeiten. Diese sind jedoch auf ein Drittel der für die Insolvenzgläubiger zur Verfügung stehenden freien Masse plafoniert, sodass eine Berücksichtigung nur dann stattfindet, wenn auch eine Verteilung an die Insolvenzgläubiger erfolgt, welches bei Masseunzulänglichkeit nicht der Fall ist. Als **faktische Masseunzulänglichkeit** wird eine Situation bezeichnet, in welcher das Verfahren bereits (drohend) masseunzulänglich ist, der Verwalter aber auf eine Anzeige verzichtet, weil er hofft, durch Bezahlung einzelner Gläubiger noch einer persönlichen Haftung aus § 61 zu entgehen (Büchler, ZInsO 2011, 1244). Diese Konstellation ist keine gesonderte Fallgruppe der Masseunzulänglichkeit, sondern eine der Haftung des Insolvenzverwalters wegen Falschbefriedigung bzw. wg. Verletzung der besonderen insolvenzrechtlichen Obliegenheiten, vgl. § 60 Rdn. 23, 29.

I. Feststellung der Masseunzulänglichkeit durch den Verwalter

Die Anzeige der Masseunzulänglichkeit obliegt ausschließlich dem Insolvenzverwalter (Abs. 1). Bei angeordneter Eigenverwaltung ist die Masseunzulänglichkeit vom Sachwalter anzuzeigen (§ 285). Im vereinfachten Insolvenzverfahren nach §§ 311 ff. obliegt die Anzeige der Masseunzulänglichkeit dem Treuhänder (§ 304 Abs. 1 Satz 1). Bei angeordneter Eigenverwaltung obliegt die Anzeige dem Sachwalter, § 285.

1. Kostenrechnung

4 Dem Insolvenzverwalter obliegen allg. und besondere Sorgfaltspflichten bei der Abwicklung des Insolvenzverfahrens (vgl. § 60 Rdn. 9, 29). Im Rahmen einer modifizierten Liquiditätsplanungsrechnung wird er die im Verfahren zu erwartenden Einnahmen und Ausgaben antizipieren. Die Planrechnungen wird er sauber dokumentieren. Es handelt sich um Prognoserechnungen, bei denen dem Insolvenzverwalter eine Einschätzungsprärogative und ein Beurteilungsspielraum zusteht, den er jedoch nach den Grundsätzen eines ordnungsgemäßen Insolvenzverwalters auszuüben hat (vgl. BGH, ZInsO 2005, 205; Mohrbutter/Ringstmeier-Pape, Hdb Insolvenzverwaltung, § 12 Rn. 71; s. a. § 60 Rdn. 29, 36).

2. Aktivmasse

5 Die Ermittlung der Aktivmasse erfolgt während des Insolvenzverfahrens nach den gleichen Grundsätzen wie im Eröffnungsverfahren. Eine bereits vorgelegte (vorläufige) Insolvenzeröffnungsbilanz kann fortgeschrieben werden. Es gelten die gleichen Ansatz- und Bewertungsgrundsätze wie bei §§ 26, 207 (vgl. § 207 Rdn. 6 ff.).

3. Verfahrenskosten

6 Es gilt ein einheitlicher, an § 54 orientierter Kostenbegriff (vgl. § 207 Rdn. 5).

II. Anzeige der Masseunzulänglichkeit

7 Die Masseunzulänglichkeit ist durch den Insolvenzverwalter festzustellen und dem Insolvenzgericht anzuzeigen. Die vom Insolvenzverwalter formgerecht angezeigte Masseunzulänglichkeit ist für das Prozessgericht bindend (BGH, ZInsO 2003, 465). Die Anzeige des starken vorläufigen Insolvenzverwalters entfaltet keine Rechtswirkung (AG Hamburg ZInsO 2002, 1197). Die Verpflichtung zur Anzeige der Masseunzulänglichkeit ergibt sich für den Insolvenzverwalter aus der Meidung eigener Haftung gem. § 61. Aus Haftungsgründen wird der Verwalter deshalb in liquiditäts- und masseunzulänglichen Verfahren frühzeitig, teilweise bereits mit Eröffnung des Verfahrens, Masseunzulänglichkeit anzeigen, um die oktroyierten Masseverbindlichkeiten in den Nachrang zu setzen. Dabei handelt es sich nicht um eine insolvenzspezifische Pflicht, die eine Haftung gem. § 60 InsO begründet, BGH, ZInsO 2010, 2323 Rn. 5; vgl. § 61 Rdn. 1; BAG, ZInsO 2013, 723. Das Gesetz stellt keine besonderen Anforderungen an die **Form und den Inhalt** der Anzeige der (drohenden/temporären) Masseunzulänglichkeit. Bezüglich des Zeitpunktes ist dem Verwalter ein weiter Handlungsspielraum zuzubilligen (BGH, ZInsO 2010, 2323 Rn. 11). Eine Pflicht zur frühzeitigen Anzeige, um nachfolgenden Lieferanten eine Masseverbindlichkeit zu verschaffen, besteht nicht. Mit Eintritt der Masseunzulänglichkeit gilt die Verteilungsreihenfolge des § 209, vgl. § 209 Rdn. 2. Das Beurteilungsermessen reicht aber nur bis zum Eintritt der Masseunzulänglichkeit. Der Insolvenzverwalter ist ggü. dem Gericht nicht verpflichtet, die Masseunzulänglichkeit zu begründen und durch geeignete Nachweise zu belegen; dies ist insoweit folgerichtig, als das Gericht weder berechtigt noch verpflichtet ist die Anzeige zu überprüfen. Die Anzeige der Masseunzulänglichkeit kann nur in einem späteren Haftungsprozess überprüft werden (OLG Dresden, ZInsO 1999, 648). Diese Grundsätze gelten auch bei wiederholt angezeigter Masseunzulänglichkeit (vgl. Rdn. 11). Der Insolvenzverwalter hat den zugrunde liegenden Sachverhalt in seiner Masseunzulänglichkeitsrechnung, die er rgm. aus den Planrechnungen, wie den Gewinn- und Verlustrechnungen sowie Liquiditätsplänen entwickelt hat, intern zu dokumentieren. Die Masseunzulänglichkeitsrechnung ist wesentliches Instrumentarium, wenn der Insolvenzverwalter bei Masseunzulänglichkeit das Unternehmen fortführt und/oder sonstige Verwertungshandlungen vornimmt. Dieses ist haftungsfrei nur bei Deckung der vorrangigen Masseverbindlichkeiten möglich. Dem Insolvenzverwalter ist eine rechtzeitige Anzeige der Masseunzulänglichkeit zu empfehlen, weil er andernfalls die persönlichen Haftungsgefahren verschärft (Uhlenbruck-Uhlenbruck § 208 Rn. 3; Braun-Kießner § 208 Rn. 22).

1. Masseunzulänglichkeit (Abs. 1 Satz 1)

Masseunzulänglichkeit ist gegeben, wenn zwar die Kosten des Insolvenzverfahrens gedeckt sind, nicht jedoch die weiteren Masseverbindlichkeiten, einschließlich der Masseverbindlichkeiten aus dem Vorverfahren gem. § 55 Abs. 2. Zu berücksichtigen sind somit nicht nur die Kosten i. S. d. § 54, sondern auch die Kosten der Verwaltung, Verwertung oder Verteilung der Insolvenzmasse, Verbindlichkeiten aus gegenseitigen Verträgen, soweit diese zur Masse zu erfüllen sind, Ansprüche aus ungerechtfertigter Massebereicherung (§ 55 Abs. 1 Nr. 3), Verbindlichkeiten, die von dem vorläufigen Insolvenzverwalter begründet wurden (§ 55 Abs. 2), Unterhaltsleistungen, die dem Schuldner oder einem persönlich haftenden Gesellschafter des Schuldnerunternehmens nach §§ 100, 101 zu gewähren sind, und schließlich die Sozialplansansprüche der Arbeitnehmer nach § 123, Letztere jedoch plafoniert gem. § 123 Abs. 2 Satz 2.

8

2. Drohende Masseunzulänglichkeit (Abs. 1 Satz 2)

Nach Abs. 1 Satz 2 wird der eingetretenen Masseunzulänglichkeit die **drohende Masseunzulänglichkeit** gleichgestellt (vgl. BAG, ZInsO 2005, 50, 52). Diese liegt vor, wenn der Insolvenzverwalter bereits absehen kann, dass die Masse voraussichtlich nicht ausreichend ist, um die bestehenden Masseverbindlichkeiten im Zeitpunkt ihrer Fälligkeit zu erfüllen. Der Insolvenzverwalter hat hier eine **Prognoseentscheidung** zu treffen, die ihm einen gewissen **Beurteilungsspielraum** eröffnet (K/P/B-Pape § 208 Rn. 16 ff.). Der Verwalter hat eine **vorausschauende Betrachtung** vorzunehmen, in die er bestehende und voraussichtlich noch entstehende Masseverbindlichkeiten einbeziehen und unter Berücksichtigung der vorhandenen Liquidität und der voraussichtlich noch zu erzielenden Einnahmen die Frage der Deckung der Masseverbindlichkeiten prüft. Die Prüfung der Masseunzulänglichkeit ist nicht zwingend identisch mit der vom Verwalter gem. § 61 zu erstellenden Liquiditätsplanung. In die **Masseunzulänglichkeitsrechnung** sind die folgenden Einnahmen und Ausgaben sowie Bestandskonten aufzunehmen (vgl. Möhlmann, KTS 1998, 380, 382; K/P/B-Pape § 208 Rn. 16a):

9

▶ Übersicht: Inhalt der Masseunzulänglichkeitsrechnung

EINNAHMEN
(1) vorhandene Liquidität,
(2) erwartete Einnahmen aus Desinvestitionen, Unternehmensfortführung, Verwertungshandlungen, Prozessen, Darlehen, Sonstigem,

AUSGABEN

Kosten des Verfahrens zu befriedigen gem. § 209 Abs. 1 Nr. 1
(3) Gerichtskosten (§ 54 Nr. 1),
(4) Vergütung und Auslagen des Insolvenzverwalters (§ 54 Nr. 2),
(5) Vergütung und Auslagen der Gläubigerausschussmitglieder (§ 54 Nr. 2 i. V. m. § 73 Abs. 1), gewillkürte Masseverbindlichkeiten (zu befriedigen gem. § 209 Abs. 1 Nr. 2),
(6) Verbindlichkeiten durch Verwertungs-, Verwaltungs- und Verteilungshandlungen des Insolvenzverwalters (§ 55 Abs. 1 Nr. 2),
(7) Verbindlichkeiten aus gegenseitigen Verträgen, die zur Masse genommen werden (gewillkürte Masseverbindlichkeiten), oktroyierte Masseverbindlichkeiten (zu befriedigen gem. § 209 Abs. 1 Nr. 3),
(8) Verbindlichkeiten aus Massebereicherung (§ 55 Abs. 1 Nr. 3),
(9) Verbindlichkeiten, begründet durch den vorläufigen Insolvenzverwalter gem. § 55 Abs. 2 Satz 1,
(10) Verbindlichkeiten aus gegenseitigen Verträgen bis zum Zeitpunkt der Kündigung, die vom Verwalter nicht für die Masse in Anspruch genommen werden (oktroyierte Masseverbindlichkeiten),
(11) Verbindlichkeiten aus Dauerschuldverhältnissen, die der vorläufige Insolvenzverwalter in Anspruch genommen hat (§ 55 Abs. 2 Satz 2),
(12) Unterhaltsverpflichtungen.

Bei den Verbindlichkeiten nach Nr. 8 bis 12 handelt es sich um die sog. »**nachrangigen Masseverbindlichkeiten**« (§ 209 Abs. 1 Nr. 3). Stellt der Verwalter bei der Masseunzulänglichkeitsrechnung fest, dass die Masse voraussichtlich nicht ausreichen wird, um die bestehenden sonstigen Masseverbindlichkeiten im Zeitpunkt der Fälligkeit zu erfüllen, liegt drohende Masseunzulänglichkeit vor. Mit Uhlenbruck (Uhlenbruck-Uhlenbruck § 208 Rn. 3) wird man annehmen müssen, dass hierfür der Eintritt der Masseunzulänglichkeit zum Zeitpunkt der Schuldbegründung wahrscheinlicher sein muss als deren Ausbleiben.

3. Temporäre Masseunzulänglichkeit

10 Die Berichtigung von der Ist- zur Sollmasse erfolgt im Insolvenzverfahren durch unterschiedliche Verwertungsmaßnahmen. Nicht in jedem Fall ist gewährleistet, dass Aufwendungen sich parallel zu liquiditätswirksamen Erträgen verhalten. Muss der Verwalter aufgrund seiner Untersuchungen davon ausgehen, dass die Masseverbindlichkeiten nur zeitweilig nicht liquide gedeckt werden können, liegt **temporäre Masseunzulänglichkeit** vor. Diese kann sowohl als eingetretene, als auch drohende temporäre Masseunzulänglichkeit vorkommen. Sie ist bereits dann gegeben, wenn der Verwalter während eines Zeitraums von mehr als 2 Wochen die fälligen Masseverbindlichkeiten nicht begleichen kann (K/P/B-Pape § 208 Rn. 16a). Die Grundsätze zur Feststellung der Zahlungsfähigkeit können entsprechend angewandt werden. Mit der Anzeige der temporären Masseunzulänglichkeit bringt der Insolvenzverwalter ggü. den (potenziellen) Massegläubigern zum Ausdruck, dass die Masseunzulänglichkeit vorübergehend ist. Trotz angezeigter temporärer Masseunzulänglichkeit kann der Verwalter gleichwohl das Unternehmen fortführen, sofern die vorrangigen Masseverbindlichkeiten gedeckt sind und die Betriebsfortführung masseeffizient ist. Insoweit hat die angezeigte drohende temporäre Masseunzulänglichkeit keine anderen rechtlichen Wirkungen (vgl. OLG Frankfurt am Main, NZI 2005, 40). Wirtschaftlich bedeutet diese Anzeige eine erhöhte Wahrscheinlichkeit der Rückkehr in das normale Insolvenzverfahren (vgl. A. Schmidt, NZI 1999, 442). In der Literatur (MK-Hefermehl § 208 Rn. 26) wird gefordert, dass der Insolvenzverwalter über die temporäre Masseunzulänglichkeit aufklären und Massegläubiger auffordern soll, bspw. Stundungsvereinbarungen abzuschließen. Eine Verpflichtung besteht jedoch nicht. Ein entsprechendes Vorgehen wird auch bei den zahlreichen Ordnungsverfahren nicht weiterhelfen, bei denen das Insolvenzverfahren ohne ausreichende liquide Masse eröffnet wird und vom Insolvenzverwalter die Realisierung der Sollmasse im Prozesswege verlangt wird. Sollte der Insolvenzverwalter mit seinen vertretbaren Ansprüchen nicht durchdringen, haben nach prozessualer Geltendmachung die Kostengläubiger nur einen Anspruch auf Befriedigung i. R. d. § 209. Ein Haftungsanspruch gegen den Verwalter gem. §§ 60, 61 besteht nicht.

4. Weitere Anzeige der Masseunzulänglichkeit

11 Nach Anzeige der Masseunzulänglichkeit sieht § 209 Abs. 1 Nr. 2 eine privilegierte Befriedigung der Neumassegläubiger vor. Sie sind vom Insolvenzverwalter vorweg voll zu befriedigen. Indes ist nicht ausgeschlossen, dass auch im Hinblick auf die Neumasseverbindlichkeiten – erneut – Masseunzulänglichkeit auftritt, weil z.B. aufgrund unvorhersehbarer Auftragsverluste i. R. d. Betriebsfortführung die Umsatzziele nicht erreicht werden können oder wenn im Rahmen eines Ordnungsverfahrens nach den realisierten erstinstanzlichen Prozessergebnissen nicht die erforderliche Liquidität geschöpft werden kann (vgl. MK-Hefermehl § 208 Rn. 60). Ob hier eine erneute Anzeige der Masseunzulänglichkeit erfolgen kann, oder ob lediglich Einschränkungen bzgl. des Rechtes der »Neu-Massegläubiger« auf bevorzugte Befriedigung ihrer Forderungen eintreten sollen, ist strittig (vgl. BK-Breutigam § 208 Rn. 4; MK-Hefermehl 208 Rn. 60; HK-Landfermann § 208 Rn. 23; Mohrbutter/Ringstmeier-Pape, HdB Insolvenzverwaltung, § 12 Rn. 100). Das Insolvenzverfahren ist auch bei Masseunzulänglichkeit geordnet fortzuführen, solange nur Kostendeckung besteht. D.h., die Insolvenzmasse ist vor vollstreckenden Altmassegläubigern zu bewahren, um eine gesetzmäßige Verteilung zu erreichen. Dabei ist es nach Ansicht des Verfassers unerheblich, ob man dieses durch die erneute Anzeige der Masseunzulänglichkeit (ggü. dem Gericht) und/oder den Einwand der Masseunzulänglichkeit (ggü. dem Massegläubiger) bewirkt. Die Anzeige der

Masseunzulänglichkeit bewirkt die Herabsetzung des Massegläubigers zum Altmassegläubiger. Die Herabstufung erfolgt auch bei fortbestehender Masseunzulänglichkeit, unabhängig davon, ob der Verwalter die Masseunzulänglichkeit wiederholt anzeigt oder ggü. dem Gläubiger den Einwand der Masseerschöpfung erhebt. Sofern der Insolvenzverwalter bei der Begründung der Masseverbindlichkeiten schuldhaft handelt, kann der Massegläubiger den Schaden gem. § 61 realisieren. **Bei fortbestehender Masseunzulänglichkeit ist es gerechtfertigt, auch die später begründeten Masseverbindlichkeiten – soweit weitere Masseunzulänglichkeit besteht – in den Rang der Altmasseverbindlichkeiten, jedoch vor die oktroyierten Masseverbindlichkeiten, zurücktreten zu lassen.**

▶ Beispiel:

Der Insolvenzverwalter eines liquiditätsarmen Ordnungsverfahrens zeigt mit Eröffnung (temporäre) Masseunzulänglichkeit an. Er macht fünf gleichartige Anfechtungsansprüche geltend, die nacheinander ausgeurteilt werden, bei denen die Durchsetzung jedoch nur im Fall Fünf gelingt und nur zur Befriedigung eines Teils der Masseverbindlichkeiten reicht. Hier ist es nicht gerechtfertigt, den zeitlich jüngsten Kostengläubiger vor den anderen zu privilegieren.

Eine »Stufung unter den Neumassegläubigern« findet weder bei wiederholter Anzeige der Masseunzulänglichkeit noch bei dem Einwand der Masseerschöpfung statt. Die **gewillkürten Altmassegläubiger** werden in einer Rangklasse befriedigt. Nur dieses sichert die ordnungsgemäße Durchführung des Verfahrens. Andernfalls wäre zu befürchten, dass Dritte nicht mehr bereit sind, dem Insolvenzverwalter bei sensiblen Betriebsfortführungen bzw. Abwicklungsleistungen zu kontrahieren, wenn die Befürchtung bestünde, dass bei wiederholter Anzeige der Masseunzulänglichkeit eine Herabstufung wirtschaftlich in den Rang einer Insolvenzforderung erfolgen würde. Alle potenziellen Massegläubiger haben das gleiche Schutzbedürfnis. Dieses rechtfertigt es, sie bei (wiederholt) angezeigter Masseunzulänglichkeit gleich zu behandeln.

5. Überprüfung durch das Gericht

Eine Überprüfung der angezeigten Masseunzulänglichkeit durch das Gericht findet – anders als bei Massearmut nach § 207 – nicht statt (vgl. § 66 Rdn. 11). Eine entgegenstehende Praxis findet im Gesetz keine Grundlage. Bei einer öffentlich bekannt gemachten Masseunzulänglichkeitsanzeige des Verwalters ist im Rechtsstreit davon auszugehen, dass auch tatsächlich Masseunzulänglichkeit eingetreten ist, wenn der Anspruchsgegner nicht nachweisen kann, dass tatsächlich keine Masseunzulänglichkeit eingetreten war (BGH, ZInsO 2001, 708; ZInsO 2003, 465; ZInsO 2006, 541). Auch ein später mit der Frage der Masseunzulänglichkeit befasstes Prozessgericht ist an die in Übereinstimmung mit § 208 angezeigte Masseunzulänglichkeit gebunden (BGHZ 154, 358, 360). Ausnahmen hat der BGH in Betracht gezogen, falls dem Insolvenzverwalter unredliches Verhalten vorzuwerfen ist, er arglistig handelt oder ein ausreichender Massebestand gerichtskundig ist und keines Beweises bedarf (BGHZ 167, 178).

6. Rechtswirkungen

Gem. § 210 erlöschen mit dem Eingang der Masseunzulänglichkeitsanzeige beim Insolvenzgericht die Befugnisse der Massegläubiger zur Zwangsvollstreckung und es tritt ein **Vollstreckungsverbot** für die **Altmassegläubiger** des § 209 Abs. 1 Nr. 3 ein. Der BGH (ZInsO 2006, 541) wendet dieses Vollstreckungsverbot auch auf **Neumasseverbindlichkeiten** an, um den Vorrang der (potenziellen) Kostengläubiger zu wahren. Die absolute Vorrangstellung der Kostengläubiger dient der geordneten Verfahrensabwicklung. Mit der Anzeige der Masseunzulänglichkeit ist die Erhebung einer **Leistungsklage unzulässig** (BGH, ZInsO 2006, 541). Das Vollstreckungsverbot bezieht sich auf sämtliche Verfahren, die zu einer Vollstreckung in die Insolvenzmasse führen können, d. h. auch für Kostenfestsetzungsverfahren (BGH, ZInsO 2005, 1103). Das Vollstreckungsverbot begründet über seinen Wortlaut hinaus nicht nur einen im Wege der Vollstreckungserinnerung nach § 766 ZPO geltend zu machenden vollstreckungsrechtlichen Einwand, sondern ist auch im Rahmen eines anhängigen oder künftigen Rechtsstreits mit einem (Alt-) Massegläubiger zu berücksichtigen (MK-

Hefermehl § 208 Rn. 64). Das Insolvenzgericht und nicht das Vollstreckungsgericht ist funktionell zuständig, um über eine auf Masseamut gestützte Erinnerung des Insolvenzverwalters zu entscheiden (BGH, ZInsO 2006, 1049). Auch nach Anzeige der Masseunzulänglichkeit ist die Berichtigung der Ist- zur Sollmasse fortzusetzen. Anfechtungsprozesse sind fortzuführen (BGH, ZInsO 2001, 904). Eine erhobene Leistungsklage ist wegen fehlenden Rechtsschutzbedürfnisses unzulässig. Der Übergang der Leistungs- zur Feststellungsklage stellt eine prozessual zulässige Klageänderung dar. Die Anzeige der Masseunzulänglichkeit führt nicht zu einer entsprechenden Anwendung des § 103. Ein erneutes Wahlrecht entsteht nicht (vgl. K/P/B-Pape § 209 Rn. 12 ff.).

7. Beseitigung der Masseunzulänglichkeit

14 Im Gesetz nicht geregelt ist die Frage, ob auch eine Rückkehr aus dem masseunzulänglichen Verfahren in das reguläre Insolvenzverfahren möglich ist. Mit der herrschenden Meinung (vgl. Uhlenbruck-Uhlenbruck § 208 Rn. 31; K/P/B-Pape § 208 Rn. 23; A. Schmidt, NZI 1999, 442; Frind/Borchardt-v. Websky, Betriebsfortführung, Rn. 2070) ist die Rückkehr in das Regelinsolvenzverfahren möglich. Sie stellt sich als »actus contrarius« zur Anzeige der Massunzulänglichkeit dar.

Nach einer Auffassung, die vor allem in der Praxis vertreten wird, soll die schlichte Vornahme von Verteilungen ohne eine entsprechende Dokumentation der Rückkehr genügen, um stillschweigend die Rückkehr in das reguläre Verfahren zu vollziehen. Dieses wird rgm. dann ausreichen, wenn bei Anzeige mit Verfahrenseröffnung nur oktroyierte Altmasseverbindlichkeiten bestehen. In anders gelagerten Sachverhalten kann die formelle Anzeige erforderlich sein (vgl. Mohrbutter/Ringstmeier-Pape, HdB Insolvenzverwaltung, § 12 Rn. 103 ff. m. w. N.). Eine gerichtliche Überprüfung erfolgt nicht (vgl. OLG Dresden, ZInsO 1999, 648).

III. Auswirkungen auf die Verfahrensabwicklung

1. Allgemeines

15 Der Insolvenzverwalter ist nach Anzeige der Masseunzulänglichkeit weiter zur Abwicklung verpflichtet. In der Literatur wird vereinzelt darauf hingewiesen, dass das Verfahren nicht mehr der Befriedigung der Insolvenzgläubiger diene, sondern legitimer Verfahrenszweck die Befriedigung der Altmassegläubiger sei, die von einem vollständigen Vorwegbefriedigungsrecht auf einen Anspruch auf anteilige Befriedigung zurückgestuft worden seien (vgl. MK-Hefermehl § 208 Rn. 46; Mohrbutter/Ringstmeier-Pape, HdB Insolvenzverwaltung, § 12 Rn. 109). Die Rechtsansicht übersieht, dass heute zahlreiche Insolvenzverfahren als Ordnungsverfahren eröffnet werden (müssen). Wenn es richtig ist, dass für die Ermittlung der Massekostendeckung ein Zeitraum bis zur erstmaligen Umsetzung der Masse anzusetzen ist (vgl. AG Hamburg, NZI 2000, 140; § 207 Rn. 9), starten zahlreiche Verfahren als (temporär) masseunzulängliche Verfahren. Bei diesen Insolvenzverfahren handelt es sich um reguläre Insolvenzverfahren. Die Abwicklungspflichten divergieren nicht. Es ist keine Besonderheit des masseunzulänglichen Verfahrens, dass der Insolvenzverwalter bemüht sein wird, bei der Umsetzung der Masse wenigstens eine gleichwertige Gegenleistung zu realisieren (vgl. Mohrbutter/Ringstmeier-Pape, HdB Insolvenzverwaltung, § 12 Rn. 111; s. a. § 60 Rdn. 36). Die Anzeige der Masseunzulänglichkeit führt nicht dazu, dass dem Insolvenzverwalter die PKH zu verweigern wäre (BGH, ZInsO 2003, 941).

2. Verwertungshandlungen

16 Verwertungshandlungen nimmt der Insolvenzverwalter vor. Eine Pflicht zu übereilter Abwicklung besteht nicht. Das Insolvenzverfahren kann nur dann dem Zweck der effektiven Haftungsverwirklichung gerecht werden, wenn die Verwertung masseeffizient und zügig erfolgt; die Anforderungen stehen im Spannungsverhältnis. Die Anzeige der Masseunzulänglichkeit führt nicht dazu, dass der Verwalter massesteigernde Maßnahmen zu unterlassen hat. Andernfalls würde das Insolvenzverfahren nicht mehr der Haftungsverwirklichung dienen, die par conditio creditorum würde durchbrochen und es würden für Berater weitere Anreize zur Gestaltung masseamer Verfahren gesetzt.

Dem Insolvenzverwalter wird bei Vorliegen der sonstigen Voraussetzungen auch bei angezeigter Masseunzulänglichkeit PKH gewährt (BGH, ZInsO 2003, 941). Eine Betriebsfortführung bleibt auch bei angezeigter (temporärer) Masseunzulänglichkeit nach den allgemeinen Grundsätzen zulässig. Maßgebend ist, ob aus der Betriebsfortführung die entsprechenden Neuverbindlichkeiten beglichen werden können, also der neue Liquiditätskreis geschlossen werden kann. Maßgebend ist die Fortführungsprognose. Dieses werde rgm. Sachverhalte sein, in denen unrentable Standorte geschlossen und mit einem profitablen Kern weiter gearbeitet wird. Soweit die Planung für den Fortführungsteil liquide Überschüsse erwarten lässt besteht keine Veranlassung auch fortführungsfähige Teilunternehmen zu schließen, vgl. MK-Hefermehl § 208 Rn. 81.

3. Steuererklärungs- und Rechnungslegungspflichten bei Masseunzulänglichkeit

Zur Verwaltungspflicht des Insolvenzverwalters gehört auch die Pflicht zur Erledigung der steuerlichen Aufgaben (§ 34 Abs. 3 AO; § 155 Rdn. 30). Nach der – allerdings auf die KO bezogenen – Rspr. des BFH ist der Verwalter nicht berechtigt, die Erledigung dieser Pflicht mit der Begründung zu verweigern, in der Masse seien die Mittel für die Beauftragung eines Steuerberaters nicht vorhanden (BGH, ZIP 1994, 1969; ZIP 1996, 430, 431). Der Verwalter habe die Pflicht aus § 34 Abs. 3 im übergeordneten öffentlichen Interesse zu erfüllen und sei i. d. R. auch aufgrund seiner Ausbildung oder beruflichen Erfahrung zur Abgabe von Steuererklärungen besonders qualifiziert. Ihm sei es i. d. R. zumutbar, die Steuererklärung i. R. d. ihm obliegenden Verwaltungstätigkeit zu erstellen. Diese Rspr. hat im Schrifttum Kritik erfahren (Onusseit, ZIP 1995, 1798, 1804 ff.; AG Duisburg, ZInsO 2003, 863). Nach Ansicht des BGH (ZInsO 2004, 970) sprechen bei angezeigter Masseunzulänglichkeit gute Gründe für eine einschränkende Auslegung des § 34 Abs. 3 AO dahingehend, dass die Finanzverwaltung die Erfüllung der Verwalterpflichten nicht mehr zwangsweise durchsetzen kann. Der Insolvenzverwalter sollte ggü. der Finanzverwaltung vorstellig werden, damit diese auf die Vorlage von Steuererklärungen und Bilanzen (rgm. für den Zeitraum vor Eröffnung des Insolvenzverfahrens) verzichtet. Ein solches Vorgehen, ggf. mit der Mitteilung der erforderlichen Grundlagen für eine qualifizierte Schätzung, ist im wirtschaftlichen Interesse der Masse. Von den Steuererklärungspflichten zu trennen sind die insolvenzrechtlichen Rechnungslegungspflichten des Insolvenzverwalters (vgl. § 66 Rdn. 1, 4). Aus dem fiduziarischen Charakter der Tätigkeit folgt die Pflicht zur insolvenzrechtlichen Rechnungslegung auch bei Masseunzulänglichkeit.

4. Insolvenzplan bei Masseunzulänglichkeit

Ob die Abwicklung des Insolvenzverfahrens bei angezeigter Masseunzulänglichkeit im Rahmen eines Insolvenzplanverfahrens erfolgen kann, war streitig (vgl. HK-Landfermann § 208 Rn. 15, § 210a; K/P/B-Pape § 210 Rn. 14 ff.; MK-Hefermehl § 208 Rn. 58), ist jetzt jedoch durch § 210a geklärt (RegE ESUG, Begründung zu § 210a).

5. Sonstiges

Eine **Aufrechnung** ist nur noch in entsprechender Anwendung der §§ 95 ff. zulässig (vgl. Uhlenbruck-Uhlenbruck § 208 Rn. 22). Der Grundsatz, dass Altmassegläubiger nach Anzeige der Masseunzulänglichkeit nur noch ein Anrecht auf anteilige Befriedigung durch den Insolvenzverwalter haben, muss mit Pape (Mohrbutter/Ringstmeier-Pape, HdB Insolvenzverwaltung, § 12 Rn. 132) auch zu einer entsprechenden Anwendung des § 91 auf das Verfahren bei Masseunzulänglichkeit führen. Dieser Ausschluss des sonstigen Rechtserwerbs an Gegenständen der Insolvenzmasse muss auch für Altmassegläubiger nach der Anzeige der Masseunzulänglichkeit die Konsequenz haben, dass sie nach diesem Zeitpunkt keine Vorzugsrechte mehr erwerben können. Andernfalls hätten sie die Möglichkeit, über die ihnen noch zukommende quotale Befriedigung hinaus einen Anspruch auf bevorzugte Befriedigung aus einem bestimmten Gegenstand der Insolvenzmasse zu erlangen. Der Insolvenzverwalter hat für die Tätigkeit nach Anzeige der Masseunzulänglichkeit gesondert Rechnung zu legen. Ist die Masseunzulänglichkeit beseitigt, genügt er seiner Rechnungslegungspflicht durch die Vorlage einer einheitlichen Rechnungslegung (vgl. § 66 Rdn. 10). Die Möglichkeit der Erteilung der Restschuldbefreiung wird durch die Einstellung des masseunzulänglichen Verfahrens nach § 211 nicht ausgeschlossen (§ 289 Abs. 3). Masseverbindlichkeiten werden in ihrem Bestand nicht berührt, allein die Durchsetzbarkeit der Ansprüche wird eingeschränkt. (Akzessorische) Sicherheiten für Altverbindlichkeiten bleiben deshalb bestehen (MK-Hefermehl § 208 Rn. 69).

C. Verfahrensfragen

I. Öffentliche Bekanntmachung

20 Das Insolvenzgericht hat gem. Abs. 2 Satz 1 die Anzeige der Masseunzulänglichkeit gem. § 9 öffentlich bekannt zu machen.

II. Zustellung

21 Die Zustellung kann dem Insolvenzverwalter gem. § 8 Abs. 3 übertragen werden. Wird die Zustellung ausnahmsweise nicht dem Insolvenzverwalter übertragen, so hat der Insolvenzverwalter eine Liste der Massegläubiger vorzulegen, damit das Gericht die Zustellung der Masseunzulänglichkeit von Amts wegen vornehmen kann.

III. Rechtsmittel

22 Eine Überprüfung der Anzeige der Masseunzulänglichkeit durch das Insolvenzgericht findet nicht statt (MK-Hefermehl § 208 Rn. 35; HK-Landfermann § 208 Rn. 8). Eine Überprüfung erfolgt allenfalls inzident in einem Haftungsprozess, wenn Gläubiger und Insolvenzverwalter über die rechtzeitige Anzeige der Masseunzulänglichkeit streiten.

IV. Reformbestrebungen

23 Der RegE zur InsO sah in § 318 noch vor, dass die Masseunzulänglichkeit durch Beschluss des Gerichts festgestellt wird (vgl. Balz/Landfermann, Das neue Insolvenzrecht, § 318 RegE, S. 310). Im Laufe des Gesetzgebungsverfahrens wurde diese Vorschrift im Interesse einer Entlastung der Insolvenzgerichte gestrichen. Der Gesetzgeber meint nunmehr festgestellt zu haben, dass eine vergleichsweise geringe Entlastung der Insolvenzgerichte mit einer nicht unerheblichen Belastung der Prozessgerichte erkauft würde (RefE InsOÄndG). Dabei wird jedoch übersehen, dass die **Einführung einer gerichtlichen Prüfungspflicht** nicht geeignet ist, eine Entlastung der Prozessgerichte zu bewirken. Es ist bereits jetzt festzustellen, dass bei angezeigter (temporärer) Masseunzulänglichkeit die Massegläubiger versuchen, den Insolvenzverwalter auf Schadensersatz gem. §§ 60, 61 in Anspruch zu nehmen. Durch eine gerichtliche Prüfung und Feststellung der Masseunzulänglichkeit würde der Prozessstoff der Haftungsprozesse nicht modifiziert. Ob die Regelung darüber hinaus praktische Relevanz erfahren kann, ist zweifelhaft. Nach dem RefE soll das Insolvenzgericht auf Antrag eines Massegläubigers feststellen, ob die Anzeige gerechtfertigt ist. Der Antrag ist binnen einer Notfrist von 2 Wochen ab Zustellung der Anzeige zu stellen. Ist die Anzeige gerechtfertigt, sind die durch die Feststellung begründeten Kosten dem Antragsteller aufzuerlegen. In Großverfahren, mit unterschiedlichen, sich bedingenden Abwicklungsszenarien kann die Frage der (drohenden/temporären) Masseunzulänglichkeit rgm. nicht einfach und transparent begründet werden. Das Gericht wird sich veranlasst sehen, diese Frage durch Sachverständige prüfen zu lassen, welches für den Antragsteller mit einem nicht zu überschauenden und möglicherweise erheblichen Kostenrisiko verbunden sein kann. Der GAVI-Entwurf sieht die gesonderte Einberufung einer Gläubigerversammlung vor, in welcher der Verwalter über die wirtschaftliche Lage des Schuldners sowie die Ursachen der Masseunzulänglichkeit berichten soll. Die Einberufung einer Gläubigerversammlung bringt rgm. keinen zusätzlichen Informationsnutzen. Diese gilt insb. in den Ordnungsverfahren, welche mit (temporärer) Masseunzulänglichkeit eröffnet werden. Vorzuziehen wäre die Information der Massegläubiger zusammen mit der Anzeige der Masseunzulänglichkeit, da die Gläubigerversammlungen rgm. nur spärlich besucht sind und Massegläubiger nicht zwingend auch Insolvenzgläubiger sind.

▶ **Hinweis:** 24

Der Eintritt der Masseunzulänglichkeit löst unabhängig von der Anzeige die Rechtsfolge des § 209 aus. Neben der Unterscheidung zwischen vorrangigen und nachrangigen Masseverbindlichkeiten wird der Verwalter zu prüfen haben, ob und ggf. welche Auswirkungen eine verfrühte/verspätete Anzeige auf die Altmasseverbindlichkeiten hat. Geht es im Fall der temporären Masseunzulänglichkeit »nur« um mögliche Zinsansprüche, kann im Fall der endgültigen Masseunzulänglichkeit eine Verschiebung der Befriedigung oder die quotale Befriedigung die Folge sein. Sachverhalte, in denen der Verwalter wegen verfrühter Anzeige der Masseunzulänglichkeit in Anspruch genommen wird, werden selten sein, da er auch zur Anzeige der drohenden Masseunzulänglichkeit berechtigt ist. Gegenstände, deren Verwertung den Verwertungs- und/oder Verwaltungskosten den erwarteten Erlös übersteigen, wird der Verwalter mit ordnungsrechtlicher Wirkung an den Schuldner freigeben (BVerwG, ZInsO 2004, 1206).

§ 209 Befriedigung der Massegläubiger

(1) Der Insolvenzverwalter hat die Masseverbindlichkeiten nach folgender Rangordnung zu berichtigen, bei gleichem Rang nach dem Verhältnis ihrer Beträge:
1. die Kosten des Insolvenzverfahrens;
2. die Masseverbindlichkeiten, die nach der Anzeige der Masseunzulänglichkeit begründet worden sind, ohne zu den Kosten des Verfahrens zu gehören;
3. die übrigen Masseverbindlichkeiten, unter diesen zuletzt der nach den §§ 100, 101 Abs. 1 Satz 3 bewilligte Unterhalt.

(2) Als Masseverbindlichkeiten im Sinne des Absatzes 1 Nr. 2 gelten auch die Verbindlichkeiten
1. aus einem gegenseitigen Vertrag, dessen Erfüllung der Verwalter gewählt hat, nachdem er die Masseunzulänglichkeit angezeigt hatte;
2. aus einem Dauerschuldverhältnis für die Zeit nach dem ersten Termin, zu dem der Verwalter nach der Anzeige der Masseunzulänglichkeit kündigen konnte;
3. aus einem Dauerschuldverhältnis, soweit der Verwalter nach der Anzeige der Masseunzulänglichkeit für die Insolvenzmasse die Gegenleistung in Anspruch genommen hat.

Übersicht	Rdn.		Rdn.
A. Normzweck	1	IV. Altmasseverbindlichkeiten (Abs. 1 Nr. 3)	8
B. Norminhalt	2	1. Allgemeines	8
I. Verteilungsprinzip	2	2. Masseverbindlichkeiten aus dem Eröffnungsverfahren	9
II. Kosten des Insolvenzverfahrens (Abs. 1 Nr. 1)	3	3. Oktroyierte Masseverbindlichkeiten	10
III. Neumasseverbindlichkeiten (Abs. 1 Nr. 2)	4	4. Unterhaltsansprüche	11
1. Allgemeines	4	V. Ansprüche aus Arbeitsverhältnissen/Sozialplanansprüche	12
2. Verbindlichkeiten aus Erfüllungswahl (Abs. 2 Nr. 1)	5	VI. Einordnung von Bereicherungsansprüchen	13
3. Verbindlichkeiten aus Dauerschuldverhältnissen (Abs. 2 Nr. 2, 3)	6	VII. Rückforderungsansprüche	14
4. Besonderheiten bei wiederholt angezeigter Masseunzulänglichkeit	7	VIII. Aufrechnung	15

A. Normzweck

Nach angezeigter Masseunzulänglichkeit ist das Insolvenzverfahren fortzuführen (§ 208 Abs. 3), damit die noch vorhandene Insolvenzmasse verwertet und an die Massegläubiger verteilt werden kann. § 209 enthält die zentrale Regelung für die Abwicklung von masseunzureichenden Verfahren. Die Norm soll eine geordnete Abwicklung nach Anzeige der Masseunzulänglichkeit ermöglichen, um zu vermeiden, dass das Verfahren eingestellt und noch vorhandene und verwertbare Masse an den Schuldner wieder herausgegeben werden muss. Deshalb hat bei unzulänglicher Insolvenzmasse

§ 209 InsO Befriedigung der Massegläubiger

die Berichtigung der Kosten absoluten Vorrang vor dem Ausgleich der Neu-Masseverbindlichkeiten (BGH, ZInsO 2006, 541, 2008, 1205). **Kernstück der Neuregelung** des § 209 ist die **gesetzlich getroffene Unterscheidung zwischen Neu- und Alt-Masseverbindlichkeiten**. Maßgebend hierfür ist der Zeitpunkt der Anzeige der Masseunzulänglichkeit nach § 208 beim Insolvenzgericht (MK-Hefermehl § 209 Rn. 3). Die Privilegierung der Neu-Masseverbindlichkeiten nach Abs. 1 Nr. 2 ist erforderlich, da sich anderenfalls niemand auf Leistungsbeziehungen mit dem Insolvenzverwalter einließe, da er nur einen quotalen Ausgleich erhalten würde. Die Bevorzugung der Neumassegläubiger korreliert daher mit der Rückstufung der Altmassegläubiger in Abs. 1 Nr. 3. Seit dem InsOÄndG 2001 scheidet eine Einstellung des Verfahrens nach § 207 bei Insolvenzverfahren über das Vermögen natürlicher Personen (wegen Kostenstundung) i. d. R. aus. Masseunzulänglichkeit verlangt keine Betriebseinstellung. Zur Vermeidung einer Haftung aus § 61 muss die Betriebsfortführung jedoch eine Befriedigung der Neumassegläubiger nach § 209 Abs. 1 Nr. 2 erwarten lassen, Decker § 158 Rdn. 4, vgl. Frind/Borchardt-v. Websky, Betriebsfortführung, Rn. 2057 f.

B. Norminhalt

I. Verteilungsprinzip

2   Nach Anzeige, spätestens mit Eintritt der Masseunzulänglichkeit, gilt die Rangordnung des § 209 für sämtliche Masseverbindlichkeiten (BGH, ZInsO 2010, 2323 Rn. 12), vgl. § 60 Rdn. 23. Nach Eintritt der Masseunzulänglichkeit hat der Verwalter keinen Spielraum mehr. Die Reihenfolge ist zwingend. Der Insolvenzverwalter hat die vorhandenen und eingehenden Gelder dem Verteilungsschlüssel des § 209 entsprechend zu verteilen (MK-Hefermehl § 209 Rn. 13; Uhlenbruck-Uhlenbruck § 209 Rn. 7). Innerhalb der jeweiligen Gruppe haben die Forderungen den gleichen Rang, wobei lediglich für die Unterhaltsansprüche nach §§ 100, 101 in Abs. 1 Nr. 3 eine Ausnahme gemacht ist. Jeder Rang ist in der vorgegebenen Rangfolge grds. voll zu befriedigen, soweit die Masse reicht (Gottwald-Klopp-Kluth, Insolvenzrechts-Handbuch, § 74 Rn. 28). Die Reihenfolge gilt für alle Masseverbindlichkeiten. Nicht auf einen Geldbetrag lautende Forderungen sind im Hinblick auf die Rangordnung entsprechend § 45 in eine Geldforderung umzurechnen (Braun-Kießner § 209 Rn. 5). Die Befriedigungsreihenfolge kann nicht einseitig durch Aufrechnung des Altmassegläubigers durchbrochen werden. Der **Aufrechnung** stehen sowohl § 390 Satz 1 BGB (Einrede der Masseunzulänglichkeit) als auch § 394 BGB – wegen des Vollstreckungsverbotes des § 210 – entgegen.

II. Kosten des Insolvenzverfahrens (Abs. 1 Nr. 1)

3   Die Kosten des Insolvenzverfahrens sind vorrangig zu berichten. Hierunter sind die Gerichtskosten, Vergütungen und Auslagen des vorläufigen Insolvenzverwalters, des Insolvenzverwalters und der Mitglieder des Gläubigerausschusses zu fassen (BGH, ZInsO 2006, 541). Ferner gehören auch die **unausweichlichen Verwaltungskosten** zum normativen Kostenbegriff (vgl. Uhlenbruck-Uhlenbruck § 207 Rn. 5). Nach BGH, ZInsO 2004, 970 gehören hierzu auch dem Verwalter auf öffentlich-rechtlicher Grundlage oktroyierte Kosten, denen er sich nicht entziehen kann. Diese sind als Auslagen gem. § 4 Abs. 2 InsVV festzusetzen. Durch eine entsprechende Auslegung können auch Insolvenzverfahren über das Vermögen natürlicher Personen abgewickelt werden, bei denen ansonsten eine Einstellung nach § 207 Abs. 1 Satz 2 wegen Kostenstundung nicht in Betracht kommt. Durch eine entsprechende Abwicklung wird der Verwalter davor bewahrt, in faktisch masselosen Verfahren ein Sonderopfer für die ordnungspolitische Abwicklung zu erbringen. Gerichtskosten und Verwaltervergütung sind mit gleicher Quote zu berichten; BGH, ZInsO 2013, 563. **Nicht geregelt ist**, wie der Insolvenzverwalter zu verfahren hat, wenn die Verfahrenskosten nach § 4a gestundet sind. Uhlenbruck (§ 209 Rn. 2, 8) vertritt die Ansicht, dass der Verwalter trotz Stundung verpflichtet sei, vor Einstellung des Verfahrens nach § 211 Zahlungen auf die erste Rangklasse vorzunehmen. Vorzugswürdig ist demgegenüber die von Braun-Kießner (§ 209 Rn. 11) vertretene Ansicht, dass die gestundeten Verfahrenskosten vollständig aus der Verteilungsregel des § 209 ausgeklammert und nur bei vollständiger Deckung aller Masseverbindlichkeiten, mithin vor einer durch-

zuführenden Schlussverteilung, zu berichtigen seien. Durch die Verfahrenskostenstundung nach § 4a wird eine Vielzahl von Insolvenzverfahren eröffnet, bei denen keine oder allenfalls eine geringe Masse vorhanden ist, die jedoch nicht ausreicht, um die Verfahrenskosten zu decken. Aufgrund der Stundung wird der Antrag nicht mangels Masse abgewiesen und auch die Einstellung nach § 207 ist unmöglich. Diese Verfahren sind masseunzulänglich nach § 208, mit der Folge, dass der Insolvenzverwalter das vorhandene geringfügige Vermögen zu verwerten und insb. das Verfahren i. Ü. vollständig abzuwickeln hat. Würde in diesen Fällen die Verteilung nach § 209 erfolgen, stünde der Insolvenzverwalter vor unüberschaubaren Haftungsproblemen. Mögliche Zusagen und/oder Berechnungen über Kostendeckungen würden faktisch ex tunc aufgehoben. Nach BGH (ZInsO 2010, 2188) gilt die Befriedigungsreihenfolge des § 209 auch dann, wenn die Kosten gestundet sind. Die Befriedigungsreihenfolge gilt auch ggü. staatlichen Abgaben, wie der USt, da die Durchführung des Veräußerungsgeschäftes die Abführung der USt nicht voraussetzt. Nach BGH, ZInsO 2010, 2188 droht dem Insolvenzverwalter weder eine Haftung nach § 60 noch nach § 61.

III. Neumasseverbindlichkeiten (Abs. 1 Nr. 2)

1. Allgemeines

Die Neumasseverbindlichkeiten sind an zweiter Rangstelle zu befriedigen. Sie umfassen sämtliche Ansprüche nach § 55, deren Rechtsgrund nach der angezeigten Masseunzulänglichkeit geschaffen wurde. Für die Abgrenzung von Altmasseverbindlichkeiten zu Neumasseverbindlichkeiten i. S. d. § 209 Abs. 1 Nr. 2 ist ausschließlich der Zeitpunkt maßgebend, in dem die Masseverbindlichkeit begründet worden ist; auf den Entstehungsgrund der Forderung kommt es nicht an (BGH, ZInsO 2006, 541). Abgestellt wird auf den Zeitpunkt der Anzeige ggü. dem Insolvenzgericht (BGH, ZInsO 2006, 541; HK-Landfermann § 209 Rn. 13). Unerheblich ist, ob die Voraussetzungen einer Anzeige nach § 208 tatsächlich vorgelegen haben. Dem Insolvenzverwalter steht ein Beurteilungsspielraum hinsichtl. des Zeitpunkts der Anzeige der Masseunzulänglichkeit zu. Die fehlende gerichtliche Prüfung de lege lata wird im Schrifttum kritisiert (K/P/B-Pape § 209 Rn. 10; Braun-Kießner § 209 Rn. 14). Die Einbindung in die Haftungsordnung der §§ 60, 61 dürfte jedoch zu gerechten Ergebnissen führen (vgl. § 61 Rdn. 2). Bei Meidung eigener Haftung wird der Insolvenzverwalter vorrangige Masseverbindlichkeiten nur begründen, wenn er diese begleichen kann. Die Rückstufung sog. nachrangiger Gläubiger (vgl. § 208 Rdn. 9, 11) im Bereich der Altmasseverbindlichkeiten ist begründet, da der Verwalter diese Leistungen rgm. nicht in Anspruch genommen hat, mithin der Masse kein zählbarer Vorteil zugeführt wurde. Die Abgrenzung von Alt- und Neumasseverbindlichkeiten im Bereich der Steuerforderungen richtet sich nach Insolvenz- und nicht nach Steuerrecht. Es gilt der Grundsatz **Insolvenzrecht geht vor Steuerrecht** (RFHE 19, 337, 355). Dieses betrifft die Geltendmachung, nicht jedoch die Entstehung der Ansprüche. D. h. die Entstehung und die Höhe der Ansprüche werden nach dem Steuerrecht bestimmt, ihre Geltendmachung richtet sich hingegen nach dem Insolvenzrecht; Tipke/Kruse-Loose AO § 251 Rn. 6. Die Frage nach dem Rang der Befriedigung einer Forderung richtet sich somit nach der InsO. Es ist dabei nicht auf die abgabenrechtlichen Begriffe der »Entstehung« bzw. »Fälligkeit«, sondern auf den Begriff der »**Begründetheit**« abzustellen; P/U-Schmittmann § 209 Rn. 25. Eine **Steuerforderung** ist begründet, wenn der Rechtsgrund für seine Entstehung im Sinne des ihn begründenden Tatbestandes, des sog. Schuldrechtsorganismus, gegeben ist. Es ist also darauf abzustellen, ob der die Steuer begründende Tatbestand vollständig verwirklicht und damit abgeschlossen ist. Der Zeitpunkt der Steuerentstehung ist unerheblich. Die Einordnung der öffentlich-rechtlichen Steuerforderung erfolgt ranggleich mit der Grundleistung. Säumniszuschläge auf Altmasseverbindlichkeiten sind auch nach Anzeige der Masseunzulänglichkeit den Altmasseverbindlichkeiten zuzuordnen, Pape/Uhländer-Schmittmann § 209 Rn. 26. Der Insolvenzverwalter kann den **Arbeitnehmer mit der Kündigungserklärung** bis zur Beendigung des Arbeitsverhältnisses »unter Anrechnung seines Resturlaubs« von der Erbringung der Arbeitsleistung zur Erfüllung des Urlaubsanspruchs **freistellen**. Die Erfüllungswirkung wird nicht ausgeschlossen, wenn der Insolvenzverwalter zugleich erklärt, er werde dem Arbeitnehmer während der Freistellung keine Vergütung zahlen, BAG, 9 AZR 295/04; NZI 2006, 309. Nach dem BAG sind **Urlaubsentgelt- und Urlaubsgeldansprüche**, die nach Eröffnung des Insolvenzverfahrens und nach Anzeige der Masseunzulänglichkeit durch den Insolvenzverwalter entstanden sind, Masseverbindlichkeiten i. S. d. § 55 Abs. 1 Nr. 2. Auch wenn sie vor dem ersten Termin entstanden sind, zu dem der Insolvenzverwalter nach der Anzeige der Masseunzulänglichkeit das Arbeitsverhältnis kündigen konnte, sind sie keine sog. Neumasseverbindlichkeiten i. S. d. § 209 Abs. 1 Nr. 2. Damit ist eine Vollstreckung wegen dieser Verbindlichkeiten nach § 210 i. V. m. § 209 Abs. 1 Nr. 3 unzulässig. Eine auf Zahlung dieser Urlaubsentgelt- und Urlaubsgeldansprüche gerichtete Leistungsklage ist deshalb wegen fehlenden Rechtsschutzbedürfnisses unzulässig.

2. Verbindlichkeiten aus Erfüllungswahl (Abs. 2 Nr. 1)

5 Wählt der Insolvenzverwalter bei beidseitig nicht voll erfüllten Verträgen nach § 103 Abs. 1 die Erfüllung, so ist die daraus resultierende Verbindlichkeit als sonstige Masseverbindlichkeit i. S. d. § 55 Abs. 1 Nr. 2 zu erfüllen. Erfolgt die Anzeige der Masseunzulänglichkeit nach Erfüllungswahl, ist diese Verbindlichkeit als Altmasseverbindlichkeit zu berichtigen, anderenfalls erhält sie den Rang einer Neumasseverbindlichkeit. Der Zeitpunkt der Erfüllungswahl des Verwalters ist für die Einstufung dieser Ansprüche entscheidend. Macht der Insolvenzverwalter nach Anzeige der Masseunzulänglichkeit von seinem Erfüllungswahlrecht Gebrauch, so führt die Erfüllungswahl dazu, dass die hierdurch begründeten Masseverbindlichkeiten den Rang einer Neuverbindlichkeit i. S. d. § 209 Abs. 1 Nr. 2 erhalten. Die Anzeige der Masseunzulänglichkeit führt nicht dazu, dass der Verwalter berechtigt ist, sein Wahlrecht nach § 103 erneut auszuüben (K/P/B-Pape § 209 Rn. 12; Uhlenbruck-Uhlenbruck § 209 Rn. 12; str. **a. A.** HK-Landfermann § 209 Rn. 15; MK-Hefermehl § 209 Rn. 25). **Wahl ist i. S. e. rechtsgeschäftlichen Begründens** zu verstehen (vgl. OLG Düsseldorf, EWIR 2003, 985 m. Anm. Gundlach). Erforderlich ist eine Willenserklärung des Insolvenzverwalters, die neben dem (äußeren) objektiven Erklärungstatbestand auch alle Elemente des subjektiven (inneren) Tatbestandes erfordert. Wenn der Verwalter keine Kenntnis von bestehenden Leistungsbeziehungen hat, kann die unterlassene Kündigung nicht als konkludente Entgegennahme ausgelegt werden (z. B. jährlich abgerechneter Mietvertrag über einen aufgestellten Werbeträger, verschleiertes oder vom Schuldner nicht angezeigtes Rechtsverhältnis). Fehlt es an einer ausdrücklichen Willenserklärung des Insolvenzverwalters, ist es dem Leistenden deshalb zu empfehlen, entsprechend §§ 28, 103 vom Verwalter eine Erklärung über die Fortführung einzuholen (vgl. BGH, ZInsO 2003, 465).

3. Verbindlichkeiten aus Dauerschuldverhältnissen (Abs. 2 Nr. 2, 3)

6 Dauerschuldverhältnisse werden gem. § 108 durch die Eröffnung des Insolvenzverfahrens zunächst nicht berührt. Als Neumasseverbindlichkeiten im Rang des § 209 Abs. 1 Nr. 2 werden alle Verbindlichkeiten aus Dauerschuldverhältnissen bedient, die der Insolvenzverwalter entweder selbst begründet oder nach Verfahrenseröffnung nicht gekündigt hat; unabhängig ob er hiervon Kenntnis hatte (Abgrenzung zu § 60; vgl. § 60 Rdn. 38). Der Verwalter braucht nicht die Erfüllung des Vertrages zu wählen. Es genügt, dass er nach Anzeige der Masseunzulänglichkeit die Kündigungsfrist ungenutzt verstreichen lässt (MK-Hefermehl § 209 Rn. 32a). Die dem Verwalter **oktroyierten Masseverbindlichkeiten** werden in die Rangklasse des § 209 Abs. 1 Nr. 3 berichtigt. Eine Herabstufung in die Rangklasse des § 209 Abs. 1 Nr. 3 kommt in entsprechender Anwendung des §§ 28 Abs. 2 Satz 1, 162 BGB in Betracht, wenn der Insolvenzverwalter schuldlos keine Kenntnis von dem weiter bestehenden Dauerschuldverhältnis gehabt hat und der Vertragspartner vorwerfbar eine Anzeige unterlassen hat.

4. Besonderheiten bei wiederholt angezeigter Masseunzulänglichkeit

7 Besteht die Masseunzulänglichkeit fort und zeigt der Insolvenzverwalter wiederholt Masseunzulänglichkeit an, so wird für die durch Erfüllungswahl begründeten Masseverbindlichkeiten, welche durch die Anzeige der Masseunzulänglichkeit zurückgestuft wurden, nur eine Gruppe gebildet. Sie werden im Rang des § 209 Abs. 1 Nr. 2 berichtigt. Eine »Stufung der Altmasseverbindlichkeiten« würde einer geordneten Abwicklung hinderlich sein. Potenzielle Vertragspartner würden im Hin-

blick auf eine mögliche Rangrückstufung – wirtschaftlich in den Rang von Insolvenzforderungen – gehindert sein, an die Masse zu leisten (vgl. § 208 Rdn. 11).

IV. Altmasseverbindlichkeiten (Abs. 1 Nr. 3)

1. Allgemeines

Masseverbindlichkeiten, die nicht unter Abs. 1 Nr. 1 oder 2 fallen und auch nicht gem. Abs. 2 Nr. 1 bis 3 gleichgestellt sind, sind als »Altmasseverbindlichkeiten« nach Abs. 1 Nr. 3 drittrangig zu befriedigen. Der Verwalter darf nach Anzeige der Masseunzulänglichkeit die zur Verwertung und Verteilung der Masse notwendigen Kosten auslösen und diese als Neumasseverbindlichkeiten erfüllen, auch wenn diese Handlungen die für die Altmasseverbindlichkeiten vorhandenen Vermögenswerte reduzieren (Braun-Kießner § 209 Rn. 16; Uhlenbruck-Uhlenbruck § 209 Rn. 11). Nach der zutreffenden herrschenden Meinung haben die Altmassegläubiger keinen Anspruch darauf, dass ihnen das zum Zeitpunkt der Anzeige der Masseunzulänglichkeit vorhandene Haftungsvermögen ungeschmälert erhalten bleibt. Ist jedoch bei der Begründung nicht zwingender Neumasseverbindlichkeiten vorherzusehen, dass hierdurch die Befriedigungschancen der Massegläubiger verschlechtert werden, hat der Verwalter die Begründung zu unterlassen (K/P/B-Pape § 209 Rn. 11). Der Ausgleich wird durch §§ 60, 61 hergestellt.

8

2. Masseverbindlichkeiten aus dem Eröffnungsverfahren

Als nachrangige Masseverbindlichkeiten gem. § 209 Nr. 3 sind die Verbindlichkeiten des starken vorläufigen Verwalters und des sog. **Ermächtigungsverwalters** anzusehen (BGH, ZInsO 2008, 321 bei allg. Veräußerungsverbot, vgl. Jarchow § 55 Rdn. 23). Es bestehen keine Bedenken, die Verbindlichkeiten aus einer »**Vorrang-Ermächtigung**« des vorläufigen Verwalters (vgl. AG Hamburg, ZInsO 2004, 1270) in der Rangklasse des § 209 Abs. 1 Nr. 2 zu berichtigen, sofern nur oktroyierte Masseverbindlichkeiten im Rang zurückgesetzt werden. Die Bevorzugung ggü. den oktroyierten Masseverbindlichkeiten ist gerechtfertigt, weil aus den oktroyierten Masseverbindlichkeiten rgm. keine Leistung zur Masse gelangt ist. Besteht auch bzgl. der Neumasseforderungen Masseunzulänglichkeit, ist fraglich, ob die gerichtliche Ermächtigung die Durchbrechung der Befriedigungsreihenfolge des § 209 zulässt. Nach Sinn und Zweck ist eine Bevorzugung der Einzelermächtigungsverbindlichkeiten in diesem Fall nicht gerechtfertigt, da diese Verbindlichkeiten sonst in zweifacher Hinsicht (Rangverbesserung in Masseforderung und Besserstellung ggü. oktroyierten Verbindlichkeiten) privilegiert würden. Ist die Masseunzulänglichkeit absehbar, sollte vielmehr (zusätzlich) eine Treuhandkonstruktion zur Absicherung der Weiterlieferer gewählt werden (s. a. Hamburger Leitlinien, ZInsO 2004, 460).

9

3. Oktroyierte Masseverbindlichkeiten

Bei oktroyierten Masseverbindlichkeiten handelt es sich um aufgezwungene Masseverbindlichkeiten, deren Entstehen vom Verwalter nicht beeinflusst werden kann (LAG Hamm, ZInsO 2004, 694; K/P/B-Lüke § 60 Rn. 37). Dies gilt etwa für Verbindlichkeiten aus einem Dauerschuldverhältnis, dessen Beendigung nicht abkürzenden Kündigungsfristen unterliegt. Diese Verbindlichkeiten werden im Rang nach § 209 Abs. 1 Nr. 3 berichtigt. Als Altmasseschulden im Rang II des § 209 sind gem. Abs. 2 Nr. 2 alle Verbindlichkeiten aus **Dauerschuldverhältnissen** zu bedienen, die der Insolvenzverwalter entweder selbst begründet oder nach Verfahrenseröffnung **nicht gekündigt** hat. Eine **Inanspruchnahme** nach Abs. 2 Nr. 3 liegt nur vor, wenn der Insolvenzverwalter die Gegenleistung nach Anzeige der Masseunzulänglichkeit nutzt, obwohl er dies pflichtgemäß hätte verhindern können (BGH, ZInsO 2003, 465), wozu bei Arbeitnehmern die Freistellung ausreicht. Der Verwalter braucht hier nicht die Erfüllung zu wählen, es ist ausreichend, dass er nach Anzeige der Masseunzulänglichkeit die Kündigungsfrist ungenutzt hat verstreichen lassen (MK-Hefermehl § 209 Rn. 32a; Uhlenbruck-Uhlenbruck § 209 Rn. 14). Erforderlich ist jedoch, dass der Insolvenzverwalter von dem Rechtsverhältnis **Kenntnis** hatte und die Leistungsannahme nicht verhindert hat. **Eine gesonderte Erklärung** des Insolvenzverwalters ist für die Annahme nicht erforderlich

10

(BGH, ZInsO 2004, 674). Nimmt der Verwalter die vom Vertragspartner aufgrund eines Dauerschuldverhältnisses geschuldete Gegenleistung nach Anzeige der Masseunzulänglichkeit für die Insolvenzmasse tatsächlich in Anspruch, so sind die nach der Anzeige entstehenden Verbindlichkeiten **Neumasseverbindlichkeiten i. S. d. Abs. 2 Nr. 3**. Auf eine eventuelle Kündigung des Vertragsverhältnisses kommt es insoweit nicht mehr an. Die Beendigung der tatsächlichen Leistungsannahme führt während der Kündigungsfristen zu einer Herabstufung der Forderung nach Abs. 1 Nr. 3 (vgl. BGH, ZInsO 2006, 326).

4. Unterhaltsansprüche

11   Innerhalb des Nachrangs III (§ 209 Abs. 1 Nr. 3) hat der Gesetzgeber eine weitere Rangfolge für die Unterhaltsansprüche des Schuldners eingefügt. Die Unterhaltsansprüche sind in der Rangklasse III als Altmasseverbindlichkeiten letztrangig eingestuft worden. Sie dürfen deshalb erst dann erfüllt werden, wenn sämtliche vorrangigen Altmasseverbindlichkeiten voll aus der Masse beglichen werden können. Durch diese Regelung (Abs. 1 Nr. 3 Halbs. 2) wollte der Gesetzgeber klarstellen, dass Unterhaltsansprüche an den Schuldner nicht zulasten der übrigen Massegläubiger geltend gemacht werden dürfen (Uhlenbruck-Uhlenbruck § 209 Rn. 18).

V. Ansprüche aus Arbeitsverhältnissen/Sozialplanansprüche

12   Der Verwalter kann bei **gekündigten Arbeitsverhältnissen** die Berichtigung als Neumasseverbindlichkeit nur verhindern, wenn er die Arbeitnehmer nicht beschäftigt, sondern von der Arbeit freistellt (K/P/B-Pape § 209 Rn. 16; str. Uhlenbruck-Uhlenbruck § 209 Rn. 16). Klärung über die Qualifikation von Arbeitnehmeransprüchen in der Freistellungsphase der Blockaltersteilzeit in masseunzulänglichen Verfahren ist durch das Urteil des BAG (ZInsO 2005, 695) eingetreten. Bei **Altersteilzeitverträgen nach dem Blockmodell** (in der ersten Hälfte der Altersteilzeit wird Vollzeitarbeit geleistet, in der zweiten Hälfte ist der Arbeitnehmer von der Arbeitsleistung ganz freigestellt) kommt es für die Einordnung der Entgeltansprüche der Arbeitnehmer in die insolvenzrechtliche Rangordnung nach der Rspr. des BAG darauf an, wann die Arbeitsleistung erbracht worden ist, die diesen Ansprüchen zugrunde liegt. Nicht entscheidend ist, wann der Arbeitnehmer die Zahlungen verlangen kann. Dies gilt nicht nur für das während der Altersteilzeit halbierte Arbeitsentgelt, sondern auch für die zusätzlich gezahlten Aufstockungsbeiträge. Daher sind die Ansprüche eines Arbeitnehmers, der sich bei Eröffnung des Insolvenzverfahrens in der Freistellungsphase befindet, auf das Arbeitsentgelt, das während des Insolvenzverfahrens zu zahlen wäre, Insolvenzforderungen. Beginnt die Freistellungsphase einige Monate nach der Insolvenzeröffnung, so sind das Arbeitsentgelt, das während der restlichen Arbeitsphase zu zahlen ist, und das Arbeitsentgelt für einen Zeitraum gleicher Länge während der Freistellungsphase Masseverbindlichkeiten. Nach entsprechenden Regeln ist infolge der Masseunzulänglichkeit die Aufteilung zwischen Altmasseverbindlichkeiten und Neumasseverbindlichkeiten vorzunehmen: Ansprüche auf Arbeitsentgelt von Beschäftigten in Altersteilzeit können nur insoweit Neumasseverbindlichkeiten sein, als die zugrunde liegende Arbeitsleistung in der Zeit nach der Erklärung der Masseunzulänglichkeit erbracht worden ist oder zu erbringen war. Für die Zeit bis zum erstmöglichen Beendigungstermin ist zusätzlich erforderlich, dass die Leistungen des Arbeitnehmers auch tatsächlich für die Masse in Anspruch genommen wurden (§ 209 Abs. 2 Nr. 3) und keine Freistellung erfolgte (HK-Landfermann § 209 Rn. 18 m. w. N.). **Sozialplanansprüche** der Arbeitnehmer haben gem. § 123 Abs. 2 Satz 1 im Insolvenzverfahren den Rang einer Masseverbindlichkeit, wenn ein Sozialplan aufgestellt wird. Wegen der Plafondierung der Ansprüche fehlt es bei Masseunzulänglichkeit an einer Teilungsmasse, sodass die Sozialplanansprüche der Arbeitnehmer bei der Verteilung nach § 209 nicht berücksichtigt werden (Uhlenbruck-Uhlenbruck § 210 Rn. 19).

VI. Einordnung von Bereicherungsansprüchen

13   Bereicherungsansprüche, die nach Anzeige der Masseunzulänglichkeit entstanden sind, sind rgm. im Rang des § 209 Abs. 1 Nr. 2 eingeordnet (BGH, ZInsO 2006, 541). Der Bereicherungsanspruch gehört nicht zu den Kosten des Verfahrens. Für die Abgrenzung des Bereicherungsanspruchs ggü.

den anderen Masseverbindlichkeiten ist ausschließlich der Zeitpunkt maßgebend, in dem der Insolvenzverwalter die Masseunzulänglichkeit dem Insolvenzgericht angezeigt hat (Uhlenbruck-Uhlenbruck § 209 Rn. 17).

VII. Rückforderungsansprüche

Zahlungen, die der Verwalter vor dem Erlass des Einstellungsbeschlusses geleistet hat, können grds. nicht zurückgefordert werden (MK-Hefermehl § 207 Rn. 60; Mohrbutter/Ringstmeier-Pape, HdB Insolvenzverwaltung, § 12 Rn. 42). Der Verwalter hat nach der InsO die Möglichkeit, durch rechtzeitige Beantragung und Entnahme von Vorschüssen auf seine Vergütung das Ausfallrisiko im Fall der fehlenden Massekostendeckung i. S. d. § 207 zu verringern. Eine Rückzahlungspflicht soll nach Mohrbutter/Ringstmeier-Pape § 12 Rn. 42 nur dann bestehen, wenn der Verwalter einen Vorschuss erhalten hat, der die endgültig festgesetzte Vergütung übersteigt. Eine Kürzung der Vergütung kann angemessen sein, wenn die vorzeitige Einstellung des Verfahrens zu einer deutlichen Verringerung der Tätigkeit des Insolvenzverwalters führt, weil die tatsächliche Dauer des Verfahrens die Normaldauer erheblich unterschreitet und das Verfahren so frühzeitig eingestellt wird, dass die gesamte Forderungsprüfung, Aufstellung von Verteilungsverzeichnissen usw. ausfällt oder keine nennenswerte Verwertung erfolgt ist. Fehler des Insolvenzverwalters bei der Verteilung nach der Rangordnung des § 207 Abs. 3 Satz 1 können jedoch dann ausgleichspflichtig sein, wenn sie dem Verwalter nach Eintritt der Masseunzulänglichkeit unterlaufen sind (Mohrbutter/Ringstmeier-Pape § 12 Rn. 43). In Betracht kommt ein Bereicherungsanspruch gegen den Begünstigten auf Rückgabe des entgegen der Rangordnung des § 207 Abs. 3 Satz 1 erlangten Betrages. Voraussetzung hierfür ist, dass der bereicherte Gläubiger den Eintritt der fehlenden Massekostendeckung vor der fehlerhaften Befriedigung kannte. Ist dies nicht der Fall, darf er grds. auf die Rechtsbeständigkeit der Befriedigung vertrauen (MK-Hefermehl § 207 Rn. 61). 14

VIII. Aufrechnung

Nach herrschender Meinung sind in masseunzulänglichen Verfahren die Aufrechnungsverbote entsprechend anzuwenden (vgl. BGH, ZIP 1995, 1024). Die Rangordnung des § 209 ist nach angezeigter Masseunzulänglichkeit zwingend. Die noch in § 320 RegE vorgesehene Verweisung auf die für die Insolvenzgläubiger geltenden Regelungen wurde im Rechtsausschuss gestrichen, ohne dass jedoch eine inhaltliche Änderung vorgenommen werden sollte. Deshalb spricht sich die herrschende Meinung für eine analoge Anwendung der §§ 95 ff. aus (Uhlenbruck-Uhlenbruck § 208 Rn. 22; K/P/B-Pape § 210 Rn. 11). Durch die entsprechende Anwendung der §§ 94 bis 96 wird die Einbehaltung der gesetzlichen Rangfolge sichergestellt. Braun-Kießner (§ 209 Rn. 36) leitet das Aufrechnungsverbot aus dem Vollstreckungsverbot des § 210 InsO her. Der Altmassegläubiger soll keine Befriedigung außerhalb der Rangordnung des § 209 Abs. 1 Nr. 3 erhalten. 15

§ 210 Vollstreckungsverbot

Sobald der Insolvenzverwalter die Masseunzulänglichkeit angezeigt hat, ist die Vollstreckung wegen einer Masseverbindlichkeit im Sinne des § 209 Abs. 1 Nr. 3 unzulässig.

Übersicht	Rdn.			Rdn.
A. Normzweck	1	2.	Bei wiederholter Anzeige der Masseunzulänglichkeit	5
B. Norminhalt	2	IV.	Aufrechnungsverbot, Ausschluss sonstigen Rechtserwerbs	6
I. Anzeige der Masseunzulänglichkeit (Halbs. 1)	2	V.	Analoge Anwendung bei Massearmut	7
II. Vollstreckungsverbot für Altmassegläubiger (Halbs. 2)	3	C.	**Verfahrensfragen**	8
III. Vollstreckung durch Neumassegläubiger	4	I.	Rechtsbehelfe bei unzulässiger Vollstreckung	8
1. Bei erstmaliger Anzeige der Masseunzulänglichkeit	4	II.	Zuständiges Gericht	9

§ 210 InsO Vollstreckungsverbot

A. Normzweck

1   Die Norm soll eine ordnungsgemäße Abwicklung masseunzulänglicher Verfahren gewährleisten und erweitert den nach § 90 bestehenden Schutz. Sie schützt die vorrangigen Gläubiger nach § 209 Abs. 1 Nr. 1, 2 vor Vollstreckungen der **Altmassegläubiger**, nachdem der Verwalter Masseunzulänglichkeit nach § 208 Abs. 1 angezeigt hat, und sichert damit die ordnungsgemäße Durchführung des Insolvenzverfahrens. **Neumassegläubiger**, also Gläubiger, die erst nach Anzeige der Masseinsuffizienz ihre Forderung gegen die Masse erlangt haben (§ 209 Abs. 1 Nr. 2) werden von dem Vollstreckungsverbot nicht erfasst, es sei denn, »Neumasseunzulänglichkeit« wird angezeigt.

B. Norminhalt

I. Anzeige der Masseunzulänglichkeit (Halbs. 1)

2   Die Anzeige der Masseunzulänglichkeit durch den Verwalter bewirkt ein umfassendes Vollstreckungsverbot für Altmassegläubiger, genauer wegen Altmasseverbindlichkeiten gem. § 209 Abs. 1 Nr. 3. Nach gefestigter Rspr. kann nach diesem Zeitpunkt eine solche Masseverbindlichkeit auch nicht mehr im Wege der Leistungsklage verfolgt werden (BGH ZInsO 2006, 541). Dies gilt auch für das Kostenfestsetzungsverfahren (BGH, ZInsO 2005, 430). Das Vollstreckungsverbot tritt unabhängig von der Art der angezeigten Masseunzulänglichkeit (auch drohende, temporäre) ein. Die Regelung gilt entsprechend bei wiederholt angezeigter Masseunzulänglichkeit. Dann ist die Masseunzulänglichkeit vom Verwalter nachzuweisen bzw. im Kostenfestsetzungsverfahren glaubhaft zu machen (BGH, ZInsO 2007, 1152). Dem Gläubiger fehlt bei Masseunzulänglichkeit das Rechtsschutzinteresse für den Erlass eines Kostenfestsetzungsbeschlusses.

II. Vollstreckungsverbot für Altmassegläubiger (Halbs. 2)

3   Das Vollstreckungsverbot bezieht sich auf sämtliche Verfahren, die zu einer Vollstreckung in die Insolvenzmasse führen können (Uhlenbruck-Uhlenbruck § 210 Rn. 3), d. h. auch auf das Kostenfestsetzungsverfahren (BGH, ZInsO 2005, 1103). Erfasst werden somit nicht nur **vollstreckbare Titel** oder Beschlüsse, die im Zivilverfahren ergangen sind, sondern auch Vollstreckungen des FA (§ 251 Abs. 1 AO) und andere öffentlich-rechtliche Verfügungen (K/P/B-Pape § 210 Rn. 5). Nach Anzeige der Masseunzulänglichkeit kann durch Zwangsvollstreckung eine Sicherung nicht mehr wirksam erworben werden. Werden trotzdem Vollstreckungen durchgeführt, tritt mit ihr die öffentlich-rechtliche Verstrickung ein (Uhlenbruck-Kuhn § 14 KO Rn. 17; Uhlenbruck-Uhlenbruck § 210 Rn. 3). Bei angezeigter Masseunzulänglichkeit fehlt Altmassegläubigern im Erkenntnisverfahren für eine Leistungsklage bereits das Rechtsschutzbedürfnis (BGH ZInsO 2003, 465), sodass nach Anzeige der Masseunzulänglichkeit in eine Feststellungsklage umgestellt werden muss (MK-Hefermehl § 210 Rn. 23; BAG ZInsO 2005, 50). Dieser Grundsatz gilt auch bei **Steuerforderungen**, K/P/B-Pape § 201 Rn. 5, Pape/Uhländer-Schmittmann § 210 Rn. 20 ff.; BFH, ZIP 1996, 1838. Entgegen BFH, BB 2007, 2446 bewirkt § 251 Abs. 2 AO nicht nur eine Einschränkung der Vollstreckbarkeit. Seit RFHE 38, 18; BFH, BStBl. II 75, 590; 96, 511 gilt der Grundsatz »**Insolvenzrecht geht vor Steuerrecht**«. D. h. die Entstehung und die Höhe der Ansprüche aus dem Steuerschuldverhältnis werden auch nach Eröffnung durch die Vorschriften des Steuerrechts bestimmt. Das Insolvenzrecht ist nur für die Geltendmachung der nach den Vorschiften des Steuerrechts entstandenen Vorschriften maßgebend, soweit es den steuerrechtlichen Vorschriften entgegensteht, Tipke/Kruse-Loose § 251 AO. D. h., das FA hat den Anspruch nur entsprechend § 251 Abs. 3 AO als Masseverbindlichkeit – ohne Zahlungsgebot – festzustellen. Dieses gilt insbesondere bei gekorenen Masseverbindlichkeiten gem. § 55 Abs. 2, 4, sonst würde der Grundsatz der Gläubigergleichbehandlung durchbrochen, vgl. Schacht, ZInsO 2011, 1048, 1054. Darüber hinaus fehlt mit Anzeige der Masseunzulänglichkeit das Rechtsschutzbedürfnis für ein Leistungsgebot, BGHZ 154, 358; BAG, ZIP 2002, 628, da nach Masseunzulänglichkeit die Durchsetzung der Altmasseverbindlichkeit durch Steuerbescheid ausgeschlossen ist und aus dem Leistungsbescheid nicht mehr vollstreckt werden darf, Pape/Uhländer-Schmittmann § 209 Rn. 31. Auch Neumassegläubiger sind in der Durchsetzung beschränkt (BGH, ZInsO 2006, 541). Im Kostenfestsetzungs-

verfahren kann der Verwalter ggü. den Neugläubigern Masseunzulänglichkeit einwenden (BGH, ZInsO 2005, 1103). Das Vollstreckungsverbot betrifft auch Aufrechnungen (§ 208 Rdn. 19, § 209 Rdn. 2) und wird durch die entsprechende Anwendung von § 91 auf den sonstigen Rechtserwerb erweitert (Rn. 6). § 88 findet keine entsprechende Anwendung, MK-Hefermehl § 210 Rn. 13. Im Prozess ist die angezeigte Masseunzulänglichkeit von Amts wegen zu berücksichtigen. Im Hinblick auf den **Präklusionsumfang** des § 767 Abs. 2 ZPO wird der Verwalter darlegen, dass er Masseunzulänglichkeit angezeigt hat, damit die **Einwendung der Masseunzulänglichkeit** von Amts wegen berücksichtigt werden kann. Den Nachweis erbringt er prozessual durch eine beglaubigte Ablichtung der Anzeige der Masseunzulänglichkeit mit dem Eingangsstempel des Gerichts oder durch die Veröffentlichung des Insolvenzgerichts, sofern diese erfolgt ist (Uhlenbruck-Uhlenbruck § 211 Rn. 6). Gegen unzulässige Vollstreckungsmaßnahmen von Massegläubigern in die Insolvenzmasse steht dem Insolvenzverwalter auch die **Vollstreckungserinnerung** (§ 766 ZPO) zu (BK-Blersch/v. Olshausen § 90 Rn. 9).

III. Vollstreckung durch Neumassegläubiger

1. Bei erstmaliger Anzeige der Masseunzulänglichkeit

Das Vollstreckungsverbot betrifft nur **Altmasseverbindlichkeiten**. Der BGH (ZInsO 2006, 541) hat die Rechtsverbindlichkeit einer erneuten Anzeige der Masseunzulänglichkeit offengelassen. In Fällen der **erneuten** bzw. **weiteren Masseunzulänglichkeit** muss der Verwalter die weitere Masseunzulänglichkeit zur Vermeidung von Irritationen im Prozess einwenden (BGH, ZInsO 2003, 465). Zum Kostenfestsetzungsverfahren vgl. BGH, ZInsO 2005, 1103. Die Rechtswirkungen treten bis zur Grenze dolosen Verhaltens, Arglist oder erkennbar ausreichendem Massebestand ein (vgl. BGH, ZInsO 2006, 541). Dem Insolvenzverwalter obliegen die Darlegung und der Nachweis der Masseunzulänglichkeit. Das Prozessgericht hat die Voraussetzungen der Masseunzulänglichkeit entsprechend § 287 ZPO zu beurteilen (BGH, ZInsO 2003, 465). Bei entsprechendem Nachweis ist nur eine Feststellungsklage zulässig (vgl. auch BAG ZIP 2004, 1660). Ist nur eine quotale Befriedigung der Neumassegläubiger möglich, hat der Verwalter auch die Möglichkeit der Vollstreckungsgegenklage nach § 767 ZPO (MK-Hefermehl § 210 Rn. 21; Kröpelin, ZIP 2003, 2341); § 767 Abs. 2 ZPO ist zu beachten.

4

2. Bei wiederholter Anzeige der Masseunzulänglichkeit

Nach der hier vertretenen Ansicht kann der Insolvenzverwalter bei fortbestehender Masseunzulänglichkeit wiederholt Masseunzulänglichkeit anzeigen (vgl. § 208 Rdn. 11). Durch die Anzeige werden die vor (wiederholter) Anzeige begründeten Verbindlichkeiten in den Rang der Altmassegläubiger herabgestuft. Keine andere Wirkung tritt ein, wenn der Insolvenzverwalter im Prozess die »Einrede« der fortbestehenden Masseunzulänglichkeit erhebt. In diesem Fall obliegt dem Insolvenzverwalter der Nachweis der Masseunzulänglichkeit. In einem Kostenfestsetzungsverfahren ist diese glaubhaft zu machen (BGH, ZInsO 2007, 1152; 2008, 1204). Dem Gläubiger stehen gegen diese Herabstufung keine Rechtsmittel zu. Eine Überprüfung erfolgt nur in einem Haftungsprozess gegen den Verwalter.

5

IV. Aufrechnungsverbot, Ausschluss sonstigen Rechtserwerbs

Der Ausschluss des sonstigen Rechtserwerbes nach § 91, der der früheren Regelung des § 15 KO entspricht, muss nach Anzeige der Masseunzulänglichkeit entsprechende Anwendung auf Altmasseverbindlichkeiten nach § 209 Abs. 1 Nr. 3 finden. Diese Verbindlichkeiten unterliegen ab dem Zeitpunkt des Wirksamwerdens der Anzeige dem Gebot der gleichrangigen und gleichmäßigen Befriedigung. Diesem Grundsatz würde es widersprechen, wenn sie sich weiter auf **Vorzugsrechte** an der Masse stützen könnten, die erst nach Anzeige der Masseunzulänglichkeit begründet wurden (K/P/B-Pape § 210 Rn. 9). Bei angezeigter Masseunzulänglichkeit besteht daher ein Aufrechnungsverbot mit Altmasseverbindlichkeiten (vgl. BGH, ZIP 1995, 1204). Der **Aufrechnung** steht ferner sowohl § 390 Satz 1 BGB entgegen (Einrede der Masseunzulänglichkeit) als auch § 394 BGB –

6

wegen des Vollstreckungsverbotes des § 210. Der Rechtsausschuss hat die in § 320 RegE vorgesehene Übernahme der Aufrechnungsvorschriften i. R. d. »Verschlankungsmaßnahmen des Gesetzes« nicht übernommen. Es ist jedoch nicht erkennbar, dass der Gesetzgeber damit von der bestehenden Rspr., die auf entsprechenden Auffassungen im Schrifttum basierte, abweichen wollte (Kuhn-Uhlenbruck § 55 KO Rn. 7, § 60 KO Rn. 6; K/P/B-Pape § 210).

V. Analoge Anwendung bei Massearmut

7 Um die ordnungsgemäße Abwicklung des Insolvenzverfahrens zu gewährleisten, bestimmt die zwingende Verteilungsreihenfolge des § 209 in § 209 Abs. 1 Nr. 1 im Rang I den absoluten Vorrang der Kosten. Die Vollstreckungsverbote des § 210 finden deshalb auch bei Massearmut (§ 207) entsprechende Anwendung (BGH, ZInsO 2006, 541).

C. Verfahrensfragen

I. Rechtsbehelfe bei unzulässiger Vollstreckung

8 Dem Insolvenzverwalter steht gegenüber einem Altmassegläubiger die **Vollstreckungserinnerung** (§ 766 ZPO) zu (vgl. BGH, ZInsO 2006, 1049; Uhlenbruck-Berscheid § 210 Rn. 7). Gegenüber einem Neumassegläubiger muss dem Verwalter auch die Vollstreckungsgegenklage nach § 767 ZPO zustehen (Uhlenbruck-Berscheid § 210 Rn. 9). Bei erneuter Anzeige der Masseunzulänglichkeit (vgl. Rdn. 2) steht dem Insolvenzverwalter nur die Vollstreckungsabwehrklage zu (vgl. AG Hamburg, ZInsO 2007, 830). Nach angezeigter Masseunzulänglichkeit kann der Insolvenzverwalter auch gegen ein zuvor ergangenes Leistungsurteil im Wege der Vollstreckungsabwehrklage vorgehen. Uhlenbruck (Uhlenbruck-Uhlenbruck § 210 Rn. 1), Westphal (NR-Westphal § 210 Rn. 9) und Kübler (Kölner Schrift zur InsO, S. 979) weisen darauf hin, dass dem Verwalter nur die Vollstreckungsabwehrklage nach § 767 Abs. 2 ZPO bleibt, wenn bspw. die Möglichkeit einer quotalen Befriedigung verbleibt. Deshalb ist bei gegebenem Rechtsschutzinteresse die Zulässigkeit einer Vollstreckungsabwehrklage zu bejahen (a. A. MK-Hefermehl § 210 Rn. 14; Mohrbutter/Ringstmeier-Pape, Hdb Insolvenzverwaltung, § 12 Rn. 125, die in der Erinnerung den einfacheren und billigeren Weg sehen, um dem Vollstreckungsschutz Geltung zu verschaffen, weshalb ein Rechtsschutzbedürfnis für die Vollstreckungsabwehrklage zu verneinen sei). Unabhängig von der konkreten Vollstreckungsmaßnahme und der Gefahr einer erneuten Vollstreckung und dem dadurch begründeten Rechtsschutzinteresse haben die Massegläubiger Anspruch auf die richtige rechtliche Qualifikation der (Alt-) Massegläubiger. Die Vollstreckungsabwehrklage, mit der die Umstellung eines Leistungsanspruches in einen Feststellungsanspruch verlangt wird, dient der Vermeidung ggf. ansonsten zu befürchtender Folgeprozesse.

II. Zuständiges Gericht

9 Nach BGH, ZInsO 2006, 1049 ist das **Insolvenzgericht** und nicht das Vollstreckungsgericht **funktionell zuständig**, um über eine auf Massearmut gestützte **Erinnerung** des Insolvenzverwalters gegen den Erlass eines Pfändungs- und Überweisungsbeschlusses zu entscheiden, durch den ein Kostengläubiger in die Insolvenzmasse vollstreckt; K/P/B-Pape § 210 Rn. 4a. In entsprechender Anwendung des § 89 Abs. 3 InsO haben die Insolvenz- und nicht die Vollstreckungsgerichte über Erinnerungen zu befinden, die sich auf die in § 90 Abs. 1 geregelten Vollstreckungsverbote bei Masseverbindlichkeiten beziehen. Zuständig für die **Vollstreckungsabwehrklage** ist das Prozessgericht.

10 ▶ Hinweis:

In zahlreichen Insolvenzverfahren ist der Verwalter – im Rahmen einer masseeffizienten Abwicklung – gezwungen, Masseunzulänglichkeit anzuzeigen. Der ordnungsgemäß handelnde Insolvenzverwalter führt für die nachrangigen Verbindlichkeiten und die Altmasseverbindlichkeiten ein Masseverzeichnis. Vor einer klagweisen Geltendmachung mit – für den Kläger bestehendem – Prozesskostenrisiko ist beim Verwalter Nachfrage zu halten, ob dieser die Masseverbindlichkeit dem Grunde nach anerkennt und Verteilungen i. R. d. **gesetzlichen Rangfolge vornimmt**.

§ 210a Insolvenzplan bei Masseunzulänglichkeit

Bei Anzeige der Masseunzulänglichkeit gelten die Vorschriften über den Insolvenzplan mit der Maßgabe, dass
1. an die Stelle der nicht nachrangigen Insolvenzgläubiger die Massegläubiger mit dem Rang des § 209 Absatz 1 Nummer 3 treten und
2. für die nicht nachrangigen Insolvenzgläubiger § 246 Nummer 2 entsprechend gilt.

Übersicht

		Rdn.				Rdn.
A.	Normzweck	1		IV.	Planvorlage	6
B.	Allgemeines	2		V.	Gruppenbildung	7
C.	Das Planverfahren bei Masseunzulänglichkeit	3		VI.	Zurückweisung des Plans	8
				VII.	Erörterungs- und Abstimmungstermin	9
I.	Mögliche Anwendungsfälle	3		VIII.	Annahme des Insolvenzplans	10
II.	Missbrauchsrisiken	4		IX.	Rechtsmittel	11
III.	Planinhalt	5		X.	Aufhebung des Verfahrens	12

A. Normzweck

Das Insolvenzverfahren dient der masseeffizienten Abwicklung des Schuldnervermögens. Es ist deshalb folgerichtig, auch bei (drohender/temporärer) Masseunzulänglichkeit eine Abwicklung des Insolvenzverfahrens im Rahmen eines Insolvenzplanverfahrens vorzusehen.   **1**

B. Allgemeines

Die Neuregelung trägt der Tatsache Rechnung, dass im Fall der Masseunzulänglichkeit ein Insolvenzplan stets in die Rechte der Massegläubiger eingreift und die nicht nachrangigen Insolvenzgläubiger in etwa die Position haben wie sonst nachrangige Insolvenzgläubiger, K. Schmidt/Jungmann § 210a InsO Rn. 4. Mit der Regelung hat der Gesetzgeber Rechtssicherheit geschaffen. Nunmehr kann eine Abwicklung im Rahmen eines Insolvenzplans auch bei drohender und/oder temporärer Masseunzulänglichkeit erfolgen.   **2**

C. Das Planverfahren bei Masseunzulänglichkeit

I. Mögliche Anwendungsfälle

Zulässig ist ein Insolvenzplanverfahren auch bei Masseunzulänglichkeit. Dabei macht es keinen Unterschied, ob es sich um eine drohende, temporäre oder finale Masseunzulänglichkeit handelt. Ein Insolvenzplan ist auch zulässig, wenn durch den Insolvenzplan die Masseunzulänglichkeit behoben wird oder umgekehrt im Rahmen einer Abwicklung sicher ist oder nicht ausgeschlossen werden kann, dass eine Masseunzulänglichkeit droht/eintritt. Tatsächlich ändert sich infolge der Masseunzulänglichkeitsanzeige weder der Verfahrenszweck der bestmöglichen Gläubigerbefriedigung noch die Aufgabenstellung des Insolvenzverwalters oder die Verfahrensposition der Insolvenzgläubiger, MK-Madaus § 210a Rn. 10.   **3**

Bei Massearmut ist ein Insolvenzplan unzulässig, K/P/B-Pape § 210a Rn. 9, es sei denn diese wird durch den Plan behoben.

II. Missbrauchsrisiken

Durch die technische Subordination und die damit verbundene theoretische Möglichkeit des Austausches des abstimmungsberechtigten Gläubigerpools besteht rechtstechnisch die Gefahr eines Missbrauchs. Dieser Missbrauch ist jedoch systemisch im ESUG an mehreren Punkten angelegt. Er betrifft sowohl das Risiko der »Informationsstrukturierung/Informationsgestaltung« durch die Informationsinsider als auch nicht offengelegte Absprachen Zweifel an der Unabhängigkeit etc.   **4**

Diesen Risiken ist mit dem bestehenden Instrumentarium, der Aufsicht durch das Gericht, dem Gläubigerausschuss und auch der Haftung des Insolvenzverwalters/Sachwalters zu begegnen.

III. Planinhalt

5 Der Insolvenzplan ist im Rahmen der allgemeinen Regeln inhaltsoffen. d. h., dass neben Sanierungen auch (Teil-) Liquidations- und Verfahrensleitende Insolvenzpläne zuzulassen sind, um eine masseeffiziente Abwicklung zu ermöglichen, vgl. MK-Madaus § 210a Rn. 6. Nach der Gegenansicht, K/P/B-Pape § 210a Rn. 19; Zimmer, ZInsO 2012, 390 soll ein reiner Liquidationsplan, der eine Zerschlagung des schuldnerischen Unternehmens und die quotale Befriedigung der Massegläubiger vorsieht, unzulässig sein. Es wird weiter ausgeführt, dass für einen solchen Plan im Hinblick auf die zwingende Randordnung des § 209 Abs. 1 kein Bedarf bestünde. Die Ansicht verkennt, dass es Sachverhaltskonstellationen geben kann, in welchem durch einen Insolvenzplan das Unternehmen beordnet wird und bspw. ein zusätzlicher Firmenwert realisiert werden kann, der dann die Masseunzulänglichkeit beendet. In dem Insolvenzplan dürfen nur plandispositive Gegenstände geregelt werden. Von den planfesten Vorschriften, die auch dann zwingend zu beachten sind, wenn die Befriedigung der Insolvenzgläubiger über einen Insolvenzplan erfolgen soll, darf nicht abgewiesen werden, es sei denn, es bestehen Sondervorschriften, die eine Abweichung ausdrücklich zulassen, vgl. K/P/B-Pape § 210a Rn. 37.

IV. Planvorlage

6 Vorlageberechtigt ist neben dem Schuldner noch der Insolvenzverwalter. Die Massegläubiger haben kein Planinitiativrecht. Den Massegläubigern werden nicht mehr Rechte zugestanden als den Insolvenzgläubigern in einem Regelinsolvenzverfahren; MK-Madaus § 210a Rn. 8.

V. Gruppenbildung

7 Soweit in die Rechte der maßgebenden Gläubiger eingegriffen wird, sind Gruppen zu bilden. D. h., dass regelmäßig auch für die Gruppe der Altmassegläubiger, sofern der Insolvenzplan in ihre Rechte eingreifen will, (mindestens) eine Gruppe zu bilden ist; MK-Madaus § 210a Rn. 11; Balthasar in Kübler HRI § 26 Rn. 162. Für die Neumassegläubiger, die nicht in dem Plan einbezogen werden, ist keine Gruppe zu bilden, K/P/B-Pape, § 210a Rn. 28. Maßgebendes Kriterium sind die Regelungen der §§ 208 ff. Soweit bei einer Regelabwicklung die (Masse-) Gläubiger einer Abwicklung nicht widersprechen können, ist keine Gruppe zu bilden. Dies ändert sich nur, soweit in ihre Rechte eingegriffen wird. Bei Insolvenzplänen, durch welche die Masseunzulänglichkeit behoben wird, ist deshalb mindestens eine Gruppe aus den einfachen Insolvenzgläubigern zu bilden und an der Abstimmung zu beteiligen; MK-Madaus § 210a Rn. 14. Sofern der Insolvenzplan die Abwicklung bei Masseunzulänglichkeit vergleichbar einer Einstellung nach § 211 regelt, ist keine Gruppe der Insolvenzgläubiger zu bilden. Dieses ergibt sich aus der Wertungsgleichheit zum Regelinsolvenzverfahren.

VI. Zurückweisung des Plans

8 Der Insolvenzplan kann nicht wegen Unerfüllbarkeit nach § 231 Abs. 1 Nr. 3 zurückgewiesen werden; MK-Madaus, § 210a Rn. 17. Dieses entbindet den Richter jedoch nicht von der Prüfung des Insolvenzplans nach § 231.

Das Stimmrecht ist – soweit Massegläubiger betroffen sind – nach der Höhe des Forderungsbetrages zu besprechen. Insolvenzgläubigern nur i. H. d. prozentual auf sie entfallenden Anteils.

VII. Erörterungs- und Abstimmungstermin

9 Zu dem Erörterungs- und Abstimmungstermin sind alle beteiligten Gläubiger zu laden. Ihnen ist rechtliches Gehör zu gewähren. Abstimmungsberechtigt sind nur die im Insolvenzplan vorgesehenen Gläubigergruppen, vgl. K/P/B-Pape § 210a Rn. 29. Auch wenn durch den Insolvenzplan

die Insolvenzgläubiger »technisch subordiniert« werden, sind sie gleichwohl zum Erörterungs- und Abstimmungstermin zu laden, da diesem faktisch die Qualität eines Schlusstermins zukommt. Auch wenn die Verteilung nur Massegläubiger betrifft, rechtfertigt dieses keine Einschränkung des Informationsbedürfnisses der Insolvenzgläubiger.

VIII. Annahme des Insolvenzplans

Der Insolvenzplan ist angenommen, wenn entsprechend § 244 die Mehrheit der abstimmenden Gläubiger dem Plan zustimmt und die Summe der zustimmenden Gläubiger mehr als die Hälfte der Ansprüche der abstimmenden Gläubiger beträgt, § 244 Abs. 1 InsO. Auch wenn die erforderlichen Mehrheiten nicht erreicht werden, kann die Zustimmung entsprechend § 245 InsO ersetzt werden. Maßgeblich ist, dass kein anderer Gläubiger durch den Plan schlechter gestellt wird.   10

IX. Rechtsmittel

Beschwerdebefugt sind nur Gläubiger, in deren Rechte durch den Insolvenzplan eingegriffen wurde. D. h., Gläubiger, die bei einer Einstellung nach § 211 keine oder eine geringere Befriedigung erhalten würden, sind nicht beschwerdebefugt. Insoweit wirkt die materielle Prüfung auf die Zulässigkeit zurück.   11

X. Aufhebung des Verfahrens

Mit der Aufhebung des Verfahrens haben Altmassegläubiger ihre Rechtsstellung als Massegläubiger verloren. Die Berechtigung der Ansprüche erfolgt nach dem Plan bzw. entsprechend § 209. Die Vorschrift des § 258 Abs. 2 InsO gilt nur entsprechend, MK-Madaus § 210a Rn. 27.   12

§ 211 Einstellung nach Anzeige der Masseunzulänglichkeit

(1) Sobald der Insolvenzverwalter die Insolvenzmasse nach Maßgabe des § 209 verteilt hat, stellt das Insolvenzgericht das Insolvenzverfahren ein.

(2) Der Verwalter hat für seine Tätigkeit nach der Anzeige der Masseunzulänglichkeit gesondert Rechnung zu legen.

(3) ¹Werden nach der Einstellung des Verfahrens Gegenstände der Insolvenzmasse ermittelt, so ordnet das Gericht auf Antrag des Verwalters oder eines Massegläubigers oder von Amts wegen eine Nachtragsverteilung an. ²§ 203 Abs. 3 und die §§ 204 und 205 gelten entsprechend.

Übersicht	Rdn.		Rdn.
A. Normzweck	1	3. Nachtragsverteilung (Abs. 3)	5
B. Norminhalt	2	4. Einstellung des Verfahrens	6
I. Einstellungsverfahren (Abs. 1)	2	II. Rechtswirkung der Verfahrenseinstellung	7
1. Schlussrechnungslegung (Abs. 2)	3	III. Restschuldbefreiung	8
2. Verteilung der Insolvenzmasse	4		

A. Normzweck

§ 211 gleicht inhaltlich den §§ 204, 191 KO. Es entsprach allgemeiner insolvenzrechtlicher Auffassung, dass das Verfahren erst nach Verwertung und Verteilung der Masse eingestellt werden dürfe (Kilger/K. Schmidt § 204 KO Anm. 1). Die Vorschrift beendet den Streit, ob nach Einstellung des Verfahrens mangels Masse noch Nachtragsverteilungen zulässig sind oder ob das freigewordene bzw. später festgestellte Vermögen dem Schuldner überlassen werden müsse.   1

B. Norminhalt

I. Einstellungsverfahren (Abs. 1)

2 Eine Einstellung des Verfahrens kommt nur in Betracht, wenn der Verwalter dem Gericht mitgeteilt hat, dass die **Masse nach Maßgabe des § 209 verteilt** worden ist (HK-Landfermann § 211 Rn. 2). Vor der vom Verwalter vorzunehmenden quotalen Befriedigung kann die Einstellung nicht erfolgen.

1. Schlussrechnungslegung (Abs. 2)

3 Mit der Einstellung des Verfahrens hat der Verwalter seine Schlussrechnungen vorzulegen. Nach herrschender Meinung muss der Verwalter regelmäßig **zwei unterschiedliche Schlussrechnungen**, für den Zeitraum bis zur Anzeige der Masseunzulänglichkeit und für den Zeitraum nach Anzeige der Masseunzulänglichkeit vorlegen (K/P/B-Pape § 208 Rn. 9; Uhlenbruck-Uhlenbruck § 211 Rn. 2; Braun-Kießner § 211 Rn. 5). Die Verpflichtung gilt bei wiederholt angezeigter Masseunzulänglichkeit entsprechend. Nur durch eine entsprechende Rechnungslegung kann eine Kontrolle durch den Gläubigerausschuss bzw. das Insolvenzgericht erfolgen, ob der Verwalter die Verteilungsreihenfolge des § 209 eingehalten hat. Eine Überprüfung der Schlussrechnungen erfolgt entsprechend § 66 Abs. 2 durch Gläubigerausschuss oder Insolvenzgericht. Die **Prüfung** obliegt vorrangig dem **Gläubigerausschuss**. Da Vergütung und Auslagen des Gläubigerausschusses durch die Masseunzulänglichkeit nicht tangiert werden, ist nicht erkennbar, warum er seinen Kontrollpflichten nicht bis zum Abschluss des Verfahrens nachkommen soll (str. Uhlenbruck-Uhlenbruck § 211 Rn. 2). Im Fall der Masseunzulänglichkeit ist das Gericht nicht mehr verpflichtet, einen weiteren **Berichts- und Prüfungstermin** durchzuführen, nur um den Insolvenzgläubigern einen vollstreckbaren Tabellenauszug nach § 201 Abs. 2 zu verschaffen. Im Zweifel sind sämtliche Termine aufzuheben, sofern nicht im Einzelfall aus sonstigen Gründen eine Gläubigerversammlung einzuberufen ist, wie z. B. nach § 289 Abs. 1 Satz 1 (Uhlenbruck-Uhlenbruck § 211 Rn. 3). Anders dagegen ist dies bei Insolvenzverfahren über das Vermögen einer natürlichen Person. Hier schließt sich an das nach § 211 eingestellte Insolvenzverfahren das Restschuldbefreiungsverfahren an. In ihm hat der Treuhänder – soweit er Masse aggregieren kann – Ausschüttungen an die Insolvenzgläubiger vorzunehmen. Diese Ausschüttungen erfordern ein Insolvenzschlussverzeichnis, das im Restschuldbefreiungsverfahren nicht mehr erstellt werden kann, sondern während des abzuwickelnden Insolvenzverfahrens erstellt werden muss. Deshalb sollte das Verfahren erst nach Abhaltung eines Nachprüfungstermins eingestellt werden.

2. Verteilung der Insolvenzmasse

4 Die vorhandene liquide Masse muss vor Einstellung des Verfahrens nach § 209 verteilt werden. Die Verteilung erfolgt aufgrund des vom Verwalter in der Schlussrechnung eingereichten **Verteilungsverzeichnisses** (Massetabelle; Uhlenbruck-Uhlenbruck § 211 Rn. 3). Nach erfolgter Verteilung hat der Verwalter dem Gericht entsprechende Mitteilung zu machen und die Nachweise über die Verteilung vorzulegen. Obwohl die Vorschrift die **Sicherstellung streitiger Masseverbindlichkeiten** – anders als § 214 Abs. 3 – nicht erwähnt, ist die Erfüllung streitiger Masseverbindlichkeiten durch Zurückbehaltung der auf sie entfallenden Auszahlungsbeträge sicherzustellen (K/P/B-Pape § 211 Rn. 5). Streitig sind die Masseverbindlichkeiten, wenn der Gläubiger entweder bereits Feststellungsklage erhoben hat oder er nach Mitteilung des Verwalters, dass er die Masse nach Ablauf einer zweiwöchigen Frist ohne Berücksichtigung des Gläubigers verteilen würde, auf Feststellung seiner Verbindlichkeit klagt. Dieses entspricht der Rechtslage des früheren § 191 Abs. 1 Satz 2 KO. Die Anhängigkeit von Masseprozessen steht einer Beendigung des Verfahrens nicht entgegen (K/P/B-Pape § 211 Rn. 6; Uhlenbruck, ZIP 1993, 241, 245 f.).

3. Nachtragsverteilung (Abs. 3)

Gem. Abs. 3 ordnet das Gericht auf Antrag eine Nachtragsverteilung an, wenn nach Einstellung des Insolvenzverfahrens Gegenstände der Insolvenzmasse ermittelt werden. Die Nachtragsverteilung soll angeordnet werden, soweit neue liquide Masse festgestellt wurde. Ausreichend ist, wenn zuvor nicht verwertbare Massegegenstände liquidiert werden konnten (str. vgl. Uhlenbruck-Uhlenbruck § 211 Rn. 12). Es ist nicht verständlich, warum Ansprüche aus der Abrechnung eines Masseprozesses der Nachtragsverteilung unterliegen sollen, nicht jedoch Gegenstände, die im Zeitpunkt der Einstellung nicht verwertbar waren (vgl. MK-Hefermehl § 211 Rn. 19; Braun-Kießner § 211 Rn. 19). Die §§ 203 Abs. 3 bis 205 gelten entsprechend, sodass geringwertige Gegenstände in Ansehung einer Nachtragsverteilung dem Insolvenzschuldner überlassen werden können. Wird aufgrund der Quotelung nur ein geringer nomineller Betrag ausgeschüttet, der in keinem Verhältnis zu den damit verbundenen Kosten steht, kann durch Gerichtsbeschluss eine Erhöhung der Verwaltervergütung und der Auslagenerstattung erfolgen.

4. Einstellung des Verfahrens

Die Einstellung des Verfahrens erfolgt durch Einstellungsbeschluss des Gerichtes, der gem. § 215 Abs. 1 öffentlich bekannt zu machen ist. Das Insolvenzgericht ist verpflichtet, nach §§ 215, 200 i. V. m. §§ 31 bis 33 das Grundbuchamt und die Registerbehörden von der Verfahrenseinstellung zu unterrichten (NR-Westphal § 211 Rn. 7). Gegen den Einstellungsbeschluss nach § 211 ist **kein Rechtsmittel** gegeben (BGH, ZInsO 2007, 263). Dieses ergibt sich schon aus § 216 Abs. 1, in welchem eine Einstellung nach § 211 enumerativ nicht erwähnt ist. Ist das Verfahren durch eine Rechtspflegerentscheidung nach § 211 eingestellt worden, kann diese Entscheidung allerdings mit der **befristeten Erinnerung** nach § 11 Abs. 2 RPflG angefochten werden (K/P/B-Pape § 211 Rn. 10). Dieser Erinnerung kann der Rechtspfleger gem. § 11 Abs. 2 Satz 2 RPflG abhelfen. Hilft er nicht ab, legt er die Sache dem Insolvenzrichter zur Entscheidung vor (Uhlenbruck-Uhlenbruck § 211 Rn. 9).

II. Rechtswirkung der Verfahrenseinstellung

Mit der Verfahrenseinstellung erhält der Schuldner das Recht zurück, über die Insolvenzmasse frei zu verfügen (§ 215 Abs. 2 Satz 1). Die Beschränkungen des § 80 Abs. 1 fallen weg. Die Gläubiger sind, da weder § 89 Abs. 1 noch § 210 eingreift, nicht gehindert, in das Schuldnervermögen zu vollstrecken. Geschäftsunterlagen sind an den Schuldner herauszugeben, dieser ist verpflichtet, die entsprechenden Aufbewahrungspflichten zu beachten (K/P/B-Pape § 211 Rn. 13). Weigert sich der Schuldner, darf der Insolvenzverwalter nach vorheriger Ankündigung die Unterlagen vernichten. Eine Rechtspflicht des Verwalters, die Unterlagen aufzubewahren, besteht nicht (str. Förster/Tost, ZInsO 1998, 297, 299).

III. Restschuldbefreiung

Restschuldbefreiung kann in masseunzulänglichen Verfahren erst erteilt werden, nachdem die Insolvenzmasse nach § 209 verteilt und das Verfahren nach § 211 eingestellt wurde (§ 289 Abs. 3).

§ 212 Einstellung wegen Wegfalls des Eröffnungsgrunds

¹Das Insolvenzverfahren ist auf Antrag des Schuldners einzustellen, wenn gewährleistet ist, daß nach der Einstellung beim Schuldner weder Zahlungsunfähigkeit noch drohende Zahlungsunfähigkeit noch, soweit die Überschuldung Grund für die Eröffnung des Insolvenzverfahrens ist, Überschuldung vorliegt. ²Der Antrag ist nur zulässig, wenn das Fehlen der Eröffnungsgründe glaubhaft gemacht wird.

§ 212 InsO Einstellung wegen Wegfalls des Eröffnungsgrunds

Übersicht

	Rdn.		Rdn.
A. Normzweck	1	2. Nachweis der Einstellungsvoraussetzungen	4
B. Norminhalt	2	II. Gerichtliches Einstellungsverfahren	5
I. Einstellungsverfahren	2	III. Rechtsmittel	6
1. Antrag des Schuldners	3	IV. Rechtsfolgen der Verfahrenseinstellung	7

A. Normzweck

1 Die Norm fand eine gewisse Entsprechung in § 202 KO. Nach § 202 KO war das Verfahren gegen Nachweis der Zustimmung sämtlicher Konkursgläubiger, die Forderungen angemeldet hatten, einzustellen. Der Gesetzgeber stellte eine Lücke bei Fehlen oder Wegfall des Eröffnungsgrundes fest und ermöglichte die Einstellung des Verfahrens, wenn gewährleistet ist, dass nach der Einstellung beim Schuldner weder Zahlungsunfähigkeit, drohende Zahlungsunfähigkeit noch Überschuldung vorliegt. Der schwerwiegende Eingriff, der mit Eröffnung des Insolvenzverfahrens in das Vermögen des Schuldners verbunden sei, sei bei Wegfall der Insolvenzantragsobliegenheiten nicht gerechtfertigt (Begr. zu § 325 RegE, BT-Drucks. 12/2443). Aus den Motiven des Gesetzgebers geht ausdrücklich hervor, dass der Gesetzgeber nur den redlichen Schuldner schützen wollte und kein Instrumentarium zur Verhinderung einer ordnungsgemäßen insolvenzrechtlichen Abwicklung oder »kalten Entmachtung« des Insolvenzverwalters schaffen wollte.

B. Norminhalt

I. Einstellungsverfahren

2 Das Insolvenzverfahren ist einzustellen, wenn die – für den Rechtsträger maßgeblichen – Insolvenzantragsgründe weggefallen sind. Die herrschende Meinung weist zutreffend darauf hin, dass § 212 auch Anwendung finden soll, wenn der Eröffnungsgrund irrtümlich angenommen wurde, also die Eröffnungsgründe niemals vorgelegen haben (HK-Landfermann § 212 Rn. 2; Uhlenbruck-Uhlenbruck § 212 Rn. 2). Mit der Aufnahme der Beseitigung der drohenden Zahlungsunfähigkeit in die Aufhebungsgründe hat der Gesetzgeber zum Ausdruck gebracht, dass er eine **nachhaltige Beseitigung des Eröffnungsgrundes** verlangt (Möhlmann, KTS 1998, 373, 374; MK-Hefermehl § 212 Rn. 4, 6). Es reicht somit für die Verfahrenseinstellung nach § 212 nicht aus, dass die Zahlungsunfähigkeit oder Überschuldung für einen bestimmten Zeitpunkt beseitigt ist und keine erneute Zahlungsunfähigkeit droht. Vielmehr muss sichergestellt sein, dass die eingetretene Überschuldung und/oder Zahlungsunfähigkeit in absehbarer Zeit nicht wieder eintritt (vgl. LG Göttingen, ZInsO 2009, 38). Der **Zeithorizont** ist wie beim werbenden Unternehmen zu bemessen. **Überschuldungsprüfung** und **Liquiditätsplanung** erfolgen nach denselben Grundsätzen. Da alle zur Insolvenztabelle angemeldeten Forderungen als fällig gelten (§ 41), wird der Wegfall der Zahlungsunfähigkeit nur dann gegeben sein, wenn die vorhandenen Gläubiger nebst den Verfahrenskosten liquide beglichen werden können und die erforderlichen Kosten der Liquidation des Unternehmens bzw. der Fortführung des Unternehmens glaubhaft belegt werden können.

1. Antrag des Schuldners

3 Eine Einstellung des Verfahrens kann nur auf Antrag des Schuldners erfolgen. Inhaber der Schuldnerrolle sind bei juristischen Personen deren organschaftliche Vertreter (§ 101) und bei Personengesellschaften deren persönlich haftende Gesellschafter. Soll das Verfahren eingestellt werden, müssen alle Gesellschafter bzw. sämtliche organschaftlichen Vertreter einen entsprechenden Antrag stellen (OLG Celle, ZInsO 2000, 558; K/P/B-Pape § 212 Rn. 3).

Der **formlose Einstellungsantrag** kann ab Eröffnung des Verfahrens bis zur Einstellung gestellt werden. Da das Fehlen sämtlicher möglicher Insolvenzeröffnungsgründe glaubhaft gemacht werden muss, wird der Antrag die erforderlichen Nachweise enthalten müssen. Der Schuldner muss für den Einstellungsantrag nach § 212 ein gesondertes **Rechtsschutzbedürfnis** nachweisen. Der

Gesetzgeber hat mit der Einstellungsmöglichkeit nach § 212 kein anwaltliches »Tool« zur Störung einer ordnungsgemäßen Verfahrensabwicklung geschaffen, sondern er will den redlichen und vermögenden Schuldner vor staatlichen Zwangsmaßnahmen schützen (OLG Celle, ZInsO 2000, 558, 560; K/P/B-Pape § 212 Rn. 8). § 212 regelt nur den Fall, dass der Insolvenzgrund entweder nicht bestanden oder nachhaltig beseitigt worden ist. Das Rechtsschutzbedürfnis ist somit für solche Anträge zu verneinen, die aufgrund ungewisser Sanierungszusagen und/oder wegen erkennbarer Störung der par conditio creditorum erfolgen sollen (OLG Celle, ZInsO 2000, 558).

2. Nachweis der Einstellungsvoraussetzungen

Der Schuldner hat die Einstellungsvoraussetzungen mit den Mitteln des § 294 ZPO glaubhaft zu machen. Der Schuldner muss hier einen **doppelten Nachweis** erbringen. Zum einen muss er einen Sachverhalt darlegen, der **gewährleistet**, dass ein Insolvenzantragsgrund nachhaltig nicht vorliegt. Diesen Sachverhalt muss er entsprechend mit den Mitteln des § 294 ZPO glaubhaft machen. An die Glaubhaftmachung sind strenge Anforderungen zu stellen. Sind bspw. im Verfahren vom Schuldner Gläubiger benannt worden, die jedoch (noch) nicht angemeldet haben, muss vom Schuldner entweder eine Verzichtserklärung des Gläubigers vorgelegt werden oder aber der erforderliche Betrag muss sichergestellt werden. Da die Verbindlichkeiten sämtlich als fällig gelten (§ 41), wird man verlangen können, dass für die Erfüllung sämtlicher Insolvenzforderungen einschließlich der Masseverbindlichkeiten und die für die Fortführung/Abwicklung des schuldnerischen Unternehmens notwendigen Aufwendungen ausreichende liquide Geldmittel vorhanden sind.

II. Gerichtliches Einstellungsverfahren

Die Einstellung des Verfahrens wegen Wegfalls des Eröffnungsgrundes ist nach § 214 Abs. 1 Satz 1 **öffentlich bekannt zu machen**. Die Veröffentlichung erfolgt, nachdem das Gericht die Zulässigkeit des Antrages geprüft und bestätigt hat (OLG Celle, ZInsO 2000, 558, 559). Anschließend können die Insolvenzgläubiger binnen einer Woche nach der öffentlichen Bekanntmachung gem. § 214 Abs. 1 Satz 3 schriftlich oder zu Protokoll der Geschäftsstelle **Widerspruch gegen den Antrag** erheben. Massegläubiger haben kein Widerspruchsrecht. Gleiches gilt für dinglich gesicherte Gläubiger, die keine persönlichen Forderungen gegen den Schuldner oder das Schuldnerunternehmen haben (NR-Westphal § 214 Rn. 5). Auch die **nachrangigen Insolvenzgläubiger** nach § 39 haben kein Widerspruchsrecht. Der Widerspruch ist **kein Rechtsmittel**. Er kann mit einer **Gegenglaubhaftmachung** verbunden werden. Nach § 214 Abs. 2 Satz 1 sind vor der Entscheidung über die Einstellung der Antragsteller, der Insolvenzverwalter und der Gläubigerausschuss, falls ein solcher bestellt ist, anzuhören. Die Anhörung dient der Beseitigung bestehender Zweifel über den Wegfall der Insolvenzgründe und des Rechtsschutzbedürfnisses. Das Gericht ist befugt, Amtsermittlungen nach § 5 Abs. 1 vorzunehmen.

III. Rechtsmittel

Die Rechtsmittelfähigkeit des Einstellungsbeschlusses richtet sich nach § 216. Die sofortige Beschwerde steht jedem Insolvenzgläubiger zu. Der Insolvenzverwalter hat kein Beschwerderecht. Er kann seine Einwendungen lediglich nach § 214 Abs. 2 Satz 1 anbringen.

IV. Rechtsfolgen der Verfahrenseinstellung

Mit der Wirksamkeit des Einstellungsbeschlusses fällt die Verwaltungs- und Verfügungsbefugnis an den Schuldner zurück, da die Wirkungen des § 80 weggefallen sind. Auf den Schuldner geht das Prozessführungsrecht über. Es ist dem Insolvenzverwalter verwehrt, **anhängige Aktivprozesse**, auch **Anfechtungsprozesse**, für die Masse weiterzuführen. Anfechtungsprozesse sind in der Hauptsache für erledigt zu erklären (RGZ 52, 330, 333; Uhlenbruck-Uhlenbruck § 213 Rn. 10). I. Ü. bleiben sämtliche Rechtshandlungen des Insolvenzverwalters, die dieser während des eröffneten Insolvenzverfahrens vorgenommen hat, wie z. B. auch die Ausübung des Wahlrechts nach § 103 und/oder Verfügungen, wirksam. Der Übergang der Verfügungsbefugnis auf den Schuldner hat keine Auswirkungen auf die mit Verfügungsbefugnis für den Schuldner abgewickelten Rechtsverhältnisse. Dem Insolvenzverwalter steht nach den Grundsätzen des Sequestrationseinbehalts ein Zurückbehaltungsrecht an den von ihm auf dem **Anderkonto** verwahrten Beträgen zur Berichtigung der von ihm begründeten Verpflichtungen sowie der weiteren Massekosten zu.

8 ▶ Hinweis:

> Vor Einstellung des Verfahrens hat der Insolvenzverwalter besonderes Augenmerk auf die Erledigung der steuerlichen Obliegenheiten zu legen, damit hier – unabhängig von der Entwicklung des Unternehmens – keine Haftungsrisiken bei dem Verwalter verbleiben. Der Berater wird ebenfalls die steuerlichen Auswirkungen in allen Einzelheiten besonders prüfen müssen.

§ 213 Einstellung mit Zustimmung der Gläubiger

(1) ¹Das Insolvenzverfahren ist auf Antrag des Schuldners einzustellen, wenn er nach Ablauf der Anmeldefrist die Zustimmung aller Insolvenzgläubiger beibringt, die Forderungen angemeldet haben. ²Bei Gläubigern, deren Forderungen vom Schuldner oder vom Insolvenzverwalter bestritten werden, und bei absonderungsberechtigten Gläubigern entscheidet das Insolvenzgericht nach freiem Ermessen, inwieweit es einer Zustimmung dieser Gläubiger oder einer Sicherheitsleistung gegenüber ihnen bedarf.

(2) Das Verfahren kann auf Antrag des Schuldners vor dem Ablauf der Anmeldefrist eingestellt werden, wenn außer den Gläubigern, deren Zustimmung der Schuldner beibringt, andere Gläubiger nicht bekannt sind.

Übersicht	Rdn.		Rdn.
A. Normzweck	1	3. Gerichtliche Entscheidung	5
B. Norminhalt	2	II. Einstellung vor Ablauf der Anmeldefrist	6
I. Einstellung des Verfahrens	2	III. Gerichtliche Entscheidung	7
1. Antrag des Schuldners	2	IV. Rechtsmittel	8
2. Zustimmung aller Insolvenzgläubiger	4	V. Rechtsfolgen der Verfahrenseinstellung	9

A. Normzweck

1 § 213 unterstellt die Durchführung des Insolvenzverfahrens der Disposition aller Gläubiger. Diese können einen »Insolvenzverzicht« erklären. Die frühere Regelung in § 202 KO wird in Abs. 1 Satz 2 modifiziert, sodass das Insolvenzgericht nach freiem Ermessen entscheidet, inwieweit die Zustimmung von Absonderungsberechtigten und Gläubigern, deren Forderungen bestritten sind, erforderlich ist. Die Modifizierung für den »Insolvenzverzicht« ist zweckmäßig, da bei den absonderungsberechtigten Gläubigern ein Ausfallrisiko besteht und die Forderungen ggf. noch nicht vollständig geprüft und rechtskräftig festgestellt wurden.

B. Norminhalt

I. Einstellung des Verfahrens

1. Antrag des Schuldners

2 Nach Ablauf der Anmeldefrist kann der Schuldner den Antrag stellen, das Insolvenzverfahren einzustellen. Der Antrag muss bei juristischen Personen durch sämtliche organschaftliche Vertreter und bei Personengesellschaften durch alle persönlich haftenden Gesellschafter gestellt werden. Der Antrag bedarf der Zustimmung aller Insolvenzgläubiger i. S. v. § 38.

3 Materiell-rechtlicher Einstellungsgrund ist im Fall des § 213 nicht der Schuldnerantrag, sondern der Insolvenzverzicht der Gläubiger. Liegen die Voraussetzungen vor, muss das Insolvenzgericht das Insolvenzverfahren einstellen. Der formlose Antrag kann bis zum Schlusstermin, frühestens jedoch

mit Ablauf der Anmeldefrist (§ 28 Abs. 1 Satz 1) gestellt werden. Das Gericht ist nicht verpflichtet, darauf hinzuwirken, dass die aus dem Gläubigerverzeichnis bekannten Gläubiger ihre Forderungen anmelden. Nachträglich bekannt gewordene Gläubiger sollten durch Übersendung der Anmeldeunterlagen Gelegenheit erhalten, ihre Forderungen anzumelden. Das Gericht ist nach herrschender Meinung verpflichtet, i. R. d. § 213 die nachrangigen Insolvenzgläubiger gem. § 174 Abs. 3 Satz 1 zur Anmeldung ihrer Ansprüche aufzufordern (NR-Westphal § 213 Rn. 3).

2. Zustimmung aller Insolvenzgläubiger

Der Schuldner muss die Zustimmung aller Insolvenzgläubiger, die Forderungen angemeldet haben, beibringen (Braun-Kießner § 213 Rn. 6; Uhlenbruck-Uhlenbruck § 213 Rn. 5). Die Vorlage einer Zustimmungserklärung von Gläubigern, die ihr Forderungsrecht verloren haben, z. B. durch Zahlung von dritter Seite, oder von Massegläubigern, bedarf es nicht, da deren Rechte nicht bzw. durch die Regelung des § 214 Abs. 3 gewahrt sind. Nicht erforderlich ist, dass der Schuldner einen Massekostenvorschuss zur Deckung der Verfahrenskosten zahlt. Die Zustimmungserklärung ist an keine bestimmte Form gebunden. Die Zustimmungserklärung ist Prozesshandlung und als solche nicht nur bedingungsfeindlich, sondern auch unwiderruflich (Kilger/K. Schmidt § 202 KO Anm. 2a; Uhlenbruck-Uhlenbruck § 213 Rn. 6). Zulässig ist allerdings eine zeitliche Befristung, weil hierdurch ggf. eine zügige Verfahrensabwicklung erzwungen werden kann (BK-Breutigam § 213 Rn. 3). Willensmängel bei der Abgabe der Erklärung können nur i. R. d. Widerspruchs nach § 214 Abs. 1 Satz 3 oder im Wege der sofortigen Beschwerde nach § 215 Abs. 1 geltend gemacht werden. Die Insolvenzverzichtserklärung hat nur verfahrensrechtliche Auswirkungen. Sie bedeutet keinen Verzicht auf die Forderung und/oder deren Geltendmachung (Kilger/K. Schmidt § 202 KO Anm. 3b; K/P/B-Pape § 213 Rn. 10). Mit der Zustimmung verzichten die Insolvenzgläubiger lediglich auf die Fortsetzung des Insolvenzverfahrens und eine Befriedigung nach Maßgabe der InsO (Uhlenbruck-Uhlenbruck § 212 Rn. 6). Aus dem Beibringungsgebot folgt, dass die schriftlichen Zustimmungserklärungen der Gläubiger zu den Gerichtsakten gereicht werden, da sie gem. § 214 Abs. 1 Satz 2 auf der Geschäftsstelle des Insolvenzgerichts zur Einsicht der Beteiligten ggf. mit einer Stellungnahme des Insolvenzverwalters und des Gläubigerausschusses (§ 214 Abs. 2 Satz 1) niederzulegen sind, um den Insolvenzgläubigern die Entscheidung zu ermöglichen, ob sie ihre Erklärung ebenfalls abgeben oder einen Widerspruch gegen den Einstellungsantrag erheben. Die Prüfung, ob die Zustimmungserklärung aller Gläubiger vorliegt, erfolgt auf Grundlage der Insolvenztabelle.

3. Gerichtliche Entscheidung

Das Gericht entscheidet bei bestrittenen Forderungen und bei Forderungen absonderungsberechtigter Gläubiger nach freiem Ermessen, inwieweit es der Zustimmung dieser Gläubiger oder einer Sicherheitsleistung ihnen ggü. bedarf. Die Entscheidung hat durch Beschluss zu erfolgen und ist nicht anfechtbar (FK-Kießner § 213 Rn. 9).

II. Einstellung vor Ablauf der Anmeldefrist

Die Einstellung des Insolvenzverfahrens kann auch durch den Insolvenzverzicht aller bekannten Gläubiger vor Ablauf der Anmeldefrist erfolgen. Das Gericht trifft seine Entscheidung i. R. d. pflichtgemäßen Ermessens, ggf. nach erfolgter Aufklärung (§ 5). Die Versicherung des Schuldners, dass er alle Gläubiger vollständig angegeben und die Zustimmung eingereicht hat, ist für das Gericht ausreichend, wenn die Ausführungen des Schuldners glaubwürdig sind und die vom Schuldner vorgelegten Unterlagen einen geordneten Eindruck machen (§ 239 Abs. 2 HGB, § 158 AO; Uhlenbruck-Uhlenbruck § 213 Rn. 11).

III. Gerichtliche Entscheidung

Das gerichtliche Einstellungsverfahren richtet sich nach § 214 und entspricht dem Einstellungsverfahren nach § 212, insoweit wird auf die Kommentierung verwiesen.

IV. Rechtsmittel

8 Für die Rechtsmittel ist § 216 lex specialis. Aktiv legitimiert sind Insolvenzgläubiger unabhängig von der Anmeldung ihrer Forderung (§ 38).

V. Rechtsfolgen der Verfahrenseinstellung

9 Mit der Einstellung des Verfahrens erlangt der Schuldner seine Verfügungsbefugnis zurück. Die Rechtsfolgen gleichen denen des § 212. Ein Restschuldbefreiungsverfahren kommt nicht mehr in Betracht. Da mit dem Insolvenzverzicht kein Forderungsverzicht verbunden ist, sind die Gläubiger nicht mehr an der Durchsetzung ihrer Ansprüche gehindert.

§ 214 Verfahren bei der Einstellung

(1) ¹Der Antrag auf Einstellung des Insolvenzverfahrens nach § 212 oder § 213 ist öffentlich bekanntzumachen. ²Er ist in der Geschäftsstelle zur Einsicht der Beteiligten niederzulegen; im Falle des § 213 sind die zustimmenden Erklärungen der Gläubiger beizufügen. ³Die Insolvenzgläubiger können binnen einer Woche nach der öffentlichen Bekanntmachung schriftlich Widerspruch gegen den Antrag erheben.

(2) ¹Das Insolvenzgericht beschließt über die Einstellung nach Anhörung des Antragstellers, des Insolvenzverwalters und des Gläubigerausschusses, wenn ein solcher bestellt ist. ²Im Falle eines Widerspruchs ist auch der widersprechende Gläubiger zu hören.

(3) Vor der Einstellung hat der Verwalter die unstreitigen Masseansprüche zu berichtigen und für die streitigen Sicherheit zu leisten.

Übersicht	Rdn.		Rdn.
A. Normzweck	1	IV. Widerspruchsrecht	5
B. Norminhalt	2	V. Anhörung der Beteiligten	6
I. Zulässigkeitsprüfung	2	VI. Befriedigung und Sicherung von Masse-	
II. Bekanntmachung	3	ansprüchen	7
III. Niederlegung	4		

A. Normzweck

1 Der Gesetzgeber hat die konkursrechtlichen Regelungen aus § 203 KO, die für die verfahrensrechtliche Behandlung des Antrages auf Einstellung mit Zustimmung der Gläubiger vorgesehen waren, weitgehend übernommen und auf den Fall der Einstellung wegen Wegfalls des Eröffnungsgrundes ausgedehnt. Das Widerspruchsrecht wird jedem Insolvenzgläubiger, unabhängig davon, ob er eine Forderung angemeldet hat, zugebilligt. Die Verpflichtung, gem. Abs. 3 vor Einstellung die unstreitigen Masseansprüche zu berichtigen und für die streitigen Sicherheit zu leisten, schützt die nicht widerspruchsberechtigten Massegläubiger.

B. Norminhalt

I. Zulässigkeitsprüfung

2 Das gerichtliche Verfahren bei Einstellung unterscheidet nicht zwischen dem Wegfall des Eröffnungsgrundes (§ 212) und der Einstellung mit Zustimmung der Gläubiger (§ 213). Das Gericht prüft die Zulässigkeit des Einstellungsantrages (K/P/B-Pape § 214 Rn. 2; Uhlenbruck-Uhlenbruck § 214 Rn. 2). Dazu gehört, dass im Fall des § 212 die Beseitigung des Insolvenzgrundes gewährleistet ist und dieses glaubhaft gemacht wurde, und im Fall des § 213 die Zustimmung aller Insolvenzgläubiger beigefügt ist, die Forderungen angemeldet haben und deren Forderungen nicht bestritten worden sind. Die Rücknahme einer Forderung ist nur bei Hinzutreten weiterer Merkmale als Forderungsverzicht zu werten. Das Gericht hat den Einstellungsantrag als unzulässig durch Beschluss

zurückzuweisen, wenn es an einer der Zulassungsvoraussetzungen fehlt und der Antragsteller die entsprechenden Nachweise in angemessener Zeit, die durch Fristsetzung festgelegt werden kann, nicht beibringt. Gegen den Beschluss steht dem Schuldner die sofortige Beschwerde nach § 216 Abs. 2 zu.

II. Bekanntmachung

Der zulässige Antrag auf Einstellung des Insolvenzverfahrens wird vom Gericht öffentlich bekannt gemacht. Die öffentliche Bekanntmachung folgt nach § 9 den allgemeinen Regelungen.

3

III. Niederlegung

Der Einstellungsantrag wird nebst Anlagen auf der Geschäftsstelle zur Einsicht der Beteiligten niedergelegt. Die Insolvenzgläubiger haben so Gelegenheit, sich über den Einstellungsantrag und die wirtschaftlichen Verhältnisse zu informieren.

4

IV. Widerspruchsrecht

Widerspruchsberechtigt sind alle Insolvenzgläubiger, und zwar unabhängig davon, ob sie ihre Forderung zur Insolvenztabelle angemeldet haben oder nicht. Die Forderung muss zum Zeitpunkt des Widerspruchs noch bestehen. Verjährte Forderungen berechtigen den Insolvenzgläubiger nicht zum Widerspruch. Dem Insolvenzverwalter und den Massegläubigern steht ein Widerspruchsrecht nicht zu. Sie sind nach Abs. 3 geschützt. Der Widerspruch ist nach Abs. 1 Satz 3 binnen einer Woche schriftlich oder zu Protokoll der Geschäftsstelle zu erheben. Die Widerspruchsfrist beginnt nach Maßgabe des § 9 Abs. 1 Satz 3 3 Tage nach der Ausgabe des für amtliche Bekanntmachungen des Insolvenzgerichts bestimmten Blattes. Als Tag der Veröffentlichung gilt nicht das ausgedruckte Erscheinungsdatum des Amtsblattes, sondern der Tag der tatsächlichen Ausgabe (BGH, NJW-RR 1993, 255) bzw. der Einstellung ins Internet. Das Gericht hat sämtliche ihm bekannt werdenden Widerspruchsgründe von Amts wegen zu prüfen und bei der Entscheidung zu berücksichtigen (K/P/B-Pape § 212 Rn. 14, § 214 Rn. 3).

5

V. Anhörung der Beteiligten

Vor Einstellung des Verfahrens ist neben dem Insolvenzverwalter auch der Gläubigerausschuss, wenn ein solcher bestellt ist, zu hören (Abs. 2 Satz 1). Insolvenzgläubiger, die der beantragten Verfahrenseinstellung widersprochen haben, sind ebenfalls anzuhören. Die Anhörung soll dem Insolvenzgericht die erforderliche Informationsgrundlage für die Beschlussfassung über den Einstellungsbeschluss geben. Die Anhörung des Insolvenzverwalters dient gleichzeitig auch dazu, eine Festsetzung seiner Vergütung und Auslagen herbeizuführen, Masseansprüche zu berichtigen und Sicherheit zu leisten.

6

VI. Befriedigung und Sicherung von Masseansprüchen

Der Begriff der »Masseansprüche« in Abs. 3 umfasst alle Masseansprüche gem. § 53, also die Kosten des Insolvenzverfahrens (§ 54) und die sonstigen Verbindlichkeiten (§ 55). Der Verwalter hat dafür zu sorgen, dass die Kosten des Insolvenzverfahrens vor der Einstellung in vollem Umfang beglichen werden (MK-Hefermehl § 214 Rn. 17). Hierzu gehören auch die Kosten der öffentlichen Bekanntmachung, des Einstellungsantrages sowie sonstige Auslagen des Gerichts, die durch das Einstellungsverfahren entstehen. Die weiteren Kosten der Einlagerung von Geschäftsunterlagen etc. sind nicht sicherzustellen, da diese Pflichten vom Schuldner wahrzunehmen sind. Besondere Aufmerksamkeit wird der Insolvenzverwalter sowohl den steuerlichen Obliegenheiten als auch allen noch nicht abgeschlossenen rechtlichen Verhältnissen widmen, bei denen der Vertragspartner vorgeleistet hat.

7

§ 215 Bekanntmachung und Wirkungen der Einstellung

(1) ¹Der Beschluß, durch den das Insolvenzverfahren nach § 207, 211, 212 oder 213 eingestellt wird, und der Grund der Einstellung sind öffentlich bekanntzumachen. ²Der Schuldner, der Insolvenzverwalter und die Mitglieder des Gläubigerausschusses sind vorab über den Zeitpunkt des Wirksamwerdens der Einstellung (§ 9 Abs. 1 Satz 3) zu unterrichten. ³§ 200 Abs. 2 Satz 2 gilt entsprechend.

(2) ¹Mit der Einstellung des Insolvenzverfahrens erhält der Schuldner das Recht zurück, über die Insolvenzmasse frei zu verfügen. ²Die §§ 201, 202 gelten entsprechend.

Übersicht	Rdn.		Rdn.
A. Normzweck	1	2. Prozesswirkungen	4
B. Norminhalt	2	3. Abwicklungsverhältnis	5
I. Öffentliche Bekanntmachung	2	4. Nachhaftung	6
II. Rechtsfolgen der Einstellung	3	5. Restschuldbefreiung	7
1. Übergang der Verfügungsbefugnis	3		

A. Normzweck

1 § 215 fasst die früheren §§ 205, 206 KO zusammen und beschreibt die Wirkungen der Verfahrenseinstellung. Durch die Vorabinformation über den Zeitpunkt des Wirksamwerdens der Einstellung soll den Beteiligten die Möglichkeit der Vorbereitung gegeben werden. Die Eintragung in die öffentlichen Register soll ein wichtiger Beitrag für die Wiederherstellung der Kreditwürdigkeit des Schuldners sein (Braun-Kießner § 215 Rn. 1).

B. Norminhalt

I. Öffentliche Bekanntmachung

2 Der Beschluss, durch den das Insolvenzverfahren nach §§ 207, 211, 212 oder 213 eingestellt wird, und der Grund der Einstellung sind öffentlich bekannt zu machen. Die öffentliche Bekanntmachung erfolgt nach § 9. Obligatorische Vorabinformation des Insolvenzgerichts ggü. dem Insolvenzverwalter und dem Gläubigerausschuss erfolgt, um den Rückfall der Verwaltungs- und Verfügungsbefugnisse stichtagsbezogen und ohne Reibungsverluste zu ermöglichen. Das Gericht hat die Bekanntgabe spätestens mit der Veranlassung der öffentlichen Bekanntmachung zu übersenden. Bei elektronischer Bekanntmachung ist eine vorzeitige Information hilfreich.

II. Rechtsfolgen der Einstellung

1. Übergang der Verfügungsbefugnis

3 Mit Rechtskraft des Einstellungsbeschlusses, die bei einer Beschwerdeentscheidung ex tunc eintritt, erlangt der Schuldner seine Verwaltungs- und Verfügungsbefugnis zurück. Eine Ausnahme gilt lediglich für Gegenstände des Schuldnervermögens, für die Nachtragsverteilung vorbehalten oder die für eine Nachtragsverteilung zurückbehalten oder hinterlegt wurden (Uhlenbruck-Uhlenbruck § 215 Rn. 5).

2. Prozesswirkungen

4 Mit der Einstellung des Verfahrens verliert der Verwalter seine Prozessführungsbefugnis. Nach § 239 ZPO analog werden anhängige Verwalterprozesse unterbrochen (NR-Westphal § 215 Rn. 13; Uhlenbruck-Uhlenbruck § 215 Rn. 8). Bei Insolvenzanfechtungsprozessen ist die Erledigung der Hauptsache zu erklären (vgl. RGZ 52, 330, 333). Der Schuldner wird durch den Übergang der Verfügungsbefugnis nicht Rechtsnachfolger des Verwalters.

3. Abwicklungsverhältnis

Mit der Rechtskraft des Einstellungsbeschlusses entsteht zwischen dem Schuldner und dem Insolvenzverwalter ein Abwicklungsverhältnis, welches den Insolvenzverwalter verpflichtet, alle erforderlichen Maßnahmen zu treffen, damit der bisherige Schuldner bzw. die organschaftlichen Vertreter des Schuldnerunternehmens wieder die Verfügungsgewalt über die bisherige Insolvenzmasse auszuüben vermögen (NR-Westphal § 215 Rn. 15; Uhlenbruck-Uhlenbruck § 215 Rn. 6). Der Verwalter muss das gesamte in seinem Besitz befindliche Schuldnervermögen einschließlich der Geschäftsunterlagen und sonstigen Unterlagen an den Schuldner aushändigen. Weigert sich der Schuldner, die Unterlagen zu übernehmen, kann der Insolvenzverwalter nach Ankündigung und Fristsetzung die Unterlagen makulieren und dem zuständigen FA Mitteilung machen. Mit der Rechtskraft des Einstellungsverhältnisses erlischt nicht nur das Amt des Insolvenzverwalters, sondern auch das des Gläubigerausschusses. § 259 Abs. 1 Satz 1 findet entsprechende Anwendung. Rechtshandlungen des Verwalters während des eröffneten Insolvenzverfahrens bleiben auch nach Verfahrenseinstellung wirksam und binden den Schuldner bzw. das Schuldnerunternehmen selbst dann, wenn sich diese Maßnahmen als unzweckmäßig oder unrichtig darstellen (NR-Westphal § 215 Rn. 14). Nur offensichtlich dem Insolvenzzweck zuwiderlaufende Handlungen des Verwalters, die nichtig sind, binden den Schuldner nicht (BGH, NJW 1993, 2018, 2019). Verfügungen des Schuldners, die dieser entgegen § 81 Abs. 1 Satz 1 vorgenommen hat, erlangen mit der Verfahrenseinstellung keine Wirksamkeit, da diese Verfügungen absolut unwirksam sind.

4. Nachhaftung

Die Gläubiger können ihre Insolvenzforderungen nach Maßgabe der allgemeinen Vorschriften auch nach Verfahrenseinstellung ohne Einschränkung gegen den Schuldner geltend machen. Gläubiger, deren Forderung im Prüfungstermin anerkannt wurde, können aus der Eintragung in die Tabelle, wie aus einem vollstreckbaren Urteil, die Zwangsvollstreckung gegen den Schuldner betreiben (§§ 215 Abs. 2 Satz 2, 201 Abs. 2 Satz 1). Der Insolvenzverzicht der Gläubiger hat keine materiell-rechtliche Wirkung.

5. Restschuldbefreiung

Eine Restschuldbefreiung kommt nur im Anschluss an eine Einstellung nach § 211 in Betracht, da Einstellungen nach § 207 wegen § 289 Abs. 3 und Restschuldbefreiungen nach § 212 wegen voller Schuldendeckung ausgeschlossen sind.

§ 216 Rechtsmittel

(1) Wird das Insolvenzverfahren nach § 207, 212 oder 213 eingestellt, so steht jedem Insolvenzgläubiger und, wenn die Einstellung nach § 207 erfolgt, dem Schuldner die sofortige Beschwerde zu.

(2) Wird ein Antrag nach § 212 oder § 213 abgelehnt, so steht dem Schuldner die sofortige Beschwerde zu.

Übersicht

	Rdn.			Rdn.
A. Normzweck	1	II.	Form und Frist der sofortigen Beschwerde	4
B. Norminhalt	2	III.	Rechtsbeschwerde	5
I. Beschwerdeberechtigte	2			

A. Normzweck

Die Regelung ist im Zusammenhang mit der Einführung einer **Zulassungsbeschwerde** nach § 6 Abs. 1 notwendig geworden. Die Aufzählungen sind enumerativ, d.h. dass weitere Beschwerdemöglichkeiten, z.B. gegen eine Einstellung nach § 211, nicht existieren.

B. Norminhalt

I. Beschwerdeberechtigte

2 Die Aktivlegitimation steht den **Insolvenzgläubigern** zu, wenn das Verfahren aufgrund von Massselosigkeit (§ 207), auf Antrag des Schuldners wegen Wegfalls des Eröffnungsgrundes (§ 212) oder mit Zustimmung der Gläubiger (§ 213) eingestellt wurde (Abs. 1). Wird das Insolvenzverfahren dagegen nach Anzeige der Masseunzulänglichkeit (§ 211) vom Insolvenzgericht eingestellt, sind die Insolvenzgläubiger nicht beschwerdeberechtigt.

3 Nicht beschwerdeberechtigt ist der Insolvenzverwalter bei einer Einstellung, §§ 212, 215 (vgl. BGH, ZInsO 2007, 541). Der **Schuldner** ist nur bei einer Einstellung nach § 207 beschwerdeberechtigt (Abs. 1, 2. Alt.). **Massegläubigern** steht weder gegen die Einstellung mangels Masse (§ 207) noch bei der Einstellung nach §§ 212, 213 ein Beschwerderecht zu (Uhlenbruck-Uhlenbruck § 216 Rn. 2).

II. Form und Frist der sofortigen Beschwerde

4 Die sofortige Beschwerde ist gem. § 4 i. V. m. § 569 Abs. 1 Satz 1 ZPO schriftlich binnen einer Frist von **2 Wochen** einzulegen. Die Frist beginnt mit der Verkündung der gerichtlichen Entscheidung bzw. mit der Zustellung (§ 6 Abs. 2).

III. Rechtsbeschwerde

5 Gegen die Entscheidung über die sofortige Beschwerde findet die Rechtsbeschwerde statt (§§ 574 ff. ZPO). Die Rechtsbeschwerde ist unabhängig von der Zulassung des Beschwerdegerichts zulässig, wenn die Rechtssache **grundsätzliche Bedeutung** hat, der Fortbildung des Rechts oder der Sicherung einer einheitlichen Rspr. dient und eine Entscheidung des Rechtsbeschwerdegerichts erfordert.

Sechster Teil Insolvenzplan

Vorbemerkung zu §§ 217 ff.

Übersicht

	Rdn.			Rdn.
A. Insolvenzplan	1	II.	Persönlicher Anwendungsbereich	8
B. Historie	2	III.	Anwendung bei Masseunzulänglichkeit und Massearmut	11
I. Entstehung	2			
II. Änderungen durch das ESUG	2a	E.	Zuständigkeit	14
C. Rechtsnatur	3	F.	Gang des Planverfahrens	15
D. Anwendungsbereich	4	G.	Aussichten	19
I. Sachlicher Anwendungsbereich	4			

A. Insolvenzplan

1 Das Insolvenzplanverfahren ermöglicht eine **vom Regelverfahren abweichende Art der Verwertung, Verteilung, Haftung und Verfahrensabwicklung**. Es soll und kann dazu dienen, die für die Beteiligten beste Lösung unabhängig von den starren Vorschriften des Regelverfahrens zu finden und verbindlich festzulegen. Dabei orientiert es sich an wirtschaftlichen Gesichtspunkten und der Privatautonomie, wahrt aber gleichzeitig die Interessen auch der Minderheiten.

B. Historie

I. Entstehung

Das Planverfahren ersetzt den Zwangsvergleich nach der KO, das Vergleichsverfahren nach der VerglO und den Vergleich nach der GesO (BT-Drucks. 12/2443, S. 194). Der rechtliche Rahmen ist an chapter 11 des US-amerikanischen bankruptcy code 1978 angelehnt (hierzu Uhlenbruck-Lüer vor § 217 Rn. 13 ff.). 2

II. Änderungen durch das ESUG

Mit dem am 01.03.2012 in Kraft getretenen Gesetz zur weiteren Erleichterung der Sanierung von Unternehmen sind erhebliche Änderungen der Regelungen zum Insolvenzplanverfahren einhergegangen. Betroffen sind die §§ 217, 221, 222, 229, 230, 231, 232, 235, 241, 244, 245, 251, 252, 253, 254 und 258. Neu hinzugefügt wurden die §§ 225a, 238a, 246a, 248a, 254a, 254b, 259a und 259b. Die §§ 239, 242, 243, 248, 250 haben nur Anpassungen erfahren. Zudem wurde § 210a außerhalb der Insolvenzplanregelungen eingefügt. Die Änderungen sind den jeweiligen Kommentierungen zu entnehmen. Einhergehend mit diesen Änderungen der §§ 217 ff. wurde auch die Zuständigkeit nach § 18 RpflgG neu geregelt (s. hierzu Rdn. 14 ff.). 2a

Die wesentliche Neuerung betrifft die Einbeziehung der Rechte von am Schuldner beteiligten Personen. Bereits vor dem ESUG war die Einbeziehung der **Anteils- und Mitgliedschaftsrechte der am Schuldner beteiligten Personen** möglich. Über deren Rechte konnte im Plan verfügt und die notarielle Form über § 254 a. F. fingiert werden. Hierfür bedurfte es jedoch derer Mitwirkung durch Abgabe entsprechender Willenserklärungen, die dem Plan nach § 230 beigefügt werden mussten. Es kam also ausschließlich eine freiwillige Planunterwerfung in Betracht. Dies führte einerseits zu einem erheblichen Blockadepotenzial der Gesellschafter. Ohne deren Mitwirkung war beispielhaft eine Fortführung des Schuldners nicht möglich, da hierfür ein Fortsetzungsbeschluss von Nöten ist. Andererseits waren den zwangsweise dem Plan unterworfenen Insolvenzgläubigern Verzichte auf deren Forderungen schwer vermittelbar, wenn die eigentlichen Profiteure der Sanierung, die Gesellschafter, keine Leistungen erbringen mussten. Zudem wurde in der Praxis ein erheblicher Bedarf an der Einführung des Debt-Equity-Swaps gesehen. Nach der Einführung des ESUG ist es nunmehr möglich, in die Rechte der am Schuldner beteiligten Personen auch ohne oder sogar gegen deren Willen einzugreifen. In dem vielbeachteten Insolvenzverfahren über das Vermögen der **Suhrkamp Verlag GmbH & Co. KG** wurden die nach dem ESUG möglichen gesellschaftsrechtlichen Regelungen, vor allem eine Umwandlung der Gesellschaft in eine AG unter weitgehendem Ausschluss einer der beiden Altgesellschafterinnen gegen deren Willen, weit ausgeschöpft. Im Kontext der Vorgeschichte langjähriger heftiger Streitigkeiten der Gesellschafter wird die Nutzbarmachung der Möglichkeiten des ESUG teilweise als missbräuchlich bzw. treuepflichtwidrig (Brinkmann, ZIP 2014, 197, 200; Stöber, ZInsO 2014, 2457 ff.) und teilweise als geeigneter Ausweg aus einem allein mittels des Gesellschaftsrechts nicht mehr lösbaren Konflikt betrachtet (Madaus, ZIP 2014, 500 ff.). Die vielfältigen Versuche der zurückgedrängten Mitgesellschafterin, das Insolvenzplanverfahren zu torpedieren, sind bislang gescheitert. Insofern wird die Intention des Gesetzgebers durch die involvierten Gerichte - wenn auch nicht immer gezielt oder bewusst - gestützt (vgl. BVerfG, ZInsO 2013, 2261 ff. zum einstweiligen Rechtsschutz gegen die Durchführung des Erörterungs- und Abstimmungstermins, OLG Frankfurt am Main, ZInsO 2013, 2112 zu dem Begehren einer Unterlassungsverfügung hinsichtlich des Abstimmungsverhaltens des Mitgesellschafters im Planverfahren unter Treuepflichtgesichtspunkten - gegen LG Frankfurt, ZInsO 2013, 2015 und schließlich zwei Entscheidungen des LG Berlin, ZInsO 2014, 962 und 963 zur sofortigen Beschwerde gegen den Planbestätigungsbeschluss). Das OLG Frankfurt stellt in der zitierten Entscheidung mit erfreulicher Deutlichkeit klar, dass in das durch das ESUG geschaffene Kompetenzgefüge, das gesellschaftsrechtliche Regelungen und damit verbundene Eingriffe in die Rechte der Anteilsinhaber ausdrücklich zulässt, nicht durch die Erwirkung von Entscheidungen anderer Gerichte außerhalb des Insolvenzverfahrens unter Geltendmachung vermeintlicher gesellschaftsrechtlicher Treuepflichten eingegriffen werden kann (OLG Frankfurt am Main, ZInsO 2013, 2112, 2113 f.). Über 2b eine Verfassungsbeschwerde der Gesellschafterin gegen den Insolvenzeröffnungsbeschluss des AG Berlin-Charlottenburg wegen angeblich treuwidriger Herbeiführung des Insolvenzverfahrens durch die Mehrheitsgesellschafterin und gegen die Vorschriften der InsO zur Einbeziehung der Rechte der Anteilseigner in die Plangestaltung wegen Unvereinbarkeit mit Art. 9 und 14 GG hat das BVerfG noch nicht entschieden. Es bleibt zu hoffen, dass das BVerfG auf Grund dieses extremen Einzelfalls nicht die gesellschaftsrechtlichen Möglichkeiten im Planverfahren generell beschränkt.

2c I. R. d. Gesetzgebungsverfahrens war intensiv über die Art der Einbeziehung der am Schuldner beteiligten Personen in das Planverfahren diskutiert worden (z. B. bei Ehlers, ZInsO 2009, 320; Eidenmüller/Engert, ZIP 2009, 541; Stapper, ZInsO 2009, 2361, 2364; Uhlenbruck, NZI 2008, 201). Der Gesetzgeber hat sich letztlich für die Einbeziehung durch Integration in das Gruppenabstimmungsverfahren entschlossen. Nach § 222 Abs. 1 Nr. 4 ist für die am Schuldner beteiligten Personen nun immer eine Gruppe zu bilden, wenn deren Anteils- oder Mitgliedschaftsrechte in den Plan einbezogen werden sollen. Diese Einbeziehung der am Schuldner beteiligten Personen in das Gruppenabstimmungsverfahren ist weder systemkonform noch notwendig. Die Anteilseigner sind systematisch eher dem Insolvenzschuldner als den Insolvenzgläubigern zuzuordnen. Entsprechend wäre eine Einbindung der Anteilseigner über § 247 angemessener und auch vollkommen ausreichend gewesen (ähnlich Ehlers, ZInsO 2009, 320 ff.).

2d Der Wortlaut der Neuregelungen »am Schuldner beteiligte Person« legt nahe, dass damit ausschließlich wirtschaftlich beteiligte Personen gemeint sind. Diese Annahme wird durch § 238a gestützt, nach dem für eine Stimmrechtsgewährung für am Schuldner beteiligte Personen ausschließlich auf deren Anteil am gezeichneten Kapital bzw. Vermögen des Schuldners abzustellen ist (vgl. auch dort Rdn. 5). Vereinsmitglieder haben weder eine Kapitalbeteiligung noch eine Beteiligung an dem Vermögen des Vereins (Palandt § 38 Rn. 1a) und könnten demzufolge nicht zwangsweise dem Plan unterworfen werden. Auch Vereinsmitglieder haben aber in einer Insolvenz regelmäßig ein Blockadepotenzial. Für die Fortsetzung eines Vereins auf Basis eines Insolvenzplans ist ebenso wie bei Kapitalgesellschaften und Personengesellschaften ein Fortsetzungsbeschluss der Mitgliederversammlung nach § 42 Abs. 1 Satz 2 BGB erforderlich. Zudem spricht auch die Gesetzesbegründung an mehreren Stellen von »Vereinen« (s. BT-Drucks. 17/5712, 32 f.). Daher ist davon auszugehen, dass der Gesetzgeber auch Vereinsmitglieder von dem Wortlaut erfasst sieht. Der Gesetzgeber dürfte aufgrund der Fokussierung auf den lediglich bei Kapitalbeteiligungen anwendbaren Debt-Equity-Swap i. R. d. §§ 238a, 244 Abs. 3 die fehlende Vermögensbeteiligung bei Vereinsmitgliedern schlicht übersehen haben. Hier ist eine Nachbesserung erforderlich.

2e Die Neuregelungen ermöglichen nicht nur Verfügungen über die Anteilsrechte, sondern durch die Eingriffe in die Mitgliedschaftsrechte auch Beschlussfassungen durch den gestaltenden Teil des Plans (s. § 225a Rdn. 32 und 46 ff.). Dies ist besonders hilfreich für die Herbeiführung von Fortsetzungsbeschlüssen. Denn das Blockadepotenzial hat sich bisher nicht in erster Linie aus der wertlosen Kapitalbeteiligung, sondern aus den sich hieraus ergebenden Beschlussfassungsrechten ergeben. Selbst wenn mit dem Plan keine Beeinträchtigung des Anteilsrechts verbunden war, konnte der Erhalt des Rechtsträgers durch Verweigerung der Fassung des erforderlichen Fortsetzungsbeschlusses vereitelt bzw. hierauf Erpressungen gestützt werden. Durch die Neuregelungen sind nunmehr die Anteilsinhaber stets in die Abstimmung mit einzubeziehen, wenn der Rechtsträger auf Grundlage eines Insolvenzplans erhalten bleiben soll.

C. Rechtsnatur

3 Die Rechtsnatur des Insolvenzplans lässt sich schwer fassen (ausführl. hierzu Gaul FS Huber, S. 1187). Nach der Gesetzesbegründung soll es sich bei dem Plan in erster Linie um einen materiell-rechtlichen Vertrag handeln (BT-Drucks. 12/2443, S. 91). Der BGH bezeichnet hingegen den Plan als **spezifisch insolvenzrechtliches Instrument**, mit dem die Gläubigergesamtheit ihre Befriedigung aus dem Schuldnervermögen organisiert (BGH, ZInsO 2006, 38, 39). Damit folgt der BGH einer Tendenz in der Literatur, die von der »Vertragstheorie« zunehmend zur »Verfahrenstheorie« übergeht (Leipold, KTS 2006, 109, 122 ff.). Dem ist insoweit zuzustimmen und der

Gesetzesbegründung entgegenzutreten, als dass es sich bei der Gläubigergemeinschaft nur um eine unfreiwillige Schicksalsgemeinschaft handelt, bei der der Wille einzelner Gläubiger durch Mehrheitsentscheidungen überwunden werden kann (BGH, ZInsO 2006, 38, 39). Auch steht das Erfordernis der gerichtlichen Bestätigung einer ausschließlichen Einordnung als Vertrag entgegen. Die wenig konkrete Aussage des BGH ist aber mit der in der Literatur vertretenen Auffassung von der **Doppelnatur** des Insolvenzplans (MK-Eidenmüller § 217 Rn. 33 ff.) vereinbar. So unterliegt der Inhalt mit Einschränkungen den vertragsrechtlichen Vorschriften des BGB, während das Zustandekommen verfahrensrechtlich durch die InsO geregelt wird.

D. Anwendungsbereich

I. Sachlicher Anwendungsbereich

Nach § 1 soll das Planverfahren insb. dazu dienen, Unternehmen zu erhalten. Ihren zentralen Anwendungsbereich finden die §§ 217 ff. daher in **Sanierungsplänen**. Diese sind auf den Erhalt des schuldnerischen Unternehmens und des Unternehmensträgers gerichtet. Sie stellen somit eine umfassende Alternative zu dem Regelverfahren dar. Auf derartige Sanierungspläne ist das Verfahren jedoch nicht beschränkt. Vielmehr haben sich drei weitere Anwendungsbereiche herauskristallisiert: 4

Dies sind zum einen **Übertragungspläne**. Solche haben die sog. übertragende Sanierung zum Inhalt (zum Begriff Schmidt, ZIP 1980, 329). Dabei werden alle oder zumindest die betriebs- oder betriebsteilnotwendigen Vermögensgegenstände auf einen Dritten übertragen. Im Gegensatz zu einer übertragenden Sanierung im Regelverfahren kann der Plan Modifikationen der Art und Dauer der Verwertung und Verteilung vorsehen. In der Praxis wird jedoch für die übertragende Sanierung zumeist das Regelverfahren dem Planverfahren vorgezogen (Smid/Rattunde InsPlan, Rn. 1.7; FK-Jaffé § 217 Rn. 77). Dies ist in den Fällen, in denen der Verkauf des Unternehmens unmittelbar nach Insolvenzeröffnung durchgeführt werden muss, nachvollziehbar. I. Ü. bietet jedoch die Übertragung im Rahmen eines Insolvenzplans vor allem durch die kurze Verfahrensdauer durchaus Vorteile. Auch kann die Übertragung im Insolvenzplanverfahren käuferorientiert gestaltet werden. Denn als Vergleichswert i. R. d. Schlechterstellungsverbots (§ 245 Abs. 1 Nr. 1) kann der Liquidationswert zugrunde gelegt werden. Lediglich diesen muss der Kaufpreis übersteigen. Sofern es für den Unternehmenserhalt notwendig erscheint, kann der Planverfasser den Kaufpreis dadurch äußerst niedrig ansetzen. 5

Auch **Liquidationspläne** sind möglich. Solche Pläne sehen eine Verwertung der einzelnen Vermögensgegenstände und die anschließende Verteilung vor. Die Abweichungen zum Regelverfahren können auch hier in der Art und Dauer der Verwertung und Verteilung liegen. In der Praxis dürfte jedoch ein Liquidationsvorhaben selten den Zeit- und Kostenaufwand des Planverfahrens rechtfertigen (FK-Jaffé § 217 Rn. 72). 6

Bei den **sonstigen Plänen**, die nach §§ 217 ff. aufgestellt werden können, handelt es sich vor allem um Mischformen und um Pläne mit Sonderleistungen Dritter. Derartige Sonderleistungen sollen der schnelleren Beendigung des Verfahrens und bei natürlichen Personen vor allem der Befreiung von den Verbindlichkeiten ohne das langwierige Restschuldbefreiungsverfahren dienen. 7

Darüber hinaus sind nunmehr auch **verfahrensleitende** (Frank, FS Braun, S. 219 ff.; LG Frankfurt am Main, ZIP 2007, 2229) bzw. **verfahrensbegleitende** (Heinrich, NZI 2008, 74 ff.) **Insolvenzpläne möglich**. Diese sind nicht auf eine von dem Regelverfahren abweichende Gesamtregelung zur Überwindung der Insolvenz gerichtet, sondern haben lediglich abweichende Regelungen für einzelne Verfahrensabschnitte, etwa die Verwertung des schuldnerischen Vermögens, zum Gegenstand (BT-Drucks. 17/7511, S. 48; s. hierzu auch § 217 Rdn. 8). 7a

II. Persönlicher Anwendungsbereich

Der persönliche Anwendungsbereich der §§ 217 ff. erfasst sowohl **juristische** als auch **natürliche Personen**. Infolge der Streichung des § 312 durch das RestSchBefrVerfG findet das Planverfahren 8

Vorbem. zu §§ 217 ff. InsO

ab dem 01.07.2014 auch bei Verbraucherinsolvenzverfahren Anwendung. Dies gilt gem. § 103h EGInsO auch für bereits zuvor beantragte und eröffnete, mithin alle bis zum 01.07.2014 noch nicht abgeschlossene Verfahren.

9 Einen wesentlichen Anwendungsbereich des Insolvenzplans in persönlicher Hinsicht bilden **kammergebundene Berufsträger**. Bei diesen Personen droht der Widerruf der Berufszulassung, s. § 14 Abs. 2 Nr. 7 BRAO, § 46 Abs. 2 Nr. 4 StBerG, § 20 Abs. 2 Nr. 5 WPO bzw. die Amtsenthebung, s. § 50 Abs. 1 Nr. 6 BNotO. Der hierfür notwendige Vermögensverfall wird vermutet, wenn über den Berufsträger ein Insolvenzverfahren eröffnet wurde (so BFH/NV 2004, 824; BGH, ZInsO 2004, 677). Nach dem BVerfG ist jedoch bereits die Erstellung eines Insolvenzplans bei der Prüfung des Vermögensverfalls zu berücksichtigen. Das BVerfG argumentiert zutreffend insolvenzrechtlich, eine Amtsenthebung stehe einer bestmöglichen Gläubigerbefriedigung entgegen. Zudem sei eine Abstimmung der berufsregelnden Gesetze mit der InsO wünschenswert (BVerfG, NJW 2005, 3057). Nach Ansicht des BGH kann hingegen von geordneten Vermögensverhältnissen erst wieder ausgegangen werden, wenn der Insolvenzplan gerichtlich bestätigt wurde (BGH Senat für Anwaltssachen, ZInsO 2011, 2234 und NZI 2012, 106). Die Beweislast zur Widerlegung der Vermutung für den Vermögensverfall liegt jedoch bei dem betroffenen Berufsträger. Dieser sollte daher möglichst frühzeitig selbst Insolvenzantrag stellen und diesem im Idealfall bereits einen »prepackaged plan« beifügen (vgl. dazu Schmittmann, ZInsO 2006, 419 sowie Ehlers/Schmid-Sperber, ZInsO 2008, 879 und Mai, Insolvenzplanverfahren, jeweils mit Musterplänen für Freiberufler). Nur dadurch kann der Widerruf der Zulassung bzw. die Amtsenthebung von vornherein vermieden werden.

10 Die InsO ist in ihrer Regelung auf die Bewältigung der Insolvenz *eines* Rechtsträgers in einem Verfahren gerichtet. Dies gilt auch für die §§ 217 ff. Ein auf das Gesamtvermögen eines Konzerns bezogenes Insolvenzplanverfahren ist damit de lege lata ausgeschlossen (MK-Eidenmüller vor §§ 217 ff. Rn. 39; a. A. FK-Jaffé § 217 Rn. 87 ff.). Dennoch ist die Überlegung sinnvoll, inwieweit das Insolvenzplanverfahren für **Konzerninsolvenzsachverhalte** nutzbar gemacht werden kann (ausführl. hierzu MK-Eidenmüller vor §§ 217 ff. Rn. 36 ff.; FK-Jaffé § 217 Rn. 91 ff.; Smid/Rattunde, InsPlan, Rn. 2.62 ff.). Mit Blick auf die wirtschaftliche Verbundenheit der Konzernunternehmen ist eine Koordination mehrerer Insolvenzverfahren innerhalb eines Konzerns äußerst wünschenswert. Möglich ist zumindest die Vorlage aufeinander abgestimmter Insolvenzpläne (MK-Eidenmüller vor §§ 217 ff. Rn. 39). Im darstellenden Teil der jeweiligen Pläne können der Konzernzusammenhang und die hierauf aufbauende Insolvenzbewältigungsstrategie für alle Beteiligten transparent und nachvollziehbar erläutert werden. Im gestaltenden Teil werden sodann die Rechtsänderungen geregelt, die den jeweiligen Konzernteil betreffen (vgl. MK-Eidenmüller vor §§ 217 ff. Rn. 39). Die Möglichkeit einer entsprechenden Koordination von Insolvenzplänen innerhalb eines Konzerns wurde im Rahmen des am 28.08.2013 vorgelegten Regierungsentwurfs eines Gesetzes zur Erleichterung der Bewältigung von Konzerninsolvenzen (BT-Drucks. 18/407) aufgegriffen. Hiernach sollen durch neu einzufügende §§ 269a bis 269i die Zusammenarbeit zwischen den Verwaltern, Gerichten und Gläubigerausschüssen geregelt und ein sog. Koordinationsverfahren implementiert werden, im Rahmen dessen ein Koordinationsplan eingereicht werden kann. Der Koordinationsplan selbst stellt hierbei keinen Insolvenzplan i. S. d. §§ 217 ff. dar, sondern bildet lediglich die Grundlage für aufeinander abgestimmte Pläne. Zur Koordination von Haupt- und Sekundärinsolvenzverfahren bei **grenzüberschreitenden** Konzern- und Unternehmensinsolvenzverfahren vgl. Kommentierung zu § 355 Abs. 2, Art. 102 § 9 EGInsO und Art. 34 Abs. 2 EuInsVO.

III. Anwendung bei Masseunzulänglichkeit und Massearmut

11 Die Vorlage eines Insolvenzplans ist auch bei angezeigter Masseunzulänglichkeit möglich und zulässig. Dies wird durch die Einführung der Vorschrift des § 210a mit dem ESUG unmittelbar bestätigt und entspricht der zuvor h.A. in Rechtsprechung und Literatur. Die Gegenansicht (LG Dresden, ZInsO 2005, 831) hatte mit der angeblichen Unabdingbarkeit der vollständigen Vorabbefriedigung der Massegläubiger nach § 258 Abs. 2 kein überzeugendes Argument auf ihrer Seite. Zudem kann

auch bei Masseunzulänglichkeit der Fortführungswert höher liegen als der Zerschlagungswert (BT-Drucks. 17/5712, S. 29).

Zur Klärung der Frage, wie die Massegläubiger in einem masseunzulänglichen Verfahren in den Plan einzubeziehen sind, trifft § 210a nunmehr eine Regelung. Danach treten die Alt-Massegläubiger an die Stelle der nicht nachrangigen Insolvenzgläubiger (§ 210a Nr. 1). Für die nicht nachrangigen Gläubiger gilt die Zustimmungsfiktion bei unterbliebener Abstimmung nach § 246 Nr. 2 entspr. (§ 210a Nr. 2). Die Regelung entspricht der Vorschrift § 323 Abs. 2 RegE InsO (BT-Drucks. 12/2443, S. 60), welche jedoch seinerzeit auf Vorschlag des Rechtsausschusses gestrichen wurde (BT-Drucks. 12/7302, S. 180). Auf eine Gruppenbildung und Regelung für die nicht nachrangigen Gläubiger kann nicht verzichtet werden. Es ist zu regeln, dass ihre Forderungen mit dem Plan zu 100% erlassen werden. § 225 Abs. 1 findet keine – auch keine entsprechende – Anwendung. Denn gem. § 210a Nr. 2 wird ausdrücklich nur § 246 Nr. 2 für entsprechend anwendbar erklärt, der zudem das Bestehen eines Stimmrechts voraussetzt. Hierdurch ist sicher gestellt, dass die nicht nachrangigen Insolvenzgläubiger auch bei Masseunzulänglichkeit regelmäßig ein Stimmrecht erhalten. Eine etwaig erforderliche Gruppenbildung für Anteilsinhaber bleibt von § 210a unberührt. Diese sind keine Gläubiger und stehen daher mit solchen in keinem unmittelbaren Rangverhältnis. Zudem gilt für sie ohnehin eine Zustimmungsfiktion bei Nichtabstimmung gem. § 246a, der dem § 246 Nr. 2 entspricht. Insofern sind abweichende Regelungen bei Masseunzulänglichkeit für die Anteilsinhaber nicht erforderlich. In der Literatur wird teilweise bezweifelt, dass dem Insolvenzplan bei Masseunzulänglichkeit überhaupt eine nennenswerte praktische Relevanz zukommt (Pape, ZInsO 2010, 2155, 2162 und Frind, ZInsO, 1524, 1525 sowie ZInsO 2011, 656, 657, der daher die Regelung der Einbeziehung der Massegläubiger durch abweichende Gruppenbildung für zu kompliziert und überflüssig hält).

Nicht möglich ist ein Planverfahren jedoch im Fall der Massearmut (Smid/Rattunde, InsPlan, Rn. 2.119). Wenn nicht einmal gewährleistet ist, dass die mit Einreichung eines Insolvenzplans entstehenden Verfahrenskosten gedeckt sind, ist ein Planverfahren von vornherein nicht durchführbar. In diesen Fällen ist der Plan nach § 231 Abs. 1 Nr. 2 zurückzuweisen (LG Neubrandenburg, ZInsO 2002, 296). Dies gilt nicht, wenn dem Schuldner die Verfahrenskosten nach § 4a gestundet sind und der Plan Mittel für die (Vorab-) Befriedigung der Verfahrenskosten vorsieht. In diesen Fällen kommt jedoch eine weitere Stundung nach Bestätigung des Insolvenzplans und Aufhebung des Insolvenzverfahrens in analoger Anwendung des § 4b nicht in Betracht (BGH, ZInsO 2011, 1064). Auch wenn die Massearmut erst nach der Vorprüfung durch das Gericht gem. § 231, aber vor Aufhebung, festgestellt wird, ist das Insolvenzverfahren gem. § 207 aufzuheben. Weitere Handlungen sind aufgrund der fehlenden Kostendeckung weder vom Gericht, geschweige denn vom Verwalter oder Gläubigerausschussmitgliedern zu erwarten. Dies bedeutet allerdings auch, dass der Plan Wirksamkeit entfalten kann, wenn die Massearmut erst nach Rechtskraft, aber noch vor Aufhebung des Verfahrens eintritt.

E. Zuständigkeit

Eine weitere das Insolvenzplanverfahren betreffende Änderung durch das ESUG findet sich in § 18 Abs. 1 Nr. 2 RPflG. Sie betrifft die **Zuständigkeit** für das Insolvenzplanverfahren. Bisher lag diese Zuständigkeit gem. § 3 Nr. 2e RPflG bei dem Rechtspfleger. Ggf. konnte sich der Richter das Planverfahren gem. § 18 Abs. 2 RPflG vorbehalten. § 18 Abs. 1 Nr. 2 RPflG n. F. enthält nach dem ESUG einen gesetzlichen **Richtervorbehalt** für das Planverfahren. Begründet wird dies mit der wirtschaftlichen Bedeutung und den rechtlichen Implikationen des neu gestalteten Insolvenzplanverfahrens (BT-Drucks. 17/5712, S. 44). Im Planverfahren seien künftig auch umfangreiche gesellschaftsrechtliche Maßnahmen erfasst, wofür die erforderlichen Kenntnisse in der Rechtspflegerausbildung nicht ausreichend vermittelt würden (BT-Drucks. 17/5712, S. 71). In der Literatur wird ergänzend angeführt, dass der Gleichlauf internationaler Standards (court to court communication) eine Zuständigkeitsverlagerung auf den Richter erforderlich mache (Braun/Heinrich, NZI 2011, 505, 514 f.).

Vorbem. zu §§ 217 ff. InsO

14a Sowohl die Zuständigkeitsübertragung an sich als auch deren Begründung und die unzureichende Ausgestaltung sind zu Recht auf herbe Kritik gestoßen. Die Änderung ist vor allem unnötig (so auch Bundesrat zu RegE ESUG, BT-Drucks. 17/5712, S. 62; Frind, ZInsO 2010, 1524, 1526 und ZInsO 2011, 656, 659; Pape, ZInsO 2010, 2155, 2162; a. A. MK-Eidenmüller vor §§ 217–269 Rn. 48). Insolvenzplanverfahren werden nach den bisherigen Erfahrungen von Rechtspflegern mit Insolvenzrechtserfahrung und ggf. entsprechender Fortbildung i. d. R. tadellos bearbeitet (ähnlich Bundesrat zu RegE ESUG, BT-Drucks. 17/5712, S. 62; Frind, ZInsO 2010, 1524, 1526). Es ist nicht zu erwarten, dass sich die Anforderungen in Planverfahren künftig im Vergleich zu den nach wie vor bei den Rechtspflegern angesiedelten Regelverfahren ausschließlich durch die Möglichkeit der Einbeziehung gesellschaftsrechtlicher Maßnahmen drastisch erhöhen werden. Zudem steigt die wirtschaftliche Bedeutung eines Insolvenzplans nicht dadurch, dass durch den Plan in wertlose Anteils- oder Mitgliedschaftsrechte der am Schuldner beteiligten Personen eingegriffen wird (vgl. Pape, ZInsO 2010, 2155, 2162; Frind, ZInsO 2010, 1524, 1526 f.). Hinzu kommt, dass die möglichen spezifisch gesellschaftsrechtlichen Maßnahmen voraussichtlich auch künftig nur bei einem geringen Teil der Verfahren zum Einsatz kommen werden (Frind, ZInsO 2011, 656, 659). Insofern wäre eine Regelung ausreichend gewesen, nach der im Fall der Anwendung der Regelung des § 225a der Richter das Verfahren übernehmen soll (Frind, ZInsO 2011, 656, 659). Auch ein grenzüberschreitender Bezug, der die Kommunikation mit Richtern und Verwaltern anderer Rechtsordnungen erfordert, ist eher die Ausnahme, in dessen Rahmen immer noch ein Zuständigkeitswechsel nach § 18 Abs. 2 RPflG möglich ist. In der Zuständigkeit des Insolvenzrichters gänzlich deplatziert sind die nach dem RestSchBefrVerfG ab dem 01.07.2014 möglichen Planverfahren bei Verbraucherinsolvenzen. Für einige Insolvenzverwalter könnte diese unangemessene zusätzliche Arbeitsbelastung der Richter ein weiterer Grund (vgl. zu dem Vergütungsaspekt § 218 Rn. 3) sein, vor Planeinreichungen bei Verbraucherinsolvenzen zurückzuschrecken, obwohl gerade in solchen Verfahren der Schuldner auf einen »planfreudigen« Verwalter angewiesen ist, weil er selbst zur Planerstellung oftmals gar nicht in der Lage sein wird.

14b Das Planverfahren nach den §§ 217 ff. beginnt regelmäßig mit der Einreichung des Insolvenzplans beim Insolvenzgericht gem. § 218 Abs. 1. Diese markiert den **Beginn der Zuständigkeit** des Richters. Dies gilt auch, wenn der Planerstellung ein Auftrag der Gläubigerversammlung zugrunde liegt. Der Auftragsbeschluss erfolgt auf Grundlage des § 157 Satz 2 und ist der Anwendung der §§ 217 ff. zeitlich vorgelagert. Demzufolge fallen bei nicht fristgemäßer Einreichung eines Auftragsplans i. S. d. § 218 Abs. 2 ggf. erforderliche Aufsichtsmaßnahmen nach §§ 58 ff. in den Zuständigkeitsbereich des Rechtspflegers (zweifelnd Frind, ZInsO 2011, 656, 659). Da der Schuldner bereits mit Insolvenzantragstellung einen sog. »prepackaged plan« einreichen kann, kann das Planverfahren nach §§ 217 ff. sogar bereits vor Insolvenzeröffnung in Gang gesetzt werden.

14c Nach dem Wortlaut des § 18 Abs. 1 Nr. 2 n. F. RPflG fällt das gesamte Verfahren nach den §§ 217 bis 256 und §§ 258 bis 269 in die Zuständigkeit des Richters. Diese endet folglich nicht mit Rechtskraft der Planbestätigung (vgl. auch § 248 Rdn. 3). Für den Zeitraum nach Eintritt der Rechtskraft erfasst die Zuständigkeit des Richters demzufolge insb. die Entscheidungen i. R. d. §§ 248a, 256, 259a und 268 (vgl. auch die Kommentierung zu den einzelnen Vorschriften), sowie die gerichtliche Beaufsichtigung der Planüberwachung nach § 261. Zur notwendigen Differenzierung der Zuständigkeit für den Aufhebungsbeschluss nach verfahrensleitenden und verfahrensbeendenden Plänen vgl. § 258 Rdn. 20.

14d Außerhalb des Regelungsbereichs der §§ 217 bis 256 und §§ 258 bis 269 bleibt die Zuständigkeit des Rechtspflegers nach § 3 Nr. 2e RPflG unberührt. Demzufolge hat dieser parallel zum Planverfahren das Verfahren zu betreuen, insb. die Tabelle zu pflegen und die Berichts- und Prüfungstermine einschließlich vorbereitender Verfügungen und Ladungen durchzuführen bzw. zu veranlassen, die Vergütung des Verwalters und der Gläubigerausschussmitglieder festzusetzen und ggf. die Schlussrechnung zu prüfen und einen Schlusstermin durchzuführen (vgl. zu den letztgenannten Punkten auch § 258 Rdn. 8 und 10). Auch die Klauselerteilung nach § 257 für Vollstreckungen aus dem Plan obliegt weiterhin dem Rechtspfleger. Dies führt zu einer Aufspaltung des Insolvenzverfahrens (vgl. Pape, ZInsO 2010, 2155, 2162) und damit zu Abstimmungserfordernissen bspw. im Hinblick auf eine Terminzusammenlegung nach § 236 (vgl. dort Rdn. 2) und erhöhtem Arbeitsaufwand. Ggf. sollte der zuständige Richter bei Planvorlagen gem. § 18 Abs. 2 RPflG das gesamte Insolvenzverfahren an sich ziehen. Hierfür dürften aber bei den meisten Gerichten in angemessener Zeit keine ausreichenden Personalkapazitäten geschaffen werden können (vgl. Frind, ZInsO 2010, 1524, 1526 und ZInsO 2011, 656, 659).

Zeitpunkt des **Inkrafttretens** ist anders als bei den Änderungen, die die InsO durch das ESUG erfahren hat (oben Rdn. 2a), der 01.01.2013. Nach Art. 19 RechtsbehelfG gilt die Richterzuständigkeit gem. § 18 Abs. 1 Nr. 2 RPflG jedoch nur für alle Insolvenzplanverfahren in nach dem 31.12.2012 beantragten Insolvenzverfahren. In den zuvor beantragten Insolvenzverfahren bleibt es bei der Zuständigkeit des Rechtspflegers. 14e

F. Gang des Planverfahrens

Das Planverfahren ist einhergehend mit der Gesetzessystematik in **drei Bereiche** aufgeteilt: 15
– die Aufstellung des Plans (§§ 217 bis 234),
– die Annahme und Bestätigung des Plans (§§ 235 bis 253) und
– die Wirkungen des bestätigten Plans mit evtl. Überwachung (§§ 254 bis 269).

Das Verfahren beginnt mit der **Vorlage des Plans**. Wer hierzu berechtigt ist, regelt § 218. Der **Inhalt des Plans** und seine **Gliederung** sind in den folgenden §§ 219 bis 230 geregelt. Danach ist der Plan in einen darstellenden (§ 220) und einen gestaltenden Teil (§ 221) nebst Anlagen (§§ 229 ff.) aufgeteilt. Dem **gestaltenden Teil** ist zu entnehmen, wie die Rechtsstellung der Beteiligten durch den Plan geändert werden soll. Der **darstellende Teil** soll diese Änderungen erläutern und die notwendigen Informationen für die Entscheidungen der Gläubiger und des Gerichts liefern. Die beteiligten Gläubiger und Anteilsinhaber des Planverfahrens können bzw. müssen in Gruppen aufgeteilt werden. Die die spätere Abstimmung prägende Aufteilung wie auch die notwendigen Angaben zu den Gruppen bzw. deren grds. Behandlung regeln die §§ 222 bis 226. Ist der Plan vorgelegt, wird er **vom Gericht summarisch geprüft** (§ 231). Weist das Gericht den Plan nicht zurück, leitet es ihn gesetzlich abschließend aufgezählten Personen zu (§ 232) und legt ihn zur Einsicht der Beteiligten nieder (§ 234). 16

Anschließend bestimmt das Gericht einen **Termin**, in dem der Plan erörtert wird, und einen Termin, in dem über den Plan abgestimmt wird (§ 235). Das Gesetz geht davon aus, dass beide Termine gemeinsam stattfinden, lässt aber auch getrennte Termine zu (§ 241). Die **Stimmrechte für den Abstimmungstermin** legen die §§ 237 bis 239 fest. Die eigentliche Abstimmung erfolgt sodann nach den §§ 243 und 244 in den vorher festgesetzten Gruppen. Für die **Annahme des Plans** bedarf es in jeder Gruppe der Gläubiger der Kopf- und Summenmehrheit (§§ 244, 246 u. 247) und in jeder Gruppe der Anteilsinhaber grds. der Beteiligungsmehrheit (§ 244 Abs. 3). Fehlt es an der Zustimmung einer oder mehrerer Gruppen, können diese unter den engen Grenzen des § 245 ersetzt werden. Hat die Beteiligtenversammlung den Plan angenommen, prüft das Gericht noch den Eintritt etwaiger im Plan festgelegter Bedingungen (§ 249) und das ordnungsgemäße Zustandekommen des Plans (§ 250). Greift auf Antrag auch der Minderheitenschutz nach § 251 nicht, bestätigt das Gericht die Annahme des Plans nach §§ 248, 252. 17

Sofern nicht erfolgreich die sofortige **Beschwerde** nach § 253 eingelegt wird, entfaltet der Plan seine **Wirkungen**, die mitsamt den Wiederauflebens- und Vollstreckungsmöglichkeiten in den §§ 254 bis 259 beschrieben werden. Die Wirkungen betreffen alle Insolvenzgläubiger, unabhängig davon, ob diese am Plan- oder Insolvenzverfahren mitgewirkt haben. Die mögliche **Überwachung der Planerfüllung** richtet sich sodann nach den §§ 260 bis 269. 18

G. Aussichten

Das Planverfahren wurde und wird als das **Kernstück des neuen Insolvenzrechts** bezeichnet (z. B. Maus, Kölner Schrift zur InsO, S. 931 Rn. 1). In der Praxis führten Planverfahren jedoch lange Zeit 19 ein Schattendasein. Ursächlich für die geringe Akzeptanz war zunächst vor allem die Neuartigkeit des Rechtsinstruments. Man ging davon aus, das Planverfahren sei auf die Fälle der Sanierung mit der Befriedigung der Gläubiger durch anstehende Gewinne der Schuldnerin beschränkt. Der in diesen Verfahren notwendige Zeit- und Arbeitsaufwand ließ sodann vor Planverfahren im Allgemeinen zurückschrecken. Dies galt selbst für die Schar der Insolvenzverwalter, obwohl diese in erster Linie dazu aufgerufen wären, das Planverfahren zu forcieren.

20 Umgesetzt werden Planverfahren daher meist nur in Verfahren über das Vermögen natürlicher Personen zur Verkürzung der Restschuldbefreiung und in Verfahren, in denen zur Fortführung des Betriebes der Unternehmensträger erhalten werden muss. Letzteres kommt z. B. bei Dienstleistungsbetrieben mit einer Vielzahl von für die Fortführung notwendigen Dienstleistungsverträgen oder bei Schuldnern mit für die Fortführung notwendigen personenbezogenen Lizenzen oder Mietverträgen in Betracht. Bei Insolvenzverfahren über das Vermögen Selbstständiger hat das Planverfahren zudem erhebliche Konkurrenz durch die Einführung des § 35 Abs. 2 erhalten. War bei diesen für eine langfristige Fortführung des Betriebs zuvor noch die Durchführung eines Planverfahrens notwendig, bietet § 35 Abs. 2 zumindest bei kleiner Anzahl pfändbarer betriebsnotwendiger Vermögensgegenstände und geringen Überschüssen eine denkbare Alternative.

21 Die Einstellung zum Planverfahren wandelt sich jedoch langsam zum Positiven. Ursächlich hierfür sind zum einen die Berichterstattungen über geglückte Planverfahren größerer Unternehmen, wie bspw. Arcandor AG, Herlitz AG oder Senator Entertainment AG. Zum anderen erkennen immer mehr Verwalter weitere Vorteile des Planverfahrens. So ist das Planverfahren zwar kurzfristig arbeitsintensiv, kann jedoch insgesamt zu einer wesentlichen Verkürzung des Insolvenzverfahrens genutzt werden. Langfristige Tabellenbearbeitungen und Verwertungsmaßnahmen entfallen, Schlussberichte werden von einigen Gerichten für entbehrlich gehalten (s. jedoch § 258 Rdn. 7) und letztlich kann nach der Ausarbeitung eines Plans nach § 3e InsVV ein Vergütungszuschlag beantragt werden.

22 Die Änderungen i. R. d. **ESUG** führten zu einer weiteren Stärkung des Planverfahrens. Die mögliche Einbeziehung der Rechte der an dem Schuldner beteiligten Personen, die Einführung der Verjährungsfristen und des Vollstreckungsschutzes bei nachträglich geltend gemachten Forderungen sowie vor allem die erheblichen Begrenzungen der Beschwerderechte waren dringend notwendige, wenn auch teilweise noch ausbaufähige Änderungen. Verbleibende Unwägbarkeiten können reduziert werden, wenn es dem Plansteller gelingt, frühzeitig einen breiten Konsens zwischen den Beteiligten herzustellen.

23 Zur schnellen Umsetzung überaus hilfreich sind die mit Insolvenzantragstellung vorgelegten Pläne, die sog. »prepackaged plans«. Indes haben diese noch Seltenheitswert. Hier besteht jedoch die Hoffnung, dass sich dies durch die Einführung des Schutzschirmverfahrens ändern wird. Für diese Lösungen bedarf es jedoch insolvenzrechtlicher Kenntnisse und vor allem der Einstellung, dass ein Insolvenzverfahren nicht das Ende sein muss, sondern einen Anfang darstellen kann. Um zu dieser Einstellung zu gelangen, besteht nach wie vor erheblicher Aufklärungsbedarf.

Erster Abschnitt Aufstellung des Plans

§ 217 Grundsatz

[1]Die Befriedigung der absonderungsberechtigten Gläubiger und der Insolvenzgläubiger, die Verwertung der Insolvenzmasse und deren Verteilung an die Beteiligten sowie die Verfahrensabwicklung und die Haftung des Schuldners nach der Beendigung des Insolvenzverfahrens können in einem Insolvenzplan abweichend von den Vorschriften dieses Gesetzes geregelt werden. [2]Ist der Schuldner keine natürliche Person, so können auch die Anteils- oder Mitgliedschaftsrechte der am Schuldner beteiligten Personen in den Plan einbezogen werden.

Übersicht	Rdn.		Rdn.
A. Normzweck	1	1. Verfahrensabwicklung als weiterer dispositiver Bereich	8
B. Norminhalt	2	2. Anwendungsbereich	9
I. Dispositive Bereiche	2	IV. Beteiligte im Insolvenzplanverfahren	12
II. Zwingende Bereiche	7		
III. Verfahrensbegleitender Plan	8		

A. Normzweck

Die Vorschrift beschreibt die Bereiche, die einer Regelung im Insolvenzplan zugänglich sind und somit im Umkehrschluss auch diejenigen Bereiche, die i. R. d. Planverfahrens nicht disponibel sind. Durch das ESUG wurde die Vorschrift um die Wörter »die Verfahrensabwicklung« in Satz 1 (s. Rdn. 8 f.) und um Satz 2 (s. Rdn. 3) erweitert. 1

B. Norminhalt

I. Dispositive Bereiche

§ 217 zählt die möglichen **Regelungsbereiche** eines Plans **abschließend** auf (MK-Eidenmüller § 217 Rn. 96). Die Vorschrift gibt jedoch trotz des umfassenden Wortlauts **nicht** die Freiheit, durch den Plan **von allen Vorschriften** der InsO, die die Befriedigung der absonderungsberechtigten Gläubiger und der Insolvenzgläubiger, die Verwertung und die Verteilung betreffen, abzuweichen. Von Normen mit wesentlichen Schutzgarantien oder konstitutiver Bedeutung darf vielmehr auch durch einen Plan nicht abgewichen werden. Ob und inwieweit eine Norm einer Änderung durch den Plan zugänglich ist, hängt dabei jeweils von dem Sinn und Zweck der Norm ab (HK-Flessner § 217 Rn. 3). 2

Soweit die Vorschrift sowohl von der **Befriedigung** als auch von der Verwertung und der Verteilung spricht, decken sich die Bereiche teilweise. Wenn auch der Begriff der Befriedigung in der InsO unterschiedlich verwendet wird, legt § 1 zumindest nahe, der Befriedigung i. S. d. § 217 Auffangcharakter zuzuweisen. Die erste Alternative betrifft somit vor allem die Eingrenzung des im Planverfahren dispositiven Bereichs der InsO im Hinblick auf den Personenkreis. Nach Satz 1 können im Plan abweichende Regelungen für die absonderungsberechtigten Gläubiger und die Insolvenzgläubiger sowie über die Haftung des Schuldners getroffen werden. Der mit dem ESUG eingefügte Satz 2 erlaubt darüber hinaus Regelungen für die Anteils- und Mitgliedschaftsrechte der am Schuldner beteiligten Personen (zur Definition s. §§ 225a Rdn. 4 ff.). Nach Maßgabe des ebenfalls mit dem ESUG eingefügten § 210a sind im Fall der Masseunzulänglichkeit schließlich sogar abweichende Regelungen für die Massegläubiger möglich. Die Rechte der Aussonderungsberechtigten sowie auch die Rechte Dritter und des Insolvenzverwalters (BGH, ZInsO 2007, 436) sind allein durch einen Insolvenzplan nicht reduzierbar. Hiervon bleiben begünstigende Regelungen (s. beispielhaft § 123 Abs. 2) und Erklärungen Dritter für den Fall der Bestätigung des Plans (§ 230) unberührt. 3

Die **Verwertung** der Insolvenzmasse ist in den §§ 156 bis 173 geregelt. Diese Vorschriften sind grds. dispositiv. Mit der oben erwähnten allg. Einschränkung ist es jedoch nicht vereinbar, von den Vorschriften zum Berichtstermin (§§ 156 bis 158) abzuweichen. Denn der Berichtstermin ist zur Sicherstellung der Information der Gläubiger zwingend erforderlich (HK-Flessner § 217 Rn. 4). 4

Die Vorschriften über die **Verteilung** finden sich in den §§ 187 bis 201 und 203 bis 206. Teilweise wird angenommen, es dürfe von den §§ 189, 190 wegen der fehlenden Beteiligung, von § 194 wegen der durch die Norm gesicherten Verfahrensgarantie und von den §§ 203 bis 206 wegen der fehlenden Regelbarkeit im Planverfahren nicht abgewichen werden (HK-Flessner § 217 Rn. 5). Dieser Einschränkung ist jedoch nicht zu folgen (MK-Eidenmüller § 217 Rn. 122). Durch §§ 234, 251 und 253 werden die Gläubiger ausreichend geschützt. Für § 189 hat der BGH die Modifizierbarkeit durch einen Insolvenzplan ausdrücklich bestätigt (BGH, ZInsO 2010, 1448, 1449). Die Festsetzung der Verwaltervergütung durch das Gericht nach § 64 kann nicht abbedungen werden. Von § 63 abweichende Regelungen zur Vergütungshöhe binden lediglich den Insolvenzverwalter, 5 nicht jedoch das Insolvenzgericht (a. A. LG München I, ZInsO 2013, 1966; s. hierzu auch § 254 Rdn. 4). Nur eine Abweichung von der Verfahrensnorm zum Schlusstermin (§ 197) ist durch den Plan nicht möglich (MK-Eidenmüller § 217 Rn. 122; zu der möglichen Einschränkung des Schlusstermins durch einen Beschluss der Gläubigerversammlung s. jedoch § 258 Rdn. 4).

6 Mit der **Haftung des Schuldners** befassen sich die §§ 201, 202, 286 bis 303. Mit Ausnahme der prozessualen Verfahrensnorm § 202 sind diese Regelungen durch den Plan abänderbar. Dies wird durch die insolvenzplanspezifische Regelung zur Haftung des Schuldners in § 227 bestätigt. Die gesetzliche Weiterhaftung und die Voraussetzungen der Erlangung der Restschuldbefreiung können durch den Plan nicht nur vollkommen abbedungen, sondern auch lediglich modifiziert werden (so ab der 5. Aufl. auch HK-Flessner § 217 Rn. 6). Der Schutz der Beteiligten durch die Planvorschriften (§§ 231, 247 und 251) ist vollends ausreichend.

II. Zwingende Bereiche

7 Oben (vgl. Rdn. 2 ff.) wurden bereits einzelne Vorschriften benannt, von denen trotz des Wortlauts des Abs. 1, der die Verwertung, Verteilung und, Verfahrensabwicklung grds. zur Disposition stellt, keine Abweichung möglich ist. Daneben sind im Umkehrschluss zum Wortlaut die in der Norm nicht ausdrücklich erwähnten Bereiche gänzlich indisponibel. Dies sind vor allem die **Vorschriften über die allgemeinen Voraussetzungen des Insolvenzverfahrens** und **die Beteiligten** nach den §§ 1 bis 147. Mit dem ESUG wurde lediglich betreffend die Verpflichtung des Insolvenzverwalters zur Schlussrechnungslegung in § 66 Abs. 1 durch Anfügung eines Satz 2 eine abweichende Regelung im Plan für zulässig erklärt. Von den Regelungen über die Feststellung der Forderungen nach den §§ 174 bis 186 (BGH, ZInsO 2009, 478, 481) sowie den **Normen, die das Planverfahren selbst regeln**, und letztlich den Vorschriften, die ausdrücklich vom Insolvenzplanverfahren ausgenommen worden sind (s. HK-Flessner § 217 Rn. 7), kann nicht abgewichen werden. Dies hat sich auch mit der Ermöglichung verfahrensleitender Pläne durch das ESUG (vgl. Rdn. 8 ff.) nach dem Willen des Gesetzgebers nicht geändert (BT-Drucks. 17/7511, S. 48).

III. Verfahrensbegleitender Plan

1. Verfahrensabwicklung als weiterer dispositiver Bereich

8 Mit dem ESUG wurde auf Empfehlung des Rechtsausschusses auch die Verfahrensabwicklung ausdrücklich zur Disposition gestellt. Dies dient der Klärung der Zulässigkeit sog. verfahrensleitender (Frank, FS Braun, S. 219 ff.; LG Frankfurt am Main, ZIP 2007, 2229) bzw. verfahrensbegleitender (Heinrich, NZI 2008, 74 ff.) Insolvenzpläne (BT-Drucks. 17/7511, S. 48). Diese sind nicht auf eine von dem Regelverfahren abweichende Gesamtregelung zur Überwindung der Insolvenz gerichtet. Gemeint sind somit Pläne, die lediglich abweichende Regelungen für einzelne Verfahrensabschnitte vorsehen, während sich das Insolvenzverfahren und insb. dessen Aufhebung i. Ü. weiterhin nach den Vorschriften über das Regelverfahren richten (BT-Drucks. 17/7511, S. 48). Eine solche Vorgehensweise war zuvor in der Rspr. unter Hinweis auf §§ 258, 259 InsO für unzulässig erklärt worden (LG Frankfurt am Main, ZIP 2007, 2229, 2231, ausdrücklich offen gelassen BGH, ZInsO 2009, 478, 481). Der Gesetzgeber stellt klar, dass derartige Pläne, die das Regelverfahren lediglich begleiten und nicht ersetzen, im Interesse der bestmöglichen Gläubigerbefriedigung möglich sein sollen (BT-Drucks. 17/7511, S. 48). In der Praxis haben sich verfahrensbegleitende Pläne bisher nicht durchgesetzt.

2. Anwendungsbereich

9 Auch bei lediglich verfahrensbegleitenden Plänen darf **nur** in den oben (Rdn. 2 ff.) dargestellten **dispositiven Bereichen** von den Vorschriften über das Regelverfahren abgewichen werden. Damit sind die Plangestaltungen, anhand derer die Diskussion um die Zulässigkeit verfahrensbegleitender Pläne in Rspr. und Literatur überhaupt erst aufgekommen ist, weiterhin unzulässig. So lag der Entscheidung des LG Frankfurt am Main (ZIP 2007, 2229) und anschließend des BGH (ZInsO 2009,

478) eine Plangestaltung zugrunde, die die Festlegung einer Formel zur Berechnung von Anlegerforderungen zum Gegenstand hatte. Anhand eines solchen Plans war in der Literatur das Bedürfnis für verfahrensleitende Pläne erstmals artikuliert worden (Frank, FS Braun, S. 219, 227 ff.). Im konkreten Fall ist der Plan jedoch beim BGH zu Recht an der unzulässigen Abweichung von den Vorschriften über die Forderungsfeststellung gescheitert (vgl. oben Rdn. 7).

Grds. zulässig sind Abweichungen von der **Verwertung** nach § 159 (vgl. oben Rdn. 4). Dies wird in der Literatur vorgeschlagen, wenn für die Verwertung ein günstigerer Zeitpunkt abgewartet und der Geschäftsbetrieb zeitweilig fortgeführt werden soll (Frank, FS Braun, S. 219, 224). Handelt es sich bei dem Schuldner um eine natürliche Person, sind auch Plangestaltungen denkbar, im Rahmen derer ein gewinnbringender Geschäftsbetrieb gegen Einmalzahlung eines Plangaranten freigegeben wird. Der Schuldner könnte seinen Betrieb unbehelligt von dem Insolvenzverfahren fortführen, während der Insolvenzverwalter sich auf die Verwertung der verbliebenen Vermögensgegenstände konzentrieren kann. Im Einzelfall ist aber genau zu prüfen, inwieweit die gewünschte Gestaltung nicht einfacher durch eine entsprechende Beschlussfassung der Gläubigerversammlung gem. §§ 157, 159 herbeigeführt werden kann. 10

Relevanter sind die Vorschläge zu Abweichungen von den grds. dispositiven Regelungen über die **Verteilung** (vgl. oben Rdn. 5) im Rahmen von Plänen, die im Wesentlichen auf eine Fortführung des Geschäftsbetriebes außerhalb aber parallel zum Insolvenzverfahren abzielen, im Rahmen dessen noch weitere Masse generiert wird (Jacobi, ZInsO 2010, 2316; Frank, FS Braun, S. 219, 223 f.). Bei einer übertragenden Sanierung kann in diesem Sinne vereinbart werden, dass der Übernehmer statt der Zahlung eines Kaufpreises an die Masse aus den Erlösen des weitergeführten Geschäftsbetriebes direkt und unabhängig vom weiterlaufenden Insolvenzverfahren im Plan festgelegte Quotenzahlungen an die Gläubiger erbringt (ähnlich Frank, FS Braun, S. 219, 223 f.). Dies wäre sinnvoll, wenn der einzige in Betracht kommende Übernehmer nicht über ausreichende liquide Mittel verfügt, um die zur Fortführung erforderlichen Gegenstände zu erwerben. Für den planerstellenden Verwalter empfiehlt es sich, in dem Plan für den Fall eines Scheiterns der Planerfüllung dessen Haftung zu regeln. 11

IV. Beteiligte im Insolvenzplanverfahren

Der Begriff »Beteiligte« wird in Bezug auf den Insolvenzplan an zahlreichen Stellen im Gesetz verwendet. Den Regelungen zum Insolvenzplanverfahren liegt jedoch kein einheitlicher Begriff zugrunde (ähnl. auch MK-Eidenmüller § 217 Rn. 59 ff.). Zudem hat sich der Beteiligtenbegriff mit dem ESUG durch die Möglichkeit der Einbeziehung der **an dem Schuldner beteiligten Personen** mit ihren Anteils- und Mitgliedschaftsrechten in die Planregelung, Gruppenbildung und Abstimmung erheblich gewandelt (s. hierzu auch § 225a). Mithin muss davon ausgegangen werden, dass der Begriff des »Beteiligten« immer anhand des Zusammenhanges der einzelnen Norm, in dem er verwendet wird, bestimmt werden muss. Da folglich den einzelnen Regelungen unterschiedliche Beteiligtenbegriffe zugrunde liegen, wird insoweit auf die Kommentierung der jeweiligen Vorschrift verwiesen (s. aber auch Rdn. 3). 12

§ 218 Vorlage des Insolvenzplans

(1) ¹Zur Vorlage eines Insolvenzplans an das Insolvenzgericht sind der Insolvenzverwalter und der Schuldner berechtigt. ²Die Vorlage durch den Schuldner kann mit dem Antrag auf Eröffnung des Insolvenzverfahrens verbunden werden. ³Ein Plan, der erst nach dem Schlußtermin beim Gericht eingeht, wird nicht berücksichtigt.

(2) Hat die Gläubigerversammlung den Verwalter beauftragt, einen Insolvenzplan auszuarbeiten, so hat der Verwalter den Plan binnen angemessener Frist dem Gericht vorzulegen.

(3) Bei der Aufstellung des Plans durch den Verwalter wirken der Gläubigerausschuß, wenn ein solcher bestellt ist, der Betriebsrat, der Sprecherausschuß der leitenden Angestellten und der Schuldner beratend mit.

Übersicht	Rdn.		Rdn.
A. Normzweck	1	3. Mehrere Vorlagen	5
B. Norminhalt	2	II. Zeitraum, Form und Zuständigkeit	6
I. Vorlageberechtigte	2	III. Auftrag (Abs. 2)	9
1. Insolvenzverwalter	3	IV. Mitwirkung (Abs. 3)	14
2. Schuldner	4	V. Planrücknahme	15

A. Normzweck

1 Die Vorschrift regelt das Recht der Planvorlage. Gleichzeitig legt sie fest, wie das Planverfahren eingeleitet wird.

B. Norminhalt

I. Vorlageberechtigte

2 Das Gesetz zählt **abschließend** die Vorlageberechtigten auf.

1. Insolvenzverwalter

3 Nach Abs. 1 Satz 1, 1. Alt. ist der **Insolvenzverwalter** zur Planvorlage berechtigt. Dem Wortlaut entsprechend handelt es sich um ein **originäres Vorlagerecht** (a. A. Schiessler, Der Insolvenzplan, S. 98). Eine Verpflichtung zur Vorlage unabhängig von Abs. 2 besteht nicht (a. A. HK-Flessner § 218 Rn. 11; K. Schmidt/Spliedt, § 218 Rn. 8). Sind erkennbare Aussichten für einen wirtschaftlich erfolgreichen Plan vorhanden, hat der Verwalter die Gläubiger nach § 156 hierüber zu informieren. Der Verwalter kann jedoch bei Sanierungsplanverfahren leicht in Konflikt geraten: Gewährt der von ihm erstellte Plan Gläubigern Vorteile, führt dies oft zu Nachteilen aufseiten des Schuldners, die wiederum zu einer Gefährdung der dauerhaften Sanierung führen können. Am deutlichsten wird dies bei der Festsetzung der Ausschüttungsquote. Daher werden in der Praxis häufig Dritte mit der Planerstellung auf Kosten der Masse mit Zustimmung der Gläubigerversammlung beauftragt und der Plan dann vom Schuldner vorgelegt (s. hierzu auch Rdn. 4a). Nach dem Wortlaut der Vorschrift ist der **vorläufige Insolvenzverwalter nicht** zur Planvorlage berechtigt. Gleichwohl ist dieser in der Praxis häufig der Planverfasser. Der Sachwalter im Eigenverwaltungsverfahren hat kein originäres Vorlagerecht, kann jedoch gem. § 284 Abs. 1 von der Gläubigerversammlung mit der Planerstellung beauftragt werden. Die **Planerstellung** kann der Insolvenzverwalter/Sachwalter nach § 3 Abs. 1e) InsVV im Rahmen des Vergütungsantrages als Erhöhungstatbestand geltend machen. In Verbraucherinsolvenzverfahren mit überschaubarer Masse, bei denen der Schuldner selbst zur Planerstellung häufig nicht in der Lage sein wird, steht zu befürchten, dass die Bereitschaft des Treuhänders, einen Plan zu erstellen, gering sein wird.

2. Schuldner

4 Daneben ist der **Schuldner** zur Planvorlage berechtigt (Abs. 1 Satz 1, 2. Alt.). Ein eigener Eröffnungsantrag ist hierfür nicht zwingend notwendig (a. A. Smid, WM 1996, 1249, 1252). § 18 Abs. 3 ist analog anzuwenden (MK-Eidenmüller § 218 Rn. 73 f.). Allerdings sind bei mehreren **alleinvertretungsberechtigten Mitgliedern** des Vertretungsorgans diese nur gemeinschaftlich vorlageberechtigt (MK-Eidenmüller § 218 Rn. 76). Zwar könnte bei einer Vorlageberechtigung jedes vertretungsberechtigten Mitgliedes der vom Gesetzgeber gewollte Wettbewerb der besten Verwertung (BT-Drucks. 12/2443, S. 92) in Gang gesetzt werden. Der Wortlaut und § 247 legen jedoch einen gemeinschaftlichen Willen des Schuldners nahe. Die **persönlich haftenden Gesellschafter** haben kein eigenes Planvorlagerecht.

Der BGH (ZInsO 2008, 101, 102 f.) hat die herrschende Lehre (MK-Eidenmüller § 218 Rn. 94 ff.; FK-Jaffé § 218 Rn. 22 f.) grds. bestätigt, wonach der Schuldner die **Kosten der Planerstellung** für einen von ihm vorgelegten Plan nicht aus der Masse erstattet verlangen kann. Dies entspricht auch der in dem letztlich gestrichenen § 256 Abs. 1 Satz 1 RegEInsO vorgesehenen Regelung (BT-Drucks. 12/2443, S. 50). Allerdings bejaht der BGH im Einzelfall die Möglichkeit der Kostentragung durch die Masse, wenn realistische Aussichten auf eine bessere Befriedigung der Gläubiger im Planverfahren als im Wege der Regelinsolvenz bestehen (so zumindest ausdrücklich für den Fall der Zustimmung durch den vorläufigen Verwalter BGH, ZInsO 2008, 101, 103). Gegen eine derartige Zustimmung des vorläufigen Verwalters oder eine Massefreigabe durch den Verwalter zur Förderung der Wahrnehmung verfahrensrechtlicher Befugnisse des Schuldners bestehen allerdings erhebliche Bedenken (MK-Eidenmüller § 218 Rn. 98). Wenn durch einen Plan bessere Ergebnisse erzielbar sind, ist der Insolvenzverwalter gehalten, sich der Planerstellung selbst anzunehmen. Möglich ist allerdings eine Kostentragung durch die Masse mit einer entsprechenden Genehmigung der Gläubigerversammlung oder mit einer Planregelung, die den Kostenersatz für den Fall der rechtskräftigen Bestätigung des Plans vorsieht (MK-Eidenmüller § 218 Rn. 97). 4a

3. Mehrere Vorlagen

Jeder Planvorlageberechtigte kann unabhängig von dem Verhalten des anderen Planvorlageberechtigten einen Plan vorlegen. Die Zulässigkeit der Vorlage mehrerer Pläne durch einen Vorlegenden ist hingegen umstritten. Die praktische Relevanz des Streits ist allerdings überaus gering. Aufgrund des vom Gesetzgeber beabsichtigten Wettbewerbs um die beste Art der Masseverwertung (BT-Drucks. 12/2443, S. 92) sind mehrere Planvorlagen jedoch **zulässig** (differenzierender MK-Eidenmüller § 218 Rn. 124 ff. m. w. N.; zu dem Verfahrensablauf § 235 Rdn. 5; zu der Zulässigkeit einer eigenen Planvorlage des Verwalters bei gleichzeitigem Auftrag der Gläubigerversammlung Rdn. 11). 5

II. Zeitraum, Form und Zuständigkeit

Der Plan sollte so früh wie möglich vorgelegt werden. Dem **Schuldner** ist dies bereits mit der Antragstellung möglich (Abs. 1 Satz 2). Strebt er gleichzeitig die Eigenverwaltung an, kommt das mit dem ESUG eingeführte Schutzschirmverfahren nach § 270b in Betracht (zu den Voraussetzungen s. Kommentierung zu § 270b). Der **Verwalter** kann einen Plan ab seiner Bestellung einreichen. Spätester Termin für die Einreichung ist der Schlusstermin. 6

Die Vorlage bedarf der **Schriftform**. Dies ergibt sich aus § 234. Der notariellen Form bedarf es unabhängig von den vorgesehenen Erklärungen und unabhängig von der betroffenen Masse nicht. Ein förmlicher **Antrag** ist nicht notwendig. Die Vorlage des Plans reicht aus, um das Planverfahren in Gang zu setzen. 7

Die **Zuständigkeit** für das Planverfahren ändert sich mit Inkrafttreten der Änderungen des RPflG durch das ESUG zum 01.01.2013. Zuständig für das eröffnete Insolvenzverfahren ist gem. § 3 Nr. 2e RPflG grds. der Rechtspfleger. Bisher konnte sich der Richter das Planverfahren lediglich gem. § 18 Abs. 2 RPflG vorbehalten. § 18 Abs. 1 Nr. 2 RPflG n. F. enthält nach dem ESUG nunmehr einen gesetzlichen Richtervorbehalt für das Planverfahren (ausführl. zu Hintergründen und Kritik vor §§ 217 Rdn. 14). 8

III. Auftrag (Abs. 2)

Der **Umfang** der Auftragsbefugnis der Gläubigerversammlung nach Abs. 2 ist umstritten. 9

Die Gläubigerautonomie gebietet eine **weite Auslegung** des Umfangs der Auftragsbefugnis (Hess § 218 Rn. 42 ff.; K/P/B-Otte § 245 Rn. 24; a. A. MK-Eidenmüller § 218 Rn. 18 ff.). Der Gesetzgeber hatte ursprünglich ein eigenes Initiativrecht der Gläubiger vorgesehen (§§ 244, 245 RefE). Aus Furcht vor einer Verfahrensbehinderung durch eine Vielzahl eingereichter Pläne fand dies keinen Eingang in die InsO (BT-Drucks. 12/7302, S. 181). Bei dem nun geregelten mittelbaren Initiativrecht ist eine derartige Behinderung nicht zu befürchten. Die Gläubigerversammlung kann 10 demnach dem Verwalter inhaltliche Vorgaben machen. Hinsichtlich des Ziels des Plans ergibt sich dies bereits aus dem Wortlaut des § 157 Satz 2. Doch auch die Vorgabe einer **konkreten Planvorlage** ist von der Auftragsbefugnis gedeckt (K/P/B-Otte § 218 Rn. 35; a. A. MK-Eidenmüller § 218 Rn. 18 ff.). Der Wortlaut – »auszuarbeiten« – ist zwar zumindest mehrdeutig, gewährt man aufgrund der Gläubigerautonomie aber weitgehende Rechte, kann die Möglichkeit der eigenen Formulierung keinen Unterschied machen.

11 Um dem unmittelbaren Planinitiativrecht gerecht zu werden, ist dem Verwalter jedoch weiterhin ein **originäres Vorlagerecht** einzuräumen. Die Gläubigerversammlung kann daher den Verwalter nicht durch einen »**Negativbeschluss**« von der Einreichung einer Planvorlage abhalten (Uhlenbruck-Lüer § 218 Rn. 5 f.; HK-Flessner § 218 Rn. 7; a. A. MK-Eidenmüller § 218 Rn. 31). Die Gläubigerautonomie ist insoweit nicht eingeschränkt, denn es handelt sich nur um die Vorlage eines Plans, über den die Gläubiger noch abstimmen werden. Dabei ist zu berücksichtigen, dass die Zusammensetzung in der ersten Gläubigerversammlung nicht identisch mit der Zusammensetzung im Abstimmungstermin sein muss. Das Ergebnis im Abstimmungstermin ist somit trotz der ablehnenden Haltung in der Gläubigerversammlung offen. Zudem kann der Verwalter trotz eines positiven Auftrages der Gläubigerversammlung zur Planerstellung gem. § 157 weiterhin einen **eigenen Plan** vorlegen (a. A. MK-Eidenmüller § 218 Rn. 29; HK-Flessner § 218 Rn. 10). Zwar kann dies zu einem höheren Zeit- und Arbeitsaufwand des Verwalters führen, bereits der dadurch gewährleistete Wettbewerb der Insolvenzpläne spricht jedoch für das eigene Planvorlagerecht. Auch ist bei konkreten Vorgaben der Gläubigerversammlung zu berücksichtigen, dass durch Änderungen des Sachverhalts wesentliche, zu einem neuen Plan führende Änderungen notwendig sein können. Die Möglichkeit der eigenen Planvorlage führt letztlich auch zu der Zulässigkeit der Beauftragung des Verwalters, der bereits einen Plan vorgelegt hat. Mit der Umsetzung des Auftrages kann der Verwalter sofort beginnen, ohne seinen bisherigen Plan zurücknehmen oder auf dessen Abweisung warten zu müssen (a. A. K/P/B-Otte § 218 Rn. 16). Unabhängig hiervon sollte jedoch das Ziel aller Beteiligten die Vorlage eines einzigen Plans sein. Um sich der Akzeptanz und Unterstützung der Gläubiger für die Umsetzung seines Planvorhabens zu versichern, wird daher ein Verwalter im Idealfall nach der Vorstellung des Konzepts im Berichtstermin auf die Erteilung eines entsprechenden Auftrages durch die Gläubigerversammlung hinwirken.

12 Die **Frist** zur Vorlage hängt von den Umständen des Einzelfalles ab (Uhlenbruck-Lüer § 218 Rn. 34). Der Buchhaltungsstand und die Größe des schuldnerischen Unternehmens sowie die Vorarbeiten des Verwalters, aber auch die meist bestehende Zeitnot sind zu berücksichtigen. Bei Fristversäumnis sind Aufsichtsmaßnahmen des Gerichtes nach §§ 58 ff. möglich.

13 Bei einer **Eigenverwaltung** ist gem. § 284 der Sachwalter oder der Schuldner mit der Planvorlage zu beauftragen.

IV. Mitwirkung (Abs. 3)

14 Abs. 3 betrifft ausdrücklich nur vom Verwalter vorgelegte Pläne. Er begründet eine **beidseitige Verpflichtung**. Die Vorschrift soll es den dort genannten Organen und dem Schuldner ermöglichen, kritisch Einfluss auf die Plankonzeption des Verwalters zu nehmen (MK-Eidenmüller § 218 Rn. 57). Zudem dient eine derartige Einbeziehung der Konsensfähigkeit des zu entwickelnden Plans (FK-Jaffé § 218 Rn. 50). Das Ausmaß der Pflichten ist aufgrund des meist bestehenden zeitlichen Drucks jedoch gering. Den **Verwalter** trifft die Pflicht zur **Information**, Auseinandersetzung sowie – ggf. im darstellenden Teil – Stellungnahme. Die in Abs. 3 genannten **Beteiligten** trifft hingegen die Pflicht zur **Mitwirkung** (MK-Eidenmüller § 218 Rn. 46 ff.; a. A. HK-Flessner § 218 Rn. 14). Fehlt es verschuldet durch den Verwalter an einer ordnungsgemäßen Mitwirkung, kann dies zur Zurückweisung des Plans nach § 231 Abs. 1 Nr. 1 führen (MK-Eidenmüller § 218 Rn. 56; a. A. Uhlenbruck-Lüer § 218 Rn. 50). Allerdings sind hierfür die – rgm. geringen – Anforderungen an das Ausmaß der Mitwirkung und die durch eine Zurückweisung eintretende Verfahrensverzögerung sorgfältig gegeneinander abzuwägen (s. a. § 231 Rdn. 5). Hat der **vorläufige Insolvenzverwalter** einen Insolvenzplan ausgearbeitet (s. aber Rdn. 3), ist es aus Gründen der Verfahrensökonomie sinnvoll, wenn

die freiwillig von ihm initiierte Mitwirkung der in Abs. 3 genannten Personen gleiche Wirkung entfaltet (so zumindest bei Identität von vorläufigem und endgültigem Verwalter, MK-Eidenmüller § 218 Rn. 39 f.). Hält der vorläufige Insolvenzverwalter die Mitwirkung eines vorläufigen Gläubigerausschusses für hilfreich, kann er die Bestellung nach dem durch das ESUG eingefügten § 22a Abs. 2 beantragen.

V. Planrücknahme

Die Rücknahme des Antrags auf Durchführung des Planverfahrens ist bis zur rechtskräftigen Bestätigung **zulässig** (Uhlenbruck-Lüer § 218 Rn. 54; a.A. MK-Eidenmüller § 218 Rn. 151 ff., der in Konsequenz zu seiner Auffassung über die Berechtigung der Gläubigerversammlung zur Planuntersagung auf den Beginn der Abstimmung der Gläubiger im Erörterungstermin abstellt). **Rücknahmeberechtigt** ist grds. die Person, die den Plan vorgelegt hat. Bei einem konkreten Auftragsplan (s. Rdn. 10) bedarf es jedoch eines entsprechenden Beschlusses der Gläubigerversammlung (K/P/B-Otte § 218 Rn. 48; a.A. MK-Eidenmüller § 218 Rn. 148 und K. Schmidt/Spliedt, § 218 Rn. 13). 15

§ 219 Gliederung des Plans

¹Der Insolvenzplan besteht aus dem darstellenden Teil und dem gestaltenden Teil. ²Ihm sind die in den §§ 229 und 230 genannten Anlagen beizufügen.

Übersicht

	Rdn.		Rdn.
A. Normzweck	1	B. Norminhalt	2

A. Normzweck

Die Vorschrift bestimmt eine standardisierte Gliederung des Plans. Zielsetzung der Gliederung ist die Information der Beteiligten und des Gerichts über Grundlagen, Gegenstand und Auswirkungen des Plans (BT-Drucks. 12/2443, S. 197). 1

B. Norminhalt

Der Insolvenzplan ist **zwingend** in einen darstellenden und einen gestaltenden Teil **zu gliedern**. Der in § 220 geregelte darstellende Teil dient der Information der Beteiligten und des Gerichts. Der in § 221 geregelte gestaltende Teil legt die Änderung der Rechtsstellung der Beteiligten dar und legt damit den vollstreckbaren Inhalt des Plans fest (vgl. § 221 Rdn. 7 ff.). Aufgrund dieser unterschiedlichen Ausrichtung und der ggf. wesentlichen, im gestaltenden Teil beschriebenen Auswirkungen ist zwischen den Teilen deutlich zu trennen (HK-Flessner § 219 Rn. 2). 2

Einen **Gliederungsvorschlag** hat u.a. das IDW veröffentlicht (WPg 2000, 285 ff.). Daran angelehnt kann eine grobe Gliederung wie folgt aussehen: 3
1. Darstellender Teil
   Grundsätzliche Ziele des Plans und dessen Regelungsstruktur für die Beteiligten
   Gruppenbildung
   Umgestaltungskonzept
   Unternehmensdaten einschließlich Entwicklung nach Insolvenzantragstellung
   Analyse des Unternehmens (Insolvenzursachenanalyse, Lagebeurteilung)
   Leitbild des durch den Insolvenzplan umzugestaltenden Unternehmens
   Für die Realisierung des Insolvenzplans notwendige Maßnahmen
   Zusammenfassung der Ergebnisse für die Gläubiger bei Annahme des Plans
   Vergleichsrechnung
2. Gestaltender Teil
   Allgemeine Regelungen
   Gruppenbildung

Veränderung der Rechtsstellung der Beteiligten
Abfindungen/Salvatorische Klauseln
Wirksamkeitszeitpunkt
Inkrafttreten des Insolvenzplans
Rückstandsregelung nach § 255 InsO
Planüberwachung
Zustimmungsbedürftige Rechtsgeschäfte nach § 263 InsO
3. Plananlagen
Allgemeine Plananlagen, bspw. Jahresabschlüsse oder Gesellschaftsverträge
Plananlagen gem. §§ 153, 229 InsO
Ergänzende Plananlagen gem. §§ 226, 230 InsO
Gläubigerverzeichnisse, ggf. unterteilt nach Gruppen

§ 220 Darstellender Teil

(1) Im darstellenden Teil des Insolvenzplans wird beschrieben, welche Maßnahmen nach der Eröffnung des Insolvenzverfahrens getroffen worden sind oder noch getroffen werden sollen, um die Grundlagen für die geplante Gestaltung der Rechte der Beteiligten zu schaffen.

(2) Der darstellende Teil soll alle sonstigen Angaben zu den Grundlagen und den Auswirkungen des Plans enthalten, die für die Entscheidung der Beteiligten über die Zustimmung zum Plan und für dessen gerichtliche Bestätigung erheblich sind.

Übersicht	Rdn.			Rdn.
A. Normzweck	1		1. Inhalte nach Abs. 1	4
B. Norminhalt	2		2. Inhalte nach Abs. 2	5
I. Zweck des darstellenden Teils	2	III.	Adressatenkreis	8
II. Inhalt des darstellenden Teils	3			

A. Normzweck

1 Die Vorschrift enthält allgemeine Bestimmungen über Inhalt (Abs. 1 und 2 Halbs. 1) und Zweck (Abs. 2 Halbs. 2) des darstellenden Teils.

B. Norminhalt

I. Zweck des darstellenden Teils

2 Der darstellende Teil ist der erste Teil des Plans. Er dient ausschließlich der **Information** und soll den Beteiligten und dem Gericht die Möglichkeit bieten, das Planverfahren nachzuvollziehen, um umfassend informiert entscheiden zu können.

II. Inhalt des darstellenden Teils

3 Allgemein betreffen die Informationen des darstellenden Teils das Ziel des Plans, den Weg, auf dem dieses Ziel erreicht werden soll, und dessen Grundlagen.

1. Inhalte nach Abs. 1

4 Die in **Abs. 1** beschriebenen Informationen sind bereits dem Wortlaut nach **zwingend** darzustellen. Sie umfassen sowohl die bisher erfolgten Maßnahmen als auch vor allem die Maßnahmen, die zu den im gestaltenden Teil aufgeführten Änderungen der Rechte der Beteiligten führen sollen. Auch wenn die **Gruppenbildung** bzw. deren Erläuterung nicht ausdrücklich als Inhalt des darstellenden Teils erwähnt wird, sollte sie bereits dort **erläutert** werden (MK-Eidenmüller § 222 Rn. 22). Dies führt zum besseren Verständnis des gestaltenden Teils, ergibt sich in den meisten Fällen aber auch

aus den zwingend anzugebenden anstehenden Maßnahmen. Bei einer Vielzahl beteiligter Gruppen empfiehlt sich zudem die nach Gruppen unterteilte Benennung der einzelnen Beteiligten in dem Plan beizufügenden Listen.

2. Inhalte nach Abs. 2

Die in **Abs. 2** bestimmten Angaben sind dem Wortlaut nach (»soll ... enthalten«) disponibel. Nach dem BGH ist aber auch Abs. 2 dem Sinn und Zweck der Norm entsprechend als zwingende Regelung zu lesen (BGH, ZInsO 2009, 1252 und DB 2012, 225). In der Praxis sind die Angaben gem. Abs. 2 für Erfolg und Misserfolg des Plans meist ausschlaggebend. Wesentliche Inhalte sind dabei grds. die bisherige Entwicklung des Schuldners, dessen rechtliche, finanz- und leistungswirtschaftlichen Verhältnisse unter Berücksichtigung insolvenzspezifischer Besonderheiten wie Sonderaktiva und Lösungsmöglichkeiten bei schwebenden Verträgen (vgl. K. Schmidt/Spliedt § 220 Rn. 5) sowie eine Analyse der Ursachen der Insolvenz. Bei unternehmerisch tätigen Schuldnern sind auch die Organisationsstruktur, die Sanierungsbedürftigkeit, die Sanierungsfähigkeit und schließlich auch die Eignung und Erforderlichkeit konkreter Sanierungsmaßnahmen darzustellen (zur Gliederung s. WPg 2000, 283, 285 ff. u. § 219 Rdn. 3).

Unter Berücksichtigung der im RegE noch erwähnten, nur aus redaktionellen Gründen gestrichenen Beispiele (BT-Drucks. 12/7302, S. 182) empfiehlt es sich, neben den oben erwähnten Informationen auch darzulegen, ob Gläubiger am Schuldner **beteiligt** sind und **Insolvenzstraftaten** bei dem Schuldner respektive dessen Vertretern vorliegen. Bei Nichtangabe von Insolvenzstraftaten ist nach der Rechtsprechung des BGH die Bestätigung des Plans nach § 250 Nr. 1 zu versagen, wenn der Plan eine Unternehmensfortführung vorsieht. Begründet wird dies mit der aufgrund der Verurteilung zweifelhaften Zuverlässigkeit und Eignung des Schuldners für die Unternehmensfortführung (BGH, DB 2012, 225). Mit dieser Begründung ergibt sich auch eine Pflicht zur Angabe anderer Tatsachen, aus denen sich erhebliche Zweifel an der Zuverlässigkeit und Eignung zur Unternehmensfortführung ergeben. Allein der Umstand, dass eine Tatsache einen Grund für die **Versagung der Restschuldbefreiung** darstellen könnte, verpflichtet aber den Schuldner nicht, diese im Plan darzulegen (BGH, ZInsO 2009, 1252, 1254 und DB 2012, 225). Anderes sei nicht mit der Darlegungs- und Beweislast des Gläubigers für Versagungsgründe gem. §§ 290 Abs. 2, 297 Abs. 2 zu vereinbaren. Sofern der Verwalter den Plan vorlegt, trifft ihn einhergehend mit der gesetzlichen Aufgabenverteilung und der Darlegungs- und Beweislast keine Verpflichtung, Versagungsgründe zu ermitteln (BGH, DB 2012, 225). Hat er jedoch Kenntnis von derartigen Tatsachen, ist er aufgrund seiner neutralen Stellung gehalten, diese im Plan anzugeben.

Ein Schwerpunkt der Darstellung sollte in der sog. **Vergleichsrechnung** liegen. Verglichen wird dabei der Umfang der Gläubigerbefriedigung bei einer Verwertung der Masse mit und ohne Plan. Die Vergleichsrechnung ist wesentlich für die Entscheidungen der Gläubiger, des Gerichts und des Schuldners (§§ 245 Abs. 1 Nr. 1, 247 Abs. 2 Nr. 1 und § 251 Abs. 1 Nr. 2). Für die Vergleichsrechnung gilt der Grundsatz, nur **überwiegend wahrscheinliche Tatsachen** zu berücksichtigen (LG Traunstein, ZInsO 1999, 577, 580). Bei der Bewertung ist dabei auf den **Zeitpunkt** des Wirksamwerdens des Plans abzustellen. Entsprechend sind die Beträge evtl. abzuzinsen. **Regelmäßig** wird der Vergleichsrechnung der **Liquidationswert** als Basis zugrunde gelegt. Der Erlöseines asset deals kommt als Vergleichsgrundlage nur in Betracht, wenn ein konkretes, ernst zu nehmendes Angebot vorliegt (a. A. K. Schmidt/Spliedt § 220 Rn. 6). Anderenfalls könnten Insolvenzpläne allzu leicht durch Scheinangebote manipuliert bzw. torpediert werden. Bei auch ohne Plan bestehenden langfristigen Fortführungsmöglichkeiten stellt die Vergleichsrechnung den Planverfasser vor erhebliche Bewertungsprobleme. Auch in diesen Fällen ist jedoch nur der überwiegend wahrscheinliche Verfahrensablauf zu unterstellen. Ähnliche Bewertungsschwierigkeiten bereitet die Vergleichsrechnung bei Insolvenzverfahren über das Vermögen natürlicher Personen. I. d. R. müssen hier die Befriedigungsaussichten durch zu erwartende Einnahmen in der Restschuldbefreiungsphase als Vergleichswert zugrunde gelegt werden. Wurden hingegen keine Restschuldbefreiung beantragt oder Forderungen aus unerlaubter Handlung festgestellt, umfasst die Prognose den Zeitraum bis zur

Verjährung der jeweiligen Forderung. Je kürzer der Zeitraum ist, der von der Vergleichsrechnung umfasst ist, desto fundierter kann die Vergleichsrechnung ausfallen. Auch die nach dem Plan vorgesehenen Maßnahmen sollten daher kurzfristig umgesetzt werden. Dies schafft letztlich auch einen Anreiz für die Gläubiger, dem Plan zuzustimmen.

III. Adressatenkreis

8   Adressaten des Plans sind das Gericht, die Gläubiger, der Schuldner und die am Schuldner beteiligten Personen, soweit diese mit ihren Anteils- oder Mitgliedschaftsrechten gem. § 225a in den Plan einbezogen werden. Ist der Schuldner eine Gesellschaft ohne Rechtspersönlichkeit oder eine KGaA sind unter Berücksichtigung des § 227 Abs. 2 deren persönlich haftende Gesellschafter auch ohne Einbeziehung ihrer Rechte nach § 225a Adressaten. Darüber hinaus sind Empfänger gem. § 235 Abs. 3 der Betriebsrat, der Sprecherausschuss der leitenden Angestellten und die amtliche Berufsvertretung. Da der Nachvollziehbarkeit des darstellenden Teils maßgebliche Bedeutung für die Chancen der Planannahme zukommt, stellt dieser umfangreiche und vielschichtige Adressatenkreis besondere Anforderungen an den Planverfasser. Eine kurze, prägnante und weder zu betriebswirtschaftliche noch zu juristische Sprache ist hilfreich.

§ 221   Gestaltender Teil

¹Im gestaltenden Teil des Insolvenzplans wird festgelegt, wie die Rechtsstellung der Beteiligten durch den Plan geändert werden soll. ²Der Insolvenzverwalter kann durch den Plan bevollmächtigt werden, die zur Umsetzung notwendigen Maßnahmen zu ergreifen und offensichtliche Fehler des Plans zu berichtigen.

Übersicht

	Rdn.		Rdn.
A. Normzweck	1	III. Weiterer möglicher Inhalt des gestaltenden Teils	10
B. Norminhalt	2		
I. Beteiligte	3	IV. Ermächtigung zu Maßnahmen und Korrekturen (Satz 2)	11
II. Änderung der Rechtsstellung	7		
1. Definition der Änderung	7	1. Allgemein	11
2. Differenzierung nach Beteiligten	8	2. Maßnahmen	12
3. Auswirkung der Änderungen	9	3. Planberichtigungen	13

A. Normzweck

1   Satz 1 der Vorschrift definiert den gestaltenden Teil des Insolvenzplans. Dieser Teil ist das Kernstück des Plans. Er enthält die durch den Plan zu verwirklichenden Rechtsänderungen (BT-Drucks. 12/2443, S. 199) einschließlich einer Gruppeneinteilung. § 221 stellt die Grundnorm dar. Die Details sind in den §§ 222 bis 228 erläutert. Satz 2 wurde auf Empfehlung des Rechtsausschusses mit dem ESUG in die Vorschrift eingefügt. Er regelt die Möglichkeit, den Insolvenzverwalter im Plan zur Planumsetzung und Planberichtigung zu ermächtigen. Begründet wird die Regelung mit dem Bedürfnis, Unzulänglichkeiten im Plan korrigieren zu können, ohne erneut eine Gläubigerversammlung einberufen zu müssen (BT-Drucks. 17/7511, S. 48). Flankiert wird die Vorschrift durch § 248a. Dieser regelt das Erfordernis und das Verfahren einer gerichtlichen Bestätigung für etwaige auf Grundlage einer Ermächtigung nach Satz 2 durch den Insolvenzverwalter vorzunehmende Berichtigungen (vgl. die Kommentierung zu § 248a).

B. Norminhalt

2   Der gestaltende Teil legt die Änderung der Rechtsstellung der Beteiligten durch den Plan fest. Daher ist bei der Formulierung im Hinblick auf § 257 auf die **Vollstreckungsfähigkeit** zu achten. Die Regelungen eines Insolvenzplans sollten grds. klar und ohne Weiteres verständlich abgefasst werden. Dies bedeutet jedoch nicht, dass der Plan keiner **Auslegung** zugänglich ist, vielmehr sind

selbst generelle und abstrakte Anordnungen nach den allg. Regeln (§§ 133, 157 BGB) auszulegen (BGH, ZInsO 2006, 38, 39).

I. Beteiligte

Der Begriff »Beteiligte« findet sich an vielen Stellen im Gesetz, ohne definiert zu werden (vgl. § 217 Rdn. 10). Aus dem Sinnzusammenhang lässt sich entnehmen, dass für den Beteiligtenbegriff i. S. d. § 221 der aus der freiwilligen Gerichtsbarkeit entstammende Begriff der »materiell Beteiligten« Pate stand (Schiessler, Der Insolvenzplan, S. 72). Beteiligte i. S. d. § 221 sind somit diejenigen, deren **Rechtsstellung** durch den Insolvenzplan **geändert wird**.

Dies sind in erster Linie die Insolvenzgläubiger und die nachrangigen Gläubiger mit ihren Insolvenzforderungen, die Absonderungsberechtigten mit ihren Absonderungsrechten, nach dem ESUG ebenfalls Anteilsinhaber des Schuldners, soweit in deren Anteils- oder Mitgliedschaftsrechte eingegriffen wird, Massegläubiger nach Maßgabe des eingefügten § 210a sowie der Schuldner als sog. »**zwangsweise** Planunterworfene« (MK-Eidenmüller § 221 Rn. 20). In diese Rechte dieser Personen kann auch gegen deren Willen und auch bei fehlender Teilnahme eingegriffen werden.

Beteiligte i. S. d. § 221 können aber auch Aussonderungsberechtigte, der Insolvenzverwalter (BGH, ZInsO 2007, 436) oder Dritte sein. Dritte sind hierbei neben Auffang- oder Übernahmegesellschaften und Neumassegläubigern auch Insolvenzgläubiger, Absonderungsberechtigte, am schuldnerischen Unternehmen beteiligte Personen sowie Altmassegläubiger, soweit die Änderungen nicht die Rechtsstellung aufgrund der Insolvenzforderung, des Absonderungsrechts, der Anteils- oder Mitgliedschaftsrechte bzw. der Masseforderung betreffen. Insofern kommt jedoch ausschließlich eine **freiwillige Planunterwerfung** in Betracht.

Denkbar wäre es, § 221 nur auf die zwangsweise Planunterworfenen anzuwenden (so HK-Flessner § 221 Rn. 2 f.). Hierfür könnte die gem. § 254 Abs. 1 Satz 1 sehr weitreichende Wirkung der Aufnahme in den gestaltenden Teil sprechen. Aus der Systematik und § 228 ergibt sich jedoch, dass jegliche Eingriffe in den gestaltenden Teil aufgenommen werden sollen. Ausreichend geschützt werden die freiwillig Planunterworfenen durch die sich aus § 230 Abs. 3 ergebende Pflicht, bei einem Eingriff in deren Rechte ihre Zustimmungserklärung hinzuzufügen. Fehlt es an einer derartigen Erklärung, ist der Plan vom Gericht nach § 231 zurückzuweisen. Unzutreffend (so auch K. Schmidt/Spliedt, § 217 Rn. 7) ist daher die Entscheidung des OLG Düsseldorf (ZInsO 2008, 1142), wonach ein im gestaltenden Teil vorgesehener Verzicht auf den Unterhalt, der nicht Insolvenzforderung ist, gem. §§ 221, 254 über § 245 Wirkung entfaltet, obwohl die Unterhaltsgläubigerin keine entsprechende separate Erklärung abgegeben und zu alledem im Abstimmungstermin gegen den Plan gestimmt hat. Der Planverfasser hat somit im gestaltenden Teil deutlich zwischen den Änderungen für die zwangsweise Planunterworfenen und den Änderungen für die freiwillig Planunterworfenen zu unterscheiden und für Letztgenannte auf die Anlagen zu verweisen.

II. Änderung der Rechtsstellung

1. Definition der Änderung

Änderung der Rechtsstellung ist jede Abweichung von den im materiellen Recht und der InsO geregelten Rechten und Pflichten der Beteiligten in einem Regelverfahren (HK-Flessner § 221 Rn. 7). Das Gesetz enthält keine Vorschrift über die Art der zulässigen Änderungen. Der Fantasie der Planersteller sind somit keine Grenzen gesetzt (Bork, ZZP 109 [1996], 473, 477).

2. Differenzierung nach Beteiligten

Differenziert nach den Beteiligten i. S. d. § 221 gilt für die **Änderungen** Folgendes:
– Bei **Insolvenzgläubigern** ist der Anspruch auf eine Quote (§§ 187 ff.) plandispositiv. Änderungsbeispiele sind in § 224 aufgeführt.

- Die Rechte der **absonderungsberechtigten Gläubiger** bleiben gem. § 223 Abs. 1 unberührt, sofern der Plan nichts anderes bestimmt. Einer Regelung bedarf es somit nicht. Ist jedoch eine Änderung gewollt, sind diese abweichenden Regelungen im gestaltenden Teil anzugeben (§ 223 Abs. 2).
- Die Forderungen der **nachrangigen Insolvenzgläubiger** gelten als erlassen, sofern im Plan nichts anderes bestimmt ist (§ 225 Abs. 1). Einer Regelung bedarf es somit nicht. Bei abweichenden Regelungen sind für jede Gruppe der nachrangigen Insolvenzgläubiger die in § 224 vorgesehenen Angaben zu machen (§ 225 Abs. 2).
- Regelungen für die Forderungen der **Massegläubiger** können im gestaltenden Teil des Plans nur getroffen werden, wenn im Fall der Masseunzulänglichkeit ein Planverfahren nach Maßgabe des mit dem ESUG eingefügten § 210a durchgeführt wird. Dann treten die Massegläubiger gem. § 210a Nr. 1 an die Stelle der nicht nachrangigen Gläubiger (zu diesen oben Rdn. 4).
- Die Rechte der **am Schuldner beteiligten Personen** bleiben gem. § 225a Abs. 1 unberührt, sofern der Plan nichts anderes bestimmt. Einer Regelung bedarf es in diesen Fällen nicht. Sind jedoch Änderungen bzw. Eingriffe nach § 225a Abs. 2 oder 3 geplant, sind diese in den gestaltenden Teil aufzunehmen.
- Grds. wird der **Schuldner** durch die im gestaltenden Teil vorgesehene Befriedigung der Insolvenzgläubiger von seinen restlichen Verbindlichkeiten diesen ggü. befreit (§ 227 Abs. 1, s. aber § 227 Rdn. 3 ff.). Erweiternd gilt dies auch für die persönlich haftenden Gesellschafter, sofern der Schuldner eine Gesellschaft ohne Rechtspersönlichkeit oder eine KGaA ist (§ 227 Abs. 2). Einer Regelung bedarf es somit auch hier nicht. Zum Nachteil des Schuldners abweichende Regelungen können jedoch – unter Berücksichtigung des § 247 – vorgesehen werden. Auch diese Regelungen müssten dann im gestaltenden Teil angegeben werden.
- Bei den übrigen **freiwillig Planunterworfenen** sind jegliche nach materiellem Recht mögliche Eingriffe denkbar. Bei derartigen Eingriffen ist jedoch die jeweils notwendige Erklärung des Dritten als Anlage nach § 230 Abs. 3 beizufügen und hierauf im gestaltenden Teil zu verweisen oder die Regelung im gestaltenden Teil zu treffen und eine Zustimmung des Dritten als Anlage nach § 230 beizufügen.

3. Auswirkung der Änderungen

9 Die im gestaltenden Teil festgelegten Wirkungen treten nach § 254 mit der Rechtskraft der Bestätigung des Plans ein. Die der Plangestaltung zugrunde liegenden und ggf. gem. § 230 dem Plan beigefügten Erklärungen gelten mit diesem Zeitpunkt als unwiderruflich abgegeben. Dies ermöglicht bspw. auch die Übertragung von Grundstücken im gestaltenden Teil des Plans, vgl. § 925 Abs. 1 Satz 3 BGB (MK-Breuer § 228 Rn. 3). Die Eintragung nach § 873 BGB kann durch den Plan nicht ersetzt werden. Die Erklärung ersetzt nämlich nicht den tatsächlichen Vollzugsakt. Dieser muss noch vorgenommen werden (vgl. auch § 254 Rdn. 5).

III. Weiterer möglicher Inhalt des gestaltenden Teils

10 Über die Änderung der Rechte und Pflichten der Beteiligten hinaus können im gestaltenden Teil weitere Regelungen eingefügt werden, bspw.
- **Bedingungen und Befristungen**, insb. nach § 249;
- **Überwachung der Planerfüllung** (§ 260);
- **Kreditaufnahmen** (§§ 263 ff.);
- die Wiedergabe des **Inhalts der** dem Plan als Anlage gem. § 230 Abs. 3 beizufügenden **Erklärungen Dritter**, etwa der Plangaranten. Da Erklärungen Dritter ihre Wirkung nicht aufgrund der Plangestaltung entfalten, wird die Plananlage gem. § 230 Abs. 3 hierdurch allerdings nicht entbehrlich. Die Aufnahme in den gestaltenden Teil dient insofern lediglich der Übersichtlichkeit und Nachvollziehbarkeit des Plankonzepts (vgl. Rdn. 8);
- Regelungen zum **Schicksal gegenseitiger Verträge** i. S. d. §§ 103 ff. bzw. der sich daraus ergebenden Forderungen. Hierbei sollte mangels automatischen Erlöschens solcher Verträge im Fall der Nichterfüllungswahl durch den Verwalter (BGH, ZIP 2002, 1093) eine Regelung für die

Zeit nach Aufhebung des Insolvenzverfahrens getroffen werden (s. ausführl. Smid/Rattunde, InsPlan, Rn. 5.37 ff.). Dies setzt eine vorherige intensive Prüfung des Bestandes derartiger gegenseitiger Verträge voraus;
– **salvatorische Klauseln** zur Gewährleistung des Minderheitenschutzes (s. § 251 Rdn. 12 ff.).

IV. Ermächtigung zu Maßnahmen und Korrekturen (Satz 2)

1. Allgemein

Satz 2 gewährt die Möglichkeit, den Insolvenzverwalter im Plan zu bevollmächtigen, die zur Umsetzung des Plans notwendigen Maßnahmen zu ergreifen und offensichtliche Fehler des Plans zu berichtigen. Eine derartige Ermächtigung des Insolvenzverwalters kann sowohl im Verwalter- als auch im Schuldnerplan vorgesehen werden. Entlehnt wurde diese Möglichkeit den in Notarverträgen üblichen Durchführungs- und Vollzugsvollmachten für den Notar bzw. dessen Angestellte (BT Drucks. 17/7511, S. 48). Dies ist nicht unproblematisch, da die Funktion des Insolvenzverwalters im Rahmen von Insolvenzplänen nicht mit der eines Notars im Rahmen von Beurkundungen vergleichbar ist. Die **Ermächtigung** folgt, anders als bei § 254a Abs. 2 Satz 3, nicht unmittelbar aus dem Gesetz, sondern muss bei Bedarf ausdrücklich in den gestaltenden Teil des Plans aufgenommen werden. Eine Bevollmächtigung nach Satz 2 kann lediglich für den Zeitraum zwischen dem Eintritt der Rechtskraft der Planbestätigung und der Aufhebung des Insolvenzverfahrens Wirkung entfalten. Vor rechtskräftiger Bestätigung ist die Bevollmächtigung nicht wirksam (§ 254 Abs. 1; a. A. MK-Sinz § 248a Rn. 9, der dies für bloße Förmelei hält). Dies ist misslich, da bereits im Zeitraum zwischen Erörterungstermin und Eintritt der Rechtskraft Korrekturbedarf sichtbar werden kann, der dann sinnvollerweise zeitnah umgesetzt werden sollte. Insofern über § 254 Abs. 1 hinweg zu sehen und von einer wirksamen Bevollmächtigung mit Annahme des Plans im Abstimmungstermin auszugehen, wird dem Regelungszweck der Vorschrift sicherlich eher gerecht (vgl. MK-Eidenmüller § 221 Rn. 62, allerdings nur für Berichtigungen i. S. v. Satz 2, 2. Alt, zu Maßnahmen i. S. v. Satz 2, 1. Alt. s. hingegen MK-Eidenmüller § 221 Rn. 70), widerspricht jedoch entschieden der gesetzlichen Systematik des Planverfahrens und seiner Wirkungsentfaltung. Mit der Aufhebung des Insolvenzverfahrens endet das Amt des Insolvenzverwalters und damit auch diesem in Ausübung seines Amtes erteilte Bevollmächtigungen (so auch MK-Eidenmüller § 221 Rn. 62, allerdings wiederum nur für Berichtigungen i. S. v. Satz 2, 2. Alt., zu Maßnahmen i. S. v. Satz 2, 1. Alt. vgl. hingegen MK-Eidenmüller § 221 Rn. 70; s. aber auch § 248a Rdn. 1). Zu beachten ist, dass es sich bei der Ermächtigung zur Planumsetzung (Satz 2, 1. Alt.) einerseits und der Ermächtigung zur Berichtigung von Fehlern (Satz 2, 2. Alt.) andererseits um zwei verschiedene Aspekte mit unterschiedlichen Zielrichtungen handelt. Im Fall der Eigenverwaltung kann der Sachwalter nach Satz 2 ermächtigt werden (MK-Eidenmüller § 221 Rn. 68).

2. Maßnahmen

Satz 2, 1. Alt. dient allein der Klarstellung. Bereits nach bisherigem Recht war es möglich, den Insolvenzverwalter zu ermächtigen und unter Beachtung des § 230 Abs. 3 auch zu verpflichten, die zur korrekten und rechtswirksamen Umsetzung der nach Satz 1 erforderlichen Maßnahmen vorzunehmen. Derartige Maßnahmen sind insb. die Entgegennahme, treuhänderische Verwahrung und planmäßige Ausschüttung durch einen Plangaranten zur Verfügung zu stellender Gelder. Hingegen ergibt sich die Ermächtigung des Insolvenzverwalters, notwendige Registeranmeldungen selbst vornehmen zu können, unmittelbar aus § 254a Abs. 2 Satz 3. Einer gerichtlichen Bestätigung nach § 248a bedarf es für die Umsetzung von Maßnahmen, zu denen der Insolvenzverwalter gem. Satz 2, 1. Alt. im Plan ermächtigt wurde, nicht (ebenso MK-Eidenmüller § 221 Rn. 70 und MK-Sinz § 248a Rn. 3). Für bei der Planerstellung eventuell nicht bedachte, aber zur Umsetzung notwendige Maßnahmen, kann keine Pauschalermächtigung in den Plan aufgenommen werden. In dem Sinne »vergessene« Maßnahmen fallen unter die nach § 248a vom Gericht zu bestätigenden Berichtigungen nach Satz 1, 2. Alt. Sind im Plan Maßnahmen vorgesehen, zu deren Umsetzung der

Insolvenzverwalter bevollmächtigt wurde, ist das Insolvenzverfahren nach § 258 Abs. 1 n. F. nicht unverzüglich aufzuheben, da der Plan etwas anderes vorsieht.

3. Planberichtigungen

13 Satz 2, 2. Alt. betrifft die im Plan mögliche Ermächtigung des Insolvenzverwalters, Planberichtigungen vorzunehmen. Im Rahmen notariell abgeschlossener Verträge soll durch Berichtigungsvollmachten sichergestellt werden, die Urkunde mit den darin beabsichtigten Wirkungen umsetzen zu können, ohne dass – etwa beim Auftauchen von Schreibfehlern – die Parteien noch einmal zur Unterzeichnung der korrigierten Urkunde erscheinen müssen. Für eine derartige Einschränkung des Anwendungsbereichs spricht auch der Wortlaut des Satzes 2, 2. Alt., der die Bevollmächtigung nur für die Berichtigung offensichtlicher Fehler vorsieht. Formfehler sollen die Umsetzung des Plans nicht verzögern oder gar verhindern. Denn es steht zu befürchten, dass Fehler in diesem Bereich weder von dem Planersteller noch von dem Insolvenzgericht, sondern erst von dem Registergericht festgestellt werden. Für diesen Fall ist dem Verwalter sodann die Möglichkeit zu geben, derartige Fehler zu beseitigen.

14 **Offensichtliche Fehler** sind bezogen auf einen Insolvenzplan Unrichtigkeiten, die für die am Planverfahren Beteiligten erkennbar den nach dem Gesamtkontext des Plans gewollten Wirkungen entgegenstehen. Solche wären dem Beispiel aus der Begründung des Rechtsausschusses (BT Drucks. 17/7511, S. 48) folgend Formfehler, die die notwendige registerrechtliche Eintragung geplanter Rechtsänderungen hindern. Dies könnte die nach dem Plankontext offenkundig falsche Benennung einer Person sein, deren Rechtsstellung geändert werden soll, oder die unterbliebene ausdrückliche Aufnahme eines für eine geplante gesellschaftsrechtliche Änderung erforderlichen Beschlusses.

15 Im **Bestätigungsverfahren** können nach § 248a Abs. 3 jedoch auch Berichtigungen bestätigt werden, die von den im Plan beabsichtigten Wirkungen abweichende Rechtsänderungen für einzelne oder alle Planbeteiligten zur Folge haben, solange damit keine voraussichtliche Schlechterstellung verbunden ist. Dies wären keine bloßen Planberichtigungen, sondern Planänderungen, wie bspw. Änderungen vereinbarter Quoten oder Änderungen in der Gruppenzuordnung. Solche Änderungen sind jedoch allenfalls i. R. d. § 240 und damit bis spätestens im Erörterungstermin möglich (vgl. § 240 Rdn. 3 ff. zu den Änderungsmöglichkeiten und Rdn. 8 zur zeitlichen Begrenzung). Es ist nicht ersichtlich, weshalb der Insolvenzverwalter auch noch für den Zeitraum nach Planbestätigung zu Änderungen ermächtigt werden soll, die gerade über die Umsetzung der von den Planbeteiligten beabsichtigten und bestätigten Rechtsänderungen hinausgehen (vgl. hierzu auch § 248a Rdn. 1).

16 Schon **nach bisherigem Recht** bestand Einigkeit darüber, dass lediglich klarstellende Berichtigungen und Ergänzungen, die sich nicht unmittelbar auf die Rechtsstellung der Abstimmungsberechtigten beziehen, auch nach rechtskräftiger Bestätigung des Plans noch möglich sein müssen. Dies zumindest, sofern die Korrekturen und deren Notwendigkeit dem Planziel immanent und damit den Beteiligten bekannt sind (vgl. § 240 Rdn. 8). Hier war allein fraglich, ob für derartige Berichtigungen erneut das Abstimmungsverfahren zu durchlaufen sei (AG Frankfurt an der Oder, DZWIR 2006, 87, für den Fall, dass die Fortführung des schuldnerischen Vereins nachträglich im gestaltenden Teil ausdrücklich niedergeschrieben werden muss, damit das Registergericht zu einer entsprechenden Eintragung bereit ist; ebenso MK-Sinz § 248 Rn. 6).

17 § 248a bietet insofern ein erleichtertes Verfahren. Nicht nachvollziehbar ist allerdings, warum es zusätzlich vorab nach Satz 2 einer **Bevollmächtigung** des Insolvenzverwalters im Plan bedarf, damit überhaupt das Verfahren nach § 248a zur Anwendung gelangt (vgl. auch § 248a Rdn. 1). Hier wäre die Implementierung eines entsprechenden Antragsrechts für alle mit der Planumsetzung betrauten Personen direkt in § 248a sachgerechter gewesen. Da auch der Umfang der Änderungsmöglichkeit aufgrund der unterschiedlichen Ansätze der §§ 221 und 248a nicht eindeutig ist, kann Satz 2 nur als missglückte Vorschrift gewertet werden. Dies dürfte nicht zuletzt darauf zurückzuführen sein, dass die diesbezüglichen Neuerungen ohne nennenswerte Diskussion oder Anregung aus der Literatur quasi in letzter Minute auf Vorschlag des Rechtsausschusses in das ESUG eingefügt wurden.

§ 222 Bildung von Gruppen

(1) ¹Bei der Festlegung der Rechte der Beteiligten im Insolvenzplan sind Gruppen zu bilden, soweit Beteiligte mit unterschiedlicher Rechtsstellung betroffen sind. ²Es ist zu unterscheiden zwischen
1. den absonderungsberechtigten Gläubigern, wenn durch den Plan in deren Rechte eingegriffen wird;
2. den nicht nachrangigen Insolvenzgläubigern;
3. den einzelnen Rangklassen der nachrangigen Insolvenzgläubiger, soweit deren Forderungen nicht nach § 225 als erlassen gelten sollen;
4. den am Schuldner beteiligten Personen, wenn deren Anteils- oder Mitgliedschaftsrechte in den Plan einbezogen werden.

(2) ¹Aus den Beteiligten mit gleicher Rechtsstellung können Gruppen gebildet werden, in denen Beteiligte mit gleichartigen wirtschaftlichen Interessen zusammengefaßt werden. ²Die Gruppen müssen sachgerecht voneinander abgegrenzt werden. ³Die Kriterien für die Abgrenzung sind im Plan anzugeben.

(3) ¹Die Arbeitnehmer sollen eine besondere Gruppe bilden, wenn sie als Insolvenzgläubiger mit nicht unerheblichen Forderungen beteiligt sind. ²Für Kleingläubiger und geringfügig beteiligte Anteilsinhaber mit einer Beteiligung am Haftkapital von weniger als 1 Prozent oder weniger als 1 000 Euro können besondere Gruppen gebildet werden.

Übersicht

	Rdn.			Rdn.
A. Normzweck	1		5. Mischgruppen	14
B. Norminhalt	2	II.	Fakultative Gruppenbildung (Abs. 2)	15
I. Zwingende Gruppenbildung (Abs. 1)	6		1. Allgemeine Voraussetzungen	16
1. Anwendungsbereich (Satz 1)	6		2. Besondere Anwendungsfälle	20
2. Absonderungsberechtigte Gläubiger (Nr. 1)	8	III.	Gruppe der Arbeitnehmer (Abs. 3 Satz 1)	24
3. Nicht nachrangige und nachrangige Gläubiger (Nr. 2 und 3)	11	IV.	Kleingläubiger und geringfügig Beteiligte (Abs. 3 Satz 2)	26
			1. Kleingläubiger	26
4. Am Schuldner beteiligte Personen (Nr. 4)	12		2. Geringfügig am Schuldner Beteiligte	28
		V.	Prüfung der Gruppenbildung	29

A. Normzweck

§ 222 trifft Regelungen über die Bildung der Gruppen. War die Gruppenbildung bisher auf die in das Insolvenzverfahren involvierten Gläubiger beschränkt, wird mit der Einführung des Abs. 1 Nr. 4 durch das ESUG die Gruppenbildung nunmehr auf die am Schuldner beteiligten Personen erweitert, wenn durch den Plan in deren Anteils- oder Mitgliedschaftsrechte eingegriffen werden soll. Dies ist der Weg, den der Gesetzgeber zur Erreichung des mit dem ESUG verfolgten Ziels der Ermöglichung von Eingriffen in die Rechte der Altgesellschafter gewählt hat. Nach Auffassung des Gesetzgebers sollen sämtlichen Beteiligten, deren Rechtsstellungen durch den Plan abweichend von dem Regelverfahren geregelt werden sollen, dieselben Beteiligungs- und Schutzrechte zukommen (zur Kritik an der Einbeziehung der Anteilsinhaber in die Gruppenbildung vgl. ebenfalls vor § 217 Rdn. 2c).

B. Norminhalt

Die Gruppenbildung **erfolgt durch** den **Planinitiator**. Sie bestimmt das gesamte Abstimmungsverfahren und kann planentscheidend sein.

Strategische Erwägungen bei der Gruppenbildung sind nicht nur zulässig, sondern vielmehr Grundlage des Erfolgs des Planverfahrens. Abzuwägen ist, wer gegen den Plan stimmen könnte, welche Auswirkung diese Gegenstimme unter Berücksichtigung des § 244 hätte, und ob und wie ggf. diese Folge über § 245, mit dessen engen Grenzen nach Abs. 2 Nr. 3, vermieden werden kann. Ein über die Kriterien des § 222 hinausgehendes allgemeines Missbrauchsverbot als Grenze bei der Gruppenbildung besteht dabei nicht (MK-Eidenmüller § 222 Rn. 110 ff.; K. Schmidt/Spliedt § 222 Rn. 4). Die Gesetzgebungsgeschichte fordert im Gegenteil eher eine freie Gruppenbildung (Uhlenbruck-Lüer § 222 Rn. 10). Mit dem Kriterium der »sachgerechten Abgrenzung« nach Abs. 2 wird die Grenze dieser Freiheit markiert (Rdn. 16). Zudem werden durch §§ 245, 251 die einzelnen Beteiligten vor unangemessener Benachteiligung geschützt.

4 Eine Aufteilung, die zur Bildung von Gruppen mit nur **einem Beteiligten** (MK-Eidenmüller § 222 Rn. 31; K. Schmidt/Spliedt § 222 Rn. 24) oder zu Plänen mit nur **einer Gruppe** führt, ist zulässig, wenn sich auch Ein-Gruppen-Pläne für an dem Schuldner beteiligte Personen nur in Ausnahmefällen anbieten dürften.

5 Die Vorschrift unterteilt drei Arten der Gruppenbildungen: Die zwingende Gruppenbildung nach Abs. 1, die fakultative Gruppenbildung nach Abs. 2 und letztlich die Bildung besonderer Gruppen nach Abs. 3.

I. Zwingende Gruppenbildung (Abs. 1)

1. Anwendungsbereich (Satz 1)

6 Sind Beteiligte mit **unterschiedlichen Rechtsstellungen** betroffen, müssen entsprechende Gruppen gebildet werden. Die unterschiedliche Rechtsstellung bezieht sich dabei zunächst auf die Unterscheidung zwischen Gläubigern und am Schuldner beteiligten Personen. Innerhalb dieser beiden Kreise ist weiter zu unterscheiden. Bei den Gläubigern ist auf die Art bzw. Rangordnung der Befriedigungsrechte abzustellen. Auf den jeweiligen Rechtsgrund kommt es nicht an. Die Rechtsstellung eines Gläubigers ergibt sich aus der Zusammenschau der ihm für seine jeweilige Forderung (gegen den Schuldner oder Dritte) eingeräumten Rechte. Bei den am Schuldner beteiligten Personen ist entsprechend auf die Art und ggf. Rangordnung der Beteiligung abzustellen.

7 Der Gesetzgeber sah die Aufzählung in Abs. 1 als abschließend an (BT-Drucks. 12/2443, S. 199). Nach Einfügung des § 210a durch das ESUG ist jedoch bei Insolvenzplänen in masseunzulänglichen Verfahren eine abgewandelte Gruppenbildung zulässig. Danach treten die Alt-Massegläubiger an die Stelle der Insolvenzgläubiger und die nicht nachrangigen Insolvenzgläubiger an die Stelle der nachrangigen Insolvenzgläubiger (vgl. auch § 210a und vor §§ 217 Rdn. 11). Unter Berücksichtigung des Abgrenzungsmerkmals der Rangfolge der Befriedigung sind in Folgeinsolvenzen (§§ 264 ff.) weitere Gruppen zu bilden (§ 266 Rdn. 3 ff.; MK-Eidenmüller § 222 Rn. 75).

2. Absonderungsberechtigte Gläubiger (Nr. 1)

8 Eine Gruppenzuordnung kommt im Hinblick auf absonderungsberechtigte Gläubiger nur dann in Betracht, wenn in deren Rechte an Massegegenständen **eingegriffen** wird (Uhlenbruck-Lüer § 222 Rn. 17). In diesem Fall ist gem. Abs. 1 Satz 2 Nr. 1 eine separate Gruppe zu bilden.

9 Ist ein Gläubiger nur **teilweise** durch Absonderungsrechte gesichert, ist er nur insoweit mit seiner Forderung der Gruppe der Absonderungsberechtigten zuzuordnen, wie sein Absonderungsrecht reicht (BGH, ZInsO 2005, 927, 928). Mit einer darüber hinaus bestehenden ungesicherten Forderung ist er i. Ü. der Gruppe nach Nr. 2 zuzuordnen. Wird keine separate Gruppe der absonderungsberechtigten Gläubiger gebildet, ist der Absonderungsgläubiger mit persönlicher Forderung i. H. d. – mutmaßlichen – Ausfalls in der Gruppe nach Nr. 2 zu berücksichtigen. Denn die Gruppenbildung erfolgt weder personen- noch rechtebezogen (a. A. MK-Eidenmüller § 222 Rn. 28). Wird abweichend von dem Wortlaut des § 222 Abs. 1 nicht nach den verschiedenen Rechtsstellungen der Beteiligten im Insolvenzverfahren, sondern nach deren verschiedenen Rechten differenziert (MK-Eidenmüller § 222 Rn. 28 ff.), kann dies bei absonderungsberechtigten Gläubigern mit gleichfalls angemeldeten persönlichen Forderungen zu Mehrfachberücksichtigungen führen. Hiergegen spricht bereits § 52 Satz 2 (NR-Braun § 222 Rn. 101). Zudem würde zulasten des absonderungs-

berechtigten Gläubigers durch eine erhebliche Kürzung der besicherten persönlichen Forderung auch dem Absonderungsrecht weitgehend die Grundlage entzogen werden. Absonderungsberechtigte Gläubiger und ungesicherter Gläubiger werden in ihrer Rechtsstellung durch Planregelungen hinsichtlich ihrer persönlichen Forderungen demzufolge ganz unterschiedlich betroffen. Daher ist gem. Abs. 1 Nr. 1 für die absonderungsberechtigten Gläubiger mit persönlichen Forderungen eine eigene Gruppe zu bilden, wenn in ihre gesicherte Forderung respektive ihr Absonderungsrecht eingegriffen wird.

Ob der Fortführungs- oder Zerschlagungswert bei der **Bewertung** des Absonderungsrechts anzuwenden ist, hängt vom Planziel ab (BGH, ZInsO 2005, 927, 928). Ausschlaggebender **Zeitpunkt** für die Bewertung ist der Zeitpunkt der Rechtskraft des Plans.

3. Nicht nachrangige und nachrangige Gläubiger (Nr. 2 und 3)

Nicht nachrangige und nachrangige Gläubiger erhalten jeweils eine separate Gruppe. Für nachrangige Gläubiger sind jedoch nur dann Gruppen zu bilden, soweit deren Forderungen nicht als erlassen gelten (§ 225). Relevant wird diese zwingende Gruppenbildung bei einem nur teilweisen Erlass der Rechte der nachrangigen Gläubiger. Ein derartiges Entgegenkommen im Verhältnis zu § 225 Abs. 1 kann angebracht sein, wenn ohne Plan Zahlungen auf diese Forderungen geleistet worden wären. Darüber hinaus bedarf es aber auch einer zwingenden Gruppenbildung, wenn der Plan eine über den vollständigen Erlass hinausgehende Beeinträchtigung durch Streichung der Wiederauflebensklausel des § 255 Abs. 2 vorsieht.

4. Am Schuldner beteiligte Personen (Nr. 4)

Im Hinblick auf die am Schuldner beteiligten Personen kommt eine Gruppenbildung nur in Betracht, wenn durch den Plan in deren Anteils- oder Mitgliedschaftsrechte eingegriffen werden soll (BT-Drucks. 17/5712, S. 31). Trotz der regelmäßigen Wertlosigkeit der Altanteile hat sich der Gesetzgeber dazu entschlossen, die am Schuldner beteiligten Personen bei Eingriffen in deren Rechte an der Abstimmung zu beteiligen.

Für die Anteilsinhaber ist stets eine Abstimmungsgruppe zu bilden, wenn der Rechtsträger auf Grundlage eines Insolvenzplans erhalten bleiben soll (ebenso K. Schmidt/Spliedt § 222 Rn. 10). Denn sowohl der Ausschluss eines Altbeteiligten als auch der Beschluss über die Fortsetzung unter dessen Beteiligung, also jede Entscheidung über das künftige Schicksal und die Zusammensetzung des Rechtsträgers, berührt deren Anteils- oder Mitgliedschaftsrechte. Dies ergibt sich auch im Umkehrschluss aus dem Wortlaut des § 254a Abs. 2 (»Wenn die Anteils- oder Mitgliedschaftsrechte ... in den Plan einbezogen sind, gelten ...«). Wäre ausschließlich die Reduzierung als Einbeziehung der Anteils- oder Mitgliedschaftsrechte i. S. d. § 254a Abs. 2 zu werten, könnte die Aufnahme von Fortsetzungsbeschlüssen in den Plan keine Wirkung entfalten, wenn zeitgleich keine Reduzierung in Betracht kommt. Das sich hieraus ergebende Blockadepotenzial bestünde ungebrochen fort. Zu der damit verbundenen Erleichterung im Vergleich zur bisherigen Rechtslage im Hinblick auf die zu fassenden Fortsetzungsbeschlüsse auch bei fortsetzungswilligen Altanteilsinhabern und zu den im Einzelnen durch das ESUG ermöglichten Eingriffen s. die Kommentierung zu § 225a Rdn. 7 ff.

5. Mischgruppen

Mischgruppen dürfen nicht gebildet werden. Dies ergibt sich bereits aus dem Wortlaut des § 222, der in Abs. 1 Satz 1 und Abs. 2 Satz 1 ausdrücklich auf die **Rechtsstellung** der Beteiligten als erstes Gruppenbildungskriterium abstellt. Das Problem der Mischgruppen betrifft vor allem das Verhältnis der gesicherten zu den ungesicherten Gläubigern. Bei nur teilweise gesicherten Gläubigern führt es zu der notwendigen Aufteilung der Forderung (BGH, ZInsO 2005, 927; Rn. 9). Auch dürfen keine Mischgruppen für am Schuldner beteiligte Personen und Gläubiger gebildet werden. Soweit eine am Schuldner beteiligte Person sowohl mit ihren Anteils- oder Mitgliedschaftsrechten betroffen als auch Inhaber einer Insolvenzforderung ist, ist sie mit den jeweiligen Rechtsstellungen unterschiedlichen Gruppen zuzuordnen.

II. Fakultative Gruppenbildung (Abs. 2)

15 Über die zwingende Regelung des Abs. 1 hinaus ist die Bildung weiterer Gruppen möglich. So können die nach Abs. 1 gebildeten Gruppen in weitere Gruppen aufgeteilt werden (BGH, ZInsO 2005, 927, 928). Dies gilt für die Gruppen der Gläubiger und der am Schuldner beteiligten Personen gleichermaßen (BT-Drucks. 17/5712, S. 31). Vor allem wenn Ablehnungen des Plans durch nur einzelne aber wesentliche Beteiligte einer Gruppe nach Abs. 1 befürchtet werden, ist der Bildung fakultativer Gruppen ausschlaggebende Bedeutung beizumessen. Denn durch die Bildung zusätzlicher Gruppen mit voraussichtlich überwiegend zustimmenden Gläubigern kann eine Mehrheit der abstimmenden Gruppen gesichert werden, die gem. § 245 Abs. 1 Nr. 3 Voraussetzung für den Ausschluss einer Obstruktion ablehnender Gläubiger ist.

1. Allgemeine Voraussetzungen

16 Voraussetzung für die Bildung fakultativer Gruppen ist eine sachgerechte Abgrenzung aufgrund gleichartiger wirtschaftlicher Interessen (MK-Eidenmüller § 222 Rn. 81 f.).

17 Die **wirtschaftlichen Interessen** sind im Hinblick auf das Planziel festzustellen (BT-Drucks. 12/2443, S. 199). Die jeweiligen Abgrenzungskriterien sind sodann je nach Plankonzept vielfältig. Sie können von der persönlichen Beziehung bis hin zu dem Entstehungsgrund des zugrunde liegenden Rechts reichen. Die Abgrenzungskriterien für Gläubiger und für am Schuldner beteiligte Personen unterscheiden sich naturgemäß, jedoch gibt es auch Überschneidungen. Bei beiden kann ein wirtschaftliches Interesse i. S. d. Abs. 2 bspw. basieren auf enger familiärer Verknüpfung oder Verbundenheit, wenn hierdurch ein über die eigene Befriedigung hinausgehendes Interesse an einer erfolgreichen Sanierung des Schuldners besteht. Auch denkbar ist als wirtschaftliches Interesse der Erhalt des Schuldners als Abnehmer bzw. Geschäftspartner. Bei den **Gläubigern** kommen als Abgrenzungskriterien weiter in Betracht eine gesellschaftsrechtliche Beteiligung am Schuldner, die der Forderung zugrunde liegende Vertragsart (Liefer-, Kredit-, Versorgungs- oder Dienstleistungsvertrag), die Werthaltigkeit der Forderung, die Fälligkeit der Forderung oder das Vorliegen oder die Art einer Sicherheit. Bei den **am Schuldner beteiligten Personen** kommt als weiteres Abgrenzungskriterium insb. die Art der Beteiligung in Betracht (z. B. Hauptanteilsinhaber/Stammaktionär im Verhältnis zu Minderheitsbeteiligter/-aktionär oder Inhaberaktie im Verhältnis zu Namensaktie). Es kann auch Fälle geben, bei denen die Einordnung als Gläubiger oder Anteilsinhaber nicht klar zu treffen ist, da die Grenze zwischen Beteiligung an einer Gesellschaft und Forderung gegen eine Gesellschaft oftmals fließend ist, wie etwa bei Genussscheininhabern und stillen Beteiligungen (BT-Drucks. 17/5712, S. 30; zu den sich daraus ergebenden Problemen bei der Stimmrechtsfestsetzung vgl. § 238a Rdn. 6 ff.). Beteiligte mit einer derart ambivalenten Rechtsstellung sind sinnvollerweise in einer eigenen Gruppe zusammenzufassen.

18 Die **sachgerechte Abgrenzung** ist als kumulatives Merkmal zu berücksichtigen. Als einzige Grenze der durch § 222 gewährten Freiheit und Flexibilität in der Gruppenbildung, jenseits derer der Missbrauch beginnt, kommt der sachgerechten Abgrenzung besondere Bedeutung für den Minderheitenschutz zu. Durch eine geschickte – aber nicht sachgerechte – Gruppenbildung könnten Abstimmungsergebnisse erreicht werden, durch die der Schutzmechanismus über § 245 aus den Angeln gehoben wird. Dies etwa durch Aufteilung Beteiligter mit im Wesentlichen gleichartigen wirtschaftlichen Interessen auf verschiedene Gruppen, sodass hierdurch im Hinblick auf § 245 Abs. 1 Nr. 3 die Zahl der zustimmenden Gruppen erhöht wird (MK-Eidenmüller § 222 Rn. 100). Der Begriff der sachgerechten Abgrenzung knüpft unmittelbar an den Begriff der gleichartigen wirtschaftlichen Interessen an. Diese Interessen rechtfertigen nach Abs. 2 die Bildung einer eigenen Gruppe nur dann, wenn diese gleich gelagerten Interessen nicht bereits durch eine andere Gruppe abgedeckt werden und die Interessen eine unterschiedliche Behandlung sinnvoll erscheinen lassen. Gläubiger mit im Wesentlichen gleichartigen wirtschaftlichen Interessen müssen demnach in einer

Gruppe zusammengefasst werden (so auch MK-Eidenmüller § 222 Rn. 101). Zudem ist eine über Abs. 1 hinausgehende Gruppendifferenzierung nur dann gerechtfertigt, wenn den so separierten Gläubigern andere Rechte zugewiesen werden.

Die Prüfung hat einzelfallbezogen zu erfolgen (BT-Drucks. 12/2443, S. 199). Eine besondere Herausforderung wird die Begründung der sachgerechten Abgrenzung darstellen, wenn auf Basis des mit dem ESUG eingefügten § 225a Abs. 2 im Rahmen eines **Debt-Equity-Swaps** Forderungen in Anteile umgewandelt werden sollen. Regelmäßig werden solche Forderungsumwandlungen nicht für alle am Verfahren beteiligten Gläubiger vorgesehen werden. Ein Teil der Gläubiger wird lediglich Quotenzahlungen auf seine Forderungen erhalten. Hierin liegt eine unterschiedliche Behandlung, die die Bildung unterschiedlicher Gruppen erforderlich macht. Von der Differenzierung können unter Umständen Gläubiger mit im Wesentlichen gleichartigen wirtschaftlichen Interessen betroffen sein. Der Planersteller wird oftmals aus strukturpolitischen Gründen nicht jedem Insolvenzgläubiger die Umwandlung seiner Forderungen in Anteile anbieten wollen. Die unterschiedliche Behandlung ist daher anhand der oben genannten Differenzierungsmöglichkeiten bei den wirtschaftlichen Interessen (Rdn. 15) sorgfältig zu begründen. 19

2. Besondere Anwendungsfälle

Sinnvoll kann die Bildung einer eigenen Gruppe für Forderungen des **PSVaG** oder die jeweils über die Agenturen angemeldeten Forderungen **der BA** aus übergegangenen Ansprüchen sein (FK-Jaffé § 222 Rn. 41 ff.; MK-Eidenmüller § 222 Rn. 157 ff.; ausführl. Wohlleben, Kölner Schrift zum Insolvenzrecht, S. 1655 Rn. 39 ff.). Ursprünglich sah der Gesetzgeber für den PSVaG eine Pflicht zur Bildung einer separaten Gruppe vor (BT-Drucks. 12/3803, S. 49). Nunmehr stellt § 9 Abs. 4 Satz 1 BetrAVG lediglich eine Kann-Vorschrift dar. Durch die Bildung einer eigenen Gruppe für den PSVaG kann die Solidargemeinschaft der durch diese vertretenen Arbeitgeber mit ihren Interessen im Planverfahren angemessen berücksichtigt werden (vgl. FK-Jaffé § 222 Rn. 43). Zudem erübrigt sich durch die Bildung einer entsprechenden Ein-Gläubiger-Gruppe der Streit, ob die PSVaG oder die BA für jede übergegangene Forderung eine Kopfstimme oder insgesamt nur eine Kopfstimme erhält (s. § 244 Rdn. 6). Oftmals sind im Hinblick auf § 7 Abs. 4 BetrAVG Regelungen hinsichtl. Dauer und Umfang der Versorgungsverpflichtung durch den PSVaG sinnvoll. Die Nichtaufnahme der nach § 7 Abs. 4 Satz 5 BetrAVG in den Insolvenzplan aufzunehmenden (Soll-Vorschrift) Besserungsklausel wird teilweise als Zurückweisungsgrund i. R. d. § 231 Abs. 1 Nr. 1 gesehen (so Wohlleben, Kölner Schrift zur InsO, S. 1655 Rn. 45). 20

Auch für Anleihegläubiger einer Schuldverschreibungsgattung ist sinnvollerweise jeweils eine eigene Gruppe zu bilden (K. Schmidt/Spliedt § 222 Rn. 17), da ihnen gem. § 19 Abs. 4 SchVG gleiche Rechte anzubieten sind. Ebenso wie bei dem PSVaG hat der Gesetzgeber von der ursprünglich vorgesehenen Pflicht zur Bildung einer separaten Gruppe (BT-Drucks. 12/3803, S. 38) zugunsten der Verfahrensvereinfachung Abstand genommen (vgl. BT-Drucks. 12/7303, S. 113). 20a

Auch für Gläubiger mit **Forderungen aus unerlaubter Handlung** kann die Bildung einer eigenen Gruppe sinnvoll sein (K. Schmidt/Spliedt § 222 Rn. 16). Dies folgt aus der Privilegierung dieser Gläubiger bei der **Restschuldbefreiung** gem. § 302 Nr. 1. Diese Privilegierung ist bei den jeweiligen Vergleichsberechnungen und entsprechend bei der Planerstellung zu berücksichtigen. Denn § 302 Nr. 1 ist nicht, auch nicht analog, im Planverfahren anwendbar (LG Hannover, ZInsO 2003, 719, 720). Sieht der Plan einen Verzicht vor, betrifft dies mithin auch die Forderungen aus unerlaubter Handlung. 21

Letztlich kann es auch angebracht sein, das **Finanzamt** einer eigenen Gruppe zuzuordnen (BGH, ZInsO 2007, 491). Im Gegensatz zu den übrigen Gläubigern steht dem Finanzamt i. d. R. nicht nur rechtlich, sondern auch tatsächlich eine Aufrechnungsmöglichkeit nach Aufhebung des Verfahrens ohne Planverfahren zu. Dies gilt bei natürlichen Personen selbst in der Wohlverhaltensperiode (BGH, ZInsO 2005, 873). Möglichkeiten ergeben sich i. R. d. Einkommensteuer- oder Vorsteuer- 22 erstattung. Dies ist wiederum bei der jeweiligen Vergleichsberechnung und evtl. auch durch Bildung einer eigenen Gruppe zu berücksichtigen.

23 In der Literatur wird teilweise überlegt, für Gläubiger mit **nicht angemeldeten Forderungen** eine oder mehrere Gruppen zu bilden. Denkbar wäre dies sowohl für spezielle Gruppen, wie bspw. Gläubiger mit noch nicht erkennbaren Gewährleistungsansprüchen, oder aber auch für alle Gläubiger mit nicht angemeldeten Forderungen als eine Art Auffanggruppe. Die Idee hat durchaus den Charme der leichten Handhabung. Bisher wurde dieser Lösungsansatz mit Hinweis auf die fehlende Abstimmungsmöglichkeit verworfen (so HK-Flessner § 254 Rn. 5 und Prahl, ZInsO 2007, 318, 321). Mit dem ESUG wurde durch Einfügung des § 229 Satz 3 angeordnet, dass nicht angemeldete bekannte Forderungen im Rahmen der dem Plan nach § 229 beizufügenden Aufstellungen zu berücksichtigen sind (vgl. § 229 Rdn. 6 ff.). Gleichzeitig wurden mit der Einführung der §§ 259a und 259b weitere Neuregelungen hinsichtlich nicht angemeldeter Forderungen getroffen (vgl. die Kommentierung zu diesen Vorschriften). Mangels entsprechender Neuregelung bei der Gruppenbildung ist davon auszugehen, dass der Gesetzgeber eine Berücksichtigung der Gläubiger mit ihren nicht angemeldeten Forderungen i. R. d. Gruppenbildung nicht zulassen wollte.

III. Gruppe der Arbeitnehmer (Abs. 3 Satz 1)

24 Abs. 3 ist als **Spezialvorschrift** zu Abs. 1 zu verstehen. Es besteht eine Verpflichtung zur Bildung einer Gruppe mit Arbeitnehmern, sofern deren Forderungen erheblich sind (LG Mühlhausen, NZI 2007, 724, 725 mit Verweis auf Uhlenbruck-Lüer § 222 Rn. 23; a. A. K. Schmidt/Spliedt § 222 Rn. 18). Nicht anders ist die Differenzierung in Abs. 3 zwischen Arbeitnehmern (Satz 1, Soll-Vorschrift) und Kleinbeteiligten (Satz 2, Kann-Vorschrift) und vor allem die Einschränkung anhand der Erheblichkeit der Forderungen zu verstehen. Von einer derartigen Gruppenbildung wird unter Berücksichtigung des § 245 Abs. 1 Nr. 3 gern Gebrauch gemacht.

25 Die **Erheblichkeit** der Forderungen ist gesetzlich nicht geregelt. Den Maßstab für die Erheblichkeit bilden das Einkommen und der Anteil der betroffenen Arbeitnehmer in Relation zu der Gesamtheit der Arbeitnehmer (anders das LG Mühlhausen, NZI 2007, 725, das ausschließlich auf das Ausmaß der Belastung für die betroffenen Arbeitnehmer abstellt). Hingegen kommt es nicht auf das Verhältnis der Arbeitnehmerforderungen zu den Gesamtforderungen der Insolvenzgläubiger an. Erheblich dürften die Forderungen bei 10 % des jeweiligen Jahreseinkommens (MK-Eidenmüller § 222 Rn. 129) von zumindest 25 % der Arbeitnehmer sein.

IV. Kleingläubiger und geringfügig Beteiligte (Abs. 3 Satz 2)

1. Kleingläubiger

26 Der **Begriff** des Kleingläubigers nach Abs. 3 Satz 2 ist nach den Umständen des Einzelfalls ohne fixe Kriterien zu ermitteln (MK-Eidenmüller § 222 Rn. 138 f.). Es dürfte sich i. d. R. um Gläubiger mit im Verhältnis zur Gläubigergesamtheit relativ geringen Forderungen handeln, die an sich vollständig befriedigt werden könnten, ohne dass dies im Hinblick auf die zur Verfügung stehende Masse ins Gewicht fällt. Dabei ist jedoch zu berücksichtigen, dass die Kleingläubiger bei vollständiger Befriedigung kein Stimmrecht erhalten würden (§ 237 Abs. 2). Die Abgrenzungskriterien des Abs. 2 gelten für eine Kleingläubigergruppe im Verhältnis zu den übrigen Gruppen grds. nicht. Werden jedoch mehrere Kleingläubigergruppen gebildet, sind diese untereinander nach Maßgabe des Abs. 2 abzugrenzen (vgl. LG Neuruppin, ZInsO 2013, 1040, 1041, Frind, EWiR 2013, 661, 662)

27 Wird eine Kleingläubigergruppe gebildet, werden diesen Gläubigern rgm. **höhere Quoten** zugesprochen. Z. T. wird die Gewährung einer höheren Quote sogar als Voraussetzung angesehen (vgl. MK-Eidenmüller § 222 Rn. 140, der hier sogar eine volle Befriedigung der Kleingläubiger für erforderlich hält). Die höhere Quote birgt jedoch zweierlei Gefahren: Zum einen könnten Großgläubiger mit nur unwesentlich höheren Forderungen aber deutlich geringeren Quoten, durch Minderungen in die Gruppe der Kleingläubiger wechseln. Dies würde zu höheren, etwaig unerwarteten Ausschüttungen führen. Zum anderen fehlt es aber auch an einer Gleichbehandlung nach

§ 245 Abs. 2 Nr. 3, weil hierdurch zwangsläufig eine zumindest quotale Besserstellung ggü. nicht nachrangigen Gläubigern anderer Gruppen stattfindet. Das Obstruktionsverbot würde daher nicht greifen (a. A. Schmidt/Spliedt § 222 Rn. 20). Somit besteht zwar die Möglichkeit der unterschiedlichen Behandlung, jedoch sind die Mehrheiten in den jeweiligen Gruppen und die wirtschaftliche Durchführbarkeit sicherzustellen. In der Praxis wird zudem versucht, sich durch **Festlegung eines Sockelbetrages** für alle nicht nachrangigen Gläubiger, die nicht der »Kleingläubigergruppe« angehören, zu behelfen. Der Sockelbetrag beläuft sich dabei auf die max. Forderung der Kleingläubiger. Für diesen Betrag erhalten die Gläubiger eine mit den Kleingläubigern identische Quote. Für den über diesen Betrag hinausgehenden Teil der Forderungen wird eine zweite – geringere – Quote festgesetzt. Hierdurch wird jedoch die quotale Ungleichbehandlung zwischen den Gruppen nicht vermieden. Denn die Gläubiger erhalten auf ihre jeweilige Gesamtforderung unterschiedliche Quoten. Darüber hinaus führt diese Regelung auch zu einer quotalen Ungleichbehandlung innerhalb der Gruppe der Großgläubiger. Diese Vorgehensweise ist daher weder mit dem Gleichbehandlungsgebot des § 226 noch mit dem Erfordernis einer konkreten Regelung nach § 224 vereinbar. Auch das Gleichstellungsgebot des § 245 Abs. 2 Nr. 3 wäre nicht erfüllt, die Fiktion der Zustimmung mithin nicht möglich, da es auch für § 245 auf die quotale Gleichbehandlung der Gesamtforderung ankommt.

2. Geringfügig am Schuldner Beteiligte

Mit einer Ergänzung des Abs. 3 Satz 2 durch das ESUG wird klargestellt, dass die Vorschrift in Anlehnung an den aktienrechtlichen Kleinbeteiligtenbegriff auch für an dem Schuldner beteiligte Anteilsinhaber gilt, sofern diese mit weniger als 1 % oder weniger als 1.000,00 € an dem Schuldner beteiligt sind. Maßgeblich ist die Beteiligungshöhe im Zeitpunkt der Planerstellung. Als Anwendungsbeispiel für eine Gruppe geringfügig Beteiligter nennt der Gesetzgeber die Bildung verschiedener Gruppen, wenn sich bei einer börsennotierten AG ein oder wenige Hauptanteilsinhaber und ein Kreis weiterer Inhaber mit Streubesitz ggü. stehen (BT-Drucks. 17/5712, S. 31). Fraglich ist jedoch, welche Zielsetzung der Bildung einer gesonderten Gruppe für Kleinbeteiligte zugrunde liegen könnte. Während die Bildung von Kleingläubigergruppen regelmäßig zum Vorteil der Kleingläubiger erfolgt, indem diesen – zur Erreichung der Zustimmungsmehrheit, aber auch aus sozialen Gesichtspunkten – höhere Quoten gewährt werden (vgl. Rdn. 26 f.), kann diese Zielsetzung auf die an dem Schuldner geringfügig Beteiligten nicht übertragen werden. Gerade, wenn die geringfügigen Beteiligungen auf null reduziert werden sollen, besteht kaum ein Spielraum, den Betroffenen im Plan Vorteile – wie etwa Abfindungen – anzubieten, die sie zu einer Zustimmung bewegen könnten. Zudem bestünde auch hier parallel zu der Problematik des § 245 Abs. 2 Nr. 3 bei dem Kleingläubigen (vgl. Rdn. 27) die Gefahr einer Obstruktion nach § 245 Abs. 3 Nr. 2. Von daher dürfte die praktische Relevanz der Gruppenbildung für Kleinbeteiligte gering sein. Für Mitgliedschaftsrechte scheidet eine Anwendung des Abs. 3 Nr. 2 von vornherein aus, da mitgliedschaftlich organisierte Rechtsträger, wie etwa die eingetragene Genossenschaft oder der Verein, keine Hauptanteilsinhaber kennen (BT-Drucks. 17/5712, S. 31).

▶ **Hinweis:**

Die gewährten Rechte innerhalb einer Gruppe müssen gleich sein (§ 226). Zwischen den Gruppen können jedoch unterschiedliche Rechte angeboten werden (vgl. allerdings § 245 Abs. 2 Nr. 3 und Abs. 3 Nr. 2). Dementsprechend kann es für den Gläubiger durchaus sinnvoll sein, durch Forderungskäufe oder sogar durch Forderungsminderungen in eine andere Gruppe zu gelangen. Eine vergleichbare Gefahr von Anteilskäufen oder -minderungen ist derzeit nicht ersichtlich.

V. Prüfung der Gruppenbildung

Die Gruppenbildung wird von dem Insolvenzgericht geprüft. Dies erfolgt bei der Vorprüfung nach § 231 und bei der Planbestätigung nach § 250. Sofern der Planersteller fakultative Gruppen nach Abs. 2 gebildet hat, haben die Gerichte bei der Prüfung gerade auf die Sachgerechtheit der Gruppenbildung ihr besonderes Augenmerk zu richten. Dies wurde durch eine entsprechende Ergänzung in § 231 Abs. 1 Nr. 1 mit dem ESUG noch einmal verdeutlicht, vgl. § 231 Rdn. 10.

§ 223 Rechte der Absonderungsberechtigten

¹Ist im Insolvenzplan nichts anderes bestimmt, so wird das Recht der absonderungsberechtigten Gläubiger zur Befriedigung aus den Gegenständen, an denen Absonderungsrechte bestehen, vom Plan nicht berührt. ²Eine abweichende Bestimmung ist hinsichtlich der Finanzsicherheiten im Sinne von § 1 Abs. 17 des Kreditwesengesetzes sowie der Sicherheiten ausgeschlossen, die
1. dem Betreiber oder dem Teilnehmer eines Systems nach § 1 Abs. 16 des Kreditwesengesetzes zur Sicherung seiner Ansprüche aus dem System oder
2. der Zentralbank eines Mitgliedstaats der Europäischen Union oder der Europäischen Zentralbank

gestellt wurden.

(2) Soweit im Plan eine abweichende Regelung getroffen wird, ist im gestaltenden Teil für die absonderungsberechtigten Gläubiger anzugeben, um welchen Bruchteil die Rechte gekürzt, für welchen Zeitraum sie gestundet oder welchen sonstigen Regelungen sie unterworfen werden sollen.

Übersicht	Rdn.		Rdn.
A. Normzweck	1	I. Grundsatz (Abs. 1)	2
B. Norminhalt	2	II. Abweichende Regelung (Abs. 2)	4

A. Normzweck

1 § 223 regelt die Rechtsstellung der absonderungsberechtigten Gläubiger. Der genauen Spezifizierung einer vom Gesetz abweichenden Planregelung bedarf es bei allen Gläubigergruppen. Die Möglichkeit, in die Rechte der absonderungsberechtigten Gläubiger einzugreifen, stellte jedoch eine wesentliche Neuerung mit Einführung der InsO dar. Die Norm hat somit vor allem **Klarstellungsfunktion**. Ein Eingriff in die Absonderungsrechte wird in erster Linie dann von den betroffenen Gläubigern akzeptiert, wenn sich der Wert der Sicherheit durch eine im Plan vorgesehene Fortführung im Vergleich zu ihrem Wert bei einer Einzelverwertung erhöht (MK-Breuer § 223 Rn. 2; FK-Jaffé § 223 Rn. 5). Die Praxis hat jedoch gezeigt, dass Absonderungsberechtigte selbst ohne eine derartige Wertsteigerung eine Einschränkung ihrer Rechte hinzunehmen bereit sind. Aber auch, wenn durch einen plangemäßen Verzicht auf einen Teil der durch das Absonderungsrecht gedeckten persönlichen Forderung mittelbar das Absonderungsrecht beeinträchtigt wird, ist eine Regelung nach § 223 erforderlich (vgl. MK-Breuer § 223 Rn. 12; vgl. zu der entsprechenden Gruppeneinteilung § 222 Rdn. 9).

B. Norminhalt

I. Grundsatz (Abs. 1)

2 Wer **absonderungsberechtigt** ist, bestimmt sich nach den §§ 49 bis 51. Ist ein Gläubiger nur teilweise durch Absonderungsrechte gesichert, ist er nur insoweit der Gruppe der Absonderungsberechtigten zuzuordnen, wie sein Absonderungsrecht reicht, bei zugleich bestehender persönlicher Forderung gegen den Schuldner i. Ü. der Gruppe der nicht nachrangigen Gläubiger (BGH, ZInsO 2005, 927, 928; s. § 222 Rdn. 9).

3 Die Absonderungsrechte werden durch den Plan grds. nicht berührt. Demzufolge lässt eine Quotenregelungen für eine Gruppe ungesicherter Gläubiger nicht über § 254 Abs. 1 das Recht eines gesicherten Gläubigers auf abgesonderte Befriedigung entfallen. Eine abweichende Regelung kann

jedoch getroffen werden. Gem. Abs. 1 Satz 2 sind nur bestimmte Sicherheiten der Disposition entzogen (vgl. hierzu § 96).

II. Abweichende Regelung (Abs. 2)

Abs. 2 dient vor allem der **Klarstellung**. Das Erfordernis einer genauen Regelung ergibt sich bereits aus § 221. 4

Von den §§ 165 bis 173 kann auf **unterschiedliche Weise** abgewichen werden. Die Abweichung kann sowohl den Inhalt oder die Ausübung des Absonderungsrechts als auch den Absonderungsgegenstand selbst betreffen (HK-Flessner § 223 Rn. 6). Denkbare, das Absonderungsrecht berührende Regelungen sind: 5
– die Stundung der gesicherten Forderung, wodurch die Durchsetzbarkeit des Absonderungsrechts (Befriedigung aus der Sicherheit) hinausgeschoben wird (vgl. auch MK-Breuer § 223 Rn. 13),
– der teilweise oder vollständige Verzicht auf die Sicherheit bzw. die Freigabe des Sicherungsgegenstandes, ggf. gegen eine quotale Befriedigung der gesicherten Forderung (vgl. auch MK-Breuer § 223 Rn. 12 und 32 ff.),
– der **Austausch** des Absonderungsgegenstandes oder der Art des Sicherungsrechts (MK-Breuer § 223 Rn. 20 f.),
– der Verzicht, die Herabsetzung oder die Stundung der Entschädigungszahlungen für die Nutzung des Absonderungsgegenstandes im Rahmen einer Betriebsfortführung (MK-Breuer § 223 Rn. 22). Dies kann sich allerdings nur auf bis zur Erlösverteilung zukünftig entstehende Entschädigungszahlungen beziehen, denn bereits entstandene Forderungen wären Masseverbindlichkeiten.
– die Umwandlung der gesicherten Forderung in Eigenkapital (vgl. Uhlenbruck-Lüer § 223 Rn. 9; MK-Breuer § 223 Rn. 19 f.; s. hierzu § 225a Rdn. 11 ff.).

Wie die Insolvenzgläubiger kann auch jeder Absonderungsberechtigte hinsichtl. etwaiger Regelungen im Insolvenzplan den **Minderheitenschutz** gem. § 251 in Anspruch nehmen. Der Anwendungsbereich des § 223 wird dadurch stark beschränkt. 6

§ 224 Rechte der Insolvenzgläubiger

Für die nicht nachrangigen Gläubiger ist im gestaltenden Teil des Insolvenzplans anzugeben, um welchen Bruchteil die Forderungen gekürzt, für welchen Zeitraum sie gestundet, wie sie gesichert oder welchen sonstigen Regelungen sie unterworfen werden sollen.

Übersicht	Rdn.		Rdn.
A. Normzweck	1	B. Norminhalt	2

A. Normzweck

§ 224 betrifft die Eingriffe in die Rechte der nicht nachrangigen Insolvenzgläubiger. Einschränkende Regelungen für diese Forderungen sind meist der Kern des Insolvenzplans. Die Norm hat somit vor allem **deklaratorischen Charakter**. 1

B. Norminhalt

§ 224 nennt mit der Forderungskürzung, Stundung und Besicherung beispielhaft einige **typische Regelungen** für die Gläubiger mit nicht nachrangigen Forderungen. Grds. kann, abgestimmt auf das jeweilige Planziel, jedoch jede denkbare Regelung der Insolvenzforderung zwischen den Beteiligten vereinbart werden. Neben den ausdrücklich genannten Regelungen kommen auch ein Forderungsverzicht mit Besserungsschein, ein Rangrücktritt oder, unter Berücksichtigung der §§ 225a, 2

230 Abs. 2, die Umwandlung von Forderungen in Eigenkapital in Betracht (unten Rdn. 5). Auch kann der Plan den gänzlichen Erlass einer Forderung vorsehen.

3   Die Regelung muss wegen § 257 inhaltlich allerdings so bestimmt werden, dass sie einen **vollstreckungsfähigen Inhalt** hat (vgl. zur Problematik flexibler Planquoten Rdn. 4).

4   Die **Forderungskürzung** dürfte nach wie vor den größten praktischen Anwendungsbereich finden. Hierfür wird im gestaltenden Teil eine Quote angegeben, welche die Gläubiger einer Gruppe auf ihre nicht nachrangigen Insolvenzforderungen erhalten sollen. Gleichzeitig wird bestimmt, dass die Gläubiger auf den über die Quote hinausgehenden Teil ihrer Forderung verzichten. Entscheidend ist die Festlegung einer **konkreten Quote**. Teilweise wird in der Praxis mit sog. **flexiblen Quoten** gearbeitet, indem im gestaltenden Teil die Verteilung eines bestimmten Betrages auf sämtliche festgestellten nicht nachrangigen Forderungen vorgesehen wird. Hierdurch soll vermieden werden, dass der Plan durch unerwartete Nachmeldungen oder erfolgreiche Feststellungsklagen undurchführbar wird. Die Lösung hat den Charme der einfachen Darstellung. Durch eine derartige flexible Quote wird das Haftungsrisiko des Schuldners bzw. Übernehmers auf den genannten Betrag begrenzt bzw. auf die Gläubiger abgewälzt. Diese können nicht absehen, wie hoch die ihnen zukommende Quote und der damit einhergehende Verzicht auf die Restforderung tatsächlich ausfallen werden. Unter Umständen fehlt es auch an einer Vergleichbarkeit mit dem Ergebnis bei Abwicklung im Regelverfahren. Vor allen Dingen fehlt es einer solchen Regelung jedoch an der erforderlichen Vollstreckbarkeit (hierzu Rdn. 3). Flexible Quoten sollten daher, wenn überhaupt, nur in Planverfahren mit einer überschaubaren Anzahl von Gläubigern zum Einsatz kommen und eine Ausschüttung noch durch den Insolvenzverwalter vor Aufhebung des Insolvenzverfahrens vorsehen, sodass das Risiko erforderlicher Vollstreckungen in den Plan weitgehend ausgeschlossen ist.

▶ Praxistipp:

Eine Forderungskürzung kann durch folgende Formulierung in den gestaltenden Teil des Plans aufgenommen werden: »Die Gläubiger der Gruppe x erhalten y Wochen nach Aufhebung des Insolvenzverfahrens auf ihre festgestellten Forderungen z % ausgezahlt. Auf den darüber hinausgehenden Teil ihrer Forderungen verzichten die Gläubiger.«

5   Durch die mit dem ESUG eingeführte Regelung des § 225a wurde die Möglichkeit der **Umwandlung von Forderungen in Eigenkapital** gestärkt (Debt-Equity-Swap). Hierbei wird die Insolvenzforderung als Sacheinlage in die schuldnerische Gesellschaft eingebracht. Zunächst ist festzulegen, mit welchem Wert die Forderung anzusetzen ist, ob also mit der Umwandlung eine Forderungskürzung einherzugehen hat (ausführ. zur Forderungsbewertung beim Debt-Equity-Swap § 225a Rdn. 21 ff.). Die Einbringung als Sacheinlage erfolgt sodann durch eine Forderungsübertragung mit anschließendem Erlöschen durch Konfusion oder durch einen Forderungserlass. Im Gegenzug erwirbt der Schuldner den korrespondierenden Geschäftsanteil. Wird für eine Gläubigergruppe die Forderungsumwandlung vorgesehen, bedarf es gem. § 230 Abs. 2 hierfür der ausdrücklichen Zustimmung jedes betroffenen Gläubigers.

§ 225   Rechte der nachrangigen Insolvenzgläubiger

(1) Die Forderungen nachrangiger Insolvenzgläubiger gelten, wenn im Insolvenzplan nichts anderes bestimmt ist, als erlassen.

(2) Soweit im Plan eine abweichende Regelung getroffen wird, sind im gestaltenden Teil für jede Gruppe der nachrangigen Gläubiger die in § 224 vorgeschriebenen Angaben zu machen.

(3) Die Haftung des Schuldners nach der Beendigung des Insolvenzverfahrens für Geldstrafen und die diesen in § 39 Abs. 1 Nr. 3 gleichgestellten Verbindlichkeiten kann durch einen Plan weder ausgeschlossen noch eingeschränkt werden.

Übersicht

	Rdn.		Rdn.
A. Normzweck	1	B. Norminhalt	2

A. Normzweck

§ 225 regelt das Schicksal der Forderungen nachrangiger Insolvenzgläubiger (§ 39). Im Normalfall erhalten bereits die nicht nachrangigen Gläubiger keine vollständige Befriedigung. Daher hielt es der Gesetzgeber für angemessen, den Forderungen der nachrangigen Gläubiger im Insolvenzplan regelmäßig keinen wirtschaftlichen Wert zuzuweisen (BT-Drucks. 12/2443, S. 201). Sie gelten daher bei fehlender anderer Regelung als erlassen. Im Vorfeld des ESUG hatte der BGH in einer umstrittenen Entscheidung (vgl. BGH, ZInsO 2010, 1059 ff., unter Zustimmung von Bitter/Laspeyres, WuB 2010, 769, stark kritisiert von Madaus, ZIP 2010, 1214 ff.) im Wege der Rechtsfortbildung die Vorschrift auf Ansprüche von Vorzugsaktionären auf Nachzahlungen nicht geleisteter Vorzugsdividenden für anwendbar erklärt. Angesichts der Möglichkeit der Einbeziehung der Gesellschafterrechte in das Insolvenzplanverfahren über § 222 Abs. 1 Nr. 4 und § 225a ist eine Anwendung des § 225 auf die Rechte von Vorzugsaktionären nicht mehr erforderlich und auch nicht sachgerecht (ebenso K. Schmidt/Spliedt § 225a Rn. 19).

1

B. Norminhalt

Unter Berücksichtigung des § 174 Abs. 3 ist der **Regelungsbereich** der Norm **gering**. Eine Anwendung ist grds. nur in den seltenen Fällen sinnvoll, in denen nach vollständiger Befriedigung der nicht nachrangigen Insolvenzgläubiger ein Überschuss verbleibt (BT-Drucks. 12/2443, S. 201). In den anderen Fällen ist zudem eine Ersetzung einer etwaig fehlenden Zustimmung über § 245 wegen § 245 Abs. 2 Nr. 2 nicht möglich (s. § 245 Rdn. 19).

2

Die Vorschrift zeigt jedoch auch die **Möglichkeit** auf, für bestimmte einzelne Rangklassen der nachrangigen Gläubiger eine von dem in Abs. 1 geregelten Grundsatz **abweichende Regelung** zu treffen. Unter steuerrechtlichen Gesichtspunkten bietet es sich bspw. an, nachrangige Darlehensforderungen der Gesellschafter i. S. d. § 39 Abs. 1 Nr. 5 zu erlassen, den Erlass jedoch mit einem Besserungsschein zu verknüpfen. Zwar führt auch ein solcher Erlass zu außerordentlichen Erträgen, die dann mit rgm. vorliegenden Verlustvorträgen verrechnet werden (s. hierzu jedoch § 227 Rdn. 6). Gelingt jedoch letztlich die Sanierung, lebt die erlassene Forderung wieder auf und führt zu steuerreduzierenden Verlusten der Schuldnerin zugunsten ihrer Gesellschafter (Smid/Rattunde, InsPlan, Rn. 2.116).

3

Abs. 3 ist als Spezialnorm zu Abs. 1 und 2 zu sehen. Ein Erlass nach Abs. 1 oder eine zulasten des Gläubigers nachteilige Regelung für Geldstrafen und gleichgestellte Verbindlichkeiten gem. § 39 Abs. 1 Nr. 3 ist nicht möglich (Uhlenbruck-Lüer § 225 Rn. 9).

4

§ 225a Rechte der Anteilsinhaber

(1) Die Anteils- oder Mitgliedschaftsrechte der am Schuldner beteiligten Personen bleiben vom Insolvenzplan unberührt, es sei denn, dass der Plan etwas anderes bestimmt.

(2) ¹Im gestaltenden Teil des Plans kann vorgesehen werden, dass Forderungen von Gläubigern in Anteils- oder Mitgliedschaftsrechte am Schuldner umgewandelt werden. ²Eine Umwandlung gegen den Willen der betroffenen Gläubiger ist ausgeschlossen. ³Insbesondere kann der Plan eine Kapitalherabsetzung oder -erhöhung, die Leistung von Sacheinlagen, den Ausschluss von Bezugsrechten oder die Zahlung von Abfindungen an ausscheidende Anteilsinhaber vorsehen.

(3) Im Plan kann jede Regelung getroffen werden, die gesellschaftsrechtlich zulässig ist, insbesondere die Fortsetzung einer aufgelösten Gesellschaft oder die Übertragung von Anteils- oder Mitgliedschaftsrechten.

§ 225a InsO   Rechte der Anteilsinhaber

(4) ¹Maßnahmen nach Absatz 2 oder 3 berechtigen nicht zum Rücktritt oder zur Kündigung von Verträgen, an denen der Schuldner beteiligt ist. ²Sie führen auch nicht zu einer anderweitigen Beendigung der Verträge. ³Entgegenstehende vertragliche Vereinbarungen sind unwirksam. ⁴Von den Sätzen 1 und 2 bleiben Vereinbarungen unberührt, welche an eine Pflichtverletzung des Schuldners anknüpfen, sofern sich diese nicht darin erschöpft, dass eine Maßnahme nach Absatz 2 oder 3 in Aussicht genommen oder durchgeführt wird.

(5) ¹Stellt eine Maßnahme nach Absatz 2 oder 3 für eine am Schuldner beteiligte Person einen wichtigen Grund zum Austritt aus der juristischen Person oder Gesellschaft ohne Rechtspersönlichkeit dar und wird von diesem Austrittsrecht Gebrauch gemacht, so ist für die Bestimmung der Höhe eines etwaigen Abfindungsanspruches die Vermögenslage maßgeblich, die sich bei einer Abwicklung des Schuldners eingestellt hätte. ²Die Auszahlung des Abfindungsanspruches kann zur Vermeidung einer unangemessenen Belastung der Finanzlage des Schuldners über einen Zeitraum von bis zu drei Jahren gestundet werden. ³Nicht ausgezahlte Abfindungsguthaben sind zu verzinsen.

Übersicht

	Rdn.
A. Normzweck	1
B. Norminhalt	2
I. Einbeziehung gesellschaftsrechtlicher Regelungen (Abs. 1 bis 3)	2
1. Eingriff in Anteils- oder Mitgliedschaftsrechte	4
a) Anteilsrechte	5
b) Mitgliedschaftsrechte	6
c) Eingriff	7
d) Vereinbarkeit mit übergeordnetem Recht	9
2. Debt-Equity-Swap (Abs. 2)	11
a) Erforderliche und mögliche Maßnahmen	14
aa) Kapitalherabsetzung	15
bb) Sachkapitalerhöhung	20
cc) Bezugsrechtsausschluss	26
dd) Abfindung für Altgesellschafter	29
ee) Fortsetzungsbeschluss	32
b) Zustimmung der betroffenen Gläubiger (Abs. 2 Satz 2 i. V. m. § 230 Abs. 2)	33
c) Folgeprobleme des Debt-Equity-Swaps	38
aa) Differenzhaftung	39
bb) Steuerrechtliche Folgen	40
cc) Sanierungsprivileg	44
dd) Aktienrechtliche Angebotspflicht	45
3. Weitere gesellschaftsrechtliche Maßnahmen (Abs. 3)	46
II. Kündigungsausschluss für Vertragspartner außerhalb der Gesellschaft (Abs. 4)	51
1. Regelung	51
2. Change-of-Control-Klauseln	54
3. Hintergrund und Kritik der Regelung	55
III. Austrittsrecht und Abfindung für Altgesellschafter (Abs. 5)	58

A. Normzweck

1 § 225a ist die zentrale Vorschrift der Neuregelungen, die das ESUG für das Insolvenzplanverfahren mit sich gebracht hat. Sie umschreibt, in welchem Umfang und mit welchen Konsequenzen die mit dem ESUG in § 217 implementierte Möglichkeit der Einbeziehung der Anteils- und Mitgliedschaftsrechte der am Schuldner beteiligten Personen umgesetzt werden kann. Ergänzend enthält sie Regelungen zu den Wirkungen gesellschaftsrechtlicher Maßnahmen für hiervon etwaig betroffene Gläubiger (Abs. 2 Satz 2) und Vertragspartner des Schuldners (Abs. 4).

B. Norminhalt

I. Einbeziehung gesellschaftsrechtlicher Regelungen (Abs. 1 bis 3)

2 Die Vorschrift ist die Grundlage für die nach Einführung des ESUG nunmehr mögliche Einbeziehung jeglicher gesellschaftsrechtlicher Regelungen in den Plan (Abs. 2 und 3) und die damit regelmäßig verbundenen Eingriffe in die Anteils- oder Mitgliedschaftsrechte der am Schuldner beteiligten Personen (Abs. 1). Damit hat die Vorschrift in erster Linie die **Inhalte und Grenzen**

möglicher Gruppenregelungen für am Schuldner beteiligte Personen zum Gegenstand. Sie wird begleitet von den Neuregelung in § 217 Satz 2 i. V. m. §§ 222 Abs. 1 Nr. 4, 225a und § 254a Abs. 2.

Bereits vor dem ESUG war die Einbeziehung gesellschaftsrechtlicher Maßnahmen der am Schuldner beteiligten Personen möglich. Hierfür bedurfte es jedoch der Mitwirkung dieser Personen durch Abgabe entsprechender Willenserklärungen i. S. d. § 230. Eingriffe in die Anteils- oder Mitgliedschaftsrechte gegen den Willen der Gesellschafter waren nicht möglich. Im Vorfeld des Gesetzgebungsverfahrens war intensiv über das Ob und Wie der Einbeziehung der am Schuldner beteiligten Personen in das Planverfahren diskutiert worden (z. B. bei Ehlers, ZInsO 2009, 320; Eidenmüller/Engert, ZIP 2009, 541; Stapper, ZInsO 2009, 2361, 2364; Uhlenbruck, NZI 2008, 201). Der Gesetzgeber hat sich schließlich für die Einbeziehung durch Integration in das Gruppenabstimmungsverfahren entschlossen (zur Kritik an dieser Entscheidung vgl. vor § 217 Rdn. 2b). Nach § 222 Abs. 1 Nr. 4 ist für die am Schuldner beteiligten Personen nun immer eine Gruppe zu bilden, wenn deren Anteils- oder Mitgliedschaftsrechte in den Plan einbezogen werden sollen. 3

1. Eingriff in Anteils- oder Mitgliedschaftsrechte

Abs. 1 stellt klar, dass die Anteils- und Mitgliedschaftsrechte der am Schuldner beteiligten Personen grds. weiterhin von dem Insolvenzplan unberührt bleiben. Der Plan kann jedoch anderes bestimmen. Vor dem Hintergrund der systematischen Einordnung als letztrangige Beteiligte noch hinter den nachrangigen Gläubigern und der Annahme der regelmäßigen Wertlosigkeit ihrer Anteile (BT-Drucks. 17/5712, S. 32) wäre es nachvollziehbar gewesen, vergleichbar dem regelmäßigen Erlass nachrangiger Forderungen nach § 225 ein regelmäßiges Erlöschen der Anteils- und Mitgliedschaftsrechte vorzusehen (vgl. auch MK-Eidenmüller § 225a Rn. 25). Die Entscheidung des Gesetzgebers ist jedoch Konsequenz des Kompromisses, den er im Spannungsfeld der Argumente für und gegen Eingriffe in die Gesellschafterrechte durch einen Insolvenzplan eingegangen ist, wonach zwar Eingriffe möglich sein, jedoch vor dem Hintergrund verfassungsrechtlicher Bedenken nicht ganz ohne Mitspracherecht der Betroffenen erfolgen sollen (vgl. zur Problematik des Ob und Wie der Einbeziehung von Anteils- und Mitgliedschaftsrechten in die InsO vor § 217 Rdn. 2b). 4

a) Anteilsrechte

Das Anteilsrecht erschöpft sich in der Beteiligung am wirtschaftlichen Wert des Schuldners (vgl. auch vor § 217 Rn. 2d). Ein **Eingriff** kann demnach durch **Verfügung über den Kapitalanteil** erfolgen. Wesentlicher Eingriff dürfte die – teilweise – Abtretung oder die Reduzierung im Rahmen einer Kapitalherabsetzung sein. 5

b) Mitgliedschaftsrechte

Mitgliedschaftsrechte sind zum einen alle weiteren Rechte, die dem Anteilsinhaber zukommen und streng akzessorisch mit dem Anteilsrecht verknüpft sind. Dies sind in erster Linie Stimmrechte (Beschlussfassungen, s. hierzu auch unten Rdn. 47) und Bezugsrechte (unten Rdn. 26 ff.). Mitgliedschaftsrechte sind zum anderen unabhängig von einer wirtschaftlichen Beteiligung aber auch sämtliche Rechte aus einer lediglich mitgliedschaftlichen Beteiligung am Schuldner (z. B. Rechte der Mitglieder eines eingetragenen Vereins). Die Rechte können – je nach Rechtsform des Schuldners und der Art der Beteiligung – ganz unterschiedlich ausgeprägt sein. Entsprechend sind die Eingriffsmöglichkeiten vielfältig. 6

c) Eingriff

Jede im Plan vorgesehene gesellschaftsrechtliche Maßnahme i. S. d. § 225a stellt einen Eingriff in Anteils- oder Mitgliedschaftsrechte der am Schuldner beteiligten Personen dar (anders MK-Eidenmüller § 225a Rn. 24, der daher nach gruppenbezogenen und gruppenfreien gesellschaftsrechtlichen Planregelungen differenziert, allerdings kein Beispiel für eine gruppenfreie gesellschaftsrechtliche Regelung benennt). Denn die Entscheidung über gesellschaftsrechtliche Maßnahmen jeglicher Art 7 erfolgt einmal abgesehen von dem neu eingeführten § 276a außerhalb des Insolvenzplanverfahrens durch Beschluss der Gesellschafter bzw. Mitglieder auf Basis ihrer Mitgliedschaftsrechte. Sinn der Neuregelungen nach § 217 Satz 2 i. V. m. §§ 222 Abs. 1 Nr. 4, 225a und § 254a Abs. 2 ist es, diese notwendigen gesellschaftsrechtlichen Verfügungen und Beschlüsse im Plan zu ersetzen (vgl. BT-Drucks. 17/5712, S. 30).

8 Die Wirksamkeit der gesellschaftsrechtlichen Maßnahmen hängt bei Aufnahme in den gestaltenden Teil des Plans allein von dem Ergebnis der Gruppenabstimmung nach §§ 244 ff. ab. Dies ergibt sich aus Abs. 2 Satz 3 und Abs. 3 i. V. m. § 245 Abs. 3 und § 254a Abs. 2. Diese ermöglichen die Aufnahme gesellschaftsrechtlicher Maßnahmen in den gestaltenden Teil des Plans nach Abs. 2 Satz 3 und Abs. 3, ohne dass es für deren Wirksamkeit der ausdrücklichen Zustimmung jedes einzelnen Altgesellschafters bzw. einer Abstimmung nach gesellschaftsrechtlichen Regeln bedarf. Die Entscheidungskompetenz für gesellschaftsrechtliche Maßnahmen wird damit im Wesentlichen auf die Gläubiger erstreckt (vgl. K. Schmidt-Spliedt § 225a Rn. 6). Die **Zustimmung der Altanteilsinhaber kann** durch Abstimmungsmehrheit über §§ 244, 245 **ersetzt werden**. Nach Maßgabe des § 245 kann demzufolge eine gesellschaftsrechtliche Maßnahme auch ohne oder **sogar gegen den Willen** aller oder einzelner Gesellschafter erfolgen. Der Versuch eines Gesellschafters, dieses Ergebnis durch Beantragung einer Unterlassungsverfügung hinsichtlich eines positiven Stimmverhaltens des Mitgesellschafters zu revidieren, ist in der Praxis zu Recht gescheitert (vgl. OLG Frankfurt am Main, ZInsO 2013, 2112 – Suhrkamp).

d) Vereinbarkeit mit übergeordnetem Recht

9 Die Regelungen zur Einbeziehung der am Schuldner beteiligten Personen mit ihren Anteils- und Mitgliedschaftsrechten stellen **Inhalts- und Schrankenbestimmungen i. S. v. Art. 14 Abs. 1 Satz 2 und Abs. 2 GG** dar (Bay/Seeburg/Böhmer, ZInsO 2011, 1927, 1936 ff.). Die damit verbundenen Eingriffe in die Eigentumsrechte der Altanteilsinhaber, welche sowohl den Vermögenswert des Anteils als auch die mitgliedschaftliche Stellung umfasst (BVerfG, ZIP 2000, 1670), sind nach herrschender Auffassung aus Gemeinwohlüberlegungen und unter Berücksichtigung der ebenfalls grundgesetzlich geschützten Belange der Gläubiger gerechtfertigt (statt vieler Bay/Seeburg/Böhmer, ZInsO 2011, 1927, 1936 ff.; Kresser, ZInsO 2010, 1409, 1416; K. Schmidt-Spliedt § 225a Rn. 8 ff.).

9a Auch stellt die Möglichkeit, in Mitgliedschaftsrechte einzugreifen, per se keine Verletzung der Vereinigungsfreiheit nach Art. 9 GG dar. Mit Insolvenzeröffnung wird der gesellschafts- bzw. vereinsrechtliche Satzungszweck bereits auf die Liquidation (Auflösung) und damit die Gläubigerbefriedigung beschränkt (vgl. § 60 Abs. 1 Nr. 4 Satz 1 GmbHG, § 262 Abs. 1 Nr. 3 AktG, § 131 Abs. 1 Nr. 3 HGB; § 42 Abs. 1 Satz 1 BGB, § 101 GenG; ausführlich hierzu K. Schmidt-Spliedt § 225a Rn. 12). Zur negativen Vereinigungsfreiheit vgl. die Regelung zum Austrittsrecht in Abs. 5 (unten Rdn. 58).

9b Die Vereinbarkeit der Möglichkeiten zur Einbeziehung der Mitgliedschaftsrechte in die Plangestaltung steht im Rahmen einer Verfassungsbeschwerde in dem prominenten Fall Suhrkamp-Verlag auf dem Prüfstand. Die Verfassungsbeschwerde einer Mitgesellschafterin richtet sich gegen den Insolvenzeröffnungsbeschluss des AG Berlin-Charlottenburg und gegen die einschlägigen Vorschriften der InsO.

10 **EU-rechtliche Vorgaben** zum Erfordernis von Hauptversammlungsbeschlüssen insb. für Kapitalerhöhungsmaßnahmen bei AG (Art. 25 Abs. 1 der Richtlinie 77/91/EWG des Rates vom 13.12.1976) werden nach Auffassung des Gesetzgebers nicht verletzt (BT-Drucks. 17/5712, S. 20). Kritisch ist dabei das Argument, die satzungsmäßigen Organe würden mit der Insolvenzeröffnung ohnehin weitgehend ihrer Rechte enthoben, sodass die gesellschaftsrechtliche EU-Richtlinie keine Anwendung mehr finde (BT-Drucks. 17/5712, S. 20). Die Organe werden im Insolvenzverfahren weder ihrer Rechte noch ihrer Pflichten enthoben. Diese werden lediglich teilweise durch die Folgen der Insolvenzeröffnung überlagert (nach ausführlicher Erörterung im Ergebnis a. A. MK-Eidenmüller § 225a Rn. 124 ff.). Andernfalls wäre die Aussage des Abs. 1, wonach die Anteils- und

Mitgliedschaftsrechte der am Schuldner beteiligten Personen grds. vom Plan unberührt bleiben, weitgehend sinnentleert.

2. Debt-Equity-Swap (Abs. 2)

Abs. 2 schafft die Grundlage für die Vornahme eines sog. Debt-Equity-Swaps, der Umwandlung von Fremdkapital in Eigenkapital, im Rahmen eines Insolvenzplans. Als eine spezielle von vielen im Insolvenzplan möglichen gesellschaftsrechtlichen Maßnahmen wäre die Vorschrift systematisch eher hinter der insofern allgemeineren Regelung in Abs. 3 einzuordnen gewesen (ähnlich MK-Eidenmüller § 225a Rn. 28; K. Schmidt-Spliedt § 225a Rn. 34). Unter Berücksichtigung des stark eingegrenzten Anwendungsbereichs (s. Rdn. 33 f.) hätte eine separate Norm auch gänzlich unterbleiben können. Die vorrangige Regelung dieses Instrumentes spiegelt jedoch den wesentlichen Antrieb und Fokus des Gesetzgebers bei der Regelung der Einbeziehung von Inhaberrechten wieder. Die Ermöglichung und Regelung des Debt-Equity-Swaps gehörte in der Praxis zu den wesentlichen Anliegen an der Schnittstelle zwischen Insolvenzplan und Gesellschaftsrecht (Ehlers, ZInsO 2009, 320; Eidenmüller/Engert, ZIP 2009, 541; Jaffé/Friedrich, ZIP 2008, 1849, 1855; Stapper, ZInsO 2009, 2361, 2364; Uhlenbruck, NZI 2008, 201).

11

Die Umwandlung von Fremd- in Eigenkapital setzt eine kapitalbasierte Gesellschaftsstruktur voraus. Der Debt-Equity-Swap findet daher nur auf **Kapitalgesellschaften** i. S. d. §§ 264 ff. HGB Anwendung, also in erster Linie auf die GmbH und die AG (vgl. aber zur Umwandlung von Forderungen in Anteilsrechte bei Personengesellschaften MK-Eidenmüller § 225a Rn. 71). Sie gilt als attraktives und effektives Sanierungsinstrument und die dadurch ermöglichte Eigenkapitalzufuhr als entscheidende Weichenstellung für eine Sanierung (BT-Drucks. 17/5712, S. 31). Dies auch durchaus zu Recht: Den Gläubigern wird durch die Wandlung ermöglicht, an späteren Gewinnen zu partizipieren und darüber hinaus gesellschaftsrechtlich Einfluss zu nehmen und dadurch die weitere Entwicklung und Sanierung des schuldnerischen Unternehmens effektiv selbst mit gestalten zu können (ähnlich Bay/Seeburg/Böhmer, ZInsO 2011, 1927, 1930). Aufseiten des Schuldners reduziert oder beseitigt der Wechsel von Fremd- in Eigenkapital die bilanzielle Überschuldung. Mit dem Wegfall der Tilgungs- und Zinszahlungspflicht verbessert sich die Liquiditätslage (Schmidt/Uhlenbruck Rn. 2.270; Braun/Heinrich, NZI 2011, 505, 508).

12

Sollen Forderungen in Eigenkapital umgewandelt werden, sind nicht nur die Rechte der Altgesellschafter, sondern auch die Rechte der betroffenen Gläubiger berührt. Somit ist jeweils eine **gesonderte Gruppe** für die Altgesellschafter und für die Neugesellschafter (in Abgrenzung zu den Gläubigern, deren Forderungen nicht umgewandelt werden sollen) erforderlich. Zur sachgerechten Abgrenzung der Gruppe der umwandelnden Gläubiger zu anderen Gläubigergruppen vgl. § 222 Rdn. 16, zum Zustimmungserfordernis nach Abs. 2 Satz 2 i. V. m. § 230 Abs. 2 unten Rdn. 33 ff. und § 230 Rdn. 5).

13

a) Erforderliche und mögliche Maßnahmen

Die Aufzählung der im Rahmen eines Debt-Equity-Swap möglichen gesellschaftsrechtlichen Regelungen in Abs. 2 ist nicht abschließend, sondern erfasst lediglich die Maßnahmen, die typischerweise mit einem Debt-Equity-Swap einhergehen. I. d. R. erfolgt die Forderungsumwandlung durch Vornahme eines Kapitalschnitts, also einer Kapitalherabsetzung mit anschließender Kapitalerhöhung, im Rahmen derer die Forderung als Sacheinlage eingebracht wird (BT-Drucks. 17/5712, S. 31).

14

aa) Kapitalherabsetzung

Die Kapitalherabsetzung ist kein zwingender Bestandteil des Debt-Equity-Swaps. Sie erfolgt i. d. R., um eine bestehende Unterbilanz zu beseitigen und die Beteiligungsverhältnisse zwischen den Alt- und Neugläubigern interessengerecht zu verteilen (Heybrock-Huntemann, Praxiskommentar zum GmbHR, InsR Rn. 17; vgl. auch MK-Eidenmüller § 225a Rn. 41).

15

16 Aufgrund der Insolvenzsituation ist regelmäßig von der Wertlosigkeit der Anteile auszugehen (BT-Drucks. 17/5712, S. 32). Gleichwohl kann es sinnvoll sein, die Altgesellschafter nicht durch Herabsetzung ihrer Anteile auf null vollständig aus der Gesellschaft zu verdrängen (zu der Kapitalherabsetzung auf Null s. Rdn. 17). Der weitere Einfluss der Gesellschafter kann durchaus gewünscht und für eine Fortführung von Bedeutung sein. Auch haben Gläubiger nicht unbedingt ein Interesse daran, die alleinige Verantwortung für die Durchführung einer meist erst geplanten Sanierung zu übernehmen. Möglich ist es auch, durch eine Kapitalherabsetzung nur einzelne Altgesellschafter zu verdrängen. Zwar erfolgt die Herabsetzung grds. proportional zur Beteiligung des einzelnen Gesellschafters, jedoch kann eine abweichende Regelung getroffen werden (Heybrock-Huntemann, Praxiskommentar zum GmbHR, § 58a Rn. 30). Ggf. erforderliche Zustimmungen der Gesellschafter können im Planverfahren über § 254a Abs. 2 ersetzt werden.

17 Auch i. R. d. Insolvenzplanverfahrens sind jedoch die **Kapitalaufbringungs- und Erhaltungsvorschriften** zu berücksichtigen (wie hier Bay/Seeburg/Böhmer, ZInsO 2011, 1927, 1934). Demzufolge darf selbst bei der vereinfachten Kapitalherabsetzung das gesetzlich vorgegebene Mindestkapital nicht unterschritten werden, wenn die anschließende Auffüllung – wie regelmäßig im Rahmen eines Debt-Equity-Swaps – ausschließlich durch Sacheinlagen erfolgen soll (vgl. § 58a Abs. 4 GmbHG und § 229 i. V. m. § 228 Abs. 1 AktG). Andernfalls könnten überschuldete Gesellschaften stamm- bzw. haftkapitallos und gleichwohl mit beschränkter Haftung aus der Insolvenz in den Markt entlassen werden, was zulasten der nicht am Planverfahren beteiligten Neugläubiger ginge (zu diesen Bedenken vgl. Hölzle, NZI 2011, 124, 128 f.).

18 Eine Kapitalherabsetzung kommt demnach in erster Linie bei Schuldnern mit einem höheren als dem **Mindeststammkapital** bzw. Mindesthaftkapital in Betracht (Bay/Seeburg/Böhmer, ZInsO 2011, 1927, 1934). Oder aber die anschließende Kapitalerhöhung muss zur Deckung des Mindestbetrages eine **zusätzliche Bareinlage** vorsehen. Letzteres gilt auch dann, wenn zur Verdrängung der Altgesellschafter deren Anteile auf null reduziert werden (vgl. nun auch MK-Eidenmüller § 225a Rn. 42). Der Anwendungsbereich eines Debt-Equity-Swaps im oben genannten Sinne ist damit im Insolvenzplanverfahren wie auch außerhalb des Insolvenzverfahrens im Wesentlichen auf Unternehmen beschränkt, bei denen von vornherein ein über den Mindestbetrag hinausgehendes Stammkapital gezeichnet ist oder die Gläubiger oder die Altgesellschafter Willens und in der Lage sind, Bareinlagen zu leisten. Bei dem Gros der Insolvenzverfahren über mittelständische Unternehmen wird dies nicht der Fall sein. Bereits aus diesem Grund dürfte der echte Debt-Equity-Swap im Insolvenzplanverfahren nur geringe Anwendung finden. Es ist zu erwarten, dass weitaus häufiger der unechte Debt-Equity-Swap (s. hierzu Rdn. 49) gewählt wird.

19 Für die Durchführung der Kapitalherabsetzung ist im Insolvenzplan konkret anzugeben, welcher Anteil um welchen und auf welchen Wert reduziert wird. Aufgrund der anschließend notwendigen Eintragung empfiehlt sich eine vorherige Absprache mit dem zuständigen Handelsregister.

bb) Sachkapitalerhöhung

20 Wesentlicher Schritt des Debt-Equity-Swaps ist die Umwandlung der Gläubigerforderung in haftendes Kapital in Form einer Sachkapitalerhöhung. Die Einbringung kann durch eine **Forderungsübertragung** mit anschließendem Erlöschen durch Konfusion oder durch einen **Forderungserlass** erfolgen (vgl. § 224 Rdn. 5).

21 Problematisch ist der **Wertansatz** der **einzubringenden Forderung**. Die möglichen sachlichen wie zeitlichen Anknüpfungspunkte für die Bewertung sind vielfältig. Denkbar sind der Ansatz zum Nenn- oder Verkehrs-, Liquidations- oder Fortführungswert jeweils zum Zeitpunkt der Planeinreichung oder zum voraussichtlichen Zeitpunkt der Rechtskraft des Insolvenzplans oder des Abschlusses der erfolgreichen Sanierung.

22 Maßgeblich ist nach dem Willen des Gesetzgebers der **Verkehrswert unter Orientierung an der Quotenerwartung** (BT-Drucks. 17/5712, S. 32). Angesetzt werden könnte die Quote, wie sie sich ohne den Plan ergeben würde. Diese spiegelt jedoch nicht den Wert zum Zeitpunkt der Rechtskraft

des Plans und somit zur Anmeldung der Eintragung der Kapitalerhöhung in das Handelsregister wieder. Auf diesen ist allerdings bei der Bewertung in Anlehnung an § 19 Abs. 4 Satz 4 GmbHG bzw. § 36 ff. AktG abzustellen. Daher ist die umzuwandelnde Forderung zunächst derselben Kürzung zu unterziehen, wie die nicht umzuwandelnden Forderungen, und die verbleibende Forderung mit dem Nennwert umzuwandeln (ähnlich Hölzle, NZI 2011, 124, 129; Simon, CFL 2010, 448, 453). Der Gesetzgeber empfiehlt, ggf. für die Frage der Werthaltigkeit der Forderung Gutachten einzuholen (BT-Drucks. 17/5712, S. 32). Insoweit deckt sich der Ansatz mit der Rechtsprechung zu umzuwandelnden Forderungen außerhalb des Insolvenzverfahrens. Sowohl steuer- als auch gesellschaftsrechtlich ist nach Ansicht der Rechtsprechung der Verkehrswert anzusetzen (BFH, BB 1997, 633; BGHZ 113, 335). Allerdings dürfte der danach anzusetzende Wert nur in seltenen Fällen dem Gläubiger einen adäquaten Einfluss auf die Geschicke des Schuldners ermöglichen (ähnlich Simon, CFL 2010, 448, 452). Dies gilt insb. bei der hier vertretenen Auffassung von der Beachtlichkeit der gesellschaftsrechtlichen Kapitalaufbringungs- und Erhaltungsvorschriften (oben Rdn. 17). Der Anreiz, einer Umwandlung der eigenen Forderung mit dem Risiko des Totalausfalls zuzustimmen, ist damit gering. Hieran ändert auch der Ausschluss der Differenzhaftung des Neugesellschafters ggü. dem Schuldner für den Fall der Überbewertung nach § 254 Abs. 4 nichts.

Erschwert wird die Wertermittlung hinsichtlich der umzuwandelnden Forderungen, wenn diese **besichert** sind. Der Wert der Sicherheit ist regelmäßig in die Forderungsbewertung mit einzubeziehen (vgl. BT-Drucks. 17/5712, S. 31). Hier auf den aktuellen Verkehrswert des Sicherungsgegenstandes abzustellen, ist oft nicht sachgerecht. Es kommt darauf an, welcher Regelung die Sicherheit durch den Plan i. Ü. unterzogen werden soll. Dies kann letztlich auch die Motivation des Gläubigers, einer Umwandlung zuzustimmen, erhöhen. 23

Die Auffassung des Gesetzgebers von der Maßgeblichkeit des Verkehrswertes ist durchaus überdenkungswürdig (ähnlich MK-Eidenmüller § 225a Rn. 53 ff.). Die Einbringung zum buchmäßigen **Nennwert** ist weitaus einfacher zu handhaben und wird den Interessen aller Beteiligten gerecht (mit guten Gründen für die Nennwertbetrachtung daher auch Simon, CFL 2010, 448, 451 ff.). Die umwandelnden Gläubiger haben eine höhere Aussicht, nach erfolgreicher Sanierung ihre Forderung zu befriedigen. Zudem ist ihre Einflussmöglichkeit bei Ansatz des Nominalwertes weitaus höher als bei Ansatz des meist überaus geringen Verkehrswertes. Die entsprechende Verwässerung aufseiten der Altgesellschafter entspricht dem wirtschaftlichen Wert derer Anteile. Diese sind zum Zeitpunkt der Planerstellung regelmäßig wertlos (BT-Drucks. 17/5712, 32, vgl. auch Simon, CFL 2010, 448, 452). Für den Schuldner erhöht die mit der Einbringung zum Nennwert verbundene Verbindlichkeitenreduzierung das bilanzielle Eigenkapital entsprechend (Simon, CFL 2010, 448, 452). Bei Einhaltung der gesellschaftsrechtlichen Kapitalaufbringungs- und Erhaltungsvorschriften (oben Rdn. 17) birgt die Einbringung von Forderungen zum Nennwert auch keine Nachteile für die Neugläubiger. Das Aktivvermögen wird im Gegensatz zu der Einbringung einer gegen eine dritte Person gerichteten wertlosen Forderung zum Nennwert nicht inhaltlos. Zudem bedarf es bei Ansatz des Nominalwerts vor Einbringung der Forderung keines Verzichts, der anderenfalls zu einem Ertrag führen würde, der einen grds. vorhandenen Bilanzverlust reduziert oder gar ausgleicht. Die Bilanz spiegelt somit den bisherigen Geschäftsverlauf zutreffend wieder. Zu alledem werden dadurch auch frühzeitige Ausschüttungen an die Gesellschafter bei positiven Jahresergebnissen vermieden (zu den steuerlichen Folgen s. Rdn. 40 ff.). Die Einbringung zum Nennwert entspricht jedoch nicht der Vorstellung des Gesetzgebers, der – ohne in der Begründung auf etwaige Vor- oder Nachteile einzugehen – eine Wertberichtigung für erforderlich hält (BT-Drucks. 17/5712, S. 32). Es bleibt die Entwicklung in der Praxis abzuwarten. 24

Für die Durchführung der Sachkapitalerhöhung sind im Insolvenzplan konkret der Erhöhungsbetrag, vorsorglich die neue Kapitalhöhe (s. Baumbach/Hueck-Zöllner, § 55 Rn. 10), der Name der wandelnden Person sowie die Form der Einbringung, mithin Übertragung oder Verzicht, anzugeben. Bei der Kapitalerhöhung in der AG ist zudem die Aktiengattung zu benennen (s. zu den notwendigen Angaben außerhalb des Insolvenzplanverfahrens Lutter/Hommelhoff-Lutter, § 55 Rn. 10 ff. bzw. Großkomm. AktG-Wiedemann, § 182 Rn. 60 ff.). Aufgrund der anschließend not- 25

Thies

wendigen Eintragung empfiehlt sich eine vorherige Abstimmung mit dem zuständigen Handelsregister.

cc) Bezugsrechtsausschluss

26 Das Bezugsrecht nach § 186 AktG gewährt jedem Aktionär einen Anspruch auf den Bezug neuer Aktien aus einer Kapitalerhöhung im Verhältnis zu seiner bisherigen Beteiligung an dem Grundkapital. Es dient somit der Einhaltung des Gleichbehandlungsgebots (s. u. a. Hüffer, AktG, § 186 Rn. 4). Im GmbHG fehlt trotz gleichfalls geltendem Gleichbehandlungsgebot eine entsprechende Norm. § 186 AktG wird daher analog angewendet (Baumbach/Hueck-Zöllner § 55 Rn. 20).

27 Sieht der Plan eine Sachkapitalerhöhung im Rahmen eines Debt-Equity-Swaps vor, bedarf es eines Bezugsrechtsausschlusses für die Altanteilsinhaber. Beteiligen sich auch diese in Form von Bareinlagen an der Sanierung, sind die Bezugsrechte entsprechend zu verteilen.

28 Im Plan muss daher unter Angabe genauer Beträge bzw. Anteile angegeben werden, wer das Bezugsrecht verliert und wem es zusteht (BT-Drucks. 17/5712, S. 31). Einer Beschlussfassung mit drei Viertel Kapitalmehrheit, einer entsprechenden Ankündigung und Begründung nach § 186 Abs. 4 AktG und eines dem Gesellschaftsinteresse dienenden Sachgrundes (BGHZ 71, 40, 46, MK AktG, § 186 Rn. 72 ff.) bedarf es nicht (vgl. auch MK-Eidenmüller § 225a Rn. 50; a. A. FK-Jaffé § 225a Rn. 13; Simon/Merkelbach, NZG 2012, 121, 125). Diese formellen und materiellen Voraussetzungen werden über § 254a Abs. 3 fingiert (s. hierzu § 254a Rdn. 6).

dd) Abfindung für Altgesellschafter

29 Der Plan kann des Weiteren vorsehen, den Altanteilsinhabern für den – teilweisen – Verlust ihrer Anteile eine Abfindung zukommen zu lassen. Dies kann dem Wortlaut des Abs. 2 folgend als Gruppenregelung vorgesehen sein. Eine derartige Regelung ist angebracht, wenn entgegen der allgemeinen Prämisse (BT-Drucks. 17/5712, S. 32; hiergegen MK-Eidenmüller § 225a Rn. 46 ff., wonach sich der Wert am geplanten/erwarteten Sanierungserfolg bemisst) den Altanteilen ein Wert beizumessen ist. Der Gesetzesbegründung folgend ist es aber auch möglich, keine i. R. d. Planbestätigung umzusetzende konkrete Regelung zugunsten der Altanteilsinhaber im Plan einzufügen, sondern die ggf. erforderlichen Mittel gem. § 251 Abs. 3 bereitzustellen (BT-Drucks. 17/5712, S. 32). Diese Vorgehensweise erscheint vor allem dann sinnvoll, wenn den Altanteilen zwar kein Wert zugemessen werden kann, aber mit Anträgen nach § 251 oder 253 zu rechnen ist. Umgekehrt kann auf die Vorsehung einer Abfindung oder einer Mittelbereitstellung nach § 251 Abs. 3 verzichtet werden, wenn die Altgesellschafter einer Sanierung nicht im Wege stehen möchten, an einer weiteren Beteiligung jedoch nicht interessiert sind. Zur Absicherung kann in derartigen Fällen mit der Beifügung einer Erklärung der Altgesellschafter nach § 230 Abs. 3 gearbeitet werden, dass diese für den Fall der Planannahme auf die Geltendmachung von Ansprüchen verzichten. Die zusätzliche ausdrückliche Erwähnung in Abs. 2 Satz 3 dient daher in erster Linie dazu, den Anforderungen an eine Inhalts- und Schrankenbestimmung i. S. d. Art. 14 Abs. 1 Satz 2 und Abs. 2 GG (zur Einordnung der Vorschrift als solche oben Rdn. 9) gerecht zu werden.

30 In welcher Höhe Mittel für eine Abfindung vorgesehen werden, ist im Einzelfall von dem Wert der Altanteile und im Fall der Mittelbereitstellung nach § 251 Abs. 3 zudem nach der Anzahl der erwartenden Minderheitsschutzanträge und den Erfolgsaussichten etwaiger Klagen auf Mittelgewährung abhängig zu machen. Darüber hinaus sollte von der Möglichkeit der Abfindungszahlung Gebrauch gemacht werden, wenn andere Altanteilsinhaber ihre Anteile und Bezugsrechte nicht oder nicht im selben Ausmaß verlieren (zur Möglichkeit der Verdrängung nur einzelner bzw. eines Teils der Altgesellschafter oben Rdn. 16). Diese würden anders als die ausscheidenden Gesellschafter an dem erhofften Sanierungserfolg partizipieren. Im Hinblick auf die dann wegen § 245 Abs. 3 Nr. 2 bestehende Obstruktionsmöglichkeit der ausscheidenden Gesellschafter empfiehlt sich die wirtschaftliche Gleichstellung.

Abs. 5 gilt hier dem Wortlaut nach nicht, da dieser nur den Fall des freiwilligen Austritts des Altgesellschafters regelt (unten Rdn. 58 ff.). Wünschenswert wäre eine Abs. 5 Satz 2 entsprechende gesetzliche Regelung, wonach die Auszahlung einer Abfindung bis zu 3 Jahre gestundet werden kann. Dies wäre auch bezogen auf den im Wege der Kapitalherabsetzung verdrängten Gesellschafter sachgerecht, da sich eine Schlechterstellung i. S. d. § 245 Abs. 3 Nr. 2 überhaupt erst mit der nachhaltigen Sanierung des Unternehmens realisiert (ähnlich Simon, CFL 2010, 448, 456). 31

ee) Fortsetzungsbeschluss

Die AG und die GmbH sind durch die Insolvenzeröffnung nach § 262 Abs. 1 Nr. 3 AktG bzw. § 60 Abs. 1 Nr. 4 GmbHG aufgelöst. Damit der Neugesellschafter seine umgewandelte Forderung aus dem angestrebten Sanierungserfolg realisieren kann, bedarf es eines Fortsetzungsbeschlusses nach § 274 AktG (analog). Vor Einführung des ESUG war der Fortsetzungsbeschluss der Anteilsinhaber dem Plan als Anlage nach § 230 beizufügen und unter die Bedingung der Aufhebung des Insolvenzverfahrens zu stellen. Das ESUG führt zu einer erheblichen Erleichterung. Hiernach kann der Beschluss im Plan ohne Beteiligung der Alt- und Neuanteilsinhaber aufgenommen werden und entfaltet sodann über § 254a Abs. 2 Wirkung. 32

b) Zustimmung der betroffenen Gläubiger (Abs. 2 Satz 2 i. V. m. § 230 Abs. 2)

Systematisch nicht ganz korrekt enthält Abs. 2 Satz 2 eine Regelung für Gläubiger, deren Forderungen umgewandelt werden sollen. Diese konkretisiert die Vorgaben des § 224 für die Regelungen der Rechte der nicht nachrangigen Insolvenzgläubiger für den Fall des Debt-Equity-Swaps. Hiernach ist eine **Umwandlung gegen den Willen** der betroffenen Gläubiger ausgeschlossen. Hintergrund sind verfassungsrechtliche Bedenken im Hinblick auf die durch Art. 9 Abs. 1 GG gewährte negative Vereinigungsfreiheit (Eidenmüller/Engert, ZIP 2009, 541, 547). Die Zustimmung jedes einzelnen betroffenen Gläubigers kann daher nicht durch Abstimmungsmehrheiten über die §§ 244, 245 ersetzt werden. Für die Wirksamkeit entsprechender Regelungen sind dem Plan somit weiterhin **Zustimmungserklärungen der betroffenen Gläubiger** nach der durch das ESUG unverändert gebliebenen Vorschrift des § 230 Abs. 2 beizufügen (vgl. § 230 Rdn. 5). Bei Vorliegen der Voraussetzungen für die Anwendung des Gesetzes über Schuldverschreibungen aus Gesamtemissionen (SchVG) kann statt einer Zustimmungserklärung jedes betroffenen Gläubigers i. R. d. § 230 Abs. 2 auch ein Mehrheitsbeschluss nach § 5 Abs. 3 Nr. 5 SchVG beigefügt werden (vgl. BT-Drucks. 17/5712, S. 31; vgl. hierzu K. Schmidt-Spliedt § 225a Rn. 29). 33

Damit wird die Systematik der Planbeteiligung für den Debt-Equity-Swap auf den Kopf gestellt. Während die Gesellschafter in Abweichung vom bisherigen Recht nunmehr auf Basis des Mehrheitsprinzips zwangsweise den Planregelungen unterworfen werden können, wird für Insolvenzgläubiger von dem i. Ü. geltenden Mehrheitsprinzip abgewichen und eine freiwillige Planunterwerfung gefordert. Eine vollständige Neuerung oder Erleichterung stellen die Sätze 1 und 2 des Abs. 2 somit nicht dar (vgl. zum Ganzen auch MK-Eidenmüller § 225a Rn. 32 ff.). Der Anwendungsbereich für einen Debt-Equity-Swap wird marginal bleiben (ähnlich Bauer/Dimmling, NZI 2011, 517, 520 f.; Frind, ZInsO 2011, 656, 657; HK-Flessner § 230 Rn. 6; Pape, ZInsO 2011, 1033, 1040, Hölzle, NZI 2011, 124, 128). 34

Hinzu kommt, dass die betroffenen Gläubiger zweimal ihre Zustimmung zum Plan erteilen können. Denn auch für diese ist nach Maßgabe des § 222 eine Gruppe zu bilden. Die unter Umständen mit einem Forderungsverzicht verbundene Umwandlung von Insolvenzforderungen in Anteile stellt einen Eingriff in die Rechtsstellung dieser Gläubiger mit ihren Insolvenzforderungen dar, weshalb ihnen regelmäßig nach § 237 Abs. 1 ein Stimmrecht zukommt. Wenn die Zustimmung zu der Forderungsumwandlung nach § 230 Abs. 2 als Grundvoraussetzung vorliegt, dient die Gruppe der von ihr betroffener Gläubiger dem Planersteller zusätzlich als sicherer Posten zur Erreichung der Gruppenmehrheiten nach § 245 Abs. 1 Nr. 3. 35

36　Ein Argument für das Zustimmungserfordernis nach § 230 Abs. 2 ist allerdings das mit der Forderungsumwandlung einhergehende Risiko eines vollständigen Verlustes der Befriedigungsaussichten in einer **Folgeinsolvenz**. Denn soweit eine Forderung in Anteile an der Schuldnerin umgewandelt wurde, kommt in einer Folgeinsolvenz ein **Wiederaufleben nach § 255 Abs. 2 nicht in Betracht** (vgl. dort Rdn. 13). Dieses erhöhte Risiko eines Totalausfalls wäre ohne Zustimmung der betroffenen Gläubiger jedenfalls dann unbillig, wenn nicht ohnehin mangels zu verteilender Masse die Forderungen aller Gläubiger umgewandelt werden sollen.

37　Mit deren Zustimmung nach § 230 Abs. 2 können die Forderungen jeglicher Gläubiger in Anteils- und Mitgliedschaftsrechte am Schuldner umgewandelt werden. Der Bundesrat hatte im Gesetzgebungsverfahren vorgeschlagen, **juristische Personen des öffentlichen Rechts** von der Möglichkeit eines Debt-Equity-Swap auszunehmen. Begründet wurde dies mit dem erheblichen Verwaltungsaufwand, den die Prüfung der Vereinbarkeit mit den Landeshaushalts- und Gemeindeordnungen mit sich bringen würde (BT-Drucks. 17/5712, S. 55). Der Vorschlag wurde schließlich als überflüssig abgelehnt, da angesichts der bisherigen Haltung öffentlich-rechtlicher Gläubiger kein Planersteller etwa eine Umwandlung von Steuerforderungen vorsehen würde (BT-Drucks. 17/5712, S. 68). Diese Begründung ist zwar nicht dogmatisch sauber, im Ergebnis jedoch zutreffend. Einen Anspruch auf Einbeziehung in einen Debt-Equity-Swap haben die Gläubiger nicht (vgl. K. Schmidt-Spliedt § 225a Rn. 31).

c) **Folgeprobleme des Debt-Equity-Swaps**

38　Aufgrund der Berücksichtigung der Kapitalerhaltungsvorschriften i. R. d. Kapitalherabsetzung (s. Rdn. 17 ff.) und des Bedarfs der Zustimmungserklärung der wandelnden Gläubiger (s. Rdn. 33 ff.) ist der Anwendungsbereich des Debt-Equity-Swaps überaus gering. Bei Anwendung führt die Umwandlung des Fremd- in Eigenkapital darüber hinaus aber auch zu teilweise vom Gesetzgeber missachteten erheblichen Folgeproblemen.

aa) **Differenzhaftung**

39　Im Fall eines Debt-Equity-Swaps besteht außerhalb des Insolvenzplanverfahrens die Gefahr der Differenzhaftung ggü. der Gesellschaft bzw. deren späteren Insolvenzverwalter. Diese führt nach § 9 Abs. 1 GmbHG zu einer Haftung des wandelnden Gläubigers i. H. d. Differenz zwischen Nennbetrag und eigentlichem Wert der Sacheinlage zum Zeitpunkt der Anmeldung der Kapitalerhöhung. Die Norm ist entsprechend auf Sachgründungen von AG anzuwenden (BGHZ 64, 52, 62). Der Gesetzgeber hat dieses Problem gesehen und durch Einführung des § 254 Abs. 4 für die notwendige Planungssicherheit der wandlungswilligen Insolvenzgläubiger gesorgt (s. hierzu § 254 Rdn. 14). Danach kann die Bewertung der einzubringenden Forderung nur im Planverfahren angegriffen werden.

bb) **Steuerrechtliche Folgen**

40　Der i. d. R. im Insolvenzplan nach § 224 vorgesehene Erlass eines Großteils der Insolvenzforderungen führt bei dem Schuldner in entsprechender Höhe zu einem außerordentlichen Ertrag. Gleiches gilt auch bei dem Debt-Equity-Swap. Selbst wenn die Forderung zum Nominalwert gewandelt wird und bilanziell daher nur ein Tausch zwischen Fremd- und Eigenkapital stattfindet, fordert der BFH eine Aufspaltung der umgewandelten Forderung in einen werthaltigen und einen nicht werthaltigen Teil. I. H. d. nicht werthaltigen Teils stellt die Umwandlung ein Erlöschen der Forderung und somit einen außerordentlichen Ertrag dar (BFH, NJW 1997, 2837; s. hierzu auch Schmidt/Uhlenbruck Rn. 2.375). Dieser unterliegt als Sanierungsgewinn grds. sowohl der Körperschaft- als auch der Gewerbesteuer. Gemäß BMF-Schreiben vom 27.03.2003 (hierzu ausführlich § 227 Rdn. 6) ist in derartigen Fällen grds. ein Erlass denkbar. Die im BMF-Schreiben geforderten Voraussetzungen, Sanierungsbedürftigkeit, Sanierungsfähigkeit und Sanierungsabsicht, dürften bei einem Debt-Equity-Swap gegeben sein. In den letzten Jahren äußern die Finanzgerichte zunehmend Kritik an der auf das BMF-Schreiben gestützten Verwaltungspraxis und Zweifel an dessen Eignung als

Legitimationsgrundlage für Billigkeitsentscheidungen (zuletzt FG Sachsen, ZInsO 2014, 2331 ff. m.w.N.), wodurch erneut erhebliche Rechtsunsicherheit eingetreten ist.

Durch den Debt-Equity-Swap ändern sich i.d.R. aber auch gleichfalls die Anteilsverhältnisse. Dies gilt vor allem, wenn die umzuwandelnde Forderung mit ihrem Nennwert angesetzt wird (s. hierzu aber Rdn. 21 ff.). Daher ist auch § 8c Abs. 1a KStG zu berücksichtigen. Danach können die steuerlichen Verlustvorträge bei Übergang von mehr als 25% der Mitgliedschafts- und Beteiligungsrechte nicht bzw. nur anteilig verwendet werden. Hoffnungen bestehen, dass im Rahmen eines Insolvenzplans wandelnde Gläubiger nicht als Erwerber mit gleichgerichteten Interessen i.S.d. § 8c Abs. 1 Satz 3 angesehen werden. Es handelt sich bei den Gläubigern zumindest anfangs um eine Zwangsgemeinschaft. Die weiteren Hoffnungen, den Verlustabzug über die Sanierungsklausel nach § 8c Abs. 1a zu umgehen, sind zurzeit gering. Für die Anwendbarkeit des § 8c Abs. 1a KStG bedarf es nach dessen Satz 3 Nr. 3 Satz 2 einer Zuführung neuen Betriebsvermögens innerhalb von 12 Monaten nach dem Beteiligungserwerb. Der Forderungserlass gilt nach Satz 3 Nr. 3 Satz 3 nur i.H.d. werthaltigen Verbindlichkeiten als Zuführung neuen Betriebsvermögens. Zu alledem hat die EU-Kommission ein förmliches Prüfungsverfahren nach Art. 108 Abs. 2 AEUV wegen einer möglichen Beihilfewidrigkeit durch die Sanierungsklausel eingeleitet. Das BMF hat daraufhin mit Schreiben vom 30.04.2010 alle Finanzbehörden angewiesen, von der Anwendung der Ausnahmeregel des § 8c Abs. 1a KStG (Sanierungsklausel) bis auf Weiteres Abstand zu nehmen. Das Beitreibungsrichtlinien-Umsetzungsgesetz sieht nunmehr eine Suspendierung über § 34 Abs. 7c KStG vor. Die Auswirkungen sind völlig offen. Der Gesetzgeber hat es versäumt, i.R.d. ESUG diese steuerlichen Gefahren des Sanierungsgewinnes abschließend zu beseitigen (vgl. auch MK-Eidenmüller § 225a Rn. 65). 41

Ggf. ist daher aus reinen steuerlichen Gründen nur ein Teil der Forderungen umzuwandeln. Der Planersteller sollte verschiedene Fallkonstellationen berechnen und vorab eine verbindliche Auskunft einholen. 42

Darüber hinaus können steuerliche Probleme bei den Halte- und Nachbesteuerungsfristen nach § 6 Abs. 3 Satz 2 und Abs. 5 Satz 4 EStG, §§ 15 Abs. 2 Satz 1, 4 und 5; 18 Abs. 3 und 22 Abs. 1 UmwStG; §§ 13a Abs. 1 Satz 2 und Abs. 8 Nr. 1 sowie 13b Abs. 2 Satz 3 ErbStG anfallen. Diese steuerlichen Folgen treffen jedoch grds. den Anteilsinhaber, nicht den Schuldner. 43

cc) Sanierungsprivileg

Sofern infolge der Umwandlung in Anteile keine Forderung mehr bei dem Gläubiger zurückbleibt, greift § 39 Abs. 4 Satz 2 nicht, da die Vorschrift lediglich für fortbestehende Forderungen, nicht aber für in Gesellschaftsanteile umgewandelte Forderungen gilt (Bauer/Dimmling, NZI 2011, 517, 519). Sofern jedoch aufgrund der Planregelung nicht sämtliche Forderungen eines Gläubigers umgewandelt werden oder dieser weitere Darlehen oder Forderungen gewährt, werden dessen Forderungen im Fall einer **Folgeinsolvenz** grds. nach § 39 Abs. 4 Satz 2 privilegiert. Denn der Anteilserwerb i.R.d. Debt-Equity-Swaps erfolgt regelmäßig zum Zwecke der Sanierung (vgl. BT-Drucks. 17/5712, S. 32; zweifelnd Simon, CFL 2010, 448, 458 f.). Allerdings ist sodann eine weite Definition der nachhaltigen Sanierung i.S.d. § 39 Abs. 4 Satz 2 erforderlich. Denn diese könnte auch bereits durch die Aufhebung des Insolvenzverfahrens nach rechtskräftiger Bestätigung des Insolvenzplans als abgeschlossen gelten und dadurch die Privilegierung zeitgleich mit ihrem Beginn enden (Wittig, FS Uhlenbruck, 685, 694). Hier hat es der Gesetzgeber bewusst unterlassen, begleitende Änderungen vorzunehmen (BT-Drucks. 17/5712, S. 18). Um diesem Problem gerecht zu werden, sollte die nachhaltige Sanierung i.S.d. § 39 Abs. 4 weit definiert werden (vgl. zum Begriff der Nachhaltigkeit, § 39 Rdn. 53). Sie sollte erst dann gegeben sein, wenn die Schuldnerin in der Lage ist, von dem Gesellschafter gewährte Kredite zurückzuzahlen (so Schmidt/Uhlenbruck 2.277) oder zumindest zu marktüblichen Bedingungen anderweitig zu finanzieren. 44

dd) Aktienrechtliche Angebotspflicht

45 Handelt es sich bei der Schuldnerin um eine börsennotierte AG, sind die §§ 29, 31 i. V. m. 35 WpÜG zu berücksichtigen. Erwirbt ein Gläubiger im Rahmen eines Debt-Equity-Swaps nicht alle, aber mindestens 30 % der Stimmrechte, erhält er damit i. S. d. § 29 Abs. 2 WpÜG die Kontrolle an der Gesellschaft. In diesem Fall ist er verpflichtet, den übrigen Aktionären ein Übernahmeangebot zu unterbreiten, bei welchem die Gegenleistung in einer Geldleistung bzw. liquiden Aktien zu bestehen hat. Die Angebotspflicht dient dem Schutz der Kleinaktionäre. Da deren Schutz im Insolvenzplanverfahren über § 251 gewährleistet ist, dürfte die Angebotspflicht entbehrlich sein (ähnlich Bauer/Dimmling, NZI 2011, 517, 519). Der Gesetzgeber hat es aber auch hier versäumt, eine entsprechende Regelung einzufügen. Vorsorglich ist der Planverfasser daher gehalten, eine Befreiung von der Angebotspflicht nach § 37 WpÜG zu beantragen (skeptisch zum Erfolg Bauer/Dimmling, NZI 2011, 517, 519). Die Anwendbarkeit des WpÜG und damit das Erfordernis des Pflichtangebots entfallen, wenn durch Kapitalherabsetzung auf null die Börsenzulassung nach Maßgabe des § 2 Abs. 6 Nr. 1a WpHG erlischt (vgl. hierzu MK-Eidenmüller § 225a Rn. 62).

3. Weitere gesellschaftsrechtliche Maßnahmen (Abs. 3)

46 Außerhalb oder auch neben einem Debt-Equity-Swap sind nach Abs. 3 jegliche Maßnahmen möglich, die gesellschaftsrechtlich zulässig sind. Dies dient der Ermöglichung bzw. Erleichterung gesellschaftsrechtlicher Umstrukturierungen durch den Insolvenzplan (vgl. BT-Drucks. 17/5712, S. 32). Erfasst sind auch die in Abs. 2 erwähnten Einzelmaßnahmen (ähnlich K. Schmidt-Spliedt § 225a Rn. 34; einschränkend Simon, CFL 2010, 448, 454).

47 Von zentraler Bedeutung ist hierbei die ausdrücklich in Abs. 3 genannte Möglichkeit, die Fortsetzung einer aufgelösten Gesellschaft zu regeln, ohne dass es hierfür eines förmlichen **Fortsetzungsbeschlusses** bedarf. Die praktische Relevanz dieser Möglichkeit ist herausragend und geht weit über die des Abs. 2 hinaus. Handelt es sich bei dem Schuldner um eine juristische Person oder eine Gesellschaft ohne Rechtspersönlichkeit und soll diese auf Basis eines Insolvenzplans fortgeführt werden, bedarf es gem. § 60 Abs. 1 Nr. 4 GmbHG, § 274 Abs. 2 Nr. 1 i. V. m. Abs. 1 AktG, § 144 Abs. 1 HGB, § 728 Abs. 1 Satz 2 BGB, § 506a HGB bzw. § 117 GenG regelmäßig eines Fortsetzungsbeschlusses. Da dieser gem. den genannten Vorschriften erst nach Aufhebung des Insolvenzverfahrens gefasst werden kann, musste vor Einführung des ESUG mit Planbedingungen gearbeitet werden, wofür § 249 nur eine unzureichende Grundlage bot (§ 249 Rdn. 2). Abs. 3 bietet insofern nunmehr eine elegantere Lösung. Zudem überwindet sie das bislang vorhandene Stör- oder Blockadepotenzial der Anteilsinhaber. Die Ersetzung der nach den genannten gesellschaftsrechtlichen Vorschriften erforderlichen Beschlussfassung der Anteilsinhaber stellt einen Eingriff in deren Mitgliedschaftsrechte dar. Somit ist in diesen Fällen stets eine Gruppe für die Anteilsinhaber zu bilden. Dies ist unproblematisch, wenn mit der Zustimmung ohnehin zu rechnen ist. In den übrigen Fällen muss darauf geachtet werden, dass eine Ersetzung der Zustimmung über § 245 Abs. 3 bzw. der Minderheitenschutz über § 251 gewährleistet ist.

48 Als weiteres Beispiel einer möglichen gesellschaftsrechtlichen Regelung nennt die Norm ausdrücklich die **Übertragung von Anteils- oder Mitgliedschaftsrechten**. Gemeint ist hier nach der Gesetzesbegründung in erster Linie die Übertragung der Beteiligungen des Schuldners **an Drittgesellschaften** (BT-Drucks. 17/5712, S. 32). Dies erstaunt, da es sich um eine Maßnahme der Verwertung des Schuldnervermögens handelt, die auch vor Einführung des ESUG mit oder ohne Insolvenzplan möglich war und keinen unmittelbaren Eingriff in die Anteils- oder Mitgliedschaftsrechte der am Schuldner beteiligten Personen darstellt. Die Möglichkeit derartiger Übertragungen im Insolvenzplan ergab sich schon nach dem bisherigen Recht aus § 230 Abs. 2, der sowohl die Übertragung von Anteilen an dem Schuldner als auch an Drittgesellschaften erfasst (MK-Eidenmüller § 230 Rn. 53). Die Fiktion der entsprechenden Formerfordernisse war zumindest für die Übertragung von GmbH-Beteiligungen schon in § 254 Abs. 1 Satz 2 a. F. geregelt und wurde unverändert in § 254a Abs. 1 übernommen. Eine Erweiterung dieser Fiktion auf Beteiligungen an Gesellschaften mit anderen Rechtsformen würde zu erheblichen Umsetzungsproblemen führen, wenn es sich um Auslandsbeteiligungen handelt. Ausländische Registergerichte dürften eine Fiktion oder Abbedingung der nach ihrer Rechtsordnung geltenden Formvorschriften durch einen Insolvenzplan nach deutschem Recht kaum akzeptieren. Auch eine Berechtigung des Insolvenzverwalters zur Registeranmeldung nach § 254a Abs. 2 Satz 3 kann für die bei der Drittgesellschaft einzutragenden Änderungen nicht erreicht werden, da § 254a Abs. 2 sich seinem Gesamtkontext nach nur auf Maßnahmen bezieht, die die Anteils- oder Mitgliedschaftsrechte der am Schuldner beteiligten Personen betreffen. Dies gilt bezüglich der Auslandsproblematik umso mehr.

Im Rahmen und Kontext des Abs. 3 muss daher sinnvollerweise in erster Linie die **Übertragung der Anteils- oder Mitgliedschaftsrechte an dem Schuldner** gemeint sein. Als mögliche Restrukturierungsmaßnahme erfasst ist hiermit auch der sog. **unechte Debt-Equity-Swap**, bei dem der Gläubiger im Wege des Anteilskaufs einen vorhandenen Geschäftsanteil von dem bisherigen Anteilsinhaber erwirbt und im Gegenzug auf seine Forderung ganz oder teilweise verzichtet. Dies ist eine sinnvolle Alternative, wenn die Voraussetzungen für einen Kapitalschnitt (oben Rdn. 15 ff.) nicht vorliegen (ähnlich Heybrock-Huntemann, Praxiskommentar, InsR Rn. 20 ff.). Aufgrund der Möglichkeit der Einbeziehung des bisherigen Anteilsinhabers mit seinem Anteilsrecht in die Gruppenbildung kann die Übertragung nunmehr auch gegen dessen Willen erfolgen. Zu beachten ist auch hier allerdings die Hürde des § 245 Abs. 3 Nr. 2, wenn andere Altgesellschafter ihre Anteile behalten und somit am Sanierungserfolg partizipieren. Hier sollte eine Bereitstellung von Mitteln i. S. d. § 251 Abs. 3 berücksichtigt werden. 49

Darüber hinaus sind nach dem Wortlaut der Norm jegliche gesellschaftsrechtlich zulässigen Regelungen möglich. Zu denken ist dabei vor allem an Satzungsänderungen, Abberufung und Bestellung von Organen, Mezzanine-Finanzierungen, genehmigtes Kapital i. V. m. einem verfahrensbegleitenden Plan. In Betracht kommen auch **gesellschaftsrechtliche Umwandlungsmaßnahmen**, wie ein Formwechsel nach § 190 UmwG (so geschehen im Fall Suhrkamp, vgl. OLG Frankfurt am Main, ZInsO 2013, 2112) , eine Verschmelzung nach § 2 UmwG oder eine Spaltung nach §§ 123 ff. UmwG (ausführlich zu den möglichen Maßnahmen MK-Eidenmüller § 225a Rn. 91 ff.). Besonders interessant kann die Spaltung in Form der Ausgliederung fortführungswürdiger Betriebsteile sein, um diese unter Erhalt betriebsnotwendiger Vertragsverhältnisse anschließend ohne Zeitdruck im Wege eines Share-Deals veräußern zu können (vgl. ausführlich Simon/Brünkmans, ZIP 2014, 657; zu der dabei zu beachtenden Problematik der Anwendung des § 133 UmwG s. a. Becker, ZInsO 2013, 1885; Wimmer-Gietl, Rn. 327 und Kahlert/Gehrke DStrR 2013, 975). 50

II. Kündigungsausschluss für Vertragspartner außerhalb der Gesellschaft (Abs. 4)

1. Regelung

Gemäß Abs. 4 berechtigen die nach Abs. 2 und 3 in den Plan aufgenommenen gesellschaftsrechtlichen Maßnahmen nicht zum Rücktritt oder zur Kündigung von Verträgen, an denen der Schuldner beteiligt ist. Die Vorschrift betrifft das Außenverhältnis zu Dritten. Durch Abs. 4 werden nunmehr jegliche durch die gesellschaftsrechtliche Struktur und Zusammensetzung des Schuldners bedingte Sonderkündigungsrechte oder entsprechende Beendigungstatbestände, die zugunsten von Vertragspartnern außerhalb der Gesellschaft vertraglich vereinbart worden waren, ausgeschlossen. 51

Lediglich Vereinbarungen zwischen dem Schuldner und einem Vertragspartner, die die Vertragsbeendigung oder das Sonderkündigungsrecht an eine Pflichtverletzung des Schuldners knüpfen, bleiben gem. Abs. 4 Satz 2 unberührt, sofern nicht die Pflichtverletzung gerade darin besteht, dass eine Maßnahme nach Abs. 2 oder 3, also etwa eine Änderung der Gesellschafter- und Kontrollstruktur, vorgenommen wurde. 52

Die Vorschrift geht auf Forderungen aus der Literatur zurück, in der Praxis üblichen sog. Change-of-Control-Klauseln im Fall eines im Plan vorgesehenen Kontrollwechsels die Wirkung zu entziehen (Brinkmann, WM 2011, 97, 101 f.; Braun/Heinrich, NZI 2011, 505, 508 f.; BT-Drucks. 17/5712, S. 55). 53

2. Change-of-Control-Klauseln

54 Mittels sog. Change-of-Control-Klauseln behalten sich Vertragspartner ein Sonderkündigungsrecht für den Fall erheblicher Änderungen in der Gesellschafter- und Kontrollstruktur des Unternehmens vor. Solche Klauseln kommen etwa zur Anwendung, wenn mit den bisherigen Gesellschaftern ein gewisses Renommee oder Zielsetzung des Unternehmens verbunden ist, die für den Vertragsschluss von besonderer Bedeutung waren oder wenn besonders günstige Konditionen nur aufgrund enger Verbundenheit oder Verknüpfung mit den bisherigen Gesellschaftern gewährt wurden. Der Hauptanwendungsbereich solcher Klauseln liegt noch bei Lizenz- und Nutzungsüberlassungsverträgen, aber auch darüber hinaus gewinnen diese an Bedeutung (vgl. Brinkmann, WM 2011, 97, 102 m.w.N.).

3. Hintergrund und Kritik der Regelung

55 In der Literatur bestand die Sorge, dass die Wirksamkeit derartiger Klauseln die Vorteile der Sanierung des Rechtsträgers ggü. der übertragenden Sanierung, bei der bestehende Vertragsverhältnisse regelmäßig nicht mit übergehen, marginal werden lassen (vgl. Brinkmann, WM 2011, 97, 101 f.). Es wurde befürchtet, der Vertragspartner könne versucht sein, allein unter Hinweis auf sein Sonderkündigungsrecht eine höhere Quote zu erzielen (Braun/Heinrich, NZI 2011, 505, 509). Der Gesetzgeber hatte sich zunächst schwer getan, den Forderungen nach einem Ausschluss solcher Klauseln nachzukommen, weshalb die Regelung in Abs. 4 erst auf Empfehlung des Rechtsausschusses in das ESUG mit aufgenommen wurde. Die Bedenken des Gesetzgebers richteten sich im Wesentlichen auf die tatsächliche Notwendigkeit einer entsprechenden Regelung (BT-Drucks. 17/5712, S. 69).

56 Tatsächlich stellt die Regelung einen problematischen Eingriff in Rechte am Plan nicht zwangsläufig beteiligter Dritter dar (zustimmend MK-Eidenmüller § 225a Rn. 107). Im Grunde genommen führt die Regelung zu einer **Aufoktroyierung von Vertragspartnern**. Denn ist auch rechtlich gesehen der Rechtsträger Vertragspartner, so erfolgt der Abschluss der Verträge doch oftmals in Ansehung und aufgrund intensiver Verhandlungen mit den dahinter stehenden Personen, die den Rechtsträger repräsentieren. Es ist davon auszugehen, dass die Vereinbarung von sog. Change-of-Control-Klauseln und erst recht der Gebrauch von hierauf basierenden Sonderkündigungsrechten seitens der Vertragspartner aus gutem Grund und i.d.R. nicht in Missbrauchsabsicht erfolgt. Oftmals werden die Nachteile für den Vertragspartner gar nicht durch die befürchtete Erpressung einer höheren Quote kompensiert werden können. Hinzu kommt, dass der Vertragspartner hierfür überhaupt die Stellung eines Insolvenzgläubigers innehaben muss. Nicht alle langfristigen Vertragspartner sind aber gleichzeitig Insolvenzgläubiger.

57 § 225a dient der Regelung von Eingriffen an die Rechte der am Schuldner beteiligten Personen. Es ist daher äußerst bedenklich, in einem Unterabsatz schwerwiegende Eingriffe in die Vertragsfreiheit am Plan unter Umständen unbeteiligter Dritter zu ermöglichen, ohne dass es wenigstens der Zustimmung des betroffenen Vertragspartners nach § 230 Abs. 3 bedarf. Die Sanierung ist lediglich sekundäres Ziel nach § 1 und darf nicht um jeden Preis herbeigeführt werden. Der Grundgedanke des § 119 greift hier nicht (a.A. Braun/Heinrich, NZI 2011, 505, 508). Dieser begründet die Unwirksamkeit mit den §§ 103 ff. kollidierender Vereinbarungen für die Dauer des Insolvenzverfahrens. Abs. 4 regelt viel weiter gehend eine Unwirksamkeit für die Zeit nach Aufhebung des Insolvenzverfahrens und dies für Regelungen, die in den §§ 103 ff. nicht erfasst sind.

III. Austrittsrecht und Abfindung für Altgesellschafter (Abs. 5)

58 Abs. 5 regelt die Folgen des Austritts einer am Schuldner beteiligten Person aus wichtigem Grund. Die Regelung betrifft somit anders als Abs. 4 das Innenverhältnis zwischen dem Schuldner und den an ihm beteiligten Personen. Für Letztere soll anders als für außenstehende Vertragspartner ein Auflösungsrecht, das an Maßnahmen nach Abs. 2 und 3 anknüpft, nicht ausgeschlossen sein. Dass diese mit ihren Anteils- und Mitgliedschaftsrechten einen höheren Schutz vor unliebsamen

Veränderungen verdienen als Vertragspartner, die bisher keine unmittelbare Verantwortung für die Geschicke und Entwicklung des Schuldners traf, erscheint zunächst paradox. Dies dürfte aber darauf zurückzuführen sein, dass die negative Vereinigungsfreiheit nach Art. 9 Abs. 1 GG Verfassungsrang genießt, während die allgemeine Vertragsfreiheit lediglich zivilrechtlichen Grundsätzen entspringt.

Abs. 5 betrifft Sonderkündigungsrechte der Altgesellschafter und kommt daher nur zum Tragen, wenn diese nicht im Rahmen einer Kapitalherabsetzung ohnehin aus der Gesellschaft gedrängt werden. Ein Austrittsgrund kann hier – je nach vertraglicher oder satzungsmäßiger Vereinbarung – vorliegen, wenn sich die Gesellschafterstruktur derart ändert, dass neue Personen in den Kreis der Gesellschafter eintreten, wenn die Beteiligung eines Gesellschafters unter einen bestimmten Prozentsatz fällt oder sich sein Stimmrecht ungünstig verändert. 59

Macht eine am Schuldner beteiligte Person von ihrem Austrittsrecht Gebrauch, so steht ihr ggf. eine Abfindung zu. Gem. Abs. 5 Satz 2 ist für die Bestimmung der Höhe eines etwaigen Abfindungsanspruchs die Vermögenslage maßgeblich, die sich bei einer Abwicklung des Schuldners dargestellt hätte. Anders als bei Abs. 2 und § 251 Abs. 3 ist somit kein Vergleich mit anderen Beteiligten i. S. d. § 245 Abs. 1 Nr. 2 i. V. m. Abs. 3 anzustellen, sondern lediglich ein Vergleich mit der Situation ohne Plan i. S. d. § 245 Abs. 1 Nr. 1. Ohne Plan ist die schuldnerische Gesellschaft regelmäßig abzuwickeln. Allerdings ist nicht denkbar, inwieweit bei der Abwicklung des Schuldners überhaupt noch ein Restwert und damit ein Abfindungsanspruch vorliegen kann (vgl. oben Rdn. 16). Ein Abfindungsanspruch ist daher in dieser Konstellation faktisch ausgeschlossen. 60

Da eine Abfindung nach dem Kriterium des Abs. 5 Satz 1 faktisch ausgeschlossen ist, läuft die in Abs. 5 Satz 2 vorgesehene Möglichkeit der Stundung der Auszahlung des Abfindungsanspruchs über einen Zeitraum von bis zu 3 Jahren ins Leere. Diese Möglichkeit ergäbe i. R. d. Abs. 2 Satz 3 bzw. des § 251 Abs. 3 mehr Sinn (vgl. oben Rdn. 29 ff.). 61

§ 226 Gleichbehandlung der Beteiligten

(1) Innerhalb jeder Gruppe sind allen Beteiligten gleiche Rechte anzubieten.

(2) ¹Eine unterschiedliche Behandlung der Beteiligten einer Gruppe ist nur mit Zustimmung aller betroffenen Beteiligten zulässig. ²In diesem Fall ist dem Insolvenzplan die zustimmende Erklärung eines jeden betroffenen Beteiligten beizufügen.

(3) Jedes Abkommen des Insolvenzverwalters, des Schuldners oder anderer Personen mit einzelnen Beteiligten, durch das diesen für ihr Verhalten bei Abstimmungen oder sonst im Zusammenhang mit dem Insolvenzverfahren ein nicht im Plan vorgesehener Vorteil gewährt wird, ist nichtig.

Übersicht	Rdn.		Rdn.
A. Normzweck	1	II. Unterschiedliche Rechte innerhalb der	
B. Norminhalt	2	Gruppe (Abs. 2)	3
I. Gleiche Rechte innerhalb der Gruppe		III. Unzulässige Abkommen (Abs. 3)	6
(Abs. 1)	2		

A. Normzweck

Die Vorschrift ist dem in § 1 verankerten **Grundsatz der gleichmäßigen Befriedigung der Gläubiger** (vgl. § 1 Rdn. 17) geschuldet (vgl. MK-Breuer § 226 Rn. 1 ff.; Uhlenbruck-Lüer § 226 Rn. 1 f.). Einen derartigen Grundsatz kennt die InsO für am Schuldner beteiligte Personen nicht. Bei dem Gleichbehandlungsgrundsatz handelt es sich jedoch um einen allgemeinen Rechtsgrundsatz, der aus Art. 3 GG entspringt und bspw. für die Aktionäre in § 53a AktG Niederschlag gefunden hat (für die GmbH-Gesellschafter vgl. Baumbach/Hueck, GmbHG, § 13 Rn. 31 ff.). Die Vorschrift ist 1 daher auch auf die am Schuldner beteiligten Personen anzuwenden (bestätigend OLG Frankfurt am Main, ZInsO 2013, 2112, 2113 - Suhrkamp). Dies entspricht auch dem durch das ESUG nicht geänderten Wortlaut der Vorschrift. Der **Gleichbehandlungsgrundsatz** wird jedoch für alle Beteiligten im Planverfahren eingeschränkt (Abs. 1 und 2). Einerseits soll dieser nur innerhalb einer Gruppe, nicht aber zwischen den Gruppen greifen. Andererseits sollen auch innerhalb einer Gruppe abweichende Regelungen möglich sein. Abs. 3 sichert sodann die Einhaltung dieses eingegrenzten Grundsatzes. Dabei werden über Abs. 3 gleichzeitig auch Versuche, Besserstellungen zu erzwingen, unterbunden.

B. Norminhalt

I. Gleiche Rechte innerhalb der Gruppe (Abs. 1)

2 Nach Abs. 1 sind allen Beteiligten einer Gruppe gleiche Rechte anzubieten. Auf eine wirtschaftliche Gleichbehandlung kann hierbei nicht abgestellt werden (HK-Flessner § 226 Rn. 2; K. Schmidt/Spliedt § 226 Rn. 2; a. A. MK-Breuer § 226 Rn. 8). Dem Bedürfnis nach differenzierender Regelung wird bereits bei der Gruppenbildung nach § 222 Rechnung getragen. Zudem dürfte die Feststellung der wirtschaftlichen Gleichwertigkeit unterschiedlicher Regelungen rgm. streitig sein und sich somit verfahrensverzögernd auswirken (Wutzke in PK-HWF § 226 InsO [V. 1] Rn. 9; K. Schmidt/Spliedt § 226 Rn. 2). Die Vorschrift fordert daher die **formale relative Gleichbehandlung** innerhalb einer Gruppe. Eine solche liegt vor, wenn alle Beteiligten einer Gruppe derselben Regelung unterworfen werden (HK-Flessner § 226 Rn. 2) und hierdurch eine relative Gleichbehandlung erreicht wird. Letzteres wäre etwa bei einer Forderungskürzung um einen konkreten, für alle Gruppenmitglieder identischen Betrag nicht der Fall. Bei Forderungskürzungen ist folglich auf eine quotale Gleichbehandlung innerhalb der Gruppe zu achten (vgl. auch NR-Braun § 223 Rn. 18). Nach Auffassung des BGH (ZInsO 2011, 1214) bleibt die Aufrechnungsbefugnis nach § 94 von einem Forderungsverzicht im Rahmen eines rechtskräftig bestätigten Insolvenzplans unberührt, vgl. hierzu § 254 Rdn. 7. In diesen Fällen liegt auch bei der Gewährung einer einheitlichen Quote keine Gleichbehandlung vor.

II. Unterschiedliche Rechte innerhalb der Gruppe (Abs. 2)

3 Ein Verstoß gegen die in Abs. 1 vorgesehene Gleichbehandlung kann zu einer Zurückweisung nach § 231 Abs. 1 Nr. 1 oder zu einer Versagung der Bestätigung nach § 250 führen. Dies gilt jedoch nicht, wenn die jeweils benachteiligten Beteiligten nach Abs. 2 der unterschiedlichen Behandlung ausdrücklich zustimmen. Hierfür bedarf es der schriftlichen Erklärung. Diese ist als Anlage dem Plan beizufügen.

4 Bei einer unterschiedlichen Behandlung innerhalb einer Gruppe bedarf es grds. der Zustimmung aller Beteiligten der Gruppe. Nur wenn Beteiligte eindeutig bessergestellt werden als andere, müssen nur die Benachteiligten zustimmen (BT-Drucks. 12/2443, S. 202). Nach Möglichkeit sollte die unterschiedliche Behandlung innerhalb einer Gruppe durch entsprechende **Gruppenbildung** vermieden werden. Die hierfür nach § 222 Abs. 2 erforderlichen Abgrenzungskriterien (vgl. dort Rdn. 17 ff.) werden für Beteiligte, die bereit sind, höhere Sanierungsbeiträge zu leisten und Benachteiligungen ggü. Beteiligten gleicher Rechtsstellung zu akzeptieren, i. d. R. vorliegen.

5 Die Problematik unterschiedlicher Behandlung innerhalb einer Gruppe kann durch die Aufnahme sog. **salvatorischer Klauseln** in den Plan ausgelöst werden. Derartige Klauseln hat der Gesetzgeber mit der durch das ESUG eingeführten Vorschrift § 251 Abs. 3 InsO ausdrücklich für zulässig erklärt. Durch Bereitstellung entsprechender Mittel soll der Ausgleich etwaiger Schlechterstellungen, die ein Beteiligter nachweist, durch den Plan ermöglicht werden (vgl. § 251 Rdn. 9 ff.). Sieht der Plan zwar grds. gleiche Rechte für alle Beteiligten in einer Gruppe vor, regelt jedoch nur für einzelne Beteiligte einen Ausgleich für potenzielle Schlechterstellungen nach § 251 Abs. 3, stellt dies grds. keine Ungleichbehandlung dar (a. A. K. Schmidt/Spliedt § 226 Rn. 3). Der Gesetzgeber hat

diese Bedenken damit behoben, dass das Gesetz diese Möglichkeit nunmehr ausdrücklich zulässt (BT-Drucks. 17/5712, S. 35).

III. Unzulässige Abkommen (Abs. 3)

Abs. 3 stellt ein **Verbotsgesetz** i. S. d. § 134 BGB dar. Die Vorschrift dient dem Zweck, das nach §§ 217 ff. für die Plangestaltung und Konsensbildung vorgesehene Verfahren der gemeinschaftlich ausgeübten Gläubigerautonomie vor undurchsichtigen Einflussnahmen und Manipulationen zu schützen. 6

Abkommen i. S. d. Abs. 3 sind sowohl Verträge als auch einseitige Gestaltungsakte (Uhlenbruck-Kuhn, KO, § 181 Rn. 5). Dabei umfasst Abs. 3 nicht nur Abreden des Schuldners, des Verwalters, der Gläubiger oder Anteilsinhaber mit Beteiligten, sondern **auch Abreden anderer Personen (Dritter) mit den Beteiligten**. Die Einbeziehung Dritter wurde bereits für § 181 KO als notwendig angesehen, um Umgehungsgeschäfte der Gläubiger, des Schuldners oder des Verwalters mit Gleichgesinnten zu vermeiden (Jaeger-Weber, KO, § 181 Rn. 6, 11). 7

Derartige Abkommen sind sodann nur nach Abs. 3 nichtig, wenn sie in Beziehung zu dem Insolvenzplan stehen. Dieser **Verfahrensbezug** ergibt sich aus der systematischen Stellung der Norm und der im Tatbestand erwähnten Relation zum Plan. Zudem legt die Gesetzeshistorie den Bezug nahe. So wird in der Gesetzesbegründung auf § 8 Abs. 3 VerglO verwiesen. Auch bei dieser Norm wurde ein Bezug zu dem Vergleich gefordert (RG 136, 290; Böhle-St./Kilger, VerglO, § 8 Nr. 4). Ein konkreter Plan muss bei Eingehung des Abkommens hingegen nicht vorliegen. Der Bezug reicht aus (MK-Breuer § 226 Rn. 18). Die Nichtigkeit des Abkommens tritt jedoch nur bei der **Wirksamkeit des Plans** ein (K. Schmidt/Spliedt § 226 Rn. 4; Hess/Weiss WM 1998, 2349, 2356). 8

Das Verbot nach Abs. 3 greift bereits tatbestandlich nicht, sofern die Abrede im Plan vorgesehen ist. Sind nicht alle Beteiligten einer Gruppe von der Abrede betroffen, bedarf es in diesen Fällen der Zustimmung nach Abs. 2. Nicht ausreichend ist die reine **Offenlegung** außerhalb des Plans (BGH, ZInsO 2005, 487). 9

Abs. 3 erstreckt die Gleichbehandlung unter den Beteiligten auch auf die Teilhabe an nicht aus der Insolvenzmasse gezogenen Vorteilen. Dies zeigt sich bei den Gläubigern vor allem in den Fällen der **Forderungskäufe** (BGH, ZInsO 2005, 487). Auch solche Vereinbarungen können ein unzulässiges Abkommen i. S. d. Abs. 3 darstellen, sofern ein Bezug auf die Abstimmung oder ein Zusammenhang mit dem Insolvenzverfahren vorliegt. Ein Zusammenhang der Vorteilsgewährung mit dem Insolvenzverfahren liegt vor, wenn die Kenntnis des Forderungskäufers von dem Insolvenzverfahren bei Abschluss des Abkommens zu vermuten ist und wenn der seine Forderung verkaufende Gläubiger durch das Abkommen eine Begünstigung erhält, die ihn sowohl ggü. dem Regelverfahren als auch ggü. der für ihn vorgesehenen Planregelung besserstellt. Dies ist jedenfalls dann der Fall, wenn nicht die Forderungen aller Gläubiger erworben werden und der Kaufpreis über der im Plan vorgesehenen Quote liegt (BGH, ZInsO 2005, 487). Wurden die für die Planannahme erforderlichen Mehrheiten nur aufgrund von Forderungskäufen erreicht, ist dem Plan die Bestätigung gem. § 250 Nr. 2 zu versagen (vgl. § 250 Rdn. 13). Diese Auslegung entspricht dem Wortlaut der Vorschrift. Dagegen wird vorgebracht, der InsO sei ein Grundsatz der Gleichbehandlung der Insolvenzgläubiger durch massefremde Mittel fremd (vgl. NR-Braun § 250 Rn. 13; ähnlich K. Schmidt/Spliedt § 226 Rn. 5). Die Norm unterbindet jedoch zu Recht auch mittelbare Einflussnahmen, um die Glaubwürdigkeit des Insolvenzplanverfahrens zu schützen. 10

Abs. 3 muss bei am Schuldner beteiligten Personen gleichermaßen für Stimmenkäufe gelten. Solche können ebenfalls zu einer Verfälschung der Abstimmungsergebnisse zulasten der tatsächlichen Mehrheitsinteressen führen und sind daher generell nichtig (vgl. für die GmbH Baumbach/Hueck-Zöllner, GmbHG, § 47 Rn. 114; zum Aktien-Recht Hüffner, AktG, § 133 Rn. 28; zum Genossenschaftsrecht Beuthien, GenG, § 43 Rn. 18; a. A. K. Schmidt/Spliedt § 226 Rn. 6). Wurden die für die Planannahme erforderlichen Mehrheiten nur aufgrund von Stimmkäufen erreicht, ist dem Plan die Bestätigung ebenfalls gem. § 250 Nr. 2 zu versagen. Dies hat der Gesetzgeber durch die entspre- 11 chende Anpassung des Wortlautes in § 250 Nr. 2, im Rahmen derer das Wort »Gläubiger« durch das Wort »Beteiligte« ersetzt wurde, verdeutlicht.

§ 227 Haftung des Schuldners

(1) Ist im Insolvenzplan nichts anderes bestimmt, so wird der Schuldner mit der im gestaltenden Teil vorgesehenen Befriedigung der Insolvenzgläubiger von seinen restlichen Verbindlichkeiten gegenüber diesen Gläubigern befreit.

(2) Ist der Schuldner eine Gesellschaft ohne Rechtspersönlichkeit oder eine Kommanditgesellschaft auf Aktien, so gilt Absatz 1 entsprechend für die persönliche Haftung der Gesellschafter.

Übersicht	Rdn.		Rdn.
A. Normzweck	1	a) Nicht angemeldete Forderungen.	4
B. Norminhalt	2	b) Aufrechnungsberechtigte Gläubiger	5
I. Befreiung des Schuldners (Abs. 1)	2	c) Sanierungsgewinn	6
1. Zeitpunkt der Befreiung	2		
2. Umfang der Befreiung	3	II. Befreiung der Gesellschafter (Abs. 2)	8

A. Normzweck

1 Die Vorschrift regelt die Haftung des Schuldners nach Abschluss des Planverfahrens. Im Gegensatz zu der in § 201 geregelten Nachhaftung enthält § 227 eine **Zweifelsregelung**, nach der sämtliche verbleibende Forderungen nach Planerfüllung als erlassen gelten.

B. Norminhalt

I. Befreiung des Schuldners (Abs. 1)

1. Zeitpunkt der Befreiung

2 Die in Abs. 1 geregelte Haftungsbefreiung für den Schuldner tritt bereits mit der **rechtskräftigen Planbestätigung** ein (MK-Breuer § 227 Rn. 8). Folglich setzt die Befreiungswirkung nicht die planmäßige Erbringung der im gestaltenden Teil vorgesehenen Leistung voraus (so nun auch Uhlenbruck-Lüer § 227 Rn. 3). Diese Auslegung ist unter Berücksichtigung der Voraussetzungen für ein Wiederaufleben nach § 255 systemkonform.

2. Umfang der Befreiung

3 Eine **abweichende Regelung** zu dem Umfang der Befreiung des Schuldners ist möglich (zu den Grenzen s. § 259 Rdn. 6). Durch § 247 wird dem Schuldner ausreichend Schutz gewährt (HK-Flessner § 227 Rn. 6).

a) Nicht angemeldete Forderungen

4 Die Haftung des Schuldners ggü. den **Insolvenzgläubigern mit nicht oder nach Rechtskraft des Plans angemeldeten Forderungen** ist in Abs. 1 nicht eindeutig geregelt. Diesbezüglich ist die Vorschrift in Zusammenhang mit § 254b zu lesen (ausführl. Kommentierung dort Rdn. 2 ff.). Die nicht anmeldenden Gläubiger werden mit ihren Forderungen nicht gesetzlich präkludiert, sondern werden den Beschränkungen unterworfen, die der Plan für vergleichbare Ansprüche vorsieht (BT-Drucks. 17/5712, S. 37). Anzusetzen ist folglich die für die Gläubiger der nächstliegenden Gruppe im Plan vorgesehene Regelung (OLG Celle, ZInsO 2011, 1505, 1507 f.; MK-Madaus § 254b Rn. 5).

b) Aufrechnungsberechtigte Gläubiger

Eine zum Zeitpunkt der Insolvenzeröffnung bestehende Aufrechnungslage wird grds. über § 94 geschützt. Erklärt der Gläubiger die Aufrechnung ggü. dem Insolvenzverwalter bis zur Rechtskraft des Planbestätigungsbeschlusses, nimmt er nur noch mit seiner etwaig verbleibenden Forderung am Planverfahren teil. Ein im Plan vorgesehener Erlass führt zu einer unvollkommenen Forderung, die grds. nach Eintritt der Rechtskraft des Planbestätigungsbeschlusses zwar erfüllbar, aber nicht erzwingbar oder aufrechenbar ist (vgl. BGH, ZInsO 2011, 1214, 1215; OLG Celle [16. Senat], ZInsO 2008, 1327; ähnl. BGH, ZInsO 2007, 491; a. A. OLG Celle [14. Senat], ZIP 2009, 140). Allerdings geht der BGH davon aus, dass eine bereits im Zeitpunkt der Insolvenzeröffnung bestehende Aufrechnungslage aufgrund der Regelung des § 94 von den Wirkungen des Insolvenzplans nicht berührt wird, weshalb in diesem Fall die Aufrechnung ungeachtet eines plangemäßen (Teil-) Erlasses auch noch nach rechtskräftiger Bestätigung des Insolvenzplans und Aufhebung des Insolvenzverfahrens möglich bleiben soll (BGH, ZInsO 2011, 1214 ff.). Zu den diesbezüglichen Bedenken vgl. § 254 Rdn. 7 und HK-Flessner § 254 Rn. 7.

c) Sanierungsgewinn

Im Zusammenhang mit der Befreiung des Schuldners von Verbindlichkeiten kommt auch der **Besteuerung von Sanierungsgewinnen** in der Praxis große Bedeutung zu. Gem. § 3 Nr. 66 EStG a. F. waren derartige Sanierungsgewinne ertragsteuerfrei. Nach dem Fortfall der Norm (BT-Drucks. 13/8325, S. 2) unterliegen Sanierungsgewinne als Betriebseinnahmen nunmehr jedoch grds. der Steuerpflicht. Dies kann zu einem Liquiditätsabfluss während der Planerfüllungsphase und damit zu einer Gefährdung der Sanierung führen (FK-Jaffé § 217 Rn. 103 ff.). Sehr treffend ist insofern die Kritik, ein Schuldenerlass, der ein Opfer der Gläubiger zum Zwecke der Sanierung darstellt, führe faktisch zu einer Umschuldung zugunsten des Fiskus (Maus, NZI 2000, 450). Das BMF hat versucht, dem Problem mit Schreiben vom 27.03.2003 gerecht zu werden. Danach können im Sanierungsfall die nach Verrechnung der Sanierungsgewinne mit Verlustvorträgen entstehenden Steuerforderungen auf Antrag gestundet (vgl. § 222 AO) und später aus Billigkeitsgründen erlassen werden (vgl. § 227 AO). Gegen die Anwendung des BMF-Schreibens wurden unter dem Gesichtspunkt des EU-Beihilferechts Bedenken geäußert (HK-Flessner § 227 Rn. 5). Eine entsprechende Konkurrentenklage dürfte aber am Mangel der Spezifität der durch den Steuererlass begünstigten Gruppe scheitern. Für den Fall, dass neben dem Sanierungsgewinn weitere außerordentliche Erträge – etwa Veräußerungsgewinne aus abgeschriebenen Gegenständen – erzielt worden sind, sollten diese vorgezogen werden, damit eine Verrechnung in voller Höhe erfolgen kann. Die vorrangige Verrechnung mit Verlustvorträgen führt zu einem komplizierten, in der Praxis kaum umsetzbaren Identifizierungs- und Verrechnungsverfahren (Smid/Rattunde InsPlan, Rn. 2.93). Hier ist der Planersteller auf die Kooperations- und Hilfsbereitschaft des jeweils zuständigen Finanzamtes angewiesen, welche regional und auch lokal sehr unterschiedlich ausgeprägt ist (FK-Jaffé § 217 Rn. 115, zu dem allg. Abstimmungsverhalten des Finanzamts s. BMF v. 17.12.1998, BStBl. I 1998, S. 1497). Dabei ist zu berücksichtigen, dass das BMF zwar hinsichtl. des nach der Stundung zu erfolgenden Erlasses, nicht aber hinsichtl. der Stundung selbst das Ermessen der Behörde auf null reduziert hat. Die Anwendung des BMF-Schreibens vom 27.03.2003 auf Insolvenzpläne wurde durch das FG München infrage gestellt (FG München, ZIP 2008, 1784 ff., s. hierzu Kroniger, BB 2008, 2656 ff.), aber durch ein weiteres Schreiben des BMF vom 22.11.2009 noch einmal ausdrücklich bestätigt. Inhaltliche Neuerungen waren mit dem weiteren Schreiben nicht verbunden. Zur Absicherung sollten daher sämtliche Sanierungsvoraussetzungen nach dem BMF-Schreiben (Bedürftigkeit, Fähigkeit, Eignung und Absicht) im darstellenden Teil aufgenommen und erörtert sowie die erforderlichen Erklärungen der Finanzbehörde zuvor eingeholt oder als Planbedingung aufgenommen werden (vgl. Khan/Adam, ZInsO 2008, 899, 903 f.; Bauer/Dimmling, NZI 2011, 517, 519 sowie Mai, Insolvenzplanverfahren, Rn. 377 ff.). Das FG Sachsen stellt in einer aktuellen Entscheidung (FG Sachsen, ZInsO 2014, 2331 ff.) die Eignung des BMF-Schreibens vom 27.03.2003 als Legitimationsgrundlage für Billigkeitsentscheidungen generell in Frage, da eine hierauf gestützte Verwaltungspraxis nach der Aufhebung des § 3 Nr. 66 EStG nicht dem Grundsatz der Gesetzmäßigkeit der Verwaltung entspräche (zu recht kritisch zu der Entscheidung Lenger/Gohlke, NZI 2014, 9 ff.). Befriedigend ist diese Unsicherheit nicht. Es ist daher bedauerlich, dass der Gesetzgeber sich der Problematik der Besteuerungen von Sanierungsgewinnen i. R. d. ESUG nicht angenommen hat. Wünschenswert wäre hier eine Wiedereinführung der gesetzlichen Steuerbefreiung für Sanierungsgewinne gewesen (so auch Bauer/Dimmling, NZI 2011, 517, 519 und Braun/Heinrich, NZI 2011, 505, 515).

7 [derzeit unbesetzt]

II. Befreiung der Gesellschafter (Abs. 2)

8 Abs. 2 bezieht sich nur auf die persönlich haftenden Gesellschafter, wie sie bei einer Gesellschaft ohne Rechtspersönlichkeit i. S. d. § 11 Abs. 2 Nr. 1 oder bei einer KGaA auftreten können. Die Haftungsbefreiung gilt nicht für **ausgeschiedene Gesellschafter**. Dies legt bereits der Wortlaut nahe. Zudem ist zu berücksichtigen, dass ausgeschiedene Gesellschafter nicht mehr zur Unternehmenserhaltung beitragen (MK-Breuer § 227 Rn. 15; a. A. Uhlenbruck-Lüer § 227 Rn. 10; differenzierend Brand, KTS 2009, 431). Ihre Nachhaftung für den nach dem Plan nicht befriedigten Teil der Forderungen der Gläubiger wirkt damit nach Maßgabe der allg. Vorschriften (§§ 128, 160 HBG ggf. i. V. m. § 161 HGB bzw. § 736 Abs. 2 BGB) fort. Es gilt § 254 Abs. 2.

9 Durch den Verweis auf Abs. 1 und den dort erwähnten Vorbehalt anderweitiger Regelungen ist die Haftungsbefreiung der Gesellschafter **dispositiv** (vgl. statt vieler MK-Breuer § 227 Rn. 13; a. A. HK-Flessner § 227 Rn. 8). Sofern somit von der Befreiung abgewichen werden soll, bedarf es einer Einbeziehung der betroffenen Gesellschafter in die Gruppenbildung und Abstimmung (§ 225a).

10 Die **Haftung** der Gesellschafter **aus anderen Gründen** bleibt von § 227 Abs. 2 unberührt (Uhlenbruck-Lüer § 227 Rn. 9). Dies betrifft vor allem gewährte Bürgschaften und Garantieerklärungen.

§ 228 Änderung sachenrechtlicher Verhältnisse

¹Sollen Rechte an Gegenständen begründet, geändert, übertragen oder aufgehoben werden, so können die erforderlichen Willenserklärungen der Beteiligten in den gestaltenden Teil des Insolvenzplans aufgenommen werden. ²Sind im Grundbuch eingetragene Rechte an einem Grundstück oder an eingetragenen Rechten betroffen, so sind diese Rechte unter Beachtung des § 28 der Grundbuchordnung genau zu bezeichnen. ³Für Rechte, die im Schiffsregister, im Schiffsbauregister oder im Register für Pfandrechte an Luftfahrzeugen eingetragen sind, gilt Satz 2 entsprechend.

Übersicht	Rdn.		Rdn.
A. Normzweck	1	II. Erforderliche Erklärungen	4
B. Norminhalt	2	III. Übermittlung	6
I. Gegenstände	2		

A. Normzweck

1 In einem Insolvenzplan können auch sachenrechtliche Änderungen vorgenommen werden. § 228 i. V. m. § 254a stellt hierfür eine erhebliche Erleichterung dar. So bedarf es für derartige Veränderungen keiner notariellen Form. Vielmehr reicht die Aufnahme der notwendigen Willenserklärungen im Plan aus. Die Vorschrift dient somit bei sachenrechtlichen Änderungen der Vereinfachung des Planverfahrens. Im Gesetzgebungsverfahren zum ESUG ist diskutiert worden, § 228 derart umzugestalten, dass der Plan hinsichtl. sachenrechtlicher Verhältnisse nur schuldrechtlich wirkt. Gleichzeitig sollte der Insolvenzverwalter in § 254a umfassend zur Umsetzung sachenrechtlicher Änderungen ermächtigt werden (Stellungnahme Bundesrat zu RegE ESUG, BT-Drucks. 17/5712, S. 55). Dies war abzulehnen, da die gestaltende Wirkung wesentliches Element des Insolvenzplans und für eine schnelle Verfahrensbeendigung zwingend erforderlich ist. Zudem sind in der Praxis

bisher keine Probleme mit der Regelung bekannt geworden (Gegenäußerung zur Stellungnahme Bundesrat zu RegE ESUG, BT-Drucks. 17/5712, S. 69).

B. Norminhalt

I. Gegenstände

Der Begriff »Rechte an Gegenständen« ist in zweifacher Hinsicht weit zu verstehen. Zum einen umfasst der Begriff entgegen der engen Überschrift und dem Begriff »Rechte« sowohl **körperliche** als auch **unkörperliche** Gegenstände (HK-Flessner § 228 Rn. 2). Dies ergibt sich aus einem Umkehrschluss zu § 90 BGB und aus dem Normzweck. Somit sind auch Forderungsabtretungen erfasst (vgl. BGH, ZIP 2008, 546 ff. zur Abtretung einer Forderung an den Insolvenzverwalter zur Einziehung und Verteilung nach Aufhebung). 2

Zum anderen umfasst der Begriff sowohl **masseeigene** als auch **massefremde** Gegenstände (MK-Breuer § 228 Rn. 4). Bei massefremden Gegenständen ist jedoch § 230 Abs. 3 zu berücksichtigen. Bei der Änderung massefremder Rechte i. S. d. § 228 bedarf es somit der Erklärung des betroffenen Dritten. 3

Hilfreich ist die Norm i. V. m. § 254a Abs. 1 in der Praxis vor allem bei der Bestellung oder Löschung von Grundpfandrechten und dem Kauf oder Verkauf von Grundstücken oder Gesellschaftsanteilen. 3a

II. Erforderliche Erklärungen

Der Normzweck gebietet es, nicht nur die Willenserklärungen, sondern auch **Verfahrenserklärungen** in den Plan aufnehmen zu können (HK-Flessner § 228 Rn. 6; MK-Breuer § 228 Rn. 7; K. Schmidt/Spliedt § 228 Rn. 7; a. A. Uhlenbruck-Lüer § 228 Rn. 1). Zu denken ist hier insb. an den Antrag gem. § 13 GBO. Diese weite Auffassung ergibt sich aus der Abwägung zwischen der Sicherung des Zwecks des formalisierten Verfahrens und dem insolvenzplanrechtlichen Beschleunigungsgebot. Letzterem ist wegen der exponierten Bedeutung der Vorzug einzuräumen. Die tatsächliche Umsetzung der Rechtsänderung muss letztlich jedoch außerhalb des Plans erfolgen. 4

Nach der Norm kann der Planverfasser Willenserklärungen jeglicher **Personen** und somit auch Dritter im Plan aufnehmen. Derartig abgegebene Erklärungen gelten sodann nach § 254 Abs. 1 Satz 2 mit Rechtskraft der Bestätigung des Plans als formwirksam abgegeben. Der Wortlaut ist allerdings unglücklich. Es besteht zwar die Möglichkeit der Aufnahme des Erklärungsinhalts, zur Wirksamkeit der Erklärung bedarf es jedoch, sofern es sich nicht um zwangsweise Planunterworfene handelt (vgl. § 221 Rdn. 4 und § 254a Rdn. 3), der Zustimmung der betroffenen Person durch Beifügung der Erklärungen nach § 230 Abs. 3. Das Vorliegen dieser Zustimmungen ist ggf. über § 249 **von Amts wegen** zu prüfen. 5

III. Übermittlung

Bei Bedarf hat das Insolvenzgericht den Plan nach rechtskräftiger Bestätigung an das zuständige Grundbuchamt zu übermitteln. 6

§ 229 Vermögensübersicht. Ergebnis- und Finanzplan

¹Sollen die Gläubiger aus den Erträgen des vom Schuldner oder von einem Dritten fortgeführten Unternehmens befriedigt werden, so ist dem Insolvenzplan eine Vermögensübersicht beizufügen, in der die Vermögensgegenstände und die Verbindlichkeiten, die sich bei einem Wirksamwerden des Plans gegenüberstünden, mit ihren Werten aufgeführt werden. ²Ergänzend ist darzustellen, welche Aufwendungen und Erträge für den Zeitraum, während dessen die Gläubiger befriedigt werden sollen, zu erwarten sind und durch welche Abfolge von Einnahmen und Ausgaben die Zahlungsfähigkeit des Unternehmens während dieses Zeitraums gewährleistet werden soll.

³Dabei sind auch die Gläubiger zu berücksichtigen, die zwar ihre Forderungen nicht angemeldet haben, jedoch bei der Ausarbeitung des Plans bekannt sind.

Übersicht	Rdn.			Rdn.
A. Normzweck	1	III.	Berücksichtigung nicht angemeldeter Forderungen	6
B. Norminhalt	2		1. Allgemeines	6
I. Fortführung	2		2. Anwendungsprobleme	7
II. Unterlagen	3			

A. Normzweck

1 Die Vorschrift soll den Gläubigern in den Fällen die Entscheidung erleichtern, in denen das Unternehmen fortgeführt und die Gläubiger – zumindest teilweise – aus den Erträgen der Unternehmensfortführung befriedigt werden sollen. § 229 erweitert somit § 220. Der praktische Anwendungsbereich der Vorschrift ist äußerst beschränkt. Bei der überwiegenden Zahl der Einzelunternehmer oder mittelständischen Unternehmen wird aus Gründen der Planungs- und Rechtssicherheit sowie der höheren Akzeptanz bei den Gläubigern wegen die planmäßige Befriedigung der Insolvenzforderungen durch eine Einmalzahlung etwa aus der Zurverfügungstellung von Mittel durch einen Plangaranten oder einen Investor bevorzugt. Die Umsetzung der Planregelungen erfolgt zeitnah zur Rechtskraft der Planbestätigung und zur Aufhebung des Insolvenzverfahrens, oftmals sogar noch vor dem letztgenannten Zeitpunkt. Hierdurch wird das Risiko des Scheiterns der Durchführung eines Insolvenzplans reduziert. Die Gläubiger werden nicht mit der Beurteilung detaillierter Ausführungen zu der Fortführung des schuldnerischen Unternehmens überfordert. Das einer jeden Prognose innewohnende Diskussionspotenzial wird vermieden. Lediglich dann, wenn keine liquiden Mittel für eine angemessene Einmalzahlung akquiriert werden können, sich also kein Investor, Plangarant oder Kreditgeber findet, wird auf die Möglichkeit einer – zumindest teilweisen – Befriedigung aus den Erträgen der Unternehmensfortführung zurückgegriffen. Nur in diesen Fällen kommt § 229 zur Anwendung.

I. R. d. ESUG wurde Satz 3 angefügt.

B. Norminhalt

I. Fortführung

2 Die nachstehend genannten Unterlagen sind bei jeglicher Art von Fortführung, unabhängig von deren Dauer oder deren Umfang, notwendig (HK-Flessner § 229 Rn. 2, s. aber auch § 264 Rdn. 5), sofern eine – teilweise – Befriedigung der Gläubiger aus den erwarteten Erträgen vorgesehen ist. Die Gläubiger müssen in die Lage versetzt werden, zu beurteilen, ob die im Plan vorgesehene Befriedigung aus den Erträgen des fortzuführenden Unternehmens realistisch ist.

II. Unterlagen

3 Die Anlagen werden als Plan-Bilanz, Plan-Gewinn- und Verlust- sowie Plan-Liquiditätsrechnung bezeichnet.

4 Die **Plan-Bilanz** stellt im Gegensatz zu der Vermögensübersicht nach § 153 auf den **Zeitpunkt der Wirksamkeit des Plans** ab. Sie bildet ab, welche Aktiva und Passiva sich mit Rechtskrafterlangung des Plans und seiner Regelungen – bspw. reduzierte Passiva durch Forderungsverzichte – gegenüberstehen (vgl. zur Berücksichtigung auch nicht angemeldeter Forderungen gem. Satz 3 unten Rdn. 6 ff.). Die erwarteten Änderungen während des erst anschließend beginnenden Sanierungszeitraums bleiben hier außer Betracht. I. d. R. sind Fortführungswerte zugrunde zu legen. Für etwaige Entscheidungen nach § 245 oder § 251 sollten jedoch in Form einer Vergleichsrechnung Zerschlagungswerte aufgeführt werden (HK-Flessner § 229 Rn. 3).

Die **Plan-Gewinn- und Verlustrechnung** sowie die **Plan-Liquiditätsrechnung** müssen den **gesamten Sanierungszeitraum** betreffen (umfassend zum Aufbau und Inhalt der Pläne MK-Eilenberger § 229 Rn. 5 ff.). Der Sanierungszeitraum ist gem. Satz 2 hierbei der Zeitraum, währenddessen die Gläubiger aus den Erträgen befriedigt werden sollen. Die Plan-Gewinn- und Verlustrechnung zeigt die erwartete bzw. angestrebte Ertragsentwicklung während des Sanierungszeitraums auf. Sie soll dem Gläubiger Aufschluss darüber geben, ob der Schuldner bzw. die Übernahmegesellschaft nach ihrem Konzept in der Lage ist, Gewinne zu erwirtschaften (Uhlenbruck-Maus § 229 Rn. 4). Die Plan-Liquiditätsrechnung sollte für den Sanierungszeitraum – mindestens wochenweise – die erwartete Liquiditätsentwicklung unter detaillierter Angabe der Fälligkeiten der Verbindlichkeiten und der jeweils verfügbaren liquiden Mittel darstellen. Hierbei müssen die geplanten Zahlungen an die Insolvenzgläubiger aufgrund des Insolvenzplans berücksichtigt und integriert werden. Im Hinblick auf § 258 Abs. 2 Satz 2 sind sinnvollerweise auch die Verbindlichkeiten, die voraussichtlich noch bis zur Aufhebung des Insolvenzverfahrens aus der Betriebsfortführung entstehen, aber nicht mehr vor Aufhebung des Insolvenzverfahrens fällig werden, gesondert auszuweisen (vgl. § 258 Rdn. 11 ff.). Zwingend ist dies jedoch nicht. Der Finanzplan nach § 229 dient allein der Gewährleistung der plangemäßen Befriedigung der Insolvenzgläubiger. Der Finanzplan nach § 258 Abs. 2 Satz 2 dient hingegen der Sicherstellung der Erfüllung der Masseansprüche. Die Berücksichtigung beider Aspekte bereits i. R. d. nach § 229 vorzulegenden Plan-Liquiditätsrechnung ist jedoch ratsam, da diese für eine reibungslose Umsetzung des Planvorhabens gleichermaßen relevant sind.

III. Berücksichtigung nicht angemeldeter Forderungen

1. Allgemeines

Gemäß dem durch das ESUG an die Vorschrift angefügten Satz 3 sind in den nach den Sätzen 1 und 2 beizufügenden Plänen und Darstellungen auch die Gläubiger zu berücksichtigen, die zwar ihre Forderungen nicht angemeldet haben, jedoch bei der Ausarbeitung des Plans bekannt sind. Hierdurch soll das Risiko gemindert werden, dass die Planerfüllung durch nachträglich angemeldete Forderungen gefährdet wird (BT-Drucks. 17/5712, S. 32). Die Regelung spiegelt die im ESUG an verschiedenen Stellen deutlich gewordene Auffassung des Gesetzgebers wieder, dass selbst desinteressierten Gläubigern, die trotz Aufforderung ihre Forderungen nicht angemeldet haben, ein außerordentlicher Schutz zu gewähren ist. Dieser Schutz beinhaltet eine lange Frist für die Entscheidung, ob eine Forderung im Verfahren geltend gemacht werden soll. Ggf. kann die Entscheidung sogar von dem Ergebnis des Planverfahrens abhängig gemacht werden. Diese Zielrichtung des Gesetzgebers ist unter Berücksichtigung der Folgen fehlender Anmeldung im Regelverfahren bedauerlich. Gem. § 87 können die Insolvenzgläubiger ihre Forderungen nur nach den Vorschriften über das Insolvenzverfahren geltend machen. Nimmt ein Gläubiger mangels Anmeldung seiner Forderung nicht an der Verteilung teil, kann er im Regelverfahren nach der Aufhebung keine Rechte aus dem Verfahren herleiten. Nur bei der Versagung der Restschuldbefreiung wäre eine Geltendmachung der Forderung ggü. dem Schuldner möglich. Vor diesem Hintergrund ist nicht ersichtlich, warum es einem Gläubiger, dem das Insolvenzverfahren bekannt gemacht wurde – was bei dem Plansteller bekannten Gläubigern regelmäßig der Fall sein sollte –, nicht zumutbar sein soll, seine Forderung innerhalb einer bestimmten Frist anzumelden. Hier wäre eine Ausschlussfrist als Mittel zur Risikovermeidung unter Abwägung der Interessen der am Plan interessierten Gläubiger einerseits und der Desinteressierten andererseits durchaus angemessen. Trotz der Bedenken hinsichtlich der Rechtfertigung der prophylaktischen Berücksichtigung potenzieller Gläubiger, ist der entgegengesetzte Wille des Gesetzgebers (BT-Drucks. 17/5712, S. 37, vgl. hierzu § 254b Rdn. 5) künftig zu beachten.

2. Anwendungsprobleme

Zu berücksichtigen sind sämtliche Gläubiger, die bei der Ausarbeitung des Plans bekannt sind. Die Regelung dürfte in der praktischen Anwendung einige Fragen und Probleme aufwerfen.

Abzustellen ist nach dem Willen des Gesetzgebers auf die **Kenntnis des Planerstellers** (BT-Drucks. 17/5712, S. 32). Die vom Bundesrat angeregte entsprechende Klarstellung im Gesetzestext hielt der

Gesetzgeber für entbehrlich (BT-Drucks. 17/5712, S. 69). Gemeint dürfte hier der Planvorlegende i. S. d. § 218 (Insolvenzverwalter oder Schuldner) sein. Der planerstellende Verwalter muss sich demzufolge nicht die Kenntnis des Schuldners zurechnen lassen. Umgekehrt muss sich auch der planerstellende Schuldner nicht eine weiter gehende Kenntnis des Verwalters zurechnen lassen. Beauftragt der Schuldner einen Dritten mit der Erstellung des von ihm vorzulegenden Plans, muss sich dieser jedoch die Kenntnis des Schuldners entgegenhalten lassen.

9 Der **Ermittlungs- und Prüfungsaufwand**, den der Planersteller betreiben muss, um etwaige nicht anmeldende Gläubiger mit ihren potenziellen Forderungen adäquat berücksichtigen zu können, ist regelmäßig hoch. Denn zwar sind oftmals weitere Gläubiger namentlich in der Finanzbuchhaltung erfasst, jedoch mangels Kenntnis von der Forderungshöhe lediglich mit einem Erinnerungswert angesetzt. Oder der Umfang der Verbindlichkeiten ist nicht genau bestimmbar, wie bspw. bei bekannten, aber noch nicht abschließend prognostizierbaren Schadensfällen. Auch ist es denkbar, dass der Planersteller aus den ihm vorliegenden Unterlagen und Informationen aus dem Unternehmen Rückschlüsse auf weitere potenzielle Insolvenzforderungen schließen kann, für deren Anerkennung und Feststellung dem Grunde und der Höhe nach jedoch eine eingehende Prüfung erforderlich wäre, die normalerweise nur bei Geltendmachung durch den Gläubiger erfolgen würde. Ggf. muss der Planersteller zeitaufwendige Nachforschungen zur Ermittlung einer realistischen Forderungshöhe anstellen. Anderenfalls geht insb. der planerstellende Insolvenzverwalter unter Umständen ein hohes **Haftungsrisiko** nach § 60 ein. Der Gesetzgeber schlägt hier eine durch den Verwalter anzustellende Vergleichsrechnung und ein durch ihn einzuholendes Verwertungsgutachten vor (BT-Drucks. 17/5712, S. 32). Eine Vergleichsrechnung sollte der Verwalter ebenso wie ein planerstellender Schuldner i. R. d. nach Satz 1 vorzulegenden Plan-Bilanz hinsichtlich der Bewertung der Aktiva vornehmen (vgl. oben Rdn. 4). Hierfür kann die Einholung von »Verwertungsgutachten« sinnvoll sein. Für die Bewertung bekannter, aber noch nicht bezifferbarer Forderungen ist beides wenig hilfreich. Absurd wird der erhöhte Prüfungsaufwand dann, wenn der Gläubiger tatsächlich gar kein Interesse an der Teilnahme an einer Ausschüttung hat oder seinerseits den Aufwand der Geltendmachung gescheut hat, weil er sich der Anerkennungsfähigkeit und Höhe seines Anspruchs nicht sicher ist. Gläubiger unsicherer bzw. komplexer Ansprüche würden ihre Forderung ggf. nur und erst dann geltend machen, wenn der Planersteller im Rahmen seiner Prüfungspflicht zu dem Schluss gekommen ist, dass diese zu berücksichtigen ist. Dies führt zu einer Umkehr der Darlegungslast hinsichtlich der Anspruchsbegründung. So kann die Unentschlossenheit bzw. das Desinteresse einzelner Gläubiger das Planverfahren unangemessen verzögern.

10 Die bekannten, aber nicht angemeldeten Forderungen werden ausschließlich i. R. d. § 229 berücksichtigt. Eine wesentliche Frage ist daher weiter, inwieweit vor allem bei nach Anmeldeschluss erstellten Plänen die nicht angemeldeten aber nach Satz 3 zu berücksichtigenden Forderungen indirekt auch bei der **Festlegung der Gruppenregelungen** Berücksichtigung finden müssen, damit der Plan stimmig ist. Soll die Berücksichtigung nach Satz 3 gewährleisten, dass die betroffenen Gläubiger bei späterer Geltendmachung ihrer Forderungen nicht nur in quotaler, sondern auch **in zeitlicher Hinsicht** in den Genuss der entsprechenden Planregelung kommen, wäre die plangemäße Befriedigung der Gläubiger zeitlich zu strecken oder quotal zu kürzen. Dies gilt insb., wenn die nicht angemeldeten Forderungen im Verhältnis zu den angemeldeten sehr hoch sind. Ein Vollstreckungsschutz nach § 259a wäre nur schwerlich denkbar. Die Vollstreckung könnte bei normalem Verlauf wegen nach Satz 3 berücksichtigter Forderungen die Durchführung des Insolvenzplans nicht gefährden. Dies würde dem Plan die Attraktivität nehmen und sich zulasten der anmeldenden Gläubiger auswirken. Das ist insb. dann paradox, wenn die berücksichtigten nicht angemeldeten Forderungen später nicht innerhalb der Frist des § 259b geltend gemacht werden. Hier mit nachträglichen Quotenerhöhungen oder Änderungen des Auszahlungsmodus zu arbeiten, wäre nicht im Sinne einer klaren und zügigen Lösung zur Überwindung der Insolvenz des Schuldners. Zudem wären derartige Gestaltungen im Hinblick auf die Vollstreckbarkeit problematisch. Vorzuziehen ist daher die Auslegung, dass die Berücksichtigung nach Satz 3 **lediglich in quotaler Hinsicht** die plangemäße Befriedigung nicht rechtzeitig geltend gemachter Forderungen sicherstellen soll. Die Gruppenregelungen können hiernach unabhängig von der Liquiditäts- und Finanzplanung nach

§ 229 erfolgen. Diese müsste sich wegen der weiteren zu berücksichtigenden Forderungen ggf. lediglich auf einen längeren Zeitraum erstrecken, als er nach der Planregelung für die Befriedigung der angemeldeten und festgestellten Forderungen angesetzt ist. Die Vollstreckungsschutzvorschrift des § 259a kommt hiernach auch ggü. Gläubigern zur Anwendung, deren Forderungen bereits gem. Satz 3 berücksichtigt wurden (vgl. § 259a Rdn. 2).

Die Möglichkeit, im Plan eine bessere Quote als im Regelverfahren anzubieten, wird durch das Erfordernis der Einbeziehung nicht anmeldender Gläubiger nicht beeinträchtigt, da i. R. d. dem Plan regelmäßig beizufügenden Vergleichsrechnung (vgl. § 220 Rdn. 7) sowohl bei der Berechnung mit Plan als auch bei der Berechnung ohne Plan gleichermaßen alle bekannten Gläubiger zu berücksichtigen sind. 11

Nach dem Wortlaut des Satz 1 (»Sollen die Gläubiger aus den Erträgen des [...] fortgeführten Unternehmens befriedigt werden ...«), auf den sich die Sätze 2 und 3 beziehen, kann auch die Pflicht zur Berücksichtigung der Forderungen nicht anmeldender Gläubiger nur bei beabsichtigter Planerfüllung aus Erträgen des fortgeführten Unternehmens gelten und nicht in den Fällen, in denen die Befriedigung aus der Masse bzw. von dritter Seite gestellten Beträgen (vgl. zu derartigen Plänen oben Rdn. 1) erfolgen soll. Anderenfalls müssten Rückstellungen gebildet und ggf. eine Nachtragsverteilung vorbehalten werden, was weder der Akzeptanz des Plans noch der Vollstreckbarkeit zuträglich wäre (zu den sich aus dieser Auffassung ergebenden Wirkungen verschiedener Plangestaltungen für Gläubiger mit nicht angemeldeten Forderungen vgl. § 254b Rdn. 2). 12

§ 230 Weitere Anlagen

(1) ¹Ist im Insolvenzplan vorgesehen, daß der Schuldner sein Unternehmen fortführt, und ist der Schuldner eine natürliche Person, so ist dem Plan die Erklärung des Schuldners beizufügen, daß er zur Fortführung des Unternehmens auf der Grundlage des Plans bereit ist. ²Ist der Schuldner eine Gesellschaft ohne Rechtspersönlichkeit oder eine Kommanditgesellschaft auf Aktien, so ist dem Plan eine entsprechende Erklärung der Personen beizufügen, die nach dem Plan persönlich haftende Gesellschafter des Unternehmens sein sollen. ³Die Erklärung des Schuldners nach Satz 1 ist nicht erforderlich, wenn dieser selbst den Plan vorlegt.

(2) Sollen Gläubiger Anteils- oder Mitgliedschaftsrechte oder Beteiligungen an einer juristischen Person, einem nicht rechtsfähigen Verein oder einer Gesellschaft ohne Rechtspersönlichkeit übernehmen, so ist dem Plan die zustimmende Erklärung eines jeden dieser Gläubiger beizufügen.

(3) Hat ein Dritter für den Fall der Bestätigung des Plans Verpflichtungen gegenüber den Gläubigern übernommen, so ist dem Plan die Erklärung des Dritten beizufügen.

Übersicht	Rdn.		Rdn.
A. Normzweck	1	2. Begünstigter	9
B. Norminhalt	2	IV. Vorlagezeitpunkt und Wirkung der nach	
I. Erklärung des Schuldners (Abs. 1)	2	§ 230 beizufügenden Erklärungen	10
II. Erklärungen der Gläubiger (Abs. 2)	5	1. Vorlagezeitpunkt und Wirkung	10
III. Erklärungen Dritter (Abs. 3)	8	2. Widerruf	13
1. Begriff des Dritten	8		

A. Normzweck

Die Vorschrift hilft, vor der Durchführung eines Planverfahrens sicherzustellen, dass dessen wesentliche Grundlagen vorliegen. Diesen Zweck verfolgt die Vorschrift durch das Erfordernis der Vorlage besonderer Anlagen in drei unterschiedlichen, in den jeweiligen Absätzen beschriebenen Fallkonstellationen. 1

I. R. d. ESUG wurde im Abs. 1 ein neuer Satz 2 eingefügt.

B. Norminhalt

I. Erklärung des Schuldners (Abs. 1)

2 Abs. 1 bezieht sich auf den Fall der nach dem Plan vorgesehenen **Unternehmensfortführung**. Ist der Schuldner in diesem Fall eine **natürliche Person**, bedarf es einer Erklärung des Schuldners, zur Fortführung bereit zu sein. Die **Wirksamkeit** der Erklärung richtet sich nach den allgemeinen Regeln des BGB (zur Rechtsnatur, Wirksamkeit und Durchsetzung der Erklärung s. MK-Eidenmüller § 230 Rn. 9 ff.). Auch eine bedingte Erklärung ist zulässig, soweit sie den Planvorgaben entspricht (MK-Eidenmüller § 230 Rn. 14). So kann bspw. der Schuldner seine Fortführungsbereitschaft von der Planbestätigung abhängig machen.

3 Bei **Gesellschaften ohne Rechtspersönlichkeit** ist nach Satz 2 eine »entsprechende« Erklärung aller Gesellschafter notwendig. Die Erklärung soll sicherstellen, dass die persönliche Haftung der Gesellschafter aus der Fortführung nur mit deren Einverständnis erfolgen kann (LG Potsdam, ZInsO 2013, 2566). Der Anwendungsbereich hat sich mit der Einführung des § 225a durch das ESUG mit seinen Möglichkeiten, Änderungen in der strukturellen und persönlichen Zusammensetzung der Gesellschafter vorzunehmen (vgl. zu den möglichen gesellschaftsrechtlichen Maßnahmen § 225a Rdn. 11 ff.) erweitert. Satz 2 gilt hiernach nicht nur für Altgesellschafter, sondern auch für Personen, die erst auf Grundlage des Plans eine Stellung als persönlich haftende Gesellschafter übernehmen sollen. Dies wurde durch eine entsprechende Anpassung des Wortlautes des Satzes 2 klargestellt. Einer Erklärung im Zuge des Planverfahrens ausscheidender Gesellschafter bedarf es nicht, da diese aus der Fortführung keine persönliche Haftung mehr treffen kann. Der Erklärung bedarf es auch, wenn es sich bei den Gesellschaftern um juristische Personen handelt. Auch diese riskieren den Verlust ihres, wenngleich beschränkten, Haftungskapitals (Uhlenbruck-Maus § 230 Rn. 2). Auf Vorgesellschaften und Vorgründungsgesellschaften sollte § 230 zumindest analog angewendet werden. Zwar dürfte sich die Fortführungserklärung i. d. R. nur auf die noch abschließend zu gründende Gesellschaft beziehen (MK-Eidenmüller § 230 Rn. 25, der daher nur für den Fall der deutlich erkennbar gewollten Fortführung der Vorgesellschaft oder Vorgründungsgesellschaft § 230 anwenden will), unter Berücksichtigung des Normzwecks gebietet sich jedoch die zumindest analoge Anwendung des Abs. 1 Satz 2 (Wutzke in PK-HWF § 230 InsO [V. 1] Rn. 22).

4 Die nach Abs. 1 Satz 2 erforderliche Erklärung ist nicht zu verwechseln mit dem etwaig erforderlichen gesellschaftsrechtlichen **Fortsetzungsbeschluss** (vgl. LG Potsdam, ZInsO 2013, 2566). Ein solcher kann nach dem ESUG über § 225a Abs. 3 in den Plan aufgenommen werden (vgl. § 225a Rdn. 32 und 47). Die Wirkungsentfaltung erfolgt dann über § 254a Abs. 2 (vgl. § 254a Rdn. 5 ff.). § 230 fordert keine entsprechende Erklärung der Gesellschafter einer Gesellschaft, die durch die Insolvenzeröffnung **aufgelöst** wird (vgl. MK-Eidenmüller § 230 Rn. 29 und LG Potsdam, ZInsO 2013, 2566).

II. Erklärungen der Gläubiger (Abs. 2)

5 Sollen Gläubiger Anteils- oder Mitgliedschaftsrechte oder Beteiligungen an einer juristischen Person, einem nicht rechtsfähigen Verein oder einer Gesellschaft ohne Rechtspersönlichkeit übernehmen, so ist dem Plan gem. Abs. 2 die zustimmende Erklärung eines jeden dieser Gläubiger beizufügen. Bei Vorliegen der Voraussetzungen für die Anwendung des Gesetzes über Schuldverschreibungen aus Gesamtemissionen (SchVG) kann statt einer Zustimmungserklärung jedes betroffenen Gläubigers i. R. d. § 230 Abs. 2 auch ein Mehrheitsbeschluss nach § 5 Abs. 3 Nr. 5 SchVG beigefügt werden (vgl. BT-Drucks. 17/5712, S. 31).

6 Die Forderung nach der Erklärung der Gläubiger gem. Abs. 2 soll verhindern, den Gläubigern Beteiligungen gegen ihren Willen aufzudrängen (BT-Drucks. 12/2443, S. 203). Die Vorschrift soll zudem indirekt dazu führen, Barabgeltungen den Vorrang zu geben (Uhlenbruck-Maus § 230 Rn. 4). Der Gesetzgeber nahm hier daher von dem Grundsatz des Mehrheitsprinzips Abstand. Die unveränderte Beibehaltung dieser Regelung läuft gewissermaßen dem mit dem ESUG verfolgten Ziel einer Erleichterung der Sanierung durch Einbeziehung von Gläubigern in die Gesellschaft

im Wege eines Debt-Equity-Swap zuwider. Im Gesetzgebungsverfahren zum ESUG wurde daher eine Zustimmungsfiktion für nicht haftende Gesellschafter diskutiert. Voraussetzung sollte sein, dass dem betroffenen Gläubiger vorab die Maßnahme schriftlich erläutert und gleichzeitig eine zweiwöchige Frist für einen Widerspruch gesetzt wurde (DiskE ESUG, Beilage 1 zu ZIP 28/2010, S. 11). Diese Änderung wurde im RegE nicht übernommen, mit der paradoxen Begründung, dass eine zwangsweise Umwandlung gegen Willen der Gläubiger nach dem – ebenfalls mit dem ESUG eingefügten – § 225a Abs. 2 Satz 2 nicht zulässig sei (BT-Drucks. 17/5712, S. 32). Bei vorheriger Aufklärung und widerspruchslosem Fristablauf erfolgt die Umwandlung jedoch nicht gegen, sondern schlimmstenfalls ohne den ausdrücklichen Willen des betroffenen Gläubigers (ebenso Hölzle, NZI 2011, 124, 128), sodass auch Forderungen desinteressierter Gläubiger umgewandelt werden könnten. Soll ein Gläubiger keine persönliche Haftung übernehmen, sind unzumutbare Nachteile für den Betroffenen nicht ersichtlich (ähnlich Simon, CFL 2010, 448, 450, der jedoch zu bedenken gibt, dass Gläubiger, die in die Gesellschafterstellung gedrängt werden, die Rolle eines »lästigen Gesellschafters« einnehmen könnten). Mit dieser Einschränkung für die Forderungsumwandlung wird der Anwendungsbereich des Debt-Equity-Swap von vornherein erheblich reduziert (ähnlich HK-Flessner § 230 Rn. 6; Frind, ZInsO 2011, 656, 657; Pape, ZInsO 2011, 1033, 1040; vgl. auch § 225a Rdn. 18). Denn insb. die Banken, bei deren oftmals verhältnismäßig hohen Forderungen eine Umwandlung besonders effektiv wäre, werden regelmäßig kein Interesse an einer Beteiligung an dem Schuldner haben (Bauer/Dimmling, NZI 2011, 517, 520).

Von Abs. 2 erfasst sind auch Übernahmen von nur mittelbaren Beteiligungen wie Nießbrauch, Treuhand oder Innengesellschaft (MK-Eidenmüller § 230 Rn. 55). 7

III. Erklärungen Dritter (Abs. 3)

1. Begriff des Dritten

Gemäß Abs. 3 müssen bei im Plan vorgesehenen Verpflichtungen Dritter deren entsprechende Erklärungen dem Plan beigefügt werden. Dies ist erforderlich, da Verpflichtungen Dritter nicht über § 254 Abs. 1 Satz 2 fingiert werden (vgl. § 254 Rdn. 3) und somit nur durch die Beifügung der Erklärung des Verpflichteten für die Beteiligten überprüfbar sichergestellt ist, dass im Fall der Planbestätigung die notwendige Willenserklärung wirksam vorliegt. Über den Wortlaut hinaus sind daher nicht nur die Erklärungen eines unbeteiligten Dritten, sondern auch Erklärungen der Insolvenzgläubiger, sofern die Erklärungen eine andere Maßnahme als die Gruppenregelung betreffen, oder des Verwalters gemeint (MK Eidenmüller § 230 Rn. 71 ff.). Denn auch solche Erklärungen werden nicht über § 254 Abs. 1 Satz 2 fingiert (a. A. OLG Düsseldorf, ZInsO 2008, 1142). 8

2. Begünstigter

Dem Wortlaut nach gilt Abs. 3 nur für Verpflichtungen ggü. den Gläubigern. Doch aus den oben (Rdn. 8) geschilderten Gründen muss Abs. 3 auch analog auf Verpflichtungserklärungen Dritter angewendet werden, die zwar keine unmittelbaren Ansprüche der Gläubiger auslösen, aber dennoch maßgeblich für die Planerfüllung sind (vgl. MK-Eidenmüller § 230 Rn. 80 m. w. N.). Dies können Verpflichtungserklärungen ggü. dem Schuldner sein, wie etwa die Erlasszusage des Finanzamtes hinsichtl. der Besteuerung des durch den Plan eintretenden Sanierungsgewinns (vgl. dazu § 227 Rdn. 6) oder die Unterhaltsverzichtserklärung einer dem Schuldner ggü. unterhaltsberechtigten Person. Darüber hinaus sind auch Erklärungen ggü. allen Beteiligten denkbar, wie z. B. die Begrenzung des Vergütungsantrages durch den Verwalter. Dieser Erweiterung bedarf es, um dem Gericht und den Gläubigern die Prüfung der Durchführbarkeit des Insolvenzplans auf Basis nicht fingierbarer Willenserklärungen zu ermöglichen. 9

IV. Vorlagezeitpunkt und Wirkung der nach § 230 beizufügenden Erklärungen

1. Vorlagezeitpunkt und Wirkung

10 Die Erklärungen müssen, da die Plangestaltung auf ihnen basiert, **bei Planeinreichung vorliegen**. In der Praxis wird allerdings auch in Absprache mit dem Gericht von der Möglichkeit der Nachbesserung gem. § 231 Abs. 1 Nr. 1 Gebrauch gemacht und die Erklärung innerhalb der vom Gericht gesetzten Frist spätestens im Erörterungstermin nachgereicht. Unabhängig von den Erklärungen Dritter, auf denen die Plangestaltung basiert, können bis zum Abstimmungstermin nachträglich Verpflichtungserklärungen abgegeben werden (BT-Drucks. 12/2443, S. 204). Auch diese lösen noch die **Titelwirkung** des § 257 Abs. 2 aus (MK-Eidenmüller § 230 Rn. 83). Später abgegebenen Erklärungen hingegen fehlt es an der Titelwirkung. Ausnahme hierzu sind Erklärungen, deren Abgabe als aufschiebende Planbedingung nach § 249 gefordert wird. Diese kann auch noch nach dem Abstimmungstermin beigebracht werden und erzielt dennoch Titelwirkung.

11 Die gem. Abs. 1 bis 3 beizufügenden Erklärungen werden rgm. unter der aufschiebenden Bedingung der Planbestätigung abgegeben, § 158 Abs. 1 BGB (MK-Eidenmüller § 230 Rn. 14, 35 und 7579). Damit bezieht sich die Erklärung auf einen konkreten Plan. Im Hinblick auf mögliche Änderungen gem. § 240 ist bei der Formulierung der beizufügenden Erklärung allerdings darauf zu achten, diesen **Bezug** nicht zu eng zu fassen (s. § 240 Rdn. 6).

12 Ein etwaiger rechtsgeschäftlicher Verpflichtungstatbestand liegt in der Erklärung selbst und wird nicht etwa durch dessen Beifügung begründet (ähnlich MK-Eidenmüller § 230 Rn. 72). Derartige Erklärungen unterliegen somit uneingeschränkt den für Willenserklärungen vorgesehenen Regeln des materiellen Rechts.

2. Widerruf

13 Auch die Frage des Widerrufs der nach dieser Vorschrift beizufügenden Erklärungen ist anhand der Regeln des materiellen Rechts zu klären und auszulegen. I. R. d. Abs. 3 wäre dabei die Einordnung der Erklärung eines Plangaranten als Angebot i. S. d. §§ 145 ff. BGB mit ggf. konkludentem Ausschluss der Bindung nach § 145 Halbs. 2 BGB (MK-Eidenmüller § 230 Rn. 90) denkbar. Der verpflichtenden Wirkung wird es jedoch eher gerecht, einen Widerrufsvorbehalt nur bei ausdrücklich erklärtem Ausschluss der Bindung anzunehmen und i. Ü. einen Widerruf nur i. R. d. § 130 Abs. 1 Satz 2 BGB zuzulassen. Unwiderruflich wird die Erklärung jedoch spätestens mit der Rechtskraft des Plans (§ 254 Abs. 1 Satz 2).

§ 231 Zurückweisung des Plans

(1) ¹Das Insolvenzgericht weist den Insolvenzplan von Amts wegen zurück,
1. wenn die Vorschriften über das Recht zur Vorlage und den Inhalt des Plans, insbesondere zur Bildung von Gruppen, nicht beachtet sind und der Vorlegende den Mangel nicht beheben kann oder innerhalb einer angemessenen, vom Gericht gesetzten Frist nicht behebt,
2. wenn ein vom Schuldner vorgelegter Plan offensichtlich keine Aussicht auf Annahme durch die Beteiligten oder auf Bestätigung durch das Gericht hat oder
3. wenn die Ansprüche, die den Beteiligten nach dem gestaltenden Teil eines vom Schuldner vorgelegten Plans zustehen, offensichtlich nicht erfüllt werden können.

²Die Entscheidung des Gerichts soll innerhalb von zwei Wochen nach Vorlage des Plans erfolgen.

(2) Hatte der Schuldner in dem Insolvenzverfahren bereits einen Plan vorgelegt, der von den Beteiligten abgelehnt, vom Gericht nicht bestätigt oder vom Schuldner nach der öffentlichen Bekanntmachung des Erörterungstermins zurückgezogen worden ist, so hat das Gericht einen neuen Plan des Schuldners zurückzuweisen, wenn der Insolvenzverwalter mit Zustimmung des Gläubigerausschusses, wenn ein solcher bestellt ist, die Zurückweisung beantragt.

(3) Gegen den Beschluß, durch den der Plan zurückgewiesen wird, steht dem Vorlegenden die sofortige Beschwerde zu.

Übersicht

	Rdn.		Rdn.
A. Normzweck	1	bb) Behebung	14
B. Norminhalt	2	b) Aussicht auf Annahme und Bestätigung (Nr. 2)	17
I. Zurückweisungsgründe	2	c) Unerfüllbarkeit (Nr. 3)	19
1. Von Amts wegen zu beachtende Gründe (Abs. 1)	3	2. Auf Antrag zu beachtende Gründe (Abs. 2)	22
a) Vorlagerecht und Planinhalt (Nr. 1)	3	II. Verfahren	25
aa) Beispielsfälle	4	III. Rechtsbehelf	28

A. Normzweck

§ 231 soll eine Verzögerung des Insolvenzverfahrens und auch eine Verschleppung der Masseverwertung durch den Schuldner über § 233 durch fehlerhafte, offensichtlich unerfüllbare oder evident nicht mehrheitsfähige Pläne verhindern. Zugleich dient die Vorschrift der Vermeidung unnötiger Kosten. **1**

B. Norminhalt

I. Zurückweisungsgründe

Bei den Zurückweisungsgründen ist nach dem Anlass der Überprüfung zu unterscheiden. Abs. 1 bezieht sich auf von Amts wegen zu beachtende Gründe. Abs. 2 betrifft auf Antrag zu beachtende Gründe. Zudem ist bei den von Amts wegen zu beachtenden Gründen danach zu differenzieren, wer den Plan vorgelegt hat. Abs. 1 Nr. 1 betrifft Pläne, die vom Verwalter oder vom Schuldner vorgelegt worden sind. Die in Abs. 1 Nr. 2 und 3 erwähnten Gründe beziehen sich hingegen allein auf vom Schuldner vorgelegte Pläne. Im Einzelnen gilt Folgendes: **2**

1. Von Amts wegen zu beachtende Gründe (Abs. 1)

a) Vorlagerecht und Planinhalt (Nr. 1)

Abs. 1 Nr. 1 betrifft sowohl vom Schuldner als auch vom Verwalter vorgelegte Pläne. **3**

aa) Beispielsfälle

Als Zurückweisungsgründe kommen Mängel bei der Einhaltung der Vorschriften zum Vorlagerecht nach § 218 und zum Planinhalt nach §§ 217, 219 bis 230 in Betracht: **4**

Aus § 218 Abs. 1 ergibt sich bspw. eine Zurückweisungspflicht, wenn der Plan von einem Nichtvorlageberechtigten, etwa einem Gläubiger, vorgelegt wird. Wegen § 218 Abs. 1 Satz 3 ist ein Plan auch dann zurückzuweisen, wenn er nach dem Schlusstermin vorgelegt wird. Auch die unterbliebene Mitwirkungsmöglichkeit der in § 218 Abs. 3 genannten Organe kann einen Zurückweisungsgrund nach Abs. 1 darstellen. Jedoch sind die Anforderungen an das Ausmaß der Mitwirkung aufgrund der bei der Planerstellung gebotenen Eile und der im weiteren Verfahren möglichen Stellungnahme und Erörterung gering (§ 218 Rdn. 14). Ein lediglich verfahrensbegleitender Plan stellt nach den Änderungen durch das ESUG (vgl. § 217 Rdn. 8) keinen zur Zurückweisung führenden Verstoß in der Vorlage dar (so noch zur alten Rechtslage LG Frankfurt am Main, ZIP 2007, 2229; seinerzeit ausdrücklich offen gelassen BGH, ZInsO 2009, 478, 481). **5**

Eine Zurückweisung wegen Verstoßes gegen die Inhaltsvorschrift § 217 kommt in Betracht, wenn der Plan Abweichungen von Vorschriften vorsieht, die nicht gem. § 217 zur Disposition stehen (zu den Vorschriften, die der Disposition des Planverfassers unterliegen, s. § 217 Rdn. 2 ff.). Eine unzulässige Abweichung kann auch in der Nichtberücksichtigung einer unabdingbaren Regelung **6**

§ 231 InsO Zurückweisung des Plans

der InsO bestehen. Ein solcher Verstoß liegt bspw. in einer Planregelung vor, die – außerhalb des Anwendungsbereichs des § 210a – das Gebot der Vorabbefriedigung der Massegläubiger aus der Masse gem. § 53 erkennbar missachtet (zu der Berücksichtigung der Masseverbindlichkeiten s. a. Rdn. 21).

7 Die Nichteinhaltung der Gliederung des Plans gem. § 219 in einen darstellenden und einen gestaltenden Teil kann ebenfalls zu einer Zurückweisung führen (FK-Jaffé § 231 Rn. 4). Fehlt die in § 219 vorgesehene Einteilung, leiden die Übersichtlichkeit und die Transparenz des Plans und damit dessen Akzeptanz. Vor allem aber ist die Isolierung des gestaltenden Teils seiner Titelfunktion wegen erforderlich.

8 Auch ein Verstoß gegen § 220 kann zu einer Zurückweisung führen. Bei der – auch hier nur summarischen – Prüfung der Angaben im darstellenden Teil kommt es jedoch nicht auf deren inhaltliche Richtigkeit, sondern nur auf deren Vollständigkeit als Informationsgrundlage an.

9 Bezüglich des gestaltenden Teils gem. § 221 hat das Gericht bei seiner Vorprüfung insb. auf die genaue Bezeichnung der zu ändernden Rechte und im Hinblick auf § 257 auf die vollstreckungsfähige Formulierung der vorgesehenen Rechtsänderungen zu achten.

10 Der Überprüfung der **Gruppenbildung** nach § 222 kommt i. R. d. Abs. 1 Nr. 1 besondere Bedeutung zu. Von dieser hängen schließlich die Mehrheitsverhältnisse bei der Abstimmung ab (BT-Drucks. 17/5712, S. 32). Dies wurde durch den Gesetzgeber i. R. d. ESUG durch ausdrückliche Erwähnung im Gesetzestext (»..., insbesondere zur Bildung von Gruppen ...«) hervorgehoben. Regelmäßig ist sicherzustellen, dass die obligatorische Gruppenbildung nach § 222 Abs. 1 beachtet wurde. Bei zusätzlicher fakultativer Gruppenbildung nach § 222 Abs. 2 hat das Gericht zudem zu prüfen, ob die Gruppen sachgerecht (zu diesem Begriff s. § 222 Rdn. 18) voneinander abgegrenzt wurden (BT-Drucks. 17/5712, S. 32). I. R. d. Prüfung ist jedoch die Freiheit des Planerstellers bei der Gruppenbildung zu berücksichtigen. Diese Freiheit schließt auch strategische Erwägungen ein (§ 222 Rdn. 3).

11 Weiter hat das Gericht gem. Abs. 1 Nr. 1 zu prüfen, ob die in **§§ 223 bis 226** festgelegten Rahmenbedingungen für Eingriffe in die Rechte der Beteiligten eingehalten wurden. Wesentlicher Prüfungspunkt ist dabei rgm. die Frage, ob den Gläubigern nach § 226 Abs. 1 innerhalb der Gruppen gleiche Rechte gewährt wurden bzw. ob die anderenfalls nach § 226 Abs. 2 notwendigen Erklärungen vorliegen. Die wirtschaftliche Angemessenheit der im Plan vorgesehenen Regelungen für die einzelnen Gruppen unterliegt hingegen nicht der Prüfung durch das Gericht (BT-Drucks. 17/5712, S. 32 f.).

12 Die Prüfung der Einhaltung des § 229 ist stark beschränkt. Das Gericht hat allein zu prüfen, ob die nach § 229 erforderlichen Plananlagen vollständig vorhanden, untereinander abgestimmt und frei von evidenten Unstimmigkeiten sind. Eine darüber hinausgehende inhaltliche Prüfung findet nicht statt. Dies gilt vor allem unter Berücksichtigung der zu Recht nur summarischen Prüfungsmöglichkeit, der möglichst geringen Zeitspanne für die Prüfung und der hohen Wahrscheinlichkeit der Änderungen (Wutzke in PK-HWF § 231 InsO [V. 1] Rn. 9).

13 Die Anlagen nach § 230 sind auf Vollständigkeit und Wirksamkeit zu überprüfen.

bb) Behebung

14 Im Fall des Abs. 1 Nr. 1 kann der Plan nur zurückgewiesen werden, wenn der Vorlegende den Mangel nicht beheben kann bzw. nach Fristsetzung durch das Gericht nicht behebt.

15 Ein Mangel ist nur in seltenen Fällen **nicht behebbar**. Durch den Vorlegenden nicht behebbar ist definitiv ein fehlendes Planvorlagerecht nach § 218 (vgl. Rdn. 5). Darüber hinaus kommt ein nicht behebbarer Mangel ggf. bei Verstößen gegen Inhaltsvorschriften in Betracht, etwa wenn das gesamte Plankonzept auf einer Abweichung von einer i. S. d. § 217 nicht dispositiven Vorschrift basiert (vgl. Rdn. 6 und den der Entscheidung BGH, ZInsO 2009, 478, 481 zugrunde liegenden Fall, der die Abweichung von den Regeln über die Forderungsfeststellung betrifft). Mängel in der

Form nach §§ 219 ff. dürften hingegen regelmäßig korrigierbar sein. Das Gericht sollte vorsorglich in jedem Fall – also auch dann, wenn es den Mangel für nicht behebbar hält – vor einer Zurückweisung einen Hinweis mit entsprechender Fristsetzung aussprechen. Die Verfahrensverzögerung durch eine wegen fehlender Möglichkeit der Behebung sinnlose Frist ist rgm. weniger einschneidend, als die Verzögerung, die eine Neuvorlage nach Zurückweisung bedeuten würde, wenn der Mangel entgegen der Ansicht des Gerichts doch behebbar gewesen wäre.

Die **Frist** zur Behebung eines Mangels hängt von den Umständen des Einzelfalls ab. Unter Berücksichtigung des Normzwecks sollte sie nicht mehr als einen Monat betragen. In der Praxis wird i. d. R. eine Frist von max. 14 Tagen für ausreichend gehalten. Bei fehlenden Erklärungen Dritter nach § 230 Abs. 3 wird es jedoch auch für ausreichend erachtet, wenn diese bis zum Erörterungstermin eingehen (§ 230 Rdn. 10). 16

b) Aussicht auf Annahme und Bestätigung (Nr. 2)

Dieser Prüfungspunkt betrifft nur vom **Schuldner vorgelegte** Pläne. Im Verfahren bereits erfolgte Stellungnahmen der Gläubiger sowie Äußerungen des Insolvenzverwalters kann das Gericht in seine Beurteilung einbeziehen (BGH, ZIP 2011, 340 und BGH, ZInsO 2011, 1550). 17

Das Gericht sollte in Zweifelsfällen die Annahme bzw. Bestätigung unterstellen. Dem Wortlaut entsprechend ist nur bei **evidentem Vorliegen** der in Nr. 2 genannten Voraussetzungen die Zurückweisung geboten. Dabei ist zu berücksichtigen, dass die Stimmung der Beteiligten Schwankungen unterliegt. Letztlich gebieten auch die Gläubigerautonomie und der Wettbewerb um die beste Art der Masseverwertung eine zurückhaltende Bewertung (vgl. auch Schiessler, Der Insolvenzplan, S. 131). 18

c) Unerfüllbarkeit (Nr. 3)

Auch dieser Prüfungspunkt befasst sich nur mit vom **Schuldner vorgelegten** Plänen (OLG Dresden, NZI 2000, 436, 437). 19

Das Gericht sollte wiederum nur in **extremen Ausnahmefällen** die Unerfüllbarkeit annehmen (OLG Dresden, NZI 2000, 436; LG Bielefeld, ZInsO 2002, 198). Dies ergibt sich aus dem Wortlaut, der Gläubigerautonomie (BT-Drucks. 12/2443, S. 204 zu § 275 RegE) und auch aus der eingeschränkten Überprüfungsmöglichkeit des Gerichts (s. a. Rdn. 26). Die Prüfung beschränkt sich auf die Ansprüche, die den Beteiligten nach den Vorstellungen des planvorlegenden Schuldners aus dem Plan zukommen sollen. Dies sind in erster Linie Quotenzahlungen für die Gläubiger, aber auch sonstige Rechtsänderungen für die Beteiligten, wie z. B. Anteilsübertragungen oder Abfindungen für Altgesellschafter nach § 225a Abs. 5. Die Prüfungspflicht erstreckt sich jedoch nicht auf vermeintliche Ansprüche, die von Beteiligten geltend gemacht werden könnten und für die daher gem. § 251 Abs. 3 eine Rückstellung gebildet wird. Derartige Ansprüche stehen den Beteiligten nach dem Plan gerade nicht zu, sondern sind von dem Anspruchsteller ggf. vor Zivilgerichten zu erstreiten. 20

Die Berücksichtigung der Masse und damit einhergehend auch der **Masseverbindlichkeiten**, insb. der Massekosten, ist gleichfalls zu überprüfen (LG Neubrandenburg, ZInsO 2002, 296; K. Schmidt/Spliedt § 231 Rn. 8; a. A. HK-Flessner § 231 Rn. 8). Dies gilt einhergehend mit dem Wortlaut, wenn und soweit die Masse zur Erfüllung der Ansprüche der Beteiligten notwendig ist. Auch in den übrigen Fällen, beispielhaft bei Befriedigung der Beteiligten durch Drittmittel, bedarf es jedoch einer Überprüfung. Eine derartige Auslegung gebietet sich wegen des gem. § 258 Abs. 2 auch im Planverfahren geltenden Grundsatzes der Vorabbefriedigung der Massegläubiger. Auch ergibt sich die Prüfungspflicht aus dem Amtsermittlungsgrundsatz (§ 207 Rdn. 3) zur Überprüfung bestehender Massearmut. Vor allem aber ist eine Prüfung angemessen, um das Vorliegen eines erneuten Insolvenzgrunds nach Aufhebung des Verfahrens zu vermeiden. Dieser würde nahezu zwangsläufig durch die dann noch bestehenden Ansprüche der Massegläubiger vorliegen. Die Prüfung darf jedoch nur bei Offensichtlichkeit des Mangels zu einer Zurückweisung führen. Wurden Masseverbindlichkeiten erkennbar nicht berücksichtigt, ist zudem eine Zurückweisung über Abs. 1 21

Nr. 1 i.V. m. § 217 erforderlich (Rdn. 6). Hiervon unabhängig ist die Durchführung des Planverfahrens bei bestehender Masseunzulänglichkeit nach § 210a möglich.

2. Auf Antrag zu beachtende Gründe (Abs. 2)

22 Auch diese Prüfung betrifft nur vom **Schuldner vorgelegte** Pläne. Sie erfolgt zudem nur auf Antrag des Verwalters.

23 Als **bereits erfolgte Planvorlage** des Schuldners i. S. d. Abs. 2 gelten nur Planvorlagen, bei denen das Gericht zumindest den Erörterungstermin nach § 235 Abs. 2 öffentlich bekannt gemacht hat. Ist der Plan zuvor vom Schuldner zurückgenommen worden oder hat das Gericht den ehemals vorgelegten Plan nach Abs. 1 zurückgewiesen, reicht dies nicht für eine Planvorlage i. S. d. Abs. 2 aus.

24 Welche **Gründe** den Schuldner dazu bewogen haben, einen zweiten Plan vorzulegen, ist unwesentlich. Dies gilt auch bei Änderungsbedarf, der außerhalb des Verantwortungs- und Einflussbereichs des Schuldners begründet ist (a. A. NR-Braun § 231 Rn. 32). Eine Einschränkung der Vorschrift widerspricht nicht nur dem Wortlaut, sondern dehnt vor allem den Prüfungsumfang des Gerichts zu weit aus. Zu alledem ist dabei zu berücksichtigen, dass es für die Zurückweisung eines derartigen zweiten Plans des Antrages des Verwalters bedarf und bereits aus Haftungsgründen zu vermuten ist, dass der Verwalter den Antrag in solchen Konstellationen nicht ohne Grund stellen wird (mit diesem Hinweis, jedoch Braun folgend, MK-Breuer § 231 Rn. 21).

II. Verfahren

25 Funktionell ist durch die Einführung des ESUG bis zum 31.12.2012 der Rechtspfleger und ab dem 01.01.2013 nach § 18 Abs. 1 Nr. 2 RpflG n. F. der Insolvenzrichter **zuständig** (vgl. Vor §§ 217 Rdn. 14). Sofern der Plan bereits mit Insolvenzantragstellung oder im vorläufigen Insolvenzverfahren eingereicht wird, haben auch die Prüfung nach § 231 und die Maßnahmen nach §§ 232 ff. zeitnah im vorläufigen Insolvenzverfahren zu erfolgen. Lediglich die Anberaumung des Erörterungs- und Abstimmungstermins kann nicht vor Insolvenzeröffnung erfolgen, da gem. § 236 eine Abstimmung mit dem erst nach Insolvenzeröffnung festzulegenden Prüfungstermin erforderlich ist.

26 Das Gericht kann und soll sich bei der Vorprüfung auf eine **summarische Prüfung** beschränken. Dies ergibt sich aus der zeitlichen Enge, der Möglichkeit einer eingehenderen Prüfung nach § 250 und den Änderungsmöglichkeiten im Erörterungstermin. Daraus folgt auch die fehlende Möglichkeit des Gerichts, eigene Nachforschungen, etwa unter Hinzuziehung von Sachverständigen, anzustellen (MK-Breuer § 231 Rn. 5; K. Schmidt/Spliedt § 231 Rn. 10; a. A. Kröger, S. 59). Auch weil es sich nur um eine summarische Prüfung handelt, sollte die Prüfung kurzfristig erfolgen und abgeschlossen werden. Zeitliche Verzögerungen können Planverfahren zum Scheitern bringen. Die Prüfung ist für das Gericht sicherlich ungewöhnlich und im Hinblick auf die Anlagen nach § 229 schwierig. Auch wird die Prüfung in den Fällen, in denen nach §§ 222 Abs. 1 Nr. 4 und § 225a Gruppen für Alt- und Neuanteilsinhaber gebildet werden, nicht leichter (vgl. diesbezüglich die Bedenken bei Frind, ZInsO 2010, 1524, 1526 und ZInsO 2011, 656, 658). Gleichwohl ist auch aus Haftungsgründen die Prüfung schnell durchzuführen. Um dies zu verdeutlichen hat der Gesetzgeber mit dem ESUG dem Abs. 1 Satz 2 angefügt, wonach die Entscheidung des Gerichts innerhalb von **2 Wochen** nach der Planvorlage erfolgen soll. Diese knappe Fristsetzung entspricht den Bedürfnissen in der Praxis und sollte daher ungeachtet der Ausgestaltung als »Soll-Vorschrift« regelmäßig eingehalten werden.

27 Ergibt sich aus der Fristsetzung nach Abs. 1 Nr. 1, 2. Alt. bereits immanent die Notwendigkeit eines **Hinweises**, sollte auch in den anderen Varianten das Gericht nach § 4 i. V. m. § 139 ZPO dem Planvorlegenden im Fall der beabsichtigten Zurückweisung des Plans einen Hinweis erteilen und rechtliches Gehör gewähren (LG Dresden, ZInsO 2005, 831). Eine anderenfalls verfahrensverzögernde Zurückweisung mit anschließender Neueinreichung eines nur geringfügig korrigierten Plans wäre mit dem Beschleunigungsgrundsatz nicht in Einklang zu bringen (Smid/Rattunde, Rn. 9.43). Die Hinweispflicht gilt nur nicht im Fall der Ablehnung des Antrags des Verwalters nach Abs. 2 (ebenso

MK-Breuer § 231 Rn. 6; K. Schmidt/Spliedt § 231 Rn. 11). Dies ergibt sich aus dessen fehlender Möglichkeit zur Einlegung eines Rechtsbehelfs (Rdn. 28).

III. Rechtsbehelf

Liegen keine Zurückweisungsgründe vor, leitet das Gericht den Plan ohne vorherigen Beschluss gem. § 232 weiter. Eines Zulassungsbeschlusses bedarf es nicht (MK-Breuer § 231 Rn. 23). Gegen die Weiterleitung ist kein **Rechtsbehelf** möglich. Bei behebbaren Mängeln nach Abs. 1 Nr. 1 ergeht eine Zwischenverfügung, durch die der Vorlegende zur Mängelbeseitigung aufgefordert wird. Der Vorlegende kann gegen einen etwaigen Zurückweisungsbeschluss nach Abs. 3 sofortige Beschwerde erheben. Hingegen steht dem Verwalter, der einen Antrag nach Abs. 2 gestellt hat, gegen die Weiterleitung des Plans kein Rechtsbehelf zu (BT-Drucks. 12/7302, S. 183 zu § 275 Abs. 3 Satz 2 RegE). 28

§ 232 Stellungnahmen zum Plan

(1) Wird der Insolvenzplan nicht zurückgewiesen, so leitet das Insolvenzgericht ihn zur Stellungnahme zu:
1. dem Gläubigerausschuß, wenn ein solcher bestellt ist, dem Betriebsrat und dem Sprecherausschuß der leitenden Angestellten;
2. dem Schuldner, wenn der Insolvenzverwalter den Plan vorgelegt hat;
3. dem Verwalter, wenn der Schuldner den Plan vorgelegt hat.

(2) Das Gericht kann auch der für den Schuldner zuständigen amtlichen Berufsvertretung der Industrie, des Handels, des Handwerks oder der Landwirtschaft oder anderen sachkundigen Stellen Gelegenheit zur Äußerung geben.

(3) Das Gericht bestimmt eine Frist für die Abgabe der Stellungnahmen. Die Frist soll zwei Wochen nicht überschreiten.

Übersicht	Rdn.			Rdn.
A. Normzweck	1	II.	Fakultativ einzuholende Stellungnahmen (Abs. 2)	5
B. Norminhalt	2	III.	Fristsetzung (Abs. 3)	6
I. Zwingend einzuholende Stellungnahmen (Abs. 1)	2			

A. Normzweck

Die Norm dient der Vorbereitung der Beteiligten auf die Entscheidung durch Schaffung einer breiteren Informationsgrundlage (BT-Drucks. 12/2443, S. 204). Mittelbar führt die Vorschrift somit auch zur Verfahrensbeschleunigung. Im Rahmen des ESUG wurde Abs. 3 Satz 2 angefügt. 1

B. Norminhalt

I. Zwingend einzuholende Stellungnahmen (Abs. 1)

Den im Abs. 1 erwähnten Personen ist der Insolvenzplan grds. zur Stellungnahme **zuzuleiten**. Die Stellungnahmen können jedoch **bereits vor Einreichung des Plans** vom Planverfasser eingeholt und mit dem Plan zusammen vorgelegt werden (Hess § 232 Rn. 5; FK-Jaffé § 232 Rn. 8 f.). In diesen Fällen ist § 232 bereits Genüge getan (Hess § 232 Rn. 6). Ein zwischenzeitlicher Wechsel in der personellen Zusammensetzung der Stellung nehmenden Organe ist unschädlich, da die durch diese zu vertretenden Interessen von der personellen Zusammensetzung unabhängig sind. Lediglich bei nachträglichen Modifikationen durch den Planvorlegenden, die den Stellungnahmeberechtigten nicht bekannt sind, ist diesen erneut die Möglichkeit zur Stellungnahme zu geben (NR-Braun § 232 Rn. 5; FK-Jaffé § 232 Rn. 8; K. Schmidt/Spliedt § 232 Rn. 4). Sofern die Weiterleitung aufgrund frühzeitiger Planvorlage bereits vor Insolvenzeröffnung erfolgt und nach §§ 21 Abs. 1 Nr. 1a, 2

22 ein vorläufiger Gläubigerausschuss eingesetzt wurde, ist gem. Abs. 1 diesem der Plan zuzuleiten. Nimmt der Insolvenzverwalter zu einem vom Schuldner vorgelegten Plan Stellung, hat er insb. auf einen realistischen Ansatz der Vergütung zu achten (BGH, ZInsO 2007, 436).

3 Zuzuleiten sind sowohl der **Plan** als auch alle **Anlagen**.

4 Ein **Verstoß** gegen die Pflicht zur Weiterleitung ist i. S. d. § 250 sanktionslos (ebenso Braun-Braun/Frank § 232 Rn. 2; K. Schmidt/Spliedt § 232 Rn. 6). Der Gegenauffassung (HK-Flessner § 232 Rn. 4) ist zuzugeben, dass der Wortlaut auf eine zwingende Weiterleitung hindeutet. Da die nach Abs. 1 erwähnten Personen den Plan ohnehin gem. § 235 Abs. 3 mit der Ladung zum Erörterungs- und Abstimmungstermin übersendet bekommen und somit die Möglichkeit haben, spätestens im Erörterungstermin entsprechende Stellungnahmen abzugeben, ist jedoch von einer ausreichenden Informationsmöglichkeit der Gläubiger auszugehen. Die unterlassene Weiterleitung stellt somit keinen wesentlichen Punkt, der zu einer Versagung nach § 250 führen könnte, dar. Soweit ein Zurückweisungsgrund auch bei fehlender Fristsetzung diskutiert wird (dagegen MK-Breuer § 232 Rn. 12; differenzierend Uhlenbruck-Lüer § 232 Rn. 7), gilt das soeben Gesagte erst recht.

II. Fakultativ einzuholende Stellungnahmen (Abs. 2)

5 Die Einholung der Stellungnahmen der in Abs. 2 genannten sachkundigen Stellen liegt bereits nach dem Wortlaut der Norm im Ermessen des Gerichts. Ein planvorlegender Insolvenzverwalter kann und sollte hier ggf. Anregungen aussprechen. Abzuwägen ist, ob weitere Stellungnahmen hilfreich sind oder zur Unübersichtlichkeit führen. Als weitere sachkundige Stellen i. S. d. Abs. 2 kommen vor allem die Berufsverbände der Freiberufler (Smid/Rattunde, InsPlan, Rn. 10.5) und der Aufsichtsrat infrage.

III. Fristsetzung (Abs. 3)

6 Die **Frist** zur Stellungnahme soll nach dem mit dem ESUG eingefügten Satz 2 2 Wochen nicht überschreiten. Hiermit gibt der Gesetzgeber wie i. R. d. § 231 Abs. 1 Satz 2 für die Prüfung durch das Gericht i. S. d. Verfahrensbeschleunigung einen Richtwert vor (vgl. daher auch § 231 Rdn. 16). Im Einzelfall ist die Frist insb. nach der Komplexität des Plans zu bestimmen. Vor allem aber muss sie im Einklang mit der Terminsbestimmung nach § 235 Abs. 1 Satz 2 stehen (HK-Flessner § 232 Rn. 4).

§ 233 Aussetzung von Verwertung und Verteilung

¹Soweit die Durchführung eines vorgelegten Insolvenzplans durch die Fortsetzung der Verwertung und Verteilung der Insolvenzmasse gefährdet würde, ordnet das Insolvenzgericht auf Antrag des Schuldners oder des Insolvenzverwalters die Aussetzung der Verwertung und Verteilung an. ²Das Gericht sieht von der Aussetzung ab oder hebt sie auf, soweit mit ihr die Gefahr erheblicher Nachteile für die Masse verbunden ist oder soweit der Verwalter mit Zustimmung des Gläubigerausschusses oder der Gläubigerversammlung die Fortsetzung der Verwertung und Verteilung beantragt.

Übersicht	Rdn.		Rdn.
A. Normzweck	1	II. Ablehnung oder Aufhebung (Satz 2)	6
B. Norminhalt	2	III. Rechtsbehelf	8
I. Aussetzung (Satz 1)	2		

A. Normzweck

1 Die Vorschrift kann die Durchführung vorgelegter Pläne sicherstellen. Zudem kann die Vorschrift über Satz 2 Verzögerungen bei Verwertungen außerhalb des Planverfahrens aufgrund nur der Verzögerung wegen vorgelegter Insolvenzpläne vermeiden. Letztlich dient die Vorschrift aber auch dem

Schutz des Verwalters vor dem Vorwurf verspäteter Verwertungen (vgl. Smid/Rattunde, InsPlan, Rn. 10.6 ff.).

B. Norminhalt

I. Aussetzung (Satz 1)

Die Aussetzung erfolgt nur auf **Antrag** des Schuldners oder des Verwalters. Es bedarf keiner Identität zwischen Planersteller und Antragsteller (K. Schmidt/Spliedt § 233 Rn. 4; Uhlenbruck/Lüer § 233 Rn. 8). Der Antrag kann frühestens mit Planeinreichung (K. Schmidt/Spliedt § 233 Rn. 3) und spätestens bis zur Rechtskraft des Plans **gestellt** werden (Uhlenbruck-Lüer § 233 Rn. 9). Das Gericht kann jedoch erst nach der Vorprüfung gem. § 231 Abs. 1 über den Antrag **entscheiden**. Hierfür spricht bereits die systematische Stellung der Norm. Auch erscheint es wenig sinnvoll, zur Sicherung solcher Pläne über die Aussetzung der Verwertung zu entscheiden, die bereits an der gerichtlichen Vorprüfung scheitern.

Unter Berücksichtigung des Normzwecks ist der Antrag entgegen dem Wortlaut auch bei erst **bevorstehender Verwertung oder Verteilung** der Insolvenzmasse oder Teilen derselben möglich (HK-Flessner § 233 Rn. 5 f.; K. Schmidt/Spliedt § 233 Rn. 4).

Die Annahme, die Durchführung des Plans sei gefährdet, sollte bei anstehender oder begonnener Verwertung **eher** die **Regel** und nicht die Ausnahme sein. Verwertung und Verteilung schaffen unumkehrbare Fakten. Der Normzweck der Verfahrensbeschleunigung außerhalb des Planverfahrens hat somit hinter dem Normzweck der Sicherung der Plandurchführung zurückzutreten.

Eine **Erweiterung der Anordnungsgründe** auf die Gefährdung der Annahme des Plans durch die Gläubiger ist abzulehnen (**a. A.** HK-Flessner § 233 Rn. 4). Dieser Auslegung stehen Wortlaut und Gläubigerautonomie entgegen.

Eine Aussetzung der Verwertung des unbeweglichen Vermögens des Schuldners im Wege der **Zwangsversteigerung** kann nicht über § 233 erreicht werden. Eine derartige einstweilige Einstellung der Zwangsversteigerung im Insolvenzverfahren ist in § 30d ZVG geregelt (FK-Jaffé § 233 Rn. 24 ff.). Zuständig ist hier allein das Vollstreckungsgericht, nicht das Insolvenzgericht. Den notwendigen Antrag auf Einstellung der Zwangsversteigerung können sowohl der Verwalter als auch der Schuldner stellen. Der Verwalter ist dabei allg. nach Vorlage eines Plans, der Schuldner nur bei eigener Planvorlage und positiver Prüfung nach § 231 antragsbefugt. Auch bei einer **Zwangsverwaltung** regelt nicht § 233, sondern das ZVG durch § 153b ZVG die Möglichkeit der Einstellung. Für die Einstellung ist glaubhaft zu machen, dass durch die Fortsetzung der Zwangsverwaltung eine wirtschaftlich sinnvolle Nutzung der Masse wesentlich erschwert wird. Antragsberechtigt ist jedoch allein der Verwalter. Ein entsprechendes Antragsrecht des planvorlegenden Schuldners besteht mangels einer dem § 30d Abs. 2 ZVG vergleichbaren Regelung nicht.

II. Ablehnung oder Aufhebung (Satz 2)

Ob durch eine Anordnung nach Satz 1 **Nachteile für die Masse** entstehen, prüft das Gericht von Amts wegen (NR-Braun § 233 Rn. 10). Damit dient die Vorschrift indirekt auch der haftungsrechtlichen Absicherung des planvorlegenden Insolvenzverwalters (vgl. Smid/Rattunde, InsPlan, Rn. 10.6 ff.). Die Nachteile der Anordnung müssen im Verhältnis zu den Folgen eines bestätigten Plans erheblich sein. Im Zweifel ist die Aussetzung anzuordnen. Zum einen besteht über Satz 2, 2. Alt. die Möglichkeit der Ablehnung oder Aufhebung. Zum anderen handelt es sich bei der Anordnung nur um eine einstweilige Maßnahme (HK-Flessner § 233 Rn. 10).

Der **Antrag** des Verwalters bedarf keiner Begründung. Auch das Gericht hat ihn nicht inhaltlich zu prüfen. Dem Antrag ist auch dann stattzugeben, wenn durch die Aussetzung keine Massenachteile zu erwarten sind (Uhlenbruck-Lüer § 233 Rn. 14).

III. Rechtsbehelf

8   Gegen die Entscheidung des Gerichts ist **kein Rechtsmittel** zulässig (§ 6). Bis zum Inkrafttreten des § 18 Abs. 1 Nr. 2 RPflG n. F. am 01.01.2013, mit dem die Zuständigkeit für das Insolvenzplanverfahren auf den Richter übertragen wird (vgl. ausführl. vor §§ 217 Rdn. 14), entscheidet rgm. der Rechtspfleger. In diesen Fällen ist die **Erinnerung** nach § 11 Abs. 2 Satz 1 RPflG statthaft.

§ 234 Niederlegung des Plans

Der Insolvenzplan ist mit seinen Anlagen und den eingegangenen Stellungnahmen in der Geschäftsstelle zur Einsicht der Beteiligten niederzulegen.

Übersicht	Rdn.		Rdn.
A. Normzweck	1	B. Norminhalt	2

A. Normzweck

1   Die Norm dient der **Information** aller Beteiligten über den Inhalt des Plans (BT-Drucks. 12/2443, S. 205). Dies wiederum dient der Vorbereitung des Erörterungs- und Abstimmungstermins (Uhlenbruck-Lüer § 234 Rn. 1).

B. Norminhalt

2   Der Plan nebst Anlagen und Stellungnahmen ist in der Geschäftsstelle des Insolvenzgerichts **niederzulegen**. Die Übersendung der Unterlagen ist abgesehen von § 235 Abs. 3 nicht vorgesehen. Sie kann jedoch im Einzelfall erfolgen (BT-Drucks. 12/2443, S. 205).

3   Spätester **Zeitpunkt** der Niederlegung ist die Veröffentlichung des Erörterungs- und Abstimmungstermins nach § 235. Der Plan sollte jedoch bereits mit der Weiterleitung zur Stellungnahme nach § 232 niedergelegt werden (MK-Breuer, § 234 Rn. 8). Dies entspricht dem Normzweck. Auch gebietet es sich vor dem Hintergrund des durch das ESUG neu eingefügten § 235 Abs. 1 Satz 3, nach dem der Erörterungs- und Abstimmungstermin gleichzeitig mit der Weiterleitung nach § 232 anberaumt werden kann und der Termin nicht über einen Monat hinaus angesetzt werden soll. Eingehende Stellungnahmen sind dem Plan beizufügen (HK-Flessner § 234 Rn. 4). Dadurch besteht zwar die Möglichkeit, dass Beteiligte bereits Einsicht genommen haben, bevor sämtliche Stellungnahmen vorliegen, dies ist aber durch die so geschaffene Verfahrensbeschleunigung gerechtfertigt. Die Niederlegung **endet** mit rechtskräftiger Versagung der Bestätigung oder mit Aufhebung des Insolvenzverfahrens.

4   Die zur Einsicht berechtigten **Beteiligten** sind nicht gesetzlich definiert (§ 217 Rdn. 12). Unter Berücksichtigung der Informationsübermittlung nach § 235 Abs. 3 ist zumindest den dort erwähnten Personen Einsicht zu gewähren, mithin den Insolvenzgläubigern mit angemeldeten Forderungen, den absonderungsberechtigten Gläubigern, dem Insolvenzverwalter, dem Schuldner, dem Betriebsrat und dem Sprecherausschuss der leitenden Angestellten sowie den am Schuldner beteiligten Personen, sofern ihre Anteils- oder Mitgliedschaftsrechte in den Plan einbezogen sind. Haben darüber hinaus noch weitere Personen von der Bestätigung des Plans abhängige Verpflichtungen übernommen, sind auch diese Personen einsichtsberechtigt. Andere Personen haben nur bei Glaubhaftmachung eines entsprechenden Interesses Einsichtsrechte (§ 4 i. V. m. § 299 Abs. 2 ZPO).

5   Der Einblick in den Plan nebst Anlagen ist gebührenfrei. Auch die Erstellung von Abschriften ist nach § 4 i. V. m. § 299 ZPO möglich, wenngleich kostenpflichtig (MK-Breuer § 234 Rn. 5).

Zweiter Abschnitt Annahme und Bestätigung des Plans

§ 235 Erörterungs- und Abstimmungstermin

(1) ¹Das Insolvenzgericht bestimmt einen Termin, in dem der Insolvenzplan und das Stimmrecht der Beteiligten erörtert werden und anschließend über den Plan abgestimmt wird (Erörterungs- und Abstimmungstermin). ²Der Termin soll nicht über einen Monat hinaus angesetzt werden. Er kann gleichzeitig mit der Einholung der Stellungnahmen nach § 232 anberaumt werden.

(2) ¹Der Erörterungs- und Abstimmungstermin ist öffentlich bekanntzumachen. ²Dabei ist darauf hinzuweisen, daß der Plan und die eingegangenen Stellungnahmen in der Geschäftsstelle eingesehen werden können. ³§ 74 Abs. 2 Satz 2 gilt entsprechend.

(3) ¹Die Insolvenzgläubiger, die Forderungen angemeldet haben, die absonderungsberechtigten Gläubiger, der Insolvenzverwalter, der Schuldner, der Betriebsrat und der Sprecherausschuß der leitenden Angestellten sind besonders zu laden. ²Mit der Ladung ist ein Abdruck des Plans oder eine Zusammenfassung seines wesentlichen Inhalts, die der Vorlegende auf Aufforderung einzureichen hat, zu übersenden. ³Sind die Anteils- oder Mitgliedschaftsrechte der am Schuldner beteiligten Personen in den Plan einbezogen, so sind auch diese Personen gemäß den Sätzen 1 und 2 zu laden; dies gilt nicht für Aktionäre oder Kommanditaktionäre. ⁴Für börsennotierte Gesellschaften findet § 121 Absatz 4a des Aktiengesetzes entsprechende Anwendung; sie haben eine Zusammenfassung des wesentlichen Inhalts des Plans über ihre Internetseite zugänglich zu machen.

Übersicht	Rdn.		Rdn.
A. Normzweck	1	II. Ladung (Abs. 3)	7
B. Norminhalt	2	III. Ablauf des Termins	13
I. Bestimmung und Bekanntmachung des Termins (Abs. 1 und 2)	2	IV. Rechtsbehelf	17

A. Normzweck

Die Norm regelt die Einleitung des Verfahrens zur Beschlussfassung. Im Rahmen des ESUG wurden Abs. 1 Satz 3 sowie Abs. 3 Sätze 3 und 4 angefügt. 1

B. Norminhalt

I. Bestimmung und Bekanntmachung des Termins (Abs. 1 und 2)

Der RegE sah grds. noch eine Trennung zwischen Erörterungs- und Abstimmungstermin vor (§§ 279 bis 286 RegE). Die Gesetz gewordene Fassung geht aus Gründen der Verfahrensstraffung (BT-Drucks. 12/7302, S. 183) nunmehr jedoch von einem **gemeinsamen Termin** als Regel und zwei unterschiedlichen Terminen nach § 241 als Ausnahme aus. 2

Die Bestimmung und die Bekanntmachung des Termins finden nach der Prüfung gem. § 231 statt. Die Terminsbestimmung hat **unverzüglich** zu erfolgen. Bei deutlich verspäteter Terminierung bestehen Haftungsprobleme (NR-Braun § 235 Rn. 4). Um das Verfahren zu beschleunigen, kann das Gericht den Termin bereits mit der Weiterleitung nach § 232 bestimmen. Die Zulässigkeit dieser in der Praxis bereits gängigen Vorgehensweise wurde mit der Einfügung des Abs. 1 Satz 3 durch das ESUG seitens des Gesetzgebers klargestellt (BT-Drucks. 17/5712, S. 33). In diesem Fall hat das Gericht jedoch auf die noch laufende Stellungnahmefrist hinzuweisen und darf den Termin erst nach Ablauf der Frist des § 232 Abs. 3 ansetzen. Spätester Termin für die Bestimmung und Bekanntmachung ist aus der Systematik heraus der Ablauf der Frist zur Stellungnahme nach § 232 (K. Schmidt/Spliedt § 235 Rn. 1; HK-Flessner § 235 Rn. 5; MK-Hintzen § 235 Rn. 6). Die 3

Monatsfrist läuft mit der Bekanntmachung (HK-Flessner § 235 Rn. 6; MK-Hintzen § 235 Rn. 8; a. A. K. Schmidt/Spliedt § 235 Rn. 2).

4 Sofern Abstimmungs- und Erörterungstermin **getrennt** stattfinden, ist für die Terminierung des Erörterungstermins gleichfalls die Monatsfrist zu beachten (§ 241). In der Praxis hat es sich nicht nur bewährt, den Erörterungs- und den Abstimmungstermin zu verbinden, sondern gleichzeitig einen etwaig erforderlichen nachträglichen Prüfungstermin anzuberaumen. Auch kann eine allgemeine Gläubigerversammlung mit dem Erörterungs- und Abstimmungstermin verbunden werden, wenn – z. B. bei Vorlage eines nur verfahrensleitenden Plans – weitere Beschlüsse außerhalb des Insolvenzplans zu fassen sind. Bei derartigen Terminsverbindungen ist jedoch auf die ggf. unterschiedlichen Teilnehmerkreise zu achten. Dies gilt zum einen aufseiten der am Plan beteiligten Personen. Der Kreis der am Erörterungs- und Abstimmungstermin Teilnahmeberechtigten ist sehr weit. Hierzu gehören gem. Abs. 3 die Insolvenzgläubiger, die Forderungen angemeldet haben, die absonderungsberechtigten Gläubiger, der Insolvenzverwalter, der Schuldner sowie die an ihm beteiligten Personen, sofern ihre Anteils- oder Mitgliedschaftsrechte in den Plan einbezogen sind, der Betriebsrat und der Sprecherausschuss der leitenden Angestellten. Am Prüfungstermin teilnahmeberechtigt sind hingegen lediglich der Insolvenzverwalter, die Mitglieder des Gläubigerausschusses, der Schuldner, und jeder Insolvenzgläubiger, dessen Forderungsanmeldung zugelassen worden ist (§ 176 Rdn. 4). Nach dem Inkrafttreten der Änderung des § 18 RpflG am 01.01.2013 ist zum anderen auch aufseiten des Gerichts zu differenzieren. Während die planverfahrensspezifischen Termine, also der Erörterungs- und Abstimmungstermin, unter die Zuständigkeit des Richters für das gesamte Planverfahren nach § 18 Abs. 1 Nr. 2 n. F. RpflG fallen, verbleibt die Zuständigkeit für die übrigen Termine im Insolvenzverfahren, wie allgemeine Gläubigerversammlungen, Berichts- und Prüfungstermine gem. § 3 Nr. 2 Buchst. e) RPflG grds. beim Rechtspfleger. Hier werden in erhöhtem Maße Abstimmungen erforderlich sein. Ggf. sollte der Richter zur Vereinfachung der Verfahrensabläufe von seinem Recht nach § 18 Abs. 2 RPflG Gebrauch machen und sich zumindest teilweise das Insolvenzverfahren, insb. die Vorbereitung und Durchführung der Gläubigerversammlungen und Prüfungstermine vorbehalten (vgl. hierzu auch vor §§ 217 Rdn. 14 ff.).

5 So fernliegend der Fall der Vorlage **mehrerer Pläne** (zur Zulässigkeit s. § 218 Rdn. 3) ist, so vielfältig sind die Ansichten, wie in einem solchen Fall zu verfahren wäre (vgl. die Nachweise bei MK-Eidenmüller § 218 Rn. 199 und MK-Sinz § 248 Rn. 8). Allen Plänen ist die gleiche Aussicht auf Erörterung und ggf. Annahme durch die Beteiligten zu bieten (HK-Flessner § 235 Rn. 10). Dies kann bei zeitlich eng aufeinanderfolgenden Vorlagen rgm. nur in einem einheitlichen Erörterungs- und Abstimmungstermin für alle Pläne gewährleistet werden (HK-Flessner § 235 Rn. 10; MK-Hintzen § 235 Rn. 30; K. Schmidt/Spliedt § 235 Rn. 10). Die gegenteilige Auffassung (Uhlenbruck-Lüer § 235 Rn. 7) deutet den Wegfall des § 294 RegE im Gesetzgebungsverfahren zu Unrecht dahin, dass hierdurch die Möglichkeit einer einheitlichen Terminierung entfallen ist. Tatsächlich erfolgte die Streichung nur zur redaktionellen Straffung (BT-Drucks. 12/7302, S. 184), woraus keine Konsequenzen abgeleitet werden sollten. Nach dem gemeinsamen Erörterungstermin beschließt die Gläubigerversammlung über die Abstimmungsreihenfolge. Sofern im Abstimmungstermin mehrere Pläne angenommen worden sind, hat die Gläubigerversammlung durch einen weiteren Gläubigerbeschluss darüber abzustimmen, welchen Plan das Gericht bestätigen soll (vgl. MK-Sinz § 248 Rn. 9; a. A. aber MK-Eidenmüller § 218 Rn. 201; K. Schmidt/Spliedt § 235 Rn. 10). Bei der Terminierung ist somit darauf zu achten, nicht nur einen gemeinsamen Erörterungs- und Abstimmungstermin, sondern auch Termine für Gläubigerversammlungen, in denen über die Abstimmungsreihenfolge und evtl. über die Bestätigung zu entscheiden ist, anzusetzen. Auf die unterschiedliche Teilnahmeberechtigung ist zu achten.

6 Gem. Abs. 2 ist der Erörterungs- und Abstimmungstermin öffentlich bekannt zu machen. Die **öffentliche Bekanntmachung** erfolgt nach § 9. Hierbei ist darauf hinzuweisen, dass der Plan und die eingegangenen Stellungnahmen in der Geschäftsstelle eingesehen werden können (Abs. 2 Satz 2). Gem. der Verweisung in Abs. 2 Satz 3 auf § 74 Abs. 2 Satz 2 ist keine erneute öffentliche Bekanntmachung erforderlich, wenn der Termin etwa aufgrund eines sich erst nach Beginn heraus-

stellenden erhöhten Erörterungsbedarfs vertagt werden muss. Bei unterbliebener Bekanntmachung droht die Versagung nach § 250. Eine Heilung ist nur bei der unwahrscheinlichen Anwesenheit aller Teilnahmeberechtigten denkbar.

II. Ladung (Abs. 3)

Gem. Abs. 3 sind die Insolvenzgläubiger, die Forderungen angemeldet haben, die absonderungsberechtigten Gläubiger, der Insolvenzverwalter, der Schuldner sowie die an ihm beteiligten Personen, sofern ihre Anteils- oder Mitgliedschaftsrechte in den Plan einbezogen sind, der Betriebsrat und der Sprecherausschuss der leitenden Angestellten besonders zu laden. Auch nachrangige Insolvenzgläubiger sind zu laden, wenn sie – nach Aufforderung gem. § 174 Abs. 3 – Forderungen angemeldet haben. Wird im Fall der Masseunzulänglichkeit nach Maßgabe des § 210a ein Planverfahren durchgeführt, sind auch die Massegläubiger zu laden.

An Aktionäre und Kommanditaktionäre erfolgt keine direkte Ladung, selbst wenn deren Anteils- oder Mitgliedschaftsrechte in den Plan einbezogen werden. Da es sich oftmals um Fälle von Publikumsgesellschaften mit breiter Streuung handelt, soll entsprechend den aktienrechtlichen Vorgaben für diese Beteiligten die öffentliche Bekanntmachung nach Abs. 2 ausreichen (RegE ESUG, BT-Drucks. 17/5712, S. 33). Für Aktionäre börsennotierter Gesellschaften i. S. d. § 3 Abs. 2 AktG wird auf die Regelung über die Ladung zur Hauptversammlung nach § 121 Abs. 4a AktG verwiesen (RegE ESUG, BT-Drucks. 17/5712, S. 33). Nach dieser Vorschrift ist bei börsennotierten Gesellschaften, die nicht ausschließlich Namensaktien ausgegeben haben und die Einberufung den Aktionären nicht unmittelbar übersenden, die Bekanntmachung in Medien zu veröffentlichen, bei denen davon ausgegangen werden kann, dass sie Informationen in der gesamten EU verbreiten. Nach herrschender Meinung wird der Veröffentlichung i. S. d. § 121 Abs. 4a AktG durch Internetpublikation über den elektronischen Bundesanzeiger Genüge getan (Kölner Kommentar-Noack/Zetzsche, AktG, § 121 Rn. 164; Hüffer, AktG, § 121 Rn. 11j). Darüber hinaus ist in Anlehnung an § 124a AktG gem. Abs. 3 Satz 3 bei börsennotierten Gesellschaften der wesentliche Inhalt des Plans auf den Internetseiten des Schuldners oder – ggf. passwortgeschützt – des Insolvenzverwalters (RegE ESUG, BT-Drucks. 17/5712, S. 33) bekannt zu machen.

Der Ladung ist zumindest eine von dem Planvorlegenden zu erstellende Zusammenfassung des Plans **beizufügen**. Zur umfassenden Information der in Abs. 3 erwähnten Personen empfiehlt es sich jedoch, den gesamten Plan nebst Anlagen zu übersenden (MK-Hintzen § 235 Rn. 17).

Mit der **Durchführung** der Ladung kann das Gericht nach § 8 Abs. 3 den Verwalter beauftragen. In aller Regel macht das Insolvenzgericht von dieser Möglichkeit Gebrauch. Einer förmlichen Zustellung bedarf es nicht (Uhlenbruck-Lüer § 235 Rn. 17; K. Schmidt/Spliedt § 235 Rn. 4).

Die **Kosten** der Ladung sind Verfahrenskosten und somit vom Gericht zu tragen (K/P/B-Otte § 235 Rn. 17). Wird der Verwalter mit der Durchführung der Ladung beauftragt, kann er die Kosten zusätzlich zu der Pauschale nach § 8 Abs. 3 InsVV geltend machen.

Bei einem **Verstoß** gegen die Vorschrift zur Ladung der im Gesetz erwähnten Personen droht die Versagung gem. § 250 (Uhlenbruck-Lüer § 235 Rn. 18). Eine Heilung der unterbliebenen Ladung kann angenommen werden, wenn der nicht geladene Beteiligte im Termin erscheint und die fehlende Ladung nicht rügt. Wegen der zwingend vorgesehenen Beifügung des Plans oder zumindest der Zusammenfassung besteht keine Nachweismöglichkeit über § 9 Abs. 3.

III. Ablauf des Termins

Der Termin wird bei Plänen in nach dem 31.12.2012 beantragten Insolvenzverfahren vom **Richter** geleitet (§ 18 Abs. 1 Nr. 2 RPflG i. V. m. Art. 19 RechtsbehelfG, zu Hintergründen und Kritik vor §§ 217 Rdn. 14). Außerhalb des Planverfahrens verbleibt es gem. § 3 Nr. 2 Buchst. e) RPflG bei der Zuständigkeit des Rechtspflegers. Im Fall der Verbindung des Erörterungs- und Abstimmungstermins mit weiteren Terminen, etwa nach § 236 Satz 2 mit dem Prüfungstermin, ist daher eine enge

§ 236 InsO Verbindung mit dem Prüfungstermin

Abstimmung zwischen Rechtspfleger und Richter erforderlich. Ggf. ist es sinnvoll, dass der Richter von seinem Vorbehaltsrecht nach § 18 Abs. 2 RPflG Gebrauch macht (vgl. auch oben Rdn. 4), um die durch § 18 Abs. 1 Nr. 2 RPflG verursachte Aufspaltung der Zuständigkeit zu vermeiden. Der Termin bei Plänen in bis zum 31.12.2012 beantragten Insolvenzverfahren wird vom **Rechtspfleger** geleitet (§ 18 Abs. 1 RPflG a. F. i. V. m. Art. 19 RechtsbehelfG). Der Richter kann sich aber auch in diesen Fällen nach § 18 Abs. 2 RPflG das Verfahren vorbehalten.

14 Der Termin ist **nicht öffentlich** (MK-Hintzen § 235 Rn. 22). Zur Teilnahme am Erörterungstermin sind nicht nur die in Abs. 3 aufgelisteten Personen, sondern auch die persönlich haftenden Gesellschafter einer Gesellschaft ohne Rechtspersönlichkeit oder einer KGaA berechtigt, selbst wenn in deren Anteils- oder Mitgliedschaftsrechte nicht nach § 225a eingegriffen werden soll. Denn deren Haftung wird über § 227 Abs. 2 vom Planverfahren betroffen. Neben den in Abs. 3 genannten Personen kann es sinnvoll sein, Dritten, die gem. § 230 Abs. 3 Erklärungen abgegeben haben, die Teilnahme zu gewähren. Dies ermöglicht Rückfragen und bei etwaigen Änderungen auch ggf. notwendige erneute Abgaben der Erklärungen (vgl. zum Bezug der Erklärung auf den konkret vorgelegten Plan § 230 Rdn. 11 und § 240 Rdn. 6). Bei Verfahren von allg. Interesse kann zudem einzelnen Vertretern der Presse Zutritt gewährt werden, § 175 Abs. 2 GVG (MK-Hintzen § 235 Rn. 22).

15 Die **Vertretung** eines Gläubigers mittels einer gebundenen Stimmrechtsvollmacht ist möglich, nicht jedoch die schriftliche Stellungnahme bzw. Abstimmung. Hier unterscheidet sich der Ablauf des gemeinsamen Erörterungs- und Abstimmungstermins vom Ablauf des gesonderten Abstimmungstermins (vgl. § 242).

16 Der Termin gliedert sich in **fünf Bereiche**:
 – Protokollarische Feststellung der Formalien nach Aufruf der Sache,
 – Erläuterung des Inhalts des Plans durch den Planinitiator,
 – Feststellung der Stimmrechte,
 – Abstimmung,
 – Feststellung des Ergebnisses der Abstimmung und ggf. des Vorliegens der Zustimmung des Schuldners durch das Gericht.

IV. Rechtsbehelf

17 Die Terminierung ist eine verfahrensleitende Maßnahme. Es besteht kein Rechtsbehelf (§ 6). Auch die Aufhebung oder Untersagung der Terminierung durch einstweilige Anordnung nach § 32 Abs. 1 BVerfGG ist regelmäßig nicht statthaft (BVerfG, ZInsO 2013, 2261 ff. – Suhrkamp).

§ 236 Verbindung mit dem Prüfungstermin

¹Der Erörterungs- und Abstimmungstermin darf nicht vor dem Prüfungstermin stattfinden. ²Beide Termine können jedoch verbunden werden.

Übersicht	Rdn.		Rdn.
A. Normzweck	1	B. Norminhalt	2

A. Normzweck

1 Die Vorschrift macht zum einen deutlich, dass die Prüfung und Feststellung der Forderungen durch eine Planvorlage nicht entbehrlich wird. Zum anderen soll jedoch auch diese Norm vor allem bei Kleinverfahren auf eine Verfahrensbeschleunigung hinwirken (BT-Drucks. 12/2443, S. 206).

B. Norminhalt

Die Ergebnisse des Prüfungstermins bilden eine wichtige Grundlage für die Termine des Planverfahrens. Dies gilt sowohl für die Festlegung der Stimmrechte als auch für die Einschätzung der wirtschaftlichen Lage des Schuldners. Dementsprechend ist die vom Gesetz vorgesehene **Reihenfolge** auch in einem gemeinsamen Termin einzuhalten. Forderungsanmeldungen, die nach der gem. § 28 festzusetzenden Anmeldefrist eingehen, hindern die Abhaltung des Erörterungs- und Abstimmungstermins nicht (a. A. offenbar Mai, Insolvenzplanverfahren, Rn. 296). Anderenfalls könnte durch die jeweilige Nachmeldung von Forderungen kurz vor einem anberaumten Erörterungs- und Abstimmungstermin das Insolvenzplanverfahren beliebig verzögert werden. Um jedoch Unsicherheit zu vermeiden (s. a. § 227 Rdn. 4 und § 254b Rdn. 2 ff.), empfiehlt es sich, für **nachträgliche ungeprüfte Forderungsanmeldungen** unmittelbar vor dem Erörterungs- und Abstimmungstermin einen nachträglichen Prüfungstermin anzusetzen. Nach dem Inkrafttreten der Änderung des § 18 RpflG am 01.01.2013 (hierzu ausführl. vor §§ 217 Rdn. 14 ff.) bedarf es hierfür einer Abstimmung zwischen dem Richter und dem Rechtspfleger. Denn während der Erörterungs- und Abstimmungstermin nach § 18 Abs. 1 Nr. 2 RpflG n. F. unter die Zuständigkeit des Richters für das gesamte Planverfahren fällt, verbleibt die Zuständigkeit für die übrigen Termine im Insolvenzverfahren, wie den Prüfungstermin, gem. § 3 Nr. 2 Buchst. e) RPflG beim Rechtspfleger (vgl. zu dieser Problematik der Zuständigkeitsspaltung auch vor §§ 217 Rdn. 14 ff. und zur erforderlichen Terminabstimmung § 235 Rdn. 4 und 13). Für Forderungen, die erst nach dem Erörterungs- und Abstimmungstermin angemeldet werden, kann zwangsläufig erst später ein Prüfungstermin angesetzt werden, der ggf. sogar erst nach Eintritt der Rechtskraft des Insolvenzplans stattfindet (a. A. HK-Flessner § 258 Rn. 6, nach dessen Verständnis nach [Rechtskraft der] Bestätigung keine Forderungsprüfungen mehr vorzunehmen sind, s. hierzu § 258 Rdn. 9). Dies hindert den Gläubiger grds. auch nicht, gegen den Insolvenzplan eine sofortige Beschwerde innerhalb der Beschwerdefrist einzulegen. Mangels Prüfung, Feststellung und Gruppenzuordnung wird es dem Gläubiger allerdings schwerer fallen, eine materielle Beschwer nachzuweisen.

Auch der **Berichtstermin** kann gem. § 29 Abs. 2 mit den weiteren Terminen gemeinsam stattfinden. Von dieser Möglichkeit geht auch der RegE aus (BT-Drucks. 12/2443, S. 206). Wird der Plan unmittelbar nach Insolvenzeröffnung oder sogar vom Schuldner zuvor vorgelegt, nehmen die Gerichte begrüßenswerterweise diese bestehende Möglichkeit immer häufiger wahr. Um Verzögerungen durch die nach Inkrafttreten des § 18 Abs. 1 Nr. 2 RPflG n. F. am 01.01.2013 erforderlichen Abstimmungen zwischen Richter und Rechtspfleger zu vermeiden, sollte der Richter ggf. von seinem Recht nach § 18 Abs. 2 RPflG Gebrauch machen und sich zumindest teilweise das Insolvenzverfahren, insb. die Vorbereitung und Durchführung der Gläubigerversammlungen und Prüfungstermine vorbehalten (vgl. hierzu auch vor §§ 217 Rdn. 14 ff. und § 235 Rdn. 4 und 13).

§ 237 Stimmrecht der Insolvenzgläubiger

(1) ¹Für das Stimmrecht der Insolvenzgläubiger bei der Abstimmung über den Insolvenzplan gilt § 77 Abs. 1 Satz 1, Abs. 2 und 3 Nr. 1 entsprechend. ²Absonderungsberechtigte Gläubiger sind nur insoweit zur Abstimmung als Insolvenzgläubiger berechtigt, als ihnen der Schuldner auch persönlich haftet und sie auf die abgesonderte Befriedigung verzichten oder bei ihr ausfallen; solange der Ausfall nicht feststeht, sind sie mit dem mutmaßlichen Ausfall zu berücksichtigen.

(2) Gläubiger, deren Forderungen durch den Plan nicht beeinträchtigt werden, haben kein Stimmrecht.

§ 238 Stimmrecht der absonderungsberechtigten Gläubiger

(1) ¹Soweit im Insolvenzplan auch die Rechtsstellung absonderungsberechtigter Gläubiger geregelt wird, sind im Termin die Rechte dieser Gläubiger einzeln zu erörtern. ²Ein Stimmrecht gewähren die Absonderungsrechte, die weder vom Insolvenzverwalter noch von einem abson-

derungsberechtigten Gläubiger noch von einem Insolvenzgläubiger bestritten werden. ³Für das Stimmrecht bei streitigen, aufschiebend bedingten oder nicht fälligen Rechten gelten die §§ 41, 77 Abs. 2, 3 Nr. 1 entsprechend.

(2) § 237 Abs. 2 gilt entsprechend.

Übersicht	Rdn.		Rdn.
A. Normzweck	1	2. Nachrangige Gläubiger	5
B. Norminhalt	2	3. Gläubiger mit Absonderungsrechten, § 238	6
I. Stimmrecht	2		
1. Insolvenzgläubiger, § 237	4	II. Rechtsbehelf	9

A. Normzweck

1 §§ 237 und 238 regeln die Feststellung des Stimmrechts der Insolvenzgläubiger und der absonderungsberechtigten Gläubiger zur Vorbereitung der Abstimmung über den Insolvenzplan.

B. Norminhalt

I. Stimmrecht

2 Die Festlegung der Stimmrechte erfolgt als Teil des Erörterungstermins nach der Planerörterung (MK-Hintzen §§ 237, 238 Rn. 5). Regelmäßig – wenn auch nicht zwingend (vgl. hierzu auch unten Rdn. 4) – stimmt das Ergebnis der Forderungsprüfung im Prüfungstermin mit dem Ergebnis der Festlegung der Stimmrechte überein. Auch findet häufig kurz vor dem Erörterungs- und Abstimmungstermin der Prüfungstermin oder ein nachträglicher Prüfungstermin statt. Es bedarf jedoch unabhängig davon immer einer eigenständigen Festlegung der Stimmrechte für das Planverfahren. Anderenfalls hätte der Gesetzgeber nur auf die Vorschriften zur Forderungsprüfung verwiesen (MK-Hintzen §§ 237, 238 Rn. 8).

2a Bei der Stimmrechtsfestsetzung durch das Gericht ist auch bei zu erwartendem Konsens über den Plan Sorgfalt geboten. Denn die Festsetzung hat nicht nur Einfluss auf die Abstimmung. Über §§ 255, 256 entfaltet die Stimmrechtsfestsetzung für streitige Forderungen und Ausfallforderungen auch bei der Erfüllung des Plans Wirkung (hierzu ausführl. Wutzke in PK-HWF § 237 InsO [V. 1] Rn. 8 ff.). In der Praxis wird jedoch rgm. von der Möglichkeit nach Abs. 1 Satz 3 i. V. m. § 77 Abs. 2 Satz 1 Gebrauch gemacht, sich über das Stimmrecht zu einigen (vgl. unten Rdn. 4). In diesen Fällen muss eine Entscheidung durch das Gericht nur und erst auf Antrag des Schuldners oder des betroffenen Gläubigers gem. § 256 Abs. 1 Satz 2 erfolgen.

3 Bei der Feststellung der Stimmrechte differenziert das Gesetz in Anlehnung an die Gruppenbildung zwischen **Gläubigern mit** (§ 238) und **ohne Absonderungsrechten** (§ 237).

3a Beiden Gruppen ist gemeinsam, dass sie über § 237 Abs. 2 nur dann ein Stimmrecht zugesprochen bekommen, wenn sie durch den Plan beeinträchtigt werden. In diesen Fällen weicht die Festlegung des Stimmrechts zwangsläufig von den Ergebnissen der Forderungsprüfung ab (Uhlenbruck-Lüer § 237 Rn. 1). Als **Beeinträchtigungen** gelten sowohl die im Plan ausdrücklich erwähnten als auch die durch den Plan kraft Gesetzes eintretenden Eingriffe in den rechtlichen Bestand oder Gehalt der Forderung oder des Absonderungsrechts, einschließlich des Absonderungsgegenstands. Aus taktischen Gründen ist daher einer Gruppe von »Kleingläubigern« gem. § 222 Abs. 3 Satz 2 keine Quote i. H. v. 100 % zu gewähren, wenn gerade auf die Zustimmung dieser Gruppe spekuliert wird (vgl. – insb. zu den Risiken entsprechender Taktiken – § 222 Rdn. 23 f.). Auch wenn der Begriff weit zu fassen ist, gelten **zeitliche Verzögerungen** der Befriedigung, die nicht aufgrund einer Planregelung, sondern durch die Durchführung des Planverfahrens selbst eintreten, nicht als Beeinträchtigung (HK-Flessner § 237 Rn. 9; K. Schmidt/Spliedt § 237 Rn. 9). Anders verhält es sich mit im Plan vorgesehenen Stundungen (K. Schmidt/Spliedt § 237 Rn. 9; Uhlenbruck-Lüer § 237 Rn. 6 f.). Bei den weiteren Voraussetzungen ist zu unterscheiden:

1. Insolvenzgläubiger, § 237

Für die Festsetzung der Stimmrechte der Insolvenzgläubiger verweist die Norm auf § 77. Demnach sind solche Insolvenzgläubiger stimmberechtigt, deren angemeldete Forderungen (s. a. § 177) weder vom Verwalter noch von einem stimmberechtigten Gläubiger bestritten wurden. Bestrittene Forderungen gewähren ein Stimmrecht, wenn und soweit sich der Verwalter, die stimmberechtigten Gläubiger und der Gläubiger mit der bestrittenen Forderung (zu der notwendigen Beteiligung des Letztgenannten s. Kommentierung zu § 77 Rdn. 7 mit Verweis auf AG Hamburg, ZInsO 2005, 102) hierüber geeinigt haben (§ 77 Abs. 2 Satz 1). Kommt es zu keiner Einigung, entscheidet das Insolvenzgericht über das Stimmrecht (§ 77 Abs. 2 Satz 2). 4

Eine gerichtliche Stimmrechtsgewährung darf nur auf eine **substanziierte Forderungsanmeldung** hin erfolgen. Insoweit gelten grds. die allg. Beweislastregeln (§ 174 Rdn. 15). 4a

2. Nachrangige Gläubiger

Nur in seltenen Fällen fordert das Gericht die nachrangigen Gläubiger nach § 174 Abs. 3 auf, ihre Forderung anzumelden. In diesen Fällen greifen die §§ 225, 246. Wegen der entsprechend untergeordneten Bedeutung wurde diese Gläubigergruppe in § 237 nicht explizit erwähnt. Hat der Plan eine Gruppe für die nachrangigen Gläubiger vorgesehen und erfolgt entsprechend eine Abstimmung, sollen die Regeln für die nicht nachrangigen Gläubiger greifen (BT-Drucks. 12/2443, S. 206). 5

3. Gläubiger mit Absonderungsrechten, § 238

Bei Gläubigern mit Absonderungsrechten ist **zu differenzieren**: Soweit sie auf die abgesonderte Befriedigung verzichtet haben oder bei ihr ausfallen, werden sie wie nicht nachrangige Insolvenzgläubiger behandelt. Soweit sie jedoch durch ihre Absonderungsrechte gesichert sind und auf diese Rechte nicht verzichtet haben, stimmen sie als absonderungsberechtigte Gläubiger ab. 6

Sofern der Ausfall noch nicht feststeht, ist das Stimmrecht nach dem **mutmaßlichen Ausfall** festzusetzen. Das Absonderungsrecht und den mutmaßlichen Ausfall hat der Gläubiger selbst zu ermitteln und betragsmäßig anzugeben (HK-Flessner § 237 Rn. 6; K. Schmidt/Spliedt § 237 Rn. 6). Begrenzt auf den Betrag der Forderung entspricht der Betrag des Absonderungsrechts dem Wert des Absonderungsgegenstandes, soweit er der Forderung zugewiesen ist. Ob bei der Bewertung des Absonderungsgegenstands Fortführungs- oder Zerschlagungswerte anzusetzen sind, hängt davon ab, wie mit dem Gegenstand laut Plan verfahren werden soll. 7

Es **bedarf keiner Anmeldung** der Forderung eines reinen Absonderungsgläubigers und anschließender Prüfung im Prüfungstermin. Ausreichend, aber auch notwendig, ist die Geltendmachung ggü. dem Verwalter (vgl. HK-Flessner § 238 Rn. 5). Aus diesem Grund sieht § 238 vor, die Rechte der Absonderungsberechtigten im Termin zu erörtern. Bei der Festlegung der Höhe der Stimmrechte gelten die gleichen Regeln wie bei Gläubigern ohne Absonderungsrechte (BT-Drucks. 12/2443, S. 207). 8

II. Rechtsbehelf

Gegen die Entscheidung des Gerichts ist grds. **kein Rechtsmittel** zulässig (§ 6 InsO). Es besteht jedoch die Möglichkeit des **Antrags** auf Änderung der Entscheidung **nach § 77 Abs. 2 Satz 3** und des Minderheitenschutzes nach § 251. 9

Bis zum Inkrafttreten des § 18 Abs. 1 Nr. 2 RPflG n. F. am 01.01.2013, mit dem die Zuständigkeit für das Insolvenzplanverfahren auf den Richter übertragen wird (vgl. ausführl. vor §§ 217 Rdn. 14), entscheidet rgm. der Rechtspfleger. In diesen Fällen ist zudem ein **Antrag** auf Neufestsetzung und Wiederholung der Abstimmung **nach § 18 Abs. 3 Satz 2 RPflG** möglich (BGH, ZInsO 2009, 34, 35; LG Bielefeld, ZInsO 2002, 198). Der Antrag kann nur bis zum Schluss des Termins gestellt werden, in dem die Abstimmung stattgefunden hat. Es entscheidet der Richter. Der Antrag setzt voraus, dass sich die Entscheidung des Rechtspflegers auf das Ergebnis der Abstimmung ausgewirkt 10 hat. Die Erinnerung nach § 11 Abs. 3 RPflG ist nach dessen Satz 2 hingegen ausgeschlossen (vgl. zum Ganzen § 77 Rdn. 18 ff.). Die Entscheidung des Richters ist somit abschließend (BGH, ZInsO 2009, 34, 35). Diese Beschränkung auf eine einmalige richterliche Kontrolle verletzt weder den Anspruch auf Justizgewährung und effektiven Rechtsschutz noch die Eigentumsfreiheit (BVerfG, ZInsO 2010, 34).

§ 238a Stimmrecht der Anteilsinhaber

(1) ¹Das Stimmrecht der Anteilsinhaber des Schuldners bestimmt sich allein nach deren Beteiligung am gezeichneten Kapital oder Vermögen des Schuldners. ²Stimmrechtsbeschränkungen, Sonder- oder Mehrstimmrechte bleiben außer Betracht.

(2) § 237 Absatz 2 gilt entsprechend.

Übersicht	Rdn.		Rdn.
A. Normzweck	1	d) Genossenschaft	24
B. Norminhalt	3	e) Verein	27
I. Stimmrecht	3	3. Stimmrechtsausschlüsse, Stimmbindungsverträge und Stimmrechtsvollmachten	28
1. Allgemein	3		
2. Differenzierung nach Art der Beteiligung und Rechtsform des Schuldners	6	II. Festsetzung der Stimmrechte	32
a) GmbH	7	III. Ausschluss von Stimmrechten im Planverfahren (Abs. 2)	33
b) AG	12		
c) Personengesellschaften (GbR, KG und OHG)	19	IV. Rechtsmittel	34

A. Normzweck

1 Sofern am Schuldner beteiligte Personen mit ihren Anteils- oder Mitgliedschaftsrechten nach § 222 Abs. 1 Nr. 4 als abstimmungsberechtigte Gruppe in den Plan einbezogen werden, ist eine Festlegung der Stimmrechte für die Beteiligten dieser Gruppe erforderlich. Hierfür trifft § 238a eine Regelung.

2 In der Literatur (Kresser, ZInsO 2010, 1409, 1415) ist die grundlegende Frage aufgeworfen worden, warum die Anteilsinhaber bei Eingriffen in ihre Rechte stets in die Abstimmung mit einbezogen werden müssen, obwohl sie durch den Gesetzgeber als letztrangige Beteiligte noch hinter den nachrangigen Gläubigern eingeordnet werden und regelmäßig von der Wertlosigkeit ihre Anteile auszugehen ist (BT-Drucks. 17/5712, S. 32). Unter Berücksichtigung der Stellung und der Befriedigungsaussichten, die den Anteilsinhabern im Regelinsolvenzverfahren üblicherweise zukommen, schiene es sachgerechter, eine Beteiligung an der Abstimmung nur für den Fall vorzusehen, dass die Anteilsinhaber nach dem Insolvenzplan weiterhin an der Gesellschaft beteiligt bleiben sollen (Kresser, ZInsO 2010, 1409, 1415). Die Entscheidung des Gesetzgebers ist jedoch Konsequenz des Kompromisses, den er im Spannungsfeld der Argumente für und gegen Eingriffe in die Gesellschafterrechte durch einen Insolvenzplan eingegangen ist, wonach zwar Eingriffe möglich sein, jedoch vor dem Hintergrund verfassungsrechtlicher Bedenken nicht ganz ohne Mitspracherecht der Betroffenen erfolgen sollen (vgl. zur Problematik des Ob und Wie der Einbeziehung von Anteils- und Mitgliedschaftsrechten in die InsO vor § 217 Rdn. 2b). Folgerichtig kann und darf eine am Schuldner beteiligte Person in der Ausübung ihres Stimmrechts auch nicht durch Vorgabe eines bestimmten Abstimmungsverhaltens im Wege der einstweiligen Verfügung beeinträchtigt werden (vgl. OLG Frankfurt am Main, ZInsO 2013, 2112 – Suhrkamp).

B. Norminhalt

I. Stimmrecht

1. Allgemein

Maßgeblich für die Festlegung des Stimmrechts der Anteilsinhaber ist nach Abs. 1 Satz 1 allein deren **Beteiligung am gezeichneten Kapital oder Vermögen** des Schuldners. Gem. Abs. 1 Satz 2 haben Stimmrechtsbeschränkungen, Sonder- oder Mehrstimmrechte außer Betracht zu bleiben. Nach der Auffassung des Gesetzgebers kann in der Insolvenz lediglich noch die Kapitalbeteiligung relevant sein (BT-Drucks. 17/5712, S. 33). Es ist also ausschließlich auf die Anteilsrechte, nicht aber auf die Mitgliedschaftsrechte abzustellen. Dies führt dazu, dass die Stimmrechte im Planverfahren nicht zwangsläufig den Stimmrechten entsprechen, die den Anteilsinhabern nach dem Gesellschaftsrecht zustehen (BT-Drucks. 17/5712, S. 33).

Abzustellen ist auf die Anteilsverhältnisse im **Zeitpunkt der Abstimmung** (so auch MK-Madaus § 238a Rn. 3). Denn das Abstimmungsrecht soll den Personen zukommen, die nach der aktuellen Sach- und Rechtslage von den im Plan vorgesehenen Eingriffen unmittelbar betroffen wären. Zwischenzeitlich erfolgte Aktien- oder Geschäftsanteilskäufe sind daher zu berücksichtigen (vgl. aber zu den GmbH-Anteilen unten Rdn. 8). In der Praxis wird bei den grds. frei übertragbaren Anteilen, wie GmbH-Geschäftsanteilen, Namensaktien und Genossenschaftsanteilen, regelmäßig im Gesellschaftsvertrag bzw. der Satzung von der Möglichkeit zur Vinkulierung (§ 15 Abs. 5 GmbHG, § 68 AktG und § 76 Abs. 2 GenG) Gebrauch gemacht und die Übertragung entweder ganz ausgeschlossen oder von der Zustimmung der übrigen Anteilsinhaber bzw. Mitglieder abhängig gemacht. Daher dürften Unklarheiten über die aktuellen Anteilsverhältnisse nur selten auftreten.

Der Gesetzgeber hat bei der Fassung dieser Vorschrift unter Berücksichtigung des Wortlauts der Norm und der Gesetzesbegründung ausschließlich Kapitalgesellschaften im Blick gehabt. Auch bei **Personengesellschaften**, Vereinen und Genossenschaften sind jedoch Eingriffe in die Anteils- und Mitgliedschaftsrechte denkbar und somit Abstimmungen und Stimmrechtsfestsetzungen nötig. Die Stimmrechtsfestsetzung anhand der Vermögensbeteiligung bereitet bei diesen Gesellschaftsformen jedoch Schwierigkeiten (zu den einzelnen Rechtsformen s. Rdn. 19 ff.). Hier wäre es weitaus einfacher gewesen, wenn der Gesetzgeber das Stimmrecht im Abstimmungstermin in Anlehnung an die gesellschaftsrechtlichen Regelungen bestimmt hätte.

2. Differenzierung nach Art der Beteiligung und Rechtsform des Schuldners

Für die unterschiedlichen Formen der Beteiligung an dem Schuldner ist je nach dessen Rechtsform bei der Festlegung der Stimmrechte Verschiedenes zu beachten:

a) GmbH

Bei der GmbH ist ausschließlich auf den **Anteil am eingetragenen Stammkapital** abzustellen (BT-Drucks. 17/5712, S. 33). Das Stimmrecht bemisst sich nach dem jeweiligen Nennbetrag des gehaltenen Anteils. Hiernach gewährt **jeder Euro eine Stimme**. Dies entspricht der Regelung in § 47 Abs. 2 GmbHG.

Das Stimmrecht ergibt sich nach § 16 Abs. 1 Satz 1 GmbHG aus der im Handelsregister aufgenommenen Gesellschafterliste. Bei einer Änderung in der Gesellschafterstellung geht das Stimmrecht kraft Gesetz erst vom vorherigen auf den neuen Inhaber über, wenn die entsprechend geänderte **Gesellschafterliste im Handelsregister** ordnungsgemäß eingereicht und aufgenommen worden ist (Baumbach/Hueck-Hueck/Fastrich, GmbHG, § 16 Rn. 8). § 16 Abs. 1 Satz 2 GmbHG stellt insoweit eine unwiderlegbare Vermutung dar (Lutter/Hommelhoff-Bayer, § 16 Rn. 27 ff.). Nach § 16 Abs. 1 Satz 2 sind jedoch Abstimmungen von Erwerbern der Geschäftsanteile schwebend unwirksam und werden ex tunc wirksam, wenn die Erwerber zwar noch nicht in der im Handelsregister befindlichen Liste aufgenommen sind, aber die geänderte Gesellschafterliste unverzüglich nach der Rechtshandlung in das Handelsregister aufgenommen wird. Das Gesetz sieht keine Fristen vor

(s. hierzu Lutter/Hommelhoff-Bayer, § 16 Rn. 37). In der Praxis wird regelmäßig mit Stimmrechtsvollmachten in den Abtretungsverträgen zugunsten des Erwerbers gearbeitet. Das Problem dürfte daher nicht allzu häufig auftreten. In diesen Fällen ist jedoch eine derartige schwebende Unwirksamkeit mit dem Abstimmungs- und Bestätigungsverfahren nach der InsO nicht in Einklang zu bringen (ähnlich K. Schmidt-Spliedt § 238a Rn. 5). Besteht Streit über ein Stimmrecht wegen einer vorherigen Abtretung, findet § 77 analoge Anwendung (zustimmend MK-Madaus § 238a Rn. 9; s. auch unten Rdn. 32).

9 Die **Erbringung der Einlage** ist **keine Voraussetzung** für die Gewährung des Stimmrechts (vgl. Baumbach/Hueck-Zöllner, GmbHG, § 47 Rn. 36 und 66).

10 Von dem Schuldner selbst gehaltene Anteile, sog. **Eigenbeteiligungen**, gewähren keine Stimmrechte. Dies ist im GmbH-Recht herrschende Meinung (vgl. Baumbach/Hueck-Zöllner, GmbHG, § 33 Rn. 24 m. w. N.), ohne dass es sich um eine formelle – satzungsgemäße, vertragliche oder gesetzliche – Stimmrechtsbeschränkung handelt. Für eine andere Bewertung i. R. d. Planverfahrens besteht kein sachlicher Grund (vgl. auch unten zu eigenen Aktien einer AG Rdn. 15).

11 In der Satzung einer GmbH können diverse **Modifikationen der Stimmkraft**, wie Mehrstimmrechte, Höchststimmrechte, die Abstimmung nach Köpfen oder die Abhängigkeit von der Einlageleistung vereinbart werden (vgl. Baumbach/Hueck-Zöllner, GmbHG, § 47 Rn. 67). Diese sind im Zweifel unter Abs. 1 Satz 2 zu fassen und haben daher bei der Abstimmung im Planverfahren außer Betracht zu bleiben. Zum Stimmrechtsausschluss, Stimmbindungsverträgen und Stimmrechtsvollmachten vgl. unten Rdn. 28 ff.

b) AG

12 Bei der AG ist ausschließlich auf den Anteil am gezeichneten Haftkapital abzustellen (BT-Drucks. 17/5712, S. 33).

13 Aktien können gem. § 8 AktG entweder als Nennbetragsaktien oder als Stückaktien ausgegeben werden. Die parallele Ausgabe beider Aktienarten durch eine Gesellschaft ist ausgeschlossen (RegE StückAG, BT-Drucks. 13/9347, S. 14; vgl. Hüffner, AktG, § 8 Rn. 4 und MK-Heider, AktG, § 8 Rn. 43). Bei den **Nennbetragsaktien** ist für das Stimmrecht auf den Nennbetrag und bei den **Stückaktien** auf die Stückzahl abzustellen. Dies entspricht der gesellschaftsrechtlichen Regelung in § 134 Abs. 1 Satz 1 AktG.

14 Anders als bei der GmbH (vgl. oben Rdn. 9) ist im Aktienrecht gem. § 134 Abs. 2 Satz 1 AktG die vollständige **Erbringung der Einlage** grds. Voraussetzung für die Gewährung des Stimmrechts. Da dies dazu führen kann, dass mangels vollständig eingezahlter Aktien keine Beschlussfähigkeit vorliegt, regelt § 134 Abs. 2 Satz 2 ff. AktG diverse Ausnahmen und Abweichungen. Die Prüfung der jeweiligen Voraussetzungen nach § 134 Abs. 2 AktG würde den Rahmen der Stimmrechtsfestsetzung im Planverfahren sprengen. I. S. d. Gesetzgebers ist es daher, § 134 Abs. 2 AktG als eine Art gesetzlicher Stimmrechtsbeschränkung unter Abs. 1 Satz 2 zu fassen und daher im Planverfahren außer Betracht zu lassen. Die Stimmrechtsgewährung wäre demnach – auch was die Höhe des Stimmrechts angeht – unabhängig von der Erbringung der Einlage (ebenso K. Schmidt-Spliedt § 238a Rn. 7).

15 Von dem Schuldner selbst gehaltene **eigene Aktien** gewähren kein Stimmrecht. Dies ergibt sich aus dem generellen Ausschluss der Mitgliedschaftsrechte bei eigenen Aktien nach § 71b AktG. Insofern handelt es sich also nicht um eine bloße unbeachtliche Stimmrechtsbeschränkung i. S. v. Abs. 1 Satz 2. Dasselbe gilt für durch Dritte für den Schuldner oder durch Töchter des Schuldners gehaltene Aktien nach § 71d AktG. Die Insolvenzeröffnung führt zu keiner anderen Wertung. Das Stimmrecht müsste anderenfalls durch den Insolvenzverwalter als Vertreter des Schuldners ausgeübt werden. Dies widerspricht der Konzeption des Planverfahrens, die dem Insolvenzverwalter keine Abstimmungsbefugnis einräumt.

Als **Stimmrechtsbeschränkung** i. S. d. Abs. 1 Satz 2 kennt das Aktienrecht bei nicht börsennotierten Gesellschaften die sog. **Höchststimmrechte** oder **Stimmkraftabstufungen** nach § 134 Abs. 1 Sätze 2 bis 5 AktG (vgl. hierzu MK-Volhard, AktG, § 134 Rn. 8 ff.). Hiernach kann für Inhaber mehrerer Aktien für das Stimmrecht ein Höchstbetrag bzw. bei Stückaktien eine ggf. abgestufte Höchstzahl festgesetzt werden (§ 134 Abs. 1 Satz 2 AktG). Gleichzeitig kann angeordnet werden, dass dem Aktionär auch andere für seine Rechnung oder durch verbundene Unternehmen gehaltene Aktien zuzurechnen sind (§ 134 Abs. Sätze 3 und 4 AktG). Diese Beschränkungen müssen nach Abs. 1 Satz 2 bei der Abstimmung im Planverfahren außer Betracht bleiben. 16

Die Gewährung von **Mehrstimmrechten** ist gem. § 12 Abs. 2 AktG **unzulässig**. Die Zahl der Altfälle, bei denen vor dem 01.01.1999 Mehrstimmrechte in der Satzung geregelt wurden und nicht gem. § 5 EGAktG am 01.06.2003 erloschen oder anderweitig ausgeschlossen sind, dürfte gering sein (s. zu der entsprechenden Änderung im Aktienrecht durch das KonTraG Hüffner, AktG, § 12 Rn. 8 ff. und MK-Volhard, AktG, § 134 Rn. 28). Für diese gilt Abs. 1 Satz 1 mit der Maßgabe, dass die Mehrstimmrechte außer Betracht zu bleiben haben. 17

Die Gesetzesbegründung nennt beispielhaft für von den gesellschaftsrechtlichen Regelungen abweichende Stimmrechte im Planverfahren die Inhaber **stimmrechtsloser Vorzugsaktien** (BT-Drucks. 17/5712, S. 33). Nach dem ESUG kann auch für Inhaber stimmrechtsloser Vorzugsaktien mit ihren Nachzahlungsansprüchen gem. § 225a eine Gruppe gebildet werden (vgl. dazu § 225 Rdn. 1). Diese ist sodann aufgrund der Nichtberücksichtigung der Stimmrechtsbeschränkungen bzw. der ausschließlichen Maßgeblichkeit der Kapitalbeteiligung gem. Abs. 1 an der Abstimmung zu beteiligen (BT-Drucks. 17/5712, S. 33). 18

c) Personengesellschaften (GbR, KG und OHG)

Bei den Personengesellschaften existiert, anders als bei den Kapitalgesellschaften, kein festgelegtes Stamm- oder Haftkapital. Auch ist die Leistung von Kapitaleinlagen keine Grundvoraussetzung für den Erwerb der Gesellschaftsanteile. Daher kann bei der Festlegung der Stimmrechte nicht der betragsmäßige Anteil an einem eingetragenen oder gezeichneten Eigenkapital herangezogen werden. Im Recht der Personengesellschaften gilt daher grds. das Prinzip der Kopfabstimmung, bei der jeder Gesellschafter eine Stimme erhält (§ 119 HGB für die OHG und die KG, § 709 BGB für die GbR). Für die Abstimmung im Planverfahren soll auf den **Anteil am Vermögen der Gesellschaft** abgestellt werden (vgl. BT-Drucks. 17/5712, S. 33). Dies erschwert die Stimmrechtsfestsetzung bei Personengesellschaften erheblich. 19

Sieht der Gesellschaftsvertrag eine Aufteilung des Vermögens vor, richtet sich das Stimmrecht nach dem jeweiligen quotalen Anteil am Vermögen. Hierbei sollte jeder Prozentpunkt eine Stimme gewähren. 20

Ist dem Gesellschaftsvertrag einer **GbR** keine quotale Aufteilung des Vermögens zu entnehmen, entspricht der Anteil an dem Vermögen nach §§ 706, 733 Abs. 2 BGB dem Verhältnis der Einlagen zum Zeitpunkt der Einbringung und für ein etwaig darüber hinaus vorhandenes Vermögen in Anlehnung an §§ 722, 734 BGB dem Anteil am Gewinn. Schweigt der Vertrag dabei zu der Verteilung des Gewinns, ist grds. von einer gleichmäßigen Gewinnverteilung auszugehen. Dies führt zu teilweise erheblichen Bewertungsproblemen, zum einen bei der Bewertung der Beiträge, sofern diese nicht in Geld geleistet wurden, und zum anderen bei der Festlegung des darüber hinaus bestehenden Vermögens (Gewinn). 21

Bei der **OHG** sieht der Gesellschaftsvertrag üblicherweise einen festen Kapitalanteil vor. Dieser gibt das Verhältnis der Gesellschafter untereinander am Gesellschaftsvermögen wieder. In diesen Fällen kann bei der Stimmrechtsfestsetzung i. R. d. § 238a auf den festen Kapitalanteil abgestellt werden. Dies muss in Anlehnung an Abs. 1 Satz 2 auch dann gelten, wenn einem Gesellschafter kein Kapitalanteil erwächst (vgl. hierzu Baumbach/Hopt-Hopt, HGB, § 120 Rn. 23), ihm aber gleichwohl nach dem Gesellschaftsvertrag ein Stimmrecht zusteht. Schweigt der Gesellschaftsvertrag, ist auch 22

Thies

bei der OHG von einer gleichmäßigen Verteilung des Vermögens auf die Gesellschafter auszugehen und somit jedem Gesellschafter eine Stimme zu gewähren.

23 Für die **KG** gilt dies entsprechend. Auch hier sind, vor allem aufgrund der unterschiedlichen Rechtsstellung zwischen den beschränkt haftenden Kommanditisten und den persönlich haftenden Komplementären, vielfältige vertragliche Bestimmungen denkbar. In den meisten Fällen bietet sich daher eine unterschiedliche Gruppenbildung nach § 222 Abs. 2 an.

d) Genossenschaft

24 In Abweichung von § 43 Abs. 3 Satz 1 GenG, der jedem Genossenschaftsmitglied eine Stimme gewährt, ist für die Festsetzung des Stimmrechts von Genossenschaftsmitgliedern im Planverfahren auf den **Nennbetrag** des Genossenschaftsanteils abzustellen (ebenso MK-Madaus § 238a Rn. 11; K. Schmidt-Spliedt § 238a Rn. 9).

25 Die Satzung einer Genossenschaft kann **Mehrstimmrechte** nach Maßgabe von § 43 Abs. 3 Sätze 2 ff. GenG vorsehen. Diese dienen in erster Linie dazu, unangemessene Mehrheitsbildungen durch Kleinbeteiligte, die sich aus der Abstimmung nach Köpfen gem. § 43 Abs. 3 Satz 1 GenG ergeben können, auszugleichen (vgl. Beuthien, GenG, § 43 Rn. 22). Gem. Abs. 1 Satz 2 bleiben diese bei der Planabstimmung außer Betracht.

26 Über die Gewährung von Mehrstimmrechten hinaus kommen im Genossenschaftsrecht **weitere Modifikationen der Stimmkraft**, wie Sonderstimmrechte oder Stimmrechtsbeschränkungen aufgrund des tragenden Grundsatzes der Abstimmung nach Mitgliedern (vgl. Beuthien, GenG, § 43 Rn. 17) nicht in Betracht.

e) Verein

27 Vereinsmitglieder haben weder eine Kapitalbeteiligung noch eine Beteiligung an dem Vermögen des Vereins (Palandt § 38 Rn. 1a). Es fehlt daher ein Bezugspunkt, wie ihn die Vorschrift vorgibt. Auch §§ 217 und 222 sprechen von »am Schuldner beteiligten Personen«. Dies ließe den Rückschluss zu, dass der Gesetzgeber eine Einbeziehung der Rechte der Mitglieder eines Vereins in das Insolvenzplanverfahren nicht gewollt hat. Die Gesetzesbegründung spricht jedoch an mehreren Stellen von »Vereinen« (s. BT-Drucks. 17/5712, 32 f.). Daher ist wohl nur davon auszugehen, dass der Gesetzgeber i. R. d. § 238a die fehlende Vermögensbeteiligung übersehen hat. Hier besteht Nachbesserungsbedarf. Vorläufig ist in Anlehnung an § 32 BGB jedem Mitglied eine Stimme zu gewähren (ebenso MK-Madaus § 238a Rn. 12; K. Schmidt-Spliedt § 238a Rn. 11).

3. Stimmrechtsausschlüsse, Stimmbindungsverträge und Stimmrechtsvollmachten

28 Nicht explizit von Abs. 1 Satz 2 erfasst sind Stimmrechtsausschlüsse, Stimmbindungsverträge und Stimmrechtsvollmachten. Anders als Stimmrechtsbeschränkungen, Sonder- oder Mehrstimmrechte werden diese nicht in der Satzung oder dem Gesellschaftsvertrag festgelegt, sondern ergeben sich aus dem Gesetz oder basieren auf schuldrechtlichen Vereinbarungen.

29 Der **Ausschluss des Stimmrechts** eines Beteiligten ist nach § 47 Abs. 4 GmbHG, § 136 Abs. 1 AktG und § 43 Abs. 6 GenG vorgesehen, wenn die Beschlussfassung auf eine Entlastung, die Befreiung von einer Verbindlichkeit oder eine Frage der Rechtsverfolgung nur ggü. diesem Beteiligten gerichtet ist. Die Regelungen finden bei der OHG und der KG entsprechende Anwendung (Baumbach/Hopt-Hopt, HGB, § 119 Rn. 8). Hierdurch sollen Interessenkonflikte vermieden werden (Heybrock-Theiselmann, GmbHG, § 47 Rn. 23 bzw. MK-Schröer, AktG, § 136 Rn. 5). Ein Insolvenzplan dürfte jedoch kaum primär ein spezielles Rechtsverhältnis zu einem von mehreren am Schuldner beteiligten Personen zum Gegenstand haben. Ist solch ein Rechtsverhältnis nur ein Teilaspekt des Plans, kann der betroffene Beteiligte nicht von der Abstimmung über den Plan insgesamt ausgeschlossen werden. Denkbar ist etwa die Konstellation, dass der Plan zur Überwindung der Insolvenz und Aufrechterhaltung des Rechtsträgers verschiedene Regelungen für die Gläubiger

und die am Schuldner beteiligten Personen enthält, wobei unter anderem auf die Geltendmachung von Anfechtungsansprüchen oder anderen Ansprüchen ggü. einer am Schuldner beteiligten Person verzichtet werden soll. Diese Situation kann bei Gläubigern ebenso auftreten. In beiden Fällen ist ein Stimmrechtsausschluss nicht geboten. Soweit der Plan neben den etwaigen Vorteilen auch Eingriffe in die Rechte eines Beteiligten vorsieht, muss diesem auch ein Stimmrecht gewährt werden.

Stimmbindungsverträge sind im Gesellschaftsrecht grds. zulässig (vgl. zum GmbH-Recht Baumbach/Hueck-Zöllner, GmbHG, § 47 Rn. 113 ff.; zum Aktien-Recht Hüffner, AktG, § 133 Rn. 25 ff.; zum Genossenschaftsrecht Beuthien, GenG, § 43 Rn. 18; zu OHG und KG Baumbach/Hopt-Hopt, HGB, § 119 Rn. 17 und § 163 Rn. 9). Nach §§ 134 bzw. 138 BGB nichtig sind hingegen regelmäßig Abreden, im Rahmen derer für ein bestimmtes Abstimmungsverhalten eine Gegenleistung versprochen oder gewährt wird – sog. **Stimmkäufe** (vgl. Baumbach/Hueck-Zöllner, GmbHG, § 47 Rn. 114; Hüffner, AktG, § 133 Rn. 28; Beuthien, GenG, § 43 Rn. 18). Auch nichtige **Stimmbindungsabreden führen nicht zum Ausschluss des Stimmrechts** und auch nicht zur Unwirksamkeit der Stimmabgabe (vgl. Baumbach/Hueck-Zöllner, GmbHG, § 47 Rn. 117; MK-Schröer, AktG, § 136 Rn. 82; Beuthien, GenG, § 43 Rn. 18). Sie haben bei der Stimmrechtsfestsetzung außer Betracht zu bleiben. Anderes wäre nicht praktikabel, da vor Beginn der Abstimmung oftmals nicht wird geklärt und nachgewiesen werden können, ob eine Stimmbindung überhaupt vorliegt und ob diese ggf. nichtig ist. Bei Nichtigkeit einer Stimmbindungsabrede wegen Vorteilsgewährung kommt jedoch die Versagung der Planbestätigung nach § 250 Nr. 2 in Betracht (vgl. dort Rdn. 13). 30

Stimmrechtsvollmachten sind möglich. Bei Personengesellschaften bedarf es hierfür allerdings aufgrund der Höchstpersönlichkeit des Rechts einer entsprechenden gesellschaftsvertraglichen Regelung bzw. der Zustimmung der Gesellschafter (Baumbach/Hopt-Hopt, HGB, § 119 Rn. 21). Im Insolvenzplanverfahren können damit dem Sinn und Zweck der Einschränkung nach nur die in dem Termin anwesenden weiteren Gesellschafter gemeint sein. 31

II. Festsetzung der Stimmrechte

Wie bei einem Streit über das festzusetzende Stimmrecht zu verfahren ist, ist in der Vorschrift nicht geregelt. Ein § 237 Abs. 1 Satz 1 bzw. § 238 Abs. 1 Satz 2 entsprechender **Verweis auf § 77 fehlt**. Auch die einschlägigen gesellschaftsrechtlichen Regelungen treffen hierzu keine Aussage. Der Gesetzgeber ist daher offenbar davon ausgegangen, dass die Festlegung des Stimmrechts anhand der Höhe der Vermögensbeteiligung keine Zweifelsfälle offen lässt. Es sind jedoch viele Fallgestaltungen denkbar, bei denen keine eindeutige Festsetzung möglich sein dürfte. Um Problemen bei der Stimmrechtsfestsetzung generell vorzubeugen, ist daher für die am Schuldner beteiligten Personen § 77 Abs. 2 mit der Maßgabe anzuwenden, dass **in Zweifelsfällen** eine **Einigung zwischen dem Insolvenzverwalter und den abstimmungsberechtigten Anteilsinhabern** erfolgen soll (zustimmend MK-Madaus § 238a Rn. 4; a. A. Schmidt/Spliedt § 238a Rn. 16). Ein Mitspracherecht der Gläubiger hinsichtlich der Abstimmungsrechte wäre hingegen nicht angemessen, da es um die Mehrheitsverteilung innerhalb der Gruppe der Anteilsinhaber geht, über die die Gläubiger nicht zu befinden haben. Sollte es zu keiner Einigung kommen, müsste wie bei § 77 Abs. 2 Satz 2 das Gericht entscheiden (insoweit übereinstimmend K. Schmidt-Spliedt § 238a Rn. 16). 32

III. Ausschluss von Stimmrechten im Planverfahren (Abs. 2)

Abs. 2 erklärt § 237 Abs. 2 für entsprechend anwendbar. Danach haben Gläubiger, deren Forderungen durch den Plan nicht beeinträchtigt werden, kein Stimmrecht. Für die Anteilsinhaber kommt dieser Vorschrift keine eigenständige Bedeutung zu. Denn für diese ist gem. § 222 Abs. 1 Nr. 4 anders als für die nicht nachrangigen Gläubiger nach § 222 Abs. 1 Nr. 2 ohnehin nur eine Gruppe zu bilden, sofern ihre Anteils- oder Mitgliedschaftsrechte in den Plan einbezogen werden. Abs. 2 hat daher nur deklaratorische Bedeutung (BT-Drucks. 17/5712, S. 33). 33

§ 240 InsO Änderung des Plans

IV. Rechtsmittel

34 Welche Folgen Streitigkeiten bei der Stimmrechtsfestsetzung haben, regelt das Gesetz nicht. Eine Anwendung des § 77 Abs. 2 liegt nahe. Gegen eine derartige Entscheidung des Gerichts ist **kein Rechtsmittel** zulässig (§ 6 InsO). Bis zum Inkrafttreten des § 18 Abs. 1 Nr. 2 RPflG n. F., mit dem die Zuständigkeit für das Insolvenzplanverfahren für nach dem 01.01.2013 beantragte Insolvenzverfahren auf den Richter übertragen wird (vgl. ausführlich vor §§ 217 Rdn. 14), entscheidet jedoch regelmäßig der Rechtspfleger. In diesen Fällen ist bei Anwendung des § 77 Abs. 2 zudem ein Antrag auf Neufestsetzung und Wiederholung der Abstimmung nach § 18 Abs. 3 Satz 2 RPflG möglich (vgl. hierzu § 238 Rdn. 10).

§ 239 Stimmliste

Der Urkundsbeamte der Geschäftsstelle hält in einem Verzeichnis fest, welche Stimmrechte den Beteiligten nach dem Ergebnis der Erörterung im Termin zustehen.

1 Die nach Gruppen aufgeteilte Stimmliste ist Grundlage und Voraussetzung für die Abstimmung. Zur Vorbereitung der Stimmliste sollte der Verwalter dem Gericht eine nach Gruppen unterteilte Liste der Gläubiger bzw. Anteilsinhaber zur Verfügung stellen.

2 **Zuständig** für die Eintragung ist der Urkundsbeamte der Geschäftsstelle. Mit der Feststellung und Eintragung der Stimmrechte sollten der jeweiligen Gruppe gleichzeitig bei den Gläubigern auch Kopfzahl und Forderungssumme und bei den Anteilsinhabern die Beteiligungssumme zugeordnet werden. Bedarf es wegen fehlender Einigung nach § 77 Abs. 2 einer Entscheidung des Gerichts über die Gewährung des Stimmrechts, sind für die mögliche Neufestsetzung des Stimmrechts und für die Anordnung einer Neuabstimmung die Entscheidung, der Widerspruch, der Widersprechende und die vorgetragenen Gründe zu protokollieren (MK-Hintzen § 239 Rn. 1).

§ 240 Änderung des Plans

¹**Der Vorlegende ist berechtigt, einzele Regelungen des Insolvenzplans auf Grund der Erörterung im Termin inhaltlich zu ändern.** ²**Über den geänderten Plan kann noch in demselben Termin abgestimmt werden.**

Übersicht

	Rdn.		Rdn.
A. Normzweck	1	II. Änderungsumfang	3
B. Norminhalt	2	III. Verfahren	6
I. Änderungsberechtigter	2	IV. Rechtsbehelf	9

A. Normzweck

1 § 240 dient der **Effektivität und Beschleunigung** des Verfahrens. Die Vorschrift gibt dem Planinitiator die Möglichkeit, ohne wesentliche Verzögerungen den Plan aufgrund der Ergebnisse des Erörterungstermins zu ändern. Die Änderungsbefugnis dient in erster Linie dazu, ein sich abzeichnendes Scheitern des Plans durch leicht vorzunehmende Modifikationen zu verhindern (FK-Jaffé § 240 Rn. 5). Zu unterscheiden von der Änderungsbefugnis nach § 240 ist die Berichtigungsbefugnis des Insolvenzverwalters nach dem mit dem ESUG eingeführten § 248a i. V. m. § 221 Satz 2. Die Zielsetzung, der Zeitraum und die Voraussetzungen sind hier vollkommen unterschiedlich. Änderungen nach § 240 sollen noch im Erörterungstermin vorgenommen werden (s. u. Rdn. 8), um im Anschluss die positive Abstimmung über einen konsensfähigen und realisierbaren Plan zu ermöglichen. §§ 221 Satz 2, 248a ermöglichen hingegen Planberichtigungen nach Eintritt der Rechtskraft des Plans und dienen damit der erfolgreichen Umsetzung des Plans. Zu den Voraussetzungen der nachträglichen Planberichtigung s. die Kommentierung zu § 221 Rdn. 13 und zu § 248a.

B. Norminhalt

I. Änderungsberechtigter

Nach dem Wortlaut der Norm ist allein der jeweilige **Planvorlegende** berechtigt, den Plan zu ändern (MK-Hintzen § 240 Rn. 5). Dies ist die logische Konsequenz des nach § 218 eingeschränkten Planinitiativrechts. Somit besteht auch kein Anspruch der Gläubiger, über den ursprünglichen Plan abzustimmen (FK-Jaffé § 240 Rn. 4). Handelt es sich um einen Plan, den die Gläubigerversammlung im Rahmen ihres mittelbaren Vorlagerechtes nach § 218 Abs. 2 dem Verwalter konkret vorgegeben hatte (zu dieser Möglichkeit § 218 Rdn. 10), bedürfen etwaige Änderungen allerdings einer Abstimmung mit den Gläubigern. Nach dem Normzweck (oben Rdn. 1) sollte eine derartige Abstimmung jedoch in allen Fällen selbstverständlich sein.

II. Änderungsumfang

Dem Wortlaut der Norm entsprechend kann der Planverfasser nur solche Änderungen vornehmen, die sich **aufgrund der Erörterung** als **erforderlich** erweisen. Fällt dem Planersteller – etwa aufgrund entsprechender Stellungnahmen nach § 232 oder aufgrund neuer Erkenntnisse – bereits zuvor ein Änderungsbedarf auf, ist dieser sinnvollerweise in die Erörterung einzubeziehen (s. hierzu auch unten Rdn. 6). Gleichzeitig bezieht sich der Wortlaut ausdrücklich auf »Regelungen des Insolvenzplans« und somit auf den gestaltenden Teil. Ergänzungen oder Korrekturen im darstellenden Teil sind unproblematisch möglich.

Eine weitere Eingrenzung ergibt sich aus der Gesetzeshistorie. Während der RegE eine zeitliche Trennung zwischen Erörterungs- und Abstimmungstermin vorsah, wurde i. R. d. Gesetzgebungsverfahrens aus Gründen der Beschleunigung die Möglichkeit eingeführt, im selben Termin auch über den geänderten Plan abzustimmen. Im Gegenzug wurden die Änderungsmöglichkeiten auf »einzelne Regelungen« beschränkt, die den **Kern des Plans** unberührt lassen müssen (BT-Drucks. 12/7302, S. 183). Eine Definition des Kerns des Plans bietet die Gesetzeshistorie nicht. Sinn und Zweck dieser Eingrenzung ist der Ausgleich für die durch die Verbindung beider Termine fehlende Informationsverschaffung der von der Änderung betroffenen Beteiligten. Dementsprechend sind nur solche Änderungen nach § 240 zulässig, die die anwesenden Gläubiger bei hinreichender Informationsgrundlage **vollumfänglich prüfen** und deren Wirkungen sie **nachvollziehen** können (HK-Flessner § 240 Rn. 5; K. Schmidt-Spliedt § 240 Rn. 3). Vor allem bei einer geplanten Verkündung der Bestätigungsentscheidung im Abstimmungstermin nach § 252 ist aufgrund der engen Fristen zur Stellung des Antrags nach § 251 (§ 251 Rdn. 3 f.) Vorsicht bei der Abwägung geboten. Ob ein Gläubiger die Tragweite einer Änderung ohne Einholung rechtlicher Beratung schnell überblicken und seine Abstimmungsentscheidung im Hinblick hierauf spontan überdenken kann, hängt dabei von der Art der Änderung, aber auch von den individuellen Vorkenntnissen der anwesenden Gläubiger ab. Die Frage der Zulässigkeit der jeweiligen Änderung ist somit **einzelfallbezogen**. Grds. dürfte jedoch eine Änderung des **Planziels** nicht zulässig sein, da deren Folgen in der Kürze der Zeit meist nicht nachvollziehbar sind (Uhlenbruck-Lüer § 241 Rn. 5). Einschneidende Änderungen, wie z. B. die Veränderung der Quote oder auch eine Änderung der **Gruppenstruktur**, können hingegen möglich sein, sofern hierdurch nicht das gesamte bisherige Plankonzept verändert wird. Die Änderung kann auch in einer Ergänzung einer bisherigen Planregelung oder in der Ergänzung um eine weitere Planregelung liegen.

Unter Berücksichtigung der Gesetzeshistorie ist auch ein Eingriff in die Rechte der **Beteiligten**, die **durch den ursprünglichen Plan nicht berührt worden** sind, grds. unzulässig und muss zu einer Versagung der Bestätigung nach § 250 Nr. 1 führen. Ein derartiger Eingriff in Form einer Änderung ist nur möglich, wenn diese Beteiligten anwesend sind oder wenn ein separater Abstimmungstermin angesetzt wird (HK-Flessner § 240 Rn. 6; a. A. MK-Hintzen § 240 Rn. 14) und somit das rechtliche Gehör aller Beteiligten gewahrt ist (vgl. BGH, ZInsO 2007, 713). Anderenfalls würde Missbrauch durch die anwesenden Beteiligten drohen. Wenn der Plan ohne die weiteren Eingriffe nicht umsetzbar ist, hat ggf. eine erneute Planvorlage zu erfolgen. Eine derartige Situation kann und muss der Planersteller durch entsprechende Sorgfalt bei der Planerstellung vermeiden.

III. Verfahren

6 Sofern sich ein Änderungsbedarf i. S. d. Wortlautes des § 240 tatsächlich erst aufgrund der Erörterung im Termin ergibt, hat der Änderungsberechtigte (hierzu oben Rdn. 2) den Wortlaut der Änderung zu Protokoll zu geben. Möchte er eine bereits zuvor von ihm überlegte Änderung in die Erörterung einbringen, kann es im Hinblick auf die Akzeptanz und den Erfolg des Planes sinnvoll sein, die Änderung dem Gericht und den anwesenden Gläubigern schriftlich vorzulegen oder sogar vorab zu überreichen. Eine Verpflichtung hierzu besteht jedoch nicht. Bei einer Änderung hat das Gericht zu prüfen, ob sich diese i. R. d. §§ **231 und 240** bewegt. Im Rahmen dieser erneuten Prüfung ist stets auch auf die Konformität des geänderten Plans mit Erklärungen Dritter nach § 230 Abs. 3 zu achten. Die Prüfung nach § 250 ist nicht abzuwarten. Nur so können unnötige weitere Schritte vermieden werden. Erhebliche zeitliche Verzögerungen drohen wegen der rein summarischen Prüfung nicht. Sofern der geänderte Plan im Abstimmungstermin nicht schriftlich vorliegt, sondern die Änderung lediglich zu Protokoll aufgenommen worden ist, hat das Gericht im Hinblick auf die Titelwirkung darauf zu achten, dass die Änderung explizit in den Bestätigungsbeschluss aufgenommen wird, da sich der Vollstreckungstitel aus dem Tabellenauszug mit angesiegeltem gestaltenden Teil des Plans und dem Bestätigungsbeschluss mit Rechtskraftvermerk zusammensetzt (hierzu § 257 Rdn. 5). Das Protokoll wird nicht beigefügt.

7 Nach der Prüfung hat das Gericht den betroffenen anwesenden Gläubigern die Gelegenheit zur Stellungnahme zu geben. Sodann muss das Gericht den Abstimmungstermin festlegen bzw. mit dem Abstimmungstermin beginnen. Bei erheblichen Änderungen und fehlender Teilnahme aller betroffenen Gläubiger kann eine Vertagung des Termins sinnvoll sein (Frind, NZI 2007, 374, 375).

8 Inhaltliche Änderungen des Plans **nach Beendigung des Erörterungstermins** sind nicht möglich. Anderes gilt jedoch für die Berichtigung offensichtlicher Fehler, die sich nicht unmittelbar auf die Rechtsstellung der Abstimmungsberechtigten beziehen und deren Notwendigkeit dem Planziel immanent und damit den Beteiligten bekannt ist. Diese wurden bisher zutreffend selbst nach bereits erfolgter rechtskräftiger Bestätigung für möglich gehalten. Allerdings sollte hierfür erneut das Abstimmungsverfahren unter Beachtung der §§ 244 ff. durchlaufen werden (AG Frankfurt an der Oder, DZWIR 2006, 87, für den Fall, dass die Fortführung des schuldnerischen Vereins nachträglich im gestaltenden Teil ausdrücklich niedergeschrieben werden muss, damit das Registergericht zu einer entsprechenden Eintragung bereit ist; ebenso MK-Sinz § 248 Rn. 6). Mit der Einführung des Bestätigungsverfahrens für nachträgliche Planberichtigungen nach § 248a ist das erneute Durchlaufen des Abstimmungsverfahrens zumindest dann nicht mehr erforderlich, wenn der Insolvenzverwalter gem. § 221 Satz 2 im Plan zur Vornahme von Berichtigungen ermächtigt wurde (vgl. § 221 Rdn. 16 f. und § 248a Rdn. 1 ff.).

IV. Rechtsbehelf

9 Gegen die Entscheidung des Gerichts, den geänderten Plan nicht zuzulassen, ist grds. **kein Rechtsmittel** zulässig (§ 6). Die Entscheidung des Gerichts, den geänderten Plan zuzulassen, ist nur indirekt über § 253 angreifbar. Bei bis zum 31.12.2012 beantragten Insolvenzverfahren entscheidet jedoch gem. § 18 Abs. 1 Nr. 2 RPflG a. F. der Rechtspfleger. In diesen Fällen ist die Erinnerung nach § 11 Abs. 2 Satz 1 RPflG statthaft.

§ 241 Gesonderter Abstimmungstermin

(1) ¹Das Insolvenzgericht kann einen gesonderten Termin zur Abstimmung über den Insolvenzplan bestimmen. ²In diesem Fall soll der Zeitraum zwischen dem Erörterungstermin und dem Abstimmungstermin nicht mehr als einen Monat betragen.

(2) ¹Zum Abstimmungstermin sind die stimmberechtigten Beteiligten und der Schuldner zu laden. ²Dies gilt nicht für Aktionäre oder Kommanditaktionäre. ³Für diese reicht es aus, den Termin öffentlich bekannt zu machen. ⁴Für börsennotierte Gesellschaften findet § 121 Absatz 4a des Aktiengesetzes entsprechende Anwendung. ⁵Im Fall einer Änderung des Plans ist auf die Änderung besonders hinzuweisen.

Übersicht	Rdn.		Rdn.
A. Normzweck	1	II. Ladung	8
B. Norminhalt	2	III. Verfahren bei Änderungen	9
I. Gesonderter Termin	2	IV. Rechtsbehelf	10

A. Normzweck

Der Gesetzgeber sieht in der endgültigen Fassung aus Gründen der Verfahrensbeschleunigung einen einheitlichen Erörterungs- und Abstimmungstermin vor. § 241 soll zu dieser in § 235 erwähnten Regelung die Ausnahme ermöglichen. Im Rahmen des ESUG wurden Abs. 2 Satz 2 und 3 neu eingefügt. 1

B. Norminhalt

I. Gesonderter Termin

Der gesonderte Abstimmungstermin kann bereits mit der Bestimmung des Erörterungstermins, aber auch erst nach Beginn eines ursprünglich einheitlichen Erörterungs- und Abstimmungstermins bestimmt werden. 2

Anlass für die Bestimmung eines gesonderten Termins können bspw. sein: Der Vorschlag des Vorlegenden, die Komplexität des Plans oder auch Änderungen des Plans, durch die – insb. vorher unbelastete (vgl. § 240 Rdn. 5) – Gläubiger beeinträchtigt werden. 3

Von einem gesonderten Termin sind die **Unterbrechung** und die **Vertagung** zu unterscheiden (MK-Hintzen § 241 Rn. 3 ff.). Unterbrechung ist der Einschub eines verhandlungsfreien Zeitraums in einen grds. zusammenhängenden Termin (Musielak/Stadler § 227 ZPO Rn. 3). So muss unterbrochen werden, wenn die Verhandlungen sich derart hinziehen, dass der Termin nicht an einem Stück beendet werden kann. Zu denken ist hier an notwendige Pausen aufgrund lang andauernder Erörterungen oder Feierabend (vgl. MK-Hintzen § 241 Rn. 4). Von einer Vertagung spricht man bei einer Beendigung eines bereits begonnenen Termins vor dessen Schluss unter gleichzeitiger Bestimmung eines neuen Fortsetzungstermins (Zöller/Stöber § 227 ZPO Rn. 3). Da der gesonderte Termin die Ausnahme sein soll und zudem einer weiteren Ladung bedarf, ist den Möglichkeiten der Unterbrechung oder Vertagung der Vorzug zu geben. Diese werden zudem oftmals eher den Interessen der Beteiligten entsprechen. Denn i. d. R. besteht bei besonderer Komplexität der Planregelungen oder nicht unerheblichen Planänderungen nicht nur ein Bedürfnis nach zeitlichem Aufschub der Abstimmungsentscheidung, sondern auch ein fortgesetzter Erörterungsbedarf. 4

Der Gesetzgeber hat über die »Soll«-Vorschrift des Abs. 1 als max. **Zeitraum** zwischen dem Erörterungs- und dem Abstimmungstermin einen Monat veranschlagt. Der Abstimmungstermin sollte jedoch so kurzfristig wie nur möglich angesetzt werden. Dies empfiehlt sich nicht nur wegen der dann noch gewährleisteten Präsenz der Ergebnisse des Erörterungstermins, sondern vor allem wegen der grds. notwendigen Beschleunigung des Verfahrens, insb. bei Bestehen eines laufenden Betriebes (MK-Hintzen § 241 Rn. 9). 5

Am Abstimmungstermin **teilnahmeberechtigt** sind alle in § 235 erwähnten Personen, mithin die Insolvenzgläubiger, die Forderungen angemeldet haben, die absonderungsberechtigten Gläubiger, der Insolvenzverwalter, der Schuldner, der Betriebsrat, der Sprecherausschuss der leitenden Angestellten und die am Schuldner beteiligten Personen, sofern deren Anteils- oder Mitgliedschaftsrechte in den Plan einbezogen sind. Diese hätten an dem Abstimmungstermin teilnehmen können, wenn 6 der vom Gesetzgeber vorgesehene Regelfall des gemeinsamen Termins eingetreten wäre. Ein Grund für eine Einschränkung der Teilnahmeberechtigung bei Trennung der Termine ist nicht ersichtlich.

7 Der gesonderte Termin dient nicht der Fortsetzung der Erörterung, sondern allein der Abstimmung. Dies bedeutet jedoch nicht, dass im gesonderten Termin Erörterungen gänzlich zu unterbleiben haben. Erläuterungen gem. § 240 im Erörterungstermin erfolgter Änderungen und die Beantwortung diesbezüglicher Fragen sind möglich. Der gesonderte Termin soll nur nicht zu einem zweiten Erörterungstermin mutieren (Uhlenbruck-Lüer § 241 Rn. 10; a.A. MK-Hintzen § 241 Rn. 14, FK-Jaffé § 241 Rn. 14, wonach keinerlei Erörterung mehr stattzufinden hat). Erneute Änderungen des Plans sind unzulässig (s. § 240 Rdn. 8).

II. Ladung

8 Die Ladung bedarf keiner förmlichen Zustellung. Mit der Zustellung kann das Gericht den Verwalter beauftragen, § 8 Abs. 3 (Uhlenbruck-Lüer § 241 Rn. 11). Im gesonderten Termin steht nur noch die Abstimmung an (s. aber Rdn. 7). Zu laden sind daher in Abgrenzung zu § 235 (vgl. oben Rdn. 6 zur Teilnahmeberechtigung) nur die stimmberechtigten Beteiligten und der Schuldner, der nach § 247 von seinem Widerspruchsrecht Gebrauch machen kann. Hinsichtlich der Ladung von Aktionären und Kommanditaktionären erfolgt – ebenso wie bei § 235 Abs. 3 – keine direkte Ladung, selbst wenn diese stimmberechtigt sind. Für Aktionäre börsennotierter Gesellschaften wird auch hier auf § 121 Abs. 4a AktG verwiesen (Näheres auch hierzu § 235 Rdn. 8).

III. Verfahren bei Änderungen

9 Auf die Änderungen des Plans muss das Gericht im Zusammenhang mit der Ladung und der Übersendung der Stimmzettel hinweisen. Sollten von vornherein zwei separate Termine angesetzt und die Ladung entsprechend bereits vor der Änderung zugestellt worden sein, sollte das Gericht unverzüglich auf die Änderungen hinweisen.

IV. Rechtsbehelf

10 Gegen die Bestimmung eines gesonderten Abstimmungstermins besteht, wie auch gegen die Vertagung und die Unterbrechung, kein Rechtsbehelf. Es handelt sich hierbei um rein verfahrensleitende Maßnahmen (LG Göttingen, ZIP 2000, 1945 zur Vertagung). Somit greift auch bei einer Entscheidung des Rechtspflegers die Erinnerung nach § 11 Abs. 2 RPflG nicht (LG Göttingen, ZIP 2000, 1945; MK-Hintzen § 241 Rn. 9; Arnold/Meyer-Stolte § 11 RPflG Rn. 7; a.A. LG Düsseldorf, KTS 1986, 156, 158; FK-Jaffé § 241 Rn. 4; HK-Flessner § 241 Rn. 5). Zu dem hier daher nicht relevanten Wechsel der Zuständigkeit auf den Richter mit Inkrafttreten des § 18 Abs. 1 Nr. 2 RPflG n. F. am 01.01.2013 vgl. ausführlich vor §§ 217 Rdn. 14.

§ 242 Schriftliche Abstimmung

(1) Ist ein gesonderter Abstimmungstermin bestimmt, so kann das Stimmrecht schriftlich ausgeübt werden.

(2) ¹Das Insolvenzgericht übersendet den stimmberechtigten Beteiligten nach dem Erörterungstermin den Stimmzettel und teilt ihnen dabei ihr Stimmrecht mit. ²Die schriftliche Stimmabgabe wird nur berücksichtigt, wenn sie dem Gericht spätestens am Tag vor dem Abstimmungstermin zugegangen ist; darauf ist bei der Übersendung des Stimmzettels hinzuweisen.

Übersicht	Rdn.		Rdn.
A. Normzweck	1	B. Norminhalt	2

A. Normzweck

§ 242 dient der **Verfahrensvereinfachung** zugunsten der stimmberechtigten Beteiligten. 1

B. Norminhalt

Die schriftliche Stimmabgabe ist **nur bei** einem **gesonderten Abstimmungstermin** und bereits festgesetzten Stimmrechten möglich. In diesem Fall hat das Gericht die schriftliche Abstimmung zu ermöglichen (HK-Flessner § 242 Rn. 1; K. Schmidt-Spliedt § 242 Rn. 1; Uhlenbruck-Lüer § 242 Rn. 2). 2

Die **Stimmabgabe** muss bedingungslos und eindeutig sein (MK-Hintzen § 243 Rn. 7). Zweifelhaft ist, ob und bis zu welchem Zeitpunkt ein **Widerruf** der schriftlichen Stimmabgabe möglich ist. Teilweise wird der Widerruf bis zum Beginn des Abstimmungstermins (MK-Hintzen § 242 Rn. 7), bis zur Verlesung der Stimmabgabe im Termin (HK-Flessner § 243 Rn. 5; K. Schmidt-Spliedt § 243 Rn. 4) oder sogar bis zum Schluss des Abstimmungstermins (so wohl FK-Jaffé § 242 Rn. 10) für zulässig erachtet; teilweise auch gänzlich ausgeschlossen (H/W/F, InsO, § 242 Rn. 14 ff.). Mangels gegenteiliger ausdrücklicher Regelung ist ein Widerruf möglich. Verfahrenstechnisch dürfte es problematisch sein, das Vorhandensein von schriftlichen Widerrufen kurzfristig klären zu müssen. Entsprechend kann schriftlich nur in der Frist des § 242 Abs. 2 Satz 2 widerrufen werden. Erfolgt der Widerruf mündlich, kann dieser im Abstimmungstermin bis zur Protokollierung der Stimmenabgabe erklärt werden (§ 243 Rdn. 6). Darüber hinaus einen Widerruf bis zum Schluss des Abstimmungstermins zuzulassen, wäre wenig verfahrensförderlich. 3

Für die Übersendung des Stimmzettels mit Angabe der Höhe des Stimmrechts und Hinweis auf die Ausschlussfolgen sieht das Gesetz keine Zustellung vor. Sie kann daher mit **einfacher Post** erfolgen (MK-Hintzen § 242 Rn. 4; K. Schmidt-Spliedt § 242 Rn. 2). Dementsprechend ist die Rüge, keinen Stimmzettel erhalten zu haben, unbeachtlich und kann nicht nach § 250 Abs. 1 Nr. 1 zur Planzurückweisung führen (MK-Hintzen § 242 Rn. 4). 3a

Die Nichtberücksichtigung fristgerecht eingegangener oder verspätet eingegangener Stimmzettel bei fehlender Belehrung nach Abs. 2 stellt einen **Verfahrensverstoß** nach § 250 Abs. 1 dar, wenn sie das Abstimmungsergebnis beeinflusst haben könnte. Der Verstoß kann jedoch durch Wiederholung der Abstimmung geheilt werden (MK-Hintzen § 243 Rn. 8). 4

§ 243 Abstimmung in Gruppen

Jede Gruppe der stimmberechtigten Beteiligten stimmt gesondert über den Insolvenzplan ab.

Übersicht

	Rdn.			Rdn.
A. Normzweck	1	I.	Ablauf der Abstimmung	2
B. Norminhalt	2	II.	Widerruf	6

A. Normzweck

Die Vorschrift ist Ausdruck des das Planverfahren prägenden Prinzips der Gruppenbildung nach § 222. 1

B. Norminhalt

I. Ablauf der Abstimmung

Über den Ablauf der Abstimmung im Einzelnen **entscheidet** grds. das **Gericht** nach seinem Ermessen (§ 76 Abs. 1). Dies gilt vor allem für die Reihenfolge der Abstimmung. Die Gläubigerversammlung kann jedoch auch selbst den Ablauf der Abstimmung beschließen (K. Schmidt-Spliedt § 243 Rn. 3; HK-Flessner § 243 Rn. 3). 2

3   I. d. R. wird **in jeder Gruppe** einzeln abgestimmt. Zuerst werden die Anspruchssummen und die Gläubigeranzahl der einzelnen Gruppen bzw. bei einer Gruppe von Anteilsinhabern die Beteiligungssummen festgelegt. Hat der Abstimmungsberechtigte einen Vertreter entsandt, ist ggf. die ordnungsgemäße schriftliche Bevollmächtigung zu überprüfen. Sodann wird mündlich abgestimmt. Enthaltungen sind möglich.

4   Im Fall der nur nach § 242 möglichen **schriftlichen Stimmabgabe** empfiehlt es sich, diese Entscheidung zu verlesen und dem etwaig anwesenden stimmberechtigten Beteiligten die Möglichkeit einer Änderung seiner schriftlichen Abgabe einzuräumen. Das Ergebnis dieses Vorganges und somit zumindest die schriftliche Stimmabgabe ist sodann zu protokollieren (Uhlenbruck-Lüer § 243 Rn. 5).

5   Anschließend stellt das Gericht das Gesamtergebnis fest (zum Ablauf MK-Hintzen § 243 Rn. 4).

II. Widerruf

6   Eine einmal mündlich abgegebene oder schriftlich abgegebene und nicht unmittelbar nach Verlesung abgeänderte Stimme ist **nicht widerruflich**. Dies gebietet der das Gesetz prägende Beschleunigungsgrundsatz (MK-Hintzen § 243 Rn. 6; BT-Drucks. 12/7302, S. 184 zu § 292, einem vom RegE geplanten zweiten Abstimmungstermin). Zudem fehlt es sowohl an einer ausdrücklichen Regelung als auch an einer Möglichkeit der analogen Anwendbarkeit des § 130 Abs. 2 BGB, denn spätestens mit mündlicher Abgabe der Stimme ist die Erklärung zugegangen.

§ 244 Erforderliche Mehrheiten

(1) Zur Annahme des Insolvenzplans durch die Gläubiger ist erforderlich, daß in jeder Gruppe
1. die Mehrheit der abstimmenden Gläubiger dem Plan zustimmt und
2. die Summe der Ansprüche der zustimmenden Gläubiger mehr als die Hälfte der Summe der Ansprüche der abstimmenden Gläubiger beträgt.

(2) ¹Gläubiger, denen ein Recht gemeinschaftlich zusteht oder deren Rechte bis zum Eintritt des Eröffnungsgrunds ein einheitliches Recht gebildet haben, werden bei der Abstimmung als ein Gläubiger gerechnet. ²Entsprechendes gilt, wenn an einem Recht ein Pfandrecht oder ein Nießbrauch besteht.

(3) Für die am Schuldner beteiligten Personen gilt Absatz 1 Nummer 2 entsprechend mit der Maßgabe, dass an die Stelle der Summe der Ansprüche die Summe der Beteiligungen tritt.

Übersicht	Rdn.		Rdn.
A. Normzweck	1	2. Gläubiger mit gemeinschaftlichen Rechten (Abs. 2)	8
B. Norminhalt	2		
I. Erforderlichkeit einer Abstimmung	2	3. Am Schuldner beteiligte Personen (Abs. 3)	10
II. Erforderliche Mehrheiten	4	III. Verfahren	11
1. Insolvenzgläubiger (Abs. 1)	4		

A. Normzweck

1   § 244 legt fest, welche Mehrheiten für die Annahme des Insolvenzplans erforderlich sind. Die Vorschrift wird dabei ergänzt durch die §§ 245, 246. I. R. d. ESUG wurde Abs. 3 angefügt.

B. Norminhalt

I. Erforderlichkeit einer Abstimmung

2   Für die Annahme des Plans bedarf es einer Abstimmung. **Zumindest ein** stimmberechtigter **Beteiligter** muss dementsprechend eine Stimme abgeben. Auch wenn aus der Passivität grds. nicht zwin-

gend auf eine Ablehnung geschlossen werden kann, soll das passive Abstimmungsverhalten keinen direkten Einfluss auf das Ergebnis haben (BT-Drucks. 12/2443, S. 208). Die Zustimmungsfiktion nach § 160 Abs. 1 Satz 3 greift nicht. Gibt kein Beteiligter eine Stimme ab, kann die Planannahme auch nicht auf eine Zustimmungsfiktion nach § 246 Nr. 2 oder § 246a gestützt werden. Es empfiehlt sich in diesen Fällen, einen weiteren Termin anzuberaumen (§ 4 i. V. m. § 227 ZPO). Nur wenn der Plan offensichtlich keine Aussicht auf Annahme in einem weiteren Termin hat, sollte das Gericht die Bestätigung versagen. Vor allem in Kleinverfahren ist daher eine vorherige Absprache mit den Stimmberechtigten über deren Erscheinen oder das Entsenden eines Vertreters angebracht.

Nicht erforderlich ist **jedoch die Abgabe einer Stimme innerhalb jeder** gebildeten **Gruppe**. Denn bei der Berechnung der Mehrheiten wird nur auf die abstimmenden Gläubiger abgestellt, da auch insofern passives Verhalten für das Abstimmungsergebnis nicht ausschlaggebend sein soll (BT-Drucks. 12/2443, S. 208; s. a. Rdn. 2 und Rdn. 4). Hat innerhalb einer Gruppe kein Gläubiger eine Stimme abgegeben, ist dies folglich ebenfalls weder als Zustimmung noch als Ablehnung zu werten (HK-Flessner § 244 Rn. 3; K. Schmidt-Spliedt § 244 Rn. 3; Braun-Frank § 244 Rn. 2). Entsprechend wird diese Gruppe nicht bei den Entscheidungen nach Abs. 1 und § 245 berücksichtigt (K. Schmidt-Spliedt § 244 Rn. 3; MK-Hintzen § 244 Rn. 9). Unschädlich ist es in diesem Sinne auch, wenn lediglich eine Gruppe der am Schuldner beteiligten Personen an der Abstimmung teilnimmt. Werden innerhalb dieser Gruppe die erforderlichen Mehrheiten nach Abs. 3 (unten Rdn. 10) erreicht, ist der Plan angenommen. Dies mag auf den ersten Blick der Funktion des Planverfahrens als Instrument zur Stärkung der Gläubigerautonomie im Insolvenzverfahren (vgl. hierzu vor § 217 Rdn. 1) widersprechen, ist jedoch logische Konsequenz aus der Einbeziehung der am Schuldner beteiligten Personen in die Gruppenbildung nach § 222 und dem darauf aufbauenden Abstimmungsverfahren. 3

II. Erforderliche Mehrheiten

1. Insolvenzgläubiger (Abs. 1)

Für die Kopf- und Summenmehrheit gilt das einfache **Mehrheitsprinzip**. Ausreichend sind somit mehr als 50 % der Anspruchssumme und der Gläubigeranzahl. Wesentlich sind nur die Stimmen der abstimmenden Gläubiger (BT-Drucks. 12/2443, S. 208). Passives Verhalten soll wiederum keinen unmittelbaren Einfluss haben (Rdn. 2 und 3). Mittelbar kann das Ausbleiben jeglicher Stimmenabgabe innerhalb einer Gruppe jedoch dann Bedeutung erlangen, wenn im Plan eine ungerade Anzahl von Gruppen vorgesehen ist und neben der nicht abstimmenden Gruppe genau gleich viele Gruppen für bzw. gegen den Plan gestimmt haben. Wegen des Mehrheitserfordernisses des § 245 Abs. 1 Nr. 3 InsO wäre in einem solchen Fall eine Zustimmungsfiktion über das Obstruktionsverbot ausgeschlossen und die Planbestätigung zu versagen. 4

Mehrere Forderungen eines Gläubigers innerhalb einer Gruppe gewähren nur eine Stimme. Ein Gläubiger kann jedoch in mehreren Gruppen stimmberechtigt sein. In jeder Gruppe zählt er sodann als ein **Kopf**. Ein solcher Gläubiger kann aufgrund der Privatautonomie unterschiedlich abstimmen (MK-Hintzen § 244 Rn. 10; K. Schmidt-Spliedt § 244 Rn. 6; a. A. K/P/B-Otte § 244 Rn. 4). 5

In diesem Zusammenhang umstritten ist die Kopfanzahl sog. **Rückgriffsgläubiger**, beispielhaft des PSVaG oder der durch die jeweiligen Agenturen angemeldeten Forderungen der BA. Das Problem wird in den Fällen deutlich, in denen die übergegangenen Ansprüche jeweils gesondert zur Tabelle angemeldet worden sind (für diese Art der Anmeldung Wohlleben, Kölner Schrift zur InsO, S. 1655, Rn. 49 ff. mit Verweis auf LAG Baden-Württemberg, Urt. v. 19.02.1991 – 7 Sa 94/90). Diesen Gläubigern könnte je übergegangener angemeldeter Forderung eine Kopfstimme (so Wohlleben, Kölner Schrift zur InsO, S. 1655, Rn. 49 ff.) oder gesamt nur eine Kopfstimme gewährt werden (HK-Flessner § 244 Rn. 5; K. Schmidt-Spliedt § 244 Rn. 5). Letzterer Auffassung ist zuzustimmen. Der etwaig unterschiedliche Verlauf der jeweiligen Forderung spricht nicht dagegen (so aber Wohlleben, Kölner Schrift zur InsO, S. 1655, Rn. 49). Bei jeglichen Gläubigern mit mehreren Forderungen kann die jeweilige Forderung einen unterschiedlichen Verlauf nehmen. Vielmehr ist 6 bei dieser Streitfrage zu beachten, dass die Kopfmehrheit die unterschiedlichen Motivationen der Gläubiger berücksichtigen soll. Diese dürfte bei den Rückgriffsgläubigern unabhängig von der jeweiligen einzelnen Forderung sein. Einmal von dieser Streitfrage abgesehen, empfiehlt es sich, wesentliche Rückgriffsgläubiger frühzeitig in die Plangestaltung zu involvieren und ein mögliches Abstimmungsverhalten zu erörtern (FK-Jaffé § 244 Rn. 25). Auch eine gesonderte Gruppenbildung (§ 222 Rdn. 18) kann zur Vermeidung etwaiger Unstimmigkeiten über die Kopfanzahl durchaus sinnvoll sein.

7   Die **Summenmehrheit** bezieht sich auf die Forderungsbeträge. Die Beträge sind in der Stimmliste aufgeführt.

2. Gläubiger mit gemeinschaftlichen Rechten (Abs. 2)

8   Abs. 2 stellt sicher, dass Gesamt(-hands-)gläubiger bei der Berechnung der Kopfmehrheit nach Abs. 1 Nr. 1 lediglich als ein Gläubiger gezählt werden. Der Grundsatz der einheitlichen Stimme gilt nach Satz 2 auch für Pfandrecht und Nießbrauch. Wesentliche praktische Anwendung findet die Norm jedoch bei Gesamtgläubigern und Gesellschaftern einer GbR, OHG oder KG. Betroffen sind somit grds. auch Sicherheitenverwertungsgemeinschaften (NR-Braun § 244 Rn. 16).

9   Die hieraus Berechtigten und der Forderungsinhaber haben nur eine gemeinsame Stimme. Diese muss aber nicht zwangsläufig durch alle Vertretungsberechtigen abgegeben werden. Geben die Gläubiger eines – auch ehemaligen – gemeinschaftlichen Rechts ein unterschiedliches Votum ab, gelten die Stimmenabgaben als Enthaltungen (MK-Hintzen § 244 Rn. 18). Abs. 2 bezieht sich dabei nicht nur auf zum Zeitpunkt der Insolvenzeröffnung, sondern auch auf zum Zeitpunkt des Eintritts des Eröffnungsgrundes bestehende gemeinschaftliche Rechte. Dadurch sollen manipulative Splittungen vermieden werden (MK-Hintzen § 244 Rn. 15). Wird Abs. 2 bei der Ermittlung des Abstimmungsergebnisses – etwa aufgrund der Unkenntnis von ehemals gemeinschaftlichen Rechten – nicht berücksichtigt, kommt eine Versagung der Planbestätigung nach §§ 250, 251 nur in Betracht, wenn die falsche Berechnung der Kopfmehrheit in der betroffenen Gruppe Einfluss auf das Abstimmungsergebnis hatte.

3. Am Schuldner beteiligte Personen (Abs. 3)

10 Nach Abs. 3 bemisst sich in einer Gruppe der am Schuldner beteiligten Personen die erforderliche Mehrheit allein an der Summe der Beteiligungen. Auf eine zusätzliche Kopfmehrheit kommt es, anders als bei den Gläubigern (Abs. 1 Nr. 1), nicht an. Der Gesetzgeber begründet dies mit den gesellschaftsrechtlichen Wertungen, nach denen für Beschlüsse i. d. R. ebenfalls nur die Kapitalmehrheit und nicht die Kopfmehrheit maßgeblich sei (RegE ESUG, BT-Drucks. 17/5712, S. 34). Diese Begründung trifft allerdings nur auf die Kapitalgesellschaften zu, während bei den weniger kapitalistisch orientierten Personengesellschaften oder Genossenschaften andere Lösungsansätze heranzuziehen sind. Hierzu und zu den sich daraus ergebenden Problemen bei der Stimmrechtsfestsetzung ausführlich bei § 238a Rdn. 5.

III. Verfahren

11 Das **Abstimmungsergebnis** ist zu protokollieren und bekannt zu geben. Besteht keine Möglichkeit der unmittelbaren Bekanntgabe, hat das Gericht sofort einen Termin zur Fortsetzung des Abstimmungstermins zu bestimmen (§ 4 i. V. m. § 136 Abs. 3 ZPO).

12 Das **weitere Verfahren** ist von dem Abstimmungsergebnis abhängig (zur fehlenden Abstimmung s. Rdn. 2 f.). Haben alle Gruppen mit den erforderlichen Mehrheiten dem Plan zugestimmt und liegt kein beachtlicher Widerspruch des Schuldners vor (§ 247), beginnt der Ablauf des Bestätigungsverfahrens nach den §§ 248 ff. Haben die Gruppen nicht mehrheitlich dem Plan zugestimmt, hat das Gericht die Bestätigung des Plans abzulehnen (§ 248 Rdn. 2). Das Regelverfahren ist sodann durchzuführen. Haben nicht alle, aber doch die Mehrheit der Gruppen dem Plan zugestimmt, hat das Gericht vor der weiteren Entscheidung die Ersetzung der Zustimmungen nach § 245 zu prüfen.

§ 245 Obstruktionsverbot

(1) Auch wenn die erforderlichen Mehrheiten nicht erreicht worden sind, gilt die Zustimmung einer Abstimmungsgruppe als erteilt, wenn
1. die Angehörigen dieser Gruppe durch den Insolvenzplan voraussichtlich nicht schlechter gestellt werden, als sie ohne einen Plan stünden,
2. die Angehörigen dieser Gruppe angemessen an dem wirtschaftlichen Wert beteiligt werden, der auf der Grundlage des Plans den Beteiligten zufließen soll, und
3. die Mehrheit der abstimmenden Gruppen dem Plan mit den erforderlichen Mehrheiten zugestimmt hat.

(2) Für eine Gruppe der Gläubiger liegt eine angemessene Beteiligung im Sinne des Absatzes 1 Nummer 2 vor, wenn nach dem Plan
1. kein anderer Gläubiger wirtschaftliche Werte erhält, die den vollen Betrag seines Anspruchs übersteigen,
2. weder ein Gläubiger, der ohne einen Plan mit Nachrang gegenüber den Gläubigern der Gruppe zu befriedigen wäre, noch der Schuldner oder eine an ihm beteiligte Person einen wirtschaftlichen Wert erhält und
3. kein Gläubiger, der ohne einen Plan gleichrangig mit den Gläubigern der Gruppe zu befriedigen wäre, bessergestellt wird als diese Gläubiger.

(3) Für eine Gruppe der Anteilsinhaber liegt eine angemessene Beteiligung im Sinne des Absatzes 1 Nummer 2 vor, wenn nach dem Plan
1. kein Gläubiger wirtschaftliche Werte erhält, die den vollen Betrag seines Anspruchs übersteigen, und
2. kein Anteilsinhaber, der ohne einen Plan den Anteilsinhabern der Gruppe gleichgestellt wäre, bessergestellt wird als diese.

Übersicht	Rdn.
A. Normzweck	1
B. Norminhalt	2
I. Mechanismus der Zustimmungsfiktion	3
II. Voraussetzungen der Zustimmungsfiktion	4
1. Keine Schlechterstellung (Abs. 1 Nr. 1)	5
2. Angemessene Beteiligung (Abs. 1 Nr. 2 i. V. m. Abs. 2 bzw. Abs. 3)	8
a) Angemessene Beteiligung der Gläubiger (Abs. 2)	10
aa) Keine überschießende Befriedigung eines Gläubigers (Abs. 2 Nr. 1)	10
bb) Keine Wertzuweisung an nachrangige Gläubiger oder den Schuldner (Abs. 2 Nr. 2)	11
cc) Keine Besserstellung anderer gleichrangiger Gläubiger (Abs. 2 Nr. 3)	15
b) Angemessene Beteiligung der am Schuldner beteiligten Personen (Abs. 3)	16
aa) Keine überschießende Befriedigung eines Gläubigers (Abs. 3 Nr. 1)	16
bb) Keine Besserstellung anderer gleichgestellter Anteilsinhaber (Abs. 3 Nr. 2)	17
3. Mehrheit der abstimmenden Gruppen (Abs. 1 Nr. 3)	18
C. Verfahrensfragen	20

A. Normzweck

Über § 245 wird die fehlende Zustimmung einer Gruppe fingiert, wenn diese das Zustandekommen des Plans verhindert, obwohl ihre legitimen Interessen ausreichend berücksichtigt werden. Hierdurch soll vor allem die missbräuchliche Stimmenabgabe überwunden werden. Die Zustimmungsfiktion wird teilweise als Abwertung des Abstimmungsergebnisses und damit einhergehend als Einschränkung der Gläubigerautonomie aufgefasst und entsprechend kritisiert (HK-Flessner § 245 Rn. 2; Smid/Rattunde, InsPlan, Kap. 13). Dem ist entgegenzutreten. Die Vorschrift dient lediglich der Grenzziehung zwischen Gläubigerautonomie und Rechtsmissbrauch. Dass über die Vorschrift in Einzelfällen auch Ablehnungen überwunden werden können, die nicht in Miss-

§ 245 InsO Obstruktionsverbot

brauchsabsicht erfolgten (HK-Flessner § 245 Rn. 2), ist vor dem Hintergrund der ausreichenden Berücksichtigung der legitimen Interessen aller Beteiligter unbedenklich.

1a Die Vermeidung rechtsmissbräuchlicher Obstruktion bekommt besondere Bedeutung im Hinblick auf die durch das ESUG eingeführte Möglichkeit bzw. Verpflichtung, Altanteilsinhaber, welche im Regelverfahren kein Mitspracherecht haben, in die Gruppenabstimmung mit einzubeziehen. Auch bei der Gruppe der Anteilsinhaber ist es denkbar, dass diese ihre Zustimmung missbräuchlich verweigern. Daher bedarf es auch für diese Gruppe einer Möglichkeit der Fiktion der Zustimmung, sofern sie angemessen an dem wirtschaftlichen Wert beteiligt wird, der durch den Plan realisiert wird (BT-Drucks. 17/5712, S. 34). Hierfür wurde mit dem ESUG der Abs. 3 an die Vorschrift angefügt.

B. Norminhalt

2 Der Vorschrift wird eine herausragende Bedeutung beigemessen. Allerdings wird bereits ihr theoretischer Anwendungsbereich durch das Gebot der Gleichstellung gem. Abs. 2 Nr. 3 und Abs. 3 Nr. 2 erheblich eingeschränkt. Denn diese grenzen die Gestaltungsmöglichkeiten zwischen den Gruppen bei anderslautendem Willen der im Verhältnis schlechter gestellten Gruppe ein (Rdn. 15 und 17). Zudem findet die Vorschrift selten praktische Anwendung. In den überwiegenden Fällen werden die Entscheidungen im Abstimmungstermin durch vorherige Verhandlungen oder durch geschickte Gruppenaufteilung mit den nach § 244 erforderlichen Mehrheiten gefällt.

I. Mechanismus der Zustimmungsfiktion

3 § 245 wahrt unter engen Grenzen faktisch das **Mehrheitsprinzip**. Sieht § 244 Abs. 1 noch die Zustimmung aller abstimmenden Gruppen vor, fingiert § 245 bereits bei Bestehen einer einfachen Mehrheit unter den Voraussetzungen des Abs. 1 Nr. 1 und 2 die Zustimmung der ablehnenden Gruppen und führt somit zu der nach § 244 erforderlichen Einstimmigkeit.

II. Voraussetzungen der Zustimmungsfiktion

4 Die **kumulativ** notwendigen Voraussetzungen der Zustimmungsfiktion sind für alle Beteiligten in Abs. 1 **abschließend** aufgezählt. Die Abs. 2 und 3 konkretisieren sodann die in Abs. 1 Nr. 2 genannte Voraussetzung der angemessenen Beteiligung, differenzierend nach Gläubigern (Abs. 2) und am Schuldner beteiligten Personen (Abs. 3).

1. Keine Schlechterstellung (Abs. 1 Nr. 1)

5 Zuallererst ist es für die Fiktion der Zustimmung nach Abs. 1 Nr. 1 erforderlich, dass die Angehörigen der den Plan ablehnenden Gruppe durch den Plan nicht schlechtergestellt werden. Wie auch § 251 stellt § 245 Abs. 1 Nr. 1 auf den Vergleich der Lösungen mit und ohne Plan ab. Der Mehrheitsschutz des § 245 greift, wenn die Nichtschlechterstellung wahrscheinlicher als die Schlechterstellung ist. Zweifel gehen daher zulasten des Plans. Der Minderheitenschutz nach § 251 fordert spiegelbildlich die wahrscheinlichere Schlechterstellung durch den Plan, sodass Zweifel zulasten des Antragstellers gehen. Für die Frage der Schlechterstellung sind allein die **Beteiligten der betroffenen Gruppe** zu betrachten (HK-Flessner § 245 Rn. 11). Das für die Beteiligten der betroffenen Gruppe zu erwartende Ergebnis eines Verfahrens ohne Plan ist mit dem Ergebnis des Planverfahrens zu vergleichen. **Individualinteressen** einzelner Beteiligter einer Gruppe finden i. R. d. § 245 Abs. 1 Nr. 1 keine Berücksichtigung, sondern müssen ggf. i. R. d. § 251 geltend gemacht werden (zu weitgehend in diesem Sinne allerdings AG Düsseldorf, ZInsO 2008, 463, 464, wonach die für alle Gläubiger gegebene Möglichkeit eines erfolgversprechenden Antrages auf Versagung der Restschuldbefreiung wegen der dann allein wieder maßgeblichen Einzelzwangsvollstreckung ein nach Abs. 1 Nr. 1 unbeachtliches Individualinteresse darstellt).

6 Ausschlaggebend für die Vergleichsrechnung sind allein **wirtschaftliche Gesichtspunkte** (LG Traunstein, ZInsO 1999, 577, 580 f.). Die Berücksichtigung anderer Werte wäre nicht praktikabel.

Das Gericht hat somit eine **Prognoseentscheidung** zu fällen. Die Entscheidung hängt davon ab, ob eine Nichtschlechterstellung ggü. der Regelabwicklung wahrscheinlicher ist als eine Schlechterstellung (so auch LG Mühlhausen, NZI 2007, 724, 727). Bleiben Zweifel, gehen diese zulasten des nicht einstimmig angenommenen Plans. Das Gericht hat seine Entscheidung auf den Zeitpunkt der voraussichtlichen Rechtskraft des Bestätigungsbeschlusses abzustellen. Von der Prognose umfasst ist auch die Berücksichtigung der Durchführbarkeit des Plans. Grds. wird das Gericht die Prognose anhand der Ergebnisse zu Zerschlagungswerten vornehmen. Nur wenn konkrete Hinweise auf eine andere bessere Verwertungsmöglichkeit vorliegen, hat es diese bei der Vergleichsrechnung zu berücksichtigen. Das Gericht kann für seine Entscheidung zusätzliche Tatsachen ermitteln und einen Gutachter hinzuziehen, ist hierzu jedoch nicht verpflichtet (BT-Drucks. 14/120, S. 14; HK-Flessner § 245 Rn. 14). Dies folgt weniger aus dem Grundsatz der Sparsamkeit der einzusetzenden Mittel (Smid/Rattunde, InsPlan, Rn. 13.27 ff.), denn Kostenerwägungen dürfen nicht zulasten der Zuverlässigkeit der Entscheidungsgrundlage gehen. Vielmehr folgt dies aus dem noch in der Gesetzgebungsphase (BGBl. I 1998, S. 3839) eingefügten Merkmal »voraussichtlich«. Vor allem aus Gründen der Beschleunigung sollte das Gericht daher nur bei erheblichen Problemen Gutachter hinzuziehen. Der Planverfasser hingegen sollte zur Vorbereitung einer derartigen Prognoseentscheidung im darstellenden Teil eine **Vergleichsrechnung** einfügen (s. § 220 Rdn. 7). 7

2. Angemessene Beteiligung (Abs. 1 Nr. 2 i. V. m. Abs. 2 bzw. Abs. 3)

Voraussetzung für die Zustimmungsfiktion ist des Weiteren die angemessene Beteiligung der Angehörigen der Gruppe an dem laut Plan zufließenden Wert. Deren Voraussetzungen richten sich wiederum abschließend (HK-Flessner § 245 Rn. 18; Uhlenbruck-Lüer § 245 Rn. 22) nach Abs. 2 und 3. 8

Mit Wert i. S. d. Vorschrift ist nicht der gesamte laut Plan zufließende Wert, sondern nur der **Mehrwert**, der durch den Plan im Verhältnis zu einer Regelabwicklung entsteht, gemeint (RefE 1989 S. 289). Die Vorschrift differenziert zwischen der angemessenen Beteiligung der Gläubiger einerseits (Abs. 2, s. Rdn. 10 ff.) und der Anteilsinhaber andererseits (Abs. 3, s. Rdn. 16 ff.). 9

a) Angemessene Beteiligung der Gläubiger (Abs. 2)

aa) Keine überschießende Befriedigung eines Gläubigers (Abs. 2 Nr. 1)

Nach Abs. 2 Nr. 1 darf kein anderer Gläubiger wirtschaftliche Werte erhalten, die den vollen Betrag seines Anspruchs übersteigen. D. h., kein Gläubiger darf mehr als 100 % seines Anspruchs erhalten. Der Anspruch umfasst auch Zinsen und Kosten. Mögliche Abzinsungen sind vom Gericht in der Berechnung zu berücksichtigen (vgl. MK-Drukarczyk § 245 Rn. 66 ff.). 10

bb) Keine Wertzuweisung an nachrangige Gläubiger oder den Schuldner (Abs. 2 Nr. 2)

Gem. Abs. 2 Nr. 2 darf zudem weder ein Gläubiger, der ohne Plan mit Nachrang ggü. den Gläubigern der Gruppe zu befriedigen wäre, noch der Schuldner oder eine an ihm beteiligte Person einen wirtschaftlichen Wert i. S. d. Abs. 1 Nr. 2 erhalten. 11

Der **Nachrang** ggü. den Gläubigern der Gruppe bezieht sich auf § 39 InsO und seine Rangstufen. Sofern es um die Fiktion der Zustimmung einer Gruppe nicht nachrangiger Gläubiger geht, darf demnach kein Gläubiger, der mit seiner Forderung unter § 39 fällt, einen Wert erhalten. Geht es um eine Zustimmungsfiktion für eine Gruppe von nachrangigen Gläubigern i. S. d. § 39 Abs. 1 Nr. 1 bis 4, dürfen Gläubiger der jeweils untergeordneten Rangstufen keinen wirtschaftlichen Wert erhalten. Für eine Gruppe von nachrangigen Gläubigern nach § 39 Abs. 1 Nr. 5 greift Abs. 2 Nr. 2 nicht, da diesen als letztrangigen Gläubigern keine anderen Gläubiger im Rang nachstehen. Abs. 2 Nr. 2 ist auch nicht auf das Verhältnis zwischen **Absonderungsberechtigten** und nicht nachrangigen Insolvenzgläubigern anwendbar. Denkbar wäre dies zumindest bezogen auf den durch das Planverfahren erschaffenen Mehrwert des mit dem Absonderungsrecht belasteten Gegenstands (so auch HK-Flessner § 245 Rn. 22). Über Abs. 1 Nr. 1 sind die Absonderungsberechtigten jedoch 12 bereits ausreichend geschützt, wenn auch Abs. 1 Nr. 1 von einer Schlechterstellung durch den Plan und Abs. 2 Nr. 2 von einer Schlechterstellung bei der Beteiligung ausgeht. Vor allem aber spricht der Wortlaut gegen eine derart weite Auffassung. Absonderungsberechtigte Gläubiger sind keine andersrangigen Gläubiger. Eine Rangordnung kennt die InsO nur im Bereich der §§ 38, 39 (NR-Braun § 245 Rn. 22; LG Traunstein, ZInsO 1999, 577, 581). Erschwerend kommt hinzu, dass bei einer derartigen Anwendung der Norm jeder Eingriff in die Rechte der Absonderungsberechtigten zugunsten der nicht nachrangigen Gläubiger zu einem Ausschluss des Obstruktionsverbots bei dieser Gruppe führen würde. Dies würde eine weitere nicht akzeptable Eingrenzung der Planungsfreiheit bedeuten.

13 Umstritten ist, wann eine Wertzuweisung an den **Schuldner** oder eine an ihm beteiligte Person vorliegt. Die Beurteilung muss einzelfallbezogen erfolgen (BT-Drucks. 12/2443, S. 209). Der Anwendungsbereich ist eng zu fassen, denn auch hier ist zu berücksichtigen, dass die Gläubiger bereits durch Abs. 1 Nr. 1 ausreichend geschützt sind (ähnlich K. Schmidt-Spliedt § 245 Rn. 23). Wesentlich für die Frage des wirtschaftlichen Wertes ist nicht, ob der Schuldner durch den Plan einen konkreten Gegenstand erhalten soll. Vielmehr sind voraussichtlich bei ihm verbleibende Gegenstände (Aktiva) und zu übernehmende Verbindlichkeiten (Passiva) zum vermutlichen Zeitpunkt der Aufhebung des Insolvenzverfahrens nach rechtskräftiger Bestätigung des Plans einander gegenüberzustellen. Der Wertansatz für die Aktiva hängt dabei von dem Ziel des Plans ab. Drittzahlungen sind als Verbindlichkeiten zu werten. Abzustellen ist sodann auf den **Saldo (Substanzwert)**. Es handelt sich damit im Grundsatz um eine bilanzielle Betrachtung (so auch Uhlenbruck-Lüer § 245 Rn. 27; Braun-Frank § 245 Rn. 12). Im Fall der **Betriebsfortführung** ist der Mehrwert schwierig zu bestimmen. Nach der Gesetzesbegründung (BT-Drucks. 12/2443, S. 209) soll ausschlaggebend sein, ob andere Übernahmeinteressenten vorhanden sind (vgl. auch LG Mühlhausen, NZI 2007, 724, 726; a. A. Uhlenbruck-Lüer § 245 Rn. 30). Dem ist insoweit zuzustimmen, als dass in diesen Fällen der angebotene Kaufpreis einen Anhaltspunkt für den Wert der Aktiva vermittelt. In einem Fall, in dem kein Dritter bereit war, den (Teil-) Betrieb fortzuführen, wurde vertreten, dass kein Wert bei dem Schuldner verbleibt (LG Traunstein, ZInsO 1999, 577, 582). Dies lässt allerdings unberücksichtigt, dass die Suche nach Übernahmeinteressenten noch nicht abgeschlossen sein muss. Auch in den Fällen der Betriebsfortführung ist daher der Substanzwert zu ermitteln. Ist dieser neutral oder negativ, ist kein Mehrwert gegeben. Sofern der Substanzwert positiv ist, führt dies nicht zwangsläufig zu einem Mehrwert. Vielmehr sind in diesen Fällen die prognostizierbaren Ergebnisse nach der Aufhebung des Insolvenzverfahrens mit einzubeziehen (**Ertragswert**). Der bei dem Ertragswert zu berücksichtigende Zeitrahmen ist einzelfallabhängig. Nur bei einem positiven Gesamtsaldo des Substanz- und Ertragswertes kann sodann von einem Mehrwert gesprochen werden.

14 Die Wertzuwächse i. R. d. Betriebsfortführung können jedoch auch andere Gestalt haben. So ist bei **Kapitalerhöhungen** zu differenzieren. Handelt es sich um eine Barkapitalerhöhung, gilt für den Wertzuwachs bei dem Schuldner das Gleiche wie bei einer Mittelzufuhr durch Dritte. Aufgrund der Passivierung des Eigenkapitalerhöhungsbetrages entsteht kein bilanzieller Mehrwert. Anders verhält es sich jedoch bei dem Zufluss an die an dem Schuldner beteiligten Personen. Für Altgesellschafter, die nach dem Plan ihre Anteile behalten, verbessert sich durch das frische Kapital der Verkehrswert ihrer Beteiligung. Das Argument, die Gesellschafter hätten im Regelverfahren keine Kapitalerhöhung beschlossen (MK-Eidenmüller § 217 Rn. 123), greift nur bei der Frage der Schlechterstellung nach Abs. 1 Nr. 1. I. R. d. Abs. 2 Nr. 2 stellt der Zufluss aus einer Kapitalerhöhung aber gerade dann einen Mehrwert dar, wenn dieser ohne Insolvenzplan nicht geflossen wäre (vgl. Rdn. 9). Relevant wird dieser Mehrwert jedoch nur dann, wenn die Gesellschaft selbst nach den obigen Kriterien (Rdn. 13) einen Wert darstellt. Gleiches gilt bei einer Sachkapitalerhöhung im Rahmen eines debt-equity-swaps, sofern nicht zuvor ein vollständiger Kapitalschnitt erfolgt.

cc) Keine Besserstellung anderer gleichrangiger Gläubiger (Abs. 2 Nr. 3)

15 Abs. 2 Nr. 3 betrifft letztlich die angemessene Beteiligung der einzelnen Gläubiger im **Verhältnis zu den Gläubigern anderer Gruppen**. Die fehlende Zustimmung darf nicht ersetzt werden, wenn ein

ohne Plan gleichrangiger Gläubiger bessergestellt wird als die Gläubiger der ablehnenden Gruppe. Dabei bezieht sich das Merkmal »gleichrangig« auf die Rangfolge der §§ 38, 39. Die Auswirkungen dieser Voraussetzung für die Zustimmungsfiktion nach Abs. 1 sind enorm (vgl. FK-Jaffé § 245 Rn. 27 ff.). Die Zustimmung kann danach nicht fingiert werden, wenn einer anderen Gruppe nicht nachrangiger Gläubiger eine höhere Quote zugedacht wird. Der Planverfasser kann dem Scheitern des Obstruktionsverbots an Abs. 2 Nr. 3 nur entgegenwirken, indem er allen Gruppen nicht nachrangiger Gläubiger dieselbe Quote gewährt. Dies schränkt vor allem aufgrund der gleichfalls vorliegenden Voraussetzung der sachgerechten Abgrenzung (§ 222 Rdn. 18) die Gestaltungsmöglichkeiten durch die Gruppenbildung gem. § 222 erheblich ein. Insb. die Taktik, die Zustimmung der Kleingläubigergruppe nach § 222 Abs. 3 Satz 2 durch Gewährung einer besonders hohen Quote zu gewinnen (dazu § 222 Rdn. 26 f.), kann damit durch Gruppen anderer nicht nachrangiger Gläubiger zum Scheitern gebracht werden (so zutreffend bereits FK-Jaffé § 245 Rn. 28). Im Ergebnis stellt eine von der Gläubigereinteilung im Regelverfahren abweichende Gruppenbildung für das Gelingen des Planverfahrens rgm. ein Risiko dar. Vor dem Hintergrund der stets betonten Freiheit und Flexibilität des Planerstellers bei der Gruppenbildung (§ 222 Rdn. 3) ist zu bezweifeln, dass dieses Ergebnis vom Gesetzgeber gewollt gewesen ist. Eine andere Interpretation lässt der Wortlaut jedoch nicht zu (a. A. K. Schmidt-Spliedt § 245 Rn. 30 für Kleingläubigergruppen, bei denen Abs. 2 Nr. 3 durch § 222 Abs. 3 teleologisch reduziert werde). Sollte sich in der Praxis zeigen, dass Insolvenzpläne bei Vorliegen der übrigen Voraussetzungen des § 245 allzu oft an § 245 Abs. 2 Nr. 3 scheitern, wäre diese Vorschrift vom Gesetzgeber zu überdenken. Denn über Abs. 1 Nr. 1 wird bereits dem einzelnen Beteiligten ausreichender Schutz gewährt, wenn auch Abs. 1 Nr. 1 die Schlechterstellung durch den Plan und Abs. 2 Nr. 3 die Schlechterstellung im Verhältnis zu den übrigen Beteiligten betrifft.

b) Angemessene Beteiligung der am Schuldner beteiligten Personen (Abs. 3)

aa) Keine überschießende Befriedigung eines Gläubigers (Abs. 3 Nr. 1)

Ebenso wie für die Gläubiger nach Abs. 2 Nr. 1 liegt gem. Abs. 3 Nr. 1 auch bei den am Schuldner beteiligten Personen keine angemessene Beteiligung vor, wenn ein Gläubiger wirtschaftliche Werte erhält, die den vollen Betrag seines Anspruchs übersteigen. Es darf folglich generell kein Gläubiger mehr als 100 % seines Anspruchs erhalten (vgl. oben Rdn. 10).

bb) Keine Besserstellung anderer gleichgestellter Anteilsinhaber (Abs. 3 Nr. 2)

Abs. 3 Nr. 2 stellt eine dem für die Gläubiger geltenden Abs. 2 Nr. 3 entsprechende Regelung für die Altanteilsinhaber dar. Gleichwohl bestehen Unterschiede. Maßgeblich ist bei Abs. 3 Nr. 2 nach der Gesetzesbegründung die **rechtliche Gleichstellung** (BT-Drucks. 17/5712, S. 34). Dies bedarf einer näheren Eingrenzung. Bei Abs. 2 Nr. 3 ist für die Gläubiger die Befriedigungsrangfolge nach §§ 38, 39 maßgeblich (s. o. Rdn. 15). Mangels einer den §§ 38, 39 entsprechenden Regelung für am Schuldner beteiligte Personen richtet sich die Rangfolge nach dem jeweils maßgeblichen Gesellschaftsrecht bzw. den etwaigen Modifikationen durch die Satzung oder den Gesellschaftsvertrag. I. d. R. sind nach den jeweils maßgeblichen Vorschriften des Gesellschaftsrechts die Gesellschafter einander rechtlich gleichgestellt. Das **Gleichbehandlungsgebot** gilt als allgemeiner Rechtsgrundsatz im Gesellschaftsrecht (vgl. zum Aktienrecht Hüffer, AktG, § 53a Rn. 1; für die GmbH-Gesellschafter Baumbach/Hueck, GmbHG, § 13 Rn. 31 ff.; im HGB Baumbach/Hopt-Hopt, HGB, § 109 Rn. 29; s. a. die Ausführungen unter § 226 Rdn. 1). Von dem Gleichbehandlungsgrundsatz kann in engen Grenzen durch Satzung oder Gesellschaftsvertrag abgewichen werden. Die Abweichungen können sich auf die unterschiedlichen mitgliedschaftsrechtlichen Bereiche beziehen. Es ist aber davon auszugehen, dass Abs. 3 Nr. 2 sich ebenso wie Abs. 2 Nr. 3 ausschließlich auf die **Befriedigungsrangfolge**, also auf das Verhältnis der Rechte der Gesellschafter bei der Gewinn- und Überschussverteilung bezieht. So können im Gesellschaftsrecht bei sachgerechter Abgrenzbarkeit den Gesellschaftern unterschiedliche Rechte bei der Gewinn- und Überschussverteilung zugewiesen werden (im Aktien-Recht zur Ausschüttung von Dividenden § 170 Abs. 2 Nr. 1 AktG und zu Abwicklungsüberschüssen § 271 Abs. 2 AktG; zur Gewinnverteilung im GmbH-Recht § 29 GmbHG und im HGB §§ 121 ff., hierzu Baumbach/Hopt-Hopt, HGB, § 121 Rn. 8). Typischer Fall ist auch die Differenzierung nach Stammaktionären und Vorzugsaktionären. Diese sind daher i. R. d. Abs. 3 Nr. 2 aufgrund unterschiedlicher Rechtsstellung nicht miteinander zu vergleichen (s. a. Praxishinweis am Ende dieser Rn.). Wie bei den Gläubigern (oben Rdn. 15) stellt sich hier die Problematik bei einer Gruppenbildung nach § 222 Abs. 2 Nr. 3, der mit dem ESUG auf geringfügig beteiligte Anteilsinhaber erstreckt wurde. So können auch den geringfügig beteiligten Anteilsinhabern nicht ohne Risiko einer Obstruktion aus sozialen oder taktischen Erwägungen größere Zugeständnisse gemacht werden als rechtlich gleichgestellten Anteilsinhabern mit höheren Beteiligungen (BT-Drucks. 17/5712, S. 34).

▶ **Praxishinweis:**

Bei der Prüfung der Voraussetzung des Abs. 3 Nr. 2 durch das Gericht ist grds. von einer gleichen Rechtsstellung der am Schuldner beteiligten Personen auszugehen, soweit nicht bereits im Plan – etwa i. R. d. Gruppenabgrenzung nach § 222 Abs. 2 – oder durch einen Beteiligten auf eine vorliegende abweichende Regelung durch Satzung oder Gesellschaftsvertrag hingewiesen wird.

3. Mehrheit der abstimmenden Gruppen (Abs. 1 Nr. 3)

18 Letzte Voraussetzung für die Zustimmungsfiktion ist die Zustimmung der Mehrheit der abstimmenden Gruppen zum Plan.

19 Aus dem Erfordernis der »Mehrheit der abstimmenden Gruppen« ergibt sich, dass § 245 nur dann Anwendung findet, wenn mindestens drei Gruppen vorhanden sind und diese auch abgestimmt haben. Gruppen, in denen kein einziger Gläubiger abgestimmt hat und Gruppen, bei denen die Zustimmung per Gesetz fingiert wird (§§ 246, 246a), bleiben bei der Mehrheitsberechnung außer Betracht (vgl. BT-Drucks. 12/2443, S. 209 und die Kommentierung zu §§ 246, 246a). Teilweise wird aufgrund der großen Bedeutung, die der Einbeziehung der Anteilsinhaber nach dem ESUG für die Sanierung zukommen soll, eine Differenzierung vorgeschlagen, wonach die Zustimmungsfiktion nach § 246a wohl, nicht aber die nach § 246 bei der Mehrheitsbildung berücksichtigt wird (so HK-Flessner § 245 Rn. 5 und § 246a). Die Einbeziehung der Anteilsinhaber in die Gruppenbildung und die damit verbundene Gelegenheit zur Abstimmung dient jedoch allein dem Schutz der Rechte der Anteilsinhaber. Die Berücksichtigung einer Gruppe nicht abstimmender Anteilsinhaber i. R. d. Abs. 1 Nr. 3 wäre hingegen auf die Überwindung der Obstruktion einer weiteren Gruppe gerichtet. Dies könnte auch eine Gläubigergruppe sein. Es ist jedoch nicht ersichtlich, dass der Gesetzgeber der Einbeziehung der Anteilsinhaber eine Bedeutung als Instrument zur leichteren Überwindung von Obstruktionen durch die Gläubiger hat zukommen lassen wollen. Machen die Anteilsinhaber von ihrem Abstimmungsrecht keinen Gebrauch, müssen sie daher außer Betracht bleiben (ähnlich K. Schmidt-Spliedt § 245 Rn. 17; vgl. hierzu auch ausführlich § 246a Rdn. 3).

C. Verfahrensfragen

20 Für die nach § 245 zu treffenden Feststellungen gilt der Amtsermittlungsgrundsatz gem. § 5 Abs. 1. Das Gericht hat vorrangig den Plan nebst Anlagen, etwaig hierzu eingegangene Stellungnahmen und die Vermögensverzeichnisse nach §§ 151 ff. einzusehen. Zudem sind der Insolvenzverwalter bzw. Sachwalter und ggf. der Gläubigerausschuss zu hören. Bei dem Umfang der Ermittlungen hat das Gericht einen Ermessensspielraum. Dies gilt vor allem bei der Frage der Einholung eines Sachverständigengutachtens (K. Schmidt-Spliedt § 245 Rn. 37 ff.).

21 Liegen die Voraussetzungen der Ersetzung vor, hat das Gericht dies festzustellen, in das Protokoll aufzunehmen und bekannt zu geben. Ist dies nicht im Abstimmungstermin möglich, ist gem. § 252 Abs. 1 Satz 1, 2. Alt. ein gesonderter Verkündungstermin anzuberaumen (NR-Braun § 252 Rn. 2).

Die Entscheidung über die Fiktion der Zustimmung selbst ist nicht angreifbar (LG Göttingen, ZInsO 2004, 1318, 1320). Mittelbar ergibt sich jedoch eine Überprüfungsmöglichkeit über die sofortige Beschwerde gegen den späteren Beschluss des Gerichts nach § 253. 22

§ 246 Zustimmung nachrangiger Insolvenzgläubiger

Für die Annahme des Insolvenzplans durch die nachrangigen Insolvenzgläubiger gelten ergänzend folgende Bestimmungen:
1. Die Zustimmung der Gruppen mit einem Rang hinter § 39 Abs. 1 Nr. 3 gilt als erteilt, wenn kein Insolvenzgläubiger durch den Plan besser gestellt wird als die Gläubiger dieser Gruppen.
2. Beteiligt sich kein Gläubiger einer Gruppe an der Abstimmung, so gilt die Zustimmung der Gruppe als erteilt.

Übersicht	Rdn.		Rdn.
A. Normzweck	1	B. Norminhalt	2

A. Normzweck

Die Vorschrift soll bei einer Beteiligung **nachrangiger Gläubiger** die Abstimmung erleichtern (BT-Drucks. 12/2443, S. 209). Auf Gruppen nicht nachrangiger Gläubiger oder am Schuldner beteiligter Personen sind die Bestimmungen in Nr. 1 und 2 weder direkt anwendbar noch entfalten sie für diese Wirkung über § 245 Abs. 1 Nr. 3 (s. u. Rdn. 4 und 5). 1

B. Norminhalt

Der **Anwendungsbereich** der Norm ist überaus gering (vgl. Uhlenbruck-Lüer § 246 Rn. 2). 2

Die ehemals als Nr. 1 geregelte Ersetzung der Zustimmung für **Gruppen von Zins- und Kostengläubigern** i. S. d. § 39 Abs. 1 Nr. 1 und 2 wurde durch das ESUG gestrichen. Die Fiktion sollte greifen, wenn die Zins- und Kostenforderungen im Plan erlassen werden sollten oder nach § 225 Abs. 1 als erlassen gelten und bereits die Hauptforderungen nicht voll berichtigt werden können. Ein realistischer Anwendungsfall war kaum denkbar. Denn im Fall des nach Nr. 1 a. F. geforderten vollständigen Erlasses bedarf es keiner Gruppenbildung nach § 222 Abs. 1 Nr. 3. Auch verbietet sich eine fakultative Gruppenbildung nach § 222 Abs. 2 (vgl. auch RegE ESUG, BT-Drucks. 17/5712, S. 34). Denn eine Planregelung, die der vom Gesetz vorgesehenen Folge nach § 225 Abs. 1 entspricht, begründet keine sachgerechte Abgrenzung. Die Streichung erfolgte somit zu Recht. Ist im Plan geregelt, dass die Forderungen i. S. v. § 39 Abs. 1 Nr. 1 und 2 in Abweichung von § 225 Abs. 1 nicht als vollständig erlassen gelten und werden in der Gruppe die erforderlichen Mehrheiten nicht erreicht, ist eine Zustimmungsfiktion lediglich über § 245 möglich. 3

Für **Gläubiger mit Straf-, Buß- oder Ordnungsgeldforderungen** i. S. d. § 39 Abs. 1 Nr. 3 trifft § 246 keine Regelung, da diese Forderungen durch einen Plan nicht beeinträchtigt werden können (§ 225 Abs. 3). 4

§ 246 Nr. 1 (ehemals Nr. 2) regelt die Ersetzung der Zustimmung für Gruppen der Gläubiger mit **Forderungen auf unentgeltliche Leistungen** (§ 39 Abs. 1 Nr. 4) und **Forderungen aus Gesellschafterdarlehen** (§ 39 Abs. 1 Nr. 5). Die Zustimmungsfiktion nach Nr. 1 greift ein, wenn die erforderlichen Mehrheiten in dieser Gruppe nicht erreicht sind, aber kein Insolvenzgläubiger bessergestellt wird als die Gläubiger dieser Gruppe. Die Vorschrift kommt folglich nur zur Anwendung, wenn die Gläubiger dieser Gruppe an der Abstimmung überhaupt beteiligt werden. Dies setzt voraus, dass die Forderungen nicht gem. § 225 Abs. 1 im Plan als vollständig erlassen gelten, da es anderenfalls gem. § 222 Abs. 1 Nr. 3 keiner Gruppenbildung bedarf. Für die Beurteilung der Besserstellung nach **Nr. 1** (ehemals Nr. 2) sind jegliche anderen Insolvenzgläubiger unabhängig von ihrem Rang heranzuziehen. Voraussetzung ist also, dass für die Gläubiger im Rang des § 39 Abs. 1 Nr. 4 oder 5 5 mindestens dieselbe Quote vorgesehen ist, wie für die nicht nachrangigen Gläubiger (BT-Drucks. 12/2443, S. 209), mithin eine in der Praxis kaum denkbare Konstellation. In diesem Fall erleichtert die Vorschrift bei Obstruktionen in der Gruppe der Gläubiger im Rang des § 39 Abs. 1 Nr. 4 oder 5 die Voraussetzungen für die Fiktion der Zustimmung im Vergleich zu § 245 (BT-Drucks. 12/2443, S. 209). Darüber hinaus kann die Zustimmungsfiktion nach Nr. 1 jedoch nicht dazu genutzt werden, auch für andere Gruppen die Fiktion nach § 245 zu erleichtern. Denn Gruppen, bei denen die Zustimmung per Gesetz fingiert wird, bleiben bei der Mehrheitsberechnung nach § 245 Abs. 1 Nr. 3 außer Betracht (BT-Drucks. 12/2443, S. 209). Für den Fall, dass die Forderungen der Gläubiger im Rang des § 39 Abs. 1 Nr. 4 oder 5 zwar nicht gem. § 225 Abs. 1 als vollständig erlassen gelten, aber – insb. die nicht nachrangigen – Gläubiger besser gestellt werden, ist die Fiktion der Zustimmung nur unter den strengeren Voraussetzungen des § 245 zu erreichen. Der Anwendungsbereich der Nr. 1 ist damit verschwindend gering, da i. d. R. für die nachrangigen Gläubiger überhaupt nur eine Quote vorgesehen wird, wenn die nicht nachrangigen Gläubiger vollständig befriedigt werden können.

6 § 246 Nr. 2 n. F. bezieht sich mangels weiterer Eingrenzung auf **sämtliche Gruppen nachrangiger Insolvenzgläubiger** i. S. v. § 39, ausgenommen die Gläubiger mit Straf-, Buß- oder Ordnungsgeldforderungen i. S. d. § 39 Abs. 1 Nr. 3 (s. Rdn. 4). Die Vorschrift betrifft den Fall, dass innerhalb einer Gruppe nachrangiger Gläubiger **trotz Stimmrecht niemand abstimmt**. In diesem Fall soll die Zustimmung dieser Gruppe als erteilt gelten. Der Vorschrift kommt jedoch lediglich deklaratorische Bedeutung zu. Sie stellt klar, dass die unterbliebene Beteiligung an der Abstimmung nicht als Ablehnung zu werten ist. Hingegen dient Nr. 2 ebenso wenig wie Nr. 1 (oben Rdn. 5) dazu, die Zustimmungsfiktion für andere Gruppen im Hinblick auf § 245 Abs. 1 Nr. 3 zu erleichtern.

7 Die **Entscheidung** über die Fiktion der Zustimmung **selbst** ist **nicht angreifbar**. Mittelbar ergibt sich jedoch eine Überprüfungsmöglichkeit über die sofortige Beschwerde gegen den späteren Beschluss des Gerichts nach § 253.

§ 246a Stimmrecht der Anteilsinhaber

Beteiligt sich keines der Mitglieder einer Gruppe der Anteilsinhaber an der Abstimmung, so gilt die Zustimmung der Gruppe als erteilt.

Übersicht

	Rdn.		Rdn.
A. Normzweck	1	B. Norminhalt	2

A. Normzweck

1 Die Vorschrift wurde durch das ESUG eingefügt. Die Regelung dient nach der Gesetzesbegründung der Vereinfachung des Abstimmungsverfahrens bei Einbeziehung der Anteilsinhaber in die Abstimmung (RegE ESUG, BT-Drucks. 17/5712, S. 34). Tatsächlich kommt ihr jedoch lediglich deklaratorische Bedeutung zu (s. u. Rdn. 3).

B. Norminhalt

2 Die Vorschrift fingiert die Zustimmung einer Gruppe von Anteilsinhabern, wenn sich innerhalb dieser Gruppe trotz Stimmrecht keiner an der Abstimmung beteiligt. Vor Augen hat der Gesetzgeber hier den Fall, dass die Altanteilsinhaber kein Interesse an der Abstimmung haben, weil ihre Anteile durch die Insolvenzeröffnung offensichtlich wertlos geworden sind und sie auch nach dem Plan keine Leistungen erhalten sollen (**BT-Drucks. 17/5712, S. 34**). Die durchaus auch offensichtliche Wertlosigkeit der Altbeteiligungen dürfte der Regelfall sein, weshalb ein etwaiges Interesse der Anteilsinhaber an einer Abstimmung zumeist nur auf eine Obstruktion gerichtet sein wird.

3 Inhaltlich entspricht die Vorschrift der Regelung für nicht abstimmende nachrangige Gläubiger in § 246 Nr. 2 n. F. (vgl. daher auch § 246 Rdn. 6). Ebenso wie die Zustimmungsfiktion nach § 246 wird

die fingierte Zustimmung nach § 246a bei der Berechnung der Gruppenmehrheit nach § 245 Abs. 1 Nr. 3 nicht mitberücksichtigt (zustimmend MK-Madaus § 246a Rn. 1; vgl. auch § 245 Rdn. 19). Teilweise wird angesichts der großen Bedeutung, die der Einbeziehung der Anteilsinhaber nach dem ESUG für die Sanierung zukommen soll, angenommen, dass die Zustimmungsfiktion nach § 246a anders als die nach § 246 bei der Mehrheitsbildung i. R. d. § 245 Abs. 1 Nr. 3 zu berücksichtigen ist (so HK-Flessner § 245 Rn. 5 und § 246a). Die Gruppenbildung für die Anteilsinhaber erfolgt jedoch in erster Linie, um verfassungsrechtlichen Bedenken gegen einen Eingriff in deren Rechte ohne Mitspracherecht zu begegnen (zu Gründen und Kritik der Einbeziehung der Anteilsinhaber in die Gruppenbildung vgl. vor § 217 Rdn. 2c, § 222 Rdn. 1, § 238a Rdn. 5). Die Bildung einer Abstimmungsgruppe soll den Anteilseignern folglich die Gelegenheit geben, bei geplanten Eingriffen in ihre Rechte ggf. gegen den Plan zu stimmen. Nicht aber soll die Gruppenbildung nach § 222 Abs. 1 Nr. 4 – für den Fall, dass die Anteilsinhaber von ihrem Abstimmungsrecht keinen Gebrauch machen – der Erleichterung der Herbeiführung der Mehrheit der zustimmenden Gruppen zulasten obstruierender Beteiligter dienen. Ein Desinteresse der stimmberechtigten Anteilsinhaber soll die Planbestätigung nicht hindern, aber auch nicht fördern (vgl. auch hierzu § 245 Rdn. 19). Folglich hat die Vorschrift keine praktische Auswirkung auf das Abstimmungsverfahren und die Mehrheitsergebnisse, sondern wie § 246 nur deklaratorische Bedeutung (wie hier K. Schmidt-Spliedt § 246 Rn. 4 und § 246a Rn. 1).

§ 247 Zustimmung des Schuldners

(1) Die Zustimmung des Schuldners zum Plan gilt als erteilt, wenn der Schuldner dem Plan nicht spätestens im Abstimmungstermin schriftlich widerspricht.

(2) Ein Widerspruch ist im Rahmen des Absatzes 1 unbeachtlich, wenn
1. der Schuldner durch den Plan voraussichtlich nicht schlechter gestellt wird, als er ohne einen Plan stünde, und
2. kein Gläubiger einen wirtschaftlichen Wert erhält, der den vollen Betrag seines Anspruchs übersteigt.

Übersicht	Rdn.			Rdn.
A. Normzweck	1	II.	Widerspruch	6
B. Norminhalt	2	III.	Rechtsbehelf	9
I. Zustimmung	2			

A. Normzweck

Die Vorschrift gewährt dem Schuldner die Möglichkeit, einem Plan zu widersprechen, sofern er durch diesen in seinen Rechten unangemessen beeinträchtigt wird. Damit verdeutlicht die Vorschrift, dass die Systematik der InsO trotz des in § 1 eindeutig formulierten Maßstabs der par conditio creditorum auch dem Schuldner ein Mindestmaß an Rechten gewähren will. Gleichwohl ist die praktische Relevanz der Vorschrift aufgrund der hohen Anforderungen für die Beachtlichkeit des Widerspruches gering.

B. Norminhalt

I. Zustimmung

Einer ausdrücklichen Zustimmung des Schuldners bedarf es nicht. Diese wird **fingiert**, wenn der Schuldner nicht widerspricht. Um dem Gericht die Prüfung nach §§ 231 und 250 zu erleichtern, sollte die schriftliche Zustimmung des Schuldners dem Plan bereits als Anlage beigefügt werden.

Die Vorschrift umfasst ihrem Wortlaut entsprechend nur die Zustimmung des **Schuldners**, nicht die der Gesellschafter. Soweit in die Rechte der Gesellschafter durch den Plan eingegriffen wird, richtet sich deren Zustimmung nach den §§ 244 Abs. 3, § 245 Abs. 3 und § 246a.

4 Der Schuldner kann lediglich dem vom Verwalter, nicht hingegen dem von ihm **selbst vorgelegten Plan** widersprechen (MK-Sinz § 247 Rn. 25; K. Schmidt-Spliedt § 247 Rn. 3). Insoweit ist er auf die Möglichkeiten der Änderung oder Rücknahme seines Plans beschränkt (FK-Jaffé § 247 Rn. 9).

5 Der Schuldner kann dem Plan erstmals mit Einreichung durch den Verwalter und spätestens bis zum Ende des Abstimmungstermins widersprechen. Nach dem Wortlaut des Abs. 1 muss der Widerspruch **schriftlich** erfolgen. Der Widerspruch per Fax ist hierbei ausreichend (MK-Sinz § 247 Rn. 16). Die Möglichkeit, den Widerspruch zu Protokoll der Geschäftsstelle abzugeben, wurde mit dem ESUG zur Vereinfachung der Abläufe bei Gericht (BR-Drucks. 17/5712, S. 34 und 30) gestrichen. Anders als beim Widerspruch eines Beteiligten nach § 251 Abs. 1 Nr. 1 (BR-Drucks. 17/5712, S. 35), ist dem Wortlaut nach auch der **Widerspruch zum gerichtlichen Terminsprotokoll** des Abstimmungstermins nicht mehr möglich. Diese Differenzierung leuchtet nicht ein. Es stellt keine Verfahrensvereinfachung dar, wenn der im Abstimmungstermin anwesende Schuldner gezwungen ist, seinen Widerspruch schriftlich niederzulegen und dem Gericht im Termin zu überreichen, statt den Widerspruch schlicht zum Terminsprotokoll abzugeben. Es ist daher von einem Redaktionsversehen auszugehen. Wie bei § 251 Abs. 1 Nr. 1 müsste der Widerspruch auch bei Abs. 1 dem Wortlaut nach »schriftlich oder zu Protokoll« möglich sein.

II. Widerspruch

6 Der Widerspruch muss **nicht substanziiert** werden (MK-Sinz § 247 Rn. 20). Er ist allerdings unbeachtlich, wenn die in Abs. 2 aufgeführten Voraussetzungen – die Nichtschlechterstellung des Schuldners und keine überobligationsmäßige Befriedigung der Gläubiger – kumulativ vorliegen. Dies ist in der Praxis rgm. der Fall. Daher scheitert ein Verwalterplan selten am Widerspruch des Schuldners.

7 Sofern Abs. 2 Nr. 1 die **Nichtschlechterstellung** fordert, sollte das Gericht dies anhand einer einfachen Prognoseentscheidung feststellen. Das Gericht hat dabei nur nach wirtschaftlichen Gesichtspunkten zu entscheiden (FK-Jaffé § 247 Rn. 5; **a. A.** MK-Sinz § 247 Rn. 30 ff.). Dies gebieten die Praktikabilität und die wirtschaftliche Ausrichtung des Planverfahrens. Eine Schlechterstellung liegt bspw. in einem Eingriff in das pfändungsfreie Vermögen des Schuldners oder bei natürlichen Personen in einer Beschränkung der Höhe der Ausschüttung nach § 292 Abs. 1 Satz 4.

8 Die **überobligationsmäßige Befriedigung** bezieht sich jeweils auf einen einzelnen Gläubiger und nicht auf die Gläubigergesamtheit (wie hier K. Schmidt-Spliedt § 247 Rn. 6; **a. A.** NR-Braun § 247 Rn. 8). Dieser darf nicht mehr erhalten als ihm zivilrechtlich zusteht. Dies ergibt sich sowohl aus der Gesetzeshistorie als auch aus dem Wortlaut der Norm (BT-Drucks. 12/2443, S. 210). Dabei ist zu berücksichtigen, dass der zivilrechtliche Anspruch sich nicht auf die Insolvenzforderung nach § 38 beschränken muss, sondern einem nicht nachrangigen Gläubiger zusätzlich Forderungen, insb. aus Kosten und Zinsen, zustehen können, die gem. § 39 mit Nachrang zu behandeln sind. Erst wenn ein Gläubiger mehr erhält, als den vollen Betrag der Summe seiner nicht nachrangigen und nachrangigen Forderungen, greift Abs. 2 Nr. 2.

III. Rechtsbehelf

9 Die Entscheidung über die Fiktion der Zustimmung **selbst** ist **nicht angreifbar**. Mittelbar ergibt sich jedoch eine Überprüfungsmöglichkeit über die sofortige Beschwerde gegen den späteren Beschluss des Gerichts nach § 253.

§ 248 Gerichtliche Bestätigung

(1) Nach der Annahme des Insolvenzplans durch die Beteiligten (§§ 244 bis 246a) und der Zustimmung des Schuldners bedarf der Plan der Bestätigung durch das Insolvenzgericht.

(2) Das Gericht soll vor der Entscheidung über die Bestätigung den Insolvenzverwalter, den Gläubigerausschuss, wenn ein solcher bestellt ist, und den Schuldner hören.

Übersicht

	Rdn.		Rdn.
A. Normzweck	1	II. Anhörung	4
B. Norminhalt	2	III. Zeitpunkt	7
I. Bestätigung und Versagung	2		

A. Normzweck

Die Vorschrift dient dem Schutz aller am Planverfahren Beteiligten. Nach ihr soll das Gericht das Verfahren nochmals auf Fehler hin überprüfen und den Beteiligten Gelegenheit zur Anhörung bieten. Die Vorschrift ist im engen Kontext mit den §§ 249 bis 253 zu lesen. 1

B. Norminhalt

I. Bestätigung und Versagung

Das Gericht beendet das Planverfahren durch Beschluss. Dies gilt aus Gründen der Klarheit entgegen dem Wortlaut sowohl bei der **Annahme** durch Abstimmung oder Fiktion als auch bei der **Ablehnung des Plans** (vgl. § 252 Abs. 1). 2

Zuständig ist bis zum 31.12.2012 nach § 18 Abs. 1 RPflG a. F. der Rechtspfleger. Mit Inkrafttreten der durch das ESUG bei § 18 Abs. 1 RPflG neu angefügten Nr. 2 wird die funktionelle Zuständigkeit für das Planverfahren und damit auch für die Entscheidung über die Bestätigung oder Versagung des Plans ab dem 01.01.2013 auf den **Richter** übertragen (zu Hintergründen und Kritik vor §§ 217 Rdn. 14). Außerhalb des Planverfahrens verbleibt es gem. § 3 Nr. 2e) RPflG bei der Zuständigkeit des Rechtspflegers. Gleichwohl endet die Sonderzuständigkeit des Richters für das Insolvenzplanverfahren nicht mit Eintritt der Rechtskraft der Entscheidung nach Abs. 1. Nach dem Wortlaut des § 18 Abs. 1 Nr. 2 n. F. RPflG fällt das gesamte Verfahren nach den §§ 217 bis 256 und §§ 258 bis 269 in die Zuständigkeit des Richters. Ausgenommen ist demnach lediglich das Klauselverfahren nach § 257 (BT-Drucks. 17/5712, S. 44). Für den Zeitraum nach Eintritt der Rechtskraft erfasst die Zuständigkeit des Richters demzufolge insb. die Entscheidungen i. R. d. §§ 248a, 256, 259a und 268. Zur Frage der Zuständigkeit für die regelmäßig an die Rechtskraft des Bestätigungsbeschlusses anknüpfende Entscheidung über die Aufhebung des Insolvenzverfahrens gem. § 258 Abs. 1 s. dort Rdn. 20. **Rechtsmittel** ist die sofortige Beschwerde nach § 253. 3

II. Anhörung

Die Anhörung soll dem angegebenen Personenkreis **Gelegenheit zur Stellungnahme** bieten. Die Möglichkeit zur schriftlichen Stellungnahme ist ausreichend (LG Traunstein, ZInsO 1999, 577, 582). 4

Die Anhörung ist sowohl bei der Bestätigung als auch bei der Versagung der Bestätigung vorgesehen (HK-Flessner § 248 Rn. 6 f.). 5

Es handelt sich um eine **Soll-Bestimmung**. Die Anhörung ist folglich – dem Wortlaut nach – fakultativ. Dennoch wird mit Blick auf Art. 103 Abs. 1 GG vertreten, die Anhörung durch das Gericht als obligatorisch zu behandeln (FK-Jaffé § 248 Rn. 10). Richtig ist insoweit sicher, dass eine erneute Anhörung durch das Gericht praktisch immer sachgerecht sein wird. Ob bei ihrem Ausbleiben tatsächlich ein Verstoß gegen Art. 103 Abs. 1 GG anzunehmen ist, erscheint unter Berücksichtigung des gem. § 253 gegen den Beschluss eröffneten Rechtsmittels dagegen zweifelhaft. Sofern es keiner Verfahrensbeschleunigung bedarf, sollte das Gericht, um Zweifel zu vermeiden, jedoch immer die in Abs. 2 erwähnten Personen anhören. 6

III. Zeitpunkt

Die Anhörung und die Bestätigung sollten bei Anwesenheit aller in Abs. 2 erwähnten Personen **im Abstimmungstermin** erfolgen. Bedarf es bei Fehlen einer dieser Personen im Abstimmungstermin der späteren Anhörung, hat das Gericht den Plan in einem alsbald anzuberaumenden Termin zu 7

§ 248a InsO Gerichtliche Bestätigung einer Planberichtigung

bestätigen (§ 252). Beide Handlungen bilden den Abschluss des Planverfahrens. Sind etwaige Fiktionen nach §§ 245 bis 247 zu prüfen, kann die Anhörung und Bestätigung erst nach Abschluss der Prüfung stattfinden (MK-Sinz § 248 Rn. 12).

8 Eine nach der rechtskräftigen Bestätigung für die Durchführung des Plans notwendige **Berichtigung offensichtlicher Fehler** wird grds. für möglich gehalten. Dies galt bereits vor Einführung der Möglichkeit, den Insolvenzverwalter gem. § 221 Satz 2 im Plan zur Vornahme von Berichtigungen ausdrücklich zu ermächtigen (vgl. § 240 Rdn. 8). Allerdings sollte hierfür erneut das Abstimmungsverfahren unter Beachtung der §§ 244 ff. durchlaufen werden (AG Frankfurt an der Oder, DZWIR 2006, 87; ebenso MK-Sinz § 248 Rn. 6). Dies gilt nach der Einführung des Bestätigungsverfahrens für nachträgliche Planberichtigungen nach § 248a nur dann nicht mehr, wenn der Insolvenzverwalter gem. § 221 Satz 2 im Plan zur Vornahme von Berichtigungen ermächtigt wurde (vgl. § 221 Rdn. 15 f. und § 248a Rdn. 2).

§ 248a Gerichtliche Bestätigung einer Planberichtigung

(1) Eine Berichtigung des Insolvenzplans durch den Insolvenzverwalter nach § 221 Satz 2 bedarf der Bestätigung durch das Insolvenzgericht.

(2) Das Gericht soll vor der Entscheidung über die Bestätigung den Insolvenzverwalter, den Gläubigerausschuss, wenn ein solcher bestellt ist, die Gläubiger und die Anteilsinhaber, sofern ihre Rechte betroffen sind, sowie den Schuldner hören.

(3) Die Bestätigung ist auf Antrag zu versagen, wenn ein Beteiligter durch die mit der Berichtigung einhergehende Planänderung voraussichtlich schlechtergestellt wird, als er nach den mit dem Plan beabsichtigten Wirkungen stünde.

(4) ¹Gegen den Beschluss, durch den die Berichtigung bestätigt oder versagt wird, steht den in Absatz 2 genannten Gläubigern und Anteilsinhabern sowie dem Verwalter die sofortige Beschwerde zu. ²§ 253 Absatz 4 gilt entsprechend.

Übersicht	Rdn.		Rdn.
A. Normzweck	1	II. Bestätigungsverfahren (Abs. 2)	3
B. Norminhalt	2	III. Versagungsantrag (Abs. 3)	6
I. Grundsatz (Abs. 1)	2	IV. Rechtsmittel (Abs. 4)	7

A. Normzweck

1 Die Vorschrift bezieht sich auf die nach § 221 Satz 2, 2. Alt. bestehende Möglichkeit, den Insolvenzverwalter im Plan zu ermächtigen, offensichtliche Fehler des Plans zu berichtigen. Beide Vorschriften wurden auf Empfehlung des Rechtsausschusses mit dem ESUG in die InsO eingefügt. Begründet wurde dies mit dem Bedürfnis, Unzulänglichkeiten im Plan korrigieren zu können, ohne erneut eine Gläubigerversammlung einberufen zu müssen (BT Drucks. 17/7511, S. 3).

Nach **bisherigem Recht** wurde davon ausgegangen, dass für klarstellende Berichtigungen und Ergänzungen des Plans nach Planbestätigung erneut das Abstimmungsverfahren zu durchlaufen sei (AG Frankfurt an der Oder, DZWIR 2006, 87; ebenso MK-Sinz § 248 Rn. 6, vgl. auch § 240 Rdn. 8).

§ 248a bietet insofern auf den ersten Blick ein erleichtertes Verfahren. Warum das Bestätigungsverfahren nach dieser Vorschrift an eine entsprechende Bevollmächtigung nach § 221 Satz 2 geknüpft wird, ist unklar. Sinnvoller wäre hier die Ausgestaltung als Berichtigungsverfahren gewesen, welches auf Antrag eingeleitet werden kann. Das Antragsrecht hätte auch nicht unbedingt auf den Insolvenzverwalter und damit auf den Zeitraum vor der Aufhebung des Insolvenzverfahrens beschränkt werden müssen. Auch nach Aufhebung des Insolvenzverfahrens, die gem. § 258 Abs. 1 i. d. R. zeitnah nach Eintritt der Rechtskraft der Planbestätigung erfolgen sollte, können Unzulänglichkeiten auftauchen, die die Planumsetzung hindern. Ein Beispiel wären hier etwa Fehler in den Verteilungsregelungen, aufgrund derer der Schuldner oder eine Auffanggesellschaft im Plan vereinbarte Quotenzahlungen durchführen sollen (s. aber Rdn. 2a).

Erhebliche Unsicherheit besteht noch über den Anwendungsbereich und die Zielsetzung der Vorschrift i. V. m. § 221 Satz 2. Während nach dem Wortlaut des § 221 Satz 2 und dem ersten Abschnitt der Begründung der Gesamtregelung durch den Rechtsausschuss (vgl. BT-Drucks. 17/7511, S. 48) die Ermächtigung auf die Berichtigung offensichtlicher Fehler gerichtet sein soll und damit der Umsetzung des im Plan zum Ausdruck gekommenen Willens der Beteiligten dient, setzt die Anwendbarkeit der Abs. 1 bis 3 von den beabsichtigten Planregelungen abweichende Änderungen der Rechtsstellung der Beteiligten voraus. Dies ist ein klarer Widerspruch.

Hinsichtlich der Gesamtregelung besteht insofern noch Nachbesserungsbedarf. Der Ansatz, überhaupt ein Verfahren für nachträgliche Korrekturen einzurichten, ist jedoch grds. zu begrüßen.

B. Norminhalt

I. Grundsatz (Abs. 1)

Sofern der Insolvenzverwalter auf Grundlage einer Bevollmächtigung im Plan gem. § 221 Satz 1, 2. Alt. den bereits bestätigten Plan berichtigt hat, bedarf diese Berichtigung der Bestätigung durch das Insolvenzgericht nach Abs. 1. Hierdurch soll sichergestellt werden, dass die Grenzen der Befugnisse des Insolvenzverwalters eingehalten werden (BT Drucks. 17/7511, S. 48). Bereits im Plan vorgesehene notwendige Maßnahmen zur Umsetzung der im gestaltenden Teil geplanten Rechtsänderungen, zu deren Ergreifung der Insolvenzverwalter nach § 221 Satz 2, 1. Alt. ermächtigt wurde, bedürfen keiner Bestätigung nach dieser Vorschrift. Diese werden bereits von der Planbestätigung nach § 248 erfasst. Nur dann, wenn – etwa aus Gründen der Vollstreckbarkeit – schriftliche Korrekturen im gestaltenden Teil vorgenommen werden müssen, ist das gerichtliche Bestätigungsverfahren zu durchlaufen.

2

Aufgrund des Erfordernisses einer wirksamen Bevollmächtigung im Plan können Berichtigungen erst nach Eintritt der Rechtskraft der Planbestätigung vorgenommen werden, da gem. § 254 Abs. 1 die Bevollmächtigung erst mit Rechtskraft der gerichtlichen Bestätigung wirksam wird (a. A. ohne Begründung K. Schmidt-Spliedt § 248a Rn. 2; MK-Sinz § 248a Rn. 9, der dies für bloße Förmelei hält). Abgeschlossen sein muss die Planberichtigung vor der Verfahrensaufhebung. Dann endet das Amt des Verwalters. Durch die Verbindung der Ermächtigung nach § 221 Satz 2 mit einer Planüberwachung nach §§ 260 ff. kann die Berichtigungsbefugnis jedoch auch über den Zeitpunkt der Verfahrenseröffnung hinaus erstreckt werden.

2a

II. Bestätigungsverfahren (Abs. 2)

Nach Abs. 2 sollen vor der Bestätigung einer durch den Insolvenzverwalter vorgenommenen bzw. beabsichtigten Berichtigung dieser selbst sowie der Gläubigerausschuss, wenn ein solcher bestellt ist, die Gläubiger und die Anteilsinhaber, sofern ihre Rechte betroffen sind, und der Schuldner **angehört** werden. Da es sich um eine Sollvorschrift handelt, begründet die fehlende Anhörung keine Beschwerde (K. Schmidt-Spliedt § 248a Rn. 4). Sinnvollerweise sollte aber der Insolvenzverwalter bei der Einreichung des berichtigten Plans bereits eine Stellungnahme bzw. Begründung abgeben (zustimmend MK-Sinz § 248a Rn. 5).

3

Nicht aus dem Wortlaut der Vorschrift, aber aus der Begründung (BT Drucks. 17/7511, S. 48) und der Systematik ergibt sich, dass nur die Gläubiger und die Anteilsinhaber anzuhören sind, deren Rechte **durch die Berichtigung** (die Begründung spricht hier von Änderung) **betroffen** sind (vgl. auch MK-Sinz § 248a Rn. 6). Nicht erforderlich – und bei ordnungsgemäßer Berichtigung nicht möglich – ist ein Eingriff in die Rechte der Beteiligten, denn § 221 spricht nur von einer Korrektur offensichtlicher Fehler, welche der Umsetzung der im Plan vorgesehenen Wirkungen entgegenstehen (s. Rdn. 6 sowie § 221 Rdn. 14). Weitere oder neue Änderungen für die Beteiligten

4

§ 248a InsO Gerichtliche Bestätigung einer Planberichtigung

können allenfalls versehentlich mit der Berichtigung einhergehen (vgl. auch zum Beschwerderecht unten Rdn. 7 f.).

4a Das Insolvenzgericht hat von Amts wegen zu prüfen, ob die Berichtigung durch die Vollmacht nach § 221 Satz 2, 2. Alt. gedeckt ist und dem im Plan zum Ausdruck gekommenen Willen entspricht (FK-Jaffé § 248a, Rn. 7). Ob durch die Berichtigung Beteiligte schlechter gestellt werden, hat das Insolvenzgericht ohne Antrag nach Abs. 3 nicht zu prüfen (MK-Sinz § 248a Rn. 9).

5 Die Bestätigung oder Versagung der Berichtigung erfolgt durch **Beschluss** (vgl. Abs. 4, unten Rdn. 7).

III. Versagungsantrag (Abs. 3)

6 In Anlehnung an die Vorschrift des § 251 Abs. 1 Nr. 2 ist die Bestätigung der Planberichtigung gem. Abs. 3 auf Antrag zu versagen, wenn ein Beteiligter durch die mit der Berichtigung einhergehende Planänderung voraussichtlich schlechter gestellt wird, als er mit den nach dem Plan beabsichtigten Wirkungen stünde. Dies widerspricht sowohl dem Wortlaut des § 221 Satz 2 als auch der Begründung der Einfügung dieser Regelungen. Danach soll durch die Ermächtigung zur Berichtigung offensichtlicher Fehler gerade die Umsetzung des im Plan zum Ausdruck kommenden Willens der Beteiligten ermöglicht werden, ohne dass hierfür eine Gläubigerversammlung einberufen werden muss (vgl. BT-Drucks. 17/7511, S. 48). Eine Ermächtigung zu Maßnahmen, die eine Änderung der ursprünglich beabsichtigten Wirkungen zur Folge haben, ist i. R. d. § 221 also gar nicht möglich (vgl. hierzu § 221 Rdn. 11 ff.). Es ist auch kaum vorstellbar, warum die Beteiligten im Plan eine solche Ermächtigung vorsehen sollten. Die Schlechterstellung eines Planbeteiligten durch die Berichtigung eines offensichtlichen Fehlers i. S. d. § 221 Satz 2 ist daher von vornherein ausgeschlossen. Das Antragsrecht nach Abs. 3 ist insofern überflüssig. Zuständig für seit dem 01.01.2013 beantragte Insolvenzverfahren ist der Richter. Für zuvor beantragte Verfahren liegt die Zuständigkeit nach § 18 Abs. 1 RpflG a. F. bei dem Rechtspfleger.

IV. Rechtsmittel (Abs. 4)

7 Ebenso wie Abs. 3 gewährt Abs. 4 durch die Zulassung der **sofortigen Beschwerde** den Planbeteiligten Schutz vor nachträglichen durch die ursprünglichen Planregelungen nicht gedeckten nachteiligen Änderungen ihrer Rechtsstellung. Nach der hier vertretenen Auffassung kann der Insolvenzverwalter auf Grundlage des § 221 Satz 2 nicht dazu ermächtigt werden, nach Rechtskraft der Planbestätigung Änderungen der Rechtsstellung der Beteiligten vorzunehmen. Allerdings ist nicht auszuschließen, dass einzelne Beteiligte indirekt oder auch unbeabsichtigt durch eine Planberichtigung in ihren Rechten beeinträchtigt werden. Vor diesem Hintergrund ist nicht nachvollziehbar, warum mit Abs. 4 dem Schuldner kein Beschwerderecht eingeräumt wird, insbesondere wenn dieser den Plan vorgelegt hat. Nach der hier vertretenen Auffassung kann der Schuldner eine Berichtigung nicht einmal über eine sofortige Beschwerde gegen den Bestätigungsbeschluss nach § 248 angreifen (so aber MK-Sinz § 248a Rn. 18 und K. Schmidt-Spliedt § 248a Rn. 7), da eine Berichtigung erst nach Eintritt der Rechtskraft der Planbestätigung möglich ist (vgl. oben Rdn. 1).

8 Anders als i. R. d. § 253 (vgl. dort Rdn. 6) steht das **Beschwerderecht** nach Abs. 4 neben den in Abs. 2 genannten Gläubigern und Anteilsinhabern **auch dem Insolvenzverwalter** zu. Denn die Vornahme einer Planberichtigung durch den Insolvenzverwalter stellt bei entsprechender Bevollmächtigung nach § 221 Satz 2 ebenso wie die Planvorlage nach § 218, die nach § 231 Abs. 3 ein Beschwerderecht gegen die Planzurückweisung begründet, ein eigenes Verfahrensrecht des Insolvenzverwalters dar (wie hier MK-Sinz § 248a Rn. 17).

9 Die **materielle Beschwer**, also die Beeinträchtigung seiner Rechte durch die Planberichtigung, hat der Gläubiger darzulegen. Einer darüber hinausgehenden formellen Beschwer bedarf es nicht. Eine aktive Beteiligung und ein bestimmtes Abstimmungsverhalten im vorangegangenen Planverfahren ist nicht Voraussetzung. Die i. R. d. § 253 Abs. 2 mit dem ESUG eingeführten verschärften Voraussetzungen für die sofortige Beschwerde (vgl. dort Rdn. 9 ff.) gelten mangels entsprechenden Verweises nicht.

Ausdrücklich verwiesen wird auf die **Anwendbarkeit des § 253 Abs. 4**, wonach der Insolvenzverwalter die Möglichkeit hat, unmittelbar beim LG die unverzügliche Zurückweisung der Beschwerde eines Beteiligten zu beantragen. Zu den Voraussetzungen im Einzelnen s. § 253 Rdn. 24. 10

§ 249 Bedingter Plan

¹Ist im Insolvenzplan vorgesehen, daß vor der Bestätigung bestimmte Leistungen erbracht oder andere Maßnahmen verwirklicht werden sollen, so darf der Plan nur bestätigt werden, wenn diese Voraussetzungen erfüllt sind. ²Die Bestätigung ist von Amts wegen zu versagen, wenn die Voraussetzungen auch nach Ablauf einer angemessenen, vom Insolvenzgericht gesetzten Frist nicht erfüllt sind.

Übersicht	Rdn.		Rdn.
A. Normzweck	1	II. Fristsetzung	5
B. Norminhalt	2	III. Rechtsbehelf	7
I. Bedingungen des Insolvenzplans	3		

A. Normzweck

Die Vorschrift ermöglicht es, die gerichtliche Bestätigung eines angenommenen Plans von Bedingungen abhängig zu machen, um dadurch dessen Durchführbarkeit sicherzustellen. 1

B. Norminhalt

Im Plan können bestimmte Bedingungen für die gerichtliche Bestätigung vorgesehen werden. Den Hauptanwendungsbereich sah der Gesetzgeber im Zusammenhang mit gesellschaftsrechtlichen Beschlüssen (BT-Drucks. 12/2443 S. 211). Da wichtige gesellschaftsrechtliche Beschlüsse, wie z. B. der Fortsetzungsbeschluss, erst nach Verfahrensaufhebung möglich waren, war § 249 hier nur eingeschränkt anwendbar (insoweit krit. Uhlenbruck-Lüer § 249 Rn. 3 ff., vgl. auch BGH, ZInsO 2010, 1059, 1061 kritisch zur Ansicht der Vorinstanzen – zuletzt OLG Düsseldorf, ZInsO 2009, 2395, 2396 – wonach Nachzahlungsrechte von Vorzugsaktionären durch Planbedingungen in Form eines satzungsändernden Beschlusses der Hauptversammlung oder gar individueller Verzichtserklärungen zum Erlöschen gebracht werden können). Nunmehr sieht der durch das ESUG eingeführte § 225a Abs. 3 ausdrücklich die Einbeziehung gesellschaftsrechtlicher Beschlüsse, namentlich zur Fortsetzung der Gesellschaft, in den Insolvenzplan vor. Damit wurde für den vom Gesetzgeber intendierten Hauptanwendungsbereich eine elegantere Lösung gefunden, womit § 249 erheblich an Bedeutung verliert. 2

I. Bedingungen des Insolvenzplans

Als Bedingungen kommen **alle zivilrechtlich denkbaren ausreichend bestimmten Leistungen** und Maßnahmen in Betracht. Ob der Bedingungsbegriff insoweit dem des BGB entspricht (so Schiessler, Der Insolvenzplan, S. 111, 181 f.; Hess/Obermüller, Insolvenzplan, Restschuldbefreiung, Verbraucherinsolvenz, Rn. 328; a. A. MK-Eidenmüller § 221 Rn. 25), dürfte praktisch kaum eine Rolle spielen. **Handelnde** können sowohl die Planbeteiligten als auch Dritte sein. Als Planbedingungen kommen bspw. die noch ausstehende positive Bescheidung einer gem. § 227 AO beantragten Stundung der Besteuerung der bei Planerfüllung anfallenden Sanierungsgewinne durch das Finanzamt oder auch Leistungserbringungen Dritter zur Sicherstellung der Durchführung des Plans infrage. Dritte sind vor rechtskräftiger Bestätigung des Plans jedoch oft nicht zur Leistungserbringung bereit. In diesen Fällen kann den Interessen aller Beteiligten durch die Beifügung von **Verpflichtungserklärungen** nach § 230 Abs. 3 entsprochen werden, nach denen die Leistungserbringung von 3 der rechtskräftigen Bestätigung des Plans oder der Aufhebung des Verfahrens abhängig gemacht wird.

4 Der Plan sollte **ausdrücklich** vorsehen, dass es sich bei der Leistung um eine Bedingung für die Bestätigung handelt. Anderenfalls könnte die Leistung als Verpflichtung oder Folge nach einer Bestätigung des Plans aufgefasst werden. Im Zweifel ist sie als Bedingung aufzufassen.

II. Fristsetzung

5 Das Gericht hat sich vor der Bestätigung des Plans davon zu überzeugen, dass die Bedingung eingetreten ist. Sofern die Bedingung nicht eingetreten ist, muss das Gericht eine Frist zur Erfüllung der Voraussetzung setzen.

6 Die Frist, innerhalb derer die Voraussetzung erfüllt werden muss, sollte der Planverfasser bereits im Plan selbst angeben. Fehlt es an einer solchen Angabe, empfiehlt es sich für das Gericht, die Frist unter Berücksichtigung der »alsbaldigen« Verkündung nach § 252 schon im Abstimmungstermin zu setzen (HK-Flessner § 249 Rn. 6). Bei der Festsetzung der **angemessenen** Frist hat das Gericht Art und Umfang der Bedingung zu berücksichtigen. Eine Verlängerung der Frist ist möglich, sofern die insgesamt gewährte Frist weiterhin angemessen ist.

III. Rechtsbehelf

7 Gegen die Entscheidung des Gerichts, eine **Nachfrist** zu setzen, ist grds. **kein Rechtsmittel** zulässig (§ 6). Ausschließlich kann gegen den späteren Bestätigungs- oder Versagungsbeschluss die sofortige Beschwerde nach § 253 eingelegt werden. In Insolvenzverfahren, die vor dem 01.01.2013 beantragt worden sind, entscheidet nach § 18 Abs. 1 Nr. 2 RPflG a. F. der Rechtspfleger (vgl. ausführlich vor §§ 217 Rdn. 14). In diesen Fällen ist die **Erinnerung** nach § 11 Abs. 2 Satz 1 RPflG statthaft.

§ 250 Verstoß gegen Verfahrensvorschriften

Die Bestätigung ist von Amts wegen zu versagen,
1. wenn die Vorschriften über den Inhalt und die verfahrensmäßige Behandlung des Insolvenzplans sowie über die Annahme durch die Beteiligten und die Zustimmung des Schuldners in einem wesentlichen Punkt nicht beachtet worden sind und der Mangel nicht behoben werden kann oder
2. wenn die Annahme des Plans unlauter, insbesondere durch Begünstigung eines Beteiligten, herbeigeführt worden ist.

Übersicht	Rdn.		Rdn.
A. Normzweck	1	2. Wesentlichkeit	7
B. Norminhalt	2	3. Behebbarkeit	10
I. Verstoß gegen Vorschriften (Nr. 1)	4	II. Unlautere Annahme (Nr. 2)	11
1. Vorschriften	4	III. Rechtsbehelf	15

A. Normzweck

1 § 250 sieht die Prüfung des bisherigen Verfahrensablaufs vor und gewährleistet dadurch die Rechtsstaatlichkeit des Verfahrens.

B. Norminhalt

2 Die Prüfung des Gerichts beschränkt sich auf das Vorliegen von Verstößen gegen die in Nr. 1 erwähnten Vorschriften und das Vorliegen einer unlauteren Annahme des Plans.

3 Die Prüfung ist **zwingend** (Uhlenbruck-Lüer § 250 Rn. 2). Sie betrifft auch vom Gericht verursachte Verstöße (Uhlenbruck-Lüer § 250 Rn. 7).

I. Verstoß gegen Vorschriften (Nr. 1)

1. Vorschriften

Soweit die Prüfung die Beachtung der **Vorschriften über den Inhalt** des Plans betrifft, deckt sich der Prüfungsgegenstand weitgehend mit dem bei § 231 Abs. 1 Nr. 1 (vgl. § 231 Rdn. 2 ff.). Die Prüfung bezieht sich auch hier auf die §§ **217 und 219 bis 230**. Die Frage der Wirtschaftlichkeit oder Durchführbarkeit ist jedoch i. R. d. § 250 nicht zu prüfen. Hierüber haben die Gläubiger bereits entschieden (BGH, ZInsO 2005, 927, 929). Zusätzlich unterliegen der Inhaltsprüfung nach § 250 die Zulässigkeit von Änderungen nach § 240. Wurden seit der Vorprüfung keine inhaltlichen Planänderungen vorgenommen und haben sich keine Änderungen oder neuen Erkenntnisse hinsichtl. des Sachverhalts ergeben, kann eine erneute Überprüfung der Vorschriften über den Inhalt des Plans rgm. unterbleiben.

Schwerpunkt der Prüfung nach § 250 Nr. 1 bildet die Überprüfung der Einhaltung der Vorschriften über die **verfahrensmäßige Behandlung**. Betroffen sind die §§ **218, 231 bis 243**. Die Stimmrechtsfestsetzung gem. §§ 237, 238 war vor der Streichung des § 18 Abs. 3 RPflG durch das ESUG (s. hierzu vor §§ 217 Rdn. 14 ff.) i. R. d. § 250 nicht zu prüfen (AG Duisburg, ZInsO 2002, 737, 738; HK-Flessner § 250 Rn. 4 m. w. N.). Ausschlaggebend hierfür war der Vorrang der §§ 11, 18 Abs. 3 RPflG im Verhältnis zu § 250. Mangels leges speciales und einschränkendem Wortlaut umfasst die Prüfung des § 250 daher nunmehr auch die Stimmrechtsfestsetzung (so bereits zur alten Rechtslage Smid/Rattunde, InsPlan, Rn. 12.8 und 12.12).

Den letzten Prüfungspunkt bilden die **Annahme durch die Beteiligten und die Zustimmung des Schuldners**. Diese Prüfung bezieht sich auf die Einhaltung der §§ 244 bis 247. Der Prüfungsumfang ist gering. Das Gericht hat i. d. R. kurz zuvor das Ergebnis der Abstimmung selbst festgestellt. Abstimmung und Verkündung können jedoch auch zeitlich auseinanderfallen.

2. Wesentlichkeit

Für die Frage der Wesentlichkeit i. S. d. Nr. 1 ist allein auf das **Ausmaß des Verstoßes** abzustellen. Welche Norm verletzt wurde, ist nicht ausschlaggebend. Diese Auffassung entspricht dem Wortlaut der Vorschrift, die nicht auf einen Verstoß gegen eine »wesentliche Verfahrensvorschrift«, sondern auf die Verletzung der Verfahrensvorschriften in einem »wesentlichen Punkt« abstellt (nunmehr ausdrücklich zustimmend MK-Sinz § 250 Rn. 18; ebenso K. Schmidt-Spliedt § 250 Rn. 6). Ausschlaggebend ist somit, ob der Verstoß für die Zustimmung der Beteiligten ursächlich gewesen sein könnte (vgl. BGH, ZInsO 2010, 85). Nur in diesen Fällen ist bei fehlender Behebbarkeit die Bestätigung zu versagen (LG Berlin, ZInsO 2005, 609, 611). Hatte der Verstoß auf das Abstimmungsergebnis erkennbar keinen Einfluss, ist er nicht als wesentlich i. S. d. Abs. 1 einzustufen.

Beachtliche Verstöße im bezeichneten Sinne können **bspw.** sein: i. R. d. § 220 die Nichtangabe einer Verurteilung des Schuldners wegen einer Insolvenzstraftat, sofern der Plan auf eine Unternehmensfortführung durch den Schuldner abzielt (BGH, DB 2012, 225; s. a. § 220 Rdn. 6); die Nichtangabe von Massegegenständen als Grundlage für die Vergleichsberechnung, sofern diese im Verhältnis zu der Masse von Bedeutung sind (BGH, ZInsO 2010, 1448, 1450 f.) sowie die unterlassene Angabe eines dem planerstellenden Verwalter bekannten Restschuldbefreiungsversagungsgrundes (s. zu Schuldnerplänen jedoch Rdn. 9); die unterbliebene Niederlegung des Plans nach § 234, sofern nicht ausnahmsweise sämtlichen Beteiligten der vollständige Plan übermittelt wurde (Uhlenbruck-Lüer § 250 Rn. 19); die unterbliebene oder eine fehlerhafte Ladung nach § 235 (BGH, ZInsO 2011, 280, 281), sofern diese nicht durch Erscheinen des Betroffenen im Termin geheilt wird (vgl. BGH, ZInsO 2007, 713); die Terminierung des Erörterungs- und Abstimmungstermins vor dem ersten Prüfungstermin entgegen § 236 (a. A. MK-Sinz § 250 Rn. 30), denn diese dient nicht nur der Erleichterung der Stimmrechtsfestsetzung, sondern der Beurteilung der Sachgerechtheit der im Plan vorgesehenen Gestaltung der Rechte der Beteiligten (BT-Drucks. 12/2443, S. 206); die fehlerhafte Stimmrechtsfestsetzung nach §§ 237, 238, sofern diese das Abstimmungsergebnis beeinflusst hat (a. A. MK-Sinz § 250 Rn. 31); wegen der unter Umständen über das Abstimmungsergebnis hinausgehenden Bedeutung der Festsetzung des Stimmrechts im Rahmen des § 256 auch die unterbliebene oder fehlerhafte Eintragung eines festgestellten Stimmrechts in die Stimmliste nach § 239 (a. A. MK-Sinz § 250 Rn. 31); die Aufnahme von Planänderungen, die nicht vom Vorlegenden oder i. R. d. Erörterung im Termin vorgenommen wurden oder ohne rechtliches Gehör der Betroffenen weitere Eingriffe als der ursprüngliche Plan vorsehen (§ 240); die fehlende Ladung zum gesonderten Termin bzw. der fehlende Hinweis auf eine Planänderung, wenn dies nicht durch Erscheinen der zu ladenden Person im Termin geheilt werden konnte (§ 241); die Nichtberücksichtigung einer rechtzeitigen schriftlichen Stimmabgabe bzw. einer verspäteten schriftlichen Stimmabgabe bei fehlender Belehrung (§ 242) und die fehlerhafte Ermittlung bzw. Feststellung des Abstimmungsergebnisses (§§ 243 ff.).

9   Die unterlassene Weiterleitung des Plans zur Stellungnahme gem. § 232 stellt hingegen rgm. **keinen** nach § 250 **beachtlichen Verfahrensverstoß** dar (Braun-Braun/Frank § 232 Rn. 2). Die Beteiligten können sich rgm. auf anderen Wegen über die Ansichten der in § 232 erwähnten Personen, insb. durch Teilnahme dieser Personen am Erörterungstermin, informieren, sofern diese überhaupt Stellung nehmen wollen (vgl. § 232 Rdn. 4). Auch die Nichtangabe etwaiger Gründe durch den planerstellenden Schuldner, aus denen ein Gläubiger die Versagung der Restschuldbefreiung beantragen könnte, stellt keinen Verstoß dar (BGH, ZInsO 2009, 1254). Ebenso ist auch das Fehlen einer Prognoserechnung in tabellarischer Form nach Maßgabe des § 229 Satz 1 nicht per se ein wesentlicher Punkt i. S. d. § 250 Nr. 1 (BGH, ZInsO 2010, 85, 86). Die kurzfristige örtliche Verlegung des Erörterungs- und Abstimmungstermins in einen anderen Sitzungssaal ist ebenfalls kein beachtlicher Verstoß, wenn der neue Sitzungssaal durch Aushang bekannt gemacht und in kurzer Zeit unschwer zu erreichen ist (BGH, ZInsO 2010, 1448, 1450).

3. Behebbarkeit

10 Der Mangel ist **behebbar**, sofern er durch Neuvornahme oder Nachbesserung beseitigt werden kann, ohne dass bereits erfolgte Verfahrenshandlungen sodann wiederholt werden müssen. Derartige abgeschlossene Verfahrenshandlungen können bspw. der Abstimmungs- oder der Erörterungstermin sein (HK-Flessner § 250 Rn. 5; MK-Sinz § 250 Rn. 39). Nach der Gesetzeshistorie und dem Wortlaut der Norm ist in diesen Fällen die Bestätigung zu versagen und erneut ein Plan einzureichen (MK-Sinz § 250 Rn. 39). Nach der Begründung zum RegE soll die Vorschrift inhaltlich § 79 Nr. 1 und 3 VerglO entsprechen (BT-Drucks. 12/2443, S. 211). Wenn diese Norm auch nicht von »beheben«, sondern von »ergänzen« spricht, wurde zu der Norm bereits die eingeschränkte Nachbesserungsmöglichkeit auf nicht abgeschlossene Verfahrenshandlungen vertreten (Böhle-St./Kilger, VerglO § 79 2b). Zudem dürfte bei einem nahezu vollständigen Neubeginn des Planverfahrens eher von einer Beseitigung, nicht jedoch von einer Behebung eines Mangels gesprochen werden. Die erneute Planeinreichung kann zu unverhältnismäßigen Verfahrensverzögerungen führen, weshalb teilweise vertreten wird, das Gericht könne das Verfahren analog § 4 i. V. m. § 156 ZPO wieder eröffnen und hierbei nur die fehlerhafte Handlung wiederholen (K. Schmidt-Spliedt § 250 Rn. 9). Zur Umsetzung dieser praxisgerechten Lösung wäre eine ausdrückliche Normierung wünschenswert.

II. Unlautere Annahme (Nr. 2)

11 Die Annahme ist unlauter, wenn sie **gegen Treu und Glauben** verstößt.

12 Dabei ist unerheblich, wer unlauter gehandelt hat (BGH, ZInsO 2005, 487, 489). Erforderlich ist hingegen die mögliche **Kausalität** zwischen unlauterer Handlung und Annahme des Plans (BGH, ZInsO 2005, 487; LG Berlin, ZInsO 2005, 609, 611; **a. A.** MK-Sinz § 250 Rn. 60, der statt einer nur möglichen Kausalität absolute Gewissheit über die Kausalität für erforderlich hält).

13 Das Gesetz selbst erwähnt als **Beispielsfall** nur die Begünstigung eines Beteiligten. Praktische Anwendung findet die Norm jedoch vor allem bei Aufteilungen der Forderungen zur Erreichung der Kopfmehrheit in den Gläubigergruppen und unter Berücksichtigung der Gesetzesmaterialien

(BT-Drucks. 12/2443, S. 211) bei Erlangung der Zustimmung durch Täuschung oder Drohung, Anerkennung erdichteter Forderungen, Verheimlichung von Vermögenswerten und vor allem bei **Forderungskäufen** (MK-Sinz § 250 Rn. 45 ff. mit weiteren Beispielen). Mit letzterer Thematik befasste sich auch der BGH (ZInsO 2005, 487 ff.; s. a. § 226 Rdn. 9). Danach soll ein Forderungskauf mit einem Kaufpreis, der über der im Plan vorgesehenen Quote liegt, zu einer Versagung der Bestätigung führen, wenn dadurch die Abstimmungsmehrheit erreicht werden soll. Dies soll konsequenterweise auch dann gelten, wenn der Kauf unter der Bedingung der Planbestätigung steht, aber mit einer sofort wirksamen Stimmrechtsvollmacht verbunden ist. Für sog. **Stimmkäufe** bei den am Schuldner beteiligten Personen gelten die Ausführungen entsprechend. Dies hat der Gesetzgeber durch die Anpassung des Wortlautes in Nr. 2, bei der das Wort »Gläubiger« durch das Wort »Beteiligte« ersetzt wurde, verdeutlicht. Für die Frage der Unlauterkeit ist es unwesentlich, ob die Handlung heimlich stattfand oder offengelegt wurde, solange sie nicht im Plan aufgenommen wurde.

Unabhängig hiervon ist jedoch die in der Praxis überaus wichtige **Stimmrechtsvollmacht** zu sehen. 14
Diese an sich führt grds. zu keiner Versagung (ebenso MK-Sinz § 250 Rn. 46; H/W/F, InsO, § 250 Rn. 13). Vorsicht ist allerdings bei Kostenübernahmevereinbarungen geboten. Derartige Vereinbarungen werden häufig getroffen, um notwendige Stimmen von Beteiligten, die nicht am Abstimmungstermin teilnehmen wollen, abgeben zu können. Dabei erteilen die Stimmberechtigten einem vom Planverfasser benannten Anwalt Vollmacht. Die anfallenden Kosten des Anwalts übernimmt der Planverfasser. Durch diese Kostenübernahmeerklärung erhält der Beteiligte somit einen Vorteil, wenn auch durch die Vereinbarung die Masse nicht belastet wird (a. A. K. Schmidt-Spliedt § 250 Rn. 15). Vorsicht ist auch bei der Wahl des Bevollmächtigten angebracht. Die Bevollmächtigung des Verfahrensbevollmächtigten des Schuldners scheitert an § 43a Abs. 4 BRAO. Die Vollmacht ist in diesen Fällen unwirksam, sodass der Beteiligte als nicht erschienen gilt (LG Hamburg, NZI 2007, 415).

III. Rechtsbehelf

Gegen den Versagungsbeschluss besteht das Rechtsmittel der **sofortigen Beschwerde** (§ 253). 15

§ 251 Minderheitenschutz

(1) Auf Antrag eines Gläubigers oder, wenn der Schuldner keine natürliche Person ist, einer am Schuldner beteiligten Person ist die Bestätigung des Insolvenzplans zu versagen, wenn
1. der Antragsteller dem Plan spätestens im Abstimmungstermin schriftlich oder zu Protokoll widersprochen hat und
2. der Antragsteller durch den Plan voraussichtlich schlechtergestellt wird, als er ohne einen Plan stünde.

(2) Der Antrag ist nur zulässig, wenn der Antragsteller spätestens im Abstimmungstermin glaubhaft macht, dass er durch den Plan voraussichtlich schlechtergestellt wird.

(3) ¹Der Antrag ist abzuweisen, wenn im gestaltenden Teil des Plans Mittel für den Fall bereitgestellt werden, dass ein Beteiligter eine Schlechterstellung nachweist. ²Ob der Beteiligte einen Ausgleich aus diesen Mitteln erhält, ist außerhalb des Insolvenzverfahrens zu klären.

Übersicht	Rdn.		Rdn.
A. Normzweck	1	b) Glaubhaftmachung.	10
B. Norminhalt	2	II. Nachbesserungsklausel (Abs. 3)	12
I. Antrag (Abs. 1 und 2)	2	1. Gleichbehandlungsgrundsatz	13
1. Form und Frist.	3	2. Mittelbereitstellung	14
2. Widerspruch	6	3. Mittelgewährung	20
3. Schlechterstellung	9	III. Entscheidung des Gerichts	23
a) Darlegung.	9	IV. Rechtsbehelf	27

§ 251 InsO Minderheitenschutz

A. Normzweck

1 § 251 dient dem Schutz einzelner überstimmter Beteiligter innerhalb einer Gruppe. Der einzelne Beteiligte soll davor geschützt werden, durch den Plan schlechtergestellt zu werden, als er ohne Plan stünde. Die Vorschrift ergänzt somit das Obstruktionsverbot nach § 245. Sie bietet den notwendigen Schutz vor den Wirkungen des das Planverfahren beherrschenden Mehrheitsprinzips innerhalb der Gruppe. Mit dem ESUG wurde der Minderheitenschutz auf die am Schuldner beteiligten Personen erstreckt. Dies ist die logische Konsequenz der Möglichkeit, durch den Plan nach § 225a in die Rechte dieser Personen einzugreifen. Die Funktion des Minderheitenschutzes für Anteilsinhaber ist es, diesen einen etwaig bestehenden Liquidationswert ihrer Anteile zu erhalten, eine Schlechterstellung zu vermeiden und Art. 14 GG gerecht zu werden (BT-Drucks. 17/5712, S. 34). Zudem wurde i. R. d. ESUG mit Abs. 3 die Einfügung einer Nachbesserungsklausel in den Plan legitimiert.

B. Norminhalt

I. Antrag (Abs. 1 und 2)

2 Das Gericht prüft nur auf **Antrag**.

1. Form und Frist

3 Zu der Form und der Frist des Antrages enthält der Gesetzestext keine Vorgaben.

4 Frühestmöglicher Zeitpunkt der Antragstellung ist das Ende des Erörterungstermins. Da erst am Ende des Erörterungstermins feststeht, über welche Fassung des Plans nach etwaigen Änderungen gem. § 240 abgestimmt werden soll, kann diesem Plan auch erst dann wirksam widersprochen und der Antrag nach § 251 gestellt werden (so nunmehr auch MK-Sinz § 251 Rn. 8).

5 Spätestmöglicher Zeitpunkt ist die Verkündung der Bestätigungsentscheidung. Nach dem Willen des Gesetzgebers sollte die Antragstellung bis zur Rechtskraft des Bestätigungsbeschlusses möglich sein (BT-Drucks. 12/2443, S. 212). Dies ist jedoch mit der systematischen Stellung der Norm nicht in Einklang zu bringen. Auf der anderen Seite verbietet sich eine Begrenzung der Frist auf den Abstimmungstermin. I. R. d. Abs. 2 wird nach dem ESUG ausdrücklich nur die Glaubhaftmachung »spätestens im Abstimmungstermin« gefordert. Daher ist davon auszugehen, dass der Antrag auch später gestellt werden kann. Auch geht der Gesetzestext von einer »Versagung« und somit von einer Verhinderung der Bestätigung im Vorfeld der Entscheidung aus (HK-Flessner, § 251 Rn. 4). Der Antrag ist daher bis zur Verkündung der Bestätigungsentscheidung möglich. Er kann somit bereits im Abstimmungstermin zum Terminsprotokoll, aber auch erst anschließend schriftlich oder – anders als der Widerspruch (s. Rdn. 7) – zu Protokoll der Geschäftsstelle gestellt werden. Aufgrund der erforderlichen Glaubhaftmachung der Schlechterstellung bereits im Abstimmungstermin (dazu unten Rdn. 10) wird der Antrag allerdings regelmäßig bereits im Termin gestellt. Der Antrag kann auch durch einen Vertreter gestellt werden.

2. Widerspruch

6 Der Widerspruch gegen den Plan ist grds. **Voraussetzung** für die Zulässigkeit des Antrages (BGH, ZInsO 2010, 131, 132; LG Neubrandenburg, ZInsO 2000, 628). Diese Auffassung entspricht dem eindeutigen Wortlaut der Vorschrift.

7 Der Widerspruch muss individualisiert sein. Allein die Abstimmung gegen den Plan ist nicht als Widerspruch zu werten. Der Widerspruch muss schriftlich oder zum Terminsprotokoll eingelegt werden. Die Möglichkeit des Widerspruchs zu Protokoll der Geschäftsstelle wurde zur Vereinfachung der Abläufe bei Gericht mit dem ESUG aus Abs. 2 gestrichen (BT-Drucks. 17/5712, S. 35). Frühestmöglicher Zeitpunkt der Einlegung des Widerspruches ist das Ende des Erörterungstermins (s. Rdn. 4).

Der Antrag auf Minderheitenschutz ist mit dem Widerspruch gegen den Plan im Abstimmungstermin nicht identisch. Der Widerspruch allein ist somit nicht ausreichend. Dies gilt auch, wenn der Widerspruch nach § 242 schriftlich abgegeben worden ist. Wird jedoch der Antrag auf Minderheitenschutz im Abstimmungstermin gestellt, bedarf es keines separaten Widerspruches (ähnlich K. Schmidt-Spliedt § 251 Rn. 5). Das Erfordernis des Widerspruches dient der Rechtssicherheit (BT-Drucks. 12/2443, S. 211). Den Gläubigern und dem Schuldner soll Klarheit darüber verschafft werden, ob der Insolvenzplan am Widerspruch eines der Beteiligten scheitern kann. Wird der Antrag im Abstimmungstermin gestellt, ist dem Erfordernis der Klarheit Genüge getan (BGH, ZInsO 2007, 442, 443). Der Antrag und der Widerspruch gehen insofern Hand in Hand.

3. Schlechterstellung

a) Darlegung

Weitere Voraussetzung für die Gewährung des Minderheitenschutzes ist die glaubhaft zu machende wirtschaftliche Schlechterstellung des Antragstellers. Zur Darlegung der Schlechterstellung bedarf es einer konkreten und detaillierten **Vergleichsrechnung** zwischen den wirtschaftlichen Ergebnissen einer Insolvenzabwicklung mit und ohne Plan (§ 220 Rdn. 7). Dabei ist der antragstellende Gläubiger nicht auf die Bewertung des Planinitiators beschränkt, sondern kann eigene Bewertungen vornehmen. Ausgangspunkt ist dabei jedoch rgm. die Vergleichsrechnung des Planverfassers. Ggf. sind die Unterlagen nach den §§ 151 ff. und §§ 175 ff. heranzuziehen. Die Berechnungen basieren zwangsläufig auf Prognosen. Die Ergebnisse müssen in konkreten Zahlen ausgedrückt werden. Daher soll die Darlegung der abstrakten Möglichkeit des Finanzamtes, gegen Steuererstattungsansprüche aufzurechnen, nicht zur Glaubhaftmachung einer Schlechterstellung ausreichen (BGH, ZInsO 2007, 491, 492). Vor diesem Hintergrund kann allein die allgemeine Möglichkeit, im Regelverfahren erfolgreich einen Restschuldbefreiungsversagungsantrag zu stellen, ebenfalls nicht als Einwand i. S. d. § 251 gelten (so im Ergebnis aber AG Düsseldorf, ZInsO 2008, 463).

b) Glaubhaftmachung

Die Glaubhaftmachung erfordert die Darlegung der überwiegenden Wahrscheinlichkeit (BVerfG, NJW 1974, 1902; BGH, ZInsO 2007, 442, 443; ZInsO 2009, 1252, 1253; ZInsO 2010, 131, 132) der Schlechterstellung durch den Antragsteller. Die Prüfung des Gerichts ist auf die vom Antragsteller vorgebrachten und glaubhaft gemachten Tatsachen und Schlussfolgerungen beschränkt (BGH, ZInsO 2007, 491, 492; ZInsO 2009, 1252, 1253; ZInsO 2011, 932, 933; WM 2012, 1640 f.). Hierbei können nur präsente Beweismittel (BGH, ZInsO 2010, 131, 132), anhand derer eine sofortige Beweisaufnahme erfolgen kann (BGH, ZInsO 2009, 1252, 1253), berücksichtigt werden. Nach dem durch das ESUG ergänzten Abs. 2 hat der Antragsteller spätestens im Abstimmungstermin die Schlechterstellung glaubhaft zu machen. Unter Berücksichtigung des Beschleunigungsgrundsatzes und der deutlichen Formulierung des Gesetzestextes ist bei fehlender Glaubhaftmachung der Antrag zurückzuweisen (vgl. BGH, ZInsO 2007, 491, 492; ZInsO 2010, 131, 132). Eine Frist zur Nachholung der Glaubhaftmachung ist nicht zu gewähren (BGH, ZInsO 2010, 131, 132; im Hinblick auf die Wortlautänderung durch das ESUG nunmehr zustimmend auch MK-Sinz § 251 Rn. 22). Auch kommt eine Vertagung oder eine Aussetzung des Insolvenzplanverfahrens für die Dauer eines vom Gläubiger gegen den Schuldner eingeleiteten Strafverfahrens aufgrund der Eilbedürftigkeit nicht in Betracht (BGH, ZInsO 2010, 131, 132).

Die Anforderungen an die Glaubhaftmachung sind trotz des Zusatzes »voraussichtlich« hoch. Dadurch sollen Anträge, die auf bloße Vermutungen gestützt werden und zu einem erheblichen Vermittlungsaufwand bei Gericht führen würden (BGH, ZInsO 2009, 1252, 1253; ZInsO 2010, 131, 132) oder ausschließlich auf eine Verfahrensverzögerung gerichtet sind (BT-Drucks. 12/2443, S. 212), vermieden werden. Der Gläubiger kann sowohl auf die Planunterlagen verweisen als auch eigene Tatsachen darlegen. Es gilt der Grundsatz der freien Beweiswürdigung (OLG Dresden, NZI 2000, 436). Dies bedeutet für den Gläubiger aber auch, dass etwaige Ungewissheiten der von ihm vorzubringenden Berechnung zu seinen Lasten gehen (HK-Flessner § 251 Rn. 7). Einer Glaubhaftmachung der Schlechterstellung bedarf es jedoch nicht, wenn diese sich unstreitig aus dem Insolvenzplan ergibt (vgl. BGH, ZInsO 2009, 478, 480 f.). Ist die Forderung des antragstellenden Gläubigers bestritten bzw. nicht zur Tabelle festgestellt, scheidet die Glaubhaftmachung einer Schlechterstellung von vornherein aus, wenn der Gläubiger nicht zunächst seine eigenen Ansprüche glaubhaft macht (vgl. BGH, ZInsO 2010, 1448, 1450).

II. Nachbesserungsklausel (Abs. 3)

12 Um eine Schlechterstellung zu vermeiden, räumte bereits der RegE zur InsO die Möglichkeit einer Nachbesserungsklausel im Plan, auch salvatorische Klausel genannt, ein (BT-Drucks. 12/2443, S. 212). Mit dem ESUG wurde diese Möglichkeit der Nachbesserungsklausel durch Anfügung des Abs. 3 in den Gesetzestext aufgenommen. Aufgrund solcher Klauseln können für den Fall nachgewiesener Schlechterstellung Ausgleichsleistungen an widersprechende Gläubiger oder Anteilsinhaber vorgesehen werden. Bei einer derartigen Vorsorge liegt im Ergebnis keine Schlechterstellung und somit auch kein Grund zur Versagung des Planbestätigung mehr vor (BT-Drucks. 17/5712, S. 35). Die Klausel soll somit zum einen eine Versagung nach § 251 vermeiden. Zum anderen soll ihr Vorteil in der Verminderung des Feststellungsaufwandes des Gerichts liegen.

1. Gleichbehandlungsgrundsatz

13 Um dem Gleichbehandlungsgrundsatz nach § 226 Abs. 1 gerecht zu werden, wurde vor Anfügung des Abs. 3 gefordert, dass die Klausel alle Gläubiger einer Gruppe betreffen müsse (Smid, ZInsO 1998, 347). Nach der Auffassung des Gesetzgebers sind mit der gesetzlichen Zulässigkeit von Nachbesserungsklauseln Zweifel an der Gleichbehandlung nicht mehr berechtigt (BT-Drucks. 17/5712, S. 35). Diese Auffassung erleichtert die Handhabung von Nachbesserungsklauseln. Allerdings ergeben sich weitere rechtliche und faktische Probleme.

2. Mittelbereitstellung

14 Gem. Abs. 3 Satz 1 sind für die einkalkulierte Nachbesserung im gestaltenden Teil des Plans entsprechende Mittel bereitzustellen. Dies soll etwa durch Rücklagen oder Bankbürgschaften geschehen (BT-Drucks. 17/5712, S. 35). Auch Zahlungen Dritter sind möglich.

15 Mit **Rücklagen** meint der Entwurf keine Kapital- oder Gewinnrücklagen i. S. v. § 272 Abs. 2 und 3 HGB, sondern zurückzubehaltende Beträge, die als Rückstellungen i. S. v. § 249 HBG zu bilanzieren sind. Eine derartige Mittelbeschaffung dürfte gerade in kleineren Verfahren schwierig sein (ähnlich Pape, ZInsO 2010, 2155, 2161). Insb. scheidet eine Bereitstellung aus der Masse häufig aus, da den Gläubigern im Verhältnis zum Regelverfahren nur geringfügig höhere Quoten angeboten werden können. Wird in diesen Fällen eine Rückstellung gebildet, kann eine Besserstellung oft nicht gewährleistet werden, denn eine solche geht regelmäßig mit einer Quotenreduzierung für alle Beteiligten einher.

16 Für vergleichbare Rücklagen im Regelverfahren nach §§ 189 Abs. 2, 198 wirkt der Insolvenzbeschlag bis zur endgültigen Verteilung auch nach Aufhebung des Insolvenzverfahrens fort und die Befugnisse des Insolvenzverwalters bleiben zum Zwecke der Nachtragsverteilung bestehen (MK-Hintzen § 203 Rn. 20 und 23). Dies ist gem. § 259 Abs. 1 bei Aufhebung eines Insolvenzverfahrens infolge eines Insolvenzplans jedoch ausgeschlossen. Eine **gesetzliche Nachtragsverteilung** nach § 203 für unverbrauchte Rücklagen kommt nicht in Betracht (zu den Gründen s. § 259 Rdn. 7). Verbleibt die nicht in Anspruch genommene Rücklage bei dem Schuldner, führt dies jedoch zu Unverständnis bei den Gläubigern. Verpflichtet sich der Schuldner, den Betrag bei fehlender Inanspruchnahme an die Gläubiger zu verteilen, ist dieser allerdings dem Zugriff der Neugläubiger ausgesetzt. Bei Mittelbereitstellung aus der Masse bleibt als sinnvolle Lösung somit nur eine durch den Plan vorzusehende Treuhand (Braun/Heinrich, NZI 2011, 505, 509, s. hierzu § 259 Rdn. 9 f.). Danach wird der Insolvenzverwalter durch den Plan bevollmächtigt, den Betrag treuhänderisch zu verwalten und

bei erfolgreichen Klagen auf Mittelgewährung an die Kläger, anderenfalls an die Insolvenzgläubiger gem. der Planregelung auszukehren (vgl. BGH, ZInsO 2009, 963).

Sofern möglich, stellen Bürgschaften mit langfristigen Kreditgewährungen bei Inanspruchnahme oder Garantien Dritter die einfachere Regelung dar.

Die Höhe der zurückzubehaltenden Beträge oder der Bürgschaft ist bei der Planerstellung schwierig zu bestimmen. Grds. ist davon auszugehen, dass der Planersteller die Beteiligten durch den Plan besserstellen will oder dies zumindest anhand der Vergleichsrechnung darlegt. Nach dem Plan dürfte somit keine Schlechterstellung gegeben und die Rücklage folglich marginal sein. Dies gilt vor allem für den Ausgleich ggü. den Anteilsinhabern. Regelmäßig dürfte den Anteilen kein Wert beizumessen sein (BT-Drucks. 17/5712, S. 35).

Nach § 253 Abs. 1 Nr. 3 hat der Beschwerdeführer i. R. d. sofortigen Beschwerde glaubhaft zu machen, dass die Schlechterstellung nicht durch eine Zahlung aus den in § 251 Abs. 3 genannten Mitteln ausgeglichen werden kann. Bei der Höhe der Rücklage oder der Bürgschaft sind somit die Anzahl der möglichen Antragsteller und die zu erwartende darzulegende Schlechterstellung zu berücksichtigen. Einer namentlichen Zuordnung der so ermittelten Beträge zu potenziellen Antragstellern bedarf es im gestaltenden Teil des Plans noch nicht, sondern erst im Rahmen der Antragsprüfung (vgl. MK-Sinz § 251 Rn. 38; K. Schmidt-Spliedt § 251 Rn. 21 und unten Rdn. 23).

3. Mittelgewährung

Weist das Gericht den Antrag auf Minderheitenschutz ab und kommt es zu keiner gütlichen Einigung zwischen dem Antragsteller und dem Schuldner oder der Übernahmegesellschaft, verweist Abs. 3 den Antragsteller auf den ordentlichen Klageweg außerhalb des Insolvenzverfahrens. Das **Prozessrisiko** für den Erhalt eines Ausgleichs aus den bereitgestellten Mitteln trägt der Antragsteller. Hält ein Beteiligter, der sich durch den Plan benachteiligt fühlt, die Rückstellung für ausreichend, hat er vor Erhebung der zivilrechtlichen Klage auf Ausgleich der Schlechterstellung keinen Antrag nach § 251 zu stellen oder das Beschwerdeverfahren nach § 253 anzustrengen. Durch die Ausgleichsmöglichkeit wären die Anträge von vornherein unzulässig und hätten daher keine Aussicht auf Erfolg.

Wer **Klagegegner** im Prozess um die Frage des Anspruchs auf Ausgleichsleistungen ist, ist in der Vorschrift nicht geregelt. Hier kommt neben dem Schuldner ggf. auch – in Anlehnung an § 20 Abs. 4 KredReorgG – der Insolvenzverwalter in Betracht (Braun/Heinrich, NZI 2011, 505, 509). Maßgeblich ist die Gestaltung der Nachbesserungsklausel im Plan (hierzu oben Rdn. 12 ff.). Im Zweifel geht mit Aufhebung des Insolvenzverfahrens auch die Verfügungsbefugnis über aus der Masse zurückgestellte Beträge auf den Schuldner über, sodass dieser Klagegegner ist. Auch bei einer Sicherung der Finanzierung des Ausgleichs über eine Bürgschaft ist diese sinnvollerweise dem Schuldner und nicht dem Insolvenzverwalter zu gewähren, da dessen Amt mit der Aufhebung des Insolvenzverfahrens endet.

Über die **Klagefrist** schweigt die Vorschrift. Anzusetzen ist daher die regelmäßige 3-jährige Verjährungsfrist nach § 195 BGB, beginnend mit der Rechtskraft des Bestätigungsbeschlusses. Der Plan kann eine Ausschlussfrist vorsehen. Diese darf jedoch nicht die in § 259b Abs. 2 normierte Frist eines Jahres nach Rechtskraft des Bestätigungsbeschlusses unterschreiten (K. Schmidt-Spliedt § 251 Rn. 26).

III. Entscheidung des Gerichts

Das Gericht hat neben den Voraussetzungen nach Abs. 1 und 2 von Amts wegen zu prüfen, ob Mittel nach Abs. 3 bereitgestellt und ausreichend sind, eine Schlechterstellung des widersprechenden Beteiligten auszugleichen (BT-Drucks. 17/5712, S. 35). Hierbei ist zu fragen, welche Mittel zur Verfügung stehen und in welcher Höhe insgesamt infolge glaubhaft gemachter Schlechterstellungen, ggf. auch weiterer Beteiligter, Ausgleichszahlungen erforderlich werden könnten. Um die

Zulänglichkeit der Mittel adäquat prüfen zu können, kann das Gericht den Planersteller in analoger Anwendung des § 7 Abs. 2 Satz 2 SpruchG auffordern, konkret und namentlich anzugeben, welcher Betrag für welchen Beteiligten vorgesehen ist (MK-Sinz § 251 Rn. 38). Eines Nachweises und damit der vorherigen Durchführung des Zivilverfahrens bedarf es jedoch nicht. Auch ist nicht zu prüfen, ob die bereitgestellten Mittel tatsächlich zu gewähren sind.

24 Das Gericht darf sich bei der Entscheidungsfindung eines **Sachverständigen** bedienen (MK-Sinz § 251 Rn. 50).

25 **Bei Feststellung** einer Schlechterstellung und fehlender Bereitstellung von Ausgleichsmitteln hat das Gericht die Bestätigung durch **Beschluss** zu versagen. Es besteht **weder Ermessensspielraum** noch Nachbesserungsmöglichkeit.

26 Die **Zurückweisung** des Antrages erfolgt gleichfalls durch **Beschluss**. Hiervon grds. unabhängig ist der Beschluss über die Bestätigung des Plans (Uhlenbruck-Lüer § 251 Rn. 21). Beide Entscheidungen können jedoch in einem Beschluss zusammengefasst werden (MK-Sinz § 251 Rn. 53).

IV. Rechtsbehelf

27 Gegen den separaten Beschluss über die Zurückweisung des Antrages ist grds. **kein Rechtsmittel** zulässig (§ 6). Bis zum Inkrafttreten des § 18 Abs. 1 Nr. 2 RPflG n. F., mit dem die Zuständigkeit für das Insolvenzplanverfahren für nach dem 01.01.2013 beantragte Insolvenzverfahren auf den Richter übertragen wird (vgl. ausführlich vor §§ 217 Rdn. 14 ff.), entscheidet regelmäßig der Rechtspfleger. In diesen Fällen ist die **Erinnerung** nach § 11 Abs. 2 Satz 1 RPflG statthaft (Uhlenbruck-Lüer § 251 Rn. 21). Sofern die Entscheidung nach § 251 einen Teil des Bestätigungs- und Versagungsbeschlusses nach § 252 bildet (so MK-Sinz § 251 Rn. 55; s. aber Rdn. 26), ist allein die sofortige Beschwerde nach § 253 das statthafte Rechtsmittel.

§ 252 Bekanntgabe der Entscheidung

(1) ¹Der Beschluß, durch den der Insolvenzplan bestätigt oder seine Bestätigung versagt wird, ist im Abstimmungstermin oder in einem alsbald zu bestimmenden besonderen Termin zu verkünden. ²§ 74 Abs. 2 Satz 2 gilt entsprechend.

(2) ¹Wird der Plan bestätigt, so ist den Insolvenzgläubigern, die Forderungen angemeldet haben, und den absonderungsberechtigten Gläubigern unter Hinweis auf die Bestätigung ein Abdruck des Plans oder eine Zusammenfassung seines wesentlichen Inhalts zu übersenden. ²Sind die Anteils- oder Mitgliedschaftsrechte der am Schuldner beteiligten Personen in den Plan einbezogen, so sind auch diesen die Unterlagen zu übersenden; dies gilt nicht für Aktionäre oder Kommanditaktionäre. ³Börsennotierte Gesellschaften haben eine Zusammenfassung des wesentlichen Inhalts des Plans über ihre Internetseite zugänglich zu machen.

Übersicht	Rdn.		Rdn.
A. Normzweck	1	II. Art der Verkündung	4
B. Norminhalt	2	III. Bekanntgabe des Planinhalts (Abs. 2)	5
I. Zeitpunkt der Verkündung	2		

A. Normzweck

1 § 252 regelt Zeitpunkt und Form der Bekanntgabe der Entscheidung. Dies dient vor allem der einheitlichen und klaren Fixierung eines Zeitpunktes für den Beginn der Rechtsmittelfrist (vgl. MK-Sinz § 252 Rn. 1). Abs. 2 Satz 2 wurde i. R. d. ESUG angefügt.

B. Norminhalt

I. Zeitpunkt der Verkündung

Der Beschluss, durch den der Insolvenzplan bestätigt oder seine Bestätigung versagt wird, muss verkündet werden. Dies gilt auch, sofern die sofortige Beschwerde erhoben worden ist. Bestenfalls sollte der Beschluss bereits im Abstimmungstermin verkündet werden. Ist dies nicht möglich, ist aus Gründen der Verfahrensbeschleunigung an eine Unterbrechung oder Vertagung zu denken. Scheiden auch diese Möglichkeiten aus, ist ein separater Verkündungstermin anzusetzen.

Der **separate Verkündungstermin** sollte innerhalb der kürzest möglichen Frist terminiert werden. Sofern keine Bedingungen i.S.d. § 249 vorliegen, sollte der Termin innerhalb von 2 Wochen stattfinden. Wird der Termin im Abstimmungstermin bestimmt, bedarf es durch den Verweis auf § 74 Abs. 2 Satz 2 weder einer öffentlichen Bekanntmachung noch einer Ladung. Wird der Termin erst nach dem Abstimmungstermin angesetzt, bedarf es hingegen entsprechend § 241 einer besonderen Ladung der stimmberechtigten Gläubiger und des Schuldners (BT-Drucks. 12/2443, S. 212). Der konkrete Verweis auf § 74 Abs. 2 Satz 2 lässt einer das Verfahren vereinfachenden Anwendung des § 74 Abs. 2 Satz 1 keinen Raum (a.A. HK-Flessner § 252 Rn. 2; NR-Braun § 252 Rn. 3). Die stimmberechtigten Gläubiger müssen zeitnah erfahren, wann die Rechtsmittelfrist zu laufen beginnt.

II. Art der Verkündung

Die Verkündung bedarf nur der **mündlichen Bekanntgabe**, keiner Zustellung (Uhlenbruck-Lüer § 252 Rn. 2). Sofern der Beschluss noch nicht schriftlich vorliegt, muss er protokolliert werden (HK-Flessner § 252 Rn. 3). Dies dient vor allem der einheitlichen Fristberechnung für § 253. Der Beschluss bedarf der Begründung (MK-Sinz § 252 Rn. 7), jedoch keiner Rechtsmittelbelehrung (BGH, ZInsO 2003, 1100, nach dem sogar eine fehlerhafte Rechtsmittelbelehrung unschädlich ist).

III. Bekanntgabe des Planinhalts (Abs. 2)

Die Bekanntgabe bedarf keiner Zustellung. Die Übersendung ist daher alleinige **Aufgabe des Gerichts**, die an sich nicht an den Verwalter delegiert werden kann. In der Praxis wird dies gleichwohl rgm. getan. Die Wahl, welche Unterlagen übersendet werden, obliegt dem Gericht (MK-Sinz § 252 Rn. 21 f.). Die Zusammenfassung erstellt rgm. der Planverfasser. Sie sollte den gestaltenden Teil vollständig und den darstellenden Teil stark gekürzt wiedergeben. Unterbleibt die Übersendung, so liegt hierin keine den § 253 auslösende Beschwer (vgl. MK-Sinz § 252 Rn. 28 ff.). Hinsichtlich der Sonderregelungen für Aktionäre und Kommanditaktionäre, für die die Bekanntgabe durch Zugänglichmachung auf der Internetseite des Schuldners bzw. des Insolvenzverwalters ausreicht, vgl. § 235 Rdn. 8.

§ 253 Rechtsmittel

(1) Gegen den Beschluss, durch den der Insolvenzplan bestätigt oder durch den die Bestätigung versagt wird, steht den Gläubigern, dem Schuldner und, wenn dieser keine natürliche Person ist, den am Schuldner beteiligten Personen die sofortige Beschwerde zu.

(2) Die sofortige Beschwerde gegen die Bestätigung ist nur zulässig, wenn der Beschwerdeführer
1. dem Plan spätestens im Abstimmungstermin schriftlich oder zu Protokoll widersprochen hat,
2. gegen den Plan gestimmt hat und
3. glaubhaft macht, dass er durch den Plan wesentlich schlechtergestellt wird, als er ohne einen Plan stünde, und dass dieser Nachteil nicht durch eine Zahlung aus den in § 251 Absatz 3 genannten Mitteln ausgeglichen werden kann.

(3) Absatz 2 Nummer 1 und 2 gilt nur, wenn in der öffentlichen Bekanntmachung des Termins (§ 235 Absatz 2) und in den Ladungen zum Termin (§ 235 Absatz 3) auf die Notwendigkeit des Widerspruchs und der Ablehnung des Plans besonders hingewiesen wurde.

(4) ¹Auf Antrag des Insolvenzverwalters weist das Landgericht die Beschwerde unverzüglich zurück, wenn das alsbaldige Wirksamwerden des Insolvenzplans vorrangig erscheint, weil die Nachteile einer Verzögerung des Planvollzugs nach freier Überzeugung des Gerichts die Nachteile für den Beschwerdeführer überwiegen; ein Abhilfeverfahren nach § 572 Absatz 1 Satz 1 der Zivilprozessordnung findet nicht statt. ²Dies gilt nicht, wenn ein besonders schwerer Rechtsverstoß vorliegt. ³Weist das Gericht die Beschwerde nach Satz 1 zurück, ist dem Beschwerdeführer aus der Masse der Schaden zu ersetzen, der ihm durch den Planvollzug entsteht; die Rückgängigmachung der Wirkungen des Insolvenzplans kann nicht als Schadensersatz verlangt werden. ⁴Für Klagen, mit denen Schadensersatzansprüche nach Satz 3 geltend gemacht werden, ist das Landgericht ausschließlich zuständig, das die sofortige Beschwerde zurückgewiesen hat.

Übersicht	Rdn.		Rdn.
A. Normzweck	1	IV. Entscheidung und Rechtsbehelf	23
B. Norminhalt	2	1. Abhilfeverfahren bei dem Insolvenzgericht	23
I. Zulässigkeit der Beschwerde (Abs. 1 und 2)	2	2. Beschwerdeverfahren bei dem Landgericht	24
1. Allgemeines	2	a) Allgemeines	24
2. Beschwer (Abs. 2)	9	b) Verfahren nach Abs. 4	25
a) Beschwer des Schuldners	10	aa) Abwägung der Nachteile	26
aa) Planvorlage durch Schuldner	10	bb) Schwerer Rechtsverstoß	27
bb) Planvorlage durch Verwalter	11	cc) Schadensersatz bei Zurückweisung aussichtsreicher Beschwerde	28
b) Beschwer der Planbeteiligten nach §§ 222 ff.	14	3. Rechtsbeschwerde	29
aa) Formelle Beschwer	15	V. Gegenstandswert	30
bb) Materielle Beschwer	18		
II. Begründetheit der Beschwerde	21		
III. Rechtskraftwirkung	22		

A. Normzweck

1 § 253 bestimmt die sofortige Beschwerde als das Rechtsmittel, mit dem der Bestätigungs- oder Versagungsbeschluss des Gerichts angefochten werden kann. Das Verfahren der sofortigen Beschwerde und somit auch das Insolvenzplanverfahren können sich enorm in die Länge ziehen. Hierdurch können Sanierungen durch Insolvenzpläne gefährdet werden. Die sofortige Beschwerde kann daher schon aufgrund der zeitlichen Dauer verfahrensentscheidende Auswirkung haben. Eine erhebliche Verbesserung der Situation hat sich bereits durch den Wegfall der Möglichkeit der zulassungsfreien Rechtsbeschwerde nach § 7 durch das Gesetz zur Änderung des § 522 ZPO im Jahr 2011 ergeben. Mit dem ESUG wurden zudem die Zulässigkeitsvoraussetzungen durch Anfügung des Abs. 2 erheblich verschärft. Damit einhergehend wurde mit Abs. 4 eine dem aktienrechtlichen Freigabeverfahren nach § 246a AktG nachempfundene Regelung getroffen, wonach bei überwiegendem Vollzugsinteresse der am Plan Beteiligten das LG auf Antrag die Beschwerde zurückweist. Dies ermöglicht die Beseitigung der aufschiebenden Wirkung und lässt gleichzeitig den Minderheitenschutz unberührt (ausführl. Jaffé/Friedrich, ZIP 2008, 1849, 1854 ff.). Die Anregung des Bundesrates, auf Rechtsmittel ganz zu verzichten bzw. den Beschwerdeanspruch von vornherein auf Entschädigungen zu beschränken (BT-Drucks. 17/5712, S. 58), hat der Gesetzgeber zu Recht mit der Begründung abgelehnt, dass durch Insolvenzplanregelungen massiv in Rechte der Beteiligten eingegriffen wird, weshalb ein Mindestschutz an verfahrensrechtlichen Überprüfungsmöglichkeiten verfassungsrechtlich geboten sei (BT-Drucks. 17/5712, S. 69 f., kritisch hierzu und mit weiteren Vorschlägen zur Eindämmung der Rechtsmittellastigkeit des Planverfahrens Braun/Heinrich, NZI 2011, 505, 510 und Frind, ZInsO 2010, 1524, 1526).

B. Norminhalt

I. Zulässigkeit der Beschwerde (Abs. 1 und 2)

1. Allgemeines

Für das Verfahren sind über § 4 die §§ 567 bis 577 ZPO anzuwenden. Die **Vorschriften** werden jedoch durch § 6 modifiziert. 2

Zuständig für die sofortige Beschwerde ist nach § 72 GVG das LG. I. R. d. Abhilfeverfahrens nach § 572 Abs. 1 ZPO ist jedoch das Insolvenzgericht zuständig. Daher kann die sofortige Beschwerde nach dem durch das ESUG neu eingefügten § 6 Abs. 1 Satz 2 nur noch bei dem Insolvenzgericht, nicht mehr bei dem LG eingelegt werden. Dies dient der Verfahrensbeschleunigung (BT-Drucks. 17/7511, S. 45). Funktional zuständig ist hierbei der Spruchkörper, der die angegriffene Entscheidung erlassen hat (MK-Sinz § 253 Rn. 5). 3

Die Beschwerde ist in schriftlicher **Form** oder zu Protokoll der Geschäftsstelle zu erheben. Anders als für den Widerspruch gegen den Plan (Abs. 2 Nr. 1) schließt das ESUG die Einlegung der Beschwerde zu Protokoll der Geschäftsstelle nicht aus. Hier gilt § 569 Abs. 3 ZPO. 4

Die **Frist** zur Einlegung der Beschwerde beträgt nach § 569 ZPO i. V. m. § 6 Abs. 2 stets 2 Wochen ab Verkündung des Beschlusses (BGH, ZInsO 2003, 1100). Die Frist ist eine Notfrist. Sie gilt auch bei fehlender oder fehlerhafter Rechtsmittelbelehrung. Allerdings besteht in den Fällen der fehlerhaften Rechtsmittelbelehrung die Möglichkeit der Wiedereinsetzung in den vorherigen Stand (BGH, ZInsO 2003, 1100). 5

Beschwerdeführer können entsprechend dem Wortlaut abschließend der Schuldner, die (Absonderungs-) Gläubiger und – in Konsequenz zu der mit dem ESUG eingeführten Möglichkeit ihrer Einbeziehung in den Plan (vgl. vor § 217 Rdn. 2a ff.) – die am Schuldner beteiligten Personen sowie im Fall des § 210a die Massegläubiger sein. Dem **Insolvenzverwalter** bzw. Sachwalter steht im Rahmen dieser Vorschrift **kein Beschwerderecht**, auch nicht analog § 231 Abs. 3, zu (vgl. BGH, ZInsO 2009, 478, 479). Nachdem sich die Gläubiger den Plan in der Abstimmung zu Eigen gemacht haben, ist anders als i. R. d. § 231 Abs. 3 kein eigenes Verfahrensrecht des Insolvenzverwalters tangiert (BT-Drucks. 17/5712, S. 69). Der RegE verweist darauf, dass der Insolvenzverwalter ggf. einen Gläubiger zur Beschwerde anregen kann (BT-Drucks. 17/5712, S. 69, s. hierzu auch Braun/Heinrich, NZI 2011, 505, 516). Dies dürfte aber nur schwerlich mit der Neutralität des Verwalters in Einklang zu bringen sein. Gläubiger sind generell auch dann beschwerdeberechtigt, wenn ihnen **kein Stimmrecht** eingeräumt wurde (BT-Drucks. 12/2443, S. 212). In diesem Fall konnte der Gläubiger bisher i. R. d. sofortigen Beschwerde die Aberkennung seines Stimmrechts erfolgreich rügen, wenn er zusätzlich einen Verstoß gegen Verfahrensvorschriften geltend machte (BGH, ZInsO 2009, 34). Nach dem ESUG wird die Beschwerde eines nicht stimmberechtigten Beteiligten trotz des auch hier bestehenden Beschwerderechts aufgrund der fehlenden Abstimmung gegen den Plan gem. Abs. 2 Nr. 2 regelmäßig scheitern (unten Rdn. 17). Im Gesetzgebungsverfahren zum ESUG wurde – allerdings explizit lediglich für Anteilsinhaber – eine Beschränkung des Beschwerderechts auf die Beteiligten vorgeschlagen, die mit ihren Rechten in den Plan einbezogen sind (Pape, ZInsO 2010, 2155, 2161; BT-Drucks. 17/5712, S. 57). Aufgrund der Möglichkeit der zulassungsunabhängigen Rechtsbeschwerde nach § 7 wurde die Gefahr der Verfahrensverzögerung durch Einlegung offensichtlich unzulässiger Beschwerden gesehen. Diese Gefahr bestand bei nicht stimmberechtigten Gläubigern nach dem oben Gesagten gleichermaßen, hat sich jedoch mit der Streichung des § 7 durch das Gesetz zur Änderung des § 522 ZPO relativiert. Daher wurde die Beschränkung nicht Gesetz. Folglich ist weiterhin davon auszugehen, dass alle Gläubiger und an dem Schuldner beteiligten Personen beschwerdebefugt sind. 6

Die **Beteiligung** an einem Beschwerdeverfahren i. Ü. richtet sich nach dem Initiativrecht (BGH, ZInsO 2005, 927, 928; s. aber mit beachtenswerten Einwänden gegen diese praktikable Lösung Smid, NZI 2005, 613, 614). Beteiligt sind somit neben dem Beschwerdeführer der Schuldner und der Insolvenzverwalter. 7

8 Wesentlich für die Zulässigkeit der Beschwerde ist das Vorliegen eines **Rechtsschutzinteresses**. Ein solches besteht bei erstrebter Besserstellung (BGH, ZInsO 2005, 927). Wurde die Bestätigung nach § 252 versagt, kann diese Besserstellung durch den Plan erfolgen. Wurde hingegen der Plan nach § 252 bestätigt, kann die Besserstellung nicht nur durch die Versagung des Plans, sondern auch durch eine Berichtigung des Plans eintreten (BGH, ZInsO 2005, 927). Teilweise wird vertreten, § 253 setze eine vorherige Durchführung des Minderheitenschutzverfahrens nach § 251 voraus (LG Berlin, ZInsO 2014, 962, 963 - Suhrkamp, mit Verweis auf Fischer, NZI 2013, 513; dem folgend Skauradszun, DZWiR 2014, 338 ff.). Dies ist spätestens nach der Erweiterung der Voraussetzungen der sofortigen Beschwerde durch das ESUG nicht erforderlich, da diese nunmehr die Voraussetzung des Minderheitenschutzantrages umfassen (i. E. ebnso K.Schmidt-Spliedt § 253 Rn.6). Auch legen weder der Wortlaut der Norm noch die Gesetzesbegründung eine derartige Auslegung nahe. Wenn der Gesetzgeber fordert, dass der Beschwerdeführer die Möglichkeiten ausschöpfen muss, um die Bestätigung des Plans zu verhindern, ist dies ausschließlich seine Begründung für die tatbestandliche Aufnahme des vorherigen Widerspruchs unter Glaubhaftmachung der Schlechterstellung (BT-Drucks. 17/5712, S. 35). Jedenfalls kann das angebliche Erfordernis eines vorherigen Minderheitenschutzantrages als ungeschriebene Beschwerdevoraussetzung nur verlangt werden, wenn die Beteiligten in der öffentlichen Bekanntmachung des Termins (§ 235 Abs. 2) und der Ladung (§ 235 Abs. 3) ausdrücklich darauf hingewiesen wurden (so Fölsing, EWiR 2014, 293, 294).

2. Beschwer (Abs. 2)

9 Neben dem Rechtsschutzinteresse bedarf es auch einer **Beschwer**. Zu unterscheiden ist zwischen der materiellen und der formellen Beschwer. Die jeweiligen Voraussetzungen wurden durch die Einführung des Abs. 2 mit dem ESUG erheblich geändert und verschärft. Abs. 2 differenziert dem Wortlaut nach nicht nach dem Schuldner und den übrigen Beteiligten. Aufgrund der unterschiedlichen Stellung und Einbindung in das Planverfahren ergeben sich jedoch erhebliche Unterschiede. So hat der Schuldner – anders als die Gläubiger und die am Schuldner beteiligten Personen – ein originäres Planvorlagerecht (§ 218 Abs. 1). Im Fall eines von ihm selbst vorgelegten Plans ist seine Beschwer daher anders zu beurteilen als bei einem von dem Verwalter vorgelegten Plan. Zudem ist der Schuldner nicht in das Abstimmungsverfahren nach § 243 eingebunden und kann demnach nicht i. S. v. Abs. 2 Nr. 2 gegen den Plan stimmen (dazu unten Rdn. 12). Schließlich ist bei der Beurteilung der Schlechterstellung im Vergleich zur Abwicklung im Regelverfahren bei den Gläubigern mit ihren Insolvenzforderungen regelmäßig eine wirtschaftliche Betrachtung vorzunehmen. Beim Schuldner hingegen können auch weiter gehende Rechte beeinträchtigt sein, während eine Schlechterstellung in wirtschaftlicher Hinsicht zumeist ausscheidet. Die fehlende Differenzierung in Abs. 2 wirft daher einige Probleme und Fragen auf.

a) Beschwer des Schuldners

aa) Planvorlage durch Schuldner

10 Bei eigener Planvorlage ist die **formelle Beschwer** erforderlich und ausreichend. Formell ist der Schuldner in diesem Fall beschwert, wenn seinem Plan die Bestätigung versagt wird. Wird sein Plan bestätigt, fehlt es an einer Beschwer.

bb) Planvorlage durch Verwalter

11 Hat hingegen der Verwalter einen Plan vorgelegt, muss der Schuldner sowohl materiell als auch formell beschwert sein.

12 Um in diesem Fall bei einer Planbestätigung **formell beschwert** zu sein, muss der Schuldner gem. Abs. 2 Nr. 1 im Abstimmungstermin schriftlich oder zu Protokoll Widerspruch erhoben haben. Fehlt es an einem solchen Widerspruch, ist ihm der Weg über § 253 versperrt (LG Berlin, NZI 2005, 335, 336). Abs. 2 Nr. 2 ist als weitere Voraussetzung für eine formelle Beschwer auf den Schuldner nicht anwendbar, da dieser in das Abstimmungsverfahren nach § 243 nicht eingebunden ist. Er kann gem. § 247 dem Plan lediglich zustimmen oder ihm widersprechen. Widerspricht er nicht, gilt dies gem. § 247 Abs. 1 als Zustimmung. Er kann demzufolge nicht i. S. v. Abs. 2 Nr. 2 gegen den Plan stimmen. Bei einem Versagungsbeschluss fehlt es hingegen an einer formellen Beschwer, wenn der Schuldner nach § 247 Abs. 1 widersprochen hat. Einer vorherigen ausdrücklichen Zustimmung bedarf es für eine formelle Beschwer nicht. Die Zustimmung wird über § 247 fingiert.

Bisher konnte davon ausgegangen werden, dass die notwendige **materielle Beschwer** beim Schuldner bereits besteht, wenn bei einem Bestätigungsbeschluss der Plan in seine Rechte eingreift bzw. bei einem Versagungsbeschluss der Plan ihm Rechte gewährt hätte, was regelmäßig für die Schuldbefreiung nach § 227 gilt (vgl. K. Schmidt-Spliedt § 253 Rn. 21). Geht man von der Anwendbarkeit des neu eingefügten Abs. 2 Nr. 3 auch für den Schuldner aus, wäre für die Beschwerde gegen einen Bestätigungsbeschluss die Glaubhaftmachung einer wesentlichen Schlechterstellung durch den Plan und somit eine konkrete materielle Beschwer erforderlich. Der Wortlaut der Vorschrift differenziert nicht nach Gläubigern, Anteilsinhabern oder dem Schuldner als Beschwerdeführer. Die Erheblichkeitsschwelle (hierzu noch ausführlich unten Rdn. 18) des Abs. 2 Nr. 3 wurde jedoch in erster Linie eingeführt, um Störmanöver beschwerdeführender Gläubiger aufgrund missbräuchlicher Forderungskäufe zu vermeiden (BT-Drucks. 17/5712, S. 35 f.). Die Gesetzesbegründung spricht daher in diesem Zusammenhang ausdrücklich nur von Gläubigern (BT-Drucks. 17/5712, S. 35 a. E.). Abs. 2 Nr. 3 bezieht sich zudem auf eine wirtschaftliche Schlechterstellung, wie sich aus dem Hinweis auf die Mittelbereitstellung nach § 251 Abs. 3 ergibt. Eine wirtschaftliche Schlechterstellung des Schuldners durch den Plan ist nur denkbar, wenn der Plan eine über die 100 %ige Befriedigung sämtlicher Gläubiger und Masseverbindlichkeiten hinausgehende Belastung der Insolvenzmasse vorsieht (ebenso MK-Sinz § 253 Rn. 46). Da eine derartige Konstellation äußerst unwahrscheinlich ist, wäre damit die erfolgreiche Beschwerde eines Schuldners i. R. d. § 253 regelmäßig faktisch ausgeschlossen. Es ist daher davon auszugehen, dass der Gesetzgeber bei Abs. 2 Nr. 3 ebenso wenig wie bei Abs. 2 Nr. 2 (s. o. Rdn. 12) eine Anwendung auf den Schuldner im Sinn hatte. Für die materielle Beschwer ist somit weiterhin jeglicher Eingriff in die Rechte des Schuldners ausreichend.

b) Beschwer der Planbeteiligten nach §§ 222 ff.

Ein wenig anders als beim Schuldner stellen sich nach den Änderungen durch das ESUG die Anforderungen an die Beschwer eines Gläubigers bzw. einer am **Schuldner beteiligten Person** dar.

aa) Formelle Beschwer

Für Gläubiger bedurfte es nach der bisherigen Auffassung unabhängig von der Person des Planvorlegenden keiner **formellen Beschwer** (BGH, ZInsO 2005, 927). Ihr Verhalten im Abstimmungstermin war somit unwesentlich. Bei Beschwerden gegen Versagungsbeschlüsse haben sich keine Änderungen ergeben. Im Fall der Beschwerde gegen den Bestätigungsbeschluss hat sich die Rechtslage jedoch mit der Einfügung von Abs. 2 Nr. 1 und 2 durch das ESUG maßgeblich geändert. Demzufolge müssen Gläubiger und am Schuldner beteiligte Personen dem Plan im Abstimmungstermin schriftlich oder zum Terminsprotokoll widersprochen haben. Ein Widerspruch zu Protokoll der Geschäftsstelle reicht nicht (vgl. auch die Parallelregelung in § 251 Abs. 1 Nr. 1, dort Rdn. 7). Zudem muss der Beschwerdeführer gegen den Plan gestimmt haben. Diese Voraussetzungen begründen eine formelle Beschwer.

Abs. 3 dient insofern der Sicherung des effektiven Rechtsschutzes, indem die Beteiligten i. R. d. öffentlichen Bekanntmachung und in den Ladungen (§ 235 Abs. 2 und 3) auf die Notwendigkeit einer entsprechenden Mitwirkung im Abstimmungstermin für die Geltendmachung ihrer Rechte hingewiesen werden müssen. Fehlt ein entsprechender Hinweis, bedarf es für die Zulässigkeit keiner formellen Beschwer. Eine Beschwerde kann in diesem Fall – bei Glaubhaftmachung einer materiellen Beschwer i. S. d. Abs. 2 Nr. 3 (s. u. Rdn. 18) – ggf. selbst dann zulässig sein, wenn der Beteiligte an dem Abstimmungstermin überhaupt nicht teilgenommen hat. Dementsprechend sind auch Gläubiger, die ihre Forderungen nicht angemeldet und daher den Hinweis mangels Ladung nicht

17 Die **Beschwerde eines nicht stimmberechtigten Beteiligten** scheitert bei ordnungsgemäßer Ladung an Abs. 2 Nr. 2 (a. A. MK-Sinz § 253 Rn. 11; K. Schmidt-Spliedt § 253 Rn. 7). Dies ist problematisch, wenn dem Beteiligten das Stimmrecht zu Unrecht aberkannt wurde und birgt Missbrauchspotenzial seitens der Planersteller (weshalb in der Literatur teilweise von einer Nichtanwendbarkeit des Abs. 2 Nr. 2 auf nicht stimmberechtigte Gläubiger ausgegangen wird MK-Sinz, § 253 Rn. 11). Diesen Beteiligten verbleibt nur der Minderheitenschutz nach § 251. Hier ist bei entsprechenden Entwicklungen in der Praxis der Gesetzgeber gefordert, ggf. eine Sonderregelung zu schaffen.

bb) Materielle Beschwer

18 Auch die Voraussetzungen für eine **materielle Beschwer** eines Gläubigers oder Anteilsinhabers wurden mit dem ESUG verschärft. Bisher sollte diese, wie auch bei dem Schuldner, vorliegen, wenn bei einem Bestätigungsbeschluss der Plan in ihre Rechte eingreift bzw. bei einem Versagungsbeschluss der Plan Rechte gewährt hätte (vgl. BGH, ZInsO 2005, 927, bestätigt durch BGH, ZInsO 2010, 1448, 1450 und ZInsO 2011, 280, 281). Auch hier beziehen sich die Änderungen nach dem ESUG nur auf Beschwerden gegen einen Bestätigungsbeschluss. Bei diesen wird das Rechtsmittel mittels einer **Erheblichkeitsschwelle** für Fälle unwesentlicher Beeinträchtigungen ausgeschlossen. Dies ist verfassungsrechtlich unbedenklich (BT-Drucks. 17/5712, S. 36). Die Beschränkung auf eine abschließende richterliche Entscheidung in der ersten Instanz verletzt weder den Anspruch auf Justizgewährung und effektiven Rechtsschutz noch die Eigentumsfreiheit (BVerfG, ZInsO 2010, 34). Durch die Erheblichkeitsschwelle soll insb. das Blockadepotenzial durch missbräuchliche Forderungskäufe eliminiert werden (BT-Drucks. 17/5712, S. 35 f.). Nach Abs. 2 Nr. 3 muss der Beschwerdeführer daher zum Nachweis seiner materiellen Beschwer glaubhaft machen, dass er durch den Plan wesentlich schlechtergestellt wird, als er ohne einen Plan stünde, und dass diese Schlechterstellung nicht aus im Plan gem. § 251 Abs. 3 bereitgestellten Mitteln ausgeglichen werden kann.

19 Eine **wesentliche Schlechterstellung** soll nach der Gesetzesbegründung erst angenommen werden können, wenn die Abweichung von dem Wert, den der Beschwerdeführer voraussichtlich bei einer Verwertung ohne Insolvenzplan erhalten hätte, mind. 10 % beträgt (BT-Drucks. 17/5712, S. 35, wo ausdrücklich allerdings nur von Gläubigern die Rede ist). Weiter will der Gesetzgeber mit der Einführung der Schwelle Beschwerden solcher Personen ausschließen, die ausschließlich zu diesem Zweck kleine Forderungen erworben haben (BT-Drucks. 17/5712, S. 35). Um dies zu erreichen, darf für die Wesentlichkeit nicht nur auf eine relative Schlechterstellung im Vergleich zum Verfahren ohne Plan abgestellt werden. Erforderlich ist vielmehr auch eine absolute Geringwertigkeitsschwelle (so auch Braun/Heinrich, NZI 2011, 505, 510; MK-Sinz § 253 Rn. 31). Konkrete Richtwerte sind dem Gesetzestext bedauerlicherweise nicht zu entnehmen. Der Streit um die Wesentlichkeit wird daher voraussichtlich in vielen Verfahren zu erheblichen Verzögerungen führen. Ein sinnvoller Ansatzpunkt wäre hier die Grenzziehung bei 600 € in Anlehnung an § 511 Abs. 2 Nr. 1 ZPO (MK-Sinz § 253 Rn. 31). Die **Glaubhaftmachung** erfordert die Darlegung der überwiegenden Wahrscheinlichkeit der Schlechterstellung durch den Beschwerdeführer (BVerfGE 38, 35, 39 = NJW 1974, 1902; BGH, ZInsO 2007, 442, 443; ZInsO 2009, 1252, 1253; ZInsO 2010, 131, 132).

20 Die nach Abs. 2 Nr. 3 erforderliche Glaubhaftmachung erstreckt sich nach dem eindeutigen Wortlaut auch auf die **Unmöglichkeit der Nachteilsausgleichung** durch eine Zahlung aus den in § 251 Abs. 3 genannten Mitteln. I. R. d. Beschwerdeverfahrens hat demzufolge die Prüfung der Zulänglichkeit bereitgestellter Mittel nicht von Amts wegen zu erfolgen (vgl. hingegen zum Prüfungsumfang im Bestätigungsverfahren bei § 251 Rdn. 23). Die Prüfung des Gerichts ist auf die vom Beschwerdeführer vorgebrachten und glaubhaft gemachten Tatsachen und Schlussfolgerungen beschränkt (BGH, ZInsO 2007, 491, 492; ZInsO 2009, 1252, 1253; ZInsO 2011, 932, 933). Hält ein Beteiligter, der sich durch den Plan benachteiligt fühlt, die Rückstellung für ausreichend, braucht er vor Erhebung der zivilrechtlichen Klage auf Auskehr nicht das Beschwerdeverfahren

nach § 253 anzustrengen, da eine materielle Beschwer nicht vorliegt (zustimmend MK-Sinz § 253 Rn. 36).

II. Begründetheit der Beschwerde

Die Voraussetzungen für die Begründetheit der Beschwerde haben sich durch das ESUG nicht geändert. Die Prüfung im Beschwerdeverfahren entspricht der vorherigen Prüfung des Insolvenzgerichts im Bestätigungsverfahren. Für die Begründetheit bedarf es daher nach wie vor eines Verstoßes gegen die Vorschriften über die Bestätigung des Plans nach den §§ 248 bis 252. Somit kann sich die Beschwerde auch auf eine Verletzung der Vorschriften über den Inhalt, das Verfahren, die Annahme des Plans und die Zustimmung zum Plan stützen (zu den einzelnen Verstößen s. § 231 Rdn. 4ff. und § 250 Rdn. 4ff.). Teilweise wird in der Literatur angenommen, es bedürfe für die Begründetheit keines Verfahrensverstoßes, Prüfungsmaßstab sei ausschließlich die wirtschaftliche Schlechterstellung im Vergleich zum Regelverfahren (MK-Sinz § 253 Rn. 55 und K. Schmidt-Spliedt § 253 Rn. 14). Hiergegen spricht bereits der Wortlaut der Norm. Abs. 2 mit der Forderung der wesentlichen kompensationslosen Schlechterstellung nach Nr. 3 ist ausdrücklich nur Zulässigkeitsvoraussetzung. Hierdurch wollte der Gesetzgeber im Rahmen des ESUG die Anforderungen an die sofortige Beschwerde ausdrücklich verschärfen (BT-Drucks. 17/5712, S. 35 f.), nicht aber die Anforderungen an die Begründetheit verändern. Auch ergibt sich dies aus Abs. 4 Satz 2, der die Zurückweisung der Beschwerde bei Vorliegen eines besonders schweren Verfahrensverstoßes ausschließt und hierbei gerade nicht auf einen wirtschaftlichen Nachteil abstellt. Zudem wäre die sofortige Beschwerde andernfalls auf die nahezu gleichlautenden Anforderungen des Minderheitenschutzantrages nach § 251 beschränkt und würde sich von diesem kaum mehr unterscheiden.

III. Rechtskraftwirkung

Die Wirkungen des Plans treten nach § 254 erst mit Rechtskraft des Bestätigungsbeschlusses ein. Die Einlegung der Beschwerde führt somit entgegen § 570 ZPO mittelbar zum Aufschub der Wirkungen des Plans nach § 254 (HK-Flessner § 253 Rn. 10).

IV. Entscheidung und Rechtsbehelf

1. Abhilfeverfahren bei dem Insolvenzgericht

Hält das **angerufene Insolvenzgericht** die Beschwerde für begründet, hilft es ihr durch eine neue Entscheidung nach den §§ 248 bis 252 ab. Anderenfalls legt es die Beschwerde dem **Beschwerdegericht** vor (§ 572 Abs. 1 ZPO, § 72 GVG).

2. Beschwerdeverfahren bei dem Landgericht

a) Allgemeines

Das LG ist das zuständige Beschwerdegericht (s. o. Rdn. 3). Auf Empfehlung des Rechtsausschusses wurde jedoch § 6 Abs. 1 durch einen Satz 2 ergänzt, nach dem die Beschwerde in Abweichung von § 569 Abs. 1 Satz 2 ZPO nur noch bei dem Insolvenzgericht eingereicht werden kann. Hierdurch soll erreicht werden, dass der Insolvenzrichter sofort überprüfen kann, ob er von seiner Abhilfebefugnis nach § 572 Abs. 1 Satz 1 ZPO Gebrauch machen will, wodurch das Verfahren verkürzt und das Beschwerdegericht entlastet wird (BT-Drucks. 17/7511, S. 45). Legt jedoch das Insolvenzgericht die Beschwerde dem LG vor, kann dieses bei zulässigen und begründeten Rechtsmitteln die Sache zurückverweisen, aufheben und übertragen oder aufheben und sodann selbst entscheiden (s. allgemein hierzu Zöller-Gummer § 572 ZPO Rn. 21 ff.). Die Abstimmung über den Plan ist mit der Aufhebung durch das Beschwerdegericht nicht zwingend hinfällig (insoweit überzeugend HK-Flessner § 253 Rn. 11; MK-Sinz § 253 Rn. 94; a. A. KPB-Otte § 253 Rn. 11). Dies ist vielmehr nur dann der Fall, wenn der die Aufhebung begründende Mangel in einem Verfahrensstadium bis zur Abstimmung stattgefunden hat.

b) Verfahren nach Abs. 4

25 Durch den mit dem ESUG auf Empfehlung des Rechtsausschusses eingefügten Abs. 4 hat nun zudem der Insolvenzverwalter die Möglichkeit, die unverzügliche Zurückweisung der Beschwerde eines Beteiligten zu beantragen. Diese Möglichkeit besteht, solange über eine eingelegte Beschwerde noch nicht entschieden ist (MK-Sinz § 253 Rn. 61 f., a.A. LG Berlin, ZInsO 2014, 963, 964 - Suhrkamp). Mangels besonderer Regelungen gilt die allgemeine Formvorschrift des § 569 Abs. 2 ZPO (MK-Sinz § 253 Rn. 63). Den Antrag kann der Verwalter der Begründung des Gesetzgebers entsprechend sowohl bei dem Insolvenz- als auch dem LG stellen (BT-Drucks. 17/7511, S. 49). Ein Abhilfeverfahren nach § 572 Abs. 1 Satz 1 ZPO findet in diesem Fall nicht statt (Abs. 4 Satz 1 a. E.). Das LG hat für seine Entscheidung zu prüfen, ob die Nachteile einer Verzögerung des Wirksamwerdens des Insolvenzplans die Nachteile des Beschwerdeführers aus einem alsbaldigen Vollzug überwiegen und ob kein besonders schwerer Rechtsverstoß vorliegt (Abs. 4 Satz 2, der sich auf den ersten Teil des Satzes 1 bezieht). Ist beides der Fall, weist es die Beschwerde zurück. Kann das LG hingegen kein überwiegendes Vollzugsinteresse feststellen oder ist der mit der Beschwerde geltend gemachte Verstoß gegen die Vorschriften des Bestätigungsverfahrens schwerwiegend, prüft wegen Ausschlusses des Abhilfeverfahrens nach Abs. 4 Satz 1 a. E. das Landgericht die Beschwerde weiter (a. A. MK-Sinz § 253 Rn. 85, der bei noch fehlendem Nichtabhilfebeschluss von einem Wiederaufleben der Abhilfebefugnis des Insolvenzgerichts nach § 572 Abs. 1 Satz 1 ZPO ausgeht).

25a Im Fall der Eigenverwaltung kann der an die Stelle des Insolvenzverwalters tretende Schuldner den Antrag nach Abs. 4 stellen (ebenso LG Berlin, ZInsO 2014, 963, 964 - Suhrkamp). Sofern nach § 284 Abs. 1 Satz 1 die Gläubigerversammlung den Sachwalter mit der Ausarbeitung des Insolvenzplans beauftragt hat, ist er neben dem Schuldner antragsberechtigt (weiter gehend MK-Sinz § 253 Rn. 60, der den Sachwalter auch ohne Planerstellungsauftrag für antragsberechtigt hält).

▶ **Praxistipp:**

Es empfiehlt sich bei einer Antragstellung nach Abs. 4 gleichzeitig das Insolvenzgericht zu informieren, damit dieses unverzüglich die vorliegenden Beschwerden an das Beschwerdegericht weiterleiten kann. Ggf. kann mit einer Schutzschrift gearbeitet werden.

aa) Abwägung der Nachteile

26 Bei Prüfung eines Antrages nach Abs. 4 ist das Beschwerdegericht gehalten, das Vollzugsinteresse gegen das Aufschubinteresse des Beschwerdeführers abzuwägen (BT-Drucks. 17/7511, S. 49). Hierbei muss eine Einzelfallbetrachtung erfolgen. Dem Aufschubinteresse des Beschwerdeführers kann jedenfalls nur dann der Vorrang eingeräumt werden, wenn seine Beschwerde Aussicht auf Erfolg hat. Von einem überwiegenden Vollzugsinteresse muss auch in diesem Fall ausgegangen werden, wenn durch eine Verzögerung des Wirksamwerdens des Insolvenzplans eine beabsichtigte Sanierung des schuldnerischen Unternehmens erheblich gefährdet oder gar endgültig vereitelt würde. Die Darlegungslast für das überwiegende Vollzugsinteresse trifft den Insolvenzverwalter als Antragsteller.

bb) Schwerer Rechtsverstoß

27 Selbst wenn i. R. d. reinen Nachteilsabwägung nach der Überzeugung des Gerichts das Vollzugsinteresse überwiegt, darf die Beschwerde gem. Abs. 4 Satz 2 nicht zurückgewiesen werden, wenn ein besonders schwerer Rechtsverstoß vorliegt (im Ergebnis übereinstimmend MK-Sinz § 253 Rn. 66, der daher von Vornherein von einer umgekehrten Prüfungsreihenfolge ausgeht). Die Prüfung hat von Amts wegen zu erfolgen. Ein schwerer Rechtsverstoß ist dann anzunehmen, wenn dieser bei korrekter Würdigung zu einer Versagung der Planbestätigung nach § 250 hätte führen müssen (vgl. dort zu beachtlichen Verstößen Rdn. 7 ff.).

cc) Schadensersatz bei Zurückweisung aussichtsreicher Beschwerde

Im Fall der Zurückweisung einer Beschwerde gegen einen Planbestätigungsbeschluss durch das LG gem. Abs. 4 steht dem Beschwerdeführer ein Anspruch auf Ersatz seines aus dem Planvollzug entstandenen Schadens zu (Abs. 4 Satz 3). Eine Schadensbeseitigung durch Rückgängigmachung der Wirkungen des Insolvenzplans kann hingegen nicht verlangt werden. Ein Schadensersatzanspruch nach Abs. 4 Satz 3 setzt voraus, dass die Beschwerde ungeachtet des überwiegenden Vollzugsinteresses Aussicht auf Erfolg gehabt hätte (BT-Drucks. 17/7511, S. 49). Folglich kommt ein Schadensersatz nicht zum Tragen, wenn die Schlechterstellung im Vergleich zum Regelverfahren unwesentlich ist oder wenn im Plan mittels Nachbesserungsklauseln gem. § 251 Abs. 3 ausreichende Mittel zur Kompensation der Schlechterstellung bereitgestellt wurden. Denn dann hätte die Beschwerde gem. Abs. 2 Nr. 3 mangels materieller Beschwer keine Aussicht auf Erfolg (hierzu oben Rdn. 18). Des Weiteren kommt lediglich eine Kompensation wirtschaftlicher Schlechterstellung durch den Planvollzug im Vergleich zum Regelverfahren in Betracht (ebenso MK-Sinz § 253 Rn. 75). Der Plan kann eine angemessene Ausschlussfrist vorsehen (MK-Sinz § 253 Rn. 77) Zuständig für Klagen auf Schadensersatz nach Abs. 4 Satz 3 ist folgerichtig das LG, welches die Beschwerde zurückgewiesen hat (Abs. 4 Satz 4). Klagegegner ist hier regelmäßig der Schuldner. Irreführend ist insofern der Wortlaut des Abs. 4 Satz 3, wonach ein etwaiger Schaden »aus der Masse« zu ersetzen ist (so auch K. Schmidt-Spliedt § 253 Rn. 19).

3. Rechtsbeschwerde

Aufgrund der Streichung des § 7 mit dem Gesetz zur Änderung des § 522 ZPO im Jahr 2011 entfällt die Möglichkeit der unmittelbaren Rechtsbeschwerde zum BGH. Der Weg zum BGH ist daher sowohl gegen Entscheidungen zur sofortigen Beschwerde als auch für Entscheidungen nach Abs. 4 fortan nur bei Zulassung durch das LG gem. § 574 Abs. 1 Nr. 2 ZPO eröffnet (anders zu der Entscheidung nach Abs. 4 MK-Sinz § 253 Rn. 86 f.). Auch für einen einstweiligen Rechtschutz nach § 32 Abs. 1 BVerfGG ist regelmäßig kein Raum (vgl. BVerfG, ZInsO 2013, 2261 ff. – Suhrkamp).

V. Gegenstandswert

Der Gegenstandswert der Beschwerde gem. § 253 ist nach § 4 InsO, § 3 ZPO zu bestimmen. Er bemisst sich daher nach dem Interesse des Beschwerdeführers an der Beseitigung des Bestätigungsbeschlusses (OLG Dresden, ZIP 2008, 1351) bzw. der Bestätigung des Insolvenzplans und nicht an dem Wert der Masse zum Zeitpunkt der Abstimmung.

Dritter Abschnitt Wirkungen des bestätigten Plans. Überwachung der Planerfüllung

§ 254 Allgemeine Wirkungen des Plans

(1) Mit der Rechtskraft der Bestätigung des Insolvenzplans treten die im gestaltenden Teil festgelegten Wirkungen für und gegen alle Beteiligten ein.

(2) ¹Die Rechte der Insolvenzgläubiger gegen Mitschuldner und Bürgen des Schuldners sowie die Rechte dieser Gläubiger an Gegenständen, die nicht zur Insolvenzmasse gehören, oder aus einer Vormerkung, die sich auf solche Gegenstände bezieht, werden durch den Plan nicht berührt. ²Der Schuldner wird jedoch durch den Plan gegenüber dem Mitschuldner, dem Bürgen oder anderen Rückgriffsberechtigten in gleicher Weise befreit wie gegenüber dem Gläubiger.

(3) Ist ein Gläubiger weitergehend befriedigt worden, als er nach dem Plan zu beanspruchen hat, so begründet dies keine Pflicht zur Rückgewähr des Erlangten.

§ 254 InsO Allgemeine Wirkungen des Plans

(4) Werden Forderungen von Gläubigern in Anteils- oder Mitgliedschaftsrechte am Schuldner umgewandelt, kann der Schuldner nach der gerichtlichen Bestätigung keine Ansprüche wegen einer Überbewertung der Forderungen im Plan gegen die bisherigen Gläubiger geltend machen.

Übersicht

		Rdn.
A.	Normzweck	1
B.	Norminhalt	2
I.	Zeitpunkt der Wirkungsentfaltung (Abs. 1)	2
II.	Beteiligte (Abs. 1)	3
III.	Wirkungen nach Abs. 1	5
IV.	Wirkungen ggü. Mithaftenden (Abs. 2)	8
V.	Folgen weiter gehender Befriedigung (Abs. 3)	11
VI.	Keine Nachschusspflicht wegen Überbewertung (Abs. 4)	14

A. Normzweck

1 § 254 legt die mit der Rechtskraft eintretenden materiell-rechtlichen Wirkungen des Insolvenzplans fest. Die Regelungen aus Abs. 1 Satz 2 a. F. finden sich nach dem ESUG in § 254a und die Regelungen aus Abs. 1 Satz 3 a. F. in § 254b wieder. Abs. 4 wurde i. R. d. ESUG vollständig neu eingefügt.

B. Norminhalt

I. Zeitpunkt der Wirkungsentfaltung (Abs. 1)

2 Die Folgen des bestätigten Plans treten erst **nach Rechtskraft** der Bestätigung, mithin nach Ablauf der zweiwöchigen Beschwerdefrist, oder nach unanfechtbarer Abweisung der sofortigen Beschwerde ein. Die Anordnung der sofortigen Wirksamkeit nach § 6 Abs. 3 Satz 2 ist nicht möglich (MK-Huber § 254 Rn. 16). Zwar ist i. d. R. schnelles Handeln erforderlich, die Folgen des Plans sind jedoch für eine sofortige Wirkung trotz eingelegten Rechtsmittels zu einschneidend. Mit § 253 Abs. 4 wurde zudem durch das ESUG eine Sonderregelung für das Planverfahren eingeführt, wonach eine gegen die Planbestätigung eingelegte Beschwerde auf Antrag des Insolvenzverwalters unverzüglich zurückzuweisen ist, wenn das Interesse am sofortigen Planvollzug die damit für den Beschwerdeführer verbundenen Nachteile überwiegt (zu den Voraussetzungen im Einzelnen s. § 253 Rdn. 26). Für eine Anwendung des § 6 Abs. 3 Satz 2 besteht daneben kein Bedarf mehr.

II. Beteiligte (Abs. 1)

3 Die Wirkungsentfaltung über Abs. 1 erstreckt sich unmittelbar zunächst nur auf die im Plan bei der Gruppenbildung ausdrücklich berücksichtigten Insolvenzgläubiger, Absonderungsberechtigten und Anteilsinhaber, mithin die dem Plan zwangsweise Unterworfenen. Für diese entfalten über die Gruppenregelungen sämtliche sich aus dem gestaltenden Teil ergebenden Verfügungen und Verpflichtungen des Schuldners Wirkung. Darüber hinaus treffen die Gruppenregelungen jedoch über § 254b auch unabhängig von ihrer Verfahrensbeteiligung **alle Insolvenzgläubiger** (vgl. hierzu nunmehr die Kommentierung zu § 254b). Die Wirkungsentfaltung für Dritte, die nach dem Plan Verpflichtungen übernommen haben, ergibt sich aus § 254a Abs. 3.

4 Der **Insolvenzverwalter** ist unabhängig von der Möglichkeit des § 230 nicht Beteiligter i. S. d. § 254 Abs. 1. Dies gilt auch in den Fällen, in denen der Verwalter den Plan selbst ausgearbeitet oder den vom Schuldner ausgearbeiteten Plan überarbeitet hat und der Plan einen Eingriff in die Rechte des Verwalters vorsieht, wie z. B. ein zu niedriger Ansatz der Verwaltervergütung. Handelt der Verwalter nach Bestätigung allerdings dem Plan zuwider, kann dies eine Pflichtverletzung i. S. d. § 60 darstellen (BGH, ZInsO 2007, 437; LG Berlin, ZInsO 2012, 326). Eine Zuwiderhandlung liegt dann in der Beantragung einer höheren als der im Plan vorgesehenen Vergütung (BGH, ZInsO 2007, 437). Das Gericht wird durch eine Planregelung zur Höhe der Vergütung nicht gebunden. Ohne eine gerichtliche Festsetzung wäre dem Minderheitenschutz nicht Genüge getan, da § 251 nur Benachteiligungen im Vergleich zum Regelverfahren berücksichtigt (a. A. LG München I, ZInsO 2013, 1966, dem zustimmend H/W/F, InsO, § 64 Rn. 6, differenzierend Graeber/Graeber, InsVV vor

§ 1 Rn. 23 ff., weiter gehend AG Wolfratshausen, Beschl. v. 26.11.2007 – 2 IN 116/05, nach dem sogar die gerichtliche Festsetzung der im Insolvenzplan geregelten Vergütung nur deklaratorischen Charakter hat). Auch handelt der Insolvenzverwalter dem Plan zuwider, wenn er vor Aufhebung des Insolvenzverfahrens eine Ausschüttung an die Gläubiger vornimmt, obwohl der Plan nur und erst eine Ausschüttung nach Aufhebung des Insolvenzverfahrens – durch den Schuldner – vorsieht (LG Berlin, ZInsO 2012, 326). Abzulehnen ist allerdings die Annahme einer Haftung des Verwalters für dem Schuldner hierdurch entgangene Zinsvorteile, die diesem aus einer unerwarteten Verzögerung bei der Verfahrensaufhebung zugefallen wären (a. A. LG Berlin, ZInsO 2012, 326).

III. Wirkungen nach Abs. 1

Über Abs. 1 erlangen die Verfügungen und Verpflichtungen der zwangsweise dem Plan Unterworfenen Wirkung (vgl. Rdn. 3). Im Plan vorgesehene Forderungserlasse bzw. -verzichte entfalten dabei ihre Wirkung, indem der plangemäß erlassene Forderungsanteil als erloschen gilt. Da jede Maßnahme, die Rechte der am Schuldner beteiligten Personen berührt, nach gesellschaftsrechtlichen Vorgaben i. d. R. eines Beschlusses bedarf, der in den gestaltenden Teil des Plans zu integrieren ist, entfalten die Regelungen für Anteilsinhaber nicht unmittelbar über Abs. 1, sondern nur i. V. m. § 254a Abs. 2 Wirkung (§ 254a Rdn. 2). 5

Aufrechnungen mit dem erlassenen Teil einer Forderung sind grds. nicht mehr möglich (vgl. auch BGH, ZInsO 2007, 491, 492 und BGH, ZInsO 2011, 1214, 1215). Damit ist die praxisrelevante Frage der Aufrechnungsmöglichkeit des Finanzamtes mit im Plan erlassenen Insolvenzforderungen gegen Steuererstattungsansprüche des Schuldners klar zulasten der Finanzämter geklärt. 6

Liegen ausnahmsweise die Voraussetzungen des § 94 vor, soll die Aufrechnungsmöglichkeit allerdings fortbestehen (BGH, ZInsO 2011, 1214; OLG Celle [16. Senat], ZInsO 2008, 1327; a. A. OLG Celle [14. Senat], ZInsO 2009, 832). Erfasst sind die eher seltenen Fallkonstellationen, bei denen eine **bereits vor der Insolvenzeröffnung entstandene Forderung des Schuldners** gegen einen Insolvenzgläubiger vom Insolvenzverwalter nicht geltend gemacht wird und daher auch nicht durch den Gläubiger die nach § 94 mögliche Aufrechnung erklärt wird. § 94 dient dem Schutz einer bei Insolvenzeröffnung aufrechenbaren Forderung vor den Beschränkungen bei der Geltendmachung nach § 87 i. V. m. § 174 ff. Der BGH spricht der Vorschrift darüber hinaus auch einen Schutz vor den Wirkungen im Planverfahren im Wege der Gläubigerautonomie getroffener Regelung zu. Ein Gläubiger kann im Abstimmungstermin sogar aktiv einem Forderungserlass zustimmen und gleichwohl anschließend noch mit der erlassenen Forderung aufrechnen. Wertungskollisionen im Hinblick auf § 226 und § 237 Abs. 2 (HK-Flessner § 254 Rn. 7) sind nicht von der Hand zu weisen. Andererseits ist zu berücksichtigen, dass derartige Fallkonstellationen durch Geltendmachung bzw. Regelung sämtlicher zur Insolvenzmasse gehörender Ansprüche des Schuldners i. d. R. vermieden werden können und sollten (vgl. BGH, ZInsO 2011, 1214, 1215). 7

IV. Wirkungen ggü. Mithaftenden (Abs. 2)

Abs. 2 Satz 1 regelt die Rechte der Insolvenzgläubiger gegen Mitschuldner und Bürgen des Schuldners sowie aus Gegenständen, die nicht zur Insolvenzmasse gehören, oder aus einer Vormerkung, die sich auf solche Gegenstände bezieht. Durch einen – teilweisen – Erlass der Forderungen werden die in Abs. 2 Satz 1 genannten Haftungsverhältnisse nicht berührt. Die Vorschrift **hebt die Akzessorietät** somit in Teilen **auf** (HK-Flessner § 254 Rn. 11). Der Gesetzgeber ist jedoch davon ausgegangen, dass die erlassene Forderung als **unvollkommene Verbindlichkeit**, sog. Naturalobligation, fortbesteht (BT-Drucks. 12/2443, S. 213), aber nicht erzwingbar und damit auch nicht aufrechenbar ist (BGH, ZInsO 2007, 491, 492, in diesem Punkt ausdrücklich bestätigt durch BGH, ZInsO 2011, 1214, 1215; vgl. aber auch oben Rdn. 6). Entsprechend dient diese natürliche Verbindlichkeit in erster Linie als Grundlage für den Fortbestand der akzessorischen Sicherungsrechte (FK-Jaffé § 254 Rn. 17). Abs. 2 erfasst ausschließlich Sicherheiten Dritter bzw. am Vermögen Dritter (vgl. BT-Drucks. 12/2443, S. 213). Denn der Schuldner wird bei plangemäßer Befriedigung der Gläubiger regelmäßig mit seinem (auch künftigen) Vermögen gem. § 227 von der Haftung gegenüber 8 den Gläubigern befreit. Demzufolge haften Gegenstände aus dem Vermögen des Schuldners, selbst wenn sie nicht zur Insolvenzmasse gehören, wie etwa neu entstehende Forderungen im Rahmen der Betriebsfortführung nach Aufhebung des Insolvenzverfahrens, nicht. Demzufolge kommt auch eine Konvaleszenz vor Insolvenzeröffnung erteilter Vorausabtretungen nach § 185 Abs. 2 Satz 1 BGB nicht in Betracht (anders Münzel, ZInsO 2014, 761, 766). Eine abweichende Regelung der Rechte des Gläubigers gegen die Mithaftenden erfordert dessen ausdrückliche Zustimmung nach Maßgabe des § 230 Abs. 3 (ähnlich OLG Dresden, ZInsO 2013, 139, 140, das aber offenbar eine Zustimmung des betroffenen Gläubigers im Abstimmungsverfahren für ausreichend hält).

9   Abs. 2 Satz 2 regelt das Verhältnis der Mithaftenden ggü. dem Schuldner. Deren **Rückgriffsrechte** werden in gleicher Weise reduziert wie die Rechte der Gläubiger. Die gesetzliche Regelung in Abs. 2 Satz 2 ist eindeutig, in ihren Konsequenzen aber nicht unbedenklich. Ein Gläubiger kann großzügig auf einen weiten Teil der Forderung ggü. dem Schuldner verzichten, sich sodann aber bei dem entsprechend in seinem Regress eingeschränkten Mithaftenden voll befriedigen (vgl. BFH, ZInsO 2013, 1901 ff.). Dies kann bisweilen in nicht unbedenklicher Weise die Wirkungen eines Vertrages zulasten Dritter entfalten. Durch die Inanspruchnahme eines nicht nach § 227 Abs. 2 haftungsbefreiten alleinigen Anteilsinhabers kann durch das FA ggf. sogar bewusst die Erreichung des Planziels der Sanierung vereitelt werden (vgl. BFH, ZInsO 2013, 1901 ff., insb. Rn. 19). Letztlich korrespondiert die Regelung aber mit dem sachlich zwingenden Grundsatz der §§ 44, 301 Abs. 2 Satz 2, wonach die Forderungen des Gläubigers und des Mithaftenden nicht zweifach am Verfahren teilnehmen dürfen. Der Plan kann jedoch Anderes regeln (a. A. OLG Dresden, ZInsO 2013, 139, 140). Da eine von Abs. 2 Satz 2 abweichende Regelung regelmäßig zulasten des Schuldners geht, kann dessen Widerspruch nach § 247 beachtlich sein.

10 Die Vorschrift wird ggü. den Gesellschaftern der Schuldnerin durch § 227 Abs. 2 ergänzt. Dies betrifft jedoch nur die Gesellschafterhaftung, nicht hingegen selbstständige weitere von den Gesellschaftern gewährte Sicherheiten, wie z. B. Bürgschaften. Für diese gilt § 254 Abs. 2 (vgl. BGH, ZInsO 2002, 764, 765).

V. Folgen weiter gehender Befriedigung (Abs. 3)

11 Auch wenn der Plan einen Forderungserlass vorsieht, besteht die Forderung als **unvollkommene Verbindlichkeit** fort und bildet somit einen **Rechtsgrund** für die weitere Befriedigung (BT-Drucks. 12/2443, S. 213).

12 Demnach wird teilweise vertreten, die Naturalobligation sei auch aufrechenbar (FK-Jaffé § 254 Rn. 22). Der BGH hat jedoch ausdrücklich die Aufrechenbarkeit mit einer durch den Plan vollständig und unbedingt erlassenen Forderung verneint (BGH, ZInsO 2007, 491, 492; ZInsO 2011, 1214, 1215, sofern nicht die Voraussetzungen des § 94 vorliegen, vgl. hierzu Rdn. 6 und 7).

13 Die fehlende Pflicht zur Rückgewähr des über den Plan hinausgehenden Betrages und auch die Aufrechnungsmöglichkeit enden aber **bei vollständiger Befriedigung**. Das darüber hinaus Erlangte ist zurückzugewähren bzw. auszukehren.

VI. Keine Nachschusspflicht wegen Überbewertung (Abs. 4)

14 Der i. R. d. ESUG eingefügte Abs. 4 betrifft den Fall einer gem. § 225a Abs. 2 als Planregelung integrierten Umwandlung von Insolvenzforderung in Anteils- oder Mitgliedschaftsrechte (sog. Debt-Equity-Swap, vgl. § 225a Rdn. 11). Die Vorschrift schließt für den Fall, dass die umgewandelten Forderungen letztendlich nicht die ihnen bei der Planung zugemessenen Werte erreichen (vgl. auch zu den Problemen der Bewertung § 225a Rdn. 21), eine Haftung der Gläubiger als Neugesellschafter ggü. dem Schuldner bzw. dessen Insolvenzverwalter in einer Folgeinsolvenz in Form einer Nachschusspflicht nach den Grundsätzen der **Differenzhaftung** aus. Die Regelung dient der Planungssicherheit für Gläubiger, die ihre Forderungen als Sacheinlage einbringen (BT-Drucks. 17/5712, S. 36). Dies ist sachgerecht, da damit neben der Gewährleistung der Planungs- und Kalkulationssicherheit für die Gläubiger Auseinandersetzungen im Hinblick auf §§ 9 Abs. 1, 19

Abs. 4 GmbHG vermieden werden (Braun/Heinrich, NZI 2011, 505, 509; a. A. mit Blick auf die Neugläubiger Brinkmann, WM 2011, 97, 101 und Hölzle, NZI 2011, 124, 129, hierzu sogleich Rdn. 15). Der **Schutz der bisherigen Anteilsinhaber** wird durch die Möglichkeit, im Planverfahren auf fehlerhafte Bewertungen hinzuweisen und Rechtsmittel gegen den Plan einzulegen, gewährleistet (BT-Drucks. 17/5712, S. 36).

Im Gesetzgebungsverfahren kam die Frage auf, ob mit der Regelung des Abs. 4 den **Interessen der Neugläubiger** hinreichend Rechnung getragen werde (vgl. Brinkmann, WM 2011, 97, 101 und Hölzle, NZI 2011, 124, 129 und die Stellungnahme des Bundesrates zu BT-Drucks. 17/5712, S. 58). Die Bedenken basierten auf dem Verständnis, dass im Rahmen eines Insolvenzplans auf Basis eines Debt-Equity-Swaps auch lediglich das Mindestkapital durch Einbringung von Forderungen aufgefüllt werden könne. Damit wäre es möglich, unter Außerachtlassung der Kapitalaufbringungsvorschriften stammkapitallose Gesellschaften aus der Insolvenz in den Markt zu entlassen, ohne dass dies für Neugläubiger erkennbar wäre (Hölzle, NZI 2011, 124, 129). Auf dieser Grundlage hatte der Bundesrat eine Kompensation für Neugläubiger bei stammkapitalloser Gesellschaft ggf. durch Ergänzungen im Gesellschaftsrecht angeregt (Stellungnahme des Bundesrates zu BT-Drucks. 17/5712, S. 58). Nach der hier vertretenen Auffassung sind jedoch die Kapitalaufbringungsvorschriften auch im Rahmen von Planregelungen nach § 225a zu beachten (vgl. hierzu § 225a Rdn. 17), weshalb es zu einer stammkapitallosen Gesellschaft nicht kommen kann. Zudem sind für Neugläubiger regelmäßig die Liquidität und das Aktivvermögen sowie das Fremdkapital des sanierten schuldnerischen Unternehmens, nicht jedoch das Stammkapital als solches ausschlaggebend, auf die die Bewertung der eingebrachten Forderungen allenfalls mittelbaren Einfluss haben (BT-Drucks. 17/5712, S. 70). Schließlich ist zu bedenken, dass die Bewertung der Forderung regelmäßig nicht in der Hand des Gläubigers, sondern des Planerstellers liegt. Bei einem Haftungsrisiko für eine sich nachträglich herausstellende Falschbewertung durch den Planersteller würde sich kein Gläubiger auf einen Debt-Equity-Swap einlassen (BT-Drucks. 17/5712, S. 70).

15

Nicht über Abs. 4 ausgeschlossen wird das **Haftungsrisiko des planerstellenden Insolvenzverwalters** nach § 60, weshalb dieser ggf. bezüglich der Bewertung der als Sacheinlagen einzubringenden Forderungen ein Sachverständigengutachten einholen sollte. Handelt er dem Gutachten entsprechend, wird i. d. R. ein schuldhaftes Verhalten ausscheiden (BT-Drucks. 17/5712, S. 70). Zu Recht wird die Frage aufgeworfen, ob die Kosten für ein solches zur Haftungsentlastung des Insolvenzverwalters eingeholtes Gutachten eine Masseverbindlichkeit begründen kann (Frind, ZInsO, 1524, 1525). Aus der Erwägung heraus, dass der Insolvenzverwalter keinen Einfluss mehr auf die Realisierung des im Plan prognostizierten Sanierungserfolges und die damit einhergehende Wertentwicklung der als Sacheinlage eingebrachten Forderungen hat, sondern diese vielmehr in der Hand der (Alt- und Neu-) Gesellschafter liegt, ist es gerechtfertigt, die Kosten für die Minimierung des Haftungsrisikos den Profiteuren des Plans, nämlich den Gläubigern, als Masseverbindlichkeit aufzubürden. Andernfalls würde sich kaum ein Insolvenzverwalter bereit erklären, in einen von ihm zu erstellenden Plan überhaupt eine Forderungsumwandlung aufzunehmen oder würde hier zulasten der Gläubiger stets eine eher pessimistische Bewertung vornehmen. Der Hinweis, dass eine Haftung des Insolvenzverwalters faktisch ausgeschlossen ist, da eine Falschbewertung bei den durch § 60 geschützten Personenkreisen zu keinem Schaden führe (so K. Schmidt-Spliedt § 254 Rn. 18), dürfte ohne höchstrichterliche Bestätigung oder gesetzgeberische Klarstellung nicht nachhaltig beruhigen.

16

§ 254a Rechte an Gegenständen. Sonstige Wirkungen des Plans.

(1) Wenn Rechte an Gegenständen begründet, geändert, übertragen oder aufgehoben oder Geschäftsanteile an einer Gesellschaft mit beschränkter Haftung abgetreten werden sollen, gelten die in den Insolvenzplan aufgenommenen Willenserklärungen der Beteiligten als in der vorgeschriebenen Form abgegeben.

§ 254a InsO Rechte an Gegenständen. Sonstige Wirkungen des Plans.

(2) ¹Wenn die Anteils- oder Mitgliedschaftsrechte der am Schuldner beteiligten Personen in den Plan einbezogen sind (§ 225a), gelten die in den Plan aufgenommenen Beschlüsse der Anteilsinhaber oder sonstigen Willenserklärungen der Beteiligten als in der vorgeschriebenen Form abgegeben. ²Gesellschaftsrechtlich erforderliche Ladungen, Bekanntmachungen und sonstige Maßnahmen zur Vorbereitung von Beschlüssen der Anteilsinhaber gelten als in der vorgeschriebenen Form bewirkt. ³Der Insolvenzverwalter ist berechtigt, die erforderlichen Anmeldungen beim jeweiligen Registergericht vorzunehmen.

(3) Entsprechendes gilt für die in den Plan aufgenommenen Verpflichtungserklärungen, die einer Maßnahme nach Absatz 1 oder 2 zugrunde liegen.

Übersicht	Rdn.			Rdn.
A. Normzweck	1	II.	Wirkungen nach Abs. 2	5
B. Norminhalt	2	1.	Gesellschaftsrechtliche Maßnahmen und ihre Form	6
I. Wirkungen nach Abs. 1	2	2.	Registeranmeldungen	9
1. Willenserklärungen	2	III.	Wirkungen nach Abs. 3	14
2. Fiktion der erforderlichen Form	4			

A. Normzweck

1 Der durch das ESUG eingefügte § 254a ergänzt die Regelungen des § 254 zu den mit der Rechtskraft eintretenden materiell-rechtlichen Wirkungen des Insolvenzplans. Die Vorschrift übernimmt in Abs. 1 die Regelung aus § 254 Abs. 1 Satz 2 a. F. zu der Formwirksamkeit in den Plan aufgenommener Willenserklärungen. In Abs. 2 findet sich eine neue Regelung zu den Wirkungen in dem Plan vorgesehener gesellschaftsrechtlicher Maßnahmen. Diese ist Folge der mit dem ESUG durch § 225a in das Insolvenzplanverfahren eingeführten Möglichkeit, die Anteils- oder Mitgliedschaftsrechte am Schuldner beteiligter Personen in den Plan einzubeziehen und hierbei jegliche gesellschaftsrechtlich zulässige Regelung mit aufzunehmen (§ 225a Abs. 3, dort Rdn. 46). Der Abs. 3 entspricht § 254 Abs. 1 Satz 2 a. F., erstreckt sich nun aber auf Verpflichtungserklärungen im Rahmen gesellschaftsrechtlicher Maßnahmen nach Abs. 2.

B. Norminhalt

I. Wirkungen nach Abs. 1

1. Willenserklärungen

2 Über Abs. 1 werden keine Willenserklärungen, sondern nur deren Form fingiert.

3 Alle über die in den Gruppenregelungen integrierten Erklärungen der zwangsweise dem Plan Unterworfenen (vgl. § 254 Rdn. 3) hinausgehenden Verfügungen und Verpflichtungen, müssen tatsächlich erklärt worden sein, um Wirkung zu entfalten. Dies können sowohl Verfügungen und Verpflichtungen Dritter als auch der Insolvenzgläubiger, Absonderungsberechtigten und Anteilsinhaber sein, sofern nicht deren nach § 222 der Gruppenbildung unterworfenen Rechte betroffen sind (vgl. hierzu § 221 Rdn. 5). Wären entsprechende Erklärungen nicht erforderlich, könnten im Insolvenzplan über §§ 221, 254 sogar unbeteiligten Dritten gegen ihren Willen und ihr Wissen Verpflichtungen auferlegt werden (zu einem künftigen Unterhaltsverzicht einer Insolvenzgläubigerin daher fehlerhaft OLG Düsseldorf, ZInsO 2008, 1142). Das Vorliegen solcher nicht fingierbarer Erklärungen ist daher gem. § 230 im Vorfeld durch Beifügung der Erklärungen zum Plan sicherzustellen (vgl. § 230 Rdn. 6). Die beigefügten Erklärungen werden mit Rechtskraft der Planbestätigung unwiderruflich (vgl. § 230 Rdn. 9).

2. Fiktion der erforderlichen Form

4 Abs. 1 verhilft sodann den Erklärungen, die nach § 254 Abs. 1 Wirkung erlangen, und den nach § 230 Abs. 3 beigefügten Erklärungen zu der jeweils notwendigen Form. Nicht ersetzt werden

können aber die notwendigen tatsächlichen Vollzugsakte. Diese müssen die Beteiligten dementsprechend noch vornehmen. Gleiches gilt auch für die grundbuch- und registerrechtlichen Folgen. Zwar kann die Verfahrenserklärung bereits in den Plan aufgenommen werden und das Gericht verpflichtet sein, den Plan an das zuständige Grundbuchamt oder Handelsregister weiterzuleiten (s. § 228 Rdn. 6), der entsprechenden grundbuchrechtlichen Änderung bedarf es sodann aber noch (zu den Besonderheiten im Hinblick auf den Vollzug und die Eintragung gesellschaftsrechtlicher Maßnahmen unten Rdn. 9 f.).

II. Wirkungen nach Abs. 2

Abs. 2 bezieht die Fiktion auf die notwendigen Erklärungen und Beschlüsse für gesellschaftsrechtliche Änderungen. Diese Hervorhebung verdeutlicht den nach dem ESUG nunmehr möglichen Einschnitt in die Gesellschafterrechte auch gegen den Willen der Gesellschafter. Die Fiktion nach Abs. 2 betrifft dabei nicht nur die notarielle, sondern auch die gesellschaftsrechtlich notwendige Form der Beschlüsse und Willenserklärungen. 5

1. Gesellschaftsrechtliche Maßnahmen und ihre Form

Regelmäßig bedürfen nach den jeweils einschlägigen gesellschaftsrechtlichen Regelungen sämtliche Änderungen – etwa in der Struktur, Zusammensetzung, Kapitalausstattung und Zielrichtung einer Gesellschaft – einer **Mehrheitsentscheidung** der Gesellschafter und/oder Vertretungsorgane. Für das Planverfahren besonders relevante Beschlüsse sind solche über satzungsändernde Kapitalmaßnahmen nach §§ 53 ff. GmbHG und §§ 179 ff. AktG und über die Fortsetzung der Gesellschaft nach § 60 Abs. 1 Nr. 4 GmbHG, § 274 Abs. 1 und 2 Nr. 1 AktG, § 144 Abs. 1 HGB, § 728 Abs. 1 Satz 2 BGB bzw. § 117 GenG. Der Fortsetzungsbeschluss ist unabdingbar für eine Erhaltung des Rechtsträgers. Für die entsprechenden Beschlussfassungen sind nach den jeweils einschlägigen gesellschaftsrechtlichen Regelungen diverse vorbereitende Maßnahmen und Formvorschriften zu beachten. So müssen Gesellschafter- bzw. Mitgliederversammlungen einberufen, die geplanten Beschlussfassungen bekannt gemacht und die Gesellschafter geladen werden. 6

Die erforderlichen Beschlüsse können durch eine entsprechende Planregelung ersetzt werden (vgl. BT-Drucks. 17/5712, S. 36). Dementsprechend müssen keine Gesellschafter- oder Mitgliederversammlungen einberufen und durchgeführt werden. Ausdrücklich können daher gem. Abs. 2 Satz 2 auch die zur Vorbereitung der Beschlüsse erforderlichen **Bekanntmachungen** – etwa für Kapitalerhöhungen mit Sacheinlagen nach § 183 Abs. 1 Satz 2 AktG oder für Bezugsrechtsausschlüsse nach § 184 Abs. 4 Satz 1 AktG – sowie die Ladungen unterbleiben. Es reicht die Aufnahme des gewünschten Beschlusses in den gestaltenden Teil des Plans, wie z. B. die Ersetzung des notwendigen Fortsetzungsbeschlusses und der ihn vorbereitenden Maßnahmen durch die Aufnahme der schlichten Feststellung: »Die Gesellschaft wird nach Aufhebung des Insolvenzverfahrens fortgesetzt«. Diese Möglichkeit, im Plan das gewünschte Ergebnis nach Gesellschaftsrecht erforderlicher Beschlussfassungen und Erklärungen der Gesellschafter zu ersetzen, stellt neben der Übertragung der Anteile und der Kapitalmaßnahmen den wesentlichen Eingriff in die Rechte der Gesellschafter dar. Denn hiermit ist der Verlust der Entscheidungsmacht verbunden, die dem Altanteilsinhaber bisher unabhängig von der Werthaltigkeit seiner Anteilsrechte ein Blockade- und auch Erpressungspotenzial beschert hat. Der etwaige Verlust oder die Verwässerung ohnehin wertloser Altanteile ist für sich genommen dagegen vergleichsweise wenig einschneidend. 7

Zudem wird über Abs. 2 durch die gerichtliche Bestätigung des Insolvenzplans auch die für die Beschlüsse etwaig notwendige **notarielle Form** ersetzt. Dies betrifft z. B. die notarielle Beurkundung des Beschlusses zur Kapitalerhöhung nach §§ 183 Abs. 1, 27 Abs. 1 Satz 1 AktG bzw. § 56 Abs. 1 GmbHG, die Erklärung des Übernehmers nach § 55 Abs. 1 GmbHG oder die Zeichnung neuer Aktien nach § 185 Abs. 1 AktG. 8

2. Registeranmeldungen

9 Alle für nach § 225a beabsichtigte Maßnahmen erforderliche Formvorschriften gelten als gewahrt bzw. bewirkt, nicht jedoch die Publizitätsakte. Satzungsändernde Beschlüsse sind stets im Handelsregister bzw. dem Genossenschaftsregister zur **Eintragung anzumelden** (§ 54 GmbHG, § 181 AktG, § 107 HGB, § 16 Abs. 6 GenG). Zur Vereinfachung des Verfahrens und zur Vermeidung von Verzögerungen (BT-Drucks. 17/5712, S. 37) wird der Insolvenzverwalter in Abs. 2 Satz 3 ermächtigt, Anmeldungen bei den zuständigen Registern anstelle der Organe zu veranlassen. Die Berechtigung wirkt qua Gesetz und muss daher im Plan nicht ausdrücklich vorgesehen werden. Daneben bleibt die Zuständigkeit der Organe jedoch erhalten. Für den Sachwalter gilt die Ermächtigung aufgrund seiner bloßen Überwachungsfunktion bei der Eigenverwaltung nicht (BT-Drucks. 17/5712, S. 37).

10 Kehrseite der ausdrücklichen gesetzlichen Ermächtigung des Insolvenzverwalters ist, dass dieser aufgrund seiner Verpflichtung zur ordnungsgemäßen Verfahrensführung die unverzügliche Vornahme der entsprechenden Anmeldungen sicherstellen muss (BT-Drucks. 17/5712, S. 37) und sich – ggf. auch bei entsprechender vorheriger Absprache – nicht darauf verlassen darf, dass die Organe ihrerseits in Ausübung ihrer gesellschaftsrechtlichen Pflichten die Anmeldung vornehmen werden. Bei fehlender oder nicht zeitnaher Anmeldung durch die Organe ist somit der Insolvenzverwalter verpflichtet, diese vorzunehmen. Den Sachwalter hingegen trifft keine Verpflichtung, da er den Schuldner nur zu überwachen hat (BT-Drucks. 17/5712, S. 37).

11 I. R. d. Anmeldung **abzugebende Erklärungen** können nicht über § 254a Abs. 2 oder 3 fingiert werden, sondern müssen tatsächlich in der üblichen Form abgegeben werden. Zu denken ist hier an die Versicherung sämtlicher Geschäftsführer einer GmbH nach § 57 Abs. 2 i. V. m. § 7 Abs. 3 GmbHG, dass die Einbringung im Plan vorgesehener Kapital- oder Sacheinlagen bewirkt ist und diese zur freien Verfügung des Geschäftsführers stehen. Eine entsprechende Erklärung ist regelmäßig erforderlich, wenn im Rahmen eines Debt-Equity-Swaps Forderungen eingebracht werden. Die »freie Verfügung« ist weit zu verstehen. Sie soll vermitteln, dass die Kapitalaufbringung abgeschlossen und das Stadium der Kapitalverwendung erreicht ist (Schmidt/Uhlenbruck-Schmidt, 2.27). Die Versicherung beschränkt sich somit auf die plangemäße Einbringung und erstreckt sich nicht auf die Bewertung der Sacheinlage. Eine plangemäße Forderungseinbringung wird regelmäßig nach §§ 254 Abs. 1, 254a Abs. 1 über die entsprechende Gruppenregelung i. V. m. der Erklärung des einbringenden Gläubigers nach § 230 Abs. 2 wirksam. Gleichwohl ist die Beifügung einer entsprechenden Erklärung des Geschäftsführers bei der Registeranmeldung nicht entbehrlich. Bei dieser Erklärung ist auf größtmögliche Transparenz zu achten.

12 Der Anmeldung ist neben der Zusicherung sämtlicher Geschäftsführer der Plan nebst Bestätigungsbeschluss mit Rechtskraftvermerk beizufügen. Der Plan ersetzt grds. die ansonsten notwendige Ausfertigung oder beglaubigte Abschrift der notariellen Niederschrift der Gesellschafterversammlung (Beschlussprotokoll), die Ausfertigung oder notariell beglaubigte Übernahmeerklärung, die Liste der Übernehmer und bei einer Sacheinlage die der Sacheinlagenfestsetzung zugrunde liegenden Dokumente oder zumindest Angaben hierüber sowie den vollständigen Wortlaut des Gesellschaftsvertrages.

13 Die umfassende Ersetzung bzw. Fiktion gesellschaftsrechtlicher Maßnahmen erleichtert zwar die zügige Umsetzung der im gestaltenden Teil vorgesehenen Maßnahmen auf den ersten Blick enorm, führt jedoch gelegentlich i. R. d. gleichwohl erforderlichen Registeranmeldungen in der Praxis zu erheblichen Schwierigkeiten. Denn die in der Auslegung von Insolvenzplänen wenig geschulten Registergerichte könnten Probleme und auch Bedenken haben, eine Planregelung, wie etwa »Die Gesellschaft wird nach Aufhebung des Insolvenzverfahrens fortgesetzt« (s. Rdn. 7) als rechtswirksamen Ersatz bzw. Fiktion eines Gesellschafterbeschlusses zu erkennen bzw. anzuerkennen. Das Registergericht kann i. R. d. Prüfung grds. im angemessenen Umfang Nachreichungen von Unterlagen verlangen (BayObLG, BB 1995, 117). In der Gesetzesbegründung wird zwar darauf hingewiesen, dass die Registergerichte insofern nur eine **eingeschränkte Prüfungskompetenz** und in erster Linie eine Beurkundungsfunktion haben (BT-Drucks. 17/5712, S. 37), jedoch erfolgt eine Beurkundung

regelmäßig nur nach Prüfung der Beurkundungswürdigkeit bzw. -fähigkeit eines Dokuments. Die Integration gesellschaftsrechtlicher Maßnahmen in den gestaltenden Teil des Plans in vollkommen anderer als der gesellschaftsrechtlich vorgeschriebenen Form erschwert hier die Beurteilung der Eintragungsfähigkeit erheblich. Auf diese Problematik hatte der Bundesrat im Gesetzgebungsverfahren hingewiesen und vorgeschlagen, den Insolvenzplan lediglich schuldrechtlich wirken zu lassen und gleichzeitig die Fiktion einer umfassenden Ermächtigung für den Insolvenzverwalter zu schaffen, auf deren Basis dieser die schuldrechtlichen Festlegungen des Plans vollziehen könnte (BT-Drucks. 17/5712, S. 56). Dies wurde allerdings vom Gesetzgeber zu Recht unter Hinweis auf die große Bedeutung, die der gestaltenden Wirkung für den Insolvenzplan zukommt, abgelehnt (BT-Drucks. 17/5712, S. 69).

▶ Praxistipp:
Es empfiehlt sich daher, am Ende des gestaltenden Teils klar und deutlich zusammenzufassen, welche eintragungsbedürftigen gesellschaftsrechtlichen Maßnahmen und Beschlüsse mit Rechtskraft des Insolvenzplans als bewirkt bzw. ersetzt gelten und daher bei dem zuständigen Registergericht zur Eintragung zu bringen sind. Da Regelungen nach Abs. 2 den Registergerichten vorerst noch nicht geläufig sein dürften, empfiehlt sich zudem eine vorherige Abstimmung der relevanten Plangestaltungen mit dem zuständigen Gericht bzw. Amt.

III. Wirkungen nach Abs. 3

Abs. 3 stellt klar, dass auch außerhalb der Gruppenregelungen in den Plan aufgenommene Verpflichtungserklärungen, die einer Planmaßnahme nach Abs. 1 oder 2 zugrunde liegen oder auf dieser basieren, als in der vorgeschriebenen Form abgegeben gelten (BT-Drucks. 17/5712, S. 37). Die Regelung entspricht § 254 Abs. 1 Satz 2 a. F. erweitert um Verpflichtungserklärungen, die im Zusammenhang mit gesellschaftsrechtlichen Planregelungen nach § 225a stehen. 14

§ 254b Wirkung für alle Beteiligten

Die §§ 254 und 254a gelten auch für Insolvenzgläubiger, die ihre Forderungen nicht angemeldet haben, und für Beteiligte, die dem Insolvenzplan widersprochen haben.

Übersicht	Rdn.		Rdn.
A. Normzweck	1	II. Wirkungen einer planmäßigen Einmalzahlung	4
B. Norminhalt	2		
I. Umfang der Wirkungsentfaltung	2	III. Keine Präklusion	5

A. Normzweck

Die Vorschrift entspricht inhaltlich § 254 Abs. 1 Satz 3 a. F. und wurde durch das ESUG vermutlich der Übersichtlichkeit halber ausgelagert. Die Erstreckung der Wirkungen des Plans auf Insolvenzgläubiger, die ihre Forderungen nicht angemeldet haben, bezweckt den Schutz vor einer gezielten Umgehung der Wirkungen des Plans durch bloße Passivität im Planaufstellungsverfahren (LAG Rheinland-Pfalz, Urt. v. 12.10.2006 – 4 Sa 281/06; Otte/Wiester, NZI 2005, 70, 71). Die Erstreckung auf Beteiligte, die dem Insolvenzplan widersprochen haben, ist notwendige Folge des Zustandekommens des Plans durch Abstimmungsmehrheit. Könnte sich ein Gläubiger durch den Widerspruch gegen den Plan seinen Wirkungen entziehen, wäre regelmäßig die gesamte Plandurchführung gefährdet. 1

B. Norminhalt

I. Umfang der Wirkungsentfaltung

2 Der Umfang der Einbeziehung der Gläubiger mit nicht angemeldeten Forderungen ist nicht eindeutig. Nach der hier vertretenen Auffassung ist die Vorschrift im Hinblick auf die Wirkung von im Plan vorgesehenen Forderungskürzungen in engem Zusammenhang mit § 227 Abs. 1 zu lesen. Nach § 227 Abs. 1 wird der Schuldner, soweit im Plan nichts anderes bestimmt ist, mit der im gestaltenden Teil vorgesehenen Befriedigung der Insolvenzgläubiger von seinen restlichen Verbindlichkeiten ggü. diesen Gläubigern befreit. Der Gesetzeswortlaut beider Vorschriften lässt im Kontext mehrere **Auslegungsmöglichkeiten** zu:

– § 254b i. V. m. § 227 Abs. 1 lässt zunächst die Auslegung zu, dass der Schuldner mit der Erfüllung der Planregelung ggü. den im gestaltenden Teil ausdrücklich berücksichtigten Gläubigern mit angemeldeten Forderungen auch ggü. allen übrigen Insolvenzgläubigern befreit wird. Danach wäre eine **Haftung** des Schuldners für nicht angemeldete Forderungen **gänzlich ausgeschlossen** (so LAG Rheinland-Pfalz, 12.10.2006 – 4 Sa 281/06, jedenfalls für den Fall, dass die betroffene Forderung ihrer Art nach – Ansprüche eines Arbeitnehmers aus betrieblicher Altersvorsorge – im Plan keine Regelung findet und LAG Sachsen, 22.11.2007 – 1 Sa 364/03). I. R. d. Gesetzgebungsverfahrens zum ESUG hat der Gesetzgeber nunmehr jedoch ausdrücklich klargestellt, dass dem Planverfahren keine Ausschlusswirkung ggü. Gläubigern mit nicht angemeldeten Forderungen zukommt (BT-Drucks. 17/5712, S. 37, hierzu noch unten Rdn. 4).

– Der Wortlaut des § 227 Abs. 1 legt nahe, dass der Schuldner lediglich ggü. den Insolvenzgläubigern befreit wird, deren Forderungen angemeldet und entsprechend bei der Plangestaltung berücksichtigt wurden. Dies würde bedeuten, den Schuldner ggü. den Gläubigern mit nicht angemeldeten Forderungen **in voller Höhe haften** zu lassen. Die vollständige Haftung des Schuldners würde jedoch die passiven Gläubiger ungerechtfertigt besser stellen als die am Planverfahren teilnehmenden Gläubiger. Auch verdeutlicht § 254b den Willen des Gesetzgebers, Gläubiger mit nicht oder nach Rechtskraft angemeldeten Forderungen nicht zu bevorzugen.

– Es verbleiben Lösungen, die die Haftung des Schuldners für nicht angemeldete Forderungen **in Relation zur Planregelung** setzen. I. R. d. Gesetzgebungsverfahrens zum ESUG hat der Gesetzgeber ausgeführt, diese Forderungen den Beschränkungen zu unterwerfen, die der Plan für vergleichbare Ansprüche vorsieht (BT-Drucks. 17/5712, S. 37). Hierfür sind die Gläubiger, die ihre Forderung nicht angemeldet haben, der nächstliegenden Gruppe zu unterstellen, der sie bei Teilnahme zugeordnet worden wären. Anzusetzen ist sodann die im Plan vorgesehene (OLG Celle, ZInsO 2011, 1505, 1507 f.; MK-Madaus § 254b Rn. 5) Regelung. Bei dieser Folge könnten jedoch die dem Plan zugrunde gelegten Quoten durch Nichtanmeldung missbräuchlich in die Höhe getrieben werden. Sachgerecht erscheint daher durchaus auch die Zugrundelegung einer die Teilnahme fingierenden Regelung. Nach der fiktiven Regelung wäre der Gläubiger so zu stellen, wie er bei rechtzeitiger Anmeldung im Planverfahren gestanden hätte (so auch AG Leipzig, ZInsO 2011, 350, 351 und K. Schmidt-Spliedt § 254b Rn. 2), ohne jedoch die zur Verteilung stehende Masse zu verändern. Mithin würde der Gläubiger rgm. eine geringere als die im Plan vorgesehene Quote erhalten. Zuzugeben ist allerdings, dass dies vom Wortlaut des § 254b nicht gedeckt ist und zudem zu Berechnungsproblemen bei nachträglicher Geltendmachung von Forderungen durch mehrere Gläubiger führen würde.

3 Im Ergebnis hat daher ein Gläubiger, der nachträglich eine berechtigte Forderung geltend macht, Anspruch auf Auskehr der Quote, die der Plan Gläubigern mit vergleichbarer Rechtsstellung zugesteht. Dies führt zu einer erheblichen Planungsunsicherheit, die der Gesetzgeber i. R. d. ESUG durch diverse Neuregelungen einzudämmen versucht. So sollen bei Plänen, im Rahmen derer die Gläubiger aus den Erträgen des fortgeführten Unternehmens befriedigt werden, gemäß einem an § 229 angefügten Satz 3 auch Gläubiger berücksichtigt werden, die zwar ihre Forderungen nicht angemeldet haben, aber bei der Ausarbeitung des Plans bekannt sind (s. a. § 229 Rdn. 6 ff.). Mit § 259a wurde durch das ESUG für den Zeitraum nach Aufhebung des Insolvenzverfahrens ein Vollstreckungsschutz gegen Insolvenzgläubiger, die ihre Forderungen bis zum Abstimmungstermin

nicht angemeldet haben, implementiert und der neu eingefügte § 259b regelt die Verjährung derartiger Forderungen innerhalb eines Jahres nach Rechtskraft der Planbestätigung (vgl. auch jeweils die Kommentierung zu diesen neu eingefügten Vorschriften).

II. Wirkungen einer planmäßigen Einmalzahlung

Die unter Rdn. 3 geschilderten Folgen und Regelungen sind auf Insolvenzpläne zugeschnitten, die eine Befriedigung der Gläubiger nach Aufhebung des Insolvenzverfahrens aus den Erträgen des fortgeführten Unternehmens vorsehen. Dies ist entgegen der Prämisse des Gesetzgebers jedoch insb. bei kleineren Verfahren von Einzelunternehmern oder mittelständischen Unternehmen nicht der Regelfall und bei Verbraucherinsolvenzverfahren gänzlich ausgeschlossen. Hier erfolgt die Planerfüllung aus Gründen der Planungs- und Rechtssicherheit oftmals in Form einer Einmalzahlung aus durch einen Plangaranten oder einen Investor zur Verfügung gestellten Mitteln. Wegen der höheren Akzeptanz bei den Gläubigern wird diese zumeist direkt durch den Insolvenzverwalter noch vor Aufhebung des Insolvenzverfahrens vorgenommen. Hier stellt sich die Frage, ob bei einem plangemäßen Verbrauch der nach dem Plan zur Befriedigung einzusetzenden Mittel überhaupt noch ein Anspruch eines Nachzüglers auf die den am Plan teilnehmenden Gläubigern gewährte Quote entstehen kann. Denn betrachtet man als ggü. allen Insolvenzgläubigern Wirkung entfaltende Planregelung nicht nur die festgelegte Quote, sondern ebenso die Festlegung der zu verwendenden Mittel und die Modalitäten der Verteilung, wäre damit eine faktische Präklusion der bei der Errechnung der Quote anhand der zur Verfügung stehenden Mittel nicht berücksichtigten Gläubiger verbunden. Dies widerspricht offenkundig dem Willen des Gesetzgebers (vgl. oben Rdn. 2 und BT-Drucks. 17/5712, S. 37). Folglich entfalten für die nicht am Planverfahren beteiligten Insolvenzgläubiger lediglich Forderungsreduzierungen Wirkung, nicht jedoch die im gestaltenden Teil festgelegten Regelungen hinsichtlich der Art und der Mittel der Befriedigung. Da bei einer plangemäßen Befriedigung der am Verfahren beteiligten Insolvenzgläubiger durch Einmalzahlung vor Aufhebung des Insolvenzverfahrens ein Vollstreckungsschutz zumindest nach dem Wortlaut des § 259a regelmäßig ausscheidet (hierzu auch § 259a Rn. 4), bergen diese Ansprüche nicht anmeldender Gläubiger auf außerplanmäßige Befriedigung ein Risiko.

III. Keine Präklusion

Wie vorangehend geschildert, ist eine **gesetzliche Präklusion** den aktuellen Regelungen nicht zu entnehmen (so auch BGH, ZInsO 2012, 1321, 1322). Weitergehend hat der Gesetzgeber i. R. d. ESUG ausdrücklich die Schaffung einer gesetzlichen **Ausschlussfrist** aus verfassungsrechtlichen Gründen abgelehnt (BT-Drucks. 17/5712, S. 37, dem zustimmend Braun/Heinrich, NZI 2011, 505, 512). Eine solche hätte mit der Möglichkeit der Wiedereinsetzung wegen unverschuldeter Fristversäumnis verbunden werden müssen. Eine derartige Regelung habe aber bereits in § 14 GesO zu zahlreichen und langwierigen Streitigkeiten über die Frage des Verschuldens bei Fristversäumnis geführt (BT-Drucks. 17/5712, S. 37). Diese Begründung ist nicht hinnehmbar. Es wäre durchaus möglich, den Begriff des Verschuldens näher zu konkretisieren als in § 14 Abs. 1 GesO. Etwa könnte die Ausschlussfrist lediglich für Insolvenzgläubiger gelten, die spätestens 2 Wochen zuvor vom Insolvenzverwalter über das Insolvenzverfahren informiert und zur Anmeldung ihrer Forderungen unter Hinweis auf die Ausschlussfrist aufgefordert worden sind. Für die übrigen Gläubiger, die demnach regelmäßig kein Verschulden an der Fristversäumnis trifft, muss nicht zwingend eine Wiedereinsetzung vorgesehen werden. Hier reicht die aktuelle Regelung der Erstreckung der Wirkungen des Plans aus. Nur die nicht zur Teilnahme am Verfahren aufgeforderten Gläubiger könnten folglich bei Nachweis ihrer Forderungen – ggf. vor den ordentlichen Gerichten – ihren Anspruch mit den im Plan für vergleichbare Forderungen vorgesehenen Beschränkungen ggü. dem Schuldner geltend machen. Durch eine derart differenzierende Regelung wäre zum einen ausgeschlossen, dass Gläubiger durch bewusste Nichtanmeldung die Quoten künstlich in die Höhe treiben, und zum anderen hätte der Schuldner keinen Anreiz, ihm bekannte Gläubiger zu verschweigen.

6 Weiter stellt sich die Frage, inwieweit vor dem Hintergrund der Entscheidung des Gesetzgebers gegen eine gesetzliche Ausschlusswirkung eine **Präklusion durch Insolvenzplanregelung** möglich ist. Der Gesetzgeber hat sich hierzu nicht ausdrücklich geäußert. In der Praxis wurde bisher teilweise versucht, sich mit der Bildung eigener Gruppen für Gläubiger mit nicht geprüften Forderungen (s. hierzu auch § 222 Rdn. 23) oder mit **Präklusionsklauseln** im gestaltenden Teil des Insolvenzplans zu helfen (in diesem Sinne LAG Düsseldorf, ZIP 2011, 2487). Durch diese Klauseln sollen Gläubiger mit nicht oder sogar mit nicht frühzeitig angemeldeten Insolvenzforderungen ausgeschlossen werden (Formulierungsbeispiel bei Rose/Tetzlaff/Wollstadt, ZInsO 2005, 673; ausführl. auch Otte/Wiester, NZI 2005, 70; grds. zust. MK-Eidenmüller § 221 Rn. 56 ff.). Eine im Plan aufgenommene Ausschlussfrist für die Erhebung einer Feststellungsklage bei wirksam bestrittenen Forderungen hat der BGH noch zu der Rechtslage vor Einführung des ESUG grds. für zulässig erachtet, mit der Einschränkung, dass eine solche erst mit Eintritt der Rechtskraft des Bestätigungsbeschlusses eintreten kann (BGH, ZInsO 2010, 1448, 1449). Dem Insolvenzplan könne keine Vorwirkung in der Form zuerkannt werden, dass er dem Rechtsmittel die Grundlage entzieht (BGH, ZInsO 2010, 1448, 1449). Präklusionsklauseln für Forderungen, die erst nach Rechtskraft des Plans angemeldet werden, dürften unter Zugrundelegung dieser Argumentation des BGH unproblematisch sein (so auch LAG Düsseldorf, ZIP 2011, 2487). Teilweise wird hiergegen vorgebracht, die vollständige Forderungspräklusion sei – ungeachtet der hiervon losgelösten Argumentation des BGH – generell nicht mit der Ausschlussfrist für Feststellungsklagen vergleichbar, da durch Letztere lediglich die Partizipation an den verfahrensrechtlichen Planvorteilen, nicht aber der Quotenanspruch ausgeschlossen wird (MK-Madaus § 254b Rn. 10), was im Ergebnis der Wirkung des § 254b für nicht angemeldete Forderungen entspricht (vgl. oben Rdn. 4 aE). Zur Begründung von Präklusionsklauseln für Forderungen, die nach dem Abstimmungstermin, jedoch noch vor Rechtskraft des Planes und damit vor Wirksamwerden der entsprechenden Präklusionsklausel angemeldet werden, wird teilweise mit einer Verzichtsfiktion gearbeitet, die im Zeitpunkt der Rechtskraft (Rück-) Wirkung entfaltet (Rose/Tetzlaff/Wollstadt, ZInsO 2005, 673, 677). Bei der Planerstellung ist allerdings zu berücksichtigen, dass derartige Klauseln noch nicht höchstrichterlich bestätigt worden sind, in der Tendenz die Wirksamkeit derartiger Klauseln aber eher verneint werden (vgl. BAG, ZInsO 2013, 2439, 2442, ähnlich BGH, ZInsO 2012, 1321, 1322 unter Hinweis auf das Erfordernis einer ausdrücklichen gesetzlichen Grundlage nach Maßgabe des Art. 14 Abs. 1 GG). Vor allem unter Berücksichtigung der Rechtslage nach Einführung des ESUG und der Begründung des Gesetzgebers zu der Einführung der §§ 259a und b bestehen erhebliche Bedenken an der Zulässigkeit derartiger Klauseln (BT-Drucks. 17/5712, S. 37, s. Rdn. 5; daher auch ablehnend MK-Madaus § 254b Rn. 6 ff.). Die dadurch entstehende Planungsunsicherheit ist daher durch intensive Überprüfung der Verbindlichkeiten und ggf. entsprechende Rückstellungen (zur Problematik der Nachtragsverteilung bei freiwerdenden Rückstellungen vgl. § 259 Rdn. 7 f.) zu kompensieren.

§ 255 Wiederauflebensklausel

(1) ¹Sind auf Grund des gestaltenden Teils des Insolvenzplans Forderungen von Insolvenzgläubigern gestundet oder teilweise erlassen worden, so wird die Stundung oder der Erlaß für den Gläubiger hinfällig, gegenüber dem der Schuldner mit der Erfüllung des Plans erheblich in Rückstand gerät. ²Ein erheblicher Rückstand ist erst anzunehmen, wenn der Schuldner eine fällige Verbindlichkeit nicht bezahlt hat, obwohl der Gläubiger ihn schriftlich gemahnt und ihm dabei eine mindestens zweiwöchige Nachfrist gesetzt hat.

(2) Wird vor vollständiger Erfüllung des Plans über das Vermögen des Schuldners ein neues Insolvenzverfahren eröffnet, so ist die Stundung oder der Erlaß für alle Insolvenzgläubiger hinfällig.

(3) ¹Im Plan kann etwas anderes vorgesehen werden. ²Jedoch kann von Absatz 1 nicht zum Nachteil des Schuldners abgewichen werden.

Wiederauflebensklausel § 255 InsO

Übersicht	Rdn.		Rdn.
A. Normzweck	1	III. Folgen des Rückstandes (Abs. 1)	9
B. Norminhalt	2	IV. Folgen der Eröffnung des Insolvenzverfahrens (Abs. 2)	11
I. Forderungen (Abs. 1 und 2)	3		
II. Erheblichkeit (Abs. 1)	6	V. Abweichende Regelung	17

A. Normzweck

Die Vorschrift regelt die Rechtsfolgen für den Fall, dass der Schuldner seinen ggü. den Gläubigern bestehenden Pflichten aus dem Insolvenzplan nicht nachkommt. In der Regelung lässt sich der Gedanke des zivilrechtlichen Instituts des Wegfalls der Geschäftsgrundlage erkennen. Die Gläubiger haben sich auf Stundungen und Erlasse ihrer Forderungen in Erwartung einer vereinbarungsgemäßen Planerfüllung durch den Schuldner und ggf. auch in Erwartung des Fortbestandes des Schuldners eingelassen. Hierdurch wird die Doppelnatur des Insolvenzplans (zur Rechtsnatur des Insolvenzplans vgl. vor §§ 217 ff. Rdn. 3), insb. die vertragliche Komponente, unterstrichen. 1

B. Norminhalt

Entgegen der missverständlichen Überschrift treten die in § 255 erwähnten Folgen kraft Gesetzes ein. Einer **Klausel** im Plan **bedarf es nicht** (MK-Huber § 255 Rn. 12). 2

I. Forderungen (Abs. 1 und 2)

Von Abs. 1 werden alle von Regelungen im gestaltenden Teil des Plans umfassten **festgestellten**, gestundeten oder teilweise erlassenen Insolvenzforderungen erfasst. § 255 Abs. 1 ist forderungs- und nicht gläubigerbezogen. Dies gilt auch in dem Fall, in dem ein Gläubiger mit mehreren Forderungen in unterschiedlichen Gruppen einige Forderungen ganz und einige Forderungen teilweise erlassen hat. Mangels Anmeldung nicht festgestellte Forderungen können nach dieser Vorschrift erst wieder aufleben, wenn sie zuvor auf Betreiben des Gläubigers gerichtlich bestätigt worden sind (vgl. § 256 Rdn. 4; a. A. mit etwas unterschiedlichen Ansätzen BGH, ZInsO 2012, 1321 ff.; OLG Celle, ZInsO 2011, 1505, 1508 und Freudenberg, EWiR 2011, 717, 718). Die Geltendmachung hat im Wege der Leistungsklage vor den ordentlichen Gerichten zu erfolgen (s. a. hierzu § 256 Rdn. 4). 3

Dabei betrifft § 255 nur die Forderungen, die sich **gegen** den **Schuldner** richten. Nicht umfasst sind Forderungen gegen andere Personen, sei es auch die Übernahmegesellschaft (Uhlenbruck-Lüer § 255 Rn. 2). In der Praxis sind Plangestaltungen nicht selten, die eine **Planerfüllung durch den Insolvenzverwalter** nach Rechtskrafterlangung, aber vor Aufhebung des Insolvenzverfahrens aus der Masse vorsehen (zu den erheblichen Risiken dieser Gestaltung vgl. § 258 Rdn. 5). Eine analoge Anwendung des § 255 Abs. 1 ist hier nicht passend. Gleichwohl muss dem Schutzgedanken dieser Vorschrift Rechnung getragen werden. Scheitert die Erfüllung eines derartigen Plans auch unter Berücksichtigung etwaiger Ansprüche gegen den Verwalter nach §§ 60, 61 gänzlich oder in Teilen, so ist das Scheitern vom Insolvenzgericht durch Beschluss festzustellen und das noch laufende Insolvenzverfahren im Regelverfahren fortzusetzen. 4

Im Hinblick auf **Absonderungsrechte** ist zu differenzieren. Unmittelbar auf Absonderungsrechte ist § 255 bereits dem Wortlaut nach nicht anwendbar. Zudem würde das Wiederaufleben dinglicher Rechte zu praktischen Schwierigkeiten führen (BT-Drucks. 12/2443, S. 213). Unproblematisch sind hingegen die Ausfallforderungen der Absonderungsberechtigten, da diese wie ungesicherte Forderungen zu behandeln sind. Auf diese Forderungen findet § 255 Anwendung. Selbiges muss jedoch für solche Forderungen gelten, die ursprünglich durch ein Sicherungsrecht gedeckt waren (HK-Flessner § 255 Rn. 4). Inwieweit mit dem Wiederaufleben der Forderung auch wieder eine Geltendmachung des Absonderungsrechts in Betracht kommt, hängt vom Einzelfall ab. Denkbar ist ein Wiederaufleben jedoch nur, wenn der Gegenstand, an dem das Absonderungsrecht bestand, nach wie vor im Eigentum des Schuldners steht. 5

5a Bei einem teilweisen Forderungserlass im Rahmen einer Forderungsumwandlung in Geschäftsanteile (hierzu § 224 Rdn. 5 und § 225a Rdn. 20) ist eine Anwendbarkeit des Abs. 1 allenfalls denkbar, wenn der Gläubiger darüber hinaus für einen nicht umgewandelten Teil Befriedigungsleistungen aus dem Plan verlangen kann. Andernfalls kann es zu keinem Rückstand mit der Planerfüllung kommen. Selbst wenn eine solche Konstellation vorliegt, lebt jedoch ein im Zuge einer Forderungsumwandlung erlassener Forderungsteil nicht nach Abs. 1 wieder auf. Denn der Erlass erfolgt anders als bei der üblichen Forderungskürzung bei gleichzeitiger Regelung einer Quotenzahlung nicht ohne Gegenleistung. Die Umwandlung in Anteile am Schuldner stellt gerade die Erfüllung der zu diesem Zweck erlassenen Forderung dar. Diese wird nicht durch den Rückstand mit der Erfüllung einer weiteren Forderung hinfällig (vgl. zu Abs. 2 Rdn. 12).

II. Erheblichkeit (Abs. 1)

6 Die Erheblichkeit des Rückstandes richtet sich allein nach Abs. 1 Satz 2. Die Höhe der Forderung (HK-Flessner § 255 Rn. 6) oder die Verletzung von Nebenpflichten (MK-Huber § 255 Rn. 18; im Ergebnis auch FK-Jaffé § 255 Rn. 9) sind unwesentlich.

7 Die **Mahnung** bedarf der Schriftform (§ 126 BGB). Eine Übermittlung per Fax ist somit nicht ausreichend (BGH, NJW 1997, 3169). Die Mahnung kann erst nach Fälligkeit der Verbindlichkeit versandt und nicht durch Klage oder Mahnbescheid ersetzt werden (MK-Huber § 255 Rn. 21 ff.). Die **Mindestfrist** von 2 Wochen beginnt mit Zugang der Mahnung. Ist eine kürzere Frist genannt, ist diese unwirksam und führt nicht zum Lauf der gesetzlichen Frist (FK-Jaffé § 255 Rn. 18). Zur Wahrung der Frist ist der Zeitpunkt der Absendung des Geldes durch den Schuldner wesentlich (MK-Huber § 255 Rn. 25 m. w. N.).

8 **Verschulden** aufseiten des Schuldners ist **nicht erforderlich**. Der Rückstand reicht aus (BT-Drucks. 12/2443, S. 213).

III. Folgen des Rückstandes (Abs. 1)

9 Folge des erheblichen Rückstandes ist der Wegfall der laut Plan gewährten Stundung oder des Erlasses der Forderung des Gläubigers, derentwegen er ohne Erfolg nach dieser Vorschrift gemahnt hat. **Auch Nebenansprüche** leben wieder auf. Ob durch den Plan gestellte **Sicherheiten** beibehalten bleiben, richtet sich nach der Verpflichtungserklärung (MK-Huber § 255 Rn. 27).

10 Der **Plan** an sich **bleibt bestehen**. Ggü. anderen Gläubigern oder demselben Gläubiger mit einer anderen Forderung bleibt es selbst bei einem evtl. Rückstand bei der Stundung bzw. dem Erlass.

IV. Folgen der Eröffnung des Insolvenzverfahrens (Abs. 2)

11 Bei einer Eröffnung des Insolvenzverfahrens über das Vermögen des Schuldners ist **unabhängig von einem Rückstand** nach Abs. 1 die Stundung oder der Erlass für sämtliche Insolvenzgläubiger hinfällig.

12 Abzüglich etwaig erhaltener Beträge leben – anders als nach Abs. 1 – auch die Forderungen wieder auf, die durch den Plan **vollständig erlassen** worden sind, und auch die durch den Plan teilweise erlassenen Forderungen der Gläubiger, deren Planforderungen **erfüllt worden** sind (a. A. Uhlenbruck-Lüer § 255 Rn. 20; MK-Huber § 255 Rn. 33, 38). Denn durch das neue Insolvenzverfahren ist in den meisten Fällen der Sinn und Zweck des Erlasses nicht mehr vorhanden. Dieser liegt nicht nur in der Erfüllung der gestundeten oder teilweise erlassenen Forderung, sondern auch oder sogar vor allem in dem Fortbestand des Schuldners als Lieferant, Abnehmer oder Arbeitgeber. Deshalb soll es allen Insolvenzgläubigern nach dem Scheitern des Insolvenzplanverfahrens möglich sein, am neuen Insolvenzverfahren wieder mit ihren Forderungen in voller Höhe teilzunehmen.

13 Der Erlass im Rahmen einer **Forderungsumwandlung** (debt-equity-swap, s. hierzu § 224 Rdn. 5 und § 225a Rdn. 20) wird in einem Folgeinsolvenzverfahren nicht hinfällig. Durch die Umwandlung und den damit verbundenen Anteilserwerb wurde die Forderung plangemäß erfüllt. Eine

erfüllte Forderung kann nicht wieder aufleben. Diese Folge entspricht dem Unternehmerrisiko, das der Gläubiger durch die Umwandlung eingegangen ist. Insofern ist das Erfordernis der Zustimmung zu der Umwandlung in Anteile nach § 225a Abs. 2 Satz 2 i. V. m. § 230 Abs. 2 gerechtfertigt (vgl. hierzu § 225a Rdn. 33 ff.). Wenn die ursprüngliche Forderung nur zu einem Bruchteil umgewandelt wurde, lebt jedoch der nicht aufgrund der Forderungsumwandlung, sondern im Rahmen einer Forderungskürzung erlassene Teil wieder auf.

Über den Wortlaut hinaus sind die Stundung oder der Erlass auch dann hinfällig, wenn der Antrag auf Eröffnung des Verfahrens **mangels Masse** abgewiesen wird (a. A. Uhlenbruck-Lüer § 255 Rn. 19). Es wäre sinnlos, in einem solchen Fall Fristsetzungen nach Abs. 1 durchzuführen. Zudem würden andernfalls Insolvenzgläubiger mit vollständig erlassener Forderung oder erfüllter Planforderung ganz von einer Durchsetzung ihrer ursprünglichen Forderung ausgeschlossen. Denn diesen Insolvenzgläubigern stünde nicht einmal der Weg über Abs. 1 offen. Damit wären die Gläubiger mit Planforderungen im Wettlauf der Zwangsvollstreckung ggü. den Gläubigern, deren Forderungen erst nach Aufhebung des Insolvenzverfahrens begründet worden sind, ungerechtfertigt benachteiligt. 14

Die durch den Plan evtl. neu geordneten **dinglichen Rechte** bleiben unberührt, sofern die Verpflichtungserklärungen keine andere Regelung vorsehen. 15

Auf Basis des Plans erfolgte gesellschaftsrechtliche Maßnahmen werden auch bei einer Folgeinsolvenz nicht rückabgewickelt. 16

V. Abweichende Regelung

Jede den Anforderungen des Abs. 3 Satz 2 entsprechende andersartige Regelung kann getroffen werden. Auch ein vollständiger Ausschluss ist möglich. 17

▶ **Hinweis:**

Von den Möglichkeiten der abweichenden Regelung sollte bei der noch unsicheren Rechtslage Gebrauch gemacht werden. So sollten absonderungsberechtigte Gläubiger auf die Einbeziehung einer auf ihre Rechte bezogenen Wiederauflebensklausel achten. Sofern keine bedingungsfeindlichen Rechtsgeschäfte vorhanden sind, sollte auch eine erneute Insolvenzeröffnung oder Abweisung des entsprechenden Antrags mangels Masse als auflösende Bedingung in den Insolvenzplan eingefügt werden. Kommt der Planersteller diesem Wunsch nicht nach, ist dies bei der Vergleichsrechnung nach §§ 245 und 251 zu berücksichtigen. Letztlich sollte der Plan auch die Erheblichkeit i. S. d. Abs. 1 konkretisieren; ggf. nur mit dem Hinweis, dass, wie hier vertreten, für die Frage der Erheblichkeit allein auf Abs. 1 Satz 2 abzustellen ist.

§ 256 Streitige Forderungen. Ausfallforderungen

(1) ¹Ist eine Forderung im Prüfungstermin bestritten worden oder steht die Höhe der Ausfallforderung eines absonderungsberechtigten Gläubigers noch nicht fest, so ist ein Rückstand mit der Erfüllung des Insolvenzplans im Sinne des § 255 Abs. 1 nicht anzunehmen, wenn der Schuldner die Forderung bis zur endgültigen Feststellung ihrer Höhe in dem Ausmaß berücksichtigt, das der Entscheidung des Insolvenzgerichts über das Stimmrecht des Gläubigers bei der Abstimmung über den Plan entspricht. ²Ist keine Entscheidung über das Stimmrecht getroffen worden, so hat das Gericht auf Antrag des Schuldners oder des Gläubigers nachträglich festzustellen, in welchem Ausmaß der Schuldner vorläufig die Forderung zu berücksichtigen hat.

(2) ¹Ergibt die endgültige Feststellung, daß der Schuldner zuwenig gezahlt hat, so hat er das Fehlende nachzuzahlen. ²Ein erheblicher Rückstand mit der Erfüllung des Plans ist erst anzunehmen, wenn der Schuldner das Fehlende nicht nachzahlt, obwohl der Gläubiger ihn schriftlich gemahnt und ihm dabei eine mindestens zweiwöchige Nachfrist gesetzt hat.

(3) Ergibt die endgültige Feststellung, daß der Schuldner zuviel gezahlt hat, so kann er den Mehrbetrag nur insoweit zurückfordern, als dieser auch den nicht fälligen Teil der Forderung übersteigt, die dem Gläubiger nach dem Insolvenzplan zusteht.

Übersicht	Rdn.		Rdn.
A. Normzweck	1	3. Ausfallforderungen	5
B. Norminhalt	2	4. Berücksichtigung	6
I. Angemessene Berücksichtigung (Abs. 1)	2	5. Entscheidung	7
1. Bestrittene Forderungen	2	II. Nach- und Rückzahlung (Abs. 2 und 3)	10
2. Nicht angemeldete Forderungen	4		

A. Normzweck

1 Die Vorschrift ergänzt § 255. Sie soll Unsicherheiten zwischen dem Schuldner und einem Gläubiger mit bestrittener Forderung oder noch nicht feststehender Ausfallforderung bis zur endgültigen Klärung der Forderungshöhe beseitigen.

B. Norminhalt

I. Angemessene Berücksichtigung (Abs. 1)

1. Bestrittene Forderungen

2 **Bestrittene Forderungen** sind entgegen dem Wortlaut der Vorschrift nicht nach § 176 bestrittene, sondern nur nach § 178 **nicht festgestellte** Forderungen. Ein Bestreiten des Schuldners bleibt also unerheblich (MK-Huber § 256 Rn. 7).

3 Nach der überwiegenden Literaturauffassung (MK-Huber § 256 Rn. 7; KPB-Otte § 256 Rn. 3; Breutigam/Kahlert, ZInsO 2002, 469; a. A. K. Schmidt-Spliedt § 256 Rn. 3) betrifft § 256 Abs. 1 darüber hinaus nur solche Forderungen, bei denen der Gläubiger die **Feststellung nach §§ 179** ff. betreibt oder nach §§ 189 ff. nachweist. Diese Auffassung ist mit Blick auf die gesetzliche Regelung nicht zwingend. Betrachtet man § 256 als lex specialis, so würde es nach Verfahrensaufhebung dem Schuldner obliegen, das Nichtbestehen der streitigen Forderung i. S. d. Abs. 1 i. H. d. Stimmrechtsfestsetzung im Wege einer negativen Feststellungsklage endgültig feststellen zu lassen (NR-Braun § 256 Rn. 2). Die Prozessführungslast würde danach anders als beim Regelverfahren dem Schuldner zufallen. Die damit einhergehende Bevorteilung des seine Forderung nicht gerichtlich geltend machenden Gläubigers ist sachlich nicht begründbar. Im Ergebnis ist daher mit der herrschenden Lehre an einer Anwendbarkeit der §§ 179, 189 festzuhalten. Hier bleibt die Frage, auf welchen Zeitpunkt bei der entsprechenden Anwendung des § 189 für die Notfrist abzustellen ist. Ein Fristbeginn mit Planniederlegung (so Breutigam/Kahlert, ZInsO 2002, 469) führt zu Schwierigkeiten, wenn Prüfungs- und Erörterungstermin gem. § 236 verbunden werden. Denn zu diesem Zeitpunkt stünde noch nicht fest, welche Forderungen bestritten werden. Abzustellen ist daher auf den Zeitpunkt der Rechtskraft des Bestätigungsbeschlusses. Bis zu einer klärenden Stellungnahme des BGH zu der Frage des Umfangs des § 256 empfiehlt es sich, im Plan eine **klarstellende Regelung** einzufügen.

2. Nicht angemeldete Forderungen

4 Zunehmend wird in Rechtsprechung und Literatur vertreten, § 256 sei auf nicht im Verfahren angemeldete Forderungen analog anzuwenden (BGH, ZInsO 2012, 1321, 1323; K. Schmidt-Spliedt § 256 Rn. 5; MK-Huber § 256 Rn. 7; Paul, ZInsO 2011, 1590, 1592 f.; Freudenberg, EWiR 2011, 717, 718). »Streitig« sei eine nicht im Verfahren angemeldete Forderung, wenn sie vom Schuldner bestritten wird (BGH, ZInsO 2012, 1321, 1323). Allerdings soll in diesen Fällen die Obliegenheit für die Herbeiführung der Entscheidung des Insolvenzgerichts beim Gläubiger liegen, weshalb erst nach ergangener vorläufiger Festsetzung durch das Insolvenzgericht nach Abs. 1 ein Wieder-

aufleben möglich sein soll (BGH, ZInsO 2012, 1321, 1323 f.; Paul, ZInsO 2011, 1590, 1592 f.; ähnlich Freudenberg, EWiR 2011, 717, 718; a. A. zuvor OLG Celle, ZInsO 2011, 1505, 1508). Der Schutzrichtung zugunsten des Schuldners und i. S. d. Gläubigergleichbehandlung (da die übrigen Gläubiger der nicht im Verfahren angemeldeten Forderung nicht widersprechen können, vgl. BGH, ZInsO 2012, 1321, 1323 f.) ist grds. zuzustimmen. Gleichwohl ist diese analoge Anwendung nicht mit dem eindeutigen Wortlaut des Abs. 1 vereinbar. Soweit eine notwendige Analogie damit begründet wird, dass nach § 256 im Streitfall allein das Insolvenzgericht zur Entscheidung berufen sei (Freudenberg, EWiR 2011, 717, 718), wird übersehen, dass Abs. 1 dem Insolvenzgericht lediglich die Entscheidung über die Höhe einer vorläufigen Berücksichtigung bis zur endgültigen Entscheidung durch das Prozessgericht zuweist. Die Entscheidung über die endgültige Feststellung streitiger bzw. nachträglich geltend gemachter Forderungen kommt dem Insolvenzgericht gerade nicht zu. Macht der Gläubiger nach der Aufhebung des Verfahrens seine Forderung geltend, wird der Schuldner entweder den Planvorgaben entsprechend die Forderung befriedigen oder die Befriedigung verweigern. In letzterem Fall ist der Gläubiger auf die prozessgerichtliche Geltendmachung seiner Forderung im Wege der Leistungsklage angewiesen. Erst wenn das Prozessgericht der Klage stattgibt, muss der Schuldner, um ein Wiederaufleben nach § 255 zu vermeiden, der Aufforderung des Gläubigers zur Zahlung nachkommen (insoweit noch übereinstimmend BGH, ZInsO 2012, 1321, 1323). Der Schuldner ist durch die etwaig notwendige prozessuale Geltendmachung des Gläubigers ausreichend geschützt. Der Gläubiger hingegen hat am Verfahren nicht teilgenommen und hat daher keinen Anspruch auf den über § 255 möglichen Schutz. Einer analogen Anwendung der Norm in den Fällen der nicht angemeldeten Forderungen bedarf es somit nicht. Andernfalls stünde der nicht anmeldende Gläubiger besser da, als der Gläubiger mit bestrittener Forderung, für den die Ausschlussfrist nach § 189 Abs. 1 gilt (s. o. Rdn. 3). Auch lässt sich die Zuständigkeit des Insolvenzgerichts für Entscheidungen über Forderungen, die am Forderungsfeststellungsverfahren nach §§ 174 ff. mangels Anmeldung überhaupt nicht teilgenommen haben, ohne ausdrückliche gesetzliche Grundlage nicht begründen (a. A. Freudenberg, EWiR 2011, 717, 718). Auch der Rechtsgedanke und die systematische Einordnung der mit dem ESUG eingeführten Regelungen zum Vollstreckungsschutz gegen (§ 259a) und der Verjährung von (§ 259b) nachträglich geltend gemachten Forderungen sprechen dafür, dass der Gesetzgeber mit der hier vertretenen Auffassung den §§ 255 und 256 keine Anwendbarkeit für die Durchsetzung nachträglich geltend gemachter Forderungen zuweist. Allerdings wäre hier eine Klarstellung durch den Gesetzgeber i. R. d. ESUG wünschenswert gewesen.

3. Ausfallforderungen

Abs. 1 betrifft auch Ausfallforderungen. Deren Höhe steht noch nicht fest, sofern die Verwertung des Absonderungsgegenstandes noch nicht abgeschlossen ist.

5

4. Berücksichtigung

Mit **Berücksichtigung** i. S. d. Abs. 1 ist die Erfüllung unter Vorbehalt nach § 362 BGB gemeint (HK-Flessner § 256 Rn. 3). Berücksichtigt werden können bestrittene Forderungen und Ausfallforderungen, bei denen der Richter über das Stimmrecht nach §§ 237 ff. entschieden hat. Die Einigung der Gläubiger und des Verwalters nach § 77 Abs. 2 ist der Entscheidung des Insolvenzgerichts über das Stimmrecht nicht gleichzusetzen. Denn nur die richterliche Mitwirkung kann die hinreichende Berücksichtigung der Interessen des Schuldners gewährleisten (MK-Huber § 256 Rn. 11; a. A. Uhlenbruck-Lüer § 256 Rn. 7). Darüber hinaus können Forderungen berücksichtigt werden, über die das Gericht auf **Antrag des Gläubigers oder des Schuldners** nach Abs. 1 Satz 2 entschieden hat.

6

5. Entscheidung

Sofern keine Entscheidung vorliegt, ist kein Rückstand und somit auch kein Wiederaufleben möglich (Uhlenbruck-Lüer § 256 Rn. 9).

7

8 Funktional **zuständig** für die Entscheidung nach Abs. 1 Satz 2 ist der Richter (MK-Huber § 256 Rn. 20).

9 Ein **Rechtsmittel** gegen die Entscheidung des Gerichts nach Abs. 1 Satz 2 ist nicht gegeben.

II. Nach- und Rückzahlung (Abs. 2 und 3)

10 Abs. 2 hat ausschließlich klarstellenden Charakter. Der Schuldner hat bei Feststellung einer Unterzahlung, den Fehlbetrag unverzüglich nachzuzahlen, wenn bzw. sobald dieser nach der anzuwendenden Planregelung fällig ist. Abs. 2 Satz 2 wiederholt klarstellend die Wiederauflebensvoraussetzungen des § 255 Abs. 1.

11 Die **Rückforderung** einer Überzahlung gem. Abs. 3 erfolgt nach §§ 812 ff. BGB. Die Erfüllung unter Vorbehalt schließt die Rückforderung nicht nach § 814 BGB aus (BGH, NJW 1982, 2302). Auch die Einrede der Entreicherung nach § 818 Abs. 3 BGB kommt nicht in Betracht, da der Gläubiger bei einer Erfüllung unter Vorbehalt i. S. d. § 820 BGB mit einer Rückforderung rechnen musste (K. Schmidt-Spliedt § 256 Rn. 8). Bei sukzessiver Fälligkeit der planmäßigen Befriedigung in mehreren Tranchen wird gem. Abs. 3 Halbs. 2 eine Überzahlung im Rahmen der ersten Tranche(n) wie die vorzeitige Befriedigung eines betagten Anspruchs i. S. d. § 813 Abs. 2 BGB behandelt und kann daher i. H. d. nicht fälligen Anspruchs nicht zurückverlangt werden. Bei **mehreren Forderungen** eines Gläubigers hängt die Rückzahlung von der Summe der Forderungen ab (MK-Huber § 256 Rn. 28).

§ 257 Vollstreckung aus dem Plan

(1) ¹Aus dem rechtskräftig bestätigten Insolvenzplan in Verbindung mit der Eintragung in die Tabelle können die Insolvenzgläubiger, deren Forderungen festgestellt und nicht vom Schuldner im Prüfungstermin bestritten worden sind, wie aus einem vollstreckbaren Urteil die Zwangsvollstreckung gegen den Schuldner betreiben. ²Einer nicht bestrittenen Forderung steht eine Forderung gleich, bei der ein erhobener Widerspruch beseitigt ist. ³§ 202 gilt entsprechend.

(2) Gleiches gilt für die Zwangsvollstreckung gegen einen Dritten, der durch eine dem Insolvenzgericht eingereichte schriftliche Erklärung für die Erfüllung des Plans neben dem Schuldner ohne Vorbehalt der Einrede der Vorausklage Verpflichtungen übernommen hat.

(3) Macht ein Gläubiger die Rechte geltend, die ihm im Falle eines erheblichen Rückstands des Schuldners mit der Erfüllung des Plans zustehen, so hat er zur Erteilung der Vollstreckungsklausel für diese Rechte und zur Durchführung der Vollstreckung die Mahnung und den Ablauf der Nachfrist glaubhaft zu machen, jedoch keinen weiteren Beweis für den Rückstand des Schuldners zu führen.

Übersicht	Rdn.		Rdn.
A. Normzweck	1	II. Vollstreckung wegen wiederaufgelebter	
B. Norminhalt	2	Forderungen (Abs. 3)	9
I. Vollstreckung wegen Planforderungen (Abs. 1 und 2)	2	III. Rechtsbehelf	11

A. Normzweck

1 § 257 sichert die vollstreckungsrechtliche Durchsetzbarkeit der Planforderungen.

B. Norminhalt

I. Vollstreckung wegen Planforderungen (Abs. 1 und 2)

2 Die Zwangsvollstreckung richtet sich nach den Vorschriften der **ZPO**.

Voraussetzung für die Vollstreckung nach § 257 sind die rechtskräftige Planbestätigung, die Feststellung der Forderung zur Tabelle, die zumindest teilweise Aufrechterhaltung der Forderung im Plan sowie ggf. die Beseitigung eines Widerspruchs des Schuldners. Aufgrund des Vollstreckungsverbots während des Insolvenzverfahrens (§ 89) kann die Vollstreckung aus dem Plan erst nach Aufhebung des Insolvenzverfahrens stattfinden, da erst dann der Insolvenzbeschlag aufgehoben ist. 3

Zuständig ist über § 202 das Insolvenzgericht und dort grds. der Rechtspfleger. Der am 01.01.2013 in Kraft tretende neue § 18 Abs. 1 Nr. 2 RPflG, mit dem die Zuständigkeit für das Insolvenzplanverfahren generell auf den Richter übertragen wird, ändert diese Zuständigkeit nicht. Die Norm nimmt die Klauselerteilung nach § 257 von der Zuständigkeitsübertragung ausdrücklich aus (vgl. hierzu vor § 217 Rdn. 14 ff.). 4

Der **Vollstreckungstitel** für die Vollstreckung der dem Gläubiger nach dem Plan zustehenden Forderung nach Abs. 1 setzt sich aus dem Tabellenauszug mit angesiegeltem gestaltenden Teil des Plans und dem Bestätigungsbeschluss mit Rechtskraftvermerk zusammen (HK-Flessner § 257 Rn. 2; MK-Huber § 257 Rn. 22). Diese Zusammensetzung entspricht zum einen dem Wortlaut des Abs. 1 und zum anderen den Anforderungen an einen Vollstreckungstitel gem. §§ 704 ff. ZPO. Die gem. §§ 724 ff. ZPO erforderliche **Vollstreckungsklausel** ist auf den Tabellenauszug zu setzen (HK-Flessner § 257 Rn. 6; MK-Huber § 257 Rn. 27), hat aber inhaltlich die Besonderheit des zusammengesetzten Titels zu berücksichtigen (detailliert zum Inhalt der Vollstreckungsklausel MK-Huber § 257 Rn. 29 ff.). Teilweise wird in der Lehre der Schluss gezogen, bei einer entsprechend ausformulierten Klausel auf dem Tabellenauszug reiche dieser allein als Titel aus (FK-Jaffé § 257 Rn. 1 u. 7 ff.). Diese Ansicht verkennt jedoch, dass sich der vollstreckbare Inhalt und Umfang eines Anspruchs aus dem Titel selbst ergeben muss (Zöller-Geimer/Stöber § 704 ZPO Rn. 2). Durch die Klausel werden lediglich der Bestand und die Vollstreckbarkeit des Titels auf dessen Ausfertigung bestätigt (Zöller-Geimer/Stöber § 724 ZPO Rn. 1). Gerade die vollstreckbare Höhe und der Vollstreckungszeitraum der zur Tabelle eingetragenen Forderung ergeben sich aber erst aus der Kürzung bzw. Stundung, die im gestaltenden Teil des Plans vorgesehen ist. 5

Bei einer **Vollstreckung gegen** einen **Dritten** bedarf es darüber hinaus einer Ausfertigung der schriftlichen Verpflichtungserklärung (zu den Einzelheiten MK-Huber § 257 Rn. 54). 5a

Hat der Gläubiger erfolgreich gegen einen Widerspruch des Schuldners nach § 184 Klage erhoben, ist auch eine mit Rechtskraftzeugnis versehene Ausfertigung des **Feststellungsurteils** beizufügen (MK-Huber § 257 Rn. 22). 5b

Vollstreckungsgläubiger sind die im Plan berücksichtigten Gläubiger. Eine Titelwirkung über § 257 ist folglich nicht möglich für Gläubiger, die ihre Forderungen nicht angemeldet haben. Deren Forderungen sind nach den allgemeinen zivilprozessrechtlichen Regeln durch Leistungsklagen geltend zu machen (MK-Huber § 257 Rn. 70 ff.; zur Möglichkeit, stattdessen aus einem Titel aus der Zeit vor der Insolvenzeröffnung vorzugehen vgl. AG Leipzig, ZInsO 2011, 350, 351 und unten Rdn. 7). Allerdings muss sich der Kläger hierbei die Wirkungen des rechtskräftig bestätigten Plans gem. § 254 Abs. 1 entgegenhalten lassen (§ 254b Rdn. 2 ff.). Zur Vollstreckung und Verjährung von Insolvenzforderungen, die nicht bis zum Abstimmungstermin angemeldet worden sind, vgl. die Kommentierung der durch das ESUG neu eingefügten §§ 259a und 259b. Auch Absonderungsrechte sind nicht über § 257 vollstreckbar. Diese Rechte werden im Verfahren nicht förmlich geprüft. Die Erörterung der Stimmrechte absonderungsberechtigter Gläubiger ist für eine Titulierung nicht ausreichend (BT-Drucks. 12/2443, S. 214). 6

In der Lehre wird die Auffassung vertreten, **frühere Titel** würden durch die Titelwirkung des Insolvenzplans nach § 257 verdrängt (vgl. MK-Huber § 257 Rn. 25; Braun/Frank § 257 Rn. 3). Demzufolge sei in diesen Fällen die Schuld befreiende Wirkung des § 227, die über § 254 Abs. 1 Satz 1 in Rechtskraft erwächst, mit der Erinnerung nach § 766 Abs. 1 ZPO geltend zu machen (vgl. MK-Huber § 257 Rn. 25 u. 39; Braun/Frank § 257 Rn. 3; K. Schmidt-Spliedt § 257 Rn. 15). Dies lehnt das AG Leipzig (ZInsO 2011, 350, 351) zu Recht ab. Hier trägt die vollstreckungspraktische Erwägung, dass ein Titelverlust für das Vollstreckungsorgan i. R. d. Prüfung der Rechtmäßigkeit 7 des Titels gar nicht erkennbar ist. Bei der Schuld befreienden Wirkung des Insolvenzplans handelt es sich folglich ausschließlich um einen materiell-rechtlichen Einwand, der nur mit einer Vollstreckungsgegenklage nach § 767 ZPO geltend gemacht werden kann (AG Leipzig, ZInsO 2011, 350, 351). Dies entspricht auch der Rechtsprechung des BGH (ZInsO 2008, 1279) zur Abwehr von Vollstreckungsmaßnahmen nach Erteilung der Restschuldbefreiung. Es besteht kein nachvollziehbarer Grund, die Wirkung der Schuldbefreiung nach den § 227 Abs. 1 i. V. m. § 254 Abs. 1 Satz 1 und 3 anders zu bewerten als die Wirkung der Restschuldbefreiung nach § 301 Abs. 1.

8 **Vollstreckungsschuldner** sind der Schuldner und nach Abs. 2 Dritte, die im Plan ohne Vorbehalt der Einrede der Vorausklage Verpflichtungen übernommen haben. Unabhängig von einem Wiederaufleben nach § 255 (hierzu unten Rdn. 9) ist die Haftung des Dritten nach dem wirksamen Plan zu bestimmen (Uhlenbruck-Lüer § 257 Rn. 25). Der Schuldner haftet mit seinem gesamten Vermögen, soweit dieses pfändbar ist. Dies gilt auch, wenn der Insolvenzverwalter im Verfahren eine Freigabeerklärung nach § 35 Abs. 2 abgegeben hat (a. A. MK-Huber § 257 Rn. 10), da nach Aufhebung des Insolvenzverfahrens der Insolvenzbeschlag kein Kriterium mehr ist. Im Plan kann jedoch anderes geregelt werden.

II. Vollstreckung wegen wiederaufgelebter Forderungen (Abs. 3)

9 Abs. 3 trifft eine ergänzende Regelung für die Vollstreckung wegen nach Maßgabe des § 255 Abs. 1 wieder aufgelebter Forderungen. Hier ergibt sich die vollstreckbare Höhe gerade nicht mehr aus dem gestaltenden Teil des Plans, sondern aus der Tabelle. Die uneingeschränkte Vollstreckbarkeit der festgestellten Tabellenforderung ist in der Klausel niederzulegen. Der Gläubiger hat daher zur Erteilung der umfassenden Vollstreckungsklausel für seine über die Planregelung hinausgehenden Ansprüche und zur Durchführung der Vollstreckung die nach § 255 Abs. 1 Satz 2 erforderliche Mahnung und den Ablauf der Nachfrist glaubhaft zu machen (Abs. 3 Satz 1). Darüber hinaus hat er i. R. d. Vollstreckung keinen weiteren Beweis für den Rückstand des Schuldners zu führen (Abs. 3 Satz 2). Vollstreckungsschuldner i. R. d. Abs. 3 ist ausschließlich der Schuldner, sofern nicht im Plan ausdrücklich ein Dritter die Haftung für etwaig wieder auflebende Forderungen übernommen hat.

10 Angesichts der Möglichkeit, die Forderungen im Fall eines Zahlungsrückstandes über § 255 Abs. 1 vollständig wieder aufleben zu lassen, könnte angenommen werden, dass regelmäßig dieser Weg gewählt wird, sodass eine Vollstreckung nur wegen der Planforderung nach Abs. 1 kaum von Interesse ist. Dies ist jedoch nicht zwingend. Vielmehr muss der Gläubiger hier eine sorgfältige Abwägung vornehmen. Das Vermögen des aus der Insolvenz entlassenen Schuldners reicht i. d. R. nicht aus, die ursprünglichen Forderungen der Gläubiger in voller Höhe zu befriedigen (Insolvenzgrund). Der Zahlungsrückstand mit der Planerfüllung kann sogar ein Indiz dafür sein, dass nicht einmal die Mittel für die ordnungsgemäße Befriedigung der Planforderungen zur Verfügung stehen. Hier kann es mit Blick auf den wieder eröffneten Wettlauf unter den Gläubigern taktisch sinnvoll sein, bei Anzeichen für einen Rückstand mit der Planerfüllung direkt die Vollstreckung nach § 257 Abs. 1 einzuleiten, um zumindest die nach dem Plan vorgesehene Forderung zu realisieren.

III. Rechtsbehelf

11 Auch die Rechtsbehelfe der Beteiligten richten sich nach der ZPO. Relevant sind vor allem für Vollstreckungsschuldner die §§ 732, 768, 767 ZPO, für Dritte § 771 ZPO und für Vollstreckungsgläubiger die §§ 573, 567 ZPO. Im Gesetzgebungsverfahren wurde diskutiert, die Präklusionsregel des § 767 Abs. 2 ZPO bei Vollstreckungsabwehrklagen gegen einen Titel i. S. d. § 257 nicht anzuwenden (Nachweise bei Bork, Insolvenzrecht im Umbruch, S. 56). Eine solche Regelung ist aber nicht Gesetz geworden, sodass die ganz h. L. § 767 Abs. 2 ZPO uneingeschränkt anwendet (MK-Huber § 257 Rn. 41 m. w. N.). Auch die Zwangsvollstreckung aus einer nicht angemeldeten aber bereits titulierten Forderung ist allein mittels Vollstreckungsgegenklage nach § 767 ZPO abzuwenden (AG Leipzig, ZInsO 2012, 336).

§ 258 Aufhebung des Insolvenzverfahrens

(1) Sobald die Bestätigung des Insolvenzplans rechtskräftig ist und der Insolvenzplan nicht etwas anderes vorsieht, beschließt das Insolvenzgericht die Aufhebung des Insolvenzverfahrens.

(2) ¹Vor der Aufhebung hat der Verwalter die unstreitigen fälligen Masseansprüche zu berichtigen und für die streitigen oder nicht fälligen Sicherheit zu leisten. ²Für die nicht fälligen Masseansprüche kann auch ein Finanzplan vorgelegt werden, aus dem sich ergibt, dass ihre Erfüllung gewährleistet ist.

(3) ¹Der Beschluß und der Grund der Aufhebung sind öffentlich bekanntzumachen. ²Der Schuldner, der Insolvenzverwalter und die Mitglieder des Gläubigerausschusses sind vorab über den Zeitpunkt des Wirksamwerdens der Aufhebung (§ 9 Abs. 1 Satz 3) zu unterrichten. ³§ 200 Abs. 2 Satz 2 gilt entsprechend.

Übersicht

	Rdn.			Rdn.
A. Normzweck	1	II.	Berichtigung der Masseansprüche (Abs. 2)	11
B. Norminhalt	4	III.	Verfahren (Abs. 3)	19
I. Allgemeine Voraussetzungen der Aufhebung (Abs. 1)	6			

A. Normzweck

Mit der rechtskräftigen Planbestätigung endet das Planverfahren, nicht jedoch das Insolvenzverfahren. Als Gegenstück zum Eröffnungsbeschluss sieht das Gesetz hierfür einen formalen Aufhebungsbeschluss vor (MK-Huber § 258 Rn. 1). Dessen Voraussetzungen regelt § 258. **1**

Durch den Einschub in Abs. 1 (»...und der Insolvenzplan nicht etwas anderes vorsieht«), der auf Empfehlung des Rechtsausschusses mit dem ESUG aufgenommen wurde, ist nun klargestellt, dass die unmittelbare Aufhebung des Insolvenzverfahrens nach Rechtskraft der Bestätigung abdingbar ist (a. A. vor dem ESUG LG Frankfurt am Main, ZIP 2007, 2229, 2231; ausdrücklich offen gelassen BGH, ZInsO 2009, 478, 481). Es handelt sich bei diesem Einschub um eine Folgeänderung zu der Aufnahme der »Verfahrensabwicklung« in den Katalog der im Plan dispositiven Regelungen i. R. d. § 217 (vgl. dort Rdn. 8 ff.). Die Ergänzungen dienen der Klärung der Zulässigkeit sog. **verfahrensleitender** (Frank, FS Braun, S. 219 ff.; LG Frankfurt am Main, ZIP 2007, 2229) bzw. **verfahrensbegleitender** (Heinrich, NZI 2008, 74 ff.) **Insolvenzpläne**. Diese treffen lediglich abweichende Regelungen für einzelne Verfahrensabschnitte, führen aber nicht zu einer Aufhebung des Insolvenzverfahrens (BT-Drucks. 17/7511, S. 48). **2**

Durch das ESUG wurde des Weiteren Abs. 2 im Wesentlichen um die Wörter »fällig« und »oder nicht fälligen« ergänzt. Zumindest ansatzweise hat der Gesetzgeber damit das zuvor in vielen Fällen bestehende Problem des erheblichen Liquiditätsabflusses vor Aufhebung des Insolvenzverfahrens durch Befriedigung jeglicher Verbindlichkeiten gelöst (s. hierzu Rdn. 12 ff.) **3**

B. Norminhalt

Um das Verfahren aufheben zu können, sind grds. die **rechtskräftige Bestätigung** des Insolvenzplans, die – jedoch abdingbare – Legung der **Schlussrechnung** (Rdn. 7), die Festsetzung der **Vergütung** des Verwalters sowie der Mitglieder des Gläubigerausschusses (s. hierzu aber auch Rdn. 10) und die Begleichung oder Sicherstellung der unstreitigen und fälligen **Masseansprüche** (Rdn. 12 ff.) notwendig. Der im Regelverfahren für die Schlussverteilung gem. § 196 notwendigen Beendigung der Verwertung der Insolvenzmasse bedarf es nicht. **4**

Abs. 1 sieht grds. – für den Fall, dass nicht etwa in einem nur verfahrensbegleitenden Insolvenzplan eine andere Regelung getroffen wird (vgl. oben Rdn. 1) – eine zeitnahe Aufhebung des Insolvenzverfahrens nach Rechtskraft des Bestätigungsbeschlusses vor (»Sobald ...«). Nach der Konzeption **5** des Insolvenzplanverfahrens, insb. der §§ 255 ff., hat die Planerfüllung rgm. nach Aufhebung des Verfahrens durch den Schuldner zu erfolgen (vgl. § 255 Rdn. 4 und HK-Flessner § 258 Rn. 2). Hiervon wird in der Praxis jedoch in den Fällen der Planerfüllung durch eine Einmalzahlung vielfach abgewichen, indem die **Planerfüllung** durch den Insolvenzverwalter **vor Aufhebung des Insolvenzverfahrens** aus der Masse vorgesehen wird. Eine derartige Regelung wird gewählt, um das Gläubigervertrauen und damit die Akzeptanz des Plans zu stärken. Auch kann diese Lösung durchaus im Interesse des Schuldners sein, der im Zweifel gerne länger auf seine Verfügungsbefugnis verzichtet, wenn er sich anschließend nicht mehr der Verteilung annehmen muss. Die hierdurch vom Gesetzgeber nicht vorgesehene zwangsläufige Ausdehnung des Zeitraums zwischen dem Eintritt der Rechtskraft und der Aufhebung birgt jedoch eine Vielzahl von Problemen, vor allem bei weiter entstehenden Masseverbindlichkeiten. Wenn dennoch von den Beteiligten die Planerfüllung durch den Insolvenzverwalter verlangt wird, so ist darauf zu achten, diese von der vorherigen Aufhebung des Verfahrens abhängig zu machen. In diesem Fall schüttet der Verwalter nach Begleichung der Massekosten und Befriedigung bzw. Sicherstellung der Masseverbindlichkeiten den noch vorhandenen Betrag nicht an den Schuldner, sondern an die Gläubiger aus. Hierfür ist jedoch ein im Plan zu erwähnender Auftrag erforderlich, da nur so der Vorschrift des § 259 Abs. 1 Satz 2 Genüge getan wird.

I. Allgemeine Voraussetzungen der Aufhebung (Abs. 1)

6 Für die Aufhebung bedarf es zunächst der **rechtskräftigen Bestätigung** des Plans. Die Planerfüllung ist nicht Voraussetzung. Sie erfolgt rgm. außerhalb des Insolvenzverfahrens (s. jedoch Rdn. 5).

7 Hinsichtlich des Erfordernisses einer **Schlussrechnung** ist durch das ESUG eine deutliche Klarstellung erfolgt. Bisher war streitig, ob eine Schlussrechnung im Planverfahren überhaupt notwendig bzw. abdingbar ist. Die herrschende Lehre war davon ausgegangen, dass auch im Planverfahren eine Schlussrechnung gem. § 66 zu erstellen und zu prüfen sowie ein Schlusstermin durchzuführen ist (so nach wie vor MK-Huber § 258 Rn. 16). Da § 66 allein an die Beendigung des Verwalteramtes anknüpfte, war die Forderung nach der Erstellung und Prüfung der Schlussrechnung durchaus gerechtfertigt. Auch im Planverfahren bedarf es der Kontrolle des Verwalters durch das Gericht, den Schuldner und vor allem durch die Gläubiger (so auch Gerster, ZInsO 2008, 437, 443). Die damit einhergehende Verzögerung ist jedoch wenig zufriedenstellend, insb. da Abs. 1 dem Wortlaut nach die Aufhebung des Insolvenzverfahrens möglichst unmittelbar nach Eintritt der Rechtskraft der Bestätigung vorsieht (»Sobald ...«). Die Prüfung der Schlussrechnung und die Ansetzung eines Schlusstermins nehmen insb. bei großen Verfahren überaus viel Zeit in Anspruch. In der Praxis forderten die Gerichte dennoch teilweise aus Gründen des Gläubigerschutzes eine Schlussrechnung. Praktiziert und bei einigen Gerichten akzeptiert wurde der Weg, durch Beschlussfassung der Gläubiger auf die Schlussrechnungslegung oder zumindest auf eine gesonderte Gläubigerversammlung zur Erörterung der zuvor vom Gericht geprüften Schlussrechnung zu verzichten (Wutzke in PK-HWF § 258 InsO [V. 1] Rn. 19). Ein solcher Verzicht seitens der Gläubiger wurde dem auch der bisherigen Regelung des § 66 zugrunde liegenden Grundsatz der Gläubigerautonomie und der bloßen Hilfestellungsfunktion der gerichtlichen Schlussrechnungsprüfung nach § 66 Abs. 2 Satz 1 (BT-Drucks. 12/2443 zu § 76 RegE S. 131) durchaus gerecht. Gleichwohl handelte es sich nur um eine Hilfslösung. Insb. stellte sich die Frage, ob eine solche Beschlussfassung gesondert durch die Gläubigerversammlung zu erfolgen hat oder diese durch Aufnahme in den gestaltenden Teil des Plans in die Planabstimmung integriert werden kann.

8 Der Gesetzgeber hat erkannt, dass das Erfordernis einer Schlussrechnung die Aufhebung des Insolvenzverfahrens verzögern und damit die Sanierungschancen beeinträchtigen kann, da der Schuldner die Verfügungsbefugnis verzögert zurück erhält (BT-Drucks. 17/5712, S. 27). Mit dem **ESUG** wurde daher dem **§ 66 Abs. 1 ein Satz 2** angefügt, wonach direkt im Insolvenzplan eine abweichende Regelung getroffen werden kann. Das Erfordernis einer Schlussrechnungslegung für den Einzelfall zur Disposition der Planbeteiligten zu stellen, ist sachgerecht (ähnlich Braun/Heinrich, NZI 2011, 505, 513). Nunmehr kann im Plan die Schlussrechnung ganz ausgeschlossen oder auf den Zeitraum

nach Aufhebung des Insolvenzverfahrens verschoben werden (BT-Drucks. 17/5712, S. 27). Auch ist es möglich, eine Schlussrechnung nur für Teile des Geschäftsbetriebes oder einen bestimmten Zeitabschnitt vorzusehen (Braun/Heinrich, NZI 2011, 505, 513). So kann einzelfallbezogen ggf. in Abstimmung mit den Gläubigern eine adäquate Regelung gefunden werden. Bei umfangreichen und längerfristigen Betriebsfortführungen vor und während des Planverfahrens empfiehlt sich die Einreichung von Zwischenrechnungslegungen, um die Gläubiger von der Entbehrlichkeit einer umfassenden Schlussrechnung zu überzeugen bzw. um – für den äußersten Fall, dass die Gläubiger auf einer Schlussrechnung bestehen – den Umfang der Prüfung nach der Planbestätigung zu reduzieren. Erfahrungsgemäß scheitert ein grds. mehrheitsfähiger Plan jedoch nicht an dem Ausschluss der Schlussrechnung. Zwar kann der Insolvenzplan keine unmittelbar für das Gericht bindenden Regelungen treffen, wegen der im Rahmen des § 66 geltenden Gläubigerautonomie und der bloßen Hilfestellungsfunktion der gerichtlichen Schlussrechnungsprüfung (vgl. oben Rdn. 7) hat aber das Gericht im Fall des Verzichts der Gläubiger im Plan keinen originären Anspruch gegen den Verwalter auf Vorlage einer Schlussrechnungslegung. Sieht der Plan keinen Verzicht auf die Schlussrechnungslegung vor, verbleibt die Zuständigkeit für die Prüfung der Schlussrechnung sowie für die Durchführung eines etwaigen Schlusstermins beim Rechtspfleger (§ 3 Nr. 2e RPflG), sofern der Richter sich diese nicht ausdrücklich gem. § 18 Abs. 2 RPflG vorbehält, da die Schlussrechnungsprüfung gerade keinen planverfahrensspezifischen Verfahrensakt darstellt.

Teilweise wird vertreten, nach (Rechtskraft der) Bestätigung seien keine **Forderungsprüfungen** mehr vorzunehmen (HK-Flessner § 258 Rn. 6). Dies ist zwar im Hinblick auf das Ziel einer möglichst zeitnahen Aufhebung des Insolvenzverfahrens wünschenswert, findet jedoch keine Stütze im Gesetz. Dies gilt umso mehr angesichts der Möglichkeit nur verfahrensbegleitender Pläne, die nicht zu einer unmittelbaren Aufhebung des Insolvenzverfahrens führen (vgl. oben Rdn. 1). 9

Vor einer Aufhebung sollten zudem auch die **Vergütung** nebst Auslagen des Verwalters sowie die Vergütung der Gläubigerausschussmitglieder festgesetzt werden (vgl. MK-Huber § 258 Rn. 16, der dies weiter gehend für zwingend erachtet). Dies gilt auch, wenn der Insolvenzplan Angaben zur Höhe der Vergütung enthält. Denn auch in diesen Fällen hat das Gericht nach § 64 die Vergütung festzusetzen (vgl. hierzu § 254 Rdn. 4). Es empfiehlt sich daher, die Vergütungsanträge spätestens bei Bekanntgabe der Bestätigungsentscheidung einzureichen. Ebenso wie für die Prüfung der Schlussrechnungslegung enthalten die §§ 217 bis § 256 und die §§ 258 bis 269 keine besonderen Regelungen über die Vergütungsfestsetzung im Planverfahren, weshalb es auch hier bei der Zuständigkeit des Rechtspflegers verbleibt, sofern der Richter sich diese nicht ausdrücklich vorbehält. 10

II. Berichtigung der Masseansprüche (Abs. 2)

Gemäß Abs. 2 muss der Verwalter die unstreitigen und fälligen Masseansprüche befriedigen und für die streitigen oder nicht fälligen Masseansprüche separate (MK-Huber § 258 Rn. 13) Sicherheiten leisten. Für die nicht fälligen Ansprüche reicht als Sicherheit eine belastbare Liquiditätsrechnung aus (BT-Drucks. 17/5712, S. 37). Soweit für streitige Ansprüche Sicherheit zu leisten ist (vgl. unten Rdn. 13), kann dies in jeglicher Form erfolgen, die eine Separierung des Sicherungsgegenstandes von dem übrigen Vermögen des Schuldners und eine separierte Zuordnung zu den einzelnen Gläubigern gewährleistet. Auch Drittsicherheiten jeglicher Art sind denkbar. Oft bietet sich die Vereinbarung einer Doppeltreuhand durch den Verwalter an, im Rahmen derer diesem die den jeweils streitigen Ansprüchen der einzelnen Massegläubiger entsprechende Beträge zur Verwahrung auf jeweils separaten Treuhandkonten übertragen werden (vgl. hierzu K. Schmidt-Spliedt § 258 Rn. 10). 11

Die nicht fälligen Masseansprüche wurden durch den Gesetzgeber erst mit dem ESUG von der Vorabbefriedigungspflicht ausgenommen. Denn diese bereitete in der Praxis vor allem bei Betriebsfortführungen, aber auch bei vorheriger Vergabe von Massekrediten, rgm. erhebliche Darlegungs- und Liquiditätsprobleme. Vielfach wurde daher angenommen, dass zum Zeitpunkt der Planbestätigung nicht fällige sowie nach rechtskräftiger Planbestätigung zum Zwecke der Betriebsfortführung entstandene Forderungen nicht unter § 258 gefasst werden können (NR-Braun § 258 Rn. 3; so zu ver- 12 stehen auch LG Stuttgart, ZInsO 2003, 171; noch weiter gehend Frind ZInsO 2010, 1524, 1525, der eine generelle Beschränkung des Abs. 2 auf Massekosten [§ 54] fordert und Stapper, ZInsO 2010, 1735, 1736, der für eine ersatzlose Streichung des Abs. 2 plädiert; **a. A.** MK-Huber § 258 Rn. 11).

13   Diesem Gedanken ist der Gesetzgeber leider nicht vollständig gefolgt. Für die **unstreitigen** Masseansprüche gilt bei Fälligkeit nach wie vor die Vorabbefriedigungspflicht. Sind die unstreitigen Masseansprüche noch nicht fällig, kann der Verwalter nach den Änderungen durch das ESUG entweder nach Abs. 2 Satz 1 Sicherheiten leisten oder nach Abs. 2 Satz 2 einen Finanzplan vorlegen. Für die **streitigen** Masseansprüche sieht die Norm keine entsprechende eindeutige Differenzierung vor. Diese sind lediglich in Abs. 2 Satz 1 explizit erwähnt. Danach ist für streitige Masseansprüche Sicherheit zu leisten. Dies ist bei Fälligkeit der streitigen Ansprüche unzweifelhaft. Die Möglichkeit zur Vorlage eines Finanzplans nach Abs. 2 Satz 2 für nicht fällige Ansprüche differenziert nicht zwischen streitigen und nicht streitigen Ansprüchen. Eine Besserstellung der Gläubiger mit strittigen Forderungen ist nicht nachvollziehbar. Daher ist davon auszugehen, dass auch für die streitigen nicht fälligen Masseansprüche ein Finanzplan vorgelegt werden kann (vgl. hierzu auch Braun/Heinrich, NZI 2011, 505, 514 und Pape, ZInsO 2010, 2155, 2162).

14   Durch die fortbestehende Pflicht zur Vorabbefriedigung der unstreitigen fälligen Masseansprüche ist das Problem des Nachweises der Erfüllung der Masseansprüche bei täglich fällig werdenden Verbindlichkeiten aus der Betriebsfortführung nach der Planbestätigung nicht behoben. Hier besteht weiter Nachbesserungsbedarf. Die Möglichkeit zur In-Kenntnis-Setzung der betroffenen Massegläubiger, dass nach rechtskräftiger Planbestätigung fällig werdende und somit auch nach Planbestätigung entstehende Forderungen bei zeitnaher Verfahrensaufhebung ggf. nicht mehr aus der Masse, sondern nach Aufhebung des Insolvenzverfahrens vom Schuldner beglichen werden, wäre unter Beifügung eines entsprechenden Finanzplans zum Schutze dieser Gläubiger vollkommen ausreichend. Der im Vorfeld praktisch kaum durchführbaren exakten Abgrenzung der (voraussichtlich) noch vor Aufhebung entstehenden bzw. fällig werdenden Masseverbindlichkeiten von den Neuverbindlichkeiten des Schuldners nach Aufhebung des Insolvenzverfahrens, welche unstreitig nicht von Abs. 2 erfasst sind, bedürfte es dann gerade nicht mehr (a. A. K. Schmidt-Spliedt § 258 Rn. 8).

15   Den **Finanzplan** definiert der Gesetzgeber als belastbare Liquiditätsrechnung (BT-Drucks. 17/5712, S. 37). Aus dieser muss hervorgehen, dass die Erfüllung der nicht fälligen Masseansprüche auch nach Aufhebung des Insolvenzverfahrens gewährleistet ist. Der zeitliche Umfang des Finanzplans richtet sich zum einen nach dem voraussichtlichen Zeitpunkt der Aufhebung und zum anderen nach den üblichen Zahlungszielen der für diesen Zeitpunkt prognostizierten offenen Masseansprüche. Ansprüche aus Dauerschuldverhältnissen sind nur als offene Masseansprüche zu berücksichtigen, soweit mit ihrem Fälligwerden vor Aufhebung zu rechnen ist (vgl. hierzu Stapper, ZInsO 2010, 1735, 1736). Sofern bereits nach § 229 ein Finanzplan aufzustellen ist, weil die Gläubiger zumindest teilweise aus den Gewinnen des fortgeführten Geschäftsbetriebes befriedigt werden sollen, sind die bei Aufhebung des Insolvenzverfahrens zu erwartenden nicht fälligen Masseansprüche sinnvollerweise in die dortige Liquiditätsplanung zu integrieren (vgl. § 229 Rdn. 5).

▶ **Praxistipp:**

Im Hinblick auf die mit Abs. 2 verbundenen Unsicherheiten bei der Befriedung der noch vor Aufhebung fällig werdenden Masseansprüche empfiehlt es sich für den Verwalter, bei Betriebsfortführungen Absprachen mit Massegläubigern zu treffen, um die Haftungsgefahr zu reduzieren (FK-Jaffé § 258 Rn. 20 ff.).

16   Ob ein geltend gemachter Masseanspruch besteht, ist nach Aufhebung des Verfahrens aufgrund der Wirkungen des § 259 mit dem Schuldner zu klären (vgl. Uhlenbruck-Lüer § 258 Rn. 8).

17   Abs. 2 verleiht für das Insolvenzplanverfahren dem Grundsatz Ausdruck, die Massegläubiger stets mit Vorrang ggü. den übrigen Insolvenzgläubigern zu befriedigen. Es ist jedoch auch denkbar, dass

nach Rechtskraft des Bestätigungsbeschlusses **Masseunzulänglichkeit oder sogar Massearmut** eintritt. In diesem Fall ist das Verfahren nach § 207 bzw. § 211 einzustellen (s. a. vor § 217 Rdn. 11 f.).

In den Fällen einer Verfahrenskostenstundung nach § 4a kommt eine weitere Stundung in analoger Anwendung des § 4b nach Bestätigung des Insolvenzplans und Aufhebung des Insolvenzverfahrens nicht in Betracht (BGH, ZInsO 2011, 1064). 18

III. Verfahren (Abs. 3)

Das Verfahren sollte **unverzüglich** aufgehoben werden. Das Gericht hat dabei die vor der Aufhebung zu erledigenden Maßnahmen zu berücksichtigen, aber auch gleichzeitig auf deren beschleunigte Erledigung hinzuwirken (KPB-Otte § 258 Rn. 6). Bei laufenden Betrieben ist die Überleitung überaus arbeitsintensiv und bedarf einer intensiven Zusammenarbeit und Absprache zwischen Verwalter, Schuldner, etwaigem Übernehmer und Massegläubigern. Das Gericht sollte somit den Zeitpunkt der Aufhebung mit dem Verwalter abstimmen (MK-Huber § 258 Rn. 6), während der Verwalter frühzeitig mit Massegläubigern kommunizieren sollte. 19

Die Aufhebung erfolgt durch **Beschluss**. Ggf. ist der Beschluss dem Grundbuch und Registern wegen etwaiger Löschungen zu übermitteln. 20

Zuständig ist in Insolvenzverfahren, die ab dem 01.01.2013 beantragt worden sind, der Richter (§ 18 Abs. 1 Nr. 2 RPflG n. F. i. V. m. Art. 19 RechtsbehelfG, vgl. ausführlich vor §§ 217 Rdn. 14). Dies gilt jedoch nur, wenn die Entscheidung über die Aufhebung mangels anderweitiger Regelung gem. Abs. 1 unmittelbar an die Rechtskraft des Bestätigungsbeschlusses anknüpft. Bei einem verfahrensbegleitenden Plan, der nicht auf die Beendigung des Insolvenzverfahrens gerichtet ist (vgl. oben Rdn. 2), steht die spätere Aufhebung des Insolvenzverfahrens nicht in unmittelbarem Zusammenhang mit dem Plan und erfolgt daher auch nicht nach Maßgabe des Abs. 1, sondern nach §§ 200 oder 211 ff. In diesen Fällen ist gem. § 3 Nr. 2e RPflG der Rechtspfleger zuständig. Der Beschluss ist nach § 9 Abs. 1 durch Veröffentlichung im Internet öffentlich bekannt zu machen. Gegen die Entscheidung ist grds. **kein Rechtsmittel** zulässig (§ 6). Entscheidet jedoch der Rechtspfleger, ist die **Erinnerung** nach § 11 Abs. 2 Satz 1 RPflG statthaft. 21

§ 259 Wirkungen der Aufhebung

(1) ¹Mit der Aufhebung des Insolvenzverfahrens erlöschen die Ämter des Insolvenzverwalters und der Mitglieder des Gläubigerausschusses. ²Der Schuldner erhält das Recht zurück, über die Insolvenzmasse frei zu verfügen.

(2) Die Vorschriften über die Überwachung der Planerfüllung bleiben unberührt.

(3) ¹Einen anhängigen Rechtsstreit, der die Insolvenzanfechtung zum Gegenstand hat, kann der Verwalter auch nach der Aufhebung des Verfahrens fortführen, wenn dies im gestaltenden Teil des Plans vorgesehen ist. ²In diesem Fall wird der Rechtsstreit für Rechnung des Schuldners geführt, wenn im Plan keine abweichende Regelung getroffen wird.

Übersicht	Rdn.			Rdn.
A. Normzweck	1		2. Vermögensübertragung auf den Insolvenzverwalter	9
B. Norminhalt	2	III.	Prozessführungsbefugnis (Abs. 3)	11
I. Erlöschen der Ämter (Abs. 1 Satz 1 i. V. m. Abs. 2)	4		1. Allgemeine Prozessführungsbefugnis	11
II. Übergang des Verfügungsrechts (Abs. 1 Satz 2)	6		2. Anfechtungsprozesse	13
1. Nachtragsverteilung	7	IV.	Weitere Wirkungen der Verfahrensaufhebung	18

A. Normzweck

1 § 259 ergänzt § 258 und bestimmt die Wirkungen des dort geregelten Aufhebungsbeschlusses.

B. Norminhalt

2 Sofern der Plan keine Überwachung nach §§ 260 ff. vorsieht (Abs. 2), erlöschen gem. Abs. 1 mit der Aufhebung des Insolvenzverfahrens die Ämter des Insolvenzverwalters sowie der Mitglieder des Gläubigerausschusses. Der Schuldner erhält das Recht, über die Masse frei zu verfügen, zurück. Diese Rechtsfolgen treten **bedingungslos und unbeschränkt** mit dem Wirksamwerden der Aufhebung ein (OLG Celle, ZInsO 2006, 1327).

3 Die Aufhebung wirkt **ex nunc** (Uhlenbruck-Lüer § 259 Rn. 7). Die Rechtshandlungen des Verwalters bleiben somit wirksam. Hat der Schuldner zuvor gehandelt, kann er den Mangel der Wirksamkeit in Form der fehlenden Verfügungsmacht nach Aufhebung des Verfahrens selbst heilen (FK-Jaffé § 259 Rn. 11).

I. Erlöschen der Ämter (Abs. 1 Satz 1 i. V. m. Abs. 2)

4 Nach Abs. 1 Satz 1 erlöschen mit der Aufhebung des Insolvenzverfahrens die Ämter des Insolvenzverwalters und der Mitglieder des Gläubigerausschusses. Nach Abs. 2 und 3 sind **zwei Ausnahmen** möglich, in deren Rahmen die Ämter über den Zeitpunkt der Aufhebung des Insolvenzverfahrens zumindest für Teilbereiche fortdauern. Dieses sind die Anordnung einer Planüberwachung nach §§ 260 ff. (Abs. 2) und die Regelung der Prozessführungsbefugnis für anhängige Anfechtungsprozesse (Abs. 3, s. Rdn. 13 ff.).

5 Wird im Plan gem. § 260 die **Überwachung der Planerfüllung** vorgesehen, bestehen gem. § 261 Abs. 1 die Ämter des Verwalters und der Mitglieder des Gläubigerausschusses fort. § 261 Abs. 1 stellt somit eine lex specialis für den Fall der Planüberwachung dar, auf die Abs. 2 hinweist. Zum Umfang der Rechte und Pflichten des Verwalters sowie der Gläubigerausschussmitglieder während der Planüberwachung, vgl. die Kommentierung zu §§ 260 ff., insb. § 261.

II. Übergang des Verfügungsrechts (Abs. 1 Satz 2)

6 Gem. Abs. 1 Satz 2 erhält der Schuldner mit der Aufhebung des Insolvenzverfahrens das Recht zurück, über die Insolvenzmasse frei zu verfügen. Dies entspricht der Rechtsfolge der Verfahrensaufhebung nach Durchführung eines Regelinsolvenzverfahrens (§ 215 Abs. 2). Drittschuldner des Schuldners können daher nach Aufhebung des Insolvenzverfahrens ohne entsprechende Anweisung oder Ermächtigung des Schuldners nicht mehr Schuld befreiend auf ein noch fortbestehendes Verfahrensanderkonto des vormaligen Insolvenzverwalters leisten (BGH, ZInsO 2011, 1151 f.). Eine Planregelung, nach der der Schuldner die Verfügungsbefugnis nach Verfahrensaufhebung nur teilweise zurückerhält, ist unzulässig (BGH, ZInsO 2009, 963, 964; OLG Celle, ZInsO 2006, 1327 f.; MK-Huber § 259 Rn. 12; NR-Braun § 259 Rn. 4; **a. A.** OLG Düsseldorf, NZI 2006, 240; Hess-Hess, § 259 Rn. 8). Dies ergibt sich sowohl aus der Gesetzeshistorie (MK-Huber § 259 Rn. 12) als auch aus dem Umkehrschluss zu der gesetzlich vorgesehenen Ausnahme in Abs. 3. Unabhängig davon kann der Plan die Übertragung von Gegenständen auf den Verwalter oder Dritte vorsehen. Nach der Aufhebung handelt der Verwalter sodann nicht mehr kraft seines Amtes, s. Abs. 1 Satz 1, sondern als Treuhänder (s. Rdn. 9 f.). Sollen Gegenstände der Masse durch den Insolvenzverwalter kraft seines Amtes nach rechtskräftiger Bestätigung eines Plans verwertet und verteilt werden, ist dies nur im Rahmen eines verfahrensbegleitenden Plans denkbar. Die Verwertung und Verteilung hat in diesem Fall jedoch vor der Aufhebung zu erfolgen (s. hierzu § 217 Rdn. 8 ff.).

1. Nachtragsverteilung

7 Eine **gesetzliche** Nachtragsverteilung i. S. d. § 203 durch den früheren Insolvenzverwalter nach Aufhebung des Insolvenzverfahrens kommt nicht in Betracht (vgl. BGH, ZInsO 2010, 83, 83; ZInsO

2008, 1017, 1018; OLG Celle, ZInsO 2006, 1327 f.; a. A. OLG Düsseldorf, NZI 2006, 240 f. und Hingerl, ZInsO 2007, 870 ff.). Der Wortlaut und die Konzeption des § 259 lassen hierfür keinen Raum.

Auch kann der **Plan** keine Nachtragsverteilung vorsehen (ebenso K. Schmidt-Spliedt § 259 Rn. 7; HK-Flessner § 259 Rn. 2; Stapper, ZInsO 2009, 2361, 2365 f., der diese Möglichkeit jedoch – für während des Verfahrens nicht erkannte Vermögensgegenstände zu Recht – fordert). Eine derart weite Gestaltungsfreiheit gewähren die §§ 217 ff. nicht. Das Insolvenzverfahren dient der Regelung der Befriedigung der Gläubiger durch Verwertung des schuldnerischen Vermögens (§ 1 Satz 1). Dies erfolgt entweder im Regelinsolvenzverfahren – ggf. ergänzt durch abweichende Regelungen für Teilbereiche in einem sog. verfahrensbegleitenden Insolvenzplan – oder durch einen Insolvenzplan, der gem. § 258 Abs. 1 die Aufhebung des Insolvenzverfahrens mit den Rechtsfolgen der §§ 227, 254 und 259 zum Ziel hat. Die Nachtragsverteilung kann gem. § 203 nur auf Anordnung des Insolvenzgerichts erfolgen. Gerichtliche Beschlüsse können jedoch durch einen Insolvenzplan weder abbedungen noch fingiert werden. Auch kommt eine Planbeteiligung des Gerichts, etwa durch Abgabe einer Verpflichtungserklärung i. S. d. § 230 Abs. 3, bei Vorliegen bestimmter Voraussetzungen die Nachtragsverteilung anzuordnen, nicht in Betracht. Es besteht jedoch die Möglichkeit der Vermögensübertragung bekannter Vermögensgegenstände auf den Insolvenzverwalter. 8

2. Vermögensübertragung auf den Insolvenzverwalter

Wenn auch der Plan keine Nachtragsverteilung nach § 203 vorsehen kann, ist es möglich, im gestaltenden Teil des Plans massezugehörige Forderungen oder Gegenstände für eine anschließende Verwertung und Verteilung auf den Insolvenzverwalter oder einen Dritten (zu dieser Möglichkeit K. Schmidt-Spliedt § 259 Rn. 8) zu übertragen. Der Insolvenzverwalter soll dann jedoch nicht mehr kraft Amtes, sondern – ebenso wie bei Übertragung auf einen Dritten – persönlich als Treuhänder handeln (BGH, ZIP 2008, 546, 547). Diese Möglichkeit ergibt sich aus § 228. Dadurch wird verhindert, dass der Schuldner insofern seine Verfügungsbefugnis gem. Abs. 1 wiedererlangt, weshalb dessen Zustimmung nach Maßgabe des § 247 erforderlich ist (K. Schmidt-Spliedt § 259 Rn. 8). Neue Bedeutung erlangt diese Konstellation für den Fall, dass i. R. d. mit dem ESUG eingefügten **§ 251 Abs. 3 Rücklagen** aus der Masse gebildet und schließlich nicht zum Ausgleich von Schlechterstellungen benötigt werden (vgl. § 251 Rdn. 14 ff. und Braun/Heinrich, NZI 2011, 505, 509). In diesem Fall beschränkt sich die Tätigkeit des Treuhänders auf die Verteilung. 9

Die praktische Handhabung derartiger Regelungen ist schwierig. Werden Gegenstände zur Einziehung und anschließenden Verteilung übertragen, ist das Verwertungsergebnis unsicher. Werden Rücklagen nach § 251 Abs. 3 gebildet, ist die Höhe der Inanspruchnahme ungewiss. Daher können keine vollstreckbaren Planregelungen getroffen werden. Zudem ist für den Fall nach der Aufhebung geltend gemachter Insolvenzforderungen zu klären, an wen der Treuhänder den Betrag auskehren soll. In jedem Fall erforderlich ist eine dem Plan beizufügende Erklärung des (künftigen) Treuhänders nach § 230 Abs. 3 (K. Schmidt-Spliedt § 259 Rn. 8). 10

III. Prozessführungsbefugnis (Abs. 3)

1. Allgemeine Prozessführungsbefugnis

Der Schuldner erhält mit dem Recht, über die Insolvenzmasse frei zu verfügen, auch seine Prozessführungsbefugnis zurück. Daher kann der Schuldner durch die Eröffnung nach § 240 ZPO **unterbrochene** und vom Verwalter **nicht aufgenommene** Prozesse ohne besondere Aufnahme fortsetzen, § 240 Satz 3 (Baumbach/Lauterbach-Hartmann § 240 ZPO Rn. 23). Durch die Eröffnung **unterbrochene**, aber im Verfahren wieder **aufgenommene** Prozesse sowie nach Eröffnung **vom Verwalter anhängig** gemachte Prozesse sind durch die Aufhebung – ggf. erneut – unterbrochen. Hier kann der Schuldner ebenfalls den Prozess aufnehmen (MK-Huber § 259 Rn. 15 f.; differenzierter Uhlenbruck-Lüer § 259 Rn. 11 ff.). 11

12 Sieht der Plan die Übertragung einer **Masseforderung** auf den Insolvenzverwalter vor, die dieser nach der Aufhebung treuhänderisch verwerten und verteilen soll (s. Rdn. 9 f.) und bedarf es dabei der Einziehung im Klagewege, handelt der (ehemalige) Insolvenzverwalter nicht mehr kraft Amtes, sondern nur persönlich als Treuhandzessionar (BGH, ZInsO 2009, 963, 964). Die entsprechende Ermächtigung durch den Plan ist als gewillkürte Prozessstandschaft offenzulegen (BGH, ZInsO 2006, 38, 43; ZInsO 2008, 1017, 1018 f.).

2. Anfechtungsprozesse

13 **Anhängige Prozesse** des Verwalters **wegen Anfechtung** nach §§ 129 ff. können, so es der Plan vorsieht, vom Verwalter nach Maßgabe des Abs. 3 in gewillkürter Prozessstandschaft fortgeführt werden. Der Anfechtungsanspruch besteht durch Einfügung einer entsprechenden Klausel nach Aufhebung fort. Dadurch sollen Anreize für eine Prozessverschleppung durch den Anfechtungsgegner vermieden werden (BT-Drucks. 12/2443, S. 214). Die Anwendung und Handhabung dieser Vorschrift wurde in den vergangenen Jahren durch einige teils höchstrichterliche Entscheidungen erheblich erschwert. Dies betrifft die Frage der korrekten Formulierung und Reichweite einer entsprechenden Planklausel (dazu unten Rdn. 14), das Erfordernis der Rechtshängigkeit erhobener Anfechtungsklagen im Zeitpunkt der Verfahrensaufhebung (dazu unten Rdn. 15) und die prozessual zu treffenden Maßnahmen nach der Verfahrensaufhebung (dazu unten Rdn. 16).

14 Ausreichend aber auch notwendig ist eine Planklausel, in der § 259 Abs. 3 für anwendbar erklärt wird (BGH, ZInsO 2006, 38; ZInsO 2008, 1017, 1019). Einer enumerativen Aufzählung bedarf es nur, wenn der Verwalter nicht alle Anfechtungsprozesse fortführen soll. Aufgrund der Möglichkeit, die Ermächtigung nach Abs. 3 auf bestimmte Anfechtungsansprüche zu beschränken (bestätigt durch BGH, ZInsO 2013, 721), ist auf eine unmissverständliche Formulierung der entsprechenden Planregelung zu achten, um den in Abs. 3 erwähnten Anknüpfungspunkt der Aufhebung des Insolvenzverfahrens nicht vorzuverlagern. In der Rechtsprechung (BGH, ZInsO 2013, 721 und vorgehend OLG Dresden, ZInsO 2013, 996 ff.) wurde die bloße Erwähnung erfolgter Klageeinreichungen im gestaltenden Teil, welche dann tatsächlich aber für alle Anfechtungsansprüche erst kurz vor dem Erörterungs- und Abstimmungstermin erfolgt waren, als Beschränkung der Prozessführungsbefugnis auf bei Planerstellung bereits eingereichte Anfechtungsklagen ausgelegt, obwohl solche offenkundig nicht vorlagen. Wenig später hat der BGH in einem anderen Fall jedoch entschieden, dass ein im Plan unzutreffend als bereits anhängig deklarierter Rechtsstreit dennoch aufgrund der Planermächtigung fortgeführt werden könne, wenn er in der Ermächtigung konkret benannt wurde (BGH, ZInsO 2014, 295, 297). Bedenklich ist auch die Auffassung, eine Planregelung, die schlicht den Wortlaut des Abs. 3 Satz 1 wiederhole, sei dahin gehend zu verstehen, dass der fortzuführende Prozess spätestens im Zeitpunkt der gerichtlichen Planbestätigung anhängig sein müsse (LG Marburg, ZInsO 2012, 1023, 1024) und nach Maßgabe des Abs. 3 fortzuführende Prozesse dürften nach dem Abstimmungstermin nur aufgrund erst später bekannt gewordener Tatsachen erhoben werden (LG Marburg, ZInsO 2012, 1023, 1024 f.; LG Berlin, ZInsO 2012, 2344, 2345). Beides ist weder dem Wortlaut noch dem Gesetzeszweck (vgl. Rdn. 13) zu entnehmen und spiegelt sich auch nicht in der BGH-Rechtsprechung wieder (vgl. BGH, ZInsO 2014, 295 und BGH, ZInsO 2013, 721, wo derart restriktive Auslegungen in entsprechenden Fallkonstellationen nicht einmal angesprochen werden). Um alle vor und nach Planbestätigung vom Verwalter oder Sachwalter erhobenen Anfechtungsklagen sicher fortführen zu können, empfiehlt es sich daher, im Plan den Verwalter oder Sachwalter zu ermächtigen, bereits anhängige und bis zur Aufhebung anhängig gemachte Klagen fortführen zu können.

15 Sofern Anfechtungsansprüche **vor Aufhebung nicht gerichtlich geltend gemacht** worden sind oder keine Ermächtigung erteilt wird, entfällt das Anfechtungsrecht nach den §§ 129 ff. InsO (vgl. BGH, ZInsO 2010, 82, 83; ZInsO 2009, 963, 964; ZInsO 2008, 1017, 1018). Nach Auffassung des BGH muss bereits vor der Verfahrensaufhebung die Rechtshängigkeit durch Zustellung der Klage beim Anfechtungsgegner eingetreten sein (BGH, DZWIR 2013, 437 f.; bereits angedeutet in BGH, ZInsO 2010, 82 ff.; ebenso LG Berlin, ZInsO 2012, 2344 f.; a. A. noch OLG Hamburg,

Urt. v. 28.08.2012, Az. 11 U 38/12 – juris; K. Schmidt-Spliedt § 259 Rn. 10). Der Wortlaut des Abs. 3 verlangt keine Rechtshängigkeit, sondern einen anhängigen Rechtsstreit. Die Auffassung des BGH geht darauf zurück, dass i. S. d. ZPO ein Rechtsstreit erst anhängig wird, wenn eine Klage rechtshängig gemacht wurde. Eine Klage wiederum ist erst erhoben und damit rechtshängig, wenn sie dem Gegner zugestellt wurde (§§ 253 Abs. 1, 261 Abs. 1 ZPO). Die Auffassung des BGH ist insofern dogmatisch nicht zu beanstanden. Auch die Gesetzesbegründung, wonach die Funktion der Vorschrift in der Vermeidung der Verschleppung bereits laufender Anfechtungsprozesse durch den Gegner besteht (BT-Drucks. 12/2443, S. 214), spricht dafür, dass der Gesetzgeber tatsächlich eher bereits rechtshängige Klagen im Blick hatte. Gleichwohl ist dieses Ergebnis im Interesse der Gläubigergesamtheit und der Verfahrensbeschleunigung unbefriedigend. Im Fall zeitnah zur Insolvenzeröffnung oder bereits mit Antragstellung eingereichter Insolvenzpläne, mit denen regelmäßig eine schnelle Beendigung des Insolvenzverfahrens angestrebt wird, könnten Anfechtungsansprüche oftmals nicht rechtzeitig vollständig ermittelt und rechtshängig gemacht werden (vgl. auch FK-Jaffé § 259 Rn. 19 und K. Schmidt-Spliedt § 259 Rn. 10). Derart »frühe« Pläne haben mit der Einführung des Schutzschirmverfahrens, im Rahmen dessen gem. § 270b Abs. 1 InsO ein Insolvenzplan von dem eigenverwaltenden Schuldner regelmäßig bereits im vorläufigen Verfahren zu erstellen ist, erheblich an Bedeutung gewonnen. Potenzielle Anfechtungsgegner ziehen hier aus dem Erfordernis der Rechtshängigkeit von Anfechtungsklagen im Zeitpunkt der Aufhebung einen nicht zu rechtfertigenden Vorteil zulasten der Gläubigergesamtheit. Anders als die Klageeinreichung liegt die Zustellung nicht mehr im Einflussbereich des Insolvenzverwalters. Ob die Zustellung rechtzeitig vor der Verfahrensaufhebung erfolgt, ist daher oftmals reiner Zufall. Die Auffassung, dass mit der Aufhebung problemlos abgewartet werden könne, bis eingereichte Anfechtungsklagen zugestellt sind (LG Berlin, ZInsO 2012, 2344, 2345), kollidiert mit der in § 258 Abs. 1 vorgesehenen alsbaldigen Aufhebung nach Eintritt der Rechtskraft der Planbestätigung und bedürfte zudem einer entsprechenden Abstimmung mit dem Insolvenzgericht. Denkbar ist allerdings, dass nach Maßgabe des § 258 Abs. 1 der Plan etwas anderes, nämlich die Verfahrensaufhebung erst nach Bestätigung der Zustellung aller noch rechtshängig zu machenden Anfechtungsklagen, vorsieht. Kann eine Rechtshängigmachung von Anfechtungsansprüchen vor Verfahrensaufhebung nicht sichergestellt werden, besteht sodann nur die Möglichkeit der Einzelgläubigeranfechtung, § 18 Abs. 1 AnfG (BGH, ZInsO 2008, 1017, 1019). Das Insolvenzgericht kann den Insolvenzverwalter nicht wirksam zur Fortführung oder Aufnahme von Anfechtungsprozessen nach Aufhebung des Insolvenzverfahrens ermächtigen (vgl. BGH, ZInsO 2010, 82 ff.).

Gem. Abs. 3 Satz 2 soll der Rechtsstreit i. d. R. für Rechnung des Schuldners geführt werden. **16** Danach trägt der Schuldner die Kostenlast, erhält aber auch etwaig Erlangtes. Im Plan kann anderes geregelt werden, bspw. für den Fall des Obsiegens eine Verteilung an die Gläubiger (BT-Drucks. 12/2443, S. 214). Im Fall der Eröffnung eines neuen Insolvenzverfahrens über das Vermögen des Schuldners fällt der Erlös bei Obsiegen jedoch in jedem Fall in die (neue) Insolvenzmasse (BGH, ZIP 2014, 330, 332). Nach Beendigung der gesetzlichen Prozessstandschaft infolge der Aufhebung des Insolvenzverfahrens ist die gewillkürte Prozessstandschaft in der Prozessinstanz offenzulegen (BGH, ZInsO 2006, 38, 43; ZInsO 2008, 1017, 1018 f.; OLG Hamburg v. 28.08.2012, 11 U 38/12, juris). Ein Parteiwechsel muss und sollte damit nicht verbunden werden, denn durch einen solchen verliert der vormalige Insolvenzverwalter die Prozessführungsbefugnis endgültig (vgl. OLG Hamburg v. 28.08.2012, 11 U 38/12, juris). Aus Sicht des prozessführenden Verwalters ist bei der Regelung zu berücksichtigen, dass er im Außenverhältnis zum Gegner aufgrund der Prozessstandschaft auch persönlich haftet. Ggf. sollte der Plan daher eine Rückstellung vorsehen. Auch kann die Beantragung oder die Aufrechterhaltung einer bereits im Insolvenzverfahren gewährten Prozesskostenhilfe oder die Kostentragung durch die Gläubiger in Betracht kommen (vgl. MK-Huber § 259 Rn. 23 f.). Nach erfolgreicher Anfechtung lebt die Forderung des Anfechtungsgegners nach. § 144 als Insolvenzforderung wieder auf und unterfällt als solche gem. § 254b den entsprechenden Planregelungen (ebenso K. Schmidt/Spliedt, § 259 Rn. 12). Dem Erstattungsanspruch des Schuldners aufgrund des obsiegenden Urteils kann der Anfechtungsgegner ein Zurückbehaltungsrecht i. H. d. ihm nach dem Plan zustehenden Quote entgegenhalten. Wird während der Prozessfortführung ein neues Insolvenzverfahren über das Vermögen des Schuldners eröffnet, führt dies in entsprechender Anwendung des § 240 ZPO zur Unterbrechung und der neue Insolvenzverwalter kann den Prozess analog nach § 85 aufnehmen (BGH, ZIP 2014, 330, 332).

17 Unsicherheit besteht in der Praxis teilweise zu der Frage, ob die Voraussetzungen des Abs. 3 auch für die Geltendmachung von Zahlungsansprüchen der Masse bzw. des Schuldners vorliegen müssen, die nicht auf einer Anfechtung basieren, im Rahmen derer dem Aufrechnungseinwand des Gegners jedoch die Unzulässigkeit der Aufrechnung wegen Anfechtbarkeit i. S. d. § 96 Abs. 1 Nr. 3 entgegengehalten wird. In diesen Fällen ist Gegenstand des Prozesses kein dem Insolvenzverwalter vorbehaltener Anfechtungsanspruch a. A. K. Schmidt-Spliedt § 254 Rn. 7). Die Unwirksamkeit bzw. Unzulässigkeit der Aufrechnung bei in anfechtbarer Weise erlangter Aufrechnungslage ergibt sich aus dem Gesetz, ohne dass es einer Anfechtungserklärung des Insolvenzverwalters bedarf. Dies spricht gegen eine Anwendbarkeit des Abs. 3 (a. A. MK-Huber § 259 Rn. 21). Eine andere Frage ist, inwieweit dem Gegner nach der Aufhebung des Insolvenzverfahrens das Aufrechnungsverbot nach § 96 Abs. 1 Nr. 3 noch entgegengehalten werden kann, da dieses nur für die Dauer und die Zwecke des Insolvenzverfahrens wirkt (vgl. BGH, ZInsO 2006, 1215). Da es sich bei der Gegenforderung in dieser Konstellation regelmäßig um eine (nicht angemeldete) Insolvenzforderung handelt, dürfte eine Aufrechnung allenfalls mit dem nach den Planregelungen nicht erlassenen Teil der Forderung wieder möglich sein, zumal die Aufrechnungslage gerade nicht nach § 94 geschützt ist (vgl. BGH, ZInsO 2014, 22 f.; zum Ausschluss der Aufrechnung mit dem erlassenen Teil § 227 Rdn. 5 und § 254 Rdn. 6 f.). In dem nach Aufhebung des Insolvenzverfahrens fortzuführenden bzw. aufzunehmenden Prozess ist darzulegen und zu beweisen, dass die Gegenforderung für die Dauer des Insolvenzverfahrens dem Aufrechnungsverbot des § 96 Abs. 1 Nr. 3 unterlag. Diese Gegeneinrede ist nicht dem Insolvenzverwalter vorbehalten, wenngleich deren Geltendmachung während der Dauer des Verfahrens regelmäßig allein dem Verwalter obliegt. Sofern abweichend von dieser Auffassung davon auszugehen wäre, dass die Einrede des § 96 Abs. 1 Nr. 3 nur während der Dauer des Insolvenzverfahrens von dem Verwalter geltend gemacht werden kann, wäre allerdings auch Abs. 3 auf derartige Konstellationen anzuwenden.

IV. Weitere Wirkungen der Verfahrensaufhebung

18 Die **gesellschaftsrechtlichen Folgen** der Insolvenzeröffnung bleiben von der Wiedererlangung der Verfügungsbefugnis unberührt. Aufhebung und Fortsetzungsbeschluss sind grds. unabhängig voneinander. Für die Fortsetzung einer Gesellschaft bedarf es daher eines Fortsetzungsbeschlusses (§ 60 Abs. 1 Nr. 4 GmbHG, § 274 Abs. 1 und 2 Nr. 1 AktG, § 144 Abs. 1 HGB, § 728 Abs. 1 Satz 2 BGB bzw. § 117 GenG). Dieser kann und sollte nach dem ESUG über § 225 a i. V. m. § 254 a Abs. 2 in den gestaltenden Teil des Plans integriert werden. Der Ausschluss der Gesellschaftsfortführung über den Zeitpunkt der vollständigen Planerfüllung hinaus kann im Insolvenzplan nicht vereinbart werden (Wutzke in PK-HWF § 259 InsO [V. 1] Rn. 16). Dies überschreitet den Regelungsgehalt des § 217.

19 Nicht geregelt ist die Wirkung der Verfahrensaufhebung nach Abs. 1 auf vor Eröffnung des Insolvenzverfahrens geschlossene **gegenseitige** Verträge. Hat der Insolvenzverwalter gem. § 103 Erfüllung des Vertrages gewählt, ist der Gläubiger mit seiner Forderung wie ein Massegläubiger zu behandeln. Insoweit besteht keine Unklarheit. Schwierigkeiten bereiten jedoch die Fälle, in denen der Verwalter sein Wahlrecht aus § 103 nicht ausgeübt hat, und die Fälle, in denen der Insolvenzverwalter zwar gem. § 103 die Nichterfüllung gewählt hat, der Vertragspartner jedoch seinen Erfüllungsanspruch nicht durch Anmeldung einer Forderung statt der Leistung zum Erlöschen gebracht hat (s. § 103 Rdn. 40 m. w. N.). Der Vertragspartner kann in beiden Fällen nur einen Schadensersatzanspruch wegen Nichterfüllung als Insolvenzforderung geltend machen (vgl. § 103 Rdn. 41; K. Schmidt-Spliedt § 254 Rn. 3; HK-Marotzke § 103 Rn. 90). Interessanter ist die Frage, inwieweit der Schuldner, wenn der Verwalter sein Wahlrecht nicht ausgeübt oder die Erfüllung abgelehnt hatte, nach der Verfahrensaufhebung noch bzw. wieder Rechte aus dem Vertrag geltend machen kann. Teilweise wird vorgeschlagen, dem Schuldner in beiden aufgezeigten Fällen nach

Aufhebung des Insolvenzverfahrens ein Wahlrecht nach § 103 analog einzuräumen (Rühle, Gegenseitige Verträge nach Aufhebung des Insolvenzverfahrens, S. 154 ff.; ähnlich K. Schmidt-Spliedt § 254 Rn. 3). Teilweise wird danach differenziert, ob der Vertragspartner seinen Erfüllungsanspruch durch Geltendmachung eines Nichterfüllungsschadens in dem Insolvenzverfahren zum Erlöschen gebracht und damit einer Vertragserfüllung die Grundlage entzogen hat (vgl. HK-Marotzke § 103 Rn. 90). Vermieden werden können diese noch nicht abschließend geklärten Fallkonstellationen durch Regelungen im gestaltenden Teil des Insolvenzplans über das Schicksal der offenen gegenseitigen Verträge nach Aufhebung des Insolvenzverfahrens (vgl. auch § 221 Rdn. 10).

§ 259a Vollstreckungsschutz

(1) ¹Gefährden nach der Aufhebung des Verfahrens Zwangsvollstreckungen einzelner Insolvenzgläubiger, die ihre Forderungen bis zum Abstimmungstermin nicht angemeldet haben, die Durchführung des Insolvenzplans, kann das Insolvenzgericht auf Antrag des Schuldners eine Maßnahme der Zwangsvollstreckung ganz oder teilweise aufheben oder längstens für drei Jahre untersagen. ²Der Antrag ist nur zulässig, wenn der Schuldner die tatsächlichen Behauptungen, die die Gefährdung begründen, glaubhaft macht.

(2) Ist die Gefährdung glaubhaft gemacht, kann das Gericht die Zwangsvollstreckung auch einstweilen einstellen.

(3) Das Gericht hebt seinen Beschluss auf Antrag auf oder ändert ihn ab, wenn dies mit Rücksicht auf eine Änderung der Sachlage geboten ist.

Übersicht

	Rdn.			Rdn.
A. Normzweck	1	II.	Verfahren	8
B. Norminhalt	2	III.	Entscheidung des Gerichts	11
I. Voraussetzungen des Vollstreckungsschutzes.	2	IV.	Aufhebung oder Abänderung des Vollstreckungsschutzes (Abs. 3)	12

A. Normzweck

Die mit dem ESUG eingefügte Vorschrift bietet Schutz gegen Vollstreckungen von Insolvenzgläubigern wegen Forderungen, die im Planverfahren nicht berücksichtigt wurden. Damit dient sie der Sicherung der Plandurchführung und der Sanierung des schuldnerischen Unternehmens. Geschützt werden sowohl der Schuldner mit seinem Unternehmen als auch die im Plan berücksichtigten Insolvenzgläubiger mit der Erfüllung ihrer Ansprüche aus dem Plan. Die Voraussetzungen (Rdn. 2 ff.) für die Gewährung des Vollstreckungsschutzes sind streng. Die Einführung eines allgemeinen Vollstreckungsstopps hat der Gesetzgeber mit der Begründung abgelehnt, dass ein solcher einen zu weit gehenden Eingriff in die Gläubigerrechte bedeuten würde (BT-Drucks. 17/5712, S. 37). Dies ist bei Gläubigern, die über das Insolvenzverfahren informiert und zur Anmeldung ihrer Forderungen aufgefordert waren, zu bezweifeln, im Ergebnis jedoch zu akzeptieren.

B. Norminhalt

I. Voraussetzungen des Vollstreckungsschutzes

In Abs. 1 Satz 1 wird zunächst klargestellt, dass sich der Vollstreckungsschutz nach dieser Vorschrift nur gegen **Zwangsvollstreckungen von Insolvenzgläubigern** richtet, die ihre Forderungen bis zum Abstimmungstermin nicht angemeldet haben. Der Gesetzgeber spricht in der Begründung zu der Vorschrift von »Gläubigern, die sich verschwiegen haben« (BT-Drucks. 17/5712, S. 37). Gemeint sind damit sowohl die dem Plansteller bekannten als auch die nicht bekannten Insolvenzgläubiger. Die Berücksichtigung bekannter aber nicht angemeldeter Forderungen in der Liquiditäts- und Finanzplanung nach § 229 Satz 3 schließt einen Vollstreckungsschutz nach Abs. 1 Satz 1 nicht aus (vgl. hierzu § 229 Rdn. 10; a. A. MK-Madaus § 259a Rn. 7). Ein Vollstreckungsschutz ggü. Massegläubigern besteht nur in dem seltenen Fall des Insolvenzplans bei Masseunzulänglichkeit ggü. den Altmassegläubigern, sofern deren Forderungen dem Planersteller nicht bekannt gewesen sind. Im Übrigen besteht weder ggü. Massegläubigern noch ggü. Gläubigern, deren Forderungen nach der Aufhebung entstehen, Vollstreckungsschutz.

3   Aufgrund des eindeutigen Wortlauts sind von dem Vollstreckungsschutz nur die Forderungen umfasst, die nicht **bis zum Abstimmungstermin** angemeldet worden sind. Sinnvollerweise kann damit nur der Beginn des Abstimmungstermins gemeint sein, denn auf erst im Abstimmungstermin angemeldete Forderungen kann nicht mehr durch Planänderung reagiert werden. Schwierigkeiten ergeben sich aber auch bei dieser Auslegung, wenn Erörterungs- und Abstimmungstermin ausnahmsweise nach § 241 getrennt terminiert werden und die Forderung zwischen den Terminen angemeldet wird. Auch hier sind Änderungen – insb. die Reduzierung der Quoten – aufgrund der Berücksichtigung weiterer Forderungen nicht mehr möglich (vgl. § 240 Rdn. 8). Sinnvoller wäre es daher gewesen, in Abs. 1 den Vollstreckungsschutz gegen alle Forderungen zu gewähren, die nicht spätestens im Erörterungstermin angemeldet worden sind (ebenso K. Schmidt-Spliedt § 259a Rn. 2).

4   Grundvoraussetzung für eine Vollstreckungsschutzmaßnahme nach Abs. 1 ist das Vorliegen einer Gefährdung der Durchführung des Insolvenzplans durch die Zwangsvollstreckung. Der **Umfang des Schutzgegenstandes** ist in der Vorschrift nicht klar definiert. Mit der »**Durchführung des Insolvenzplans**« ist im engeren Sinne zunächst einmal nur die Planerfüllung durch planmäßige Befriedigung der Insolvenzgläubiger gemeint (so das Verständnis bei Braun/Heinrich, NZI 2011, 505, 512). Sinnvollerweise muss sich der Schutz jedoch auf die Erreichung des Planziels, welches regelmäßig in der nachhaltigen Sanierung des Unternehmens besteht, erstrecken. Denn selbst wenn die Vollstreckung die zur plangemäßen Erfüllung der Gläubiger zur Verfügung stehenden Mittel nicht berührt oder die planmäßige Befriedigung der am Verfahren teilnehmenden Insolvenzgläubiger bereits abgeschlossen ist, kann die endgültige Sanierung gefährdet sein, wenn in die zur Aufrechterhaltung und **Fortführung des Unternehmens** erforderlichen Mittel vollstreckt wird. In der Begründung zu der Vorschrift ist dementsprechend auch von einer Gefährdung der Sanierung und von dem Entzug für die Fortführung notwendiger Gegenstände die Rede (BT-Drucks. 17/5712, S. 37 und unten Rdn. 5). Es ist daher der Begriff der Durchführung des Insolvenzplans weit, nämlich einschließlich der Erreichung des Sanierungsziels, zu verstehen. Eine Klarstellung im Wortlaut wäre jedoch wünschenswert gewesen (vgl. auch Braun/Heinrich, NZI 2011, 505, 512).

5   Eine **Gefährdung** i. S. d. Abs. 1 liegt nach der Begründung des Gesetzgebers vor, wenn beträchtliche Forderungen nach Abschluss des Verfahrens durchgesetzt werden sollen und dadurch die Sanierung gefährdet würde (BT-Drucks. 17/5712, S. 37). Der Gesetzgeber stellt hier maßgeblich auf die Größe der Forderung ab. Dies ist aus zweierlei Gründen nicht sachgerecht. Zum einen ist in Insolvenzplänen aufgrund der Ausgangssituation eines insolventen Schuldners die Liquiditätsplanung regelmäßig knapp bemessen, weshalb bereits verhältnismäßig geringe Forderungen die planmäßige Durchführung fristgebundener Abschlagszahlungen an die Insolvenzgläubiger und damit die Plandurchführung insgesamt erheblich gefährden können. Zum anderen führt dieser Anknüpfungspunkt dazu, dass Gläubiger, die ihre Forderungen erst nachträglich geltend machen, umso mehr vor Eingriffen in ihre Gläubigerrechte geschützt werden, je kleiner ihre Forderung ist. Dies ist paradox. Zudem gibt der Gesetzgeber keinerlei Anhaltspunkte dafür, ab wann Forderungen beträchtlich sind. Eine Gefährdung dürfte dem Normzweck entsprechend daher immer dann vorliegen, wenn bei Zahlung der vollstreckten Forderung die liquiden Mittel nicht mehr für eine plan- und fristgemäße Befriedigung der im Plan berücksichtigten Gläubiger bei gleichzeitiger Aufrechterhaltung des Geschäftsbetriebes ausreichen. Dies mag umso eher der Fall sein, je größer die Forderung ist, richtet sich jedoch nach dem Einzelfall. Bei Vollstreckungen in Gegenstände, die zur Fortführung des Geschäftsbetriebes benötigt werden, liegt regelmäßig eine Gefährdung der Sanierung vor (BT-Drucks. 17/5712, S. 37).

Um den Eingriff in die Gläubigerrechte der Insolvenzgläubiger mit nicht angemeldeten Forderungen möglichst gering zu halten, wird der Vollstreckungsschutz nur auf **Antrag** und bei **Glaubhaftmachung einer Gefährdung** gewährt.

6

Weitere, nicht ausdrücklich in den Wortlaut der Vorschrift aufgenommene Voraussetzung ist das Bestehen der begründeten **Aussicht, dass nachträglich geltend gemachte Forderungen** nach Erfüllung des Plans zumindest in Raten werden **erfüllt werden** können (BT-Drucks. 17/5712, S. 37). Hiermit stellt der Gesetzgeber wiederum die Rechte des nicht am Verfahren beteiligten Insolvenzgläubigers über die Rechte der teilnehmenden Gläubiger und im Extremfall über den Erhalt der Existenzgrundlage des Schuldners. Allerdings bleibt dem Schuldner das Recht, Vollstreckungsschutz nach § 765a ZPO zu beantragen.

7

Der Antrag nach § 259a ist ein weiterer Schutz des Schuldners. Unberührt hiervon bleiben die üblichen zivilprozessualen Mittel. Bei der Zwangsvollstreckung eines Gläubigers aus einer nicht angemeldeten aber titulierten Forderung hat der Schuldner allerdings nicht die Möglichkeit der Vollstreckungserinnerung, sondern nur der Zwangsvollstreckungsgegenklage nach § 767 ZPO (AG Leipzig, ZInsO 2012, 336 ff.; zu den Folgen nach einer Untersagung nach § 259a vgl. aber Rdn. 11). Zudem besteht neben § 259a weiter die Möglichkeit des Vollstreckungsschutzes nach § 765a ZPO.

7a

II. Verfahren

Zuständig für das Vollstreckungsschutzverfahren nach dieser Vorschrift ist das **Insolvenzgericht**.

8

Antragsberechtigt ist allein der **Schuldner**, da dieser nach Aufhebung des Insolvenzverfahrens gem. § 259 Abs. 1 die Verfügungsbefugnis über sein Vermögen wieder vollständig zurückerlangt hat und somit auch allein ihm die Abwehr von Vollstreckungsmaßnahmen in dieses Vermögen obliegt.

9

Die **Glaubhaftmachung** der Tatsachen, die die Gefährdung der Durchführung des Insolvenzplans bzw. der Sanierung begründen, ist Zulässigkeitsvoraussetzung. Für die Begründetheit ist zu unterscheiden. Für die Aufhebung und Untersagung nach Abs. 1 gilt der Untersuchungsgrundsatz nach § 5 (BT-Drucks. 17/5712, S. 38). Beantragt der Schuldner jedoch lediglich die einstweilige Einstellung nach Abs. 2 ist auch i. R. d. Begründetheit eine Glaubhaftmachung der die Gefährdung begründenden Tatsachen ausreichend (BT-Drucks. 17/5712, S. 38).

10

III. Entscheidung des Gerichts

Das Gericht kann nach Abs. 1 eine Vollstreckungsmaßnahme ganz oder teilweise aufheben oder längstens für 3 Jahre untersagen. Bei entsprechender Glaubhaftmachung kann das Gericht die Vollstreckung auch im Wege des einstweiligen Rechtsschutzes nach Abs. 2 einstellen. Gegen den Beschluss des Gerichts besteht kein Rechtsmittel. Im Fall der Untersagung besteht für den Schuldner bei dennoch erfolgender Vollstreckung die Möglichkeit der Vollstreckungserinnerung nach § 766 ZPO.

11

IV. Aufhebung oder Abänderung des Vollstreckungsschutzes (Abs. 3)

Abs. 3 ermöglicht es dem Gericht, auf Änderungen der Sachlage durch Aufhebung oder Abänderung des Beschlusses zu reagieren. Die Vorschrift entspricht damit § 765a Abs. 4 ZPO. Ein denkbarer Grund für die Aufhebung des Vollstreckungsschutzes könnte bspw. das Hinzutreten weiterer Gläubiger mit vollstreckbaren Insolvenzforderungen sein, welche die Aussicht nehmen, dass der Schuldner nach Erfüllung des Plans alle nachträglich geltend gemachten Forderungen zumindest in Raten wird erfüllen können (vgl. zu dieser Voraussetzung oben Rdn. 7). Auch ist der Vollstreckungsschutz aufzuheben, wenn aufgrund einer deutlichen Verbesserung der wirtschaftlichen Lage des Schuldners durch die Zahlung der Forderung des Vollstreckungsgläubigers weder die Planerfüllung noch die Sanierung weiterhin gefährdet sind.

12

Antragsberechtigt sind sowohl der Schuldner als auch der die Zwangsvollstreckung betreibende durch eine Entscheidung nach Abs. 1 und 2 beeinträchtigte Gläubiger.

13

§ 259b Besondere Verjährungsfrist

(1) Die Forderung eines Insolvenzgläubigers, die nicht bis zum Abstimmungstermin angemeldet worden ist, verjährt in einem Jahr.

(2) Die Verjährungsfrist beginnt, wenn die Forderung fällig und der Beschluss rechtskräftig ist, durch den der Insolvenzplan bestätigt wurde.

(3) Die Absätze 1 und 2 sind nur anzuwenden, wenn dadurch die Verjährung einer Forderung früher vollendet wird als bei Anwendung der ansonsten geltenden Verjährungsvorschriften.

(4) ¹Die Verjährung einer Forderung eines Insolvenzgläubigers ist gehemmt, solange wegen Vollstreckungsschutzes nach § 259a nicht vollstreckt werden darf. ²Die Hemmung endet drei Monate nach Beendigung des Vollstreckungsschutzes.

Übersicht	Rdn.		Rdn.
A. Normzweck	1	I. Verjährungsfrist (Abs. 1 bis 3)	2
B. Norminhalt	2	II. Hemmung der Verjährung (Abs. 4)	4

A. Normzweck

1 Die mit dem ESUG eingefügte Verjährungsfrist schafft in angemessener Zeit Klarheit darüber, ob der Schuldner nach Aufhebung noch weitere Forderungen bedienen muss (BT-Drucks. 17/5712, S. 38). Die Vorschrift dient somit ebenso wie § 259a der Sicherung der Plandurchführung und der Sanierung des schuldnerischen Unternehmens vor Vereitelungen durch nachträglich geltend gemachte Insolvenzforderungen. Denkbar wäre daher eine Eingrenzung des Anwendungsbereichs der Norm auf Sanierungspläne. Dies ist jedoch mit dem Wortlaut der Norm nicht vereinbar. Sie greift dem Normzweck und der Systematik nach allerdings nur bei Plänen, die auf die Beendigung des Insolvenzverfahrens gerichtet sind, nicht hingegen bei nur verfahrensbegleitenden Plänen.

B. Norminhalt

I. Verjährungsfrist (Abs. 1 bis 3)

2 Gem. Abs. 1 verjähren Forderungen, die nicht bis zum Abstimmungstermin angemeldet worden sind, in einem Jahr. Ebenso wie der Vollstreckungsschutz nach § 259a muss auch die Verjährungsregel nach Abs. 1 schon bei Forderungen gelten, die nicht bis zum Beginn des Abstimmungstermins angemeldet wurden, da auf erst *im* Abstimmungstermin angemeldete Forderungen nicht mehr durch Planänderung reagiert werden kann. Vgl. hierzu und zur Problematik bei getrennter Terminierung von Erörterungs- und Abstimmungstermin § 259a Rdn. 3. Die Frist gilt für **alle Forderungen**, somit auch für titulierte Forderungen, die nach allgemeinem Recht erst nach 30 Jahren verjähren würden (BT-Drucks. 17/5712, S. 38). Die Vorschrift dient der **Fristverkürzung**. Somit findet sie gem. Abs. 3 nur Anwendung, wenn die Forderung nach den allgemeinen Verjährungsvorschriften später verjähren würde. Auch in der Liquiditäts- und Finanzplanung nach § 229 Satz 3 berücksichtigte bzw. zu berücksichtigende Forderungen und »schuldlos« verspätet geltend gemachte Forderungen unterliegen der Verjährung nach Abs. 1. Dies entspricht dem Wortlaut und dem Ziel der zeitnahen Rechtsklarheit (vgl. Rdn. 1). Auch stellt dies den Kompromiss dar, den der Gesetzgeber mit der Schaffung der §§ 259a und b im Interesse der Planungssicherheit unter Vermeidung einer gesetzlichen Präklusion nicht rechtzeitig angemeldeter Forderungen eingegangen ist. Für eine teleologische Reduktion besteht weder Raum noch Bedarf (a. A. MK-Madaus § 259b Rn. 6). Weder das Regelinsolvenzverfahren noch das Planverfahren können eine an die jeweilige Forderungsverjährung gekoppelte Partizipationsgarantie für alle potenziellen Insolvenzgläubiger bereithalten, weshalb auch nach einer Unternehmensabwicklung im Regelverfahren mit anschließender Löschung bzw. Restschuldbefreiung Gläubiger, die ihre Forderungen nicht rechtzeitig angemeldet haben, regelmäßig keine Aussicht mehr auf Durchsetzung ihrer Ansprüche haben.

Abs. 2 regelt den **Fristbeginn**. Die Frist soll erst beginnen, wenn die Forderung fällig und der Planbestätigungsbeschluss rechtskräftig ist. Die Fälligkeit nachträglich geltend gemachter Forderungen ist stets zu prüfen, da für diese nicht die Fälligkeitsfiktion nach § 41 Abs. 1 gilt (ebenso MK-Madaus § 259b Rn. 8; K. Schmidt-Spliedt § 259b Rn. 2). Diese entfaltet nach herrschender Meinung ihre Wirkung erst mit der Feststellung zur Tabelle (§ 41 Rdn. 14; MK-Bitter § 41 Rn. 27), welche bei nachträglich geltend gemachten Forderungen nur in den seltenen Fällen einer Anmeldung zwischen Abstimmungstermin und Verfahrensaufhebung gegeben ist. Der weitere Anknüpfungspunkt der Rechtskraft des Planbestätigungsbeschlusses ist darauf zurückzuführen, dass die Vorschrift eine insolvenzplanspezifische ist, die der Sicherung der Durchführung eines rechtskräftig bestätigten Insolvenzplans dient. Der späte Anknüpfungspunkt trägt der Tatsache Rechnung, dass nach der i. d. R. kurz nach Eintritt der Rechtskraft des Bestätigungsbeschlusses erfolgenden Aufhebung des Insolvenzverfahrens (§ 258 Abs. 1) eine Nachmeldung der Forderung zur Insolvenztabelle nicht mehr möglich ist, sondern der Insolvenzgläubiger abwägen muss, ob er das Kostenrisiko einer Geltendmachung seiner Ansprüche vor den ordentlichen Gerichten eingehen will.

II. Hemmung der Verjährung (Abs. 4)

Abs. 4 dient der Abstimmung der Vorschrift mit § 259a. Die Verjährung ist für die Dauer und bis 3 Monate nach Beendigung einer Vollstreckungsschutzmaßnahme nach § 259a gehemmt. Mit der Nachlaufzeit soll nach der Begründung des Gesetzgebers dem Gläubiger in Anlehnung an die Vorschrift des § 204 Abs. 2 BGB ausreichend Zeit verschafft werden, um seinen Anspruch gerichtlich durchzusetzen (BT-Drucks. 17/5712, S. 38). Dies ist nicht nachvollziehbar. Maßnahmen nach § 259a dienen dem Schutz vor der Zwangsvollstreckung wegen nachträglich geltend gemachter Forderungen. Einer Zwangsvollstreckung muss jedoch notwendigerweise eine Titulierung und damit eine gerichtliche Geltendmachung bereits vorausgegangen sein, weshalb Abs. 4 ins Leere geht. Die Vorschrift ist insofern mit § 204 Abs. 2 BGB nicht vergleichbar, der die Hemmung der Verjährung für Verfahren zur Rechtsverfolgung und nicht zur Zwangsvollstreckung regelt (a. A. MK-Madaus § 259b Rn. 11).

§ 260 Überwachung der Planerfüllung

(1) Im gestaltenden Teil des Insolvenzplans kann vorgesehen werden, daß die Erfüllung des Plans überwacht wird.

(2) Im Falle des Absatzes 1 wird nach der Aufhebung des Insolvenzverfahrens überwacht, ob die Ansprüche erfüllt werden, die den Gläubigern nach dem gestaltenden Teil gegen den Schuldner zustehen.

(3) Wenn dies im gestaltenden Teil vorgesehen ist, erstreckt sich die Überwachung auf die Erfüllung der Ansprüche, die den Gläubigern nach dem gestaltenden Teil gegen eine juristische Person oder Gesellschaft ohne Rechtspersönlichkeit zustehen, die nach der Eröffnung des Insolvenzverfahrens gegründet worden ist, um das Unternehmen oder einen Betrieb des Schuldners zu übernehmen und weiterzuführen (Übernahmegesellschaft).

Übersicht	Rdn.		Rdn.
A. Normzweck	1	II. Gegenstand der Planüberwachung (Abs. 2 und 3)	4
B. Norminhalt	2		
I. Voraussetzungen der Planüberwachung (Abs. 1)	2	III. Andauern der Sperrwirkung für Insolvenzgeld	7

A. Normzweck

Die Vorschrift zeigt die Möglichkeit auf, im Plan fakultativ die Überwachung der Planerfüllung zu vereinbaren. Durch §§ 261 ff. wird die Norm konkretisiert. Das Institut der Planüberwachung basiert auf der sich in vielen Regelungen zum Insolvenzplanverfahren (insb. §§ 255 ff.) findenden Prämisse des Gesetzgebers, die Planerfüllung erfolge durch den Schuldner. In der Praxis finden sich jedoch gerade in kleineren Verfahren nicht selten Plangestaltungen, die eine Planerfüllung durch den Insolvenzverwalter aus der Masse (vgl. zu den Gefahren dieser Regelung § 255 Rdn. 4, § 258 Rdn. 5) bzw. eine Einmalzahlung unmittelbar nach Aufhebung des Insolvenzverfahrens vorsehen, sodass es keiner Planüberwachung mehr bedarf.

B. Norminhalt

I. Voraussetzungen der Planüberwachung (Abs. 1)

2   Die Planüberwachung ist bei jeglichen Arten von Planverfahren möglich (Uhlenbruck-Lüer § 260 Rn. 5). Sofern sie gewollt ist, muss dies im gestaltenden Teil des Plans ausdrücklich geregelt werden.

3   Die Planüberwachung beginnt unmittelbar nach der rechtskräftigen Verfahrensaufhebung. Eines Beschlusses bedarf es nicht (MK-Stephan § 260 Rn. 14). Die Überwachung ist jedoch bekannt zu machen (vgl. § 267).

II. Gegenstand der Planüberwachung (Abs. 2 und 3)

4   Nach Abs. 2 erstreckt sich die Überwachung auf die **Erfüllung der Ansprüche** aus dem gestaltenden Teil. Unter Berücksichtigung des § 247 können dem Planüberwacher kraft der Privatautonomie in den Grenzen des § 259 Abs. 1 Satz 2 **weitere Rechte** zugewiesen oder Rechte der §§ 261 ff. eingeschränkt werden (MK-Stephan § 260 Rn. 13; Uhlenbruck-Lüer § 260 Rn. 9, der jedoch nur Abweichungen zugunsten des Schuldners zulassen will). Die §§ 261 ff. sind mit Ausnahme des § 267, der den Schutz des Rechtsverkehrs betrifft, somit **dispositiv** (a. A. MK-Stephan § 268 Rn. 16). Sofern der Plan allerdings eine Überwachung vorsieht, ohne weitere Rechte zu vereinbaren, bleibt es bei den gesetzlichen Regelungen nach §§ 261 ff.

5   Die Überwachung kann sich nach Abs. 3 auch auf die Erfüllung der Ansprüche gegen eine **Übernahmegesellschaft** beziehen. Eine Übernahmegesellschaft liegt auch dann vor, wenn die Übernahme oder Weiterführung nicht alleiniger Zweck der Gesellschaft ist. Nach der Gesetzesbegründung (BT-Drucks. 12/2443, S. 215) sollte die Überwachung solcher Gesellschaften ausgeschlossen sein, die nicht der Legaldefinition des § 260 Abs. 3 entsprechen, mithin nicht nach Insolvenzeröffnung zum Zwecke der Übernahme oder Fortführung gegründet worden sind (ebenso Noack, Gesellschaftsrecht, Rn. 135). Nur Gesellschafter eigens zur Übernahme oder Fortführung gegründeter Gesellschaften sollen sich auf die Einschränkung mit Betriebsbeginn einstellen können (BT-Drucks. 12/2443, S. 215). Unter Berücksichtigung dieser Begründung lässt es sich jedoch auch vereinbaren, Mantel- oder Vorratsgesellschaften von § 260 zu erfassen, soweit deren Anteile nach Insolvenzeröffnung zum Zweck der Übernahme oder Fortführung erworben worden sind (BK-Breutigam § 260 Rn. 31). Die Zustimmung zur Überwachung liegt dabei in der Gewährung der Ansprüche nach dem Plan.

6   **Ansprüche gegen Dritte** sind nicht Gegenstand der Überwachung (HK-Flessner § 260 Rn. 3). Erst recht ist die Prozessführung keine Aufgabe, die i. R. d. Planüberwachung bestehen bleibt (BGH, ZInsO 2008, 1017, 1018).

> ▶ **Hinweis:**
>
> Eine detaillierte Planüberwachung sollte aus Sicht der Gläubiger immer vereinbart werden, sofern nicht die Planerfüllung unmittelbar nach Aufhebung des Insolvenzverfahrens erfolgen kann (vgl. Rdn. 1 und § 255 Rdn. 4). Die Planüberwachung birgt für die Gläubiger, vor allem durch die in §§ 261 und 262 beschriebene Informationspflicht und die mögliche Sicherung und Lenkung der Masse sowie die Kostenlast nach § 269, nur Vorteile.

III. Andauern der Sperrwirkung für Insolvenzgeld

Das BSG nimmt an, dass während der Dauer der Planüberwachung die Sperrwirkung des vorangegangenen Insolvenzverfahrens andauert, weshalb in einem während dieser Zeit eröffneten neuen Insolvenzverfahren neue Insolvenzgeldansprüche der Arbeitnehmer ausgeschlossen seien (BSG, ZInsO 2008, 1325). In einer Situation, in der trotz Aufhebung des Insolvenzverfahrens Aufgaben und Befugnisse des Insolvenzverwalters fortbestehen, käme die Wiedererlangung der Fähigkeit des Schuldners, seine fälligen Geldschulden im Allgemeinen erfüllen zu können, nicht in Betracht (BSG, ZInsO 2008, 1325, 1326). Dies trifft nicht zu. Durch die Plangestaltung ist zu gewährleisten, dass auf Basis eines Finanz- und Liquiditätsplans sowohl die Planforderungen der Insolvenzgläubiger als auch neue Forderungen aus der Betriebsfortführung jeweils bei Eintritt ihrer Fälligkeit beglichen werden können. Für die nach dem Plan zu erfüllenden Insolvenzforderungen wird hierfür mit entsprechenden Stundungen gearbeitet. Ein Plan, nach dem der Schuldner zahlungsunfähig aus dem Insolvenzverfahren entlassen wird, wäre von Anfang an zum Scheitern verurteilt und müsste bei Vorlage durch den Schuldner unter Umständen sogar gem. § 231 Abs. 1 Nr. 3 zurückgewiesen werden. Es ist daher entgegen der Auffassung des BSG davon auszugehen, dass bei Aufhebung des Insolvenzverfahrens infolge eines Insolvenzplans grds. eine Zahlungsunfähigkeit nicht fortbesteht. Auf eine entsprechende Änderung der Rspr. bleibt zu hoffen.

7

§ 261 Aufgaben und Befugnisse des Insolvenzverwalters

(1) ¹Die Überwachung ist Aufgabe des Insolvenzverwalters. ²Die Ämter des Verwalters und der Mitglieder des Gläubigerausschusses und die Aufsicht des Insolvenzgerichts bestehen insoweit fort. ³§ 22 Abs. 3 gilt entsprechend.

(2) ¹Während der Zeit der Überwachung hat der Verwalter dem Gläubigerausschuß, wenn ein solcher bestellt ist, und dem Gericht jährlich über den jeweiligen Stand und die weiteren Aussichten der Erfüllung des Insolvenzplans zu berichten. ²Unberührt bleibt das Recht des Gläubigerausschusses und des Gerichts, jederzeit einzelne Auskünfte oder einen Zwischenbericht zu verlangen.

Übersicht	Rdn.		Rdn.
A. Normzweck	1	II. Rechtsstellung der anderen Organe und	
B. Norminhalt	2	des Schuldners	6
I. Rechtsstellung des Planüberwachers	2		

A. Normzweck

Die Vorschrift regelt Zuständigkeiten, Befugnisse und Pflichten der an der Überwachung beteiligten Verfahrensorgane sowie die entsprechenden Pflichten des Schuldners oder der Übernahmegesellschaft.

1

B. Norminhalt

I. Rechtsstellung des Planüberwachers

Die Planüberwachung obliegt gem. Abs. 1 Satz 1 grds. dem **Insolvenzverwalter** (s. aber unten Rdn. 5) und im Fall der Eigenverwaltung dem Sachwalter, § 284 Abs. 2. Ihr können sowohl der **Schuldner** als auch eine **Übernahmegesellschaft** unterliegen (vgl. § 260 Abs. 3).

2

Die **Tätigkeit** des Verwalters beschränkt sich auf die Berichtspflichten nach § 261 Abs. 2 und § 262. Der Verwalter hat weder die Verpflichtung noch die Möglichkeit, das Handeln des Schuldners zu steuern. Folglich ist auch die Prozessführung keine Aufgabe, die i. R. d. Planüberwachung bestehen bleibt (BGH, ZInsO 2008, 1017, 1018). Die **Berichtspflichten** betreffen die Planerfüllung und die Planerfüllbarkeit. Damit einhergehend besteht eine aktive Pflicht zur **Informationsverschaffung**. Art und Umfang der Informationsverschaffung sind einzelfallabhängig. Die bloße Annahme von

3

Berichten des Schuldners ist grds. nicht ausreichend. Vielmehr ist der Verwalter verpflichtet, zur Überprüfung der Planerfüllung die jeweilige Erfüllungshandlung nachzuvollziehen. Die Überprüfung der Planerfüllbarkeit ist noch umfangreicher. Hierfür bedarf es der Kontrolle der Vermögens-, Finanz-, Ertrags- und Auftragslage durch jeweils fortlaufende Darstellungen mit stichprobenartiger Prüfung (zu den Einzelheiten Uhlenbruck-Lüer § 261 Rn. 4 ff.). Um diese Pflichten erfüllen zu können, stehen dem Verwalter nach Abs. 1 Satz 2 über § 22 Abs. 3 die §§ 97 ff., 101 Abs. 1 Satz 1, 2, Abs. 2 zur Verfügung. Da der Verwalter nach Verfahrensaufhebung aber nicht mehr berechtigt ist, betriebswirtschaftliche Handlungs- und Kontrollinstrumente in das Rechnungswesen des Schuldners einzubauen, empfiehlt es sich, etwaig erforderliche und somit vom Schuldner vorzuhaltende Kontrollinstrumente im Plan detailliert zu regeln. Zudem ist es für die Informationsbeschaffung hilfreich, dem Verwalter im Plan Auskunftsvollmachten zu erteilen (dazu mit Beispielen FK-Jaffé § 262 Rn. 12).

4 Für **Pflichtverletzungen** während der Überwachungsphase haftet der Verwalter nach § 60 analog (Lüke, FS Uhlenbruck, S. 519, 535). Um Streit über den Umfang der Pflichten des Verwalters zu vermeiden, sollte der Auftrag des Verwalters im Plan detailliert beschrieben werden (FK-Jaffé § 262 Rn. 11).

5 Die Vorschrift ist dispositiv (§ 260 Rdn. 4). Die Planüberwachung kann mithin in Abweichung von Abs. 1 Satz 1 auch **anderen Personen** übertragen werden. In diesem Fall treffen den Planüberwacher die Rechte und Pflichten nach den §§ 60 und 261 ff. nicht kraft Gesetzes (MK-Stephan § 261 Rn. 1, der jedoch eine Berichtspflicht kraft Gesetzes annimmt), sondern müssen ausdrücklich im Plan für anwendbar erklärt werden. Auch haftet der mit der Überwachung beauftragte Dritte nicht nach § 60 analog (MK-Stephan § 261 Rn. 12; a. A. BK-Breutigam § 261 Rn. 14). Die Haftung ist ggf. im Plan zu regeln. Zu den Kosten s. § 269.

II. Rechtsstellung der anderen Organe und des Schuldners

6 Der **Gläubigerausschuss** nimmt die turnusmäßigen oder bei besonderen Anlässen (Uhlenbruck-Lüer § 261 Rn. 19) verlangten Auskünfte des Verwalters entgegen. Zudem unterstützt und überwacht er die Tätigkeit des Verwalters. Zu den Kosten s. § 269.

7 Das **Gericht** beaufsichtigt Verwalter und Gläubigerausschuss. Zudem kann es Zwangsmaßnahmen nach § 98 analog ergreifen (MK-Stephan § 261 Rn. 6). Zuständig ist nach Maßgabe des § 18 Abs. 1 Nr. 2 RPflG für nach dem 01.01.2013 beantragte Insolvenzverfahren der Richter, für zuvor beantragte Insolvenzverfahren entscheidet gem. § 18 Abs. 1 Nr. 2 RPflG a. F. der Rechtspfleger.

8 Die Pflichten des **Schuldners oder der Übernahmegesellschaft** (Uhlenbruck-Lüer § 261 Rn. 15) ergeben sich abschließend aus § 22 Abs. 3 mit den entsprechenden Verweisen auf §§ 97, 98 und 101.

9 Die Pflichten und Rechte der Organe bestehen kraft Gesetzes **nur bei** der vom Gesetz vorgesehenen **Planüberwachung durch** den **Verwalter**.

§ 262 Anzeigepflicht des Insolvenzverwalters

¹Stellt der Insolvenzverwalter fest, daß Ansprüche, deren Erfüllung überwacht wird, nicht erfüllt werden oder nicht erfüllt werden können, so hat er dies unverzüglich dem Gläubigerausschuß und dem Insolvenzgericht anzuzeigen. ²Ist ein Gläubigerausschuß nicht bestellt, so hat der Verwalter an dessen Stelle alle Gläubiger zu unterrichten, denen nach dem gestaltenden Teil des Insolvenzplans Ansprüche gegen den Schuldner oder die Übernahmegesellschaft zustehen.

Übersicht	Rdn.		Rdn.
A. Normzweck	1	I. Anlass der Anzeige	2
B. Norminhalt	2	II. Adressat und Rechtsfolge der Anzeige	4

A. Normzweck

Die Vorschrift dient der zügigen Information der Gläubiger bei – drohender – Nichterfüllung der Plananspüche. Indirekt bezweckt die Vorschrift somit auch, den Schuldner oder die Übernahmegesellschaft anzuhalten, die Anspruchserfüllung zu gewährleisten. Die Vorschrift ist dispositiv (§ 260 Rdn. 4). 1

B. Norminhalt

I. Anlass der Anzeige

Nach 1. Alt. bedarf es der Anzeige, sofern der Schuldner bzw. die Übernahmegesellschaft einen fälligen Plananspruch **nicht erfüllt**. 2

Die 2. Alt. erweitert die Pflicht zur Anzeige. Danach ergibt sich eine Anzeigepflicht bei **aktuellem Unvermögen**. Dem Sinn der Vorschrift entsprechend besteht darüber hinaus die Pflicht zur Anzeige auch bei **drohender Nichterfüllung** fällig werdender Ansprüche (HK-Flessner § 262 Rn. 1). Die Anzeigepflicht besteht jedoch nur, wenn nach sorgfältiger Prüfung die Nichterfüllung hinreichend wahrscheinlich ist. Die Anzeige des Verwalters kann erheblichen Einfluss auf den Ruf des Schuldners oder der Übernahmegesellschaft haben. Daher ist Vorsicht geboten (zu den eingeschränkten Möglichkeiten der Überwachung, s. § 261 Rdn. 3). 3

II. Adressat und Rechtsfolge der Anzeige

Adressat der Anzeige sind der **Gläubigerausschuss** und das **Gericht**. Ist kein Gläubigerausschuss bestellt, sind sämtliche Gläubiger zu informieren, denen nach den Regelungen des gestaltenden Teils noch Forderungen gegen den Schuldner oder die Übernahmegesellschaft zustehen. Gläubiger, deren Ansprüche bereits erfüllt sind, müssen nicht informiert werden. Auch wenn hierzu keine Verpflichtung besteht, sollte der Verwalter den Schuldner oder die Übernahmegesellschaft über die anstehende Anzeige zuvor informieren. 4

Die Anzeige hat keine unmittelbare **Rechtsfolge**. Es ist den Gläubigern überlassen, von ihren Rechten nach §§ 255 bis 257 oder §§ 11, 13 Gebrauch zu machen (Uhlenbruck-Lüer § 262 Rn. 5). 5

Die unterlassene oder verspätete Information kann zu einer **Haftung** nach § 60 analog führen (MK-Stephan § 262 Rn. 11). 6

Sofern in Abweichung von Abs. 1 Satz 1 ein anderer als der Insolvenzverwalter mit der Planüberwachung beauftragt wird, gilt die Vorschrift nur, wenn dies im Plan ausdrücklich geregelt ist. Auch die Haftung ist bei Planüberwachung durch einen Dritten im Plan zu regeln (vgl. § 261 Rdn. 5). 7

§ 263 Zustimmungsbedürftige Geschäfte

¹Im gestaltenden Teil des Insolvenzplans kann vorgesehen werden, daß bestimmte Rechtsgeschäfte des Schuldners oder der Übernahmegesellschaft während der Zeit der Überwachung nur wirksam sind, wenn der Insolvenzverwalter ihnen zustimmt. ²§ 81 Abs. 1 und § 82 gelten entsprechend.

Übersicht	Rdn.			Rdn.
A. Normzweck	1	I.	Gegenstand des Zustimmungsvorbehalts	2
B. Norminhalt	2	II.	Rechtsfolgen des Zustimmungsvorbehalts	4

A. Normzweck

Die Vorschrift ermöglicht eine weitere Überwachungsmaßnahme zur Sicherung der Planerfüllung. Diese besteht in der Sicherung des Vermögens des Schuldners oder der Übernahmegesellschaft. 1

B. Norminhalt

I. Gegenstand des Zustimmungsvorbehalts

2 Gegenstand des Zustimmungsvorbehalts können **Rechtsgeschäfte** jeglicher Art sein. Diese müssen im gestaltenden Teil des Plans hinreichend **klar bestimmt** sein (Uhlenbruck-Lüer § 263 Rn. 2). Betroffen sind meist wirtschaftlich bedeutsame oder ein besonderes Risiko einschließende Rechtsgeschäfte (BT-Drucks. 12/2443, S. 216), wie bspw. die in § 160 aufgeführten Rechtsgeschäfte.

3 Dem Wortlaut und § 259 Abs. 1 Satz 2 entsprechend können nicht generell sämtliche, sondern **nur einzeln bezeichnete** Rechtsgeschäfte oder Arten von Rechtsgeschäften unter Vorbehalt gestellt werden (MK-Stephan § 263 Rn. 5). Dies gebietet bereits die Praktikabilität.

II. Rechtsfolgen des Zustimmungsvorbehalts

4 Ohne die erforderliche Zustimmung sind einseitige Rechtsgeschäfte absolut, zweiseitige Rechtsgeschäfte schwebend **unwirksam**. Im zweiten Fall besteht die Möglichkeit der Genehmigung (Uhlenbruck-Lüer § 263 Rn. 5 f.).

5 Durch den Verweis auf die §§ 81 Abs. 1 und 82 ist der **gutgläubige Erwerb** beweglicher Sachen gänzlich ausgeschlossen, hingegen ein gutgläubiger Erwerb im Immobiliarrechtsverkehr möglich. Aufgrund der Veröffentlichung nach §§ 267, 31 f. ist ein derartiger Erwerb aber nur in Ausnahmefällen denkbar.

6 Die Befugnis kann aufgrund der weitreichenden Folgen durch den Plan **keinem Dritten**, auch nicht dem Sachwalter, übertragen werden (MK-Stephan § 263 Rn. 11).

§ 264 Kreditrahmen

(1) ¹Im gestaltenden Teil des Insolvenzplans kann vorgesehen werden, daß die Insolvenzgläubiger nachrangig sind gegenüber Gläubigern mit Forderungen aus Darlehen und sonstigen Krediten, die der Schuldner oder die Übernahmegesellschaft während der Zeit der Überwachung aufnimmt oder die ein Massegläubiger in die Zeit der Überwachung hinein stehen läßt. ²In diesem Fall ist zugleich ein Gesamtbetrag für derartige Kredite festzulegen (Kreditrahmen). ³Dieser darf den Wert der Vermögensgegenstände nicht übersteigen, die in der Vermögensübersicht des Plans (§ 229 Satz 1) aufgeführt sind.

(2) Der Nachrang der Insolvenzgläubiger gemäß Absatz 1 besteht nur gegenüber Gläubigern, mit denen vereinbart wird, daß und in welcher Höhe der von ihnen gewährte Kredit nach Hauptforderung, Zinsen und Kosten innerhalb des Kreditrahmens liegt, und gegenüber denen der Insolvenzverwalter diese Vereinbarung schriftlich bestätigt.

(3) § 39 Abs. 1 Nr. 5 bleibt unberührt.

Übersicht	Rdn.			Rdn.
A. Normzweck	1	II.	Rechtsfolge der Privilegierung	8
B. Norminhalt	3	III.	Fehlerhaftigkeit und Anfechtbarkeit der	
I. Voraussetzung der Privilegierung	3		Privilegierung	10

A. Normzweck

1 Die §§ 264 bis 266 sollen die Finanzierung eines Sanierungsplans erleichtern. Die Vorschriften eröffnen die Möglichkeit, (neue) Kreditforderungen für den Fall des Misslingens der Sanierung in einem nachfolgenden Insolvenzverfahren zu privilegieren. Eine solche **Privilegierung** sichert den Kredit zwar nicht vollständig, kann aber das Ausfallrisiko **des Kreditgebers** mindern. Die Privilegierung ist somit der Gewinnung neuer Investoren zumindest förderlich. Häufig dürfte dies die einzige Möglichkeit der Kreditfinanzierung sein, da es meist an werthaltigen absonderungsfähigen

Gegenständen mangelt. Gleichwohl finden Kreditrahmenregelungen nach §§ 264 ff. in der Praxis selten Anwendung (zu möglichen Gründen vgl. Rdn. 3 a. E.).

§ 264 gestattet die **Privilegierung** sowohl der Forderungen aus neuen Krediten als auch der stehen gelassenen Masseforderungen **ggü. den Insolvenzforderungen** aus dem vorangegangenen Insolvenzverfahren. Als Grundnorm beschreibt die Vorschrift zudem die allgemeinen Anforderungen für die wirksame Festlegung eines Kreditrahmens. 2

B. Norminhalt

I. Voraussetzung der Privilegierung

Privilegiert werden können **Darlehens- oder Kreditforderungen**, die in der Zeit der Planüberwachung dem Schuldner oder der Übernahmegesellschaft gewährt werden. Der Begriff des Kredites ist überaus weit zu verstehen. Erfasst werden gem. Abs. 1 ausdrücklich auch stehen gelassene **Forderungen von Massegläubigern** des vorangegangenen Insolvenzverfahrens, bspw. Lieferantenkredite. Als »stehen gelassene« Forderungen können hierbei nicht nur vor Aufhebung des Insolvenzverfahrens fällige und somit nach § 258 Abs. 2 zu bedienende (vgl. § 258 Rdn. 11 ff.), sondern auch erst während der Planüberwachung fällig werdende Forderungen von Massegläubigern über eine Kreditrahmenregelung abgesichert werden. **Kapitalzuflüsse** und eigenkapitalersetzende Kredite können **nicht** privilegiert werden. Dies ergibt sich aus dem Verweis auf § 39 Abs. 1 Satz 5 (umfassend zu der Art der betroffenen Kredite und Darlehen Uhlenbruck-Lüer § 264 Rn. 4 ff.). Die Privilegierung ist nach Maßgabe des § 268 Abs. 1 Nr. 2 auf einen Zeitraum von max. 3 Jahren beschränkt (AG Duisburg, NZI 2003, 447, vgl. hierzu § 268 Rdn. 5 m. w. N.). Die Kreditlaufzeiten müssen entsprechend kurz ausfallen oder der Kreditgeber läuft Gefahr, nach Ablauf von 3 Jahren ohne diese Sicherung dazustehen (vgl. MK-Drukarczyk § 264 Rn. 10). Dies wird ein Grund für die seltene praktische Anwendung von Rahmenkreditvereinbarungen sein. 3

Voraussetzung für eine Kreditrahmenregelung i. S. d. §§ 264 ff. ist deren Angabe im gestaltenden Teil, eine bestätigte Vereinbarung und letztlich eine Planüberwachung: 4

Im gestaltenden Teil bedarf es einer ausdrücklichen Angabe der **Kreditrahmenregelung**. Dabei ist auch der Höchstbetrag der privilegierten Kredite anzugeben. Dieser Kreditrahmen darf den Wert der Vermögensgegenstände des Schuldners nicht übersteigen. Entscheidend sind die Wertansätze in der Vermögensübersicht nach § 229. Die Vermögensübersicht ist evtl. eigens für diesen Zweck zu erstellen. Die zu erwartenden Werte in der Folgeinsolvenz sind nach dem eindeutigen Wortlaut nicht zu berücksichtigen (Uhlenbruck-Lüer § 264 Rn. 14). Die Berechnung wird hierdurch erleichtert, dürfte jedoch i. d. R. zu einer zu großzügigen Bemessung des Kreditrahmens führen, da rgm. in einer Folgeinsolvenz, die auf eine Liquidation hinauslaufen wird, die ursprünglichen Werte verbraucht bzw. nicht mehr realisierbar sind (vgl. MK-Drukarczyk § 264 Rn. 15 ff.). 5

Gemäß Abs. 2 bedarf es zudem einer ausdrücklichen vom Verwalter schriftlich bestätigten **Vereinbarung** zwischen dem Schuldner bzw. der Übernahmegesellschaft und dem Gläubiger über den Vorrang der Forderung. Die Vereinbarung kann bei in der Überwachungsphase neu aufzunehmenden Krediten **jederzeit** zwischen dem Beschluss des Gerichts über die Aufhebung des Verfahrens und der Aufhebung der Überwachung getroffen werden (einschränkender Uhlenbruck-Lüer § 264 Rn. 18). Bezüglich der Privilegierung vor Aufhebung des Insolvenzverfahrens fälliger Masseforderungen ist eine entsprechende Vereinbarung bereits im Insolvenzverfahren möglich und teilweise auch hilfreich. Diese Sicherheit könnte ein Anreiz für Massegläubiger sein, die für das »Stehenlassen« erforderliche Stundungserklärung, ggf. nach § 230 Abs. 3, abzugeben. Der Verwalter hat vor Erteilung der **Bestätigung** zu prüfen, ob der im Plan festgelegte Kreditrahmen für den zu bestätigenden Kredit ausreicht. Zweckmäßigkeitsprüfungen obliegen ihm nicht (HK-Flessner § 264 Rn. 7). 6

Letztlich ergibt sich bereits aus dem Wortlaut der Norm, dass es für die Wirksamkeit der Privilegierung einer **Planüberwachung** i. S. v. § 260 bedarf. Um die privilegierten Gläubiger durch Vermö- 7 genserhalt weiter abzusichern, empfiehlt es sich zudem, wesentliche Geschäfte des Schuldners oder der Übernahmegesellschaft unter den Zustimmungsvorbehalt des Verwalters nach § 263 zu stellen.

II. Rechtsfolge der Privilegierung

8 § 264 privilegiert die **Kreditgläubiger** in einem etwaigen neuen Insolvenzverfahren **ggü. den Insolvenzgläubigern aus** dem **ersten Insolvenzverfahren**. Im Bereich der Rechtsfolgen wird § 264 erweitert durch die §§ 265 und 266.

9 Keine Rechtsfolgen entfaltet eine Kreditrahmenregelung ggü. den gesicherten Forderungen der Absonderungsgläubiger (Uhlenbruck-Lüer § 264 Rn. 29 f.).

III. Fehlerhaftigkeit und Anfechtbarkeit der Privilegierung

10 Fehlt es an der Angabe des **Höchstbetrags** des Kreditrahmens oder ist dieser falsch berechnet, besteht kein wirksamer Kreditrahmen i. S. d. § 264. Liegt ein bestätigter Kredit **außerhalb des Kreditrahmens**, ist dieser Kredit ggf. teilweise nicht privilegiert (MK-Drukarczyk § 264 Rn. 8). Bestehen mehrere Kredite und liegen die gesamten Kreditforderungen außerhalb des Kreditrahmens, kommt es für die Privilegierung auf die zeitliche Reihenfolge der Privilegierungsvereinbarungen an.

11 Mangelt es an einer **schriftlichen Bestätigung**, genießt die Darlehens- oder Kreditforderung ebenfalls keine Privilegierung. Zum Schutz der übrigen Gläubiger sind sowohl der Kreditrahmen als auch die schriftlich bestätigte Vereinbarung für eine Privilegierung zwingend erforderlich (Uhlenbruck-Lüer § 264 Rn. 16 ff.).

12 Wie jede Rechtshandlung ist auch die Vereinbarung nach § 264 Abs. 2, die zur Privilegierung führt, im Folgeinsolvenzverfahren **anfechtbar** (vgl. auch K. Schmidt-Spliedt §§ 264 bis 266 Rn. 19; a. A. Uhlenbruck-Lüer § 264 Rn. 32). Sofern sie mit oder unmittelbar nach der Kreditgewährung erfolgt, ist § 142 zu berücksichtigen.

§ 265 Nachrang von Neugläubigern

¹Gegenüber den Gläubigern mit Forderungen aus Krediten, die nach Maßgabe des § 264 aufgenommen oder stehen gelassen werden, sind nachrangig auch die Gläubiger mit sonstigen vertraglichen Ansprüchen, die während der Zeit der Überwachung begründet werden. ²Als solche Ansprüche gelten auch die Ansprüche aus einem vor der Überwachung vertraglich begründeten Dauerschuldverhältnis für die Zeit nach dem ersten Termin, zu dem der Gläubiger nach Beginn der Überwachung kündigen konnte.

Übersicht	Rdn.		Rdn.
A. Normzweck	1	B. Norminhalt	2

A. Normzweck

1 § 265 ist im Kontext mit der Grundnorm § 264 und der weiteren speziellen Norm § 266 zu lesen. Während § 264 neben den allgemeinen Voraussetzungen für Kreditrahmenregelungen die Privilegierung der Kreditgläubiger ggü. den Insolvenzgläubigern aus dem ersten Verfahren vorschreibt, erweitert § 265 die Wirkung der Privilegierung auf einen Teil der Gläubiger, deren Forderungen nach Beginn der Überwachung entstehen, sog. **Neugläubiger**. Der Gesetzgeber hat zu Recht diese Erweiterung der Privilegierung als notwendig angesehen, um den Wert der Begünstigung nicht zu minimieren, und hat die Rechtfertigung dieser Erweiterung in der Kenntnis des Neugläubigers bedingt durch die öffentliche Bekanntmachung und Registereintragung gesehen (BT-Drucks. 12/2443, S. 216).

B. Norminhalt

Bei Vorliegen der Voraussetzungen des § 264 erweitert § 265 dessen Wirkung um eine Privilegierung der Kreditgläubiger ggü. Gläubigern mit **vertraglichen Forderungen, die in der Überwachungsphase begründet** worden sind, sog. vertragliche Neugläubiger. Hierzu zählen nach Satz 2 auch Forderungen aus vor der Überwachung begründeten Dauerschuldverhältnissen, die *nach* dem Zeitpunkt der ersten möglichen Kündigung nach Beginn der Überwachung entstehen (zu den einzelnen Schuldverhältnissen MK-Tetzlaff/Kern § 265 Rn. 15 ff.). Gläubigern derartiger Forderungen steht es frei, mit dem unter der Überwachung stehenden Schuldner oder der Übernahmegesellschaft neue Geschäfte einzugehen bzw. die vertraglich bestehende Bindung zu kündigen. Auch können sie mit dem Schuldner oder der Übernahmegesellschaft über die Privilegierung ihrer Forderung verhandeln (BT-Drucks. 12/2443, S. 216). 2

Nur im Umkehrschluss wird deutlich, dass sowohl **Neugläubiger aus gesetzlichen Schuldverhältnissen** als auch Gläubiger mit Forderungen aus vor der Überwachung begründeten Dauerschuldverhältnissen, die *vor* dem Zeitpunkt der ersten möglichen Kündigung entstanden sind, durch privilegierte Kredite nicht schlechter gestellt werden sollen. Ggü. diesen Gläubigern ist die Anwendung der Vorschrift nicht zu rechtfertigen (BT-Drucks. 12/2443, S. 217; zum Rangverhältnis im Folgeinsolvenzverfahren s. § 266 Rdn. 3 ff.). 3

§ 266 Berücksichtigung des Nachrangs

(1) Der Nachrang der Insolvenzgläubiger und der in § 265 bezeichneten Gläubiger wird nur in einem Insolvenzverfahren berücksichtigt, das vor der Aufhebung der Überwachung eröffnet wird.

(2) In diesem neuen Insolvenzverfahren gehen diese Gläubiger den übrigen nachrangigen Gläubigern im Range vor.

Übersicht	Rdn.		Rdn.
A. Normzweck	1	I. Zeitliche Begrenzung der Kreditrahmenregelung (Abs. 1)	2
B. Norminhalt	2	II. Rechtsfolgen der Privilegierung (Abs. 2) .	3

A. Normzweck

§ 266 spezifiziert die §§ 264 und 265. Er begrenzt die zeitliche Wirkung der Privilegierung und verdeutlicht nochmals die Erweiterung der ansonsten im Regelverfahren üblichen Rangfolge nach §§ 38, 39. 1

B. Norminhalt

I. Zeitliche Begrenzung der Kreditrahmenregelung (Abs. 1)

Durch Abs. 1 wird die Privilegierung nach §§ 264 ff. zeitlich auf die **Planüberwachungsphase** und damit auf max. 3 Jahre (vgl. § 264 Rdn. 3 und § 268 Rdn. 5 jeweils m. w. N.) begrenzt. Nur bei Eröffnung eines Folgeinsolvenzverfahrens vor Aufhebung der Überwachung kann eine Kreditrahmenregelung ihre privilegierende Wirkung entfalten. 2

II. Rechtsfolgen der Privilegierung (Abs. 2)

Abs. 2 **regelt** – allerdings **unzureichend** – die **Rechtsfolgen** der Privilegierung in der Folgeinsolvenz. Die Norm verdeutlicht lediglich den Vorrang der i. S. d. §§ 264 ff. nachrangigen Gläubiger ggü. den nachrangigen Gläubigern i. S. d. § 39 und somit indirekt auch den Vorrang der privilegierten Kreditgläubiger. Darüber, welchen Rang Gläubiger einnehmen, die weder aufgrund ihrer Kreditforderung privilegiert sind noch diesen ggü. ausdrücklich gem. §§ 264 ff. nachrangig sind, schweigt sich der Gesetzgeber aus. 3

4 **Neugläubigern** aus gesetzlichen Schuldverhältnissen sowie Gläubigern mit Forderungen aus vor der Überwachung begründeten Dauerschuldverhältnissen, die vor dem Zeitpunkt der ersten möglichen Kündigung entstanden sind, wird kein Nachrang i. S. d. §§ 264 ff. ggü. den von der Kreditrahmenregelung erfassten Gläubigern zugewiesen (zu diesem Umkehrschluss aus § 265 s. dort Rdn. 3). Sie bleiben von der Kreditrahmenregelung unberührt. Folglich dürfen diese Gläubiger durch privilegierte Kredite nicht schlechter gestellt werden als sie ohne diese Privilegierung stünden. Ihnen Gleichrang mit den privilegierten Kreditgläubigern zu gewähren, würde zu einer ungerechtfertigten Bevorzugung ggü. den übrigen Gläubigern führen. Daher sind diese Gläubiger in einem Folgeinsolvenzverfahren im Rang **zwischen** den nach §§ 264 ff. **privilegierten Kreditgläubigern** und den nach diesen Vorschriften **nachrangigen Gläubigern** einzuordnen (ausführl. hierzu MK-Tetzlaff/Kern § 266 Rn. 15 f.; **a. A.** Uhlenbruck-Lüer § 265 Rn. 4). Hierbei ist ihnen zulasten aller übrigen Gläubiger die gleiche Quote zu gewähren, wie in einem Verfahren ohne privilegierte Kredite. Der über diese Quote hinausgehende Betrag geht an die privilegierten Kreditgläubiger. Wenn dieser Betrag die volle Höhe der privilegierten Forderungen übersteigt, werden die gem. §§ 264 ff. nachrangigen Gläubiger berücksichtigt.

5 Damit ergibt sich für das Folgeinsolvenzverfahren eine **vierstufige Rangordnung** (ähnlich K. Schmidt-Spliedt §§ 264 bis 266 Rn. 16). Erstrangig sind die nach § 264 begünstigten Kreditgläubiger. Zweitrangig sind Neugläubiger mit Forderungen aus gesetzlichen Schuldverhältnissen sowie Neugläubiger mit Forderungen aus vor der Überwachung begründeten Dauerschuldverhältnissen, die vor dem Zeitpunkt der ersten möglichen Kündigung nach Beginn der Überwachung entstanden sind. Drittrangig sind die nach §§ 264 ff. ausdrücklich erwähnten nachrangigen Gläubiger. Die vierte Gruppe wird durch die i. S. d. § 39 nachrangigen Gläubiger gebildet. Dabei dürfte es sich als Folge zu § 225 grds. um Neugläubiger handeln (HK-Flessner § 266 Rn. 3).

6 Auch **Massegläubiger**, deren Forderungen zum Zeitpunkt der Aufhebung des ersten Verfahrens nicht fällig oder streitig waren und somit nicht nach § 258 befriedigt worden sind (vgl. § 258 Rdn. 11 ff.), sind der Gruppe der Neugläubiger mit Forderungen aus gesetzlichen Schuldverhältnissen zuzuordnen, sofern mit diesen keine Privilegierungsvereinbarung nach § 264 Abs. 2 getroffen wurde (§ 264 Rdn. 3). Dies ergibt sich gleichfalls aus dem Verbot der Schlechterstellung. Denn auch diesen Gläubigern ist es i. d. R. nicht freigestellt gewesen, aufgrund des vereinbarten Vorrangs der Kreditgläubiger von der Geschäftsbeziehung Abstand zu nehmen (ähnlich K. Schmidt-Spliedt §§ 264 bis 266 Rn. 7).

§ 267 Bekanntmachung der Überwachung

(1) Wird die Erfüllung des Insolvenzplans überwacht, so ist dies zusammen mit dem Beschluß über die Aufhebung des Insolvenzverfahrens öffentlich bekanntzumachen.

(2) Ebenso ist bekanntzumachen:
1. im Falle des § 260 Abs. 3 die Erstreckung der Überwachung auf die Übernahmegesellschaft;
2. im Falle des § 263, welche Rechtsgeschäfte an die Zustimmung des Insolvenzverwalters gebunden werden;
3. im Falle des § 264, in welcher Höhe ein Kreditrahmen vorgesehen ist.

(3) § 31 gilt entsprechend. Soweit im Falle des § 263 das Recht zur Verfügung über ein Grundstück, ein eingetragenes Schiff, Schiffsbauwerk oder Luftfahrzeug, ein Recht an einem solchen Gegenstand oder ein Recht an einem solchen Recht beschränkt wird, gelten die §§ 32 und 33 entsprechend.

Übersicht

	Rdn.		Rdn.
A. Normzweck	1	B. Norminhalt	2

A. Normzweck

Die Überwachung ist vor allem aufgrund der Privilegierungswirkung und der Einschränkung der Verfügungsmacht des Schuldners oder der Übernahmegesellschaft für den Rechtsverkehr von besonderer Bedeutung. Die Vorschrift sichert die entsprechend notwendige Information des Rechtsverkehrs (BT-Drucks. 12/2443, S. 217). Die Vorschrift ist aufgrund ihres Schutzzwecks nicht dispositiv (§ 260 Rdn. 4).

B. Norminhalt

Die Bekanntmachung findet gem. § 9 statt. Bekannt gemacht werden die Überwachung selbst und zudem die abschließend aufgezählten Informationen nach Abs. 2. Die Bekanntmachung erfolgt zusammen mit dem Beschluss über die Aufhebung des Insolvenzverfahrens nach § 258. Die Verbindung beider Inhalte ist angebracht, da der Schuldner zwar infolge der Aufhebung die Verfügungsmacht über sein Vermögen wiedererlangt, aber aufgrund der Überwachung zugleich z. T. erheblichen Beschränkungen unterliegen kann.

Abs. 3 stellt über die §§ 31 bis 33 die **Eintragung** der Überwachung in die entsprechenden öffentlichen Register sicher. Hierdurch wird ein gutgläubiger Erwerb im Immobiliarrechtsverkehr verhindert.

§ 268 Aufhebung der Überwachung

(1) Das Insolvenzgericht beschließt die Aufhebung der Überwachung,
1. wenn die Ansprüche, deren Erfüllung überwacht wird, erfüllt sind oder die Erfüllung dieser Ansprüche gewährleistet ist oder
2. wenn seit der Aufhebung des Insolvenzverfahrens drei Jahre verstrichen sind und kein Antrag auf Eröffnung eines neuen Insolvenzverfahrens vorliegt.

(2) Der Beschluß ist öffentlich bekanntzumachen. § 267 Abs. 3 gilt entsprechend.

Übersicht	Rdn.		Rdn.
A. Normzweck	1	II. Wirkung der Aufhebung	6
B. Norminhalt	2	III. Verfahren und Rechtsbehelf	7
I. Voraussetzungen der Aufhebung	2		

A. Normzweck

Die Vorschrift dient der Rechtssicherheit. Über die Aufhebung der Überwachung ist ein Beschluss zu fassen und öffentlich bekannt zu machen.

B. Norminhalt

I. Voraussetzungen der Aufhebung

Die Vorschrift sieht zwei Gründe für die Aufhebung der Überwachung vor. Beide sind von Amts wegen zu prüfen.

Ein Aufhebungsgrund ist die **Erfüllung** der Ansprüche oder die Gewährleistung der Erfüllung. Die Gewährleistung der Erfüllung muss dabei feststehen (MK-Stephan § 268 Rn. 6). Dies kann auch durch Sicherheitsleistung erfolgen. Die notwendigen Informationen hat der Planüberwacher nach § 261 Abs. 1 zu liefern.

Aufhebungsgrund kann des Weiteren der **Ablauf des Überwachungszeitraums** sein. Sofern in dem festgesetzten Zeitrahmen ein neuer Eröffnungsantrag vorliegt, dauert die Überwachung bis zur rechtskräftigen Entscheidung des Gerichts über den Antrag fort (BT-Drucks. 12/2443, S. 217).

5 Die in Abs. 1 erwähnten Modalitäten sind **dispositiv**. Der Privatautonomie ist Vorrang einzuräumen. Durch die umfangreiche Veröffentlichung der Planüberwachung sind neue Gläubiger ausreichend geschützt. Auch eine Wettbewerbsverzerrung ist nicht erkennbar. Die mögliche Privilegierung nach §§ 264 ff. bietet zwar einen Anreiz für Kreditgläubiger, mindestens entsprechend ist aber die Abschreckungswirkung der Überwachung auf die übrigen Gläubiger (a. A. MK-Stephan § 268 Rn. 16). Gänzlich unproblematisch ist eine Verlängerung der Überwachungsphase, vorbehaltlich eines diesbezüglich u. U. beachtlichen Widerspruchs des Schuldners gem. § 247, wenn für die Kreditrahmenregelung das Ende zwingend nach 3 Jahren beibehalten wird (AG Duisburg NZI 2003, 447 ff.; a. A. MK-Stephan § 268 Rn. 16; HK-Flessner § 268 Rn. 2). Eine Überwachung über den Zeitraum von 3 Jahren hinaus ist jedoch in der Praxis die Ausnahme.

II. Wirkung der Aufhebung

6 Durch die Aufhebung der Überwachung entfallen alle bestehenden Überwachungsbeschränkungen und Aufgaben der Beteiligten. Der Schuldner bzw. die Übernahmegesellschaft erlangen die **uneingeschränkte Verfügungsbefugnis** über das Vermögen (Uhlenbruck-Lüer § 268 Rn. 5).

III. Verfahren und Rechtsbehelf

7 Die Aufhebung erfolgt durch Beschluss. **Zuständig** in nach dem 31.12.2012 beantragten Insolvenzverfahren ist der Richter gem. § 18 Abs. 2 RPflG n. F., bei vorher beantragten Verfahren der Rechtspfleger gem. § 18 Abs. 2 RPflG a. F. i. V. m. Art. 19 RechtsbehelfG. (vgl. ausführlich vor §§ 217 Rdn. 14). Dies gilt auch für Beschlüsse im Verfahren zur Planüberwachung nach §§ 261 ff. (vor § 217 Rdn. 14c).

8 Der Beschluss ist als Gegenstück zu § 267 Abs. 1 nach § 9 zu **veröffentlichen** (HK-Flessner § 268 Rn. 1). Etwaige **Eintragungen** nach § 267 Abs. 3 sind zu löschen.

9 Der Beschluss ist **nicht anfechtbar** (§ 6 Abs. 1). Erlässt ihn der Rechtspfleger (s. o. Rdn. 7), besteht **jedoch** die Möglichkeit der **Erinnerung** nach § 11 Abs. 2 Satz 1 RPflG.

§ 269 Kosten der Überwachung

¹Die Kosten der Überwachung trägt der Schuldner. ²Im Falle des § 260 Abs. 3 trägt die Übernahmegesellschaft die durch ihre Überwachung entstehenden Kosten.

Übersicht	Rdn.		Rdn.
A. Normzweck	1	B. Norminhalt	2

A. Normzweck

1 Die Vorschrift regelt die Kostentragung zulasten des Schuldners bzw. der Übernahmegesellschaft. Eine Regelung ist notwendig, da durch die Aufhebung des Verfahrens nach § 259 die Insolvenzmasse als gebundenes Vermögen zur Kostentragung nicht mehr zur Verfügung steht.

B. Norminhalt

2 Die **Kosten** der Überwachung sind die Vergütungen und Auslagen des überwachenden Insolvenzverwalters oder des jeweils beauftragten Planüberwachers und der Gläubigerausschussmitglieder, sowie Eintragungs- und Veröffentlichungskosten. Gerichtskosten entstehen während der Überwachung nicht (MK-Stephan § 269 Rn. 3).

3 Die **Höhe der Vergütung** des überwachenden Insolvenzverwalters richtet sich nach § 6 Abs. 2 InsVV (s. hierzu Mai, Insolvenzplanverfahren, Rn. 366 ff.). Die Vergütung setzt das Insolvenzgericht nach §§ 64, 73 fest. Ist im Beschluss nicht auch die Kostentragungspflicht geregelt, ist der Beschluss kein

Vollstreckungstitel (MK-Stephan § 269 Rn. 12). Ist ein Dritter mit der Überwachung beauftragt worden, ergibt sich die Höhe der Vergütung aus dem zugrunde liegenden Vertragsverhältnis.

Das Risiko eines Vermögensverfalls des Schuldners oder der Übernahmegesellschaft liegt einseitig bei dem Verwalter und den Mitgliedern des Gläubigerausschusses. Daher ist es angemessen, wenn der Plan zu Beginn der Überwachung **Sicherheiten** i. H. d. voraussichtlichen Vergütungen vorsieht (Haarmeyer/Wutzke/Förster § 6 InsVV Rn. 14). Auch ist der Verwalter berechtigt, Abschläge auf seine Vergütung und seine Auslagen zu verlangen (Haarmeyer/Wutzke/Förster, Handb. InsO, S. 1054). 4

Die Vorschrift ist **dispositiv** (FK-Jaffé § 269 Rn. 1). 5

Siebter Teil Eigenverwaltung

Vorbemerkung zu §§ 270 ff.

Übersicht	Rdn.			Rdn.
A. Struktur der Eigenverwaltung	1	C.	Reform der Eigenverwaltung (ESUG)	7
B. Entstehungsgeschichte	3			

A. Struktur der Eigenverwaltung

Abweichend vom Regelinsolvenzverfahren wird bei der Eigenverwaltung die Verwaltungs- und Verfügungsbefugnis über die Insolvenzmasse durch das Gericht nicht einem Insolvenzverwalter, sondern dem Schuldner zugewiesen (§ 270). Der Schuldner unterliegt während der Dauer des Insolvenzverfahrens der Aufsicht durch einen **Sachwalter** (§ 274 Abs. 2), mit dem er die Verfahrensabwicklung abstimmen bzw. dessen Zustimmung er vor bestimmten Rechtshandlungen einholen soll (§ 275) und der die Kassenführung an sich ziehen kann (§ 275 Abs. 2). Das Gericht kann dem Schuldner auch einen Zustimmungsvorbehalt auferlegen (§ 277). 1

Das gesamte Konzept der Eigenverwaltung ist stark von der **Gläubigerautonomie** geprägt, wodurch die dem regulären Insolvenzverfahren innewohnende **Ordnungsfunktion** in den Hintergrund gedrängt wird (BGH, NZI 2007, 240). Dies führt insb. dann zu Problemen, wenn die Gläubiger – wie häufig zu beobachten – im Laufe des Verfahrens das Interesse verlieren und ihre Überwachungs- und Eingriffsmöglichkeiten nicht mehr wahrnehmen oder aber einzelne Großgläubiger ihre Dominanz zur Verfolgung vorrangig der eigenen Interessen einsetzen. Dem Insolvenzverwalter stehen im regulären Verfahren Kompetenzen zu, die eine ordnungsgemäße und effektive Verfahrensabwicklung sicherstellen. In der Eigenverwaltung wurde auf die Zuweisung solcher Rechte an den Sachwalter jedoch weitestgehend verzichtet. 2

B. Entstehungsgeschichte

Das Institut der Eigenverwaltung wurde im Zuge der Neuregelung des Insolvenzrechts geschaffen und durch die 1999 in Kraft getretene InsO in den §§ 270 bis 285 gesetzlich verankert. 3

Hintergrund der Einführung der Eigenverwaltung war eine angestrebte **Optimierung des Insolvenzverfahrens**, sowohl im Hinblick auf Zeit und Kosten als auch auf die für die Gläubiger zu erwartende Quote. Man ging von einer erheblichen Zeitersparnis aus, da es für den Schuldner – im Gegensatz zu einem Fremdverwalter – nicht erforderlich ist, sich in die spezifischen Geschäfts- und Betriebsabläufe einzuarbeiten. Eine Kostenreduktion sollte sich daraus ergeben, dass die Vergütung des Sachwalters ggü. der des Insolvenzverwalters erheblich reduziert ist (vgl. § 12 InsVV). Zudem sollte die Eigenverwaltung dem Schuldner einen **Anreiz zu einer frühzeitigen Antragstellung** bieten, da er nicht befürchten muss, aus seinem Unternehmen verdrängt zu werden, wodurch bessere

Sanierungschancen eröffnet und damit höhere Quoten erzielt werden sollten (Begr. RegE-InsO, BT-Drucks. 12/2443, S. 223). Als Leitbild diente dabei das US-amerikanische »Chapter-11«-Verfahren, bei dem ebenfalls der Schuldner die Kontrolle über sein Unternehmen behält, um dieses mithilfe eines Planverfahrens zu sanieren.

4 Bereits vor Aufnahme in die InsO war das Konzept der Eigenverwaltung stark umstritten (vgl. z. B. Stellungnahme des Gravenbrucher Kreises Beilage 15 zu Heft 29 BB 1986; Alternativentwurf des Gravenbrucher Kreises ZIP 1993, 625 ff.) und wird noch heute sowohl von weiten Teilen der Literatur als auch der Rechtsprechung äußerst skeptisch betrachtet, da sie vorrangig als Hilfsmittel für den Schuldner empfunden wird, eine zu intensive Recherche des Insolvenzverwalters zu möglichen Ansprüchen gegen Gesellschafter und Geschäftsführer bzw. eine allzu genaue »Durchleuchtung« der im Vorfeld erfolgten Arbeit von Beratern zu vereiteln (Förster, ZInsO 2003, 402, 403; Grub, ZIP 1993, 393, 396).

5 Trotz der starken Bedenken gegen dieses Rechtsinstitut wurde die Eigenverwaltung in der Vergangenheit auch vor Einführung des ESUG – teilweise auch im Rahmen medienwirksamer Großinsolvenzen (Agfa Photo GmbH, Ihr Platz GmbH & Co. KG, Babcock Borsig AG, Kirch Media GmbH & Co. KGaA) – mehrfach von verschiedenen Gerichten angeordnet. Dennoch herrschte – teilweise bis heute – eine starke Zurückhaltung der Gerichte im Hinblick auf die Anordnung der Eigenverwaltung. Die geringe faktische Bedeutung der Eigenverwaltung in der gerichtlichen Praxis war auch deutlich daran zu erkennen, dass in den 10 Jahre nach Einführung dieses Instituts kaum mehr als eine Handvoll höchstrichterlicher Entscheidungen zu diesem Themenkomplex ergangen waren.

6 Die ursprüngliche Erwartung, das Institut der Eigenverwaltung werde auch im internationalen Zusammenhang an Bedeutung gewinnen, hat sich allerdings bislang nicht bestätigt. Zwar hat das AG Köln in seiner Entscheidung vom 23.01.2004 (ZInsO 2004, 216) die **Eigenverwaltung im Rahmen eines Sekundärinsolvenzverfahrens** gem. Art. 3 Abs. 3 EuInsVO angeordnet und damit die Eigenverwaltung als eine Möglichkeit, die gesetzlich nicht geregelte **Konzerninsolvenz** unter einer einheitlichen Leitung zu verwirklichen und die praktischen Probleme der in Art. 31 EuInsVO vorgesehenen Kooperationspflichten zwischen Haupt- und Sekundärinsolvenzverwalter zu entschärfen gesehen (ausführl. dazu Smid, DZWIR 2004, 397, 408; Meyer-Löwy/Poertzgen, ZInsO 2004, 195, 196); in der Praxis konnte sich dieses Modell, bei dem die einheitliche Leitung in den Händen eines i. R. d. Hauptinsolvenzverfahrens eingesetzten Verwalters liegt, der die Leitungsorgane der eigenverwaltenden Schuldnerin ersetzt oder dem zumindest aufgrund der Konzernstruktur Weisungsrechte ggü. diesen Leitungsorganen zustehen und dem dann i. R. d. Eigenverwaltung lediglich ein Sachwalter mit Überwachungsfunktion zur Seite gestellt wird, allerdings offenbar nicht durchsetzen.

C. Reform der Eigenverwaltung (ESUG)

7 Auf die geringe praktische Bedeutung der Eigenverwaltung (§§ 270 ff.) hat der Gesetzgeber mit dem Gesetz zur weiteren Erleichterung der Sanierung von Unternehmen (ESUG) reagiert (BGBl. I 2011, S. 2582 ff.), das – zumindest mit Blick auf die hier im Folgenden im Mittelpunkt stehenden Änderungen bzgl. der Eigenverwaltung – zum 01.03.2012 in Kraft getreten ist.

8 Mit Einführung des ESUG wurden die Voraussetzungen für die Anordnung der Eigenverwaltung nach Ansicht des Gesetzgebers zwar nur »maßvoll« gelockert (BT-Drucks. 17/5712, S. 19), indem der entsprechende Antrag nunmehr nur dann abgelehnt werden kann, wenn tatsächlich konkrete Umstände bekannt sind, die Erwarten lassen, dass die Anordnung der Eigenverwaltung zu Nachteilen führt, faktisch wurde hiermit jedoch die klare Zielrichtung verbunden, den Anteil der Eigenverwaltungsverfahren zu erhöhen.

9 Mit dem ESUG wurde zudem das neue Instrument des sog. »Schutzschirmes« (§ 270b) eingeführt, bei dem es sich allerdings lediglich um einige Sonderregelungen für die Gestaltung des Insolvenzeröffnungsverfahrens handelt. Auch wenn – anders als in den ersten Diskussionen im Rahmen des Gesetzgebungsverfahrens noch angedacht – der »Schutzschirm« letztlich nicht als vorinsolvenzliches

Verfahren oder Moratorium ausgestaltet wurde, liegt sein großer Charme aus Schuldnersicht darin, dass – entsprechende Eignung der ausgewählten Person vorausgesetzt – die Person des Sachwalters durch den Schuldner selbst bestimmt werden kann (§ 270b Abs. 2).

Auch wenn die Vorbehalte gegen die Eigenverwaltung nach wie vor bei vielen Insolvenzgerichten deutlich spürbar sind, ist die Anzahl der Eigenverwaltungsverfahren in der Zeit seit Einführung des ESUG sprunghaft gestiegen. Darunter waren durchaus prominente Fälle wie z. B. Loewe, Pfleiderer, Centrotherm und IVG. Kaum ein namhaftes Großunternehmen unternimmt nicht zumindest den Versuch, in das Insolvenzverfahren als Eigenverwaltung zu starten. Gleichzeitig wurde die Eigenverwaltung und/oder das Schutzschirmverfahren offenbar zunehmend auch als strategisches »Kampfmittel« im Rahmen von Verhandlungen mit den Gläubigern oder aber in gesellschaftsrechtlichen Auseinandersetzungen (»Suhrkamp«) eingesetzt, was einer erneuten Debatte über das Missbrauchspotenzial dieser Verfahren Vorschub geleistet hat. 10

Dennoch ist davon auszugehen, dass sich die Bedeutung der Eigenverwaltung in der Insolvenzpraxis weiter verstärken wird. Dies gilt umso mehr, als nunmehr eine Empfehlung der Europäischen Kommission vorliegt, die sämtliche Mitgliedsstaaten die Einführung eines an das Englische »Scheme of Arrangement« angelehnte Verfahren zur Vermeidung einer Insolvenz, das bereits vor Eintritt der eigentlichen Insolvenzreife durchführbar und nicht unter der Kontrolle eines Sachwalters zu absolvieren ist, nahelegt (s. dazu EMPFEHLUNG DER KOMMISSION vom 12.03.2014 für einen neuen Ansatz im Umgang mit unternehmerischem Scheitern und Unternehmensinsolvenzen – C[2014] 1500 final, abzurufen unter http://ec.europa.eu/justice/civil/files/c_2014_1500_de.pdf). 11

§ 270 Voraussetzungen

(1) ¹Der Schuldner ist berechtigt, unter der Aufsicht eines Sachwalters die Insolvenzmasse zu verwalten und über sie zu verfügen, wenn das Insolvenzgericht in dem Beschluß über die Eröffnung des Insolvenzverfahrens die Eigenverwaltung anordnet. ²Für das Verfahren gelten die allgemeinen Vorschriften, soweit in diesem Teil nichts anderes bestimmt ist. ³Die Vorschriften dieses Teils sind auf Verbraucherinsolvenzverfahren nach § 304 nicht anzuwenden.

(2) Die Anordnung setzt voraus,
1. daß sie vom Schuldner beantragt worden ist und
2. dass keine Umstände bekannt sind, die erwarten lassen, dass die Anordnung zu Nachteilen für die Gläubiger führen wird.

(3) ¹Vor der Entscheidung über den Antrag ist dem vorläufigen Gläubigerausschuss Gelegenheit zur Äußerung zu geben, wenn dies nicht offensichtlich zu einer nachteiligen Veränderung in der Vermögenslage des Schuldners führt. ²Wird der Antrag von einem einstimmigen Beschluss des vorläufigen Gläubigerausschusses unterstützt, so gilt die Anordnung nicht als nachteilig für die Gläubiger.

(4) Wird der Antrag abgelehnt, so ist die Ablehnung schriftlich zu begründen; § 27 Absatz 2 Nummer 4 gilt entsprechend.

Übersicht	Rdn.
A. Normzweck	1
B. Norminhalt	2
I. Voraussetzungen der Anordnung (Abs. 2)	2
1. Anwendungsfälle	2
a) Keine Anwendung auf Verbraucherverfahren gem. §§ 304 ff.	3
b) Betriebsfortführung	4
c) Liquidationsverfahren	5
d) Sekundärinsolvenzverfahren gem. Art. 3 Abs. 3 EuInsVO	7
e) Natürliche Personen	8
f) Nachlassinsolvenzverfahren	12
2. Antrag des Schuldners (Nr. 1)	13
3. Keine Nachteile für Gläubiger (Nr. 2)	19
a) Amtsermittlungspflicht des Gerichts im Hinblick auf mögliche Nachteile	23
b) Hinterlegung von Schutzschriften durch Gläubiger	27
4. Sonstige Voraussetzungen	28

	5.	Einfluss der Gläubiger auf die Anordnung der Eigenverwaltung (Abs. 3)		29	
II.	Rechtsfolgen			31	
	1.	Rechtscharakter und Ausübung der Verwaltungs- und Verfügungsbefugnis		32	
	2.	Gesellschaftsrechtliche Wirkungen		37	
		a) Allgemeine gesellschaftsrechtliche Zustimmungserfordernisse, Weisungs- und Kontrollrechte		37	
		b) Auflösung der Gesellschaft		39	
	3.	Masseverbindlichkeiten/Zahlungszusagen		40	
	4.	Steuerliche Organschaft		41	
	5.	Haftung des eigenverwaltenden Schuldners		42	
	6.	Anwendbarkeit des § 240 ZPO		46	
	7.	Sonstiges		47	
C.	**Verfahrensfragen**			48	
I.	Beschlussinhalt			48	
II.	Rechtsmittel			50	
III.	Eintragung in Registern			55	
IV.	Sonstiges			56	

A. Normzweck

1 § 270 regelt die Voraussetzungen der Anordnung der Eigenverwaltung sowie die daran geknüpften Rechtsfolgen. Die Eigenverwaltung stellt allerdings keine eigene Verfahrensart dar, die selbstständig beantragt oder deren Ablehnung nach § 34 angegriffen werden könnte. Vielmehr stellt sie im Fall ihrer Anordnung lediglich eine vom Regelfall abweichende Zuordnung der Verwaltungs- und Verfügungsbefugnis dar (BGH, NZI 2007, 238, 239; NZI 2007, 240). Die Bestellung des Sachwalters wird in § 270c gesondert geregelt.

B. Norminhalt

I. Voraussetzungen der Anordnung (Abs. 2)

1. Anwendungsfälle

2 Die Voraussetzungen für die Anordnung der Eigenverwaltung wurden in der jüngeren Vergangenheit durch das ESUG »maßvoll« gelockert (BT-Drucks. 17/5712, S. 19; dazu Vorbem. zu §§ 270 ff. Rdn. 8). Eine Beschränkung der Möglichkeit der Anordnung der Eigenverwaltung auf bestimmte Unternehmenstypen oder -größen bzw. auf juristische Personen ergab sich zwar auch zuvor schon nicht aus dem Gesetz, unabhängig von der Art des betroffenen Geschäftsbetriebs bzw. der Person des Schuldners sollte aber die Anordnung der Eigenverwaltung nicht die Regel, sondern die **Ausnahme** sein (Begründung des Rechtsausschusses zu § 331 Abs. 2 RegEInsO; AG Darmstadt, ZInsO 1999, 176, 177; OLG Naumburg, ZInsO 2000, 505; AG Duisburg, ZInsO 2002, 1046 u. 2003, 53; AG Potsdam, DZWIR 2000, 343). Dieses bisher mit Blick auf die Anordnung der Eigenverwaltung geltende Misstrauen soll nach dem Willen des ESUG aufgegeben und die Stigmatisierung des Schuldners verhindert werden. Das Regel-Ausnahme-Verhältnis ist entsprechend infolge der Änderungen durch das ESUG umgedreht worden: Nur wenn tatsächlich konkrete Umstände bekannt sind, nach denen Nachteile für die Gläubiger zu besorgen sind, soll der Antrag des Schuldners auf Eigenverwaltung abgelehnt werden (unten Rdn. 19 ff.; zu dieser Regelung auch Hofmann, NZI 2010, 798 f.). Es bleibt mithin beim Antragserfordernis, im Zweifel ist die Eigenverwaltung aber anzuordnen.

a) Keine Anwendung auf Verbraucherverfahren gem. §§ 304 ff.

3 Nur für den Bereich der **Verbraucherinsolvenz** ist gem. Abs. 1 Satz 3 die Anordnung gesetzlich ausgeschlossen. Die Regelung entspricht inhaltlich dem bisherigen und nunmehr entfallenen § 312 Abs. 3 a. F.

b) Betriebsfortführung

4 Dass die Anordnung der Eigenverwaltung bei **größeren Unternehmen mit laufendem Geschäftsbetrieb** (bei Vorliegen der sonstigen Voraussetzungen) stets in Betracht kommt, ist und war in

Literatur und Rechtsprechung nahezu unumstritten (AG Duisburg, ZInsO 2002, 1046; Görg/Stockhausen, FS Metzeler S. 105 ff.; Görg, FS Uhlenbruck S. 117 ff.).

c) Liquidationsverfahren

Obwohl sich der Gesetzgeber zu dieser Frage nicht ausdrücklich äußert, scheint auch er den Fall der Betriebsfortführung als Leitbild der Eigenverwaltung vor Augen gehabt zu haben (vgl. Ringstmeier/Homann, NZI 2002, 406, 408). 5

Einige Gerichte halten dementsprechend die Eigenverwaltung bei **reinen Liquidationsverfahren** für ausgeschlossen (AG Hamburg, NZI 2014, 269; AG Erfurt, ZInsO 2012, 944; AG Lübeck, DZWIR 2000). Ein Anhaltspunkt für diese Auffassung lässt sich jedoch weder dem Gesetz noch der Regierungsbegründung zur InsO entnehmen. Gerade wenn nur noch einzelne, überschaubare Liquidationsvorgänge anstehen, ist die **Missbrauchsgefahr erheblich reduziert** und der Effekt der Kostensenkung wirkt sich gerade bei kleinen Massen deutlich zugunsten der Gläubiger aus (so auch LG Cottbus, ZInsO 2002, 296; krit. hierzu Lüke, ZIP 2001, 2189). 6

d) Sekundärinsolvenzverfahren gem. Art. 3 Abs. 3 EuInsVO

Da die Eigenverwaltung auch bei reinen Liquidationsverfahren möglich ist, kann sie bei **Sekundärinsolvenzverfahren** gem. Art. 3 Abs. 3, 27 EuInsVO angeordnet werden (AG Köln, ZInsO 2004, 216; zust. Meyer-Löwy/Poertzgen, ZInsO 2004, 195, 197; Blenske, EWiR 6/04, 601; vgl. auch Kommentierung zu Art. 27 EuInsVO Rdn. 12). Da sich in diesem Fall Unternehmensleitung und Hauptinsolvenzverwalter i. d. R. im Ausland befinden, ist im Rahmen des Sekundärverfahrens allerdings im Rahmen der Nachteilsprognose besonders darauf zu achten, ob ausreichende Kenntnisse über das deutsche Insolvenzverfahren vorhanden sind (s. dazu unten Rdn. 21). 7

e) Natürliche Personen

Nach ihrer ursprünglichen Konzeption sollte die Eigenverwaltung nur in der Insolvenz juristischer Personen Anwendung finden, da bei natürlichen Personen, die ohnehin bereits den (Insolvenz-)Gläubigern mit ihrem Vermögen unbeschränkt haften, stets die Gefahr besteht, **Pflichtverletzungen haftungsrechtlich nicht wirksam sanktionieren** zu können (1. Bericht der Kommission für Insolvenzrecht, 1985, Ls. 1.3.1.1, S. 126). Gesetzlich ausgeschlossen wurde die Anordnung der Eigenverwaltung jedoch letztlich gem. Abs. 1 Satz 3 (entspricht § 312 Abs. 3 a. F.) allein für den Bereich der Verbraucherinsolvenz, weshalb sie bei sowohl ehemals als auch aktiv selbstständigen Personen angeordnet werden kann, soweit die §§ 304 ff. keine Anwendung finden (LG Bochum, ZInsO 2003, 89, 91). Die **Aufsicht durch den Sachwalter** sowie die Aussicht auf Restschuldbefreiung sorgen für eine ausreichende Gewähr einer ordnungsgemäßen Abwicklung des Insolvenzverfahrens (LG Cottbus, ZInsO 2002, 296). Bei Vorliegen der Voraussetzungen kann daher die Durchführung eines Insolvenzverfahrens unter Anordnung der Eigenverwaltung auch auf Basis einer Stundung der Verfahrenskosten gem. § 4a InsO erfolgen (so wohl auch BGH, NZI 2007, 238, 239). 8

Gerade bei freiberuflichen Tätigkeiten kann die Anordnung der Eigenverwaltung sinnvoll sein, um **berufs- und standesrechtliche Probleme** zu vermeiden. Zwar kann eine freiberufliche Praxis grds. von einem Insolvenzverwalter fortgeführt werden, sofern er die hierfür erforderliche Qualifikation besitzt (BFH, ZIP 1994, 1283; dazu umfassend Hess/Röpke, NZI 2003, 233, 234 m. w. N.; a. A. FG Düsseldorf, ZIP 1992, 635, 636; zur speziellen Problematik der Fortführung einer Arztpraxis in der Insolvenz vgl. Graf/Wunsch, ZIP 2001, 1029, 1033), dies ist jedoch insb. im Hinblick auf Arzt- und Steuerberatungspraxen selten der Fall. Soweit die im Einzelfall anzuwendende Berufsordnung einen Widerruf der Zulassung aufgrund Vermögensverfalls oder des Nichtvorliegens geordneter wirtschaftlicher Verhältnisse vorsieht, läuft der Schuldner stets Gefahr, aufgrund der Eröffnung des Insolvenzverfahrens über sein Vermögen seine Zulassung zu verlieren (ausf. zu der mangelnden Abstimmung der insolvenz- und berufsrechtlichen Regelungen Uhlenbruck-Hirte, § 35 Rn. 290 ff.). 9

10 Im besonderen Fall der Insolvenz eines **selbstständig tätigen Rechtsanwalts** stellt die Eigenverwaltung eine Möglichkeit dar, auch für den Zeitraum des Insolvenzverfahrens die Zulassung zu erhalten, da Mandanten in diesem Fall weiterhin Zahlungen mit schuldbefreiender Wirkung an ihn leisten können (dies gilt selbst dann, wenn sich der Sachwalter die Kassenführung vorbehalten hat, vgl. § 275 Rdn. 12 f.). Die Eigenverwaltung erfüllt somit die Maßgabe der Rspr. des BGH, nach der die Zulassung eines Rechtsanwalts, über dessen Vermögen das Insolvenzverfahren eröffnet ist, ansonsten schon deshalb zu widerrufen ist, weil selbst gutgläubige Mandanten das Honorar nicht mit schuldbefreiender Wirkung an den Rechtsanwalt zahlen könnten und daher Gefahr liefen, nochmals an den Insolvenzverwalter zahlen zu müssen; vor diesem Hintergrund sei rgm. von einer **Gefährdung von Mandanteninteressen** auszugehen (BGH ZInsO 2005, 213). Eine Wiederzulassung kommt entsprechend erst nach Aufhebung des Insolvenzverfahrens während der Wohlverhaltensperiode in Betracht (BGH, NJW 2005, 1271). Eine Ausnahme von dieser Annahme wurde bislang lediglich dann anerkannt, wenn der Rechtsanwalt in einem nicht selbstständigen Anstellungsverhältnis steht und sich erheblichen Beschränkungen im Hinblick auf Mandatsannahme und Umgang mit Mandantengeldern unterworfen hat (BGH, NZI 2007, 678, 679; BVerwGE 124, 110 = NJW 2005, 3795, 3799).

11 Auch die Fortführung einer Apotheke im eröffneten Insolvenzverfahren lässt sich ausschließlich im Rahmen einer Eigenverwaltung oder der Verpachtung gem. § 9 ApoG realisieren (OVG Berlin-Brandenburg, ZVI 2004, 620; dazu Uhlenbruck-Hirte, § 35 Rn. 297).

f) **Nachlassinsolvenzverfahren**

12 Innerhalb eines **Nachlassinsolvenzverfahrens** (§§ 315 ff.) kann die Eigenverwaltung ebenfalls angeordnet werden. Verwaltungs- und verfügungsbefugt ist in diesem Fall der Erbe.

Eine Eigenverwaltung wird jedoch grds. nicht in Betracht kommen, wenn wechselseitige Ansprüche zwischen Nachlass und Erben gem. §§ 1978, 1979 BGB oder Haftungsansprüche gem. § 1980 BGB gegen den Erben geltend zu machen sind (a. A. AG Köln, ZInsO 1999, 601: Ausschluss der Eigenverwaltung nur, wenn das Bestehen der Ansprüche im Insolvenzantrag bzw. Anhörungsfragebogen verschwiegen wird).

2. **Antrag des Schuldners (Nr. 1)**

13 Voraussetzung für die Anordnung der Eigenverwaltung ist ein **Antrag des Schuldners**. Dieser wird i. d. R. gemeinsam mit dem Eröffnungsantrag gestellt, eine separate Beantragung der Eigenverwaltung ist aber auch nachträglich bis zur Eröffnung des Insolvenzverfahrens möglich. Nach Eröffnung des Insolvenzverfahrens ist keine unmittelbare Beantragung der Eigenverwaltung durch den Schuldner mehr möglich. Er kann allerdings versuchen, auf die Gläubigerversammlung dahin gehend einzuwirken, dass diese eine nachträgliche Anordnung der Eigenverwaltung gem. § 271 beantragt. Ein erstmaliges »Nachschieben« des Antrages auf Anordnung der Eigenverwaltung im Rahmen des Beschwerdeverfahrens ist jedoch nicht möglich (K. Schmidt-Undritz, § 270 Rn. 4)

14 Handelt es sich bei dem Schuldner um eine juristische Person, sind ausschließlich deren vertretungsbefugte gesellschaftsrechtliche Organe zur Antragstellung berechtigt. Der Antrag ist zulässig, wenn er von einem **im Außenverhältnis vertretungsberechtigten Organ** gestellt wurde. Die Grundsätze des § 18 Abs. 3 sind insoweit analog anzuwenden (so im Ergebnis aus Mohrbutter/Ringstmeier-Bähr/Landry § 15 Rn. 11; Gottwald-Haas/Kahlert § 87 Rn. 9; a. A. K. Schmidt-Undritz, § 270 Rn. 6). Auf die Befugnis des Organs zur Antragstellung im Innenverhältnis kommt es insoweit nicht an (AG Mannheim, ZIP 2014, 484). Insbesondere die Antragstellung bei lediglich drohender Zahlungsunfähigkeit ohne entsprechenden Gesellschafterbeschluss mag im Innenverhältnis unrechtmäßig oder gar rechtsmissbräuchlich sein (so z. B. LG Frankfurt am Main BeckRS 2013, 16029) und damit ggf. Schadensersatzpflichten gegenüber den Gesellschaftern auslösen, die Zulässigkeit des gestellten Antrags entfällt damit jedoch nicht. Gleiches gilt bei unterschiedlichen Auffassungen mehrerer Organe über die Frage, ob ein Insolvenzverfahren in Regel- oder Eigenver-

waltung durchgeführt werden soll (AG Mannheim, ZIP 2014, 484), wobei aber die Uneinigkeit im Rahmen der Nachteilsprognose (dazu Rdn. 21) gegen die Anordnung der Eigenverwaltung sprechen kann.

Der eingereichte Eröffnungsantrag darf jedoch nicht unter der **Bedingung der Anordnung** der Eigenverwaltung gestellt werden; a.A. aber offenbar AG Mannheim, das den Antrag als »nicht gestellt« ansehen will, wenn deutlich zum Ausdruck komme, dass die Einleitung eines Insolvenzverfahrens nur unter Eigenverwaltung angestrebt werde [ZIP 2014, 484]). 15

Liegt der Mittelpunkt der hauptsächlichen Interessen des Schuldners gem. **Art. 3 EuInsVO** in einem anderen EU-Mitgliedstaat und ist dort bereits ein **Hauptinsolvenzverfahren** eröffnet worden, so ist der dort bestellte Hauptinsolvenzverwalter ebenfalls befugt, einen Antrag auf Anordnung der Eigenverwaltung i.R.d. deutschen Sekundärinsolvenzverfahrens zu stellen (AG Köln, ZInsO 2004, 216, 219; zust. Meyer-Löwy/Poertzgen, ZInsO 2004, 195, 198; **a.A.** Smid, DZWIR 2004, 397, 400, der für ein Fortbestehen der verfahrensrechtlichen Befugnisse der alten Geschäftsführung plädiert; Beck, NZI 2006, 609, 616f.). 16

Liegt (auch) ein **Gläubigerantrag** auf Eröffnung des Insolvenzverfahrens vor, ist seit dem ESUG für die Frage, ob zur Anordnung der Eigenverwaltung seine Zustimmung erforderlich ist, nicht mehr entscheidend, ob der Gläubiger mit seinem Eröffnungsantrag dem Schuldner zuvor gekommen ist oder nicht (zur alten Rechtslage vgl. 3. Aufl. Rn. 16). Die Anordnung der Eigenverwaltung hängt nach neuem Recht (zumindest nach dem Gesetzestext) nicht mehr von der Zustimmung des **Gläubigers** ab, auch wenn er vor dem Schuldner einen Eröffnungsantrag gestellt hat. Der Gesetzgeber konstatierte, dass der mit dem bisherigen Zustimmungserfordernis verfolgte Zweck, den Schuldner zu einer möglichst frühzeitigen Antragstellung zu motivieren, die drohenden Nachteile einer Blockade der Eigenverwaltung durch den Gläubiger nicht wettmachen könne (BT-Drucks. 17/5712, S. 38). Allerdings hat das AG Köln die Blockademöglichkeit durch Gläubiger gegenüber der alten Rechtslage sogar noch erweitert, als es nunmehr (im Rahmen der Nachteilsprognose – dazu Rdn. 21) bereits grundsätzlich die fehlende Bereitschaft wesentlicher Gläubiger zur Mitwirkung an den Sanierungsbemühungen ausreichen lässt, um den Antrag auf Eigenverwaltung abzulehnen (NZI 2013, 796). 17

Gläubiger, die eine Anordnung der Eigenverwaltung verhindern wollen, bleibt nunmehr daher nur noch die Möglichkeit, dem Gericht frühzeitig Umstände bekannt zu machen, die erwarten lassen, dass die Anordnung zu Nachteilen für die Gläubiger führen wird, um hierdurch eine Anordnung zu verhindern (zur Hinterlegung sog. Schutzschriften vgl. Rdn. 27) 18

3. Keine Nachteile für Gläubiger (Nr. 2)

Im Zusammenhang mit der bezweckten »maßvollen« Lockerung der Voraussetzungen für das Eigenverwaltungsverfahren und der Umkehr des nach altem Recht mit Blick auf die Anordnung der Eigenverwaltung geltende Regel-Ausnahme-Verhältnisses (oben Rdn. 2) setzt Nr. 2 für eine Ablehnung der Anordnung der Eigenverwaltung nunmehr voraus, dass konkrete Umstände bekannt sind, nach denen Nachteile für die Gläubiger zu besorgen sind (zu dieser Regelung auch Hofmann, NZI 2010, 798f.). Bei der Prüfung des Gerichts, ob durch die Anordnung der Eigenverwaltung den Gläubigern Nachteile drohen, handelt es sich um eine **Prognoseentscheidung** (AG Köln, ZInsO 1999, 601; ZInsO 2004, 216). Diese Prognose im Hinblick auf die Gläubigergefährdung ist anhand von Indizien unter Berücksichtigung der jeweiligen Besonderheiten des Einzelfalls zu erstellen (unten Rdn. 21f.). Erforderlich für eine Ablehnung ist insoweit eine überwiegende Wahrscheinlichkeit für den Eintritt einer Gläubigergefährdung (BT-Drucks. 17/5712, S. 38: »Unklarheiten über mögliche Nachteile für die Gläubiger gehen damit nicht mehr zu Lasten des Schuldners«; a.A. AG Hamburg, NZI 2014, 269, das bereits eine »gewisse« Wahrscheinlichkeit, oder sogar eine geringe Wahrscheinlichkeit für eine Ablehnung der Eigenverwaltung ausreichen lässt). Wird der Antrag von einem einstimmigen Beschluss der Gläubigerversammlung unterstützt, so gilt die Anordnung nach 19 dem neu eingefügten Abs. 3 Satz 2 nicht als nachteilig für die Gläubiger (unten Rdn. 30). Relevanter Prognosezeitpunkt ist der Zeitpunkt der Eröffnung (AG Hamburg, NZI 2014, 269).

20 I. Ü. ist aber ein vom bisherigen Verständnis von dem Begriff des Nachteils abweichendes Verständnis weder durch die Umformulierung der Nr. 3 noch durch die generelle Umkehr des Regel-Ausnahme-Verhältnisses begründet, sodass es bei der bisher in Rechtsprechung und Schrifttum vorgenommene Konkretisierung des Begriffs des Nachteils bleibt (Hirte/Knof/Mock, DB 2011, 693, 694).

21 ▶ Übersicht: Indizien, deren Vorliegen gegen die Anordnung der Eigenverwaltung sprechen:
- die im Rahmen der Insolvenzantragstellung gemachten **Angaben sind unvollständig oder falsch** (AG Hamburg, FD-InsR 2014, 356310; AG Darmstadt, ZInsO 1999, 176, 177);
- der Schuldner (natürliche Person) teilt bei Antragstellung nicht mit, in welcher Höhe er nach Anordnung der Eigenverwaltung **Unterhaltsbeträge** gem. § 278 zu entnehmen beabsichtigt;
- zwischen mehreren Gesellschafter-Geschäftsführern besteht **Uneinigkeit über die Frage der Durchführung eines Eigenverwaltungsverfahrens** (AG Mannheim, BeckRS 2014, 05003);
- zwischen den Mitgliedern der Geschäftsleitung herrscht **Uneinigkeit über wesentliche Fragen der Geschäftsführung**;
- das Unternehmen hat seit Jahren **keine wirksamen Jahresabschlüsse** aufgestellt (AG Darmstadt, ZInsO 1999, 176, 177; ZIP 1999, 1494, 1495) und in der Vergangenheit wurden die Geschäftsvorfälle nicht transparent dokumentiert;
- die rechtlichen und **wirtschaftlichen Verhältnisse** des Schuldners sind nach Einschätzung nahestehender Personen (z. B. Mitarbeiter andere Konzerngesellschaften, Hauptgläubiger) **völlig undurchsichtig** (»Blackbox«) und erfordern erhebliche Ermittlungsarbeiten (AG Hamburg, NZI 2014, 269);
- es besteht eine **Vielzahl von – schlecht dokumentierten – Intercompany Verbindungen**, die auf eine unsachgerechte Vermischung der Vermögensmassen im Vorfeld der Insolvenz hindeuten (so in der Tendenz auch AG Köln, BeckRS 2013 08856);
- die Geschäftsführung hat in der Vergangenheit bereits in erheblichem Umfang gegen die **Unternehmensinteressen verstoßen**, so z. B. durch die Herausgabe ungesicherter Darlehen (AG Köln, BeckRS 08856);
- bereits seit längerer Zeit wurden (**erfolglose**) **Sanierungsbemühungen** unternommen (AG Darmstadt, ZInsO 1999, 176, 177; LG Bonn, ZInsO 2003, 806). Anders zu beurteilen ist allerdings der Fall, wenn ein Krisenmanager »an Bord« geholt wurde, dieser anerkanntermaßen richtige und angemessene Maßnahmen ergriffen hat, die Zeit aber nicht mehr ausreiche, um eine Sanierung herbeizuführen (Ehricke, ZIP 2002, 782, 785);
- es liegt eine **erhebliche Zeitspanne** zwischen Einstellung der Zahlungen und der Stellung des Insolvenzantrages (BGH, NZI 2006, 34);
- die Schuldnerin gehört zu einer Unternehmensgruppe, von der sich andere Gesellschaften bereits in einem regulären Insolvenzverfahren befinden und eine **einheitliche Abwicklung der Verfahren** erscheint angezeigt (AG Hamburg, BeckRS 2013, 22869);
- es liegt eine **offensichtliche Insolvenzverschleppung** vor (AG Potsdam, 01.04.1999 – 35 IN 271/99, n. v.);
- an der Redlichkeit des Schuldners bestehen erhebliche Zweifel, da gegen ihn bereits Ermittlungsverfahren wegen Bankrott- oder anderer Vermögensdelikte eingeleitet worden sind oder sogar **einschlägige Vorstrafen des Schuldners** vorliegen (AG Hamburg, NZI 2014, 269; Uhlenbruck-Uhlenbruck § 270 Rn. 27).
- das konkrete Verhalten von Gesellschaftern und/oder Geschäftsführern deutet darauf hin, dass diese versuchen, **sich Haftungsansprüchen zu entziehen**, z. B. durch Verschweigen der Ansprüche im Anhörungsfragebogen bzw. Versuche, die Bestellung eines Gutachters zu verhindern (AG Köln, ZInsO 1999, 601; AG Hamburg, FD-InsR 2014, 356310; im Ergebnis auch AG Köln, BeckRS 2013 08856);

- es besteht Anlass für die begründete Besorgnis im Sinne der Befangenheitsrechtsprechung, die Geschäftsführung und/oder der Gesellschafter habe **private (Eigen-) Interessen** an bestimmten unsachgerechten Verfahrensergebnissen wie z. B. Vergabe der übertragenden Sanierung (AG Hamburg, FD-InsR 2014, 356310);
- **intransparente Geschäftsführung** des Schuldners während der vorläufigen Eigenverwaltung – insbesondere Verletzung von Auskunftspflichten gegenüber Sachwalter, Insolvenzgericht und Gläubigerausschuss (AG Potsdam, ZIP 2013, 181);
- dem Gläubigerausschuss (und/oder dem Sachwalter) werden auf Nachfrage die **aktuellen Unternehmenszahlen** nicht zur Verfügung gestellt (AG Köln, BeckRS 08856);
- wesentliche – und für die Betriebsfortführung relevante Gläubiger – erklären, dass sie im Fall der Anordnung der Eigenverwaltung nicht bereit sind, die Schuldnerin durch **Mitwirkung an den Sanierungsbemühungen** zu unterstützen (AG Köln, NZI 2013, 796);
- es besteht **kein Vertrauen der Gläubiger in die aktuelle Geschäftsführung** – insbesondere Bestehen Zweifel an deren Zuverlässigkeit, Kompetenz und Vertrauenswürdigkeit (AG Köln, BeckRS 08856);
- die Geschäftsführung verfügt über **keine hinreichenden Kenntnisse** für eine Betriebsfortführung im Insolvenzeröffnungsverfahren (AG Erfurt, ZInsO 2012, 944);
- die **Kosten der (vorläufigen) Eigenverwaltung** (unter Einrechnung der Beraterhonorare und der Kosten für einen CRO) liegen voraussichtlich erheblich über derjenigen einer vorläufigen Insolvenzverwaltung (AG Hamburg, ZIP 2014, 237, 239);
- im Rahmen eines Schutzschirmverfahrens gem. § 270b wird der **Insolvenzplan nicht fristgerecht eingereicht** (Frind, WM 2014, 590, 596);
- die Eigenverwaltung lässt eine **deutlich längere Verfahrensdauer** erwarten als im Regelverfahren (K. Schmidt-Undritz § 270 Rn. 10 m. w. N.);
- die Anordnung der Eigenverwaltung führt aus sonstigen Gründen im Vergleich zu einem herkömmlichen Insolvenzverfahren zu **schlechteren Ergebnissen** (AG Mannheim, BeckRS 2014, 05003)

Die Frage, ob eine vor Verfahrenseröffnung durchgeführte **Auswechslung oder Ergänzung der bisherigen Unternehmensspitze** durch einen Insolvenzrechtsexperten die Anordnung der Eigenverwaltung ausschließt, war in der Vergangenheit (d. h. vor Einführung des ESUG) stark umstritten. Während die Mehrheit der Literatur die Auffassung vertrat, dass die Hinzuziehung eines solchen Experten gerade für ein Gelingen der Eigenverwaltung notwendig sei (Uhlenbruck, GmbHR 2005, 817, 825; ders., NJW 2002, 3219, 3220; K. Schmidt/Uhlenbruck-Vallender, Die GmbH in Krise, Sanierung und Insolvenz, Rn. 1727 Ehricke, ZInsO 2002, 393, 398; zust. Uhlenbruck, NJW 2002, 3219, 3220) sprach sich ein Großteil der Gerichte gegenteilig aus (so z. B. AG Duisburg, ZInsO 2002, 1046, 1047 – Babcock Borsig AG; AG Köln, ZInsO 2005, 1006, 1008). Die Praxis der Zeit seit Einführung des ESUG hat diesen Streit jedoch weitgehend obsolet gemacht. Gerade die Komplexität der insolvenzrechtlichen Aufgabenstellungen – insbesondere im Rahmen einer Betriebsfortführung – macht die Hinzuziehung insolvenzrechtlicher Experten i. d. R. unabdingbar, da kaum ein Schuldner bzw. eines seiner Leitungsorgane von sich aus über die erforderlichen Kenntnisse verfügen dürfte. Das Fehlen solcher Kenntnisse (in Form von beauftragten Beratern oder durch einen entsprechend qualifizierten CRO wird inzwischen selbst von den Gerichten eher als Umstand gewertet, der die Anordnung der Eigenverwaltung ausschließt (vgl. Rdn. 21). Durch die Bestellung eines unabhängigen Sachwalters ist für eine hinreichende Kontrolle der Amtsführung Sorge getragen. Die durch diese Berater/Geschäftsführer verursachten Kosten (insbesondere auch die für die Organe abzuschließenden speziellen Versicherung entstehenden Zusatzkosten) bzw. die Befürchtung einer zu einseitig an bestimmten Schuldner- bzw. einzelnen Gläubigerinteressen ausgerichteten Geschäftsführung sind jedoch in die im Rahmen der Entscheidung über den Antrag auf Eigenverwaltung vorzunehmende Nachteilsprognose zu berücksichtigen (AG Hamburg, ZIP 2014, 237, 239).

a) Amtsermittlungspflicht des Gerichts im Hinblick auf mögliche Nachteile

23 Im Fall eines Antrags auf Eigenverwaltung war das Vorliegen der Voraussetzungen des § 270 bereits nach altem Recht durch das Gericht nicht zwingend gem. § 5 Abs. 1 Satz 1 von Amts wegen zu prüfen (AG Potsdam, DZWIR 2000, 343; AG Darmstadt, ZIP 1999, 1494, 1496; **a.A.** Huntemann/Dietrich, ZInsO 2001, 13, 16; differenzierend MK-Wittig/Tetzlaff § 270 Rn. 12, 33 ff.; Uhlenbruck § 270 Rn. 25, die eine Prüfung von Amts wegen annehmen, zugleich aber auch eine Begründung des Antrags bzw. die Darlegung der Voraussetzungen der Anordnung der Eigenverwaltung verlangen). Aufgrund des Wortlautes des Abs. 2 Nr. 2 ist jetzt durch das Gericht demgegenüber sogar nur noch zu berücksichtigen, ob Umstände bekannt sind, die erwarten lassen, dass die Anordnung der Eigenverwaltung zu Nachteilen für die Gläubiger führen wird. Eine Pflicht zu einer Ermittlung i. S. einer Ausforschung ob Anhaltspunkte hierfür bestehen, ist damit nicht begründet.

24 Das Gericht hat auch nicht (mehr) grds. davon auszugehen, dass die Eigenverwaltung für die Gläubiger nachteilig ist (zum Maßstab der Prüfung vor Inkrafttreten des ESUG 3. Aufl. Rn. 27; s. a. AG Duisburg, ZInsO 2002, 1046, 1047). Gleichwohl hat der Schuldner die Umstände darzulegen, aus denen sich ergibt, dass keine Nachteile für die Gläubiger drohen (so bereits zum alten Recht AG Potsdam, DZWIR 2000, 343; AG Potsdam 01.04.1999 – 35 IN 271/99, n. v.; zu den Angaben, die ein Schuldner ggü. dem Insolvenzgericht machen sollte vgl. Bichlmeier, DZWIR 2000, 62, 65). Umgekehrt ist durch den Antragsteller nicht etwa darzulegen, dass das Eigenverwaltungsverfahren Vorteile für die Gläubiger mit sich bringt.

25 Voraussetzung für eine Anordnung ist aber eine **positive Feststellung** des Gerichts, dass keine konkreten Umstände bekannt sind, die erwarten lassen, dass die Anordnung zu Nachteilen für die Gläubiger führen wird. Aus diesem Grund kann das Gericht im Eröffnungsverfahren einen Gutachter bestellen, der die Angaben des Schuldners überprüft (Pape, Kölner Schrift zur InsO, Kap. 24 Rn. 17; Vallender, WM 1998, 2129, 2131). In einer älteren Entscheidung hat sich das AG Darmstadt zwar gegen eine Gutachterbestellung ausgesprochen, da es sich bei der Entscheidung über die Anordnung der Eigenverwaltung um eine Eilentscheidung handele und das Gericht daher keine weiteren zeitintensiven Ermittlungen über die Zweckmäßigkeit der Eigenverwaltung einholen könne (AG Darmstadt, ZInsO 1999, 176, 177), diese Entscheidung dürfte jedoch angesichts der inzwischen gängigen Praxis der optimalen Ausnutzung des Insolvenzgeldzeitraums als obsolet gelten. Die vor diesem Hintergrund rgm. bis zu 3 Monate dauernde Eröffnungsphase bietet im Regelfall stets ausreichend Zeit für eine gutachterliche Überprüfung der schuldnerischen Angaben. Auch durch eine entsprechende Beschränkung des Ermittlungsgegenstandes für den Sachverständigen ist es möglich, die für die Erstellung des Gutachtens benötigte Zeitspanne auf ein Mindestmaß zu begrenzen.

26 Verfügt der Richter im Hinblick auf Umstände i. S. d. Abs. 2 Nr. 2 über **Privatwissen**, z. B. aus einschlägigen Presseveröffentlichungen o. ä., sind diese Informationen bekannt und damit zu berücksichtigen. Ist der Wahrheitsgehalt solcher Informationen unklar, ist dem Schuldner zunächst Gelegenheit zur Stellungnahme zu geben bzw. kommt die Überprüfung durch einen Sachverständigen in Betracht.

b) Hinterlegung von Schutzschriften durch Gläubiger

27 Gläubiger können bei Gericht eine sog. »**Schutzschrift**« hinterlegen, in der sie sich bereits im Voraus gegen die Anordnung der Eigenverwaltung aussprechen (ohne aber einen Insolvenzantrag zu stellen). Soweit die Schutzschrift gezielt sachgerechte Gründe benennt, die aus Sicht der Gläubiger gegen eine Eigenverwaltung sprechen, muss das Gericht diese Aspekte im Rahmen seiner Prüfung, ob den Gläubigern durch die Anordnung Nachteile drohen (hierzu Rdn. 19 ff.), angemessen berücksichtigen (vgl. Keller, Insolvenzrecht, Rn. 1800; Bichlmeier, DZWIR 2000, 62; Westrick, NZI 2003, 65). Eine formale Bindungswirkung kommt der Schutzschrift jedoch nicht zu. Aufgrund der zunehmenden Bedeutung der Schutzschriften sind allerdings relativ hohe Anforderungen an ihre inhaltliche Plausibilität und die Darlegung der Gläubigereigenschaft zu stellen.

4. Sonstige Voraussetzungen

Der Schuldner muss selbst in der Lage sein, die Eigenverwaltung durchzuführen, kann sich hierzu aber der **fachkundigen Hilfe Dritter** bedienen, die ihn beraten, sofern er diese aus seinem Vermögen bezahlen kann. Eine Eigenverwaltung, die nur mit einem nach § 4a Abs. 2 beigeordneten (und damit unter die Verfahrenskostenstundung fallenden) Rechtsanwalt möglich ist, kann hingegen nicht erfolgen (LG Bochum, ZInsO 2003, 89, 91). Die Kosten für die erforderliche Beratung sind im Rahmen der Nachteilsprognose zu berücksichtigen (vgl. dazu Rdn. 19). 28

5. Einfluss der Gläubiger auf die Anordnung der Eigenverwaltung (Abs. 3)

Durch den mit dem ESUG neu eingefügten Abs. 3 wurde der Einfluss der Gläubiger auf die Anordnung der Eigenverwaltung gestärkt. Die Gläubiger üben ihren Einfluss im Insolvenzeröffnungsverfahren auch im Hinblick auf eine beantragte Eigenverwaltung durch den **vorläufigen Gläubigerausschuss** aus (allg. zur Einsetzung eines vorläufigen Gläubigerausschusses s. § 22a). Vor der Entscheidung über den Antrag auf Anordnung der Eigenverwaltung ist dem vorläufigen Gläubigerausschuss Gelegenheit zur Äußerung zu geben. Eine Nichtanhörung des vorläufigen Gläubigerausschusses aufgrund einer ansonsten zu befürchtenden nachteiligen Veränderung der Vermögenslage des Schuldners kann im Regelfall nur dann in Betracht kommen, wenn ein solcher zum Zeitpunkt der Entscheidung über den Antrag noch nicht konstituiert und eine Einsetzung eines solchen Ausschusses – bspw. mangels Bereitschaft der potenziellen Mitglieder zur Übernahme eines solchen Amtes – auch nicht kurzfristig durchführbar erscheint. 29

Der vorläufige Gläubigerausschuss kann die Anordnung der Eigenverwaltung ggü. dem Gericht sogar insoweit erzwingen, als die Anordnung im Fall seines **einstimmigen Beschlusses** als nicht nachteilig für die Gläubiger gilt; die Prüfung nach Abs. 2 Nr. 2 des § 270 entfällt entsprechend. In aller Regel wird es zweckmäßig sein, die Anhörung des vorläufigen Gläubigerausschusses zur Frage der Eigenverwaltung mit der Beteiligung des Ausschusses zur Auswahl des (vorläufigen) Insolvenzverwalters oder Sachwalters zu verbinden (vgl. § 56a i. V. m. § 21 Abs. 2 Nr. 1 bzw. hinsichtlich des Sachwalters zusätzlich i. V. m. § 270a Abs. 1 Satz 2 und § 274 Abs. 1; so auch BT-Drucks. 17/5712, S. 39). 30

Da durch eine entsprechende Beschlussfassung des Gläubigerausschusses die Prüfungskompetenz des Gerichtes insoweit eingeschränkt wird, liegt eine Haftung für eine insoweit fehlerhafte Entscheidung daher auch allein bei dessen Mitgliedern (Brinkmann, DB 2012, 1369, 1370).

II. Rechtsfolgen

Bei der Eigenverwaltung handelt es sich nicht um eine eigenständige Verfahrensart. In § 270 Abs. 1 Satz 2 wird dementsprechend auch nochmals deklaratorisch klargestellt, dass für das Verfahren die allgemeinen Vorschriften gelten, soweit in den §§ 270 bis 285 nichts Abweichendes bestimmt ist. 31

1. Rechtscharakter und Ausübung der Verwaltungs- und Verfügungsbefugnis

Bei Anordnung der Eigenverwaltung obliegt die Verwaltungs- und Verfügungsbefugnis weiterhin dem Schuldner. Ihn treffen sämtliche **Aufgaben und Pflichten**, die im regulären Insolvenzverfahren dem Insolvenzverwalter zugewiesen sind (es sei denn, diese werden durch das Gesetz stattdessen dem Sachwalter zugewiesen). So trifft ihn insbesondere auch die Pflicht zur regelmäßigen Berichterstattung gegenüber dem Insolvenzgericht außerhalb der Gläubigerversammlungen (Frind, WM 2014, 590, 594; s. a. Kommentierung zu § 281 Abs. 2). 32

Obwohl sich im umgangssprachlichen Gebrauch – teilweise auch in der Rspr. (vgl. z. B. LG Gera, Urt. v. 30.11.2005 – 1 S 232/05, n. v.; AG Rudolstadt, Urt. v. 27.04.2005 – 1 C 829/04, n. v.) – der Begriff »**Eigenverwalter**« durchgesetzt hat, kennt das Gesetz diesen Terminus nicht. Es handelt sich bei der Eigenverwaltung vielmehr um ein verwalterloses Verfahren (zur Kontrollfunktion des Sachwalters § 274 Rdn. 12 ff.). 33

34 Umstritten ist die Frage, ob der Schuldner im Fall der Eigenverwaltung die Verwaltungs- und Verfügungsbefugnis über die Eröffnung des Insolvenzverfahrens hinaus behält (AG Duisburg, ZInsO 2002, 1046, 1047; Köchling, ZInsO 2003, 53, 54; unklar insoweit AG Dresden, ZInsO 2006, 888) oder ob er sie – in modifizierter Form – durch das Gericht im Eröffnungsbeschluss neu zugewiesen bekommt (OLG Naumburg, ZInsO 2000, 505; Hess/Ruppe, NZI 2002, 577, 578). Letztere Auffassung ist zutreffend, da sich spätestens ab der Eröffnung des Insolvenzverfahrens der Pflichtenkreis des Schuldners neu definiert. Die **Verfügungsbefugnis** des Schuldners ist fortan **durch den Insolvenzzweck** gebunden und er hat seine Interessen hinter diejenigen der Gläubiger zu stellen (BGH, NZI 2007, 188, 189; Noack, ZIP 2002, 1873; Gulde, Die Anordnung der Eigenverwaltung durch das Insolvenzgericht, S. 31; Häsemeyer, InsR, Rn. 8.04).

35 Dementsprechend können Verfügungen des Schuldners, die dem Insolvenzzweck offensichtlich zuwiderlaufen, unwirksam sein (Noack, ZIP 2002, 1873). **Insolvenzzweckwidrige Handlungen** können z.B. Schenkungen aus der Masse (RG 57, 199) oder die Ablösung einer anfechtbar durch einen Gläubiger erworbenen Sicherungshypothek (OLG Düsseldorf, ZIP 1995, 1100, 1101) sein (vgl. dazu auch § 80 Rdn. 21 f.). Die Schwelle für eine Annahme der Unwirksamkeit ist aber – ebenso wie bei Handlungen des Insolvenzverwalters im Rahmen des Regelinsolvenzverfahrens sehr hoch.

36 Handelt es sich bei dem Schuldner um eine juristische Person, wird diese auch i. R. d. Eigenverwaltung weiterhin durch ihre gesellschaftsrechtlichen Organe vertreten. Etwaige gesellschaftsrechtliche Vertretungsbeschränkungen (z. B. fehlende Alleinvertretungsberechtigung) bleiben bestehen.

2. Gesellschaftsrechtliche Wirkungen

a) Allgemeine gesellschaftsrechtliche Zustimmungserfordernisse, Weisungs- und Kontrollrechte

37 Im Fall der Eigenverwaltung wird die Frage nach Art und Umfang der Umgestaltung des Kompetenzgefüges innerhalb der Gesellschaft und der Gesellschaftsorgane zum Sachwalter und den sonstigen »insolvenzrechtlichen Organen«, insb. der Gläubigerversammlung, seit dem ESUG weitgehend durch § 276a beantwortet (s. dort; zur überkommenen Rechtslage s. 3. Aufl. Rn. 36 ff.).

38 Auch während der Eigenverwaltung i. R. d. Insolvenzverfahrens über das Vermögen einer AG oder GmbH behalten der Aufsichtsrat bzw. die Gesellschafterversammlung ihre Zuständigkeit zur Bestellung und Abberufung von Vorstandsmitgliedern bzw. Geschäftsführern (dazu auch § 276a Rdn. 8 ff.). Allerdings wurde auch hier die Kompetenz der Gesellschaftsorgane insoweit zurückgedrängt, als mit § 276a Satz 2 ein Zustimmungsvorbehalt zugunsten des Sachwalters begründet wurde (s. § 276a Rdn. 9).

b) Auflösung der Gesellschaft

39 Auch bei Anordnung der Eigenverwaltung wird – ebenso wie im Regelverfahren – die Gesellschaft aufgelöst. Nach Aufhebung des Insolvenzverfahrens (insbesondere nach Bestätigung eines Insolvenzplanes) können die Gesellschafter jedoch die Fortsetzung der Gesellschaft beschließen, falls der Geschäftsbetrieb fortgesetzt werden soll. Durch den in § 1 statuierten Vorrang der optimalen Gläubigerbefriedigung ist allerdings bereits während des Insolvenzverfahrens der **Gesellschaftszweck nicht auf den Liquidationszweck beschränkt**, vielmehr kann diese weiterhin mit Gewinnerzielungsabsicht tätig sein (K. Schmidt-Undritz, § 270 Rn. 18; Gotwald-Haas/Kahlert § 89 Rn. 13).

3. Masseverbindlichkeiten/Zahlungszusagen

40 Nimmt der Schuldner im Rahmen seiner Verwaltungs- und Verfügungsbefugnis nach Anordnung der Eigenverwaltung Verwaltungs- oder Verwertungshandlungen vor, stellen die daraus resultierenden Verbindlichkeiten **Masseverbindlichkeiten i. S. d. § 55 Abs. 1 Nr. 1 dar** (Uhlenbruck § 270 Rn. 33); zur Begründung von Masseverbindlichkeiten im sog. »Schutzschirmverfahren« nach § 270b Abs. 3 s. dort Rdn. 32 ff. sowie innerhalb der vorläufigen Eigenverwaltung § 270a Rdn. 34 ff.).

4. Steuerliche Organschaft

Nach bislang herrschender Auffassung beendete die Anordnung der Eigenverwaltung eine bestehende **steuerrechtliche Organschaft** nicht, es sei denn, der Sachwalter hatte sich gem. §275 Abs. 2 die Kassenführung vorbehalten oder es war durch das Insolvenzgericht gem. §277 Abs. 1 ein weitgehender Zustimmungsvorbehalt angeordnet worden (so zuletzt Hessisches FG, DStR 2014, 415 [nicht rechtskr.]; OFD Hannover, DStR 2005, 157). Der BFH hat nunmehr allerdings in seinem Beschl. v. 19.03.2014 – V B 14/14 klargestellt, dass »ernstliche Zweifel« daran bestünden, dass die Organschaft trotz der Insolvenz eines der Beteiligten Unternehmen fortgesetzt werden könne. Diese Zweifel gelten nach Auffassung des BFH ausdrücklich auch für den Fall der Eigenverwaltung und unabhängig von der Kassenführungsbefugnis (BFH, Beschl. v. 19.03.2014 – V B 14/14 Rn. 40). Das BMF hat mit Schreiben vom 05.05.2014 die Anwendung des Beschlusses über den Einzelfall hinaus untersagt, bis eine Positionierung des EUGH zu dieser Fragestellung vorliegt. Es ist nicht ausgeschlossen, dass künftig die Organschaft auch im Fall der Eigenverwaltung im Ergebnis beendet wird.

5. Haftung des eigenverwaltenden Schuldners

Gesetzlich nicht ausdrücklich geregelt ist die Haftung des Schuldners bzw. seiner Organe **für Verletzungen der ihnen im Laufe der Eigenverwaltung obliegenden Pflichten**, bspw. im Fall von schuldhaften Masseverkürzungen. Da der Schuldner selbst sich bereits in einem Insolvenzverfahren befindet, hat diese Frage im Hinblick auf ihn selbst für die Geschädigten nur eine geringe Bedeutung, da i. d. R. ohnehin ein ausreichendes Haftungssubstrat nicht mehr vorhanden sein dürfte. Relevanter ist daher die Frage, ob und auf welcher dogmatischen Grundlage (bei juristischen Personen) ein eigenständiger Haftungsanspruch gegen die Organe besteht (wobei solche Verstöße i. d. R. allenfalls durch eine gesondert abzuschließende spezielle Versicherung abgedeckt werden).

Der Gesetzgeber hat sich mit dieser Frage – soweit ersichtlich – nicht näher auseinandergesetzt, sodass eine analoge Anwendung der §§60, 61 auch auf den Schuldner und seine Organe sachgerecht erscheint (so auch AG Duisburg, ZIP 2005, 2335; K. Schmidt-Undritz §270 Rn. 17; Häsemeyer, Insolvenzrecht, Rn. 8.14; **a.A.** MK/InsO-Wittig/Tetzlaff, §270 Rn. 73a; so auch Uhlenbruck, FS Kirchhof, S. 479, 500; Kessler, Die Aktiengesellschaft in der Eigenverwaltung, S. 334, Klinck, DB 2014, 938, 942, der für eine Fortgeltung des §64 GmbHG auch nach Insolvenzeröffnung plädiert). Verstöße gegen insolvenzrechtliche Verpflichtungen vor Anordnung der Eigenverwaltung – bspw. Verstöße gegen die Insolvenzantragspflicht – können aber nicht über §60, sondern vielmehr lediglich nach den allgemeinen Haftungsvorschriften sanktioniert werden (s. dazu auch §270a Rdn. 38 ff.).

Daneben finden aber auch im eröffneten Insolvenzverfahren weiterhin die **gesellschaftsrechtlichen Anspruchsnormen** wie z. B. §3 GmbHG, §72 GmbHG oder §71 Abs. 4 GmbHG Anwendung (K. Schmidt-Undritz §270 Rn. 19). Der Pflichtenkreis der Organe ist insoweit jedoch dem Insolvenzzweck anzupassen. Ebenso unterliegen der Schuldner bzw. seine Organe der steuerrechtlichen Haftung gem. §§69 und 35 AO.

Die Geltendmachung erfolgt entsprechend §280 i. V. m. §92 Satz 2 durch den Sachwalter (s. zur Geltendmachung durch Sonderinsolvenzverwalter auch §280 Rdn. 5).

6. Anwendbarkeit des §240 ZPO

Auch die Anordnung der Eigenverwaltung bewirkt eine **Unterbrechung anhängiger Zivilprozesse** gem. §240 ZPO, da insoweit allein die Tatsache der Eröffnung des Insolvenzverfahrens maßgebliche Voraussetzung ist. I. R. d. Eigenverwaltung übt der Schuldner die Verfügungsbefugnis aufgrund der Ermächtigung des AG aus; daher betrifft der Rechtsstreit die Insolvenzmasse, sodass §240 ZPO eingreift (BGH, ZInsO 2007, 100; OLG Naumburg, ZInsO 2000, 505; OLG München, ZInsO 2003, 232; **a.A.** Meyer, ZInsO 2007, 807, 809, der eine Prozessunterbrechung nur für den Fall annimmt, dass in dem Prozess eine Insolvenzforderung geltend gemacht wird, die zur Tabelle anzumelden ist). Eine **Umstellung der Klage** auf den Schuldner als Amtswalter ist jedoch nicht erforderlich (BGH, ZIP 2007, 249).

7. Sonstiges

47 Das in § 75 Abs. 1 Nr. 1 dem Insolvenzverwalter eingeräumte **Recht zur Einberufung einer Gläubigerversammlung** steht sowohl dem Schuldner als auch dem Sachwalter unabhängig voneinander zu, da sich für beide aus ihrem Tätigkeitsbereich heraus eine Notwendigkeit zur Einberufung ergeben kann, wie sie typischerweise der Situation des Insolvenzverwalters im Regelverfahren entspricht.

C. Verfahrensfragen

I. Beschlussinhalt

48 Die Ablehnung des Antrags auf Anordnung der Eigenverwaltung muss nicht im Beschluss über die Eröffnung des Insolvenzverfahrens enthalten sein, sondern kann in einem zeitlich von der Verfahrenseröffnung gesonderten Beschluss erfolgen (AG Darmstadt, ZInsO 1999, 176, 177).

49 Nach Abs. 4, der auf § 27 Abs. 2 Nr. 5 verweist, hat das Gericht die Ablehnung der Anordnung der Eigenverwaltung aber (spätestens) in dem Eröffnungsbeschluss zu begründen. **Zur Begründung der Ablehnung** dürfen die Erkenntnisse eines vorläufigen Sachwalters oder gerichtlichen Sachverständigen in Bezug genommen werden (ebenso Hofmann, NZI 2010, 798, 799). Eine Begründung ist auch für die Anordnung der Eigenverwaltung zu fordern (zum alten Recht K/P/B-Pape § 270 Rn. 24 f.; Vallender, WM 1998, 2129, 2133; **a. A.** Kluth, ZInsO 2002, 1001, 1002, der eine Begründungspflicht mangels Beschwerdebefugnis ablehnt).

II. Rechtsmittel

50 Stellt der Schuldner einen Eigenantrag auf Eröffnung des Insolvenzverfahrens und einen Antrag auf Eigenverwaltung, so kann die Ablehnung der Eigenverwaltung nicht mit der **sofortigen Beschwerde** angegriffen werden, da eine Beschwerdemöglichkeit gegen die Nichtanordnung der Eigenverwaltung in §§ 6 Abs. 1, 34 Abs. 1 nicht aufgeführt und der Gesetzeswortlaut insoweit eindeutig ist (BGH, NZI 2007, 238, 239; ZInsO 2007, 207; AG Köln, ZInsO 2005, 1006; LG Mönchengladbach, ZInsO 2003, 95; OLG Naumburg, ZInsO 2001, 810). An diesem Grundsatz hat auch das ESUG nichts geändert (insoweit wendet sich die Begr. RegE-ESUG mit Verweis auf die Möglichkeit der nachträglichen Anordnung oder Aufhebung nach §§ 271, 272 Abs. 1 Nr. 1 ausdrücklich gegen abw. Vorschläge, s. BT-Drucks. 17/5712, S. 39).

51 Die Möglichkeit der späteren Anordnung der Eigenverwaltung nach § 271 bleibt hiervon unberührt, die ablehnende Begründung des Gerichts kann hier für die Gläubigerversammlung sogar als Entscheidungsgrundlage dienen (BT-Drucks. 17/5712, S. 39).

52 Ein Rechtsmittel gegen die Ablehnung des Antrags auf Eigenverwaltung kann auch nicht faktisch über verfahrensrechtliche »Umwege« eingelegt werden. So kann die Ablehnung des Antrages auf Anordnung der Eigenverwaltung nicht mittelbar über eine **sofortige Beschwerde gegen den Eröffnungsbeschluss** als solchen eingelegt werden (BGH, ZInsO 2007, 207; AG Köln, ZInsO 2005, 1006, 1007; LG Mönchengladbach, ZInsO 2003, 95). Auch die Abweisung des Insolvenzantrages mangels Masse kann nicht mit der Begründung angegriffen werden, dass im Fall der Anordnung der Eigenverwaltung die vorhandene Masse (oder ein von Dritter Seite zugesagter Kostenvorschuss) zur Deckung der dann ggü. der Regelinsolvenz verminderten Verfahrenskosten ausgereicht hätte (BGH, NZI, 2007, 238, 239).

53 Auch sofern das Gericht einen **anderen Sachwalter** als die von Schuldner und/oder Gläubigern gewünschte Person eingesetzt hat, besteht insoweit kein Rechtsmittel (LG Stendal, BeckRS 2013, 12233).

Hat der Schuldner allerdings aus anderen Gründen gegen die Abweisung des Antrags mangels 54
Masse erfolgreich sofortige Beschwerde eingelegt, kann die Eigenverwaltung im Beschwerdeverfahren nachträglich angeordnet werden (LG Cottbus, ZInsO 2002, 296; so offenbar grds. auch BGH, NZI 2006, 34). Ein erstmaliges »Nachschieben« des Antrages auf Anordnung der Eigenverwaltung im Rahmen des Beschwerdeverfahrens ist jedoch nicht möglich (K. Schmidt-Undritz, § 270 Rn. 4)

III. Eintragung in Registern

Da § 270c Satz 2 nur §§ 32 und 33 für nicht anwendbar erklärt, ist gem. § 31 auch im Fall der 55
Anordnung der Eigenverwaltung der Eröffnungsbeschluss durch die Geschäftsstelle des Insolvenzgerichts dem Registergericht zu übermitteln (vgl. auch § 31 Rdn. 8 m. w. N.).

IV. Sonstiges

der eigenverwaltende Schuldner ist zwar im Rahmen seiner Tätigkeit an die insolvenzrechtlichen 56
Vorgaben gebunden, einer **Aufsicht des Insolvenzgerichtes gem.** § 58 unterliegt er jedoch (im Gegensatz zum Sachwalter) nicht (Frind, WM 2014, 590, 594). Verstöße gegen diese Verpflichtungen können daher lediglich durch den Sachwalter festgestellt und den Gläubigern und dem Insolvenzgericht zur Anzeige gebracht und damit zur Grundlage einer Aufhebung der Eigenverwaltung gem. § 272 werden.

Erhebt ein Verfahrensbeteiligter Einwendungen gegen einzelne Maßnahmen der inhaltlichen 57
Geschäftsführung durch den eigenverwaltenden Schuldner (insb. auch gegen die Höhe der gezahlten Geschäftsführervergütung), ist das Insolvenzgericht somit nicht zu einer rechtlich bindenden Entscheidung hierüber befugt, da das Gesetz eine solche Zuständigkeit des Insolvenzgerichts nicht vorsieht. Die Einwendungen können (das Bestehen eines Anspruches zugunsten des Klägers vorausgesetzt) lediglich im Wege eines Zivilprozesses weiterverfolgt werden (AG Duisburg, NZI 2006, 112). Etwaige diesbezügliche Verfehlungen können allerdings bei natürlichen Personen ggf. zu einer Versagung der Restschuldbefreiung führen.

§ 270a Eröffnungsverfahren

(1) ¹Ist der Antrag des Schuldners auf Eigenverwaltung nicht offensichtlich aussichtslos, so soll das Gericht im Eröffnungsverfahren davon absehen,
1. dem Schuldner ein allgemeines Verfügungsverbot aufzuerlegen oder
2. anzuordnen, dass alle Verfügungen des Schuldners nur mit Zustimmung eines vorläufigen Insolvenzverwalters wirksam sind.

²Anstelle des vorläufigen Insolvenzverwalters wird in diesem Fall ein vorläufiger Sachwalter bestellt, auf den die §§ 274 und 275 entsprechend anzuwenden sind.

(2) Hat der Schuldner den Eröffnungsantrag bei drohender Zahlungsunfähigkeit gestellt und die Eigenverwaltung beantragt, sieht das Gericht jedoch die Voraussetzungen der Eigenverwaltung als nicht gegeben an, so hat es seine Bedenken dem Schuldner mitzuteilen und diesem Gelegenheit zu geben, den Eröffnungsantrag vor der Entscheidung über die Eröffnung zurückzunehmen.

Übersicht	Rdn.		Rdn.
A. Normzweck	1	b) Befugnisse und Aufgaben	7
B. Norminhalt	2	aa) Einsichts- und Informations-	
I. Anordnung von Sicherungsmaßnahmen (Abs. 1)	2	rechte	8
		bb) Kassenführungsbefugnis	9
1. Offensichtliche Aussichtslosigkeit	3	cc) Prüfungs- und Kontrollpflichten	10
2. Vorläufiger Sachwalter	4		
a) Allgemeines	4		

(1) Prüfung der wirtschaftlichen Lage	12	d) Vergütung des vorl. Sachwalters (vgl. dazu auch § 12)	29
(2) Überwachung der Geschäftsführung	14	e) Haftung des vorläufigen Sachwalters	32
(3) Kontrolle der Ausgaben für die Lebensführung	17	II. Begründung von Masseverbindlichkeiten	34
dd) Anzeigepflicht in Bezug auf zu erwartende Nachteile	18	1. Ermächtigung zur Begründung von Masseverbindlichkeiten	34
ee) Sonstige Anzeigepflichten	22	2. Anwendbarkeit des § 55 Abs. 4	37
ff) Meldung nach dem InsStatG	23	III. Haftung des Schuldners bzw. seiner Organe	38
gg) Sonstige Rechte und Pflichten	24	IV. Antragsrücknahme (Abs. 2)	39
c) Auswahl	26	C. **Verfahrensfragen**	41

A. Normzweck

1 Die Norm wurde durch das Gesetz zur weiteren Erleichterung der Sanierung von Unternehmen (ESUG) neu in die InsO eingefügt (vgl. Art. 1 Nr. 46 ESUG, BGBl. I 2011, S. 2582, 2587). Der neue § 270a will die Anreizwirkung der Eigenverwaltung erhöhen, indem er dem Schuldner die Kontrolle über sein Vermögen im Eröffnungsverfahren weitestgehend sichert und die Anordnung der Eigenverwaltung berechenbarer macht (BT-Drucks. 17/5712, S. 39). Die Eigenverwaltung litt bislang im Wesentlichen unter zwei negativen Rahmenbedingungen: Erstens drohte dem Schuldner unabhängig davon, ob später im eröffneten Verfahren die Eigenverwaltung angeordnet wird oder nicht, zunächst einmal ein Kontrollverlust, wenn im Eröffnungsverfahren vom Gericht ein vorläufiger Insolvenzverwalter eingesetzt wird, d. h. dem Schuldner zumindest interimistisch (und je nach Ausgestaltung rechtlich oder faktisch) die Verwaltungs- und Verfügungsbefugnis über das Unternehmensvermögen entzogen bzw. diese eingeschränkt wurde. Zweitens herrschte bei Antragstellung Unsicherheit dahin gehend, ob das Gericht überhaupt die Eigenverwaltung anordnen oder ob es schlicht ein reguläres Insolvenzverfahren eröffnen würde. Bislang gab es für den antragstellenden Schuldner insoweit kein Zurück. § 270a reagiert damit auf die rechtstatsächliche Beobachtung, nach der die Anreizwirkung der Vorteile der Eigenverwaltung im eröffneten Verfahren durch die Unsicherheit und den Kontrollverlust im Eröffnungsverfahren faktisch beseitigt wurde.

B. Norminhalt

I. Anordnung von Sicherungsmaßnahmen (Abs. 1)

2 Nach Abs. 1 wird das Gericht im Fall eines nicht offensichtlich aussichtslosen Antrags auf Anordnung der Eigenverwaltung dazu angehalten, die Verwaltungs- und Verfügungsbefugnis des Schuldners weitestgehend zu wahren und nicht etwa durch die Anordnung eines allgemeinen Verfügungsverbots (Abs. 1 Satz 1 Nr. 1) oder eines Zustimmungsvorbehaltes zugunsten eines vorläufigen Insolvenzverwalters (Abs. 1 Satz 1 Nr. 2) zu beschränken.

1. Offensichtliche Aussichtslosigkeit

3 **Offensichtlich aussichtslos** ist ein Antrag auf Eigenverwaltung dann, wenn bereits zum Zeitpunkt der Entscheidung über die Anordnung von Sicherungsmaßnahmen Umstände bekannt sind, die gem. § 270 Abs. 2 Nr. 2 die Anordnung der Eigenverwaltung ausschließen (s. dazu § 270 Rdn. 19 ff.). Für eine darüber hinausgehende Ausweitung des Begriffes der offensichtlichen Aussichtslosigkeit besteht angesichts der klar zum Ausdruck gebrachten Intention des Gesetzgebers, wonach die beantragte Eigenverwaltung im Regelfall anzuordnen und nicht durch einen vorzeitigen Kontrollwechsel zu konterkarieren ist kein Bedürfnis.

Werden im Verlauf des Eröffnungsverfahrens Umstände bekannt, die erwarten lassen, dass die Anordnung der Eigenverwaltung zu Nachteilen für die Gläubiger führen wird, kann auch zu diesem späteren Zeitpunkt noch die Bestellung eines vorläufigen Insolvenzverwalters als Sicherungsmaßnahme erfolgen § 272 ist hingegen nicht analog anwendbar. Zweifelsfälle können durch die parallele Beauftragung eines Sachverständigen zur Überprüfung einzelner Aspekte der rechtlichen, wirtschaftlichen und sonstigen Verhältnisse des Schuldners während des Insolvenzeröffnungsverfahrens geklärt werden.

Da das Bestehen von **Sanierungsaussichten** keine Voraussetzung für die Anordnung der Eigenverwaltung ist (vgl. dazu § 270 Rdn. 6; a. A. offenbar AG Fulda, Beck RS 2012, 16274; AG Erfurt, ZInsO 2012, 944 und AG Hamburg, NZI 2014, 269, 270 das allerdings offenbar dennoch zunächst das Absehen von der Bestellung eines vorläufigen Insolvenzverwalters auch in diesen Fällen für zulässig hält) kann die Bestellung eines vorläufigen Insolvenzverwalters auch nicht auf das Fehlen bzw. das nachträgliche Entfallen von Sanierungsaussichten gestützt werden.

2. Vorläufiger Sachwalter

a) Allgemeines

Ist der Antrag nicht offensichtlich aussichtslos, kann gem. Abs. 1 Satz 2 ein **vorläufiger Sachwalter** bestellt werden. Die Bestellung (nur) eines vorläufigen Sachwalters soll die **Kontinuität der Unternehmensleitung** wahren und (ggf. sanierungshemmende) Reibungsverluste vermeiden helfen. Ferner soll vermieden werden, dass durch einen Wechsel der Kontrolle über das Vermögen des Schuldners ständige Geschäftsbeziehungen durch Vertrauensverlust bei den Geschäftspartnern belastet werden. Damit hat das ESUG die unter Geltung der §§ 270 ff. a. F. offene Frage beantwortet, ob eine »vorläufige Eigenverwaltung« unter Bestellung eines vorläufigen Sachwalter zulässig ist (nach der hier in der 3. Aufl. § 270 Rdn. 46 vertretenen Auffassung konnte auch bislang schon anstatt eines vorläufigen Insolvenzverwalters eine vorläufige Eigenverwaltung unter Ernennung eines vorläufigen Sachwalters angeordnet werden, unter Bezugnahme von AG Hamburg, Beschl. v. 11.02.2003 – 67c IN 42/03, n. v.; Vallender, WM 1998, 2129, 2133; Ehricke, ZIP 2002, 782, 785; nach Uhlenbruck stellte dies allerdings die Einsetzung eines vorläufigen Insolvenzverwalters dar, dessen Aufgabenbereich sich nach § 274 Abs. 2 richtete: NZI 2001, 632, 633).

Aus der Formulierung des Abs. 1 Satz 2 ist abzuleiten, dass sofern im Rahmen eines »normalen« Eröffnungsverfahrens die Sicherung der Masse durch Bestellung eines vorläufigen Insolvenzverwalters angezeigt gewesen wäre, im Rahmen der »vorläufigen Eigenverwaltung« regelmäßig auch ein vorläufiger Sachwalter zu bestellen ist. Da im Fall der Anordnung der Eigenverwaltung gem. § 270c stets ein Sachwalter als Kontrollorgan zu bestellen ist, besteht in diesen Fällen kein Bedürfnis, auf eine solche Kontrolle der Geschäftsführung des Schuldners während des Eröffnungsverfahrens zu verzichten. Besteht ein **laufender Geschäftsbetrieb oder sonstige erhebliche Vermögenswerte** ist daher stets ein vorläufiger Sachwalter zu bestellen.

Angesichts der in § 270a deutlich zum Ausdruck kommenden Intention des Gesetzgebers, wonach ein rechtlicher oder faktischer Kontrollwechsel vermieden werden soll, kommt die Anordnung eines allgemeinen Zustimmungsvorbehaltes des **vorläufigen Sachwalters** als Sicherungsmaßnahme nach § 21 Abs. 2 Nr. 2, 2. Alt. allenfalls in Ausnahmefällen in Betracht (eine regelhafte Zulässigkeit hingegen bejahend: Hofmann, NZI 2010, 798, 800). Die Anordnung von Zustimmungsvorbehalten für einzelne Rechtsgeschäfte kann aber im Einzelfall sachgerecht sein, insbesondere soweit dies vom Schuldner selbst beantragt wird.

b) Befugnisse und Aufgaben

Die **Befugnisse und Aufgaben des vorläufigen Sachwalters** entsprechen kraft Verweises in Abs. 1 Satz 2 denen des Sachwalters im eröffneten Insolvenzverfahren nach §§ 274, 275. Die §§ 274 und 275 gelten aber nur »entsprechend«, sodass der Rechte- und Pflichtenkreis des vorläufigen Sachwalters insoweit der frühen Verfahrensphase anzupassen ist:

aa) Einsichts- und Informationsrechte

8 Kraft Verweisung nach §§ 274 Abs. 3, 22 Abs. 3 ist der vorläufige Sachwalter berechtigt, die **Geschäftsräume zu betreten und dort Nachforschungen anzustellen** (also z. B. auch nach eigenem Ermessen mit Mitarbeitern zu sprechen und diesen Fragen zu stellen). Der Schuldner hat dem vorläufigen Sachwalter **Einsicht in seine Bücher und Geschäftspapiere** zu gestatten, ihm alle erforderlichen Auskünfte zu erteilen und ihn bei seiner Aufgabe zu unterstützen. Der Schuldner hat insoweit von sich aus alle (voraussichtlich) relevanten Informationen und Sachverhalte dem vorläufigen Sachwalter mitzuteilen bzw. zur Bewertung vorzulegen. Es ist nicht ausreichend, lediglich auf Fragen zu antworten und es somit dem Ermittlungsgeschick des vorläufigen Sachwalters zu überlassen, ob und wann er die »richtigen« Fragen stellt.

bb) Kassenführungsbefugnis

9 Aufgrund der Verweisung in § 270a Abs. 1 Satz 2 kann auch der vorläufige Sachwalter die Kassenführung an sich ziehen. Zu Voraussetzungen und den Rechtsfolgen vgl. die Kommentierung zu § 275.

cc) Prüfungs- und Kontrollpflichten

10 Das Gesetz weist dem vorläufigen Sachwalter diverse Prüfungs- und Kontrollpflichten zu. Im Hinblick auf **Prüfungsintensität, -intervall und -umfang** können generell keine starren Vorgaben gelten, vielmehr sind diese auf die faktischen Erfordernisse sowie ins. Art und Umfang des schuldnerischen Geschäftsbetriebes anzupassen. Eine Prüfung durch **Stichproben und in angemessenen zeitlichen Intervallen** ist grundsätzlich zulässig. In der Anfangsphase des Verfahrens wird in der Regel eine höhere Prüfungsdichte und Prüfungsintensität erforderlich sein, stellt sich die Geschäftsführung des Schuldners dabei als generell ordnungsgemäß, kooperativ und zuverlässig dar, können Prüfintervalle verlängert und die Anzahl der Stichproben verringert werden. Bieten die Geschäftsführung des Schuldners oder ihre Dokumentation hingegen wiederholt Anlass zu Beanstandungen oder sind einzelne Abweichungen sehr gravierend, sind im Umkehrschluss die Prüfungsintensität zu erhöhen und die -intervalle zu verkürzen.

11 Grundsätzlich darf der vorläufige Sachwalter – ohne das Vorliegen gegenteiliger Hinweise – zunächst die durch den Schuldner erteilten Auskünfte bzw. vorgelegten Unterlagen und Rechenwerke als wahrheitsgemäß und inhaltlich richtig unterstellen, sodass sich seine **Kontrollpflicht** insoweit zunächst auf eine **Plausibilitätskontrolle** beschränkt. So darf er insbesondere auch zunächst davon ausgehen, dass Geschäftsvorfälle in der schuldnerischen Buchführung korrekt erfasst sowie Rechenwerke rechnerisch richtig sind und unter Zugrundelegung der korrekten Daten erstellt wurden und werden. Lediglich soweit sich im Rahmen der Plausibilitätskontrolle Unstimmigkeiten ergeben oder sich anderweitig konkrete Hinweise auf Defizite ergeben, muss er diesen nachgehen.

(1) Prüfung der wirtschaftlichen Lage

12 Der vorläufige Sachwalter hat in entsprechender Anwendung des § 274 die wirtschaftliche Lage des Schuldners zu prüfen. Dies umfasst auch die Prüfung der durch den Schuldner aufzustellenden **Liquiditätsplanung** (AG Hamburg, ZIP 2014, 237, 239). Er hat insoweit u.A. zu prüfen, ob die Planung anhand sachgerechter Kriterien – insbesondere im Hinblick auf die zugrunde gelegten Planungsprämissen und -prognosen – erstellt wurde. Er hat darüber hinaus zu prüfen, ob die ursprünglich aufgestellte Planung regelmäßig aktualisiert und den tatsächlichen Umständen angepasst wird. Es besteht allerdings keine Verpflichtung des vorläufigen Sachwalters, eine eigene Planung zu erstellen.

13 Ist die Vorlage eines Insolvenzplanes mit oder zeitnah nach der Insolvenzeröffnung geplant ist nach Auffassung des AG Hamburg auch die Aufstellung einer Vergleichsrechnung gem. § 245 Abs. 1 Nr. 1 durch den vorläufigen Sachwalter bereits im Rahmen des Eröffnungsverfahrens erforderlich. Hierfür ist bereits in diesem frühen Stadium das Bestehen etwaiger Anfechtungs- und Haftungsansprüche zu ermitteln (AG Hamburg, ZIP 2014, 237, 239). Insoweit ist allerdings im Hinblick auf die Tiefe der Ermittlungstätigkeit zu berücksichtigen, dass im Eröffnungsverfahren wichtige Informationsquellen wie z. B. die Forderungsanmeldungen der Gläubiger nicht zur Verfügung stehen und der meist kurze Zeitrahmen des Eröffnungsverfahrens zeitintensive Ermittlungstätigkeiten häufig nicht zulassen wird. Das Ergebnis wird daher im Regelfall eher »Tendenzcharakter« haben müssen und im Regelfall nicht komplett abschließend sein.

(2) Überwachung der Geschäftsführung

Auch wenn im Rahmen des vorläufigen Insolvenzverfahrens – anders als im eröffneten Verfahren – keine Anordnung der »vorläufigen« Eigenverwaltung und somit keine Neuzuweisung der Verfügungsbefugnis erfolgt (s. dazu § 270 Rdn. 34) erfolgt, hat der Schuldner ab Antragstellung dennoch im Rahmen seiner Geschäftsführung die insolvenzrechtlichen Regelungen zu beachten, da dies anderenfalls i. d. R. zu Nachteilen für die Gläubiger führen würde und damit Grundlage für eine Beendigung der (vorläufigen) Eigenverwaltung wäre. Ihn trifft somit eine **Massesicherungspflicht** und er hat insb. die **insolvenzrechtlichen Zahlungsverbote** zu beachten. Für die Bestimmung des Pflichtenprogramms kann insoweit auf die im Rahmen der vorläufigen Insolvenzverwaltung geltenden Regelungen bzw. die Rechtsprechung hierzu Bezug genommen werden, soweit nicht der besondere Charakter der Eigenverwaltung bzw. die gesetzlichen Regelungen etwas anderes nahe legen. Der vorläufige Sachwalter hat dementsprechend zu überprüfen, ob der Schuldner die Regeln einhält und – stellt er einen Verstoß fest – ob sich dieser nachteilig für die Gläubiger auswirkt. 14

Der vorläufige Sachwalter hat den **Zahlungsverkehr** des Schuldners zu überwachen und hierbei insb. zu überprüfen, ob durch den Schuldner Altverbindlichkeiten beglichen werden bzw. wurden (AG Hamburg, ZIP 2014, 237, 239). Zur Erleichterung der Prüfung wird es häufig zweckmäßig sein, die beabsichtigten Zahlungen mit dem Sachwalter bereits im Vorhinein in Form von Zahlungsvorschlagslisten abzustimmen, zwingend ist dies aber nicht (in Branchen mit zeitkritischen Zahlungsläufen zudem häufig auch praktisch nicht umsetzbar). Eine nachlaufende Kontrolle der ausgelösten Zahlungen ist ausreichend. Auch im Fall der vorherigen Abstimmung ist durch den vorläufigen Sachwalter naturgemäß zu prüfen, ob die tatsächlich ausgelösten Zahlungen mit den vorgeschlagenen übereinstimmen. 15

Ein Verstoß gegen die insolvenzrechtlichen Pflichten kann zudem darin begründet liegen, wenn ersichtlich Verbindlichkeiten aktiv begründet werden (z. B. durch Auslösung von Bestellungen) die mit überwiegender Wahrscheinlichkeit mangels ausreichender Liquidität generell nicht oder erst nach Verfahrenseröffnung bezahlt werden können, ohne dass hierfür rechtzeitig die rechtlichen Voraussetzungen (z. B. Beantragung einer Einzelermächtigung – vgl. dazu Rdn. 34 ff. – oder Absicherung durch ein insolvenzfestes Treuhandkonto) geschaffen werden (AG Hamburg, ZIP 2014, 237, 239). 15a

Aufgrund des akuten Haftungsrisikos für den Schuldner bzw. seine Organe aus § 69 AO (vgl. dazu § 270 Rdn. 44) kann nicht allein die Tatsache per se, dass während der vorläufigen Verwaltung aus Gründen der Haftungsvermeidung **Steuern und Sozialversicherungsbeiträge** abgeführt werden, einen Nachteil darstellen, der die Anordnung von Sicherungsmaßnahmen begründet oder eine spätere Anordnung der Eigenverwaltung im eröffneten Verfahren ausschließt (so aber wohl Hobelsberger, DStR 2013, 2545, 2549). Ein solcher Nachteil wird durch die Zahlungen erst dann u. U. herbeigeführt, wenn es unterlassen wird vor Abführung der Steuern bzw. Beiträge die jeweiligen Empfänger bösgläubig zu machen und damit die Basis für eine spätere Anfechtung der Zahlungen zu schaffen. 15b

Ist der Schuldner **Teil einer Unternehmensgruppe**, gehört es zur Massesicherungspflicht, auch im Fall der vorläufigen Eigenverwaltung die Vermögenssphären der einzelnen Gesellschaften strikt zu trennen, die Liquidität nicht unter den einzelnen Gesellschaften nach »Bedarf« zu verschieben und insb. den Restrukturierungsaufwand sachgerecht nach dem Verursacherprinzip zu verteilen. 15c

Fiebig

16 Erfolgte die Einsetzung des vorläufigen Sachwalters im Rahmen eines **Schutzschirmverfahrens** gem. § 270b ist eine unmittelbare tägliche Kontrolle der Liquiditätsplanung und des Liquiditätsstatus des Schuldners erforderlich, um der Pflicht zur unverzüglichen Anzeige des Eintrittes der Zahlungsunfähigkeit (vgl. § 270b Rdn. 41 ff.) nachkommen zu können (AG Göttingen, BeckRS 24941).

(3) **Kontrolle der Ausgaben für die Lebensführung**

17 Zur Kontrolle der Ausgaben für die Lebensführung vgl. Kommentierung § 274 und 278.

dd) Anzeigepflicht in Bezug auf zu erwartende Nachteile

18 Stellt der vorläufige Sachwalter **Umstände fest, die erwarten lassen, dass die Fortsetzung der vorläufigen Eigenverwaltung bzw. die spätere Anordnung der Eigenverwaltung zu Nachteilen für die Gläubiger führen wird**, so hat er dies unverzüglich dem vorläufigen Gläubigerausschuss und dem Insolvenzgericht anzuzeigen. Zum Begriff des Nachteils vgl. § 270 Rdn. 19 ff.

19 Ein bereits im Rahmen des vorläufigen Verfahrens anzeigepflichtiger Nachteil ist dabei insbesondere darin zu sehen, wenn die **Kosten der (vorläufigen) Eigenverwaltung** voraussichtlich erheblich über denjenigen einer vorläufigen Insolvenzverwaltung liegen (AG Hamburg, ZIP 2014, 237, 239). In diese Berechnung sind die Kosten der Eigenverwaltung (ins. der Aufwand für eingeschaltete Restrukturierungs- und sonstige Berater sowie spezifisch für Restrukturierung eingesetzter zusätzlicher Organe (CRO) sowie der vorläufigen Sachwaltung einzubeziehen. Insoweit ist allerdings zu berücksichtigen, dass eine zeitlich möglichst frühe Prognose insoweit zwar wünschenswert, für den vorläufigen Sachwalter allerdings mit erheblichen Schwierigkeiten verbunden ist, da die voraussichtliche Zusammensetzung und Höhe der Berechnungsmasse sowie die in Betracht kommenden Zuschläge häufig erst gegen Ende des (vorläufigen) Verfahrens absehbar sein werden. Gleiches gilt für die Höhe der Kosten für durch den Schuldner beauftragte Berater. Diesen praktischen Schwierigkeiten ist bei der Auslegung der diesbezüglichen Anzeigepflicht und insbesondere des insoweit relevanten Zeitpunktes Rechnung zu tragen.

20 Die Prognose über zu erwartende Nachteile kann sich dabei insbesondere aus im Rahmen der Wahrnehmung der vorstehend geschilderten Überwachungspflichten **gewonnenen Erkenntnissen** ergeben, aber auch aus **sonstigen Quellen** (Presseberichte, Informationen Dritter wie z. B. Mitarbeitern oder Gläubigern etc.). Stützt sich der vorläufige Sachwalter insoweit auf nicht durch ihn selbst ermittelte Tatsachen, ist i. d. R. jedoch zunächst eine Überprüfung der insoweit gewonnenen Informationen zu fordern. Ebenso ist dem Schuldner i. d. R. zunächst Gelegenheit zur Stellungnahme zu geben. Soweit eine vorherige Überprüfung nicht möglich ist, der vorläufige Sachwalter sich aufgrund der Tragweite der erhobenen Vorwürfe jedoch ggf. dennoch vorsorglich zu einer unverzüglichen Anzeige entschließt, ist dieser Umstand der fehlenden Verifizierung sowie die Quelle der Information in der Anzeige näher zu erläutern.

21 Anders als gem. § 274 Abs. 3 in der Situation nach Anordnung der Eigenverwaltung im eröffneten Insolvenzverfahren besteht allerdings kein praktisches Bedürfnis, bei **Fehlen eines vorläufigen Gläubigerausschusses** zusätzlich zum Insolvenzgericht auch alle bis zu dem Zeitpunkt der Anzeige bekannten Gläubiger zu informieren (anders allerdings offenbar die ursprüngliche Vorstellung im Rahmen des Gesetzgebungsverfahrens, vgl. BT-Drucks. 17/5712, S. 39). Da die im eröffneten Insolvenzverfahren einmal angeordnete Eigenverwaltung – außer in absoluten Ausnahmefällen (dazu § 272) – nur auf Antrag eines Gläubigers bzw. auf Beschluss der Gläubigerversammlung aufgehoben werden kann, ist es nach Eröffnung des Insolvenzverfahrens erforderlich, die Gläubiger unmittelbar zu informieren, damit diese ihre Rechte überhaupt wahrnehmen können. Im Rahmen der vorläufigen Eigenverwaltung kann das Gericht hingegen unmittelbar selbst durch Einsetzung eines vorläufigen Insolvenzverwalters, Anordnung ergänzender Sicherungsmaßnahmen oder entsprechender Berücksichtigung der Informationen bei der späteren Entscheidung über die Anordnung der Eigenverwaltung bei Verfahrenseröffnung reagieren und eingreifen.

ee) Sonstige Anzeigepflichten

Eine (von dem voraussichtlichen Eintritt von Nachteilen für die Gläubigern unabhängige) Pflicht zur Anzeige des Eintrittes der Zahlungsunfähigkeit besteht für den vorläufigen Sachwalter nur im Rahmen eines sog. »Schutzschirmverfahrens« gem. § 270b (vgl. dort Rdn. 41 ff.). 22

ff) Meldung nach dem InsStatG

Wird der Insolvenzantrag mangels Masse abgewiesen, ist der (ehemalige) vorläufige Sachwalter im Rahmen der **Insolvenzstatistik** insoweit für die Merkmale gem. § 2 Nr. 1 und 2 InsStatG meldepflichtig. Zwar wird der vorläufige Sachwalter in § 4 Abs. 2 InsStatG nicht ausdrücklich erwähnt, dem Schuldner wird diese Verpflichtung jedoch auch nicht auferlegt. Es ist daher davon auszugehen, dass die Aufgabenzuweisung an den Sachwalter insoweit lediglich sprachlich unpräzise ist und auch den vorläufigen Sachwalter mit umfasst. 23

Wird das Insolvenzverfahren jedoch eröffnet, obliegt gem. § 4 Abs. 2 InsStatG die Meldepflicht der Angaben nach § 2 Nr. 3 und 4 und § 3 Nr. 1 bis 5 und 7 InsStatG dem gem. § 270c bestellten Sachwalter.

gg) Sonstige Rechte und Pflichten

Eine **Pflicht zur Auskunftserteilung gegenüber einzelnen Gläubigern** trifft den vorläufigen Sachwalter (ebenso wie den im eröffneten Verfahren) grundsätzlich nicht. Gleichwohl wird ihm das Recht zur Auskunftserteilung bei entsprechenden Nachfragen nicht abgesprochen werden können, sofern diese inhaltlich richtig und der Sachlage angemessen sind. 24

Da die Bestellung eines vorläufigen Sachwalters i. d. R. nicht öffentlich bekannt gemacht wird (vgl. hierzu Rdn. 41), kommt der Frage, ob er aktiv mit Verfahrensbeteiligten Kontakt aufnehmen bzw. auf deren an ihn gerichteten Nachfragen antworten darf, eine besondere Bedeutung zu, da hierdurch der durch den Schuldner häufig gewünschte »Geheimhaltungseffekt« naturgemäß gefährdet werden kann. Insoweit ist zwischen den verschiedenen Funktionen des vorläufigen Sachwalters zu unterscheiden: ist der vorläufige Sachwalter gleichzeitig als Sachverständiger zur Begutachtung spezifischer Fragen (wie z. B. dem Vorliegen von Insolvenzgründen, ob eine die Kosten des Verfahrens deckende Insolvenzmasse vorhanden ist, Zuständigkeitsfragen etc.) beauftragt worden, ist er in dieser Funktion berechtigt, alle Verfahrensbeteiligten, Behörden und sonstige Dritte zu kontaktieren, sofern dies für seine Ermittlungen sinnvoll bzw. erforderlich ist.

Ist er hingegen nicht auch als Sachverständiger beauftragt, so hat er eine aktive Kontaktaufnahme zu Verfahrensbeteiligten zu unterlassen, es sei denn, eine solche ist zur eigenständigen Beurteilung bestimmter Geschäftsvorfälle oder zur Einschätzung etwaiger zu erwartender Nachteile erforderlich (z. B. da konkrete Anhaltspunkte dafür vorliegen, dass die Auskünfte des Schuldners zu dem fraglichen Komplex unzutreffend oder irreführend sind oder vom Schuldner erbetene Auskünfte nicht erteilt wurden).

Gegenüber dem Gericht ist der Sachwalter stets (also auch unabhängig von einer gleichzeitigen Beauftragung als Sachverständiger) – je nach den Vorgaben des Gerichtes – berechtigt und verpflichtet, Sachstandsberichte zum Stand des Verfahrens abzugeben bzw. auf konkrete Einzelanfragen zu antworten. Auf entsprechende Anfragen eines konstituierten vorläufigen Gläubigerausschusses darf und muss er ebenfalls vollumfänglich wahrheitsgemäß antworten.

Zusätzlich steht dem vorläufigen Sachwalter – unabhängig von einer eventuellen Beauftragung als Sachverständiger – das Recht zu, auf durch Dritte an ihn gerichtete Nachfragen zu formellen Details des Verfahrens (z. B. Bestätigung über die Bestellung als vorläufiger Sachwalter, Datum der Bestellung, Auskünfte über das Bestehen eines Zustimmungsvorbehaltes, Erläuterung der bestehenden Zuständigkeitskompetenzen und Vertretungsbefugnisse, Übersendung des Gerichtsbeschlusses) zu beantworten. Darüber hinausgehende **Auskunftserteilungen** gegenüber anderen als dem Gericht sind jedoch mit dem Schuldner abzustimmen. Der Schuldner hat zudem auf Nachfrage einen

Anspruch darauf, Kopien der Mitteilungen zu erhalten, sodass er ggf. eine eigene Stellungnahme abgegeben kann. Ein Auskunftsrecht einzelner Gläubiger gegenüber dem vorläufigen Sachwalter besteht generell nicht.

25 Eine Pflicht des Sachwalters, ihm bekannt gewordene **Stellungnahmen bzw. Äußerungen des Schuldners** eigenständig (d. h. ohne entsprechende Anfrage) zu korrigieren bzw. Gegendarstellungen abzugeben, besteht generell nicht, sofern nicht durch die ggf. unzutreffende Information des Schuldners die Anzeigepflicht nach Abs. 3 ausgelöst wird.

c) Auswahl

26 Aufgrund der (Weiter-) Verweisung in § 274 Abs. 1 auf § 56 können die Gläubiger ihren Einfluss nach dessen Maßgabe entsprechend auch im Zusammenhang mit der **Auswahl des vorläufigen Sachwalters** geltend machen (BT-Drucks. 17/5712, S. 39). Im »Schutzschirmverfahren« nach § 270b geht das Vorschlagsrecht des Schuldners hinsichtlich der Person des vorläufigen Sachwalters gem. dessen Abs. 2 Satz 2 jedoch als speziellere Regelung vor (dazu § 270b Rdn. 30).

27 Die Regelungen des § 56 zur **Unabhängigkeit** des vorläufigen Verwalters gelten jedoch auch hier (AG Stendal, BeckRS 2012, 19830). D. h. eine Vorbefassung des vorläufigen Sachwalters ist nur in den engen Grenzen des § 56 Abs. 1 Nr. 2 (in Form einer allgemeinen Beratung über den Ablauf eines Insolvenzverfahrens und dessen Folgen) zulässig. Eine vertiefte Befassung des vorläufigen Sachwalters legt hingegen eine fehlende Unabhängigkeit nahe, sodass eine nachfolgende Bestellung ausscheidet. Dies schließt insbesondere einen durch den Schuldner beauftragten Sanierungsberater, der das Unternehmen analysiert und ggf. einen Sanierungsplan erstellt hat als künftigen (vorläufigen) Sachwalter aus. Dies entspricht der gesetzlichen Kompetenzverteilung der Eigenverwaltung, in der der Schuldner zwar weiterhin die Entscheidungsgewalt behält, aber nur um den »Preis« der **unabhängigen und neutralen Kontrollinstanz** des vorläufigen Sachwalters (so auch BT-Drucks. 17/7511, S. 37).

28 Setzt das Insolvenzgericht eine andere als die vom Schuldner oder Gläubigern beantragte Person als vorläufigen Sachwalter ein, ist ein **Rechtsmittel** insoweit nicht gegeben (AG Hamburg, BeckRS 2013, 13615).

d) Vergütung des vorl. Sachwalters (vgl. dazu auch § 12)

29 Der **Vergütungsanspruch des vorläufigen Sachwalters** ist gesetzlich nicht geregelt. Hieraus ist jedoch nicht abzuleiten, dass der Gesetzgeber diese Tätigkeit nicht vergüten wollte, vielmehr wurde dieser Punkt im Gesetzgebungsverfahren offenbar schlicht übersehen. Es handelt sich somit um eine planwidrige Regelungslücke (AG Hamburg, ZIP 2014, 237, 238; AG Köln, NZI 2013, 97). Der vorläufige Sachwalter hat einen Anspruch auf Vergütung, die gem. § 64 durch das Insolvenzgericht festzusetzen ist (AG Hamburg, ZIP 2014, 237, 238; AG Köln, ZIP 2013, 462). Der Regelsatz der Vergütung bestimmt sich nach § 12 Abs. 1 InsVV. § 11 InsVV ist hingegen weder unmittelbar noch analog anwendbar, sodass der Regelsatz der Vergütung des vorläufigen Sachwalters dem des Sachwalters im eröffneten Verfahren entspricht (AG Hamburg, ZIP 2014, 237, 238; AG Göttingen, ZInsO 2012, 2413; AG Essen, Beschl. v. 23.05.2013 – 167 IN 10/13; a. A. LG Bonn, ZInsO 2013, 2341; AG Köln, ZIP 2013, 462). Dies erscheint sachgerecht, da sich der Pflichtenkanon des vorläufigen Sachwalters nicht wesentlich von dem des Sachwalters unterscheidet (AG Hamburg, ZIP 2014, 237, 239; AG Göttingen, ZInsO 2012, 2413). Die Regelvergütung kann sich durch Gewährung von Zu- und Abschlägen, die sich an der Abweichung der tatsächlichen Tätigkeiten von dem generellen Tätigkeitsprofil zu orientieren haben, erhöhen oder verringern (AG Hamburg, ZIP 2014, 237, 238; AG Essen, Beschl. v. 23.05.2013 – 167 IN 10/13). Zuschlagsbegründend ist aufgrund der erhöhten Prüfungspflichten insbesondere die Stellung als vorläufiger Sachwalter im Rahmen eines **Schutzschirmverfahrens** gem. § 270b oder die Anordnung eines Zustimmungsvorbehaltes (AG Göttingen, BeckRS 2012, 24941).

Als Berechnungsgrundlage dient das Vermögen, auf das sich die Tätigkeit des vorläufigen Sachwalters während des Eröffnungsverfahrens erstreckt hat (AG Hamburg, ZIP 2014, 237, 239; AG Köln, ZIP 2013, 462; ausdrücklich offen gelassen, ob insoweit Ausgaben abzusetzen sind: AG Göttingen, BeckRS 24941).

Die **Vereinbarung einer bestimmten Vergütungshöhe** zwischen Schuldner und vorläufigem Sachwalter ist unzulässig (AG Hamburg, ZIP 2014, 237, 239). Gleiches gilt für entsprechende Vereinbarungen zwischen ihm und anderen Verfahrensbeteiligten wie z. B. maßgeblichen Gläubigern. 30

Erfolgt nach Einsetzung eines vorläufigen Sachwalters keine Eröffnung des Insolvenzverfahrens, hat das Insolvenzgericht jedenfalls in entsprechender Anwendung des § 26a die Vergütung festzusetzen. Eine Veröffentlichung des Vergütungsbeschlusses erfolgt in diesem Fall allerdings nicht (AG Göttingen, BeckRS 2012, 24941). 31

e) Haftung des vorläufigen Sachwalters

Aufgrund des Verweises in Abs. 1 Satz 2 auf § 274 Abs. 1, haftet der vorläufige Sachwalter im Fall schuldhafter Pflichtverletzungen gem. § 60. Da allerdings § 274 Abs. 1 lediglich eine entsprechende Anwendung vorsieht, ist der Tatbestand der **Pflichtverletzung** dem beschränkten Pflichtenkreis des Sachwalters anzupassen (Pape, Kölner Schrift zur InsO, Kap. 24 Rn. 32). Eine Haftung kommt daher im Wesentlichen bei der schuldhaften **Verletzung von Überwachungs- und Informationspflichten** in Betracht, die der Schuldner zulasten der Gläubiger ausnutzt. Hiervon zu unterscheiden ist jedoch der Fall, in dem der Sachwalter durch obstruktives Verhalten des Schuldners (z. B. durch Nichtvorlage oder gar Fälschung der prüfungsrelevanten Unterlagen, Erteilung von Falschauskünften, Verschweigen relevanter Informationen, unvollständiger oder verzögerter Erstellung der Buchführung) an der Erfüllung seiner Pflichten gehindert wird. 32

Eine Haftung gem. § 61 kommt lediglich dann in Betracht, wenn das Gericht gem. § 21 als zusätzliche Sicherungsmaßnahme die **Zustimmungsbedürftigkeit** bestimmter Rechtsgeschäfte des Schuldners angeordnet hat und der vorläufige Sachwalter seine Zustimmung zu dem fraglichen Rechtsgeschäft erteilt hat.

Eine steuerliche Haftung des vorläufigen Sachwalters gem. § 69 AO scheidet aus, da er kein Vermögensverwalter gem. § 34 Abs. 3 AO ist. Dies gilt auch, soweit er die Kassenführung gem. § 275 an sich gezogen hat, da er insoweit dennoch lediglich zur Ausführung und Entgegennahme von Zahlungen berechtigt und verpflichtet ist, nicht jedoch über die Begründung der Zahlungsverpflichtungen entscheiden kann (vgl. § 275 Rdn. 16). Damit scheidet auch eine Anwendung von § 35 AO auf ihn aus (Hobelsberger, DStR 2013, 2545, 2548).

Bei der Pflichtwidrigkeitsprüfung ist zudem zu beachten, dass der Sachwalter wesentlich **geringere Einblicks- und Reaktionsmöglichkeiten** besitzt als der Insolvenzverwalter – schon allein aufgrund der Tatsache, dass er i. d. R. nicht den gesamten Postverkehr des Schuldners sehen wird. Ihm fehlen somit wesentliche Erkenntnisquellen. Stellt der Sachwalter ein schädigendes Verhalten des Schuldners fest, kann er dies zudem nicht selbst unterbinden, sondern lediglich die Gläubiger bzw. das Insolvenzgericht hierüber informieren. 33

II. Begründung von Masseverbindlichkeiten

1. Ermächtigung zur Begründung von Masseverbindlichkeiten

Eine § 270b Abs. 3 entsprechende Regelung, wonach der Schuldner nach entsprechender Anordnung durch das Gericht Masseverbindlichkeiten begründen kann, ist im Rahmen des § 270a nicht eingefügt worden. Dennoch kann in entsprechender Anwendung der bisherigen »Einzelermächtigungsrechtsprechung« des BGH das Gericht dem Schuldner auf seinen Antrag hin eine Ermächtigung **zur Begründung von Masseverbindlichkeiten** einräumen (AG Köln, ZInsO 2012, 790; LG Duisburg, NZI 2013, 91 ff.; AG Düsseldorf, Beschl. v. 13.09.2013 – 500 IN 173/13; a. A. AG Fulda, Beck RS 2012, 16274. Zu den Voraussetzungen der Erteilung einer Einzelermächtigung vgl. 34

dazu § 22 Rdn. 90 ff.). Anderenfalls wäre die Phase des Insolvenzeröffnungsverfahrens gerade bei sanierungsfähigen Unternehmen, bei denen eine spätere Anordnung der Eigenverwaltung wahrscheinlich ist, mit der Rechtsunsicherheit für Vertragspartner im Hinblick auf die Bezahlung der in dieser Phase begründeten Verbindlichkeiten belastet. Die Regelung des § 275 ist entsprechend dann auch im Rahmen der Begründung von Masseverbindlichkeiten zu berücksichtigen. Da § 275 allerdings nur eine Sollvorschrift darstellt, sind auch ohne Zustimmung bzw. entgegen eines Widerspruches des vorläufigen Sachwalters begründete Masseverbindlichkeiten wirksam, soweit der Schuldner durch das Gericht zu deren Begründung ermächtigt wurde (vgl. § 275 Rdn. 11). Auch aus der Tatsache, dass der Gesetzgeber keine § 270b Abs. 3 InsO entsprechende Regelung für die vorläufige Eigenverwaltung außerhalb des Schutzschirmverfahrens getroffen hat, kann nicht geschlossen werden, dass die Erteilung einer Einzelermächtigung in dieser Situation gesetzlich unzulässig sei (unklar in dieser Frage leider BGH, NZI 2013, 342). Denn der Regelungsinhalt des § 270b Abs. 3 InsO (»hat das Gericht anzuordnen...«) geht insoweit weit über die Einzelermächtigungsrechtsprechung hinaus, da sie dem Gericht jegliche Prüfungskompetenz und jegliches Ermessen abspricht.

Das AG Montabauer hält demgegenüber die Erteilung einer Einzelermächtigung u. a. deshalb nicht für erforderlich, da der Schuldner im Rahmen der vorläufigen Eigenverwaltung bereits »automatisch« Masseverbindlichkeiten begründe (Beschl. v. 27.12.2012, NZI 2013, 350). Die Annahme einer solchen automatischen Begründung wird offenbar auf den gem. § 270a Abs. 1 Satz 2 entsprechend anwendbaren § 275 gestützt, da dieser ganz generell die Kompetenz des Schuldners zur Begründung von Masseverbindlichkeiten regle. Diese Auffassung ist jedoch unzutreffend, da die rechtliche Qualifizierung der vom Schuldner begründeten Verbindlichkeiten auf der Verwaltungs- und Verfügungsbefugnis des Schuldners beruht und somit auf § 55 Abs. 1 Nr. 1 (Undritz, BB 2012, 1551, m. w. N.). § 275 regelt hingegen allein die innere Aufgabenverteilung zwischen Schuldner und Sachwalter.

35 Die Einzelermächtigung ist dem Schuldner – nicht etwa dem Sachwalter – zu erteilen (LG Duisburg, NZI 2013, 91; a. A. seinerzeit noch AG Hamburg, NZI 2012, 566), da dies der Systematik der gesetzlichen Aufgabenverteilung zwischen Schuldner und Sachwalter entspricht. Die Erteilung eines generellen Zustimmungsvorbehaltes des Sachwalters zur Begründung von Masseverbindlichkeiten erscheint daher ebenfalls nicht geboten.

36 Erteilt das Insolvenzgericht dem Schuldner die Einzelermächtigung nicht bzw. nicht in dem begehrten Umfang, ist hiergegen keine **sofortige Beschwerde** möglich. Folglich ist auch die Rechtsbeschwerde unstatthaft (BGH, NZI 2013, 342).

2. Anwendbarkeit des § 55 Abs. 4

37 § 55 Abs. 4 ist in der vorläufigen Eigenverwaltung nicht anwendbar (Kahlert ZIP 2012, 2089; Hobelsberger DStR 2013, 2545, 2547). Da sich der Gesetzgeber im Rahmen der Erörterungen bewusst gegen eine Erstreckung von § 55 Abs. 4 auch auf die vorläufige Eigenverwaltung entschieden hat (BT-Drucks. 17/5712 v. 04.05.2011, S. 112; vgl. auch Stellungnahme des Bundesrates zum ESUG, BR-Drucks. 127/11 v. 15.04.2011) fehlt es insoweit an einer planwidrigen Regelungslücke, sodass auch eine analoge Anwendung nicht in Betracht kommt.

III. Haftung des Schuldners bzw. seiner Organe

38 Die Frage, ob der Schuldner bzw. seine Organe für während der vorläufigen Eigenverwaltung nicht abgeführte Steuern und Sozialversicherungsbeiträge haften, ist bislang höchstrichterlich nicht geklärt. Es ist aber eine klare Tendenz der Finanzämter zu beobachten, eine Inanspruchnahme zumindest zu versuchen. Bis zu der Entwicklung einer gefestigten Rechtsprechung zu diesem Thema besteht daher ein verstärktes **Haftungsrisiko**.

Liegt Zahlungsunfähigkeit und/oder die Überschuldung vor, so ist bis zur Eröffnung des Insolvenzverfahrens der Anwendungsbereich von **§ 64 GmbHG und 92 AktG** grundsätzlich eröffnet. Die schuldnerischen Organe sind daher einem latenten Haftungsrisiko für die von ihnen während der vorläufigen Eigenverwaltung vorgenommenen Zahlungen ausgesetzt. Allerdings ist insoweit die Definition des eine Haftung ausschließenden Sorgfaltsmaßstabes den besonderen Bedingungen der (redlichen) Geschäftsführung während der vorläufigen Eigenverwaltung anzupassen. Zahlungen, für nach Antragstellung in Anspruch genommene Leistungen, die der Betriebsfortführung oder der Massesicherung dienen, müssen insoweit als sachgerecht und damit nicht haftungsbegründend angenommen werden (so auch Schmidt/Poertzgen, NZI 2013, 369, 375). Bis zu einer Klärung dieser Fragestellung durch die Gerichte, besteht insoweit aber eine nicht unerhebliche Rechtsunsicherheit.

Da – anders als im eröffneten Verfahren – gem. § 270a keine Neuzuweisung der Verfügungsbefugnis erfolgt (vgl. dazu § 270 Rdn. 32), sondern vielmehr das Gericht lediglich von der Anordnung bestimmter Sicherungsmaßnahmen für die Phase des Eröffnungsverfahrens absieht, besteht in dieser Phase keine einem Amtswalter angenäherte Stellung des Schuldners bzw. seiner Organe. Eine Haftung gem. §§ 60, 61 scheidet daher aus.

IV. Antragsrücknahme (Abs. 2)

Nach Abs. 2 bleibt dem Schuldner bei (nur) drohender Zahlungsunfähigkeit die **Möglichkeit der Rücknahme des Insolvenzantrags**, wenn die Voraussetzungen der Eigenverwaltung als nicht gegeben angesehen werden sollten; etwaige Bedenken hat das Gericht dem Schuldner rechtzeitig mitzuteilen. Das ESUG schafft damit hinsichtlich der Anordnung der Eigenverwaltung durch das Gericht Planungssicherheit für den Schuldner: Der Schuldner, der freiwillig den Weg der Sanierung in Eigenverwaltung eingeschlagen hat, soll nicht Gefahr laufen, in ein Insolvenzverfahren *ohne* Eigenverwaltung hineingedrängt zu werden; eine Sorge, die als mitursächlich für den zurückhaltenden Einsatz der Eigenverwaltung als Sanierungsinstrument erkannt wurde. Besteht aus Sicht des Gerichts keine Möglichkeit, das Insolvenzverfahren in Eigenverwaltung zu eröffnen, behält der Schuldner somit gleichwohl die Kontrolle über sein Vermögen und kann entscheiden, ob er statt der Sanierung in Eigenverwaltung eine außergerichtliche Sanierung versucht oder nicht (krit. zu dieser »goldenen Brücke« Hölzle/Pink, ZIP 2011, 360, 365). Abzulehnen ist allerdings die Auffassung des AG Mannheim, das einen Insolvenzantrag von sich aus als »nicht gestellt« angesehen hat, weil es die Anordnungsvoraussetzungen für die beantragte Eigenverwaltung nicht als erfüllt ansah und gleichzeitig davon ausging, dass lediglich ein Insolvenzverfahren in Form der Eigenverwaltung angestrebt würde (AG Mannheim, ZIP 2014, 484). Eine aktive (und ausdrückliche) Antragsrücknahme durch den Schuldner bzw. ein vertretungsberechtigtes Organ ist daher stets erforderlich. 39

Der Weg der Antragsrücknahme bleibt nach dieser Ratio allerdings versperrt, wenn eine **Antragspflicht nach § 15a** begründet ist, wenn also bereits Zahlungsunfähigkeit oder Überschuldung eingetreten sind (BT-Drucks. 17/5712, S. 40; s. a. Hofmann, NZI 2010, 798, 800). Damit ist die Antragsrücknahme insb. für natürliche Personen (Einzelkaufleute und Freiberufler) eine Option, für die keine Insolvenzantragspflicht besteht. 40

C. Verfahrensfragen

Eine Pflicht zur **Veröffentlichung der Anordnung** besteht nicht. Nach pflichtgemäßem Ermessen, ist eine Veröffentlichung jedoch möglich (AG Göttingen, BeckRS 2012, 23480). Im Rahmen der Abwägung ist insoweit insbesondere miteinzubeziehen, ob dem Unternehmen durch das Bekanntwerden der Anordnung Nachteile drohen, sowie ob bereits eine Antragspflicht wegen Überschuldung oder Zahlungsunfähigkeit bestanden hat. 41

Das Amt des vorläufigen Sachwalters endet automatisch mit Eröffnung des Insolvenzverfahrens (zur Parallelfrage der vorläufigen Insolvenzverwaltung § 22 Rdn. 210). Aufgrund der Formulierung des § 270a Abs. 1 Satz 2 (»anstelle«) handelt es sich bei dem vorläufigen Sachwalter sowie dem vorläufigen Insolvenzverwalter um zwei alternative Ämter, die nicht gleichzeitig vorliegen können. Die Bestellung eines vorläufigen Insolvenzverwalters beendet daher automatisch auch das Amt des vorläufigen Sachwalters. 42

Es sind insoweit jedoch zwei Fälle zu unterscheiden: sind (ehemaliger) vorläufiger Sachwalter und vorläufiger Insolvenzverwalter personenidentisch, handelt es sich bei der »Hochstufung« zum vorläufigen Insolvenzverwalter um eine Anordnung zusätzlicher Sicherungsmaßnahmen. Hiergegen steht dem Schuldner gem. § 21 Abs. 1 Satz 2 die sofortige Beschwerde zu. Wurde hingegen nunmehr (lediglich) eine andere Person als der bisherige vorläufige Sachwalter zum vorläufigen Insolvenzverwalter bestellt, handelt es sich gleichzeitig auch um eine Entlassung des vorl. Sachwalters, auf die § 59 Anwendung findet (§ 59 Rdn. 1). D. h. dem Schuldner steht hier das Beschwerderecht gegen die Anordnung zusätzlicher Sicherungsmaßnahmen zu, nicht aber gegen die Person des vorläufigen Verwalters (§ 21 Rdn. 82). Dem (ehemaligen) vorläufigen Sachwalter steht hingegen das Recht zur sofortigen Beschwerde gegen seine Entlassung, nicht aber gegen die Anordnung von Sicherungsmaßnahmen zu. Im Ergebnis kann sich also nur der Schuldner gegen die Bestellung eines vorläufigen Verwalters wehren, der ehemalige Sachwalter lediglich dagegen, dass eine andere Person als er selbst insoweit bestellt wurde. Dies gilt auch, sofern die ursprüngliche Bestellung zum vorläufigen Sachwalter im Rahmen eines Antrages gem. § 270b erfolgte. Zwar besteht insoweit kein Beschwerderecht, wenn der erstmalig bestellte vorläufige Sachwalter nicht die von dem Schuldner vorgeschlagene Person ist (vgl. dazu § 270b Rdn. 46; AG Hamburg, BeckRS 2013, 13615), wird jedoch nachträglich eine andere Person bestellt, steht auch in diesen Fällen dem ehemaligen Sachwalter ein Beschwerderecht gegen seine Entlassung zu.

Vorstehende Grundsätze gelten auch für die **nachträgliche Bestellung einer anderen Person** als vorläufigem Sachwalter.

43 Eine Abwahl des vonseiten des Gerichtes bestellten vorläufigen Sachwalters durch ein einstimmiges **Votum des vorläufigen Gläubigerausschusses** ist nur unter den Voraussetzungen des § 56a Abs. 3 möglich (vgl. dazu § 56 Rdn. 28 ff.). Soweit ein »Schutzschirm« gem. § 270b angeordnet und noch nicht wieder aufgehoben wurde, wird § 56a Abs. 3 allerdings durch die Bindungswirkung des § 270b Abs. 2 überlagert. Eine »Abwahl« durch die Gläubiger ist in diesen Fällen daher praktisch erst nach Verfahrenseröffnung durch die Abwahl im Rahmen der ersten Gläubigerversammlung gem. § 57 möglich (vgl. dazu § 274 Rdn. 7 ff.).

§ 270b Vorbereitung einer Sanierung

(1) ¹Hat der Schuldner den Eröffnungsantrag bei drohender Zahlungsunfähigkeit oder Überschuldung gestellt und die Eigenverwaltung beantragt und ist die angestrebte Sanierung nicht offensichtlich aussichtslos, so bestimmt das Insolvenzgericht auf Antrag des Schuldners eine Frist zur Vorlage eines Insolvenzplans. ²Die Frist darf höchstens drei Monate betragen. ³Der Schuldner hat mit dem Antrag eine mit Gründen versehene Bescheinigung eines in Insolvenzsachen erfahrenen Steuerberaters, Wirtschaftsprüfers oder Rechtsanwalts oder einer Person mit vergleichbarer Qualifikation vorzulegen, aus der sich ergibt, dass drohende Zahlungsunfähigkeit oder Überschuldung, aber keine Zahlungsunfähigkeit vorliegt und die angestrebte Sanierung nicht offensichtlich aussichtslos ist.

(2) ¹In dem Beschluss nach Absatz 1 bestellt das Gericht einen vorläufigen Sachwalter nach § 270a Absatz 1, der personenverschieden von dem Aussteller der Bescheinigung nach Absatz 1 zu sein hat. ²Das Gericht kann von dem Vorschlag des Schuldners nur abweichen, wenn die vorgeschlagene Person offensichtlich für die Übernahme des Amtes nicht geeignet ist; dies ist vom Gericht zu begründen. ³Das Gericht kann vorläufige Maßnahmen nach § 21 Absatz 1 und 2 Nummer 1a, 3 bis 5 anordnen; es hat Maßnahmen nach § 21 Absatz 2 Nummer 3 anzuordnen, wenn der Schuldner dies beantragt.

(3) ¹Auf Antrag des Schuldners hat das Gericht anzuordnen, dass der Schuldner Masseverbindlichkeiten begründet. ²§ 55 Absatz 2 gilt entsprechend.

(4) ¹Das Gericht hebt die Anordnung nach Absatz 1 vor Ablauf der Frist auf, wenn
1. die angestrebte Sanierung aussichtslos geworden ist;

2. der vorläufige Gläubigerausschuss die Aufhebung beantragt oder
3. ein absonderungsberechtigter Gläubiger oder ein Insolvenzgläubiger die Aufhebung beantragt und Umstände bekannt werden, die erwarten lassen, dass die Anordnung zu Nachteilen für die Gläubiger führen wird; der Antrag ist nur zulässig, wenn kein vorläufiger Gläubigerausschuss bestellt ist und die Umstände vom Antragsteller glaubhaft gemacht werden.

²Der Schuldner oder der vorläufige Sachwalter haben dem Gericht den Eintritt der Zahlungsunfähigkeit unverzüglich anzuzeigen. Nach Aufhebung der Anordnung oder nach Ablauf der Frist entscheidet das Gericht über die Eröffnung des Insolvenzverfahrens.

Übersicht	Rdn.		Rdn.
A. Normzweck	1	b) Bestätigung, dass eine Sanierung nicht offensichtlich aussichtslos ist	17
B. Norminhalt	2	c) Personelle Anforderung an den Aussteller	18
I. Tatbestand (Anordnungsvoraussetzungen)	2	II. Rechtsfolgen	24
1. Antragsverfahren	2	1. Dauer und Umfang des »Schutzschirms«	24
2. Eröffnungsgrund	4	2. Aufsicht durch vorläufigen Sachwalter	29
3. Evidenzkontrolle der Sanierungsfähigkeit	7	3. Begründung von Masseverbindlichkeiten (Abs. 3)	32
4. Fehlende Erwartung von Nachteilen für die Gläubiger als ungeschriebene Anordnungsvoraussetzung?	10	III. Aufhebung der Anordnung (Abs. 4)	36
5. Nachweis der Anordnungsvoraussetzungen	11	IV. Entscheidung über den Fortgang des Verfahrens	39
a) Bestätigung, dass keine Zahlungsunfähigkeit vorliegt	15	V. Eintritt der Zahlungsunfähigkeit	41
		C. Verfahrensfragen	45

A. Normzweck

Das in § 270b beschriebene sog. »Schutzschirmverfahren« wurde durch das Gesetz zur weiteren Erleichterung der Sanierung von Unternehmen (ESUG) neu in die InsO eingefügt (vgl. Kommentierung vor § 270 Rdn. 2 ff.). Sie soll das Vertrauen der Schuldner in das Insolvenzverfahren stärken und damit zugleich einen weiteren Anreiz zur frühzeitigen Sanierung mit den Mitteln des Insolvenzrechts bieten (BT-Drucks. 17/5712, S. 40), indem dem Schuldner im Zeitraum zwischen Eröffnungsantrag und Verfahrenseröffnung ein »eigenständiges Sanierungsverfahren« zur Verfügung gestellt wird (Begr. RegE-ESUG zu § 270b InsO, S. 61). 1

B. Norminhalt

I. Tatbestand (Anordnungsvoraussetzungen)

1. Antragsverfahren

Der Weg unter den »Schutzschirm« führt allein über das normale Eröffnungsverfahren, das als **Antragsverfahren** ausgestaltet ist (vgl. § 13 Abs. 1 Satz 1). Er setzt damit zunächst einmal einen Eröffnungsantrag des Schuldners wegen drohender Zahlungsunfähigkeit nach § 18 oder Überschuldung nach § 19 voraus. Ergänzt wird der Eröffnungsantrag um mindestens zwei weitere Anträge: erstens um den Antrag auf Anordnung der Eigenverwaltung (§ 270 Abs. 2 Nr. 1) sowie zweitens um den Antrag auf Bestimmung einer Frist zur Vorlage eines Insolvenzplans (Abs. 1 Satz 1). Hinzu kommen ggf. die fakultativen Anträge auf »Schutz« der Sanierungsbemühungen durch Anordnung von Maßnahmen nach § 21 Abs. 2 Satz 1 Nr. 3, also auf Untersagung oder einstweilige Einstellung von Maßnahmen der Zwangsvollstreckung gegen den Schuldner (Abs. 2 Satz 3 Halbs. 2) sowie darauf, Masseverbindlichkeiten begründen zu können (Abs. 3). 2

3 Die Anträge gem. § 270b sind zulässig, wenn sie von einem im **Außenverhältnis vertretungsberechtigten Organ** gestellt wurden. Ebenso wie im Hinblick auf den Antrag auf Anordnung der Eigenverwaltung sind auch hier die Grundsätze des § 18 Abs. 3 insoweit analog anzuwenden (vgl. § 270 Rdn. 14). Auf die Befugnis des Organs zur Antragstellung im Innenverhältnis kommt es insoweit nicht an (AG Mannheim, ZIP 2014, 484). Die Antragstellung ohne entsprechenden Gesellschafterbeschluss mag im Innenverhältnis unrechtmäßig oder gar rechtsmissbräuchlich sein (so z. B. LG Frankfurt am Main, BeckRS 2013, 16029; vgl. dazu auch Saenger/Al-Wraikat, NZG 2013, 1201 ff.) und damit ggf. Schadensersatzpflichten gegenüber den Gesellschaftern auslösen, die Zulässigkeit des gestellten Antrags entfällt damit jedoch nicht (für eine eventuelle Zurückweisung eines rechtsmissbräuchlichen Antrags aufgrund fehlenden Rechtsschutzbedürfnisses aber offenbar Lang/Muschalle, NZI 2013, 953, 955). Das Gericht hat dementsprechend lediglich die formelle Vertretungsberechtigung des Antragstellers zu prüfen, nicht aber die **gesellschaftsrechtliche Beschlusslage**.

2. Eröffnungsgrund

4 Der Antrag ist erst dann zulässig, wenn **drohende Zahlungsunfähigkeit nach § 18 oder Überschuldung nach § 19** eingetreten sind (und nur solange, bis Zahlungsunfähigkeit nach § 17 eingetreten ist). Die gelegentlich anzutreffende Bezeichnung des Verfahrens nach § 270b als *vorinsolvenzliches* Verfahren ist daher wenigstens missverständlich (i. Ü. ist die Bandbreite der Namensgebung mannigfaltig: Begr. RegE-ESUG, BT-Drucks. 17/5712 [»eigenständiges Sanierungsverfahren«]; Hölzle, NZI 2011, 124, 130 [»Sanierungseröffnungsverfahren«]; Hofmann, NZI 2010, 798, 801 [»Sanierungsvorbereitungsverfahren«]). Der DiskE wollte den Anwendungsbereich des § 270b noch auf Fälle der drohenden Zahlungsunfähigkeit beschränkt wissen, womit allerdings kaum ein sinnvoller Anwendungsbereich verblieben wäre, da sehr häufig beide Insolvenzgründe – offen oder verdeckt – gleichzeitig vorliegen (vgl. den Hinweis von Uhlenbruck-Uhlenbruck § 18 Rn. 1). Eine weiter gehende Vorverlagerung, also einen Verzicht auf das Vorliegen eines Insolvenzgrundes, lehnt das ESUG im Ergebnis ab.

5 Für die Beurteilung des Vorliegens von drohender Zahlungsunfähigkeit und/oder Überschuldung sind die allgemeinen Kriterien heranzuziehen (vgl. dazu Kommentierung zu § 18 und § 19). Für eine abweichende Definition insb. der (nur) drohenden Zahlungsunfähigkeit speziell für die Zwecke des Schutzschirmverfahrens besteht kein Bedürfnis (Brinkmann, WM 2012, 1313, 1316; Zipperer/Vallender, NZI 2012, 729). Auch das (wirksame) Beseitigen einer bereits eingetretenen Zahlungsunfähigkeit bzw. Hinausschieben deren Eintrittes durch **Stundungsvereinbarungen** mit den Gläubigern hindert grds. die Anordnung des Schutzschirmes nicht (so aber AG Erfurt, ZInsO 2012, 944, das trotz Vorliegens einer Stundungsvereinbarung im Rahmen der Anordnungsvoraussetzungen des § 270b eine Zahlungsunfähigkeit angenommen hat, sofern diese an sich eingetreten, lediglich durch eine Stundungsvereinbarung, bzw. ein Moratorium beseitigt worden sei und kurzfristig – durch Auslaufen der Vereinbarung – wieder vorliege; zustimmend Kübler/Prütting/Bork-Pape, § 270b Rn. 32). Gleiches gilt für die Fälle, in denen zum Zeitpunkt der Antragstellung noch keine Zahlungsunfähigkeit eingetreten ist, diese aber innerhalb von sehr kurzer Zeit (d. h. weniger Tage oder Wochen) mehr oder minder unabwendbar eintreten wird (Ganter, NZI 2012, 985, 988). Zum einen ist eine abweichende Definition der gesetzlichen Insolvenzgründe dogmatisch nicht zu rechtfertigen, zum anderen hat der Gesetzgeber – wenn auch nach einiger Diskussion – letztlich den Eintritt der Zahlungsunfähigkeit nicht per se zum Aufhebungsgrund gemacht. Er hat die Fälle, in denen diese im Rahmen des Eröffnungsverfahrens eintritt also durchaus vorhergesehen und dennoch – bei Vorliegen der sonstigen Voraussetzungen – für schutzwürdig erachtet. Allerdings wird insbesondere in diesen Fällen ein besonderes Augenmerk auf die nicht offensichtlich vorliegende Aussichtslosigkeit der Sanierung zu richten sein, sodass hier ggf. eine solche leichter anzunehmen sein wird (Brinkmann, WM 2012, 1313, 1316; Zipperer/Vallender, NZI 2012, 729). Gleichfalls können diese Umstände – je nach den konkreten Umständen des Einzelfalles – ggf. Indizien für die Annahme von Nachteilen bilden, die auf Antrag eines Gläubigers die Aufhebung rechtfertigen (vgl. dazu Rdn. 38).

Abzulehnen ist ebenfalls die Annahme, dass ausnahmsweise dennoch eine bereits eingetretene Zahlungsunfähigkeit anzunehmen ist, wenn eine Stundungsvereinbarung mit einem maßgeblichen Gläubiger **missbräuchlich, d. h. unter Vorspiegelung falscher Tatsachen**, zustande gekommen ist (so aber Ganter, NZI 2012, 985, 988), da dies i. d. R. für das Gericht zum Zeitpunkt der Antragstellung nicht prüfbar sein wird. Sollte sich ein solches Verhalten nachträglich herausstellen, so bietet es aber ggf. Anlass dazu, Nachteile für die Gläubiger zu erwarten und kann damit Grundlage für eine Aufhebung der Anordnung sein.

In die Bestimmung der Zahlungsunfähigkeit sind auch **Gesellschafterforderungen** einzubeziehen, die wirksam fällig gestellt wurden. Dass die Fälligstellung ggf. rechtsmissbräuchlich war und ein Anspruch auf Stundung besteht (so z. B. LG Frankfurt am Main, NZI 2013, 749) hindert die Fälligkeit nicht, sofern die Stundung nicht auch ausdrücklich erfolgt ist bzw. soweit der Gesellschafter deutlich macht, dass er die Forderung ernsthaft einfordert.

3. Evidenzkontrolle der Sanierungsfähigkeit

Gemäß Abs. 1 Satz 1 darf die **angestrebte Sanierung nicht offensichtlich aussichtslos** sein. Das Gesetz sieht im Antragsverfahren damit lediglich eine Evidenzkontrolle der Aussichten der avisierten Sanierung durch das Gericht vor, die schon aus Zeitgründen geboten ist. I. Ü. wird das Gericht durch das Erfordernis des Nachweises der Anordnungsvoraussetzungen, insb. die beizubringende Bescheinigung der Sanierungsfähigkeit bei der Wahrnehmung seiner Kontrollfunktion entlastet (dazu Rdn. 11 ff.).

Eine Zurückweisung des Antrags wegen offensichtlicher Aussichtslosigkeit der angestrebten Sanierung wird nur in **Ausnahmefällen** in Betracht kommen, bei denen das geschilderte Sanierungskonzept offensichtlich unsinnig ist oder eher der Hoffnung auf einen »Lottogewinn« gleicht, so z. B. wenn die angestrebte Sanierung (allein) dadurch bewerkstelligt werden soll, dass man die »Schutzschirmphase« zur Suche nach einem Investor nutzen wolle oder dass die Gläubiger vollständig auf ihre Forderungen verzichten. Gleiches gilt, wenn die »Schutzschirmphase« dazu dienen soll, erstmalig die Sanierungsfähigkeit des Schuldners prüfen zu lassen. Da die »Schutzschirmphase« gerade der Erstellung eines Insolvenzplanes dienen soll, ist nicht zu verlangen, dass ein Insolvenzplan zum Zeitpunkt der Antragstellung bereits weitgehend ausgearbeitet ist. Allerdings muss die Erstellung eines Insolvenzplanes innerhalb der Höchstfrist des Abs. 1 Satz 2 realistisch erscheinen (in diesem Sinne AG Erfurt, ZInsO 2012, 944).

Zu weitgehend ist allerdings die Forderung des AG Erfurt, dass bereits im Vorfeld mit den Auftraggebern abgeklärt sein müsse, ob und in welcher Höhe diese unter Insolvenzbedingungen noch Aufträge erteilen werden (AG Erfurt, ZInsO 2012, 944), da häufig bereits die Führung solcher Gespräche die Zahlungsunfähigkeit der Schuldnerin (z. B. durch das Fälligstellen von Forderungen) herbeiführen wird. Die Annahme eines weiteren (wen auch gegenüber den »Normalzahlen« konservativ geplanten) Auftragseinganges ist daher i. d. R. zulässig. Anders können die Fälle zu beurteilen sein, in denen branchentypisch eine Auftragserteilung an insolvente Unternehmen ausgeschlossen ist oder zur Aufrechterhaltung des Betriebes erforderliche Lizenzen oder Konzessionen automatisch erlöschen bzw. bereits erloschen sind.

Auch die bereits geäußerte Absicht eines maßgeblichen Hauptkunden, das schuldnerische Unternehmen nicht weiter beauftragen zu wollen, lässt eine Sanierung nicht per se als offensichtlich aussichtslos erscheinen. Vielmehr ist dies lediglich dann der Fall, wenn der Wegfall nicht durch die Gewinnung anderer Kunden kompensiert werden kann, oder die Unternehmensstrukturen durch die beabsichtigten Sanierungsmaßnahmen nicht dem weggefallenen Auftragsvolumen angepasst werden können (z. B. durch Personalabbau, Neuordnung von Mietverträgen etc.).

Kein Indiz für eine Aussichtslosigkeit der Sanierung ist es zudem, wenn bereits vorhersehbar ist, dass der Schuldner z. B. aufgrund aufoktroyierter Masseverbindlichkeiten masseunzulänglich gem. § 208 werden wird. Vielmehr können gerade die erleichterten Kündigungsvoraussetzungen für Arbeits- und Mietverhältnisse einen erheblichen Sanierungshebel darstellen, der allerdings sehr häufig (fast automatisch) den – zumindest temporären – Eintritt der Masseunzulänglichkeit zur Folge haben wird.

9   Auch wenn der Gesetzgeber offenbar bei der Schaffung des § 270b primär **laufende Geschäftsbetriebe** ins Auge gefasst hat, ist das Vorhandensein eines solchen keine Voraussetzung, sofern trotz des Fehlens oder einer zwischenzeitlichen Einstellung des Geschäftsbetriebs eine Sanierung noch möglich erscheint (Bremen, NZI 2014, 137, 138; a.A. Frind/Köchling, ZInsO 2013, 1666, 1667). Dies eröffnet den Anwendungsbereich des »Schutzschirmes« bspw. auch für rein vermögensverwaltende oder Liquidations-Gesellschaften, die mittels Insolvenzplan saniert werden sollen.

4. Fehlende Erwartung von Nachteilen für die Gläubiger als ungeschriebene Anordnungsvoraussetzung?

10   Anders als im § 270a ist im Rahmen des § 270b die voraussichtliche spätere Anordnung der Eigenverwaltung – und damit insbesondere das Fehlen zu erwartender Nachteile für die Gläubiger – keine ausdrückliche Anordnungsvoraussetzung, sondern lediglich die Tatsache, dass der Schuldner die Anordnung der Eigenverwaltung beantragt hat.

§ 270b sieht lediglich in Abs. 4 Nr. 3 die Möglichkeit vor, die bereits ergangene Anordnung des »Schutzschirmes« wieder aufzuheben, wenn ein Gläubiger dies beantragt und Umstände glaubhaft macht, die erwarten lassen, dass die Anordnung zu **Nachteilen für die Gläubiger** führen wird (vgl. dazu Rdn. 38). Liegen diese Voraussetzungen allerdings bereits zum Zeitpunkt der Entscheidung über den Antrag vor, d. h. hat ein Gläubiger entsprechende Umstände z. B. bereits im Rahmen einer sog. Schutzschrift glaubhaft gemacht oder erfolgt dies im Rahmen einer (der Entscheidung vorhergehenden) etwaigen Anhörung im Rahmen der Besetzung eines vorläufigen Gläubigerausschusses, erscheint es wenig sachgerecht, den »Schutzschirm« zunächst anzuordnen, um ihn dann ggf. wenige Stunden oder Tage aufgrund des sodann formal vorliegenden Gläubigerantrages wieder aufzuheben. Vor diesem Hintergrund ist das Fehlen zu erwartender Nachteile auch im Rahmen des § 270b als (ungeschriebene) Anordnungsvoraussetzung zu sehen, allerdings (im Unterschied zu § 270a) lediglich dann, wenn ein Gläubiger diese glaubhaft gemacht und erklärt hat, für den Fall der Anordnung gem. § 270b Abs. 4 Nr. 3 die Aufhebung zu beantragen (im Ergebnis so auch Zipperer/Vallender, NZI 2012, 729, 734 – die allerdings diesen Umstand dogmatisch als Indiz der Aussichtslosigkeit der Sanierung einordnen; a. A. K. Schmidt-Undritz § 270b Rn. 7; Bremen, NZI 2014, 137, 138, die auch im Rahmen des § 270b unmittelbar das Fehlen zu erwartender Nachteile – ohne weitere Komponenten – als Voraussetzung der Anordnung des »Schutzschirmes« sehen).

Es erscheinen somit theoretisch Fallkonstellationen denkbar, in denen die bloße Beantragung der Eigenverwaltung im Rahmen des § 270a an der Nachteilsprognose scheitern würde, der Schutzschirm gem. § 270b aber zunächst (d. h. bis zur Aufhebung auf Gläubigerantrag) zu gewähren wäre (a. A. K. Schmidt-Undritz § 270b Rn. 7 – der dieses Ergebnis für »unverständlich« hält und daher ablehnt).

5. Nachweis der Anordnungsvoraussetzungen

11   Den **Nachweis der Anordnungsvoraussetzungen** erbringt der Schuldner gem. Abs. 1 Satz 3, indem er mit dem Antrag eine mit Gründen versehene Bescheinigung eines in Insolvenzsachen erfahrenen Steuerberaters, Wirtschaftsprüfers oder Rechtsanwalts oder einer Person mit vergleichbarer Qualifikation vorlegt, aus der sich ergibt, dass drohende Zahlungsunfähigkeit oder Überschuldung, aber keine Zahlungsunfähigkeit vorliegt und die angestrebte Sanierung nicht offensichtlich aussichtslos ist.

12   In **formaler Hinsicht** genügt es, wenn die Bescheinigung »mit Gründen« versehen ist, insb. verlangt die Bescheinigung i. S. v. Abs. 1 Satz 3 kein Sanierungsgutachten entsprechend bestimmter formalisierter Standards wie z. B. dem Standard IDW S. 6 (so auch der Hinweis BT-Drucks. 17/5712, S. 40). Im Umkehrschluss ist allerdings aus dem Erfordernis einer Begründung zu folgen, dass eine Bescheinigung, die ohne eine – zumindest rudimentäre – inhaltliche Begründung lediglich formel-

haft die Feststellung beinhaltet, dass keine Zahlungsunfähigkeit vorliegt und eine Sanierung nicht offensichtlich aussichtslos ist, den formalen Anforderungen nicht genügt.

Die **inhaltlichen Anforderungen** an die Bescheinigung i. S. v. Abs. 1 Satz 3 i. Ü. lässt das Gesetz offen. An die Prüfung der inhaltlichen Anforderungen sind jedoch keine überzogenen Anforderungen zu stellen, vielmehr wird das Gericht – insbesondere im Hinblick auf die Begründung des Sanierungskonzeptes – im Regelfall lediglich eine Evidenzkontrolle vornehmen können (weiter gehend Frind, ZInsO 2011, 2249, 2261, der sogar die Überprüfung der Bescheinigung durch einen gerichtlich bestellten Sachverständigen befürwortet).   13

Aus der Bescheinigung muss sich jedoch ergeben, dass die bescheinigten Tatsachen am **Tag der Vorlage der Bescheinigung bei Gericht** Gültigkeit haben. Zwar weisen einige Autoren zutreffend darauf hin, dass dies mit erheblichen praktischen Schwierigkeiten für den Ersteller verbunden sein kann (so z. B. Zipperer/Vallender, NZI 2012, 729, 731 m. w. N.) jedoch würde ansonsten der Zweck des Gesetzes unterlaufen, wenn eine Bescheinigung, die das Vorliegen einer lediglich drohenden Zahlungsunfähigkeit oder das Bestehen einer Sanierungsfähigkeit lediglich für einen in der Vergangenheit liegenden Zeitraum bestätigt, bereits den Zugang zum »Schutzschirm« gewähren könnte.   14

Im Detail ist im Hinblick auf die Anforderungen nach den verschiedenen Elementen der Bescheinigung zu unterscheiden:

a) Bestätigung, dass keine Zahlungsunfähigkeit vorliegt

Insoweit sind die Anforderungen an eine Begründung eher niedrig zu halten, zumindest eine kurze (ggf. zusammengefasste) Gegenüberstellung der fälligen Verbindlichkeiten und liquiden Mittel ist jedoch erforderlich, um dem Begründungserfordernis genüge zu tun. Die Vorlage einer detaillierten und einen längeren Zeitraum umfassenden Liquiditätsplanung ist möglich, jedoch nicht erforderlich (a. A. z. B. Zipperer/Vallender, NZI 2012, 729, die eine Liquiditätsplanung für den gesamten Planerstellungszeitraum fordern).   15

Inhaltlich ungenügend ist jedoch jede Aussage, die auf eine **inhaltliche Distanzierung** des Ausstellers vom Inhalt seiner Bescheinigung schließen lässt, bzw. die Kernaussage unter Prämissen stellt (so auch K. Schmidt-Undritz, § 270b Rn. 5; Krauss/Lenger/Radner, ZInsO 2012, 587, 589). Aussagen wie bspw., dass »nach den Angaben der Geschäftsführung...« oder »nach den mir vorgelegten Unterlagen« eine Zahlungsunfähigkeit nicht vorliegt, sind daher nicht ausreichend, um die Anforderungen gem. § 270b zu erfüllen. Gleiches gilt für etwaige Vorbehalte, dass eine Zahlungsunfähigkeit nicht besteht, »soweit alle Debitorenforderungen tatsächlich bezahlt werden« oder auch für die insbesondere in den sog. »Disclaimern« der Unternehmensberatungen und Wirtschaftsprüfungsgesellschaften häufig enthaltenen Klarstellungen, dass »die der Einschätzung zugrunde liegenden Daten im Hinblick auf ihre Richtigkeit nicht verifiziert wurden« o. ä.   16

b) Bestätigung, dass eine Sanierung nicht offensichtlich aussichtslos ist

Bei dieser Bestätigung geht es letztlich um eine **Plausibilisierung der bekundeten Sanierungsabsicht**, also vor allem um eine transparente und schlüssige Darstellung der Sanierungswürdigkeit und -fähigkeit des Unternehmens (ausf. dazu Undritz, in: Kölner Schrift zur InsO, Kap. 29 Rn. 28 ff.). Ein Sanierungskonzept, das den Anforderungen an die Erstellung von Sanierungskonzepten nach dem Standard des IDW (IDW S. 6) genügt, ist jedenfalls hinreichend und bildet insoweit einen »safe harbor« für den Antragsteller. Notwendig ist die Umsetzung der Vorgaben des Standards für die Erstellung von Sanierungskonzepten des IDW (IDW S. 6) aber nicht. In der Praxis wird man sich an die Rechtsprechung des BGH zu den inhaltlichen Anforderungen an ein Sanierungskonzept im Zusammenhang mit der Anfechtung von Sicherheitenbestellungen wegen Gläubigerbenachteiligung anlehnen können (grdl. BGH, ZIP 1998, 248; s. dazu auch Komm. zu § 129 Rdn. 101). Hiernach setzt ein ernsthafter Sanierungsversuch »mindestens ein in sich schlüssiges Konzept, das von den erkannten und erkennbaren tatsächlichen Gegebenheiten ausgeht und nicht offensichtlich   17 undurchführbar ist, [voraus]« (BGH, ZIP 1998, 248 Tz. 28). Ein solches Sanierungskonzept muss dabei die wirtschaftliche Lage des Schuldners im Rahmen seiner Wirtschaftsbranche analysieren und die Krisenursachen sowie die Vermögens-, Ertrags- und Finanzlage erfassen. Zudem sind die Anforderungen an die Konzepterstellung nicht starr, sondern können dem Umfang des Unternehmens und vor allem der verfügbaren Zeit angepasst werden (so auch Zipperer/Vallender, NZI 2012, 729). Allerdings ist grds. auch für den Versuch der Sanierung eines kleineren Unternehmens ein schlüssiges Konzept vorzulegen. Eine Kurzzusammenfassung der wesentlichen Krisenursachen, sowie der geplanten Elemente des Sanierungskonzeptes sind insoweit jedoch ausreichend (Schmidt/Linker, ZIP 2012, 963, 964).

c) Personelle Anforderung an den Aussteller

18 Die Bescheinigung muss von einem in Insolvenzsachen erfahrenen Steuerberater, Wirtschaftsprüfer oder Rechtsanwalt oder einer Person mit vergleichbarer Qualifikation vorlegt werden. Zur Konkretisierung der Anforderungen an die Bescheinigung in **personeller Hinsicht** kann auf die bisher schon in anderem Kontext hierfür vom BGH verlangten Eignungsmerkmalen zurückgegriffen werden, insb. auf die im Kontext des früheren Sanierungsprivilegs nach § 32a Abs. 3 Satz 3 GmbHG a. F. (grdl. BGHZ 165, 106 = ZInsO 2006, 148 [II. Zivilsenat]) und im Kontext des Insolvenzanfechtungsrechts (BGH, ZIP 1998, 248 [IX. Zivilsenat]) verlangten Eignungsmerkmale (ebenso Hirte, ZInsO 2011, 401, 403). Da das Gericht jedoch im Regelfall nicht in der Lage sein wird, im Rahmen des realistisch zur Verfügung stehenden Zeithorizontes den Grad der Erfahrenheit des Ausstellers in Insolvenzsachen zu überprüfen, wird hier regelmäßig im Hinblick auf § 270b nur zur fordern sein, dass die Bescheinigung durch einen Steuerberater, Wirtschaftsprüfer oder Rechtsanwalt auszustellen ist. Eine (aktuelle oder ehemalige) Tätigkeit des Bescheinigers als Insolvenzverwalter ist nicht erforderlich (Zipperer/Vallender, NZI 2012, 729). Zu weitgehend ist daher die Zurückweisung einer Bescheinigung lediglich aufgrund der Tatsache, dass der Aussteller bereits geraume Zeit bei dem in Rede stehenden Gericht nicht mehr als Insolvenzverwalter bestellt werde oder weil der Fachanwaltstitel bereits vor etlichen Jahren erworben wurde (so aber AG München, NZI 2011, 566). Ebenso wenig geeignet erscheinen aufgrund fehlender realistischer Prüffähigkeit starre Anforderungen an Fallzahlen oder Zeitrahmen der gesammelten Erfahrung (so z. B. Zipperer/Vallender, NZI 2012, 729, die – zumindest in komplexeren Unternehmen – eine 4-jährige Mindestbefassung fordern).

19 Enthält die Bescheinigung bereits **offensichtliche Fehlannahmen oder Unrichtigkeiten**, die deutliche Anhaltspunkte für eine fehlende Kompetenz des Ausstellers bilden (so z. B. die Zugrundelegung einer falschen Definition der Insolvenzgründe o. ä.) kann dies Anlass sein, von einer nicht ausreichenden Qualifikation des Ausstellers auszugehen. Allerdings dürfte in diesen Fällen i. d. R. auch bereits die Schwelle für eine inhaltliche Zurückweisung der Bescheinigung – unabhängig von ihrem Aussteller – überschritten sein (vgl. dazu Rdn. 13 ff.).

20 Die Qualifikation des Bescheinigers muss – zumindest in ihren Eckpunkten – durch den Schuldner **mit dem Antrag glaubhaft gemacht** werden. Hierzu werden i. d. R. eigene Angaben des Ausstellers im Rahmen der Bescheinigung oder aber eine mit dem Antrag eingereichte Anlage, auf der der Erfahrungshorizont erläutert wird, genügen.

21 Ist der Aussteller mit Insolvenzsachverhalten nicht vertraut, und erweist sich die Bescheinigung als unrichtig, setzt sich der Aussteller allerdings ggf. Schadensersatzansprüchen aus (vgl. dazu Kommentierung zu Anh. zu § 35 K Rdn. 12).

22 Vom Gesetz nicht ausdrücklich gefordert, ist eine **Unabhängigkeit des Bescheinigers**. Allerdings kommt der Bescheinigung eines exklusiv zu diesem Zweck beauftragten Experten i. d. R. der höchste Beweiswert zu. Zu akzeptieren sind i. d. R. allerdings auch Bescheinigungen eines bereits im Vorfeld speziell für die Erstellung eines IDW S6 Gutachtens beauftragten Sanierungsberaters, da dieser im Rahmen seiner Tätigkeit ohnehin Zahlungsunfähigkeit und Überschuldung zu prüfen sowie ein Sanierungskonzept zu erstellen hat. Hier erschiene es als unnötige Förmelei, wenn diese

Erkenntnisse durch einen weiteren Dritten überprüft bzw. erneut beurteilt werden müssten (so auch Zipperer/Vallender, NZI 2012, 729, 731). Enthält die Bescheinigung bzw. das Sanierungskonzept dieses Beraters grobe Unrichtigkeiten, wird dies im Rahmen der »Schutzschirmphase« i. d. R. durch den vorläufigen Sachwalter aufgedeckt werden und in die Entscheidung des Gerichtes über den weiteren Fortgang des Verfahrens einfließen bzw. Anlass zur Aufhebung des Verfahrens gem. Abs. 4 bieten.

Die im Gesetzestext vage gehaltene Erweiterung der in Betracht kommenden Personen auf »**Personen mit vergleichbarer Qualifikation**« hat vor allem einen europarechtlichen Hintergrund: Erfasst werden sollen auch Angehörige eines anderen Mitgliedstaates der EU oder eines Vertragsstaates des Abkommens über den Europäischen Wirtschaftsraum und Personen, die in einem dieser Staaten ihre berufliche Niederlassung haben, soweit sie über eine vergleichbare Qualifikation und über Erfahrungen in Insolvenzsachen verfügen (Begr. RegE-ESUG zu § 270b InsO, S. 62). Die offen formulierte Erweiterung bleibt aber nicht auf diese Personen mit grenzüberschreitender Tätigkeit beschränkt. Als Person mit vergleichbarer Qualifikation gelten nach der Gesetzesbegründung z. B. auch Steuerbevollmächtigte oder vereidigte Buchprüfer, die nach § 3 Nr. 1 StBerG ebenso wie Steuerberater zur geschäftsmäßigen Hilfeleistung in Steuersachen befugt sind (BT-Drucks. 17/5712, S. 40). Je weiter man sich allerdings von dem Bild der genannten freien Berufe entfernt, desto genauer wird das Gericht sein Augenmerk auf die Qualifikation und über Erfahrungen in Insolvenzsachen richten müssen. 23

II. Rechtsfolgen

1. Dauer und Umfang des »Schutzschirms«

Hinsichtlich der **Dauer**, während der die Sanierungsbemühungen des Schuldners »abgeschirmt« werden, gilt eine **starre Höchstfrist von 3 Monaten** (krit. deswegen Hirte, ZInsO 2011, 401, 403, der dafür plädiert, die Dauer generell ins Ermessen des Gerichts zu stellen, d. h. keine gesetzliche Obergrenze aufzunehmen; anders etwa auch das Moratorium nach § 46 Abs. 2 Satz 5 i. V. m. Abs. 1 Satz 2 Nr. 4 bis 6 KWG, welches »vorübergehend« greift). I. Ü. liegt die Bemessung der Frist zur Vorlage eines Insolvenzplans im Ermessen des Gerichts; die Anordnung einer kürzeren Frist zur Vorlage eines Insolvenzplans wird allerdings nur in seltenen Fällen in Betracht kommen (z. B. weil der Schuldner selbst die Vorlage eines Planes bereits in kürzerer Frist avisiert oder gar eine kürzere Frist beantragt hat). 24

Die **Anordnung von (vorläufigen) Maßnahmen nach § 21 Abs. 1 und 2 Nr. 1a, 3 bis 5** liegt im Ermessen des Gerichts (»*kann* anordnen«). 25

Nicht im Ermessen des Gerichts (»*hat* anzuordnen«) liegt dagegen die **Anordnung von Maßnahmen nach § 21 Abs. 2 Nr. 3**, wenn der Schuldner sie gem. Abs. 2 Satz 3 Halbs. 2 beantragt hat. Damit kann sich der Schuldner einer laufenden oder drohenden Zwangsvollstreckung in sein Vermögen zumindest vorübergehend entziehen. Dagegen liegt die Entscheidung über die nach § 30d ZVG beantragte (einstweilige) Einstellung der Zwangsversteigerung in das unbewegliche Vermögen des Schuldners (unverändert) im Ermessen des Gerichts (so auch der Hinweis BT-Drucks. 17/5712, S. 41; allg. dazu Komm. zu § 21 Rdn. 61). Damit wird das schuldnerische Vermögen als Einheit erhalten, was für eine Sanierung in aller Regel Voraussetzung ist. 26

Nicht entziehen kann der Schuldner sich allerdings der mitunter negativen Signalwirkung, die in diesem Fall (auch) von dem Verfahren nach § 270b ausgehen kann. So besteht die Gefahr, dass die Gläubiger ihre Forderungen fällig stellen oder Verträge kündigen, sobald sie von der finanziellen Schieflage ihres Schuldners Kenntnis erlangen. Denn das Verfahren nach § 270b gewährt **kein Moratorium im Sinne eines (zwangsweise) Aufschubs fälliger Zahlungen**. Es droht in der Praxis ein Dominoeffekt, der im Ergebnis zur akuten Zahlungsunfähigkeit des Schuldners nach § 17 und damit letztlich auch zur Aufhebung des Verfahrens nach Abs. 3 Nr. 1 durch das Gericht führen kann (dazu unten Rdn. 36). Diese Gefahr hat auch der Gesetzgeber gesehen, der jedoch in der Fähigkeit des Schuldners, im Vorfeld der Antragstellung einen Konsens mit seinen wesentlichen Gläubigern 27 über die avisierte Sanierung erzielen zu können, gewissermaßen eine »faktische Auslese« schutzwürdiger Unternehmen erkennt (vgl. BT-Drucks. 17/5712, S. 40).

28 Ist die Frist zur Vorlage des Insolvenzplans abgelaufen, entscheidet das Gericht nach den allgemeinen Vorschriften über die **Eröffnung des Insolvenzverfahrens und die Bestellung des Insolvenzverwalters bzw. – im Fall der Anordnung der Eigenverwaltung – des Sachwalters**. Zwischen dem Amt des vorläufigen Sachwalters und des Insolvenzverwalters bzw. des Sachwalters besteht keine Kontinuität: Der vom Schuldner für das Verfahren nach § 270b vorgeschlagene vorläufige Sachwalter (zum Vorschlagsrecht des Schuldners unten Rdn. 30) muss nicht zwangsläufig auch zum Insolvenzverwalter oder Sachwalter bestellt werden, insb. können die Gläubiger in diesem Verfahrensstadium ihren Einfluss über den (vorläufigen) Gläubigerausschuss ausüben. Im eröffneten Verfahren kann sodann über den unter dem »Schutzschirm« vorbereiteten Insolvenzplan nach den allgemeinen Vorschriften abgestimmt werden (vgl. BT-Drucks. 17/5712, S. 41: **pre-packaged plans«**).

2. Aufsicht durch vorläufigen Sachwalter

29 Anders als im Fall der isolierten Beantragung einer Eigenverwaltung ist im Rahmen des »Schutzschirmverfahrens« gem. § 270b durch das Gericht **zwingend ein vorläufiger Sachwalter (§ 270a) zu bestellen**. Dessen Rechtsstellung unterscheidet sich nicht von der des vorläufigen Sachwalters außerhalb des »Schutzschirmes« (vgl. dazu § 270a Rdn. 4 ff.).

30 Im »Schutzschirmverfahren« nach § 270b gilt ein spezielles **Vorschlagsrecht des Schuldners hinsichtlich der Person des vorläufigen Sachwalters** gem. Abs. 2 Satz 2. Der Vorschlag des Schuldners ist sogar insoweit bindend, als das Gericht von ihm nur abweichen kann, wenn die vorgeschlagene Person *offensichtlich* für die Übernahme des Amtes nicht geeignet ist. Damit statuiert das Gesetz lediglich eine Evidenzkontrolle des Gerichts, was schon aus Zeitgründen geboten ist. Das Vorschlagsrecht nach Abs. 2 Satz 2 geht als speziellere Regelung der regelmäßig im Eröffnungsverfahren gegebenen Einflussnahmemöglichkeit der Gläubiger im Zusammenhang mit der Auswahl des vorläufigen Sachwalter nach § 270a Abs. 1 Satz 2 i. V. m. §§ 274, 56 vor. Insbesondere § 56a Abs. 3 wird daher durch die Bindungswirkung des § 270b Abs. 2 überlagert. Eine »Abwahl« durch die Gläubiger ist in diesen Fällen daher praktisch erst nach Verfahrenseröffnung durch die Abwahl im Rahmen der ersten Gläubigerversammlung gem. § 57 möglich (vgl. dazu § 274 Rdn. 7).

Aufgrund der Verweisungskette auf §§ 274 und 56 sind aber solche Personen als vorläufiger Sachwalter generell ausgeschlossen, die gem. § 56 nicht als Insolvenzverwalter eingesetzt werden könnten (so auch AG Stendal, BeckRS 2012, 19830). D. h. eine **Vorbefassung des vorläufigen Sachwalters** ist nur in den engen Grenzen des § 56 Abs. 1 Nr. 2 (in Form einer allgemeinen Beratung über den Ablauf eines Insolvenzverfahrens und dessen Folgen) zulässig. Eine vertiefte Befassung des vorläufigen Sachwalters legt hingegen eine fehlende Unabhängigkeit nahe, sodass eine nachfolgende Bestellung ausscheidet. Dies schließt insbesondere einen durch den Schuldner beauftragten Sanierungsberater, der das Unternehmen analysiert und ggf. einen Sanierungsplan erstellt hat oder beauftragt ist, diesen zu erstellen, als künftigen (vorläufigen) Sachwalter aus. Gleiches gilt, soweit Schuldner oder Gläubiger mit dem potenziellen künftigen vorläufigen Sachwalter eine **Vereinbarung über die Höhe der Vergütung** geschlossen haben (so in der Tendenz AG Hamburg, ZIP 2014, 237, 239).

31 Nach **Abs. 2 Satz 1 Halbs. 2** muss die Person des vorläufigen Sachwalters jedoch personenverschieden von dem Aussteller der Bescheinigung nach Abs. 1 sein. Das Ausstellen der »Sanierungsbescheinigung« nach Abs. 1 Satz 3 stellt damit mit Blick auf § 270a Abs. 1 Satz 2 i. V. m. §§ 274, 56 einen typisierten Ausschlussgrund wegen fehlender persönlicher Unabhängigkeit dar (diese »klarstellende« Ergänzung des Satzes 1 geht zurück auf eine Initiative des BT-Rechtsausschusses, zur Begr. BT-Drucks. 17/7511, S. 50). Auch wenn das Gesetz selbst nur die Personenidentität von Sachwalter und dem Aussteller der Bescheinigung selbst ausschließt, muss dies ebenfalls für mit dem Aussteller verbundene Sozien gelten. Der Gesetzgeber verfolgt ersichtlich den Zweck, die Phase der Planerstellung (und damit letztlich bereits die ersten Schritte der Umsetzung des Sanierungskonzeptes) durch eine Dritte Person und nicht durch den Aussteller der Bescheinigung überwachen zu lassen.

Dieser Zweck würde umgangen, wenn dieses Erfordernis durch die Bestellung eines vorläufigen Sachwalters aus der gleichen Sozietät bzw. Gesellschaft faktisch unterlaufen würde.

3. Begründung von Masseverbindlichkeiten (Abs. 3)

Auf Antrag des Schuldners hat das Gericht nach Abs. 3 anzuordnen, dass der Schuldner **Masseverbindlichkeiten** begründet, und zwar in entsprechender Anwendung des § 55 Abs. 2. Die Ermächtigung ist mit Blick auf eine Betriebsfortführung unter dem »Schutzschirm« regelmäßig unentbehrlich. Der Gesetzgeber hatte insoweit offenbar ursprünglich beabsichtigt, dass der Antrag entweder auf eine Ermächtigung für den Einzelfall beschränkt oder auf die Anordnung einer globalen Ermächtigung gerichtet sein kann (vgl. Beschlussempfehlung und Bericht des BT-Rechtsausschusses BT-Drucks. 17/7511, S. 50). Dogmatisch handelt es sich hierbei jedoch um zwei unterschiedliche Anträge, die unterschiedliche Rechtsfolgen auslösen: 32

Stellt der Schuldner pauschal einen Antrag gem. § 270b Abs. 3, steht dem Gericht insoweit kein Beurteilungsermessen zu. Vielmehr hat es (uneingeschränkt) anzuordnen, dass der Schuldner Masseverbindlichkeiten begründet. Erfasst werden in dem Fall gem. § 55 Abs. 2 **alle vom Schuldner begründeten Verbindlichkeiten**, und zwar sowohl diejenigen mit rechtsgeschäftlichem als auch die gesetzlichen Ursprungs, insbesondere auch Steuern (Hobelsberger, DStR 2013; 2545, 2547). Ferner gilt auch Satz 2 des § 55 Abs. 2 entsprechend, sodass der Rangvorteil des Satzes 1 auch für Verbindlichkeiten aus Dauerschuldverhältnissen gilt, die der Schuldner vor der Eröffnung des »Schutzschirmverfahrens« begründet hat, wenn er die Leistung auch danach noch in Anspruch genommen hat. 33

Beantragt der Schuldner hingegen, nur **ausgewählte Verbindlichkeiten** als Masseverbindlichkeiten zu begründen (wird der Antrag also in irgendeiner Form eingeschränkt), so handelt es sich insoweit nicht mehr um einen Antrag gem. § 270b (Klinck, ZIP 2013, 853, 858; a. A. aber offenbar LG Dresden, ZIP 2013, 2116) sondern vielmehr um einen Antrag auf Erlass weiterer Sicherungsmaßnahmen in Form einer sog. Einzelermächtigung (vgl. § 270a Rdn. 34). Insoweit steht dem Gericht im Rahmen seiner Entscheidung, ob es dem Antrag entspricht, Ermessen zu (Klinck, a. a. O.). Für die Voraussetzungen sowie die Ausgestaltung einer solchen Anordnung ist auf die im Rahmen der sog. Einzelermächtigungsrechtsprechung entwickelten Grundsätze zurückzugreifen (s. dazu unter § 22 Rdn. 82). 34

Aufgrund der Verweisung in § 270a Abs. 1 Satz 2 ist § 275 entsprechend anzuwenden. Da § 275 allerdings nur eine Sollvorschrift darstellt, sind auch ohne Zustimmung bzw. entgegen eines Widerspruches des vorläufigen Sachwalters begründete Masseverbindlichkeiten wirksam, soweit der Schuldner durch das Gericht zu deren Begründung ermächtigt wurde (vgl. § 275 Rdn. 11). 35

III. Aufhebung der Anordnung (Abs. 4)

Das Gericht hebt die Anordnung nach Abs. 1 dann wieder auf, wenn die angestrebte Sanierung aussichtslos geworden ist (Abs. 4 Nr. 1), denn damit ist die zentrale Anordnungsvoraussetzung weggefallen. Das **Scheitern der Sanierungsbemühungen** im »Schutzschirmverfahren« kann seine Ursache insb. in einem Scheitern der Fortführungsfinanzierung haben (zum Problem der Fortführungsfinanzierung in der Insolvenz Knof, ZInsO 2010, 1999). Die Gesetzesbegründung nennt als Beispiel den Fall, dass die Bank, mit der der Schuldner über eine weitere Finanzierung verhandelt hat, die Verhandlungen endgültig abbricht und damit für ihn keine Möglichkeit mehr besteht, an neues Kapital zu kommen (BT-Drucks. 17/5712, S. 41). Problematisch erscheint insoweit allerdings die Frage, wie das Gericht von einem solchen Scheitern Kenntnis erlangt, da Abs. 4 Satz 2 eine Anzeigepflicht nur im Hinblick auf den Eintritt der Zahlungsunfähigkeit vorsieht. Es ist davon auszugehen, dass § 270b dem Schuldner somit lediglich die Möglichkeit einräumt, das Scheitern der Sanierungsbemühungen anzuzeigen, um eine frühere Entscheidung über den Insolvenzantrag – und damit im Regelfall eine Eröffnung des Insolvenzverfahrens – herbeizuführen. Da zu einer solchen Anzeige aber weder er selbst noch der vorläufige Sachwalter verpflichtet sind, steht es ihm ebenso frei, die 36 durch das Gericht zur Vorlage des Plans gesetzte Frist für weitere Verhandlungen auszunutzen, soweit nicht zwischenzeitlich die Zahlungsunfähigkeit eingetreten ist.

37 Die Aufhebung der Anordnung nach Abs. 1 kann auch Folge eines entsprechenden **Beschlusses des vorläufigen Gläubigerausschusses** sein (Abs. 4 Nr. 2). Das Gericht hat die Aufhebung in einem solchen Fall anzuordnen, ohne dass es weitere Prüfungen, etwa hinsichtlich des Vorliegens einer konkreten Gläubigergefährdung, vornehmen muss. Für einen entsprechenden Antrag bedarf es lediglich einem Mehrheitsbeschluss, da das Gesetz – anders als bspw. im Rahmen von § 270 Abs. 3 – keine einstimmige Entscheidung zur Voraussetzung macht.

38 Ist kein vorläufiger Gläubigerausschuss bestellt, kann das Gericht die Anordnung nach Abs. 1 auch auf **Antrag eines Insolvenzgläubigers oder eines absonderungsberechtigten Gläubigers** aufheben (Abs. 4 Nr. 3), wenn dieser glaubhaft macht, dass Umstände bekannt sind, die Erwarten lassen, dass die Anordnung des »Schutzschirmes« zu Nachteilen für die Gläubiger führen wird. Da das Gesetz aber – anders als im Rahmen einer isolierten Beantragung (nur) der Eigenverwaltung – dem Gericht keine Möglichkeit einräumt, unabhängig von einem Gläubigerantrag die Anordnung des Schutzschirmes aufgrund der Befürchtung von für die Gläubiger zu erwartenden Nachteilen abzulehnen, ist das Antragsrecht der Gläubiger (anders als in § 272) weit auszulegen. Es muss sich daher nicht um nachträglich bekannt gewordene Umstände handeln. Bereits aufgrund des mit 3 Monaten als max. Laufzeit sehr knapp bemessenen Zeitfensters, dürfte auch eine Verwirkung des Antragsrechts i. d. R. nicht in Betracht kommen, auch wenn der Gläubiger einen Antrag auf Aufhebung nicht unmittelbar nach Bekanntwerden der Umstände stellt. Anders als im Rahmen von § 272 ist zudem nicht erforderlich, dass konkret dem Antragsteller Nachteile drohen – vielmehr ist auch eine Gefährdung anderer Gläubiger ausreichend.

IV. Entscheidung über den Fortgang des Verfahrens

39 Gem. Abs. 4 Satz 3 entscheidet das Gericht nach **Aufhebung der Anordnung** oder nach Ablauf der eingeräumten Frist zur Planerstellung über die Eröffnung des Insolvenzverfahrens. Dies bedeutet jedoch nicht, dass zu diesem Zeitpunkt zwingend auch eine Eröffnung des Verfahrens oder Abweisung des Antrages mangels Masse zu erfolgen hat. Sind vielmehr die Eröffnungsvoraussetzungen zu diesem Zeitpunkt noch nicht hinreichend geklärt, kann das Gericht im Rahmen seiner normalen Möglichkeiten im Hinblick auf das reguläre Eröffnungsverfahren vorgehen (dazu Kommentierung zu §§ 21, 22). So ist – je nach Vorliegen der jeweiligen Voraussetzungen – sowohl eine **Fortsetzung als vorläufige Eigenverwaltung**, aber auch die **Bestellung eines vorläufigen Insolvenzverwalters** sowie die **Anordnung aller anderen Sicherungsmaßnahmen** gem. §§ 21, 22 möglich.

40 Das Verstreichenlassen der Frist zur Planvorlage wird allerdings häufig eine **negative Nachteilsprognose** im Rahmen der Entscheidung über die Anordnung der Eigenverwaltung zulassen (Frind, WM 2014, 590, 596), sodass bei Fristüberschreitung eine Fortsetzung des Verfahrens als (vorläufige) Eigenverwaltung häufig nicht in Betracht kommen wird. Gleiches gilt naturgemäß, wenn die Aufhebung aufgrund des Antrages eines Gläubigers erfolgte, der zu erwartende Nachteile glaubhaft gemacht hat.

V. Eintritt der Zahlungsunfähigkeit

41 Die **Bedeutung des Eintritts der Zahlungsunfähigkeit** während des »Schutzschirmverfahrens« hat sich im Laufe der Reformdiskussion gewandelt. Noch in der Fassung des RegE war diese als weiterer zwingender Aufhebungsgrund enthalten: Der »Schutzschirm« stand hiernach nur so lange zur Verfügung, bis **Zahlungsunfähigkeit** eintrat. Diese ganz erhebliche Einschränkung des Anwendungsbereichs des »Schutzschirms« wurde auf den letzten Metern des Reformweges gestrichen, weil zu befürchten war, dass einzelne Gläubiger ihre Forderungen wegen des Eröffnungsantrags fällig stellen und infolgedessen Zahlungsunfähigkeit eintreten würden. Diese Abhängigkeit der avisierten Sanierung von mitunter nur einem Gläubiger hätte die Planbarkeit des neuen »Schutzschirms« empfindlich gestört und zudem ein erhebliches Stör- bzw. Erpressungspotenzial bei den Sanie-

rungsverhandlungen begründet (vgl. Beschlussempfehlung und Bericht des BT-Rechtsausschusses BT-Drucks. 17/7511, S. 50: »Eine solche Regelung gibt einzelnen Gläubigern ein wirksames Mittel an die Hand, das Verfahren zu torpedieren, auch wenn die Sanierungsversuche durch die Gläubigermehrheit unterstützt werden.«). Die Streichung des Aufhebungsgrundes des Eintritts der Zahlungsunfähigkeit begründet keine Schutzlücken, weil die Interessen der Gläubiger (auch eines einzelnen Gläubigers) hinreichend durch die geltenden Aufhebungsgründe nach Abs. 4 Nr. 1 bis 3 gewahrt werden.

In der geltenden Fassung haben der Schuldner und der vorläufige Sachwalter dem Gericht den **Eintritt der Zahlungsunfähigkeit** nach Abs. 4 Satz 2 **unverzüglich**, d. h. ohne schuldhaftes Zögern (vgl. § 121 Abs. 1 BGB), **anzuzeigen**. Bei dieser Anzeigepflicht bleibt es, obwohl der Aufhebungsgrund des Eintritts der Zahlungsunfähigkeit im Laufe des Reformprozesses gestrichen wurde. Sie soll die Kontrolle des Verfahrens durch das Gericht gewährleisten und auch die Gläubiger die Wahrnehmung ihrer Rechte, insb. nach Nr. 2 und Nr. 3, ermöglichen. 42

Nach dem Wortlaut des Abs. 4 Satz 2 besteht allerdings lediglich eine Anzeigepflicht, soweit die Zahlungsunfähigkeit nachträglich eintritt. Im Gesetz nicht geregelt ist die Frage, ob ebenfalls eine Anzeigepflicht (insb. des vorläufigen Sachwalters) besteht, wenn dieser im Laufe der nach Abs. 1 gesetzten Frist feststellt, dass – entgegen der Feststellung in der Bescheinigung gem. Abs. 1 Satz 3 – eine Zahlungsunfähigkeit bereits bei Antragstellung vorlag. Dies ist jedoch unter Berücksichtigung des Ziels, den Gläubigern eine angemessene Wahrnehmung ihrer Rechte nach Abs. 4 Nr. 2 und Nr. 3 zu ermöglichen, zu bejahen. 43

Zumindest in Fällen, in denen eine **eklatante und bewusste Täuschung** über das Vorliegen der Zahlungsunfähigkeit bei Antragstellung anzunehmen ist, kommt ggf. eine Aufhebung der Anordnung gem. Abs. 4 analog von Amts wegen (d. h. ohne Vorliegen eines entsprechenden Gläubigerantrages) in Betracht, da sich der Schuldner die Vorzüge des »Schutzschirms« unter Vorspiegelung falscher Tatsachen erschlichen hat. Zur Haftung des Ausstellers einer falschen Bescheinigung gem. Abs. 1 Satz 3 s. Kommentierung im Anh. zu § 35 Kapitel K Rdn. 11. 44

C. Verfahrensfragen

Eine Pflicht zur Veröffentlichung der Anordnung des »Schutzschirmes« besteht nicht, nach pflichtgemäßem Ermessen, ist eine Veröffentlichung jedoch gleichwohl möglich (AG Göttingen, BeckRS 2012, 23480). Im Rahmen der Abwägung ist insoweit insbesondere miteinzubeziehen, ob dem Unternehmen durch das Bekanntwerden der Anordnung Nachteile drohen, sowie ob bereits eine Antragspflicht wegen Überschuldung bestanden hat. 45

Ist die Anordnung des »Schutzschirmes« veröffentlicht worden, ist auch dessen Aufhebung zu veröffentlichen. Erfolgte keine Veröffentlichung der Anordnung, ist auch eine Veröffentlichung der Aufhebung nicht erforderlich (AG Göttingen, BeckRS 2012, 23480).

Lehnt das Gericht den vom Schuldner vorgeschlagenen vorläufigen Sachwalter wegen offensichtlicher Ungeeignetheit ab, hat es seine Entscheidung zu begründen (Abs. 2 Satz 2 Halbs. 2). Ein Rechtsmittel ist gegen die Entscheidung jedoch nicht gegeben (AG Hamburg, BeckRS 2013, 13615). 46

§ 270c Bestellung des Sachwalters

¹Bei Anordnung der Eigenverwaltung wird anstelle des Insolvenzverwalters ein Sachwalter bestellt. Die Forderungen der Insolvenzgläubiger sind beim Sachwalter anzumelden. ²Die §§ 32 und 33 sind nicht anzuwenden.

Übersicht	Rdn.		Rdn.
A. Normzweck	1	B. Norminhalt	3

§ 271 InsO Nachträgliche Anordnung

A. Normzweck

1 Die Vorschrift entspricht inhaltlich der früheren Regelung des § 270 Abs. 3 (so auch der Hinweis BT-Drucks. 17/5712, S. 41).

2 Der Gesetzgeber bezweckt mit der Regelung und den folgenden §§ 274 bis 285 eine starke Einbeziehung des Sachwalters in das Insolvenzverfahren, in dem eine Eigenverwaltung angeordnet worden ist (Beschlussempfehlung und Bericht des BT-Rechtsausschusses zu § 331 RegE-InsO, BT-Drucks. 12/7302, S. 185).

B. Norminhalt

3 Die Rechtsstellung des Sachwalters, insb. auch die Art und Weise seiner Bestellung ist in § 274 geregelt. Die Rechte und Pflichten des Sachwalters richten sich nach den §§ 274 bis 285 und werden dort auch ggü. den Rechten und Pflichten des Schuldners abgegrenzt. Die »Aufgabenteilung« zwischen Schuldner und Sachwalter ist mithin diesen Normen zu entnehmen.

4 Ausweislich Satz 2 gehört zu den Aufgabe des Sachwalters zusätzlich die Entgegennahme der Forderungsanmeldungen, für die die §§ 174 ff. entsprechend gelten. Zu den Aufgaben des Sachwalters gehört damit auch die Führung der Insolvenztabelle.

5 Die Eintragung des Eröffnungsvermerkes (Insolvenzvermerks), der die Verfügungsbeschränkung des Schuldners über sein Vermögen bekannt machen soll, in das Grundbuch, Schiffsregister, Schiffbauregister sowie Register für Pfandrechte an Luftfahrzeugen entfällt im Fall der Eigenverwaltung nach Satz 3.

§ 271 Nachträgliche Anordnung

¹Beantragt die Gläubigerversammlung mit der in § 76 Absatz 2 genannten Mehrheit und der Mehrheit der abstimmenden Gläubiger die Eigenverwaltung, so ordnet das Gericht diese an, sofern der Schuldner zustimmt. ²Zum Sachwalter kann der bisherige Insolvenzverwalter bestellt werden.

Übersicht

	Rdn.			Rdn.
A. Normzweck	1		III. Handlungen des bisherigen Insolvenzverwalters	11
B. Norminhalt	5			
I. Beschluss der Gläubigerversammlung	5		IV. Durch den bisherigen Verwalter begründete Masseverbindlichkeiten	12
II. Bindung des Gerichts an den Beschluss der Gläubigerversammlung	9		C. Verfahrensfragen	14

A. Normzweck

1 Bei der Vorschrift des § 271 handelt es sich um einen **Ausfluss der Gläubigerautonomie**. Der Gläubigerversammlung wird maßgeblicher Einfluss auf die Anordnung der Eigenverwaltung eingeräumt; der umgekehrte Fall ist in § 272 geregelt. Das Insolvenzgericht ist nicht befugt, den Gläubigern die Anordnung, Beibehaltung oder Aufhebung des Verfahrens der Eigenverwaltung vorzuschreiben (vgl. Pape/Uhlenbruck/Voigt-Salus, InsR, Kap. 39 Rn. 13).

2 Mit der Neufassung des § 271 durch das ESUG verfolgt der Gesetzgeber das Ziel, die Gläubigerautonomie im Insolvenzverfahren zu stärken, indem er die Möglichkeit der nachträglichen Anordnung der Eigenverwaltung erweitert (unten Rdn. 3) und durch die Neugestaltung der Mehrheitserfordernisse (unten Rdn. 6) dem Interesse der Gläubigergesamtheit besser Rechnung trägt und vor allem die Planbarkeit der Sanierung in Eigenverwaltung erhöht (BT-Drucks. 17/5712, S. 41).

3 Ferner erfüllt die Neufassung des § 271 eine klarstellende Funktion: Nach dem bisher geltenden Recht war umstritten, ob das Insolvenzgericht auch nachträglich die Eigenverwaltung anordnen

kann, wenn vor der Eröffnung des Insolvenzverfahrens kein Schuldnerantrag auf Eigenverwaltung gestellt worden war. Der Wortlaut des § 271 a. F. legte nämlich insoweit nahe, dass ein Antrag des Schuldners auf Anordnung der Eigenverwaltung bereits vor Eröffnung des Insolvenzverfahrens vorgelegen haben und vom Insolvenzgericht abgewiesen worden sein muss. Eine Antragstellung nach Verfahrenseröffnung sollte nicht ausreichend sein (s. etwa OLG Naumburg, ZInsO 2001, 810; a. A. schon zum alten Recht Uhlenbruck-Uhlenbruck § 271 Rn. 2; zum Ganzen s. a. Vorauflage § 271 Rn. 2). Die Neufassung durch das ESUG stellt nunmehr klar, dass dieses enge Verständnis vor dem Hintergrund einer weitgehenden Gläubigerautonomie im Insolvenzverfahren unzutreffend gewesen ist (BT-Drucks. 17/5712, S. 41). Vielmehr war und ist eine Anordnung auch in solchen Fällen möglich, in denen der Schuldner einen entsprechenden Antrag vor Eröffnung des Insolvenzverfahrens zunächst nicht gestellt hat, dann aber im weiteren Verlauf des Insolvenzverfahrens Schuldner und Gläubiger die Eigenverwaltung als Sanierungsoption für sich entdecken und den Antrag »nachschieben«.

Zu beachten ist insoweit aber, dass die nachträgliche Anordnung – zumindest formal – sich nicht auf einen entsprechenden Antrag des Schuldners stützt, sondern gem. S. 1 auf einen solchen der Gläubigerversammlung. Der Schuldner kann also unmittelbar keinen entsprechenden Antrag stellen, sondern lediglich in der Gläubigerversammlung auf eine entsprechende Beschlussfassung und nachfolgende Beantragung bei Gericht hinwirken. Problematisch ist insoweit für ihn, dass § 75 dem Schuldner selbst gerade kein Einberufungsrecht für eine solche Versammlung einräumt. Geht die Initiative also eher vom Schuldner als von den Gläubigern aus, muss er daher entweder ein ausreichendes Gläubigerquorum oder den Insolvenzverwalter von der Sinnhaftigkeit der Einberufung einer solchen Versammlung überzeugen. 4

B. Norminhalt

I. Beschluss der Gläubigerversammlung

Die Anordnung der Eigenverwaltung kann seit der Neufassung des § 271 durch das ESUG nicht mehr nur auf einen Beschluss der **ersten Gläubigerversammlung** hin erfolgen. Auch späteren Gläubigerversammlungen steht – zumindest theoretisch – eine entsprechende Beschlusskompetenz zu. 5

Die für eine nachträgliche Anordnung erforderliche Abstimmungsmehrheit wurde abweichend von dem bisher geltenden Recht neu gefasst: Soweit nunmehr ausdrücklich auf das Erfordernis der Summenmehrheit nach § 76 Abs. 2 verwiesen wird, enthält § 271 lediglich eine Klarstellung dessen, was bislang schon galt (vgl. 3. Aufl. § 271 Rn. 3). Für den Beschluss der Gläubigerversammlung ist nach den allgemeinen Grundsätzen des § 76 Abs. 2 die (einfache) **Summenmehrheit** der abstimmenden Gläubiger erforderlich (MK-Wittig/Tetzlaff § 271 Rn. 15), wobei auch absonderungsberechtigte Gläubiger ein Stimmrecht haben (vgl. §§ 52 Satz 1, 76 Abs. 2 i. V. m. § 77). 6

Darüber hinaus ist fortan aber auch eine Kopfmehrheit der abstimmenden Gläubiger für einen Beschluss der Gläubigerversammlung nach § 271 erforderlich. Diese Erweiterung soll dem Abstimmungsergebnis insoweit mehr Stabilität verleihen, als die Eigenverwaltung so nicht (mehr) »durch wenige Großgläubiger oder eine geschickt agierende Kleingläubigergruppe beherrscht wird« (BT-Drucks. 17/5712, S. 41). I. Ü. wird die Gefahr, dass Großgläubiger ihre Interessen in der Eigenverwaltung einseitig durchsetzen, durch die Aufhebungsmöglichkeit nach § 272 Abs. 1 Nr. 1 u. 2 sowie die gerichtliche Kontrolle nach § 78 in Grenzen gehalten (Uhlenbruck-Uhlenbruck § 271 Rn. 3). 7

Da die Gläubigerversammlung die Anordnung der Eigenverwaltung ohne einen entsprechenden Antrag des Schuldners beantragen kann, kommt in diesem Fall noch die gegenüber dem Gericht erklärte Zustimmung des Schuldners als **ungeschriebene Anordnungsvoraussetzung** hinzu, da eine Eigenverwaltung nicht gegen den Willen des Schuldners selbst angeordnet werden kann (K. Schmidt-Undritz, § 271 Rn. 4; vgl. dazu auch § 272 Rdn. 11). 8

II. Bindung des Gerichts an den Beschluss der Gläubigerversammlung

9 Das Gericht ist grds. an die **Beschlussfassung der Gläubigerversammlung gebunden**. Beschließt die Versammlung daher, dass die Eigenverwaltung angeordnet werden soll und liegt die erforderliche Zustimmung des Schuldners vor, kann das Gericht die Anordnung nicht ablehnen, selbst wenn es davon überzeugt ist, dass Nachteile bzw. Verfahrensverzögerungen durch die Eigenverwaltung drohen (Uhlenbruck-Uhlenbruck § 271 Rn. 6).

10 Zwar ist eine Aufhebung des Beschlusses gem. § 78 möglich, setzt jedoch den entsprechenden Antrag eines Gläubigers oder des durch das Gericht eingesetzten Insolvenzverwalters voraus (Pape, Kölner Schrift zur InsO, Kap. 24 Rn. 20). Liegt ein entsprechender Antrag vor, gilt für die Abwägungsentscheidung des Gerichts wieder der Prüfungsmaßstab des § 270 Abs. 2 Nr. 2.

III. Handlungen des bisherigen Insolvenzverwalters

11 Entsprechend der Rechtslage bei der Abwahl des Verwalters gem. § 57 bleiben durch den bisherigen Insolvenzverwalter vorgenommene Rechtshandlungen **in vollem Umfang wirksam** (Uhlenbruck-Uhlenbruck § 271 Rn. 9). Hat der Verwalter z. B. von seinem Wahlrecht gem. § 103 Gebrauch gemacht, kann der Schuldner nach Anordnung der Eigenverwaltung das Wahlrecht hinsichtlich desselben Vertragsverhältnisses nicht noch einmal abweichend ausüben.

IV. Durch den bisherigen Verwalter begründete Masseverbindlichkeiten

12 Gemäß dem Grundsatz, dass die Rechtshandlungen des bisherigen Verwalters wirksam bleiben, behalten auch durch diesen **begründete Masseverbindlichkeiten** ihre rechtliche Wirkung. Sie sind also zwingend zum Fälligkeitszeitpunkt zu bedienen, sofern die Masseunzulänglichkeit gem. §§ 208, 285 nicht angezeigt wurde.

Um ein eigenes **Haftungsrisiko** zu vermeiden und um sicherzustellen, dass die von ihm begründeten Masseverbindlichkeiten auch tatsächlich regulär bedient werden, wird sich der bisherige Insolvenzverwalter – sofern im auch die neue Funktion als Sachwalter übertragen wird – im Regelfall gem. § 275 Abs. 2 die **Kassenführung** vorbehalten (Uhlenbruck-Uhlenbruck § 271 Rn. 9).

13 Wird vom späteren Sachwalter die **Masseunzulänglichkeit** gem. §§ 208, 285 angezeigt, gelten für den bisherigen Insolvenzverwalter hinsichtlich der von ihm begründeten Masseverbindlichkeiten die allgemeinen Grundsätze. D. h.: War für ihn bei Begründung bereits die Masseunzulänglichkeit absehbar, haftet er u. U. gem. § 61. Wird die Masseunzulänglichkeit aber durch Handlungen des Schuldners nach Anordnung der Eigenverwaltung herbeigeführt oder vom Sachwalter die Anzeige gem. §§ 208, 285 ohne sachlichen Grund vorgenommen, scheidet eine persönliche Haftung aus.

C. Verfahrensfragen

14 Auch im Fall der nachträglichen Anordnung der Eigenverwaltung ist ein Sachwalter zu bestellen. Aufgrund der Klarstellung in S. 2 scheidet eine Bestellung des bisherigen Insolvenzverwalters als neuer Sachwalter nicht mangels Vorbefassung aus. Zur Abgrenzung der Verantwortungssphären sollte mit Anordnung der Eigenverwaltung und der Bestellung des Sachwalters zugleich – unter Angabe von Uhrzeit und Datum – klargestellt werden, dass das Amt des Insolvenzverwalters endet und die Verwaltungs- und Verfügungsbefugnis wieder auf den Schuldner übertragen wurde. Da das Gesetz eine parallele Verfügungsbefugnis von Schuldner und Insolvenzverwalter nicht vorsieht, endet die Tätigkeit – und damit die Verfügungsbefugnis – des Insolvenzverwalters allerdings auch ohne entsprechende Klarstellung automatisch durch Anordnung der Eigenverwaltung.

15 Da das Gesetz die sofortige Beschwerde gem. § 6 insoweit nicht vorsieht, kann gegen die Nichtzulassung des Antrags auf Abstimmung über die nachträgliche Anordnung der Eigenverwaltung im ersten Berichtstermin nur die **Erinnerung gem. § 11 Abs. 2 RPflG** erhoben werden (MK-Wittig/Tetzlaff § 271 Rn. 21a; a. A. Uhlenbruck-Uhlenbruck § 271 Rn. 7). Die Erinnerung muss noch **während des Termins** beim Rechtspfleger erhoben werden. Dieser kann dann der Beschwerde

abhelfen oder die Gläubigerversammlung vertagen, sodass im Fall einer stattgebenden Erinnerungsentscheidung über die Anordnung der Eigenverwaltung noch im ersten Berichtstermin abgestimmt werden kann (AG Dresden, ZInsO 2000, 48). Dasselbe gilt für spätere Gläubigerversammlungen.

Ist ein Gläubiger bzw. sein Leitungsorgan identisch mit dem Leitungsorgan des Schuldners, ist eine Interessenkollision anzunehmen, sodass diesem Gläubiger bei der Abstimmung über die nachträgliche Anordnung der Eigenverwaltung kein Stimmrecht zu gewähren ist (AG Dresden, ZInsO 2006, 888). Gleiches gilt bei Gesellschafteridentität von Schuldnerin und Gläubigerin, zumindest soweit eine Weisungskompetenz ggü. den Leitungsorganen der Gläubigerin besteht. 16

§ 272 Aufhebung der Anordnung

(1) Das Insolvenzgericht hebt die Anordnung der Eigenverwaltung auf,
1. wenn dies von der Gläubigerversammlung mit der in § 76 Absatz 2 genannten Mehrheit und der Mehrheit der abstimmenden Gläubiger beantragt wird;
2. wenn dies von einem absonderungsberechtigten Gläubiger oder von einem Insolvenzgläubiger beantragt wird, die Voraussetzung des § 270 Absatz 2 Nummer 2 weggefallen ist und dem Antragsteller durch die Eigenverwaltung erhebliche Nachteile drohen;
3. wenn dies vom Schuldner beantragt wird.

(2) ¹Der Antrag eines Gläubigers ist nur zulässig, wenn die in Absatz 1 Nummer 2 genannten Voraussetzungen glaubhaft gemacht werden. ²Vor der Entscheidung über den Antrag ist der Schuldner zu hören. ³Gegen die Entscheidung steht dem Gläubiger und dem Schuldner die sofortige Beschwerde zu.

(3) Zum Insolvenzverwalter kann der bisherige Sachwalter bestellt werden.

Übersicht	Rdn.			Rdn.
A. Normzweck	1	IV.	Antragsbefugnis des Sachwalters/Aufhebung der Eigenverwaltung von Amts wegen	13
B. Norminhalt	2			
I. Antrag der Gläubigerversammlung (Abs. 1 Nr. 1)	2	V.	Keine Anwendbarkeit auf das Eröffnungsverfahren	15
II. Antrag eines Einzelgläubigers (Abs. 1 Nr. 2)	4	VI.	Rechtsfolgen	16
III. Schuldnerantrag (Abs. 1 Nr. 3)	11	C.	Verfahrensfragen	19

A. Normzweck

§ 272 ist ebenso wie § 271 ein **Ausfluss der Gläubigerautonomie** und bietet den Gläubigern die Möglichkeit, die Anordnung der Eigenverwaltung wieder aufheben zu lassen. Aber auch für den Schuldner soll die Möglichkeit bestehen, in das reguläre Insolvenzverfahren zu wechseln. Ein **Zwang zur Fortführung** der Eigenverwaltung besteht für den Schuldner nicht (Pape/Uhlenbruck/Voigt-Salus, InsR, Kap. 39 Rn. 16). Mit Einführung des ESUG wurden die Voraussetzungen für eine Aufhebung auf Antrag der Gläubiger erhöht, um dem Schuldner eine größere Planungssicherheit zu verschaffen (BR-Drucks. 127/11 S. 65). 1

B. Norminhalt

I. Antrag der Gläubigerversammlung (Abs. 1 Nr. 1)

Der Antrag der Gläubigerversammlung, die Eigenverwaltung wieder aufheben zu lassen, ist an **keinerlei Voraussetzungen** gebunden. Der Bestand der Eigenverwaltung soll jederzeit im **freien Belieben der Gesamtheit der Gläubiger** stehen. Dementsprechend hat das Gericht – wirksame Beschlussfassung vorausgesetzt – diesem Antrag ohne Sachprüfung oder Ermessensspielraum zu 2

§ 272 InsO Aufhebung der Anordnung

entsprechen (BGH, NZI 2007, 240, 241). Eine vorherige Anhörung des Schuldners ist dementsprechend ebenfalls nicht erforderlich.

3   Nicht nur für die nachträgliche Anordnung der Eigenverwaltung, sondern auch für den umgekehrten Fall der nachträglichen Aufhebung ist nach Abs. 1 Nr. 1 ein Beschluss der Gläubigerversammlung erforderlich, der neben der **Summenmehrheit** nach § 76 Abs. 2 eine **Kopfmehrheit** der abstimmenden Gläubiger verlangt. Diese Änderung ist von derselben Ratio getragen wie in § 271 und soll dem Abstimmungsergebnis mehr Stabilität verleihen (s. § 271 Rdn. 6).

II. Antrag eines Einzelgläubigers (Abs. 1 Nr. 2)

4   Auch ein einzelner Gläubiger kann nach Abs. 1 Nr. 2 einen Antrag auf Aufhebung der Eigenverwaltung stellen. Hiermit soll eine kurzfristige **Reaktionsmöglichkeit auf ein Fehlverhalten** des Schuldners geschaffen werden, wobei dieses Recht allerdings nur absonderungsberechtigten oder Insolvenzgläubigern gem. § 38 zusteht. Nachrangige Gläubiger gem. § 39 sind hingegen nicht antragsberechtigt (Uhlenbruck § 272 Rn. 4 m. w. N.). Die Vorschrift legt damit die Möglichkeit der Aufhebung der Eigenverwaltung in die Hände eines einzelnen Gläubigers, knüpft daher dieses Vorgehen aber an enge Voraussetzungen:

5   Die Voraussetzungen des § 270 Abs. 2 Nr. 2 müssen **nachträglich weggefallen** sein. Gleichzusetzen ist allerdings der Fall, in dem sich nachträglich herausstellt, dass die Voraussetzungen von Beginn an (seinerzeit unerkannt) nicht vorlagen (MK/InsO-Wittig/Tetzlaff Rn. 17). Allerdings erhöht Abs. 1 Nr. 2 die Schwelle für eine Aufhebung im Vergleich zum bloßen Wegfall der Anordnungsvoraussetzungen insoweit, als es für eine Aufhebung nicht genügt, dass Umstände bekannt werden, die erwarten lassen, dass die Anordnung zu »einfachen« Nachteilen für die Gläubiger führen wird (vgl. § 270 Rdn. 19 ff.); erforderlich sind vielmehr »erhebliche« Nachteile, die dem Antragsteller zudem ganz konkret drohen müssen. Diese höheren Anforderungen sollen eine entsprechend höhere Planungssicherheit bei der Sanierung in Eigenverwaltung bieten (BT-Drucks. 17/5712, S. 42). Lediglich geringe Beeinträchtigungen müssen damit von den Gläubigern hingenommen werden und berechtigen nicht zur Aufhebung der Eigenverwaltung.

6   Ferner wirkt sich auch im Zusammenhang mit der Aufhebung die mit der Neufassung des § 270 bezweckte Umkehr des Regel-Ausnahme-Verhältnisses zugunsten der Anordnung der Eigenverwaltung aus (§ 270 Rdn. 2). Denn auch hier wirken sich Unklarheiten über mögliche Nachteile für die Gläubiger zugunsten des Schuldners aus, da die Eigenverwaltung dann fortzuführen ist (BT-Drucks. 17/5712, S. 42).

7   Die Voraussetzungen nach Abs. 1 Nr. 2 hat der Gläubiger (unverändert) glaubhaft zu machen (Abs. 2 Satz 1). Hierfür reichen das einfache Aufstellen von Behauptungen oder der bloße Hinweis auf eine mögliche Verfahrensverzögerung nicht aus. Der Antrag eines einzelnen Gläubigers muss daher nach Abs. 2 Satz 1 konkret die Gründe benennen und glaubhaft machen, aus denen sich ergibt, dass im Sinne von § 270 Abs. 2 Nr. 2 Nachteile für die Gläubiger drohen und darüber hinaus auch ganz konkret der antragstellende Gläubiger erhebliche Nachteile zu befürchten hat. Die Mittel der **Glaubhaftmachung** ergeben sich aus § 294 ZPO.

8   Es ist ferner nicht ausreichend, wenn der Gläubiger zur Begründung lediglich Tatsachen benennt, die dem Gericht und der Gläubigerversammlung bereits bei Anordnung der Eigenverwaltung bekannt waren. Erforderlich ist stets der Vortrag **neuer Tatsachen**. So begründet z. B. die Bezugnahme auf den Vortrag des Sachwalters in dem Berichtstermin, in dem die Gläubigerversammlung die Fortführung beschlossen hat, keine spätere Aufhebung (LG Potsdam, ZIP 2001, 1689, 1690). Die bloße Behauptung einer möglichen Verfahrensverzögerung reicht nicht aus (LG Potsdam, ZIP 2001, 1689, 1690).

9   Das **Antragsrecht einzelner Gläubiger** besteht neben dem Antragsrecht der Gläubigerversammlung (BR-Drucks. 127/11 S. 64). Ein einzelner Gläubiger muss daher weder die Entscheidung einer ggf. bereits anberaumten Gläubigerversammlung abwarten, noch ist durch einen die Eigenverwaltung

aufrecht erhaltende Beschlusslage der Gläubigerversammlung an einer Antragstellung gehindert, sofern die sonstigen Voraussetzungen vorliegen, er also insbesondere neue Erkenntnisse vortragen kann (K. Schmidt-Undritz § 272 Rn. 4).

Vor Aufhebung der Eigenverwaltung auf Antrag eines einzelnen Gläubigers ist der Schuldner anzuhören. Für die Anhörung gilt § 10.

III. Schuldnerantrag (Abs. 1 Nr. 3)

Der Schuldner kann jederzeit, ohne weitere Voraussetzungen, einen Antrag auf Aufhebung der Eigenverwaltung stellen. Diesem Antrag hat das Gericht **ohne Prüfung stattzugeben** (BGH, NZI 2007, 240, 241). Ein Ermessensspielraum besteht nicht (AG Hamburg, Beschl. v. 14.04.2005 – 67c IN 42/03, n. v.).

Handelt es sich bei dem Schuldner um eine juristische Person, sind nur die **vertretungsbefugten Organe** entsprechend ihrer gesellschaftsrechtlichen Vertretungsmacht zur Antragstellung befugt. Der Vorstand einer AG benötigt zur Stellung eines entsprechenden Antrages nicht die Zustimmung der Hauptversammlung, da der BGH in seiner »Gelatine«-Entscheidung (BGHZ 159, 30 = ZIP 2004, 993) das Zustimmungserfordernis der Hauptversammlung ausdrücklich auf Umstrukturierungsmaßnahmen beschränkt hat (vgl. auch § 270 Rdn. 37; a. A. Kessler, Die Aktiengesellschaft in der Eigenverwaltung, S. 227, mit dem Argument, dass ein Insolvenzverwalter im Regelfall eine Liquidation einleite und dieser Sachverhalt für die Gesellschafter ähnlich einschneidend sei, wie die »Holzmüller«-Kriterien; ebenso Smid, DZWIR 2002, 493, 499).

▶ **Hinweis:**
Wollen die Gesellschafter die Aufhebung der Eigenverwaltung erreichen, weigert sich das vertretungsbefugte Organ jedoch, einen entsprechenden Antrag zu stellen, kann die Aufhebung nur mittelbar durch Abberufung des bisherigen und Bestellung eines neuen – entsprechend instruierten – Organs erreicht werden.

IV. Antragsbefugnis des Sachwalters/Aufhebung der Eigenverwaltung von Amts wegen

Das Gesetz sieht eine Antragsbefugnis des Sachwalters oder eine Kompetenz des Gerichts zur **Aufhebung der Eigenverwaltung von Amts wegen** nicht vor.

Dennoch ist zumindest in besonderen **Ausnahmefällen** die Aufhebung der Eigenverwaltung analog § 59 Abs. 1 durch das Gericht von Amts wegen möglich. Werden z. B. Unterschlagungen durch den Schuldner, die er nach Anordnung der Eigenverwaltung vorgenommen hat, aufgedeckt, ist es nicht hinnehmbar, dass die Eigenverwaltung noch so lange andauert, bis ein Gläubiger einen Aufhebungsantrag stellt oder eine Gläubigerversammlung einberufen ist (so auch Smid WM 1998, 2489, 2515; **a. A.** K. Schmidt-Undritz § 272 Rn. 2; Gulde, Die Anordnung der Eigenverwaltung durch das Insolvenzgericht, S. 57, wenn auch ohne nähere Begründung; LG Potsdam, ZIP 2001, 1689, allerdings bleibt unklar, ob das Gericht generell eine Aufhebung von Amts wegen ablehnt oder nur im konkreten Fall). Ein weiterer Anwendungsfall liegt dann vor, wenn der Schuldner seine Aktivitäten (unter Einschluss der Berichtspflichten) bereits seit geraumer Zeit faktisch eingestellt hat und daher auch nicht zu erwarten ist, dass er das Verfahren noch zu einem Ende führt. Insbesondere in kleineren Verfahren, in denen die Gläubiger bereits jegliches Interesse an einer Mitwirkung verloren haben, bestünde sonst die Situation eines – mangels anderer Beendigungsmöglichkeit – »ewigen« Insolvenzverfahrens.

V. Keine Anwendbarkeit auf das Eröffnungsverfahren

Auch wenn sich im allgemeinen Sprachgebrauch die Verwendung des Begriffes »**vorläufige Eigenverwaltung**« für die Phase des Eröffnungsverfahrens eingebürgert hat, kommt dieser eine rechtlich abweichende Struktur zu. Während das Gericht mit Eröffnung die Eigenverwaltung gem. § 270 anordnet, unterlässt es gem. § 270a bzw. § 270b während des vorläufigen Verfahrens lediglich die

Anordnung von Sicherungsmaßnahmen, die die Verfügungsbefugnis des Schuldners beschränken. Vor diesem Hintergrund scheidet eine Anwendung von § 272 auf die Phase des vorläufigen Verfahrens aus (s. dazu auch § 270a Rdn. 1).

VI. Rechtsfolgen

16 Nach Aufhebung der Eigenverwaltung gelten die Vorschriften des regulären Insolvenzverfahrens. Das Gericht hat mit Aufhebung einen Insolvenzverwalter zu bestellen, wobei hierfür insb. die Person des bisherigen Sachwalters in Betracht zu ziehen ist (Abs. 3). Der Schuldner hat wie ein vorzeitig ausgeschiedener Insolvenzverwalter der Gläubigerversammlung über seine Geschäftsführung in der Zeit der Eigenverwaltung Rechnung zu legen. Bei einer juristischen Person trifft diese Pflicht die Mitglieder ihres geschäftsführenden Organs (AG Duisburg, NZI 2006, 112, 113).

17 Ein durch den Schuldner bereits ausgeübtes **Wahlrecht nach §§ 103, 279** lebt infolge der Aufhebung der Eigenverwaltung nicht wieder auf, d. h. der nachträglich eingesetzte Insolvenzverwalter muss bzw. kann das Wahlrecht nicht nochmals (ggf. abweichend) ausüben. Durch den Schuldner begründete **Masseverbindlichkeiten** gem. § 55 sind durch den Insolvenzverwalter zu erfüllen, soweit nicht die **Masseunzulänglichkeit** gem. § 208 angezeigt wird. Reicht die Insolvenzmasse zur Erfüllung dieser Masseverbindlichkeiten nicht aus, ist eine persönliche Haftung des Insolvenzverwalters gem. § 61 jedoch ausgeschlossen.

Hat der eigenverwaltende Schuldner bestehende Arbeitsverhältnisse nach Eröffnung des Insolvenzverfahrens nicht zum frühestmöglichen Zeitpunkt beendet, stellen die nach diesem Zeitpunkt anfallenden Lohn- und Gehaltsansprüche der Arbeitnehmer auch nach Aufhebung der Eigenverwaltung Neumasseverbindlichkeiten gem. § 209 Abs. 2 Nr. 2 dar (BAG, ZInsO 2005, 695). Für die Beurteilung des frühestmöglichen Zeitpunkts ist somit auf die Eröffnung des Verfahrens und nicht auf die Bestellung eines Insolvenzverwalters abzustellen. Diesbezügliche Versäumnisse des Schuldners können daher den neu bestellten Insolvenzverwalter vor erhebliche Probleme stellen und zu einer Verminderung der den sonstigen Neugläubigern zur Verfügung stehenden Haftungsmasse führen.

18 Die Aufhebung der Eigenverwaltung unter Einsetzung eines Insolvenzverwalters führt **nicht** zu einer **Unterbrechung** eines erst nach Eröffnung des Insolvenzverfahrens rechtshängig gewordenen Rechtsstreits gem. § 240 ZPO (LAG Rheinland-Pfalz, Beschl. v. 06.01.2006 – 9 Ta 274/05, n. v.).

C. Verfahrensfragen

19 Hat ein Gläubiger die Aufhebung der Eigenverwaltung beantragt, stehen sowohl dem Schuldner als auch dem Gläubiger gem. Abs. 2 Satz 3 gegen die Entscheidung des Gerichts über diesen Antrag die **sofortige Beschwerde** zu. Gegen die Aufhebung der Eigenverwaltung auf Antrag des Schuldners kann demgegenüber kein Rechtsmittel eingelegt werden (BGH, NZI 2007, 240, 241). Dasselbe gilt für die Aufhebung der Eigenverwaltung auf Antrag der Gläubigerversammlung (BGH, ZInsO 2011, 1548; ausf. dort auch zum Streitstand). Ein Recht zum Widerspruch ergibt sich auch nicht insoweit mittelbar aus § 270 Abs. 1 Satz 2, als § 272 Abs. 1 die Anwendbarkeit des § 78 nicht ausdrücklich ausschließt. Vielmehr setzt sich in § 272 die Gläubigerautonomie mit ihrer freien Entscheidung über die Art der Verfahrensabwicklung durch, was sich nicht zuletzt auch darin zeigt, dass die Gläubigerversammlung den Antrag, die Eigenverwaltung aufzuheben, nach dem Gesetz nicht zu begründen braucht. Ein Widerspruchsrecht eines überstimmten Gläubigers würde einen Begründungszwang nachträglich durch die Hintertür wieder einführen.

20 Für den Beschluss, die Eigenverwaltung aufzuheben, ist gem. § 18 RPflG der **Rechtspfleger** zuständig.

21 Der Aufhebungsbeschluss, der auf den Antrag eines einzigen Gläubigers gem. Abs. 1 Nr. 2 hin ergeht, ist wegen der Möglichkeit der sofortigen Beschwerde zu begründen. Da eine Aufhebung gem. Abs. 1 Nr. 1 oder Nr. 3, d. h. aufgrund eines Beschlusses der Gläubigerversammlung oder eines

Antrags des Schuldners, an keine weiteren Voraussetzungen gebunden und eine Beschwerdemöglichkeit insoweit nicht eröffnet ist, erfordern die entsprechenden Beschlüsse keine Begründung. Aufgrund der **verfügungsbeschränkenden Wirkung** ggü. dem Schuldner sind auf den Aufhebungsbeschluss die Regelungen des § 27 sowie der §§ 30 bis 33 entsprechend anzuwenden.

Ein **Antragsrecht einzelner Gläubiger** zur Aufhebung des Beschlusses der Gläubigerversammlung gem. § 78 Abs. 1 besteht nicht (BGH, ZIP 2011, 1622). 22

§ 273 Öffentliche Bekanntmachung

Der Beschluß des Insolvenzgerichts, durch den nach der Eröffnung des Insolvenzverfahrens die Eigenverwaltung angeordnet oder die Anordnung aufgehoben wird, ist öffentlich bekanntzumachen.

Lediglich die nachträgliche Anordnung oder Aufhebung der Eigenverwaltung ist **gesondert öffentlich bekannt zu machen**, um insoweit Klarheit über die Neuregelung der Verwaltungs- und Verfügungsbefugnis zu schaffen. 1

Die Anordnung der Eigenverwaltung gleichzeitig mit Eröffnung des Insolvenzverfahrens nach § 270 Abs. 1 wird bereits durch Veröffentlichung des Eröffnungsbeschlusses nach § 30 bekannt gemacht. Für die Bekanntmachung gem. § 273 gilt § 9.

Auch Register- und Grundbucheintragungen sind gem. §§ 31 bis 33 zu korrigieren bzw. vorzunehmen. 2

§ 274 Rechtsstellung des Sachwalters

(1) Für die Bestellung des Sachwalters, für die Aufsicht des Insolvenzgerichts sowie für die Haftung und die Vergütung des Sachwalters gelten § 27 Absatz 2 Nummer 4, § 54 Nummer 2 und die §§ 56 bis 60, 62 bis 65 entsprechend.

(2) ¹Der Sachwalter hat die wirtschaftliche Lage des Schuldners zu prüfen und die Geschäftsführung sowie die Ausgaben für die Lebensführung zu überwachen. ²§ 22 Abs. 3 gilt entsprechend.

(3) ¹Stellt der Sachwalter Umstände fest, die erwarten lassen, daß die Fortsetzung der Eigenverwaltung zu Nachteilen für die Gläubiger führen wird, so hat er dies unverzüglich dem Gläubigerausschuß und dem Insolvenzgericht anzuzeigen. ²Ist ein Gläubigerausschuß nicht bestellt, so hat der Sachwalter an dessen Stelle die Insolvenzgläubiger, die Forderungen angemeldet haben, und die absonderungsberechtigten Gläubiger zu unterrichten.

Übersicht	Rdn.			Rdn.
A. Normzweck	1		4. Ausübung der Prüfungs- und Kontrollpflichten	12
B. Norminhalt	3		5. Sonstiges	15
I. Bestellung des Sachwalters (Abs. 1)	4	III.	Anzeigepflicht bei drohenden Nachteilen (Abs. 3)	18
II. Aufgaben und Befugnisse (Abs. 2)	8	IV.	Haftung des Sachwalters	21
1. Prüfung der wirtschaftlichen Lage	9	V.	Vergütung	24
2. Überwachung der Geschäftsführung	10			
3. Überwachung der Mittel für die Lebensführung	11			

A. Normzweck

§ 274 enthält die grundlegenden Regelungen zur **Rechtsstellung** und zu den **Pflichten** des **Sachwalters**. Ergänzt wird der in § 274 skizzierte Rechte- und Pflichtenkreis durch zahlreiche weiter- 1 führenden Spezialnormen wie z. B. §§ 270c Satz 2, 275, 277, 280, 281, 283 Abs. 2, 284 und 285 InsO sowie § 4 Abs. 2 InsStatG.

2 Die den Insolvenzverwalter betreffenden Vorschriften, auf die Abs. 1 verweist, können nicht ohne Weiteres direkt angewandt werden, sondern sind jeweils entsprechend der Stellung des Sachwalters zu modifizieren.

B. Norminhalt

3 ▶ Übersicht: Rechte und Pflichten des Sachwalters

Rechte
- Umfassende Einsichts- Auskunfts- und Informationsrechte (§§ 274 Abs. 1, 22)
- Übernahme der Kassenführung (§ 275 Abs. 2)
- Freie jederzeitige Berichterstattung gegenüber dem Gericht

Pflichten
- Prüfung der wirtschaftlichen Lage (§ 274 Abs. 2)
- Überwachung der Geschäftsführung (§ 274 Abs. 2)
- Überwachung der Ausgaben für die Lebensführung (§ 274 Abs. 2)
- Anzeige zu erwartender Nachteile bei Fortsetzung der Eigenverwaltung (§ 274 Abs. 3)
- Entgegennahme und Prüfung der Forderungsanmeldungen (§ 271 Satz 2, 283 Abs. 1 Satz 2)
- Entscheidung nach pflichtgemäßen Ermessen über Zustimmung zu bzw. Widerspruch gegen die Eingehung von Verbindlichkeiten (§ 275 Abs. 1; § 277)
- Abstimmung mit dem Schuldner über Ausübung der Wahlrechte gem. § 103 (§ 279)
- Erteilung der Zustimmung nach pflichtgemäßem Ermessen über Personalmaßnahmen gem. §§ 120, 122 und 126 (§ 279 Satz 3)
- Prüfung und Geltendmachung von Anfechtungs- und Haftungsansprüchen (§ 280)
- Stellungnahme zu dem Bericht des Schuldners im Berichtstermin (§ 281 Abs. 2)
- Abstimmung mit dem Schuldner über Verwertung von Sicherungsgut (§ 282 Abs. 2)
- Prüfung der Verteilungsverzeichnisse und schriftliche Erklärung, ob Einwendungen hiergegen zu erheben sind (§ 283 Abs. 2)
- Im Fall der entsprechenden Beauftragung: Erstellung eines Insolvenzplanes. Sonst: Mitwirkung an der Planerstellung durch den Schuldner (§ 284)
- Prüfung der Zahlungsfähigkeit und Anzeige der (drohenden) Masseunzulänglichkeit (§ 285)
- Erstellung der Meldung im Rahmen der Insolvenzstatistik (§ 4 InsStatG)

I. Bestellung des Sachwalters (Abs. 1)

4 Gemäß Abs. 1 i. V. m. § 56 ist eine für den jeweiligen Einzelfall geeignete, geschäftskundige und neutrale Person zum Sachwalter zu bestellen. Vor Einführung des ESUG war allerdings umstritten, ob eine vor Insolvenzantragstellung als **Berater für das Unternehmen** tätige Person zum Sachwalter bestellt werden kann. Zwar wurde i. d. R. die Notwendigkeit der Kontrolle durch eine unabhängige Instanz betont, (so z. B. Pape, Kölner Schrift zur InsO, Kap. 24 Rn. 29), dennoch wurden in Einzelfällen der vormalige Verfahrensbevollmächtigte des Schuldners als Sachwalter eingesetzt (LG Cottbus, ZInsO 2002, 296 m. abl. Anm. Lüke). Nach Einführung des § 56 Abs. 1 Satz 3 Nr. 2 können aber keine Zweifel daran bestehen, dass eine über die in Nr. 2 beschriebene Beratungstätigkeit hinausgehende **vertiefte Vorbefassung** einer Bestellung zum Sachwalter entgegensteht. D. h. eine Vorbefassung des vorläufigen Sachwalters ist nur in Form einer allgemeinen Beratung über den Ablauf eines Insolvenzverfahrens und dessen Folgen zulässig. Eine vertiefte Befassung des vorläufigen Sachwalters legt hingegen eine fehlende Unabhängigkeit nahe, sodass eine nachfolgende Bestellung ausscheidet. Dies erscheint auch sachgerecht, da zur Wahrung der Gläubigerrechte die Kontrolle des Schuldners durch eine neutrale und unabhängige Instanz sichergestellt werden muss.

5 Auch die durch den Schuldner oder einzelne Gläubiger im Vorfeld erfolgte **Beauftragung mit der Erstellung eines Insolvenzplanes** schließt eine Bestellung zum Sachwalter aus. Der im RegE zum

ESUG noch enthaltene Hinweis, dass auch der Umstand, dass die Person des Insolvenzverwalters bzw. Sachwalters außerinsolvenzlich unter Einbindung von Schuldner und Gläubigern einen Insolvenzplan erstellt hat, nicht zwingend gegen ihre Unabhängigkeit spricht, wurde nach Anregung der Beschlussempfehlung des BT-Rechtsausschusses gestrichen (vgl. Begr. BT-Drucks. 17/7511, S. 47). Zwar sollte ausweislich der Begründung des BT-Rechtsausschusses mit der Streichung keine endgültige Absage an diesen Personenkreis verbunden sein, da »Voraussetzung [...] lediglich [sei], dass die Beteiligten den Planersteller durch einstimmigen Beschluss nach § 56a Absatz 2 InsO-E als Insolvenzverwalter vorschlagen; auch in anderen Fällen [sei] nicht ausgeschlossen, dass das Gericht sich unter dem Gesichtspunkt der Eignung für den Planersteller als Verwalter entscheidet.« (vgl. Begr. BT-Drucks. 17/7511, S. 47). Diese Auffassung ist jedoch abzulehnen, da der Planersteller (der i. d. R. bei der Erstellung im Rahmen eines Mandatsverhältnisses auch einem Weisungsrecht seines Auftraggebers unterlegen hat) ansonsten die Umsetzung und die Neutralität des von ihm selbst als Dienstleister entworfenen Plans zu kontrollieren hätte (so auch AG Stendal, BeckRS 2012, 19830 zum vorl. Sachwalter). Da der Planersteller i. d. R. den Schuldner als Berater bei der Umsetzung weiter begleiten wird, ist auch kein Verlust von Know-How zu befürchten.

Gleiches gilt, soweit Schuldner oder Gläubiger mit dem potenziellen künftigen Sachwalter eine Vereinbarung über die Höhe der Vergütung geschlossen haben (so in der Tendenz AG Hamburg, ZIP 2014, 237, 239).

Einem bestehenden vorläufigen Gläubigerausschuss ist gem. § 56a Abs. 1 die Gelegenheit zu geben, sich vor der Bestellung zu der Person des künftigen Sachwalters zu äußern. Ein **einstimmiges Votum** bindet zwar gem. § 56a Abs. 2 Satz 1 das Gericht, allerdings nur soweit der vorgeschlagene Kandidat zur Übernahme des Amtes geeignet ist. Eine an sich die Bestellung ausschließende fehlende Kompetenz oder Unabhängigkeit kann somit nicht durch ein einstimmiges Votum des Gläubigerausschusses »überstimmt« werden. Allerdings wird in Grenzfällen, bei denen die fehlende Eignung nicht zweifelsfrei auf der Hand liegt, das Gläubigervotum bei der Gewichtung der gegen den Kandidaten sprechenden Aspekte positiv zu berücksichtigen sein. Gleiches gilt gem. § 57 für die Bestellung eines neuen Sachwalters nach Abwahl des ursprünglich durch das Gericht eingesetzten Sachwalters durch die Gläubigerversammlung (vgl. dazu auch § 57 Rdn. 6 ff.). Weicht das Gericht von einem Vorschlag des vorläufigen Gläubigerausschusses ab, hat es seine Entscheidung gem. § 27 Abs. 2 Nr. 4 im Eröffnungsbeschluss zu begründen. 6

Ist der Anordnung der Eigenverwaltung eine »Schutzschirmphase« gem. § 270b vorausgegangen, ist grundsätzlich der bisherige vorläufige Sachwalter oder eine durch den Schuldner (ausdrücklich) vorgeschlagene andere Person zu bestellen, soweit diese nach den vorstehenden Kriterien geeignet ist. Zwar nimmt § 270b Abs. 2 für das **»Schutzschirmverfahren«** ausdrücklich nur auf den vorläufigen Sachwalter Bezug, jedoch erscheint es mit der Intention des Gesetzgebers nicht vereinbar, dass für die Bestellung des Sachwalters im eröffneten Verfahren die Bindungswirkung des § 270b Abs. 2 Satz 2 nicht gelten soll. Die Vorschlagskompetenz Schuldners überlagert insoweit auch die des vorläufigen Gläubigerausschusses gem. § 56a. 7

Etwas anderes gilt lediglich dann, wenn aufgrund konkreter Vorkommnisse aus der Zeit der Amtsführung als vorläufiger Sachwalter Bedenken gegen die benannte Person bestehen (wobei dies dogmatisch stets einen Fall der Ungeeignetheit darstellen dürfte) oder aber der »Schutzschirm« als gescheitert anzusehen ist, z. B. da der Plan nicht innerhalb der Frist des § 270b Abs. 1 Satz 1 vorgelegt oder der »Schutzschirm« bereits gem. § 270b Abs. 4 vorzeitig aufgehoben wurde. In diesen Fällen kann § 270b Abs. 2 Satz keine weitere Bindungswirkung Auswirkung in das eröffnete Verfahren zukommen.

Da die Gläubigerversammlung gem. § 272 Abs. 1 – das Erreichen der dort genannten Mehrheiten vorausgesetzt – sogar die Aufhebung der Eigenverwaltung ohne weitere Voraussetzungen oder Begründung verlangen kann, kann sie auch im Fall eines vorangegangenen »Schutzschirmverfahrens« gem. § 57 (als »Minus« zur Aufhebung der Eigenverwaltung) eine andere Person als die durch den Schuldner vorgeschlagene zum neuen Sachwalter wählen. Ihre Rechte gem. § 57 werden somit durch § 270b nicht überlagert.

II. Aufgaben und Befugnisse (Abs. 2)

8   Dem Sachwalter obliegt gem. Abs. 2 die Prüfung der wirtschaftlichen Lage des Schuldners, die Überwachung der Geschäftsführung sowie der Ausgaben für die Lebensführung.

1. Prüfung der wirtschaftlichen Lage

9   Der Sachwalter hat die wirtschaftliche Lage des Schuldners zu prüfen. Dies umfasst auch die Prüfung der durch den Schuldner aufzustellende Liquiditätsplanung (AG Hamburg, Beschl. v. 20.12.2013, 67g IN 419/12). Er hat insoweit insbesondere zu prüfen, ob die Planung anhand sachgerechter Kriterien – insbesondere im Hinblick auf die zugrunde gelegten Planungsprämissen und -prognosen – erstellt wurde. Er hat darüber hinaus zu prüfen, ob die ursprünglich aufgestellte Planung regelmäßig aktualisiert und den tatsächlichen Umständen angepasst wird. Es besteht allerdings keine Verpflichtung des vorläufigen Sachwalters, eine eigene Planung zu erstellen.

2. Überwachung der Geschäftsführung

10 Die Überwachung der Geschäftsführung erstreckt sich auf das gesamte wirtschaftliche Handeln des Schuldners (K. Schmidt-Undritz § 274 Rn. 10). Dieser allgemeine Grundsatz des § 274 wird durch die nachfolgenden Vorschriften der InsO (so z. B. §§ 275 und 279) konkretisiert bzw. die Ausübung der Überwachung erleichtert.

Der Sachwalter hat gem. § 274 Abs. 2 insb. den **Zahlungsverkehr** des Schuldners zu überwachen und hierbei insb. zu überprüfen, ob durch den Schuldner Altverbindlichkeiten beglichen werden bzw. (im Eröffnungsverfahren) wurden. Insoweit ist insbesondere zu prüfen, ob geleistete Zahlungen für vor Eröffnung begründete Verbindlichkeiten aufgrund einer Einzelermächtigung (dazu s. § 270a Rdn. 34) oder durch Einrichtung eines insolvenzfesten Treuhandkontos insolvenzrechtlich zulässig sind (AG Hamburg, ZIP 2014, 237, 239). Zur Erleichterung der Prüfung wird es häufig zweckmäßig sein, die beabsichtigten Zahlungen mit dem Sachwalter bereits im Vorhinein in Form von Zahlungsvorschlagslisten abzustimmen, zwingend ist dies aber nicht (in Branchen mit zeitkritischen Zahlungsläufen zudem häufig auch praktisch nicht umsetzbar). Eine nachlaufende Kontrolle der ausgelösten Zahlungen ist ausreichend. Auch im Fall der vorherigen Abstimmung ist durch den vorläufigen Sachwalter naturgemäß zu prüfen, ob die tatsächlich ausgelösten Zahlungen mit den vorgeschlagenen übereinstimmen.

3. Überwachung der Mittel für die Lebensführung

11 Der Sachwalter hat die Ausgaben des Schuldners für die Lebensführung zu überwachen. Die inhaltlichen Maßstäbe für die Überwachung ergeben sich insoweit aus § 278. Da § 278 nur auf natürliche Personen bzw. für die vertretungsberechtigten persönlich haftenden Gesellschafter des Schuldners gilt, fällt die Überwachung von Ausgaben für andere Organe nicht unter »Mittel der Lebensführung«, sondern »Überwachung der Geschäftsführung« (vgl. dazu § 278 Rdn. 2 f.).

4. Ausübung der Prüfungs- und Kontrollpflichten

12 Kraft Verweisung auf § 22 Abs. 3 ist der Sachwalter berechtigt, die Geschäftsräume zu betreten und dort Nachforschungen anzustellen (also z. B. auch nach eigenem Ermessen mit Mitarbeitern zu sprechen und diesen Fragen zu stellen). Der Schuldner hat dem Sachwalter **Einsicht in seine Bücher und Geschäftspapiere** zu gestatten, ihm alle erforderlichen Auskünfte zu erteilen und ihn bei seiner Aufgabe zu unterstützen. Der Schuldner hat insoweit von sich aus alle (voraussichtlich) relevanten Informationen und Sachverhalte dem Sachwalter mitzuteilen bzw. zur Bewertung vorzulegen. Es ist nicht ausreichend, lediglich auf Fragen zu antworten und es somit dem detektivischen Gespür des Sachwalters zu überlassen, ob und wann er die »richtigen« Fragen stellt. Offensichtliche

Fehlvorstellungen und Irrtümer des Sachwalters sind durch den Schuldner unaufgefordert und unverzüglich richtigzustellen.

Im Hinblick auf **Prüfungsintensität, -intervall und -umfang** können generell keine starren Vorgaben gelten, vielmehr sind diese auf die faktischen Erfordernisse sowie insb. Art und Umfang des schuldnerischen Geschäftsbetriebes anzupassen. Eine **Prüfung durch Stichproben** und in angemessenen zeitlichen Intervallen ist grundsätzlich zulässig (es sei denn, es handelt sich um nur so wenige Geschäftsvorfälle und Zahlungen, dass eine Vollbelegprüfung sinnvoll und angemessen erscheint). Grundsätzlich darf der Sachwalter – ohne das Vorliegen gegenteiliger Hinweise – die durch den Schuldner erteilten Auskünfte bzw. vorgelegten Unterlagen und Rechenwerke als **wahrheitsgemäß und inhaltlich richtig** unterstellen, sodass sich seine Kontrollpflicht insoweit zunächst auf eine **Plausibilitätskontrolle** beschränkt. So darf er insbesondere auch zunächst davon ausgehen, dass Geschäftsvorfälle in der schuldnerischen Buchführung korrekt erfasst und Rechenwerke rechnerisch richtig und unter Zugrundelegung der korrekten Daten erstellt wurden und werden. Lediglich soweit sich im Rahmen der Plausibilitätskontrolle Unstimmigkeiten ergeben oder sich anderweitig konkrete Hinweise auf Defizite ergeben, muss er diesen nachgehen und die Prüfungsmethode und Intensität entsprechend anpassen. 13

Die bereits aus dem Insolvenzeröffnungsverfahren gewonnenen Erkenntnisse über die Zuverlässigkeit, fachliche Kompetenz und Kooperationsbereitschaft des Schuldners können zur Bestimmung des angemessenen Prüfungsaufwandes nach Verfahrenseröffnung herangezogen werden. Ändern sich die Rahmenbedingungen aber erheblich, z. B. durch das Ausscheiden maßgeblicher Know-How-Träger der sonstiger Personen, die für die Steuerung der insolvenzrechtlichen Abläufe beim Schuldner relevant waren, sind auch die Prüfungshandlungen des Sachwalters auf die neue Situation anzupassen.

Nicht anwendbar sind aber mangels gesetzlicher Verweisungsregelung die Vorschriften über die **Postsperre** (§§ 99, 102). Dies ist sachgerecht, da in den Fällen, in denen eine Postsperre angezeigt scheint, stets zu erwarten ist, dass den Gläubigern durch die Anordnung der Eigenverwaltung Nachteile drohen (Uhlenbruck-Uhlenbruck § 274 Rn. 20; Pape, Kölner Schrift zur InsO, Kap. 24 Rn. 37), sodass eine entsprechende Anordnung per se ausgeschlossen sein dürfte. Das bedeutet aber auch, dass der Sachwalter i. d. R. keinen Anspruch darauf hat, sich vom Schuldner regelmäßig die gesamte Tagespost vorlegen zu lassen. Er kann sich allerdings – soweit dies für die Beurteilung bestimmter Geschäftsvorfälle erforderlich ist – gezielt die Korrespondenz zu bestimmten Themengebieten vorlegen lassen. Ergibt sich die Notwendigkeit für eine Postsperre erst nach Anordnung der Eigenverwaltung bzw. wird sie erst dann erkennbar, löst dies im Regelfall zwingend die Anzeigepflicht des Sachwalters gem. § 274 Abs. 3 aus (vgl. § 274 Rdn. 18 f.). 14

5. Sonstiges

Eine **Pflicht zur Auskunftserteilung gegenüber einzelnen Gläubigern** trifft den Sachwalter grundsätzlich nicht. Gleichwohl wird ihm das Recht zur Auskunftserteilung bei entsprechenden Nachfragen vonseiten der Gläubiger nicht abgesprochen werden können, sofern die Auskünfte inhaltlich richtig und der Sachlage angemessen sind. Grundsätzlich sollte eine solche Auskunftserteilung – sofern sie über bereits öffentlich bekannte Tatsachen und rechtliche Erläuterungen hierzu (z. B. die Bestätigung über Anordnung der Eigenverwaltung, Auskünfte über das Bestehen eines Zustimmungsvorbehaltes, Erläuterung der bestehenden Zuständigkeitskompetenzen und Vertretungsbefugnisse, Mitteilung über anberaumte Termine, Übersendung der gerichtlichen Beschlüsse etc.) hinausgehen, mit dem Schuldner abgestimmt werden, zumindest hat der Schuldner aber auf Nachfrage einen Anspruch darauf, Kopien der Mitteilungen zu erhalten, sodass er ggf. eine eigene Stellungnahme abgegeben kann. 15

Eine Pflicht des Sachwalters, ihm bekannt gewordene Stellungnahmen bzw. Äußerungen des Schuldners eigenständig (d. h. ohne entsprechende Anfrage) zu korrigieren bzw. Gegendarstellun- 16 gen abzugeben, besteht außerhalb des § 281 Abs. 2 Satz 2 nicht, sofern nicht durch die ggf. unzutreffende Information des Schuldners die Anzeigepflicht nach Abs. 3 ausgelöst wird.

17 Da der Sachwalter lediglich Kontrollrechte ausübt, nicht jedoch Vertreter des Schuldners ist, treffen ihn keine **steuerrechtlichen Verpflichtungen**.

III. Anzeigepflicht bei drohenden Nachteilen (Abs. 3)

18 Stellt der Sachwalter bei der Überwachung der Geschäftsführung des Schuldners Hinweise darauf fest, dass **Schäden für die Gläubiger** drohen, hat er dies dem Gläubigerausschuss und dem Insolvenzgericht anzuzeigen. Fehlt ein Gläubigerausschuss, hat die Anzeige ggü. jedem Gläubiger, der Forderungen angemeldet hat, sowie ggü. den absonderungsberechtigten Gläubigern zu erfolgen. Da das Gesetz im Hinblick auf die absonderungsberechtigten Gläubiger – im Gegensatz zu den ungesicherten Insolvenzgläubigern – eine Forderungsanmeldung gerade nicht zur Voraussetzung der Unterrichtungspflicht macht, kann sich die praktische Umsetzung für den Sachwalter als äußerst schwierig erweisen, da gut gesicherte Gläubiger ihre Forderungen häufig gar nicht oder aber erst verspätet anmelden und er von deren Existenz daher nicht zwangsläufig Kenntnis hat. Den Sachwalter trifft dann aber keine Verpflichtung, diese Gläubiger zu ermitteln, um seiner Anzeigepflicht Genüge zu tun. Obwohl gesetzlich nicht vorgesehen, kann der Sachwalter sich in diesen Fällen auch des Mittels der **öffentlichen Bekanntmachung** bedienen. Diese ist ggü. dem Insolvenzgericht anzuregen (Braun-Riggert § 274 Rn. 12).

19 **Eine Anzeigepflicht begründen** u. a.: Nichteinhaltung der Mitwirkungspflichten durch den Schuldner (Pape, Kölner Schrift zur InsO, Kap. 24 Rn. 38), insb. Verweigerung der Einsichtnahme des Sachwalters in die vollständigen Geschäftsunterlagen; keine regelmäßige Vorlage laufender Buchführungsunterlagen; Nichterstellung einer geordneten und aktuellen Buchführung; Notwendigkeit zur Beantragung einer Postsperre; Verstöße gegen die Verpflichtungen des Schuldners aus §§ 274, 275 und 282; keine vorherige Abstimmung gem. § 277 von zustimmungspflichtigen Rechtshandlungen mit dem Sachwalter; Entnahme überhöhter Mittel zur privaten Lebensführung aus der Insolvenzmasse; Geltendmachung/Entnahme von weit über den Grenzen des § 278 liegenden Vergütungsansprüchen durch den 100 %igen Gesellschaftergeschäftsführer; Bevorzugung einzelner Gläubiger zulasten der Gesamtgläubigerschaft. Ein anzeigepflichtiger Nachteil ist ebenso darin zu sehen, wenn die Kosten der Eigenverwaltung voraussichtlich erheblich über denjenigen einer vorläufigen Insolvenzverwaltung liegen (AG Hamburg, ZIP 2014, 237, 239). In diese Berechnung sind die Kosten der Eigenverwaltung (ins. der Aufwand für eingeschaltete Restrukturierungs- und sonstige Berater sowie spezifisch für Restrukturierung eingesetzter zusätzlicher Organe (CRO) sowie der Sachwaltung einzubeziehen. Ein Nachteil kann zudem darin begründet liegen, wenn ersichtlich Verbindlichkeiten aktiv begründet werden (z. B. durch Auslösung von Bestellungen) die mit überwiegender Wahrscheinlichkeit mangels ausreichender Liquidität nicht mehr bezahlt werden können.

20 Gesetzlich nicht ausdrücklich geregelt ist der Fall, wenn durch die Fortsetzung der Eigenverwaltung lediglich **einem einzelnen Gläubiger Nachteile** drohen. Diese Situation wird von dem Wortlaut des Abs. 3 nicht erfasst. Da allerdings § 272 Abs. 1 Nr. 2 auch Einzelgläubigern unter gewissen Voraussetzungen ein Recht zur Beantragung der Aufhebung der Eigenverwaltung zugesteht, ist die Anzeigepflicht des Abs. 3 – zumindest in eklatanten Fällen (wie z. B. das bewusste Vernichten von Sicherungsgut, Fälschung von Unterlagen, Unterschlagung von Fremdeigentum etc.) auch auf diese Fälle zu erweitern.

IV. Haftung des Sachwalters

21 Wie Abs. 1 ausdrücklich klarstellt, kommt im Fall von Pflichtverletzungen eine Haftung des Sachwalters gem. § 60 in Betracht. Da allerdings Abs. 1 lediglich eine entsprechende Anwendung vorsieht, ist der Tatbestand der **Pflichtverletzung** dem beschränkten Pflichtenkreis des Sachwalters anzupassen (Pape, Kölner Schrift zur InsO, Kap. 24 Rn. 32). Eine Haftung kommt daher im

Wesentlichen bei der schuldhaften **Verletzung von Überwachungs- und Informationspflichten** in Betracht, die der Schuldner zulasten der Gläubiger ausnutzt. Hiervon zu unterscheiden ist jedoch der Fall, in dem der Sachwalter durch obstruktives Verhalten des Schuldners (z. B. durch Nichtvorlage oder gar Fälschung der prüfungsrelevanten Unterlagen, Erteilung von Falschauskünften, Verschweigen relevanter Informationen, unvollständiger oder verzögerter Erstellung der Buchführung) an der Erfüllung seiner Pflichten gehindert wird.

Bei der Pflichtwidrigkeitsprüfung ist zudem zu beachten, dass der Sachwalter wesentlich **geringere Einblicks- und Reaktionsmöglichkeiten** besitzt als der Insolvenzverwalter – schon allein aufgrund der Tatsache, dass er i. d. R. nicht den gesamten Postverkehr des Schuldners sehen wird. Ihm Fehlen somit wesentliche Erkenntnisquellen. Stellt der Sachwalter ein schädigendes Verhalten des Schuldners fest, kann er dies zudem nicht selbst unterbinden, sondern lediglich die Gläubiger gem. Abs. 3 hierüber informieren. 22

Eine Haftung gem. § 61 kommt dann in Betracht, wenn das Gericht auf Antrag die **Zustimmungsbedürftigkeit** bestimmter Rechtsgeschäfte des Schuldners angeordnet hat (§ 277 Abs. 1 Satz 3) und der Sachwalter seine Zustimmung zu dem fraglichen Rechtsgeschäft erteilt hat. 23

V. Vergütung

Die Vergütung des Sachwalters richtet sich nach Abs. 1, §§ 54 Nr. 2, 63 bis 65 sowie § 12 InsVV. Danach stehen dem Sachwalter **60 % der Regelvergütung** des Insolvenzverwalters zu. Zuschläge sind zu berücksichtigen je mehr die Stellung des Sachwalters der eines Insolvenzverwalters tatsächlich angenähert wird (z. B. durch Anordnung eines Zustimmungsvorbehaltes gem. § 277; vgl. auch § 12 InsVV Rn. 5). Die Regelungen über die Vergütung des Sachwalters gelten nicht analog für die Frage der Vergütung des eigenverwaltenden Schuldners oder seiner geschäftsführenden Organmitglieder (AG Duisburg, NZI 2006, 112, 113). Die Kompensation des Schuldners für seine Tätigkeit ist abschließend durch § 278 sowie die Pfändungsschutzvorschriften der ZPO geregelt. Die Höhe der Vergütung der Organmitglieder des Schuldners richtet sich nach den mit diesen geschlossenen Anstellungsverträgen. 24

§ 275 Mitwirkung des Sachwalters

(1) ¹Verbindlichkeiten, die nicht zum gewöhnlichen Geschäftsbetrieb gehören, soll der Schuldner nur mit Zustimmung des Sachwalters eingehen. ²Auch Verbindlichkeiten, die zum gewöhnlichen Geschäftsbetrieb gehören, soll er nicht eingehen, wenn der Sachwalter widerspricht.

(2) Der Sachwalter kann vom Schuldner verlangen, daß alle eingehenden Gelder nur vom Sachwalter entgegengenommen und Zahlungen nur vom Sachwalter geleistet werden.

Übersicht	Rdn.		Rdn.
A. Normzweck	1	1. Zustimmungserfordernis	6
B. Norminhalt	2	2. Widerspruchsrecht	10
I. Eingehung von Verbindlichkeiten	2	III. Kassenführung	12
II. Abgrenzung von Zustimmungserfordernis (Abs. 1 Satz 1) und Widerspruchsrecht (Abs. 1 Satz 2)	4		

A. Normzweck

Ergänzend zu den Prüfungs- und Überwachungspflichten des Sachwalters weist ihm § 275 im Interesse des Gläubigerschutzes auch gewisse Mitwirkungs- bzw. Eingriffsrechte zu. 1

B. Norminhalt

I. Eingehung von Verbindlichkeiten

2 Abs. 1 erfasst lediglich Verbindlichkeiten, die im Zusammenhang mit der Geschäftstätigkeit des Schuldners stehen. Für Verbindlichkeiten, die im Zusammenhang mit der privaten Lebensführung des Schuldners stehen, gilt hingegen allein § 278.

3 Die Eingehung solcher geschäftlich veranlassten Verbindlichkeiten durch den Schuldner steht unter zweifachem Vorbehalt: Einmal dem Vorbehalt der Zustimmung des Sachwalters nach Abs. 1 Satz 1, wenn die Eingehung der Verbindlichkeit nicht zum gewöhnlichen Geschäftsbetrieb gehört; sowie unter dem Vorbehalt der fehlenden Erklärung des Widerspruchs durch den Sachwalter nach Abs. 1 Satz 2, wenn die Eingehung der Verbindlichkeit zum gewöhnlichen Geschäftsbetrieb gehört. Der Tatbestand setzt zunächst in beiden Varianten die Eingehung einer Verbindlichkeit durch den Schuldner voraus, also die Verpflichtung zu einer Leistung (Tun, Dulden oder Unterlassen) durch Vertrag oder einseitiges Rechtsgeschäft. In Anbetracht des gläubigerschützenden Normzweckes darf der Begriff der Verbindlichkeit allerdings insoweit nicht zu eng ausgelegt werden. Es kommt somit nicht darauf an, ob die eingegangene Verbindlichkeit über einen längeren Zeitraum unerfüllt fortbestehen wird, sondern lediglich, ob eine solche im Rahmen des beabsichtigen Rechtsgeschäftes begründet wird. Unerheblich ist, ob der eingegangenen Verbindlichkeit eine Gegenleistung gegenübersteht, oder ob sie unmittelbar nach Vertragsschluss erfüllt werden soll.

Als – zumindest außerhalb des gewöhnlichen Geschäftsbetriebes gem. Satz 1 – zu eng abzulehnen ist daher die in der Literatur vertretene Auffassung, das sog. Cash-Geschäfte, also ein unmittelbarer Austausch gleichwertiger Leistungen, nicht erfasst seien (Uhlenbruck § 275 Rn. 2; K/P/B-Pape § 275 Rn. 7). Mag dies für kleinere Alltagsgeschäfte auch angemessen erscheinen, ist es nicht einzusehen, warum z. B. der Erwerb eines Oldtimers oder eines Grundstückes keine Abstimmungspflicht mit dem Sachwalter begründen soll, nur weil eine sofortige Bezahlung erfolgt und der Insolvenzmasse ein Gegenwert zufließt (der aber ggf. dennoch mit negativen Auswirkungen durch Bindung der vorhandenen Liquidität oder einem höheren Risiko für einen Wertverfall belastet sein kann). Allein der Verweis auf § 276 vermag die vorherige Abstimmung mit dem Sachwalter nicht zu ersetzen. Auch die Gewährung eines Darlehens durch den Schuldner unterfällt daher § 275, da im Moment des Abschlusses des Darlehensvertrages eine entsprechende Verpflichtung begründet wird (a. A. Uhlenbruck § 275 Rn. 2; FK-Foltis § 275 Rn. 6).

II. Abgrenzung von Zustimmungserfordernis (Abs. 1 Satz 1) und Widerspruchsrecht (Abs. 1 Satz 2)

4 I. Ü. ist anhand der Einordnung als zum »gewöhnlichen Geschäftsbetrieb« gehörig oder nicht die Weichenstellung zwischen Zustimmungs- und Widerspruchsrecht des Sachwalters vorzunehmen. Im Interesse des Gläubigerschutzes ist der Begriff des »gewöhnlichen Geschäftsbetriebs« eng auszulegen, sodass im Zweifel zugunsten des Sachwalters das stärkere Zustimmungsrecht begründet ist. Relevant sind insoweit allerdings nicht der wirtschaftliche Wert des Geschäftes, sondern vielmehr die Häufigkeit, mit der sich die Geschäftsvorfälle wiederholen. Unter den »gewöhnlichen Geschäftsbetrieb« fallen somit lediglich die Vorgänge des Tagesgeschäfts. Seltener vorkommende Geschäftsvorfälle sollten stets mit dem Sachwalter abgesprochen werden.

5 Haben sich Sachwalter und Schuldner vorab darüber verständigt, welche Art von Geschäftsvorfällen abzustimmen sind, ist diese Vereinbarung maßgeblich.

1. Zustimmungserfordernis

6 Die Zustimmung gem. Satz 1 ist stets vor Eingehung der Verbindlichkeit einzuholen. Dem Sachwalter sind insoweit alle relevanten Informationen durch den Schuldner mit einer dem Einzelfall angemessenen Vorlaufzeit mitzuteilen sowie die erforderlichen Dokumente (z. B. Vertragsentwürfe) vorzulegen. Die Zustimmung kann formlos und sogar durch konkludentes Handeln erteilt werden

(Uhlenbruck § 275 Rn. 4), das bloße Schweigen auf einen Vorschlag des Schuldners ist allerdings nicht als Zustimmung zu werten.

In unvorhergesehenen, eilbedürftigen Notfällen, darf der Schuldner die zur Sicherung der Insolvenzmasse bzw. zur Abwehr von Schaden erforderlichen Verbindlichkeiten auch ohne vorherige Zustimmung des Sachwalters eingehen, sofern dieser nicht in einem der Sachlage angemessenen Zeitraum erreichbar ist. Dies gilt z. B. für die Veranlassung von Sicherungsmaßnahmen nach einem Brandfall, Veräußerung verderblicher Lebensmittel nach Ausfall der Kühlmöglichkeiten, Veranlassung der Bergung von Unfallfahrzeugen etc. Er hat den Sachwalter in diesen Fällen aber unverzüglich im Nachhinein über die Situation und die eingegangenen Verpflichtungen vollumfänglich zu informieren. 7

Der Sachwalter hat seine Entscheidung über die Erteilung oder Versagung seiner Zustimmung nach pflichtgemäßem Ermessen zu treffen (K. Schmidt-Undritz § 275 Rn. 4; Uhlenbruck § 275 Rn. 4). 8

Hat das Gericht einen Zustimmungsvorbehalt für »bestimmte« Geschäfte gem. § 277 Abs. 1 angeordnet, so ist dieser zusätzlich zu § 275 Abs. 1 ebenfalls zu berücksichtigen. Im Unterschied zu § 277 ist die Eingehung einer Verbindlichkeit durch den Schuldner ohne die nach Abs. 1 erforderliche Zustimmung des Sachwalters im Außenverhältnis aber wirksam (AG Duisburg, ZInsO 2002, 1046). Ein Verstoß kann aber die Anzeigepflicht des Sachwalters gem. § 274 Abs. 3 auslösen und damit zur Aufhebung der Eigenverwaltung führen. § 275 und § 276 schränken sich wechselseitig nicht ein. Eine durch den Sachwalter erteilte Zustimmung ersetzt die durch den Gläubigerausschuss nicht und umgekehrt. Der Sachwalter ist in seiner Entscheidung auch nicht durch eine bereits erteilte Zustimmung des Gläubigerausschusses gebunden. Handelt der Schuldner auf Basis einer gem. § 276 erteilten Zustimmung des Gläubigerausschusses, wird dieser allerdings i. d. R. eine erhebliche Entlastungswirkung zukommen, sodass die fehlende Zustimmung des Sachwalters in diesem Fall weniger gravierend sein wird. 9

2. Widerspruchsrecht

Da der Gesetzgeber lediglich die außerhalb des gewöhnlichen Geschäftsbetriebes liegenden Geschäfte der vorherigen Zustimmung durch den Sachwalter unterworfen hat, erschiene es unlogisch, zu fordern, dass auch die Tagesgeschäfte jeweils bereits vor Ausführung dem Sachwalter zur Ausübung des Widerspruchsrechtes vorgelegt werden müssten (a. A. MK-Wittig/Tetzlaff § 275 Rn. 10). Der Anwendungsbereich des Widerspruchsrechtes ist somit vergleichsweise eingeschränkt. Es wird sich i. d. R. auf diejenigen Fälle beschränken, in denen der Sachwalter entweder durch den Schuldner – auf freiwilliger Basis oder auf entsprechende eigene Nachfrage – im Vorwege informiert wurde oder er von dritter Seite von dem bevorstehenden Geschäft erfahren hat. Zudem kann der Sachwalter auf Basis der Überprüfung bereits getätigter Geschäfte der Eingehung gleichartiger Verbindlichkeiten für die Zukunft im Voraus widersprechen. 10

Auch ein im Verstoß gegen den erklärten Widerspruch getätigtes Geschäft ist im Außenverhältnis wirksam. Auch hier kann ein Verstoß aber die Anzeigepflicht gem. § 274 Abs. 3 auslösen und damit Grundlage zur Aufhebung der Eigenverwaltung sein. 11

III. Kassenführung

Zur Erleichterung seiner Überwachungspflichten kann sich der **Sachwalter** die **Kassenführung** vorbehalten, in dem er vom Schuldner verlangt, dass alle eingehenden Gelder nur noch vom Sachwalter entgegen genommen und Zahlungen nur vom Sachwalter geleistet werden dürfen (Abs. 2). Auf diese Weise behält er den Überblick über die Vermögenslage und die eingegangenen Verpflichtungen, sodass ihm insbesondere die Prüfung, ob eine Masseunzulänglichkeit vorliegt, erheblich vereinfacht wird. Gleichzeitig kann – in gewissen Grenzen – verhindert werden, dass der Schuldner gegen die insolvenzrechtlichen Vorgaben verstoßende Zahlungen leistet. 12

13 Zumindest missverständlich ist die gesetzliche Formulierung »kann vom Schuldner verlangen«, die Nahe legt, dass vom Schuldner eine Bevollmächtigung zur Ausführung von Zahlungen (z. B. durch Einräumung einer Kontovollmacht) erforderlich ist. Aufgrund der sprachlichen Nähe zum früheren § 57 VglO liegt es jedoch Nahe, die seinerzeitige Auslegung der Kassenführungsbefugnis des Vergleichsverwalters auch auf den heutigen § 275 Abs. 2 zu übertragen. Dementsprechend handelt der Sachwalter insoweit als **gesetzlicher Vertreter des Schuldners** (so zum Vergleichsverwalter BGH, WM 1988, 1222, 1223; bejahend Uhlenbruck § 275 Rn. 7) und die **Zugriffsrechte auf die Konten** des Schuldners sind ihm durch die betreffenden Kreditinstitute bei Nachweis seiner Bestellung ohne Mitwirkung des Schuldners einzuräumen (MK-Wittig/Tetzlaff § 275 Rn. 16). Seine Vertretungsmacht ist insoweit allerdings auf den in Abs. 2 beschriebenen Umfang, d. h. Entgegennahme und Ausführung von Zahlungen beschränkt. Es besteht demgegenüber keine Befugnis, Vergleiche mit Drittschuldnern abzuschließen oder gar Inkassoprozesse zu führen.

14 Bei § 275 Abs. 2 handelt es sich allerdings nicht um eine gerichtliche Anordnung oder eine gesetzliche Verfügungsbeschränkung, vielmehr handelt es sich um einen rein **internen Vorgang** zwischen Schuldner und Sachwalter. Der **Schuldner** verliert daher nicht seine Verfügungsbefugnis, nach Übernahme der Kassenführung hat er lediglich die Verpflichtung, sich eigener Verfügungen über seine Geldbestände zu enthalten. An ihn von Drittschuldnern geleistete Zahlungen haben daher dennoch **Erfüllungswirkung** und getätigte Überweisungen sind dennoch wirksam (MK-Wittig/Tetzlaff § 275 Rn. 17; zum alten § 57 VglO Böhle-Stamschräder/Kilger, 11. Aufl., § 57 Satz 137; a. A. aber A/G/R § 275 Rn. 8, die von einer alleinigen Verfügungsberechtigung des Sachwalters ausgehen).

15 Umstritten ist, ob und in welcher Form der Sachwalter nach Übernahme der Kassenführungsbefugnis **gesonderte Konten** einrichten darf. Die h. M. geht insoweit zwar von einer Berechtigung zur Einrichtung eines gesonderten Kontos für Rechnung des Schuldners, nicht aber zur Einrichtung eines eigenen Anderkontos aus (Uhlenbruck § 275 Rn. 8 m. w. N.; a. A. A/G/R § 275 Rn. 8, die zum einen eine Verpflichtung zur Einrichtung eines gesonderten Kontos annehmen und auch die Einrichtung eines Anderkontos für zulässig halten; In einer zum Vergleichsverwalter ergangenen Entscheidung des BGH, in der es um die Frage ging, ob es sich bei dem im vorliegenden Fall eingerichteten Konto um ein Sonder- oder Anderkonto ging, hat der BGH in seiner vorgenommenen Abwägung allerdings keinerlei Zweifel an der Zulässigkeit der Einrichtung eines Anderkontos geäußert (vgl. BGH, WM 1988, 1222 f.), sodass eine entsprechende Berechtigung im Ergebnis zu bejahen ist. Zu den rechtlichen Implikationen der Einrichtung von Sonder- oder Anderkonten vgl. § 149 Rdn. 10 f.

16 Die Kassenführung durch den Sachwalter ändert jedoch nichts daran, dass der Schuldner durch seine Rechtshandlungen die Masse verpflichten kann, sodass die Zahlungen auf wirksam begründete Masseverbindlichkeiten durch den Sachwalter geleistet werden müssen.

17 Da der Sachwalter im Rahmen der Kassenführung lediglich als gesetzlicher Vertreter tätig und nicht als Partei kraft Amtes tätig wird, trifft ihn **keine eigenständige Rechnungslegungspflicht** gegenüber dem Insolvenzgericht. Er hat allerdings dem Schuldner alle Informationen und Unterlagen, die dieser für die Erfüllung seiner insolvenzrechtlichen, handelsrechtlichen und steuerlichen Rechnungslegungspflichten benötigt, unverzüglich und unaufgefordert zur Verfügung zu stellen.

18 Nach bisheriger herrschender Ansicht, endete mit Aufnahme/Übertragung der Kassenführung durch/an diesen eine ggf. zuvor bestehende **steuerliche Organschaft** (OFD Hannover, DStR 2005, 157). Der BFH hat nunmehr allerdings in seinem Beschl. v. 19.03.2014 – V B 14/14 klargestellt, dass »ernstliche Zweifel« daran bestünden, dass die Organschaft trotz der Insolvenz eines der Beteiligten Unternehmen fortgesetzt werden könne. Diese Zweifel gelten nach Auffassung des BFH ausdrücklich auch für den Fall der Eigenverwaltung und unabhängig von der Kassenführungsbefugnis (BFH, Beschl. v. 19.03.2014 – V B 14/14 Rn. 40). Das BMF hat mit Schreiben vom 05.05.2014 die Anwendung des Beschlusses über den Einzelfall hinaus untersagt, bis eine Positionierung des

EUGH zu dieser Fragestellung vorliegt. Es ist jedoch nicht ausgeschlossen, dass künftig die Organschaft auch im Fall der Eigenverwaltung im Ergebnis beendet wird.

§ 276 Mitwirkung des Gläubigerausschusses

¹Der Schuldner hat die Zustimmung des Gläubigerausschusses einzuholen, wenn er Rechtshandlungen vornehmen will, die für das Insolvenzverfahren von besonderer Bedeutung sind. ²§ 160 Abs. 1 Satz 2, Abs. 2, § 161 Satz 2 und § 164 gelten entsprechend.

Übersicht	Rdn.		Rdn.
A. Normzweck	1	B. Norminhalt	2

A. Normzweck

§ 276 stellt klar, dass auch der eigenverwaltende Schuldner über keine weiter gehenden Befugnisse verfügt als der Insolvenzverwalter, da auch für ihn die **allgemeinen Zustimmungs**erfordernisse der §§ 160 ff. gelten. 1

B. Norminhalt

Zu den Kriterien für die Bestimmung der zustimmungspflichtigen Rechtsgeschäfte sowie den Rechtsfolgen der Nichteinholung vgl. § 160 Rdn. 2 ff. 2

Die §§ 162, 163 gelten bereits über die allgemeine Verweisungsvorschrift des § 270 Abs. 1 Satz 2. Aus der Tatsache, dass beide Normen in § 276 nicht genannt werden, kann nicht gefolgert werden, dass insoweit eine abweichende Regelung i. S. d. § 270 Abs. 1 Satz 2 gelten soll, da § 276 ausschließlich die Mitwirkung des Gläubigerausschusses regelt, die §§ 162 und 163 hingegen die der Gläubigerversammlung.

Die Zustimmung des Gläubigerausschusses ersetzt nicht die des Sachwalters und umgekehrt. Bei zustimmungspflichtigen Rechtshandlungen gem. §§ 160 ff. ist daher vom Schuldner die Zustimmung **sowohl des Sachwalters als auch des** einstweiligen bzw. endgültigen **Gläubigerausschusses** einzuholen. Tut der Schuldner dies nicht, gefährdet er die Fortdauer der Eigenverwaltung. 3

Über § 276 hinaus treffen den **Gläubigerausschuss** in der Eigenverwaltung die gleichen **Rechte und Pflichten** wie im regulären Insolvenzverfahren. Weitergehend kann er auch die Anzeige, dass die Geschäftsführung des Schuldners Nachteile für die Gläubiger erwarten lässt, entgegennehmen. Er hat dann diese zu prüfen und der Gläubigerversammlung vorzulegen. Eine Pflichtverletzung kann zur Haftung nach § 71 führen (Pape/Uhlenbruck/Voigt-Salus, InsR, Kap. 39 Rn. 43). 4

Auch eine **vorläufige Untersagung** der Rechtshandlung in entsprechender Anwendung des § 161 ist möglich, allerdings entfaltet diese Norm gegenüber dem Regelverfahren nur eingeschränkte Wirkung. Da es sich im Kern um eine Schutznorm handelt, die im Regelverfahren insbesondere dem Schuldner die Möglichkeit geben soll, das Entscheidungsgremium der Gläubigerversammlung anzurufen – sich also (in beschränktem Maße) gegen das Vorgehen des Insolvenzverwalters zu wehren – besteht für ein entsprechendes Antragsrecht des Schuldners im Rahmen der Eigenverwaltung kein Bedürfnis. Das Recht, eine Gläubigerversammlung einzuberufen steht dem Schuldner in entsprechender Anwendung des § 75 ohnehin zu. Es verbleibt damit im Kern lediglich ein Antragsrecht der in § 161 genannten Mehrzahl von Gläubigern. 5

Statt des Insolvenzverwalters hat das Insolvenzgericht im Fall der Eigenverwaltung den Sachwalter anzuhören (BT-Drucks. 12/2443 S. 224). Es erscheint jedoch ebenfalls sachgerecht, zusätzlich auch eine Stellungnahme des Schuldners einzufordern (so auch K. Schmidt-Undritz, § 276 Rn. 4).

Wie die Verweisung in Satz 2 auf § 164 ausdrücklich klarstellt, sind entgegen §§ 160 ff. durch den Schuldner vorgenommene Verwertungshandlungen gleichwohl wirksam. 6

Fiebig

§ 276a Mitwirkung der Überwachungsorgane

¹Ist der Schuldner eine juristische Person oder eine Gesellschaft ohne Rechtspersönlichkeit, so haben der Aufsichtsrat, die Gesellschafterversammlung oder entsprechende Organe keinen Einfluss auf die Geschäftsführung des Schuldners. ²Die Abberufung und Neubestellung von Mitgliedern der Geschäftsleitung ist nur wirksam, wenn der Sachwalter zustimmt. ³Die Zustimmung ist zu erteilen, wenn die Maßnahme nicht zu Nachteilen für die Gläubiger führt.

Übersicht

	Rdn.			Rdn.
A. Normzweck	1	II.	Abberufung und Neubestellung von	
B. Norminhalt	3		Mitgliedern der Geschäftsleitung	8
I. Kompetenzielle Zuordnung der »Überwachungsfunktion«	3			

A. Normzweck

1 Die Norm wurde durch das Gesetz zur weiteren Erleichterung der Sanierung von Unternehmen (ESUG) neu in die InsO eingefügt (vgl. Art. 1 Nr. 50 ESUG, BGBl. I 2011, S. 2582, 2588). Ist der Schuldner eine juristische Person oder eine Gesellschaft ohne Rechtspersönlichkeit stellt sich die Frage nach dem Verhältnis der Eigenverwaltung zu den gesellschaftsrechtlichen Bindungen der Geschäftsleitung; diese Frage soll die neu eingefügte Norm beantworten (BT-Drucks. 17/5712, S. 42). Sie findet allerdings lediglich im eröffneten Verfahren Anwendung und gilt daher noch nicht im Eröffnungsverfahren.

2 Da sich diese Frage in der Eigenverwaltung bisher schon stellte, hat § 276a in weiten Teilen **bloß klarstellenden Funktion**. Denn die Norm weist für den Fall der Eigenverwaltung auf eine insolvenzrechtliche Überlagerung der innergesellschaftsrechtlichen Kompetenzordnung hin, wie sie in weiten Teilen auch schon vor seiner Einführung und (unverändert) auch außerhalb des Insolvenzverfahrens in Eigenverwaltung galt (BT-Drucks. 17/5712, S. 42; ebenso Hölzle, NZI 2011, 124, 131).

B. Norminhalt

I. Kompetenzielle Zuordnung der »Überwachungsfunktion«

3 Bei juristischen Personen oder Gesellschaften ohne Rechtspersönlichkeit haben der Aufsichtsrat, die Gesellschafterversammlung oder entsprechende Organe in der Eigenverwaltung keinen Einfluss auf die Geschäftsführung des Schuldners. Die unspezifische Erweiterung der Aufzählung um »entsprechende Organe« soll durch eine funktionale Betrachtung der innergesellschaftlichen Kompetenzordnung vor allem die rechtsformneutrale Anwendung des § 276a gewährleisten und etwa auch die Mitgliederversammlung des Vereins oder den Aufsichtsrat und die Generalversammlung der Genossenschaft und schließlich auch die »entsprechenden Organe« ausländischer Gesellschaften erfassen. In erster Linie sind damit **Organe mit »Überwachungsfunktion«** gemeint (BT-Drucks. 17/5712, S. 42, in der gleichsinnig von »Überwachungsorganen« gesprochen wird).

4 An die Stelle dieser »Überwachungsorgane« treten i. R. d. Eigenverwaltung **Sachwalter, Gläubigerausschuss und Gläubigerversammlung** und nehmen ihre Funktion wahr. Eine zusätzliche Überwachung durch die Organe des Schuldners erscheint nicht erforderlich und Überschneidungen der Kompetenzbereiche können »hemmend und blockierend wirken« (so ausdrücklich BT-Drucks. 17/5712, S. 42).

5 Nicht verkannt werden darf allerdings, dass die von § 276a in den Blick genommenen Organe in der innergesellschaftlichen Kompetenzordnung – zumindest teilweise – nicht nur »Überwachungsfunktionen« wahrnehmen. So besitzt etwa die Gesellschafterversammlung nach der **innergesellschaftlichen Kompetenzordnung der GmbH** nicht nur die Kompetenz zur Prüfung und Überwachung der Geschäftsführung (vgl. § 46 Nr. 6 GmbHG), sondern auch und gerade die

Kompetenz, durch Beschlüsse einzelne Geschäftsführungsentscheidungen in konkreten Angelegenheiten zu treffen (vgl. § 37 Abs. 1 GmbHG). § 276a spricht hier deshalb auch neutraler davon, dass die Organe keinen »Einfluss auf die Geschäftsführung des Schuldners« haben. Im Fall der Gesellschafterversammlung der GmbH werden durch § 276a mithin nicht nur Überwachungsbefugnisse suspendiert, sondern auch Geschäftsführungsbefugnisse. Der Sachwalter übernimmt insoweit allerdings nur die Überwachungsfunktion der Gesellschafterversammlung und hat kein Weisungsrecht wie es die Gesellschafterversammlung außerhalb des Insolvenzverfahrens hat.

Nach der **innergesellschaftlichen Kompetenzordnung der AG** übt nur der Aufsichtsrat reine Überwachungsfunktionen aus, während die Aktionäre in der Hauptversammlung über bloße Kontrollrechte hinaus auch Mitbestimmungsrechte in Angelegenheiten der Gesellschaft ausüben, sie ist mithin auch und gerade Willensbildungsorgan der Aktionäre, wenngleich damit – anders als bei der GmbH – kein Weisungsrecht ggü. dem Vorstand der AG verbunden ist (vgl. §§ 76, 77 AktG). Diese Funktion als Willensbildungsorgan wird i. R. d. Eigenverwaltung ebenfalls durch Sachwalter, Gläubigerausschuss und Gläubigerversammlung substituiert. Dies betrifft nicht nur die ausdrücklich geregelten Zuständigkeiten, sondern auch die ungeschriebene Zuständigkeit der Hauptversammlung für Grundlagenentscheidungen nach den Holzmüller/Gelatine-Grundsätzen (allgem. zu diesen Grundsätzen Hölters-Drinhausen § 119 AktG Rn. 16 ff., 20). Unklar ist allerdings, ob die Substitution der Überwachungsfunktion von Aufsichtsrat und Hauptversammlung auch die allgemeinen Prüfungs- und Auskunftsrechte erfasst (z. B. das Informations- und Einsichtsrecht nach § 111 Abs. 2 AktG), und nicht zuletzt auch, ob sie auch die (mittelbare) Überwachungsfunktion der Ausübung von gesellschaftsrechtlichen Minderheitenrechten (z. B. die Möglichkeit der Einleitung einer Sonderprüfung nach §§ 142 ff. AktG) ausschließt (dazu Hirte/Knof/Mock, DB 2011, 693, 697). Dies wird man vor dem Hintergrund des Zwecks des § 276a, nämlich die Sanierungsbemühungen im Verfahren der Eigenverwaltung umfassend vor gesellschaftsrechtlicher Einflussnahme abzuschirmen, wohl bejahen können. 6

Im Ergebnis sollen die gesellschaftsrechtlichen »Überwachungsorgane« ausweislich der Gesetzesbegründung in der Eigenverwaltung keine weiter gehenden Kompetenzen haben als sie ihnen im regulären Insolvenzverfahren, in dem ein Insolvenzverwalter bestellt wurde, zustehen (BT-Drucks. 17/5712, S. 42). Mit diesem Hinweis ist aber nur vermeintlich Klarheit hinsichtlich der Kompetenzverteilung in der Eigenverwaltung gewonnen (krit. ebenso Hirte/Knof/Mock, DB 2011, 693, 696 f.). Denn die Referenz, also die Grenzziehung entsprechend den Kompetenzbereichen des Insolvenzverwalters und den gesellschaftsrechtlichen Organen in der Regelinsolvenz, ist ihrerseits nicht eindeutig, weil auch in der Regelinsolvenz bislang keine klare Zuordnung sämtlicher Gegenstände in den sog. Verdrängungs-, Insolvenzschuldner- oder Überschneidungsbereich gelungen ist (dazu MK-Ott/Vuia § 80 Rn. 12 ff.; zu den praktischen Folgefragen am Bsp. des Delisting von Aktien in der Insolvenz s. etwa Kreymborg/Land/Undritz, ZInsO 2011, 71 ff.). 7

II. Abberufung und Neubestellung von Mitgliedern der Geschäftsleitung

Eine Ausnahme von der Verdrängung der gesellschaftsrechtlichen Organe aus ihrem regelmäßigen Kompetenzbereich wird nach Satz 2 für den Fall der **Abberufung und Neubestellung von Mitgliedern der Geschäftsleitung** gemacht (dazu § 270 Rdn. 37 ff.). Sie fällt im Grundsatz (unverändert) in den Kompetenzbereich der gesellschaftsrechtlichen Organe, also regelmäßig – vorbehaltlich einer anderweitigen statutarischen Regelungen – in den Kompetenzbereich der Gesellschafterversammlung (§§ 6, 38 GmbHG) bzw. des Aufsichtsrats (§ 84 AktG). Denn Sachwalter, Gläubigerausschuss und Gläubigerversammlung sind ebenso wenig wie das Gericht dazu berufen, einen – aus welchen Gründen auch immer – erforderlichen Wechsel in der Geschäftsleitung vorzunehmen (BT-Drucks. 17/5712, S. 42). 8

Allerdings hängt die Wirksamkeit von Abberufung und Bestellung von Mitgliedern der Geschäftsleitung als körperschaftlicher Akt von der **Zustimmung des Sachwalters** ab (Satz 2). Diese Einschränkung dient allein der Verhütung eines missbräuchlichen Austauschens der Geschäftsleitung (BT-Drucks. 17/5712, S. 42), weshalb Satz 3 den Sachwalter für den Fall, dass die Maßnahme nicht 9 zu Nachteilen für die Gläubiger führt, zur Erteilung der Zustimmung verpflichtet (»Die Zustimmung *ist* zu erteilen, [...].«).

§ 277 Anordnung der Zustimmungsbedürftigkeit

(1) ¹Auf Antrag der Gläubigerversammlung ordnet das Insolvenzgericht an, daß bestimmte Rechtsgeschäfte des Schuldners nur wirksam sind, wenn der Sachwalter ihnen zustimmt. ²§ 81 Abs. 1 Satz 2 und 3 und § 82 gelten entsprechend. ³Stimmt der Sachwalter der Begründung einer Masseverbindlichkeit zu, so gilt § 61 entsprechend.

(2) ¹Die Anordnung kann auch auf den Antrag eines absonderungsberechtigten Gläubigers oder eines Insolvenzgläubigers ergehen, wenn sie unaufschiebbar erforderlich ist, um Nachteile für die Gläubiger zu vermeiden. ²Der Antrag ist nur zulässig, wenn diese Voraussetzung der Anordnung glaubhaft gemacht wird.

(3) ¹Die Anordnung ist öffentlich bekanntzumachen. ²§ 31 gilt entsprechend. ³Soweit das Recht zur Verfügung über ein Grundstück, ein eingetragenes Schiff, Schiffsbauwerk oder Luftfahrzeug, ein Recht an einem solchen Gegenstand oder ein Recht an einem solchen Recht beschränkt wird, gelten die §§ 32 und 33 entsprechend.

Übersicht	Rdn.		Rdn.
A. Normzweck	1	IV. Öffentliche Bekanntmachung	9
B. Norminhalt	2	IV. Rechtsfolgen der Anordnung	10
I. Voraussetzungen der Anordnung	2	C. Aufhebung der Anordnung	14
II. Bestimmtheit der Anordnung	5	D. Verfahrensfragen	15
III. Prüfungsbefugnis des Gerichts	8		

A. Normzweck

1 § 277 soll zumindest ein gewisses Maß an **Gläubigerschutz** sicherstellen. Parallel zu der Regelung in § 21 Abs. 2 Nr. 2 soll auch im Fall der Eigenverwaltung durch die Anordnung eines **Zustimmungsvorbehalts** die Verwaltungs- und Verfügungsbefugnis des Schuldners eingeschränkt werden können.

B. Norminhalt

I. Voraussetzungen der Anordnung

2 Obwohl die Formulierung des Gesetzestextes nahelegt, dass die Anordnung eines Zustimmungsvorbehalts zwingend einen entsprechenden Antrag vonseiten der Gläubiger voraussetzt, kann eine solche Anordnung **bereits im Eröffnungsbeschluss** – ohne Vorliegen eines Gläubigerantrags – erfolgen (AG Duisburg, ZInsO 2002, 1046 – Babcock Borsig AG –; im Ergebnis zust. Gundlach/Schmidt, DStR 2002, 2092; AG Duisburg, ZInsO 2003, 940, die die Anordnung eines Zustimmungsvorbehaltes zumindest gem. § 21 Abs. 2 Nr. 2 analog für zulässig erachten, da insoweit eine Regelungslücke gegeben sei; a.A. Kluth, ZInsO 2002, 1001, 1003, der die Anordnung in diesem Verfahrensstadium für rechtswidrig und – soweit erfolgt – sogar für nichtig hält; ausf. zum Streitstand s. Gundlach/Müller, ZInsO 2010, 2181, die in ihrer eigenen Stellungnahme den Charakter der Anordnung der Zustimmungsbedürftigkeit als »Minus« zur Ablehnung der Anordnung der Eigenverwaltung betonen).

3 Für den Antrag der Gläubigerversammlung gem. Abs. 1 ist eine Entscheidung gem. § 76 Abs. 2 mit einfacher Mehrheit ausreichend.

4 Beantragt lediglich ein einzelner Gläubiger gem. Abs. 2 die Anordnung des Zustimmungsvorbehaltes, so hat er glaubhaft zu machen, dass die Anordnung **unaufschiebbar erforderlich** ist, um Nachteile für die Gläubiger zu vermeiden. Dies ist i.d.R. dann der Fall, wenn die Rechtshandlung

unmittelbar bevorsteht, sodass die Einberufung einer Gläubigerversammlung zur Abstimmung über die Frage des Zustimmungsvorbehaltes zeitlich nicht mehr möglich ist und durch die Vornahme z. B. eine Masseverkürzung droht (K. Schmidt-Undritz § 277 Rn. 3). Um das Mehrheitserfordernis für die Gläubigerversammlung allerdings nicht durch das Antragsrecht einzelner Gläubiger zu unterlaufen, wird in diesem Fall lediglich die Beantragung eines Zustimmungsvorbehaltes für ein bestimmtes (bevorstehendes) Rechtsgeschäft oder nur für eine bestimmte Zeitdauer zulässig sein, da ansonsten die Unaufschiebbarkeit nicht mehr vorliegen dürfte.

II. Bestimmtheit der Anordnung

Hinsichtlich der **Bestimmtheit** des angeordneten Zustimmungsvorbehalts ist die Formulierung »Verfügungen, die nicht zum gewöhnlichen Geschäftsbetrieb gehören« (so AG Duisburg, ZInsO 2002, 1046) gerade noch ausreichend. Im Interesse der Rechtsklarheit vorzugswürdig sind allerdings Anordnungen, die einen Zustimmungsvorbehalt für Verfügungen anordnen, die einen gewissen Betrag übersteigen (so z. B. AG München, Beschl. v. 14.06.2002 – 1502 IN 879/02, n. v.: »Verfügungen, die einen Betrag von 2 Mio. EUR übersteigen«) oder die Art der betroffenen Geschäfte genau bezeichnen (z. B. Abschluss von Mietverträgen; Verkauf von Grundstücken), da dann jeder Vertragspartner ohne Weiteres erkennen kann, ob der Schuldner insoweit uneingeschränkt verfügungsbefugt oder die Zustimmung des Sachwalters erforderlich ist. 5

Auch die Anordnung eines **generellen Zustimmungsvorbehalts** für alle Verfügungen des Schuldners ist im Extremfall möglich, da dies wiederum für eine größtmögliche Rechtsklarheit sorgt (AG Hamburg, Beschl. v. 05.08.2003 – 67c IN 42/03, n. v.), wenngleich die wohl überwiegende Auffassung im Schrifttum einen solchen umfassenden Vorbehalt mit dem Hinweis auf den Charakter der Eigenverwaltung für unzulässig erachtet (Uhlenbruck-Uhlenbruck § 277 Rn. 2 m. w. N.). Spätestens mit der generellen Umkehr des Regel-Ausnahme-Verhältnisses im Hinblick auf die Anordnung der Eigenverwaltung durch das ESUG (§ 270 Rdn. 2) wird ein solcher Generalvorbehalt nur in absoluten Ausnahmefällen möglich sein, wenn ansonsten auch die Schwelle zur Abweisung des Antrages auf Anordnung der Eigenverwaltung nur gerade eben nicht erreicht wurde. 6

Wurde die Eigenverwaltung hingegen aufgrund des entsprechenden Votums des Gläubigerausschusses (§ 270 Abs. 3 Satz 2) oder der Gläubigerversammlung (§ 271) angeordnet, dürfte die Anordnung eines generellen Zustimmungsvorbehaltes allerdings generell unzulässig sein, da anderenfalls auf diesem Wege faktisch eine »Aushebelung« der bindenden Voten der Gläubigergremien möglich wäre. 7

III. Prüfungsbefugnis des Gerichts

Beantragt die Gläubigerversammlung gem. Abs. 1 die Anordnung des Zustimmungsvorbehalts, steht dem Gericht **kein Prüfungs- oder Ermessensspielraum** zu. Es hat vielmehr den Zustimmungsvorbehalt anzuordnen. Liegt lediglich ein Antrag eines Gläubigers gem. Abs. 2 vor, hat das Gericht hingegen die Begründetheit zu prüfen und Feststellungen über die Eilbedürftigkeit sowie die für die Gläubiger drohenden Nachteile zu treffen. 8

IV. Öffentliche Bekanntmachung

Für die Bekanntmachung gelten die Vorschriften der §§ 9, 31 bis 33. 9

IV. Rechtsfolgen der Anordnung

Im Unterschied zu § 275, **wirkt die Beschränkung nach § 277 auch ggü. Dritten.** Bis zur Genehmigung (§§ 184, 185 BGB) oder endgültigen Ablehnung durch den Sachwalter sind durch den Schuldner geschlossene Rechtsgeschäfte schwebend unwirksam. Kraft Verweises in Abs. 1 Satz 2 auf § 81 Abs. 1 Satz 2 ist ein gutgläubiger Erwerb nur nach den dort genannten Vorschriften möglich, insb. nach §§ 892, 893 BGB. Eine etwaige Leistung ist infolge des Verweises auf Satz 3 der § 81 Abs. 1 nach Bereicherungsgrundsätzen zurückzugewähren. Für Leistungen an den Schuldner zur 10

Erfüllung einer Verbindlichkeit wird auf § 82 verwiesen, wobei es in entsprechender Anwendung hinsichtlich der Vermutung nach § 82 Satz 2 auf die öffentliche Bekanntmachung der Anordnung des Zustimmungsvorbehalts (Abs. 3 Satz 1) ankommt (Uhlenbruck-Uhlenbruck § 277 Rn. 5).

11 Auch wenn § 277 dies nicht ausdrücklich normiert, trifft den Schuldner naturgemäß die Verpflichtung, i. S. d. Vorschrift zustimmungspflichtige Rechtshandlungen zuvor mit dem Sachwalter abzustimmen. Geht er wiederholt unabgestimmt Verpflichtungen ein, die nicht genehmigungsfähig sind, kann dies die für eine erfolgreiche Eigenverwaltung notwendige Vertrauensbasis zwischen Schuldner, Gläubigern und Sachwalter nachhaltig beeinträchtigen und zu einer Anzeigepflicht des Sachwalters gem. § 274 Abs. 3 und nachfolgend zur Aufhebung der Eigenverwaltung führen.

12 Der Zustimmungsvorbehalt gilt ab seiner Anordnung durch das Gericht. Eine **rückwirkende Anordnung** ist nicht möglich.

13 Stimmt der Sachwalter mit Zustimmungsvorbehalt einem Rechtsgeschäft des Schuldners zu, gilt für ihn die Haftungsvorschrift des § 61. Für die Bestimmung des Pflichtenverstoßes ist aber der besonderen Situation der Eigenverwaltung und der gegenüber der Insolvenzverwaltung nur eingeschränkten Informationsdichte zu berücksichtigen.

C. Aufhebung der Anordnung

14 Auch wenn das Gesetz keine unmittelbare Aufhebungsbefugnis für den angeordneten Zustimmungsvorbehalt enthält, kann daraus keineswegs gefolgert werden, dass diese Entscheidung unwiderruflich ist. Vielmehr ist in analoger Anwendung der Abs. 1 und 2 davon auszugehen, dass das Gericht auf entsprechenden Antrag der Gläubigerversammlung jedweden einmal angeordneten Zustimmungsvorbehalt wieder aufheben kann. Auf Antrag eines einzelnen Gläubigers kann hingegen nur ein ursprünglich durch ihn selbst beantragter Zustimmungsvorbehalt aufgehoben werden.

Hat sich der Zustimmungsvorbehalt bereits »erledigt«, da z. B. das fragliche Rechtsgeschäft bereits abgeschlossen wurde, ist eine nachlaufende Aufhebung jedoch nicht mehr möglich.

D. Verfahrensfragen

15 Mangels ausdrücklicher Regelung im Gesetz ist die **sofortige Beschwerde** gegen die Anordnung nicht möglich (§ 6). Es erscheint allerdings ratsam, den Schuldner vor der Anordnung anzuhören.

16 Damit Vertragspartner ohne Weiteres feststellen können, ob ein spezielles Rechtsgeschäft dem Zustimmungsvorbehalt unterliegt, muss der Beschluss über die Anordnung **Datum und Uhrzeit** enthalten.

§ 278 Mittel zur Lebensführung

(1) Der Schuldner ist berechtigt, für sich und die in § 100 Abs. 2 Satz 2 genannten Familienangehörigen aus der Insolvenzmasse die Mittel zu entnehmen, die unter Berücksichtigung der bisherigen Lebensverhältnisse des Schuldners eine bescheidene Lebensführung gestatten.

(2) Ist der Schuldner keine natürliche Person, so gilt Absatz 1 entsprechend für die vertretungsberechtigten persönlich haftenden Gesellschafter des Schuldners.

Übersicht

	Rdn.		Rdn.
A. Normzweck	1	III. Unterhaltsanspruch ab Anordnung der Eigenverwaltung	6
B. Norminhalt	2	IV. Anwendbarkeit des § 278 auf Gesellschaftergeschäftsführer bzw. -vorstände	7
I. Abgrenzung zu den Pfändungsschutzvorschriften der ZPO	2		
II. Zusätzlicher Unterhalt	3	V. Entnahme durch den Schuldner	9

A. Normzweck

Handelt es sich bei dem Schuldner um eine natürliche Person bzw. steht ein persönlich haftender Gesellschafter hinter der Schuldnerin, soll § 278 dessen **privaten Lebensunterhalt** sowie den seiner engsten Familienangehörigen sichern. Daneben soll nicht zuletzt für den Schuldner zugleich ein Anreiz geschaffen werden, seine Kenntnisse und Erfahrungen in der Eigenverwaltung zum Zwecke der Sanierung einzusetzen (Uhlenbruck-Uhlenbruck § 278 Rn. 4). 1

B. Norminhalt

I. Abgrenzung zu den Pfändungsschutzvorschriften der ZPO

Handelt es sich bei dem Schuldner um eine natürliche Person und geht er einer abhängigen Beschäftigung nach, stehen ihm zunächst die **unpfändbaren Beträge** gem. §§ 850 ff. ZPO zu, da diese gem. § 36 ohnehin nicht in die Insolvenzmasse fallen. Selbstständig tätige Schuldner müssen die ihnen zustehenden pfändungsfreien Beträge gem. § 850i ZPO durch das Gericht festsetzen lassen. Unklar ist, ob unter entsprechender Heranziehung der durch den BGH entwickelten Grundsätze (vgl. BGH, ZInsO 2003, 413, 416) ggf. bereits eine Abstimmung der Unterhaltshöhe mit dem Sachwalter ausreichen kann. Die Festsetzung durch das Gericht ist jedoch bereits aus Gründen der Rechtsklarheit sowie zur Haftungsvermeidung von Schuldner und Sachwalter vorzugswürdig. Durch das pfändungsfreie Einkommen wird bereits der notwendige Unterhalt des Schuldners sowie seiner engeren Familie i. S. e. Grundsicherung abgedeckt. 2

II. Zusätzlicher Unterhalt

Zusätzlich zum pfändungsfreien Einkommen kann dem Schuldner gem. § 278 jedoch **ein erhöhter Unterhaltsbetrag** gewährt werden, wenn dies unter Berücksichtigung der bisherigen Lebensverhältnisse angemessen erscheint. Dennoch dürfen die **Grenzen einer bescheidenen Lebensführung** nicht überschritten werden. Durch diese bewusst vage gehaltene Formulierung soll die Möglichkeit geschaffen werden, dem Schuldner einen gewissen Anreiz (i. S. e. »Erfolgsprämie«) für eine erfolgreiche Geschäftsführung bieten zu können, die im Endeffekt auch den Gläubigern zugute kommt. Die Obergrenze ist aber stets in dem Bereich anzusiedeln, in dem der Schuldner bei Durchführung der Eigenverwaltung gravierende materielle Vorteile erlangen könnte (Pape, Kölner Schrift zur InsO, Kap. 24 Rn. 39). Verfügt der Schuldner über insolvenzfreies Vermögen, das ausreicht, um seinen Lebensunterhalt in dem von § 278 vorgesehenen Rahmen zu bestreiten, steht dem Schuldner kein zusätzlicher Unterhalt aus der Insolvenzmasse zu (BK-Blersch § 278 Rn. 5). 3

Sollen dem Schuldner **zusätzliche Unterhaltsbeträge** gewährt werden, die die Grenze der bescheidenen Lebensführung überschreiten, so ist dies grundsätzlich möglich, da § 278 keine abschließende Regelung trifft. In diesem Fall kann dieses Ergebnis allerdings nur über eine Beschlussfassung der Gläubigerversammlung gem. § 100 im Hinblick auf die Zusatzbeträge herbeigeführt werden (K. Schmidt-Undritz, § 278 Rn. 6). Ein selbstständiges Entnahmerecht für den Schuldner besteht insoweit nicht. 3a

Hinsichtlich der Berücksichtigung von Familienangehörigen muss auch i. R. d. § 278 der Gedanke des § 850c Abs. 4 ZPO gelten, nach dem Familienangehörige, die über ein ausreichendes eigenes Einkommen verfügen, bei der Unterhaltsgewährung nicht zu berücksichtigen sind. 4

Da dem persönlich haftenden Gesellschafter in der Insolvenz der Gesellschaft kein pfändungsfreies Einkommen zusteht, richtet sich der ihm zu gewährende Unterhalt direkt nach § 278. Bezieht er aus einer Nebentätigkeit weitere Einkünfte, sind diese in die Unterhaltsbemessung einzubeziehen. 5

III. Unterhaltsanspruch ab Anordnung der Eigenverwaltung

Nach der Systematik des § 100 wäre der Schuldner für eine Unterhaltsgewährung auf einen **Beschluss der Gläubigerversammlung** angewiesen. Da er bei der Eigenverwaltung jedoch von Beginn an verpflichtet ist, seine Arbeitskraft einzusetzen, hat er sofort nach Anordnung einen Rechtsanspruch 6 auf Unterhalt in den Grenzen des § 278 (Gulde, Die Anordnung der Eigenverwaltung durch das Insolvenzgericht, S. 58). Eine zusätzliche Beschlussfassung der Gläubigerversammlung ist insoweit nicht erforderlich.

6a ▶ **Übersicht: Entnahmebefugnis des Schuldners/Kontroll- und Reaktionspflichten des Sachwalters**

	Schuldner arbeitet	Schuldner arbeitet nicht
Entnahmebefugnis des Schuldners:	uneingeschränkte Verfügungsbefugnis des Schuldners über das – ggf. gem. § 850i ZPO festgesetzte – unpfändbare Einkommen, da gem. § 36 kein Massebestandteil	im Regelfall kein Pfändungsschutz gem. §§ 850 ff. ZPO, daher kein unpfändbares Einkommen
	Recht zur selbstständigen Entnahme eines angemessenen Mehrbetrages. Ermessen zur Beurteilung der Angemessenheit liegt bei Schuldner	Recht zur selbstständigen Entnahme eines Unterhaltsbetrages; Ermessen zur Beurteilung der Angemessenheit liegt bei Schuldner; Angemessenheit beurteilt sich daran, ob im Regelverfahren voraussichtlich gem. § 100 Unterhalt gewährt würde
	kein Entnahmerecht bei Masseunzulänglichkeit gem. § 208	kein Entnahmerecht bei Masseunzulänglichkeit gem. § 208
Pflichten des Sachwalters:	Überwachung der Entnahmen und Prüfung der Angemessenheit der Höhe	Überwachung der Entnahmen und Prüfung der Angemessenheit der Höhe
	Anzeigepflicht gem. § 274 Abs. 3 an Gericht und Gläubiger bei überhöhten Entnahmen	Überprüfung, ob im Regelverfahren voraussichtlich Unterhalt gem. § 100 gewährt würde
		Anzeigepflicht gem. § 274 Abs. 3 an Gericht und Gläubiger bei überhöhten Entnahmen

IV. Anwendbarkeit des § 278 auf Gesellschaftergeschäftsführer bzw. -vorstände

7 Bei juristischen Personen entfällt ein Unterhaltsanspruch bereits per Definition. Hier bleibt es im Fall der Eröffnung eines Insolvenzverfahrens (zunächst) bei den vertraglich festgesetzten Gehältern der Organe, die eine Masseverbindlichkeit gem. § 55 Abs. 1 Nr. 1 darstellen (AG Duisburg, ZIP 2005, 2335, 2336).

8 Eine auf § 278 basierende **Entnahmeberechtigung für geschäftsführende Gesellschafter**, die erheblich an der schuldnerischen Gesellschaft beteiligt sind, besteht ebenfalls nicht. Grundlage für die Entlohnung der Arbeitstätigkeit sind auch für sie dem Grunde nach die weiterbestehenden Dienst- bzw. Arbeitsverträge. Die sich daraus ergebenden Gehalts- bzw. Vergütungsansprüche haben den Charakter von Masseverbindlichkeiten gem. § 55 (AG Duisburg, ZIP 2005, 2335, 2336). Eine zusätzliche Vergütungsvereinbarung mit dem Sachwalter oder mit den Gläubigern ist nicht erforderlich. Es erscheint jedoch systemgerecht, wenn § 278 insoweit als Obergrenze herangezogen wird und so ggf. zu einer Kappung der vertraglich vorgesehenen Gehälter führt. Denn es ist nicht einzusehen, weshalb der i. R. d. Eigenverwaltung tätige Schuldner oder ein persönlich haftender Gesellschafter auf einen bescheidenen Lebensstandard verwiesen wird, ein 100 %iger Gesellschaftergeschäftsführer in der Insolvenz »seines« Unternehmens aber einen fortwährenden Anspruch auf ein – seinerzeit von ihm selbst festgelegtes – hohes Gehalt haben soll. Die Leitlinien und Grenzen, die das VorstAG vom 31.07.2009 (BGBl. I, S. 2509) mit Wirkung vom 05.08.2009 der Vorstands-

vergütung durch die Vorgaben in § 87 gezogen hat, sind ebenfalls zu beachten. Dem Insolvenzgericht steht allerdings mangels gesetzlicher Normierung insoweit keine Entscheidungskompetenz zu (vgl. AG Duisburg, ZIP 2005, 2335, 2336). Besteht ein Gesellschaftergeschäftsführer allerdings unter Verweis auf die vertragliche Grundlage auf die Auszahlung einer Vergütung, die weit über den Grenzen des § 278 liegt, kann hierin ein drohender Nachteil i. S. d. § 270 Abs. 2 Nr. 2 zu sehen sein und die Anordnung einer Eigenverwaltung ausschließen bzw. zu einer Anzeigepflicht des Sachwalters gem. § 274 Abs. 3 sowie zu einer nachträglichen Aufhebung des Verfahrens führen. Auch im Insolvenzfall gilt eine Begrenzung des Schadensersatzes wegen einer **Kündigung des Anstellungsvertrags** nach § 87 Abs. 3 AktG: Ersatz für den Schaden, der dem Vorstand durch die Aufhebung des Dienstverhältnisses entsteht, kann nur für 2 Jahre seit dem Ablauf des Dienstverhältnisses verlangen. Die Kündigung ist durch den Aufsichtsrat im Einvernehmen mit dem Sachwalter nach § 279 Abs. 1 auszusprechen (vgl. den Hinweis in Begr RegE-EGInsO, BT-Drucks. 12/3803, S. 85).

V. Entnahme durch den Schuldner

§ 278 Abs. 1 weist dem Schuldner eine **direkte Entnahmeberechtigung** für die Unterhaltsbeträge zu. Einen der Regelung des § 100 entsprechenden Beschluss der Gläubigerversammlung oder eine entsprechende Bewilligung durch den Sachwalter macht § 278 nicht zur Voraussetzung einer Entnahme. Ebenso wenig besteht eine Berechtigung oder Verpflichtung zur Festsetzung und/oder Überwachung der Entnahmebeträge durch das Insolvenzgericht von Amts wegen. Weder Sachwalter noch Gericht können die Entnahme von Beträgen – gleich welcher Höhe – durch den Schuldner somit verhindern (zumindest soweit sich der Sachwalter nicht gem. § 275 Abs. 2 die Kassenführung vorbehalten hat). Der Sachwalter hat jedoch deren Berechtigung und Angemessenheit zu überwachen und im Fall überhöhter Entnahmen den Gläubigern diese gem. § 274 Abs. 3 anzuzeigen. Überhöhte oder unrechtmäßige Entnahmen des Schuldners können somit lediglich über die Aufhebung der Eigenverwaltung sowie ggf. die Versagung der Restschuldbefreiung sanktioniert werden. Es empfiehlt sich daher für den Schuldner, bereits bei Beantragung der Eigenverwaltung mitzuteilen, welche Unterhaltsbeträge er zukünftig zu entnehmen beabsichtigt. 9

Eine dem § 209 Abs. 1 Nr. 3 entsprechende Norm existiert für den Unterhaltsanspruch des Schuldners nach § 278 nicht. Es ist daher unklar, ob sich für diesen im Fall der **Masseunzulänglichkeit** ebenfalls die Nachrangigkeit hinter den Massekosten und allen Masseverbindlichkeiten ergibt. Auch wenn das Gesetz dies nicht ausdrücklich vorsieht, ist § 209 Abs. 1 Nr. 3 jedoch analog auch auf diese Unterhaltsansprüche anzuwenden, da sich ansonsten eine unangemessene Privilegierung des eigenverwaltenden Schuldners ggü. dem im regulären Verfahren befindlichen ergäbe (zust. Uhlenbruck-Uhlenbruck § 278 Rn. 9). 10

§ 279 Gegenseitige Verträge

¹Die Vorschriften über die Erfüllung der Rechtsgeschäfte und die Mitwirkung des Betriebsrats (§§ 103 bis 128) gelten mit der Maßgabe, daß an die Stelle des Insolvenzverwalters der Schuldner tritt. ²Der Schuldner soll seine Rechte nach diesen Vorschriften im Einvernehmen mit dem Sachwalter ausüben. ³Die Rechte nach den §§ 120, 122 und 126 kann er wirksam nur mit Zustimmung des Sachwalters ausüben.

Übersicht	Rdn.		Rdn.
A. Normzweck	1	B. Norminhalt	2

A. Normzweck

§ 279 stellt klar, dass im Hinblick auf die **Sonderregelungen über die Behandlung von gegenseitigen Verträgen** – so insb. das Wahlrecht gem. § 103, die besonderen Kündigungsrechte für Arbeits- und Mietverhältnisse sowie die arbeitsrechtlichen Vorschriften über Sozialplan, Kündi- 1 gungsschutz – statt des Insolvenzverwalters der Schuldner über die Ausübung entscheidet; ihre Geltung i. R. d. Eigenverwaltung ergibt sich bereits aus § 270 Satz 2. Darüber hinaus konstituieren die Sätze 2 u. 3 ein gestuftes Gläubigerschutzsystem, indem sie Mitwirkungsbefugnisse des Sachwalters begründen, welche neben diejenigen aus §§ 275 bis 277 treten. Während Satz 2 noch den Schutz aller Gläubiger im Blick hat, konzentriert sich Satz 3 auf den der Arbeitnehmer.

B. Norminhalt

2 Rechtshandlungen des Schuldners gem. §§ 103 bis 128 binden die Masse und begründen ggf. Masseverbindlichkeiten. Gem. Satz 2 ist in jedem Fall der Ausübung von Rechten nach §§ 103 bis 128 Einvernehmen mit dem Sachwalter herzustellen. Die Ausübung ohne ein solches Einvernehmen berührt ihre Wirksamkeit im Außenverhältnis indes nicht (dies lässt andere Unwirksamkeitsgründe allerdings unberührt, z. B. den der Insolvenzzweckwidrigkeit, s. dazu § 270 Rdn. 34). Da sie im Regelfall gerade keine Handlungen i. R. d. gewöhnlichen Geschäftsbetriebs darstellen, ergäbe sich eine Abstimmungspflicht auch bereits aus § 275. Als Sanktion im Fall eines Verstoßes kommt lediglich die Aufhebung der Eigenverwaltung nach § 272 in Betracht (s. dort Rdn. 4 ff.).

3 Nach Satz 3 hängen die **vorzeitige Kündigung von Betriebsvereinbarungen** (§ 120), der Antrag auf gerichtliche Zustimmung zur Durchführung einer Betriebsänderung (§ 122) sowie der Antrag auf gerichtliche Feststellung der sozialen Rechtfertigung einer Kündigung (§ 126) zum Schutz der Arbeitnehmer von der (vorherigen) Zustimmung des Sachwalters ab. Die Ausübung ohne eine solche Zustimmung hat Außenwirkung; die nachträgliche Zustimmung bis zur gerichtlichen Entscheidung ist in den Fällen der §§ 122, 126 möglich (Uhlenbruck-Uhlenbruck § 279 Rn. 4). Der Schuldner bleibt ungeachtet des Zustimmungserfordernisses für das Kündigungsschutzverfahren passivlegitimiert (LAG Sachsen-Anhalt, Urt. v. 09.03.2010 – 2 Sa 369/09, n. v.).

4 Mangels entsprechender Verweisung in § 270a ist Satz 3 nicht auf den **vorläufigen Sachwalter** anwendbar. D. h. während des Eröffnungsverfahrens sind die aufgezählten Rechtshandlungen auch ohne Zustimmung des vorläufigen Sachwalters wirksam, sind jedoch gem. § 275 Abs. 1 dennoch mit ihm abzustimmen.

§ 280 Haftung. Insolvenzanfechtung

Nur der Sachwalter kann die Haftung nach den §§ 92 und 93 für die Insolvenzmasse geltend machen und Rechtshandlungen nach den §§ 129 bis 147 anfechten.

1 § 280 weist dem Sachwalter das **Recht zur Geltendmachung von Gesamtschäden** sowie der **persönlichen Haftung eines Gesellschafters** zu. Auch Anfechtungen gem. §§ 129 ff. sind durch ihn geltend zu machen.

2 Durch die Zuweisung des Rechts zur Geltendmachung des Gesamtschadens bzw. der persönlichen Haftung von Gesellschaftern an den Sachwalter sieht sich der Schuldner nicht der Problematik ausgesetzt, Ansprüche gegen sich selbst geltend machen zu müssen. Handelt es sich bei dem Schuldner nicht um eine natürliche Person, sehen sich die geschäftsführenden Organe durch § 280 nicht der Drohung ausgesetzt, bei einer Geltendmachung von den Gesellschaftern abberufen zu werden.

3 Die praktische Relevanz dieser Norm ist allerdings gering, da derartige Fallkonstellationen im Regelfall bereits nicht die Voraussetzungen zur Anordnung der Eigenverwaltung gem. § 270 erfüllen (Koch, Die Eigenverwaltung nach der Insolvenzordnung, S. 259 f.). Zwar schließt das Bestehen von Haftungs- und Erstattungsansprüchen gegen den Schuldner selbst bzw. seine Gesellschafter und gesellschaftsrechtlichen Organe die Anordnung der Eigenverwaltung nicht aus (vgl. AG Köln, ZIP 1999, 1646), allerdings lässt die Tatsache, dass der Schuldner bzw. seine Organe bspw. gegen Insolvenzantragspflichten verstoßen und sich damit schadensersatzpflichtig gemacht oder noch in größerem Umfang anfechtbare Zahlungen geleistet haben, im Regelfall Rückschlüsse darauf zu, dass von ihnen auch i. R. d. Eigenverwaltung kein gesetzeskonformes Verhalten zu erwarten ist und somit für die Gläubiger Nachteile drohen (vgl. auch § 270 Rdn. 21). Als Anwendungsbereich ver-

bleiben daher im Regelfall lediglich Fälle der verschuldensunabhängigen Haftung, wie bspw. § 128 HGB, oder zur Abwendung von strafrechtlichen Risiken geleistete anfechtbare Zahlungen, wie bspw. die Abführung von Lohnsteuer- und Sozialversicherungsbeiträgen.

Bei § 280 handelt es sich um eine **eigenständige Kompetenzzuweisung**, d. h. im Rahmen seiner diesbezüglichen Tätigkeit handelt der Sachwalter **kraft Amtes** (und nicht etwa bloß als Vertreter des Schuldners). Bei den aus dieser Tätigkeit resultierende Kosten handelt es sich um Masseverbindlichkeiten, die erzielten Erlöse fallen in die Insolvenzmasse (K. Schmidt-Undritz, § 280 Rn. 2 m. w. N.). Da somit der Sachwalter die mit der Prozessführung entstehenden Masseverbindlichkeiten (z. B. für die Beauftragung eines Rechtsanwaltes) begründet, trifft ihn insoweit auch ein Haftungsrisiko nach § 61. Um somit sicherzustellen, dass von ihm begründete Masseverbindlichkeiten auch bezahlt werden können, hat er daher Anspruch auf Bildung einer **Sondermasse** auf einem eigens hierfür von ihm eingerichteten Konto. Zur Rechtsklarheit ist die Bildung einer Sondermasse durch gerichtlichen Beschluss anzuraten. Dem Sachwalter steht gegen den Schuldner ein Anspruch auf Überführung der für die Amtsführung gem. § 280 erforderlichen Gelder in die Sondermasse zu. Über diese Sondermasse ist der Sachwalter insoweit alleine verfügungsberechtigt, hieraus hat er dann aber auch die aus der Tätigkeit gem. § 280 resultierenden Masseverbindlichkeiten zu bezahlen. Reicht die Insolvenzmasse nicht aus, um die Prozesskosten zu bestreiten, ist der Antrag auf **Prozesskostenhilfe** ebenfalls durch den Sachwalter zu stellen. 4

In besonders gelagerten Fällen kommt auch die (isolierte) Übertragung der Geltendmachung einzelner oder aller § 280 unterfallender Ansprüche auf einen **Sonderinsolvenzverwalter** in Betracht (LG Stendal, BeckRS 2013, 12233). Dies kann insbesondere in Fällen geboten sein, in denen es um im Rahmen des Eröffnungsverfahrens verwirklichte Haftungsansprüche geht, bei denen ggf. auch ein (gravierender) Pflichtenverstoß des (vorläufigen) Sachwalters im Raum steht, oder aber sofern der Sachwalter selbst hierum bittet (so bspw., um die für eine Betriebsfortführung erforderliche Kooperation mit dem Schuldner nicht zu gefährden). Die Ausführungen zur Bildung einer Sondermasse (Rdn. 4) gelten insoweit auch hier entsprechend. 5

§ 281 Unterrichtung der Gläubiger

(1) ¹Das Verzeichnis der Massegegenstände, das Gläubigerverzeichnis und die Vermögensübersicht (§§ 151 bis 153) hat der Schuldner zu erstellen. ²Der Sachwalter hat die Verzeichnisse und die Vermögensübersicht zu prüfen und jeweils schriftlich zu erklären, ob nach dem Ergebnis seiner Prüfung Einwendungen zu erheben sind.

(2) ¹Im Berichtstermin hat der Schuldner den Bericht zu erstatten. ²Der Sachwalter hat zu dem Bericht Stellung zu nehmen.

(3) ¹Zur Rechnungslegung (§§ 66, 155) ist der Schuldner verpflichtet. ²Für die Schlußrechnung des Schuldners gilt Absatz 1 Satz 2 entsprechend.

Übersicht	Rdn.		Rdn.
A. Normzweck	1	C. Verfahrensfragen	6
B. Norminhalt	3		

A. Normzweck

§ 281 stellt die **Aufgabenverteilung zwischen Schuldner und Sachwalter** im Hinblick auf die Informationspflichten ggü. Gericht und Gläubigern klar. Diese entspricht der allgemeinen Kompetenzverteilung i. R. d. Eigenverwaltung, wonach der Schuldner die Geschäfte aktiv führt und der Sachwalter diese Tätigkeit überwacht. 1

Demzufolge hat der Schuldner die zur Information der Gläubiger erforderlichen Verzeichnisse zu erstellen sowie über seine Tätigkeit Bericht zu erstatten und Rechnung zu legen. In der Praxis 2 kann hierfür auf die Rechnungslegungshinweise IDW RH HFA 1.011 zur insolvenzspezifischen Rechnungslegung im Insolvenzverfahren (Stand: 13.06.2008) zurückgegriffen werden, die ausweislich der Nr. 7.2. auch für die Eigenverwaltung gelten (WPg Supplement 3/2008, 49 ff., FN-IDW 8/2008, 321 ff.; abgedruckt in ZInsO 2009, 74 ff. u. 130 ff.). Dem Sachwalter obliegt es, die vom Schuldner vorgelegten Unterlagen zu prüfen und dazu sowie zum Bericht des Schuldners Stellung zu nehmen.

B. Norminhalt

3 Die **Auskunftspflichten des Schuldners sowie des Sachwalters** richten sich nach der in § 281 vorgenommenen Aufgabenzuweisung.

4 Auskunftsrechte von Gericht und Gläubigern richten sich demnach primär gegen den Schuldner. Vom Sachwalter können gem. §§ 274 Abs. 1, 58 Abs. 1 Satz 2 Auskünfte oder ein Bericht über die Überwachung der Geschäftsführung des Schuldners verlangt werden (Pape/Uhlenbruck/Voigt-Salus, InsR, Kap. 39 Rn. 21). Die Auskunftspflicht des Sachwalters muss allerdings insoweit ergänzt werden, als die Aufgabenzuweisung in § 281 das Rechte- und Pflichtenprogramm von Schuldner und Sachwalter nicht genau widerspiegelt, weil das Gesetz dem Sachwalter originäre Aufgaben zuweist, insb. wenn er gem. § 280 Ansprüche nach §§ 92, 93, 129 bis 147 geltend macht (Uhlenbruck-Uhlenbruck § 281 Rn. 6). Im Hinblick auf die ihm zugewiesenen Aufgaben und Themengebiete obliegt die Berichtspflicht daher dem Sachwalter. Informationen, die der Schuldner aus diesen Gebieten zur Erstellung der Rechnungslegung und der Verzeichnisse benötigt, hat der Sachwalter ihm in einem angemessenen Zeitrahmen zur Verfügung zu stellen. Der Schuldner muss gem. Abs. 3 eine **Schlussrechnung** vorlegen, die das gesamte Rechenwerk umfasst, das außerhalb der Eigenverwaltung der Insolvenzverwalter bei Abschluss des Verfahrens vorzulegen hätte. Insb. hat er eine Einnahmen-/Ausgabenrechnung, einen Schlussbericht sowie das Schlussverzeichnis vorzulegen.

5 Die Verpflichtung des Schuldners zur Schlussrechnungslegung gilt nicht nur für den Fall der regulären Beendigung des Insolvenzverfahrens, sondern auch bei vorzeitiger Aufhebung der Eigenverwaltung. Bei einer juristischen Person trifft diese Pflicht die Mitglieder ihres geschäftsführenden Organs (AG Duisburg, NZI 2006, 112, 113).

C. Verfahrensfragen

6 Erhebt ein Gläubiger Einwendungen gegen die vorgelegten Verzeichnisse oder die Schlussrechnung, so steht dem Insolvenzgericht lediglich eine Entscheidungsbefugnis im Hinblick auf die Frage der formellen Ordnungsmäßigkeit der Verzeichnisse zu. Keine Entscheidungskompetenz des Insolvenzgerichtes besteht im Hinblick auf inhaltliche Einwendungen gegen die Geschäftsführung, so z. B. insb. den Vorwurf, die Masse sei durch die Begründung von Masseverbindlichkeiten unzulässig verkürzt worden (AG Duisburg, NZI 2006, 112, 113). In diesem Fall hat der Gläubiger lediglich die Möglichkeit, Schadensersatzansprüche geltend zu machen. Zuständig sind insoweit die Prozessgerichte.

§ 282 Verwertung von Sicherungsgut

(1) ¹Das Recht des Insolvenzverwalters zur Verwertung von Gegenständen, an denen Absonderungsrechte bestehen, steht dem Schuldner zu. ²Kosten der Feststellung der Gegenstände und der Rechte an diesen werden jedoch nicht erhoben. ³Als Kosten der Verwertung können nur die tatsächlich entstandenen, für die Verwertung erforderlichen Kosten und der Umsatzsteuerbetrag angesetzt werden.

(2) Der Schuldner soll sein Verwertungsrecht im Einvernehmen mit dem Sachwalter ausüben.

Übersicht	Rdn.		Rdn.
A. Normzweck	1	B. Norminhalt	3

A. Normzweck

Auch in der Eigenverwaltung soll der Verbund des schuldnerischen Vermögens zum Zwecke der Aufrechterhaltung des Geschäftsbetriebes zunächst als Einheit erhalten bleiben und nicht dem ungehinderten Zugriff der Gläubiger ausgesetzt sein. Daher wird das Verwertungsrecht für mit Absonderungsrechten belastete Gegenstände dem Schuldner zugewiesen. 1

Gleichzeitig spiegelt § 282 das Bestreben des Gesetzgebers wieder, mit der Eigenverwaltung eine möglichst kostensparende und damit gläubigerfreundliche Variante des Insolvenzverfahrens zu ermöglichen. Dementsprechend sieht das Gesetz lediglich einen ggü. § 171 Abs. 2 erheblich verminderten Verwertungsbeitrag vor. Ein Feststellungsbeitrag entsprechend § 171 Abs. 1 oder § 10 Abs. 1 Nr. 1a ZVG ist nicht vorgesehen, da der Gesetzgeber davon ausging, dass der Schuldner über das Bestehen der Absonderungsrechte informiert sei und diese nicht erst feststellen müsse. Auch die Verwertung könne der Schuldner kostengünstiger ausführen (Begr. RegE BT-Drucks. 12/2443 S. 223 vor § 331). 2

B. Norminhalt

Abs. 1 begründet kein eigenständiges Verwertungsrecht für die Eigenverwaltung, vielmehr wird hierdurch lediglich angeordnet, dass die im Regelverfahren dem Insolvenzverwalter zustehenden Verwertungsrechte durch den Schuldner ausgeübt werden. Die Frage, ob ein Verwertungsrecht dem Schuldner oder dem Gläubiger zusteht richtet sich daher auch in der Eigenverwaltung allein nach den §§ 165 ff. Der Schuldner hat bei der Verwertung zudem die §§ 167 ff. zu beachten. Auch wenn der Normzweck vorrangig das Betriebsvermögen des Schuldners schützen will, gelten für das pfändbare Privatvermögen keine abweichenden Regeln. Auch insoweit hat der Schuldner das Verwertungsrecht und es können lediglich die **tatsächlichen Kosten** ggü. dem Gläubiger für die Masse geltend gemacht werden. 3

Das **Fehlen der pauschalierten Feststellungs- und Verwertungsbeiträge** in der Eigenverwaltung kann dazu führen, dass insb. bei Massen, die ausschließlich aus (hochwertigem) Sicherungsgut bestehen, zwar eine Verfahrenseröffnung im regulären Insolvenzverfahren möglich ist, im Fall der Eigenverwaltung das Verfahren mangels Masse aber abzuweisen wäre. In diesem Fall ist das Verfahren zwingend zu eröffnen, der Antrag auf Anordnung der Eigenverwaltung jedoch abzuweisen. 4

Auch im Rahmen der Eigenverwaltung handelt es sich bei der Verwertung von Sicherungsgut im eröffneten Verfahren umsatzsteuerlich um einen sog. **Einfachumsatz**, weshalb der Insolvenzmasse die USt zusteht (De Weerth, NZI 2013, 922, 924).

Bei Abs. 2 handelt es sich um eine reine **Sollvorschrift**. Soweit der Schuldner einen Gegenstand unabgestimmt oder gar gegen den Willen des Sachwalters verwertet, ist die Verwertung nach außen rechtswirksam (Uhlenbruck-Uhlenbruck § 282 Rn. 7). Ein solcher Verstoß kann aber die Anzeigepflicht des Sachwalters gem. § 274 Abs. 3 auslösen und zur Aufhebung der Eigenverwaltung führen (vgl. § 274 Rdn. 18). 5

§ 283 Befriedigung der Insolvenzgläubiger

(1) ¹Bei der Prüfung der Forderungen können außer den Insolvenzgläubigern der Schuldner und der Sachwalter angemeldete Forderungen bestreiten. ²Eine Forderung, die ein Insolvenzgläubiger, der Schuldner oder der Sachwalter bestritten hat, gilt nicht als festgestellt.

(2) ¹Die Verteilungen werden vom Schuldner vorgenommen. ²Der Sachwalter hat die Verteilungsverzeichnisse zu prüfen und jeweils schriftlich zu erklären, ob nach dem Ergebnis seiner Prüfung Einwendungen zu erheben sind.

Übersicht	Rdn.		Rdn.
A. Normzweck	1	B. Norminhalt	3

§ 284 InsO Insolvenzplan

A. Normzweck

1 Da in der Eigenverwaltung dem Schuldner die Geschäftsführung, die Ausübung von Gestaltungsrechten sowie die Realisierung der Masse obliegt, erscheint es sachgerecht, dem Schuldner – im Gegensatz zum regulären Insolvenzverfahren – auch ein **Recht zum nachhaltigen Bestreiten** der Forderungen zu geben.

2 Ebenso obliegt dem Schuldner systemgerecht anschließend die **Verteilung der Masse**. Eine Ausnahme gilt lediglich, soweit sich der Sachwalter gem. § 275 die Kassenführung vorbehalten hat.

B. Norminhalt

3 Bestreitet der Schuldner eine Forderung, hindert dies – im Gegensatz zum regulären Insolvenzverfahren – die Feststellung der Forderung zur Tabelle, anstatt lediglich die Vollstreckung in das Schuldnervermögen nach Aufhebung des Insolvenzverfahrens. Die **Feststellungsklage des Gläubigers** ist gegen den Schuldner zu richten. Die Sonderregelung des § 184 ist nicht anwendbar, es gilt die allg. Regelung des § 180, d.h. es ist das Gericht am Sitz des Insolvenzgerichts zuständig, bei dem das Insolvenzverfahren anhängig ist (LG Gera, Urt. v. 30.11.2005 – 1 S 232/05, n.v.). In der Vergangenheit war umstritten, ob der Schuldner eine Forderung nur einheitlich entweder anerkennen oder bestreiten konnte (Pape, Kölner Schrift zur InsO, Kap. 24 Rn. 66; MK-Witting/Tetzlaff § 283 Rn. 11; so aber Häsemeyer, InsR, Rn. 8.16; BK-Blersch § 283 Rn. 3). Nunmehr hat der BGH allerdings klargestellt, dass der Schuldner die Forderung dem Grunde nach anerkennen, die persönliche Nachhaftung aber von einer gerichtlichen Prüfung der Forderung abhängig machen (d.h. lediglich den Deliktscharakter bestreiten) kann. Dies gilt selbst dann, wenn das Vorsatzdelikt notwendige Voraussetzung des geltend gemachten Zahlungsanspruch ist (BGH, NZI 2013, 1025, 1028).

4 Die **Prüfung der Verzeichnisse** durch den Sachwalter gem. Abs. 2 muss vor der Niederlegung gem. § 188 Satz 2 erfolgen, seine schriftliche Stellungnahme ist dann gemeinsam mit dem Verzeichnis bei Gericht zur Einsichtnahme auszulegen (Uhlenbruck § 284 Rn. 6). Abs. 2 gewährt dem Sachwalter lediglich das Recht, Einwendungen gegen das Verteilungsverzeichnis in seiner schriftlichen Stellungnahme bei Gericht niederzulegen. Erhebt er insoweit Einwendungen, kommt diesem Umstand zunächst keine unmittelbare Rechtswirkung zu. Erst wenn ein Gläubiger einen entsprechenden Antrag bei Gericht stellt, hat dieses gem. §§ 194, 197 Abs. 3 zu entscheiden.

5 Für die Ausführung der Schlussverteilung gilt auch in der Eigenverwaltung § 196 Abs. 2, d.h. die Schlussverteilung darf nur mit Zustimmung des Insolvenzgerichtes erfolgen.

§ 284 Insolvenzplan

(1) ¹**Ein Auftrag der Gläubigerversammlung zur Ausarbeitung eines Insolvenzplans ist an den Sachwalter oder an den Schuldner zu richten.** ²Wird der Auftrag an den Schuldner gerichtet, so wirkt der Sachwalter beratend mit.

(2) Eine Überwachung der Planerfüllung ist Aufgabe des Sachwalters.

1 § 284 stellt eine Modifikation der allgemeinen Regelung zur Vorlageberechtigung des § 218 dar. Da die allgemeinen Vorschriften zum Insolvenzplan (vgl. §§ 217 ff.) auch in der Eigenverwaltung ihre Gültigkeit behalten, steht dem Schuldner bereits aufgrund von § 218 Abs. 1 ein von der Gläubigerversammlung unabhängiges Planinitiativrecht zu. Dem Sachwalter hingegen steht – im Gegensatz zum Insolvenzverwalter – kein solches Initiativrecht zu.

2 Die Gläubigerversammlung kann nach eigenem Ermessen einen **Auftrag zur Erstellung eines Insolvenzplanes** entweder an den Schuldner oder den Sachwalter erteilen. Sie kann dabei nicht nur die reine Planerstellung beauftragen, sondern auch ein konkretes Planziel vorgeben (Uhlenbruck § 284 Rn. 3). Der Beauftragte ist dann an dieses Planziel gebunden. Das Auftragsrecht besteht unabhängig vom Initiativrecht des Schuldners, d.h. sie kann – trotz eines bereits vorliegenden Insolvenzplans –

Schuldner oder Sachwalter mit der Erstellung eines (anderen) Insolvenzplanes beauftragen. Die Beauftragung erfolgt i. d. R. im Rahmen der ersten Gläubigerversammlung, gem. §§ 270 Abs. 1 Satz 2 i. V. m. 157 ist aber auch die Beauftragung zu einem späteren Zeitpunkt noch möglich.

Gem. Abs. 2 hat der Sachwalter an der Planerstellung durch den Schuldner beratend mitzuwirken, da der Gesetzgeber davon ausging, dass der Schuldner selbst i. d. R. nicht über die erforderlichen Kenntnisse hierzu verfügt. Aufgrund des in dieser Konstellation erhöhten Aufwandes begründet die Mitwirkung an der Planerstellung i. d. R. einen **Erhöhungsfaktor für die Vergütung des Sachwalters** gem. §§ 12 Abs. 2, 3 Abs. 1 InsVV (K. Schmidt-Undritz § 284 Rn. 3; Uhlenbruck § 284 Rn. 4). 3

Eine Überwachung des Plans durch den Sachwalter nach Abs. 2 erfolgt nur dann, wenn im gestaltenden Teil gem. §§ 260 ff. eine Überwachung ausdrücklich vorgesehen ist. Eine entsprechende Überwachungstätigkeit ist gesondert zu vergüten (K. Schmidt-Undritz § 284 Rn. 3). Die Aufhebung der Überwachung darf erst nach Befriedigung der die Überwachungsphase betreffenden Vergütungsansprüche des Sachwalters erfolgen (Uhlenbruck, § 285 Rn. 4). 4

§ 285 Masseunzulänglichkeit

Masseunzulänglichkeit ist vom Sachwalter dem Insolvenzgericht anzuzeigen.

Übersicht	Rdn.		Rdn.
A. Normzweck	1	C. Rechtsfolgen	5
B. Norminhalt	2		

A. Normzweck

Da bereits die Anzeige der Masseunzulänglichkeit – ohne nähere Überprüfung des Vorliegens der Voraussetzungen – die Rechtsfolgen der §§ 209 ff. auslöst und damit einen schwerwiegenden Eingriff in die Rechte der Altgläubiger darstellt, soll nur der Sachwalter die **Berechtigung zur Anzeige** haben (BAGE 114, 13 = NZI 2005, 408). 1

B. Norminhalt

Ebenso wie den Insolvenzverwalter trifft den Sachwalter die **Pflicht zur rechtzeitigen Anzeige der Masseunzulänglichkeit**. Gleiches gilt für die Anzeige der drohenden Masseunzulänglichkeit. Er muss daher die Kontrolle der Geschäftstätigkeit des Schuldners so gestalten, dass er jederzeit in der Lage ist, die (drohende) Masseunzulänglichkeit zu erkennen und anzuzeigen. Der Schuldner selbst hat weder die Pflicht noch das Recht zur Anzeige der Masseunzulänglichkeit. Er muss allerdings dennoch regelmäßig eigenständig kontrollieren, ob eine solche einzutreten droht oder eingetreten ist und den Sachwalter sodann unverzüglich informieren. Die letztendliche Prüfung, ob der Tatbestand des § 208 tatsächlich vorliegt, obliegt allerdings dem Sachwalter, ein diesbezügliches Weisungsrecht des Schuldners besteht nicht. Der Schuldner ist verpflichtet, dem Sachwalter – auch unaufgefordert – alle für die Prüfung erforderlichen Informationen und Unterlagen zur Verfügung zu stellen. 2

Auch die Prüfung und Entscheidung, ob die Masseunzulänglichkeit noch andauert, obliegt dem Sachwalter. Bereits im Regelverfahren ist umstritten (und gesetzlich nicht geregelt), ob bei lediglich temporärer Masseunzulänglichkeit auch über die Beseitigung der Masseunzulänglichkeit eine formale Anzeige oder zumindest eine Benachrichtigung des Gerichtes erfolgen muss (zum Streitstand vgl. § 208 Rdn. 14). Sofern eine solche erforderlich ist, ist auch diese durch den Sachwalter vorzunehmen. 3

Wie auch im regulären Insolvenzverfahren erfolgt keine Überprüfung der Anzeige durch das Gericht. 4

C. Rechtsfolgen

5 Nach Anzeige der (drohenden) Masseunzulänglichkeit gelten die Rechtsfolgen der §§ 209 ff. Auch der eigenverwaltende Schuldner ist daher fortan an die Verteilungsreihenfolge des § 209 gebunden.

6 Der Eintritt der (drohenden) Masseunzulänglichkeit – sofern sie nicht auf der Durchführung notwendiger Sanierungsmaßnahmen beruht (z. B. Auslauflöhne im Zusammenhang mit Personalabbau) – dürfte im Regelfall auch eine **Anzeigepflicht gem.** § 274 Abs. 3 auslösen. Solange die Eigenverwaltung jedoch nicht formal aufgehoben ist, bleibt es bei der ursprünglichen Rollenverteilung zwischen Schuldner und Sachwalter, d. h. der Schuldner wickelt weiter ab, und der Sachwalter überwacht seine Tätigkeit, bis die Verteilung der Masse nach Maßgabe des § 209 durchgeführt wurde (Pape/Uhlenbruck/Voigt-Salus InsR Kap. 39 Rn. 34).

7 Während im Hinblick auf den Sachwalter – mit Ausnahme der von ihm selbst (z. B. im Rahmen von § 280) begründeten Verbindlichkeiten – grundsätzlich lediglich eine Haftung gem. § 60 in Betracht kommt, trifft den Schuldner bzw. seine Organe auch eine Haftung aus § 61 (vgl. dazu § 270 Rdn. 43). Das Auseinanderfallen von Begründung der Masseverbindlichkeiten und der Anzeige der Masseunzulänglichkeit kann daher haftungsrechtlich zu problematischen Konstellationen führen. Hat der Schuldner nach pflichtgemäßem Ermessen Masseverbindlichkeiten begründet und kann diese aufgrund einer (ggf. inhaltlich unzutreffenden) Anzeige der Masseunzulänglichkeit durch den Sachwalter nicht mehr bedienen, scheidet eine Haftung des Schuldners aus. Hat er die unzutreffende Anzeige allerdings durch Erteilung falscher oder unvollständiger Informationen ggü. dem Sachwalter verursacht, so kommt eine Haftung gem. § 60 in Betracht. Zeigt wiederum der Sachwalter die Masseunzulänglichkeit nicht bzw. nicht rechtzeitig an, da er deren Eintritt trotz adäquater Überwachungsmaßnahmen nicht erkennen konnte (z. B. da der Schuldner im relevante Informationen vorenthalten hat) scheidet eine Haftung des Sachwalters aus. Im Hinblick auf die Bestimmung der Überwachungspflichten des Sachwalters ist insoweit zu berücksichtigen, dass dieser i. d. R. nicht den Postverkehr des Schuldners sieht und daher über den Eintritt von Ereignissen, die für den Eintritt der Masseunzulänglichkeit relevant, aber z. B. nicht ohne Weiteres der Buchhaltung zu entnehmen sind, nicht informiert ist. Er ist daher zwingend auf die zeitnahe und vollständige Information durch den Schuldner angewiesen.

Achter Teil Restschuldbefreiung

§ 286 Grundsatz

Ist der Schuldner eine natürliche Person, so wird er nach Maßgabe der §§ 287 bis 303 von den im Insolvenzverfahren nicht erfüllten Verbindlichkeiten gegenüber den Insolvenzgläubigern befreit.

Übersicht

	Rdn.			Rdn.
A. Normzweck	1	B.	Zeitlicher Anwendungsbereich der Neuregelungen	6
I. Einführung	1	C.	Norminhalt	7
II. Verfahrensgang	4	I.	Anwendungsbereich	7
III. Verfassungsmäßigkeit	5	II.	Wirkung	9

▶ **Hinweis:**

Die §§ 286–303 alter Fassung, die für alle Insolvenzverfahren gelten, die bis einschließlich 30.06.2014 beantragt worden sind, sind im **Anhang zu § 303a** abgedruckt und mit Anmerkungen versehen.

Grundsatz § 286 InsO

A. Normzweck

I. Einführung

Mit der Einführung der InsO ist im deutschen Rechtskreis neben der gemeinschaftlichen Gläubigerbefriedigung erstmals auch die Befreiung des **redlichen** Schuldners von seinen Verbindlichkeiten als Verfahrensziel festgelegt worden (vgl. § 1 Satz 2; zur gesetzgeberischen Motivation: A. Schmidt, Privatinsolvenz, Kap. 1 Rn. 8 ff.). Die Regelungen für das durchzuführende Verfahren finden sich in den §§ 286 bis 303a. Im Zuge des InsOÄndG 2001 wurde das Institut der Verfahrenskostenstundung eingeführt, was seither – wie dies rechtspolitisch auch gewünscht war – einer großen Zahl von Schuldnern den Weg zur Erlangung der Restschuldbefreiung geebnet hat (vgl. auch Kommentierung zu §§ 4a ff.). 1

Die Ausgestaltung der Regelungen zur Erlangung der Restschuldbefreiung war und ist Gegenstand rechtspolitischer Diskussionen (zur »Dauerbaustelle InsO«: Pape, ZInsO 2011, 1 ff.). Dabei stehen zum einen die – aufgrund der Verfahrenskostenstundung oftmals zunächst von der Staatskasse zu tragenden – vermeintlich zu hohen Belastungen der öffentlichen Haushalte im Mittelpunkt der Kritik. Für eine verlässliche Beurteilung der tatsächlichen »Rückflussquoten« fehlt es allerdings bislang an empirisch belastbaren Erkenntnissen (hierauf weist Frind, ZInsO 2008, 1357 ff. zu Recht hin; eine vom Hamburger Insolvenzgericht für diesen Bereich durchgeführte Erhebung unter den dort tätigen Insolvenzverwaltern/Treuhändern hat vielmehr ergeben, dass entgegen dem verbreiteten Vorurteil in Verfahren mit Kostenstundung in erheblichem Umfang Masse generiert werden kann). Zum anderen wurde die Verfahrensdauer im europäischen Vergleich vielfach als zu lang empfunden. 2

Auf die Kritik hat der Gesetzgeber mit dem Gesetz zur Verkürzung des Restschuldbefreiungsverfahrens und zur Stärkung der Gläubigerrechte vom 15.07.2013 reagiert (BGBl. 2013 I 2379 ff.; ausführlich zum Gesetzgebungsverfahren: Frind, Privatinsolvenz, Rn. 60 ff.). Zwar beträgt die Abtretungsfrist nach § 287 Abs. 2 weiterhin grundsätzlich 6 Jahre. Der Schuldner hat nun aber **in nach dem 01.07.2014 beantragten Verfahren** die Möglichkeit, die Restschuldbefreiung schon nach 3 bzw. 5 Jahren zu erlangen (zu den vor diesem Termin beantragten »Altverfahren« vgl. Anhang zu § 303a). Voraussetzung ist in beiden Fällen, dass die Verfahrenskosten vollständig gedeckt sind. Eine Befreiung nach 3 Jahren setzt zusätzlich voraus, dass die Forderungen der Insolvenzgläubiger i. H. v. 35 % befriedigt wurden (näher zu den Voraussetzungen § 300 Rdn. 5 ff.). Die Verkürzung des Restschuldbefreiungsverfahrens wurde auch zum Anlass genommen, bisherige Defizite des Gläubigerschutzes zu beseitigen (RegE BT-Drucks. 17/11268, S. 15 f.). Bspw. können Gläubiger den Versagungsantrag nach dem neu gefassten § 290 Abs. 2 fortan jederzeit »bis zum Schlusstermin« stellen (s. § 290 Rdn. 5 ff.). Auch wurde den Gläubigern durch den neu geschaffenen § 297a die Möglichkeit eingeräumt, einen Versagungsantrag auf nach Beendigung des Insolvenzverfahrens bekannt gewordene Versagungsgründe zu stützen. 3

II. Verfahrensgang

Bei dem Restschuldbefreiungsverfahren handelt es sich um ein selbstständiges Verfahren für natürliche Personen (§ 286), an dessen Ende die mögliche Befreiung des Schuldners von seinen Verbindlichkeiten ggü. den Insolvenzgläubigern steht (§ 301 f.). Das in zwei Abschnitte gegliederte Verfahren beginnt mit der **Eingangsentscheidung** des Gerichts nach § 287a Abs. 1 über die Zulässigkeit des Antrags auf Restschuldbefreiung, welche bereits die Ankündigung der Restschuldbefreiung umfasst und damit den bisherigen Ankündigungsbeschluss nach § 291 a. F. ersetzt (vgl. hierzu Anhang zu § 303a § 291 Rdn. 2 ff.). Der erste Verfahrensabschnitt erstreckt sich über die gesamte Dauer des eröffneten Insolvenzverfahrens. Während dieser Phase gilt nunmehr ausdrücklich gem. § 287b die Erwerbsobliegenheit des Schuldners. Mit der Aufhebung des Insolvenzverfahrens (§ 200) beginnt ein weiterer Verfahrensabschnitt, für den sich allgemein der Begriff »**Wohlverhaltensperiode**« (oder auch »Wohlverhaltensphase«) eingebürgert hat. Dieser Abschnitt ist nicht zu verwechseln mit der 6 Jahre andauernden und in § 287 Abs. 2 legal definierten **Abtretungsfrist**, die bereits im Zeitpunkt 4 der Eröffnung des Insolvenzverfahrens beginnt und damit auch den ersten Verfahrensteil umfasst. Deswegen spricht das Gesetz in Bezug auf die Wohlverhaltensperiode nunmehr von dem »Zeitraum zwischen Beendigung des Insolvenzverfahrens und dem Ende der Abtretungsfrist« (vgl. § 295). Erst mit Beginn dieser Phase erlangt die Abtretung ihre Wirksamkeit, sodass das Arbeitseinkommen des Schuldners oder diesem gleichgestellte Bezüge ab diesem Zeitpunkt auf den Treuhänder übergehen (RegE BT-Drucks. 17/11268, S. 24). Zudem hat sich der Schuldner während der Wohlverhaltsperiode um die Einhaltung der ihn treffenden Obliegenheiten (§ 295) zu bemühen. Der zweite Verfahrensabschnitt endet mit dem Ende der Abtretungsfrist, also entweder mit der Versagung der Restschuldbefreiung wegen Verstoßes gegen eine Obliegenheit (§ 296), der Begehung einer Insolvenzstraftat (§ 297), bzw. der fehlenden Deckung der Treuhändervergütung (§ 298) oder aber mit der (ggf. vorzeitigen) Erteilung der Restschuldbefreiung (§ 300).

III. Verfassungsmäßigkeit

5 Im Hinblick auf den mit einer Restschuldbefreiung verbundenen erheblichen Eingriff in die von Art. 14 Abs. 1 GG geschützten Rechtspositionen der Gläubiger wurde anfangs vereinzelt zwar die Verfassungsmäßigkeit dieser Bestimmungen angezweifelt (AG München, ZInsO 2002, 994). Das BVerfG hat sich dem jedoch nicht angeschlossen (BVerfG, ZInsO 2004, 176; ZInsO 2004, 339; ZInsO 2006, 317), sodass der Streit entschieden ist.

B. Zeitlicher Anwendungsbereich der Neuregelungen

6 Die durch das Gesetz zur Verkürzung des Restschuldbefreiungsverfahrens und zur Stärkung der Gläubigerrechte erfolgten Änderungen der Vorschriften über die Restschuldbefreiung gelten für alle **ab dem 01.07.2014 beantragten** Verfahren (Art. 103 EGInsO). Davor beantragte Verfahren richten sich nach den alten Vorschriften (vgl. Anhang zu § 303a).

C. Norminhalt

I. Anwendungsbereich

7 Bei **juristischen Personen** führt die Eröffnung des Insolvenzverfahrens per se zur Auflösung (§ 42 Abs. 1 Satz 1 BGB, § 262 Abs. 1 Nr. 3 AktG, § 60 Abs. 1 Nr. 4 GmbHG, § 101 GenG). Das Problem einer etwaigen Nachhaftung i. S. v. § 201 Abs. 1 kann sich somit nur bei natürlichen Personen stellen, weshalb die Vorschriften über die Restschuldbefreiung nur auf diese Anwendung finden (Uhlenbruck-Vallender § 286 Rn. 2).

8 Die soziale Stellung der **natürlichen Person** spielt keine Rolle (HK-Landfermann § 286 Rn. 3; MK-Stephan § 286 Rn. 3). Die Vorschriften über die Restschuldbefreiung gelten deshalb nicht nur für Verbraucher, sondern auch für unternehmerisch tätige Schuldner, Freiberufler und andere selbstständig tätige natürliche Personen (Uhlenbruck-Vallender § 286 Rn. 4; Döbereiner, Die Restschuldbefreiung nach der InsO, S. 109). Unterschiede zwischen den einzelnen Personengruppen ergeben sich lediglich hinsichtl. des vorgeschalteten Insolvenzverfahrens (NR-Römermann § 286 Rn. 6; vgl. hierzu die Kommentierung zu §§ 304 ff.).

II. Wirkung

9 Die Restschuldbefreiung bewirkt, dass die Forderungen der Insolvenzgläubiger i. S. v. § 38 nicht mehr durchgesetzt werden können (MK-Stephan § 286 Rn. 17), und zwar unabhängig davon, ob die Gläubiger sich am Verfahren beteiligt haben oder nicht (§ 301 Abs. 1 Satz 2). Die Forderungen derjenigen Gläubiger, die nach der Eröffnung des Insolvenzverfahrens begründet werden und die daher keine Insolvenzgläubiger i. S. v. § 38 sind, bleiben von der Restschuldbefreiung unbeeinträchtigt. Ausgenommen von den Wirkungen der Restschuldbefreiung sind auch die in § 302 aufgeführten Forderungen, z. B. Forderungen aus einer vorsätzlich begangenen unerlaubten Handlung. Die Erteilung der Restschuldbefreiung ist **unabhängig von der Anzahl der Gläubiger** (Uhlenbruck-Val-

lender § 286 Rn. 19; LG Koblenz, ZInsO 2004, 101; a.A. noch: LG Koblenz, ZInsO 2003, 909; zu den weiteren Einzelheiten vgl. die Kommentierung zu § 301).

§ 287 Antrag des Schuldners

(1) ¹Die Restschuldbefreiung setzt einen Antrag des Schuldners voraus, der mit seinem Antrag auf Eröffnung des Insolvenzverfahrens verbunden werden soll. ²Wird er nicht mit diesem verbunden, so ist er innerhalb von zwei Wochen nach dem Hinweis gemäß § 20 Abs. 2 zu stellen. ³Der Schuldner hat dem Antrag eine Erklärung beizufügen, ob ein Fall des § 287a Absatz 2 Satz 1 Nummer 1 oder 2 vorliegt. ⁴Die Richtigkeit und Vollständigkeit der Erklärung nach Satz 3 hat der Schuldner zu versichern.

(2) Dem Antrag ist die Erklärung beizufügen, daß der Schuldner seine pfändbaren Forderungen auf Bezüge aus einem Dienstverhältnis oder an deren Stelle tretende laufende Bezüge für die Zeit von sechs Jahren nach der Eröffnung des Insolvenzverfahrens (Abtretungsfrist) an einen vom Gericht zu bestimmenden Treuhänder abtritt.

(3) Vereinbarungen des Schuldners sind insoweit unwirksam, als sie die Abtretungserklärung nach Absatz 2 vereiteln oder beeinträchtigen würden.

(4) Die Insolvenzgläubiger, die Forderungen angemeldet haben, sind bis zum Schlusstermin zu dem Antrag des Schuldners zu hören.

Übersicht	Rdn.
A. Normzweck	1
B. Norminhalt	2
I. Antrag auf Erteilung der Restschuldbefreiung (Abs. 1)	2
1. Erforderlichkeit	2
2. Inhalt	3
3. Form	4
4. Rücknahme	6
5. Erklärung über Vorliegen der Zulässigkeitsvoraussetzungen	7
II. Verbindung mit dem Insolvenzantrag des Schuldners (Abs. 1)	9
1. Eigener Insolvenzantrag des Schuldners	9
2. Nachholung 2 Wochen nach Hinweis	10
a) Hinweis	11
b) Keine Verlängerung der Frist	12
c) Fehlender Eröffnungsantrag des Schuldners	13
d) Besonderheit im Verbraucherinsolvenzverfahren	16
III. Abtretungserklärung (Abs. 2)	17
1. Rechtsnatur der Abtretung	18
2. Inhalt der Abtretungserklärung	19
a) Bezüge aus einem Dienstverhältnis	20
b) Surrogate	21
3. Form der Erklärung	22
4. Zeitpunkt der Erklärung	24
5. Dauer der Abtretung	25
a) Abtretungsfrist	25
b) Altfallregelung	26
6. Unbeachtlichkeit vorhergehender Abtretung	27
IV. Unwirksamkeit von Abtretungsverboten (Abs. 3)	28
V. Anhörung der Beteiligten (Abs. 4)	29

▶ Hinweis:

Die §§ 286–303 alter Fassung, die für alle Insolvenzverfahren gelten, die bis einschließlich 30.06.2014 beantragt worden sind, sind im **Anhang zu § 303a** abgedruckt und mit Anmerkungen versehen.

A. Normzweck

Die Restschuldbefreiung soll nur derjenige Schuldner erlangen können, der ein gewisses Maß an Eigeninitiative zeigt und bereit ist, an dem Verfahren aktiv mitzuwirken. Deutlich wird dies daran, dass der Schuldner selbst einen entsprechenden Antrag stellen muss, sowie an dem Erfordernis der 1

Abtretung der pfändbaren Bezüge an einen Treuhänder. Letzteres dient zugleich dem Prinzip der Gläubigergleichbehandlung.

B. Norminhalt

I. Antrag auf Erteilung der Restschuldbefreiung (Abs. 1)

1. Erforderlichkeit

2 Das Restschuldbefreiungsverfahren setzt einen eigenen Antrag des Schuldners auf Erteilung der Restschuldbefreiung voraus. Ein Gläubiger kann einen solchen Antrag somit nicht stellen.

2. Inhalt

3 Es genügt, wenn unter Berücksichtigung der üblichen Auslegungsgrundsätze das Begehren des Schuldners, die Restschuldbefreiung zu erlangen, hinreichend deutlich zum Ausdruck kommt (Uhlenbruck-Vallender § 287 Rn. 8). Der Antrag ist bedingungsfeindlich; ein unter einer außerprozessualen Bedingung stehender Antrag ist unzulässig. Zulässig ist hingegen ein Antrag unter innerprozessualen Bedingungen wie bspw. der Bewilligung der Verfahrenskostenstundung (vgl. BGH, ZInsO 2010, 828) oder der Zuständigkeit des vom Gläubiger angerufenen Insolvenzgerichts (BGH, ZInsO 2012, 545).

3. Form

4 Eine besondere Form ist für den Antrag auf Erteilung der Restschuldbefreiung nicht vorgeschrieben. Der Antrag kann nach allg. Grundsätzen entweder schriftlich beim Insolvenzgericht eingereicht oder zu Protokoll der Geschäftsstelle erklärt werden.

5 Im **Verbraucherinsolvenzverfahren** ist nur ein schriftlicher Antrag unter Verwendung der **amtl. Vordrucke** zulässig (§ 305 Abs. 1 Nr. 2, Abs. 5). Aufgrund der dortigen Verordnungsermächtigung ist die VbrInsFV erlassen worden.

4. Rücknahme

6 Der Antrag auf Erteilung der Restschuldbefreiung kann vom Schuldner gem. § 4 i. V. m. § 269 ZPO bis zum Beginn des Schlusstermins zurückgenommen werden (LG Freiburg, ZInsO 2003, 1106). Dies gilt auch dann, wenn bereits ein Gläubiger einen Versagungsantrag gestellt hat (LG Freiburg a. a. O.; Braun-Lang § 287 Rn. 5; FK-Ahrens § 287 Rn. 32 f., HK-Landfermann § 287 Rn. 18 ; a. A. AG Königstein, ZVI 2003, 365;).

5. Erklärung über Vorliegen der Zulässigkeitsvoraussetzungen

7 Der Schuldner hat seinem Antrag nach Abs. 1 Satz 3 eine Erklärung beizufügen, ob einer der in § 287a Abs. 2 Satz 1 Nr. 1 oder 2 genannten Unzulässigkeitsgründe vorliegt, deren Richtigkeit er nach Abs. 1 Satz 4 zu versichern hat. Zweck der Vorschrift ist die Erleichterung der gerichtlichen Eingangsentscheidung nach § 287a Abs. 1 Satz 1 durch Bereitstellung einer neben das Schuldnerverzeichnis nach § 303a tretenden Erkenntnisquelle (RegE BT-Drucks. 17/11268, S. 23; vgl. zu den Praxisauswirkungen Schmerbach, NZI 2013, 566, 569). Unrichtige oder unvollständige Angaben können zu einer Versagung nach § 290 Abs. 1 Nr. 6 führen (zu den Einzelheiten s § 290 Rdn. 43 ff.).

8 Bislang musste nach dem nunmehr entfallenden § 4a Abs. 1 Satz 3 a. F. eine Erklärung über das Vorliegen der dort nicht abschließend aufgeführten Versagungsgründe nur in Fällen abgegeben werden, in denen der Schuldner eine Stundung der Verfahrenskosten beantragte.

II. Verbindung mit dem Insolvenzantrag des Schuldners (Abs. 1)

1. Eigener Insolvenzantrag des Schuldners

Der Antrag auf Erteilung der Restschuldbefreiung soll mit dem Antrag auf Eröffnung des Insolvenzverfahrens verbunden werden (Abs. 1 Satz 1). Ein Schuldner kann weder im Regel- noch im Verbraucherinsolvenzverfahren ohne eigenen Eröffnungsantrag die Restschuldbefreiung erlangen. Auch im Fall des **Vorliegens eines Fremdantrags** ist daher zusätzlich ein eigener Eröffnungsantrag erforderlich, da die Regelungen in Abs. 1 nach ihrer systematischen Stellung sowohl auf Verbraucher- als auch auf Regelinsolvenzverfahren gleichermaßen Anwendung finden (BGH, ZInsO 2004, 974; A. Schmidt, Privatinsolvenz, Kap. 5 Rn. 5).

9

2. Nachholung 2 Wochen nach Hinweis

Liegt ein Eröffnungsantrag vor, hat das Gericht bei fehlendem zulässigen Restschuldbefreiungsantrag den Schuldner nach § 20 Abs. 2 darauf hinzuweisen, dass nach Maßgabe der §§ 286 bis 303a Restschuldbefreiung erlangt werden kann. Gem. Abs. 1 Satz 2 hat dieser dann die Möglichkeit, innerhalb von 2 Wochen nach der Belehrung den Antrag auf Restschuldbefreiung noch zu stellen. Ein danach gestellter Antrag ist unzulässig (Uhlenbruck-Vallender § 287 Rn. 16; OLG Köln, ZInsO 2000, 334; ZInsO 2000, 609).

10

a) Hinweis

Der Hinweis ist an keine bestimmte **Form** gebunden (MK-Schmahl/Vuia § 20 Rn. 95; Uhlenbruck-Uhlenbruck § 20 Rn. 49; KPB-Pape § 20 Rn. 23). Inhaltlich ist erforderlich, dass der Schuldner nicht nur auf die **Möglichkeit der Erlangung der Restschuldbefreiung**, sondern auch ausdrücklich und unmissverständlich auf die **2-Wochen-Frist** und die Rechtsfolgen der Fristversäumung hingewiesen wird (LG Berlin, ZInsO 2003, 964; AG Hamburg, ZInsO 2003, 42; Sinz/Wegener/Hefermehl, Verbraucherinsolvenz und Insolvenz von Kleinunternehmern, Rn. 454). Nur eine vollständige Belehrung vermag die Frist in Gang zu setzen. Liegt nur ein unzureichender oder überhaupt kein gerichtlicher Hinweis vor, kann der Schuldner den Antrag noch bis zum Schlusstermin nachholen (vgl. BGH, ZInsO 2008, 924; Uhlenbruck-Vallender § 287 Rn. 17; a.A. AG Düsseldorf, ZInsO 2010, 1803; MK-Schmahl/Vuia § 20 Rn. 101; MK-Stephan § 287 Rn. 15, die eine Nachholung bis zur Aufhebung oder Einstellung des Insolvenzverfahrens für zulässig halten).

11

b) Keine Verlängerung der Frist

Die Frist des § 20 Abs. 2 kann nicht verlängert werden, da es sich um eine gesetzliche Frist handelt. Versäumt der Schuldner die zweiwöchige Nachholungsfrist, ist eine Wiedereinsetzung in den vorigen Stand nicht möglich; es handelt sich dabei nicht um eine Notfrist (OLG Köln, ZInsO 2000, 610 zu § 287 Abs. 1 Satz 2 InsO a. F.; Kohte/Ahrens/Grote § 287 Rn. 19; a.A. LG Dresden, ZInsO 2008, 48 f.: Wiedereinsetzung analog §§ 233 ff. ZPO möglich). Kann der Schuldner die Antragsfrist nicht einhalten, so bleibt ihm nur die Möglichkeit, den Insolvenzantrag zurückzunehmen, § 13 Abs. 2 (A. Schmidt, Privatinsolvenz, Kap. 5 Rn. 11; MK-Stephan § 287 Rn. 14).

12

c) Fehlender Eröffnungsantrag des Schuldners

Liegt zum Zeitpunkt des Hinweises nach § 20 Abs. 2 lediglich ein Gläubigerantrag vor, so ist der Schuldner **zudem darauf hinzuweisen**, dass er auch einen **eigenen Eröffnungsantrag** stellen muss, um Restschuldbefreiung erlangen zu können. Hierfür ist ihm eine den Umständen nach angemessene richterliche Frist zu setzen. Diese sollte i. d. R. nicht mehr als 4 Wochen ab Zugang der Verfügung betragen, kann aber bei Bedarf auch verlängert werden (BGH, ZInsO 2005, 311). Die Frist stellt **keine Ausschlussfrist** dar; ihr Ablauf hat lediglich zur Folge, dass das Gericht mit seiner Entscheidung über die Eröffnung des Verfahrens nicht länger abwarten muss. Bis zu dieser Entscheidung kann der Schuldner auch noch nach Fristablauf einen Eigenantrag stellen (BGH, ZInsO 2008, 1138; ZInsO 2008, 925). Es ist nicht möglich, hilfsweise bzw. vorsorglich einen Eigenantrag

13

für den Fall zu stellen, dass das Insolvenzgericht den Gläubigerantrag für zulässig und begründet erachtet (BGH, ZInsO 2010, 828).

14 Die 2-Wochen-Frist für die Stellung des Restschuldbefreiungsantrags beginnt erst mit Stellung des Eröffnungsantrags durch den Schuldner (BGH, ZInsO 2009, 1172; ZInsO 2005, 311; MK-Schmahl/Vuia § 20 Rn. 99; Sinz/Wegener/Hefermehl, Verbraucherinsolvenz und Insolvenz von Kleinunternehmern, Rn. 461; Kohte/Ahrens/Grote § 287 Rn. 18.; **a. A.** AG Köln, ZVI 2002, 330; Uhlenbruck-Vallender § 287 Rn. 13; Pape, NZI 2004, 543, 543 ff.; Fuchs, NZI 2002, 298, 300).

15 Hat das Insolvenzgericht es versäumt, dem Schuldner für die Nachholung des Eröffnungsantrags eine Frist zu setzen oder ist dem Schuldner die Fristsetzung nicht bekannt gemacht worden, so beginnt die Frist nicht zu laufen. In diesem Fall genügt es, dass der Schuldner **lediglich einen Restschuldbefreiungsantrag** stellt (BGH, ZInsO 2005, 311).

d) Besonderheit im Verbraucherinsolvenzverfahren

16 Im Verbraucherinsolvenzverfahren wird die 2-Wochen-Frist bei Vorliegen eines Eröffnungsantrags durch den Schuldner von der **Monatsfrist des § 305 Abs. 1 Nr. 2, Abs. 3 Satz 2** verdrängt (AG Düsseldorf, ZInsO 2000, 112; Sinz/Wegener/Hefermehl, Verbraucherinsolvenz und Insolvenz von Kleinunternehmern, Rn. 455). Liegt nur der Eröffnungsantrag eines Gläubigers vor, erstreckt sich die Hinweispflicht auch auf § 306 Abs. 3 (vgl. hierzu die Ausführungen zu § 306 Rdn. 12 ff.).

III. Abtretungserklärung (Abs. 2)

17 Der Schuldner hat seinem Antrag auf Erteilung der Restschuldbefreiung die Erklärung beizufügen, dass er seine pfändbaren Teile des Arbeitsentgelts oder an deren Stelle tretende laufende Bezüge für die Zeit von 6 Jahren nach Eröffnung des Insolvenzverfahrens (Abtretungsfrist) an einen vom Insolvenzgericht noch zu bestimmenden Treuhänder abtritt (Abs. 2 Satz 1). Unerheblich ist, ob er zum Zeitpunkt der Erklärung auch tatsächlich über derartige Forderungen verfügt oder voraussichtlich später verfügen wird (AG Hamburg, ZInsO 1999, 237; Braun-Lang § 287 Rn. 7) oder selbstständig wirtschaftlich tätig ist (Kohte/Ahrens/Grote § 287 Rn. 41; Heyer, Restschuldbefreiung im Insolvenzverfahren, S. 49).

1. Rechtsnatur der Abtretung

18 Die lange umstrittene Frage nach der Rechtsnatur der Abtretungserklärung ist mit dem BGH (ZInsO 2006, 872) dahin gehend zu beantworten, dass die Abtretungserklärung als **prozessuale Erklärung** zu verstehen ist (ebenso FK-Ahrens § 287 Rn. 48; MK-Stephan § 287 Rn. 34; NR-Römermann § 287 Rn. 29 f.; zuvor ging die h. M. in der Lit. davon aus, dass es sich bei der Abtretungserklärung um eine materiell-rechtliche, auf Abschluss eines Abtretungsvertrags mit dem Treuhänder gerichtete Erklärung handele: KPB-Wenzel § 287 Rn. 16 ff.;; Uhlenbruck-Vallender § 287 Rn. 38 ff.). Die Abtretungserklärung stellt demnach eine besondere Prozessvoraussetzung für die Durchführung der Restschuldbefreiung dar; der Übergang der Bezüge erfolgt kraft Gesetzes infolge der Bestimmung des Treuhänders durch das Gericht und dessen Amtsübernahme (BGH, ZInsO 2006, 872).

2. Inhalt der Abtretungserklärung

19 Aus der Abtretungserklärung muss klar hervorgehen, dass sie die in Abs. 2 Satz 1 genannten **Forderungen mit umfasst**, nämlich die pfändbaren Forderungen aus einem Dienstverhältnis und die pfändbaren Ansprüche auf laufende Bezüge, die an die Stelle von Dienstbezügen treten. Um die erforderliche Eindeutigkeit der Erklärung zu gewährleisten, empfiehlt es sich für den Schuldner, hierfür die **gesetzliche Formulierung** zu benutzen (HK-Landfermann § 287 Rn. 22). Erfasst die Erklärung des Schuldners nach ihrem Inhalt Forderungen, die nach Abs. 2 eigentlich nicht abzutreten sind, etwa weil der Schuldner sich auf den Wortlaut des § 850 ZPO bezieht, so wird die Erklärung von der Rspr. dahin gehend ausgelegt, dass der Schuldner keine über den gesetzlich

vorgeschriebenen Umfang hinausgehenden Forderungen abtreten will (BGH, ZInsO 2010, 60). Von einer solchen Abtretung werden folgende Forderungsgruppen erfasst.

a) Bezüge aus einem Dienstverhältnis

Als solche werden sämtliche Arten von **Arbeitseinkommen i. S. v. § 850 ZPO** erfasst, soweit sie aus nicht selbstständiger Arbeit herrühren (BGH, ZInsO 2012, 2101; ZInsO 2010, 59; KPB-Wenzel § 287 Rn. 23 f.; Uhlenbruck-Vallender § 287 Rn. 29; FK-Ahrens § 287 Rn. 72 f.; MK-Stephan § 287 Rn. 38a f.; Warrikoff, ZInsO 2004, 1331, 1331). Hierzu zählen z. B. **Lohn, Gehalt, Dienst- und Versorgungsbezüge** der Beamten, Dienstbezüge der Soldaten und Zivildienstleistenden, **Honorare, Tantiemen, Provisionen, Deputate, Lohnfortzahlungen im Krankheitsfall** sowie **Urlaubsentgelte** mit Ausnahme der zusätzlichen Monatsentgelte gem. § 850a Nr. 7 ZPO. Darüber hinaus zählen auch die erst nach dem Ende des Dienstverhältnisses entstehenden Ansprüche des Schuldners gegen seinen früheren Arbeitgeber oder gegen eine Pensions- oder Unterstützungskasse (z. B. Wohngelder) zum Arbeitseinkommen (Uhlenbruck-Vallender § 287 Rn. 29). Auch **einmalige Zahlungen** wie z. B. **Abfindungen** fallen unter die erste Alternative des Abs. 2 Satz 1 (Hergenröder, ZVI 2006, 174, 182 f.). Entscheidend für die Einbeziehung einer Abfindungszahlung in die Abtretungserklärung ist, dass diese innerhalb der Abtretungsfrist zur Entstehung gelangt, auch wenn vertraglich ein außerhalb der Abtretungsfrist liegender Fälligkeitszeitpunkt vereinbart wird (LG Nürnberg-Fürth, ZInsO 2013, 1097). Nicht von der Abtretungserklärung erfasst werden **Lohn- und Einkommensteuererstattungsansprüche** des Schuldners (BGH, ZInsO 2006, 140; ZInsO 2005, 873; BFH, ZVI 2007, 137, 138; FG Kassel, ZVI 2005, 223; KPB-Wenzel § 287 Rn. 9; Uhlenbruck-Vallender § 287 Rn. 31; a. A. AG Gifhorn, ZInsO 2001, 630). Der Schuldner muss sich ggü. seinen Gläubigern u. U. so behandeln lassen, als hätte er die für ihn günstigere Steuerklasse gewählt. Damit soll gewährleistet werden, dass der Schuldner sein Einkommen nicht durch Manipulationen reduziert und damit die Befriedigungsaussichten der Gläubiger schmälert (OLG Köln, InVo 2000, 140; OLG Schleswig, InVo 2000, 142). Nicht zu beanstanden dürfte indes bei gemeinsam veranlagten Ehegatten eine Steuerklassenwahl sein, die auch ohne Insolvenzverfahren sinnvollerweise von diesen gewählt würde. Hinsichtlich der Anwendbarkeit der Pfändungsschutzvorschriften der ZPO s. Ausführungen zu § 292 Rdn. 7.

b) Surrogate

Von der Gruppe der anstelle der Forderungen auf Bezüge aus einem Dienstverhältnis tretenden laufenden Bezüge werden vor allem die Rente des Schuldners und sonstige Geldleistungen der Träger der Sozialversicherung und der BA im Fall des Ruhestandes, der Erwerbsunfähigkeit und der Arbeitslosigkeit erfasst. **Sozialleistungen** gem. § 53 SGB I sind abtretbar, soweit sie nach den § 54 SGB I, §§ 850 ff. ZPO pfändbar sind (Uhlenbruck-Vallender § 287 Rn. 32).

3. Form der Erklärung

Wie der Restschuldbefreiungsantrag kann die Abtretungserklärung **schriftlich** oder zu Protokoll der Geschäftsstelle abgegeben werden. Eine höchstpersönliche Erklärung des Schuldners ist nicht erforderlich, d. h. er kann sich hierbei vertreten lassen (OLG Zweibrücken, ZInsO 2002, 288).

Im **Verbraucherinsolvenzverfahren** richtet sich die Form nach § 305 Abs. 1 Nr. 2; es gilt also das Schriftformerfordernis, wobei der Schuldner für die Erklärung die **amtl. Vordrucke** zu benutzen hat.

4. Zeitpunkt der Erklärung

Die Abtretungserklärung ist nach Abs. 2 Satz 1 dem Restschuldbefreiungsantrag beizufügen, d. h. zusammen mit diesem einzureichen. Unterlässt der Schuldner diese Erklärung, so ist gem. § 20 Abs. 2, der sich auch auf dieses Erfordernis erstreckt, hierauf hinzuweisen. Es gilt dann im Wege der analogen Anwendung die Zweiwochenfrist des Abs. 1 Satz 2 (MK-Schmahl/Vuia § 20 Rn. 99; a. A.

LG Dresden, ZInsO 2013, 407: allgemeine richterliche Frist ohne Ausschlusswirkung). Bei **Verbraucherinsolvenzverfahren** gilt die speziellere Monatsfrist des § 305 Abs. 3 Satz 2 (BGH, ZInsO 2009, 51; so wohl auch LG Dresden, ZInsO 2013, 407; s. a. § 305 Rdn. 29).

5. Dauer der Abtretung

a) Abtretungsfrist

25 Nach dem Wortlaut des Abs. 2 Satz 1 beträgt die Abtretungsfrist (früher: Laufzeit der Abtretungserklärung) 6 Jahre ab der Eröffnung des Verfahrens. Die Berechnung der 6-jährigen Frist richtet sich dabei nach § 4 i. V. m. § 222 Abs. 1 ZPO, §§ 187 Abs. 1, 188 Abs. 2 BGB. Mit der **Abtretungsfrist** nicht zu verwechseln ist die **Wirksamkeit der Abtretung**. Diese tritt erst mit der Aufhebung oder Einstellung des Insolvenzverfahrens und der nach § 288 gleichzeitig erfolgenden Bestimmung der Amtsübernahme durch den Treuhänder ein. Von der Abtretung erfasst werden auch nur diejenigen Bezüge, die ab der auf die Erteilung der Restschuldbefreiung folgende Aufhebung des Insolvenzverfahrens und dem damit verbundenen Ende des Insolvenzbeschlags dem Schuldner zufließen würden, da die vorherigen Bezüge ohnehin gem. §§ 35, 36 in die Insolvenzmasse fallen. Das Auseinanderfallen der Abtretungsfrist und der Wirksamkeit der Abtretung führt jedoch nicht zu einer entsprechenden Verlängerung der Laufzeit (Uhlenbruck-Vallender § 287 Rn. 45). Die gesamte Laufzeit des eröffneten Insolvenzverfahrens ist also auf die Abtretungsfrist anzurechnen.

b) Altfallregelung

26 Der BGH hält es fast 12 Jahre nach Einführung des Insolvenzrechtsänderungsgesetzes 2001 für geboten, die Schuldner, über deren Vermögen vor dem 01.12.2001 das Insolvenzverfahren eröffnet worden ist, unabhängig vom Verfahrensstand vorzeitig in den Genuss der Restschuldbefreiung kommen zu lassen. Art. 103a EGInsO ist im Hinblick auf Art. 3 Abs. 1 GG verfassungskonform dahin auszulegen, dass diesen Schuldnern 12 Jahre nach Eröffnung des Insolvenzverfahrens gem. § 300 InsO die Restschuldbefreiung zu erteilen ist, unabhängig davon, ob das vor dem 01.12.2001 eröffnete Insolvenzverfahren noch läuft oder der Schuldner sich zwischenzeitlich in der Wohlverhaltensperiode befindet (BGH, ZInsO 2013, 1657).

6. Unbeachtlichkeit vorhergehender Abtretung

27 Vorherige Abtretungen zukünftiger Forderungen durch den Schuldner sind nach § 91 Abs. 1 unwirksam, wenn die abgetretene Forderung erst nach der Eröffnung des Verfahrens entsteht (Uhlenbruck-Vallender § 91 Rn. 21). Infolge der Aufhebung des § 114 Abs. 1 gilt dies nunmehr auch uneingeschränkt für Forderungen aus einem Dienstverhältnis. Damit entfällt der zuvor notwendige Hinweis des Schuldners auf vorhergehende Abtretungserklärungen.

IV. Unwirksamkeit von Abtretungsverboten (Abs. 3)

28 Vereinbarungen des Schuldners sind insoweit unwirksam, als sie die Wirkungen der Abtretungserklärung an den Treuhänder vereiteln oder beeinträchtigen können (KPB-Wenzel § 287 Rn. 29). Die Vorschrift begründet eine relative, keine absolute Unwirksamkeit (Uhlenbruck-Vallender § 287 Rn. 57).

V. Anhörung der Beteiligten (Abs. 4)

29 Die Gläubiger müssen jederzeit und unabhängig von ihrer Teilnahme in einem etwaigen mündlichen Schlusstermin zu dem Antrag des Schuldners auf Erteilung der Restschuldbefreiung angehört werden. Das Anhörungsrecht steht nur Insolvenzgläubigern zu, die Forderungen im Insolvenzverfahren angemeldet haben. Darüber hinaus ist der Schuldner mit Blick auf Art. 103 GG zu hören, wenn das Gericht beabsichtigt, einem Versagungsantrag zu entsprechen (KPB-Wenzel § 289 Rn. 1; NR-Römermann § 289 Rn. 9).

§ 287a Entscheidung des Insolvenzgerichts

(1) ¹Ist der Antrag auf Restschuldbefreiung zulässig, so stellt das Insolvenzgericht durch Beschluss fest, dass der Schuldner Restschuldbefreiung erlangt, wenn er den Obliegenheiten nach § 295 nachkommt und die Voraussetzungen für eine Versagung nach den §§ 290, 297 bis 298 nicht vorliegen. ²Der Beschluss ist öffentlich bekannt zu machen. ³Gegen den Beschluss steht dem Schuldner die sofortige Beschwerde zu.

(2) ¹Der Antrag auf Restschuldbefreiung ist unzulässig, wenn
1. dem Schuldner in den letzten zehn Jahren vor dem Antrag auf Eröffnung des Insolvenzverfahrens oder nach diesem Antrag Restschuldbefreiung erteilt oder wenn ihm die Restschuldbefreiung in den letzten fünf Jahren vor dem Antrag auf Eröffnung des Insolvenzverfahrens oder nach diesem Antrag nach § 297 versagt worden ist oder
2. dem Schuldner in den letzten drei Jahren vor dem Antrag auf Eröffnung des Insolvenzverfahrens oder nach diesem Antrag Restschuldbefreiung nach § 290 Absatz 1 Nummer 5, 6 oder 7 oder nach § 296 versagt worden ist; dies gilt auch im Falle des § 297a, wenn die nachträgliche Versagung auf Gründe nach § 290 Absatz 1 Nummer 5, 6 oder 7 gestützt worden ist.

¹In diesen Fällen hat das Gericht dem Schuldner Gelegenheit zu geben, den Eröffnungsantrag vor der Entscheidung über die Eröffnung zurückzunehmen.

Übersicht	Rdn.			Rdn.
A. Normzweck	1	II.	Zulässigkeitsvoraussetzungen/Sperrfristen	
B. Norminhalt	2		(Abs. 2 Satz 1)	6
I. Eingangsentscheidung (Abs. 1)	2	II.	Gelegenheit zur Rücknahme des Antrags (Abs. 2 Satz 2)	13

A. Normzweck

Die durch das Gesetz zur Verkürzung des Restschuldbefreiungsverfahrens und zur Stärkung der Gläubigerrechte eingeführte Vorschrift bezweckt die frühzeitige Herstellung von Rechtsklarheit im Verfahren (RegE BT-Drucks. 17/11268, S. 24). Dieses Ziel soll durch eine gerichtliche Eingangsentscheidung über die Zulässigkeit des Antrags auf Restschuldbefreiung erreicht werden. Im Rahmen dieser Eingangsentscheidung hat das Gericht von Amts wegen zu prüfen, ob der Antrag des Schuldners wegen der früheren Erteilung oder Versagung der Restschuldbefreiung unzulässig ist.

B. Norminhalt

I. Eingangsentscheidung (Abs. 1)

Das Insolvenzgericht trifft nach Abs. 1 eine **Eingangsentscheidung** über die Zulässigkeit des Schuldnerantrags. Ist der Antrag zulässig, stellt das Gericht durch Beschluss fest, dass der Schuldner Restschuldbefreiung erlangt, wenn er den Obliegenheiten nach § 295 nachkommt und die Voraussetzungen für eine Versagung nach den §§ 290, 297 bis 298 nicht vorliegen. Die sich aus Abs. 2 ergebenden Zulässigkeitsvoraussetzungen hat das Gericht von Amts wegen zu prüfen. Als Erkenntnisquellen stehen dem Gericht die nach § 287 Abs. 1 Satz 3 erforderliche Schuldnererklärung und das Schuldnerverzeichnis (§ 303a) zur Verfügung. Eine Anhörung der Gläubiger ist im Rahmen der Eingangsentscheidung nicht erforderlich (RegE BT-Drucks. 17/11268, S. 24).

Die Vorschrift gebietet keine erschöpfende **materiellrechtliche Vorprüfung** möglicher Versagungsgründe durch das Gericht. Dem Gesetzgeber geht es bei der Regelung augenscheinlich lediglich um eine Berücksichtigung zweifelsfrei vorliegender Versagungsgründe. Regelhaft wird daher zu berücksichtigen sein, wenn der Schuldner im Eröffnungsverfahren nicht ausreichend mitwirkt, z. B. ohne Mitteilung verzieht oder in den Antragsunterlagen falsche Angaben macht. Ansonsten sind in der Regel nur Umstände zu berücksichtigen, die sich dem Insolvenzgericht geradezu aufdrängen oder die vom ggf. eingesetzten Sachverständigen bereits mitgeteilt wurden. Die zur Verfahrenskosten-

§ 287a InsO Entscheidung des Insolvenzgerichts

stundung ergangene BGH-Rechtsprechung zur »Vorberücksichtigung von Versagungsgründen« kann hierher übertragen werden (Frind, Privatinsolvenz, Rn. 302; vgl. zur Thematik auch Grote/Pape, ZInsO 2013, 1433, 1439; Schmerbach, NZI 2013, 569). Eine über das Prüfungsprogramm der Stundungsentscheidung (s § 4a Rdn. 21. ff.) hinaus gehende, weitergehende Pflicht zur Amtsermittlung besteht nicht (Streck, ZVI 2014, 210).

4 Die **Abweisung eines unzulässigen Antrags** erfolgt nur, wenn der Schuldner die nach Abs. 2 Satz 2 durch das Gericht einzuräumende Gelegenheit zur Rücknahme des Antrags nicht wahrnimmt. Gegen den beschwerenden Beschluss steht dem Schuldner nach Abs. 1 Satz 3 die sofortige Beschwerde zu.

5 Das Gericht hat den Beschluss nach Abs. 1 Satz 2 **öffentlich bekannt zu machen**.

II. Zulässigkeitsvoraussetzungen/Sperrfristen (Abs. 2 Satz 1)

6 Das Gesetz geht in § 287a Abs. 2 von der grundsätzlichen Zulässigkeit eines wiederholten Restschuldbefreiungsantrags aus. Wurde dem Schuldner allerdings in einem früheren Verfahren die Restschuldbefreiung erteilt oder nach § 297 versagt, so hat das Gericht nach Abs. 2 Nr. 1, 1. Alt. innerhalb einer **10-jährigen Sperrfrist** den erneuten Antrag im Rahmen der Eingangsentscheidung als unzulässig zurückzuweisen. Für den Fall, dass dem Schuldner in einem vorherigen Verfahren die Restschuldbefreiung versagt wurde, hat der Gesetzgeber in Abs. 2 Nr. 1, 2. Alt. und in Abs. 2 Nr. 2 differenzierte Sperrfristen angeordnet, die dem Unwertgehalt des jeweiligen Versagungsgrund Rechnung tragen sollen (RegE BT-Drucks. 17/11268, S. 25). Wurde dem Schuldner die Restschuldbefreiung nach § 297 versagt, ist der erneute Antrag nach Abs. 2 Nr. 1, 2. Alt. innerhalb einer **5-jährigen Sperrfrist** unzulässig. Die Versagung nach § 290 Abs. 1 Nr. 5, 6, 7 und nach § 296 begründet nach Abs. 2 Nr. 2 eine **3-jährige Sperrfrist**.

7 Mit der Regelung wird die Prüfung des vormals in § 290 Abs. 1 Nr. 3 als Versagungsgrund ausgestalteten Befreiungshindernisses auf den Zeitpunkt der Eingangsentscheidung vorverlagert. Für die Gläubiger, die zu diesem Zeitpunkt häufig noch nicht feststehen, folgt daraus keine Schlechterstellung, denn ihre Einwendungen sind durch die Eingangsentscheidung nicht präkludiert (RegE BT-Drucks. 17/11268, S. 24). Falsche Angaben des Schuldners über die vorherige Erteilung oder Versagung einer Restschuldbefreiung können nach § 290 Abs. 1 Nr. 6 bis zum Schlusstermin und nach § 297a sogar nach dem Schlusstermin geltend gemacht werden (RegE BT-Drucks. 17/11268, S. 24).

8 Die Neuregelung ist Ausfluss – und zugleich Einschränkung – der zuvor als gefestigt geltenden »**Sperrfristrechtsprechung**« des BGH (grundlegend: BGH, ZInsO 2009, 1777; s. a. BGH, ZInsO 2010, 140 für den Fall eines unzulässigen RSB-Antrags). Danach war dem Schuldner das Rechtsschutzinteresse an einem erneuten Antrag auf Erteilung der Restschuldbefreiung innerhalb einer 3-jährigen Sperrfrist abzusprechen, wenn ihm die Restschuldbefreiung in einem vorherigen Verfahren wegen Verletzung der Auskunfts- und Mitwirkungspflichten nach § 290 Abs. 1 Nr. 5 oder 6 rechtskräftig versagt wurde. Diese Rechtsprechung wird nunmehr im Gesetz nachvollzogen und auf den Versagungsgrund des § 290 Abs. 1 Nr. 7 ausgedehnt. In allen **sonstigen Fällen der Versagung** gilt hingegen **keine Sperrfrist** (RegE BT-Drucks. 17/11268, S. 25; I. Pape/G. Pape, ZInsO 2013, 685, 686; Frind, ZInsO 2013, 1448, 1450; Waltenberger, ZInsO 2013, 1458, 1460). Nicht übernommen wurde also z. B. die Annahme einer Sperrfrist in Fällen der Versagung nach § 290 Abs. 1 Nr. 4 (so noch BGH, ZInsO 2010, 347; daran festhaltend BGH, ZInsO 2013, 262). Dies hat der Gesetzgeber damit begründet, dass die Kumulation der tatbestandsimmanenten Frist mit einer zusätzlichen Sperrfrist unverhältnismäßig sei. Gleiches gelte für die Versagungsgründe in § 290 Abs. 1 Nr. 1 und 2 (so auch BGH, ZInsO 2013, 262 zu Abs. 1 Nr. 2). Der in der Literatur zuvor erkannten Tendenz einer Ausdehnung der Sperrfristrechtsprechung auf alle Fälle der Versagung nach § 290 Abs. 1 ist damit vom Gesetzgeber entgegen gewirkt. Dennoch muss sich erst zeigen, ob und in welchem Umfang noch Raum für die Sperrfristrechtsprechung des BGH bleibt. Eine Ent-

scheidung über eine Fortgeltung hat sich der BGH vor dem 01.07.2014 offen gehalten und jegliche Vorwirkung des neuen Rechts abgelehnt (BGH, ZInsO 2013, 1951).

Die Annahme einer Sperrfrist ist nach dem Willen des Gesetzgebers nur gerechtfertigt, wenn das Scheitern eines Restschuldbefreiungsversuchs auf ein unredliches Verhalten des Schuldners zurückzuführen ist (RegE BT-Drucks. 17/11268, S. 24). Bloße Nachlässigkeiten des Schuldners sollen hingegen nach dem gesetzgeberischen Willen des Schuldners nicht die Sanktion der Unzulässigkeit des erneuten Antrags zur Folge haben (A. Schmidt, ZVI 2014, 214). Das bloße **Versäumnis der Stellung eines Antrags auf Erteilung der Restschuldbefreiung** nach ordnungsgemäßem Hinweis durch das Insolvenzgericht begründet keine Unredlichkeit des Schuldners, sodass in diesen Fällen die Annahme einer Sperrfrist nicht gerechtfertigt wäre (RegE BT-Drucks. 17/11268, S. 24; a.A. zum alten Recht BGH, ZInsO 2010, 344; einschränkend AG Köln, ZInsO 2013, 1539: keine Sperrfrist, wenn der Gläubigerantrag mangels Masse abgewiesen wird). Gleiches gilt, wenn der Schuldner es versäumt, seinen Antrag umzustellen, nachdem er durch das Gericht auf die **Unstatthaftigkeit der gewählten Verfahrensart** hingewiesen wurde (LG Bonn, NZI 2012, 972 zu § 290 a. F.; zur Notwendigkeit der Umstellung des Antrags s. § 304 Rdn. 10). Auch das Vorliegen eines Versagungsantrags ist grundsätzlich Voraussetzung für die Auslösung einer Sperrfrist (RegE BT-Drucks. 17/11268, S. 24). Scheitert die Restschuldbefreiung schon im Eröffnungsverfahren, weil dem Schuldner nach den Feststellungen des Gerichts gem. § 4a Abs. 1 Satz 4 (analog) i. V. m. § 290 Abs. 1 die Stundung versagt wird, hat dies nach dem ausdrücklichen Willen des Gesetzgebers also keine Auswirkung auf die Zulässigkeit des erneuten Antrags (anders noch die Rspr zum alten Recht; s. BGH, ZInsO 2010, 490; ZInsO 2010, 491; ZInsO 2010, 587; ZInsO 2010, 783; ZInsO 2011, 2198).

9

Durch die Neufassung nicht eindeutig geregelt ist der Fall, dass der Schuldner in einem vorhergehenden Verfahren den **Antrag auf Erteilung der Restschuldbefreiung vor der Entscheidung des Insolvenzgerichts über einen Versagungsantrag zurückgenommen hat**. Vor der Neufassung des Gesetzes ging der BGH davon aus, dass auch in diesen Fällen eine Sperrfrist anzunehmen ist, damit der Schuldner die andernfalls eintretende Sperrfrist nicht umgehen kann, sobald er Kenntnis vom Vorliegen eines wohl begründeten Versagungsantrags hat (BGH, ZInsO 2011, 1127). Dies dürfte im Grundsatz auch weiterhin gelten: Nach dem gesetzgeberischen Willen sind zwar Sperrfristen über die nunmehr explizit geregelten Fälle hinaus für »anderweitige Fälle vorhergehenden Fehlverhaltens nicht vorzusehen« (RegE BT-Drucks. 17/11268, S. 25). Diese Einschränkung bezieht sich aber offenbar nur auf die *materiellen Versagungsgründe*. Dass der Gesetzgeber »taktischem Schuldnerverhalten (...) ein Schlupfloch für die Umgehung der Antragssperre« öffnen wollte (vgl. Grote/Pape, ZInsO 2013, 1433, 1440), ist nicht anzunehmen. D. h., wenn in einem vorhergehenden Verfahren der Schuldner innerhalb der maßgeblichen Frist den Antrag auf Erteilung der Restschuldbefreiung zurückgenommen hat, um einer Versagung wegen der in § 287a Abs. 1 InsO genannten Versagungsgründe zu entgehen, ist der erneute Restschuldbefreiungsantrag analog § 287a InsO unzulässig (Laroche/Siebert, NZI 2014, 542; Streck, ZVI 2014, 208; a. A. Schmerbach/Semmelbeck, NZI 2014, 549). Hiervon wird das Insolvenzgericht aber regelmäßig nur Kenntnis erlangen, wenn ein Sachverständiger eingesetzt wurde. Denn gem. § 287 Abs. 1 Satz 3 offenbarungspflichtig ist eine vorherige Rücknahme nicht.

10

Unklar war, ob das **Eingreifen der Rücknahmefiktion** aus § 305 Abs. 3 Satz 2 zu einer Sperrfrist führt (ablehnend in Bezug auf § 290 a. F. LG Düsseldorf, ZInsO 2013, 893; LG Frankenthal, ZInsO 2012, 2399; AG Köln, NZI 2013, 498; a. A. AG Ludwigshafen, ZInsO 2012, 1586 sowie AG Essen, ZInsO 2012, 1730; ZInsO 2012, 850 für den Fall, dass dem Schuldner die Ergänzung der fehlenden Erklärungen und Unterlagen möglich war). Die Rücknahmefiktion dient nicht der Sanktionierung eines unredlichen Schuldnerverhaltens, sondern der Verfahrensbeschleunigung und -vereinfachung (LG Düsseldorf, ZInsO 2013, 893). Das Argument, dass die verfahrensfördernde Funktion beeinträchtigt wird, wenn die Nichtbefolgung gerichtlicher Hinweise wegen der Befugnis zur Einleitung eines weiteren Insolvenzverfahrens ohne verfahrensrechtliche Konsequenzen bliebe (so z. B. AG Hamburg, ZInsO 2012, 195), hat sich der Gesetzgeber nicht zu Eigen gemacht. Die

11

bloße Unterlassung des Schuldners, Ergänzungsaufforderungen bezüglich der Erklärungen und Unterlagen des Eröffnungsantrages Folge zu leisten, kann außerdem nicht ohne Weiteres gleichgesetzt werden mit der Rücknahme des Antrages auf Erteilung der Restschuldbefreiung, um so eine Entscheidung des Insolvenzgerichts über einen Versagungsantrag zu verhindern (LG Hamburg, Beschl. v. 13.10.2011 – 326 T 122/11; n.v. zu § 290 a.F.). Der Ablehnung einer Sperrfrist durch die überwiegende Rechtsprechung ist auch aus diesem Grund zuzustimmen. Für das neue Recht gilt das erst recht.

12 Die Frage, ob auch die **Versagung der Restschuldbefreiung nach § 298** die Unzulässigkeit eines erneuten Antrags innerhalb 3-jähriger Sperrfrist begründet, war schon vor der Einführung des § 287a umstritten (dafür LG Lübeck, ZInsO 2011, 1029; AG Lübeck, ZInsO 2011, 495; a.A. LG Kiel, ZInsO 2011, 494; AG Göttingen, ZInsO 2011, 1612). Nach dem eindeutigen Wortlaut der Gesetzesbegründung kommt eine Sperrfrist in diesen Fällen nicht in Betracht, da die Versagung im vorherigen Verfahren nicht auf einen Gläubigerantrag zurückzuführen ist und die Beeinträchtigung der Befriedigung der Insolvenzgläubiger nicht gerichtlich festgestellt wurde (RegE BT-Drucks. 17/11268, S. 25). Der BGH hat sich in Kenntnis dieser Gesetzesbegründung zwar trotzdem für eine Sperrfrist ausgesprochen (BGH, ZInsO 2013, 1949; ablehnend Schädlich, NZI 2013, 846, 848 f.). Das Gericht begründet seine Ansicht damit, dass die Sanktion des § 298 sonst wirkungslos bliebe, da dem Schuldner die Möglichkeit eingeräumt wird, ein unmittelbar anschließendes Verfahren anzustrengen und eine erneute Verfahrenskostenstundung zu beantragen. Ob trotz der Tragfähigkeit der Argumentation diese Rechtsprechung vor dem Hintergrund des eindeutigen Willens des Gesetzgebers Bestand haben kann, bleibt abzuwarten (vgl. dazu A. Schmidt, ZVI 2014, 214; Schädlich, NZI 2013, 846, 849).

II. Gelegenheit zur Rücknahme des Antrags (Abs. 2 Satz 2)

13 Ergibt die gerichtliche Prüfung die Unzulässigkeit des schuldnerischen Antrags auf Erteilung der Restschuldbefreiung, hat das Gericht den Schuldner nach Abs. 2 Satz 2 auf die Unzulässigkeit hinzuweisen und die Rücknahme des Eröffnungsantrags zu ermöglichen. Die Rücknahme des Antrags löst dann keine Sperrfrist aus (RegE BT-Drucks. 17/11268, S. 25). Über den Wortlaut hinaus ist das Gericht auch verpflichtet, den Schuldner auf die Möglichkeit der Rücknahme des Antrags auf Restschuldbefreiung hinzuweisen (Frind, Privatinsolvenz, Rn. 303).

§ 287b Erwerbsobliegenheit des Schuldners

Ab Beginn der Abtretungsfrist bis zur Beendigung des Insolvenzverfahrens obliegt es dem Schuldner, eine angemessene Erwerbstätigkeit auszuüben und, wenn er ohne Beschäftigung ist, sich um eine solche zu bemühen und keine zumutbare Tätigkeit abzulehnen.

Übersicht	Rdn.		Rdn.
A. Normzweck	1	C. Verhältnis zu anderen Vorschriften	4
B. Norminhalt	2	I. Verhältnis zu § 4c Nr. 4	4
I. Inhalt	2	II. Verhältnis zu § 295 Abs. 1 Nr. 1	5
II. Versagungsgrund	3		

A. Normzweck

1 Die durch das Gesetz zur Verkürzung des Restschuldbefreiungsverfahrens und der Stärkung der Gläubigerrechte eingeführte Vorschrift erstreckt die Erwerbsobliegenheit des Schuldners auf das eröffnete Verfahren.

B. Norminhalt

I. Inhalt

Inhaltlich entspricht die Erwerbsobliegenheit gem. § 287b derjenigen aus § 295 Abs. 1 Nr. 1 (Grote/Pape, ZInsO 2013, 1433, 1443). Zu den **Einzelheiten der Erwerbsobliegenheit** wird auf die Kommentierung zu § 295 Rdn. 3 ff. verwiesen (vgl. hierzu auch ausführlich Stephan, ZVI 2014, 214 ff.). 2

II. Versagungsgrund

Nach nunmehr geltendem Recht kann die Verletzung der sich aus § 287b ergebenden Erwerbsobliegenheit auf Antrag zu einer Versagung der Restschuldbefreiung führen, § 290 Abs. 1 Nr. 7 (vgl. zu den Einzelheiten § 290 Rdn. 49 f.). Damit wird eine der grundlegenden Schwächen des bisherigen Rechts beseitigt; bislang konnte während des Insolvenzverfahrens ein Verstoß gegen die Erwerbsobliegenheit nur zur Aufhebung der Stundung führen – § 4c Nr. 4 InsO a. F. –, nicht zur Versagung der Restschuldbefreiung. 3

C. Verhältnis zu anderen Vorschriften

I. Verhältnis zu § 4c Nr. 4

Nach § 4c Nr. 4 ist die Stundung der Verfahrenskosten aufzuheben, wenn der Schuldner keine angemessene Erwerbstätigkeit ausübt oder sich nicht um eine solche bemüht. Durch die Einführung des § 287b trifft die Erwerbsobliegenheit während des eröffneten Verfahrens nunmehr auch den Schuldner, der die Kostenstundung nicht in Anspruch nimmt (s. o.). Im Gegensatz zu § 4c Nr. 4 macht § 290 Abs. 1 Nr. 7 die Sanktionierung einer Verletzung der Erwerbsobliegenheit aber von der Stellung eines Gläubigerantrags abhängig. 4

II. Verhältnis zu § 295 Abs. 1 Nr. 1

Zwischen dem Beginn der Abtretungsfrist und der Aufhebung des Verfahrens ergibt sich die Erwerbsobliegenheit des Schuldners aus § 287b. Nach der Aufhebung gilt § 295 Abs. 1 Nr. 1. Da § 290 Abs. 1 Nr. 7 die Versagung der Restschuldbefreiung ebenso wie § 296 von der Beeinträchtigung der Befriedigung der Insolvenzgläubiger abhängig macht, ergeben sich insoweit aber keine Unterschiede zwischen der Sanktionierung einer Verletzung der Erwerbsobliegenheit in den verschiedenen Verfahrensstadien. 5

§ 288 Bestimmung des Treuhänders

¹Der Schuldner und die Gläubiger können dem Insolvenzgericht als Treuhänder eine für den jeweiligen Einzelfall geeignete natürliche Person vorschlagen. ²Wenn noch keine Entscheidung über die Restschuldbefreiung ergangen ist, bestimmt das Gericht zusammen mit der Entscheidung, mit der es die Aufhebung oder die Einstellung des Insolvenzverfahrens wegen Masseunzulänglichkeit beschließt, den Treuhänder, auf den die pfändbaren Bezüge des Schuldners nach Maßgabe der Abtretungserklärung (§ 287 Absatz 2) übergehen.

Übersicht	Rdn.			
A. Normzweck	1	II.	Bestimmung des Treuhänders (Satz 2)	3
B. Norminhalt	2		1. Person des Treuhänders	3
I. Vorschlagsrecht (Satz 1)	2		2. Zeitpunkt	

§ 288 InsO Bestimmung des Treuhänders

▶ **Hinweis:**

Die §§ 286–303 alter Fassung, die für alle Insolvenzverfahren gelten, die bis einschließlich 30.06.2014 beantragt worden sind, sind im **Anhang zu § 303a** abgedruckt und mit Anmerkungen versehen.

A. Normzweck

1 § 288 räumt sowohl dem Schuldner als auch den Gläubigern das Recht ein, einen Treuhänder – gemeint ist der Treuhänder in der Wohlverhaltensphase – vorzuschlagen. Zweck der Vorschrift ist es, dem Gericht über die ihm ohnehin bereits bekannten Personen hinaus solche Personen bekannt zu machen, die das Amt des Treuhänders auch **unentgeltlich** auszuüben bereit sind (Begr. Rechtsausschuss BT-Drucks. 12/7302 S. 187). Damit sollen vorrangig die Kosten des Verfahrens niedrig gehalten werden. Darüber hinaus ist Zweck des Vorschlagsrechts, dem Schuldner zu ermöglichen, eine Person seines Vertrauens vorschlagen zu können, die ihm dann als Ansprechpartner zur Seite steht und ihn während der Treuhandphase berät und unterstützt (MK-Ehricke § 288 Rn. 2). In der Praxis spielt das Vorschlagsrecht keine Rolle. I. d. R. werden als Treuhänder diejenigen Personen eingesetzt, die auch als Insolvenzverwalter bzw. Treuhänder im Hauptverfahren tätig werden. Daran wird sich wohl auch nichts ändern.

B. Norminhalt

I. Vorschlagsrecht (Satz 1)

2 Sowohl der Schuldner als auch die Gläubiger sind berechtigt, einen Treuhänder mit dem Aufgabengebiet des § 292 vorzuschlagen. Eine besondere **Form** ist nicht vorgeschrieben; der Vorschlag kann sowohl schriftlich als auch mündlich erklärt werden (MK-Ehricke § 288 Rn. 7; KPB-Wenzel § 288 Rn. 3). Das Gericht ist an den ihm unterbreiteten Vorschlag nicht gebunden (NR-Römermann § 288 Rn. 10; BK-Goetsch § 288 Rn. 4). Es hat diesen aber bei der **Ermessensausübung** zu berücksichtigen. Lehnt es den Vorschlag ab, hat eine Begründung zu erfolgen (MK-Ehricke § 288 Rn. 13). Gegen die Entscheidung steht dem Schuldner die sofortige Beschwerde zu.

II. Bestimmung des Treuhänders (Satz 2)

1. Person des Treuhänders

3 In dem Beschluss bestimmt das Gericht gleichzeitig die Person des Treuhänders, auf den die pfändbaren Bezüge des Schuldners übergehen. Die **Auswahl** der Person des Treuhänders trifft das **Gericht von Amts wegen**. Es ist nunmehr *immer* eine konstitutiv wirkende Entscheidung des Gerichts erforderlich. Nach der Aufhebung des § 313 InsO gilt dies auch für **Verbraucherinsolvenzverfahren**. Die Bestellung eines (anderen) Treuhänders für die Wohlverhaltensperiode ist demnach auch nicht (mehr) als konkludente Entlassung des ersten Treuhänders anzusehen, die nur bei einem wichtigen Grund statthaft wäre (so noch für die »alte« Rechtslage: BGH, ZInsO 2012, 455; vgl. zur Thematik die Kommentierungen zu § 56 Rdn. 2 und § 59 Rdn. 9).

4 Durch die Übernahme des Amtes gehen die pfändbaren Bezüge des Schuldners ab dem Zeitpunkt der Rechtskraft des Beschlusses auf den Treuhänder über (KPB-Wenzel § 291 Rn. 2; Uhlenbruck-Vallender § 291 Rn. 13; NR-Römermann § 291 Rn. 9; s. a. § 287 Rdn. 16 ff.).

2. Zeitpunkt

Der Treuhänder ist zusammen mit dem Beschluss über die Aufhebung oder die Einstellung des Insolvenzverfahrens mangels Masse zu bestimmen, wenn noch keine Entscheidung über die Restschuldbefreiung ergangen ist.

§ 289 Einstellung des Insolvenzverfahrens

Im Fall der Einstellung des Insolvenzverfahrens kann Restschuldbefreiung nur erteilt werden, wenn nach Anzeige der Masseunzulänglichkeit die Insolvenzmasse nach § 209 verteilt worden ist und die Einstellung nach § 211 erfolgt.

Übersicht	Rdn.			Rdn.
A. Normzweck	1	II.	Ersetzung des Schlusstermins	3
B. Norminhalt	2	III.	Nicht befriedigte Massegläubiger	4
I. Restschuldbefreiung nur bei Verfahrenskostendeckung	2			

▶ **Hinweis:**

Die §§ 286–303 alter Fassung, die für alle Insolvenzverfahren gelten, die bis einschließlich 30.06.2014 beantragt worden sind, sind im **Anhang zu § 303a** abgedruckt und mit Anmerkungen versehen.

A. Normzweck

Die Vorschrift ermöglicht die Erteilung der Restschuldbefreiung auch für den Fall, dass das Insolvenzverfahren wegen Masseunzulänglichkeit gem. § 211 eingestellt wird. 1

B. Norminhalt

I. Restschuldbefreiung nur bei Verfahrenskostendeckung

Im Fall der Einstellung des Verfahrens wegen Masseunzulänglichkeit (§ 208) ist die Erteilung der Restschuldbefreiung weiterhin möglich, nicht dagegen bei einer Einstellung mangels Masse. D. h. die Erteilung der Restschuldbefreiung kommt nur dann infrage, wenn zumindest die Kosten für das Insolvenzverfahren gedeckt sind. Im Fall der – rgm. vorliegenden – Stundung der Verfahrenskosten gem. § 4a ist dies stets der Fall. 2

II. Ersetzung des Schlusstermins

Wird das Insolvenzverfahren wegen Masseunzulänglichkeit eingestellt, wird kein Schlusstermin durchgeführt. Gleichwohl muss vor der Ankündigung eine gesonderte Anhörung der Insolvenzgläubiger und des Insolvenzverwalters erfolgen. Zu diesem Zweck muss eine Gläubigerversammlung einberufen werden, in der dann auch etwaige Versagungsanträge beschieden werden (LG Kassel, ZInsO 2004, 161; MK-Stephan § 289 Rn. 56; HK-Landfermann § 289 Rn. 10; FK-Ahrens § 289 Rn. 5, 30 ; Häsemeyer, InsR, Rn. 26.25). 3

III. Nicht befriedigte Massegläubiger

Verteilungen, die der Treuhänder gem. § 292 Abs. 1 Satz 2 im Restschuldbefreiungsverfahren vornimmt, sind im Fall der Masseunzulänglichkeit bis zur vollständigen Befriedigung der Massegläubiger nur diesen ggü. wahrzunehmen; erst danach sind die Insolvenzgläubiger zu bedenken (s. § 292 Rdn. 5; BGH, ZInsO 2005, 597 m. Anm. Pape; KPB-Wenzel § 289 Rn. 6; Uhlenbruck-Vallender § 289 Rn. 40; Vallender, FS Gerhardt, S. 999, 1020; Schmidt, ZInsO 2003, 9, 14; Pape, NZI 2001, 1, 6; ders. ZInsO 2001, 587, 590; Mäusezahl, ZVI 2003, 617, 623). 4

§ 290 Versagung der Restschuldbefreiung

(1) Die Restschuldbefreiung ist durch Beschluss zu versagen, wenn dies von einem Insolvenzgläubiger, der seine Forderung angemeldet hat, beantragt worden ist und wenn

1. der Schuldner in den letzten fünf Jahren vor dem Antrag auf Eröffnung des Insolvenzverfahrens oder nach diesem Antrag wegen einer Straftat nach den §§ 283 bis 283c des Strafgesetzbuchs rechtskräftig zu einer Geldstrafe von mehr als 90 Tagessätzen oder einer Freiheitsstrafe von mehr als drei Monaten verurteilt worden ist,
2. der Schuldner in den letzten drei Jahren vor dem Antrag auf Eröffnung des Insolvenzverfahrens oder nach diesem Antrag vorsätzlich oder grob fahrlässig schriftlich unrichtige oder unvollständige Angaben über seine wirtschaftlichen Verhältnisse gemacht hat, um einen Kredit zu erhalten, Leistungen aus öffentlichen Mitteln zu beziehen oder Leistungen an öffentliche Kassen zu vermeiden,
3. (weggefallen)
4. der Schuldner in den letzten drei Jahren vor dem Antrag auf Eröffnung des Insolvenzverfahrens oder nach diesem Antrag vorsätzlich oder grob fahrlässig die Befriedigung der Insolvenzgläubiger dadurch beeinträchtigt hat, daß er unangemessene Verbindlichkeiten begründet oder Vermögen verschwendet oder ohne Aussicht auf eine Besserung seiner wirtschaftlichen Lage die Eröffnung des Insolvenzverfahrens verzögert hat,
5. der Schuldner Auskunfts- oder Mitwirkungspflichten nach diesem Gesetz vorsätzlich oder grob fahrlässig verletzt hat,
6. der Schuldner in der nach § 287 Absatz 1 Satz 3 vorzulegenden Erklärung und in den nach § 305 Absatz 1 Nummer 3 vorzulegenden Verzeichnissen seines Vermögens und seines Einkommens, seiner Gläubiger und der gegen ihn gerichteten Forderungen vorsätzlich oder grob fahrlässig unrichtige oder unvollständige Angaben gemacht hat,
7. der Schuldner seine Erwerbsobliegenheit nach § 287b verletzt und dadurch die Befriedigung der Insolvenzgläubiger beeinträchtigt; dies gilt nicht, wenn den Schuldner kein Verschulden trifft; § 296 Absatz 2 Satz 2 und 3 gilt entsprechend.

(2) ¹Der Antrag des Gläubigers kann bis zum Schlusstermin oder bis zur Entscheidung nach § 211 Absatz 1 schriftlich gestellt werden; er ist nur zulässig, wenn ein Versagungsgrund glaubhaft gemacht wird. ²Die Entscheidung über den Versagungsantrag erfolgt nach dem gemäß Satz 1 maßgeblichen Zeitpunkt.

(3) ¹Gegen den Beschluss steht dem Schuldner und jedem Insolvenzgläubiger, der die Versagung der Restschuldbefreiung beantragt hat, die sofortige Beschwerde zu. ²Der Beschluss ist öffentlich bekannt zu machen.

Übersicht	Rdn.
A. Normzweck	1
B. Norminhalt	2
I. Versagungsantrag	2
1. Antrag durch Gläubiger	2
2. Zeitpunkt des Antrags	5
3. Glaubhaftmachung (Abs. 2)	10
4. Amtsermittlung	12
II. Die einzelnen Versagungsgründe (Abs. 1)	13
1. Verurteilung wegen einer Insolvenzstraftat (Nr. 1)	15
2. Unrichtige oder unvollständige Angaben (Nr. 2)	16
a) Objektive Voraussetzungen	17
aa) Unrichtige oder unvollständige Angaben	17
bb) Zur Leistungsbeziehung-/vermeidung	22
cc) Innerhalb der letzten 3 Jahre	23
b) Subjektive Voraussetzungen	24
3. Vermögensverschwendung und Verzögerung des Insolvenzverfahrens (Nr. 4)	26
a) Objektive Voraussetzungen	26
aa) Unangemessene Verbindlichkeiten	26
bb) Vermögensverschwendung	27
cc) Verzögerung des Insolvenzverfahrens	28
dd) Maßgeblicher Zeitraum	30
ee) Gläubigerbeeinträchtigung	31
b) Subjektive Voraussetzungen	33
4. Verletzung von Auskunfts- und Mitwirkungspflichten (Nr. 5)	34
a) Objektive Voraussetzungen	34
b) Subjektive Voraussetzungen	42
5. Fehlerhafte Erklärungen und Verzeichnisse (Nr. 6)	43
a) Objektive Voraussetzungen	43

b) Subjektive Voraussetzungen	47	III.	Entscheidung des Gerichts	51
6. Verletzung der Erwerbsobliegenheit im eröffneten Verfahren (Nr. 7)	49	IV.	Rechtsmittel und Rechtskraft (Abs. 3)	52
		1.	Rechtsmittel	52
a) Objektive Voraussetzungen	49	2.	Bekanntmachung	54
b) Subjektive Voraussetzungen	50	C.	Kosten	55

▶ **Hinweis:**

Die §§ 286–303 alter Fassung, die für alle Insolvenzverfahren gelten, die bis einschließlich 30.06.2014 beantragt worden sind, sind im **Anhang zu § 303a** abgedruckt und mit Anmerkungen versehen.

A. Normzweck

Nur der **redliche Schuldner** soll in den Genuss der Restschuldbefreiung kommen. Die nähere Bestimmung dessen, was ein unredlicher Schuldner ist, sollte nach dem Willen des Gesetzgebers im Hinblick auf die erforderliche Rechtssicherheit keiner Generalklausel überlassen werden. Die **Gründe für die Versagung** der Restschuldbefreiung sind daher in § 290 und §§ 295 bis 298 **abschließend aufgezählt**. Während die §§ 295 ff. erst während der Wohlverhaltensperiode, also von der Aufhebung des Insolvenzverfahrens bis zum Ende der Abtretungsfrist Anwendung finden (vgl. § 295 Rdn. 1), decken die Regelungen des § 290 allein und abschließend den vorherigen Zeitraum ab (eine »Vermischung« sieht allerdings Pape, ZVI 2014, 235). 1

B. Norminhalt

I. Versagungsantrag

1. Antrag durch Gläubiger

Die Versagung der Restschuldbefreiung kann nur auf Antrag eines Insolvenzgläubigers erfolgen, der eine Forderung zur Insolvenztabelle angemeldet hat. Erforderlich ist weder, dass der antragstellende Gläubiger an der Schlussverteilung teilnimmt (BGH, ZInsO 2009, 2215), noch, dass seine Forderung von einer zukünftigen Restschuldbefreiung überhaupt erfasst wäre (AG Köln, NZI 2012, 90 in Bezug auf eine nach § 302 Nr. 1 ausgenommene Forderung). Absonderungsberechtigte Gläubiger sind grundsätzlich erst dann antragsberechtigt, wenn sie ihren Ausfall nachgewiesen haben (FK-Ahrens § 290 Rn. 80). Wird vor Aufhebung des Insolvenzverfahrens über die Restschuldbefreiung entschieden (s. § 299 Rdn. 3), genügt aber die Glaubhaftmachung des Ausfalls (BGH, ZInsO 2012, 2164). Sofern die angemeldete – nicht titulierte – Forderung vom Insolvenzverwalter oder einem anderen Gläubiger bestritten wird, ist für die Antragsberechtigung erforderlich, dass der antragstellende Gläubiger den Nachweis gem. § 189 erbracht hat (LG Flensburg, ZInsO 2013, 2335; AG Hamburg, ZInsO 2005, 1060). Unerheblich ist hingegen, ob der Schuldner die angemeldete Forderung bestritten hat (A. Schmidt, Privatinsolvenz, Kap. 5 Rn. 67). Nicht erforderlich ist, dass der antragstellende Gläubiger selbst Betroffener des unredlichen Verhaltens des Schuldners ist, da durch die Versagung der Restschuldbefreiung allg. die Unredlichkeit des Schuldners sanktioniert werden soll (BGH, ZInsO 2007, 446 zu § 290 Abs. 1 Nr. 6 InsO; OLG Celle, ZInsO 2000, 457; KPB-Wenzel § 290 Rn. 3; HK-Landfermann § 290 Rn. 35; a.A. AG Memmingen, ZInsO 2004, 52; FK-Ahrens § 290 Rn. 56). 2

Hat das Gericht bereits auf Antrag eines Gläubigers die Versagung der Restschuldbefreiung ausgesprochen, so sind weitere Versagungsanträge mangels Rechtsschutzbedürfnis unzulässig. Die Verbindung mehrerer Gläubigeranträge gem. § 147 ZPO kommt nach hier vertretener Ansicht nicht infrage, weil es am notwendigen rechtlichen Zusammenhang fehlt (vgl. hierzu MK/ZPO-Patzina § 33 Rn. 20). Wird auf einen der Anträge die Restschuldbefreiung versagt, liegt bzgl. der weiteren Anträge ggf. ein Fall der Erledigung vor. Das Gericht hat dann auf Antrag gem. § 4 i.V.m. § 91a 3

ZPO über die Kosten zu entscheiden, also inzidenter die Zulässigkeit und Begründetheit des Versagungsantrags zu prüfen.

4 Der Insolvenzverwalter ist zur Stellung eines Versagungsantrags nicht berechtigt. Da er ein neutrales Amt ausübt, ist er auch nicht berechtigt, Anträge durch Gläubiger zu initiieren (AG Hamburg, ZInsO 2004, 1324). Allerdings darf der Verwalter die Insolvenzgläubiger von Umständen unterrichten, welche die Versagung der Restschuldbefreiung begründen können (Frind, NZI 2013, 729, 730; vgl. BGH, ZInsO 2010, 1498 in Bezug auf den Treuhänder in der Wohlverhaltensperiode). Auch eine Versagung der Restschuldbefreiung von Amts wegen ist nicht möglich.

2. Zeitpunkt des Antrags

5 Der Versagungsantrag kann nach nunmehr geltender Rechtslage **bis zum Schlusstermin** oder bis zur Entscheidung nach § 211 Abs. 1 gestellt werden (für vor dem 01.07.2014 beantragte »Altfälle« vgl. Anhang zu § 303a § 290 a. F. Rdn. 1). Sowohl im nunmehr geltenden Regelfall des schriftlichen Verfahrens (§ 5 Abs. 2), als auch im Ausnahmefall des mündlichen Verfahrens können die Versagungsanträge also zu jedem **beliebigen Zeitpunkt während des eröffneten Verfahrens** schriftlich gestellt werden (RegE BT-Drucks. 17/11268, S. 15). Die mündliche Stellung von Versagungsanträgen ist nur in einem etwaigen mündlichen Schlusstermin möglich. Stellt ein Gläubiger bei Anordnung des mündlichen Verfahrens einen schriftlichen Versagungsantrag, so ist seine Anwesenheit im mündlichen Schlusstermin nicht erforderlich. Das Gericht entscheidet nach Abs. 2 Satz 2 erst nach dem Schlusstermin über die Versagung der Restschuldbefreiung (RegE BT-Drucks. 17/11268, S. 27). Die Stellung eines Versagungsantrags und die gerichtliche Entscheidung über die Versagung können also zeitlich deutlich auseinanderfallen, wodurch das Verfahren mit erheblichen Unsicherheiten belastet wird (Grote/Pape, ZInsO 2013, 1433, 1441). Allerdings besteht diese Unsicherheit auch schon nach bisheriger Rechtslage, weil auch hier der Schuldner nicht sicher sein kann, dass im Schlusstermin kein Versagungsantrag gestellt wird.

6 Teilweise wird vorgeschlagen, dass die Versagung bereits vorzeitig erfolgen soll, wenn bereits »kurz nach Eröffnung des Verfahrens« ein »stichhaltiger« Versagungsantrag eingeht (so Henning, ZVI 2014, 7, 12; grundlegend Frind, NZI 2013, 729, 730 f.). Zwar ist zuzugeben, dass eine vorzeitige Versagung aufgrund der sich aus § 287a ergebenden Sperrfristen auch im Interesse des Schuldners wäre (Henning a. a. O.; Frind a. a. O.). Eine umfassende Prüfung der Zulässigkeit und Begründetheit der Versagungsanträge vor dem Schlusstermin war vom Gesetzgeber im Interesse der Justizentlastung aber gerade nicht gewollt (RegE BT-Drucks. 17/11268, S. 27). Deswegen hat der Gesetzgeber trotz Kenntnis von der Kritik an dem Verfahrensablauf von der **Schaffung einer vorzeitigen Versagungsmöglichkeit abgesehen** (vgl. Grote/Pape, ZInsO 2013, 1433, 1441). Auch die sofortige Zurückweisung eines zulässigen aber unbegründeten Antrages dürfte daher nicht möglich sein (**a. A.** Schmerbach/Semmelbeck, NZI 2014, 550). Dem Antragsteller bleibt es vielmehr unbenommen, seinen einmal eingereichten Versagungsantrag bis zum maßgeblichen Termin durch **Nachreichungen** zu substantiieren, etwa aus Anlass eines neuen Verwalterberichts (Frind, NZI 2013, 732). Damit wird den Gläubigern letztlich ein ständiges Rücknahme-, Ergänzungs- und Nachbesserungsrecht eingeräumt, was nicht nur die Rechtsunsicherheit verstärkt, sondern auch Gericht und Verwalterbüros erheblich belastet (Pape, ZVI 2014, 235). Sinnvoll und zulässig erscheint jedoch, dass das Gericht schon während des Verfahrens Versagungsanträge zurückweist, die, etwa aufgrund mangelnder Antragsbefugnis, **offensichtlich unzulässig** sind (Schmerbach/Semmelbeck, NZI 2014, 550; Laroche/Siebert, NZI 2014; 543; Frind, NZI 2013, 732, der auf das Bedürfnis hinweist, »ersichtlich« unzulässige Versagungsanträge »auszusieben«; hierzu zählt Frind z. B. zu Recht auch »Versagungsanträge« die vom Antragsteller rechtsfehlerhaft auf § 302 gestützt werden).

7 Endet die Abtretungsfrist vor der Abschlussreife des Insolvenzverfahrens, hat das Insolvenzgericht ohne Durchführung einer Wohlverhaltensperiode über den Antrag des Schuldners auf Restschuldbefreiung zu entscheiden (s. § 299 Rdn. 3). In diesen Fällen kommen weder der Schlusstermin, noch die Entscheidung nach § 211 Abs. 1 als maßgeblicher Zeitpunkt für das Vorliegen der Versagungsanträge in Betracht. Um den Gläubigern Gelegenheit zur Stellung von Versagungsanträgen

zu geben, hat das Gericht jedoch einen Anhörungstermin festzusetzen (BGH, ZInsO 2010, 102; ZInsO 2011, 1126). Mit dem Gesetz zur Verkürzung des Restschuldbefreiungsverfahrens und der Stärkung der Gläubigerrechte verfolgt der Gesetzgeber das Ziel, die Stellung von Versagungsanträgen nicht länger an einen festen Gerichtstermin zu binden (RegE BT-Drucks. 17/11268, S. 15). Wird ein schriftliches Verfahren durchgeführt, liegt es daher nahe, dass das Gericht statt eines speziellen Anhörungstermins eine angemessene Frist für die Einreichung schriftlicher Versagungsanträge festlegt.

Verspätete Versagungsanträge sind nur unter den Voraussetzungen des § 297a zu berücksichtigen (vgl. zu den Einzelheiten die dortigen Ausführungen). Liegen die dortigen Voraussetzungen nicht vor, ist der Gläubiger mit seinen Versagungsanträgen oder Substanziierungen präkludiert (BGH, ZInsO 2012, 597; BGH, ZInsO 2009, 1317; ZInsO 2008, 1272; ZInsO 2006, 647). Nicht erforderlich ist, dass der Antragsteller den Versagungsantrag in Analogie zu § 296 Abs. 1 Satz 2 innerhalb eines Jahres ab Kenntniserlangung des Versagungsgrundes stellt (BGH, NZI 2011, 193 zu § 290 a. F.). Die zu § 290 a. F. ergangene Rechtsprechung stützte sich auf die nach alter Rechtslage bestehende feste Verbindung von Antragstellung und Schlusstermin. Da die gerichtliche Entscheidung gem. Abs. 2 Satz 2 aber ohnehin erst nach dem Schlusstermin ergeht, gibt es auch nach der Gesetzesänderung keinen ersichtlichen Grund für die Annahme einer durch Kenntnis ausgelösten Präklusionsfrist.   8

Der Gläubiger kann seinen Antrag auf Versagung der Restschuldbefreiung **bis zur Rechtskraft** des Versagungsbeschlusses **zurücknehmen** (BGH, ZInsO 2010, 1495; LG Dresden, ZInsO 2007, 557f.; KPB-Wenzel § 290 Rn. 9). Eine zuvor ergangene Entscheidung des Gerichts oder der Vorinstanzen ist dann nach § 269 Abs. 3 Satz 1 ZPO unwirksam (BGH a. a. O.).   9

3. Glaubhaftmachung (Abs. 2)

Der antragstellende Gläubiger muss den Versagungsgrund bis zum (nach altem Recht: im) Schlusstermin **glaubhaft** machen (Pape, ZVI 2014, 236). Eine nachträgliche Glaubhaftmachung kommt nicht in Betracht (noch zum alten Recht: BGH, ZInsO 2008, 1272; LG Kaiserslautern, ZInsO 2006, 1172; AG Hamburg, ZInsO 2005, 1060). Eine Behauptung ist glaubhaft gemacht, wenn nach der Überzeugung des erkennenden Gerichts eine **überwiegende Wahrscheinlichkeit** dafür besteht, dass sie zutrifft; bei umfassender Würdigung aller Umstände des Einzelfalls muss mehr für die Erfüllung des Versagungsgrundes als dagegen sprechen. Eine nur plausible Darstellung des Sachverhalts reicht grds. nicht aus (BGH, ZInsO 2003, 943), schon gar nicht eine bloße Behauptung ins Blaue hinein (LG Göttingen, ZInsO 2005, 155). Zur Glaubhaftmachung kann sich der Gläubiger grds. aller Beweismittel bedienen (§ 294 ZPO), etwa der einfachen Abschrift von Urkunden oder der eidesstattlichen Versicherung. Bezieht er sich auf einen Zeugen, so muss dieser in der mündlichen Verhandlung präsent sein. Zur Glaubhaftmachung kann sich der Antragsteller auch auf den vorliegenden **Verwalter-/Treuhänderbericht** beziehen, sofern dieser konkrete Hinweise auf den behaupteten Versagungsgrund enthält (BGH, ZInsO 2009, 396).   10

Eine Glaubhaftmachung ist ausnahmsweise nicht erforderlich, wenn die Tatsachen, auf die der Antragsteller seinen Antrag stützt, unstreitig sind (BGH, ZInsO 2009, 298; ZVI 2005, 614). Dies kann auch der Fall sein, wenn der Schuldner im Schlusstermin nicht erscheint und den Vortrag des Gläubigers infolgedessen nicht bestreitet (BGH, ZInsO 2009, 481; kritisch dazu: Pape/Schaltke, NZI 2011, 238). Nach Beendigung des Schlusstermins ist dem Schuldner ein Bestreiten nicht mehr möglich (BGH a. a. O.). Dies gilt jedoch nur, wenn der Schuldner zuvor darauf hingewiesen wurde, dass eine Stellungnahme nur im bzw. bis zum Schlusstermin erfolgen kann (BGH, ZInsO 2011, 837).   11

4. Amtsermittlung

Sofern die Glaubhaftmachung gelingt, setzt die **Amtsermittlungspflicht des Insolvenzgerichts** ein (BGH, ZInsO 2003, 941; HK-Landfermann § 290 Rn. 38). In diesem Fall hat das Gericht alle   12

Umstände, die die Versagung begründen können, umfassend von Amts wegen festzustellen. Die zulässigen und zweckmäßigen Aufklärungsmittel wählt das Gericht nach pflichtgemäßem Ermessen und orientiert an den Behauptungen und Beweisanregungen der Verfahrensbeteiligten aus (BGH, ZInsO 2013, 1484; ZInsO 2013, 1095 m. Anm. Ahrens, VuR 2013, 332). Insb. kann es Zeugen und Sachverständige vernehmen (§ 5 Abs. 1). Dabei darf das Gericht nach Auffassung des BGH »das Versagungsverfahren nicht auf andere Versagungsgründe erstrecken« als die, die von dem antragstellenden Gläubiger glaubhaft gemacht wurden (BGH, ZInsO 2007, 323 zu §§ 295, 296). Diese Rechtsprechung wurde dahin gehend präzisiert, dass »das Gericht seine Versagungsentscheidung (...) [nicht] auf Umstände stütz(en) [darf], die der Gläubiger zur Begründung seines Versagungsantrags nicht geltend macht hat« (BGH, ZInsO 2007, 1221). Versteht man dies richtigerweise als eine Beschränkung der Amtsermittlungspflicht auf den glaubhaft gemachten **Lebenssachverhalt**, so ergeben sich hieraus folgende Konsequenzen: Die Versagungsentscheidung darf nicht auf Tatsachen gestützt werden, die mit dem im Schlusstermin glaubhaft gemachten Tatsachenkomplex bei natürlicher Betrachtungsweise nicht zusammengehören (vgl. auch LG Kaiserslautern, ZInsO 2006, 1172). Solche Umstände können auch nicht nachträglich, z. B. i. R. d. Beschwerdeverfahrens, in den Antrag miteinbezogen werden (offengelassen in BGH, ZInsO 2007, 323). Umgekehrt hat das Gericht aber solche Tatsachen, die sich erst i. R. d. Ermittlungen ergeben, von sich aus zu berücksichtigen, soweit sie dem glaubhaft gemachten Lebenssachverhalt zuzuordnen sind (vgl. LG Hagen, ZInsO 2007, 387 [zust. Anm. Plümpel]). Bei mangelnder Identität von ermitteltem und vorgetragenem Sachverhalt kann das Gericht die Restschuldbefreiung nur versagen, wenn die Sachverhalte bei qualitativer Betrachtung ausreichend ähnlich sind (AG Berlin-Charlottenburg, ZInsO 2012, 297; zust. Anm. Martini, ZInsO 2012, 531). **Die rechtliche Bewertung des ermittelten Sachverhalts obliegt allein dem Gericht**; es kann also die Versagung auf eine andere als die vom Antragsteller geltend gemachte Versagungsnorm stützen, wenn der glaubhaft gemachte Sachverhalt dies erlaubt (AG Hamburg, ZInsO 2008, 984). Allerdings bleibt es dem Gläubiger - nachdem der Versagungsantrag nunmehr jederzeit bis zum Schlusstermin gestellt werden kann - unbenommen, seine Ausführungen und Glaubhaftmachungen jederzeit zu ergänzen (s. o. Rdn. 6), so dass dem entsprechend der Umfang der Amtsermittlungspflicht ggf. auszudehnen ist.

II. Die einzelnen Versagungsgründe (Abs. 1)

13 Die Gründe, deretwegen die Restschuldbefreiung zu versagen ist, werden in Abs. 1 Nr. 1 bis 7 benannt. Die §§ 295 ff. finden in dieser Phase des Verfahrens keine Anwendung (Vallender, FS Gerhardt, S. 999, 1014 m. w. N.). Eine Verurteilung gem. §§ 283 bis 283c StGB muss vom Antragsteller glaubhaft gemacht werden; die Amtsermittlung setzt erst dann ein, wenn danach ein zulässiger Antrag vorliegt. Allein die Behauptung, der Schuldner sei u. a. wegen Betruges verurteilt worden, reicht zur Glaubhaftmachung nicht aus (AG Hamburg, ZInsO 2007, 559).

14 Anders als bei § 296 ist i. R. d. § 290 eine **Gläubigerbeeinträchtigung** keine Versagungsvoraussetzung (a. A. LG Hamburg, ZVI 2002, 33), sodass eigentlich jeder Verstoß zur Versagung der Restschuldbefreiung führen könnte. Allerdings kann die Restschuldbefreiung wegen Verletzung von **Auskunfts- und Mitwirkungspflichten** nur versagt werden, wenn die Pflichtverletzung ihrer Art nach geeignet ist, die Befriedigung der Gläubiger zu gefährden (BGH, ZInsO 2011, 1223; ZInsO 2011, 197; ZInsO 2009, 395). Außerdem bleiben **Bagatellverstöße** im Hinblick auf den allg. Verhältnismäßigkeitsgrundsatz grds. außer Betracht (st. Rspr.; s. nur BGH, ZInsO 2011, 197; ZInsO 2011, 1223).

1. Verurteilung wegen einer Insolvenzstraftat (Nr. 1)

15 Die Aufzählung der relevanten Straftatbestände ist abschließend. Andere Straftaten als die genannten sind unerheblich, selbst wenn auch sie geeignet sind, Zweifel an der Redlichkeit des Schuldners zu begründen. Bei Vermögensdelikten wird allerdings ohnehin oftmals eine Versagung gem. § 290 Abs. 1 Nr. 2 in Betracht kommen, weil § 290 Abs. 1 Nr. 1 keine Sperrwirkung in Bezug auf nicht genannte Straftatbestände entfaltet (BGH, ZInsO 2011, 301; KPB-Wenzel § 290 Rn. 9). Voraus-

setzung ist, dass der Schuldner in den letzten 5 Jahren vor dem Antrag auf Eröffnung des Insolvenzverfahrens oder nach dem Antrag **rechtskräftig** zu einer Geldstrafe von mehr als 90 Tagessätzen oder einer Freiheitsstrafe von mehr als 3 Monaten verurteilt wurde, wobei eine Verurteilung wegen Versuchs ausreicht (NR-Römermann § 290 Rn. 21), und die Rechtskraft spätestens im Schlusstermin vorliegen muss (BGH, ZInsO 2013, 1093). Die Straftat, deretwegen der Schuldner verurteilt wurde, muss nicht im Zusammenhang mit dem Insolvenzverfahren stehen. Denn die Aufklärung eines Ursachenzusammenhangs zwischen der Straftat und dem lfd. Insolvenzverfahren würde dem Ziel des Gesetzgebers widersprechen, strenge Voraussetzungen für die Erteilung der Restschuldbefreiung aufzustellen (BGH, ZInsO 2003, 126). Mit dem durch das Gesetz zur Verkürzung des Restschuldbefreiungsverfahrens und zur Stärkung der Gläubigerrechte eingeführten Erfordernis der Verurteilung zu einer Geldstrafe von mehr als 90 Tagessätzen oder zu einer Freiheitsstrafe von mehr als 3 Monaten (**sog. Bagatellgrenze**) soll verhindert werden, dass es wegen vergleichsweise unbedeutender Straftaten zu einer Versagung der Restschuldbefreiung kommt (RegE BT-Drucks. 17/11268, S. 26). Doch diesem Bedürfnis konnte im Rahmen der richterlichen Verhältnismäßigkeitsprüfung auch schon vor der Neufassung ausreichend Rechnung getragen werden (vgl. BGH, ZInsO 2012, 543 Rn. 13, zu weiter gehender Kritik an der Bagatellgrenze s. Weiß, ZInsO 2012, 1058, 1062 f.). Als Folge der Einführung einer Bagatellgrenze kann die Verwarnung mit Strafvorbehalt nach § 59 StGB nicht mehr als Verurteilung i. S. d. Vorschrift angesehen werden (anders noch BGH, ZInsO 2012, 543 zu § 290 Abs. 1 Nr. 1 a. F. unter Auseinandersetzung mit der Neufassung). Auf die Tilgungs- und Verwertungsregeln der **§§ 45 ff. Bundeszentralregistergesetz** ist nach der Neufassung der Vorschrift auch nicht zugunsten des Schuldners zurückzugreifen (vgl. zur abweichenden Rechtslage nach § 290 Abs. 1 Nr. 1 a. F. BGH, ZInsO 2011, 834).

2. Unrichtige oder unvollständige Angaben (Nr. 2)

Die Vorschrift verlangt, dass der Schuldner innerhalb der 3-Jahres-Frist vorsätzlich oder grob fahrlässig unrichtige oder unvollständige schriftliche Angaben über seine wirtschaftlichen Verhältnisse gemacht hat, um bestimmte Leistungen zu beziehen (BGH, ZInsO 2003, 610). Einer der Hauptanwendungsfälle für Abs. 1 Nr. 2 dürfte das falsch ausgefüllte Formular für ein Bankdarlehen sein (z. B. BGH, ZInsO 2003, 941; LG Mönchengladbach, ZInsO 2004, 515; AG Berlin-Lichtenberg, ZInsO 2004, 629). 16

a) Objektive Voraussetzungen

aa) Unrichtige oder unvollständige Angaben

Die Angaben müssen sich auf die **persönlichen wirtschaftlichen Verhältnisse** des Schuldners beziehen (KPB-Wenzel § 290 Rn. 22; Kohte/Ahrens/Grote § 290 Rn. 22). Hiervon umfasst sind auch Angaben, die sich auf eine Personengesellschaft beziehen, für deren Verbindlichkeiten er unbeschränkt persönlich haftet (BGH, ZInsO 2010, 1059; ZInsO 2003, 941). 17

Um Rechtssicherheit zu schaffen und um die Gerichte zu entlasten, sind nur fehlerhafte Angaben relevant, die **schriftlich** abgegeben werden (AG Göttingen, ZInsO 2002, 499; Uhlenbruck-Vallender § 290 Rn. 33). Unrichtige schriftliche Angaben des Schuldners setzen nicht voraus, dass sie vom Schuldner eigenhändig gemacht worden sind; sie liegen vielmehr auch vor, wenn sie von Dritten mit Wissen und Billigung des Schuldners abgegeben worden sind (BGH, ZInsO 2006, 602; ZInsO 2003, 943; LG Potsdam, ZInsO 2005, 666; **a. A.** AG Göttingen, ZVI 2002, 385; HK-Landfermann § 290 Rn. 7). 18

Unrichtig ist eine Angabe, wenn sie von der Wirklichkeit abweicht (MK-Stephan § 290 Rn. 34). Zu beachten ist dabei jedoch, dass das Ziel von § 290 Abs. 1, durch eine abschließende Aufzählung von Versagungsgründen Rechtssicherheit zu schaffen, eine zu weitgehende Interpretation schriftlicher Erklärungen verbietet (BGH, ZInsO 2006, 266). Eine Angabe ist **unvollständig**, wenn die i. R. e. den Schein der Vollständigkeit erweckenden Erklärung enthaltenen Angaben zwar richtig sind, durch das Weglassen wesentlicher Umstände aber ein falsches Gesamtbild vermitteln (OLG Köln, 19

ZInsO 2001, 230; LG Potsdam, ZInsO 2005, 665; MK-Stephan § 290 Rn. 34; KPB-Wenzel § 290 Rn. 20). Erforderlich ist aber in beiden Fällen, dass der Schuldner auch zur Offenbarung verpflichtet war (AG Berlin-Lichtenberg, ZInsO 2004, 630; FK-Ahrens § 290 Rn. 19).

20 Selbst wenn ein Kreditinstitut offensiv damit wirbt, dass für die Krediterteilung eine Schufa-Auskunft nicht eingeholt würde, so ändert dies nichts daran, dass erteilte Angaben des Schuldners hinsichtl. seiner bestehenden Verbindlichkeiten richtig und vollständig sein müssen. Derartige Werbeaussagen eines Kreditgebers führen nicht zu einem Verlust seiner Schutzbedürftigkeit.

21 Nicht erfasst von Abs. 1 Nr. 2 ist der Fall, dass der Schuldner **gar keine Angaben** macht (OLG Köln, ZInsO 2001, 230; auch AG Lichtenberg, ZInsO 2004, 630; **a. A.** LG Traunstein, ZVI 2002, 473: Nichtabgabe einer Steuererklärung). Ein solcher Fall liegt z. B. vor, wenn in das für die Aufführung von Verbindlichkeiten vorgesehene Feld eines Vertragsformulars nichts eingetragen wird. Eine Falschangabe liegt aber vor, wenn der Schuldner das Wort »keine« einsetzt (vgl. AG Berlin-Lichtenberg, ZInsO 2004, 630).

bb) Zur Leistungsbeziehung/-vermeidung

22 Die Angaben müssen gemacht werden, um einen Kredit zu erhalten, Leistungen aus öffentlichen Mitteln zu beziehen oder Leistungen an öffentliche Kassen zu vermeiden. Das Wort »**Kredit**« ist dabei weit zu verstehen; es umfasst jede Form von Darlehen, Zahlungsaufschub oder Finanzierungshilfe (AG Göttingen, NZI 2012, 423; ZInsO 2010, 442, HK-Landfermann § 290 Rn. 4; MK-Stephan § 290 Rn. 38). Voraussetzung ist, dass der erlangte Vermögensvorteil aus fremdem Vermögen stammt und nur vorübergehend zur Verfügung gestellt wird (LG Düsseldorf, NZI 2009, 193). Erfolgen die Angaben nicht zur Erhaltung, sondern zum Behalten eines Kredits, kommt eine Versagung nicht in Betracht (AG Göttingen, NZI 2012, 423). Als **öffentliche Leistungen**, die der Schuldner durch die unrichtigen Angaben erschleichen wollte, kommen Sozialleistungen, aber auch Arbeitslosengeld oder Erziehungsgeld in Betracht. Eine **Leistungsvermeidung** kann sich z. B. die Rückzahlung überzahlter öffentlicher Zuwendungen beziehen (MK-Stephan § 290 Rn. 39) aber auch auf **Steuerzahlungen** (Kranenberg, NZI 2011, 664). Es ist allgemein anerkannt, dass Steuerhinterziehungen unter § 290 Abs. 1 Nr. 2 InsO fallen können, also nicht durch § 290 Abs. 1 Nr. 1 InsO von vornherein vom Anwendungsbereich dieser Vorschrift ausgeschlossen sind (BGH, ZInsO 2011, 301).

cc) Innerhalb der letzten 3 Jahre

23 Die fehlerhaften Angaben müssen in den letzten 3 Jahren vor dem Antrag auf Eröffnung des Insolvenzverfahrens oder nach diesem Antrag gemacht worden sein. Maßgeblich für den Fristbeginn ist der für die Restschuldbefreiung notwendige Eigenantrag des Schuldners und nicht etwaige vorhergehende Eröffnungsanträge von Gläubigern (AG Dortmund, ZInsO 2009, 1077). Dass die Frist mit Eröffnung des Insolvenzverfahrens enden soll (HK-Landfermann § 290 Rn. 10), ist dem Wortlaut der Vorschrift nicht zu entnehmen. Es ist daher davon auszugehen, dass sich der Zeitraum über das Insolvenzeröffnungsverfahren hinaus auch auf unzutreffende Erklärungen erstreckt, die während der Dauer des Insolvenzverfahrens bis zum Schlusstermin abgegeben werden (BGH, ZInsO 2012, 192; Uhlenbruck-Vallender § 290 Rn. 39; MK-Stephan § 290 Rn. 42). Es reicht nicht aus, dass der Schuldner es versäumt, innerhalb der 3-Jahres-Frist Angaben zu berichtigen oder zu vervollständigen, die er vor Beginn der Frist gemacht hat, um öffentliche Leistungen zu erschleichen; dies gilt auch dann, wenn er gesetzlich zur Berichtigung verpflichtet ist (BGH, ZInsO 2003, 610).

b) Subjektive Voraussetzungen

24 In subjektiver Hinsicht müssen dem Schuldner Vorsatz oder grobe Fahrlässigkeit vorzuwerfen sein. Unter **Vorsatz** versteht man dabei das Wissen und Wollen des in § 290 missbilligten Erfolgs. **Grobe Fahrlässigkeit** ist anzunehmen, wenn der Schuldner die im Verkehr erforderliche Sorgfalt in besonders schwerem Maße verletzt (BGHZ 10, 16). Dabei muss er schon einfachste, ganz naheliegende

Überlegungen nicht angestellt und das nicht beachtet haben, was im gegebenen Fall jedem einleuchten musste (BGH, ZInsO 2006, 371 zu § 290 Abs. 1 Nr. 5; AG Göttingen, ZInsO 2006, 220). Bei Verbrauchern müssen bei der Beurteilung die intellektuellen Fähigkeiten des Schuldners und die Umstände, unter denen es zu Falschangaben gekommen ist, berücksichtigt werden (OLG Celle, ZVI 2002, 31; LG Stuttgart, ZInsO 2001, 135). Überlässt ein Schuldner einem Kreditvermittler weitgehend das Ausfüllen des Kreditantrags und macht dieser dann darin objektiv falsche Angaben, kann nach Auffassung des BGH nicht ohne Weiteres vom Vorliegen grober Fahrlässigkeit ausgegangen werden. Vielmehr soll dies nur dann der Fall sein, wenn Anlass zu der Befürchtung bestand, der Vermittler werde die Angaben nicht ordnungsgemäß in das Vertragsformular eintragen (BGH, ZInsO 2005, 927; LG Düsseldorf, ZVI 2006, 471; vgl. auch AG Wuppertal, ZVI 2005, 505).

Kennzeichnend für den Versagungsgrund des Abs. 1 Nr. 2 ist ferner ein finales Element; die fehlerhaften Angaben müssen **subjektiv dem Zweck dienen**, Leistungen von Dritten zu erhalten bzw. eigene Leistungen zu vermeiden (BGH, ZInsO 2008, 157). Die Unredlichkeit des Schuldners dokumentiert sich bereits in der Absicht (Döbereiner, Die Restschuldbefreiung nach der Insolvenz, S. 126). Dass es tatsächlich zu einer Kreditgewährung oder Leistungsgewährung bzw. Leistungsvermeidung gekommen ist, ist nicht erforderlich (LG Potsdam, ZInsO 2005, 666; MK-Stephan § 290 Rn. 40; Uhlenbruck-Vallender § 290 Rn. 37; KPB-Wenzel § 290 Rn. 27; Heyer, Restschuldbefreiung im Insolvenzverfahren, S. 70; a. A. LG Stuttgart, ZInsO 2001, 134). Sinngemäß gelten diese Grundsätze nicht nur für vorsätzliches Handeln. Auch der Schuldner, der durch grob fahrlässige fehlerhafte Angaben die wirtschaftlichen Interessen des Kreditgebers gefährdet, dokumentiert hinreichend seine Unredlichkeit (Döbereiner, Die Restschuldbefreiung nach der Insolvenz, S. 126). 25

3. Vermögensverschwendung und Verzögerung des Insolvenzverfahrens (Nr. 4)

a) Objektive Voraussetzungen

aa) Unangemessene Verbindlichkeiten

Ein Schuldner, der kurz vor dem Antrag auf Eröffnung des Insolvenzverfahrens und der damit verbundenen Beantragung der Restschuldbefreiung unangemessene Verbindlichkeiten begründet, dokumentiert nach der Vorstellung des Gesetzgebers seine Unredlichkeit, weil dadurch offenkundig wird, dass er seine Verpflichtungen nicht erfüllen will. Unangemessen sind Verbindlichkeiten, wenn sie **wirtschaftlich nicht sinnvoll** sind oder **im Gegensatz zu den zuvor bestehenden Lebensverhältnissen** stehen (Mäusezahl in: Bork/Koschmieder, Fachanwaltshandbuch InsolvenzR, Rn. 14.47). Sanktioniert werden Verhaltensweisen, die unter wirtschaftlichen Gesichtspunkten nicht nachvollziehbar sind (HK-Landfermann § 290 Rn. 19). Der selbstständig tätige Schuldner begründet unangemessene Verbindlichkeiten i. S. d. Nr. 4, wenn deren Nichterfüllbarkeit schon bei Eingehung vorhersehbar ist oder ein Verstoß gegen die **Maßstäbe eines verantwortungsbewusst und wirtschaftlich vernünftig handelnden Kaufmanns** vorliegt. Das kommt etwa dadurch zum Ausdruck, dass der Schuldner kurzfristige Kredite für langfristige Verbindlichkeiten aufnimmt oder Aufträge über Kredite finanziert, die von vornherein kalkulatorisch keine Gewinne abwerfen (AG Oldenburg, ZVI 2003, 367). 26

bb) Vermögensverschwendung

Auch wer angesichts eines absehbaren Insolvenzverfahrens sein Vermögen verschwendet, dokumentiert seine Unredlichkeit. Eine Vermögensverschwendung liegt vor, wenn der Schuldner Werte außerhalb einer sinnvollen und nachvollziehbaren Verhaltensweise verbraucht (z. B. Vernichtung einer zur Masse gehörenden Einbauküche, BGH, ZInsO 2009, 1506). Hierfür genügt jedoch nicht jede zum Schadensersatz verpflichtende unerlaubte Handlung (LG Düsseldorf, NZI 2009, 193). Einen typischen Fall von Vermögensverschwendungen stellen vielmehr **Ausgaben für Luxusaufwendungen** dar. Solche liegen rgm. dann vor, wenn die getätigten Ausgaben im Verhältnis zum Gesamtvermögen und -einkommen des Schuldners als grob unangemessen erscheinen. Hierunter kann z. B. die Finanzierung einer medizinisch nicht erforderlichen Urlaubsreise nach Spanien fallen 27

(LG Düsseldorf, NZI 2004, 390) oder das »Verspielen« von Geld im Spielkasino (AG Göttingen, ZInsO 2010, 1012). Auch kann vom Schuldner erwartet werden, dass er bei einer Verschlechterung der Einkommenssituation seine rgm. Ausgaben entsprechend anpasst (AG Göttingen, NZI 2012, 423). Großzügige **Schenkungen** an Familienangehörige sind rgm. ein Anwendungsfall der Nr. 4. Überträgt etwa der insolvente Vater kurz vor Antragstellung das elterliche Haus unentgeltlich auf seine Tochter, will er den Grundbesitz dem Zugriff der Gläubiger entziehen (Mäusezahl in: Bork/Koschmieder, Fachanwaltshandbuch InsolvenzR, Rn. 14.48). Gleiches gilt, wenn der Schuldner Vermögensgegenstände unter dem Verkehrswert veräußert (vgl. BGH, ZInsO 2013, 1484). Schenkungen, die sittlichen Anforderungen entsprechen, sind hingegen keine Vermögensverschwendung (AG Göttingen, NZI 2012, 423; FK-Ahrens § 290 Rn. 46). Auch die **Belastung eines Grundstücks mit einer Fremdgrundschuld**, die keine Forderung sichert, stellt eine Vermögensverschwendung dar (BGH, ZInsO 2011, 1471). Die Ausschlagung einer Erbschaft durch den Schuldner, zu der dieser nach § 83 auch während des Insolvenzverfahrens ausschließlich befugt ist, stellt hingegen keinen Versagungsgrund i. S. d. Abs. 1 Nr. 4 dar (LG Mainz, ZInsO 2003, 525). Auch bei Umschuldungsmaßnahmen, für die eine sachliche Rechtfertigung besteht, kann rgm. keine Vermögensverschwendung angenommen werden (AG Hamburg, ZInsO 2002, 339). Ein Unterlassen des Schuldners kann ebenfalls den Tatbestand der Vermögensverschwendung erfüllen, so z. B., wenn der Schuldner nicht in eine günstigere Wohnung umzieht, sondern einen seiner Situation unangemessenen luxuriösen Lebensstil fortsetzt (BGH, ZInsO 2005, 146). In der **Befriedigung einzelner Gläubiger** nach Eintritt der Zahlungsunfähigkeit (z. B. durch die Genehmigung von Lastschriften) liegt keine Vermögensverschwendung, weil insoweit das einer Vermögensverschwendung üblicherweise anhaftende besondere Unwertmerkmal fehlt (BGH, ZInsO 2009, 732; AG München, ZVI 2008, 174). Die Möglichkeit der insolvenz- oder bereicherungsrechtlichen Rückabwicklung der Leistung des Schuldners steht der Annahme einer Vermögensverschwendung nicht entgegen (vgl. BGH, ZInsO 2013, 1484 Rn. 12; ZInsO 2011, 1471).

cc) Verzögerung des Insolvenzverfahrens

28   Damit soll zwar keine Insolvenzantragspflicht natürlicher Personen eingeführt werden (Uhlenbruck-Vallender § 290 Rn. 57). Es soll aber der Gefahr entgegengewirkt werden, dass der Schuldner, ohne dass Aussicht auf Verbesserung seiner wirtschaftlichen Lage besteht, durch sein Verhalten Gläubiger davon abhält, die Eröffnung eines Insolvenzverfahrens zu beantragen (Heyer, Restschuldbefreiung im Insolvenzverfahren, S. 76). Erfasst wird folglich auch nur aktives Verhalten durch den Schuldner (AG Göttingen, ZVI 2005, 504; Uhlenbruck-Vallender § 290 Rn. 57; a. A. KPB-Wenzel § 290 Rn. 41; offen gelassen durch BGH, ZInsO 2012, 597). Ein solches kann z. B. in der Täuschung des Gläubigers über seine Vermögensverhältnisse oder in dem querulatorischen Gebrauch von Rechtsmitteln liegen (Uhlenbruck-Vallender § 290 Rn. 57 f.).

29   Für den Begriff der **Verzögerung** kommt es darauf an, ob ein ordentlicher Schuldner im eigenen und im Gläubigerinteresse den Antrag bereits früher gestellt hätte. Es handelt sich hier um eine bewusst allg. gehaltene Tatbestandsvoraussetzung, die einer Konkretisierung durch die Rspr. bedarf (MK-Stephan § 290 Rn. 62). Eine Verzögerung der Eröffnung des Insolvenzverfahrens i. S. d. Norm kann nur dann vorliegen, wenn es um ein eigenes Insolvenzverfahren des Schuldners geht. Ein Verhalten des Schuldners als Geschäftsführer einer GmbH fällt nicht hierunter (AG Hamburg, ZInsO 2007, 560).

dd) Maßgeblicher Zeitraum

30   Die genannten Verhaltensweisen müssen in den letzten 3 Jahren vor dem Antrag auf Eröffnung des Insolvenzverfahrens oder danach vorgenommen worden sein.

ee) Gläubigerbeeinträchtigung

31   Des Weiteren ist erforderlich, dass durch das Verhalten des Schuldners die Befriedigung der Insolvenzgläubiger beeinträchtigt worden ist. Es muss ein **kausaler Zusammenhang** bestehen, wobei

Mitursächlichkeit genügt. Erforderlich ist, dass das Verhalten des Schuldners das Ansetzen einer höheren Quote verhindert (AG Göttingen, ZInsO 2004, 1093; NR-Römermann § 290 Rn. 69; Hess/Weis/Wienberg § 290 Rn. 34). Dies ist z. B. nicht der Fall, wenn der Schuldner aus seinem unpfändbaren Einkommen Verbindlichkeiten getilgt hat (AG Göttingen a.a.O; MK-Stephan § 290 Rn. 65).

Anders als § 303 verlangt Nr. 4 **keine erhebliche Beeinträchtigung**. Im Einzelfall kann sich der Schuldner aber bei einer ganz unwesentlichen Beeinträchtigung der Befriedigungsaussicht der Gläubiger auf das Verbot des Rechtsmissbrauchs gem. § 242 BGB oder den Verhältnismäßigkeitsgrundsatz berufen (Uhlenbruck-Vallender § 290 Rn. 61; i. E. auch FK-Ahrens § 290 Rn. 48; MK-Stephan § 290 Rn. 59 f.). 32

b) Subjektive Voraussetzungen

Der Schuldner muss vorsätzlich oder grob fahrlässig gehandelt haben. Der Sorgfaltsmaßstab ist der gleiche wie in Nr. 2 (Rdn. 24). 33

4. Verletzung von Auskunfts- und Mitwirkungspflichten (Nr. 5)

a) Objektive Voraussetzungen

Die Vorschrift greift nicht nur bei der Verletzung von Auskunfts- und Mitwirkungspflichten während des **eröffneten Insolvenzverfahrens** ein, sondern erfasst ausdrücklich auch Pflichtverstöße, die vom Schuldner während des **Eröffnungsverfahrens** begangen werden (so schon vor der Gesetzesänderung BGH, ZInsO 2008, 1278; ZInsO 2005, 208; vgl. auch BGH, ZVI 2005, 276 zur Einkommensverschleierung durch behauptete Tätigkeit für eine Limited). Relevante Auskunfts- und Mitwirkungspflichten sind nur solche, die durch die InsO selbst bestimmt sind (BGH, NZI 2006, 481; ZInsO 2003, 415), z. B. in §§ 20, 97, 98 oder 101. Gem. § 97 muss der Schuldner dem Insolvenzgericht, dem Insolvenzverwalter, dem Treuhänder, dem Gläubigerausschuss und, auf gerichtliche Anordnung, der Gläubigerversammlung Auskunft über alle das Verfahren betreffenden Verhältnisse erteilen (LG Bielefeld, ZInsO 2010, 1661). Er darf sich nicht weigern, Auslandsvermögen beizuschaffen, auf das der Insolvenzverwalter nicht zugreifen kann, insb. in den Fällen, in denen der andere Staat die Eröffnungswirkungen des Insolvenzverfahrens nicht anerkennt (MK-Stephan § 290 Rn. 71). 34

Die Auskunftspflichten sind keine reinen Antwortpflichten. Vielmehr treffen den Schuldner auch **Offenbarungspflichten**, d. h. er hat alle Umstände offenzulegen, soweit sie offensichtlich für das Insolvenzverfahren von Bedeutung sein können und nicht klar zutage liegen (BGH, ZInsO 2011, 396; ZInsO 2010, 477; ZInsO 2009, 396). Dies umfasst die Pflicht des Schuldners, bereits gemachte Angaben ggf. richtigzustellen oder zu ergänzen (LG Potsdam, ZInsO 2009, 1416). Die Informationspflicht ist unverzüglich nach Verwirklichung des anzeigepflichtigen Sachverhalts zu erfüllen (BGH, ZInsO 2010, 927; s. AG Göttingen, ZInsO 2008, 51 für den Fall einer Erbschaft). 35

Einen Verstoß i. S. v. Nr. 5 stellt z. B. das Unterlassen der Abführung des pfändbaren Einkommens (BGH, NZI 2013, 904 m. zust. Anm. Harder) oder das Verschweigen von Vermögen dar, wobei hier die Nichtanzeige von (Neben-) Einkünften der relevanteste Fall sein dürfte (s. dazu LG Verden, ZVI 2006, 469; LG Mönchengladbach, ZInsO 2003, 955; LG Stuttgart, ZInsO 2001, 134; AG Oldenburg, ZInsO 2009, 686; AG Bonn, ZInsO 2006, 49; AG Erfurt, ZInsO 2006, 1173; AG Göttingen, ZInsO 2006, 1174; AG Oldenburg, ZInsO 2001, 1170). Anzeigepflichtig sind daneben der Erwerb von Geschäftsanteilen an einer GmbH und die Übernahme eines Geschäftsführeramtes (BGH, ZInsO 2010, 926). Umstände, die eine Insolvenzanfechtung begründen können, sind stets anzuzeigen (BGH, ZInsO 2012, 751; ZInsO 2010, 477; ZInsO 2010, 2102), auch wenn die möglicherweise anfechtbare Vermögensverschiebung nur von kurzfristiger Dauer ist (AG Hamburg, ZInsO 2007, 951). Entzieht sich der Schuldner generell der Mitwirkung an einem Insolvenzverfahren, kann eine Pflichtverletzung dann angenommen werden, wenn sich die fehlende Mitwirkung über einen längeren Zeitraum erstreckt und nennenswerte Auswirkungen auf 36 das Verfahren hat; also bspw., wenn der Schuldner im Ausland »abtaucht« (BGH, ZInsO 2008, 975). Einen Wohnsitzwechsel hat der Schuldner, ebenso wie während der Wohlverhaltensperiode, innerhalb von 2 Wochen anzuzeigen (AG Göttingen, ZInsO 2010, 538).

37 Geht der Nichterfüllung einer Auskunfts- oder Mitwirkungspflicht eine Anordnung voraus, kann die Versagung der Restschuldbefreiung nur gerechtfertigt sein, wenn die der Auskunfts- und Mitwirkungspflicht zugrunde liegende Anordnung rechtmäßig war (BGH, ZInsO 2003, 415; FK-Ahrens § 290 Rn. 55). Dies gilt auch für Gebote oder Verbote, die der Insolvenzverwalter ggü. dem Schuldner ausspricht. So ist dieser nicht befugt, dem Schuldner die **Aufnahme oder Fortsetzung einer selbstständigen Tätigkeit** zu verbieten (Tetzlaff, ZInsO 2005, 393). Insb. ergibt sich eine derartige Kompetenz auch nicht aus § 97 Abs. 2. Ebenso wenig wie der Schuldner verpflichtet ist, seine Arbeitskraft der Masse generell zur Verfügung zu stellen (vgl. schon die Stellungnahme des Gravenbrucher Kreis, ZIP 1990, 478: »Moderne Knechtschaft«), kann ihn der Insolvenzverwalter mit einem »Berufsverbot« belegen. Infolgedessen ist der Versagungsgrund des Abs. 1 Nr. 5 nicht erfüllt, wenn der Schuldner eine Geschäftstätigkeit gegen den Willen des Insolvenzverwalters/Treuhänders aufnimmt oder fortsetzt (a. A. LG Cottbus, ZVI 2002, 218). Von dem Schuldner muss aber verlangt werden, dass er die Aufnahme einer weiteren selbstständigen Tätigkeit zumindest anzeigt und die erzielten Nebeneinkünfte offenlegt (AG Oldenburg, ZInsO 2001, 1170; LG Mönchengladbach, ZInsO 2003, 955).

38 Im Fall einer zuvor gem. § 35 Abs. 2 erfolgten **Freigabe** muss der Schuldner entgegen der Ansicht des AG Wuppertal (ZInsO 2011, 2150) nicht die die tatsächlich erzielten Einkünfte an den Insolvenzverwalter abführen, weil Maßstab für dessen Zahlungspflicht analog § 295 Abs. 2 nur dessen fiktives Einkommen sein kann (vgl. hierzu Kommentierung zu § 295, dort Rdn. 25 ff.). Es ist daher folgerichtig, dass der Schuldner nach erfolgter Freigabe nicht zur Erteilung von **Auskünften über seine tatsächlich erzielten Einnahmen und Ausgaben** verpflichtet ist(LG Göttingen, ZInsO 2011, 1799; Grote, ZInsO 2011, 1489; **a. A.** AG Wuppertal, a. a. O.; wohl auch AG Hamburg, ZVI 2013, 357). Aus § 97 Abs. 1 kann sich unter Umständen dennoch eine Verpflichtung zur Erteilung derartiger Auskünfte ergeben, etwa wenn dies zur Ermittlung der wirtschaftlichen Leistungsfähigkeit des analog § 295 Abs. 2 zahlungspflichtigen Schuldners notwendig ist (vgl. hierzu weiterführend die Kommentierung zu § 35 Rdn. 264).

39 Weiterhin ist der Schuldner ggü. dem Insolvenzverwalter nicht zur **Erstellung** der Steuererklärung verpflichtet, sondern nur zur Vorlage der für die Erklärung erforderlichen Unterlagen. Fordert der Insolvenzverwalter den Schuldner dennoch zur Erstellung auf, so besteht in dem Nichtnachkommen dieser Aufforderung kein Verstoß gegen Nr. 5 (BGH, ZInsO 2009, 300; LG Mönchengladbach, ZInsO 2005, 104). Ein Versagungsgrund liegt allerdings dann vor, wenn der Schuldner bewusst wahrheitswidrig erklärt, dass er die Steuererklärung dem Insolvenzverwalter kurzfristig übersenden werde und den Insolvenzverwalter dadurch an der Geltendmachung von Steuererstattungsansprüchen hindert (BGH a. a. O.; LG Mönchengladbach a. a. O.).

40 Eine Schädigung der Gläubiger ist nicht Voraussetzung für die Versagung der Restschuldbefreiung (BGH, ZInsO 2009, 395; ZInsO 2003, 414); es reicht aus, dass eine kausal auf das Verhalten des Schuldners zurückzuführende **Gefährdung der Gläubigerrechte** eingetreten ist (BGH, ZInsO 2011, 1223; ZInsO 2011, 197; ZInsO 2009, 395; LG Mönchengladbach, ZInsO 2003, 957; AG Leipzig, ZVI 2007, 146; insoweit auch AG Memmingen, ZInsO 2004, 52; AG Hamburg, ZInsO 2001, 332; zu weitgehend allerdings AG Wetzlar, NZI 2007, 57, 58, das übersieht, dass eine Gläubigerbenachteiligung zumindest möglich sein muss).

41 Ein Verstoß gegen Nr. 5 kann ebenso »**geheilt« werden**, wie ein Verstoß gegen die Obliegenheiten aus § 295 (vgl. § 296 Rdn. 13). Dies setzt voraus, dass der Schuldner im Regelinsolvenzverfahren von sich aus eine gebotene, aber zunächst unterlassene Auskunftserteilung nachholt, bevor sein Verhalten aufgedeckt und ein Versagungsantrag gestellt ist (BGH, ZInsO 2011, 197). Weiterhin dürfen die Gläubigerinteressen durch die Obliegenheitsverletzung nicht beeinträchtigt sein (BGH a. a. O.). An dieser Voraussetzung fehlt es, wenn der Schuldner pfändbare Einkünfte zwar nach-

träglich offenlegt, zur Nachzahlung des Fehlbetrags an die Masse aber nicht in der Lage ist (LG Hamburg, ZVI 2012, 429). In Verbraucherinsolvenzverfahren können Pflichtverstöße während des Eröffnungsverfahrens nur bis zur Verfahrenseröffnung geheilt werden, weil dort schon für das der Verfahrenseröffnung vorangehende Schuldenbereinigungsverfahren richtige und vollständige Angaben des Schuldners erforderlich sind (BGH, ZInsO 2011, 198; NZI 2005, 461). Im Lichte des Verhältnismäßigkeitsgrundsatzes sind außerdem ganz geringe Verstöße gegen Mitwirkungs- und Auskunftspflichten als nicht relevant anzusehen (st. Rspr.; s. nur BGH, ZInsO 2011, 1223). Bei der Prüfung der Frage nach der erforderlichen Erheblichkeit kann z. B. berücksichtigt werden, ob der Schuldner falsche oder unvollständige Angaben im Verlauf des Verfahrens berichtigt oder ergänzt oder er eine zunächst versäumte Mitwirkung rechtzeitig nachgeholt hat (BGH a. a. O.; vgl. auch LG Kleve, ZVI 2007, 33).

b) Subjektive Voraussetzungen

In subjektiver Hinsicht muss dem Schuldner Vorsatz oder grobe Fahrlässigkeit vorzuwerfen sein. Bei der groben Fahrlässigkeit handelt es sich um eine auch subjektiv schlechthin unentschuldbare Pflichtverletzung (BGH, ZInsO 2009, 787). Obwohl hohe Sorgfaltsanforderungen an den Schuldner zu stellen sind, ist nicht jeder Verstoß gegen die Auskunftspflichten des Schuldners als grob fahrlässig anzusehen (BGH, ZInsO 2009, 786). Die Verletzung von Auskunftspflichten ist aber grob fahrlässig, wenn bei allgemeiner Fragestellung wesentliche Vermögensänderungen mitzuteilen sind oder wenn das Auskunftsverlangen durch eine gezielte Fragestellung in einer Weise konkretisiert ist, die bei dem Schuldner keine Unklarheit über die von ihm zu erteilenden Angaben aufkommen lassen kann (BGH a. a. O.; Uhlenbruck-Vallender § 290 Rn. 72). Der Schuldner darf auf die inhaltliche Richtigkeit eines Merkblatts des Gerichts vertrauen (BGH, ZInsO 2006, 371 zur Wohlverhaltensphase). 42

5. Fehlerhafte Erklärungen und Verzeichnisse (Nr. 6)

a) Objektive Voraussetzungen

Die unrichtige Angabe muss ausdrücklich in der nach § 287 Abs. 1 Satz 3 erforderlichen Erklärung oder in einem der genannten Verzeichnisse nach § 305 Abs. 1 Nr. 3 niedergelegt, also schriftlich erfolgt sein. 43

Erfasst sind zunächst unrichtige Angaben in der nach § 287 Abs. 1 Satz 3 erforderlichen Erklärung. Der Schuldner darf also frühere Erteilungen oder Versagungen der Restschuldbefreiung nicht verschweigen. 44

Andernfalls können unrichtige Angaben eine Versagung nur begründen, wenn sie im **Vermögensverzeichnis**, der **Vermögensübersicht** oder dem **Gläubiger- und Forderungsverzeichnis** erfolgen (§ 305 Abs. 1 Nr. 3). Damit sind nicht alle Bestandteile des Antragsformulars erfasst. Hat der Schuldner in den genannten Verzeichnissen unrichtige oder unvollständige Angaben gemacht, wird dieses Verhalten wie die Verletzung der Auskunftspflichten des Schuldners nach Abs. 1 Nr. 5 behandelt. Zu einem späteren Zeitpunkt abgegebene Angaben sind für den Versagungsgrund des Abs. 1 Nr. 6 unerheblich (BGH, NZI 2005, 404). Zu den einschlägigen Verstößen zählen die Nichtangabe eines Gläubigers (LG Hamburg, ZInsO 2011, 1367, AG Göttingen, ZInsO 2002, 1150; LG Stuttgart, ZInsO 2002, 1097; a. A. AG Dortmund, ZInsO 2006, 384 für den Fall, dass das Gericht später von der Durchführung eines gerichtlichen Planverfahrens absieht) - wobei sämtliche Insolvenzgläubiger anzugeben sind, auch wenn ihre Forderungen möglicherweise nachrangig gem. § 39 sind -, die Nichtangabe einer Kapitalbeteiligung, und zwar auch dann, wenn der Schuldner den Vermögenswert für unerheblich oder uneinbringlich hält (LG Frankfurt am Main, ZVI 2003, 136; vgl. auch BGH, ZInsO 2007, 57 zu Abs. 1 Nr. 5), die Nichtangabe einer Lebensversicherung (AG Baden-Baden, ZVI 2005, 440) oder die falsche Berufsangabe und Verschleierung von Einkommen (LG Hamburg, ZInsO 2003, 433). Die Nichtangabe einer Sicherungsabtretung der Gehaltsansprüche dürfte nach Aufhebung des § 114 in den nach dem 01.07.2014 beantragten 45

Verfahren allerdings keine Rolle mehr spielen (hingegen noch zum »alten« Recht: LG Hamburg, ZVI 2002, 382; AG Hamburg, ZInsO 2001, 330).

46 Unerheblich ist, ob durch das Fehlverhalten des Schuldners Gläubiger beeinträchtigt werden (BGH, ZInsO 2011, 835; ZInsO 2004, 920). Es genügt, dass die falschen oder unvollständigen Angaben ihrer Art nach geeignet sind, die Befriedigung der Insolvenzgläubiger zu gefährden (BGH, ZInsO 2011, 835). Das ist bspw. der Fall, wenn ein Insolvenzgläubiger nicht im Forderungsverzeichnis aufgeführt wird (BGH, ZInsO 2013, 99). Ganz unwesentliche Verstöße rechtfertigen die Versagung der Restschuldbefreiung aber nicht (BGH, ZInsO 2005, 146; vgl. auch AG Dortmund, ZInsO 2006, 384: »bloßer Formalverstoß«). Insoweit unbeachtlich sind solche Abweichungen, die sich im Bereich objektiv ganz geringer Beträge bewegen oder nachrangige Forderungen betreffen; auf die Frage, ob der Schuldner die Angaben subjektiv für unwesentlich hält, kommt es aber nicht an (LG Frankfurt am Main, ZVI 2003, 136). Sofern der Schuldner noch vor der Eröffnung des Insolvenzverfahrens im Rahmen von Erklärungen nach § 305 Abs. 3 Satz 1 oder § 307 Abs. 3 Satz 1 seine ursprünglichen, nicht vorsätzlich falschen Angaben ergänzt bzw. berichtigt, ist ein Versagungsgrund nicht gegeben (BGH, NZI 2005, 461; BayObLG, ZInsO 2002, 489).

b) Subjektive Voraussetzungen

47 In subjektiver Hinsicht ist Vorsatz oder grobe Fahrlässigkeit erforderlich. **Grobe Fahrlässigkeit** wird auch hier bei einem besonders schweren Verstoß gegen die objektiv erforderliche Sorgfalt, die im gegebenen Fall jedem einzuleuchten hat, angenommen (LG Göttingen, ZInsO 2002, 734). Bei der Beurteilung der groben Fahrlässigkeit ist ein strenger Maßstab anzulegen. Das Vorliegen grober Fahrlässigkeit wird nicht schon durch den objektiven Verstoß indiziert, sondern muss sich auch aus den verfahrensbegleitenden Umständen ergeben (BGH, ZInsO 2008, 737; ZInsO 2007, 1150 f.). Bei der Beurteilung sollte zwar grds. berücksichtigt werden, dass der Anwendungsbereich von Abs. 1 Nr. 6 von vornherein auf Verbraucher i. S. v. § 304 beschränkt ist, die nicht selten Schwierigkeiten mit dem korrekten Ausfüllen der Formulare haben, weshalb eine Gesamtwürdigung des Verhaltens des Schuldners angezeigt ist (AG Hamburg, ZInsO 2004, 330). Mit dem pauschalen Vortrag, er sei geschäftlich unerfahren und habe die Übersicht verloren, wird der Schuldner aber nicht ohne Weiteres gehört werden können (AG Heidelberg, ZVI 2004, 630; HK-Landfermann § 290 Rn. 32). Auch ist die Kenntnis allg. bekannter Geschäftspraktiken zu unterstellen, wie z. B. der Tatsache, dass im Verbraucherbereich rgm. kein Kredit ohne Sicherungsabtretung vergeben wird (nur relevant für »Altverfahren«). Bei der Nichtangabe eines Gläubigers können die Höhe der nicht angegebenen Forderung, deren Anteil an der Gesamtverschuldung, die Anzahl der Gläubiger und der Zeitpunkt des letzten Vollstreckungsversuchs Indizwirkung für das Vorliegen von Vorsatz oder grober Fahrlässigkeit haben (AG Göttingen, ZInsO 2007, 616).

48 Kann der Schuldner aber nachweisen, dass es **von einer anerkannten Schuldnerberatungsstelle falsch beraten** worden ist und er hierauf vertraut hat, so wird man ihm i. d. R. nicht vorwerfen können, dass er in besonders schwerem Maße die im Verkehr erforderliche Sorgfalt verletzt hat. Eine Zurechnung des Verschuldens des Beratenden nach § 278 BGB kommt schon deshalb nicht in Betracht, da auch hier auf den Sorgfaltsmaßstab des Schuldners abzustellen ist (vgl. Palandt-Heinrichs § 278 BGB Rn. 24; **a. A.** AG Duisburg, ZVI 2005, 309 zu Abs. 1 Nr. 4). Auch das eigenmächtige **Fehlverhalten des Verfahrensbevollmächtigten** kann dem Schuldners nicht gem. § 4 InsO i. V. m. § 85 Abs. 2 ZPO zugerechnet werden. Verstößt ein vom Schuldner hinzugezogener, seiner Qualifikation nach grds. geeigneter Berater vorsätzlich oder grob fahrlässig gegen seine Beratungspflichten, lässt dies keinen Rückschluss auf die Redlichkeit oder Unredlichkeit des Schuldners zu. Eine Versagung der Restschuldbefreiung allein wegen des Fehlverhaltens einer Hilfsperson kommt daher nicht in Betracht; eine solche setzt stets ein eigenes Fehlverhalten des Schuldners voraus (BGH, ZInsO 2011, 572).

6. Verletzung der Erwerbsobliegenheit im eröffneten Verfahren (Nr. 7)

a) Objektive Voraussetzungen

Die Versagung setzt neben einem Verstoß gegen die Erwerbsobliegenheit (s. dazu § 287b und § 295 Rdn. 3 ff.) voraus, dass die Befriedigung der Insolvenzgläubiger beeinträchtigt wird. Auch bezüglich dieser Beeinträchtigung kann auf die zu §§ 295 Abs. 1 Nr. 1, 296 entwickelten Grundsätze zurückgegriffen werden (Grote/Pape, ZInsO 2013, 1433, 1443). 49

b) Subjektive Voraussetzungen

Der Schuldner muss den Verstoß auch zu verschulden haben. Während im Rahmen eines Verstoßes gegen § 290 Abs. 1 Nr. 2, Nr. 4, Nr. 5 oder Nr. 6 Vorsatz oder grobe Fahrlässigkeit zu fordern sind, genügt im Rahmen von § 290 Abs. 1 Nr. 7 ebenso wie bei § 296 Abs. 1 Satz 1 schon ein leicht fahrlässiger Verstoß (vgl. § 296 Rdn. 14). Dies ergibt sich aus dem insoweit inhaltsgleichen Wortlaut und der systematischen Anlehnung von § 290 Abs. 1 Nr. 7 an § 296 durch den Gesetzgeber. 50

III. Entscheidung des Gerichts

Hinsichtlich der Entscheidung steht dem Gericht kein Ermessen zu (Smid-Krug/Haarmeyer § 290 Rn. 5). Hat ein Gläubiger einen zulässigen Versagungsantrag gestellt und liegt einer der Versagungsgründe des Abs. 1 vor, hat das Gericht die Restschuldbefreiung zu versagen. Andernfalls ist der Antrag als unbegründet (bzw. unzulässig) zurückzuweisen. Das Insolvenzgericht entscheidet durch Beschluss (§ 289 Abs. 1 Satz 2). 51

IV. Rechtsmittel und Rechtskraft (Abs. 3)

1. Rechtsmittel

Hat ein Insolvenzgläubiger die Versagung der Restschuldbefreiung beantragt und das Gericht die Restschuldbefreiung gleichwohl erteilt, steht diesem Insolvenzgläubiger gem. Abs. 3 Satz 1 das Rechtsmittel der sofortigen Beschwerde zu. Andere Gläubiger haben dieses Recht nicht. Wird die Versagung ausgesprochen, ist hingegen der Schuldner zur sofortigen Beschwerde berechtigt. 52

Gegen die Beschwerdeentscheidung kann gem. § 7 i. V. m. §§ 574 ff. ZPO Rechtsbeschwerde eingelegt werden. Die Frage, ob das Gericht im konkreten Fall der auch im Insolvenzverfahren geltenden (vgl. § 4) Hinweispflicht aus § 139 ZPO ausreichend nachgekommen ist, entzieht sich wegen der Abhängigkeit von den Umständen des Einzelfalls allerdings einer rechtsgrundsätzlichen Beurteilung. Eine gem. § 574 Abs. 2 Nr. 1 hierauf gestützte Rechtsbeschwerde ist daher unzulässig (BGH, ZVI 2006, 352). 53

2. Bekanntmachung

Der Beschluss ist öffentlich bekannt zu machen (Abs. 3 Satz 2). 54

C. Kosten

Versagungsanträge nach § 290 sind kostenfrei. § 23 Abs. 2 GKG und Nr. 2350 KV GKG gelten nur für Versagungsanträge von Gläubigern, die während der Laufzeit der Abtretungserklärung gestellt werden und für Widerrufsanträge nach § 303. § 1 GKG stellt den Grundsatz auf, dass sämtliche gerichtlichen Handlungen kostenfrei sind, soweit das Gesetz nichts anderes vorschreibt (Hartmann § 1 GKG Rn. 2). Wegen der gerichtlichen Auslagen und der ggf. entstandenen anwaltlichen Kosten, ist dennoch stets eine Kostenentscheidung zu treffen (MK-Stephan § 290 Rn. 85). Der Gegenstandswert für die Rechtsanwaltsgebühren im Rechtsbeschwerdeverfahren ist gem. §§ 28 Abs. 3, 23 Abs. 3 Satz 2 RVG nach billigem Ermessen unter Berücksichtigung des wirtschaftlichen Interesses des Gläubigers zu bestimmen. Er soll im Durchschnittsfall zumindest bei einem hohen Forderungs- 55 bestand 4.000 € betragen (OLG Celle, ZInsO 2002, 33; FK-Ahrens § 290 Rn. 101). Der BGH setzt rgm. einen Gegenstandswert von 4.000 € bzw. 5.000 € fest (vgl. z. B. BGH, ZInsO 2011, 1320).

§ 291

(weggefallen)

▶ Hinweis:

Die §§ 286–303 alter Fassung, die für alle Insolvenzverfahren gelten, die bis einschließlich 30.06.2014 beantragt worden sind, sind im **Anhang zu § 303a** abgedruckt und mit Anmerkungen versehen.

§ 292 Rechtsstellung des Treuhänders

(1) ¹Der Treuhänder hat den zur Zahlung der Bezüge Verpflichteten über die Abtretung zu unterrichten. Er hat die Beträge, die er durch die Abtretung erlangt, und sonstige Leistungen des Schuldners oder Dritter von seinem Vermögen getrennt zu halten und einmal jährlich auf Grund des Schlußverzeichnisses an die Insolvenzgläubiger zu verteilen, sofern die nach § 4a gestundeten Verfahrenskosten abzüglich der Kosten für die Beiordnung eines Rechtsanwalts berichtigt sind. ²§ 36 Abs. 1 Satz 2, Abs. 4 gilt entsprechend. ³Der Treuhänder kann die Verteilung längstens bis zum Ende der Abtretungsfrist aussetzen, wenn dies angesichts der Geringfügigkeit der zu verteilenden Beträge angemessen erscheint; er hat dies dem Gericht einmal jährlich unter Angabe der Höhe der erlangten Beträge mitzuteilen.

(2) ¹Die Gläubigerversammlung kann dem Treuhänder zusätzlich die Aufgabe übertragen, die Erfüllung der Obliegenheiten des Schuldners zu überwachen. ²In diesem Fall hat der Treuhänder die Gläubiger unverzüglich zu benachrichtigen, wenn er einen Verstoß gegen diese Obliegenheiten feststellt. ³Der Treuhänder ist nur zur Überwachung verpflichtet, soweit die ihm dafür zustehende zusätzliche Vergütung gedeckt ist oder vorgeschossen wird.

(3) ¹Der Treuhänder hat bei der Beendigung seines Amtes dem Insolvenzgericht Rechnung zu legen. ²Die §§ 58 und 59 gelten entsprechend, § 59 jedoch mit der Maßgabe, daß die Entlassung von jedem Insolvenzgläubiger beantragt werden kann und daß die sofortige Beschwerde jedem Insolvenzgläubiger zusteht.

Übersicht	Rdn.		Rdn.
A. Normzweck	1	5. Aussetzung der Verteilung (Abs. 1 Satz 4)	8
B. Norminhalt	2	6. Überwachung des Schuldners (Abs. 2)	10
I. Aufgaben des Treuhänders	2	a) Zuständigkeit	11
1. Unterrichtung des Arbeitgebers (Abs. 1 Satz 1)	2	b) Kostendeckung	12
2. Verwahrung und Verteilung der Gelder (Abs. 1 Satz 2)	5	c) Inhalt der Überwachung	13
3. Rechtsnatur des Treuhandverhältnisses	6	II. Rechnungslegung, Aufsicht des Insolvenzgerichts, Haftung (Abs. 3)	13a
4. Anwendbarkeit der §§ 850 ff. ZPO (Abs. 1 Satz 3)	7	1. Rechnungslegung	13a
		2. Aufsicht	14
		3. Haftung des Treuhänders	15

▶ Hinweis:

Die §§ 286–303 alter Fassung, die für alle Insolvenzverfahren gelten, die bis einschließlich 30.06.2014 beantragt worden sind, sind im **Anhang zu § 303a** abgedruckt und mit Anmerkungen versehen.

A. Normzweck

§ 292 beschreibt die **Rechte und Pflichten des Treuhänders in der Wohlverhaltensperiode**. Seine Hauptaufgabe besteht in dem Einzug und der Verteilung der der Abtretung unterfallenden Beträge. Neu geregelt hat der Gesetzgeber die Befugnis des Treuhänders, unter bestimmten Voraussetzungen von jährlichen Ausschüttungen abzusehen.

1

B. Norminhalt

I. Aufgaben des Treuhänders

1. Unterrichtung des Arbeitgebers (Abs. 1 Satz 1)

Der Treuhänder wird mit Beginn des Amtes Inhaber der Lohn-, Gehalts- oder sonstigen Forderungen i. S. v. § 287 Abs. 2 Satz 1, welche ihm im Wege der Abtretung zu eigenem Recht übertragen sind. Er ist verpflichtet, unverzüglich nach Übernahme seines Amtes – sinnvollerweise unter Beifügung des Beschlusses gem. § 291 Abs. 2 und einer Kopie der Abtretungserklärung des Schuldners (Uhlenbruck-Vallender § 292 Rn. 17; Heyer, Restschuldbefreiung im Insolvenzverfahren, S. 90) – Kontakt zu dem ihm von dem Schuldner bekannt gegebenen, zur Zahlung der Bezüge verpflichteten Drittschuldner aufzunehmen (rgm. Arbeitgeber, Sozialleistungsträger) und darauf hinzuweisen, dass dieser **nur noch an ihn zu zahlen** hat, damit während der Wohlverhaltensperiode die abgetretenen Forderungsbeträge auf seinem Treuhandkonto eingehen. Da niemand außer dem Treuhänder zur Geltendmachung der Ansprüche befugt ist, ist dieser zur Überprüfung der eingehenden Beträge und bei Zahlungsverzug oder Minderleistung zur gerichtlichen Geltendmachung der abgetretenen Forderungen verpflichtet (Uhlenbruck-Vallender § 292 Rn. 24; HK-Landfermann § 292 Rn. 3; KPB-Wenzel § 292 Rn. 3; MK-Ehricke § 292 Rn. 19; **a. A.** Smid-Krug/Haarmeyer § 288 Rn. 2; Scholz, DB 1996, 765, 769; wohl auch Adam, ZInsO 2007, 198 ff.).

2

In der Praxis wird mitunter davon abgesehen, den Drittschuldner über die bestehende Abtretung zu informieren, wenn dies für den Schuldner eine unbillige Härte bedeuten würde. Der BGH sieht eine solche Verfahrensweise des Treuhänders zwar nicht als schlechthin unzulässig an, bezeichnet sie jedoch als »möglicherweise nicht unbedenklich« (BGH, ZInsO 2011, 929). Der Treuhänder sollte deshalb – nicht zuletzt zur Vermeidung einer eigenen Haftung – nur sehr maßvoll und allenfalls in gut begründeten Ausnahmefällen so verfahren. Dies kommt z. B. in Betracht, wenn der Schuldner in einer besonders »sensiblen« Branche arbeitet und er anhand konkreter Anhaltspunkte glaubhaft darlegen kann, dass im Fall der Information des Arbeitgebers der Verlust des Arbeitsplatzes droht. Jedenfalls hat der Treuhänder in diesem Fall die vom Schuldner abzuführenden Beträge eigenverantwortlich zu berechnen und monatlich einzuziehen (BGH a. a. O.). Weshalb der Einzug in exakt diesem zeitlichen Intervall notwendig sein soll, begründet der BGH nicht. Mit Blick auf den Umstand, dass gem. § 292 Abs. 1 Satz 2 ohnehin nur jährlich eine Ausschüttung erfolgt, würde eine Orientierung an diesem Rhythmus zumindest ebenso nahe liegen.

3

Sofern kein Überwachungsauftrag gem. Abs. 2 erteilt ist, besteht keine Verpflichtung des Treuhänders, von sich aus etwaige Arbeitgeber des Schuldners zu ermitteln oder ihn über seine Einkommensverhältnisse zu befragen. Es obliegt vielmehr dem Schuldner, dem Treuhänder unaufgefordert die relevanten Informationen zu erteilen (§ 295 Rdn. 14). Ist der Schuldner selbstständig tätig, ist es auch nicht Aufgabe des Treuhänders, die Höhe der Beträge festzulegen (Grote, ZInsO 2004, 1109). Es ist in diesem Fall Sache des Schuldners, in eigener Verantwortung Beträge an den Treuhänder abzuführen, deren Höhe sich nach dem Maßstab des § 295 Abs. 2 bestimmt (vgl. hierzu auch § 295 Rdn. 24 ff.).

4

2. Verwahrung und Verteilung der Gelder (Abs. 1 Satz 2)

Der Treuhänder hat die Beträge, die er durch die Abtretung erlangt, und sonstige Leistungen des Schuldners oder Dritter von seinem Vermögen getrennt auf einem **offenen Ander- oder Sonderkonto** zu verwahren (MK-Ehricke § 292 Rn. 24 f.) und einmal jährlich aufgrund des Schlussverzeichnisses

5

an die Insolvenzgläubiger zu verteilen, sofern die nach § 4a gestundeten Verfahrenskosten abzüglich der Kosten für die Beiordnung eines Rechtsanwalts berichtigt sind. Sinnvollerweise wird sich der Treuhänder um eine Verzinsung des auf dem Treuhandkonto eingegangenen Geldes bemühen. Eine **echte Rechtspflicht** hierzu besteht allerdings nicht (a. A. HK-Landfermann § 292 Rn. 5; MK-Ehricke § 292 Rn. 26; NR-Römermann § 292 Rn. 25). Bei den Verteilungen ist das **Schlussverzeichnis** gem. § 197 Abs. 1 Nr. 2 zugrunde zu legen. Es dürfen also nur diejenigen Insolvenzgläubiger berücksichtigt werden, die ihre Forderungen im Insolvenzverfahren angemeldet haben (Vallender, ZIP 2000, 1288, 1290). Erlischt eine Forderung nach der Aufnahme in das Schlussverzeichnis, kann der Treuhänder dies im Wege der Verteilungsabwehrklage analog § 767 ZPO gegenüber dem Gläubiger geltend machen (BGH, ZInsO 2012, 975). Auch bei nur teilweisem Erlöschen der Forderung ist der im Schlussverzeichnis angegebene Berücksichtigungswert entsprechend anzupassen (BGH a. a. O.). Der Absonderungsberechtigte wird in der Wohlverhaltensphase eines Verbraucherinsolvenzverfahrens nur dann bei der Verteilung berücksichtigt, wenn er innerhalb von 2 Wochen nach der öffentlichen Bekanntmachung des Schlussverzeichnisses eine Erklärung gem. § 190 Abs. 1 abgegeben hat (BGH, ZInsO 2009, 1507). Wurde das Verfahren wegen Masseunzulänglichkeit eingestellt, sind Verteilungen bis zur vollständigen Befriedigung der Massegläubiger nur diesen ggü. wahrzunehmen; erst danach sind die Insolvenzgläubiger zu bedenken (vgl. § 289 Rdn. 4). Sofern in diesem Fall noch kein Schlussverzeichnis erstellt wurde, muss entsprechend den Vorschriften über die Schlussverteilung durch das Gericht ein Verteilungsschlüssel festgelegt werden (KPB-Wenzel § 292 Rn. 9b; Kohte/Ahrens/Grote § 292 Rn. 14; **a. A.** Heyer, Restschuldbefreiung im Insolvenzverfahren, S. 93 f.). Aus Abs. 1 Satz 2 ergibt sich zugunsten der zu berücksichtigenden Insolvenzgläubiger ein echter Auszahlungsanspruch gegen den Treuhänder, der grds. abtretbar und pfändbar ist. Der Auszahlungsanspruch gegen den Treuhänder kann aber nur zusammen mit der Insolvenzforderung abgetreten werden (KPB-Wenzel § 292 Rn. 9a; Preuß, NJW 1999, 3450, 3451).

3. Rechtsnatur des Treuhandverhältnisses

6 Bei dem Treuhandverhältnis handelt es sich um eine uneigennützige Verwaltungstreuhand zugunsten der Gläubiger (KPB-Wenzel § 292 Rn. 3) bzw. eine uneigennützige **doppelseitige Treuhand** zugunsten der Gläubiger und zugunsten des Schuldners (Uhlenbruck-Vallender § 292 Rn. 6; MK-Ehricke § 292 Rn. 4). Sofern Neugläubiger des Schuldners oder Gläubiger des Treuhänders die Zwangsvollstreckung in das Treugut betreiben, können lediglich die Insolvenzgläubiger unter Berufung auf den Auszahlungsanspruch gegen den Treuhänder die Drittwiderspruchsklage erheben. Das »die Veräußerung hindernde Recht« der Insolvenzgläubiger ist in diesem Fall der Anspruch des Gläubigers gegen den Treuhänder auf Auszahlung des jeweils ihm quotenmäßig zustehenden Betrages. Der Treuhänder kann dagegen aufgrund seiner rechtlichen Stellung nicht gegen die Zwangsvollstreckung vorgehen, da er sich aufgrund der fortbestehenden wirtschaftlichen Zuordnung der fraglichen Gelder zum Schuldnervermögen nicht auf seine formal-rechtliche Eigentümerposition berufen kann (MK-Ehricke § 292 Rn. 7; HK-Landfermann § 292 Rn. 5; Döbereiner, Die Restschuldbefreiung nach der Insolvenz, S. 236; **a. A.** wohl Uhlenbruck-Vallender § 292 Rn. 27).

4. Anwendbarkeit der §§ 850 ff. ZPO (Abs. 1 Satz 3)

7 Mit der **Verweisungsvorschrift** des Abs. 1 Satz 3, der § 36 Abs. 1 Satz 2 und Abs. 4 für entsprechend anwendbar erklärt, ist die vor dem InsOÄndG 2001 umstrittene Frage geklärt worden, in welchem Umfang die Pfändungsschutzvorschriften der §§ 850 ff. ZPO auch in der Wohlverhaltensphase Anwendung finden und welches Gericht in diesem Zusammenhang für richterliche Entscheidungen zuständig ist (ausführl. dazu Fuchs/Vallender, ZInsO 2001, 681). Für die Festsetzung des pfändbaren Teils sind gem. § 36 Abs. 1 Satz 2 die §§ 850, 850a, 850c, 850e, 850f Abs. 1, 850i bis 850k ZPO entsprechend heranzuziehen. Bei Anträgen auf Einschränkung oder Erweiterung der Pfändbarkeit der Bezüge während der Wohlverhaltensperiode ist gem. § 36 Abs. 4 Satz 1 das **Insolvenzgericht** für die Entscheidung zuständig. Eine in der Einzelzwangsvollstreckung bestehende Antragsberechtigung des Gläubigers geht gem. § 36 Abs. 4 Satz 2 auf den Insolvenzverwalter bzw. Treuhänder über

(Uhlenbruck-Vallender § 292 Rn. 53). Sofern nach einer der genannten Vorschriften der ZPO dem Schuldner das Antragsrecht zusteht, bleibt es auch während der Wohlverhaltensperiode dabei.

5. Aussetzung der Verteilung (Abs. 1 Satz 4)

Nach Satz 4 kann der Treuhänder die Verteilung für ein Jahr oder mehrere Jahre aussetzen. Die Aussetzung endet spätestens mit Ende der Abtretungsfrist. Der Treuhänder hat dem Gericht jährlich unter Angabe der Höhe der erlangten Bezüge mitzuteilen, ob die Verteilung ausgesetzt wird (Satz 4 Halbs. 2). Voraussetzung für die Aussetzung ist, dass diese angesichts der Geringfügigkeit der zu verteilenden Beträge angemessen erscheint. Bei der Entscheidung hat der Treuhänder den Aufwand für eine Auskehrung an die Gläubiger und das wirtschaftliche Interesse der Gläubiger an einem zeitnahen Erhalt ihrer Quote gegeneinander abzuwägen (RegE BT-Drucks. 17/11268, S. 28). Dabei sind auch die Anzahl der Gläubiger und die Höhe der an einzelne Gläubiger abzutretenden Beträge zu berücksichtigen (RegE BT-Drucks. 17/11268, S. 28). Die Zweckmäßigkeit der Aussetzung unterliegt nicht der gerichtlichen Prüfung (RegE BT-Drucks. 17/11268, S. 28).   8

Künftig erhält der Schuldner durch die geplante Verkürzung der Treuhandphase auf 3 oder 5 Jahre einen weit höheren Anreiz, das Verfahren durchzustehen und durch entsprechende Eigenleistungen zu verkürzen. Aus diesem Grund wird zukünftig auf den für den Treuhänder sehr arbeitsaufwendigen Motivationsrabatt nach § 292 Abs. 1 Satz 4 und 5 InsO verzichtet (vgl. aber zum »alten« Recht Anhang zu § 303a, § 292 a. F. Rdn. 2).   9

6. Überwachung des Schuldners (Abs. 2)

Solange der Schuldner eine angemessene Erwerbstätigkeit ausübt und die pfändbaren Bezüge aus dieser Tätigkeit rgm. auf dem Konto des Treuhänders eingehen, wird grds. keine Veranlassung für eine Übertragung von Überwachungsaufgaben bestehen. Jedoch kann eine bekannte Unzuverlässigkeit des Schuldners Anlass für eine solche Entscheidung der Gläubiger sein (Mäusezahl in: Bork/Koschmieder, Fachanwaltshandbuch InsolvenzR, Rn. 14.93). Der Treuhänder hat dann kein freies Ablehnungsrecht (Kohte/Ahrens/Grote § 292 Rn. 25; MK-Ehricke § 292 Rn. 42; Uhlenbruck-Vallender Rn. 57; KPB-Wenzel § 292 Rn. 13). In der Praxis wird so gut wie nie ein Überwachungsauftrag erteilt (A. Schmidt, Privatinsolvenz, Kap. 5 Rn. 94).   10

a) Zuständigkeit

Nur die **Gläubigerversammlung** kann dem Treuhänder zusätzlich die Aufgabe übertragen, die Erfüllung der Obliegenheiten des Schuldners zu überwachen. Da aber nach der Ankündigung der Restschuldbefreiung der Gläubigerversammlung durch das Gesetz kein Platz mehr eingeräumt ist und die Voraussetzungen für ihre Einberufung nach der Aufhebung des Insolvenzverfahrens nicht mehr vorliegen, muss die Beauftragung zur Überwachung spätestens im **Schlusstermin** erfolgen (FK-Grote § 292 Rn. 24; MK-Ehricke § 292 Rn. 42; a. A. Heyer, Restschuldbefreiung im Insolvenzverfahren, S. 95). Häufig ist das Bedürfnis für eine Überwachung des Schuldners im Schlusstermin noch nicht klar. In diesem Fall können sich **bedingte Beschlüsse** der Gläubigerversammlung empfehlen, z. B. ein Beschluss, nach dem eine Überwachung stattfinden soll, falls der Schuldner seinen Arbeitsplatz verliert (HK-Landfermann § 292 Rn. 18).   11

b) Kostendeckung

Der Treuhänder ist nur zur Überwachung verpflichtet, soweit die ihm dafür zustehende zusätzliche Vergütung gedeckt ist oder vorgeschossen wird (zur Höhe der Vergütung vgl. die Kommentierung zu § 293). Sind die Kosten nicht gedeckt, kann der Treuhänder die Überwachungsaufgaben ruhen lassen bzw. die Übernahme der Überwachungsaufgaben ablehnen (Abs. 2 Satz 3). Leistet ein Gläubiger einen Vorschuss zur Deckung der Vergütung des Treuhänders für die Überwachung des Schuldners, ergibt sich hieraus kein Anspruch des vorleistenden Gläubigers auf bevorzugte Befriedigung aus den Abtretungsbeträgen, da dies ein Verstoß gegen den Gleichbehandlungsgrund-   12 satz wäre. I. Ü. bestünde ansonsten für Gläubiger die einfache Möglichkeit, sich aus den geringen Beträgen, die an den Treuhänder abgetreten werden, bevorzugt befriedigen zu lassen, indem sie vor den anderen die Vergütung des Treuhänders für die Überwachung zahlen, um sich somit einen Vorrang vor den anderen Gläubigern bei der Befriedigung aus den abgetretenen Beträgen zu sichern (MK-Ehricke § 292 Rn. 47; **a. A.** KPB-Wenzel § 292 Rn. 13a; Kohte/Ahrens/Grote § 292 Rn. 25).

c) Inhalt der Überwachung

13 Beschließt die Gläubigerversammlung die Überwachung, trifft den Treuhänder die Pflicht, sich über die Erfüllung der Obliegenheiten zu informieren. Seine Hauptaufgabe besteht darin, vom Schuldner Auskünfte über dessen Erwerbstätigkeit bzw. das Bemühen, eine Stelle zu bekommen, sowie über dessen Bezüge und Vermögen einzuholen. Der Treuhänder hat auch das Recht, entsprechende Nachweise bzgl. der Erfüllung der Obliegenheiten zu verlangen. **Zwangsmittel** zur Durchsetzung dieser Auskunftsrechte stehen dem Treuhänder allerdings nicht zur Verfügung (MK-Ehricke § 292 Rn. 49). Auch die Geltendmachung von Schadensersatzansprüchen gegen den Schuldner ist nicht Teil seines gesetzlichen Aufgabenbereichs (OLG Düsseldorf, ZInsO 2012, 1183). Es besteht nur die Möglichkeit auf die Versagung der Restschuldbefreiung gem. § 295 Abs. 1 Nr. 3 hinzuwirken. Um die Versagung ggf. zu ermöglichen, hat der Treuhänder die Gläubiger unverzüglich über Obliegenheitsverstöße oder die Verweigerung von Auskünften zu informieren (Kohte/Ahrens/Grote § 292 Rn. 27, 29). I. Ü. ist das Ausmaß der durchzuführenden Nachforschungen eine Frage des Einzelfalls, wobei die Anforderungen an den Treuhänder nicht überspannt werden dürfen.

II. Rechnungslegung, Aufsicht des Insolvenzgerichts, Haftung (Abs. 3)

1. Rechnungslegung

13a Gemäß Abs. 3 Satz 1 hat der Treuhänder über die Verwendung der verwalteten Gelder zum Ende des Amtes ggü. dem Gericht Rechnung zu legen. Die Rechnungslegung umfasst den gesamten Zeitraum von der Aufhebung des Verfahrens bis zum Ende der Laufzeit der Abtretung. Die Schlussrechnung enthält i. d. R. die Gesamtsumme der eingezogenen Beträge der vergangenen Jahre abzüglich der jährlichen Vergütung des Treuhänders abzüglich der jährlichen Ausschüttung der Quote für jedes Jahr der Wohlverhaltensperiode. Die Form der Schlussrechnung ist weder für die Regel- noch für die Verbraucherinsolvenzverfahren vorgeschrieben. An Umfang und Inhalt sollten angesichts der geringen Masse in Insolvenzen über das Vermögen natürlicher Personen keine übertriebenen Anforderungen gestellt werden (Mäusezahl in: Bork/Koschmieder, Fachanwaltshandbuch InsolvenzR, Rn. 14.98).

2. Aufsicht

14 Die Überwachung des Treuhänders erfolgt gem. Abs. 3 Satz 2 analog §§ 58 ff. Das Gericht kann von dem Treuhänder jederzeit Auskunft über seine Tätigkeit verlangen. Handelt der Treuhänder pflichtwidrig, hat das Gericht **von Amts wegen** einzuschreiten. Äußerstenfalls kann der Treuhänder vom Insolvenzgericht aus wichtigem Grund aus seinem Amt entlassen werden. Die **Entlassung** ist möglich von Amts wegen, auf Antrag eines Gläubigers, der Gläubigerversammlung oder des Treuhänders selbst (MK-Ehricke § 292 Rn. 65; KPB-Wenzel § 292 Rn. 14; **a. A.** Uhlenbruck-Vallender § 292 Rn. 77: »nur von Amts wegen«). Dem Schuldner steht kein formelles Antragsrecht zu, er kann jedoch dem Gericht Hinweise auf Pflichtverletzungen geben, die ein Einschreiten von Amts wegen ermöglichen (HK-Landfermann § 292 Rn. 22). Dem Treuhänder ist vor der Entscheidung des Gerichts **rechtliches Gehör** zu gewähren. Gegen die Entscheidung des Gerichts steht ihm im Fall der Entlassung das Rechtsmittel der **sofortigen Beschwerde** zu. Im Fall der Ablehnung des Antrags ist jeder Insolvenzgläubiger beschwerdebefugt (KPB-Wenzel § 292 Rn. 14; **a. A.** Uhlenbruck-Vallender § 292 Rn. 77).

3. Haftung des Treuhänders

Bei Pflichtverstößen haftet der Treuhänder **nach allg.** Zivilrecht (§ 280 BGB), nicht analog § 60, weil § 292 Abs. 3 Satz 2 auf diese Vorschrift gerade nicht verweist (AG Köln, ZInsO 2013, 1275; KAG-Grote § 292 Rn. 29; KPB-Wenzel § 292 Rn. 16; Uhlenbruck-Vallender § 292 Rn. 11; a. A. HK-Landfermann § 292 Rn. 23; Häsemeyer, InsR, Rn. 26.32; im Einzelnen sehr str.: vgl. Überbl. bei MK-Ehricke § 292 Rn. 72 ff.). 15

§ 293 Vergütung des Treuhänders

(1) ¹Der Treuhänder hat Anspruch auf Vergütung für seine Tätigkeit und auf Erstattung angemessener Auslagen. ²Dabei ist dem Zeitaufwand des Treuhänders und dem Umfang seiner Tätigkeit Rechnung zu tragen.

(2) § 63 Abs. 2 sowie die §§ 64 und 65 gelten entsprechend.

Übersicht

	Rdn.			Rdn.
A. Normzweck	1		c) Vorschuss	4
B. Norminhalt	2		d) Fehlende Kostendeckung	5
I. Höhe der Vergütung (Abs. 1)	2		2. Auslagen	6
1. Vergütung	2		a) Angemessene Auslagen	6
a) Grundsatz	2		b) Vorschuss	7
b) Überwachung des Schuldners	3	II.	Anspruch gegen die Staatskasse (Abs. 2)	8

A. Normzweck

Die Vorschrift stellt die Selbstverständlichkeit klar, dass der Treuhänder nicht unentgeltlich tätig werden muss. Aufgrund der Verweisung auf § 63 Abs. 2 wird darüber hinaus in sog. masselosen Verfahren gewährleistet, dass die Mindestvergütung des Treuhänders ebenfalls durch die Stundung gedeckt ist. Hierfür schafft Abs. 1 eine Anspruchsgrundlage gegen die Staatskasse. 1

B. Norminhalt

I. Höhe der Vergütung (Abs. 1)

1. Vergütung

a) Grundsatz

Ein Vergütungsanspruch i. S. d. Abs. 1 Satz 1 steht nur dem Treuhänder zu, nicht auch dem Insolvenzverwalter, der nicht selbst zum Treuhänder bestellt worden ist (BGH, ZInsO 2004, 142). Gem. Abs. 2 i. V. m. § 65 i. V. m. § 14 InsVV richtet sich die Höhe der Vergütung nach der Summe der Beträge, die aufgrund der Abtretungserklärung des Schuldners gem. § 287 Abs. 2 Satz 1 oder auf andere Weise zur Befriedigung der Gläubiger des Schuldners beim Treuhänder eingehen. Die Vergütung ist als sog. **degressive Staffelvergütung** ausgestaltet. Gem. § 14 Abs. 2 InsVV erhält der Treuhänder von den ersten 25.000,00 € 5 % der Beträge (also max. 1.250,00 €); von dem Mehrbetrag bis 50.000,00 € erhält er 3 % der Beträge (also max. 750,00 €) und von dem darüber hinausgehenden Betrag 1 %. Sofern keine Beträge eingehen, beträgt die **Mindestvergütung** gem. § 14 Abs. 3 InsVV 100,00 € pro angefangenes Jahr (**a. A.** NR-Römermann § 293 Rn. 4: bei vorzeitiger Beendigung nur zeitanteilig), und zwar unabhängig vom Umfang der tatsächlich wahrgenommenen Verwaltertätigkeit (MK-Stephan § 14 InsVV Rn. 12; Kohte/Ahrens/Grote § 293 Rn. 13; Graeber, ZInsO 2006, 585; **a. A.** Krug, Der Verbraucherkonkurs, S. 138). Nach dem seit dem 07.10.2004 geltenden § 14 Abs. 3 Satz 3 InsVV n. F. erhöht die Mindestvergütung sich für den Fall, dass der Treuhänder die eingehenden Beträge an mehr als fünf Gläubiger verteilt, um 50,00 € je fünf Gläubiger. Zu beachten ist dabei die Übergangsregelung des § 19 InsVV n. F., die bei vor dem 01.01.2004 eröffneten Insolvenzverfahren das alte Recht für anwendbar erklärt. Wird die **Wohlverhaltensperiode** 2 früher abgebrochen, so richtet sich die Vergütung zeitanteilig nach den bis dahin eingegangenen Beträgen seiner Verwaltung (MK-Ehricke § 293 Rn. 13). Eine **privatrechtliche Vergütungsvereinbarung** zwischen dem Treuhänder und den Gläubigern oder dem Schuldner ist unzulässig, um die Unabhängigkeit des Treuhänders von den einzelnen Verfahrensbeteiligten zu gewährleisten. Eine gleichwohl geschlossene Vergütungsvereinbarung mit dem Treuhänder ist mit Blick auf § 134 BGB nichtig (MK-Ehricke § 293 Rn. 16).

b) Überwachung des Schuldners

3   Wurde dem Treuhänder von der Gläubigerversammlung zusätzlich gem. § 292 Abs. 2 Satz 1 die Aufgabe der Überwachung des Schuldners übertragen, hat er einen Anspruch auf eine zusätzliche Vergütung. Hierfür erhält er gem. § 15 Abs. 1 Satz 2 InsVV rgm. 35,00 € pro Stunde, wobei das Gericht auch einen höheren oder niedrigeren Stundensatz festsetzen kann. Dabei können etwa die Qualifikation des Treuhänders oder die Schwierigkeit der Überwachungsaufgaben berücksichtigt werden (MK-Ehricke § 293 Rn. 18; Kohte/Ahrens/Grote § 293 Rn. 17). Die Gesamthöhe der für die Überwachung des Schuldners gewährten Vergütung darf allerdings den Gesamtbetrag der Vergütung nach § 14 InsVV nur auf Beschluss der Gläubigerversammlung übersteigen (§ 15 Abs. 2 InsVV). Dies kann etwa der Fall sein, wenn die Gläubigerversammlung einen **besonderen Überwachungsbedarf** sieht oder wenn ein **besonders qualifizierter Treuhänder** gewonnen werden soll (HK-Landfermann § 293 Rn. 4).

c) Vorschuss

4   Der Anspruch des Treuhänders auf die Vergütung entsteht mit dem Beginn seiner Tätigkeit. Er wird aber erst fällig, wenn sie beendet ist (MK-Ehricke § 293 Rn. 13). Erst dann wird die Vergütung des Treuhänders gem. Abs. 2 i. V. m. § 64 gerichtlich festgesetzt. Allerdings kann der Treuhänder gem. § 16 Abs. 2 Satz 1 InsVV aus den eingehenden Beträgen ohne Zustimmung des Insolvenzgerichts Vorschüsse auf seine Vergütung entnehmen. Der Höhe nach ist dieser Vorschuss nicht auf die Mindestvergütung von 100,00 € beschränkt, weil sonst das in § 16 Abs. 1 Satz 2 InsVV normierte Tatbestandsmerkmal des »von ihm bereits verdienten Teils der Vergütung« seine Bedeutung verlöre. Dieser Betrag kann nicht geringer als die Mindestvergütung sein (Uhlenbruck-Vallender § 293 Rn. 9; **a. A.** Hess/Weis/Wienberg § 16 InsVV Rn. 7).

d) Fehlende Kostendeckung

5   Sofern die Verfahrenskosten nicht gem. § 4a gestundet wurden, ist gem. § 298 auf Antrag des Treuhänders eine **Versagung der Restschuldbefreiung** möglich, wenn die an diesen abgeführten Beträge für das vorangegangene Jahr seiner Tätigkeit die Mindestvergütung nicht decken und der Schuldner den fehlenden Betrag nicht einzahlt, obwohl ihm der Treuhänder schriftlich zur Zahlung binnen einer Frist von mindestens 2 Wochen aufgefordert und ihn dabei auf die Möglichkeit der Versagung der Restschuldbefreiung hingewiesen hat.

2. Auslagen

a) Angemessene Auslagen

6   Der Treuhänder hat einen Anspruch auf Erstattung angemessener Auslagen (Abs. 1 Satz 1). Hierunter fallen zunächst Kosten für Porto, Telefon, Versendung von E-Mails, Kopien, Zustellkosten und notwendige Reisekosten (FK-Grote § 293 Rn. 20). Unter den **Auslagenbegriff** fallen auch Rechtsverfolgungskosten des Treuhänders, die z. B. dann entstehen, wenn der Treuhänder den Anspruch aus der Abtretung gegen den Drittschuldner oder gegen scheinbar bevorrechtigte Dritte durchsetzen muss (MK-Ehricke § 293 Rn. 27; FK-Grote § 293 Rn. 21). Der Begriff der **Angemessenheit** bestimmt sich nach den allg. Regeln, die als Maßstab für die Kontrolle der Aufwendungen von Vermögensverwaltern i. R. d. §§ 670, 675 BGB entwickelt worden sind. Danach sind solche Auslagen angemessen, die ein durchschnittlicher Treuhänder im Zeitpunkt der Erbringung der Auslagen bei

ordnungsgemäßer Amtsführung aus der Perspektive eines nach verständigem Ermessen Handelnden für erforderlich erachten durfte (NR-Römermann § 293 Rn. 12; MK-Ehricke § 293 Rn. 28). Dem Treuhänder ist auch die von ihm zu zahlende **USt** zu erstatten (§ 16 Abs. 1 Satz 4 i. V. m. § 7 InsVV). Die Auslagen sind i. E. anzuführen und zu belegen (§ 16 Abs. 1 Satz 3 InsVV).

b) Vorschuss

Aufgrund der möglichen Gefahr eines drohenden Ausfalls der Auslagenerstattung am Ende der Wohlverhaltensperiode und der damit verbundenen drohenden Minderung der Qualität der Treuhändertätigkeit kann der Treuhänder mit Zustimmung des Gerichts analog § 9 InsVV aus den eingenommenen Beträgen einen Vorschuss auf die Auslagen entnehmen. Dies gilt jedenfalls dann, wenn verhältnismäßig hohe Auslagen erforderlich waren (KPB-Wenzel § 293 Rn. 3; FK-Grote § 293 Rn. 23; MK-Ehricke § 293 Rn. 33; Henning, ZInsO 2004, 585, 594; **a. A.** Uhlenbruck-Vallender § 293 Rn. 11, der offenbar eine Zustimmung des Insolvenzgerichts nicht für erforderlich hält). 7

II. Anspruch gegen die Staatskasse (Abs. 2)

Gemäß Abs. 2 i. V. m. § 63 Abs. 2 steht dem Treuhänder bei Bewilligung der Kostenstundung gem. § 4a ein **Sekundäranspruch** gegen die Staatskasse zu, soweit die an ihn abgeführten Beträge des Schuldners nicht ausreichen, seine Ansprüche zu decken (HK-Landfermann § 293 Rn. 11). Ihm ist ebenfalls ein Vorschussanspruch auf die Mindestvergütung und Auslagen zuzubilligen (LG Köln, NZI 2004, 597; LG Essen, ZInsO 2003, 989; Uhlenbruck-Vallender § 293 Rn. 23; FK-Grote § 293 Rn. 25; KPB-Wenzel § 293 Rn. 6). 8

§ 294 Gleichbehandlung der Gläubiger

(1) Zwangsvollstreckungen für einzelne Insolvenzgläubiger in das Vermögen des Schuldners sind in dem Zeitraum zwischen Beendigung des Insolvenzverfahrens und dem Ende der Abtretungsfrist nicht zulässig.

(2) Jedes Abkommen des Schuldners oder anderer Personen mit einzelnen Insolvenzgläubigern, durch das diesen ein Sondervorteil verschafft wird, ist nichtig.

(3) Eine Aufrechnung gegen die Forderung auf die Bezüge, die von der Abtretungserklärung erfasst werden, ist nicht zulässig.

Übersicht	Rdn.			Rdn.
A. Normzweck	1		1. Abkommen	9
B. Norminhalt	2		2. Sondervorteil	10
I. Vollstreckungsverbot (Abs. 1)	2		3. Rechtsfolge	13
1. Betroffene Forderungen	2	III.	Beschränkung der Aufrechnungsmöglich-	
2. Zeitraum	6		keit (Abs. 3)	14
3. Umfang des Vollstreckungsverbots	7		1. Bezüge des Schuldners	14
4. Rechtsbehelf	8		2. Kein weiter gehendes Verbot der	
II. Verbot von Sonderabkommen (Abs. 2)	9		Aufrechnung	15

▶ **Hinweis:**

Die §§ 286–303 alter Fassung, die für alle Insolvenzverfahren gelten, die bis einschließlich 30.06.2014 beantragt worden sind, sind im **Anhang zu § 303a** abgedruckt und mit Anmerkungen versehen.

A. Normzweck

Einer der Kerngrundsätze der InsO ist das Gebot der Gleichbehandlung der Gläubiger. Dieses muss auch in dem Zeitraum zwischen der Beendigung des Insolvenzverfahrens und dem Ende 1 der Laufzeit der Abtretung gelten, weil der Gesetzeszweck anderenfalls konterkariert würde. Um dies sicherzustellen, verbietet § 294 bestimmte Maßnahmen der Insolvenzgläubiger. Im Zuge der Abschaffung des § 114 InsO wurde auch das damit korrespondierende Aufrechnungsprivileg der betroffenen Gläubiger gestrichen (zu den »Altfällen« vgl. Anhang zu § 303a § 294 a. F.).

B. Norminhalt

I. Vollstreckungsverbot (Abs. 1)

1. Betroffene Forderungen

2   Abs. 1 verbietet den Insolvenzgläubigern die Durchführung von Zwangsvollstreckungsmaßnahmen in das Vermögen des Schuldners. Hiervon betroffen sind alle Arten von Insolvenzforderungen, auch Unterhaltsforderungen sowie die nach § 302 von der Restschuldbefreiung ausgenommenen (BGH, ZInsO 2012, 1437; FK-Ahrens § 302 Rn. 35; HK-Landfermann § 294 Rn. 3; NR-Römermann § 294 Rn. 7; Heyer, Restschuldbefreiung im Insolvenzverfahren, S. 97; Vallender, ZIP 2000, 1288, 1290; Fortmann, ZInsO 2005, 140; vgl. § 302Rdn. 12). Für solche Forderungen ist auch die Vollstreckung in den nach §§ 850d, 850f Abs. 2 ZPO nicht pfändbaren Teil des Vermögens ausgeschlossen (BGH a. a. O. zu § 850f Abs. 2 ZPO). Das Vollstreckungsverbot gilt außerdem auch für Insolvenzgläubiger, die ihre Forderungen nicht zur Insolvenztabelle angemeldet haben (BGH, ZInsO 2006, 872; FK-Ahrens § 294 Rn. 8; MK-Ehricke § 294 Rn. 5; Uhlenbruck-Vallender § 294 Rn. 5; Heyer, Restschuldbefreiung im Insolvenzverfahren, S. 92).

3   Das Vollstreckungsverbot steht der Verhängung einer Ersatzfreiheitsstrafe jedoch nicht entgegen (LG Osnabrück, ZInsO 2007, 112; Pape, ZVI 2007, 7, 8 f.; zur Verfassungsmäßigkeit einer solchen Maßnahme in diesen Fällen s. BVerfG, NZI 2006, 711; **a. A.** Fortmann, ZInsO 2005, 140; Rönnau/Tachau, NZI 2007, 208).

4   Andere Gläubiger werden nicht von der Regelung des Abs. 1 erfasst. **Neugläubiger**, deren Forderungen erst nach Eröffnung des Insolvenzverfahrens entstanden sind, können in das nicht auf den Treuhänder übertragene Vermögen vollstrecken, soweit dieses pfändbar ist. Gleiches gilt für **Massegläubiger** (BGH, ZInsO 2007, 994; Uhlenbruck-Vallender § 294 Rn. 7). **Unterhaltsgläubiger** und **Gläubiger mit Forderungen aus vorsätzlichen unerlaubten Handlungen** dürfen als Neu- oder Massegläubiger sogar in den für andere Gläubiger nicht pfändbaren Teil der Bezüge des Schuldners vollstrecken, §§ 850d, 850f Abs. 2 ZPO und § 89 Abs. 2 Sat2 2 (LAG Hamm, ZInsO 2011, 1910; HK-Landfermann § 294 Rn. 11). Auch **aussonderungsberechtigte Gläubiger** können ihre Herausgabeansprüche grds. im Wege der Zwangsvollstreckung durchsetzen; **Inhaber von Absonderungsrechten** bleiben zur abgesonderten Befriedigung berechtigt (KPB-Wenzel § 294 Rn. 3; MK-Ehricke § 294 Rn. 25).

5   Während die Reichweite des Verbots der Einzelzwangsvollstreckung in der Wohlverhaltensphase klar zu sein scheint, stellt sich die Frage nach der Zulässigkeit eines **Insolvenzantrags** gegen den Schuldner während dieser Zeit. Insofern ist zu differenzieren: Aufgrund der umfassenden Wirkung des Vollstreckungsverbotes des § 294 Abs. 1 ist der Insolvenzantrag eines »Alt-« bzw. **Insolvenzgläubigers** gegen den Schuldner während der Restschuldbefreiungsphase unzulässig, und zwar auch dann, wenn der Insolvenzgläubiger nicht am Insolvenzverfahren teilgenommen hat (AG Göttingen, ZInsO 2011, 347; Pape, ZVI 2011, 355; Schmerbach, ZInsO 2009, 2087). Etwas anderes gilt jedoch für **Neugläubiger** des Schuldners. Diese werden gerade nicht von § 294 erfasst (s. o.), weshalb einem Drittantrag eines solchen Gläubigers grds. nichts entgegen steht; das Rechtsschutzinteresse ist ihm jedenfalls nicht ohne Weiteres abzusprechen (so auch Pape, ZVI 2011, 354). Dem Umfang nach ist allerdings eine Einschränkung zu beachten: So wie im laufenden Verfahren ein Zweitantrag auf das ggf. gem. § 35 Abs. 2 freigegebene Vermögen (BGH, ZInsO 2011, 1349) oder sonstiges insolvenzfreies Vermögen des Schuldners (OLG Hamm, ZVI 2011, 379) beschränkt ist, erfasst ein Zweitinsolvenzverfahren während der Wohlverhaltensphase nur die **nicht der Abtretung gem. § 287 Abs. 2 unterfallenden Vermögensbestandteile**. Hieran anknüpfend stellt sich die praktisch bedeutsame Frage, ob der Antragsteller nur seine Gläubigerstellung und das Vorliegen eines Insol-

venzgrundes glaubhaft machen muss (vgl. FK-Schmerbach § 13 Rn. 61 f.) oder ob zusätzlich eine Glaubhaftmachung in Hinblick auf das Vorliegen freien Vermögens erforderlich ist (so wohl AG Oldenburg, ZVI 2009, 196). Letzterem ist zuzustimmen, weil Voraussetzung für die Zulässigkeit eines Drittantrags stets die Glaubhaftmachung eines rechtlichen Interesses an der Eröffnung des Insolvenzverfahrens ist, § 14 Abs. 1. Dazu gehört, dass überhaupt freies Vermögen vorhanden sein kann. Da dies während der Wohlverhaltensphase nur ausnahmsweise der Fall sein dürfte, bedarf es (auch) in diesem Punkt der Glaubhaftmachung durch den antragstellenden Gläubiger (vgl. hierzu auch die Kommentierung zu § 14 Rdn. 49).

2. Zeitraum

Das Verbot des Abs. 1 beginnt im Hinblick auf den Anwendungsbereich des § 89 Abs. 1, der für das laufende Insolvenzverfahren ein Vollstreckungsverbot enthält, erst mit Aufhebung des Insolvenzverfahrens und nicht bereits mit Beginn der Laufzeit der Abtretungserklärung (HK-Landfermann § 294 Rn. 1; FK-Ahrens § 294 Rn. 6, 20; Uhlenbruck-Vallender § 294 Rn. 11). § 89 Abs. 1 und Abs. 1 gehen also nahtlos ineinander über. Aus diesem Grund kann an einem Vermögensgegenstand des Schuldners zwischenzeitlich weder eine **Verstrickung** noch ein **Pfändungspfandrecht** entstehen (MK-Ehricke § 294 Rn. 10; vgl. AG Göttingen, ZInsO 2006, 1064; ZInsO 2006, 10). Die Wirkungen des § 294 dauern bis zum Ende der Abtretungsfrist.

6

3. Umfang des Vollstreckungsverbots

Der Umfang des Vollstreckungsverbots entspricht demjenigen des § 89 (vgl. § 89 Rdn. 3 ff.). Maßnahmen, welche die Vollstreckung lediglich vorbereiten sind zwar zulässig. So können Insolvenzgläubiger während der Wohlverhaltensperiode die Titulierung ihrer Forderung durch klageweise Geltendmachung ihres Anspruchs betreiben. Einer entsprechenden Klage fehlt nicht das Rechtschutzinteresse (BGH, ZInsO 2011, 102; OLG Hamm, NZI 2012, 680; LG Arnsberg, ZVI 2004, 699; Fischer, ZInsO 2005, 1113). Das gilt auch für Massegläubiger, die Inhaber einer oktroyierten Masseforderung i. S. d. § 90 sind (BGH, ZInsO 2007, 994 f.). Über das Stadium der bloß vorbereitenden Maßnahme geht aber die Erteilung eines vollstreckbaren Tabellenauszuges hinaus (vgl. § 201 Abs. 2 Satz 3); dies ist auch der Fall, wenn der Insolvenzgläubiger Inhaber einer Forderung gem. § 302 ist (AG Göttingen, ZVI 2005, 327; **a. A.** AG Göttingen, NZI 2008, 756 und die wohl h. M. OLG Brandenburg, ZInsO 2012, 1582; LG Saarbrücken, ZInsO 2014, 158; LG Tübingen, NZI 2006, 647; LG Leipzig, NZI 2006, 603; LG Arnsberg, ZVI 2004, 699, LG Göttingen, ZInsO 2005, 1113; Uhlenbruck-Vallender § 201 Rn. 10).

7

4. Rechtsbehelf

Das Vollstreckungsverbot ist vom Gerichtsvollzieher von Amts wegen zu beachten. Wird gleichwohl unzulässigerweise in das freie Vermögen des Schuldners vollstreckt, so steht dem Schuldner die Erinnerung gem. § 766 ZPO zu, über die das Vollstreckungsgericht – nicht das Insolvenzgericht – zu entscheiden hat (LG Köln, ZVI 2004, 53; AG Göttingen, ZInsO 2006, 1064; HK-Landfermann § 294 Rn. 8; MK-Ehricke § 294 Rn. 18; FK-Ahrens § 294 Rn. 29).

8

II. Verbot von Sonderabkommen (Abs. 2)

1. Abkommen

Abs. 2 verbietet Vereinbarungen des Schuldners oder anderer Personen mit einzelnen Insolvenzgläubigern, durch die diesen ein Sondervorteil verschafft wird. Die Vorschrift ist **weit auszulegen**. Unter Abkommen i. S. d. § 294 versteht man daher nicht nur Verträge, Verpflichtungs- oder Verfügungsgeschäfte sowie Verfahrensrechte, sondern auch einseitige Rechtsakte, die Vermögensverschiebungen bewirken, z. B. Prozesshandlungen oder Ermächtigungen (HK-Landfermann § 294 Rn. 13; KPB-Wenzel § 294 Rn. 5; Uhlenbruck-Vallender § 294 Rn. 22; MK-Ehricke § 294 Rn. 27; Braun-Lang § 294 Rn. 6; **a. A.** FK-Ahrens § 294 Rn. 30). Nicht erforderlich ist, dass das Abkom-

9

men erst während der Laufzeit der Abtretungserklärung geschlossen wird. Es reicht aus, dass bei Abschluss des Abkommens von den Parteien die Ankündigung der Restschuldbefreiung als möglich angesehen wurde und es auch für diesen Fall gelten sollte (Uhlenbruck-Vallender § 294 Rn. 25; Kohte/Ahrens/Grote § 294 Rn. 32).

2. Sondervorteil

10 Ein Sondervorteil i. S. d. Vorschrift ist jede sachliche Besserstellung eines Gläubigers ggü. den übrigen Insolvenzgläubigern. Dabei ist eine wirtschaftliche Betrachtungsweise maßgeblich (Uhlenbruck-Vallender § 294 Rn. 23). Entscheidend ist i. R. d. Abs. 2, dass die Gleichbehandlung der Gläubiger dadurch missachtet wird, dass ihnen tatsächlich weniger Vermögen zur Verteilung zur Verfügung steht als ihnen ohne das Abkommen zur Verfügung stünde (MK-Ehricke § 294 Rn. 32). Auf ein **subjektives Element** kommt es nicht an, sondern allein darauf, ob ein Gläubiger objektiv bevorzugt wird (FK-Ahrens § 294 Rn. 35).

11 Auch die Bezahlung einer Geldstrafe zur Abwendung der Vollstreckung einer Ersatzfreiheitsstrafe stellt – sofern die Mittel hierfür an sich von der Abtretung erfasst sind – einen vom Schuldner gewährten Sondervorteil dar (AG Mannheim, ZVI 2005, 384 zu § 295 Abs. 1 Nr. 4).

12 Wenn ein Dritter aus seinem Vermögen einem Insolvenzgläubiger etwas zuwendet, unterfällt dies nicht dem Regelungsbereich des Abs. 2. Da der Hauptzweck der Vorschrift darin bestehen dürfte, das haftende Vermögen des Schuldners den Gläubigern in ihrer Gesamtheit zu erhalten, spricht nichts dagegen, dass der Schuldner an einen Insolvenzgläubiger Zahlungen aus seinem **freien Vermögen** (AG Göttingen, ZInsO 2005, 1002; a. A. Adam, ZInsO 2006, 1132, 1132 f.; HK-Landfermann § 294 Rn. 15) oder aus Mitteln erbringt, die ihm in dem gem. § 295 Abs. 1 Nr. 2 zulässigen Rahmen aus einer Erbschaft zugeflossen sind (KPB-Wenzel § 294 Rn. 5).

3. Rechtsfolge

13 Ein Verstoß gegen Abs. 2 führt zur **Nichtigkeit des Abkommens**, und zwar sowohl des Verpflichtungs- als auch des Verfügungsgeschäfts. Hinsichtlich des Geleisteten besteht ein Herausgabe- bzw. Rückzahlungsanspruch gem. § 985 BGB bzw. aufgrund des Bereicherungsrechts. § 817 Satz 2 BGB steht dem Anspruch nicht entgegen, da ein Konditionsausschluss die Zuwiderhandlung gegen das gesetzliche Verbot des Abs. 2 doppelt sanktionieren und ein erfülltes Sonderabkommen folgenlos stellen würde (Uhlenbruck-Vallender § 294 Rn. 29).

III. Beschränkung der Aufrechnungsmöglichkeit (Abs. 3)

1. Bezüge des Schuldners

14 Eine Aufrechnung gegen die von der Abtretung erfassten Bezüge des Schuldners ist nicht möglich. Dies entspricht wertungsgemäß der aus dem Wegfall von § 114 a. F. resultierenden uneingeschränkten Zuordnung von Lohnansprüchen zur Insolvenzmasse nach § 91 Abs. 1 (vgl. aber zu den »Altfällen« die Ausführungen unter Anhang zu § 303a, § 324 a. F.).

2. Kein weiter gehendes Verbot der Aufrechnung

15 Entgegen einer in Teilen der Rechtsprechung und Literatur vertretenen Ansicht (AG Göttingen, ZInsO 2001, 329; AG Neuwied, NZI 2000, 335; Grote, ZInsO 2001, 452, 454) folgt aus dem allg. Vollstreckungsverbot des Abs. 1 **kein über den Regelungsbereich des Abs. 3 hinausgehendes Aufrechnungsverbot** (so nun auch Uhlenbruck-Vallender § 294 Rn. 34; differenzierend: HK-Landfermann § 294 Rn. 18 ff.). Die Auffassung, dass entsprechend Abs. 1 alle Insolvenzgläubiger mit der Aufrechnung gegen einen Anspruch des Schuldners, der während der Wohlverhaltensperiode entstanden ist und daher nicht in die Insolvenzmasse fällt, ausgeschlossen sind, ist weder mit der Systematik, noch mit der Entstehungsgeschichte des Gesetzes zu vereinbaren (BGH, ZInsO 2005, 874; BFH, ZVI 2007, 138; s. hierzu auch Stahlschmidt, ZInsO 2006, 629, 632 f.). Ein allg. Auf-

rechnungsverbot für Insolvenzgläubiger in der Wohlverhaltensperiode besteht also nicht. Somit kann z. B. das Finanzamt mit einer Steuerforderung, die schon vor der Verfahrenseröffnung begründet war, gegen einen während der Wohlverhaltensperiode entstandenen Steuererstattungsanspruch des Schuldners aufrechnen (BGH, ZInsO 2012, 975; ZInsO 2005, 873; BFH, ZInsO 2012, 2104; ZVI 2007, 138; FG Kassel, ZVI 2005, 223; FG Düsseldorf, ZInsO 2004, 1368; LG Koblenz, ZInsO 2000, 507; KPB-Wenzel § 294 Rn. 7; MK-Ehricke § 294 Rn. 55; BK-Goetsch § 294 Rn. 8).

Nach der Erteilung der Restschuldbefreiung dürfen Insolvenzgläubiger allerdings nicht mehr mit ihren Ansprüchen aufrechnen, da die Forderung von der Restschuldbefreiung erfasst ist (§ 301). Zwar erlischt die Forderung hierdurch nicht; sie wird aber zur unvollkommenen Verbindlichkeit. Zur Aufrechnung muss die Forderung gem. § 387 BGB aber voll wirksam und durchsetzbar sein (Grote, ZInsO 2001, 452, 455). 16

§ 295 Obliegenheiten des Schuldners

(1) Dem Schuldner obliegt es, in dem Zeitraum zwischen Beendigung des Insolvenzverfahrens und dem Ende der Abtretungsfrist
1. eine angemessene Erwerbstätigkeit auszuüben und, wenn er ohne Beschäftigung ist, sich um eine solche zu bemühen und keine zumutbare Tätigkeit abzulehnen;
2. Vermögen, das er von Todes wegen oder mit Rücksicht auf ein künftiges Erbrecht erwirbt, zur Hälfte des Wertes an den Treuhänder herauszugeben;
3. jeden Wechsel des Wohnsitzes oder der Beschäftigungsstelle unverzüglich dem Insolvenzgericht und dem Treuhänder anzuzeigen, keine von der Abtretungserklärung erfaßten Bezüge und kein von Nummer 2 erfaßtes Vermögen zu verheimlichen und dem Gericht und dem Treuhänder auf Verlangen Auskunft über seine Erwerbstätigkeit oder seine Bemühungen um eine solche sowie über seine Bezüge und sein Vermögen zu erteilen;
4. Zahlungen zur Befriedigung der Insolvenzgläubiger nur an den Treuhänder zu leisten und keinem Insolvenzgläubiger einen Sondervorteil zu verschaffen.

(2) Soweit der Schuldner eine selbständige Tätigkeit ausübt, obliegt es ihm, die Insolvenzgläubiger durch Zahlungen an den Treuhänder so zu stellen, wie wenn er ein angemessenes Dienstverhältnis eingegangen wäre.

Übersicht	Rdn.		Rdn.
A. Normzweck	1	3. Mitteilungs- und Auskunftspflichten des Schuldners (Nr. 3)	14
B. Norminhalt	2	a) Wechsel des Wohnsitzes oder des Arbeitsplatzes	15
I. Einzelne Obliegenheiten (Abs. 1)	2	b) Verheimlichung von Vermögen	18
1. Erwerbsobliegenheit (Nr. 1)	3	c) Auskunftspflicht	21
a) Ausübung angemessener Erwerbstätigkeit	4	4. Zahlungen nur an den Treuhänder, keine Sonderleistungen an Gläubiger (Nr. 4)	22
b) Bemühung des erwerbslosen Schuldners um angemessene Tätigkeit	7	II. Selbstständig tätige Schuldner (Abs. 2)	24
c) Keine Ablehnung einer zumutbaren Tätigkeit	9	1. Umfang der Verpflichtung des selbstständig tätigen Schuldners	25
2. Vermögen von Todes wegen (Nr. 2)	10	2. Zeitpunkt der Zahlungen	31
a) Erfasstes Vermögen	10		
b) Umfang	11		

▶ **Hinweis:**

Die §§ 286–303 alter Fassung, die für alle Insolvenzverfahren gelten, die bis einschließlich 30.06.2014 beantragt worden sind, sind im **Anhang zu § 303a** abgedruckt und mit Anmerkungen versehen.

§ 295 InsO Obliegenheiten des Schuldners

A. Normzweck

1   Während § 290 die Handlungen des Schuldners während der Dauer des Insolvenzverfahrens betrifft, die zu einer Versagung der Restschuldbefreiung führen können, regelt § 295 die Obliegenheiten des Schuldners **während der Wohlverhaltensphase**. Diese dauert von der Aufhebung des Insolvenzverfahrens bis zum Ende der Abtretungsfrist. Relevant ist somit nur das Schuldnerverhalten, das in diesen Zeitraum fällt. Ein Obliegenheitsverstoß i. S. d. § 295 kann hingegen nicht an Handlungen des Schuldners anknüpfen, die bereits vor Aufhebung des Insolvenzverfahrens abgeschlossen waren. Dies würde zu einer unzulässigen Vorverlagerung des Anwendungsbereiches des § 295 führen. In diesen Fällen kommt nur eine Versagung wegen einer der in § 290 genannten Gründe in Betracht. An diesem Grundkonzept hat sich auch durch die Neufassung des § 295 nichts geändert (eine »Vermischung der unterschiedlichen Verfahren« nach der Gesetzesänderung sieht demgegenüber Pape, ZVI 2014, 235).

B. Norminhalt

I. Einzelne Obliegenheiten (Abs. 1)

2   In § 295 findet sich eine **abschließende Aufzählung** der vom Schuldner während der Wohlverhaltensperiode zu beachtenden Obliegenheiten (Kohte/Ahrens/Grote § 295 Rn. 5; Heyer, Restschuldbefreiung im Insolvenzverfahren, S. 98). Abs. 1 Nr. 2 bis 4 gilt sowohl für den angestellten als auch für den selbstständigen Schuldner (KPB-Wenzel § 295 Rn. 1a; HK-Landfermann § 295 Rn. 1; MK-Ehricke § 295 Rn. 10).

1. Erwerbsobliegenheit (Nr. 1)

3   Die Vorschrift enthält drei verschiedene Tatbestände. Dem Schuldner obliegt es zunächst, eine **angemessene Erwerbstätigkeit auszuüben**. Ist der Schuldner ohne Beschäftigung, muss er sich um eine **angemessene Erwerbstätigkeit bemühen**. Eine **zumutbare Tätigkeit** darf der beschäftigungslose Schuldner **nicht ablehnen**. Für einen selbstständig tätigen Schuldner gelten zwar grds. nicht die Obliegenheiten des Abs. 1 Nr. 1, sondern die des Abs. 2 (vgl. HK-Landfermann § 295 Rn. 9). Allerdings kann die Aufnahme einer selbstständigen Tätigkeit bei Hinzutreten besonderer Umstände – Scheinfirma, Verlusterzielungsabsicht – einen Verstoß hiergegen bedeuten (AG Hannover, ZInsO 2007, 50).

a) Ausübung angemessener Erwerbstätigkeit

4   Die Auslegung des unbestimmten Rechtsbegriffs der »Angemessenheit« hat sich vorrangig am Ziel der Regelung, der bestmöglichen Befriedigung der Gläubiger, zu orientieren (KPB-Wenzel § 295 Rn. 4). Eine Auslegung i. S. e. weitreichenden Obliegenheit ist daher angebracht (vgl. Begr. RegE BT-Drucks. 12/2443 S. 192). Es sind aber auch der **bisherige Lebenszuschnitt** des Schuldners im Hinblick auf berufs- und ausbildungsbezogene Gesichtspunkte sowie die **persönlichen Verhältnisse** wie z. B. Alter, Gesundheitszustand oder familiäre Verhältnisse zu berücksichtigen (MK-Ehricke § 295 Rn. 16; Kohte/Ahrens/Grote § 295 Rn. 15), z. B. auch **Kinderbetreuungsverpflichtungen** (BGH, ZInsO 2010, 105; kritisch zur konkreten Umsetzbarkeit: Diehl, ZVI 2010, 110: »[...] keine klare Linie zu erkennen [...]«).

5   Das Erfordernis der **Angemessenheit** bezieht sich sowohl auf eine gebührende Arbeitsleistung als auch auf die Höhe der Bezahlung (BGH, NZI 2012, 87; LG Freiburg, ZInsO 2013, 1915). Grds. ist demnach nur eine **Vollzeitbeschäftigung** als angemessen in diesem Sinne anzusehen (AG Hamburg, ZInsO 2001, 278; Heyer, Restschuldbefreiung im Insolvenzverfahren, S. 120). Der Schuldner muss grds. eine besser bezahlte Tätigkeit annehmen, wenn er für seine bisherige Tätigkeit nicht hinreichend entlohnt wird (Fuchs, Kölner Schrift zur InsO, S. 1740 Rn. 177). Bei fortgeführten Tätigkeiten wird die Angemessenheit vermutet, wenn der Schuldner nicht kurz vor der Stellung des Eigenantrags in ein schlechter bezahltes Arbeitsverhältnis gewechselt hat (LG Freiburg, ZInsO 2013, 1915; MK-Ehricke § 295 Rn. 18). Grds. soll er also nicht zu einer schlechter

bezahlten Tätigkeit wechseln (FK-Ahrens § 295 Rn. 30; Döbereiner, Die Restschuldbefreiung nach der Insolvenz, S. 150). Ein Obliegenheitsverstoß ist gegeben, wenn der Schuldner die bestmögliche Gläubigerbefriedigung gefährdet, indem er Einkommen verschleiert oder mit dem Arbeitgeber derart zusammenwirkt, dass er bis zum Ende der Wohlverhaltensperiode nur ein geringes Gehalt bekommt und anschließend als Kompensation ein entsprechend höheres (KPB-Wenzel § 295 Rn. 6; Fuchs, Kölner Schrift zur InsO, S. 1740 Rn. 177). Weiterhin kann in der Wahl einer für die Gläubiger ungünstigen **Steuerklasse** ohne hinreichenden sachlichen Grund ein Verstoß gegen die Erwerbsobliegenheit liegen (BGH, ZInsO 2009, 734). Demgegenüber ist ein **Wohnsitzwechsel** in ein anderes Bundesland auch dann kein Obliegenheitsverstoß, wenn dort die Arbeitslosenquote besonders hoch ist (AG Hamburg, ZInsO 2001, 278). **Weiterbildungsmaßnahmen** sind auch mit der Folge eines vorübergehenden Einkommensverlustes zulässig, wenn und soweit die wahrscheinliche Möglichkeit besteht, dass der Schuldner später dadurch ein höheres Einkommen erzielen kann und die Einbußen der Gläubiger innerhalb der Wohlverhaltensperiode noch ausgeglichen werden (Begr. RegE BR-Drucks. 12/92 S. 192; NR-Römermann § 295 Rn. 9; Trendelenburg, Restschuldbefreiung, S. 55). Auch die **Aufnahme eines Studiums** ist zumindest dann zulässig, wenn das Studium unmittelbar nach dem Schulabschluss aufgenommen und im zeitlich üblichen Rahmen durchgeführt wird (AG Göttingen, ZInsO 2002, 385; **a. A.** Uhlenbruck-Vallender § 295 Rn. 15). Im Fall der **Fortsetzung** eines bereits begonnenen Studiums dürfte rgm. kein Obliegenheitsverstoß vorliegen (Uhlenbruck-Vallender § 295 Rn. 16). Die Fortsetzung eines Promotionsstudiums setzt hingegen voraus, dass die Promotion voraussichtlich zu einem höheren Einkommen führen und somit im Ergebnis auch den Gläubigern zugutekommen wird, wobei der Doktorand sich um einen schnellstmöglichen Abschluss des Promotionsvorhabens und einen unmittelbar anschließenden Berufseinstieg zu bemühen hat (LG Darmstadt, ZInsO 2013, 1162). Ein Verlust der angemessenen Tätigkeit stellt nicht zwangsläufig eine Obliegenheitsverletzung dar. Es ist vielmehr nach den Gründen zu differenzieren, die zum Verlust des Arbeitsplatzes geführt haben, wobei eine Eigenkündigung durch den Arbeitnehmer oder eine verhaltensbezogene Kündigung durch den Arbeitgeber zumindest Indizien für einen Obliegenheitsverstoß darstellen können (vgl. AG Holzminden, ZVI 2006, 260; MK-Ehricke § 295 Rn. 20 f.; ähnl. auch Heyer, Restschuldbefreiung im Insolvenzverfahren, S. 121 f.).

Faktische Beschränkungen der Verdienstmöglichkeit des Schuldners müssen respektiert werden, soweit die Ursache hierfür in der Zeit vor Beginn der Wohlverhaltensperiode liegt (vgl. Heyer, Restschuldbefreiung im Insolvenzverfahren, S. 117). So stellt die Tatsache, dass der Schuldner wegen einer Strafhaft zumindest zeitweise nur ein geringes Einkommen erzielen kann, keinen Versagungsgrund dar, wenn der Straftatbestand, wegen dessen die Verurteilung erfolgte, schon vor Beginn der Wohlverhaltensperiode verwirklicht worden ist (a. A. LG Hannover, ZInsO 2002, 449; AG Hannover, ZVI 2004, 501; grds. zur Thematik des »einsitzenden« Schuldners: Menge, ZInsO 2010, 2347 ff.). Begeht der Schuldner die zur Inhaftierung führende Straftat hingegen während der Wohlverhaltensphase und verliert deswegen eine Beschäftigung, aus der pfändbare Einkünfte erzielt wurden, liegt hierin ein Obliegenheitsverstoß, der zur Versagung der Restschuldbefreiung führen kann (BGH, ZInsO 2010, 1558). Hätte ein arbeitsunfähiger oder schlecht qualifizierter Schuldner auch in Freiheit keine (höheren) pfändbaren Einkünfte erzielen können, dürfte eine Versagung allerdings nicht in Betracht kommen (Menge, ZInsO 2010, 2356). 6

b) Bemühung des erwerbslosen Schuldners um angemessene Tätigkeit

Es ist ein aktives Handeln erforderlich. Es reicht nicht aus, dass sich der Schuldner lediglich rgm. bei dem Arbeitsamt meldet (HK-Landfermann § 295 Rn. 5; vgl. Begr. RegE BR-Drucks. 12/92 S. 192). Ein bloßes Abwarten auf die Vermittlung genügt nicht; der Schuldner muss von sich aus rgm. aktiv den Kontakt suchen und erhalten (BGH, ZInsO 2011, 1301). Darüber hinaus ist der Schuldner gefordert, selbst Stellenanzeigen in Tageszeitungen usw. zu studieren und sich auf angemessene Stellen auch zu bewerben, wobei als ungefähre Richtgröße zwei bis drei Bewerbungen in der Woche gelten sollen, sofern entsprechende Stellen angeboten werden (BGH, ZInsO 2011, 1301; AG Göttingen, NZI 2011, 914), wobei im Hinblick auf die hierfür anfallenden Bewer- 7 bungskosten zu bedenken ist, dass er für diese gem. §§ 45 ff. SGB III unterstützende Leistungen erhalten kann (Uhlenbruck-Vallender § 295 Rn. 22). Demgegenüber kann es von dem Schuldner mit Blick auf seine wirtschaftliche Situation nicht verlangt werden, von sich aus kostspielige Stellenanzeigen zu schalten (Uhlenbruck-Vallender § 295 Rn. 23; a. A. Döbereiner, Die Restschuldbefreiung nach der InsO, S. 151). Generell reicht die Obliegenheit nur soweit, wie das Bemühen um eine angemessene Tätigkeit dem Schuldner nach seinen persönlichen Möglichkeiten (Ausbildung, Fähigkeiten, Alter, Gesundheitszustand) tatsächlich möglich und zumutbar ist (BGH, ZInsO 2011, 147). Eingliederungsvereinbarungen des Schuldners mit dem Träger von Sozialleistungen beeinflussen den objektiven anzulegenden Maßstab nicht, sind aber im Rahmen des nach § 296 Abs. 1 Satz 1 subjektiv erforderlichen Verschuldens zu berücksichtigen (BGH, ZInsO 2012, 1958; s. § 296 Rn. 12). Die Obliegenheit sich um eine angemessene Erwerbstätigkeit zu bemühen trifft neben dem erwerbslosen Schuldner auch den **lediglich teilzeitbeschäftigten Schuldner** (BGH, ZInsO 2010, 393). Der **selbstständig tätige Schuldner** ist verpflichtet sich um eine angemessene Tätigkeit zu bemühen, sobald er erkennt, dass er den Anforderungen des § 295 Abs. 2 nicht gerecht werden kann (Rdn. 29).

8 Der Schuldner darf seine Bemühungen weder örtlich noch sachlich auf einen kleinen Teil des Arbeitsmarktes beschränken. Es reicht nicht aus, sich lediglich auf Teilzeitstellen zu bewerben (AG Neu-Ulm, ZVI 2004, 131). Der Verzicht auf eine Bewerbung allein aufgrund der subjektiven Geringschätzung der eigenen Aussichten kann zur Annahme einer Obliegenheitsverletzung führen (LG Kiel, ZVI 2002, 474).

c) Keine Ablehnung einer zumutbaren Tätigkeit

9 Auch insoweit sind strenge Anforderungen an den Schuldner zu stellen. Der Schuldner hat u. U. eine berufsfremde, eine auswärtige und notfalls auch eine Aushilfs- oder Gelegenheitstätigkeit anzunehmen (Begr. RegE BT-Drucks. 12/2443 S. 192; KPB-Wenzel § 295 Rn. 9). Bei der Konkretisierung des Begriffs der Zumutbarkeit wird man sich zunächst grds. an die gesetzlichen Regelungen und gerichtlichen Entscheidungen zum Arbeits-, Unterhalts- und Sozialhilferecht anlehnen dürfen (BGH, ZInsO 2010, 105 für das Unterhaltsrecht; MK-Ehricke § 295 Rn. 44 f.; NR-Römermann § 295 Rn. 13; Kohte/Ahrens/Grote § 295 Rn. 40 f.; a. A. Heyer, Restschuldbefreiung im Insolvenzverfahren, S. 100 f.), ohne dass eine statische Übernahme zwingend ist. Mitunter wird wegen der besonderen Gewichtung der Gläubigerinteressen sogar ein darüber hinausgehender, strengerer Maßstab angenommen (Uhlenbruck-Vallender § 295 Rn. 25; KPB-Wenzel § 295 Rn. 9 f.). Im Einzelfall können sich die Grenzen für die Zumutbarkeit aus den persönlichen Verhältnissen des Schuldners, z. B. Sorge für ein Kind, Lebensalter, Gesundheit usw. ergeben (Heyer, Restschuldbefreiung im Insolvenzverfahren, S. 116 f.).

2. Vermögen von Todes wegen (Nr. 2)

a) Erfasstes Vermögen

10 Hinsichtlich des Anwendungsbereichs kann auf die Erkenntnisse zur Auslegung des § 1374 Abs. 2 BGB zurückgegriffen werden, dem insoweit Abs. 1 Nr. 2 nachgebildet ist (MK-Ehricke § 295 Rn. 53; FK-Ahrens § 295 Rn. 44 »Richtlinie«; NR-Römermann § 295 Rn. 20). Von dieser Vorschrift wird zunächst einmal dasjenige Vermögen erfasst, das der Schuldner von Todes wegen erwirbt. Hierunter fällt der Erwerb des Erben aufgrund **gesetzlicher, testamentarischer oder vertraglicher Erbfolge**, also auch in Fällen der Mit-, Vor- oder Nacherbschaft (Kohte/Ahrens/Grote § 295 Rn. 45; MK-Ehricke § 295 Rn. 54), sofern der Erbfall zeitlich nach **Aufhebung** des Insolvenzverfahrens eintritt. Umfasst wird weiterhin der Erwerb aus Vermächtnissen oder Pflichtteilsansprüchen sowie Abfindungen für einen Erbverzicht und das aus einer Erbauseinandersetzung bzw. aufgrund eines Vergleichs in einem Erbschaftsstreit Erlangte (FK-Ahrens § 295 Rn. 45; Uhlenbruck-Vallender § 295 Rn. 32), nicht hingegen Ansprüche bzgl. des Zugewinnausgleichs im Fall des Todes eines Ehegatten (HK-Landfermann § 295 Rn. 17; MK-Ehricke § 295 Rn. 54; KPB-Wenzel § 295 Rn. 19a; FK-Ahrens § 295 Rn. 45; Leipold, FS Gaul, S. 367, 374). Ebenfalls nicht erfasst ist der Erwerb unter

Lebenden auf den Todesfall, insb. die vollzogene Schenkung von Todes wegen gem. § 2301 BGB (Leibold, FS Gaul, S. 367, 372; MK-Ehricke § 295 Rn. 55; FK-Ahrens § 295 Rn. 45). Unter Vermögen, das der Schuldner »mit Rücksicht auf ein künftiges Erbrecht erwirbt«, fallen Vermögensgegenstände, die im Zuge der **Vorwegnahme der Erbfolge oder Erbteilung** zugewandt werden, wenn also ein künftiger Erbgang vorweggenommen werden sollte (MK-Ehricke § 295 Rn. 58; FK-Ahrens § 295 Rn. 47; Uhlenbruck-Vallender § 295 Rn. 33; Staudinger-Thiele, § 1374 BGB Rn. 25). Der Erwerb mit Rücksicht auf ein künftiges Erbrecht kann auch als Kauf erfolgen, bei dem der Erwerber keine vollwertige Gegenleistung erbringt (AG Göttingen, ZInsO 2007, 1001 f.; LG Göttingen, NZI 2008, 53 f. zur Abgrenzung zum »normalen Kaufvertrag«). Schenkungen ohne Bezug auf ein Erbrecht und Lotteriegewinne sind deshalb nicht erfasst (AG Oldenburg, ZInsO 2009, 787; HK-Landfermann § 295 Rn. 17; Kohte/Ahrens/Grote § 295 Rn. 47; Fuchs, Kölner Schrift zur InsO, S. 1742 Rn. 193). Die **Ausschlagung der Erbschaft oder eines Vermächtnisses** stellt ebenso wie der **Verzicht auf die Geltendmachung des Pflichtteilsanspruchs** keine Obliegenheitsverletzung dar, weil es sich hierbei um ein höchstpersönliches Recht des Schuldners handelt (BGH, NZI 2011, 329; ZInsO 2009, 1831; ZInsO 2009, 1461; MK-Ehricke § 295 Rn. 49; HK-Landfermann § 295 Rn. 17; a. A. Thora, ZInsO 2002, 176).

b) Umfang

Der Schuldner muss die **Hälfte des Wertes der Erbschaft** herausgeben. Der Erwerb tritt also zunächst in der Person des Schuldners ein. Für die Wertberechnung ist von § 2313 BGB auszugehen, sodass die Nacherbschaft auch erst bei Eintritt des Nacherbfalls zu berücksichtigen ist (FK-Ahrens § 295 Rn. 49). Hinsichtlich des maßgeblichen Bezugswertes ist auf den Nettowert des Vermögens nach Abzug aller Verbindlichkeiten abzustellen (MK-Ehricke § 295 Rn. 65; Heyer, Restschuldbefreiung im Insolvenzverfahren, S. 135; Döbereiner, Die Restschuldbefreiung nach der Insolvenz, S. 161).

Die Herausgabe hat ausschließlich in Geld zu erfolgen (BGH, ZInsO 2013, 306). Bei Barvermögen ist die Erfüllung der Obliegenheit unproblematisch. Muss die Erbschaft noch ganz oder teilweise verwertet werden, so obliegt dies dem Schuldner (BGH, ZInsO 2013, 306 mit umfassenden Nachweisen zum Streitstand; zuvor schon AG Neubrandenburg, NZI 2006, 647), wobei er sich um die bestmögliche Verwertung zu bemühen hat (Uhlenbruck-Vallender § 295 Rn. 39). Ist der Schuldner Mitglied einer Erbengemeinschaft, so steht dies der Obliegenheit zur Verwertung und Herausgabe der hälftigen Erbschaft nicht entgegen (BGH, ZInsO 2013, 306). Der Schuldner hat dann auf die Auseinandersetzung des Nachlasses gem. der §§ 2042 ff. BGB hinzuwirken.

Von dem erzielten Erlös hat der Schuldner **unverzüglich** die Hälfte herauszugeben. Unverzüglich bedeutet entsprechend der Legaldefinition des § 121 BGB ohne schuldhaftes Zögern. D. h., der Schuldner muss schuldhaft die Nachricht darüber, dass er von Todes wegen Vermögen erworben hat, verspätet an den Treuhänder weitergeleitet haben. Schuldhaft kann der Schuldner in diesem Zusammenhang allerdings nur handeln, wenn er definitiv seine Erbenstellung kennt und gleichwohl über einen Zeitraum von mehr als 2 Wochen in Bezug auf die Unterrichtung des Treuhänders und des Insolvenzgerichts untätig bleibt. Zwar fällt die Erbschaft mit dem Tod des Erblassers dem Erben zu, das bedeutet jedoch nicht, dass der Erbe mit dem Zeitpunkt des Todes auch schon Kenntnis von seiner Erbenstellung erlangt. Die Mitteilungspflicht von der Erbschaft kann erst entstehen, wenn der Schuldner definitiv von seiner Stellung als Erbe ausgehen kann. Erst wenn diese Frage eindeutig geklärt ist, trifft den Schuldner die Pflicht, den Treuhänder und das Insolvenzgericht zu unterrichten (LG Göttingen, ZVI 2008, 180). Unterlässt er eine Verwertung, so hat der Schuldner die Hälfte des hypothetischen Erlösbetrages herauszugeben, wobei auch hier Kosten und Belastungen zuvor abzusetzen sind (Uhlenbruck-Vallender § 295 Rn. 39).

3. Mitteilungs- und Auskunftspflichten des Schuldners (Nr. 3)

Diese Obliegenheiten dienen insb. der Erleichterung der Überprüfung des Schuldnerverhaltens während der Wohlverhaltensperiode (FK-Ahrens § 295 Rn. 51).

a) Wechsel des Wohnsitzes oder des Arbeitsplatzes

15 Sowohl der Wohnsitz- als auch der Beschäftigungswechsel sind **unverzüglich** anzuzeigen. Als Obergrenze sind hier 2 Wochen anzunehmen (BGH, NZI 2010, 489; LG Potsdam, ZInsO 2010, 253; AG Göttingen, ZInsO 2010, 538; Hess/Weis/Wienberg § 295 Rn. 35). Die Vornahme einer Erklärungshandlung genügt nicht, sondern die Erklärung muss dem Treuhänder oder dem Insolvenzgericht auch zugehen (BGH, ZInsO 2013, 1310).

16 Die Auslegung des Begriffs des Wohnsitzes hat sich an dem Obliegenheitszweck der Erreichbarkeit des Schuldners zu orientieren (MK-Ehricke § 295 Rn. 77; KPB-Wenzel § 295 Rn. 22; Heyer, Restschuldbefreiung im Insolvenzverfahren, S. 138; vgl. auch BGH, ZInsO 2010, 1292; AG Hannover, ZInsO 2007, 48; **a. A.** Kohte/Ahrens/Grote § 295 Rn. 54, der zumindest als Ausgangspunkt auf allgemeine zivilrechtliche Bestimmungen Bezug nimmt). Der Wohnsitz ist daher die konkrete Anschrift des Ortes, an dem sich der Schuldner über einen längeren Zeitraum tatsächlich aufhält und postalisch erreichbar ist (BGH, ZInsO 2010, 1292). Hiervon erfasst wird somit auch die Unterbringung in einem Gefängnis (Uhlenbruck-Vallender § 295 Rn. 45; MK-Ehricke § 295 Rn. 77; **a. A.** Kohte/Ahrens/Grote § 295 Rn. 54), der **Wohnungswechsel innerhalb einer Gemeinde** (BGH, ZInsO 2010, 1291; KPB-Wenzel § 295 Rn. 22; Heyer, Restschuldbefreiung im Insolvenzverfahren, S. 138) oder der vorübergehende Wechsel an einen Studienort (Uhlenbruck-Vallender § 295 Rn. 45). Ebenfalls hierunter fällt die Aufhebung des bisherigen Wohnsitzes ohne Begründung eines neuen (Uhlenbruck-Vallender § 295 Rn. 45; MK-Ehricke § 295 Rn. 78; **a. A.** Kohte/Ahrens/Grote § 295 Rn. 55). Nicht erfasst werden hingegen bloß kurzzeitige Wechsel, wie z. B. Krankenhausaufenthalte oder Urlaub (MK-Ehricke § 295 Rn. 78). Erforderlich ist nämlich, dass sich die fehlende Mitwirkung des Schuldners über einen längeren Zeitraum erstreckt und nennenswerte Auswirkungen auf das Verfahren hat (BGH, ZInsO 2008, 975).

17 Auch ein **Wechsel der Beschäftigungsstelle** ist unverzüglich anzuzeigen, um dem Treuhänder zu ermöglichen, dem neuen Arbeitgeber des Schuldners dessen Abtretungserklärung anzuzeigen und somit die Zahlung der Bezüge an sich zu sichern. Dies gilt auch im Fall der Annahme einer weiteren (Neben-) Beschäftigung (MK-Ehricke § 295 Rn. 80) oder bei Aufnahme einer Tätigkeit, mit der der Schuldner bloß ein unpfändbares Einkommen erzielt, wobei es im letzteren Fall aber an einer für die Versagung notwendigen Gläubigerbeeinträchtigung i. S. d. § 296 fehlen kann (**a. A.** AG Kempten, ZVI 2006, 221).

b) Verheimlichung von Vermögen

18 Die Obliegenheit bezieht sich in ihrer 1. Alt. allein auf die **Mitteilung pfändbarer Bezüge**, da auch nur insoweit die Abtretungserklärung i. S. d. § 287 Abs. 2 greift (FK-Ahrens § 295 Rn. 57; MK-Ehricke § 295 Rn. 82). Ein Verheimlichen liegt jedenfalls dann vor, wenn der Schuldner auf eine entsprechende Nachfrage hin unrichtige Angaben macht (FK-Ahrens § 295 Rn. 57; MK-Ehricke § 295 Rn. 82). Umstritten ist die Frage, ob in dem **schlichten Unterlassen** ein Verheimlichen liegen kann (so wohl LG Heilbronn, ZInsO 2009, 1217; AG Göttingen, ZInsO 2008, 49; ZInsO 2007, 1001; Uhlenbruck-Vallender § 295 Rn. 48; HK-Landfermann § 295 Rn. 20; **a. A.** AG Neubrandenburg, NZI 2006, 648; MK-Ehricke § 295 Rn. 82; Kohte/Ahrens/Grote § 295 Rn. 57 f.). Nach Auffassung des BGH soll dies nur in den in § 295 Abs. 1 Nr. 3 Halbs. 1 ausdrücklich genannten Fällen des **Wechsels des Wohnsitzes oder der Beschäftigungsstelle** gelten (BGH, ZInsO 2009, 2213; BGH, Beschl. v. 19.05.2011 – IX ZB 112, 10: auch wenn die Beschäftigungsstelle schon im eröffneten Insolvenzverfahrens angetreten und seither verschwiegen wurde). Diese Sichtweise erscheint gemessen am Gesetzeszweck, wonach sich der redliche Schuldner nach besten Kräften **aktiv** um eine Gläubigerbefriedigung zu bemühen hat, als sehr eng. Nach der amtlichen Begründung des RegE sollen die Obliegenheiten gem. § 295 Abs. 1 Nr. 3 InsO (§ 244 InsO-E) dem Insolvenzgericht und dem Treuhänder ermöglichen, das Verhalten des Schuldners ohne großen eigenen Untersuchungsaufwand zu überwachen und erforderlichenfalls zu überprüfen. Ist dies aufgrund der dem Treuhänder vorliegenden Informationen nicht möglich, hat ihn der Schuldner nach hier

vertretener Auffassung im Grundsatz von sich aus z. B. über Erbschaften oder zu Unrecht erhaltene Bezüge zu informieren.

Nach 2. Alt. der Obliegenheit darf auch Vermögen, das von Todes wegen oder mit Rücksicht auf ein künftiges Erbrecht erworben wurde, nicht verheimlicht werden. Die Pflicht zur Information über eine bloß zu erwartende Erbschaft besteht hingegen nicht (MK-Ehricke § 295 Rn. 69). 19

Liegen die Voraussetzungen hierfür vor, muss die Mitteilung an den Treuhänder **unverzüglich** erfolgen. Dies bedeutet entsprechend der Legaldefinition des § 121 BGB ohne schuldhaftes Zögern. 20

c) Auskunftspflicht

Der Schuldner hat auf Verlangen dem **Gericht und dem Treuhänder** Auskunft über seine Erwerbstätigkeit oder seine Bemühungen um eine solche sowie über seine Bezüge und sein Vermögen zu erteilen. Ggü. den Gläubigern besteht die Pflicht zur Auskunftserteilung hingegen nicht, auch wenn eine entsprechende Aufforderung durch das Gericht oder den Treuhänder erfolgte (AG Leipzig, ZInsO 2005, 387). Ein **Begründungserfordernis** besteht ebenso wenig (KPB-Wenzel § 295 Rn. 25; Hess/Weis/Wienberg § 295 Rn. 36; Kohte/Ahrens/Grote § 295 Rn. 59) wie eine Beschränkung im Hinblick auf die Häufigkeit von Anfragen (Uhlenbruck-Vallender § 295 Rn. 50; im Grundsatz auch MK-Ehricke § 295 Rn. 86). Die Auskünfte durch den Schuldner sind unverzüglich und möglichst detailliert zu erteilen (Hess/Weis/Wienberg § 295 Rn. 35; a. A. FK-Ahrens § 295 Rn. 59; Kohte/Ahrens/Grote § 295 Rn. 59). Es empfiehlt sich daher z. B. für den Schuldner, seine Bewerbungsunterlagen und den Schriftverkehr mit potenziellen Arbeitgebern aufzubewahren (Döbereiner, Die Restschuldbefreiung nach der Insolvenz, S. 170). Vereitelt der Schuldner den Zugang von Auskunftsersuchen, etwa indem er seiner Pflicht zur Anzeige des Wechsels des Wohnsitzes nicht nachkommt, gelten die von ihm verlangten Auskünfte als nicht erteilt (BGH, ZInsO 2010, 1291). 21

4. Zahlungen nur an den Treuhänder, keine Sonderleistungen an Gläubiger (Nr. 4)

In Abs. 1 Nr. 4 sind zwei alternative Tatbestände enthalten (Kohte/Ahrens/Grote § 295 Rn. 61). Mit dem Gebot, nur an den Treuhänder zu leisten, soll Transparenz bei der Verteilung hergestellt und letztlich dafür gesorgt werden, dass es nicht zu unkontrollierten »Ausschüttungen« an die Gläubiger kommt. Der Regelungsgehalt dieser Vorschrift ist somit durch die bloße Unterlassung von Zahlungen an den Treuhänder nicht tangiert (vgl. LG Göttingen, ZInsO 2010, 1247; AG Göttingen, ZInsO 2009, 1606; a. A. AG Passau, ZInsO 2009, 493). Hinzu treten muss gerade, dass Zahlungen an Gläubiger geleistet werden, wobei es keine Rolle spielt, ob der Schuldner an einzelne Insolvenzgläubiger zahlt oder an alle (Uhlenbruck-Vallender § 295 Rn. 56). Allerdings dürfte im letztgenannten Fall eine Versagung häufig an der Gläubigerbeeinträchtigung i. S. d. § 296 Abs. 1 Satz 1 scheitern (Kohte/Ahrens/Grote § 295 Rn. 63). 22

Bezüglich des Begriffs des »Sondervorteils« wird auf die Ausführungen zu § 294 verwiesen (dort Rdn. 10 ff.; gegen ein gleiches Verständnis des Begriffs: Adam, ZInsO 2006, 1132). 23

II. Selbstständig tätige Schuldner (Abs. 2)

Abs. 2 gilt lediglich für den selbstständigen Schuldner und ergänzt dabei das Abtretungserfordernis des § 287 Abs. 2 Satz 1 (KPB-Wenzel § 295 Rn. 1a; Schmerbach, ZVI 2003, 257, 261), da die Bezüge aus selbstständiger Tätigkeit von der Abtretung nicht erfasst werden (vgl. Ausführungen zu § 287 Rdn. 19 ff.). Dabei ist es dem Schuldner unbenommen, während der Wohlverhaltensperiode von einer abhängigen Beschäftigung in die Selbstständigkeit zu wechseln oder umgekehrt eine selbstständige Tätigkeit zugunsten einer nicht selbstständigen aufzugeben (Heyer, Restschuldbefreiung im Insolvenzverfahren, S. 125). 24

§ 295 InsO Obliegenheiten des Schuldners

1. Umfang der Verpflichtung des selbstständig tätigen Schuldners

25 Sofern ein Schuldner eine selbstständige Tätigkeit ausübt, d. h. auf eigene Rechnung und auf eigene Verantwortung tätig ist (vgl. Uhlenbruck-Vallender § 295 Rn. 64), hat er denjenigen Betrag an die Gläubiger abzuführen, den er mit Rücksicht auf seine berufliche Qualifikation bei einem angemessenen Dienstverhältnis erzielen würde (BGH, ZInsO 2013, 405; ZInsO 2011, 2101; Grote, ZInsO 2011, 1489 m. w. N.). Dieser **fiktive Verdienst** stellt die Bemessungsgrundlage i. S. d. §§ 850 ff. ZPO dar (Uhlenbruck-Vallender § 295 Rn. 66; MK-Ehricke § 295 Rn. 106; Mäusezahl in Bork/Koschmieder, Fachanwaltshandbuch InsolvenzR, Rn. 14.130; Grote, ZInsO 2004, 1105). Eine Orientierung am tatsächlichen Erfolg des Schuldners findet also gerade nicht statt (vgl. BGH, ZInsO 2006, 548). Das Risiko des wirtschaftlichen Erfolges trägt er selbst (A. Schmidt, ZVI 2014, 41). Erreicht der Schuldner am Ende der Wohlverhaltensperiode nicht die gleiche Befriedigungsquote wie im Fall der Wahl einer unselbstständigen Tätigkeit, kann dies zu einer Versagung der Restschuldbefreiung führen (Sinz/Wegener/Hefermehl, Verbraucherinsolvenz und Insolvenz von Kleinunternehmern, Rn. 564; Heyer, Restschuldbefreiung im Insolvenzverfahren, S. 128 f.). Andererseits besteht für den selbstständig tätigen Schuldner die Chance, wesentlich höhere Beträge für sich selbst zu behalten, wenn er außergewöhnlich erfolgreich ist. Erlangt der Schuldner aufgrund eines besonderen wirtschaftlichen Erfolges mehr Einnahmen, die über das fiktive Gesamteinkommen als abhängig Erwerbstätiger hinausgehen, so hat er diesen Mehrerlös nicht an die Gläubiger abzuführen, sondern kann ihn behalten (LG Göttingen, ZInsO 2011, 1798; AG Göttingen, ZInsO 2011, 1855; A. Schmidt, ZVI 2014, 42; Laroche, VIA 2011, 86; MK-Ehricke § 295 Rn. 109; Uhlenbruck-Vallender § 295 Rn. 76; HK-Landfermann § 295 Rn. 13; NR-Römermann § 295 Rn. 47; Runkel, ZVI 2007, 45, 54; Schmerbach, ZVI 2003, 256, 263; Grote, ZInsO 2004, 1105, 1109; Schildt, Die Insolvenz des Freiberuflers, S. 171; wohl auch AG Memmingen, ZInsO 2009, 1220; **a. A.** AG München, ZVI 2005, 385; KPB-Wenzel § 295 Rn. 15a; Mäusezahl in Bork/Koschmieder, Fachanwaltshandbuch InsolvenzR, Rn. 14.132; Wenzel, NZI 1999, 15, 17). Dies bedeutet konsequenterweise, dass in den Fällen, in denen der Schuldner im Hinblick auf die Situation auf dem Arbeitsmarkt und seine persönlichen Verhältnisse gar keine Aussicht auf eine Anstellung hat, er sämtliche Einnahmen für sich behalten kann (ausdrücklich offen gelassen: BGH, ZInsO 2006, 548). Dies gilt auch, wenn er das gesetzliche Rentenalter erreicht hat und infolgedessen überhaupt nicht mehr arbeiten muss oder der Schuldner wegen seines Alters keine Aussichten auf eine Anstellung mehr hat (A. Schmidt, ZVI 2014, 42).

26 Als Grundlage für die Bestimmung des angemessenen Betrages können i. d. R. der Tariflohn oder die übliche Vergütung für solche Dienstleistungen herangezogen werden (Uhlenbruck-Vallender § 295 Rn. 66). Es kommt aber nicht nur auf die **Ausbildung**, sondern auch auf die **Vortätigkeit** an. So kann der möglicherweise höhere Verdienst eines angestellten Geschäftsführers maßgebend sein, wenn der Kfz-Mechaniker in den letzten Jahren als solcher gearbeitet und höhere Verdienste erzielt hat und diese höherwertige Tätigkeit heute noch ausüben kann. Umgekehrt kann die Vortätigkeit nicht maßgebend sein, wenn der Schuldner von der Ausbildung her höherwertige Fähigkeiten hat, als er zuletzt ausgeübt hat, z. B. der Taxi fahrende Akademiker (Grote, ZInsO 2004, 1105, 1106 f.).

27 Die Maßgeblichkeit des fiktiven Einkommens als Bemessungsgrundlage hat auch Auswirkungen auf die Mittelungs- und Auskunftspflichten nach § 295 Abs. 1 Nr. 3. Der Schuldner hat deswegen nur Auskünfte zu erteilen, die in Hinblick auf die ihm mögliche abhängige Tätigkeit und das fiktive Nettoeinkommen relevant sind (BGH, ZInsO 2013, 625). Dazu gehören bspw. Angaben zu Ausbildung, beruflichem Werdegang und Inhalt seiner Tätigkeit (A. Schmidt, ZVI 2014, 42), nicht aber zu etwaigen Gewinnen aus der selbstständigen Tätigkeit (BGH, ZInsO 2013, 625).

28 Mangels einer gesetzlich geregelten Kompetenz sind weder das Insolvenzgericht noch der Treuhänder befugt, rechtsverbindlich die zu zahlenden Beträge festzulegen (AG Charlottenburg, ZInsO 2009, 1219; KPB-Wenzel § 295 Rn. 17a; Grote, ZInsO 2004, 1105, 1108; **a. A.** AG Neu-Ulm, ZVI 2004, 132; Uhlenbruck-Vallender § 295 Rn. 70; MK-Ehricke § 295 Rn. 110). Eine dennoch erfolgte Festsetzung durch den Treuhänder hat daher keine verbindlichen Auswirkungen darauf, wie viel tatsächlich abgeführt werden muss (Grote, ZInsO 2004, 1105, 1108). Eine Klärung der

Frage, welche Beträge der Schuldner an den Treuhänder zu zahlen hat bzw. hätte zahlen müssen, kann deshalb erst im Rahmen einer Entscheidung des Gerichts über einen Versagungsantrag eines Insolvenzgläubigers erfolgen (insoweit AG München, ZVI 2005, 385). Da bis zu diesem Zeitpunkt erhebliche Rechtsunsicherheit für die Beteiligten droht, empfiehlt es sich, dass sich Gläubiger und Schuldner, ggf. auch unter Mitwirkung des Gerichts, frühzeitig auf die Festlegung des abzuführenden Betrages einigen (KPB-Wenzel § 295 Rn. 17a).

Erkennt der Schuldner, dass er den Anforderungen des § 295 Abs. 2 nicht gerecht werden kann, so trifft ihn ebenso wie den erwerbslosen Schuldner die Pflicht sich um eine angemessene Beschäftigung zu bemühen (BGH, ZInsO 2012, 1488; ZInsO 2009, 1217; Grote, ZInsO 2004, 1105, 1107; Uhlenbruck-Vallender § 295 Rn. 73; näher zu dieser Pflicht s. o. Rdn. 7 f.). 29

Wird über das Vermögen des freigegebenen Geschäftsbetriebs des Schuldners ein zweites Insolvenzverfahren eröffnet (s. § 35 Rdn. 259), ist der pfändbare Teil des fiktiven Einkommens den Gläubigern des Zweitverfahrens von vornherein entzogen. Die Obliegenheit des Schuldners zur Abführung des auf Grundlage eines fiktiven Verdienstes berechneten pfändbaren Einkommens bleibt also auch bei Eröffnung des Zweitverfahrens bestehen (Montag, ZVI 2013, 453 ff.). Der Schuldner hat den an den Treuhänder abzuführenden Betrag also ggf. vom Verwalter des Zweitverfahrens herauszuverlangen (Montag a. a. O.). 30

2. Zeitpunkt der Zahlungen

Ob der Schuldner Zahlungen innerhalb bestimmter Zeiträume leisten muss, oder ob er lediglich dafür zu sorgen hat, dass am Ende der Wohlverhaltensphase der Betrag zur Verfügung steht, den er insgesamt abzuführen hat (vgl. Pape in Mohrbutter/Ringstmeier, Handbuch der Insolvenzverwaltung, 8. Aufl. § 17 Rn. 152 m. w. N.), ist gesetzlich nicht geregelt. Mittlerweile ist aber höchstrichterlich entschieden, dass der Schuldner zur Erfüllung der Obliegenheit im Regelfall regelmäßige Zahlungen erbringen muss (BGH, ZInsO 2012, 1488; a. A. zuvor LG Potsdam, ZInsO 2010, 253; LG Bayreuth, ZInsO 2009, 1555; AG Göttingen, ZInsO 2011, 1855). Die Zahlungen müssen mindestens jährlich erfolgen (BGH, ZInsO 2012, 1488), was der Pflicht des Treuhänders zur jährlichen Verteilung gem. § 292 Abs. 1 Satz 2 entspricht. Dennoch kann oft erst am Ende der Wohlverhaltensperiode sicher festgestellt werden, ob ein Obliegenheitsverstoß vorliegt. Deswegen sind die Gläubiger regelmäßig berechtigt, den Versagungsantrag unabhängig von einer vorherigen Kenntnis von der Nichtabführung einzelner Beträge erst am Ende der Treuhandphase zu stellen (BGH, ZInsO 2014, 47; ZInsO 2013, 405). Ein Obliegenheitsverstoß liegt vor, wenn der Schuldner eine zunächst angekündigte monatliche Zahlung an den Treuhänder trotz mehrmaliger Aufforderung nicht erbringt (AG Göttingen, ZInsO 2014, 107). Erwirtschaftet der Schuldner keinen abführbaren Gewinn, so hat er sich grundsätzlich um den Wechsel in ein angemessenes Beschäftigungsverhältnis zu bemühen (s. o. Rdn. 29). 31

§ 296 Verstoß gegen Obliegenheiten

(1) ¹Das Insolvenzgericht versagt die Restschuldbefreiung auf Antrag eines Insolvenzgläubigers, wenn der Schuldner in dem Zeitraum zwischen Beendigung des Insolvenzverfahrens und dem Ende der Abtretungsfrist eine seiner Obliegenheiten verletzt und dadurch die Befriedigung der Insolvenzgläubiger beeinträchtigt; dies gilt nicht, wenn den Schuldner kein Verschulden trifft. ²Der Antrag kann nur binnen eines Jahres nach dem Zeitpunkt gestellt werden, in dem die Obliegenheitsverletzung dem Gläubiger bekanntgeworden ist. ³Er ist nur zulässig, wenn die Voraussetzungen der Sätze 1 und 2 glaubhaft gemacht werden.

(2) ¹Vor der Entscheidung über den Antrag sind der Treuhänder, der Schuldner und die Insolvenzgläubiger zu hören. ²Der Schuldner hat über die Erfüllung seiner Obliegenheiten Auskunft zu erteilen und, wenn es der Gläubiger beantragt, die Richtigkeit dieser Auskunft an Eides Statt zu versichern. ³Gibt er die Auskunft oder die eidesstattliche Versicherung ohne hinreichende Entschuldigung nicht innerhalb der ihm gesetzten Frist ab oder erscheint er trotz ordnungs-

gemäßer Ladung ohne hinreichende Entschuldigung nicht zu einem Termin, den das Gericht für die Erteilung der Auskunft oder die eidesstattliche Versicherung anberaumt hat, so ist die Restschuldbefreiung zu versagen.

(3) ¹Gegen die Entscheidung steht dem Antragsteller und dem Schuldner die sofortige Beschwerde zu. ²Die Versagung der Restschuldbefreiung ist öffentlich bekanntzumachen.

Übersicht

	Rdn.			Rdn.
A. Normzweck	1		b) Beeinträchtigung der Befriedigung	11
B. Norminhalt	2		c) Verschulden	14
I. Voraussetzungen	2		d) Verfahren	15
1. Antrag (Abs. 1 Satz 1, 2)	2	II.	Entscheidung des Gerichts (Abs. 2, 3)	16
a) Antragsberechtigte	3	III.	Mitwirkungsobliegenheiten (Abs. 2)	17
b) Form und Frist	5		1. Inhalt	18
2. Glaubhaftmachung (Abs. 1 Satz 3)	6		2. Folgen eines Verstoßes	19
3. Materielle Voraussetzungen (Abs. 1 Satz 1)	10	C.	Kosten	21
a) Obliegenheitsverletzung	10			

▶ **Hinweis:**

Die §§ 286–303 alter Fassung, die für alle Insolvenzverfahren gelten, die bis einschließlich 30.06.2014 beantragt worden sind, sind im **Anhang zu § 303a** abgedruckt und mit Anmerkungen versehen.

A. Normzweck

1 Erfüllt der Schuldner die ihn treffenden Obliegenheiten gem. § 295 nicht, kann **auf Antrag eines Gläubigers** die Restschuldbefreiung versagt werden. Ein solcher Antrag i. S. d. § 296 ist nur während der Wohlverhaltensperiode zulässig (a. A. LG Hannover, ZInsO 2002, 450). Er muss binnen eines Jahres nach Bekanntwerden des Verstoßes gestellt werden. Eine Versagung (nur) von Amts ist gesetzlich nicht vorgesehen (vgl. hierzu die Ausführungen unter Rdn. 20 ff.). Der Treuhänder kann einen Versagungsantrag nur stellen, wenn seine Vergütung vom Schuldner nicht bezahlt wird, § 298 Abs. 1 Satz 1 (vgl. zu den Einzelheiten die dortigen Ausführungen). I. Ü. ist er nicht zur Stellung eines Versagungsantrags berechtigt.

B. Norminhalt

I. Voraussetzungen

1. Antrag (Abs. 1 Satz 1, 2)

2 Voraussetzung für eine Versagung der Restschuldbefreiung durch das Gericht ist ein Antrag mindestens eines Insolvenzgläubigers.

a) Antragsberechtigte

3 Zur Antragstellung sind **Gläubiger** nur berechtigt, wenn sie **am Insolvenzverfahren teilgenommen** haben. Anderenfalls ist es ihnen verwehrt, Verfahrensrechte in der Wohlverhaltensphase wahrzunehmen (BGH, ZInsO 2009, 52; ZInsO 2005, 598; LG Frankfurt am Main, ZVI 2003, 426; AG Hannover, ZInsO 2007, 50; Uhlenbruck-Vallender § 296 Rn. 3; MK-Stephan § 296 Rn. 4; HK-Landfermann § 296 Rn. 6; Pape, ZInsO 2005, 599, 600; ders. NZI 2004, 1, 4; **a. A.** LG Traunstein, ZInsO 2003, 814; AG Leipzig, ZVI 2007, 139; ZVI 2007, 141 f.; AG Köln, NZI 2002, 218; Mäusezahl in Bork/Koschmieder, Fachanwaltshandbuch InsolvenzR, Rn. 14.138). Daran hat sich durch das Gesetz zur Verkürzung des Restschuldbefreiungsverfahrens und zur Stärkung der Gläubigerrechte nichts geändert (Laroche/Siebert, NZI 2014, 545; Ahrens, NZI 2014, 233). Die

Vertretung des Insolvenzgläubigers bei der Antragstellung durch ein Inkassounternehmen ist ausgeschlossen (AG Göttingen, ZInsO 2013, 682).

Auch Inhaber von Forderungen i. S. d. § 302 sind grds. antragsberechtigt (Heyer, Restschuldbefreiung im Insolvenzverfahren, S. 142; a. A. MK-Stephan § 295 Rn. 5; Döbereiner, Die Restschuldbefreiung nach der Insolvenz, S. 320 f.). Für den Fall des Vorliegens mehrerer Gläubigeranträge gelten die Ausführungen zu § 290 (Rdn. 3) entsprechend. 4

b) Form und Frist

Einer besonderen Form des Antrags bedarf es nicht; er kann **schriftlich** eingereicht oder zu Protokoll der Geschäftsstelle **mündlich** erklärt werden (NR-Römermann § 296 Rn. 15). Der Antrag muss aber binnen eines Jahres nach dem Zeitpunkt gestellt werden, in dem die Obliegenheitsverletzung dem Gläubiger bekannt geworden ist. Die Jahresfrist ist eine **Ausschlussfrist**, die von Amts wegen zu beachten ist. Nach Fristablauf gestellte Anträge sind unzulässig (AG Göttingen, ZInsO 2006, 385; Döbereiner, Die Restschuldbefreiung nach der Insolvenz, S. 325 f.; KPB-Wenzel § 296 Rn. 2a; Uhlenbruck-Vallender § 296 Rn. 9; NR-Römermann § 296 Rn. 24). Die Frist wird nur durch **positive Kenntnis der Umstände** in Gang gesetzt; ein bloßes Kennenmüssen genügt nicht (FK-Ahrens § 296 Rn. 26; KPB-Wenzel § 296 Rn. 2a; a. A. MK-Stephan § 296 Rn. 11). Es reicht aus, wenn der Gläubiger konkrete Tatsachen erfährt, die bei einem durchschnittlichen Insolvenzgläubiger zur Annahme des Vorliegens eines Versagungsgrundes Anlass geben würden (KPB-Wenzel § 296 Rn. 2a; NR-Römermann § 296 Rn. 20; Heyer, Restschuldbefreiung im Insolvenzverfahren, S. 143). Maßgeblich ist das Wissen des antragstellenden Gläubigers oder seiner Wissensvertreter. Hierzu zählen nicht die anderen Gläubiger oder der Treuhänder (KPB-Wenzel § 296 Rn. 2a; Hess/Weis/Wienberg § 296 Rn. 13; FK-Ahrens § 296 Rn. 28; Heyer, Restschuldbefreiung im Insolvenzverfahren, S. 143). Aus welchen Quellen der Gläubiger seine Kenntnisse zieht, ist ohne Belang. Es stellt auch keinen rechtlich zu missbilligenden Rechtsgebrauch dar, wenn einer der Gläubiger seinen Antrag auf von einem anderen Gläubiger intern weitergegebenes Wissen stützt (a. A. FK-Ahrens § 296 Rn. 28). Versäumt der Schuldner einer freigegebenen selbstständigen Tätigkeit die nach der Rechtsprechung des BGH regelmäßig erforderliche Zahlung an den Treuhänder (s. § 295 Rdn. 29) und erlangt ein Gläubiger hiervon Kenntnis, setzt dies die Jahresfrist nicht in Gang, weil ein Obliegenheitsverstoß i. S. v. § 295 Abs. 2 regelmäßig erst mit Abschluss der Treuhandperiode feststeht (BGH, ZInsO 2014, 47; ZInsO 2013, 405 Rn. 20). 5

2. Glaubhaftmachung (Abs. 1 Satz 3)

Für die Glaubhaftmachung durch den antragstellenden Gläubiger gilt § 294 ZPO. Das Erfordernis der Glaubhaftmachung erstreckt sich über die Obliegenheitsverletzung als solche hinaus auf die Voraussetzung, dass durch die Obliegenheitsverletzung die Befriedigung der Insolvenzgläubiger beeinträchtigt wurde (st. Rspr.; vgl. BGH, ZInsO 2010, 1456). Die Geltendmachung eines Versagungsgrundes ins Blaue hinein genügt ebenso wenig, wie wenn das Vorliegen einer Gläubigerbenachteiligung bloß pauschal vermutet wird (BGH, ZInsO 2010, 391). Eine Glaubhaftmachung kann auch durch konkrete Bezugnahme auf den Bericht des Treuhänders erfolgen, wenn der Bericht seinerseits den Anforderungen an eine Glaubhaftmachung genügt (BGH, ZInsO 2010, 391). Allerdings ist vom Antragsteller zu verlangen, dass er die in Bezug genommene Passage im Treuhänderbericht konkret benennt. 6

Mitunter dürfte es für den Gläubiger schwierig sein, eine Beeinträchtigung der Befriedigungsaussichten glaubhaft zu machen, da hierfür auch Umstände maßgeblich sein können, die sich allein in der Sphäre des Schuldners befinden. Dies hat das Gericht bei seiner Würdigung der beigebrachten Beweismittel zu berücksichtigen (BGH, ZInsO 2006, 547). Im Einzelfall wird man sogar annehmen müssen, dass nach den Grundsätzen der sekundären Behauptungslast (hierzu BGH, NJW 1999, 579; Zöller vor § 284 ZPO Rn. 34) **ausnahmsweise** dem Schuldner die Pflicht zukommt, nähere Angaben über solche Verhältnisse zu machen, die zu seinem Wahrnehmungsbereich gehören und dem Einblick des Gläubigers entzogen sind (AG Göttingen, ZInsO 2009, 977). 7

8 Eine **Glaubhaftmachung des Verschuldens** ist nicht erforderlich; es ist Sache des Schuldners, sich zu exkulpieren (BGH, ZInsO 2009, 2069).

9 Sofern die Glaubhaftmachung gelingt, setzt die **Ermittlungstätigkeit des Insolvenzgerichts** ein, die ihrem Umfang nach auf den glaubhaft gemachten Lebenssachverhalt beschränkt ist (vgl. BGH, ZInsO 2007, 323; insoweit auch § 290 Rdn. 12).

3. Materielle Voraussetzungen (Abs. 1 Satz 1)

a) Obliegenheitsverletzung

10 Nur Obliegenheitsverletzungen gem. § 295, die während der Wohlverhaltensphase erfolgt sind, können zu einer Versagung führen. Vorherige Handlungen des Schuldners fallen unter den Anwendungsbereich des § 290 und können nur auf diesem Weg zur Versagung der Restschuldbefreiung führen (vgl. § 295 Rdn. 1).

b) Beeinträchtigung der Befriedigung

11 Nach ständiger Rechtsprechung des BGH muss durch die Obliegenheitsverletzung die Befriedigung der **Insolvenzgläubiger** beeinträchtigt worden sein. Diesen muss ein **messbarer wirtschaftlicher Schaden** entstanden sein (BGH, ZInsO 2010, 392; ZInsO 2007, 323; ZInsO 2006, 548; Hess/Weis/Wienberg § 296 Rn. 14). Eine bloße Gefährdung der Befriedigungsaussichten genügt nicht (BGH, ZInsO 2010, 392; Uhlenbruck-Vallender § 296 Rn. 18; FK-Ahrens § 296 Rn. 13; Heyer, Restschuldbefreiung im Insolvenzverfahren, S. 143; **zu weitgehend** daher AG Kempten, ZVI 2006, 220). Eine Erheblichkeit der Beeinträchtigung ist nicht erforderlich. Nur bei ganz unwesentlichen Beeinträchtigungen der Befriedigungsaussichten kann sich der Schuldner u. U. auf das Verbot des Rechtsmissbrauchs (§ 242 BGB) berufen (Döbereiner, Die Restschuldbefreiung nach der Insolvenz, S. 202; Uhlenbruck-Vallender § 296 Rn. 21; MK-Stephan § 296 Rn. 14; Heyer, Restschuldbefreiung im Insolvenzverfahren, S. 413 f.). Zwischen der Vermögenseinbuße und der Obliegenheitsverletzung muss ein Kausalzusammenhang bestehen (BGH, ZInsO 2006, 548; MK-Stephan § 296 Rn. 14; Hess/Weis/Wienberg § 296 Rn. 14; Kohte/Ahrens/Grote § 296 Rn. 13).

12 Der BGH hat den Kreis der potenziell beeinträchtigten Gläubiger um die **Massegläubiger** erweitert; eine Beeinträchtigung der Gläubigerbefriedigung liege auch dann vor, wenn die vom Schuldner nicht abgeführten Beträge lediglich zur (teilweisen) Deckung der Verfahrenskosten ausreichen, also die Staatskasse als Massegläubigerin betroffen sei (BGH, ZInsO 2011, 978; BGH, ZInsO 2012, 1581).

13 Die nachträgliche Anzeige und Zahlung eines dem Treuhänder zunächst vorenthaltenen Betrags verhindert die Beeinträchtigung der Befriedigung der Gläubiger und führt somit zur **Heilung des Obliegenheitsverstoßes** (BGH, ZInsO 2011, 447; ZInsO 2010, 684). Voraussetzung der Heilung ist allerdings, dass das pflichtwidrige Verhalten des Schuldners noch nicht aufgedeckt und ein Antrag auf Versagung der Restschuldbefreiung noch nicht gestellt wurde (BGH, ZInsO 2011, 447; vgl. auch BGH, ZInsO 2008, 920). Eine entsprechende Heilungsmöglichkeit muss auch dann angenommen werden, wenn der Schuldner nach freiwilliger Aufdeckung eines Obliegenheitsverstoßes aufgrund einer Vereinbarung mit dem Treuhänder Teilzahlungen auf die Rückstände erbringt, die innerhalb eines nicht nur angemessenen, sondern auch überschaubaren Zeitraums zu einem vollständigen Ausgleich des dem Treuhänder vorenthaltenen Betrages führen. Solange sich der Schuldner an diese Vereinbarung hält, darf ihm nicht deswegen, weil ein Gläubiger einen Versagungsantrag stellt, bevor der vereinbarte Ratenzahlungszeitraum abgelaufen ist, die Restschuldbefreiung versagt werden. Er verdient aufgrund der Vereinbarung mit dem Treuhänder **Vertrauensschutz** (BGH, ZInsO 2011, 447).

c) Verschulden

Der Obliegenheitsverstoß des Schuldners kann nur zu einer Versagung der Restschuldbefreiung führen, wenn dieser von ihm auch verschuldet wurde. Unter Verschulden ist **Vorsatz** und **Fahrlässigkeit** i. S. d. § 276 BGB zu verstehen (Uhlenbruck-Vallender § 296 Rn. 25; KPB-Wenzel § 296 Rn. 4; Sinz/Wegener/Hefermehl, Verbraucherinsolvenz und Insolvenz von Kleinunternehmern, Rn. 581). Den intellektuellen Fähigkeiten des Schuldners und die Umstände, unter denen es zum Obliegenheitsverstoß gekommen ist, ist zwar grds. Rechnung zu tragen (OLG Celle, ZInsO 2002, 232; LG Stuttgart, ZInsO 2001, 135; beide zu § 290). Es ist aber zu beachten, dass bei Abs. 1 Satz 1 (anders als bei § 290 Abs. 1 Nr. 2, Nr. 4, Nr. 5 oder Nr. 6) leichte Fahrlässigkeit bereits genügt (vgl. Heyer, Restschuldbefreiung im Insolvenzverfahren, S. 144 f.). Es ist Sache des Schuldners, das fehlende Verschulden darzulegen und zu beweisen (s. o. Rdn. 8; HK-Landfermann § 296 Rn. 4 der aber auf die Amtsermittlungspflicht des Gerichts verweist; Uhlenbruck-Vallender § 296 Rn. 24; FK-Ahrens § 296 Rn. 11; Mäusezahl in Bork/Koschmieder, Fachanwaltshandbuch InsolvenzR, Rn. 14.140). Der Schuldner ist bspw. entschuldigt, wenn er sich entsprechend den zeitlichen oder inhaltlichen Vorgaben des Treuhänders verhalten hat (z. B. bezogen auf vereinbarte Termine zur Vorlagen von Lohn- und Gehaltsabrechnungen). Bleiben die in einer **Eingliederungsvereinbarung** zwischen dem erwerbslosen Schuldner und einer Trägerin von Sozialleistungen vereinbarten Anforderungen an Erwerbsbemühungen hinter dem objektiven Maßstab des § 295 Abs. 1 Nr. 1 zurück, so kann es im Einzelfall erforderlich sein, den Schuldner auf die unterschiedlichen Maßstäbe hinzuweisen, um ihm Gelegenheit zur Intensivierung seiner Erwerbsbemühungen zu geben (BGH, ZInsO 2012, 1958). Von einem Verschulden kann dann erst ausgegangen werden, wenn der Schuldner die ihm gegebene Gelegenheit ungenutzt lässt (BGH a. a. O.).

14

d) Verfahren

Sofern ein zulässiger Versagungsantrag vorliegt, entscheidet das Gericht nach freiem Ermessen, ob das Versagungsverfahren **mündlich oder schriftlich** durchgeführt wird (Braun-Lang § 296 Rn. 8; NR-Römermann § 296 Rn. 26; Mäusezahl in Bork/Koschmieder, Fachanwaltshandbuch InsolvenzR, Rn. 14.143). Vor der Entscheidung des Gerichts über den Versagungsantrag sind der Treuhänder, der Schuldner und die Insolvenzgläubiger zu hören. Sofern das Versagungsverfahren schriftlich durchgeführt wird, genügt für die Anhörung eine entsprechende öffentliche Bekanntmachung im Internet (§ 9). Die Anhörung ist entbehrlich, wenn sich der Schuldner im Ausland aufhält und die Anhörung das Verfahren übermäßig verzögern würde oder wenn der Aufenthalt des Schuldners unbekannt ist (§ 10 Abs. 1). Es sind alle Insolvenzgläubiger zu hören, nicht bloß der Antragsteller (LG Göttingen, ZInsO 2008, 1033; Uhlenbruck-Vallender § 296 Rn. 27; MK-Stephan § 296 Rn. 20, der aber Inhaber von Forderungen nach § 302 ausnehmen möchte). Die Anhörung des Treuhänders dient der Sachverhaltserforschung (Uhlenbruck-Vallender § 296 Rn. 27).

15

II. Entscheidung des Gerichts (Abs. 2, 3)

Kommt das Gericht aufgrund seiner Ermittlungen zu der Überzeugung, dass die Voraussetzungen für die Versagung der Restschuldbefreiung gegeben sind, versagt es die Restschuldbefreiung durch Beschluss. Für die Entscheidung ist der **Richter** zuständig (§ 18 Abs. 1 Nr. 2 RPflG). Liegt ein zulässiger und begründeter Antrag nicht vor, ist gem. § 300 die Restschuldbefreiung zu erteilen (zur Zuständigkeit vgl. Kommentierung zu § 300 Rdn. 16). Gegen die Versagungsentscheidung steht dem Schuldner die **sofortige Beschwerde** zu. Das gleiche Recht hat der Gläubiger, wenn entgegen seinem Antrag die Versagung der Restschuldbefreiung abgelehnt wird. Eine öffentliche Bekanntmachung der Entscheidung des Gerichts erfolgt nur für den Fall der Versagung der Restschuldbefreiung. Die Rechtsfolgen der Versagung der Restschuldbefreiung ergeben sich aus § 299 (vgl. die dortige Kommentierung).

16

III. Mitwirkungsobliegenheiten (Abs. 2)

17 Abs. 2 Satz 2 und 3 beinhalten zusätzliche Verfahrensobliegenheiten des Schuldners ggü. dem Gericht.

1. Inhalt

18 Der Schuldner hat dem Gericht über die Erfüllung seiner Obliegenheiten vollständig und wahrheitsgemäß Auskunft zu erteilen und, wenn es ein die Versagung der Restschuldbefreiung beantragende Gläubiger beantragt, die Richtigkeit dieser Auskunft an Eides statt zu versichern. Nachfragen des Gerichts sind bzgl. der **Erfüllung aller Obliegenheiten** zulässig, nicht nur bzgl. derjenigen, die Antragsgegenstand sind; hierauf hat der Schuldner vollständig und wahrheitsgemäß zu antworten (Uhlenbruck-Vallender § 296 Rn. 30; **a. A.** Kohte/Ahrens/Grote § 296 Rn. 42; MK-Stephan § 296 Rn. 24). Im Fall einer **schriftlichen Auskunftseinholung** ist dem Schuldner durch das Gericht eine Erklärungsfrist zu setzen, innerhalb derer Stellung zu nehmen ist. Das Nachreichen der vom Gericht angeforderten Informationen im Rahmen eines nach dem Versagungsbeschluss angestrengtem Beschwerdeverfahren genügt nicht zur »Heilung« des Verstoßes (BGH, ZInsO 2009, 1268; LG Oldenburg, ZInsO 2011, 2102). Findet ein **mündlicher Anhörungstermin** statt, sind alle Verfahrensbeteiligten berechtigt, vom Schuldner entsprechende Auskünfte zu verlangen (MK-Stephan § 296 Rn. 25). Ferner hat der Schuldner auf Antrag eines Gläubigers die Richtigkeit seiner Auskunft **an Eides statt** zu versichern. Antragsberechtigt ist insoweit aber nur derjenige Gläubiger, der auch einen zulässigen Versagungsantrag gestellt hat (HK-Landfermann § 296 Rn. 10; Kohte/Ahrens/Grote § 296 Rn. 43; Heyer, Restschuldbefreiung im Insolvenzverfahren, S. 147). Die eidesstattliche Versicherung kann entweder schriftlich innerhalb einer vom Gericht zu setzenden Frist oder im Fall eines anberaumten Termins mündlich erfolgen (Uhlenbruck-Vallender § 296 Rn. 36).

2. Folgen eines Verstoßes

19 Kommt der Schuldner seiner Obliegenheit, Auskunft zu erteilen oder eine beantragte eidesstattliche Versicherung abzugeben, nicht nach, oder erscheint er nicht zum geladenen Termin, und ist er für diesen Pflichtverstoß ohne hinreichende Entschuldigung, so **ist** ihm durch das Gericht von Amts wegen ohne weiteren Antrag die Restschuldbefreiung zu versagen (Abs. 2 Satz 3). Die Missachtung der Auskunftspflicht ggü. dem Gericht ist ein selbstständiger Versagungsgrund, der an andere Voraussetzungen geknüpft ist als die Versagungsgründe des § 295 (BGH, ZInsO 2009, 1270). So ist es keine materielle Voraussetzung der Versagung, dass die Befriedigung der Insolvenzgläubiger beeinträchtigt wird (BGH, ZInsO 2009, 2162; ZInsO 2009, 1268). Über die Folgen des Verstoßes ist der Schuldner zuvor in geeigneter Weise aufzuklären, falls diese im Einzelfall nicht selbstverständlich sind (BGH, ZInsO 2009, 1269). Erteilt der Schuldner die vom Insolvenzgericht angeforderte schriftliche Auskunft über die Erfüllung seiner Obliegenheiten innerhalb der gesetzten Frist nicht dem Gericht, sondern dem Treuhänder, so ist eine Versagung der Restschuldbefreiung nicht verhältnismäßig, wenn die Auskunft dem Zweck der gerichtlichen Auskunftsanforderung sachlich vollständig gerecht wird und die Arbeit des Gerichts nicht behindert (AG Duisburg, ZVI 2011, 430).

20 Umstritten ist, ob Voraussetzung für die amtswegige Versagung der Restschuldbefreiung gem. § 296 Abs. 2 Satz 3 das Vorliegen einen zulässigen Gläubigerantrags auf Versagung der Restschuldbefreiung ist (so AG Köln, NZI 2011, 257; Uhlenbruck-Vallender § 296 Rn. 31; Laroche, ZInsO 2011, 950; **a. A.** AG Hamburg, ZInsO 2010, 444: Es genügt ein sich aus dem Bericht des Treuhänders ergebender hinreichender Verdacht, dass der Schuldner gegen seine Obliegenheiten aus § 295 verstoßen hat; Demme, NZI 2010, 710; Jacobi, ZVI 2010, 289). Nach Auffassung des BGH kann einem Schuldner nach § 296 Abs. 2 Satz 3 InsO die Restschuldbefreiung nur versagt werden, wenn ein hierzu berechtigter Gläubiger einen Versagungsantrag nach § 296 Abs. 1 InsO gestellt hat, der zu dem Auskunftsverlangen des Abs. 2 der Vorschrift geführt hat. Es genügt allerdings ein (nur) **statthafter Versagungsantrag** nach § 296 Abs. 1; zulässig muss der Antrag zum Zeitpunkt der Entscheidung nicht (mehr) sein (BGH, ZInsO 2012, 1580; ZInsO 2011, 1319). Unklarheiten da-

rüber, ob den Schuldner bei der Verletzung der Mitwirkungspflichten ein Verschulden trifft, gehen anders als i. R. d. Abs. 1 nicht zulasten des Schuldners (HK-Landfermann § 296 Rn. 11; Uhlenbruck-Vallender § 296 Rn. 42; Kohte/Ahrens/Grote § 296 Rn. 36; offen gelassen bei AG Göttingen, ZInsO 2009, 348).

C. Kosten

Der Beschluss über einen Antrag auf Versagung der Restschuldbefreiung muss eine Kostenentscheidung und eine Wertfestsetzung enthalten. Die Kosten des zurückgewiesenen Antrags hat der antragstellende Gläubiger zu tragen (MK-Stephan § 296 Rn. 34). Zu den Kosten zählen die Gerichtsgebühr i. H. v. 30 € (KV Nr. 2350), die Auslagen des Gerichts (vgl. § 1 Abs. 1 GKG), die Kosten für die Veröffentlichung der Entscheidung gem. KV Nr. 9004 und ggf. die Anwaltskosten. Als Regelstreitwert können 4.000 € angenommen werden (OLG Celle, ZInsO 2002, 232). 21

§ 297 Insolvenzstraftaten

(1) Das Insolvenzgericht versagt die Restschuldbefreiung auf Antrag eines Insolvenzgläubigers, wenn der Schuldner in dem Zeitraum zwischen Schlusstermin und Aufhebung des Insolvenzverfahrens oder in dem Zeitraum zwischen Beendigung des Insolvenzverfahrens und dem Ende der Abtretungsfrist wegen einer Straftat nach den §§ 283 bis 283c des Strafgesetzbuchs rechtskräftig zu einer Geldstrafe von mehr als 90 Tagessätzen oder einer Freiheitsstrafe von mehr als drei Monaten verurteilt wird.

(2) § 296 Absatz 1 Satz 2 und 3, Absatz 3 gilt entsprechend.

Übersicht	Rdn.			Rdn.
A. Normzweck	1	II.	Insolvenzstraftat (Abs. 1)	3
B. Norminhalt	2	III.	Entscheidung des Gerichts (Abs. 2)	5
I. Gläubigerantrag (Abs. 1)	2	C.	Kosten	6

▶ Hinweis:

Die §§ 286–303 alter Fassung, die für alle Insolvenzverfahren gelten, die bis einschließlich 30.06.2014 beantragt worden sind, sind im **Anhang zu § 303a** abgedruckt und mit Anmerkungen versehen.

A. Normzweck

Die Vorschrift ist im Zusammenhang mit § 290 Abs. 1 Nr. 1 zu sehen. Während dort nur die Fälle erfasst sind, bei denen bereits zum Zeitpunkt des Schlusstermins eine rechtskräftige Verurteilung vorliegt, werden von § 297 rechtskräftige Verurteilungen im daran anschließenden Zeitraum bis zum Ende der Wohlverhaltensperiode erfasst. 1

B. Norminhalt

I. Gläubigerantrag (Abs. 1)

Erforderlich ist ein Antrag eines am Verfahren beteiligten Gläubigers (BGH, ZInsO 2005, 1060; Pape, NZI 2004, 1, 4; vgl. zur parallelen Problematik bei § 296 dort Rdn. 3 f.), der gem. Abs. 2 i. V. m. § 296 Abs. 1 Satz 2 innerhalb eines Jahres ab Kenntnis der **Verurteilung** erfolgen muss. Kenntnis der Rechtskraft ist dabei nicht erforderlich (Hess/Weis/Wienberg § 297 Rn. 4; FK-Ahrens § 297 Rn. 10; Braun-Lang § 297 Rn. 3). Gem. Abs. 2 i. V. m. § 296 Abs. 1 Satz 3 muss die Verurteilung wegen einer Insolvenzstraftat glaubhaft gemacht werden. Es ist dem Gericht darzulegen, wann und von welchem Gericht eine Verurteilung ausgesprochen worden ist. Ferner muss dargelegt und 2 glaubhaft gemacht werden, wann der Antragsteller Kenntnis von der Verurteilung des Schuldners wegen einer Insolvenzstraftat erlangt hat (MK-Stephan § 297 Rn. 5).

II. Insolvenzstraftat (Abs. 1)

3 Voraussetzung für eine Versagung nach § 297 ist allein eine rechtskräftige Verurteilung wegen einer versuchten oder vollendeten Straftat i. S. d. §§ 283 bis 283c StGB. Andere Straftaten sind in diesem Zusammenhang unerheblich. Eine dahin gehende Einschränkung, dass sich die abgeurteilte Straftat auf das konkrete Insolvenzverfahren beziehen muss, ist nicht erforderlich (BGH, ZInsO 2003, 125; MK-Stephan § 297 Rn. 10; HK-Landfermann § 297 Rn. 3, Kohte/Ahrens/Grote § 297 Rn. 8). Erforderlich ist eine Verurteilung zu einer Geldstrafe von mehr als 90 Tagessätzen oder zu einer Freiheitsstrafe von mehr als 3 Monaten (**sog. Bagatellgrenze**). Dadurch soll verhindert werden, dass es wegen vergleichsweise unbedeutender Straftaten zu einer Versagung der Restschuldbefreiung kommt (RegE BT-Drucks. 17/11268, S. 29). Dementsprechend wird man eine Verwarnung mit Strafvorbehalt nicht länger als Verurteilung i. S. d. § 297 ansehen können (so zuvor schon MK-Stephan § 297 Rn. 9; anders noch BGH, ZInsO 2012, 543 zu § 290 Abs. 1 Nr. 1 a. F.).

4 Relevant ist nur eine rechtskräftige Verurteilung des Schuldners in dem Zeitraum zwischen Schlusstermin und Aufhebung des Insolvenzverfahrens oder während der restlichen Laufzeit der Abtretungserklärung (vgl. BGH, ZInsO 2013, 1093). Im Fall der vorherigen rechtskräftigen Verurteilung findet ggf. § 290 Abs. 1 Nr. 1 Anwendung, sodass eine Versagung der Restschuldbefreiung gem. § 297 nicht möglich ist, wenn die rechtskräftige Verurteilung bereits vor dem Schlusstermin erfolgt ist, auch wenn sie dem Gläubiger erst nach rechtskräftiger Ankündigung der Restschuldbefreiung bekannt geworden ist (Uhlenbruck-Vallender § 297 Rn. 3).

III. Entscheidung des Gerichts (Abs. 2)

5 Sie ergeht als Beschluss, der zu begründen ist. Zuständig für die Entscheidung ist der **Richter** (§ 18 Abs. 1 Nr. 2 RPflG). Bezüglich der Rechtsmittel und der Veröffentlichung der Entscheidung kann auf die Kommentierung zu § 296 verwiesen werden (s. dort Rdn. 16). Vor der Entscheidung des Gerichts ist der Schuldner mit Blick auf das Recht auf rechtliches Gehör **anzuhören**, auch wenn in Abs. 2 nicht ausdrücklich auf die Verfahrensregelung des § 296 Abs. 2 verwiesen wird (FK-Ahrens § 297 Rn. 11; MK-Stephan § 297 Rn. 17; Uhlenbruck-Vallender § 297 Rn. 13; NR-Römermann § 297 Rn. 7; **a. A.** HK-Landfermann § 297 Rn. 4; Hess/Weis/Wienberg § 297 Rn. 2; KPB-Wenzel § 297 Rn. 2; Braun-Lang § 297 Rn. 4). Gegen die Entscheidung steht dem Schuldner die sofortige Beschwerde zu (Abs. 2, § 296 Abs. 3 Satz 1).

C. Kosten

6 Schuldner der anfallenden Gebühren und Auslagen ist der antragstellende Insolvenzgläubiger (§ 23 Abs. 2 GKG). Für den Antrag wird eine Gebühr i. H. v. 30,00 € erhoben. Kosten für die Veröffentlichung entstehen gem. Nr. 9004 KV GKG.

§ 297a Nachträglich bekannt gewordene Versagungsgründe

(1) ¹Das Insolvenzgericht versagt die Restschuldbefreiung auf Antrag eines Insolvenzgläubigers, wenn sich nach dem Schlusstermin oder im Falle des § 211 nach der Einstellung herausstellt, dass ein Versagungsgrund nach § 290 Absatz 1 vorgelegen hat. ²Der Antrag kann nur binnen sechs Monaten nach dem Zeitpunkt gestellt werden, zu dem der Versagungsgrund dem Gläubiger bekannt geworden ist. ³Er ist nur zulässig, wenn glaubhaft gemacht wird, dass die Voraussetzungen der Sätze 1 und 2 vorliegen und dass der Gläubiger bis zu dem gemäß Satz 1 maßgeblichen Zeitpunkt keine Kenntnis von ihnen hatte.

(2) § 296 Absatz 3 gilt entsprechend.

Nachträglich bekannt gewordene Versagungsgründe **§ 297a InsO**

Übersicht	Rdn.		Rdn.
A. Normzweck	1	II. Entscheidung des Gerichts und Rechts-	
B. Norminhalt	2	mittel (Abs. 2)	4
I. Voraussetzungen (Abs. 1)	2		

A. Normzweck

Die Vorschrift ermöglicht die Geltendmachung von nachträglich bekannt gewordenen Versagungsgründen aus § 290 Abs. 1 nach der Aufhebung des Insolvenzverfahrens. Der Schuldner soll nicht davon profitieren, dass den Gläubigern ein Versagungsgrund zu spät bekannt geworden ist (RegE BT-Drucks. 17/11268, S. 29). Außerdem soll ein besonders kurzes Insolvenzverfahren nicht zulasten der Gläubiger gehen, die dann wenig Zeit zur Aufdeckung von Versagungsgründen haben (RegE BT-Drucks. 17/11268, S. 29). Die Vorschrift wird kritisiert, da sie die Grenzen zwischen dem eröffneten Verfahren und der Wohlverhaltensperiode verwische (s. z. B. Grote/Pape, ZInsO 2013, 1433, 1443 f.).   1

B. Norminhalt

I. Voraussetzungen (Abs. 1)

Auch eine Versagung nach § 297a erfolgt nur auf Antrag eines Insolvenzgläubigers (zu den grundsätzlichen Voraussetzungen der Antragsberechtigung s. § 290 Rdn. 2 ff.).   2

Erfasst werden alle in § 290 Abs. 1 normierten Versagungsgründe. Voraussetzung einer nachträglichen Versagung ist nach Satz 1, dass sich das Vorliegen der Versagungsvoraussetzungen erst nach dem Schlusstermin oder der Einstellung nach § 211 herausstellt. Es ist allein auf die (Un-)Kenntnis des Antrag stellenden Gläubigers abzustellen. Dies legt schon der Wortlaut des § 297a Abs. 1 S. 2 nahe, wonach »dem Gläubiger« der Versagungsgrund bekannt geworden sein muss, womit in diesem Kontext nur der Antrag stellende Gläubiger gemeint sein kann. Auch die Gesetzesbegründung nennt (nur) den Antrag stellenden Gläubiger (BT-Drucks. 17/11268, S. 29; so auch: Laroche/Siebert, NZI 2014, 543; a. A. Grote/Pape, ZInsO 2013, 1433, 1444: der Antragsgrund muss sämtlichen Gläubigern unbekannt sein; offen lassend: Pape, ZVI 2014, 238). Eine Ausschlussfrist zulasten der Gläubiger besteht nicht (RegE BT-Drucks. 17/11268, S. 29). Der Antrag muss allerdings innerhalb von 6 Monaten nach dem Zeitpunkt gestellt werden, zu welchem der Versagungsgrund dem Antrag stellenden Gläubiger erstmalig bekannt geworden ist. Der Antrag ist nur zulässig, wenn glaubhaft gemacht wird, dass die Voraussetzungen der Sätze 1 und 2 vorliegen und dass der Gläubiger bis zu dem gemäß Satz 1 maßgeblichen Zeitpunkt keine Kenntnis von ihnen hatte.   3

Dem Wortlaut der Vorschrift nach sind nur Versagungstatbestände maßgeblich, die spätestens zum Zeitpunkt des Schlusstermins oder der Einstellung nach § 211 verwirklicht waren. Allerdings stellt sich die Frage, ob ein Bedürfnis besteht, die Vorschrift ergänzend dahingehend auszulegen, dass auch Obliegenheitsverletzungen des Schuldners im Zeitraum zwischen Schlusstermin und der Beendigung des Insolvenzverfahrens einer Versagung zugänglich sind. Hierfür spricht der gesetzgeberische Wille, wonach § 297a InsO alle im Katalog des § 290 Abs. 1 InsO enthaltenen Versagungsgründe erfassen soll, die dem Antrag stellenden Gläubiger erst nach dem Schlusstermin oder der Einstellung des Verfahrens in den Fällen des § 211 InsO bekannt geworden sind (BT-Drucks. 17/11268, S. 29). Bei streng wörtlicher Auslegung würden allerdings Verletzungen der Mitwirkungs- und Offenbarungspflichten sowie der Erwerbsobliegenheit des Schuldners in dem Zeitraum zwischen Schlusstermin und Beendigung des Verfahrens insolvenzrechtlich weitgehend sanktionslos bleiben, da ein Obliegenheitsverstoß nach §§ 295, 296 erst nach Beendigung des Insolvenzverfahrens einen Versagungsgrund begründet (vgl. Laroche/Siebert, NZI 2014, 544).   3a

II. Entscheidung des Gerichts und Rechtsmittel (Abs. 2)

4   Der Verweis auf § 296 Abs. 3 betrifft die Möglichkeit der sofortigen Beschwerde durch den Antragsteller oder den Schuldner, sowie die öffentliche Bekanntmachung des Versagungsbeschlusses (zu den Einzelheiten s. § 296 Rdn. 16).

§ 298 Deckung der Mindestvergütung des Treuhänders

(1) ¹Das Insolvenzgericht versagt die Restschuldbefreiung auf Antrag des Treuhänders, wenn die an diesen abgeführten Beträge für das vorangegangene Jahr seiner Tätigkeit die Mindestvergütung nicht decken und der Schuldner den fehlenden Betrag nicht einzahlt, obwohl ihn der Treuhänder schriftlich zur Zahlung binnen einer Frist von mindestens zwei Wochen aufgefordert und ihn dabei auf die Möglichkeit der Versagung der Restschuldbefreiung hingewiesen hat. ²Dies gilt nicht, wenn die Kosten des Insolvenzverfahrens nach § 4a gestundet wurden.

(2) ¹Vor der Entscheidung ist der Schuldner zu hören. ²Die Versagung unterbleibt, wenn der Schuldner binnen zwei Wochen nach Aufforderung durch das Gericht den fehlenden Betrag einzahlt oder ihm dieser entsprechend § 4a gestundet wird.

(3) § 296 Abs. 3 gilt entsprechend.

Übersicht	Rdn.		Rdn.
A. Normzweck	1	4. Weitere Aufforderung durch das Gericht	5
B. Norminhalt	2	5. Kostenstundung	6
I. Mindestvergütung des Treuhänders (Abs. 1, 2)	2	II. Entscheidung des Gerichts (Abs. 3)	7
1. Antrag des Treuhänders	2	1. Beschluss	7
2. Fehlende Deckung der Mindestvergütung	3	2. Rechtsmittel und Veröffentlichung	8
3. Erfolglose Aufforderung durch den Treuhänder	4	C. Kosten	9

A. Normzweck

1   Dem Schuldner soll die Restschuldbefreiung nach dem Willen des Gesetzgebers nur dann erteilt werden, wenn die Vergütung des Treuhänders sichergestellt ist. Anderenfalls ist die Restschuldbefreiung zu versagen. Dies begegnete verfassungsrechtlichen Bedenken, da der Schuldner zur Vermeidung der Versagung gerade dann, wenn seine Einkommenssituation besonders schlecht war (Arbeitslosigkeit, Krankheit), gezwungen sein konnte, die Mindestvergütung aus seinem pfändbaren Einkommen zu entnehmen (zur Problemstellung: Döbereiner, Die Restschuldbefreiung nach der Insolvenz, S. 214; MK-Ehricke § 298 Rn. 3). Mit der i. R. d. InsOÄndG 2001 erfolgten Hinzufügung eines Verweises auf § 4a Abs. 1 Satz 2 ist diese Problematik entschärft. Die Neuregelung führt dazu, dass die Sanktion nicht eingreift, wenn die Kosten des Insolvenzverfahrens gem. § 4a gestundet wurden.

B. Norminhalt

I. Mindestvergütung des Treuhänders (Abs. 1, 2)

1. Antrag des Treuhänders

2   Die Versagung erfolgt nur auf Antrag des Treuhänders. Anders als bei den Gläubigeranträgen nach §§ 296 ff. besteht für den Treuhänder **kein Glaubhaftmachungserfordernis** (BGH, ZInsO 2010, 492).

2. Fehlende Deckung der Mindestvergütung

Die Versagung nach Abs. 1 setzt voraus, dass die Mindestvergütung des Treuhänders für **das vergangene Jahr seiner Tätigkeit** nicht gedeckt ist (gem. § 14 Abs. 3 InsVV: 100,00 €). Abzustellen ist auf das Tätigkeitsjahr, nicht etwa auf das Kalenderjahr, wobei maßgeblicher Zeitpunkt für den Beginn des Jahreszeitraums das Datum des Amtsbeginns des Treuhänders ist (LG Göttingen, ZInsO 2010, 1200; KPB-Wenzel § 298 Rn. 1; Braun-Lang § 298 Rn. 2; HK-Landfermann § 298 Rn. 3; Döbereiner, Die Restschuldbefreiung in der Insolvenz, S. 210; Häsemeyer, InsR, Rn. 26.42). Nicht stützen kann der Treuhänder seinen Antrag dem klaren Wortlaut nach auf Fehlbeträge, die länger als ein Jahr zurückliegen (Kohte/Ahrens/Grote § 298 Rn. 7).

3. Erfolglose Aufforderung durch den Treuhänder

Der Treuhänder hat den Schuldner nach Ablauf des betreffenden Tätigkeitsjahres **schriftlich** aufzufordern, binnen einer **Frist**, die mindestens 2 Wochen betragen muss, den fehlenden Betrag einzuzahlen, wobei er auf die drohende Versagung der Restschuldbefreiung hinzuweisen hat. Auf die Möglichkeit der **Kostenstundung** wird der Treuhänder zwar sinnvollerweise hinweisen; eine gesetzliche Verpflichtung besteht insoweit aber nicht (a. A. MK-Ehricke § 298 Rn. 16; Kohte/Ahrens/Grote § 298 Rn. 11; grds. zum Versagungsantrag nach aufgehobener Stundung vgl. Heinze, ZVI 2011, 18). Eine mündliche Aufforderung führt ebenso wie eine kürzere Fristsetzung zur **Unzulässigkeit** des Versagungsantrags (Uhlenbruck-Vallender § 298 Rn. 7; a. A. Döbereiner, Die Restschuldbefreiung nach der Insolvenz, S. 212, der den Versagungsantrag in diesem Fall für unbegründet hält). Eine verfrühte Aufforderung ist wirkungslos (Kohte/Ahrens/Grote § 298 Rn. 11; NR-Römermann § 298 Rn. 9).

4. Weitere Aufforderung durch das Gericht

Zahlt der Schuldner trotz Aufforderung durch den Treuhänder den angeforderten Betrag nicht fristgemäß ein, hat das Gericht den nach Abs. 2 Satz 1 anzuhörenden Schuldner vor seiner Entscheidung noch einmal aufzufordern, den Fehlbetrag innerhalb von 2 Wochen zu zahlen (Abs. 2 Satz 2). Im Gegensatz zur Fristsetzung durch den Treuhänder muss die Fristsetzung durch das Gericht nicht zwingend schriftlich erfolgen. Anders als die durch den Treuhänder nach Abs. 1 Satz 1 zu setzende Frist, handelt es sich bei der gerichtlichen Frist nicht um eine Mindestfrist; ihre Länge steht nicht im Ermessen des Gerichts (MK-Ehricke § 298 Rn. 19; HK-Landfermann § 298 Rn. 4; a. A. FK-Grote § 298 Rn. 11); eine Verlängerung der Frist ist nicht möglich; vielmehr handelt es sich um die letzte Gelegenheit des Schuldners um die Versagung der Restschuldbefreiung abzuwenden (LG Göttingen, NZI 2011, 292; Uhlenbruck-Vallender § 298 Rn. 16). Zahlt der Schuldner innerhalb der Frist, so hat sich der Versagungsantrag des Treuhänders materiell erledigt. Er kann den nunmehr unbegründeten Antrag für erledigt erklären und eine Kostenentscheidung des Gerichts herbeiführen (Uhlenbruck-Vallender § 298 Rn. 19) oder aber den Antrag zurücknehmen.

5. Kostenstundung

Die Versagung kommt nicht in Betracht, wenn dem Schuldner die Verfahrenskosten gem. § 4a gestundet wurden. Gem. Abs. 2 Satz 2 kann der Schuldner noch während der Wohlverhaltensphase die Stundung beantragen, und zwar bis zur rechtskräftigen Entscheidung über den Versagungsantrag des Treuhänders (Uhlenbruck-Vallender § 298 Rn. 27; Braun-Lang § 298 Rn. 6; Kohte/Ahrens/Grote § 298 Rn. 14). Da nach § 4a Abs. 3 Satz 3 bis zur Entscheidung über die Stundung die Wirkungen des § 4a Abs. 3 Satz 1 einstweilig eintreten, kann das Gericht erst nach Rechtskraft der Entscheidung über den Stundungsantrag eine Entscheidung über den Versagungsantrag des Treuhänders treffen (Uhlenbruck-Vallender § 298 Rn. 27).

II. Entscheidung des Gerichts (Abs. 3)

1. Beschluss

7 Das Gericht entscheidet durch Beschluss. Zuständig für die Entscheidung ist der **Rechtspfleger** (MK-Ehricke § 298 Rn. 22; FK-Grote § 298 Rn. 15; Braun-Lang § 298 Rn. 7; Hess/Weis/Wienberg § 298 Rn. 6). Begründet ist der Antrag, wenn trotz erfolgter Zahlungsaufforderung durch das Gericht bis Fristablauf die Mindestvergütung nicht gezahlt wurde und die Kosten nicht gestundet wurden. Ein Ermessen steht dem Gericht nicht zu (KPB-Wenzel § 298 Rn. 1).

2. Rechtsmittel und Veröffentlichung

8 Gegen die Entscheidung steht dem Treuhänder wie auch dem Schuldner die sofortige Beschwerde zu (Abs. 3 i. V. m. § 296 Abs. 3 Satz 1). Allerdings kann der Treuhänder bis zur Rechtskraft der Entscheidung über die Beschwerde den Versagungsantrag jederzeit zurück nehmen, da nur seine Vergütungsansprüche gegen den Schuldner - nicht die Interessen der Gläubiger - berührt sind (LG Hamburg, Beschl. v. 24.06.2014 - 326 T 115/13, nicht veröffentlicht). Wird dem Schuldner die Restschuldbefreiung versagt, ist dies öffentlich bekannt zu machen (Abs. 3 i. V. m. § 296 Abs. 3 Satz 2).

C. Kosten

9 Anträge nach § 298 sind wie die nach § 290 (vgl. dort Rdn. 55) kostenfrei. Wie bei einem Antrag nach § 290 fallen Gerichtsgebühren nicht an.

§ 299 Vorzeitige Beendigung

Wird die Restschuldbefreiung nach den §§ 296, 297, 297a oder 298 versagt, so enden die Abtretungsfrist, das Amt des Treuhänders und die Beschränkung der Rechte der Gläubiger mit der Rechtskraft der Entscheidung.

Übersicht	Rdn.		Rdn.
A. Normzweck	1	1. Abtretungserklärung	5
B. Norminhalt	2	2. Amt des Treuhänders	6
I. Anwendungsbereich	2	3. Gläubigerrechte	7
II. Einstellungsbeschluss	4	IV. Weitere Folgen	8
III. Rechtsfolgen	5		

▶ **Hinweis:**

Die §§ 286–303 alter Fassung, die für alle Insolvenzverfahren gelten, die bis einschließlich 30.06.2014 beantragt worden sind, sind im **Anhang zu § 303a** abgedruckt und mit Anmerkungen versehen.

A. Normzweck

1 Die Vorschrift stellt klar, dass die Abtretung der Bezüge des Schuldners im Fall der Versagung der Restschuldbefreiung mit dem Tag der Rechtskraft der Entscheidung ihre Wirksamkeit verliert. Außerdem endet das Amt des Treuhänders, und die Insolvenzgläubiger können ihre Restforderungen wieder ohne Beschränkungen gegen den Schuldner geltend machen.

B. Norminhalt

I. Anwendungsbereich

Dem **Wortlaut** nach bezieht sich § 299 nur auf eine **vorzeitige Beendigung** aufgrund einer Obliegenheitsverletzung (§ 296), einer rechtskräftigen Verurteilung wegen einer Insolvenzstraftat (§ 297), nachträglich bekannt gewordenen Versagungsgründen (§ 297a) oder wegen fehlender Deckung der Mindestvergütung des Treuhänders (§ 298). Darüber hinaus ist eine vorzeitige Beendigung auch aus **anderen, gesetzlich nicht geregelten Gründen** möglich. Denkbar sind insoweit die **Rücknahme des Antrags** durch den Schuldner, die **Erledigterklärung des Antrags** oder der **Tod des Schuldners**. § 299 kann auf diese ungeregelten Fälle einer vorzeitigen Beendigung entsprechend angewandt werden (BGH, ZInsO 2005, 597; Braun-Lang § 299 Rn. 3; HK-Landfermann § 299 Rn. 4; NR-Römermann § 299 Rn. 7 ff.; MK-Ehricke § 299 Rn. 13 ff.; KPB-Wenzel § 299 Rn. 3; Winter, ZVI 2003, 211; Pape, NZI 2004, 1, 5). Stirbt der Schuldner während der Wohlverhaltensperiode ist die Fortführung des Verfahrens mit den **Erben** aufgrund des höchstpersönlichen Charakters des Restschuldbefreiungsverfahrens nicht möglich (BGH, ZInsO 2005, 597: »*In allen diesen Fällen scheidet eine Restschuldbefreiung aus*«; OLG Jena, NZI 2012, 197; AG Bielefeld, ZVI 2005, 505; Streck, in FS Wehr, S. 257–272; a. A. wohl AG Leipzig, NZI 2014, 317; FK-Ahrens § 286 Rn. 48 ff.; Köke/Schmerbach, ZVI 2007, 497, 504). Das Restschuldbefreiungsverfahren endet ohne Weiteres im Zeitpunkt des Versterbens, sodass die Restschuldbefreiung nicht mehr erlangt werden kann (vgl. zu den Folgen des Ablebens des Schuldners nach Ablauf der Wohlverhaltensperiode, aber vor Erteilung der Restschuldbefreiung s. § 300 Rdn. 4).

In Betracht kommt auch eine »vorzeitige« Erteilung der Restschuldbefreiung gänzlich ohne Wohlverhaltensperiode, wenn wegen der Dauer des Insolvenzverfahrens die Laufzeit der Abtretungserklärung bereits verstrichen ist (BGH, ZInsO 2010, 102). Sofern keine Versagung nach § 290 erfolgt, ist die Erteilung der Restschuldbefreiung auszusprechen. Diese Rechtsprechung des BGH hat der Gesetzgeber durch Einführung der §§ 300a Abs. 1, 303 Abs. 1 Nr. 3 implizit bestätigt (s. die dortigen Kommentierungen). Die §§ 295 bis 298 laufen in diesem Fall ins Leere (HK-Landfermann § 299 Rn. 89). Die wohl wichtigste Folge der Erteilung der Restschuldbefreiung vor Beendigung des Insolvenzverfahrens besteht darin, dass der **Insolvenzbeschlag für jeglichen Neuerwerb ab dem Zeitpunkt des Ablaufs der Abtretungserklärung entfällt** (BGH, ZInsO 2010, 102). Zum Neuerwerb zählt nach der Legaldefinition des § 35 Abs. 1 das **gesamte Vermögen**, welches der Schuldner hinzu erlangt, ungeachtet dessen, ob es der Abtretung gem. § 287 Abs. 2 unterfällt (BGH, ZInsO 2014, 603).

II. Einstellungsbeschluss

Die Rechtsfolgen des § 299 treten in den dort geregelten Fällen als gesetzliche Folge eines rechtskräftigen Versagungsbeschlusses nach §§ 296, 297, 297a oder 298 ein. In den anderen, gesetzlich nicht geregelten Fällen der vorzeitigen Beendigung bedarf es ebenfalls eines Beschlusses. In diesen Fällen sind die Rechtsfolgen des § 299 (ggf. zusammen mit der Erteilung der Restschuldbefreiung) **ausdrücklich durch das Gericht** in dem Beschluss zu bestimmen (FK-Ahrens § 299 Rn. 14; HK-Landfermann § 299 Rn. 3; MK-Ehricke § 299 Rn. 17; a. A. Hess/Weis/Wienberg § 299 Rn. 2; NR-Römermann § 299 Rn. 13). Auch im Fall des Versterbens des Schuldners ist ein deklaratorischer Versagungsbeschluss aus Gründen der Rechtssicherheit und -klarheit sinnvoll und geboten (Streck, in FS Wehr, S. 272 m. w. N.).

III. Rechtsfolgen

1. Abtretungserklärung

Der Schuldner wird mit dem Ende der Laufzeit der Abtretungserklärung wieder Inhaber der an den Treuhänder abgetretenen Ansprüche und kann wieder frei über diese verfügen (MK-Ehricke § 299 Rn. 7). Damit entfällt zugleich die Aktivlegitimation des Treuhänders (LG Nürnberg-Fürth, ZInsO 2013, 1097).

2. Amt des Treuhänders

6 Des Weiteren endet das Amt des Treuhänders, wenngleich er auch weiterhin berechtigt und verpflichtet bleibt, die von der Abtretungserklärung sachlich und zeitlich erfassten Bezüge noch einzuziehen und zu verteilen (Streck, in FS Wehr, S. 269). Er ist ggü. dem Schuldner zur Auszahlung eines etwaigen auf dem Treuhänderkonto befindlichen Guthabens oder weiter an ihn geleisteter Bezüge verpflichtet (FK-Ahrens § 299 Rn. 18; MK-Ehricke § 299 Rn. 8; Braun-Lang § 299 Rn. 6). Teilweise wird aus dem Sinn und Zweck des § 292 Abs. 1 Satz 1 gefolgert, dass der Treuhänder den zur Zahlung der Bezüge Verpflichteten über das Ende der Abtretung zu informieren hat (so MK-Ehricke § 299 Rn. 8). Eine Benachrichtigung der Insolvenzgläubiger ist jedenfalls nicht erforderlich, da die Versagungsentscheidung öffentlich bekannt zu machen ist (§§ 296 Abs. 3 Satz 2, 296 Abs. 2, 298 Abs. 3). Der Treuhänder ist gem. § 292 Abs. 3 Satz 1 zur Rechnungslegung ggü. dem Insolvenzgericht verpflichtet.

3. Gläubigerrechte

7 Die vorzeitige Versagung der Restschuldbefreiung führt zum Wegfall der Beschränkungen der Rechte der Gläubiger. Es erlischt auch der **Vollstreckungsschutz** gem. § 294 Abs. 1. Das unbeschränkte Nachforderungsrecht gem. § 201 lebt wieder auf. Die Zwangsvollstreckung wird aus der Eintragung in die Tabelle gem. § 201 Abs. 1 betrieben (Braun-Lang § 299 Rn. 7; MK-Ehricke § 299 Rn. 9). Darüber hinaus endet das **Aufrechnungsverbot** des § 294 Abs. 3. Auch eine Vorzugsbehandlung einzelner Gläubiger ist nicht mehr gem. § 294 Abs. 2 nichtig.

IV. Weitere Folgen

8 Eine vorzeitige Versagung der Restschuldbefreiung stellt i. Ü. innerhalb der nächsten 10 Jahre einen Versagungsgrund i. S. d. § 290 Abs. 1 Nr. 3 dar. Außerdem besteht für das Gericht die Möglichkeit, eine gewährte Stundung aufzuheben (§ 4c Nr. 5).

§ 300 Entscheidung über die Restschuldbefreiung

(1) ¹Das Insolvenzgericht entscheidet nach Anhörung der Insolvenzgläubiger, des Insolvenzverwalters oder Treuhänders und des Schuldners durch Beschluss über die Erteilung der Restschuldbefreiung, wenn die Abtretungsfrist ohne vorzeitige Beendigung verstrichen ist. ²Hat der Schuldner die Kosten des Verfahrens berichtigt, entscheidet das Gericht auf seinen Antrag, wenn
1. im Verfahren kein Insolvenzgläubiger eine Forderung angemeldet hat oder wenn die Forderungen der Insolvenzgläubiger befriedigt sind und der Schuldner die sonstigen Masseverbindlichkeiten berichtigt hat,
2. drei Jahre der Abtretungsfrist verstrichen sind und dem Insolvenzverwalter oder Treuhänder innerhalb dieses Zeitraums ein Betrag zugeflossen ist, der eine Befriedigung der Forderungen der Insolvenzgläubiger in Höhe von mindestens 35 Prozent ermöglicht, oder
3. fünf Jahre der Abtretungsfrist verstrichen sind.

³Satz 1 gilt entsprechend. ⁴Eine Forderung wird bei der Ermittlung des Prozentsatzes nach Satz 2 Nummer 2 berücksichtigt, wenn sie in das Schlussverzeichnis aufgenommen wurde. ⁵Fehlt ein Schlussverzeichnis, so wird eine Forderung berücksichtigt, die als festgestellt gilt oder deren Gläubiger entsprechend § 189 Absatz 1 Feststellungsklage erhoben oder das Verfahren in dem früher anhängigen Rechtsstreit aufgenommen hat.

(2) ¹In den Fällen von Absatz 1 Satz 2 Nummer 2 ist der Antrag nur zulässig, wenn Angaben gemacht werden über die Herkunft der Mittel, die an den Treuhänder geflossen sind und die über die Beträge hinausgehen, die von der Abtretungserklärung erfasst sind. ²Der Schuldner hat zu erklären, dass die Angaben nach Satz 1 richtig und vollständig sind. ³Das Vorliegen der Voraussetzungen von Absatz 1 Satz 2 Nummer 1 bis 3 ist vom Schuldner glaubhaft zu machen.

(3) Das Insolvenzgericht versagt die Restschuldbefreiung auf Antrag eines Insolvenzgläubigers, wenn die Voraussetzungen des § 290 Absatz 1, des § 296 Absatz 1 oder Absatz 2 Satz 3, des § 297 oder des § 297a vorliegen, oder auf Antrag des Treuhänders, wenn die Voraussetzungen des § 298 vorliegen.

(4) ¹Der Beschluss ist öffentlich bekannt zu machen. ²Gegen den Beschluss steht dem Schuldner und jedem Insolvenzgläubiger, der bei der Anhörung nach Absatz 1 die Versagung der Restschuldbefreiung beantragt oder der das Nichtvorliegen der Voraussetzungen einer vorzeitigen Restschuldbefreiung nach Absatz 1 Satz 2 geltend gemacht hat, die sofortige Beschwerde zu. ³Wird Restschuldbefreiung nach Absatz 1 Satz 2 erteilt, gelten die §§ 299 und 300a entsprechend.

Übersicht	Rdn.		Rdn.
A. Normzweck	1	3. Vorzeitige Erteilung nach 5 Jahren/ Deckung der Verfahrenskosten (Satz 2 Nr. 3)	11
B. Norminhalt	2	4. Berechnung (Satz 4 und 5)	12
I. Ablauf der Wohlverhaltensphase (Abs. 1 Satz 1)........................	2	III. Angaben zu Herkunft der Geldmittel und Glaubhaftmachung (Abs. 3)	13
1. Keine vorzeitige Beendigung der Abtretungsfrist...............	2	1. Angaben zu Herkunft der Mittel (Abs. 3 Satz 1)..............	13
2. Anhörung	3	2. Glaubhaftmachung durch den Schuldner (Abs. 3 Satz 3)	14
3. Tod des Schuldners nach Ende der Abtretungsfrist...............	4	IV. Versagungsanträge (Abs. 3)	15
II. Vorzeitige Erteilung (Abs. 1 Satz 2 bis 5) .	5	V. Entscheidung des Gerichts und Rechtsfolgen (Abs. 4).....................	16
1. Fehlende Anmeldung oder Befriedigung von Insolvenzforderungen (Satz 2 Nr. 1)	6	1. Beschluss	16
2. Vorzeitige Erteilung nach 3 Jahren/ Quotale Befriedigung (Satz 2 Nr. 2) .	7	2. Rechtsmittel................	17
		3. Rechtsfolgen	18
		C. Kosten	19

▶ **Hinweis:**

Die §§ 286–303 alter Fassung, die für alle Insolvenzverfahren gelten, die bis einschließlich 30.06.2014 beantragt worden sind, sind im **Anhang zu § 303a** abgedruckt und mit Anmerkungen versehen.

A. Normzweck

Die Restschuldbefreiung tritt nicht automatisch nach Ablauf der Wohlverhaltensphase ein. Aus Gründen der Rechtssicherheit bedarf es eines ausdrücklichen – konstitutiv wirkenden – Beschlusses durch das Gericht. Dieser Gerichtsbeschluss ergeht nach abschließender Anhörung der Beteiligten und, falls es ein Gläubiger beantragt, nach Überprüfung der Voraussetzungen der Restschuldbefreiung. 1

B. Norminhalt

I. Ablauf der Wohlverhaltensphase (Abs. 1 Satz 1)

1. Keine vorzeitige Beendigung der Abtretungsfrist

Die **6-jährige Frist** muss verstrichen sein, ohne dass es zu einer vorzeitigen Beendigung des Restschuldbefreiungsverfahrens gekommen ist. Insb. darf das Verfahren nicht aufgrund der in § 299 ausdrücklich geregelten Gründe, aus anderen Gründen (§ 299 analog) oder gem. Abs. 1 Satz 2 vorzeitig beendet worden sein. 2

2. Anhörung

3 Das Gericht hat vor seiner Entscheidung von Amts wegen den Treuhänder, die Gläubiger und den Schuldner zu hören. Hierfür reicht es aus, dass die Beteiligten schriftlich auf die bevorstehende Erteilung der Restschuldbefreiung hingewiesen werden und ihnen dabei Gelegenheit gegeben wird, innerhalb einer angemessenen Frist die Versagung zu beantragen oder in anderer Weise Bedenken vorzubringen (MK-Stephan § 300 Rn. 16; KPB-Wenzel § 300 Rn. 1; Uhlenbruck-Vallender § 300 Rn. 4). Bis zum Abschluss dieser Frist können die Insolvenzgläubiger (vgl. § 296 Abs. 1 Satz 1 und § 297 Abs. 1) und der Treuhänder (vgl. § 298 Abs. 1 Satz 1) noch ihre Versagungsanträge stellen. Danach sind die Versagungsanträge präkludiert (MK-Stephan § 300 Rn. 15; FK-Ahrens § 300 Rn. 9); es kommt dann nur noch ein Widerruf nach § 303 in Betracht.

3. Tod des Schuldners nach Ende der Abtretungsfrist

4 Die Restschuldbefreiung kann aufgrund ihrer Höchstpersönlichkeit auch dann nicht gegenüber den Erben erteilt werden, wenn der Schuldner nach Ende der Abtretungsfrist aber vor Erteilung der Restschuldbefreiung verstirbt (AG Duisburg, ZInsO 2009, 2353; a. A. AG Leipzig, NZI 2014, 316; vgl. zur Thematik Büttner, ZInsO 2013, 588; grds. zu den Folgen des Ablebens des Schuldners während der Wohlverhaltensperiode s. auch § 299 Rdn. 2).

II. Vorzeitige Erteilung (Abs. 1 Satz 2 bis 5)

5 Die Ermöglichung der vorzeitigen Erteilung der Restschuldbefreiung ist ein Kernanliegen des Gesetzes zur Verkürzung des Restschuldbefreiungsverfahrens und zur Stärkung der Gläubigerrechte. Die Voraussetzungen eines verkürzten Verfahrens haben in Abs. 1 Satz 2, Abs. 2 eine umfassende Regelung erfahren. Voraussetzungen einer vorzeitigen Erteilung der Restschuldbefreiung sind ein entsprechender **Antrag des Schuldners**, die Glaubhaftmachung der **vollständigen Deckung der Verfahrenskosten** sowie im Fall des Abs. 1 Satz 2 Nr. 2 die **Erreichung der Ausschüttungsquote**.

1. Fehlende Anmeldung oder Befriedigung von Insolvenzforderungen (Satz 2 Nr. 1)

6 Liegen diese Voraussetzungen vor, wird dem Schuldner nach Abs. 1 Satz 2 Nr. 1 die Restschuldbefreiung vorzeitig erteilt, wenn **kein Insolvenzgläubiger eine Forderung angemeldet hat** oder wenn **die Forderungen der Insolvenzgläubiger befriedigt sind** und die sonstigen Masseverbindlichkeiten berichtigt wurden. Die Regelung zeichnet die höchstrichterliche Rechtsprechung nach, die unter den genannten Voraussetzungen schon länger von der Unverhältnismäßigkeit der Durchführung eines Restschuldbefreiungsverfahrens ausging (grundlegend BGH, ZInsO 2005, 597; s. a. BGH, ZInsO 2011, 2100). Zum Zweck der Glaubhaftmachung hat der Verwalter oder Treuhänder dem Schuldner die Nichtanmeldung oder die Befriedigung der Insolvenzforderungen sowie die Aussicht auf Befriedigung aller Massegläubiger zu bescheinigen. Will der Schuldner geltend machen, dass kein Insolvenzgläubiger eine Forderung geltend gemacht hat, kann er diesen Antrag erst nach dem Schlusstermin stellen, weil bis dahin ein Forderungsanmeldung möglich bleibt (Frind, ZInsO 2013, 1448, 1454).

2. Vorzeitige Erteilung nach 3 Jahren/Quotale Befriedigung (Satz 2 Nr. 2)

7 Kommt es bis zum **Ablauf von 3 Jahren seit Beginn der Abtretungsfrist** nicht zu einer vollständigen Befriedigung der Insolvenzgläubiger, kann dem Schuldner gem. Abs. 1 Satz 2 Nr. 2 die Restschuldbefreiung trotzdem vorzeitig erteilt werden, wenn dem Insolvenzverwalter oder Treuhänder ein Betrag zugeflossen ist, der neben der Deckung der Verfahrenskosten eine **Befriedigung der Forderungen der Insolvenzgläubiger i. H. v. 35 %** ermöglicht. Die sonstigen Masseverbindlichkeiten müssen ebenfalls berichtigt sein, da vorher eine Befriedigung der Forderungen der Insolvenzgläubiger nicht möglich ist (Grote/Pape, ZInsO 2013, 1433, 1444). Erreicht der Schuldner die Befriedigungsquote nicht innerhalb der 3-jährigen Frist genügt dies nicht für eine vorzeitige Erteilung der Restschuldbefreiung. Die Frist ist nicht verlängerbar (Henning, ZVI 2014, 221).

Die Quote wurde auf Anregung des Rechtsausschusses am Ende des Gesetzgebungsprozesses unter Berufung auf die Eigentumsrechte der Insolvenzgläubiger noch von 25 % auf 35 % erhöht (BT-Drucks. 17/13535 S. 28), bezeichnenderweise, nachdem der Vorschrift selbst unter Annahme einer Befriedigungsquote von nur 25 % – wohl zu Recht – schon früh eine geringe Praxisrelevanz vorhergesagt wurde (vgl. z. B. Ritter, ZVI, 2013, 135; Kranzusch, ZInsO 2012, 2178). Dies dürfte nun erst recht gelten, zumal bei der Anwendung dieser Vorschrift in der Praxis mit einer Vielzahl von Problemen zu rechnen ist (vgl. hierzu Henning, ZVI 2014, 219 ff.; Jaeger, ZVI 2014, 223 ff.).

8

Der Schuldner kann einen Antrag auf vorzeitige Erteilung der Restschuldbefreiung nicht einfach »ins Blaue hinein stellen«, sondern muss gem. Abs. 2 Satz 3 die Voraussetzungen glaubhaft machen (vgl. Rdn. 13). D. h. er muss zunächst einmal vor Ablauf der Frist wissen, wie hoch der Betrag der festgestellten Forderungen ist bzw. wenn sie bestritten sind, ob die betreffenden Gläubiger entsprechend § 189 Abs. 1 InsO Feststellungsklage erhoben oder einen vor Verfahrenseröffnung anhängigen Rechtsstreit aufgenommen haben. Dies mag sich zwar noch aus den Gerichtsakten ergeben. Zudem muss der Schuldner aber auch vor Ablauf der Dreijahresfrist wissen, wie hoch die **Kosten des Verfahrens** sind, um überhaupt berechnen zu können, ob die Ausschüttungsquote von 35 % erreicht wird. Dies steht zu diesem Zeitpunkt aber noch nicht fest, zumal der Verwalter erst zum Ende des Verfahrens seinen Vergütungsantrag stellen kann und die Vergütung vom Gericht erst dann festgesetzt wird (vgl. Stephan, VIA 2014, 27). Zudem gibt es bislang keinen Auskunftsanspruch hinsichtlich der Kosten des Verfahrens, weder gegenüber dem Insolvenzverwalter noch gegenüber dem Gericht (Grote/Pape, ZInsO 2014, 1435). Die Problematik wird noch dadurch verschärft, dass in den Fällen, in denen **Drittmittel** zum Erreichen der 35 %-Quote führen sollen. Diese Mittel dürften sogar vergütungserhöhend wirken – und damit die Quote wieder verschlechtern (vgl. Henning, ZVI 2014, 220; Waltenberger, ZInsO 2014, 812). Hierfür spricht der Umstand, dass eine Regelung wie für das Insolvenzplanverfahren, für das § 1 Abs. 2 Nr. 5 InsVV ausdrücklich anordnet, dass Mittel, die ein Dritter zur Erfüllung eines Insolvenzplans geleistet hat, nicht in die Berechnungsgrundlage der Insolvenzverwalter Vergütung einfließen, fehlt. Wie der Schuldner also überhaupt die notwendigen Erkenntnisse für einen Antrag auf vorzeitige Erteilung der Restschuldbefreiung erlangen soll, ist völlig unklar. Es ist jedenfalls nicht Sache des Insolvenzverwalters, von sich aus entsprechende Berechnungen vorzunehmen und über die regelmäßigen Sachstandsberichte hinaus an das Insolvenzgericht oder den Schuldner Mitteilungen zu machen und diesem die Glaubhaftmachung abzunehmen (a. A. Waltenberger, ZInsO 2014, 813, der aus § 242 BGB eine Überwachungs- und Auskunftspflicht des Verwalters gegenüber dem Schuldner in Hinblick auf die Schwellenwerte ableiten will). Zumindest in den Fällen, in denen eine vorzeitige Restschuldbefreiung durch Drittmittel erreicht werden soll, dürfte der – nunmehr auch im Verbraucherinsolvenzverfahren mögliche – Insolvenzplan das besser geeignete Instrument darstellen (vgl. Stephan, VIA 2014, 27).

9

Der Antrag auf vorzeitige Erteilung der Restschuldbefreiung nach Satz 2 Nr. 2 kann schon **während des eröffneten Verfahrens** gestellt werden. Dies ergibt sich aus der vom Gesetz in Abs. 1 Satz 5 ausdrücklich vorgesehenen Möglichkeit, die Befriedigungsquote ohne Vorliegen des Schlussverzeichnisses zu berechnen (Frind, ZInsO 2013, 1448, 1455).

10

3. Vorzeitige Erteilung nach 5 Jahren/Deckung der Verfahrenskosten (Satz 2 Nr. 3)

Kommt es nicht zu einer vorzeitigen Erteilung nach Nr. 1 oder 2 bleibt dem Schuldner gem. Abs. 1 Satz 2 Nr. 3 die Möglichkeit der Erlangung der Restschuldbefreiung nach **5-jähriger Abtretungsfrist**, wenn die Masse zur **Deckung der Verfahrenskosten** ausreicht. Der Anreiz für den Schuldner ist nach Ansicht des Gesetzgebers erheblich, da er ansonsten gem. § 4b noch nach Verfahrensbeendigung mit der Begleichung des gestundeten Betrags belastet wird (RegE BT-Drucks. 17/11268, S. 30). Der Gesetzgeber erhofft sich nicht zuletzt eine Entlastung der Länderhaushalte durch frühzeitigen Zufluss der Verfahrenskosten (RegE BT-Drucks. 17/11268, S. 30). Die wirtschaftliche Hürde ist für den Schuldner verhältnismäßig gering, sodass die Vorschrift in der Praxis eine erhebliche Rolle spielen wird (Frind, ZInsO 2013, 1448, 1456). Allerdings besteht auch insofern

11

die Problematik, dass ein gesetzlicher Auskunftsanspruch des Schuldners bzgl. der Höhe der Verfahrenskosten nicht besteht (s. o. Rdn. 9).

4. Berechnung (Satz 4 und 5)

12 Zur Berechnung der nach Satz 2 Nr. 2 erforderlichen Befriedigungsquote ist nach Satz 4 grundsätzlich das Schlussverzeichnis heranzuziehen. Fehlt ein Schlussverzeichnis sind gem. Satz 5 zur Berechnung die festgestellten und die zum Gegenstand einer Feststellungsklage gemachten Forderungen maßgeblich.

III. Angaben zu Herkunft der Geldmittel und Glaubhaftmachung (Abs. 3)

1. Angaben zu Herkunft der Mittel (Abs. 3 Satz 1)

13 Die Zulässigkeit eines Antrags auf vorzeitige Erteilung der Restschuldbefreiung setzt voraus, dass der Schuldner Angaben zur Herkunft der »über die von der Abtretung erfassten Bezüge hinausgehenden Mittel« macht, die an den Treuhänder geflossen sind. Damit soll verhindert werden, dass der Schuldner eine »geplante« Insolvenz verfolgt und die erforderliche Befriedigungsquote unter Verwendung von verheimlichtem oder zuvor auf Dritte übertragenem Vermögen aufbringt (RegE BT-Drucks. 17/13535, S. 28). Die sog. »Herkunftsbescheinigung« ist allerdings nur in der Wohlverhaltensphase vorzulegen, da die Regelung ausdrücklich nur den Treuhänder erwähnt, den es im eröffneten Verfahren nach der Streichung der §§ 312 bis 314 seit dem 01.07.2014 nicht mehr gibt (Henning, ZVI 2014, 221; Frind, ZInsO 2013, 1455). Stellt der Schuldner einen Antrag auf Erteilung der vorzeitigen Restschuldbefreiung **schon während des laufenden Insolvenzverfahrens**, folgt die Offenlegungspflicht bereits aus § 97 (Schmerbach/Semmelbeck, NZI 2014, 551). Im Grundsatz mag es zwar begrüßenswert sein, dass der Schuldner im Fall der Beibringung von Drittmitteln Angaben zur Herkunft dieser Mittel machen soll. Der Treuhänder soll diese dann hinterfragen, wenn »(...) **die Herkunft unklar ist**« (BT-Drucks. 17/13535, S. 40). Wenn der Schuldner aber erklärt, dass es sich um private Mittel des Dritten handelt, die nicht aus dem schuldnerischen Vermögen stammen, wird eine weitere Aufklärung kaum verlangt werden können und auch nicht möglich sein. Gegenüber dem Dritten besteht ein Auskunftsanspruch des Treuhänders gerade nicht (Schmerbach/Semmelbeck, NZI 2014, 551). Der Schuldner hat im Übrigen lediglich »zu erklären«, dass die Angaben über die Herkunft zutreffend sind. Es handelt sich dabei also **nicht um eine Glaubhaftmachung** im Sinne von § 294 ZPO, da der Schuldner weder Dokumente zur Herkunft der Geldmittel noch eine eidesstattliche Versicherung vorlegen muss (Frind, ZInsO 2013, 1456).

2. Glaubhaftmachung durch den Schuldner (Abs. 3 Satz 3)

14 Der Schuldner hat das Vorliegen der Voraussetzungen einer vorzeitigen Erteilung nach Abs. 1 Satz 2 Nr. 1 bis 3 glaubhaft zu machen. Es gilt § 294 ZPO.

IV. Versagungsanträge (Abs. 3)

15 Gemäß Abs. 3 können die Gläubiger die Versagungsanträge nach § 290 Abs. 1 bzw. § 297a, nach § 296 Abs. 1 auf die Verletzung einer Obliegenheit i. S. d. § 295, nach § 296 Abs. 2 Satz 3 auf die Verletzung einer Verfahrensobliegenheit oder nach § 297 auf die Verurteilung wegen einer Insolvenzstraftat stützen. Der Treuhänder kann einen Versagungsantrag gem. Abs. 2 unter den Voraussetzungen des § 298 bei fehlender Deckung der Mindestvergütung stellen. Auch i. R. d. Anhörung gilt für den Schuldner die Auskunftsobliegenheit des § 296 Abs. 2 Satz 2, sodass hierauf im Fall der Nichtbefolgung ein Versagungsantrag gestützt werden kann (Braun-Lang § 300 Rn. 2).

V. Entscheidung des Gerichts und Rechtsfolgen (Abs. 4)

1. Beschluss

Die Entscheidung des Gerichts ergeht durch Beschluss. Bei Vorliegen eines zulässigen und begründeten Antrags ist die Restschuldbefreiung zu versagen (Abs. 3). Liegt kein zulässiger und begründeter Antrag vor, so ist die Restschuldbefreiung durch das Gericht zu erteilen. Dies gilt unabhängig davon, ob und in welcher Höhe die Gläubiger befriedigt wurden (Döbereiner, Die Restschuldbefreiung nach der Insolvenz, S. 295; FK-Ahrens § 300 Rn. 22; Hess/Weis/Wienberg § 300 Rn. 9). Zuständig für den Beschluss über die Versagung der Restschuldbefreiung ist der **Richter**, § 18 Abs. 2 Nr. 1 RPflG. Über die Erteilung der Restschuldbefreiung hat hingegen der **Rechtspfleger** zu beschließen, auch wenn ein Versagungsantrag gestellt, jedoch vom Richter zurück gewiesen wurde. Der Richtervorbehalt greift nur für die den Schuldner belastende Versagungsentscheidung ein (a.A. HK-Landfermann § 300 Rn. 5; Uhlenbruck-Vallender § 300 Rn. 12). Der Beschluss bedarf nur dann einer Begründung, wenn ein Versagungsantrag beschieden wird (Uhlenbruck-Vallender § 300 Rn. 13). Er ist in dem für amtl. Bekanntmachungen des Gerichts bestimmten Blatt zu veröffentlichen. Eine **Veröffentlichung der Entscheidung** im Bundesanzeiger braucht nur bei den vor dem 30.11.2001 eröffneten Insolvenzverfahren zu erfolgen (Art. 103a EGInsO).

16

2. Rechtsmittel

Gegen den Beschluss kann im Fall der Versagung der Restschuldbefreiung der Schuldner, im Fall der Ablehnung eines Versagungsantrags jeder antragstellende Gläubiger mit der **sofortigen Beschwerde** vorgehen, Abs. 4 Satz 2 (Braun-Lang § 300 Rn. 8; MK-Stephan § 300 Rn. 31). Für den Treuhänder, der einen Versagungsantrag gestellt hat, sieht Abs. 4 die Möglichkeit der sofortigen Beschwerde nicht vor. Gegen eine ablehnende Entscheidung des Rechtspflegers steht ihm aber gem. § 11 Abs. 2 RPflG die **sofortige Erinnerung** zu (MK-Stephan § 300 Rn. 31; Uhlenbruck-Vallender § 300 Rn. 20; Kohte/Ahrens/Grote § 300 Rn. 26; a.A. KPB-Wenzel § 300 Rn. 1).

17

3. Rechtsfolgen

Im Fall der Versagung der Restschuldbefreiung ergeben sich die gleichen Rechtsfolgen wie im Fall der vorzeitigen Beendigung nach § 299, nämlich das Ende des Forderungsübergangs auf den Treuhänder (§ 287 Abs. 2), das seines Amtes und das der Beschränkung der Gläubigerrechte (Braun-Lang § 300 Rn. 5). Im Fall der Erteilung der Restschuldbefreiung ergeben sich die Rechtsfolgen aus § 301.

18

C. Kosten

Wird der Versagungsantrag eines Gläubigers beschieden, ist über die Kosten zu entscheiden (zu den Einzelheiten vgl. die Ausführungen zu § 296 Rdn. 21). Treuhänderanträge sind allerdings (ebenso wie bei Anträgen nach § 298) gebührenfrei (HK-Landfermann § 300 Rn. 7), sodass eine Kostenentscheidung unterbleibt.

19

§ 300a Neuerwerb im laufenden Insolvenzverfahren

(1) ¹Wird dem Schuldner Restschuldbefreiung erteilt, gehört das Vermögen, das der Schuldner nach Ende der Abtretungsfrist oder nach Eintritt der Voraussetzungen des § 300 Absatz 1 Satz 2 erwirbt, nicht mehr zur Insolvenzmasse. ²Satz 1 gilt nicht für Vermögensbestandteile, die auf Grund einer Anfechtung des Insolvenzverwalters zur Insolvenzmasse zurückgewährt werden oder die auf Grund eines vom Insolvenzverwalter geführten Rechtsstreits oder auf Grund Verwertungshandlungen des Insolvenzverwalters zur Insolvenzmasse gehören.

(2) ¹Bis zur rechtskräftigen Erteilung der Restschuldbefreiung hat der Verwalter den Neuerwerb, der dem Schuldner zusteht, treuhänderisch zu vereinnahmen und zu verwalten. ²Nach rechtskräftiger Erteilung der Restschuldbefreiung findet die Vorschrift des § 89 keine Anwendung. ³Der

Insolvenzverwalter hat bei Rechtskraft der Erteilung der Restschuldbefreiung dem Schuldner den Neuerwerb herauszugeben und über die Verwaltung des Neuerwerbs Rechnung zu legen.

(3) Der Insolvenzverwalter hat für seine Tätigkeit nach Absatz 2, sofern Restschuldbefreiung rechtskräftig erteilt wird, gegenüber dem Schuldner Anspruch auf Vergütung und auf Erstattung angemessener Auslagen. § 293 gilt entsprechend.

Übersicht	Rdn.		Rdn.
A. Normzweck	1	II. Verwaltung des Neuerwerbs (Abs. 2)....	4
B. Norminhalt	3	III. Vergütung des Verwalters (Abs. 3)......	5
I. Zuordnung des Neuerwerb (Abs. 1)	3		

A. Normzweck

1 Schon vor dem Inkrafttreten des Gesetzes zur Verkürzung des Restschuldbefreiungsverfahrens und der Stärkung der Gläubigerrechte konnte nach Ende der Abtretungsfrist die Restschuldbefreiung erteilt werden, ohne dass das Insolvenzverfahren bereits abgeschlossen war (s. § 299 Rdn. 2). Mit der Neufassung von § 300 Abs. 1 Satz 2 wurden dem Schuldner darüber hinaus verschiedene Möglichkeiten geschaffen, die Restschuldbefreiung vorzeitig, unter Umständen auch vor Abschluss des Insolvenzverfahrens, zu erlangen. Die Fälle, in denen das Insolvenzverfahren länger läuft als die Abtretungsfrist, werden sich in Zukunft also weiter häufen (RegE BT-Drucks. 17/11268, S. 31).

2 Die Vorschrift ordnet den in dieser Verfahrensphase anfallenden Neuerwerb nicht der Masse, sondern dem Schuldner zu. Die Regelung soll verhindern, dass die Insolvenzgläubiger einen Vorteil dadurch erlangen, dass das Insolvenzverfahren besonders lange andauert (RegE BT-Drucks. 17/11268, S. 31). Außerdem sollen die Gläubiger geschützt werden, deren Forderungen gem. § 302 von der Restschuldbefreiung ausgenommen sind (RegE BT-Drucks. 17/11268, S. 31). § 300a normiert somit explizit die auch schon bisher geltende Rechtslage. Nach der Rechtsprechung des BGH entfällt auch schon in vor dem 01.07.2014 beantragten Verfahren nach Erteilung der Restschuldbefreiung im andauernden Insolvenzverfahren der Insolvenzbeschlag für den Neuerwerb ab dem Zeitpunkt des Ablaufs der Abtretungserklärung (BGH, ZInsO 2010, 102), und zwar auch, wenn er von der Abtretung nicht erfasst wäre (BGH, ZInsO 2014, 603). Betroffen ist also der **gesamte Neuerwerb**.

B. Norminhalt

I. Zuordnung des Neuerwerb (Abs. 1)

3 Dem Vermögen des Schuldners werden nicht nur die zuvor von der Abtretung nach § 287 Abs. 2 erfassten Forderungen, sondern jegliche nach dem Ende der Abtretungsfrist anfallende Vermögenszuflüsse wie Erbschaften, Schenkungen oder Steuerrückzahlungen zugeordnet (RegE BT-Drucks. 17/11268, S. 31). Damit werden bspw. auch nach dem maßgeblichen Zeitpunkt **aus einer selbstständigen wirtschaftlichen Tätigkeit des Schuldners erwirtschaftete Erträge nicht mehr vom Insolvenzbeschlag erfasst**; selbstständig wirtschaftlich tätige und abhängig beschäftigte Schuldner werden also insoweit gleich behandelt. Ausgenommen ist nach Abs. 1 Satz 2 nur der Neuerwerb, der auf die Tätigkeit des Insolvenzverwalters zurückzuführen ist, etwa Vermögenszuflüsse aus Anfechtungsprozessen oder Verwertungshandlungen (RegE BT-Drucks. 17/11268, S. 31).

II. Verwaltung des Neuerwerbs (Abs. 2)

4 Zwischen dem Ende der Abtretungsfrist und dem Eintritt der Rechtskraft der Entscheidung über die Erteilung der Restschuldbefreiung hat der Verwalter den dem Schuldner zustehenden Neuerwerb zu vereinnahmen und zu verwalten. Damit soll dem Fall vorgebeugt werden, dass dem Schuldner die Restschuldbefreiung versagt wird. In den Fällen des § 300 Abs. 1 Satz 2 kommt es nicht zu einer Vereinnahmung und Verwaltung durch den Verwalter, denn dort fallen das Ende der

Abtretungsfrist und die Entscheidung über die Erteilung der Restschuldbefreiung zeitlich zusammen. Nachdem die Erteilung der Restschuldbefreiung rechtskräftig geworden ist, hat der Verwalter den Neuerwerb gem. Abs. 2 Satz 3 herauszugeben und über die Verwaltung Rechnung zu legen. Ab diesem Zeitpunkt können sowohl die Neugläubiger als auch die Gläubiger von nach § 302 von der Restschuldbefreiung ausgenommenen Forderungen nach Abs. 2 Satz 2, der die Nichtgeltung von § 89 anordnet, in den Neuerwerb vollstrecken. Dies gilt naturgemäß nur für den Neuerwerb, der gem. Abs. 1 Satz 1 dem Schuldner zuzuordnen ist.

III. Vergütung des Verwalters (Abs. 3)

Nach Abs. 3 hat der Verwalter Anspruch auf eine Vergütung nach den Grundsätzen von § 293. Nach dem Willen des Gesetzgebers soll § 14 Abs. 3 InsVV nicht entsprechend anzuwenden sein, sodass dem Verwalter keine Mindestvergütung zusteht (RegE BT-Drucks. 17/11268, S. 32). 5

§ 301 Wirkung der Restschuldbefreiung

(1) ¹Wird die Restschuldbefreiung erteilt, so wirkt sie gegen alle Insolvenzgläubiger. ²Dies gilt auch für Gläubiger, die ihre Forderungen nicht angemeldet haben.

(2) ¹Die Rechte der Insolvenzgläubiger gegen Mitschuldner und Bürgen des Schuldners sowie die Rechte dieser Gläubiger aus einer zu ihrer Sicherung eingetragenen Vormerkung oder aus einem Recht, das im Insolvenzverfahren zur abgesonderten Befriedigung berechtigt, werden durch die Restschuldbefreiung nicht berührt. ²Der Schuldner wird jedoch gegenüber dem Mitschuldner, dem Bürgen oder anderen Rückgriffsberechtigten in gleicher Weise befreit wie gegenüber den Insolvenzgläubigern.

(3) Wird ein Gläubiger befriedigt, obwohl er auf Grund der Restschuldbefreiung keine Befriedigung zu beanspruchen hat, so begründet dies keine Pflicht zur Rückgewähr des Erlangten.

Übersicht	Rdn.		Rdn.
A. Normzweck	1	6. Vor Inkrafttreten der InsO begründete Forderungen	12
B. Norminhalt	2	II. Sicherheiten (Abs. 2)	13
I. Wirkung gegen alle Insolvenzgläubiger (Abs. 1)	2	1. Persönliche Sicherheiten	14
1. Erfasste Forderungen	2	2. Dingliche Sicherheiten	17
2. Nicht erfasste Forderungen	8	3. Ausschluss der Rückgriffsmöglichkeit	19
3. Umwandlung der Forderung	9	III. Kein Rückforderungsanspruch des Schuldners (Abs. 3)	20
4. Aufrechnung	10		
5. Vollstreckungsfragen	11		

A. Normzweck

Die Wirkungen der Restschuldbefreiung entsprechen im Kern denjenigen eines Vergleichs oder Zwangsvergleichs früheren Rechts. Die restlichen Verbindlichkeiten des Schuldners ggü. den Insolvenzgläubigern werden zu »unvollkommenen Verbindlichkeiten«, die noch freiwillig erfüllt, aber nicht mehr zwangsweise durchgesetzt werden können. Nach wie vor können die Gläubiger aber auf persönliche oder dingliche Sicherheiten zugreifen. Auch eine Nachtragsverteilung nach § 203 Abs. 2 bleibt weiter möglich (LG Dessau-Roßlau, NZI 2012, 281). Die Wirkungen der Restschuldbefreiung gelten auch für diejenigen Insolvenzgläubiger, die sich nicht am Verfahren beteiligt haben. 1

B. Norminhalt

I. Wirkung gegen alle Insolvenzgläubiger (Abs. 1)

1. Erfasste Forderungen

2 Die Restschuldbefreiung wirkt gegen alle Insolvenzgläubiger i. S. v. § 38 (vgl. die dortige Kommentierung). Dies gilt auch dann, wenn die Gläubiger ihre Forderungen nicht bzw. verspätet (Braun-Lang § 301 Rn. 5; Uhlenbruck-Vallender § 301 Rn. 3; Döbereiner, Die Restschuldbefreiung nach der Insolvenz, S. 240) zur Insolvenztabelle angemeldet haben (Abs. 1 Satz 2). Dabei kommt es nicht darauf an, ob die Gläubiger bzgl. der Nichtanmeldung ein Verschulden trifft (BGH, ZInsO 2011, 244; HK-Landfermann § 301 Rn. 6; Uhlenbruck-Vallender § 301 Rn. 3; Vallender, ZIP 2000, 1288, 1290; **zweifelnd**: Döbereiner, Die Restschuldbefreiung nach der Insolvenz, S. 242; Prütting/Stickelbrock, ZVI 2002, 305, 308; s. a. Wagner, ZVI 2007, 9, der im Hinblick auf den Grundsatz des rechtlichen Gehörs nach Art. 103 Abs. 1 GG, § 301 Abs. 1 insofern für verfassungswidrig hält, aber die Wirkung der Restschuldbefreiung auf übersehene oder weggelassene Insolvenzgläubiger erstreckt; für eine Verfassungswidrigkeit auch: Fischinger, KTS 2011, 54 ff.). Dies gilt auch für Forderungen aus vorsätzlich begangener Handlung (BGH, ZInsO 2011, 244). Nur dann, wenn der Schuldner die Restschuldbefreiung auf unredliche Weise erlangt hat, kann der betroffene Gläubiger sich ggf. im Zivilprozess auf § 826 BGB berufen (BGH, ZInsO 2009, 52; A. Schmidt, Privatinsolvenz, Kap. 5 Rn. 53).

3 Wenn auf der Grundlage des § 289 Abs. 3 die Restschuldbefreiung zusammen mit der Einstellung des Insolvenzverfahrens nach Anzeige der Masseunzulänglichkeit (§ 211) angekündigt worden ist, fließen Zahlungen während der Wohlverhaltensphase vorrangig an die noch nicht befriedigten Massegläubiger (vgl. § 292 Rdn. 3 sowie 289 Rdn. 11). Die Restschuldbefreiung muss deshalb konsequenterweise auch diesen Massegläubigern ggü. wie ggü. den Insolvenzgläubigern wirken, denn ohne eine Befreiung auch von den **Masseverbindlichkeiten** wäre das Verfahren für den Schuldner letztlich sinnlos (HK-Landfermann § 301 Rn. 12; Voigt, ZInsO 2002, 569, 572; **a. A.** VG Düsseldorf, ZInsO 2012, 945; FK-Ahrens § 301 Rn. 7; KPB-Wenzel § 301 Rn. 3; MK-Stephan § 301 Rn. 8; Smid-Krug/Haarmeyer § 301 Rn. 5).

4 Bei **Unterhaltsforderungen** ist zu differenzieren: Vor Eröffnung des Insolvenzverfahrens entstandene familienrechtliche Unterhaltsansprüche sind Insolvenzforderungen i. S. d. § 38 und unterfallen somit der Restschuldbefreiung (OLG Stuttgart, ZInsO 2002, 140; KPB-Wenzel § 301 Rn. 3; Uhlenbruck-Vallender § 301 Rn. 7; MK-Stephan § 301 Rn. 14), soweit auf sie nicht § 302 Nr. 1 Anwendung findet (vgl. § 302 Rdn. 2). Unterhaltsansprüche, die erst nach der Verfahrenseröffnung entstanden sind, werden von der Restschuldbefreiung hingegen nicht erfasst (KPB-Wenzel § 301 Rn. 3; FK-Ahrens § 301 Rn. 5; Uhlenbruck-Vallender § 301 Rn. 7; MK-Stephan § 301 Rn. 14; Heyer, Restschuldbefreiung im Insolvenzverfahren, S. 155 f.; vgl. Uhlenbruck, FamRZ 1998, 1473, 1476).

5 Unproblematisch von der Restschuldbefreiung erfasst sind **Zinsen**, die seit Eröffnung des Insolvenzverfahrens und vor dessen Aufhebung auf Forderungen der Insolvenzgläubiger entstehen, da es sich hierbei um – wenn auch nachrangige – Insolvenzforderungen handelt (KPB-Wenzel § 301 Rn. 4; Uhlenbruck-Vallender § 301 Rn. 8; MK-Stephan § 301 Rn. 13). Im Ergebnis gilt dies auch für solche Zinsen, die nach Aufhebung des Insolvenzverfahrens während der Wohlverhaltensphase entstehen. Diese sind analog § 39 Abs. 1 Nr. 1 wie nachrangige Insolvenzforderungen zu behandeln und unterliegen der Restschuldbefreiung (OLG Köln, ZInsO 2012, 896; Döbereiner, Die Restschuldbefreiung nach der Insolvenz, S. 246; Hess/Weis/Wienberg § 301 Rn. 7; HK-Landfermann § 301 Rn. 4; KPB-Wenzel § 301 Rn. 4; FK-Ahrens § 301 Rn. 6; Uhlenbruck-Vallender § 301 Rn. 8; MK-Stephan § 301 Rn. 13; Heyer, Restschuldbefreiung im Insolvenzverfahren, S. 156; **a. A.** Smid-Krug/Haarmeyer § 301 Rn. 4).

6 Prozessuale Kostenansprüche, die im Zusammenhang mit der gerichtlichen Durchsetzung einer Insolvenzforderung stehen, sind von der Restschuldbefreiung auch dann umfasst, wenn die Kos-

tengrundentscheidung erst nach der Erteilung der Restschuldbefreiung ergeht (OLG Köln, ZInsO 2012, 896; OLG Nürnberg, ZInsO 2012, 1626). Die Kostenfestsetzung hat dann zu unterbleiben.

Im Hinblick auf **Steuerforderungen** ist zu beachten, dass es auf die Entstehung des Anspruchs im steuerrechtlichen Sinn nicht ankommt. Vielmehr werden Steuerforderungen dann als Insolvenzforderungen von § 301 erfasst, wenn der zivilrechtliche Tatbestand, der zur Entstehung der Steueransprüche geführt hat, von dem Schuldner vor der Eröffnung des Insolvenzverfahrens verwirklicht wurde (vgl. § 38 Rdn. 52). 7

2. Nicht erfasste Forderungen

Nicht der Restschuldbefreiung unterliegen Forderungen von Neugläubigern, also von Gläubigern, die ihre Forderungen erst nach der Eröffnung des Insolvenzverfahrens erworben haben (A. Schmidt, Privatinsolvenz, Kap. 5 Rn. 59; Braun-Lang § 301 Rn. 4; Uhlenbruck-Vallender § 301 Rn. 6), Aussonderungsansprüche (KPB-Wenzel § 301 Rn. 7; Hess/Weis/Wienberg § 301 Rn. 6; MK-Stephan § 301 Rn. 8), Ansprüche auf abgesonderte Befriedigung (MK-Stephan § 301 Rn. 8; Hess/Weis/Wienberg § 301 Rn. 6; Döbereiner, Die Restschuldbefreiung nach der Insolvenz, S. 240), nicht vermögensrechtliche Ansprüche, z. B. Unterlassungsansprüche (KPB-Wenzel § 301 Rn. 8; FK-Ahrens § 301 Rn. 7; Uhlenbruck-Vallender § 301 Rn. 6) sowie die in § 302 genannten Forderungen (vgl. die dortige Kommentierung). 8

3. Umwandlung der Forderung

Die rechtskräftige Erteilung der Restschuldbefreiung hat zur Folge, dass die nicht erfüllte Forderung in eine unvollkommene Verbindlichkeit (sog. Naturalobligation) umgewandelt wird. Sie besteht zwar weiterhin fort und bleibt auch erfüllbar, jedoch ist sie nicht mehr erzwingbar (Braun-Lang § 301 Rn. 1; FK-Ahrens § 301 Rn. 8; MK-Stephan § 301 Rn. 18 f.; Uhlenbruck-Vallender § 301 Rn. 10). Anders als während der Wohlverhaltensphase (FK-Ahrens § 301 Rn. 11; MK-Stephan § 301 Rn. 24; Döbereiner, Die Restschuldbefreiung nach der Insolvenz, S. 235) ist es nach Erteilung der Restschuldbefreiung zulässig, hiervon erfasste Forderungen durch Vereinbarung zwischen Schuldner und Gläubiger neu zu begründen (KPB-Wenzel § 301 Rn. 1b; Uhlenbruck-Vallender § 301 Rn. 12; Braun-Lang § 301 Rn. 10; a. A. Döbereiner, Die Restschuldbefreiung nach der Insolvenz, S. 239). 9

4. Aufrechnung

Da nach der Erteilung der Restschuldbefreiung gegen den Schuldner bestehende Forderungen nicht mehr erzwingbar sind, das Bestehen einer Aufrechnungslage gem. § 387 BGB aber voraussetzt, dass die Gegenforderung des Aufrechnenden voll wirksam und durchsetzbar ist, kann der Gläubiger mit einer Insolvenzforderung gegen eine Forderung des Schuldners nur aufrechnen, wenn die Aufrechnungslage bereits bei Eröffnung des Insolvenzverfahrens bestanden hat (FK-Ahrens § 301 Rn. 10; MK-Stephan § 301 Rn. 18). Ebenso kann der Gläubiger unproblematisch mit Gegenforderungen aufrechnen, die erst nach der Eröffnung des Insolvenzverfahrens entstanden sind, da es sich hierbei nicht um von der Restschuldbefreiung erfasste Insolvenzforderungen handelt (Uhlenbruck-Vallender § 301 Rn. 11). 10

5. Vollstreckungsfragen

Die früher umstrittene Frage, welches im Fall der Vollstreckung gegen den Schuldner trotz erteilter Restschuldbefreiung der statthafte Rechtsbehelf ist, hat der BGH mittlerweile dahin gehend geklärt, dass sich der Schuldner mit der Vollstreckungsgegenklage gem. § 767 ZPO wehren muss (BGH, ZInsO 2008, 1280; anders noch die Vorauflage). 11

6. Vor Inkrafttreten der InsO begründete Forderungen

12 Forderungen, die vor dem Inkrafttreten der InsO am 01.01.1999 begründet wurden, sind nach Art. 104 EGInsO von der Restschuldbefreiung umfasst, wenn das Insolvenzverfahren nach dem 01.01.1999 beantragt wurde. Dabei handelt es sich um eine verfassungskonforme Rückwirkung (AG Köln, NZI 2013, 751).

II. Sicherheiten (Abs. 2)

13 Gemäß Abs. 2 Satz 1 werden Rechte der Insolvenzgläubiger, die gegen Mitschuldner und Bürgen bestehen, durch die Erteilung der Restschuldbefreiung ebenso wenig berührt wie ihre Zugriffsrechte auf dingliche Sicherheiten.

1. Persönliche Sicherheiten

14 **Mitschuldner** i. d. S. sind nur die durch Mithaftung oder durch ein gegenseitiges Rückgriffsrecht verbundenen Schuldner (Döbereiner, Die Restschuldbefreiung nach der Insolvenz, S. 230; Uhlenbruck-Vallender § 301 Rn. 20; MK-Stephan § 301 Rn. 27). Hierunter fallen vor allem **Gesamtschuldner**, wobei sich hier eine Weiterhaftung auch bereits aus den §§ 423, 425 BGB ergibt. Ebenfalls Mitschuldner i. S. d. § 301 Abs. 2 sind der nach Art. 47 Wechselgesetz haftende **Wechselschuldner** und der Verpflichtete einer Patronatserklärung (Uhlenbruck-Vallender § 301 Rn. 20).

15 Auch wenn ihre ggü. dem Schuldner bestehenden Forderungen nicht mehr durchsetzbar sind, so können die Gläubiger nach dieser Regelung doch zu ihrer Befriedigung auf Mitschuldner und Bürgen Zugriff nehmen. Hinsichtlich der Bürgenhaftung stellt dies eine Ausnahme zu dem in §§ 767 ff. BGB enthaltenen Grundsatz der Akzessorietät dar.

16 Die Zugriffsmöglichkeit bleibt auch dann bestehen, wenn der Mitschuldner oder Bürge mit dem Schuldner in einer häuslichen Gemeinschaft lebt (Braun-Lang § 301 Rn. 7). Dem entgegen gerichtete rechtspolitische Forderungen (vgl. zu einer solchen Forderung des Bundesrates BT-Drucks. 12/2443 S. 194) konnten sich nicht durchsetzen.

2. Dingliche Sicherheiten

17 Auch Rechte, die aus einer zur Sicherung der Gläubiger eingetragenen Vormerkung herrühren oder zu einer abgesonderten Befriedigung berechtigen (z. B. Rechte aus Sicherungsübereignung oder Sicherungsabtretung), bleiben bei Erteilung der Restschuldbefreiung bestehen.

18 Welche Rechte zur abgesonderten Befriedigung berechtigen, regeln die §§ 49 bis 51. Hierunter fallen z. B. Grundpfandrechte wie Hypothek oder Grundschuld (§ 49), Pfandrechte an beweglichen Sachen (§ 50) oder auch Rechte aus Sicherungsübereignung bzw. Sicherungszession (§ 51 Nr. 1). Die Verwertung solcher Sicherheiten bleibt auch nach erteilter Restschuldbefreiung uneingeschränkt möglich (Wittig, WM 1998, 209, 219). Handelt es sich bei der abgetretenen Forderung allerdings um Bezüge i. S. d. § 287 Abs. 2 Satz 1, so ist hinsichtlich der Rechte aus der Sicherungszession oder der Verpfändung die Unwirksamkeitsregelung des § 114 zu beachten (Kohte/Ahrens/Grote § 301 Rn. 19; Uhlenbruck-Vallender § 301 Rn. 24; Heyer, Restschuldbefreiung im Insolvenzverfahren, S. 157).

3. Ausschluss der Rückgriffsmöglichkeit

19 Überdies werden gem. Abs. 2 Satz 2 Rückgriffsansprüche von Mitschuldnern, Bürgen oder anderen Rückgriffsberechtigten, die nach Erteilung der Restschuldbefreiung entstehen, in gleicher Weise wie die durch sie gesicherten Forderungen in unvollkommene Verbindlichkeiten umgewandelt. Ansonsten würde die Begünstigung des Schuldners durch die Restschuldbefreiung praktisch leerlaufen, da die wegen Abs. 2 Satz 1 nicht befreiten Sicherungsgeber nach ihrer Inanspruchnahme unbeschränkt Regress beim Schuldner nehmen könnten (Heyer, Restschuldbefreiung im Insolvenzverfahren, S. 157). Wird der Rückgriffsberechtigte bereits vor Abschluss des Restschuldbefreiungsverfahrens

in Anspruch genommen, so unterfällt der Rückgriffsanspruch bereits ohne Weiteres Abs. 1 Satz 1 (FK-Ahrens § 301 Rn. 21; MK-Stephan § 301 Rn. 34). Abs. 2 Satz 2 findet daher nur auf diejenigen Fälle Anwendung, bei denen der Mithaftende vollständig nach Erteilung der Restschuldbefreiung geleistet hat (Braun-Lang § 301 Rn. 9; FK-Ahrens § 301 Rn. 22).

III. Kein Rückforderungsanspruch des Schuldners (Abs. 3)

Leistet der Schuldner oder ein Dritter auf eine von der Restschuldbefreiung erfasste Forderung, so steht ihm ggü. dem Insolvenzgläubiger kein Rückforderungsanspruch zu. Die Naturalobligation stellt einen Rechtsgrund für das Behaltendürfen der Leistung dar (Braun-Lang § 301 Rn. 10). Das **Gleichbehandlungsgebot** des § 294 Abs. 2 wirkt also nach Erteilung der Restschuldbefreiung nicht fort (Hess/Weis/Wienberg § 301 Rn. 17; a.A. Smid-Krug/Haarmeyer § 301 Rn. 8, die bei der Befriedigung eines Gläubigers nach erteilter Restschuldbefreiung eine Widerrufsmöglichkeit nach §§ 303 Abs. 1, 295 Abs. 1 befürworten). 20

§ 302 Ausgenommene Forderungen

Von der Erteilung der Restschuldbefreiung werden nicht berührt:
1. Verbindlichkeiten des Schuldners aus einer vorsätzlich begangenen unerlaubten Handlung, aus rückständigem gesetzlichen Unterhalt, den der Schuldner vorsätzlich pflichtwidrig nicht gewährt hat, oder aus einem Steuerschuldverhältnis, sofern der Schuldner im Zusammenhang damit wegen einer Steuerstraftat nach den §§ 370, 373 oder § 374 der Abgabenordnung rechtskräftig verurteilt worden ist; der Gläubiger hat die entsprechende Forderung unter Angabe dieses Rechtsgrundes nach § 174 Absatz 2 anzumelden;
2. Geldstrafen und die diesen in § 39 Abs. 1 Nr. 3 gleichgestellten Verbindlichkeiten des Schuldners;
3. Verbindlichkeiten aus zinslosen Darlehen, die dem Schuldner zur Begleichung der Kosten des Insolvenzverfahrens gewährt wurden.

Übersicht	Rdn.		Rdn.
A. Normzweck	1	3. Darlehensforderungen (Nr. 3)	10
B. Norminhalt	2	II. Rechtsfolgen	11
I. Erfasste Forderungen	2	1. Keine Privilegierung während der Laufzeit der Abtretungserklärung	11
1. Deliktsforderungen, rückständiger Unterhalt und Steuerschulden (Nr. 1)	2	2. Vollstreckung	12
2. Geldstrafen (Nr. 2)	8		

▶ **Hinweis:**

Die §§ 286–303 alter Fassung, die für alle Insolvenzverfahren gelten, die bis einschließlich 30.06.2014 beantragt worden sind, sind im **Anhang zu § 303a** abgedruckt und mit Anmerkungen versehen.

A. Normzweck

Bestimmte Arten von Forderungen werden von der Restschuldbefreiung nicht erfasst. Zum einen wäre es offensichtlich unbillig, wenn sich der Schuldner auch solcher Verbindlichkeiten entledigen könnte, die auf einer vorsätzlich begangenen unerlaubten Handlung beruhen (Nr. 1; vgl. BGH, ZInsO 2007, 815). Zum anderen darf bei Geldstrafen und in vergleichbaren Fällen der staatliche Strafanspruch nicht durch ein im weiteren Sinne zivilprozessuales Verfahren außer Kraft gesetzt werden (Nr. 2). I. Ü. soll derjenige, der bereit ist, dem Schuldner ein zinsloses Darlehen zur Deckung der Kosten des Insolvenzverfahrens zu gewähren, seinen Rückzahlungsanspruch nicht durch die Restschuldbefreiung verlieren. Der Katalog der nicht von der Restschuldbefreiung erfassten Forderungen wurde im Zuge des Gesetzes zur Verkürzung des Restschuldbefreiungsverfahrens und zur 1

Stärkung der Gläubigerrechte für nach dem 01.07.2014 beantragte Insolvenzverfahrens ausgeweitet (vgl. zu den »Altfällen«: Anhang zu § 303a § 302 a. F.).

B. Norminhalt

I. Erfasste Forderungen

1. Deliktsforderungen, rückständiger Unterhalt und Steuerschulden (Nr. 1)

2   Nur Verbindlichkeiten des Schuldners aus **vorsätzlich begangenen unerlaubten Handlungen** i. S. d. §§ 823 ff. BGB werden nach Nr. 1, 1. Alt. von der Restschuldbefreiung nicht erfasst. Neben der Verletzung absoluter Rechte gem. § 823 Abs. 1 BGB kommt dabei den Schutzgesetzen i. S. v. § 823 Abs. 2 BGB Bedeutung zu, insb. **Betrug** gem. § 263 StGB sowie **Vorenthalten und Veruntreuung von Arbeitsentgelt** gem. § 266a StGB. Maßgeblich für die Befreiung von der Restschuldbefreiung ist die deliktische Ersatzfähigkeit der konkreten Forderung (BGH, ZInsO 2011, 1608). Von der Restschuldbefreiung ausgenommen sind daher neben dem unmittelbaren deliktischen Schaden auch die bei seiner privatrechtlichen Durchsetzung anfallenden Prozesskosten und möglicherweise aufgelaufene Zinsen (BGH, ZInsO 2011, 104; BFH, ZInsO 2012, 1228 bzgl. Hinterziehungszinsen; a. A. KG, ZInsO 2009, 280), nicht jedoch der prozessuale Anspruch der Staatskasse oder eines Nebenklägers auf Ersatz der Kosten eines Strafverfahrens (BGH, ZInsO 2011, 1608) und bei der Nichtabführung von Sozialversicherungsbeiträgen anfallende Säumniszuschläge i. S. d. § 24 Abs. 1 SGB IV (BGH, ZInsO 2012, 646).

3   Für die Ausnahme einer Verbindlichkeit von der Restschuldbefreiung muss die ihr zugrunde liegende unerlaubte Handlung vorsätzlich begangen worden sein. Grobe Fahrlässigkeit genügt nicht (KPB-Wenzel § 302 Rn. 2). Die Rechtsprechung verlangt darüber hinaus, dass sich der **Vorsatz auch auf die Schadensfolge bezieht** (BGH, ZInsO 2007, 815). Ein solcher Schädigungsvorsatz liegt in der Regel vor, wenn dem verwirklichten Delikt eine Schädigungstendenz zulasten des tatsächlich Geschädigten innewohnt (BGH a. a. O.). Schädigungstendenz ist neben § 263 StGB auch den Delikten der §§ 170, 264, 264a, 266a StGB und § 64 Abs. 1 GmbHG zuzuschreiben (BGH a. a. O.). Der Schädigungsvorsatz muss sich in diesen Fällen aber nicht auf jede einzelne Schadensposition erstrecken, sodass auch vom Täter nicht hervorgesehene Folgeschäden grundsätzlich von der Restschuldbefreiung ausgenommen sind (OLG Düsseldorf, ZInsO 2011, 1706 zu § 263 StGB). Fehlt es dem verwirklichten Delikt hingegen an einer Schädigungstendenz zulasten des Geschädigten (z. B. im Fall des § 315c Abs. 1 Nr. 1 Buchst. a), Abs. 3 Nr. 1 StGB), kann nicht ohne Weiteres davon ausgegangen werden, dass der Täter mit Schädigungsvorsatz handelte (vgl. BGH, ZInsO 2007, 815).

4   Die Forderung wird auch dann gem. Nr. 1 von der Restschuldbefreiung ausgenommen, wenn der Anspruch mittlerweile auf einen Dritten, z. B. einen privaten oder gesetzlichen Versicherer im Wege der cessio legis übergegangen ist (Uhlenbruck-Vallender § 302 Rn. 9 f.; KPB-Wenzel § 302 Rn. 2; Forsblad, Restschuldbefreiung und Verbraucherinsolvenz im künftigen deutschen Insolvenzrecht, S. 256; **a. A.** Knüllig-Dingeldey, Nachforderungsrecht oder Schuldbefreiung, S. 209).

5   Weiterhin sind nach Nr. 1, 2. Alt. auch **rückständige Unterhaltsforderungen** von der Restschuldbefreiung ausgenommen, sofern der Schuldner diese **vorsätzlich und pflichtwidrig** nicht gewährt hat. Nach § 302 a. F. waren Unterhaltsforderungen in Hinblick auf § 170 StGB von der Restschuldbefreiung ausgenommen (vgl. hierzu die Ausführungen im Anhang zu § 303a § 302 a. F.), sofern die vorsätzliche Verletzung der Unterhaltspflicht dazu geführt hat, dass der Lebensbedarf der unterhaltsberechtigten Personen gefährdet ist oder ohne die Hilfe anderer gefährdet wäre (OLG Hamm, ZInsO 2011, 2001; vgl. auch Grote/Pape, ZInsO 2004, 993, 1002). Dieses zusätzliche Erfordernis hat der Gesetzgeber angesichts der besonderen Schutzbedürftigkeit des Unterhaltsgläubigers gestrichen (BT-Drucks. 17/11268, S. 32) und damit die Haftung des Schuldners bewusst – und richtigerweise – verschärft. Vorsätzlich handelt der Schuldner i. d. R. bereits dann, wenn er (nur) seine Unterhaltspflicht kennt. Eine pflichtwidrige Nichtleistung setzt neben der gesetzlichen Unterhaltspflicht die Bedürftigkeit des Unterhaltsberechtigten und die Leistungsfähigkeit des Unter-

haltsschuldners voraus (BT-Drucks. 17/11268, S. 32). Ein eventueller Anspruch des Trägers der Unterhaltsvorschusskasse aus § 823 Abs. 2 BGB i. V. m. § 170 StGB ist nach »altem Recht« nicht von der Restschuldbefreiung umfasst (BGH, ZInsO 2010, 1246). Nach § 302 n. F. bleibt darüber hinaus eine vorsätzlich und pflichtwidrig nicht erfüllte, auf die Unterhaltsvorschusskasse übergegangene Unterhaltsforderung schon dann bestehen, wenn die übrigen Tatbestandsvoraussetzungen des § 170 StGB nicht erfüllt sind.

Auch Verbindlichkeiten des Schuldners aus dem Steuerschuldverhältnis sind nach Nr. 1, 3. Alt. nunmehr ausdrücklich von der Erteilung der Restschuldbefreiung ausgenommen, wenn der Schuldner wegen einer Steuerstraftat nach den §§ 370, 373 oder § 374 AO rechtskräftig verurteilt worden ist (unter Geltung von § 302 a. F. war diese Frage umstritten, s. Vorauflage Rn. 4 m. w. N.). Der Zeitpunkt der Verurteilung spielt für die Ausnahme keine Rolle (BT-Drucks. 17/11268, S. 32). Von der Restschuldbefreiung ausgenommen sind auch Nebenforderungen, insbesondere Zinsen (Laroche/Siebert, NZI 2014, 546). 6

In den nach dem 30.11.2001 eröffneten Verfahren ist eine Deliktsforderung nur dann von der Restschuldbefreiung ausgenommen, wenn sie unter Angabe des Rechtsgrundes nach § 174 Abs. 2 von dem Gläubiger angemeldet wurde. In diesen Fällen kann der Gläubiger nach Erteilung der Restschuldbefreiung die Forderung nicht mehr durchsetzen, wenn die Forderung überhaupt nicht, verspätet oder ohne Angabe der die unerlaubte Handlung begründenden Tatsachen angemeldet wurde (KPB-Wenzel § 302 Rn. 1b; Uhlenbruck-Vallender § 302 Rn. 14). Dies gilt auch, wenn der Gläubiger die unterbliebene, verspätete oder unvollständige Anmeldung nicht zu verschulden hat (BGH, ZInsO 2011, 244). Die Anmeldung von Forderung und Rechtsgrund muss spätestens bis zum Ablauf der Abtretungsfrist erfolgen (BGH, ZInsO 2013, 1589). Ist eine Anmeldung durch einen Gläubiger erfolgt, so hat das Insolvenzgericht den Schuldner auf die Rechtsfolgen dieser Anmeldung und die Möglichkeit des Widerspruchs hinzuweisen (§ 175 Abs. 2). Dabei steht dem Schuldner – nicht aber dem Treuhänder (BGH, ZInsO 2008, 810) – auch die Möglichkeit offen, nur der **Deliktseigenschaft der Forderung zu widersprechen** (BGH, ZInsO 2007, 266; OLG Hamm, ZVI 2004, 33; näher dazu Henning, ZInsO 2004, 585, 587 f.; Kahlert, ZInsO 2006, 409; a. A. OLG Rostock, ZVI 2005, 433; Fuchs, NZI 2002, 298, 302). Zur Frage, wie nach erfolgtem Widerspruch weiter zu verfahren ist, vgl. unter Rdn. 13 f. 7

2. Geldstrafen (Nr. 2)

Ebenfalls von der Restschuldbefreiung ausgenommen sind Geldstrafen. Außerdem werden alle in § 39 Abs. 1 Nr. 3 bezeichneten Tatbestände erfasst. Hierunter fallen insb. **Geldbußen, Ordnungsgelder** und **Zwangsgelder**. Auch erfasst werden die Nebenfolgen einer Straftat oder Ordnungswidrigkeit, die zu einer Geldzahlung verpflichten, wie z. B. die Einziehung des Wertersatzes nach § 73 StGB, §§ 21 ff. OWiG und die Abführung des Mehrerlöses gem. § 8 WiStG (LG München, ZInsO 2001, 721; KPB-Wenzel § 302 Rn. 2b; Braun-Lang § 302 Rn. 7). 8

Nicht privilegiert werden - sofern nicht ein Fall des § 302 Nr. 1 vorliegt - Steuersäumniszuschläge nach § 240 AO, Steueransprüche nach § 14 Abs. 3, 1. Alt. UStG, Säumniszuschläge nach § 24 SGB IV, Kosten der Strafverfolgung und der Vollstreckung sowie privatrechtliche Vertragsstrafen (BGH, ZInsO 2011, 430 bzgl. der Gerichtskosten eines Strafverfahrens; MK-Stephan § 302 Rn. 23; Uhlenbruck-Vallender § 302 Rn. 27; KPB-Wenzel § 302 Rn. 2b). 9

3. Darlehensforderungen (Nr. 3)

Des Weiteren sollen Forderungen von Darlehensgebern (z. B. karitativer und sozialer Einrichtungen) privilegiert werden, die den Schuldner bei der Aufbringung der Verfahrenskosten unentgeltlich unterstützen. Voraussetzung für die Privilegierung ist aber jedenfalls, dass das Darlehen **zinslos** und rein **zweckgebunden** zur Begleichung der Verfahrenskosten gewährt wurde (Kohte/Ahrens/Grote § 302 Rn. 31 f.; Vallender, NZI 2001, 561, 568). Hier ist eine restriktive Auslegung der Ausnahmeregelung erforderlich, um unseriöse Geschäftemacher nicht in den Genuss der Privilegierung 10 kommen zu lassen (KPB-Wenzel § 302 Rn. 2c; FK-Ahrens § 302 Rn. 16a). Daher werden von der Restschuldbefreiung auch solche Ansprüche nicht ausgenommen, für die zwar keine Zinsen im engeren Sinne verlangt werden, für die aber andere Vergütungsansprüche wie z. B. **Bearbeitungs- oder Vermittlungsgebühren** angefallen sind (Begr. RegE BT-Drucks. 14/5680 S. 47). Die Zweckbindung muss bereits bei der Auszahlung bestanden haben; eine **nachträgliche Zweckbestimmung** ist nicht möglich (FK-Ahrens § 302 Rn. 32; MK-Stephan § 302 Rn. 28; KPB-Wenzel § 302 Rn. 2c).

II. Rechtsfolgen

1. Keine Privilegierung während der Laufzeit der Abtretungserklärung

11 Während des Insolvenzverfahrens und der daran anschließenden Wohlverhaltensphase werden die von § 302 erfassten Forderungen rechtlich nicht anders behandelt als die übrigen Insolvenzforderungen, d. h. sie werden wie diese anteilig bedient. Auch die privilegierten Forderungen unterliegen den Vollstreckungsverboten der §§ 89, 294 Abs. 1 (BGH, ZInsO 2012, 1437; Fortmann, ZInsO 2005, 140, 141; HK-Landfermann § 302 Rn. 17; vgl. § 294 Rdn. 2). Die nach § 302 begünstigten Gläubiger dürfen erst nach Rechtskraft der Entscheidung über die Versagung oder Erteilung der Restschuldbefreiung in das Vermögen des Schuldners vollstrecken (KPB-Wenzel § 302 Rn. 4; HK-Landfermann § 302 Rn. 18; MK-Stephan § 302 Rn. 30).

2. Vollstreckung

12 Hat der Gläubiger die Forderung als solche aus unerlaubter Handlung angemeldet und widerspricht der Schuldner dem nicht, so wird neben Betrag und Rang der Insolvenzforderung auch der Rechtsgrund der Forderung von der **Rechtskraftwirkung der Tabelleneintragung** gem. § 178 Abs. 3 erfasst (KPB-Wenzel 302 Rn. 1b). Als Vollstreckungstitel gilt der Tabelleneintrag (HK-Landfermann § 302 Rn. 18; Braun-Lang § 302 Rn. 9; Mäusezahl, ZInsO 2002, 462, 468). Ein früher erwirkter Titel wird grds. durch den vollstreckbaren Tabellenauszug ersetzt; er ist nicht mehr vollstreckbar (Uhlenbruck-Vallender § 302 Rn. 36; MK-Stephan § 302 Rn. 30; vgl. zu den Einzelheiten § 184 Rdn. 10 ff.). Aus § 201 Abs. 2 ergibt sich, dass der Gläubiger einer vom Schuldner widersprochenen Forderung diese nicht aus der Tabelle vollstrecken kann. Dies gilt auch bei einem auf den Schuldgrund der Forderung beschränken Widerspruch des Schuldners (MK-Stephan § 302 Rn. 19; a. A. LG Köln, NZI 2012, 682).

13 Widerspricht der Schuldner im Prüfungstermin einer **nicht titulierten Forderung**, kann der Gläubiger nach § 184 Abs. 1 Klage auf Feststellung einer vorsätzlich begangenen unerlaubten Handlung erheben, ohne dass er dabei an die Einhaltung einer Klagefrist gebunden ist. Die Klage kann also insb. auch nach Aufhebung des Insolvenzverfahrens noch erhoben werden (BGH, ZInsO 2012, 2206; ZInsO 2009, 278). Sie ist aber unzulässig, wenn die betreffende Forderung bereits verjährt ist (OLG Hamm, NZI 2012, 196) Wartet der Gläubiger mit der Erhebung einer Feststellungsklage ab, kann der Schuldner den Widerspruch im Wege der negativen Feststellungsklage weiter verfolgen (BGH, ZInsO 2012, 2206). Der Antrag festzustellen, dass die zur Insolvenztabelle angemeldete Forderung wegen **nicht gezahlter Sozialversicherungsbeiträge** auf einer vorsätzlich begangenen unerlaubten Handlung beruht, gehört vor die ordentlichen Gerichte, auch wenn die Höhe der öffentlich-rechtlichen Beitragsforderungen im Streit ist (OLG Schleswig, ZInsO 2011, 1708).

14 Liegt für die angemeldete Forderung ein **vollstreckbarer Schuldtitel oder ein Endurteil** vor so findet grds. § 184 Abs. 2 Anwendung. Danach hat der Schuldner binnen einer Frist von einem Monat den erhobenen Widerspruch durch Einlegung eines gegen den Titel gerichteten Rechtsmittels zu verfolgen. **Nach fruchtlosem Fristablauf gilt ein Widerspruch als nicht erhoben**. In diesem Fall erteilt das Insolvenzgericht dem Gläubiger eine vollstreckbare Ausfertigung aus der Tabelle, aus der auch nach Erteilung der Restschuldbefreiung vollstreckt werden kann (vgl. Hattwig/Richter, ZVI 2006, 373, 379). Die Vorschrift befreit den Gläubiger von der Klagelast, soweit der Bestand und Rechtsgrund der Forderung bereits rechtskräftig festgestellt wurden.

Die durch § 184 Abs. 2 geschaffene »Aufgabenverteilung« zwischen dem Gläubiger und dem Schuldner ist indes in den Fällen nicht sachgerecht, in denen der deliktische Rechtsgrund der Forderung nur in einem **Titel ohne richterliche Schlüssigkeitsprüfung** bezeichnet ist. Die rechtliche Einordnung des titulierten Anspruchs erwächst auch dann nicht in materielle Rechtskraft, wenn der Anspruchsgrund selbst tenoriert worden ist. Dies gilt bspw. für Vollstreckungsbescheide und zwar auch dann, wenn eine andere Anspruchsgrundlage als ein Vorsatzdelikt nicht in Betracht kommt (BGH, ZInsO 2012, 1614; ZInsO 2006, 704). Bei **gerichtlichen Vergleichen** ist durch Auslegung zu ermitteln, ob die Parteien nur den Bestand der Forderung an sich oder auch den Rechtsgrund einer vorsätzlich begangenen unerlaubten Handlung außer Streit stellen wollten (BGH, ZInsO 2009, 1494). Gleiches muss für **Anerkenntnisurteile und notarielle oder sonstige Schuldanerkenntnisse** gelten, die ebenfalls ohne richterliche Schlüssigkeitsprüfung aber mit Einverständnis des Schuldners zustande kommen (Uhlenbruck-Sinz § 184 Rn. 20, OLG Düsseldorf, ZInsO 2013, 1488 für den Fall des Schuldanerkenntnisses; a. A. AG Göttingen, NZI 2012, 679; ZInsO 2011, 2103: zumindest anwaltliche Vertretung des Schuldners bei Abschluss des Schuldanerkenntnisses erforderlich). In diesen Fällen besteht angesichts der rgm. vorliegenden Überforderung des rechtsunkundigen »Verbraucherschuldners« ein erhebliches Missbrauchsrisiko. Gerade »institutionelle« Gläubiger könnten versucht sein, ihre Forderungen unter Ausnutzung der Besonderheiten des Mahnverfahrens als Schadensersatzanspruch gem. § 823 Abs. 2 BGB titulieren zu lassen. Ein Widerspruch gegen einen Mahnbescheid bzw. Einspruch gegen einen Vollstreckungsbescheid wird häufig unterbleiben, weil die Forderung als solche aus Schuldnersicht berechtigt erscheint (ausführl. zu diesen Bedenken: Hattwig/Richter, ZVI 2006, 373, 377 f.). Nach hier vertretener Auffassung findet § 184 Abs. 2 in diesen Fällen keine Anwendung (vgl. auch die weiter gehenden Ausführungen zu § 184 Rdn. 10 ff.). Vielmehr obliegt es bei Titeln ohne richterliche Schlüssigkeitsprüfung auch weiterhin **dem Gläubiger, den vom Schuldner erhobenen Widerspruch im Wege der Feststellungsklage** (zur Statthaftigkeit dieses Rechtsbehelfs s. BGH, ZInsO 2007, 266) zu beseitigen. Das Gleiche gilt, wenn ein Titel **mit richterlicher Schlüssigkeitsprüfung** die Forderung zwar in den Entscheidungsgründen, nicht aber im Entscheidungstenor bezeichnet und der Schuldner den **Widerspruch isoliert gegen die rechtliche Einordnung der Forderung** richtet (BGH, ZInsO 2011, 40; Uhlenbruck-Sinz § 184 Rn. 20). Dies liegt darin begründet, dass die rechtliche Einordnung einer Forderung in den Entscheidungsgründen eines richterlichen Leistungsurteils nicht an der Rechtskraft des Urteils teilnimmt (BGH, ZInsO 2012, 1614; ZInsO 2010, 38). Dem klagenden Gläubiger ist daher zu raten, neben dem Zahlungstitel von vornherein auch die Feststellung der rechtlichen Einordnung der Forderung zu beantragen (BGH, ZInsO 2011, 41).

§ 303 Widerruf der Restschuldbefreiung

(1) Auf Antrag eines Insolvenzgläubigers widerruft das Insolvenzgericht die Erteilung der Restschuldbefreiung, wenn
1. sich nachträglich herausstellt, dass der Schuldner eine seiner Obliegenheiten vorsätzlich verletzt und dadurch die Befriedigung der Insolvenzgläubiger erheblich beeinträchtigt hat,
2. sich nachträglich herausstellt, dass der Schuldner während der Abtretungsfrist nach Maßgabe von § 297 Absatz 1 verurteilt worden ist, oder wenn der Schuldner erst nach Erteilung der Restschuldbefreiung wegen einer bis zum Ende der Abtretungsfrist begangenen Straftat nach Maßgabe von § 297 Absatz 1 verurteilt wird oder
3. der Schuldner nach Erteilung der Restschuldbefreiung Auskunfts- oder Mitwirkungspflichten vorsätzlich oder grob fahrlässig verletzt hat, die ihm nach diesem Gesetz während des Insolvenzverfahrens obliegen.

(2) ¹Der Antrag des Gläubigers ist nur zulässig, wenn er innerhalb eines Jahres nach der Rechtskraft der Entscheidung über die Restschuldbefreiung gestellt wird; ein Widerruf nach Absatz 1 Nummer 3 kann bis zu sechs Monate nach rechtskräftiger Aufhebung des Insolvenzverfahrens beantragt werden. ²Der Gläubiger hat die Voraussetzungen des Widerrufsgrundes glaubhaft zu

machen. ³In den Fällen des Absatzes 1 Nummer 1 hat der Gläubiger zudem glaubhaft zu machen, dass er bis zur Rechtskraft der Entscheidung keine Kenntnis vom Widerrufsgrund hatte.

(3) ¹Vor der Entscheidung sind der Schuldner und in den Fällen des Absatzes 1 Nummer 1 und 3 auch der Treuhänder oder Insolvenzverwalter zu hören. ²Gegen die Entscheidung steht dem Antragsteller und dem Schuldner die sofortige Beschwerde zu. ³Die Entscheidung, durch welche die Restschuldbefreiung widerrufen wird, ist öffentlich bekanntzumachen.

Übersicht	Rdn.		Rdn.
A. Normzweck	1	IV. Fristen, Glaubhaftmachung und nachträgliche Kenntnis (Abs. 2)	7
B. Norminhalt	2	1. Fristen (Abs. 2 Satz 1)	7
I. Antrag (Abs. 1)	2	2. Glaubhaftmachung (Abs. 2 Satz 2)	8
II. Widerrufsgründe (Abs. 1)	3	3. Nachträgliche Kenntnis (Abs. 2 Satz 3)	9
1. Vorsätzliche Obliegenheitsverletzung (Abs. 1 Nr. 1)	3	V. Verfahren (Abs. 3)	11
2. Verurteilung wegen einer Insolvenzstraftat (Abs. 1 Nr. 2)	5	1. Anhörung	11
		2. Entscheidung durch Beschluss	12
3. Verletzung von Auskunfts- oder Mitwirkungspflichten im Insolvenzverfahren (Abs. 1 Nr. 3)	6	3. Rechtsmittel	13
		C. Kosten	14

A. Normzweck

1 Grundsätzlich können Obliegenheitsverstöße des Schuldners mit Rechtskraft der Entscheidung über die Restschuldbefreiung nicht mehr geltend gemacht werden. § 303 gibt den Gläubigern hiervon abweichend die Möglichkeit, unter bestimmten engen Voraussetzungen auch noch nach rechtskräftig erteilter Restschuldbefreiung deren Widerruf zu erreichen. Die Vorschrift befindet sich damit im Spannungsfeld zwischen dem Bedürfnis nach Rechtssicherheit einerseits und andererseits dem in § 1 Satz 2 verankerten Grundsatz, dass nur der redliche Schuldner durch die Erteilung der Restschuldbefreiung privilegiert werden soll. Die praktische Relevanz dieser Vorschrift tendierte zwar nach bisheriger Rechtslage gegen null (A. Schmidt, Privatinsolvenz, Kap. 5 Rn. 101). Dies mag sich nun aber ändern, da der Anwendungsbereich ausgedehnt wurde.

B. Norminhalt

I. Antrag (Abs. 1)

2 Der Widerruf der Restschuldbefreiung setzt den Antrag eines Insolvenzgläubigers voraus. Dieser muss zwingend innerhalb einer **Frist von einem Jahr nach Rechtskraft** der Entscheidung über die Restschuldbefreiung gestellt werden (Abs. 2 Satz 1). Eine Wiedereinsetzung in den vorigen Stand bei Fristversäumnis ist nicht möglich (Uhlenbruck-Vallender § 303 Rn. 9). Ein zulässiger Antrag setzt voraus, dass der Antragsteller das Vorliegen der Widerrufsvoraussetzungen des Abs. 1 sowie die erst nachträgliche Kenntniserlangung glaubhaft macht; vgl. § 4 i. V. m. § 294 ZPO (Kohte/Ahrens/Grote § 303 Rn. 18); auch die Glaubhaftmachung muss innerhalb der Jahresfrist erfolgen (MK-Stephan § 303 Rn. 7).

II. Widerrufsgründe (Abs. 1)

1. Vorsätzliche Obliegenheitsverletzung (Abs. 1 Nr. 1)

3 Ein Widerruf nach Abs. 1 Nr. 1 setzt eine Obliegenheitsverletzung des Schuldners i. S. d. § 295 voraus (MK-Stephan § 303 Rn. 12; KPB-Wenzel § 303 Rn. 1; Kohte/Ahrens/Grote § 303 Rn. 8). Der Schuldner muss vorsätzlich gegen die Obliegenheit verstoßen haben. Das Erfordernis vorsätzlichen Handelns bezieht sich allein auf den Obliegenheitsverstoß, nicht auf die Folge der Beeinträchtigung der Gläubigerbefriedigung (Braun-Lang § 303 Rn. 3; Uhlenbruck-Vallender § 303 Rn. 4; KPB-

Wenzel § 303 Rn. 2; Häsemeyer, InsR, Rn. 26.60). Anders als bei einem Versagungsantrag nach § 296 besteht für das Verfahren nach § 303 **keine Beweislastumkehr** zugunsten des Antragstellers.

Durch die Obliegenheitsverletzung muss die Befriedigung der Insolvenzgläubiger in **erheblicher** **Weise** beeinträchtigt worden sein. Bei der Beurteilung dieser Frage ist darauf abzustellen, inwieweit sich im Vergleich zu einem ordnungsgemäß durchgeführten Verfahren die Befriedigungsquote der Gläubiger durch die Obliegenheitsverletzung verschlechtert hat (KPB-Wenzel § 303 Rn. 2; MK-Stephan § 303 Rn. 15). Wann die Schwelle der Erheblichkeit überschritten ist, ist gesetzlich nicht weiter konkretisiert und ergibt sich auch nicht aus der Gesetzesbegründung. Maßgebend sind die Umstände des Einzelfalles (Döbereiner, Die Restschuldbefreiung nach der Insolvenz, S. 261; Braun-Lang § 303 Rn. 4; KPB-Wenzel § 303 Rn. 2). Als Orientierung wird mitunter eine **Verschlechterung der Befriedigung um 5%** (Döbereiner, Die Restschuldbefreiung nach der Insolvenz, S. 261; KPB-Wenzel § 303 Rn. 2) **oder auch 10%** (NR-Römermann § 303 Rn. 4; Smid-Krug/Haarmeyer § 303 Rn. 4) genannt. Überwiegend wird jedoch betont, dass es einen festen Fixwert nicht gibt, diese Zahlen daher nur als Anhaltspunkt dienen können (FK-Ahrens § 303 Rn. 10; MK-Stephan § 303 Rn. 15; Uhlenbruck-Vallender § 303 Rn. 6; **a. A.** wohl Smid-Krug/Haarmeyer § 303 Rn. 4). Zu berücksichtigen sind nämlich auch weitere Umstände, wie z. B. die Anzahl der Gläubiger, da bei einer festen Quote ein Schuldner mit einer Vielzahl von Gläubigern bevorzugt würde (Uhlenbruck-Vallender § 303 Rn. 6; Hess/Weis/Wienberg § 303 Rn. 7).

4

2. Verurteilung wegen einer Insolvenzstraftat (Abs. 1 Nr. 2)

Bleibt während der Abtretungsfrist unbekannt, dass der Schuldner nach Maßgabe von § 297 Abs. 1 verurteilt worden ist, kann die Restschuldbefreiung ebenfalls widerrufen werden. Auch eine Verurteilung nach dem Ablauf der Abtretungsfrist kann den Widerruf stützen, wenn die Straftat bis zum Ende der Abtretungsfrist begangen wurde. Damit soll dem Umstand Rechnung getragen werden, dass die Ermittlungen sich oft kompliziert darstellen und somit längere Zeit in Anspruch nehmen (RegE BT-Drucks. 17/11268, S. 32). Die rechtskräftige Verurteilung muss aber innerhalb eines Jahres nach Erteilung der Restschuldbefreiung erfolgen (vgl. § 303 Abs. 2 Satz 1).

5

3. Verletzung von Auskunfts- oder Mitwirkungspflichten im Insolvenzverfahren (Abs. 1 Nr. 3)

Endet die Abtretungsfrist vor Ende des Insolvenzverfahrens ist dem Schuldner in Abwesenheit der Versagungsgründe aus § 290 die Restschuldbefreiung zu erteilen, obwohl das Insolvenzverfahren noch weiterläuft (s. § 299 Rdn. 3). In diesem Fall ist § 290 Abs. 1 Nr. 5 nicht weiter anwendbar, sodass die Verletzung der im Insolvenzverfahren geltenden Auskunfts- und Mitwirkungspflichten nach Erteilung der Restschuldbefreiung nicht mehr sanktioniert werden könnte (RegE BT-Drucks. 17/11268, S. 33). Abs. 1 Nr. 3 ermöglicht in diesen Fällen daher den Widerruf der Restschuldbefreiung.

6

IV. Fristen, Glaubhaftmachung und nachträgliche Kenntnis (Abs. 2)

1. Fristen (Abs. 2 Satz 1)

Der Antrag des Gläubigers auf Widerruf kann in den Fällen von Abs. 1 Nr. 1 und 2 nur innerhalb eines Jahres nach der Rechtskraft des Beschlusses über die Erteilung der Restschuldbefreiung erfolgen. Die Verletzung von Auskunfts- oder Mitwirkungspflichten kann hingegen bis zu 6 Monate nach Aufhebung des Insolvenzverfahrens beantragt werden.

7

2. Glaubhaftmachung (Abs. 2 Satz 2)

Die Glaubhaftmachung der Voraussetzungen des Widerrufsgrundes i. S. v. § 294 ZPO obliegt dem Antrag stellenden Gläubiger.

8

3. Nachträgliche Kenntnis (Abs. 2 Satz 3)

9 Der Antrag stellende Gläubiger hat in den Fällen des Abs. 1 Nr. 1 glaubhaft zu machen, dass er erst nachträglich von dem Obliegenheitsverstoß erfahren hat. Anderenfalls ist die Geltendmachung des Widerrufsgrundes präkludiert (Döbereiner, Die Restschuldbefreiung nach der Insolvenz, S. 262). Eine vorherige Kenntniserlangung durch das Gericht ist ohne Bedeutung (NR-Römermann § 303 Rn. 5; KPB-Wenzel § 303 Rn. 1b). »Nachträglich« meint hier nach Rechtskraft des Beschlusses gem. § 300 Abs. 1 (KPB-Wenzel § 303 Rn. 1b; Uhlenbruck-Vallender § 303 Rn. 7; MK-Stephan § 303 Rn. 13). Unter »Kenntnis« ist sicheres Wissen zu verstehen. Dafür reicht es aus, dass der Gläubiger von einer Vielzahl von Indizien weiß, die den sicheren Schluss auf eine Obliegenheitsverletzung zulassen (Uhlenbruck-Vallender § 303 Rn. 7; NR-Römermann § 303 Rn. 5).

10 Die **Präklusionswirkung** ist beschränkt auf den behaupteten Obliegenheitsverstoß. Ist der Antrag auch noch auf weitere Obliegenheitsverstöße gestützt, so kann er insoweit zulässig sein (Döbereiner, Die Restschuldbefreiung nach der Insolvenz, S. 263; MK-Stephan § 303 Rn. 13). In persönlicher Hinsicht betrifft die Präklusionswirkung nur denjenigen Gläubiger, der bereits vorherige Kenntnis hatte. Daher besteht auch die Möglichkeit, dass der präkludierte Gläubiger einen anderen Gläubiger auf die Obliegenheitsverletzung hinweist, sodass dieser den Widerrufsantrag stellen kann (Döbereiner, Die Restschuldbefreiung nach der Insolvenz, S. 263; MK-Stephan § 303 Rn. 14; Uhlenbruck-Vallender § 303 Rn. 7).

V. Verfahren (Abs. 3)

1. Anhörung

11 Sowohl der Schuldner und in den Fällen des Abs. 1 Nr. 1 und 3 auch der Treuhänder sind vor der Entscheidung mündlich oder schriftlich zu hören (Abs. 3 Satz 1). Demgegenüber ist – anders als bei § 296 Abs. 2 Satz 1 – eine Anhörung der Gläubiger i. R. d. Widerrufsverfahrens nach § 303 nicht vorgesehen und auch nicht erforderlich (Uhlenbruck-Vallender § 303 Rn. 13; MK-Stephan § 303 Rn. 21; Braun-Lang § 303 Rn. 8; a. A. Döbereiner, Die Restschuldbefreiung nach der Insolvenz, S. 299). Wird der Schuldner unzulässigerweise nicht gehört, so führt dieser Verfahrensmangel zur Aufhebung der Entscheidung (Uhlenbruck-Vallender § 303 Rn. 12), nicht dagegen die fehlende Anhörung des Treuhänders.

2. Entscheidung durch Beschluss

12 Die Entscheidung ergeht durch Beschluss des Insolvenzgerichts, der zu begründen ist (MK-Stephan § 303 Rn. 30). Zuständig für die Entscheidung ist der **Richter** (§ 18 Abs. 1 Nr. 2 RPflG). Die Entscheidung ist dem Antragsteller zuzustellen. Dem Schuldner (und nach MK-Stephan § 303 Rn. 27 auch den Insolvenzgläubigern) ist sie formlos bekannt zu geben. Hat der Antrag Erfolg, so spricht das Gericht lediglich aus, dass die Erteilung der Restschuldbefreiung widerrufen wird; es braucht nicht zusätzlich die Versagung der Restschuldbefreiung ausgesprochen zu werden (HK-Landfermann § 303 Rn. 5; a. A. FK-Ahrens § 303 Rn. 21). Mit dem Eintritt der Rechtskraft des Widerrufs sind die Insolvenzgläubiger wie bei einer Versagung zur freien Nachforderung berechtigt; der Widerruf wirkt nicht nur für antragstellende Gläubiger, sondern für alle Insolvenzgläubiger (HK-Landfermann § 303 Rn. 5; Kohte/Ahrens/Grote § 303 Rn. 24). Die Entscheidung ist gem. Abs. 3 Satz 3 öffentlich bekannt zu machen.

3. Rechtsmittel

13 Die Entscheidung kann durch den Gläubiger (im Fall der Zurückweisung) oder den Schuldner (im Fall des Widerrufs) mittels der **sofortigen Beschwerde** angefochten werden. Dabei ist bei einer Ablehnung nur der antragstellende Gläubiger beschwert, sodass in einem solchen Fall allein diesem eine Beschwerde zusteht, nicht aber den anderen Gläubigern (MK-Stephan § 303 Rn. 28). Für den Treuhänder besteht kein Beschwerderecht (Uhlenbruck-Vallender § 303 Rn. 16).

C. Kosten

Für den Widerrufsantrag wird eine Gebühr i. H. v. 30,00 € erhoben (Nr. 2350 KV GKG). Kostenschuldner ist gem. § 23 Abs. 2 GKG der Antragsteller. Zusätzlich fallen die Kosten für die Veröffentlichung an (Nr. 9004 KV GKG). 14

§ 303a Eintragung in das Schuldnerverzeichnis

¹Das Insolvenzgericht ordnet die Eintragung in das Schuldnerverzeichnis nach § 882b der Zivilprozessordnung an. Eingetragen werden Schuldner,
1. denen die Restschuldbefreiung nach den §§ 290, 296, 297 oder 297a oder auf Antrag eines Insolvenzgläubigers nach § 300 Absatz 2 versagt worden ist,
2. deren Restschuldbefreiung widerrufen worden ist.

²Es übermittelt die Anordnung unverzüglich elektronisch dem zentralen Vollstreckungsgericht nach § 882h Absatz 1 der Zivilprozessordnung. § 882c Absatz 2 und 3 der Zivilprozessordnung gilt entsprechend.

Übersicht	Rdn.		Rdn.
A. Normzweck	1	B. Norminhalt	2

A. Normzweck

Der Umstand, dass einem Schuldner die Restschuldbefreiung versagt oder widerrufen wurde ist unabdingbar für die Einschätzung der Kreditwürdigkeit und daher von hohem Interesse für den Geschäftsverkehr (RegE BT-Drucks. 17/11268, S. 33). Die Vorschrift soll den Zugang zu diesen Informationen erleichtern, indem eine obligatorische Eintragung in das Schuldnerverzeichnis angeordnet wird (RegE BT-Drucks. 17/11268, S. 33). Dadurch wird auch die gerichtliche Entscheidung über die Stundung der Verfahrenskosten und die Eingangsentscheidung nach § 287a erleichtert, indem dem Gericht eine zusätzliche Erkenntnisquelle geschaffen wird (RegE BT-Drucks. 17/11268, S. 33). 1

B. Norminhalt

Das Insolvenzgericht ordnet die Eintragung in das Schuldnerverzeichnis nach § 882b der Zivilprozessordnung an, wenn dem Schuldner die Restschuldbefreiung nach den §§ 290, 296, 297 oder 297a oder auf Antrag eines Insolvenzgläubigers nach § 300 Abs. 2 versagt worden ist, oder wenn die Restschuldbefreiung nach Maßgabe von § 303 widerrufen worden ist. 2

Anhang zu § 303a

Vorbem. Zeitlicher Anwendungsbereich

Die durch das Gesetz zur Verkürzung des Restschuldbefreiungsverfahrens und zur Stärkung der Gläubigerrechte erfolgten Änderungen der Vorschriften über die Restschuldbefreiung gelten für alle ab dem 01.07.2014 **beantragten** Verfahren (Art. 103 h S. 1 EGInsO). Für diese Verfahren finden die §§ 286 ff. in der nunmehr geltenden Fassung Anwendung (vgl. hierzu die Kommentierung zu §§ 286 ff.). 1

Sofern die Verfahrenseröffnung aufgrund eines vor dem 01.07.2014 gestellten Eröffnungsantrags erfolgt ist (sog. »Altverfahren«), finden die Vorschriften der §§ 286 bis 303 in der bis zum 30.06.2014 geltenden Fassung (nachfolgend: »§§ 286 a. F.«) Anwendung. Für diese Verfahren ist die folgende Kommentierung in dem Anhang zu § 303a maßgeblich. 2

Anhang zu § 303a InsO

§ 286 a. F. Grundsatz

Ist der Schuldner eine natürliche Person, so wird er nach Maßgabe der §§ 287 bis 303 von den im Insolvenzverfahren nicht erfüllten Verbindlichkeiten gegenüber den Insolvenzgläubigern befreit.

1. Verfahren, die vor dem 01.07.2014 beantragt wurden, (**Altverfahren**) folgen dem bisher üblichen Verfahrensgang. In diesen Verfahren erfolgt die Ankündigung der Restschuldbefreiung nicht bereits mit der Eingangsentscheidung des Gerichts, sondern in einem gesonderten Ankündigungsbeschluss (§§ 289, 291 a. F.), der bei Nichtvorliegen entgegenstehender Versagungsgründe (§ 290) im Schlusstermin ergeht. Dem folgt die Aufhebung des Insolvenzverfahrens (§ 289 Abs. 2 Satz 2 a. F.). Die Wohlverhaltensperiode beginnt mit Rechtskraft des Ankündigungsbeschlusses (Frind, Privatinsolvenz, Teil IV Rn. 786).

2. Im Übrigen wird auf die Kommentierung zu § 286 n. F. verwiesen.

§ 287 a. F. Antrag des Schuldners

(1) ¹Die Restschuldbefreiung setzt einen Antrag des Schuldners voraus, der mit seinem Antrag auf Eröffnung des Insolvenzverfahrens verbunden werden soll. ²Wird er nicht mit diesem verbunden, so ist er innerhalb von zwei Wochen nach dem Hinweis gemäß § 20 Abs. 2 zu stellen.

(2) ¹Dem Antrag ist die Erklärung beizufügen, dass der Schuldner seine pfändbaren Forderungen auf Bezüge aus einem Dienstverhältnis oder an deren Stelle tretende laufende Bezüge für die Zeit von sechs Jahren nach der Eröffnung des Insolvenzverfahrens an einen vom Gericht zu bestimmenden Treuhänder abtritt. ²Hatte der Schuldner diese Forderungen bereits vorher an einen Dritten abgetreten oder verpfändet, so ist in der Erklärung darauf hinzuweisen.

(3) Vereinbarungen, die eine Abtretung der Forderungen des Schuldners auf Bezüge aus einem Dienstverhältnis oder an deren Stelle tretende laufende Bezüge ausschließen, von einer Bedingung abhängig machen oder sonst einschränken, sind insoweit unwirksam, als sie die Abtretungserklärung nach Absatz 2 Satz 1 vereiteln oder beeinträchtigen würden.

1. In Altverfahren findet der nunmehr gestrichene § 114 a. F. weiterhin Anwendung. Daraus ergibt sich ein Unterschied betreffend den Umfang mit der Abtretungserklärung nach § 287 Abs. 2. Sind die Bezüge des insolventen Schuldners aus einem Dienstverhältnis bereits vor Eröffnung des Insolvenzverfahrens an einen Gläubiger abgetreten oder verpfändet worden, schließt das die Abtretung zum Zweck der Restschuldbefreiung zwar nicht aus. Gem. § 114 Abs. 1, **der in Altverfahren auch in der Restschuldbefreiungsphase zu beachten ist**, werden diese vorherigen Abtretungen aber erst 2 Jahre nach dem Ende des z. Zt. der Verfahrenseröffnung laufenden Kalendermonats **unwirksam**. Erst zu diesem Zeitpunkt lebt die Abtretung der Bezüge aus einem Dienstverhältnis gem. Abs. 2 Satz 1 wieder auf. Das gilt auch, wenn der Schuldner nach Eröffnung des Insolvenzverfahrens ein neues Dienstverhältnis eingeht (BGH, ZInsO 2013, 254). Der Schuldner hatte deshalb in vor dem 01.07.2014 erfolgten Abtretungserklärungen i. S. d. § 287 Abs. 2 auf vorherige Abtretungen oder Verpfändungen hinzuweisen. Hat der Schuldner einen solchen **Hinweis** unterlassen, liegt darin ein **Versagungsgrund** i. S. d. § 290 Abs. 1 Nr. 5 a. F.

2. Im Übrigen kann auf die Kommentierung zu § 287 n. F. verwiesen werden.

§ 288 a. F. Vorschlagsrecht

Der Schuldner und die Gläubiger können dem Insolvenzgericht als Treuhänder eine für den jeweiligen Einzelfall geeignete natürliche Person vorschlagen.

1. Es wird auf die Kommentierung zu § 288 n. F. verwiesen. Eine Abweichung ergibt sich nur insoweit, als nach altem Recht in Verbraucherinsolvenzverfahren der Treuhänder gem. § 313 Abs. 1 a. F.

bereits bei der Eröffnung des Insolvenzverfahrens bestimmt wurde (vgl. Kommentierung zu § 291 a. F. Rdn. 7).

§ 289 a. F. Entscheidung des Insolvenzgerichts

(1) ¹Die Insolvenzgläubiger und der Insolvenzverwalter sind im Schlusstermin zu dem Antrag des Schuldners zu hören. ²Das Insolvenzgericht entscheidet über den Antrag des Schuldners durch Beschluss.

(2) ¹Gegen den Beschluss steht dem Schuldner und jedem Insolvenzgläubiger, der im Schlusstermin die Versagung der Restschuldbefreiung beantragt hat, die sofortige Beschwerde zu. ²Das Insolvenzverfahren wird erst nach Rechtskraft des Beschlusses aufgehoben. ³Der rechtskräftige Beschluss ist zusammen mit dem Beschluss über die Aufhebung des Insolvenzverfahrens öffentlich bekannt zu machen.

(3) ¹Im Falle der Einstellung des Insolvenzverfahrens kann Restschuldbefreiung nur erteilt werden, wenn nach Anzeige der Masseunzulänglichkeit die Insolvenzmasse nach § 209 verteilt worden ist und die Einstellung nach § 211 erfolgt. ²Absatz 2 gilt mit der Maßgabe, dass an die Stelle der Aufhebung des Verfahrens die Einstellung tritt.

Übersicht	Rdn.		Rdn.
A. Normzweck	1	1. Anhörung der Beteiligten	2
B. Norminhalt	2	2. Zuständigkeit	4
I. Anhörung der Beteiligten und Entscheidung des Gerichts (Abs. 1)	2	II. Rechtskraft, Aufhebung des Verfahrens, Bekanntmachung (Abs. 2)	5

A. Normzweck

In vor dem 01.07.2014 beantragten Verfahren entscheidet das Gericht im Schlusstermin über den Antrag des Schuldners auf Erteilung der Restschuldbefreiung. Das Gericht hat folgende Entscheidungsmöglichkeiten: Zurückweisung des Antrags auf Erteilung der Restschuldbefreiung bei Nichtvorliegen der Antragsvoraussetzungen des § 287, Versagung der Restschuldbefreiung bei zulässigem und begründetem Versagungsantrag eines Gläubigers (§ 290) oder Ankündigung der Restschuldbefreiung bei zulässigem entsprechenden Schuldnerantrag und Nichtvorliegen eines zulässigen und begründeten Versagungsantrags (§ 291). Ergeht ein Ankündigungsbeschluss, erfolgt die endgültige Restschuldbefreiung gem. § 300 erst nach Ende der Laufzeit der Abtretungserklärung, wenn dann keine Versagungsgründe nach §§ 295, 296 vorliegen. In Abs. 1, 2 finden sich eine Reihe von Verfahrensregelungen im Zusammenhang mit der Entscheidung des Gerichts nach § 289. Abs. 3 der Vorschrift ermöglicht die Erteilung der Restschuldbefreiung auch für den Fall, dass das Insolvenzverfahren wegen Masseunzulänglichkeit gem. § 211 eingestellt wird. 1

B. Norminhalt

I. Anhörung der Beteiligten und Entscheidung des Gerichts (Abs. 1)

1. Anhörung der Beteiligten

Während die Anhörung des Insolvenzverwalters (Treuhänders) zum Restschuldbefreiungsantrag im Schlusstermin lediglich der Sachverhaltserforschung dient, bezweckt die Anhörung der Gläubiger die Ermöglichung der Stellung eines Versagungsantrags. Darüber hinaus ist der Schuldner mit Blick auf Art. 103 GG zu hören, wenn das Gericht beabsichtigt, einem Versagungsantrag zu entsprechen (KPB-Wenzel § 289 Rn. 1; NR-Römermann § 289 Rn. 9). Die Anhörung hat grds. mündlich zu erfolgen (MK-Stephan § 289 Rn. 12). 2

Verzichtet das Gericht im schriftlichen Verfahren (§ 5 Abs. 2) auf die Durchführung des Schlusstermins, kann es durch Beschluss anordnen, dass die Gläubiger binnen einer Frist zu dem Restschuldbefreiungsantrag schriftlich Stellung nehmen können; der Fristablauf tritt dann an die Stelle des Schlusstermins (AG Hamburg, NZI 2000, 336; Uhlenbruck-Vallender § 289 Rn. 13). 3

2. Zuständigkeit

4 Für die Entscheidung über einen Versagungsantrag ist nach § 18 Abs. 1 Nr. 2 RPflG der Richter zuständig. Wird dagegen kein Versagungsantrag gestellt, spricht der Rechtspfleger die Ankündigung der Restschuldbefreiung aus (LG Göttingen, ZInsO 2002, 682). Zuständig für die Zurückweisung wegen Unzulässigkeit ist ebenfalls der Rechtspfleger (MK-Stephan § 289 Rn. 11).

II. Rechtskraft, Aufhebung des Verfahrens, Bekanntmachung (Abs. 2)

5 Die formelle Rechtskraft der Entscheidung über den Antrag des Schuldners auf Erteilung der Restschuldbefreiung tritt mit der Unanfechtbarkeit der Entscheidung, d. h. i. d. R. mit Ablauf der zweiwöchigen Beschwerdefrist, oder mit Rechtskraft der Beschwerdeentscheidung ein. Das Insolvenzverfahren wird erst danach durch einen gesonderten Aufhebungsbeschluss beendet. Sofern ein Versagungsantrag nicht gestellt worden ist, kann der Ankündigungsbeschluss von keinem der Beteiligten mehr angefochten werden; dieser wird dann sofort rechtskräftig. Es spricht in diesem Fall nichts dagegen, auch den Aufhebungsbeschluss bereits im Schlusstermin – oder in dem an seine Stelle tretenden Termin im schriftlichen Verfahren – zu fassen (vgl. i. Ü. die Kommentierung zu § 200). Beide Beschlüsse sind zusammen öffentlich bekannt zu machen (Abs. 2 Satz 2 f.).

6 Im Übrigen wird auf die Kommentierung zu § 289 n. F. verwiesen.

§ 290 a. F. Versagung der Restschuldbefreiung

(1) In dem Beschluss ist die Restschuldbefreiung zu versagen, wenn dies im Schlusstermin von einem Insolvenzgläubiger beantragt worden ist und wenn
1. *der Schuldner wegen einer Straftat nach den §§ 283 bis 283c des Strafgesetzbuchs rechtskräftig verurteilt worden ist,*
2. *der Schuldner in den letzten drei Jahren vor dem Antrag auf Eröffnung des Insolvenzverfahrens oder nach diesem Antrag vorsätzlich oder grob fahrlässig schriftlich unrichtige oder unvollständige Angaben über seine wirtschaftlichen Verhältnisse gemacht hat, um einen Kredit zu erhalten, Leistungen aus öffentlichen Mitteln zu beziehen oder Leistungen an öffentliche Kassen zu vermeiden,*
3. *in den letzten zehn Jahren vor dem Antrag auf Eröffnung des Insolvenzverfahrens oder nach diesem Antrag dem Schuldner Restschuldbefreiung erteilt oder nach § 296 oder § 297 versagt worden ist,*
4. *der Schuldner im letzten Jahr vor dem Antrag auf Eröffnung des Insolvenzverfahrens oder nach diesem Antrag vorsätzlich oder grob fahrlässig die Befriedigung der Insolvenzgläubiger dadurch beeinträchtigt hat, dass er unangemessene Verbindlichkeiten begründet oder Vermögen verschwendet oder ohne Aussicht auf eine Besserung seiner wirtschaftlichen Lage die Eröffnung des Insolvenzverfahrens verzögert hat,*
5. *der Schuldner während des Insolvenzverfahrens Auskunfts- oder Mitwirkungspflichten nach diesem Gesetz vorsätzlich oder grob fahrlässig verletzt hat oder*
6. *der Schuldner in den nach § 305 Abs. 1 Nr. 3 vorzulegenden Verzeichnissen seines Vermögens und seines Einkommens, seiner Gläubiger und der gegen ihn gerichteten Forderungen vorsätzlich oder grob fahrlässig unrichtige oder unvollständige Angaben gemacht hat.*

(2) Der Antrag des Gläubigers ist nur zulässig, wenn ein Versagungsgrund glaubhaft gemacht wird.

Übersicht	Rdn.		Rdn.
A. Zeitpunkt des Antrags	1	III. Vermögensverschwendung und Verzögerung des Insolvenzverfahrens (Nr. 4)	5
B. Versagungsgründe	2		
I. Verurteilung wegen einer Insolvenzstraftat (Nr. 1)	2	IV. Verletzung von Auskunfts- und Mitwirkungspflichten (Nr. 5)	6
II. Früherer Antrag auf Restschuldbefreiung (Nr. 3)	3		

Anhang zu § 303a InsO

A. Zeitpunkt des Antrags

In Altverfahren muss der Versagungsantrag zwingend **im Schlusstermin** gestellt werden (BGH, ZInsO 2006, 647; ZInsO 2003, 414). Es ist deshalb erforderlich, dass der betreffende Gläubiger oder sein Vertreter im Schlusstermin anwesend ist. Ein mündlich oder schriftlich vor dem Schlusstermin gestellter Antrag stellt nur die unbeachtliche Ankündigung eines Versagungsantrags dar (BGH, ZInsO 2011, 1126; NZI 2011, 193; NZI 2006, 481; ZInsO 2004, 852; a. A. LG Hannover, ZInsO 2003, 382). Allerdings kann das Insolvenzgericht sowohl in Regel- als auch in Verbraucherinsolvenzverfahren in Fällen, in denen die Vermögensverhältnisse des Schuldners überschaubar und die Zahl der Gläubiger oder die Höhe der Verbindlichkeiten gering sind, gem. § 5 Abs. 2 a. F. anordnen, dass das Verfahren oder einzelne seiner Teile schriftlich durchgeführt werden. Ist demgemäß ein schriftlicher Schlusstermin anberaumt, kann der Versagungsantrag schriftlich bis zu diesem Termin bei Gericht gestellt und im schriftlichen Verfahren darüber entschieden werden (BGH, ZInsO 2003, 414; vgl. auch BGH, NZI 2006, 481; AG Hamburg, NZI 2000, 336). Dabei sind wechselnde Fristen durch die Gläubiger auch dann zu beachten, wenn sie auf ein fehlerhaftes Verhalten des Insolvenzgerichts zurückzuführen sind (LG Göttingen, ZInsO 2007, 1054). Ein vor Anordnung des schriftlichen Schlusstermins gestellter Versagungsantrag bleibt allerdings auch in diesem Fall wirkungslos (LG Mönchengladbach, NZI 2004, 514; vgl. auch LG Göttingen, NZI 2007, 122; a. A. LG Magdeburg, ZInsO 2007, 998).

1

B. Versagungsgründe

I. Verurteilung wegen einer Insolvenzstraftat (Nr. 1)

Auch in Altverfahren ist eine **rechtskräftige** Verurteilung Voraussetzung für die Versagung. Die Bagatellgrenze des § 290 Abs. 1 Nr. 1 n. F. gilt nicht. Eine Verwarnung mit Strafvorbehalt nach § 59 StGB stellt in Altverfahren eine Verurteilung i. S. d. Vorschrift dar (BGH, ZInsO 2012, 543; LG Offenburg, NZI 2011, 194). Die Verwertbarkeit einer Verurteilung als Versagungsgrund richtet sich in Altverfahren nach den Tilgungs- und Verwertungsregeln der §§ 45 ff. **Bundeszentralregistergesetz** (vgl. nur BGH, ZInsO 2011, 834). Die Versagung kann auf eine Straftat gestützt werden kann, die erst nach dem Eröffnungsantrag getilgt ist (BGH, ZInsO 2012, 543). Liegt eine Gesamtstrafe vor, ist nur die Tilgungsfrist hinsichtl. der Einzelstrafe heranzuziehen, die auf das Insolvenzdelikt entfällt (BGH, ZInsO 2010, 629).

2

II. Früherer Antrag auf Restschuldbefreiung (Nr. 3)

Das Gesetz statuiert in § 290 Abs. 1 Nr. 3 a. F. eine **10-jährige Sperrfrist** für den Fall, dass dem Schuldner in einem vorherigen Verfahren die Restschuldbefreiung erteilt oder nach § 296 oder § 297 versagt wurde. Nach der Rechtsprechung des BGH gilt zudem in analoger Anwendung des § 290 Abs. 1 Nr. 3 a. F. eine **3-jährige Sperrfrist**, wenn dem Schuldner in einem vorherigen Verfahren die Restschuldbefreiung wegen Verletzung der Pflichten nach § 290 Abs. 1 Nr. 1, 3, 4, 5 **oder 6 a. F.** versagt wurde (sog. »Sperrfristrechtsprechung«; grundlegend: BGH, ZInsO 2009, 1777; s. a. BGH, ZInsO 2010, 140; krit. hingegen AG Göttingen, ZInsO 2010, 686; Schmerbach, NZI 2009, 677; Laroche, VIA 2011, 75). Keine Sperrfrist folgt aufgrund der 3-jährigen tatbestandsimmanenten Frist auf eine Versagung nach § 290 Abs. 1 Nr. 2 a. F. (BGH, ZInsO 2013, 262). Ebenfalls zur Anwendung gelangt die 3-jährige Sperrfrist, wenn die Restschuldbefreiung in einem vorherigen Verfahren gem. **§ 298 wegen Nichtzahlung der Mindestvergütung des Treuhänders** versagt wurde (BGH, ZInsO 2013, 1949 m. abl. Anm. Schädlich, NZI 2013, 846, 848 f.; LG Lübeck, ZInsO 2011, 1029; AG Lübeck, ZInsO 2011, 495; a. A. LG Kiel, ZInsO 2011, 494; AG Göttingen, NZI 2011, 545). Scheitert die Restschuldbefreiung schon im Eröffnungsverfahren, weil dem Schuldner in analoger Anwendung des § 290 Abs. 1 die Stundung versagt wird, kann ebenfalls für 3 Jahre kein erneuter Antrag auf Restschuldbefreiung gestellt werden (BGH, ZInsO 2010, 490; ZInsO 2010, 491; ZInsO 2010, 587; ZInsO 2010, 783). Gleiches gilt für den Fall, dass der Schuldner im Erstverfahren trotz ordnungsgemäßen Hinweises des Insolvenzgerichts die **rechtzeitige Stellung eines Eigenantrags** versäumt hat (BGH, ZInsO 2010, 344). Um zu verhindern, dass der Schuldner durch

3

eine zügige Rücknahme des Antrags die Sperrkraftwirkung umgehen kann, muss dies auch gelten, wenn der Schuldner seinen **Eigenantrag nach Eintritt der Rechtskraft der Stundungsablehnung zurücknimmt** (BGH, ZInsO 2011, 2198; ZInsO 2011, 1127; LG Hamburg, ZInsO 2011, 886). Das **Eingreifen der Rücknahmefiktion** aus § 305 Abs. 3 Satz 2 kann mit diesem Fall nicht gleichgesetzt werden (LG Düsseldorf, ZInsO 2013, 893; LG Frankenthal, ZInsO 2012, 2399; AG Köln, NZI 2013, 498; a. A. AG Ludwigshafen, ZInsO 2012, 1586 sowie AG Essen, ZInsO 2012, 1730; ZInsO 2012, 850 für den Fall, dass dem Schuldner die Ergänzung der fehlenden Erklärungen und Unterlagen möglich war).

4 Der Gesetzgeber hat zwar im Zuge der Schaffung des § 287a deutlich signalisiert, dass er restriktivere Handhabung der Sperrfristen wünscht. Dies hat auf die Altverfahren aber formell keine Bindungswirkung. Wie sich die höchstrichterliche Rechtsprechung zu dieser Thematik entwickeln wird, bleibt daher abzuwarten (vgl. hierzu A. Schmidt, ZVI 2014, 211).

III. Vermögensverschwendung und Verzögerung des Insolvenzverfahrens (Nr. 4)

5 Der relevante Zeitraum für das Vorliegen einer Vermögensverschwendung oder der Verzögerung des Insolvenzverfahrens beginnt nach § 290 Abs. 1 Nr. 4 a. F. **ein Jahr** vor dem Eröffnungsantrag. Allerdings fällt die Versagung nach Nr. 4 in den Anwendungsbereich der Sperrfristrechtsprechung des BGH (s. o. Nr. 3).

IV. Verletzung von Auskunfts- und Mitwirkungspflichten (Nr. 5)

6 Über ihren Wortlaut hinaus greift § 290 Abs. 1 Nr. 5 a. F. nicht nur bei der Verletzung von Auskunfts- und Mitwirkungspflichten während des **eröffneten Insolvenzverfahrens** ein, sondern erfasst auch Pflichtverstöße, die vom Schuldner während des **Eröffnungsverfahrens** begangen werden (BGH, ZInsO 2008, 1278; ZInsO 2005, 208; AG Hamburg, ZInsO 2001, 330; KPB-Wenzel § 290 Rn. 43; vgl. auch BGH, ZVI 2005, 276 zur Einkommensverschleierung durch behauptete Tätigkeit für eine Limited). Somit besteht trotz des abweichenden Wortlauts keine inhaltliche Änderung gegenüber der neuen Rechtslage.

7 Im Übrigen gelten die Ausführungen zu § 290 n. F.

§ 291 a. F. *Ankündigung der Restschuldbefreiung*

(1) Sind die Voraussetzungen des § 290 nicht gegeben, so stellt das Gericht in dem Beschluss fest, dass der Schuldner Restschuldbefreiung erlangt, wenn er den Obliegenheiten nach § 295 nachkommt und die Voraussetzungen für eine Versagung nach § 297 oder § 298 nicht vorliegen.

(2) Im gleichen Beschluss bestimmt das Gericht den Treuhänder, auf den die pfändbaren Bezüge des Schuldners nach Maßgabe der Abtretungserklärung (§ 287 Abs. 2) übergehen.

Übersicht	Rdn.		Rdn.
A. Normzweck	1	2. Zuständigkeit	3
B. Norminhalt	2	3. Folgen	4
I. Ankündigung der Restschuldbefreiung (Abs. 1)	2	II. Bestimmung des Treuhänders (Abs. 2) . . 1. Person des Treuhänders	5 5
1. Inhalt des Ankündigungsbeschlusses	2	2. Verbraucherinsolvenzverfahren	7

A. Normzweck

1 Das Gericht entscheidet gem. § 289 im Schlusstermin über den Antrag des Schuldners auf Erteilung der Restschuldbefreiung. Liegt kein zulässiger und begründeter Versagungsantrag vor, so wird dem Schuldner die Restschuldbefreiung für den Fall in Aussicht gestellt, dass er seine Obliegenheiten erfüllt (sog. Ankündigungsbeschluss). Hiermit wird Klarheit für den Schuldner und die Gläubiger

geschaffen. Außerdem wird im gleichen Beschluss der Treuhänder bestimmt. Die gerichtliche Entscheidung beendet den ersten Abschnitt des Restschuldbefreiungsverfahrens und leitet in die sog. Wohlverhaltensperiode über.

B. Norminhalt

I. Ankündigung der Restschuldbefreiung (Abs. 1)

1. Inhalt des Ankündigungsbeschlusses

Gemäß Abs. 1 a. F. ist dem Schuldner in Altverfahren bei Vorliegen eines entsprechenden Antrags und der Abtretungserklärung die Restschuldbefreiung anzukündigen, wenn keiner der Versagungsgründe des § 290 vorliegt oder keiner der Gläubiger einen Versagungsantrag gestellt hat. Dem Schuldner wird die Restschuldbefreiung für den Fall in Aussicht gestellt, dass er während der Wohlverhaltensperiode seinen Obliegenheiten gem. § 295 nachkommt, keine Verurteilung zu einer Insolvenzstraftat gem. § 297 erfolgt und die Mindestvergütung des Treuhänders gedeckt ist (§ 298). Damit soll für den Schuldner Klarheit geschaffen werden, dass – und unter welchen Voraussetzungen – er es nun allein in der Hand hat, die Restschuldbefreiung zu erlangen. Fehlt im Ankündigungsbeschluss der **Hinweis auf die Folgen eines Verstoßes**, so ist dadurch die Versagung der Restschuldbefreiung nicht ausgeschlossen (Braun-Lang § 291 Rn. 2; FK-Ahrens § 291 Rn. 6). Im Hinblick auf die **subjektiven Erfordernisse der einzelnen Versagungsgründe** kann die fehlende Mitteilung allerdings von Bedeutung sein (MK-Stephan § 291 Rn. 14). Um Rechtsunsicherheit zu vermeiden, sollte der Beschluss auch die durch § 287 Abs. 2 Satz 1 vorgegebene Laufzeit der Abtretungserklärung enthalten (Uhlenbruck-Vallender § 291 Rn. 24; HK-Landfermann § 291 Rn. 4), wobei einer solchen Angabe lediglich Hinweischarakter zukommt (BGH, ZInsO 2006, 872, ausdrücklich offen gelassen jedoch für Altfälle gem. Art. 107 EGInsO). Das Gericht hat bei seiner Entscheidung **keinen Ermessensspielraum**. Der Schuldner hat ein subjektives Recht auf Ankündigung der Restschuldbefreiung, falls die Voraussetzungen hierfür erfüllt sind (MK-Stephan § 291 Rn. 8; Kohte/Ahrens/Grote § 291 Rn. 6; **a. A.** Bork, ZIP 1998, 1209, 1210 f.).

2

2. Zuständigkeit

Für die Ankündigung der Restschuldbefreiung ist der **Rechtspfleger** zuständig. Dies gilt auch dann, wenn ein Versagungsantrag gestellt, dieser jedoch vom nach Sinn und Zweck des § 18 Abs. 1 Nr. 2 RPflG (nur) insoweit zuständigen Richter zurück gewiesen wurde (zur Zuständigkeit der Erteilung der Restschuldbefreiung vgl. die Kommentierung zu § 300 Rdn. 5). Nach Eintritt der Rechtskraft des Ankündigungsbeschlusses ist dieser gemeinsam mit der Aufhebung des Verfahrens zu veröffentlichen (§ 289 Abs. 2 Satz 3).

3

3. Folgen

Mit Rechtskraft des Ankündigungsbeschlusses wird die **Wohlverhaltensperiode** eingeleitet. Nach Rechtskraft des Ankündigungsbeschlusses kann das Insolvenzgericht das Insolvenzverfahren aufheben (§ 289 Abs. 2 Satz 2 a. F.).

4

II. Bestimmung des Treuhänders (Abs. 2)

1. Person des Treuhänders

In dem Beschluss bestimmt das Gericht gleichzeitig die Person des Treuhänders, auf den die pfändbaren Bezüge des Schuldners übergehen. Die **Auswahl** der Person des Treuhänders trifft das **Gericht von Amts wegen**. Es kann auch eine andere Person als der Insolvenzverwalter zum Treuhänder bestellt werden (BGH, ZInsO 2004, 142).

5

Durch die Übernahme des Amtes gehen die pfändbaren Bezüge des Schuldners ab dem Zeitpunkt der Rechtskraft des Beschlusses auf den Treuhänder über (KPB-Wenzel § 291 Rn. 2; Uhlenbruck-Vallender § 291 Rn. 13; NR-Römermann § 291 Rn. 9; s. a. § 287 Rdn. 16). In Altverfahren ist der

6

Anhang zu § 303a InsO

Treuhänder in der Wohlverhaltensperiode nicht zu verwechseln mit dem Treuhänder im laufenden Insolvenzverfahren gem. § 313. Es handelt sich um zwei Ämter mit verschiedenartigen Funktionen (Uhlenbruck-Vallender § 291 Rn. 12).

2. Verbraucherinsolvenzverfahren

7 Im Verbraucherinsolvenzverfahren wurde der Treuhänder »nach altem Recht« grds. bereits bei Verfahrenseröffnung bestellt (§ 313 Abs. 1 Satz 2 a. F.). Da das Gericht aber auch berechtigt war, einen anderen Treuhänder zu bestimmen (KPB-Wenzel § 291 Rn. 3; Uhlenbruck-Vallender § 291 Rn. 10; MK-Stephan § 291 Rn. 29), empfahl sich auch im Verbraucherinsolvenzverfahren zumindest ein klarstellender Hinweis des Gerichts auf die andauernde Tätigkeit des Treuhänders (HK-Landfermann § 291 Rn. 9; Uhlenbruck-Vallender § 291 Rn. 12). Im Zweifel war aber davon auszugehen, dass eine Treuhänderbestellung im Eröffnungsbeschluss, die keine Einschränkungen enthält, sich auch auf die Treuhänderbestellung im Restschuldbefreiungsverfahren bezog (BGH, ZInsO 2012, 455; ZInsO 2007, 1348; ZVI 2004, 129). Die Bestimmung eines anderen Treuhänders war im Verbraucherinsolvenzverfahren gem. § 313 Abs. 1 Satz 3 a. F. i. V. m. § 59 Abs. 1 nur aus wichtigem Grund (analog) § 59 Abs. 1 möglich (BGH, ZInsO 2012, 1125; ZInsO 2012, 928; ZInsO 2012, 551; ZInsO 2012, 455; ZVI 2004, 544).

§ 292 a. F. Rechtsstellung des Treuhänders

(1) ¹Der Treuhänder hat den zur Zahlung der Bezüge Verpflichteten über die Abtretung zu unterrichten. ²Er hat die Beträge, die er durch die Abtretung erlangt, und sonstige Leistungen des Schuldners oder Dritter von seinem Vermögen getrennt zu halten und einmal jährlich auf Grund des Schlussverzeichnisses an die Insolvenzgläubiger zu verteilen, sofern die nach § 4a gestundeten Verfahrenskosten abzüglich der Kosten für die Beiordnung eines Rechtsanwalts berichtigt sind. ²§ 36 Abs. 1 Satz 2, Abs. 4 gilt entsprechend. ³Von den Beträgen, die er durch die Abtretung erlangt, und den sonstigen Leistungen hat er an den Schuldner nach Ablauf von vier Jahren seit der Aufhebung des Insolvenzverfahrens zehn vom Hundert und nach Ablauf von fünf Jahren seit der Aufhebung fünfzehn vom Hundert abzuführen. ⁴Sind die nach § 4a gestundeten Verfahrenskosten noch nicht berichtigt, werden Gelder an den Schuldner nur abgeführt, sofern sein Einkommen nicht den sich nach § 115 Abs. 1 der Zivilprozessordnung errechnenden Betrag übersteigt.

(2) ¹Die Gläubigerversammlung kann dem Treuhänder zusätzlich die Aufgabe übertragen, die Erfüllung der Obliegenheiten des Schuldners zu überwachen. ²In diesem Fall hat der Treuhänder die Gläubiger unverzüglich zu benachrichtigen, wenn er einen Verstoß gegen diese Obliegenheiten feststellt. ³Der Treuhänder ist nur zur Überwachung verpflichtet, soweit die ihm dafür zustehende zusätzliche Vergütung gedeckt ist oder vorgeschossen wird.

(3) ¹Der Treuhänder hat bei der Beendigung seines Amtes dem Insolvenzgericht Rechnung zu legen. ²Die §§ 58 und 59 gelten entsprechend, § 59 jedoch mit der Maßgabe, dass die Entlassung von jedem Insolvenzgläubiger beantragt werden kann und dass die sofortige Beschwerde jedem Insolvenzgläubiger zusteht.

Übersicht

	Rdn.		Rdn.
I. Höhe der Ausschüttungen	2	II. Gestundete Verfahrenskosten	3

1 In Altverfahren steht dem Schuldner gem. Abs. 1 Satz 4 und 5 a. F. nach Ablauf von 4 Jahren seit Beginn der Abtretungsfrist ein Selbstbehalt zu, der ein zusätzlicher Anreiz für das Durchstehen der Wohlverhaltensperiode ist (sog. Motivationsrabatt, BT-Drucks. 12/7302, S. 153). Durch die mittlerweile im Mittel deutlich verkürzte Verfahrensdauer und die jüngste Einführung der Möglichkeit vorzeitiger Restschuldbefreiung ist das Bedürfnis für einen Motivationsrabatt entfallen (BT-Drucks.

17/11268, S. 28). In Altverfahren hat der Treuhänder die Ausschüttungen an den Schuldner allerdings weiterhin vorzunehmen.

I. Höhe der Ausschüttungen

Von den Beträgen, die während des fünften Jahres der Treuhandphase beim Treuhänder eingehen, hat er 10% an den Schuldner auszukehren, im sechsten Jahr 15% (FK-Grote § 292 Rn. 19). Die Berechnungsgrundlage ist die Summe aller für die Insolvenzgläubiger bestimmten Beträge, gleich ob sie aus der Abtretungserklärung, aus einer selbstständigen Tätigkeit des Schuldners, aus einer Erbschaft des Schuldners oder aus anderen Quellen stammen. Maßgeblich für die Ausschüttung an die Gläubiger und ggf. an den Schuldner sind sowohl dem Wortlaut als auch dem Sinn und Zweck der Vorschrift zufolge allein die tatsächlichen Zuflüsse beim Treuhänder im maßgeblichen Zeitraum (»erlangt«). Die Treuhändervergütung bleibt bei der Berechnung unberücksichtigt und ist nicht vorher abzuziehen (HK-Landfermann § 292 Rn. 13).

II. Gestundete Verfahrenskosten

Sofern die nach § 4a gestundeten Verfahrenskosten noch nicht berichtigt sind, werden die Zahlungen an den Schuldner der Höhe nach begrenzt. Abs. 1 Satz 5 bestimmt, dass in diesem Fall Gelder an den Schuldner nur abgeführt werden, sofern sein Einkommen nicht den sich nach § 115 Abs. 1 ZPO errechnenden Betrag übersteigt. Hierdurch soll vermieden werden, dass dem Schuldner gegen Ende der Wohlverhaltensperiode ein höherer Teil seines Einkommens verbleibt als nach der Restschuldbefreiung (Begr. RegE BT-Drucks. 14/5680 S. 29). Diese **Begrenzung der Zahlungen an den Schuldner** greift auch dann ein, wenn gegen Ende der Wohlverhaltensperiode von den gestundeten Verfahrenskosten nur noch die Kosten der Beiordnung eines Rechtsanwalts offenstehen, auf die nach Abs. 1 Satz 2 vom Treuhänder keine Zahlungen zu leisten sind (HK-Landfermann § 292 Rn. 16; **a. A.** MK-Ehricke § 292 Rn. 32; FK-Grote § 292 Rn. 13).

Im Übrigen wird auf die Kommentierung zu § 292 n. F. verwiesen.

§ 294 a. F.

(1) Zwangsvollstreckungen für einzelne Insolvenzgläubiger in das Vermögen des Schuldners sind während der Laufzeit der Abtretungserklärung nicht zulässig.

(2) Jedes Abkommen des Schuldners oder anderer Personen mit einzelnen Insolvenzgläubigern, durch das diesen ein Sondervorteil verschafft wird, ist nichtig.

(3) Gegen die Forderung auf die Bezüge, die von der Abtretungserklärung erfasst werden, kann der Verpflichtete eine Forderung gegen den Schuldner nur aufrechnen, soweit er bei einer Fortdauer des Insolvenzverfahrens nach § 114 Abs. 2 zur Aufrechnung berechtigt wäre.

In Altverfahren sind § 294 Abs. 3 a. F. und § 114 a. F. zu beachten. Während des Insolvenzverfahrens ist die Aufrechnungsmöglichkeit gegen die Forderung des Schuldners auf Bezüge aus einem Dienstverhältnis gem. § 114 Abs. 2 beschränkt (vgl. insoweit die Kommentierung zu § 114). Abs. 3 a. F. erstreckt diese Beschränkung auf die Zeit der Wohlverhaltensperiode. Der Arbeitgeber des Schuldners kann also mit Forderungen, die schon z. Zt. der Eröffnung des Insolvenzverfahrens begründet waren, nur gegen Forderungen auf Bezüge für den in § 114 Abs. 1 bezeichneten Zwei-Jahres-Zeitraum aufrechnen; die Aufrechnung mit später begründeten Forderungen ist während der Laufzeit der Abtretungserklärung ausgeschlossen (HK-Landfermann § 294 Rn. 16). Nach Ablauf dieser Frist stehen in der Wohlverhaltensperiode die gesamten Bezüge des Schuldners wieder zur Gläubigerbefriedigung zur Verfügung (MK-Ehricke § 294 Rn. 34). Weiterhin sind aufgrund der Verweisung auf § 114 Abs. 2 die **Aufrechnungsverbote des § 96 Abs. 1 Nr. 2 bis 4** zu beachten.

Im Übrigen wird auf die Kommentierung zu § 294 n. F. verwiesen.

Anhang zu § 303a InsO

§ 295 a. F. Obliegenheiten des Schuldners

(1) Dem Schuldner obliegt es, während der Laufzeit der Abtretungserklärung
1. *eine angemessene Erwerbstätigkeit auszuüben und, wenn er ohne Beschäftigung ist, sich um eine solche zu bemühen und keine zumutbare Tätigkeit abzulehnen;*
2. *Vermögen, das er von Todes wegen oder mit Rücksicht auf ein künftiges Erbrecht erwirbt, zur Hälfte des Wertes an den Treuhänder herauszugeben;*
3. *jeden Wechsel des Wohnsitzes oder der Beschäftigungsstelle unverzüglich dem Insolvenzgericht und dem Treuhänder anzuzeigen, keine von der Abtretungserklärung erfassten Bezüge und kein von Nummer 2 erfasstes Vermögen zu verheimlichen und dem Gericht und dem Treuhänder auf Verlangen Auskunft über seine Erwerbstätigkeit oder seine Bemühungen um eine solche sowie über seine Bezüge und sein Vermögen zu erteilen;*
4. *Zahlungen zur Befriedigung der Insolvenzgläubiger nur an den Treuhänder zu leisten und keinem Insolvenzgläubiger einen Sondervorteil zu verschaffen.*

(2) Soweit der Schuldner eine selbstständige Tätigkeit ausübt, obliegt es ihm, die Insolvenzgläubiger durch Zahlungen an den Treuhänder so zu stellen, wie wenn er ein angemessenes Dienstverhältnis eingegangen wäre.

1 Der Gesetzgeber hat lediglich die Geltungsdauer der Obliegenheiten an den Umstand angepasst, dass die Ankündigung der Restschuldbefreiung nunmehr bereits zu Beginn des Verfahrens erfolgt (§ 287a). Die Obliegenheiten gelten in Altfällen vom Zeitpunkt der Rechtskraft des Ankündigungsbeschlusses bis zum Ende der Laufzeit der Abtretungserklärung (BGH, ZInsO 2009, 299); nunmehr von der Aufhebung des Insolvenzverfahrens bis zum Ende der Abtretungsfrist. Daraus ergibt sich keine wesentliche materielle Änderung.

2 Im Übrigen kann auf die Kommentierung zu § 295 n. F. verwiesen werden.

§ 296 a. F. Verstoß gegen Obliegenheiten

(1) ¹Das Insolvenzgericht versagt die Restschuldbefreiung auf Antrag eines Insolvenzgläubigers, wenn der Schuldner während der Laufzeit der Abtretungserklärung eine seiner Obliegenheiten verletzt und dadurch die Befriedigung der Insolvenzgläubiger beeinträchtigt; dies gilt nicht, wenn den Schuldner kein Verschulden trifft. ²Der Antrag kann nur binnen eines Jahres nach dem Zeitpunkt gestellt werden, in dem die Obliegenheitsverletzung dem Gläubiger bekannt geworden ist. ³Er ist nur zulässig, wenn die Voraussetzungen der Sätze 1 und 2 glaubhaft gemacht werden.

(2) ¹Vor der Entscheidung über den Antrag sind der Treuhänder, der Schuldner und die Insolvenzgläubiger zu hören. ²Der Schuldner hat über die Erfüllung seiner Obliegenheiten Auskunft zu erteilen und, wenn es der Gläubiger beantragt, die Richtigkeit dieser Auskunft an Eides Statt zu versichern. ³Gibt er die Auskunft oder die eidesstattliche Versicherung ohne hinreichende Entschuldigung nicht innerhalb der ihm gesetzten Frist ab oder erscheint er trotz ordnungsgemäßer Ladung ohne hinreichende Entschuldigung nicht zu einem Termin, den das Gericht für die Erteilung der Auskunft oder die eidesstattliche Versicherung anberaumt hat, so ist die Restschuldbefreiung zu versagen.

(3) ¹Gegen die Entscheidung steht dem Antragsteller und dem Schuldner die sofortige Beschwerde zu. ²Die Versagung der Restschuldbefreiung ist öffentlich bekannt zu machen.

1 Der einzige Unterschied zur § 296 n. F. besteht darin, dass nunmehr auf Obliegenheitsverstöße im Zeitraum zwischen der Aufhebung des Insolvenzverfahrens bis zum Ende der Abtretungsfrist abgestellt wird, während es für Altfälle auf den Zeitraum zwischen der Rechtskraft des Ankündigungsbeschlusses und dem Ende der Laufzeit der Abtretungserklärung ankommt.

2 Im Übrigen wird auf die Kommentierung zu § 296 n. F. verwiesen.

§ 297 a. F. Insolvenzstraftaten

(1) Das Insolvenzgericht versagt die Restschuldbefreiung auf Antrag eines Insolvenzgläubigers, wenn der Schuldner in dem Zeitraum zwischen Schlusstermin und Aufhebung des Insolvenzverfahrens oder während der Laufzeit der Abtretungserklärung wegen einer Straftat nach den §§ 283 bis 283c des Strafgesetzbuchs rechtskräftig verurteilt wird.

(2) § 296 Abs. 1 Satz 2 und 3, Abs. 3 gilt entsprechend.

Voraussetzung für eine Versagung nach § 297 a. F. ist allein eine rechtskräftige Verurteilung wegen einer versuchten oder vollendeten Straftat i. S. d. §§ 283 bis 283c StGB. Die Bagatellgrenze gilt nicht.   1

Es gelten im Übrigen die Ausführungen zu § 297 n. F.   2

§ 299 a. F. Vorzeitige Beendigung

Wird die Restschuldbefreiung nach § 296, 297 oder 298 versagt, so enden die Laufzeit der Abtretungserklärung, das Amt des Treuhänders und die Beschränkung der Rechte der Gläubiger mit der Rechtskraft der Entscheidung.

In Altverfahren stellt sich die Frage, ob trotz fehlender gesetzlicher Regelung (nunmehr § 300 Abs. 1 Satz 2) in bestimmten Fällen auch eine **vorzeitige Erteilung der Restschuldbefreiung** vor dem eigentlichen Ablauf der Wohlverhaltensperiode möglich ist. Eine solche kann erteilt werden, **wenn keine Forderungen ordnungsgemäß angemeldet und die Kosten des Verfahrens sowie die sonstigen Masseverbindlichkeiten getilgt** sind (BGH, ZInsO 2005, 597 m. Anm. Pape; so auch LG Frankfurt am Main, ZVI 2003, 426; AG Göttingen, ZInsO 2009, 1974 für den Fall, dass Gläubiger zwar in der Insolvenztabelle, nicht aber im Schlussverzeichnis eingetragen sind; FK-Ahrens § 299 Rn. 13; HK-Landfermann § 299 Rn. 6; KPB-Wenzel § 299 Rn. 6; Uhlenbruck-Vallender § 291 Rn. 36 ff.; Winter, ZVI 2003, 211, 215; a. A. LG Oldenburg, NZI 2004, 44; LG Traunstein, ZInsO 2003, 814; AG Köln, ZVI 2002, 224; Vallender, FS Gerhardt, S. 999, 1016; Fuchs, ZInsO 2002, 298, 303). Es kann ohnehin nicht zu einer Verteilung an die Gläubiger kommen und denjenigen Gläubigern, die trotz bestehender Forderungen nicht am Insolvenzverfahren teilgenommen haben, steht kein Antragsrecht nach §§ 296 ff. zu (vgl. § 296 Rdn. 3 u. § 297 Rdn. 2). Die Durchführung eines förmlichen Restschuldbefreiungsverfahrens wäre daher **sinnlos** (BGH, ZInsO 2005, 597).   1

Entsprechendes gilt auch für den Fall, dass der Schuldner **alle angemeldeten Forderungen vorzeitig vollständig befriedigt hat** – oder wenn ein außergerichtlicher Vergleich geschlossen wird, in dem alle Gläubiger auf Zahlungen verzichten (HK-Landfermann § 299 Rn. 6) – **und keine Masseverbindlichkeiten mehr offen sind**. Auch hier ist auf Antrag des Schuldners die Wohlverhaltensphase vorzeitig zu beenden und die Restschuldbefreiung auszusprechen (BGH, ZInsO 2005, 597; LG Berlin, ZInsO 2009, 443; AG Rosenheim, ZInsO 2001, 96; AG Frankfurt am Main, ZVI 2002, 35; Uhlenbruck-Vallender § 299 Rn. 12; HK-Landfermann § 299 Rn. 4; KPB-Wenzel § 299 Rn. 4; a. A. Fuchs, ZInsO 2002, 298, 303). Dies gilt auch dann, wenn der Schuldner sich die Mittel für die Gläubigerbefriedigung durch einen **Kredit** von einem Dritten beschafft; denn die Freiheit von neuen Verbindlichkeiten ist keine gesetzliche Voraussetzung für die Erteilung der Restschuldbefreiung. Hierfür spricht auch der Umstand, dass der Schuldner, dem die Verfahrenskosten gem. § 4a gestundet wurden, diese auch noch nach Ablauf der Wohlverhaltensperiode zurückzuzahlen hat (HK-Landfermann § 299 Rn. 7; Pape, NZI 2004, 1, 5; a. A. AG Köln, ZVI 2002, 224; Uhlenbruck-Vallender § 299 Rn. 13; MK-Ehricke § 299 Rn. 14 f.).   2

Es gelten im Übrigen die Ausführungen zu § 299 n. F.   3

Anhang zu § 303a InsO

§ 300 a. F. Entscheidung über die Restschuldbefreiung

(1) Ist die Laufzeit der Abtretungserklärung ohne eine vorzeitige Beendigung verstrichen, so entscheidet das Insolvenzgericht nach Anhörung der Insolvenzgläubiger, des Treuhänders und des Schuldners durch Beschluss über die Erteilung der Restschuldbefreiung.

(2) Das Insolvenzgericht versagt die Restschuldbefreiung auf Antrag eines Insolvenzgläubigers, wenn die Voraussetzungen des § 296 Abs. 1 oder 2 Satz 3 oder des § 297 vorliegen, oder auf Antrag des Treuhänders, wenn die Voraussetzungen des § 298 vorliegen.

(3) ¹Der Beschluss ist öffentlich bekannt zu machen. ²Gegen den Beschluss steht dem Schuldner und jedem Insolvenzgläubiger, der bei der Anhörung nach Absatz 1 die Versagung der Restschuldbefreiung beantragt hat, die sofortige Beschwerde zu.

1 Die Restschuldbefreiung tritt nicht automatisch nach Ablauf der Wohlverhaltensphase ein. Aus Gründen der Rechtssicherheit bedarf es eines ausdrücklichen Beschlusses durch das Gericht. Dieser Gerichtsbeschluss ergeht nach abschließender Anhörung der Beteiligten und, falls es ein Gläubiger beantragt, nach Überprüfung der Voraussetzungen der Restschuldbefreiung.

2 In den vor dem 01.07.2014 beantragten Restschuldbefreiungsverfahren ist eine vorzeitige Erteilung der Restschuldbefreiung wegen Erreichen einer Mindestbefriedigungsquote oder vollständiger Verfahrenskostendeckung nicht vorgesehen. Insoweit unterscheidet sich das »alte« von dem »neuen« Recht. Im Übrigen kann auf die Kommentierung zu § 300 n. F. verwiesen werden.

§ 302 a. F. Ausgenommene Forderungen

Von der Erteilung der Restschuldbefreiung werden nicht berührt:
1. *Verbindlichkeiten des Schuldners aus einer vorsätzlich begangenen unerlaubten Handlung, sofern der Gläubiger die entsprechende Forderung unter Angabe dieses Rechtsgrundes nach § 174 Abs. 2 angemeldet hatte;*
2. *Geldstrafen und die diesen in § 39 Abs. 1 Nr. 3 gleichgestellten Verbindlichkeiten des Schuldners;*
3. *Verbindlichkeiten aus zinslosen Darlehen, die dem Schuldner zur Begleichung der Kosten des Insolvenzverfahrens gewährt wurden.*

1 Nach § 302 a. F. sind **Unterhaltsforderungen** in Hinblick auf § 170 StGB nur dann von der Restschuldbefreiung ausgenommen, sofern die vorsätzliche Verletzung der Unterhaltspflicht dazu geführt hat, dass der Lebensbedarf der unterhaltsberechtigten Personen gefährdet ist oder ohne die Hilfe anderer gefährdet wäre (OLG Hamm, ZInsO 2011, 2001; vgl. auch Grote/Pape, ZInsO 2004, 993, 1002). In »Neufällen« reicht bereits eine vorsätzliche und pflichtwidrige Verletzung der Unterhaltspflicht.

2 Eine **analoge Anwendung** auf andere Forderungsarten kommt nicht in Betracht (FK-Ahrens § 302 Rn. 5, 9; Braun-Lang § 302 Rn. 4; Schlie, ZInsO 2006, 1126, 1129 ff.; **a. A.** AG Siegen, ZInsO 2003, 478 für § 370 AO; Klaproth, ZInsO 2006, 1078, 1079 f.). Insb. ergibt sich **keine Privilegierung von Steuerforderungen** nach Nr. 1, da diese aus dem Gesetz (§ 38 AO) und nicht aus einer vorsätzlich begangenen unerlaubten Handlung resultieren (BFH, ZInsO 2008, 1208; AG Regensburg, ZInsO 2000, 517; FK-Ahrens § 302 Rn. 9; MK-Stephan § 302 Rn. 7b; Uhlenbruck-Vallender § 302 Rn. 12; Heyer, Restschuldbefreiung im Insolvenzverfahren, S. 158; eingehend hierzu Schlie, ZInsO 2006, 1126, 1128 ff.). Auch ist der Straftatbestand der Steuerhinterziehung (§ 370 AO) kein Schutzgesetz i. S. d. § 823 Abs. 2 BGB (BFH a. a. O.). Nach neuem Recht wird eine Verurteilung wegen einer Steuerstraftat sanktioniert.

3 Es gelten im Übrigen die Ausführungen zu § 302 n. F.

Neunter Teil Verbraucherinsolvenzverfahren

§ 304 Grundsatz

(1) ¹Ist der Schuldner eine natürliche Person, die keine selbständige wirtschaftliche Tätigkeit ausübt oder ausgeübt hat, so gelten für das Verfahren die allgemeinen Vorschriften, soweit in diesem Teil nichts anderes bestimmt ist. ²Hat der Schuldner eine selbständige wirtschaftliche Tätigkeit ausgeübt, so findet Satz 1 Anwendung, wenn seine Vermögensverhältnisse überschaubar sind und gegen ihn keine Forderungen aus Arbeitsverhältnissen bestehen.

(2) Überschaubar sind die Vermögensverhältnisse im Sinne von Absatz 1 Satz 2 nur, wenn der Schuldner zu dem Zeitpunkt, zu dem der Antrag auf Eröffnung des Insolvenzverfahrens gestellt wird, weniger als 20 Gläubiger hat.

Übersicht	Rdn.		Rdn.
A. Normzweck	1	1. Überschaubare Vermögensverhältnisse (Abs. 2)	7
B. Norminhalt	2	2. Forderungen aus Arbeitsverhältnissen (Abs. 1 Satz 2)	8
I. Natürliche Personen (Abs. 1 Satz 1)	3		
II. Verbraucher (Abs. 1 Satz 1)	4	C. Verfahrensfragen	9
III. Aktive Unternehmer	5	I. Grundsatz	9
1. Selbstständige wirtschaftliche Tätigkeit	5a	II. Eigenantrag	10
2. Gesellschafter, Geschäftsführer	5b	III. Fremdantrag	11
IV. Ehemalige Unternehmer (Abs. 1 Satz 2)	6		

A. Normzweck

Die Vorschrift bestimmt den Personenkreis, für den die Sondervorschriften des Verbraucherinsolvenzverfahrens gelten sollen. Dieses soll den eigentlichen »Verbrauchern« vorbehalten bleiben, weil nur bei ihnen die rgm. überschaubare Verschuldensstruktur die Durchführung eines vereinfachten Verfahrens rechtfertigt. **1**

Mit der Frage, wem der Zugang zum Restschuldbefreiungsverfahren offen steht, hat die Bestimmung der statthaften Verfahrensart nichts zu tun: Die Erteilung der Restschuldbefreiung kann – unabhängig von der Verfahrensart – jede natürliche Person beantragen (vgl. § 286).

B. Norminhalt

Dem Anwendungsbereich der §§ 304 ff. unterfallen nur **natürliche Personen**. Weiterhin ist danach zu differenzieren, ob es sich bei dem Schuldner um einen Verbraucher oder um einen Unternehmer handelt. Während **Verbraucher** gem. Abs. 1 Satz 1 stets dem Verbraucherinsolvenzverfahren unterliegen, gilt dies für **Unternehmer** gem. Abs. 1 Satz 2 nur dann, wenn sie **nicht mehr selbstständig tätig** und ihre **Vermögensverhältnisse überschaubar** sind. Für Schuldner, die im Zeitpunkt der Antragstellung noch eine selbständige wirtschaftliche Tätigkeit ausüben, ist hingegen stets das Regelinsolvenzverfahren anwendbar (BGH, ZInsO 2002, 1181). **2**

I. Natürliche Personen (Abs. 1 Satz 1)

Ausgeschlossen sind dadurch alle Gesellschaften, auch solche ohne Rechtspersönlichkeit (Braun-Buck § 304 Rn. 8; Uhlenbruck-Vallender § 304 Rn. 6; HK-Landfermann § 304 Rn. 4; Sinz/Wegener/Hefermehl, Verbraucherinsolvenz und Insolvenz von Kleinunternehmern, Rn. 16; Arnold, DGVZ 1996, 131; **a. A.** teilweise für GbR: MK-Ott/Vuia § 304 Rn. 77). **3**

II. Verbraucher (Abs. 1 Satz 1)

4 Damit sind Personen gemeint, die keine selbstständige wirtschaftliche Tätigkeit ausüben oder in der Vergangenheit ausgeübt haben (Abs. 1 Satz 1). Hierunter fallen Angestellte, Arbeitslose, Sozialhilfeempfänger, Rentner, Schüler, Praktikanten, Auszubildende, Studenten sowie Zivil- und Wehrdienstleistende (Braun-Buck § 304 Rn. 8; Uhlenbruck-Vallender § 304 Rn. 7). Der Geschäftsführer einer GmbH oder das Vorstandsmitglied einer AG sind ebenfalls als Verbraucher i. S. d. § 304 anzusehen (A. Schmidt, Privatinsolvenz, Kap. 2 Rn. 2; Braun-Buck § 304 Rn. 8; HK-Landfermann § 304 Rn. 6; Uhlenbruck-Vallender § 304 Rn. 8; Sinz/Wegener/Hefermehl, Verbraucherinsolvenz und Insolvenz von Kleinunternehmern, Rn. 19), sofern sie nicht gleichfalls Gesellschafter mit zumindest 50% Beteiligungsquote sind (s. u. Rdn. 5.2).

III. Aktive Unternehmer

5 Unternehmer, die im Zeitpunkt der Antragstellung noch selbstständig wirtschaftlich tätig sind, unterfallen stets dem Regelinsolvenzverfahren (BGH, ZInsO 2002, 1181).

1. Selbstständige wirtschaftliche Tätigkeit

5a Eine selbstständige wirtschaftliche Tätigkeit liegt vor, wenn sie im eigenen Namen, in eigener Verantwortung, frei von Weisungen Dritter für eigene Rechnung und auf eigenes Risiko ausgeübt wird (BGH, ZInsO 2005, 1163; Arnold, DGVZ 1996, 131; Braun-Buck § 304 Rn. 8; MK-Ott/Vuia § 304 Rn. 63; Uhlenbruck-Vallender § 304 Rn. 7). Unerheblich ist, ob die Vermögenssituation des Unternehmers mit der eines Verbrauchers vergleichbar ist (BGH, ZInsO 2002, 1181). Es kommt nicht darauf an, ob die selbstständige Tätigkeit hauptberuflich ausgeübt wird. Auch der nebenberuflich selbstständig Tätige unterfällt daher grds. nicht dem Verbraucherinsolvenzverfahren (AG Hamburg, ZInsO 2004, 1375; KPB-Wenzel § 304 Rn. 14; abweichend: LG Rostock, NJW-RR 1994, 1015; Uhlenbruck-Vallender § 304 Rn. 9). Allerdings muss sich die Nebentätigkeit organisatorisch verfestigt haben und einen nennenswerten Umfang erreicht haben; eine nur gelegentlich ausgeübte Tätigkeit, die sich nicht zu einer einheitlichen Organisation verdichtet hat, ist keine selbstständige Erwerbstätigkeit (BGH, ZInsO 2011, 932). Dem Regelinsolvenzverfahren unterliegen somit alle noch aktiven Gewerbetreibende, und zwar auch Kleingewerbetreibende sowie Freiberufler (MK-Ott/Vuia § 304 Rn. 64).

2. Gesellschafter, Geschäftsführer

5b Haftende Gesellschafter einer Personenhandelsgesellschaft, z. B. einer OHG oder KG unterfallen dem Regelinsolvenzverfahren (BGH, ZInsO 2005, 1163; AG Leipzig, ZInsO 2011, 2241; Kohte, ZInsO 2002, 55; Sinz/Wegener/Hefermehl, Verbraucherinsolvenz und Insolvenz von Kleinunternehmern, Rn. 19; Uhlenbruck-Vallender § 304 Rn. 12; Braun-Buck § 304 Rn. 12; HK-Landfermann § 304 Rn. 6; FK-Kohte § 304 Rn. 17; MK-Ott/Vuia § 304 Rn. 67). Diese Beurteilung gilt auch für die Mitgesellschafter einer GbR (LG Göttingen, ZInsO 2002, 244; AG Köln, ZInsO 2002, 344). Ebenfalls nicht als Verbraucher anzusehen sind Mehrheitsgesellschafter einer Kapitalgesellschaft (vgl. BGH, ZInsO 2009, 682; LG Köln, ZIP 2004, 2249; Braun-Buck § 304 Rn. 12; Uhlenbruck-Vallender § 304 Rn. 13; FK-Kohte § 304 Rn. 21; ders. ZInsO 2001, 55; vgl. auch BGH, ZInsO 2005, 1163, zum geschäftsführenden Alleingesellschafter einer GmbH; a. A. Preuss, Verbraucherinsolvenz, S. 28). Nach hier vertretener Ansicht genügt im Regelfall sogar bereits eine 50%ige Beteiligung, um die Verbrauchereigenschaft zu verneinen (vgl. LG Hamburg, ZInsO 2013, 302). Da Minderheitsgesellschafter nur einen sehr eingeschränkten Einfluss auf die Geschicke der Gesellschaft haben, werden diese aber als Verbraucher eingeordnet (Braun-Buck § 304 Rn. 12). Gleiches gilt für den Fremdgeschäftsführer. Dagegen ist ein geschäftsführender Mehrheitsgesellschafter einer GmbH auch dann selbstständig wirtschaftlich tätig, wenn diese GmbH lediglich als persönlich haftende Gesellschafterin einer GmbH & Co. KG fungiert und er an der KG nicht beteiligt ist (BGH, ZInsO 2009, 682).

IV. Ehemalige Unternehmer (Abs. 1 Satz 2)

Ehemals Selbstständige, also solche Personen, die ihre selbstständige Tätigkeit in der Vergangenheit beendet haben, unterliegen dem Verbraucherinsolvenzverfahren, sofern ihre Vermögensverhältnisse überschaubar sind und gegen sie keine Forderungen aus Arbeitsverhältnissen bestehen. Die Beendigung der selbstständigen Tätigkeit muss vollständig sein; das ist nicht der Fall, solange ein Unternehmen noch abgewickelt wird (LG Hamburg, ZInsO 2013, 302; Uhlenbruck-Vallender § 304 Rn. 24; KPB-Wenzel § 304 Rn. 15). Maßgeblich für die Beurteilung aller Voraussetzungen ist der **Zeitpunkt der Antragstellung** (HK-Landfermann § 304 Rn. 6; MK-Ott/Vuia § 304 Rn. 73; KPB-Wenzel § 304 Rn. 19). 6

1. Überschaubare Vermögensverhältnisse (Abs. 2)

Die Vermögensverhältnisse eines Schuldners gelten als nicht überschaubar, wenn er zum Zeitpunkt des Eröffnungsantrags mehr als 19 Gläubiger hat. Auf die **Anzahl der Forderungen** kommt es nicht an (BGH, ZInsO 2005, 1164; HK-Landfermann § 304 Rn. 5). Ausnahmsweise kann auch bei weniger als 20 Gläubigern aufgrund des objektiv zu bestimmenden Umfangs und der Struktur der Verschuldung die Überschaubarkeit der Vermögensverhältnisse fehlen (BGH, ZInsO 2003, 1101), z. B. bei einer Vielzahl ausländischer Gläubiger (Uhlenbruck-Vallender § 304 Rn. 18), wenn der Schuldner an verschiedenen Gesellschaften und Grundstücksgemeinschaften beteiligt ist (LG Göttingen, ZInsO 2002, 245), das Bestehen zahlreicher Forderungen zweifelhaft ist oder wenn komplexe Anfechtungssachverhalte zu beurteilen sind (AG Leipzig, ZInsO 2011, 2241; A. Schmidt, Privatinsolvenz, Kap. 2 Rn. 6; MK-Ott/Vuia § 304 Rn. 71; Uhlenbruck-Vallender § 304 Rn. 17 ff.). 7

2. Forderungen aus Arbeitsverhältnissen (Abs. 1 Satz 2)

Auch wenn ein Schuldner überschaubare Vermögensverhältnisse hat, unterliegt er dem Regelinsolvenzverfahren, sofern aus einer früheren selbstständigen Tätigkeit noch Forderungen aus Arbeitsverhältnissen gegen ihn bestehen. Davon umfasst sind Lohn- und Gehaltsansprüche ehemaliger Mitarbeiter. Dies gilt auch dann, wenn diese bereits nach § 187 Satz 1 SGB III auf die BA übergegangen sind, weil Insolvenzgeld beantragt wurde (BGH, ZInsO 2011, 425). Erfasst sind daneben solche Ansprüche, die aus einem Arbeitsverhältnis erwachsen, ohne unmittelbar Anspruch des Arbeitnehmers zu sein, z. B. Forderungen der Finanzämter (Lohnsteuer) und der Sozialversicherungsträger (BGH, ZInsO 2005, 1164; **a. A.** LG Berlin, ZInsO 2010, 2343). Nach dem Willen des Gesetzgebers ist der Begriff Arbeitsverhältnis weit zu verstehen und soll ausdrücklich nicht nur auf die Forderungen des Arbeitnehmers selbst beschränkt sein (BGH a. a. O.; AG Hamburg, NZI 2003, 330: Beitragsforderungen von Berufsgenossenschaften; Bork/Koschmieder-Mäusezahl, Fachanwaltshandbuch InsolvenzR, Rn. 15.17; KPB-Wenzel § 304 Rn. 16; Pape, ZInsO 2004, 647, 651; Fuchs/Bayer, ZInsO 2003, 300; abweichend: LG Düsseldorf, ZInsO 2002, 637; LG Düsseldorf, ZVI 2004, 488; vgl. auch LG Dresden, ZInsO 2003, 1052; HK-Landfermann § 304 Rn. 11; FK-Kohte § 304 Rn. 43). Beiträge eines als selbstständiger Maler und Lackierer tätigen Insolvenzschuldners zu einer Berufsgenossenschaft für seine eigene Person gehören allerdings nicht zu den Forderungen aus Arbeitsverhältnissen i. S. d. § 304 Abs. 1 Satz 2 InsO (BGH, ZInsO 2009, 2216). 8

C. Verfahrensfragen

I. Grundsatz

Das Regel- und das Verbraucherinsolvenzverfahren sind zwei unterschiedlich strukturierte und sich gegenseitig ausschließende Verfahrensarten, wobei das **Verbraucherinsolvenzverfahren den Ausnahmefall** darstellt (BGH, ZInsO 2013, 1100; ZInsO 2008, 1325; OLG Celle, ZIP 2000, 803; Uhlenbruck-Vallender § 304 Rn. 26; Sinz/Wegener/Hefermehl, Verbraucherinsolvenz und Insolvenz von Kleinunternehmern, Rn. 29; KPB-Wenzel § 304 Rn. 6; Braun-Buck § 304 Rn. 15). Das Insolvenzgericht hat von Amts wegen die richtige Verfahrensart zu ermitteln und festzustellen (AG Leipzig, ZInsO, 2011, 2247; LG Frankfurt an der Oder, ZInsO 2000, 290; Uhlenbruck-Vallen- 9

§ 304 InsO Grundsatz

der § 304 Rn. 26; Braun-Buck § 304 Rn. 15; Sinz/Wegener/Hefermehl, Verbraucherinsolvenz und Insolvenz von Kleinunternehmern, Rn. 32). Es besteht **kein Wahlrecht des Schuldners** bzgl. der Verfahrensart (Uhlenbruck-Vallender § 304 Rn. 26; Sinz/Wegener/Hefermehl, Verbraucherinsolvenz und Insolvenz von Kleinunternehmern, Rn. 32; KPB-Wenzel § 304 Rn. 6; Braun-Buck § 304 Rn. 15; MK-Ott/Vuia § 304 Rn. 85). Jedenfalls dann, wenn der Antragsteller **ausdrücklich** auf der falschen Verfahrensart beharrt und nicht einmal hilfsweise die zutreffende Verfahrensart beantragt, ist der Eröffnungsantrag als **unzulässig** zurückzuweisen (BGH, ZInsO 2008, 1325).

II. Eigenantrag

10   Bei einem Eigenantrag auf Eröffnung des Insolvenzverfahrens muss der Schuldner deutlich machen, **welche Verfahrensart von ihm gewollt** ist. Ein »offener« Antrag, der explizit oder stillschweigend dem Gericht die Auswahl der zutreffenden Verfahrensart überlässt, ist an sich nicht zulässig (Haarmeyer/Frind, Insolvenzrecht, Rn. 328), darf jedoch nicht ohne Weiteres zurückgewiesen werden: Teilt der Schuldner nicht mit, welche Verfahrensart gewollt ist, muss zunächst von einem Regelinsolvenzantrag ausgegangen (und ein IN-Aktenzeichen vergeben) werden, weil das Verbraucherinsolvenzverfahren nach dem gesetzlichen Leitbild den Ausnahmefall darstellt (s. o. Rdn. 9). Stellt sich bei näherer Prüfung – z. B. durch die Feststellungen eines Gutachters – heraus, dass die vom Antragsteller gewählte Verfahrensart unstatthaft ist, hat das Gericht den Schuldner auf Bedenken gegen die von ihm gewählte Verfahrensart hinzuweisen und ihm Gelegenheit zu geben, seinen Antrag entsprechend **umzustellen** (LG Göttingen, ZInsO 2007, 167; Haarmeyer/Frind, Insolvenzrecht, Rn. 328; FK-Kohte § 304 Rn. 51; Uhlenbruck-Vallender § 304 Rn. 34; Braun-Buck § 304 Rn. 22; MK-Ott/Vuia § 304 Rn. 86; KPB-Wenzel § 304 Rn. 7). Hält der Schuldner an seinem Antrag gleichwohl fest, so ist das Gericht an diesen Antrag gem. § 4 i. V. m. § 308 ZPO gebunden; er ist dann als unzulässig zurückzuweisen (BGH, ZInsO 2013, 1100; ZInsO 2008, 1325; LG Göttingen, ZInsO 2007, 167; OLG Celle, ZIP 2000, 802; OLG Naumburg, NZI 2000, 603; Braun-Buck § 304 Rn. 17; MK-Ott/Vuia § 304 Rn. 86; KPB-Wenzel § 304 Rn. 7; Uhlenbruck-Vallender § 304 Rn. 34; Sinz/Wegener/Hefermehl, Verbraucherinsolvenz und Insolvenz von Kleinunternehmern, Rn. 35; **a. A.** NR-Römermann § 304 Rn. 25 f.: Überleitung analog § 17a Abs. 2 GVG). Gegen die zurückweisende Entscheidung des Insolvenzgerichts ist die **sofortige Beschwerde** statthaft (BGH, ZInsO 2013, 1100; OLG Celle, ZIP 2000, 802; HK-Landfermann § 304 Rn. 14), wenn diese auch mangels Beschwer i. d. R. aussichtslos sein dürfte (BGH, ZInsO 2008, 1325). Eine sofortige Beschwerde steht dem Schuldner auch zu, wenn das Gericht entgegen der Rechtsprechung des BGH das Verbraucherinsolvenzverfahren in ein Regelinsolvenzverfahren überleitet (BGH, ZInsO 2013, 1100).

10a   Unklar ist, wie zu verfahren ist, wenn der Schuldner trotz eines entsprechenden Hinweises keine weiteren Erklärungen abgibt. Letztlich wird dies nach hier vertretener Auffassung maßgeblich vom **Inhalt des gerichtlichen Hinweises** abhängen. Möglich ist, dass das Gericht den Antragsteller auffordert, sich ausdrücklich zu erklären, andernfalls der Antrag als unzulässig zurück gewiesen werde. Erfolgt hierauf keine Reaktion, kann dies nur als Festhalten an dem bisherigen Antrag verstanden werden; mit der Folge seiner Unzulässigkeit (LG Hamburg, ZInsO 2012, 180). Alternativ kann dem Antragsteller auch mitgeteilt werden, dass im Fall des Ausbleibens einer gegenteiligen Äußerung von einer Zustimmung zur Überleitung in die richtige Verfahrensart ausgegangen werde. In diesem Fall spricht nichts dagegen, ein Schweigen hierauf als Zustimmung zu werten und analog § 17a Abs. 2 GVG zu verfahren.

III. Fremdantrag

11   Im Fall eines Gläubigerantrags gilt nichts grundlegend anderes: Auch hier ist es für die Zulässigkeit des Antrags zwar grds. erforderlich, dass der Antragsteller die Art des Verfahrens angibt, das seiner Auffassung nach durchgeführt werden soll. Da ihm jedoch die Verhältnisse des Schuldners als Außenstehendem oftmals nicht im Detail bekannt sind, kann er die Frage der als statthaft angesehenen Verfahrensart zunächst regelmäßig offen lassen (vgl. Sinz/Wegener/Hefermehl, Verbraucher-

Insolvenz und Insolvenz von Kleinunternehmern, Rn. 33; Braun-Buck § 304 Rn. 18; Uhlenbruck-Vallender § 304 Rn. 27). Es ist dann zunächst **von der Beantragung eines Regelinsolvenzverfahrens auszugehen** und i. Ü. wie oben beschreiben zu verfahren.

§ 305 Eröffnungsantrag des Schuldners

(1) Mit dem schriftlich einzureichenden Antrag auf Eröffnung des Insolvenzverfahrens oder unverzüglich nach diesem Antrag hat der Schuldner vorzulegen:
1. eine Bescheinigung, die von einer geeigneten Person oder Stelle auf der Grundlage persönlicher Beratung und eingehender Prüfung der Einkommens- und Vermögensverhältnisse des Schuldners ausgestellt ist und aus der sich ergibt, daß eine außergerichtliche Einigung mit den Gläubigern über die Schuldenbereinigung auf der Grundlage eines Plans innerhalb der letzten sechs Monate vor dem Eröffnungsantrag erfolglos versucht worden ist; der Plan ist beizufügen und die wesentlichen Gründe für sein Scheitern sind darzulegen; die Länder können bestimmen, welche Personen oder Stellen als geeignet anzusehen sind;
2. den Antrag auf Erteilung von Restschuldbefreiung (§ 287) oder die Erklärung, daß Restschuldbefreiung nicht beantragt werden soll;
3. ein Verzeichnis des vorhandenen Vermögens und des Einkommens (Vermögensverzeichnis), eine Zusammenfassung des wesentlichen Inhalts dieses Verzeichnisses (Vermögensübersicht), ein Verzeichnis der Gläubiger und ein Verzeichnis der gegen ihn gerichteten Forderungen; den Verzeichnissen und der Vermögensübersicht ist die Erklärung beizufügen, dass die enthaltenen Angaben richtig und vollständig sind;
4. einen Schuldenbereinigungsplan; dieser kann alle Regelungen enthalten, die unter Berücksichtigung der Gläubigerinteressen sowie der Vermögens-, Einkommens- und Familienverhältnisse des Schuldners geeignet sind, zu einer angemessenen Schuldenbereinigung zu führen; in den Plan ist aufzunehmen, ob und inwieweit Bürgschaften, Pfandrechte und andere Sicherheiten der Gläubiger vom Plan berührt werden sollen.

(2) [1]In dem Verzeichnis der Forderungen nach Absatz 1 Nr. 3 kann auch auf beigefügte Forderungsaufstellungen der Gläubiger Bezug genommen werden. [2]Auf Aufforderung des Schuldners sind die Gläubiger verpflichtet, auf ihre Kosten dem Schuldner zur Vorbereitung des Forderungsverzeichnisses eine schriftliche Aufstellung ihrer gegen diesen gerichteten Forderungen zu erteilen; insbesondere haben sie ihm die Höhe ihrer Forderungen und deren Aufgliederung in Hauptforderung, Zinsen und Kosten anzugeben. [3]Die Aufforderung des Schuldners muß einen Hinweis auf einen bereits bei Gericht eingereichten oder in naher Zukunft beabsichtigten Antrag auf Eröffnung eines Insolvenzverfahrens enthalten.

(3) [1]Hat der Schuldner die amtlichen Formulare nach Absatz 5 nicht vollständig ausgefüllt abgegeben, fordert ihn das Insolvenzgericht auf, das Fehlende unverzüglich zu ergänzen. [2]Kommt der Schuldner dieser Aufforderung nicht binnen eines Monats nach, so gilt sein Antrag auf Eröffnung des Insolvenzverfahrens als zurückgenommen. [3]Im Falle des § 306 Abs. 3 Satz 3 beträgt die Frist drei Monate.

(4) [1]Der Schuldner kann sich vor dem Insolvenzgericht von einer geeigneten Person oder einem Angehörigen einer als geeignet anerkannten Stelle im Sinne des Absatzes 1 Nr. 1 vertreten lassen. [2]Für die Vertretung des Gläubigers gilt § 174 Abs. 1 Satz 3 entsprechend.

(5) [1]Das Bundesministerium der Justiz wird ermächtigt, durch Rechtsverordnung mit Zustimmung des Bundesrates zur Vereinfachung des Verbraucherinsolvenzverfahrens für die Beteiligten Formulare für die nach Absatz 1 Nummer 1 bis 3 vorzulegenden Bescheinigungen, Anträge und Verzeichnisse einzuführen. [2]Soweit nach Satz 1 Formulare eingeführt sind, muß sich der Schuldner ihrer bedienen. [3]Für Verfahren bei Gerichten, die die Verfahren maschinell bearbeiten und für Verfahren bei Gerichten, die die Verfahren nicht maschinell bearbeiten, können unterschiedliche Formulare eingeführt werden.

§ 305 InsO Eröffnungsantrag des Schuldners

Übersicht

	Rdn.
A. Normzweck	1
B. Norminhalt	2
I. Außergerichtlicher Einigungsversuch	2
1. Inhalt des Plans	2
2. Ernstliches Bemühen des Schuldners	6
3. Erfolgreiche außergerichtliche Einigung	7
II. Eröffnungsantrag	8
1. Allgemeine Anforderungen	10
2. Unterlagen gem. Abs. 1 Nr. 1 bis 4	11
a) Bescheinigung (Nr. 1)	12
aa) Geeignete Person oder Stelle	13
bb) Auf der Grundlage persönlicher Beratung und eingehender Prüfung der Einkommens- und Vermögensverhältnisse des Schuldners	15a
cc) Inhalt der Bescheinigung	16

	Rdn
(1) Erfolgloser Einigungsversuch auf Grundlage eines Plans innerhalb der letzten 6 Monate	16
(2) Beifügung des Plans und Darlegung der Gründe für das Scheitern	19
b) Erklärung über die Beantragung der Restschuldbefreiung (Nr. 2)	20
c) Beizufügende Verzeichnisse (Nr. 3)	21
d) Schuldenbereinigungsplan (Nr. 4)	26
3. Bezugnahme auf Forderungsaufstellungen der Gläubiger (Abs. 2)	27
4. Vervollständigung der Unterlagen (Abs. 3)	28
5. Vertretung des Schuldners und des Gläubigers (Abs. 4)	31
6. Vordrucke (Abs. 5)	32

A. Normzweck

1   Das vereinfachte Insolvenzverfahren kann nur dann durchgeführt werden, wenn der Schuldner zuvor erfolglos einen Versuch zur außergerichtlichen Schuldenbereinigung aufgrund eines Plans unternommen hat. Erst dann kann der Schuldner einen Eröffnungsantrag stellen, dem die Unterlagen gem. Abs. 1 Nr. 1 bis 4 beizufügen sind.

B. Norminhalt

I. Außergerichtlicher Einigungsversuch

1. Inhalt des Plans

2   Das Gesetz enthält keine Vorgaben für den Plan, der dem außergerichtlichen Einigungsversuch zugrunde liegen muss; es regelt lediglich in groben Zügen den **Inhalt des gerichtlichen Schuldenbereinigungsplans** (Abs. 1 Nr. 4). Die dortigen Angaben können als Leitfaden auch für die außergerichtliche Phase herangezogen werden (Bericht des Rechtsausschusses des Bundestages, BT-Drucks. 12/7303 S. 272; Sinz/Wegener/Hefermehl, Verbraucherinsolvenz und Insolvenz von Kleinunternehmern, Rn. 49; Uhlenbruck-Vallender § 305 Rn. 11; HK-Landfermann § 305 Rn. 18; Braun-Buck § 305 Rn. 12). I. Ü. unterliegt der Plan dem **Grundsatz der Privatautonomie**, d. h. die Beteiligten sind bei der Gestaltung weitestgehend frei (OLG Celle, ZInsO 2000, 601; OLG Köln, ZInsO 2001, 231; Braun-Buck § 305 Rn. 12; zu möglichen Inhalten: A. Schmidt, Privatinsolvenz, Kap. 3 Rn. 11 ff.; zu notwendigen Inhalten AG Darmstadt, ZInsO 2012, 2261), die Regelungen müssen aber hinreichend bestimmt sein (LG Traunstein, ZInsO 2001, 526).

3   Der außergerichtliche Schuldenbereinigungsplan kann insb. Regelungen enthalten im Hinblick auf **Ratenzahlungen**, **Einmalzahlungen** (vgl. OLG Köln, ZInsO 2001, 231), **Stundungen**, **Teilerlasse, Zinsverzichte**. Auch können Regelungen hinsichtl. des Schicksals bestehender **Sicherheiten** getroffen werden, z. B. deren Aufgabe oder das Hinausschieben ihrer Verwertung für einen bestimmten Zeitraum (KPB-Wenzel § 305 Rn. 40). **Anpassungsklauseln**, die die Änderungen der wirtschaftlichen Situation des Schuldners berücksichtigen, können dazu führen, den Gläubigern die Zustimmung zu erleichtern und sind deshalb ratsam (OLG Frankfurt am Main, ZInsO 2000, 289; Braun-Buck § 305 Rn. 12).

4   Weiterhin besteht für den Schuldner auch die Möglichkeit, mit verschiedenen Gläubigern unterschiedliche Regelungen zu treffen; das **Gleichbehandlungsgebot** des § 294 Abs. 2 gilt noch nicht

Uhlenbruck-Vallender § 305 Rn. 12; Braun-Buck § 305 Rn. 17; Sinz/Wegener/Hefermehl, Verbraucherinsolvenz und Insolvenz von Kleinunternehmern, Rn. 53; enger: HK-Landfermann § 305 Rn. 42). Es sollte aber zumindest jeder Gläubiger in den Plan mit einbezogen werden, weil »vergessene« Gläubiger auch weiterhin gegen den Schuldner vorgehen und dadurch die gesamte außergerichtliche Einigung mit den anderen Gläubigern zunichtemachen können (Sinz/Wegener/Hefermehl, Verbraucherinsolvenz und Insolvenz von Kleinunternehmern, Rn. 51).

Zu bedenken ist, dass im Hinblick auf **Steuerschulden** eine Zustimmung des Finanzamts nur i. R. d. 5
geltenden abgabenrechtlichen Vorschriften möglich ist, sodass maßgeblich die Bestimmungen für Erlass- (§§ 163, 227 AO) bzw. Stundungs- und Ratenzahlungsanträge (§§ 222, 258 AO) sind. Diese setzen voraus, dass der Schuldner erlassbedürftig und -würdig ist (Näheres bei Sinz/Wegener/Hefermehl, Verbraucherinsolvenz und Insolvenz von Kleinunternehmern, Rn. 57 ff.; Becker, ZVI 2002, 100).

2. Ernstliches Bemühen des Schuldners

Der Plan muss jedenfalls das ernstliche Bemühen um eine Einigung mit den Gläubigern erken- 6
nen lassen. Aus diesem Grund wird teilweise vertreten, ein **statischer Nullplan** – also das Angebot eines vollständigen vertraglichen Schuldenerlasses, unabhängig von der zukünftigen Entwicklung der wirtschaftlichen Verhältnisse des Schuldners – führe zur Unzulässigkeit des Eröffnungsantrags (AG Würzburg, ZInsO 1999, 119; HK-Landfermann § 305 Rn. 19; Heyer, Restschuldbefreiung im Insolvenzverfahren, S. 19 ff.; KPB-Wenzel § 286 Rn. 78 ff.;; Arnold, DGVZ 1996, 133; zum Streitstand MK-Ott/Vuia § 305 Rn. 68 ff.). Dies ist abzulehnen, weil der außergerichtliche Plan der Privatautonomie unterliegt und das Gesetz keine Mindestquote vorsieht (BayObLG, ZIP 1999, 1926; OLG Stuttgart, ZInsO 2002, 837; OLG Celle, ZInsO 2000, 601; OLG Köln, ZIP 2001, 754; AG Hamburg, ZIP 1999, 236; Braun-Buck § 305 Rn. 12; Sinz/Wegener/Hefermehl, Verbraucherinsolvenz und Insolvenz von Kleinunternehmern, Rn. 102 f.; Uhlenbruck-Vallender § 305 Rn. 122 f.). **Flexible Nullpläne**, die eine Zahlungsverpflichtung für den Fall einer Einkommensverbesserung vorsehen, sind ohnehin nicht zu beanstanden.

3. Erfolgreiche außergerichtliche Einigung

Zustande gekommen ist eine außergerichtliche Einigung nur, wenn alle beteiligten Gläubiger aus- 7
drücklich zustimmen; Mehrheitsentscheidungen gibt es nicht (MK-Ott/Vuia § 305 Rn. 28; Bork/Koschmieder-Mäusezahl, Fachanwaltshandbuch InsolvenzR, Rn. 15.39; Sinz/Wegener/Hefermehl, Verbraucherinsolvenz und Insolvenz von Kleinunternehmern, Rn. 55). Stimmen alle Gläubiger dem Plan zu, so kommt ihm die **Wirkung eines außergerichtlichen Vergleichs** i. S. d. § 779 Abs. 1 BGB zu (Uhlenbruck-Vallender § 305 Rn. 16).

II. Eröffnungsantrag

Scheitert der außergerichtliche Einigungsversuch, kann der Schuldner einen Eröffnungsantrag 8
stellen. Ein solcher ist auch zulässig, wenn der Schuldner **nur einen Gläubiger** hat (LG Koblenz, ZInsO 2004, 102; AG Köln, ZInsO 2003, 912; AG Tübingen, ZVI 2001, 671; AG Hamburg, NZI 2000, 446; Uhlenbruck-Uhlenbruck § 305 Rn. 29; Jansen/Biebinger, ZInsO 2006, 126 ff.; Pape, ZVI 2003, 624) oder die angegebenen Forderungen nur geringfügig sind (LG Göttingen, NZI 2006, 603).

Eine **Pflicht** des Schuldners zur Stellung eines Insolvenzantrags besteht zwar nicht. Jedoch trifft den 9
Unterhaltsschuldner grds. eine **Obliegenheit** zur Einleitung des Verbraucherinsolvenzverfahrens, wenn dieses Verfahren zulässig und geeignet ist, den laufenden Unterhalt seiner minderjährigen Kinder dadurch sicherzustellen, dass ihm Vorrang vor sonstigen Verbindlichkeiten eingeräumt wird. Dies gilt nur dann nicht, wenn der Unterhaltsschuldner Umstände vorträgt und ggf. beweist, die eine solche Obliegenheit im Einzelfall als unzumutbar darstellen (BGH, ZInsO 2005, 433).

1. Allgemeine Anforderungen

10 Es gelten zunächst die allgemeinen Anforderungen der §§ 13, 14 (vgl. dortige Ausführungen sowie die bei § 304 Rdn. 10 f.; grundlegend zu den Voraussetzungen eines Eigenantrags des Schuldners BGH, ZInsO 2003, 217). Ein Antrag auf Eröffnung des Verbraucherinsolvenzverfahrens muss in jedem Fall schriftlich eingereicht werden (Abs. 1 Satz 1). Der Antragsteller hat sich dabei der **amtlichen Vordrucke** zu bedienen.

2. Unterlagen gem. Abs. 1 Nr. 1 bis 4

11 Zusammen mit dem Plan oder unverzüglich im Anschluss daran sind die in Abs. 1 Satz 1 aufgeführten Anlagen vorzulegen, für die die amtlichen Vordrucke zu verwenden sind.

a) Bescheinigung (Nr. 1)

12 Dem Eröffnungsantrag ist eine Bescheinigung einer geeigneten Person oder Stelle über das Scheitern der außergerichtlichen Schuldenbereinigung beizufügen.

aa) Geeignete Person oder Stelle

13 Das Geeignetheitserfordernis soll gewährleisten, dass keine Gefälligkeitsbescheinigungen ausgestellt werden. Abs. 1 Nr. 1 Halbs. 3 enthält eine **Ermächtigung der Länder**, selbst zu bestimmen, welche Personen oder Stellen als geeignet anzusehen sind (allgemein zu deren Tätigkeit Schmitz-Winnenthal, ZVI 2004, 582). Von dieser Ermächtigung haben alle Länder Gebrauch gemacht, wenn auch in unterschiedlichem Umfang und mit unterschiedlicher Art der Ausgestaltung (ausführl. hierzu Homann, Praxis und Recht der Schuldnerberatung, Kap. 13 Rn. 305 ff. und Becker, KTS 2000, 160).

14 Als geeignete Personen sind insb. Rechtsanwälte, Notare und Steuerberater sowie Gütestellen, Sozialämter und Träger der freien Wohlfahrtspflege anzusehen. Möglich wären z.B. auch Wirtschaftsprüfer (a.A. Smid-Krug/Haarmeyer § 305 Rn. 27) und Gerichtsvollzieher (Braun-Buck § 305 Rn. 4; HK-Landfermann § 305 Rn. 13; zum durch das Rechtsdienstleistungsgesetz ersetzten Rechtsberatungsgesetz s. Uhlenbruck-Vallender § 305 Rn. 50 ff. sowie OLG Celle, ZInsO 2003, 1048). Ganz überwiegend begleiten aber **behördlich anerkannte Schuldnerberatungsstellen** das vorgerichtliche Schuldenbereinigungsverfahren. Soweit in einem Landesgesetz keine umfassende Regelung getroffen wurde, ist es Sache der Gerichte, darüber zu entscheiden, welche Anforderungen an die Personen oder Stelle zu richten sind (Uhlenbruck-Vallender § 305 Rn. 48; KPB-Wenzel § 305 Rn. 5; Becker, KTS 2000, 160, 172).

15 Es ist nicht notwendig, dass die bescheinigende Person oder Stelle die Verhandlungen selbst geführt oder bei der Planerstellung mitgewirkt hat, weil für das außergerichtliche Verfahren ein Vertretungszwang gerade nicht vorgesehen ist (OLG Schleswig, ZInsO 2000, 170; KPB-Wenzel § 305 Rn. 7; FK-Grote § 305 Rn. 19; Uhlenbruck-Vallender § 305 Rn. 63; NR-Römermann § 305 Rn. 23; a.A. HK-Landfermann § 305 Rn. 27; Hess/Weis/Wienberg § 305 Rn. 95; Hackling, ZVI 2006, 225, 226 ff.).

bb) Auf der Grundlage persönlicher Beratung und eingehender Prüfung der Einkommens- und Vermögensverhältnisse des Schuldners

15a Das durch das Gesetz zur Verkürzung des Restschuldbefreiungsverfahrens und der Stärkung der Gläubigerrechte eingefügte Erfordernis einer Analyse der finanziellen Situation des Schuldners soll verhindern, dass die Bescheinigung »ohne Weiteres« ausgestellt wird. Die gründliche Prüfung soll auch die Gerichtsfestigkeit der Unterlagen sicherstellen (RegE BT-Drucks. 17/11268, S. 34).

c) Inhalt der Bescheinigung

1) Erfolgloser Einigungsversuch auf Grundlage eines Plans innerhalb der letzten 6 Monate

Aus der Bescheinigung muss hervorgehen, dass der Schuldner auf Grundlage eines Plans innerhalb der letzten 6 Monate erfolglos versucht hat, sich mit den Gläubigern außergerichtlich zu einigen. Der Einigungsversuch hat auf der Grundlage eines Plans zu erfolgen, womit sichergestellt werden soll, dass es sich um einen **ernstlichen Einigungsversuch** handelt (KPB-Wenzel § 305 Rn. 6; Uhlenbruck-Vallender § 305 Rn. 65 ff.; Häsemeyer, InsR, Rn. 29.20; zum Inhalt des Plans s. o. Rdn. 2 ff.). Dafür reichen einzelne, unverbindliche Gespräche mit einem Teil der Gläubiger ebenso wenig aus (Kirchhof, ZInsO 1998, 54, 56) wie ein kurzes Telefonat. Auch genügen Verhandlungen mit einzelnen Gläubigern nicht, wenn dem keine **Gesamtkonzeption für alle Gläubiger** zugrunde liegt (Uhlenbruck-Vallender § 305 Rn. 68). Nicht erforderlich ist aber, dass der Schuldner mit allen Gläubigern Kontakt aufgenommen hat. Wenn der Plan mit einem wesentlichen Gläubiger ernsthaft verhandelt worden ist und dieser den Plan unmissverständlich abgelehnt hat, brauchen die Verhandlungen nicht fortgesetzt zu werden (AG Köln, ZVI 2002, 68; KPB-Wenzel § 305 Rn. 6; HK-Landfermann § 305 Rn. 20; Sinz/Wegener/Hefermehl, Verbraucherinsolvenz und Insolvenz von Kleinunternehmern, Rn. 43; a. A. AG Nürnberg, ZVI 2004, 185; MK-Ott/Vuia § 305 Rn. 25; Uhlenbruck-Vallender § 305 Rn. 68: Verhandlungen mit allen Gläubigern erforderlich). Wenn zumindest ein Gläubiger eindeutig und unmissverständlich erklärt, zu einer außergerichtlichen Einigung nicht bereit zu sein, und diese Erklärung in schriftlicher Form dem Gericht vorgelegt werden kann, ist die Vorlage der Bescheinigung ausnahmsweise entbehrlich (AG Hamburg, ZInsO 2000, 119; KPB-Wenzel § 305 Rn. 20; Hess/Weis/Wienberg § 305 Rn. 101; a. A. Uhlenbruck-Vallender § 305 Rn. 33; NR-Römermann § 305 Rn. 32). Gleiches soll gelten, wenn der einzige Gläubiger vor Aufnahme der Verhandlungen bereits einen Insolvenzantrag gestellt hat und der Plan nur als Nullplan ausgestaltet werden könnte (AG Mönchengladbach, ZInsO 2003, 385; zust. Pape, ZInsO 2004, 647, 652). 16

Einen Sonderfall des Scheiterns regelt § 305a, nach dem das Scheitern der Verhandlungen fingiert wird, wenn ein Gläubiger nach Aufnahme der Verhandlungen die Zwangsvollstreckung betreibt (vgl. dazu Ausführungen zu § 305a). 17

Aus der Bescheinigung muss sich ergeben, dass der Einigungsversuch innerhalb der letzten 6 Monate vor dem Eröffnungsantrag stattgefunden hat. Maßgeblich für den **Fristbeginn** ist dabei der Zeitpunkt der letzten Ablehnung oder Zustimmung, wobei dieser Zeitpunkt bei keinem der Gläubiger länger als 6 Monate zurückliegen darf (AG Koln, NZI 2007, 57; Braun-Buck § 305 Rn. 10). Die Angabe des Zeitpunkts des Scheiterns ist erforderlich, um dem Gericht die Prüfung der Einhaltung der Frist zu ermöglichen (NR-Römermann § 305 Rn. 22; vgl. AG Göttingen, ZVI 2005, 371). 18

(2) Beifügung des Plans und Darlegung der Gründe für das Scheitern

Der Bescheinigung sind der den Bemühungen zugrunde liegende Plan sowie eine Darstellung der Gründe für das Scheitern des Plans beizufügen. Dadurch soll dem Gericht die **Prognose** erleichtert werden, ob der neu eingereichte Schuldenbereinigungsplan Aussicht auf Annahme durch die Gläubiger hat oder ob es im konkreten Fall sinnvoll ist, auf das gerichtliche Schuldenbereinigungsverfahren zu verzichten (HK-Landfermann § 305 Rn. 28). Eine darüber hinausgehende Prüfung des Inhalts des außergerichtlichen Plans durch das Gericht soll dadurch aber nicht ermöglicht werden (Pape, ZVI 2002, 234 f.). 19

b) Erklärung über die Beantragung der Restschuldbefreiung (Nr. 2)

Gemäß Abs. 1 Nr. 2 muss sich der Schuldner bei der Einreichung des Insolvenzantrags darüber erklären, ob er die Restschuldbefreiung anstrebt oder nicht. Die Erklärung ist unwiderruflich, weil sie ansonsten keine Klarheit schaffen könnte (HK-Landfermann § 305 Rn. 31; a. A. MK-Ott/Vuia § 305 Rn. 45). Stellt der Schuldner einen Eröffnungsantrag ohne eine Erklärung zur Restschuldbefreiung abzugeben, so fordert ihn das Gericht gem. Abs. 3 Satz 1 zur Abgabe der Erklärung 20 innerhalb eines Monats auf. Diese Frist verdrängt die Frist des § 287 Abs. 1 Satz 2 (zwei Wochen) es handelt sich dabei um eine **Spezialregelung für Verbraucherinsolvenzverfahren** (BGH, ZInsO 2009, 51; HK-Landfermann § 305 Rn. 30). Bei **unterbliebener Belehrung** kann der Schuldner den Antrag noch bis zum Schlusstermin nachholen (Sinz/Wegener/Hefermehl, Verbraucherinsolvenz und Insolvenz von Kleinunternehmern, Rn. 83).

c) **Beizufügende Verzeichnisse (Nr. 3)**

21 Im Eröffnungsantrag ist ein Verzeichnis des vorhandenen Vermögens und des laufenden Einkommens (**Vermögensverzeichnis**) beizufügen. Dieses muss alle Gegenstände von Wert enthalten, z. B. Immobilien, Lohn- oder Gehaltsansprüche, verwertbare Mobilien und Forderungen aufgrund von Bankguthaben sowie bestehende Kapitallebensversicherungen (KPB-Wenzel § 305 Rn. 25; Sinz/Wegener/Hefermehl, Verbraucherinsolvenz und Insolvenz von Kleinunternehmern, Rn. 89). Auch unpfändbare Einkünfte (OLG Celle, ZInsO 2002, 230) und (vermeintlich) unpfändbare Gegenstände müssen grds. angegeben werden, um dem späteren Treuhänder die Möglichkeit der Beurteilung der Massezugehörigkeit zu geben, es sei denn, es handelt sich dabei lediglich um einfachen Hausrat.

22 Zudem muss der Schuldner eine Zusammenfassung des wesentlichen Inhalts des Vermögensverzeichnisses (**Vermögensübersicht**) vorlegen. Darin sind lediglich die einzelnen Vermögens- und Einkommensarten konsolidiert und jeweils bewertet anzugeben, ohne dass es einer einzelnen Aufstellung der Positionen und Gegenstände bedarf (Sinz/Wegener/Hefermehl, Verbraucherinsolvenz und Insolvenz von Kleinunternehmern, Rn. 89; KPB-Wenzel § 295 Rn. 27).

23 Des Weiteren muss der Schuldner die vollständigen Namen und die zustellungsfähigen Adressen aller Gläubiger (**Gläubigerverzeichnis**) vorlegen; Postfachadressen genügen nicht (Sinz/Wegener/Hefermehl, Verbraucherinsolvenz und Insolvenz von Kleinunternehmern, Rn. 92). Kann der Schuldner auch unter Aufwendung einiger Mühen die aktuelle Adresse eines Gläubigers nicht in Erfahrung bringen, so genügt es, die letzte ihm bekannte Anschrift anzugeben (Uhlenbruck-Vallender § 305 Rn. 97). Ein Gläubigerverzeichnis ist auch dann vorzulegen, wenn der Schuldner nur einen Gläubiger hat (LG Göttingen, ZInsO 2000, 118).

24 Überdies hat der Schuldner alle gegen ihn gerichteten Forderungen in der geltend gemachten Höhe in einem Verzeichnis (**Forderungsverzeichnis**) anzugeben. Dies gilt auch dann, wenn der Schuldner selbst deren Bestand dem Grunde oder der Höhe nach für unberechtigt hält (BGH, ZInsO 2009, 1459; a. A. Uhlenbruck-Vallender § 305 Rn. 101: Angabe der Forderung mit Null bzw. dem vom Schuldner als begründet angesehenen Wert). In diesem Fall soll der Schuldner einen Hinweis auf seine abweichende Auffassung bzgl. der Berechtigung der Forderung in das Verzeichnis aufnehmen, weil er sonst möglicherweise das Bestehen einer nicht begründeten Forderung vorspiegelt, was ebenfalls zur Versagung der Restschuldbefreiung führen kann (BGH a. a. O.). Noch nicht fällige Forderungen sind vom Schuldner als solche klar zu kennzeichnen, wobei auch der Zeitpunkt der voraussichtlichen Fälligkeit mitgeteilt werden muss (BGH, ZInsO 2005, 538; KPB-Wenzel § 305 Rn. 25; Sinz/Wegener/Hefermehl, Verbraucherinsolvenz und Insolvenz von Kleinunternehmern, Rn. 91; Pape WM 1998, 2125, 2128). Dies gilt auch für Forderungen aus bestehenden Schuldverhältnissen, die erst nach Verfahrenseröffnung entstehen (BGH, ZInsO 2005, 485).

25 Gemäß Abs. 1 Nr. 3 Halbs. 2 ist den genannten Verzeichnissen und Übersichten eine Erklärung beizufügen, dass die enthaltenen Angaben richtig und vollständig sind. Diese **schriftliche Versicherung** muss vom Schuldner persönlich unterzeichnet werden (LG Kassel, ZInsO 2002, 1147; Uhlenbruck-Vallender § 305 Rn. 112; HK-Landfermann § 305 Rn. 38). Wird diese Versicherung vorsätzlich falsch abgegeben, so droht eine Strafverfolgung wegen Betrugs. Bereits grobe Fahrlässigkeit reicht aus, um die Versagung der Restschuldbefreiung gem. § 290 Abs. 1 Nr. 6 zu begründen.

d) **Schuldenbereinigungsplan (Nr. 4)**

Darüber hinaus ist dem Insolvenzantrag ein Schuldenbereinigungsplan für das gerichtliche Einigungsverfahren beizufügen. Dieser kann von dem vorgerichtlichen Plan abweichen. Auch in diesem Plan werden aber rgm. Stundungen und anteilige Kürzungen der Forderungen vorgesehen sein. Dabei sollte im Hinblick auf die Zustimmungsbereitschaft der Gläubiger bzw. die Möglichkeit der Zustimmungsersetzung nach § 309 jeder ungesicherte Gläubiger im Prinzip die gleiche Quote auf seine Forderung erhalten. Eine mathematisch genaue Gleichbehandlung ist aber nicht erforderlich (HK-Landfermann § 305 Rn. 42). In dem Plan ist auch anzugeben, ob und inwieweit Sicherheiten der Gläubiger – z. B. die ausdrücklich aufgeführten Bürgschaften und Pfandrechte, aber auch andere akzessorische und nicht akzessorische Sicherungsrechte – von dem Plan berührt werden sollen (OLG Celle, ZInsO 2002, 286; LG Hamburg, NZI 2002, 114; KPB-Wenzel § 305 Rn. 40; Uhlenbruck-Vallender § 305 Rn. 126). Ist dies nicht der Fall, muss es ausdrücklich mitgeteilt werden (OLG Celle, ZInsO 2002, 286). 26

3. Bezugnahme auf Forderungsaufstellungen der Gläubiger (Abs. 2)

Gemäß Abs. 2 Satz 1 kann der Schuldner bei der Erstellung des Forderungsverzeichnisses auf beigefügte Forderungsaufstellungen der Gläubiger Bezug nehmen. Diese sind gem. Abs. 2 Satz 2 und 3 insoweit zur Mitwirkung verpflichtet. Auf Aufforderung des Schuldners haben sie auf ihre Kosten eine schriftliche Aufstellung der gegen ihn gerichteten Forderungen zu erstellen, und zwar differenziert nach **Hauptforderung, Zinsen und Kosten.** Die Aufforderung des Schuldners muss einen Hinweis auf den bereits gestellten oder in Zukunft beabsichtigten Insolvenzantrag enthalten. Die Gläubiger haben keinen Anspruch auf Erstattung der durch ihre Bemühungen entstehenden Kosten (Uhlenbruck-Vallender § 305 Rn. 105; FK-Grote § 305 Rn. 47; Hess/Weis/Wienberg § 305 Rn. 128; a. A. KPB-Wenzel § 305 Rn. 33; vgl. insoweit auch die Ausführungen zu § 310 Rdn. 2). Der Anspruch auf schriftliche Aufstellung ist zwar einklagbar (Braun-Buck § 305 Rn. 21). Zweckmäßiger dürfte es aber aus Kosten- und Zeitgründen sein, die Forderung bloß in dem Umfang anzugeben, in der sie für den Schuldner sicher feststellbar ist, und ggf. auf das Unterlassen der Mitwirkung des Gläubigers hinzuweisen (Häsemeyer, InsR, Rn. 29.24; HK-Landfermann § 305 Rn. 35). Unter den Voraussetzungen des § 308 Abs. 3 Satz 2 kann ein Gläubiger das Forderungsverzeichnis auch nach Ablauf einer durch den Schuldner für die Forderungsaufstellung gesetzten Frist noch durch seine Forderungen ergänzen (LG Wiesbaden, NZI 2012, 422). 27

4. Vervollständigung der Unterlagen (Abs. 3)

Das Gericht prüft zunächst die Vollständigkeit der eingereichten Unterlagen; eine inhaltliche Prüfung unterbleibt (BGH, ZInsO 2009, 2262; OLG Celle, ZInsO 2000, 603; BayObLG, ZInsO 2000, 161; AG Hamburg, NZI 2000, 336; Sinz/Wegener/Hefermehl, Verbraucherinsolvenz und Insolvenz von Kleinunternehmern, Rn. 157). Namentlich gilt dies auch für die Frage der Ernsthaftigkeit des Einigungsversuchs und bzgl. der Angemessenheit des Schuldenbereinigungsplans (OLG Schleswig, NZI 2000, 165; Uhlenbruck-Vallender § 305 Rn. 134 u. 139; **a. A.** HK-Landfermann § 305 Rn. 52). Unvollständig sind Unterlagen z. B., wenn nicht die ladungsfähigen Anschriften aller Gläubiger angegeben sind oder im Schuldenbereinigungsplan die Angaben über das Schicksal vorhandener Bürgschaften fehlen (HK-Landfermann § 305 Rn. 53). 28

Stellt das Gericht fest, dass die vom Schuldner eingereichten Unterlagen nicht vollständig sind, so fordert es den Schuldner zur Ergänzung der Unterlagen **binnen eines Monats** (vgl. § 305 Abs. 3 Satz 2) auf. In dem Fall, dass der Schuldner einen Eigenantrag im Anschluss an einen Gläubigerantrag stellt und er zunächst gem. § 306 Abs. 3 den außergerichtlichen Schuldenbereinigungsversuch unternehmen muss, wird ihm hierfür eine verlängerte Frist von 3 Monaten eingeräumt. Sowohl die **Monats- als auch die Dreimonatsfrist beginnen mit Zugang der Aufforderung** an den Schuldner und sind dem klaren Wortlaut der Vorschrift nach **nicht verlängerbar** (HK-Landfermann § 305 Rn. 53). Eine Wiedereinsetzung in den vorigen Stand kommt nicht in Betracht (Uhlenbruck-Vallender § 305 Rn. 146). Allerdings kann das Gericht, wenn es ein praktisches Bedürfnis hierfür sieht, 29 die förmliche Aufforderung und damit den Fristbeginn hinausschieben (HK-Landfermann § 305 Rn. 53), da nur durch förmliche Zustellung die Fristen in Lauf gesetzt werden (BayObLG, ZInsO 2001, 1014). Kommt der Schuldner der Ergänzungsaufforderung nicht rechtzeitig nach, wird die **Rücknahme des Antrags gesetzlich fingiert** (Abs. 3 Satz 2). Ein gerichtlicher Beschluss über die Rücknahmefiktion ist nicht erforderlich, aber zulässig (KPB-Wenzel § 305 Rn. 30).

30 Weder die Ergänzungsaufforderung des Gerichts nach § 305 Abs. 3 Satz 1 noch die kraft Gesetzes eintretende Rücknahmefiktion nach § 305 Abs. 3 Satz 2, die den Eintritt dieser Wirkung deklaratorisch feststellenden Beschlüsse oder Mitteilungen des Insolvenzgerichts sind rechtsmittelfähig (BGH, ZInsO 2009, 2262; ZInsO 2005, 484; ZInsO 2003, 1040; Uhlenbruck-Vallender § 305 Rn. 152 ff.; Kohte/Ahrens/Grote § 305 Rn. 58 ff.). Dies gilt auch dann, wenn der Schuldner auf die Aufforderung des Gerichts zwar Ergänzungen nachreicht, diese aber aus Sicht des Gerichts noch immer nicht den Anforderungen genügen (BGH, ZInsO 2005, 484; ZInsO 2003, 1040) oder wenn die vom Insolvenzgericht erteilten Auflagen nicht im Einklang mit § 305 Abs. 1 stehen, weil sie auf eine inhaltliche Prüfung der eingereichten Unterlagen durch das Gericht schließen lassen (BGH, ZInsO 2009, 2262; offengelassen in BGH, ZInsO 2005, 485; ZInsO 2003, 1040; a. A. FK-Grote § 305 Rn. 61). Eine Rechtsmittelfähigkeit der Ergänzungsaufforderung kann aber ausnahmsweise in Betracht kommen, wenn das Gericht den Schuldner zur Ergänzung von Unterlagen auffordert, die er erkennbar aus tatsächlichen Gründen nicht beibringen kann (BGH, ZInsO 2009, 2262; BayObLG, ZIP 2000, 331; FK-Grote § 305 Rn. 60; Uhlenbruck-Vallender § 305 Rn. 154 u. 159; Ahrens, NZI 2000, 206).

5. Vertretung des Schuldners und des Gläubigers (Abs. 4)

31 Gemäß Abs. 4 sind diejenigen Personen und Stellen, die i. S. d. Abs. 1 Nr. 1 geeignet sind, auch zur Vertretung des Schuldners vor dem Insolvenzgericht berechtigt. Die Vertretungsbefugnis bezieht sich nicht länger nur auf das gerichtliche Schuldenbereinigungsverfahren, sondern auch auf die gerichtliche Vertretung im Insolvenzverfahren (zur vorhergehenden Rechtslage vgl. BGH, ZInsO 2004, 547; LG Duisburg, ZInsO 2003, 1005, noch zu Art. 1 § 1 RBerG).

6. Vordrucke (Abs. 5)

32 Auf der Grundlage von § 305 Abs. 5 a. F., wonach das BMJ ermächtigt wird, durch Rechtsverordnung mit Zustimmung des Bundesrats für die nach Abs. 1 Nr. 1 bis 4 im Verbraucherinsolvenzverfahren vorzulegenden Unterlagen die Benutzung bestimmter Vordrucke vorzuschreiben, wurde die **VerbrInsVV** erlassen, die am 01.03.2002 in Kraft getreten ist. Diese ist zuletzt mit Verordnung vom 23.06.2014 (Bundesgesetzblatt Jahrgang 2014 Teil I Nr. 27) geändert worden, die am 30.06.2014 in Kraft getreten ist, und heißt nunmehr Verbraucherinsolvenzformularverordnung (VbrInsFV, der Begriff »Vordruck« wurde durch den Begriff »Formular« ersetzt). Abweichend von der Ermächtigung in der Neuregelung des § 305 Abs. 5, die nur noch für die nach Absatz 1 Nummer 1 bis 3 vorzulegenden Bescheinigungen, Anträge und Verzeichnisse die Einführung von Formularen vorsieht, sieht die VbrInsFV auch für den in Abs. 1 Nr. 4 geregelten Schuldenbereinigungsplan ein Formular vor (Anlage 7 zur VbrInsFV). Grund ist vermutlich ein Redaktionsversehen, da im Gesetzgebungsverfahren zunächst beabsichtigt war, auf das gerichtliche Schuldenbereinigungsverfahren zu verzichten. Die deswegen erfolgte Änderung des Abs. 5 wurde trotz der Beibehaltung des gerichtlichen Schuldenbereinigungsverfahrens dann nicht wieder angepasst.

Es ist möglicherweise schon fraglich, ob das Formular für den gerichtlichen Schuldenbereinigungsplan noch von der Ermächtigung des § 305 Abs. 5 umfasst ist. Ungeachtet dessen ist der Schuldner aufgrund des eindeutigen Gesetzeswortlautes nicht (mehr) verpflichtet, für den gerichtlichen Schuldenbereinigungsplan das entsprechende Formular zu verwenden (vgl. Blankenburg, ZInsO 2014, 801).

Nunmehr ist noch die Verwendung der Formulare für die nach Abs. 1 Nr. 1 bis 3 beizufügenden Unterlagen sowie die Abtretungserklärung gem. § 287 Abs. 2 verbindlich. Benutzt der Schuldner die zu verwendenden Formulare nicht, so ist er vom Gericht gem. Abs. 3 Satz 1 zur Ergänzung aufzufordern (s. o.).

Folgende Unterlagen sind vom Schuldner einzureichen: 33

▶ **Checkliste: Einzureichende Unterlagen**
- ☐ Antrag auf Eröffnung des Insolvenzverfahrens
- ☐ Antrag auf Erteilung der Restschuldbefreiung nach § 287 Abs. 1 bzw. die Erklärung, dass die Restschuldbefreiung nicht beantragt wird
- ☐ ggf. Erklärung, ob ein Fall des § 287a Abs. 1 Nr. 1 oder 2 vorliegt mit Versicherung der Richtigkeit und Vollständigkeit
- ☐ ggf. Abtretungserklärung nach § 287 Abs. 2 Satz 1 mit Erklärung über bereits bestehende Abtretungen und Verpfändungen
- ☐ Personalbogen mit Angaben zur Person des Schuldners
- ☐ Bescheinigung über das Scheitern des außergerichtlichen Einigungsversuchs unter Beifügung des außergerichtlichen Plans und der Aufführung der wesentlichen Gründe für das Scheitern
- ☐ Erklärung zur Abkürzung der Wohlverhaltensperiode nach Art. 107 EGInsO (in der VerbrInsVV vorgeschrieben aber mittlerweile obsolet)
- ☐ Verzeichnis vorhandenen Vermögens und des Einkommens (Vermögensverzeichnis)
- ☐ Zusammenfassung des wesentlichen Inhalts des Vermögensverzeichnisses (Vermögensübersicht)
- ☐ Verzeichnis der Gläubiger und Verzeichnis der gegen den Schuldner gerichteten Forderungen (Gläubiger- und Forderungsverzeichnis)
- ☐ Richtigkeits- und Vollständigkeitserklärung bzgl. Verzeichnissen und Übersicht
- ☐ Schuldenbereinigungsplan
- ☐ ggf. empfehlenswert: Antrag auf Zustimmungsersetzung gem. § 309 Abs. 1 Satz 1

§ 305a Scheitern der außergerichtlichen Schuldenbereinigung

Der Versuch, eine außergerichtliche Einigung mit den Gläubigern über die Schuldenbereinigung herbeizuführen, gilt als gescheitert, wenn ein Gläubiger die Zwangsvollstreckung betreibt, nachdem die Verhandlungen über die außergerichtliche Schuldenbereinigung aufgenommen wurden.

Übersicht

	Rdn.			Rdn.
A. Normzweck	1		2. Betreiben der Zwangsvollstreckung	3
B. Norminhalt	2		3. Nach Aufnahme der Verhandlungen	4
I. Voraussetzungen	2	II.	Folge: Fiktion der Ablehnung	5
1. Gläubiger	2			

A. Normzweck

Betreibt ein Gläubiger nach Aufnahme der Verhandlungen über den außergerichtlichen Schuldenbereinigungsplan die Zwangsvollstreckung, so ist der Schuldner hiergegen nicht geschützt. Allerdings ist in diesem Fall anzunehmen, dass die Verhandlungen gescheitert sind; dies wird von § 305a fingiert. Der Schuldner ist nunmehr berechtigt, einen Insolvenzantrag zu stellen. 1

B. Norminhalt

I. Voraussetzungen

1. Gläubiger

Zur Herbeiführung der **Ablehnungsfiktion** sind nur solche Zwangsvollstreckungsmaßnahmen geeignet, die von einem Gläubiger betrieben werden, der zumindest Kenntnis von den Verhandlungen und vom Inhalt des Schuldenbereinigungsplans hat (Begr. RegE BT-Drucks. 14/5680 S. 31; KPB-Wenzel § 305a Rn. 4, 7; MK-Ott/Vuia § 305a Rn. 5). Dass darüber hinaus Verhandlungen 2 konkret mit dem vollstreckenden Gläubiger begonnen haben, ist nicht erforderlich; die Kenntnis von der Erarbeitung des Plans und von ersten Gesprächen mit anderen Gläubigern reicht aus (KPB-Wenzel § 305a Rn. 7; **a. A.** HK-Landfermann § 305a Rn. 3; Uhlenbruck-Vallender § 305a Rn. 10; MK-Ott/Vuia § 305a Rn. 5).

2. Betreiben der Zwangsvollstreckung

3   Hiermit sind alle Maßnahmen der Einzelzwangsvollstreckung gemeint, die auf den Zugriff auf das Vermögen des Schuldners abzielen (Uhlenbruck-Vallender § 305a Rn. 4; KPB-Wenzel § 305a Rn. 6). Ein Insolvenzantrag ist dem gleichgestellt (Uhlenbruck-Vallender § 305a Rn. 7; **a. A.** HK-Landfermann § 305a Rn. 4; KPB-Wenzel § 305a Rn. 6). Maßnahmen, die die Zwangsvollstreckung lediglich vorbereiten – z. B. das Zustellen des Titels –, genügen jedoch nicht (Uhlenbruck-Vallender § 305a Rn. 4; **a. A.** KPB-Wenzel § 305a Rn. 6).

3. Nach Aufnahme der Verhandlungen

4   Die Zwangsvollstreckung muss zu einem Zeitpunkt erfolgen, in dem die Verhandlungen über die außergerichtliche Schuldenbereinigung auf der Grundlage eines Plans bereits aufgenommen worden sind. Hierfür ist erforderlich, dass den Gläubigern der Plan zugegangen ist oder sie auf andere Weise Kenntnis vom Planinhalt nehmen konnten; eine förmliche **Planzustellung** ist nicht erforderlich (Uhlenbruck-Vallender § 305a Rn. 4). Zum Zeitpunkt der Aufnahme der Verhandlungen **bereits laufende Zwangsvollstreckungsmaßnahmen** können die Fiktion des § 305a ebenso wenig auslösen (Braun-Buck § 305a Rn. 3; HK-Landfermann § 305a Rn. 3; KPB-Wenzel § 305a Rn. 8) wie Zwangsvollstreckungsmaßnahmen zu einem Zeitpunkt, zu dem die eigentlichen Verhandlungen noch nicht begonnen haben, z. B. wenn erst die gem. § 305 Abs. 2 an die Gläubiger gerichtete Aufforderung des Schuldners ergangen ist, eine Forderungsaufstellung zu erstellen (Uhlenbruck-Vallender § 305a Rn. 7).

II. Folge: Fiktion der Ablehnung

5   Im Fall des Vorliegens der o. g. Voraussetzungen wird die Ablehnung des Schuldenbereinigungsplans fingiert. Es steht dem Schuldner aber weiterhin frei, die Verhandlungen über die außergerichtliche Schuldenbereinigung mit den Gläubigern fortzusetzen (FK-Grote § 305a Rn. 6; HK-Landfermann § 305a Rn. 6; Uhlenbruck-Vallender § 305a Rn. 12; **a. A.** KPB-Wenzel § 305a Rn. 4; Sinz/Wegener/Hefermehl, Verbraucherinsolvenz und Insolvenz von Kleinunternehmern, Rn. 67). Der Schuldner ist also lediglich berechtigt, nicht aber verpflichtet, den Insolvenzantrag zu diesem Zeitpunkt zu stellen. Gelingt dann weiterhin keine Einigung, so kann der Schuldner immer noch die Eröffnung des Insolvenzverfahrens beantragen. Dann ist bzgl. des Beginns der Frist des § 305 Abs. 1 Nr. 1 nicht auf den Eintritt der Fiktion, sondern auf den Zeitpunkt der tatsächlichen letzten Ablehnung durch einen der Gläubiger abzustellen (Uhlenbruck-Vallender § 305a Rn. 12).

§ 306   Ruhen des Verfahrens

(1) ¹Das Verfahren über den Antrag auf Eröffnung des Insolvenzverfahrens ruht bis zur Entscheidung über den Schuldenbereinigungsplan. ²Dieser Zeitraum soll drei Monate nicht überschreiten. ³Das Gericht ordnet nach Anhörung des Schuldners die Fortsetzung des Verfahrens über den Eröffnungsantrag an, wenn nach seiner freien Überzeugung der Schuldenbereinigungsplan voraussichtlich nicht angenommen wird.

(2) ¹Absatz 1 steht der Anordnung von Sicherungsmaßnahmen nicht entgegen. ²Ruht das Verfahren, so hat der Schuldner in der für die Zustellung erforderlichen Zahl Abschriften des Schuldenbereinigungsplans und der Vermögensübersicht innerhalb von zwei Wochen nach Aufforderung durch das Gericht nachzureichen. ³§ 305 Abs. 3 Satz 2 gilt entsprechend.

(3) ¹Beantragt ein Gläubiger die Eröffnung des Verfahrens, so hat das Insolvenzgericht vor der Entscheidung über die Eröffnung dem Schuldner Gelegenheit zu geben, ebenfalls einen Antrag zu stellen. ²Stellt der Schuldner einen Antrag, so gilt Absatz 1 auch für den Antrag des Gläubigers. ³In diesem Fall hat der Schuldner zunächst eine außergerichtliche Einigung nach § 305 Abs. 1 Nr. 1 zu versuchen.

Übersicht

	Rdn.		Rdn.
A. Normzweck	1	2. Entscheidung über die Durchführung des gerichtlichen Schuldenbereinigungsverfahrens	4
B. Norminhalt	2		
I. Gerichtliches Schuldenbereinigungsverfahren (Abs. 1)	2	II. Sicherungsmaßnahmen (Abs. 2)	11
1. Ruhen des Verfahrens als gesetzliche Folge	2	III. Eröffnungsantrag eines Gläubigers (Abs. 3)	12

A. Normzweck

Bevor das Insolvenzverfahren eröffnet wird, soll über den Schuldenbereinigungsplan entschieden werden. Bis zu diesem Zeitpunkt ruht das Verfahren. Außerdem kann der Schuldner die Restschuldbefreiung nur erlangen, wenn er selbst einen Insolvenzantrag stellt. Diese Chance soll ihm nicht dadurch genommen werden, dass ein Gläubiger dem Schuldner mit einem Insolvenzantrag zuvorkommt. In diesem Fall wird dem Schuldner durch § 306 Gelegenheit gegeben, eine außergerichtliche Schuldenbereinigung zu versuchen und einen eigenen Antrag zu stellen. **1**

B. Norminhalt

I. Gerichtliches Schuldenbereinigungsverfahren (Abs. 1)

1. Ruhen des Verfahrens als gesetzliche Folge

Abs. 1 Satz 1 ordnet an, dass während des gerichtlichen Schuldenbereinigungsverfahrens der Eröffnungsantrag des Schuldners kraft Gesetzes ruht. Über den Antrag ist währenddessen nicht zu entscheiden (Braun-Buck § 306 Rn. 4; KPB-Wenzel § 306 Rn. 8; Fuchs, Kölner Schrift zur InsO, S. 1703 Rn. 71). Der Antrag muss zumindest zulässig sein, was das Gericht von Amts wegen zu prüfen hat (BGH, ZVI 2004, 282; Uhlenbruck-Vallender § 306 Rn. 7 ff.; Fuchs, Kölner Schrift zur InsO, S. 1703 Rn. 72; Henkel, ZIP 2000, 2045, 2051; **a.A.** Braun-Buck § 306 Rn. 4; FK-Grote § 306 Rn. 7). Ob ein **Eröffnungsgrund** vorliegt – also die Begründetheit des Antrags –, ist hingegen nicht zu prüfen (NR-Römermann § 306 Rn. 4; HK-Landfermann § 306 Rn. 4; Uhlenbruck-Vallender § 306 Rn. 15; Uhlenbruck, NZI 2000, 15, 16; **a.A.** AG Göttingen, ZInsO 1999, 477; KPB-Wenzel § 306 Rn. 13; Pape, WM 1998, 2125, 2126). **2**

Das Ruhen des Verfahrens **soll** gem. Abs. 1 Satz 2 einen Zeitraum von **3 Monaten** nicht überschreiten. Hierbei handelt es sich aber um eine reine Ordnungsvorschrift, deren Nichteinhaltung keine Sanktion auslöst (Hess/Weis/Wienberg § 306 Rn. 6; MK-Ott/Vuia § 306 Rn. 10; Sinz/Wegener/Hefermehl, Verbraucherinsolvenz und Insolvenz von Kleinunternehmern, Rn. 152; Braun-Buck § 306 Rn. 5; Krug, Der Verbraucherkonkurs, S. 117 ff.). **3**

2. Entscheidung über die Durchführung des gerichtlichen Schuldenbereinigungsverfahrens

Die Durchführung des gerichtlichen Schuldenbereinigungsverfahrens ist nicht zwingend, sondern steht im **Ermessen** des Gerichts. Es trifft eine **Prognoseentscheidung**, ob das Scheitern des gerichtlichen Schuldenbereinigungsverfahrens wahrscheinlicher ist als dessen Erfolg (Fuchs, ZInsO 2002, 298, 302). **4**

Bei seiner Ermessensentscheidung hat das Gericht die Darlegungen des Schuldners hinsichtlich der wesentlichen Gründe für das Scheitern des außergerichtlichen Plans, dessen Einschätzung in Hinblick auf die Aussichten für das gerichtliche Schuldenbereinigungsverfahren (vgl. § 305 Abs. 1 Nr. 1 **5** bzw. Anlage 2 A der Vordrucke für das Verbraucherinsolvenzverfahren) sowie die Ausführungen des Schuldners i. R. d. Anhörung nach Abs. 1 Satz 3 zu berücksichtigen.

6 Die vorherige **Anhörung** des Schuldners ist dem Wortlaut der Vorschrift nach immer erforderlich, wenn das Gericht vorhat, von der Durchführung des Schuldenbereinigungsplans abzusehen (Uhlenbruck-Vallender § 306 Rn. 21). Hält das Gericht hingegen ein gerichtliches Schuldenbereinigungsverfahren für aussichtsreich, so ist eine Anhörung des Schuldners nicht erforderlich.

7 Nach der Formulierung des Abs. 1 ist die Durchführung des gerichtlichen Verfahrens als Regelfall vorgesehen. In der Praxis spielt es allerdings kaum eine Rolle; es wird nur in ca. 3 % aller Verfahren durchgeführt (A. Schmidt, Privatinsolvenz, Kap. 3 Rn. 3). Denn in den meisten Fällen werden von den Schuldnern **Nullpläne** angeboten. Diese haben in aller Regel keine Aussicht, die für eine Zustimmungsersetzung erforderliche Kopf- und Summenmehrheit gem. § 309 Abs. 1 Satz 1 zu erhalten (vgl. AG Göttingen, ZVI 2002, 70). Deshalb ist in diesen Fällen rgm. die Prognose gerechtfertigt, dass eine Durchführung des gerichtlichen Schuldenbereinigungsverfahrens nicht aussichtsreich ist. Ein Erfolg des Verfahrens ist auch dann unwahrscheinlich, wenn die Mehrheitsgläubiger, deren Zustimmung nicht nach § 309 Abs. 1 ersetzt werden kann, bereits den außergerichtlichen Plan **eindeutig und unmissverständlich abgelehnt** haben und der für das gerichtliche Verfahren eingereichte von diesem nicht oder nur unerheblich abweicht (Uhlenbruck-Vallender § 306 Rn. 20).

8 Für einen Erfolg des Verfahrens können hingegen im Plan vorgesehene **Einmalzahlungen** oder aber auch die Festlegung einer sehr hohen Befriedigungsquote sprechen.

9 Wird der Schuldenbereinigungsplan nach freier Überzeugung des Gerichts nicht angenommen, so ordnet es die Durchführung des Verfahrens durch Beschluss an, der nicht zu begründen ist und nicht angefochten werden kann (LG Berlin, ZInsO 2003, 189; FK-Grote § 306 Rn. 16; NR-Römermann § 306 Rn. 11; Fuchs, ZInsO 2002, 298, 304). Nach der Entscheidung über die Fortsetzung des Verfahrens hat das Gericht unverzüglich über die Eröffnung des Verfahrens zu entscheiden (HK-Landfermann § 306 Rn. 7).

10 Hält das Gericht hingegen die Durchführung des gerichtlichen Schuldenbereinigungsverfahrens für aussichtsreich, so fordert es den Schuldner zur Einreichung der nach Abs. 2 Satz 2 erforderlichen Abschriften der zuzustellenden Unterlagen auf. Ab Zugang der Aufforderung hat der Schuldner dann innerhalb von 2 Wochen in der für die Zustellung erforderlichen Zahl Abschriften des Schuldenbereinigungsplans und der Vermögensübersicht nachzureichen. Die Frist kann nicht verkürzt oder verlängert werden (Braun-Buck § 306 Rn. 15). Kommt der Schuldner der Aufforderung nicht fristgemäß nach, so wird die Rücknahme des Insolvenzantrags des Schuldners gesetzlich fingiert (Abs. 3 Satz 3 i. V. m. § 305 Abs. 3 Satz 2).

II. Sicherungsmaßnahmen (Abs. 2)

11 Abs. 2 Satz 1 stellt klar, dass durch das Ruhen des Verfahrens die Anordnung von Sicherungsmaßnahmen i. S. d. § 21 nicht ausgeschlossen ist. In Betracht kommt insb. die Untersagung künftiger sowie die Einstellung bereits eingeleiteter Zwangsvollstreckungsmaßnahmen gegen den Schuldner (Uhlenbruck-Vallender § 306 Rn. 31 ff.; MK-Ott/Vuia § 306 Rn. 17; Fuchs, Kölner Schrift zur InsO, S. 1703 Rn. 73; vgl. AG Hamburg, WM 2000, 895). Denkbar ist auch ein Verfügungsverbot zulasten des Schuldners; hierzu wird aber nur ausnahmsweise Anlass bestehen (Uhlenbruck-Vallender § 306 Rn. 55 f.). Die Einsetzung eines vorläufigen Treuhänders ist zulässig (AG Köln, ZInsO 2000, 118; NR-Römermann § 306 Rn. 15; KPB-Wenzel § 306 Rn. 10; **a. A.** Hess/Weis/Wienberg § 306 Rn. 8; Hess/Obermüller, Insolvenzplan, Rn. 945; Huntemann/Graf Brockdorff, Der Gläubiger im Insolvenzverfahren, Kap. 17 Rn. 78), wird aber auch nur im Ausnahmefall tunlich sein (HK-Landfermann § 306 Rn. 9; Uhlenbruck-Vallender § 306 Rn. 47; vgl. zur Thematik auch Schmidt, ZIP 1999, 915).

III. Eröffnungsantrag eines Gläubigers (Abs. 3)

Für den Antrag eines Gläubigers auf Eröffnung des Insolvenzverfahrens über das Vermögen eines Verbrauchers gelten die allg. Zulässigkeitsvoraussetzungen des § 14. Das Gericht hat, soweit nicht ausdrücklich ein Antrag auf Eröffnung des Verbraucherinsolvenzverfahrens vorliegt, zunächst von einem Regelinsolvenzverfahren auszugehen und nach Zulassung des Antrags dann von Amts wegen zu ermitteln, ob der Schuldner dem Personenkreis des § 304 Abs. 1 zuzuordnen ist (vgl. Ausführungen zu § 304 Rdn. 9). Ist dies der Fall, hat das Gericht nach Abs. 3 Satz 1 vor der Entscheidung über den – ggf. auf einen entsprechenden gerichtlichen Hinweis von einem Regelinsolvenzantrag in einen Verbraucherinsolvenzantrag umgestellten – Gläubigerantrag dem Schuldner Gelegenheit zu geben, ebenfalls einen Eigenantrag zu stellen. Nur dadurch bleibt dem Schuldner die Möglichkeit erhalten, einen Einigungsversuch zu unternehmen und einen Antrag auf Restschuldbefreiung zu stellen (vgl. BGH, ZInsO 2004, 975). 12

Sofern der Schuldner im Anschluss an einen Eröffnungsantrag eines Gläubigers einen Eigenantrag stellt, führt dies zu einem Ruhen des Verfahrens. Im Fall des Vorliegens eines zulässigen und begründeten Gläubigerantrags fordert das Gericht daher den Schuldner **unter Setzung einer angemessenen Frist zu einer Erklärung auf, ob er einen Eigenantrag stellen will**. Stellt der Schuldner daraufhin einen Eröffnungsantrag, ruht **ab diesem Zeitpunkt** das Verfahren sowohl über den Antrag des Gläubigers als auch über den des Schuldners für einen Zeitraum von rgm. **3 Monaten**, § 306 Abs. 3 Satz 2 i. V. m. Abs. 1 Satz 1. Stellt der Schuldner nicht innerhalb der vom Gericht gesetzten Frist einen Eigenantrag, **kann auf den Gläubigerantrag hin das Verbraucherinsolvenzverfahren eröffnet werden**. Eine Erteilung der Restschuldbefreiung ist dann nicht möglich. 13

Auch der im Anschluss an einen Gläubigerantrag gestellte Schuldnerantrag muss den Anforderungen des § 305 Abs. 1 genügen. Die gem. § 305 Abs. 1 Nr. 1 bis 4 erforderlichen Unterlagen sind beizufügen. Gibt der Schuldner die erforderlichen Erklärungen und Unterlagen nicht vollständig ab, so fordert ihn das Gericht auf, das Fehlende unverzüglich zu ergänzen. In Hinblick auf die **Fristen** ist zu differenzieren: Für die ergänzende Vorlage des Antrags auf Erteilung der Restschuldbefreiung bzw. der Erklärung, dass diese nicht beantragt wird (§ 305 Abs. 1 Nr. 2), des Vermögensverzeichnisses, der Vermögensübersicht, des Gläubiger- und Verbindlichkeitenverzeichnisses sowie die Versicherung der Vollständigkeit und Richtigkeit (§ 305 Abs. 1 Nr. 3) und des Schuldenbereinigungsplans (§ 305 Abs. 1 Nr. 4) gilt gem. § 305 Abs. 3 Satz 2 eine Frist von **einem Monat**. (Nur) für die die Vorlage der Bescheinigung gem. § 305 Abs. 1 Nr. 1 über das Scheitern des außergerichtlichen Schuldenbereinigungsversuchs gilt gem. § 305 Abs. 3 Satz 3 i. V. m. § 306 Abs. 3 Satz 3 eine Frist von **3 Monaten**. Legt der Schuldner die Unterlagen nicht fristgemäß vor, so gilt der Antrag als zurückgenommen (§ 305 Abs. 3 Satz 2; zur Möglichkeit der Fristverlängerung vgl. die Ausführungen zu § 305 Rdn. 29); das Gericht kann dann das Verbraucherinsolvenzverfahren **auf den Gläubigerantrag eröffnen**. 14

§ 307 Zustellung an die Gläubiger

(1) ¹Das Insolvenzgericht stellt den vom Schuldner genannten Gläubigern den Schuldenbereinigungsplan sowie die Vermögensübersicht zu und fordert die Gläubiger zugleich auf, binnen einer Notfrist von einem Monat zu den in § 305 Abs. 1 Nr. 3 genannten Verzeichnissen und zu dem Schuldenbereinigungsplan Stellung zu nehmen; die Gläubiger sind darauf hinzuweisen, dass die Verzeichnisse beim Insolvenzgericht zur Einsicht niedergelegt sind. ²Zugleich ist jedem Gläubiger mit ausdrücklichem Hinweis auf die Rechtsfolgen des § 308 Abs. 3 Satz 2 Gelegenheit zu geben, binnen der Frist nach Satz 1 die Angaben über seine Forderungen in dem beim Insolvenzgericht zur Einsicht niedergelegten Forderungsverzeichnis zu überprüfen und erforderlichenfalls zu ergänzen. ³Auf die Zustellung nach Satz 1 ist § 8 Abs. 1 Satz 2, 3, Abs. 2 und 3 nicht anzuwenden.

(2) ¹Geht binnen der Frist nach Absatz 1 Satz 1 bei Gericht die Stellungnahme eines Gläubigers nicht ein, so gilt dies als Einverständnis mit dem Schuldenbereinigungsplan. ²Darauf ist in der Aufforderung hinzuweisen.

§ 307 InsO Zustellung an die Gläubiger

(3) ¹Nach Ablauf der Frist nach Absatz 1 Satz 1 ist dem Schuldner Gelegenheit zu geben, der Schuldenbereinigungsplan binnen einer vom Gericht zu bestimmenden Frist zu ändern oder zu ergänzen, wenn dies auf Grund der Stellungnahme eines Gläubigers erforderlich oder zur Förderung einer einverständlichen Schuldenbereinigung sinnvoll erscheint. ²Die Änderungen oder Ergänzungen sind den Gläubigern zuzustellen, soweit dies erforderlich ist. ³Absatz 1 Satz 1, 3 und Absatz 2 gelten entsprechend.

Übersicht

	Rdn.			Rdn.
A. Normzweck	1	II.	Änderungen/Ergänzungen des Plans (Abs. 3)	10
B. Norminhalt	2			
I. Zustellung und Aufforderung (Abs. 1, 2)	2	1.	Änderung/Ergänzung erforderlich oder sinnvoll	10
1. Zustellung an alle Gläubiger	2	2.	Entscheidung des Gerichts	13
2. Förmliche Zustellung	4	3.	Vornahme der Änderungen/Ergänzungen durch den Schuldner; Zustellung an Gläubiger	14
3. Aufforderung	5			
4. Stellungnahme der Gläubiger	6			
a) Ablehnung	6	4.	Regelmäßig keine weiteren Änderungen	15
b) Zustimmungsfiktion	8			

A. Normzweck

1 Ob auf der Basis des Schuldenbereinigungsplans eine einvernehmliche Lösung erreicht werden kann, soll möglichst zügig ermittelt werden. Die Gläubiger haben sich deshalb gem. § 307 binnen eines Monats nach Zustellung der vom Schuldner eingereichten Vermögensübersicht und des Schuldenbereinigungsplans zu äußern. Erklärt sich ein Gläubiger nicht rechtzeitig, gilt sein Schweigen als Anerkennung der vom Schuldner angegebenen Höhe der Forderung und als Zustimmung zum Plan.

B. Norminhalt

I. Zustellung und Aufforderung (Abs. 1, 2)

1. Zustellung an alle Gläubiger

2 Eine beglaubigte Abschrift des Schuldenbereinigungsplans und der Vermögensübersicht sowie die Aufforderung, sich hierzu zu erklären, muss an alle vom Schuldner genannten Gläubiger zugestellt werden, also auch an diejenigen, die zuvor einer außergerichtlichen Einigung zugestimmt haben. Hat sich für einen Gläubiger ein Vertreter gemeldet, hat die Zustellung gem. § 176 ZPO an diesen zu erfolgen. Handelt es sich dabei nicht um einen Rechtsanwalt, muss eine schriftliche Vollmacht vorgelegt werden (AG Regensburg, ZInsO 2000, 516; Uhlenbruck-Vallender § 307 Rn. 10; Braun-Buck § 307 Rn. 4). Eine nachträgliche Genehmigung durch den Gläubiger ist möglich, muss aber innerhalb der **Monatsfrist** erfolgen (LG Gießen, ZInsO 2003, 790; zur Zustellung an Inkassounternehmen vgl. KPB-Wenzel § 307 Rn. 7). Die Unterlagen müssen an alle Gläubiger **gleichzeitig** zugestellt werden; eine sukzessive Zustellung zunächst nur an diejenigen Gläubiger, mit deren Widerspruch zu rechnen ist, ist unzulässig (Braun-Buck § 307 Rn. 3; HK-Landfermann § 307 Rn. 6; a. A. Späth, ZInsO 2000, 483, 483).

3 Handelt es sich beim Gläubiger um eine im Handelsregister gelöschte GmbH, kann von einer Zustellung nicht abgesehen werden; vielmehr hat der Schuldner beim zuständigen Registergericht einen Antrag auf Bestellung eines **Nachtragsliquidators** zu stellen (OLG Frankfurt am Main, ZInsO 2000, 566).

2. Förmliche Zustellung

4 Erforderlich ist eine förmliche Zustellung der Unterlagen, die von Amts wegen zu geschehen hat, Abs. 1 Satz 3 i. V. m. § 8 Abs. 1 Satz 1. Gem. Abs. 1 Satz 3 gelten hierfür nicht die allg. Erleichterun-

gen der Zustellungen im Insolvenzverfahren; insb. besteht nicht die Möglichkeit der Zustellung durch Aufgabe zur Post (OLG Frankfurt am Main, ZInsO 2000, 565). Ist der Aufenthaltsort eines Gläubigers unbekannt, hat der Schuldner zunächst zu versuchen, innerhalb einer vom Gericht festgesetzten Frist die ladungsfähige Adresse des Gläubigers ausfindig zu machen und diese dem Gericht mitzuteilen. Kann der Gläubiger dem Gericht darlegen, dass die Adressermittlung trotz eingehender Bemühungen nicht gelungen ist, so ist eine Zustellung an den Gläubiger durch öffentliche Bekanntmachung gem. §4 i.V.m. §185 ZPO möglich (AG Saarbrücken, ZInsO 2002, 247; Braun-Buck §307 Rn. 8; Uhlenbruck-Vallender §307 Rn. 24). Nicht möglich ist eine öffentliche Bekanntmachung gem. §9 (Uhlenbruck-Vallender §307 Rn. 25; a.A. Späth, ZInsO 2000, 483, 484).

3. Aufforderung

Zusammen mit der Zustellung der Unterlagen hat das Gericht die Gläubiger aufzufordern, während einer **Notfrist** von einem Monat zu diesen Unterlagen sowie zu dem Vermögens-, Gläubiger- und Schuldnerverzeichnis Stellung zu nehmen und darauf hinzuweisen, dass ein Schweigen die Zustimmungsfiktion zur Folge hat. Zugleich sind die Schuldner gem. Abs. 1 Satz 2 darauf hinzuweisen, dass sie eine Prüfungs- und Ergänzungsobliegenheit hinsichtlich der im Forderungsverzeichnis enthaltenen Angaben trifft und dass bei Verletzung dieser Obliegenheit die nicht enthaltenen Forderungen nach §308 Abs. 3 Satz 2 bei Annahme des Plans durch die Gläubiger erlöschen. Da das Forderungsverzeichnis den Gläubigern nicht zugesandt wird, sind diese auch darauf hinzuweisen, dass das Verzeichnis beim Gericht zur Einsicht niedergelegt ist. I.Ü. geht der Gesetzgeber jedoch davon aus, dass sich die notwendigen Informationen über die Forderungen i.d.R. bereits aus dem Schuldenbereinigungsplan ergeben (Begr. RegE BT-Drucks. 14/5680 S. 32). Die Wirkung des §308 Abs. 3 Satz 2 wird im Fall der Verletzung der Hinweispflicht aber nicht ausgelöst (Jauernig §65 III 1b; a.A. Uhlenbruck-Vallender §307 Rn. 36).

5

4. Stellungnahme der Gläubiger

a) Ablehnung

Die Stellungnahme der Gläubiger hat schriftlich zu erfolgen und ist von ihnen persönlich oder von einem ordnungsgemäß bevollmächtigten Vertreter zu unterzeichnen (LG Münster, NZI 2002, 215; HK-Landfermann §307 Rn. 8). Das kann auch ein zugelassenes Inkassounternehmen sein, wie sich aus §305 Abs. 4 Satz 2 i.V.m. §174 Abs. 1 Satz 3 ergibt.

6

Eine Ablehnung des Plans bedarf keiner **Begründung**. Im Hinblick auf die Ergänzungsmöglichkeiten nach Abs. 3 ist eine solche aber für Gericht und Schuldner hilfreich (Uhlenbruck-Vallender §307 Rn. 53). Entsprechend §150 Abs. 2 BGB liegt eine Ablehnung auch im Fall einer bloß modifizierten Planannahme vor (AG Regensburg, ZInsO 2000, 516; Braun-Buck §307 Rn. 12). Behält der Gläubiger sich in seiner Stellungnahme die Zustimmung vor, macht diese aber von der Erfüllung bestimmter Auflagen abhängig oder ist die Stellungnahme in sich widersprüchlich, so ist die Stellungnahme bis zu ihrer endgültigen Klärung als Ablehnung zu werten (OLG Köln, ZInsO 2001, 856; LG Berlin, ZVI 2002, 14). Nach Auffassung des BGH kann eine **nachträgliche Zustimmung** auch noch **nach Ablauf der Notfrist** des Abs. 1 Satz 1 erfolgen. Aus Abs. 3 folge, dass das Gesetz eine Einigung der Beteiligten über den Monatszeitraum hinaus ermöglichen wolle. Dies entspreche auch dem Sinn und Zweck des Verfahrens, das darauf angelegt sei, die **einvernehmliche Bereinigung** der Schulden zu fördern. Ausdrücklich ausgeschlossen seien nur Einwendungen des Gläubigers nach Fristablauf (BGH, ZInsO 2006, 207).

7

b) Zustimmungsfiktion

Schweigt der Gläubiger innerhalb der Erklärungsfrist, wird gem. Abs. 2 Satz 1 nach deren Ablauf sein Einverständnis mit dem Plan unwiderleglich vermutet (LG Berlin, ZVI 2002, 14). Im Fall einer unwirksamen Stellungnahme wird der Gläubiger so behandelt, als wenn er geschwiegen hätte

8

(KPB-Wenzel § 307 Rn. 11; Vallender/Caliebe, ZInsO 2000, 301, 303). Ist z. B. die Einlegung eines Widerspruchs durch einen Vertreter ohne Vorlage einer Vollmacht nach § 88 Abs. 2 ZPO erfolgt, so wird die Zustimmung des betreffenden Gläubigers fingiert, es sei denn, der Mangel wird durch eine spätere Genehmigung innerhalb der Frist des Abs. 1 Satz 1 geheilt (LG Gießen, ZInsO 2003, 719).

9 Der Eintritt der Fiktionswirkung setzt eine wirksame Zustellung der in Abs. 1 Satz 1 genannten Unterlagen sowie den Hinweis i. S. d. Abs. 2 Satz 2 voraus (LG Berlin, ZVI 2002, 13; KPB-Wenzel § 307 Rn. 11; Uhlenbruck-Vallender § 307 Rn. 60; **a. A.** NR-Römermann § 307 Rn. 13; Braun-Buck § 307 Rn. 13). Die Fiktion bewirkt, dass die gesetzliche Entscheidung an die Stelle der fehlenden Parteientscheidung tritt (Kohte/Ahrens/Grote § 307 Rn. 13; Uhlenbruck-Vallender § 307 Rn. 60).

II. Änderungen/Ergänzungen des Plans (Abs. 3)

1. Änderung/Ergänzung erforderlich oder sinnvoll

10 Widersprechen Gläubiger dem Plan und ist dadurch wegen fehlender Kopf- und Summenmehrheit eine Ersetzung der Zustimmung nach § 309 ausgeschlossen, ist dem Schuldner gem. Abs. 1 Satz 1 Gelegenheit zur Änderung bzw. Ergänzung des Plans zu geben, wenn dies dem Gericht aufgrund der Stellungnahme der Gläubiger erforderlich (1. Alt.) oder sinnvoll (2. Alt.) erscheint.

11 Bei der Beurteilung der Frage, ob eine Änderung des Plans **sinnvoll** erscheint, hat das Gericht insb. die Wahrscheinlichkeit einer Einigung mit dem Erfordernis einer zügigen Verfahrensdurchführung abzuwägen (BayObLG, ZVI 2002, 9; KPB-Wenzel § 307 Rn. 12). **Erforderlich** ist eine Änderung bzw. Ergänzung des Plans insb. dann, wenn Gläubiger Forderungen geltend machen, die im Forderungsverzeichnis und im Plan bisher nicht berücksichtigt wurden (MK-Ott/Vuia § 307 Rn. 14).

12 Zwar steht es im pflichtgemäßen **Ermessen** des Gerichts, ob es dem Schuldner aus einem dieser Gründe Gelegenheit dazu gibt, den Plan innerhalb einer bestimmten Frist zu ändern (BGH ZInsO 2006, 208; Sinz/Wegener/Hefermehl, Verbraucherinsolvenz und Insolvenz von Kleinunternehmern, Rn. 180; **a. A.** OLG Celle, ZInsO 2001, 1063; MK-Ott/Vuia § 307 Rn. 14; Uhlenbruck-Vallender § 307 Rn. 67; Smid-Krug/Haarmeyer § 307 Rn. 6 ff.). Im Einzelfall kann das Gericht aber sogar **verpflichtet** sein, Gelegenheit zur Planänderung zu geben. Dies soll (schon) dann der Fall sein, wenn konkrete Anhaltspunkte dafür bestehen, dass eine Einigung zustande kommen könnte (BGH a. a. O.).

2. Entscheidung des Gerichts

13 Nach Prüfung der Stellungnahme hat das Gericht nach außen zu erkennen zu geben, ob es eine Änderung für sinnvoll bzw. erforderlich hält (Uhlenbruck-Vallender § 307 Rn. 67). Ist dies der Fall, so bestimmt es nach eigenem Ermessen eine Frist, innerhalb der die Änderungen vorzunehmen sind (**a. A.** Uhlenbruck-Vallender § 307 Rn. 73; BK-Goetsch § 307 Rn. 6: Notfrist von einem Monat). Zwar ist die Entscheidung des Gerichts, ob es dem Schuldner die Möglichkeit zur Änderung/Ergänzung einräumt, gem. § 6 InsO nicht selbstständig mit Rechtsmitteln anfechtbar (BayObLG, ZVI 2002, 9; OLG Köln, ZInsO 2001, 807; LG Duisburg, NZI 2001, 102; HK-Landfermann § 307 Rn. 16). Jedoch ist die Frage, ob dem Schuldner ein diesbezüglicher Anspruch zusteht, i. R. d. Beschwerde nach § 309 Abs. 2 Satz 3 inzidenter mitzuüberprüfen. Ggf. ist dann das Verfahren zwecks Nachholung des Ergänzungsverfahrens an das Insolvenzgericht zurückzuverweisen (BGH, ZInsO 2006, 208).

3. Vornahme der Änderungen/Ergänzungen durch den Schuldner; Zustellung an Gläubiger

14 Das Initiativrecht verbleibt stets beim Schuldner; d. h. insb., dass er zu keiner Änderung gezwungen werden kann. Nimmt der Schuldner keine Planänderung vor, so hat das Gericht nach Ablauf der Frist analog § 311 die Fortsetzung des Eröffnungsverfahrens per Beschluss anzuordnen (AG Halle-Saalkreis, ZInsO 2001, 185; Uhlenbruck-Vallender § 307 Rn. 75; **a. A.** Smid-Krug-Haarmeyer

§ 307 Rn. 11: Fiktion der Zustimmung des Schuldners zu den vom Gläubiger vorgetragenen Planungsänderungswünschen analog § 307 Abs. 2).

Folgt der Schuldner den Anregungen des Gerichts und nimmt die Änderungen bzw. Ergänzungen vor, so sind diese wiederum den Gläubigern förmlich zuzustellen (Uhlenbruck-Vallender § 307 Rn. 78). Ausnahmsweise kann auf eine förmliche Zustellung verzichtet werden, wenn ein Gläubiger seine Zustimmung an die Aufnahme bestimmter Ergänzungen/Änderungen geknüpft hat, die nun berücksichtigt sind (HK-Landfermann § 307 Rn. 14; Uhlenbruck-Vallender § 307 Rn. 80; Braun-Buck § 307 Rn. 15; KPB-Wenzel § 307 Rn. 15).

4. Regelmäßig keine weiteren Änderungen

Bringt auch der geänderte Plan nicht die für eine Ersetzung erforderliche Mehrheit, sind rgm. keine erneuten Änderungen oder Ergänzungen möglich (LG Münster, InVo 2001, 325; MK-Ott/Vuia § 307 Rn. 15; Fuchs, Kölner Schrift zur InsO, S. 1709 Rn. 90; a. A. NR-Römermann § 307 Rn. 22). Nur in besonderen **Ausnahmefällen** kann dem Schuldner eine weitere **Nachbesserungsmöglichkeit** eingeräumt werden, wenn dadurch ein Konsens über den Schuldenbereinigungsplan zum Greifen nahe erscheint (LG Hannover, ZIP 2000, 209; KPB-Wenzel § 307 Rn. 12). 15

§ 308 Annahme des Schuldenbereinigungsplans

(1) ¹Hat kein Gläubiger Einwendungen gegen den Schuldenbereinigungsplan erhoben oder wird die Zustimmung nach § 309 ersetzt, so gilt der Schuldenbereinigungsplan als angenommen; das Insolvenzgericht stellt dies durch Beschluß fest. ²Der Schuldenbereinigungsplan hat die Wirkung eines Vergleichs im Sinne des § 794 Abs. 1 Nr. 1 der Zivilprozeßordnung. ³Den Gläubigern und dem Schuldner ist eine Ausfertigung des Schuldenbereinigungsplans und des Beschlusses nach Satz 1 zuzustellen.

(2) Die Anträge auf Eröffnung des Insolvenzverfahrens und auf Erteilung von Restschuldbefreiung gelten als zurückgenommen.

(3) ¹Soweit Forderungen in dem Verzeichnis des Schuldners nicht enthalten sind und auch nicht nachträglich bei dem Zustandekommen des Schuldenbereinigungsplans berücksichtigt worden sind, können die Gläubiger von dem Schuldner Erfüllung verlangen. ²Dies gilt nicht, soweit ein Gläubiger die Angaben über seine Forderung in dem beim Insolvenzgericht zur Einsicht niedergelegten Forderungsverzeichnis nicht innerhalb der gesetzten Frist ergänzt hat, obwohl ihm der Schuldenbereinigungsplan übersandt wurde und die Forderung vor dem Ablauf der Frist entstanden war; insoweit erlischt die Forderung.

Übersicht

	Rdn.			Rdn.
A. Normzweck	1		3. Verfahrensrechtliches (Satz 3)	6
B. Norminhalt	2	II.	Rücknahmefiktion (Abs. 2)	7
I. Annahme des Schuldenbereinigungsplans (Abs. 1)	2	III.	Nicht aufgeführte Forderungen (Abs. 3)	8
1. Feststellung durch Beschluss (Satz 1 Halbs. 2)	4		1. Weiterhin erfüllbar (Satz 1)	8
2. Wirkung eines Prozessvergleichs (Satz 2)	5		2. Erlöschen bei Verletzung der Mitwirkungsobliegenheiten (Satz 2)	9
		C.	Kosten	10a

A. Normzweck

Die Wirkungen des Schuldenbereinigungsplans entsprechen denen eines Prozessvergleichs. Das Zustandekommen des Plans wird durch Beschluss des Insolvenzgerichts festgestellt. Gläubiger, die nicht in das Verfahren über den Schuldenbereinigungsplan einbezogen worden sind, werden in ihrer Rechtsstellung grds. nicht eingeschränkt. 1

B. Norminhalt

I. Annahme des Schuldenbereinigungsplans (Abs. 1)

2 Der gerichtliche Schuldenbereinigungsplan kommt nur zustande, wenn alle Beteiligten diesem zustimmen (Bork/Koschmieder-Mäusezahl, Fachanwaltshandbuch InsolvenzR, Rn. 15.87). Dies ist der Fall, wenn
- alle Gläubiger dem vom Schuldner vorgelegten Plan ausdrücklich zustimmen,
- die Zustimmung durch Schweigen der Gläubiger gem. § 307 Abs. 2 fingiert wird oder
- die Ersetzung der Zustimmung gem. § 309 durch das Gericht erfolgt.

3 Liegt auch nur eine Einwendung eines Gläubigers vor, die nicht durch eine Zustimmung ersetzt werden kann, so ist die gerichtliche Schuldenbereinigung gescheitert und das Verfahren über den Eröffnungsantrag gem. § 311 wieder aufzunehmen (MK-Ott/Vuia § 308 Rn. 6; KPB-Wenzel § 308 Rn. 1).

1. Feststellung durch Beschluss (Satz 1 Halbs. 2)

4 Das Gericht stellt die Annahme des Schuldenbereinigungsplans durch Beschluss fest. Dieser hat lediglich **deklaratorischen Charakter** (MK-Ott/Vuia § 308 Rn. 7; Uhlenbruck-Vallender § 308 Rn. 8). Eine **inhaltliche Überprüfung** nimmt das Gericht grds. nicht vor (Braun-Buck § 308 Rn. 4; HK-Landfermann § 308 Rn. 5; KPB-Wenzel § 308 Rn. 3; teilweise a. A. LG Traunstein, ZInsO 2001, 526: Prüfung der Bestimmtheit der vereinbarten Regelungen). Jedoch hat das Gericht bei erkennbarer Gesetzes- oder Sittenwidrigkeit die Feststellung des Plans zu verweigern (FK-Kohte § 308 Rn. 20; Braun-Buck § 308 Rn. 4; Smid-Krug/Haarmeyer § 308 Rn. 7; Krug, Der Verbraucherkonkurs, S. 128 f.).

2. Wirkung eines Prozessvergleichs (Satz 2)

5 Der Plan hat gem. Abs. 1 Satz 2 die Wirkung eines Prozessvergleichs i. S. v. § 794 Abs. 1 Nr. 1 ZPO. Die hiervon erfassten Forderungen werden entsprechend den im Plan vorgesehenen Regelungen materiell-rechtlich umgestaltet (HK-Landfermann § 308 Rn. 7; Sinz/Wegener/Hefermehl, Verbraucherinsolvenz und Insolvenz von Kleinunternehmern, Rn. 210). Sofern sich aus dem Plan nicht ein Anderes ergibt, bleiben nicht-akzessorische Sicherheiten von diesem unberührt, wohingegen das Schicksal akzessorischer Sicherheiten davon abhängt, welche Regelungen der Plan für die durch sie gesicherten Forderungen enthält (MK-Ott/Vuia § 308 Rn. 12). Bei Willensmängeln ist eine Anfechtbarkeit nach §§ 119 ff. BGB möglich (Bericht des Rechtsausschusses, BT-Drucks. 12/7302 S. 92; HK-Landfermann § 308 Rn. 7). Der Feststellungsbeschluss des Insolvenzgerichts i. V. m. einem vollstreckbaren Auszug aus dem Schuldenbereinigungsplan bildet den Vollstreckungstitel (Uhlenbruck-Vallender § 308 Rn. 29; Braun-Buck § 308 Rn. 6; Sinz/Wegener/Hefermehl, Verbraucherinsolvenz und Insolvenz von Kleinunternehmern, Rn. 210). Da der Plan eine endgültige Regelung darstellen soll, ist auch im Fall nachträglicher wesentlicher Änderungen der wirtschaftlichen Verhältnisse des Schuldners eine **Abänderungsklage** unzulässig (OLG Karlsruhe, ZInsO 2001, 913; Braun-Buck § 308 Rn. 11; NR-Römermann § 308 Rn. 17; a. A. HK-Landfermann § 308 Rn. 9; Uhlenbruck-Vallender § 308 Rn. 15; Kohte/Ahrens/Grote § 308 Rn. 23; Hess/Weis/Wienberg § 308 Rn. 17). Streitfragen, die im Zusammenhang mit der Frage der Wirksamkeit des Plans stehen, sind in Fortsetzung des Schuldenbereinigungsplanverfahrens zu klären (Uhlenbruck-Vallender § 308 Rn. 28; ders. ZInsO 2000, 441, 443; a. A. Kohte/Ahrens/Grote § 308 Rn. 21; KPB-Wenzel § 308 Rn. 6: eigenständiges Klageverfahren erforderlich).

3. Verfahrensrechtliches (Satz 3)

6 Gemäß Abs. 1 Satz 3 sind der Plan und der Beschluss den Gläubigern und dem Schuldner zuzustellen, wobei dies auch durch Aufgabe zur Post erfolgen kann, da § 8 uneingeschränkt gilt (Braun-Buck § 308 Rn. 4). Gegen den Beschluss ist **kein Rechtsmittel** zulässig. Eine unzulässige Beschwerde kann aber vom Gericht als Antrag auf Wiedereinsetzung in die Frist zur Erhebung von

Einwendungen nach § 307 Abs. 1 Satz 1 ausgelegt werden (AG Hamburg, NZI 2000, 446; Braun-Buck § 308 Rn. 16). Bei Nichtberücksichtigung einer rechtzeitig eingegangenen Stellungnahme kann auf eine Gegenvorstellung hin das Ausgangsgericht den Beschluss korrigieren (NR-Römermann § 308 Rn. 6; Uhlenbruck-Vallender § 308 Rn. 11; HK-Landfermann § 308 Rn. 5). Kommt es infolge einer erfolgreichen Beschwerde (vgl. § 309 Abs. 2 Satz 3) zur Aufhebung einer nach § 309 Abs. 1 Satz 1 erfolgten Zustimmungsersetzung, so wird der Feststellungsbeschluss nach Abs. 1 Satz 1 gegenstandslos, ohne dass es hierfür einer förmlichen Aufhebung bedarf (BayObLG, ZInsO 2001, 170).

II. Rücknahmefiktion (Abs. 2)

Im Fall des Zustandekommens des Schuldenbereinigungsplans gelten die Anträge auf Eröffnung des Insolvenzverfahrens und auf Erteilung der Restschuldbefreiung als zurückgenommen. Diese Regelung stellt sicher, dass im Fall des Gelingens der Schuldenbereinigung das Insolvenzverfahren nicht weiter betrieben wird (Smid-Krug/Haarmeyer § 308 Rn. 3). Zuvor durch das Gericht angeordnete Sicherungsmaßnahmen sind aufzuheben (HK-Landfermann § 308 Rn. 11; Uhlenbruck-Vallender § 308 Rn. 31). 7

III. Nicht aufgeführte Forderungen (Abs. 3)

1. Weiterhin erfüllbar (Satz 1)

Gläubiger, die im Forderungsverzeichnis nicht aufgeführt sind und deren Forderungen auch nicht nachträglich berücksichtigt wurden – die sich also an dem Verfahren nicht beteiligen konnten –, sind von dem Plan nicht betroffen. Sie können ihre Forderungen ggü. dem Schuldner weiterhin uneingeschränkt geltend machen (Uhlenbruck-Vallender § 308 Rn. 33). Unerheblich ist, ob die Gläubiger auf andere Weise als durch Zustellung Kenntnis von dem gerichtlichen Schuldenbereinigungsplanverfahren erlangt haben (KPB-Wenzel § 308 Rn. 7). 8

2. Erlöschen bei Verletzung der Mitwirkungsobliegenheiten (Satz 2)

Ist ein Gläubiger zwar benannt, jedoch eine oder mehrere Forderungen von ihm nicht aufgeführt, so wären diese Forderungen grds. nicht von der Wirkung des Plans erfasst. Abs. 3 Satz 2 bestimmt aber, dass diese nicht aufgeführten Forderungen erlöschen, wenn der Gläubiger nicht seiner Überprüfungs- und Ergänzungsobliegenheit des § 307 Abs. 1 Satz 2 nachkommt und das Fehlende nicht innerhalb der Frist des § 307 Abs. 1 Satz 1 ergänzt (LG Berlin, ZInsO 2005, 946; LG Göttingen, ZInsO 2002, 42), sofern die betroffenen Forderungen vor Ablauf der Überprüfungs- und Ergänzungsfrist entstanden waren und der Gläubiger somit überhaupt Gelegenheit zur Stellungnahme hatte (HK-Landfermann § 308 Rn. 15). 9

Erfasst werden auch **gesicherte Forderungen** (Marotzke, ZZP 1996, 440), nicht aber die Sicherheiten selbst (Uhlenbruck-Vallender § 308 Rn. 35; KPB-Wenzel § 308 Rn. 12). Der Anwendungsbereich des Abs. 3 erstreckt sich nicht auf **Teilforderungen** (AG Köln, ZIP 2000, 86; Uhlenbruck-Vallender § 308 Rn. 39; a. A. HK-Landfermann § 308 Rn. 14; Smid-Krug/Haarmeyer § 308 Rn. 1; KPB-Wenzel § 308 Rn. 9; Braun-Buck § 308 Rn. 12). Ergänzt ein Gläubiger innerhalb der Notfrist des § 307 Abs. 1 Satz 1 die Angaben über seine Forderungen und lehnt der Schuldner eine Änderung des Plans ab, so bleibt dem Gläubiger die Forderung erhalten (AG Köln, ZIP 2000, 86). 10

C. Kosten

Die Kosten des Verfahrens gemäß den §§ 3, 34, 58 GKG hat der Schuldner zu tragen. Eine Anknüpfung an den Wert der Insolvenzmasse, wie in § 58 GKG vorgesehen, geht regelmäßig allerdings ins Leere, da dieser erst in einem eröffneten Verfahren festgestellt würde. Man wird deswegen auf die im Eröffnungsantrag aufgeführten Vermögenswerte und deren geschätzten Wert abstellen müssen. 10a

Mit der Feststellung, dass der Schuldenbereinigungsplan angenommen ist, endet die einstweilige Stundungswirkung des § 4a Abs. 3, Satz 3. Eine Stundung gemäß § 4b ist aber weiterhin möglich (vgl. § 4b, Rdn. 12). Dies entspricht der gesetzgeberischen Intention (vgl. BGH, ZInsO 2011, 1064). Dabei wird im Fall von bereits erfolgenden Zahlungen an die Gläubiger in Kauf genommen, dass die grundsätzlich geltende Befriedigungsreihenfolge, nach der die Verfahrenskosten Vorrang haben, abgeändert wird. Dies wird das Gericht bei der Entscheidung über die Stundung nach § 4b zu berücksichtigen haben.

§ 309 Ersetzung der Zustimmung

(1) ¹Hat dem Schuldenbereinigungsplan mehr als die Hälfte der benannten Gläubiger zugestimmt und beträgt die Summe der Ansprüche der zustimmenden Gläubiger mehr als die Hälfte der Summe der Ansprüche der benannten Gläubiger, so ersetzt das Insolvenzgericht auf Antrag eines Gläubigers oder des Schuldners die Einwendungen eines Gläubigers gegen den Schuldenbereinigungsplan durch eine Zustimmung. ²Dies gilt nicht, wenn
1. der Gläubiger, der Einwendungen erhoben hat, im Verhältnis zu den übrigen Gläubigern nicht angemessen beteiligt wird oder
2. dieser Gläubiger durch den Schuldenbereinigungsplan voraussichtlich wirtschaftlich schlechter gestellt wird, als er bei Durchführung des Verfahrens über die Anträge auf Eröffnung des Insolvenzverfahrens und Erteilung von Restschuldbefreiung stünde; hierbei ist im Zweifel zugrunde zu legen, daß die Einkommens-, Vermögens- und Familienverhältnisse des Schuldners zum Zeitpunkt des Antrags nach Satz 1 während der gesamten Dauer des Verfahrens maßgeblich bleiben.

(2) ¹Vor der Entscheidung ist der Gläubiger zu hören. ²Die Gründe, die gemäß Absatz 1 Satz 2 einer Ersetzung seiner Einwendungen durch eine Zustimmung entgegenstehen, hat er glaubhaft zu machen. ³Gegen den Beschluß steht dem Antragsteller und dem Gläubiger, dessen Zustimmung ersetzt wird, die sofortige Beschwerde zu. ⁴§ 4a Abs. 2 gilt entsprechend.

(3) Macht ein Gläubiger Tatsachen glaubhaft, aus denen sich ernsthafte Zweifel ergeben, ob eine vom Schuldner angegebene Forderung besteht oder sich auf einen höheren oder niedrigeren Betrag richtet als angegeben, und hängt vom Ausgang des Streits ab, ob der Gläubiger im Verhältnis zu den übrigen Gläubigern angemessen beteiligt wird (Absatz 1 Satz 2 Nr. 1), so kann die Zustimmung dieses Gläubigers nicht ersetzt werden.

Übersicht	Rdn.		Rdn.
A. Normzweck	1	II. Verfahren (Abs. 2 Satz 1, 2)	24
B. Norminhalt	2	1. Anhörung	24
I. Voraussetzungen für die Zustimmungs- ersetzung (Abs. 1)	2	2. Darlegung und Glaubhaftmachung	25
		III. Ersetzung der Einwendung durch Zustimmung (Abs. 2 Satz 3, 4)	27
1. Zustimmung der Mehrheit	2		
a) Kopfmehrheit	5	1. Entscheidung durch Beschluss	27
b) Summenmehrheit	7	2. Rechtsmittel	28
2. Antrag	8	IV. Zweifelhafte Forderungen (Abs. 3)	29
3. Ausschlussgründe	9	1. Grundsatz	29
a) Unangemessene Beteiligung des antragstellenden Gläubigers	10	2. Ernsthafte Zweifel	33
		3. Glaubhaftmachung	34
b) Wirtschaftliche Schlechterstellung des Gläubigers	14		

A. Normzweck

1 Das Insolvenzgericht ist befugt, auf Antrag den Widerspruch von Gläubigern gegen den Schuldenbereinigungsplan durch eine Zustimmung zu ersetzen, wenn eine Mehrheit der Gläubiger nicht

widersprochen hat und die widersprechenden Gläubiger durch den Inhalt des Schuldenbereinigungsplans nicht benachteiligt werden.

B. Norminhalt

I. Voraussetzungen für die Zustimmungsersetzung (Abs. 1)

1. Zustimmung der Mehrheit

Voraussetzung für die Beseitigung des Widerspruchs durch das Gericht ist die Zustimmung einer **Kopf- und Summenmehrheit** der Gläubiger. Stimmberechtigt sind insoweit nur die vom Schuldner im Gläubigerverzeichnis benannten bzw. im Plan berücksichtigten Gläubiger (Braun-Buck § 309 Rn. 5). Im Fall der Neuerstellung des Plans durch den Schuldner gem. § 307 Abs. 3 sind nur die im neuen Plan aufgeführten Gläubiger »benannte« i. S. d. Abs. 1 Satz 1 (BayObLG, ZInsO 2001, 850; MK-Ott/Vuia § 309 Rn. 8). Bei der Zahl der Gläubiger sind die gesicherten Gläubiger, bei der Summe der Ansprüche die gesicherten Forderungen mit einzubeziehen (HK-Landfermann § 309 Rn. 5; KPB-Wenzel § 309 Rn. 1; Fuchs, Kölner Schrift zur InsO, S. 1710 Rn. 92). 2

Eine Zustimmung i. S. d. Vorschrift liegt sowohl im Fall der **ausdrücklichen Zustimmung** als auch im Fall eines **fingierten Einverständnisses** gem. § 307 Abs. 2 vor (OLG Köln, ZInsO 2001, 85; Uhlenbruck-Vallender § 309 Rn. 4). 3

Zur Ermittlung der Mehrheiten sind nicht nur die vom Schuldner im Plan genannten Forderungen maßgeblich. Vielmehr sind bereits bei der Mehrheitsfeststellung abweichende Angaben der Gläubiger zu berücksichtigen, wenn diese Tatsachen glaubhaft machen, aus denen sich ernsthafte Zweifel ergeben, ob eine vom Schuldner angegebene Forderung besteht oder sich auf einen höheren oder niedrigeren Betrag richtet als angegeben (BGH, ZInsO 2004, 1311; anders noch die bis dahin ganz h. M.; vgl. nur LG Berlin, ZInsO 2000, 404; AG Köln, ZIP 2000, 85; AG Regensburg, ZInsO 2000, 517; MK-Ott/Vuia § 309 Rn. 9; Uhlenbruck-Vallender § 309 Rn. 18; FK-Grote § 309 Rn. 9; Schäferhoff, ZInsO 2001, 687, 689). 4

a) Kopfmehrheit

Dem Plan muss mehr als die Hälfte der benannten Gläubiger zugestimmt haben. Bei **Pattsituationen** kann eine Ersetzung somit nicht erfolgen (OLG Köln, ZInsO 2001, 86; Hess/Weis/Wienberg § 309 Rn. 7; Uhlenbruck-Vallender § 309 Rn. 14; Kohte/Ahrens/Grote § 309 Rn. 8; KPB-Wenzel § 309 Rn. 1). Eine **Zustimmungsersetzung** kommt daher z. B. nicht infrage, wenn von zwei Gläubigern lediglich einer mit dem Plan einverstanden ist. 5

Auch ein Gläubiger mit mehreren Forderungen hat nur eine Stimme. **Mehrere Finanzämter** sind dabei aber nicht als ein Gläubiger zu behandeln (Uhlenbruck-Vallender § 309 Rn. 11; Braun-Buck § 309 Rn. 3). Vertritt ein **Vertreter mehrere Gläubiger**, hat er so viele Stimmen, wie er Gläubiger vertritt (OLG Köln, ZInsO 2001, 86; HK-Landfermann § 309 Rn. 5). Gläubiger, die auf ihre Forderung verzichtet haben, sind außer Betracht zu lassen (OLG Braunschweig, ZInsO 2001, 227; OLG Karlsruhe, ZInsO 2000, 238; OLG Köln, ZInsO 2001, 87; LG München, ZInsO 2001, 720; Schäferhoff, ZInsO 2001, 687, 688), nicht jedoch solche Gläubiger, die lediglich auf die Teilnahme am Verfahren verzichtet haben (OLG Köln, ZInsO 2001, 87; KPB-Wenzel § 309 Rn. 1). 6

b) Summenmehrheit

Die Summe der Ansprüche der zustimmenden Gläubiger muss mehr als die Hälfte der Summe der Ansprüche aller benannten Gläubiger betragen (zur Ermittlung der berücksichtigungsfähigen Forderungen s. Rdn. 2, 4; BGH, ZInsO 2004, 1311). 7

2. Antrag

8 Die **Ersetzung der Zustimmung** erfolgt nur auf Antrag eines Gläubigers oder des Schuldners. Eine **Frist**, innerhalb der der Antrag gestellt werden muss, gibt es nicht; allerdings ist nach Wiederaufnahme des Eröffnungsverfahrens die Rückkehr in das Schuldenbereinigungsverfahren nur noch möglich, wenn entweder alle Einwendungsgläubiger zustimmen (AG Hamburg, NZI 2000, 445) oder der Schuldner gegen den Eröffnungsbeschluss erfolgreich das Rechtsmittel nach § 34 Abs. 2 eingelegt hat (LG Göttingen, NZI 2009, 330). Es empfiehlt sich, den Ersetzungsantrag bereits mit Einreichung des Insolvenzantrags und des Plans zu stellen (HK-Landfermann § 309 Rn. 22) insb., wenn der Schuldner nach Scheitern der außergerichtlichen Verhandlungen für das gerichtliche Verfahren einen unveränderten Plan vorlegt (Uhlenbruck-Vallender § 309 Rn. 23; NR-Römermann § 309 Rn. 8). Eine Rücknahme des Ersetzungsantrags ist jederzeit möglich (Uhlenbruck-Vallender § 309 Rn. 25).

3. Ausschlussgründe

9 Liegt die nach Abs. 1 Satz 1 erforderliche doppelte Gläubigermehrheit vor, so hat i. d. R. eine Zustimmungsersetzung zu erfolgen. Sie ist nur ausnahmsweise ausgeschlossen, wenn die Voraussetzungen des Abs. 1 Satz 2 gegeben sind. Die Gründe, die einer Ersetzung entgegenstehen, sind dort **abschließend** aufgezählt; die Vorschrift ist eng auszulegen (LG Bonn, ZInsO 2000, 341; LG Memmingen, ZInsO 2000, 411; Braun-Buck § 309 Rn. 9; Uhlenbruck-Vallender § 309 Rn. 33). Das Vorliegen eines Ausschlussgrunds muss vom Gläubiger vorgetragen und glaubhaft gemacht werden; eine Pflicht zur Amtsermittlung besteht nicht.

a) Unangemessene Beteiligung des antragstellenden Gläubigers

10 Jeder Gläubiger muss angemessen beteiligt werden (Abs. 1 Satz 1 Nr. 1). Dabei kommt es nicht etwa darauf an, ob die angebotenen Leistungen der Leistungsfähigkeit des Schuldners entsprechen (Sinz/Wegener/Hefermehl, Verbraucherinsolvenz und Insolvenz von Kleinunternehmern, Rn. 192). Maßstab bei der Beurteilung der **Angemessenheit** ist vielmehr der **Grundsatz, dass alle Gläubiger gleich zu behandeln** sind (OLG Köln, NZI 2001, 58; OLG Celle, ZInsO 2001, 374; KPB-Wenzel § 309 Rn. 3). Es ist deshalb auf das Verhältnis desjenigen Gläubigers, der Einwendungen erhoben hat, zu den übrigen im Schuldenbereinigungsplan benannten Gläubigern abzustellen (BayObLG, ZInsO 2001, 850). Dabei sind die **Quoten** zugrunde zu legen, die nach dem Verhältnis der jeweiligen Gesamtforderungen zu errechnen sind (AG Mönchengladbach, ZInsO 2000, 232; AG Stuttgart, ZInsO 2001, 382). Eine exakte mathematische Gleichheit ist aber nicht erforderlich (OLG Köln, ZInsO 2001, 808). Geringfügige Abweichungen sind hinzunehmen (z. B. bei einer Quotenabweichung bis 0,5 % oder Minderzahlungen von 51,13 € – Beispiele aus der Rspr. dazu bei Sinz/Wegener/Hefermehl, Verbraucherinsolvenz und Insolvenz von Kleinunternehmern, Rn. 194).

11 **Ungleichbehandlungen** rechtlich gleichgestellter Gläubiger sind nur dann zulässig, wenn es dafür eine **sachliche Rechtfertigung** gibt (Uhlenbruck-Vallender § 309 Rn. 40).

12 Umstritten ist, ob eine an den Insolvenzplan angelehnte Aufteilung in Gläubigergruppen möglich ist (dafür: OLG Köln, ZInsO 2001, 807; Braun-Buck § 309 Rn. 11; Krug, Der Verbraucherkonkurs, S. 126; dagegen: OLG Celle, ZInsO 2001, 374; KPB-Wenzel § 309 Rn. 3a). Da nunmehr auch im Verbraucherinsolvenzverfahren ein Insolvenzplan möglich ist, sollte auch im Schuldenbereinigungsplan eine Aufteilung in Gläubigergruppen zulässig sein.

13 Eine vermeintliche Höherwertigkeit von **Unterhaltsforderungen** kann nicht als rechtfertigender Grund für eine Ungleichbehandlung angesehen werden (HK-Landfermann § 309 Rn. 13; Uhlenbruck-Vallender § 309 Rn. 42; KPB-Wenzel § 309 Rn. 3a; Braun-Buck § 309 Rn. 19). Auch **Mietforderungen** können nicht per se privilegiert werden (HK-Landfermann § 309 Rn. 13; KPB-Wenzel § 309 Rn. 3a; Braun-Buck § 309 Rn. 19; a. A. FK-Grote § 309 Rn. 20). Hingegen können gesicherte ggü. ungesicherten Gläubigern bevorzugt werden (KPB-Wenzel § 309 Rn. 3; Uhlenbruck-Vallender § 309 Rn. 44; HK-Landfermann § 309 Rn. 11; Braun-Buck § 309 Rn. 17). Grds. darf der Plan für

Großgläubiger keine geringere Befriedigungsquote als für Kleingläubiger vorsehen (AG Saarbrücken, ZInsO 2002, 340; KPB-Wenzel § 309 Rn. 3a; **a. A.** AG Göttingen, ZInsO 2002, 45). Zulässig ist es aber, Kleingläubiger mit Einmalzahlungen, Großgläubiger mit Ratenzahlungen zu bedenken, wenn die Befriedigungsquote im Ergebnis praktisch gleich hoch ist (OLG Celle, ZInsO 2001, 376) und der Schuldner unzweifelhaft dazu in der Lage ist, die angebotenen Ratenzahlungen in Zukunft auch zu erbringen (KPB-Wenzel § 309 Rn. 3a). Eine Unterscheidung zwischen **Haupt- und Nebenforderungen** ist ebenfalls kein sachliches Differenzierungskriterium (AG Stuttgart, ZInsO 2001, 382; Uhlenbruck-Vallender § 309 Rn. 40). **Vorgerichtlich erfolgte Teilzahlungen** sind nicht zu berücksichtigen (OLG Köln, NZI 2002, 58; Braun-Buck § 309 Rn. 16).

b) Wirtschaftliche Schlechterstellung des Gläubigers

Eine Zustimmungsersetzung ist auch dann ausgeschlossen, wenn der widersprechende Gläubiger durch den Schuldenbereinigungsplan voraussichtlich wirtschaftlich schlechter gestellt wird, als er bei Durchführung des Verfahrens stünde (Abs. 1 Satz 2 Nr. 2). Dem Schuldenbereinigungsangebot sind daher die **prognostisch** zu erwartenden Beträge im Verbraucherinsolvenzverfahren mit anschließender Treuhandphase bis zur gesetzlichen Restschuldbefreiung gegenüberzustellen und auf Abweichungen hin zu überprüfen (OLG Frankfurt am Main, ZInsO 2000, 289), wobei auch die potenziellen Gerichts- und Treuhänderkosten zu berücksichtigen sind (LG Berlin, ZInsO 2000, 404). Auch ist im Hinblick auf §§ 88, 114 Abs. 3 zu berücksichtigen, ob und wie lange einem Gläubiger eine im Wege der Zwangsvollstreckung erlangte Sicherheit zustehen würde (BGH, ZInsO 2009, 2406; LG Trier, ZInsO 2005, 667; Uhlenbruck-Vallender § 309 Rn. 66; vgl. HK-Landfermann § 309 Rn. 19). Außerdem ist **Vermögenszuwächsen** aufgrund einer im eröffneten Verfahren möglichen Anfechtung gem. §§ 129 ff. Rechnung zu tragen (Uhlenbruck-Vallender § 309 Rn. 66; KPB-Wenzel § 309 Rn. 7; **a. A.** Hess/Weis/Wienberg § 309 Rn. 16).

14

Bei der Prognose ist gem. Abs. 1 Satz 2 Nr. 2 Halbs. 2 **im Zweifel** davon auszugehen, dass die für die wirtschaftliche Leistungsfähigkeit des Schuldners maßgeblichen Umstände während der gesamten Dauer des Verfahrens **unverändert** bleiben. Abzustellen ist auf die Gegebenheiten zum Zeitpunkt der Entscheidung über den Ersetzungsantrag (LG Heilbronn, NZI 2001, 435; Uhlenbruck-Vallender § 309 Rn. 76; NR-Römermann § 309 Rn. 19 f.; Braun-Buck § 309 Rn. 24).

15

Eine mögliche zukünftige **Verbesserung** der wirtschaftlichen Verhältnisse des Schuldners kann nur dann berücksichtigt werden, wenn der Gläubiger darlegen kann, dass **konkrete Anhaltspunkte** für eine solche Änderung vorliegen (BGH, ZInsO 2013, 2333, OLG Karlsruhe, ZInsO 2001, 913; HK-Landfermann § 309 Rn. 14; Uhlenbruck-Vallender § 309 Rn. 72). Das ist z. B. der Fall bei einer bevorstehenden Beendigung einer Ausbildung (HK-Landfermann § 309 Rn. 14) oder wenn aufgrund des Lebensalters eines Kindes absehbar ist, dass Unterhaltsverpflichtungen entfallen werden (KPB-Wenzel § 309 Rn. 9).

16

Umgekehrt ist die Zustimmungsersetzung nicht ausgeschlossen, wenn der Plan einer **konkret absehbaren Verschlechterung** der Einkommensverhältnisse des Schuldners Rechnung trägt, die eine Verringerung der abzuführenden Beträge zur Folge haben wird. Denkbar ist dies z. B. im Fall einer bereits vorliegenden Schwangerschaft oder bei einem bevorstehenden längeren Krankenhausaufenthalt.

17

Bei der Prognose, ob der Gläubiger durch die Ersetzung der Zustimmung wirtschaftlich schlechter gestellt wird als im Fall der Durchführung des Insolvenzverfahrens, ist auch zu berücksichtigen, ob wegen des Vorliegens von Versagungsgründen **die Restschuldbefreiung zu versagen wäre** (OLG Celle, ZInsO 2000, 457). Dabei genügt bereits das Vorliegen der objektiven Voraussetzungen eines Versagungsgrundes; eine Prognose bzgl. der Frage, ob auch tatsächlich ein Versagungsantrag gestellt wurde, ist nicht erforderlich (OLG Köln, ZInsO 2001, 809; LG Göttingen, ZInsO 2001, 380; KPB-Wenzel § 309 Rn. 6; Uhlenbruck-Vallender § 309 Rn. 83 f.; Kirchhof, ZInsO 1998, 54, 58; Schulte-Kaubrügger, DZWIR 1999, 95, 98). Relevant sind sowohl die Gründe nach § 290 als auch die des § 295 (LG Heilbronn, NZI 2001, 434; LG Köln, ZInsO 2003, 912; Braun-Buck § 309

18

§ 309 InsO Ersetzung der Zustimmung

Rn. 25; a. A. AG Mönchengladbach, ZInsO 2001, 674; Uhlenbruck-Vallender § 309 Rn. 87; KPB-Wenzel § 309 Rn. 6; Schulte-Kaubrügger, DZWIR 1999, 95, 98 nur § 290).

19 Zur Vermeidung einer wirtschaftlichen Schlechterstellung des Gläubigers durch den Plan ist daher eine »**Wiederauflebens-**« **oder** »**Verfallsklausel**« für den Fall erforderlich, dass durch Verschulden des Schuldners Umstände eintreten, die im Fall der Durchführung des Insolvenzverfahrens zu einer Versagung der Restschuldbefreiung führen würden (LG Memmingen, ZInsO 2000, 411; LG Lübeck, ZVI 2002, 10; LG Köln, NZI 2003, 553; Uhlenbruck-Vallender § 309 Rn. 77; HK-Landfermann § 309 Rn. 16; Sinz/Wegener/Hefermehl, Verbraucherinsolvenz und Insolvenz von Kleinunternehmern, Rn. 201; a. A. AG Bremerhaven, ZVI 2007, 22; AG Bremen, NZI 2004, 277; LG Dortmund, ZVI 2002, 32; MK-Ott/Vuia § 309 Rn. 18; Schäferhoff, ZInsO 2001, 687, 691), wobei im Einzelfall auch die Einräumung eines Kündigungsrechts genügen kann (AG Köln, NZI 2002, 116; Uhlenbruck-Vallender § 309 Rn. 77; HK-Landfermann § 309 Rn. 16). Sieht der Plan einen Teilerlass für jedes Jahr der vollständigen und rechtzeitigen Zahlung vor, kann darin wiederum eine Schlechterstellung des Gläubigers liegen (LG Münster, InVo 2001, 324; LG Göttingen, ZInsO 2000, 465; HK-Landfermann § 309 Rn. 16; Uhlenbruck-Vallender § 309 Rn. 77).

20 Dagegen stellt das Fehlen einer **Besserungsklausel** für den lediglich fiktiven Fall der Verbesserung der wirtschaftlichen Situation keine Benachteiligung des widersprechenden Gläubigers dar (BGH, ZInsO 2013, 2333). Auch **Statische Nullpläne**, die keinerlei Zahlung an die Gläubiger und auch keine Besserungsklausel vorsehen, sind ausweislich dieser Rechtsprechung des BGH zulässig.

21 Da aus § 294 Abs. 1 kein allg. Aufrechnungsverbot gegen während der Wohlverhaltensperiode entstandene Ansprüche des Schuldners herzuleiten ist, können Finanzämter ohne Einschränkungen gegen Steuererstattungsansprüche des Schuldners aufrechnen (vgl. § 294 Rdn. 15). Sieht der Plan keine Aufrechnungsmöglichkeit gegen Steuererstattungsansprüche des Schuldners vor droht dem Finanzamt eine Schlechterstellung, da etwaige Steuererstattungsansprüche nicht mehr durchsetzbar wären, sodass die Möglichkeit der Aufrechnung entfiele (Uhlenbruck-Vallender § 309 Rn. 69). Die bloß abstrakte Möglichkeit einer zukünftigen Aufrechnung gegen Steuererstattungsansprüche des Schuldners steht der Zustimmungsersetzung jedoch nicht entgegen (BGH, ZInsO 2013, 2333; LG Kiel, ZInsO 2004, 558; AG Göttingen, ZInsO 2001, 329; AG Neuwied, NZI 2000, 335; a. A. LG Koblenz, ZInsO 2000, 507; Grote, ZInsO 2001, 452, 454). Macht der Gläubiger jedoch glaubhaft, dass zukünftig Steuererstattungsansprüche entstehen werden, kommt eine Zustimmungsersetzung nicht in Betracht (vgl. LG Münster, ZInsO 2013, 2575).

22 Gläubigerforderungen, die gem. § 302 nicht an der Restschuldbefreiung teilnehmen, sind durch höhere Leistungen oder sonstige Zugeständnisse des Schuldners im Plan zu berücksichtigen (LG München, ZInsO 2001, 721). Besteht Streit darüber, ob einer Forderung eine **unerlaubte Handlung** zugrunde liegt und sie daher von einer Restschuldbefreiung ausgeschlossen wäre, stellt sich die Frage, welcher **Prüfungsumfang** dem **Insolvenzgericht** zukommt.

23 Es empfiehlt sich hier, den Rechtsgedanken des Abs. 3 heranzuziehen, der die Freihaltung des Insolvenzgerichts von langwierigen Prüfungen streitiger Forderungen zum Zweck hat (s. näher Rdn. 29 f.). Macht der Gläubiger also Tatsachen **glaubhaft**, die die Deliktseigenschaft der Forderung **überwiegend wahrscheinlich** erscheinen lassen, ist diese Forderung bei der Prognose nach Abs. 1 Satz 2 Nr. 2 als nach § 302 privilegiert zu berücksichtigen. Trägt der Plan dem keine Rechnung, kann die Zustimmung des Gläubigers nicht ersetzt werden.

> **Hinweis:**
>
> Es empfiehlt sich daher für den Schuldner, im Plan unterschiedliche Leistungen an die Gläubiger vorzusehen je nachdem, wie die Klärung der Frage nach dem Rechtsgrund in dem gesondert stattzufindenden Verfahren ausfällt.

II. Verfahren (Abs. 2 Satz 1, 2)

1. Anhörung

Vor der Entscheidung über die Ersetzung ist der die Einwendung erhebende Gläubiger zu hören (OLG Köln, ZInsO 2001, 807, 809; Braun-Buck § 309 Rn. 32; Uhlenbruck-Vallender § 309 Rn. 90; a. A. AG Göttingen, ZInsO 1999, 477). 24

2. Darlegung und Glaubhaftmachung

I. R. d. Anhörung hat der Gläubiger seine Einwendungen, die einer Zustimmungsersetzung entgegenstehen, darzulegen und glaubhaft zu machen (BGH, NZI 2010, 948; vgl. auch § 4 i. V. m. § 294 Abs. 1 ZPO). Die Glaubhaftmachung ist zwar grds. Zulässigkeitsvoraussetzung für den Antrag (BayObLG, ZInsO 2001, 170; KPB-Wenzel § 309 Rn. 10), allerdings genügt bereits eine schlüssige Darlegung der Gründe, wenn der Schuldner dem vorgetragenen Sachverhalt nicht widerspricht (LG München, ZInsO 2001, 721; Braun-Buck § 309 Rn. 33). Behauptet der Gläubiger das Vorliegen einer Forderung aus unerlaubter Handlung, muss er schlüssig darlegen und glaubhaft machen, dass ein solcher Anspruch gegeben ist und dass durch den Schuldenbereinigungsplan eine Benachteiligung eintritt (OLG Zweibrücken, ZInsO 2001, 971). 25

Die Prüfung des Gerichts ist auf diejenigen Gründe beschränkt, die der betreffende Gläubiger geltend und glaubhaft gemacht hat. Der **Amtsermittlungsgrundsatz** gilt nicht (OLG Köln, ZInsO 2001, 809; LG Berlin, ZInsO 2000, 404). Verbleibende Zweifel gehen zulasten des Gläubigers (HK-Landfermann § 309 Rn. 23). Weder die Geltendmachung der Gründe noch deren Glaubhaftmachung muss innerhalb der Notfrist des § 307 Abs. 1 erfolgen (OLG Celle, NZI 2001, 27; AG Regensburg, ZInsO 2000, 517; Uhlenbruck-Vallender § 309 Rn. 92; a. A. LG Münster, ZVI 2002, 268). 26

III. Ersetzung der Einwendung durch Zustimmung (Abs. 2 Satz 3, 4)

1. Entscheidung durch Beschluss

Die Ersetzung der Einwendung erfolgt durch einen Beschluss des Insolvenzgerichts. Zuständig ist der Richter und nicht der Rechtspfleger (§ 18 Abs. 1 Nr. 1 RPflG). Ob ein Insolvenzgrund i. S. d. § 17 vorliegt, hat das Insolvenzgericht vor der Zustimmungsersetzung nicht zu prüfen (Braun-Buck § 309 Rn. 26; NR-Römermann § 309 Rn. 27; Uhlenbruck-Vallender § 309 Rn. 82; Hess/Weis/Wienberg § 309 Rn. 23; a. A. AG Göttingen, ZIP 1999, 1365; KPB-Wenzel § 309 Rn. 6). 27

In dem Beschluss ist im Regelfall keine Kostenentscheidung veranlasst: Ein Kostenerstattungsanspruch des Gläubigers ist gem. § 310 ausdrücklich ausgeschlossen (vgl. § 310 Rdn. 2); auch eine Erstattung der Kosten des Schuldners durch den Gläubiger dürfte rgm. ausscheiden, zumal eine anwaltliche Vertretung ohnehin nur ganz ausnahmsweise notwendig sein dürfte. Es fällt im Fall der Zustimmungsersetzung durch das Insolvenzgericht gem. Nr. 2310 KV GKG nur eine halbe Gerichtsgebühr an, weil das gerichtliche Schuldenbereinigungsverfahren Teil des Eröffnungsverfahrens ist. Als maßgeblicher Wert für die Höhe der Gebühr dürfte analog § 58 GKG das nach den eigenen Angaben des Schuldners i. R. d. Antragsunterlagen vorhandene Vermögen heranzuziehen sein. Die Gerichtsgebühr hat gem. § 23 Abs. 1 GKG grds. der Schuldner als Antragsteller zu tragen. Die Kosten können ihm jedoch unter den Voraussetzungen des § 4a gestundet werden (vgl. § 4a Rdn. 44). 27a

2. Rechtsmittel

Wird der Ersetzungsantrag abgelehnt, steht dem Schuldner die **sofortige Beschwerde** zu, anderenfalls dem Gläubiger, dessen Zustimmung ersetzt wurde. Eine falsche Bezeichnung des Rechtsmittels schadet nicht (BayObLG, ZInsO 2001, 170). Gemäß Abs. 2 Satz 4, § 4a Abs. 2 kann dem Schuldner für das Beschwerdeverfahren ein Rechtsanwalt durch das Gericht beigeordnet werden, wenn dies erforderlich ist. 28

IV. Zweifelhafte Forderungen (Abs. 3)

1. Grundsatz

29 Besteht Streit darüber, ob eine vom Schuldner angegebene Forderung überhaupt besteht oder welches der zutreffende Betrag ist, kann die Zustimmung des betroffenen Gläubigers nicht ersetzt werden, wenn vom Ausgang des Streits abhängt, ob der Gläubiger im Verhältnis zu den übrigen Gläubigern angemessen beteiligt wird. Das Insolvenzgericht soll keine langwierige Prüfung zum Bestehen oder zur Höhe streitiger Forderungen durchführen; es hat nicht zu klären, in welcher konkreten Höhe die bestrittene Forderung anzuerkennen ist (OLG Köln, ZInsO 2001, 857; LG Berlin, ZInsO 2004, 214; Uhlenbruck-Vallender § 309 Rn. 98). Die Klärung derartiger Fragen hat in einem gesonderten streitigen Verfahren zu erfolgen (MK-Ott/Vuia § 309 Rn. 32).

30 Nicht von Abs. 3 erfasst wird der Fall, dass streitige Forderungen des widersprechenden Gläubigers gar nicht im Plan aufgeführt wurden; insoweit bietet § 308 Abs. 3 ausreichend Schutz. Für die Forderungshöhe ist maßgeblich auf den Zeitpunkt der Stellung des Insolvenzantrags abzustellen (AG Regensburg, ZInsO 2000, 517).

31 Bezieht sich der Streit nur auf einen geringen Betrag, hat dies i. d. R. keine Auswirkungen auf die Frage der angemessenen Beteiligung (Braun-Buck § 309 Rn. 39; Uhlenbruck-Vallender § 309 Rn. 99).

32 ▶ Hinweis:

> Grds. empfiehlt sich bei streitigen Forderungen, im Plan unterschiedliche Leistungen des Schuldners vorzusehen abhängig davon, mit welchem Ergebnis der Streit außerhalb des Insolvenzverfahrens geklärt wird (HK-Landfermann § 309 Rn. 29; KPB-Wenzel § 309 Rn. 5; Braun-Buck § 309 Rn. 40; MK-Ott/Vuia § 309 Rn. 34).

2. Ernsthafte Zweifel

33 Die Zustimmungsersetzung erfolgt nur dann nicht, wenn »ernsthafte Zweifel« an der Berechtigung bestehen (ausführl. dazu Uhlenbruck-Vallender § 309 Rn. 102 f.). Allein der Umstand, dass im Plan eine Forderung der Lebensgefährtin des Schuldners aufgeführt ist, begründet noch keine ernsthaften Zweifel am Bestand dieser Forderung (LG Memmingen, NZI 2000, 325), wohl aber die Nichtangabe eines Schuldgrundes im Plan bei Verwandtenforderungen (OLG Celle, ZInsO 2000, 456). Auch das Fehlen schriftlicher Darlehensunterlagen kann als Indiz begründeter Zweifel am Bestand der Forderung eines Verwandten gewertet werden (OLG Köln, ZInsO 2000, 657).

3. Glaubhaftmachung

34 Der Gläubiger muss konkrete Tatsachen glaubhaft machen, aus denen sich Zweifel am Bestand oder der Höhe der bestrittenen Forderung ergeben (BGH, ZInsO 2004, 1311). Solange dem Gläubiger eine Glaubhaftmachung möglich ist, weil der Schuldner seinerseits keine näheren Angaben zum Hintergrund der angezweifelten Forderungen macht und sich sämtliche zugrunde liegenden Tatsachen ausschließlich in der Sphäre des Schuldners befinden, kommt es zu einer **Umkehr der Darlegungslast zulasten des Schuldners** (LG Berlin, ZInsO 2004, 215). Besteht Streit über die Wirksamkeit von Sicherheiten, ist Abs. 3 analog anzuwenden (LG München, NZI 2000, 383; AG Köln, NZI 2000, 493; Uhlenbruck-Vallender § 309 Rn. 104; KPB-Wenzel § 309 Rn. 5; FK-Grote § 309 Rn. 15; **a. A.** LG Köln, ZInsO 2000, 677; AG Mönchengladbach, ZInsO 2001, 188).

§ 310 Kosten

Die Gläubiger haben gegen den Schuldner keinen Anspruch auf Erstattung der Kosten, die ihnen im Zusammenhang mit dem Schuldenbereinigungsplan entstehen.

Übersicht	Rdn.		Rdn.
A. Normzweck	1	B. Norminhalt	2

A. Normzweck

Grundsätzlich könnten die Gläubiger die ihnen im Zusammenhang mit dem Schuldenbereinigungsplan bei der Wahrnehmung ihrer Rechte entstehenden Kosten als **Verzugsschaden** geltend machen. Der Gesetzgeber hat deshalb die **Erstattungsfähigkeit dieser Kosten ausdrücklich ausgeschlossen**, um den Schuldner vor übermäßigen Belastungen zu bewahren und das Interesse der Gläubiger an einer außergerichtlichen Einigung zu erhöhen. 1

B. Norminhalt

Die Vorschrift ist weit zu verstehen und gilt für **alle im Zusammenhang mit dem Schuldenbereinigungsplan entstehenden Kosten**, vor allem für Rechtsanwalts- und Inkassokosten. Auch Kosten, die vor Stellung des Antrags auf Eröffnung des Insolvenzverfahrens im Zusammenhang mit dem außergerichtlichen Einigungsversuch entstanden sind, werden hiervon erfasst (Uhlenbruck-Vallender § 310 Rn. 3; a.A. KPB-Wenzel § 310 Rn. 1). Auch im kontradiktorischen Verfahren über die Ersetzung der Zustimmung eines Gläubigers gem. § 309 soll dem Gläubiger kein Kostenerstattungsanspruch zugebilligt werden (LG Karlsruhe, NZI 2004, 331; Kohte/Ahrens/Grote § 310 Rn. 2; HK-Landfermann § 310 Rn. 2). Gleiches gilt auch für Erstattungsansprüche aufgrund schadensrechtlicher Haftungstatbestände (LG Karlsruhe, NZI 2004, 330; zu einem ggf. bestehenden Erstattungsanspruch des Schuldners vgl. Ausführungen zu § 309 Rdn. 27a). 2

Abweichende Vereinbarungen zwischen Gläubiger und Schuldner, die eine Kostenerstattungspflicht des Schuldners vorsehen, sind wegen Verstoßes gegen ein gesetzliches Verbot gem. § 134 BGB **unwirksam** (NR-Römermann § 310 Rn. 4; Uhlenbruck-Vallender § 310 Rn. 4). Dies gilt auch dann, wenn die getroffene Regelung den Kostenerstattungsanspruch anders bezeichnet, z.B. als Aufwendungsersatz (Kohte/Ahrens/Grote § 310 Rn. 5; Uhlenbruck-Vallender § 310 Rn. 4). 3

§ 311 Aufnahme des Verfahrens über den Eröffnungsantrag

Werden Einwendungen gegen den Schuldenbereinigungsplan erhoben, die nicht gemäß § 309 durch gerichtliche Zustimmung ersetzt werden, so wird das Verfahren über den Eröffnungsantrag von Amts wegen wieder aufgenommen.

Übersicht	Rdn.		Rdn.
A. Normzweck	1	C. Verfahrensfragen	3
B. Norminhalt	2		

A. Normzweck

Die Vorschrift beschreibt die **Voraussetzungen der Verfahrensfortsetzung von Amts wegen**, nachdem zunächst über den Eröffnungsantrag nicht entschieden wurde (§ 306). Das Ruhen des Verfahrens über den Antrag auf Eröffnung des Verbraucherinsolvenzverfahrens endet unter den hier beschriebenen Voraussetzungen. Die Regelung erspart einen neuen Antrag des Schuldners auf Wiederaufnahme des Verfahrens und dient damit der **Verfahrensbeschleunigung und -vereinfachung**. 1

Das gerichtliche Schuldenbereinigungsverfahren endet und das Eröffnungsverfahren findet seine Fortsetzung von Amts wegen.

Gesetzessystematisch stellt die Vorschrift den Normalfall der Eröffnung eines vereinfachten Insolvenzverfahrens dar. Tatsächlich hat sich aber in der Praxis die Ausnahmeregelung des § 306 Abs. 1 Satz 3 zum Normalfall entwickelt. Nach dieser Vorschrift setzt das Gericht ohne Durchführung des gerichtlichen Schuldenbereinigungsplanverfahrens das Insolvenzeröffnungsverfahren fort, weil nach seiner freien Überzeugung der Schuldenbereinigungsplan voraussichtlich nicht angenommen wird. Grund hierfür sind die in diesen Verfahren vielfach vorgelegten »**Nullpläne**«, nach denen den Gläubigern nur Raten von 0,00 € angeboten werden. In der Praxis werden gerichtliche Schuldenbereinigungsverfahren nur in weniger als 3 % aller Verfahren durchgeführt.

B. Norminhalt

2   Die Regelung des § 311 führt unmittelbar zur Entscheidung über die **Eröffnung** des vereinfachten Insolvenzverfahrens, das für die vor dem 01.07.2014 beantragten Verfahren in den bis dahin geltenden §§ 312 bis 314 (alt, siehe Anhang zu den §§ 312 bis 314 a. F.) beschrieben ist. Für die ab dem 01.07.2014 beantragten Verfahren haben die mit dem Gesetz zur Verkürzung des Restschuldbefreiungsverfahrens und zur Stärkung der Gläubigerrechte aufgehobenen §§ 312 bis 314 hingegen keine Bedeutung mehr. Einige Regelungen sind aber an anderer Stelle im Gesetz integriert worden (dazu nachfolgend Anhang zu den §§ 312 bis 314 a. F., Vorbem.).

Zu eröffnen ist jedoch nur, wenn auch die übrigen Voraussetzungen zur Eröffnung des Verfahrens vorliegen. So muss Zahlungsunfähigkeit (§ 17) oder drohende Zahlungsunfähigkeit (§ 18; nur bei Schuldnerantrag) vorliegen. Ggf. wird das Gericht sich weitere Unterlagen vorlegen lassen oder Auskünfte einholen (§§ 20, 97, 98).

Außerdem müssen entweder die Verfahrenskosten gedeckt sein oder dem Schuldner auf seinen Antrag die Kosten gestundet werden (§ 4a), da ansonsten die Abweisung mangels Masse erfolgt (§ 26). Die Kosten setzen sich zusammen aus den Gebühren und Auslagen des Insolvenzverwalters sowie den gerichtlichen Gebühren und Auslagen (§ 54). Es werden insoweit nur die zu erwartenden Kosten des Hauptverfahrens berücksichtigt, während die Kosten des Restschuldbefreiungsverfahrens außer Acht zu bleiben haben.

C. Verfahrensfragen

3   Scheitert das Schuldenbereinigungsplanverfahren, weil Einwendungen erhoben wurden, die nicht durch gerichtliche Zustimmung ersetzt werden, sind die Voraussetzungen für die Wiederaufnahme des Verfahrens über den Eröffnungsantrag gegeben.

Die Regelung erspart dem Schuldner einen erneuten Antrag auf Fortsetzungsverfahren, nachdem das Verfahren zunächst ruhte (§ 306 Abs. 1 Satz 1).

In der insolvenzrechtlichen Praxis nimmt folgende, in § 306 Abs. 1 Satz 3 beschriebene Variante den größeren Raum ein: Der Schuldner erklärt sich bereits mit Einreichung seines Eröffnungsantrags damit einverstanden, dass das gerichtliche Schuldenbereinigungsverfahren nicht durchgeführt wird. Das Gericht eröffnet das Verfahren, weil der Schuldner den Gläubigern keinerlei Zahlung anbietet und daher nicht mit einer Annahme des Schuldenbereinigungsplans zu rechnen ist. In Verbraucherinsolvenzsachen sind die meisten Verfahren mit einem »Nullplan« versehen, sodass auch die in § 311 erwähnte Möglichkeit der Zustimmungsersetzung (§ 309) selten zum Tragen kommt. Die in § 311 beschriebene Aufnahme eines ruhenden Verfahrens hat daher keine große Bedeutung.

4   Es kann aber auch zur Eröffnung kommen, nachdem ein Gläubiger den Eröffnungsantrag gestellt und der Schuldner dann von der Gelegenheit einer eigenen Antragstellung (§ 306 Abs. 3) keinen Gebrauch gemacht hat. Dieser Fall kommt in der Praxis ebenfalls selten vor. § 311 kommt dann nicht zur Anwendung, da ein **Schuldenbereinigungsplanverfahren** einen **Eröffnungsantrag** des

Schuldners voraussetzt. Ein Ruhen des Verfahrens (§ 306 Abs. 1) tritt nicht ein; das Gericht entscheidet wie im Regelverfahren nur über den Eröffnungsantrag.

Anhang zu § 311

Vorbemerkung

Die §§ 312 bis 314 sind durch das Gesetz zur Verkürzung des Restschuldbefreiungsverfahrens und zur Stärkung der Gläubigerrechte aufgehoben worden. Sie gelten nur noch für solche Verfahren, die bis zum 30.06.2014 beantragt worden sind.[1] Es sind jedoch einzelne Regelungen erhalten geblieben und finden sich nunmehr an anderer Stelle im Gesetz. Im Einzelnen: 1

– § 312

Die Verfahrensvereinfachung des § 312 Abs. 1 Satz 2, nach der die Bestimmung eines Berichtstermins entfällt, findet sich in abgewandelter Form in § 29 Abs. 2 Satz 2 (neu). 2

Die Verlängerung der Rückschlagsperre für Verbraucherinsolvenzverfahren findet sich nunmehr im neuen § 88 Abs. 2, wobei die Frage, ob das Verfahren auf Antrag des Schuldners oder eines Gläubigers eröffnet worden ist, keine Rolle mehr spielt. 3

Ein Insolvenzplanverfahren gem. den §§ 217 ff. ist nunmehr auch im Verbraucherinsolvenzverfahren möglich. Die Eigenverwaltung bleibt dagegen nach der nun in § 270 Abs. 1 Satz 3 eingefügten Regelung dem Regelinsolvenzverfahren vorbehalten. 4

– § 313

Vollständig gestrichen. Auch das Verbraucherinsolvenzverfahren wird nunmehr von einem Insolvenzverwalter durchgeführt, nicht von einem Treuhänder. Anfechtungen sowie die Verwertungen von Sicherheiten können wie im Regelinsolvenzverfahren von ihm vorgenommen werden. 5

– § 314

Vollständig gestrichen. Die Verwertung erfolgt nunmehr nach den gleichen Regelungen wie im Regelinsolvenzverfahren. 6

§ 312 *Allgemeine Verfahrensvereinfachungen*

[Red. Anm. Vorschrift aufgehoben durch das Gesetz zur Verkürzung des Restschuldbefreiungsverfahrens und zur Stärkung der Gläubigerrechte vom 15.07.2013 (BGBl. I S. 2379) m.W.v. 01.07.2014]

(1) [1]Öffentliche Bekanntmachungen erfolgen auszugsweise; § 9 Abs. 2 ist nicht anzuwenden. [2]Bei der Eröffnung des Insolvenzverfahrens wird abweichend von § 29 nur der Prüfungstermin bestimmt. [3]Wird das Verfahren auf Antrag des Schuldners eröffnet, so beträgt die in § 88 genannte Frist drei Monate.

(2) Die Vorschriften über den Insolvenzplan (§§ 217 bis 269) und über die Eigenverwaltung (§§ 270 bis 285) sind nicht anzuwenden.

Übersicht	Rdn.			Rdn.
A. Normzweck	1	II.	Verzicht auf Berichtstermin (Abs. 1 Satz 2)	3
B. Norminhalt	2	III.	Verlängerung der Rückschlagsperre (Abs. 1 Satz 3)	4
I. Öffentliche Bekanntmachungen (Abs. 1 Satz 1)	2	IV.	Sonstiges (Abs. 2)	5

---

[1] Bisherige Fassung nebst Kommentierung nachfolgend im Anhang zu § 311.

Anhang zu § 311 InsO

A. Normzweck

1 Die Vorschrift soll das Insolvenzverfahren für Verbraucher einfach gestalten und sowohl für die Gerichte als auch für die Beteiligten ein **zügiges und kostenreduziertes Verfahren** ermöglichen. Deshalb wird in Abs. 1 der Wegfall des Berichtstermins bestimmt.

Weiter wird zu diesem Zweck (durch Gesetz v. 26.10.2001, BGBl. I, S. 2710) die Menge der öffentlichen Bekanntmachungen begrenzt und die Rückschlagsperre des § 88 auf eine Frist von 3 Monaten verlängert.

B. Norminhalt

I. Öffentliche Bekanntmachungen (Abs. 1 Satz 1)

2 Auf wiederholte Veröffentlichungen nach § 9 Abs. 2 soll im vereinfachten Insolvenzverfahren verzichtet werden. Entweder sind die dem Schuldner bekannten Gläubiger bereits im außergerichtlichen Einigungsversuch angeschrieben worden oder sie werden nach Eröffnung durch den vom Insolvenzgericht bestellten Treuhänder mit Übersendung der Anmeldeunterlagen informiert. Die Veröffentlichung soll den Gläubigern Gelegenheit zur Teilnahme am Verfahren eröffnen, die vom Schuldner bei Antragstellung – aus welchen Gründen auch immer – nicht angegeben wurden.

Gem. § 9 erfolgen annähernd alle Veröffentlichungen (Ausnahmen § 9 Abs. 2 Satz 1) des Verfahrens im **Internet**, was nach den ab 01.01.2014 geltenden Bestimmungen des GKG grundsätzlich kostenfrei erfolgt.

Bei der oben beschriebenen Bedeutung der Veröffentlichung ist festzuhalten, dass ein Gläubiger gut beraten ist, in gewissen Zeitabständen im Hinblick auf seine Schuldner die Veröffentlichungen im Internet (www.insolvenzbekanntmachungen.de) auf Bekanntmachungen zu überprüfen, da ansonsten Rechtsverluste drohen, wenn der Schuldner es unterlassen hat, die betreffende Verbindlichkeit in seinem Eröffnungsantrag anzugeben.

Das gleiche Problem kann auftreten, wenn nicht der Schuldner, sondern ein Gläubiger das Verfahren beantragt hat.

II. Verzicht auf Berichtstermin (Abs. 1 Satz 2)

3 Ein Berichtstermin (§ 29 Abs. 1 Nr. 1) wurde für die Durchführung des vereinfachten Insolvenzverfahrens als unnötig angesehen, da dieser hauptsächlich zu dem Zweck stattfindet, eine Entscheidung über das Schicksal des Unternehmens zu treffen. Für die Klientel der Verbraucher und Kleinunternehmer stellen sich jedoch nicht die Fragen einer Sanierung durch Reorganisation, einer übertragenden Sanierung oder letztlich doch der Liquidation des Unternehmens.

Für Verfahren, die nach dem 30.06.2014 beantragt wurden, gilt die Regelung in § 29 Abs. 2 Satz 2 (§ 29 Rdn. 9).

III. Verlängerung der Rückschlagsperre (Abs. 1 Satz 3)

4 Die Regelung des § 88 bewirkt die nachträgliche Unwirksamkeit von erlangten Gläubigersicherungen in der Zeit vor Eröffnung des Insolvenzverfahrens, wobei die **Frist** rgm. einen Monat beträgt. Durch Abs. 1 wird diese Frist auf 3 Monate erweitert. Dadurch sollte erreicht werden, dass der außergerichtliche Einigungsversuch nicht durch Zwangsvollstreckungen einzelner Gläubiger unterlaufen wird. Die während dieser Zeit erlangten Sicherungen werden unwirksam. Zu beachten ist jedoch, dass nur die »Sicherung« des Gläubigers unwirksam wird. Wird der Gläubiger durch die Zwangsvollstreckung befriedigt, so wird diese **Befriedigung nicht von der Rückschlagsperre erfasst**.

Fällt die Gläubigerbefriedigung also in den Zeitraum der Rückschlagsperre, ist die Frage der **Anfechtbarkeit** (§§ 129 ff.) zu prüfen.

IV. Sonstiges (Abs. 2)

Dass gem. Abs. 2 die Vorschriften über den Insolvenzplan nicht anzuwenden sind (im neuen Recht sind diese anwendbar), war eine Folge der eigens geschaffenen Vorschriften über den Schuldenbereinigungsplan (§§ 305 bis 310). Ebenso unanwendbar sind die Vorschriften über die Eigenverwaltung (§§ 270 bis 285), da die hier vorausgesetzten Spezialkenntnisse des Schuldners in der Geschäftsleitung nicht (mehr) benötigt werden (nunmehr geregelt in § 270 Abs. 1 Satz 3). Die Vorschriften über das vereinfachte Verfahren zielen dagegen nur auf die Verwertung des Schuldnervermögens. 5

§ 313 Treuhänder

[Red. Anm. Vorschrift aufgehoben durch das Gesetz zur Verkürzung des Restschuldbefreiungsverfahrens und zur Stärkung der Gläubigerrechte vom 15.07.2013 (BGBl. I S. 2379) m.W.v. 01.07.2014]

(1) Die Aufgaben des Insolvenzverwalters werden von dem Treuhänder (§ 292) wahrgenommen. Dieser wird abweichend von § 291 Abs. 2 bereits bei der Eröffnung des Insolvenzverfahrens bestimmt. Die §§ 56 bis 66 gelten entsprechend.

(2) Zur Anfechtung von Rechtshandlungen nach den §§ 129 bis 147 ist nicht der Treuhänder, sondern jeder Insolvenzgläubiger berechtigt. Aus dem Erlangten sind dem Gläubiger die ihm entstandenen Kosten vorweg zu erstatten. Die Gläubigerversammlung kann den Treuhänder oder einen Gläubiger mit der Anfechtung beauftragen. Hat die Gläubigerversammlung einen Gläubiger mit der Anfechtung beauftragt, so sind diesem die entstandenen Kosten, soweit sie nicht aus dem Erlangten gedeckt werden können, aus der Insolvenzmasse zu erstatten.

(3) Der Treuhänder ist nicht zur Verwertung von Gegenständen berechtigt, an denen Pfandrechte oder andere Absonderungsrechte bestehen. Das Verwertungsrecht steht dem Gläubiger zu. § 173 Abs. 2 gilt entsprechend.

Übersicht	Rdn.		Rdn.
A. Normzweck	1	II. Anfechtung von Rechtshandlungen (Abs. 2)	4
B. Norminhalt	2		
I. Bestellung, Aufgaben, Vergütung (Abs. 1)	2	III. Verwertung (Abs. 3)	8

A. Normzweck

Nachdem Bestrebungen zu einem völligen Verzicht auf eine Aufsichts- und Verwaltungsperson in Kleininsolvenzen keine Mehrheit gefunden hatten, wurde das vorliegende Modell einer **Verwaltung durch einen Treuhänder mit reduzierten Aufgaben** in die InsO eingefügt. 1

Die Norm vereinfacht das Insolvenzverfahren durch verschiedene Bestimmungen. Zum einen wird (im Regelfall) sichergestellt, dass sich nach dem mit dem Hauptverfahren befassten Treuhänder nicht ein weiterer in die Sache einarbeiten muss. Zum anderen sind die Aufgaben ggü. einem »normalen« Verwalter eingeschränkt und in die Hände der Gläubiger gelegt worden. Diese Aufgabenbeschränkung wiederum rechtfertigt den Ansatz einer geringeren Vergütung (s. InsVV i. d. F. v. 21.12.2006) und schränkt damit die Kosten des Verfahrens ein. Da es bei Kleininsolvenzverfahren und Verbraucherinsolvenzverfahren nur um die Verwertung des Schuldnervermögens – und nicht um mögliche Sanierungen – geht, hielt man es für sachgerecht und genügend, den Gläubigern die Anfechtung von Rechtshandlungen zu überlassen, die zum Nachteil der gesamten Gläubigerschaft vorgenommen wurden.

Anhang zu § 311 InsO

B. Norminhalt

I. Bestellung, Aufgaben, Vergütung (Abs. 1)

2 Der im Eröffnungsbeschluss bestimmte Treuhänder nimmt kraft Gesetzes nach Aufhebung des Hauptverfahrens auch die Aufgaben im Restschuldbefreiungsverfahren wahr, ohne dass es einer Neubestellung bedarf (Abs. 1 Satz 1). Die bereits mit Verwaltungsaufgaben betraute Person kann daher zügig und kostengünstig weiterarbeiten. Da Abs. 1 Satz 3 auf die §§ 56 bis 66 verweist, hat auch der Treuhänder im vereinfachten Insolvenzverfahren eine geeignete, **insb.** geschäftskundige und von Gläubigern und Schuldner unabhängige Person zu sein (§ 56 Abs. 1). Die Möglichkeit der Wahl eines anderen Treuhänders durch die **Gläubigerversammlung** gem. § 57 hat im Verbraucherverfahren keine Bedeutung erlangt, da fast alle Termine im schriftlichen Verfahren stattfinden.

So wie der Insolvenzverwalter ist auch der Treuhänder **nicht Vertreter des Schuldners**, sondern nimmt als **Partei kraft Amtes** eine neutrale Position ein.

Die **üblichen Aufgaben eines Insolvenzverwalters**, wie z. B. das Erstellen der Verzeichnisse gem. §§ 151 bis 153 – soweit das Gericht hierauf nicht verzichtet – nimmt auch der Treuhänder wahr.

3 **Steuererklärungen** sind während der Laufzeit des Insolvenzverfahrens vom Treuhänder abzugeben, da er als Vertreter des Schuldners i. S. v. §§ 34, 35 AO angesehen wird (LG Mönchengladbach, ZInsO 2005, 104; Uhlenbruck-Vallender § 313 Rn. 48; KPB-Wenzel § 313 Rn. 4). Der Schuldner ist insoweit nur zur Vorlage der für die Steuererklärung erforderlichen Unterlagen verpflichtet (LG Mönchengladbach a. a. O.).

Der Treuhänder soll gewöhnlich auch über die Art der steuerlichen Veranlagung von Ehegatten nach § 26 EStG entscheiden dürfen (AG Essen, ZInsO 2004, 401).

Selbstverständlich gilt auch hier § 59 Abs. 1 entsprechend, nach dem ein Treuhänder **aus wichtigem Grund entlassen** werden kann (Abs. 1 Satz 3).

Der Treuhänder erhält entsprechend § 56 Abs. 2 eine **Bestallungsurkunde**, die er nach Beendigung des Hauptverfahrens zurückzugeben hat, da er sie im Restschuldbefreiungsverfahren nicht mehr benötigt.

Die **Vergütung** des Treuhänders richtet sich nach den §§ 293, 64, 65; § 13 InsVV.

II. Anfechtung von Rechtshandlungen (Abs. 2)

4 Grds. ist es im vereinfachten Verfahren der Gläubigerschaft gem. Abs. 2 Satz 1 überlassen, Rechtshandlungen des Schuldners anzufechten, die zum Nachteil der Gläubiger vorgenommen wurden. Es gelten die Vorschriften der §§ 129 ff.

Für Verfahren, die nach dem 30.06.2014 beantragt worden sind, wird gemäß des neuen Rechts ein Insolvenzverwalter bestellt, der wie im Regelverfahren zur Anfechtung berechtigt ist.

5 Besondere Bedeutung haben die **unentgeltlichen Leistungen des Schuldners** gem. § 134 sowie die vorgenommenen **Veräußerungen des Schuldners an nahestehende** Personen (§ 138). Es besteht in einem solchen Fall die gesetzliche Vermutung, dass die nahestehende Person die Zahlungsunfähigkeit des Schuldners oder den Eröffnungsantrag kannte (§ 130 Abs. 3). Es gilt dann, gegen den Dritten die Herausgabe des zu Unrecht Erlangten an die Masse durchzusetzen.

Ist keine Masse vorhanden, wird der prozessbereite Gläubiger das Prozesskostenrisiko allein tragen müssen, da die mögliche Erstattung aus der Masse gem. Abs. 2 Satz 4 ausscheidet. I. Ü. wird ein Gläubiger sich vorzugsweise von der Gläubigerversammlung beauftragen lassen, um das Kostenrisiko zu minimieren. Wenn – wie häufig – kein Gläubiger zu einer solchen Versammlung erscheint, kommt es mangels Beschlussfähigkeit nicht zur Beauftragung mit der Anfechtung.

Soweit ein Schuldner in Kenntnis dieser Umstände ein Verbraucherinsolvenzverfahren beantragt, obwohl im Hinblick auf § 304 eher ein sog. Regelverfahren durchzuführen wäre, kann dies als

Versuch gewertet werden, der möglichen Anfechtung seiner Rechtshandlungen zu entgehen. Ggf. wird das Gericht in solchen Grenzfällen einen **Gutachter** beauftragen, um die richtige Verfahrensart herauszufinden.

Obsiegt ein beauftragter Gläubiger im Prozess, so sind gem. Abs. 2 Satz 2 aus dem Erlangten die ihm entstandenen Kosten vorweg zu erstatten bzw. können von ihm vorweg entnommen werden. Bei vollständigem Obsiegen wirkt dieser Anspruch jedoch subsidiär, da vorrangig der aus der Kostengrundentscheidung folgende Anspruch auf Kostenerstattung gegen den Gegner zu verwirklichen ist. 6

Der restliche Betrag gelangt zur Verteilungsmasse, da der Gläubiger nur **Prozessstandschafter** ist und das Recht, über die Anfechtungsmöglichkeit und den Rückgewähranspruch zu verfügen, beim Treuhänder verbleibt (§§ 80, 148, s. a. KPB-Wenzel § 313 Rn. 2b). Der Gläubiger streitet damit für die Masse und nur mittelbar für seine eigenen Interessen. Deshalb ist er auch nicht befugt, im Anfechtungsprozess ohne Zustimmung des Treuhänders einen Vergleich abzuschließen (MK-Ott/Vuia § 313 Rn. 12).

In der Praxis wird häufiger von der Möglichkeit Gebrauch gemacht, den **Treuhänder** – der in den meisten Fällen über den besten Informationsstand verfügt – **mit der Anfechtung zu beauftragen** (Abs. 2 Satz 3, 1. Alt.). Hierzu ist es zweckmäßig, dass der Rechtspfleger eine Gläubigerversammlung einberuft, damit die Chancen einer Anfechtung abgewogen und eine Beauftragung des Treuhänders (oder eines Gläubigers) erfolgen können. 7

Erscheint in einer zu diesem Zweck einberufenen Gläubigerversammlung kein Gläubiger, so gilt – wenn in der Einladung ein entsprechender Hinweis gem. § 160 Abs. 1 Satz 3 erfolgt ist – die Zustimmung als erteilt (gem. Schmittmann, Insbüro 2010, 178 in analoger Anwendung).

Möglich ist auch die Vollmacht eines Gläubigers an den Treuhänder, das ihm zustehende Anfechtungsrecht in seinem Namen auszuüben (vgl. Fuchs, ZInsO 2002, 358).

Die besondere Tätigkeit des Treuhänders dürfte rgm. nicht zu einer **Erhöhung seiner Vergütung** führen, soweit er berechtigt ist, Gebühren nach dem RVG ggü. der Masse abzurechnen (Uhlenbruck-Vallender § 313 Rn. 88).

III. Verwertung (Abs. 3)

Die Verwertung des Schuldnervermögens ist grds. Aufgabe des Treuhänders. 8

Bewegliche Sachen, die nicht unter die Schuldnerschutzvorschriften §§ 811 ff. ZPO fallen, darf der Treuhänder freihändig (durch Verkauf) verwerten (§ 166 Abs. 1). Übersteigen die **Verwertungskosten** den zu erwartenden Erlös, gibt der Treuhänder die Sache aus der Masse frei (§ 803 Abs. 2 ZPO). Dem Schuldner zustehende Forderungen zieht er zur Masse, soweit sie nicht an einen Gläubiger abgetreten sind.

Gegenstände, an denen ein Pfandrecht oder andere **Absonderungsrechte** bestehen, können gem. Abs. 3 Satz 1 nur durch den Gläubiger verwertet werden. Der Treuhänder kann daher z. B. nicht die Zwangsvollstreckung in ein **Grundstück** des Schuldners betreiben, sondern muss dies den Grundpfandrechtsgläubigern überlassen, wobei dem Grundpfandrechtsgläubiger eine freihändige Verwertung nicht zusteht (MK-Ott/Vuia § 313 Rn. 17 f.; Uhlenbruck-Vallender § 313 Rn. 106 f.).

Mit Zustimmung des Grundpfandrechtsgläubigers ist eine Verwertung durch den Treuhänder möglich.

Hinsichtlich **beweglicher Sachen** ist der Gläubiger im Fall der Sicherungszession und der Sicherungsübereignung zur freihändigen Verwertung berechtigt (MK-Ott/Vuia § 313 Rn. 18).

Für Verfahren, die nach dem 30.06.2014 beantragt worden sind, wird gemäß des neuen Rechts ein Insolvenzverwalter bestellt, der wie im Regelverfahren zur Verwertung berechtigt ist.

9 Einzig Abs. 3 Satz 3 der Norm führt zu einem Verwertungsrecht des Treuhänders, wenn eine vom Gericht gesetzte Verwertungsfrist verstrichen ist. Hier ist umstritten, ob die Regelung des § 173 Abs. 2 auch für unbewegliche Sachen gilt (zum Streitstand s. KPB-Wenzel § 313 Rn. 3b; MK-Ott/Vuia § 313 Rn. 3; HK-Landfermann § 313 Rn. 20 m.w.N.). Bei Einverständnis des Grundpfandrechtsgläubigers dürfte jedenfalls einer Verwertung durch den Treuhänder nichts im Wege stehen.

Grds. erweist sich in der Praxis die Regelung des Verwertungsverbots in Abs. 3 als **Hemmnis für eine gründliche Verwertung.** So muss für gewöhnlich das schriftliche Verfahren unterbrochen werden und eine Gläubigerversammlung zum Zwecke einer Beauftragung einberufen werden.

§ 314 Vereinfachte Verteilung

[Red. Anm. Vorschrift aufgehoben durch das Gesetz zur Verkürzung des Restschuldbefreiungsverfahrens und zur Stärkung der Gläubigerrechte vom 15.07.2013 (BGBl. I S. 2379) m.W.v. 01.07.2014]

(1) Auf Antrag des Treuhänders ordnet das Insolvenzgericht an, dass von einer Verwertung der Insolvenzmasse ganz oder teilweise abgesehen wird. In diesem Fall hat es dem Schuldner zusätzlich aufzugeben, binnen einer vom Gericht festgesetzten Frist an den Treuhänder einen Betrag zu zahlen, der dem Wert der Masse entspricht, die an die Insolvenzgläubiger zu verteilen wäre. Von der Anordnung soll abgesehen werden, wenn die Verwertung der Insolvenzmasse insbesondere im Interesse der Gläubiger geboten erscheint.

(2) Vor der Entscheidung sind die Insolvenzgläubiger zu hören.

(3) Die Entscheidung über einen Antrag des Schuldners auf Erteilung von Restschuldbefreiung (§§ 289 bis 291) ist erst nach Ablauf der nach Absatz 1 Satz 2 festgesetzten Frist zu treffen. Das Gericht versagt die Restschuldbefreiung auf Antrag eines Insolvenzgläubigers, wenn der nach Absatz 1 Satz 2 zu zahlende Betrag auch nach Ablauf einer weiteren Frist von zwei Wochen, die das Gericht unter Hinweis auf die Möglichkeit der Versagung der Restschuldbefreiung gesetzt hat, nicht gezahlt ist. Vor der Entscheidung ist der Schuldner zu hören.

Übersicht	Rdn.		Rdn.
A. Normzweck	1	II. Anhörung der Insolvenzgläubiger	3
B. Norminhalt	2	III. Gefährdung der Restschuldbefreiung	5
I. Antrag auf Ablösung von der Masse (Abs. 1)	2	C. **Verfahrensfragen**	6

A. Normzweck

1 Der Schuldner soll aus seinem pfändungsfreien Vermögen oder aus Zuwendungen Dritter den Betrag an die Masse erstatten dürfen, der dem Wert eines oder mehrerer Vermögensgegenstände entspricht, um die Verwertung zu verhindern. Wenn nur wenig verwertbares Vermögen vorhanden ist, kann somit eine Verwertung insgesamt unterbleiben. Durch eine **Minimierung des Verwertungsaufwandes** soll das Insolvenzverfahren vereinfacht werden.

B. Norminhalt

I. Antrag auf Ablösung von der Masse (Abs. 1)

2 Die Norm kommt zur Anwendung, wenn ein einzelner Gegenstand oder die ganze Insolvenzmasse statt verwertet zu werden vom Schuldner »**abgelöst**« werden soll. Erfasst werden von der Regelung jedoch nur Gegenstände, an denen keine Pfandrechte oder andere Absonderungsrechte bestehen. Zur Verwertung dieser Gegenstände ist der Treuhänder nicht berechtigt (§ 313 Abs. 3). Der **Antrag auf »vereinfachte Verteilung«** (eigentlich: vereinfachte Verwertung) kann nicht vom Schuldner selbst, sondern nur vom **Treuhänder** gestellt werden. In der Praxis bewegt der Schuldner häufig den Treuhänder zu einem solchen Antrag, wenn er z. B. auf ein vorhandenes Kfz aus anderen als den in § 811 Nr. 5 ZPO genannten Gründen nicht verzichten kann oder will, oder wenn der zu verwertenden Gegenstand für ihn außer einem materiellen auch einen emotionalen Wert bedeutet. Entscheidungserheblich für den Treuhänder kann jedoch nur sein, ob der zu erstattende Betrag an die Masse dem möglichen **Versteigerungswert der Sache** entspricht (unter Berücksichtigung der ersparten Verwertungskosten) und ob der Schuldner auch in der Lage ist, den Betrag – möglicherweise in wirtschaftlich sinnvollen und das Verfahren nicht über Gebühr verzögernden Raten – aus seinem pfändungsfreien Vermögen an die Masse aufzubringen.

II. Anhörung der Insolvenzgläubiger

Erfolgt der Antrag auf Bitten des Schuldners, wird das Gericht auf dessen Anhörung verzichten und sich gem. Abs. 2 auf die einzuholenden Stellungnahmen der Gläubiger beschränken. Die Stellungnahmen müssen im schriftlichen Verfahren bei Gericht bis zu der gesetzten Frist eingehen. Wird eine Gläubigerversammlung einberufen, bindet ein Beschluss der Gläubigerversammlung das Gericht nicht (Uhlenbruck-Vallender § 314 Rn. 12).

Auf diese – eigentlich zwingend gebotene **Anhörung** – kann ebenfalls verzichtet werden, wenn dem Schuldner Stundung gewährt wurde, gleichzeitig keine Masse vorhanden ist und der an die Masse zu erstattende Betrag unter den zu erwartenden Verfahrenskosten liegt. Der evtl. nicht einbringbare Betrag würde sich dann wirtschaftlich nur zulasten der Staatskasse auswirken und berührt somit die Gläubigerinteressen nicht.

Bei dem Beschluss nach § 314 handelt es sich um eine **Ermessensentscheidung**. Das Gericht lehnt den Antrag ab, wenn das Interesse der Gläubiger an einer Verwertung höher einzustufen ist (Abs. 1 Satz 3). Das kann etwa der Fall sein, wenn der Schuldner ersichtlich die Raten nicht aufbringen kann oder der Bestand der Sache gefährdet ist. In dem (mit einer Begründung versehenen) Beschluss legt der Rechtspfleger den **Betrag**, den der Schuldner an die Masse zu zahlen hat, sowie die **Zahlungsmodalitäten** fest. Gegen den Beschluss des Rechtspflegers ist die Erinnerung gegeben (§ 11 Abs. 2 RPflG), da die InsO kein Rechtsmittel gegen diese Entscheidung vorsieht.

Der Treuhänder wird die Sache zum Schutz der Masse erst **freigeben**, wenn der festgelegte Betrag vollständig an die Masse entrichtet wurde.

III. Gefährdung der Restschuldbefreiung

Bei der Anordnung der vereinfachten Verteilung ist es zweckmäßig, den Schuldner über die möglichen Folgen zu belehren, wenn er die Vorgaben des Beschlusses nicht erfüllt. Gem. Abs. 3 ist auf jeden Fall eine Entscheidung über die Erteilung der beantragten Restschuldbefreiung erst vorgesehen, wenn die dem Schuldner gewährte Zahlungsfrist abgelaufen ist. Gemeint ist hier offenbar nicht die Erteilung, sondern die **Ankündigung** der Restschuldbefreiung, da die Norm in Abs. 3 Satz 1 (nur) auf §§ 289 bis 291 verweist.

Beantragt ein Insolvenzgläubiger die **Versagung der Restschuldbefreiung**, hat das Gericht dem Antrag zu entsprechen, wenn der Schuldner nach erfolglosem Ablauf einer Nachfrist von 2 Wochen – trotz erfolgter Belehrung über die Folgen – den Betrag nicht gezahlt hat (Abs. 3 Satz 2). Zuvor wird der Schuldner noch einmal angehört.

Hält der Schuldner seine **Zahlungszusagen** nicht ein, hebt das Gericht die getroffene Anordnung auf. Damit steht der Gegenstand wieder dem Treuhänder zur Verwertung zur Verfügung. Hat kein Gläubiger Antrag auf Versagung der Restschuldbefreiung gestellt, bleibt das Fehlverhalten des Schuldners für ihn ohne weitere Folgen. Ist jedoch bei Ratenzahlung schon vor Ablauf der Laufzeit erkennbar, dass der Schuldner die Zahlungen nicht aufbringen kann, sollte das Gericht von Amts wegen seine Anordnung aufheben, um den Schuldner – wenn ihn kein Verschulden trifft – vor der drohenden Versagung der Restschuldbefreiung zu schützen (MK-Ott/Vuia § 314 Rn. 8).

C. Verfahrensfragen

Ein Verfahren nach § 314 birgt verschiedene **Risiken für den Schuldner**.

Anhang zu § 311 InsO

Zum einen besteht das Risiko, dass er die in Aussicht genommenen Zahlungen aufgrund veränderter Belastungen nicht wie geplant erbringen kann. Wenn dann ein Gläubigerantrag auf **Versagung** der Restschuldbefreiung gem. Abs. 3 Satz 2 gestellt wird und der Schuldner auch nach Ablauf der Nachfrist von 2 Wochen die Zahlung nicht erbringen kann, droht ihm die Versagung der Restschuldbefreiung und damit der Verlust seines Verfahrensziels.

Zwar ist hier Vallender (Uhlenbruck-Vallender § 314 Rn. 34) beizupflichten, dass die Regelung in Abs. 3 Satz 2 ein Sonderfall des § 290 Abs. 1 Nr. 5 ist und damit ein Versagungsantrag nur Erfolg haben sollte, wenn dem Schuldner Vorsatz oder grobe Fahrlässigkeit vorzuwerfen ist. Jedoch gibt es in der Literatur auch die Auffassung, dass dem Schuldner auch ohne sein Verschulden die Restschuldbefreiung zu versagen ist (HK-Landfermann § 314 Rn. 6; Kohte/Ahrens/Grote § 314 Rn. 3).

Richtigerweise ist aber davon auszugehen, dass ein Unterfall des § 290 Abs. 1 Nr. 5 vorliegt, so dass zum einen in Anwendung des § 18 Abs. 1 RPflG (alte Fassung) der Rechtspfleger funktionell zuständig ist und zum zweiten gemäß der §§ 6, 289 Abs. 2 i. V. m. § 11 Abs. 1 RPflG das Rechtsmittel der sofortigen Beschwerde gegeben ist (vgl. OLG Zweibrücken, ZInsO 2002, 287).

7 Eine weitere Gefahr für den Schuldner kann sich durch den Zugriff auf den aus der Masse abgelösten Gegenstand im Wege der Zwangsvollstreckung durch **Neugläubiger** ergeben. Deren Forderungen sind erst nach Eröffnung des Insolvenzverfahrens entstanden. Das für die Wohlverhaltensphase geltende Vollstreckungsverbot des § 294 Abs. 1 hindert sie nicht an der Zwangsvollstreckung, da sie keine Insolvenzgläubiger i. S. d. Vorschrift sind. Normalerweise ist der Zwangsvollstreckung durch Neugläubiger wenig Erfolg beschieden, weil aufgrund der Abtretungserklärung der Treuhänder alles Pfändbare abschöpft. Im Fall des Verfahrens nach § 314 bewirkt die Freigabe aus der Masse nach Begleichung der vereinbarten Summe jedoch keinen Schutz gegen den Zugriff aus einer zulässigen Zwangsvollstreckung. So besteht dann die Möglichkeit des Zugriffs durch Neugläubiger auf Gegenstände, die gem. §§ 811 ff. ZPO dem Pfändungsschutz nicht unterliegen, die der Schuldner aber nach Ablösung aus der Masse für gesichert hält.

§ 114 [Fassung gültig bis zum 01.07.2014] Bezüge aus einem Dienstverhältnis

(1) Hat der Schuldner vor der Eröffnung des Insolvenzverfahrens eine Forderung für die spätere Zeit auf Bezüge aus einem Dienstverhältnis oder an deren Stelle tretende laufende Bezüge abgetreten oder verpfändet, so ist diese Verfügung nur wirksam, soweit sie sich auf die Bezüge für die Zeit vor Ablauf von zwei Jahren nach dem Ende des zur Zeit der Eröffnung des Verfahrens laufenden Kalendermonats bezieht.

(2) ¹Gegen die Forderung auf die Bezüge für den in Absatz 1 bezeichneten Zeitraum kann der Verpflichtete eine Forderung aufrechnen, die ihm gegen den Schuldner zusteht. ²Die §§ 95 und 96 Nr. 2 bis 4 bleiben unberührt.

(3) ¹Ist vor der Eröffnung des Verfahrens im Wege der Zwangsvollstreckung über die Bezüge für die spätere Zeit verfügt worden, so ist diese Verfügung nur wirksam, soweit sie sich auf die Bezüge für den zur Zeit der Eröffnung des Verfahrens laufenden Kalendermonat bezieht. ²Ist die Eröffnung nach dem fünfzehnten Tag des Monats erfolgt, so ist die Verfügung auch für den folgenden Kalendermonat wirksam. ³§ 88 bleibt unberührt; § 89 Abs. 2 Satz 2 gilt entsprechend.

Übersicht	Rdn.		Rdn.
A. Geltung	1	II. Abtretung	5
B. Norminhalt	2	III. Aufrechnung	7
I. Allgemeines	2	IV. Gepfändete Bezüge	8

Anhang zu § 311 InsO

A. Geltung

§ 114 wurde im Rahmen des Gesetzes zur Verkürzung des Restschuldbefreiungsverfahrens und Stärkung der Gläubigerrechte gestrichen und gilt nicht mehr für Insolvenzverfahren, die ab dem 01.07.2014 beantragt wurden. Zweck der Aufhebung ist die Stärkung der Rechte der ungesicherten Gläubiger. Nunmehr stehen die Arbeitseinkünfte des Schuldners bereits ab Beginn des Verfahrens allen Gläubigern zu. Damit werden die Chancen erhöht, dass in Verbraucherinsolvenzverfahren wenigstens die Verfahrenskosten gedeckt werden, da der Zeitraum verlängert wird, in dem der Masse die – häufig geringen – pfändbaren Lohnanteilen zufließen. Außerdem wird die Arbeit des Insolvenzverwalters/Treuhänders erleichtert, der etwaige Lohnabtretungen nicht mehr beachten muss, sondern schlicht zu Beginn des Verfahrens den Arbeitgeber des Schuldners zur Abführung der pfändbaren Beträge auffordert.

Da § 114 für ältere Verfahren noch fortwirkt, sollen die wesentlichen Punkte kurz dargestellt werden.

B. Norminhalt

I. Allgemeines

§ 114 ist **lex specialis** zu § 91: Obwohl eine Abtretung künftiger Ansprüche nach der Grundregel des § 91 unwirksam wäre, behält sie im Anwendungsbereich des § 114 für 2 Jahre ab Eröffnung ihre Wirksamkeit (BGH, ZInsO 2006, 1264). Dies gilt für Arbeitsverhältnisse i. S. d. § 622 BGB und für freie Dienstverhältnisse gem. § 621 BGB (BGH, ZInsO 2006, 708). Der Schuldner muss dienstverpflichtet bzw. Arbeitnehmer sein.

Auch Ansprüche aus einer **selbstständigen Tätigkeit** sind von § 114 grds. umfasst (BGH, ZInsO 2010, 567; ZInsO 2006, 708; OLG Düsseldorf, ZInsO 2003, 1149; **a.A.** LG Köln, ZInsO 2004, 756; Braun-Kroth § 114 Rn. 3; Uhlenbruck-Berscheid/Ries § 114 Rn. 6). Ebenso Arbeitseinkünfte aus **neuen**, nach Insolvenzeröffnung abgeschlossenen Arbeitsverhältnissen (BGH, ZInsO 2013, 254).

Erfasst sind fortlaufende und einmalige **Bezüge**, wie z. B. Gratifikationen oder auch Schadensersatzleistungen wegen vorzeitiger Beendigung des Vertragsverhältnisses (Abfindungen: BGH, ZInsO 2010, 1088; **a.A.** K/P/B-Moll § 114 Rn. 15). Als Bezüge gelten auch Aufwandsentschädigungen, wie z. B. Reisekosten, Spesen, Fahrgelder, nicht aber Ersatzzahlungen für tatsächlich getätigte Auslagen. Ebenfalls umfasst sind **Entgeltersatzleistungen** des Arbeitgebers oder von öffentlichen Stellen (z. B. Ersatzzahlungen im Krankheitsfall sowie Sozialversicherungsleistungen und Sozialleistungen soweit sie Lohnersatz sind (s. z. B. LSG Nordrhein-Westfalen, Urt. v. 28.01.2002 – L 4[3] RJ 169/00) sowie verschleiertes Arbeitseinkommen (BAG, ZInsO 2013, 1357).

II. Abtretung

Die Dienstbezüge müssen **abtretbar** sein, also im Wesentlichen gem. § 400 BGB pfändbar i. S. d. §§ 850 ff. ZPO sein. Die Abtretbarkeit kann gem. § 399 BGB durch vertragliche oder tarifvertragliche Vereinbarung untersagt sein (s. a. Uhlenbruck-Berscheid/Ries § 114 Rn. 16). Nur mit Zustimmung des Forderungsschuldners sind solche Forderungen abtretbar, bei denen der Auskunftsanspruch des Zessionars gem. § 402 BGB höchstpersönliche Daten betreffen würde, wie z. B. ärztliche Honorarforderungen oder Rechtsanwaltshonorare (s. a. OLG Düsseldorf, ZInsO 2003, 1149; LG Köln, ZInsO 2004, 756).

Rechtsfolge des Abs. 1 ist, dass Vorausabtretungen nur für einen Zeitraum von 2 Jahren ab Eröffnung des Insolvenzverfahrens wirksam sind. **Maßgeblicher Zeitpunkt** ist die Entstehung der Bezüge, nicht deren Fälligkeit, also der Moment, in dem sie erdient werden, in dem die Dienstleistung erbracht wird (s. a. MK-Caspers § 114 Rn. 24 f.).

III. Aufrechnung

7 Die **Hauptforderung**, gegen die aufgerechnet werden soll, muss auf Bezüge aus einem Dienstverhältnis i. S. d. Abs. 1 gerichtet sein und im 2-Jahres-Zeitraum nach Insolvenzeröffnung oder zuvor entstanden sein. Die **Gegenforderung** muss vor Insolvenzeröffnung entstanden sein. Als Ausnahme zum Erfordernis der Gegenseitigkeit gibt § 52 SGB I den **Sozialleistungsträgern** eine **Verrechnungsmöglichkeit**, die vom Schutz der Aufrechnungslage nach Abs. 2 umfasst ist (BGH, ZInsO 2008, 742; BSG, ZInsO 2004, 741). Die Aufrechnungsbeschränkungen der §§ 95 Abs. 1 Satz 3, 96 Abs. 1 Nr. 2 und 3 bleiben bestehen, Abs. 2 Satz 2. Die Aufrechnung kann durch vertragliche Vereinbarung ausgeschlossen sein. Ist in einem Tarifvertrag die Abtretung von Lohnforderungen ausgeschlossen, ist im Zweifel auch die Aufrechnung ausgeschlossen (Uhlenbruck-Berscheid/Ries § 114 Rn. 22).

IV. Gepfändete Bezüge

8 Abs. 3 betrifft **Zwangsvollstreckungsmaßnahmen**, die vor der Rückschlagsperre des § 88 wirksam geworden sind und die sich auf künftige Bezüge aus einem Dienstverhältnis beziehen. Wirksam bleiben die Zwangsvollstreckungsmaßnahmen in solche Bezüge, die max. ein bis eineinhalb Monate nach Verfahrenseröffnung entstehen. Ein Pfandrecht bleibt i. Ü. wirksam und nur die Vollziehung wird bis zur Beendigung des Insolvenzverfahrens ausgesetzt. Gegen eine weitere Vollstreckung kann sich der Schuldner dann mit dem Einwand der Restschuldbefreiung wehren (BGH, ZInsO 2011, 812). Teilweise wird vertreten, dass Abs. 3 Satz 1 bereits auf den Zeitraum seit Anordnung von Sicherungsmaßnahmen i. S. d. § 21 entsprechend anwendbar sei (AG Mönchengladbach, ZInsO 2002, 643).

Zehnter Teil Besondere Arten des Insolvenzverfahrens

Vorbemerkung zu §§ 315 ff.

Übersicht	Rdn.		Rdn.
A. Begriff des Nachlassinsolvenzverfahrens	1	C. Schuldner des Nachlassinsolvenzverfahrens	13
B. Haftungsmasse des Nachlassinsolvenzverfahrens	4	D. Stellung der sonstigen Verfahrensbeteiligten	14
I. Allgemeines	4	I. Insolvenzverwalter	14
II. Ersatzansprüche	6	II. Nachlassverwalter, Nachlasspfleger, Testamentsvollstrecker	15
III. Handelsgeschäft des Erblassers	7	E. Wirkungen des Todes des Schuldners auf das Verfahren	16
IV. Kanzlei oder Praxis des ehemals freiberuflichen Erblassers	8		
V. Mitgliedschaft in Personengesellschaften	9		
VI. Lebensversicherungsansprüche	12		

A. Begriff des Nachlassinsolvenzverfahrens

1 Das Nachlassinsolvenzverfahren ist ein **Sonderinsolvenzverfahren**, das gem. § 11 Abs. 2 Nr. 2 über ein abgegrenztes Sondervermögen, den Nachlass, eröffnet und nach den Regeln der §§ 315 ff. durchgeführt wird. Es kommen alle Vorschriften des Regelinsolvenzverfahrens, auch z. B. bzgl. eines Insolvenzplans (§§ 217 ff.), zur Anwendung, soweit nicht in den Vorschriften über das Nachlassinsolvenzverfahren verfahrensrechtliche Abweichungen enthalten sind. Abweichungen sind in den Vorschriften über das Nachlassinsolvenzverfahren **abschließend** geregelt. Die Anordnung der **Eigenverwaltung** im Nachlassinsolvenzverfahren kommt i. d. R. nicht in Betracht, da zwischen Nachlass und Erben wechselseitige Ansprüche (§§ 1978, 1979 BGB) oder gar Ersatzansprüche gegen den Erben aus § 1980 BGB bestehen und die Eigenverwaltung nicht zu Nachteilen für die Gläubiger führen darf (§ 270 Abs. 2 Nr. 3).

Vorbem. zu §§ 315 ff. InsO

Die Regelungen der InsO über die Nachlassinsolvenz, die §§ 11 Abs. 2 Nr. 2, 315 bis 331, haben eine **Doppelfunktion**. Sie dienen der Nachlasssonderung, also der gerechten Verteilung des vom Erblasser hinterlassenen Vermögens an die Nachlassgläubiger und **beschränken** gem. § 1975 BGB die vom Grundsatz unbeschränkte **Haftung** des Erben für Nachlassverbindlichkeiten. Die Inventarerrichtung (§§ 1993 ff. BGB) ist im Vergleich zum Nachlassinsolvenzverfahren kein einfacherer Weg zur Haftungsbeschränkung, sodass der Nachlassinsolvenzantrag keine mutwillige Rechtsverfolgung bei Nichterrichtung ist (LG Fulda, ZVI 2007, 129). Wird der Eröffnungsantrag mangels Masse abgewiesen oder das Insolvenzverfahren nach § 207 eingestellt, bestimmt sich die Haftung der Erben nach den §§ 1990, 1991 BGB. Die Einreden der Dürftigkeit, der Unzulänglichkeit, der Erschöpfung oder der Überschwerung des Nachlasses gem. §§ 1990 Abs. 1 Satz 1, 1992 BGB kann der Erbe dann weiterhin geltend machen. Dies ist auch nach Einstellung des Verfahrens gem. § 211 möglich. Wird der Eröffnungsbeschluss auf sofortige Beschwerde aufgehoben (§ 34 Abs. 3) oder das Verfahren nach §§ 212, 213 eingestellt, besteht die gleiche Haftungslage wie vor Verfahrenseröffnung (§§ 215, 201). 2

Die **Haftung für Geschäftsverbindlichkeiten** bei Fortführung des Geschäftes des Erblassers kann der Erbe beschränken, wenn er die Fortführung binnen 3 Monaten nach dem Zeitpunkt der Kenntniserlangung vom Anfall der Erbschaft einstellt (§ 27 Abs. 2 Satz 1 HGB) oder die unbeschränkte handelsrechtliche Haftung nach § 25 Abs. 1 HGB durch einseitige Erklärung ablehnt und die Erklärung vor Fristablauf bekannt macht (§ 25 Abs. 2 HGB). In diesem Fall besteht auch über die 3 Monate hinaus die Möglichkeit der Haftungsbeschränkung. 3

B. Haftungsmasse des Nachlassinsolvenzverfahrens

I. Allgemeines

Die InsO enthält keine gesonderten Vorschriften zur Bestimmung der Masse im Nachlassinsolvenzverfahren, sodass sich deren Umfang nach den §§ 35 bis 37 bestimmt. Zur Insolvenzmasse gehören daher gem. §§ 35, 36 **alle Nachlassgegenstände, die der Zwangsvollstreckung unterliegen**. Gem. § 35 gehört damit auch der Neuerwerb zur Insolvenzmasse. Im Nachlassinsolvenzverfahren ist dies allerdings nur der Neuerwerb, der mit dem Nachlass nicht derjenige, der mit dem Eigenvermögen des Erben erzielt wird. Bei der Ermittlung relativ unpfändbarer Gegenstände (§ 811 Nr. 1 bis 7, 10 ZPO) kommt es auf die Person des Erben an (Uhlenbruck-Lüer § 315 Rn. 7). Die Beschränkung der Zwangsvollstreckung in das Urheberrecht zu Lebzeiten des Urhebers (§ 113 UrhG) entfällt, wenn das Werk erschienen ist (§ 115 Satz 2 UrhG). Nutzungsrechte fallen uneingeschränkt in die Masse, ihre Übertragung unterliegt allerdings § 34 UrhG. 4

Maßgeblicher **Zeitpunkt für die Bestimmung des Umfanges der Nachlassinsolvenzmasse** ist der Tag der Verfahrenseröffnung, nicht der Zeitpunkt des Erbfalls (MK-Siegmann § 315 Anh. Rn. 9; a. A. H/W/W-Hess § 315 Rn. 14). Dasjenige, was in der Zeit zwischen Erbfall und Insolvenzeröffnung dem Nachlassvermögen zugewachsen ist, gehört ebenso wie dasjenige, was der Erbe bei der Verwaltung für den Nachlass erworben hat, zur Insolvenzmasse. 5

II. Ersatzansprüche

Auch die Ersatzansprüche des Erben gehören zur Masse, so der Anspruch auf die Versicherungssumme für einen zerstörten Nachlassgegenstand, der Schadensersatzanspruch für dessen Zerstörung/Beschädigung oder wegen Nichterfüllung einer Nachlassforderung sowie etwaige Ersatzansprüche ggü. Nachlasspflegern oder Testamentsvollstreckern (§§ 1960, 1915 Abs. 1, 1833, 2219 BGB). Diese Surrogate, die ohne Zutun des Erben in den Nachlass gefallen sind, unterliegen der Herausgabepflicht. Die Verpflichtung, die Nachlassgegenstände selbst und damit auch die Surrogate herauszugeben, beruht nicht auf § 1978 BGB, sondern auf den §§ 148, 159 (Uhlenbruck-Lüer § 315 Rn. 9). I. Ü. tritt die **dingliche Surrogation** nur dann ein, wenn sie gesetzlich vorgesehen ist, wie z. B. in § 2041 BGB für die Erbengemeinschaft. 6

Vorbem. zu §§ 315 ff. InsO

Für den Alleinerben kennt das BGB keine Surrogationsvorschrift, so bleiben **Verfügungen des Erben über Nachlassgegenstände** in der Zeit vor Eröffnung des Verfahrens unberührt. Der Verwalter hat nur Ansprüche aus § 1978 Abs. 1, 3 BGB gegen den Erben, die dem Nachlass ausdrücklich zugewiesen sind, § 1978 Abs. 2 BGB. Eine Rechtsanalogie der Surrogationsvorschriften wird für den Anwendungsbereich des § 1990 BGB verneint (BGH, NJW-RR 1989, 1226, 1227). Der Erbe hat über die Verwaltung des Nachlasses gem. §§ 1978, 666, 259, 260 BGB Rechnung zu legen, die Erbschaft gem. den §§ 667, 668 BGB mit sämtlichen Nutzungen herauszugeben, für die Verbrauchten Ersatz oder bei einer Veräußerung unter Wert, Ausgleich zu leisten (OLG Braunschweig, OLGZ 19, 231). Voraussetzung der Anwendung des § 1978 BGB ist (neben der Anordnung einer Nachlassverwaltung) die Eröffnung des Insolvenzverfahrens. In einem Herausgabeprozess gegen den Erben hat das Prozessgericht nicht zu prüfen, ob die Eröffnung des Insolvenzverfahrens zu Recht erfolgt ist, sondern ist an den rechtskräftigen Eröffnungsbeschluss des Insolvenzgerichts gebunden. Ebenso bindet die widerspruchslose Feststellung von Forderungen zur Insolvenztabelle im Nachlassinsolvenzverfahren das Prozessgericht im Rechtsstreit zwischen Nachlassinsolvenzverwalter und Erben (BGH, ZInsO 2014, 37). Bei schuldhafter Verletzung seiner Pflichten ist der Erbe schadensersatzpflichtig. Hat der Erbe einen Nachlassgegenstand veräußert, so kann der Verwalter nur Abtretung des Anspruchs auf den noch ausstehenden **Gegenwert** verlangen, weil das Auftragsrecht nur einen **schuldrechtlichen Verschaffungsanspruch** gewährt. Hat der Erbe aus Nachlassmitteln etwas rechtsgeschäftlich erworben, kann aufgrund des Fehlens der Vorschriften über die dingliche Surrogation vom Alleinerben keine Herausgabe des mittels des Nachlasses Erlangten gefordert werden, sondern es besteht nur die **Ersatzverpflichtung** aus § 1978 BGB. Dieses unbefriedigende Ergebnis wird durch die Annahme, dass dasjenige Nachlassbestandteil wird, das der Erbe mit Willen für den Nachlass erwirbt (herrschende Meinung, u. a. MK-Siegmann § 315 Anh. Rn. 30 m. w. N.), abgemildert. Danach fällt zumindest der aufgrund eines Rechtsgeschäfts durch den Erben mit Nachlassmitteln erworbene Gegenstand direkt in den Nachlass, nicht jedoch der schuldrechtliche Verschaffungsanspruch. Überzeugender ist der Ansatz, im Interesse der Nachlassgläubiger die Fiktion des § 1978 Abs. 2 BGB nicht nur auf die Ersatzansprüche der Nachlassgläubiger wegen schlechter Verwaltung des Nachlasses zu beziehen, sondern auf alles, was der Erbe aus seiner Verwaltung erlangt, also z. B. bei einem Verkauf von Nachlassgegenständen auf die ausstehende Kaufpreisforderung, auszudehnen. Der mit der Eröffnung des Insolvenzverfahrens eingetretene **Insolvenzbeschlag** kann dann von Anfang an ohne eine überflüssige Durchsetzung des schuldrechtlichen Verschaffungsanspruchs auf Abtretung automatisch derartige Ansprüche auf Gegenleistung umfassen, da diese wirtschaftlich aus dem Erblasservermögen stammen, das ohnehin vorrangig den Nachlassgläubigern gebührt und dementsprechend als Nachlass zu qualifizieren ist (Schmidt-Kessel, WM 2003, 2086, 2091).

Bei Inventaruntreue (§ 2005 Abs. 1 Satz 1 BGB), Auskunftsverweigerung oder -verzögerung bei amtlicher Inventaraufnahme (§§ 2003, 2005 Abs. 1 Satz 2 BGB) oder bei Versäumung der Inventarfrist (§ 1994 Abs. 1 Satz 2 BGB) verliert der Erbe die Möglichkeit der Haftungsbeschränkung (§ 2013 BGB). Haftet der Erbe den Nachlassgläubigern gegenüber unbeschränkt, können deren Rechte nicht analog §§ 93, 334 InsO durch den Insolvenzverwalter geltend gemacht (vgl. dazu Anm. § 325 Rdn. 6), sondern sind von diesen individuell zu verfolgen (OLG Schleswig, FamRZ 2011, 1682; a. A. Sämisch, ZInsO 2014, 25).

Letztlich fällt auch der Ersatzanspruch des noch nicht allgemein unbeschränkbar haftenden Erben wegen nicht rechtzeitiger Beantragung der Insolvenzeröffnung in die Insolvenzmasse (§§ 1978 Abs. 2, 1985 Abs. 2, 1980 BGB und § 328 Abs. 2). Der Quotenschaden, den der Erbe bei Verletzung der Insolvenzantragspflicht zu ersetzen hat (§ 1980 Abs. 1 Satz 2 BGB), bemisst sich nach der Differenz zwischen dem tatsächlich erhaltenen und dem Betrag, den die Nachlassgläubiger bei rechtzeitiger Antragstellung erhalten hätten (OLG Köln, ZInsO 2012, 2254, m.w. Anm. zu den Schadensdarlegungsanforderungen).

III. Handelsgeschäft des Erblassers

Ein Handelsgeschäft des Erblassers fällt bei **Alleinerbfolge** mit der **Firma**, unter der der Erblasser es geführt hat, in die Insolvenzmasse, auch wenn es zunächst durch den Erben fortgeführt wurde. Der Insolvenzverwalter kann das Unternehmen mit Firma aus der Masse heraus veräußern oder abwickeln. Entfällt allerdings die **Identität zwischen Erblasser und Erbenbetrieb**, fällt das Unternehmen nicht mehr in die Masse. Die Identität kann u. a. entfallen, wenn der Erbe das Unternehmen umfirmiert oder derart lange fortführt, dass es nicht mehr als das Ererbte angesehen werden kann (OLG Braunschweig, OLGZ 19, 231, 232: zweieinhalb Jahre). Zur Abgrenzung ist unter Berücksichtigung der Maßgeblichkeit der persönlichen Leistung des Erben auf den Einzelfall abzustellen. Ist das Unternehmen derart aus dem Nachlass ausgegliedert, bleibt dem Insolvenzverwalter der Ersatzanspruch aus § 1978 BGB gegen den Erben auf Erstattung des Wertes des Unternehmens zum Zeitpunkt des Erbfalls (MK-BGB-Siegmann § 1985 Rn. 5). Führen Miterben das Handelsgeschäft des Erblassers fort, verbleiben das Unternehmen selbst sowie alle Geschäftsgegenstände, die während der Fortführung erworben wurden, aufgrund der Surrogationsvorschrift des § 2041 BGB im Nachlass. Eine Ausgliederung des Unternehmens mit der Folge der Ersatzansprüche aus § 1978 BGB ist nur möglich, wenn die Miterben zur Fortführung des Unternehmens eine Gesellschaft gegründet haben. Wird das zum Nachlass gehörende Handelsgeschäft bis zur Eröffnung des Nachlassinsolvenzverfahrens von einem Nachlasspfleger, -verwalter oder Testamentsvollstrecker fortgeführt, erfolgt dies für die Erben, sodass das Unternehmen und der erzielte Erwerb wiederum Kraft dinglicher Surrogation in den Nachlass fallen. Der Insolvenzverwalter kann das Handelsgeschäft des Erblassers aus der Insolvenzmasse freigeben mit der Folge, dass es in das Vermögen des Erben fällt. Eine Negativerklärung gem. § 35 Abs. 2 ist im Nachlassinsolvenzverfahren nicht möglich.

IV. Kanzlei oder Praxis des ehemals freiberuflichen Erblassers

Die Praxis oder Kanzlei eines freiberuflich tätigen Schuldners, z. B. Rechtsanwalt, Arzt, Steuerberater, fällt in die Insolvenzmasse. Der Verwalter ist in der Verwertung einer Praxis oder Kanzlei frei und bedarf nicht, wie ggf. im Regelinsolvenzverfahren, der Zustimmung des Schuldners bzw. des Erben oder der Angehörigen (MK-Siegmann § 315 Anh. Rn. 28). Etwaige namens- und persönlichkeitsrechtliche Erwägungen zugunsten der Angehörigen treten im Nachlassinsolvenzverfahren ggü. den Interessen der Nachlassgläubiger zurück.

V. Mitgliedschaft in Personengesellschaften

Soweit im Gesellschaftsvertrag nicht etwas anderes vereinbart wurde, wird die **GbR** durch den Tod eines Gesellschafters aufgelöst (§ 727 BGB). Der Anteil an der Abwicklungsgesellschaft fällt in die Masse. Beschließen die übrigen Gesellschafter und Erbe/Erben die Fortsetzung, wird die Gesellschaft nicht aufgelöst, sondern es greift eine Sondernachfolge ein, wobei jeder Miterbe den seiner Erbquote entsprechenden Anteil der Gesellschafterstellung erwirbt. Die Sondernachfolge tritt auch ein, wenn eine **(einfache) Nachfolgeklausel** vereinbart wurde, mit der der Geschäftsanteil beim Tod des Gesellschafters auf den/die Erben übergeht. Der so erworbene Anteil gehört zum Nachlass (BGH, NJW 1986, 2431). Der Insolvenzverwalter kann aufgrund der Sondernachfolge wie ein Testamentsvollstrecker oder ein Nachlassverwalter nicht sämtliche allgemeinen Gestaltungsrechte wahrnehmen, sondern lediglich die Vermögensrechte aus dem Anteil, z. B. Gewinn- und Auseinandersetzungsansprüche, ausüben oder die Gesellschaft gem. § 725 BGB kündigen, um den Wert des Anteils für die Masse zu realisieren. Diese vermögensrechtlichen Befugnisse beinhalten zudem das Insolvenzantragsrecht. Bei einer **qualifizierten Nachfolgeklausel**, nach der nur ein oder mehrere bestimmte Erben in die Gesellschafterstellung des Erblassers eintreten, gilt nichts anderes. Der vererblich gestellte Geschäftsanteil gehört zum Nachlass. Ausgleichsansprüche weiterer Erben gegen den durch die qualifizierte Nachfolgeklausel begünstigten Erben fallen in das persönliche Vermögen der Erben und nicht in den Nachlass (Uhlenbruck-Lüer § 315 Rn. 22).

Enthält der Gesellschaftsvertrag eine **Fortsetzungsklausel** (§ 736 BGB), scheidet der Gesellschafter mit seinem Tod aus der Gesellschaft aus. Der Abfindungsanspruch gem. § 738 BGB fällt in den Nachlass und damit zur Masse. Ist eine **Eintrittsklausel** vereinbart, wird zugleich auch die Gesellschaft mit den übrigen Gesellschaftern fortgesetzt, sodass hier ebenfalls nur der Abfindungsanspruch nach den §§ 736, 738 BGB in den Nachlass fällt.

11 Für die Mitgliedschaft in einer **OHG** ist in § 131 Abs. 2 Nr. 1 HGB geregelt, dass der Tod des Gesellschafters mangels abweichender gesellschaftsvertraglicher Regelung zum Ausscheiden führt. Sein Anteil wächst den anderen Gesellschaftern zu (§ 105 Abs. 3 HGB, § 738 Abs. 1 Satz 1 BGB). Der **Abfindungsanspruch** ist Nachlassgegenstand. Ist im Gesellschaftsvertrag der OHG eine Nachfolgeklausel i. S. d. § 139 HGB vereinbart, werden die Erben im Wege der Sondernachfolge in Höhe ihres Erbteils Gesellschafter. Der Anteil fällt in den Nachlass. Die Eröffnung des Nachlassinsolvenzverfahrens führt jedoch nicht zum automatischen Ausscheiden des nachfolgenden Erben gem. § 131 Abs. 2 Nr. 2 HGB. Im Hinblick auf die bisherige Rspr. des BGH (NJW 1986, 2431) ist zu beachten, dass die Nachlassinsolvenz nicht über das Vermögen des Gesellschafters, sondern über den Nachlass des früheren Gesellschafters eröffnet wird (MK-Siegmann § 315 Anh. Rn. 23). Dies gilt auch beim Tod eines **Kommanditisten**. Gem. § 177 HGB wird die Gesellschaft mangels abweichender gesellschaftsvertraglicher Bestimmung mit den Erben fortgesetzt. Es tritt auch hier Sondernachfolge ein und der **Kommanditanteil** fällt in den Nachlass. Ein automatisches Ausscheiden bei Eröffnung des Nachlassinsolvenzverfahrens findet auch hier nicht statt, da wie bei der OHG eine Anwendung der §§ 161 Abs. 1, 131 Abs. 3 Nr. 2 HGB auch nicht analog möglich ist. Der Insolvenzverwalter kann daher die vermögenswerten Rechte aus dem Kommanditanteil einschließlich des Kündigungsrechts und des Insolvenzantragsrechts geltend machen.

VI. Lebensversicherungsansprüche

12 Der Anspruch auf die Versicherungssumme beim Tod des Versicherungsnehmers, falls ein Bezugsberechtigter benannt wurde, fällt unmittelbar an diesen (§§ 328, 330, 331 Abs. 1 BGB). Dabei reicht bereits die Benennung »der Erben« als Bezugsberechtigte (§ 167 Abs. 2 VVG). Die Erwerbssperre gem. § 91 Abs. 1 verhindert den Anspruchserwerb des Bezugsberechtigten nicht, da der Anspruch zu keinem Zeitpunkt im Vermögen des Erblassers und damit in der Insolvenzmasse vorhanden war (BGH, ZInsO 2010, 997). Allerdings kann der Nachlassinsolvenzverwalter bei Einräumung eines lediglich **widerruflichen Bezugsrechtes** (§ 159 VVG) durch den Erblasser die Bezugsberechtigung gem. § 134 Abs. 1 anfechten und den Dritten auf Auszahlung der vom Versicherer geschuldeten Versicherungssumme in Anspruch nehmen, wenn es sich im Valutaverhältnis um eine unentgeltliche Leistung handelt (BGH, ZInsO 2010, 997; BGH, ZInsO 2003, 1096). Die Erteilung einer widerruflichen Bezugsberechtigung an einen Dritten gilt als anfechtbare Rechtshandlung erst dann als vorgenommen, wenn der Versicherungsfall eingetreten ist, da vorher noch keine gesicherte Rechtsposition eingetreten ist (§ 166 Abs. 2 VVG). Die Lebensversicherungsgesellschaft muss im Fall der Anfechtbarkeit des Anspruchserwerbs die Versicherungssumme nicht gem. § 372 Satz 2 BGB hinterlegen, sondern kann bis zum Vorliegen eines rechtskräftigen Urteils an den Bezugsberechtigten auszahlen (BGH, ZInsO 2010, 997). Bei einer Einräumung einer **unwiderruflichen Bezugsberechtigung** vor dem in § 134 Abs. 1 normierten 4-Jahres-Zeitraum erlangt der Dritte die gesicherte Rechtsstellung außerhalb der Anfechtungsfristen, sodass der Anspruchserwerb als solcher nicht nach § 134 anfechtbar ist. Die unwiderrufliche Zuwendung der Versicherungsleistung unter Ehegatten gilt regelmäßig als erfolgt in dem Zeitpunkt, in dem die Bezeichnung des Bezugsrechts vorgenommen wurde (BGH, ZInsO 2012, 2294). Anfechtbar sind indes die Prämienzahlungen auf die Versicherung mit unwiderruflichem Bezugsrecht in der Frist des § 134. Auch die Prämienzahlung auf eine sicherungshalber abgetretene Lebensversicherung ist anfechtbar gem. § 134, soweit dadurch die Aufrechterhaltung der für den Todesfall vereinbarten Versicherungssumme erkauft worden ist. Allerdings sind dann nicht die Prämien selbst zurückzugewähren, sondern der Mehrbetrag, den der Zessionar aufgrund der Ratenzahlung im Vergleich zu der hypothetischen Versicherungssumme, die ohne weitere Prämienzahlungen im Todesfall angefallen wäre, erlangt hat (OLG Frankfurt am Main, ZIP 2011, 1067). Die nachträgliche Einräumung eines unwiderruflichen Bezugsrechtes im Anfechtungszeitraum des § 134 ist ebenfalls anfechtbar (LG Görlitz, ZInsO 2003, 808). Zur Ermittlung etwaiger Anfechtungsansprüche kann der Nachlassinsolvenzverwalter aufgrund seiner

aus § 80 Abs. 1 folgenden Verwaltungs- und Verfügungsbefugnis die Erteilung von Auskünften von einem Lebensversicherer des Erblassers verlangen (OLG Saarbrücken, ZInsO 2010, 621).

C. Schuldner des Nachlassinsolvenzverfahrens

Als Träger des Sondervermögens »Nachlass« und damit als Schuldner der Nachlassverbindlichkeiten (§ 1967 BGB) ist der Erbe auch Schuldner des Insolvenzverfahrens (BGH, NJW 1969, 1349; für die InsO: LG Berlin, ZInsO 2004, 626; a. A. LG Göttingen, ZInsO 2000, 619). Entsprechend kann der Erbe als Träger seines Eigenvermögens Gläubiger des Nachlassinsolvenzverfahrens sein und daneben als Träger des Nachlasses Schuldner bleiben. Den Erbenbegriff leitet die InsO aus dem BGB ab. Maßgeblich ist somit allein die Erbfähigkeit. Bei einer Nacherbfolge (§ 329) ist der Vorerbe bis zum Eintritt der Nacherbschaft Schuldner, danach der Nacherbe. Mit dem Erbschaftskauf (§ 330) tritt der Käufer in die Position des Schuldners ein. Der Erbe hat im Verfahren alle Rechte und Pflichten eines Schuldners. Er kann die Eröffnung beantragen (§ 317), sofortige Beschwerde gegen den Eröffnungsbeschluss oder gegen die Abweisung des Antrages mangels Masse einlegen (§§ 34 Abs. 2, 26) und Forderungen im Prüfungstermin bestreiten (§ 176 Satz 2). Lässt der Erbe die Insolvenzforderung gegen den Nachlass unbestritten, kann ein unterbrochener Rechtsstreit nicht gegen ihn, sondern nur gegen den Insolvenzverwalter aufgenommen werden (BGH, ZInsO 2005, 95). Der Erbe ist verpflichtet, Auskunft zu erteilen und den Verwalter bei der Erfüllung seiner Aufgaben zu unterstützen (§ 97). Auch treffen den Erben die Zwangsmittel der §§ 98 und 99. Bei einer **Mehrheit von Erben** ist jeder einzelne Miterbe Schuldner. Jeder Miterbe hat die Rechte aus §§ 317 Abs. 2, 34, 176; die weiter gehenden Rechte sind grds. gemeinsam auszuüben (§ 2038 BGB).

13

D. Stellung der sonstigen Verfahrensbeteiligten

I. Insolvenzverwalter

Für den Insolvenzverwalter bestehen im Nachlassinsolvenzverfahren keine Besonderheiten ggü. dem Regelinsolvenzverfahren (OLG Köln, ZIP 1988, 1203). Er verwaltet jedoch lediglich das Sondervermögen »Nachlass«. Der Nachlass als solches ist kein Einkommensteuersubjekt, deshalb treffen den Nachlassinsolvenzverwalter auch keine den Nachlass betreffenden einkommensteuerrechtlichen Erklärungs- und Mitwirkungspflichten, sondern gehen auf den Erben oder einen für ihn bestellten gesetzlichen Vertreter über (Roth, ZVI 2014, 45 m. w. N.) Der Nachlassinsolvenzverwalter ist vom Willen der Erben unabhängig und wird nicht in deren Namen tätig, sodass ihn bei Fortführung des Geschäfts des Erblassers nicht die Folge des § 27 HGB trifft (BGHZ 35, 13, 17 - WM 1961, 576). Bei einer Freigabe einer dem Insolvenzbeschlag unterliegenden Sache durch den Insolvenzverwalter scheidet der Gegenstand aus der Insolvenzmasse, nicht jedoch aus dem Nachlass aus, sodass der Gegenstand für die Nachlassverbindlichkeiten weiter haftet.

14

II. Nachlassverwalter, Nachlasspfleger, Testamentsvollstrecker

Bestellte Organe wie Nachlassverwalter, Nachlasspfleger und Testamentsvollstrecker sind bereits im Eröffnungsverfahren analog § 101 auskunfts- und mitwirkungsverpflichtet (vgl. § 20 Rdn. 8). Die Eröffnung des Insolvenzverfahrens hat die Beendigung der **Nachlassverwaltung** zur Folge (§ 1988 Abs. 1 BGB). Eine **Nachlasspflegschaft** (§ 1960 BGB) bleibt dagegen bestehen. Die Nachlasspflegschaft dient der Sicherung und Erhaltung des Nachlasses (§ 1960 Abs. 2 BGB). Bei einem einfachen Fall der Nachlassinsolvenz erhält der anwaltliche Nachlasspfleger keine Vergütung nach den RVG (OLG Schleswig, ZInsO 2013, 1707). Der Nachlasspfleger ist insoweit der gesetzliche Vertreter des/der Erben (BGH, NJW 1983, 226). Auch das Amt des **Testamentsvollstreckers** endet nicht mit der Eröffnung des Verfahrens. Da die Verwaltungs- und Verfügungsbefugnis auf den Insolvenzverwalter übergeht, beschränken sich die Befugnisse des Testamentsvollstreckers auf die unpfändbaren oder freigegebenen Teile des Nachlasses und die Wahrnehmung der Interessen der Erben. Er kann u. a. ihre Rechte aus §§ 317, 34 Abs. 2 und 176 Satz 2 wahrnehmen. Nach Einstellung des Insolvenzverfahrens gem. §§ 212, 213 ist der Testamentsvollstrecker wieder hinsichtl. des Nachlasses verfügungsbefugt (§§ 2205, 2211 BGB). Dies gilt auch bzgl. eines, nach Aufhebung des Verfahrens

15

(§ 200) verbliebenen Überschusses (§ 199). An einer auf nachrangige Forderungen i. S. d. § 327 gezahlten Quote setzt sich die Testamentsvollstreckung nicht fort, da die Verteilung der Masse an die Gläubiger (§ 196) aufgrund des erstellten Verteilungsverzeichnisses (§ 188) abschließend erfolgt und kein einer Testamentsvollstreckung zugängliches Nachlassvermögen verbleibt.

E. Wirkungen des Todes des Schuldners auf das Verfahren

16 Stirbt der Schuldner nach Eingang des Insolvenzantrages beim Insolvenzgericht, bleibt dieser Antrag maßgeblich für die Entscheidung über die Eröffnung des Nachlassinsolvenzverfahrens (BGH, ZInsO 2004, 270). Der Tod des Schuldners bewirkt nur die **Überleitung des Eröffnungsverfahrens** vom **Regel-** in das **Nachlassinsolvenzverfahren**. Da die Eröffnungsgründe dieselben sind (§ 320 Satz 1), nimmt das Eröffnungsverfahren ohne Unterbrechung seinen Fortgang mit dem Erben als neuen Schuldner (BGH, ZVI 2004, 188). Das Insolvenzgericht hat einen Überleitungsbeschluss mit deklaratorischer Wirkung zu erlassen. Eine Verweisung an das gem. § 315 möglicherweise eigentlich zuständige Gericht erfolgt nicht (Bork/Koschmieder-Wehr, Rn. 16.98). Ist der Erbe unbekannt oder verzögert sich die Entscheidung über die Annahme der Erbschaft, ist durch das Nachlassgericht von Amts wegen ein Nachlasspfleger zu bestellen, der die Rechte und Pflichten des Erben im Verfahren wahrnimmt (§ 1960 Abs. 1 BGB). Das für die gerichtliche Fürsorgemaßnahme in dieser Situation vorliegende Bedürfnis sollte dem Nachlassgericht durch das Insolvenzgericht bekannt gemacht werden. Im bereits eröffneten Regelinsolvenzverfahren gilt dasselbe. Ist der Schuldner bereits vor dem Eingang eines Insolvenzantrages eines Gläubigers verstorben, kann der Antrag nicht durch das Insolvenzgericht umgedeutet werden. Der Antrag ist als unzulässig zurückzuweisen. Ist der spätere Erbe einziger Gläubiger des Erblassers, erlöschen im Eröffnungsverfahren dessen Forderungen mit dem Erbfall durch Konfusion, da § 1976 BGB keine Anwendung findet. Weil kein Eröffnungsgrund mehr vorliegt, ist der Insolvenzantrag, nunmehr ein Eigenantrag, unzulässig. Andernfalls hat der Erbe darzulegen, dass Forderungen Dritter bestehen. Tritt der Erbfall erst im eröffneten Verfahren ein, gilt § 1976 BGB und der Eröffnungsgrund fällt mangels Konfusion nicht i. S. d. § 212 weg. Stirbt der Schuldner während des **Verbraucherinsolvenzverfahrens**, scheidet eine Fortführung des Verfahrens mit dem Erben als Schuldner aus (MK-Siegmann vor §§ 315 bis 331 Rn. 5). Die Bestimmungen der §§ 304 ff. finden keine Anwendung. Ein anhängiges Verbraucherinsolvenzverfahren wird durch den Tod des Schuldners ohne Unterbrechung in ein normales Nachlassinsolvenzverfahren übergeleitet (BGH, ZIP 2008, 798 f.), sofern nicht eine Einstellung mangels Masse zu erfolgen hat. Eine Stundungsbewilligung nach § 4a ist angesichts des Wegfalls der Möglichkeit einer Restschuldbefreiung ex nunc wirkungslos. Die rechtskräftige Bestellung eines Treuhänders wirkt in dem nachfolgenden Nachlassinsolvenzverfahren fort (BGH, ZIP 2008, 798, 800). Ist im Rahmen pflichtgemäßer Ermessensausübung wegen notwendiger Tätigkeiten, die typischerweise in den Aufgabenbereich eines Nachlassinsolvenzverwalters fallen, statt des Treuhänders ein Insolvenzverwalter zu bestellen, bedarf es neben des deklaratorischen Überleitungsbeschlusses eines gesonderten Beschlusses durch das Insolvenzgericht. Für diesen Beschluss ist der Richter zuständig. In der Folge kann der Erbe keine Restschuldbefreiung beantragen. Ein bereits durch den Erblasser gestellter Antrag wird gegenstandslos. Ein bereits laufendes **Verfahren zur Restschuldbefreiung** wird durch den Tod des Schuldners vorzeitig beendet. Eine Fortführung mit dem Erben ist wegen der Höchstpersönlichkeit der Restschuldbefreiung nicht möglich. Auch ist das Recht auf Erteilung der Restschuldbefreiung nicht als vermögensrechtliche Beziehung nach § 1922 BGB vererblich, sodass durch den Tod des Schuldners zugunsten seines Nachlasses keine Restschuldbefreiung erfolgen kann (AG Leipzig, ZInsO 2013, 615; vertiefend dazu Büttner, ZInsO 2013, 588; a. A. AG Duisburg, ZInsO 2009, 2353). Allerdings kann nach dem Tod des Schuldners noch der Widerruf der Restschuldbefreiung gem. § 303 erfolgen. Dem Erben verbleiben dann nur die allgemeinen Möglichkeiten der Haftungsbeschränkung auf den Nachlass. Wurde der Schuldner für tot erklärt (§ 9 VerschG), kann ebenfalls ein Nachlassinsolvenzverfahren durchgeführt werden. Ist der **Verschollene** zu Unrecht für tot erklärt worden, kann er die Aufhebung der Todeserklärung betreiben. Die Eröffnung des Nachlassinsolvenzverfahrens verliert jedoch durch die Aufhebung der

Todeserklärung nicht ihre Wirksamkeit. Das Verfahren wird als Regelinsolvenzverfahren mit dem vermeintlichen Erblasser als Schuldner fortgesetzt.

Erster Abschnitt Nachlaßinsolvenzverfahren

§ 315 Örtliche Zuständigkeit

¹Für das Insolvenzverfahren über einen Nachlaß ist ausschließlich das Insolvenzgericht örtlich zuständig, in dessen Bezirk der Erblasser zur Zeit seines Todes seinen allgemeinen Gerichtsstand hatte. ²Lag der Mittelpunkt einer selbständigen wirtschaftlichen Tätigkeit des Erblassers an einem anderen Ort, so ist ausschließlich das Insolvenzgericht zuständig, in dessen Bezirk dieser Ort liegt.

Übersicht	Rdn.		Rdn.
A. Normzweck	1	B. Norminhalt	2

A. Normzweck

Die Bestimmung entspricht § 3 und knüpft dabei an die Verhältnisse des Erblassers an. Mit der Anknüpfung der örtlichen Zuständigkeit an eine selbstständige wirtschaftliche Tätigkeit wurde das mögliche **Auseinanderfallen von Nachlass- und Insolvenzgericht** bewusst in Kauf genommen. Die örtliche Zuständigkeit des Nachlassgerichts bestimmt sich nämlich ausschließlich nach dem letzten Wohnsitz des Erblassers (§ 73 FGG).   1

B. Norminhalt

Im Fall der Unanwendbarkeit von § 3 EuInsVO ist für die internationale und örtliche Zuständigkeit § 315 maßgebend (BGH, ZInsO 2010, 348). § 315 übernimmt in Satz 1 die Regelung des § 3 Abs. 1 Satz 1 sowie in Satz 2 die Regelung des § 3 Abs. 1 Satz 2 (vgl. Kommentierung zu § 3 Rdn. 1 ff.). Satz 2 ist vorrangig zu beachten. Danach greift primär die Zuständigkeit desjenigen Insolvenzgerichts ein, in dessen Bezirk der **Mittelpunkt einer selbstständigen wirtschaftlichen Tätigkeit des Erblassers** lag. Maßgeblich ist insoweit die durch den Erblasser ausgeübte, planmäßige, auf Erwerb abzielende unternehmerische Tätigkeit am Markt, auch wenn der Erblasser seine Tätigkeit kurz vor seinem Tode aufgegeben hat (Vallender/Fuchs/Rey, NZI 1999, 355). Fehlt es an einer selbstständigen wirtschaftlichen Tätigkeit, richtet sich die Zuständigkeit nach dem **allgemeinen Gerichtsstand des Erblassers** (§§ 4, 12, 13, 16 ZPO, Satz 1). Bestehen für den Erblasser **mehrere allgemeine Gerichtsstände**, ist das Gericht örtlich zuständig, bei dem die Eröffnung des Verfahrens zuerst beantragt worden ist (§ 3 Abs. 2). Lagen Tätigkeitsmittelpunkt oder Wohnsitz des Erblassers im **Ausland**, besteht keine inländische Zuständigkeit. Ein ausländischer Wohnsitz (§ 16 ZPO) geht vor (OLG Köln, ZInsO 2001, 622). Verfügt der im Ausland befindliche Erblasser über inländisches Vermögen, kann gem. Art. 102 Abs. 3 Satz 1 EGInsO ein Partikularinsolvenzverfahren im Inland über die betreffenden Vermögensteile stattfinden. Zuständig ist das Insolvenzgericht des belegenen Vermögens gem. § 23 ZPO oder bei unbeweglichen Gegenständen gem. § 24 ZPO (BGH, ZIP 1998, 659).   2

§ 316 Zulässigkeit der Eröffnung

(1) Die Eröffnung des Insolvenzverfahrens wird nicht dadurch ausgeschlossen, daß der Erbe die Erbschaft noch nicht angenommen hat oder daß er für die Nachlaßverbindlichkeiten unbeschränkt haftet.

(2) Sind mehrere Erben vorhanden, so ist die Eröffnung des Verfahrens auch nach der Teilung des Nachlasses zulässig.

(3) Über einen Erbteil findet ein Insolvenzverfahren nicht statt.

Übersicht

	Rdn.			Rdn.
A. Normzweck	1	IV.	Nachlassinsolvenz über einen Erbteil (Abs. 3)	5
B. Norminhalt	2	C.	Verfahrensfragen	6
I. Nachlassinsolvenz vor Annahme der Erbschaft (Abs. 1, 1. Alt.)	2	I.	Insolvenzfähigkeit der Erbengemeinschaft	6
II. Nachlassinsolvenz bei unbeschränkter Erbenhaftung (Abs. 1, 2. Alt.)	3	II.	Übergang einer Erbengemeinschaft zur insolvenzfähigen GbR/OHG	7
III. Nachlassinsolvenz bei Nachlassteilung (Abs. 2)	4			

A. Normzweck

1   § 316 klärt die Zulässigkeit der Eröffnung eines Nachlassinsolvenzverfahrens, wenn der Erbe die Erbschaft noch nicht angenommen hat (Abs. 1, 1. Alt.), er für die Nachlassverbindlichkeiten unbeschränkt haftet (Abs. 1, 2. Alt.) oder der Nachlass bereits geteilt ist (Abs. 2). Nach Abs. 3 ist ein Erbteil nicht insolvenzfähig.

B. Norminhalt

I. Nachlassinsolvenz vor Annahme der Erbschaft (Abs. 1, 1. Alt.)

2   Der Insolvenzantrag kann vor Annahme der Erbschaft von Nachlassgläubigern oder dem vorläufigen Erben gestellt werden. In dem Antrag ist **keine konkludente Annahme** der Erbschaft zu sehen (MK-Siegmann § 317 Rn. 2). Das Insolvenzverfahren während der Schwebezeit zwischen Erbfolge und Annahme der Erbschaft (§§ 1942, 1943 BGB) wird durch die InsO zugelassen, weil der Erbschaftsanfall stets rückwirkend auf den Zeitpunkt des Erbfalles erfolgt. Besteht Ungewissheit über die Annahme der Erbschaft oder Unklarheit über die Person des Erben, ist für das Nachlassinsolvenzverfahren durch das Nachlassgericht ein **Nachlasspfleger** zu bestellen (§ 1960 BGB).

II. Nachlassinsolvenz bei unbeschränkter Erbenhaftung (Abs. 1, 2. Alt.)

3   Dem Interesse der Nachlassgläubiger an einer Vermögensabsonderung des Nachlasses vom übrigen Vermögen eines unbeschränkt oder nicht mehr beschränkt haftenden Erben, um den Nachlass dem Haftungszugriff anderer Gläubiger des Erben zu entziehen, trägt Abs. 1, 2. Alt. Rechnung. Danach hindert nämlich die unbeschränkte Haftung des Erben die Eröffnung des Nachlassinsolvenzverfahrens nicht. Die Nachlassgläubiger können bei unbeschränkter Haftung des Erben ihre Forderungen auch während des Nachlassinsolvenzverfahrens in dessen Eigenvermögen geltend machen und vollstrecken (§ 2013 BGB). Dieses gilt auch, wenn sie sich am Insolvenzverfahren beteiligten. § 89 Abs. 1 findet keine Anwendung (MK-Siegmann § 316 Rn. 3; Uhlenbruck-Lüer § 316 Rn. 4). Ein Einzugsvorbehalt zugunsten des Nachlassinsolvenzverwalters analog § 93 besteht nicht (vgl. Anm. § 325 Rdn. 6). Die Rechte der Nachlassgläubiger werden lediglich für den Fall eingeschränkt, in dem auch über das Eigenvermögen des Erben das Insolvenzverfahren eröffnet ist. Dann werden die Nachlassgläubiger des Erblassers wie absonderungsberechtigte Gläubiger behandelt und können ihre Ansprüche nur insoweit anmelden, wie sie ausgefallen sind (§ 331 Abs. 1).

III. Nachlassinsolvenz bei Nachlassteilung (Abs. 2)

4   Ein Nachlassinsolvenzverfahren ist gem. Abs. 2 trotz vollzogener Teilung des Nachlasses vor der vorrangig vorzunehmenden Tilgung der Nachlassverbindlichkeiten (§ 2046 Abs. 2 BGB) möglich. Der Nachlassinsolvenzverwalter ist bei Eröffnung des Verfahrens nach Vollzug der Teilung berechtigt und verpflichtet, sämtliches Nachlassvermögen in Besitz zu nehmen (§§ 80, 148, 159). Die Mit-

erben haben alle in ihrem Besitz befindlichen Nachlassgegenstände zur Masse zurückzugewähren. **Maßgeblicher Zeitpunkt für die Bestimmung des Umfanges der Masse** ist nicht der Zeitpunkt der Teilung, sondern derjenige der Eröffnung des Nachlassinsolvenzverfahrens (MK-Siegmann § 316 Rn. 4). Herausgabe- und Ersatzansprüche der Nachlassgläubiger gem. § 1978 Abs. 2 BGB gehören zum Nachlass, sodass der Verwalter für im Besitz Dritter sich befindlicher Gegenstände das Surrogat oder Schadensersatz vom Erben verlangen kann. Verschenkte, entfernte oder veräußerte Gegenstände können ansonsten nur nach den Voraussetzungen der §§ 129 ff. zurückverlangt werden (Uhlenbruck-Lüer § 316 Rn. 6).

IV. Nachlassinsolvenz über einen Erbteil (Abs. 3)

Der Erbteil (§ 1922 BGB) unterliegt zwar der Einzelzwangsvollstreckung (§ 859 Abs. 1 ZPO), ein Insolvenzverfahren kann über ihn jedoch nicht eröffnet werden, da diese Möglichkeit durch die Ausgestaltung der Miterbengemeinschaft als Gemeinschaft zur gesamten Hand (§ 2032 BGB) sowie der Einführung der gesamtschuldnerischen Haftung der Erben (§ 2058 BGB) entfällt. 5

C. Verfahrensfragen

I. Insolvenzfähigkeit der Erbengemeinschaft

In § 11 Abs. 2 Nr. 2 wird nur der Nachlass für insolvenzfähig erklärt und die Miterbengemeinschaft als solche auch in § 11 Abs. 2 Nr. 1, der für andere Gesamtheitsgemeinschaften die Insolvenzfähigkeit anerkennt, nicht aufgezählt. Abs. 2 klärt die Frage der Insolvenzfähigkeit der Erbengemeinschaft ebenfalls nicht. Vereinzelt wird vertreten, dass zumindest die unternehmenstragende Miterbengemeinschaft insolvenzfähig ist (K. Schmidt, NJW 1985, 2785). Bislang galt, dass die Erbengemeinschaft keine eigene Rechtspersönlichkeit besitzt und auch sonst nicht rechtsfähig und damit nicht insolvenzfähig ist (BGH, NJW 1989, 2133). Aus der **Anerkennung der Rechtsfähigkeit der GbR** durch den BGH (BGH, ZInsO 2001, 218) ergibt sich für die Erbengemeinschaft keine andere Rechtsstellung. Dies wird obergerichtlich damit begründet, dass die Erbengemeinschaft anders als die GbR nicht rechtsgeschäftlich, sondern gesetzlich begründet wird, sie keine werbende Gemeinschaft und damit auch nicht auf Dauer angelegt, sondern auf Auseinandersetzung gerichtet ist (BGH, NJW 2002, 3389). Zudem besitze die auf Auseinandersetzung angelegte Erbengemeinschaft keine Elemente, die ihre Handlungsorganisation prägen, es fehle vor allem ein auf Dauer angelegter Handlungszweck und die darauf gerichtete Personenverbindung (BGH, NJW 2002, 3389, 3390). Dem ist zuzustimmen, insb. da die Erbengemeinschaft mit eigener Rechtssubjektivität der Beschränkung des § 11 Abs. 3 unterläge, dass ein Insolvenzverfahren nach Verteilung des Vermögens nicht stattfinden kann, während Abs. 2 das genaue Gegenteil vorsieht. Eine auf Auseinandersetzung gerichtete Erbengemeinschaft ist damit **nicht insolvenzfähig**. Ihre Insolvenz ist durch ein Nachlassinsolvenzverfahren abzuwickeln (AG Duisburg, NZI 2004, 97). 6

II. Übergang einer Erbengemeinschaft zur insolvenzfähigen GbR/OHG

Gesetzliches Ziel der Erbengemeinschaft ist ihre Auflösung, sie ist auf **Auseinandersetzung** gerichtet (BGH, NJW 2002, 3389, 3390). Wird aus der Erbengemeinschaft heraus ohne ausdrückliche Auflösung eine neue wirtschaftliche Tätigkeit entfaltet, wird die auf Auslösung gerichtete Erbengemeinschaft beendet und konkludent eine neue Gesellschaft gegründet. Zur Abgrenzung ist auf die seitens des BGH benannten Kriterien abzustellen. Nimmt die Erbengemeinschaft am Rechtsverkehr teil, begründet in diesem Rahmen Rechte und Pflichten und wird so zur werbenden Gesellschaft, gibt sie sich einen auf Dauer angelegten Handlungszweck und richtet die Personenverbindung darauf aus, so wird konkludent eine neue Gesellschaft gegründet, da genau dieses Verhalten charakteristisch für eine Außengesellschaft ist (BGH, ZInsO 2001, 218). Indiz hierfür ist die Anlage der werbenden Tätigkeit auf Dauer, da damit der gesetzliche Zweck der Auseinandersetzung aufgegeben wird. Die jeweilige Dauer ist einzelfallabhängig. Einen Anhaltspunkt bietet jedoch die 2-jährige Antragsfrist für Nachlassgläubiger in § 319. Nicht überzeugend ist die Auslegung der 7

BGH-Rspr. durch das AG Duisburg (NZI 2004, 97), wonach eine Erbengemeinschaft ein ererbtes Handelsgeschäft zeitlich unbeschränkt fortführen kann.

§ 317 Antragsberechtigte

(1) Zum Antrag auf Eröffnung des Insolvenzverfahrens über einen Nachlaß ist jeder Erbe, der Nachlaßverwalter sowie ein anderer Nachlaßpfleger, ein Testamentsvollstrecker, dem die Verwaltung des Nachlasses zusteht, und jeder Nachlaßgläubiger berechtigt.

(2) ¹Wird der Antrag nicht von allen Erben gestellt, so ist er zulässig, wenn der Eröffnungsgrund glaubhaft gemacht wird. ²Das Insolvenzgericht hat die übrigen Erben zu hören.

(3) Steht die Verwaltung des Nachlasses einem Testamentsvollstrecker zu, so ist, wenn der Erbe die Eröffnung beantragt, der Testamentsvollstrecker, wenn der Testamentsvollstrecker den Antrag stellt, der Erbe zu hören.

Übersicht	Rdn.			Rdn.
A. Normzweck	1	IV.	Antragsberechtigung der Nachlassgläubiger (Abs. 1)	5
B. Norminhalt	2			
I. Antragsberechtigung des Erben (Abs. 1)	2	C.	**Verfahrensfragen**	6
II. Antragsberechtigung der Miterben (Abs. 2)	3	I.	Beschwerdeberechtigung	6
		II.	Antragspflichten	7
III. Antragsberechtigung der Nachlasspfleger, -verwalter und Testamentsvollstrecker (Abs. 1)	4	III.	Kostenhilfe für das Nachlassinsolvenzverfahren	8

A. Normzweck

1   Durch den § 317 wird der Kreis der Antragsberechtigten beim Nachlassinsolvenzverfahren definiert und, da das Verfahren nicht von Amts wegen eröffnet wird, sehr weit gezogen.

B. Norminhalt

I. Antragsberechtigung des Erben (Abs. 1)

2   Die Antragsbefugnis steht nach dem Wortlaut des § 317 jedem Erben zu. Damit sind der vorläufige Erbe, der beschränkt oder wieder unbeschränkt haftende Erbe, der Vorerbe, solange der Nacherbfolgefall nicht eingetreten ist, danach der Nacherbe, aber auch der Ersatzerbe antragsberechtigt. Der die Erbschaft ausschlagende Erbe ist nicht mehr antragsberechtigt (OLG Koblenz, Rpfleger 1989, 510), seine Antragsberechtigung entfällt ex tunc und der Insolvenzantrag ist entsprechend unzulässig. Ein Erbe, der die Versäumung der Ausschlagungsfrist angefochten hat, ist ebenfalls nicht mehr antragsberechtigt, auch wenn die Wirksamkeit der Anfechtung noch nicht feststeht (BGH, ZInsO 2011, 1352). Das Nachlassgericht sollte in diesen Fällen einen Nachlasspfleger bestellen (§ 1960 BGB). Eine Ausschlagung nach Eröffnung des Insolvenzverfahrens berührt die Eröffnung nicht mehr. Der **Nachweis der Erbenstellung im Vorprüfungsverfahren** als Zulässigkeitsvoraussetzung für die Einleitung eines Nachlassinsolvenzverfahrens obliegt allein dem Antragsteller. Eine Amtsermittlungspflicht besteht nicht (LG Köln, ZInsO 2003, 720). Zum Nachweis der Erbenstellung ist die Vorlage des Erbscheins erforderlich (LG Köln, ZInsO 2003, 720). Ausreichend kann entsprechend § 35 Abs. 1 GBO auch ein öffentliches Testament (§ 2232 BGB) nebst Niederschrift über die Eröffnung (§ 348 FamFG) sein, wenn dadurch die Erbfolge ggü. dem Insolvenzgericht ausreichend nachgewiesen werden kann. Stellt der vorläufige Erbe den Nachlassinsolvenzantrag, hat er unter Vorlage der Sterbeurkunde (§ 60 PStG) oder der Mitteilung des Nachlassgerichts nach § 1953 Abs. 3 BGB darzulegen, dass die Annahmefrist noch nicht abgelaufen ist und seine Erbenstellung als solche glaubhaft zu machen. Im Fall des Erbschaftskaufs tritt der Käufer an die Stelle des Erben (§ 330 Abs. 1, 3) und ist damit antragsberechtigt. Der Fiskus ist erst dann Antragsberechtig-

ter gesetzlicher Erbe, wenn vom Nachlassgericht festgestellt worden ist, dass ein anderer Erbe nicht vorhanden ist (§ 1966 BGB).

II. Antragsberechtigung der Miterben (Abs. 2)

Alle Miterben können **gemeinschaftlich** einen Eröffnungsantrag stellen, auch wenn der Nachlass schon geteilt ist (§ 316 Abs. 2). Die Antragsbefugnis steht auch jedem **einzelnen** Miterben zu, da jeder einzelne Schuldner im Nachlassinsolvenzverfahren ist. Allerdings hat der Miterbe, um willkürliche Anträge zu verhindern, den Eröffnungsgrund i. S. d. § 294 ZPO, § 4 glaubhaft zu machen. Stellt ein Miterbe einen Insolvenzantrag, sind die übrigen Miterben vom Insolvenzgericht zu hören (Abs. 2 Satz 2). Der ausschlagende Miterbe ist nicht mehr anzuhören. Auch kann die Anhörung unter den Voraussetzungen des § 10 entfallen. Eine Beschränkung der Antragsbefugnis des einzelnen Miterben bei drohender Zahlungsunfähigkeit ist dem Gesetz nicht zu entnehmen (a. A. HK-Kirchhof § 18 Rn. 18).

III. Antragsberechtigung der Nachlasspfleger, -verwalter und Testamentsvollstrecker (Abs. 1)

Der Nachlasspfleger (§ 1960 BGB), der Nachlassverwalter (§ 1985 BGB) sowie der Testamentsvollstecker, sofern ihm die Verwaltung des gesamten Nachlasses zusteht (§ 2209 BGB), sind gem. Abs. 1 antragsbefugt. Der **Nachlasspfleger** handelt hierbei als Vertreter des Erben und hat keine Antragsbefugnis aus eigenem Recht (BGH, NJW 1985, 2596). Das Antragsrecht aus Abs. 1 hat er ausschließlich im Interesse des/der Erben des Nachlasses, nicht aber im Interesse der Insolvenzgläubiger wahrzunehmen (BGH, ZInsO 2005, 375). Für den Eröffnungsantrag eines Nachlasspflegers ist Schlüssigkeit im technischen Sinne nicht erforderlich. Es reicht, wenn eine Überschuldung des Nachlasses in substanziierter, nachvollziehbarer Form dargelegt wird (BGH, ZInsO 2007, 887 f.). Da der **Nachlassverwalter** gem. den §§ 1985 Abs. 2, 1980 BGB eine Insolvenzantragspflicht hat, war ihm neben dem Antragsrecht des Erben schon deshalb ein eigenes Antragsrecht einzuräumen, wobei eine gegenseitige Anhörungspflicht analog Abs. 3 anzunehmen ist (HK-Marotzke § 317 Rn. 11). Dem **Testamentsvollstrecker** steht selbstständig neben dem Erben ein Antragsrecht nur zu, wenn die Verwaltung des gesamten Nachlasses übertragen wurde (§§ 2197 f. BGB). Sind mehrere Testamentsvollstrecker als sog. Gesamtvollstrecker ernannt, muss der Antrag von allen gemeinsam gestellt werden (§ 2224 Abs. 1 BGB). Bei Meinungsverschiedenheiten entscheidet das Nachlassgericht (§ 2224 Abs. 1 Satz 1 Halbs. 2 BGB). Begrenzt wird diese Selbstständigkeit durch gerichtliche Anhörungspflichten nach Abs. 3, von denen wieder unter den Voraussetzungen des § 10 und bei ausschlagenden Erben und Miterben abgesehen werden kann. Das **Nachlassgericht** ist nicht antragsberechtigt; es muss ggf. hierfür einen Nachlasspfleger bestellen (BGH, ZEV 2009, 352).

IV. Antragsberechtigung der Nachlassgläubiger (Abs. 1)

Jeder Nachlassgläubiger, folglich auch der Miterbengläubiger, der Pflichtteilsberechtigte, der Vermächtnisnehmer, der Vollzugsberechtigte aus Auflagen sowie auch der Gläubiger, dessen Nachlassverbindlichkeit nicht auf Zahlung einer Geldsumme gerichtet ist, sondern z. B. auf Handlung, Duldung oder Unterlassung, ist antragsberechtigt. Das **Rechtsschutzbedürfnis** ist nach § 14 zu prüfen. Der Gläubiger hat seine Forderung gegen den Nachlass und den Eröffnungsgrund glaubhaft zu machen (BGH, NZI 2011, 653) und muss ein rechtliches Interesse an der Eröffnung des Insolvenzverfahrens haben. Bei zulässigem Antrag ist der Schuldner (vgl. vor §§ 315 ff. Rdn. 13) anzuhören (§ 14 Abs. 2). Ist für die unbekannten Erben ein Nachlasspfleger bestellt, so ist dieser anzuhören. Hierbei ist § 10 anwendbar. Für den Antrag des Nachlassgläubigers gilt die **2-jährige Antragsfrist** des § 319. Gläubiger, denen nur einzelne Miterben haften, können kein Nachlassinsolvenzverfahren beantragen, da die Erbteilsverbindlichkeiten nur einen oder einzelne Miterben beschweren (§ 2046 Abs. 2 BGB) und es damit an einer den gesamten Nachlass belastenden Verbindlichkeit fehlt (MK-Siegmann § 317 Rn. 5).

C. Verfahrensfragen

I. Beschwerdeberechtigung

6 Ein Beschwerderecht ist gem. § 6 nur bei ausdrücklicher Zulassung in der InsO gegeben. Gem. § 34 Abs. 1 steht dem Antragsteller bei Ablehnung der Eröffnung und gem. § 34 Abs. 2 dem Erben und auch dem Miterben gegen den Eröffnungsbeschluss die sofortige Beschwerde zu. Erfolgt eine Abweisung mangels Masse (§ 26), steht auch den Erben die sofortige Beschwerde zu, da ihre Haftungslage bei Durchführung des Verfahrens (§§ 1990, 1991 BGB) günstiger ist als im Fall der Ablehnung mangels Masse (§§ 1989, 1973 BGB). Der Schuldner, der Erbe oder der Nachlassverwalter können nicht mit der Begründung, der eigene Insolvenzantrag hätte gem. § 26 abgewiesen werden müssen, Beschwerde einlegen, da die Erwartung, das Insolvenzgericht werde das Verfahren nicht eröffnen, nicht schutzwürdig ist (OLG Köln, ZInsO 2002, 331; OLG Celle, ZInsO 1999, 600; a. A. OLG Frankfurt am Main, MDR 1971, 491). Bei einem Gläubigerantrag kann jedoch ein Beschwerderecht gegeben sein (BGH, ZInsO 2004, 923).

II. Antragspflichten

7 Der Erbe, auch jeder Vor- und Miterbe, hat bei Kenntnis der Zahlungsunfähigkeit oder der Überschuldung nach § 1980 BGB unverzüglich einen Insolvenzantrag zu stellen. Dies gilt gem. § 1985 Abs. 2 BGB auch für den Nachlassverwalter, wobei die Antragspflicht des Erben mit Anordnung der Nachlassverwaltung endet. Vor Annahme der Erbschaft oder bei Unkenntnis/Ungewissheit über die Erbenstellung besteht keine Antragspflicht (Marotzke, ZInsO 2011, 2105 f.). Nach Ablauf der Ausschlagungsfrist, mit deren Versäumung die Erbschaft als angenommen gilt (§ 1943 BGB), oder nach Annahme der Erbschaft ist der Erbe trotz eines schwebenden Erbprätendentenstreits und deswegen angeordneter Nachlasspflegschaft aus § 1980 Abs. 1 Satz 1 BGB verpflichtet, einen Insolvenzantrag zu stellen (BGH, ZInsO 2005, 375). Bei Verletzung der Antragspflicht besteht ein Schadensersatzanspruch der Nachlassgläubiger (§ 1980 Abs. 1 Satz 2 BGB). Der Schadensersatzanspruch gehört zur Insolvenzmasse und wird vom Insolvenzverwalter geltend gemacht (§ 92). I. R. d. Schadensersatzpflicht aus § 1980 Abs. 1 Satz 2 BGB ist dem Erben die schuldhaft verspätete Stellung des Insolvenzantrages durch den Nachlasspfleger nicht zuzurechnen (BGH, ZInsO 2005, 375 f.). Nachlasspfleger und verwaltender Testamentsvollstrecker sind ggü. den Nachlassgläubigern nicht insolvenzantragspflichtig (KG, FamRZ 1975, 292). Der Gegenschluss aus § 1985 Abs. 2 BGB ergibt jedoch, dass diese dem Erben ggü. zur Antragstellung verpflichtet und bei Unterlassung schadensersatzpflichtig sind. § 26 Abs. 3 ist für alle Beteiligten nicht unmittelbar anwendbar (MK-Siegmann § 317 Rn. 8).

▶ Hinweis:
Der Insolvenzverwalter kann den Schadensersatzanspruch des Erben gegen den Nachlasspfleger oder Testamentsvollstrecker für die Masse pfänden und an sie überweisen lassen, soweit ihr nach §§ 1978 Abs. 2, 1089 BGB vollstreckungsreife Forderungen gegen den Erben zustehen.

III. Kostenhilfe für das Nachlassinsolvenzverfahren

8 Da der Erbe Schuldner des Nachlassinsolvenzverfahrens ist, ist ihm keine **PKH** zu gewähren (LG Berlin, ZInsO 2004, 626; AG Hildesheim, ZInsO 2004, 1154; a. A. LG Göttingen, ZInsO 2000, 619), insb. wenn er einen Nichteröffnungsbeschluss erwirken will (LG Neuruppin, ZInsO 2004, 1090). Da der Erbe die Haftungsbeschränkung und nicht die Restschuldbefreiung anstrebt, kann er auch keine **Insolvenzkostenhilfe**, also Verfahrenskostenstundung gem. § 4a, erhalten (MK-Siegmann § 317 Rn. 14).

§ 318 Antragsrecht beim Gesamtgut

(1) ¹Gehört der Nachlaß zum Gesamtgut einer Gütergemeinschaft, so kann sowohl der Ehegatte, der Erbe ist, als auch der Ehegatte, der nicht Erbe ist, aber das Gesamtgut allein oder mit seinem

Ehegatten gemeinschaftlich verwaltet, die Eröffnung des Insolvenzverfahrens über den Nachlaß beantragen. ²Die Zustimmung des anderen Ehegatten ist nicht erforderlich. ³Die Ehegatten behalten das Antragsrecht, wenn die Gütergemeinschaft endet.

(2) ¹Wird der Antrag nicht von beiden Ehegatten gestellt, so ist er zulässig, wenn der Eröffnungsgrund glaubhaft gemacht wird. ²Das Insolvenzgericht hat den anderen Ehegatten zu hören.

(3) Die Absätze 1 und 2 gelten für Lebenspartner entsprechend.

Übersicht	Rdn.		Rdn.
A. Normzweck	1	B. Norminhalt	2

A. Normzweck

Während einer Gütergemeinschaft ist jeder Ehegatte allein berechtigt, eine Erbschaft oder ein Vermächtnis anzunehmen, ohne dass es der Zustimmung des anderen Ehegatten bedarf (§ 1432 Abs. 1 BGB). Daher haftet das Gesamtgut für die zum Nachlass gehörenden Verbindlichkeiten (§§ 1437 Abs. 1, 1438 Abs. 1 BGB) sowie zudem der allein verwaltende Ehegatte persönlich (§ 1437 Abs. 2 BGB). Wegen dieser Haftungskonsequenzen ergänzt § 318 für den Fall, dass der ererbte Nachlass zum Gesamtgut der Gütergemeinschaft gehört, den § 317. 1

B. Norminhalt

Gehört ein Nachlass zum **Gesamtgut einer Gütergemeinschaft**, bei der beide Eheleute gemeinschaftlich verwalten oder die Verwaltung durch den Ehegatten vorgenommen wird, der nicht Erbe ist, dann sind beide Ehegatten gesondert antragsberechtigt. Wird das Gesamtgut allein von demjenigen verwaltet, der Erbe ist, so ist nur dieser antragsberechtigt (Uhlenbruck-Lüer § 318 Rn. 2). Auch für die Zeit nach Beendigung der Gütergemeinschaft gewährt Abs. 1 Satz 3 ein Antragsrecht, da die Gütergemeinschaft als **Gesamthandsgemeinschaft** bis zur Auseinandersetzung des Gesamtguts als Liquidationsgesellschaft fortbesteht und damit auch die Mithaft fortdauert, sodass es für den nicht erbenden Ehegatten auch für die Zeit nach Beendigung der Gütergemeinschaft eines Antragsrechts bedurfte. Dies gilt nicht für eine nach Beendigung, aber vor **abgeschlossener Auseinandersetzung** der Gütergemeinschaft angefallene Erbschaft, da nach deren Beendigung der Erwerb des Ehegatten nicht mehr in das Gesamtgut fällt (§ 1416 Abs. 1 Satz 1 BGB). Abs. 2 entspricht § 317 Abs. 2 und regelt die Glaubhaftmachung und die Anhörung des anderen Ehegatten. 2

§ 319 Antragsfrist

Der Antrag eines Nachlaßgläubigers auf Eröffnung des Insolvenzverfahrens ist unzulässig, wenn seit der Annahme der Erbschaft zwei Jahre verstrichen sind.

Übersicht	Rdn.		Rdn.
A. Normzweck	1	B. Norminhalt	2

A. Normzweck

§ 319 will den Zeitraum, in dem Nachlassgläubiger im Wege des Nachlassinsolvenzverfahrens auf den Nachlass als Sondervermögen zugreifen können, beschränken, da die Trennung von Nachlass und Eigenvermögen des Erben bei längerem Zeitablauf immer schwieriger wird. 1

B. Norminhalt

Die Antragsfrist des § 319 gilt nur beim **Antrag des Nachlassgläubigers**. **Fristbeginn** ist die Annahme der Erbschaft (§ 1943 BGB) oder die Annahme der Nacherbschaft. Bei einer Mehrheit 2 von Erben kommt es auf die letzte Annahme an (MK-Siegmann § 319 Rn. 2). Die 2-Jahres-Frist ist aufgrund des eindeutigen Wortlauts des § 319 eine **Ausschlussfrist** (MK-Siegmann § 319 Rn. 4; a. A. HK-Marotzke § 319 Rn. 4 für den Fall der Testamentsvollstreckung). Bei Fristversäumnis geht der Nachlassgläubiger seiner Antragsberechtigung verlustig. Ein nach Fristablauf von einem Nachlassgläubiger gestellter Antrag ist als unzulässig abzuweisen. Da nur der Insolvenzantrag des Nachlassgläubigers befristet ist, ist die Eröffnung des Nachlassinsolvenzverfahrens weiterhin möglich.

§ 320 Eröffnungsgründe

¹Gründe für die Eröffnung des Insolvenzverfahrens über einen Nachlaß sind die Zahlungsunfähigkeit und die Überschuldung. ²Beantragt der Erbe, der Nachlaßverwalter oder ein anderer Nachlaßpfleger oder ein Testamentsvollstrecker die Eröffnung des Verfahrens, so ist auch die drohende Zahlungsunfähigkeit Eröffnungsgrund.

Übersicht

	Rdn.			Rdn.
A. Normzweck	1	II.	Drohende Zahlungsunfähigkeit als Eröffnungsgrund	3
B. Norminhalt	2	III.	Überschuldung als Eröffnungsgrund	4
I. Eingetretene Zahlungsunfähigkeit als Eröffnungsgrund	2			

A. Normzweck

1 Da sich der Nachlass durch Rechtsstreitigkeiten, Kursverluste und -gewinne und insb. Wertveränderungen eines im Nachlass befindlichen, fortgeführten Unternehmens ändern kann, handelt es sich bei einem Nachlass nicht um ein abgeschlossenes Vermögen ohne weitere Erwerbsmöglichkeit. Deshalb werden durch § 320 auch die **Zahlungsunfähigkeit** sowie die **drohende Zahlungsunfähigkeit** als Eröffnungsgrund anerkannt.

B. Norminhalt

I. Eingetretene Zahlungsunfähigkeit als Eröffnungsgrund

2 Die Zahlungsunfähigkeit wird auch in der Nachlassinsolvenz nach § 17 Abs. 2 definiert (vgl. § 17 Rdn. 1 ff.). Nach der amtlichen Begründung (RegE-InsO, BT-Drucks. 12/2443, S. 231) ist bei der Feststellung der **Zahlungsunfähigkeit** i. S. d. § 320 nur auf die im Nachlass vorhandenen Mittel abzustellen. Dabei ist zu berücksichtigen, dass bei einem überraschend eintretenden Tod das Fehlen postmortaler Vollmachten oder ein laufendes Erbscheinverfahren den Erben bzw. eine fehlende nachlassgerichtliche Genehmigung den Nachlasspfleger an einer sofortigen Zahlung zunächst hindern. Beruht also die Zahlungseinstellung nicht auf einem Mangel an Zahlungsmitteln, sondern auf durch den Tod des Erblassers ausgelösten **vorübergehenden Zahlungseinstellungen**, oder stellt der Erbe ausreichende eigene Mittel zur Abwendung der Zahlungsunfähigkeit ohne Absicht der Rückforderung zur Verfügung, so liegt eine Zahlungsunfähigkeit nicht vor (MK-Siegmann § 320 Rn. 2). Dies gilt auch, wenn es dem Erben möglich ist, die Zahlungsfähigkeit wiederherzustellen, indem er einen Kredit für den Nachlass aufnimmt (MK-Siegmann, § 320 Rn. 2). **Zahlungsstockungen** von 6 oder ggf. mehr Wochen sollten unschädlich sein. Die sog. Dreimonatseinrede (§ 2014 BGB) ändert nichts an der Fälligkeit und ist bei der Prüfung der Zahlungsunfähigkeit nicht zu berücksichtigen, während Pflichtteilsansprüche zu beachten sind, es sei denn, sie werden gem. § 2331a BGB gestundet (duCarrois, Rpfleger 2009, 197).

II. Drohende Zahlungsunfähigkeit als Eröffnungsgrund

3 Die drohende Zahlungsunfähigkeit ist in § 18 Abs. 2 definiert (vgl. § 18 Rdn. 1 ff.). Nur der Erbe, der Nachlassverwalter, der Nachlasspfleger oder ein Testamentsvollstrecker kann die Eröffnung aufgrund drohender Zahlungsunfähigkeit beantragen. Der Antrag eines Nachlassgläubigers kann nicht

auf drohende Zahlungsunfähigkeit gestützt werden. Auch löst die drohende Zahlungsunfähigkeit keine Insolvenzantragspflicht aus (§ 1980 Abs. 2 BGB).

III. Überschuldung als Eröffnungsgrund

Der Begriff der Überschuldung ist auch für die Nachlassinsolvenz § 19 Abs. 2 zu entnehmen (vgl. § 19 Rdn. 1 ff.). Der Nachlass ist überschuldet, wenn bei der Gegenüberstellung der Aktiva und Passiva die Verbindlichkeiten den Wert der Nachlassgegenstände übersteigen. Als **Aktiva** des Nachlasses sind die vom Erblasser herrührenden positiven Vermögensgegenstände und ggf. deren Surrogate (vgl. dazu Vorb. §§ 315 ff. Rdn. 6) anzusetzen. Auch das nach dem Todesfall noch in das Sondervermögen »Nachlass« Gelangte ist zu aktivieren, wenn eine tatsächlich Vermögenszuordnung zum Nachlass stattgefunden hat, z. B. bei Zahlungen auf ein Nachlassverwaltungskonto (Roth, ZInsO 2009, 2266). Die schuldrechtlichen Ansprüche aus den §§ 1978, 1980 BGB können im Überschuldungsstatus nicht aktiviert werden, da sie erst mit Eröffnung des Insolvenzverfahrens entstehen. Gleiches gilt für Ansprüche des Erblassers, die gegen den Erben gerichtet waren und durch den Tod im Wege der Konfusion erloschen sind. Da die Nachlassgläubiger außerhalb der Nachlassverwaltung und der Nachlassinsolvenz nicht auf solche Ansprüche zugreifen können (§ 1976 BGB) müssen sie dem Gläubigerzugriff erst erschlossen werden, wenn der übrige Nachlass zur Gläubigerbefriedigung nicht ausreichend ist. Dies ist gerade nur dann möglich, wenn die Ansprüche nicht in der Überschuldungsbilanz aktiviert werden (Roth, ZInsO 2009, 2266, a. A. A/G/R-Ringstmeier § 320 Rn. 5, der abwegig nicht nur Ansprüche aus § 1978 Abs. 2 BGB sondern auch die Rechte aus §§ 1976, 1977 BGB für aktivierungsfähig hält). Bei der Bewertung der Nachlassgegenstände ist der jeweilige **Liquidationswert** maßgebend (BayObLG, NJW-RR 1999, 590). Befindet sich im Nachlass ein Unternehmen, so ist bei der Bewertung jedoch dessen **Fortführungswert** zugrunde zu legen, wenn die Fortführung nach den Umständen überwiegend wahrscheinlich ist (HK-Marotzke § 320 Rn. 3). Bei den **Passiva** sind die Masseverbindlichkeiten des § 324 und die Insolvenzforderungen der §§ 325 bis 327 zu berücksichtigen. Es ist auch eine Überschuldung, die nur auf Vermächtnissen und Auflagen beruht, die sog. **Überschwerung** des Nachlasses, möglich, bei der jedoch die Insolvenzantragspflicht entfällt, § 1980 Abs. 1 Satz 3 BGB. Hat ein Erbe Forderungen gegen den Nachlass, sind diese unabhängig von eingetretener Konfusion zu passivieren, wenn der Erbe nicht auf sie verzichtet (Roth, ZInsO 2009, 2267). Nicht zu berücksichtigen sind die durch ein Nachlassinsolvenzverfahren ausgelösten Verfahrenskosten (AG Göttingen, ZInsO 2002, 944). Die Wertermittlung erfolgt entsprechend den §§ 41, 42, 43, 45 und 46, wobei auch i. S. d. § 191 aufschiebend bedingte Forderungen abweichend von § 2313 Abs. 1 BGB zu berücksichtigen sind. Bei der Ermittlung der Überschuldung ist nicht auf den Zeitpunkt des Todes des Erblassers, sondern auf den der gerichtlichen Entscheidung abzustellen.

§ 321 Zwangsvollstreckung nach Erbfall

Maßnahmen der Zwangsvollstreckung in den Nachlaß, die nach dem Eintritt des Erbfalls erfolgt sind, gewähren kein Recht zur abgesonderten Befriedigung.

Übersicht	Rdn.		Rdn.
A. Normzweck	1	II. Zeitliche Voraussetzungen	3
B. Norminhalt	2	III. Wirkung der Insolvenzeröffnung	4
I. Betroffene Zwangsvollstreckungsmaßnahmen	2	C. Verfahrensfragen	5

A. Normzweck

§ 321 enthält eine Erweiterung des Vollstreckungsverbots des § 89. Die Rechtslage, die bei Eintritt des Erbfalls bestand, soll für das Nachlassinsolvenzverfahren durch den § 321 wieder hergestellt werden. Der in den Nachlass vollstreckende Gläubiger, auch der Eigengläubiger des Erben, verliert bei Eröffnung des Insolvenzverfahrens, d. h. für die Zeit des Verfahrens, sein Recht auf abgesonderte Befriedigung.

B. Norminhalt

I. Betroffene Zwangsvollstreckungsmaßnahmen

2 Zu den einzelnen Zwangsmaßnahmen, auf die § 321 anzuwenden ist, zählen Pfändungen, Anordnungen von Zwangsversteigerung bzw. -verwaltung oder die Eintragung einer Zwangshypothek (HK-Marotzke § 321 Rn. 2). Unter die Bestimmung fallen auch die Vollziehung von Arresten oder einstweiligen Verfügungen und sogar die im Wege der einstweiligen Verfügung erlangte Vormerkung (LG Stuttgart, ZEV 2002, 370). § 321 gilt auch für Vollstreckungen des FA gem. §§ 281 ff. AO. Zwangsvollstreckungsmaßnahmen sind jedoch nur betroffen, soweit sie zu einer **Sicherung** des Gläubigers geführt haben. Maßnahmen, durch die sich ein **Nachlassgläubiger** vor Beginn des Insolvenzverfahrens **Befriedigung** verschafft hat, fallen nicht unter § 321, da vollzogene Maßnahmen der Zwangsvollstreckung nicht rückgängig gemacht werden. Es kommt ggf. nur eine **Anfechtung** nach den §§ 129 ff. in Betracht. Ist der Nachlassgläubiger unanfechtbar befriedigt worden, scheidet auch eine Rückforderung nach Bereicherungsrecht aus. Zudem muss die Maßnahme **nach dem Erbfall** vorgenommen worden sein. § 321 betrifft allerdings nur den Ersterwerb des Absonderungsrechts durch Zwangsvollstreckungsmaßnahmen. Wer aufgrund eines vertraglichen oder gesetzlichen Pfandrechtes, z. B. Vermieterpfandrecht u. a., nach dem Erbfall die Zwangsvollstreckung betrieben hat, verliert sein Recht nicht (Uhlenbruck-Lüer § 321 Rn. 3). Er kann abgesonderte Befriedigung gem. den §§ 49, 50 verlangen (MK-Siegmann § 321 Rn. 3).

II. Zeitliche Voraussetzungen

3 § 321 erfasst nur Vollstreckungsmaßnahmen, die nach dem Erbfall, aber **vor Verfahrenseröffnung**, in den Nachlass vorgenommen wurden. Für nach der Eröffnung des Verfahrens vorgenommene Maßnahmen gilt § 89. Ist die Vollstreckung vor dem Erbfall vorgenommen worden, bleibt sie wirksam, soweit sie nicht der Rückschlagsperre des § 88 unterfällt oder gem. den §§ 129 ff. anfechtbar ist. Auf eine vor dem Erbfall bewirkte Vorpfändung (§ 845 ZPO) ist § 321 jedoch anwendbar, wenn der Pfändungsbeschluss erst nach dem Erbfall zugestellt wurde (RGZ 151, 265).

III. Wirkung der Insolvenzeröffnung

4 Mit der Eröffnung des Nachlassinsolvenzverfahrens verlieren Pfandrechts- und Zwangshypothekengläubiger sowie Gläubiger, die die Zwangsversteigerung oder Zwangsverwaltung erwirkt haben, für Vollstreckungsmaßnahmen nach dem Erbfall das Recht auf abgesonderte Befriedigung. Die Gegenstände, in die vollstreckt wurde, dürfen vom Insolvenzverwalter verwertet werden (RGZ 157, 295). Das durch die Zwangsvollstreckung erworbene Recht wird jedoch nur **relativ** unwirksam, sodass die Rechte bei Beendigung des Verfahrens, wenn der belastete Gegenstand sich noch im Nachlass befindet, oder bei Freigabe der Sache wieder aufleben (LG Stuttgart, ZEV 2002, 370). Der Gläubiger, der von § 321 betroffen ist, muss seine Forderung zur Tabelle anmelden.

▶ **Hinweis:**

Der Verwalter muss Erinnerung gem. § 766 ZPO einlegen, wenn ein Gläubiger eine gepfändete Sache verwerten will, da er sich nicht gegen den Bestand des Absonderungsrechts wendet, sondern nur gegen die Art und Weise der während des Verfahrens unzulässigen Zwangsvollstreckung. Bei einer Zwangshypothek kann der Verwalter Löschung verlangen. Der Verwalter kann auch nach § 22 GBO vorgehen.

C. Verfahrensfragen

5 Hat der **Eigengläubiger** des Erben die Vollstreckung bereits abgeschlossen und Befriedigung erlangt, ist § 321 ebenfalls nicht anwendbar. Lässt der Erbe solche Zwangsvollstreckungsmaßnahmen seiner

Eigengläubiger jedoch zu, obwohl es ihm gem. § 1978 BGB oblag, von seinem Recht aus § 783 ZPO Gebrauch zu machen, und unterlässt er auch die rechtzeitige Befriedigung der Eigengläubiger aus eigenen Mitteln, besteht ein Bereicherungsanspruch, ggf. sogar ein Schadensersatzanspruch der Masse gegen das Privatvermögen des Erben (HK-Marotzke § 321 Rn. 8). Aus dem Rechtsgedanken des § 1977 Abs. 2 BGB lässt sich zudem ein **direkter Bereicherungsanspruch** gegen den befriedigten Eigengläubiger des Erben ableiten (HK-Marotzke § 321 Rn. 8; Uhlenbruck-Lüer § 321 Rn. 2), da § 321 Nachlass und Eigenvermögen des Erbens trotz ihrer mit dem Erbfall eingetretenen Vereinigung als **getrennte Vermögen** behandelt. Der Insolvenzverwalter kann demnach von dem Privatgläubiger des Erben das Erlangte aus ungerechtfertigter Bereicherung an die Nachlassinsolvenzmasse herausverlangen.

§ 322 Anfechtbare Rechtshandlungen des Erben

Hat der Erbe vor der Eröffnung des Insolvenzverfahrens aus dem Nachlaß Pflichtteilsansprüche, Vermächtnisse oder Auflagen erfüllt, so ist diese Rechtshandlung in gleicher Weise anfechtbar wie eine unentgeltliche Leistung des Erben.

Übersicht

		Rdn.			Rdn.
A.	Normzweck	1	II.	Zeitschranken	3
B.	Norminhalt	2	III.	Rückgewähranspruch	4
I.	Anspruchsvoraussetzungen	2			

A. Normzweck

Nach § 322 soll dem Pflichtteilsberechtigten nur mit dem Reinwert des Nachlasses gehaftet werden und Vermächtnisse und Auflagen als freigiebige Zuwendungen des Erbens im Insolvenzfall noch hinter diesen Pflichtteilsansprüchen rangieren (§ 327 Abs. 1). Die Verpflichtung zur Rückgewähr der zunächst als Nachlassgläubiger Berechtigten (§ 1967 Abs. 2 BGB) wird durch den Verweis auf die Bereicherungshaftung (§§ 134, 143 Abs. 2) abgemildert. 1

B. Norminhalt

I. Anspruchsvoraussetzungen

Betroffene Verbindlichkeiten sind Pflichtteilsansprüche (§ 2303 BGB), Ansprüche aus Vermächtnissen (§ 2147 BGB) und gesetzlichen Vermächtnissen (§§ 1932, 1969 BGB) sowie Ansprüche aus Auflagen (§ 2192 BGB). Pflichtteilergänzungsansprüche (§ 2325 BGB) fallen nicht unter § 322, da sie sich nicht gegen den Nachlass sondern gegen den Beschenken richten (A/G/R-Ringstmeier § 322 Rn. 3, a.A. Graf-Schlicker-Braun § 322 Rn. 2). Die betreffenden Verbindlichkeiten müssen mit **Mitteln des Nachlasses** erfüllt worden sein. Unter Erfüllung ist auch die Annahme an Erfüllungs statt, die wirksame Hinterlegung, die Aufrechnung, die Einräumung von Sicherungsrechten sowie auch die Erfüllung im Wege der Zwangsvollstreckung zu verstehen (MK-Siegmann § 322 Rn. 3). Es liegt ebenfalls eine Erfüllung aus Mitteln des Nachlasses vor, wenn der Erbe Eigenvermögen einsetzt, jedoch als Ausgleich einen als Masseverbindlichkeit (§ 324 Abs. 1 Nr. 1) zu erfüllenden Erwerbsanspruch gegen den Nachlass erhält (§§ 1978 Abs. 3, 1979 BGB; vgl. HK-Marotzke § 322 Rn. 3). Die Erfüllung kann auch durch den Vor- oder Nacherben, den Miterben, den Nachlasspfleger, Nachlassverwalter oder Testamentsvollstrecker vorgenommen worden sein, ohne dass ein Rückgewähranspruch entfiele. Besteht ein Ersatzanspruch gegen einen Erben, der in Kenntnis oder in schuldhafter Unkenntnis der Unzulänglichkeit des Nachlasses aus dem Nachlass geleistet hat, ist die erforderliche Gläubigerbenachteiligung nur dann gegeben, wenn der Erbe zahlungsunfähig oder anderweitig zum Ersatz außerstande ist (Uhlenbruck-Lüer § 322 Rn. 4). 2

II. Zeitschranken

3 Für § 322 gelten die Zeitschranken der §§ 134, 146. Anfechtbar ist daher eine Rechtshandlung des Erben, die nicht früher als **4 Jahre** vor dem Antrag auf Eröffnung des Insolvenzverfahrens vorgenommen worden ist. Die Verjährung des Anfechtungsanspruchs richtet sich gem. § 146 Abs. 1 nach den im BGB enthaltenen Regelungen über die regelmäßige Verjährung (vgl. dazu § 146 Rdn. 3 ff.). Für die Fristenberechnung gilt § 139.

III. Rückgewähranspruch

4 Die Anfechtung der Erfüllung der nachrangigen Ansprüche des § 322 erfolgt durch den Insolvenzverwalter und richtet sich nach § 134. Danach ist die Erfüllung nicht anfechtbar, wenn sie den Betrag eines gebräuchlichen Gelegenheitsgeschenkes nicht übersteigt (§ 134 Abs. 2). Dabei gilt für die Gebräuchlichkeit des Geschenkes weiterhin ein relativer Maßstab im Hinblick auf die Vermögensverhältnisse des Schenkenden, beschränkt allerdings durch die in § 134 Abs. 2 normierte Grenze des »geringen Wertes« (vgl. § 134 Rdn. 38). I. Ü. hat der Empfänger die Leistungen nach § 143 Abs. 2 Satz 1 nur zurückzugewähren, soweit er durch diese bereichert ist. Die Einrede der fehlenden Bereicherung kann nicht mehr erhoben werden, sobald der Empfänger weiß oder den Umständen nach hätte wissen müssen, dass die unentgeltliche Leistung die Gläubiger benachteiligt (§ 143 Abs. 2 Satz 1). Die Beweislast für die Bösgläubigkeit, die Vorsatz oder grobe Fahrlässigkeit voraussetzt, trägt der Insolvenzverwalter.

§ 323 Aufwendungen des Erben

Dem Erben steht wegen der Aufwendungen, die ihm nach den §§ 1978, 1979 des Bürgerlichen Gesetzbuchs aus dem Nachlaß zu ersetzen sind, ein Zurückbehaltungsrecht nicht zu.

Übersicht

	Rdn.		Rdn.
A. Normzweck	1	B. Norminhalt	2

A. Normzweck

1 Um Verzögerungen der Verwertung des Nachlasses zu vermeiden, wird dem Erben ein Zurückbehaltungsrecht nach § 273 BGB an den Nachlassgegenständen aufgrund eines ggf. nach § 1978 Abs. 3 BGB bestehenden Anspruches auf Aufwendungsersatz ausdrücklich untersagt.

B. Norminhalt

2 Der Erbe hat ggü. dem Nachlass einen Aufwendungsersatzanspruch (§ 1978 Abs. 3 BGB), wenn er nicht unbeschränkt haftet (§ 2013 BGB). Da der Anspruch des Erben Masseverbindlichkeit ist (§ 324 Abs. 1 Nr. 1), schließt § 323 ein **Zurückbehaltungsrecht** für den gesamten Nachlass aus. Dies umfasst neben dem Anspruch auf Herausgabe des ganzen Nachlasses auch etwaige Auskunftsansprüche, Ansprüche auf Rechnungslegung (§ 666 BGB) sowie Ansprüche auf Herausgabe der Surrogate und der Ersatzverpflichtung wegen Verwendung von Nachlassmitteln für eigene Zwecke (§ 668 BGB). Der Ausschluss des Zurückbehaltungsrechts gilt auch für den Testamentsvollstrecker, Nachlasspfleger und Nachlassverwalter. An Nachlassgegenständen, auf die der Erbe, z. B. aufgrund eines Vertrages mit dem Erblasser, schon vor dem Erbfall nützliche Verwendungen gemacht hat, ist ein Zurückbehaltungsrecht gegeben. Das Recht ist gem. § 1976 BGB nicht mit der Eröffnung des Verfahrens erloschen, sondern wirkt wie ein Pfandrecht (§§ 50, 51 Nr. 2; vgl. MK-Siegmann § 323 Rn. 2).

3 Das Recht der **Aufrechnung** wird durch § 323 zunächst nicht ausgeschlossen. Es richtet sich nach den §§ 94 ff. (Uhlenbruck-Lüer § 323 Rn. 2 m.w.N.), mit der Konsequenz, dass die Aufrechnung nur bei vorhandener oder durch sie bewirkter Masseunzulänglichkeit ausscheidet (HK-Keyser § 94

Rn. 11; Uhlenbruck-Uhlenbruck § 94 Rn. 4; AG Ottweiler, ZInsO 2000, 520). Z.T. wird auch eine analoge Anwendung des § 323 auf das Recht der Aufrechnung bejaht (Nöll, ZInsO 2010, 1870 f.). Aus dem Rechtsgedanken des § 323 – Beschleunigung und Erleichterung der Verfahrensabwicklung – dürfte sich jedoch zumindest ableiten lassen, dass bei Unklarheiten über die Massehinlänglichkeit eine Aufrechnung jedenfalls soweit **ausgeschlossen** ist, wie die Erfüllung der Forderung für die Kostendeckung erforderlich ist (vgl. dazu im Einzelnen § 324 Rdn. 10a).

§ 324 Masseverbindlichkeiten

(1) Masseverbindlichkeiten sind außer den in den §§ 54, 55 bezeichneten Verbindlichkeiten:
1. die Aufwendungen, die dem Erben nach den §§ 1978, 1979 des Bürgerlichen Gesetzbuchs aus dem Nachlaß zu ersetzen sind;
2. die Kosten der Beerdigung des Erblassers;
3. die im Falle der Todeserklärung des Erblassers dem Nachlaß zur Last fallenden Kosten des Verfahrens;
4. die Kosten der Eröffnung einer Verfügung des Erblassers von Todes wegen, der gerichtlichen Sicherung des Nachlasses, einer Nachlaßpflegschaft, des Aufgebots der Nachlaßgläubiger und der Inventarerrichtung;
5. die Verbindlichkeiten aus den von einem Nachlaßpfleger oder einem Testamentsvollstrecker vorgenommenen Rechtsgeschäften;
6. die Verbindlichkeiten, die für den Erben gegenüber einem Nachlaßpfleger, einem Testamentsvollstrecker oder einem Erben, der die Erbschaft ausgeschlagen hat, aus der Geschäftsführung dieser Personen entstanden sind, soweit die Nachlaßgläubiger verpflichtet wären, wenn die bezeichneten Personen die Geschäfte für sie zu besorgen gehabt hätten.

(2) Im Falle der Masseunzulänglichkeit haben die in Absatz 1 bezeichneten Verbindlichkeiten den Rang des § 209 Abs. 1 Nr. 3.

Übersicht	Rdn.		Rdn.
A. Normzweck	1	V. Verbindlichkeiten aus Rechtsgeschäften des Nachlasspflegers, Nachlassverwalters oder Testamentsvollstreckers (Abs. 1 Nr. 5)	7
B. Norminhalt	2		
I. Erstattungsansprüche des Erben (Abs. 1 Nr. 1)	3		
II. Beerdigungskosten (Abs. 1 Nr. 2)	4	VI. Verbindlichkeiten des Erben ggü. einem Nachlasspfleger, Testamentsvollstrecker oder einem ausschlagenden Erben (Abs. 1 Nr. 6)	8
III. Todeserklärung (Abs. 1 Nr. 3)	5		
IV. Nachlasskosten (Abs. 1 Nr. 4)	6	VII. Rang bei Masseunzulänglichkeit (Abs. 2)	9
		C. Verfahrensfragen	10

A. Normzweck

Auch § 324 soll die Wirkung der Eröffnung des Nachlassinsolvenzverfahrens auf den Zeitpunkt des Erbfalls zurückbeziehen (Begr. zu § 324 RegE BT-Drucks. 12/2443, S. 108 f.). Deshalb erweitert Abs. 1 für das Insolvenzverfahren den Kreis der Masseverbindlichkeiten und begünstigt solche Aufwendungen, die typischerweise nach Eintritt des Erbfalls im Rahmen einer ordnungsgemäßen Verwaltung der Erbschaft erfolgt sind. Hinsichtlich der Nichterwähnung von Masseverbindlichkeiten nach den §§ 100, 123 sowie sonstiger Masseverbindlichkeiten dürfte ein **redaktionelles Versehen** vorliegen (MK-Siegmann § 324 Rn. 2).

1

B. Norminhalt

Ansprüche, die der Erbe oder eine andere mit der Verwaltung des Nachlasses befasste Person vor Eröffnung des Insolvenzverfahrens durch eine auch den Nachlassgläubigern dienende Geschäftsbesorgung begründet hat, werden durch Abs. 1 bevorzugt. Reicht die Nachlassinsolvenzmasse zur

2

vollständigen Befriedigung der Masseverbindlichkeiten nicht aus, so tritt verhältnismäßige Befriedigung ein, wobei Abs. 2 den neu hinzugefügten Masseverbindlichkeiten den Rang des § 209 Abs. 1 Nr. 3 zuweist.

I. Erstattungsansprüche des Erben (Abs. 1 Nr. 1)

3 Sämtliche noch beschränkt haftende Erben, also auch der Vor-, Nach- und Miterbe, können unter den Voraussetzungen der §§ 1978, 1979 BGB im Insolvenzverfahren Erstattung ihrer **Aufwendungen** nebst Zinsen (§§ 670, 683, 256 BGB) fordern. Ein **Zurückbehaltungsrecht** wegen dieser Ersatzansprüche steht dem Erben wegen § 323 nicht zu. Der Erbe soll jedoch gem. den §§ 670, 257 BGB **Befreiung** von Verbindlichkeiten verlangen können, die er in ordnungsgemäßer Verwaltung des Nachlasses mit der Folge der persönlichen Haftung eingegangen ist (MK-Siegmann § 324 Rn. 3). Im Ergebnis werden aufgrund des Befreiungsanspruches des Erben Forderungen Dritter durch den Insolvenzverwalter wie Masseverbindlichkeiten bezahlt. Zwar könnte der eigentliche Gläubiger dies nicht fordern, da er bei ordnungsgemäßer Verwaltung lediglich einen Anspruch gegen den Erben oder eine Insolvenzforderung hat, konsequent weitergedacht sollte der Verwalter **direkt leisten** dürfen, denn er muss vor der Verteilung des Vermögens alle Masseverbindlichkeiten, also auch die Befreiungsansprüche des Erben, berichtigen (§ 53). Auf diesem Weg wird die andernfalls kaum verständliche Ungleichbehandlung von vergleichbaren Verbindlichkeiten, die ein Testamentsvollstrecker oder Nachlasspfleger verursacht hat (Abs. 1 Nr. 5), vermieden. Eine **Vergütung** gem. § 662 BGB kann der Erbe nicht verlangen (BGH, NJW 1993, 1851). Bei **gemeinschaftlicher Geschäftsbesorgung** durch mehrere Miterben ist der Aufwendungsersatzanspruch gem. § 420 BGB anteilig zu befriedigen. Ein **Zurückbehaltungsrecht** wegen seiner Ansprüche steht dem Erben gem. § 323 aber nicht zu.

II. Beerdigungskosten (Abs. 1 Nr. 2)

4 Masseverbindlichkeiten sind auch die Kosten einer würdigen und angemessenen Bestattung des Erblassers. Abs. 1 Nr. 2 umfasst dabei alles, was nach der Lebensstellung des Erblassers für eine würdige Bestattung erforderlich ist (BGH, NJW 1973, 2103), findet darin aber auch seine Grenze. Die Feuer- oder Seebestattung sowie sonstige Bestattungsformen stehen der Beerdigung gleich. Zu den Beerdigungskosten zählen die Kosten für Traueranzeige und Danksagungen, die Kosten einer angemessenen Bewirtung der Trauergäste (AG Grimma, NJW-RR 1997, 1027), ein angemessenes Grabmal (RGZ 139, 393) sowie sämtliche unmittelbaren Aufwendungen zur Vorbereitung und Durchführung der Beerdigung, z. B. die Überführung der Leiche (BGHZ 32, 72). Mangels rechtlicher Pflicht zur Teilnahme zählen Reisekosten (OLG Karlsruhe, MDR 1970, 48), Kosten für die Trauerfeier und Verdienstausfall nicht zu den Beerdigungskosten. Gleiches gilt aufgrund der lediglich sittlichen, jedoch nicht rechtlichen Pflicht für die Kosten der Pflege und Unterhaltung der Grabstelle (BGH, NJW 1973, 2103). Sind solche Kosten durch den Erben bereits bezahlt, richtet sich dessen Anspruch nach Nr. 1.

III. Todeserklärung (Abs. 1 Nr. 3)

5 Die Kosten der Todeserklärung sind eine Masseverbindlichkeiten, wenn sie gem. § 34 Abs. 2 VerschG dem Nachlass auferlegt werden.

IV. Nachlasskosten (Abs. 1 Nr. 4)

6 Nach Abs. 1 Nr. 4 sind **Nachlassverwaltungsschulden** Masseverbindlichkeiten, weil sie aus der Verwaltung des Nachlasses bis zur Eröffnung des Insolvenzverfahrens entstanden sind. Dazu gehören die Kosten der Eröffnung einer Verfügung von Todes wegen (§§ 2260, 2300 BGB), der gerichtlichen Sicherung des Nachlasses (§ 1960 BGB) inkl. der dort erwähnten Sicherungsmittel wie Siegelung, Hinterlegung etc., die Kosten einer Nachlasspflegschaft und Nachlassverwaltung (§§ 1960, 1961, 1975, 1981 BGB), der Inventarerrichtung (§§ 1993 ff. BGB) sowie des Aufgebots der Nachlassgläubiger (§ 1970 BGB, §§ 989 ff. ZPO). Unter Abs. 1 Nr. 4 fällt die **Vergütung** der

Nachlasspfleger und auch der Nachlassverwalter, denn deren Vergütung (§ 1987 BGB) wird durch das Nachlassgericht festgesetzt (§§ 1975, 1950, 1962, 1836 BGB). Der berufsmäßige Nachlasspfleger erhält beim mittellosen Nachlass seine Vergütung aus der Staatskasse (§ 1835 Abs. 4 Satz 1 BGB) und sein Anspruch auf Vergütung geht gem. § 1836e BGB auf die Staatskasse über. Auch diese Forderung genießt den Rang des Abs. 1 Nr. 4 (MK-Siegmann § 324 Rn. 8).

V. Verbindlichkeiten aus Rechtsgeschäften des Nachlasspflegers, Nachlassverwalters oder Testamentsvollstreckers (Abs. 1 Nr. 5)

Alle Verbindlichkeiten, die im Rahmen einer ordnungsgemäßen Nachlassverwaltung durch Rechtsgeschäfte des Nachlasspflegers, -verwalters oder Testamentsvollstreckers entstanden sind, sind Masseverbindlichkeiten (BGH, NJW 1985, 2596). Die Verbindlichkeiten müssen nicht aus vertraglichen Verpflichtungen entstanden sein, auch Schulden aus Wechselerklärungen des Testamentsvollstreckers oder die Kostenschuld aus einem Rechtsstreit über ein von dem Testamentsvollstrecker oder Nachlasspfleger vorgenommenes Rechtsgeschäft werden umfasst (RGZ 60, 30). Kosten aus Prozessen, die ein Verwalter über Rechtsgeschäfte des Erblassers führt, werden den in Abs. 1 Nr. 5 erwähnten Verbindlichkeiten gleichgesetzt (OLG Stuttgart, Rpfleger 1990, 312). Auch der Bereicherungsanspruch eines Gläubigers, der eine dem Erben nicht zustehende Leistung auf Anforderung des Nachlasspflegers in den Nachlass erbracht hat, wird den Masseverbindlichkeiten zugerechnet (BGH, NJW 1985, 2596), ebenso wie Steuerforderungen, die durch Rechtsgeschäfte des Testamentsvollstreckers oder Nachlasspflegers ausgelöst worden sind (Uhlenbruck-Lüer § 324 Rn. 6). Verpflichtungen aus Rechtsgeschäften des Erblassers, des Erben oder eines postmortal Bevollmächtigten fallen nicht unter die Vorschrift.

7

VI. Verbindlichkeiten des Erben ggü. einem Nachlasspfleger, Testamentsvollstrecker oder einem ausschlagenden Erben (Abs. 1 Nr. 6)

Ansprüche, die ein Nachlasspfleger, Nachlassverwalter, Testamentsvollstrecker oder ausschlagender Erbe aus Geschäftsführung gegen den endgültigen Erben hat, sind nur dann Masseforderungen, wenn die **Geschäftsbesorgung** dem Interesse und mutmaßlichen Willen der Nachlassgläubiger entsprochen hat (§§ 670, 677 BGB). Dies umfasst auch den Anspruch auf eine angemessene **Vergütung** und **Auslagenersatz**, wobei die Vergütungsansprüche des Nachlasspflegers und des Nachlassverwalters bereits unter Abs. 1 Nr. 4 fallen. Ein darüber hinausgehender Betrag ist als Vermächtnis anzusehen und erhält den Rang des § 327 Abs. 1 Nr. 2. Als Masseverbindlichkeit gem. § 324 Abs. 1 Nr. 6 analog (LG Hamburg, NJW 1994, 1883 zu § 224 Nr. 6 KO) ist ebenfalls die Vergütung einer behördlich oder gerichtlich eingesetzten Vertrauensperson, insb. des **Abwicklers einer Anwaltskanzlei**, zu berichtigen; dies soll auch bzgl. des Entgeltes für seine Tätigkeit vor Eröffnung des Insolvenzverfahrens gelten (OLG Rostock, ZInsO 2004, 748). Zumindest die Aufrechnung der Vergütungsforderung mit dem aus der Abwicklung Erlangten ist bei zwischenzeitlicher Eröffnung des Insolvenzverfahrens zulässig (BGH IX ZR 139/04). Eine vorrangige Deckung der Vergütungs- und Auslagenansprüche des Abwicklers aus dem verwalteten Vermögen vor den Kosten des Insolvenzverfahrens (§ 54 InsO) und unter Außerachtlassung des zugewiesenen Rangs bei etwaiger Masseunzulänglichkeit (§ 209 Abs. 1 Nr. 3) lässt sich auch mit einer analogen Anwendung des § 324 Abs. 1 Nr. 6 nicht begründen, da dieser lediglich bestimmte Insolvenzforderungen als Masseverbindlichkeit privilegieren will (a. A. OLG Köln, ZInsO 2009, 2253).

8

VII. Rang bei Masseunzulänglichkeit (Abs. 2)

Gem. Abs. 2 haben die in Abs. 1 bezeichneten Verbindlichkeiten in einem masseunzulänglichen Verfahren den Rang des § 209 Abs. 1 Nr. 3 und besitzen damit den Rang der Verbindlichkeiten aus § 55 und sind vor denjenigen aus §§ 100, 123 u. a. zu bedienen.

9

C. Verfahrensfragen

10 Die Gläubiger des § 324 sind nicht verpflichtet, ihre Forderungen anzumelden, damit aber auch nicht berechtigt, an einer Gläubigerversammlung teilzunehmen. I.Ü. unterliegen sie keinerlei prozessualen Beschränkungen. Sie können einen z.Zt. der Eröffnung des Verfahrens anhängigen Rechtsstreit sofort aufnehmen (§ 86 Abs. 1 Nr. 3), können in die Masse vollstrecken und unter bestimmten Voraussetzungen gegen eine Masseforderung aufrechnen. Das Vollstreckungsverbot des § 89 sowie die Verbote der §§ 94 bis 96 betreffen zunächst nicht Massegläubiger. Allerdings gilt für die Massegläubiger des § 324 die **sechsmonatige Vollstreckungssperre** des § 90 Abs. 1.

10a In der Praxis stellt sich bei knappen Massen zudem die Frage, ob die Massegläubiger gem. § 324 gegen Forderung des Insolvenzverwalters, insb. auf Herausgabe des Nachlasses gem. § 148, §§ 1984 Abs. 1, 1978 Abs. 1, 667 BGB, aufrechnen können bzw. ob sie erhaltene Zahlungen nach Anfechtung zurückgeben müssen. Hier bereitet die Harmonisierung der Regelungen des BGB und des Anfechtungs- und Aufrechnungsrechts des Regelinsolvenzverfahrens mit dem § 324 erhebliche Schwierigkeiten. Auszugehen ist von der Regelung des § 1979 BGB, nach deren Inhalt die Nachlassgläubiger die Berichtigung von Nachlassverbindlichkeit durch den Erben nur dann als für Rechnung des Nachlasses erfolgt gelten lassen müssen, wenn der Erbe den Umständen nach annehmen durfte, dass der Nachlass zur Berichtigung aller Nachlassverbindlichkeiten ausreiche. Anderenfalls muss der Erbe den um die jeweilige Zahlung ungeschmälerten Nachlass herausgeben, also den Nachlass auffüllen (zur Reichweite der Prüfungspflicht und der Beweislast hinsichtl. des Bestehens von Nachlassverbindlichkeiten i.R.d. § 1979 BGB vgl. OLG Schleswig, ZInsO 2006, 885). Der Erbe tritt an die Stelle des bisherigen Gläubigers, (§ 326 Abs. 2). Handelt es sich dabei um einen späteren Massegläubiger i.S.d. § 324 Abs. 1 Nr. 1 bis 6, stellt sich die bei Masseunzulänglichkeit relevante Frage, ob der Erbe gegen den Anspruch des Insolvenzverwalters mit seinen Gegenansprüchen aufrechnen kann. Dies ist zu verneinen: § 324 kann jedenfalls dann nicht für eine Besserstellung einer auf den Erben übergegangenen Forderung ggü. denjenigen von gleich- oder höherrangigen Gläubigern herangezogen werden, wenn der Erbe zum Zeitpunkt der Leistung wissen musste, dass der Nachlass nicht zur vollständigen Gläubigerbefriedigung ausreicht, er also einen Insolvenzantrag stellen musste, anstatt weitere Verfügungen vorzunehmen, um seine Haftung zu begrenzen. Dieses Ergebnis, der **Aufrechnungsausschluss**, dürfte sich sowohl mit dem Rechtsgedanken des § 1979 BGB als auch mit einer analogen Anwendung des § 96 Abs. 1 Nr. 3 InsO begründen lassen.

10b Schwieriger wird die Lage, wenn der Erbe im Zeitpunkt der Begründung seiner Forderung trotz ordnungsgemäßer Verwaltung des Nachlasses und Erstellung eines Nachlassverzeichnisses die Überschuldung nicht erkennen konnte. Wurde in diesen Fällen aus dem Nachlass geleistet, bleibt es vorbehaltlich etwaiger Anfechtungsmöglichkeiten wegen Kenntnis des Empfängers im ersten Schritt dabei, dass die Zahlung als für Rechnung der Gläubiger erfüllt gilt. Ein Forderungsübergang, wie § 326 Abs. 2 ihn regelt, ist nicht erforderlich. Hat der Erbe dagegen aus dem eigenen Vermögen gezahlt, stellt sich erneut die Frage der Aufrechnung. Der Erbe hat ja nun eine Masseforderung i.S.d. § 324 Abs. 1. Deren Nachrangigkeit ggü. den Kosten (§ 324 Abs. 2) hilft nicht weiter, denn die Forderung besteht im Zeitpunkt der Entstehung des Herausgabeanspruchs bereits, mit der Folge, dass eine analoge Anwendung der §§ 94 ff. nicht zu einem Aufrechnungsausschluss führt. Insofern müsste man die Aufrechnung mit Masseforderungen im Nachlassinsolvenzverfahren bei Masseunzulänglichkeit per se für ausgeschlossen halten, um einen Aufrechnungsausschluss zu begründen (so AG Ottweiler, ZInsO 2000, 520 und Nöll, ZInsO 2010, 1871 f., der dies mit der unmittelbaren Anwendung des § 394 BGB i.V.m. § 210 begründet), was allerdings sowohl der anfechtungsrechtlichen Wertung als auch derjenigen des § 1979 BGB und dem Umkehrschluss aus § 323 widerspricht. Deshalb ist in diesen, wegen der strengen Maßstäbe des § 1979 BGB sehr seltenen, Fällen ein Aufrechnungsrecht zu bejahen.

11 Anfechtungsrechtlich stellt sich im Fall der Masseunzulänglichkeit die Frage, ob Empfänger von Leistungen vor Eröffnung des Verfahrens auf Forderungen i.S.d. § 324 sich darauf berufen können, sie seien Massegläubiger. Grds. scheitert die erforderliche Gläubigerbenachteiligung daran nicht, denn dafür ist nur Voraussetzung, dass es keine weiteren Gläubiger mit gleichen oder besseren

Vorrechten gibt (BGH, ZInsO 2001, 904, 906 f., st. Rspr.), was bei Masseunzulänglichkeit aber definitionsgemäß der Fall ist. Zweifelhaft könnte die **Anfechtbarkeit** allerdings sein, wenn die i. d. S. benachteiligten Forderungen überhaupt erst durch das Insolvenzverfahren entstehen, nämlich als dessen Kosten. Hier könnte der Anfechtungsgegner einwenden, zum Zeitpunkt der Zahlung habe keine Gläubigerbenachteiligung vorgelegen. Das ist aber bei näherer Betrachtung ein Zirkelschluss. Zum Zeitpunkt der Zahlung, also vor dem Insolvenzverfahren, war die befriedigte Forderung noch keine Masseforderung, womit die Zahlung damals die späteren Insolvenzgläubiger benachteiligte. Andernfalls gäbe es keinen Insolvenzgrund. Der Massegläubiger i. S. d. § 324 kann nicht einerseits die Privilegierung durch das Insolvenzverfahren in Anspruch nehmen, und andererseits dessen Kosten nicht (als vorrangig) akzeptieren. Deshalb lässt sich die Ablehnung einer analogen Anwendung der §§ 130, 133 auf die Anfechtung von Zahlungen auf spätere Masseverbindlichkeiten i. S. d. § 324 Abs. 1 auch nicht damit begründen, dass eine Anfechtung nur bei einer Befriedigung von Insolvenzgläubigern i. S. d. § 38 in Betracht komme, es sich hier aber um Masseverbindlichkeiten handele (so aber BGH, FamRZ 2006, 411). Nur so lassen sich auch sonst kaum auflösbare Wertungswidersprüche mit § 1979 BGB verhindern (vgl. auch Bork/Hölzle-Böhm, Kap. 17 Rn. 81 m.w.A. zur ansonsten eintretenden Insolvenzzweckwidrigkeit, Roth/Pfeufer, Praxishandbuch für Nachlassinsolvenzverfahren, S. 190 und wohl auch Foerste, ZInsO 2013, 659).

Während der Nachlassverwalter gem. § 1985 Abs. 2 BGB für die Verwaltung des Nachlasses auch den Nachlassgläubigern verantwortlich ist, insofern also die obigen Ausführungen entsprechend gelten, handeln Nachlasspfleger und Testamentsvollstrecker als Geschäftsbesorger des Erben und sind zunächst nur diesem verantwortlich, die §§ 1979, 1985 Abs. 2 BGB gelten analog (Palandt-Edenhofer § 1960 BGB Rn. 18). Der Erbe muss sich ihre Handlungen zurechnen lassen, hat dann aber, etwa wenn er den Nachlass gem. § 1979 BGB auffüllen muss, weil der Geschäftsbesorger trotz Kenntnis der Überschuldung die eigene Vergütung bezahlt hat, bei entsprechendem Verschulden einen Schadensersatzanspruch gem. §§ 1915, 1833 BGB gegen den Nachlasspfleger oder gem. §§ 2216, 2219 BGB gegen den Testamentsvollstrecker, den der Insolvenzverwalter pfänden und sich überweisen lassen kann (vgl. § 317 Rdn. 7). In diesen Fällen ist ein Aufrechnungsrecht des Nachlasspflegers oder Testamentsvollstreckers wegen seiner Ansprüche i. S. d. § 324 ebenfalls ausgeschlossen. Ebenso ist entgegen BGH, FamRZ 2006, 411 eine Anfechtung solcher Zahlungen möglich, wenn die weiteren Voraussetzungen gegeben sind (vgl. o. Rdn. 11). 12

§ 325 Nachlaßverbindlichkeiten

Im Insolvenzverfahren über einen Nachlaß können nur die Nachlaßverbindlichkeiten geltend gemacht werden.

Übersicht	Rdn.			Rdn.
A. **Normzweck**	1	III.	Nachlassverwaltungsschulden	4
B. **Norminhalt**	2	IV.	Nachlasserbenschulden	5
I. Erblasserschulden	2	C.	**Verfahrensfragen**	6
II. Erbfallschulden	3			

A. Normzweck

Da das Nachlassinsolvenzverfahren ausschließlich der Befriedigung der Nachlassgläubiger aus dem Nachlass dient, können nur Nachlassverbindlichkeiten i. S. d. § 1967 BGB geltend gemacht werden. Eigenschulden des Erben sind nur zu berücksichtigen, wenn sie zugleich Nachlassverbindlichkeiten sind, sog. **Nachlasserbenschulden**. Zu den Nachlassverbindlichkeiten gehören die vom Erblasser herrührenden vererbten Schulden, sog. **Erblasserschulden**, sowie die **Erbfallschulden**, die den Erben als solchen treffen (§ 1967 Abs. 2 BGB). Zu den Erbfallschulden gehören auch die **Nachlassverwaltungsschulden**. 1

B. Norminhalt

I. Erblasserschulden

2   Erblasserschulden, unabhängig von ihrem Fälligkeitszeitpunkt, sind die vom Erblasser herrührenden Schulden, soweit sie vererbt werden können (MK-BGB-Siegmann § 1967 Rn. 5). Erblasserschulden können aus Vertrag, aus unerlaubter Handlung des Erblassers, deren Folgen erst nach dem Ableben eingetreten sind, sowie aus in der Person des Erblassers entstandenen Prozesskosten resultieren (Uhlenbruck-Lüer § 325 Rn. 5). Erblasserschulden sind weiterhin Unterhaltsrückstände (§§ 1615, 1360a, 1615a BGB), Unterhaltsansprüche der Mutter des nichtehelichen Kindes (§ 1615l BGB), der Zugewinnausgleichsanspruch des überlebenden Ehegatten (§ 1371 Abs. 2, 3 BGB) sowie Unterhaltsansprüche bei geschiedener Ehe (§ 1586b BGB). Der schuldrechtliche Anspruch auf Versorgungsausgleich entfällt mit dem Tod des Verpflichteten (BVerfG, NJW 1986, 1321).

II. Erbfallschulden

3   Zu den Erbfallschulden gehören die in § 324 aufgezählten Verbindlichkeiten, die Pflichtteilsrechte, Vermächtnisse und Auflagen nach § 1967 Abs. 2 BGB, die Erbschaftssteuer nach § 9 ErbStG, das Vorausvermächtnis (§ 2150 BGB), der Ausbildungsanspruch des Stiefabkömmlings (§ 1371 Abs. 4 BGB) und Unterhaltspflichten nach § 1963 BGB.

III. Nachlassverwaltungsschulden

4   Einen Unterfall der Erbfallschulden bilden auch die Nachlassverwaltungsschulden. Dies sind die in § 324 Abs. 1 Nr. 3, 4 genannten Verbindlichkeiten mit Ausnahme der Kosten des privaten Gläubigeraufgebotes des Miterben, § 2061 Abs. 2 Satz 3 BGB (MK-Siegmann § 325 Rn. 5). Zu den Nachlassverwaltungsschulden gehören auch die Kosten eines Nachlassinsolvenzverfahrens (Uhlenbruck-Lüer § 325 Rn. 9).

IV. Nachlasserbenschulden

5   Wenn der Erbe i. R. d. Fortführung eines zum Nachlass gehörenden Unternehmens Verbindlichkeiten mit Wirkung für und gegen den Nachlass eingeht, liegen Nachlasserbenschulden vor. Der Erbe kann ggü. dem Geschäftspartner seine Haftung ausdrücklich oder konkludent auf den Nachlass beschränken (BGH, WM 1968, 798). Anderenfalls sind Nachlasserbenschulden ebenfalls Eigenschulden des Erben (BGH, NJW 1978, 1387). Da sie aber auch Nachlassverbindlichkeiten sind, fallen sie unter § 325. Dies gilt auch für Schadensersatzansprüche aus der Verwaltung des Nachlasses, die der Erbe zu vertreten hat. Die Eigenart der Nachlasserbenschulden besteht darin, dass sie dem Gläubiger den Zugriff auf das Eigenvermögen des Erben und auf den Nachlass ermöglichen, mit der Folge, dass der volle Betrag bis zur vollständigen Befriedigung des Gläubigers geltend gemacht werden kann (§ 43).

C. Verfahrensfragen

6   Eigengläubiger des Erben können auch nach Eröffnung des Nachlassinsolvenzverfahrens gegen dessen Eigenvermögen vorgehen, wobei der gewerbliche Erbensucher nicht Eigengläubiger des Erben ist, da dieser keine gesetzlichen Vergütungsansprüche aus Geschäftsführung ohne Auftrag oder ungerechtfertigter Bereicherung gegen den ermittelten Erben hat (BGH, NJW-RR 2006, 656). Ist der Insolvenzgläubiger nicht Eigengläubiger des Erben, kann dieser nicht, wie ehemals gem. § 12 KO, unter Verzicht der Deckung seiner Forderung aus der Masse, während des Insolvenzverfahrens gegen den beschränkt bzw. noch beschränkbar haftenden Erben klagweise vorgehen (§ 87, § 1975 BGB). Auch Zwangsmaßnahmen der Insolvenzgläubiger in das Eigenvermögen des Erben sind nach Eröffnung unzulässig (§ 89 Abs. 1, § 1975 BGB; vgl. BayObLG, FamRZ 2001, 1737). Bereits begonnene Maßnahmen kann der Erbe gem. §§ 785, 767 ZPO aufheben lassen. Haftet der Erbe für die Nachlassverbindlichkeiten dagegen unbeschränkt, so können die Nachlassgläubiger auch während des Insolvenzverfahrens ihre Forderungen gegen den Erben verfolgen bzw. vollstrecken.

Ein Einzugsvorbehalt analog § 93 für den Insolvenzverwalter ist nicht gegeben (OLG Schleswig, FamRZ 2011, 1682, a. A. Sämisch, ZInsO 2014, 25), da es sich bei den in § 93 geregelten Tatbeständen um eine Doppelhaft handelt, während der Erbe ursprünglich nicht neben einem anderen Schuldner und auch nicht neben einem anderen Haftungsobjekt, sondern anstelle des Erblassers haftet – erst durch die Insolvenz entstehen zwei Haftungsmassen (MK-Siegmann § 325 Rn. 12).

§ 326 Ansprüche des Erben

(1) Der Erbe kann die ihm gegen den Erblasser zustehenden Ansprüche geltend machen.

(2) Hat der Erbe eine Nachlaßverbindlichkeit erfüllt, so tritt er, soweit nicht die Erfüllung nach § 1979 des Bürgerlichen Gesetzbuchs als für Rechnung des Nachlasses erfolgt gilt, an die Stelle des Gläubigers, es sei denn, daß er für die Nachlaßverbindlichkeiten unbeschränkt haftet.

(3) Haftet der Erbe einem einzelnen Gläubiger gegenüber unbeschränkt, so kann er dessen Forderung für den Fall geltend machen, daß der Gläubiger sie nicht geltend macht.

Übersicht

		Rdn.			Rdn.
A.	Normzweck	1	II.	Erfüllung von Nachlassverbindlichkeiten durch den Erben (Abs. 2)	3
B.	Norminhalt	2	III.	Ansprüche des unbeschränkt haftenden Erben (Abs. 3)	4
I.	Ansprüche des Erben gegen den Erblasser (Abs. 1)	2	C.	Verfahrensfragen	5

A. Normzweck

Nach § 326 soll der Erbe im Fall des Nachlassinsolvenzverfahrens nicht schlechter stehen als sonstige Nachlassgläubiger. Auch sollen die übrigen Gläubiger keinen Vorteil davon haben, dass ein Insolvenzgläubiger sich nur an das Eigenvermögen des Erben halten will. **1**

B. Norminhalt

I. Ansprüche des Erben gegen den Erblasser (Abs. 1)

Unabhängig davon, ob der Erbe beschränkt oder unbeschränkt haftet, gelten als Folge der mit der Eröffnung des Nachlassinsolvenzverfahrens verbundenen Vermögenstrennung die durch **Konfusion** und **Konsolidation** im Erbfall zunächst erloschenen Rechte und Verbindlichkeiten als nicht erloschen (§ 1976 BGB). Die Rechte und Pflichten des Erben leben nebst sämtlicher Nebenrechte (Pfandrechte und Bürgschaften) ex tunc auf (BGH, NJW 1967, 2399). **2**

II. Erfüllung von Nachlassverbindlichkeiten durch den Erben (Abs. 2)

Konnte der Erbe den Umständen nach annehmen, dass der Nachlass zur Deckung aller Nachlassverbindlichkeiten ausreicht, durfte die Berichtigung der Nachlassverbindlichkeit aus dem Nachlass erfolgen (§ 1979 BGB). Hat der Erbe aus eigenen Mitteln gezahlt, kann er gem. §§ 1978 Abs. 3, 1979 BGB den vollen Ersatz als Massegläubiger (§ 324 Abs. 1 Nr. 1) beanspruchen. Liegen die Voraussetzungen des § 1979 BGB nicht vor und hat der Erbe trotzdem eine Nachlassverbindlichkeit mit Nachlassmitteln erfüllt, ist er den Gläubigern ersatzpflichtig. **3**

▶ Hinweis:

Die Durchsetzung des vom Insolvenzverwalter gem. § 92 geltend zu machenden Ersatzanspruchs gegen den Erben setzt eine substanziierte Darlegung voraus, welchen Betrag die Nachlassgläubiger weniger erhalten, als sie erlangt haben würden, wenn die Zahlungen unterblieben wären (OLG Düsseldorf, ZEV 2000, 236). Da dies vor Abschluss des Verfahrens schwierig ist, empfiehlt sich zunächst die Erhebung einer Feststellungsklage.

Hat der Erbe den ausgezahlten Betrag dem Nachlass erstattet oder aus eigenen Mitteln die Nachlassverbindlichkeit erfüllt, erlangt er gem. Abs. 2 die Rechtsstellung des befriedigten Gläubigers. Die gesamte Forderung geht auf den Erben über, auch bei einer Abfindung des Gläubigers mit einer geringeren Summe (Uhlenbruck-Lüer § 326 Rn. 3). Der Erbe bleibt allen Einwendungen ausgesetzt, die dem befriedigten Gläubiger ggü. bestanden haben.

III. Ansprüche des unbeschränkt haftenden Erben (Abs. 3)

4   Haftet der Erbe einzelnen Nachlassgläubigern unbeschränkt und beteiligten sich diese Gläubiger im Vertrauen auf die Zugriffsmöglichkeit auf das Eigenvermögen des Erben nicht am Verfahren, kann der Erbe die Forderung dieses Gläubigers geltend machen, auch dann, wenn er sie nicht getilgt hat. Da der Berechtigte nach Ablauf der Anmeldefrist seine Forderung noch anmelden kann (§ 177), wird die vom Erben angemeldete Fremdforderung bis zur Schlussverteilung als aufschiebend bedingt behandelt (§ 191).

C. Verfahrensfragen

5   Ansprüche des Nachlasses gegen den Erben, die nach Wegfall von Konfusion und Konsolidation wieder aufleben, sind in § 326 nicht geregelt. Solche Ansprüche können nach Eröffnung des Verfahrens nach den allgemeinen Regeln geltend gemacht werden. Es leben daher insb. Abfindungsansprüche bei Anwachsung eines Geschäftsanteils bei zweigliedriger Gesellschaft oder aufgrund von gesellschaftsvertraglichen Regelungen wieder auf. Der im Erbfall erloschene oder gar nicht erst entstandene Abfindungsanspruch des Erblassers aus § 738 BGB gilt mit Eröffnung des Insolvenzverfahrens als nicht erloschen und kann gegen den Erben als Träger seines Eigenvermögens durchgesetzt werden (AG Potsdam, ZInsO 2001, 478).

§ 327 Nachrangige Verbindlichkeiten

(1) Im Rang nach den in § 39 bezeichneten Verbindlichkeiten und in folgender Rangfolge, bei gleichem Rang nach dem Verhältnis ihrer Beträge, werden erfüllt:
1. die Verbindlichkeiten gegenüber Pflichtteilsberechtigten;
2. die Verbindlichkeiten aus den vom Erblasser angeordneten Vermächtnissen und Auflagen;
3. (weggefallen)

(2) ¹Ein Vermächtnis, durch welches das Recht des Bedachten auf den Pflichtteil nach § 2307 des Bürgerlichen Gesetzbuchs ausgeschlossen wird, steht, soweit es den Pflichtteil nicht übersteigt, im Rang den Pflichtteilsrechten gleich. ²Hat der Erblasser durch Verfügung von Todes wegen angeordnet, daß ein Vermächtnis oder eine Auflage vor einem anderen Vermächtnis oder einer anderen Auflage erfüllt werden soll, so hat das Vermächtnis oder die Auflage den Vorrang.

(3) ¹Eine Verbindlichkeit, deren Gläubiger im Wege des Aufgebotsverfahrens ausgeschlossen ist oder nach § 1974 des Bürgerlichen Gesetzbuchs einem ausgeschlossenen Gläubiger gleichsteht, wird erst nach den in § 39 bezeichneten Verbindlichkeiten und, soweit sie zu den in Absatz 1 bezeichneten Verbindlichkeiten gehört, erst nach den Verbindlichkeiten erfüllt, mit denen sie ohne die Beschränkung gleichen Rang hätte. ²Im übrigen wird durch die Beschränkungen an der Rangordnung nichts geändert.

Übersicht

	Rdn.		Rdn.
A. Normzweck	1	II. Vermächtnisse zum Ausschluss des Pflichtteils und vorrangige Vermächtnisse und Auflagen (Abs. 2)	5
B. Norminhalt	2		
I. Nachrangige Verbindlichkeiten (Abs. 1)	2		
1. Bedeutung des Nachrangs	2	III. Ausgeschlossene Gläubiger (Abs. 3)	6
2. Pflichtteilsrechte (Nr. 1)	3	C. Verfahrensfragen	7
3. Vermächtnisse und Auflagen (Nr. 2)	4		

A. Normzweck

§ 327 stellt in Abs. 1 klar, dass Verbindlichkeiten ggü. Pflichtteilsberechtigten sowie aus Vermächtnissen und Auflagen zum Schutz der anderen Nachlassgläubiger im Rang nach allen anderen Verbindlichkeiten einzuordnen sind. Die unbeschränkte Bezugnahme in Abs. 1 auf § 39 zur Definition der Rangfolge ist redaktionell unglücklich, da die Bezugnahme auf § 39 gegenstandslos ist, soweit die in § 39 Abs. 1 Nr. 1, 3 und 4 bezeichneten Verbindlichkeiten beim Erbfall erlöschen oder wie bei § 39 Abs. 1 Nr. 5 im Nachlassinsolvenzverfahren denkgesetzlich überhaupt nicht möglich sind, da die betreffenden Ansprüche auf der Schuldnerseite eine Gesellschaft voraussetzen (MK-Siegmann § 327 Rn. 1, 3). Pflichtteilsansprüche, Vermächtnisse und Auflagen, mit denen der Erblasser selbst belastet war, sind gewöhnliche Insolvenzforderungen und fallen nicht unter Abs. 1 Nr. 1 und 2.

B. Norminhalt

I. Nachrangige Verbindlichkeiten (Abs. 1)

1. Bedeutung des Nachrangs

Im Nachlassinsolvenzverfahren sind zunächst alle normalen und sodann die nachrangigen Insolvenzforderungen gem. § 39 in der dort bezeichneten Rangfolge zu erfüllen. Erst dann folgen die Rangklassen des § 327. Diese Forderungen sind nach § 174 Abs. 3 nur anzumelden, soweit das Insolvenzgericht zur Anmeldung besonders auffordert. Forderungen aus diesen Rangklassen werden bei Abschlagszahlungen nicht berücksichtigt (§ 178 Abs. 2 Satz 2), haben in der Gläubigerversammlung kein Stimmrecht (§ 77 Abs. 1 Satz 2), erlauben bei der Beschlussfassung über einen Insolvenzplan nur ein eingeschränktes Stimmrecht (§ 246 Nr. 1, 2) und gelten im Insolvenzplan, soweit nichts anderes bestimmt ist, als erlassen (§ 225 Abs. 1). Die Minderberechtigung ist bei der Prüfung festzustellen und in der Tabelle zu vermerken. Im Streitfall gelten die §§ 179 ff. (OLG Hamburg, OLGZ 18, 324).

2. Pflichtteilsrechte (Nr. 1)

Unter Abs. 1 Nr. 1 fallen die ordentlichen (§ 2303 BGB) und die außerordentlichen (§ 2325 BGB) Pflichtteilsansprüche von Abkömmlingen, Ehegatten oder Eltern des Erblassers. Das pflichtteilersetzende Vermächtnis (§ 2307 BGB) wird durch Abs. 2 Satz 1 dem Pflichtteilsanspruch gleichgestellt, soweit es den Pflichtteilsanspruch deckt. Nicht in den Nachrang fallen Ansprüche, bei denen sich nur die Berechnung oder Ausgestaltung nach den §§ 2303 ff. BGB richtet, so z. B. der Anspruch aus § 1586b BGB und die Zugewinnausgleichsforderung nach den §§ 1371, 1378 BGB des überlebenden Ehegatten im Güterstand der Zugewinngemeinschaft. Sie sind normale Insolvenzforderungen, sodass auch die Pflichtteilsberechnung erst nach Abzug z. B. der Ausgleichsforderung erfolgen kann.

3. Vermächtnisse und Auflagen (Nr. 2)

Von Abs. 1 Nr. 2 erfasst sind die **Vermächtnisse**, die der Erblasser zugewendet hat. Den Vermächtnissen nach § 1939 BGB stehen die gesetzlichen Vermächtnisse aus den §§ 1932, 1969 BGB gleich. Kein gesetzliches Vermächtnis, sondern gewöhnliche Nachlassverbindlichkeit ist der Unterhaltsanspruch der werdenden Mutter eines Erben aus § 1963 BGB. Die **Auflage** unterscheidet sich vom Vermächtnis dadurch, dass sie dem Begünstigten keinen Anspruch gewährt (§§ 1940, 2192 ff. BGB). Inhaber eines Anspruchs und damit Gläubiger nach Abs. 1 Nr. 2 ist nur derjenige, der gem. § 2194 BGB die Vollziehung der Auflage verlangen kann (BGHZ 121, 357 = NJW 1993, 2168).

II. Vermächtnisse zum Ausschluss des Pflichtteils und vorrangige Vermächtnisse und Auflagen (Abs. 2)

Gem. Abs. 2 Satz 1 hat das nach § 2307 BGB den Pflichtteil ersetzende Vermächtnis bis zur Höhe des Pflichtteilsbetrages zugleich auch Pflichtteilsrang. Mit der den Pflichtteil übersteigenden Forderung ist der Gläubiger dagegen wie ein Vermächtnisnehmer zu behandeln. Nach Abs. 2 Satz 2 sind Ranganordnungen des Erblassers gem. § 2189 auch im Nachlassinsolvenzverfahren wirksam. Soll also ein Vermächtnis oder eine Auflage nach Anordnung des Erblassers vor einem anderen Vermächtnis oder vor einer anderen Auflage erfüllt werden, so hat es gem. Abs. 2 Satz 2 vor den anderen den Vorrang.

III. Ausgeschlossene Gläubiger (Abs. 3)

6 Ausgeschlossene und diesen gleichstehende Gläubiger (§§ 1973, 1974 BGB) werden nach den Gläubigern des § 39 und vor den Ansprüchen aus Pflichtteilsrechten, Vermächtnissen und Auflagen befriedigt. Handelt es sich bei den nach § 1974 BGB betroffenen Ansprüchen um solche aus Pflichtteilsrechten, Vermächtnissen oder Auflagen, behalten diese ihre Rangstelle nach Abs. 1 Nr. 1 und 2 und werden erst nach den Verbindlichkeiten erfüllt, mit denen sie ohne die Beschränkung gleichen Rang hätten.

C. Verfahrensfragen

7 Minderberechtigte Gläubiger nach § 39 können unter der Voraussetzung der §§ 94 ff. aufrechnen (vgl. § 94 Rdn. 1 ff.). Minderberechtigte Gläubiger nach § 327, also Pflichtteilsberechtigte, Vermächtnisnehmer und Auflageberechtigte sowie Gläubiger nach Abs. 3, können gem. § 390 BGB nicht aufrechnen, da ihnen die Einreden aus den §§ 1973, 1974 und 1992 BGB entgegenstehen. An einer auf nachrangige Forderungen i. S. d. § 327 gezahlten Quote setzt sich eine Testamentsvollstreckung nicht fort, da die Verteilung der Masse an die Gläubiger (§ 196) aufgrund des erstellten Verteilungsverzeichnisses (§ 188) abschließend erfolgt und kein einer Testamentsvollstreckung zugängliches Nachlassvermögen verbleibt.

§ 328 Zurückgewährte Gegenstände

(1) Was infolge der Anfechtung einer vom Erblasser oder ihm gegenüber vorgenommenen Rechtshandlung zur Insolvenzmasse zurückgewährt wird, darf nicht zur Erfüllung der in § 327 Abs. 1 bezeichneten Verbindlichkeiten verwendet werden.

(2) Was der Erbe auf Grund der §§ 1978 bis 1980 des Bürgerlichen Gesetzbuchs zur Masse zu ersetzen hat, kann von den Gläubigern, die im Wege des Aufgebotsverfahrens ausgeschlossen sind oder nach § 1974 des Bürgerlichen Gesetzbuchs einem ausgeschlossenen Gläubiger gleichstehen, nur insoweit beansprucht werden, als der Erbe auch nach den Vorschriften über die Herausgabe einer ungerechtfertigten Bereicherung ersatzpflichtig wäre.

Übersicht	Rdn.		Rdn.
A. Normzweck	1	II. Beschränkung bei Ersatzleistungen des Erben (Abs. 2)	3
B. Norminhalt	2		
I. Beschränkung der Rückgewähr aufgrund anfechtbarer Handlung (Abs. 1)	2		

A. Normzweck

1 Sinn der Bestimmung ist es, eine Anfechtung der vor dem Erbfall vorgenommenen Rechtshandlungen nur denjenigen Gläubigern zugutekommen zu lassen, die zu diesem Zeitpunkt bereits Forderungen gegen den Erblasser hatten und nicht denjenigen, die zu keiner Zeit Gläubiger des Erblassers gewesen sind. Abs. 2 der Bestimmung übernimmt die Regelung des § 1973 Abs. 2 BGB für das Verfahrensrecht.

B. Norminhalt

I. Beschränkung der Rückgewähr aufgrund anfechtbarer Handlung (Abs. 1)

Abs. 1 betrifft **nur** die **Rechtshandlungen des Erblassers**. Die Anfechtung dieser Rechtshandlungen soll den Pflichtteilsberechtigten, Vermächtnisnehmern und den durch Auflagen Begünstigten nicht zugutekommen. Deshalb fehlt es bei der Anfechtung einer Rechtshandlung des Erblassers nach §§ 129 ff. bereits an der Gläubigerbenachteiligung, wenn die Masse zur Befriedigung aller Nachlassgläubiger ausreicht und das gem. § 143 Rückgewährte zur Befriedigung von Pflichtteilsansprüchen, Vermächtnissen, Auflagen und Ersatzerbansprüchen verwendet würde. Ein geleisteter Mehrbetrag ist dem Anfechtungsgegner herauszugeben. 2

▶ Hinweis:
Im Anfechtungsprozess sollte der Insolvenzverwalter einen etwaigen Einwand des Anfechtungsgegners, er habe nicht in vollem Umfang zurückzugewähren, bereits bei Klageeinreichung entkräften, da er die objektive Gläubigerbenachteiligung als Klage begründende Tatsache nachzuweisen hat.

II. Beschränkung bei Ersatzleistungen des Erben (Abs. 2)

Die Haftung des Erben aus den §§ 1978 bis 1980 BGB soll gem. § 1973 Abs. 2 Satz 1 BGB nicht den nachrangigen Gläubigern zugutekommen. Daher beschränkt Abs. 2 die Ersatzpflicht des noch beschränkbar haftenden Erben ggü. ausgeschlossenen und diesen gleichstehenden Gläubigern auf die noch vorhandene Bereicherung. I. Ü. besteht ein Leistungsverweigerungsrecht des Erben, weshalb auch dem Nachlass keine weiter gehenden Forderungen gegen den Erben zustehen. 3

§ 329 Nacherbfolge

Die §§ 323, 324 Abs. 1 Nr. 1 und § 326 Abs. 2, 3 gelten für den Vorerben auch nach dem Eintritt der Nacherbfolge.

Übersicht   Rdn.   Rdn.
A. Normzweck 1   B. Norminhalt 2

A. Normzweck

Mit dem Eintritt des Nacherbfalls hört der Vorerbe auf, Erbe zu sein, und die Erbschaft fällt nun dem Nacherben an (§ 2139 BGB). § 329 stellt klar, dass der Vorerbe zur Vermeidung vermögensrechtlicher Nachteile weiterhin die Rechte aus den genannten Vorschriften hat. 1

B. Norminhalt

Wird das Nachlassinsolvenzverfahren **während der Vorerbzeit** eröffnet, hat der Vorerbe die gleichen Rechte wie der endgültige Erbe, d.h. die Rechte gem. §§ 323, 324 Abs. 1 Nr. 1 und 326 Abs. 2, 3. Tritt der **Nacherbfall während des Nachlassinsolvenzverfahrens** ein, endet die Erben- und Schuldnerstellung des Vorerben und der Nacherbe wird Schuldner des Insolvenzverfahrens. Dem Vorerben verbleiben gem. § 329 die Rechte aus den §§ 323, 324 Abs. 1 Nr. 1 und 326 Abs. 2, 3. Mit der Schuldnerstellung übernimmt der Nacherbe den Verfahrensstand. Handlungen des Vorerben sind weiterhin ggf. anfechtbare Rechtshandlungen des »Schuldners«, versäumte Rechtshandlungen des Vorerben kann der Nacherbe jedoch nicht nachholen. Gegen den Vorerben ergangene rechtskräftige Urteile wirken nur i.R.d. §§ 2112 ff. BGB gegen den Nacherben (§ 326 ZPO). Deshalb kann auch ein unterlassener Widerspruch gem. § 178 durch den Nacherben nachgeholt werden, weil das Nichtbestreiten durch den Vorerben keine stärkere Wirkung hat als ein gegen den Vorerben ergangenes Urteil (Uhlenbruck-Lüer § 329 Rn. 1). Ansprüche gegen den Erblasser kann der 2

Vorerbe mit Eintritt der Nacherbfolge gem. § 2143 BGB gegen den Nacherben auch im Nachlassinsolvenzverfahren geltend machen. Wird das Insolvenzverfahren ggü. dem Nacherben eröffnet ist nur dieser Schuldner. Wegen der ihm zustehenden Ersatzansprüche aus § 1978 BGB erhält der Vorerbe den Rang eines Massegläubigers, hat jedoch deshalb kein Zurückbehaltungsrecht (§§ 323, 324 Abs. 1 Nr. 1). Auch kann er anstelle eines von ihm auf eigenes Risiko befriedigten Gläubigers (§ 326 Abs. 2, 3) dessen Forderung im Insolvenzverfahren geltend machen.

§ 330 Erbschaftskauf

(1) Hat der Erbe die Erbschaft verkauft, so tritt für das Insolvenzverfahren der Käufer an seine Stelle.

(2) ¹Der Erbe ist wegen einer Nachlaßverbindlichkeit, die im Verhältnis zwischen ihm und dem Käufer diesem zur Last fällt, wie ein Nachlaßgläubiger zum Antrag auf Eröffnung des Verfahrens berechtigt. ²Das gleiche Recht steht ihm auch wegen einer anderen Nachlaßverbindlichkeit zu, es sei denn, daß er unbeschränkt haftet oder daß eine Nachlaßverwaltung angeordnet ist. ³Die §§ 323, 324 Abs. 1 Nr. 1 und § 326 gelten für den Erben auch nach dem Verkauf der Erbschaft.

(3) Die Absätze 1 und 2 gelten entsprechend für den Fall, daß jemand eine durch Vertrag erworbene Erbschaft verkauft oder sich in sonstiger Weise zur Veräußerung einer ihm angefallenen oder anderweitig von ihm erworbenen Erbschaft verpflichtet hat.

Übersicht	Rdn.		Rdn.
A. Normzweck	1	II. Antragsbefugnis des Erben (Abs. 2)	3
B. Norminhalt	2	III. Weiterverkauf der Erbschaft (Abs. 3)	4
I. Erbschaftskäufer als Schuldner (Abs. 1)	2	C. Verfahrensfragen	5

A. Normzweck

1 § 2382 BGB lässt Käufer und Verkäufer einer Erbschaft für die Nachlassverbindlichkeiten haften. Daher soll nach dem Erbschaftskauf weiterhin ein Nachlassinsolvenzverfahren gegen den nunmehr in Händen des Käufers befindlichen Nachlass betrieben werden können. Das gilt auch für den Weiterverkauf und sonstige Übertragungen. Auch soll der verkaufende Erbe nicht schlechter gestellt werden und als Nachlassgläubiger antragsberechtigt sein.

B. Norminhalt

I. Erbschaftskäufer als Schuldner (Abs. 1)

2 Für das Nachlassinsolvenzverfahren tritt nach Abs. 1 der Käufer an die Stelle des Erben. Die Vorschrift knüpft an den **Erbschaftskauf** und damit an das schuldrechtliche Verpflichtungsgeschäft an, das der notariellen Beurkundung bedarf (§ 2371 BGB). Durch den Erbschaftskauf wird der Käufer zwar nicht Erbe, er haftet jedoch wie ein solcher (§ 2382 BGB). Deshalb soll ein Nachlassinsolvenzverfahren gegen ihn betrieben werden können. Der Erbschaftskäufer wird damit materiell-rechtlich zur Insolvenzantragsstellung verpflichtet (§ 1980 BGB), der Erbe entpflichtet. Gegenstand des Vertrages muss jedoch eine **Erbschaft** sein, die aus den Aktiva und Passiva des Erblasservermögens besteht (§ 1922). Die Übernahme **einzelner Nachlassaktiva** stellt keinen Erbschaftskauf dar (BGH, NJW 1965, 862). In die Rechtsstellung des Erben tritt der Käufer mit Abschluss des Kaufvertrages ein und hat sodann alle Rechte und Pflichten des Schuldners, insb. das Widerspruchsrecht (§ 178), die Pflicht zur Auskunftserteilung (§§ 20, 97) und zur Abgabe einer eidesstattlichen Versicherung (§ 153 Abs. 2 Satz 1), während für den Verkäufer sämtliche Rechte entfallen. Er ist nur noch in seiner etwaigen Eigenschaft als Nachlassgläubiger antragsberechtigt. Die **Insolvenzmasse** bilden die Nachlassgegenstände, auch wenn sie dem Käufer noch nicht übergeben sind, die Ersatzansprüche gegen den Käufer und den Erben u. a. aus den §§ 1978, 1979, Anfechtungsansprüche aus den §§ 129 ff. wegen Rechtshandlungen des Erblassers, des Erben und des Erbschaftskäufers sowie

etwaige dem Käufer aus dem Vertrag gegen den Verkäufer zustehende Ansprüche aus § 2383 Abs. 1 Satz 3 BGB.

II. Antragsbefugnis des Erben (Abs. 2)

Der Erbe verliert nach Abschluss des Erbschaftskaufs sein Insolvenzantragsrecht (§ 317). Nach Abs. 2 Satz 1 ist der Erbe wegen einer Nachlassverbindlichkeit, die dem Käufer im Verhältnis zu ihm zur Last fällt, wie ein Nachlassgläubiger zum Antrag auf Eröffnung des Insolvenzverfahrens berechtigt und hat so die Möglichkeit der Haftungsbeschränkung unabhängig davon, ob er für die Verbindlichkeit beschränkt oder unbeschränkt haftet (Uhlenbruck-Lüer § 330 Rn. 5). Auch im Hinblick auf Nachlassverbindlichkeiten, für die der Käufer dem Erben ggü. nicht auf Erfüllung haftet (§§ 2376, 2379 Satz 2 BGB), also insb. Pflichtteilsansprüche, Vermächtnisse und Auflagen, kann er seine Haftung gem. Abs. 2 Satz 2 Halbs. 1 durch den Eröffnungsantrag beschränken. Der Erbe muss bei seinem Antrag wie ein Nachlassgläubiger den Eröffnungsgrund glaubhaft machen (§ 14 Abs. 1) und kann den Antrag nur binnen 2 Jahren seit Annahme der Erbschaft stellen (§ 319). Dem Erben werden durch Abs. 2 Satz 3 trotz Veräußerung der Erbschaft die Rechte gem. §§ 324 Abs. 1 Nr. 1, 326 Abs. 2, 3 erhalten.

III. Weiterverkauf der Erbschaft (Abs. 3)

Die Regelungen für den Erbschaftskauf gelten gem. Abs. 3 auch für ähnliche Verträge, wie z. B. die Fälle des Weiterverkaufs (§ 2385 Abs. 1 BGB), des Rückkaufs durch den Erben, des Tausches oder der Schenkung einer Erbschaft. Damit tritt jeder weitere Erwerber mit den Folgen der Abs. 1, 2 jeweils in die Stellung des bisherigen Schuldners ein.

C. Verfahrensfragen

Unabhängig davon, ob der Erbe oder der Käufer Partei eines Prozesses ist, werden Prozesse, welche die Insolvenzmasse, d. h. Nachlassgegenstände oder Nachlassforderungen, betreffen, durch die Eröffnung des Nachlassinsolvenzverfahrens **unterbrochen** (§ 240 ZPO). Passivprozesse gegen den gem. § 2382 BGB als Gesamtschuldner neben dem Käufer weiterhaftenden Erben sind von der Eröffnung des Nachlassinsolvenzverfahrens nicht betroffen (MK-Siegmann § 320 Rn. 8). Wer geltend macht, den Nachlass durch Erbschaftskauf oder ein ähnliches Rechtsgeschäft vom Erben erworben zu haben, ist nur dann **insolvenzantragsberechtigt**, wenn das Rechtsgeschäft mit dem Erben wirksam ist, also insb. die Form des § 2371 BGB gewahrt ist (OLG Köln, ZIP 2000, 627). Die Wirksamkeit des Rechtsgeschäfts ist mit dem Antrag glaubhaft zu machen.

§ 331 Gleichzeitige Insolvenz des Erben

(1) Im Insolvenzverfahren über das Vermögen des Erben gelten, wenn auch über den Nachlaß das Insolvenzverfahren eröffnet oder wenn eine Nachlaßverwaltung angeordnet ist, die §§ 52, 190, 192, 198, 237 Abs. 1 Satz 2 entsprechend für Nachlaßgläubiger, denen gegenüber der Erbe unbeschränkt haftet.

(2) Gleiches gilt, wenn ein Ehegatte der Erbe ist und der Nachlaß zum Gesamtgut gehört, das vom anderen Ehegatten allein verwaltet wird, auch im Insolvenzverfahren über das Vermögen des anderen Ehegatten und, wenn das Gesamtgut von den Ehegatten gemeinschaftlich verwaltet wird, auch im Insolvenzverfahren über das Gesamtgut und im Insolvenzverfahren über das sonstige Vermögen des Ehegatten, der nicht Erbe ist.

Übersicht	Rdn.		Rdn.
A. Normzweck	1	II. Doppelinsolvenz (Abs. 1)	4
B. Norminhalt	2	III. Zugehörigkeit des Nachlasses zum	
I. Gesamtinsolvenz (Abs. 1)	3	Gesamtgut (Abs. 2)	5

A. Normzweck

1   Nachlassgläubiger werden in ihren Ansprüchen beschränkt und erhalten wie Absonderungsberechtigte nur für den Teil Befriedigung, mit dem sie im Nachlassinsolvenzverfahren ausgefallen sind. Ihr Stimmrecht bestimmt sich allein nach der Ausfallforderung.

B. Norminhalt

2   Zu unterscheiden ist zwischen dem Insolvenzverfahren über das Gesamtvermögen des Erben bei Vereinigung von Nachlassvermögen und Eigenvermögen des Erben zu einer Gesamtheit, sog. **Gesamtinsolvenz**, und dem Nebeneinander von Nachlassinsolvenzverfahren und Erbeninsolvenz, sog. **Doppelinsolvenz**. Hinzu kommen die Fälle, in denen der Nachlass in ein Gesamtgut fällt.

I. Gesamtinsolvenz (Abs. 1)

3   Sowohl die Eigengläubiger des Erben als auch die Nachlassgläubiger nehmen am **Gesamtinsolvenzverfahren** teil. Ansprüche nach § 324 sind deshalb keine Masseforderungen und Pflichtteilsrechte, Vermächtnis- und Auflagenansprüche können wie gewöhnliche Insolvenzforderungen (§ 38) geltend gemacht werden. Nach Eröffnung des Insolvenzverfahrens über das Gesamtvermögen des Erben sind weiterhin ein Nachlassinsolvenzverfahren oder eine Nachlassverwaltung möglich, die dann zur **Trennung** zwischen Nachlass und Eigenvermögen führen. Der unter Testamentsvollstreckung stehende Nachlass bildet in der Erbeninsolvenz bis zur Beendigung der Testamentsvollstreckung eine **Sondermasse**, auf die die Nachlassgläubiger, nicht aber die Erbengläubiger Zugriff nehmen können (BGH, ZInsO 2006, 705).

II. Doppelinsolvenz (Abs. 1)

4   Wird neben dem Nachlassinsolvenzverfahren das Insolvenzverfahren über das Vermögen des Erben eröffnet, sind beide Insolvenzverfahren rechtlich selbstständig abzuwickeln. Unter der Voraussetzung, dass der Erbe nicht unbeschränkt haftet (§ 2013 BGB), kann der Nachlassinsolvenzverwalter im Erbeninsolvenzverfahren Ansprüche aus den §§ 1978, 1979 BGB geltend machen, der Erbeninsolvenzverwalter solche aus § 324 Abs. 1 Nr. 1 im Nachlassinsolvenzverfahren. Haftet der Erbe einem einzelnen Gläubiger ggü. unbeschränkt, kann der Verwalter in der Erbeninsolvenz dessen Ansprüche nach § 326 Abs. 3 im Nachlassinsolvenzverfahren geltend machen. Bei **beschränkbarer Haftung des Erben** können sich die Nachlassgläubiger nur noch an den Nachlass halten. Gläubiger, denen der Erbe unbeschränkbar haftet, können sich gem. § 331 nicht mehr uneingeschränkt auch am Erbeninsolvenzverfahren beteiligen, sondern sind mit der Einschränkung zur Forderungsanmeldung berechtigt, dass sie Befriedigung aus der Erbeninsolvenzmasse nur insoweit erhalten, als sie auf die Befriedigung im Nachlassinsolvenzverfahren verzichtet oder einen Ausfall erlitten haben (§ 52). Eine Ausnahme bilden **Nachlasserbenschulden** (vgl. § 325 Rdn. 5), die sich bei Vermögensabsonderung gegen das Eigenvermögen und den Nachlass richten und deshalb nicht § 52, sondern § 43 unterfallen. Gleiches gilt für die Gläubiger, denen aus der Fortführung eines Handelsgeschäftes des Erblassers Ansprüche aus § 27 HGB zustehen, bei der Haftung des Kommanditisten-Erben für Alt- und Zwischenschulden gem. § 139 Abs. 4 HGB, bei rückständiger Hafteinlage, der Haftung des Erben für Altschulden der Gesellschaft (§ 130 HGB) sowie der Haftung des Erben für die während der Testamentsvollstreckung begründeten Gesellschaftsschulden. Haftet der Erbe den Nachlassgläubigern noch aus einem anderen Grund, z. B. Bürgschaft oder Schuldübernahme, findet § 331 keine Anwendung. Allerdings wird Abs. 1 entsprechend angewendet, wenn über den Nachlass zwar nicht das Nachlassinsolvenzverfahren eröffnet, aber Testamentsvollstreckung angeordnet ist (OLG Köln, ZInsO 2005, 601).

III. Zugehörigkeit des Nachlasses zum Gesamtgut (Abs. 2)

5   Abs. 2 regelt drei Fälle, in denen ein Nachlass in ein Gesamtgut fällt und beschränkt jeweils die Zugriffsmöglichkeiten der Nachlassgläubiger in das Gesamtgut auf den Ausfall. Zum einen könnte

der in Gütergemeinschaft lebende, nicht verwaltende Ehegatte erbt, der Nachlass fällt in das Gesamtgut und in der Folge wird über den Nachlass und das Vermögen des anderen, allein verwaltenden Ehegatten das Insolvenzverfahren eröffnet. Da das mit den Nachlassverbindlichkeiten belastete Gesamtgut (§ 1439 BGB) dann zur Masse in der Ehegatteninsolvenz gehört (§ 37 Abs. 1), haften dem Nachlassgläubiger bei unbeschränkbarer Haftung des erbenden Ehegatten das Gesamtgut und das sonstige Vermögen des verwaltenden Ehegatten (§ 1437 BGB), ohne die Beschränkung auf den Ausfall gem. Abs. 1. Gleiches gilt für den weiteren Fall, dass in einem Insolvenzverfahren über das gemeinschaftlich verwaltete Gesamtgut (§ 333) über den im Gesamtgut ruhenden Nachlass die Nachlassverwaltung angeordnet oder das Insolvenzverfahren eröffnet wird, mit der Folge, dass dem Nachlassgläubiger bei unbeschränkbarer Haftung des mitverwaltenden erbenden Ehegatten wiederum das Gesamtgut haftet (§§ 1459, 1461 BGB). Hier kann der Nachlassgläubiger in der Gesamtgutinsolvenz ebenfalls nur den Ausfall geltend machen. Diese Beschränkung gem. Abs. 1 greift auch für den letzten in Abs. 2 geregelten Fall der gleichzeitigen Insolvenz über das sonstige Vermögen des mitverwaltenden und nicht erbenden Ehegatten, der ebenfalls nach §§ 1459, 1461 BGB für die Nachlassverbindlichkeiten haftet.

Zweiter Abschnitt Insolvenzverfahren über das Gesamtgut einer fortgesetzten Gütergemeinschaft

§ 332 Verweisung auf das Nachlassinsolvenzverfahren

(1) Im Falle der fortgesetzten Gütergemeinschaft gelten die §§ 315 bis 331 entsprechend für das Insolvenzverfahren über das Gesamtgut.

(2) Insolvenzgläubiger sind nur die Gläubiger, deren Forderungen schon zur Zeit des Eintritts der fortgesetzten Gütergemeinschaft als Gesamtgutsverbindlichkeiten bestanden.

(3) ¹Die anteilsberechtigten Abkömmlinge sind nicht berechtigt, die Eröffnung des Verfahrens zu beantragen. ²Sie sind jedoch vom Insolvenzgericht zu einem Eröffnungsantrag zu hören.

Übersicht	Rdn.		Rdn.
A. Normzweck	1	V. Insolvenzgläubiger (Abs. 2)	6
B. Normihalt	2	VI. Insolvenzmasse	7
I. Antragsberechtigung (Abs. 3)	2	C. **Verfahrensfragen**	8
II. Zuständigkeit	3	I. Gesamtgutsinsolvenzverfahren nach Auseinandersetzung	8
III. Eröffnungsgründe	4	II. Gesamtgut und sonstige Insolvenzen	9
IV. Schuldner des Verfahrens	5		

A. Normzweck

Nach § 1483 Abs. 1 Satz 1 BGB können Ehegatten durch Ehevertrag vereinbaren, dass die **Gütergemeinschaft** auch **nach dem Tod eines Ehegatten** zwischen dem überlebenden Ehegatten und den gemeinschaftlichen Abkömmlingen **fortgesetzt** wird, sodass der Anteil des verstorbenen Ehegatten nicht zum Nachlass fällt und der überlebende Ehegatte alleiniger Verwalter des Gesamtguts wird (§ 1487 Abs. 1 BGB), während die Abkömmlinge in die Rechtsstellung des verstorbenen Ehegatten eintreten. Das Gesamtgut haftet nunmehr für alle persönlichen Verbindlichkeiten des überlebenden Ehegatten (§ 1488 BGB) und dieser persönlich für alle Gesamtgutsverbindlichkeiten (§ 1489 BGB). Das **Sonderinsolvenzverfahren** über das Gesamtgut der fortgesetzten Gütergemeinschaft (§ 11 Abs. 2 Nr. 2) soll die persönliche Haftung des überlebenden Ehegatten auf das Gesamtgut beschränken und den in Abs. 2 bestimmten Gesamtgutsgläubigern Befriedigung aus dem abzusondernden Gesamtgut ermöglichen. Die **Fortsetzung der Gütergemeinschaft** kann von dem überlebenden Ehegatten auch **abgelehnt** werden (§ 1484 Abs. 1 BGB). Der Anteil des verstorbenen Ehegatten an dem Gesamtgut gehört dann zum Nachlass (§§ 1484 Abs. 3, 1482 Satz 1 BGB), sodass das Insolvenzverfahren dann nur über den Nachlass, nicht aber über das Gesamtgut infrage kommt (Uhlenbruck-Lüer § 332 Rn. 2). Soweit die persönliche Haftung den überlebenden Ehegatten nur infolge des Eintritts der fortgesetzten Gütergemeinschaft trifft, finden die Vorschriften über die Haftung des Erben für Nachlassverbindlichkeiten gem. §§ 1975 ff. BGB entsprechende Anwendung.

B. Norminhalt

I. Antragsberechtigung (Abs. 3)

2 Antragsberechtigt und auch -verpflichtet ist der **überlebende Ehegatte**, wenn das Gesamtgut allein von ihm oder von beiden Ehegatten gemeinsam verwaltet wurde (§§ 1489 Abs. 2, 1980 BGB). Unbeachtlich ist, inwiefern der überlebende Ehegatte schon bei Eintritt der fortgesetzten Gütergemeinschaft persönlich haftete. Daneben sind antragsberechtigt ein etwaiger **Gesamtgutsverwalter** (Abs. 1, § 317 Abs. 1) und die **Gläubiger** der Gesamtgutsverbindlichkeiten, die schon bei Eintritt der fortgesetzten Gütergemeinschaft bestanden (Abs. 2, § 14). Keine Antragsberechtigung haben die **anteilsberechtigten Abkömmlinge** (Abs. 3 Satz 1), da sie nicht persönlich haften (§ 1489 Abs. 3 BGB). Sie sind jedoch nach Maßgabe des § 10 zu dem Eröffnungsantrag vom Insolvenzgericht zu hören (Abs. 3 Satz 2).

II. Zuständigkeit

3 Gem. § 315 Satz 2 ist zunächst ausschließlich das Insolvenzgericht zuständig, in dessen Bezirk der Erblasser den Mittelpunkt seiner selbstständigen wirtschaftlichen Tätigkeit hatte. Ansonsten ist ausschließlich das Insolvenzgericht zuständig, in dessen Bezirk der verstorbene Ehegatte seinen allgemeinen Gerichtsstand hatte (§ 315 Satz 1).

III. Eröffnungsgründe

4 Gem. Abs. 1 i. V. m. § 320 sind die **Überschuldung** des Gesamtguts, dessen **Zahlungsunfähigkeit** und, wenn der überlebende Ehegatte oder ein Gesamtgutsverwalter die Eröffnung beantragt, auch die **drohende Zahlungsunfähigkeit**, die Eröffnungsgründe. Dabei ist auf den Zeitpunkt der Eröffnung des Verfahrens und nicht auf den des Eintritts der fortgesetzten Gütergemeinschaft abzustellen (HK-Marotzke § 332 Rn. 3).

IV. Schuldner des Verfahrens

5 Schuldner ist allein der überlebende Ehegatte. Die Abkömmlinge sind keine Schuldner, da sie weder ein Antragsrecht (Abs. 3 Satz 1) haben, noch persönlich für die Gesamtgutsverbindlichkeiten haften (§ 1489 Abs. 3 BGB).

V. Insolvenzgläubiger (Abs. 2)

6 Nach Abs. 2 sind nur diejenigen Gläubiger, deren Forderung als Gesamtgutsverbindlichkeit bei Eintritt der fortgesetzten Gütergemeinschaft bestand, Insolvenzgläubiger. Als minderberechtigte Insolvenzforderungen kommen die in § 327 Abs. 1 Nr. 1, 2 bezeichneten Forderungen in Betracht. Pflichtteilsrechte, Vermächtnisse und Auflagen sind keine Gesamtgutsinsolvenzforderungen, da sie erst mit Eintritt der fortgesetzten Gütergemeinschaft entstehen.

VI. Insolvenzmasse

7 Der Vermögensbestand zum Zeitpunkt des Eintritts der fortgesetzten Gütergemeinschaft nebst dem Zuwachs, welcher ohne Zutun des überlebenden Ehegatten entstanden ist, Ersatzansprüche gegen den überlebenden Ehegatten aus der Verwaltung des Gesamtguts (§ 1489 Abs. 2 i. V. m. § 1978 Abs. 2 BGB) und Ansprüche aus anfechtbaren Rechtshandlungen des Gesamtgutsverwalters vor Eintritt der fortgesetzten Gütergemeinschaft oder nach Eintritt durch den überlebenden Ehe-

gatten bilden die Masse. Rechtsgeschäftlicher und sonstiger Neuerwerb (§ 1485 BGB oder § 35) seit Eintritt der fortgesetzten Gütergemeinschaft fällt nicht in die Masse (MK-Siegmann § 332 Rn. 5 m. w. N.; a. A. Braun-Bauch § 332 Rn. 9).

C. Verfahrensfragen

I. Gesamtgutsinsolvenzverfahren nach Auseinandersetzung

Nach Auseinandersetzung der Gütergemeinschaft ist analog § 316 Abs. 2 noch ein Insolvenzverfahren möglich. Wie in der Nachlassinsolvenz darf den Gläubigern das Recht auf gesonderte Befriedigung aus dem Gesamtgut nicht durch beschleunigte Auseinandersetzung genommen werden (Uhlenbruck-Lüer § 322 Rn. 11). 8

II. Gesamtgut und sonstige Insolvenzen

Wenn über das Vermögen des überlebenden Ehegatten das Regelinsolvenzverfahren eröffnet wird, ist das Gesamtgut der fortgesetzten Gütergemeinschaft Bestandteil der Insolvenzmasse (§ 37 Abs. 3). Dem steht das Insolvenzantragsrecht des Gläubigers nach Abs. 2 oder des Verwalters im Verfahren über das Vermögen des überlebenden Ehegatten nicht entgegen. Es gilt dann § 331 mit der Folge, dass bei Eröffnung die Gesamtgutsgläubiger in der Insolvenz des überlebenden Ehegatten wie Absonderungsberechtigte behandelt werden. Da der Anteil des verstorbenen Ehegatten bei Fortsetzung der Gütergemeinschaft nicht zum Nachlass gehört (§ 1483 Abs. 1 Satz 3 BGB), berührt die Insolvenz über seinen Nachlass das Gesamtgut nicht. Sie erfasst nur das Sondergut und den pfändbaren Teil des Vorbehaltsgutes. Auch Insolvenzverfahren über das Vermögen von Abkömmlingen berühren das Gesamtgut nicht. 9

Dritter Abschnitt Insolvenzverfahren über das gemeinschaftlich verwaltete Gesamtgut einer Gütergemeinschaft

§ 333 Antragsrecht. Eröffnungsgründe

(1) Zum Antrag auf Eröffnung des Insolvenzverfahrens über das Gesamtgut einer Gütergemeinschaft, das von den Ehegatten gemeinschaftlich verwaltet wird, ist jeder Gläubiger berechtigt, der die Erfüllung einer Verbindlichkeit aus dem Gesamtgut verlangen kann.

(2) ¹Antragsberechtigt ist auch jeder Ehegatte. ²Wird der Antrag nicht von beiden Ehegatten gestellt, so ist er zulässig, wenn die Zahlungsunfähigkeit des Gesamtguts glaubhaft gemacht wird; das Insolvenzgericht hat den anderen Ehegatten zu hören. ³Wird der Antrag von beiden Ehegatten gestellt, so ist auch die drohende Zahlungsunfähigkeit Eröffnungsgrund.

Übersicht	Rdn.		Rdn.
A. Normzweck	1	V. Insolvenzmasse	6
B. Norminhalt	2	C. Verfahrensfragen	7
I. Antragsberechtigte	2	I. Besonderheiten bei der Anfechtung	7
II. Eröffnungsgründe (Abs. 2)	3	II. Sonderinsolvenzverfahren über das	
III. Schuldner	4	Gesamtgut in der Liquidationsphase	8
IV. Insolvenzgläubiger	5		

A. Normzweck

Zur ausschließlichen Befriedigung der Gläubiger von Gesamtgutsverbindlichkeiten ist ein Sonderinsolvenzverfahren (§§ 333, 11 Abs. 2 Nr. 2) notwendig, für das die allgemeinen Vorschriften gelten, soweit nicht in §§ 333, 334 Abweichungen besonders geregelt sind, da gem. § 37 Abs. 2 das 1 durch die Ehegatten gemeinschaftlich verwaltete Gesamtgut im Fall der Eröffnung eines Insolvenzverfahrens über das Vermögen eines Ehegatten nicht Bestandteil der Insolvenzmasse wird.

B. Norminhalt

I. Antragsberechtigte

2 Antragsberechtigt ist **jeder Gläubiger** von Gesamtgutsverbindlichkeiten sowie **jeder Ehegatte**. Stellen die Ehegatten den Antrag gemeinsam, ist der Eröffnungsgrund nicht glaubhaft zu machen. Stellt nur ein Ehegatte den Antrag, muss die Zahlungsunfähigkeit glaubhaft gemacht werden (Abs. 2 Satz 2 Halbs. 1) wofür § 294 ZPO gilt. Der andere Ehegatte ist zu dem Eröffnungsantrag zu hören. § 10 ist anwendbar. Wird das Verfahren auf Antrag nur eines Ehegatten eröffnet, hat der andere Ehegatte ein Beschwerderecht.

II. Eröffnungsgründe (Abs. 2)

3 Die Zahlungsunfähigkeit des Gesamtguts ist Eröffnungsgrund. Im Fall eines Antrags beider Ehegatten ist gem. Abs. 2 auch die drohende Zahlungsunfähigkeit Eröffnungsgrund. Es kommt nur auf die Zahlungsunfähigkeit des Gesamtguts, nicht der beiden Ehegatten an. I. Ü. gelten die Ausführungen zu den §§ 17, 18. Bei der Bestimmung der (drohenden) Zahlungsfähigkeit wird nur das Gesamtgut berücksichtigt, nicht auch das Ehegattenvermögen (A/G/R/-Ringstmeier, § 333 Rn. 10, **a. A.** K/P/B-Kemper § 333 Rn. 6 f.), da nach § 37 Abs. 2 Gesamtgut und Eigenvermögen getrennte Vermögensmassen sind (MK-Schumann § 333 Rn. 17).

III. Schuldner

4 Beide Ehegatten sind Schuldner, da sie Gesamtschuldner bzgl. des gemeinsam verwalteten Gesamtguts sind (§ 1459 Abs. 2 BGB). Daher können nur beide Ehegatten gemeinsam die Einstellung des Verfahrens nach §§ 212, 213 beantragen. Soweit gesetzlich eine Rechtshandlung des Schuldners gefordert ist, müssen beide Ehegatten handeln. Zustellungen haben jedoch an jeden Ehegatten einzeln zu erfolgen, jeder von ihnen ist zu hören (§§ 10, 14), jeder hat die Rechte aus § 176 Abs. 2, §§ 66, 197 und sämtliche insolvenzrechtlichen Schuldnerpflichten (§§ 20, 97, 98, 99, 153 Abs. 2) obliegen jedem Ehegatten alleine.

IV. Insolvenzgläubiger

5 Antragsberechtigte Gläubiger sind alle Gläubiger, die die Berichtigung einer Verbindlichkeit aus dem Gesamtgut verlangen können. Dazu können auch die einzelnen Ehegatten zählen, z. B. wegen eines aus dem Vorbehaltsgut gewährten Darlehens. In diesem Fall ist der Ehegatte auch stimmberechtigt (FK-Schallenberg/Rafiqpoor § 333 Rn. 16).

V. Insolvenzmasse

6 Die Insolvenzmasse umfasst sämtliche beschlagfähigen Gegenstände, die im Zeitpunkt der Eröffnung des Verfahrens zum Gesamtgut gehören, sowie den Neuerwerb. Das **Sondergut**, also Gegenstände, die nicht durch Rechtsgeschäft übertragen werden können (§ 1417 Abs. 2 BGB), und das **Vorbehaltsgut**, das von jedem Ehegatten selbstständig verwaltet wird (§ 1418 Abs. 2 BGB), werden nicht erfasst. Gehört zum Gesamtgut ein Nachlass, so kann über diesen ein selbstständiges Nachlassinsolvenzverfahren eröffnet werden.

C. Verfahrensfragen

I. Besonderheiten bei der Anfechtung

7 Voraussetzung der Anfechtung ist die Zahlungseinstellung beider Ehegatten. Hierauf hat sich nach §§ 130 und 131 auch die Kenntnis des Anfechtungsgegners zu erstrecken. Die Benachteiligungsabsicht nach § 133 muss nur bei einem Ehegatten vorhanden zu sein (Uhlenbruck-Lüer § 333

Rn. 7). Ehegatten sind nahestehende Personen nach § 138 Abs. 1 Nr. 1 mit den entsprechenden Vermutungswirkungen.

II. Sonderinsolvenzverfahren über das Gesamtgut in der Liquidationsphase

Nicht geregelt ist, ob das Gesamtgut in der Liquidationsphase insolvenzfähig ist. In analoger Anwendung des § 333 ist zum Schutz der Gläubiger von der Zulässigkeit eines solchen Insolvenzverfahrens auszugehen (MK-Schumann § 333 Rn. 21). Der Neuerwerb fällt dann allerdings nicht mehr in die Masse. 8

§ 334 Persönliche Haftung der Ehegatten

(1) Die persönliche Haftung der Ehegatten für die Verbindlichkeiten, deren Erfüllung aus dem Gesamtgut verlangt werden kann, kann während der Dauer des Insolvenzverfahrens nur vom Insolvenzverwalter oder vom Sachwalter geltend gemacht werden.

(2) Im Falle eines Insolvenzplans gilt für die persönliche Haftung der Ehegatten § 227 Abs. 1 entsprechend.

Übersicht	Rdn.			Rdn.
A. Normzweck	1	II.	Persönliche Haftung bei Insolvenzplan	
B. Norminhalt	2		(Abs. 2)	3
I. Persönliche Haftung der Ehegatten (Abs. 1)	2			

A. Normzweck

Um die einheitliche Befriedigung aller Gläubiger zu ermöglichen, verhindert § 334 einen Wettlauf der Gesamtgutsgläubiger hinsichtl. des Zugriffs auf das persönlich haftende Vermögen der Ehegatten. 1

B. Norminhalt

I. Persönliche Haftung der Ehegatten (Abs. 1)

Gem. § 1459 Abs. 2 BGB haften die Ehegatten als Gesamtschuldner auch persönlich für Gesamtgutsverbindlichkeiten. Im Insolvenzverfahren ist dieser Anspruch allein vom Insolvenzverwalter oder vom Sachwalter als Partei kraft Amtes geltend zu machen, was für die Gesamtgutsgläubiger eine Sperrung der Befriedigung aus dem Eigenvermögen der Ehegatten bewirkt. Ein Gesamtgutsgläubiger, der gegen den persönlich haftenden Ehegatten eine eigene Forderung hat, kann entgegen der grds. bestehenden Sperrwirkung aufrechnen, soweit die Aufrechnungslage vor Eröffnung des Sonderinsolvenzverfahrens bestand (MK-Schumann § 334 Rn. 16). Vorbild des Abs. 1 ist § 93, vgl. daher i. Ü. die Ausführungen zu § 93 und im Fall der Eigenverwaltung (§§ 270 ff.) die dortige Kommentierung. 2

II. Persönliche Haftung bei Insolvenzplan (Abs. 2)

Nach Abs. 2 kann im Insolvenzverfahren über das gemeinschaftlich verwaltete Gesamtgut einer Gütergemeinschaft ein Insolvenzplan (§§ 217 ff.) vorgelegt werden. Vorlageberechtigt sind beide Ehegatten als Schuldner. Vorzulegen ist ein gemeinschaftlicher Plan. Einander widersprechende Pläne sind unzulässig (Uhlenbruck-Lüer § 334 Rn. 4). I. Ü. gelten die Ausführungen zu § 227. 3

Böhm

Vorbem. zu §§ 335 ff. InsO

Elfter Teil Internationales Insolvenzrecht

Vorbemerkung zu §§ 335 ff.

Übersicht

	Rdn.			Rdn
A.	Regelungsgegenstand des internationalen Insolvenzrechts 1		II. Art. 102 §§ 1 bis 11 EGInsO	13
B.	Verhältnis verschiedener international-insolvenzrechtlicher Regelwerke 4		III. §§ 335 bis 358	15
			IV. UNCITRAL-Modellgesetz	21
I.	Europäische Verordnung über Insolvenzverfahren (EuInsVO) 4		C. Hinweis zur Kommentierung	22

A. Regelungsgegenstand des internationalen Insolvenzrechts[1]

1 Die ständig zunehmende Internationalisierung der Wirtschaft hat zwangsläufig zu einer **erhöhten Zahl grenzüberschreitender Insolvenzen** geführt. Kennzeichnend für solche Unternehmenszusammenbrüche ist, dass das Vermögen des Schuldners auf mehrere Staaten verteilt ist und unterschiedlichen Rechtsordnungen untersteht. Das internationale Insolvenzrecht regelt derartige Sachverhalte, indem es entweder auf eine der betroffenen Rechtsordnungen verweist (sog. Kollisionsnormen) oder eigenständig eine Rechtsfolge anordnet (sog. Sachnormen).

2 Lange Zeit hatte dieses Rechtsgebiet ein »Schattendasein« geführt. Spätestens mit dem Kompetenzkonflikt der Gerichte in England, Frankreich und Deutschland i. R. d. Konzerninsolvenz »ISA/Daisytek« (vgl. Art. 3 EuInsVO Rdn. 74) ist das internationale Insolvenzrecht jedoch in den Blickpunkt einer breiteren Öffentlichkeit getreten. Zwar haben sowohl das deutsche als auch das europäische internationale Insolvenzrecht ausdrücklich **keine Regelungen für Konzernsachverhalte** schaffen wollen (dazu Art. 3 EuInsVO Rdn. 7; zu den Reformüberlegungen auch Art. 1 Rdn. 10 ff.). In der Rechtspraxis hat sich jedoch gezeigt, dass die Normen gewisse Spielräume zur Gestaltung von Konzerninsolvenzverfahren eröffnen.

3 Grundsätzlich ist festzustellen, dass die neuen Regelwerke des internationalen Insolvenzrechts keine abschließende Antwort auf die vielschichtigen Fragen von **Cross-Border-Insolvenzen** geben können. Gleichwohl sind die Normen als ein Meilenstein auf dem Weg zu einer koordinierten Abwicklung grenzüberschreitender Insolvenzverfahren nachdrücklich zu begrüßen.

B. Verhältnis verschiedener international-insolvenzrechtlicher Regelwerke

I. Europäische Verordnung über Insolvenzverfahren (EuInsVO)

4 Die Europäische Verordnung über Insolvenzverfahren (EuInsVO) ist am 31.05.2002 in Kraft getreten. Als Verordnung gilt sie in Deutschland unmittelbar (Art. 249 Abs. 2 Satz 2 EGV) und vorrangig vor dem deutschen autonomen Insolvenzrecht der §§ 335 ff. InsO (vgl. BGHZ 188, 177; dazu EWiR Art. 5 EuInsVO 1/11, 313 [Undritz]). Sie enthält eine umfassende Regelung des internationalen Insolvenzrechts. Die EuInsVO zielt darauf ab, effiziente und wirksame Insolvenzverfahren zu ermöglichen und dadurch zum reibungslosen Funktionieren des Binnenmarkts beizutragen (Erwägungsgründe 2 und 3). Die Verordnung ist grds. auf alle nach ihrem Inkrafttreten eröffneten **grenzüberschreitenden Insolvenzverfahren in den Mitgliedstaaten** anwendbar (Ausnahme: Dänemark).

5 Von ihrer Grundkonzeption regelt die EuInsVO zunächst **Hauptinsolvenzverfahren**, die nach Art. 3 Abs. 1 EuInsVO in demjenigen Mitgliedstaat zu eröffnen sind, in dem der Mittelpunkt der hauptsächlichen Interessen des Schuldners liegt. Hauptinsolvenzverfahren haben universale Wirkung.

---

[1] Bis zur 2. Aufl. unter Mitarbeit von Rechtsanwalt, Fachanwalt für Insolvenzrecht und Solicitor Dr. Dietmar Penzlin, LL.M. (London).

Vorbem. zu §§ 335 ff. InsO

Ihre Eröffnung und das in dem Eröffnungsstaat geltende Insolvenzrecht, **die *lex fori concursus*,** werden in sämtlichen Mitgliedstaaten automatisch anerkannt.

Diesen **Universalitätsgrundsatz** schränkt die EuInsVO jedoch wieder ein, zum einen, indem sie **Ausnahmen von der universalen Wirkung** der *lex fori concursus* des Hauptinsolvenzverfahrens vorsieht, die sich aus Sonderanknüpfungen etwa an das **Sachenrecht** (*lex rei sitae*) oder das **Vertragsrecht** (*lex rei contractus*) eines anderen Mitgliedstaats ergeben (vgl. etwa Art. 5 bis 15 EuInsVO). 6

Zum anderen geschieht dies dadurch, dass sie auch **Territorialinsolvenzverfahren** gestattet, die sich auf das Vermögen des Schuldners in einem anderen Mitgliedstaat beschränken und nach dessen Insolvenzrecht abzuwickeln sind. 7

Solche Territorialverfahren sind rgm. zeitlich nachgelagerte und dem Hauptverfahren in mehrfacher Weise untergeordnete **Sekundärinsolvenzverfahren**. Sie stellen dann erhebliche Anforderungen an die Koordination von Haupt- und Sekundärverfahren, insb. an die Zusammenarbeit der Verwalter und Gerichte. Daneben sind vor Eröffnung eines Hauptinsolvenzverfahrens in beschränktem Umfang auch **isolierte Partikularverfahren in einem Mitgliedstaat** zulässig. 8

Schaubild: 9

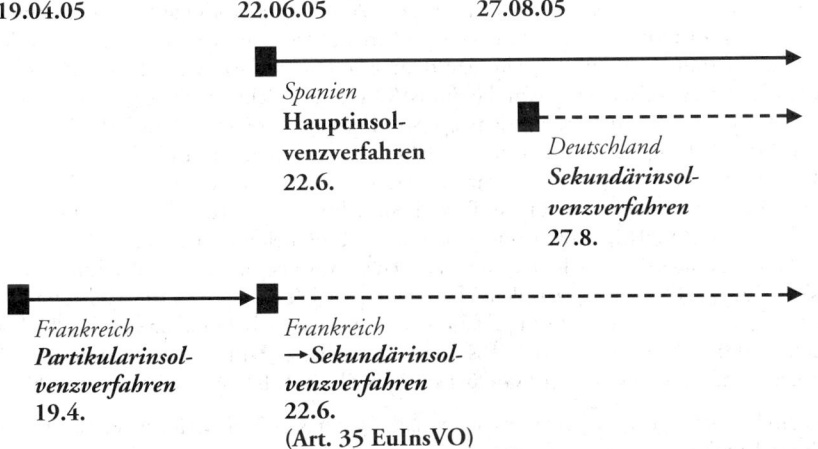

Die **Auslegung der EuInsVO** ist autonom, unabhängig von nationalem Recht vorzunehmen. Als Auslegungshilfe dient zum einen die umfangreiche **Präambel** (33 Erwägungsgründe). Zum anderen kann auf den erläuternden Bericht von Virgós/Schmit zum nahezu identischen, aber nicht in Kraft getretenen Vorläufer der EuInsVO, dem Europäischen Übereinkommen über Insolvenzverfahren (EuInsÜ), zurückgegriffen werden (zum EuInsÜ vgl. Herchen, Das Übereinkommen über Insolvenzverfahren der Mitgliedstaaten der EU v. 23.11.1995; zur Geschichte der EuInsVO: Duursma-Kepplinger/Duursma/Chalupsky, EuInsVO, Einleitung Rn. 1 ff.). 10

Fragen zur Gültigkeit und Auslegung der EuInsVO können von den (letztinstanzlich zuständigen) **Gerichten der Mitgliedstaaten** gem. Art. 68 Abs. 1 Satz 1 i. V. m. Art. 234 EGV dem **EuGH** vorgelegt werden (vgl. Eidenmüller, IPRax 2001, 3). Von dieser **Vorlagemöglichkeit** haben bereits zahlreiche Gerichte unterschiedlicher Mitgliedstaaten Gebrauch gemacht, so etwa auch der BGH, z.B in den viel beachteten Entscheidungen in den Rechtssachen »Staubitz-Schreiber« (BGH, ZInsO 2004, 34; vgl. Art. 3 EuInsVO Rdn. 29) und »Deko Marty« (BGH, ZInsO 2007, 770; vgl. Art. 13 EuInsVO Rdn. 10). 11

Ausgenommen vom Anwendungsbereich der EuInsVO sind **Insolvenzen von Banken und Versicherungen**. Für diese hat der europäische Gesetzgeber mit den RL 2001/17/EG und RL 2001/24/ 12

EG über die Sanierung und Liquidation von Kreditinstituten und Versicherungsunternehmen eigene Regelwerke erlassen (Wimmer, ZInsO 2002, 897).

II. Art. 102 §§ 1 bis 11 EGInsO

13 Art. 102 §§ 1 bis 11 EGInsO wurde gemeinsam mit den §§ 335 bis 358 durch das Gesetz zur Neuordnung des Internationalen Insolvenzrechts vom 14.03.2003 (BGBl. I, S. 345) geschaffen. Das Gesetz ist am 20.03.2003 in Kraft getreten. Art. 102 EGInsO enthält keine – bei einer Verordnung als unmittelbar in allen Mitgliedstaaten geltendem Recht auch nicht erforderliche – Umsetzung der EuInsVO, sondern lediglich Durchführungsvorschriften, die eine erleichterte Anwendung des Europäischen Insolvenzrechts ermöglichen sollen. Im Konfliktfall gehen die Regelungen der EuInsVO den Regelungen des Art. 102 EGInsO vor (Liersch, NZI 2003, 302).

14 Art. 102 EGInsO ist nur bei Insolvenzverfahren im Geltungsbereich der EuInsVO anwendbar. Im Verhältnis zu **Drittstaaten** gilt dagegen das deutsche autonome internationale Insolvenzrecht, die §§ 335 bis 358.

III. §§ 335 bis 358

15 Die §§ 335 bis 358 sind anwendbar auf **nach dem 20.03.2003 eröffnete Insolvenzverfahren mit Auslandsbezug zu Drittstaaten**, d. h. Staaten außerhalb des Geltungsbereichs der EuInsVO. Für vor diesem Zeitpunkt eröffnete Insolvenzverfahren gilt weiterhin Art. 102 EGInsO a. F. Ferner sind die §§ 335 ff. anzuwenden, wenn die EuInsVO sachlich nicht einschlägig ist, weil das in Rede stehende Verfahren, kein Insolvenzverfahren i. S. d. EuInsVO ist (BAG, NZI 2013, 758, 759: »Für die von ihren Anhängen nicht erfassten Verfahren reklamiert die EuInsVO keine Geltung und entfaltet daher keine Regelungssperre für das nationale autonome Internationale Insolvenzrecht. Insoweit gilt nichts anderes als für die Bereichsausnahmen des Art. 1 Abs. 2 EuInsVO«; ebenso bereits BAG, ZInsO 2013, 1366; beide gerichtlichen Entscheidungen ergingen zu einem griechischen »Sonderliquidationsverfahren«; zum sachlichen Anwendungsbereich der EuInsVO s. Art. 1 EuInsVO Rdn. 2). Deshalb soll das deutsche internationale Insolvenzrecht nach den §§ 335 ff. zur Anwendung kommen, soweit ein Liquidationsverfahren mangels Aufnahme in die abschließende Aufzählung des Anhangs A zu Art. 1 Abs. 1, Art. 2 Buchst. a) EuInsVO nicht unter den Anwendungsbereich der EuInsVO fällt (LAG Düsseldorf, NZI 2011, 874 m. Anm. Mankowski).

16 Der deutsche Gesetzgeber hat sich bei der Schaffung der §§ 335 ff. weitgehend an der EuInsVO und ihrem Regelungsmodell mit **Haupt- und Sekundär- bzw. Partikularverfahren** orientiert (Begr. RegE BT-Drucks. 15/16 S. 11 ff.).

17 Soweit die EuInsVO oder ihre Ausführungsbestimmungen in Art. 102 EGInsO keine Regelung enthalten, kann im Einzelfall auf die §§ 335 ff. InsO zurückgegriffen werden. Insofern besteht ein »**Ergänzungsverhältnis**« (vgl. Begr. RegE BT-Drucks. 15/16 S. 13).

18 Durch die §§ 335 ff. werden zudem die RL 2001/17/EG und RL 2001/24/EG umgesetzt (Begr. RegE BT-Drucks. 15/16 S. 14). Der deutsche Gesetzgeber hat hierzu in § 88 Abs. 1b Satz 1 VAG und § 46e Abs. 2 KWG weitere Regelungen getroffen.

19 Anders als die EuInsVO in Art. 3 regeln die §§ 335 ff. die internationale Zuständigkeit nicht. Deutsche Insolvenzgerichte sind außerhalb des Anwendungsbereichs der EuInsVO daher nach dem allg. Grundsatz des Internationalen Privatrechts (»Doppelfunktionalität«) zuständig, wenn örtliche Zuständigkeit (§ 3 Abs. 1 Satz 1) besteht (so auch AG Ludwigsburg, ZIP 2006, 1509).

20 Die §§ 335 ff. sind trotz der automatischen Anerkennung ausländischer Insolvenzverfahren über die Grundnorm des § 335 teilweise weniger kooperationsfreundlich als die EuInsVO (vgl. § 343 Rdn. 2, § 353 Rdn. 1). Der deutsche Gesetzgeber hat das mit der engen Verflechtung des europäischen Wirtschaftsraums begründet, die ggü. Drittstaaten nicht in demselben Umfang gegeben sei (Begr. RegE BT-Drucks. 15/16 S. 2).

IV. UNCITRAL-Modellgesetz

Die UNCITRAL-Modellbestimmungen über **grenzüberschreitende Insolvenzverfahren** (vgl. Anh. §§ 335 ff. Rdn. 1) sind am 15.12.1997 von der UN-Vollversammlung gebilligt worden. Die Bestimmungen enthalten ein der EuInsVO in vielen Punkten vergleichbares Regelwerk (Wimmer, ZIP 1997, 2220). Nach anfänglicher Zurückhaltung haben zunehmend mehr Staaten ihr autonomes internationales Insolvenzrecht an dem UNCITRAL-Modellgesetz ausgerichtet (vgl. http://www.uncitral.org/uncitral/en/uncitral_texts/insolvency/1997Model_status.html), zuletzt ist in 2014 etwa Chile hinzugekommen. Die USA haben das Regelwerk im Jahr 2005 in Kap. 15 des US Bankruptcy Code übernommen (vgl. hierzu Paulus, NZI 2006, 439; Rüfner, ZIP 2005, 1859). Auch **Japan** hat sich den Bestimmungen angeschlossen. Das internationale Insolvenzrecht **Kanadas** ist ebenfalls erheblich vom UNCITRAL-Modellgesetz beeinflusst worden. Eine Umsetzung der Kodifikation ist nunmehr auch in **Großbritannien** erfolgt (Cross-Border Insolvency Regulations 2006, in Kraft seit 04.04.2006). Aus deutscher Sicht wird das UNCITRAL-Modellgesetz im Verhältnis zu Drittstaaten außerhalb der EuInsVO praktisch relevant, welche die Modellbestimmungen übernommen haben.

21

C. Hinweis zur Kommentierung

Da die überwiegende Zahl grenzüberschreitender Insolvenzen in Deutschland einen Auslandsbezug zu Mitgliedstaaten der EU aufweist, beschränkt sich die nachfolgende Kommentierung **schwerpunktmäßig** auf **Parallelverweise zur EuInsVO** (s. im Einzelnen dort), an der sich der deutsche Gesetzgeber für die Kodifikationen in §§ 335 ff. orientiert hat. Wesentliche Unterschiede zwischen beiden Regelwerken werden jedoch kurz erläutert. I. Ü. wird nicht verkannt, dass die §§ 335 ff. im Verhältnis zu Drittstaaten nach deutschem Recht, die Normen der EuInsVO demgegenüber stets europarechtlich ausgelegt werden müssen. Dies kann im Einzelfall zu unterschiedlichen Ergebnissen führen.

22

Erster Abschnitt Allgemeine Vorschriften

§ 335 Grundsatz

Das Insolvenzverfahren und seine Wirkungen unterliegen, soweit nichts anderes bestimmt ist, dem Recht des Staats, in dem das Verfahren eröffnet worden ist.

→ *vgl. Art. 4 EuInsVO*

§ 335 enthält die Grundnorm des deutschen internationalen Insolvenzrechts. Danach gilt materiellrechtlich und prozessual das Insolvenzrecht des Eröffnungsstaates, die *lex fori concursus*. Die Vorschrift stellt eine **allseitige Kollisionsnorm** dar (K. Schmidt-Brinkmann § 335 Rn. 1). Gem. § 335 unterliegt das Insolvenzverfahren von der Eröffnung bis zur Beendigung dem Recht des Staates, in dem das Verfahren eröffnet worden ist (sog. lex fori concursus). Demnach muss bei Eröffnung eines Verfahrens im Ausland ggf. das ausländische Recht auch im Inland angewendet werden (vgl. etwa VG Leipzig, Urt. v. 13.09.2011 – 6 K 86/08); umgekehrt ist bei einer Eröffnung im Inland inländisches Recht maßgeblich (HK-Stephan § 335 Rn. 6). § 335 folgt damit dem Modell des Art. 4 EuInsVO.

1

Ausnahmen (»soweit nichts anderes bestimmt ist«) gelten zum einen hinsichtl. der Sonderanknüpfungen der §§ 336 ff. Zum anderen ist der **Universalitätsgrundsatz** eingeschränkt, weil zum Schutz lokaler Interessen nach den §§ 354 ff. Sekundär- und Partikularinsolvenzverfahren zulässig sind (K/P/B-Kemper/Paulus Vor §§ 335 bis 358 Rn. 16).

2

Die »**Wirkungen**« eines Insolvenzverfahrens ergeben sich aus den anwendbaren insolvenzrechtlichen Normen des Eröffnungsstaates. Als Auslegungshilfe für den Umfang der lex fori concursus

3

kann der Katalog des Art. 4 Abs. 2 EuInsVO herangezogen werden (Begr. RegE BT-Drucks. 15/16 S. 18). Darüber hinaus wird kontrovers diskutiert, ob auch andere Normen des Eröffnungsstaates, etwa Vorschriften des Prozess- oder Gesellschaftsrechts, zum anwendbaren Insolvenzstatut gehören können (vgl. Art. 4 EuInsVO Rdn. 9 ff.).

4 Die **Abgrenzung des Insolvenzstatuts** (»das Insolvenzverfahren und seine Wirkungen«) von anderen Statuten (z. B. Vertrags-, Delikts- oder Gesellschaftsstatut), die anders angeknüpft werden, kann bisweilen schwierig sein (ausf. zur Abgrenzung zum Gesellschaftsstatut etwa auch Art. 4 Rdn. 9 ff.): So ist in der obergerichtlichen Rechtsprechung z. B. umstritten, ob die Regelungen des schweizerischen Bundesgesetzes über Schuldbetreibung und Konkurs zur rechtsvernichtenden Wirkung des Nachlassvertrages mit Vermögensabtretung (Art. 318 Abs. 1 Nr. 1 SchKG) und zur Erstreckung dieser Wirkung auf Mitschuldner, wenn der dem Vertrag zustimmende Gläubiger keine rechtswahrenden Maßnahmen ergriffen hat (Art. 303 Abs. 2 SchKG), gem. § 335 InsO anerkannt werden (mit der Folge, dass auch die nach deutschem Recht zu beurteilenden Ansprüchen erlöschen), weil sie eine Frage des Insolvenzverfahrens und seiner Wirkungen betreffen (für eine Anwendung des § 335 InsO: OLG München, Urt. v. 30.10.2013 – 20 U 605/12, n.V. mit zahlreichen w. Nachw., u. a. mit Hinweis auf OLG Hamm, Urt. v. 18.07.2013 – 6 U 215/11, n.V.; dagegen in dem konkret zu entscheidenden Fall eines deliktischen Haftungsgrundes für Deliktsstatut, für das eine andere Anknüpfung gilt: OLG Köln, Urt. v. 13.07.2012 – 20 U 148/11, n.V.; OLG Braunschweig, Urt. v. 27.06.2013 – 8 U 118/12, n.V.). Die sich aus dem Nachlassvertrag und Art. 303 Abs. 2 SchKG ergebende Einschränkung für die Durchsetzung von Rechten ist jedoch – ungeachtet des Schuldgrundes – zutreffend allein eine insolvenzrechtliche Wirkung und hat ihre Ursache im Insolvenzverfahren.

5 Das BAG (ZInsO 2014, 200 [Tz. 64], unter Bezugnahme auf BGH, Urt. v. 13.10.2009 – X ZR 160/05 [Tz. 8], n.V.) weist zutreffend darauf hin, dass die Frage, ob ein ausländisches Verfahren als Insolvenzverfahren i. S. v. § 343 Abs. 1 Satz 1 InsO zu qualifizieren ist, unter Berücksichtigung der Vielfalt der Insolvenzbereinigung in den verschiedenen Rechtsordnungen zu bestimmen ist. Das ausländische Verfahren braucht nicht in jeder Beziehung oder auch nur in seinen wesentlichen Grundzügen mit dem deutschen Recht übereinzustimmen. Insolvenzverfahren i. S. v. §§ 335 ff. sind nach Auffassung des BAG jedenfalls Gesamtverfahren, die die Zahlungsunfähigkeit, die Zahlungseinstellung oder die Krediterschütterung des Schuldners voraussetzen. Sie müssen den vollständigen oder teilweisen Vermögensbeschlag, d.h. den Verlust der Befugnis des Schuldners zur Verwaltung seines Vermögens, und die Bestellung eines Verwalters zur Folge haben (BAG, ZInsO 2014, 200). Gleichsinnig hat der EuGH (ZInsO 2006, 484 [Tz. 54]) mit Blick auf Art. 1 EuInsVO einen autonomen Systembegriff des Insolvenzverfahrens ausgeformt (dazu Art. 1 EuInsVO Rn. 2).

6 Die Auslegung des Systembegriffs des Insolvenzverfahrens i. S. d. §§ 335 ff. muss nicht zwingend mit der Auslegung des Begriffs des Insolvenzverfahrens, das der EuInsVO zugrunde liegt, übereinstimmen. Die Verfahren in Anhang A der EuInsVO können aber Leitbildfunktion haben. Es kann sich aber durchaus auch dann um ein ausländisches Insolvenzverfahren i. S. d. § 335 handeln, wenn das Verfahren nicht den Anforderungen genügt, die der EuInsVO zu entnehmen sind (ausdrücklich BAG, ZIP 2007, 2047, das im Ergebnis – wenngleich mit erheblichen Zweifeln – davon ausging, dass ein Reorganisationsverfahren nach Chapter 11 des U.S.-Bankruptcy Code sowohl ein Insolvenzverfahren i. S. d. § 352 als auch der EuInsVO ist, wobei Letzteres nicht entscheidend dafür sei, dass der Antrag des Arbeitgebers nach Chapter 11 des U.S.-Bankruptcy Code und das damit automatisch ausgelöste Reorganisationsverfahren einen Kündigungsschutzprozess gem. § 352 in Deutschland unterbricht; gleichsinnig hat der für das Patentrecht zuständige X. Zivilsenat des BGH [ZInsO 2009, 2145 – »Schnellverschlusskappe«] das durch einen Antrag des Schuldners eingeleitete Verfahren nach Chapter 11 des US-amerikanischen Bankruptcy Code als Eröffnung eines ausländischen Insolvenzverfahrens anerkannt, mit der Folge, dass die Einleitung dieses Verfahrens die Unterbrechung des Nichtigkeitsverfahrens bewirkte; grds. ist auch ein in Frankreich eröffnetes Insolvenzverfahren geeignet, eine Unterbrechung des Verfahrens herbeizuführen; vgl. OLG München, Urt. v. 12.11.2008 – 7 U 3047/08, nicht dagegen ein in Frankreich beantragtes Überschuldungsverfahren OLG Brandenburg, ZInsO 2011, 398).

sind die begrifflichen Voraussetzungen zwar erfüllt, weicht die Abwicklung der Insolvenz nach dem ausländischen Verfahren aber erheblich von den Grundsätzen des inländischen Rechts ab, ist dieser Umstand lediglich bei der Prüfung von § 343 Abs. 1 Satz 2 Nr. 2 InsO zu berücksichtigen. Danach ist zu untersuchen, ob die Anerkennung des ausländischen Insolvenzverfahrens mit der deutschen öffentlichen Ordnung (sog. ordre public) zu vereinbaren ist.

§ 336 Vertrag über einen unbeweglichen Gegenstand

Die Wirkungen des Insolvenzverfahrens auf einen Vertrag, der ein dingliches Recht an einem unbeweglichen Gegenstand oder ein Recht zur Nutzung eines unbeweglichen Gegenstandes betrifft, unterliegen dem Recht des Staats, in dem der Gegenstand belegen ist. ²Bei einem im Schiffsregister, Schiffsbauregister oder Register für Pfandrechte an Luftfahrzeugen eingetragenen Gegenstand ist das Recht des Staats maßgebend, unter dessen Aufsicht das Register geführt wird.

→ vgl. Art. 8 EuInsVO

Die Norm entspricht weitgehend Art. 8 EuInsVO, mit folgendem Unterschied: § 336 unterwirft nicht nur Verträge über den Eigentumserwerb an unbeweglichen Gegenständen, sondern auch Verträge über den Erwerb dinglicher Rechte an unbeweglichen Gegenständen (z. B. Grundpfandrechte oder Vormerkungen) dem Recht des Belegenheitsstaates, der *lex rei sitae*. Unter § 336 fällt - und ist damit der lex fori concursus entzogen - auch die Einräumung eines nur schuldrechtlich wirkenden Vorkaufsrechts an einem Grundstück nach §§ 463 ff. BGB, weil es eine bedingte Verpflichtung zur Auflassung des Grundstücks begründet (K. Schmidt-Brinkmann, § 336 Rn. 9). Im Geltungsbereich der EuInsVO ist hier dagegen die *lex fori concursus* anwendbar (vgl. Art. 4 EuInsVO). Gleiches gilt für Verträge betreffend Schiffe und Luftfahrzeuge, die gem. § 336 Satz 2 dem Recht des Registerstaates, der *lex libri*, nicht jedoch der *lex fori concursus* unterworfen sind (vgl. auch MK-Reinhart Art. 8 Rn. 7; Näheres MK-Reinhart § 336 Rn. 15).

§ 337 Arbeitsverhältnis

Die Wirkungen des Insolvenzverfahrens auf ein Arbeitsverhältnis unterliegen dem Recht, das nach der Verordnung (EG) Nr. 593/2008 des Europäischen Parlaments und des Rates vom 17. Juni 2008 über das auf vertragliche Schuldverhältnisse anzuwendende Recht (Rom I) (ABl. L 177 vom 4.7.2008, S. 6) für das Arbeitsverhältnis maßgebend ist.

→ vgl. Art. 10 EuInsVO

§ 338 Aufrechnung

Das Recht eines Insolvenzgläubigers zur Aufrechnung wird von der Eröffnung des Insolvenzverfahrens nicht berührt, wenn er nach dem für die Forderung des Schuldners maßgebenden Recht zur Zeit der Eröffnung des Insolvenzverfahrens zur Aufrechnung berechtigt ist.

→ vgl. Art. 4 Abs. 2 Buchst. d sowie Art. 6 EuInsVO

§ 339 Insolvenzanfechtung

Eine Rechtshandlung kann angefochten werden, wenn die Voraussetzungen der Insolvenzanfechtung nach dem Recht des Staats der Verfahrenseröffnung erfüllt sind, es sei denn, der Anfechtungsgegner weist nach, dass für die Rechtshandlung das Recht eines anderen Staats maßgebend und die Rechtshandlung nach diesem Recht in keiner Weise angreifbar ist.

→ vgl. Art. 4 Abs. 2 Buchst. m sowie Art. 13 EuInsVO

§ 341 InsO Ausübung von Gläubigerrechten

1 Die internationale Zuständigkeit für den Anfechtungsprozess bestimmt sich nach §§ 12 ff. ZPO. Sobald unter Anwendung der Gerichtsstandsregelungen der ZPO die örtliche Zuständigkeit eines Gerichts gegeben ist, indiziert dies regelmäßig die internationale Zuständigkeit deutscher Gerichte. Eine Übertragung der Grundsätze der Rspr. des EuGH in der Rechtssache »Deko Marty« (dazu Art. 3 Rdn. 37 ff.) auf das autonome deutsche internationale Insolvenzrecht wird abgelehnt (vgl. BGH, ZIP 2013, 374; OLG Frankfurt am Main, ZIP 2013, 277; dazu EWiR § 339 InsO 1/13, 159 [Brinkmann]).

§ 340 Organisierte Märkte. Pensionsgeschäfte

(1) Die Wirkungen des Insolvenzverfahrens auf die Rechte und Pflichten der Teilnehmer an einem organisierten Markt nach § 2 Abs. 5 des Wertpapierhandelsgesetzes unterliegen dem Recht des Staats, das für diesen Markt gilt.

(2) Die Wirkungen des Insolvenzverfahrens auf Pensionsgeschäfte im Sinne des § 340b des Handelsgesetzbuchs sowie auf Schuldumwandlungsverträge und Aufrechnungsvereinbarungen unterliegen dem Recht des Staats, das für diese Verträge maßgebend ist.

(3) Für die Teilnehmer an einem System im Sinne von § 1 Abs. 16 des Kreditwesengesetzes gilt Absatz 1 entsprechend.

→ *vgl. Art. 9 Abs. 1 EuInsVO*

1 Ein Unterschied zur EuInsVO ergibt sich insofern, als § 340 auch auf Versicherungsunternehmen und Kreditinstitute anwendbar ist. Nach Art. 1 Abs. 2 EuInsVO sind diese Unternehmen dagegen vom Geltungsbereich der EuInsVO ausgenommen.

§ 341 Ausübung von Gläubigerrechten

(1) Jeder Gläubiger kann seine Forderungen im Hauptinsolvenzverfahren und in jedem Sekundärinsolvenzverfahren anmelden.

(2) ¹Der Insolvenzverwalter ist berechtigt, eine in dem Verfahren, für das er bestellt ist, angemeldete Forderung in einem anderen Insolvenzverfahren über das Vermögen des Schuldners anzumelden. ²Das Recht des Gläubigers, die Anmeldung abzulehnen oder zurückzunehmen, bleibt unberührt.

(3) Der Verwalter gilt als bevollmächtigt, das Stimmrecht aus einer Forderung, die in dem Verfahren, für das er bestellt ist, angemeldet worden ist, in einem anderen Insolvenzverfahren über das Vermögen des Schuldners auszuüben, sofern der Gläubiger keine anderweitige Bestimmung trifft.

→ *vgl. Art. 32 EuInsVO*

1 Abs. 2 enthält eine Sachnorm, die dem **Insolvenzverwalter** das Recht zur Forderungsanmeldung einräumt (ausführl. MK-Reinhart § 341 Rn. 10 ff.; zu den Möglichkeiten der grenzüberschreitenden Wahrnehmung der Rechte in der Praxis s. Busch/Remmert/Rüntz/Vallender, NZI 2010, 417, 424). Die Entscheidung wird der Verwalter vor allem unter Kostengesichtspunkten treffen. Entscheidet er sich gegen eine Anmeldung in einem etwaigen anderen Verfahren, hat er den Gläubiger zu informieren (K. Schmidt-Brinkmann § 341 Rn. 5, mit dem Hinweis auf eine Haftungsgefahr nach § 60 InsO). Dagegen soll Art. 32 EuInsVO nach einer Auffassung im Schrifttum für den Verwalter unter den dort genannten Voraussetzungen eine Pflicht zur Anmeldung statuieren (vgl. Art. 32 EuInsVO Rdn. 6).

2 Auch Abs. 3 weicht von Art. 32 EuInsVO ab. Abs. 3 vermutet die **Bevollmächtigung des Insolvenzverwalters zur Stimmabgabe** widerleglich. Der Gläubiger kann dem Verwalter daher Weisungen erteilen oder ihm das Ausübungsrecht entziehen (K. Schmidt-Brinkmann § 341 Rn. 7). Eine ent-

prechende Bestimmung ist – zumindest dem Wortlaut nach – in Art. 32 Abs. 3 EuInsVO nicht enthalten. Soweit man Art. 32 Abs. 3 EuInsVO insoweit nicht schon erweiternd auslegen will, gilt Abs. 3 mangels abweichender europäischer Regelungen auch innerhalb der EU (vgl. Pannen-Herchen, Art. 32 EuInsVO Rn. 45).

Zu den Schwierigkeiten, die sich rein praktisch bei der Ermittlung der Quoten im Haupt- und Sekundärverfahren für die Beteiligten ergeben; vgl. Art. 20 EuInsVO Rdn. 8 ff. **3**

§ 342 Herausgabepflicht. Anrechnung

(1) ¹Erlangt ein Insolvenzgläubiger durch Zwangsvollstreckung, durch eine Leistung des Schuldners oder in sonstiger Weise etwas auf Kosten der Insolvenzmasse aus dem Vermögen, das nicht im Staat der Verfahrenseröffnung belegen ist, so hat er das Erlangte dem Insolvenzverwalter herauszugeben. ²Die Vorschriften über die Rechtsfolgen einer ungerechtfertigten Bereicherung gelten entsprechend.

(2) ¹Der Insolvenzgläubiger darf behalten, was er in einem Insolvenzverfahren erlangt hat, das in einem anderen Staat eröffnet worden ist. ²Er wird jedoch bei den Verteilungen erst berücksichtigt, wenn die übrigen Gläubiger mit ihm gleichgestellt sind.

(3) Der Insolvenzgläubiger hat auf Verlangen des Insolvenzverwalters Auskunft über das Erlangte zu geben.

→ *vgl. Art. 20 EuInsVO*

In Art. 20 EuInsVO fehlt ein Verweis auf die Rechtsfolgen der **ungerechtfertigten Bereicherung** wie **1** ihn Abs. 1 Satz 2 enthält. Die EuInsVO enthält also keine klare Rechtsfolgeregelung für den Fall der Entreicherung oder der Herausgabe von Nutzungen (vgl. auch Art. 20 EuInsVO Rdn. 6). Auch ein Auskunftsanspruch des Insolvenzverwalters entsprechend Abs. 3 ist in der EuInsVO nicht verankert. Hier erscheint ein Rückgriff auf die deutsche Rechtsnorm möglich (MK-Reinhart Art. 20 EuInsVO Rn. 22).

Die Geltendmachung des Herausgabeanspruchs entsprechend §§ 812 ff. BGB ist Annexverfahren, **2** für das die allgemeinen zivilprozessualen Regelungen gelten (K. Schmidt-Brinkmann § 342 Rn. 12: Die internationale Zuständigkeit richtet sich nach §§ 12 ff. ZPO, die Vollstreckbarerklärung nach §§ 722, 723 ZPO; anders MK/BGB-Kindler § 342 Rn. 6: § 19a analog).

Zweiter Abschnitt Ausländisches Insolvenzverfahren

§ 343 Anerkennung

(1) ¹Die Eröffnung eines ausländischen Insolvenzverfahrens wird anerkannt. ²Dies gilt nicht,
1. wenn die Gerichte des Staats der Verfahrenseröffnung nach deutschem Recht nicht zuständig sind;
2. soweit die Anerkennung zu einem Ergebnis führt, das mit wesentlichen Grundsätzen des deutschen Rechts offensichtlich unvereinbar ist, insbesondere soweit sie mit den Grundrechten unvereinbar ist.

(2) Absatz 1 gilt entsprechend für Sicherungsmaßnahmen, die nach dem Antrag auf Eröffnung des Insolvenzverfahrens getroffen werden, sowie für Entscheidungen, die zur Durchführung oder Beendigung des anerkannten Insolvenzverfahrens ergangen sind.

→ *vgl. Art. 3, Art. 16, Art. 25, Art. 26 EuInsVO*

§ 343 InsO Anerkennung

1 Es geht bei Abs. 1 Satz 1 um die verfahrensrechtliche Anerkennung des Eröffnungsbeschlusses des ausländischen Insolvenzgerichts. Die verfahrensrechtliche Anerkennung bewirkt, dass die prozessualen Wirkungen der im Ausland ergangenen Entscheidungen sich auf das Inland erstrecken (Wirkungserstreckung). Während Art. 3 EuInsVO eine direkte Zuständigkeitsregelung trifft, ist nach § 343 die **indirekte Zuständigkeit** (»Anerkennungszuständigkeit«) maßgeblich. Von Amts wegen hat das deutsche Gericht nach dem sog. Spiegelbildprinzip zu prüfen, ob das ausländische Gericht zuständig wäre, wenn dort deutsches Insolvenzrecht gelten würde (BGHZ 122, 373; K. Schmidt-Brinkmann § 343 Rn. 10). Die Zuständigkeit ist folglich zu bejahen, wenn der Mittelpunkt der selbstständigen wirtschaftlichen Tätigkeit des Schuldners (§ 3 Abs. 1 Satz 2) im Eröffnungsstaat liegt. In Ermangelung eines solchen Mittelpunkts ist der allg. Gerichtsstand des Schuldners maßgeblich (§ 3 Abs. 2). Zudem darf die Insolvenzeröffnung nicht gegen den deutschen *ordre public* verstoßen. Weitere Anerkennungsvoraussetzungen kennt die InsO aber nicht. Die Entscheidung des ausländischen Gerichts darf folglich **nicht in der Sache** nachgeprüft werden. Auch muss sie nicht formell rechtskräftig, sondern nur wirksam sein (BGHZ 95, 256, 270; K. Schmidt-Brinkmann § 343 Rn. 7). Ein Verfahren zur förmlichen Anerkennung ist in der InsO nicht vorgesehen, kann aber deklaratorisch erfolgen (näher HK-Stephan § 343 Rn. 12 f.).

2 Damit ist § 343 bei der Anerkennung eines ausländischen Insolvenzverfahrens restriktiver als die EuInsVO. Nach der EuInsVO darf die Anerkennung eines ausländischen Insolvenzverfahrens nur verweigert werden, wenn es andernfalls zu einem Verstoß gegen den *ordre public* käme (Art. 26 EuInsVO). Eine Prüfung der Zuständigkeit des eröffnenden Gerichts ist i. R. d. Art. 16 EuInsVO nach herrschender Meinung hingegen nicht zulässig (vgl. Art. 16 EuInsVO Rdn. 4). Insoweit gilt der »Grundsatz des Gemeinschaftsvertrauens« (Duursma-Kepplinger/Duursma/Chalupsky, EuInsVO Art. 16 Rn. 14; Paulus, Europäische InsO, Einl. Rn. 19 f.).

3 Nicht von § 343, sondern von den §§ 3, 11 Abs. 1 Nr. 1 erfasst, aber im hier diskutierten grenzüberschreitenden Zusammenhang ebenfalls relevant, ist AG Ludwigsburg, ZIP 2006, 1507, wonach ein deutsches Insolvenzverfahren über das Vermögen einer ausländischen (hier: serbischen) Kapitalgesellschaft eröffnet werden kann, wenn diese unter Umgehung deutscher Gründungsvorschriften ihren Sitz nach Deutschland verlegt hat. Unter Aufgabe der Sitztheorie hat das AG Ludwigsburg auf Grundlage der Gründungstheorie hier ein Verfahren über die Gesellschaft als Kapitalgesellschaft nach § 11 Abs. 1 InsO eröffnet.

4 Eine spezielle Regelung der Anerkennung von Insolvenzverfahren in den Staaten des Europäischen Wirtschaftsraums trifft § 46e KWG für Insolvenzverfahren über das Vermögen eines CRR-Kreditinstituts i. S. d. § 1 Abs. 3d KWG (allg. dazu Kokemoor, WM 2005, 1881). Hiernach sind im Bereich des Europäischen Wirtschaftsraums allein die jeweiligen Behörden und Gerichte des Herkunftsstaates für die Eröffnung des Insolvenzverfahrens zuständig. Ist ein anderer Staat des Europäischen Wirtschaftsraums Herkunftsstaat eines CRR-Kreditinstituts und wird dort ein Insolvenzverfahren über das Vermögen dieses Instituts eröffnet, so wird das Verfahren ohne Rücksicht auf die Voraussetzungen des § 343 Abs. 1 anerkannt.

5 Das Vorliegen eines ausländischen Insolvenzverfahrens ist Tatbestandsmerkmal der verfahrensrechtlichen Anerkennung der Eröffnungsentscheidung nach Abs. 1 Satz 1. Es muss also stets die (Vor-) Frage beantwortet werden, ob das anzuerkennende Verfahren als Insolvenzverfahren anzusehen ist oder nicht (zur Parallelproblematik bei § 335 InsO s. dort Rdn. 5 f.). Diese Frage beantwortet sich im Wege der autonomen Auslegung und ist zu bejahen mit Blick auf Verfahren, die »in etwa die gleichen Ziele wie die Verfahren der Insolvenzordnung verfolgen« (BT-Drucks. 15/16 S. 21), wobei auch die im Anhang der EuInsVO ausdrücklich aufgezählten Verfahren als »Leittypen« dienen können (ebenso MK-Reinhart Rn. 11). Ein Verfahren nach Chapter 11 des US Bankruptcy Code ist Insolvenzverfahren i. S. d. Abs. 1 (BGH, ZInsO 2009, 2145; dazu EWiR § 343 InsO 1/09, 781 [Rendels/Körner]; ferner Podewils, ZInsO 2010, 209; für einen Überblick s. Priebe, ZInsO 2011, 1676), während ein sog. Scheme of Arrangement englischen Rechts kein solches Insolvenzverfahren sein soll (vgl. OLG Celle, ZInsO 2010, 256 [nur Ls.] = ZIP 2009, 1968 [n.rk.; Revision anhängig BGH unter Az. IV ZR 194/09]; dazu Petrovic, ZInsO 2010, 265; anders hingegen LG Rottweil,

ZInsO 2010, 1854; ausführl. zur Anerkennung des sog. Scheme of Arrangement englischen Rechts in Deutschland Mankowski, WM 2011, 1201; s. zur Möglichkeit der Restrukturierung deutscher Gesellschaften nach dem sog. Scheme of Arrangement allg. auch Eidenmüller/Frobenius, WM 2011, 1210; Maier, NZI 2011, 305; Paulus, ZIP 2011, 1077); zum Ganzen auch Art. 3 EuInsVO Rdn. 41a.

Unklar ist, ob auch Entscheidungen in sog. Annexverfahren, also Entscheidungen, die unmittelbar aus dem Insolvenzverfahren hervorgehen und eng mit diesem verbunden sind (vgl. Art. 25 Abs. 1 Unterabs. 2 EuInsVO; s. zu den sog. Annexverfahren auch Art. 3 Rdn. 37), der Geltungs- und Wirkungserstreckung nach § 343 InsO unterliegen (MK-BGB-Kindler § 343 Rn. 38) oder ob § 328 ZPO (so K. Schmidt-Brinkmann § 343 Rn. 17) anzuwenden ist. Da eine dem Art. 25 Abs. 1 Unterabs. 2 EuInsVO entsprechende ausdrückliche Anordnung der Anwendung der Geltungs- und Wirkungserstreckung auf Entscheidungen im engen Zusammenhang mit dem Insolvenzverfahren in § 343 InsO fehlt und es mangels planwidriger Regelungslücke auch an den Voraussetzungen einer Analogie fehlt, ist § 328 ZPO anzuwenden. Die Grenzen des Anwendungsbereichs sind demnach entlang des klaren Wortlauts bei Insolvenzverfahren (Abs. 1) sowie Sicherungsmaßnahmen und Entscheidungen, die zur Durchführung oder Beendigung des anerkannten Insolvenzverfahrens ergehen (Abs. 2), zu ziehen.

§ 344 Sicherungsmaßnahmen

(1) Wurde im Ausland vor Eröffnung eines Hauptinsolvenzverfahrens ein vorläufiger Verwalter bestellt, so kann auf seinen Antrag das zuständige Insolvenzgericht die Maßnahmen nach § 21 anordnen, die zur Sicherung des von einem inländischen Sekundärinsolvenzverfahren erfassten Vermögens erforderlich erscheinen.

(2) Gegen den Beschluss steht auch dem vorläufigen Verwalter die sofortige Beschwerde zu.

→ vgl. Art. 38 EuInsVO

Abs. 1 setzt voraus, dass die Sicherungsmaßnahmen »zur Sicherung des von einem inländischen Sekundärinsolvenzverfahren erfassten Vermögens erforderlich erscheinen«. Die örtliche und sachliche Zuständigkeit ergibt sich nach Maßgabe des § 348 InsO.

Es ist streitig, ob die Formulierung des Art. 38 EuInsVO, nach der Sicherungsmaßnahmen generell der »Sicherung des Schuldnervermögens« dienen, weiter gefasst ist als Abs. 1 und damit auch dann Auslandsvermögen erfasst, wenn in dem Belegenheitsstaat mangels Niederlassung nach Art. 3 Abs. 2 EuInsVO gar kein Sekundärinsolvenzverfahren eröffnet werden kann (vgl. Art. 38 EuInsVO Rdn. 3).

Alternativ können die Gerichte des Sitzstaates Sicherungsmaßnahmen anordnen, die nach § 343 Abs. 2 InsO im Inland anzuerkennen sind (so auch der Hinweis von K. Schmidt-Brinkmann § 344 Rn. 2).

§ 345 Öffentliche Bekanntmachung

(1) ¹Sind die Voraussetzungen für die Anerkennung der Verfahrenseröffnung gegeben, so hat das Insolvenzgericht auf Antrag des ausländischen Insolvenzverwalters den wesentlichen Inhalt der Entscheidung über die Verfahrenseröffnung und der Entscheidung über die Bestellung des Insolvenzverwalters im Inland bekannt zu machen. ²§ 9 Abs. 1 und 2 und § 30 Abs. 1 gelten entsprechend. ³Ist die Eröffnung des Insolvenzverfahrens bekannt gemacht worden, so ist die Beendigung in gleicher Weise bekannt zu machen.

(2) ¹Hat der Schuldner im Inland eine Niederlassung, so erfolgt die öffentliche Bekanntmachung von Amts wegen. ²Der Insolvenzverwalter oder ein ständiger Vertreter nach § 13e Abs. 2 Satz 5 Nr. 3 des Handelsgesetzbuchs unterrichtet das nach § 348 Abs. 1 zuständige Insolvenzgericht.

(3) ¹Der Antrag ist nur zulässig, wenn glaubhaft gemacht wird, dass die tatsächlichen Voraussetzungen für die Anerkennung der Verfahrenseröffnung vorliegen. ²Dem Verwalter ist eine Ausfertigung des Beschlusses, durch den die Bekanntmachung angeordnet wird, zu erteilen. ³Gegen die Entscheidung des Insolvenzgerichts, mit der die öffentliche Bekanntmachung abgelehnt wird, steht dem ausländischen Verwalter die sofortige Beschwerde zu.

→ *vgl. Art. 21 EuInsVO, Art. 102 § 5 EGInsO*

§ 346 Grundbuch

(1) Wird durch die Verfahrenseröffnung oder durch Anordnung von Sicherungsmaßnahmen nach § 343 Abs. 2 oder § 344 Abs. 1 die Verfügungsbefugnis des Schuldners eingeschränkt, so hat das Insolvenzgericht auf Antrag des ausländischen Insolvenzverwalters das Grundbuchamt zu ersuchen, die Eröffnung des Insolvenzverfahrens und die Art der Einschränkung der Verfügungsbefugnis des Schuldners in das Grundbuch einzutragen:
1. bei Grundstücken, als deren Eigentümer der Schuldner eingetragen ist;
2. bei den für den Schuldner eingetragenen Rechten an Grundstücken und an eingetragenen Rechten, wenn nach der Art des Rechts und den Umständen zu befürchten ist, dass ohne die Eintragung die Insolvenzgläubiger benachteiligt würden.

(2) ¹Der Antrag nach Absatz 1 ist nur zulässig, wenn glaubhaft gemacht wird, dass die tatsächlichen Voraussetzungen für die Anerkennung der Verfahrenseröffnung vorliegen. ²Gegen die Entscheidung des Insolvenzgerichts steht dem ausländischen Verwalter die sofortige Beschwerde zu. ³Für die Löschung der Eintragung gilt § 32 Abs. 3 Satz 1 entsprechend.

(3) Für die Eintragung der Verfahrenseröffnung in das Schiffsregister, das Schiffsbauregister und das Register für Pfandrechte an Luftfahrzeugen gelten die Absätze 1 und 2 entsprechend.

→ *vgl. Art. 22, Art. 38 EuInsVO; Art. 102 § 6 EGInsO*

1 Nach § 346 kann der **ausländische (vorläufige) Insolvenzverwalter** die Registereintragungen beim inländischen Insolvenzgericht beantragen, welches als »zwischengeschaltete Stelle« das Grundbuchamt um die Eintragung ersucht, nachdem es von Amts wegen die Anerkennungsfähigkeit der ausländischen Eröffnungsentscheidung bzw. Sicherungsmaßnahme geprüft hat (Uhlenbruck-Lüer § 343 Rn. 7). Art. 22 EuInsVO enthält dagegen keine Vorgaben, an welche Stelle ein solcher Antrag zu richten ist, wird für Eintragungen in Deutschland jedoch durch Art. 102 § 6 EGInsO ergänzt (Einzelheiten bei Art. 102 § 6 EGInsO). Danach hat der ausländische Insolvenzverwalter den Antrag ebenfalls beim inländischen Insolvenzgericht zu stellen (MK-Reinhart Art. 102 § 6 EGInsO Rn. 5). Die örtliche Zuständigkeit bestimmt sich nach § 348 InsO.

2 Weiter gehend als § 346 gestattet Art. 22 EuInsVO, Eintragungen in das Handelsregister und »alle sonstigen öffentlichen Register« zu beantragen (vgl. Art. 22 EuInsVO Rdn. 2).

§ 347 Nachweis der Verwalterbestellung. Unterrichtung des Gerichts

(1) ¹Der ausländische Insolvenzverwalter weist seine Bestellung durch eine beglaubigte Abschrift der Entscheidung, durch die er bestellt worden ist, oder durch eine andere von der zuständigen Stelle ausgestellte Bescheinigung nach. ²Das Insolvenzgericht kann eine Übersetzung verlangen, die von einer hierzu im Staat der Verfahrenseröffnung befugten Person zu beglaubigen ist.

(2) Der ausländische Insolvenzverwalter, der einen Antrag nach den §§ 344 bis 346 gestellt hat, unterrichtet das Insolvenzgericht über alle wesentlichen Änderungen in dem ausländischen Verfahren und über alle ihm bekannten weiteren ausländischen Insolvenzverfahren über das Vermögen des Schuldners.

→ *vgl. Art. 19 EuInsVO*

Die Vorschrift ist Art. 18 des UNCITRAL-Modellgesetzes nachgebildet (vgl. Anh. 335 ff. Rdn. 1). 1
Abs. 1 entspricht zudem Art. 19 EuInsVO. Eine Abs. 2 vergleichbare Unterrichtspflicht des
ausländischen Insolvenzverwalters ggü. dem inländischen Insolvenzgericht kennt die EuInsVO
dagegen nicht. Abs. 2 soll daher auch im Geltungsbereich der EuInsVO anwendbar sein (Braun-
Ehret § 347 Rn. 8).

§ 348 Zuständiges Insolvenzgericht. Zusammenarbeit der Insolvenzgerichte

(1) ¹Für die Entscheidungen nach den §§ 344 bis 346 ist ausschließlich das Insolvenzgericht zuständig, in dessen Bezirk die Niederlassung oder, wenn eine Niederlassung fehlt, Vermögen des Schuldners belegen ist. ²§ 3 Abs. 2 gilt entsprechend.

(2) Sind die Voraussetzungen für die Anerkennung eines ausländischen Insolvenzverfahrens gegeben oder soll geklärt werden, ob die Voraussetzungen vorliegen, so kann das Insolvenzgericht mit dem ausländischen Insolvenzgericht zusammenarbeiten, insbesondere Informationen weitergeben, die für das ausländische Verfahren von Bedeutung sind.

(3) ¹Die Landesregierungen werden ermächtigt, zur sachdienlichen Förderung oder schnelleren Erledigung der Verfahren durch Rechtsverordnung die Entscheidungen nach den §§ 344 bis 346 für die Bezirke mehrerer Insolvenzgerichte einem von diesen zuzuweisen. ²Die Landesregierungen können die Ermächtigungen auf die Landesjustizverwaltungen übertragen.

(4) ¹Die Länder können vereinbaren, dass die Entscheidungen nach den §§ 344 bis 346 für mehrere Länder den Gerichten eines Landes zugewiesen werden. ²Geht ein Antrag nach den §§ 344 bis 346 bei einem unzuständigen Gericht ein, so leitet dieses den Antrag unverzüglich an das zuständige Gericht weiter und unterrichtet hierüber den Antragsteller.

Eine entsprechende Zuständigkeitsregelung besteht in der EuInsVO nicht. Grds. ist eine denkbare 1
Kompetenz-Konzentration zu begrüßen. Dies dürfte allerdings praktisch nur umsetzbar sein, wenn
sie mit einer generellen Umstrukturierung der Insolvenzgerichtslandschaft einhergeht (Stichwort:
»Schwerpunktgerichte«).

Abs. 2 ist eingefügt durch das Gesetz zur weiteren Erleichterung der Sanierung von Unterneh- 2
men (ESUG) m.W.v. 01.03.2012 (vgl. Vallender, NZI 2011, V [Editorial]). Die Änderung schafft
Klarheit hinsichtl. der Kooperationsrechte der deutschen Gerichte in grenzüberschreitenden Insolvenzsachverhalten. Wichtig ist dabei vor allem die Gewinnung von Informationen, auch schon
im Vorfeld um Zuständigkeitskonflikte zu vermeiden (dies betont bereits die Begr. des RegE zu
§ 348 InsO, BT-Drucks. 17/5712, S. 43). Sie schließt damit eine Lücke, die auch Art. 31 EuInsVO
nicht zu schließen vermochte, weil diese ausdrücklich nur den Insolvenzverwalter im Blick hat.
Die Regelung entspricht dem praktischen Bedürfnis, so wie es etwa auch durch die Regelungen
zur Kooperation und Kommunikation in Art. 25 des UNCITRAL-Modellgesetzes (Model Law
on Cross-border Insolvency) und im internationalen Insolvenzrecht anderer Staaten (vgl. z. B.
§§ 1525 ff. U.S. Bankruptcy Code) befriedigt wird (allg. zur Kooperationspflicht von Insolvenzrichter in europäischen Internationalen Insolvenzverfahren Ehricke, ZIP 2007, 2395; Mankowski,
NZI 2009, 451; Vallender, KTS 2005, 283).

§ 349 Verfügungen über unbewegliche Gegenstände

(1) Hat der Schuldner über einen Gegenstand der Insolvenzmasse, der im Inland im Grundbuch, Schiffsregister, Schiffsbauregister oder Register für Pfandrechte an Luftfahrzeugen eingetragen ist, oder über ein Recht an einem solchen Gegenstand verfügt, so sind die §§ 878, 892, 893 des Bürgerlichen Gesetzbuchs, § 3 Abs. 3, §§ 16, 17 des Gesetzes über Rechte an eingetragenen Schiffen und Schiffsbauwerken und § 5 Abs. 3, §§ 16, 17 des Gesetzes über Rechte an Luftfahrzeugen anzuwenden.

§ 352 InsO Unterbrechung und Aufnahme eines Rechtsstreits

(2) Ist zur Sicherung eines Anspruchs im Inland eine Vormerkung im Grundbuch, Schiffsregister, Schiffsbauregister oder Register für Pfandrechte an Luftfahrzeugen eingetragen, so bleibt § 106 unberührt.

→ vgl. Art. 5 Abs. 3, Art. 14 EuInsVO

1 § 349 sieht eine von § 335 abweichende Sonderanknüpfung für Verfügungen über bestimmte massezugehörige Vermögensgegenstände vor. Soweit auch Leistungen an den Schuldner erfasst werden (vgl. § 893 BGB, § 17 SchRG, § 17 LuftRG) geht § 349 auch § 350 als lex specialis vor (K. Schmidt-Brinkmann § 349 Rn. 9). Während Abs. 1 die **Gutglaubensschutzvorschriften** inländischen Rechts auf jede Art von Verfügungen erstreckt, ist die Parallelvorschrift des Art. 14 EuInsVO ihrem Wortlaut nach auf entgeltliche Verfügungen beschränkt. Bei Unentgeltlichkeit gilt im Bereich der EuInsVO dagegen die *lex fori concursus*, Art. 4 EuInsVO (dazu Art. 14 EuInsVO Rdn. 4).

2 Abs. 2 sichert die Insolvenzfestigkeit der Vormerkung und ist mit Art. 5 Abs. 3 EuInsVO vergleichbar.

§ 350 Leistung an den Schuldner

¹Ist im Inland zur Erfüllung einer Verbindlichkeit an den Schuldner geleistet worden, obwohl die Verbindlichkeit zur Insolvenzmasse des ausländischen Insolvenzverfahrens zu erfüllen war, so wird der Leistende befreit, wenn er zur Zeit der Leistung die Eröffnung des Verfahrens nicht kannte. ²Hat er vor der öffentlichen Bekanntmachung nach § 345 geleistet, so wird vermutet, dass er die Eröffnung nicht kannte.

→ vgl. Art. 24 EuInsVO

1 Die Vorschrift entspricht im Wesentlichen Art. 24 EuInsVO (und beide Vorschriften werden von derselben Wertung wie § 82 getragen). Eine Abweichung besteht nur insofern, als Art. 24 Abs. 2 Satz 2 EuInsVO noch die weitere **Beweislastregelung** enthält, dass bei einer Leistung nach der Bekanntmachung des Insolvenzverfahrens bis zum Beweis des Gegenteils (widerlegbar) vermutet wird, dass dem Leistenden die Eröffnung bekannt war. § 350 trifft insofern keine Regelung. Es liegt indes nahe, dem Leistenden die Beweislast für seine Unkenntnis aufzuerlegen (MK-Reinhart § 350 Rn. 9; weiter gehend Smid § 350 Rn. 4: befreiende Leistung nach Veröffentlichung ausgeschlossen).

§ 351 Dingliche Rechte

(1) Das Recht eines Dritten an einem Gegenstand der Insolvenzmasse, der zur Zeit der Eröffnung des ausländischen Insolvenzverfahrens im Inland belegen war, und das nach inländischem Recht einen Anspruch auf Aussonderung oder auf abgesonderte Befriedigung gewährt, wird von der Eröffnung des ausländischen Insolvenzverfahrens nicht berührt.

(2) Die Wirkungen des ausländischen Insolvenzverfahrens auf Rechte des Schuldners an unbeweglichen Gegenständen, die im Inland belegen sind, bestimmen sich, unbeschadet des § 336 Satz 2, nach deutschem Recht.

→ vgl. Art. 5, Art. 7, Art. 11 EuInsVO

1 Abs. 1 ist den Regelungen in Art. 5 und Art. 7 EuInsVO überwiegend vergleichbar (zu den Unterschieden Braun-Ehret § 351 Rn. 19 ff.).

2 Abs. 2 entspricht weitgehend Art. 11 EuInsVO.

§ 352 Unterbrechung und Aufnahme eines Rechtsstreits

(1) ¹Durch die Eröffnung des ausländischen Insolvenzverfahrens wird ein Rechtsstreit unterbrochen, der zur Zeit der Eröffnung anhängig ist und die Insolvenzmasse betrifft. ²Die Unterbre-

chung dauert an, bis der Rechtsstreit von einer Person aufgenommen wird, die nach dem Recht des Staats der Verfahrenseröffnung zur Fortführung des Rechtsstreits berechtigt ist, oder bis das Insolvenzverfahren beendet ist.

(2) Absatz 1 gilt entsprechend, wenn die Verwaltungs- und Verfügungsbefugnis über das Vermögen des Schuldners durch die Anordnung von Sicherungsmaßnahmen nach § 343 Abs. 2 auf einen vorläufigen Insolvenzverwalter übergeht.

→ vgl. Art. 15 EuInsVO

Die Vorschrift ist von ihrem Regelungsziel her mit Art. 15 EuInsVO vergleichbar. Während § 352 jedoch eine Sachnorm ist, die die Unterbrechungswirkung unmittelbar anordnet, stellt Art. 15 EuInsVO lediglich eine Kollisionsnorm dar, die auf das jeweils anwendbare Prozessrecht verweist.

Aus der Gesetzessystematik und dem Zweck des § 352 ergibt sich, dass nur ein nach § 343 anerkanntes ausländisches Insolvenzverfahren die Unterbrechung eines Rechtsstreits auslösen kann. Ausf. dazu, wann es sich um ein ausländisches Insolvenzverfahren i. S. d. §§ 335 ff. handelt s. § 335 Rdn. 5 f. (s. dort auch zur Rspr. speziell zur Frage der Unterbrechungswirkung bestimmter ausländischer Insolvenzverfahren: BAG, ZIP 2007, 2047 [zum Reorganisationsverfahren nach Chapter 11 des U.S.-Bankruptcy Code]; BGH ZInsO 2009, 2145 – »Schnellverschlusskappe« [ebenfalls zum Reorganisationsverfahren nach Chapter 11 des U.S.-Bankruptcy Code]; grds. ist auch ein in Frankreich eröffnetes Insolvenzverfahren geeignet, eine Unterbrechung des Verfahrens herbeizuführen; vgl. OLG München, Urt. v. 12.11.2008 – 7 U 3047/08, nicht dagegen ein in Frankreich beantragtes Überschuldungsverfahren OLG Brandenburg, ZInsO 2011, 398; für Unterbrechungswirkung bei Eröffnung eines englischen Verbraucherinsolvenzverfahrens auch OLG Celle, ZIP 2013, 945).

Die Frage, ob im Inland eine Unterbrechungswirkung nach § 352 auch dann angenommen werden kann, wenn das ausländische Insolvenzrecht eine solche nicht kennt, wird im Schrifttum unterschiedlich beantwortet. Eine Ansicht lehnt eine Unterbrechung des in Deutschland geführten Rechtsstreits in diesen Fällen ab (Musielak-Stadler, ZPO, § 240 Rn. 4), während es nach der Gegenansicht auf die Frage, ob das ausländische Insolvenzverfahren eine solche Wirkung hat, generell nicht ankommen soll (etwa Braun-Ehret § 352 Rn. 2). Der BGH (NZI 2012, 572) hat jetzt eine Unterbrechungswirkung nach § 352 im Fall einer Nachlassstundung nach Schweizer Recht verneint, weil die Annahme einer Unterbrechungswirkung im Inland nur gerechtfertigt sei, wenn das in Rede stehende ausländische Insolvenzverfahren nach dem Recht des Insolvenzeröffnungsstaates eine entsprechende Unterbrechungswirkungen auf einen anhängigen Rechtsstreit entfaltet, was regelmäßig im Zusammenhang mit einem Übergang der Prozessführungsbefugnis der Fall sei. Bei Gewährung einer Nachlassstundung nach Schweizer Recht finden indes kein Übergang der Prozessführungsbefugnis und entsprechend auch keine Unterbrechung anhängiger Rechtsstreitigkeiten nach nationalem Prozessrecht statt. Zwar lässt der BGH den Streit darüber, ob eine Unterbrechung eines in Deutschland anhängigen Rechtsstreits nur stattfinde, wenn auch das ausländische Recht eine solche Unterbrechung vorsieht, ausdrücklich offen. Er wendet den Blick dann aber stark in das Schweizer Recht und argumentiert, es könne »nicht davon ausgegangen werden, dass die Schweizer Nachlassstundung im Ausland eine Unterbrechungswirkung beansprucht«. Die Argumentation kann nicht überzeugen: Der BGH weist selbst darauf hin, dass die Unterbrechung des Verfahrens »keine Frage des Insolvenzrechts, sondern des Prozessrechts« sei. Fragen des Prozessrechts werde aber grundsätzlich durch das Recht des jeweiligen Prozessgerichts beantwortet. Nach deutschem Recht ist die Rechtslage allerdings mit § 240 ZPO eindeutig: Eine Unterbrechung findet automatisch statt und setzt insbesondere auch keinen Wechsel der Prozessführungsbefugnis voraus (ebenso Buntenbroich, NZI 2012, 547, 548). Hinzu kommt der Sachnormcharakter des § 352, der eine Einbeziehung ausländischen Prozessrechts ebenfalls nicht nahe legt. Die Anordnung der Unterbrechungswirkung nach § 352 (und entsprechend nach § 240 ZPO) ist eindeutig und eine Ausnahme auch im Wege der teleologischen Reduktion des Tatbestands nur schwer begründbar.

Vollstreckungsmaßnahmen werden von beiden Vorschriften nicht erfasst, da sie nicht unter den Begriff des »Rechtsstreits« subsumiert werden können (Pannen-Dammann Art. 15 EuInsVO Rn. 8;

§ 353 Vollstreckbarkeit ausländischer Entscheidungen

(1) ¹Aus einer Entscheidung, die in dem ausländischen Insolvenzverfahren ergeht, findet die Zwangsvollstreckung nur statt, wenn ihre Zulässigkeit durch ein Vollstreckungsurteil ausgesprochen ist. ²§ 722 Abs. 2 und § 723 Abs. 1 der Zivilprozessordnung gelten entsprechend.

(2) Für die in § 343 Abs. 2 genannten Sicherungsmaßnahmen gilt Absatz 1 entsprechend.

→ *vgl. Art. 25 EuInsVO*

1　Die Norm fordert ein **Vollstreckungsurteil** als Voraussetzung für die Vollstreckbarkeit ausländischer Entscheidungen (Exequatur). Sie unterscheidet sich damit wesentlich von Art. 25 EuInsVO, der eine erleichterte inländische Vollstreckung im Wege des vereinfachten Exequaturverfahrens nach den Art. 38 bis 52 EuGVVO zulässt (MK-Reinhart § 353 Rn. 2). Die erleichterte Vollstreckung nach europäischem Recht stellt eine weitere Ausprägung des »Grundsatzes des Gemeinschaftsvertrauens« dar (vgl. Vorbem. zu §§ 335 Rdn. 20). Nach § 353 erfolgt die Vollstreckbarerklärung anerkennungsfähiger Entscheidungen nach Maßgabe der §§ 722, 723 ZPO im Wege einer Klage auf Erlass eines Vollstreckungsurteils durch ein inländisches Gericht.

2　Die nicht nach § 343 anerkannten Annexentscheidungen (dazu § 343 Rdn. 5) werden nach ihrer Anerkennung nach Maßgabe des § 328 ZPO (die Anwendbarkeit der an sich vorrangigen Art. 41 ff. EuGVVO kommt regelmäßig wegen Art. 1 Abs. 2 Buchst. b) EuGVVO nicht in Betracht) ebenfalls nach §§ 722, 723 ZPO im Wege einer Klage auf Erlass eines Vollstreckungsurteils durch ein inländisches Gericht für vollstreckbar erklärt.

Dritter Abschnitt Partikularverfahren über das Inlandsvermögen

§ 354 Voraussetzungen des Partikularverfahrens

(1) Ist die Zuständigkeit eines deutschen Gerichts zur Eröffnung eines Insolvenzverfahrens über das gesamte Vermögen des Schuldners nicht gegeben, hat der Schuldner jedoch im Inland eine Niederlassung oder sonstiges Vermögen, so ist auf Antrag eines Gläubigers ein besonderes Insolvenzverfahren über das inländische Vermögen des Schuldners (Partikularverfahren) zulässig.

(2) ¹Hat der Schuldner im Inland keine Niederlassung, so ist der Antrag eines Gläubigers auf Eröffnung eines Partikularverfahrens nur zulässig, wenn dieser ein besonderes Interesse an der Eröffnung des Verfahrens hat, insbesondere, wenn er in einem ausländischen Verfahren voraussichtlich erheblich schlechter stehen wird als in einem inländischen Verfahren. ²Das besondere Interesse ist vom Antragsteller glaubhaft zu machen.

(3) ¹Für das Verfahren ist ausschließlich das Insolvenzgericht zuständig, in dessen Bezirk die Niederlassung oder, wenn eine Niederlassung fehlt, Vermögen des Schuldners belegen ist. ²§ 3 Abs. 2 gilt entsprechend.

→ *vgl. Art. 3 EuInsVO*

1　§ 354 durchbricht den Grundsatz der weltweiten Geltung eines Insolvenzverfahrens, indem er auf das inländische Vermögen begrenzte Insolvenzverfahren zulässt. Partikularverfahren sind zum einen als **Sekundärinsolvenzverfahren** zu einem **ausländischen Hauptinsolvenzverfahren** möglich. Insoweit treffen die §§ 356 bis 358 noch weiter gehende Regelungen. Zum anderen kommen aber auch isolierte Partikularverfahren im Inland in Betracht, bei denen zuvor kein Hauptinsolvenzverfahren im Ausland eröffnet worden ist.

Die §§ 354 ff. entsprechen in ihrer Grundkonzeption der EuInsVO, die in Art. 3 Abs. 3 Sekundär- und in Art. 3 Abs. 4 Partikularinsolvenzverfahren vorsieht (vgl. Art. 3 EuInsVO Rdn. 42 ff.). 2

Ein **isoliertes Partikularverfahren** lässt Art. 3 Abs. 2 EuInsVO allerdings nur zu, wenn sich in dem Mitgliedstaat eine Niederlassung i. S. d. Art. 2 Buchst. h) EuInsVO befindet. Nach § 354 reicht neben einer Niederlassung und insofern weiter als nach Art. 3 Abs. 2 EuInsVO auch »sonstiges Vermögen« für eine Verfahrenseröffnung aus. Im Kontext des § 354 ist der Begriff der Niederlassung unter Bezugnahme von § 21 ZPO auszufüllen. Erforderlich ist danach eine von dem Inhaber an einem anderen Ort als dem seines Sitzes für eine gewisse Dauer eingerichtete, auf seinen Namen und für seine Rechnung betriebene und selbstständig, d. h. aus eigener Entscheidung zum Geschäftsabschluss und Handeln berechtigte Geschäftsstelle (s. etwa Musielak-Heinrich § 21 Rn. 2). Allein die Beschlussfassung über die Schließung führt nicht zu einer nicht mehr existenten Niederlassung, sondern ist vielmehr der erste Schritt, die Abwicklung und nachfolgende Auflösung zu betreiben (LG Frankfurt am Main, ZIP 2012, 2454). Der Ort der Belegenheit des Vermögens ist wie in § 23 ZPO zu ermitteln. Allerdings muss der Gläubiger dann, wenn er im Inland keine Niederlassung, sondern nur Vermögen hat, nach Abs. 2 Satz 1 ein besonderes Interesse glaubhaft machen (rechtspolitische Kritik an diesem Erfordernis übt Habscheid, NZI 2003, 238). Für die Glaubhaftmachung des besonderen Interesses an der Eröffnung eines Partikularinsolvenzverfahrens genügt z. B. die Darlegung, dass der Grundbesitz in Deutschland das wesentliche Vermögen des Schuldners bildet und die Tatsache, dass im Wohnsitzland des Schuldners eine instabile politischen Lage herrscht mit daraus resultierenden Zweifeln am Funktionieren der dortigen Gerichtsbarkeit (so der Fall in AG Göttingen, NZI 2011, 160, in dem sich der Schuldner nach Thailand abgesetzt hatte). Der Anwendungsbereich des § 354 ist auch insoweit weiter, als Art. 3 Abs. 4 EuInsVO zusätzliche Voraussetzungen für die Eröffnung eines isolierten Partikularverfahrens aufstellt. 3

Die Vorschrift des § 354 Abs. 2, die für die Eröffnung eines Partikularverfahren inländisches Vermögen bei besonderem Interesse ausreichen lässt, ist wie alle Vorschriften des autonomen deutschen internationalen Insolvenzrechts im Geltungsbereich der EuInsVO jedoch nicht anwendbar, soweit sie deren Vorschriften nicht nur ergänzt, sondern im Widerspruch zu ihnen steht (BT-Drucks. 15/16, S. 12 f.; s. dazu auch Vorbem. zu §§ 335 Rdn. 4, 17). Deshalb ist der Antrag eines Gläubigers, ein Sekundärinsolvenzverfahren über das im Inland belegene Vermögen des Schuldners zu eröffnen, unzulässig, wenn in einem anderen Mitgliedstaat ein Hauptinsolvenzverfahren nach Art. 3 Abs. 1 EuInsVO eröffnet wurde und die Voraussetzungen der Eröffnung eines Sekundärinsolvenzverfahrens nach Art. 3 Abs. 2 EuInsVO mangels Niederlassung im Inland nicht erfüllt sind. Das gilt selbst dann, wenn der Gläubiger glaubhaft macht, dass der Insolvenzverwalter des Hauptinsolvenzverfahrens keine Schritte zur Verwertung des inländischen Schuldnervermögens unternimmt (zu dieser Konstellation BGH, ZIP 2011, 389). 3a

Andererseits ist § 354 restriktiver, weil er nur einen Gläubiger, nicht jedoch den Schuldner zur Antragstellung für ein isoliertes Partikularverfahren berechtigt (anders die EuInsVO: beide antragsberechtigt). 4

Eine spezielle Regelung der Anerkennung von Insolvenzverfahren in den Staaten des Europäischen Wirtschaftsraums trifft § 46e KWG für Insolvenzverfahren über das Vermögen eines CRR-Kreditinstituts i. S. d. § 1 Abs. 3d KWG (allg. dazu Kokemoor, WM 2005, 1881). Hiernach sind Sekundärinsolvenzverfahren nach § 356 und sonstige Partikularverfahren nach § 354 bzgl. der CRR-Kreditinstitute, die ihren Sitz in einem anderen Staat des Europäischen Wirtschaftsraums haben, nicht zulässig. 5

Bei strikter Anwendung des § 3 gem. seiner Doppelfunktionalität zur Bestimmung (auch) der internationalen Zuständigkeit (vgl. Vorbem. zu §§ 335 ff. Rdn. 19) kann es wegen des strikten Vorrangs der selbstständigen wirtschaftlichen Tätigkeit des Schuldners vor dem allgemeinen Gerichtsstand nach § 3 Abs. 1 Satz 2 zu negativen Kompetenzkonflikten kommen, wenn nach der weiteren in 6

Betracht kommenden Rechtsordnung ein umgekehrter Vorrang des allgemeinen Gerichtsstands des Schuldners herrscht. Daher ist zur Vermeidung von negativen Kompetenzkonflikten in den Fällen, in denen zwar der allgemeine Gerichtsstand im Inland gegeben, der Mittelpunkt der selbstständigen wirtschaftlichen Tätigkeit des Schuldners jedoch im Ausland zu verorten ist, ggf. im Inland ein Hauptinsolvenzverfahren am Ort des allgemeinen Gerichtsstands möglich (ebenso Braun-Delzant § 354 Rn. 4). Dies entspricht dem Rechtsgedanken des Art. 102 § 3 Abs. 2 EGInsO, der im Anwendungsbereich der EuInsVO negative Kompetenzkonflikte vermeiden soll. Der strikte Vorrang nach § 3 Abs. 1 Satz 2 InsO ist dann insoweit zurückzunehmen, als es um die Bestimmung der internationalen Zuständigkeit geht. Daher ist aus deutscher Sicht ergänzend zu fragen, ob am Ort des Mittelpunktes der selbstständigen wirtschaftlichen Tätigkeit die Eröffnung eines Hauptinsolvenzverfahrens überhaupt möglich wäre.

§ 355 Restschuldbefreiung. Insolvenzplan

(1) Im Partikularverfahren sind die Vorschriften über die Restschuldbefreiung nicht anzuwenden

(2) Ein Insolvenzplan, in dem eine Stundung, ein Erlass oder sonstige Einschränkungen der Rechte der Gläubiger vorgesehen sind, kann in diesem Verfahren nur bestätigt werden, wenn alle betroffenen Gläubiger dem Plan zugestimmt haben.

→ *vgl. Art. 17 Abs. 2, Art. 34 EuInsVO; Art. 102 § 9 EGInsO*

1 Abweichend von Abs. 1 ist nach Art. 17 Abs. 2 EuInsVO eine Restschuldbefreiung in einem Partikularverfahren zulässig. Die Restschuldbefreiung nach Art. 17 Abs. 2 EuInsVO wirkt jedoch hinsichtl. des im Gebiet eines anderen Mitgliedstaates belegenen Vermögens nur ggü. denjenigen Gläubigern, die ihre Zustimmung erteilt haben.

2 Art. 17 Abs. 2 EuInsVO ist in der Praxis wohl nicht umsetzbar: Es ist schon kaum abzugrenzen, welche Gläubiger hinsichtl. des Auslandsvermögens zustimmen müssen. Wenn ein Teil der Gläubiger des inländischen Territorialverfahrens zudem in ausländischen Insolvenzverfahren ebenfalls Forderungen anmelden sollte (und umgekehrt die ausländischen Gläubiger im inländischen Verfahren), wird die Feststellung des Kreises der Zustimmungsbedürftigen weiter kompliziert. Abs. 1 enthält demgegenüber eine klare Regelung.

3 Abs. 2 weicht hinsichtl. eines Insolvenzplans im Sekundärverfahren von Art. 34 Abs. 2 EuInsVO ab. Nach europäischem Recht kann ein Insolvenzplan in einem Sekundärverfahren auch ohne Zustimmung aller Gläubiger bestätigt werden. Auswirkungen auf das nicht von dem Sekundärverfahren betroffene ausländische Vermögen soll ein solcher Insolvenzplan jedoch erst dann haben, wenn alle betroffenen Gläubiger zustimmen.

4 Art. 34 Abs. 2 EuInsVO hätte die zweifelhafte Konsequenz, dass ein Plan (isoliert) im Sekundärverfahren bestätigt wird, ohne dass er Auswirkungen auf das Hauptinsolvenzverfahren hat. Die Forderungen der Gläubiger können aber nicht territorial beschränkt werden. So bleibt bereits offen, ob die Gläubiger ihre in ausländischen Insolvenzverfahren angemeldeten Forderungen dort weiter verfolgen können. Deutlich Reinhart (MK-Reinhart Art. 34 Rn. 10): »Die Insolvenzplänen zugrunde liegenden Forderungsmodifikationen lassen sich (...) nicht auf eine bestimmte, räumlich definierte Vermögensmasse des Schuldners begrenzen« (vgl. auch Braun-Delzant § 355 Rn. 20 f.). Diesen unpraktikablen Zustand wollte der deutsche Gesetzgeber durch Schaffung des Abs. 2 vermeiden (Eidenmüller, IPRax 2001, 9).

5 Das Regelungskonzept des § 355 hat der deutsche Gesetzgeber durch die Schaffung des Art. 102 § 9 EGInsO auch für den Geltungsbereich der EuInsVO übernommen: Für den Insolvenzplan im Territorialverfahren ist die Zustimmung aller Gläubiger erforderlich. Er wirkt damit entweder ggü. allen Gläubigern oder überhaupt nicht. Die Lösung besteht damit letztlich in einem »**länderübergreifenden, einheitlichen Insolvenzplan**« (MK-Reinhart Art. 34 Rn. 18).

Schließlich ist nach Art. 34 Abs. 1 EuInsVO über Abs. 2 hinaus die Zustimmung des Hauptinsolvenzverwalters erforderlich, soweit die Interessen der Gläubiger seines Verfahrens beeinträchtigt werden.

§ 356 Sekundärinsolvenzverfahren

(1) ¹Die Anerkennung eines ausländischen Hauptinsolvenzverfahrens schließt ein Sekundärinsolvenzverfahren über das inländische Vermögen nicht aus. ²Für das Sekundärinsolvenzverfahren gelten ergänzend die §§ 357 und 358.

(2) Zum Antrag auf Eröffnung des Sekundärinsolvenzverfahrens ist auch der ausländische Insolvenzverwalter berechtigt.

(3) Das Verfahren wird eröffnet, ohne dass ein Eröffnungsgrund festgestellt werden muss.

→ *vgl. Art. 3, Art. 27, Art. 28, Art. 29, Art. 30, Art. 36, Art. 37 EuInsVO*

Der Regelungsgehalt der Vorschrift findet sich auch in verschiedenen Normen der EuInsVO: Sekundärinsolvenzverfahren sind nach deutschem wie europäischem Recht möglich.

Abweichend vom deutschen Recht müssen nach Art. 3 Abs. 2 EuInsVO Sekundärverfahren jedoch stets **Liquidationsverfahren** i. S. d. Anhangs B der EuInsVO sein (Art. 3 EuInsVO Rdn. 43).

Die örtliche Zuständigkeit für die Eröffnung von Sekundärinsolvenzverfahren bestimmt sich nach Maßgabe des § 354 Abs. 3 Satz 1.

Die Antragsbefugnis des ausländischen Insolvenzverwalters nach Abs. 2 ist nicht schon für den vorläufigen Insolvenzverwalter im Antragsverfahren begründet (K. Schmidt-Brinkmann § 356 Rn. 6).

§ 357 Zusammenarbeit der Insolvenzverwalter

(1) ¹Der Insolvenzverwalter hat dem ausländischen Verwalter unverzüglich alle Umstände mitzuteilen, die für die Durchführung des ausländischen Verfahrens Bedeutung haben können. ²Er hat dem ausländischen Verwalter Gelegenheit zu geben, Vorschläge für die Verwertung oder sonstige Verwendung des inländischen Vermögens zu unterbreiten.

(2) Der ausländische Verwalter ist berechtigt, an den Gläubigerversammlungen teilzunehmen.

(3) ¹Ein Insolvenzplan ist dem ausländischen Verwalter zur Stellungnahme zuzuleiten. ²Der ausländische Verwalter ist berechtigt, selbst einen Plan vorzulegen. § 218 Abs. 1 Satz 2 und 3 gilt entsprechend.

→ *vgl. Art. 31, Art. 32 Abs. 3, Art. 33, Art. 34 Abs. 1 EuInsVO*

Die EuInsVO verpflichtet die Verwalter in Haupt- und Sekundärinsolvenzverfahren in vergleichbarem Maße zur **Zusammenarbeit**. Sie stattet den **Hauptinsolvenzverwalter** darüber hinaus durch Art. 33 EuInsVO mit der wichtigen Befugnis aus, die Aussetzung der Verwertung im Sekundärinsolvenzverfahren zu beantragen. Dadurch sollen das schuldnerische Unternehmen in seiner Gesamtheit erhalten und die Verwertungs- und insb. Sanierungschancen durch eine koordinierte Verwertung erhöht werden.

Im (umgekehrten) Fall der Eröffnung des Hauptinsolvenzverfahrens in Deutschland ergibt sich die Kooperationspflicht des deutschen Hauptinsolvenzverwalters mit dem ausländischen Sekundärinsolvenzverwalter mittelbar aus § 60 (K. Schmidt-Brinkmann § 357 Rn. 3).

§ 358 Überschuss bei der Schlussverteilung

Können bei der Schlussverteilung im Sekundärinsolvenzverfahren alle Forderungen in voller Höhe berichtigt werden, so hat der Insolvenzverwalter einen verbleibenden Überschuss dem ausländischen Verwalter des Hauptinsolvenzverfahrens herauszugeben.

→ *vgl. Art. 35 EuInsVO*

Zwölfter Teil Inkrafttreten

§ 359 Verweisung auf das Einführungsgesetz

Dieses Gesetz tritt an dem Tage in Kraft, der durch das Einführungsgesetz zur Insolvenzordnung bestimmt wird.

Europäische Verordnung über Insolvenzverfahren – Verordnung Nr. 1346/2000 des Rates v. 29.5.2000 (EuInsVO)

Fassung und Präambel

[1]Verordnung Nr. 1346/2000 des Rates vom 29.5.2000
(Amtsblatt EG Nr. L 160 vom 30.6.2000)
geändert durch die Verordnung (EG) Nr. 603/2005 des Rates vom 12.4.2005
(Amtsblatt EG Nr. L 100 vom 20.4.2005, S. 1)
geändert durch die Verordnung (EG) Nr. 694/2006 des Rates vom 27.4.2006
(Amtsblatt EG Nr. L 121 vom 6.5.2006, S. 1)
geändert durch die Verordnung EG) Nr. 1791/2006 des Rates vom 20.11.2006
(Amtsblatt EG Nr. L 363 vom 20.12.2006, S. 1)
geändert durch die Verordnung (EG) Nr. 681/2007 des Rates vom 13.6.2007
(Amtsblatt EG Nr. L 159 vom 20.6.2007, S. 1)
geändert durch Verordnung (EG) Nr. 788/2008 des Rates vom 24.07.2008
(Amtsblatt EG Nr. L 213 vom 8.8.2008, S.1)
geändert durch Durchführungsverordnung (EU) Nr. 210/2010 des Rates vom 25.2.2010
(Amtsblatt EU Nr. L 65 vom 13.3.2010, S. 1)
geändert durch Durchführungsverodnung (EU) Nr. 583/2011 des Rates vom 9.6.2011
(Amtsblatt EU Nr. L 160 vom 18.6.2011, S. 52)
geändert durch Verordnung (EU) Nr. 517/2013 des Rates vom 13.5.2015
(Amtblatt EU Nr. L 158 vom 10.06.2013, S. 1).

Präambel

DER RAT DER EUROPÄISCHEN UNION —

gestützt auf den Vertrag zur Gründung der Europäischen Gemeinschaft, insbesondere auf Artikel 61 Buchstabe c) und Artikel 67 Absatz 1, auf Initiative der Bundesrepublik Deutschland und der Republik Finnland, nach Stellungnahme des Europäischen Parlaments, nach Stellungnahme des Wirtschafts- und Sozialausschusses, in Erwägung nachstehender Gründe:

(1) Die Europäische Union hat sich die Schaffung eines Raums der Freiheit, der Sicherheit und des Rechts zum Ziel gesetzt.

(2) Für ein reibungsloses Funktionieren des Binnenmarktes sind effiziente und wirksame grenzüberschreitende Insolvenzverfahren erforderlich; die Annahme dieser Verordnung ist zur Verwirklichung dieses Ziels erforderlich, das in den Bereich der justiziellen Zusammenarbeit in Zivilsachen im Sinne des Artikels 65 des Vertrags fällt.

(3) Die Geschäftstätigkeit von Unternehmen greift mehr und mehr über die einzelstaatlichen Grenzen hinaus und unterliegt damit in zunehmendem Maß den Vorschriften des Gemeinschaftsrechts. Da die Insolvenz solcher Unternehmen auch nachteilige Auswirkungen auf das ordnungsgemäße Funktionieren des Binnenmarktes hat, bedarf es eines gemeinschaftlichen Rechtsakts, der eine Koordinierung der Maßnahmen in bezug auf das Vermögen eines zahlungsunfähigen Schuldners vorschreibt.

---

1 Bis zur 2. Aufl. unter Mitarbeit von Rechtsanwalt, Fachanwalt für Insolvenzrecht und Solicitor Dr. Dietmar Penzlin LL.M. (London).

(4) Im Interesse eines ordnungsgemäßen Funktionierens des Binnenmarktes muß verhindert werden, daß es für die Parteien vorteilhafter ist, Vermögensgegenstände oder Rechtsstreitigkeiten von einem Mitgliedstaat in einen anderen zu verlagern, um auf diese Weise eine verbesserte Rechtsstellung anzustreben (sog. »forum shopping«).

(5) Diese Ziele können auf einzelstaatlicher Ebene nicht in hinreichendem Maß verwirklicht werden, so daß eine Maßnahme auf Gemeinschaftsebene gerechtfertigt ist.

(6) Gemäß dem Verhältnismäßigkeitsgrundsatz sollte sich diese Verordnung auf Vorschriften beschränken, die die Zuständigkeit für die Eröffnung von Insolvenzverfahren und für Entscheidungen regeln, die unmittelbar aufgrund des Insolvenzverfahrens ergehen und in engem Zusammenhang damit stehen. Darüber hinaus sollte diese Verordnung Vorschriften hinsichtlich der Anerkennung solcher Entscheidungen und hinsichtlich des anwendbaren Rechts, die ebenfalls diesem Grundsatz genügen, enthalten.

(7) Konkurse, Vergleiche und ähnliche Verfahren sind vom Anwendungsbereich des Brüsseler Übereinkommens von 1968 über die gerichtliche Zuständigkeit und die Vollstreckung gerichtlicher Entscheidungen in Zivil- und Handelssachen in der durch die Beitrittsübereinkommen zu diesem Übereinkommen geänderten Fassung ausgenommen.

(8) Zur Verwirklichung des Ziels einer Verbesserung der Effizienz und Wirksamkeit der Insolvenzverfahren mit grenzüberschreitender Wirkung ist es notwendig und angemessen, die Bestimmungen über den Gerichtsstand, die Anerkennung und das anwendbare Recht in diesem Bereich in einem gemeinschaftlichen Rechtsakt zu bündeln, der in den Mitgliedstaaten verbindlich ist und unmittelbar gilt.

(9) Diese Verordnung sollte für alle Insolvenzverfahren gelten, unabhängig davon, ob es sich beim Schuldner um eine natürliche oder juristische Person, einen Kaufmann oder eine Privatperson handelt. Die Insolvenzverfahren, auf die diese Verordnung Anwendung findet, sind in den Anhängen aufgeführt. Insolvenzverfahren über das Vermögen von Versicherungsunternehmen, Kreditinstituten und Wertpapierfirmen, die Gelder oder Wertpapiere Dritter halten, sowie von Organismen für gemeinsame Anlagen sollten vom Geltungsbereich dieser Verordnung ausgenommen sein. Diese Unternehmen sollten von dieser Verordnung nicht erfaßt werden, da für sie besondere Vorschriften gelten und die nationalen Aufsichtsbehörden teilweise sehr weitgehende Eingriffsbefugnisse haben.

(10) Insolvenzverfahren sind nicht zwingend mit dem Eingreifen eines Gerichts verbunden. Der Ausdruck »Gericht« in dieser Verordnung sollte daher weit ausgelegt werden und jede Person oder Stelle bezeichnen, die nach einzelstaatlichem Recht befugt ist, ein Insolvenzverfahren zu eröffnen. Damit diese Verordnung Anwendung findet, muß es sich aber um ein Verfahren (mit den entsprechenden Rechtshandlungen und Formalitäten) handeln, das nicht nur im Einklang mit dieser Verordnung steht, sondern auch in dem Mitgliedstaat der Eröffnung des Insolvenzverfahrens offiziell anerkannt und rechtsgültig ist, wobei es sich ferner um ein Gesamtverfahren handeln muß, das den vollständigen oder teilweisen Vermögensbeschlag gegen den Schuldner sowie die Bestellung eines Verwalters zur Folge hat.

(11) Diese Verordnung geht von der Tatsache aus, daß aufgrund der großen Unterschiede im materiellen Recht ein einziges Insolvenzverfahren mit universaler Geltung für die gesamte Gemeinschaft nicht realisierbar ist. Die ausnahmslose Anwendung des Rechts des Staates der Verfahrenseröffnung würde vor diesem Hintergrund häufig zu Schwierigkeiten führen. Dies gilt etwa für die in der Gemeinschaft sehr unterschiedlich ausgeprägten Sicherungsrechte. Aber auch die Vorrechte einzelner Gläubiger im Insolvenzverfahren sind teilweise völlig verschieden ausgestaltet. Diese Verordnung sollte dem auf zweierlei Weise Rechnung tragen: Zum einen sollten Sonderanknüpfungen für besonders bedeutsame Rechte und Rechtsverhältnisse vorgesehen werden (z. B. dingliche Rechte und Arbeitsverträge). Zum anderen sollten neben einem Haupt-

insolvenzverfahren mit universaler Geltung auch innerstaatliche Verfahren zugelassen werden, die lediglich das im Eröffnungsstaat belegene Vermögen erfassen.

(12) Diese Verordnung gestattet die Eröffnung des Hauptinsolvenzverfahrens in dem Mitgliedstaat, in dem der Schuldner den Mittelpunkt seiner hauptsächlichen Interessen hat. Dieses Verfahren hat universale Geltung mit dem Ziel, das gesamte Vermögen des Schuldners zu erfassen. Zum Schutz der unterschiedlichen Interessen gestattet diese Verordnung die Eröffnung von Sekundärinsolvenzverfahren parallel zum Hauptinsolvenzverfahren. Ein Sekundärinsolvenzverfahren kann in dem Mitgliedstaat eröffnet werden, in dem der Schuldner eine Niederlassung hat. Seine Wirkungen sind auf das in dem betreffenden Mitgliedstaat belegene Vermögen des Schuldners beschränkt. Zwingende Vorschriften für die Koordinierung mit dem Hauptinsolvenzverfahren tragen dem Gebot der Einheitlichkeit des Verfahrens in der Gemeinschaft Rechnung.

(13) Als Mittelpunkt der hauptsächlichen Interessen sollte der Ort gelten, an dem der Schuldner gewöhnlich der Verwaltung seiner Interessen nachgeht und damit für Dritte feststellbar ist.

(14) Diese Verordnung gilt nur für Verfahren, bei denen der Mittelpunkt der hauptsächlichen Interessen des Schuldners in der Gemeinschaft liegt.

(15) Die Zuständigkeitsvorschriften dieser Verordnung legen nur die internationale Zuständigkeit fest, das heißt, sie geben den Mitgliedstaat an, dessen Gerichte Insolvenzverfahren eröffnen dürfen. Die innerstaatliche Zuständigkeit des betreffenden Mitgliedstaats muß nach dem Recht des betreffenden Staates bestimmt werden.

(16) Das für die Eröffnung des Hauptinsolvenzverfahrens zuständige Gericht sollte zur Anordnung einstweiliger Sicherungsmaßnahmen ab dem Zeitpunkt des Antrags auf Verfahrenseröffnung befugt sein. Sicherungsmaßnahmen sowohl vor als auch nach Beginn des Insolvenzverfahrens sind zur Gewährleistung der Wirksamkeit des Insolvenzverfahrens von großer Bedeutung. Diese Verordnung sollte hierfür verschiedene Möglichkeiten vorsehen. Zum einen sollte das für das Hauptinsolvenzverfahren zuständige Gericht vorläufige Sicherungsmaßnahmen auch über Vermögensgegenstände anordnen können, die im Hoheitsgebiet anderer Mitgliedstaaten belegen sind. Zum anderen sollte ein vor Eröffnung des Hauptinsolvenzverfahrens bestellter vorläufiger Insolvenzverwalter in den Mitgliedstaaten, in denen sich eine Niederlassung des Schuldners befindet, die nach dem Recht dieser Mitgliedstaaten möglichen Sicherungsmaßnahmen beantragen können.

(17) Das Recht, vor der Eröffnung des Hauptinsolvenzverfahrens die Eröffnung eines Insolvenzverfahrens in dem Mitgliedstaat, in dem der Schuldner eine Niederlassung hat, zu beantragen, sollte nur einheimischen Gläubigern oder Gläubigern der einheimischen Niederlassung zustehen beziehungsweise auf Fälle beschränkt sein, in denen das Recht des Mitgliedstaats, in dem der Schuldner den Mittelpunkt seiner hauptsächlichen Interessen hat, die Eröffnung eines Hauptinsolvenzverfahrens nicht zuläßt. Der Grund für diese Beschränkung ist, daß die Fälle, in denen die Eröffnung eines Partikularverfahrens vor dem Hauptinsolvenzverfahren beantragt wird, auf das unumgängliche Maß beschränkt werden sollen. Nach der Eröffnung des Hauptinsolvenzverfahrens wird das Partikularverfahren zum Sekundärverfahren.

(18) Das Recht, nach der Eröffnung des Hauptinsolvenzverfahrens die Eröffnung eines Insolvenzverfahrens in dem Mitgliedstaat, in dem der Schuldner eine Niederlassung hat, zu beantragen, wird durch diese Verordnung nicht beschränkt. Der Verwalter des Hauptverfahrens oder jede andere, nach dem Recht des betreffenden Mitgliedstaats dazu befugte Person sollte die Eröffnung eines Sekundärverfahrens beantragen können.

(19) Ein Sekundärinsolvenzverfahren kann neben dem Schutz der inländischen Interessen auch anderen Zwecken dienen. Dies kann der Fall sein, wenn das Vermögen des Schuldners zu verschachtelt ist, um als ganzes verwaltet zu werden, oder weil die Unterschiede in den betroffenen Rechtssystemen so groß sind, daß sich Schwierigkeiten ergeben können, wenn das Recht des Staates der Verfahrenseröffnung seine Wirkung in den anderen Staaten, in denen Vermögens-

gegenstände belegen sind, entfaltet. Aus diesem Grund kann der Verwalter des Hauptverfahrens die Eröffnung eines Sekundärverfahrens beantragen, wenn dies für die effiziente Verwaltung der Masse erforderlich ist.

(20) Hauptinsolvenzverfahren und Sekundärinsolvenzverfahren können jedoch nur dann zu einer effizienten Verwertung der Insolvenzmasse beitragen, wenn die parallel anhängigen Verfahren koordiniert werden. Wesentliche Voraussetzung ist hierzu eine enge Zusammenarbeit der verschiedenen Verwalter, die insbesondere einen hinreichenden Informationsaustausch beinhalten muß. Um die dominierende Rolle des Hauptinsolvenzverfahrens sicherzustellen, sollten dem Verwalter dieses Verfahrens mehrere Einwirkungsmöglichkeiten auf gleichzeitig anhängige Sekundärinsolvenzverfahren gegeben werden. Er sollte etwa einen Sanierungsplan oder Vergleich vorschlagen oder die Aussetzung der Verwertung der Masse im Sekundärinsolvenzverfahren beantragen können.

(21) Jeder Gläubiger, der seinen Wohnsitz, gewöhnlichen Aufenthalt oder Sitz in der Gemeinschaft hat, sollte das Recht haben, seine Forderungen in jedem in der Gemeinschaft anhängigen Insolvenzverfahren über das Vermögen des Schuldners anzumelden. Dies sollte auch für Steuerbehörden und Sozialversicherungsträger gelten. Im Interesse der Gläubigergleichbehandlung muß jedoch die Verteilung des Erlöses koordiniert werden. Jeder Gläubiger sollte zwar behalten dürfen, was er im Rahmen eines Insolvenzverfahrens erhalten hat, sollte aber an der Verteilung der Masse in einem anderen Verfahren erst dann teilnehmen können, wenn die Gläubiger gleichen Rangs die gleiche Quote auf ihre Forderung erlangt haben.

(22) In dieser Verordnung sollte die unmittelbare Anerkennung von Entscheidungen über die Eröffnung, die Abwicklung und die Beendigung der in ihren Geltungsbereich fallenden Insolvenzverfahren sowie von Entscheidungen, die in unmittelbarem Zusammenhang mit diesen Insolvenzverfahren ergehen, vorgesehen werden. Die automatische Anerkennung sollte somit zur Folge haben, daß die Wirkungen, die das Recht des Staates der Verfahrenseröffnung dem Verfahren beilegt, auf alle übrigen Mitgliedstaaten ausgedehnt werden. Die Anerkennung der Entscheidungen der Gerichte der Mitgliedstaaten sollte sich auf den Grundsatz des gegenseitigen Vertrauens stützen. Die zulässigen Gründe für eine Nichtanerkennung sollten daher auf das unbedingt notwendige Maß beschränkt sein. Nach diesem Grundsatz sollte auch der Konflikt gelöst werden, wenn sich die Gerichte zweier Mitgliedstaaten für zuständig halten, ein Hauptinsolvenzverfahren zu eröffnen. Die Entscheidung des zuerst eröffnenden Gerichts sollte in den anderen Mitgliedstaaten anerkannt werden; diese sollten die Entscheidung dieses Gerichts keiner Überprüfung unterziehen dürfen.

(23) Diese Verordnung sollte für den Insolvenzbereich einheitliche Kollisionsnormen formulieren, die die Vorschriften des internationalen Privatrechts der einzelnen Staaten ersetzen. Soweit nichts anderes bestimmt ist, sollte das Recht des Staates der Verfahrenseröffnung (lex concursus) Anwendung finden. Diese Kollisionsnorm sollte für Hauptinsolvenzverfahren und Partikularverfahren gleichermaßen gelten. Die lex concursus regelt alle verfahrensrechtlichen wie materiellen Wirkungen des Insolvenzverfahrens auf die davon betroffenen Personen und Rechtsverhältnisse; nach ihr bestimmen sich alle Voraussetzungen für die Eröffnung, Abwicklung und Beendigung des Insolvenzverfahrens.

(24) Die automatische Anerkennung eines Insolvenzverfahrens, auf das regelmäßig das Recht des Eröffnungsstaats Anwendung findet, kann mit den Vorschriften anderer Mitgliedstaaten für die Vornahme von Rechtshandlungen kollidieren. Um in den anderen Mitgliedstaaten als dem Staat der Verfahrenseröffnung Vertrauensschutz und Rechtssicherheit zu gewährleisten, sollten eine Reihe von Ausnahmen von der allgemeinen Vorschrift vorgesehen werden.

(25) Ein besonderes Bedürfnis für eine vom Recht des Eröffnungsstaats abweichende Sonderanknüpfung besteht bei dinglichen Rechten, da diese für die Gewährung von Krediten von erheblicher Bedeutung sind. Die Begründung, Gültigkeit und Tragweite eines solchen dinglichen Rechts sollten sich deshalb regelmäßig nach dem Recht des Belegenheitsorts bestimmen und von

der Eröffnung des Insolvenzverfahrens nicht berührt werden. Der Inhaber des dinglichen Rechts sollte somit sein Recht zur Aus- bzw. Absonderung an dem Sicherungsgegenstand weiter geltend machen können. Falls an Vermögensgegenständen in einem Mitgliedstaat dingliche Rechte nach dem Recht des Belegenheitsstaats bestehen, das Hauptinsolvenzverfahren aber in einem anderen Mitgliedstaat stattfindet, sollte der Verwalter des Hauptinsolvenzverfahrens die Eröffnung eines Sekundärinsolvenzverfahrens in dem Zuständigkeitsgebiet, in dem die dinglichen Rechte bestehen, beantragen können, sofern der Schuldner dort eine Niederlassung hat. Wird kein Sekundärinsolvenzverfahren eröffnet, so ist der überschießende Erlös aus der Veräußerung der Vermögensgegenstände, an denen dingliche Rechte bestanden, an den Verwalter des Hauptverfahrens abzuführen.

(26) Ist nach dem Recht des Eröffnungsstaats eine Aufrechnung nicht zulässig, so sollte ein Gläubiger gleichwohl zur Aufrechnung berechtigt sein, wenn diese nach dem für die Forderung des insolventen Schuldners maßgeblichen Recht möglich ist. Auf diese Weise würde die Aufrechnung eine Art Garantiefunktion aufgrund von Rechtsvorschriften erhalten, auf die sich der betreffende Gläubiger zum Zeitpunkt der Entstehung der Forderung verlassen kann.

(27) Ein besonderes Schutzbedürfnis besteht auch bei Zahlungssystemen und Finanzmärkten. Dies gilt etwa für die in diesen Systemen anzutreffenden Glattstellungsverträge und Nettingvereinbarungen sowie für die Veräußerung von Wertpapieren und die zur Absicherung dieser Transaktionen gestellten Sicherheiten, wie dies insbesondere in der Richtlinie 98/26/EG des Europäischen Parlaments und des Rates vom 19. Mai 1998 über die Wirksamkeit von Abrechnungen in Zahlungs- sowie Wertpapierliefer- und -abrechnungssystemen geregelt ist. Für diese Transaktionen soll deshalb allein das Recht maßgebend sein, das auf das betreffende System bzw. den betreffenden Markt anwendbar ist. Mit dieser Vorschrift soll verhindert werden, daß im Fall der Insolvenz eines Geschäftspartners die in Zahlungs- oder Aufrechnungssystemen oder auf den geregelten Finanzmärkten der Mitgliedstaaten vorgesehenen Mechanismen zur Zahlung und Abwicklung von Transaktionen geändert werden können. Die Richtlinie 98/26/EG enthält Sondervorschriften, die den allgemeinen Regelungen dieser Verordnung vorgehen sollten.

(28) Zum Schutz der Arbeitnehmer und der Arbeitsverhältnisse müssen die Wirkungen der Insolvenzverfahren auf die Fortsetzung oder Beendigung von Arbeitsverhältnissen sowie auf die Rechte und Pflichten aller an einem solchen Arbeitsverhältnis beteiligten Parteien durch das gemäß den allgemeinen Kollisionsnormen für den Vertrag maßgebliche Recht bestimmt werden. Sonstige insolvenzrechtliche Fragen, wie etwa, ob die Forderungen der Arbeitnehmer durch ein Vorrecht geschützt sind und welchen Rang dieses Vorrecht gegebenenfalls erhalten soll, sollten sich nach dem Recht des Eröffnungsstaats bestimmen.

(29) Im Interesse des Geschäftsverkehrs sollte auf Antrag des Verwalters der wesentliche Inhalt der Entscheidung über die Verfahrenseröffnung in den anderen Mitgliedstaaten bekannt gemacht werden. Befindet sich in dem betreffenden Mitgliedstaat eine Niederlassung, so kann eine obligatorische Bekanntmachung vorgeschrieben werden. In beiden Fällen sollte die Bekanntmachung jedoch nicht Voraussetzung für die Anerkennung des ausländischen Verfahrens sein.

(30) Es kann der Fall eintreten, daß einige der betroffenen Personen tatsächlich keine Kenntnis von der Verfahrenseröffnung haben und gutgläubig im Widerspruch zu der neuen Sachlage handeln. Zum Schutz solcher Personen, die in Unkenntnis der ausländischen Verfahrenseröffnung eine Zahlung an den Schuldner leisten, obwohl diese an sich an den ausländischen Verwalter hätte geleistet werden müssen, sollte eine schuldbefreiende Wirkung der Leistung bzw. Zahlung vorgesehen werden.

(31) Diese Verordnung sollte Anhänge enthalten, die sich auf die Organisation der Insolvenzverfahren beziehen. Da diese Anhänge sich ausschließlich auf das Recht der Mitgliedstaaten beziehen, sprechen spezifische und begründete Umstände dafür, daß der Rat sich das Recht vorbehält, diese Anhänge zu ändern, um etwaigen Änderungen des innerstaatlichen Rechts der Mitgliedstaaten Rechnung tragen zu können.

Art. 1 EuInsVO Anwendungsbereich

(32) Entsprechend Artikel 3 des Protokolls über die Position des Vereinigten Königreichs und Irlands, das dem Vertrag über die Europäische Union und dem Vertrag zur Gründung der Europäischen Gemeinschaft beigefügt ist, haben das Vereinigte Königreich und Irland mitgeteilt, daß sie sich an der Annahme und Anwendung dieser Verordnung beteiligen möchten.

(33) Gemäß den Artikeln 1 und 2 des Protokolls über die Position Dänemarks, das dem Vertrag über die Europäische Union und dem Vertrag zur Gründung der Europäischen Gemeinschaft beigefügt ist, beteiligt sich Dänemark nicht an der Annahme dieser Verordnung, die diesen Mitgliedstaat somit nicht bindet und auf ihn keine Anwendung findet —

HAT FOLGENDE VERORDNUNG ERLASSEN:

Kapitel I Allgemeine Vorschriften

Art. 1 Anwendungsbereich

(1) Diese Verordnung gilt für Gesamtverfahren, welche die Insolvenz des Schuldners voraussetzen und den vollständigen oder teilweisen Vermögensbeschlag gegen den Schuldner sowie die Bestellung eines Verwalters zur Folge haben.

(2) Diese Verordnung gilt nicht für Insolvenzverfahren über das Vermögen von Versicherungsunternehmen oder Kreditinstituten, von Wertpapierfirmen, die Dienstleistungen erbringen, welche die Haltung von Geldern oder Wertpapieren Dritter umfassen, sowie von Organismen für gemeinsame Anlagen.

Übersicht	Rdn.			Rdn.
A. Normzweck	1	D.	Vorschlag der Kommission zur Reform der EuInsVO	9
B. Norminhalt	2			
I. Sachlicher Anwendungsbereich	2	I.	Sanierungsverfahren und Verfahren in Eigenverwaltung	9
II. Persönlicher Anwendungsbereich	3			
III. Räumlicher Anwendungsbereich	6	II.	Das neue Europäische Konzerninsolvenzrecht	10
C. Verfahrensfragen	8			

A. Normzweck

1   Art. 1 umgrenzt den Anwendungsbereich der EuInsVO in **sachlicher** (Abs. 1) und **persönlicher** (Abs. 2) Hinsicht. **Zeitlich** ergibt sich der Anwendungsbereich aus Art. 43 und 47 (= Insolvenzverfahren, die nach dem 31.05.2002 eröffnet worden sind).

B. Norminhalt

I. Sachlicher Anwendungsbereich

2   Die EuInsVO ist auf »**Gesamtverfahren**« anwendbar (Abs. 1). Darunter sind »**Insolvenzverfahren**« und »**Liquidationsverfahren**« gem. Art. 2 Buchst. a) Satz 2 und Art. 2 Buchst. c) zu verstehen (auch das deutsche Nachlassinsolvenzverfahren, s. AG Köln, ZIP 2011, 631). Diese Verfahren sind in den beigefügten Anhängen A und B aufgeführt. Das Verfahren zur Änderung der Anhänge regelt Art. 45. Insoweit muss die (z. T. unsystematische, jedenfalls aber unkritische) Erweiterung des Katalogs der »Insolvenzverfahren« i. S. d. EuInsVO um zahlreiche vorinsolvenzliche Sanierungsverfahren krit. gesehen werden (dazu Paulus Art. 2 Rn. 5 f.). Dies betrifft namentlich z. B. die bemerkenswert zügige Ergänzung um die französische *procédure de sauvegarde* (dazu etwa Pellier/Théron, Why did the French invent the rescue procedure?, Eurofenix Summer 2007, 18 f.; Damman, NZI 2008, 420). Neben der Enumeration der einzelnen Verfahren in Anhang A der Verordnung hat der EuGH

(ZInsO 2006, 484 [Tz. 54]) mit Blick auf Art. 1 einen **autonomen Systembegriff** »Insolvenzverfahren« ausgeformt, der insb. in Zweifelsfragen und bei der Erweiterung der Anhänge Beachtung finden sollte (vgl. etwa zum Zeitpunkt der »Eröffnung eines Insolvenzverfahrens« Art. 3 Rdn. 23 ff.; vgl. auch BAG, ZIP 2007, 2047; dazu EWiR § 352 InsO 1/07, 759 [Mankowski], das allgem. feststellt, dass das Reorganisationsverfahren nach Chap. 11 B.C. mit dem Leitbild eines Insolvenzverfahrens nach der EuInsVO nur sehr schwer zu vereinbaren ist. Es kann sich jedoch auch dann um ein ausländisches Insolvenzverfahren i. S. d. § 352 InsO handeln, wenn das Reorganisationsverfahren nach Chap. 11 B.C. nicht den Anforderungen genügt, die der EuInsVO zu entnehmen sind).

Die Abgrenzung von Internationalem Insolvenzrecht und Internationalem Zivilprozessrecht kann sich an der sog. Gourdain/Nadler-Formel des EuGH (Slg. 1979, 733 – Gourdain/Nadler) orientieren, an die auch schon Erwägungsgrund Nr. 6 angelehnt ist. Auch der EuGH rekurriert in nunmehr schon mehreren Entscheidungen auf diese Formel, s. etwa Entscheidung in der Rechtssache »Deko Marty« (EuGH, ZInsO 2009, 493; dazu EWiR Art. 3 EuInsVO 2/09, 411 [Karsten Müller]), »Alpenblume« (ZInsO 2009, 1509; dazu Anm. Piekenbrock, KTS 2009, 539) und »German Graphics« (ZIP 2009, 2345 [Tz. 26]; dazu Brinkmann, IPRax 2010, 324). Zur Bedeutung dieser Kontinuität für die Behandlung von sog. Annexverfahren s. etwa Art. 3 Rdn. 37.

II. Persönlicher Anwendungsbereich

Die EuInsVO gilt für alle in den Anhängen A und B genannten Insolvenzverfahren. Selbst wenn in einzelnen Mitgliedstaaten bestimmte Personen (z. B. Nichtkaufleute) nicht insolvenzfähig sind, muss das in einem anderen Mitgliedstaat über eine solche Person eröffnete Insolvenzverfahren anerkannt werden. 3

Die EuInsVO ist nicht anwendbar auf Insolvenzen von **Versicherungsunternehmen** und **Kreditinstituten**, **Wertpapierdienstleistern** und »**Organismen für gemeinsame Anlagen**« (insb. Investmentfonds). Der Verordnungsgeber wollte in die bestehenden nationalen Aufsichtssysteme dieser Institutionen nicht eingreifen (Virgós/Schmit, Erläuternder Bericht zu dem EU-Übereinkommen über Insolvenzverfahren, Nr. 54; vgl. auch Braun/Heinrich, NZI 2005, 578). Für Kreditinstitute ist mit der RL 2001/24/EG, für Versicherungsunternehmen mit der RL 2001/17/EG eine eigenständige Regelung getroffen worden (ausführl. Paulus, ZBB 2002, 492; Wimmer, ZInsO 2002, 897). Diese Richtlinien gehen vom Grundsatz der Einheit und Universalität des Verfahrens aus und lassen **keine Sekundärinsolvenzverfahren** (zum Begriff s. Vorbem. §§ 335 ff. InsO Rdn. 8 f.) zu (BK-Pannen Art. 1 Rn. 20 ff.; zur Umsetzung in Deutschland vgl. u. a. §§ 46d bis 46f KWG, §§ 88, 88a, 89b VAG). Es gelten im Grundsatz die §§ 335 ff. InsO, freilich mit einigen Modifikationen, wird z. B. in einem Mitglied- oder Vertragsstaat im Bereich des Europäischen Wirtschaftsraums ein Insolvenzverfahren über das Vermögen eines Versicherungsunternehmens eröffnet, so wird dieses Verfahren gem. § 88 Abs. 1a Satz 2 VAG ohne Rücksicht auf die Voraussetzungen des § 343 Abs. 1 InsO anerkannt (vgl. zu einem solchen Fall BGH, NZI 2013, 763). 4

Das **Phänomen** »**Konzern**« blendet die EuInsVO (bislang) bewusst aus (vgl. Virgós/Schmit, Erläuternder Bericht, Nr. 61), genauso wie die meisten nationalen Insolvenzrechte (Ausn. etwa das spanische Recht; zu Überlegungen zum Europäischen Konzerninsolvenzrecht s. Adam/Poertzgen, ZInsO 2008, 281 [Teil 1], 347 [Teil 2]; s. für konkret formulierte Änderungsvorschläge zur EuInsVO Hirte, ZInsO 2011, 1788; ders. ECFR 2008, 213 ff.; zur parallelen Reformdiskussion in Deutschland ebenfalls Hirte ZIP 2008, 444; vgl. zum Regierungsentwurf zur Erleichterung der Bewältigung von Konzerninsolvenzen [RegE] mit Kabinettsbeschluss v. 28.08.2013 etwa Verhoeven, ZInsO 2014, 217; Siemon, NZI 2014, 55; Beck, DStR 2013, 2468; Römermann, ZRP 2013, 201; noch zum DiskE Andres/Möhlenkamp, BB 2013, 579), obwohl die Insolvenz gruppengebundener Unternehmen nachgerade der Prototyp der grenzüberschreitenden Insolvenz ist (Mankowski, NZI 2004, 450; Eidenmüller, ZHR 2005, 528). Das soll sich in Zukunft ändern, zu den Reformüberlegungen auf europäischer Ebene s. u. Rdn. 10. Bislang ist bei der Lösung konzernspezifischer Probleme mit Blick auf jeden einzelnen Rechtsträger noch von dem Grundsatz »eine Person, ein Vermögen, ein Verfahren« auszugehen (vgl. etwa Art. 3 Rdn. 7). Das Fehlen besonderer Regelungen für die Kon- 5

Art. 1 EuInsVO Anwendungsbereich

zerninsolvenz wird von Teilen des Schrifttums als ein großes Versäumnis angesehen, welches nicht zuletzt ein Grund für die derzeitigen Kompetenzkonflikte einiger nationaler Gerichte (vgl. Art. 3 Rdn. 21 ff.) sein könnte (Mankowski, NZI 2004, 450, 452; weiterführend Paulus, ZIP 2005, 1948; Eidenmüller, ZGR 2006, 467).

III. Räumlicher Anwendungsbereich

6   Räumlich ist die EuInsVO auf grenzüberschreitende Insolvenzen anwendbar, bei denen sich der Mittelpunkt des hauptsächlichen Interesses des Schuldners (Art. 3 Abs. 1) in einem Mitgliedstaat befindet (**Ausn.: Dänemark**, für das die EuInsVO gem. Art. 69 EGV aufgrund des von Dänemark erklärten Vorbehalts nicht gilt; OLG Frankfurt am Main, ZInsO 2005, 715; vgl. auch Carstens, Die internationale Zuständigkeit im europäischen Insolvenzrecht, S. 26 f.) und ein Bezug zu mindestens einem weiteren Mitgliedstaat gegeben ist. Dazu genügt bereits die Belegenheit einer Forderung oder das Vorhandensein eines Gläubigers in einem anderen Mitgliedstaat (vgl. AG Hamburg, ZInsO 2006, 1006 = NZI 2006, 652 m. Anm. Klöhn; Herchen, ZInsO 2003, 742, 743).

7   Nach der (bislang) h. M. ist die EuInsVO nicht anwendbar, wenn sich der Auslandsbezug nur zu einem Drittstaat ergibt, ein weiterer innergemeinschaftlicher Bezug jedoch nicht besteht (vgl. etwa AG Köln zu den Voraussetzungen für die internationale Zuständigkeit eines deutschen Insolvenzgerichts bei einem Eigenantrag eines – auch – in Norwegen lebenden Schuldners, NZI 2008, 390). Ein solcher »einfacher Auslandsbezug« mag zwar nach dem Wortlaut der Art. 3 und 16 genügen (so auch High Court of Justice [London] ZIP 2003, 813 [»BRAC-Budget«], Art. 3 Rdn. 78; Herchen, ZInsO 2003, 742). Mit der EuInsVO sollten ausweislich Erwägungsgrund 4 jedoch nur **Binnenmarktsachverhalte** geregelt werden (h. M., Balz, ZIP 1996, 948; Herchen, ZInsO 2003, 742; Carstens, Die internationale Zuständigkeit im Insolvenzrecht, S. 28 ff.; Eidenmüller, IPRax 2001, 2, 5; Pannen/Riedemann, NZI 2004, 646, 651: »Qualifizierter Auslandsbezug«; MK/BGB-Kindler Art. 1 Rn. 28). Zumindest für Art. 3 EuInsVO hat der EuGH (NJW 2014, 610 – »Ralph Schmid«; zur Vorlage s. BGH, ZIP 2012, 1467; dazu EWiR Art. 3 EuInsVO 6/12, 519 [Undritz]) jüngst jedoch auf einen »qualifizierten Binnenmarktbezug« verzichtet und legt Art. 3 EuInsVO dahin aus, dass die Gerichte des Mitgliedstaats, in dessen Gebiet das Insolvenzverfahren eröffnet worden ist, für eine Insolvenzanfechtungsklage gegen einen Anfechtungsgegner zuständig sind, der seinen Wohnsitz nicht im Gebiet eines Mitgliedstaats hat (sondern im der Entscheidung konkret zugrunde liegenden Sachverhalt in der Schweiz). Damit ist die Voraussetzung eines »qualifizierten Binnenmarktbezugs« aber keineswegs obsolet. Überzeugend weist Brinkmann (LMK 2014, 356291) darauf hin, dass vielmehr jeder Artikel danach zu analysieren ist, ob er einen »qualifizierten Binnenmarktbezug« voraussetzt oder nicht: Art. 3 EuInsVO verlangt einen solchen »qualifizierten Binnenmarktbezug« nicht. Dagegen sind die Art. 5, 7, 8, 9, 10, 11, 12, 13 und 15 EuInsVO ihrem klaren Wortlaut nach nur anwendbar, wenn ein spezifischer grenzüberschreitender Bezug zu einem anderen Mitgliedstaat besteht (K. Schmidt-Brinkmann Art. 1 Rn. 13). Die Grundkollisionsnorm Art. 4 EuInsVO verlangt in demselben Umfang wie die Sonderkollisionsnormen einen qualifizierten Binnenmarktbezug (K. Schmidt-Brinkmann Art. 1 Rn. 14). Auch die Art. 16 ff. EuInsVO regeln nur die Frage, wann ein Mitgliedstaat ein Insolvenzverfahren anerkennen muss, das in einem anderen Mitgliedstaat eröffnet wurde. Entsprechendes gilt für die Regeln über Sekundärverfahren in Art. 27 ff. EuInsVO. Diese Differenzierung kann vor allem zu Schwierigkeiten im Zusammenhang mit der Anerkennung und Vollstreckung von Entscheidung in Drittstaaten führen, wenn hinsichtlich der Zuständigkeit an Art. 3 angeknüpft wird, weil Art. 25 Abs. 1 Unterabs. 2 im Verhältnis zu Drittstaaten nicht gilt (Undritz, EWiR Art. 3 EuInsVO 6/12, 519, 520; s. a. Art. 13 Rdn. 10).

7a Bei **reinen Drittstaatensachverhalten** ist dagegen das jeweilige autonome internationale Insolvenzrecht anwendbar, in Deutschland die §§ 335 ff. InsO, die aber der EuInsVO – im Wesentlichen – vergleichbare Regelungen enthalten.

C. Verfahrensfragen

Der nationale Rechtsanwender hat kein Prüfungsrecht, ob die in den Anhängen A und B aufgeführten Verfahren die in Abs. 1 genannten Voraussetzungen erfüllen. Der Verordnungsgeber hat diese Prüfung durch die Aufnahme der Anhänge bereits vorweggenommen (Virgós/Schmit, Erläuternder Bericht, Nr. 48; Duursma-Kepplinger, NZI 2003, 87, 88).

D. Vorschlag der Kommission zur Reform der EuInsVO

I. Sanierungsverfahren und Verfahren in Eigenverwaltung

Ausweislich des Erwägungsgrundes Nr. 3 des Vorschlag der Europäischen Kommission vom 12.12.2012 zur Änderung der EuInsVO soll den Anwendungsbereich der EuInsVO erweitert werden (dazu Piekenbrock, ZIP 2014, 250). Es sollen Verfahren einbezogen werden, die die Sanierung eines wirtschaftlich bestandsfähigen Schuldners begünstigen, um auf diese Weise gesunden Unternehmen aus der Krise zu helfen und Unternehmern eine zweite Chance zu geben. Einbezogen werden sollten vor allem Verfahren, die auf eine Restrukturierung des Schuldners im Vorfeld der Insolvenz gerichtet sind, und Verfahren in Eigenverwaltung, d. h. ohne Auswechslung der Geschäftsführung. Darüber hinaus sollte die EuInsVO auch Verfahren erfassen, die eine Entschuldung von Verbrauchern und Selbstständigen vorsehen, die nicht die Kriterien der bisherigen Insolvenzverordnung erfüllen.

▶ Fassung nach dem Vorschlag der Europäischen Kommission vom 12.12.2012, COM(2012) 744:

Art. 1
Anwendungsbereich

1. Diese Verordnung gilt für gerichtliche oder administrative Gesamtverfahren einschließlich Verfahren des einstweiligen Rechtsschutzes, die sich auf eine gesetzliche Regelung zur Insolvenz oder Schuldenanpassung stützen und in denen zu Zwecken der Sanierung, Schuldenanpassung, Reorganisation oder Liquidation
    (a) dem Schuldner die Verfügungsgewalt über sein Vermögen ganz oder teilweise entzogen und ein Verwalter bestellt wird oder
    (b) das Vermögen und der Geschäftsbetrieb des Schuldners der Kontrolle oder Aufsicht durch ein Gericht unterstellt wird.
    Die Verfahren, auf die in diesem Absatz Bezug genommen wird, sind in Anhang A aufgeführt.
2. Diese Verordnung gilt nicht für Insolvenzverfahren über das Vermögen von
    (a) Versicherungsunternehmen,
    (b) Kreditinstituten,
    (c) Wertpapierfirmen, soweit sie unter die Richtlinie 2001/24/EG fallen, und
    (d) Organismen für gemeinsame Anlagen.

II. Das neue Europäische Konzerninsolvenzrecht

Dem Vorschlag der Kommission zur Reform der EuInsVO ging eine Konsultation der interessierten Öffentlichkeit, der Mitgliedstaaten sowie von anderen Institutionen und Sachverständigen zu den Problemen der Insolvenzverordnung und möglichen Lösungen im Zeitraum 30.3. bis 21.06.2012 voraus. Zur Insolvenz multinationaler Unternehmensgruppen merkte dabei nahezu die Hälfte der Konsultationsteilnehmer an, dass die Insolvenzverordnung in solchen Fällen keine effiziente Lösung für die Mitglieder der Gruppe biete (s. S. 5 der Begründung zum Vorschlag der Europäischen Kommission). Die Kommission gelangt vor diesem Hintergrund zu folgendem Befund, dass die Insolvenz multinationaler Unternehmensgruppen in der EuInsVO nicht behandelt wird, obwohl – worauf hier auch bereits eingangs hingewiesen wurde (s. o. Rdn. 5) – in der Praxis viele grenzüberschreitende Insolvenzen Unternehmensgruppen betreffen.

Art. 1 EuInsVO Anwendungsbereich

11 Der Vorschlag der Kommission zur Reform der EuInsVO reagiert auf das zutreffend erkannte dringende praktische Bedürfnis nach einer gesetzlichen Regelung der Koordination der Insolvenzverfahren konzernangehöriger Gesellschaften. Der Vorschlag sieht vor, dass ein ganz neues Kapital IVa (»Insolvenz von Mitgliedern einer Unternehmensgruppe«) in die Verordnung eingefügt wird, das in seinen Art. 42a bis 42d EuInsVO die Kernregelungen des neuen europäischen Konzerninsolvenzrechts enthält. Flankiert wird dieses neue Kapitel durch eine Ergänzung der Begriffsbestimmungen in Art. 2 EuInsVO um die Definitionen der »Unternehmensgruppe« sowie der »Muttergesellschaft« und der »Tochtergesellschaft« sowie durch die Erwägungsgründe 20a und 20b.

12 Insgesamt behält der Kommissionsvorschlag zur Reform der EuInsVO mit Blick auf Konzerninsolvenzen den Grundsatz der Einzelinsolvenz (»Eine Person, ein Vermögen, eine Insolvenz«) bei. Das Ziel, im Interesse bestmöglicher Gläubigerbefriedigung, aber auch im Interesse des Erhalts von Unternehmen und Arbeitsplätzen, bessere und effizientere grenzüberschreitende Insolvenzverfahren über das Vermögen mehrerer Gesellschaften einer Unternehmensgruppe zu ermöglichen, versucht der Vorschlag der Kommission mithin unverändert über eine bessere und effizientere Koordinierung der einzelnen Insolvenzverfahren zu erreichen, nicht etwa durch eine Konsolidierung der Insolvenzmassen.

13 Kern der vorgeschlagenen neuen Regelungen zur »Konzerninsolvenz« sind umfassende Pflichten zur Kooperation und Kommunikation unter den Insolvenzverwaltern (Art. 42a EuInsVO), aber auch eine Kommunikation und Zusammenarbeit unter den Gerichten (Art. 42b EuInsVO) und auch zwischen den Insolvenzverwaltern und den Gerichten (Art. 42c EuInsVO). Schließlich erhalten die Insolvenzverwalter nach dem Vorschlag der Kommission die Möglichkeit der Einwirkung auf die jeweiligen Insolvenzverfahren der Unternehmensgruppe (Art. 42d EuInsVO).

14 Die vorgeschlagenen Regelungen für die Insolvenz von Mitgliedern einer Unternehmensgruppe sind zwar sehr zu begrüßen. Es darf aber nicht übersehen werden, dass die Regelungen der Konzerninsolvenz nur einen sehr allgemeinen verfahrensmäßigen Rahmen für die Koordination der mehreren Hauptinsolvenzverfahren geben und die inhaltliche Ausgestaltung der so koordinierten Insolvenzverfahren weitgehend offen lassen. So bleibt es eine enorme Herausforderung für die Beteiligten, ein »konzernweites« Sanierungskonzept unter Beachtung der verschiedenen einschlägigen nationalen Insolvenzrechte aufzustellen, z. B. einen einheitlichen, konzernweiten Insolvenzplan zu erarbeiten.

15 Die neuen Erwägungsgründe Nr. 20a und 20b, die sich mit dem Thema der Kommunikation und Kooperation im Fall der Eröffnung von Haupt- und Sekundärinsolvenzverfahren befassen, lauten:

> ▶ (20a) Diese Verordnung soll gewährleisten, dass Insolvenzverfahren über das Vermögen von Gesellschaften, die derselben Unternehmensgruppe angehören, effizient geführt werden. Wurden gegen mehrere Gesellschaften derselben Unternehmensgruppe Insolvenzverfahren eröffnet, sollten diese Verfahren in geeigneter Weise koordiniert werden. Die beteiligten Verwalter und Gerichte sollten deshalb in gleicher Weise wie die Verwalter und Gerichte in gegen denselben Schuldner gerichteten Haupt- und Sekundärinsolvenzverfahren verpflichtet sein, miteinander zu kommunizieren und zusammenzuarbeiten. Ein Verwalter in einem Verfahren, das gegen ein Mitglied einer Unternehmensgruppe anhängig ist, sollte überdies in einem Verfahren gegen ein anderes Mitglied derselben Gruppe einen Sanierungsplan vorschlagen können, soweit diese Möglichkeit im einzelstaatlichen Insolvenzrecht vorgesehen ist.
>
> (20b) Durch die Einführung von Vorschriften über die Insolvenz von Unternehmensgruppen sollte ein Gericht nicht in seiner Möglichkeit eingeschränkt werden, Insolvenzverfahren gegen mehrere Gesellschaften, die derselben Unternehmensgruppe angehören, nur an einem Gerichtsstand zu eröffnen, wenn es feststellt, dass der Mittelpunkt der hauptsächlichen Interessen dieser Gesellschaften in einem einzigen Mitgliedstaat liegt. In diesen Fällen sollte das Gericht für alle Verfahren gegebenenfalls dieselbe Person als Verwalter bestellen können.

▶ Fassung nach dem Vorschlag der Europäischen Kommission vom 12.12.2012, COM(2012) 744:

Art. 2
Begriffsbestimmungen

Im Sinne dieser Verordnung bezeichnet der Ausdruck [...]
(i) »‹Unternehmensgruppe› eine Anzahl von Unternehmen bestehend aus Mutter- und Tochtergesellschaften;
(j) ‹Muttergesellschaft› eine Gesellschaft, die
　i) in einer anderen Gesellschaft (Tochtergesellschaft) über die Mehrheit der Stimmrechte der Aktionäre oder Gesellschafter verfügt oder
　ii) Aktionär oder Gesellschafter der Tochtergesellschaft ist und das Recht hat,
　　aa) die Mehrheit der Mitglieder des Verwaltungs-, Geschäftsführungs- oder Aufsichtsorgans dieser Tochtergesellschaft zu ernennen oder abzuberufen oder
　　bb) auf der Grundlage eines mit dieser Tochtergesellschaft geschlossenen Vertrags oder einer Bestimmung in deren Satzung einen beherrschenden Einfluss auf diese Tochtergesellschaft auszuüben.«

KAPITEL IVA: INSOLVENZ VON MITGLIEDERN EINER UNTERNEHMENSGRUPPE

Art. 42a
Pflicht zur Kooperation und Kommunikation unter Verwaltern

1. Bei Insolvenzverfahren gegen zwei oder mehr Mitglieder derselben Unternehmensgruppe arbeiten die Verwalter dieser Verfahren zusammen, soweit diese Zusammenarbeit die effiziente Abwicklung der Verfahren erleichtern kann, mit den für die einzelnen Verfahren geltenden Vorschriften vereinbar ist und keine Interessenkonflikte nach sich zieht. Die Zusammenarbeit kann in Form von Vereinbarungen oder Protokollen erfolgen.
2. Bei der Zusammenarbeit im Sinne des Absatzes 1 obliegen den Verwaltern folgende Pflichten:
　(a) Sie teilen einander umgehend alle Informationen mit, die für die anderen Verfahren von Bedeutung sein können, vorausgesetzt, es bestehen geeignete Vereinbarungen zum Schutz vertraulicher Informationen.
　(b) Sie prüfen Möglichkeiten für eine Restrukturierung der Gruppe; falls solche Möglichkeiten bestehen, stimmen sie sich in Bezug auf den Vorschlag für einen koordinierten Restrukturierungsplan und dessen Aushandlung ab.
　(c) Sie koordinieren die Verwaltung und Überwachung der Geschäfte der Gruppenmitglieder, gegen die ein Insolvenzverfahren eröffnet wurde.
Die Verwalter können vereinbaren, einem Verwalter aus ihrer Mitte zusätzliche Befugnisse zu übertragen, wenn eine solche Vereinbarung nach den für die einzelnen Verfahren geltenden Vorschriften zulässig ist.

Art. 42b
Kommunikation und Zusammenarbeit unter Gerichten

1. Bei Insolvenzverfahren gegen zwei oder mehr Mitglieder derselben Unternehmensgruppe arbeiten die Gerichte, die mit einem Antrag auf Eröffnung eines Insolvenzverfahrens gegen ein Mitglied der Unternehmensgruppe befasst sind oder die ein solches Verfahren eröffnet haben, zusammen, soweit diese Zusammenarbeit die effiziente Abwicklung der Verfahren erleichtern kann und mit den für die einzelnen Verfahren geltenden Vorschriften vereinbar ist. Die Gerichte können hierzu bei Bedarf eine Person oder Stelle bestimmen, die auf ihre Weisungen hin tätig wird.
2. Die in Abs. 1 genannten Gerichte können direkt miteinander kommunizieren oder einander direkt um Informationen oder Unterstützung ersuchen.

3. Die Zusammenarbeit kann auf jedem geeigneten Weg erfolgen einschließlich durch
   (a) die Mitteilung von Informationen auf jedem von dem betreffenden Gericht als geeignet erachteten Weg, vorausgesetzt, die Mitteilung erfolgt unentgeltlich und die Verfahrensrechte der Parteien sowie die Vertraulichkeit der Informationen werden dabei gewahrt;
   (b) die Koordinierung der Verwaltung und Überwachung des Vermögens und der Geschäfte der Mitglieder der Unternehmensgruppe;
   (c) die Koordinierung der Verhandlungen;
   (d) die Koordinierung der Zustimmung zu einem Protokoll.

Art. 42c
Kooperation und Kommunikation zwischen Verwaltern und Gerichten

Ein Verwalter, der in einem Insolvenzverfahren gegen ein Mitglied einer Unternehmensgruppe bestellt worden ist, kooperiert und kommuniziert mit den Gerichten, die mit einem Antrag auf Eröffnung eines Insolvenzverfahrens gegen ein anderes Mitglied derselben Unternehmensgruppe befasst sind oder die ein solches Verfahren eröffnet haben, soweit diese Zusammenarbeit die Koordinierung der Verfahren erleichtern kann und mit den für die einzelnen Verfahren geltenden Vorschriften vereinbar ist. Der Verwalter kann diese Gerichte insbesondere um Informationen über die Verfahren gegen andere Mitglieder der Unternehmensgruppe oder um Unterstützung in dem Verfahren ersuchen, für das er bestellt worden ist.

Art. 42d
Befugnisse der Verwalter und Aussetzung der Verfahren

1. Der Verwalter eines Insolvenzverfahrens, das gegen ein Mitglied einer Unternehmensgruppe eröffnet worden ist, hat das Recht,
   (a) gehört zu werden und an Insolvenzverfahren, die gegen andere Mitglieder derselben Unternehmensgruppe eröffnet worden sind, mitzuwirken, insbesondere durch Teilnahme an der Gläubigerversammlung;
   (b) die Aussetzung eines Verfahrens zu beantragen, das gegen ein anderes Mitglied derselben Unternehmensgruppe eröffnet worden ist;
   (c) einen Sanierungsplan, einen Vergleich oder eine andere vergleichbare Maßnahme für alle oder einige Mitglieder der Unternehmensgruppe vorzuschlagen, gegen die Insolvenzverfahren eröffnet worden sind, und einen solchen Plan, Vergleich oder eine solche Maßnahme in den Verfahren, die gegen andere Mitglieder derselben Unternehmensgruppe eröffnet worden sind, im Einklang mit dem für diese Verfahren geltenden Recht vorzulegen und
   (d) zusätzliche verfahrensleitende Maßnahmen nach Maßgabe des unter Buchstabe c genannten Rechts zu beantragen, die für eine Sanierung erforderlich sein können, einschließlich der Umwandlung des Insolvenzverfahrens in ein anderes Verfahren.
2. Das Gericht, das das in Abs. 1 Buchst. b) genannte Verfahren eröffnet hat, setzt das Verfahren ganz oder teilweise aus, wenn eine Aussetzung des Verfahrens den Gläubigern dieses Verfahrens nachweislich zugute käme. Die Aussetzung des Verfahrens kann für höchstens drei Monate angeordnet und für jeweils denselben Zeitraum verlängert oder erneuert werden. Das Gericht, das die Aussetzung des Verfahrens angeordnet hat, kann verlangen, dass der Verwalter alle geeigneten Maßnahmen zum Schutz der Interessen der Gläubiger des Verfahrens ergreift.

17 Der Bericht des Rechtsausschusses des Europäischen Parlaments vom 20.12.2013 zum Vorschlag der Europäischen Kommission (Berichterstatter Lehne) hat nun durchaus mutiger über den Ansatz »Koordination und Kommunikation« hinaus ein »Gruppen-Koordinationsverfahren« vorgeschlagen (so zunächst auch übernommen vom Europäischen Parlament in 1. Lesung am 05.02.2014). Es wird vorgeschlagen, ein »Gruppen-Koordinationsverfahren« zu ermöglichen (Art. 42da), in dem ein Koordinationsverwalter zu bestellen ist, der nicht nur Empfehlungen für die koordinierte Durchführung der Insolvenzverfahren erarbeitet und darstellt, sondern auch einen Gruppen-Ko-

ordinationsplan, der ein Paket von Maßnahmen zur Bewältigung der Insolvenz der Gruppenmitglieder ermittelt, beschreibt und empfiehlt (Art. 42db). Dieser Koordinationsplan muss von einem Gericht bestätigt werden (Art. 42dc). Insolvenzverwalter können zu dem Plan vor seiner Bestätigung Anmerkungen machen. Der Gruppen-Koordinationsplan ist jedoch nicht verbindlich für die Insolvenzverwalter, die von einem solchen Plan abweichen können (Art. 42dd). Es gilt hier das Prinzip »Comply or Explain«. Das »Gruppen-Koordinationsverfahren« ist zwar vom Ansatz her ein mutiger Schritt, ob die Praxis diesen Weg beschreiten würde, darf jedoch bezweifelt werden.

▶ Fassung nach dem Bericht des Rechtsausschusses des Europäischen Parlaments vom 20.12.2013 zum Vorschlag der Europäischen Kommission vom 12.12.2012, COM(2012) 744 (Berichterstatter Lehne); so zunächst übernommen vom Europäischen Parlament in 1. Lesung am 05.02.2014):

Art. 42da
Eröffnung von Gruppen-Koordinationsverfahren

1. Gruppen-Koordinationsverfahren können von einem Insolvenzverwalter bei jedem Gericht, das für ein Insolvenzverfahren eines Mitglieds der Gruppe zuständig ist, anhängig gemacht werden, wenn
   (a) ein Insolvenzverfahren über das Vermögen dieses Mitglieds der Gruppe anhängig ist; und
   (b) die Mitglieder der Gruppe, die ihren Mittelpunkt der hauptsächlichen Interessen in dem Mitgliedstaat des Gerichts haben, bei dem die Eröffnung des Gruppen-Koordinationsverfahrens beantragt wurde, wichtige Aufgaben in der Gruppe wahrnehmen.
2. Wird bei mehr als einem Gericht die Eröffnung eines Gruppen-Koordinationsverfahrens beantragt, wird das Gruppen-Koordinationsverfahren in dem Mitgliedstaat eröffnet, in dem die wichtigsten Aufgaben in der Gruppe wahrgenommen werden. Zu diesem Zweck kommunizieren und kooperieren die angerufenen Gerichte nach Maßgabe des Art. 42b miteinander. Können die wichtigsten Aufgaben in der Gruppe nicht festgestellt werden, kann das erste angerufene Gericht das Gruppen-Koordinationsverfahren eröffnen, sofern die Voraussetzungen für die Eröffnung eines solchen Verfahrens erfüllt sind.
3. Wurde ein Gruppen-Koordinationsverfahren eröffnet, unterliegt das Recht des Insolvenzverwalters, die Aussetzung des Verfahrens gem. Art. 42d Abs. 1 Buchst. b) zu beantragen, der Genehmigung des Koordinationsverwalters. Bestehende Aussetzungen bleiben vorbehaltlich der Befugnis des Koordinationsverwalters, die Aufhebung einer solchen Aussetzung zu beantragen, wirksam.

Art. 42db
Aufgaben und Rechte des Koordinationsverwalters

1. Das Gericht, das ein Gruppen-Koordinationsverfahren eröffnet, bestellt einen Koordinationsverwalter. Der Koordinationsverwalter ist von den Gruppenmitgliedern und ihren Gläubigern unabhängig und hat folgende Aufgaben:
   (a) Erarbeitung und Darstellung verfahrenstechnischer und inhaltlicher Empfehlungen für die koordinierte Durchführung der Insolvenzverfahren;
   (b) Vermittlung in Streitigkeiten zwischen zwei oder mehr Insolvenzverwaltern der Gruppenmitglieder; und
   (c) Vorlage eines Gruppen-Koordinationsplans, der ein Paket von Maßnahmen für einen integrierten Ansatz zur Bewältigung der Insolvenz der Gruppenmitglieder ermittelt, beschreibt und empfiehlt. Der Plan kann insbesondere Empfehlungen enthalten zu
      (i) Maßnahmen mit dem Ziel der Wiederherstellung der wirtschaftlichen Leistungsfähigkeit und Solvenz der Gruppe oder einzelner Mitglieder;
      (ii) der Beilegung gruppeninterner Streitigkeiten, insbesondere im Hinblick auf Transaktionen und Insolvenzanfechtungsklagen innerhalb der Gruppe;

Art. 1 EuInsVO Anwendungsbereich

(iii) Vereinbarungen zwischen den Insolvenzverwaltern der insolventen Gruppenmitglieder.
2. Der Koordinationsverwalter hat das Recht
   (a) gehört zu werden und, insbesondere durch Teilnahme an der Gläubigerversammlung, an Insolvenzverfahren, die über das Vermögen anderer Mitglieder derselben Unternehmensgruppe eröffnet worden sind, mitzuwirken,
   (b) einen nach Maßgabe des Art. 42dc Abs. 3 genehmigten Gruppen-Koordinationsplan vorzulegen und zu erläutern;
   (c) von den Insolvenzverwaltern Informationen anzufordern, die für den Zweck der Ermittlung und Darstellung von Strategien und Maßnahmen zur Koordinierung der Verfahren von Nutzen sind oder sein könnten; und
   (d) eine Aussetzung der über das Vermögen von Mitgliedern der Gruppe eröffneten Verfahren von bis zu drei Monaten zu beantragen und die Aufhebung einer solchen Aussetzung zu beantragen.

Art. 42dc
Bestätigung des Gruppen-Koordinationsplans durch ein Gericht

1. Für Insolvenzverfahren bestellte Insolvenzverwalter, die von der Durchführung eines Gruppen-Koordinationsplans betroffen wären, können innerhalb eines vom Koordinationsverwalter bei Vorlage des Plans festgelegten Zeitraums von höchstens einem Monat Anmerkungen zu diesem Entwurf machen.
2. Dem Entwurf, der dem Gericht zur Bestätigung vorgelegt wird, sind beizufügen:
   (a) eine Darstellung des Koordinationsverwalters über die Einhaltung des Absatzes 1;
   (b) Anmerkungen, die von den Insolvenzverwaltern bis zur Vorlage des Entwurfs eingegangen sind; und
   (c) eine begründete Stellungnahme des Koordinationsverwalters, wie die Anmerkungen im Entwurf des Plans berücksichtigt bzw. nicht berücksichtigt wurden;
3. Das Gericht bestätigt den Plan, wenn es von der Erfüllung der förmlichen Voraussetzungen des Abs. 2 und derjenigen des Art. 42db Abs. 1 Buchst. c) durch den Koordinationsverwalter überzeugt ist.

Art. 42dd
Verhältnis zwischen Gruppen-Koordinationsverfahren und Insolvenzverfahren

1. Bei der Durchführung ihrer Insolvenzverfahren haben die Insolvenzverwalter die Pflicht, die Empfehlungen des Koordinationsverwalters und den Gruppen-Koordinationsplan zu berücksichtigen. Beabsichtigt ein Insolvenzverwalter, von im Gruppen-Koordinationsplan vorgeschlagenen Maßnahmen oder Handlungen abzuweichen, erläutert er die Gründe dieser Abweichung auf der Gläubigerversammlung bzw. vor jeder anderen Einrichtung, der gegenüber er nach dem Recht des betroffenen Mitgliedstaats rechenschaftspflichtig ist.
2. Die Nichteinhaltung des Abs. 1 wird als eine Verletzung der Pflichten des Insolvenzverwalters nach dem Recht des betroffenen Mitgliedstaats betrachtet.

Art. 42de
Haftung des Koordinationsverwalters

Der Koordinationsverwalter übt seine Pflichten mit der gebotenen Sorgfalt aus. Er haftet gegenüber den Insolvenzmassen der am Gruppen-Koordinationsverfahren beteiligten Insolvenzverfahren für Schäden, die in zurechenbarer Weise auf die Verletzung dieser Pflichten zurückzuführen sind. Seine Haftung richtet sich nach dem Recht des Mitgliedstaats, in dem das Gruppen-Koordinationsverfahren eröffnet wurde.

Art. 42df
Kosten

1. Die Gerichtsgebühren und die Vergütung des Koordinationsverwalters richten sich nach dem Recht der Mitgliedstaaten.
2. Die Kosten im Gruppen-Koordinationsverfahren werden anteilig von den Gruppenmitgliedern getragen, über deren Vermögen zum Zeitpunkt der Eröffnung des Koordinationsverfahrens Insolvenzverfahren eröffnet gewesen waren. Der von den einzelnen Gruppenmitgliedern zu tragende Anteil wird unter Bezugnahme auf den Anteil der Vermögenswerte des jeweiligen Mitglieds an den konsolidierten Vermögenswerten aller Gruppenmitglieder, über deren Vermögen das Insolvenzverfahren eröffnet wurde, berechnet.

Art. 2 Definitionen

¹Für die Zwecke dieser Verordnung bedeutet
a) »Insolvenzverfahren« die in Artikel 1 Absatz 1 genannten Gesamtverfahren. Diese Verfahren sind in Anhang A aufgeführt;
b) »Verwalter« jede Person oder Stelle, deren Aufgabe es ist, die Masse zu verwalten oder zu verwerten oder die Geschäftstätigkeit des Schuldners zu überwachen. ²Diese Personen oder Stellen sind in Anhang C aufgeführt;
c) »Liquidationsverfahren« ein Insolvenzverfahren im Sinne von Buchstabe a), das zur Liquidation des Schuldnervermögens führt, und zwar auch dann, wenn dieses Verfahren durch einen Vergleich oder eine andere die Insolvenz des Schuldners beendende Maßnahme oder wegen unzureichender Masse beendet wird. ³Diese Verfahren sind in Anhang B aufgeführt;
d) »Gericht« das Justizorgan oder jede sonstige zuständige Stelle eines Mitgliedstaats, die befugt ist, ein Insolvenzverfahren zu eröffnen oder im Laufe des Verfahrens Entscheidungen zu treffen;
e) »Entscheidung«, falls es sich um die Eröffnung eines Insolvenzverfahrens oder die Bestellung eines Verwalters handelt, die Entscheidung jedes Gerichts, das zur Eröffnung eines derartigen Verfahrens oder zur Bestellung eines Verwalters befugt ist;
f) »Zeitpunkt der Verfahrenseröffnung« den Zeitpunkt, in dem die Eröffnungsentscheidung wirksam wird, unabhängig davon, ob die Entscheidung endgültig ist;
g) »Mitgliedstat, in dem sich ein Vermögensgegenstand befindet«, im Fall von
– körperlichen Gegenständen den Mitgliedstaat, in dessen Gebiet der Gegenstand belegen ist,
– Gegenständen oder Rechten, bei denen das Eigentum oder die Rechtsinhaberschaft in ein öffentliches Register einzutragen ist, den Mitgliedstaat, unter dessen Aufsicht das Register geführt wird,
– Forderungen den Mitgliedstaat, in dessen Gebiet der zur Leistung verpflichtete Dritte den Mittelpunkt seiner hauptsächlichen Interessen im Sinne von Artikel 3 Absatz 1 hat;
h) »Niederlassung« jeden Tätigkeitsort, an dem der Schuldner einer wirtschaftlichen Aktivität von nicht vorübergehender Art nachgeht, die den Einsatz von Personal und Vermögenswerten voraussetzt.

Übersicht	Rdn.		Rdn.
A. Normzweck	1	V. Niederlassung	6
B. Norminhalt	2	1. Definition	6
I. Insolvenzverfahren, Liquidationsverfahren, Verwalter	2	2. Tochtergesellschaft	7
II. Gericht	3	3. Hauptsitz	9
III. Zeitpunkt der Verfahrenseröffnung	4	C. Vorschlag der Kommission zur Reform der EuInsVO	10
IV. Mitgliedstaat, in dem sich ein Vermögensgegenstand befindet	5		

Art. 2 EuInsVO Definitionen

A. Normzweck

1 Art. 2 definiert Begriffe der Verordnung und gibt damit ihre **verbindliche Auslegung** vor. Besondere Bedeutung hat zudem die Stellungnahme von Virgós/Schmidt (Erläuternder Bericht) zum wortgleichen EuIÜ (aber kein Gesetzgebungsmaterial, allenfalls starke »*persuasive authority*« [Virgós]). Die autonome Auslegung obliegt i. Ü. in letzter Instanz dem EuGH.

B. Norminhalt

I. Insolvenzverfahren, Liquidationsverfahren, Verwalter

2 »Insolvenzverfahren«, »Verwalter« und »Liquidationsverfahren« sind in den Anhängen A bis C abschließend aufgezählt. Die Anhänge sind mehrfach, zuletzt durch Verordnung 681/2007 vom 13.06.2007 geändert worden, insb. um den Beitritt neuer Mitgliedstaaten zur EU sowie Änderungen in den nationalen Insolvenzrechten der Mitgliedstaaten nachzuvollziehen (vgl. Art. 45).

II. Gericht

3 »Gericht« ist weit auszulegen und erfasst auch Organe, die keine Gerichte im herkömmlichen Sinne darstellen, aber nach dem Recht des Eröffnungsstaates befugt sind, ein Verfahren zu eröffnen oder im Laufe eines Verfahrens Entscheidungen zu treffen (Virgós/Schmit, Erläuternder Bericht, Nr. 52, 66; näher Pannen-Riedemann Art. 2 Rn. 17 ff.). Entsprechend weit ist auch »Entscheidung« zu verstehen.

III. Zeitpunkt der Verfahrenseröffnung

4 Der Zeitpunkt, in dem die Eröffnung wirksam wird. Rechtskraft ist nicht erforderlich. Nach der Entscheidung des EuGH im Fall »Eurofood« (ZInsO 2006, 484) kann unter »Eröffnung« bereits die Bestellung eines vorläufigen Verwalters verstanden werden (dazu Art. 3 Rdn. 23 ff.).

IV. Mitgliedstaat, in dem sich ein Vermögensgegenstand befindet

5 »Mitgliedstaat, in dem sich ein Vermögensgegenstand befindet« klärt allgemein die Belegenheit von Vermögensgegenständen (einen Auffangtatbestand, der die Belegenheit für Gegenstände festlegt, die nicht von der Auslistung in Buchst. g) erfasst sind, mahnt – mit Recht – Paulus Art. 2 Rn. 25 f. an). Diese ist insb. für die Art. 5 ff. von Bedeutung, die bestimmte, mit Sicherungsrechten belastete Gegenstände – abhängig von ihrer Belegenheit – von den Wirkungen eines Hauptinsolvenzverfahrens ausnehmen (vgl. z. B. Art. 5 Rdn. 6).

V. Niederlassung

1. Definition

6 Der Begriff »Niederlassung« ist nach dem EuGH dahin gehend auszulegen, dass er »die Existenz einer auf die Ausübung einer wirtschaftlichen Tätigkeit ausgerichteten Struktur mit einem Mindestmaß an Organisation und einer gewissen Stabilität erfordert. Das bloße Vorhandensein einzelner Vermögenswerte oder von Bankkonten genügt dieser Definition grundsätzlich nicht« (EuGH, Urt. v. 20.10.2011 – Rs. C-396/09 [»Interedil«], ZIP 2011, 2153 = NZI 2011, 990 m. Anm. Mankowski; BGH, NZI 2012, 377). Der Begriff der »Niederlassung« ist demnach weit gefasst und bei jeder wirtschaftlichen Teilnahme am örtlichen Markt zu bejahen. Zu fordern ist aber ein Auftritt nach außen mit einem nicht nur vorübergehenden Maß an Organisation durch Einsatz von Personal und Vermögen (vgl. AG München, ZIP 2007, 495; dazu EWiR Art. 2 EuInsVO 1/07, 277 [Müller]; OLG Wien, NZI 2005, 57; Virgós/Schmit, Erläuternder Bericht, Nr. 71; MK-Reinhart Art. 2 Rn. 30). Die für den Begriff der Niederlassung erforderliche nach außen gerichtete und für Dritte erkennbare, dauerhafte wirtschaftliche Aktivität ist z. B. mit der Verwaltung einer Warenhausimmobilie gegeben (LG Hildesheim, NZI 2013, 110). Die bloße Belegenheit von Vermögenswerten, insb. von Grundstücken, Forderungen oder Bankkonten, genügt daher ebenso wenig wie die bloße

eigene Tätigkeit des Gemeinschuldners (BGH, NZI 2012, 377; AG Deggendorf, NZI 2013, 112; LG Hannover, NZI 2008, 631 m. Anm. Vallender; OLG Wien, NZI 2005, 57 m. Anm. Paulus; instruktiv Carstens, Die internationale Zuständigkeit im Insolvenzrecht, S. 73 ff.).

2. Tochtergesellschaft

Da die EuInsVO **keine Konzerninsolvenzen** regeln will (vgl. Art. 3 Rdn. 7), erscheint es zweifelhaft, ob eine im Mehrheitsbesitz stehende Tochtergesellschaft eine Niederlassung der Muttergesellschaft darstellen kann (erwägend Paulus, EWS 2002, 497, 500; ders. ZIP 2005, 1948; offengelassen AG Köln, ZInsO 2004, 216; abl. OLG Graz, NZI 2006, 662 sowie die h.L. in Deutschland, s. Pannen-Riedemann Art. 2 Rn. 66 m. w. N.). 7

Die derzeitige Praxis einiger Insolvenzgerichte tendiert jedoch dahin, auch Tochtergesellschaften unter den Begriff der Niederlassung zu subsumieren (vgl. z. B. »ISA/Daisytek«, Art. 3 Rdn. 74, »Hettlage I«, Art. 3 Rdn. 83). Zur Legitimierung dieser durchaus nachvollziehbaren – aber vom Wortlaut der Verordnung nicht gedeckten – Interpretation empfiehlt sich eine Klarstellung der Verordnung. Eine solche Klarstellung verdient den Vorzug vor einer kollektiven Umdeutung des Verordnungstextes. 8

3. Hauptsitz

Eine Niederlassung kann nach dem Wortlaut des Art. 2 Buchst. h) am Hauptsitz des Unternehmens bestehen, wenn aufgrund der Geschäftstätigkeit in einem anderen Mitgliedstaat dort ein Hauptinsolvenzverfahren eröffnet worden ist (h. M., AG Köln, ZInsO 2004, 216 – »Automold«; dazu EWiR Art. 3 EuInsVO 6/04, 601 [Blenske], vgl. Art. 3 Rdn. 86; zust. Herchen, ZInsO 2004, 825, 829; Sabel, NZI 2004, 126, 127; Huber FS Gerhardt, S. 412; vgl. auch AG Düsseldorf, ZIP 2004, 127; dazu EWiR Art. 3 EuInsVO 3/04, 495 [Herweg/Tschauner], Art. 3 Rdn. 74). Für ein das Hauptverfahren unterstützendes Sekundärverfahren auch am Hauptsitz besteht in der Praxis ein konkreter Bedarf, der auch nicht mit dem systematischen Hinweis darauf geleugnet werden kann, dass die Eröffnung eines Partikular- oder Sekundärinsolvenzverfahrens stets voraussetzt, dass der Mittelpunkt der hauptsächlichen Interessen tatsächlich in einem anderen Mitgliedstaat belegen ist. 9

C. Vorschlag der Kommission zur Reform der EuInsVO

▶ Fassung nach dem Vorschlag der Europäischen Kommission vom 12.12.2012, COM(2012) 744: 10

Art. 2
Begriffsbestimmungen

Im Sinne dieser Verordnung bezeichnet der Ausdruck
(a) »Insolvenzverfahren« ein in Anhang A aufgeführtes Verfahren;
(b) »Verwalter«
  (i) jede Person oder Stelle, deren Aufgabe es ist, die Masse zu verwalten oder zu verwerten oder die Geschäftstätigkeit des Schuldners zu überwachen. Diese Personen und Stellen sind in Anhang C aufgeführt;
  (ii) den Schuldner in Eigenverwaltung, wenn kein Verwalter bestellt wird oder die Befugnisse des Schuldners nicht einem Verwalter übertragen werden;
(c) »Gericht« in allen Artikeln mit Ausnahme des Art. 3b Abs. 2 das Justizorgan oder jede sonstige zuständige Stelle eines Mitgliedstaats, die befugt ist, ein Insolvenzverfahren zu eröffnen, die Eröffnung eines solchen Verfahrens zu bestätigen oder im Laufe dieses Verfahrens Entscheidungen zu treffen;
(d) »Entscheidung zur Eröffnung eines Insolvenzverfahrens«
  (i) die Entscheidung jedes Gerichts zur Eröffnung eines Insolvenzverfahrens oder zur Bestätigung der Eröffnung eines solchen Verfahrens und
  (ii) die Entscheidung eines Gerichts zur Bestellung eines vorläufigen Verwalters;

(e) »Zeitpunkt der Verfahrenseröffnung« den Zeitpunkt, in dem die Entscheidung zur Eröffnung des Insolvenzverfahrens wirksam wird, unabhängig davon, ob die Entscheidung endgültig ist;

(f) »Mitgliedstaat, in dem sich ein Vermögensgegenstand befindet,« im Fall von
  (i) körperlichen Gegenständen den Mitgliedstaat, in dessen Gebiet der Gegenstand belegen ist,
  (ii) Gegenständen oder Rechten, bei denen das Eigentum oder die Rechtsinhaberschaft in ein öffentliches Register einzutragen ist, den Mitgliedstaat, unter dessen Aufsicht das Register geführt wird,
  (iii) Namensaktien den Mitgliedstaat, in dessen Gebiet die Gesellschaft, die die Aktien ausgegeben hat, ihren Sitz hat,
  (iv) Finanzinstrumenten, bei denen die Eigentumsrechte durch einen Registereintrag oder eine Buchung auf einem von einem oder für einen Intermediär geführten Depotkonto nachgewiesen werden (»Schuldbuchforderungen«), den Mitgliedstaat, in dem das betreffende Register oder Konto geführt wird,
  (v) Guthaben auf Konten bei Kreditinstituten den Mitgliedstaat, der in der internationalen Bankkontonummer (IBAN) angegeben ist,
  (vi) anderen Forderungen gegen Dritte als solchen, die sich auf Vermögenswerte gemäß Ziffer vi beziehen, den Mitgliedstaat, in dessen Gebiet der zur Leistung verpflichtete Dritte den Mittelpunkt seiner hauptsächlichen Interessen im Sinne von Art. 3 Absatz 1 hat;

(g) »Niederlassung« jeden Tätigkeitsort, an dem der Schuldner einer wirtschaftlichen Aktivität von nicht vorübergehender Art nachgeht, die den Einsatz von Personal und Vermögenswerten voraussetzt;

(h) »einheimische Gläubiger« die Gläubiger, deren Forderungen gegen den Schuldner aus dem Betrieb einer Niederlassung in einem anderen Mitgliedstaat als dem entstanden sind, in dem sich der Mittelpunkt der hauptsächlichen Interessen des Schuldners befindet;

(i) »Unternehmensgruppe« eine Anzahl von Unternehmen bestehend aus Mutter- und Tochtergesellschaften;

(j) »Muttergesellschaft« eine Gesellschaft, die
  (i) in einer anderen Gesellschaft (Tochtergesellschaft) über die Mehrheit der Stimmrechte der Aktionäre oder Gesellschafter verfügt oder
  (ii) Aktionär oder Gesellschafter der Tochtergesellschaft ist und das Recht hat,
    aa) die Mehrheit der Mitglieder des Verwaltungs-, Geschäftsführungs- oder Aufsichtsorgans dieser Tochtergesellschaft zu ernennen oder abzuberufen
    oder
    bb) auf der Grundlage eines mit dieser Tochtergesellschaft geschlossenen Vertrags oder einer Bestimmung in deren Satzung einen beherrschenden Einfluss auf diese Tochtergesellschaft auszuüben.

Art. 3 Internationale Zuständigkeit

(1) ¹Für die Eröffnung des Insolvenzverfahrens sind die Gerichte des Mitgliedstaats zuständig, in dessen Gebiet der Schuldner den Mittelpunkt seiner hauptsächlichen Interessen hat. ²Bei Gesellschaften und juristischen Personen wird bis zum Beweis des Gegenteils vermutet, daß der Mittelpunkt ihrer hauptsächlichen Interessen der Ort des satzungsmäßigen Sitzes ist.

(2) ¹Hat der Schuldner den Mittelpunkt seiner hauptsächlichen Interessen im Gebiet eines Mitgliedstaats, so sind die Gerichte eines anderen Mitgliedstaats nur dann zur Eröffnung eines Insolvenzverfahrens befugt, wenn der Schuldner eine Niederlassung im Gebiet dieses anderen Mitgliedstaats hat. ²Die Wirkungen dieses Verfahrens sind auf das im Gebiet dieses letzteren Mitgliedstaats belegene Vermögen des Schuldners beschränkt.

(3) ¹Wird ein Insolvenzverfahren nach Absatz 1 eröffnet, so ist jedes zu einem späteren Zeitpunkt nach Absatz 2 eröffnete Insolvenzverfahren ein Sekundärinsolvenzverfahren. ²Bei diesem Verfahren muß es sich um ein Liquidationsverfahren handeln.

(4) Vor der Eröffnung eines Insolvenzverfahrens nach Absatz 1 kann ein Partikularverfahren nach Absatz 2 nur in den nachstehenden Fällen eröffnet werden:
a) falls die Eröffnung eines Insolvenzverfahrens nach Absatz 1 angesichts der Bedingungen, die in den Rechtsvorschriften des Mitgliedstaats vorgesehen sind, in dem der Schuldner den Mittelpunkt seiner hauptsächlichen Interessen hat, nicht möglich ist;
b) falls die Eröffnung des Partikularverfahrens von einem Gläubiger beantragt wird, der seinen Wohnsitz, gewöhnlichen Aufenthalt oder Sitz in dem Mitgliedstaat hat, in dem sich die betreffende Niederlassung befindet, oder dessen Forderung auf einer sich aus dem Betrieb dieser Niederlassung ergebenden Verbindlichkeit beruht.

→ vgl. §§ 343, 354, 356 InsO

Übersicht

	Rdn.
A. Normzweck	1
B. Norminhalt	2
I. Hauptinsolvenzverfahren (Abs. 1)	2
1. Mittelpunkt der hauptsächlichen Interessen (COMI)	2
a) Ausgangspunkt	2
b) Gesellschaften/juristische Personen	6
aa) Vermutungstatbestand	6
bb) Konzernsachverhalte	7
cc) Bestimmung des COMI	8
(1) Zentrale Verwaltung	9
(2) Operative Tätigkeit	10
(3) Stellungnahme und »Eurofood«	11
c) Kaufleute/Unternehmer/Freiberufler	18
d) Verbraucher	19
2. Kompetenzkonflikte	21
a) Kollidierende Entscheidungen (Ausgangslage)	21
b) Prioritätsgrundsatz (Rechtssicherheit)	22
c) Innerstaatlicher Rechtsweg (Rechtsrichtigkeit)	26
d) Durchführungsbestimmungen zur EuInsVO	27
3. Sonderprobleme	29
a) Verlegung des COMI nach Insolvenzantragstellung	29
b) Verlegung des COMI bei mehreren Insolvenzanträgen	30
c) Einstellung des Geschäftsbetriebs vor Insolvenzantragstellung	32
d) Anwendung des Art. 3 auf insolvenznahe Verfahren?	37
e) Phänomen »forum shopping«	38
II. Territorialinsolvenzverfahren (Abs. 2)	42
1. Sekundärinsolvenzverfahren (Abs. 3)	43
2. Partikularinsolvenzverfahren (Abs. 4)	44
a) Überschuldung	51
b) (Drohende) Zahlungsunfähigkeit	52
C. Verfahrensfragen	54
I. Gerichtliche Entscheidung	54
1. Amtsermittlungspflicht	54
2. Bindung an Art. 16	58
3. Begründung der Entscheidung	60
4. Internationale Verweisung	62
5. Rechtsmittel	63
II. Sachverständiger/Insolvenzverwalter	65
III. Beratungspraxis	69
D. Rechtsprechung (Auswahl)	73
I. »ISA/Daisytek«	74
II. »Vierländer Bau Union Ltd.«	75
III. »Enron Directo Sociedad Limitada«	76
IV. »Crisscross Telecommunications Group«	77
V. »BRAC-Budget«	78
VI. »Ci4net. com Inc.«	79
VII. »Parmalat/Eurofood«	80
VIII. Urteil des EuGH vom 02.05.2006 – »Eurofood«	81
IX. »EMBIC«	82
X. »Hettlage«	83
XI. »HUKLA«	84
XII. High Court London/Handelsgericht Wien	85
XIII. »Automold«	86
XIV. »Aircraft«	87
XV. »Collins & Aikman«	88
XVI. »Rover«	89
XVII. »EMTEC«	90
XVIII. »Eurotunnel«	91
XIX. »Hans Brochier«	92
XX. »PIN-Holding«	93
XXI. »Deko Marty«	94
XXII. »Interedil«	95
E. Vorschlag der Kommission zur Reform der EuInsVO	96

Art. 3 EuInsVO Internationale Zuständigkeit

A. Normzweck

1 Art. 3 regelt die internationale Zuständigkeit für die Eröffnung eines Insolvenzverfahrens. Die örtliche Zuständigkeit richtet sich dagegen nach nationalem Recht (vgl. Art. 102 § 1 Rdn. 2). Die Bedeutung des Art. 3 geht jedoch über die Regelung der internationalen Zuständigkeit hinaus, insb. ist der »Staat der Verfahrenseröffnung« auch kollisionsrechtliches Anknüpfungsmoment (dazu Art. 4 Rdn. 2).

B. Norminhalt

I. Hauptinsolvenzverfahren (Abs. 1)

1. Mittelpunkt der hauptsächlichen Interessen (COMI)

a) Ausgangspunkt

2 Für alle »Schuldnerkategorien« (Verbraucher, Kaufleute, Gesellschaften, juristische Personen) ist Abs. 1 Satz 1 Ausgangspunkt der Bestimmung der internationalen Zuständigkeit für die Eröffnung eines Hauptinsolvenzverfahrens: Das Insolvenzverfahren ist am Mittelpunkt der hauptsächlichen Interessen des Schuldners (in der englischen Fassung: »center of main interests«, deshalb im Folgenden kurz: COMI) zu eröffnen. Die COMI-Anknüpfung ist eine »Neuschöpfung« der EuInsVO (als Anknüpfungsmoment findet sich das COMI nunmehr auch im Internationalen Insolvenzrecht des Chapter 15 des U.S. Bankruptcy Code in Umsetzung des UNCITRAL-Modellgesetzes, s. § 1502[4], vgl. J. Schmidt, ZIP 2007, 405). Der COMI-Begriff hat eine autonome Bedeutung und muss deshalb europaweit einheitlich und unabhängig von nationalen Rechtsvorschriften ausgelegt werden (EuGH, ZInsO 2006, 484 – Eurofood [Tz. 31]). Eine Legaldefinition des Begriffs COMI enthält die Verordnung nicht. Nach der Systematik der Verordnung – und auch denklogisch – kann es jedenfalls aber nur einen *Mittelpunkt* der hauptsächlichen Interessen geben, selbst wenn der Schuldner an mehreren Orten tätig ist. I. Ü. ist weitgehend unklar (und Streitgegenstand, dazu Rdn. 8 ff.), wo dieses *eine* COMI des Schuldners zu verorten ist.

3 Einigkeit herrscht aber insoweit, als der Begriff des »Interesses« weit zu verstehen sein soll. Gemeint sind alle wirtschaftlichen Tätigkeiten, auch von Privatpersonen (vgl. Virgós/Schmit, Erläuternder Bericht, Nr. 75).

4 Erwägungsgrund 13 weist darauf hin, dass das COMI an dem Ort zu finden ist, »an dem der Schuldner gewöhnlich der Verwaltung seiner Interessen nachgeht und damit für Dritte feststellbar ist«. Aus diesem Hinweis leitet der EuGH (ZInsO 2006, 484 – Eurofood [Tz. 33]) ab, dass das COMI nach objektiven und zugleich für Dritte feststellbaren Kriterien zu bestimmen ist. Dies dient der Rechtssicherheit und der Vorhersehbarkeit, die umso wichtiger sind, als die Bestimmung des zuständigen Gerichts nach Art. 4 Abs. 1 EuInsVO die Bestimmung des anwendbaren Rechts nach sich zieht. Im Ergebnis soll die COMI-Anknüpfung dem spezifischen Risiko des Gläubigers Rechnung tragen, sich im Fall der Insolvenz auf Gericht und Recht des Ortes einlassen zu müssen, an welchem der Schuldner für den Gläubiger erkennbar üblicherweise wirtschaftlich tätig ist (Insolvenz als kalkuliertes Risiko). Der EuGH hat damit zumindest mittelbar auch die **Missbrauchsanfälligkeit** der Anknüpfungsmomente im Blick, die ein Abstellen auf rein interne Momente der zentralen Verwaltung mit sich bringt. Denn anders als das operative Geschäft kann die Verwaltungskontrolle im Vorfeld eines Insolvenzverfahrens i. d. R. leichter »verlegt« werden. Das erklärte Ziel des Verordnungsgebers, das Funktionieren des Binnenmarktes durch effiziente Abwicklung grenzüberschreitender Insolvenzen zu fördern (Erwägungsgrund 2) und das sog. *forum shopping* zu verhindern (Erwägungsgrund 4), stellen insoweit weitere gewichtige Argumente dafür dar, das COMI nach objektiven und zugleich für Dritte feststellbaren Kriterien zu bestimmen.

5 Zur Entscheidung des EuGH ist i. Ü. kritisch anzumerken, dass sie weder den Kreis maßgeblicher Dritter noch den Katalog relevanter Indizien näher konkretisiert (ebenso Mankowski, BB 2006, 1753, 1754; noch deutlicher Paulus, NZG 2006, 609, 612: »Man wird vermuten dürfen und müssen, dass die Richter dabei an sich selbst als Entscheider gedacht haben; sie – als Repräsentanten

der ›Dritten‹ – offenbar sind es, die objektive Hinweise bekommen müssen.«; zu den hieraus resultierenden Unklarheiten s. etwa Arrondissementsgericht Amsterdam, ZIP 2007, 492 – »BenQ Holding«; dazu mit Recht krit. EWiR Art. 3 EuInsVO 1/07, 143 [Paulus]; ausf. zu den maßgeblichen Bezugspersonen Paulus Art. 3 Rn. 22 ff.). Richtigerweise dürfte auf die (potenziellen und aktuellen) Gläubiger abzustellen sein. Zu möglichen Kriterien der COMI-Bestimmung vgl. Rdn. 14.

b) Gesellschaften/juristische Personen

aa) Vermutungstatbestand

Bei Gesellschaften und juristischen Personen wird nach Abs. 1 Satz 2 »bis zum Beweis des Gegenteils vermutet«, dass das COMI am Ort des satzungsmäßigen Sitzes zu finden ist. Es handelt sich um eine echte Beweislastumkehr, nicht um eine bloße Zweifelsregelung oder Indizwirkung des satzungsmäßigen Sitzes. Der EuGH (ZInsO 2006, 484 – Eurofood [Tz. 34]) hat betont, dass die Vermutung zugunsten des satzungsmäßigen Sitzes nur widerlegt werde, wenn »objektive und für Dritte feststellbare Elemente belegen, dass in Wirklichkeit die Lage nicht derjenigen entspricht, die die Verortung am genannten satzungsmäßigen Sitz widerspiegeln soll« (zu den aktuellen Reformüberlegungen und der geplanten Präzisierung des Art. 3 im Sinne dieser Rechtsprechung des EuGH unten Rdn. 96 ff.). Dies könne insb. bei einer »Briefkastenfirma« der Fall sein, die im Gebiet des Mitgliedstaates, in dem sich ihr satzungsmäßiger Sitz befinde, keiner Tätigkeit nachgehe (EuGH, ZInsO 2006, 484 – Eurofood [Tz. 35]); so zuvor schon das AG Hamburg, (NZI 2003, 442; dazu EWiR Art. 3 EuInsVO 4/03, 925 [Brenner] im Fall der »Vierländer Bau Union Ltd.« mit dem Hinweis darauf, dass der angebliche Sitz der Schuldnerin in England ersichtlich ein reiner »Briefkasten« sei (dazu Rdn. 75). 6

In der Rechtssache »Interedil« präzisiert der EuGH (Urt. v. 20.10.2011 – Rs. C-396/09 [»Interedil«], ZIP 2011, 2153 = NZI 2011, 990 m. Anm. Mankowski) die Vorgaben aus seiner Eurofood-Entscheidung dahin gehend, dass er eine »Gesamtbetrachtung« für maßgeblich erachtet. Damit ist zugleich gesagt, dass kein Kriterium per se unbeachtlich ist. Der EuGH gibt den in Betracht zu ziehenden Kriterien aber eine Hierarchie und stärkt dabei der Vermutungswirkung des satzungsmäßigen Sitzes nach Abs. 1 Satz 2 zugleich den Rücken: »Wenn sich die Verwaltungs- und Kontrollorgane einer Gesellschaft am Ort ihres satzungsmäßigen Sitzes befinden und die Verwaltungsentscheidungen der Gesellschaft in durch Dritte feststellbarer Weise an diesem Ort getroffen werden, lässt sich die in dieser Vorschrift aufgestellte Vermutung nicht widerlegen.« Erst wenn dies nicht der Fall sein sollte, kann dem Vorhandensein von Gesellschaftsaktiva und das Bestehen von Verträgen über deren finanzielle Nutzung in einem anderen Mitgliedstaat als dem des satzungsmäßigen Sitzes im Rahmen einer Gesamtbetrachtung eine Bedeutung zukommen (zu den Kriterien zur Bestimmung des COMI siehe Rdn. 8 ff.); zu den Verfahrensfragen unten Rdn. 54.

bb) Konzernsachverhalte

Besondere Regelungen für Konzerninsolvenzen sucht man in der EuInsVO vergebens (vgl. auch Art. 1 Rdn. 5, Art. 2 Rdn. 7; zu den Reformüberlegungen unten Rdn. 98; sowie Art. 1 Rdn. 10 ff.). Im Ergebnis muss das Phänomen Konzern daher mit den allgemeinen Regelungen gelöst werden. Wie im deutschen Recht gilt auch nach der EuInsVO der Grundsatz »eine Person, ein Vermögen, ein Verfahren«. Mit Blick auf die Zuständigkeit ist deshalb zumindest im Ausgangspunkt stets nach dem COMI jedes einzelnen Rechtsträgers zu fragen, sei er auch Teil einer Unternehmensgruppe. Der EuGH hat diesen strikten Ausgangspunkt der Zuständigkeitsbestimmung in der Rechtssache »Rastelli« bestätigt, in der es um die Erstreckung der Wirkungen eines bereits eröffneten Insolvenzverfahrens auf eine andere Gesellschaft wegen Vermögensvermischung nach einer nationalen Vorschrift ging (EuGH, Urt. v. 15.12.2011 – C-191/10 [»Rastelli«], NZI 2012, 148 m. Anm. Mankowski; dazu EWiR Art. 3 EuInsVO 2/12, 87 [Paulus]). Der EuGH entschied, dass eine solche nationale Regelung nur dann zur Anwendung gelangen kann, wenn beide Gesellschaften ihren Mittelpunkt der hauptsächlichen Interessen in dem Mitgliedstaat haben, dessen nationales Recht eine 7 solche Konsolidierung wegen Vermögensvermischung vorsieht. Ansonsten drohe das europäische System des Zuständigkeits- und Kollisionsrechts durch nationale Regelungen umgangen zu werden.

In der Praxis haben allerdings zahlreiche Gerichte insb. in Konzernkonstellationen die Vermutung nach Abs. 1 Satz 2 als widerlegt angesehen, z. B. »ISA/Daisytek« (Rdn. 74), »Enron Directo« (Rdn. 76), »Crisscross« (Rdn. 77), »BRAC-Budget« (Rdn. 78), »Ci4net« (Rdn. 79), »Eurofood« (Rdn. 80), »Hettlage« (Rdn. 83), »HUKLA« (Rdn. 84), »Automold« (Rdn. 86), »Collins & Aikman« (Rdn. 88), »Rover« (Rdn. 89).

cc) Bestimmung des COMI

8 Eine Auswertung der Rspr. (vgl. Rdn. 73 ff.) ergibt, dass sich mit Blick auf die Bestimmung des COMI bisher zwei Grundströmungen erkennen lassen – ohne dass jede Entscheidung insofern eindeutig zugeordnet werden kann. In jüngeren Entscheidungen werden zudem Elemente beider Ansätze zunehmend kombiniert (zu dieser »**Kombinationslösung**« vgl. z. B. »EMTEC«, Rdn. 90; MK/BGB-Kindler Art. 3 Rn. 21).

(1) Zentrale Verwaltung

9 Auf der einen Seite steht die insb. im englischen Schrifttum (Moss/Fletcher/Isaacs, EC Regulation on Insolvency Proceedings, S. 169) und von englischen Gerichten vertretene Auffassung. Danach ist auf den Ort der zentralen Verwaltungsfunktionen (»*head office functions*«) oder der strategischen Unternehmensleitung (»*mind of management*«) abzustellen, der im Fall der Konzerninsolvenz häufig einheitlich am Sitz der Muttergesellschaft zu finden ist (z. B. »ISA I«, »Enron Directo«, »Crisscross«, vgl. auch »Eurofood II«). Unter Zuhilfenahme dieses Ansatzes haben mittlerweile allerdings auch kontinentaleuropäische Gerichte ihre Zuständigkeit bejaht (vgl. »HUKLA«, »Hettlage I«, »Parmalat Deutschland«; vgl. i. Ü. auch AG Siegen, NZI 2004, 673 – »Zenith«; zust. für »zentral geführte« Konzerne auch Paulus Art. 3 Rn. 30 ff.). Dieser Ansatz befindet sich seit der Entscheidung des EuGH in der Rechtssache »Eurofood« – zumindest in seiner »Reinform« – auf dem Rückzug (vgl. zu dieser Tendenz [auch] englischer Gerichte High Court [2009] EWHC 1441 [Ch] = ZIP 2009, 1776; dazu EWiR Art. 3 EuInsVO 4/09, 571 [J. Schmidt]; ausf. dazu Rdn. 11 ff.).

(2) Operative Tätigkeit

10 Auf der anderen Seite steht der stärker auf das operative Geschäft ausgerichtete, auch als »*business activity*« bezeichnete Ansatz. Diese Auffassung stellt nicht auf gesellschafts- bzw. konzerninterne Gegebenheiten, sondern auf für die Gläubiger erkennbare, äußere Umstände ab. Sie wird von der ganz herrschenden Meinung im deutschen Schrifttum getragen (vgl. MK-Reinhart Art. 3 Rn. 31 ff. m. w. N.; Weller ZHR [169] 2005, 570, 581) und hat auch in einigen Entscheidungen Zuspruch gefunden (»EMBIC«; »Vierländer Bau Union Ltd.«; vgl. auch »AirCraft International Limited« ZIP 2005, 1611; zur Rechtsprechungsentwicklung ausführ. auch MK-Reinhart Art. 3 Rn. 21 ff.).

(3) Stellungnahme und »Eurofood«

11 Die Entscheidung des EuGH in der Rechtssache »Eurofood« (ZInsO 2006, 484) muss – zumindest *in thesi* – als Zäsur in der Debatte um die Art und Weise der Bestimmung des COMI verstanden werden.

12 Der **EuGH** fordert hier im Ausgangspunkt, dass sich das COMI aus »objektive[n] und für Dritte feststellbare[n] Elemente[n]« ergeben müsse (dazu schon oben Rdn. 10). Das Urteil weist damit in Richtung des »*business activity*«-Ansatzes.

13 Die Aussagekraft der Entscheidung des EuGH wird aber von einigen Stimmen im Schrifttum insoweit überspannt, als ihr eine »deutliche Absage« an den »*mind of management*«-Ansatz entnommen werden können soll (so etwa MK-Reinhart Art. 3 Rn. 30). In den Gründen (EuGH, ZInsO 2006, 484 – »Eurofood« [Tz. 36]) heißt es nämlich mit Blick auf eine Gesellschaft, die ihrer Tätigkeit im

Gebiet des Mitgliedstaates, in dem sie ihren satzungsmäßigen Sitz hat, nachgeht, dass »die Tatsache allein, dass ihre wirtschaftlichen Entscheidungen von einer Muttergesellschaft mit Sitz in einem anderen Mitgliedstaat kontrolliert werden oder kontrolliert werden können, nicht aus[reicht], um die mit der Verordnung aufgestellte Vermutung zu entkräften«. Im Umkehrschluss heißt das aber, dass in dem Fall, in dem für Dritte erkennbare Umstände hinzukommen, die internen Anknüpfungsmomente mithin nicht mehr »allein« stehen, die Vermutungswirkung sehr wohl noch zu widerlegen ist (Paulus, NZI 2006, 609, 612; vgl. auch Taylor, Further Into the Fog – Some Thoughts on the European Court of Justice Decision in the Eurofood Case, EIR Case Law-Alert No. 10 III/2006, S. 25, 29; Moss, Asking the Right Questions – Highs and Lows in the ECJ Judgment in Eurofood, [2006] 19 Insolvency Intelligence 97, 100). Im Ergebnis dürfte daher nur ein *ausschließliches* Abstellen auf gesellschafts- bzw. konzerninterne Indizien unzulässig sein (prägnant fasst Mankowski [BB 2006, 1755] zusammen: »Den mind of management-Ansatz in seiner reinen Form zu verwerfen ist nicht gleichbedeutend damit, einen echten business activities-Ansatz zu verwirklichen« und kommt zu dem Schluss: »Rover hätte auch nach Eurofood Bestand«).

13a Auch der EuGH hatte in der Rechtssache »Interedil« mittlerweile Gelegenheit, seine Vorgaben aus der Entscheidung »Eurofood« zu präzisieren und hier eine »Gesamtbetrachtung« für maßgeblich erachtet (EuGH, Urt. v. 20.10.2011 – Rs. C-396/09 [»Interedil«], ZIP 2011, 2153 = NZI 2011, 990 m. Anm. Mankowski). Damit ist zugleich gesagt, dass kein Kriterium per se unbeachtlich ist. Der EuGH gibt den in Betracht zu ziehenden Kriterien aber eine Hierarchie und stärkt der Vermutungswirkung des satzungsmäßigen Sitzes nach Abs. 1 Satz 2 dabei zugleich den Rücken (dazu Rdn. 6). Die Umstände, dass sich die Verwaltungs- und Kontrollorgane einer Gesellschaft am Ort ihres satzungsmäßigen Sitzes befinden und die Verwaltungsentscheidungen der Gesellschaft in durch Dritte feststellbarer Weise an diesem Ort getroffen werden, sollen sich hiernach stets gegen andere Kriterien durchsetzen. Es kommt demnach auf das Vorhandensein von Gesellschaftsaktiva und das Bestehen von Verträgen über deren finanzielle Nutzung in einem anderen Mitgliedstaat als dem des satzungsmäßigen Sitzes nur dann an, wenn sich die Verwaltungs- und Kontrollorgane einer Gesellschaft nicht am Ort ihres satzungsmäßigen Sitzes befinden (für einen Fall, in dem das Insolvenzverfahren über das Vermögen einer Zwischenholding nicht an deren satzungsmäßigen Sitz, sondern am Sitz der Tochtergesellschaft eröffnet wurde, weil die Zwischenholding nur Anteile an der Tochtergesellschaft hielt, die geschäftliche Korrespondenz aber über die Adresse der Tochtergesellschaft abgewickelt wurde und der Geschäftsführer der Zwischenholding auch sein Büro unter der Adresse der Tochtergesellschaft unterhielt, s. AG Mönchengladbach, ZInsO 2011, 1752; dazu EWiR Art. 3 EuInsVO 1/12, 21 [Mankowski]).

14 Unabhängig von der Frage, ob und in welchem Umfang Elemente des *»mind of management«* – zumindest wenn diese für Dritte erkennbar sind – berücksichtigt werden können, sind sie in der Praxis im Rahmen der anzustellenden Gesamtbetrachtung neben den Kriterien nach dem *»business activity«*-Ansatz zur Bestimmung des COMI aufzubereiten. Insb. kommt es bei der Bestimmung des COMI daher auf folgende, nach außen erkennbare Kriterien an (vgl. auch Herchen, ZInsO 2004, 825; Kübler FS Gerhardt, S. 555 f.; Wimmer, ZInsO 2005, 119, 121):
– Ort der Willensbildung der Verwaltungs- und Kontrollorgane einer Gesellschaft (unter dem Vorbehalt seiner Erkennbarkeit für Dritte),
– Geschäftsräume, Produktionsstätten, Warenlager,
– Einsatzort der Mitarbeiter,
– Geschäftskonten für den Zahlungsverkehr mit Gläubigern,
– Rechtswahl der Vertragsbeziehungen mit Gläubigern.

14a Bemerkenswert ist auch die Umsetzung der Eurofood-Vorgaben durch den High Court in der Rechtssache »Hellas II« ([2009] EWHC 3199 [Ch]; dazu und zum Folgenden EWiR Art. 3 EuInsVO 1/10, 563 [Knof]). Zunächst befindet sich der High Court noch ganz »auf Linie« mit der Rechtsprechung des EuGH, wenn er betont, dass die Vermutung nach Art. 3 Abs. 1 Satz 2, dass der Mittelpunkt der hauptsächlichen Interessen der Ort des satzungsmäßigen Sitzes ist, nur durch objektive und für Dritte feststellbare Elemente widerlegt werden kann. Neu ist aber, dass der High Court sodann kein reines retrospektives Verständnis zugrunde legt, sondern auch dem Umstand, dass die Restrukturierungsbemühungen *gegenwärtig* in London stattfänden, Gewicht bei der Bestimmung des Interessenmittelpunkts beigemessen und im Ergebnis den Mittelpunkt ebendort in London verortet hat.

Mit einer ähnlichen Tendenz weist GA Kokott in ihren Schlussanträgen in der Rechtssache »Interedil« (zu den Schlussanträgen ZIP 2011, 918; dazu EWiR Art. 3 EuInsVO 2/11, 345 [J. Schmidt]) darauf hin [Tz. 71], dass auch die i. R. d. Abwicklung einer Gesellschaft vorgenommenen Rechtsgeschäfte und Handlungen grds. für die Bestimmung des Mittelpunkts der hauptsächlichen Interessen einer Gesellschaft relevant sind, wobei in dem konkret betrachteten Fall die Abwicklungstätigkeit erst nach einer Sitzverlegung von Italien, dem Ort der werbenden Tätigkeit, nach England aufgenommen worden ist. Schließlich sei auch der Wegzug einer Gesellschaft in einen anderen Mitgliedstaat, um sich dort abzuwickeln, von den unionsrechtlichen Grundfreiheiten umfasst (die Frage einer potenziellen Rechtsmissbräuchlichkeit einer solchen Verlegung übersieht auch GA Kokott nicht und weist in Tz. 72 darauf hin, dass die Verlegung »interessante Fragen im Spannungsfeld zwischen den Grundfreiheiten der Schuldner einerseits sowie dem Gläubigerschutz und der im vierten Erwägungsgrund der Verordnung angesprochenen Vermeidung des Forumshopping andererseits« aufwirft, diese Fragen aber nicht Gegenstand des Ersuchens des Tribunale di Bari gewesen seien). Erforderlich sei freilich, dass die Verwaltung dieser Abwicklungstätigkeit in nach außen erkennbarer Weise vom neuen Satzungssitz aus vorgenommen wird. Der EuGH bestätigte insoweit in seinem Urteil in der Rechtssache »Interedil« lediglich, dass auch in dem Fall, in dem der satzungsmäßige Sitz einer Schuldnergesellschaft verlegt wird, bevor ein Antrag auf Eröffnung eines Insolvenzverfahrens gestellt wird, nach Abs. 1 Satz 2 vermutet wird, dass sich der Mittelpunkt der hauptsächlichen Interessen dieser Gesellschaft am Ort ihres neuen satzungsmäßigen Sitzes befindet (EuGH, Urt. v. 20.10.2011 – Rs. C-396/09 [»Interedil«], ZIP 2011, 2153 = NZI 2011, 990 m. Anm. Mankowski; zu dem Sonderproblem der Einstellung des Geschäftsbetriebs vor Insolvenzantragstellung s. Rdn. 32 ff.).

15 Ferner kann die Bestimmung des COMI im Einzelfall schwierig sein, wenn die genannten Kriterien an mehreren Standorten zutreffen. Dann muss eine »**Schwerpunktbildung**« versucht werden, um nach Möglichkeit ein »Doppel-COMI« (prägnant Herchen, ZIP 2005, 1401) zu vermeiden.

16 Auch scheint der **Trend zur Bejahung eines »Konzerngerichtsstands« für Mutter- und Tochtergesellschaften** auch nach der »Eurofood«-Entscheidung ungebrochen, wenn man sich die ersten Entscheidungen der Ära nach »Eurofood« ansieht. Ebenso wie in Deutschland unter extensiver Auslegung des § 3 InsO bei nationalen Konzerninsolvenzen *de facto* ein »Konzerngerichtsstand« für Mutter- und Tochtergesellschaften begründet wird (s. vor allem AG Köln, ZInsO 2008, 215 – »PIN«; dazu EWiR § 3 InsO 2/08, 595 [K. Müller]); ferner die Kontroverse zwischen Knof/Mock, ZInsO 2008, 253; dies. ZInsO 2008, 499 und Frind, ZInsO 2008, 263; ders. ZInsO 2008, 614), wird ein solcher Gerichtsstand in der europäischen Praxis trotz der vorgenannten Entscheidungen des EuGH auch künftig über die Widerlegung der Vermutung des Abs. 1 Satz 2 erreicht (so früh schon Paulus Art. 3 Rn. 30 ff. m. w. N.), indem Art. 3 in der Weise ausgelegt wird, dass auch eine konzernweite Sanierungstätigkeit das hauptsächliche Interesse des Schuldners begründen kann, sodass es weniger auf eine Erkennbarkeit bestimmter Umstände in der Vergangenheit ankommt als auf eine Erkennbarkeit bestimmter Umstände in der Gegenwart (vgl. AG Köln, ZInsO 2008, 215 – »PIN I« [reiner Binnensachverhalt]; dazu EWiR § 3 InsO 2/08, 595 [K. Müller]; AG Köln, ZInsO 2008, 388 – »PIN II« [Auslandsbezug]; dazu EWiR Art. 3 EuInsVO 1/08, 531 [Paulus]).

17 Insbesondere das Tribunal de commerce de Paris (Recueil Dalloz 2006 Jurisprudence S. 2329 – »**Eurotunnel**«) hat zur Begründung eines »Konzerngerichtsstands« für Mutter- und Tochtergesellschaften darauf abgehoben, dass alle Konzerngesellschaften für ein »Owning Group Guarantee Agreement« solidarisch haften und die Verhandlungen über die Umstrukturierung der Schulden, von welcher die Fortführung jedes einzelnen Unternehmens der Unternehmensgruppe abhängt, im Wesentlichen in Paris geführt werden. Die Gesamtsanierung des Konzerns entspreche gewissermaßen einer *best practice* der Insolvenzverwaltung (»*bonne administration de la justice*«) und ent-

spreche i. Ü. auch dem Ziel der EuInsVO, effiziente, grenzüberschreitende Insolvenzverfahren zu ermöglichen, selbst wenn sie keine ausdrücklichen Regelungen für die Konzerninsolvenz vorsehe (»Que, si le règlement européen ne traite pas des groupes de sociétés présentes dans plusieurs Etats membres, désormais nombreux dans l'espace unifié européen, il vise à une administration efficace et homogène de la justice partout où il s'applique.«; zust. Dammann/Podeur, L'affaire Eurotunnel, première application du règlement CE n° 1346-2000 à la procédure de sauvegarde, Recueil Dalloz 2006, Jurisprudence S. 2329). Dass eine derart **koordinierte Abwicklung einer Konzerninsolvenz** im Einzelfall zu erheblichen Vorteilen für die Gläubiger führen kann, soll hier nicht bestritten werden, zumal dieses Prozedere auch einigen nationalen Verfahrensweisen entspricht. Die dringend erforderliche Rechtssicherheit dürfte sich jedoch wohl erst dann einstellen, »wenn europäische Rechtsvorschriften für Unternehmenszusammenschlüsse ausgearbeitet werden« (Virgós/Schmit, Erläuternder Bericht, Nr. 76; vgl. hierzu auch Paulus, ZIP 2005, 1948; Adam/Poertzgen, ZInsO 2008, 281 [Teil 1], 347 [Teil 2]; zu entsprechenden Überlegungen im deutschen Recht Hirte, ZIP 2008, 444; Westpfahl/Janjuah, ZIP 2008, 1, 4).

c) Kaufleute/Unternehmer/Freiberufler

Das COMI einer natürlichen Person ist zwar nicht *per se* mit dem COMI einer Gesellschaft, deren Geschäfte sie führt, identisch (vgl. High Court of Justice London NZI 2007, 361 – »Stojevic«; dazu EWiR Art. 3 EuInsVO 5/07, 463 [Mankowski]). Als feststellbares Kriterium, welches Rechtssicherheit und Vorhersehbarkeit bei der Bestimmung des für die Eröffnung des Hauptinsolvenzverfahrens zuständigen Gerichts garantiert, ist nach gesicherter Rechtsauffassung bei Kaufleuten, Gewerbetreibenden oder Selbstständigen jedoch an die wirtschaftliche oder gewerbliche Tätigkeit des Schuldners anzuknüpfen (BGH, ZInsO 2009, 1955 [Tz. 3]; zuvor bereits BGH, ZInsO 2007, 440 [Tz. 14] m. w. N.; dazu EWiR § 14 InsO 1/07, 599 [Pape]; ebenso für die besondere Konstellation des Nachlassinsolvenzverfahrens, s. AG Köln, ZIP 2011, 631; zum Ganzen auch Hergenröder, DZWIR 2009, 309, 314). Das COMI fällt für Gewerbetreibende oder Freiberufler demnach häufig mit dem Ort der gewerblichen Niederlassung oder dem Sitz der Praxis zusammen (Carstens, Die internationale Zuständigkeit im europäischen Insolvenzrecht, S. 52; Paulus Art. 3 Rn. 25); zu den Voraussetzungen der für die Eröffnung eines Sekundärinsolvenzverfahrens gem. Art. 3 Abs. 2, 27 erforderliche Niederlassung s. Art. 2 Rdn. 6.

Macht die Vollbeendigung der selbstständigen oder freiberuflichen Tätigkeit des Schuldners Abwicklungsmaßnahmen erforderlich, denen notwendigerweise auch Außenwirkung zukommt, ist dies bei der Bestimmung des COMI zu berücksichtigen (BGH, Beschl. v. 17.09.2009 – IX ZB 81/09; BGH Beschl. v. 06.10.2011 – IX ZB 249/10). Allein noch ausstehende Schuldentilgung stellt keine hinreichende Abwicklungsmaßnahme dar (BGH, Beschl. v. 08.10.2009 – IX ZB 83/09). Dagegen kann Immobilienvermögen als Indiz zu berücksichtigen sein (BGH, ZInsO 2007, 440 [Tz. 15]).

d) Verbraucher

Bei Verbrauchern wird als COMI der **Wohnsitz** angesehen (Virgós/Schmit, Erläuternder Bericht, Nr. 75; vgl. auch AG Celle, ZInsO 2005, 895 m. Anm. Knof ZInsO 2005, 1017) oder aufgrund der schwierigen Wohnsitzbestimmung auf den **gewöhnlichen Aufenthalt** abgestellt (LG Göttingen, ZInsO 2007, 1358; AG Köln, NZI 2009, 133; AG Hildesheim, ZInsO 2009, 1544; zum Ganzen MK-Reinhart Art. 3 Rn. 40 ff. m. w. N.).

Richtigerweise sollte zur Ausfüllung der Anknüpfungsmomente für das COMI aber nicht auf die jeweilige *lex fori* des Eröffnungsstaates zurückgegriffen werden (z. B. für das deutsche Recht die Normenkette der §§ 3, 4 InsO i. V. m. § 13 ZPO unter Verweis auf den Wohnsitzbegriff der §§ 7 bis 11 BGB), weil sonst eine erhebliche Rechtsunsicherheit durch Rechtszersplitterung droht. Vorzugswürdig ist eine **autonome Begriffsbestimmung**, nach welcher der Schwerpunkt der sozialen Integration des Schuldners an einem Ort maßgeblich ist (dazu Knof, ZInsO 2005, 1017; MK-Reinhart Art. 3 Rn. 43); objektive Indizien hierfür: Intensität der familiären oder beruflichen Bindung, Absolvieren einer Schul- oder Berufsausbildung, Kenntnisse der Sprache, Anmieten oder Kaufen eines

Art. 3 EuInsVO Internationale Zuständigkeit

Hauses oder einer Wohnung, Dauer des Aufenthalts – diese tatsächlichen Anknüpfungsmomente sind »träge« und nicht von heute auf morgen »gestaltbar« (vgl. Konstellation AG Hamburg, ZInsO 2006, 1006 = NZI 2006, 652 m. Anm. Klöhn, in der ein Wohnsitzwechsel selbst nach 2 Jahren keine Verlagerung des COMI des Schuldners bewirkt hat; das COMI einer natürlichen Person ändert sich auch nicht etwa dadurch, dass der Schuldner in einem anderen Mitgliedstaat in Untersuchungshaft genommen wurde, vgl. BGH, NZI 2008, 121). Die internationale Zuständigkeit des deutschen Insolvenzgerichts ist, auch wenn sich der Schuldner auf einen Wohnsitz im Ausland beruft, daher begründet, wenn sich dieser nach den eben genannten Kriterien als Scheinwohnsitz erweist (zu bestimmten Indizien, die für einen Scheinwohnsitz sprechen AG Mannheim, Beschl. v. 05.11.2008 – 1 IN 244/08). Das OLG Düsseldorf (Urt. v. 23.08.2013 – 22 U 37/13) betont, dass die angebliche Verlegung des Wohnsitzes bzw. des COMI nach drohender bzw. eingetretener Insolvenzreife »regelmäßig indiziell suspekt« sei. Es bedürfe zur Entkräftung solcher Indizien für einen Rechtsmissbrauch der Darlegung nachvollziehbarer Gründe, weshalb der Insolvenzschuldner seinen Wohnsitz bzw. Interessenmittelpunkt verlegt haben will, warum er sich dafür einen anderen Mitgliedsstaat ausgesucht hat und ob er zuvor bereits dorthin (persönliche und/oder berufliche) Kontakte hatte sowie ähnlicher besonderer Umstände. Da es sich bei den für die Feststellung des COMI maßgeblichen Anschlusstatsachen um objektive und subjektive Umstände aus der höchstpersönlichen Sphäre des Klägers als Schuldners handelt, treffe ihn insoweit – zumindest – die sekundäre Darlegungslast.

Eine andere Gewichtung der eben genannten Indizien ist bei Ausübung einer gewerblichen oder freiberuflichen Tätigkeit angezeigt (dazu Rdn. 18).

2. Kompetenzkonflikte

a) Kollidierende Entscheidungen (Ausgangslage)

21 Die vom Verordnungsgeber offenbar arglos vorausgesetzte »notwendigerweise einheitliche« Bestimmung der Zuständigkeit (Virgós/Schmit, Erläuternder Bericht, Nr. 79) kann letztlich nur der EuGH herbeiführen. In seinen Entscheidungen in Sachen Eurofood (ZInsO 2006, 484; hierzu Rdn. 81) und Staubitz-Schreiber (ZInsO 2006, 86; hierzu Rdn. 29) sowie zuletzt Interedil (ZIP 2011, 2153; hierzu Rdn. 95) hat der EuGH zwar nunmehr wichtige Hinweise zur Auslegung des COMI gegeben; abschließend geklärt ist die Zuständigkeitsfrage damit aber nicht (zu etwaigen Unklarheiten s. etwa Rdn. 8 ff.). Vielmehr wird das COMI in der Entscheidungspraxis nationaler Gerichte (immer noch) nicht einheitlich ausgelegt, sodass es vorkommen kann, dass verschiedene Gerichte im Hinblick auf denselben Schuldner dessen COMI jeweils in ihrem Mitgliedstaat verorten (positiver Kompetenzkonflikt). Im Ergebnis kann das zur **parallelen Eröffnung von zwei Hauptinsolvenzverfahren** mit jeweiligem Hauptinsolvenzverwalter führen (vgl. »ISA/Daisytek«, Rdn. 74, »Eurofood«, Rdn. 80). Das widerspricht klar den Vorgaben der EuInsVO.

b) Prioritätsgrundsatz (Rechtssicherheit)

22 Positive Kompetenzkonflikte werden nach dem **Prioritätsgrundsatz** gelöst, der in Erwägungsgrund 22 genannt ist und sich mittelbar auch aus Art. 3 und Art. 16 ergibt (vgl. EuGH, ZInsO 2006, 484 – Eurofood; bestätigt EuGH, ZIP 2010, 187 – Probud [Tz. 27]; dazu EWiR Art. 25 EuInsVO 1/10, 77 [J. Schmidt]; BGH, ZInsO 2008, 745 [Tz. 30]; dazu EWiR Art. 102 §4 EGInsO 1/09 [Herchen]; zuvor etwa Stadtgericht Prag, ZIP 2005, 1431; dazu Herchen, ZIP 2005, 1401; MK-Reinhart Art. 3 Rn. 58 m. w. N.). Hiernach ist das als erstes wirksam eröffnete Verfahren das Hauptinsolvenzverfahren mit universeller Wirkungserstreckung (s. dazu auch Vorbem. §§ 335 ff. InsO Rdn. 8 f.). Hat ein Mitgliedstaat ein Hauptinsolvenzverfahren eröffnet, muss diese Entscheidung grds. in allen anderen Mitgliedstaaten anerkannt werden (Art. 16). Jedes spätere Insolvenzverfahren kann nur noch als **Sekundärverfahren** eröffnet werden. Entscheidend ist mit dem zuvor Gesagten somit nicht, ob das Gericht den Fall rechtlich und tatsächlich fehlerfrei gewürdigt hat, sondern ausschließlich, ob dieses die Zuständigkeit nach Abs. 1 in Anspruch genommen hat. In der Praxis führt die Lösung etwaiger positiver Kompetenzkonflikte nach dem Prioritätsgrundsatz bisweilen

zu einem »**Wettlauf von Schuldnern, Verwaltern und Gerichten**« um die schnellere Eröffnung des Hauptinsolvenzverfahrens (vgl. Weller, IPRax 2004, 412; Eidenmüller, ZGR 2006, 467).

Jedoch definiert die EuInsVO den **Begriff »Eröffnung eines Insolvenzverfahrens**« nicht hinreichend genau (vgl. Art. 2 Rdn. 4). Klar dürfte nur sein, dass für die Anknüpfung des Prioritätsgrundsatzes der (späte) Zeitpunkt der formalen Rechtskraft der Eröffnungsentscheidung ebenso wenig maßgebend ist wie der (frühe) Zeitpunkt der bloßen Antragstellung (für eine »Rechtshängigkeitssperre mit Antragstellung« plädieren Oberhammer, ZInsO 2004, 761, 763; Knof/Mock, ZIP 2006, 189, 191; Laukemann, RIW 2005, 104, 110). 23

Die Tendenz der Gerichte geht dahin, bereits vorläufige Sicherungsmaßnahmen i. R. d. **Eröffnungsverfahrens** als Eröffnung eines Insolvenzverfahrens i. S. d. EuInsVO zu verstehen und ihnen die Wirkung des Art. 16 EuInsVO beizumessen (krit. Paulus Art. 3 Rn. 12; ders. Insolvency Intelligence 2007, 85). So soll die bloße Einleitung eines vorläufigen Moratoriums niederländischen Rechts *(suséance van betaling)* die Eröffnung eines Insolvenzverfahrens i. S. d. EuInsVO darstellen (Arrondissementsgericht Amsterdam ZIP 2007, 492 – »BenQ Holding«; dazu EWiR Art. 3 EuInsVO 1/07, 143 [Paulus]; ebenso AG München, ZIP 2007, 495 – »BenQ Holding II«; EWiR Art. 2 EuInsVO 1/07, 277 [K. Müller]). Auch nach der Entscheidung des EuGH in der Rechtssache Eurofood (ZInsO 2006, 484 [Tz. 54]) ist als »Eröffnung eines Insolvenzverfahrens« i. S. d. Verordnung nicht nur eine Entscheidung zu verstehen, die in dem für das Gericht, das die Entscheidung erlassen hat, geltenden Recht des Mitgliedstaates förmlich als Eröffnungsentscheidung bezeichnet wird, sondern auch die Entscheidung, die infolge eines auf die Insolvenz des Schuldners gestützten Antrags auf Eröffnung eines in Anhang A der Verordnung genannten Verfahrens ergeht, wenn diese Entscheidung den Vermögensbeschlag gegen den Schuldner zur Folge hat und durch sie ein in Anhang C der Verordnung genannter Verwalter bestellt wird. Ein solcher Vermögensbeschlag bedeutet, dass der Schuldner die Befugnisse zur Verwaltung seines Vermögens verliert. Damit formt der EuGH mit Blick auf Art. 1 einen autonomen Systembegriff (dazu ausführl. Reinhart, NZI 2009, 73). Unter diesen Voraussetzungen soll – so der EuGH – bereits der Zeitpunkt der Antragstellung i. V. m. der Bestellung eines *provisional liquidator* irischen Rechts als Verfahrenseröffnung i. S. d. Art. 16 anzusehen sein (vgl. Rdn. 81). 24

Für die deutsche Praxis ist die Frage der Sperrwirkung der Bestellung eines vorläufigen Insolvenzverwalters nach §§ 21, 22 InsO von zentraler Bedeutung. Ob es hierfür der Bestellung eines »starken« vorläufigen Insolvenzverwalters bedarf (etwa Paulus, NZG 2006, 609, 613; nach OLG Innsbruck, NZI 2008, 700 m. Anm. Mankowski, ist der »starke« vorläufige Verwalter in jedem Fall ausreichend; dazu EWiR Art. 3 EuInsVO 2/08, 653 [Paulus]; ebenso AG Köln, NZI 2009, 133 sowie County Court Croydon, NZI 2009, 136) oder ob die Bestellung eines »schwachen« vorläufigen Insolvenzverwalters mit Zustimmungsvorbehalt genügt (so LG Petra, ZIP 2007, 1875; dazu EWiR Art. 16 EuInsVO 1/07, 563 [Paulus]), ist offen. Der Rechtsanwender hat sich auf eine unterschiedliche Spruchpraxis der mitgliedstaatlichen Gerichte einzustellen, so hat etwa die Cour d'ppel Colmar (ZIP 2010, 1460 [nur Ls.]; krit. dazu EWiR Art. 16 EuInsVO 1/10, 453 [Mankowski]) einer vorläufigen Insolvenzeröffnung nach § 21 Abs. 2 Satz 1 Nr. 2 InsO die Anerkennung als Insolvenzeröffnung i. S. v. Art. 16 EuInsVO in Frankreich mit einem Hinweis auf den fehlenden Kontrollwechsel versagt und lediglich eine Sicherungsmaßnahme i. S. v. Art. 25 EuInsVO angenommen. Mit Blick auf das Kriterium der »Verfügungsbefugnis«, auf das der EuGH rekurriert, spricht einiges dafür, bereits die Bestellung eines »schwachen« vorläufigen Insolvenzverwalters genügen zu lassen. Denn dem Geschäftsführer des Schuldners ist es bereits in diesem Fall nicht mehr möglich, ohne Zustimmung des vorläufigen Insolvenzverwalters über das schuldnerische Vermögen zu verfügen (so auch Herchen, NZI 2006, 435, der zudem auch den Ausnahmefall eines begrenzten Zustimmungsvorbehalts ausreichen lässt; Knof/Mock, ZIP 2006, 911, 912; Pannen Art. 3 Rn. 92; zweifelnd Liersch, NZI 06/2006, S. V); zu der Folgefrage der Reichweite der Befugnisse des vorläufigen Insolvenzverwalters AG Hamburg, ZInsO 2007, 829 sowie Art. 18 Rdn. 3a). 25

c) Innerstaatlicher Rechtsweg (Rechtsrichtigkeit)

26 Die internationale Zuständigkeit des Eröffnungsgerichts ist aufgrund des **Prinzips des gemeinschaftsweiten Vertrauens** in die Gerichte der Mitgliedstaaten *(community trust)* grds. nicht nachzuprüfen (vgl. Erwägungsgrund 22; Virgós/Schmit, Erläuternder Bericht, Nr. 79). Die Anerkennung und Wirkungserstreckung des Verfahrens tritt vielmehr automatisch ein. Insofern impliziert auch der Wortlaut des Art. 16 Abs. 1 (»ein nach Art. 3 zuständiges Gericht«) nichts anderes (abw. EWiR Art. 3 EuInsVO 3/03, 767 [Mankowski]). Eine Korrektur der Eröffnungsentscheidung ist nur durch Beschreiten des in jedem Mitgliedstaat eingerichteten innerstaatlichen Rechtswegs (s. a. Rdn. 63; s. zum Recht auf eine gerichtliche Nachprüfung auch die aktuellen Reformüberlegungen und vor allem den Entwurf eines neuen Art. 3b), ergänzt durch das Vorabentscheidungsverfahren, zu erreichen (allgem. EuGH, Slg. 2000, I-2973 = NJW 2000, 2185 – Renault/Maxicar; ein Bsp. für ein erfolgreiches Beschreiten des innerstaatlichen Rechtsweges liefert der Insolvenzfall Hans Brochier Holdings Ltd., dazu Rdn. 92). Bedauerlicherweise ist das allg. Vorabentscheidungsverfahren nach Art. 234 EGV nicht anwendbar, weil für die auf Grundlage des Art. 65 EGV erlassene EuInsVO nach Art. 68 Abs. 1 EGV nur die letztinstanzlichen Gerichte vorlageberechtigt sind. Bei zeitkritischen Entscheidungen wie Insolvenzeröffnungsbeschlüssen wird dadurch der Rechtsgewinnungsprozess unnötig verzögert (krit. auch Carstens, Die internationale Zuständigkeit im europäischen Insolvenzrecht, S. 44).

d) Durchführungsbestimmungen zur EuInsVO

27 Das deutsche Recht hat die Grundidee der Lösung von positiven Kompetenzkonflikten nach dem Prioritätsprinzip in den **Durchführungsbestimmungen zur EuInsVO nach Art. 102 EGInsO** verwirklicht: Hat das Gericht eines anderen Mitgliedstaates ein Hauptinsolvenzverfahren eröffnet, ist, solange dieses Insolvenzverfahren anhängig ist, ein bei einem inländischen Insolvenzgericht gestellter Antrag auf Eröffnung eines solchen Verfahrens über das zur Insolvenzmasse gehörende Vermögen gem. Art. 102 § 3 Abs. 1 Satz 1 EGInsO unzulässig. Ein entgegen dieser Bestimmung eröffnetes Verfahren darf nach Satz 2 der Vorschrift nicht fortgesetzt werden. Es ist gem. Art. 102 von Amts wegen zugunsten der Gerichte des anderen Mitgliedstaates einzustellen.

28 Nach der Bestimmung des Art. 102 § 4 Abs. 2 Satz 1 EGInsO bleiben **Wirkungen des Insolvenzverfahrens**, die vor dessen Einstellung bereits eingetreten und nicht auf die Dauer dieses Verfahrens beschränkt sind, auch dann bestehen, wenn sie Wirkungen eines in einem anderen Mitgliedstaat der EU eröffneten Insolvenzverfahrens widersprechen, die sich nach der Europäischen Insolvenzverordnung auf das Inland erstrecken. Dies gilt gem. Art. 102 § 4 Abs. 2 Satz 2 EGInsO auch für Rechtshandlungen, die während des eingestellten Verfahrens vom Insolvenzverwalter oder ihm ggü. in Ausübung seines Amtes vorgenommen worden sind. Allerdings nimmt der BGH (ZIP 2008, 1339; dazu EWiR Art. 16 EuInsVO 1/08, 491 [J. Schmidt]) eine **gemeinschaftsrechtskonforme Reduktion des Art. 102 § 4 EGInsO** vor, indem jedenfalls in Fällen, in denen das zweite Insolvenzverfahren im Inland nicht irrtümlich, sondern in Kenntnis des ersten Hauptinsolvenzverfahrens im Ausland eröffnet worden ist, Art. 102 § 4 Abs. 2 EGInsO keine Anwendung finden soll (ausführl. dazu Rdn. 74 a. E.).

3. Sonderprobleme

a) Verlegung des COMI nach Insolvenzantragstellung

29 In seinem ersten Urteil zur EuInsVO v. 17.01.2006 in der Rechtssache Staubitz-Schreiber hat der EuGH (ZInsO 2006, 86; Knof/Mock, ZIP 2006, 189; EWiR Art. 3 EuInsVO 2/06, 141 [Vogl]; Mankowski, NZI 2006, 154; Kindler, IPrax 2006, 154) entschieden, dass eine Verlegung des COMI *nach* Antragstellung, aber *vor* Entscheidung über die Eröffnung des Insolvenzverfahrens unerheblich sei. Für die Bestimmung der Zuständigkeit nach Abs. 1 blieben die Umstände zum Zeitpunkt der Antragstellung maßgeblich *(perpetuatio fori)*. Zur Begründung verwies der EuGH ausdrücklich auf Erwägungsgrund Nr. 4 und das Ziel der EuInsVO, ein *forum shopping* zum Nachteil der Gläu-

biger zu verhindern (ZInsO 2006, 86 [Tz. 25]). Die Gläubiger wären anderenfalls gezwungen, auf den Umzug des Schuldners in einen anderen Mitgliedstaat mit einem neuen Eröffnungsantrag bei den Gerichten dieses anderen Staates zu reagieren. Infolge des Urteils des EuGH hat der BGH mit Beschl. v. 09.02.2006 (ZInsO 2006, 321) die Sache unter Aufhebung auch des erstinstanzlichen Beschlusses zur erneuten Entscheidung an das Insolvenzgericht zurückverwiesen.

b) Verlegung des COMI bei mehreren Insolvenzanträgen

Es stellt sich die weitere Frage, wie zu verfahren ist, wenn mehrere Insolvenzanträge gestellt werden und der Schuldner nach dem ersten Insolvenzantrag seinen Wohnsitz in einen anderen Mitgliedstaat verlegt und der erste Antrag vor der Wohnsitzverlegung, die Folgeanträge hingegen danach gestellt werden. Wird nun der erste Antrag für erledigt erklärt, ist zu klären, ob die einmal begründete Zuständigkeit fortwirkt und durch eine nachträgliche Veränderung der sie begründenden Umstände nicht mehr berührt wird *(perpetuatio fori)*. 30

Der BGH (ZInsO 2006, 431; dazu EWiR Art. 3 EuInsVO 6/06, 397 [Mankowski]) hat in dem Fall einer Münchener Architektin, die nach dem Erstantrag nach Salzburg umgezogen ist, die »Attraktivzuständigkeit« des Erstantrags bejaht: Danach ist das Insolvenzgericht eines Mitgliedstaates auch für Folgeeröffnungsanträge zuständig, die nach der Verlegung des Mittelpunkts der hauptsächlichen Interessen des Schuldners in einem anderen Mitgliedstaat, aber vor rechtskräftiger Erledigung des Erstantrags bei ihm eingehen. So sehr diese Entscheidung auch unter dem Gesichtspunkt der Eindämmung des **forum shoppings** zu begrüßen ist, ist sie dogmatisch nicht haltbar. Die internationale Zuständigkeit nach Art. 3 ist für jeden Eröffnungsantrag isoliert zu beurteilen, sodass im Fall der Architektin das Insolvenzverfahren nach Wegfall des Erstantrags aufgrund der Folgeanträge in Österreich hätte eröffnet werden müssen (vgl. hierzu Knof, ZInsO 2006, 754 u. Mankowski, EWiR 2006, 397, die dem Ergebnis des BGH große Sympathie zollen, die Lösung aber ansonsten aus dogmatischen Gründen ablehnen). Leider ist es versäumt worden, diese Frage im Wege eines Vorabentscheidungsersuchens gem. Art. 234 EGV durch den EuGH gemeinschaftsrechtlich prüfen zu lassen. 31

c) Einstellung des Geschäftsbetriebs vor Insolvenzantragstellung

Problematisch ist, wie sich die Einstellung des Geschäftsbetriebs vor Insolvenzantragstellung auf das COMI auswirkt (vgl. auch AG Hamburg, NZI 2003, 442; vgl. zu dieser Frage auch die Bedeutung der Abwicklungstätigkeit bei gewerblich tätigen natürlichen Personen Rdn. 18 a. E.). 32

▶ **Beispiel:**

> Eine ausschließlich in Deutschland tätige englische limited stellt ihren Geschäftsbetrieb vollständig ein. Zwei Monate später stellen die directors der Gesellschaft Insolvenzantrag bei einem deutschen Insolvenzgericht.

Nach Abs. 1 Satz 2 wäre zunächst zu vermuten, dass die Gesellschaft ihr COMI in England hat. Solange die Gesellschaft in Deutschland operativ tätig war, konnte diese Vermutung einfach widerlegt werden. Nach der Einstellung des Geschäftsbetriebs ist der Mittelpunkt der hauptsächlichen Interessen jedoch weniger eindeutig bestimmbar. Der **Rechtsgedanke der** *perpetuatio fori* (dazu oben Rdn. 29) greift *vor* Antragstellung nicht. Gleichwohl können im Einzelfall gute Gründe dafür sprechen, das COMI »fortwirken« zu lassen. Befinden sich z. B. noch Vermögenswerte im Mitgliedstaat, in dem die Gesellschaft tätig war, oder werden dort noch Abwicklungsarbeiten ausgeführt, so mag sich schon hieraus der Mittelpunkt der hauptsächlichen Interessen ableiten lassen. Für eine Fortwirkung spricht i. Ü. auch der Grundgedanke der EuInsVO, nach dem die rechtlichen Risiken im Insolvenzfall für die Gläubiger vorhersehbar sein müssen (vgl. Erwägungsgrund 13; Virgós/Schmit, Erläuternder Bericht, Nr. 75). Diese Vorhersehbarkeit würde der Schuldner konterkarieren, wenn er durch die Aufgabe des Geschäftsbetriebs das COMI in den Gründungsstaat »zurückverlegen« könnte. 33

34 Anderes dürfte wohl gelten, wenn die Gesellschaft ihren Geschäftsbetrieb vollständig eingestellt hat, keine Abwicklungsarbeiten mehr ausgeführt werden und allenfalls noch Geschäftsunterlagen aufbewahrt werden. Dann könnte die örtliche Zuständigkeit wieder nach dem satzungsmäßigen Sitz bestimmt werden (so die h. M. im nationalen deutschen Insolvenzrecht, vgl. BayObLG, ZInsO 2003, 1142; OLG Hamm, NZI 2000, 220; *de lege ferenda* für eine *anticipatio fori*: Carstens, Die internationale Zuständigkeit im europäischen Insolvenzrecht, S. 124 f.). Das AG Hamburg (ZInsO 2005, 1282; dazu EWiR Art. 3 EuInsVO 3/06, 169 [Herweg/Tschauner]) hat hingegen mutig auch in einem solchen Fall unter Hinweis auf die Rechtssicherheit und den Gläubigerschutz entschieden, dass der vor dem Insolvenzantrag begründete Mittelpunkt bestehen bleibt (ebenso mit anderer Begründung auch Klöhn NZI 2006, 383; ders. KTS 2006, 259). Diese Sicht hat jetzt auch der BGH bestätigt (BGH, ZIP 2012, 139; dazu EWiR Art. 3 EuInsVO 3/12, 175 [Riedemann]). Nach Auffassung des BGH richtet sich die internationale Zuständigkeit für die Eröffnung eines Insolvenzverfahrens über das Vermögen einer Gesellschaft mit Sitz im Ausland, die ihren Geschäftsbetrieb eingestellt hat und nicht abgewickelt wird, danach, wo sie bei Einstellung ihrer Tätigkeit den Mittelpunkt ihrer hauptsächlichen Interessen hatte.

35 In zwei weiteren Fällen hat das AG Hamburg – kontrovers – zur Zuständigkeit in Fällen Stellung bezogen, in denen nach Einstellung des Geschäftsbetriebs noch Abwicklungsarbeiten in einem anderen Mitgliedstaat vorgenommen wurden. Während in dem »Frankreich-Fall« (ZInsO 2006, 559; dazu EWiR Art. 3 EuInsVO 7/06, 433 [Wagner]) die Zuständigkeit am Wohnsitz des Liquidators angenommen und der Vorgang sogar an das französische Insolvenzgericht »verwiesen« wurde (vgl. Rdn. 62), nahm das AG Hamburg in dem »Polen-Fall« (ZInsO 2006, 1006) keinen COMI-Wechsel an, da dieser für Dritte objektiv nicht feststellbar sei. Die Verbringung von Geschäftsunterlagen allein reiche für einen solchen Zuständigkeitswechsel nicht aus. Obwohl diese Auffassung mit der herrschenden Ansicht bei Binnensachverhalten kollidiert (vgl. Kommentierung zu § 3 InsO Rdn. 12), ist ihr im europäischen Kontext zwecks Erreichung des übergeordneten Ziels der Eindämmung des *forum shopping* der Vorzug zu geben.

36 Das LG Leipzig hielt die Verlegung des Verwaltungssitzes durch bloßes Verbringen der Geschäftsunterlagen an einen anderen Ort nicht für geeignet, einen Wechsel des COMI herbeizuführen (ZInsO 2006, 378). In dem zu entscheidenden Fall hatten die Gesellschafter einen Auflösungsbeschluss gefasst und ein halbes Jahr später den Sitz nach Frankreich verlegt. Einen Monat nach der Sitzverlegung wurde in Deutschland Insolvenzantrag gegen die Gesellschaft gestellt. Das LG Leipzig hielt die Eröffnungsentscheidung des AG Leipzig aufrecht und urteilte, von einer Scheinsitzverlegung sei desto eher auszugehen, »je kürzer die Zeit zwischen Verlegungsbeschluss und Insolvenzantrag« sei.

d) Anwendung des Art. 3 auf insolvenznahe Verfahren?

37 Überaus streitig ist die Frage, ob sich aus Art. 3 EuInsVO (in analoger Anwendung) eine Zuständigkeit für insolvenznahe Verfahren, sog. Annex-Verfahren, ergibt (dazu Haas, ZIP 2013, 2381; MK-Reinhart Art. 3 Rn. 81 ff.; Paulus Art. 25 Rn. 17 ff.; ausführl. Willemer, Vis attractiva concursus und die Europäische Insolvenzverordnung, 2006; nach den aktuellen Reformüberlegungen soll die Zuständigkeit für im Zusammenhang mit dem Insolvenzverfahren stehende Klagen in einem neuen Art. 3a geregelt werden, s. dazu unten Rdn. 100). Insb. für Verfahren im Zusammenhang mit der Insolvenzanfechtung ist dies praktisch relevant (s. dazu ausf. Art. 13 Rdn. 10), begegnet einem aber auch in anderen Zusammenhängen (vgl. etwa Art. 7 Rdn. 8; Art. 18 Rdn. 14; s. auch OLG Karlsruhe, ZInsO 2010, 1499; zur Bestimmung der internationalen Zuständigkeit für die Feststellung der Wirksamkeit eines Vergleichs unter Beteiligung des Insolvenzverwalters s. BGHZ 185, 241 = ZInsO 2010, 1115; dazu EWiR Art. 5 LugÜ 1/10, 621 [Mörsdorf]).

37a Das LG Darmstadt (NZI 2013, 712 m. Anm. Mankowski) hat jetzt dem EuGH die Frage vorgelegt, ob die Gerichte des Mitgliedstaats, in dessen Gebiet das Insolvenzverfahren eröffnet worden ist, für eine Klage des Insolvenzverwalters gegen den Geschäftsführer der Schuldnerin (im konkreten Fall eine deutsche GmbH) auf Ersatz von Zahlungen, die nach Eintritt der Zahlungsunfähigkeit der

Gesellschaft oder nach Feststellung von deren Überschuldung geleistet worden sind, zuständig sind. Das LG Darmstadt knüpft an die Entscheidung des EuGH (Urt. v. 12.02.2009 – Rs C-339/07, ZInsO 2009, 493 [Deko Marty]) an und legt im Fall einer insolvenzrechtlichen Qualifikation der Insolvenzverschleppungshaftung des Geschäftsführers nach § 64 S. 1 GmbHG eine entsprechende Anwendung des Art. 3 Abs. 1 nahe. Hinzu kommt die Frage, ob Art. 3 Abs. 1 auch den Sachverhalt erfasst, dass das Insolvenzverfahren in einem Mitgliedstaat eröffnet worden ist, der Beklagte aber seinen allgemeinen Gerichtsstand (Wohnsitz oder satzungsgemäßen Sitz) nicht in einem Mitgliedstaat, sondern in einem Drittstaat hat (im vorliegenden Fall in der Schweiz; ausf. zu dieser Frage Haas, NZG 2010, 495; die Entscheidung des EuGH, Urt. v. 18.07.2013 – Rs. C-147/12 [»ÖFAB«], ZIP 2013, 1932, in der es um die Außenhaftung von Leitungsorganen einer AG nach schwedischem Recht ging, hatte zur Klärung dieser generellen Frage nicht viel beigetragen; dazu Freitag, ZIP 2014, 302).

37b Klagen gegen Kündigungen, die ein Insolvenzverwalter i. S. d. EuInsVO in Deutschland nach deutschem Recht erklärt hat (s. dazu auch Art. 10 Rdn. 3), sind auch dann keine Annexverfahren i. S. d. Art. 3, wenn sie auf der Grundlage eines Interessenausgleichs mit Namensliste nach § 125 InsO und mit der kurzen Frist des § 113 InsO erklärt worden sind (BAG, ZIP 2012, 2312; dazu EWiR Art. 10 EuInsVO 1/13, 49 [Knof/Stütze]). Für solche Verfahren bestimmt sich die internationale Zuständigkeit nach der EuGVVO (Art. 19 Nr. 1 i. V. m. Art. 60 Abs. 1 Buchst. a) EuGVVO) und nicht nach der EuInsVO.

e) Phänomen »forum shopping«

38 Im Ergebnis hat die Anwendung vor allem des Art. 3 in der Startphase der EuInsVO zu einem *forum shopping* geführt, welches die Verordnung ausweislich Erwägungsgrund 4 gerade verhindern wollte (für einen rechtsvergleichenden Seitenblick auf das Phänomen *forum shopping* in den USA instruktiv LoPucki, Courting Failure – How Competition for Big Case is Corrupting the Bankruptcy Courts, S. 123; dazu Knof/Mock, ZInsO 2008, 253, 255 sowie Klöhn, RIW 2006, 568; s. a. Wright/Fenwick, IILR 2012, 45).

39 Nach wie vor besteht eine Beratungstendenz dahin gehend, dass es für Krisenunternehmen eine sinnvolle Alternative sein kann, den Interessenmittelpunkt nach Eintritt der Krise – aber vor Insolvenzantragstellung – in einen anderen EU-Staat zu verlagern (grundlegend dazu Westpfahl/Janjuah, ZIP 2008, 1 [zugleich mit rechtspolitischen Erwägungen]). In zwei prominenten Fällen wurden entsprechende Vorkehrungen getroffen und der Sitz einer – ggf. neu zu installierenden – Holding-Gesellschaft in England angesiedelt, obwohl das operative Geschäft nahezu ausschließlich in Deutschland betrieben wurde (»Deutsche Nickel«, »Schefenacker«). Ziel dieser Maßnahme ist es, nicht nur den Sitz der Konzernobergesellschaft, sondern auch sämtlicher verbundenen Gesellschaften nach England zu verlagern (»kalte EU-Konzern-Insolvenz«; »Migration«), weil man sich hiervon erhebliche Vorteile verspricht; folgende Aspekte werden bei der anstehenden Güterabwägung rgm. ins Feld geführt:
– höhere Flexibilität des englischen Systems,
– Einfluss der Gläubiger auf die Bestellung des *administrators*,
– geringere Haftungsgefahren für die Organe,
– kürzere Restrukturierungsphase,
– höhere Quotenzahlungen,
– geringere Anfechtungsrisiken.

40 Die ins Feld geführten Vorteile einer Verlagerung des COMI nach England sind indes keinesfalls eine gesicherte Erkenntnis. Richtig ist, dass es in England deutlich einfacher ist, auf die Bestellung des *administrators* Einfluss zu nehmen. Ob dies zusammen mit den anderen aufgeführten Aspekten aber bei einer rationalen Abwägung zwischen den Vor- und Nachteilen der betroffenen Insolvenzregime für eine Sitzverlagerung von Deutschland nach England den Ausschlag geben kann, wird im Einzelfall – unabhängig von der Frage einer ggf. missbräuchlichen Zuständigkeitserschleichung – zu klären sein. Bislang fehlt eine wissenschaftlich fundierte Auseinandersetzung mit dieser hoch

Art. 3 EuInsVO Internationale Zuständigkeit

politischen Thematik (vgl. zur *rescue culture* in England Müller-Seils, Rescue Culture und Unternehmenssanierung in England und Wales nach dem Enterprise Act 2002, 2006).

41 Ob diese Bestrebungen in der Praxis unter Berücksichtigung der inzwischen vorliegenden Rspr. des EuGH zum Eurofood-Fall zukünftig von Erfolg gekrönt sein können, ist derzeit unklar (dazu Rdn. 16). Es handelt sich um einen schmalen Grad zwischen faktischer Umgehung der relativ eindeutig zu ermittelnden Zuständigkeiten nach Art. 3 Abs. 1 und einem an sich anzuerkennenden Interesse des Schuldners an einer Verlagerung seines COMI, sei es auch, um im Wege des »Umzugs« ein anderes Insolvenzsachrecht zur Anwendung zu bringen (ebenso Vallender, NZI 2008, 631, 632 mit dem zutreffenden Hinweis auf die Niederlassungsfreiheit nach Art. 43, 48 EG). Es gilt daher im Einzelfall, die Fälle der Zuständigkeitserschleichung, also der Verlegung des COMI nur zum Schein, von denen der tatsächlichen Verlegung des COMI zu trennen (vgl. etwa den Fall *Brochier Holdings Ltd.* als Prototyp einer **fehlgeschlagenen Zuständigkeitsverlegung** Rdn. 92, instruktiv hierzu Vallender, NZI 2007, 129; Andres/Grund, NZI 2007, 137; zu möglichen Gläubigerstrategien gegen eine COMI-Verlagerung s. Mankowski, ZIP 2010, 1376; s. auch OLG Düsseldorf, Urt. v. 23.08.2013 – 22 U 37/13, das betont, dass die angebliche Verlegung des Wohnsitzes bzw. des COMI nach drohender bzw. eingetretener Insolvenzreife »regelmäßig indiziell suspekt« sei [dazu auch oben Rdn. 20]).

41a Der deutsche Gesetzgeber hat auf das Phänomen »forum shopping« mit dem Gesetz zur weiteren Erleichterung der Sanierung von Unternehmen (ESUG) reagiert (BGBl. 2011, Teil 1 Nr. 64, S. 2582; s.a. die Allgem. Begr. RegE-ESUG, BT-Drucks. 17/5712; einen Überblick über die Regelungsgegenstände liefern Hirte/Knof/Mock, DB 2011, 623 [Teil I], 693 [Teil II]). Ob die Bemühungen um eine Steigerung der Wettbewerbsfähigkeit des deutschen Insolvenzrechts Erfolg haben werden, bleibt abzuwarten. Sicher ist aber, dass der Rechtswettbewerb in Europa auch in Zukunft stets eine bedeutende Rolle bei der Rechtberatung, auch der Sanierungs- und Insolvenzberatung spielen wird. Im Übrigen gilt: »Die Konkurrenz schläft nicht!« So hat etwa der französische Gesetzgeber zuletzt Anfang 2014 die Spielräume für eine vorinsolvenzliche Sanierung durch eine Reform des Insolvenzrechts erweitert (ausf. dazu Degenhardt, NZI 2014, 433; siehe auch speziell zum neuen französischen »beschleunigten finanziellen Sanierungsverfahren« [Sauvegarde financière accélérée]: Degenhardt, NZI 2013, 830). Damit bewegt sich das französische Recht schon heute ganz auf Linie der jüngsten Empfehlung der Europäischen Kommission vom 12.03.2014 »für einen neuen Ansatz im Umgang mit unternehmerischem Scheitern und Unternehmensinsolvenzen« (2014/135/EU). Ziel dieser Empfehlung ist es, zu gewährleisten, dass in finanziellen Schwierigkeiten befindliche wirtschaftlich bestandsfähige Unternehmen ungeachtet ihres Niederlassungsortes in der Union Zugang zu nationalen Insolvenzrahmen haben, die ihnen ermöglichen, frühzeitig eine Restrukturierung vorzunehmen, um eine Insolvenz zu verhindern und dadurch für Gläubiger, Beschäftigte, Anteilseigner und die Wirtschaft insgesamt ein Höchstmaß an Wert sicherzustellen.

41b Ferner ist das Phänomen »forum shopping« in jüngerer Zeit etwa auch mit Blick auf das sog. Scheme of Arrangement englischen Rechts zu beobachten ist (im Companies Act 2006 sind sie in part 26 s. 895 ff. geregelt; dazu die Darstellung bei Finch, Corporate Insolvency Law, 2. Aufl. 2009, S. 479 ff.). So wurde etwa in den Fällen Tele Columbus ([2010] EWHC 1944 [Ch]), Rodenstock ([2011] EWHC 1104 [Ch] = ZIP 2011, 1017; dazu EWiR Art. 1 EuInsVO 1/11, 379 [Tschentscher]) und Primacom ([2012] EWHC 164 [Ch]) eine Restrukturierung von Schulden der Gesellschaft mit Sitz in Deutschland nach englischem Recht erreicht. Der Vorteil bei einem Scheme of Arrangement liegt angesichts komplexer Passivseiten der Bilanz der Unternehmen vor allem in seiner Flexibilität und der Mehrheitsherrschaft (erforderlich für die Annahme eines Scheme of Arrangements ist eine numerische Mehrheit der vertretenen und abstimmenden Gläubiger sowie eine 3/4-Mehrheit nach Nennbetrag der Forderungen (vgl. s. 899[1] Companies Act 2006). Das vorinsolvenzliche Solvent Scheme of Arrangement ist jedoch kein Insolvenzverfahren i. S. d. EuInsVO. Es ist weder im Anhang der EuInsVO als Insolvenzverfahren gelistet noch erfüllt es die materiellen Kriterien des Art. 1 Abs. 1 EuInsVO (Eidenmüller/Frobenius WM 2011, 1210, 1214; Mankowski WM 2011, 1201, 1202). Es ist daher z. B. als Vertragsrecht einzuordnen, wenn

Gläubigerrechte Gegenstand des Scheme of Arrangement sind. Insoweit entwickelt sich der Rechtswettbewerb hier also auf dem Gebiet des Vertragsrechts (möglicher Gegenstand eines Scheme of Arrangement können aber z. B. auch gesellschaftsrechtliche Maßnahmen sein). Jedenfalls in den Fällen, in denen sämtliche Kreditverträge englischem Recht unterliegen und entsprechend England als Gerichtsstand vereinbart ist, steht dem Einsatz eines englischen Solvent Scheme of Arrangements als Instrument der Restrukturierung der Passivseite der Bilanz im Ausgangspunkt nichts im Wege. Die Rahmenbedingungen des Wettbewerbs sind allerdings noch nicht in allen Punkten gesichert, insb. die Antwort auf die Fragen des Ob und des Wie der Anerkennung der grenzüberschreitenden Wirkungen eines Scheme of Arrangements ist offen. Richtig dürfte im Fall der Restrukturierung von Schulden eine Anerkennung der gerichtlichen Bestätigung des Solvent Scheme of Arrangement nach Art. 32 ff. EuGVVO sein (ebenso Mankowski, WM 2011, 1201, 1203 ff.). Allerdings muss stets der Gegenstand der Regelung des Vergleichsplans und evtl. für diesen geltende Sonderregeln beachtet werden. So hat der BGH entschieden, dass der Anerkennung eines sog. »Scheme of Arrangement«, der eine Lebensversicherung betrifft, jedenfalls die Vorschriften über die Zuständigkeit in Versicherungssachen gem. Art. 8, 12 Abs. 1, 35 EuGVVO entgegenstehen, mit der Folge, dass der Vergleichsplan Versicherungsnehmer in Deutschland nicht hindert, ihre versicherungsrechtlichen Ansprüche geltend zu machen (BGH, Urt. v. 15.02.2012 – IV ZR 194/09; ähnlich bereits vorgehend OLG Celle, ZIP 2009, 1968: »Eine in Großbritannien außerhalb eines Insolvenzverfahrens zwischen einem Versicherungsunternehmen und bestimmten Gruppen seiner Versicherungsnehmer getroffene vergleichsplanrechtliche Regelung, sog. ‹Scheme of Arrangement›, ist im Inland weder nach § 343 InsO noch nach Art. 32 ff. EuGVVO oder § 328 ZPO anzuerkennen.«; dazu EWiR Art. 32 EuGVVO 1/09, 711 [Mankowski] sowie Petrovic, ZInsO 2010, 265; anders hingegen LG Rottweil, ZInsO 2010, 1854).

II. Territorialinsolvenzverfahren (Abs. 2)

Der Verordnungsgeber hat den **Universalitätsanspruch des Hauptinsolvenzverfahrens** gem. Abs. 1 insoweit eingeschränkt, als er nach Abs. 2 auf einen Mitgliedstaat beschränkte Territorialinsolvenzverfahren zulässt. Die Verfahren haben vor allem **zwei Funktionen**: Sie schützen inländische Gläubigerinteressen und können als »Hilfsverfahren« für ausländische Hauptinsolvenzverfahren dienen (vgl. Virgós/Schmit, Erläuternder Bericht, Nr. 32 f.; Pannen Art. 3 Rn. 124). Dieser Schutz greift aber erst, wenn der Schuldner in dem jeweiligen Mitgliedstaat über eine Niederlassung iSv Art. 2 Buchst. h) (s. dort Rdn. 6) verfügt. Das Erfordernis einer Niederlassung ist sogar ohne Rücksicht auf den COMI allein maßgeblich (vgl. BGH, ZIP 2012, 782; dazu EWiR Art. 3 EuInsVO 4/12, 315 [Paulus]). Dadurch drohen Schutzlücken in den Fällen, in denen der Schuldner in einem anderen Mitgliedstaat als dem Staat der Eröffnung des Hauptinsolvenzverfahrens erhebliche Vermögenswerte besitzt, aber keine Niederlassung vorliegt (zu dieser Gefahr s. a. Begr. zu § 354 RegE-InsO, DT-Drs. 15/16, S. 25). Gleichwohl kann im Anwendungsbereich der EuInsVO auf die Voraussetzung einer Niederlassung nicht verzichtet werden, selbst wenn die inländischen Gläubiger ein besonderes Interesse an der Eröffnung des Sekundärinsolvenzverfahrens glaubhaft machen, etwa weil der Insolvenzverwalter des Hauptinsolvenzverfahrens keine oder nur unzureichende Anstrengungen zur Verwertung des inländischen Vermögens unternimmt (BGH, ZInsO 2011, 231; dazu EWiR Art. 3 EuInsVO 1/11, 185 [Mankowski]). Der Rechtsgedanke des § 354 Abs. 2 InsO ist insoweit nicht auf den autonom auszulegenden Abs. 2 des Art. 3 übertragbar (zu diesem Verhältnis beider Normen s. a. schon Begr. RegE, DT-Drs. 15/16, S. 12 f., 25). Bei den Territorialverfahren sind Sekundärinsolvenzverfahren und Partikularinsolvenzverfahren zu unterscheiden.

1. Sekundärinsolvenzverfahren (Abs. 3)

Sekundärinsolvenzverfahren sind nach Abs. 3 Territorialinsolvenzverfahren, die in einem Niederlassungsstaat zeitlich **nach** einem Hauptinsolvenzverfahren eröffnet werden (zu den Einzelheiten s. a. die Komm. Art. 27 ff.). Ein **Insolvenzgrund** ist für die Eröffnung nicht erforderlich. Aus praktischen Gründen ist jedoch zumindest **Massekostendeckung** zu verlangen (Balz, ZIP 1996, 948, 953). Bei dem Verfahren muss es sich nach dem Wortlaut des Art. 27 Satz 2 um ein »Liquidationsverfahren«

i. S. d. Anhangs B handeln. Der Verordnungsgeber hat damit die wirtschaftlichen Handlungsspielräume im Sekundärinsolvenzverfahren in zweifelhafter Weise beschränkt (krit. auch Paulus Art. 3 Rn. 50 ff.; ders. EWS 2002, 497, 502; ders. NZI 2001, 505, 514: nur Sollvorschrift). Für Deutschland muss sich diese Beschränkung jedoch nicht zwingend auswirken. Denn in Anhang B wird das deutsche Insolvenzverfahren genannt, ohne dass der Verordnung Differenzierungen nach den deutschen Verwertungsvarianten (Liquidation, Sanierung, übertragende Sanierung) zu entnehmen wären (Paulus, EWS 2002, 497, 503).

2. Partikularinsolvenzverfahren (Abs. 4)

44 Partikularinsolvenzverfahren sind Insolvenzverfahren, die in einem Niederlassungsstaat zeitlich *vor* Eröffnung eines Hauptinsolvenzverfahrens in einem anderen Mitgliedstaat eröffnet werden. Anders als für Sekundärinsolvenzverfahren enthält die EuInsVO keine Beschränkung von Partikularinsolvenzverfahren auf Liquidationsverfahren. Daher kann auch eine Sanierung der schuldnerischen Niederlassung angestrebt werden.

45 Wird später ein Hauptinsolvenzverfahren in einem anderen Mitgliedstaat eröffnet, so werden diese Verfahren jedoch wie Sekundärverfahren behandelt (vgl. Art. 36).

46 Abs. 4 Buchst. a) und b regeln weitere einschränkende Voraussetzungen. In der Praxis dürften solche Verfahren nur selten vorkommen. Die restriktive Sicht auf die Voraussetzungen der Eröffnung eines Partikularinsolvenzverfahrens hat der EuGH in der Rechtssache »Zaza Retail« bestätigt (EuGH, Urt. v. 17.11.2011 – C-112/10, ZInsO 2011, 2270). Die Unmöglichkeit der Eröffnung eines Hauptinsolvenzverfahrens, die Abs. 4 Buchst. a) voraussetzt, kann bejaht werden, wenn sich aus den in der Eigenschaft des Schuldners liegenden Merkmalen ergibt, dass über sein Vermögen ein Insolvenzverfahren nicht eröffnet werden kann. Dagegen kann sich die Unmöglichkeit, ein Hauptinsolvenzverfahren zu eröffnen, nicht allein aus dem Umstand ergeben, dass eine bestimmte Person (im konkreten Fall der Vertreter der Staatsanwaltschaft eines Mitgliedstaats), in dessen Gebiet sich eine Niederlassung des Schuldners befindet, nach dem Recht des Mitgliedstaats, in dem der Schuldner den Mittelpunkt seiner hauptsächlichen Interessen hat, nicht befugt ist, die Eröffnung eines Hauptinsolvenzverfahrens in dem letztgenannten Mitgliedstaat zu beantragen. Sofern nämlich unstreitig sei, dass andere Personen, insbesondere Gläubiger, befugt sind, einen solchen Antrag zu stellen, sei die Eröffnung eines Hauptinsolvenzverfahrens sehr wohl möglich.

47 Die EuInsVO nennt für die Eröffnung keine besonderen Insolvenzgründe. Für Deutschland greifen folglich die nationalen Eröffnungsgründe der §§ 17 bis 19 InsO.

48 Antragsberechtigt ist nach Abs. 4 Buchst. b) grds. nur ein Gläubiger, »der seinen Wohnsitz, gewöhnlichen Aufenthalt oder Sitz in dem Mitgliedstaat hat, in dem sich die betreffende Niederlassung befindet, oder dessen Forderung auf einer sich aus dem Betrieb der Niederlassung ergebenden Verbindlichkeit beruht«.

49 Der Schuldner kann demgegenüber einen Antrag auf ein Partikularinsolvenzverfahren nach dem – in der Praxis allenfalls in Ausnahmefällen einschlägigen – Abs. 4 Buchst. a) nur dann stellen, wenn die Eröffnung eines Hauptinsolvenzverfahrens im Mitgliedstaat des COMI nicht zulässig wäre. So kann z. B. bei einem in Frankreich mangels Kaufmannseigenschaft nicht insolvenzfähigen Schuldner, der in Deutschland eine Niederlassung besitzt, in Deutschland ein Partikularinsolvenzverfahren eröffnet werden. Nach dem Wortlaut des Buchst. a) dürften in diesem Fall auch sämtliche Gläubiger antragsbefugt sein.

50 Zur Auslegung eines schlichten »Insolvenzantrags«, der nicht ausdrücklich auf Eröffnung eines »Partikularinsolvenzverfahrens« gerichtet ist, vgl. entsprechend Art. 27 Rdn. 16.

a) Überschuldung

51 Für die Überschuldung ist das gesamte in- und ausländische Vermögen des Schuldners zugrunde zu legen: Überschuldet kann nur **der ganze Rechtsträger** sein (Wimmer ZIP 1998, 982, 986; MK/

BGB-Kindler Art. 3 Rn. 78 m. w. N.). In der Praxis wird eine solche Feststellung nicht ohne Weiteres durchgeführt werden können.

b) (Drohende) Zahlungsunfähigkeit

Die (drohende) Zahlungsunfähigkeit sollte **niederlassungsbezogen** beurteilt werden, weil andernfalls auch dieser Tatbestand kaum feststellbar und die Anwendbarkeit von Partikularinsolvenzverfahren nahezu ausgeschlossen wäre (so auch K/P/B-Kemper Art. 3 Rn. 36; MK-BGB-Kindler Art. 3 Rn. 75 m. w. N.; weiter: BGH, NJW 1992, 624 [zu § 238 KO]: »überschaubares« europäisches Ausland; weltweiter Ansatz z. B. bei Dawe, Der Sonderkonkurs des deutschen Internationalen Insolvenzrechts, S. 208). 52

Die Beschränkung des deutschen § 18 InsO auf Schuldneranträge bleibt auch im europäischen Rahmen bestehen. Zusätzlich gelten die allg. Einschränkungen für Schuldneranträge gem. Abs. 4 Buchst. a). 53

C. Verfahrensfragen

I. Gerichtliche Entscheidung

1. Amtsermittlungspflicht

Nur wenn das COMI der Gesellschaft nach den *eigenen Ermittlungen* des Gerichts in einem anderen Mitgliedstaat als dem des Satzungssitzes liegt, soll die gesetzliche Vermutung nach Abs. 1 Satz 2 widerlegt und der Weg frei sein, die internationale Zuständigkeit für die Eröffnung eines Hauptinsolvenzverfahrens nach Abs. 1 Satz 1 zu bejahen bzw. zu verneinen; selbst an ein übereinstimmendes Vorbringen der Beteiligten im Eröffnungsverfahren ist das Gericht nicht gebunden (vgl. BGH, NZI 2008, 121 [Tz. 11]). Der BGH hat diesen Ausgangspunkt nun in Anknüpfung an die Entscheidung des EuGH in der Rechtssache »Interedil« bestätigt und betont, dass die internationale Zuständigkeit trotz Vermutungsregel in Art. 3 Abs. 1 Satz 2 von Amts wegen zu prüfen und zu ermitteln ist (BGH, ZIP 2012, 139; dazu EWiR Art. 3 EuInsVO 3/12, 175 [Riedemann]; nach den aktuellen Reformüberlegungen soll ein neuer Art. 3b die Amtsermittlungspflicht in diesem Sinne für alle Mitgliedstaaten verbindlich regeln, siehe dazu unten Rdn. 100). Im Ergebnis wäre hiernach auf den satzungsmäßigen Sitz der Gesellschaft nur noch abzustellen, wenn das COMI nicht oder nicht mit hinreichender Sicherheit festgestellt werden kann. Allerdings dürfte das Gericht durch Abs. 1 Satz 2 von seiner amtswegigen Ermittlungspflicht entbunden sein, wenn keinerlei Anhaltspunkte für ein Auseinanderfallen von Satzungssitz und Mittelpunkt der hauptsächlichen Interessen vorliegen (Duursma-Kepplinger/Duursma/Chalupsky-Duursma-Kepplinger Art. 3 Rn. 25 [s. dort Fn. 60]). Es darf aber nicht verkannt werden, dass der Maßstab für die Widerlegung der Vermutung nach Abs. 1 Satz 2 i. R. d. amtswegigen Prüfung anzulegen ist, ein strengerer ist. Auch der EuGH hat in seiner Eurofood-Entscheidung die Regelwirkung des Abs. 1 Satz 2 gestärkt, in der er allzu inflationären Tendenzen in der Rspr., vor allem angelsächsischer Gerichte, die dazu neigen, an die Widerlegung der Vermutung gem. Abs. 2 Satz 2 keine sehr hohen Maßstäbe anzulegen, entgegengetreten ist (EuGH, ZInsO 2006, 484 – Eurofood [Tz. 34]). 54

Aufgrund der Amtsermittlungspflicht (§ 5 Abs. 1 Satz 1 InsO) muss das deutsche Insolvenzgericht ohnehin grds. auch **Umstände ermitteln**, welche die **internationale Zuständigkeit** betreffen (BGH, NZI 2008, 121 [Tz. 11]). An der Vermutungsregel des Abs. 1 Satz 2 ändert diese Pflicht jedoch nichts. Solange keine Zweifel bestehen (die sich insb. aus dem Gutachten des Sachverständigen ergeben können), ist daher bei Gesellschaften deutscher Rechtsform von internationaler Zuständigkeit auszugehen (a. A. wohl herrschende Meinung Huber, ZZP 114, [2001], 133, 141; Uhlenbruck-Lüer Art. 3 Rn. 1; Smid DZWIR 2003, 397, 399; Herchen, ZIP 2005, 1401, 1402; Überblick zum Streitstand und zugleich umfassende Darstellung der Aufgaben und Befugnisse des deutschen Insolvenzrichters in EuInsVO-Verfahren: Vallender, KTS 2005, 283). 55

Art. 3 EuInsVO   Internationale Zuständigkeit

56 Im Umkehrschluss muss das deutsche Insolvenzgericht weitere Ermittlungen anstellen, wenn es sich bei dem Antragsteller um eine **ausländische Gesellschaftsform**, etwa eine **Limited**, handelt (vgl. AG Hamburg, NZI 2003, 442; AG Duisburg, ZInsO 2003, 476). Das gilt auch, wenn diese Gesellschaft mit einer Zweigniederlassung in das deutsche Handelsregister eingetragen ist (Herchen ZInsO 2004, 825, 826). Nach allg. Grundsätzen greift die Amtsermittlungspflicht jedoch erst ein, wenn ein **zulässiger Insolvenzantrag** vorliegt (HK-Kirchhof § 3 Rn. 9). Vorher findet lediglich eine Prüfung von Amts wegen hinsichtl. des vom Antragsteller beigebrachten Stoffes statt. Hier wird der Insolvenzrichter den Antragsteller auffordern, ggf. weitere zuständigkeitsbegründende Tatsachen darzulegen und zu beweisen. Die Prüfung, ob die Gründung einer Limited rechtsmissbräuchlichen Zwecken dienen soll, obliegt dem Insolvenzgericht nicht (AG Saarbrücken, ZInsO 2005, 2027).

57 Die Prüfungspflicht von Amts wegen und die Amtsermittlungspflicht sind ggü. rein nationalen Sachverhalten sogar eingeschränkt. Der Wortlaut des Abs. 1 Satz 2 (»bis zum Beweis des Gegenteils«) legt zumindest nahe, dass sich ein Gericht am Registersitz nicht für unzuständig erklärt, solange die Vermutung nicht von Schuldner- oder Gläubigerseite widerlegt worden ist. Entsprechend gibt es gute Gründe dafür, dass sich ein Gericht am tatsächlichen Sitz bis zur Widerlegung der Vermutung durch Schuldner oder Gläubiger nicht für zuständig erklären sollte (vgl. Carstens, Die internationale Zuständigkeit im europäischen Insolvenzrecht, S. 66 m. w. N.).

2. Bindung an Art. 16

58 An die Entscheidung über die Eröffnung eines Hauptinsolvenzverfahrens durch ein ausländisches Gericht ist das deutsche Gericht gebunden (dazu Rdn. 27). Nach dem Prioritätsgrundsatz kann allenfalls ein Sekundärinsolvenzverfahren eröffnet werden (dazu Rdn. 22).

59 Eine **Ausnahme von der Anerkennung** lässt allein der *ordre public* (Art. 26) zu. Ein Verstoß gegen diese Norm liegt jedoch nicht in der fehlerhaften Annahme internationaler Zuständigkeit durch ein Gericht (Art. 26 Rdn. 11).

3. Begründung der Entscheidung

60 Die EuInsVO enthält keine ausdrückliche Regelung zum Ob und Wie der Begründung einer Eröffnungsentscheidung. Das ist insb. mit Blick auf die ganz unterschiedliche Ausgestaltung des Eröffnungsverfahrens in den einzelnen Mitgliedstaaten ein Versäumnis (vgl. etwa die Verfahrenseröffnung im »out-of-court«-Verfahren in England, bei welcher der Antragsteller lediglich auf einem Formblatt durch Ankreuzen Angaben zur internationalen Zuständigkeit nach Art. 1 Abs. 1 macht und das Gericht lediglich einen Bestätigungsvermerk anfertigt).

61 Das **deutsche Insolvenzgericht** hat jedoch nach Art. 102 § 2 EGInsO im Eröffnungsbeschluss die tatsächlichen Feststellungen und rechtlichen Erwägungen kurz darzustellen, aus denen sich eine Zuständigkeit nach Art. 3 ergibt. Ein Verstoß gegen dieses Begründungserfordernis führt jedoch nicht zur Nichtigkeit des Beschlusses (vgl. Kommentierung zu Art. 102 EGInsO § 2 Rdn. 2).

4. Internationale Verweisung

62 Das AG Hamburg hat eine internationale Verweisung eines Insolvenzantrags für zulässig erachtet (AG Hamburg, ZInsO 2006, 559). Mankowski (NZI 2006, 487) nennt diese Entscheidung »mutig«, zumal sie als nicht bindend ausgesprochen wurde. Einzuräumen ist, dass die Entscheidung nur eine bloße Empfehlung sein kann, da kein Staat einem anderen zugesteht, die eigenen Gerichte von dessen Gerichten binden zu lassen (krit. daher auch EWiR Art. 3 EuInsVO 7/06, 433 [Wagner]; abl. schon zuvor Vallender, KTS 2005, 283, 298). Dennoch sollte vor solchen Initiativen nicht zurückgeschreckt werden, sind sie doch geeignet, die *court-to-court communication* zu fördern (zur Förderung der grenzüberschreitenden Zusammenarbeit der Gerichte durch die Neufassung des § 348 InsO s. dort Rdn. 2).

5. Rechtsmittel

Rechtsmittel gegen einen auf Art. 3 gestützten Eröffnungsbeschluss können nur im **innerstaatlichen Instanzenzug** eingelegt werden (dazu Rdn. 26; s. ferner statt aller Duursma/Duursma-Kepplinger, DZWIR 2003, 447, 450; Schwerdtfeger/Schilling, DZWIR 2005, 370). In Deutschland: sofortige Beschwerde (§ 34 Abs. 2 InsO). 63

▶ Hinweis: 64

Bei internationalen Kompetenzkonflikten richtet sich die Beschwerdebefugnis nach § 34 InsO und Art. 102 § 3 EGInsO. Danach ist neben dem Insolvenzschuldner auch der Verwalter des ausländischen Insolvenzverfahrens beschwerdebefugt. Den Insolvenzgläubigern steht allein dann die Befugnis der sofortigen Beschwerde zu, wenn gem. § 34 Abs. 1 InsO ihr Antrag auf Eröffnung des Insolvenzverfahrens abgelehnt wurde oder gem. Art. 102 § 4 Abs. 1 Satz 3 EGInsO das Insolvenzverfahren zugunsten des Insolvenzverfahrens eines Gerichts eines anderen Mitgliedstaates der EU eingestellt wurde (dazu LG Hamburg, ZInsO 2005, 1052).

Für Beschwerden gegen Entscheidungen des AG als Insolvenzgericht ist das OLG auch dann nicht zuständig, wenn ein Gläubiger mit Sitz im Ausland beteiligt ist. (OLG Köln, NZI 2008, 61 m. Anm. Mankowski). Die Ausnahmeregelung des § 119 Abs. 1 Nr. 1b GVG findet keine Anwendung. Es bleibt vielmehr gem. § 72 GVG bei der sachlichen Zuständigkeit des Landgerichts als Beschwerdegericht.

II. Sachverständiger/Insolvenzverwalter

Der Sachverständige hat i. R. d. Insolvenzantragsverfahrens die **internationale Zuständigkeit** zu prüfen. Ausführungen hierzu im Gutachten sind jedoch nur erforderlich, wenn Anhaltspunkte für einen Auslandsbezug vorliegen (Braun-Liersch § 335 Rn. 29; s. a. Paulus, ZIP 2002, 729, 731 f.). 65

Die EuInsVO eröffnet bereits für den **vorläufigen Insolvenzverwalter** neue Handlungsoptionen (vgl. Art. 38). In noch stärkerem Umfang ist es für einen deutschen Hauptinsolvenzverwalter geboten, das Instrumentarium der EuInsVO zu beherrschen. Zu seinen – umfangreichen – Befugnissen zählt z. B. die Möglichkeit, Gegenstände aus anderen Mitgliedstaaten ins Inland zu verbringen (Art. 18). Auch hat der Verwalter nach Art. 29 Buchst. a) das Recht, in anderen Mitgliedstaaten ein Sekundärinsolvenzverfahren zu beantragen (vgl. z. B. Landesgericht Innsbruck, ZIP 2004, 1721 – »Hettlage II«; s. a. Rdn. 83). Die Kooperations- und Unterrichtungspflicht mit einem Sekundärinsolvenzverwalter (Art. 31), die Ausübung von Gläubigerrechten (Art. 32) sowie die Befugnis, die Aussetzung der Verwertung in einem Sekundärinsolvenzverfahren zu beantragen (Art. 33), stellen den Hauptinsolvenzverwalter vor weitere Herausforderungen (vgl. Pannen/Kühnle/Riedemann, NZI 2003, 72). Inwieweit diese Befugnisse nach der Entscheidung des EuGH im Fall »Eurofood« (Rdn. 81) ggf. schon dem vorläufigen Verwalter zustehen, weil ein Hauptinsolvenzverfahren nach dieser Entscheidung schon mit seiner Bestellung als »eröffnet« i. S. d. EuInsVO gelten kann, ist bisher weitgehend ungeklärt (vgl. hierzu AG Hamburg, ZInsO 2007, 829; ausführl. Art. 18 Rdn. 3a). 66

Wichtig ist, dass der **Hauptinsolvenzverwalter** in den Mitgliedstaaten, in denen Vermögen des Schuldners belegen ist, auf die öffentliche Bekanntmachung der Eröffnung (Art. 21) sowie die Eintragung in etwaige Register (Art. 22) hinwirkt, um Masseschmälerungen durch gutgläubigen Erwerb zu verhindern. 67

Es liegt auf der Hand, dass derart gesteigerte Anforderungen mit dem **Risiko erhöhter Haftung** einhergehen. Insofern ist bei einem deutschen Haupt- oder Sekundärinsolvenzverfahren § 60 InsO als Teil der *lex fori concursus* grds. einschlägig (K/P/B-Kemper Art. 31 Rn. 9; MK-Reinhart Art. 31 Rn. 37). 68

Art. 3 EuInsVO Internationale Zuständigkeit

III. Beratungspraxis

69 Für den anwaltlichen Berater des Schuldners ergeben sich aus der in der Praxis bisher uneinheitlichen Auslegung des COMI-Begriffs **Gestaltungsspielräume für die Antragstellung**. Diese Spielräume dürften, zumindest in abgeschwächter Form, auch nach der Entscheidung des EuGH in der Rechtssache »Eurofood« (EuGH, ZInsO 2006, 484) weiter bestehen (dazu Rdn. 13 ff.).

70 ▶ Hinweis:

Auch wenn nach hier vertretener Auffassung das für Gläubiger erkennbare, operative Geschäft für den Mittelpunkt der hauptsächlichen Interessen maßgeblich ist, muss der beratende Rechtsanwalt – insb. bei Konzerninsolvenzen – seinen Mandanten auf die taktischen Möglichkeiten hinweisen, welche die gegenteilige Auffassung im Einzelfall bieten kann.

71 Aus Sicht der **Gläubigerberatung** werden vielfach die Auswirkungen eines europäischen Insolvenzverfahrens auf Sicherheiten im In- und Ausland (Art. 5, 7, 8, 11) im Vordergrund des Interesses stehen (hierzu von Bismarck/Schümann-Kleber, NZI 2005, 89 u. 147). Gläubiger werden zudem durch die Vorschriften zur Aufrechnung und Anfechtung (Art. 6, 13) betroffen. Weiterer Beratungsbedarf wird sich aus Forderungsanmeldungen und der Verteilung von Insolvenzquoten (Art. 20 Abs. 2, 32, 39) ergeben (vgl. auch Pannen/Riedemann/Kühnle, NZI 2002, 303). Insb. die Auswirkungen auf Sicherungsrechte können es auch für die Gläubiger interessant erscheinen lassen, mit Blick auf die COMI-Rspr. die strategischen Optionen einer eigenen Antragstellung – auf Eröffnung eines Haupt- oder Territorialinsolvenzverfahrens – genau zu prüfen.

72 Gleiches gilt, wenn es um die Anerkennung oder den (Vor-) Rang von Insolvenzforderungen geht, die in den einzelnen Mitgliedstaaten z. T. unterschiedlich geregelt sind. Beispielhaft sind Forderungen auf Rückgewähr von (früher: eigenkapitalersetzenden) Gesellschafterleistungen zu nennen, die in vielen Rechtsordnungen – anders als in Deutschland – nicht nur als nachrangige Forderungen (vergleichbar § 39 Abs. 1 Nr. 5 InsO), sondern als einfache Insolvenzforderungen (vergleichbar § 38 InsO) geltend gemacht werden können.

D. Rechtsprechung (Auswahl)

73 Absatz 1 ist Gegenstand zahlreicher, kontrovers diskutierter Gerichtsentscheidungen (vgl. Herchen, ZInsO 2004, 825; Martinez Ferber, European Insolvency Regulation, S. 31; Pannen/Riedemann, NZI 2004, 646; Tirado, GPR 2005, 39).

I. »ISA/Daisytek«

74 Der Daisytek-Konzern ist eine im Bereich des Computerzubehörs global tätige Handelsgruppe. Über das Vermögen der Konzernholding wurde in den USA ein Verfahren nach »Chapter 11« eröffnet. Die Unternehmensführung plante für ihre gesamten europäischen Tochtergesellschaften eine koordinierte Abwicklung im Rahmen von Insolvenzverfahren nach englischem Insolvenzrecht. Dazu sollten in England Insolvenzanträge nicht nur über das Vermögen der englischen Zwischenholding in Bradford, sondern auch über das Vermögen von Tochter- und Enkelgesellschaften, die operativ in Frankreich und Deutschland tätig waren, gestellt werden.

Am 16.05.2003 erließ der High Court of Justice in Leeds auf Antrag der Geschäftsführung der Zwischenholding entsprechende *administration orders* und eröffnete in England Hauptinsolvenzverfahren über das Vermögen der englischen, deutschen und französischen Gesellschaften (ZIP 2003, 1362, »ISA I«; dazu EWiR Art. 3 EuInsVO 2/0303, 709 [Paulus]; Smid, DZWIR 2003, 397; Herchen, ZInsO 2004, 61). Seine Zuständigkeit nach Abs. 1 für die Gesellschaften in Deutschland und Frankreich begründete der High Court i. E. erst in einer später nachgereichten Begründung (ZIP 2004, 963) damit, dass die Zwischenholding die Rolle der Zentralverwaltung für die europäischen Tochtergesellschaften ausübte: Finanzierungscontrolling, Rechnungswesen, Einstellungspolitik, Lieferverträge und Unternehmensplanung seien überwiegend von Bradford aus gesteuert worden. Zudem habe ein internes Zustimmungserfordernis bei Ausgaben von über 5.000 € bestanden.

In Deutschland bestellte das AG Düsseldorf in Unkenntnis der englischen Verfahrenseröffnung auf Antrag der deutschen Geschäftsführung am 19.05.2003 einen vorläufigen Insolvenzverwalter. Nach Kenntniserlangung von dem in England eröffneten Verfahren erließ das AG Düsseldorf, am 06.06.2003 einen »Klarstellungsbeschluss«, mit dem der Eröffnungsentscheidung des High Court of Justice unter Berufung auf die fehlende Anhörung der deutschen Geschäftsführung wegen Verstoßes gegen Art. 26 *(ordre public)* die Anerkennung versagt wurde (ZIP 2003, 1363, »ISA II«; dazu EWiR Art. 3 EuInsVO 3/03, 767 [Mankowski]; Herchen, ZInsO 2004, 61). Am 10.07.2003 eröffnete das AG Düsseldorf ein zweites Hauptinsolvenzverfahren. Auf Beschwerde der englischen Insolvenzverwalter stellte das AG Düsseldorf nach weiteren Ermittlungen, die ergaben, dass die Beteiligungsrechte der Schuldnerin vor dem High Court gewahrt worden waren, mit Beschlüssen v. 12.03.2004 (ZIP 2004, 623; dazu EWiR Art. 3 EuInsVO 3/04, 495 [Herweg/Tschauner]; Weller, IPRax 2004, 412) und 07.04.2004 (ZIP 2004, 866; dazu EWiR Art. 3 EuInsVO 9/04, 909 [Westpfahl/Wilkens]) die deutschen Hauptinsolvenzverfahren nach Art. 102 ein und eröffnete antragsgemäß Sekundärinsolvenzverfahren.

Mit Beschluss v. 09.07.2004 hat das OLG Düsseldorf i. Ü. entschieden, dass die Eröffnung des deutschen Sekundärverfahrens der Vollstreckbarerklärung der englischen *administration order* nicht entgegenstehe (ZInsO 2004, 867; dazu EWiR Art. 16 EuInsVO 1/05, 177 [Pannen/Riedemann]).

In Frankreich hatte das Tribunal de commerce Pontoise mit Beschluss v. 26.05.2003 ebenfalls ein paralleles Hauptinsolvenzverfahren eröffnet. Auf die Beschwerde der englischen Insolvenzverwalter hin hob der Cour d'appel Versailles am 04.09.2003 dieses Verfahren auf und erkannte unter Bezugnahme auf Art. 16 das englische Hauptinsolvenzverfahren an (dazu EWiR Art. 3 EuInsVO 5/03, 1239 [Mankowski]).

Die Eröffnung eines Hauptinsolvenzverfahrens durch das AG Düsseldorf in Kenntnis der Tatsache, dass zuvor bereits ein Hauptinsolvenzverfahren in einem anderen Mitgliedstaat eröffnet worden ist, und die spätere »Verfahrensumstellung« auf ein Sekundärinsolvenzverfahren hatten schließlich noch ein »nationales Nachspiel« (vgl. BGH, ZIP 2008, 1339; dazu EWiR Art. 16 EuInsVO 1/08, 491 [J. Schmidt]). Denn nach Auffassung des BGH kann jedenfalls in Fällen, in denen das zweite Insolvenzverfahren im Inland nicht irrtümlich, sondern in Kenntnis des ersten Hauptinsolvenzverfahrens im Ausland eröffnet worden ist, Art. 102 keine Anwendung finden. Diese Einschränkung ergebe sich zwar nicht aus dem Wortlaut, folge aber aus dem Anwendungsvorrang des EG-Rechts und den Gesetzesmaterialien zu Art. 102 EGInsO, sodass die vom deutschen »Scheinverwalter« bis zur Einstellung des deutschen Hauptinsolvenzverfahren vorgenommenen Rechtshandlungen unwirksam seien.

Folge der gemeinschaftsrechtskonformen Reduktion des Art. 102 § 4 EGInsO ist, dass Forderungen, die der »Scheinverwalter« (vermeintlich) zulasten der – aus seiner Sicht wegen der universellen Beschlagwirkung des wirksamen Hauptverfahrens nicht existenten – Masse begründet hat, nicht im Interesse inländischer Massegläubiger i. S. d. § 55 InsO, die ihre Vorzugstellung im anderen Mitgliedstaat nicht geltend machen könnten, berichtigt werden können. Daran ändert auch der Umstand nichts, dass auf ein später (besser: zu spät!) eröffnetes Sekundärinsolvenzverfahren in Deutschland gem. Art. 28 EuInsVO deutsches Insolvenzrecht anzuwenden ist.

Die Einstellung eines inländischen Insolvenzverfahrens und die Eröffnung eines Sekundärinsolvenzverfahrens hat nach Auffassung des BGH ferner Auswirkungen auf ein bereits laufendes Zwangsvollstreckungsverfahren. Denn die Zwangsvollstreckung kann gem. § 750 Abs. 1 Satz 1 ZPO nur gegen eine Person begonnen werden, die im Titel oder in der ihm beigefügten Vollstreckungsklausel als Schuldner bezeichnet ist. Die dort bezeichnete Person muss diejenige sein, gegen die das Vollstreckungsorgan aufgrund des Vollstreckungsantrags Zwangsmaßnahmen ergreifen soll. Der Schuldner als »Scheinverwalter« kann daher im Wege der Vollstreckungserinnerung die Unzulässigkeit der Zwangsvollstreckung geltend machen, weil die Vollstreckung gegen den Sekundärinsolvenzverwalter insoweit unzulässig ist, als sich weder der Titel noch die Vollstreckungsklausel auf ihn bezieht. Zwischen der Rechtsstellung des Verwalters im Hauptinsolvenzverfahren und im Sekundärinsolvenzverfahren ist nämlich grds. auch in Fällen der Personenidentität zu trennen.

II. »Vierländer Bau Union Ltd.«

75 Bei der Schuldnerin handelte es sich um eine in England gegründete Limited, die im Bereich der Produktion von Doppelböden operativ ausschließlich in Deutschland tätig war (»Scheinauslandsgesellschaft«). Nach Einstellung des Geschäftsbetriebs hatte ein Sozialversicherungsträger Insolvenzantrag gestellt.

Mit Beschluss v. 14.05.2003 erklärte sich das AG Hamburg unter Berufung auf Abs. 1 für zuständig (NZI 2003, 442 m.Anm. Mock/Schildt; Müller, NZG 2003, 414). Der Sitz der Schuldnerin in England stelle einen reinen »Briefkasten« dar. Die Geschäfts- und Verwaltungstätigkeit habe ausschließlich in Deutschland stattgefunden, dort habe die Schuldnerin folglich auch den Mittelpunkt ihrer hauptsächlichen Interessen. Aufgrund einer nicht die Verfahrenskosten deckenden Masse wies das AG Hamburg den Insolvenzantrag sodann ab.

III. »Enron Directo Sociedad Limitada«

76 Die Schuldnerin war als Gesellschaft innerhalb des weltweit im Energie- und Rohstoffhandel agierenden Enron-Konzerns tätig. Über das Vermögen der Konzernholding wurde in den USA ein Verfahren nach »Chapter 11« eröffnet. Die Verwaltung der europäischen Enron-Gesellschaften wurde durch eine englische Gesellschaft zentral ausgeführt. Die Schuldnerin selbst hat ihren Sitz in Spanien. Dort befanden sich auch sämtliche Vermögenswerte der Gesellschaft, ihre 450 Kunden sowie die 25 Angestellten.

Mit Beschluss v. 04.06.2002 eröffnete der High Court of Justice in London ein Hauptinsolvenzverfahren in England (unveröffentlicht; vgl. Martinez Ferber, European Insolvency Regulation, S. 41). Der High Court sah die Vermutung des Abs. 1 als widerlegt an, weil die wesentlichen Unternehmensfunktionen *(headquarter functions)* von London aus ausgeübt wurden. Dazu zählte das Gericht u. a. die Geschäftsleitung, die neben dem spanischen Geschäftsführer von einem in England tätigen Angestellten ausgeübt wurde, ferner Personalentscheidungen sowie das interne Rechnungswesen.

IV. »Crisscross Telecommunications Group«

77 Beim Crisscross-Konzern handelt es sich um eine europaweite Unternehmensgruppe mit acht im Telekommunikationssektor tätigen Gesellschaften. Die Konzerngesellschaften befinden sich in verschiedenen EU-Mitgliedstaaten sowie in der Schweiz. In England war lediglich eine Tochtergesellschaft eingetragen.

Der High Court of Justice in London eröffnete mit Beschluss v. 20.05.2003 Hauptinsolvenzverfahren über sämtliche Konzerngesellschaften in England (unveröffentlicht; vgl. Martinez Ferber, European Insolvency Regulation, Satz 40). Vergleichbar der Entscheidung im Fall »Enron Directo« stellte das Gericht zur Widerlegung der Vermutung des Abs. 1 maßgeblich auf die von England aus durchgeführten Funktionen im Management, in der Verwaltung und im Rechnungswesen ab. Als weitere Indizien wurden die überwiegend mit der englischen Gesellschaft bestehenden und zudem englischem Recht unterliegenden Kundenbeziehungen sowie die englischen Bankverbindungen genannt.

V. »BRAC-Budget«

78 Die Gesellschaft BRAC Rent-A-Car International Inc. war als einer der großen weltweit agierenden Autovermieter, gegründet in Delaware, mit Sitz in den USA, tätig. Über die Gesellschaft und weitere Konzerngesellschaften war in den USA bereits ein »Chapter 11«-Verfahren eröffnet worden. In den USA beschäftigte die Gesellschaft keine Angestellten, die meisten arbeiteten vielmehr in England. Die Geschäftstätigkeit wurde folglich von England aus ausgeübt. Die Verträge mit Niederlassungen und Franchisenehmern unterlagen englischem Recht. Die Gesellschaft stellte Eigen-

antrag in England, um Schutz vor der Vollstreckung eines italienischen Schiedsspruchs zu erhalten. Der Vollstreckungsschutz durch den *automatic stay* des »Chapter 11«-Verfahrens wurde insoweit für nicht ausreichend befunden.

Mit Beschluss v. 14.01.2003 erließ der High Court of Justice in London eine *administration order*, mit der – parallel zu dem US-amerikanischen Insolvenzverfahren – ein Hauptinsolvenzverfahren eröffnet wurde (ZIP 2003, 813; dazu EWiR Art. 3 EuInsVO 1/03, 367 [Sabel/Schlegel]; Krebber, IPRax 2004, 540). Damit erklärte (soweit ersichtlich) erstmals ein Gericht die EuInsVO auch im Bezug zu Drittstaaten für anwendbar (zust. Herchen, ZInsO 2004, 825, 830; a.A. Smid, DZWIR 2003, 397). Die Vermutung des Abs. 1 sah das Gericht aufgrund der operativen Tätigkeit der Gesellschaft in England als widerlegt an.

VI. »Ci4net. com Inc.«

Die in den USA errichtete und eingetragene Schuldnerin war im Internetbereich aktiv. Die vor Antragstellung bereits weitgehend eingestellte Geschäftstätigkeit spielte sich zuletzt offenbar schwerpunktmäßig in England ab. Ein Gläubiger der Gesellschaft hatte in England Insolvenzantrag gestellt. Der Geschäftsführer machte demgegenüber geltend, sich überwiegend in den USA und Spanien aufgehalten zu haben und hatten die internationale Zuständigkeit des High Court in Leeds daher bestritten.

Mit Beschluss v. 20.05.2004 eröffnete der High Court in Leeds ein Hauptinsolvenzverfahren über das Vermögen der Schuldnerin (ZIP 2004, 1769; dazu EWiR Art. 3 EuInsVO 8/04, 847 [Westpfahl/Wilkens]). In Fortsetzung der Rspr. in Sachen »BRAC-Budget« hielt das Gericht die EuInsVO auch ggü. einem Drittstaat für anwendbar (zust. Herchen, ZInsO 2004, 825, 830; a.A. Smid, DZWIR 2003, 397). Die Vermutung des Abs. 1 sah es als widerlegt an, ohne dies detailliert zu begründen (krit. EWiR Art. 3 EuInsVO 8/04, 847, 848 [Westpfahl/Wilkens]).

VII. »Parmalat/Eurofood«

Die Parmalat SpA ist einer der großen international tätigen Lebensmittelkonzerne. Über ihr Vermögen ist am 24.12.2003 das Verfahren einer außerordentlichen Verwaltung *(ammistrazione straordinaria)* nach der am 23.12.2003 verabschiedeten sog. *lex parmalat* zugelassen und ein außerordentlicher Kommissar bestellt worden. Nach diesem Sondergesetz kann eine Gesellschaft beim italienischen Industrieminister einen Antrag auf *ammistrazione straordinaria* stellen. Das Gericht bestätigt lediglich die ministeriale Entscheidung. In der Folge wurden für zahlreiche europäische Tochtergesellschaften unter Verweis auf Abs. 1 Hauptinsolvenzverfahren in Italien eröffnet.

Eine Tochtergesellschaft ist die Eurofood IFSC Ltd., ein als Finanzierungsvehikel für Anleiheemissionen tätiges Unternehmen mit Sitz in Irland. Eurofood emittierte Anleihen zur Finanzierung des Parmalat-Konzerns unter Abgabe einer Zahlungsgarantie der Parmalat SpA. Eurofood hatte keine Angestellten oder Geschäftsräume. Sitz der Gesellschaft war eine Anwaltskanzlei in Dublin.

Am 27.01.2004 wurde für Eurofood in Irland ein vorläufiger Insolvenzverwalter *(provisional liquidator)* mit weitgehender Verfügungsbefugnis eingesetzt, ohne dass das irische Gericht zu Abs. 1 Stellung nahm. Dagegen wandte sich der außerordentliche Kommissar mit Beschwerde v. 30.01.2004. Am 19.02.2004 bestätigte parallel das Tribunale di Parma die auf Antrag des Kommissars erwirkte Entscheidung des Industrieministers auf außerordentliche Verwaltung und eröffnete damit das Hauptinsolvenzverfahren über Eurofood in Italien (»Eurofood I«, ZIP 2004, 1220; dazu EWiR Art. 3 EuInsVO 4/04, 597 [Riera/Wagner]). Das Gericht sah die Vermutung des Abs. 1 als widerlegt an, weil die tatsächliche Unternehmensführung in Parma für Dritte – insb. für die Anleihegläubiger, die zugleich die Zahlungsgarantie der Parmalat SpA erhalten hatten – erkennbar gewesen sei.

Der High Court Dublin entschied mit Beschluss v. 23.03.2004, dass durch die Bestellung eines *provisional liquidator* am 27.01.2004 bereits ein Hauptinsolvenzverfahren in Irland eröffnet worden sei. Das Gericht begründete das mit der Rückwirkung eines Insolvenzantrags nach irischem Recht

(»Eurofood II«, ZIP 2004, 1223 [Auszug]; dazu EWiR Art. 3 EuInsVO 5/04, 599 [Herweg/Tschauner]). Die Vermutung in Abs. 1 Satz 2 sei nicht widerlegt, da sich die italienischen Geschäftsführer bei den Telefonkonferenzen mit Investoren nur aus Italien zugeschaltet hätten. Auf die für Dritte erkennbare Zahlungsgarantie der Parmalat SpA, die das Tribunale di Parma hervorgehoben hatte, ging das Gericht nicht näher ein (krit. daher Kübler, FS Gerhardt, S. 546). Die Entscheidung des italienischen Gerichts verstoße zudem auch gegen Art. 26, weil weder die Gläubiger noch der vorläufige irische Insolvenzverwalter über den italienischen Insolvenzantrag unterrichtet worden seien und insofern ein Verstoß gegen die Gewährung rechtlichen Gehörs vorliege.

Der Supreme Court of Ireland hat auf ein Rechtsmittel des außerordentlichen Kommissars mit Urt. v. 27.07.2004 mehrere Fragen zur Auslegung des Abs. 1 bei Konzerninsolvenzen dem EuGH vorgelegt (NZI 2004, 505; dazu EWiR Art. 26 EuInsVO 1/04, 973 [Herweg/Tschauner]; Smid, DZWIR 2005, 64; Wimmer, ZInsO 2005, 119).

Aufgrund der Größe des Parmalat-Konzerns sind auch gegen in zahlreichen anderen europäischen Ländern registrierte Gesellschaften Insolvenzanträge gestellt worden (vgl. etwa Municipality Court of Fejer/Székesfehérvár [Ungarn] ZInsO 2004, 861 oder Tribunale di Parma, Urt. v. 15.06.2004 zur Eröffnung eines Insolvenzverfahrens über die deutsche Parmalat GmbH ZIP 2004, 2295; dazu EWiR Art. 3 EuInsVO 11/04, 1181 [Bauer/Schlegel]). In diesem Urteil führt das italienische Gericht nochmals die Kriterien aus, die nach seiner Auffassung eine Widerlegung der Vermutung des Abs. 1 rechtfertigen sollen: Weisungsgebundenheit der deutschen Tochtergesellschaft, Ausgestaltung der Gesellschafterrechte im Gesellschaftsvertrag, Verhandlungen der Gläubiger mit der italienischen Konzernobergesellschaft.

Der Generalanwalt Jacobs hatte sich im Wesentlichen der irischen Sichtweise angeschlossen (ZIP 2005, 1878; dazu EWiR Art. 16 EuInsVO 2/05, 725 [Pannen/Riedemann]; Schilling/Schmidt, ZInsO 2006, 113), die Rückwirkungsfiktion des irischen Rechts befürwortet und sich für die Bestimmung des COMI nach der operativen Tätigkeit ausgesprochen.

VIII. Urteil des EuGH vom 02.05.2006 – »Eurofood«

81   Der EuGH ist den Anträgen des Generalanwalt Jacobs gefolgt (EuGH, ZInsO 2006, 484; dazu Poertzgen/Adam, ZInsO 2006, 505; Mankowski, BB 2006, 1753; Kammel, NZI 2006, 334; Herchen, NZI 2006, 435; Freitag/Leible, RIW 2006, 641; Smid, DZWIR 2006, 325; Knof/Mock, ZIP 2006, 91; Paulus, NZG 2006, 609). Allein die Frage der Rückwirkungsfiktion des irischen Rechts hat er offengelassen. Der EuGH hat geurteilt, dass die Vermutung des Abs. 1 Satz 2 nur widerlegt werde, wenn »objektive und für Dritte feststellbare Elemente« dies belegen. Gehe eine Gesellschaft in dem Mitgliedstaat, in dem sich ihr satzungsmäßiger Sitz befinde, einer Tätigkeit nach, so könne die Vermutung nicht allein dadurch entkräftet werden, dass die wirtschaftlichen Entscheidungen von einer Muttergesellschaft in einem anderen Mitgliedstaat kontrolliert werden können. Der EuGH hat zudem judiziert, dass die Eröffnung eines Hauptinsolvenzverfahrens von den Gerichten der übrigen Mitgliedstaaten anzuerkennen sei, »ohne dass diese die Zuständigkeit des Gerichts des Eröffnungsstaats überprüfen können«. Eine Berufung auf den *Ordre public*-Vorbehalt des Art. 26 komme (nur) in Betracht, wenn die Eröffnungsentscheidung »unter offensichtlichem Verstoß« gegen Grundrechte (hier das Grundrecht auf rechtliches Gehör) erfolgt sei. Schließlich hat der EuGH entschieden, dass die auf einen Eröffnungsantrag hin erfolgte Bestellung eines vorläufigen Verwalters (hier: *provisional liquidator* nach irischem Recht) eine Verfahrenseröffnung i. S. d. Art. 16 Abs. 1 bewirke, »wenn sie den Vermögensbeschlag gegen den Schuldner zur Folge hat und durch sie ein in Anhang C der Verordnung genannter Verwalter bestellt wird«. Ein solcher Vermögensbeschlag setze voraus, »dass der Schuldner die Befugnisse zur Verwaltung seines Vermögens verliert«.

Im Anschluss an das Urteil des EuGH hat der Supreme Court of Ireland mit Urt. v. 03.07.2006 das Rechtsmittel des italienischen Verwalters abgewiesen (*http://www.bailii.org/ie/cases/IESC/2006/S41.html*). Für den italienischen Verwalter, der mit erneutem Sachvortrag das Gericht dazu bewegen wollte, den COMI trotz der Entscheidung des EuGH in Italien zu verorten, fand der Supreme Court deutliche Worte: »*Such a proposal flies in the face of the decision of the European Court.*«

IX. »EMBIC«

Die Schuldnerin vertrieb Versicherungspolicen für gebrauchte Kfz in Deutschland. Sämtliche Geschäftsanteile werden von einer englischen Gesellschaft gehalten, die sich in England selbst im Insolvenzverfahren befindet. Operativ war die Schuldnerin nur in Deutschland tätig, dort hatte sie ihre Kundenbeziehungen, ihre Mitarbeiter, auch Geschäftskonto und Personalbuchhaltung wurden in Deutschland geführt. Allerdings bestand offenbar ein Zustimmungsvorbehalt für Zahlungen, die GBP 750 überstiegen.

Am 08.04.2004 stellte der Geschäftsführer der Schuldnerin – in England – Insolvenzantrag. Die Anhörung des Schuldners wurde auf den 28.04.2004 terminiert. Am 14.04.2004 stellte der Geschäftsführer beim AG Mönchengladbach sodann Antrag auf Eröffnung eines Sekundärinsolvenzverfahrens in Eigenverwaltung. Soweit das Gericht die Eröffnung eines Sekundärverfahrens ablehne, weil in England noch kein Hauptverfahren eröffnet sei, beantragte er, die Entscheidung des britischen Gerichts abzuwarten.

Das AG Mönchengladbach legte den Antrag auf Eröffnung eines Sekundärinsolvenzverfahrens als Antrag auf ein Hauptinsolvenzverfahren aus, weil ein solches Hauptinsolvenzverfahren bisher noch nicht eröffnet war. Mit Beschluss v. 27.04.2004 eröffnete es ein Hauptinsolvenzverfahren (ZIP 2004, 1064 m.Anm. Bähr/Riedemann; dazu EWiR Art. 3 EuInsVO 7/04, 705 [Kebekus]; Lautenbach, NZI 2004, 383). Den Mittelpunkt des hauptsächlichen Interesses sah das Gericht in Deutschland, für eine Widerlegung der Vermutung reichten die in England getroffenen strategischen Entscheidungen und sonstigen betriebsinternen Umstände nicht aus, weil sich daraus kein für Dritte erkennbarer Mittelpunkt ergebe.

X. »Hettlage«

Die im Textilhandel tätige Schuldnerin ist die österreichische Tochtergesellschaft der deutschen Hettlage KGaA. Sie ist operativ mit dreizehn Verkaufsstellen in Österreich tätig. Geschäfts-, Vertriebs- und Einkaufsleitung werden von Deutschland aus durchgeführt. Rechnungswesen, Controlling, Organisation, EDV, Personal u. a. interne Dienstleistungen werden ebenfalls von der deutschen Muttergesellschaft erbracht.

Am 04.05.2004 eröffnete das AG München ein Hauptinsolvenzverfahren (»Hettlage I« ZInsO 2004, 691; dazu EWiR Art. 3 EuInsVO 2/04, 493 [Paulus]; Mankowski, NZI 2004, 450; Weller, IPRax 2004, 412). Unter ausdrücklicher Bezugnahme auf das Urteil des High Court in Leeds v. 16.05.2003 (»ISA I«) hat das Gericht die Vermutung des Abs. 1 Satz 2 als widerlegt angesehen. Das Gericht stellt entscheidend darauf ab, dass sich die für das Betriebsgeschehen erheblichen Organisationsteile nach außen erkennbar in Deutschland befinden, geht jedoch i. E. nicht auf die Person des Dritten oder die konkrete Erkennbarkeit ein (krit. daher Bähr/Riedemann, ZIP 2004, 1066, 1067).

Mit Beschl. v. 11.05.2004 eröffnete das Landesgericht Innsbruck auf Antrag der deutschen Hauptinsolvenzverwalterin ein Sekundärinsolvenzverfahren in Österreich (»Hettlage II«, ZIP 2004, 172; dazu EWiR Art. 3 EuInsVO 10/04, 1085 [Bähr/Riedemann]; Schopper KTS 2005, 224).

XI. »HUKLA«

Die Schuldnerin war als Vertriebsgesellschaft für Matratzen und Polster in Österreich tätig. Mit Beschl. v. 02.08.2004 eröffnete das AG Offenburg ein Hauptinsolvenzverfahren (www.eir-database.com/download/cases/59/48-1_HUKLA.pdf; vgl. dazu EWiR Art. 3 EuInsVO 1/05, 73 [Pannen/Riedemann]). Die Vermutung des Abs. 1 Satz 2 sah es als widerlegt an, weil die Geschäfts- und Vertriebsleitung über die deutsche HUKLA-Werke GmbH erfolgte. Organisation und Vertriebssteuerung sowie die Geschäftsbücher und Unterlagen der Gesellschaft befänden sich ebenfalls in Deutschland.

XII. High Court London/Handelsgericht Wien

85 Der Schuldner ist eine natürliche Person, der beruflich in England tätig ist, aber auch als Geschäftsführer einer in Wien registrierten GmbH fungiert. In England wurde ein Bankruptcy-Verfahren gegen den Schuldner unter kurzem Hinweis auf Abs. 1 eröffnet. Eine österreichische Bank, die seit längerer Zeit Forderungen gegen den Schuldner einzutreiben versuchte, stellte in Unkenntnis des Bankruptcy-Verfahrens Konkursantrag gegen den Schuldner beim Handelsgericht Wien, welches das Verfahren am selben Tag eröffnete.

Nach Kenntniserlangung vom englischen Bankruptcy-Verfahren setzte der österreichische Massewalter gleichwohl seine Tätigkeit fort und beantragte im Laufe der weiteren Konkursabwicklung die Freigabe einer Forderung des Schuldners gegen eine Bank in Prag. Gegen den Freigabebeschluss legten sowohl die tschechische Bank als auch der englische Verwalter Rechtsmittel ein.

Das OLG Wien, hat mit Beschl. v. 09.11.2004 (NZI 2005, 56 m.Anm. Paulus [»souveräner Umgang mit der EuInsVO«]) entschieden, dass das Bankruptcy-Verfahren das Hauptinsolvenzverfahren i.S.d. Abs. 1 darstelle. Ein Verstoß gegen den *ordre public* (Art. 26) liege nicht vor: Weder Verstöße gegen die Zuständigkeitsordnung der EuInsVO noch die (fehlende) Begründung der Zuständigkeit durch den High Court London reichten dafür aus. Im vorliegenden Fall stünden zudem schon die – wenn auch nur floskelhafte – Bezugnahme des High Court auf Abs. 1 sowie gewisse Anhaltspunkte für eine Nähebeziehung des Schuldners zu England einem *Ordre-public*-Verstoß entgegen. Das Handelsgericht Wien, entschied das OLG Wien, könne das Verfahren in Österreich entweder mangels Kostendeckung durch das Inlandsvermögen aufheben oder seine Wirkungen nachträglich auf das Inland beschränken (bestätigt durch den OGH, NZI 2005, 465).

XIII. »Automold«

86 Die im Handelsregister Köln eingetragene Schuldnerin ist als Automobilzulieferer im Kunststoffbereich tätig. Sie produziert mit über 100 Arbeitnehmern ausschließlich in Deutschland. Sämtliche Geschäftsanteile werden von einer englischen Gesellschaft gehalten.

Der High Court in Birmingham sah den Mittelpunkt der hauptsächlichen Interessen in England und eröffnete dort am 19.12.2003 ein Hauptinsolvenzverfahren.

Auf Antrag der englischen Insolvenzverwalter sowie des deutschen Geschäftsführers eröffnete das AG Köln mit detailliert begründetem Beschl. v. 23.01.2004 sodann ein Sekundärinsolvenzverfahren (ZIP 2004, 471; dazu EWiR Art. 3 EuInsVO 6/04, 601 [Blenske]; Meyer-Löwy/Poertzgen, ZInsO 2004, 195). Zudem ordnete das Gericht die beantragte Eigenverwaltung an. Die Verwaltungs- und Verfügungsbefugnis verortete es mangels abweichender Regelung im deutschen Insolvenzrecht bei den englischen Insolvenzverwaltern. Für die Anordnung der Eigenverwaltung sprach nach Ansicht des Gerichts, dass eine derart koordinierte Insolvenzabwicklung zu höheren Verwertungserlösen bei der Veräußerung auch anderer Konzernteile führe und die englischen Insolvenzverwalter bereits eingearbeitet seien.

XIV. »Aircraft«

87 Der Schuldner, eine natürliche Person, hält mehrere Gesellschaftsbeteiligungen. Das wertmäßige Schwergewicht seiner Beteiligungen besteht an Gesellschaften mit Sitz in Hamburg, u.a. einer Aircraft KG, zu deren Vermögen zwei Flugzeuge gehören. Die Beteiligungen sowie in Hamburg belegenes Immobilienvermögen werden von Hamburg aus verwaltet. Der Schuldner hielt sich vor Antragstellung zu etwa zwei Drittel seiner Zeit in Hamburg, i.Ü. in der Tschechischen Republik auf. Am 11.02.2005 stellte ein Gläubiger gegen ihn beim Stadtgericht Prag Insolvenzantrag. Am 02.03.2005 stellte der Schuldner selbst – in Hamburg – Insolvenzantrag.

Das AG Hamburg bestellte daraufhin zunächst einen Sachverständigen. Mit Beschl. v. 08.03.2005 ernannte das Stadtgericht Prag sodann einen vorläufigen Insolvenzverwalter. Das AG Hamburg eröffnete mit Beschl. v. 16.03.2005 ein Hauptinsolvenzverfahren (dazu Herchen, ZIP 2005, 1401). Die hiergegen gerichtete Beschwerde eines Insolvenzgläubigers wies das LG Hamburg mangels Beschwerdebefugnis (§ 34 InsO u. Art. 102 § 3 EGInsO) als unzulässig – und i. Ü. auch als unbegründet (arg.: »Prioritätsprinzip gilt erst ab Verfahrenseröffnung«) – zurück (ZInsO 2005, 1052).

Das Stadtgericht Prag eröffnete mit Beschl. v. 26.04.2005 (ZIP 2005, 1431) ein (weiteres) Hauptinsolvenzverfahren. Es begründete seine Entscheidung damit, dass aufgrund der Rückwirkungsfiktion des § 82 Abs. 1 der tschechischen ZPO ein Insolvenzverfahren bereits mit Antragstellung, d. h. am 11.02.2005, i. S. d. Art. 16 eröffnet werde. Das vom AG Hamburg eröffnete Verfahren könne daher nur ein Sekundärinsolvenzverfahren darstellen.

XV. »Collins & Aikman«

Die Collins & Aikman Gruppe ist ein führender Zulieferer für Innenausstattungen im Automobilbereich. Der Hauptsitz des Unternehmens befindet sich in den USA. Das Unternehmen hat weltweit etwa 23.000 Mitarbeiter und ist in 17 Ländern tätig. Über die nordamerikanische Unternehmensgruppe wurde ein Verfahren nach »Chapter 11« des US Bankruptcy Code eröffnet. Die europäische Unternehmensgruppe umfasst etwa 4.000 Mitarbeiter an 24 Standorten, die auf zehn Länder verteilt sind. Mit Beschl. v. 15.07.2005 hat der High Court in London Hauptinsolvenzverfahren *(administration)* über sämtliche europäischen Konzerngesellschaften eröffnet (Einzelheiten unter: *www.collinsaikman.com/reorg/news.html*).

Neben der faktischen Bejahung eines Konzerngerichtsstands durch den High Court in London (krit. etwa Paulus, NZI 2005, 647: »Diese Entscheidung löst sogar in England selbst ein gewisses Unbehagen aus«) sind an dem Fall auch weitere Facetten interessant. So hat die Geschäftsführung einer im Handelsregister des AG Köln eingetragenen Konzerngesellschaft am 18.07.2005 beim AG Köln Antrag auf Eröffnung des Insolvenzverfahrens gestellt, um vorsorglich der Insolvenzantragspflicht des § 64 Abs. 1 GmbHG a. F. nachzukommen. Ausweislich des Antrags war weder direkt noch indirekt die Eröffnung eines Sekundärinsolvenzverfahrens nach Art. 27 ff. beabsichtigt. Das AG Köln (ZIP 2005, 1566 m.Anm. Wagner, ZIP 2006, 1934) hat das Rechtsschutzinteresse verneint und den Antrag als unzulässig zurückgewiesen. Dazu hat es ausgeführt, dass die Geschäftsführung ihrer Antragspflicht nach § 64 Abs. 1 GmbHG a. F. bereits durch die vorhergehende Antragstellung in England ausreichend Rechnung getragen habe. Eines weiteren Insolvenzantrags bedürfe es nicht (vgl. auch Vallender/Fuchs, ZIP 2004, 829; näher Art. 4 Rdn. 20a).

Eine weitere Entscheidung betrifft eine österreichische Konzerngesellschaft. Die englischen Hauptinsolvenzverwalter hatten unter Berufung auf Art. 33 beantragt, das Sekundärinsolvenzverfahren als Ganzes auszusetzen, hilfsweise die Verwertung sämtlicher Vermögensgegenstände auszusetzen und den Sekundärinsolvenzverwalter zum Abschluss einer Kooperationsvereinbarung der Verwalter zu verpflichten. Nachdem das LG Leoben sämtliche Anträge mit Beschl. v. 31.08.2005 zurückgewiesen hatte (ZInsO 2005, 1176 m. krit. Anm. Sommer, ZInsO 2005, 1137 und Paulus, NZI 2005, 647), wurde diese Entscheidung vom OLG Graz, mit Beschl. v. 20.10.2005 teilweise aufgehoben (NZI 2006, 660, hierzu Beck, NZI 2006, 609). Das OLG Graz ist dem LG Leoben zwar insoweit gefolgt, als ein Sekundärinsolvenzverfahren nicht als Ganzes ausgesetzt werden kann. Auch hat es keinen Raum für eine Verpflichtung des österreichischen Sekundärverwalters gesehen, eine Kooperationsvereinbarung abzuschließen. I. Ü. aber hat das OLG entschieden, dass die Verwertung gem. Art. 33 Abs. 1 auszusetzen sei, solange nicht die Interessen der Gläubiger des Hauptinsolvenzverfahrens offensichtlich gegenläufig sind. Letzteres war vorliegend nicht der Fall: Der Verwalter des Hauptinsolvenzverfahrens beabsichtigte eine Veräußerung der schuldnerischen Unternehmensgruppe als Ganzes. Das OLG Graz entschied zudem, dass das Antragsrecht des Hauptinsolvenzverwalters nach Art. 33 nicht von einer vorangehenden Information und einem Vorschlag des Hauptinsolvenzverwalters zur Art der Verwertung abhänge (vgl. hierzu auch Art. 33 Rdn. 2 ff.).

Mit Beschl. v. 01.12.2005 hat schließlich das LG Leoben die Aussetzung der Verwertung nach Art. 33 Abs. 2 wieder aufgehoben (NZI 2006, 663, auch hierzu Beck, NZI 2006, 660). Zur Begründung hat es ausgeführt, dass die Gläubiger des Sekundärverfahrens durch eine bevorstehende Veräußerung des Anlage- und Umlaufvermögens vollständig befriedigt werden könnten und wegen einer zeitlichen Befristung des Erwerbsangebots ein Zuwarten mit der Veräußerung für die Gläubiger die Gefahr mit sich bringen würde, dass kein Interessent mehr vorhanden sei (vgl. auch Art. 33 Rdn. 11 ff.).

Aus englischer Sicht ist zudem das Urteil des High Court of Justice in London v. 09.06.2006 bemerkenswert (NZI 2006, 654 m.Anm. Meyer-Löwy/Plank, NZI 2006, 622; dazu EWiR Sec. 66 IA 1/06, 623 [Mankowski]). Unter Berufung auf die Rspr. im Rover-Fall (Rdn. 89) hat der High Court die englischen Hauptinsolvenzverwalter ermächtigt, die Verteilung des Erlöses an die Gläubiger entsprechend den für diese jeweils geltenden, nationalen Regelungen durchzuführen. Meyer-Löwy/Plank sehen hierin zutreffend einen Beweis für die »Flexibilität des englischen Insolvenzrechts« und konstatieren einen Wettbewerb der Rechtssysteme, der aus Gläubigersicht vielleicht zu einem »race to the top« führen könne (NZI 2006, 622, 624).

XVI. »Rover«

89 Die MG Rover-Gruppe ist konzernmäßig strukturiert. Die englische Obergesellschaft hält über eine englische Zwischenholding acht 100%ige Beteiligungen an Tochtergesellschaften in der EU, u. a. in Deutschland, Frankreich und den Niederlanden.

Der High Court in Birmingham eröffnete nicht nur über das Vermögen der englischen Holding-Gesellschaften, sondern auch über die acht EU-Beteiligungen Hauptinsolvenzverfahren in England (NZI 2005, 467 m.Anm. Penzlin/Riedemann; dazu EWiR Art. 3 EuInsVO 4/05, 637 [Mankowski]).

In einer eingehend begründeten Entscheidung führt Judge Norris eine Abwägung durch, in der er u. a. die Management- und Finanzstruktur des Konzerns sowie die Betrachtungsweise der Gläubiger würdigt. Er gelangt letztlich unter Anerkennung der head office function-Doktrin zur englischen Zuständigkeit und begründet diese u. a. mit den besseren Verwertungsmöglichkeiten im Rahmen einer zentralisierten *administration* im Vergleich zu einer anderenfalls als wahrscheinlich unterstellten Zerschlagung.

Mit einem zweiten Beschluss (NZI 2005, 515 m.Anm. Penzlin/Riedemann) stellt das Gericht die Befugnisse der englischen Hauptinsolvenzverwalter durch sog. *supplemental orders* dahin gehend klar, dass diese Arbeitnehmerforderungen der Beschäftigten in den Beteiligungsgesellschaften in demselben Rang bedienen dürften, den diese Forderungen nach dem jeweils anwendbaren nationalen Insolvenzrecht hätten, welches gelten würde, wenn in dem jeweiligen Mitgliedsstaat ein Sekundärinsolvenzverfahren eröffnet würde. Durch diese Besserstellung der betroffenen Arbeitnehmer sollte diesen der Anreiz genommen werden, Sekundärinsolvenzverfahren zu beantragen, welche nach Einschätzung von Judge Norris zu einer unkoordinierten Zerstörung des MG Rover-Konzerns führen würden. Trotz allem wurden in Deutschland und Holland Sekundärverfahren beantragt und zwischenzeitlich auch eröffnet.

In dieselbe Richtung geht ein weiterer Beschluss des High Court in Birmingham (NZI 2006, 416 m.Anm. Mankowski), mit dem das Gericht eine Auszahlung der Insolvenzquote an belgische Gläubiger – und zwar nach den Verteilungsregeln des belgischen Insolvenzrechts – gestattet hat. Auch in diesem Fall hat sich das Gericht auf die sehr weiten Regelungen der sec. 65 und 66 Insolvency Act 1986 berufen, die eine Abweichung vom englischen Verteilungsrecht erlauben. Ziel der *order* war es wiederum, die Eröffnung eines Sekundärinsolvenzverfahrens zu vermeiden (instruktiv Mankowski, NZI 2006, 418, der die Entscheidung alternativ als »ein Beispiel gelungener informeller Kooperation« oder »eine gelungene und sogar gerichtlich abgesegnete Erpressung« bezeichnet).

XVII. »EMTEC«

Die EMTEC-Gruppe ist ein weltweit tätiger Anbieter von Speichermedien wie CD-ROM, DVD und USB mit über 2.500 Mitarbeitern. Die Konzernverwaltung erfolgt durch verschiedene französische Gesellschaften, die ihrerseits die Anteile an Tochtergesellschaften im europäischen Ausland halten.

90

Das Tribunal de Commerce in Nanterre hat zunächst über einige französische Gesellschaften, sodann über acht europäische Tochtergesellschaften Hauptinsolvenzverfahren nach französischem Recht *(redressement judiciaire)* eröffnet (dazu EWiR Art. 3 EuInsVO 4/06, 207 [Penzlin]). Den COMI sämtlicher Gesellschaften hat das Tribunal de Commerce in Frankreich verortet. Zur Begründung hat es sowohl geschäftsinterne als auch für Dritte erkennbare Umstände angeführt. So seien nicht nur Finanzmanagement, Warenbelieferung, Geschäftspolitik, Finanzierung und Liquiditätsmanagement von Frankreich aus gesteuert. Ebenso seien die französischen Konzerngesellschaften für die Lieferverträge ihrer Tochtergesellschaften verantwortlich. Zudem seien auch aus Sicht der Arbeitnehmer der Auslandsgesellschaften die unternehmensrelevanten Entscheidungen von Frankreich aus getroffen worden.

Das Gericht stützt sich auf die zum Entscheidungszeitpunkt vorliegenden Anträge des Generalanwalts in der Sache »Eurofood« (vgl. oben Rdn. 80 a. E.). Bemerkenswert ist die Abgrenzung von den Entscheidungen des High Court in Birmingham in der Sache MG Rover (oben Rdn. 89): Das Tribunal de commerce hält Sekundärinsolvenzverfahren nicht für schädlich. Vielmehr sieht es die Gläubigerinteressen am besten durch eine zweigliedrige Vorgehensweise gewahrt: In einem ersten Schritt solle i. R. d. Hauptinsolvenzverfahrens eine konzerneinheitliche Verwertung erfolgen, die Erlöse könnten sodann in einem zweiten Schritt in Sekundärverfahren unter Berücksichtigung des jeweiligen nationalen Rechts verteilt werden.

XVIII. »Eurotunnel«

Eine der ersten Entscheidungen nationaler Gerichte aus der Ära nach »Eurofood« betraf den Eurotunnel-Konzern (allgem. dazu Dammann/Podeur, L'affaire Eurotunnel, première application du règlement CE n° 1346-2000 à la procédure de sauvegarde, Recueil Dalloz 2006 Jurisprudence, S. 2331). Am 13.07.2006 beantragte die Konzernleitung zur Rettung der gesamten Unternehmensgruppe die Eröffnung eines präventiven Sanierungsverfahrens nach französischem Recht vor dem Tribunal de commerce de Paris, und zwar über alle 17 gruppengebundenen Unternehmen (davon elf Gesellschaften mit satzungsmäßigem Sitz außerhalb Frankreichs in Großbritannien, Deutschland, Spanien, Niederlanden und Belgien). Das Tribunal de commerce de Paris hat am 02.08.2006 antragsgemäß entschieden, womit der Weg frei war für die Durchführung einer einheitlichen *procédure de sauvegarde* über alle 17 Gesellschaften der Eurotunnel-Gruppe. Zur Begründung des COMI aller Konzerngesellschaften an ein und demselben Ort in Frankreich hob das Gericht auf folgende Aspekte ab: Die strategische und operative Leitung wurde durch einen gemeinsamen »Rat« in Paris wahrgenommen, der mit Franzosen besetzt war; die finanzielle Leitung sowie Buchführung erfolgten allein in Frankreich, wo auch der Schwerpunkt der Geschäftstätigkeit lag; die Mehrheit der Arbeitnehmer und Aktiva war in Frankreich verortet und auch die Verhandlungen über die Schuldenrestrukturierung fanden seinerzeit in Paris statt.

91

Die Entscheidungen in der Sache Eurotunnel widerlegen die im Schrifttum nach »Eurofood« vielfach getroffene Annahme, die *head office function* würden in Zukunft bei der Bestimmung der internationalen Zuständigkeit keine Rolle mehr spielen. Das Tribunal de commerce de Paris zieht sie nämlich sehr wohl bei der Suche nach dem COMI heran, wenn zu den internen Aspekten noch weitere für Dritte erkennbare, objektive Umstände bzw. Elemente hinzutreten. Überdies nimmt das Gericht eine »teleologisch-dynamische Auslegung« des Art. 3 EuInsVO vor, indem es den Erhalt der Einheit des Unternehmensverbundes zu Sanierungszwecken als Aspekt bei der Bestimmung der internationalen Zuständigkeit mitberücksichtigt (dazu auch Rdn. 17).

XIX. »Hans Brochier«

92 Der Insolvenzfall »Hans Brochier« zeigt die Grenzen der Gestaltbarkeit grenzüberschreitender Insolvenzsachverhalte auf (zum Ganzen Knof, ZInsO 2007, 629; Kussmaul/Ruiner, KSI 2008, 112). Zunächst erfolgte der »Umzug« der Hans Brochier GmbH & Co. KG nach Großbritannien durch *upstream merger* (»Anwachsungsmodell«), wodurch das gesamte Vermögen der Gesellschaft mit allen Aktiva und Passiva auf die Hans Brochier Holdings Ltd. mit satzungsmäßigem Sitz in England übergegangen ist. Am 04.08.2006 um 12.34 Uhr wurde sodann ohne Anhörung und ohne weitere gerichtliche Prüfung der Zuständigkeit nach Abs. 1 auf Eigenantrag im Wege des sog. *out-of-court appointment* das Hauptinsolvenzverfahren über das Vermögen der Hans Brochier Holdings Ltd. eröffnet und die von den Geschäftsführern vorgeschlagenen Insolvenzverwalter als *administrator* bestellt (dazu EWiR Art. 3 EuInsVO 2/07, 175 [Paulus]). Auf der »anderen Seite« ordnet das AG Nürnberg mit Beschl. v. selben Tag, aber erst um 14.30 Uhr, die vorläufige Insolvenzverwaltung über das Vermögen der Hans Brochier Holdings Ltd. an und bestellt einen vorläufigen Insolvenzverwalter (zur Relevanz s. etwa Rdn. 25).

Am 15.08.2006 verfügt der High Court of Justice (nach erstmaliger inhaltlicher Prüfung!), dass das COMI der Schuldnerin immer in Deutschland gelegen hat und bis heute liegt und die Bestellung der *administrators* in einem englischen Hauptinsolvenzverfahren deshalb ungültig war (NZI 2007, 187; dazu EWiR Art. 3 EuInsVO 3/07, 177 [Mankowski]). Ungeachtet dessen verweigert das AG Nürnberg, am 15.08.2006 auf Antrag des deutschen vorläufigen Insolvenzverwalters der Eröffnungsentscheidung des High Court of Justice die Anerkennung, und zwar wegen Verstoßes gegen den verfahrensrechtlichen *ordre public* nach Art. 26 (ausführl. dazu Art. 26 Rdn. 7 ff.). Am 01.10.2006 eröffnet das AG Nürnberg sodann ein Hauptinsolvenzverfahren mit dem Hinweis darauf, dass die gesetzliche Vermutung des Abs. 1 Satz 2, dass der Mittelpunkt der hauptsächlichen Interessen der Ort des satzungsmäßigen Sitzes des Schuldners ist, als widerlegt gelte, wenn alle unternehmerischen Entscheidungen von einer Niederlassung in einem anderen EU-Staat getroffen werden und das gesamte operative Geschäft von dort aus gesteuert wird (ZInsO 2007, 667; dazu EWiR Art. 3 EuInsVO 4/07, 179 [Kodek]).

Schließlich wurde am 08.12.2006 vom High Court of Justice London auf Antrag des deutschen Insolvenzverwalters hin auch die Ernennung der *second joint administrators* im Sekundärinsolvenzverfahren von Anfang an für unwirksam erklärt, da die Hans Brochier Holdings Ltd. keine Niederlassung i. S. d. EuInsVO in England oder Wales besaß.

XX. »PIN-Holding«

93 Das AG Köln geht sowohl im rein nationalen (Beschl. v. 01.02.2008, ZInsO 2008, 215; dazu EWiR § 3 InsO 2/08, 595 [K. Müller]; s. a. die Kontroverse zwischen Knof/Mock, ZInsO 2008, 253; dies. ZInsO 2008, 499 und Frind, ZInsO 2008, 263; ders. ZInsO 2008, 614) als auch in einem grenzüberschreitenden Kontext (Beschl. v. 19.02.2008, ZInsO 2008, 388 [mit Blick auf die Insolvenz der Holding-Gesellschaft der PIN Group, die im *Registre de Commerce et des Sociétés de Luxembourg* mit Sitz in Leudelingen, Luxemburg, eingetragen wurde]; dazu EWiR Art. 3 EuInsVO 1/08, 531 [Paulus]) davon aus, dass in dem Fall, dass ein Unternehmensverbund aus zahlreichen, voneinander im Organisationsablauf abhängigen Gesellschaften eine einheitliche innere wie äußere Ausgestaltung durch einen zur Meisterung der Krise eingesetzten Lenkungsausschuss erfahren hat, dessen Weisungen sich die Schuldnerin unterwirft, der Gerichtsstand am Sitz des Lenkungsausschusses begründet ist (zum Ganzen Rotstegge, ZIP 2008, 955).

Das AG Köln hatte in seinem Beschl. v. 19.02.2008 die Vermutungswirkung des Abs. 1 Satz 2 als widerlegt angesehen, wenn die wesentlichen Funktionen der Insolvenzschuldnerin als Holding – Planung und Gestaltung der Konzernpolitik, Einkauf, Finanzen/Controlling, Marketing und Kommunikation sowie Pressearbeit, die Lenkung der Gruppe sowie die Ausarbeitung und Umsetzung von Sanierungsmaßnahmen – nicht mehr am satzungsmäßigen Sitz, sondern in einem anderen Mitgliedstaat ausgeübt werden. Dieses neue COMI sei auch nach außen für verschiedene Verkehrskreise (z. B. Gläubiger, Vertragspartner, Mitarbeiter) erkennbar, weil ein neuer Verwaltungsrat die Investorenverhandlungen in Köln führt, Bankengespräche und Stundungsverhandlungen mit wesentlichen Gläubigern in Köln geführt werden und schließlich auch Pressemitteilungen in Köln verfasst und von Köln aus mit Kölner Absender verschickt werden.

Eine andere Bewertung sollte sich auch nicht dadurch ergeben, dass die Aktivitäten der Holding erst kurz vor der Insolvenzantragstellung in einen anderen Mitgliedstaat verlegt worden sind. Denn die Verlegung des COMI sei insoweit nicht rechtsmissbräuchlich, als damit im Interesse des Konzernerhalts und damit auch der Gläubiger versucht werde, eine Sanierung des Konzerns zu realisieren. Eine noch untergeordnete Tätigkeiten im Gebiet des (Wegzugs-) Mitgliedsstaates, in dem sich der satzungsmäßige Sitz zuvor befand, ist unschädlich, weil zur Widerlegung der Vermutung des Abs. 1 Satz 2 nicht erforderlich ist, dass die Gesellschaft dort überhaupt keiner Tätigkeit mehr nachgeht. Der zuständigkeitsbegründende Aspekt der gegenwärtigen, konzernweiten Sanierungstätigkeit erinnert stark an die Begründung des Tribunal de commerce de Paris in der Rechtssache »Eurotunnel« (dazu Rdn. 91).

XXI. »Deko Marty«

Die von der EuInsVO offen gelassene Frage nach der internationalen Zuständigkeit der mitgliedstaatlichen Gerichte für sog. Annexverfahren zum Insolvenzverfahren hat der EuGH (12.02.2009 – Rs. C-339/07 [Christopher Seagon/Deko Marty Belgium NV], ZInsO 2009, 439 m. Anm. Mock, ZInsO 2009, 470; dazu EWiR Art. 3 EuInsVO 2/09, 411 [Karsten Müller]) in der Rechtssache »Deko Marty« mit Blick auf die in der Praxis sehr relevanten Insolvenzanfechtungsklagen beantwortet (s. a. Rdn. 37 und ausf. Art. 13 Rdn. 10). Hiernach ist Art. 3 Abs. 1 in der Weise auszulegen, dass die Gerichte des Mitgliedstaats, in dessen Gebiet das Insolvenzverfahren eröffnet worden ist, für eine Insolvenzanfechtungsklage gegen einen Anfechtungsgegner, der seinen satzungsmäßigen Sitz in einem anderen Mitgliedstaat hat, zuständig sind (EuGH, ZInsO 2009, 493 – Deko Marty [Tz. 28]). Der vorlegende BGH hat die Vorgaben des EuGH hinsichtlich der Auslegung des Art. 3 entsprechend umgesetzt (BGH, ZInsO 2009, 1270 – Deko Marty [Tz. 6]; dazu EWiR Art. 3 EuInsVO 3/09, 505 [Riedemann]; zum Ganzen jetzt auch Fehrenbach IPRax 2009, 492; Mankowski/Willemer RIW 2009, 669) und darüber hinaus klargestellt, dass in dem Fall, in dem die deutschen Gerichte für eine Insolvenzanfechtungsklage europarechtlich international zuständig sind, ohne dass nach den allgemeinen deutschen Gerichtsstandsbestimmungen eine örtliche Zuständigkeit begründet wäre, das sachlich zuständige Streitgericht für den Sitz des eröffnenden Insolvenzgerichts ausschließlich örtlich zuständig ist (BGH, ZInsO 2009, 1270 – Deko Marty [Tz. 11]). Zu Folgefragen und entsprechende anhängige Vorabentscheidungsersuchen s. a. Art. 13 Rdn. 10.

94

XXII. »Interedil«

In der Rechtssache »Interedil« lag dem EuGH ein Vorabentscheidungsersuchen des Tribunale di Bari, Italien, zur Entscheidung vor, das die Vermutungsbasis des Abs. 1 Satz 2 im Blick hat (EuGH, Urt. v. 20.10.2011 – Rs. C-396/09 [»Interedil«], ZIP 2011, 2153 = NZI 2011, 990 m. Anm. Mankowski; zu den Schlussanträgen der GA Kokott, siehe ZIP 2011, 918; dazu EWiR Art. 3 EuInsVO 2/11, 345 [J. Schmidt]; zu den Vorlagefragen s. ABl. EU 2009, Nr. C 312/21 f.). Das Tribunale di Bari fragt, ob die Vermutung durch die Feststellung widerlegt werden kann, dass die Gesellschaft in einem anderen Staat als dem ihres satzungsmäßigen Sitzes einer geschäftlichen Tätigkeit nachgeht, oder ob zur Widerlegung der Vermutung die Feststellung erforderlich ist, dass die Gesellschaft in dem Staat ihres satzungsmäßigen Sitzes keine geschäftliche Tätigkeit entfaltet hat. Ganz konkret fragt das Tribunale di Bari weiter, ob die Belegenheit von Immobilien der Gesellschaft in einem anderen Mitgliedstaat als dem ihres satzungsmäßigen Sitzes, das Bestehen eines Mietvertrags zwischen der Schuldnergesellschaft und einer anderen Gesellschaft über zwei Hotelkomplexe sowie eines Vertrags der Gesellschaft mit einem Geldinstitut, hinreichende Elemente oder Faktoren sind, um die Vermutung nach Art. 3 Abs. 1 Satz 2 zugunsten des »satzungsmäßigen Sitzes« der Gesell-

95

schaft zu widerlegen oder ob derartige Umstände (wenigstens) die Annahme rechtfertigen, dass die Gesellschaft eine Niederlassung in diesem Staat i. S. d. Art. 3 Abs. 2 hat.

Der EuGH stärkte der Vermutungswirkung nach Art. 3 Abs. 1 Satz 2 den Rücken und entschied, dass bei der Bestimmung des COMI einer Schuldnergesellschaft dem Ort der Hauptverwaltung dieser Gesellschaft, wie er anhand von objektiven und durch Dritte feststellbaren Faktoren ermittelt werden kann, der Vorzug zu geben ist. Wenn sich die Verwaltungs- und Kontrollorgane einer Gesellschaft am Ort ihres satzungsmäßigen Sitzes befinden und die Verwaltungsentscheidungen der Gesellschaft in durch Dritte feststellbarer Weise an diesem Ort getroffen werden, lasse sich die in Art. 3 Abs. 1 Satz 2 aufgestellte Vermutung nicht widerlegen. Befindet sich der Ort der Hauptverwaltung einer Gesellschaft nicht an ihrem satzungsmäßigen Sitz, könnten das Vorhandensein von Gesellschaftsaktiva und das Bestehen von Verträgen über deren finanzielle Nutzung in einem anderen Mitgliedstaat als dem des satzungsmäßigen Sitzes der Gesellschaft nur dann als zur Widerlegung dieser Vermutung ausreichende Faktoren angesehen werden, wenn eine Gesamtbetrachtung aller relevanten Faktoren die von Dritten überprüfbare Feststellung zulässt, dass sich der tatsächliche Mittelpunkt der Verwaltung und der Kontrolle der Gesellschaft sowie der Verwaltung ihrer Interessen in diesem anderen Mitgliedstaat befindet.

Zu der weitergehenden Frage, ob eine reine »Abwicklungstätigkeit« geeignet ist, einen COMI am satzungsmäßigen Sitz zu begründen, wenn der Sitz erst nach Löschung der Gesellschaft und Einstellung ihrer werbenden Tätigkeit verlegt worden sei, stellte der EuGH lediglich knapp fest, dass in dem Fall, in dem der satzungsmäßige Sitz einer Schuldnergesellschaft verlegt wird, bevor ein Antrag auf Eröffnung eines Insolvenzverfahrens gestellt wird, vermutet wird, dass sich der COMI dieser Gesellschaft am Ort ihres neuen satzungsmäßigen Sitzes befindet. Zu den Erwägungen der GA Kokott zu dieser Frage siehe Rdn. 14a.

E. Vorschlag der Kommission zur Reform der EuInsVO

96 Der Kommissionsvorschlag zur Reform der EuInsVO sieht eine Konkretisierung des Mittelpunkts der hauptsächlichen Interessen in Art. 3 vor. Da diese Konkretisierung auf die Formulierung in der 13. Begründungserwägung der EuInsVO zurückgeht, so wie sie auch in der Rechtsprechung des EuGH bereits mehrfach zur Konkretisierung des Mittelpunkts der hauptsächlichen Interessen herangezogen wurde (dazu z. B. oben Rdn. 81), ist mit der Ergänzung des Wortlauts keine Neuerung verbunden, nicht einmal ein Gewinn an Rechtssicherheit.

In Anlehnung an die Entscheidung des EuGH in der Rechtssache Interedil (dazu oben Rdn. 95) wird zudem ein neuer Erwägungsgrund Nr. 13a der EuInsVO vorgeschlagen, der wie folgt lautet:

> *»(13a) Bei Gesellschaften und juristischen Personen sollte die Vermutung gelten, dass der ‹Mittelpunkt ihrer hauptsächlichen Interessen› der Ort ihres satzungsmäßigen Sitzes ist. Diese Vermutung sollte widerlegt werden können, wenn sich die Hauptverwaltung der Gesellschaft in einem anderen Mitgliedstaat befindet als der Sitz und wenn eine Gesamtbetrachtung aller relevanten Faktoren die von Dritten überprüfbare Feststellung zulässt, dass sich der tatsächliche Mittelpunkt der Verwaltung und der Kontrolle der Gesellschaft sowie der Verwaltung ihrer Interessen in diesem anderen Mitgliedstaat befindet. Eine Widerlegung der Vermutung sollte hingegen nicht möglich sein, wenn sich die Verwaltungs- und Kontrollorgane einer Gesellschaft am Ort ihres Sitzes befinden und die Verwaltungsentscheidungen der Gesellschaft in für Dritte feststellbarer Weise an diesem Ort getroffen werden.«*

97 Mit den verfahrensmäßigen Fragen der Zuständigkeitsentscheidung (dazu oben Rdn. 54 ff.) beschäftigt sich der neue Art. 3b, der durch den neuen Erwägungsgrund Nr. 12a der EuInsVO flankiert wird; er lautet:

> *»(12a) Vor Eröffnung des Insolvenzverfahrens sollte das zuständige Gericht von Amts wegen prüfen, ob sich der Mittelpunkt der hauptsächlichen Interessen des Schuldners oder dessen Niederlassung tatsächlich in seinem Zuständigkeitsbereich befindet. Geben die Umstände des Falls Anlass zu Zweifeln an der Zuständigkeit des Gerichts, sollte das Gericht den Schuldner auffordern, zusätzliche Nachweise*

für sein Vorbringen vorzulegen, und gegebenenfalls den Gläubigern Gelegenheit geben, sich zur Frage der Zuständigkeit zu äußern. Gläubigern sollte darüber hinaus ein wirksamer Rechtsbehelf gegen die Entscheidung zur Eröffnung eines Insolvenzverfahrens zustehen.«

Der Kommissionsvorschlag zur Reform der EuInsVO hält indes an dem Grundsatz »Eine Person, eine Insolvenz, ein Verfahren« auch für Konzernsachverhalte fest. Er schlägt auch keine Ergänzung des Art. 3 EuInsVO um einen einheitlichen Konzerngerichtsstand vor. Allerdings betont die Begründung des Kommissionsvorschlags zur Reform der EuInsVO, dass zwar die Koordinierung der einzelnen Insolvenzverfahren gegen Mitglieder derselben Unternehmensgruppe vorgesehen sei (dazu Art. 1 Rdn. 10 ff.), doch würde das nicht heißen, dass die vorgeschlagenen Änderungen der EuInsVO die bei stark integrierten Unternehmensgruppen bisher übliche Praxis unterbinden wolle, den Mittelpunkt der hauptsächlichen Interessen aller Mitglieder der Gruppe an ein und demselben Ort anzunehmen und die Verfahren demzufolge nur an einem Ort zu eröffnen. 98

Ganz in diesem Sinne soll folgender Erwägungsgrund 20b eingefügt werden:

»(20b) Durch die Einführung von Vorschriften über die Insolvenz von Unternehmensgruppen sollte ein Gericht nicht in seiner Möglichkeit eingeschränkt werden, Insolvenzverfahren gegen mehrere Gesellschaften, die derselben Unternehmensgruppe angehören, nur an einem Gerichtsstand zu eröffnen, wenn es feststellt, dass der Mittelpunkt der hauptsächlichen Interessen dieser Gesellschaften in einem einzigen Mitgliedstaat liegt. In diesen Fällen sollte das Gericht für alle Verfahren gegebenenfalls dieselbe Person als Verwalter bestellen können.«

Die besonderen Schwierigkeiten bei der Bestimmung des Mittelpunkts der hauptsächlichen Interessen des Schuldners in Konzernsachverhalten bleiben im Ergebnis durch den Kommissionsvorschlag ungelöst, mögen die zuletzt genannten Hinweise des europäischen Normgebers auch in die richtige Richtung weisen und bei der Auslegung und Argumentation hilfreich sein. Anders als der deutsche Gesetzgeber, der mit § 3a InsO einen »Konzerngerichtsstand« für Mutter- und Tochtergesellschaften an ein und demselben Ort begründet hat, bleibt es auf europäischer Ebene aber dabei, dass sich ein »Konzerngerichtsstand« allenfalls im Ergebnis aus der Anwendung der allgemeinen Regelungen ergeben kann (dazu oben Rdn. 7).

Das Gericht, das die Insolvenz eröffnet hat, ist dem Änderungsvorschlag und dessen neu einzufügenden Art. 3a zufolge auch für Klagen zuständig, die sich direkt aus dem Insolvenzverfahren ableiten oder in engem Zusammenhang damit stehen wie bspw. Insolvenzanfechtungsklagen. Mit dieser Änderung wird die Rechtsprechung des EuGH in der Sache »DekoMarty« kodifiziert (vgl. oben Rdn. 37 ff., 94). Die Klarstellung ist ebenfalls zu begrüßen, wenngleich die über das Urteil des EuGH in der Sache »DekoMarty« hinausgehenden Fragen weitgehend unverändert offen bleiben. 99

Nicht viel konkreter ist Erwägungsgrund 13b formuliert, nennt aber Beispiele:

»(13b) Das mitgliedstaatliche Gericht, das das Insolvenzverfahren eröffnet hat, sollte auch für Klagen zuständig sein, die sich direkt aus dem Insolvenzverfahren ableiten und in engem Zusammenhang damit stehen wie beispielsweise Insolvenzanfechtungsklagen. Steht eine solche Klage im Zusammenhang mit einer anderen zivil- oder handelsrechtlichen Klage, sollte der Verwalter beide Klagen vor die Gerichte am Sitz oder Wohnsitz des Beklagten bringen können, wenn er sich von einer Zusammenführung der Klagen an diesem Gerichtsstand einen Effizienzgewinn verspricht. Dies wäre beispielsweise dann der Fall, wenn der Verwalter eine insolvenzrechtliche Haftungsklage gegen einen Geschäftsführer mit einer gesellschaftsrechtlichen oder deliktsrechtlichen Klage verbinden will.«

▶ Fassung nach dem Vorschlag der Europäischen Kommission vom 12.12.2012, COM(2012) 744: 100

Art. 3
Internationale Zuständigkeit

1. Für die Eröffnung des Insolvenzverfahrens (»Hauptinsolvenzverfahrens«) sind die Gerichte des Mitgliedstaats zuständig, in dessen Gebiet der Schuldner den Mittelpunkt seiner haupt-

sächlichen Interessen hat. Als Mittelpunkt der hauptsächlichen Interessen gilt der Ort, an dem der Schuldner gewöhnlich der Verwaltung seiner Interessen nachgeht und der für Dritte feststellbar ist. Bei Gesellschaften und juristischen Personen wird bis zum Beweis des Gegenteils vermutet, dass der Mittelpunkt ihrer hauptsächlichen Interessen der Ort ihres satzungsmäßigen Sitzes ist. Bei einer natürlichen Person, die eine selbstständige oder freiberufliche Tätigkeit ausübt, gilt als Mittelpunkt ihrer hauptsächlichen Interessen ihre Hauptniederlassung; bei allen anderen natürlichen Personen gilt als Mittelpunkt ihrer hauptsächlichen Interessen der Ort ihres gewöhnlichen Aufenthalts.

2. Hat der Schuldner den Mittelpunkt seiner hauptsächlichen Interessen im Gebiet eines Mitgliedstaats, so sind die Gerichte eines anderen Mitgliedstaats nur dann zur Eröffnung eines Insolvenzverfahrens befugt, wenn der Schuldner eine Niederlassung im Gebiet dieses anderen Mitgliedstaats hat. Die Wirkungen dieses Verfahrens sind auf das im Gebiet dieses letzteren Mitgliedstaats belegene Vermögen des Schuldners beschränkt.

3. Wird ein Insolvenzverfahren nach Abs. 1 eröffnet, so ist jedes zu einem späteren Zeitpunkt nach Abs. 2 eröffnete Insolvenzverfahren ein Sekundärinsolvenzverfahren. Für die Feststellung, ob der Schuldner eine Niederlassung im Gebiet eines anderen Mitgliedstaats hat, ist der Zeitpunkt maßgebend, zu dem das Hauptverfahren eröffnet wurde.

4. Vor der Eröffnung eines Insolvenzverfahrens nach Abs. 1 kann ein Partikularverfahren nach Abs. 2 nur in den nachstehenden Fällen eröffnet werden:
   (a) falls die Eröffnung eines Insolvenzverfahrens nach Abs. 1 angesichts der Bedingungen, die in den Rechtsvorschriften des Mitgliedstaats vorgesehen sind, in dem der Schuldner den Mittelpunkt seiner hauptsächlichen Interessen hat, nicht möglich ist;
   (b) falls die Eröffnung des Partikularverfahrens von einem Gläubiger beantragt wird, der seinen Wohnsitz, gewöhnlichen Aufenthalt oder Sitz in dem Mitgliedstaat hat, in dem sich die betreffende Niederlassung befindet, oder dessen Forderung auf einer sich aus dem Betrieb dieser Niederlassung ergebenden Verbindlichkeit beruht.

Art. 3a
Zuständigkeit für im Zusammenhang stehende Klagen

1. Die Gerichte des Mitgliedstaats, in dessen Gebiet das Insolvenzverfahren nach Art. 3 eröffnet worden ist, sind zuständig für Klagen, die unmittelbar aus diesem Verfahren hervorgehen und in engem Zusammenhang damit stehen.

2. Steht eine Klage im Sinne des Absatzes 1 im Zusammenhang mit einer anderen zivil- oder handelsrechtlichen Klage gegen denselben Beklagten, kann der Verwalter beide Klagen vor ein Gericht des Mitgliedstaats bringen, in dem der Beklagte seinen Wohnsitz hat, wenn dieses Gericht nach der Verordnung (EG) Nr. 44/2001 zuständig ist.

3. Klagen stehen im Sinne dieses Artikels im Zusammenhang, wenn zwischen ihnen eine so enge Beziehung gegeben ist, dass eine gemeinsame Verhandlung und Entscheidung geboten erscheint, um zu vermeiden, dass in getrennten Verfahren widersprechende Entscheidungen ergehen.

Art. 3b
Prüfung der Zuständigkeit und Recht auf eine gerichtliche Nachprüfung

1. Das mit einem Antrag auf Eröffnung eines Insolvenzverfahrens befasste Gericht prüft von Amts wegen, ob es nach Art. 3 zuständig ist. In der Entscheidung zur Eröffnung des Insolvenzverfahrens ist anzugeben, auf welche Gründe sich die Zuständigkeit des Gerichts stützt, insbesondere, ob die Zuständigkeit auf Art. 3 Abs. 1 oder Abs. 2 gestützt ist.

2. Wird das Insolvenzverfahren ohne gerichtliche Entscheidung eröffnet, prüft der für dieses Verfahren bestellte Verwalter, ob der Mitgliedstaat, in dem das Verfahren anhängig ist, gemäß Art. 3 zuständig ist. Ist dies der Fall, gibt der Verwalter an, auf welche Gründe sich die Zuständigkeit stützt, insbesondere, ob die Zuständigkeit auf Art. 3 Abs. 1 oder Abs. 2 gestützt ist.

3. Gläubiger oder Parteien, die ihren gewöhnlichen Aufenthalt, Wohnsitz oder Sitz in einem anderen Mitgliedstaat als dem Staat der Verfahrenseröffnung haben, haben das Recht, gegen die Entscheidung zur Eröffnung des Hauptinsolvenzverfahrens einen Rechtsbehelf einzulegen. Das Gericht, das das Hauptinsolvenzverfahren eröffnet hat, oder der Verwalter setzt die betreffenden Gläubiger, sofern sie bekannt sind, so rechtzeitig von der Entscheidung in Kenntnis, dass sie gegen die Entscheidung einen Rechtsbehelf einlegen können.

Der Bericht des Rechtsausschusses des Europäischen Parlaments vom 20.12.2013 zum Vorschlag der Europäischen Kommission (Berichterstatter Lehne) hat nochmals Änderungen des Art. 3 vorgeschlagen, insbesondere soll bei der Bestimmung des COMI eine »suspect period« von 3 Monaten gelten. 101

▶ Fassung nach dem Bericht des Rechtsausschusses des Europäischen Parlaments vom 20.12.2013 zum Vorschlag der Europäischen Kommission vom 12.12.2012, COM(2012) 744 (Berichterstatter Lehne); so zunächst übernommen vom Europäischen Parlament in 1. Lesung am 05.02.2014): 102

Art. 3
Internationale Zuständigkeit

1. Für die Eröffnung des Insolvenzverfahrens (»Hauptinsolvenzverfahrens«) sind die Gerichte des Mitgliedstaats zuständig, in dessen Gebiet der Schuldner den Mittelpunkt seiner hauptsächlichen Interessen hat. Als Mittelpunkt der hauptsächlichen Interessen gilt der Ort, an dem der Schuldner mindestens 3 Monate vor der Eröffnung eines Insolvenzverfahrens oder eines vorläufigen Verfahrens gewöhnlich der Verwaltung seiner Interessen nachgeht und der für Dritte feststellbar ist. [...]

Art. 4 Anwendbares Recht

(1) Soweit diese Verordnung nichts anderes bestimmt, gilt für das Insolvenzverfahren und seine Wirkungen das Insolvenzrecht des Mitgliedstaats, in dem das Verfahren eröffnet wird, nachstehend »Staat der Verfahrenseröffnung« genannt.

(2) ¹Das Recht des Staates der Verfahrenseröffnung regelt, unter welchen Voraussetzungen das Insolvenzverfahren eröffnet wird und wie es durchzuführen und zu beenden ist. ²Es regelt insbesondere:
a) bei welcher Art von Schuldnern ein Insolvenzverfahren zulässig ist;
b) welche Vermögenswerte zur Masse gehören und wie die nach der Verfahrenseröffnung vom Schuldner erworbenen Vermögenswerte zu behandeln sind;
c) die jeweiligen Befugnisse des Schuldners und des Verwalters;
d) die Voraussetzungen für die Wirksamkeit einer Aufrechnung;
e) wie sich das Insolvenzverfahren auf laufende Verträge des Schuldners auswirkt;
f) wie sich die Eröffnung eines Insolvenzverfahrens auf Rechtsverfolgungsmaßnahmen einzelner Gläubiger auswirkt; ausgenommen sind die Wirkungen auf anhängige Rechtsstreitigkeiten;
g) welche Forderungen als Insolvenzforderungen anzumelden sind und wie Forderungen zu behandeln sind, die nach der Eröffnung des Insolvenzverfahrens entstehen;
h) die Anmeldung, die Prüfung und die Feststellung der Forderungen;
i) die Verteilung des Erlöses aus der Verwertung des Vermögens, den Rang der Forderungen und die Rechte der Gläubiger, die nach der Eröffnung des Insolvenzverfahrens aufgrund eines dinglichen Rechts oder infolge einer Aufrechnung teilweise befriedigt wurden;
j) die Voraussetzungen und die Wirkungen der Beendigung des Insolvenzverfahrens, insbesondere durch Vergleich;
k) die Rechte der Gläubiger nach der Beendigung des Insolvenzverfahrens;
l) wer die Kosten des Insolvenzverfahrens einschließlich der Auslagen zu tragen hat;

Art. 4 EuInsVO Anwendbares Recht

m) welche Rechtshandlungen nichtig, anfechtbar oder relativ unwirksam sind, weil sie die Gesamtheit der Gläubiger benachteiligen.

→ vgl. § 335 InsO

Übersicht

	Rdn.			Rdn.
A. Normzweck	1	3.	Insolvenzverschleppung	19
B. Norminhalt	2		a) Zivilrechtliche Haftung	19
I. Grundlegende Kollisionsnorm (Abs. 1)	2		b) Exkurs: Strafbarkeit	21
II. Beispielliste (Abs. 2)	5		c) Exkurs: Societas Europaea	21a
III. Abgrenzung zum Gesellschaftsstatut	9	4.	Existenzvernichtungshaftung	22
1. Problem »Scheinauslandsgesellschaft«	9	5.	Recht der (vormals: eigenkapitalersetzenden) Gesellschafterleistungen	23
2. Rechtsprechung des EuGH	14	6.	Registerfragen und Gewerbeuntersagung	25
a) »Centros«	16			
b) »Überseering«	17	C.	Verfahrensfragen	26
c) »Inspire Art«	18	I.	Insolvenzverwalter	26
d) Cartesio (Wegzugsfall)	18a	II.	Beratungspraxis	27
e) Drittstatten-Sachverhalte	18b			

A. Normzweck

1 Abs. 1 erklärt das Insolvenzrecht des Eröffnungsstaates für maßgeblich.

B. Norminhalt

I. Grundlegende Kollisionsnorm (Abs. 1)

2 Die Vorschrift ist die Grundkollisionsnorm des internationalen Insolvenzrechts. Sie legt fest, welches Recht auf das Insolvenzverfahren und auf seine Wirkungen anwendbar ist. Nach Art. 4 ist grds. das Recht des Eröffnungsstaates maßgeblich *(lex fori concursus)*. Das gilt sowohl für Haupt- als auch für Territorialinsolvenzverfahren.

3 ▶ **Beispiel:**

Bei einem in Tschechien eröffneten Hauptinsolvenzverfahren ist EU-weit tschechisches Insolvenzrecht anwendbar. Wird später z. B. in Belgien ein Sekundärinsolvenzverfahren eröffnet, so ist – beschränkt auf dieses Territorialverfahren – nunmehr belgisches Insolvenzrecht einschlägig.

4 Ausnahmen von Art. 4, insb. für dingliche Rechte, sind in den Art. 5 bis 15 geregelt. Die dortigen Kollisionsnormen gehen der Grundkollisionsnorm des Art. 4 vor. Ist hiernach ausländisches Recht anzuwenden, hat der Tatrichter dieses gem. § 293 ZPO von Amts wegen zu ermitteln (vgl. BGH, NZI 2013, 763).

4a Umgekehrt gilt, dass die Gegenstände, die nicht von Art. 4 oder den besonderen Kollisionsnormen erfasst werden, nach den allgemeinen Kollisionsnormen außerhalb der EuInsVO zugeordnet werden (das betrifft z. B. viele Aktivprozesse des Insolvenzverwalters, mit denen er Ansprüche der Insolvenzmasse durchsetzt bzw. gegen die Insolvenzmasse abwehrt, s. etwa OLG Hamm, IPRax 2012, 351; dazu EWiR Art. 4 EuInsVO 1/12, 51 [Mankowski]).

II. Beispielliste (Abs. 2)

5 Abs. 2 zählt beispielhaft **Bereiche** auf, die zur anwendbaren *lex fori concursus* gehören.

6 »Insolvenzmasse« (Buchst. b)) meint den Umfang des Vermögensbeschlags nach dem jeweils anwendbaren Recht. Nach deutschem Insolvenzrecht gehören gem. § 36 Abs. 1 InsO Gegenstände nicht zur Insolvenzmasse, die nicht der Zwangsvollstreckung unterliegen. Diese Beschränkung gilt im Fall der Verfahrenseröffnung in Deutschland auch für die Auslandsmasse. Umgekehrt richtet

sich die Massezugehörigkeit eines Gegenstandes, der in einem anderen Mitgliedstaat belegen ist und nach dem Zwangsvollstreckungsrecht des Ortes der Belegenheit (lex loci executionis) unpfändbar ist, gleichwohl danach, ob auch das deutsche Zwangsvollstreckungsrecht die Unpfändbarkeit vorsieht. Ist das nicht der Fall »überspielt das Universalitätsprinzip den lokalen Schuldnerschutz« (so Paulus, NZI 2001, 505, 510). Der Verweis in § 36 Abs. 1 InsO auf die §§ 850 ff. ZPO integriert deren Maßgaben in die InsO und macht den Pfändungsschutz z. T. der lex fori concursus, Nach dieser Ansicht ist für den Pfändungsschutz als »Außengrenze« der Insolvenzmasse Art. 4 Abs. 2 Buchst. b) EuInsVO einschlägig (LG Traunstein, ZInsO 2009, 1026; vgl. auch AG Deggendorf, ZInsO 2007, 558; ausf. Mankowski, NZI 2009, 785 ff.; Paulick/Simon, ZInsO 2009, 1933). Man könnte allenfalls noch an eine Substitution dieser Maßstäbe durch die Maßgaben des Pfändungsschutzes in dem anderen Mitgliedstaat der Belegenheit des betreffenden Gegenstandes denken (so auch der Hinweis von Mankowski, NZI 2009, 785, 789, der diese »Substitutionsfrage« freilich offen lässt und der Beurteilung im Einzelfall überantwortet). Nach a. A. haben die §§ 850 ff. ZPO, auf die § 36 Abs. 1 Satz 2 InsO verweist, keine Auslandswirkung. Sie sollen den Normen »über die Art und Weise der Verwertung« i. S. d. Art. 18 Abs. 3 zugeordnet werden können, für die das jeweilige Lagerecht gilt (Griedl/Mack, ZInsO 2007, 558; Smid Art. 4 Rn. 10; ausführl. Haas FS Gerhardt, S. 319, 324 ff.). Oder die Pfändbarkeit wird schlechterdings nicht als Frage des Insolvenzrechts, sondern als allgemeine zwangsvollstreckungsrechtliche Materie verstanden. Im internationalen Zwangsvollstreckungsrecht ist die Maßgeblichkeit der lex fori anerkannt, sodass sich der Umfang des Pfändungsschutzes nach dem Recht des Vollstreckungslandes beurteilt (so AG München, NZI 2010, 664 m. krit. Anm. Stephan, VIA 2010, 72; AG Passau, ZInsO 2009, 253, das eine Verstoß gegen den ordre public im Fall einer Zuständigkeitsschleichung in Betracht zieht, wenn das ausländische Insolvenzgericht trotz seit Jahren bekannter Missbräuche keine Plausibilitätsprüfung der internationalen Zuständigkeit vornimmt). Es gilt hiernach also das Territorialitätsprinzip, weil die staatliche Zwangsgewalt auf das Inland beschränkt ist. Damit bestimmt regelmäßig der Belegenheitsort des jeweiligen Gegenstands das anwendbare Recht (so auch BGH, ZIP 2013, 374, freilich noch für einen Fall außerhalb des [zeitlichen] Anwendungsbereichs der EuInsVO und auch der §§ 335 ff. InsO: Nach dem Territorialitätsprinzip hatte der BGH die Pfändbarkeit und den Insolvenzbeschlag von Ruhegehaltsansprüchen eines Notars nach dem deutschen Recht beurteilt, weil die streitgegenständlichen Forderungen im Inland belegen war [nach § 23 Satz 2 ZPO ist die zu pfändende Forderung beim Drittschuldner belegen, der in dem konkreten Fall im Inland seinen Sitz hatte]. Der Umstand, dass Ruhegehaltsansprüche eines Notars unter italienischem Recht Pfändungsschutz genießen, war unbeachtlich.). Eine Anwendung des Art. 10 EuInsVO zur Beantwortung von Fragen des Pfändungsschutzes scheidet aber jedenfalls aus (dazu Art. 10 Rdn. 4).

»Die Verteilung des Erlöses aus der Verwertung des Vermögens, den Rang der Forderungen [...]« (Buchst. i)) erklärt die *lex fori concursus* für die Erlösverteilung für maßgeblich. Diese Vorschrift hat elementare Bedeutung für das Verständnis von Haupt- und Sekundärinsolvenzverfahren. Gerade bei der Eröffnung von Hauptinsolvenzverfahren über ausländische Gesellschaften auf Grundlage der »*mind of management*«-Theorie (z. B. in den Fällen »Collins & Aikman« und »Rover«, vgl. Art. 3 Rdn. 9) liegt es nahe, dass die inländischen Gläubiger Sekundäranträge stellen wollen, damit für die in ihrem Mitgliedstaat befindliche Masse das jeweilige inländische Verteilungsrecht zur Anwendung gelangt (vgl. auch Art. 3 Rdn. 43). Um dies zu vermeiden haben der High Court in Birmingham und der High Court of Justice in London in den vorgenannten Fällen die englischen Hauptinsolvenzverwalter ermächtigt, die lokalen Gläubiger auf der Grundlage des für sie jeweils einschlägigen ausländischen Verteilungsrechts zu befriedigen.

6a

»Die Voraussetzungen und die Wirkungen der Beendigung des Insolvenzverfahrens [...]« (Buchst. j)) erklärt die *lex fori concursus* für die Beurteilung des Zeitpunkt der Beendigung des Insolvenzverfahrens für maßgeblich. Das war nach der Entscheidung des EuGH in der Rechtssache »Eurofood« (ZInsO 2006, 484) offenbar zweifelhaft, weil der EuGH dort entschieden hat, dass der Begriff »Eröffnung eines Insolvenzverfahrens« im Sinne von Art. 16 Abs. 1 autonom zu bestimmen ist. Diese Zweifel hat der EuGH (Urt. v. 22.11.2012 – C-116/11, NZI 2013, 106 [»Bank Handlowy vs Christianapol«]) nunmehr mit dem Hinweis darauf ausgeräumt, dass im Unterschied zu Art. 4

6b

in Art. 16 Abs. 1 nicht ausdrücklich auf das nationale Recht verwiesen, sondern eine unmittelbar anwendbare Regel festgelegt wird, wonach für die zuerst ergangene Eröffnungsentscheidung der Anerkennungsgrundsatz gilt. Im Ergebnis ist Art. 4 Abs. 2 Buchst. j) demnach dahin auszulegen, dass das nationale Recht des Mitgliedstaats, in dem das Insolvenzverfahren eröffnet wurde, darüber entscheidet, wann die Beendigung des Insolvenzverfahrens eintritt.

7 »**Nichtigkeit, Anfechtbarkeit oder relative Unwirksamkeit**« (Buchst. m)) erklären insb. das Anfechtungsrecht des Eröffnungsstaates grds. für anwendbar. Das gilt auch für die Ausnahmen von Art. 4 in den Art. 5 bis 7 und 9, die ausdrücklich auf Abs. 2 Buchst. m) verweisen. Für die Anfechtung ist das »Vetorecht« nach Art. 13 zu beachten, das der Anfechtungsgegner einer Inanspruchnahme einredeweise entgegenhalten kann (s. dort Rdn. 8).

8 Einzelheiten zu weiteren Beispielen s. bei Duursma-Kepplinger/Duursma/Chalupsky, EuInsVO, Art. 4 Rn. 12 ff.

III. Abgrenzung zum Gesellschaftsstatut

1. Problem »Scheinauslandsgesellschaft«

9 Wird über das Vermögen einer grenzüberschreitend tätigen Gesellschaft deutscher Rechtsform in Deutschland ein Insolvenzverfahren nach der EuInsVO eröffnet, ist neben deutschem Insolvenzrecht (Abs. 1) unstreitig auch deutsches Gesellschaftsrecht anwendbar.

10 Schwieriger wird es, wenn über eine **grenzüberschreitend tätige Gesellschaft ausländischer Rechtsform** in Deutschland ein Insolvenzverfahren nach der EuInsVO eröffnet wird. Das ist nach Art. 3 Abs. 1 möglich, wenn die Vermutung, dass der ausländische Sitz der Gesellschaft der Mittelpunkt ihrer hauptsächlichen Interessen sei, widerlegt wird. Bei solchen Gesellschaften handelt es sich oft um »**Scheinauslandsgesellschaften**«, vielfach in Form einer englischen Limited (vgl. »Vierländer Bau Union Ltd.«, Art. 3 Rdn. 75), die außer Rechtsform und Inkorporation keine Beziehung zu ihrem Gründungsstaat haben. Auch die Limited & Co. KG gewinnt an Bedeutung (zur Zulässigkeit vgl. LG Bielefeld, GmbHR 2006, 89; Schlichte, DB 2006, 87; Wachter, GmbHR 2006, 79). Diese Gesellschaften erfreuen sich aufgrund niedrigerer Gründungskosten zunehmender Beliebtheit, es soll bereits etwa 30.000 in Deutschland tätige Limiteds geben. Als »deutsche Antwort« wird die »Unternehmergesellschaft (UG) haftungsbeschränkt« nach dem neuen § 5a GmbHG durch das »Gesetz zur Modernisierung des GmbH-Rechts und zur Bekämpfung von Missbräuchen (MoMiG)« ins Rennen geschickt (zwar keine neue Rechtsform, aber eine »Variante« der GmbH, die den Gründer von den Anforderungen der Aufbringung eines Mindestkapitals [unverändert 25.000,00 €] befreit). Ferner wird das GmbH-Recht durch das MoMiG insgesamt dereguliert, um die Wettbewerbsfähigkeit der GmbH zu steigern (vgl. etwa die Abschaffung des Eigenkapitalersatzrechts, dazu Rdn. 23).

11 Ebenso kann es sich um operativ im Ausland tätige Gesellschaften handeln, bei denen ein deutsches Gericht unter Rückgriff auf die »mind of management«-Theorie (Art. 3 Rdn. 9) seine internationale Zuständigkeit annimmt (vgl. etwa »Hettlage I«, Art. 3 Rdn. 83).

12 Bei diesen Gesellschaften ausländischer Rechtsform steht zum einen fest, dass über Abs. 1 deutsches Insolvenzrecht anwendbar ist. Zum anderen wird von der herrschenden Meinung in Deutschland vertreten, dass sich aufgrund der sogleich zu skizzierenden **Rspr. des EuGH** das Gesellschaftsrecht nur noch nach dem **Gründungsstatut** richtet. Diese Auffassung hat durch die Entscheidung des **BGH** v. 14.03.2005 (ZInsO 2005, 541; dazu Eidenmüller, NJW 2005, 1618; Lieder, DZWIR 2005, 399; Wand, DB 2005, 1017) breite Unterstützung erhalten. Im zu entscheidenden Fall hat der BGH eine analoge Anwendung der Handelndenhaftung nach § 11 Abs. 2 GmbHG bzw. der §§ 13d ff. HGB auf den *director* einer ausschließlich in Deutschland tätigen Ltd. für unvereinbar mit den Grundfreiheiten des EG-Vertrages angesehen. Die Frage der Haftung sei bei diesen mit dem Mindestkapital zusammenhängenden Fragestellungen vielmehr allein nach dem Gründungsstatut, hier nach englischem Recht zu entscheiden.

13 Besonders problematisch sind nun aber solche Rechtsnormen, die sich an der **Schnittstelle zwischen Insolvenz- und Gesellschaftsrecht** befinden und keine klare Zuordnung ermöglichen. Die Situation wird hier noch dadurch kompliziert, dass die jeweiligen Normen in den Mitgliedstaaten teils im Insolvenzrecht, teils im Gesellschaftsrecht kodifiziert sind. Zudem sollen nach einem weiteren Teil des Schrifttums selbst gesellschaftsrechtlich qualifizierte Normen des Eröffnungsstaates wieder anwendbar sein, soweit sie dem auch im Gemeinschaftsrecht zu beachtenden Gläubigerschutz dienen. Schließlich wird das Meinungsspektrum noch weiter dadurch aufgefächert, dass einige Autoren Haftungsnormen z. T. auch dem Deliktsrecht zuordnen, welches ungeachtet der gesellschaftsrechtlichen EU-Vorgaben eingreifen soll. Zur Vertiefung sei hier auf Kindler verwiesen (MK/ BGB-Kindler IntGesR Rn. 632 ff. [Gesellschafterhaftung ggü Dritten], Rn. 650 ff. [Geschäftsleiterhaftung], Rn. 657 ff. [Insolvenzverschleppungshaftung] 682 ff. und schließlich allgem. zur Abgrenzung zum Insolvenzstatut Rn. 709 ff.). Einen praktisch ganz wichtigen Fall der Haftung an der Schnittstelle zwischen Insolvenz- und Gesellschaftsrecht hat nunmehr der BGH dem Insolvenzrecht »zugeschlagen«, nämlich die Nachrangigkeit der Gesellschafterdarlehen in der Insolvenz bzw. die Anfechtbarkeit einer diesen Nachrang widersprechenden Befriedigung im Vorfeld der Insolvenz (ZIP 2011, 1775; dazu EWiR § 39 InsO a. F. 1/11, 643 [Bork]; ausf. Rdn. 23)

2. Rechtsprechung des EuGH

14 Seit 1999 sind **drei Grundsatzurteile** des EuGH zur **Niederlassungsfreiheit von Scheinauslandsgesellschaften** (»Zuzugsfälle«) ergangen, die zu einer Kehrtwende im deutschen internationalen Gesellschaftsrecht geführt haben: die Entscheidung in den Rechtssachen »Centros«, »Überseering« und »Inspire Art«. Bisher galt es als gesicherte Erkenntnis, dass die Verlagerung einer Auslandsgesellschaft nach Deutschland eine Neugründung erforderte und damit zu einem Wechsel des Gesellschaftsstatuts führte (BGHZ 151, 204 = ZIP 2002, 1763).

15 Spätestens seit »**Inspire Art**« geht jedoch die ganz herrschende Meinung davon aus, dass solche Gesellschaften ohne Weiteres in Deutschland anzuerkennen sind und – gesellschaftsrechtlich – allein ihrem **Gründungsstatut** unterliegen (vgl. aus dem umfangreichen Schrifttum Bayer, BB 2003, 2357; Mock/Schildt, ZInsO 2003, 396; diff. Ulmer, NJW 2004, 1201; a. A. Altmeppen, NJW 2004, 98, u. a. mit dem gewichtigen praktischen Argument, dass »unsere Richter [...] das Gesellschaftsrecht aller 25 Mitgliedstaaten der EU studieren [müssten]«).

a) »Centros«

16 Eine nach englischem Recht gegründete Gesellschaft hatte den Sitz ihrer Hauptniederlassung und den Schwerpunkt ihrer Tätigkeit in Dänemark. Die Gesellschaft beantragte die Eintragung in Dänemark als »Zweigniederlassung«.

Der EuGH bejahte die Pflicht Dänemarks zur Eintragung einer »Zweigniederlassung« der Gesellschaft unabhängig davon, dass die Zweigniederlassung de facto die Hauptniederlassung der Gesellschaft war (ZIP 1999, 438).

b) »Überseering«

17 Eine Gesellschaft niederländischen Rechts hatte ihren Verwaltungssitz nach Deutschland verlegt. Streitig war die Rechts- und Parteifähigkeit der Gesellschaft in Deutschland.

Der EuGH entschied, dass bei tatsächlicher Verlegung des Gesellschaftssitzes in einen anderen Mitgliedstaat der Zuzugsstaat der Gesellschaft die Rechts- und Parteifähigkeit, die sie nach dem Recht des Gründungsstaates hat, nicht absprechen darf (NJW 20002, 3614).

c) »Inspire Art«

18 Eine nach englischem Recht gegründete Gesellschaft hatte ihre Hauptniederlassung und ihren Tätigkeitsschwerpunkt in den Niederlanden. Streitig war, ob die niederländischen Vorschriften zum

Mindestkapital und zur Tragung eines Firmenzusatzes »formal ausländische Gesellschaft« sowie zu besonderen Offenlegungspflichten auf die Gesellschaft anwendbar waren.

Der EuGH verneinte dies und urteilte, dass jede Kapitalgesellschaft, die in einem Mitgliedstaat gegründet wurde, aufgrund der Niederlassungsfreiheit ihren Geschäftssitz und ihre Aktivitäten in jeden anderen Mitgliedstaat verlegen darf. Die Sitzverlegung könne auch dann in den anderen Mitgliedstaat erfolgen, wenn dieser strengere Anforderungen an die Kapitalausstattung stelle als der Gründungsstaat. Das gelte selbst dann, wenn die Umgehung von Gründungsvorschriften mit diesem Zuzug bezweckt werde. Das Gründungsstatut ist mithin für sämtliche gesellschaftsrechtlichen Fragestellungen maßgeblich (EuGH, ZIP 2003, 1885).

d) Cartesio (Wegzugsfall)

18a Auf Vorlage eines ungarischen Gerichts, ob sich niederlassungsberechtigte Gesellschaften auch ggü. ihrem Gründungsstaat auf Art. 43 EG-Vertrag berufen können, um ihren tatsächlichen Sitz identitätswahrend und unter Beibehaltung des bisherigen Gesellschaftsstatuts in einen andere Mitgliedstaat zu verlegen, hatte der EuGH die Gelegenheit, den Schutzbereich der Niederlassungsfreiheit mit Blick auf einen »Wegzugsfall« genauer zu bestimmen. Der EuGH (ZIP 2009, 24 m. Anm. Knof/Mock; krit. dazu Leible/Hoffmann, BB 2009, 58) verneinte die Vorlagefrage in seiner Entscheidung v. 16.12.2008 insoweit, als es allein dem nationalen Recht anheimgestellt sein soll, einen identitätswahrenden Wegzug »ihrer« Gesellschaften zu gestatten oder nicht. Für deutsche Kapitalgesellschaften besteht eine solche »nationale Wegzugsfreiheit« seit der Neufassung der § 4a GmbHG und § 5 AktG durch das MoMiG.

e) Drittstatten-Sachverhalte

18b Es darf jedoch nicht übersehen werden, dass sich die Rechtsfähigkeit von Gesellschaften, die in einem »**Drittstaat**« gegründet worden sind und die nicht unter die europäische Niederlassungsfreiheit und auch nicht unter sonstige Freizügigkeitsabkommen oder Staatsverträge fallen, dagegen weiterhin nach der Sitztheorie bestimmt (zuletzt BGH, ZIP 2008, 2411 – »Trabrennbahn« mit Blick auf eine in der Schweiz gegründete AG mit Verwaltungssitz in Deutschland; s. a. OLG Hamburg, ZIP 2007, 1108 [n.rk.] für den Fall einer Ltd. nach dem Recht der Isle of Man). Der Gesetzgeber hat für Drittstaaten-Konstellationen (noch) keine Regelung getroffen, sodass die bisherige Rspr. unverändert gilt, insb. enthält der neue § 4a GmbHG keine Regelung über die Anerkennung ausländischer Gesellschaften mit Verwaltungssitz im Inland (dazu Knof/Mock, GmbHR 2007, 852). Wohl hat der Gesetzgeber am 14.12.2007 einen RefE eines Gesetzes zum IPR der Gesellschaften, Vereine und juristischen Personen vorgelegt, um die »Gründungstheorie« im deutschen Recht zu kodifizieren (vgl. Art. 10 RefE-EGBGB), dieses Gesetzgebungsvorhaben ist indes zwischenzeitlich ad acta gelegt worden und allenfalls noch entfernte »Zukunftsmusik« (zum damaligen Entwurf Knof/Mock, GmbHR 2008, R 65).

3. Insolvenzverschleppung

a) Zivilrechtliche Haftung

19 Durch das MoMiG ist die Insolvenzantragspflicht rechtsformneutral in § 15a InsO geregelt (s. Komm. § 15a InsO). Mit der Verlagerung der Insolvenzantragspflicht in die InsO wollte der Gesetzgeber nicht zuletzt ihre insolvenzrechtliche Qualifikation klarstellen. Ob der einfache »Kleiderwechsel« der Insolvenzantragspflicht hinein in das insolvenzrechtliche Gewand europarechtlich Bestand hat, wird z. T. bezweifelt (Knof/Mock, GmbHR 2007, 852 m. w. N.). Insofern bleibt es lohnenswert, einen näheren Blick auf die bisherige Rechtslage zu werfen: Nach einer Auffassung gehörte bereits § 64 Abs. 1 GmbHG a. F. (und Parallelnormen § 92 AktG a. F., §§ 130a, 177a HGB a. F.) zur *lex fori concursus*, weil die Norm materiell dem Insolvenzrecht zuzuordnen sei und nur zufällig im GmbHG geregelt wurde (Vallender, ZGR 2006, 425, 441 u. 455; Zerres, DZWIR 2006, 356; Müller, NZG 2003, 414, 416; Paulus, ZIP 2002, 729, 734; BK-Pannen Art. 4 Rn. 5) – sie

soll folglich etwa auf eine limited als »vergleichbare« Kapitalgesellschaft anwendbar sein. Z. T. wird auch dafür plädiert, § 823 Abs. 2 BGB i. V. m. § 64 Abs. 1 GmbHG als Norm des Deliktsrechts über Art. 40 Abs. 1 EGBGB anzuwenden (Bayer, BB 2003, 2365; Kindler, NZG 2003, 1086, 1090).

Eine Gegenmeinung gelangte – überwiegend mit der Begründung, dass die Antragspflicht gesellschaftsrechtlich zu qualifizieren sei – nur zur Anwendbarkeit (soweit vorhanden!) entsprechender Schadensersatznormen des jeweiligen Gründungsstaats (von Hase, BB 2006, 2141, 2142 ff.; AG Bad Segeberg, ZInsO 2005, 541 zumindest für den Fall, dass das Gründungsstatut einen vergleichbaren Schutz gewährt, was für das englische Recht wegen der Rechtsinstitute des **wrongful** und **fraudulent trading** bejaht wurde; ebenso Mock/Schildt GmbHR 2003, 394, 400; Spindler/Berner, RIW 2004, 7, 12; vgl. auch Hirte/Mock, ZIP 2005, 474). In diesem Zusammenhang stellte sich allerdings das Problem, dass diese englischen Haftungsnormen nach englischem Verständnis im dortigen Insolvenzrecht verankert sind, sodass sich mangels Anwendbarkeit des englischen Insolvenzrechts eine erhebliche Haftungslücke ergeben kann (vgl. Schall, ZIP 2005, 965, 972; Lawlor, NZI 2005, 432; zur Haftung der Direktoren einer Ltd. s. etwa High Court of Justice London [2006] EWCH 768 [Ch]; dazu EWiR s. 214 IA 1/07, 371 [Steffek]).

20

Zutreffend hat das AG Köln entschieden, dass jedenfalls der Geschäftsführer einer deutschen GmbH seinen Antragspflichten genügt, wenn er den Insolvenzantrag (nur) bei dem zuständigen ausländischen Insolvenzgericht stellt (ZIP 2005, 1566).

20a

Das LG Kiel (ZIP 2006, 482) hat entgegen der Vorinstanz des AG Bad Segeberg, (ZInsO 2005, 558) den § 64 Abs. 1 GmbHG im Ergebnis zutreffend im Insolvenzrecht verortet und in der Anwendung dieser Norm auf ausländische Gesellschaften zudem keine Beschränkung der europäischen Niederlassungsfreiheit erblickt (krit. Mock, NZI 2006, 484; Schmidt, ZInsO 2006, 737; zust. Wachter, BB 2006, 1463; Schilling, EWiR 2006, 429). Allgemein wird kritisiert, dass das Gericht diesen »Paradefall« nicht dem EuGH gem. Art. 234 EGV zur Entscheidung vorgelegt hat (vgl. nur Leutner/Langner, GmbHR 2006, 715: »prozessualer Trick«). Stattdessen wurde die Entscheidungserheblichkeit dieser zentralen Rechtsfrage durch einen Rückgriff auf die ebenfalls einschlägige Haftung gem. § 823 Abs. 2 BGB i. V. m. § 263 StGB verhindert.

20b

Das OLG Jena (NZI 2013, 807 m. Anm. Poertzgen; anhängig BGH, Az.: II ZR 119/14) hat den managing director einer englischen Ltd., über deren Vermögen ein Insolvenzverfahren in Deutschland eröffnet worden ist, zuletzt zum Ersatz von Zahlungen verurteilt, welche nach Eintritt der Zahlungsunfähigkeit aus dem Vermögen der Ltd. geleistet worden sind. Grundlage dieses Anspruchs des Insolvenzverwalters der Ltd. gegen den managing director soll in entsprechender Anwendung des GmbHG a. F. dessen § 64 Abs. 2 GmbHG (jetzt § 64 Satz 1 f. GmbHG n. F.) sein können. Der Anwendung des § 64 Abs. 2 GmbHG a. F. sei auch mit der Niederlassungsfreiheit gem. Art. 43 des Vertrages über die Gründung der Europäischen Gemeinschaft (EGV) bzw. jetzt Art. 49 des Vertrages über die Arbeitsweise in der Europäischen Union (AEUV) vereinbar. Allerdings darf nicht übersehen werden, dass die (zutreffende) insolvenzrechtliche und nicht gesellschaftsrechtliche Qualifikation des § 64 Abs. 2 GmbHG a. F. nichts daran ändert, dass ihr Tatbestand möglicherweise schlicht nicht erfüllt ist: »Eine Ltd. ist eben keine GmbH, und ein managing director ist kein GmbH-Geschäftsführer« (so Poertzgen, NZI 2013, 807, 809). Eine entsprechende Anwendung der Norm auf die englische Ltd. dürfte aber bereits am Vorliegen einer planwidrigen Regelungslücke scheitern, weil der Gesetzgeber des MoMiG ausdrücklich nur die Antragspflicht (§ 64 Abs. 1 GmbHG a. F.), aber nicht auch die Innenhaftung (§ 64 Abs. 2 GmbHG a. F.) rechtsformneutral geregelt hat (zur rechtsformneutralen Regelung der Antragspflicht in § 15a InsO s. o. Rdn. 19).

20c

Das LG Darmstadt (NZI 2013, 712) hat dem EuGH die Frage vorgelegt, wie die Insolvenzverschleppungshaftung des Geschäftsführers nach § 64 Satz 1 GmbHG bei Sachverhalten mit Auslandsbezug zu qualifizieren ist. Eine insolvenzrechtliche Qualifikation führt folgerichtig auch zu einer internationalen Zuständigkeit entsprechend Art. 3 Abs. 1 (dazu Art. 3 Rdn. 37a).

20d

Art. 4 EuInsVO Anwendbares Recht

b) Exkurs: Strafbarkeit

21 Die Strafbewehrung der Insolvenzverschleppung über § 84 GmbHG (u. a.) kann unter keiner Umständen auf den **Geschäftsführer einer ausländischen Gesellschaft** angewendet werden. Denn einen deutschen Straftatbestand, etwa für den *director* einer Ltd. gibt es nicht. Eine Analogie zu § 84 GmbHG wird durch Art. 103 Abs. 2 GG verboten (vgl. auch LG Gera, wistra 2004, 435 m. Anm. Franke: »Strafbarkeitslücke«; grundlegend Rönnau, ZGR 2005, 832, 833; ferner Schlösser, wistra 2006, 81; Gross/Schork, NZI 2006, 10).

c) Exkurs: Societas Europaea

21a Von zunehmender Bedeutung im europäischen Rechtsverkehr ist auch die Rechtsform der Societas Europaea (SE), die mit der Verordnung (EG) Nr. 2157/2001 eingeführt und durch RL 2001/86/EG ergänzt worden ist. Deutschland hat die vorgenannten Normen durch das Gesetz zur Einführung der Europäischen Gesellschaft (SEEG) implementiert (BGBl. I 2004 S. 3675). Bei dieser originär europäischen Gesellschaftsform können besondere Zuordnungsprobleme hinsichtl. der Insolvenzantragspflicht und der Insolvenzverschleppungshaftung auftreten. Die Einzelheiten der Haftung hängen davon ab, ob für die SE eine sog. monistische oder eine sog. dualistische Verfassung gewählt worden ist. In der dualistischen SE, die sich durch ein Leitungsorgan und ein funktionell sowie personell getrenntes Aufsichtsorgan auszeichnet, ergeben sich keine wesentlichen Unterschiede zur Haftung im Vergleich mit einer deutschen AG. Im monistischen Modell, bei dem es nur ein einheitliches Verwaltungsorgan gibt, das allerdings durch geschäftsführende Direktoren unterstützt wird, ist die Situation dagegen komplizierter. Hier dürfte die Mitglieder des Verwaltungsrats, sofern es sich nicht zugleich um geschäftsführende Direktoren handelt, nur eine Insolvenzantragsorganisationspflicht treffen (Begriff von Schmidt, NZI 2006, 629). Für Direktoren besteht ebenfalls keine Insolvenzantragspflicht, sondern nur eine spezielle Berichtspflicht ggü. dem Verwaltungsrat. Im Gegensatz zu zivilrechtlichen Haftungsnormen des AktG, die über die Verweisungen des SEEG zur Anwendung gelangen, greifen deutsche Strafbarkeitsnormen aufgrund des Analogieverbots des Art. 103 Abs. 2 GG bei der SE nicht. Eine Strafbarkeit wegen Insolvenzverschleppung ist folglich ausgeschlossen (instruktiv zum Ganzen J. Schmidt, NZI 2006, 627).

4. Existenzvernichtungshaftung

22 Die international-privatrechtliche Qualifikation der Existenzvernichtungshaftung, war vor der jüngsten Entscheidung des BGH v. 16.07.2007 (ZInsO 2007, 881 m. Bespr. Heitsch, ZInsO 2007, 961 – »Trihotel«) hoch umstritten (das Meinungsspektrum reichte von einer Zuordnung zum Gesellschaftsstatut über eine zum Insolvenzstatut bis hin zum Deliktsstatut; dazu 2. Aufl. Art. 4 Rn. 22). Nunmehr hat der BGH die Existenzvernichtungshaftung als Fallgruppe der sittenwidrigen Schädigung nach § 826 BGB in Form einer deliktischen Innenhaftung (neu) konzipiert und sich damit von allen Missbrauchsformeln verabschiedet. Seit »Trihotel« dürfte an der Zuordnung zum materiellen Deliktsrecht kein Zweifel mehr bestehen, sodass Deliktsstatut des Art. 40 EGBGB und einhergehend das Tatortprinzip des Art. 40 Abs. 1 Satz 1 EGBGB Anwendung finden (und selbst wenn man die Existenzvernichtungshaftung als Insolvenzverursachungshaftung verstehen will und zum Insolvenzstatut zählt, wird das im praktischen Ergebnis i. a. R. keinen Unterschied machen).

5. Recht der (vormals: eigenkapitalersetzenden) Gesellschafterleistungen

23 Das MoMiG hat auch das bisherige Eigenkapitalersatzrecht völlig neu gestaltet, insb. wurde auch hier – wie bei der Insolvenzantragspflicht – eine vollständige Verlagerung in das Insolvenzrecht (einzige normative Anknüpfung in Zukunft §§ 39, 135 InsO) vorgenommen und ferner der Begriff der Krise aus den Tatbeständen des bisherigen Rechts gestrichen (dazu Hirte, ZInsO 2008, 689; Knof, ZInsO 2007, 125). Insgesamt ist mit dem MoMiG ein Paradigmenwechsel weg vom bisherigen Eigenkapitalersatzrecht, hin zu einem insolvenzrechtlichen Haftkapitalerhaltungsrecht vollzogen worden (vgl. Krolop, ZIP 2007, 1738). Zum früheren Recht wurde die Auffassung vertreten, die Eigenkapitalersatzregeln gehörten insgesamt zum Gesellschaftsrecht, weil sie in engem Zusammen-

hang mit den Kapitalisierungserfordernissen der Gesellschaft stehen. Folglich sollen sie in einem deutschen Insolvenzverfahren über eine Gesellschaft ausländischer Rechtsform nicht anwendbar sein (Müller, NZG 2003, 414, 416; Riedemann, GmbHR 2004, 237, 249; Schumann, DB 2004, 743, 748; Zimmer, NJW 2003, 3585, 3589; in diese Richtung dürfte wohl auch die Entscheidung BGH ZInsO 2005, 541 führen). Der Regelungsgegenstand der neuen §§ 39, 135 InsO ist jedoch insolvenzrechtlich zu qualifizieren, sodass einer Anwendung wohl nichts mehr im Weg steht (AG Hamburg, ZInsO 2008, 1332; so schon zum früheren Recht: Haas, NZI 2002, 457, 466; ders., Handbuch des Kapitalersatzrechts, S. 539; Paulus, ZIP 2002, 729, 734; Weller, IPRax 2004, 412, 414; vgl. auch Wienberg/Sommer, NZI 2005, 353; diff. zw. Rechtsprechungs- und Novellenregeln: Fischer, ZIP 2004, 1477, 1480).

Einen großen Schritt hin zu mehr Rechtssicherheit in der Frage der Qualifikation des Sonderrechts der Gesellschafterleistungen nach §§ 39, 135 InsO dürfte die Entscheidung des BGH, (ZIP 2011, 1775; dazu EWiR § 39 InsO a.F. 1/11, 643 [Bork], noch für einen »Altfall«, aber auch schon mit Blick auf die Rechtslage nach dem MoMiG) in der Rechtssache »PIN« bedeuten: Bei den Regelungen über die Nachrangigkeit (kapitalersetzender) Gesellschafterdarlehen (§ 39 Abs. 1 Nr. 5 InsO) und über die entsprechende Anfechtbarkeit einer etwaigen Befriedigung (§ 135 Abs. 1 Nr. 2 InsO) handele es sich um »ein Instrumentarium rein insolvenzrechtlicher Natur«. Daher finden die Regelungen auf Kapitalgesellschaften, über deren Vermögen in Deutschland das Hauptinsolvenzverfahren eröffnet worden ist, auch dann Anwendung, wenn diese in einem anderen Mitgliedstaat der EU gegründet worden sind (gleichsinnig bereits die Vorinstanz OLG Köln, ZInsO 2011, 1071; dazu EWiR § 39 InsO 1/11, 19 [Riedemann/Lesmann]). In der Begründung rekurriert der BGH auch auf die Materialien zum MoMiG, in denen der Gesetzgeber die Aufhebung der §§ 32a, 32b GmbHG damit begründet hat, dass die Regelungen zu den Gesellschafterdarlehen in das Insolvenzrecht verlagert würden, wo sie systematisch hingehörten (BT-Drucks. 16/6140 S. 42). Nach der amtlichen Begründung des MoMiG sind diese neuen Regelungen nach daher gem. Art. 4 Abs. 1 EuInsVO auch auf Auslandsgesellschaften anwendbar (BT-Drucks. 16/6140 S. 57). Die Qualifikationsfrage hat der BGH damit für das alte wie für das neue Recht eindeutig beantwortet (krit. mit Blick auf die Methode Schall, ZIP 2011, 2177, zugleich Anm. zu OLG Naumburg, Urt. v. 06.10.2010 – 5 U 73/10, ZIP 2011, 677; dazu Knof, EWiR Art. 13 EuInsVO 1/11, 709). Europarechtliche Bedenken hegt der BGH keine. Denn Rang (Buchst. m)) und Insolvenzanfechtung (Buchst. m)) seien schließlich in den Katalog insolvenzrechtlicher Materien nach Art. 4 Abs. 2 EuInsVO einbezogen (krit. wegen der formalen Begründung Schall, Kapitalgesellschaftsrechtlicher Gläubigerschutz, 2009, S. 179).

In zahlreichen anderen Rechtsordnungen gibt es einen vergleichbaren Haftungstatbestand ohnehin nicht. Auch in denjenigen Rechtsordnungen, in denen das Eigenkapitalersatzrecht anerkannt ist, kann zunehmend eine zurückhaltendere Anwendung beobachtet werden (vgl. zum neuen österreichischen Eigenkapitalgesetz Althuber/Brandstätter/Haberer, NZI 2004, 615: Verzicht auf die Einbeziehung des Stehenlassens von Krediten sowie auf die eigenkapitalersetzende Gebrauchs- und Nutzungsüberlassung). 24

6. Registerfragen und Gewerbeuntersagung

Gem. § 13i Abs. 2 Satz 1 HGB sind englische Private Limited Companies, die in Deutschland eine Zweigniederlassung unterhalten, gesetzlich verpflichtet, diese zur Eintragung in das **Handelsregister** anzumelden. Mangels adäquater Sanktionen (Zwangsgeld gem. § 14 HGB, §§ 132 ff. FGG) werden bislang nur die allerwenigsten Limiteds in deutsche Handelsregister eingetragen (umfangreiche »Checkliste« zur Eintragung bei Herchen, RIW 2005, 529). 25

Ferner können **Gewerbeuntersagungsverfügungen** gegen den *director* einer Ltd. ergehen (OVG Nordrhein-Westfalen, ZIP 2006, 136; OLG Dresden, ZIP 2006, 1097). Nach BGH, (ZInsO 2007, 775) kann das Registergericht in diesem Fall auch die Eintragung in das Handelsregister verweigern, obwohl § 13g Abs. 2 Satz 2 HGB nicht auf § 8 Abs. 3 i. V. m. § 6 Abs. 2 Satz 3 und 4 GmbHG verweist, wonach solche Umstände offenzulegen sind. Ein im Inland gegen den director einer Ltd. 25a

Art. 4 EuInsVO Anwendbares Recht

verhängtes Gewerbeverbot berechtigt das Registergericht zur Nichteintragung einer Zweigniederlassung (ebenso schon vorgehend OLG Jena, ZIP 2006, 708).

C. Verfahrensfragen

I. Insolvenzverwalter

26 Es ist davon auszugehen, dass Insolvenzverwalter die aufgeworfenen Fragen zur Qualifizierung haftungsrechtlicher Institute alsbald zum Gegenstand gerichtlicher Entscheidungen machen werden. Die Durchsetzung dieser Haftungsansprüche trägt erfahrungsgemäß erheblich zur **Masseanreicherung** bei. Ein pauschaler Verzicht auf die Geltendmachung der Ansprüche verstieße gegen § 60 InsO (vgl. zur Anwendbarkeit des § 60 InsO: K/P/B-Kemper Art. 31 Rn. 9; MK-Reinhart Art. 31 Rn. 37).

II. Beratungspraxis

27 Für den Berater des Schuldners stellt sich mit Blick auf die Insolvenzverschleppung die Frage, ob im Fall eines im Ausland gestellten Insolvenzantrags in Deutschland noch ein weiterer Insolvenzantrag (auf Eröffnung eines Sekundärinsolvenzverfahrens) gestellt werden sollte, um Haftungs- und Strafbarkeitsrisiken zu vermeiden (abl. AG Köln, ZIP 2005, 1566).

28 Es sprechen überzeugende Gründe dafür, dass der Schuldner bereits mit der **Antragstellung im Ausland** seinen deutschen Pflichten nach §§ 64 Abs. 1, 84 GmbHG (u. a.) genügt. Das gilt jedenfalls dann, wenn ein Hauptinsolvenzverfahren beantragt wird und sich im Ausland nicht erkennbar nur eine Niederlassung befindet (vgl. Wimmer, ZInsO 2005, 119, 125; diff. Mock, ZIP 2006, 24; a. A. Wagner, ZIP 2006, 1934). Anderenfalls würde er genötigt, auch in denjenigen Fällen ein Sekundärinsolvenzverfahren zu beantragen, in denen die alleinige Durchführung eines Hauptinsolvenzverfahrens wirtschaftlich vorteilhafter wäre. Eine solche Auslegung würde die Ziele der EuInsVO konterkarieren und wäre folglich gemeinschaftsrechtswidrig (vgl. auch Vallender/Fuchs, ZIP 2004, 829). Angesichts der noch nicht höchstrichterlich geklärten Rechtslage ist der Schuldner über die nicht auszuschließende Gefahr, dass bei alleiniger Stellung eines Insolvenzantrags im Ausland zumindest ein Ermittlungsverfahren eingeleitet werden könnte, jedoch aufzuklären (vgl. aber AG Köln, ZIP 2005, 1566; Art. 3 Rdn. 88).

29 Bei der Antragstellung ist weiter zu beachten, dass der **deutsche Geschäftsführer** nach Ansicht des AG Köln (ZInsO 2004, 216 – »Automold«; Art. 3 Rdn. 86) auch nach Eröffnung eines Hauptinsolvenzverfahrens **im Ausland berechtigt bleiben** soll, in Deutschland einen Antrag auf Eröffnung eines Sekundärinsolvenzverfahrens zu stellen. Dieser Auffassung ist allerdings nicht zu folgen, weil mit Eröffnung die Vermögens- und Verfügungsbefugnis des Schuldners entfällt (ebenso Wimmer, ZInsO 2005, 119, 125). Es handelt sich bei dem Antragsrecht nicht um eine dem Schuldner auch nach Insolvenzeröffnung verbleibende organschaftliche Zuständigkeit (so aber AG Köln, ZInsO 2004, 216).

30 Im Zusammenhang mit der Antragstellung ist weiter zu beachten, dass ein Insolvenzantrag auf Eröffnung eines Sekundärinsolvenzverfahrens in Deutschland mit Blick auf das hier geltende insolvenzrechtliche Sonderrecht für (früher: eigenkapitalersetzende) Gesellschafterleistungen zu einem gewissen **»Zielkonflikt« auf Geschäftsführer- und Gesellschafterebene** führen kann: Selbst wenn die *lex fori concursus* des ausländischen Hauptverfahrens keinen § 39 Abs. 1 Nr. 5 InsO vergleichbaren Nachrang kennt (sodass die Forderungen im ausländischen Hauptverfahren als »einfache« Insolvenzforderungen vergleichbar § 38 InsO angemeldet werden können), hilft dies dem Gesellschafter wenig, wenn sich der wesentliche Teil der Vermögenswerte in Deutschland befindet – und daher nach Eröffnung eines deutschen Sekundärinsolvenzverfahrens nach deutschem Recht verwertet und verteilt wird.

Art. 5 Dingliche Rechte Dritter

(1) Das dingliche Recht eines Gläubigers oder eines Dritten an körperlichen oder unkörperlichen, beweglichen oder unbeweglichen Gegenständen des Schuldners — sowohl an bestimmten Gegenständen als auch an einer Mehrheit von nicht bestimmten Gegenständen mit wechselnder Zusammensetzung —, die sich zum Zeitpunkt der Eröffnung des Insolvenzverfahrens im Gebiet eines anderen Mitgliedstaats befinden, wird von der Eröffnung des Verfahrens nicht berührt.

(2) Rechte im Sinne von Absatz 1 sind insbesondere
a) das Recht, den Gegenstand zu verwerten oder verwerten zu lassen und aus dem Erlös oder den Nutzungen dieses Gegenstands befriedigt zu werden, insbesondere aufgrund eines Pfandrechts oder einer Hypothek;
b) das ausschließliche Recht, eine Forderung einzuziehen, insbesondere aufgrund eines Pfandrechts an einer Forderung oder aufgrund einer Sicherheitsabtretung dieser Forderung;
c) das Recht, die Herausgabe des Gegenstands von jedermann zu verlangen, der diesen gegen den Willen des Berechtigten besitzt oder nutzt;
d) das dingliche Recht, die Früchte eines Gegenstands zu ziehen.

(3) Das in einem öffentlichen Register eingetragene und gegen jedermann wirksame Recht, ein dingliches Recht im Sinne von Absatz 1 zu erlangen, wird einem dinglichen Recht gleichgestellt.

(4) Absatz 1 steht der Nichtigkeit, Anfechtbarkeit oder relativen Unwirksamkeit einer Rechtshandlung nach Artikel 4 Absatz 2 Buchstabe m) nicht entgegen.

→ vgl. §§ 335, 349, 351 InsO

Übersicht	Rdn.		Rdn.
A. Normzweck	1	2. Insolvenzrecht des Belegenheitsstaates?	7
B. Norminhalt	3	IV. Anwendbares Recht für den Gegenstand.	9
I. Zeitlicher Anwendungsbereich	3	V. Ausnahme: Anfechtbarkeit (Abs. 4)	10
II. Dingliche Rechte	4	C. Verfahrensfragen	12
III. Anwendbares Recht für dingliche Rechte	6	I. Insolvenzverwalter	12
1. Recht des Belegenheitsstaates	6	II. Beratungspraxis	14

A. Normzweck

Art. 5 enthält eine Ausnahme von Art. 4: Dingliche Rechte an Gegenständen, die sich in einem anderen Mitgliedstaat befinden, werden durch die Insolvenzeröffnung »nicht berührt«. Das ausländische Insolvenzverfahren hindert den Gläubiger also nicht an der Durchsetzung bzw. Verwertung seines dinglichen Rechts. 1

Die Norm dient dem **Gläubigerschutz** und dem **Vertrauen des Rechtsverkehrs in die Insolvenzfestigkeit von Kreditsicherheiten** und regelt damit eine der zentralen Fragen der grenzüberschreitenden Insolvenz (Virgós/Schmit, Erläuternder Bericht, Nr. 97; zum Normzweck auch MK-Reinhart Art. 5 Rn. 1). 2

B. Norminhalt

I. Zeitlicher Anwendungsbereich

Das dingliche Recht muss **vor Verfahrenseröffnung wirksam entstanden** sein. Sind für die Entstehung mehraktige Tatbestände erforderlich, müssen diese insgesamt abgeschlossen sein. Die Frage, ob das dingliche Recht zur Entstehung gelangt ist, ist kollisionsrechtliche Vorfrage und beantwortet sich nach dem Kollisionsrecht des Hauptverfahrensstaates (Virgós/Schmit, Erläuternder Bericht, Nr. 100; Eidenmüller, IPRax 2001, 2, 6 [s. dort Fn. 29]; **a. A.** MK-Reinhart Art. 5 Rn. 6 [*lex fori*] 3 m.w.N. auch zur Gegenansicht). Im Ergebnis findet insoweit rgm. die *lex rei sitae* Anwendung (vgl. etwa Pannen-Ingelmann Art. 5 Rn. 22, 29). Dagegen gilt für die Entstehung von Rechten nach Eröffnung (unbeschadet des Art. 14) die Grundnorm des Art. 4 und damit das Recht des Eröffnungsstaates (Virgós/Schmit, Erläuternder Bericht, Nr. 96; von Bismarck/Schümann-Kleber, NZI 2005, 92).

3a Nach der Entscheidung des **EuGH** in Sachen »Eurofood« (ZInsO 2006, 484; vgl. Art. 3 Rdn. 23 ff.) kann die »**Eröffnung**« i. S. d. Art. 16 bereits durch Bestellung eines vorläufigen Insolvenzverwalters erfolgen. Der EuGH hat nicht dazu Stellung bezogen, ob dieser Eröffnungsbegriff auch in den übrigen Vorschriften der EuInsVO gelten soll. Würde man denselben Eröffnungsbegriff auf Art. 5 anwenden, könnte die *lex fori concursus* für die Entstehung dinglicher Rechte bereits nach Bestellung des vorläufigen Verwalters eingreifen (zur Frage des maßgeblichen Zeitpunkts s. a. MK-Reinhart Art. 5 Rn. 11 f.).

II. Dingliche Rechte

4 Abs. 2 enthält eine beispielhafte Aufzählung, keine Definition. Erfasst werden sowohl bestimmte Gegenstände als auch Mehrheiten unbestimmter Gegenstände mit variierender Zusammensetzung wie z. B. die Übereignung eines Warenlagers mit wechselndem Bestand oder die **floating charge** nach englischem Recht (zu dieser – bisher zentralen, durch den Enterprise Act 2002 nunmehr aber erheblich eingeschränkten – englischen Kreditsicherheit: Ehricke/Köster/Müller-Seils, NZI 2003, 409, 410; speziell zur neuen englischen floating charge im Internationalen Privat- und Verfahrensrecht Schall, IPRax 2009, 209; ders. KTS 2009, 69). Einzubeziehen sind auch der verlängerte und der erweiterte Eigentumsvorbehalt (NR-Mincke Art. 5 Rn. 6). Der einfache Eigentumsvorbehalt wird demgegenüber durch Art. 7 geregelt.

5 Abs. 3 stellt dinglichen Rechten in öffentliche Register eingetragene und ggü. jedermann wirksame Rechte gleich. Ein Beispiel ist die Vormerkung (§ 883 BGB).

III. Anwendbares Recht für dingliche Rechte

1. Recht des Belegenheitsstaates

6 Abs. 1 normiert, dass dingliche Rechte »nicht berührt« werden. Dingliche Rechte können daher ohne Rücksicht auf das Insolvenzrecht des ausländischen Hauptinsolvenzverfahrens durchgesetzt werden. Für die Art und Weise der Durchsetzung kommt es nur auf das **Belegenheitsrecht** an. Bei einem deutschen Hauptinsolvenzverfahren sind die §§ 165 ff. InsO für dingliche Rechte an im Ausland belegenen Gegenständen daher unanwendbar.

2. Insolvenzrecht des Belegenheitsstaates?

7 Streitig ist, ob bei der Verwertung dinglicher Rechte auch die Beschränkungen des jeweiligen Insolvenzrechts des Belegenheitsstaates zu beachten sind. Nach herrschender Meinung ist dies zutreffend zu verneinen, weil der Verordnungsgeber dingliche Rechte vollständig von der Wirkungserstreckung des Art. 17 Abs. 1 ausnehmen wollte, um Rechtssicherheit für den Wirtschaftsverkehr zu gewährleisten (Virgós/Schmit, Erläuternder Bericht, Nr. 97; MK-Reinhart Art. 5 Rn. 13; zum Ganzen auch Pannen-Ingelmann Art. 5 Rn. 9 ff.).

8 Nach der Gegenmeinung würden für den Sicherungsnehmer durch die Freistellung von jeglichen insolvenzrechtlichen Beschränkungen mit Verkehrsschutzinteressen kaum zu rechtfertigende Vorteile entstehen. Daher soll die Verwertbarkeit jedenfalls insoweit eingeschränkt werden, als dies das Insolvenzrecht des Belegenheitsstaates vorsieht (von Bismarck/Schümann-Kleber, NZI 2005, 147, 148; Haas FS Gerhardt, S. 329; noch weiter gehend Herchen, ZInsO 2002, 345, 347; diff. Haß/Huber/Gruber/Heiderhoff-Huber Art. 5 Rn. 25).

IV. Anwendbares Recht für den Gegenstand

Die Sonderregelung des Art. 5 gilt nur für das an einem Gegenstand bestehende dingliche Recht. 9
Der Gegenstand selbst unterliegt dagegen der *lex fori concursus* und fällt daher grds. in die Insolvenzmasse. Folglich muss der Gläubiger einen über die gesicherte Forderung hinausgehenden Erlös in die Masse abführen (Virgós/Schmit, Erläuternder Bericht, Nr. 99). Der Verwalter kann zudem das dingliche Recht ablösen, z. B. um einen für die Fortführung wesentlichen Gegenstand für die Masse zu erhalten (allgem. zu den Problemen, die mit dem Ausschluss jeglicher Wirkungen des Insolvenzverfahrens auf dingliche Rechte Dritter in anderen Mitgliedstaaten einhergehen, s. MK-Reinhart Art. 5 Rn. 14 [»konzeptioneller Fehler der Verordnung«]).

V. Ausnahme: Anfechtbarkeit (Abs. 4)

Art. 5 wird durch seinen Abs. 4 eingeschränkt: Die Nichtigkeit, Anfechtung oder relative Unwirksamkeit des dinglichen Rechts richtet sich nach der *lex fori concursus* (vgl. Art. 4 Abs. 2 Buchst. m)). 10
Das bietet eine Handhabe, um vor Eröffnung in andere Mitgliedstaaten verbrachte Gegenstände wieder zur Masse zu ziehen (K/P/B-Kemper Art. 5 Rn. 10). Zudem kann der Insolvenzverwalter auch die Entstehung eines dinglichen Rechts anfechten, wenn dies nach den Anfechtungsnormen der *lex fori concursus* zulässig ist (vgl. Art. 13).

▶ Beispiel: 11

Ein französischer Schuldner hat vor Eröffnung eines Insolvenzverfahrens über sein Vermögen in Frankreich einem schwedischen Gläubiger ein Pfandrecht an einer in Schweden belegenen Sache bestellt. Der französische Insolvenzverwalter kann nach Art. 5 Abs. 2 Buchst. a) keinen Einfluss auf das Pfandrecht des schwedischen Gläubigers nehmen, insb. kann er die Verwertung der verpfändeten Sache nicht verhindern. Wenn die Verpfändung aber nach französischem Insolvenzanfechtungsrecht anfechtbar war, kann der französische Insolvenzverwalter das Pfandrecht anfechten (Art. 13 i. V. m. Art. 5 Abs. 4 u. Art. 4 Abs. 2 Buchst. m)) und nach erfolgreicher Anfechtung die Sache zur Insolvenzmasse ziehen. Allerdings steht dem Anfechtungsgegner noch die Entlastungsmöglichkeit zur Verfügung, nachzuweisen, dass die Sicherheitenbestellung nach nationalem (hier: schwedischen) Recht nicht anfechtbar wäre (Art. 13).

C. Verfahrensfragen

I. Insolvenzverwalter

Da die »Unberührtheit« nach Art. 5 erst nach Verfahrenseröffnung greift, sollte der vorläufige 12
Insolvenzverwalter prüfen, ob er bewegliche Gegenstände während des Insolvenzeröffnungsverfahrens ins Inland befördert – in den Anwendungsbereich der *lex fori concursus* (Braun-Liersch § 352 Rn. 25).

Nach Eröffnung verbleibt dem Hauptinsolvenzverwalter die Möglichkeit, das dingliche Recht 13
zumindest durch Beantragung eines Sekundärinsolvenzverfahrens im Belegenheitsstaat in das Insolvenzverfahren einzubeziehen (das erfordert allerdings eine Niederlassung, vgl. Art. 3 Abs. 2).

▶ Hinweis:

Diese Vorgehensweise kann sich insb. empfehlen, wenn das Insolvenzrecht des Belegenheitsstaates Eingriffsbefugnisse in die dingliche Rechtsstellung des Berechtigten gewährt (vgl. Virgós/Schmit, Erläuternder Bericht, Nr. 98; KP-Kemper Art. 5 Rn. 9).

Die für eine Anordnung der Zwangsversteigerung nach § 15 ZVG i. V. m. § 869 ZPO erforderlichen allgemeinen Vollstreckungsvoraussetzungen hinsichtlich eines in Deutschland belegenen Grundstücks sind nach Eröffnung eines Hauptinsolvenzverfahrens in England insoweit nicht (mehr) erfüllt, als es erstens an einer vollstreckbaren Ausfertigung des Vollstreckungstitels (§ 724 Abs. 1 ZPO) und zweitens an dessen Zustellung an den Schuldner (§ 750 Abs. 1 ZPO) fehlt (dazu und zum Folgenden BGH, ZIP 2011, 926; dazu EWiR Art. 5 EuInsVO 1/11, 313 [Undritz]). Der

Titel hat sich nämlich gegen den englischen Insolvenzverwalter zu richten, was eine Umschreibung des Titels nach Anhörung erfordert (vgl. §§ 727, 730 ZPO). Richtig ist zwar, dass die Notwendigkeit der Umschreibung des Titels nicht – wie in einem rein inländischen Insolvenzverfahren (vgl. BGH, KTS 2006, 465 m. Anm. Heese; Uhlenbruck-Brinkmann § 49 Rn. 26) – mit einem Hinweis auf den Übergang der Verwaltungs- und Verfügungsbefugnis auf den Insolvenzverwalter gem. § 80 InsO begründet werden kann, weil hier mit Blick auf die Befugnisse des englischen Insolvenzverwalters nach Art. 4 Abs. 2 Satz 2 Buchst. c) EuInsVO allein englisches Recht Anwendung findet. Im englischen Recht gibt es aber eine in seinen Wirkungen dem § 80 InsO gleiche Regelung, nämlich sec. 306 (2) des Insolvency Act 1986, wonach das Eigentum des Schuldners auf den Insolvenzverwalter übergeht. Man wird wohl nicht soweit gehen, den Eigentumsübergang kraft Insolvenzeröffnung anzuerkennen, aber jedenfalls der Übergang der materiell-rechtlichen Verfügungsbefugnis auf den englischen Verwalter ist anzuerkennen. Entsprechend ist die besondere Zustellung des Titel an den englischen Insolvenzverwalter erforderlich (§ 750 Abs. 2 ZPO). An diesem Ergebnis ändert auch Art. 5 EuInsVO nichts, weil es hier nämlich nicht um insolvenzspezifische Eingriffe in den Inhalt des dinglichen Sicherungsrechts geht, also nicht darum, ob und inwieweit der Gläubiger »seinen« Gegenstand im Sicherungsfall verwerten und den Verwertungserlös einbehalten darf, sondern um die vollstreckungsrechtlichen Voraussetzungen, unter denen das Sicherungsrecht geltend gemacht und durchgesetzt werden kann.

II. Beratungspraxis

14 Die Beurteilung, ob Sicherungsrechte i. S. d. Art. 5 wirksam entstanden sind und welchen Beschränkungen sie im Fall eines Sekundärinsolvenzverfahrens unterliegen, stellt anwaltliche Berater und Insolvenzverwalter gleichermaßen vor das Problem **ausländischen Sachen-, Zwangsvollstreckungs- und Insolvenzrechts**. Die Zusammenarbeit mit ausländischen Rechtsanwälten ist insoweit für Vertragsgestaltung und Insolvenzabwicklung unerlässlich.

Art. 6 Aufrechnung

(1) Die Befugnis eines Gläubigers, mit seiner Forderung gegen eine Forderung des Schuldners aufzurechnen, wird von der Eröffnung des Insolvenzverfahrens nicht berührt, wenn diese Aufrechnung nach dem für die Forderung des insolventen Schuldners maßgeblichen Recht zulässig ist.

(2) Absatz 1 steht der Nichtigkeit, Anfechtbarkeit oder relativen Umwirksamkeit einer Rechtshandlung nach Artikel 4 Absatz 2 Buchstabe m) nicht entgegen.

→ *vgl. § 338 InsO*

Übersicht	Rdn.		Rdn.
A. Normzweck	1	D. Vorschlag der Kommission zur Reform der EuInsVO	9
B. Norminhalt	2		
C. Verfahrensfragen	8		

A. Normzweck

1 Art. 6 enthält eine weitere Ausnahme von Art. 4: Das Recht eines Gläubigers zur Aufrechnung gegen eine Forderung des Schuldners bleibt trotz Insolvenzeröffnung bestehen.

B. Norminhalt

2 Art. 6 gilt grds. nur für Hauptinsolvenzverfahren (vgl. K/P/B-Kemper Art. 6 Rn. 2).

Die Wirksamkeit einer Aufrechnung im Insolvenzverfahren bestimmt sich grds. nach der *lex fori* 3
concursus (Art. 4 Abs. 2 Buchst. d)). Das gilt nach allg. Ansicht für ihre insolvenzrechtliche Zulässigkeit, die sich in Deutschland nach den §§ 94 ff. InsO richtet. Nach bestrittener Auffassung greift die *lex fori concursus* aber auch für die Beurteilung der materiellen Wirksamkeit der Aufrechnung in Deutschland: §§ 387 ff. BGB) – so unter Berufung auf den weiten Wortlaut des Art. 4 Abs. 2 Buchst. d): Duursma-Kepplinger/Duursma/Chalupsky, EuInsVO, Art. 6 Rn. 3; Eidenmüller, IPRax 2001, 2, 6; a. A. Bork, ZIP 2002, 690, 694; v. Wilmowsky, KTS 1998, 343, 358; Pannen-Ingelmann Art. 6 Rn. 4.

Auf Art. 6 ist nicht näher einzugehen, wenn bereits nach dem Recht des Eröffnungsstaates eine 4
Aufrechnung zulässig ist. Die Norm greift erst ein, wenn nach der *lex fori concursus* eine Aufrechnung unzulässig bzw. eingeschränkt ist (MK-Reinhart Art. 6 Rn. 7). Dann erlaubt die Norm eine Aufrechnung, wenn diese nach dem für die Forderung des Schuldners maßgeblichen Recht möglich ist. Damit erhält die Aufrechnung eine Garantiefunktion, auf die sich der Gläubiger bereits zum Zeitpunkt der Entstehung der Forderung verlassen kann (Erwägungsgrund 26).

▶ **Beispiel:** 5

Ein portugiesischer Gläubiger hat eine Forderung gegen einen irischen Schuldner aus Vertrag. Der Vertrag enthält eine Rechtswahlklausel, nach der die Forderung portugiesischem Recht unterliegt. Über den Schuldner wird in Irland ein Insolvenzverfahren eröffnet. Es sei unterstellt, dass nach irischem Recht eine Aufrechnung verboten ist. Wenn aber nach portugiesischem Recht (welches hier das »für die Forderung maßgebliche Recht« darstellt) eine Aufrechnung zulässig ist, kann der portugiesische Gläubiger nach Abs. 1 »trotz« der irischen Rechtsnormen weiterhin gegen Forderungen des Schuldners aufrechnen.

Art. 6 ist nur anwendbar, wenn die aufzurechnenden Forderungen vor Insolvenzeröffnung entstanden sind (Bork, ZIP 2002, 690, 694). Nach Insolvenzeröffnung gilt Art. 4 Abs. 2 Buchst. d). 6

Abs. 1 wird durch Abs. 2 wieder eingeschränkt: Eine Nichtigkeit, Anfechtung oder relative Unwirksamkeit der Aufrechnung i. S. d. Art. 4 Abs. 2 Buchst. m) ist zu beachten, d. h. für das vorgenannte Beispiel, dass eine nach portugiesischem Recht zulässige Aufrechnung dann keinen Bestand hat, wenn der Gläubiger die Aufrechnungsmöglichkeit durch eine nach irischem Insolvenzanfechtungsrecht anfechtbare Rechtshandlung erlangt hat. 7

C. Verfahrensfragen

Die Rechtslage hinsichtl. der Zulässigkeit einer Aufrechnung in der Insolvenz variiert in den Mitgliedstaaten erheblich (Virgós/Schmit, Erläuternder Bericht, Nr. 109). 8

▶ **Hinweis:**

Ein Gläubiger, der bei der Vertragsgestaltung auf die Rechtswahl Einfluss nehmen kann, ist aus insolvenzrechtlicher Sicht daher gut beraten, eine Rechtsordnung zu wählen, die auch in der Insolvenz des Schuldners ein möglichst weitgehendes Aufrechnungsrecht gewährt (Braun-Tashiro § 338 Rn. 9).

D. Vorschlag der Kommission zur Reform der EuInsVO

Der Kommissionsvorschlag zur Reform der EuInsVO sieht für Aufrechnungs- und Schuldumwandlungsvereinbarungen (»netting agreements«) eine Sonderregel vor. 9

Art. 7 EuInsVO Eigentumsvorbehalt

▶ Fassung nach dem Vorschlag der Europäischen Kommission vom 12.12.2012, COM(2012) 744:

Art. 6a
Aufrechnungs- und Schuldumwandlungsvereinbarungen

Für Aufrechnungs- und Schuldumwandlungsvereinbarungen (»netting agreements«) ist ausschließlich das Recht maßgebend, das auf derartige Vereinbarungen anwendbar ist.

Art. 7 Eigentumsvorbehalt

(1) Die Eröffnung eines Insolvenzverfahrens gegen den Käufer einer Sache läßt die Rechte des Verkäufers aus einem Eigentumsvorbehalt unberührt, wenn sich diese Sache zum Zeitpunkt der Eröffnung des Verfahrens im Gebiet eines anderen Mitgliedstaats als dem der Verfahrenseröffnung befindet.

(2) Die Eröffnung eines Insolvenzverfahrens gegen den Verkäufer einer Sache nach deren Lieferung rechtfertigt nicht die Auflösung oder Beendigung des Kaufvertrags und steht dem Eigentumserwerb des Käufers nicht entgegen, wenn sich diese Sache zum Zeitpunkt der Verfahrenseröffnung im Gebiet eines anderen Mitgliedstaats als dem der Verfahrenseröffnung befindet.

(3) Die Absätze 1 und 2 stehen der Nichtigkeit, Anfechtbarkeit oder relativen Unwirksamkeit einer Rechtshandlung nach Artikel 4 Absatz 2 Buchstabe m) nicht entgegen.

→ *vgl. § 351 InsO*

Übersicht	Rdn.		Rdn.
A. Normzweck	1	C. Verfahrensfragen	
B. Norminhalt	2		

A. Normzweck

1 Art. 7 schützt den Eigentumsvorbehalt vergleichbar den durch Art. 5 gesicherten Rechten.

B. Norminhalt

2 Art. 7 gilt seinem Wortlaut nach nur für den einfachen Eigentumsvorbehalt. Für den erweiterten und verlängerten Eigentumsvorbehalt greift Art. 5 (MK-Reinhart Art. 7 Rn. 2 a. E.).

3 Nach Abs. 1 bleibt ein im Ausland wirksam begründeter Eigentumsvorbehalt von der Insolvenzeröffnung über das Vermögen des Käufers unberührt, wenn sich das Vorbehaltsgut zum Zeitpunkt der Eröffnung in einem anderen Mitgliedstaat – also nicht beim insolventen Käufer – befindet.

4 Nach Abs. 2 hat der Insolvenzverwalter in der Verkäuferinsolvenz kein Sonderbeendigungsrecht. Unter der Voraussetzung, dass der Eigentumsvorbehalt wirksam begründet worden ist und im Belegenheitsstaat anerkannt wird, kann der Käufer folglich noch Eigentum erwerben, wenn er den Restkaufpreis bezahlt: Umfassender Schutz des Anwartschaftsrechts.

5 Wird das Vorbehaltsgut erst nach Insolvenzeröffnung in einen anderen Mitgliedstaat verbracht, etwa, um es dem Zugriff des Insolvenzverwalters zu entziehen, greifen Abs. 1 und Abs. 2 nicht ein. Dann gilt die *lex fori concursus*, Art. 4 (Pannen-Ingelmann Art. 7 Rn. 4).

5a Nach der Entscheidung des **EuGH** in Sachen »Eurofood« (ZInsO 2006, 484; vgl. Art. 3 Rdn. 23 ff.) kann die »**Eröffnung**« i. S. d. Art. 16 bereits durch Bestellung eines vorläufigen Insolvenzverwalters erfolgen. Der EuGH hat nicht dazu Stellung bezogen, ob dieser Eröffnungsbegriff auch in den übrigen Vorschriften der EuInsVO gelten soll. Würde man denselben Eröffnungsbegriff auf Art. 7

nwenden, würde ein Gläubiger, der Vorbehaltsgut nach Bestellung eines vorläufigen Verwalters in inen anderen Mitgliedstaat verbringt, nicht mehr in den Schutzbereich des Art. 7 fallen. Stattdessen würde bereits zu diesem »vorgelagerten« Eröffnungszeitpunkt die *lex fori concursus* greifen (dazu uch MK-Reinhart Art. 7 Rn. 7 unter Bezugnahme auf Art. 2 Rn. 14 ff.).

inschränkend Abs. 4: Die Nichtigkeit, Anfechtung oder relative Unwirksamkeit des Eigentumsorbehalts richtet sich nach der *lex fori concursus* (vgl. Art. 4 Abs. 2 Buchst. m), vgl. dazu entsprechend das Beispiel bei Art. 5 Rdn. 11. 6

C. Verfahrensfragen

Die Voraussetzungen für die wirksame Begründung eines Eigentumsvorbehalts werden von Art. 7 nicht normiert. Insofern bleiben die **allgemeinen Regeln des Internationalen Privatrechts** anwendbar. Insb. bei der Beratung im Exportgewerbe ist über die in den Mitgliedstaaten bestehenden unterschiedlichen Vorschriften für die Begründung von Eigentumsvorbehalten aufzuklären. Denn mit dem Erreichen eines anderen Mitgliedstaates bestimmt nunmehr dessen Belegenheitsrecht Inhalt und Ausübung des Eigentumsvorbehalts (»Statutenwechsel«). Der einfache Eigentumsvorbehalt ist allerdings in den meisten Mitgliedstaaten anerkannt (vgl. Lehr, RIW 2000, 747). 7

Die im Kontext der EuInsVO (vor allem mit Blick auf Anfechtungsklagen, dazu Art. 13 Rdn. 10) strittige **Frage der internationalen Zuständigkeit für insolvenznahe Verfahren**, stellt sich auch im Zusammenhang mit dem Eigentumsvorbehalt (allgem. dazu Willemer, Vis attractiva concursus und die Europäische Insolvenzverordnung, 2006). Hier hat der EuGH, (ZIP 2009, 2345 – German Graphics; dazu Brinkmann, IPRax 2010, 324; Cranshaw, DZWIR 2010, 89; Piekenbrock, KTS 2010, 208) auf Vorlage des Hoge Raad (s. zum Vorabentscheidungsbegehren ABl. EU 2008, Nr. C 272, 6) etwas mehr Klarheit geschaffen. So sollen Aussonderungs- und Absonderungsklage, die auf Rechten beruhen, die außerhalb der Insolvenz begründet worden sind, nicht unter die Ausnahmeklausel des Art. 1 Abs. 2 Buchst.) EuGVVO fallen und mithin als »einfache« Zivilsachen nach den Vorgaben der EuGVVO zu behandeln sein (zum Ganzen Mankowski, NZI 2010, 508). Zur Anerkennung und Vollstreckung s. Art. 25 Rdn. 7. 8

Art. 8 Vertrag über einen unbeweglichen Gegenstand

Für die Wirkungen des Insolvenzverfahrens auf einen Vertrag, der zum Erwerb oder zur Nutzung eines unbeweglichen Gegenstands berechtigt, ist ausschließlich das Recht des Mitgliedstaats maßgebend, in dessen Gebiet dieser Gegenstand belegen ist.

→ vgl. § 336 InsO

Übersicht

	Rdn.			Rdn.
A. Normzweck	1	D.	Vorschlag der Kommission zur Reform der EuInsVO	6
B. Norminhalt	2			
C. Verfahrensfragen	5			

A. Normzweck

Art. 8 schützt den lokalen Rechtsverkehr bei Immobiliarvermögen. Abweichend von Art. 4 Abs. 2 Buchst. e), wonach sich die Wirkungen der Verfahrenseröffnung auf laufende Verträge des Schuldners nach der *lex fori concursus* richten, gilt für Verträge über unbewegliche Gegenstände nur die *lex rei sitae*. 1

B. Norminhalt

2 Die Norm gilt einerseits für sämtliche Nutzungsverträge über unbewegliche Gegenstände, insl Miet-, Pacht-, Leasing- und Erbbaurechtsverträge. Andererseits umfasst der Anwendungsbereic alle Erwerbsverträge über Immobilien, vor allem Kauf und Schenkung. Es genügt ein obligator scher Anspruch auf Eigentumserwerb (MK-Reinhart Art. 8 Rn. 8).

3 Die Norm gilt dagegen nicht für den Erwerb anderer dinglicher Rechte neben dem Eigentum, etw für die Bestellung dinglicher Sicherheiten (vgl. Virgós/Schmit, Erläuternder Bericht, Nr. 119). Hie bleibt bei einem deutschen Insolvenzverfahren folglich § 103 InsO anwendbar.

4 »Ausschließliche« Geltung bedeutet, dass das Belegenheitsrecht einschließlich seines Insolvenz rechts anwendbar ist. Daher finden bei ausländischem Belegenheitsort in einem deutschen Inso venzverfahren z. B. die Einschränkungen gem. § 110 InsO keine Anwendung (von Bismarck/Schü mann-Kleber, NZI 2005, 89, 92). Umgekehrt ist bei einem ausländischen Insolvenzverfahren fü in Deutschland belegene Grundstücke § 110 InsO anwendbar (von Bismarck/Schümann-Kleber NZI 2005, 147, 149).

C. Verfahrensfragen

5 Für die Beratungspraxis ist bei der Vertragsgestaltung zu beachten, dass bei Verträgen über Immobi liarvermögen die **Auswirkungen des Insolvenzrechts des Belegenheitsstaates** selbst dann zu prüfe sind, wenn der Vertrag i. Ü. einer anderer Rechtsordnung als der *lex rei sitae* unterstellt wird (vgl auch Braun-Liersch/Tashiro § 336 Rn. 16).

D. Vorschlag der Kommission zur Reform der EuInsVO

6 Für etwaige Zustimmungserfordernisse nach dem Recht des Vertragsstaates sieht der Kommissions vorschlag zur Reform der EuInsVO einen neuen Art. 10a vor (s. den Abdruck der Vorschlagsfassung bei Art. 10 Rdn. 7).

Art. 9 Zahlungssysteme und Finanzmärkte

(1) Unbeschadet des Artikels 5 ist für die Wirkungen des Insolvenzverfahrens auf die Rechte und Pflichten der Mitglieder eines Zahlungs- oder Abwicklungssystems oder eines Finanzmarktes ausschließlich das Recht des Mitgliedstaats maßgebend, das für das betreffende System oder den betreffenden Markt gilt.

(2) Absatz 1 steht einer Nichtigkeit, Anfechtbarkeit oder relativen Unwirksamkeit der Zahlungen oder Transaktionen gemäß den für das betreffende Zahlungssystem oder den betreffenden Finanzmarkt geltenden Rechtsvorschriften nicht entgegen.

→ *vgl. § 340 InsO*

Übersicht	Rdn.		Rdn.
A. Normzweck	1	B. Norminhalt	2

A. Normzweck

1 Art. 9 zielt als Ausnahme zu Art. 4 darauf ab, die Einwirkungen einer fremden Rechtsordnung auf Zahlungs- und Abwicklungssysteme sowie auf Finanzmärkte zu verhindern. Dadurch sollen »Domino-Effekte« vermieden werden, welche die Stabilität des internationalen Finanzsystems gefährden könnten.

B. Norminhalt

Art. 1 Abs. 2 nimmt bereits Kreditinstitute, Versicherungsunternehmen (u. a.) vom Anwendungsbereich der EuInsVO aus. Art. 9 erweitert Art. 1 Abs. 2 um die Ausnahme auf Rechtsverhältnisse von bestimmten finanziellen Institutionen, die ihrer Bestimmung nach im internationalen Massengeschäft tätig sind (NR-Mincke Art. 9 Rn. 2). 2

Art. 9 steht im Zusammenhang mit der RL 98/26/EG über die Wirksamkeit von Abrechnungen in Zahlungs- sowie Wertpapierliefer- und Abrechnungssystemen. Die Richtlinie soll Insolvenzrisiken für Teilnehmer an grenzüberschreitenden Zahlungssystemen reduzieren (Balz, ZIP 1995, 1639; zum Verhältnis von Richtlinie und Art. 9 sowie zu den einzelnen Begriffsdefinitionen Pannen Art. 9 Rn. 7 ff.). 3

Abs. 2 schließt auch Art. 4 Abs. 2 Buchst. m) und Art. 13 aus. Benachteiligende Rechtshandlungen richten sich daher ebenfalls allein nach dem für das Zahlungssystem bzw. für den Finanzmarkt anwendbaren Recht. 4

Art. 10 Arbeitsvertrag

Für die Wirkungen des Insolvenzverfahrens auf einen Arbeitsvertrag und auf das Arbeitsverhältnis gilt ausschließlich das Recht des Mitgliedstaats, das auf den Arbeitsvertrag anzuwenden ist.

→ vgl. § 337 InsO

Übersicht	Rdn.			Rdn.
A. Normzweck	1	D.	Vorschlag der Kommission zur Reform	
B. Norminhalt	2		der EuInsVO	7
C. Verfahrensfragen	5			

A. Normzweck

Art. 10 erklärt als »**Schutznorm für Arbeitnehmer**« abweichend von Art. 4 grds. das Recht des Arbeitsorts für anwendbar (Sonderkollisionsnorm). 1

B. Norminhalt

Art. 10 verweist auf das Recht des Mitgliedstaates, das auf den Arbeitsvertrag anzuwenden ist. Nach dem für alle Mitgliedstaaten geltenden Art. 8 Rom I-VO (vormals: Art. 6 EVÜ v. 19.06.1980, BGBl. 1986 II S. 809; in Deutschland umgesetzt durch Art. 30 EGBGB) unterliegen Individualarbeitsverträge vorrangig dem von den Parteien nach Art. 3 Rom I-VO gewählten Recht und soweit das auf den Arbeitsvertrag anzuwendende Recht nicht durch Rechtswahl bestimmt ist, unterliegt der Arbeitsvertrag dem Recht des Staates, in dem der Arbeitnehmer in Erfüllung des Vertrags gewöhnlich seine Arbeit verrichtet (näher, auch zur Möglichkeit der Rechtswahl, MK-Reinhart § 337 Rn. 10). 2

Soll ein in Deutschland belegener Betrieb durch einen ausländischen Insolvenzverwalter veräußert werden, sind demnach grds. auch die **Kündigungsvorschriften** deutschen Rechts einschließlich der vereinfachten Möglichkeiten, sich im Insolvenzfall von dem Arbeitsverhältnis zu lösen, anzuwenden (MK/BGB-Kindler Art. 10 Rn. 6). Deshalb sind auf die Kündigung eines Arbeitsverhältnisses in Deutschland durch einen englischen Administrator die §§ 113, 125 InsO anwendbar (BAG, ZIP 2012, 2312; dazu EWiR Art. 10 EuInsVO 1/13, 49 [Knof/Stütze]; vorgehend LAG Frankfurt am Main, ZIP 2011, 683 LAG Frankfurt am Main, ZInsO 2011, 878; dazu EWiR Art. 10 1/11, 215 [J. Schmidt]; s. a. Mankowski, NZI 2011, 206; ebenso schon Vorinstanz ArbG Frankfurt am Main, ZIP 2010, 1313; zust. EWiR Art. 10 EuInsVO 1/10, 637 [Undritz]). Insoweit ist § 125 InsO unionsrechtskonform dahin auszulegen, dass auch ein englischer Administrator, der in der vom 3 englischen Insolvenzrecht vorgesehenen Weise für den Schuldner handelt, als Insolvenzverwalter i. S. d. § 125 InsO anzusehen ist und daher einen Interessenausgleich mit Namensliste abschließen kann, der die Wirkungen des § 125 InsO nach sich zieht. Der Arbeitnehmer wird durch Art. 10 nämlich nur vor der Anwendung der lex fori concursus geschützt, nicht aber schlechterdings vor den Wirkungen eines Insolvenzverfahrens. Das BAG stellt deshalb zutreffend fest, dass der Begriff »ausschließlich« in Art. 10 EuInsVO nur bedeutet, dass keine kumulative oder alternative Anknüpfung an die lex fori concursus stattfindet, und zwar auch dann nicht, wenn die Kündigungsschutzbestimmungen des Rechts des Staats der Verfahrenseröffnung für den Arbeitnehmer günstiger sind (dazu Knof/Stütze, EWiR Art. 10 EuInsVO 1/13, 49, 50: »Die Sonderkollisionsnorm des Art. 10 EuInsVO erlaubt mithin kein ‹cherry picking›«). Entsprechendes gilt für die auf Gemeinschaftsrecht basierenden **Regelungen des Betriebsübergangs** in seiner in Deutschland geltenden Form des § 613a BGB und für Betriebsänderungen, bei denen Interessenausgleich und Sozialplan aufzustellen sind (vgl. Smid Art. 4 Rn. 4). Auch Ansprüche aus der betrieblichen Altersversorgung unterliegen grds. dem Arbeitsvertragsstatut (vgl. MK-Reinhart § 337 Rn. 9 a. E.; HK-Stephan § 337 Rn. 10).

4 Für die insolvenzrechtliche Qualifizierung von **Lohnforderungen** und **Sozialplanansprüchen**, d. h. ihre Anmeldung, rangmäßige Einordnung etc., greift dagegen über Art. 4 weiterhin das **Insolvenzstatut** (Pannen-Dammann Art. 10 Rn. 9). Es kann mithin im Fall einer »gesteuerten« Insolvenz durchaus ein taktisches Kalkül sein, eine Rechtsordnung zu wählen, in der Arbeitnehmerforderungen vorrangig zu befriedigen sind, um die Interessenvertretung der Arbeitnehmer für konkrete Sanierungspläne zu gewinnen (»Verkaufsargument«). Ebenfalls nicht Art. 10, sondern gem. Art. 4 Abs. 2 lit. b)) der *lex fori concursus* unterliegt die Frage, ob in der Insolvenz des Arbeitnehmers für Lohnforderungen ein Pfändungsschutz greift (Mankowski, NZI 2009, 785, 787 f.; s. a. Art. 4 Rdn. 6).

C. Verfahrensfragen

5 Für das Insolvenzgeld ist nach herrschender Meinung von der Geltung des Rechts desjenigen Staates auszugehen, der die betreffende Garantieeinrichtung vorhält (Haß/Huber/Gruber/Heiderhoff-Huber, Art. 10 Rn. 4; MK/BGB-Kindler Art. 11 Rn. 7, jeweils m. w. N.). Art. 10 ist insoweit nicht einschlägig (Pannen-Dammann Art. 10 Rn. 10). Vielfach aber werden das Arbeitsstatut und das Recht der Garantieeinrichtung demselben nationalen Recht unterliegen. Das Europarecht verlangt eine **Entgeltsicherung für die 3 Monate vor Insolvenzantragstellung**. § 183 Abs. 1 SGB III gewährt dagegen eine Sicherung für die 3 Monate vor Insolvenzeröffnung (Braun-Tashiro § 337 Rn. 12). Arbeitnehmer, deren Entgelt über den Zeitraum des § 183 Abs. 1 SGB III hinaus vor Insolvenzantragstellung rückständig war, dürften daher bei grenzüberschreitenden Insolvenzverfahren einen **Anspruch aus Staatshaftung** wegen unvollständiger Umsetzung der Richtlinie haben (Braun-Tashiro § 337 Rn. 12; vgl. dazu EuGH, NZI 2003, 394 m. Anm. Andres/Motz). Laut EuGH müssen die Mitgliedstaaten jedoch keine Garantien für die Ansprüche der Arbeitnehmer in jedem Abschnitt des Insolvenzverfahrens über ihren Arbeitgeber vorsehen (EuGH, Urt. v. 18.04.2013 – C-247/12, NZI 2013, 552 [Ls.]).

6 Bedeutung hat diese Thematik durch den Erlass sog. *supplemental orders* durch Judge Norris i. R. d. MG Rover Insolvenz gewonnen (NZI 2005, 515 m. Anm. Penzlin/Riedemann). Der englische Richter ermächtigte die Insolvenzverwalter des Hauptverfahrens in England, die ausländischen Arbeitnehmer nach dem jeweiligen ausländischen Recht (bevorzugt) zu behandeln, um die Beantragung eines als für die Gesamtverfahrensabwicklung nachteilig empfundenen Sekundärverfahrens in Deutschland zu verhindern (eingehend Penzlin/Riedemann, NZI 2005, 517). In die gleiche Richtung zielt auch ein weiteres Urteil des High Court in Birmingham in der Sache MG Rover (NZI 2006, 416 m. Anm. Mankowski; vgl. Art. 3 Rdn. 89).

D. Vorschlag der Kommission zur Reform der EuInsVO

7 Für etwaige Zustimmungserfordernisse nach dem Recht des Vertragsstaates sieht der Kommissionsvorschlag zur Reform der EuInsVO einen neuen Art. 10a vor.

Fassung nach dem Vorschlag der Europäischen Kommission vom 12.12.2012, COM(2012) 744:

Art. 10a
Zustimmungserfordernisse nach dem Recht des Vertragsstaats

Kann ein Vertrag i. S. d. Art. 8 und 10 nach dem Recht des Mitgliedstaats, das die Wirkungen des Insolvenzverfahrens auf solche Verträge regelt, nur mit Zustimmung des Gerichts, das das Insolvenzverfahren eröffnet hat, beendet oder geändert werden und ist in dem betreffenden Mitgliedstaat kein Insolvenzverfahren eröffnet worden, erteilt das Gericht, das das Insolvenzverfahren eröffnet hat, die Zustimmung zur Beendigung oder Änderung des Vertrags.

Art. 11 Wirkung auf eintragungspflichtige Rechte

Für die Wirkungen des Insolvenzverfahrens auf Rechte des Schuldners an einem unbeweglichen Gegenstand, einem Schiff oder einem Luftfahrzeug, die der Eintragung in ein öffentliches Register unterliegen, ist das Recht des Mitgliedstaats maßgebend, unter dessen Aufsicht das Register geführt wird.

→ *vgl. § 351 InsO*

Übersicht	Rdn.		Rdn.
A. Normzweck	1	B. Norminhalt	2

A. Normzweck

Art. 11 schützt das **Vertrauen in die Register der jeweiligen Mitgliedstaaten**. Es soll vermieden werden, dass es aufgrund der abweichenden Grundbuch- und Registersysteme durch die Insolvenzeröffnung zu Eintragungen kommt, die der jeweilige Eintragungsstaat nicht kennt und die die Aussagekraft seines Registers deshalb beeinträchtigen könnten (Virgós/Schmit, Erläuternder Bericht, Nr. 130). 1

B. Norminhalt

Nach hier vertretener Ansicht erfasst Art. 11 sämtliche Rechtswirkungen der Verfahrenseröffnung auf die genannten Rechte. Eine einschränkende Auslegung auf die Eintragungsfähigkeit im Registerstaat ergibt sich aus dem Begriff »Wirkungen« nicht; zudem wird die Eintragungsfähigkeit bereits durch Art. 22 angeordnet (wie hier: K/P/B-Kemper Art. 11 Rn. 7; a. A. MK-Reinhart Art. 12 Rn. 7 und 14 [der ausdrücklich die noch in der Vorauf. vertretene Ansicht aufgibt]; Taupitz, ZZP 111 [1998], 315, 347). 2

Im Vergleich zu Art. 8 bis 10 ist in Art. 11 das Wort »**ausschließlich**« weggelassen worden. Das ist kein »Redaktionsversehen« (so früher MK-Reinhart Art. 12 Rn. 1 [1. Aufl.]; anders jetzt Rn. 14]), sondern eine bewusste Differenzierung (Virgós/Schmit, Erläuternder Bericht, Nr. 130; v. Bismarck/Schümann-Kleber, NZI 2005, 92). 3

Die Wirkungen des Insolvenzverfahrens auf die genannten Rechte richten sich zwar allein nach dem **Recht des Registerstaats** (KPB-Kemper Art. 11 Rn. 9; a. A. NR-Mincke Art. 11 Rn. 3). Art. 11 ist deshalb so auszulegen, dass die im Register eingetragenen Rechte durch die Eröffnung des Insolvenzverfahrens nicht weiter gehender beeinträchtigt werden, als dies bei Eröffnung eines Insolvenzverfahrens im Registerstaat selbst erfolgen würde (K/P/B-Kemper Art. 11 Rn. 8). Daher sind z. B. Registereintragungen, die das Eröffnungsrecht vorsieht, nicht vorzunehmen, wenn sie dem Registerrecht unbekannt sind. Allerdings ist nach Möglichkeit eine »Anpassung« an die Eintragungen des Registerrechts zu versuchen (vgl. Art. 22 Rdn. 5; K/P/B-Kemper Art. 22 Rn. 5). 4

Art. 13 EuInsVO Benachteiligende Handlungen

5   Umgekehrt hat aber eine Auswirkung auf das eingetragene Recht ebenso zu unterbleiben, wenn sie zwar dem Registerrecht entspricht, aber das Insolvenzrecht des Eröffnungsstaates eine solche nicht kennt. Denn insofern würden gar keine »Wirkungen des Insolvenzverfahrens« vorliegen (i. E ebenso K/P/B-Kemper Art. 11 Rn. 8).

6   Art. 11 gilt seinem Wortlaut nach nur für **Rechte des Schuldners**. Für **Rechte Dritter** greift Art. (h. M.; Virgós/Schmit, Erläuternder Bericht, Nr. 131; Pannen-Dammann Art. 11 Rn. 3).

Art. 12 Gemeinschaftspatente und -marken

Für die Zwecke dieser Verordnung kann ein Gemeinschaftspatent, eine Gemeinschaftsmarke oder jedes andere durch Gemeinschaftsvorschriften begründete ähnliche Recht nur in ein Verfahren nach Artikel 3 Absatz 1 miteinbezogen werden.

1   Art. 12 enthält eine Sondernorm für EU-einheitliche gewerbliche Schutzrechte. Diese Rechte stellen einen Sonderfall dar, weil sie nach Gemeinschaftsrecht begründet und in ein Gemeinschaftsregister eingetragen werden und nicht dem Recht eines bestimmten Mitgliedstaats zuzuordnen sind. Nach Art. 12 können sie nur in ein Hauptinsolvenzverfahren einbezogen werden. Zu Einzelheiten s. etwa Kommentierung MK-Reinhart Art. 12.

Art. 13 Benachteiligende Handlungen

Artikel 4 Absatz 2 Buchstabe m) findet keine Anwendung, wenn die Person, die durch eine die Gesamtheit der Gläubiger benachteiligende Handlung begünstigt wurde, nachweist,
– daß für diese Handlung das Recht eines anderen Mitgliedstaats als des Staates der Verfahrenseröffnung maßgeblich ist und
– daß in diesem Fall diese Handlung in keiner Weise nach diesem Recht angreifbar ist.

→ *vgl. § 339 InsO*

Übersicht

		Rdn.				Rdn.
A.	Normzweck	1		2.	»In keiner Weise angreifbar«	5
B.	Norminhalt	2		3.	»In diesem Fall«	7
I.	Ausnahme von Art. 4 Abs. 2 Buchst. m)	2	IV.	Darlegungs- und Beweislast		8
II.	Rechtshandlungen vor Eröffnung	3	C.	Verfahrensfragen		10
III.	Voraussetzungen der Einrede	4	I.	Zuständigkeit für Anfechtungsklagen		10
	1. Geltung eines anderen Rechts als der		II.	Insolvenzverwalter		11
	lex fori concursus	4	III.	Beratungspraxis		12

A. Normzweck

1   Art. 13 ist die zentrale Anfechtungsnorm der EuInsVO. Die Vorschrift schützt das Vertrauen von Gläubigern und Dritten, dass Rechtshandlungen, die nach dem normalerweise anwendbaren Recht wirksam und unangreifbar sind, nicht durch ein fremdes Insolvenzrecht beeinträchtigt werden (Kemper, ZIP 2001, 1619).

B. Norminhalt

I. Ausnahme von Art. 4 Abs. 2 Buchst. m)

2   Nach Art. 4 Abs. 2 Buchst. m) bestimmt sich die Nichtigkeit, Anfechtbarkeit oder relative Unwirksamkeit grds. nach dem Recht des Eröffnungsstaats. Die *lex fori concursus* ist damit für Voraussetzungen und Rechtsfolgen der Anfechtung anwendbar. Der Einredetatbestand des Art. 13 fordert nun kumulativ, dass sich die Anfechtbarkeit etc. auch aus dem Recht ergeben muss, das normaler-

...weise auf die Rechtshandlung anwendbar ist. Im Ergebnis unterliegt damit nur noch die »Schnittmenge« aus beiden Rechtsordnungen der Anfechtung, sodass sich das »anfechtungsfeindlichste« Recht durchsetzt (Leible/Staudinger, KTS 2000, 533, 557; sehr krit. Zeeck, ZInsO 2005, 281, der für einen anfechtungsfreundlicheren Ansatz plädiert; allgem. zur Problematik und den denkbaren Lösungsmodellen Pannen-Dammann Art. 13 Rn. 2 f.).

II. Rechtshandlungen vor Eröffnung

Die Vorschrift ist nur auf Rechtshandlungen vor Insolvenzeröffnung anwendbar (Virgós/Schmit, Erläuternder Bericht, Nr. 138). Das ist jedoch nicht unstrittig. Der BGH (ZIP 2013, 2167; dazu EWiR 2014, 185 [Undritz]; vorgehend OLG Stuttgart, ZIP 2012, 2162; dazu EWiR 2013, 109 [Riedemann]) hat jetzt eben diese Frage dem EuGH vorgelegt und lässt selbst eine Tendenz zur Bejahung der Anwendbarkeit auch in den Fällen erkennen, in denen die Rechtshandlung nach Verfahrenseröffnung vorgenommen wurde (im konkreten Fall war dies die Auszahlung eines vor der Eröffnung des Insolvenzverfahrens gepfändeten Kontoguthabens). Der Wortlaut lässt das zu. Der Zweck spricht möglicherweise insoweit dagegen, als das Vertrauen nach Verfahrenseröffnung nicht mehr schutzwürdig ist.

Legt man Art. 13 eng aus und wendet ihn nur auf Rechtshandlungen vor Insolvenzeröffnung an, stellt sich die Frage der Übertragbarkeit der Aussagen in der Entscheidung des **EuGH** in Sachen »**Eurofood**« (ZInsO 2006, 484; vgl. Art. 3 Rdn. 23 ff.) auf Art. 13. Nach dem EuGH kann die »**Eröffnung**« i. S. d. Art. 16 bereits durch Bestellung eines vorläufigen Insolvenzverwalters erfolgen. Der EuGH hat nicht dazu Stellung bezogen, ob dieser Eröffnungsbegriff auch in den übrigen Vorschriften der EuInsVO gelten soll. Würde man denselben Eröffnungsbegriff bei Art. 13 anwenden, wären von dieser Norm ggf. nur Rechtshandlungen vor der Bestellung eines vorläufigen Verwalters erfasst.

»Rechtshandlung« ist weit auszulegen. Bei Anwendbarkeit deutschen Rechts ist auf die Auslegung des Begriffs gem. § 129 InsO abzustellen (K/P/B-Kemper Art. 13 Rn. 5; a. A. MK-Reinhart Art. 13 Rn. 4 [autonom auszulegen]).

III. Voraussetzungen der Einrede

1. Geltung eines anderen Rechts als der lex fori concursus

Die Bestimmung des anwendbaren Rechts ergibt sich nach den Kollisionsnormen des Internationalen Privatrechts des jeweils angerufenen Gerichts (OLG Naumburg, ZIP 2011, 677; dazu EWiR Art. 13 EuInsVO 1/11, 709 [Knof]; MK-Reinhart Art. 13 Rn. 6 m. w. N. auch zur Gegenansicht, die zur Bestimmung der *lex causae* das Kollisionsrecht des Forumstaates heranziehen will). Es wird häufig das Vertragsstatut als das einschlägige Schuldstatut anzuwenden sein, also die Verordnung (EG) Nr. 593/2008 des Europäischen Parlaments und des Rates vom 17.06.2008 über das auf vertragliche Schuldverhältnisse anzuwendende Recht (Rom I-VO) (ABl. Nr. L 177 S. 6) bzw. für »Altfälle« das **Übereinkommen v. 19.06.1980 über das auf vertragliche Schuldverhältnisse anzuwendende Recht** (BGBl. 1986 II S. 809, vgl. Art. 27 u. Art. 28 EGBGB). Die Maßgeblichkeit des Vertragsstatuts bedeutet nach Art. 3 Rom I-VO in erster Linie die Maßgeblichkeit des von den Parteien frei gewählten Rechts. I. Ü. gelten die Art. 4 ff. Rom I-VO. Das Vertragsstatut ist freilich nur insoweit maßgeblich, als die angefochtene Rechtshandlung in ein vertragliches Schuldverhältnis eingebettet ist. Dabei kann ein weites Verständnis zugrunde gelegt werden, das etwa auch im Fall der Bestellung einer dinglichen Sicherheit von der Maßgeblichkeit des Schuldstatuts der gesicherten Forderung ausgeht, nicht zuletzt um eine einheitliche Anfechtung von Deckungshandlungen zu ermöglichen (Knof, EWiR 2011, 709 f.). Die Anfechtung einer Befriedigungen von Gesellschafterdarlehen unterfällt indes nicht dem Vertragsstatut, sondern dem Insolvenzstatut (OLG Naumburg, ZIP 2011, 677; dazu EWiR Art. 13 EuInsVO 1/11, 709 [Knof]; zur Einordnung der §§ 39 Abs. 1 Nr. 5, 135 Abs. 1 Nr. 2 InsO als »ein Instrument rein insolvenzrechtlicher Natur« s. BGH, ZIP

2011, 1775 [Tz. 30]; dazu EWiR § 39 InsO a. F. 1/11, 643 [Bork]; krit. Schall, ZIP 2011, 217 m. w. N.).

2. »In keiner Weise angreifbar«

5 Art. 13 ist nicht auf insolvenzrechtliche Angriffsmöglichkeiten beschränkt. Vielmehr sind sämtliche Normen des betroffenen Staates zu beachten. Dazu gehören auch Vorschriften über Sittenwidrigkeit, Willensmängel und andere Unwirksamkeitsgründe. Damit bezieht sich das schutzwürdige Vertrauen nicht allein auf das »rechtliche Moment einer nicht bestehenden Anfechtbarkeit«, sondern auch auf das »faktisch-wirtschaftliche Moment des Behaltendürfens« (dazu Paulus Art. 13 EuInsVO Rn. 9). Das ist jedoch nicht unstrittig, weswegen der BGH (ZIP 2013, 2167; dazu EWiR 2014, 185 [Undritz]; vorgehend OLG Stuttgart, ZIP 2012, 2162; dazu EWiR 2013, 109 [Riedemann]) die Frage der Reichweite des Schutzes nach Art. 13 dem EuGH vorgelegt hat, er fragt präzise danach, ob sich die Einrede nach Art. 13 auch auf die Verjährungs-, Anfechtungs- und Ausschlussfristen des Wirkungsstatuts (lex causae) der angegriffenen Rechtshandlung bezieht. Ferner danach, ob sich auch die für die Geltendmachung des Anspruchs im Sinne von Art. 13 beachtlichen Formvorschriften nach der lex causae bestimmen oder ob sich diese nach der lex fori concursus richten. Im konkreten Fall macht sich diese Frage einmal an der Anwendung der Ausschlussfrist nach § 43 östKO (zweite Vorlagefrage) und einmal an der ebenfalls hiernach vorausgesetzten Art und Weise der Geltendmachung durch Klageerhebung (dritte Vorlagefrage) fest. Der BGH weist zu Recht auf die Notwendigkeit einer autonomen Auslegung des Art. 13 hin, die eine Zuordnung der Ausschluss- und Verjährungsvorschriften zum materiellen Recht nahelegt, wenn man sich etwa Art. 12 Abs. 1 lit. d) der Rom-I-VO ansieht. Das materielle Verständnis legt einen Vertrauensschutz nach Art. 13 nahe. Denkt man in dieser Differenzierung weiter, darf der Gläubiger auch auf die nach der lex causae vorausgesetzten Art und Weise der Geltendmachung vertrauen, weil Fragen der Verjährungshemmung und -unterbrechung auch materiellen Charakter haben, mag die Klageerhebung selbst auch prozessuale Handlung sein (K. Schmidt/Brinkmann, Art. 13 Rn. 12).

6 Die Verjährung richtet sich nach anderer Meinung dagegen allein nach der *lex fori concursus* (Balz, ZIP 1996, 948, 951; Duursma-Kepplinger/Duursma/Chalupsky, EuInsVO Art. 13 Rn. 18; **a. A.** Kranemann, Insolvenzanfechtung im deutschen Internationalen Insolvenzrecht, S. 145). Sie fällt als verfahrensrechtliche Bestimmung nicht unter die allgemeinen Unwirksamkeitsregeln.

3. »In diesem Fall«

7 Die Norm setzt voraus, dass im konkreten Fall keine Angriffsmöglichkeiten bestehen (Virgós/Schmit, Erläuternder Bericht, Nr. 137). Eine abstrakte Betrachtung reicht nicht aus.

IV. Darlegungs- und Beweislast

8 Art. 13 ist ein **Einredetatbestand**. Die Darlegungs- und Beweislast für die tatsächlichen Voraussetzungen der Rechtswahl, der Maßgeblichkeit des gewählten Rechts für die konkrete Rechtshandlung sowie des Nichtvorliegens von Unwirksamkeitsgründen liegt beim Anfechtungsgegner. Die Darlegung des Nichtvorliegens von Unwirksamkeitsgründen fordert dem Anfechtungsgegner letztlich ein – im Einzelfall sehr umfangreiches –»insolvenzrechtliches Alibi« ab (NR-Mincke Art. 13 Rn. 5 f.).

9 ▶ **Beispiel:**

> Ficht ein italienischer Insolvenzverwalter ggü. einem deutschen Gläubiger eine Rechtshandlung nach italienischem Insolvenzanfechtungsrecht an, kann sich der deutsche Gläubiger ggf. einredeweise darauf berufen, dass die Rechtshandlung nach deutschem Recht nicht anfechtbar wäre. Dazu wird er in der Praxis aber ein Rechtsgutachten vorlegen müssen, in dem neben den §§ 129 ff. InsO z. B. auch die §§ 134 und 138 BGB sowie andere in Betracht kommende Nichtigkeits- bzw. Unwirksamkeitsgründe geprüft und sämtlich verneint werden. Hier zeichnet sich bereits ein neues Tätigkeitsfeld für den insolvenzrechtlich beratenden Rechtsanwalt ab.

C. Verfahrensfragen

I. Zuständigkeit für Anfechtungsklagen

Überaus streitig ist die Frage, ob sich aus Art. 3 EuInsVO (in analoger Anwendung) eine Zuständigkeit für sog. Annex-Verfahren – insb. **Anfechtungsklagen** – ergibt (zum Ganzen auch MK-Reinhart Art. 3 Rn. 81 ff.; Paulus Art. 25 Rn. 17 ff.; ausführl. Willemer, Vis attractiva concursus und die Europäische Insolvenzverordnung, 2006). Das OLG Frankfurt am Main, (ZInsO 2006, 715 nachgehend BGH, ZInsO 2007, 770]) lehnte eine solche Zuständigkeit für Anfechtungsklagen am Sitz der Schuldnerin unter Hinweis auf die Regelung der Verordnung über die gerichtliche Zuständigkeit und die Anerkennung und Vollstreckung von Entscheidungen in Zivil- und Handelssachen (**EuGVVO**) ab (ebenso MK-Reinhart Art. 13 Rn. 22). Der Ausschlussgrund des Art. 1 Abs. 2 Buchst. b) EuGVVO erfasse lediglich Sammelverfahren als solche, nicht hingegen Annex-Verfahren. Im Ergebnis führt die Orientierung des OLG Frankfurt am Main an der EuGVVO regelmäßig zu einem Gerichtsstand am Sitz des Beklagten. Eine Anwendung der EuInsVO würde demgegenüber eine Zuständigkeit des Insolvenzgerichts begründen (Bork, Handbuch des Insolvenzanfechtungsrechts, Kap. 20 Rn. 72).

Nach hier schon in den Vorauf. vertretener Auffassung richtet sich die internationale Zuständigkeit dagegen nach Art. 3 Abs. 1 EuInsVO analog. Für die örtliche Zuständigkeit innerhalb des Mitgliedstaats gilt das jeweilige nationale Recht des nach Art. 3 Abs. 1 EuInsVO zuständigen Mitgliedstaats. Eine Zuständigkeit gem. der EuInsVO kommt zwar im Wortlaut dieser Verordnung nicht eindeutig zum Ausdruck. Es entspricht aber dem erklärten Willen des Verordnungsgebers, die Zuständigkeit, die bisher nicht in den Geltungsbereich des EuGVÜ (= Vorläufer der EuGVVO) fiel, mit der EuInsVO nunmehr durch einen **Gemeinschaftsrechtsakt** zu regeln (vgl. Virgós/Schmit, Erläuternder Bericht, Nr. 196; Duursma-Kepplinger/Duursma/Chalupsky, Europäische InsO, Art. 25 Rn. 36; KPB-Kemper Art. 25 Rn. 8; Carstens, Die internationale Zuständigkeit im europäischen Insolvenzrecht, S. 101 ff.; Paulus, ZInsO 2006, 295, 298; instruktiv Bork, Handbuch des Insolvenzanfechtungsrechts, Kap. 20 Rn. 63 ff.; eine dritte Ansicht vertritt Oberhammer, ZInsO 2004, 764: weder EuInsVO noch EuGVVO, sondern autonomes Recht der Mitgliedstaaten anwendbar; ebenso Mörsdorf-Schulte, IPRax 2004, 31, 37). Die möglichst effiziente Abwicklung grenzüberschreitender Insolvenzverfahren und alle damit in einem engen Zusammenhang stehenden masserelevanten Maßnahmen sprechen für eine analoge Anwendung des Art. 3 EuInsVO zumindest bei **Insolvenzanfechtungsklagen** (vgl. hierzu Ringe, ZInsO 2006, 700; Hinkel/Flitsch, EWiR 2006, 237; zurückhaltender Thole, ZIP 2006, 1383; Mankowski/Willemer, NZI 2006, 650, 652). Nichts anderes dürfte bzgl. der Haftungsverwirklichung bspw. durch Klagen gegen Organe gelten.

Nunmehr hat der EuGH ein Machtwort gesprochen, das die »lang ersehnte Klarheit« (Thole, ZIP 2006, 1383, 1386) in dieser Frage gebracht hat (EuGH, 12.02.2009 – Rs. C-339/07 [Christopher Seagon/Deko Marty Belgium NV], ZInsO 2009, 439 m. Anm. Mock, ZInsO 2009, 470; dazu EWiR Art. 3 EuInsVO 2/09, 411 [Karsten Müller]). Der BGH (ZInsO 2007, 770 ebenfalls mit zahlreichen Nachweisen zum gesamten Meinungsspektrum in dieser Frage; dazu EWiR Art. 3 EuInsVO 6/07, 751 [Voss]; ferner Klöhn/Berner ZIP 2007, 1418; Mörsdorf-Schulte, NZI 2008, 282) hat dem EuGH zur Auslegung des Art. 3 EuInsVO und des Art. 1 Abs. 2 Buchst. b) EuGVVO folgende Fragen zur Vorabentscheidung vorgelegt:
1. Sind die Gerichte des Mitgliedstaates, in dessen Gebiet das Insolvenzverfahren über das Vermögen des Schuldners eröffnet worden ist, für eine Insolvenzanfechtungsklage gegen einen Anfechtungsgegner, der seinen satzungsmäßigen Sitz in einem anderen Mitgliedstaat hat, nach der EuInsVO international zuständig?
2. Falls die Frage zu 1. zu verneinen ist: Fällt die Insolvenzanfechtungsklage unter Art. 1 Abs. 2 Buchst. b) EuGVVO?

Die erste Vorlagefrage beantwortet der EuGH dahin gehend, dass Art. 3 Abs. 1 in der Weise auszulegen ist, dass die Gerichte des Mitgliedstaats, in dessen Gebiet das Insolvenzverfahren eröffnet worden ist, für eine Insolvenzanfechtungsklage gegen einen Anfechtungsgegner, der seinen

Art. 13 EuInsVO   Benachteiligende Handlungen

satzungsmäßigen Sitz in einem anderen Mitgliedstaat hat, zuständig sind (EuGH, ZInsO 2009, 493 – Deko Marty [Tz. 28]). In Anbetracht der Antwort auf die erste Frage konnte der EuGH die zweite Vorlagefrage offen lassen (EuGH, ZInsO 2009, 493 – Deko Marty [Tz. 29]). Der BGH hat die Vorgaben des EuGH hinsichtlich der Auslegung des Art. 3 entsprechend umgesetzt (BGH, ZInsO 2009, 1270 – Deko Marty [Tz. 6]; dazu EWiR Art. 3 EuInsVO 3/09, 505 [Riedemann] zum Ganzen jetzt auch Fehrenbach, IPRax 2009, 492; Mankowski/Willemer, RIW 2009, 669) und darüber hinaus klargestellt, dass in dem Fall, in dem die deutschen Gerichte für eine Insolvenzanfechtungsklage europarechtlich international zuständig sind, ohne dass nach den allgemeinen deutschen Gerichtsstandsbestimmungen eine örtliche Zuständigkeit begründet wäre, das sachlich zuständige Streitgericht für den Sitz des eröffnenden Insolvenzgerichts ausschließlich örtlich zuständig ist (BGH, ZInsO 2009, 1270 – Deko Marty [Tz. 11]).

Durch das Urteil des EuGH in der Rechtssache »Seagon/Deko Marty« noch nicht geklärt war indes die Frage, ob Art. 3 Abs. 1 auch dann eingreift, wenn das Insolvenzverfahren in einem Mitgliedstaat eröffnet worden ist, der Anfechtungsgegner seinen Wohnsitz oder satzungsmäßigen Sitz jedoch nicht in einem Mitgliedstaat, sondern in einem Drittstaat hat. Diese Auslegungsfrage konnte ebenfalls der BGH vorlegen (BGH, ZIP 2012, 1467; dazu EWiR Art. 3 EuInsVO 6/12 519 [Undritz]). Der EuGH hat die Frage bejaht und Art. 3 Abs. 1 EuInsVO angewendet (EuGH Urt. v. 16.01.2014 – C-328/12, ZIP 2014, 181 [»Schmid«]; zu den Anträgen der Generalanwältin EWiR Art. 3 EuInsVO 1/13, 773 [Riedemann]). Nicht gelöst sind damit indes weiter gehende Schwierigkeiten im Zusammenhang mit der Anerkennung und Vollstreckung der Entscheidung im Drittstaat, weil Art. 25 Abs. 1 Unterabs. 2 im Verhältnis zu Drittstaaten nicht gilt (Undritz, EWiR Art. 3 EuInsVO 6/12, 519, 520; s. a. Art. 1 Rdn. 7).

Ganz ausgeräumt sind die Unklarheiten damit indes (immer noch) nicht. So hat sich etwa das LG Essen mit der Frage auseinander zu setzen, ob die in der Entscheidung des EuGH in der Rechtssache »Deko Marty« begründete Wertungsgrundlage auch bei freier Anspruchskonkurrenz des Kapitalerhaltungsrechts und des Anfechtungsrechts unabhängig von der normativen Anknüpfung gleichermaßen tragfähig ist, und hat diese Frage dem EuGH zur Vorabentscheidung vorgelegt (ZIP 2011, 875; dazu EWiR Art. 5 EuGVVO 1/11, 559 [Wehler]). Das LG Essen möchte vor allem wissen, ob eine Insolvenzanfechtungsklage, deren Gegenstand zugleich und in erster Linie ein vom Insolvenzverfahren unabhängiger Anspruch ist, der vom Insolvenzverwalter auf eine gesellschaftsrechtliche Anspruchsgrundlage gestützt wird und der wirtschaftlich auf dasselbe oder ein quantitatives »Plus« gerichtet ist, unter die Bereichsausnahme des Art. 1 Abs. 2 Buchst. b) EuGVVO fällt, oder ob sich abweichend von der Entscheidung des EuGH in der Rechtssache »Deko Marty« die internationale Zuständigkeit hierfür nach der EuGVVO bestimmt (so die zweite Vorlagefrage). Im konkreten Fall stützt der Insolvenzverwalters den geltend gemachten Anspruch gegen den Gesellschafter, eine Schwestergesellschaft niederländischen Rechts, in erster Linie auf eine unzulässige Einlagenrückgewähr nach den sog. Rechtsprechungsregeln gem. §§ 30, 31 GmbHG a. F. analog und (nur) in zweiter Linie auf den Gesichtspunkt der Insolvenzanfechtung nach § 135 Abs. 1 Nr. 2 InsO a. F. (dem Rechtsstreit lag ein »Altfall« nach dem Übergangsrecht zum MoMiG zugrunde, vgl. BGH, NJW 2009, 1277 – Gut Buschow). Der Kläger verweist hinsichtlich der internationale Zuständigkeit der inländischen Gerichte für den gesellschaftsrechtlichen Anspruch auf den Gerichtsstand des vertraglichen Erfüllungsorts gem. Art. 5 Nr. 1 Buchst. a) EuGVVO bzw. für die anfechtungsrechtliche Rückgewähr auf den Gerichtsstand der Verfahrenseröffnung gem. Art. 3 Abs. 1 EuInsVO nach Maßgabe der Entscheidung des EuGH in der Rechtssache »Deko Marty«. Die beklagte Gesellschaft beruft sich dagegen auf die internationale Zuständigkeit der niederländischen Gerichte. Sie sieht das Insolvenzanfechtungsrecht als durch das Gesellschaftsrecht überlagert. Ein vertraglicher Erfüllungsort sei zudem schon deshalb nicht anwendbar, weil hier der Haftung keine »freiwillige Verpflichtung« zugrunde liege, sondern allenfalls eine »gesetzesähnliche Haftung« begründet sei.

Um die Grenzen der EuGH Rechtsprechung in der Rechtssache »Deko Marty« ging es auch in einem Vorabentscheidungsersuchen des Oberste Gerichtshof Litauens in einem Sachverhalt, dem eine Abtretungskonstellation zugrunde lag (vgl. zu den Vorlagefragen ABl. EU 2010, Nr. C 195, '). Der EUGH (Urt. v. 19.04.2012 – C-213/10, ZIP 2012, 1049 [»F-Tex«]; dazu EWiR Art. 3 EuInsVO 5/12, 383 [M. Brinkmann]) hat entschieden, dass sich die internationale Zuständigkeit für die Klage des Dritten aus abgetretenem Anspruch gegen den Anfechtungsgegner nach Art. 1 Abs. 1 EuGVVO und nicht nach Art. 3 Abs. 1 richte. Die Begründung des Urteils kann nicht voll überzeugen, insbesondere soweit es im Ergebnis von der Person des Klägers abhängen soll, ob sich die internationale Zuständigkeit aus der EuInsVO oder aber aus der EuGVVO ergibt (krit. auch Kern, LMK 2012, 333271; M. Brinkmann, EWiR Art. 3 EuInsVO 5/12, 383, 384: »Bedenklich ist auch, dass durch das Urteil dem forum shopping Tür und Tor geöffnet würde, ließe sich die Aussage des Leitsatzes verallgemeinern«). Konsequenz einer Verallgemeinerung des Urteils wäre, dass es der Insolvenzverwalter durch Abtretung des Anfechtungsanspruchs in der Hand hat, einen günstigeren Gerichtsstand zu begründen.

I. Insolvenzverwalter

Bei der Durchsetzung von Anfechtungsansprüchen wird dem Insolvenzverwalter spätestens im Anfechtungsprozess die Einrede des Art. 13 regelmäßig begegnen (die Anfechtungsbefugnis des Insolvenzverwalters ergibt sich aus der *lex fori concursus*; zur internationalen Anfechtungsbefugnis des Sekundärverwalters s. Oberhammer, KTS 2008, 271). Eine enge **Abstimmung mit ausländischen Rechtsanwälten** wird hier i. d. R. geboten sein. 11

II. Beratungspraxis

Das Anfechtungsrecht sollte bereits bei der Vertragsgestaltung berücksichtigt werden. In der Praxis der Sanierungsberatung stellt sich gerade bei Unternehmensverkäufen in der Krise rgm. das Problem einer Anfechtbarkeit, wenn es später zur Insolvenzeröffnung des Verkäufers kommen sollte (eingehend Undritz, Unternehmenskauf in der Insolvenz, S. 1387 ff.). Hier sind die Parteien im Interesse des Unternehmenserhalts gut beraten, nach Möglichkeit ein »anfechtungsfeindliches« **Recht als Vertragsrecht zu wählen**, um ggü. einem späteren Insolvenzverwalter die Einrede des Art. 13 erheben zu können (vgl. auch Braun-Liersch/Tashiro § 339 Rn. 21, aber mit Einschränkungen in Rn. 22; dagegen Duursma-Kepplinger/Duursma/Chalupsky, Europäische InsO, Art. 13 Rn. 16: Rechtsmissbrauch; zur Anfechtung der Rechtswahl MK-Reinhart Art. 13 Rn. 5). 12

Aufgrund der Schwierigkeiten eines ausländischen Insolvenzverwalters, die Anfechtungsvoraussetzungen des lokalen Rechts aus eigener Rechtskenntnis zu beurteilen, liegt es für den Anfechtungsgegner aus taktischen Erwägungen besonders nahe, sich auf eine Unangreifbarkeit nach dem anwendbaren Recht zu berufen. 13

Art. 14 Schutz des Dritterwerbers

Verfügt der Schuldner durch eine nach Eröffnung des Insolvenzverfahrens vorgenommene Rechtshandlung gegen Entgelt
- über einen unbeweglichen Gegenstand,
- über ein Schiff oder ein Luftfahrzeug, das der Eintragung in ein öffentliches Register unterliegt, oder
- über Wertpapiere, deren Eintragung in ein gesetzlich vorgeschriebenes Register Voraussetzung für ihre Existenz ist,

so richtet sich die Wirksamkeit dieser Rechtshandlung dem Recht des Staates, in dessen Gebiet dieser unbewegliche Gegenstand belegen ist oder unter dessen Aufsicht das Register geführt wird.

→ *vgl. § 349 InsO*

Art. 15 EuInsVO Wirkungen des Insolvenzverfahrens auf anhängige Rechtsstreitigkeiten

Übersicht

	Rdn.			Rdn
A.	Normzweck	1	C. Verfahrensfragen	
B.	Norminhalt	2		

A. Normzweck

1 Art. 14 schützt das Vertrauen des Rechtsverkehrs in die Systeme der öffentlichen Bekanntmachung dinglicher Rechte.

B. Norminhalt

2 Die Vorschrift geht in Übereinstimmung mit vielen nationalen Rechtsordnungen von der **Publizitätswirkung des Grundbuchs bzw. Registers** aus (NR-Mincke Art. 14 Rn. 1). Sie durchbricht als Ausnahme von Art. 4 Abs. 2 Buchst. c) für entgeltliche Verfügungen über bestimmte registerpflichtige Gegenstände die Wirkungen des Verlusts der Verfügungsmacht, der i. d. R. (aber nicht zwingend!) mit Eröffnung des Insolvenzverfahrens eintritt (vgl. hierzu auch EuGH, ZInsO 2006 484 – »Eurofood« [vgl. Art. 3 Rdn. 23 ff.], der zu Art. 16 EuInsVO bereits auf die Bestellung eines vorläufigen Insolvenzverwalters rekurriert). Für die Wirksamkeit derartiger Rechtshandlungen wird auf das Recht des Staats der Belegenheit bzw. der Aufsicht über das Register verwiesen.

3 In **Deutschland** werden entgeltliche Erwerber folglich auch bei ausländischen Insolvenzverfahren durch §§ 878, 892, 893 BGB i. V. m. § 91 Abs. 2 InsO geschützt, solange die Eröffnung des ausländischen Insolvenzverfahrens im deutschen Grundbuch noch nicht eingetragen worden ist. Anders als bei inländischen Verfahren mag es bei internationalen Insolvenzen durchaus einen gewissen Zeitraum in Anspruch nehmen, bis der ausländische Insolvenzverwalter einen Antrag nach Art. 102 § 6 EGInsO an das deutsche Gericht richtet.

Der gute Glaube des Erwerbers an die Richtigkeit des Grundbuchs bzw. Registers ist nach dem Wortlaut der Norm nicht erforderlich (von Bismarck/Schümann-Kleber NZI 2005, 89, 93).

4 »Verfügung« meint nicht nur die Übertragung des Eigentums, sondern auch die Bestellung eines dinglichen Rechts an diesen Vermögensgegenständen (Virgós/Schmit, Erläuternder Bericht, Nr. 141).

Für **unentgeltliche Verfügungen** ist Art. 14 nicht anwendbar, es gilt Art. 4. Im Fall der gemischten Schenkung bleibt es aber bei der Anwendung des Art. 14 (wobei wegen des unentgeltlichen Teils an eine Insolvenzanfechtung und an Art. 13 zu denken ist, sodass keine Schutzlücke zum Nachteil der Gläubiger zu besorgen ist). Die Wirksamkeit der unentgeltlichen Verfügung richtet sich ebenfalls nach der *lex fori concursus* (MK-Reinhart Art. 14 Rn. 9).

5 Die Vorschrift ist ihrem Wortlaut nach ebenfalls nicht für Verfügungen über *bewegliche* Gegenstände nach Eröffnung anwendbar. Insoweit greift ebenfalls Art. 4 (K/P/B-Kemper Art. 14 Rn. 9).

C. Verfahrensfragen

6 Zum Schutz der Masse sollte der Verwalter die **Eintragung der Verfahrenseröffnung** nach Art. 22 Abs. 1 **in sämtlichen Mitgliedstaaten**, in denen Vermögen belegen ist, **umgehend beantragen**.

Art. 15 Wirkungen des Insolvenzverfahrens auf anhängige Rechtsstreitigkeiten

Für die Wirkungen des Insolvenzverfahrens auf einen anhängigen Rechtsstreit über einen Gegenstand oder ein Recht der Masse gilt ausschließlich das Recht des Mitgliedstaats, in dem der Rechtsstreit anhängig ist.

→ vgl. *§ 352 InsO*

Art. 15 EuInsVO Wirkungen des Insolvenzverfahrens auf anhängige Rechtsstreitigkeiten

Übersicht

	Rdn.			Rdn.
A. Normzweck	1	C.	Vorschlag der Kommission zur Reform der EuInsVO	6
B. Norminhalt	3			

A. Normzweck

Art. 15 schützt die Parteien eines Rechtsstreits sowie das Prozessgericht davor, dass anhängige Rechtsstreitigkeiten aufgrund der Eröffnung eines Insolvenzverfahrens einer neuen *lex fori processus* unterworfen werden (zu den Wirkungen der Anordnung von Sicherungsmaßnahmen im Insolvenzeröffnungsverfahren auf im Ausland anhängige Prozesse s. OGH, IPRax 2007, 225; krit dazu Brinkmann, IPRax 2007, 235, nach dessen Ansicht sich die Auswirkungen von Sicherungsmaßnahmen in ausländischen Insolvenzeröffnungsverfahren auf inländische Prozesse nicht, wie es der OGH angenommen hat, nach Art. 15, sondern nach Art. 25 richten). 1

▶ **Beispiel:** 2

Führt ein deutscher Schuldner einen Zahlungsprozess in Ungarn, richtet sich die Frage der Unterbrechung und Wiederaufnahme nicht nach § 240 ZPO und § 85 InsO, sondern nach ungarischem Recht. Es obliegt dann dem deutschen Insolvenzverwalter, dem ungarischen Gericht die deutsche Insolvenzeröffnung zur Kenntnis zu bringen.

B. Norminhalt

Die Befugnisse des Insolvenzverwalters regelt Art. gem. 4 Abs. 2 Buchst. c) und Art. 18 Abs. 1 Satz 1 das Recht des Mitgliedstaates, in dem ein Insolvenzverfahren eröffnet worden ist (lex fori concursus). Die Durchsetzung dieser Befugnisse in einem Rechtsstreit, der in einem anderen Mitgliedstaat anhängig ist, betrifft indes die Frage der prozessualen Ausgestaltung dieser Befugnisse, die Art. gem. 15 EuInsVO gesondert angeknüpft werden. Art. 15 ordnet für die Wirkungen des Insolvenzverfahrens auf einen anhängigen Rechtsstreit ausschließlich die Geltung des Rechts des Staates an, in dem der Rechtsstreit anhängig ist. Da nach deutschem Prozessrecht ein Insolvenzverwalter ab Eröffnung des Insolvenzverfahrens als Rechtsnachfolger des Gemeinschuldners Partei ist, ergibt sich die Prozessführungsbefugnis z. B. eines britischen Insolvenzverwalters in Deutschland kraft Amtes (OLG München, ZInsO 2010, 1017). 3

Das anwendbare Prozessrecht entscheidet über die Fortsetzung des Rechtsstreits und prozessuale Änderungen durch die Insolvenzeröffnung. Auch für die Frage, wer zur Aufnahme des Rechtsstreits befugt ist, ist nach Art. 15 die lex fori und nicht die lex loci concursus maßgeblich (BGH, NZI 2013, 690). Für die Auswirkungen auf die Rechts- oder Parteifähigkeit gilt dagegen die *lex fori concursus* (Rugullis, Litispendenz im Europäischen Insolvenzrecht, 51 f.). Zur Anhängigkeit des Rechtsstreits: KPB-Kemper Art. 15 Rn. 6. 4

Für Einzelzwangsvollstreckungsmaßnahmen gilt Art. 4 Abs. 2 Buchst. f), nicht Art. 15. 5

C. Vorschlag der Kommission zur Reform der EuInsVO

Der Kommissionsvorschlag zur Reform der EuInsVO erweitert den Anwendungsbereich des Art. 15 ausdrücklich auch auf Schiedsverfahren. 6

▶ **Fassung nach dem Vorschlag der Europäischen Kommission vom 12.12.2012, COM(2012) 744:**

Art. 15
Wirkungen des Insolvenzverfahrens auf anhängige Gerichts- und Schiedsverfahren

Für die Wirkungen des Insolvenzverfahrens auf ein anhängiges Gerichts- oder Schiedsverfahren über einen Gegenstand oder ein Recht der Masse gilt ausschließlich das Recht des Mitgliedstaats, in dem das Gerichts- oder Schiedsverfahren anhängig ist

Art. 16 EuInsVO Grundsatz

Kapitel II Anerkennung der Insolvenzverfahren

Art. 16 Grundsatz

(1) ¹Die Eröffnung eines Insolvenzverfahrens durch ein nach Artikel 3 zuständiges Gericht eines Mitgliedstaats wird in allen übrigen Mitgliedstaaten anerkannt, sobald die Entscheidung im Staat der Verfahrenseröffnung wirksam ist. ²Dies gilt auch, wenn in den übrigen Mitgliedstaaten über das Vermögen des Schuldners wegen seiner Eigenschaft ein Insolvenzverfahren nicht eröffnet werden könnte.

(2) ¹Die Anerkennung eines Verfahrens nach Artikel 3 Absatz 1 steht der Eröffnung eines Verfahrens nach Artikel 3 Absatz 2 durch ein Gericht eines anderen Mitgliedstaats nicht entgegen. ²In diesem Fall ist das Verfahren nach Artikel 3 Absatz 2 ein Sekundärinsolvenzverfahren im Sinne von Kapitel III.

→ *vgl. § 343 InsO*

Übersicht	Rdn.		Rdn
A. Normzweck	1	B. Norminhalt	2

A. Normzweck

1 Art. 16 enthält eine der Grundnormen der EuInsVO: Die Eröffnungsentscheidung eines Gerichts wird in allen anderen Mitgliedstaaten automatisch anerkannt (zur Frage, wann ein Insolvenzverfahren i. S. d. EuInsVO »eröffnet« ist Art. 3 Rdn. 23 ff.). Dasselbe gilt nach Art. 25 für Entscheidungen, die unmittelbar aufgrund des Insolvenzverfahrens ergehen und in engem Zusammenhang mit ihm stehen. Den Charakter dieser automatischen Anerkennung und Wirkungserstreckung als Grundprinzip des europäischen Insolvenzrechts betont der EuGH schon in seiner Entscheidung in der Rechtssache »Eurofood« (ZInsO 2006, 484) und betont ihn auch erneut in seiner Entscheidung in der Rechtssache »Probud« (ZIP 2010, 187; dazu EWiR Art. 25 EuInsVO 1/10, 77 [J. Schmidt]; dazu Art. 25 Rdn. 7a).

B. Norminhalt

2 Die Anerkennung erfolgt automatisch (ipso iure), ohne gerichtliches Anerkennungsverfahren.

3 Die Anerkennung steht unter **drei Voraussetzungen**:
 – Ausländisches Verfahren ist Insolvenzverfahren i. S. d. Art. 2a i. V. m. Anhang A und B.
 – Die Verfahrenseröffnung ist im Eröffnungsstaat wirksam (Rechtskraft nicht erforderlich).
 – Die Anerkennung verstößt nicht gegen den ordre public des anerkennenden Mitgliedstaates (vgl. hierzu Art. 26 Rdn. 1 ff.).

4 Die internationale Zuständigkeit des eröffnenden Gerichts durfte schon nach bisher herrschender Meinung in anderen Mitgliedstaaten (trotz der Formulierung »durch ein zuständiges Gericht«) nicht überprüft werden (AG Düsseldorf, ZIP 2004, 624; Duursma-Kepplinger/Duursma/Chalupsky, Europäische InsO, Art. 16 Rn. 14; U. Huber FS Gerhardt, S. 404; Pannen-Pannen/Riedemann Art. 16 Rn. 15; krit. P. Huber, ZZP 114 [2001], 133, 145 f.; a.A. Mankowski, BB 2006, 1755). Dies hat nunmehr auch der EuGH in der Entscheidung »Eurofood« (ZInsO 2006, 484) bestätigt.

5 Nach Abs. 1 Satz 2 erfolgt eine automatische Anerkennung auch in denjenigen Mitgliedstaaten, in denen über das Vermögen des Schuldners kein Insolvenzverfahren eröffnet werden könnte.

▶ **Beispiel:** 6

In Frankreich ist ein deutsches Verbraucherinsolvenzverfahren anzuerkennen, auch wenn nach französischem Recht die Kaufmannseigenschaft Voraussetzung eines Insolvenzverfahrens ist.

Für die Anerkennung weiterer gerichtlicher Verfügungen oder Anordnungen gilt Art. 25. Abs. 2 wiederholt lediglich den Regelungsgehalt von Art. 3 Abs. 2. 7

Art. 17 Wirkungen der Anerkennung

(1) Die Eröffnung eines Verfahrens nach Artikel 3 Absatz 1 entfaltet in jedem anderen Mitgliedstaat, ohne daß es hierfür irgendwelcher Förmlichkeiten bedürfte, die Wirkungen, die das Recht des Staates der Verfahrenseröffnung dem Verfahren beilegt, sofern diese Verordnung nichts anderes bestimmt und solange in diesem anderen Mitgliedstaat kein Verfahren nach Artikel 3 Absatz 2 eröffnet ist.

(2) ¹Die Wirkungen eines Verfahrens nach Artikel 3 Absatz 2 dürfen in den anderen Mitgliedstaaten nicht in Frage gestellt werden. ²Jegliche Beschränkung der Rechte der Gläubiger, insbesondere eine Stundung oder eine Schuldbefreiung infolge des Verfahrens, wirkt hinsichtlich des im Gebiet eines anderen Mitgliedstaats belegenen Vermögens nur gegenüber den Gläubigern, die ihre Zustimmung hierzu erteilt haben.

→ vgl. § 355 InsO

Übersicht	Rdn.		Rdn.
A. Normzweck	1	I. Hauptinsolvenzverfahren (Abs. 1)	2
B. Norminhalt	2	II. Territorialinsolvenzverfahren (Abs. 2)	6

A. Normzweck

Art. 17 stellt die Wirkungserstreckung der automatischen Anerkennung nach Art. 16 klar. 1

B. Norminhalt

I. Hauptinsolvenzverfahren (Abs. 1)

Die Verordnung folgt der Theorie der »Wirkungserstreckung« (MK-Reinhart Art. 17 Rn. 2). Danach entfaltet die Eröffnung des Hauptinsolvenzverfahrens gem. Abs. 1 in jedem Mitgliedstaat die Wirkungen, die ihm auch im Eröffnungsstaat nach der *lex fori concursus* zukommen. 2

Zu den Wirkungen gehören rgm. z. B. Insolvenzfähigkeit, Vermögensbeschlag, Verlust der Verfügungsbefugnis, Verwalterbestellung (vgl. KPB-Kemper Art. 17 Rn. 4). 3

Die Wirkungserstreckung wird **in zweifacher Weise beschränkt**: Eine erste Beschränkung erfolgt, wenn ein Territorialverfahren gem. Art. 3 Abs. 2 eröffnet wird (»solange kein«). Dann stehen die in diesem Mitgliedstaat belegenen Gegenstände im Hauptinsolvenzverfahren grds. nicht mehr zur Verfügung (Virgós/Schmit, Erläuternder Bericht, Nr. 155). 4

Eine weitere Beschränkung der Erstreckung des Eröffnungsrechts erfolgt durch verschiedene Einzelregelungen in der Verordnung, etwa Art. 5 bis 15, Art. 18 Abs. 3, Art. 24 (»sofern nicht«). 5

II. Territorialinsolvenzverfahren (Abs. 2)

Abs. 2 Satz 1 enthält eine beschränkte Wirkungserstreckung der Territorialverfahren. Diese Verfahren erfassen nur die in dem betreffenden Mitgliedstaat belegenen Vermögenswerte. In anderen Mitgliedstaaten sind die Wirkungen eines Territorialverfahrens jedoch insoweit anzuerkennen, als 6

Art. 18 EuInsVO Befugnisse des Verwalters

sie für die ordnungsgemäße Durchführung dieses Verfahrens erforderlich sind, ohne dass sie sich unmittelbar in das Gebiet der anderen Mitgliedstaaten erstrecken (Virgós/Schmit, Erläuternder Bericht, Nr. 157). Das gilt z. B. für Herausgabeansprüche, die der Verwalter des Territorialverfahrens gegen Dritte geltend macht, die zur Masse dieses Verfahrens gehörende Gegenstände nach Eröffnung ohne Genehmigung ins Ausland verbracht haben (vgl. Art. 18 Abs. 2).

7   Abs. 2 Satz 2 bestimmt, dass Gläubiger, die im Territorialverfahren ihre Zustimmung zu einer Stundung oder Schuldbeschränkung – also auch zu einem Insolvenzplan – gegeben haben, nicht mehr in Vermögen vollstrecken können, welches in anderen Mitgliedstaaten belegen ist (zum engen Anwendungsbereich vgl. K/P/B-Kemper Art. 17 Rn. 11 ff.).

Art. 18 Befugnisse des Verwalters

(1) ¹Der Verwalter, der durch ein nach Artikel 3 Absatz 1 zuständiges Gericht bestellt worden ist, darf im Gebiet eines anderen Mitgliedstaats alle Befugnisse ausüben, die ihm nach dem Recht des Staates der Verfahrenseröffnung zustehen, solange in dem anderen Staat nicht ein weiteres Insolvenzverfahren eröffnet ist oder eine gegenteilige Sicherungsmaßnahme auf einen Antrag auf Eröffnung eines Insolvenzverfahrens hin ergriffen worden ist. ²Er kann insbesondere vorbehaltlich der Artikel 5 und 7 die zur Masse gehörenden Gegenstände aus dem Gebiet des Mitgliedstaats entfernen, in dem sich die Gegenstände befinden.

(2) ¹Der Verwalter, der durch ein nach Artikel 3 Absatz 2 zuständiges Gericht bestellt worden ist, darf in jedem anderen Mitgliedstaat gerichtlich und außergerichtlich geltend machen, daß ein beweglicher Gegenstand nach der Eröffnung des Insolvenzverfahrens aus dem Gebiet des Staates der Verfahrenseröffnung in das Gebiet dieses anderen Mitgliedstaats verbracht worden ist. ²Des weiteren kann er eine den Interessen der Gläubiger dienende Anfechtungsklage erheben.

(3) ¹Bei der Ausübung seiner Befugnisse hat der Verwalter das Recht des Mitgliedstaats, in dessen Gebiet er handeln will, zu beachten, insbesondere hinsichtlich der Art und Weise der Verwertung eines Gegenstands der Masse. ²Diese Befugnisse dürfen nicht die Anwendung von Zwangsmitteln oder das Recht umfassen, Rechtsstreitigkeiten oder andere Auseinandersetzungen zu entscheiden.

Übersicht	Rdn.			Rdn.
A. Normzweck	1		1. »Art und Weise der Verwertung« (Satz 1)	7
B. Norminhalt	2		2. Keine Zwangsbefugnisse (Satz 2)	10
I. Hauptinsolvenzverwalter (Abs. 1)	2			
II. Territorialinsolvenzverwalter (Abs. 2)	6	C.	Verfahrensfragen	11
III. Einschränkungen der Befugnisse (Abs. 3)	7	D.	Vorschlag der Kommission zur Reform der EuInsVO	15

A. Normzweck

1   Art. 18 erstreckt die automatische Anerkennungswirkung auf die Befugnisse des Verwalters. Die Vorschrift konkretisiert Art. 4 Abs. 2 Buchst. c).

B. Norminhalt

I. Hauptinsolvenzverwalter (Abs. 1)

2   Der Hauptinsolvenzverwalter kann in allen Mitgliedstaaten sämtliche Befugnisse ausüben, die ihm nach der *lex fori concursus* zustehen. Eine gesonderte Anerkennung oder auch nur die Bekanntmachung seiner Bestellung ist nicht erforderlich (Virgós/Schmit, Erläuternder Bericht, Nr. 160).

3   Mit der **Erstreckung des Vermögensbeschlags des Hauptverfahrens auf alle Mitgliedstaaten** geht rgm. die Verpflichtung des Verwalters einher, die gesamte Insolvenzmasse auch tatsächlich zu erfassen, zu sichern und zu verwerten. Dazu kann der Hauptverwalter insb. Gegenstände aus ande-

en Mitgliedstaaten entfernen. Insoweit muss er allerdings die Art. 5 und Art. 7 beachten (Abs. 1 Satz 2), d. h. eine Entfernung ist zulässig, wenn die Sicherungsrechte dadurch nicht beeinträchtigt werden. Entfernt der Verwalter unzulässigerweise Gegenstände, setzt sich der durch Art. 5 und Art. 7 vermittelte Schutz fort. Insb. wird das Sicherungsgut durch eine solche Entfernung nicht den insolvenzrechtlichen Beschränkungen des Eröffnungsstaats unterworfen (Haas FS Gerhardt, S. 335; Herchen, Das Übereinkommen der Mitgliedsstaaten der EU v. 23.11.1995, S. 185).

Nach der Entscheidung des **EuGH** in Sachen »Eurofood« (ZInsO 2006, 484; vgl. Art. 3 Rdn. 23 ff.) kann unter »Insolvenzverfahren« bereits ein vorläufiges Insolvenzverfahren verstanden werden. Den Ansatz hat das AG Hamburg (ZInsO 2007, 829) konsequent fortentwickelt, indem es festgestellt hat, dass ein durch das nach Art. 3 Abs. 1 EuInsVO zuständige Insolvenzgericht bestellter vorläufiger Insolvenzverwalter im gesamten räumlichen Geltungsbereich der EuInsVO dieselben Befugnisse hat, die ihm nach dem Recht der BRD zustehen, und zwar in analoger Anwendung des Art. 18 EuInsVO i. V. m. Art. 25 Abs. 1 Unterabs. 3. Er sei insb. befugt, Vermögensgegenstände des Schuldners in Besitz zu nehmen und deren Herausgabe vom Schuldner zu verlangen. 3a

Soweit er nach der *lex fori concursus* dazu befugt ist, kann der Hauptverwalter auch in anderen Mitgliedstaaten Prozesse führen oder die Prozessführungsbefugnis auf Dritte übertragen (K/P/B-Kemper Art. 18 Rn. 6). Weitere Befugnisse ergeben sich z. B. aus Art. 21, 22, 25. Diese weitreichenden Kompetenzen stellen für den Hauptverwalter eine erhebliche Herausforderung dar, da die Legitimation des Insolvenzverwalters im Einzelfall nach dem Recht anderer Mitgliedstaaten beurteilt werden muss. 4

Die Befugnisse des Hauptinsolvenzverwalters werden aber eingeschränkt, wenn in einem anderen Mitgliedstaat ein Sekundärinsolvenzverfahren beantragt und daraufhin eine Sicherungsmaßnahme (z. B. Bestellung eines vorläufigen Verwalters) erlassen oder das Sekundärverfahren eröffnet wird. Beides führt dazu, dass der Hauptverwalter seine direkten Befugnisse in diesem Mitgliedstaat verliert (Virgós/Schmit, Erläuternder Bericht, Nr. 163; Balz, ZIP 1996, 948, 952). In dieser Konstellation kommt es entscheidend auf eine **vertrauensvolle Zusammenarbeit** von Haupt- und Sekundärinsolvenzverwalter an (näher Art. 31 Rdn. 1 ff.). 5

II. Territorialinsolvenzverwalter (Abs. 2)

Art. 16 Abs. 2 stellt im Anschluss an Art. 4 für den Territorialverwalter nochmals klar, dass dieser gerichtlich und außergerichtlich gegen die Verbringung von Vermögensgegenständen aus dem Gebiet seines Eröffnungsstaats vorgehen kann. Ferner ist er zur Erhebung einer Anfechtungsklage berechtigt. 6

III. Einschränkungen der Befugnisse (Abs. 3)

1. »Art und Weise der Verwertung« (Satz 1)

Abs. 3 Satz 1 schränkt Art. 4 Abs. 2 Buchst. c) ein. Der Verwalter muss trotz grds. Geltung der *lex fori concursus* die Verwertungsvorschriften des Belegenheitsstaates beachten. 7

Zu diesen Verwertungsvorschriften zählen zum einen öffentlich-rechtliche Vorschriften des Lagestaates (z. B. Ausfuhrverbote), die an bestimmte Verwertungshandlungen anknüpfen (Virgós/Schmit, Erläuternder Bericht, Nr. 97). 8

Zum anderen sind aber auch »insolvenzspezifische« Vorschriften des Lageorts einzuhalten. Nach herrschender Meinung ist hierzu in einem ersten Schritt nach dem Eröffnungsstatut zu prüfen, welche Befugnisse der Verwalter hat und wie er sie ausüben kann. In einem zweiten Schritt wird das Verwertungsverfahren dann an das Belegenheitsrecht angepasst. Erlaubt das Eröffnungsstatut gleichermaßen freihändige Verwertung und Versteigerung, gestattet das Belegenheitsrecht indes nur eine Versteigerung, so ist der Insolvenzverwalter nach herrschender Meinung auf diese Verwertungsvariante beschränkt (Virgós/Schmit, Erläuternder Bericht, Nr. 97; Leible/Staudinger, KTS 2000, 533, 562; Pannen-Pannen/Riedemann Art. 18 Rn. 46 ff.; **a. A.** Haas FS Gerhardt, S. 338, der den 9 freihändigen Verkauf nicht von Abs. 3 erfasst sieht, da es sich nicht um ein »Verwertungsverfahren« handle und daher das nach Kollisionsregeln anwendbare materielle Recht eingreifen lassen will).

2. Keine Zwangsbefugnisse (Satz 2)

10 Zwangsmittel darf der Verwalter nicht anwenden. Er muss aufgrund der Wirkungserstreckung aber nicht den Rechtshilfeweg beschreiten, sondern kann sich direkt an die örtlichen Behörden wenden (K/P/B-Kemper Art. 18 Rn. 14 f.). Diese sind aufgrund der Anerkennungswirkung des Art. 18 zu Mitwirkung verpflichtet (Pannen-Pannen/Riedemann Art. 18 Rn. 51).

C. Verfahrensfragen

11 Soweit der Insolvenzverwalter freihändig veräußert, muss er beachten, dass die Voraussetzungen für einen Eigentumsübergang in den einzelnen Mitgliedstaaten sehr unterschiedlich ausgestaltet sind und dieser in einigen Staaten erheblich früher als nach deutschem Recht stattfindet (Haas FS Gerhardt, S. 338 f.). Daher sollte bei der Vertragsgestaltung die Zahlung des Kaufpreises ebenfalls vorverlagert werden. Ohne fundierte ausländische Rechtskenntnisse oder die Einbeziehung lokaler Rechtsanwälte ergeben sich hier erhebliche Haftungsrisiken.

12 Eine Alternative zur ggf. langwierigen Beantragung von Zwangsmaßnahmen bei den örtlichen Stellen kann es darstellen, wenn sich der Verwalter vom Schuldner eine Vollmacht bzw. Genehmigung zur Einziehung des Auslandsvermögens erteilen lässt. Alternativ kommt eine Vereinbarung mit einem Gläubiger in Betracht, nach der dieser im Anschluss an die Vollstreckung einen Teil des Verwertungserlöses an die Masse abzuführen hat (Trunk, Internationales Insolvenzrecht, S. 157; Pannen-Pannen/Riedemann Art. 18 Rn. 51 a. E.).

13 Im Fall der Eröffnung eines Sekundärinsolvenzverfahrens ist fraglich, ob ein Anfechtungsprozess des Hauptinsolvenzverwalters (allgem. zum Anfechtungsrecht des Verwalters und etwaigen Strategien in der Praxis Grönda/Bünning/Liersch, in: FS Braun, 2007, S. 403, 411 ff.) im Hinblick auf einen Vermögensgegenstand, der mit Eröffnung des Sekundärinsolvenzverfahrens aus der Masse des Hauptinsolvenzverfahrens herausgelöst wird und in die Masse des Sekundärinsolvenzverfahrens fällt, mit Berichtigung der Parteibezeichnungen weitergeführt werden kann (Kodek/Reisch, ZIK 2006, 182, 185) oder einzustellen ist (Paulus Art. 18 Rn. 17a).

14 Für Streitigkeiten über die Befugnisse des Insolvenzverwalters, etwa die Befugnis über Vermögensgegenstände in einem anderen Mitgliedstaat als dem der Verfahrenseröffnung zu verfügen, ist eine Zuständigkeit nach Art. 3 EuInsVO und eine Anerkennung und Vollstreckung der späteren Entscheidung nach Art. 25 EuInsVO anzunehmen (vgl. EuGH, ZInsO 2009, 1509 = KTS 2009, 533 m. Anm. Piekenbrock, NZI 2009, 570 m. Anm. Mankowski, freilich zu einem Fall außerhalb des zeitlichen Anwendungsbereichs der EuInsVO).

D. Vorschlag der Kommission zur Reform der EuInsVO

15 Der neu gefasste Art. 18 in der Fassung des Kommissionsvorschlag zur Reform der EuInsVO soll die in der Praxis bereits vereinzelt umgesetzte Strategie der Abwendung von Sekundärinsolvenzverfahren durch Zusicherung von Verteilungs- und Vorzugsrechten durch den (Haupt-)Insolvenzverwalter »legalisieren«, s. zu diesem Konzept eines »virtuellen« Sekundärinsolvenzverfahrens (so S. 8 der Begründung des Kommissionsvorschlag zur Reform der EuInsVO) auch Art. 27 Rdn. 17. In dem neu gefassten letzten Satz des Abs. 3 wird klargestellt, dass der Verwalter zur Anwendung von Zwangsmitteln befugt sein kann, wenn ein richterlicher Beschluss vorliegt.

▶ Fassung nach dem Vorschlag der Europäischen Kommission vom 12.12.2012, COM(2012) 744:

Art. 18
Befugnisse des Verwalters

(1) Der Verwalter, der durch ein nach Art. 3 Abs. 1 zuständiges Gericht bestellt worden ist, darf im Gebiet eines anderen Mitgliedstaats alle Befugnisse ausüben, die ihm nach dem Recht des Staates der Verfahrenseröffnung zustehen, solange in dem anderen Staat nicht ein weiteres Insolvenzverfahren eröffnet ist oder eine gegenteilige Sicherungsmaßnahme auf einen Antrag auf Eröffnung eines Insolvenzverfahrens hin ergriffen worden ist. Er kann insbesondere vorbehaltlich der Art. 5 und 7 die zur Masse gehörenden Gegenstände aus dem Gebiet des Mitgliedstaats entfernen, in dem sich die Gegenstände befinden. Er kann auch zusichern, dass die Verteilungs- und Vorzugsrechte, die einheimischen Gläubigern zugestanden hätten, wenn ein Sekundärinsolvenzverfahren eröffnet worden wäre, im Hauptinsolvenzverfahren gewahrt werden. Eine solche Zusicherung unterliegt den gegebenenfalls im Staat der Eröffnung des Hauptinsolvenzverfahrens bestehenden Formerfordernissen und ist in Bezug auf die Insolvenzmasse verbindlich und vollstreckbar.

(2) Der Verwalter, der durch ein nach Art. 3 Abs. 2 zuständiges Gericht bestellt worden ist, darf in jedem anderen Mitgliedstaat gerichtlich und außergerichtlich geltend machen, dass ein beweglicher Gegenstand nach der Eröffnung des Insolvenzverfahrens aus dem Gebiet des Staates der Verfahrenseröffnung in das Gebiet dieses anderen Mitgliedstaats verbracht worden ist. Des weiteren kann er eine den Interessen der Gläubiger dienende Anfechtungsklage erheben.

(3) Bei der Ausübung seiner Befugnisse hat der Verwalter das Recht des Mitgliedstaats, in dessen Gebiet er handeln will, zu beachten, insbesondere hinsichtlich der Art und Weise der Verwertung eines Gegenstands der Masse. Diese Befugnisse dürfen nicht die Anwendung von Zwangsmitteln ohne richterlichen Beschluss oder das Recht umfassen, Rechtsstreitigkeiten oder andere Auseinandersetzungen zu entscheiden.

Der Bericht des Rechtsausschusses des Europäischen Parlaments vom 20.12.2013 zum Vorschlag der Europäischen Kommission (Berichterstatter Lehne) regt eine Konkretisierung der Mindestvoraussetzungen der Zusicherung von Verteilungs- und Vorzugsrechten durch den (Haupt-)Insolvenzverwalter an. 16

▶ Fassung nach dem Bericht des Rechtsausschusses des Europäischen Parlaments vom 20.12.2013 zum Vorschlag der Europäischen Kommission vom 12.12.2012, COM(2012) 744 (Berichterstatter Lehne); so zunächst übernommen vom Europäischen Parlament in 1. Lesung am 05.02.2014):

Art. 18
Befugnisse des Verwalters

(1) Der Insolvenzverwalter, der durch ein nach Art. 3 Abs. 1 zuständiges Gericht bestellt worden ist, oder im Fall eines Schuldners in Eigenverwaltung gemäß dieser Gerichtsbarkeit entweder der Insolvenzverwalter oder der Schuldner, darf im Gebiet eines anderen Mitgliedstaats alle Befugnisse ausüben, die ihm nach dem Recht des Staates der Verfahrenseröffnung zustehen, solange in dem anderen Staat nicht ein weiteres Insolvenzverfahren eröffnet ist oder eine gegenteilige Sicherungsmaßnahme auf einen Antrag auf Eröffnung eines Insolvenzverfahrens hin ergriffen worden ist. Er kann insbesondere vorbehaltlich der Art. 5 und 7 die zur Masse gehörenden Gegenstände aus dem Gebiet des Mitgliedstaats entfernen, in dem sich die Gegenstände befinden. Er kann auch eine vollstreckbare und verbindliche Zusicherung abgeben, dass die Verteilungs- und Vorzugsrechte, die einheimischen Gläubigern zugestanden hätten, wenn ein Sekundärinsolvenzverfahren eröffnet worden wäre, im Hauptinsolvenzverfahren gewahrt werden. Diese Zusicherung spezifiziert ihre sachlichen Grundlagen, insbesondere in Bezug auf die Verteilung der örtlichen Ansprüche über das Vorrang- und Rangsystem nach dem Recht des Sekundärinsolvenzverfah-

rens, den Wert der verteilungsfähigen Vermögenswerte im Sekundärinsolvenzverfahren, die verfügbaren Möglichkeiten zur Verwertung dieser Vermögenswerte, das Verhältnis der Gläubige im Hauptverfahren, die am Sekundärinsolvenzverfahren teilnehmen sowie die voraussichtliche Kosten der Eröffnung eines Sekundärinsolvenzverfahrens. Etwaige Formerfordernisse der Zusicherung unterliegen dem Recht des Staats der Eröffnung des Hauptinsolvenzverfahrens.

(2) [...]

Art. 19 Nachweis der Verwalterstellung

¹Die Bestellung zum Verwalter wird durch eine beglaubigte Abschrift der Entscheidung, durch die er bestellt worden ist, oder durch eine andere von dem zuständigen Gericht ausgestellte Bescheinigung nachgewiesen. ²Es kann eine Übersetzung in die Amtssprache oder eine der Amtssprachen des Mitgliedstaats, in dessen Gebiet er handeln will, verlangt werden. ³Eine Legalisation oder eine entsprechende andere Förmlichkeit wird nicht verlangt.

→ *vgl. § 347 InsO*

1   Nach Art. 19 kann der Verwalter seine Bestellung durch eine von dem zuständigen Gericht ausgestellte Bescheinigung nachweisen. Für den deutschen Insolvenzverwalter ist dies die Bestellungsurkunde. Es kann die Übersetzung in die Amtssprache des Mitgliedstaats verlangt werden. Nach Art. 55 Abs. 2 EuGVVO ist diese von einer im Vertragsstaat befugten Person zu beglaubigen. Weitere Förmlichkeiten, etwa eine Legalisation, sind nicht erforderlich.

2   Erfahrungen aus der Praxis zeigen jedoch, dass die Regelung des Art. 19 noch nicht in sämtlichen Mitgliedstaaten »akzeptiert« wird. Bisweilen verlangen örtliche Gerichte, Register, Notare und andere Stellen noch Beschlüsse mit Apostille sowie diverse weitere Dokumente. Auch wenn dies evident europarechtswidrig ist, kommt man in dringenden Fällen nicht immer umhin, diese Anforderungen dennoch zu erfüllen – als Alternative bliebe sonst nur ein zeitaufwendiges Rechtsbehelfsverfahren im Ausland.

3   Art. 19 war schon vor der Entscheidung des **EuGH** in Sachen »Eurofood« (ZInsO 2006, 484; vgl. Art. 3 Rdn. 23 ff.) entsprechend auf den vorläufigen Verwalter anzuwenden (Paulus Art. 19 Rn. 2).

Art. 20 Herausgabepflicht und Anrechnung

(1) Ein Gläubiger, der nach der Eröffnung eines Insolvenzverfahrens nach Artikel 3 Absatz 1 auf irgendeine Weise, insbesondere durch Zwangsvollstreckung, vollständig oder teilweise aus einem Gegenstand der Masse befriedigt wird, der in einem anderen Mitgliedstaat belegen ist, hat vorbehaltlich der Artikel 5 und 7 das Erlangte an den Verwalter herauszugeben.

(2) Zur Wahrung der Gleichbehandlung der Gläubiger nimmt ein Gläubiger, der in einem Insolvenzverfahren eine Quote auf seine Forderung erlangt hat, an der Verteilung im Rahmen eines anderen Verfahrens erst dann teil, wenn die Gläubiger gleichen Ranges oder gleicher Gruppenzugehörigkeit in diesem anderen Verfahren die gleiche Quote erlangt haben.

→ *vgl. § 342 InsO*

Übersicht	Rdn.		Rdn.
A. Normzweck	1	C. Verfahrensfragen	11
B. Norminhalt	4	I. Insolvenzverwalter	11
I. Pflicht zur Abführung (Abs. 1)	4	II. Beratungspraxis	12
II. Anrechnung von Quoten (Abs. 2)	8		

A. Normzweck

Art. 20 verfolgt das Ziel der **Gläubigergleichbehandlung**. 1

Abs. 1 regelt die Herausgabepflicht eines Gläubigers, der **nach** Insolvenzeröffnung aus der Masse etwas erlangt hat, ohne ein Sicherungsrecht nach Art. 5 oder Art. 7 zu haben. 2

Abs. 2 enthält eine Vorschrift zur Anrechnung der Quote, die ein Gläubiger in einem Insolvenzverfahren erlangt hat, auf seine Ausschüttung in einem weiteren Insolvenzverfahren, in dem er seine Forderung ebenfalls angemeldet hat. 3

B. Norminhalt

I. Pflicht zur Abführung (Abs. 1)

Abs. 1 verpflichtet den Gläubiger, alles, was er nach Eröffnung zur Befriedigung seiner Forderung durch einen in einem anderen Mitgliedstaat belegenen Massegegenstand (= Art. 4 Abs. 2 Buchst. b)) erlangt hat, grds. an den Hauptinsolvenzverwalter herauszugeben. 4

Wird jedoch in diesem anderen Mitgliedstaat später ein Sekundärinsolvenzverfahren eröffnet, steht der Herausgabeanspruch ggf. dem Sekundärverwalter zu (MK-Reinhart Art. 20 Rn. 13). 5

Erfasst wird nur das aus Verfahren in anderen Mitgliedstaaten Erlangte (K/P/B-Kemper Art. 20 Rn. 10 ff.; a. A. MK-Reinhart Art. 20 Rn. 15: auch Quotenzahlungen aus Drittstaaten). 6

Unerheblich ist, ob die Befriedigung durch eine Zwangsvollstreckungsmaßnahme oder eine freiwillige Leistung des Schuldners erfolgt ist.

Herauszugeben ist das Erlangte. Wahlweise hat der Verwalter auch einen Anspruch auf Wertersatz (vgl. Virgós/Schmit, Erläuternder Bericht, Nr. 172: »oder den entsprechenden Geldbetrag«; NR-Mincke Art. 20 Rn. 2; offengelassen: MK-Reinhart Art. 20 Rn. 12).

Gläubiger, die aufgrund ihrer dinglichen Rechte nach Art. 5 und Art. 7 befriedigt worden sind, haben nur einen etwaigen Übererlös abzuführen (MK-Reinhart Art. 20 Rn. 9). 7

II. Anrechnung von Quoten (Abs. 2)

Nach Art. 32 Abs. 1 kann ein Insolvenzgläubiger seine Forderung in jedem Verfahren anmelden. Um Gleichbehandlung der Gläubiger innerhalb der Verfahren zu erreichen, sieht Art. 20 Abs. 2 ein Berechnungsverfahren zur Ermittlung **konsolidierter Quoten** mit den folgenden Regeln vor (Virgós/Schmit, Erläuternder Bericht, Nr. 175): 8

– Kein Gläubiger kann mehr als 100 % seiner Forderung erhalten.
– Eine Forderung ist immer voll geltend zu machen, nicht nur als Restforderung.
– Eine Forderung wird bei der Verteilung erst berücksichtigt, wenn die Gläubiger desselben Ranges i. R. d. Verfahrens mit der gleichen Quote befriedigt wurden wie der Forderungsinhaber im ersten Verfahren.
– Rang oder Kategorie der einzelnen Forderung richtet sich für jedes Verfahren nach der *lex fori concursus*.

▶ **Beispiel:** 9

(nach Virgós/Schmit, Erläuternder Bericht, Nr. 175):

Ein Gläubiger X hat im Rahmen eines in den Niederlanden eröffneten Hauptinsolvenzverfahrens eine Quote von 5 % für seine nicht bevorrechtigte Forderung (Forderungshöhe: 75.000,00 €) erhalten. An der Verteilung in einem in Österreich eröffneten Sekundärinsolvenzverfahren (in dem er seine Forderung ebenfalls angemeldet hat) kann X erst teilnehmen, wenn die gewöhnlichen Gläubiger dort ebenfalls i. H. v. 5 % ihrer Forderungen befriedigt worden sind. Falls in Österreich die nicht bevorrechtigten Gläubiger eine Quote von 8 % erhalten, kann X dort nur die Differenz von 3 % (8 % abzgl. der bereits in den Niederlanden erhaltenen 5 %) als zusätzliche Quote erhalten. Diese 3 % werden auf seine Gesamtforderung (75.000,00 €) berechnet.

Findet im umgekehrten Fall die erste Verteilung in Österreich statt, in der die Gläubiger eine Quote von 8 % erhalten, so können diese Gläubiger, auch wenn sie ihre Forderungen i. R. d. in den Niederlanden eröffneten Verfahrens anmelden, nicht bei der in den Niederlanden erfolgenden Verteilung berücksichtigt werden, da die nicht bevorrechtigten Gläubiger dort nur 5 % erhalten, während sie in Österreich aber bereits 8 % erhalten haben.

10 Da die nationalen Insolvenzvorschriften hinsichtlich des Rangs von Forderungen differenzieren, ist es möglich, dass dieselbe Forderung in **zwei unterschiedlichen Verfahren** einen **unterschiedlichen** Rang enthält. Bei Abs. 2 wird nur der Rang berücksichtigt, in den die Forderung nach dem Recht eingestuft wird, das für die Verteilung gilt. Die unterschiedliche Einordnung gilt i. Ü. auch für die Unterscheidung zwischen **Masseverbindlichkeiten** und Insolvenzforderungen. Forderungen, die in einem Verfahren als Masseverbindlichkeiten eingeordnet und bedient werden, können in einem anderen Verfahren ggf. nur Insolvenzforderungen darstellen (vgl. Ringstmeier/Homann, NZI 2004, 354; Duursma-Kepplinger, ZIP 2007, 752).

10a Insgesamt können sich erhebliche **mathematische Berechnungsprobleme** ergeben, unabhängig davon, wer die Forderung im Haupt- und Sekundärinsolvenzverfahren anmeldet (Art. 32 EuInsVO). Die Quoten des »günstigeren« Verfahrens verschieben sich nach unten, wenn die Gläubiger des »ungünstigen« Verfahrens mit zu berücksichtigen sind. In dem Beispiel unter Rdn. 9 könnten die niederländischen Gläubiger die Quote in Österreich theoretisch von 8 % auf unter 5 % ziehen, sodass das österreichische Verfahren plötzlich »ungünstiger« wäre. Erforderlich zur exakten Austarierung dieses Problems, das etwaige unterschiedliche Vorrangstellungen bestimmter Gläubigergruppen ausblendet, wäre wohl eine mathematische **Grenzwertbetrachtung**. In der Praxis wird das Problem über eine pragmatische Kommunikation der Insolvenzverwalter (Art. 31) unter Einbeziehung der Gläubiger zu lösen sein.

C. Verfahrensfragen

I. Insolvenzverwalter

11 Für den Verwalter bringt Art. 20 i. d. R. eine erhebliche Mehrbelastung, weil er sich bei den anderen Verwaltern über die Gläubiger und ihre jeweils angemeldeten Forderungen sowie die ausgeschütteten Quoten unterrichten und sodann eigene Berechnungen vornehmen muss. Dabei ist zweifelhaft, ob die gegenwärtig im Handel vorhandenen EDV-Programme derartige Berechnungen unter Berücksichtigung mehrerer ausländischer Insolvenzverfahren überhaupt zu leisten imstande sind.

II. Beratungspraxis

12 Art. 20 bezweckt nicht, dass alle Gläubiger in allen Verfahren dieselbe Quote erlangen. Vielmehr will die Norm nur sicherstellen, dass alle Gläubiger, die an demselben Verfahren teilnehmen, die gleiche Quote erhalten (NR-Mincke Art. 20 Rn. 7). Daher ist ein Gläubiger gut beraten, sich bei einem massereichen Verfahren im Ausland durch die dortige Forderungsanmeldung Vorteile zu verschaffen.

Art. 21 Öffentliche Bekanntmachung

(1) [1]Auf Antrag des Verwalters ist in jedem anderen Mitgliedstaat der wesentliche Inhalt der Entscheidung über die Verfahrenseröffnung und gegebenenfalls der Entscheidung über eine Bestellung entsprechend den Bestimmungen des jeweiligen Staates für öffentliche Bekanntmachungen zu veröffentlichen. [2]In der Bekanntmachung ist ferner anzugeben, welcher Verwalter bestellt wurde und ob sich die Zuständigkeit aus Artikel 3 Absatz 1 oder aus Artikel 3 Absatz 2 ergibt.

(2) ¹Jeder Mitgliedstaat, in dessen Gebiet der Schuldner eine Niederlassung besitzt, kann jedoch die obligatorische Bekanntmachung vorsehen. ²In diesem Fall hat der Verwalter oder jede andere hierzu befugte Stelle des Mitgliedstaats, in dem das Verfahren nach Artikel 3 Absatz 1 eröffnet wurde, die für diese Bekanntmachung erforderlichen Maßnahmen zu treffen.

→ vgl. § 345 InsO

Übersicht	Rdn.			Rdn.
A. Normzweck	1	D.	Vorschlag der Kommission zur Reform der EuInsVO	10
B. Norminhalt	2			
C. Verfahrensfragen	6			

A. Normzweck

Die öffentliche Bekanntmachung ist weder für die Anerkennung des Verfahrens noch für die Ausübung der Verwalterbefugnisse in einem anderen Mitgliedstaat erforderlich. Mit der Bekanntmachung werden aber der Rechtsverkehr geschützt und der gutgläubige Erwerb eingeschränkt.   1

B. Norminhalt

Nach Abs. 1 hat der Verwalter ein Antragsrecht (Ermessen!) für die öffentliche Bekanntmachung in einem anderen als dem Eröffnungsstaat. Für die Veröffentlichung selbst gelten die Bestimmungen des Staates, in dem die Veröffentlichung erfolgen soll (K/P/B-Kemper Art. 21 Rn. 2). Abs. 1 enthält aber einen Mindestbestand an Angaben (Duursma-Kepplinger/Duursma/Chalupsky, EuInsVO, Art. 21 Rn. 17; a. A. NR-Mincke Art. 21 Rn. 5):   2
– Wesentlicher Inhalt der Eröffnungsentscheidung,
– Name des bestellten Verwalters,
– Zuständigkeit des Gerichts nach Art. 3 Abs. 1 oder Art. 3 Abs. 2.

Für die **technische Umsetzung der Veröffentlichung** schlägt Wimmer (FK Anhang 1 Rn. 107) vor, entsprechend Art. 19 Abs. 3 eine Übersetzung zu verlangen, die nach Art. 55 Abs. 2 EuGVVO von einer befugten Person zu beglaubigen ist.   3

Nach Abs. 2 können die Mitgliedstaaten eine für den Verwalter oder eine andere hierzu befugte Stelle obligatorische (Pflicht!) Bekanntmachung vorsehen, wenn Schuldner in ihrem Gebiet eine Niederlassung haben. Deutschland hat mit Art. 102 § 5 EGInsO eine entsprechende Ausführungsbestimmung zu Art. 21 erlassen (vgl. Kommentierung zu Art. 102 EGInsO § 5 Rdn. 1 ff.).   4

Kosten der Veröffentlichung sind Massekosten (Art. 23).   5

C. Verfahrensfragen

Der Verwalter sollte in anderen Mitgliedstaaten, bei denen Anhaltspunkte für die Belegenheit von Massegegenständen bestehen, – auch aus Gründen der Vermeidung persönlicher Haftung – umgehend die Veröffentlichung beantragen, um die Beweislast des Art. 24 Abs. 2 umzukehren.   6

In der Praxis stellt sich für den Verwalter das Problem, die in den anderen Mitgliedstaaten bestehenden Bekanntmachungspflichten i. S. d. Abs. 2 sowie die zuständigen Veröffentlichungsorgane zu ermitteln (vgl. MK-Reinhart Art. 21 Rn. 14 f. mit Verweis auf Haftung des Verwalters). Dieser Norm dürfte in der Praxis zumindest für eine Übergangszeit eine erhebliche Bedeutung zukommen, da sich die (ausländischen) Verwalter erst mit den Veröffentlichungspraktiken in den verschiedenen Mitgliedsländern vertraut machen müssen und vielfach kein besonderes öffentliches Interesse an der Verfahrenseröffnung – zumal im Ausland – anzunehmen ist. Die einzelnen mitgliedstaatlichen Regelungen variieren dabei z. T. erheblich. Während bspw. in den Niederlanden zur Veröffentlichung eine einfache Kopie des ausländischen Beschlusses in einer von vier zur Auswahl   7

Art. 22 EuInsVO Eintragung in öffentliche Register

stehenden Sprachen genügt, gibt es in anderen europäischen Ländern bisweilen deutlich strengere Anforderungen (vgl. auch Penzlin, EWiR 2006, 207, 208).

8 Bedauerlicherweise gibt es bisher kein zentrales europäisches Insolvenzregister (dies fordernd auch Vallender, KTS 2005, 283, 298; MK-Reinhart Art. 21 Rn. 16).

9 Nach der Entscheidung des EuGH in Sachen »Eurofood« (ZInsO 2006, 484; vgl. Art. 3 Rdn. 23 ff.) kann die »**Eröffnung**« i. S. d. Art. 16 bereits durch Bestellung eines vorläufigen Insolvenzverwalters erfolgen. Der EuGH hat nicht dazu Stellung bezogen, ob dieser Eröffnungsbegriff auch in den übrigen Vorschriften der EuInsVO gelten soll. Auf Art. 21 angewendet würde die Entscheidung dazu führen, dass auch auf Antrag eines vorläufigen Verwalters eine »Eröffnung« des Verfahrens in jedem anderen Mitgliedstaat zu veröffentlichen wäre. Aus Gläubigersicht ist eine solche Auslegung des Art. 21 sicher begrüßenswert, führte sie doch zu mehr Transparenz und damit zu erhöhter Sicherheit im Rechtsverkehr.

D. Vorschlag der Kommission zur Reform der EuInsVO

10 Der Kommissionsvorschlag zur Reform der EuInsVO sieht eine umfassende Änderung der Publizitätsvorschriften vor, s. dazu ausf. Art. 22 Rdn. 9.

Art. 22 Eintragung in öffentliche Register

(1) Auf Antrag des Verwalters ist die Eröffnung eines Verfahrens nach Artikel 3 Absatz 1 in das Grundbuch, das Handelsregister und alle sonstigen öffentlichen Register in den übrigen Mitgliedstaaten einzutragen.

(2) ¹Jeder Mitgliedstaat kann jedoch die obligatorische Eintragung vorsehen. ²In diesem Fall hat der Verwalter oder andere hierzu befugte Stelle des Mitgliedstaats, in dem das Verfahren nach Artikel 3 Absatz 1 eröffnet wurde, die für diese Eintragung erforderlichen Maßnahmen zu treffen.

→ *vgl. § 346 InsO*

Übersicht	Rdn.		Rdn.
A. Normzweck	1	D. Vorschlag der Kommission zur Reform	
B. Norminhalt	2	der EuInsVO	9
C. Verfahrensfragen	8		

A. Normzweck

1 Die Eintragung der Eröffnung des Hauptinsolvenzverfahrens in öffentliche Register ist weder für die Anerkennung des Verfahrens noch für die Ausübung der Verwalterbefugnisse in einem anderen Mitgliedstaat erforderlich. Durch die Eintragung wird aber der Rechtsverkehr geschützt und der gutgläubige Erwerb eingeschränkt (zum Begriff der »Eröffnung« vgl. Art. 3 Rdn. 23 ff.).

B. Norminhalt

2 Nach Abs. 1 hat der Hauptinsolvenzverwalter ein Antragsrecht (Ermessen!) für die Eintragung in öffentliche Register in einem anderen als dem Eröffnungsstaat.

3 **Form und Inhalt** der Eintragung richten sich nach dem Recht des Registerstaats (Virgós/Schmit, Erläuternder Bericht, Nr. 182). Die Anerkennung erfolgt aber automatisch. Ein Exequatur, d. h. der Ausspruch der Zulässigkeit der Eintragung durch ein Vollstreckungsurteil eines inländischen Gerichts, darf nicht verlangt werden.

Nach Abs. 2 können die Mitgliedstaaten eine für den Verwalter oder eine andere hierzu befugte Stelle obligatorische (Pflicht!) Eintragung vorsehen. 4

Schwierigkeiten können entstehen, wenn dem inländischen Recht unbekannte ausländische Eintragungen erfolgen sollen (dazu Art. 11 Rdn. 4). Nach Möglichkeit soll dann im Registerstaat eine »angepasste« Eintragung erfolgen, die der des Eröffnungsstaats am nächsten kommt (Duursma-Kepplinger/Duursma/Chalupsky, EuInsVO, Art. 22 Rn. 8; K/P/B-Kemper Art. 22 Rn. 5). 5

Zu Ausführungsbestimmung im deutschen Recht s. Art. 102 § 6 EGInsO (s dort auch zur fehlenden Analogiefähigkeit der Vorschrift bei Rdn. 1). 6

Kosten der Veröffentlichung sind Massekosten (Art. 23). 7

C. Verfahrensfragen

Vergleiche dazu Art. 21 Rdn. 6 f. 8

D. Vorschlag der Kommission zur Reform der EuInsVO

Der Kommissionsvorschlag zur Reform der EuInsVO sieht eine umfassende Änderung der Publizitätsvorschriften vor. Es wird die Einrichtung von elektronischen Insolvenzregistern (Art. 20a) und ihre Vernetzung (Art. 20b) gefordert. Der Zugang soll über das Europäische Justizportal erfolgen. Die Kommission wird im Wege eines Durchführungsrechtsakts gemeinsame Mindestkriterien für die Suche in den Registern und die Suchergebnisse festlegen, die auf den Informationen basieren, die in den Insolvenzregistern zu veröffentlichen sind. Geregelt werden auch die Last der Kostentragung (Art. 20c) sowie die Pflicht zur Eintragung einer Verfahrenseröffnung in das Insolvenzregister (Art. 20d). Angesichts der unterschiedlichen Publizitätsvorschriften der Mitgliedstaaten und der unterschiedlichen Bedürfnisse der Gläubiger beschränkt sich die Bekanntmachungspflicht auf Gesellschaften, Selbstständige und Freiberufler. Privatinsolvenzen von Verbrauchern sind ausgenommen. Für die Zeit, in der das System zur Vernetzung der Insolvenzregister gem. Art. 20b noch nicht eingerichtet ist, sehen die neu gefassten Art. 21 und Art. 22 (leicht) veränderte Maßgaben zur Bekanntmachung der Verfahrenseröffnung und ihre Eintragung in öffentliche Register vor. 9

Zur Befugnis zum Erlass von Durchführungsrechtsakten zu Zwecken der Vernetzung der Insolvenzgerichte s. den neu einzufügenden Art. 45b (s. bei Art. 45 Rdn. 2).

▶ **Fassung nach dem Vorschlag der Europäischen Kommission vom 12.12.2012, COM(2012) 744:**

Art. 20a
Einrichtung von Insolvenzregistern

Die Mitgliedstaaten errichten und unterhalten in ihrem Gebiet ein oder mehrere Register mit folgenden Informationen, auf die die Öffentlichkeit über das Internet gebührenfrei zugreifen kann (»Insolvenzregister«):
(a) Datum der Insolvenzeröffnung;
(b) Gericht, das die Insolvenz eröffnet hat, und gegebenenfalls Aktenzeichen;
(c) Art des Insolvenzverfahrens;
(d) Name und Anschrift des Schuldners;
(e) falls ein Verwalter bestellt wurde, Name und Anschrift des Verwalters;
(f) Frist für die Anmeldung der Forderungen;
(g) Entscheidung zur Eröffnung des Insolvenzverfahrens;
(h) Entscheidung zur Bestellung des Verwalters, falls die Bestellung nicht mit der Entscheidung gemäß Buchst. g) erfolgt ist;
(i) Datum der Beendigung des Hauptverfahrens.

Art. 20b
Vernetzung von Insolvenzregistern

1. Die Kommission richtet im Wege eines Durchführungsrechtsakts ein dezentrales System zur Vernetzung der Insolvenzregister ein. Dieses System besteht aus den Insolvenzregistern und dem Europäischen Justizportal, das für die Öffentlichkeit als zentraler Zugangspunkt zu elektronischen Informationen aus dem System dient. Das System bietet für die Abfrage der in Art. 20a genannten Informationen einen Suchdienst in allen Amtssprachen der Union.
2. Die Kommission legt im Wege von Durchführungsrechtsakten nach dem Verfahren in Art. 45b Abs. 3 spätestens am ... [36 Monate nach Inkrafttreten der Verordnung] Folgendes fest:
   - die technischen Spezifikationen für die elektronische Kommunikation und den elektronischen Informationsaustausch auf der Grundlage der festgelegten Schnittstellenspezifikation für das System zur Vernetzung der Insolvenzregister;
   - die technischen Maßnahmen, durch die die IT-Mindestsicherheitsstandards für die Bereitstellung und Verbreitung von Informationen innerhalb des Systems zur Vernetzung der Insolvenzregister gewährleistet werden;
   - die Mindestkriterien für den vom Europäischen Justizportal bereitgestellten Suchdienst anhand der Informationen in Art. 20a;
   - die Mindestkriterien für die Anzeige der Suchergebnisse in Bezug auf die Informationen in Art. 20a;
   - die Modalitäten und technischen Bedingungen für die Verfügbarkeit der durch das System der Registervernetzung angebotenen Dienste und
   - ein Glossar mit einer allgemeinen Erläuterung der in Anhang A aufgeführten nationalen Insolvenzverfahren.

Art. 20c
Kosten für die Einrichtung und Vernetzung der Insolvenzregister

1. Die Einrichtung und Weiterentwicklung des Systems zur Vernetzung der Insolvenzregister wird aus dem Gesamthaushalt der Union finanziert.
2. Jeder Mitgliedstaat trägt die Kosten für die Interoperabilität seines Insolvenzregisters mit dem Europäischen Justizportal sowie die Kosten für die Verwaltung, den Betrieb und die Pflege des Registers.

Art. 20d
Eintragung von Insolvenzverfahren im Register

Wird ein Haupt- oder Sekundärinsolvenzverfahren über das Vermögen einer Gesellschaft oder juristischen Person oder einer natürlichen Person, die eine selbstständige oder freiberufliche Tätigkeit ausübt, eröffnet, trägt das Gericht, das das Insolvenzverfahren eröffnet hat, dafür Sorge, dass die Informationen in Art. 20a umgehend im Insolvenzregister des Staats veröffentlicht werden, in dem die Insolvenz eröffnet wurde.

Art. 21
Bekanntmachung in einem anderen Mitgliedstaat

1. Solange das System zur Vernetzung der Insolvenzregister gem. Art. 20b noch nicht eingerichtet ist, wird der wesentliche Inhalt der Entscheidung zur Eröffnung des Insolvenzverfahrens und gegebenenfalls der Entscheidung zur Bestellung des Verwalters auf Antrag des Verwalters in jedem anderen Mitgliedstaat, in dem sich eine Niederlassung des Schuldners befindet, nach den in diesem Staat vorgesehenen Verfahren veröffentlicht. In der Bekanntmachung ist anzugeben, welcher Verwalter bestellt wurde und ob sich die Zuständigkeit aus Art. 3 Abs. 1 oder Abs. 2 ergibt.

2. Auf Antrag des Verwalters werden die Angaben in Abs. 1 in jedem anderen Mitgliedstaat, in dem sich Vermögensgegenstände oder Gläubiger des Schuldners befinden, nach dem in diesem Staat vorgesehenen Verfahren veröffentlicht.

Art. 22
Eintragung in öffentliche Register eines anderen Mitgliedstaats

Solange das System zur Vernetzung der Insolvenzregister gem. Art. 20b noch nicht eingerichtet ist, werden die in Art. 21 genannten Entscheidungen auf Antrag des Verwalters in das Grundbuch, das Handelsregister oder ein sonstiges öffentliches Register der anderen Mitgliedstaaten eingetragen, in denen sich eine Niederlassung des Schuldners befindet, die in einem öffentlichen Register des betreffenden Mitgliedstaats eingetragen ist. Auf Antrag des Verwalters erfolgt die Bekanntmachung in jedem anderen Mitgliedstaat.

Art. 23 Kosten

Die Kosten der öffentlichen Bekanntmachung nach Artikel 21 und der Eintragung nach Artikel 22 gelten als Kosten und Aufwendungen des Verfahrens.

Die Kosten der öffentlichen Bekanntmachung und Registrierung sind in Deutschland gem. § 54 InsO Massekosten. Kosten für die Registereintragungen sind gem. § 69 Abs. 2 KostO gebührenfrei. Soweit durch die nunmehr erforderliche Einschaltung eines Insolvenzgerichts eine Gebühr erforderlich sein sollte, wäre diese vom Insolvenzgericht zu erheben (ausführl. dazu MK-Reinhart Art. 23 Rn. 3 m. w. N.). 1

Art. 24 Leistung an den Schuldner

(1) Wer in einem Mitgliedstaat an einen Schuldner leistet, über dessen Vermögen in einem anderen Mitgliedstaat ein Insolvenzverfahren eröffnet worden ist, obwohl er an den Verwalter des Insolvenzverfahrens hätte leisten müssen, wird befreit, wenn ihm die Eröffnung des Verfahrens nicht bekannt war.

(2) ¹Erfolgt die Leistung vor der öffentlichen Bekanntmachung nach Artikel 21, so wird bis zum Beweis des Gegenteils vermutet, daß dem Leistenden die Eröffnung nicht bekannt war. ²Erfolgt die Leistung nach der Bekanntmachung gemäß Artikel 21, so wird bis zum Beweis des Gegenteils vermutet, daß dem Leistenden die Eröffnung bekannt war.

→ *vgl. § 350 InsO*

Übersicht

	Rdn.			Rdn.
A. Normzweck	1	B.	Norminhalt	2

A. Normzweck

Art. 24 schützt den guten Glauben bei Leistungen an den Schuldner in Unkenntnis der Verfahrenseröffnung. Er ist Sachnorm, nicht Kollisionsnorm, und unabhängig von der lex fori concursus in jedem Mitgliedstaat anwendbar (dies klarstellend EuGH, Urt. v. 19.09.2013 – C-251/12, ZIP 2013, 1971 [»van Buggenhout und van de Mierop«]; dazu EWiR Art. 24 EuInsVO 2/13, 719 [Paulus]; zu den Anträgen der Generalanwältin ZIP 2013, 1338; dazu EWiR Art. 24 EuInsVO 1/13, 547 [J. Schmidt]). 1

B. Norminhalt

2 Die Norm bestimmt (vergleichbar § 82 InsO), dass derjenige, der in Unkenntnis der Verfahrenseröffnung in einem anderen Mitgliedstaat als dem Eröffnungsstaat an den Schuldner leistet, von seiner Schuld befreit wird. Eine Leistung »an den« Schuldner liegt nicht vor, wenn ein Drittschuldner des Insolvenzschuldners an einen Gläubiger des Insolvenzschuldners leistet (EuGH, Urt. v. 19.09.2013 – C-251/12, ZIP 2013, 1971 [»van Buggenhout und van de Mierop«]; dazu EWiR Art. 24 EuInsVO 2/13, 719 [Paulus]; zu den Anträgen der Generalanwältin ZIP 2013, 1338; dazu EWiR Art. 24 EuInsVO 1/13, 547 [J. Schmidt]).

3 Nach der Entscheidung des **EuGH** in Sachen »Eurofood« (ZInsO 2006, 484; vgl. Art. 3 Rdn. 23 ff.) kann die »**Eröffnung**« i. S. d. Art. 16 bereits durch Bestellung eines vorläufigen Insolvenzverwalters erfolgen. Der EuGH hat nicht dazu Stellung bezogen, ob dieser Eröffnungsbegriff auch in der übrigen Vorschriften der EuInsVO gelten soll. Auf Art. 24 angewendet könnten schuldbefreiende Leistungen unter den hier geregelten Voraussetzungen schon nach Bestellung des vorläufigen Verwalters nicht mehr möglich sein.

4 Abs. 2 enthält eine **Beweislastregel**, die auf die Bekanntmachung der Eröffnung abstellt (vgl. dazu auch Art. 21 Rdn. 6 f.).

Art. 25 Anerkennung und Vollstreckbarkeit sonstiger Entscheidungen

(1) ¹Die zur Durchführung und Beendigung eines Insolvenzverfahrens ergangenen Entscheidungen eines Gerichts, dessen Eröffnungsentscheidung nach Artikel 16 anerkannt wird, sowie ein von einem solchen Gericht bestätigter Vergleich werden ebenfalls ohne weitere Förmlichkeiten anerkannt. ²Diese Entscheidungen werden nach den Artikeln 31 bis 51 (mit Ausnahme von Artikel 34 Absatz 2) des Brüsseler Übereinkommens über die gerichtliche Zuständigkeit und die Vollstreckung gerichtlicher Entscheidungen in Zivil- und Handelssachen in der durch die Beitrittsübereinkommen zu diesem Übereinkommen geänderten Fassung vollstreckt. ³Unterabsatz 1 gilt auch für Entscheidungen, die unmittelbar aufgrund des Insolvenzverfahrens ergehen und in engem Zusammenhang damit stehen, auch wenn diese Entscheidungen von einem anderen Gericht getroffen werden. ⁴Unterabsatz 1 gilt auch für Entscheidungen über Sicherungsmaßnahmen, die nach dem Antrag auf Eröffnung eines Insolvenzverfahrens getroffen werden.

(2) Die Anerkennung und Vollstreckung der anderen als der in Absatz 1 genannten Entscheidungen unterliegen dem Übereinkommen nach Absatz 1, soweit jenes Übereinkommen anwendbar ist.

(3) Die Mitgliedstaaten sind nicht verpflichtet, eine Entscheidung gemäß Absatz 1 anzuerkennen und zu vollstrecken, die eine Einschränkung der persönlichen Freiheit oder des Postgeheimnisses zur Folge hätte.

→ *vgl. §§ 343, 353 InsO*

Übersicht

	Rdn.
A. Normzweck	1
B. Norminhalt	2
I. Anerkennung von Entscheidungen (Abs. 1)	2
1. Durchführung/Beendigung des Verfahrens	2
2. Gerichtlich bestätigter Vergleich	3
3. Entscheidungen »in engem Zusammenhang«	4
4. Sicherungsmaßnahmen	8
II. Vollstreckbarkeit nach der EuGVVO	10
III. Andere Entscheidungen (Abs. 2)	15
IV. Einschränkungen (Abs. 3)	16
C. Verfahrensfragen	17
D. Vorschlag der Kommission zur Reform der EuInsVO	18

A. Normzweck

Art. 16 bestimmt die automatische Anerkennung der Eröffnungsentscheidung. Art. 25 regelt die Anerkennung und Vollstreckung weiterer gerichtlicher Entscheidungen. Insgesamt ergibt sich in der Zusammenschau mit Art. 16 und der EuGVVO ein System der Anerkennung und Vollstreckung, das sich wie folgt aufspannt (zu diesem »fünfstufigen System« ausf. auch Mankowski, NZI 2010, 508, mit dem zutreffenden Hinweis auf das weitere ergänzende System der internationalen Zuständigkeit): 1

– Eröffnungsentscheidung (Art. 16)
– die »zur Durchführung und Beendigung eines Insolvenzverfahrens ergangenen Entscheidungen« (Art. 25 Abs. 1 Unterabs. 1)
– die »unmittelbar aufgrund des Insolvenzverfahrens« und »in engem Zusammenhang« mit diesem ergangenen Entscheidungen (Art. 25 Abs. 1 Unterabs. 2)
– den sonstigen insolvenzbezogenen (»insolvenzfernen«) Entscheidungen (Art. 25 Abs. 2)
– die sonstigen nicht insolvenzbezogenen Entscheidungen (unmittelbare Anwendung der EuGVVO)

B. Norminhalt

I. Anerkennung von Entscheidungen (Abs. 1)

1. Durchführung/Beendigung des Verfahrens

Erfasst sind alle Entscheidungen, welche die Gläubigergesamtheit unmittelbar betreffen und die Abwicklung des Verfahrens bezwecken (zur Vollstreckbarerklärung einer englischen Administration-Order vgl. OLG Düsseldorf, ZInsO 2004, 867 m. Anm. Pannen/Riedemann, EWiR 2005, 177). Dazu gehören auch Vollstreckungsmaßnahmen aus dem Eröffnungsbeschluss, damit der Verwalter gem. Art. 18 seine Verwalterbefugnisse auch im Inland durchsetzen kann (Virgós/Schmit, Erläuternder Bericht, Nr. 197). 2

2. Gerichtlich bestätigter Vergleich

Hierzu zählen alle Rechtsinstitute, welche die Rechtsbeziehungen zwischen Schuldner und Gläubigern modifizieren. Erforderlich ist eine Bestätigung des Eröffnungsgerichts. Daher fällt etwa ein deutscher Insolvenzplan, der gem. § 248 Abs. 1 InsO vom Insolvenzgericht zu bestätigen ist, unter diese Norm, nicht dagegen ein ohne Gerichtsbeschluss wirksames **company voluntary arrangement«** nach englischem Recht (MK-Reinhart Art. 25 Rn. 8). 3

3. Entscheidungen »in engem Zusammenhang«

Erfasst sind Entscheidungen, die in direktem Zusammenhang mit dem Insolvenzverfahren stehen (Virgós/Schmit, Erläuternder Bericht, Nr. 194) und unmittelbar insolvenzrechtlich geprägt sind (Haubold, IPRax 2002, 157, 162). Die Abgrenzung im Einzelnen ist umstritten und hat auch unter Berücksichtigung der EuGVVO zu erfolgen. 4

Die EuGVVO ist nach Art. 1 Abs. 2 Buchst. b) »auf Konkurse, Vergleiche und ähnliche Verfahren« nicht anwendbar (EuGH. v. 22.02.1979, Slg 1979, 733 – »Gourdain/Nadler«). Der Verordnungsgeber wollte die EuInsVO eng mit der EuGVVO (bzw. dem damaligen Vorläufer: EuGVÜ) abstimmen. Beide Abkommen sollen »lückenlos ineinander greifen« (Virgós/Schmit, Erläuternder Bericht, Nr. 196 f.). Folgende Entscheidungen sollten danach unter Art. 25 fallen: 5

– Anfechtungsklagen (vgl. Art. 13 Rdn. 10),
– Klagen gegen die Geschäftsführung aus persönlicher Haftung,
– Haftungsklagen gegen den Insolvenzverwalter,
– Klagen über den Rang einer Forderung,
– Streitigkeiten zwischen Verwalter und Schuldner wegen der Zugehörigkeit von Gegenständen zur Masse.

6 Ein Teil des Schrifttums legt Art. 25 dagegen enger aus und will etwa Anfechtungsklagen und Haftungsklagen nicht dem Anwendungsbereich der EuInsVO unterstellen. Stattdessen wird entweder auf die EuGVVO oder auf allgemeine kollisionsrechtliche Normen des nationalen Rechts verwiesen. Dieser Auffassung kann aber (spätestens) seit der Entscheidung des EuGH, vom 12.02.2009 nicht (mehr) gefolgt werden (EuGH, 12.02.2009 – Rs. C-339/07 [Christopher Seagon/Deko Marty Belgium NV], ZInsO 2009, 493 m. Anm. Mock, ZInsO 2009, 470; ausführl. dazu Art. 13 Rdn. 10).

7 Einigkeit dürfte aber insoweit bestehen, als folgende Klagen nicht mehr den »engen Zusammenhang« erfüllen – und folglich nicht der EuInsVO unterfallen (vgl. auch Virgós/Schmit, Erläuternder Bericht, Nr. 197):
– Klagen über Bestand und Umfang einer Forderung nach allgemeinem Recht,
– Klagen über Bestand und Wirksamkeit eines dinglichen Rechts,
– Klagen auf Herausgabe von Gegenständen, die im Besitz des Schuldners sind,
– alle weiteren Klagen, die der Schuldner auch ohne Insolvenzverfahren hätte erheben können.

Ganz in diesem Sinne hat der EuGH, (ZIP 2009, 2345 – German Graphics; dazu Brinkmann, IPRax 2010, 324; Cranshaw, DZWIR 2010, 89; Piekenbrock, KTS 2010, 208) die Vorlagefragen des Hoge Raad der Nederlanden beantwortet (s. zum Vorabentscheidungsbegehren ABl EU 2008, Nr. C 272, 6). Der Hoge Raad wollte wissen, ob die auf einen Eigentumsvorbehalt gestützte Klage eines Verkäufers gegen einen Käufer aufgrund der Eröffnung eines Insolvenzverfahrens über das Vermögen des Käufers vom Anwendungsbereich der EuGVVO ausgeschlossen ist, wenn sich die vom Eigentumsvorbehalt erfasste Sache im Mitgliedstaat der Verfahrenseröffnung befindet. Der EuGH hat die Frage verneint und unterstellt den Aussonderungs- und Absonderungsrechtsstreite damit dem Anwendungsbereich der EuGVVO. Letztlich stelle die auf den Eigentumsvorbehalt gestützte Klage mit anderen Worten eine eigenständige Klage dar, die ihre Grundlage nicht im Insolvenzrecht hat und weder die Eröffnung eines Insolvenzverfahrens noch die Bestellung eines Insolvenzverwalters voraussetzt, mag im Insolvenzfall auch der Insolvenzverwalter an dem Rechtsstreit beteiligt sein.

7a Für die Praxis von erheblicher Bedeutung ist auch die Frage, inwieweit Vollstreckungsmaßnahmen gegen den Insolvenzschuldner in einem anderen Mitgliedstaat als dem Staat der Verfahrenseröffnung zulässig sind. Diese Frage hat der EuGH in seiner Entscheidung in der Rechtssache »Probud« (ZIP 2010, 187; dazu EWiR Art. 25 EuInsVO 1/10, 77 [J. Schmidt]) beantwortet und festgestellt, dass sich deren Zulässigkeit gem. Art. 4 Abs. 2 Satz 1 Buchst. f) nach der lex fori concursus bestimmt. Nach der Eröffnung eines Hauptinsolvenzverfahrens in einem Mitgliedstaat sind daher die zuständigen Behörden eines anderen Mitgliedstaats, in dem kein Sekundärinsolvenzverfahren eröffnet worden ist, nicht berechtigt nach »eigenem« Recht Vollstreckungsmaßnahmen in Bezug auf in diesem anderen Mitgliedstaat befindliche Vermögenswerte des Schuldners, anzuordnen, wenn das Recht des Staates der Verfahrenseröffnung dies nicht erlaubt und die Voraussetzungen für die Anwendung der Art. 5 ff. nicht erfüllt sind. Rechtsfolge ist, dass die unzulässigen Vollstreckungsmaßnahmen ipso iure unwirksam sind.

4. Sicherungsmaßnahmen

8 Hierunter fallen alle Maßnahmen des eröffnenden Gerichts, welche die Insolvenzmasse ab Antragstellung sichern sollen (Virgós/Schmit, Erläuternder Bericht, Nr. 198, 201). Da die Frage, ob eine Sicherungsmaßnahme vorliegt, nach dem Eröffnungsstatut zu beurteilen ist, sind die unterschiedlichsten Maßnahmen denkbar.

8a Nach der Entscheidung des **EuGH** in Sachen »Eurofood« (ZInsO 2006, 484; vgl. Art. 3 Rdn. 23 ff.) kann die »**Eröffnung**« i. S. d. Art. 16 bereits durch Bestellung eines vorläufigen Insolvenzverwalters erfolgen. Der EuGH hat nicht dazu Stellung bezogen, ob dieser Eröffnungsbegriff auch in den übrigen Vorschriften der EuInsVO gelten soll. Soweit man denselben Eröffnungsbegriff i. R. d. Art. 25 anwendet, würde dies dazu führen, dass Art. 25 Abs. 1 Unterabs. 3 leer läuft, weil die Erstreckungswirkung der vorläufigen Sicherungsmaßnahmen bereits durch Art. 16 gewährleistet wäre (krit. daher Duursma-Kepplinger, DZWIR 2006, 177, 181; Paulus, NZG 2006, 613).

▶ **Beispiele:** 9

Beschlagnahme von Massegegenständen, Handlungs- oder Unterlassungsauflagen für den Schuldner, Bestellung eines vorläufigen Verwalters (KPB-Kemper Art. 25 Rn. 13).

II. Vollstreckbarkeit nach der EuGVVO

Die Anerkennung einer Entscheidung in einem anderen Mitgliedstaat ist von der Vollstreckbarkeit in diesem Staat zu unterscheiden. Diese ist gesondert erforderlich: Die direkte Ausübung von Hoheitsgewalt ist den Behörden des Staates vorbehalten, in dessen Gebiet sich die Vermögensgegenstände oder Personen befinden, die von diesen Maßnahmen betroffen sind (Virgós/Schmit, Erläuternder Bericht, Nr. 190). 10

Die Vollstreckbarkeitserklärung erfolgt durch **hoheitlichen Akt** des Vollstreckungsstaats i. R. d. **Exequaturverfahrens**. Dieses Verfahren richtet sich nach den Vorschriften der EuGVVO. Im Wesentlichen geht es um die Erteilung einer Vollstreckungsklausel, die im Ergebnis nur eine innerstaatliche Genehmigung darstellt, um Vollstreckungsmaßnahmen durchführen zu dürfen. 11

Eine Verweigerung der Vollstreckbarkeitserklärung darf sich nur aus der EuInsVO selbst, nicht dagegen aus der EuGVVO ergeben. Insb. ist es nicht erforderlich, dass die Vollstreckungsvoraussetzungen nach dem Recht des Vollstreckungsstaats erfüllt sind. Ggf. ist das Vollstreckungsverfahren des Vollstreckungsstaats anzupassen. Eine inhaltliche Prüfung findet nur im Hinblick auf Abs. 3 und Art. 26 statt. 12

Zuständig ist i. d. R. das Gericht am Belegenheitsort (BK-Pannen Art. 25 Rn. 6). 13

Zu Einzelheiten zum Verfahren s. Pannen-Riedemann Art. 25 Rn. 41 ff. m. w. N. Zur Ausführungsbestimmung im deutschen Recht s. Art. 102. Ergänzend sei angemerkt, dass die grenzübergreifende Vollstreckung von **Forderungen** innerhalb der Gemeinschaft mit einer am 21.10.2005 in Kraft getretenen Verordnung (Nr. 805/2004) erheblich erleichtert worden ist. Hierdurch wurde der **europäische Vollstreckungsbefehl** eingeführt: Fertigt das Gericht im Land des Gläubigers sein Urteil als europäischen Vollstreckungsbefehl aus, müssen die Justizbehörden im Land des Schuldners diesen wie einen nationalen Vollstreckungsbefehl behandeln. 14

III. Andere Entscheidungen (Abs. 2)

Für andere Entscheidungen als die von Abs. 1 erfassten stellt Abs. 2 ausdrücklich klar, dass insoweit die EuGVVO in vollem Umfang anwendbar ist. 15

IV. Einschränkungen (Abs. 3)

Abs. 3 schränkt die Anerkennungsverpflichtung in den genannten Fällen ein. 16

C. Verfahrensfragen

Vergleiche auch Art. 102 § 8 EGInsO. 17

D. Vorschlag der Kommission zur Reform der EuInsVO

Der Kommissionsvorschlag zur Reform der EuInsVO sieht vor allem eine Anpassung des Art. 25 an die EuGVVO vor, die zwischenzeitlich die Maßgaben der EuGVÜ ersetzt hat. 18

Art. 26 EuInsVO   Ordre Public

▸ Fassung nach dem Vorschlag der Europäischen Kommission vom 12.12.2012, COM(2012) 744:

Art. 25
Anerkennung und Vollstreckbarkeit sonstiger Entscheidungen

1. Die zur Durchführung und Beendigung eines Insolvenzverfahrens ergangenen Entscheidungen eines Gerichts, dessen Eröffnungsentscheidung nach Art. 16 anerkannt wird, sowie ein von einem solchen Gericht bestätigter Vergleich werden ebenfalls ohne weitere Förmlichkeiten anerkannt. Diese Entscheidungen werden nach den Art. 32 bis 56 (mit Ausnahme von Art. 34 Abs. 2) der Verordnung (EG) Nr. 44/2001 vollstreckt. Unterabs. 1 gilt auch für Entscheidungen, die unmittelbar aufgrund des Insolvenzverfahrens ergehen und in engem Zusammenhang damit stehen, auch wenn diese Entscheidungen von einem anderen Gericht getroffen werden. Unterabs. 1 gilt auch für Entscheidungen über Sicherungsmaßnahmen, die nach dem Antrag auf Eröffnung eines Insolvenzverfahrens oder in Verbindung damit getroffen werden.
2. Die Anerkennung und Vollstreckung der anderen als der in Abs. 1 genannten Entscheidungen unterliegen der in Abs. 1 genannten Verordnung, soweit jene Verordnung anwendbar ist.

Art. 26   Ordre Public

Jeder Mitgliedstaat kann sich weigern, ein in einem anderen Mitgliedstaat eröffnetes Insolvenzverfahren anzuerkennen oder eine in einem solchen Verfahren ergangene Entscheidung zu vollstrecken, soweit diese Anerkennung oder diese Vollstreckung zu einem Ergebnis führt, das offensichtlich mit seiner öffentlichen Ordnung, insbesondere mit den Grundprinzipien oder den verfassungsmäßig garantierten Rechten und Freiheiten des einzelnen, unvereinbar ist.

→ vgl. § 343 InsO

Übersicht	Rdn.		Rdn.
A. Normzweck	1	III. Einzelne Anknüpfungen	7
B. Norminhalt	2	1. Grundsätze des fairen Verfahrens	8
I. Ordre Public	3	2. Zuständigkeitsentscheidung	11
II. Offensichtlicher Verstoß	6		

A. Normzweck

1   Art. 26 schützt die öffentliche Ordnung (*ordre public*) der einzelnen Mitgliedstaaten. Nach Wortlaut und Systematik handelt Art. 26 vom anerkennungsrechtlichen *ordre public*. Der *ordre-public*-Vorbehalt nach Art. 26 ist neben dem Spezialfall des Art. 25 Abs. 3 einziges Anerkennungshindernis für Eröffnungsentscheidungen und Entscheidungen aus einem ausländischen Insolvenzverfahren. Die engen Grenzen, die Art. 26 der Verweigerung der Anerkennung und Vollstreckung von Entscheidungen mitgliedstaatlicher Gerichte zieht (dazu Rdn. 4), sind Ausdruck des die gesamte EuInsVO tragenden Grundsatzes des gegenseitigen Vertrauens (dazu Paulus Einl. Rn. 19) und dienen der Verwirklichung des Ziels der EuInsVO, nämlich einer Verbesserung der Effizienz und Wirksamkeit der Insolvenzverfahren mit grenzüberschreitenden Bezügen. Ein *ordre-public*-Verstoß kommt darüber hinaus nicht nur i. R. d. Anerkennung oder Vollstreckung in Betracht, sondern auch bereits bei der Bestimmung des anwendbaren Rechts. Bei dem Fehlen einer entsprechenden ausdrücklichen kollisionsrechtlichen *ordre-public*-Klausel in der EuInsVO handelt es sich lediglich um ein Redaktionsversehen (MK-Reinhart Art. 26 Rn. 15).

B. Norminhalt

Art. 26 gestattet einem Mitgliedstaat, die Anerkennung der Verfahrenseröffnung in einem anderen Mitgliedstaat i. S. d. Art. 16 und 17 sowie die Vollstreckung von in einem solchen Verfahren ergangenen Entscheidungen i. S. d. Art. 25 Abs. 1 zu verweigern, wenn diese offensichtlich gegen seinen eigenen *ordre public* verstoßen. 2

I. Ordre Public

Nach dem eindeutigen Wortlaut des Art. 26 ist der Maßstab des *ordre-public*-Vorbehalts die **nationale öffentliche Ordnung**. Auch wenn es demnach nicht Sache der EuInsVO ist, den Inhalt der öffentlichen Ordnung eines Mitgliedstaates zu definieren, hat sie doch über die Grenzen zu wachen, innerhalb deren sich das Gericht eines Mitgliedstaates auf den Begriff der »öffentlichen Ordnung« stützen darf, um der Entscheidung eines Gerichts eines anderen Mitgliedstaates die Anerkennung zu versagen (vgl. allgem. EuGH, NJW 2000, 2185 [Tz. 28] – Renault/Maxicar; EuGH, NJW 2000, 1853 [Tz. 23] – Krombach). 3

Die **Konturen des Tatbestandsmerkmals »öffentliche Ordnung«** sind jedoch unscharf. Die exemplarische (»insb.«) Erwähnung der verfassungsmäßig garantierten Rechte und Freiheiten des Einzelnen in Art. 26 ist jedoch Fingerzeig darauf, wie hoch die Messlatte für die Annahme eines *ordre-public*-Verstoßes liegt: Den betroffenen Rechtsprinzipien muss »verfassungsrechtsentsprechendes Gewicht« zukommen (ausführl. Knof, ZInsO 2007, 629, 633). Auch der EuGH vermochte dem Tatbestandsmerkmal »öffentliche Ordnung« in der Rechtssache »Eurofood« keine schärferen Konturen zu verleihen, sondern hat lediglich die allgemeine (und altbekannte) Feststellung getroffen, dass die *ordre-public*-Klausel restriktiv zu handhaben sei (ZInsO 2006, 484, Tz. 62 f.; vgl. auch Bericht zum EuGVÜ, ABlEG 1979 Nr. C 59, S. 1, 44: die Anwendung der *ordre-public*-Klausel des Art. 27 Nr. 1 EuGVÜ kann »nur in Ausnahmefällen eine Rolle spielen«; gleichsinnig Virgós/Schmit, Erläuternder Bericht Nr. 204). Vor diesem Hintergrund bleiben *ordre-public*-Verstöße *in praxi* wohl eher selten, zumal die im Anhang A und B der EuInsVO gelisteten Verfahren »mit dem Stempel der allgemeinen Akzeptanz« versehen sind (Paulus Art. 26 Rn. 8). Insoweit darf auch nicht übersehen werden, dass die EuInsVO als unmittelbar geltendes Recht in allen Mitgliedstaaten selbst Bestandteil jeder nationalen »öffentlichen Ordnung« ist (Knof, ZInsO 2007, 629, 633). 4

In Deutschland wird der Ordre Public in Art. 6 EGBGB normiert. 5

II. Offensichtlicher Verstoß

Der Verstoß gegen den *ordre public* muss nach Art. 26 »offensichtlich« sein. Die Norm darf nur in »offensichtlichen« Ausnahmefällen angewandt werden, d. h. wenn sich der *ordre-public*-Verstoß jedem verständigen Rechtsanwender unmittelbar erschließt (Kemper, ZIP 2001, 1609, 1614) bzw. eine besondere Schwere aufweist (EuGH, ZInsO 2006, 484; OLG Wien, NZI 2005, 59; OGH Wien, NZI 2005, 465). Ein solcher *offensichtlicher* Ausnahmefall kann etwa vorliegen, wenn das ausländische Verfahren eine »verkappte Enteignung« darstellt (so Paulus Art. 26 Rn. 14) oder wenn – insb. bei Planverfahren – Beteiligungs- und Nichtdiskriminierungsrechte verletzt werden (Virgós/Schmit, Erläuternder Bericht Nr. 206; weitere Fallgruppen nennt Jacoby, GPR 2007, 200, 204 f.). 6

III. Einzelne Anknüpfungen

Auf der Suche nach Anknüpfungspunkten für einen *ordre-public*-Verstoß ist zweierlei zu berücksichtigen: Erstens muss das Ergebnis der Anerkennung und Vollstreckung der Entscheidung gegen den nationalen *ordre public* verstoßen, nicht die Entscheidung selbst. Zweitens hat der anerkennungsrechtliche *ordre public* einen verfahrensrechtlichen und einen materiellrechtlichen Bestandteil (zur Differenzierung: MK-Reinhart Art. 26 Rn. 1; s. a. BAG, NZI 2013, 758 m. Anm. Kamann [freilich zu § 343 InsO]); ausf. zu möglichen Anknüpfungspunkten Mankowski, KTS 2011, 185 ff. 7

Art. 26 EuInsVO Ordre Public

1. Grundsätze des fairen Verfahrens

8   Ein Verstoß gegen den verfahrensrechtlichen *ordre public* liegt vor, wenn elementare Grundsätze des fairen Verfahrens verletzt worden sind (Paulus Art. 26 Rn. 8 mit dem Hinweis auf Art. 6 EMRK). Dazu werden insb. die Verfahrensgarantien gerechnet, zu denen eine angemessene Anhörung bzw. Beteiligung des Schuldners zählt. Der **EuGH** hat im Fall »Eurofood« (ZInsO 2006, 484) geurteilt, dass die Anerkennung zu versagen sei, »wenn die Eröffnungsentscheidung unter offensichtlichem Verstoß gegen das Grundrecht auf rechtliches Gehör einer von einem solchen Verfahren betroffenen Person ergangen ist«; vgl. ferner Art. 27 Nr. 2 EuGVVO. Eröffnet ein Gericht ein Insolvenzverfahren nach der EuInsVO ohne Anhörung oder anderweitige Beteiligung des Schuldners, ist folglich eine Berufung der Gerichte in anderen Mitgliedstaaten auf Art. 26 zulässig (vgl. etwa OLG Wien, NZI 2005, 56, 58, Art. 3 Rdn. 85; AG Düsseldorf, ZIP 2004, 624 u. ZIP 2003, 1363; Art. 3 Rdn. 74; Virgós/Schmit, Erläuternder Bericht, Nr. 206; diff. Carstens, Die nationale Zuständigkeit im europäischen Insolvenzrecht, S. 93). Ein bloßer Begründungsmangel oder eine ganz fehlende Begründung für die Annahme der internationalen Zuständigkeit nach Art. 3 begründen dagegen keinen Verstoß gegen den verfahrensrechtlichen *ordre public*, sei eine Begründung nach nationalem Recht – etwa wie in Deutschland nach Art. 102 § 2 EGInsO – auch vorgeschrieben (Knof, ZInsO 2007, 629, 635; Mankowski, KTS 2011, 185, 204 f.; Paulus Art. 26 Rn. 12; vgl. auch OLG Wien, NZI 2005, 56, 59 [»Hier ist jedoch größte Zurückhaltung geboten.«]).

9   Ferner können Zweifel an der Unabhängigkeit des bestellten Insolvenzverwalters nicht die Anerkennungsverweigerung der Bestellung unter Verweis auf Art. 26 begründen (**a. A.** AG Nürnberg, ZInsO 2007, 667 [keine Gewähr eines fairen Verfahrens im Fall der Bestellung eines möglicherweise von den Geschäftsführern und Beratern abhängigen *administrator* nach englischem Recht]; dazu EWiR Art. 26 EuInsVO 1/07, 81 [Duursma-Kepplinger]; Knof, ZInsO 2007, 629, 634; Mankowski, KTS 2011, 185, 207). Insb. ist etwa ein »Generalverdacht« ggü. dem *administrator* nicht gerechtfertigt, da der *administrator* nach englischem Recht die Stellung eines sog. *officer of the court* innehat und zudem in Anhang C der Verordnung aufgenommen worden ist. Eine Verletzung von Vermögens- und Verfahrensrechte der Insolvenzgläubiger ist durch eine Berufshaftung nach nationalem Recht zu sanktionieren.

10   Bei vorläufigen Sicherungsmaßnahmen kann in bestimmten Ausnahmefällen von dem Erfordernis der Anhörung abgesehen werden, wenn diese den Erfolg der Maßnahme gefährden würden. Dann muss jedoch auf anderem Weg die Wahrung der Rechte des Schuldners sichergestellt werden (z. B. sofortige Unterrichtung und Eröffnung des Rechtswegs zur Anfechtung; Sicherheitsleistung; vgl. Virgós/Schmit, Erläuternder Bericht, Nr. 207).

2. Zuständigkeitsentscheidung

11   Die Anerkennung und Vollstreckung der Eröffnungsentscheidung eines Gerichts eines anderen Mitgliedsstaates ist unter dem Gesichtspunkt der – zumindest nicht bewusst – zu Unrecht angenommenen Zuständigkeit kein tauglicher Anknüpfungspunkt für einen *ordre-public*-Verstoß nach Art. 26. Die Norm erlaubt keine – auch nicht mittelbare – (neuerliche) Überprüfung der von einem mitgliedstaatlichen Gericht bejahten internationalen Zuständigkeit nach Art. 3 durch ein anderes mitgliedstaatliches Gericht. Eine solche Überprüfung kann allein im Instanzenzug des Ursprungsstaates bzw. durch den EuGH erfolgen. Entscheidend ist nicht, ob nach Auffassung des Gerichts des Zweitstaates das Eröffnungsgericht tatsächlich international zuständig war, sondern ausschließlich, ob dieses die Zuständigkeit nach Art. 3 Abs. 1 in Anspruch genommen hat (statt vieler OLG Wien, NZI 2005, 58; BK-Pannen Art. 26 Rn. 9), sei es auch nur in Form einer floskelhafte Bezugnahme (vgl. OLG Wien, NZI 2005, 58 m. zust. Anm. Paulus, bestätigt durch den OGH, NZI 2005, 465). Dies hat der **EuGH** in der Rechtssache »Eurofood« (ZInsO 2006, 484) jüngst nochmals klargestellt, es entsprach aber auch bisher schon der ganz herrschenden Meinung (vgl. OLG Wien, NZI 2005, 56 u. OGH, NZI 2005, 465, Art. 3 Rdn. 85; AG Düsseldorf, ZIP 2004, 624, Art. 3 Rdn. 74; Virgós/Schmit, Erläuternder Bericht, Nr. 202; Duursma-Kepplinger/Duursma/Chalupsky, EuInsVO Rn. 1; FK-Wimmer Anhang 1 Rn. 127; NR-Mincke Rn. 2; einschränkend: Leipold, Zum künftigen

Weg des deutschen internationalen Insolvenzrechts, S. 192; Kolmann, Kooperationsmodelle im Internationalen Insolvenzrecht, 289; a. A. Mankowski, BB 2006, 1755; zuvor schon EWiR Art. 3 EuInsVO 3/03, 767, 768 [Mankowski]).

Anders kann allenfalls im Fall einer offensichtlich unrichtigen, auf einer bewussten Täuschung durch den Antragsteller beruhenden Eröffnungsentscheidung des Gerichts eines anderen Mitgliedsstaates zu entscheiden sein. In einer solchen Konstellation hat etwa das AG Nürnberg (ZInsO 2007, 667; dazu EWiR Art. 26 EuInsVO 1/07, 81 [Duursma-Kepplinger]; zum Ganzen Kebekus, ZIP 2007, 84; Knof, ZInsO 2007, 629) erstmals die »Notbremse« des Art. 26 gezogen, indem es in dem Verfahren »Brochier« die Eröffnung eines »erschlichenen« englischen Hauptinsolvenzverfahrens mit dem Hinweis auf einen *Ordre-public*-Verstoß nicht anerkannt und in einer weiteren Entscheidung (ZInsO 2007, 668; dazu EWiR Art. 3 EuInsVO 4/07, 170 [Kodek]) gem. Art. 3 ein Hauptverfahren in Deutschland eröffnet hat (im Ergebnis zust. Mankowski, KTS 2011, 185, 205 f., der freilich die Zuständigkeitserschleichung als einen eigenständigen Anerkennungsversagungsgrund versteht, der bei Art. 16 EuInsVO zu verorten ist und damit auf eine andere Rechtsgrundlage gestützt ist als den ordre public; krit. hinsichtlich jeder Form der Zuständigkeitskontrolle i. R. d. Art. 16, 26 Knof, ZInsO 2007, 629, 633; krit. insoweit auch Paulus Art. 26 Rn. 9]). Das LG Köln (NZI 2011, 957 m. Anm. Mankowski, NZI 2011, 958) gelangte für den Fall einer rechtsmissbräuchlichen Verlegung des Wohnsitzes zu dem Ergebnis, dass eine auf diese Weise erlangte Restschuldbefreiung wegen eines Verstoßes gegen den ordre public nicht zur Erledigung einer erhobenen Schadensersatzforderung führt. Im Nachgang hat das OLG Köln (NZI 2013, 506) unter Bezugnahme auf weitere obergerichtliche Rechtsprechung (OLG Brandenburg, ZInsO 2011, 1563 m. Anm. Renger, VIA 2011, 62; OLG Nürnberg, NJW 2012, 862) einer Zuständigkeitskontrolle im Wege der Prüfung eines Verstoßes gegen den nationalen Ordre public abgelehnt. Im konkreten Fall hatte das OLG Köln indes einen »materiellen Ausweg« gefunden: Ebenso wie die deutsche Norm des § 302 Nr. 1 InsO schließt auch das englische Recht in Sec. 281 Insolvency Act 1986 UK bestimmte Forderungen von der Restschuldbefreiung aus. Sofern solche Ausnahmen kraft Gesetzes eintreten, sind diese nach Art. 4 Abs. 2 Satz 2 Buchst. k) auch von deutschen Gerichten anzuwenden (s. dazu auch Anm. Schroeders, NZI 2013, 512; Mehring, ZInsO 2012, 1247, 1253; zum Fortbestehen der Geschäftsführerhaftung gem. § 823 Abs. 2 BGB i. V. m. § 266a StGB trotz in England erlangter Restschuldbefreiung s. Dornblüth, ZIP 2014, 712).

Wie im Verfahren »Brochier«, in dem der High Court of Justice London seine ursprünglich angenommene Zuständigkeit im Zuge des innerstaatlichen Rechtsweges revidiert und festgestellt, dass sich das COMI der Schuldnerin in Deutschland befindet, hat der innerstaatliche Rechtsweg auch in anderen Fällen bereits mehrfach zum Ziel der Aufhebung der Eröffnungsentscheidung geführt (dazu Goslar, NZI 2012, 912). Später hat der High Court of Justice London im Verfahren »Brochier« sogar das zunächst eröffnete Sekundärinsolvenzverfahren wegen Fehlens einer Niederlassung der Schuldnerin in England wieder aufgehoben und festgestellt, dass die Bestellung der *joint administrators* von Anfang an unwirksam war (dazu EWiR Art. 3 EuInsVO 2/07, 175 [Paulus]; EWiR Art. 3 EuInsVO 3/07, 177 [Mankowski]). Im Ergebnis dürfte es sich vorliegend um einen Paradefall der **fehlgeschlagenen Zuständigkeitserschleichung** (s. hierzu auch Art. 3 Rdn. 92) handeln. Er zeigt aber auch, dass dem eröffnenden Gericht selbst bei einer offensichtlich unrichtigen, auf einer bewussten Täuschung beruhenden Eröffnungsentscheidung durch die Nichtanerkennung nicht die Chance genommen werden sollte, die Dinge – ganz i. S. d. *community trust* – vor Ort ins Reine zu bringen. Diese Möglichkeit verwehrt etwa das AG Göttingen (NZI 2013, 206), das im Fall einer Zuständigkeitserschleichung einen Verstoß gegen den deutschen ordre public in Betracht gezogen hat, weil das ausländische Insolvenzgericht trotz seit Jahren bekannter Missbräuche keine Plausibilitätsprüfung der internationalen Zuständigkeit vorgenommen hat. Bei dieser Sachlage müssten sich ausländische Gläubiger nicht auf die Möglichkeit der Annullierung englischer Eröffnungsentscheidungen im inländischen Rechtsweg verweisen lassen. Der vom AG Göttingen zur Begründung eines Ordre-Public-Verstoßes bemühte Schutz des Eigentumsrechts der Gläubiger nach Art. 14 GG kann indes wenig überzeugen und bleibt erkennbar eine »Krücke«. Es bleibt zu hoffen, dass sich die Insolvenzgerichte in Europa insgesamt darauf besinnen, die Verordnung unter Berücksichtigung der klaren Erwägungsgründe bei Zuständigkeitsfragen nicht zu extensiv auszulegen und die **materielle Prüfung der internationalen Zuständigkeit** ernst zu nehmen, nicht zuletzt um eine Staatshaftung zu vermeiden (EWiR Art. 26 EuInsVO 1/07, 81 [Duursma-Kepplinger]).

Kapitel III Sekundärinsolvenzverfahren

Art. 27 Verfahrenseröffnung

¹Ist durch ein Gericht eines Mitgliedstaats ein Verfahren nach Artikel 3 Absatz 1 eröffnet worden, das in einem anderen Mitgliedstaat anerkannt ist (Hauptinsolvenzverfahren), so kann ein nach Artikel 3 Absatz 2 zuständiges Gericht dieses anderen Mitgliedstaats ein Sekundärinsolvenzverfahren eröffnen, ohne daß in diesem anderen Mitgliedstaat die Insolvenz des Schuldners geprüft wird. ²Bei diesem Verfahren muß es sich um eines der in Anhang B aufgeführten Verfahren handeln. ³Seine Wirkungen beschränken sich auf das im Gebiet dieses anderen Mitgliedstaats belegene Vermögen des Schuldners.

→ vgl. 356 InsO

Übersicht	Rdn.			Rdn.
A. Normzweck	1	II.	Einzelheiten des eröffneten Verfahrens	9
B. Norminhalt	2		1. Dominanz des Hauptverfahrens	9
I. Voraussetzungen der Verfahrenseröffnung	2		2. Insolvenzplan	10
1. Insolvenzantrag	2		3. Eigenverwaltung	12
2. Anerkennung des Hauptverfahrens	3		4. Befugnisse des Sekundärverwalters	15
3. Internationale Zuständigkeit	4		5. Problem: Masseverbindlichkeiten	15a
4. Insolvenzgrund nicht erforderlich	5	C.	Verfahrensfragen	16
5. Voraussetzungen nach nationalem Recht	6	D.	Vorschlag der Kommission zur Reform der EuInsVO	19
6. Verfahrenskostendeckung	8			

A. Normzweck

1 Art. 27 verfolgt ein **doppeltes Regelungsziel**: Zum einen dient er dem Schutz der inländischen Gläubiger, die sich durch ein Sekundärinsolvenzverfahren vor den aus den Rechtsvorschriften eines anderen Staates resultierenden Folgen schützen können, zum anderen ist das Verfahren ein Hilfsverfahren zum Hauptinsolvenzverfahren, das im Einzelfall eine effektivere Masseverwertung ermöglichen kann (Virgós/Schmit, Erläuternder Bericht, Nr. 32, 33).

B. Norminhalt

I. Voraussetzungen der Verfahrenseröffnung

1. Insolvenzantrag

2 Erforderlich ist ein Insolvenzantrag, den sowohl die nach nationalem Recht antragsberechtigten Personen (nicht aber der Schuldner!) als auch der ausländische Hauptinsolvenzverwalter stellen können.

Zum Streitstand hinsichtlich des Antragsrechts des Schuldners vgl. Art. 29 Rdn. 3. Zu möglichen weiteren Antragsrechten (vorläufiger Verwalter des Hauptinsolvenzverfahrens, Sachwalter, Sekundärinsolvenzverwalter) vgl. Vallender, InVO 2005, 41.

2. Anerkennung des Hauptverfahrens

Die Anerkennung des ausländischen Hauptinsolvenzverfahrens gem. Art. 16 ist erforderlich. 3

Nach der Entscheidung des **EuGH** in Sachen »Eurofood« (ZInsO 2006, 484; vgl. Art. 3 Rdn. 23 ff.) 3a
kann bereits die Bestellung eines vorläufigen Insolvenzverwalters als »eröffnetes« Hauptinsolvenzverfahren i. S. d. Art. 16 anerkannt werden. Der EuGH hat nicht dazu Stellung bezogen, ob dieser Eröffnungsbegriff auch in den übrigen Vorschriften der EuInsVO gelten soll. i. R. d. Art. 27 ff. würde dies dazu führen, dass bereits der vorläufige Hauptinsolvenzverwalter zur Stellung eines Sekundärantrags nach Art. 29 Buchst. a) berechtigt wäre. Zutreffend weist Mankowski (BB 2006, 1753, 1757) insoweit auf das Folgeproblem hin, das entsteht, wenn auf diesen Antrag das Sekundärverfahren eröffnet, die Eröffnung des Hauptverfahrens später aber abgelehnt wird. Dann ist offen, ob der Insolvenzgrund des Art. 27 bestehen bleiben soll. Auch ist ungeklärt, ob das Sekundärverfahren ggf. in ein Hauptverfahren umgewandelt werden kann. Alternativ könnte für Art. 27 Satz 1 eine endgültige Insolvenzeröffnung verlangt werden – mit der Folge, dass der Terminus der Eröffnung im selben Regelwerk unterschiedlich ausgelegt würde. Jedenfalls vom Wortlaut her sprechen die besseren Argumente für eine einheitliche Auslegung. Letztlich werden diese Fragen wohl erst durch weitere Entscheidungen des EuGH beantwortet werden können.

Zum Prüfungsumfang des Gerichts vgl. Art. 3 Rdn. 54 und Art. 16 Rdn. 2 ff. 3b

3. Internationale Zuständigkeit

Die internationale Zuständigkeit setzt gem. Art. 3 Abs. 2 eine Niederlassung voraus. Auf den 4
COMI kommt es i. R. d. Art. 27 bei der Eröffnung von Sekundärinsolvenzverfahren nicht an (das ergibt sich eindeutig aus Art, 27, 3 Abs. 2, gleichwohl musste der BGH dies noch einmal feststellen, s. BGH, ZIP 2012, 782; dazu EWiR Art. 3 EuInsVO 4/12, 315 [Paulus]). Zum Streitstand beim Begriff der Niederlassung vgl. Art. 2 Rdn. 6 ff.

4. Insolvenzgrund nicht erforderlich

Ein Insolvenzgrund für das Sekundärinsolvenzverfahren muss nicht dargelegt und bewiesen werden 5
(Virgós/Schmit, Erläuternder Bericht, Nr. 211). Die Eröffnung des Hauptverfahrens ersetzt den Insolvenzgrund (Pannen-Herchen Art. 27 Rn. 30 ff.; MK-Reinhart Art. 27 Rn. 16 [unwiderlegliche Vermutung]). Das gilt auch in dem Fall, dass der Eröffnungsgrund, mit dem das Gericht des Hauptinsolvenzverfahrens seine Eröffnung begründet hat, im Staat des Sekundärverfahrens unbekannt ist (Wimmer, ZIP 1998, 982, 986). Der EuGH (Urt. v. 22.11.2012 – C-116/11, NZI 2013, 106 [»Bank Handlowy vs Christianapol«]; dazu EWiR Art. 27 EuInsVO 1/13, 173 [Jopen]; zu den Anträgen der Generalanwältin ZIP 2012, 1133; dazu EWiR Art. 27 EuInsVO 1/12, 385 [Paulus]) hat auch klargestellt, dass das mit einem Antrag auf Eröffnung eines Sekundärinsolvenzverfahrens befasste Gericht das Vorliegen einer materiellen Insolvenz des Schuldners, über dessen Vermögen in einem anderen Mitgliedstaat ein Hauptinsolvenzverfahren eröffnet worden ist, auch dann nicht prüfen darf, wenn das Hauptinsolvenzverfahren einem bloßen Schutzzweck dient, d. h. eine akute Zahlungsunfähigkeit nicht vorliegt (vgl. Tz. 74; in dem vom EuGH zu beurteilenden Fall wurde im Vorfeld der Insolvenz ein französisches Sauvegarde-Verfahren [procédure de sauvegarde] als Hauptinsolvenzverfahren in Frankreich eröffnet). Damit kann in einem anderen Mitgliedstaat ein Sekundärinsolvenzverfahren eröffnet werden, obwohl keine materielle Insolvenz im Sinne einer akuten Zahlungsunfähigkeit vorliegt. Der EuGH weist zudem darauf hin, dass ein vom Hauptinsolvenzverfahren verfolgter etwaiger »Schutzzweck« der Eröffnung eines Sekundärinsolvenzverfahrens auch nicht schlechterdings entgegensteht (Tz. 63). In der Praxis droht hier die Sanierungsabsicht durch Eröffnung eines Sekundärinsolvenzverfahrens, bei dem es sich zwingend um ein Liquidationsverfahren handeln muss, sabotiert zu werden. Die Vermeidung bzw. Lösung etwaiger Konflikte zwischen dem Sanierungsziel des Hauptinsolvenzverfahrens und dem abweichenden Zielen des Sekundärinsolvenzverfahrens ist nach Auffassung des EuGH innerhalb der Regelungen der EuInsVO zu suchen. Das für die Eröffnung eines Sekundärinsolvenzverfahrens zuständige Gericht hat unter

Beachtung des Grundsatzes der loyalen Zusammenarbeit die Ziele des Hauptinsolvenzverfahrens zu berücksichtigen und der Systematik der Verordnung Rechnung zu tragen (Tz. 63).

5. Voraussetzungen nach nationalem Recht

6 Mit der Ausnahme des Eröffnungsgrundes sind die übrigen Voraussetzungen des nationalen Rechts – etwa die Insolvenzfähigkeit des Schuldners im Inland oder die Vorschriften zur Verwalterbestellung – zu beachten (MK-Reinhart Art. 27 Rn. 18).

7 Die örtliche Zuständigkeit wird in Deutschland durch Art. 102 § 1 Abs. 2 EGInsO geregelt: Ausschließlich zuständig ist das Insolvenzgericht, in dessen Bezirk die Niederlassung des Schuldners liegt (Art. 102 § 1 Rdn. 2 ff.). Bei mehreren Niederlassungen gilt entsprechend § 3 Abs. 2 InsO das Prioritätsprinzip (dazu Art. 102 § 1 Rdn. 8).

6. Verfahrenskostendeckung

8 Eine im nationalen Recht für die Eröffnung normierte Verfahrenskostendeckung ist auch bei Sekundärinsolvenzverfahren zu berücksichtigen (Pannen-Herchen Art. 27 Rn. 66 ff.). Das ergibt sich jedenfalls mittelbar aus Art. 30 und ist aus Praktikabilitätsgründen ohnehin zu fordern (vgl. auch Balz, ZIP 1996, 948, 953). Dem antragsberechtigten Hauptinsolvenzverwalter bleibt es unbenommen, bei fehlender Deckung nach den Vorschriften des nationalen Rechts einen Kostenvorschuss zu leisten.

II. Einzelheiten des eröffneten Verfahrens

1. Dominanz des Hauptverfahrens

9 Das Sekundärverfahren ist dem Hauptverfahren als »Hilfsverfahren« (Virgós/Schmit, Erläuternder Bericht, Nr. 33) untergeordnet. Das wird insb. an den Befugnissen des Hauptinsolvenzverwalters ggü. dem Sekundärinsolvenzverwalter deutlich, die in den Art. 31 Abs. 3, Art. 33 und 34 normiert sind (ausführl. zur Hilfsfunktion Pannen-Herchen Art. 27 Rn. 12 ff.).

2. Insolvenzplan

10 Nach Art. 3 Abs. 3 und Abs. 2 muss es sich bei dem Sekundärinsolvenzverfahren um ein Liquidationsverfahren nach Anhang B handeln (krit. Paulus, EWS 2002, 497, 502). Das deutsche Insolvenzverfahren ist als »Einheitsverfahren« sowohl in Anhang A als auch in Anhang B aufgeführt. Fraglich ist daher, ob im Rahmen eines Sekundärinsolvenzverfahrens überhaupt ein Insolvenzplanverfahren nach §§ 217 ff. InsO durchgeführt werden darf (dafür MK-Reinhart Art. 27 Rn. 21). Einerseits ergibt sich aus dem Vergleich der Anhänge A und B, dass im Anhang B i. Ü. keine Verfahren aufgenommen wurden, die mit einem Insolvenzplan oder einem ähnlichen Institut beendet werden. Jedoch lässt sich neben der Aufnahme des deutschen Einheitsverfahrens in Anhang B auch aus Art. 34 Abs. 2 eine Zulässigkeit von Beschränkungen der Gläubigerrechte in einem Sekundärinsolvenzverfahren ableiten (MK-Reinhart Art. 27 Rn. 21; wohl auch K/P/B-Kemper Art. 27 Rn. 12 f.).

11 Zu den Problemen der Umsetzung eines Insolvenzplans (nur) im Sekundärinsolvenzverfahren vgl. auch § 355 InsO Rdn. 2 ff. und Art. 102 § 9 EGInsO Rdn. 1.

3. Eigenverwaltung

12 Ein Sekundärinsolvenzverfahren kann grds. auch i. R. d. Eigenverwaltung gem. §§ 270 ff. InsO durchgeführt werden (AG Köln, ZInsO 2004, 216 – »Automold«; Art. 3 Rdn. 86; Meyer-Löwy/Poertzgen, ZInsO 2004, 197; Sabel, NZI 2004, 126, 127; K/P/B-Kemper Art. 27 Rn. 12).

13 Nicht unproblematisch ist jedoch, ob die Vermögens- und Verfügungsbefugnis im Eigenverwaltungsverfahren auf den Hauptinsolvenzverwalter übergeht. Es ist zwar nicht zu verkennen, dass eine solche »Doppelrolle« für die einheitliche Verfahrensabwicklung erhebliche Vorteile mit sich bringen

kann (vgl. auch AG Köln, ZInsO 2004, 216). Auf der anderen Seite können Interessenkollisionen nicht ausgeschlossen werden, wenn sich der Hauptinsolvenzverwalter in seiner Eigenschaft als Verfügungsbefugter im Sekundärinsolvenzverfahren im Einzelfall über die Interessen der Gläubiger dieses Verfahrens hinwegsetzt, um ausschließlich die Interessen der Gläubiger des Hauptinsolvenzverfahrens zu verfolgen (vgl. auch K/P/B-Kemper Art. 27 Rn. 12; erhebliche Bedenken gegen die Eigenverwaltung auch bei Beck, NZI 2006, 609, 616).

Aufgrund des offenen Wortlauts der Verordnung, der dienenden Funktion des Sekundärinsolvenzverfahrens sowie des aufsichtführenden Sachwalters sollte der Entscheidung des AG Köln im Ergebnis aber dennoch gefolgt werden. 14

4. Befugnisse des Sekundärverwalters

Die Befugnisse des Verwalters im Sekundärinsolvenzverfahren sind grds. auf den Eröffnungsstaat beschränkt. Allerdings kann der Verwalter nach Art. 18 Abs. 2 auch Befugnisse im Ausland haben, wenn Massegegenstände zum Nachteil der Gläubiger dieses Verfahrens ins Ausland verbracht worden sind. 15

5. Problem: Masseverbindlichkeiten

Ein erhebliches Problem stellt die Behandlung von Masseverbindlichkeiten im Fall von Haupt- und Sekundärverfahren dar (zum Ganzen Pannen-Herchen Art. 27 Rn. 50 ff. m. w. N.). Nach wohl überwiegender Auffassung sind in diesem Fall **Teilmassen** zu bilden, mit der Konsequenz, dass nur das jeweilige Teilvermögen des Haupt- bzw. Sekundärverfahrens für die Bedienung der Masseverbindlichkeiten zur Verfügung steht (hierzu grdl. Herchen, Das Übereinkommen über Insolvenzverfahren, S. 51; Reinhart, Sanierungsverfahren im internationalen Insolvenzrecht, S. 595 f.; Lücke, ZZP 111 [1998] 306; Duursma/Kepplinger/Duursma/Chalupsky EUInsVO Art. 27 Rn. 59). Ungeklärt ist aber bspw., ob die Masse des Sekundärverfahrens für bereits begründete Masseverbindlichkeiten des Hauptverfahrens haftet. Unklar ist auch, ob der Hauptverwalter von Beginn an ein *worst case scenario* entwerfen und nur jene Vermögensgegenstände in seine Kalkulation miteinbeziehen darf, die sich am Mittelpunkt der hauptsächlichen Interessen oder in einem Mitgliedstaat befinden, in dem eine Eröffnung eines Sekundärinsolvenzverfahrens in Ermangelung einer Niederlassung von vornherein scheitern muss (krit. Ringstmeier/Homann, NZI 2004, 354; ferner Duursma-Kepplinger, ZIP 2007, 752). 15a

Völlig ungeklärt ist weiterhin, wie mit Masseverbindlichkeiten zu verfahren ist, die von einem Hauptverwalter begründet wurden, wenn sich zu einem späteren Zeitpunkt herausstellt, dass dieser gar nicht zuständig war, mit der Konsequenz, dass die Verfügungsbefugnis auf einen völlig anderen Hauptverwalter an einem anderen Ort übergeht. 15b

In der Praxis wird man diese haftungsträchtigen Probleme sinnvollerweise i. S. v. Art. 31 im Vorweg zwischen den Handelnden – ggf. unter Einschaltung der Insolvenzgerichte – klären müssen, um denkbare Rechtsstreitigkeiten zu vermeiden. 15c

C. Verfahrensfragen

Stellt der Antragsberechtigte einen »Insolvenzantrag«, ohne ausdrücklich die Eröffnung eines »Sekundärinsolvenzverfahrens« zu beantragen, ist dieser Antrag durch das Insolvenzgericht auszulegen. Befindet sich das COMI in einem anderen Mitgliedstaat und ergibt sich aus den dem Antrag beigefügten Unterlagen, dass der Antragsteller erkennbar nur ein Hauptinsolvenzverfahren beabsichtigt hat, ist ein solches Hauptinsolvenzverfahren aber nach Antragstellung in einem anderen Mitgliedstaat eröffnet worden, ist eine **Umdeutung** in einen Antrag auf Eröffnung des Sekundärinsolvenzverfahrens ausgeschlossen. Das gilt umso mehr, wenn der Antragsteller ausdrücklich nur ein bestimmtes Insolvenzverfahren nach der EuInsVO beantragt (entgegen AG Mönchengladbach, ZInsO 2004, 563; Art. 3 Rdn. 50). Im Zweifelsfall hat das Insolvenzgericht durch Rücksprache 16 mit dem Antragsteller aufzuklären, welcher Antrag beabsichtigt ist. Das ist schon wegen der unterschiedlichen Rechtsfolgen von Haupt- und Territorialinsolvenzverfahren geboten.

17 Ausgehend von der Überlegung, dass Sekundärverfahren eine einheitliche und für die Gläubigergesamtheit vorteilhafte Konzernsanierung gefährden könnten, sind englische Gerichte dazu übergegangen, englische Hauptinsolvenzverwalter dazu zu ermächtigen, Forderungen ausländischer Gläubiger nach dem in ihrem jeweiligen Land geltenden Recht zu befriedigen – auch wenn eine solche Verteilung dem eigentlich anwendbaren englischen Verteilungsrecht widerspricht (vgl. die Entscheidungen in Sachen »Collins & Aikman«, Art. 3 Rdn. 88 und »MG Rover«, Art. 3 Rdn. 89). Nach deutschem Rechtsverständnis dürfte eine solche Ermessensentscheidung mit dem Prinzip der *par condicio creditorum* kaum in Einklang zu bringen sein (so auch Mankowski, NZI 2006, 418; Penzlin/Riedemann, NZI 2005, 517, 519). Der neu gefasste Art. 18 in der Fassung des Kommissionsvorschlag zur Reform der EuInsVO soll diese Strategie der Abwendung von Sekundärinsolvenzverfahren durch Zusicherung von Verteilungs- und Vorzugsrechten durch den Hauptinsolvenzverwalter »legalisieren«, s. zu diesem Konzept eines »virtuellen« Sekundärinsolvenzverfahrens (so die Bezeichnung auf S. 8 der Begründung des Kommissionsvorschlag zur Reform der EuInsVO) Art. 18 Rdn. 15.

18 Zu weiteren Verfahrensfragen vgl. auch Art. 3 Rdn. 54 ff.; Art. 29 Rdn. 1 ff.; i. Ü. auch Vallender, KTS 2005, 283.

D. Vorschlag der Kommission zur Reform der EuInsVO

19 Der Kommissionsvorschlag zur Reform der EuInsVO schafft durch Neufassung des Art. 27 das Erfordernis ab, wonach Sekundärinsolvenzverfahren als Liquidationsverfahren ausgestaltet sein müssen. Die Begründung (S. 8 f.) stellt klar, dass bei Eröffnung eines Sekundärinsolvenzverfahrens das Gericht aus allen Verfahren wählen kann, die ihm das nationale Recht bietet, einschließlich Restrukturierungsverfahren. Mit dieser Änderung soll gewährleistet werden, dass die Eröffnung eines Sekundärinsolvenzverfahrens nicht schon per se der Sanierung oder Restrukturierung des Schuldnerunternehmens als Einheit entgegensteht.

20 Der Vorschlag sieht in seinem neu eingefügten Art. 29a ferner vor, dass das mit einem Antrag auf Eröffnung eines Sekundärinsolvenzverfahrens befasste Gericht auf Antrag des im Hauptverfahren bestellten Verwalters die Eröffnung ablehnen oder die Entscheidung vertagen können, wenn die Eröffnung eines Sekundärinsolvenzverfahrens zum Schutz der Interessen der einheimischen Gläubiger nicht notwendig ist. Dies soll ausweislich der Begründung (S. 8) bspw. dann der Fall sein können, wenn ein Investor ein Kaufangebot für das noch aktive Unternehmen unterbreitet und dieses Angebot den einheimischen Gläubigern mehr bietet als eine Verwertung des Unternehmensvermögens. Die Eröffnung der Sekundärinsolvenz dürfte auch dann nicht nötig sein, wenn der Verwalter des Hauptverfahrens den Gläubigern am Ort der Niederlassung verspricht, dass sie im Hauptverfahren so behandelt werden, als sei das Sekundärverfahren eröffnet worden, und dass die Rechte, die sie in diesem Fall in Bezug auf die Feststellung und den Rang ihrer Forderungen gehabt hätten, bei der Verteilung des Erlöses aus der Verwertung der Masse beachtet werden. Insofern muss er neue Art. 29a im Zusammen mit der Neufassung des Art. 18 gesehen werden, welcher es dem Verwalter nunmehr ausdrücklich erlaubt, durch die Zusicherung von besonderen Verteilungs- und Vorzugsrechten zugunsten von Gläubigern eines Mitgliedstaates (nach Maßgabe des dortigen lokalen Verteilungsrechts), in dem der Schuldner eine Niederlassung hat, die Eröffnung eines Sekundärinsolvenzverfahrens in diesem Mitgliedstaat zu vermeiden (s. Art. 18 Rdn. 15). Insgesamt wird die Eröffnung von Sekundärinsolvenzverfahren dadurch im Interesse einer effizienteren Verwaltung der Schuldnermasse zurückgedrängt.

21 Verfahrensmäßig wird diese Möglichkeit durch eine Pflicht zur Anhörung des (Haupt-)Insolvenzverwalters abgesichert: Das mit einem Antrag auf Eröffnung eines Sekundärinsolvenzverfahrens befasste Gericht wird nach Art. 29a verpflichtet, vor seiner Entscheidung den Verwalter des Hauptverfahrens zu hören. Diese Änderung soll ausweislich der Begründung (S. 8) gewährleisten, dass

dieses Gericht umfassende Kenntnis von allen Sanierungs- oder Restrukturierungsoptionen erhält, denen der Verwalter nachgeht, und in der Lage ist, die Folgen der Eröffnung eines Sekundärinsolvenzverfahrens richtig einzuschätzen.

Durch Ausweitung der Kooperationspflicht auf die involvierten Gerichte soll die Abstimmung zwischen Haupt- und Sekundärverfahren verbessert werden (s. dazu Art. 31 Rdn. 23). 22

Es sollen folgende Erwägungsgründe 19a und 19b eingefügt werden: 23

(19a) Sekundärinsolvenzverfahren können eine effiziente Verwaltung der Masse allerdings auch behindern. Das Gericht, das das Sekundärinsolvenzverfahren eröffnet, sollte deshalb auf Antrag des Verwalters die Verfahrenseröffnung aufschieben oder ablehnen können, wenn das Verfahren zum Schutz der Interessen einheimischer Gläubiger nicht notwendig ist. Dies dürfte insbesondere dann der Fall sein, wenn der Verwalter im Wege einer in Bezug auf die Insolvenzmasse verbindlichen Zusage einwilligt, die einheimischen Gläubiger so zu behandeln, als wäre das Sekundärinsolvenzverfahren eröffnet worden, und bei der Verteilung des Erlöses aus der Verwertung des dort belegenen Vermögens die Vorschriften über die Rangfolge der Forderungen anzuwenden, die in dem Mitgliedstaat gelten, in dem die Eröffnung des Sekundärinsolvenzverfahrens beantragt wurde. Diese Verordnung sollte dem Verwalter die Möglichkeit für solche Zusagen einräumen.

(19b) Im Interesse eines wirksamen Schutzes inländischer Interessen sollte es dem Verwalter des Hauptinsolvenzverfahrens nicht möglich sein, das in dem Mitgliedstaat der Niederlassung belegene Vermögen missbräuchlich zu verwerten oder missbräuchlich an einen anderen Ort zu bringen, insbesondere wenn dies in der Absicht geschieht, die wirksame Befriedigung dieser Interessen für den Fall, dass zu einem späteren Zeitpunkt ein Sekundärinsolvenzverfahren eröffnet wird, zu vereiteln.

▶ **Fassung nach dem Vorschlag der Europäischen Kommission vom 12.12.2012, COM(2012) 744:**

Art. 27
Verfahrenseröffnung

Ist durch ein Gericht eines Mitgliedstaats ein Hauptinsolvenzverfahren eröffnet worden, das in einem anderen Mitgliedstaat anerkannt worden ist, kann ein nach Art. 3 Abs. 2 zuständiges Gericht dieses anderen Mitgliedstaats nach Maßgabe der Bestimmungen in diesem Kapitel ein Sekundärinsolvenzverfahren eröffnen. Die Wirkungen des Sekundärinsolvenzverfahrens sind auf das Vermögen des Schuldners beschränkt, das im Gebiet des Mitgliedstaats belegen ist, in dem dieses Verfahren eröffnet wurde.

Art. 29a
Entscheidung zur Eröffnung eines Sekundärinsolvenzverfahrens

1. Das mit einem Antrag auf Eröffnung eines Sekundärinsolvenzverfahrens befasste Gericht unterrichtet hiervon umgehend den Verwalter des Hauptinsolvenzverfahrens und gibt ihm Gelegenheit, sich zu dem Antrag zu äußern.
2. Auf Antrag des Verwalters des Hauptinsolvenzverfahrens vertagt das in Abs. 1 genannte Gericht die Entscheidung zur Eröffnung des Sekundärinsolvenzverfahrens oder lehnt die Eröffnung ab, wenn die Eröffnung dieses Verfahrens zum Schutz der Interessen der einheimischen Gläubiger nicht notwendig ist, insbesondere wenn der Verwalter des Hauptinsolvenzverfahrens die Zusicherungen i. S. d. Art. 18 Abs. 1 abgibt und sich daran hält.
3. Beschließt das in Abs. 1 genannte Gericht, ein Sekundärinsolvenzverfahren zu eröffnen, wählt es das innerstaatliche Verfahren, das unter Berücksichtigung der Interessen der einheimischen Gläubiger am besten geeignet ist, unabhängig davon, ob etwaige die Solvabilität des Schuldners betreffende Bedingungen erfüllt sind.
4. Der Verwalter des Hauptinsolvenzverfahrens wird von der Entscheidung zur Eröffnung des Sekundärinsolvenzverfahrens in Kenntnis gesetzt und hat das Recht, einen Rechtsbehelf gegen diese Entscheidung einzulegen.

Art. 28 Anwendbares Recht

Soweit diese Verordnung nichts anderes bestimmt, finden auf das Sekundärinsolvenzverfahren die Rechtsvorschriften des Mitgliedstaats Anwendung, in dessen Gebiet das Sekundärinsolvenzverfahren eröffnet worden ist.

→ vgl. § 356 InsO

1 Art. 28 ist rein deklaratorisch. Sein Regelungsgehalt ergibt sich bereits aus Art. 4.

Art. 29 Antragsrecht

Die Eröffnung eines Sekundärinsolvenzverfahrens können beantragen:
a) der Verwalter des Hauptinsolvenzverfahrens,
b) jede andere Person oder Stelle, der das Antragsrecht nach dem Recht des Mitgliedstaats zusteht, in dessen Gebiet das Sekundärinsolvenzverfahren eröffnet werden soll.

→ vgl. 356 InsO

Übersicht

	Rdn.			Rdn.
A. Normzweck	1		II. Antragsrecht nach nationalem Recht	3
B. Norminhalt	2		C. **Verfahrensfragen**	4
I. Antragsrecht des Hauptinsolvenzverwalters	2			

A. Normzweck

1 Art. 29 gewährt über das nationale Antragsrecht hinaus auch dem Verwalter des Hauptinsolvenzverfahrens ein Antragsrecht für ein Sekundärinsolvenzverfahren und eröffnet dadurch eine weitere Option zur koordinierten Verfahrensabwicklung.

B. Norminhalt

I. Antragsrecht des Hauptinsolvenzverwalters

2 Ein Antragsrecht nach Art. 29 Buchst. a) steht nur dem Hauptinsolvenzverwalter zu (vgl. Art. 2 Buchst. b)); s. a. Pogacar, NZI 2011, 46 f.). Der vorläufige Verwalter hat nach bislang herrschender Meinung kein Antragsrecht (Pannen-Herchen Art. 29 Rn. 20 m. w. N.; **a. A.** unter ausdrücklicher Abkehr der noch in der 1. Aufl. vertretenen Auffassung MK-Reinhart Art. 29 Rn. 3; ebenso für ein Antragsrecht des »schwachen« vorläufigen Insolvenzverwalters Dammann/Müller, NZI 2011, 752, zugleich zust. Anm. zu einem Urteil des Handelsgerichts Nanterre v. 08.07.2011). Zur Frage des Antragsrechts eines vorläufigen Hauptinsolvenzverwalters s. a. Art. 27 Rdn. 3a.

II. Antragsrecht nach nationalem Recht

3 Das Antragsrecht nach Art. 29 Buchst. b) bestimmt sich nach nationalem Recht. In Deutschland sind nach §§ 13, 14 InsO sowohl der Schuldner als auch jeder Gläubiger antragsbefugt. Insoweit ist aber zu beachten, dass mit Eröffnung des Hauptinsolvenzverfahrens die Verwaltungs- und Verfügungsbefugnis des Schuldners nach den meisten Rechtsordnungen der Mitgliedstaaten entfällt. Daher ist auch ein deutscher GmbH-Geschäftsführer nicht mehr nach § 15a InsO (vormals § 64 Abs. 1 GmbHG a. F.) antragsberechtigt (zur abw. Entscheidung des AG Köln, ZInsO 2004, 216 – »Automold«; vgl. bereits Art. 3 Rdn. 86 u. Art. 27 Rdn. 2).

C. Verfahrensfragen

Gerade bei komplexen Insolvenzverfahren mit Niederlassungen in zahlreichen Mitgliedstaaten können Sekundärverfahren im Einzelfall zu einer gewissen Entzerrung und Vereinfachung der Verfahrensabwicklung beitragen. Zudem kann der Hauptverwalter durch ein Sekundärverfahren eine koordinierte Verwertung mit dinglichen Rechten behafteter Gegenstände herbeiführen, die vom Hauptverfahren selbst nach Art. 5 und Art. 7 »unberührt« bleiben (BK-Pannen Art. 29 Rn. 1). Bisweilen ist dem Hauptinsolvenzverwalter zur Vermeidung eigener Haftungs- und Strafbarkeitsrisiken die Beantragung eines Sekundärverfahrens sogar zu empfehlen. Nur beispielhaft genannt seien die diffizilen Anforderungen an die Kündigung von Arbeitnehmern in Frankreich, deren Nichteinhaltung ggf. sogar strafbar sein kann. Als Alternative zur Einholung ausländischen Rechtsrats kann in solchen Fällen die »Überleitung« der Verantwortung auf einen Sekundärverwalter durchaus angezeigt sein.

4

Andererseits kann die Eröffnung eines oder mehrerer Sekundärinsolvenzverfahren die Abwicklung im Einzelfall auch erheblich erschweren (sehr weitgehend Judge Norris in »Rover II« NZI 2005, 515). Konflikte können entstehen, wenn sich der Sekundärinsolvenzverwalter den Maßgaben des Hauptinsolvenzverwalters nicht in dem erforderlichen Maß unterordnet. Zwar kann der Hauptverwalter insoweit ggü. dem Sekundärverwalter seine Befugnisse gem. Art. 31 ff. (insb. Art. 33) ausüben. Die Beantragung und Eröffnung eines Sekundärverfahrens als solches kann der Hauptverwalter jedoch selbst dann nicht verhindern, wenn er ein Sekundärverfahren für nicht erforderlich hält. Dies hat der Fall »MG Rover« (NZI 2005, 407) eindrucksvoll bewiesen (vgl. Art. 3 Rdn. 89).

5

Art. 30 Kostenvorschuss

Verlangt das Recht des Mitgliedstaats, in dem ein Sekundärinsolvenzverfahren beantragt wird, daß die Kosten des Verfahrens einschließlich der Auslagen ganz oder teilweise durch die Masse gedeckt sind, so kann das Gericht, bei dem ein solcher Antrag gestellt wird, vom Antragsteller einen Kostenvorschuß oder eine angemessene Sicherheitsleistung verlangen.

→ vgl. § 356 InsO

Art. 30 enthält zum einen die Klarstellung, dass sich die Frage nach der Pflicht zur Leistung eines Kostenvorschuss dem Grunde und der Höhe nach der lex fori concursus secundarii beantwortet (Wimmer, ZIP 1998, 987). Zum anderen legt er fest, dass Staaten, deren Recht das Erfordernis der Massekostendeckung nicht kennt, eine solche Verpflichtung nicht (isoliert) für Sekundärverfahren einführen dürfen (NR-Mincke Art. 30 Rn. 1). Ob der Hauptinsolvenzverwalter des Kostenvorschuss aus der Masse des Hauptverfahrens leisten darf, ist wiederum eine Frage, zu deren Beantwortung die lex fori concursus universalis berufen ist (zum Ganzen auch Pogacar, NZI 2011, 46, 51).

1

Art. 31 Kooperations- und Unterrichtungspflicht

(1) ¹Vorbehaltlich der Vorschriften über die Einschränkung der Weitergabe von Informationen besteht für den Verwalter des Hauptinsolvenzverfahrens und für die Verwalter der Sekundärinsolvenzverfahren die Pflicht zur gegenseitigen Unterrichtung. ²Sie haben einander unverzüglich alle Informationen mitzuteilen, die für das jeweilige andere Verfahren von Bedeutung sein können, insbesondere den Stand der Anmeldung und der Prüfung der Forderungen sowie alle Maßnahmen zur Beendigung eines Insolvenzverfahrens.

(2) Vorbehaltlich der für die einzelnen Verfahren geltenden Vorschriften sind der Verwalter des Hauptinsolvenzverfahrens und die Verwalter der Sekundärinsolvenzverfahren zur Zusammenarbeit verpflichtet.

Art. 31 EuInsVO Kooperations- und Unterrichtungspflicht

(3) Der Verwalter eines Sekundärinsolvenzverfahrens hat dem Verwalter des Hauptinsolvenzverfahrens zu gegebener Zeit Gelegenheit zu geben, Vorschläge für die Verwertung oder jede Art der Verwendung der Masse des Sekundärinsolvenzverfahrens zu unterbreiten.

→ *vgl. 357 InsO*

Übersicht

	Rdn.
A. Normzweck	1
B. Norminhalt	2
I. Pflicht zur Unterrichtung (Abs. 1)	3
II. Pflicht zur Zusammenarbeit (Abs. 2)	7
III. Pflicht zur Konsultation (Abs. 3)	8
IV. Pflicht der Sekundärinsolvenzverwalter untereinander?	11
V. Pflicht der Gerichte zur Unterrichtung und Zusammenarbeit?	12
C. Verfahrensfragen	17
I. Praktische Anforderungen	17
II. Verwalterverträge/»Protokolle«	18
III. Aufsichtspflicht des Insolvenzgerichts	22
D. Vorschlag der Kommission zur Reform der EuInsVO	23

A. Normzweck

1 Art. 31 verpflichtet Haupt- und Insolvenzverwalter zur gegenseitigen Abstimmung und trägt dadurch zur Koordination von Haupt- und Sekundärinsolvenzverfahren bei.

B. Norminhalt

2 Die in Art. 31 verankerten Pflichten lassen sich nur anhand des jeweiligen Einzelfalls abschließend konkretisieren (allgem. Empfehlungen zur Interpretation der Art. 31 bis 35 Paulus Art. 31 Rn. 2a ff.). Allgemein ist festzuhalten, dass die Pflichten sich auf die »wesentlichen« Elemente der jeweiligen Insolvenzverfahren beziehen sollten und nicht dazu führen dürfen, dass die tägliche Verwaltungsarbeit blockiert wird (so auch Virgós/Schmit, Erläuternder Bericht, Nr. 233; Kolmann, Kooperationsmodelle im Internationalen Insolvenzrecht, S. 349; vgl. auch Ehricke, ZIP 2005, 1104).

I. Pflicht zur Unterrichtung (Abs. 1)

3 Der Erläuternde Bericht sieht »insb.« die folgenden Umstände als unterrichtungsbedürftig an (Virgós/Schmit, Erläuternder Bericht, Nr. 233):
– Insolvenzmasse,
– geplante/eingereichte Klagen gegen die Masse,
– Verwertungsmöglichkeiten,
– angemeldete Forderungen,
– Forderungsprüfung und Anfechtung,
– Rangfolge der Gläubiger,
– geplante Sanierungsmaßnahmen,
– vorgeschlagene Vergleichsmaßnahmen,
– Vorschläge für die Ausschüttung,
– Verfahrensstand.

4 Die in Abs. 1 Satz 2 genannte **»Unverzüglichkeit«** der Informationswiedergabe würde nach deutschem Rechtsverständnis (§ 121 Abs. 1 Satz 1 BGB: »ohne schuldhaftes Zögern«) eine Obergrenze von 14 Tagen bedeuten (OLG Hamm, NJW-RR 1990, 523; Staak, NZI 2004, 480, 482; s. a. Pogacar, NZI 2011, 46, 47). Das erscheint allerdings – nicht zuletzt im Hinblick auf die ggf. erforderliche Übersetzung (!) – als pauschale Grenze zu kurz bemessen und mag allenfalls bei übergeordneten, verfahrensleitenden Umständen gerechtfertigt sein (z. B. bevorstehender Unternehmensverkauf).

5 Eine Rechtsfolge für die Nichtbeachtung der Pflicht ist in der EuInsVO nicht normiert. Maßgeblich ist nach Art. 4 auch hier vielmehr das Recht des Eröffnungsstaates. Ist hiernach z. B. deutsches Recht

anwendbar ist die Pflicht zur Kooperation nach Art. 31 wohl eine Pflicht i. S. d. § 60 InsO, deren Verletzung zur persönlichen Haftung des Insolvenzverwalters führt, obwohl § 60 InsO von der Verletzung einer Pflicht »nach diesem Gesetz« spricht und damit die InsO meint. Eine Auslegung ergibt jedoch, dass hiermit die Haftung lediglich auf die Verletzung insolvenzspezifische Pflichten beschränkt werden sollte, zu denen die unmittelbar geltenden Pflichten nach den EuInsVO ohne Frage gezählt werden können (für eine analoge Anwendung des § 60 InsO daher auch MK/BGB-Kindler Art. 31 Rn. 32; zur Anwendung des § 58 Abs. 2 InsO im grenzüberschreitenden Kontext s. Stark, NZI 2004, 480, 482).

Die **Unterrichtungspflicht** steht unter dem Vorbehalt der Einhaltung datenschutzrechtlicher Vorschriften (Abs. 1 Satz 1). In Deutschland ist das Bundesdatenschutzgesetz (BDSG) zu beachten, durch das die Datenschutzrichtlinie 95/46/EG umgesetzt worden ist. 6

II. Pflicht zur Zusammenarbeit (Abs. 2)

Eine Pflicht zur Zusammenarbeit besteht über die gegenseitige Unterrichtung hinaus auch bei der **gegenseitigen Abstimmung von Verfahrenshandlungen und Verwertungsmaßnahmen** (Staak, NZI 2004, 480, 482). Der weitere Inhalt dieser Pflicht hängt immer vom Einzelfall ab. Ziel ist aber stets die effektive und effiziente Verfahrensabwicklung (vgl. Erwägungsgrund Nr. 20). 7

III. Pflicht zur Konsultation (Abs. 3)

Die Pflicht des Sekundärinsolvenzverwalters, den Hauptinsolvenzverwalter zu Vorschlägen für die Verwertung oder Verwendung der Masse zu konsultieren, zeigt deutlich die Hierarchie zwischen den Verfahren und ihren Verwaltern (instruktiv zu den Einflussnahmemöglichkeiten des Hauptverwalters Beck, NZI 2006, 609, 610 ff.). 8

Das Maß der Verbindlichkeit der Vorschläge des Hauptinsolvenzverwalters ist in der Verordnung allerdings nicht geregelt. Zutreffend wird davon ausgegangen, dass keine generelle Verbindlichkeit besteht, weil eine solche durch die Art. 33 und 34 nur für bestimmte Einflussmöglichkeiten vorgesehen ist (Staak, NZI 2004, 480, 484; K/P/B-Kemper Art. 31 Rn. 14; a. A. Ehricke, ZIP 2005, 1104, 1107; Herchen, ZInsO 2002, 345, 351). 9

In Deutschland sollte der Sekundärinsolvenzverwalter den ausländischen Hauptinsolvenzverwalter in jedem Fall *vor* dem Berichtstermin nach § 156 InsO darüber unterrichten, was er den Gläubigern berichten und vorschlagen wird (MK-Reinhart Art. 31 Rn. 13; Paulus Art. 31 Rn. 20). Darüber hinaus scheint es erwägenswert, dem Hauptinsolvenzverwalter auch ein **Planinitiativrecht** einzuräumen (vgl. Wimmer, ZIP 1998, 982, 987). Ein **Teilnahme- und Rederecht** ergibt sich demgegenüber bereits aus Art. 32 Abs. 3. Schließlich hat der Sekundärverwalter Vorschläge des Hauptverwalters ggf. den Gläubigerorganen zur Kenntnis und zur Abstimmung vorzulegen (Beck, NZI 2006, 609, 611). 10

IV. Pflicht der Sekundärinsolvenzverwalter untereinander?

Nach wohl herrschender Lehre soll Art. 31 nur eine Pflicht im Verhältnis Haupt- und Sekundärinsolvenzverwalter begründen. Die Sekundärinsolvenzverwalter untereinander unterlägen dagegen keiner Verpflichtung (Balz, ZIP 1996, 948, 954; K/P/B-Kemper Art. 31 Rn. 4). Diese Auslegung mag zwar dem Wortlaut des Art. 31 näherkommen, berücksichtigt aber die Bedürfnisse der Praxis nicht (für eine Pflicht auch Duursma-Kepplinger/Duursma/Chalupsky, EuInsVO, Art. 31 Rn. 8). 11

V. Pflicht der Gerichte zur Unterrichtung und Zusammenarbeit?

Art. 31 enthält keine Regelung zur Verpflichtung der Gerichte zu einer vergleichbaren Unterrichtung und Zusammenarbeit (Vallender, KTS 2005, 283, 321; Staak, NZI 2004, 480, 483). Das ist bedauerlich, weil ebenso wie bei den Insolvenzverwaltern auch bei den Insolvenzgerichten naturgemäß erheblicher Abstimmungsbedarf besteht (vgl. auch Ehricke, WM 2005, 397). Ganz anders 12 deshalb Art. 25 UNCITRAL-Modellgesetz: »*the court shall cooperate to the maximum extent possible with foreign courts*« (vgl. Anh. §§ 335 ff. Rdn. 1).

13 Aus der Nichterwähnung der Gerichte kann aber umgekehrt nicht geschlossen werden, dass die Gerichte nicht verpflichtet sind bzw. sich nicht zumindest verpflichten können, miteinander zu kooperieren (Eidenmüller, IPRax 2001, 2, 9; zum Ganzen auch Ehricke, ZIP 2007, 2395; Paulus Art. 31 Rn. 5 f.; Vallender, KTS 2008, 59). Eine derartige Zusammenarbeit ist im angloamerikanischen Raum seit vielen Jahren geübte Praxis. Dabei werden vielfach mithilfe schriftlich niedergelegter Absprachen der Gerichte untereinander die Leitlinien der gemeinsamen Verfahrensabwicklung festgehalten (sog. »Protokolle«, vgl. auch Paulus, ZIP 1998, 977; Übersicht über verschiedene Protokolle bei Wittinghofer, Der nationale und internationale Insolvenzverwaltungsvertrag, S. 411).

14 Ein besonders prominentes Beispiel ist das Insolvenzverfahren der Maxwell Communications Corp., in dem Gerichte in den USA und England ein entsprechendes Protokoll verabschiedet hatten (BK-Pannen Art. 31 Rn. 6; ferner Staak, Der deutsche Insolvenzverwalter im europäischen Insolvenzrecht, S. 170 f.). Ein vergleichbar pragmatischer Ansatz zur verfahrenstechnischen Koordination war in den USA i. Ü. auch in den Regelungen des Hilfsverfahrens zur Unterstützung des ausländischen Insolvenzverwalters nach sec. 304 Bankruptcy Code (»*ancillary proceedings*«) kodifiziert (vgl. Bankruptcy Court San Antonio, NZI 2005, 125; Paulus, NZI 2005, 95). Diese Regelungen sind mit Wirkung zum 17.10.2005 durch das neue Chapter 15 des US Bankruptcy Code ersetzt worden, welches das – ebenfalls kooperationsorientierte – UNCITRAL-Modellgesetz übernimmt (vgl. Rüfner, ZIP 2005, 1859).

15 Dabei wird hier nicht verkannt, dass US-amerikanische Gerichte in einigen Fällen aufgrund extensiver Auslegung ihrer Zuständigkeit auch Entscheidungen gefällt haben, die kaum als »kooperationsfreundlich« bezeichnet werden können (vgl. etwa in re Global Ocean Carriers Limited, 251 B.R. 31 [Bankr. D. Del. 2000]): Für die Zuständigkeit US-amerikanischer Gerichte ist in den USA belegenes Vermögen erforderlich. Selbst bei international tätigen Großunternehmen genüge insoweit aber bereits »*a dollar, a dime or a peppercorn*«.

16 Die bisherigen Kompetenzkonflikte europäischer Gerichte (vgl. etwa »Eurofood«, Art. 3 Rdn. 80 f., allgemein Art. 3 Rdn. 21 ff.) weisen bisher überwiegend in eine wenig kooperative Richtung. Erfreulich dagegen das OLG Wien, (NZI 2005, 61; vgl. Art. 3 Rdn. 85), das Art. 31 ausdrücklich auch für die Gerichte anwenden will. Ein weiteres Beispiel für einen Willen zur Kooperation bietet der High Court ([2009] EWHC 2006 [Ch] = ZIP 2009, 578; dazu EWiR Art. 31 EuInsVO 1/09, 177 [Paulus]), der sich als für die Eröffnung und Durchführung des Hauptinsolvenzverfahrens zuständige Gericht als berechtigt ansah, Schreiben an sämtliche ausländischen, zur eventuellen Eröffnung von Sekundärinsolvenzverfahren zuständigen Insolvenzgerichte zu versenden und die dortigen Richter zu bitten, im Fall eines Antrags auf Eröffnung des Sekundärinsolvenzverfahrens den Verwalter des Hauptinsolvenzverfahrens davon zu benachrichtigen und ihm Gelegenheit zu einer Stellungnahme zu geben. Hintergrund dieser »Schutzschriften« ist die im Fall Collins&Aikman (NZI 2006, 654) entwickelte und erfolgreich umgesetzte Strategie des in einem englischen Hauptinsolvenzverfahren bestellten Joint Administrators in Abweichung vom englischen Insolvenzrecht zur Vermeidung der Eröffnung von Sekundärinsolvenzverfahren die Erlösverteilung an die Gläubiger in einem anderen Mitgliedstaat entsprechend den für diese geltenden nationalen Regelungen vorzunehmen. Diese »Verhandlungslösung« setzt freilich voraus, dass der Joint Administrators vor der Eröffnung eines Sekundärinsolvenzverfahrens entsprechend von dem Antrag der Gläubiger erfährt. Im Schrifttum ist ebenfalls Unterstützung für eine solche Zusammenarbeit erkennbar (Duursma-Kepplinger/Duursma/Chalupsky, Art. 31 Rn. 6; Paulus, EWS 2002, 497, 505; Staak, NZI 2004, 480, 483 mit Vorschlägen zur Gesetzesänderung).

C. Verfahrensfragen

I. Praktische Anforderungen

Die enge Kooperation der Verwalter ist gerade bei grenzüberschreitenden Insolvenzverfahren erfahrungsgemäß eine der Schlüsselfragen für das Gelingen einer koordinierten Abwicklung. Internationale Betriebsfortführungen sind ohne einen »engen Draht« zwischen den Verwaltern nicht vorstellbar. Aber auch Liquidationen führen bei gemeinsamem Vorgehen rgm. zu höheren Verwertungserlösen für die Gläubiger. 17

II. Verwalterverträge/«Protokolle«

Eine Abwicklung auf Grundlage von »Protokollen« sollte trotz der im deutschen Recht damit verbundenen dogmatischen Probleme (vgl. Ehricke, WM 2005, 397, 404) unbedingt erwogen werden. Sie stellt erfahrungsgemäß einen pragmatischen Weg zur fallbezogenen Verfahrenskoordination dar. **Ein freiwilliger Verhaltenskodex**, in dem sich die Insolvenzverwalter bestimmten Kooperationspflichten unterwerfen (dafür Ehricke, WM 2005, 397, 404 f.), ist eine weitere mögliche Alternative, erscheint aber in der Praxis nicht ohne Weiteres umsetzbar. Das Insolvenzgericht kann dem Verwalter i. Ü. auf Grundlage der EuInsVO nicht die Weisung erteilen, eine Kooperationsvereinbarung mit einem anderen Verwalter abzuschließen (Vallender, KTS 2005, 283, 327; vgl. mit Bezug zum österreichischen Recht Landesgericht Loeben, ZInsO 2005, 1176, insoweit aufrechterhalten durch das OLG Graz, NZI 2006, 660; vgl. oben Art. 3 Rdn. 88). 18

Die praktischen Koordinationsprobleme sind auch in anderer Hinsicht beträchtlich: Ohne ein Verständnis für das jeweils andere Insolvenzrechtssystem sowie fundierte Kenntnisse in der jeweiligen Fachfremdsprache fehlt schon die Grundlage, um die Bedeutung der in Art. 31 normierten Pflichten überhaupt beurteilen zu können (vgl. auch NR-Mincke Art. 31 Rn. 8 ff.). Werden diese Probleme überwunden, kann der Abschluss eines Protokolls aber zu einer besseren Koordination führen. Ein Beispiel für ein Protokoll ist die Vereinbarung in dem Insolvenzverfahren über die Gruppe des Mobilfunkherstellers Sendo International Ltd., die zwischen den englischen Hauptinsolvenzverwaltern und dem französischen Sekundärverwalter abgeschlossen werden konnte. 19

Bei der Komplexität größerer grenzüberschreitender Verfahren besteht daher für den Insolvenzverwalter ein nicht **unerhebliches Haftungsrisiko**. Die in der Verordnung normierten Pflichten sind **insolvenzspezifisch** und als solche grds. auch von § 60 InsO erfasst (s. a. Rdn. 5). 20

Die nationalen Gerichte werden diese Aspekte bei der Verwalterauswahl im Interesse einer effizienten Verfahrensabwicklung zu beachten haben. 21

III. Aufsichtspflicht des Insolvenzgerichts

Soweit der Verwalter des inländischen Verfahrens seine aus Art. 31 folgenden Unterrichtungs- und Kooperationspflichten nicht erfüllt, stellt sich die Frage, inwieweit das Insolvenzgericht einschreiten muss (zum Meinungsstand Vallender, KTS 2005, 283, 325 ff.). Hier dürfte zunächst festzuhalten sein, dass die Aufsichtspflicht von den Befugnissen begrenzt wird, die das nationale Recht dem Insolvenzgericht zubilligt. Eine Zweckmäßigkeitskontrolle ist deshalb im Regelfall nicht geboten, ein Einschreiten im Grundsatz auf Fälle evidenter Masseschädigung begrenzt. Kommt ein inländischer Verwalter jedoch seinen Informationspflichten nach der EuInsVO nicht nach, erscheint eine gerichtliche Weisung an ihn geboten (näher Vallender, KTS 2005, 283, 326). 22

D. Vorschlag der Kommission zur Reform der EuInsVO

Der Kommissionsvorschlag zur Reform der EuInsVO wendet sich intensiv dem Thema der Kommunikation und Kooperation im Fall der Eröffnung von Haupt- und Sekundärinsolvenzverfahren zu, und zwar zwischen den Verwaltern (Neufassung des Art. 31), zwischen den Gerichten (Art. 31a) und den Verwaltern und den Gerichten (Art. 31b); die Maßgaben zur Kommunikation und Kooperation im Fall von Haupt- und Sekundärinsolvenzverfahren ist nicht zu verwechseln mit 23 den Maßgaben zur Kommunikation und Kooperation im Fall von grenzüberschreitenden Konzerninsolvenzen, s. dazu Art. 1 Rdn. 5.

24 In den Erwägungsgründen wird das Thema der Kommunikation und Kooperation ebenfalls ausführlich behandelt. Der Erwägungsgrund Nr. 20 soll neu gefasst werden:

(20) Hauptinsolvenzverfahren und Sekundärinsolvenzverfahren können nur dann zu einer effizienten Verwertung der Insolvenzmasse beitragen, wenn die parallel anhängigen Verfahren koordiniert werden. Wesentliche Voraussetzung hierfür ist, dass die beteiligten Verwalter und Gerichte eng zusammenarbeiten und sich ausreichend gegenseitig informieren. Um die dominierende Rolle des Hauptinsolvenzverfahrens sicherzustellen, sollten dem Verwalter dieses Verfahrens mehrere Einwirkungsmöglichkeiten auf gleichzeitig anhängige Sekundärinsolvenzverfahren gegeben werden. Er sollte insbesondere einen Restrukturierungsplan oder Vergleich vorschlagen oder die Aussetzung der Verwertung der Masse im Sekundärinsolvenzverfahren beantragen können. Bei ihrer Zusammenarbeit sollten Verwalter und Gerichte den in grenzüberschreitenden Insolvenzfällen bewährten Praktiken folgen, wie sie in den Kommunikations- und Kooperationsgrundsätzen und -leitlinien dargelegt sind, die von europäischen und internationalen Vereinigungen auf dem Gebiet des Insolvenzrechts ausgearbeitet worden sind.

25 Die bessere Vernetzung der Mitgliedstaaten soll auch durch ein besseres (Vor-)Verständnis der nationalen Insolvenzrechte gefördert werden. Zu diesem Zweck wird ein neuer Art. 44a eingefügt, der den Mitgliedstaaten eine Pflicht zur Information über die nationalen Insolvenzrechte und deren fortlaufender Aktualisierung auferlegt. Die gesammelten Informationen werden der Öffentlichkeit zugänglich gemacht.

▶ Fassung nach dem Vorschlag der Europäischen Kommission vom 12.12.2012, COM(2012) 744:

Art. 31
Kooperation und Kommunikation unter Verwaltern

1. Der Verwalter des Hauptinsolvenzverfahrens und die Verwalter der Sekundärinsolvenzverfahren arbeiten zusammen, soweit diese Zusammenarbeit mit den für die einzelnen Verfahren geltenden Vorschriften vereinbar ist. Die Zusammenarbeit kann in Form von Vereinbarungen oder Protokollen erfolgen.
2. Den Verwaltern obliegen insbesondere folgende Pflichten:
   (a) Sie teilen einander umgehend alle Informationen mit, die für das jeweilige andere Verfahren von Bedeutung sein können, insbesondere den Stand der Anmeldung und der Prüfung der Forderungen sowie alle Maßnahmen zur Restrukturierung oder Sanierung des Schuldners oder zur Beendigung des Insolvenzverfahrens, vorausgesetzt, es bestehen geeignete Vereinbarungen zum Schutz vertraulicher Informationen.
   (b) Sie prüfen Möglichkeiten für eine Restrukturierung des Schuldners; falls eine solche Möglichkeit besteht, koordinieren sie Ausarbeitung und Umsetzung eines Restrukturierungsplans.
   (c) Sie koordinieren die Verwertung oder die Verwendung der Masse sowie die Geschäfte des Schuldners. Der Verwalter eines Sekundärinsolvenzverfahrens gibt dem Verwalter des Hauptinsolvenzverfahrens frühzeitig Gelegenheit, Vorschläge für die Verwertung oder Verwendung der Masse des Sekundärinsolvenzverfahrens zu unterbreiten.

Art. 31a
Kooperation und Kommunikation unter Gerichten

1. Um die Koordinierung der Haupt- und Sekundärinsolvenzverfahren über das Vermögen desselben Schuldners zu erleichtern, arbeiten die Gerichte, die mit einem Antrag auf Eröffnung eines Insolvenzverfahrens befasst sind oder die ein solches Verfahren eröffnet haben, zusammen, soweit diese Zusammenarbeit mit den für die einzelnen Verfahren geltenden

Vorschriften vereinbar ist. Die Gerichte können hierzu bei Bedarf eine Person oder Stelle bestimmen, die auf ihre Weisungen hin tätig wird.
2. Die Gerichte i. S. d. Abs. 1 können direkt miteinander kommunizieren oder einander direkt um Informationen und Unterstützung ersuchen, vorausgesetzt, die Kommunikation ist unentgeltlich und die Verfahrensrechte der Parteien sowie die Vertraulichkeit der Informationen werden dabei gewahrt.
3. Die Zusammenarbeit kann auf jedem geeigneten Weg erfolgen einschließlich durch
   (a) die Mitteilung von Informationen auf jedem von dem betreffenden Gericht als geeignet erachteten Weg,
   (b) die Koordinierung der Verwaltung und Überwachung des Vermögens und der Geschäfte des Schuldners,
   (c) die Koordinierung der Verhandlungen,
   (d) die Koordinierung der Zustimmung zu einem Protokoll.

Art. 31b
Kooperation und Kommunikation zwischen Verwaltern und Gerichten

1. Um die Koordinierung der Haupt- und Sekundärinsolvenzverfahren über das Vermögen desselben Schuldners zu erleichtern,
   (a) kooperiert und kommuniziert der Verwalter des Hauptinsolvenzverfahrens mit dem Gericht, das mit einem Antrag auf Eröffnung eines Sekundärinsolvenzverfahrens befasst ist oder das ein solches Verfahren eröffnet hat, und
   (b) kooperiert und kommuniziert der Verwalter eines Sekundärinsolvenz- oder Partikularverfahrens mit dem Gericht, das mit einem Antrag auf Eröffnung des Hauptinsolvenzverfahrens befasst ist oder das ein solches Verfahren eröffnet hat.
2. Die Zusammenarbeit i. S. d. Abs. 1 erfolgt auf jedem geeigneten Weg einschließlich nach Maßgabe des Art. 31a Abs. 3, soweit diese Zusammenarbeit mit den für die einzelnen Verfahren geltenden Vorschriften vereinbar ist.

Art. 44a
Informationen zum Insolvenzrecht der Mitgliedstaaten

1. Die Mitgliedstaaten übermitteln im Rahmen des durch die Entscheidung 2001/470/EG24 des Rates geschaffenen Europäischen Justiziellen Netzes für Zivil- und Handelssachen eine Beschreibung ihres Insolvenzrechts und ihrer Verfahren, insbesondere zu den Aspekten in Art. 4 Abs. 2, damit die betreffenden Informationen der Öffentlichkeit zur Verfügung gestellt werden können.
2. Diese Informationen werden von den Mitgliedstaaten regelmäßig aktualisiert.

Art. 32 Ausübung von Gläubigerrechten

(1) Jeder Gläubiger kann seine Forderung im Hauptinsolvenzverfahren und in jedem Sekundärinsolvenzverfahren anmelden.

(2) Die Verwalter des Hauptinsolvenzverfahrens und der Sekundärinsolvenzverfahren melden in den anderen Verfahren die Forderungen an, die in dem Verfahren, für das sie bestellt sind, bereits angemeldet worden sind, soweit dies für die Gläubiger des letztgenannten Verfahrens zweckmäßig ist und vorbehaltlich des Rechts dieser Gläubiger, dies abzulehnen oder die Anmeldung zurückzunehmen, sofern ein solches Recht gesetzlich vorgesehen ist.

(3) Der Verwalter eines Haupt- oder eines Sekundärinsolvenzverfahrens ist berechtigt, wie ein Gläubiger an einem anderen Insolvenzverfahren mitzuwirken, insbesondere indem er an einer Gläubigerversammlung teilnimmt.

→ vgl. §§ 341, 357 InsO

Art. 32 EuInsVO Ausübung von Gläubigerrechten

Übersicht	Rdn.		Rdn
A. **Normzweck**	1	3. Ablehnung/Rücknahme durch Gläubiger	7
B. **Norminhalt**	2	III. Mitwirkungsrechte des Verwalters (Abs. 3)	8
I. Anmeldung durch die Gläubiger (Abs. 1)	2	C. **Verfahrensfragen**	9
II. Anmeldung durch den Verwalter (Abs. 2)	3	I. Insolvenzverwalter	9
1. Zweckmäßigkeit	3	II. Beratungspraxis	11
2. Anmeldepflicht	6		

A. Normzweck

1 Art. 32 stellt die universelle Wirkung von Haupt- und Sekundärinsolvenzverfahren wieder her, indem er Gläubigern und Verwaltern ermöglicht, ihre Forderungen wahlweise in mehreren Insolvenzverfahren anzumelden (NR-Mincke Art. 32 Rn. 1). Die Voraussetzungen der Anmeldung (Form, Frist, Umfang usw.) regelt das jeweilige nationale Verfahrensrecht.

B. Norminhalt

I. Anmeldung durch die Gläubiger (Abs. 1)

2 Abs. 1 eröffnet dem Gläubiger die Möglichkeit, seine Forderung in jedem Insolvenzverfahren im Geltungsbereich der EuInsVO anzumelden (vgl. auch Art. 39). Gem. Art. 20 Abs. 2 werden die in den verschiedenen Insolvenzverfahren erzielten Quoten angerechnet. Vgl. hierzu auch die Kommentierung bei Art. 20 Rdn. 8 ff.

II. Anmeldung durch den Verwalter (Abs. 2)

1. Zweckmäßigkeit

3 Abs. 2 eröffnet auch den Verwaltern die Möglichkeit, die in ihrem Verfahren angemeldeten Forderungen in einem anderen Verfahren anzumelden. Abweichend von Art. 31 Abs. 1 ist eine solche Anmeldung aber nicht unbeschränkt möglich, sondern nur zulässig, wenn sie »zweckmäßig« ist (dazu auch Paulus Art. 32 Rn. 15; Pannen-Herchen Art. 32 Rn. 22 ff.). Die Zweckmäßigkeitsprüfung kann aus offenkundigen Praktikabilitätsgründen nicht auf die einzelne Forderung bezogen sein, sondern erstreckt sich nur auf die **Gläubigergesamtheit** oder auf **Gruppen von Forderungen in einem bestimmten Rang** (Virgós/Schmit, Erläuternder Bericht, Nr. 239). Bei der Prüfung sind die Quotenaussichten in einem anderen Verfahren sowie die Kosten einer weiteren Forderungsanmeldung zu berücksichtigen. Vgl. hierzu auch die Kommentierung bei Art. 20 Rdn. 8 ff.

4 ▶ Beispiel:

Eine »Gruppe« von Forderungen können für einen deutschen Verwalter die nachrangigen Forderungen gem. § 39 InsO darstellen. Insb. die eigenkapitalersetzenden Forderungen i. S. d. § 39 Abs. 1 Nr. 5 InsO werden in zahlreichen anderen Rechtsordnungen als ungesicherte Insolvenzforderungen (vgl. § 38 InsO) eingeordnet, sodass sich für diese Gläubiger eine Anmeldung im ausländischen Insolvenzverfahren empfehlen kann.

5 Bei der Anmeldung handelt der Verwalter im Namen und anstelle des Gläubigers (Virgós/Schmit, Erläuternder Bericht, Nr. 238; Pannen-Herchen Art. 32 Rn. 15), solange diese die Anmeldung durch den Verwalter nicht ablehnen oder zurücknehmen. Eine »**Doppelanmeldung**« ist damit rechtlich nicht möglich, in der Praxis aber gleichwohl des Öfteren zu beobachten, wenn Gläubiger »auf Nummer sicher gehen« wollen und ihre Forderungen auch selbst anmelden.

2. Anmeldepflicht

6 Nach einer Auffassung soll der Verwalter bei Vorliegen der Zweckmäßigkeit nicht nur berechtigt, sondern auch verpflichtet sein, Anmeldungen in Parallelverfahren vorzunehmen (zum Ganzen Pan-

nen-Herchen Art. 32 Rn. 20 ff. m. w. N.). Bei einer derartigen Pflicht ist aus Sicht der Praxis aber erhebliche Zurückhaltung geboten. Wegen der erfahrungsgemäß schwierigen Beurteilung der Höhe künftiger Ausschüttungen, zumal in ausländischen Verfahren, sollte eine solche Pflicht allenfalls bei evident unterschiedlichen Quotenaussichten angenommen werden (vgl. dazu auch den Fall zur Quotenberechnung, Art. 20 Rdn. 9; MK-Reinhart Art. 32 Rn. 11: »Praktisch wird dies aber nicht zu einer Haftung des Verwalters führen«).

3. Ablehnung/Rücknahme durch Gläubiger

Die Gläubiger haben das Recht, die Anmeldung durch den Verwalter abzulehnen oder zurückzunehmen. Das soll nach Ansicht von Teilen des Schrifttums voraussetzen, dass der Verwalter die Gläubiger zuvor über seine Anmeldeabsicht informiert (KPB-Kemper Art. 32 Rn. 8), zumindest soweit für die Gläubiger durch die Anmeldung absehbar Kosten entstehen (NR-Mincke Art. 32 Rn. 6). Diese Anforderung ist in der Praxis oft nur schwer zu erfüllen. Zwar bietet sich der Berichtstermin als mögliches Forum an. Zu diesem Zeitpunkt sind aber die ausländischen Anmeldefristen – die anders als die Anmeldefrist nach § 28 Abs. 1 InsO z. T. auch Ausschlussfristen darstellen – evtl. schon abgelaufen (vgl. auch MK-Reinhart Art. 32 Rn. 13). Zumindest eine pauschale, nicht auf die Umstände des konkreten Verfahrens abstellende Informationspflicht ist daher abzulehnen.

7

III. Mitwirkungsrechte des Verwalters (Abs. 3)

Nicht abschließend geklärt hat die Verordnung die Mitwirkungsrechte des Verwalters in anderen Verfahren (ausf. dazu Pannen-Herchen Art. 32 Rn. 41 ff.). Einigkeit besteht insoweit, als dem Verwalter ein Teilnahme- und Rederecht auf jeder Gläubigerversammlung zukommt (vgl. nur KPB-Kemper Art. 32 Rn. 11 f.). Ein darüber hinausgehendes Stimmrecht ist dagegen jedenfalls im Wortlaut nicht vorgesehen (vgl. auch MK-Reinhart Art. 32 Rn. 15; ein Stimmrecht bejahend Pannen-Herchen Art. 32 Rn. 45, wobei sich die Frage, ob und inwieweit aus der angemeldeten Forderung ein Stimmrecht folgt, nach der lex fori concursus zu beantworten ist; a. A. Beck, NZI 2006, 613; Pogacar, NZI 2011, 46, 49).

8

▶ Hinweis:

> In der Praxis sollte sich der Verwalter vorsorglich bevollmächtigen lassen, wenn er an Abstimmungen teilnehmen will. Die Einzelheiten der Bevollmächtigung und Stimmabgabe ergeben sich aus dem Recht des Staates, in dem die Gläubigerversammlung stattfindet.

C. Verfahrensfragen

I. Insolvenzverwalter

Der durch Abs. 2 und Abs. 3 nochmals erweiterte Aufgabenkatalog des Insolvenzverwalters unterstreicht die organisatorischen und rechtlichen Anforderungen eines grenzüberschreitenden Insolvenzverfahrens.

9

Ein besonderes Problem in der Praxis stellt der Verfahrensabschluss dar, wenn z. B. in einem Sekundärinsolvenzverfahren die Masse verteilt und das Verfahren abschlussreif ist, jedoch im Hauptinsolvenzverfahren oder in anderen Sekundärinsolvenzverfahren noch höhere Quoten zu erwarten sein könnten. Hier wird der Sekundärverwalter zumindest bei Vorliegen einer gewissen Wahrscheinlichkeit auf höhere Quoten aus anderen Verfahren gehalten sein, mit dem Abschluss seines Verfahrens zu warten, sofern nicht sämtliche Gläubiger »seines« Verfahrens ihre Forderungen persönlich in sämtlichen »aussichtsreicheren« Verfahren angemeldet haben.

10

Art. 32 Abs. 2 setzt ein Nebeneinander von Hauptinsolvenzverfahren und Sekundärinsolvenzverfahren voraus. Er ist mithin nicht einschlägig und auch nicht analog anwendbar, wenn Insolvenzgläubiger in einem inländischen Partikularinsolvenzverfahren durch die deutsche Niederlassung einer in einem anderen Mitgliedstaat ansässigen Gesellschaft begründete Forderungen zur Tabelle angemeldet haben. Der Partikularinsolvenzverwalter ist im Inland nicht befugt, vermeintliche

Haftungsansprüche der Insolvenzgläubiger gegen die Gesellschaft geltend zu machen (KG, ZInsO 2011, 1504).

Zu weiteren praktischen Problemen vgl. bereits Art. 31 Rdn. 3 ff., 17 ff., zu den Berechnungsproblemen vgl. auch Art. 20 Rdn. 8 ff.

II. Beratungspraxis

11 Unabhängig von einer etwaigen Pflicht des Insolvenzverwalters, die Forderungen der Gläubiger ggf. auch in anderen Verfahren anzumelden, sind die Gläubiger gut beraten, die Parallelverfahren (soweit möglich) selbst darauf hin zu verfolgen, ob sie aufgrund größerer Insolvenzmassen eine Forderungsanmeldung lohnenswert erscheinen lassen.

12 Das Recht, die Forderungen im Fall des Bestreitens gerichtlich geltend zu machen, wird durch Art. 32 nicht geregelt und verbleibt bei dem einzelnen Gläubiger.

Art. 33 Aussetzung der Verwertung

(1) ¹Das Gericht, welches das Sekundärinsolvenzverfahren eröffnet hat, setzt auf Antrag des Verwalters des Hauptinsolvenzverfahrens die Verwertung ganz oder teilweise aus; dem zuständigen Gericht steht jedoch das Recht zu, in diesem Fall vom Verwalter des Hauptinsolvenzverfahrens alle angemessenen Maßnahmen zum Schutz der Interessen der Gläubiger des Sekundärinsolvenzverfahrens sowie einzelner Gruppen von Gläubigern zu verlangen. ²Der Antrag des Verwalters des Hauptinsolvenzverfahrens kann nur abgelehnt werden, wenn die Aussetzung offensichtlich für die Gläubiger des Hauptinsolvenzverfahrens nicht von Interesse ist. ³Die Aussetzung der Verwertung kann für höchstens drei Monate angeordnet werden. Sie kann für jeweils denselben Zeitraum verlängert oder erneuert werden.

(2) Das Gericht nach Absatz 1 hebt die Aussetzung der Verwertung in folgenden Fällen auf:
– auf Antrag des Verwalters des Hauptinsolvenzverfahrens,
– von Amts wegen, auf Antrag eines Gläubigers oder auf Antrag des Verwalters des Sekundärinsolvenzverfahrens, wenn sich herausstellt, daß diese Maßnahme insbesondere nicht mehr mit dem Interesse der Gläubiger des Haupt- oder des Sekundärinsolvenzverfahrens zu rechtfertigen ist.

→ *vgl. §357 InsO*

Übersicht	Rdn.		Rdn.
A. Normzweck	1	1. Auf Antrag	11
B. Norminhalt	2	2. Von Amts wegen	12
I. Antrag auf Aussetzung (Abs. 1)	2	C. Verfahrensfragen	15
1. Antrag des Hauptinsolvenzverwalters	2	I. Kein Anhörungsrecht des Sekundärinsolvenzverwalters	15
2. Schutz der Gläubiger des Sekundärinsolvenzverfahrens	6	II. Rechtsmittel	16
3. Ablehnung der Aussetzung	8	D. Vorschlag der Kommission zur Reform der EuInsVO	17
4. Wirkung der Aussetzung	9		
II. Aufhebung der Aussetzung (Abs. 2)	11		

A. Normzweck

1 Nach Art. 33 kann der Hauptinsolvenzverwalter die Aussetzung der Verwertung des Sekundärinsolvenzverfahrens beantragen, um den »Zerschlagungsmechanismus« (MK-Reinhart Art. 33 Rn. 1) dieses Verfahrens zu stoppen und Zeit für bestimmte Verfahrenshandlungen (z. B. eine übertragende Sanierung) zu gewinnen.

B. Norminhalt

I. Antrag auf Aussetzung (Abs. 1)

1. Antrag des Hauptinsolvenzverwalters

Der Antrag auf Aussetzung ist bei dem Eröffnungsgericht des Sekundärinsolvenzverfahrens zu stellen, in dem Verwertungsmaßnahmen ausgesetzt werden sollen. Aus dem Wortlaut ergibt sich, dass eine vollständige oder eine teilweise, ggf. auch auf nur einen Vermögensgegenstand beschränkte, Aussetzung beantragt werden kann (K/P/B-Kemper Art. 33 Rn. 4), nicht jedoch eine Aussetzung des Sekundärverfahrens als solches (insoweit zutr. Landesgericht Loeben, ZInsO 2005, 1176; in diesem Punkt bestätigt durch OLG Graz, NZI 2006, 660, vgl. auch Art. 3 Rdn. 88). Entgegen dem Landesgericht Loeben setzt nach zutreffender Auffassung des OLG Graz ein Antrag auf Aussetzung jedoch nicht voraus, dass mit der Verwertung bereits begonnen worden ist. Vielmehr ist ein Antrag auch vorsorglich möglich, etwa um sensible Verkaufsgespräche nicht zu gefährden (zust. Beck, NZI 2006, 609, 612).

Der Begriff der Verwertung wird in der EuInsVO nicht definiert. Handlungen i. R. d. bloßen Betriebsfortführung (z. B. Warenverkäufe) dürften nicht darunter fallen (Vallender, FS Kreft, S. 569; vgl. auch Staak, NZI 2004, 480, 484). Ebenso wird der Forderungseinzug rgm. keine Verwertungshandlung darstellen (Vallender, FS Kreft, S. 570).

Ungeklärt ist, ob der Hauptinsolvenzverwalter auch einen Antrag stellen kann, der nicht nur auf eine Aussetzung der Verwertung, sondern – nach Aussetzung – auch auf eine andere als die begonnene Verwertung abzielt. Im Schrifttum wird dies bejaht, ohne allerdings eine strenge Bindung für den Sekundärinsolvenzverwalter anzunehmen (Ehricke, ZInsO 2004, 633; ähnl. Beck, NZI 2006, 609, 613; vgl. hierzu auch Landesgericht Loeben, ZInsO 2005, 1176 u. OLG Graz, NZI 2006, 660 ff.).

Ein Antrag im vorläufigen Insolvenzverfahren wird für grds. unzulässig gehalten (Vallender, FS Kreft, S. 575). Mit Blick auf die Entscheidung des EuGH in Sachen »Eurofood« (ZInsO 2006, 484; vgl. Art. 3 Rdn. 23 ff.), mit der die »Eröffnung« eines Hauptinsolvenzverfahrens vorverlegt wurde, erscheint diese Auffassung jedoch nicht mehr gesichert.

2. Schutz der Gläubiger des Sekundärinsolvenzverfahrens

Sicherungsmaßnahmen legt das Gericht des Sekundärinsolvenzverfahrens nach eigenem Ermessen (»alle angemessenen Maßnahmen«) fest. Insb. dürften Zinszahlungen für die gesicherten Gläubiger (vgl. § 169 InsO, § 30e ZVG) sowie Bürgschaften oder Garantien zur Sicherung der ungesicherten Gläubiger in Betracht kommen (K/P/B-Kemper Art. 33 Rn. 13).

Vergleiche auch die Durchführungsbestimmung in Art. 102 § 10 EGInsO.

3. Ablehnung der Aussetzung

Eine Ablehnung ist nur möglich, wenn die vom Hauptinsolvenzverwalter beantragte Aussetzung »offensichtlich« nicht dem Interesse der Gläubiger des Hauptinsolvenzverfahrens entspricht. Da dies praktisch voraussetzt, dass der Verwalter gegen die Interessen »seiner eigenen« Gläubiger handelt, ist eine Ablehnung nur in missbrauchsähnlichen Ausnahmefällen denkbar (MK-Reinhart Art. 33 Rn. 4: »grds. stattzugeben«). Entsprechend ist der Begriff des »Interesses« sehr weit zu fassen und meint letztlich jedes Interesse im Zusammenhang mit der Verwertung (K/P/B-Kemper Art. 33 Rn. 7). Dem Hauptinsolvenzverwalter steht mithin ggü. dem Sekundärinsolvenzverwalter ein erhebliches »Disziplinierungspotenzial« zur Verfügung (fragwürdig daher die Ablehnung des Hilfsantrags der englischen Hauptinsolvenzverwalter durch Landesgericht Loeben, ZInsO 2005, 1176; vgl. Art. 3 Rdn. 88; zu Recht korrigierend das OLG Graz, NZI 2006, 660).

4. Wirkung der Aussetzung

9 Die zunächst für max. 3 Monate angesetzte (aber nach h. M. verlängerbare, vgl. Beck/Depré-Kammel, Praxis der Insolvenz, § 26 Rn. 147; a. A. Uhlenbruck/Lüer Art. 33 Rn. 2; vermittelnd Beck NZI 2006, 609, 615: einmalige Verlängerung von 3 Monaten möglich) Aussetzung kann einer erheblichen Eingriff in die Autonomie der Gläubiger des Sekundärinsolvenzverfahrens darstellen. Das gilt insb., wenn die Gläubigerversammlung in diesem Verfahren bereits eine Liquidation beschlossen hatte. Nach deutschem Recht wäre der Insolvenzverwalter gem. § 159 InsO verpflichtet, unverzüglich die Verwertung durchzuführen. Nach Art. 33 wird er durch die Aussetzungsentscheidung des Gerichts jedoch daran gehindert.

10 Eine Verschiebung des Berichtstermins wegen des Aussetzungsantrags (so Herchen, Die Befugnisse des deutschen Insolvenzverwalters hinsichtlich der »Auslandsmasse«, S. 154) kommt jedoch nicht in Betracht, da dieser Termin nicht nur der Beschlussfassung über die Verwertung, sondern noch zahlreichen weiteren Entscheidungen dient: Etwa der Verwalterwahl oder der Einsetzung bzw. Bestätigung eines Gläubigerausschusses. Man wird einen Beschluss der Gläubigerversammlung daher für die Zeit der Aussetzung als »suspendiert« betrachten können (Vallender, FS Kreft, S. 574).

II. Aufhebung der Aussetzung (Abs. 2)

1. Auf Antrag

11 Auf Antrag des Hauptinsolvenzverwalters ist die Aussetzung aufzuheben.

2. Von Amts wegen

12 Eine Aufhebung von Amts wegen kommt auf Antrag eines Gläubigers oder des Sekundärinsolvenzverwalters in Betracht, wenn die Aussetzung nicht mehr mit dem Interesse der Gläubiger des Haupt- oder des Sekundärinsolvenzverfahrens zu rechtfertigen ist (vgl. hierzu den letzten Beschluss des Landesgericht Loeben, NZI 2006, 663, das eine Aussetzung aufgehoben hat, weil die Gläubiger des Sekundärverfahrens durch eine Veräußerung des schuldnerischen Vermögens vollständig befriedigt werden konnten und ein Zuwarten mit der Verwertung die Gefahr mit sich gebracht hätte, dass der Investor von seinem Angebot Abstand nimmt; näher Art. 3 Rdn. 88 sowie Beck, NZI 2006, 609, 612 ff.).

13 Diese Gründe für die Aufhebung zeigen eine »bemerkenswerte Asymmetrie« (NR-Mincke Art. 33 Rn. 7) zu den Aussetzungsvoraussetzungen. Für die Aufhebung genügt bereits das vorrangige Interesse »nur« der Gläubiger des Sekundärverfahrens. Die erhebliche Machtfülle, die Art. 33 dem Hauptinsolvenzverwalter verleiht, ist daher »nur sehr vorläufig« (NR-Mincke Art. 33 Rn. 9). Allerdings wäre es nach dem Wortlaut der Norm durchaus möglich, dass der Hauptinsolvenzverwalter die Aufhebung der Aussetzung nach Abs. 2 mit einem erneuten Aussetzungsantrag nach Abs. 1 »kontert«. In der Praxis könnte sich hieraus geradezu ein *»perpetuum mobile«* entwickeln.

14 **Für die Praxis ebenfalls wesentlich** – und derzeit noch unbeantwortet – ist die Frage, wer haftet, wenn die Aussetzung letztendlich zu einer erheblichen Verschlechterung der Befriedigungsaussichten der Gläubiger im Sekundärinsolvenzverfahren führt. Man stelle sich vor, eine (isolierte) übertragende Sanierung im Sekundärinsolvenzverfahren könnte massemehrend durchgeführt werden, scheitert aber an einer – ggf. auch nur kurzfristigen – Aussetzung des Verkaufs auf Intervention des Hauptinsolvenzverwalters. Eine Haftung des Sekundärinsolvenzverwalters dürfte mangels Handlungsmöglichkeiten ausscheiden. Es bliebe eine etwaige Haftung des Hauptinsolvenzverwalters. Es ist davon auszugehen, dass sich in diesem Bereich in den kommenden Jahren zunehmend praktische Fallkonstellationen ergeben werden.

C. Verfahrensfragen

I. Kein Anhörungsrecht des Sekundärinsolvenzverwalters

Art. 33 enthält kein Anhörungsrecht des Sekundärinsolvenzverwalters (krit. daher Staak, NZI 2004, 480, 485; Vallender FS Kreft, S. 570). **In der Praxis** bleibt es aber dem Eröffnungsgericht des Sekundärinsolvenzverfahrens unbenommen, den Sekundärinsolvenzverwalter zu unterrichten und ggf. von ihm auch Informationen für die eigene Beurteilung einzuholen.

15

II. Rechtsmittel

Die EuInsVO sieht kein Rechtsmittel gegen Entscheidungen nach Art. 33 vor. Soweit ein deutsches Gericht das Sekundärinsolvenzverfahren eröffnet hat, ist deutsches Recht anwendbar: Eine sofortige Beschwerde gem. § 6 Abs. 1 InsO scheidet aus, da sie im Gesetz für Art. 33 nicht vorgesehen ist. Die Durchführungsbestimmung in Art. 102 enthält ebenfalls kein Rechtsmittel. Möglich ist allenfalls eine **Rechtspflegererinnerung nach § 11 Abs. 2 RPflG**, wenn die Entscheidung durch den Rechtspfleger getroffen wurde (Vallender, FS Kreft, S. 579). Dies unterstreicht, um welch ein scharfes Schwert des Hauptinsolvenzverwalters es sich bei dem Antrag nach Art. 33 handelt.

16

D. Vorschlag der Kommission zur Reform der EuInsVO

Der Kommissionsvorschlag zur Reform der EuInsVO erweitert die Reichweite der Aussetzung nach Art. 33 auf das gesamte Verfahre und seine Wirkungen.

17

▶ **Fassung nach dem Vorschlag der Europäischen Kommission vom 12.12.2012, COM(2012) 744:**

Art. 33
Aussetzung des Verfahrens

(1) Das Gericht, welches das Sekundärinsolvenzverfahren eröffnet hat, setzt auf Antrag des Verwalters des Hauptinsolvenzverfahrens das Verfahren ganz oder teilweise aus; dem zuständigen Gericht steht jedoch das Recht zu, in diesem Fall vom Verwalter des Hauptinsolvenzverfahrens alle angemessenen Maßnahmen zum Schutz der Interessen der Gläubiger des Sekundärinsolvenzverfahrens sowie einzelner Gruppen von Gläubigern zu verlangen. 2Der Antrag des Verwalters des Hauptinsolvenzverfahrens kann nur abgelehnt werden, wenn die Aussetzung offensichtlich für die Gläubiger des Hauptinsolvenzverfahrens nicht von Interesse ist. 3Die Aussetzung des Verfahrens kann für höchstens 3 Monate angeordnet werden. 4Sie kann für jeweils denselben Zeitraum verlängert oder erneuert werden.

(2) Das Gericht nach Abs. 1 hebt die Aussetzung des Verfahrens in folgenden Fällen auf:
– auf Antrag des Verwalters des Hauptinsolvenzverfahrens,
– von Amts wegen, auf Antrag eines Gläubigers oder auf Antrag des Verwalters des Sekundärinsolvenzverfahrens, wenn sich herausstellt, dass diese Maßnahme insbesondere nicht mehr mit dem Interesse der Gläubiger des Haupt- oder des Sekundärinsolvenzverfahrens zu rechtfertigen ist.

Art. 34 Verfahrensbeendende Maßnahmen

(1) ¹Kann das Sekundärinsolvenzverfahren nach dem für dieses Verfahren maßgeblichen Recht ohne Liquidation durch einen Sanierungsplan, einen Vergleich oder eine andere vergleichbare Maßnahme beendet werden, so kann eine solche Maßnahme vom Verwalter des Hauptinsolvenzverfahrens vorgeschlagen werden. ²Eine Beendigung des Sekundärinsolvenzverfahrens durch eine Maßnahme nach Unterabsatz 1 kann nur bestätigt werden, wenn der Verwalter des Hauptinsolvenzverfahrens zustimmt oder, falls dieser nicht zustimmt, wenn die finanziellen Interessen der Gläubiger des Hauptinsolvenzverfahrens durch die vorgeschlagene Maßnahme nicht beeinträchtigt werden.

(2) Jede Beschränkung der Rechte der Gläubiger, wie zum Beispiel eine Stundung oder ein Schuldbefreiung, die sich aus einer in einem Sekundärinsolvenzverfahren vorgeschlagenen Maßnahme im Sinne von Absatz 1 ergibt, kann nur dann Auswirkungen auf das nicht von diesem Verfahren betroffene Vermögen des Schuldners haben, wenn alle betroffenen Gläubiger der Maßnahme zustimmen.

(3) Während einer nach Artikel 33 angeordneten Aussetzung der Verwertung kann nur der Verwalter des Hauptinsolvenzverfahrens oder der Schuldner mit dessen Zustimmung im Sekundärinsolvenzverfahren Maßnahmen im Sinne von Absatz 1 des vorliegenden Artikels vorschlagen; andere Vorschläge für eine solche Maßnahme dürfen weder zur Abstimmung gestellt noch bestätigt werden.

→ vgl. §§ 355, 357 InsO

Übersicht

		Rdn.			Rdn
A.	Normzweck	1	III.	Betroffene Gläubiger (Abs. 2)	4
B.	Norminhalt	2	IV.	Beendigung während Verwertungsaussetzung (Abs. 3)	7
I.	Vorschlagsrecht des Hauptinsolvenzverwalters (Abs. 1 Unterabs. 1)	2	C.	Vorschlag der Kommission zur Reform der EuInsVO	8
II.	Zustimmungserfordernisse (Abs. 1 Unterabs. 2)	3			

A. Normzweck

1 Art. 34 soll auch im liquidationsorientierten Sekundärinsolvenzverfahren die Möglichkeit für eine Verfahrensbeendigung durch Insolvenzplan eröffnen.

B. Norminhalt

I. Vorschlagsrecht des Hauptinsolvenzverwalters (Abs. 1 Unterabs. 1)

2 Der Hauptinsolvenzverwalter kann einen Insolvenzplan oder eine vergleichbare Maßnahme vorschlagen, wenn die *lex fori concursus* des Sekundärinsolvenzverfahrens ein solches Institut vorsieht.

II. Zustimmungserfordernisse (Abs. 1 Unterabs. 2)

3 Die grds. erforderliche Zustimmung des Hauptinsolvenzverwalters kann ersetzt werden, wenn die finanziellen Interessen der Gläubiger des Hauptinsolvenzverfahrens durch diese Maßnahme nicht beeinträchtigt werden. Ob das der Fall ist, soll sich nach den Auswirkungen auf die Quote dieser Gläubiger ergeben (Virgós/Schmit, Erläuternder Bericht, Nr. 249). Zutreffend weist Reinhart (MK-Reinhart Art. 34 Rn. 9) auf die »Zufälligkeiten« hin, die sich aus einem derart pauschalen Quotenvergleich ergeben können.

III. Betroffene Gläubiger (Abs. 2)

4 Abs. 2 weicht von den Mehrheitserfordernissen des § 244 InsO ab und erklärt die Zustimmung sämtlicher Gläubiger für erforderlich, wenn sich die Eingriffe der Gläubiger nicht nur auf das Gebiet des Sekundärinsolvenzverfahrens beschränken. In der Praxis ist eine derartige Beschränkung jedoch **nicht durchführbar**: Forderungen sind nicht territorial begrenzt, für Insolvenzpläne – notwendigerweise begrenzter – Sekundärverfahren sind Quoten kaum ermittelbar und schließlich sind die Vorstellungen des Verordnungsgebers vor dem Hintergrund, dass die Gläubiger ihre Forderungen in mehreren Verfahren anmelden und dadurch die Situation weiter komplizieren, letztlich in der Praxis nicht durchführbar (vgl. bereits § 355 InsO Rdn. 2 ff.).

eine Lösung bietet hier nur ein länderübergreifender, einheitlicher Insolvenzplan in Haupt- und Sekundärverfahren (instruktiv MK-Reinhart Art. 34 Rn. 11, der eine teleologische Reduzierung des Art. 34 Abs. 2 vorschlägt, die das Zustimmungserfordernis bei einem Gesamtplan entfallen lässt).

Zur Durchführungsbestimmung des Art. 102 § 9 EGInsO vgl. auch NR-Mincke Art. 34 Rn. 4.

IV. Beendigung während Verwertungsaussetzung (Abs. 3)

Abs. 3 stellt klar, dass während einer Aussetzung nur der Hauptinsolvenzverwalter einen entsprechenden Beendigungsvorschlag unterbreiten bzw. diesem zustimmen kann.

C. Vorschlag der Kommission zur Reform der EuInsVO

Der Kommissionsvorschlag zur Reform der EuInsVO sieht eine Anpassung des Art. 34 vor, u. a. im Hinblick darauf, dass Sekundärinsolvenzverfahren nicht (mehr) zwingend Liquidationsverfahren sein müssen (dazu Art. 27 Rdn. 19).

▶ Fassung nach dem Vorschlag der Europäischen Kommission vom 12.12.2012, COM(2012) 744:

Art. 34
Beendigung des Haupt- oder Sekundärinsolvenzverfahrens

1. Die Beendigung des Hauptinsolvenzverfahrens steht der Fortführung eines zu diesem Zeitpunkt noch laufenden Sekundärinsolvenzverfahrens nicht entgegen.
2. Ist über das Vermögen einer juristischen Person ein Sekundärinsolvenzverfahren in dem Mitgliedstaat eröffnet worden, in dem sich der Sitz dieser Person befindet, und hat die Beendigung dieses Verfahrens die Auflösung dieser juristischen Person zur Folge, steht diese Auflösung der Fortführung des in einem anderen Mitgliedstaat eröffneten Hauptinsolvenzverfahrens nicht entgegen.

Art. 35 Überschuss im Sekundärinsolvenzverfahren

Können bei der Verwertung der Masse des Sekundärinsolvenzverfahrens alle in diesem Verfahren festgestellten Forderungen befriedigt werden, so übergibt der in diesem Verfahren bestellte Verwalter den verbleibenden Überschuß unverzüglich dem Verwalter des Hauptinsolvenzverfahrens.

→ *vgl. § 358 InsO*

Sollte in einem Sekundärinsolvenzverfahren (ausnahmsweise) eine vollständige Befriedigung sämtlicher Gläubiger erreicht werden, ist der Sekundärinsolvenzverwalter verpflichtet, einen Überschuss nicht dem Schuldner (so aber § 199 InsO), sondern dem Hauptinsolvenzverwalter zu übergeben.

Art. 36 Nachträgliche Eröffnung des Hauptinsolvenzverfahrens

Wird ein Verfahren nach Artikel 3 Absatz 1 eröffnet, nachdem in einem anderen Mitgliedstaat ein Verfahren nach Artikel 3 Absatz 2 eröffnet worden ist, so gelten die Artikel 31 bis 35 für das zuerst eröffnete Insolvenzverfahren, soweit dies nach dem Stand dieses Verfahrens möglich ist.

→ *vgl. § 356 InsO*

Art. 36 dient der Koordination von Haupt- und Territorialverfahren, wenn das Hauptinsolvenzverfahren erst nachträglich eröffnet wird. Das zunächst eröffnete Partikularinsolvenzverfahren wird durch die Eröffnung des Hauptverfahrens automatisch zum Sekundärinsolvenzverfahren. Der Vorrang des Hauptverfahrens wird durch die Anwendbarkeit der Art. 31 bis 35 ausdrücklich klargestellt. Diese Anwendbarkeit erfolgt allerdings nur i. R. d. Möglichen. So kann z. B. der Hauptverwalter keinen Antrag gem. Art. 33 mehr stellen, wenn im Erstverfahren bereits ein Vergleich beschlossen worden ist (K/P/B-Kemper Art. 36 Rn. 4 a. E.).

Art. 37 Umwandlung des vorhergehenden Verfahrens

¹Der Verwalter des Hauptinsolvenzverfahrens kann beantragen, daß ein in Anhang A genanntes Verfahren, das zuvor in einem anderen Mitgliedstaat eröffnet wurde, in ein Liquidationsverfahren umgewandelt wird, wenn es sich erweist, daß diese Umwandlung im Interesse der Gläubiger des Hauptverfahrens liegt. ²Das nach Artikel 3 Absatz 2 zuständige Gericht ordnet die Umwandlung in eines der in Anhang B aufgeführten Verfahren an.

→ vgl. § 356 InsO

Übersicht	Rdn.		Rdn.
A. Normzweck	1	D. Vorschlag der Kommission zur Reform	
B. Norminhalt	2	der EuInsVO	6
C. Verfahrensfragen	4		

A. Normzweck

1 Art. 37 soll die in Art. 3 vorgegebene Systematik von Hauptinsolvenzverfahren und liquidierenden Sekundärinsolvenzverfahren auch dann aufrechterhalten, wenn das Hauptinsolvenzverfahren erst nachträglich eröffnet wird (K/P/B-Kemper Art. 37 Rn. 1).

B. Norminhalt

2 Sekundärverfahren nach Art. 3 Abs. 3 sind grds. Liquidationsverfahren nach Anhang B.

Es ist jedoch möglich, dass vor Eröffnung des Hauptinsolvenzverfahrens ein Verfahren nach Anhang A als Partikularinsolvenzverfahren gem. Art. 3 Abs. 4 eröffnet worden ist.

3 Der Hauptinsolvenzverwalter kann in diesem Fall bei dem für das Partikularverfahren zuständigen Gericht beantragen, dass das Partikularverfahren in ein Verfahren nach Anhang B umgewandelt wird, wenn dies im Interesse der Gläubiger des Hauptverfahrens liegt.

C. Verfahrensfragen

4 Das vom Hauptinsolvenzverwalter angerufene Gericht hat das »Interesse der Gläubiger des Hauptverfahrens« zu prüfen. Reichen die vom Hauptinsolvenzverwalter vorgetragenen Umstände nicht aus, kann die Umwandlung verweigert werden (Virgós/Schmit, Erläuternder Bericht, Nr. 258).

5 Handelt es sich bei dem zunächst eröffneten nationalen Verfahren nicht um ein Verfahren gem. Anhang A oder B, so ist dieses Verfahren von der EuInsVO nicht anerkannt. Dem Hauptinsolvenzverwalter steht es dann frei, ein Sekundärinsolvenzverfahren zu beantragen, das an die Stelle dieses nationalen Verfahrens tritt (NR-Mincke Art. 37 Rn. 4).

D. Vorschlag der Kommission zur Reform der EuInsVO

6 Der Kommissionsvorschlag zur Reform der EuInsVO sieht eine Anpassung des Art. 37 vor, u. a. im Hinblick darauf, dass Sekundärinsolvenzverfahren nicht (mehr) zwingend Liquidationsverfahren sein müssen (dazu Art. 27 Rdn. 19).

Fassung nach dem Vorschlag der Europäischen Kommission vom 12.12.2012, COM(2012) 744:

Art. 37
Umwandlung des vorhergehenden Verfahrens

Der Verwalter des Hauptinsolvenzverfahrens kann bei dem Gericht eines Mitgliedstaats, bei dem ein Sekundärinsolvenzverfahren eröffnet worden ist, die Umwandlung des Sekundärinsolvenzverfahrens in ein anderes nach dem Recht dieses Mitgliedstaats verfügbaren Insolvenzverfahren beantragen.

Art. 38 Sicherungsmaßnahmen

Bestellt das nach Artikel 3 Absatz 1 zuständige Gericht eines Mitgliedstaats zur Sicherung des Schuldnervermögens einen vorläufigen Verwalter, so ist dieser berechtigt, zur Sicherung und Erhaltung des Schuldnervermögens, das sich in einem anderen Mitgliedstaat befindet, jede Maßnahme zu beantragen, die nach dem Recht dieses Staates für die Zeit zwischen dem Antrag auf Eröffnung eines Liquidationsverfahrens und dessen Eröffnung vorgesehen ist.

→ vgl. §§ 344, 346 InsO

Übersicht	Rdn.		Rdn.
A. Normzweck	1	B. Norminhalt	2

A. Normzweck

Art. 38 bezweckt den Schutz der Insolvenzmasse vor Eröffnung des Hauptverfahrens.   1

B. Norminhalt

Art. 38 ergänzt Art. 25 Abs. 1 Satz 4. Die Vorschrift setzt voraus, dass das nationale Recht einen solchen vorläufigen Verwalter kennt. Art. 38 erlaubt einem vorläufigen Hauptinsolvenzverwalter, Sicherungsmaßnahmen in einem anderen Mitgliedstaat zu beantragen. Zu diesen Sicherungsmaßnahmen kann auch die Bestellung eines vorläufigen Insolvenzverwalters gehören, für die in Deutschland § 21 Abs. 2 Nr. 1 InsO einschlägig ist.   2

Das Antragsrecht des vorläufigen Hauptinsolvenzverwalters wird jedoch nicht auf Mitgliedstaaten beschränkt, in denen sich eine Niederlassung befindet. Eine solche Beschränkung ist dem Wortlaut der Norm nicht zu entnehmen. Vielmehr ist der vorläufige Hauptinsolvenzverwalter nur auf diejenigen Maßnahmen beschränkt, welche in den in Anhang B geregelten Verfahren (nach nationalem Recht) möglich sind (MK-Reinhart Art. 38 Rn. 10; a. A. wohl h. M. Virgós/Schmit, Erläuternder Bericht, Nr. 262; Paulus Art. 38 Rn. 2).   3

Nach der Entscheidung des EuGH in Sachen »Eurofood« (ZInsO 2006, 484; vgl. Art. 3 Rdn. 23 ff.) kann die »Eröffnung« i. S. d. Art. 16 bereits durch Bestellung eines vorläufigen Insolvenzverwalters erfolgen. Überträgt man dies auf Art. 38, so erscheint dessen Anwendungsbereich erheblich reduziert. Dann greift Art. 38 (nur) noch für den Fall, dass trotz Bestellung eines »vorläufigen Verwalters« i. S. d. Art. 38 kein Vermögensbeschlag gegen den Schuldner verhängt worden ist bzw. der in dieser Norm genannte Verwalter nicht in Anhang C genannt wird. Wenn ein solcher »vorläufiger Verwalter« Vermögen in einem anderen Mitgliedstaat sichern wolle, könne er sich auf Art. 38 berufen.   4

Kapitel IV Unterrichtung der Gläubiger und Anmeldung ihrer Forderungen

Art. 39 Recht auf Anmeldung von Forderungen

Jeder Gläubiger, der seinen gewöhnlichen Aufenthalt, Wohnsitz oder Sitz in einem anderen Mitgliedstaat als dem Staat der Verfahrenseröffnung hat, einschließlich der Steuerbehörden und der Sozialversicherungsträger der Mitgliedstaaten, kann seine Forderungen in dem Insolvenzverfahren schriftlich anmelden.

Übersicht	Rdn.		Rdn.
A. Norminhalt	1	B. Vorschlag der Kommission zur Reform der EuInsVO	5

A. Norminhalt

1 Die Gläubiger haben gem. Art. 32 Abs. 1 und Art. 39 das Recht, ihre Forderungen im Hauptinsolvenzverfahren und jedem Territorialverfahren anzumelden.

2 Nach Art. 32 Abs. 2 können auch die Verwalter des Haupt- und der Sekundärinsolvenzverfahren ihre Forderungen in den jeweils anderen Verfahren anmelden.

3 Die nähere Ausgestaltung der Anmeldung bleibt dem nationalen Recht vorbehalten (MK-Reinhart Art. 39 Rn. 1 [mit dem Hinweis auf Art. 4 Abs. 2 Buchst. h) und der Schlussfolgerung »Art. 39 enthält mehrere, teils überflüssige Klarstellungen«]).

4 Zur Berechnung der Quoten bei mehreren Anmeldungen vgl. die Kommentierung bei Art. 20.

B. Vorschlag der Kommission zur Reform der EuInsVO

5 Der Kommissionsvorschlag zur Reform der EuInsVO sieht neue Maßgaben für die Forderungsanmeldung vor. Ausweislich der Begründung des Kommissionsvorschlags (S. 10) soll ausländischen Gläubigern, insbesondere kleinen Gläubigern und KMU, die Anmeldung ihrer Forderungen erleichtert werden. Im Mittelpunkt der Neuregelung (s. a. Neufassung der Art. 40 und Art. 41) steht dabei die Verwendung eines Standardformulars für die Mitteilung an die Gläubiger und für die Anmeldung der Forderungen: Im Wege eines Durchführungsrechtsakts sollen für die Mitteilung an die Gläubiger und für die Anmeldung der Forderungen Standardformulare eingeführt werden (s. zur Befugnis zum Erlass von Durchführungsrechtsakten zu Zwecken der Einführung der Standardformulare nach Art. 40 und Art. 41 in dem neu einzufügenden Art. 45b [dazu bei Art. 45 Rdn. 2]). Diese Standardformulare werden in allen Amtssprachen der Europäischen Union vorliegen, sodass geringere Übersetzungskosten anfallen. Ausländische Gläubiger erhalten für die Anmeldung ihrer Forderungen eine Frist von mindestens 45 Tagen nach Bekanntmachung der Insolvenzeröffnung im Insolvenzregister ungeachtet etwaiger kürzerer Fristen nach einzelstaatlichem Recht. Sie müssen auch informiert werden, wenn ihre Forderung bestritten wird. Ihnen muss in diesem Fall die Möglichkeit eingeräumt werden, zusätzliche Nachweise für ihre Forderung beizubringen. Für die Anmeldung einer Forderung im Ausland besteht kein Anwaltszwang, sodass für die Gläubiger geringere Kosten anfallen.

▶ Fassung nach dem Vorschlag der Europäischen Kommission vom 12.12.2012, COM(2012) 744:

Art. 39
Recht auf Anmeldung von Forderungen

Jeder Gläubiger, der seinen gewöhnlichen Aufenthalt, Wohnsitz oder Sitz in einem anderen Mitgliedstaat als dem Staat der Verfahrenseröffnung hat, einschließlich der Steuerbehörden und der Sozialversicherungsträger der Mitgliedstaaten, (»ausländischer Gläubiger«) hat das Recht, zur Anmeldung seiner Forderungen in dem Insolvenzverfahren alle Arten von Kommunikationsmitteln, einschließlich elektronischer Mittel, zu verwenden, die nach dem Recht des Eröffnungsstaats zulässig sind. Für die Anmeldung einer Forderung ist die Vertretung durch einen Rechtsanwalt oder sonstigen Rechtsbeistand nicht zwingend.

Art. 40 Pflicht zur Unterrichtung der Gläubiger

(1) Sobald in einem Mitgliedstaat ein Insolvenzverfahren eröffnet wird, unterrichtet das zuständige Gericht dieses Staates oder der von diesem Gericht bestellte Verwalter unverzüglich die bekannten Gläubiger, die in den anderen Mitgliedstaaten ihren gewöhnlichen Aufenthalt, Wohnsitz oder Sitz haben.

(2) ¹Die Unterrichtung erfolgt durch individuelle Übersendung eines Vermerks und gibt insbesondere an, welche Fristen einzuhalten sind, welches die Versäumnisfolgen sind, welche Stelle für die Entgegennahme der Anmeldungen zuständig ist und welche weiteren Maßnahmen vorgeschrieben sind. ²In dem Vermerk ist auch anzugeben, ob die bevorrechtigten oder dinglich gesicherten Gläubiger ihre Forderungen anmelden müssen.

Übersicht	Rdn.		Rdn.
A. Norminhalt	1	B. Vorschlag der Kommission zur Reform der EuInsVO	4

A. Norminhalt

Die Vorschrift zählt die Mindestangaben für die Unterrichtung der Gläubiger auf. 1

Nach der Entscheidung des EuGH in Sachen »Eurofood« (ZInsO 2006, 484; vgl. Art. 3 Rdn. 23 ff.) 2
kann die »Eröffnung« i. S. d. Art. 16 bereits durch Bestellung eines vorläufigen Insolvenzverwalters erfolgen. Der EuGH hat nicht dazu Stellung bezogen, ob dieser Eröffnungsbegriff auch in den übrigen Vorschriften der EuInsVO gelten soll. Würde man denselben Eröffnungsbegriff auf Art. 40 anwenden, so müsste bereits ein vorläufiger Verwalter die Gläubiger über die »Eröffnung« unterrichten. Da bspw. nach deutschem Recht eine Forderungsanmeldung jedoch erst nach der »endgültigen« Eröffnung erfolgt und ein Antrag ggf. mangels Kostendeckung sogar noch abgewiesen werden kann, sodass eine Anmeldung sinnlos wäre, erscheint eine Übertragung der EuGH-Rspr. auf Art. 40 nicht geboten.

Das einzelstaatliche Recht kann weitere Anforderungen aufstellen (Virgós/Schmit, Erläuternder 3
Bericht, Nr. 273).

B. Vorschlag der Kommission zur Reform der EuInsVO

Der Kommissionsvorschlag zur Reform der EuInsVO sieht neue Maßgaben für die Forderungs- 4
anmeldung vor. Ausweislich der Begründung des Kommissionsvorschlags (S. 10) soll ausländischen Gläubigern, insbesondere kleinen Gläubigern und KMU, die Anmeldung ihrer Forderungen erleichtert werden (s. dazu auch Art. 39 Rdn. 5). Im Mittelpunkt der Neuregelung (s. a. Neufassung der Art. 39 und Art. 41) steht dabei die Verwendung eines Standardformulars für die Mitteilung an die Gläubiger und für die Anmeldung der Forderungen.

Art. 41 EuInsVO Inhalt einer Forderungsanmeldung

▶ Fassung nach dem Vorschlag der Europäischen Kommission vom 12.12.2012, COM(2012) 744:

Art. 40
Pflicht zur Unterrichtung der Gläubiger

(1) Sobald in einem Mitgliedstaat ein Insolvenzverfahren eröffnet wird, unterrichtet das zuständige Gericht dieses Staates oder der von diesem Gericht bestellte Verwalter unverzüglich die bekannten Gläubiger, die in den anderen Mitgliedstaaten ihren gewöhnlichen Aufenthalt, Wohnsitz oder Sitz haben.

(2) Die Unterrichtung erfolgt durch individuelle Übersendung eines Vermerks und gibt insbesondere an, welche Fristen einzuhalten sind, welches die Versäumnisfolgen sind, welche Stelle für die Entgegennahme der Anmeldungen zuständig ist und welche weiteren Maßnahmen vorgeschrieben sind. In dem Vermerk ist auch anzugeben, ob die bevorrechtigten oder dinglich gesicherten Gläubiger ihre Forderungen anmelden müssen. Dem Vermerk ist des Weiteren eine Kopie des Standardanmeldeformulars gem. Art. 41 beizufügen oder ein Link zu diesem Formular im Internet.

(3) Die Unterrichtung nach diesem Artikel erfolgt mithilfe eines Standardformulars, das nach dem in Art. 45b Abs. 4 genannten Beratungsverfahren festgelegt und spätestens am .... [24 Monate nach Inkrafttreten der Verordnung] im Europäischen Justizportal veröffentlicht wird. Das Formular trägt in allen Amtssprachen der Union den Titel »Mitteilung über die Eröffnung eines Insolvenzverfahrens«. Es wird in der Amtssprache oder in einer der Amtssprachen des Staates der Verfahrenseröffnung oder in einer anderen Sprache übermittelt, die dieser Staat gem. Art. 41 Abs. 3 zugelassen hat, wenn anzunehmen ist, dass diese Sprache für ausländische Gläubiger leichter zu verstehen ist.

Art. 41 Inhalt einer Forderungsanmeldung
Der Gläubiger übersendet eine Kopie der gegebenenfalls vorhandenen Belege, teilt die Art, den Entstehungszeitpunkt und den Betrag der Forderung mit und gibt an, ob er für die Forderung ein Vorrecht, eine dingliche Sicherheit oder einen Eigentumsvorbehalt beansprucht und welche Vermögenswerte Gegenstand seiner Sicherheit sind.

Übersicht	Rdn.		Rdn.
A. Norminhalt	1	B. Vorschlag der Kommission zur Reform der EuInsVO	2

A. Norminhalt

1 Die Norm legt folgende inhaltliche Kriterien für eine Forderungsanmeldung fest:
– Kopie ggf. vorhandener Belege,
– Mitteilung der Art, des Entstehungszeitpunkts und des Betrags der Forderung,
– Mitteilung, ob Vorrechte, dingliche Sicherheiten oder Eigentumsvorbehalte beansprucht werden und an welchen Vermögensgegenständen diese bestehen.

B. Vorschlag der Kommission zur Reform der EuInsVO

2 Der Kommissionsvorschlag zur Reform der EuInsVO sieht neue Maßgaben für die Forderungsanmeldung vor. Ausweislich der Begründung des Kommissionsvorschlags (S. 10) soll ausländischen Gläubigern, insbesondere kleinen Gläubigern und KMU, die Anmeldung ihrer Forderungen erleichtert werden (s. dazu auch Art. 39 Rdn. 5). Im Mittelpunkt der Neuregelung (s. a. Neufassung der Art. 39 und Art. 40) steht dabei die Verwendung eines Standardformulars für die Mitteilung an die Gläubiger und für die Anmeldung der Forderungen.

Fassung nach dem Vorschlag der Europäischen Kommission vom 12.12.2012, COM(2012) 744:

Art. 41
Verfahren für die Forderungsanmeldung

1. Bekannte ausländische Gläubiger melden ihre Forderungen mithilfe eines Standardformulars an, das nach dem in Art. 45b Abs. 4 genannten Beratungsverfahren festgelegt und spätestens am .... [24 Monate nach Inkrafttreten der Verordnung] im Europäischen Justizportal veröffentlicht wird. Dem Formular ist der Titel »Forderungsanmeldung« mit einer Übersetzung in alle Amtssprachen der Union vorangestellt.
2. Gläubiger i. S. d. Abs. 1 geben im Standardformular für die Forderungsanmeldung Folgendes an:
   (a) Namen und Anschrift,
   (b) Art der Forderung,
   (c) Betrag und Entstehungszeitpunkt der Forderung,
   (d) ob ein Status als bevorrechtigter Gläubiger beansprucht wird,
   (e) ob für die Forderung eine dingliche Sicherheit oder ein Eigentumsvorbehalt beansprucht wird und wenn ja, welche Vermögenswerte Gegenstand der Sicherheit sind,
   (f) ob eine Aufrechnung beansprucht wird und ob der geforderte Betrag aufrechnungsfrei ist.
   Der Forderungsanmeldung sind gegebenenfalls Belege in Kopie beizufügen.
3. Forderungen können in einer beliebigen Amtssprache der Union angemeldet werden. Vom Gläubiger kann eine Übersetzung der Anmeldung in die Amtssprache oder in eine der Amtssprachen des Staates der Verfahrenseröffnung oder in eine andere Sprache, die dieser Mitgliedstaat zugelassen hat, verlangt werden. Jeder Mitgliedstaat gibt mindestens eine Amtssprache der Union an, die er neben seiner oder seinen eigenen Amtssprachen für die Forderungsanmeldung zulässt.
4. Die Forderungen sind innerhalb der gesetzlichen Frist des Staates der Verfahrenseröffnung anzumelden. Bei ausländischen Gläubigern beträgt diese Frist mindestens 45 Tage nach Bekanntmachung der Verfahrenseröffnung im Insolvenzregister des Eröffnungsstaats.
5. Bestreitet der Verwalter eine nach Maßgabe dieses Artikels angemeldete Forderung, gibt er dem Gläubiger Gelegenheit, zusätzliche Belege für das Bestehen und die Höhe der Forderung vorzulegen.

Art. 42 Sprachen

(1) ¹Die Unterrichtung nach Artikel 40 erfolgt in der Amtssprache oder einer der Amtssprachen des Staates der Verfahrenseröffnung. ²Hierfür ist ein Formblatt zu verwenden, das in sämtlichen Amtssprachen der Organe der Europäischen Union mit den Worten »Aufforderung zur Anmeldung einer Forderung. ³Etwaige Fristen beachten!« überschrieben ist.

(2) ¹Jeder Gläubiger, der seinen gewöhnlichen Aufenthalt, Wohnsitz oder Sitz in einem anderen Mitgliedstaat als dem Staat der Verfahrenseröffnung hat, kann seine Forderung auch in der Amtssprache oder einer der Amtssprachen dieses anderen Staates anmelden. ²In diesem Fall muß die Anmeldung jedoch mindestens die Überschrift »Anmeldung einer Forderung« in der Amtssprache oder einer der Amtssprachen des Staates der Verfahrenseröffnung tragen. ³Vom Gläubiger kann eine Übersetzung der Anmeldung in die Amtssprache oder eine der Amtssprachen des Staates der Verfahrenseröffnung verlangt werden.

Übersicht	Rdn.		Rdn.
A. Norminhalt	1	B. Vorschlag der Kommission zur Reform der EuInsVO	3

Art. 45 EuInsVO Änderung der Anhänge

A. Norminhalt

1   Art. 42 verlangt nur eine in der jeweiligen Landessprache des Gläubigers abgefasste Überschrift auf den Formblättern. Auf den Internetseiten des BMJ wird darüber hinaus ein in sämtliche EU Auslandssprachen vollständig übersetztes Formblatt zur Verfügung gestellt. Dieses Formblatt kann auch für die Versendung an Gläubiger außerhalb der EU genutzt werden.

2   Generell ist festzustellen, dass sich der Verwaltungsaufwand durch die Mehrsprachigkeit ganz erheblich erhöht.

B. Vorschlag der Kommission zur Reform der EuInsVO

3   Der Kommissionsvorschlag zur Reform der EuInsVO sieht die Streichung des Art. 42 vor. Die Maßgaben des Art. 42 werden in die Art. 40, 41 integriert (s. zum Kommissionsvorschlag Art. 40 Rdn. 4 sowie Art. 41 Rdn. 2).

Kapitel V Übergangs- und Schlussbestimmungen

Art. 43 Zeitlicher Geltungsbereich

¹Diese Verordnung ist nur auf solche Insolvenzverfahren anzuwenden, die nach ihrem Inkrafttreten eröffnet worden sind. ²Für Rechtshandlungen des Schuldners vor Inkrafttreten dieser Verordnung gilt weiterhin das Recht, das für diese Rechtshandlungen anwendbar war, als sie vorgenommen wurden.

1   Wenn ein Insolvenzverfahren am Mittelpunkt des hauptsächlichen Interesses des Schuldners vor dem 31.05.2002 eröffnet worden ist, kann nach diesem Zeitpunkt auf Grundlage der EuInsVO kein Sekundärinsolvenzverfahren eröffnet werden (vgl. Virgós/Schmit, Erläuternder Bericht, Nr. 304).

Art. 44 Verhältnis zu Übereinkünften

(1) Nach ihrem In-Kraft-Treten ersetzt diese Verordnung in ihrem sachlichen Anwendungsbereich hinsichtlich der Beziehungen der Mitgliedstaaten untereinander die zwischen zwei oder mehreren Mitgliedstaaten geschlossenen Übereinkünfte, insbesondere

(...).

[vom Abdruck wurde abgesehen]

Art. 45 Änderung der Anhänge

Der Rat kann auf Initiative eines seiner Mitglieder oder auf Vorschlag der Kommission mit qualifizierter Mehrheit die Anhänge ändern.

Übersicht	Rdn.		Rdn.
A. Norminhalt	1	B. Vorschlag der Kommission zur Reform der EuInsVO	2

A. Norminhalt

1   Die Anhänge der EuInsVO sind bereits mehrfach geändert worden, um die Erweiterung der EU sowie Änderungen in den nationalen Insolvenzrechten der Mitgliedstaaten nachzuvollziehen (zu den Problemen des Änderungsmodus s. Art. 1 Rdn. 2 und zu Korrekturvorschlägen *de lege ferenda*

Paulus Art. 45 Rn. 1 f.). Anh. A neu gef. M.W. v. 08.07.2011 durch VO v. 09.06.2011 (ABl. Nr. L 60 S. 52); geänd. M.W. v 01.07.2013 durch VO v. 13.05.2013 (ABl. Nr. L 158 S. 1).

3. Vorschlag der Kommission zur Reform der EuInsVO

Nach dem Kommissionsvorschlag zur Reform der EuInsVO soll das Procedere der Änderung der Anhänge auf ganz neue Beine gestellt werden. Die Neufassung des Art. 45 sieht ausdrücklich einen »Abgleich« der Insolvenzverfahren mit den Voraussetzungen nach Art. 1 vor.

Fassung nach dem Vorschlag der Europäischen Kommission vom 12.12.2012, COM(2012) 744:

Art. 45
Änderung der Anhänge

1. Die Kommission wird ermächtigt, nach dem in diesem Artikel und in Art. 45a geregelten Verfahren delegierte Rechtsakte zur Änderung der Anhänge A und C zu erlassen.
2. Zur Änderung des Anhangs A übermitteln die Mitgliedstaaten der Kommission ihre innerstaatlichen Insolvenzvorschriften, die sie in Anhang A aufnehmen lassen wollen, zusammen mit einer kurzen Beschreibung. Die Kommission vergewissert sich, dass diese Vorschriften die Bedingungen in Art. 1 erfüllen und ändert daraufhin Anhang A im Wege eines delegierten Rechtsakts.

Art. 45a
Ausübung der Befugnisübertragung

1. Vorbehaltlich der Bedingungen dieses Artikels wird der Kommission die Befugnis zum Erlass delegierter Rechtsakte übertragen.
2. Die Befugnisübertragung nach Art. 45 gilt ab Inkrafttreten dieser Verordnung auf unbestimmte Zeit.
3. Die Befugnisübertragung nach Art. 45 kann vom Europäischen Parlament oder vom Rat jederzeit widerrufen werden. Der Beschluss über den Widerruf beendet die Übertragung der in diesem Beschluss angegebenen Befugnis. Er wird am Tag nach seiner Veröffentlichung im Amtsblatt der Europäischen Union oder zu einem im Beschluss über den Widerruf angegebenen späteren Zeitpunkt wirksam. Die Gültigkeit delegierter Rechtsakte, die bereits in Kraft sind, wird von dem Beschluss über den Widerruf nicht berührt.
4. Sobald die Kommission einen delegierten Rechtsakt erlässt, übermittelt sie ihn gleichzeitig dem Europäischen Parlament und dem Rat.
5. Ein gem. Art. 45 erlassener delegierter Rechtsakt tritt nur in Kraft, wenn weder das Europäische Parlament noch der Rat innerhalb einer Frist von 2 Monaten nach Übermittlung dieses Rechtsakts an das Europäische Parlament und den Rat Einwände erhoben hat oder wenn vor Ablauf dieser Frist sowohl das Europäische Parlament als auch der Rat der Kommission mitgeteilt haben, dass sie keine Einwände erheben werden. Auf Initiative des Europäischen Parlaments oder des Rates wird diese Frist um 2 Monate verlängert.

Art. 45b
Befugnis zum Erlass von Durchführungsrechtsakten

1. Der Kommission wird die Befugnis zum Erlass von Durchführungsrechtsakten zu folgenden Zwecken übertragen:
   (a) Vernetzung der Insolvenzregister nach Art. 20b und
   (b) Einführung der Formulare i. S. d. Art. 40 und 41 und etwaige spätere Änderung dieser Formulare.
2. Wenn die Kommission Durchführungsrechtsakte nach Abs. 1 erlässt oder ändert, wird sie von einem Ausschuss i. S. d. Verordnung (EU) Nr. 182/2011 des Europäischen Parlaments und des Rates25 unterstützt.
3. Wird auf diesen Absatz Bezug genommen, so gilt Art. 5 der Verordnung (EU) Nr. 182/2011.

4. Wird auf diesen Absatz Bezug genommen, so gilt Art. 4 der Verordnung (EU) Nr. 182/2011

Art. 46a
Datenschutz

1. Die Mitgliedstaaten wenden die Richtlinie 95/46/EG auf die nach Maßgabe dieser Verordnung in den Mitgliedstaaten durchgeführte Verarbeitung personenbezogener Daten an.
2. Die Verordnung (EG) Nr. 45/2001 gilt für die Verarbeitung personenbezogener Daten, die von der Kommission nach Maßgabe der vorliegenden Verordnung durchgeführt wird.

Art. 46 Bericht

¹Die Kommission legt dem Europäischen Parlament, dem Rat und dem Wirtschafts- und Sozialausschuß bis zum 1. Juni 2012 und danach alle fünf Jahre einen Bericht über die Anwendung dieser Verordnung vor. ²Der Bericht enthält gegebenenfalls einen Vorschlag zur Anpassung dieser Verordnung.

1 Für die Praxis war es die ersten Jahre bedauerlich, dass nach der Fassung des Art. 46 etwaige Fehlentwicklungen erst ab dem Jahr 2012 korrigiert werden können. Nicht nur die Kompetenzkonflikte i. R. d. Art. 3 (Art. 3 Rdn. 21 ff.) ließen schon frühzeitig ein legislatives Handeln des Verordnungsgebers sinnvoll erscheinen. Es bleibt zu hoffen, dass die intensive internationale Diskussion einiger Unzulänglichkeiten der EuInsVO nunmehr Früchte tragen wird.

2 Am 15.11.2011 hat das Europäische Parlament den Entschließungsbericht des Vorsitzenden des Rechtsausschusses des Europäischen Parlaments, Klaus-Heiner Lehne, für eine Harmonisierung des Insolvenzrechts im Rahmen des EU-Gesellschaftsrechts verabschiedet und sich damit für eine Überarbeitung der EuInsVO ausgesprochen. Ziel ist es, forum shopping und den Missbrauch des Insolvenzrechts zu verhindern, um insbesondere grenzüberschreitende Restrukturierungen effizienter zu gestalten. Das Ziel soll durch zahlreiche Einzelmaßnahmen erreicht werden, u. a. steht eine Harmonisierung der Insolvenzgründe und Eröffnungsverfahren sowie des Insolvenzanfechtungsrechts auf der Agenda. Zu den Reformüberlegungen s. vor allem den Entwurf eines Berichts des Rechtsausschusses des Europäischen Parlaments, 2011/2006(INI), abrufbar unter *http://www.europarl.europa.eu/meetdocs/2009_2014/documents/juri/pr/869/869632/869632de.pdf*.

Art. 47 Inkrafttreten

¹Diese Verordnung tritt am 31. Mai 2002 in Kraft. ²Diese Verordnung ist in allen ihren Teilen verbindlich und gilt gemäß dem Vertrag zur Gründung der Europäischen Gemeinschaft unmittelbar in den Mitgliedstaaten.

1 Die EuInsVO ist nur auf Insolvenzverfahren anzuwenden, die nach ihrem Inkrafttreten eröffnet worden sind (vgl. Art. 43).

Die allermeisten Artikel in der Fassung nach dem Vorschlag der Europäischen Kommission vom 12.12.2012, COM(2012) 744, sollen – wenn die Änderung verabschiedet wird – nach der Übergangsbestimmung des Kommissionsvorschlags mit einer großzügigen Übergangszeit erst in Kraft treten. Im Ausgangspunkt gilt, dass die Änderungsverordnung am zwanzigsten Tag nach ihrer Veröffentlichung im Amtsblatt der Europäischen Union in Kraft treten soll. Sie soll dann aber erst 24 Monate nach ihrem Inkrafttreten anwendbar sein, möglicherweise mit Ausnahme einzelner Bestimmungen, für die Sonderregelungen getroffen werden sollen (z. B. für Art. 44a). Die neue Fassung der Artikel dürfte aber bereits vor deren Inkrafttreten eine gewisse Vorwirkung auf die Auslegung der geltenden Bestimmungen haben. Das rechtfertigt ihren Abdruck im Kontext der jeweiligen geltenden Artikel.

Anhang

Anhang A EuInsVO

Insolvenzverfahren nach Artikel 2 Buchstabe a

BELGIË/BELGIQUE
- Het faillissement/La faillite
- De gerechtelijke reorganisatie door een collectief akkoord/La réorganisation judiciaire par accord collectif
- De gerechtelijke reorganisatie door overdracht onder gerechtelijk gezag/La réorganisation judiciaire par transfert sous autorité de justice
- De collectieve schuldenregeling/Le règlement collectif de dettes
- De vrijwillige vereffening/La liquidation volontaire
- De gerechtelijke vereffening/La liquidation judiciaire
- De voorlopige ontneming van beheer, bepaald in artikel 8 van de faillisse mentswet/Le dessaisissement provisoire, visé à l'article 8 de la loi sur les faillites

БЪЛГАРИЯ
- Производство по несъстоятелност

ČESKÁ REPUBLIKA
- Konkurs
- Reorganizace
- Oddlužení

DEUTSCHLAND
- Das Konkursverfahren
- Das gerichtliche Vergleichsverfahren
- Das Gesamtvollstreckungsverfahren
- Das Insolvenzverfahren

EESTI
- Pankrotimenetlus

ΕΛΛΑΣ
- Η πτώχευση
- Η ειδτκή εκκαθάριση
- Η προσωρινή διαχείριση εταιρείας. Η διοίκηση και διαχείριση των πιστωτών
- Η υπαγωγή επιχείρησης υπό επίτροπο με σκοπό τη σύναψη συμβιβασμού με τους πιστωτές

ESPAÑA
- Concurso

FRANCE
- Sauvegarde
- Redressement judiciaire
- Liquidation judiciaire

HRVATSKA
- Stečajni postupak

IRELAND
- Compulsory winding-up by the court
- Bankruptcy
- The administration in bankruptcy of the estate of persons dying insolvent

- Winding-up in bankruptcy of partnerships
- Creditors' voluntary winding-up (with the confirmation of a court)
- Arrangements under the control of the court which involve the vesting of all or part of the property of the debtor in the Official Assignee for realisation and distribution
- Company examinership

ITALIA
- Fallimento
- Concordato preventivo
- Liquidazione coatta amministrativa
- Amministrazione straordinaria

ΚΥΠΡΟΣ
- Υποχρεωτική εκκαθάριση από το Δικαστήριο
- Εκούσια εκκαθάριση από πιστωτές κατόπιν Δικαστικού Διατάγματος
- Εκούσια εκκαθάριση από μέλη
- Εκκαθάριση με την εποπτεία του Δικαστηρίου
- Πτώχευση κατόπιν Δικαστικού Διατάγματος
- Διαχείριση της περιουσίας προσώπων που απεβίωσαν αφερέγγυα

LATVIJA
- Tiesiskās aizsardzības process
- Juridiskās personas maksātnespējas process
- Fiziskās personas maksātnespējas process

LIETUVA
- Įmonės restruktūrizavimo byla
- Įmonės bankroto byla
- Įmonės bankroto procesas ne teismo tvarka

LUXEMBOURG
- Faillite
- Gestion contrôlée
- Concordat préventif de faillite (par abandon d'actif)
- Régime spécial de liquidation du notariat

MAGYARORSZÁG
- Csődeljárás
- Felszámolási eljárás

MALTA
- Xoljiment
- Amministrazzjoni
- Stralċ volontarju mill-membri jew mill-kredituri
- Stralċ mill-Qorti
- Falliment f'każ ta' negozjant

NEDERLAND
- Het faillissement
- De surséance van betaling
- De schuldsaneringsregeling natuurlijke personen

ÖSTERREICH
- Das Konkursverfahren (Insolvenzverfahren)
- Das Sanierungsverfahren ohne Eigenverwaltung (Insolvenzverfahren)
- Das Sanierungsverfahren mit Eigenverwaltung (Insolvenzverfahren)
- Das Schuldenregulierungsverfahren

- Das Abschöpfungsverfahren
- Das Ausgleichsverfahren

POLSKA
- Postępowanie upadłościowe
- Postępowanie układowe
- Upadłość obejmująca likwidację
- Upadłość z możliwością zawarcia układu

PORTUGAL
- Processo de insolvência
- Processo de falência
- Processos especiais de recuperação de empresa, ou seja:
- Concordata
- Reconstituição empresarial
- Reestruturação financeira
- Gestão controlada

ROMÂNIA
- Procedura insolvenţei
- Reorganizarea judiciară
- Procedura falimentului

SLOVENIJA
- Stečajni postopek
- Skrajšani stečajni postopek
- Postopek prisilne poravnave
- Prisilna poravnava v stečaju

SLOVENSKO
- Konkurzné konanie
- Reštrukturalizačné konanie

SUOMI/FINLAND
- Konkurssi/konkurs
- Yrityssaneeraus/företagssanering

SVERIGE
- Konkurs
- Företagsrekonstruktion

UNITED KINGDOM
- Winding-up by or subject to the supervision of the court
- Creditors' voluntary winding-up (with confirmation by the court)
- Administration, including appointments made by filing prescribed documents with the court
- Voluntary arrangements under insolvency legislation
- Bankruptcy or sequestration

Anhang B EuInsVO

Liquidationsverfahren nach Artikel 2 Buchstabe c

BELGIË/BELGIQUE
- Het faillissement/La faillite
- De vrijwillige vereffening/La liquidation volontaire
- De gerechtelijke vereffening/La liquidation judiciaire

– De gerechtelijke reorganisatie door overdracht onder gerechtelijk gezag/La réorganisation judiciaire par transfert sous autorité de justice

БЪЛГАРИЯ
– Производство по несъстоятелност

ČESKÁ REPUBLIKA
– Konkurs

DEUTSCHLAND
– Das Konkursverfahren
– Das Gesamtvollstreckungsverfahren
– Das Insolvenzverfahren

EESTI
– Pankrotimenetlus

ΕΛΛΑΣ
– Η πτώχευση
– Η ειδτκή εκκαθάριση

ESPAÑA
– Concurso

FRANCE
– Liquidation judiciaire

HRVATSKA
– Stečajni postupak

IRELAND
– Compulsory winding-up
– Bankruptcy
– The administration in bankruptcy of the estate of persons dying insolvent
– Winding-up in bankruptcy of partnerships
– Creditors' voluntary winding-up (with the confirmation of a court)
– Arrangements under the control of the court which involve the vesting of all or part of the property of the debtor in the Official Assignee for realisation and distribution

ITALIA
– Fallimento
– Concordato preventivo con cessione dei beni
– Liquidazione coatta amministrativa
– Amministrazione straordinaria con programma di cessione dei complessi aziendali
– Amministrazione straordinaria con programma di ristrutturazione di cui sia parte integrante un concordato con cessione dei beni

ΚΥΠΡΟΣ
– Υποχρεωτική εκκαθάριση από το Δικαστήριο
– Εκκαθάριση με την εποπτεία του Δικαστηρίου
– Εκούσια εκκαθάριση από πιστωτές (με την επικύρωση του Δικαστηρίου)
– Πτώχευση
– Διαχείριση της περιουσίας προσώπων που απεβίωσαν αφερέγγυα

LATVIJA
– Juridiskās personas maksātnespējas process
– Fiziskās personas maksātnespējas process

LIETUVA
- Įmonės bankroto byla
- Įmonės bankroto procesas ne teismo tvarka

LUXEMBOURG
- Faillite
- Régime spécial de liquidation du notariat

MAGYARORSZÁG
- Felszámolási eljárás

MALTA
- Stralċ volontarju
- Stralċ mill-Qorti
- Falliment inkluż il-ħruġ ta' mandat ta' qbid mill-Kuratur f'każ ta' negozjant fallut

NEDERLAND
- Het faillissement
- De schuldsaneringsregeling natuurlijke personen

ÖSTERREICH
- Das Konkursverfahren (Insolvenzverfahren)

POLSKA
- Postępowanie upadłościowe
- Upadłość obejmująca likwidację

PORTUGAL
- Processo de insolvência
- Processo de falência

ROMÂNIA
- Procedura falimentului

SLOVENIJA
- Stečajni postopek
- Skrajšani stečajni postopek

SLOVENSKO
- Konkurzné konanie

SUOMI/FINLAND
- Konkurssi/konkurs

SVERIGE
- Konkurs

UNITED KINGDOM
- Winding-up by or subject to the supervision of the court
- Winding-up through administration, including appointments made by filing prescribed documents with the court
- Creditors' voluntary winding-up (with confirmation by the court)
- Bankruptcy or sequestration

Anhang C EuInsVO

Verwalter nach Artikel 2 Buchstabe b

BELGIË/BELGIQUE
- De curator/Le curateur
- De gedelegeerd rechter/Le juge-délégué
- De gerechtsmandataris/Le mandataire de justice
- De schuldbemiddelaar/Le médiateur de dettes
- De vereffenaar/Le liquidateur
- De voorlopige bewindvoerder/L'administrateur provisoire

БЪЛГАРИЯ
- Назначен предварително временен синдик
- Временен синдик
- (Постоянен) синдик
- Служебен синдик

ČESKÁ REPUBLIKA
- Insolvenční správce
- Předběžný insolvenční správce
- Oddělený insolvenční správce
- Zvláštní insolvenční správce
- Zástupce insolvenčního správce

DEUTSCHLAND
- Konkursverwalter
- Vergleichsverwalter
- Sachwalter (nach der Vergleichsordnung)
- Verwalter
- Insolvenzverwalter
- Sachwalter (nach der Insolvenzordnung)
- Treuhänder
- Vorläufiger Insolvenzverwalter

EESTI
- Pankrotihaldur
- Ajutine pankrotihaldur
- Usaldusisik

ΕΛΛΑΣ
- Ο σύνδικος
- Ο προσωρινός διαχειριστής. Η διοικούσα επιτροπή των πιστωτών
- Ο ειδικός εκκαθαριστής
- Ο επίτροπος

ESPAÑA
- Administradores concursales

FRANCE
- Mandataire judiciaire
- Liquidateur
- Administrateur judiciaire
- Commissaire à l'exécution du plan

HRVATSKA
- Stečajni upravitelj

- Privremeni stečajni upravitelj
- Stečajni povjerenik
- Povjerenik

IRELAND
- Liquidator
- Official Assignee
- Trustee in bankruptcy
- Provisional Liquidator
- Examiner

ITALIA
- Curatore
- Commissario giudiziale
- Commissario straordinario
- Commissario liquidatore
- Liquidatore giudiziale

ΚΥΠΡΟΣ
- Εκκαθαριστής και Προσωρινός Εκκαθαριστής
- Επίσημος Παραλήπτης
- Διαχειριστής της Πτώχευσης
- Εξεταστής

LATVIJA
- Maksātnespējas procesa administrators

LIETUVA
- Bankrutuojančių įmonių administratorius
- Restruktūrizuojamų įmonių administratorius

LUXEMBOURG
- Le curateur
- Le commissaire
- Le liquidateur
- Le conseil de gérance de la section d'assainissement du notariat

MAGYARORSZÁG
- Vagyonfelügyelő
- Felszámoló

MALTA
- Amministratur Proviżorju
- Riċevitur Uffiċjali
- Stralċjarju
- Manager Speċjali
- Kuraturi f'każ ta' proċeduri ta' falliment

NEDERLAND
- De curator in het faillissement
- De bewindvoerder in de surséance van betaling
- De bewindvoerder in de schuldsaneringsregeling natuurlijke personen

ÖSTERREICH
- Masseverwalter
- Sanierungsverwalter
- Ausgleichsverwalter
- Besonderer Verwalter

EuInsVO Anhang C

- Einstweiliger Verwalter
- Sachwalter
- Treuhänder
- Insolvenzgericht
- Konkursgericht

POLSKA
- Syndyk
- Nadzorca sądowy
- Zarządca

PORTUGAL
- Administrador da insolvência
- Gestor judicial
- Liquidatário judicial
- Comissão de credores

ROMÂNIA
- Practician în insolvenţă
- Administrator judiciar
- Lichidator

SLOVENIJA
- Upravitelj prisilne poravnave
- Stečajni upravitelj
- Sodišče, pristojno za postopek prisilne poravnave
- Sodišče, pristojno za stečajni postopek

SLOVENSKO
- Predbežný správca
- Správca

SUOMI/FINLAND
- Pesänhoitaja/boförvaltare
- Selvittäjä/utredare

SVERIGE
- Förvaltare
- Rekonstruktör

UNITED KINGDOM
- Liquidator
- Supervisor of a voluntary arrangement
- Administrator
- Official Receiver
- Trustee
- Provisional Liquidator
- Judicial factor

Einführungsgesetz zur Insolvenzordnung (EGInsO)

vom 05. Oktober 1994 (BGBl. I S. 2911), zuletzt geändert durch Artikel 6 des Gesetzes vom 5. Juli 2013 (BGBl. I S. 2379)

Auszug

Art. 102 EGInsO Durchführung der Verordnung (EG) Nr. 1346/2000 über Insolvenzverfahren

Art. 102 § 1 Örtliche Zuständigkeit

(1) Kommt in einem Insolvenzverfahren den deutschen Gerichten nach Artikel 3 Abs. 1 der Verordnung (EG) Nr. 1346/2000 des Rates vom 29. Mai 2000 über Insolvenzverfahren (ABl. EG Nr. L 160 S. 1) die internationale Zuständigkeit zu, ohne dass nach § 3 der Insolvenzordnung ein inländischer Gerichtsstand begründet wäre, so ist das Insolvenzgericht ausschließlich zuständig, in dessen Bezirk der Schuldner den Mittelpunkt seiner hauptsächlichen Interessen hat.

(2) ¹Besteht eine Zuständigkeit der deutschen Gerichte nach Artikel 3 Abs. 2 der Verordnung (EG) Nr. 1346/2000, so ist ausschließlich das Insolvenzgericht zuständig, in dessen Bezirk die Niederlassung des Schuldners liegt. ²§ 3 Abs. 2 der Insolvenzordnung gilt entsprechend.

(3) ¹Unbeschadet der Zuständigkeit nach den Absätzen 1 und 2 ist für Entscheidungen oder sonstige Maßnahmen nach der Verordnung (EG) Nr. 1346/2000 jedes inländische Insolvenzgericht zuständig, in dessen Bezirk Vermögen des Schuldners belegen ist. ²Die Landesregierungen werden ermächtigt, zur sachdienlichen Förderung oder schnelleren Erledigung der Verfahren durch Rechtsverordnung die Entscheidungen oder Maßnahmen nach der Verordnung (EG) Nr. 1346/2000 für die Bezirke mehrerer Insolvenzgerichte einem von diesen zuzuweisen. ³Die Landesregierungen können die Ermächtigung auf die Landesjustizverwaltungen übertragen.

Übersicht	Rdn.		Rdn.
A. Abs. 1	1	C. Abs. 3	10
B. Abs. 2	6	D. Annexverfahren	11

A. Abs. 1

Die EuInsVO regelt die **internationale Zuständigkeit**, und zwar für die Eröffnung eines Hauptinsolvenzverfahrens nach Maßgabe des Abs. 1 von Art. 3 EuInsVO (»Mittelpunkt der hauptsächlichen Interessen«; s. Komm. zu EuInsVO Art. 3 Rdn. 2 ff.) und für die Eröffnung von Partikular- und Sekundärinsolvenzverfahren nach Maßgabe des Abs. 2 von Art. 3 EuInsVO (»Niederlassung«; s. Komm. zu EuInsVO Art. 3 Rdn. 42). 1

Nicht geregelt hat die EuInsVO die **innerstaatliche örtliche Zuständigkeit**. Diese richtet sich weiter nach **nationalem Recht**. In Deutschland gilt § 3 InsO. 2

§ 3 InsO hat einen anderen Anknüpfungspunkt als Art. 3 Abs. 1 EuInsVO. Nach § 3 Abs. 1 Satz 1 InsO ist örtlich ausschließlich das Insolvenzgericht zuständig, in dessen Bezirk der Schuldner seinen allgemeinen Gerichtsstand hat. Bei unselbstständiger wirtschaftlicher Tätigkeit ist das der Wohnsitz des Schuldners (§ 13 ZPO). Im Fall einer selbstständigen wirtschaftlichen Tätigkeit des Schuldners ist der Mittelpunkt dieser Tätigkeit entscheidend, § 3 Abs. 1 Satz 2 InsO. 3

4   In der Praxis ergeben sich aus den unterschiedlichen Anknüpfungspunkten der EuInsVO und der InsO regelmäßig keine Probleme. In Ausnahmefällen können aber deutsche Gerichte aufgrund der EuInsVO zuständig sein, ohne dass eine örtliche Zuständigkeit nach § 3 InsO bestimmt werden kann. Für solche Konstellationen ordnet Art. 102 § 1 Abs. 1 an, dass auch die örtliche Zuständigkeit nach Art. 3 Abs. 1 EuInsVO danach zu bestimmen ist, wo der Mittelpunkt der hauptsächlichen Interessen liegt.

5   ▶ **Beispiel:**

   Ein in Deutschland wohnhafter Arbeitnehmer ist in Frankreich abhängig beschäftigt und geht dort zudem nebenberuflich einer (nicht nur nebensächlichen) selbstständigen Tätigkeit nach (Beispiel nach Wimmer FS Kirchhof, S. 523). Unabhängig davon, ob man den Interessenmittelpunkt nach der EuInsVO beim Wohnsitz oder beim gewöhnlichen Aufenthaltsort verankert (dazu Art. 3 EuInsVO Rdn. 19 ff.), dürfte aufgrund der unselbstständigen Erwerbstätigkeit die internationale Zuständigkeit in Deutschland liegen. Nach § 3 Abs. 1 Satz 2 InsO kommt es für die örtliche Zuständigkeit dagegen auf die selbstständige Tätigkeit an, die in Frankreich ausgeübt wird. Nach Art. 102 § 1 Abs. 1 ist dann das Insolvenzgericht am Wohnsitz des Schuldners in Deutschland zuständig

B. Abs. 2

6   Abs. 2 übernimmt für die Bestimmung der örtlichen Zuständigkeit bei Sekundärinsolvenzverfahren das Modell des Art. 3 Abs. 2 EuInsVO. Danach ist ausschließlich das Gericht zuständig, innerhalb dessen Bezirk die Niederlassung des Schuldners liegt. Hinsichtlich der Konkretisierung des Begriffs der Niederlassung kann auf das Verständnis des Begriffs nach Art. 2 Buchst. h) EuInsVO rekurriert werden (s. Komm. zu EuInsVO Art. 2 Rdn. 6 ff.).

7   In der Praxis wird die Norm bedeutsam, wenn der Schuldner **im Inland über Vermögen**, etwa Grundstücke, verfügt, die nicht am Ort einer Niederlassung belegen sind. An diesen Belegenheitsorten kann kein inländisches Partikularinsolvenzverfahren eröffnet werden (Begr. RegE BT-Drucks. 15/16 S. 14).

8   Bei **mehreren gleichrangigen Niederlassungen** bestimmt sich die Zuständigkeit gem. § 3 Abs. 2 InsO danach, bei welchem Insolvenzgericht zuerst ein Antrag auf Verfahrenseröffnung gestellt worden ist. Für die innerstaatliche Zuständigkeit kommt es also auf den Zeitpunkt der Antragstellung an (Pannen/Riedemann, NZI 2004, 301, 302). Anders dagegen die EuInsVO: Internationale Zuständigkeit richtet sich grds. nach dem Zeitpunkt der wirksamen Verfahrenseröffnung (vgl. aber Komm. zu EuInsVO Art. 3 Rdn. 22 ff.).

9   Sind die Niederlassungen **hierarchisch** aufgebaut, ist das Gericht zuständig, in dessen Bezirk sich die Hauptniederlassung befindet (MK-Ganter § 3 Rn. 11).

C. Abs. 3

10 Selbst wenn im Inland mangels internationaler Zuständigkeit kein Insolvenzverfahren eröffnet werden kann, sind in der Praxis **Mitwirkungshandlungen** inländischer Insolvenzgerichte vielfach erforderlich, z. B. die öffentliche Bekanntmachung nach Art. 21 EuInsVO i. V. m. Art. 102 oder die Eintragung in öffentliche Register nach Art. 22 EuInsVO i. V. m. Art. 102. Für diese Handlungen ist jedes Insolvenzgericht zuständig, in dessen Bezirk Vermögen des Schuldners belegen ist. Zur Förderung von Fachkompetenzen sieht Satz 2 eine Konzentrationsermächtigung der Länder vor.

D. Annexverfahren

11 In den Fällen, in denen nach Art. 3 Abs. 1 EuInsVO eine (ausschließliche) internationale Zuständigkeit der deutschen Gerichte für sog. Annexverfahren, insbesondere Insolvenzanfechtungsklagen, besteht (s. Komm zu EuInsVO Art. 3 Rdn. 37 ff. sowie Art. 13 Rdn. 10), sich aber aus den bestehenden Vorschriften kein allgemeiner oder besonderer Gerichtsstand entnehmen lässt, besteht

nach Ansicht des BGH (NZI 2009, 532 m. krit. Anm. Mock) eine unbeabsichtigte Regelungslücke, die durch eine analoge Anwendung von § 19a ZPO i. V. m. § 3 InsO und Art. 102 § 1 Abs. 1 EGInsO zu schließen ist. Hiernach ergibt sich für diese Fälle der Gerichtsstand des sachlich zuständigen Gerichts am Ort des für das Verfahren zuständigen Insolvenzgerichts. Der BGH betont, dass Art. 102 § 1 EGInsO der Gedanke zugrunde liegt, dass in Fällen, in denen nach Art. 3 Abs. 1 EuInsVO die internationale Zuständigkeit der deutschen Insolvenzgerichte, aber keine örtliche Zuständigkeit nach deutschem Recht gegeben ist, das Insolvenzgericht zuständig sein soll, in dessen Bezirk der Schuldner den Mittelpunkt seiner hauptsächlichen Interessen hat.

Art. 102 § 2 Begründung des Eröffnungsbeschlusses

Ist anzunehmen, dass sich Vermögen des Schuldners in einem anderen Mitgliedstaat der Europäischen Union befindet, sollen im Eröffnungsbeschluss die tatsächlichen Feststellungen und rechtlichen Erwägungen kurz dargestellt werden, aus denen sich eine Zuständigkeit nach Artikel 3 der Verordnung (EG) Nr. 1346/2000 für die deutschen Gerichte ergibt.

Das deutsche Insolvenzgericht soll seine tatsächlichen und rechtlichen Feststellungen zu seiner internationalen Zuständigkeit im Eröffnungsbeschluss kurz darstellen. Eine Begründung ist bereits geboten, wenn sich **Anhaltspunkte** dafür ergeben, dass Vermögen des Schuldners in einem anderen Mitgliedstaat belegen ist (Begr. RegE BT-Drucks. 15/16 S. 15). 1

Ein Verstoß gegen das Begründungserfordernis führt **nicht** zur Nichtigkeit des Beschlusses (Wimmer FS Kirchhof, S. 525; Vallender, KTS 2005, 312). In Betracht kommen aber **Amtshaftungsansprüche**, wenn das ausländische Insolvenzgericht das deutsche Verfahren aufgrund der fehlenden Begründung als Partikularinsolvenzverfahren einstuft und selbst ein Hauptinsolvenzverfahren eröffnet, sodass der deutsche Insolvenzverwalter keinen direkten Zugriff mehr auf das ausländische Vermögen hat (Wehdeking, DZWIR 2003, 136). Wird der grenzüberschreitende Bezug erst später festgestellt, kann die Begründung nachgeholt werden, insb. wenn im Anwendungsbereich der EuInsVO die Geltungswirkung des Art. 16 Abs. 1 EuInsVO durch die ergänzende Klarstellung herbeigeführt werden soll, dass das Insolvenzgericht mit der Anordnung einer vorläufigen Insolvenzverwaltung ein Hauptinsolvenzverfahren gem. Art. 3 Abs. 1 EuInsVO betreibt (vgl. AG Hamburg, ZInsO 2009, 539 = ZIP 2009, 1024; dazu EWiR Art. 102 § 2 EGInsO 1/09, 441 [Mankowski]). 2

Die Beachtung der Norm hat erhebliche praktische Bedeutung für die Herausbildung eines »gemeinschaftlichen Vertrauens« im Geltungsbereich der EuInsVO (Virgós/Schmit, Erläuternder Bericht, Nr. 147; Carstens, Die internationale Zuständigkeit im europäischen Insolvenzrecht, S. 1). Ob sich dieser Grundsatz im internationalen Insolvenzrecht durchsetzt oder doch eher ein bloßes Postulat bleiben wird, ist derzeit nicht absehbar (krit. auch NR-Mincke Art. 102 § 3 EGInsO Rn. 2; zu Reformüberlegungen s. Komm. zu EuInsVO Art. 3 Rdn. 96 ff. nach denen ein neuer Art. 3b die Amtsermittlungs- und Begründungspflicht für alle Mitgliedstaaten verbindlich regeln soll). Jedenfalls sind unvollständige (vgl. »Enron Directo Societad Limitada«, dazu Art. 3 EuInsVO Rdn. 76) oder gar fehlende bzw. erst später nachgereichte Begründungen (vgl. »ISA/Daisytek«, dazu Art. 3 EuInsVO Rdn. 74) geeignet, das Vertrauen in die Gerichte der Mitgliedstaaten nachhaltig zu beeinträchtigen. Sie können zu erheblichen Unsicherheiten für die Rechtsanwendung führen (vermittelnd AG Weilheim, ZIP 2005, 1611; dazu EWiR Art. 3 EuInsVO 6/05, 791 [Pannen/Riedemann]). 3

▶ **Beispiele für die Begründung von Eröffnungsbeschlüssen deutscher Gerichte:** 4

- AG Düsseldorf, ZIP 2003, 1363; 2004, 623; 2004, 866 (»ISA II«)
- AG Hamburg, ZIP 2003, 1008 (»Vierländer Bau Union Ltd.«)
- AG Mönchengladbach, ZIP 2004, 1064 (»EMBIC I«)
- AG München, NZI 2004, 450 (»Hettlage I«)
- AG Offenburg, www.cimejes.com, Stand 30.05.2005, (»Hukla«)
- AG Hamburg, ZInsO 2005, 1282

Art. 102 § 3 EGInsO   Vermeidung von Kompetenzkonflikten

- AG Hamburg, ZInsO 2006, 559
- AG Hamburg, ZIP 2006, 1642
- AG Köln, ZIP 2004, 471 (Sekundärinsolvenzverfahren – »Automold«)

5 Zu weiteren Eröffnungsbeschlüssen, auch ausländischer Gerichte, vgl. Art. 3 EuInsVO Rdn. 73 ff.

6 In der Praxis ist es erforderlich, dass bereits **der deutsche Gutachter** im Insolvenzeröffnungsverfahren zur internationalen Zuständigkeit des deutschen Insolvenzgerichts Stellung nimmt, wenn Anhaltspunkte dafür bestehen, dass Vermögenswerte des Schuldners in anderen Mitgliedstaaten belegen sind (Pannen/Riedemann, NZI 2004, 302). Einige Insolvenzgerichte sind bereits dazu übergegangen, den Gutachter ausdrücklich auch mit der Ermittlung dieser Zuständigkeitsentscheidung zugrunde liegender Umstände zu beauftragen.

7 Nach der Entscheidung des EuGH in Sachen »Eurofood« (vgl. Art. 3 EuInsVO Rdn. 23 ff.) kann ein Hauptinsolvenzverfahren nunmehr bereits mit Bestellung eines vorläufigen Insolvenzverwalters i. S. d. EuInsVO »eröffnet« werden. Folglich könnte es sich anbieten, bereits im Beschluss zur Bestellung eines vorläufigen Verwalters darauf hinzuweisen, dass es sich um ein »Hauptinsolvenzverfahren gem. Art. 3 Abs. 1 EuInsVO« handelt (ebenso K. Schmidt-Brinkmann Art. 102 EGInsO § 2 Rn. 3). Dies dürfte allerdings voraussetzen, dass dem Insolvenzgericht bereits ausreichende Anhaltspunkte für eine Verortung des »COMI« in Deutschland vorliegen.

8 Beschlüsse in Verfahren nach der EuInsVO werden mit einem eigenständigen »IE«-Aktenzeichen versehen. Die traditionellen IN- und IK-Kürzel sind insofern nicht zu verwenden. Wird der grenzüberschreitende Bezug erst später festgestellt, wird das Aktenzeichen entsprechend korrigiert (vgl. AG Hamburg, ZIP 2009, 1024; dazu EWiR Art. 102 § 2 EGInsO 1/09, 441 [Mankowski]).

9 Die Eröffnungsentscheidung nebst Begründung müssen indes auch grenzüberschreitend wahrgenommen werden, um die Entstehung möglicher positiver Kompetenzkonflikte schon im Keime zu ersticken. Dies bereitet nicht nur, aber insb. auch dann Schwierigkeiten, wenn man aus deutscher Sicht für sich in Anspruch nimmt, mit der Anordnung einer vorläufigen Insolvenzverwaltung ein Hauptinsolvenzverfahren gem. Art. 3 Abs. 1 EuInsVO zu betreiben. Eine gemeinsame Internet-Seite zwecks Veröffentlichung von Sicherungsmaßnahmen und Eröffnungsentscheidungen gibt es derzeit europaweit nicht (zu den umfassenden Reformüberlegungen zur Frage der Verbesserung der Publizität im Fall grenzüberschreitender Insolvenzen s. Komm. zu EuInsVO Art. 22 Rdn. 9). Das AG Hamburg plädiert daher für eine Veröffentlichung im Internet gem. § 9 InsO (AG Hamburg, ZIP 2009, 1024; dazu EWiR Art. 102 § 2 EGInsO 1/09, 441 [Mankowski]). Wagner (ZIP 2006, 1934, 1938) hält eine Veröffentlichung analog Art. 21 EuInsVO für geboten. Der hierfür erforderliche Antrag des Hauptinsolvenzverwalters ist dann konsequenterweise vom vorläufigen Insolvenzverwalter in die Wege zu leiten, wenn man die vorläufige Insolvenz als Hauptinsolvenzverfahren begreift (die Kostentragung regelt Art. 23 EuInsVO).

Art. 102 § 3   Vermeidung von Kompetenzkonflikten

(1) ¹Hat das Gericht eines anderen Mitgliedstaats der Europäischen Union ein Hauptinsolvenzverfahren eröffnet, so ist, solange dieses Insolvenzverfahren anhängig ist, ein bei einem inländischen Insolvenzgericht gestellter Antrag auf Eröffnung eines solchen Verfahrens über das zur Insolvenzmasse gehörende Vermögen unzulässig. ²Ein entgegen Satz 1 eröffnetes Verfahren darf nicht fortgesetzt werden. ³Gegen die Eröffnung des inländischen Verfahrens ist auch der Verwalter des ausländischen Hauptinsolvenzverfahrens beschwerdebefugt.

(2) Hat das Gericht eines Mitgliedstaats der Europäischen Union die Eröffnung des Insolvenzverfahrens abgelehnt, weil nach Artikel 3 Abs. 1 der Verordnung (EG) Nr. 1346/2000 die deutschen Gerichte zuständig seien, so darf ein deutsches Insolvenzgericht die Eröffnung des Insolvenzverfahrens nicht ablehnen, weil die Gerichte des anderen Mitgliedstaats zuständig seien.

gem. Art. 16 EuInsVO wird die Eröffnung eines Insolvenzverfahrens i. S. d. Art. 3 EuInsVO grds. in allen übrigen Mitgliedstaaten anerkannt (Art. 16 EuInsVO Rdn. 2). Deutsche Gerichte müssen daher die Eröffnung eines solchen Insolvenzverfahrens in einem anderen Mitgliedsstaat beachten. Es gilt **der Grundsatz der Priorität**: Nach Eröffnung eines Hauptinsolvenzverfahrens in einem anderen Mitgliedsstaat kann in Deutschland nur noch ein Sekundärinsolvenzverfahren eröffnet werden (zu den Voraussetzungen eines solchen Verfahrens Art. 27 EuInsVO Rdn. 2 ff.). Ein gleichwohl eröffnetes Hauptinsolvenzverfahren darf nicht fortgesetzt werden, sondern ist nach Abs. 1 Satz 2 einzustellen. Für die Einstellung gilt Art. 102 § 4. Nach der Entscheidung des EuGH in Sachen »Eurofood« kann eine »Eröffnung« i. S. d. EuInsVO bereits durch Bestellung eines vorläufigen Insolvenzverwalters erfolgen (vgl. Art. 3 Rdn. 23 ff.). Eine solche Bestellung im Ausland führt folglich dazu, dass in Deutschland (schon ab diesem Zeitpunkt) nur noch ein Sekundärinsolvenzverfahren eröffnet werden kann. 1

Der Verwalter eines ausländischen Hauptinsolvenzverfahrens erhält nach Abs. 1 Satz 3 die Möglichkeit, den Vorrang seines Verfahrens in Deutschland im Wege der Beschwerde durchzusetzen. Eine solche Beschwerdebefugnis dürfte nach »Eurofood« (vgl. Art. 3 Rdn. 23 ff.) schon dem *vorläufigen* ausländischen Hauptinsolvenzverwalter zukommen (ebenso Knof/Mock, ZIP 2006, 912; Manowski, BB 2006, 1758). 2

Während Abs. 1 den positiven Kompetenzkonflikt löst, enthält Abs. 2 eine Regelung zur Vermeidung **negativer Kompetenzkonflikte**: Wird die Eröffnung in einem Mitgliedstaat mit der Begründung fehlender internationaler Zuständigkeit abgelehnt, so darf das deutsche Gericht seine Zuständigkeit nicht damit verneinen, die internationale Zuständigkeit liege doch bei den Gerichten dieses Mitgliedsstaates. Das schließt allerdings nicht aus, dass deutsche Gerichte ihre Zuständigkeit mit der Begründung ablehnen, die Gerichte eines dritten Mitgliedsstaates seien zuständig (Begr. RegE BT-Drucks. 15/16 S. 15). 3

In der Praxis hat es bereits mehrere Kompetenzkonflikte gegeben (vgl. Art. 3 EuInsVO Rdn. 21 ff.). In dem bekannten »ISA/Daisytek«-Fall hatte das AG Düsseldorf trotz vorheriger Eröffnung eines Hauptinsolvenzverfahrens durch den High Court of Justice Leeds ein weiteres Hauptinsolvenzverfahren eröffnet. Auf die Beschwerde der englischen Hauptinsolvenzverwalter hat das AG Düsseldorf letztlich aber das deutsche Hauptinsolvenzverfahren eingestellt (Einzelheiten und Nachweise Art. 3 EuInsVO Rdn. 74). 4

Ein weiteres Beispiel sind die **parallelen Eröffnungsentscheidungen des High Court Dublin** und **des Tribunale di Parma** in der Insolvenz des Parmalat-Konzerns. Die hier streitigen Zuständigkeitsfragen hat der EuGH entschieden (näher Art. 3 EuInsVO Rdn. 80 f.). 5

Zur streitigen Frage, ob ein Antrag auf Eröffnung eines Hauptinsolvenzverfahrens in einen Antrag auf Eröffnung eines Sekundärinsolvenzverfahrens umgedeutet werden kann oder auch eine umgekehrte Umdeutung möglich ist, vgl. Art. 27 EuInsVO Rdn. 16. 6

Art. 102 § 4 Einstellung des Insolvenzverfahrens zugunsten der Gerichte eines anderen Mitgliedstaats

(1) ¹Darf das Insolvenzgericht ein bereits eröffnetes Insolvenzverfahren nach § 3 Abs. 1 nicht fortsetzen, so stellt es von Amts wegen das Verfahren zugunsten der Gerichte des anderen Mitgliedstaats der Europäischen Union ein. ²Das Insolvenzgericht soll vor der Einstellung den Insolvenzverwalter, den Gläubigerausschuss, wenn ein solcher bestellt ist, und den Schuldner hören. ³Wird das Insolvenzverfahren eingestellt, so ist jeder Insolvenzgläubiger beschwerdebefugt.

(2) ¹Wirkungen des Insolvenzverfahrens, die vor dessen Einstellung bereits eingetreten und nicht auf die Dauer dieses Verfahrens beschränkt sind, bleiben auch dann bestehen, wenn sie Wirkungen eines in einem anderen Mitgliedstaat der Europäischen Union eröffneten Insolvenzverfahrens widersprechen, die sich nach der Verordnung (EG) Nr. 1346/2000 auf das Inland erstrecken.

²Dies gilt auch für Rechtshandlungen, die während des eingestellten Verfahrens vom Insolvenzverwalter oder ihm gegenüber in Ausübung seines Amtes vorgenommen worden sind.

(3) ¹Vor der Einstellung nach Absatz 1 hat das Insolvenzgericht das Gericht des anderen Mitgliedstaats der Europäischen Union, bei dem das Verfahren anhängig ist, über die bevorstehende Einstellung zu unterrichten; dabei soll angegeben werden, wie die Eröffnung des einzustellenden Verfahrens bekannt gemacht wurde, in welchen öffentlichen Büchern und Registern die Eröffnung eingetragen und wer Insolvenzverwalter ist. ²In dem Einstellungsbeschluss ist das Gericht des anderen Mitgliedstaats zu bezeichnen, zu dessen Gunsten das Verfahren eingestellt wird. ³Diesem Gericht ist eine Ausfertigung des Einstellungsbeschlusses zu übersenden. ⁴§ 215 Abs. der Insolvenzordnung ist nicht anzuwenden.

Übersicht

	Rdn.			Rdn.
A. Abs. 1	1	C.	Abs. 3	
B. Abs. 2	5			

A. Abs. 1

1   Ist trotz eines wirksam eröffneten ausländischen Hauptinsolvenzverfahrens parallel ein deutsches Hauptinsolvenzverfahren eröffnet worden, so ist dieses nach Art. 102 § 3 Abs. 1 unzulässig und darf nicht fortgesetzt werden. Vielmehr muss das Verfahren von Amts wegen eingestellt werden, nachdem die Beteiligten angehört worden sind (vgl. etwa AG Düsseldorf, ZIP 2004, 624). Da die Einstellung trotz der Möglichkeit eines Sekundärinsolvenzverfahrens die Rechte der Gläubiger beeinträchtigen kann, sind diese beschwerdebefugt (K. Schmidt-Brinkmann Art. 102 EGInsO § Rn. 4: sofortige Beschwerde nach § 216 [analog], § 6 InsO i. V. m. § 567 ZPO). Fraglich ist, ob Insolvenzgläubiger, die ein Absonderungsrecht innehaben und deshalb von der Einstellung an sich nur profitieren, eine Beschwer darlegen können (zu der Frage, ob Insolvenzgläubiger mit Absonderungsrechten beschwerdebefugt sind s. auch K. Schmidt-Brinkmann Art. 102 EGInsO § 4 Rn. m. w. N.).

2   Vor der Einstellung soll der deutsche Insolvenzverwalter analog § 209 InsO die im Inland begründeten Masseverbindlichkeiten sowie die entstandenen Verfahrenskosten berichtigen (Pannen-Friend Art. 102 § 4 EGInsO Rn. 7; Pannen/Riedemann, NZI 2004, 301, 303).

3   **In der Praxis** können erhebliche Schwierigkeiten auftreten, wenn die zur Befriedigung der Massegläubiger erforderlichen Mittel zum Zeitpunkt der Einstellung vom deutschen Insolvenzverwalter noch nicht erwirtschaftet worden sind und die nach Einstellung maßgebliche ausländische *lex fori concursus* den Massegläubigern keine dem deutschen Recht vergleichbar bevorrechtigte Position einräumt oder die Gesamtmasse zur Befriedigung der Massegläubiger nicht ausreicht (vgl. hierzu auch Ringstmeier/Homann, NZI 2004, 354). In einer solchen Konstellation sind der deutsche (vorläufige) Insolvenzverwalter und ggf. auch der deutsche Insolvenzrichter schwer abschätzbaren Haftungsrisiken ausgesetzt. Die Rechtslage ist hier bedauerlicherweise noch weitgehend ungeklärt.

4   **Der Einstellungsbeschluss** ist in Deutschland analog § 215 Abs. 1 InsO bekannt zu machen. Er hat das ausländische Gericht, »zugunsten« dessen das deutsche Verfahren eingestellt wird, ausdrücklich zu bezeichnen. Das Insolvenzgericht informiert gem. §§ 31 bis 33 InsO die betroffenen Register, sodass der Insolvenzvermerk dort gelöscht werden kann (Wimmer FS Kirchhof, S. 526). Gegen den Einstellungsbeschluss ist analog § 216 InsO die **sofortige Beschwerde** zuzulassen (oben Rdn. 1).

B. Abs. 2

5   Die Einstellung beendet das Verfahren nicht mit rückwirkender Kraft. Die Wirkungen des deutschen Insolvenzverfahrens, die nicht auf die Dauer des Verfahrens beschränkt sind (z. B. §§ 115 bis 117 InsO), sowie die Handlungen, die der deutsche Insolvenzverwalter vorgenommen hat bzw. ihm ggü. vorgenommen worden sind (z. B. §§ 103 ff. InsO), bleiben auch nach Einstellung des

deutschen Verfahrens **wirksam** (Argument der Rechtssicherheit). Das gilt auch dann, wenn sie den Wirkungen des ausländischen Insolvenzverfahrens widersprechen.

Dieser durch Art. 102 § 4 Abs. 2 EGInsO vermittelte »Vertrauensschutz« kann nach Auffassung des BGH aber jedenfalls in Fällen, in denen das zweite Insolvenzverfahren im Inland nicht irrtümlich, sondern in Kenntnis des ersten Hauptinsolvenzverfahrens im Ausland eröffnet worden ist, nicht gewährt werden, sodass die vom deutschen »Scheinverwalter« bis zur Einstellung des deutschen Hauptinsolvenzverfahrens vorgenommenen Rechtshandlungen unwirksam sind (BGHZ 177, 12 = ZIP 2008, 1339; dazu EWiR Art. 16 EuInsVO 1/08, 491 [J. Schmidt]; s. a. die Parallelentscheidung BGH, ZInsO 2008, 745; dazu EWiR Art. 102 § 4 EGInsO 1/09, 17 [Herchen]). In einer solchen Konstellation ist an eine (Staats-) Haftung zugunsten der unvermittelt schutzlos gestellten Gläubiger zu denken. Näheres zu den Voraussetzungen und Rechtsfolgen dieser gemeinschaftsrechtskonformen Reduktion des Art. 102 bei Art. 3 EuInsVO Rdn. 28.   5a

2. Abs. 3

Mit der Einstellung entfällt für das inländische Vermögen der Insolvenzbeschlag des deutschen Verfahrens *ex nunc*. Der Schuldner erhält aber nicht etwa seine Verfügungsbefugnis zurück (Abs. 3 schließt § 215 Abs. 2 InsO aus). Vielmehr unterliegt das Vermögen mit der Einstellung nunmehr dem Beschlag des **ausländischen Insolvenzverfahrens**.   6

▶ Hinweis: 7

Für die Praxis ist bedeutsam, dass der deutsche Insolvenzverwalter die Vermögensgegenstände nicht an den Schuldner zurückgeben darf. Vielmehr sieht ihn der Gesetzgeber verpflichtet, die Masse für den ausländischen Insolvenzverwalter zu sichern (Begr. RegE BT-Drucks. 15/16 S. 15). Entstehende Kosten für die Sicherung der Masse sollte er vor der Einstellung vorab aus der Masse berichtigen.

Um den Übergang weiter zu harmonisieren sieht Abs. 3 **detaillierte Mitteilungspflichten** des deutschen Insolvenzgerichts ggü. dem ausländischen Gericht vor. Dadurch soll auch sichergestellt werden, dass der Insolvenzverwalter des ausländischen Hauptinsolvenzverfahrens die zur Massesicherung notwendigen Bekanntmachungen und Registereintragungen (Art. 21, 22 EuInsVO) unverzüglich vornehmen kann.   8

Art. 102 § 5 Öffentliche Bekanntmachung

(1) ¹Der Antrag auf öffentliche Bekanntmachung des wesentlichen Inhalts der Entscheidungen nach Artikel 21 Abs. 1 der Verordnung (EG) Nr. 1346/2000 ist an das nach § 1 zuständige Gericht zu richten. ²Das Gericht kann eine Übersetzung verlangen, die von einer hierzu in einem der Mitgliedstaaten der Europäischen Union befugten Person zu beglaubigen ist. ³§ 9 Abs. 1 und 2 und § 30 Abs. 1 Satz 1 der Insolvenzordnung gelten entsprechend.

(2) ¹Besitzt der Schuldner im Inland eine Niederlassung, so erfolgt die öffentliche Bekanntmachung nach Absatz 1 von Amts wegen. ²Ist die Eröffnung des Insolvenzverfahrens bekannt gemacht worden, so ist die Beendigung in gleicher Weise bekannt zu machen.

Art. 102 § 5 füllt den Gestaltungsspielraum aus, den Art. 21 Abs. 1 EuInsVO den Mitgliedstaaten für die Veröffentlichung der ausländischen Eröffnungsentscheidung auf Antrag des ausländischen Insolvenzverwalters einräumt (zu den umfassenden Reformüberlegungen zur Frage der Verbesserung der Publizität im Fall grenzüberschreitender Insolvenzen s. Komm. zu EuInsVO Art. 22 Rdn. 9). Der ausländische Insolvenzverwalter braucht sich danach nicht an das – ihm ggf. nicht vertraute – inländische Publikationsorgan zu wenden, sondern kann sich unmittelbar an das inländische Insolvenzgericht halten, welches seinerseits die Veröffentlichung veranlasst (ebenso: § 345 Abs. 1 Satz 1 InsO). Das Gericht kann eine Übersetzung des ausländischen Eröffnungsbeschlusses durch eine »befugte Person« verlangen (vgl. Art. 19 Satz 2 EuInsVO).   1

Art. 102 § 6 EGInsO Eintragung in öffentliche Bücher und Register

2 Die Veröffentlichung erfolgt wie die Veröffentlichung eines deutschen Insolvenzverfahrens (Verweauf §§ 9 Abs. 1, 2, 30 InsO). **Kostenschuldner** ist der ausländische Insolvenzverwalter (§ 51 GKG
Die Veröffentlichungskosten sind Masseverbindlichkeiten im ausländischen Insolvenzverfahre
(Art. 23 EuInsVO).

3 Das deutsche Insolvenzgericht veranlasst die Veröffentlichung nach Abs. 1 von Amts wegen, wen
der Schuldner im Inland eine Niederlassung unterhält. Damit hat der deutsche Gesetzgeber von de
ihm nach Art. 21 Abs. 2 Satz 1 EuInsVO eröffneten Befugnis, eine obligatorische Bekanntmachun
vorzusehen, Gebrauch gemacht. Gem. Art. 21 Abs. 2 Satz 2 EuInsVO wird damit der ausländisch
Insolvenzverwalter bzw. das ausländische Insolvenzgericht (abhängig von der dortigen Zuständig
keitsverteilung) verpflichtet, das deutsche Insolvenzgericht über die ausländische Verfahreneröff
nung sowie die spätere Beendigung zu unterrichten.

4 Die inländische Veröffentlichung ist **keine Bedingung** für die Anerkennung des ausländischen Ver
fahrens (Virgós/Schmit, Erläuternder Bericht, Nr. 178).

5 Die Praxis hat bereits in mehreren Fällen gezeigt, dass sich deutsche Insolvenzgerichte bei der Ver
öffentlichung ausländischer Eröffnungsbeschlüsse außerordentlich kooperativ verhalten. Demge
genüber kann sich die Veröffentlichung in einigen anderen Mitgliedstaaten (bisher) noch relati
aufwendig gestalten (näher Art. 21 EuInsVO Rdn. 7).

Art. 102 § 6 Eintragung in öffentliche Bücher und Register

(1) ¹Der Antrag auf Eintragung nach Artikel 22 der Verordnung (EG) Nr. 1346/2000 ist an da
nach § 1 zuständige Gericht zu richten. ²Dieses ersucht die Register führende Stelle um Eintra
gung, wenn nach dem Recht des Staats, in dem das Hauptinsolvenzverfahren eröffnet wurde, di
Verfahrenseröffnung ebenfalls eingetragen wird. ³§ 32 Abs. 2 Satz 2 der Insolvenzordnung finde
keine Anwendung.

(2) ¹Die Form und der Inhalt der Eintragung richten sich nach deutschem Recht. ²Kennt da
Recht des Staats der Verfahrenseröffnung Eintragungen, die dem deutschen Recht unbekann
sind, so hat das Insolvenzgericht eine Eintragung zu wählen, die der des Staats der Verfahrens
eröffnung am nächsten kommt.

(3) Geht der Antrag nach Absatz 1 oder nach § 5 Abs. 1 bei einem unzuständigen Gericht ein, s
leitet dieses den Antrag unverzüglich an das zuständige Gericht weiter und unterrichtet hierübe
den Antragsteller.

1 Wie bei der öffentlichen Bekanntmachung nach Art. 102 § 5 (dort Rdn. 1) hat der ausländisch
Insolvenzverwalter auch die Eintragung in öffentliche Bücher und Register beim zuständige
inländischen Insolvenzgericht zu beantragen. Dieses Gericht veranlasst die Eintragung bei de
registerführenden Stelle. Die Regelung hat einen **doppelten Vorteil**: Registergerichte werden vo
Anerkennungsprüfungen entlastet und der ausländische Insolvenzverwalter kann sich zentral an da
inländische Insolvenzgericht halten, in dessen Bezirk die Sache belegen ist (Begr. RegE BT-Drucks
15/16 S. 16).

Die Zuständigkeitskonzentration beim Insolvenzgericht nach Art. 102 § 1 gilt für Eintragunger
nach Art. 22 EuInsVO. Für andere Eintragungen ist der Weg über die Zuständigkeitskonzentratior
beim Insolvenzgericht nach Art. 102 § 1 aber regelmäßig versperrt: Die Regelungen des Art. 102 § 6
und des § 346 InsO über die abgespaltene verbindliche Prüfungszuständigkeit des Insolvenzgericht
bei Anträgen auf Eintragung des Insolvenzvermerks über ein ausländisches Insolvenzverfahren ir
ein deutsches Grundbuch sind nicht auf andere Fälle analog anzuwenden, in denen das Grund
buchamt anlässlich einer einzelnen Entscheidung vor der Frage steht, welche Rechtswirkungen di
Eröffnung eines bestimmten ausländischen Insolvenzverfahrens hat und in welchem Umfang di
Wirkungen im Inland anzuerkennen sind (so ausdrücklich der Leitsatz des AG Duisburg, ZInsC
2010, 384, zu einem Fall der Erteilung der Bewilligung zur Löschung einer Grundschuld durch

einen niederländischen Insolvenzverwalter). Die Eintragung des Insolvenzvermerks nach Art. 22 EuInsVO ist freilich nicht Voraussetzung für die Anerkennung der Befugnisse des ausländischen Insolvenzverwalters im deutschen Grundbuchverfahren.

Nach Abs. 1 muss das deutsche Insolvenzgericht die Eintragung allerdings nur veranlassen, wenn diese auch nach dem Insolvenzstatut des ausländischen Insolvenzrechts geboten ist. Damit ist letztlich eine Prüfung ausländischen Registerrechts durch das deutsche Insolvenzgericht erforderlich. **Das Aufgabenspektrum** der Insolvenzgerichte wird hierdurch in nicht unerheblichem Umfang erweitert. Ist über das Vermögen des Grundstückseigentümers ein Insolvenzverfahren in einem anderen Mitgliedstaat eröffnet worden, hat das deutsche Grundbuchamt, wenn ihm jeweils ein formell ordnungsgemäßes Ersuchen des eingeschalteten deutschen Insolvenzgerichts vorliegt, weder im Zuge der Eintragung noch der späteren Löschung des Insolvenzvermerks im Grundbuch zu prüfen, ob die ersuchte Eintragung bzw. Löschung kollisions- und insolvenzrechtlich richtig ist (OLG Dresden, ZIP 2010, 2108; AG Duisburg, ZInsO 2010, 384; zum Bsp. eines deutschen Insolvenzverfahrens und Immobilienvermögen in Spanien Steinmetz/Lozano Giménez, NZI 2010, 473). 2

Wenig sinnvoll erscheint, dass nach Abs. 2 das ausländische Verfahren nicht als solches bezeichnet werden darf. Der ausdrückliche Hinweis auf ein ausländisches Institut könnte für denjenigen, der Einsicht in öffentliche Bücher oder Register nimmt, dazu geeignet sein, sich im Einzelfall zu den rechtlichen Auswirkungen der Eröffnung und ihrer Eintragung beraten zu lassen. Der Warnfunktion öffentlicher Register wäre damit eher gedient (ebenso NR-Mincke Art. 102 EGInsO § 6 Rn. 8 f.: »Überkommene Haltung des deutschen Registerrechts«). 3

Abs. 3 statuiert eine Weiterleitungspflicht, wenn das Gericht für die öffentliche Bekanntmachung oder die beantragte Registereintragung sachlich oder örtlich unzuständig sein sollte. 4

Für die spätere Löschung des allgemeinen Insolvenzvermerks gilt § 346 Abs. 2 Satz 3 InsO entsprechend, mit der Folge, dass der ausländische Insolvenzverwalter den Antrag auf Löschung wegen des Verweises auf § 32 Abs. 3 Satz 1 InsO nicht selbst beim registerführenden Gericht stellen kann (OLG Dresden, ZIP 2010, 2108). 5

Art. 102 § 7 Rechtsmittel

Gegen die Entscheidung des Insolvenzgerichts nach § 5 oder § 6 findet die sofortige Beschwerde statt. ²Die §§ 574 bis 577 der Zivilprozessordnung gelten entsprechend.

Der ausländische Insolvenzverwalter ist mit Blick auf die Gutglaubensvorschriften der Art. 14 und 24 Abs. 2 EuInsVO gehalten, möglichst schnell eine öffentliche Bekanntmachung der Verfahrenseröffnung sowie ihre Eintragung in die öffentlichen Register zu beantragen (Pannen/Riedemann, NZI 2004, 304). Unterlässt er dies, setzt er sich – abhängig von den jeweils anwendbaren Schadensersatznormen – ggf. auch einem Haftungsrisiko aus. Daher eröffnet ihm Art. 102 gegen die Ablehnung seines Antrags die sofortige Beschwerde. Gegen die Entscheidung über die sofortige Beschwerde findet die **Rechtsbeschwerde** nach Maßgabe der §§ 574 ff. statt. **In Grundbuchsachen** bleiben zusätzlich die §§ 71 ff. GBO anwendbar. 1

Ob auch der Schuldner, der in den Fällen der §§ 5 und 6 nicht Antragsteller ist, beschwerdebefugt ist, ist umstritten. Die Gesetzesbegründung spricht gegen eine Beschwerdebefugnis (BT-Drs. 15716, S. 16). Das Recht auf rechtliche Gehör kann dagegen für die Beschwerdebefugnis sprechen, weil der Schuldner in den Verfahren nach §§ 5 und 6 nicht gehört wird (dazu K. Schmidt-Brinkmann Art. 102 EGInsO § 7 Rn. 4). 2

Für Bekanntmachungen nach dem autonomen deutschen Internationalen Insolvenzrecht (§§ 345, 346 InsO) gilt die Vorschrift analog (K. Schmidt-Brinkmann Art. 102 EGInsO § 7 Rn. 2). 3

Art. 102 § 8 Vollstreckung aus der Eröffnungsentscheidung

(1) ¹Ist der Verwalter eines Hauptinsolvenzverfahrens nach dem Recht des Staats der Verfahrenseröffnung befugt, auf Grund der Entscheidung über die Verfahrenseröffnung die Herausgabe der Sachen, die sich im Gewahrsam des Schuldners befinden, im Wege der Zwangsvollstreckung durchzusetzen, so gilt für die Vollstreckbarerklärung im Inland Artikel 25 Abs. 1 Unterabs. 1 der Verordnung (EG) Nr. 1346/2000. ²Für die Verwertung von Gegenständen der Insolvenzmasse im Wege der Zwangsvollstreckung gilt Satz 1 entsprechend.

(2) § 6 Abs. 3 findet entsprechend Anwendung.

1 Gem. Art. 18 EuInsVO kann der Insolvenzverwalter in jedem anderen Mitgliedstaat alle Befugnisse ausüben, die ihm nach dem Recht des Eröffnungsstaates zustehen. Das gilt nach Art. 102 § 8 auch für den Fall, dass das anwendbare ausländische Recht eine dem § 148 Abs. 1 InsO vergleichbare Regelung zur Inbesitznahme der Insolvenzmasse nach Verfahrenseröffnung enthält oder der ausländische Insolvenzverwalter nach §§ 165 ff. InsO vorgehen will. In jedem Fall ist aber eine **Vollstreckbarerklärung im Wege des vereinfachten Exequaturverfahrens** gem. Art. 25 EuInsVO i. V. m. Art. 38 f. EuGVVO erforderlich, bevor er Zwangsbefugnisse in Deutschland ausüben kann.

2 Die Eröffnung eines Sekundärinsolvenzverfahrens im Inland hindert zwar die Wirkungserstreckung der Eröffnung des Hauptinsolvenzverfahrens durch ein ausländisches Gericht auf das Inlandsvermögen des Schuldners, steht aber der Vollstreckbarerklärung der Eröffnungsentscheidung des ausländischen Gerichts regelmäßig nicht entgegen (OLG Düsseldorf, ZInsO 2004, 867; dazu EWiR Art. 16 EuInsVO 1/05, 177 [Pannen/Riedemann]).

3 Abs. 2 bezweckt eine Beschleunigung des Verfahrens. Geht der Antrag nach Abs. 1 bei einem unzuständigen Gericht ein, so leitet dieses den Antrag entsprechend § 6 Abs. 3 unverzüglich an das zuständige Gericht weiter und unterrichtet hierüber den Antragsteller. Um den Zweck effektiv zu verfolgen, sollte insoweit eine bindende Verweisung entsprechend § 281 Abs. 2 Satz 4 ZPO angenommen werden (K. Schmidt-Brinkmann Art. 102 EGInsO § 8 Rn. 5).

Art. 102 § 9 Insolvenzplan

Sieht ein Insolvenzplan eine Stundung, einen Erlass oder sonstige Einschränkungen der Rechte der Gläubiger vor, so darf er vom Insolvenzgericht nur bestätigt werden, wenn alle betroffenen Gläubiger dem Plan zugestimmt haben.

1 Die Umsetzungsvorschrift weicht von Art. 34 Abs. 2 EuInsVO ab, der vorsieht, dass jede Beschränkung der Rechte der Gläubiger, wie z. B. eine Stundung oder eine Schuldbefreiung, die sich aus einem in einem Sekundärinsolvenzverfahren vorgeschlagenen Insolvenzplan ergibt, nur dann Auswirkungen auf das nicht von diesem Verfahren betroffene Vermögen des Schuldners haben kann, wenn alle betroffenen Gläubiger der Maßnahme zustimmen. Die Vorschrift entspricht § 355 Abs. 2 InsO. Die Differenzierung zwischen Haupt- und Sekundärinsolvenzverfahren nimmt § 9 nicht auf. Nach Art. 102 § 9 soll auch im Geltungsbereich der EuInsVO die Zustimmung aller Gläubiger erforderlich sein. Art. 34 Abs. 2 EuInsVO ist unpraktikabel (MK-Reinhart Art. 34 EuInsVO Rn. 20 [»Art. 102 versucht diese Vorschrift – in missglückter Weise – für das deutsche Recht umzusetzen.« dazu auch Art. 34 EuInsVO Rdn. 4 ff.]). Art. 102 § 9 sollte daher als notwendige »Konkretisierung« akzeptiert werden (vgl. Smid Art. 102 EGInsO Rn. 2; NR-Mincke Art. 34 Rn. 4; diff. Trunk Regelungsschwerpunkte eines Ausführungsgesetzes zum Europäischen Insolvenzübereinkommen S. 238; a. A. Braun-Delzant § 355 Rn. 20: Unwirksamkeit wegen Verstoßes gegen höherrangiges Gemeinschaftsrecht; ausführl. zum Zustimmungserfordernis des Art. 34 Abs. 2 EuInsVO und der Durchführungsbestimmung des Art. 102 § 9: Seidl/Paulick, ZInsO 2010, 125).

Art. 102 § 10 Aussetzung der Verwertung

Wird auf Antrag des Verwalters des Hauptinsolvenzverfahrens nach Artikel 33 der Verordnung (EG) Nr. 1346/2000 in einem inländischen Sekundärinsolvenzverfahren die Verwertung eines Gegenstandes ausgesetzt, an dem ein Absonderungsrecht besteht, so sind dem Gläubiger laufend die geschuldeten Zinsen aus der Insolvenzmasse zu zahlen.

Der Hauptinsolvenzverwalter kann nach Art. 33 EuInsVO (dort Rdn. 2 ff.) die Aussetzung der Verwertung in einem Sekundärinsolvenzverfahren anregen, etwa um Gegenstände, die für einen Unternehmensverkauf oder eine Sanierung von Bedeutung sind, zu sichern. Als Mindestschutz verpflichtet Art. 102 § 10 den Hauptinsolvenzverwalter, vergleichbar § 169 InsO, Zinsen aus der Insolvenzmasse zu zahlen. Dabei kann es sich um **vertraglich geschuldete Zinsen** oder um **gesetzliche Verzugszinsen** handeln (Begr. RegE BT-Drucks. 15/16 S. 17).   1

Darüber hinaus kann das Gericht des Sekundärverfahrens nach Art. 33 Abs. 1 EuInsVO weitere Maßnahmen zum Schutz (auch) der (ungesicherten) Gläubiger verlangen.   2

Art. 102 § 11 Unterrichtung der Gläubiger

Neben dem Eröffnungsbeschluss ist den Gläubigern, die in einem anderen Mitgliedstaat der Europäischen Union ihren gewöhnlichen Aufenthalt, Wohnsitz oder Sitz haben, ein Hinweis zuzustellen, mit dem sie über die Folgen einer nachträglichen Forderungsanmeldung nach § 177 der Insolvenzordnung unterrichtet werden. ²§ 8 der Insolvenzordnung gilt entsprechend.

Das BMJ hat ein Formblatt entwickelt, mit dem den Anforderungen dieser Vorschrift Rechnung getragen wird. Es kann über www.bmj.bund.de abgerufen werden. Das Formblatt ist in alle Amtssprachen übersetzt worden. Das Formblatt ist gemeinsam mit dem Eröffnungsbeschluss an die Gläubiger zu übersenden (vgl. Art. 40, 42 Abs. 1 EuInsVO; s. dort auch zum »Mindeststandard« bzgl. der Inhalte der Information und zu den Reformüberlegungen, Art. 40 Rdn. 4).   1

Mit der Zustellung kann der Insolvenzverwalter beauftragt werden (Verweis auf § 8 InsO).   2

Art. 102a Insolvenzverwalter aus anderen Mitgliedstaaten der Europäischen Union

Angehörige eines anderen Mitgliedstaates der Europäischen Union oder Vertragsstaates des Abkommens über den Europäischen Wirtschaftsraum und Personen, die in einem dieser Staaten ihre berufliche Niederlassung haben, können das Verfahren zur Aufnahme in eine von dem Insolvenzgericht geführte Vorauswahlliste für Insolvenzverwalter über eine einheitliche Stelle nach den Vorschriften des Verwaltungsverfahrensgesetzes abwickeln. Über Anträge auf Aufnahme in eine Vorauswahlliste ist in diesen Fällen innerhalb einer Frist von drei Monaten zu entscheiden. § 42a Absatz 2 Satz 2 bis 4 des Verwaltungsverfahrensgesetzes gilt entsprechend.

Übersicht	Rdn.			Rdn.
A. Normzweck	1	C. Verfahrenshinweise		7
B. Norminhalt	3	I. Bescheidungsweise und -frist		7
I. Anwendungsbereich	3	II. Rechtsmittel und -weg		9
II. Behandlung der Bewerbung und Bewerbungsanforderungen	4			

A. Normzweck

Die Vorschrift wurde eingeführt durch das Gesetz zur Umsetzung der Dienstleistungsrichtlinie in der Justiz und zur Änderung weiterer Vorschriften (Gesetz v. 22.12.2010, BGBl. I 2010, 2248; BT-Drucks. 17/3356, dort Art. 3) mit Geltung ab dem 28.12.2010. Es geht um die **Umsetzung**   1

Art. 102a EGInsO Insolvenzverwalter aus anderen Mitgliedstaaten der Europäischen Union

der Richtlinie 2006/123/EG des Europäischen Parlaments und des Rates vom 12.12.2006 über Dienstleistungen im Binnenmarkt (EU-Dienstleistungsrichtlinie [EU-DLR]).

Bereits die Anwendbarkeit der EU-DLR auf den Beruf des Insolvenzverwalters war und ist streitig (vgl. dazu § 56 Rdn. 1c; befürwortend: Sabel/Wimmer, ZIP 2008, 2097; Graf-Schlicker, Kölner Schrift, 3. Aufl., S. 235 ff.; Graf-Schlicker, Kommentar zur InsO, 2. Aufl. 2010, § 56 Rz. 6 – 11; Stephan, INDAT-Report 2/2010, 19; a.A. Gehrlein, NJW 2013, 3756; Stellungnahme des Deutschen Anwaltvereins [DAV] v. 11.08.2010 zum Gesetzentwurf »Umsetzung der Dienstleistungsrichtlinie«, NZI 18/2010, IX; Frind, ZInsO 2010, 1678; Entschliessung des Bundeskongress »Sanierung als Chance für den deutschen Mittelstand« 04.03.2010, ZInsO 2010, 473; Entschließung BAKInso e. V. v. 01.12.2009, ZInsO 2009, 2391 = NZI 18/2009, VII; Frind, ZInsO 2009, 1997; Für eine leistungsorientierte Insolvenzverwalterauswahl, Thesen-Dokumentation, ZInsO 2009, 1950; Ries, ZInsO 2009, 2030, 2032; Förster, ZInsO 2009, 1932; Marotzke, ZInsO 2009, 1929; Slopek, ZInsO 2008, 1243; Frind, ZInsO 2008, 1248).

Ansatzpunkt der **ablehnenden Meinung zur Anwendbarkeit der EU-DLR** sind hier zu Recht die Regelungen in Art. 2 Abs. 2 Buchst. i) und Buchst. l) der Dienstleistungsrichtlinie i. V. m. Art. 45 des EU-Vertrages nach denen Betätigungen mit öffentlich-rechtlichem Einschlag von der Anwendbarkeit ausgenommen sind (Art. 62 AEUV i. V. m. Art. 51 AEUV). Nicht zuletzt durch die BGH-Entscheidung v. 19.09.2013 (ZInsO 2013, 2103) zur Frage der Möglichkeit, eine juristische Person als Insolvenzverwalter zu bestellen ist die Diskussion weitgehend beendet. Die jüngere Diskussion verneint einen Zugang juristischer ausländischer Personen zum Verwalteramt über eine vermeintliche Anwendung der Dienstleistungsrichtlinie (Gehrlein, NJW 2013, 3756; Preuß, ZIP 2011, 936, 938; a.A. Piekenbrock, LMK 2013, 353032).

Den Befürwortern zufolge sollte jegliche Begrenzung der Verwalterauswahl gesetzlich mittels einer **Berufszulassungsordnung** geregelt werden müssen und die in § 56 Abs. 1 InsO verankerte Anforderung, Verwalter könne nur eine »natürliche Person« sein, als Zugangshürde entfallen bzw. nur aus »übergeordneten Gründen des Gemeinwohls« haltbar sein. Als bundesweite Zulassungskriterien sollen rein formale Anforderungen, die leicht überprüfbar sind, geregelt werden (vgl. Martini, INDAT-Report 3/2010, 12, 13; Hillmer, Bericht vom Frühjahrskongress des VID e. V. 2009, Referat Wimmer, KSI 2009, 181, 183). Die Stellung einer solchen Regelung zur richterlichen Vorauswahl-Liste ist unklar (Prütting, INDAT-Report 7/09, 17) Die Befürworter der Anwendbarkeit der EU-Dienstleistungsrichtlinie sehen die Vorauswahl-Liste als eigentlich abzuschaffende »regionale Hürde«.

2 Durch Art. 102a wird nur ein **kleiner Ausschnitt aus dem Bereich der Insolvenzverwalterbewerbung** und des diesbezüglichen Procederes geregelt, nämlich **nur für Bewerbungen von im europäischen Ausland niedergelassenen Insolvenzverwalterkandidaten bei deutschen Insolvenzgerichten** (»Außenbewerbung«).

Ob der Gesetzgeber damit bereits eine eindeutige Entscheidung getroffen hat, auch für das in Deutschland »intern« geltende Bestellungsverfahren (»**Binnenbewerbung**«) eine Zulassungsordnung nach den Anforderungen der EU-DLR schaffen zu wollen, bleibt offen (S. 17 der Gesetzesbegründung kündigt eine »umfassende Regelung« für die Zukunft an; für eine ausreichende Umsetzung durch Art. 102a: Preuß, ZIP 2011, 934, 939). Das Verfahren hat mit der Realität deutscher Insolvenzgerichte schlicht nichts gemein und ist unpraktikabel. Sein praktischer Anwendungsbereich wird mangels Bewerbungen wohl bei Null bleiben.

B. Norminhalt

I. Anwendungsbereich

3 Die Norm ist in jeder Hinsicht verunglückt formuliert (vgl. bereits Stellungnahme des Deutschen Anwaltvereins [DAV] v. 11.08.2010 zum Gesetzentwurf »Umsetzung der Dienstleistungsrichtlinie«, NZI 18/2010, IX; Frind, ZInsO 2010, 1678). **Adressaten sind nur im EU-Raum nieder-**

elassene Personen. Diese müssen nach dem Wortlaut nicht bereits dort »niedergelassene«, d. h. itige und von dortigen Insolvenzgerichten bestellte Insolvenzverwalter sein. Intendiert ist eine olche Beschränkung von der Norm schon, da es i. S. d. EU-DLR um »Freizügigkeit« der Dienstleistungsausübung gehen soll. Dies setzt denknotwendig voraus, dass die Dienstleistung bereits in einem anderen EU-Staat »angeboten« wird. Unklar bleibt auch, ob die erfolgreiche Listung bei einem Insolvenzgericht im Sinne von Art. 10 Abs. 4 der EU-DLR für alle anderen Insolvenzgerichte gelten soll (»gate-keeper-Funktion der Erstlistung«).

I. Behandlung der Bewerbung und Bewerbungsanforderungen

Die **Bewerbung** der im Ausland niedergelassenen Person kann **an die »einheitliche Stelle«, aber weiterhin auch direkt an jeden Insolvenzrichter** (zur Listenführung § 56 Rdn. 7) **gerichtet werden**, dies zeigt der Begriff »können« im Wortlaut (so auch die Begründung S. 17 Abs. 2). Im Ausland niedergelassene oder dort wohnende Personen, die nachweisen konnten, sich auf dem Gebiet des Insolvenzrechtes auszukennen (nicht notwendigerweise nur Rechtsanwälte), konnten sich bisher natürlich bei den Insolvenzgerichten **direkt** um eine Aufnahme in die dortige(n) richterliche(n) Vorauswahl-Listen bewerben. Ihre Bewerbung war genauso gem. §§ 23 ff. EGGVG zu bescheiden (zeitliche Grenze: Bescheidung binnen 3 Monaten gem. § 27 Abs. 1 Satz 1 EGGVG), wie jede andere auch (zum Verfahren § 56 Rdn. 9 ff.). 4

Die Bundesländer haben, soweit noch nicht geschehen, jeweils eine »**einheitliche Stelle**« i. S. v. § 71a VwVfG zu schaffen und dafür zu sorgen, dass ausländische Verwalterbewerber sich dort melden können. Die Stelle soll, so die Begründung (S. 17), den Bewerber dann durch das »Verfahren begleiten«. Geht eine Bewerbung bei der Stelle ein, soll sie diese **an** »**das Insolvenzgericht**« weiterleiten. Denn die Bewerbung muss auf die Aufnahme in eine »von dem Insolvenzgericht« geführte Vorauswahl-Liste gerichtet sein. Trotz massiver Einwände gegen diese Formulierung hat der Gesetzgeber davon nicht Abstand genommen und so ein Verfahren geschaffen, dass die Rechtsprechung des BVerfG zur Listenführung konterkariert bzw. wegen dieser Rechtsprechung leer läuft. Denn die Vorauswahl-Listen für Insolvenzverwalter führt jeder Insolvenzrichter selbst (§ 56 Rdn. 7 m. w. N.). 5

Das Verfahren ist damit im Grunde bereits mit der Bewerbung an die »einheitliche Stelle« beendet, da diese keinen gesetzlich möglichen Adressaten hat. **Das** »**Insolvenzgericht« führt schlicht keine Vorauswahl-Liste**. Vallender (ZIP 2011, 454) geht daher davon aus, das Gesuch sei durch die begleitende Stelle über den Direktor/Präsidenten an jeden einzelnen Richter des Insolvenzgerichtes weiterzuleiten, da es, entgegen dem Gesetzeswortlaut, als Gesuch zur Aufnahme in jede richterliche Vorauswahl-Liste des jeweiligen Insolvenzgerichtes auszulegen sei.

Anforderungen an die Bewerbung sind nicht geregelt. Die »einheitliche Stelle« müsste daher, um wenigstens ihrem Informationsfunktion nachkommen zu können, sich bei den jeweiligen Insolvenzrichtern in ihrem Zuständigkeitsbereich erkundigen, welche Anforderungen an eine Bewerbung jeweils gestellt werden. Dies dürften dann die im Verfahren nach §§ 23 ff. EGGVG ohnehin transparent mitzuteilenden Anforderungen (»Anforderungsprofil«) sein (§ 56 Rdn. 7). Dabei werden in den Antworten der jeweiligen Stellen die unterschiedlichen Verfahrensweisen an den Gerichten schnell das Verfahren problematisch machen (Preuß, ZIP 2011, 934, 937). 6

Weiterhin ist die »einheitlich Stelle« kaum in der Lage, die gem. § 71c Abs. 2 VwVfG notwendigen Hinweise zur »Auslegung« der maßgeblichen Vorschriften zu erteilen, denn dafür wären eingehende Kenntnisse im Bereich des § 56 InsO und der dazu ergangenen Rechtsprechung notwendig, die die »einheitliche Stelle« naturgemäß nicht hat. Die Anforderung der Abwicklung des Verfahrens im »elektronischen Verfahren« gem. § 71e VwVfG, der auch für die Gerichte gem. der Begründung gelten soll, ist diesen technisch weitgehend nicht möglich.

Die jetzt vorgeschlagene Regelung hält für den EU-Bewerber auch **keinerlei besondere Anforderungen zur Bewältigung des Verwalteramtes** bereit (z. B. Kenntnis des deutschen Insolvenz- und Gesellschaftsrechtes, Erfahrung in Zusammenarbeit mit deutschen Insolvenzverwaltern, etc.). Soweit die in der Literatur aus Kreisen des BMJ (Sabel/Wimmer, ZIP 2008, 2097 ff.) genannte etwaige – recht naheliegende – insolvenzgerichtliche Anforderung, dass der – in einem andere EU-Land als Verwalter zugelassene – Bewerber das deutsche Insolvenzrecht kennen muss, wege des Verbotes der »Mehrfachprüfung« eventuell europarechtswidrig sein sollte, hätte man solche und andere Anforderungsfragen hier regeln sollen, um der Praxis zu helfen.

C. Verfahrenshinweise

I. Bescheidungsweise und -frist

7 Die Bewerbung des ausländischen Bewerbers ist **schriftlich zu bescheiden** (Art. 10 Abs. 6 EU DLR). Bescheider müsste nach dem Wortlaut der Norm »das Insolvenzgericht« sein; dies erscheint sofern jeder Insolvenzrichter seine eigene Vorauswahl-Liste führt, unmöglich. Zwar soll gem BVerfG v. 03.08.2009 (ZInsO 2009, 1641) eine interne – ausdrückliche – Delegation, auf z. B den Abteilungsleiter, möglich sein, da es sich aber um eine Ermessensentscheidung handelt, ob de Bewerber dem jeweiligen Anforderungsprofil des jeweiligen Insolvenzrichters entspricht (nur da Anforderungsprofil selbst ist im Rechtsmittelverfahren voll überprüfbar), dürfte dies kaum möglich sein, da Ermessen, sonst so auszuüben wäre, wie der Delegierende es ausüben würde (Frind, ZInsO 2009, 1638).

Die Anwendung von ausfüllungsbedürftigen Ermessensbegriffen »in Stellvertretung« ist unmöglich, daher wird auch bei einer gemeinsamen insolvenzgerichtlichen Liste, da die Insolvenzrichte keine »Kammer« bilden, eine **Einzelbescheidung** zu erfolgen haben. Der Insolvenzrichter hätt sodann den Vorschriften § 71b Abs. 3, 71c Abs. 2, § 71e VwVfG i. V. m. § 25 VwVfG zu genüger (Bescheidungs- und Hinweismodalitäten) und Art. 10 Abs. 1 und Abs. 3 EU-DLR zu beachten (ver hältnismäßige, transparente, nicht diskriminierende Kriterien, die vorher bekannt sind und den Verbot der Mehrfachprüfung genügen etc.; Vallender, ZIP 2011, 454).

8 Eine Genehmigungsfiktion gem. § 42a VwVfG soll es nicht geben, aber der Antrag gem. Satz 2 **binnen 3 Monaten beschieden sein.** Diese Frist ist weder praxisgerecht noch genügt sie den zeitlichen Notwendigkeiten an Anhörungen und Nachforschungen. Die Bezugnahme in Satz 3 der Vorschrif auf § 42a Abs. 2 Satz 2 – Satz 4 VwVfG ist verwirrend: denn das dort geregelte Verfahren zur Fris von 3 Monaten und deren Verlängerung kollidiert mit § 27 EGGVG. Das dortige – vom BVerfG als maßgebliche Verfahrensordnung angeordnete Rahmengesetz ist das EGGVG (s. § 56 Rdn. 4) - Verfahren für Bescheidungsfristen ist anders geregelt (Untätigkeitsklage oder vorherige Verfahren aussetzung bis zur Bescheidung durch das Rechtsmittel-Gericht). Generell ist beim Verfahrensrech **der Anwendung des EGGVG der Vorzug zu geben** (so auch Vallender, ZIP 2011, 454).

II. Rechtsmittel und -weg

9 Es ist daher unklar, ob fortan weiterhin das EGGVG gem. Rechtsprechung des BVerfG für die Bearbeitung der Bewerbung gelten soll (bisher unstreitig, s. § 56 Rdn. 44, 4 – 7) und diese als »Justiz verwaltungsakt« einzugruppieren ist, denn das VwVfG regelt Verwaltungsakte. Damit müsste nich mehr das OLG, sondern das VG bzw. OVG, eventuell BVerwG, über Bewerber-Entscheidungen nach Art. 102a entscheiden; bei inländischen Bewerbern weiterhin nach §§ 23 ff. EGGVG (nur, das OLG. Ein **Auseinanderfallen der Rechtswege** für Bewerbungen »normaler« Bewerber und EU-Bewerber sollte vermieden werden, weshalb Vallender weiterhin trotz des Wortlautes der Regelung die Geltung des EGGVG und damit allfällige Zuständigkeit der OLG annimmt (ZIP 2011, 454) Ähnliches gilt für die Zustellung der Entscheidung des Insolvenzrichters an den Bewerber: Nach dem Gesetz (Begründung S. 17 Abs. 2 a. E.) soll hier § 71b Abs. 6 VwVfG für Zustellungen und Fristen gelten, innerhalb der Bescheidungen nach dem EGGVG gilt § 16 FamFG i. V. m. §§ 187, 188 BGB (Prütting-Gehrlein-J. Schmidt, 3. Aufl. ZPO, § 26 EGGVG Rz. 3). Der Verweis auf die vorgenannten Normen des VwVfG ist daher mehr schadenstiftend, denn nutzbringend.

Insolvenzrechtliche Vergütungsverordnung (InsVV)

Vom 19. August 1998 (BGBl. I S. 2205), zuletzt geändert durch Gesetz zur Verkürzung des Restschuldbefreiungsverfahrens und zur Stärkung der Gläubigerrechte vom 15.07.2013 (BGBl. I, 2379)

Erster Abschnitt Vergütung des Insolvenzverwalters

§ 1 Berechnungsgrundlage

(1) ¹Die Vergütung des Insolvenzverwalters wird nach dem Wert der Insolvenzmasse berechnet, auf die sich die Schlussrechnung bezieht. ²Wird das Verfahren nach Bestätigung eines Insolvenzplans aufgehoben oder durch Einstellung vorzeitig beendet, so ist die Vergütung nach dem Schätzwert der Masse zur Zeit der Beendigung des Verfahrens zu berechnen.

(2) Die maßgebliche Masse ist im Einzelnen wie folgt zu bestimmen:

1. ¹Massegegenstände, die mit Absonderungsrechten belastet sind, werden berücksichtigt, wenn sie durch den Verwalter verwertet werden. ²Der Mehrbetrag der Vergütung, der auf diese Gegenstände entfällt, darf jedoch 50 vom Hundert des Betrages nicht übersteigen, der für die Kosten ihrer Feststellung in die Masse geflossen ist. ³Im übrigen werden die mit Absonderungsrechten belasteten Gegenstände nur insoweit berücksichtigt, als aus ihnen der Masse ein Überschuss zusteht.
2. Werden Aus- und Absonderungsrechte abgefunden, so wird die aus der Masse hierfür gewährte Leistung vom Sachwert der Gegenstände abgezogen, auf die sich diese Rechte erstrecken.
3. Steht einer Forderung eine Gegenforderung gegenüber, so wird lediglich der Überschuss berücksichtigt, der sich bei einer Verrechnung ergibt.
4. ¹Die Kosten des Insolvenzverfahrens und die sonstigen Masseverbindlichkeiten werden nicht abgesetzt. ²Es gelten jedoch folgende Ausnahmen:
    a) Beträge, die der Verwalter nach § 5 als Vergütung für den Einsatz besonderer Sachkunde erhält, werden abgezogen.
    b) Wird das Unternehmen des Schuldners fortgeführt, so ist nur der Überschuss zu berücksichtigen, der sich nach Abzug der Ausgaben von den Einnahmen ergibt.
5. ³Ein Vorschuss, der von einer anderen Person als dem Schuldner zur Durchführung des Verfahrens geleistet worden ist, und ein Zuschuss, den ein Dritter zur Erfüllung eines Insolvenzplans geleistet hat, bleiben außer Betracht.

Übersicht	Rdn.
A. Normzweck	1
B. Norminhalt	2
I. Berechnungsgrundlage Vergütung Insolvenzverwalter (Abs. 1)	2
1. Schlussrechnung (Satz 1)	2
2. Schätzung (Satz 2)	6
3. Entsprechende Anwendung	13
II. Methode zur Ermittlung der Masse (Abs. 2)	16
1. Absonderungsrechte (Nr. 1 Satz 1, 2)	17
2. Grundsatz (Nr. 1 Satz 3)	23
3. Abfindungen (Nr. 2)	24
4. Aufrechnung (Nr. 3)	25
5. Masseverbindlichkeiten (Nr. 4)	26
6. Zahlungen Dritter (Nr. 5)	36
C. Reformbestrebungen	37
I. Berechnungsgrundlage	38
II. Ermittlung der Berechnungsgrundlage	42

A. Normzweck

Die Berechnungsgrundlage der Verwaltervergütung und die Methode zu ihrer Bestimmung sind 1 genannt.

§ 1 InsVV Berechnungsgrundlage

B. Norminhalt

I. Berechnungsgrundlage Vergütung Insolvenzverwalter (Abs. 1)

1. Schlussrechnung (Satz 1)

2 Die Vergütung wird nach dem Wert der Insolvenzmasse berechnet, auf die sich die Schlussrechnung gem. § 66 InsO bezieht. Dies ist eine Klarstellung des offenkundigen Redaktionsversehens des Gesetzgebers in § 63 Abs. 1 Satz 2 InsO (BGH, ZInsO 2014, 307, 308). Die Schlussrechnung ist die Basis der Vergütungsermittlung; trotzdem fehlt eine Vorgabe des Gesetzgebers oder des Verordnungsgebers über Aufbau und Inhalt (Haarmeyer/Mock, § 1 Rn. 39, dort auch mit Hinweisen zu notwendigen Mindestkategorien). Dies ist als ein weiterer konzeptioneller Mangel des Vergütungsrechts zu verstehen. Wg. der derzeit bekannten Reformvorschläge zur Berechnungsgrundlage wird auf Rdn. 37 ff. verwiesen. Das vom Schuldner während des Verfahrens erworbene Vermögen gehört gem. § 35 InsO zur Masse, so auch der Nachlass, wenn der Schuldner während des Insolvenzverfahrens Erbe wurde; ein Lottogewinn fällt grds. in vollem Umfang in die Insolvenzmasse (AG Göttingen, ZInsO 2011, 2002) Die vergütungsrelevante Masse ist i. Ü. nicht durch den Gesamtbetrag der Insolvenzforderungen und Masseverbindlichkeiten nach oben begrenzt (BGH, ZInsO 2009, 1030, 1032). Eine Begrenzung der Masse oder der Berechnungsgrundlage ergibt sich auch nicht aus § 39 Abs. 2 GKG (a. A. LG Frankfurt am Main, ZInsO 2014, 458, 459, weil sich die Frage der Verwaltervergütung daran anschließen würde; ohne Stellungnahme insoweit OLG Frankfurt ZInsO 2014, 959 ff.). Ergibt sich eine Masse über dem Wert von § 39 Abs. 2 GKG, ist also diese der Berechnung der Vergütung zugrunde zu legen.

3 Nach § 8 Abs. 1 Satz 3 soll der Vergütungsantrag gestellt werden, wenn die Schlussrechnung an das Gericht gesandt wird. In die Schlussrechnung können generell nur bereits erzielte Erlöse eingestellt werden (BGH, ZInsO 2006, 203, 204). Über die dokumentierten Einnahmen der Schlussrechnung hinaus ergeben sich Erweiterungen der Berechnungsgrundlage. Übernimmt der Erwerber Verpflichtungen der Schuldnerin oder der Masse – ohne, dass Zuflüsse zur Masse realisiert werden, so können auch die übernommenen Verpflichtungen als Wert in die Schlussrechnung einbezogen werden (LG München, ZInsO 2013, 1544 ff.; Keller, NZI 2013, 699). Sieht der Verwalter voraus, dass – über die Einnahmen in der Schlussrechnung hinaus – noch Einnahmen sicher zu erwarten sind, kann er diese mit entsprechenden Vermerken in der Berechnungsgrundlage für die Vergütung berücksichtigen (BGH; ZInsO 2014, 307, 308). Dies gilt auch für Steuererstattungsansprüche aus der Verwaltervergütung (BGH, ZInsO 2011, 791, 792) oder im Abzugswege erhobene Kapitalertragsteuern (LG Aachen, ZInsO 2013, 683). Es ist zunächst durch den Verwalter innerhalb des Antrages auf Vergütung darzustellen, dass die Ansprüche sicher sind. Kommt es zu Massezuflüssen, die bei Einreichung der Schlussrechnung noch nicht vorhersehbar oder nicht sicher zu erwarten waren und deshalb bei der Festsetzung der Vergütung nicht berücksichtigt werden konnten, kann die Festsetzung der Vergütung nach Maßgabe der erhöhten Berechnungsgrundlage nachträglich ergänzt werden (BGH, ZInsO 2014, 307, 308). Dies gilt jedenfalls für Massezuflüsse im Zeitraum zwischen der Einreichung der Schlussrechnung und dem Schlusstermin (BGH, ZInsO 2014, 307, 308).

4 Massezuflüsse im Zeitraum zwischen dem Schlusstermin und der Aufhebung des Verfahrens müssen zu einer Ergänzung der Vergütungsfestsetzung führen können, Hierfür sprechen mindestens verfahrensökonomische Gesichtspunkte. Bei Zuflüssen nach der Aufhebung des Verfahrens scheidet eine Ergänzung der Festsetzung aus (BGH, ZInsO 2014, 307, 308). Bei einem Massezufluss nach Aufhebung des Verfahrens kann eine zusätzliche Vergütung nur bei einer Nachtragsverteilung festgesetzt werden (BGH, ZInsO 2011, 2049).

5 Die Einreichung der Schlussrechnung markiert den spätesten Zeitpunkt, zu dem der Verwalter seiner Hinweispflicht nach § 11 Abs. 2 Satz 1 bzgl. der veränderten Berechnungsgrundlage des vorläufigen Insolvenzverwalters nachkommen kann (vgl. zu der Abänderungsbefugnis des Gerichtes bei § 63 InsO Rdn. 97 ff.; vgl. § 11 Rdn. 23 ff. wg. der Hinweispflicht).

2. Schätzung (Satz 2)

Schätzwerte sind notwendig, sobald keine Verwertungsergebnisse vorliegen; so, wenn der Antrag zurückgenommen wird, da **keine amtswegige** Feststellung der Ist-Masse in Betracht kommt (BGH, ZInsO 2005, 757, 758). Schätzungen sind weiter notwendig, wenn das Verfahren aufgehoben (§ 258 Abs. 1) oder vorzeitig beendet wird (§§ 207, 211 bis 213 InsO). Die Schätzung kann nur für generell berücksichtigungsfähige Gegenstände erfolgen. Bei der Schätzung sind auch noch nicht durchgesetzte Forderungen zu berücksichtigen, wenn deren Titulierung und Durchsetzung nach entsprechenden Darlegungen des Verwalters wahrscheinlich ist (AG Göttingen, ZInsO 2005, 871). Die Schätzung erfolgt nach den Grundsätzen des § 287 ZPO i. V. m. § 4 InsO (BGH, ZInsO 2004, 909, 910). Entscheidend für die Schätzung ist, welcher Wert sich voraussichtlich verwirklichen lässt (vgl. BGH, ZInsO 2013, 309). 6

Bei einem **Insolvenzplan** (vgl. zu vergütungsrechtlichen Regelungen innerhalb des Plans bei § 63 InsO Rdn. 22 f.; § 64 InsO Rdn. 18). hängt der anzusetzende Wert von dem rechtskräftigen Planinhalt ab (LG Berlin, DZWIR 2005, 298; LG Traunstein, ZInsO 2000, 510, 511). Wird das Insolvenzverfahren nach Bestätigung eines Insolvenzplans aufgehoben, ist die Vergütung des Verwalters nach dem Schätzwert der Masse z. Zt. der Beendigung des Verfahrens zu berechnen (BGH, ZInsO 2011, 839). Bestehende Schadensersatzansprüche der Masse gegen Dritte gehören auch in diesem Fall zum vollen Verkehrswert zur Berechnungsgrundlage (BGH, ZInsO 2011, 839, 840). 7

Wählen die Gläubiger die **Liquidation**, sind die zu erwartenden Erlöse anzusetzen; die Werte aus der Übersicht nach § 153 InsO werden Grundlage sein, wobei zusätzliche Erkenntnisse zu berücksichtigen sind (MK-Nowak § 1 Rn. 7). Wird das Planziel »**übertragende Sanierung**« verfolgt, ist die Gläubigerbefriedigung sowohl aus Verkaufserlösen wie aus laufenden Überschüssen möglich; die in die Vermögensübersicht nach § 229 InsO eingestellten Positionen sind für die Schätzung heranzuziehen (vgl. H/W/F, InsVV § 1 Rn. 34; Keller, Vergütung, Rn. 178; a. A. Weber, Rpfleger 2007, 296, 297: Buchwerte aus aktuellem Zwischenabschluss. Bei einer **Reorganisation** (Sanierung des Unternehmens unter Beibehaltung des Unternehmensträgers) ist ebenfalls die Übersicht nach § 229 InsO heranzuziehen (vgl. H/W/F, InsVV § 1 Rn. 34; a. A. Weber, Rpfleger 2007, 297). Der zeitliche Zusammenhang zwischen Insolvernzplan und der Übersicht nach § 229 InsO ist großzügig zu betrachten (Haarmeyer/Mock § 1 Rn. 37). 8

Wird nach §§ 207, 211 InsO **eingestellt**, wird lediglich bezogen auf unverwertbare Gegenstände zu schätzen sein (1,00 €), da der Verwalter i. Ü. zu verwerten hatte und über die erzielten Erlöse Rechnung gelegt werden kann. 9

Bei § 212 InsO kann auf die Unterlagen abgestellt werden, die im Hinblick auf das Fehlen der Eröffnungsgründe vorzulegen sind. 10

Bei § 213 InsO ist wegen des noch nicht verwerteten Vermögens zu schätzen (BGH, ZInsO 2013, 309). Forderungen, die in die Masse fallen und dort noch vorhanden sind, sind mit ihrem Verkehrswert zu berücksichtigen. Voraussetzung der Berücksichtigung der Forderung ist allerdings, dass diese vom Verwalter überhaupt hätte realisiert werden können (BGH, ZInsO 2013, 309). Ansprüche auf Kapitalaufbringung und Kapitalerhaltung können in der Liquidation der Gesellschaft nur realisiert werden, soweit sie zur Liquidation der Gesellschaft erforderlich sind, also etwa zum Zwecke der Beendigung der laufenden Geschäfte oder zur Befriedigung der Gläubiger. Einzuziehen sind auch die Beträge, die zur Deckung der Kosten des Insolvenzverfahrens erforderlich sind. Dazu gehört gem. § 54 Nr. 2 InsO die Vergütung des Verwalters. Die genannten Ansprüche sind deshalb in der Höhe einziehbar, in welcher der Erlös für die Begleichung aller Massekosten und Insolvenzforderungen erforderlich ist. Die Geltendmachung von Ansprüchen auf Kapitalaufbringung oder Kapitalerhaltung allein mit dem Ziel, dem in Anspruch genommenen anschließend seine hierdurch entstehende nachrangige Insolvenzforderung zu erfüllen, unter Abzug der damit verdienten Vergütung des Verwalters, wäre rechtsmissbräuchlich und kann deshalb nicht berücksichtigt werden (BGH, ZInsO 2013, 309). 11

§ 1 InsVV Berechnungsgrundlage

12 **Scheidet der endgültige Verwalter vorzeitig aus dem Amt** aus, ist eine Schätzung notwendig, soweit nicht verwertet ist, denn es ist – entgegen BGH, ZInsO 2006, 29, 30 – von einer einheitlichen Masse auszugehen (OLG Brandenburg, ZIP 2002, 43; LG Bamberg, ZInsO 2005, 477, 480; BK-Blersch § 1 Rn. 6; Haarmeyer/Mock § 1 Rn. 106; **a. A.** FK-Lorenz § 1 Rn. 13; H/W/F, InsVV § 1 Rn. 100 f.; Jaeger-Schilken § 1 Rn. 40; MK-Riedel § 1 Rn. 7). Die Vergütung des vorzeitig ausgeschiedenen Verwalters ist daher nicht anhand der bis dahin erzielten Masse, sondern der geschätzten Masse, auf die sich die Schlussrechnung beziehen wird, zu berechnen (LG Bamberg, ZInsO 2005, 477, 480; **a. A.** BGH, ZInsO 2006, 29, 30; offen gelassen in BGH, ZInsO 2007, 539, 541).

3. Entsprechende Anwendung

13 Eine entsprechende Anwendung von Absatz 1 kommt für die Vergütung des vorläufigen Verwalters nach der Neuordnung des Rechts der Vergütung des vorläufigen Verwalters nicht in Betracht (vgl. § 63 InsO Rdn. 71).

14 Auf den Sachwalter wird – schon wegen § 10 – die Vorschrift entsprechend anzuwenden sein.

15 Dies ist für den vorläufigen Sachwalter nach § 270a Abs. 1 Satz 2 InsO nicht möglich. Für diesen verweist § 270a Abs. 1 Satz 2 InsO auf den vorläufigen Verwalter und die ebenfalls in Bezug genommene Vorschrift des § 274 Abs. 1 InsO verweist nunmehr unter anderem auf § 63 Abs. 3 InsO. Der vorläufige Sachwalter hätte damit ebenfalls eine Sonderstellung (vgl. für den vorläufigen Sachwalter bei § 12 Rdn. 11 ff.).

II. Methode zur Ermittlung der Masse (Abs. 2)

16 Wird Schlussrechnung gelegt, sind die in Abs. 2 abschließend geregelten **Abzugsposten** (OLG Köln ZInsO 2000, 597) zu berücksichtigen (vgl. wg. Reformbetrebungen bei Rdn. 42 ff.). Sie sollen sich aus der Schlussrechnung nachvollziehbar ergeben (H/W/F, InsVV § 1 Rn. 40). Für den vorläufigen Verwalter und den vorläufigen Sachwalter ist auf die Darstellung unter Rdn. 13, 15 zu verweisen. Absatz 2 als Methode zur Ermittlung der Masse ist nicht anzuwenden, da bei dem vorläufigen Verwalter und dem vorläufigen Sachwalter das Vermögen und nicht die Insolvenzmasse im Sinne der Schlussrechnung den Ansatz für die Vergütungsberechnung bildet (vgl. § 63 InsO Rdn. 71).

1. Absonderungsrechte (Nr. 1 Satz 1, 2)

17 Nr. 1 Satz 1, 2 sind bei der Verwertung beweglicher Sachen oder Forderungen, an denen Absonderungsrechte bestehen, anzuwenden (vgl. § 171 Abs. 1 Satz 2 InsO). Massegegenstände, an denen Absonderungsrechte bestehen, sind zu berücksichtigen, soweit der Verwalter sie verwertet (BGH, ZInsO 2006, 254, 255) oder sie durch den Verwalter zu verwerten gewesen wären, wenn nicht das Verfahren vorzeitig geendet hätte (BGH, ZInsO 2007, 539). Der Wertansatz muss im Wege der Schätzung erfolgen (vgl. oben bei Rdn. 6, offen gelassen in BGH, ZInsO 2007, 539, 541). Wäre die Verwertung der mit Absonderungsrechten belasteten Gegenstände auch ohne die vorzeitige Beendigung des Verfahrens – wegen der vollständigen Befriedigung der Gläubiger – nicht erfolgt, sind die Gegenstände in der Berechnungsgrundlage nicht zu berücksichtigen (BGH, ZInsO 2009, 888). Wird bei einem sicherungsübereigneten Gegenstand die Übereignung wirksam angefochten, sind Abzüge nach Nr. 1 nicht vorzunehmen (BGH, ZInsO 2006, 254, 255).

18 Wegen der in Satz 2 enthaltenen Kappung ist eine **Vergleichsrechnung** erforderlich. Aus den insgesamt erzielten Erlösen, einschließlich Beiträgen nach § 171 InsO und USt ist zunächst die Vergütung nach § 2 zu berechnen. Zum Vergleich ist die Vergütung nach § 2 aus Verwertung der Gegenstände ohne Drittrechte zuzüglich der gesamten USt und Beiträge zu bilden. Der zweite Vergütungsbetrag wird von der zuerst errechneten Vergütung abgezogen. Das Ergebnis ist der Mehrbetrag nach Nr. 1 Satz 2; dieser ist auf 50 % der Beiträge zu kürzen. Der **gekürzte Mehrbetrag** wird zu dem **Wert der zweiten Staffelvergütung** addiert. Es ergibt sich der zulässige Mehrbetrag.

Die sich aus § 1 Abs. 2 Nr. 1 Satz 2 ergebende Sondervergütung ist Teil der im Übrigen nach § 2   19
Abs. 1 InsVV zu berechnenden Regelvergütung, aus der die Zu- und Abschläge berechnet werden
(BGH, ZInsO, 2013, 1104). Die Sondervergütung nach dieser Bestimmung kann nur zugebilligt
werden, wenn der zur Masse vereinnahmte Kostenbetrag nicht schon bei der Berechnungsgrundlage berücksichtigt wurde (BGH, ZInsO, 2013, 2288). Würde die Sondervergütung nach § 1 Abs. 2
Nr. 1 Satz 2 InsVV neben der Regelvergütung nach § 2 Abs. 1 InsVV gewährt, die anhand der um
die Feststellungspauschalen erhöhten Berechnungsgrundlage bestimmt würde, käme es zu einer
Doppelvergütung, die zumindest in der ersten Degressionsstufe, bei höheren Stufen jedenfalls bei –
wie hier – gewährten Zuschlägen die Deckelung des § 1 Abs. 2 Nr. 1 Satz 2 InsVV zunichte machen
würde. Der Verwalter hat deshalb ein Wahlrecht, ob er die erhöhte Berechnungsgrundlage oder die
Sondervergütung in Anspruch nimmt (BGH, ZInsO, 2013, 2288).

Ein sämtlichen Insolvenzforderungen nachrangiges Absonderungsrecht erhöht im Fall der Verwer-   20
tung durch den Insolvenzverwalter die Bemessungsgrundlage für die Vergütung des Verwalters in
der Weise, dass der der Masse aus der Verwertung zustehende Betrag in vollem Umfang, der an den
Absonderungsberechtigten auszukehrende Betrag mit 2 % des Erlösanteils zu berücksichtigen ist
(BGH, ZInsO 2006, 254).

Wird **Grundbesitz** freihändig durch den Verwalter veräußert, besteht keine § 171 InsO vergleich-   21
bare Regelung. Der Verwalter kann einen Beitrag mit dem Grundpfandgläubiger vereinbaren. Die
Berechnung erfolgt dann wie bei beweglichen Sachen (KPB-Eickmann § 1 Rn. 31). Ein gesetzlicher
Anspruch auf einen Feststellungskostenbeitrag besteht bei freihändiger Veräußerung eines Grundstücks nicht; der **Feststellungskostenbeitrag** ist nur dann vergütungsrelevant, wenn er zur Masse
fließt und ausdrücklich als solcher bezeichnet ist (LG Heilbronn, ZInsO 2011, 1958, 1959; LG
Heilbronn, Rpfleger 2007, 105). Wird der Beitrag nicht ausdrücklich als Feststellungskostenbeitrag
benannt, könnte die vereinnahmte Summe in einen Verwertungs- und einen Feststellungsbeitrag
durch das Gericht bei der Prüfung der Rechnung aufgeteilt werden. Betreibt der Verwalter die
Zwangsversteigerung eines Grundstücks, erfolgt die Berechnung ebenfalls wie geschildert. Der
Masse fließt der Kostenbeitrag nach § 10 Abs. 1 Nr. 1a ZVG zu. Hiervon ist der Mehrbetrag als
Kappungsgrenze zu berechnen. Betreibt ein Gläubiger die Versteigerung, fehlt es an einer Verwertung durch den Verwalter.

Aus der Funktion der sog. kalten Zwangsverwaltung als milderes Mittel zur sofortigen Zwangsver-   22
steigerung, können unter Anwendung des § 1 Abs. 2 Nr. 1 Satz 2 nur die Überschüsse aus der kalten
Zwangsverwaltung Masse erhöhend Berücksichtigung finden (LG Heilbronn, ZIP 2012, 2077;
vgl. zu Vergütungsvereinbarungen bei kalter Zwangsverwaltung Bork, ZIP 2013, 2129 ff.; Becker,
ZInsO 2013, 2352 ff.).

2. Grundsatz (Nr. 1 Satz 3)

Nr. 1 Satz 3 benennt den Grundsatz, dass Absonderungsgut (§§ 49 bis 51 InsO) nur berücksichtigt   23
wird, soweit der Masse aus der Verwertung ein Überschuss zusteht (BGH, ZInsO 2006, 254, 255).
Ein Sonderfall liegt vor, wenn der Verwalter sowohl einen Feststellungskostenbeitrag als auch einen
Überschuss erzielt. Dann ist der Absonderungsgegenstand mit seinem vollen Wert anzusetzen;
durch die tatsächliche Masseerhöhung sind Mittel für eine Vergütungserhöhung zugeflossen (BGH,
ZInsO 2006, 254; BK-Blersch § 1 Rn. 12; FK-Lorenz § 1 Rn. 25; H/W/F InsVV § 1 Rn. 61).

3. Abfindungen (Nr. 2)

Zahlt der Verwalter an Inhaber von Aus- oder Absonderungsrechten vor der Verwertung, um   24
deren Rechte abzufinden (Nr. 2), wird der gezahlte Betrag vom Sachwert des Gegenstandes für die
Berechnungsgrundlage abgesetzt. Der Sachwert stimmt bei ordnungsgemäßer Verwertung mit dem
erzielten oder erzielbaren Erlös überein. Der Abfindungsbetrag ist nicht von dem erzielten Erlös
abzuziehen, sondern von dem Sachwert. Der erzielte Erlös bleibt unerheblich (H/W/F InsVV § 1

Rn. 76; a. A. MK-Riedel, § 1 Rn. 24). Wird nach der Abfindung – später – verwertet, wird diese Verwertungstätigkeit nicht erneut vergütet (Haarmeyer/Mock, § 1 Rn. 80).

4. Aufrechnung (Nr. 3)

25 Nr. 3 greift nur dann ein, wenn sich Forderung und Gegenforderung aufrechenbar oder sonst für den Insolvenzgläubiger verrechenbar gegenüberstehen (BGH, ZInsO 2010, 447, 448). Die Berechnungsgrundlage für die Vergütung des Insolvenzverwalters umfasst daher den vollen Wert des Forderungsbestandes, wenn diesem Forderungen lediglich nicht aufrechenbare Gegenforderungen von Insolvenzgläubigern gegenüberstehen (BGH, ZInsO 2010, 447; ZInsO 2007, 1107). Ansonsten ist der sich ergebende Überschuss zu berücksichtigen; bei Aufrechnung mit und gegen Masseverbindlichkeiten ist die Vorschrift nicht anwendbar (BK-Blersch § 1 Rn. 15; FK-Lorenz § 1 Rn. 28).

5. Masseverbindlichkeiten (Nr. 4)

26 Nach Nr. 4 werden Kosten des Verfahrens (§ 54 InsO) sowie sonstige Masseverbindlichkeiten nicht abgezogen. Die Regelung ist Ausdruck der Erfolgsbezogenheit der Vergütung des Insolvenzverwalters (Haarmeyer/Mock, § 1 Rn. 86).

27 **Ausnahme** sind nach Satz 2 Buchst. a) vom Verwalter persönlich nach § 5 als Vergütung für den **Einsatz besonderer Sachkunde** erhaltene Beträge. Die Beträge, die an einen Dritten gezahlt werden, sind nicht abzusetzen, auch wenn der Verwalter an dem Dritten gesellschaftsrechtlich (Sozietät etc.) beteiligt ist. Die mittelbare Teilhabe an den Einnahmen ändert nichts daran, dass er die Beträge eben nicht nach § 5 erhalten hat, sondern über den – bspw. der Sozietät – zugrunde liegenden Gesellschaftsvertrag (BGH, ZInsO 2007, 813; a. A. HK-Keller § 1 Rn. 30; vgl. kritisch zur sog. Eigenmandatierung als Form der mittelbaren Selbstzuwendung: Haarmeyer/Mock, § 1 Rn. 87). Die Regelung ist von der Ermächtigung in den §§ 63, 65 InsO gedeckt und verfassungsgemäß (BGH, ZInsO 2011, 2051). Die gesetzliche Ermächtigung in §§ 65, 63 InsO lässt Inhalt, Zweck und Ausmaß der Ermächtigung im Sinne von Art. 80 Abs. 1 Satz 2 GG ausreichend deutlich erkennen; mit dem Abzug der Vergütung nach § 5 von der Berechnungsgrundlage soll verhindert werden, dass die Insolvenzmasse wegen dieser Vergütung vom Verwalter mehrfach in Anspruch genommen wird. Der Abzug dient auch der Transparenz des Verfahrens und der Integrität des Insolvenzverwalters. Die Regelung in § 1 Abs. 2 Nr. 4 Satz 2 Buchst. a) InsVV ist geeignet, diese Ziele zu fördern, und bringt dem Insolvenzverwalter keine unverhältnismäßigen Nachteile (BGH ZInsO 2011, 2051, 2052). Die Beschränkung des Abzugs auf unmittelbar dem Verwalter zugeflossene Beträge unter Ausschluss von solchen, die er mittelbar über Dritte – etwa über eine Sozietät – erhalten hat, dient insb. einer praktikablen Handhabbarkeit der Bestimmung. Die Einbeziehung mittelbar zufließender Vergütungen würde die Handhabung wegen der dafür erforderlichen Ermittlungen und der sich ergebenden Abgrenzungsschwierigkeiten erheblich erschweren. Zudem sind die von der Regelung mit verfolgten Zielen der Transparenz des Verfahrens und der Integrität des Insolvenzverwalters in geringerem Maße betroffen, wenn Vergütungen nach § 5 an einen Dritten gezahlt werden, an dem der Insolvenzverwalter lediglich beteiligt ist (BGH, ZInsO 2011, 2051, 2052).

28 Nach Satz 2 Buchst. b) ist als **Ausnahme** bei **Unternehmensfortführung** der **Überschuss** zu berücksichtigen, der sich nach Abzug der Ausgaben von den Einnahmen ergibt. Dies sollte auch bei Fortführung im Eröffnungsverfahren gelten (BGH, ZInsO 2007, 766, 767 f.); dies ist durch die Neuregelung von § 63 Abs. 3 InsO überholt (vgl. oben Rdn. 16). Ausgaben sind die durch die Fortführung des Unternehmens veranlassten Masseverbindlichkeiten (BGH, ZInsO 2005, 760, 761). Es ist maßgeblich, ob tatsächlich Ausgaben während und für die Betriebsfortführung angefallen sind. Soweit Ansprüche auf diese Ausgaben durch vom Insolvenzverwalter abgeschlossene Verträge oder durch seine Erfüllungswahl begründet wurden, besteht hieran kein Zweifel. Soweit es sich um Verbindlichkeiten handelt, die aus Dauerschuldverhältnissen entstehen, die noch vom Schuldner begründet worden und nach § 55 Abs. 1 Nr. 2 InsO als Masseverbindlichkeiten oktroyiert worden sind, gilt nichts anderes (BGH, ZInsO 2011, 1615, 1616). Deshalb müssen auch die während der Unternehmensfortführung anfallenden laufenden Kosten, mit denen der Gewinn erwirtschaftet

werden soll, i. R. d. Einnahmen-/Ausgabenrechnung als Ausgaben berücksichtigt werden (BGH, ZInsO 2011, 1615, 1616). Aus der Vorschrift ergibt sich kein Anhaltspunkt dafür, dass nur ein Teil der Ausgaben berücksichtigt werden soll. Maßgebend ist allein, ob die Gegenleistung für die Unternehmensfortführung verwendet wurde (BGH, ZInsO 2011, 1615, 1616; ZInsO 2008, 1262, 1263; ZInsO 2011, 1519, 1520). Dabei obliegt es dem Verwalter, eine Abgrenzung der für die Unternehmensfortführung erforderlichen Kosten ggü. denjenigen vorzunehmen, die nicht im Zusammenhang mit der Betriebsfortführung entstanden sind (BGH, ZInsO 2011, 1615, 1616).

Wird bei einer Betriebsfortführung ein Teil der Belegschaft freigestellt, während mit dem anderen Teil weiter gearbeitet wird, sind die Bezüge der freigestellten Mitarbeiter nicht zu berücksichtigen; hierzu muss der Verwalter im Einzelnen Nachweis führen (BGH, ZInsO 2008, 1262, 1264). Zur Ermittlung des Überschusses bei der Fortführung hat der Insolvenzverwalter eine gesonderte Einnahmen-/Ausgabenrechnung vorzulegen (BGH, ZInsO 2008, 1262, 1263 f.). Diese hat nicht nur die Masseverbindlichkeiten zu berücksichtigen, die während der Fortführung begründet und bedient worden sind, sondern es sind auch Geschäftsvorfälle als Ausgaben zu berücksichtigen, bei denen eine Rechnungsstellung ggü. der Masse noch nicht vorliegt. Ggf. sind diese Geschäftsvorfälle mit Schätzbeträgen in der Einnahmen-/Ausgabenrechnung zu berücksichtigen (BGH, ZInsO 2007, 436, 437). Unterlässt es der Insolvenzverwalter pflichtwidrig, Masseverbindlichkeiten zu begründen, können die fiktiv für solche Masseverbindlichkeiten anzunehmenden Kosten in die Einnahmen-/Ausgabenrechnung nicht einbezogen werden (BGH, ZInsO 2007, 436, 437). Bei Betriebsfortführungen ist eine Vergleichsrechnung notwendig, um zu ermitteln, ob und in welcher Höhe die Fortführung Zuschläge begründet (BGH, 2008, 1262, 1263); denn alle nach § 3 Abs. 1 InsVV zu gewährenden Zuschläge berechnen sich nach der um den Überschuss bei einer Unternehmensfortführung gem. § 1 Abs. 2 Nr. 4 Satz 2 Buchst. b) InsVV erhöhten Berechnungsgrundlage (BGH, ZInsO 2011, 1426).

29

Das Überschussprinzip gilt nicht bei der Berechnung der Gerichtskosten (OLG Düsseldorf, ZInsO 2010, 1645, 1646; a. A. OLG Koblenz, ZInsO 2014, 457; OLG Hamm, ZInsO 2013, 2011).

30

Da nur der Überschuss zu berücksichtigen ist, ist die Vorschrift am Erfolg des Verwalters orientiert (FK-Lorenz § 1 Rn. 32).

31

Arbeitet der Schuldner in einem durch den Verwalter fortgeführten Betrieb mit und erhält er im Gegenzug aus der Masse finanzielle Zuwendungen, ist widerleglich vermutet, dass damit die Mitarbeit abgegolten wurde und nicht Unterhalt gem. § 100 InsO geleistet wurde; die Benennung als Unterhalt ist unbeachtlich (BGH, ZInsO 2006, 703). Wurde die Mitarbeit abgegolten, handelt es sich um Betriebsausgaben, auf die Satz 2 Buchst. b) zumindest entsprechend anzuwenden ist (BGH, ZInsO 2006, 703).

32

Für die Vermutung, dass Leistung abgegolten werden soll, ist dann kein Raum, wenn der Verwalter durch einen Beschluss der Gläubigerversammlung klarstellen ließ, dass die dem Schuldner zu gewährenden Beträge unabhängig von seiner Mitarbeit im Betrieb sind (BGH, ZInsO 2006, 703).

33

Der Verwalter kann die Vermutung widerlegen, wenn er darlegt und ggf. beweist, dass der Schuldner nur ganz geringfügig und unregelmäßig im Betrieb mitgearbeitet hat. Sind die Leistungen des Schuldners für die Fortführung des Betriebes unverzichtbar – in Person oder weil ein Dritter einzustellen wäre – ist die Vermutung rgm. nicht zu widerlegen (BGH, ZInsO 2006, 703).

34

Ein etwa bei der Fortführung erzielter Verlust ist nicht zu berücksichtigen (BGH, ZInsO 2005, 760, 761; ZInsO 2008, 1262, 1263; LG Traunstein, ZInsO 2000, 510, 511). Denn § 1 Abs. 2 Nr. 4 soll generell nur eine Erhöhung der Bemessungsgrundlage ermöglichen (BGH, ZInsO 2005, 760, 761). Ein solcher Fortführungsverlust wirft nicht die Frage nach der Zweckwidrigkeit der Fortführung oder gar die Frage einer Verwirkung auf (a. A. Haarmeyer/Mock, § 1 Rn. 92).

35

6. Zahlungen Dritter (Nr. 5)

36 Vorschüsse und Zuschüsse, die Dritte für die Verfahrensdurchführung bzw. zur Erfüllung eines Insolvenzplans leisten, sind nach Nr. 5 abzuziehen (a.A Schmerbach, NZI 2014, 554). Das muss erst recht für Darlehen gelten, die zur Erfüllung des Insolvenzplans zur Verfügung gestellt werden (BGH, ZInsO 2011, 839, 840).

C. Reformbestrebungen

37 Aktuelle Reformbestrebungen des Verordnungsgebers oder des Gesetzgebers sind nicht bekannt. Das Vergütungsrecht ist aber allgemein im Umbruch (vgl. bei § 63 InsO Rdn. 3). Dies zeigen die vorliegenden Reformentwürfe. Es wurden Diskussionsentwürfe des sog. »Gläubigerforums« veröffentlicht (vgl. ZInsO 2013, 2424 ff.; ZInsO 2014, 650 ff.; vgl. hierzu Smid, ZInsO 2014, 878 f.). Weiter ist der Diskussionsentwurf für ein Insolvenzrechtliches Vergütungsgesetz (InsVG) der Arbeitsgemeinschaft der NIVD e.V, vorgelegt worden (ZInsO 2014, 941 ff. vgl. hierzu Smid, ZInsO 2014, 1247 ff.). Durch den VID e.V. ist ist ebenfalls ein Vorschlag für eine gesetzliche Regelung vorgelegt worden (ZInsO 2014, 1254 ff., Beilage, ZIP 28/2014, 14 ff.; vgl. hierzu Smid ZInsO 2014, 1247 ff.).

I. Berechnungsgrundlage

38 Im Hinblick auf die Berechnungsgrundlage ist der Vorschlag des VID der am weitesten gehende. Dies war auch beabsichtigt. Eine durchaus erhebliche Erhöhung der Berechnungsgrundlage wurde dort von vornherein als möglich angesehen (vgl. Blersch / Bremen, ZIP Beilage 28/2014, 1, 3). Außerdem soll eine einheitliche Berechnungsgrundlage für den Insolvenzverwalter im Regelinsolvenzverfahren, den vorläufigen Verwalter in diesem Verfahren, den Sachwalter, den vorläufigen Sachwalter und den Verwalter in Verbraucherinsolvenzverfahren geschaffen werden. Dies ergibt sich aus § 10 des Entwurfes. Berechnungsgrundlage soll der Wert des Vermögens des Schuldners einschließlich sämtlicher mit Absonderungsrechten belasteter Gegenstände sein (VID, ZInsO 2014, 1254 = Beilage, ZIP 28/2014, 14). Gegenstände, die Aussonderungsrechten unterliegen, gehören danach nicht zu der Berechnungsgrundlage (vgl. VID, ZInsO 2014, 1254 = Beilage, ZIP 28/2014, 14). Diese weit gefasste Berechnungsgrundlage ist damit begründet worden, dass so Strukturgleichheit mit Vergütungsvorschriften anderer Berufsgruppen wie Rechtsanwälten, Notaren und Steuerberatern hergestellt werden würde (Blersch/Bremen, ZIP Beilage 28/2014, 1, 3). Maßgeblicher Zeitpunkt für die Feststellung des Wertes ist nach dem Entwurf des VID der Zeitpunkt der Aufhebung oder Einstellung des Verfahrens oder der Zeitpunkt, ab dem der Gegenstand nicht mehr der Verwaltung unterliegt (vgl. VID, ZInsO 2014, 1254 = Beilage, ZIP 28/2014, 14).

39 Durch die spürbare Veränderung der Berechnungsgrundlage soll nicht das Ziel einer regelmäßigen Eröffnung beantragter Verfahren verwässert werden (Blersch/Bremen, Beilage ZIP 28/2014, 1, 3). Daher ist in dem Programmsatz III festgelegt worden, dass ein Verfahren auch dann eröffnet wird, wenn die Verfahrenskosten – wegen der Einbeziehung der Gegenstände, die mit Absonderungsrechten belastet sind, die entstehende freie Masse übersteigen. Es müssen dann lediglich die Mindestvergütung und Auslagen des Verwalters sowie die Gerichtskosten gedeckt sein (Blersch/Bremen, Beilage ZIP 28/2014, 1, 3). Sollte es dem Verwalter gelingen, aus Kostenbeiträgen oder zusätzlich vereinbarten Massebeiträgen die freie Masse zu erhöhen,, dienten diese Vermögensmasse dann in der Reihenfolge der §§ 53 ff. InsO zur Deckung der Verfahrenskosten, der Masseverbindlichkeiten und der Zahlung einer Quote (Blersch/Bremen, Beilage ZIP 28/2014, 1, 3).

40 Der Vorschlag des NIVD bezieht sich nach § 1 Abs. 1 auf die Insolvenzmasse gemäß Schlussrechnung oder einen Schätzwert bei vorzeitiger Beendigung als Berechnungsgrundlage (NIVD, ZInsO 2014, 941), Nicht verwertete Vermögensgegenstände sind mit einem fiktiven Wert anzusetzen (NIVD, ZInsO 2014, 941).

41 Der Diskussionsentwurf des sog. »Gläubigerforums« lässt § 1 Abs. 1 Satz 1 und 2 der jetzigen Fassung in dem Vorschlag unverändert (»Gläubigerforum«, ZInsO 2014, 650).

I. Ermittlung der Berechnungsgrundlage

Im Vorschlag des VID sind für die Bestimmung des Wertes des Vermögens auch unverwertete Posten mit einem Schätzwert heranzuziehen (VID, ZInsO 2014, 1254 = Beilage ZIP 28/2014, 14). Einnahmen aus einer Fortführung bleiben unberücksichtigt (VID, ZInsO 2014, 1254 = Beilage ZIP 28/2014, 14). Bei der Abfindung von Aussonderungsrechten wird die Leistung der Masse vom Wert der betroffenen Gegenstände abgesetzt (VID, ZInsO 2014, 1254, 1255 = Beilage, ZIP 28/2014, 14). Bei der Aufrechnung wird die Forderung mit dem Nennwert berücksichtigt (VID, ZInsO 2014, 1254, 1255 = Beilage, ZIP 28/2014, 14). Die Kosten des Verfahrens und sonstige Masseverbindlichkeiten werden nicht abgesetzt, auch wenn ihnen Einnahmen gegenüberstehen (VID, ZInsO 2014, 1254, 1255 = Beilage, ZIP 28/2014, 14). Die Regelung in § 1 Abs. 2 Nr. 5 bleibt erhalten (VID, ZInsO 2014, 1254, 1255 = Beilage, ZIP 28/2014, 14, 15).

Ein Abzug der Beträge für den Einsatz besonderer Sachkunde ist nicht vorgesehen (vgl. VID, ZInsO 2014, 1254, 1255 = Beilage, ZIP 28/2014, 14). Die Abfindung von Absonderungsrechten bleibt unberücksichtigt (vgl. VID, ZInsO 2014, 1254 = Beilage, ZIP 28/2014, 14, 15).

Die Berechnungsgrundlage wird – in dem Entwurf des NIVD – ermittelt, indem bei Gegenständen, die mit Absonderungsrechten belastet sind, der Überschuss und die Kostenbeiträge berücksichtigt werden (NIVD, ZInsO 2014, 941), Es wird die Regelung in § 1 Abs. 2 Nr. 3 der gegenwärtigen Fassung beibehalten werden (NIVD, ZInsO 2014, 941, 942). Die Kosten des Verfahrens und die sonstigen Masseverbindlichkeiten werden nicht abgesetzt; es gelten aber Ausnahmen. Bei der Abfindung von Aus- und Absonderungsrechten soll die Leistung vom Wert der Insolvenzmasse abgezogen werden (NIVD, ZInsO 2014, 941, 942.). Bei der Fortführung soll nur der sich ergebende Überschuss beachtet werden (NIVD, ZInsO 2014, 941, 942).

Die Regelung in § 1 Abs. 2 Nr. 5 bleibt inhaltlich unverändert erhalten; sie wird lediglich zu § 1 Abs. 2 Nr. 2 (NIVD, ZInsO 2014, 941). Ein Abzug der Beträge für besondere Sachkunde ist nicht vorgesehen (vgl. NIVD, ZInsO 2014, 941 f.).

Der Diskussionsentwurf des sog. »Gläubigerforums« will in der Berechnungsgrundlage mit Absonderungsrechten belastete Gegenstände soweit berücksichtigen, als sie durch den Verwalter verwertet wurden und aus ihnen ein Überschuss in die Masse fließt (»Gläubigerforum«, ZInsO 2014, 650, 651). Nach dem Diskussionsentwurf des »Gläubigerforums« werden die Regelungen in § 1 Abs. 2 Nr. 2 und 3 der gegenwärtigen Fassung beibehalten (vgl. »Gläubigerforum«, ZInsO 2014, 650, 651). Die Beträge, die der Verwalter oder seine Sozietät für den Einsatz von besonderer Sachkunde erhalten haben, sollen abgesetzt werden (»Gläubigerforum«, ZInsO 2014, 650 f.). Die Regelung nach § 1 Abs. 2 Nr. 4 Buchstabe b) bleibt erhalten (vgl. »Gläubigerforum«, ZInsO 2014, 650, 651). Die Regelung in § 1 Abs. 2 Nr. 5 bleibt erhalten (»Gläubigerforum«, ZInsO 2014, 650, 651).

§ 2 Regelsätze

(1) Der Insolvenzverwalter erhält in der Regel
1. von den ersten 25.000 Euro der Insolvenzmasse 40 vom Hundert,
2. von dem Mehrbetrag bis zu 50.000 Euro 25 vom Hundert,
3. von dem Mehrbetrag bis zu 250.000 Euro 7 vom Hundert,
4. von dem Mehrbetrag bis zu 500.000 Euro 3 vom Hundert,
5. von dem Mehrbetrag bis zu 25.000 000 Euro 2 vom Hundert,
6. von dem Mehrbetrag bis zu 50.000 000 Euro 1 vom Hundert,
7. von dem darüber hinausgehenden Betrag 0,5 vom Hundert.

(2) ¹Haben in dem Verfahren nicht mehr als 10 Gläubiger ihre Forderungen angemeldet, so soll die Vergütung in der Regel mindestens 1.000 Euro betragen. ²Von 11 bis zu 30 Gläubigern erhöht sich die Vergütung für je angefangene 5 Gläubiger um 150 Euro. ³Ab 31 Gläubiger erhöht sich die Vergütung je angefangene 5 Gläubiger um 100 Euro.

§ 2 InsVV Regelsätze

Übersicht

	Rdn.
A. **Normzweck**	1
B. **Norminhalt**	2
I. Regelsätze/Staffelvergütung (Abs. 1)	2
1. Aufgabe	2
2. Entwicklung	3
3. Grundproblem: Normalverfahren	14
4. Folgen	28
a) Zuschläge/Abschläge/Berechnungsgrundlage	28
b) Normalfall der anderen Verwalter/andere Normalverfahren?	29
5. Angemessenheit	30
6. Lösungen	35
a) Anpassung durch die Rechtsprechung	35
b) Reform	36
II. Mindestvergütung (Abs. 2)	37
1. Entwicklung	37
2. Anwendungsbereich	40
a) natürliche und juristische Personen	40
b) vorläufiger Verwalter	42
c) Sachwalter; vorläufiger Sachwalter?	44
3. Erhöhung nach Anmeldungen (Satz 2, 3)	45
4. Angemessenheit Mindestvergütung	46
5. Zuschläge	47
C. **Reformbestrebungen**	48
I. Vergütungsstaffel	49
1. »Gläubigerforum«	49
2. VID	50
3. NIVD	51
4. Übersicht	52
II. Mindestvergütung	54

A. Normzweck

1 Die Vorschrift ermöglicht nach Abs. 1 die Berechnung der Vergütung anhand der jeweils einschlägigen Berechnungsgrundlage. Sie nennt in Abs. 2 eine Mindestvergütung, von der § 13 eine Abweichung vorsieht.

B. Norminhalt

I. Regelsätze/Staffelvergütung (Abs. 1)

1. Aufgabe

2 Die Sätze nach Abs. 1 sind in sieben Stufen degressiv gestaltet. Abs. 1 füllt damit teilweise die rudimentäre Regelung in § 63 Abs. 1 Satz 1 bzw. Satz 2 InsO aus. Der Gesetzgeber hat dort nur das Prinzip angedeutet. Er hat Regelsätze erwähnt. Diese benennt Abs. 1. Der Gesetzgeber hat weiter in § 63 Abs. 1 Satz 3 InsO vorgegeben, dass durch Abweichungen vom Regelsatz dem Umfang und der Schwierigkeit der Geschäftsführung Rechnung zu tragen ist. Diese Abweichungen sind in Gestalt der Zu- und Abschläge in § 3 in offener Weise geregelt (vgl. bei § 3 Rdn. 2 ff.). Die Vorschriften der §§ 2, 3 sind daher zwingend in einem Verbund zu sehen. Sie können nicht isoliert betrachtet werden (vgl. bei Rdn. 28). Zusammen mit § 63 Abs. 1 InsO bilden sie den – maroden – Kern des Vergütungsrechts.

2. Entwicklung

3 Degressiv gestaltete Staffelvergütungen waren bereits in der Allgemeinverfügung des Reichsministers der Justiz vom 22.02.1936 (»Richtlinien für die Vergütung des Konkurs- und Vergleichsverwalters und der Mitglieder des Gläubigerausschusses und Gläubigerbeirats«, Deutsche Justiz, 311, abgedruckt in: Böhle-Stamschräder, KO, 4. A., 1955, Anhang 6) sowie in der »Verordnung über die Vergütung des Konkursverwalters, des Vergleichsverwalters, der Mitglieder des Gläubigerausschusses und der Mitglieder des Gläubigerbeirates« vom 25.05.1960 (BGBl. I S. 329), mit der die Allgemeinverfügung abgelöst wurde, enthalten. Die Vergütungssätze der VergVO sind 1972 letztmalig in bescheidenem Umfang angepasst worden (Wimmer, ZInsO 2004, 1006, 1007).

4 Bereits 1986 stand für die Kommission für Insolvenzrecht zwingend fest, dass keine angemessenen Vergütungen mit der Vorgaben der Regelsätze der VergVO gewährt würden (Kommission, zweiter Bericht, 1986, Leitsatz 3.4, S. 112. Der DiskE verzichtete in § 70 auf eine eigenständige Regelung zur Vergütung insgesamt. Stattdessen wurde auf Leitsätze des BMJ (Stand 15.08.1988) verwiesen.

Dort wurde ausgeführt, dass das Ermessen der Gerichte beschränkt werden sollte und allgemein darauf zu achten sei, dass die Vergütungen niedriger würden, um die Verfahren zu verbilligen. Dies war und blieb das Leitmotiv in der Entstehung des Vergütungsrechts der InsO. Dies führte zu einem schweren konzeptionellen Mangel (vgl. bei § 63 InsO Rdn. 35; vgl zu weiteren konzeptionellen Mängeln bei § 63 Rdn. 3).

In der Vergütungspraxis zur VergVO hatte sich die vierfache (vgl. BVerfG, ZIP 1989, 382 m. Anm. Eickmann, ZIP 1989, 383 f.) bzw. fünffache (GesO) der nach der VergVO berechneten Staffelvergütung als sog. »Normalvergütung« durchgesetzt, um eine angemessene Vergütung herzustellen. Die sog. Normalvergütung des vierfachen Staffelsatzes nach der VergVO sollte die Tätigkeit des Verwalters in einem in jeder Hinsicht einem Durchschnittsverfahren entsprechenden Verfahren abdecken (Eickmann, VergVO, § 4 Rn.4). Der zusätzliche Staffelzuschlag deckte die weiteren Anforderungen in den Verfahren nach der GesO ab (u. a. Tabellenführung). Der fünffache Satz nach der VergVO war für Verfahren unter der GesO als Regel akzeptiert (LG Frankfurt an der Oder, ZInsO 1998, 43; w. Nachweise bei Haarmeyer/Wutzke/Förster, Vergütung in Insolvenzverfahren, 2. A. § 3 VergVO Rn. 14). Daher war für ein sog. Normalverfahren der vierfache Satz bei Konkursverfahren bzw. der fünffache Satz bei den GesO-Verfahren mindestens festzusetzen (BGH, ZInsO 2004, 257, 262).

Die Vergütungssätze der VergVO blieben während der Vorbereitung der InsO bzw. der InsVV bis 1999 unverändert, obwohl die Lebenshaltungskosten in diesem Zeitraum um mehr als 100% stiegen (Wimmer, ZInsO 2004, 1006, 1007). 6

Der Verordnungsgeber hat dann 1999 in der Amtlichen Begründung zur InsVV immerhin – scheinbar – anerkannt, dass Insolvenzsituationen den Einsatz besonders qualifizierter Personen erfordern, eine Übernahme der Tätigkeiten aber nur erwartet werden könne, wenn eine Vergütung zu erwarten sei, die der Schwierigkeit und dem Haftungsrisiko entspräche (vgl. Amtl. Begründung, A. 3., Abdruck in H/W/F, InsVV, S. 43). Zwar hat das BMJ auch scheinbar anerkannt, dass dem Verwalter durch die InsO zusätzliche neue Aufgaben übertragen werden. Das BMJ wiederholte auch die allgemeine Erkenntnis, dass die Regelsätze nach der VergVO keine angemessene Vergütung ermöglichen (Amtl. Begründung, Abdruck bei H/W/F, InsVV, S. 49). 7

Diesen Erkenntnissen setzte der Verordnungsgeber aber entgegen, dass die Belastung der Insolvenzmasse mit Vergütungsansprüchen sich in Grenzen halten solle, damit die Verfahren durchführbar blieben und die Befriedigungsaussichten der Gläubiger nicht unzumutbar gemindert würden (Amtl. Begründung, A. 3., Abdruck in H/W/F, InsVV, S. 43). 8

Die Regelsätze der InsVV sind – wegen dieser Vorgabe und aufgrund des genannten Leitmotivs – nicht angehoben worden (a. A. Amtl. Begründung, Abdruck bei H/W/F, InsVV, S. 44; BGH, ZInsO 2005, 253, 254). Tatsächlich ergibt sich eine Verringerung der Sätze unter Berücksichtigung der zuvor in der Praxis vorgenommenen Anpassungen auf den vier- bzw. fünffachen Satz (BK-Blersch § 2 Rn. 1 ff. mit grafischer Darstellung bezüglich hoher Massen bei Rn. 4; Jaeger-Schilken § 63 InsO Rn. 42; FK-Lorenz § 2 Rn. 3; H/W/F, InsVV § 2 Rn. 3). Seit Inkrafttreten der InsVV wurde also mit einem Regelsatz nach der Staffelvergütung berechnet, der nicht den – anerkannten – Wert von 1989 erreichte. Es handelte sich also nur um ein Lippenbekenntnis, soweit der Verordnungsgeber anerkannte, dass die Vergütung nach der Maßgabe der VergVO nicht angemessen sei und eine Erhöhung stattfinden würde. 9

Die Vergütung wurde nicht nur gesenkt. Die Degression wurde außerdem bewusst so verschärft (vgl. Amtl. Begründung, Abdruck bei H/W/F, InsVV S. 49), dass die Notwendigkeit gesehen wurde, mit § 3 Abs. 1 Buchst. c) einen Degressionsausgleich zu schaffen, um die Verfassungswidrigkeit zu vermeiden (vgl. BK-Blersch § 3 Rn. 14). 10

Im Ergebnis ist daher nur das Ziel der Verbilligung – das Leitmotiv des Verordnungsgebers – umgesetzt worden. Daher war die Entwicklung der InsVV gegen die Berücksichtigung einer angemessenen Verwaltervergütung gerichtet. Die Vergütungssätze hinkten bereits 1999 der Entwicklung des allgemeinen Lohn- und Preisniveaus hinterher, weil allenfalls die Anpassung auf das Niveau von 11

1989 durch den Verordnungsgeber nachvollzogen war (K/P/B-Stoffler § 2 Rn. 29; HK-Keller § 2 Rn. 3; vgl. Blersch/Bremen, Beilage ZIP 28/2014, 1, 5 mit dem Hinweis auf einen Rückstand von zwischen 9 und 31 % Rückstand der InsVV auf die Regelung nach der VergVO bei Massen von bis zu 500.000,00 €). Die Bedenken hinsichtlich der Verfassungsmäßigkeit waren damit bereits 1999 gegeben (a. A. K/P/B-Stoffler § 2 Rn. 29; HK-Keller § 2 Rn. 3, diese Frage auf mittlere Sicht annehmend (vgl. auch bei Rdn. 32). Sie bestehen daher – verstärkt – auch jetzt. Eine zutreffend nach Abs. 1 ermittelte Vergütung hat daher nicht die gesetzliche Vermutung der Angemessenheit auf ihrer Seite (a. A. Haaarmeyer, ZInsO 2014, 1237). Vielmehr ist sie so bereits so unangemessen, dass ein Verstoß gegen Art. 12 Abs. 1 GG vorliegt (a. A. Smid, ZInsO 2014, 1247, 1249).

12 Die allgemeinen Kosten sind seit dem Erlass der InsVV weiter stark gestiegen. Dies ist in der InsVV unberücksichtigt geblieben (vgl. auch Blersch/Bremen, Beilage ZIP 28/2014, 1, 5 wegen der Verschlechterung aus der Umstellung 1,00 € zu 2,00 DM). Andere Gebührenregelungen sind ausdrücklich wegen des Kostenanstiegs angepasst worden. Es wird auf die Neuregelung der Vergütung bei den Steuerberatern (Steuerberatervergütungsverordnung) verwiesen. Die Steuerberatervergütungsverordnung ist seit dem 20.12.2012 in Kraft. Nach der Allgemeinen Begründung zu Art. 6 der Verordnung zum Erlass und zur Änderung steuerlicher Verordnungen (BR Drucks. 603/12, S. 43) erfolgte dort eine Anpassung an die wirtschaftliche Entwicklung zuletzt im Jahr 1998, basierend auf dem statistischen Datenmaterial des Jahres 1994, durch die Dritte Verordnung zur Änderung der Steuerberatergebührenverordnung (BGBl. I, 1998 S. 2369). Deswegen ist dort darauf verwiesen worden, dass seit dem Jahr 1998 der Preisindex um mehr als 22 % sowie die Lohnkosten um 20 % gestiegen seien. Es ist weiter ausgeführt worden, dass sich die Betriebskosten für die Nutzung der elektronischen Kommunikation sowie die Sachkosten erhöht hätten. Die Gebührenerhöhung bei den Steuerberatern beträgt insgesamt 15,975 % (vgl. auch Wilk/Beyer-Petz, DStR 2012, 2508).

13 Die Gedanken, die die dortige Novellierung stützen, sind auf die Vergütungssituation der Insolvenzverwalter zu übertragen. Auch hier haben sich die Personal- und Sachkosten gegenüber 1998 mindestens in gleichem Umfang wie bei den Steuerberatern erhöht. Tatsächlich dürften sich – durch andere Anforderungen der Gerichte und Verfahrensbeteiligten – die Kosten bei den Verwaltern noch stärker verändert haben. Es kommen weitere Gesichtspunkte hinzu. So beziehen sich die Erwägungen zu den Gebührenanpassungen bei den Steuerberatern darauf, dass die Steuerberatergebührenverordnung, der Vorgänger der jetzigen Regelung, 1982 in Kraft trat und dort eine Anpassung – basierend auf statistischem Material des Jahres 1994 – zuletzt 1998 erfolgte (BR Drucks. 603/12, S. 43.). Eine solche Anpassung ist bei dem Übergang von der VergVO auf die InsVV gerade nicht vollzogen worden. Vielmehr hat der Verordnungsgeber im Rahmen seiner Verbilligungsstrategie so getan, als sei eine Erhöhung vorgenommen worden, die in Wahrheit aber eine Herabsetzung war. Es handelte sich lediglich um ein politisches Manöver, um das Leitmotiv zu kaschieren, dass die Vergütungen sinken sollten. Die Vergütungserhöhung bei den Steuerberatern lässt den Anpassungsbedarf auch bei den Insolvenzverwaltern erkennen. Den bei den Steuerberatern vom Gesetzgeber anerkannten Argumenten kann bei den Insolvenzverwaltern die Anerkennung nicht versagt werden (a. A. Haarmeyer/Mock § 2 Rn. 9).

3. Grundproblem: Normalverfahren

14 Das sog. Normalverfahren ist die Grundvoraussetzung der Regelsatzstaffel in Absatz 1. Die Regelsätze nach Abs. 1 sollen die angemessene Vergütung für ein Normalverfahren – in der Regelinsolvenz – darstellen (vgl. amtl. Begründung, Abdruck bei H/W/F, InsVV S. 50; Wagner, NZI 1998, 23, 25). Die Vergütung kann angesichts der oben beschriebenen Entwicklung (vgl. Rdn. 3 ff.) nicht angemessen sein. Es gibt im Übrigen – auch angesichts der beschriebenen Entwicklung (s. o. Rdn. 3 ff.) – keinen einseitig die Interessen der Verwalter berücksichtigenden Begriff des Normalverfahrens oder des Normalfalles (a. A. Haarmeyer/Mock § 2 Rn. 5). Die Vergütungsstaffel in ihrer Entwicklung ist vielmehr gegen die Notwendigkeit einer angemessenen Vergütung ausgerichtet, so dass sie schon deswegen verfassungsrechtlichen Bedenken begegnet (s. o. Rdn. 3 ff., Rdn. 11).

Unabhängig davon ist bereits der Begriff des Normalfalls oder des Normalverfahrens selbst das – auch verfassungsrechtliche – Grundproblem. Die Höhe der Vergütung ist bei der Entstehung der InsVV – in der beschriebenen Absicht – offensichtlich erwogen worden (s. o. Rdn. 3 ff.). Dagegen ist nicht erkennbar, dass zu irgendeinem Zeitpunkt durch den Gesetzgeber oder den Verordnungsgeber überlegt worden wäre, was ein Normalverfahren ausmacht oder wie es zu definieren ist. Eine Definition des Normalverfahrens lag daher seitens des Verordnungsgebers oder des Gesetzgebers nie vor. Haarmeyer/Wutzke/Förster hatten, um die – von Gesetz- und Verordnungsgeber gelassene – Lücke zu füllen – nach Vorarbeiten von Eickmann zur VergVO – eine Bestimmung des Normalverfahrens anhand von quantitativen und qualitativen Merkmalen der Tätigkeit des Verwalters vorgenommen (vgl. Haarmeyer/Wutzke/Förster, Vergütung in Insolvenzverfahren, InsVV/VerGVO, 2. A., § 2 Rn. 10 ff.). Daraus wurde der Typus eines Normalverfahrens gebildet (vgl. H/W/F, InsVV § 2 Rn. 28). Dem folgt die Literatur auch aktuell vielfach (A/G/R-Nies § 2 Rn. 1; BK-Blersch § 2 Rn. 11; FK-Lorenz vor § 1 Rn. 4, § 2 Rn. 12; MK- Nowak § 2 Rn. Rn. 3, als objektive Kriterien bezeichnend; K/P/B-Prasser/Stoffler 3 Rn. 9 f., Rn. 60 ff. a. A. MK-Riedel § 2 Rn. 3 ff.; a. A. Haarmeyer, ZInsO 2014, 1237, 1238 ff.; Haarmeyer/Mock § 2 Rn. 3 ff.). Wurden die qualitativen Merkmale in dem quantitativen Rahmen erfüllt, sollte ein verfassungsrechtlich verbürgter Anspruch auf die Regelvergütung bestehen, der mit dem vierfachen Regelsatz der VergVO gleichgesetzt wurde (H/W/F, InsVV § 2 Rn. 28a; vgl. im Zusammenhang oben bei Rdn. 5 wegen des eigentlich zu berücksichtigenden fünffachen Satzes). Abweichungen von den qualitativen oder quantitativen Merkmalen um mehr als 20 % sollen Zu- oder Abschläge nach § 3 rechtfertigen (H/W/F, InsVV § 2 Rn. 28 Rn. 29 ff.; ähnl. KPB-Prasser/Stoffler § 3 Rn. 2; FK-Lorenz § 2 Rn. 15; MK-Nowak § 2 Rn. 4; a. A. Haarmeyer, ZInsO 2014, 1237, 1238 ff.; Haarmeyer/Mock § 2 Rn. 3 ff.).Die Rechtsprechung hat den Begriff nie insgesamt durchdrungen. Dies zeigt sich bereits in den verschiedenen umschreibenden Wendungen, die in der Rechtsprechung zum Einsatz gekommen sind (vgl. Beispielhaft: BGH, ZInsO 2004, 257, 262: durchschnittliches Normalverfahren; vgl. BGH, ZInsO 2004, 257, 262: regeltypisches Normalverfahren; BGH, ZInsO 2005, 253, 254: typisches Durchschnittsverfahren). Es ist schlicht akzeptiert worden, dass es ein Normalverfahren gibt, das der Regelvergütung des Abs. 1 zugrunde liegt (vgl. BGH, ZInsO 2006, 642, 643). Wegen der in der Rechtsprechung aufgegriffenern sog. quantitativen Merkmale vgl. bei Rdn. 19.

Die qualitativen Merkmale in einem Normalverfahren – in der Unternehmensinsolvenz – beziehen sich auf die Wahrnehmung der den Verwalter treffenden Pflichten: Inbesitznahme, Erstellung der Verzeichnisse, Buchhaltung, Fortführungsentscheidung, Vertragsabwicklung, Anfechtung, Aufnahme von Prozessen, Erstellung der Tabelle, Prüfung der Anmeldungen, Aus-/Absonderung, Verwertung der Masse, Verteilung der Masse (H/W/F, InsVV § 2 Rn. 11 ff., ähnlich K/P/B-Prasser/Stoffler § 3 Rn. 63; a. A. Haarmeyer, ZInsO 2014, 1237, 1241 ff.; Haarmeyer/Mock § 2 Rn. 13 ff., mit umfangreichen Erweiterungen des vorgenannten Kataloges, vgl. dazu bei Rdn. 20). Vgl. bei Rdn. 48 ff. zu den Reformbestrebungen.

Die qualitative Bestimmung hätte zusätzliche Aufgaben neu zu berücksichtigen, nachdem das InsStatG zum 01.01.2013 in Kraft getreten war (a. A. Haarmeyer/Mock § 3 Rn. 55).

Steuerrecht und Insolvenzrecht waren noch nie miteinander verzahnt. Die Friktionen haben unabhängig von gesetzlichen Neuregelungen durch die ausufernde profiskalische Rechtsprechung (Schmittmann, EWiR 2013, 621, 622) des BFH so zugenommen, dass nur noch komplexe Situationen aufzutreten scheinen (vgl. im Zusammenhang Onusseit, ZInsO 2014, 59 ff.; Wäger, ZInsO 2014, 1121 ff.; BMF vom 30.04.2014, Abdruck in ZInsO 2014, 1000 ff.; vgl. dazu de Weerth, NZI 2014, 597 ff.; Onusseit, ZInsO 2014, 1461 ff.; vgl. zu steuerrechtlichen Konsequenzen der Insolvenzanfechtung Schmittmann, NZI 2014, 638 ff). Die Anforderungen in diesem Bereich könnten dann nicht mit der hergebrachten qualitativen Bestimmung (s. o. Rdn. 16) übereinstimmen (a. A. Haarmeyer/Mock § 3 Rn. 55).

Unter Berufung auf statistische Erhebungen sowie tendenzielle Entwicklungen der Praxis (H/W/F, InsVV § 2 Rn. 24) – wurde das Normalverfahren weiter quantitativ beschrieben mit einem **Jahresumsatz des Schuldners vor dem Antrag bis zu 1,5 Mio. €** (vgl. BGH, ZInsO 2004, 265, 266), einer

Verfahrensdauer bis zu 2 Jahren, weniger als 20 Arbeitnehmern, eine Betriebsstätte im Inland, Forderungsanmeldungen von bis zu 100 Gläubigern, Fremdrechten im Umfang von 30 bis 50 % der Schuldenmasse, bis zu 50 Debitorenforderungen, bis zu 300 Vorgängen in der Insolvenzbuchhaltung (vgl. BK-Blersch § 2 Rn. 11; H/W/F, InsVV § 2 Rn. 24; MK-Nowak § 2 Rn. 3; abweichend FK-Lorenz § 2 Rn. 13 wegen der Fremdrechte; ähnlich K/P/B-Prasser/Stoffler § 3 Rn. 62; a. A. MK-Riedel § 2 Rn. 3 ff.; a. A. Haarmeyer/Mock § 2 Rn. 3 ff.). Die quantitativen Vorgaben – z. B. Zahl der Mitarbeiter – haben keinen Bezug zur Massemehrung durch Überschusserzielung (a. A. Smid, ZInsO 2014, 1247, 1249). Die quantitativen Vorgaben sind in der Rechtsprechung nur in Einzelaspekten wie Arbeitnehmerzahl (unter 20, vgl. BGH, ZInsO 2007, 1272; BGH, ZInsO 2008, 1640), Umsatzgröße (unter 1,5. Mio. €, vgl. BGH, ZInsO 2004, 265, 267), Gläubigerzahl (nicht außergewöhnlich viele, nicht ungewöhnlich wenige, vgl. BGH, ZInsO 2006, 642, 645) und mangelnde Fortführung (BGH, ZInsO 2006, 642, 643) in Entscheidungen angesprochen worden. Es ist auch insoweit schlicht akzeptiert worden, dass es ein Normalverfahren gibt, das der Regelvergütung des Abs. 1 zugrunde liegt (vgl. BGH, ZInsO 2006, 642, 643); ein solches stelle kein besonderen Anforderungen (vgl. BGH, ZInsO 2006, 642, 643). Eine kritische Betrachtung durch die Rechtsprechung gerade wegen der Berufung der Literatur auf statistische Erhebungen für die quantitativen Vorgaben fand indes nicht statt. Diese hätte gezeigt, dass eine empirische Begründung nicht möglich ist (vgl. bei Rdn. 22). Hätte eine Beschäftigung mit den quantitativen, angeblich empirisch festgestellten, Vorgaben stattgefunden, hätte erörtert werden müssen, welche Auswirkung eine Abweichung bei einem einzelnen Kriterium oder mehreren dieser Kriterien hätte haben können.

20 Auf die genannten quantitativen Vorgaben (oben Rdn. 19) verzichtet dagegen nun der Begriff des praxisorientierten Regelverfahrens (Haarmeyer/Mock § 2 Rn. 7a.) oder des empirisch basierten Normalfalls 2014 (Haarmeyer, ZInsO 2014, 1237, 1239). Dieser Begriff soll berücksichtigen, dass der Normalfall sich nicht im Rahmen der geordneten Reorganisation unter dem Schutz des Insolvenzrechts ereignet, sondern wegen der typischen Insolvenzverschleppung einen strafrechtlichen Einschlag habe (Haarmeyer, ZInsO 2014, 1237, 1241; Haarmeyer/Mock § 2 Rn. 12; wohl zustimmend Smid, ZInsO 2014, 1247, 1250). Das Berufsbild des Insolvenzverwalters habe sich zudem verfestigt, so dass deswegen höhere Anforderungen an den Verwalter heutiger Prägung zu stellen seien (Haarmeyer, ZInsO 2014, 1237, 1241; Haarmeyer/Mock § 2 Rn. 6).

Nach diesen Prämissen wird ein sog. Grundfall beschrieben (Haarmeyer, ZInsO 2014, 1237, 1241; Haarmeyer/Mock § 2 Rn. 12 ff.). Dazu gehört demnach – über den bisherigen Katalog der qualitativen Merkmale hinaus – die Bearbeitung arbeitsrechtlicher Fragen durch den Verwalter. Weiter wird die Haftungsverwirklichung gegenüber den Organen (§§ 64 GmbHG, 93 AktG) und die Haftungsverwirklichung nach § 93 InsO genannt. Ferner soll dazu die Prozessfinanzierung und die Erfüllung öffentlich-rechtlicher Auflagen sowie – im Grundsatz – die Fortführung des Geschäfts des Schuldners neben der Öffentlichkeitsarbeit gehören (Haarmeyer, ZInsO 2014, 1237, 1241 ff.; Haarmeyer/Mock § 2 Rn. 13 ff.).

21 Der Grundfall (s. o. bei Rdn. 20) wird mit der Berechnungsgrundlage verknüpft. Es erfolgt eine Zuordnung unter Hinweis auf die sich verändernde Komplexität. Bereits durch die Unternehmensgröße ergäben sich Abweichungen in der Unternehmensinsolvenz (Haarmeyer, ZInsO 2014, 1237, 1245; Haarmeyer/Mock § 2 Rn. 35). Die Tätigkeiten nach dem Katalog des Grundfalls würden nach der Unternehmensgröße komplexer und erforderten mehr Aufwand (Haarmeyer, ZInsO 2014, 1237, 1245; Haarmeyer/Mock § 2 Rn. 35; so bereits H/W/F, InsVV § 3 Rn. 23). Die Unternehmensgröße wird gleichgesetzt mit der Berechnungsgrundlage; diese Verknüpfung erfolgt unter der Behauptung, dass steigende Beschäftigten- und/oder steigende Umsatzzahlen zu einer höheren Berechnungsgrundlage führen würden (Haarmeyer, ZInsO 2014, 1245; Haarmeyer/Mock § 2 Rn. 35). Diese Gleichsetzung zwischen Unternehmensgröße – des lebenden Unternehmens – und der Berechnungsgrundlage, die sich erst aus der Schlussrechnung ergibt, ist bereits nicht nachzuvollziehen. Die Berechnungsgrundlage ergibt sich aus den Verwertungserlösen des – trotz der Verschleppung des Antrages – verbliebenen Vermögens und den Erfolgen des

Verwalters bei der Massemehrung. Dies unberücksichtigt gelassen, werden für die Berechnungsgrundlage dann – unter Auflösung der siebenteiligen Staffelung in Abs. 1 – drei Stufen (Masse bis 50.000,00 €; bis 500.000,00; über 500.000,00 €) benannt (Haarmeyer, ZInsO 2014, 1237, 1245; Haarmeyer/Mock § 2 Rn. 35). Den solchermaßen gestuften Berechnungsgrundlagen werden typisierte Bewertungen zugeordnet (Haarmeyer, ZInsO 2014, 1237, 1241: staffelabhängige Definitionen). Bei einer Berechnungsgrundlage von bis zu 50.000,00 € wird danach angenommen, dass es sich um eine Überforderung des Inhabers oder Organs einer juristischen Person mit verschleppter Antragstellung gehandelt hätte. Diese Überforderung soll ein Verfahren dieser Stufe beschreiben (Haarmeyer, ZInsO 2014, 1237, 1245; Haarmeyer/Mock § 2 Rn. 35). Bei einer Masse bis zu 500.000,00 € wird lediglich indifferent die höhere Komplexität erwähnt (Haarmeyer, ZInsO 2014, 1237, 1245; Haarmeyer/Mock § 2 Rn. 35). Bei den Verfahren mit der Masse ab 500.000,00 € wird neben den Tätigkeiten des Grundfalles angenommen, es müssten Fragen des Kapitalmarktrechtes, der Konzernverflechtung, der Beteiligung verschiedener Investoren oder der Auslandsberührung abgedeckt werden (Haarmeyer, ZInsO 2014, 1237, 1245; Haarmeyer/Mock § 2 Rn. 35). Damit gibt es drei auf den Grundfall aufbauende Regelfälle oder drei auf die Berechnungsgrundlage bezogene – neue – Normalfälle. Denn für jede der Größenklassen nach der Berechnungsgrundlage soll gelten, dass die – von vornherein unterstellte – höhere Komplexität nicht bereits zu einem Zuschlag führt, sondern jeweils generell alles mit dem Regelsatz abgegolten ist. Die höhere Vergütung aufgrund gestiegener Berechnungsgrundlage soll immer den Grundfall und seine Erweiterungen in der jeweiligen Normalfallstufe abgelten. Nur ausnahmsweise, wenn die Komplexität nicht zur Tätigkeit passt, sollen Zuschläge zu gewähren sein. Als Beispiel wird die Bearbeitung konzernrechtlicher Problemkreise bei einer Masse von 100.000,00 € angesprochen. Konzernrechtliche Fragestellungen seien typischerweise erst bei Berechnungsgrundlagen ab 1.000.000,00 € zu finden. Offen bleibt, warum es nicht sieben Berechnungsgrundlagen oder sieben Normalfälle – entsprechend den sieben Stufen in Abs. 1 – gibt. Unabhängig davon verstößt der auf die Berechnungsgrundlage bezogene Normalfall gegen die Vorgabe aus § 63 Abs. 1 Satz 3 InsO. Denn dort ist nicht vorgesehen, dass die Abweichung der Berechnungsgrundlage durch Zuschläge oder Abschläge korrigiert werden soll. Für die Zusammenfassung der Stufen fehlt jeder Nachweis einer empirischen Grundlage. Der Begriff des empirisch basierten Normalfalls 2014 (praxisorientiertes Regelverfahren) ist insgesamt nicht aus empirisch ermittelten Werten gewonnen (so auch Haarmeyer, ZInsO 2014, 1237, 1240; Haarmeyer/Mock § 2 Rn. 8a). Denn es soll sich lediglich um eine als durchaus repräsentativ zu bezeichnende Praxiserhebung handeln, der aber kein ermittelbarer empirisch gesicherter Wert zugrunde läge oder sich hieraus ergäbe (Haarmeyer, ZInsO 2014, 1237, 1240; Haarmeyer/Mock § 2 Rn. 8a). Unschärfen sollen hinzunehmen sein (Haarmeyer, ZInsO 2014, 1237, 1240). Die Begriffsbildung des Normalfalls 2014 ist erkennbar von der Überlegung beeinflusst, Zuschläge nach § 3 nach Möglichkeit nicht zu gewähren (vgl. insofern konsequent auch Haarmeyer/Mock § 3 Rn. 56 ff. mit einem Katalog nicht anzuerkennender Zuschlagssituationen). Die Beschreibung des praxisorientierten Regelverfahrens oder des empirisch basierten Normalfalls 2014 ist daher aber nur subjektiv empfunden oder subjektiv geschöpft.

Dies gilt auch für den hergebrachten Begriff oder Typus des Normalverfahrens. Für eine empirische Begründung kamen dort nur die quantitativen Merkmale in Betracht. Die quantitativen Merkmale waren aber zu keinem Zeitpunkt empirisch gesichert. Die einzige umfassende empirische Studie (Gessner/Rhode/Strate/Ziegert, Praxis der Konkursabwicklung, 1978) enthielt abweichende Befunde. Die Umsätze deckten sich nicht (vgl. Gessner/Rhode/Strate/Ziegert, Praxis der Konkursabwicklung, S. 27); die Dauer von 2 Jahren wurde überschritten (Gessner/Rhode/Strate/Ziegert, Praxis der Konkursabwicklung, S. 52). Rund 35 % der insolventen Unternehmen hatten danach bis zehn Mitarbeiter, weitere 36 % hatten zwischen 10 und 50 Mitarbeiter (Gessner/Rhode/Strate/Ziegert, Praxis der Konkursabwicklung, S. 26). Diese Studie ist außerdem allenfalls noch historisch relevant. 22

Nach Auswertungen anhand der Zahlen des Statistischen Bundesamtes für 2003–2007 haben im Jahr 2007 jedenfalls 77 % der seinerzeit insolventen Unternehmungen lediglich bis zu zehn Mitarbeitern beschäftigt (vgl. Angele, Wirtschaft und Statistik 4/2008, 302, 308). Daneben war ein 23

Anteil von 16% von Unternehmen vorhanden, bei denen es unbekannt blieb, ob Beschäftigungsverhältnisse bestanden. Dies bestätigt aber keineswegs den Begriff des Normalverfahrens, wenn die Verteilung genau berücksichtigt wird; 44% der Unternehmen haben keine Mitarbeiter beschäftigt 12% haben lediglich einen Beschäftigten gehabt; bei 15% waren zwischen zwei und fünf Mitarbeiter beschäftigt; 6% beschäftigten zwischen sechs und zehn Mitarbeiter (vgl. Angele, Wirtschaft und Zahlen 4/2008, 302, 308). Für 2003 bis 2007 lassen sich als Durchschnittswerte 45,25% für Insolvenzen ohne Beschäftigte sowie 10,75% mit einem Mitarbeiter und 14,75% bis zu fünf Beschäftigte feststellen. Die Zahl der Insolvenzen, bei denen es – statistisch – unbekannt geblieben ist, ob Beschäftigte vorhanden waren, lag zwischen 2003 und 2007 konstant bei 15% (vgl. wegen einer tabellarischen Übersicht Vorauflage Rn. 7).

Wenn ein Begriff des Normalverfahrens anhand der Beschäftigtenzahl gewonnen werden sollte, müsste davon ausgegangen werden, dass »normal« ein Unternehmen ohne Mitarbeiter oder höchstens mit einem Mitarbeiter zwischen 2003 und 2007 war. Es handelte sich also um Einzelunternehmer, Kleingewerbetreibende und Freiberufler, die die Normalität der Insolvenzen ausmachten. Dies legt – insofern zutreffend – auch der Vorschlag des VID (ZInsO 2014, 1254, 1256 = Beilage, ZIP 28/2014, S.14, 15) zugrunde. Dort ist ein Zuschlag bereits für den ersten Arbeitnehmer, der bei einem Insolvenzschuldner beschäftigt ist, zugrunde gelegt (vgl. zu den Reformbestrebungen bei Zuschlägen bei § 3 Rdn. 54 ff.).

24 Beschäftigtenzahl und Umsatzgrößen befinden sich in Korrelation miteinander. Es muss deswegen davon ausgegangen werden, dass auch die in der Rechtsprechung genannte Umsatzgröße (1,5 € Mio.: vgl. BGH, ZInsO 2004, 265, 266) viel zu ungenau ist. Sie ermöglicht keine wirkliche Einschätzung über ein Verfahren. Jedenfalls wird eine Spreizung der Umsatzwerte entsprechend der Beschäftigtenzahl erwartet werden können. Nach der Empfehlung der Kommission v. 06.05.2003 betreffend die Definition der Kleinstunternehmen sowie der kleinen und mittleren Unternehmen (2003/361/EG, Amtsbl. EU Nr. L124, S. 36) handelt es sich bei einem Umsatz von bis zu 2 Mio. € und bis zu neun Beschäftigten um Kleinstunternehmen. In der Studie »Ausgewählte Ergebnisse für kleine und mittlere Unternehmen in Deutschland 2005« (Veldhues, Wirtschaft und Statistik 3/2008, S.225 ff.) ist dargestellt, dass Kleinstunternehmen pro Beschäftigtem einen Umsatz von 74.000,00 € p. a. in 2005 erzielten. Es ist zu erwarten, dass sich dies nicht signifikant nach 2005 geändert hat. Werden die oben genannten Durchschnittswerte darauf bezogen, ist zu erkennen, dass 56% der Insolvenzfälle allenfalls Jahresumsätze von 74.000,00 € erzielten. Das ist sehr weit weg von dem Begriff des »Normalverfahrens«, das sich an Umsatzgrößen von 1,5 Mio. € orientiert. Der Begriff eines Normalverfahrens erweist sich auch insoweit als untauglich.

25 Das Verhältnis der Fremdrechte an der Schuldnermasse war lediglich formales Kriterium, das nicht für einen Aufschlag herangezogen werden konnte (BGH, ZInsO 2003, 790). Trotz vieler Sicherungsgläubiger und eines hohen Anteils der Fremdrechte an der Schuldnermasse kann sich die Prüfung und Abwicklung der Fremdrechte einfach und wenig zeitaufwendig gestalten (LG Bielefeld, ZInsO 2004, 1250, 1251). Die Zahl der Anmeldungen ist für sich kein signifikantes Merkmal für den – etwaig – erhöhten Arbeitsumfang (Blersch, ZIP 2004, 2311, 2317; Frind, ZInsO 2003, 639, 642). Vielmehr handelt es sich allenfalls um ein Merkmal, das den tatsächlichen Arbeitsaufwand des Verwalters nur näherungsweise beschreiben kann (vgl. BGH, ZInsO 2011, 1251). Ohnehin ist davon auszugehen, dass die Bedeutung der absonderungsberechtigten Gläubiger wohl überschätzt worden ist (Frind, ZInsO 2009, 1683, 1686). Denn es liegen jedenfalls für Hamburg valide Untersuchungen vor, die zeigen, dass 2004-2009 ca. 20% der Massen – bei einem Abwehrerfolg hinsichtlich solcher behaupteten Rechte von 10% – auf Absonderungsrechte gezahlt wurden (Frind, ZInsO 2011, 169, 174; vgl. auch Blersch/Bremen, Beilage ZIP 28/2014, 1, 3: behauptete Absonderungsrechte von 30% am Schuldnervermögen nach einer informellen Erhebung anhand von 800 Verfahren).

26 Auch das Merkmal der Dauer eines Verfahrens ist nicht anhand der früheren Erkenntnisse verwertbar. Isoliert betrachtet, lässt es schon die Tätigkeit des Verwalters ohnehin nicht erkennen. Über den Erfolg sagt es ohnehin nichts aus. Im Regelinsolvenzverfahren sind durchschnittlich 4 Jahre

als Verfahrensdauer bis zu einer Ausschüttung anzusetzen (vgl. Kranzusch in: Paulus u. a. WM 2010, 1337, 1338; vgl. nur für NRW: Kranzusch, ZInsO 2009, 1513). Es handelt sich also um das Doppelte der angeblichen »Normalität«.

Das Normalverfahren ist daher empirisch nicht belegt, vielmehr handelt es sich lediglich um eine Fiktion (Graeber/Graeber §3 Rn. 14; Haarmeyer/Mock, §2 Rn. 3; MK-Riedel, §2 Rn. 3 ff.; Büttner, ZVI 2013, 289, 294; Smid, ZInsO 2014, 1247, 1249; Smid, ZInsO 2014, 877, 878 f.; Haarmeyer, ZInsO 2014, 1237). Das Normalverfahren wird sogar als ein Widerspruch in sich und methodisch nicht nachvollziehbar verstanden (vgl. Smid ZInsO 2014, 877, 878; Haarmeyer, ZInsO 2014, 1237, 1238). 27

4. Folgen

a) Zuschläge/Abschläge/Berechnungsgrundlage

Gibt es keinen belastbaren Begriff des Normalverfahrens oder des Normalfalls und des dortigen Tätigkeitsumfanges, weil es sich um Fiktion handelt (vgl. bei Rdn. 14 ff.), gibt es keine nachvollziehbare Begründung der Regelvergütung. Die Zuschläge haben damit aber auch keinen Bezugspunkt. Die Zuschläge hängen dann sozusagen in der Luft. Sie sind selbst ebenfalls fiktiv, weil sie eine fiktive Basis haben (vgl. §3 Rdn. 2 ff.; MK-Riedel, §2 Rn. 6). Entsprechendes gilt für Abschläge (vgl. §3 Rdn. 4 ff.). In die Berechnungsgrundlage des vorläufigen Verwalters dringt das fiktive Normalverfahren auch ein. Die Rechtsprechung hatte die Kriterien für die Gewährung eines Zuschlags nach §3 Abs. 1 für die Beurteilung der Erheblichkeit bei der Befassung mit Absonderungsrechten übernommen (vgl. dazu bei §11 Rdn. 17). 28

b) Normalfall der anderen Verwalter/andere Normalverfahren?

Die Fiktion des Normalverfahrens beherrscht nahezu das gesamte Vergütungsrecht. Der – fiktive – Normalfall des Insolvenzverwalters im Regelverfahren setzt sich bei anderen Verfahren und anderen »Verwaltern« fort (Büttner, ZVI 2013, 289, 294; vgl. Graeber/Graeber §3 Rn. 13 wegen einer Vielzahl von zu definierenden Normalverfahren). Der Insolvenzverwalter war unzweifelhaft der unmittelbare Ausgangspunkt des Vergütungsrechts für den vorläufigen Verwalter. Der vorläufige Verwalter ist als eine Art kleinerer Verwalter – zumindest bis zu der Neuordnung des Rechts der Vergütung des vorläufigen Verwalters durch den Gesetzgeber mit dem Gesetz zur Verkürzung des Restschuldbefreiungsverfahrens und zur Stärkung der Gläubigerrechte vom 15.07.2013 (BGBl. I, 2379)- gedacht worden. Seine Vergütung ist daher als Bruchteil der Verwaltervergütung angesetzt worden. Dieser Anknüpfungspunkt besteht weiter, allerdings ist dem vorläufigen Verwalter eine gesonderte Stellung zugebilligt worden. Der Verwalter im Regelverfahren ist der Ausgangspunkt für den Sachwalter. Dessen Vergütungsstaffel bezieht sich auch auf einen Bruchteil der Vergütung des Verwalters (vgl. §12 Abs. 1). Der fiktive Normalfall findet dort – unabhängig davon, dass unklar ist, woraus der Prozentsatz des Sachwalters abgeleitet werden könnte – seine Verlängerung. Indirekt ist auch für den vorläufigen Sachwalter der Verwalter im Regelverfahren der Bezugspunkt. Dort ergibt sich eine Fiktionskette. Der vorläufige Sachwalter ist ungeregelt. Um die Regelungslücke zu schließen, wird entweder §12 oder §11 analog herangezogen (vgl. bei §12 Rdn. 11 ff.). Die Vergütung des vorläufigen Sachwalters ist dann in der dritten Ebene fiktiv. Bei der Nachtragsverteilung, das ein eigenständiges Verfahren ist, ist das Normalverfahren mit der Staffelvergütung des Verwalters der Ausgangspunkt (vgl. §6 Rdn. 4). Dies gilt auch bei der Planüberwachung (vgl. §6 Rdn. 11). Das Normalverfahren – als Anknüpfungspunkt – lag der Vergütung des Treuhänders nach §13 zugrunde; soweit es sich um Altverfahren handelt, gilt dies weiter. Das Normalverfahren wurde auch in diesem Zusammenhang quantitativ und qualitativ zu bestimmen versucht. Auch insoweit verlängert sich eine Fiktion. Das Normalverfahren wird voraussichtlich auch den Anknüpfungspunkt für den vorgesehenen Koordinierungsverwalter bei den Bemühungen um eine Konzerninsolvenz bilden (vgl. RegE §269g InsOE, BT-Drucks. 18/407). Das Normalverfahren des Verwalters beeinflusst sogar auch die Vergütungsbestimmung bei den Mitgliedern des Gläubigerausschusses, indem teilweise auf einen Normalfall abgestellt wird. Ein Normalfall für die Tätigkeit eines Gläu- 29 bigerauschusssmitgliedes kann aber ohnehin nicht unter Berufung auf das Normalverfahren des Verwalters bestimmt werden (a. A. FK-Lorenz § 17 Rn. 7; K/P/B-Prasser § 17 Rn. 6; MK-Stephan § 17 Rn. 19).

5. Angemessenheit

30 Fiktionen können nicht herangezogen werden, um eine angemessene Vergütung zu gewährleisten. Der Insolvenzverwalter ist ein anerkannter Beruf (vgl. Scholz in: Maunz/Dürig, Grundgesetz, Art. 12, 69. Ergänzungslieferung 2013, Rn. 28, Rn. 268 f.). Abs. 1 ist eine Berufsausübungsregel i. s. v. Art. 12 Abs. 1 GG. Die gesetzliche Verordnungsermächtigung in den §§ 65, 63 lässt Inhalt, Zweck und Ausmaß der Ermächtigung i. s. v. Art. 80 Abs. 1 Satz 2 GG noch ausreichend deutlich erkennen (vgl. Bork/Muthorst, ZIP 2010, 1627, 1630 f). Nach § 63 Abs. 1 Satz 2 InsO wird der Regelsatz der Vergütung nach dem Wert der Insolvenzmasse zur Zeit der Beendigung des Insolvenzverfahrens berechnet. Hierauf bezieht sich Abs. 1. Es bestehen legitime Gemeinwohlbelange für eine degressive Vergütungsstaffel. Aber Abs. 1 erlaubt einerseits schon aus der Entwicklung heraus keine angemessene Vergütung (vgl. Rdn. 11). Abs. 1 ist aber auch unbestimmt und nicht bestimmbar, weil die Vorschrift nur auf einer Fiktion aufbaut. Die Verwendung unbestimmter Rechtsbegriffe durch den Gesetzgeber oder in untergesetzlichen Normen ist generell möglich und notwendig. Handelt es sich aber nicht um ausfüllungsbedürftige Begriffe, sondern um Fiktionen, die den Regelungen zugrunde gelegt werden, kann auch die Rechtsprechung eine Konkretisierung nicht ausreichend leisten. Ist der – zudem unausgesprochen – zugrunde gelegte Begriff des Normalverfahren – gar ein Widerspruch in sich und methodisch nicht nachvollziehbar (vgl. Smid, ZInsO 2014, 877, 878; Haarmeyer, ZInsO 2014, 1237, 1238), kann eine Konkretisierung durch die Rechtsprechung gar nicht geleistet werden. Daraus ergibt sich dann die Verfassungswidrigkeit der Berufsausübungsregel nach Abs. 1. Zwar hat das Bundesverfassungsgericht die in ihrer Struktur mit § 2 Abs. 1 InsVV übereinstimmende Regelung in § 3 Abs. 1 VergVO unter dem Gesichtspunkt des Art. 12 Abs. 1 GG als verfassungsgemäß gebilligt (BVerfG, ZIP 1989, 382), aber es bestanden seinerzeit keine Erkenntnisse über die dem Begriff des Normalverfahrens zugrundeliegende Fiktion oder seine mangelde methodische Nachvollziehbarkeit. Es besteht daher Grund, zu Abs. 1 anders zu entscheiden (a. A. BGH, ZInsO 2011, 2051, 2052, wobei die innewohnende Fiktion und die mangelnde empirische Nachweisbarkeit unerörtert blieben). Wegen der zentralen Stellung des Begriffs des Normalverfahrens entstehen zusätzlich verschiedene Folgen, wenn nur eine Fiktion zugrunde liegt (vgl. bei Rdn. 28 f.). Für alle anderen Verwalter, deren Vergütung über das Normalverfahren des Verwalters als Bruchteil bestimmt wird, stellt sich die Frage nach der Verfassungsgemäßheit ebenfalls. Der vorläufige Verwalter ist von der mangelnden Verfassungskonformität durch die Neuregelung in § 63 Abs. 3 InsO nicht betroffen, weil damit eine isolierte Regelung geschaffen wurde.

Auch das praxisorientierte Regelverfahren oder der empirisch (dynamische) Begriff des Normalverfahrens 2014 (vgl. dazu Rdn. 20) führt nicht zu einem anderen Ergebnis. Gerade auch unter diesen Begriffen kann Abs. 1 nicht verfassungskonform ausgelegt werden, so dass die Norm erhalten bliebe. Denn der empirisch (dynamische) Begriff ist schon nicht empirisch basiert, sondern ebenfalls lediglich subjektiv geschöpft (vgl. oben Rdn. 21).

31 Insolvenzverwalter nehmen im öffentlichen Interesse liegende Aufgaben wahr, die erheblichen **Zeiteinsatz** verlangen und mit beträchtlichen **Haftungsrisiken** verbunden sind. Ihnen darf eine angemessene Vergütung nicht vorenthalten werden (BGH, ZInsO 2004, 257, 259). Dies kann die derzeitige Vergütungsregelung nicht gewährleisten (vgl. Rdn. 11, Rdn. 27, Rdn. 30). Angemessenheit bezieht sich dabei auf den Einzelfall (vgl. HK-Keller § 63 InsO Rn. 20). Die Vergütung muss in jedem Einzelfall angemessen sein. Dies spiegelt sich in dem Bemühen und der Vorgabe der Rechtsprechung, die Vergütung leistungsangemessen und nach den Umständen des Einzelfalls festzusetzen (vgl. BGH, ZIP 2002, 1459; ZInsO 2003, 748, 749; BGH, ZInsO 2003, 790; ZInsO 2004, 268, 269; BGH, ZInsO 2009, 1557, 1558). Der Verwalter muss auch in dem jeweiligen Einzelfall leisten. Der Anspruch des Verwalters hinsichtlich seiner angemessenen Vergütung bezieht sich genau so auf den Einzelfall, wie der Anspruch des Gläubigers oder ggf. des Schuldners oder

sonstiger Beteiligter, die mit ihren Rechten partizipieren können, Die Gläubiger – sowie alle sonstigen hinsichtlich der Vergütung beschwerdeberechtigten Beteiligten (vgl. bei § 64 InsO Rdn. 29 ff.) – haben in dem sie betreffenden Einzelfall das Recht, zu verlangen, dass der Verwalter das ihm anvertraute Vermögen in wirtschaftlich sparsamer und kostenoptimierter Weise betreut (vgl. Haarmeyer/Mock, § 1 Rn. 2). Ihnen darf die Teilhabe an der Masse nicht – durch eine in dem konkreten Fall überhöhte Vergütung des Verwalters – vorenthalten werden. Das Vergütungsrecht in der Insolvenz muss daher immer die abstrakt angelegten, vorhersehbaren, Kollisionen relevanter Interessen verschiedener Beteiligter, die jeweils auch grundrechtlich geschützt sind, in dem einzelnen Fall lösen. Es steht Art. 12 GG im Hinblick auf den Verwalter dem durch Art. 14 GG gewährten Schutz zu Gunsten der zur sofortigen Beschwerde berechtigten weiteren Beteiligten gegenüber. Einen Vorrang der Interessen der Gläubiger – oder sonstiger Beteiligter – gibt es nicht (a. A. Haarmeyer/Mock vor § 1 Rn. 46 ff, vor § 1 Rn. 72, § 8 Rn. 34). Eine objektive Grenze der Vergütung kann nicht bei 50 % der Insolvenzmasse aus dem verfassungsrechtlichen Konflikt zwischen Art. 12 GG und Art. 14 GG abgeleitet werden (a. A. Haarmeyer/Mock vor § 1 Rn. 46a). Dieser Konflikt kann durch eine Bezugnahme auf eine Fiktion (Normalverfahren) nicht gelöst werden (vgl. Rdn. 27 ff.). Eine Vermehrung der Fiktionen oder eine Fiktionskette leistet ebenfalls keine Lösung.

Die etwaige Kollision in dem zu entscheidenden Einzelfall kann auch nicht über einen Grundsatz der Querfinanzierung oder einen Hinweis auf eine Mischkalkulation des Verwalters aufgelöst werden (a. A. BGH, ZInsO 2012, 300; BGH, ZInsO 2009, 1511, 1512; BGH, ZInsO 2008, 555; ZInsO 2004, 336, 338; BGH, ZInsO 2004, 257, 259). Dies ist widersprüchlich zu der leistungsangemessenen Vergütung (vgl. BGH, ZIP 2002, 1459; ZInsO 2003, 748, 749; BGH, ZInsO 2003, 790; ZInsO 2004, 268, 269; BGH, ZInsO 2009, 1557, 1558). Es kann nicht leistungsangemessen vergütet werden, wenn eine Querfinanzierung berücksichtigt wird. Der Gedanke einer Querfinanzierung ist dem Vergütungsrecht insofern völlig fremd (vgl. Haarmeyer, ZInsO 2009, 1512). Der Verwalter kann auch nicht gezwungen sein, durch die Querfinanzierung die Einzelfallgerechtigkeit für einen – in seinen Interessen nach Art. 14 GG geschützten – anderen Verfahrensbeteiligten herzustellen. Die Einzelfallgerechtigkeit zu Gunsten der weiteren Beteiligten kann nicht zu Lasten des Verwalters gehen. Dies entspricht auch der Sicht des Bundesverfassungsgerichtes in anderen Bereichen. Bei der Vergütung des Berufsbetreuers oder Berufsvormundes ist anerkannt, dass der Einzelfall angemessen zu vergüten ist; eine Mitfinanzierung der mittellosen Mündel durch werthaltige Betreuungen kommt nicht in Betracht (BVerfGE 54, 251, Textziffer 43 juris; HK-Keller, § 63 InsO Rn. 25). Diese Wertung entspricht unangefochten der Rechtsprechung des Bundesverfassungsgerichtes (vgl. BVerfG, NJW 2012, 3293, 3294; BVerfG, NJW 2008, 1063; BVerfG, NZI 2007, 181, 182).

Der Gläubiger muss auch keine Quersubventionierung zu Gunsten des Verwalters in dem konkreten Verfahren hinnehmen. Soll die Vergütung in dem konkret zu entscheidenden Verfahren zum Ausgleich anderer – für den Verwalter vergütungsmäßig schlechterer – Verfahren herhalten, dürfte er sich berechtigt mit der sofortigen Beschwerde wehren. Ohnehin setzte kein Gericht zu Gunsten des Verwalters – höher als angemessen – fest, nur weil er schon andere nicht auskömmliche Verfahren übernommen hat (Zimmer, ZIP 2013, 1309; HK-Keller § 63 InsO Rn. 24). Genau wie der Gläubiger verlangen kann, dass im Einzelfall – nur – angemessen vergütet wird, kann dies der Verwalter jedenfalls erwarten.

Eine gesetzgeberische Idee der Querfinanzierung ist im Insolvenzvergütungsrecht ebenfalls eine Fiktion, (a. A. BGH, ZInsO 2012, 300; Haarmeyer/Mock § 2 Rn. 7; Smid, ZInsO 2014, 877, 880; Smid, ZInsO 2014, 1247, 1251 f.). Es lässt sich nicht erkennen, dass der historische Gesetzgeber der InsO – oder der Verordnungsgeber der InsVV – über eine Querfinanzierung oder Mischkalkulation nachgedacht hätten. Die Regelungen des Gesetzgebers sind bekanntlich dürftig ausgefallen (Bork/Muthorst, ZIP 2010, 1627, 1630). Seine Überlegungen bezüglich des Vergütungsrechts waren wohl sehr begrenzt. Der Verordnungsgeber hat die Linien seiner Überlegungen dargelegt (vgl. Amtliche Begründung zur Insolvenzrechtlichen Vergütungsverordnung, Abdruck in ZIP 1998, 1460 ff.). Dort ist weder eine Querfinanzierung noch eine Mischkalkulation erwähnt. Mischkalkulation und

Querfinanzierung müssen dem Insolvenzvergütungsrecht fremd sein. Es gibt kein Strukturprinzip der Querfinanzierung (a. A. Smid, ZInsO 2014, 877, 880; Haarmeyer/Mock vor § 1 Rn. 2); es gibt auch keine Systemimmanenz der Querfinanzierung (a. A. Haarmeyer/Mock § 2 Rn. 7; Haarmeyer/Mock vor § 1 Rn. 2). Der Verordnungsgeber hat noch nicht einmal eine Legaldefinition für das Normalverfahren – das das Vergütungsrecht prägt – benannt. Er kann dann ein Strukturprinzip nicht bedacht oder geschaffen haben. Den letztlich nur aus der VergVO übernommenen Staffelsätzen ist daher eine Querfinanzierung nicht immanent. Die degressive Staffelung des Abs. 1 ist kein Ausdruck der Querfinanzierung(a. A. Smid, ZInsO 2014, 1247, 1251; Haarmeyer/Mock § 2 Rn. 7, Haarmeyer/Mock Vorbemerkungen Rn. 2). Die Degression bei der Berechnung des Regelsatzes führt lediglich dazu, dass sich Massezuflüsse oder -abgänge auf die Vergütung des Verwalters je nach Umfang der Masse und der Zu- und Abschläge unterschiedlich auswirken (BGH, ZInsO 2011, 2051, 2052).

Die eingetretene Professionalisierung bei den Verwaltern begründet eine Querfinanzierung nicht (vgl. BVerfGE 54, 251, Textziffer 43 juris; a. A. Haarmeyer/Mock § 2 Rn. 7, Haarmeyer/Mock vor § 1 Rn. 2). Professionalisierung des Privaten, der staatlich in Anspruch genommen wird, rechtfertigt nicht die Vergütungskürzung.

34 Die Mischkalkulation oder Querfinanzierung ist in die Regelinsolvenz aus der Verbraucherinsolvenz mit der Entscheidung zur Verfassungswidrigkeit der Treuhändervergütung (BGHZ 157, 282 = BGH, ZInsO 2004, 257, 259) eingewandert. Bei der Treuhändervergütung war der Gedanke schon deswegen verfehlt, weil es überhaupt keine für diese Betrachtungsweise heranzuziehenden Verfahren gab.

Überlegungen zur Binnenfinanzierung des Verwalters oder zu seiner internen Kalkulation stehen dem zur Festsetzung im Einzelfall aufgerufenen Gericht nicht zu. Welche Kalkulation der Verwalter anstellt, ist – wie bei jedem anderen Unternehmer – seine Sache. Quersubventionierung ist wohl bei öffentlichen Unternehmen oder regulierten Monopolbetrieben denkbar. Es kann sein, dass der Verwalter – mangels erzielter Masse – hinnehmen muss, im Einzelfall – Erlöse deckten den Aufwand in dem Verfahren nicht -Verluste zu erzielen. Dies ist dann aber Teil seiner internen Vor- und Nachkalkulation. Hier verwirklicht sich sein unternehmerisches Risiko. Die Bereitschaft, des Verwalters so zu kalkulieren oder vielmehr Verluste in einzelnen Verfahren in Kauf zu nehmen, kann nicht begründen, dass ihm von vornherein – im Einzelfall keine angemessene Vergütung zugestanden werden soll.

Eine Mischkalkulation ist verfassungsrechtlich – berechtigt – nicht beanstandet worden bei § 3 ZSEG, weil es sich um eine Entschädigung handelte (BVerfG, ZInsO 2001, 848, 849) sowie bei der BRAGO (BVerfGE 107, 133 = NJW 2003, 737, 738; BVerfGE 80, 1, 14 = DVBl 1989, 814), weil es sich um ein geschlossenes System handelte, das eine solche Kalkulation erlaubt. Demgegenüber handelt es sich bei der InsVV um ein offenes System (so auch anerkannt in BGH, ZInsO 2004, 257, 259; vgl. dazu H/W/F; InsVV vor § 1 Rn. 33 f.; a. A. Haarmeyer/Mock vor § 1 Rn. 2). Der Gedanke der Mischkalkulation oder Querfinanzierung verschiebt – unzulässig – die Frage der angemessenen Vergütung auf die Auswahl des Gerichts nach § 56 InsO. Dabei löst keine Bestellung zum Verwalter einen Anspruch auf weitere Bestellungen aus. Die Vergütung muss schon daher in jedem einzelnen Verfahren angemessen sein (Haarmeyer, ZInsO 2004, 264, 265; a. A. Haarmeyer/Mock, § 2 Rn. 7: systemimmanente Querfinanzierung). Der Gedanke einer Querfinanzierung geht angesichts der Gläubigerbeteiligung bei der Verwalterbestellung nach § 56a InsO ohnehin vollends fehl.

6. Lösungen

a) Anpassung durch die Rechtsprechung

35 Eine Lösung kann die Rechtsprechung nicht erreichen. Eine Anpassung der Regelsätze – im Hinblick auf derzeit laufende Verfahren – kann aber durch die Insolvenzgerichte erfolgen (vgl. MK-Nowak, 2.A., § 2 Rn. 6; a. A. Jaeger-Schilken § 63 InsO Rn. 44). Es bestanden schon vor Jahrzehnten keine Bedenken, dass die Instanzgerichte mit Rücksicht auf die geänderten wirtschaft-

lichen Verhältnisse Zuschläge zu bestehenden Vergütungsregeln gewährten. Dies galt bereits für die Allgemeinverfügung des Reichsministers der Justiz vom 22.02.1936 (»Richtlinien für die Vergütung des Konkurs- und Vergleichsverwalters und der Mitglieder des Gläubigerausschusses und Gläubigerbeirats«, Deutsche Justiz, 311, abgedruckt in: Böhle-Stamschräder, KO, 4. A., 1955, Anhang 6), die weiter galt. Vielmehr entsprach ein abweichendes Festsetzungsverhalten allgemeiner Übung, nachdem die Landesjustizverwaltungen 1953 und 1954 in Verfügungen und Erlassen keine Bedenken erhoben (Amtliche Begründung VergVO, II. 3. Bundesanzeiger 127, vom 06.07.1960, S. 4, abgedruckt in: Haarmeyer/Wutzke/Förster, Vergütung in Insolvenzverfahren, 2. A., Vor § 1 VergVO, S. 214). Es wurden allgemein bis zu 25 % Zuschlag in Anlehnung an das Gesetz über Maßnahmen auf dem Gebiet des Kostenrechts vom 07.08.1952 (BGBl. I, 401) gewährt (Amtliche Begründung VergVO, II. 3., Bundesanzeiger 127, vom 06.07.1960, S. 4, abgedruckt in Haarmeyer/Wutzke/Förster, Vergütung in Insolvenzverfahren, 2. A., Vor § 1 VergVO, S. 214). Jedenfalls 1960 bestand Einigkeit, dass trotz dieser allgemein akzeptierten Zuschläge keine den Verhältnissen entsprechenden Vergütungen erreicht würden (Amtliche Begründung VergVO, II. 3., Bundesanzeiger 127, vom 06.07.1960, S. 4, abgedruckt in Haarmeyer/Wutzke/Förster, Vergütung in Insolvenzverfahren, 2. A., Vor § 1 VergVO, S. 214). Dies war die Motivation für die »Verordnung über die Vergütung des Konkursverwalters, des Vergleichsverwalters, der Mitglieder des Gläubigerausschusses und der Mitglieder des Gläubigerbeirates« vom 25.05.1960 (BGBl. I S. 329) mit der die Allgemeinverfügung abgelöst wurde. Allerdings war diese bereits am Tage ihres Erlasses im Hinblick auf die Regelsätze im Verhältnis zu den seit 1948 eingetretenen Teuerungsraten überholt (so ausdrücklich: Haarmeyer/Wutzke/Förster, Vergütung in Insolvenzverfahren, 2. A., Vor § 1 VergVO Rn. 4). Die Konkursgerichte waren insofern deswegen auch hier gezwungen, überschreitend festzusetzen (vgl. Schmidt, KTS 1970, 147, 149). Die geringfügigen Anpassungen im Jahr 1972 (BGBl. I, 1260) brachten keine Abhilfe. Es wurde anstelle der Vergütung aus § 3 VergVO als »Normalvergütung« der vierfache Staffelsatz nach § 3 VergVO angesehen und festgesetzt (vgl. o. bei Rdn. 5). Dies ist durch das Bundesverfassungsgericht anerkannt worden (BVerfG, ZIP 1989, 382 f.; zustimmend Eickmann, ZIP 1989, 383 f.). Die Kompetenz der Konkurs- oder Gesamtvollstreckungsgerichte zur Festsetzung einer Vergütung i. H. d. mindestens vierfachen oder fünffachen Vergütung nach der Staffel des § 3 VergVO war daher unzweifelhaft. Auch die Insolvenzgerichte sind daher zu solchen Festsetzungen berufen. Der BGH hatte bereits vor geraumer Zeit anerkannt, dass eine Anhebung der Regelsätze erwogen werden könne, wenn die allgemeinen Kosten seit dem Erlass der InsVV am 19.08.1998 stark angestiegen wären (BGH, ZInsO 2005, 254, 255); wegen des seinerzeit geringen Zeitraums wurden solche Veränderungen als nicht feststellbar bezeichnet (BGH, ZInsO 2005, 254, 255). Mehr als 10 Jahre können nicht mehr als ein vergleichsweise kurzer Zeitraum angesehen werden. Die Kosten sind gestiegen. Auf die Erkenntnisse des Gesetzgebers bei den Steuerberatern ist zu verweisen (vgl. bei Rdn. 12 f.). Die vom BGH bereits 2005 ausdrücklich angesprochene Erwägung einer Erhöhung der Regelsätze war keine Anregung an den Verordnungsgeber, künftig tätig zu werden. Es handelte sich um die konsequente gedankliche Übertragung der vom Bundesverfassungsgericht (BVerfG, ZIP 1989, 382) bestätigten – historisch gewachsenen – Kompetenzen der Konkursgerichte auf die Insolvenzgerichte. Die Entwicklung des Preisniveaus unter Berücksichtigung der Entwicklung bei der Schaffung der Vorschrift (s. o. bei Rdn. 3 ff.) rechtfertigt bereits einen – durch die Insolvenzgerichte festzusetzenden – Zuschlag auf die Regelvergütung von 30 % (a. A. Haarmeyer/Mock § 2 Rn. 9; § 3 Rn. 78).

b) Reform

36 Lösungen muss eine Reform bringen. Das Vergütungsrecht ist im Umbruch (vgl. § 63 Rdn. 3, dort auch zu diversen konzeptionellen Mängeln). Es ist wichtig, die Grundfehler des geltenden Vergütungsrechts im Reformprozess zu vermeiden. Zu große Eile dürfte schaden (vgl. Smid, ZInsO 2014, 1247). Es muss im Zuge einer echten, umfassenden Reform mit dem Modell des Regelsatzes, hinter dem sich ein fiktives »Normalverfahren« versteckt, vollständig gebrochen werden (vgl. Smid, ZInsO 2014, 877, 879; Graeber/Graeber § 3 Rn. 14 a. E. anderseits dort das Normalverfahren als sog. Ankerpunkt akzeptierend). Zu den Reformvorschlägen vgl. bei Rdn. 48 ff.

II. Mindestvergütung (Abs. 2)

1. Entwicklung

37 Die Mindestvergütung betrug 500,00 € in der am **01.01.1999** in Kraft getretenen Fassung v. 19.08.1998 (BGBl. I, S. 2205). Hier war die Zielsetzung »Verbilligung« (vgl. bei Rdn. 4 ff.) offensichtlich zu weit gehend betrieben worden. Denn durch Beschl. v. **15.01.2004** stellte der BGH die Verfassungswidrigkeit fest, da der durchschnittliche Bearbeitungsaufwand nicht auskömmlich entgolten werde (BGH, ZInsO 2004, 257, 259; vgl. zum Treuhänder nach § 313 InsO BGH, ZInsO 2004, 263). Dem Verordnungsgeber wurde ein Prognose- und Anpassungsspielraum zugebilligt, der erst am 31.12.2003 verstrichen sei (BGH, ZInsO 2004, 257, 261 f.). Daher sei hinzunehmen, dass davor erbrachte Tätigkeiten nicht auskömmlich entgolten würden (BGH, ZInsO 2004, 257, 262).

38 Durch die Verordnung zur Änderung der InsVV v. 04.10.2004 (BGBl. I S. 2569) wurde für die Mindestvergütung auf die Zahl der anmeldenden Gläubiger abgestellt, sodass weniger zehn Anmeldungen eine Vergütung von 1.000,00 € ergeben. Die Verknüpfung mit der Gläubigerzahl hat die vom BGH angedeutete Nettomindesthöhe von 1.200,00 € (vgl. BGH, ZInsO 2004, 257, 261) erkennbar gezielt unterlaufen. Erkennbar ging es weiter nur um Verbilligung statt eine angemessene Vergütung (vgl. Rdn .37).

39 Der Verordnungsgeber hat sich für ein Kriterium entschieden, das dem Insolvenzgericht eine einfache und sichere Handhabung ermöglichen soll. Er hat durch die Verwendung eines pauschalierenden Maßstabs im Interesse der Praktikabilität in Kauf genommen, dass die Mindestvergütung nicht in jedem Fall genau mit der Belastung des Verwalters korreliert (BGH, ZInsO 2011, 1251).

2. Anwendungsbereich

a) natürliche und juristische Personen

40 Die Regelung unterscheidet nicht zwischen natürlichen Personen als Schuldnern und Gesellschaften ohne Rechtspersönlichkeit bzw. juristischen Personen. Sie ist sowohl in der Unternehmensinsolvenz als auch in der Insolvenz natürlicher Personen anzuwenden, soweit es sich nicht um Verfahren nach dem Neunten Teil der InsO (§§ 304 ff. InsO) handelt. Insofern ist § 13 einschlägig. § 13 enthält eine Ausnahmeregelung für die Verfahren nach dem Neunten Teil der InsO (§§ 304 ff. InsO), die durch das Gesetz zur Verkürzung des Restschuldbefreiungsverfahrens und zur Stärkung der Gläubigerrechte vom 15.07.2013 (BGBl. I, 2379) geschaffen worden ist. Die Mindestvergütung nach § 2 Abs. 2 wird auf 800,00 € gekürzt. Der Gedanke der Verbilligung (vgl. dazu Rdn. 4 ff.) setzt sich fort.

41 Die Mindestvergütung ist immer dann maßgebend, wenn sie höher als die Vergütung nach Abs. 1 ist; es ist daher eine Vergleichsberechnung zwischen der Mindestvergütung anhand der Zahl der Gläubiger bzw. der Regelvergütung notwendig (Keller, NZI 2005, 23, 25).

b) vorläufiger Verwalter

42 Der vorläufige Verwalter hat rgm. Anspruch auf die ungekürzte Mindestvergütung, auch wenn durch die gesonderte Vergütung, die in § 63 Abs. 3 Satz 1 InsO eine isolierte Stellung des vorläufigen Verwalters erreicht wurde.

43 Der vorläufige Verwalter im Verbraucherinsolvenzverfahren hat Anspruch auf die ungekürzte Vergütung nach § 13.

c) Sachwalter; vorläufiger Sachwalter?

44 Der Sachwalter und der vorläufige Sachwalter haben Anspruch auf eine Mindestvergütung nach dieser Vorschrift.

3. Erhöhung nach Anmeldungen (Satz 2, 3)

Die Mindestvergütung von **1.000,00 € aus Satz 1** kann sich nach der Zahl der Anmeldungen erhöhen (vgl. Semmelbeck, NZI 2014, 554 wegen einer graphischen Darstellung der Erhöhungen nach Zahl der Gläubiger auch bei § 13). Es ist auf die Kopfzahl der anmeldenden Gläubiger abzustellen, nicht auf die Zahl der angemeldeten Forderungen (BGH, ZInsO 2011, 1251; ZInsO 2011, 200). Richtig wäre es, rechtlich selbstständige Forderungen des gleichen Gläubigers als einzelne Forderungsanmeldungen zu erfassen (Keller, NZI 2005, 23, 24; a. A. AG Potsdam, ZInsO 2006, 1263, 1264). Für die Berücksichtigung der Erhöhung kommt es nicht darauf an, ob die Forderung eines Gläubigers am Verfahrensende ggf. endgültig bestritten bleiben (a. A. AG Potsdam, ZInsO 2006, 1262).

45

4. Angemessenheit Mindestvergütung

Bei den auf der Verordnung zur Änderung der InsVV v. 04.10.2004 (BGBl. I S. 2569) beruhenden Regelungen der Mindestvergütung kann nach der verstrichenen Zeit sicher angenommen werden, dass eine angemessene Vergütung der mit einer Mindestvergütung zu bearbeitenden Verfahren nicht vorliegt (vgl. wegen Reformbestrebungen Rdn. 48 ff.). Es handelt sich um einen weiteren konzeptionellen Mangel des Vergütungsrechts, wenn noch nicht einmal eine angemessene Mindestvergütung vorgesehen ist. Auch insoweit ist auf die Reformbestrebungen zu verweisen (vgl. Rdn. 54).

46

5. Zuschläge

Zuschläge nach § 3 Abs. 1 sind möglich wenn es sich um zusätzliche, von der Zahl der Gläubiger unabhängige Erschwernisse handelt. Auf den fiktiven Charakter von Zuschlägen nach § 3 Abs. 1 wird verwiesen (vgl. Rdn. 28).

47

C. Reformbestrebungen

Aktuelle Reformbestrebungen des Verordnungsgebers oder des Gesetzgebers sind nicht bekannt. Das Vergütungsrecht ist aber allgemein im Umbruch (vgl. bei § 63 InsO Rdn. 3). Dies zeigen die vorliegenden Reformentwürfe. Es wurden Diskussionsentwürfe des sog. »Gläubigerforums« veröffentlicht (vgl. ZInsO 2013, 2424 ff.; ZInsO 2014, 650 ff.; vgl. hierzu Smid, ZInsO 2014, 878 f.).). Weiter ist der Diskussionsentwurf für ein Insolvenzrechtliches Vergütungsgesetz (InsVG) der Arbeitsgemeinschaft der NIVD e.V, vorgelegt worden (ZInsO 2014, 941 ff. vgl. hierzu Smid, ZInsO 2014, 1247 ff.). Durch den VID e. V. ist ebenfalls ein Vorschlag für eine gesetzliche Regelung vorgelegt worden (ZInsO 2014, 1254 ff., Beilage, ZIP 28/2014, 14 ff.; vgl. hierzu Smid, ZInsO 2014, 1247 ff.).

48

I. Vergütungsstaffel

1. »Gläubigerforum«

Der Diskussionsentwurf des sog. »Gläubigerforums« weicht entschieden von der bisherigen Herangehensweise des Vergütungsrechts ab. Der Vorschlag des »Gläubigerforums« geht im Hinblick auf den Zusammenhang zwischen den Vorschriften der §§ 2, 3 in den Veränderungen besonders weit. Die dortige Idee führt dazu, dass die Vergütungsstaffel, die nach dem Vorschlag des Gläubigerforums angeboten wird, letztlich mit den Vorschlägen des NIVD bzw. des VID nicht verglichen werden kann. Trotzdem ist eine Übersicht zum Vergleich in Rdn. 52 enthalten. Es liegt ein völlig anderer Ansatz zugrunde. Programmatisch ist durch das »Gläubigerforum« geltend gemacht worden, dass die Pauschalsätze nach § 2 massiv erhöht werden sollen, um die Verwirklichung und Absicherung professioneller Insolvenzverwaltung zu ermöglichen. Diese massiv erhöhten Pauschalsätze sollen ermöglichen, dass der Normalfall keine Verwendung mehr findet (Gläubigerforum, ZInsO 2014, 650). In den massiv erhöhten Pauschalsätzen sind die Werte des aus den Regelsätzen nur in fortgeschriebener Form enthalten. Insofern ist das Normalverfahren weiter in Verwendung. Die Pauschalsatzvergütung nach § 2 Abs. 1 soll Höchstgrenzen erhalten (§ 2 Abs. 1 Ziffer 5). Nach dem

49

Vorschlag des »Gläubigerforums« wird nur in ganz eng begrenzten Ausnahmefällen eine weitere Erhöhung durch Zuschläge möglich sein (»Gläubigerforum«, ZInsO 2014, 650, 651; vgl. auch insofern bei § 3 Rdn. 54 ff.).

Es sind fünf Stufen der pauschalierten Staffelvergütung vorgesehen. Die erste Stufe stimmt bereits nicht mit der Staffel im derzeitigen Abs. 1 überein (vgl. die Übersicht bei Rdn. 52).

Es ist in § 2 Abs. 1 des Entwurfs ausdrücklich betont worden, dass die Staffelsätze die persönliche Tätigkeit des Verwalters und seiner Mitarbeiter abgelten soll (»Gläubigerforum«, ZInsO 2014, 650, 651). Es soll einer Vorgehensweise entgegengewirkt werden, Leistungen und Aufgaben nur noch zu delegieren. Die Regelung ist aber jedenfalls unklar, auch im Zusammenhang mit § 4 dieses Entwurfs (Smid, ZInsO 2014, 877). Neuartig ist der Vorschlag in § 2 Abs. 3, der letztlich einen Abschlag einführt, der dem System dieses Reformentwurfes fremd ist (vgl. insoweit bei § 3 Rdn. 54).

2. VID

50 Die Grundvergütung des VID soll nach § 2 Abs. 1 Satz 2 des dortigen Entwurfs die Aufgaben des Verwalters abgelten, die in einer Anlage 1 zu dem Entwurf aufgelistet sind (vgl. ZInsO 2014, 1254, 1255 sowie 1262 = Beilage, ZIP 28/2014, 14, 15 sowie 21). Die Inhalte der Anlage 1 entsprechen teilweise den in den herkömmlichen Beschreibungen (vgl. oben Rdn. 16) des Begriffs des Normalverfahrens genannten, qualitativen Merkmalen. Allerdings wirken manche Positionen hergesucht (z. B. die Rückgabe der Urkunde nach Ende des Amtes). Es dürfte wohl kein Verfahren gegeben haben, in dem ernsthaft deswegen ein Zuschlag beantragt worden ist. Insofern hätte es dieser oder ähnlicher Positionen in der Anlage nicht bedurft. Es handelt sich insofern um eine Festschreibung des Normalverfahrens.

Die Vergütungsstaffel bei dem VID beinhaltet – wie bisher – 7 Schritte. Bei dem Vorschlag des VID ist die erste Stufe mit Abs. 1 identisch. Alle weiteren Stufen weichen ab. Wegen einer vergleichenden Darstellung s. u. Rdn. 52 und bei Smid, ZInsO 2014, 1247, 1250 f. Es kann auch auf die ausführlichere Übersicht des VID (Beilage, ZIP 28/2014, 22 ff.) verwiesen werden.

3. NIVD

51 Der Entwurf des NIVD, scheint den Begriff des Normalverfahrens vorauszusetzen, ohne ihn anzusprechen (vgl. NIVD, ZInsO 2014, 941, 942). Denn der Entwurf geht von der Regelvergütung – ohne sich mit dem Normalfall auseinandersetzen zu wollen – aus und will weiter die Abweichungen von einem Normalfall über Zu- und Abschläge regeln. Die Vergütungsstaffel des NIVD beinhaltet – wie bisher – 7 Schritte. Bei dem Vorschlag des NIVD weicht bereits die erste Stufe (auf die ersten 25.000,00 € sind es 55%) ab. Wegen einer vergleichenden Darstellung s. u. Rdn. 52 und bei Smid, ZInsO 2014, 1247, 1250 f. Es kann auch auf die ausführlichere Übersicht des VID (Beilage ZIP 28/2014, 22 ff.) verwiesen werden.

Dieser Entwurf enthält im Zusammenhang mit der Verwertung von Gegenständen, die mit Absonderungsrechten belastet sind, eine weitere Neuerung der Staffel. Danach erhält der Verwalter eine erhöhte Staffelvergütung von 2,5% des Bruttoverwertungserlöses dieser Gegenstände (NIVD, ZInsO 2014, 941, 942) für diese Tätigkeit, ohne dass dies auf § 1 Abs. 2 Nr. 1 Auswirkung haben soll.

4. Übersicht

52 Die nachfolgende Übersicht zeigt die jeweiligen Staffeln, auch wenn diese wegen der systematischen Unterschiede nur bedingt vergleichbar sind.

NIVD		VID		Gläubigerforum	
%	bis T€	%	bis T€	%	bis T€
55	25	40	25	40	50
33	50	37	50	30	100
9	250	13	250	20	500
4	500	7	500	15	1.000
2,7	25.000	2,5	25.000	10	500.000
1,25	50.000	1	50.000		
0,61	offen	0,5	offen		

Die folgende Tabelle weist die Vergütungssätze nach VergVO, InsVV, VID, NIVD sowie Gläubigerforum bei 25 ausgewählten Massebeständen jeweils netto aus (vgl. auch die Darstellung bei Smid, ZInsO 2014, 1247, 1250f.; vgl. auch die ausführliche Übersicht des VID, Beilage, ZIP 28/2014, 22ff.): 53

Masse	VergVOx5	InsVV	VID	NIVD	GläForum
2.500,00 €	2.000,00 €	1.000,00 €	2.000,00 €	2.000,00 €	2.500,00 €
5.000,00 €	3.750,00 €	2.000,00 €	2.000,00 €	2.750,00 €	2.500,00 €
7.500,00 €	5.266,95 €	3.000,00 €	3.000,00 €	4.125,00 €	3.000,00 €
10.000,00 €	6.766,95 €	4.000,00 €	4.000,00 €	5.500,00 €	4.000,00 €
15.000,00 €	9.766,95 €	6.000,00 €	6.000,00 €	8.250,00 €	6.000,00 €
20.000,00 €	12.766,95 €	8.000,00 €	8.000,00 €	11.000,00 €	8.000,00 €
25.000,00 €	15.766,95 €	10.000,00 €	10.000,00 €	13.750,00 €	10.000,00 €
30.000,00 €	17.436,30 €	11.250,00 €	11.850,00 €	15.400,00 €	12.000,00 €
40.000,00 €	20.436,30 €	13.750,00 €	15.550,00 €	18.700,00 €	16.000,00 €
50.000,00 €	23.436,30 €	16.250,00 €	19.250,00 €	22.000,00 €	20.000,00 €
60.000,00 €	24.662,15 €	16.950,00 €	20.550,00 €	22.900,00 €	23.000,00 €
70.000,00 €	25.662,15 €	17.650,00 €	21.850,00 €	23.800,00 €	26.000,00 €
75.000,00 €	26.162,15 €	18.000,00 €	22.500,00 €	24.250,00 €	27.500,00 €
100.000,00 €	28.662,15 €	19.750,00 €	25.750,00 €	26.500,00 €	35.000,00 €
125.000,00 €	31.162,15 €	21.500,00 €	29.000,00 €	28.750,00 €	40.000,00 €
150.000,00 €	33.662,15 €	23.250,00 €	32.250,00 €	31.000,00 €	45.000,00 €
200.000,00 €	38.662,15 €	26.750,00 €	38.750,00 €	35.500,00 €	55.000,00 €
250.000,00 €	43.662,15 €	30.250,00 €	45.250,00 €	40.000,00 €	65.000,00 €
300.000,00 €	46.444,45 €	31.750,00 €	48.750,00 €	42.000,00 €	75.000,00 €
350.000,00 €	48.944,45 €	33.250,00 €	52.250,00 €	44.000,00 €	85.000,00 €
400.000,00 €	51.444,45 €	34.750,00 €	55.750,00 €	46.000,00 €	95.000,00 €
500.000,00 €	56.444,45 €	37.750,00 €	62.750,00 €	50.000,00 €	115.000,00 €
1.000.000,00 €	69.226,75 €	47.750,00 €	75.250,00 €	63.500,00 €	190.000,00 €
10.000.000,00 €	294.226,75 €	227.750,00 €	237.500,00 €	306.500,00 €	1.015.000,00 €

Es zeigt sich insofern, dass die vorgeschlagenen Staffeln teilweise nur den Rückschritt – von der VergVO auf die InsVV- regulieren bzw. überwinden. Erst bei der Berechnungsgrundlage von

200.000,00 € liegt die Staffel des VID mit der fünffachen Vergütung nach der VergVO gleichauf, bzw. überwindet sie knapp. Die Staffelung des Gläubigerforums ist bereits bei einer Masse von 70.000,00 € leicht oberhalb des VergVO-Wertes. Es muss bei der künftigen Reformdiskussion vermieden werden, dass sich wiederholt, dass die etwaige neue Vergütungsstaffel bereits am Tage ihres Erlasses im Verhältnis zu den eingetretenen Teuerungsraten überholt ist (so ausdrücklich Haarmeyer/Wutzke/Förster, Vergütung in Insolvenzverfahren, 2. A., Vor § 1 VergVO Rn. 4 zur Beschreibung der Situation bei der VergVO).

II. Mindestvergütung

54 Alle Reformvorschläge gehen einig darin, dass die Mindestvergütung anzuheben ist. Die Vorschläge von VID und NIVD stimmen überein, dass die Mindestvergütung auf 2.000,00 € anzuheben ist (VID, ZInsO 2014, 1254, 1255 = Beilage, ZIP 28/2014, S.14; NIVD, ZInsO 2014, 941, 942). Während der VID diesen Betrag fest benennt, ist bei der Formulierung des NIVD eine Abweichung möglich, weil die Mindestvergütung 2.000,00 € betragen soll. Insofern ist dem Gericht Ermessen eingeräumt (NIVD, ZInsO 2014, 941, 942). Ermessen für das Gericht besteht auch nach dem Entwurf des »Gläubigerforums«; dort wird die Mindestvergütung – mit diesem Ermessen auf 2.500,00 € angehoben (»Gläubigerforum«, ZInsO 2014, 650, 651).

§ 3 Zu- und Abschläge

(1) Eine den Regelsatz übersteigende Vergütung ist insbesondere festzusetzen, wenn
a) die Bearbeitung von Aus- und Absonderungsrechten einen erheblichen Teil der Tätigkeit des Insolvenzverwalters ausgemacht hat, ohne dass ein entsprechender Mehrbetrag nach § 1 Abs. 2 Nr. 1 angefallen ist,
b) der Verwalter das Unternehmen fortgeführt oder Häuser verwaltet hat und die Masse nicht entsprechend größer geworden ist,
c) die Masse groß war und die Regelvergütung wegen der Degression der Regelsätze keine angemessene Gegenleistung dafür darstellt, dass der Verwalter mit erheblichem Arbeitsaufwand die Masse vermehrt oder zusätzliche Masse festgestellt hat,
d) arbeitsrechtliche Fragen zum Beispiel in Bezug auf das Insolvenzgeld, den Kündigungsschutz oder einen Sozialplan den Verwalter erheblich in Anspruch genommen haben oder
e) der Verwalter einen Insolvenzplan ausgearbeitet hat.

(2) Ein Zurückbleiben hinter dem Regelsatz ist insbesondere gerechtfertigt, wenn
a) ein vorläufiger Insolvenzverwalter im Verfahren tätig war,
b) die Masse bereits zu einem wesentlichen Teil verwertet war, als der Verwalter das Amt übernahm,
c) das Insolvenzverfahren vorzeitig beendet wird oder das Amt des Verwalters vorzeitig endet,
d) die Masse groß war und die Geschäftsführung geringe Anforderungen an den Verwalter stellte oder
e) die Vermögensverhältnisse des Schuldners überschaubar sind und die Zahl der Gläubiger oder die Höhe der Verbindlichkeiten gering ist.

Übersicht	Rdn.
A. Normzweck	1
B. Norminhalt	2
I. Fortsetzung des Problems »Normalverfahren«	2
II. Zuschläge (Abs. 1)	8
1. Methode	8
2. Kein Ermessen	9
3. Zuschläge als Anpassungsmaterial der Berechnungsgrundlage	10
4. Keine Zuschläge wegen Zustellungen	11
5. Tatbestände des Katalogs	12
a) Aus- und Absonderungsrechte (Buchst. a))	13
b) Fortführung (Buchst. b), 1. Alt.)	15
c) Hausverwaltung (Buchst. b), 2. Alt.)	17
d) Degressionsausgleich Buchst. c)	18

e) Arbeitsrechtliche Fragen Buchst. d)	19	7. Keine Abschläge	44
f) Ausarbeitung Insolvenzplan Buchst. e)	21	IV. Verhältnis von Zu- und Abschlägen (Gesamtwürdigung)	48
6. Erweiterter Katalog	23	C. **Reformbestrebungen**	53
III. Abschläge (Abs. 2)	25	I. Zuschläge	55
1. vorläufiger Verwalter	27	1. »Gläubigerforum«	56
2. Fortgeschrittene Verwertung	32	2. VID	64
3. Vorzeitiges Ende	33	3. NIVD	74
4. Große Masse, geringe Anforderung	34	II. Abschläge	76
5. Überschaubare Vermögensverhältnisse	37	1. »Gläubigerforum«	77
		2. VID	78
6. Andere Gesichtspunkte	42	3. NIVD	79

A. Normzweck

Die Vorschrift konkretisiert § 63 Abs. 1 Satz 3 InsO und ermöglicht die Abweichungen vom Regelsatz, der § 2 Abs. 1 bestimmt ist; die Abweichungen sollen die angemessene Vergütung gewährleisten. 1

B. Norminhalt

I. Fortsetzung des Problems »Normalverfahren«

Zusammen mit § 63 Abs. 1 InsO bilden §§ 2, 3 den - maroden - Kern des Vergütungsrechts (vgl. zu verschiedenen konzeptionellen Mängeln des Vergütungsrechts § 63 InsO Rdn. 3; vgl. zu einem konzeptionellen Mangel wegen der übertragenen Zustellungen auch bei Rdn. 11; vgl. zu dem konzeptionellen Mangel, eine Gesamtwürdigung zuzulassen bei Rdn. 49). Der Gesetzgeber hatte in § 63 Abs. 1 Satz 3 InsO vorgegeben, dass durch Abweichungen vom Regelsatz dem Umfang und der Schwierigkeit der Geschäftsführung Rechnung zu tragen sei. Diese Abweichungen sollen in Gestalt der Zu- und Abschläge in § 3 erfasst werden. Es werden in Abs. 1 und 2 jeweils Kataloge von Beispielstatbeständen genannt; in Abs. 1 handelt es sich um Beispiele für Situationen in einem **offenen Katalog** (»insbesondere«), die Zuschläge begründen sollen. In Abs. 2 handelt es sich um Beispiele für Abschläge, die in dem dortigen, offenen Katalog genannt werden. 2

Der Verordnungsgeber hat nur ausgeführt, dass maßgebendes Bemessungskriterium für Zuschläge der – gegenüber dem Normalverfahren – tatsächlich gestiegene oder geminderte Arbeitsaufwand sein solle (Amtliche Begründung zu § 3, abgedruckt in H/W/F, S. 54). Er hatte aber das Normalverfahren nie definiert oder beschrieben. Stattdessen hat er es schlicht - möglicherweise als Übernahme aus der VergVO - vorausgesetzt. Das Normalverfahren ist aber eine Fiktion (vgl. bei § 2 Rdn. 14 ff.). Die Vorschriften der §§ 2, 3 sind zwingend in einem Verbund zu sehen. Sie können nicht isoliert betrachtet werden. Die Zuschläge sind wegen der Verbindung zu § 2 Abs. 1 eine Fortsetzung eines lediglich fiktiven Normalverfahrens (vgl. § 2 Rdn. 28).

Zuschläge erfordern jeweils eine Einzelfallentscheidung (vgl. BGH, IX ZB 246/11, Textziffer 2, juris; BGH, ZInsO 2012, 753, 754; BGH, ZInsO 2010, 2409). Die Rechtsprechung hat den real gestiegenen Arbeitsaufwand als Kriterium für einen Zuschlag verwendet (BGH, IX ZB 246/11, juris; ; BGH, ZInsO 2012, 753, 754; BGH; ZInsO 2006, 642, 645; BGH, ZInsO 2003, 790) Dies geschah und geschieht allerdings, ohne den zugrunde liegenden Begriff des »Normalverfahrens« und die damit verbundenen Konsequenzen zu hinterfragen oder hinterfragt zu haben (vgl. bei § 2 Rdn. 15, 19). Eine signifikante Abweichung vom Tätigkeitsumfang im Normalverfahren soll nach dieser Rechtsprechung vorliegen müssen, damit ein Zuschlag gerechtfertigt sei (BGH, IX ZB 246/11, Textziffer 2, juris). Es müsse ein - recht verstandenes - Missverhältnis im Vergleich zur Regelvergütung vorliegen, das für jede sachkundige Person erkennbar sei (BGH, XI ZB 246/11, Textziffer 2, juris). Um eine Anknüpfung an das Normalverfahren handelt es sich wohl auch, wenn bei der Bemessung der Höhe der Zuschläge die Höhe der Regelvergütung, berücksichtigt 3 werden soll, weil nur so festgestellt werden könne, ob ein Arbeitsaufwand vorliegt, der denjenigen eines vergleichbaren Verfahrens übersteigt (BGH, ZInsO 2013, 1104, 1105); insofern wäre das Normalverfahren das Vergleichsverfahren. Die Höhe der Zuschläge kann aber nicht von der Berechnungsgrundlage beeinflusst sein. Denn es gibt keine absolute Grenze einer Vergütung. Der Verordnungsgeber hatte – nach Auffassung der Rechtsprechung – von Vorgaben für die Höhe der Zuschläge bewusst abgesehen, weil die umfassende Würdigung (Grundsatz der leistungsangemessenen Vergütung, vgl. BGH, ZIP 2002, 1459; ZInsO 2003, 748, 749; ZInsO 2004, 268, 269) der im Einzelfall in Betracht kommenden Faktoren im Vordergrund stehen sollte (BGH, ZInsO 2003, 790). Die Feststellung der Höhe des Zuschlags unterliegt der tatrichterlichen Beurteilung (BGH, ZInsO 2009, 55, 56), die im Einzelfall stattfinden muss. Faustregeln für die Festsetzung von Zuschlägen gibt es daher nicht. Allerdings werden in der Literatur Faustregeltabellen mit dem Hinweis auf die damit geleistete Orientierungshilfe angeboten (vgl. A/G/R-Nies § 3 Rn. 106; FK-Lorenz, § 3 Rn. 59; H/W/F, InsVV, § 3 Rn. 77; K/P/B-Prasser/Stoffler § 3 InsVV Rn. 115 f., vgl. Keller, Vergütung Rn. 335 mit einer syoptischen Übersicht zu den Tabellen verschiedener Autoren). Faustregeltabellen über die Festsetzung von Zuschlägen können zu schematischer Bearbeitung - statt einzelfallbezogener Würdigung - verleiten. Eine Bindung an »Faustregel-Tabellen« besteht für den Tatrichter ohnehin nicht (BGH, ZInsO 2010, 1504). Die Rechtsprechung hat es angesichts dessen auch nicht als ihre Aufgabe gesehen, Faustregeln für Zuschläge zu entwickeln (vgl. BGH, ZInsO 2009, 55, 56). Bagatellabweichungen sollen für Zuschläge jedenfalls außer Betracht bleiben (BGH, ZInsO 2006, 642, 644). Die Bagatellgrenze soll überschritten sein, wenn eine Abweichung vom Normalfall vorliegt, die eine Erhöhung der Vergütung um 5 % rechtfertigt (BGH, ZInsO 2006, 642, 644; vgl. hierzu wegen der darin liegenden Scheingenauigkeit Rdn. 6).

4 Auch Abschläge haben wegen der Verbindung zu § 2 Abs. 1 einen Bezug zu einem lediglich fiktiven Normalverfahren (vgl. § 2 Rdn. 28). Ein Abschlag von der Insolvenzverwaltervergütung soll vorzunehmen sein, wenn der Verwalter schwächer als in entsprechenden Insolvenzverfahren allgemein üblich in Anspruch genommen worden sei (BGH, ZInsO 2012, 300; BGH, ZInsO 2006, 642, 645). Das soll auch dann gelten, wenn dies im Einzelfall zu einer nicht auskömmlichen Vergütung führe (BGH, ZInsO 2012, 300). Dies sei dem System der insolvenzrechtlichen Vergütungsverordnung immanent und vom Insolvenzverwalter im Hinblick auf den Grundsatz der Querfinanzierung hinzunehmen (BGH, ZInsO 2012, 300; vgl zur Querfinanzierung bei § 2 Rdn. 36).

5 Bagatellabweichungen haben auch hinsichtlich der Abschlägen außer Betracht zu bleiben (BGH, ZInsO 2006, 642, 644). Die Bagatellgrenze soll demnach auch hier überschritten sein, wenn eine **Abweichung** vom Normalfall vorliegt, die eine Minderung der Vergütung um 5 % rechtfertigt (BGH, ZInsO 2006, 642, 644; vgl. hierzu wegen der darin liegenden Scheingenauigkeit Rdn. 6).

6 Die Vorgaben der Rechtsprechung (vgl. oben Rdn 3-5) erwecken den Eindruck, es handele sich um eine präzise, quasi mathematisch-naturwissenschaftliche Vorgehensweise. Es wird der Eindruck erweckt, die der jeweiligen Leistung angemessene Vergütung könnte und würde in präzise bestimmten Anteilen zu der normalerweise zu erbringenden Tätigkeit bewertet und dargestellt. Dies gilt besonders für die auf 5 % Veränderung der Vergütung genaue Abgrenzung der Bagatellsachverhalte vom sog. Normalverfahren (vgl. BGH, ZInsO 2006, 642, 644). Tatsächlich wird damit nur eine Scheingenauigkeit vorgespiegelt. Damit wird verdeckt, dass die Vergütungsfestsetzung ein rein subjektiver - nicht nachvollziehbarer - Erwägungsvorgang ist. Es handelt sich insofern um die bereits angesprochene Folge des Grundproblems, das in dem Begriff des Normalverfahrens liegt (s. o. Rdn. 2; vgl. dazu bei § 2 Rdn. 14 ff.; vgl. bei § 2 Rdn. 28). Das Normalverfahren ist Fiktion (Graeber/Graeber § 3 Rn. 14; Haarmeyer/Mock, § 2 Rn. 3; MK-Riedel, § 2 Rn. 3 ff.; Büttner, ZVI 2013, 289, 294; Smid, ZInsO 2014, 1247, 1249; Smid, ZInsO 2014, 877, 878 f.; Haarmeyer, ZInsO 2014, 1237). Wird der Begriff des Normalverfahrens als freie Schöpfung ohne rechtliche, gesetzliche oder tatsächliche Grundlage (vgl. Haarmeyer/Mock § 2 Rn. 3) oder als methodisch nicht nachvollziehbare, in sich widersprüchliche Größe (vgl. Smid, ZInsO 2014, 877, 878) begriffen, muss sich dies auf die Zu- und Abschläge auswirken. Gibt es keinen belastbaren Begriff des Normalverfahrens oder des Normalfalls und des dortigen Tätigkeitsumfanges (vgl. bei § 2 Rdn. 14 ff.), gibt

es keine nachvollziehbare Begründung der Regelvergütung. Die Zu- und Abschläge haben damit auch keinen Bezugspunkt. Sie hängen dann sozusagen in der Luft. Sie sind selbst ebenfalls fiktiv, weil sie eine fiktive Basis haben. Jeder Versuch, einen Sachverhalt für eine Erhöhung oder Verminderung der Vergütung mit einem Prozentsatz, bezogen auf den Normalfall oder das Normalverfahren, zu erfassen, muss scheitern. Es gibt wegen der Ausgangsfiktion (Normalverfahren) keinen oder jedenfalls keinen verlässlichen Bezug für den tatsächlich gestiegenen Arbeitsaufwand oder einen real gesunkenen Arbeitsaufwand. Es kann durch eine behauptete oder tatsächliche Abweichung von dem nicht näher bestimmten Normalverfahren nicht begründet werden, ob eine Vergütung angemessen (»leistungsangemessen«) ist. Jede angebliche Abweichung, die zu einer Erhöhung oder Minderung eines Prozentsatzes führt, bleibt eine Abweichung von einer Fiktion und damit selbst eine fiktive Bestimmung. Es bleibt damit jeweils subjektiv gefühlte Angemessenheit, wenn eine Vergütung bestimmt wird. Letztlich ist damit die Vergütungsfestsetzung von vornherein Willkür. Die in den Katalogen nach Abs. 1 und 2 genannten Beispiele können allenfalls Versuche sein, subjektive Angemessenheitsvorstellungen zu plausibilisieren (vgl. Rdn. 17 ff.; wg. der Reformbestrebungen wird auf Rdn. 54 ff. verwiesen).

Die Scheingenauigkeit wird auch dann bemüht, wenn Vergleichsrechnungen in Zusammenhängen verlangt werden, die der Verordnungsgeber nicht vorgegeben hat. Denn es liegen Entscheidungen vor, die einen Zuschlag für die Geschäftsführung (Anfechtung), die den Verwalter stärker als in entsprechenden Insolvenzverfahren allgemein üblich in Anspruch genommen hätte, nur dann gewähren wollen, wenn durch diese Tätigkeit die Masse nicht entsprechend größer geworden ist, obwohl die Anknüpfung an die entsprechend größere Masse in den Katalogtatbeständen insoweit nicht vorgesehen ist (vgl. BGH, ZInsO 2012, 666; BGH, ZInsO 2012, 753).

II. Zuschläge (Abs. 1)

1. Methode

Zuschläge werden als prozentualer Anteil des Regelsatzes nach § 2 Abs. 1 ausgedrückt oder jedenfalls so verstanden. Dies kann aber angesichts der oben beschriebenen Situation nicht nicht zu zutreffenden Ergebnissen - angemessenen Vergütungen - führen (vgl. Rdn. 6; wg. der Reformbestrebungen wird auf Rdn. 54 ff. verwiesen).

2. Kein Ermessen

Es besteht - wird der fiktive Bezug der Zuschläge (vgl. Rdn .2 ff.) unbeachtet gelassen - nach dem Wortlaut kein Ermessen des Gerichtes im Hinblick auf die Erteilung eines Zuschlags; liegen die Voraussetzungen vor, »ist [...] festzusetzen«. Zum Verhältnis von Zu- und Abschlägen s. Rdn. 48.

3. Zuschläge als Anpassungsmaterial der Berechnungsgrundlage

Zuschläge wurden herangezogen, um Veränderungen in der Berechnungsgrundlage des vorläufigen Verwalters auszugleichen (BGHZ 165, 266, 274 f.; BGH, ZInsO 2006, 811 ff.). Zuschläge wurden gewährt, um Veränderungen in der Berechnungsgrundlage des ausgeschiedenen Verwalters auszugleichen (BGH, ZInsO 2006, 29, 31). Das kann nicht richtig sein. Da Zuschläge Erschwernisse vergüten sollen, können sie nicht eingesetzt werden, um die Berechnungsgrundlage zu verändern. Solche Veränderungen der Berechnungsgrundlage sind nicht nachvollziehbar.

Um die Herabsetzung zuvor anerkannter Zuschläge zu ermöglichen, ohne gegen das Verschlechterungsverbot zu verstoßen, wurde die Berechnungsgrundlage in der Rechtsbeschwerdeinstanz erhöht (BGH, ZInsO 2006, 1162, 1163). Auch das kann methodisch nicht richtig sein.

4. Keine Zuschläge wegen Zustellungen

Ist dem Insolvenzverwalter - oder Treuhänder in den vor dem 01.07.2014 beantragten Verfahren - das Zustellungswesen übertragen, sind keine Zuschläge möglich. Es ist für jede Zustellung der Sach- und Personalaufwand zu ersetzen. Die Höhe des Ersatzes bemisst sich außerhalb der sonstigen Zuschlagstatbestände durch einen angemessenen Betrag pro Zustellung, der nach dem tatsächlichen Aufwand geschätzt werden kann (BGH, ZInsO 2013, 894; vgl. BGH, ZInsO 2012, 753). Es ist als ein konzeptioneller Mangel des Vergütungsrechts zu verstehen, wenn für Aufgaben, die dem Verwalter - als staatliche Inanspruchnahme von privaten Leistungen - übertragen werden können, keine Vergütungstatbestände geschaffen werden oder Entgelte nicht geregelt sind und der Rechtsprechung zugemutet wird, diese Lücken zu füllen.

Der Ersatz für die Zustellungen steht singulär da. Der Ersatz der Zustellungen ist gesondert zu beantragen. Der Posten bedarf auch einer gesonderten Festsetzung im Beschluss

5. Tatbestände des Katalogs

12 Die Tatbestände des Kataloges nach Abs. 1 sind unter Berücksichtigung des fiktiven Charakters einer Vergütungsfestsetzung bei Verwendung von Zuschlägen (vgl. oben bei Rdn. 2 ff., besonders Rdn. 6) lediglich als Plausibilisierungsversuche subjektiver Angemessenheitserwägungen zu betrachten. Die Tatbestände werden herkömmlich als rein tätigkeitsbezogen gesehen (BGH, ZInsO 2007, 438, 439; ZInsO 2006, 811, 814; ZInsO 2006, 1162, 1163; vgl. auch die Amtl. Begründung, Abdruck bei H/W/F, InsVV S. 53: »konkret tätigkeitsbezogen«). Sie sind aber teilweise erfolgsbezogen, teilweise tätigkeitsbezogen. Jedenfalls bei Buchst. a) und b) sind Erfolg (Mehrung der Masse) und die Tätigkeit in der Weise in Beziehung gesetzt, dass der Zuschlag nur zu gewähren ist, wenn die erzielte Vergrößerung der Masse der erbrachten Tätigkeit nicht entspricht. Anerkannt ist dies bei Buchst. b) (vgl. BGH, ZInsO 2011, 1422, 1424: bei der Festsetzung des Zuschlags kann Erfolg der Fortführung berücksichtigt werden, wenn er auf Einsatz des Verwalters beruht).

a) Aus- und Absonderungsrechte (Buchst. a))

13 Eine den Regelsatz übersteigende Vergütung ist nach Buchstabe a) zu gewähren, wenn ein erheblicher Teil der Tätigkeit des Insolvenzverwalters in der Bearbeitung von Aus- und Absonderungsrechten lag und ein entsprechender Mehrbetrag nach § 1 Abs. 2 Nr. 1 nicht angefallen ist (a. A. Haarmeyer/Mock § 3 Rn. 12).

14 Der Begriff der Bearbeitung ist insofern weit zu fassen. Die Bearbeitung kann sich sowohl auf die tatsächlichen, juristischen oder buchhalterischen Gegebenheiten beziehen. Trotz vieler Sicherungsgläubiger und eines hohen Anteils der Fremdrechte an der Masse kann sich die Prüfung und Abwicklung der Fremdrechte einfach und wenig zeitaufwendig gestalten (LG Bielefeld, ZInsO 2004, 1250, 1251; zu dem Umfang von Absonderungsrechten vgl. bei § 2 Rdn. 25).

b) Fortführung (Buchst. b), 1. Alt.)

15 Eine den Regelsatz übersteigende Vergütung ist nach Buchstabe b) festzusetzen, wenn der Verwalter das Unternehmen des Schuldners fortgeführt hat und die Masse dadurch nicht entsprechend größer geworden ist (a. A. Haarmeyer/Mock § 2 Rn. 32, § 3 Rn. 20). Beide Tatbestandsmerkmale müssen kumulativ gegeben sein (BGH, ZInsO 2010, 2409, 2410).

16 Es wird von einer **entsprechend größeren Masse** i. S. v. Buchst. b) ausgegangen, wenn die Erhöhung der Vergütung, die sich aus der Massemehrung ergibt, ungefähr den Betrag erreicht, der dem Verwalter bei unveränderter Masse über einen Zuschlag für die Fortführung zustünde (BGH, ZInsO 2010, 2409, 2410; ZInsO 2009, 55 f.; ZInsO 2008, 1262, 1263; ZInsO 2008, 266; ZInsO 2007, 436, 437; ZInsO 2007, 438). Dann soll für die Fortführung kein Zuschlag mehr bewilligt werden können, um eine Doppelhonorierung zu vermeiden. Ist die Erhöhung der Vergütung, die sich aus der Massemehrung ergibt, niedriger als der Betrag, der über den Zuschlag verdient wäre, ist ein Zuschlag zu gewähren, der diese Differenz ausgleicht, ohne sie zu überschreiten. Es ist also eine Vergleichsrechnung anzustellen. Dabei ist die – durch die vergrößerte Masse bedingte – Zunahme der Regelvergütung mit der Höhe der Vergütung zu vergleichen, die ohne die Massemehrung – dann über einen Zuschlag – erreicht würde (BGH, ZInsO 2008, 1262, 1263). Die Vergleichs-

rechnung muss auch berücksichtigen, wenn sich die Masse nicht in gleichem Maße erhöht hat, in dem wegen der Unternehmensfortführung oktroyierte Masseverbindlichkeiten befriedigt wurden (BGH, ZInsO 2008, 1262, 1264; Beispiele zur Vergleichsrechnung bei Prasser, NZI 2009, 51, 52). Ein Zuschlag von 20% – bei erfolgter Vergleichsrechnung – für eine Fortführung von über einem Monat bei praktisch eingestelltem Betrieb und 58 beschäftigten Arbeitnehmern verschiebt die Maßstäbe des Vergütungsrechts nicht (BGH, ZInsO 2009, 55, 56). Die bei der Zumessung eines Zuschlags wegen Unternehmensfortführung vorzunehmende Vergleichsrechnung bezieht sich nur auf diesen Zuschlag; andere Zuschläge werden in die Vergleichsrechnung nicht einbezogen (BGH, ZInsO 2011, 1422, 1423). Es ist auch nicht möglich, auf andere Zuschläge – z. B. wegen Anfechtungsbemühungen – die Methodik der Vergleichsrechnung wie bei der Fortführung zu übertragen. Ist – z. B. durch Anfechtungen – die Berechnungsgrundlage erhöht, berechnen sich alle Zuschläge auf der Basis der erhöhten Berechnungsgrundlage. Ist infolge eines Überschusses bei der Betriebsfortführung die Berechnungsgrundlage erhöht, berechnen sich alle zu gewährenden Zuschläge nach dieser erhöhten Berechnungsgrundlage (BGH, ZInsO 2011, 1422, 1423). Der mit der Vergleichsrechnung ermittelte Ausgleichszuschlag wegen Unternehmensfortführung soll in die Angemessenheitsbetrachtung zur Festlegung eines Gesamtzuschlags einzustellen sein (BGH, ZInsO 2011, 1422, 1424; vgl. zur Gesamtwürdigung bei Rdn. 48).

c) **Hausverwaltung (Buchst. b), 2. Alt.)**

Eine den Regelsatz übersteigende Vergütung ist festzusetzen, wenn der Verwalter die Bewirtschaftung einer oder mehrerer Immobilien (Vermietung, Sicherung und Erhaltung der Immobilie oder Sicherstellung der Energie-/Wasserversorgung oder Erfüllung von Verkehrssicherungspflichten) betreibt (BGH, ZInsO 2008, 266, 267; a. A. Haarmeyer/Mock § 3 Rn. 26); die Masse darf nicht dem Aufwand des Verwalters entsprechend angewachsen sein. Es fehlt eine Regelung, die es ermöglicht, zu ermitteln, wann die Entsprechung vorliegt. Eine Vergleichsberechnung zwischen der fiktiven Regelvergütung ohne Massemehrung und der tatsächlichen Regelvergütung aus der erhöhten Masse soll vorzunehmen sein (LG Heilbronn, ZIP 2012, 2077). 17

d) **Degressionsausgleich Buchst. c)**

Der Degressionausgleich ist als eigenständiger Zuschlagsgrund in Konsequenz der vom Verordnungsgeber gewollten Verbilligung (vgl. dazu bei § 2 Rdn. 4, 11) konzipiert. Der fiktive Normalfall (vgl. § 2 Rdn. 14 ff.) - gespiegelt in den Regelsätzen - erforderte den Degressionsausgleich wegen zu scharfer Degression. Der Zuschlagsgrund nach Buchst. c) (**Degressionsausgleich**) stellt eine Verbindung zwischen Erfolg (Massemehrung) und Tätigkeit her. Es wird von vornherein vorausgesetzt, dass die Massemehrung und die Tätigkeit einander nicht entsprechen können, wenn es bei großer Masse mit erheblichem Aufwand gelang, weitere Masse zu bilden bzw. festzustellen (a. A. Haarmeyer/Mock § 3 Rn. 32). Es ist anerkannt, dass mit der vorhandenen Masse rgm. auch der Aufwand steigt (H/W/F, InsVV § 3 Rn. 23; vgl. auch Haarmeyer, ZInsO 2014, 1237, 1245; Haarmeyer/Mock § 3 Rn. 35); insofern kann auch nur angenommen werden, dass die weitere Mehrung der Masse nur mit erheblichem Aufwand gelingt (a. A. Haarmeyer/Mock § 3 Rn. 34: Nachweis durch den Verwalter, dass mehr als das Doppelte des Aufwands als bei einem vergleichbaren Verfahren nötig war). Diese Regelvermutung muss die Folge der Schaffung der Norm sein. Werden die Anforderungen an den Ausgleich überhöht, greift er nicht ein, so dass die Vergütung dann bei höheren Massen nicht angemessen sein kann. Der Degressionsausgleich greift ab einer Masse von mehr als 250.000,00 €, auf die sich die Schlussrechnung bezieht, ein (BGH, ZInsO 2012, 2305). Es wird ein zum Degressionsausgleich gebotener Zuschlag nach der Rechtsprechung nur in die Gesamtabwägung bei der Bemessung eines angemessenen Gesamtzuschlags einbezogen. Damit soll sich der Zuschlagsgrund Degressionsausgleich nach der Rechtsprechung des BGH (vgl. BGH, ZInsO 2012, 2305) nicht der Methodik entziehen. Dies ist unzutreffend. Denn damit wird der Degressionsausgleich als notwendiger, eigenständiger Zuschlagstatbestand im geltenden Vergütungsrecht negiert (vgl. zu dem Degressionsausgleich auch bei den Reformbestrebungen u. Rdn. 55). 18

e) Arbeitsrechtliche Fragen Buchst. d)

19 Der Tatbestand unter Buchst. d) ist rein auf die Tätigkeit bezogen. Der Arbeitsaufwand im Zusammenhang mit dem Insolvenzgeld (vgl. BGHZ 146, 165, 178 f.), Kündigungsschutz, Sozialplan, Kurzarbeitergeld, Massenentlassung, Schwerbehinderten- bzw. Vorruhestandsregelungen, Pensionssicherungsverein, Weiterbildungsmaßnahmen, Transfergesellschaften, Beschäftigungsförderungsgesellschaften, Interessenausgleich kann zuschlagswürdige Materien berühren, da die Arbeits- und Kostenintensität bzgl. dieser Bereiche außer Frage steht (BGH, ZInsO 2004, 265, 267, für Sozialplan und Massenentlassung). Der Zuschlag ist geprägt von der Zahl der Beschäftigten, die auch in den Begriff des Normalverfahrens, wie er herkömmlich verstanden wird, eingegangen ist (wegen der Fiktion des Normalverfahrens vgl. § 2 Rdn. 14 ff.). Bis zu 20 Arbeitnehmer werden von der Rechtsprechung als der Normalfall angesehen (BGH, ZInsO 2007, 1272; BGH, ZInsO 2008, 1640). Das ist unzutreffend. Denn eine durchschnittliche Beschäftigtenzahl von 20 ist nicht nachzuweisen oder dokumentiert. Wenn bei rund 56 % der Unternehmensinsolvenzen ein bzw. kein Mitarbeiter vorhanden war (vgl. § 2 Rdn. 22 f.) kann der Begriff des Normalverfahrens und des daraus abgeleiteten Verständnisses eines Zuschlages nicht zutreffen (vgl. a. A. Haarmeyer/Mock § 3 Rn. 40, auch eine höhere Zahl an Beschäftigten als Zuschlagsgrund ablehnend, weil die Berechnungsgrundlage dann auch höher sein würde.).

20 Auch bei einer Zahl von Beschäftigten unter 20 sind Zuschläge - schon wegen der fehlenden empirischen Basis für die angenommene Zahl von 20 Mitarbeitern - möglich und notwendig (vgl. bei Rdn. 68 zu den Reformvorschlägen des VID, davon ausgehend, dass bereits der erste Beschäftigte einen Zuschlag rechtfertigt), wenn bspw. die Lohnunterlagen mangelhaft oder jedenfalls nicht aktuell sind oder komplizierte Berechnungen für die Löhne/Gehälter notwendig sind (a. A. Haarmeyer/Mock § 2 Rn. 21, 34; Haarmeyer, ZInsO 2014, 1237, 1242 unter Hinweis auf einen empirischen Normalfall 2014, vgl. hierzu bei § 2 Rdn. 20 f.).

f) Ausarbeitung Insolvenzplan Buchst. e)

21 Auch der Tatbestand unter Buchst. e) ist tätigkeitsbezogen, da durch die Ausarbeitung des Insolvenzplans noch nicht das Ziel nach § 1 InsO verwirklicht ist. Allerdings kann ein sinnloser Plan, der das Ziel einer bestmöglichen Befriedigung ohnehin nicht erreichen kann, keinen Zuschlag begründen (Haarmeyer/Mock § 3 Rn. 51). Nicht nur die Ausarbeitung eines - jedenfalls abstrakt Erfolg versprechenden - Plans, sondern auch die ggf. umfangreiche Prüfung, Diskussion bzw. Stellungnahme zu dem vom Schuldner selbst gestalteten bzw. vorgelegten Plan muss über den Wortlaut hinaus einen Zuschlag begründen können (a. A. Haarmeyer/Mock § 3 Rn. 52). Die Überarbeitung eines Insolvenzplans des Schuldners rechtfertigt einen Zuschlag (BGH, ZInsO 2007, 436, 438).

22 Der Insolvenzverwalter verstößt gegen Treu und Glauben, wenn er einen Zuschlag für Bemühungen bei Gestaltung/Mitgestaltung eines Insolvenzplans oder die Überarbeitung des Schuldnerplans verlangt, wenn er selbst bei dem Plan einen erkennbar zu niedrigen Ansatz für die Vergütung wählte oder bei der Stellungnahme zum Plan auf den zu geringen Kostenansatz nicht hinwies (BGH, ZInsO 2007, 436, 437).

6. Erweiterter Katalog

23 Jede Festschreibung von Regel- und Normalfällen wirft die Frage nach Erweiterungen und Abweichungen auf (vgl. Smid, ZInsO 2014, 1247, 1249; Smid, 2014, 877, 878). Dies muss zwingend dann der Fall sein, wenn - wie im Insolvenzverfahren - die Atypizität die Regel ist (vgl. Smid, ZInsO 2014, 1247, 1249; Haarmeyer, ZInsO 2014, 1237) und ein ohnehin offener Katalog vorgelegt wird. Insofern ist es nicht verwunderlich, sondern aus der Natur der Gegebenheiten folgend, dass der vom Verordnungsgeber vorgelegte Katalog von Zuschlagstatbeständen (s. o. Rdn 12 ff.) mittlerweile stark angewachsen ist. Es handelt sich nicht um Ausgeburten überschießenden Einfallsreichtums (a. A. Blersch/Bremen, Beilage ZIP 28/2014, 1, 5). Angesichts der bisher anerkannten Zuschläge von einer unübersehbaren Vielfalt von Vergütungszuschlägen (Blersch/Bremen, Beilage

ZIP 28/2014, 1, 5) oder gar einem Zuschlagsunwesen (Holzer, NZI, 2013, 1249, 1052) zu sprechen, ist undifferenziert und übersieht die Atypizität als Regel (vgl. Smid, ZInsO 2014, 878, 879).

Nachfolgend werden - lediglich stichwortartig - einerseits die Tatbestände des Kataloges nach Abs. 1 genannt; ebenfalls beispielhaft werden andererseits ebenfalls lediglich stichwortartig weitere Situationen, die geeignet erscheinen (vgl. bei Rdn. 6, 12 zur reinen Plausibilisierungsfunktion angesichts der fiktiven Grundlagen), Zuschläge zu begründen, ohne Prozentsätze - ohne Anspruch auf Vollständigkeit - genannt. Es ist wegen der dort genannten, alphabetisch geordneten 123 einzelnen Zuschlagstatbestände, zu denen auch Fundstellen aus Entscheidungen besprochen worden sind, auf die umfassende Darstellung bei Graeber/Graeber, InsVV, § 3 Rn. S. 153-266 zu verweisen (vgl. wg. Tabellen mit Orientierungshilfen zu Zuschlägen bei A/G/R-Nies § 3 Rn. 106; FK-Lorenz, § 3 Rn. 59; H/W/F, InsVV, § 3 Rn. 77; K/P/B-Prasser/Stoffler § 3 InsVV Rn. 115 f.; vgl. wg. grundsätzlich anzuerkennender Zuschlagstatbestände bei Haarmeyer/Mock § 3 Rn. 96 ff.; vgl. zusätzlich wg. der Ablehnung von Zuschlägen mit einer alpabetisch geordneten Übersicht für 30 nicht anzuerkennende Zuschlagstatbestände Haarmeyer/Mock, § 3 Rn. 56 ff.).

Übersicht: Zuschlagsbegründende Situationen von A – Z
- Mehrere **Abschlagsverteilungen**, wenn insgesamt schwierige Verhältnisse bestehen, z. B. die Beträge zu hinterlegen sind;
- Bearbeitung von **Absonderungsrechten (Regelbeispiel a)**, wenn ein real gestiegener Arbeitsaufwand vorliegt (BGH, ZInsO 2003, 790) und der Mehrbetrag nicht dem Aufwand, den der Verwalter hatte, entspricht (vgl. BGH, ZInsO 2004, 265, 267);
- **Altlasten** (vgl. LG Magdeburg, Rpfleger 1996, 38, 40);
- **Anfechtung**, Einzelfall (BGH, ZInsO 2013, 2180), nur wenn die Masse nicht entsprechend größer wurde (BGH, ZInsO 2013, 2180; BGH, ZInsO 2012, 753)
- **Anreicherung** der Masse **durch Anfechtungsvorbereitung** (vgl. BGH, ZInsO 2004, 672, 673);
- Fragen des **Arbeitsrechts (Regelbeispiel d)**;
- Gründung einer **Auffanggesellschaft**;
- **Auslandsvermögen, sonstiger Auslandsbezug**;
- **Aussonderung**; der real gestiegene Arbeitsaufwand ist entscheidend, eine Vergleichsrechnung i. S. v. § 1 Abs. 2 Nr. 1 ist nicht möglich;
- **Ansprüche**, Verfolgung von Ansprüchen mit besonders schwieriger Sach- und Rechtslage (BGH, ZInsO 2010, 399, 400);
- **Bau**: Die mit einer Bauinsolvenz zusammenhängenden Materien, wie z. B. Verfolgung von Gewährleistungseinbehalten, Mängelprüfung, Mangelbeseitigung, Rückforderung von Bürgschaften, Rückgabe erhaltener Bürgschaften, Rechnungsprüfung, Erstellung von Schlussrechnungen, Bauabzugsteuer, Ausübung von Vorbehalten nach § 16 VOB/B, sind jeweils geeignet, den jeweils tatsächlichen Arbeitsaufwand steigen zu lassen (vgl. H/W/F, InsVV § 3 Rn. 50);
- Erlangen von **Beihilfen**; Aufrechterhaltung von Förderungen z. B. in der Landwirtschaft;
- **Berichterstattung**, zusätzliche (vgl. AG Göttingen, ZInsO 2005, 871), häufige; auch umfangreiche;
- **Beschlagnahme** von Akten des Schuldners durch die Staatsanwaltschaft/Steuerfahndung (Entsprechendes gilt für die Beschlagnahme von sonstigen Arbeitsmitteln, PC etc.);
- **Beteiligungen**, Prüfung von Verflechtungen (Konzerneinbindung) (vgl. LG Braunschweig, ZInsO 2001, 552, 554); schwierige Verwertung bestehender Beteiligungen;
- **Betriebsfortführung (Regelbeispiel b, 1. Alt.), ohne entsprechend größere Masse**;
- **Betriebsstätten, mehrere** (vgl. LG Neubrandenburg, ZInsO 2003, 26);
- **Bilanzen** (z. B. Aufdeckung fehlerhafter Abschlüsse);
- **Börsennotierung** (wegen der Zusammenhänge mit den WpHG, BörsG, BörsO);
- **Buchhaltungsmängel**, sofern nicht geringfügig (vgl. BGH, DZWIR 2005, 32, 33); **Buchführungsrückstände** (vgl. LG Bonn, ZInsO 2002, 1030);
- **Degression bei hoher Masse (Regelbeispiel c)**;
- **Erpressungsverhandlungen**, speziell bei Fortführungen im Antragsverfahren wegen der Durchsetzung von Insolvenzforderungen;

§ 3 InsVV Zu- und Abschläge

- **Forderungseinzug, umfangreich, erschwert;**
- **Gläubigerzahl;** vgl. § 2 Abs. 2 (vgl. BGH, ZInsO 2006, 642, 645) ungewöhnlich hohe Gläubigerzahl rechtfertigt Zuschlag;
- **Grundbesitz,** neue Bundesländer (Bodenordnung, Restitution, umfassend H/W/F; InsVV § 3 Rn. 64);
- **Grundstücksverwaltung, Hausverwaltung (Regelbeispiel b, 2. Alt.)** vgl. LG Heilbronn, ZIP 2012, 2077
- **Inflationsausgleich** (a. A. LG Heilbronn, ZInsO 2013, 1810; Haarmeyer, ZInsO 2013, 1811 Haarmeyer, InsBüro 2014, 106, 108; Haarmeyer/Mock, ZInsO 2014, 573; Haarmeyer/Mock § 2 Rn. 9; § 3 Rn.), vgl. dazu die ausführliche Darstellung bei § 2 Rdn. 3-13, 30-32 .
- **Immobilienverwertung,** eine Verwertung des gesamten Grundvermögens an mehrere Käufer kann bereits besondere Schwierigkeit – ohne weiter gehenden Vortrag – erwarten lassen, anders wenn nur ein Käufer vorhanden ist (BGH, ZInsO 2009, 1557);
- **Informationsbeschaffung, erschwerte:** setzt voraus, dass konkret angegeben wird, welche Unterlagen – vom Schuldner vorenthalten – für welche Bereiche fehlen und welche Erschwernisse sich daraus ergeben haben (LG Passau, ZInsO 2010, 158, 160); ebenfalls um erschwerte Informationsbeschaffung handelt es sich bei der Durchführung von Informationszugangsrechten nach dem IFG Bund, bzw. den Gesetzen der Länder, bzw. einer streitigen Erlangung der Informationszugangsrechte;
- **Insolvenzverwaltungsvertrag** (national oder international);
- **Insolvenzgeld** (vgl. BGHZ 146, 165, 178; speziell: Verschiebung des Insolvenzgeldzeitraums durch revolvierende Finanzierung; vgl. LG Bamberg, ZInsO 2005, 588, 590); aber Vorfinanzierung rechtfertigt einen Zuschlag i. d. R. nur bei mehr als 20 Arbeitnehmern (BGH, ZInsO 2008, 438); vgl. dazu Rdn. 19 f.
- **Insolvenzplan (Regelbeispiel e);**
- **Insolvenzstatistik;** vgl. unter Statistik;
- **Konzernzusammenhang,** bei gestiegenem Arbeitsaufwand (vgl. BGH, NZI 2009, 57); künftig: Koordinierungsverwalter, vgl. § 269 g RegE (BT-Drucks. 18/407);
- **Landwirtschaftliche Betriebe (Fortführung);**
- Liquidation von **Leasingverträgen** (LG Neubrandenburg, ZInsO 2003, 26);
- **Nachtragsverteilung,** vorhersehbare (vgl. § 6); ggf. mehrere;
- **Obstruktion** des Schuldners (BGH, ZInsO 2008, 266, 267); es ist auch insoweit immer eine Einzelfallbetrachtung geboten (BGH, ZInsO 2009, 1557, 1558); Postsperre, Vernehmung, Haft notwendig geworden? (vgl. LG Mönchengladbach, ZInsO 2001, 750); genaue Darlegung erforderlich, welche Unterlagen und Informationen vorenthalten worden sind und inwieweit dies die Abwicklung erschwert hat (LG Passau, ZInsO 2010, 158, 160);
- Beibehaltung, Ausübung erteilter **öffentlich-rechtlicher Genehmigung;**
- **Patente:** s. Schutzrechte, gewerbliche;
- **Personalbuchhaltung mangelhaft,** sofern nicht geringfügige Mängel (vgl. BGH, DZWIR 2005, 32, 33);
- **Pool** (vgl. LG Braunschweig, ZInsO 2001, 552, 553);
- **Postsperre** (vgl. Jaeger-Gerhardt § 22 Rn. 237); s. Obstruktion;
- **Primärverwaltung:** wegen der Ausübung der Rechte gem. Art. 33 EuInsVO;
- **Prüfungstermin, besonderer,** nach dem Schlusstermin (vgl. AG Bamberg, ZVI 2005, 391);
- **Quote hoch:** wenn Inanspruchnahme des Verwalters stärker als allgemein üblich (BGH, NZI 2009, 57);
- **Rechtsprobleme,** besondere (vgl. LG Braunschweig, ZInsO 2001, 552, 554);
- **Rechtsstreitigkeiten,** Vielzahl (vgl. AG Ahrensburg, ZIP 1983, 1103);
- **Regelaufgaben,** die besondere Anforderungen stellen und den Verwalter außergewöhnlich belasten, können zu Zuschlägen führen (BGH, ZInsO 2007, 1268);
- **Sanierungsbemühungen,** sind nicht Regelaufgabe des vorläufigen Verwalters (BGH, ZInsO 2010, 730, 731);
- **Schuldner, schwieriger Umgang** (vgl. LG München, ZIP 2006, 197, 198);

- **Schutzrechte, gewerbliche:** Recherche wegen des Bestehens der Rechte oder etwaiger Verletzungen dieser Rechte; nur ausnahmsweise bei dubiosem Charakter und der Einschaltung der StA anerkannt (LG Heilbronn, ZInsO 2011, 352);
- **Sanierungsbemühungen** (vgl. dazu BGHZ 146, 165, 178 = ZInsO 2001, 165); s. a. übertragende Sanierung;
- **Sekundärverwaltung** (Abstimmungserfordernis mit dem Primärverwalter);
- **Sozialplan** s. unter Arbeitsrecht (Regelbeispiel d);
- **Speditionsbetrieb** (vgl. H/W/F, InsVV § 3 Rn. 72);
- **Statistik;** vgl. §§ 1 ff. InsStatG wegen der zusätzlichen Aufgaben;
- **Steuern.** wg. der zusätzlichen Aufgaben vgl. bei § 2 Rdn. 18;
- **Überleitungsrecht** VermG; DMBilG, LwAnpG etc. (vgl. HK-Keller § 3 Rn. 7);
- **übertragende Sanierung,** s. a. Unternehmensveräußerung, Unternehmensübertragung;
- **Umsatz, hoch** (über 1,5 Mio. €; vgl. BGH, ZInsO 2004, 265, 267); zu den Problemen, wegen dieser Umsatzgröße als Teil des sog. Normalverfahrens vgl. § 2 Rdn. 24;
- **Unternehmensveräußerung** mit besonderen Anforderungen, z. B.: »beihilfeinfizierte Masse«, Schutz des Erwerbers vor Rückgriffsansprüchen (vgl. dazu Ehricke, ZInsO 2005, 516);
- **Unternehmensübertragung** im Eröffnungsverfahren bei Zustimmung der Gläubiger bzw. des Gerichts (vgl. BGH, ZInsO 2006, 257);
- **Verwertung, erschwerte:** z. B. nur in Spezialmärkten verwertbare Massegegenstände (vgl. Keller, Vergütung, Rn. 250);
- **Zeitdruck,** bei der Verwertung (vgl. LG Bamberg, ZInsO 2005, 477, 479);
- **Zwangsversteigerung,** Betreiben oder Steuern der Zwangsversteigerung;
- **Zwangsverwaltung,** kalte (BGH, ZInsO 2008, 266, 267); LG Heilbronn ZIP 2012, 2077
- **Zwangsvollstreckung.**

Die **Dauer** des Verfahrens allein soll per se **kein Zuschlagsgrund** sein (BGH, ZInsO 2010, 1504; ZInsO 2010, 1949, 1950). Die überlange Verfahrensdauer kann aber einen Zuschlag rechtfertigen, wenn dadurch der Verwalter stärker als im Insolvenzverfahren allgemein üblich in Anspruch genommen worden ist (BGH, ZInsO 2010, 2409, 2410). Völlig unbeachtet geblieben ist, dass das quantitative Merkmal der Dauer von 2 Jahren (vgl. § 2 Rdn. 19) nicht empirisch belegt ist; 4 Jahre sind im Durchschnitt mindestens anzusetzen (vgl. Kranzusch in: Paulus u. a. WM 2010, 1337, 1338; vgl. nur für NRW: Kranzusch, ZInsO 2009, 1513). 24

III. Abschläge (Abs. 2)

Im Hinblick auf die Vornahme von Abschlägen besteht – anders als bei den Zuschlägen – **Ermessen**. 25

Abschläge sollen vorzunehmen sein, wenn die Anforderungen eines sog. Normalverfahrens erheblich unterschritten werden (BGH, ZInsO 2006, 642, 645). Da es sich bei dem Normalverfahren um eine Fiktion handelt, gibt es auch für jeden Abschlag nur einen fiktiven Bezugspunkt (vgl. Rdn. 3 ff.). Maßgebend für die Frage, ob ein Abschlag von der Insolvenzverwaltervergütung vorzunehmen sein soll, soll der Umstand sein, ob der Verwalter schwächer als in entsprechenden Insolvenzverfahren allgemein üblich in Anspruch genommen worden ist. Das soll auch dann gelten, wenn dies im Einzelfall zu einer nicht auskömmlichen Vergütung führt. Dies sei dem System der insolvenzrechtlichen Vergütungsverordnung immanent und vom Insolvenzverwalter im Hinblick auf den Grundsatz der Querfinanzierung hinzunehmen (BGH, ZInsO 2012, 300; vgl. zur Querfinanzierung bei § 2 Rdn. 36). Bagatellabweichungen sollen außer Betracht bleiben (BGH, ZInsO 2006, 642, 644); Maßstab soll daher eine Abweichung vom Normalfall, die eine Herabsetzung der Regelvergütung um mindestens 5% rechtfertigt, sein (BGH, ZInsO 2006, 642, 644; s. hierzu Rdn. 2 ff., besonders Rdn. 6 wegen der Scheingenauigkeit solcher Abgrenzungen). Die Erwägungen zu Faustregeln bei Zuschlägen (s. o. Rdn. 3) gelten entsprechend für Abschläge (wg. einer Faustregeltabelle vgl. bei FK-Lorenz § 3 Rn. 59). 26

§ 3 InsVV Zu- und Abschläge

1. vorläufiger Verwalter

27 Die Vergütung des Insolvenzverwalters kann nicht mit der Begründung gekürzt werden, seine Vergütung als vorläufiger Insolvenzverwalter sei zu hoch festgesetzt worden (BGH, ZInsO 2013, 2285, 2287). Allein die **Bestellung eines vorläufigen Verwalters (Buchst.** a) rechtfertigt keinen Abschlag (BGH, ZInsO 2006, 642, 644; a.A. Haarmeyer/Mock § 3 Rn. 113). Die Tätigkeit des vorläufigen Verwalters kann dem Verwalter aber erhebliche Arbeit ersparen. Dies rechtfertigt dann nach ständiger Rechtsprechung des BGH (seit BGH, ZInsO 2006, 642 ff.) i.d.R. einen Abschlag von der Vergütung als endgültiger Verwalter (BGH, ZInsO 2011, 1422, 1424). Bereits die ggf. noch unvollständige Vermögensübersicht oder die Erfassung der Gläubiger und Schuldner soll dem Verwalter erheblich Arbeit abnehmen. Wurde die Tätigkeit des vorläufigen Verwalters vergütet, könne die gleiche Tätigkeit nicht erneut vergütet werden (BGH, ZInsO 2006, 642, 644; Pape, ZInsO 2008, 1041, 1047). Es sei dann Aufgabe des Verwalters darzustellen, aus welchen Gründen dies im Einzelfall nicht zuträfe und die Arbeiten des vorläufigen Verwalters gerade keine Arbeitserleichterung bedeuteten; (BGH, ZInsO 2006, 642, 644). Die Kürzung wegen der Vortätigkeit ist schon durch die dem Verwalter - unzutreffend - überbürdete Darlegungslast fälschlich zum Regelfall erhoben, ohne das Ermessen des Gerichtes bei Abschlägen zu berücksichtigen (vgl. Keller, Vergütung Rn. 338; a.A. Haarmeyer/Mock § 3 Rn. 113). Ein etwaiger Abschlag für die Tätigkeit des vorläufigen Verwalters würde 5 - 20 % nicht überschreiten (BGH, ZInsO 2013, 2285, 2287).

28 Das Erstellen einer Vermögensübersicht bzw. einer Gläubiger-/Schuldnerliste überschreitet i.d.R. nicht die Bagatellgrenze, die der BGH ausdrücklich anerkannt hat; vgl. zu der Erstellung der Vermögensübersicht die Darstellung bei H/W/F, InsVV § 2 Rn. 13 wegen der Kriterien eines qualitativen Normalverfahrens. Zuschläge des vorläufigen Verwalters für die Tätigkeiten, die rgm. dem endgültigen Verwalter obliegen (Verwertung der Masse), müssen mit den Abschlägen bei der Vergütung des endgültigen Verwalters korrespondieren (BGH, ZInsO 2006, 642, 644.); ergibt sich aus dem Festsetzungsbeschluss über die vorläufige Verwaltung allerdings nicht, dass für Verwertungshandlungen eine Vergütung festgesetzt wurde, kann ein Abschlag hiermit nicht begründet werden (BGH, ZInsO 2006, 254, 256).

29 Ein Abschlag auf die Vergütung des endgültigen Insolvenzverwalters findet – i.d.R. – nicht statt, wenn dieser im Insolvenzeröffnungsverfahren lediglich als Sachverständiger bestellt war (BGH, ZInsO 2010, 1503; ZInsO 2009, 1367, 1368).

30 Ein Abschlag kann auch nicht vorgenommen werden, wenn lediglich die Mindestvergütung für die Tätigkeit des vorläufigen Verwalters angesetzt wurde.

31 Ein automatischer Abschlag für den Sachwalter, wenn zuvor ein vorläufiger Sachwalter bestellt war, kommt ebenfalls nicht in Betracht. Es käme auch dort darauf an, welche Tätigkeiten dem Sachwalter durch die Vortätigkeiten konkret erspart wurden.

2. Fortgeschrittene Verwertung

32 Wenn die **Verwertung der Masse bereits fortgeschritten ist (Buchst.** b), z. B. durch den Liquidator oder einen Nachlasspfleger, kann ein Abschlag in Betracht kommen. Ein Abschlag von 10 % ist dann vorzunehmen (AG Goslar, ZInsO 2010, 1120). Sind bereits 25 % der vorhandenen Masse verwertet, ist ein wesentlicher Teil erreicht (a.A. FK-Lorenz § 3 Rn. 45: wegen einer Toleranzbreite von 20 % sind erst Verwertungen von 70 % relevant; a.A. AG Göttingen, ZInsO 2005, 871, 872: 50 %, BK-Blersch § 3 Rn. 28; H/W/F, InsVV 3 Rn. 82). Auch - berechtigte - Verwertungen durch den vorläufigen Verwalter rechtfertigen Abschläge (BGH, ZInsO 2006, 642, 644). Die Vorbereitung einer Verwertung ist noch keine Verwertung (a. A. Haarmeyer/Mock § 3 Rn. 114). In solchen Fällen greift möglicherweise Buchst.a) ein.

3. Vorzeitiges Ende

Bei der **vorzeitigen Beendigung des Verfahrens bzw. des Amtes (Buchst. c)** richtet sich der Grad der Minderung nach dem erreichten Stand der Tätigkeit; bei mehreren Verwaltern nacheinander muss die Vergütung des ausgeschiedenen Verwalters dem Prozentsatz entsprechen, der sich aus dem Verhältnis der geleisteten Arbeit und der voraussichtlich noch von dem neu eingesetzten Verwalter zu leistenden Arbeit ergibt (BGH, ZInsO 2005, 85, 86). Der Abschlag auf die Vergütung – wegen des unerledigten Anteils – ist zunächst zu bestimmen (BGH, ZInsO 2005, 85, 86; zust.: Keller, DZWIR 2005, 291, 293). Danach können Erhöhungs- oder Minderungskriterien für die gekürzte Regelvergütung berücksichtigt werden. Zu berücksichtigen sind nur Tätigkeiten, die vor der Abberufung erledigt wurden (BGH, ZInsO 2005, 85, 86; unter Hinweis auf den vorläufigen Verwalter und BGH, ZInsO 2004, 265; ZInsO 2004, 909). Die bei vorzeitiger Beendigung gebotene Minderung des Regelsatzes des abberufenen Verwalters kann – auch vollständig – kompensiert werden, soweit verwirklichte Zuschläge entsprechend zu berücksichtigen sind (AG Göttingen, ZInsO 2005, 871, 872). Die Einstellung des Verfahrens nach § 213 InsO rechtfertigt einen Abschlag vom Regelsatz (BGH, NZI 2009, 57). 33

4. Große Masse, geringe Anforderung

Fälle, in denen die **Masse groß** ist und **lediglich geringe Anforderungen an die Geschäftsführung entstehen (Buchst. d)** und dementsprechend die Vergütung zu hoch erscheinen würde, sind nicht nahe liegend. 34

Vielmehr steigt mit der vorhandenen Masse rgm. auch der Aufwand (H/W/F, InsVV § 3 Rn. 23; Haarmeyer/Mock § 2 Rn. 35). Denkbar ist die einerseits große Masse und die geringe Anforderung aber bei Lottogewinnen (vgl. AG Göttingen, ZInsO 2011, 2002) und Erbschaften des Schuldners (vgl. BGH, ZInsO 2011, 2052). 35

Übersteigt der für die Vergütung nach § 63 Abs. 1 Satz 2 InsO maßgebliche Wert der Insolvenzmasse z. Zt. der Beendigung des Insolvenzverfahrens ohne Zutun des Verwalters die Summe der Insolvenzforderungen, soll die Prüfung eines Abschlags geboten sein (BGH, ZInsO 2011, 2052, 2053). Der BGH hatte es abgelehnt, konkret Grenzwerte für die Größe der Masse zu bestimmen, weil sich die Vorschrift auf das Missverhältnis zwischen der Größe der Masse und den Anforderungen an die Geschäftsführung des Verwalters bezieht. Das Missverhältnis besteht dann, wenn der Regelsatz im Sinne von § 2 Abs. 1 unangemessen hoch wäre (BGH, ZInsO 2012, 242, 243). Große Massen sind in anderem Zusammenhang ab 250.000,00 € angenommen worden (vgl. BGH, ZInsO 2012, 2305 zum Degressionsausgleich). Bei kleiner Masse und geringen Anforderungen an die Geschäftsführung sollen Abschläge vorzunehmen sein, wenn die Vergütung sonst außer Verhältnis wäre (BGH, ZInsO 2006, 642, 645); dies entspricht nicht dem Wortlaut und ist abzulehnen. Der BGH hat es abgelehnt, Grenzwerte für die Größe der Masse zu bestimmen, weil sich die Vorschrift auf das Missverhältnis zwischen der Größe der Masse und den Anforderungen an die Geschäftsführung des Verwalters bezieht. Das Missverhältnis besteht dann, wenn der Regelsatz im Sinne von § 2 Abs. 1 unangemessen hoch wäre (BGH, ZInsO 2012, 242, 243). 36

5. Überschaubare Vermögensverhältnisse

Es ist durch das Gesetz zur Verkürzung des Restschuldbefreiungsverfahrens und zur Stärkung der Gläubigerrechte vom 15.07.2013 (BGBl. I, 2379) ein weiterer Abschlag für den Fall eingeführt worden, dass die Vermögensverhältnisse überschaubar sind und (kumulativ) die Zahl der Gläubiger oder die Höhe der Verbindlichkeiten gering ist. Der Abschlag bezieht sich unausgesprochen auf das geänderte Verbraucherinsolvenzverfahren und soll dort Abschläge ermöglichen. 37

Damit werden die Kriterien für die Unterscheidung der Regelinsolvenz und der Verbraucherinsolvenz aus § 304 InsO scheinbar vergütungsrechtlich genutzt. Die Vorschrift ist jedenfalls sprachlich missglückt. Sie ist restriktiv zu handhaben (Haarmeyer/Mock § 3 Rn. 119). 38

39 Das Merkmal der überschaubaren Vermögensverhältnisse bezieht sich, anders als in § 304 InsO auf die bei dem jeweiligen Schuldner vorhandenen Aktivposten. Dies ergibt sich aus dem weiteren Merkmal »geringe Zahl von Gläubigern«. Würden die Vermögensverhältnisse - wie in § 304 InsO die Zahl der Gläubiger meinen, bedürfte es der gesonderten Erwähnung der geringen Gläubigerzahl nicht mehr. Das Merkmal überschaubares Vermögen ist untauglich. Selbst wenn nur ein Wert vorhanden ist, ist damit nicht garantiert, dass ein geringerer Arbeitsaufwand entstünde, als wenn eine Vielzahl von Vermögensposten vorläge (vgl. andererseits den Reformvorschlag des VID (ZInsO 2014, 1254 ff.; Beilage, ZIP 28/2014, S. 14 ff.).

40 Die Zahl der Gläubiger ist generell nicht signifikant für die Gesamtbelastung innerhalb eines Verfahrens (AG Hamburg, ZInsO 2005, 256, 259; Blersch, ZIP 2004, 2311, 2317; Frind, ZInsO 2003, 639, 642). Der Verordnungsgeber hat sich mit der Gläubigerzahl in § 2 Abs. 2 für ein Kriterium zur Erhöhung entschieden, das den tatsächlichen Arbeitsaufwand des Insolvenzverwalters nur näherungsweise wiedergibt, dafür aber dem Insolvenzgericht eine einfache und sichere Handhabung ermöglichen soll. Er hat durch die Verwendung eines pauschalierenden Maßstabs im Interesse der Praktikabilität in Kauf genommen, dass die Mindestvergütung nicht in jedem Fall genau mit der Belastung des Verwalters korreliert (BGH, ZInsO 2011, 1251). Ein solch ungenaues Kriterium kann dann nicht herangezogen werden, um einen Abschlag zu begründen.

41 Die geringe Höhe der Verbindlichkeiten ist ebenfalls kein taugliches Tatbestandsmerkmal, um einen Abschlag zu definieren. Der Aufwand oder der Umfang der Tätigkeit des Verwalters steht nicht in Abhängigkeit zur Höhe der Forderungen, die angemeldet worden sind.

6. Andere Gesichtspunkte

42 Tätigkeiten in einem Parallelverfahren sind dann vergütungsmindernd, wenn dadurch der Aufwand konkret gemindert wurde (LG Mönchengladbach, ZInsO 2001, 750).

43 Der geringere Tätigkeitskreis des Sonderverwalters rechtfertigt ebenfalls Abschläge (BGH, ZInsO 2008, 733, 734) vgl. dazu bei § 63 InsO Rdn. 21.

7. Keine Abschläge

44 Die Festsetzung eines Abschlags – in einem Verfahren vor der Einführung von § 11 Abs. 2 bzw. nunmehr § 63 Abs. 3 Satz 4 InsO – mit der Begründung, die Vergütung für die Tätigkeit als vorläufiger Verwalter sei weit überhöht festgesetzt worden, verstößt gegen § 3 Abs. 2 InsVV (BGH, ZInsO 2013, 2285).

45 Werden Aufgaben unberechtigt auf Externe übertragen, sind die unberechtigten Aufwendungen direkt von der Vergütung abzuziehen, ohne dass es sich um Abschläge i. S. v. Abs. 2 handelt (vgl. BGH, ZInsO 2004, 1348, 1349).

46 Die Übertragung der Verwertung auf einen gewerblichen Verwerter rechtfertigt keinen Abschlag (a. A. BGH, ZInsO 2007, 1268; a. A. Haarmeyer/Mock § 3 Rn. 114). Ansonsten würde nicht berücksichtigt, dass der Verwalter die bestmögliche Verwertung schuldet. Wenn er diese erreicht, weil er einen Verwerter einschaltet, kann dies nicht zu einem Abschlag führen. Außerdem bleibt auch bei der Einschaltung des gewerblichen Verwerters eine Überwachungsaufgabe für den Verwalter.

47 Ein **Abschlag ist nicht begründet**, wenn keine Fortführung des schuldnerischen Unternehmens nach der Eröffnung erfolgte, da die Fortführung eines Unternehmens durch die InsVV nicht als durch die Regelvergütung abgegoltener Normalfall behandelt wird (BGH, ZInsO 2006, 642, 643; ZInsO 2007, 147, 148; a. A. wohl Haarmeyer/Mock § 2 Rn. 32). Die Fortführung soll immer zur Erhöhung der Vergütung führen (vgl. BGH, ZInsO 2008, 1262, 1263).

IV. Verhältnis von Zu- und Abschlägen (Gesamtwürdigung)

Das Insolvenzgericht soll für jeden in Betracht kommenden Zu- oder Abschlagstatbestand isoliert feststellen dürfen, ob dieser eine Erhöhung oder Ermäßigung rechtfertigt (BGH, ZInsO 2013, 1104; st. Rspr. seit BGH, ZInsO 2006, 642, 643). Es soll dazu aber nicht verpflichtet sein (BGH, ZInsO 2013, 1104; st. Rspr. seit BGH, ZInsO 2006, 642, 643). Wegen der Überschneidungen der Voraussetzungen der Zu- und Abschläge sei eine einzelne Festsetzung nicht zweckmäßig (BGH, ZInsO 2006, 642, 643). Es wird lediglich eine – wertende – Gesamtwürdigung verlangt, um den endgültigen Ab- oder Zuschlag festzusetzen (st. Rspr. seit BGH, ZInsO 2006, 642, 643; vgl. BGH, ZInsO 2013, 1104). Bei der wertenden Gesamtwürdigung sollen vorhandene Zuschläge unberücksichtigt bleiben können, weil gleichwertige Abschlagsgründe bestehen (vgl. BGH, ZInsO 2003, 790, 791; ZInsO 2005, 806; ZInsO 2006, 642, 643). Komme neben Zuschlägen auch ein Abschlag in Betracht, dürfe die Zuschlagssumme nicht pauschal um den Abschlag gekürzt werden, wenn der als Abschlag in Betracht kommende Umstand die Zuschläge nicht gleichermaßen relativiere (BGH, ZInsO 2007, 766, 768). Die Abschlagsgründe sind nachvollziehbar in der Begründung zu nennen (BGH, ZInsO 2007, 766, 768; ZInsO 2003, 790, 791). 48

Dem Konzept der Gesamtwürdigung kann nicht gefolgt werden (a. A. Haarmeyer/Mock, § 3 Rn. 126 f.; § 8 Rn. 34). Gesamtwürdigung bedeutet gezielte Ergebniskorrektur (vgl. Smid, ZInsO 2014, 275). Es besteht die Gefahr willkürlicher Entscheidungen (Haarmeyer/Mock § 3 Rn. 127; so wohl auch Smid, ZInsO 2014, 275, 280; Rendels, EWiR 2003, 1043, 1044; **a. A.** MK-Nowak § 64 InsO Rn. 8; Nowak, NZI 2006, 467). Es handelt sich um einen konzeptionellen Mangel des Vergütungsrechts, wenn nicht ausgeschlossen wird, dass eine sog. Gesamtwürdigung stattfindet. 49

Durch die wertende Gesamtwürdigung wird übergangen, dass bei den verwirklichten Zuschlägen - weil kein Ermessen eingeräumt ist - eine Festsetzung zu erfolgen hat und bei den Abschlägen Ermessen besteht. 50

Einzuräumen ist, dass es - nach herkömmlicher Betrachtung, ausgehend von einem Normalverfahren und insofern darauf bezogenen feststellbaren Abweichungen - teilweise nicht gelingen kann, die Tatbestände der Zuschläge trennscharf. Für Notwehrmaßnahmen der Gerichte angesichts umfangreicher Anträge bestand und besteht keine Notwendigkeit (a. A. Haarmeyer/Mock § 3 Rn. 127; Blersch/Bremen Beilage ZIP 28/2014, 1, 5). Rechtsprechung und Literatur haben die Verwalter angehalten, konkret und im Detail vorzutragen (vgl. BGH, ZInsO 2003, 748, 749: Leistungsbild der entfalteten Tätigkeit beschreiben). Letztlich kann man die propagierte oder mit Verständnis begleitete Gesamtwürdigung als ein unausgesprochenes Eingeständnis verstehen, dass es lediglich ein völlig fiktives Normalverfahren gibt, aus dem Zu- und Abschläge nicht begründet, sondern - ebenfalls nur fiktiv (vgl. Rdn. 2 ff.) - abgeleitet werden können, so dass nichts anderes bleibt, als eine subjektive Angemessenheitsbetrachtung. Überspitzt könnte - unter einer Prämisse der allein relevanten Gesamtwürdigung - der Verwalter sich darauf beschränken, das Gericht zu bitten, eine angemessene Vergütung - nach Aktenlage - festzusetzen. Der Begründungsaufwand minimierte sich. Das Gericht könnte nach seiner subjektiven Angemessenheitserwägung entscheiden und daher den Begründungsaufwand darauf beschränken, mitzuteilen, einen bestimmten Betrag in Anbetracht aller Umstände für angemessen gehalten zu haben. Dies könnte der Verwalter abwarten, um ggf. ins Rechtsmittel zu gehen. Möglicherweise kann er in pragmatischer Weise auch die Entscheidung vorbesprechen. Dies führt dann zu einer - noch nicht zulässigen - Vergütungsvereinbarung. Mit Sicherheit wird damit keine Transparenz geschaffen. Nach herkömmlicher Sicht muss gelten, dass etwaige Überschneidungen der Voraussetzungen einzelner Zuschläge oder auch von Zu- und Abschlägen gerade bei einer jeweils gesonderten Festsetzung klar erkennbar sind. Daher sind die einzeln verwirklichten Zuschlagsgründe – unter Abgrenzung von Überschneidungen, anstelle einer Gesamtbetrachtung – festzustellen und zu addieren. Diesen sind dann die – nach Ausübung des Ermessens vorhandenen – ebenfalls einzeln festzusetzenden Abschläge entgegenzusetzen. Die Begründung muss insoweit auch die Ermessensausübung bzgl. der Abschläge erkennen lassen. Dies führt zu besser nachvollziehbaren Ergebnissen. Diese können ggf. dann auch angegriffen werden 51 (vgl. Haarmeyer/Mock § 3 Rn. 127 wg. der angesprochenen Abhängigkeit des Verwalters von den bestellenden Gericht und der daraus folgenden Scheu vor Rechtsmitteln bei den Verwaltern).

52 Stellen die Zu- oder Abschläge ohnehin nur eine Folgeerscheinung des fiktiven Normalverfahrens (s. o. Rdn. 2 ff.) dar, ist eine offen eingestandene völlig subjektive Angemessenheitsbetrachtung unter dem Stichwort Gesamtwürdigung nur konsequent, macht aber deutlich, dass Reformbedarf besteht (zu Reformbestrebungen s. bei Rdn. 54 ff.; vgl. auch zum derzeitigen Umbruch im Vergütungsrecht bei § 63 InsO Rdn. 3).

C. Reformbestrebungen

53 Zum Entwurf eines Gesetzes zur Entschuldung völlig mittelloser Personen und zur Änderung des Verbraucherinsolvenzverfahrens wird auf die 2. Aufl. verwiesen. Die im Referentenentwurf eines »Gesetzes zur Verkürzung des Restschuldbefreiungsverfahrens, zur Stärkung der Gläubigerrechte und zur Insolvenzfestigkeit von Lizenzen« vorgesehene Änderung in Abs. 2 – vgl. Vorauflage - ist durch das Gesetz zur Verkürzung des Restschuldbefreiungsverfahrens und zur Stärkung der Gläubigerrechte vom 15.07.2013 (BGBl. I, 2379) umgesetzt worden.

54 Aktuelle Reformbestrebungen des Verordnungsgebers oder des Gesetzgebers sind nicht bekannt. Das Vergütungsrecht ist aber allgemein im Umbruch (vgl. bei § 63 InsO Rdn. 3). Dies zeigen die vorliegenden Reformentwürfe. Es wurden Diskussionsentwürfe des sog. »Gläubigerforums« veröffentlicht (vgl. ZInsO 2013, 2424 ff.; ZInsO 2014, 650 ff.; vgl. hierzu Smid, ZInsO 2014, 878 f.).). Weiter ist der Diskussionsentwurf für ein Insolvenzrechtliches Vergütungsgesetz (InsVG) der Arbeitsgemeinschaft der NIVD e.V, vorgelegt worden (ZInsO 2014, 941 ff. vgl. hierzu Smid, ZInsO 2014, 1247 ff.). Durch den VID e. V. ist ebenfalls ein Vorschlag für eine gesetzliche Regelung vorgelegt worden (ZInsO 2014, 1254 ff., Beilage, ZIP 28/2014, 14 ff.; vgl. hierzu Smid, ZInsO 2014, 1247 ff.).

I. Zuschläge

55 Wegen des Zusammenhangs mit § 2 ist auf die dortige Darstellung zu den Vorschlägen (Rdn. 48 ff.) zu verweisen. Die Reformentwürfe zeigen bezüglich der Zuschläge ganz unterschiedliche Konzepte. Übereinstimmung besteht aber in allen Konzepten in dem Verzicht auf den Degressionsausgleich als Zuschlagsgrund. Dies beruht auf der Annahme, dass die jeweils neu gestalteten Staffeln so definiert wurden, dass ein Degressionsausgleich nicht benötigt wird (vgl. zu den Reformvorschlägen zu den Vergütungsstaffeln bei § 2 Rdn. 32, 49 ff.).

1. »Gläubigerforum«

56 Der Vorschlag des »Gläubigerforums« zu den Zuschlägen (ZInsO 2014, 650 ff.) ist restriktiv im Verhältnis zu der bisherigen Regelung nach Abs. 1. Erkennbares Ziel des Vorschlages ist es, Zuschläge auf wenige eng umgrenzte Ausnahmetatbestände zu reduzieren. Die Zuschläge werden in § 3 Abs. 1 Satz 1, 1. Halbsatz als den Vergütungssatz nach § 2 Abs. 1 des Vorschlages übersteigende Vergütung beschrieben. Es ist die ursprüngliche Regelsatzvergütung, die das Normalverfahren abgelten sollte, hochgerechnet worden und ist in dem pauschalierten Vergütungssatz nach § 2 Abs. 1 des Vorschlages. Insofern handelt es sich um eine verdeckte Fortschreibung des fiktiven Normalverfahrens. Durch die Zuschlagtatbestände wird insofern erneut auf Fiktionen zugegriffen. Konzeptionelle Mängel werden insoweit nicht beseitigt.

57 Es werden lediglich vier Zuschlagtatbestände ausdrücklich in § 3 Abs. 1 des Vorschlages genannt (»Gläubigerforum«, ZInsO 2014, 650, 652). Ein weiterer Tatbestand wird lediglich als Alternative erwähnt (»Gläubigerforum«, ZInsO 2014, 650, 652). Die ausdrücklich benannten Tatbestände knüpfen teilweise an die vorhandenen Merkmale an.

58 Völlig neu ist der Sanierungszuschlag in § 3 Abs. 1 Buchstabe (a) des Vorschlages. Eine operative Sanierung mit Erhaltung eines erheblichen Teils der Arbeitsplätze ist danach zuschlagsfähig (»Gläu-

igerforum«, ZInsO 2014, 650, 652). Es ist aber nicht zu erkennen, was eine erhebliche Anzahl an erhaltenen Arbeitsplätzen sein soll. Die operative Sanierung ist nicht erläutert, versteht sich aber wohl als Abgrenzung zu einer übertragenden Sanierung.

Die längere Zeit dauernde Fortführung, die nicht zu einer entsprechenden Erhöhung der Masse führte, begründet nach Buchstabe (b) einen Zuschlag (»Gläubigerforum«, ZInsO 2014, 650, 652). Es sind keine Hinweise erkennbar, was einerseits eine längere dauernde Fortführung sein soll; es fehlen andererseits auch Hinweise, was eine entsprechende Erhöhung der Masse bedeutet. 59

Arbeitsrechtliche Fragen sind in Buchstabe (c) für einen Zuschlag auf die Bereiche des Sozialplans und des Interessenausgleichs beschränkt; hier muss eine Regelung durch den Verwalter mit erheblichem Aufwand erreicht worden sein, um einen Zuschlag zu begründen (»Gläubigerforum«, ZInsO 2014, 650, 652). Der erhebliche Aufwand ist nicht definiert. Ungeklärt ist auch, ob der Aufwand höchstpersönlich durch den Verwalter betrieben werden soll. 60

Die Ausarbeitung eines Insolvenzplans ist in Buchstabe (d) als zuschlagswürdig benannt (»Gläubigerforum«, ZInsO 2014, 650, 652). 61

Letztlich gibt es einen selbständigen weiteren Zuschlagsgrund, der in Buchstabe (d) als Alternative zu dem Insolvenzplan genannt wird. Es handelt sich um den Erfolgszuschlag. Dieser ist möglich, wenn der Verwalter aufgrund erheblicher eigener Anstrengung eine weit überdurchschnittliche Quote für die ungesicherten Gläubiger erzielte (»Gläubigerforum«, ZInsO 2014, 650, 652). Was als überdurchschnittliche Quote angesehen werden soll, ist nicht benannt. Es ist nicht benannt, was als erhebliche eigene Anstrengung des Verwalters im Sinne des Vorschlages anzusehen ist; es ist insbesondere nicht zu erkennen, ob es sich um höchstpersönlich durch den Verwalter erbrachte Anstrengungen handeln soll. 62

Ermessen des Gerichts besteht nicht hinsichtlich der Festsetzung eines Zuschlages. Wenn der Tatbestand erfüllt ist, ist nach § 3 Abs. 1 festzusetzen. Das Gericht aber in seiner Würdigung frei, was die Höhe des einzelnen Zuschlags angeht (»Gläubigerforum«, ZInsO 2014, 650, 652). Insgesamt aber unterliegen die Zuschläge einer Deckelung. Die Zuschläge dürfen nach § 3 Abs. 2 Satz 1 50% der Vergütung nach § 2 Abs. 1 des Vorschlages nicht übersteigen (»Gläubigerforum«, ZInsO 2014, 650, 652). Allerdings kann die Gläubigerversammlung nach § 3 Abs. 2 Satz 2 darüberhinausgehende Zuschläge, unter besonderen Umständen, die der Verwalter darzulegen hat, bewilligen. Hieran ist das Gericht nach § 3 Abs. 2 Satz 3 dann gebunden, es sei denn, es lägen konkrete Anhaltspunkte für Missbräuche vor (»Gläubigerforum«, ZInsO 2014, 650, 652). 63

2. VID

Die Vorschläge des VID (ZInsO 2014, 1254 ff, = Beilage ZIP 28/2014, S. 14 ff.) benennen für Zu- und Abschläge jeweils Kataloge; das Gericht hat weder bei den Zu- noch bei den Abschlägen Ermessen (VID, ZInsO 2014, 1254, 1255 f. = Beilage, ZIP 28/2014, S. 14, 15 f.). 64

Die Zuschläge erfolgen in einer neuen Methodik; die hergebrachten Zuschläge wurden als nicht transparent angesehen, so dass eindeutige Kriterien gegeben werden sollen (Blersch/Bremen, Beilage ZIP 28/2014, 1, 5). Alle abschließend in dem Vorschlag genannten Zuschläge sind als feste Prozentsätze formuliert (VID, ZInsO 2014, 1254, 1255 f. = Beilage, ZIP 28/2014, S. 14, 15 f.). Frühere Faustregeln aus Tabellen in der Literatur würden damit insofern als feste Tatbestände in das zu schaffende Gesetz erhoben (vgl. zu Faustregeltabellen BGH, ZInsO 2010, 1504, BGH, ZInsO 2009, 55, 56). Dies soll dem Ziel der Kalkulierbarkeit folgen (Blersch/Bremen, Beilage ZIP 28/2014, 1, 5; a. A. Haarmeyer, ZInsO 2014, 1237, 1238 Fn. 18: zusammen mit der dortigen Erhöhung der Staffelsätze sei es eine Entfernung von der Idee der Fremdnützigkeit der Insolvenzverwaltung). Schon durch feste Zuschläge, die früheren Faustregeln mehr oder minderstark folgen, wird letztlich das Normalverfahren perpetuiert. 65

In § 3 Absatz 1 des Vorschlages wird ein - neuartiger - Fortführungszuschlag genannt, der sich nach dem in der Fortführung erzielten Umsatz bemisst. Es liegt eine degressive Staffel zugrunde, 0 bis 65a

1 Mio. € Umsatz: 5% Zuschlag; von 1 Mio. € bis 5 Mio. € Umsatz: 2% Zuschlag; von 5 Mio. Umsatz bis 10 Mio. € Umsatz: 1% Zuschlag; von dem Mehrbetrag 0,1% Zuschlag (VID, ZInsO 2014, 1254, 1255 f. = Beilage, ZIP 28/2014, S. 14, 15). Damit soll die bisherige Vergleichsrechnung bei der Fortführung abgelöst werden (Blersch/Bremen, Beilage ZIP 28/2014, 1, 6).

66 In Absatz 2 sind sind sechs weitere Zuschläge benannt (VID, ZInsO 2014, 1254, 1256 = Beilage ZIP 28/2014, S. 14, 15 f.).

67 Der Zuschlag für Sanierungserfolg oder Sanierungsbemühungen in § 3 Abs. 2 Ziffer I. bezieht sich auf eine übertragende Sanierung, nicht eine operative (vgl. o. bei Rdn. 58). Der Zuschlag kann insofern 100% betragen, wenn die im Entwurf genannten drei Tatbestände im Zusammenhang mit einem Vertrag (Verhandlung, Abschluss, Erfüllung) jeweils durchlaufen werden (VID, ZInsO 2014, 1254, 1256. = Beilage ZIP 28/2014, S. 14, 15)

68 Die Zahl der Arbeitnehmer rechtfertigt - ab dem ersten vorhandenen Arbeitnehmer - nach dem Vorschlag des VID in § 3 Abs. 2 Ziffer II einen Zuschlag. Der Zuschlag ist in vier Staffeln - nach Zahl der Mitarbeiter - mit einem degressiv gestaffelten Teil der Grundvergütung pro Kopf gekoppelt (vgl. ZInsO 2014, 1254, 1256 = Beilage, ZIP 28/2014, S. 14, 15).

69 Interessenausgleich und Sozialplan werden mit einem festen Wert - jeweils 10% - erfasst (VID, ZInsO 2014, 1254, 1256. = Beilage, ZIP 28/2014, S. 14, 15).

70 Das Insolvenzplanverfahren rechtfertigt nach dem Vorschlag des VID in § 3 Abs. 2 Ziffer III Zuschläge von insgesamt 125%, wenn der Verwalter den Plan erstellt und eine Planbestätigung erfolgt. Prüft der Verwalter den Plan des Schuldners und nimmt Stellung, so sind Zuschläge von insgesamt 75% vorgesehen (VID, ZInsO 2014, 1254, 1255 f. = Beilage, ZIP 28/2014, S. 14, 16).

71 Bei Beteiligungen ergeben sich Zuschläge nach § 3 Abs. 2 Ziffer IV des Vorschlages nach der Zahl der Beteiligungsgesellschaften pro Gesellschaft handelt es sich um 5% (VID, ZInsO 2014, 1254 1256. = Beilage, ZIP 28/2014, S. 14, 16). Die Höhe der Zuschläge vermindert sich nach der 10 Gesellschaft auf 2% pro Gesellschaft (VID, ZInsO 2014, 1254, 1256. = Beilage, ZIP 28/2014 S. 14, 16).

72 Die Zahl der Anmeldungen begründet nach § 3 Abs. 2 Ziffer V des Vorschlages einen Zuschlag Ab der 76. Forderungsanmeldung sind 5% vorgesehen: für jeweils weitere 100 Anmeldungen sind jeweils weitere 5% vorgesehen (VID, ZInsO 2014, 1254, 1256. = Beilage, ZIP 28/2014, S. 14, 16).

73 Auslandsberührung, verstanden als Anwendung ausländischen Rechts begründet einen Zuschlag von 25% nach § 3 Abs. 2 Ziffer VI des Vorschlages (VID, ZInsO 2014, 1254, 1256. = Beilage, ZIP 28/2014, S. 14, 16).

3. NIVD

74 Gegenüber den Vorschlägen des VID (s. o. Rdn. 56) und des »Gläubigerforums« (s. o. Rdn. 55) ist der Vorschlag des NIVD (ZInsO 2014, 941 ff.) am stärksten der bisherigen Regelung verhaftet. Der Vorschlag des NIVD setzt weiter auf die Regelvergütung und den Versuch, Abweichungen von einem fiktiven Normalfall durch Zuschläge zu erfassen und abzubilden. Mit anderen Worten wird die Fiktionskette, wie sie im geltenden Vergütungsrecht vorhanden ist, weiter fortgeschrieben. Im Ergebnis bleibt es insofern auch bei den derzeit 123 Zuschlagsmöglichkeiten (vgl. Rdn. 23; vgl. Graeber/Graeber, InsVV, § 3 Rn. S. 153-266).

75 Die vorgeschlagenen Änderungen sind im Verhältnis zu § 3 Abs. 1 der geltenden Fassung eher redaktionell, mit Ausnahme der Tatsache, dass eingefügt worden ist, dass die Prüfung eines Insolvenzplans ebenfalls einen Zuschlag rechtfertigt (NIVD, ZInsO 2014, 941, 943). Ermessen besteht hinsichtlich der Zuschläge nicht (NIVD, ZInsO 2014, 941, 943). Vorgaben zu der Höhe eines einzelnen Zuschlages oder der Zuschläge insgesamt (Deckelung) werden nicht gemacht (NIVD, ZInsO 2014, 941, 943).

II. Abschläge

Auch die Abschläge sind unterschiedlich gestaltet. 76

1. »Gläubigerforum«

Abschläge sind im Entwurf des »Gläubigerforums« - eigentlich - nicht vorgesehen; in § 2 Abs. 3 ist aber ein Zurückbleiben hinter dem Regelsatz vorgesehen. Voraussetzung ist eine höhere Masse als 500.000,00 € bei geringen Anforderungen an die Geschäftsführung (»Gläubigerforum«, ZInsO 2014, 650, 652). Nach dem angeblich empirisch basierten Normalfall-Modell (vgl. Haarmeyer/Mock § 2 Rn. 35 ff.; Haarmeyer, ZInsO 2014, 1237, 1245; vgl. dazu bei § 2 Rdn. 20 f.) wäre eine solche Konstellation aber nicht denkbar. Denn danach steigen die Anforderungen immer mit der Höhe der Berechnungsgrundlage (vgl. Haarmeyer/Mock § 2 Rn. 35 ff.; Haarmeyer, ZInsO 2014, 1237, 1245). 77

2. VID

Der Vorschlag des VID (VID, ZInsO 2014, 1254, 1256. = Beilage, ZIP 28/2014, S. 14, 16) nennt drei Abschlagsgründe in § 3 Abs. 3, die von der Vergütung nach § 2 Abs. 2 vorzunehmen sind (weniger als 10 Forderungsanmeldungen, lediglich ein Vermögenswert sowie die vorzeitige Amtsbeendigung; hier werden allerdings unterschiedliche Zeitpunkte noch voneinander unterschieden). 78

3. NIVD

Die Abschlagstatbestände werden bei dem NIVD auf zwei reduziert. Es handelt sich um die bereits zu einem wesentlichen Teil erfolgte Verwertung der Masse sowie das vorzeitige Amts- oder Verfahrensende. Hier besteht Ermessen des Gerichts (NIVD, ZInsO 2014, 941, 943). 79

§ 4 Geschäftskosten, Haftpflichtversicherung

(1) ¹Mit der Vergütung sind die allgemeinen Geschäftskosten abgegolten. ²Zu den allgemeinen Geschäftskosten gehört der Büroaufwand des Insolvenzverwalters einschließlich der Gehälter seiner Angestellten, auch soweit diese anlässlich des Insolvenzverfahrens eingestellt worden sind. ³Unberührt bleibt das Recht des Verwalters, zur Erledigung besonderer Aufgaben im Rahmen der Verwaltung für die Masse Dienst- oder Werkverträge abzuschließen und die angemessene Vergütung aus der Masse zu zahlen.

(2) Besondere Kosten, die dem Verwalter im Einzelfall, zum Beispiel durch Reisen, tatsächlich entstehen, sind als Auslagen zu erstatten.

(3) ¹Mit der Vergütung sind auch die Kosten einer Haftpflichtversicherung abgegolten. ²Ist die Verwaltung jedoch mit einem besonderen Haftungsrisiko verbunden, so sind die Kosten einer angemessenen zusätzlichen Versicherung als Auslagen zu erstatten.

Übersicht	Rdn.			Rdn.
A. Normzweck	1	III.	Besondere Kosten (Abs. 2)	25
B. Norminhalt	2	IV.	Haftpflichtversicherung (Abs. 3)	34
I. Allgemeine Geschäftskosten (Abs. 1 Satz 1, 2)	2	C.	**Reformbestrebungen**	35
		I.	Aufträge	37
II. Dienst-/Werkverträge für besondere Aufgaben (Abs. 1 Satz 3): Delegation	3	II.	Haftpflicht	40

A. Normzweck

Der Masse sollen unberechtigte Belastungen erspart werden. 1

B. Norminhalt

I. Allgemeine Geschäftskosten (Abs. 1 Satz 1, 2)

2 Allgemeine Geschäftskosten haben keinen Bezug zum konkreten, zu vergütenden Verfahren; sie fallen unabhängig hiervon bei dem Verwalter an und sind durch die Vergütung abgegolten (Satz 1) Satz 2 nennt beispielhaft den Büroaufwand – zu verstehen als Miete, Ausstattung, Telekommunikationskosten etc. – sowie Personalkosten, gerade auch wenn die Mitarbeiter wegen des Verfahrens eingestellt worden sein sollten, für das dann die Vergütung begehrt wird.

II. Dienst-/Werkverträge für besondere Aufgaben (Abs. 1 Satz 3): Delegation

3 Die berechtigte Inanspruchnahme der Tätigkeit der besonders qualifizierten Personen nach § 5 umschreibt die besonderen Aufgaben nach Satz 3 (BGH, ZInsO 2004, 1348, 1349). Die wegen besonderer Aufgaben geschlossenen Verträge begründen **Masseverbindlichkeiten** (Jaeger-Henckel § 54 InsO Rn. 14). Der Verwalter ist nicht auf die in § 5 Genannten beschränkt; auch andere Aufgaben können übertragen werden. Besondere Aufgaben liegen vor, wenn bei ordnungsgemäßer Amtsführung die kostenträchtige Einschaltung Externer erforderlich (BGH, ZInsO 2004, 1348, 1349) oder jedenfalls sinnvoll war. Die Verdichtung der Tätigkeit der Insolvenzverwaltung zu einem Berufsbild, kann nicht dahin führen, dass Delegation nicht stattfinden kann (Haarmeyer/Mock § 4 Rn. 13). Delegation andererseits darf die Masse nicht mit vermeidbaren Kosten belasten, weil der Verwalter zur kostenmäßig optimierten Abwicklung verpflichtet ist (Haarmeyer/Mock § 4 Rn. 13). Besondere Aufgaben sind von allg. Geschäften des Verwalters abzugrenzen. Waren als besondere Aufgaben deklarierte Tätigkeiten in Wirklichkeit allg. Geschäfte, **kann** die Vergütung um den zu Unrecht der Masse entnommenen Betrag durch einen direkten Abzug zu kürzen sein (BGH, ZInsO 2013, 152; BGH, ZInsO 2012, 928; BGH, ZInsO 2004, 1348, 1349); dies ist eine einfache, im Interesse der Gläubiger kostengünstige Lösung ggü. der Einsetzung eines Sonderverwalters (a. A. wegen dogmatischer Bedenken HK-Keller § 4 Rn. 30). War die die Erteilung eines Auftrages von der sachgerechten Amtsführung umfasst, kann die Honorierung aus der Masse nicht angreifbar sein; dies gilt jedenfalls, wenn die Vergütung nach gesetzlichen Regeln (RVG, StBVV.) erfolgt. Wurde unabhängig von gesetzlichen Regeln eine Vergütung vereinbart, ist die geleistete Vergütung nicht angreifbar, wenn der Verwalter nachweist, dass vor Erteilung eines Auftrages verschiedene Angebote eingeholt wurden. Dem Verwalter ist ein Spielraum für seine Entscheidung zuzubilligen. Das scheinbar billigste Angebot muss nicht angenommen werden, wenn es sachliche, einzubeziehen Gründe für andere Anbieter gibt. Dies gilt auch im Hinblick auf Dienstleistungen, die auf der Basis von Stundensätzen eingekauft werden. Vielfach sind Dienstleistungen branchentypisch nur über Stundensatzhonorare zu erlangen (Programmierungen, sonstige Softwaredienstleistungen, Wirtschaftsprüfer). Auch Pauschalpreise können – soweit die Beauftragung der Leistung den Vorgaben der Amtsführung selbst entspricht – vereinbart werden. Wegen **Zustellungen** vgl. Rdn. 32.

4 **Juristische Aufgaben**, die der Insolvenzverwalter, der nicht Volljurist ist, bei sachgerechter Amtsführung einem Rechtsanwalt übertrüge, können delegiert werden (BGH, ZInsO 2004, 1348, 1349; a.A. Haarmeyer/Mock § 5 Rn. 1, 7, 11). Die Angemessenheit der Übertragung an einen Rechtsanwalt hängt – gerichtlich oder außergerichtlich – von der Schwierigkeit der Rechtssache ab (OVG Bremen, JurBüro 2010, 540, 541); Beispiele: Arbeitsgerichtsverfahren wegen Kündigungsschutz (BAG, ZInsO 2003, 722, 724); Anfechtungen (LG Aachen, ZInsO 2007, 768, 769); Ansprüche nach dem IFG (OVG Bremen, JurBüro 2010, 540, 541). Der Einzug streitiger Forderungen berechtigt den Verwalter, einen Anwalt einzuschalten (BGH, ZInsO 2010, 1503). Unstreitig ist eine Forderung, solange sie durch den Gegner nicht ausdrücklich streitig gestellt wird oder nicht jedenfalls zwei Aufforderungsschreiben fruchtlos geblieben sind (BGH, ZInsO 2010, 1503). Rechtsanwaltskosten für die Beitreibung unstreitiger Forderungen sind in Abzug zu bringen (BGH, ZInsO 2013, 152; BGH, ZInsO 2010, 1503). Dies gilt auch für die Anfechtung (BGH, ZInsO 2013, 152).

Es gelten für die Arten der Vergütung empfangener juristischer Leistungen keine Besonderheiten. **5**
Neben der Vergütung nach dem RVG sind auch Pauschalhonorare, Stundensatzvereinbarungen und
Erfolgshonorare möglich. Auch Stundensatzvereinbarungen mit der eigenen Sozietät sind nicht zu
beanstanden, wenn die unter Rdn. 3 genannten Grundsätze beachtet sind und das Insolvenzgericht
im Vorwege informiert wird (HK-Keller § 4 Rn. 18; s. dazu unter Rdn. 23, siehe bei Rdn. 356 ff.
wegen der Reformdiskussion; siehe auch § 5 Rdn. 11 wegen der Reformdiskussion).

Die Prozessfinanzierung ist eine besondere Aufgabe im Rahmen der Verwaltung der Masse, auch **6**
wenn sie nicht als Dienst- oder Werkleistung zu verstehen ist. Die Prozessfinanzierung wird überwiegend als Gesellschaft im Sinne von § 705 BGB oder als stille Gesellschaft verstanden (vgl.
Fischer, NZI 2014, 241 m. w. N.). Die bei der Prozessfinanzierung vereinbarte Erlösbeteiligung des
Prozessfinanzierers muss sich als angemessen erweisen. Dies gilt für die gewerbliche Prozessfinanzierung ebenso wie für die nicht gewerbliche, möglicherweise eher zufällige Prozessfinanzierung.

Die Durchführung von **Zwangsvollstreckungen** ist bei schwierigen Vorgängen als besondere Aufgabe zu verstehen (vgl. FK-Lorenz § 5 Rn. 12 ff.; K/P/B-Stoffler, § 4 Rn. 86) Die Beauftragung eines **7**
Gerichtsvollziehers mit der Vollstreckung aus dem erlassenen Vollstreckungsbescheid oder für den
Antrag auf Abgabe der eidesstattlichen Versicherung rechtfertigt keine besondere Vergütung (LG
Hannover, NZI 2009, 560, 561).

Auch für die Erteilung eines Auftrages im steuerrechtlichen Zusammenhang ist anhand der sachgerechten Amtsführung zu beurteilen. **Einfache steuerliche Aufgaben** darf der Verwalter daher nicht **8**
delegieren (BGH, ZInsO 2013, 2511 [Treuhänder nach § 313 Abs. 2 InsO a. F.]. Im Verhältnis zur
Größe des Verfahrens wenige, einfach zu erstellende Steuererklärungen sollen mit der Regelvergütung abgegolten sein (BGH, ZInsO 2013, 2511; vgl .hierzu Schmittmann, NZI 2014, 597). Dem
ist entgegenzuhalten, dass kaum einfache steuerliche Gestaltungen denkbar sind. Steuerrecht und
Insolvenzrecht waren noch nie miteinander verzahnt. Die Friktionen haben durch die ausufernde
profiskalische Rechtsprechung (Schmittmann, EWiR 2013, 621, 622) des BFH so zugenommen,
dass nur noch komplexe Situationen aufzutreten scheinen. Einen Regelfall, einfach zu erstellender
Steuererklärungen, gibt es nicht. Es erscheint daher für die sachgerechte Amtsführung – zumindest
in der überwiegenden Zahl der Fälle – geboten, Hilfe durch einen Steuerberater in Anspruch zu
nehmen (vgl. K/P/B-Stoffler, § 4 Rn. 48 ff.). Die Erstellung steuerlicher Erklärungen kann daher
auch nicht mit der Regelvergütung abgegolten sein.

Fordert die Finanzverwaltung, dass **umfangreiche steuerliche Tätigkeiten** erbracht werden, ist der **9**
Verwalter berechtigt, wenn nicht verpflichtet, zur Erledigung einen Steuerberater zu beauftragen
(vgl. BGHZ 160, 176 = ZInsO 2004, 970). Er muss zuvor nicht erfolglos versucht haben, die
Finanzverwaltung zu Schätzungen zu bewegen (a. A. Ganter, NZI 2005, 241, 252). Bereits wegen
des Umfangs gebietet es die sachgerechte Amtsführung, die Möglichkeit zuzugestehen, einen qualifizierten Externen einzuschalten.

Vergütungen für Aufträge für steuerliche Leistungen sind neben der Vergütung nach der Steuerberatergebührenverordnung auch durch Pauschalhonorare, Stundensatzvereinbarungen und **10**
Erfolgshonorare auch mit der eigenen Sozietät des Verwalters möglich; es gelten die Hinweise
unter Rdn. 5; siehe bei Rdn. 36 ff. wegen der Reformdiskussion; siehe auch § 5 Rdn. 11 wegen der
Reformdiskussion).

Der Verwalter hat in Fällen nach § 4a InsO – auch bei Unternehmensinsolvenzen natürlicher Personen (a. A. AG Hamburg, ZInsO 2004, 1093) – bei Kenntnis der Finanzverwaltung von der **11**
Unzulänglichkeit der Masse Anspruch auf Erstattung der nach den Umständen angemessenen
Kosten nach Abs. 2 gegen die Staatskasse; Vorschuss ist nach den Regeln für die Entnahme von
Auslagen aus der Masse (BGH, ZInsO 2006, 817; BGHZ 160, 176, 183 f. = ZInsO 2004, 970,
972) möglich.

Es ist dem Verwalter aber nicht zuzumuten, eine neue Buchhaltung anzulegen und diese selbst oder **12**
mit eigenen Mitarbeitern zu führen, wenn die Buchhaltung des Schuldner-Unternehmens außer-

halb geführt wurde (BGH, ZInsO 2004, 1348, 1349 f.; ZVI 2005, 143). Schaltet der Verwalter hier einen Steuerberater ein, darf sich dies nicht mindernd auf die Vergütung des Verwalters auswirken (BGH, ZVI 2005, 143; Smid, DZWIR 2005, 89, 98). Es kann nicht von dem Verwalter verlangt werden, eine nicht ordnungsgemäße **Buchführung** des Schuldners aus der Zeit vor der Eröffnung des Verfahrens auf eigene Kosten zu erstellen (BGH, ZInsO 2010, 1503; ZInsO 2006, 817).

13 Dies gilt auch bei der **Lohnbuchhaltung** (BGH, ZVI 2005, 143). Insolvenzgeld ist ein Anwendungsfall (BGH, ZInsO 2006, 817); Bescheinigungen für Arbeitslosengeld, Berufsgenossenschaften und Rententräger sind ebenso zu behandeln.

14 **Ermittlungen** wegen Anfechtungsansprüchen gehören zu den Regelaufgaben jedes Insolvenzverwalters (BGH, ZInsO 2013. 152); dies gilt auch für Ermittlungen von Haftungsansprüchen. Daher sind Tätigkeiten zur Vorbereitung von Anfechtungen – oder Haftungsansprüchen – anhand von Buchführungsunterlagen des Schuldners nicht delegationsfähig. (a. A. LG Aachen, ZInsO 2007, 768, 769). Es handelt sich um Aufgaben im Kernbereich der Verwaltertätigkeit. Die Auswertung der Daten aus der Insolvenztabelle ist als Nachweis zur Zahlungseinstellung anerkannt worden (vgl. BGH, ZInsO 2011, 1410, 1411; ZInsO 2006, 1210, 1212). Dem Verwalter steht daher das notwendige Material unmittelbar zur Verfügung (a. A. K/P/B-Stoffler, § 4 Rn. 87 ff.). Allerdings sollte die Erstellung eines Überschuldungsstatus oder die vorangehende Auswertung von Bilanzen auf ihre handelsrechtliche Richtigkeit als besondere Aufgabe an Externe vergeben werden.

15 Die **Beschaffung von Daten** bzw. deren Sicherung in der EDV des Schuldners, zur Vorbereitung von Anfechtungen oder sonst, ist Aufgabe von Spezialisten. Sie ist zu vergeben (K/P/B-Stoffler, § 4 Rn. 101).

16 Die **Bewertung** des Anlagevermögens – alle Kategorien i. S. v. § 266 Abs. 2 Buchst. A) I-III HGB – ist typischerweise zu delegieren, weil ggf. durch Fachleute bessere Erkenntnisse zu gewinnen sind (Haarmeyer/Mock § 4 Rn. 35). Dies kommt bei Umlaufvermögen auch in Betracht.

17 Die **Verwertung** des Vermögens ist Kernaufgabe des Verwalters (BGH, ZInsO 2004, 1348, 1349; ZInsO 2007, 1268). Sie kann delegiert werden, wenn zu erwarten ist, dass der Verwerter für den Gegenstand oder die Sachgesamtheit ein besseres Ergebnis als der Verwalter – schon wegen Kenntnis bzw. gezielter Ansprache potenzieller Käufer – erzielen wird (BGH, ZInsO 2007, 1268, 1269). Die Übertragung kann einen Abschlag rechtfertigen (vgl. BGH, ZInsO 2007, 1268), wenn der Verwalter nicht nachweisen kann, dass der Verwerter bessere Ergebnisse erzielen konnte (Haarmeyer/Mock § 4 Rn. 28 ff.).

18 Die **Verwaltung** von Gegenständen des Anlagevermögens (z. B. Immobilien unabhängig von einer kalten Zwangsverwaltung) kann zu delegieren sein, wenn es – z. B. durch Ortsnähe bei in- und ausländischen Objekten oder die Zahl der Objekte – naheliegt, dass Dritte die Verwaltung besser leisten können (KPB-Stoffler § 4 Rn. 64).

19 Die Archivierung und Vernichtung von Unterlagen kann delegiert werden (FK-Lorenz § 4 Rn. 12; Haarmeyer/Mock § 4 Rn. 50 ff.).

20 **Eigene Mitarbeiter** können für besondere Aufgaben eingesetzt werden, wenn sie über die nötigen Sachkenntnisse verfügen, sodass der Verwalter nicht gezwungen ist, die Tätigkeiten fremd zu vergeben (BGH, ZInsO 2006, 817, 818). Der Verwalter hat zu beachten, dass eine genaue Abgrenzung zwischen der allgemeinen Tätigkeit im Verwalterbüro und der besonderen Aufgabe dokumentiert und hinsichtl. der Abrechnung vollzogen wird (FK-Lorenz § 4 Rn. 9). Erforderlich ist der Abschluss eines besonderen Dienstleistungs- oder Werkvertrages (BGH, ZInsO 2006, 817, 818).

21 Ist die Masse unzureichend und die Leistung zur Erfüllung öffentlicher Aufgaben erforderlich, können die aufgrund eines solchen besonderen Vertrags an die eigenen Angestellten gezahlten Vergütungen als Auslagen ggü. der Staatskasse in Verfahren nach § 4a InsO geltend gemacht werden (BGH, ZInsO 2006, 817, 818).

Soll in diesen Verfahren ein Vorschuss erlangt werden (vgl. dazu BGHZ 160, 176 = ZInsO 2004, 970), muss der Verwalter dem Gericht mitteilen, dass eigene Mitarbeiter eingesetzt werden sollen (Prasser, EWiR 2006, 569, 570).

Gesellschaften, an denen der Verwalter beteiligt ist, können mit besonderen Aufgaben betraut werden. Bei besonderen Aufgaben kommt es auf das Näheverhältnis zu dem Verwalter nicht an (vgl. BGH, ZInsO 2004, 1348, 1350; LG Hannover, ZInsO 2009, 1222, 1223; HK-Keller § 4 Rn. 18. Das Gericht ist **zuvor** zu informieren, wenn der Verwalter eine Gesellschaft beauftragen will, an der er beteiligt ist (BGH, ZIP 1991, 324, 328; Haarmeyer, ZInsO 2011, 1147 f.). Denn der Insolvenzverwalter ist verpflichtet, dem Insolvenzgericht einen Sachverhalt anzuzeigen, der bei unvoreingenommener und lebensnaher Betrachtung dazu geeignet ist, die unbefangene Amtsführung des Insolvenzverwalters infrage zu stellen (BGH, ZInsO 2012, 928; wohl a.A. Haarmeyer/Mock § 4 Rn. 83).

Die Informationspflicht mündet nicht in ein Mitbestimmungsrecht des Gerichtes, an wen der Verwalter Aufträge erteilt. Es ist die eigene Disposition des Verwalters, mit welchen Dienstleistern er die Verfahrensziele erreichen will. Die vorgeschaltete Information ist lediglich der – möglichen – Kollision zwischen dem Eigeninteresse des Verwalters und den Gläubigerinteressen geschuldet und erhöht die Aufmerksamkeit bei der Schlussrechnungsprüfung (Vorgänge nach § 8 Abs. 2). Wollte man dagegen eine Beauftragung eines Unternehmens, an dem der Verwalter mittelbar oder unmittelbar beteiligt ist, generell untersagen, wäre auch die Beauftragung der eigenen Sozietät – nicht nur im Hinblick auf z. B. Anfechtungsklagen, sondern für sämtliche anwaltliche Dienstleistungen ausgeschlossen. Dies ist im Widerspruch zu dem anerkannten Umstand, dass der Verwalter gerade nicht gezwungen sein soll, Leistungen fremd vergeben zu müssen (vgl. BGH, ZInsO 2006, 817, 818; s. bei Rdn. 35 wegen der Reformdiskussion). Erfolgt die Vergütung – bei den an eine »eigene« Gesellschaft vergebenen Aufträgen – im Rahmen gesetzlicher Vergütungen (RVG, StBVV) können ohnehin keine Nachteile für die Masse entstehen. Jeder vergleichbare Anbieter würde entsprechend abrechnen.

III. Besondere Kosten (Abs. 2)

Besondere Kosten werden als Auslagen erstattet. Maßstab der Erstattung ist die **Angemessenheit**. Zu deren Beurteilung sind die §§ 670, 675 BGB heranzuziehen. Diese sind als allg. gültiger Maßstab für die Kontrolle von Aufwendungen von Verwaltern fremden Vermögens anerkannt (H/W/F, InsVV § 4 Rn. 13). Die Pauschalierung der Auslagen in § 8 Abs. 3 konkretisiert die Angemessenheit der Aufwendungen (LG Hannover, ZInsO 2005, 481). Auslagen, die der Verwalter nach sorgfältiger Prüfung den Umständen nach für erforderlich halten durfte, sind erstattungsfähig.

Beispielhaft sind **Reisekosten** genannt. Auf die Nennung weiterer Beispiele verzichtet die Vorschrift aber.

Die Kosten der Beauftragung eines Unternehmens mit der **elektronischen Auskunft** über den Verfahrensstand für die Gläubiger sind nicht als besondere Kosten zu erstatten (a.A. LG Hannover, ZInsO 2013, 311 [pauschal nach § 8 Abs. 3 oder durch Einzelnachweis der konkreten Kosten für das Verfahren]; LG Dresden, DZWIR 2011, 131, 132; Keller, NZI 2005, 493, 495; H/W/F, InsVV § 4 Rn. 9, wenn konkretes Verfahren; ohne Bezugnahme auf konkrete Verfahren Haarmeyer/Mock § 4 Rn. 86, 88). Der Verwalter ist zur Auskunft ggü. den Gläubigern – außerhalb der Termine – nicht verpflichtet (so auch Keller, NZI 2005, 493 m.w.N.). Daher kann er auch nicht berechtigt sein, Aufwendungen für diese Auskünfte als Auslagen erstattet zu erhalten. Dies gilt auch für andere Aufwendungen bei Auskünften (a.A. Keller, NZI 2005, 493, 495).

Besondere Kosten sind bei Stundung der Verfahrenskosten (§ 4a InsO) die nach den Umständen angemessenen Kosten der **Beauftragung eines Steuerberaters** (vgl. bei Rdn. 11).

29 Entsprechendes gilt für die Erfüllung der hoheitlich angeordneten Pflichten bei der Erstellung von Bescheinigungen für die Agentur für Arbeit, Sozialversicherungsträger und Berufsgenossenschaften (vgl. BGH, ZInsO 2006, 817).

30 Angemessenheit kann nicht zur Beurteilung der Notwendigkeit einer Ausgabe herangezogen werden.

31 Ist dem Insolvenzverwalter das Zustellungswesen übertragen, ist diesem für jede Zustellung der Sach- und Personalaufwand zu ersetzen. Die Höhe der Vergütung bemisst sich außerhalb der sonstigen Zuschlagstatbestände durch einen angemessenen Betrag pro Zustellung, der nach dem tatsächlichen Aufwand geschätzt werden kann (BGH, ZInsO 2013, 894). Besteht keine Kostendeckung im eröffneten Verfahren, ist eine **Eintrittspflicht des Staates** zu bejahen. Die staatliche Inanspruchnahme der Leistungen bei den Zustellungen ist zu entgelten.

32 Ist dem vorläufigen Verwalter das Zustellungswesen übertragen, ist diesem ebenfalls für jede Zustellung der Sach- und Personalaufwand zu ersetzen. Die Höhe der Vergütung bemisst sich ebenfalls außerhalb der sonstigen Zuschlagstatbestände durch einen angemessenen Betrag pro Zustellung, der nach dem tatsächlichen Aufwand geschätzt werden kann (BGH, ZInsO 2013, 894). Kommt es nicht zur Eröffnung, sind die Kosten der übertragenen Zustellungen im Verfahren nach § 26a InsO festzusetzen. Ist die Festsetzung gegen den Schuldner nach § 26a Abs. 2 Satz 1 InsO vorzunehmen, besteht eine Eintrittspflicht des Staates, soweit die verwaltete Masse nicht ausreicht, die Kosten der übertragenen Zustellungen zu decken.

33 Da die Zustellungen außerhalb der sonstigen Zuschlagstatbestände durch einen angemessenen Betrag abgegolten werden sollen, bedarf es eines gesonderten Antrages und einer gesonderten Festsetzung hierzu.

IV. Haftpflichtversicherung (Abs. 3)

34 Der Aufwand wegen einer – allgemeinen – Haftpflichtversicherung ist mit der Vergütung abgegolten (Satz 1). Satz 2 gibt die Möglichkeit, bei besonderen Risiken die Kosten einer angemessenen Versicherung zu erstatten (LG Gießen, ZInsO 2012, 755). Die Erstattung verlagert die Finanzierung des Verfahrens – in diesem Teilbereich – unberechtigt auf den Verwalter. Gegen den Wortlaut sollte an die Stelle einer Erstattung die Entrichtung der Prämien direkt aus der Masse gesetzt werden. Die Masse wird durch den Versicherungsvertrag ohnehin mit einer Masseverbindlichkeit belastet. Wurde eine unangemessene Prämie entrichtet, ist diese – wie bei der unberechtigten Inanspruchnahme von Dienstleistern (hierzu bei Rdn. 3) – direkt von der Vergütung abzusetzen. Im Zusammenhang - auch wegen der Höhe der Versicherungssummen - wird auf die Reformbestrebungen verwiesen (s. bei Rdn. 40 ff.).

C. Reformbestrebungen

35 Zum GAVI; BR-Drucks. 566/07 vgl. 2.A.

36 Aktuelle Reformbestrebungen des Verordnungsgebers oder Gesetzgebers sind nicht bekannt. Das Vergütungsrecht ist aber allgemein im Umbruch (vgl. bei § 63 InsO Rdn. 3). Dies zeigen die vorliegenden Reformentwürfe. Es wurden Diskussionsentwürfe des sog. »Gläubigerforums« veröffentlicht (vgl. ZInsO 2013, 2424 ff.; ZInsO 2014, 650 ff.; vgl. hierzu Smid, ZInsO 2014, 878 f.). Weiter ist der Diskussionsentwurf für ein Insolvenzrechtliches Vergütungsgesetz (InsVG) der Arbeitsgemeinschaft der NIVD e.V, vorgelegt worden (ZInsO 2014, 941 ff. vgl. hierzu Smid, ZInsO 2014, 1247 ff.). Durch den VID e.V. ist ist ebenfalls ein Vorschlag für eine gesetzliche Regelung vorgelegt worden (ZInsO 2014, 1254 ff., Beilage, ZIP 28/2014, 14 ff.; vgl. hierzu Smid, ZInsO 2014, 1247 ff.).

Aufträge

Nach dem Entwurf des »Gläubigerforums« ist in Absatz 2 vorgesehen, vorzugeben, dass der Verwalter die Absicht, für besondere Aufgaben Dienstleistungs- und Werkverträge zu erteilen, im Vorwege begründen und hierfür die Zustimmung des Gläubigerausschusses oder der Gläubigerversammlung einholen muss. Es soll ihm dabei untersagt sein, Aufträge an Unternehmen zu erteilen, bei denen eine eigene Beteiligung - mittelbar oder unmittelbar - besteht oder von denen Nutzen gezogen wird (»Gläubigerforum«, ZInsO 2014, 650, 652). 37

Der NIVD verfolgt den gegensätzlichen Ansatz. Danach ist der Verwalter ohne Zustimmungserfordernisse der Gläubigerversammlung oder eines Gläubigerausschusses beachten zu müssen, berechtigt, Aufträge zu erteilen und diese zu bezahlen. Der Verwalter kann danach auch ausdrücklich mit Unternehmen kontrahieren, an denen er beteiligt ist (NIVD, ZInsO 2014, 941, 943). 38

Dies entspricht auch dem Entwurf des VID. Der Entwurf des VID sieht allerdings eine Anrechnung in Höhe von bis zu 2.000,00 € auf die Vergütung vor, wenn Tätigkeiten delegiert werden, die in der dortigen Anlage 1 zu dem Entwurf aufgeführt sind. Diese Tätigkeiten stellen damit den Kanon der generell nicht delegierbaren Aufgaben dar. Andere Aufgaben sind danach delegationsfähig. Bei Delegation anderer Aufgaben findet eine Anrechnung nicht statt (VID, ZInsO 2014, 1254, 1257 = Beilage ZIP 28/2014, 14, 16). 39

I. Haftpflicht

Bei einem besonderen Haftungsrisiko in einem Verfahren soll der Verwalter nach dem Entwurf des »Gläubigerforums« eine zusätzliche Haftpflichtversicherung abschließen und Zustimmung des Gerichts deren Kosten als Auslagen der Masse entnehmen können. Mit Zustimmung der Gläubigerversammlung sollen die Prämien als Masseverbindlichkeiten entnommen werden können (»Gläubigerforum«, ZInsO 2014, 650, 653). 40

Bei einem besonderen Haftungsrisiko sollen die Aufwendungen nach dem Vorschlag des NIVD als gesonderte Auslagen zu erstatten sein (NIVD, ZInsO 2014, 941, 943). Bis zur Bewilligung eines Vorschusses auf die Auslagen oder bis zur Festsetzung der Auslagen soll der Verwalter berechtigt sein, die Prämien für die zusätzliche Haftpflichtversicherung unmittelbar der Masse zu entnehmen (NIVD, ZInsO 2014, 941, 943). 41

Der VID benennt konkrete Beträge wegen des höheren Haftungsrisikos, das nicht durch die allgemeine Haftpflichtversicherung des Verwalters abgegolten ist. Der VID geht dabei davon aus, dass der Verwalter eine Haftpflichtversicherung mit einer Versicherungssumme von 2.000.000,00 € und einer Jahreshöchstleistung von 4.000.000,00 € ohnehin unterhält. Diese Versicherung soll mit der Vergütung allgemein abgegolten sein. Bei einem höheren Haftungsrisiko sind die Kosten der dann abgeschlossenen Versicherung als Auslagen zu erstatten (VID, ZInsO 2014, 1254, 1257 = Beilage ZIP 28/2014, 14, 16). 42

§ 5 Einsatz besonderer Sachkunde

(1) Ist der Insolvenzverwalter als Rechtsanwalt zugelassen, so kann er für Tätigkeiten, die ein nicht als Rechtsanwalt zugelassener Verwalter angemessenerweise einem Rechtsanwalt übertragen hätte, nach Maßgabe des Rechtsanwaltsvergütungsgesetzes Gebühren und Auslagen gesondert aus der Insolvenzmasse entnehmen.

(2) Ist der Verwalter Wirtschaftsprüfer oder Steuerberater oder besitzt er eine andere besondere Qualifikation, so gilt Absatz 1 entsprechend.

§ 5 InsVV Einsatz besonderer Sachkunde

Übersicht

	Rdn.			Rdn.
A.	Normzweck	1	II. Wirtschaftsprüfer/Steuerberater als Verwalter (Abs. 2)	
B.	Norminhalt	2		
I.	Rechtsanwalt als Verwalter (Abs. 1)	2	**C. Reformbestrebungen**	

A. Normzweck

1 Ermöglicht werden Entnahmen für in Anspruch genommene Sachkunde des Verwalters.

B. Norminhalt

I. Rechtsanwalt als Verwalter (Abs. 1)

2 Aufträge, die für den Einsatz besonderer Sachkunde erteilt werden, lösen Masseverbindlichkeiten nach § 55 Nr. 1 InsO aus (FK-Lorenz § 5 Rn. 4; Haarmeyer/Mock § 5 Rn. 43; **a.A.** BK-Blersch § Rn. 4, Verfahrenskosten).

3 Der Verwalter, der Rechtsanwalt ist, kann **Gebühren für seine Anwaltstätigkeit** der Masse in Rechnung stellen und entnehmen (vgl. BGH, ZInsO 2004, 1348, 1349, Fortführung von BGHZ 139, 312 = NJW 1998, 3567 zur KO), wenn ein Verwalter, der nicht Volljurist ist, bei sachgerechter Amtsführung die Tätigkeit einem Anwalt übertragen hätte, weil besondere Sachkunde eingesetzt wird (a.A. Haarmeyer/Mock § 5 Rn. 1, 7, 11 wegen der Verfestigung des Berufsbildes »Insolvenzverwalter« und der Sorge vor Masseaushöhlung durch Dienstleistungskartelle soll der Verwalter nur dann andere Spezialisten hinzuziehen dürfen, wenn Fragen betroffen sind, die noch nicht in der höchstrichterlichen Rechtsprechung ausdifferenziert wurden).

4 Bsw. Anfechtungen wird der Nichtvolljurist einem Anwalt übertragen (weitere Beispiele bei § Rdn. 4). Der Verwalter, der die Aufgabe Anfechtung selbst wahrnimmt, hat ein Wahlrecht ob er seine Vergütung nach dem RVG oder nach der InsVV – im Hinblick auf einen Zuschlag nach § 3 - geltend macht. Entscheidet er sich für die Letztere, darf er nicht erwarten, zumindest so gestellt zu werden, als hätte er die Vergütung nach dem RVG gewählt. Das gilt aber auch dann, wenn Anfechtungsansprüche realisiert werden konnten. Entscheidet der Verwalter sich für die massebezogene Vergütung nach der InsVV, nicht für die gegenstandswertbezogenen Gebühren nach dem RVG soll er nicht verlangen können, dass auch bei Masseerhöhung immer ein Zuschlag gewährt werden muss (BGH, ZInsO 2012, 753, 754).

5 Der Verwalter kann die Honorare entnehmen, ohne die Zustimmung des Gerichtes einzuholen. Die Entnahmen unterliegen der Aufsicht gem. § 58 InsO, im Ergebnis bei der Prüfung der Schlussrechnung wegen der Darstellung des Verwalters nach § 8 Abs. 2 bezüglich der Aufwendungen für in Anspruch genommene Dienstleistungen. Nach § 8 Abs. 2 ist durch den Verwalter darzulegen, welche Aufträge für besondere Aufgaben er erteilte. Das Gericht ist berechtigt und verpflichtet, zu überprüfen, ob die Beauftragung Externer gerechtfertigt war (BGH, ZInsO 2004, 1348).

6 Kann der Verwalter, der zugleich Rechtsanwalt ist, die Sondervergütung beanspruchen, falls er Aufgabe selbst erledigt, dürfen die Kosten, die durch die Übertragung der Aufgabe auf Dritte entstehen, von der Vergütung des Insolvenzverwalters nicht abgezogen werden.

7 Stellen die für – angeblich – besondere Aufgaben der Masse entnommenen Beträge eine zusätzliche, nicht gerechtfertigte Vergütung des Verwalters dar, sind sie von der Vergütung abzuziehen (BGH, ZInsO 2013, 152; BGH, ZInsO 2012, 928; BGH, ZInsO 2004, 1348, 1349).

8 Entnommene Beträge mindern die Berechnungsgrundlage gem. § 1 Abs. 2 Nr. 4a. Diese Regelung ist von der Ermächtigung in § 65 InsO gedeckt und verfassungsgemäß (BGH, ZInsO 2011, 2051). Zahlungen an die Sozietät des Verwalters führen allenfalls zu einer mittelbaren Teilhabe des Verwalters. Der Verwalter hat die Beträge daher nicht nach § 5 erhalten (BGH, ZInsO 2007, 813; **a.A.** HK-Keller § 4 Rn. 27; vgl. auch bei den Reformbestrebungen unter Rdn. 11)).

Für den Sonderverwalter kann die Vorschrift nur eingeschränkt Anwendung finden (a. A. LG Krefeld, ZInsO 2006, 32, 33) 9

II. Wirtschaftsprüfer/Steuerberater als Verwalter (Abs. 2)

Bei Wirtschaftsprüfern, Steuerberatern und anderen Personen vergleichbarer Qualifikation, die als Insolvenzverwalter eingesetzt werden, gelten obige Grundsätze ebenfalls. 10

C. Reformbestrebungen

Aktuelle Reformbestrebungen des Verordnungsgebers oder des Gesetzgebers sind nicht bekannt. Das Vergütungsrecht ist aber allgemein im Umbruch (vgl. bei § 63 InsO Rdn. 3). Dies zeigen die vorliegenden Reformentwürfe. Es wurden Diskussionsentwürfe des sog. »Gläubigerforums« veröffentlicht (vgl. ZInsO 2013, 2424 ff.; ZInsO 2014, 650 ff.; vgl. hierzu Smid, ZInsO 2014, 878 f.).). Weiter ist der Diskussionsentwurf für ein Insolvenzrechtliches Vergütungsgesetz (InsVG) der Arbeitsgemeinschaft der NIVD e.V, vorgelegt worden (ZInsO 2014, 941 ff. vgl. hierzu Smid, ZInsO 2014, 1247 ff.). Durch den VID e. V. ist ist ebenfalls ein Vorschlag für eine gesetzliche Regelung vorgelegt worden (ZInsO 2014, 1254 ff., Beilage, ZIP 28/2014, 14 ff.; vgl. hierzu Smid, ZInsO 2014, 1247 ff.). 11

Der Vorschlag des VID unterscheidet Tätigkeiten, die einer Anlage 1 bzw. nicht in der Anlage 1 zum Entwurf genannt sind (vgl. VID, ZInsO 2014, 1254, 1257; ZInsO 2014, 1254, 1262); für die nicht mit der Grundvergütung abgegoltenen Tätigkeiten nach der dortigen Anlage 1 können Vergütungen für Tätigkeiten gesondert entnommen werden (VID, ZInsO 2014, 1254, 1257). 12

In den Vorschlägen des NIVD sind keine Änderungen zu der Vorschrift enthalten (NIVD; ZInsO 2014, 941, 943). 13

Der Entwurf des »Gläubigerforums« fordert die höchstpersönliche Erbringung der zu entgeltenden Tätigkeiten und will Stundensatzvereinbarungen der vorherigen Genehmigung durch Gläubigerausschuss oder Gläubigerversammlung unterstellen. Die Vereinbarung von Stundensätzen mit der eigenen oder einer verbundenen Sozietät sind danach untersagt. Es wird dort ausdrücklich ein Gebot der Masseschonung bei der gerichtlichen Verfolgung von Ansprüchen formuliert (»Gläubigerforum«, ZInsO 2014, 650, 653). 14

§ 6 Nachtragsverteilung. Überwachung der Erfüllung eines Insolvenzplans

(1) ¹Für eine Nachtragsverteilung erhält der Insolvenzverwalter eine gesonderte Vergütung, die unter Berücksichtigung des Werts der nachträglich verteilten Insolvenzmasse nach billigem Ermessen festzusetzen ist. ²Satz 1 gilt nicht, wenn die Nachtragsverteilung voraussehbar war und schon bei der Festsetzung der Vergütung für das Insolvenzverfahren berücksichtigt worden ist.

(2) ¹Die Überwachung der Erfüllung eines Insolvenzplans nach den §§ 260 bis 269 der Insolvenzordnung wird gesondert vergütet. ²Die Vergütung ist unter Berücksichtigung des Umfangs der Tätigkeit nach billigem Ermessen festzusetzen.

Übersicht	Rdn.			Rdn.
A. Normzweck	1	C.	Reformbestrebungen	12
B. Norminhalt	2	I.	Nachtragsverteilung	13
I. Nachtragsverteilung (Abs. 1)	2	II.	Planüberwachung	16
II. Überwachung der Planerfüllung (Abs. 2)	9			

§ 6 InsVV Nachtragsverteilung. Überwachung der Erfüllung eines Insolvenzplans

A. Normzweck

1 Für die Nachtragsverteilung und die Überwachung der Erfüllung eines Insolvenzplans wurden eigenständige Vergütungstatbestände geschaffen. Für die Vergütung der Nachtragsverteilung fehlte und fehlt es an einer Ermächtigungsgrundlage (vgl. bei § 65 InsO Rdn. 12, 20).

B. Norminhalt

I. Nachtragsverteilung (Abs. 1)

2 Bei Nachtragsverteilung gem. §§ 203, 211 Abs. 3 InsO ist die Tätigkeit gesondert zu vergüten, soweit dies nicht nach Satz 2 ausgeschlossen ist. Wenn es infolge eines Massezuflusses nach Beendigung des Schlusstermins zu einer Nachtragsverteilung kommt, ist eine weitere Vergütungsfestsetzung nach Abs. 1 vorzunehmen. Die Anordnung der Nachtragsverteilung kann gem. § 203 Abs. 1 InsO auf Antrag des Verwalters, eines Insolvenzgläubigers oder von Amts wegen geschehen. § 203 Abs. 1 Nr. 3 InsO ist weit auszulegen (BGH, ZInsO 2011, 2049, 2050). Eine Nachtragsverteilung kann auch im Verbraucherinsolvenzverfahren und nach Aufhebung des Verbraucherverfahrens angeordnet werden (vgl. BGH, ZInsO 2014, 1213; BGH, ZInsO 2014, 1008; BGH, ZInsO 2013, 1409).

3 **Berechnungsgrundlage** ist das Vermögen, über das der Verwalter nach § 205 Satz 2 InsO Rechnung legt (»Wert des nachträglich verteilten Vermögens«); anwendbar ist § 1 Abs. 2 Nr. 1, 2 und 5 (BK-Blersch § 6 Rn. 14). Für die Bemessung der Vergütung bei der Nachtragsverteilung kann nicht der Wert der nachträglich verteilten Insolvenzmasse der zuvor festgestellten Verteilungsmasse hinzugezählt werden, dies gilt auch dann, wenn die zuvor festgestellte Verteilungsmasse »Null« betrug und deshalb lediglich eine erhöhte Mindestvergütung festgesetzt worden war (BGH, ZInsO 2011, 2049, 2051; BGH, NZI 2010, 259, 260).

4 **Billiges Ermessen des Gerichts** soll den i. R. d. Nachtragsverteilung anfallenden Umständen, insb. der entfalteten Tätigkeit, Rechnung tragen. Zu- und Abschläge nach § 3 sind zu berücksichtigen (FK-Lorenz § 6 Rn. 9). Regelmäßig erschöpft sich die Nachtragsverteilung in der Verteilung frei gewordener, zurückgeflossener oder neu ermittelter Masse an die anhand der Insolvenztabelle namentlich feststehenden Gläubiger. Die Anforderungen, die nie gleich sind, erfordern eine Einzelfallbetrachtung (BGH, ZInsO 2011, 2049, 2051; ZInsO 2006, 1205). Die geringeren rechtlichen und sonstigen Anforderungen sollen durch reduzierte Staffelsätze nach § 2 Abs. 1 von 25 % ausreichend abgebildet sein (LG Offenburg, ZInsO 2005, 481, 482; Haarmeyer/Mock, § 6 Rn. 7; a. A. 25–150 %: FK-Lorenz § 6 Rn. 11). Zu berücksichtigen ist allerdings, dass die Orientierung an der Staffelvergütung § 2 Abs. 1 höchst problematisch ist, weil dort ein fiktiver Begriff eines Normalverfahrens zugrunde liegt (vgl. bei § 2 Rdn. 14 ff.). Insofern ist eine Regelvergütung bei der Nachtragsverteilung, die sich auf die Staffelvergütung bezieht, eine Fortsetzung der Fiktion. Letztlich handelt es sich um eine willkürliche Bestimmung, wenn darauf Bezug genommen wird.

5 Es käme stattdessen in Betracht, nach Stundensätzen zu vergüten.

6 Ob die **Nachtragsverteilung voraussehbar** war, ist bezogen auf den Zeitpunkt der Aufhebung des Verfahrens zu bestimmen (a. A. Jaeger-Schilken § 63 InsO Rn. 62; FK-Lorenz § 6 Rn. 6: Vergütungsfestsetzung). Werden Massegegenstände noch nachträglich ermittelt (§ 203 Abs. 1 Nr. 3 InsO), konnte die Nachtragsverteilung nicht vorhergesehen werden. Gegenstände der Masse werden nachträglich ermittelt, wenn ein absonderungsberechtigter Gläubiger einen zunächst nicht erwarteten Übererlös erzielt (BGH, ZInsO 2006, 33). Für die Voraussehbarkeit reicht es nicht aus, dass eine Nachtragsverteilung möglich oder wahrscheinlich war (FK-Lorenz § 6 Rn. 6). **Voraussehbar** ist die Nachtragsverteilung, wenn die Gläubigerversammlung die Verteilung bestimmter Massegegenstände nach § 197 Abs. 1 Nr. 3 InsO ausdrücklich der Nachtragsverteilung vorbehält (Uhlenbruck-Uhlenbruck § 197 InsO Rn. 16; Keller, Vergütung, Rn. 357) oder das Gericht nach der Verteilung der i. R. d. Schlussrechnung nachgewiesenen Masse bei Aufhebung des Verfahrens gem. § 200 InsO – nicht im Schlusstermin – beschließt, dass eine Nachtragsverteilung für vom Verwalter erwartete Massezuflüsse vorbehalten wird (Keller, EWiR 2003, 885, 886).

Wurde ein Zuschlag gem. § 3 Abs. 1 bei der Vergütungsfestsetzung des Verwalters bereits gewährt, ist die Nachtragsverteilung **berücksichtigt** (FK-Lorenz § 6 Rn. 7; Keller, EWiR 2003, 885, 886). 7

Die Vergütung ist vor Vollzug der Verteilung gem. § 205 InsO auf Antrag des Verwalters festzusetzen (BK-Blersch § 6 Rn. 25). 8

II. Überwachung der Planerfüllung (Abs. 2)

Die Ausgestaltung nach §§ 260 bis 269 InsO bestimmt den Umfang der Tätigkeit. Nach § 260 Abs. 3 InsO kann vorgesehen werden, dass sich die Überwachung auf die Übernahmegesellschaft erstreckt. Berechnungsgrundlage ist die Vermögensübersicht nach § 229 Satz 1 InsO (FK-Lorenz § 6 Rn. 20). 9

Das Gericht kann – statt Staffelvergütung nach §§ 2, 3 – eine angemessene Zeitvergütung festsetzen (H/W/F, InsVV § 6 Rn. 17: 400,00–600,00 € je Stunde). Dies erscheint angesichts einer rein überwachenden Tätigkeit allein angemessen. Jede Bezugnahme auf die Staffelvergütung mit einem daraus abgeleiteten Prozentsatz wäre eine Verlängerung der Fiktion, die im Vergütungsrecht bisher bereits bei der Annahme eines Normalverfahrens beginnt (vgl. dazu § 2 Rdn. 14 ff.). 10

Die Kosten der Überwachung trägt der Schuldner oder die Übernahmegesellschaft (§ 269 InsO). Trägt der Schuldner die Kosten der Überwachung, ist eine Festsetzung durch das Insolvenzgericht nötig und möglich (LG Memmingen, ZInsO 2011, 1567). Die Festsetzung der Vergütung ist erst nach Ende der Überwachung möglich. Das Insolvenzgericht kann aber auf Antrag des Verwalters bei Aufhebung des Verfahrens nach rechtskräftiger gerichtlicher Bestätigung des Plans einen Vorschuss auf die Überwachungsvergütung festsetzen. Der Verwalter kann monatlich Teilvergütungen nach § 9 entsprechend beantragen (a. A. Jaeger-Schilken § 63 InsO Rn. 63: halbjährlich). Sie mindern das Risiko, mit der Vergütung auszufallen, wenn Schuldner oder Nachfolgegesellschaft insolvent werden. Diese Konstruktion ist systematisch verfehlt (Haarmeyer/Mock, § 6 Rn. 14). Eine Vereinbarung von Stundensätzen oder anderen Vergütungsmerkmalen im Plan unterläuft aber die Festsetzungskompetenz des Gerichts (vgl. bei § 63 InsO Rdn. 22; a. A. Haarmeyer/Mock § 6 Rn. 15; vgl. bei § 63 Rdn. 23 wg. Vergütungsvereinbarungen). 11

C. Reformbestrebungen

Reformbestrebungen des Verordnungsgebers oder des Gesetzgebers sind nicht bekannt. Das Vergütungsrecht befindet sich aber im Umbruch (vgl. § 63 Rdn. 3). Dies zeigen die vorgelegten Reformentwürfe. Es wurden Diskussionsentwürfe des sog. »Gläubigerforums« veröffentlicht (vgl. ZInsO 2013, 2424 ff.; ZInsO 2014, 650 ff.; vgl. hierzu Smid, ZInsO 2014, 878 f.). Weiter ist der Diskussionsentwurf für ein Insolvenzrechtliches Vergütungsgesetz (InsVG) der Arbeitsgemeinschaft der NIVD e.V, vorgelegt worden (ZInsO 2014, 941 ff. vgl. hierzu Smid, ZInsO 2014, 1247 ff.). Durch den VID e. V. ist ebenfalls ein Vorschlag für eine gesetzliche Regelung vorgelegt worden (ZInsO 2014, 1254 ff., Beilage, ZIP 28/2014, 14 ff.; vgl. hierzu Smid, ZInsO 2014, 1247 ff.). 12

I. Nachtragsverteilung

Der Entwurf des VID will die Festsetzung nach billigem Ermessen beseitigen; der Entwurf sieht einen festen Wert der dortigen Staffelvergütung (Grundvergütung) nach § 2 Abs. 1 für die Festsetzung der Vergütung der Nachtragsverteilung vor (25%). Berechnungsgrundlage ist die nachträglich zu verteilende Masse. Es wird eine Mindestvergütung von 1.000,00 € vorgesehen (ZInsO 2014, 1254, 1257 = Beilage, ZIP 28/2014, 14, 19). 13

Zum Vorschlag des NIVD ergibt sich lediglich ein redaktioneller Unterschied. Dort ist ausdrücklich eine »gesonderte« Vergütung bei der Nachtragsverteilung vorgesehen (ZInsO 2014, 941, 944). Ansonsten sind die Vorschläge deckungsgleich. 14

Das »Gläubigerforum« will bei der Nachtragsverteilung den tatsächlichen Aufwand als die Bezugsgröße für die Angemessenheit der danach festzusetzenden Vergütung heranziehen; die Vergütung 15 soll unter Berücksichtigung des Werts der nachträglich verteilten Masse festgesetzt werden (ZInsO 2014, 650, 653). Demzufolge soll weiter nach billigem Ermessen des Gerichts festgesetzt werden.

II. Planüberwachung

16 Auch bei der Planüberwachung soll - nach dem Vorschlag des VID - der Wert von 25% der Grundvergütung angesetzt werden. Es gibt kein billiges Ermessen. Berechnungsgrundlage ist dort die Summe aller Planleistungen. Die Mindestvergütung beträgt dort ebenfalls 1.000,00 € (ZInsO 2014, 1254, 1257 = Beilage ZIP 28/2014, 14, 19).

17 Bei der Planüberwachungsvergütung wird durch NIVD am billigen Ermessen festgehalten. Eine Mindestvergütung wird nicht vorgeschlagen (NIVD, ZInsO 2014, 941, 944).

18 Das »Gläubigerforum« hält auch für die Planüberwachung am billigen Ermessen fest (ZInsO 2014, 650, 653).

§ 7 Umsatzsteuer

Zusätzlich zur Vergütung und zur Erstattung der Auslagen wird ein Betrag in Höhe der vom Insolvenzverwalter zu zahlenden Umsatzsteuer festgesetzt.

Übersicht	Rdn.		Rdn.
A. Normzweck	1	III. Vorsteuer als Massebestandteil	7
B. Norminhalt	2	1. Realisierung	7
I. Festsetzung	2	2. Aufrechnung/Verrechnung durch Fiskus	8
II. Rechnung	4	C. Reformbestrebungen	13
1. Rechnungserstellung	4		
2. Umsatzsteuersatz	6		

A. Normzweck

1 Es ist die Klarstellung der steuerlichen Leistungsverhältnisse vorgenommen worden: Der Insolvenzverwalter erbringt ggü. der Masse eine entgeltliche, sonstige Leistung i. S. d. § 1 Abs. 1 Nr. 1 UStG; Gegenleistung ist die festgesetzte Vergütung. Diese unterliegt der USt. Auf § 10 ist wegen der entsprechenden Anwendung zu verweisen. Über die Verweisung in § 18 ist die Vorschrift bzgl. der Mitglieder des Gläubigerausschusses sowie für die Mitglieder eines vorläufigen Gläubigerausschusses ebenfalls anzuwenden.

B. Norminhalt

I. Festsetzung

2 Die Vorschrift nimmt Bezug auf die Festsetzung nach § 64 InsO und § 8. Der Festsetzungsbeschluss muss die auf Vergütung und Auslagen sowie etwaige Zustellungsentgelte insgesamt entfallende USt separat ausweisen (H/W/F, InsVV § 7 Rn. 5). Dies gilt auch für die im Aufsichtswege erteilte Zustimmung zur Entnahme eines Vorschusses.

3 Dies gilt auch für die Festsetzung einer Änderung der Vergütung des vorläufigen Verwalters nach § 63 Abs. 3 Satz 4 InsO.

II. Rechnung

1. Rechnungserstellung

4 Auf der Grundlage des Beschlusses muss der Verwalter eine Rechnung erstellen, in der die USt separat ausgewiesen ist und die den sonstigen Anforderungen nach § 14 UStG entspricht. Ein angestellter Anwalt, der als Verwalter bestellt wurde, ist in seiner Eigenschaft als Insolvenzverwalter selbst-

ständig tätig und damit Unternehmer nach § 2 UStG. Rechnungen müssen die nach § 14 Abs. 4 UStG nötigen Angaben enthalten (vgl. Thüringer Landesfinanzdirektion v. 03.12.2008 – S. 7104 A 25-A 3.11, ZIP 2008, 2444; zur Umsatzbesteuerung angestellter Insolvenzverwalter ausführl. Dahms, ZInsO 2008, 1174 ff.). Gleiches gilt für den Verwalter, der an der Sozietät beteiligt ist, die die Rechnung stellt (vgl. Thüringer Landesfinanzdirektion v. 03.12.2008 – S. 7104 A 25-A 3.11, ZIP 2008, 2444). Das FG Hessen (EFG 2007, 548) hatte es als ernstlich zweifelhaft bezeichnet, ob Umsätze, die ein in einer Sozietät mit weiteren Berufsangehörigen zusammengeschlossener Rechtsanwalt erbringt, von diesem persönlich als Einzelunternehmer oder von der Sozietät zu versteuern sind. Eine einheitliche Position der Finanzverwaltung in Form eines BMF-Schreibens fehlt bisher (vgl. Onusseit, ZInsO 2008, 1337, 1342). Die Rechnung wird daher der Verwalter – am besten auf eigenem Briefkopf – unter einer eigenen Steuernummer, nicht derjenigen des Arbeitgebers oder der Sozietät, stellen müssen (Onusseit, ZInsO 2008, 1337, 1341 f.). Soweit erkennbar, haben die Finanzbehörden sich – zumindest stillschweigend – auf eine abweichende Praxis eingelassen.

Wird im Beschluss die USt nicht ausgewiesen, ist der Verwalter trotzdem berechtigt, eine Rechnung mit gesondert ausgewiesener USt zu erteilen (BFH, ZVI 2005, 280; Klarstellung zu BFH, ZIP 1986, 517).

Stellt der vorläufige Verwalter bei Abweisung mangels Masse keine Rechnung mit Umsatzsteuerausweis aus, ist der Schuldner nicht zum Abzug berechtigt. Dies gilt auch, wenn in dem Beschluss über die Vergütung kein gesonderter Ausweis der USt erfolgt (Ganter/Brünink, NZI 2006, 257, 266). Der Schuldner hat aber gegen den Verwalter einen Anspruch auf Erteilung einer Rechnung unter Ausweis der USt, den er ggf. durchsetzen muss.

2. Umsatzsteuersatz

Durch das Haushaltsbegleitgesetz 2006 v. 29.06.2006 (BGBl. I, S. 1402 ff.) wurde zum 01.01.2007 der Umsatzsteuersatz von 16 % auf 19 % erhöht (vgl. dazu Rdvfg. OFD Frankfurt am Main, ZInsO 2007, 537). Auf die ausführliche Darstellung in diesem Zusammenhang in der Vorauflage wird verwiesen Rdn. 6 ff.).

III. Vorsteuer als Massebestandteil

1. Realisierung

Der Insolvenzverwalter ist verpflichtet, die Masse vollständig zu realisieren. Er ist daher auch gehalten, die Vorsteuererstattungsansprüche, die sich aus den von ihm bzw. dem vorläufigen Verwalter oder den Mitgliedern des Gläubigerausschusses gestellten Rechnungen für Vergütung und Auslagen zur Masse ergeben, einzuziehen (FK-Lorenz § 7 Rn. 7). Es kommt nicht darauf an, ob der Insolvenzverwalter i. R. d. Verwertung des Schuldnervermögens umsatzsteuerfreie oder umsatzsteuerpflichtige Geschäfte vornimmt. Die Vergütung bezieht sich auf das gesamte Verfahren, auf einzelne Verwertungsakte kommt es nicht an; für eine Vorsteueraufteilung gem. § 15 Abs. 4 UStG ist kein Raum (FG Nürnberg, EFG 2010, 1843, 1844). Wegen der Einbeziehung der zu erwartenden Umsatzsteuererstattung aus der Vergütung des Verwalters und des Gläubigerausschusses in die Berechnungsgrundlage der Vergütung nach BGH, ZInsO 2007, 1347 ff. Nur die korrekte Rechnungserstellung ermöglicht den Abzug (Onusseit, ZInsO 2008, 1337, 1342). Der Beschluss des Insolvenzgerichts gem. § 64 InsO zur Festsetzung des Vergütungsanspruchs des Insolvenzverwalters ist keine Rechnung eines Dritten i. S. d. § 14 Abs. 2 Satz 4 UStG, die zum Vorsteuerabzug berechtigt (BFH ZInsO 2013, 354). Die Vorsteuer kann nicht vor der Ausschüttung von Quoten eingezogen werden, um eine Nachtragsverteilung zu vermeiden (a. A. FK-Lorenz § 7 Rn. 7), wenn sich gerade aus der Ausschüttung von Quoten Umsatzsteuererstattungsansprüche ergeben, die zur Masse zu ziehen sein werden. Der VII. Senat des BFH hat seine Rechtsprechung geändert (BFH, ZInsO 2012, 2142; vgl bei Rdn. 8); in der Konsequenz entsteht daraus ein direkter Erstattungsanspruch auf die Umsatzsteueranteile aus bereits ausgeschütteten Quoten. Nach Aufhebung des Verfahrens entstandene Steuererstattungsansprüche, die bereits während der Dauer des Verfahrens begründet waren, unterliegen weiter dem Insolvenzbeschlag, falls mit der Aufhebung des Insolvenzverfahrens die Nachtragsverteilung insoweit vorbehalten worden ist (BFH, ZInsO 2012, 883).

2. Aufrechnung/Verrechnung durch Fiskus

8   Soweit durch den Fiskus Auf- bzw. Verrechnungen geltend gemacht werden, ist vom Verwalter jeweils im Einzelfall die Berechtigung genau zu prüfen. Dem Fiskus können möglicherweise § 96 Abs. 1 und Abs. 3 InsO entgegengehalten werden. Der VII. Senat des BFH hat seine Rechtsprechung geändert (BFH, ZInsO 2012, 883). Für die Anwendung des § 96 Abs. 1 Nr. 1 InsO ist danach entscheidend, wann der materiell-rechtliche Berichtigungstatbestand des § 17 Abs. 2 UStG verwirklicht wird. Nicht entscheidend ist, wann die zu berichtigende Steuerforderung begründet worden ist.

9   Bei angezeigter **Masseunzulänglichkeit** hatte der BFH unter Geltung der **KO** entschieden, dass das Finanzamt nicht die Vorsteuer aus der Vergütung, die vor der Anzeige der Masseunzulänglichkeit verdient war, mit Steuerforderungen aus diesem Zeitraum aufrechnen darf, wenn der Verwalter für seinen bis dahin entstandenen Vergütungsanspruch nicht abgerechnet habe (BFH, ZInsO 2001, 510, 514), wozu er auch nicht verpflichtet sei (BFH, ZInsO 2001, 510, 514; a.A. Onusseit, ZIP 2002, 22, 30, der davon ausgeht, dass der Verwalter eine Rechnung für den vor der Anzeige liegenden Leistungszeitraum wegen der steuerlichen Teilleistungen zu erstellen hatte).

10 Dies ist auch unter Geltung der InsO festgestellt worden (BFH, ZIP 2008, 866). Die Entscheidung vom 09.12.2010 (BFH, ZInsO 2011, 822 ff.) verhält sich ausdrücklich weder zur Aufrechnung noch zum masseunzulänglichen Verfahren. Wird aber die Unterscheidung in mehrere Unternehmensteile nach der Eröffnung (BFH, ZInsO 2011, 822, 825) ernst genommen, wird zwar auch die Phase der Masseunzulänglichkeit gesondert zu beachten sein. Es ist aber weiter davon auszugehen, dass der bis zur Anzeige der Masseunzulänglichkeit erbrachte Teil der Tätigkeit des Verwalters nicht als steuerliche Teilleistung qualifiziert werden kann (Uhlenbruck-Sinz § 96 Rn. 22). Aus § 209 Abs. 1 Nr. 1 InsO ergibt sich, dass die gesamte Vergütung absolute Priorität hat (BGH, ZInsO 2010, 2188; ZInsO 2010, 63; ZInsO 2006, 541, 544; vgl. Onusseit, ZInsO 2001, 639, 644; ders. ZIP 2002, 22, 31; a.A. wohl KPB-Lüke § 96 InsO Rn. 21a). Die Aufrechnung mit Altmasseverbindlichkeiten ist daher nicht zulässig (Uhlenbruck-Sinz § 96 Rn. 22; Onusseit, ZIP 2002, 22, 31).

11 Wegen des absoluten Vorrangs der Vergütung vor den Masseverbindlichkeiten, unabhängig von der Anzeige der Masseunzulänglichkeit (vgl. einerseits BGH, ZInsO 2006, 541, 544 und andererseits BGH, ZInsO 2010, 2188; ZInsO 2010, 63), kann auch bei **Neumasseverbindlichkeiten** eine Aufrechnung nicht möglich sein.

12 Wird das Verfahren mangels Masse gem. § 207 InsO eingestellt, soll der Erstattungsanspruch aus der Rechnung des Verwalters in den Verfügungsbereich des Schuldners fallen und mit Forderungen aus der Zeit auch vor der Eröffnung des Verfahrens verrechnet werden können (OFD Hannover, ZInsO 2001, 653, 657). Jedenfalls kann dies durch die Abstimmung des Einstellungstermins mit dem Gericht verhindert werden.

C. Reformbestrebungen

13 Aktuelle Reformbestrebungen des Verordnungsgebers oder des Gesetzgebers sind nicht bekannt. Das Vergütungsrecht ist aber allgemein im Umbruch (vgl. bei § 63 InsO Rdn. 3). Dies zeigen die vorliegenden Reformentwürfe. Es wurden Diskussionsentwürfe des sog. »Gläubigerforums« veröffentlicht (vgl. ZInsO 2013, 2424 ff.; ZInsO 2014, 650 ff.; vgl. hierzu Smid, ZInsO 2014, 878 f.). Weiter ist der Diskussionsentwurf für ein Insolvenzrechtliches Vergütungsgesetz (InsVG) der Arbeitsgemeinschaft der NIVD e.V. vorgelegt worden (ZInsO 2014, 941 ff. vgl. hierzu Smid, ZInsO 2014, 1247 ff.). Durch den VID e.V. ist ebenfalls ein Vorschlag für eine gesetzliche Regelung vorgelegt worden (ZInsO 2014, 1254 ff., Beilage, ZIP 28/2014, 14 ff.; vgl. hierzu Smid, ZInsO 2014, 1247 ff.).

durch das »Gläubigerforum« ist keine Veränderung vorgeschlagen worden. 14

Der Entwurf des VID versteht sich als eine Modernisierung und Klarstellung (Blersch/Bremen, Beilage ZIP 28/2014, 1, 8), weil danach festgehalten ist, dass ein Betrag in Höhe der auf die Vergütung und die Auslagen entfallenden Umsatzsteuer zusätzlich festgesetzt wird (ZInsO 2014, 1254, 1258 Beilage, ZIP 28/2014, 14, 17). 15

Der Entwurf des NIVD hat klargestellt, dass auch die auf die Vorschüsse wegen Vergütung bzw. Auslagen bezogenen Beschlüsse die Umsatzsteuer ausweisen müssen (ZInsO 2014, 941, 945). 16

§ 8 Festsetzung von Vergütung und Auslagen

(1) ¹Die Vergütung und die Auslagen werden auf Antrag des Insolvenzverwalters vom Insolvenzgericht festgesetzt. ²Die Festsetzung erfolgt für Vergütung und Auslagen gesondert. ³Der Antrag soll gestellt werden, wenn die Schlussrechnung an das Gericht gesandt wird.

(2) In dem Antrag ist näher darzulegen, wie die nach § 1 Abs. 2 maßgebliche Insolvenzmasse berechnet worden ist und welche Dienst- oder Werkverträge für besondere Aufgaben im Rahmen der Insolvenzverwaltung abgeschlossen worden sind (§ 4 Abs. 1 Satz 3).

(3) ¹Der Verwalter kann nach seiner Wahl an Stelle der tatsächlich entstandenen Auslagen einen Pauschsatz fordern, der im ersten Jahr 15 vom Hundert, danach 10 vom Hundert der Regelvergütung, höchstens jedoch 250 Euro je angefangenen Monat der Dauer der Tätigkeit des Verwalters beträgt. ²Der Pauschsatz darf 30 vom Hundert der Regelvergütung nicht übersteigen.

Übersicht

	Rdn.			Rdn.
A. Normzweck	1		g) besondere Aufgaben	23
B. Norminhalt	2		h) Auslagen	24
I. Antrag (Abs. 1 Satz 1)	2		i) USt.	25
1. Zeitpunkt (Abs. 1 Satz 3)	5	II.	Festsetzung (Abs. 1 Satz 2 i. V. m. § 64 Abs. 1 InsO)	26
2. Inhalt (Abs. 2)	12		1. Prüfung	26
a) Konkrete Beträge für Vergütung und Auslagen	12		a) Grundlage	31
b) Ersatz der übertragenen Zustellungen	13		b) Leistungsbild/Berechnung	33
			c) Auslagen	34
c) nach § 1 Abs. 2 maßgebliche Insolvenzmasse (Berechnungsgrundlage)	15		2. Entscheidung (Beschluss)	37
			a) Beschluss	37
			b) Begründung	39
d) Entsprechende Anwendung auf vorläufigen Verwalter, Sachwalter und vorläufigen Sachwalter?	17	III.	Wahlrecht Auslagenpauschale (Abs. 3)	45
		C.	Reformbestrebungen	48
		I.	»Gläubigerforum«	49
e) Berechnung	20	II.	NIVD	53
f) Leistungsbild	21	III.	VID	55

A. Normzweck

Die Vorschrift ergänzt und konkretisiert in den Abs. 1 und 2 § 64 InsO. Der Pauschsatz in Abs. 3 sollte das Sammeln von Belegen überflüssig machen. 1

B. Norminhalt

I. Antrag (Abs. 1 Satz 1)

Ein schriftlicher – ungeschriebenes Tatbestandsmerkmal – Antrag des Insolvenzverwalters - oder sonstiger Vergütungsberechtigter - ist notwendig (BGH, ZInsO 2007, 259). Der Schuldner kann – auch bei einem Vorgehen nach § 213 InsO – keinen Antrag auf Festsetzung der Verwaltervergütung stellen (offen gelassen in: BGH, ZInsO 2011, 777). Würde in einem Insolvenzplan die Vergü- 2

§ 8 InsVV Festsetzung von Vergütung und Auslagen

tung lediglich als Bedingung für die gerichtliche Bestätigung aufgenommen, fehlt der Antrag. D[as] Gericht ist immer an den Antrag gebunden (§ 4 InsO i. V. m. § 308 ZPO); soll niedriger festgeset[zt] werden als beantragt, ist z. T. zurückzuweisen.

3 Es gibt keine Vergütungsfestsetzung von Amts wegen. Wegen der Änderungsbefugnis für die Ve[r]gütung des vorläufigen Verwalters nach § 63 Abs. 3 Satz 4 InsO wird auf § 63 InsO Rdn. 97 verwiesen.

4 Die Anzeige nach § 11 Abs. 2 Satz 1 wegen einer erheblichen Wertdifferenz in der Berechnung[s]grundlage bei der vorläufigen Verwaltervergütung ist kein Antrag. Es handelt sich um eine Mi[t]teilung, zu der der Verwalter bei pflichtgemäßer Amtsführung verpflichtet ist.

1. Zeitpunkt (Abs. 1 Satz 3)

5 Der Antrag soll gestellt werden, wenn die Schlussrechnung gem. § 66 InsO an das Gericht gesan[dt] wird. Die **gemeinsame Übersendung von Antrag und Schlussrechnung** stellt sicher, dass d[as] Gericht für die Überprüfung der Berechnungsgrundlage nach § 1 bei dem Verwalter die notwen[di]gen Unterlagen erhält. Wird davor eingereicht, ist der Antrag nicht prüffähig und daher als unz[u]lässig zurückzuweisen (H/W/F, InsVV § 8 Rn. 8; Haarmeyer/Mock § 8 Rn. 14).

6 Der **vorläufige Verwalter** kann den Antrag stellen, wenn das Amt endet. Die Verweisung in § 1 auf die Vorschriften des ersten Abschnitts bedeutet nicht, dass er seinen Antrag erst mit der Schluss[ab]rechnung des Verwalters stellen könnte (Jaeger-Henckel § 54 InsO Rn. 19).

7 Spätestens bei Vorlage der Schlussrechnung des Verwalters ist die Hinweispflicht wegen der Abwe[i]chung des Wertes der Berechnungsgrundlage des vorläufigen Verwalters zu erfüllen, um de[m] Gericht die Ausübung des Ermessens nach § 63 Abs. 3 Satz 4 InsO zu ermöglichen.

8 Der Sachwalter kann den Antrag stellen, wenn er sich zu der Schlussrechnung des Schuldners gem[.] § 281 Abs. 3 Satz 1 i. V. m. § 281 Abs. 1 Satz 2 InsO erklärt.

9 Der vorläufige Sachwalter kann einen Antrag stellen, wenn sein Amt endete.

10 Ein Zweitantrag im Festsetzungsverfahren ist trotz Rechtskraft der ersten Festsetzung zulässig, wen[n] sich durch neue Tatsachen – bspw. nachträgliche Massezuflüsse – die Sachlage nach der Erstfest[-]setzung zugunsten des Antragstellers änderte (BGH, ZInsO 2010, 1407, 1408). Der Zufluss mus[s] vor der Beendigung des Verfahrens erfolgen (BGH, ZInsO 2011, 2049, 2050). Als beendigt ist da[s] Verfahren anzusehen, wenn der Beschluss über die Aufhebung des Verfahrens rechtskräftig gewor[-]den ist (a. A. BGH, ZInsO 2006, 203: Schlusstermin, aber offen gelassen in: BGH, ZInsO 2011 2049, 2050). Massezuflüsse nach Beendigung des Verfahrens können nur über die Vergütung de[r] Nachtragsverteilung erfasst werden (BGH, ZInsO 2011, 2049, 2050).

11 Auch der vorläufige Verwalter kann einen Antrag auf Nachfestsetzung stellen. Dieser kann sich[,] nachdem über § 63 Abs. 3 Satz 4 InsO Korrekturen der Berechnungsgrundlage möglich sind, au[ch] unberücksichtigte oder nicht beantragte Zuschläge beziehen.

2. Inhalt (Abs. 2)

a) Konkrete Beträge für Vergütung und Auslagen

12 Der Antrag muss konkrete Beträge für Auslagen und Vergütung enthalten. Den Verwalter trifft di[e] Feststellungslast bezüglich der Tatsachen, die der Vergütung zugrunde gelegt werden sollen (BGH ZInsO 2012, 1236). Ein Antrag, der die angemessene Vergütung in das Ermessen des Gerichte[s] stellt, ist unbestimmt und damit unzulässig (H/W/F, InsVV § 8 Rn. 8; Haarmeyer/Mock § 8 Rn. 3 **a. A.** Uhlenbruck-Uhlenbruck, 12. A. § 64 InsO Rn. 3). Der Insolvenzverwalter ist an den Ansat[z] für die Vergütung, die Eingang in einem rechtskräftig bestätigten Insolvenzplan fand, bei seinem Antrag auf Festsetzung der Vergütung nicht gebunden (BGH, ZInsO 2007, 436). Dies gilt auch[,] wenn der Insolvenzverwalter den Plan selbst überarbeitet und den Ansatz für die Vergütung unbe[-]

nstandet gelassen hat (BGH, ZInsO 2007, 436). Der Verwalter muss aber – um eine Pflichtverletzung zu vermeiden – auf einen realistischen Ansatz der Vergütung im Plan achten, damit die Willensbildung der Gläubiger nicht verfälscht werden kann (BGH, ZInsO 2007, 436).

b) Ersatz der übertragenen Zustellungen

Ist dem Insolvenzverwalter das Zustellungswesen übertragen, ist diesem für jede Zustellung der Sach- und Personalaufwand zu ersetzen. Die Höhe der Vergütung bemisst sich – außerhalb der sonstigen Zuschlagstatbestände – durch einen angemessenen Betrag pro Zustellung, der nach dem tatsächlichen Aufwand geschätzt werden kann (BGH, ZInsO 2013, 894). Damit steht der Ersatz für die Zustellungen singulär da. Der Ersatz der Zustellungen ist insofern auch gesondert zu beantragen. 13

Dies gilt für den vorläufigen Verwalter entsprechend. 14

c) nach § 1 Abs. 2 maßgebliche Insolvenzmasse (Berechnungsgrundlage)

Berechnungsgrundlage für den Insolvenzverwalter ist die nach § 1 Abs. 2 maßgebliche Masse. Zu dieser gehören auch die Steuererstattungsansprüche, z. B. aus der Verwaltervergütung, soweit sie sicher sind, selbst wenn sie noch nicht verwirklicht sind (BGH, ZInsO 2011, 791, 792). Der Verwalter muss dazu vortragen, dass die Ansprüche sicher sind und dies ggf. auch geeignet darlegen (z. B.: Ausdruck eines Steuerkontos der Massesteuernummer). Der **Verwalter** muss nachvollziehbar darlegen, wie die Masse insgesamt berechnet wurde (BGH, ZInsO 2007, 259). Daher hat er die Vergleichsrechnung bzgl. der mit Absonderungsrechten belasteten Gegenstände (§ 1 Abs. 2 Nr. 1 Satz 1, 2) darzustellen (FK-Lorenz § 1 Rn. 20). Wurden Abfindungen i. S. v. § 1 Abs. 2 Nr. 2 gezahlt, ist der Sachwert darzulegen (MK-Nowak § 1 Rn. 15). Beträge, die der Verwalter für seine Sachkunde (§ 5) erhielt, sind abzusetzen. Die entnommenen Gebühren sind einzeln zu benennen; auf Anforderung sind Akten und Unterlagen als Beleg zu übersenden. Weiter ist darzustellen, welche **Dienst- oder Werkverträge für besondere Aufgaben** i. S. v. § 4 Abs. 1 Satz 3 i. R. d. Verwaltung abgeschlossen wurden. Der Verwalter hat insofern zu benennen, für welche von ihm beauftragten Fachleute er Entgelt aus der Masse zahlte (BGH, ZInsO 2004, 1348). Der Antrag muss Angaben enthalten, die eine Überprüfung, ob es sich um allgemeine Geschäfte handelte, ermöglichen (BGH, ZInsO 2004, 1348, 1349). Erforderlich sind Angaben über die jeweiligen Vertragspartner sowie die Art der in Anspruch genommenen Dienstleistung; die im Rahmen dieser Verträge gezahlten Beträge sind unabhängig von ihrer Erwähnung in der Schlussrechnung zu benennen (FK-Lorenz § 8 Rn. 10 f.). 15

Einnahmen bzw. Ausgaben der Fortführung sind gesondert durch Einnahmen- und Ausgabenrechnung nachzuweisen (BGH, ZInsO 2007, 436, 437). Zu berücksichtigen sind auch Geschäftsvorfälle, die noch nicht zur Rechnungsstellung ggü. der Masse geführt haben (BGH, ZInsO 2007, 436, 437). Ggf. sind für diese Positionen Schätzbeträge anzusetzen (BGH, ZInsO 2007, 436, 437). Werden Ausgaben pflichtwidrig unterlassen, können insoweit fiktive Positionen nicht in die Einnahmen- und Ausgabenrechnung einbezogen werden (BGH, ZInsO 2007, 436, 437). Wurde der Überschuss der Betriebsfortführung wegen unterlassener Ausgaben unzutreffend dargestellt, kann eine Pflichtverletzung zum Schaden der Verfahrensbeteiligten vorliegen (BGH, ZInsO 2007, 436, 437). 16

d) Entsprechende Anwendung auf vorläufigen Verwalter, Sachwalter und vorläufigen Sachwalter?

Der **vorläufige Verwalter** kann keine Insolvenzmasse bilden. Es kann nicht die nach § 1 Abs. 2 maßgebliche Masse ermittelt werden. Berechnungsgrundlage ist demgegenüber das Vermögen, auf das sich seine Tätigkeit erstreckte (§ 63 Abs. 3 Satz 1 InsO; § 11 Abs. 1 Satz 1). Dies war eine bewusste Abgrenzung seitens des Gesetzgebers. § 1 Abs. 2 ist für den vorläufigen Verwalter nicht anwendbar (vgl. § 63 InsO Rdn. 71). Der vorläufige Verwalter muss daher das verwaltete Vermögen darlegen (vgl. dazu BGH, ZInsO 2007, 259, 260). Weicht der Wert vom Gutachten ab, sind die Abweichungen besonders zu begründen (AG Göttingen, ZInsO 2001, 616). Eine Rechnungslegung i. S. v. § 66 17

InsO ist nicht erforderlich; eine schlüssige Darlegung der Berechnungsgrundlage reicht aus (LG Aurich, ZInsO 2013, 2388; KG, ZInsO 2001, 409; ähnl. AG Göttingen, ZInsO 2001, 616; a.A. Graeber, ZInsO 2007, 133, 135). Es reicht aus, wenn im Beschwerdeverfahren anhand ergänzender Ausführungen die maßgebliche Masse so dargestellt ist, dass dem Gericht und den übrigen Beteiligten eine Prüfung ermöglicht wird (LG Cottbus, ZInsO 2009, 2114, 2116).

18 Der Antrag des Sachwalters muss den Wert der Insolvenzmasse, auf die sich die Schlussrechnung des Schuldners bezieht, nennen. Da der Sachwalter dem vorläufigen Verwalter strukturell verwandt ist, kann er – nach der Änderung des Rechts der Vergütung der vorläufigen Verwaltung durch Anfügung von § 63 Abs. 3 InsO – ebenfalls nicht den Vorgaben von § 1 unterworfen sein. Denn er kann keine Insolvenzmasse bilden. § 1 Abs. 2 Nr. 1 ist ohnehin nicht anwendbar, da der Schuldner das Recht zur Verwertung hat (H/W/F, InsVV § 12 Rn. 7; Haarmeyer/Mock § 12 Rn. 5).

19 Auch der vorläufige Sachwalter wird nur mit Bezug auf Vermögen, nicht im Hinblick auf eine aus seinen Handlungen gebildete Insolvenzmasse tätig. Die Darlegung einer Berechnungsgrundlage ist dem vorläufigen Sachwalter nach der hier vertretenen Ansicht nicht möglich (vgl. ausführlich bei § 12 Rdn. 25); sie ist aber auch nicht notwendig, da er seinen Aufwand nach einem Stundensatz abrechnen kann (vgl. bei § 12 Rdn. 21 ff.).

19a Zum Sonderverwalter vgl. § 63 InsO Rdn. 21.

e) Berechnung

20 Anhand der Berechnungsgrundlage ist der Staffelwert gem. § 2 Abs. 1 darzustellen. Soweit Vergleichsrechnungen notwendig sind (§§ 2 Abs. 2), sind diese vorzulegen.

f) Leistungsbild

21 Der Antrag muss i. E. mit konkretem Tatsachenvortrag das Leistungsbild der entfalteten Tätigkeit beschreiben (vgl. BGH, ZInsO 2003, 748, 749). Wird mehr als die Regelvergütung beantragt, muss der Antragsteller darlegen, welche bestimmten **Erschwernisse oder Erleichterungen** aufgetreten und weshalb Zu- oder Abschläge zu berücksichtigen sind (BGH, ZInsO 2007, 259). Zuschläge sind zu beantragen. Sie können nicht von Amts wegen zugebilligt werden (AG Leipzig, NZI 2006, 478, 480; vgl. auch BGH, ZInsO 2006, 642, 643). Zuschläge erfordern konkreten Vortrag, dass überdurchschnittliche Tätigkeiten zu erbringen waren (vgl. BGH, ZInsO 2006, 143, 144), wobei alle diese Darstellungen auf einen fiktiven Begriff des Normalverfahrens Bezug nehmen und insofern selbst fiktiv sind (vgl. § 2 Rdn. 14 ff; § 3 Rdn. 2 ff.). Es kann sich nur um Versuche zur Plausibilisierung subjektiver Angemessenheitsvorstellungen handeln. Allgemeine Ausführungen, die lediglich die in der Literatur beschriebenen Kriterien wiederholen, reichen nicht aus (OLG Celle, ZInsO 2001, 1003). Enthält der Antrag zu beantragten Aufschlägen keine bzw. keine nachvollziehbare Begründung, ist er unbegründet (LG Göttingen, ZInsO 2001, 317; **a.A.** AG Hamburg, ZInsO 2002, 1180: unzulässig). Wird ein Zuschlag wegen einer »nicht entsprechend größeren Masse« begehrt, ist eine Vergleichsrechnung vorzulegen. Sofern Zuschlagsgründe sich in ihren Bereichen überschneiden, ist es Sache des Verwalters sorgfältig vorzutragen, welche Erschwerung er bspw. i.R.e. Betriebsfortführung und andererseits bzgl. der Beschäftigung mit Aus- oder Absonderungsrechten geltend macht (vgl. BGH, ZInsO 2006, 257, 258). I. Ü. ist es eine Frage des Einzelfalls, die nicht generalisierend beantwortet werden kann, welche konkreten Darlegungen in einem Vergütungsantrag zu verlangen sind (BGH, ZInsO 2006, 143, 144). Zuschläge und deren tatsächliche Voraussetzungen sowie Umstände, die Abschläge rechtfertigen können, sind im Antrag so darzulegen, dass dem Gericht und den übrigen Verfahrensbeteiligten eine Prüfung der Berechnung möglich ist (BGH, ZInsO 2007, 259, 260). Dies gilt auch für den vorläufigen Verwalter (BGH, ZInsO 2007, 259, 260). Es reicht aus, wenn im Laufe des Beschwerdeverfahrens die begehrten Zuschläge so dargelegt werden, dass dem Gericht und den übrigen Beteiligten eine Prüfung ermöglicht wird (LG Cottbus, ZInsO 2009, 2114, 2116).

Soweit ein vorläufiger Verwalter tätig wurde, muss der Verwalter darlegen (BGH, ZInsO 2006, 22
642, 644), warum die generelle Vermutung, dass durch die Vortätigkeit des vorläufigen Verwalters
Arbeitsersparnisse des Verwalters vorliegen würden, unzutreffend sei. Wird dazu nicht vorgetragen,
wird davon auszugehen sein, dass der – nach Auffassung des BGH – regelmäßige Fall vorliegt.

g) besondere Aufgaben

Zu den Dienst- und Werkverträgen für besondere Aufgaben kann auf die Darstellung zu § 4 ver- 23
wiesen werden. Es bietet sich eine tabellarische Darstellung der Begünstigten unter stichwortartiger
Angabe des Auftrages und des gezahlten Betrages an. Die Darstellung kann innerhalb des Fließ-
textes des Antrages oder im Rahmen einer in Bezug genommenen Anlage erfolgen.

h) Auslagen

Bei Einzelabrechnung sind die tatsächlich entstandenen Auslagen nach dem Wortlaut zu belegen 24
und nachzuweisen. Schätzbeträge können aber angesetzt werden, wenn keine Belege vorhanden
sind oder sich nur schwer und umständlich einzeln beschaffen lassen, z. B. Kilometer, Telefon (wohl
auch H/W/F, InsVV § 8 Rn. 10; a. A. FK-Lorenz § 8 Rn. 11). Bei der Pauschale ist die Zahl der
angesetzten Monate bzw. der prozentuale Anteil an der Vergütung nachvollziehbar darzustellen.

i) USt

Die USt ist getrennt zu benennen (a. A. AG Potsdam, ZInsO 2006, 1262, 1263). Wegen der USt 25
wird ansonsten auf § 7 verwiesen.

II. Festsetzung (Abs. 1 Satz 2 i. V. m. § 64 Abs. 1 InsO)

1. Prüfung

Der Festsetzung geht die Prüfung des Antrags voraus. Es besteht eine materielle Prüfungspflicht des 26
Insolvenzgerichtes, die die Richtigkeit des Ansatzes der einzelnen Positionen des Vergütungsantrages umfasst (BGH, ZInsO 2006, 1162, 1163). Es gilt Amtsermittlungspflicht (BGH, NZI 2009,
57, 58). Das Insolvenzgericht ist erst dann verpflichtet, Amtsermittlungen zu beginnen, wenn der
Antrag die erforderlichen tatsächlichen Grundlagen enthält (BGH, ZInsO 2007, 259, 260). Es
besteht insoweit ein Aufklärungsermessen des Gerichts (BGH, ZInsO 2012, 1236).

Die Amtsermittlungsverpflichtung des Insolvenzgerichtes für den Vergütungsantrag wird unter- 27
laufen, wenn angenommen wird, dass dieses nur eine formale Feststellungsbefugnis für den bereits
im Insolvenzplan fixierten Vergütungsbetrag hätte (a. A. LG München, ZInsO 2013, 1966, 1967
; Haarmeyer ZInsO 2013, 1967; Graeber, ZIP 2013, 916, 919 f., bei einstimmigen Votum der
Gläubiger). De lege lata handelt es sich um eine Vereinbarung der Gläubiger mit dem Verwalter, die
nicht zulässig ist; hier handelt es sich um einen durch eine Reform der InsO zu regelnden Gegenstand. Dann ist allerdings auch in Verfahren ohne einen Plan zu gestatten, dass Vereinbarungen
getroffen werden (vgl. bei § 63 InsO Rdn. 22 f.).

Durch das Insolvenzgericht kann die Einrede der Verjährung nicht erhoben werden (Jaeger-Schil- 28
ken § 63 InsO Rn. 27). Ist der **Vergütungsanspruch verjährt**, muss das Gericht einen Hinweis nach
§ 58 InsO erteilen. Die Verfolgung einer verjährten Forderung durch den Verwalter ist pflichtwidrig
(KPB-Eickmann/Prasser vor § 1 Rn. 14).

Die Prüfungskompetenz des Gerichtes ist durch § 4 Abs. 1 Satz 3, § 8 Abs. 2 begrenzt (LG Dresden, 29
DZWIR 2011, 131).

Soweit die beantragten Vergütungen Erfolgsbezug haben, ist das Gericht auch berechtigt zu prüfen, 30
inwieweit Leistungen mangelhaft erbracht wurden und ggf. Minderungen direkt bei der Festsetzung der Vergütung vorzunehmen.

a) Grundlage

31 Bei dem **Verwalter** prüft das Gericht die Masse unter Beachtung der Abzugsposten nach § 1 Abs. 2.

32 Bei dem **vorläufigen Verwalter** ist das verwaltete Vermögen als Berechnungsgrundlage zu prüfen. Das Gericht hat anhand des Berichts des vorläufigen Verwalters festzustellen, welche Vermögensgegenstände der Sicherungstätigkeit unterlagen. Die Wertansätze in dem Gutachten sind auf ihre sachgerechte Grundlage zu prüfen (Graeber, Vergütung vorläufiger Verwalter, S. 129); die Schätzung nach § 287 ZPO ist zulässig (BGH, ZInsO 2004, 909, 910). Dies gilt auch für den Sachwalter und den vorläufigen Sachwalter.

b) Leistungsbild/Berechnung

33 Das Gericht überprüft anhand des Antrags und der Akte, inwieweit das Leistungsbild der Tätigkeit die Gewährung von Zu- oder Abschlägen bei der Vergütung rechtfertigt. Das Leistungsbild ist im Einzelfall zu würdigen. Zu den Erschwernissen oder Erleichterungen ggü. dem Normalmaß (zur Problematik vgl. § 2 Rdn. 5 ff.) bedarf es einer genauen Überprüfung und Beurteilung aller in Betracht kommenden Tatbestände (BGH, ZInsO 2006, 642, 643). Vom Verwalter geltend gemachte Zuschlagstatbestände sind i. E. zu beurteilen (BGH, ZInsO 2006, 642, 643). Dies gilt auch für die in Betracht kommenden Abschlagstatbestände (BGH, ZInsO 2006, 642, 643). Es kann damit nicht verdeckt werden, dass es sich um eine völlig fiktive Ausgangsbasis handelt; das Normalverfahren ist eine Fiktion; hierauf beruhende Ableitungen (Zuschläge, Abschläge) sind ebenfalls fiktiv (vgl. § 2 Rdn. 14 ff.; § 3 Rdn. 2 ff.).

Die mit dem Antrag vorgelegte Berechnung der konkreten Beträge ist rechnerisch zu überprüfen.

c) Auslagen

34 Bei der **Pauschale** ist die Grenze i. H. v. 30 % der Regelvergütung zu beachten. Bei Altverfahren ist zu prüfen, ob die Auslagen über den notwendigen Verfahrenszeitraum hinaus berechnet wurden (s. u. Rdn. 45 f.). Phasen des verminderten Aufwands des Verwalters sind zu beachten (BGH, ZInsO 2008, 854, 856). Beauftragte der vorläufige Verwalter Sachverständige ohne entsprechende Ermächtigung, sind die aus der verwalteten Masse gezahlten Beträge von der Vergütung direkt abzusetzen (a. A. AG Düsseldorf, Rpfleger 2002, 43: von der Auslagenpauschale; vgl. AG Hamburg, ZInsO 2006, 448).

35 **Einzeln geltend gemachte Auslagen** sind rechnerisch zu prüfen; daneben generell und anhand der Belege auf ihre Angemessenheit. Aus der Prüfung der Notwendigkeit der Ausgabe ist keine Kontrolle der Zweckmäßigkeit des Verwalterhandelns abzuleiten; eine solche obliegt dem Gericht nicht; die Aufsicht beschränkt sich auf Missbrauch (H/W/F, InsVV § 4 Rn. 13.).

36 Ist das Zustellungswesen übertragen worden, ist für jede Zustellung der Sach- und Personalaufwand zu ersetzen. Die Höhe der Vergütung bemisst sich außerhalb der sonstigen Zuschlagstatbestände durch einen angemessenen Betrag pro Zustellung, der nach dem tatsächlichen Aufwand geschätzt werden kann (BGH, ZInsO 2013, 894; vgl. BGH ZInsO 2012, 753). Der Posten bedarf daher gesonderter rechnerischer Prüfung.

2. Entscheidung (Beschluss)

a) Beschluss

37 Die gesonderte Festsetzung von Vergütung und Auslagen i. S. v. Abs. 1 Satz 2 mit Ausweis der USt (§ 7; hierbei ist das Gericht an den vom Verwalter genannten Umsatzsteuersatz nicht gebunden, AG Potsdam, ZInsO 2006, 1262, 1263) erfolgt durch Beschluss gem. § 64 Abs. 1 InsO. Auch über das Entgelt für die Zustellungen (vgl. hierzu BGH, ZInsO 2012, 894) ist durch Beschluss zu entscheiden. Der Beschluss hat den Charakter eines vorläufig vollstreckbaren Titels (BGH, ZInsO 2006, 27, 28). Steht fest, dass das Verfahren noch nicht beendet werden kann, kann auch die verwaltervergütung nicht festgesetzt werden (BGH, ZInsO 2011, 777). Die Festsetzung der Vergütung kann dagegen erfolgen, selbst wenn – bei einer beantragten Einstellung des Verfahrens nach 213 InsO - die Mittel nicht ausreichen, um die unstreitigen Masseansprüche zu decken. Dann kann allerdings die Einstellung nicht erfolgen (a. A. LG Stuttgart 2 T 199/12, juris).

Wegen des Entscheidungsvorbehaltes in § 63 Abs. 3 Satz 4 InsO und Rechtskraft vgl. bei § 6 InsO Rn. 100. Ändert das Gericht die vorläufige Verwaltervergütung nach § 11 Abs. 2 Satz 2, handelt es sich ebenfalls um einen Beschluss. 38

) Begründung

Der Beschluss ist zu begründen (§ 4 InsO i. V. m. § 329 ZPO). Die Begründung muss nachvollziehbar sein (BGH, ZInsO 2006, 642, 643). Sie muss die Auseinandersetzung mit dem Antrag und dem konkreten Fall erkennen lassen; die formelhafte Wiedergabe von Selbstverständlichkeiten reicht nicht aus (Nowak, NZI 2006, 467). Beschlüsse müssen den maßgeblichen Sachverhalt, über den entschieden wurde, sowie den Antrag wiedergeben, weil sie ansonsten nicht mit den gesetzmäßigen Gründen versehen wären (BGH, ZInsO 2011, 1615). Es hängt vom Einzelfall ab, welchen Aufwand das Gericht für erforderlich halten darf und muss, um das gefundene Ergebnis nachvollziehbar zu begründen (BGH, ZInsO 2006, 642, 643). Es ist ggf. ausreichend, auf den Antrag bzw. dessen Begründung Bezug zu nehmen (Nowak, NZI 2006, 467). 39

Abweichende Berechnungen bzgl. der Insolvenzmasse sind nachvollziehbar zu begründen (Jaeger-Schilken § 64 InsO Rn. 14). Wird bei der Bestimmung der Berechnungsgrundlage geschätzt, muss die Grundlage der Schätzung in der Begründung enthalten sein (H/W/F, InsVV § 1 Rn. 48). Wird die Beschäftigung mit Aus- oder Absonderungsrechten nicht als erheblich angesehen, ist dies i. E. darzulegen. 40

[derzeit unbesetzt] 41

Die im Einzelfall angemessene Vergütung muss nachvollziehbar bestimmt werden (BGH, ZInsO 2006, 642, 645). 42

Werden Abzüge vorgenommen, weil unberechtigt Externe (Dienst- und Werkverträge für besondere Aufgaben) beauftragt wurden, ist die fehlende Berechtigung eingehend darzulegen. 43

Zur Dauer des Festsetzungsverfahrens, Bekanntmachung und Zustellung des Beschlusses, Rechtsbehelfsbelehrung, Rechtsmitteln wird auf die Darstellung bei § 64 InsO Rdn. 21 ff. verwiesen. 44

III. Wahlrecht Auslagenpauschale (Abs. 3)

Das Recht, Auslagen zu pauschalieren, soll das Verfahren vereinfachen (amtl. Begründung, Abdruck bei H/W/F, InsVV S. 58). Die Pauschale konkretisiert die angemessene Auslagenhöhe i. S. v. § 63 Abs. 1 Satz 1 InsO (LG Hannover, ZInsO 2005, 481). Wegen der Auslagenpauschalierung in Verfahren, die vor dem 01.01.2004 eröffnet wurden, wird auf die Vorauflage verwiesen. 45

In den ab 01.01.2004 eröffneten Verfahren ist die Auslagenpauschale des Verwalters aus der Regelvergütung nach § 2 Abs. 1 zu bestimmen, um unangemessene Auslagenpauschalen zu vermeiden (BGH, ZInsO 2006, 811, 816). Die Auslagenpauschale ist **für die ab dem 01.01.2004 eröffneten Verfahren** auf 30 % der Regelvergütung nach § 2 Abs. 1 begrenzt. Die durch die Änderungsverordnung vom 04.10.2004 für ab dem 01.01.2004 eröffnete Insolvenzverfahren eingeführte Begrenzung des Pauschsatzes für Auslagen verstößt für Insolvenzverfahren, die bei Inkrafttreten der Änderungsverordnung am 07.10.2004 noch andauerten, nicht gegen das verfassungsrechtliche Rückwirkungsverbot, denn es handelt sich um eine unechte Rückwirkung (BGH ZInsO 2012, 2411, 2412). 46

Bei der Mindestvergütung stellt sich die Frage der Überhöhung der Auslagenpauschale nicht (BGH, ZInsO 2006, 811, 816). Es ist die ggf. anhand der Anzahl der Insolvenzgläubiger erhöhte 47

Mindestvergütung als Regelvergütung zu verstehen (AG Wuppertal, ZIP 2006, 147; AG Potsdam ZInsO 2006, 1262, 1263).

C. Reformbestrebungen

48 Aktuelle Reformbestrebungen des Verordnungsgebers oder des Gesetzgebers sind nicht bekannt. Das Vergütungsrecht ist aber allgemein im Umbruch (vgl. bei §63 InsO Rdn. 3). Dies zeigen die vorliegenden Reformentwürfe. Es wurden Diskussionsentwürfe des sog. »Gläubigerforums« veröffentlicht (vgl. ZInsO 2013, 2424ff.; ZInsO 2014, 650ff.; vgl. hierzu Smid, ZInsO 2014, 878f.). Weiter ist der Diskussionsentwurf für ein Insolvenzrechtliches Vergütungsgesetz (InsVG) der Arbeitsgemeinschaft der NIVD e.V, vorgelegt worden (ZInsO 2014, 941ff. vgl. hierzu Smid, ZInsO 2014, 1247ff.). Durch den VID e.V. ist ist ebenfalls ein Vorschlag für eine gesetzliche Regelung vorgelegt worden (ZInsO 2014, 1254ff., Beilage ZIP 28/2014, 14ff.; vgl. hierzu Smid, ZInsO 2014, 1247ff.).

I. »Gläubigerforum«

49 Der Reformvorschlag des »Gläubigerforums« sieht ausdrücklich vor, dass zu einem Vergütungsantrag des Verwalters den Beteiligten rechtliches Gehör zu geben ist (§ 8 Abs. 1 Satz 1) und nach dieser Anhörung festgesetzt wird (»Gläubigerforum«, ZInsO 2014, 650, 654). Nach § 8 Abs. 2 des Entwurfs wird festgelegt, dass der Antrag auf Vergütung des Verwalters spätestens gestellt werden soll, wenn die Schlussrechnung an das Gericht übermittelt wird (»Gläubigerforum«, ZInsO 2014, 650, 654). Nach § 8 Absatz 3 des Entwurfs sind auf Antrag des Verwalters mit Zustimmung der Gläubigerversammlung Zwischenfestsetzungen für die bis zu diesem Zeitpunkt erbrachten Leistungen vorzunehmen (»Gläubigerforum«, ZInsO 2014, 650, 654). Das Recht zur Entnahme eines Vorschusses nach § 9 des Entwurfs bleibt davon unberührt (»Gläubigerforum«, ZInsO 2014, 650, 654).

50 In Absatz 2 Satz 1 der Vorschrift des Entwurfes wird vorgesehen, dass die gerichtliche Festsetzung von Zuschlägen nach § 3 Abs. 2 des Entwurfes, der vorherigen Zustimmung der Gläubigerversammlung bedürfe (»Gläubigerforum«, ZInsO 2014, 650, 654). In einem Insolvenzplan getroffene Regelungen über die Vergütung des Verwalters oder der Mitglieder des Gläubigerausschusses, binden das Gericht nach § 8 Abs. 2 Satz 2 des Entwurfes für die Höhe, es sei denn es lägen konkrete Anhaltspunkte für einen Missbrauch vor. Die gerichtliche Bestätigung des Insolvenzplans ersetzt - nach § 8 Abs. 2 Satz 4 des Entwurfes die Festsetzung der Vergütung durch das Gericht (»Gläubigerforum«, ZInsO 2014, 650, 654).

51 § 8 Abs. 3 Satz 1 des Entwurfes entspricht nahezu wörtlich der Regelung in § 8 Abs. 2 der geltenden Fassung bezüglich der Darlegung zu den Verträgen für besondere Aufgaben (vgl. »Gläubigerforum«, ZInsO 2014, 650, 654). § 8 Abs. 3 Satz 2 des Entwurfes gibt vor, dass durch das Gericht Ausgleichsabschläge festzusetzen seien, wenn das Gericht bei Prüfung und Gewichtung der Ausgaben des Verwalters zu dem Eindruck kommt, der Verwalter sei nicht sparsam genug mit dem ihm anvertrauten Vermögen umgegangen (»Gläubigerforum«, ZInsO 2014, 650, 654).

52 Nach § 8 Abs. 4 ist zu den Auslagen vorgesehen, dem Verwalter nur einen Pauschsatz für die ersten zwei Jahre (15% im ersten und 10% im zweiten Jahr) zu gewähren (»Gläubigerforum«, ZInsO 2014, 650, 654). Es soll verhindert werden, dass ein »Hängenlassen« der Akte stattfindet (»Gläubigerforum«, ZInsO 2014, 650).

II. NIVD

53 Der Vorschlag des NIVD ist der geltenden Regelung stark verhaftet (ZInsO 2014, 941ff.). Zwar wird die Vorschrift als §7 in dem dortigen Entwurf geführt, inhaltlich entsprechen Abs. 1 und Absatz 2 aber nahezu vollständig wörtlich den Regelungen in § 8 Abs. 1 und 2 der geltenden Vorschrift. §7 Abs. 3 entspricht § 8 Abs. 3 mit Ausnahme des im Entwurf ergänzten Satzes 3, wonach

ben der Pauschale die Geltendmachung von besonderen Auslagen nach § 4 Abs. 3 und § 4 Abs. 4
tz 2 des Entwurfes unberührt bleiben soll (NIVD, ZInsO 2014, 941, 944).

Absatz 4 des Entwurfes ist eine zeitliche Vorgabe für das Gericht zur Entscheidung über den 54
ntrag vorgesehen (drei Monate). Die beantragte Vergütung soll danach als Vorschuss festgesetzt
erden, wenn das Gericht sich nicht binnen dieser Frist zur Entscheidung in der Lage sehen würde.
as Gericht hat dies dann zu begründen (NIVD, ZInsO 2014, 941, 944). Nach Fristablauf ist
e Verzinsung in § 7 Abs. 4 Satz 3 mit fünf Prozentpunkten über Basiszinssatz vorgesehen. Eine
ustimmung zur Entnahme wird fingiert. Die Entnahme des Vorschusses wird in das Ermessen des
erwalters gestellt. § 717 ZPO soll nicht anwendbar sein (NIVD, ZInsO 2014, 941, 944).

I. VID

er Entwurf des VID (ZInsO 2014, 1254 ff., Beilage, ZIP 28/2014, 14 ff.) muss wegen der Strei- 55
ung der Vorschrift nach § 64 InsO in die Vorschrift des § 8 Regelungen aus der gestrichenen
orschrift integrieren; Dies betrifft die Regelungen über die öffentliche Bekanntmachung sowie
e Zustellung (§ 8 Abs. 3) und die sofortige Beschwerde einschließlich der Beschwerdeberechtigten
§ 8 Abs. 4). Dies betrifft auch die Ergänzung der Festsetzung durch Beschluss in § 8 Abs. 1 Satz 1,
e Anhörung des Schuldners und des Gläubigerausschusses, soweit bestellt. Die Frist zur Anhö-
ung beträgt zwei Wochen (VID, ZInsO 2014, 1254, 1258 = Beilage, ZIP 28/2014, 14 ff.).

leu ist die Bindung des Gerichtes an eine Vergütungsvereinbarung in § 8 Abs. 1 Satz 4 (VID, 56
InsO 2014, 1254, 1258 = Beilage, ZIP 28/2014, 14 ff.). Die Festsetzung hat danach entsprechend
em Wortlaut der Vereinbarung durch das Gericht zu erfolgen. Inwieweit die Wirksamkeit der
ereinbarung durch das Gericht geprüft oder angezweifelt werden könnte, ist nicht zu erkennen
vgl andererseits Blersch/Bremen Beilge ZIP 28/2014, 1, 13 zu Rechtsmitteln gegenüber Entschei-
ungen des Gerichts über die Vergütungsvereinbarung).

s sollen Zinsen nach § 288 Abs. 2 BGB anfallen, wenn nicht binnen drei Monaten nach Antrag- 57
tellung eine Entscheidung des Gerichtes erfolgte (VID, ZInsO 2014, 1254, 1258 = Beilage, ZIP
8/2014, 14, 17).

§ 8 Absatz 2 und 3 folgen weitgehend dem Wortlaut von §§ 8 Abs. 2 und 3 der geltenden Reglung. 58
llerdings wird in § 8 Abs. 3 Satz 1 die Pauschale für die Auslagen mit 400,00 € angesetzt, statt bis-
er 250,00 € (VID, ZInsO 2014, 1254, 1258 = Beilage, ZIP 28/2014, 14, 17).

§ 9 Vorschuss

Der Insolvenzverwalter kann aus der Insolvenzmasse einen Vorschuss auf die Vergütung und die
Auslagen entnehmen, wenn das Insolvenzgericht zustimmt. ²Die Zustimmung soll erteilt werden,
wenn das Insolvenzverfahren länger als sechs Monate dauert oder wenn besonders hohe Auslagen
erforderlich werden. Sind die Kosten des Verfahrens nach § 4a der Insolvenzordnung gestundet,
o bewilligt das Gericht einen Vorschuss, sofern die Voraussetzungen nach Satz 2 gegeben sind.

Übersicht	Rdn.			Rdn.
A. Normzweck	1	III.	Vorschuss bei Kostenstundung (Satz 3)	12
B. Norminhalt	2	IV.	Entscheidung, Rechtsmittel	13
I. Entnahme mit Zustimmung (Satz 1)	2	C.	Reformbestrebungen	16
II. Erteilung der Zustimmung (Satz 2)	5			

A. Normzweck

Durch den Vorschuss wird das Risiko des Verwalters verringert; er soll das Verfahren nicht finan- 1
zieren müssen. Bei bilanzierenden Insolvenzverwaltern sind Vorschüsse erfolgswirksam zu erfassen,
nicht als Anzahlungen zu passivieren (OFD Rheinland, ZInsO 2011, 1595 ff.).

B. Norminhalt

I. Entnahme mit Zustimmung (Satz 1)

2 Der Verwalter kann einen Vorschuss auf die Vergütung und die Auslagen entnehmen, wenn d[as] Gericht zustimmt. Die **Zustimmung** ist **Maßnahme der Aufsicht** gem. § 58 InsO (BGH, ZIns[O] 2011, 777; a. A. Schulz, NZI 2006, 446, 449: verfahrensleitende Verfügung). Die Zustimmu[ng] ist zu beantragen (missverständlich Jaeger-Schilken § 63 InsO Rn. 15). Die Begründung mu[ss] dem Gericht eine sachgerechte Prüfung ermöglichen (vgl. MK-Stephan § 9 Rn. 20). Vor allem d[ie] **Berechnungsgrundlage** und die Höhe der voraussichtlichen Vergütung sind konkret zu schilder[n] um dem Gericht die Prüfung zu ermöglichen, ob und inwieweit der Vorschuss angemessen ist (a. [A.] Schulz, NZI 2006, 446, 447, der die im Zeitpunkt der begehrten Zustimmung realisierte Mas[se] und hierauf die Regelvergütung nach § 2 Abs. 1 nebst USt ohne Auslagen berücksichtigen wil[l]). Der zu bewilligende Vorschuss auf die Vergütung soll die bis dahin erbrachte Tätigkeit abgelt[en] (Jaeger-Schilken § 63 InsO Rn. 14). Vorschuss und endgültige Vergütung müssen daher in eine[m] nachvollziehbaren Verhältnis zueinander stehen; der Vorschuss soll die voraussichtliche Gesamtve[r-] gütung nicht übersteigen (BGH, ZInsO 2002, 1133, 1134). Zuschläge auf die Regelvergütung sin[d] bei dem Vorschuss zu berücksichtigen, soweit die Tatbestände verwirklicht sind (AG Chemnit[z,] ZIP 2006, 820; a. A. Schulz, NZI 2006, 446, 448: lediglich ausnahmsweise). Die Zustimmung z[u] einem Vorschuss bindet das Gericht hinsichtl. der Höhe der endgültigen Vergütung nicht (BG[H,] ZInsO 2011, 777; wegen der Verzinsung vgl. Graeber, NZI 2014, 147 ff.). Soweit entnomme[ne] Vorschüsse durch die Vergütungsansprüche gedeckt waren, kommt nach eintritt der Masselosigke[it] eine Rückzahlung nicht in Betracht (LG Göttingen, NZI 2014, 713, 714).

3 Die Gewährung rechtlichen Gehörs ist nicht möglich oder nötig (MK-Stephan § 9 Rn. 22; a. [A.] Jaeger-Schilken § 63 InsO Rn. 15; MK-Nowak, 2. A. § 9 Rn. 9), da es sich nur um eine vorläufig[e] Entscheidung handelt. Die Zustimmung wird durch einen Beschluss über die Festsetzung von Ve[r-] gütung oder Auslagen erteilt. Die Entnahme hat Tilgungswirkung (Jaeger-Schilken § 63 Rn. 17).

4 Bei einem Vorschuss auf die **Auslagen** soll der Verwalter von den Aufwendungen für die Vorf[i-] nanzierung entlastet werden. Werden getätigte Aufwendungen nachgewiesen, ist die Zustimmun[g] zu erteilen. Auf den Zeitablauf nach Satz 2 kommt es nicht an (BK-Blersch § 9 Rn. 21; H/W/[F,] InsVV § 9 Rn. 10). Der Vorschuss kann auch bezogen auf die Pauschale nach § 8 beantragt werde[n]. Künftige Auslagen können bevorschusst werden (H/W/F, InsVV § 9 Rn. 10).

II. Erteilung der Zustimmung (Satz 2)

5 Nach der Zustimmung ist die Entnahme statthaft (BGH, ZInsO 2002, 1133). Wird ohne Zustim[-] mung entnommen, liegt Untreue i. S. v. § 266 StGB vor (vgl. BGH, ZInsO 2001, 956 beim Liqui[-] dator). Dies gilt auch im Hinblick auf Auslagen (a. A. BK-Blersch § 9 Rn. 5). Das Insolvenzgerich[t] ist zur Zustimmung verpflichtet (Jaeger-Schilken § 63 Rn. 13), sofern ein **berechtigtes Interesse** besteht. Sein Ermessen ist gebunden (BGH, ZInsO 2002, 1133, 1134). Die 6-Monats-Frist ist a[ls] Beispiel für berechtigtes Interesse zu verstehen (BK-Blersch § 9 Rn. 10; H/W/F, InsVV § 9 Rn. 1[1]). Bereits vor **Ablauf von 6 Monaten** kann berechtigtes Interesse bestehen (MK-Nowak, 2. A. § [9] Rn. 11; Schulz, NZI 2006, 446, 447; a. A. MK-Stephan § 9 Rn. 10; Verwalter muss 6 Monate vor[-] finanzieren). Die Zustimmung zur Entnahme ist bei jedem wichtigen und berechtigten Interess[e] gerechtfertigt (vgl. BGHZ 116, 233, 241 = ZIP 1992, 129 zu § 7 VergVO; a. A. Schulz, NZ[I] 2006, 446, 447 f., der davon ausgeht, dass eine Entnahme durch Zustimmung ermöglicht werde[n] soll, sobald Masse realisiert sei, da auch der Kostenbeamte gehalten sei, die Gerichtskosten anzu[-] fordern, sobald eine ausreichende Barmasse vorhanden sei). Weder eine besonders hohe erwartet[e] Vergütung, noch der Status »Berufsanfänger« geben ein berechtigtes Interesse (a. A. Jaeger-Schilke[n] § 63 Rn. 13). Kein Grund für einen Vorschuss ist die Überbrückung von Notlagen des Verwalter[s] (BGH, ZInsO 2002, 1133, 1134).

6 Berechtigtes Interesse besteht immer dann, wenn nachweisbar ist, dass durch den Verwalter Auf[-] gaben bzw. Verfahrensabschnitte erledigt sind. Bereits nach der Einreichung der Verzeichniss[e]

s. d. §§ 151 ff. InsO ist ein solcher Abschnitt erreicht. Nach einer erfolgten Stilllegung, für die die Zustimmung nach § 158 InsO vorliegt, ist ein Vorschuss denkbar. Nach der Abhaltung des Berichtstermins gem. § 156 InsO bzw. des allgemeinen Prüfungstermins ist ebenfalls ein Verfahrensabschnitt erledigt, der einen Vorschuss rechtfertigt.

Berechtigtes Interesse besteht auch, wenn hohe Auslagen notwendig wurden oder werden. Hohe 7
Auslagen sind Aufwendungen **über 500,00 €** (BK-Blersch § 9 Rn. 15; FK-Lorenz § 9 Rn. 13). Auch für künftig zu entrichtende Auslagen kann berechtigtes Interesse bestehen (Jaeger-Schilken § 63 Rn. 13).

Es muss nicht alle 6 Monate ein Vorschuss bewilligt werden (LG Stuttgart, ZInsO 2000, 620, 621). 8
In sechsmonatigen Abständen können aber Vorschüsse beantragt werden (BGH, ZInsO 2002, 1133, 1134).

Die Zustimmung wird berechtigt verweigert, wenn die Höhe des beantragten Vorschusses außer 9
Verhältnis zum Verfahrensstand steht (BGH, ZInsO 2002, 1133, 1134).

Der **vorläufige Verwalter** mit Verfügungsbefugnis kann mit Zustimmung des Gerichts aus dem 10
verwalteten Vermögen einen Vorschuss entnehmen; der **vorläufige schwache Verwalter** kann sich Entnahmen durch das Gericht nach § 22 Abs. 2 InsO gestatten lassen oder das Gericht kann dem Schuldner aufgeben, einen bestimmten Betrag als Vorschuss auf die Vergütung zu zahlen (BGH, ZInsO 2007, 34, 35; ZInsO 2004, 268, 269). Die Höhe orientiert sich an der endgültigen Vergütung; dabei soll das Gericht nicht kleinlich sein (BGH, ZInsO 2004, 268, 269).

Der **Sachwalter** kann sich ebenfalls einen Vorschuss durch das Gericht bewilligen lassen; der 11
Anspruch auf Auszahlung richtet sich gegen den Schuldner, soweit der Sachwalter nicht die Kassenführung an sich gezogen hat (§ 275 Abs. 2 InsO). Auch der **Sonderverwalter** kann einen Anspruch auf Vorschuss haben.

III. Vorschuss bei Kostenstundung (Satz 3)

Die durch die Verordnung v. 04.10.2004 (BGBl. I, S. 2569) angefügte Regelung in Satz 3 ist wichtig 12
im Hinblick auf Steuerberaterkosten (Blersch, ZIP 2004, 2311, 2316) und greift die Rspr. auf.

In den bis einschließlich zum 31.12.2003 eröffneten Verfahren ist für – den Umständen – angemessene Steuerberaterkosten in entsprechender Anwendung von Satz 1 und 2 ein Vorschuss zu gewähren, wenn der Verwalter trotz Kenntnis des Fiskus von der Unzulänglichkeit der Masse durch die Finanzverwaltung gezwungen wird, umfangreiche steuerliche Tätigkeiten zu erbringen und er insofern einen Steuerberater beauftragt. Es handelt sich dann um besondere Kosten i. S. v. § 4 Abs. 2, die aus der Staatskasse zu erstatten sind; dem Verwalter kann nicht zugemutet werden, diese Leistungen zu finanzieren, sodass ihm ein Vorschuss zu bewilligen ist (vgl. BGH, ZInsO 2004, 970, 972).

IV. Entscheidung, Rechtsmittel

Das Gericht entscheidet durch **Beschluss**. Der Beschluss muss den Vorschussbetrag netto sowie 13
separat die darauf entfallende USt ausweisen. Er ist zu begründen (Jaeger-Schilken § 63 Rn. 16; MK-Stephan § 9 Rn. 24; a. A. Schulz, NZI 2006, 446, 449, der die Erteilung der notwendigen Zustimmung durch einfaches Schreiben des Gerichts als möglich ansieht, da es sich nicht um eine Entscheidung des Gerichts, sondern lediglich um eine verfahrensleitende Verfügung handele).

Wird die Entnahme eines Vorschusses versagt, ist die **befristete Erinnerung** nach § 11 Abs. 2 RPflG 14
(BGH, ZInsO 2011, 777; ZInsO 2002, 1133, 1134) gegeben, soweit der Rechtspfleger (vgl. zur Zuständigkeit des Rechtspflegers § 64 InsO Rdn. 5 ff.) entschieden hat; hat der Richter entschieden, ist wegen § 6 InsO ein Rechtsmittel nicht statthaft (vgl. krit. zur Anfechtung der Versagung der Zustimmung Keller, Vergütung, Rn. 540 f.). Wird die Genehmigung schuldhaft versagt, kommt ein **Amtshaftungsanspruch** gem. § 839 BGB i. V. m. Art. 34 GG in Betracht (BGH, ZInsO 2004, 268).

15 Für Gläubiger und den Schuldner besteht kein Rechtsmittel gegen die Zustimmung zur Entnahme, da sie nicht beschwert sind (LG Göttingen, ZInsO 2001, 846; LG Münster, ZInsO 2001, 903). Hat der Verwalter zu viel erlangt, haftet er nach bereicherungsrechtlichen Grundsätzen (BGH ZInsO, 2002, 1133, 1134).

C. Reformbestrebungen

16 Zu früheren Vorhaben wird auf die 2. Aufl. verwiesen. Aktuelle Reformbestrebungen des Verordnungsgebers oder des Gesetzgebers sind nicht bekannt. Allgemein befindet sich das Vergütungsrecht aber in einem Umbruch (vgl. bei §63 InsO Rdn. 3). Es wurden Diskussionsentwürfe des sog. »Gläubigerforums« veröffentlicht (vgl. ZInsO 2013, 2424 ff.; ZInsO 2014, 650 ff.; vgl. hierzu Smid, ZInsO 2014, 878 f.). Weiter ist der Diskussionsentwurf für ein Insolvenzrechtliches Vergütungsgesetz (InsVG) der Arbeitsgemeinschaft der NIVD e.V, vorgelegt worden (ZInsO 2014, 941 ff. vgl. hierzu Smid, ZInsO 2014, 1247 ff.). Durch den VID e.V. ist ebenfalls ein Vorschlag für eine gesetzliche Regelung vorgelegt worden (ZInsO 2014, 1254 ff., Beilage, ZIP 28/2014, 14 ff., vgl. hierzu Smid, ZInsO 2014, 1247 ff.).

17 Der Vorschlag des VID will eine Pflicht zur Erteilung der Zustimmung zur beantragten Entnahme vorsehen, wenn das Verfahren länger sechs Monate dauert (ZInsO 2014, 1254, 1258 = Beilage ZIP 28/2014, 14, 17). Eine Pflicht des Gerichtes zur Zustimmung zur Entnahme eines Vorschusses soll danach auch bestehen, wenn über den Vergütungsantrag im Rahmen des Verfahrensabschlusses nicht innerhalb von drei Monaten entschieden worden ist (ZInsO 2014, 1254, 1258 = Beilage, ZIP 28/2014, 14, 17).

18 Der Diskussionsentwurf des »Gläubigerforums« sieht vor, dass der Verwalter in regelmäßigen Abständen Vorschüsse entnehmen kann. Umfassen die Vorschüsse auch Zuschläge, so sollen die Zuschläge unter dem Vorbehalt der Rückforderung stehen, sofern die Gläubigerversammlung den Zuschlägen nicht zustimmt. Die beabsichtige Entnahme ist mindestens zwei Wochen zuvor dem Gericht anzuzeigen; die Genehmigung durch das Gericht gilt als erteilt, wenn dann kein Widerspruch erhoben wird (»Gläubigerforum« ZInsO 2014, 650, 654).

19 Der Diskussionsentwurf des NIVD will einerseits die bisherige Regelung als Absatz 1 beibehalten und in Absatz 2 die Zustimmung des Gerichts fingieren, wenn länger als sechs Wochen nicht über den Antrag entschieden wurde. Auch nach dieser Fiktion kann das Gericht noch, ggf. auch teilweise ablehnend, entscheiden. Zuvor entnommene Beträge, für die nun eine Zustimmung fehlt sind zu erstatten. Die Anwendung von § 717 ZPO soll ausgeschlossen sein (NIVD, ZInsO 2014, 941, 945).

Zweiter Abschnitt Vergütung des vorläufigen Insolvenzverwalters, des Sachverwalters und des Insolvenzverwalters im Verbraucherinsolvenzverfahren

§ 10 Grundsatz

Für die Vergütung des vorläufigen Insolvenzverwalters, des Sachwalters und des Insolvenzverwalters im Verbraucherinsolvenzverfahren gelten die Vorschriften des Ersten Abschnitts entsprechend, soweit in den §§ 11 bis 13 nichts anderes bestimmt ist.

Übersicht	Rdn.		Rdn.
A. Normzweck	1	II. Vorläufiger Verwalter	5
B. Norminhalt	2	III. Andere Vergütungen	9
I. Strukturgleichheit?	2	C. **Reformbestrebungen**	14

Grundsatz **§ 10 InsVV**

A. Normzweck

§§ 1 bis 9, die sich im Detail auf die Vergütung des Insolvenzverwalters beziehen sollen durch die Vorschrift für explizit benannte andere Vergütungsberechtigte entsprechend angewendet werden können, soweit in §§ 11 bis 13 keine entgegenstehenden Vorschriften enthalten sind.

B. Norminhalt

I. Strukturgleichheit?

Die Norm wurde durch Art. 5 Nr. 2 des Gesetzes zur Verkürzung des Restschuldbefreiungsverfahrens und zur Stärkung der Gläubigerrechte vom 15.07.2013 (BGBl. I, 2379) verändert. An der Stelle des Treuhänders im vereinfachten Verfahren ist nunmehr der Insolvenzverwalter im Verbraucherinsolvenzverfahren erwähnt. Die Änderung vollzieht nach, dass § 313 InsO nicht mehr besteht. Der vorläufige Sachwalter ist nicht erfasst worden. Die Vorschrift klammert daher – scheinbar – weiter Vergütungsregelungen (Sachwalter und vorläufiger Verwalter) mit den Regelungen für den Insolvenzverwalter zusammen, die zutreffend nur geregelt werden können, wenn sie eigenständig und unabhängig betrachtet werden (Büttner, ZVI 2013, 289, 303).

Als wesentlicher Inhalt der InsVV ist in der Begründung allgemein hervorgehoben worden, dass es sinnvoll erscheine, in einem ersten Abschnitt die Vergütung des Insolvenzverwalters vollständig – einschließlich des Auslagenersatzes und der Entnahme von Vorschüssen – zu regeln und für die übrigen Vergütungsberechtigten darauf dann weitgehend Bezug zu nehmen (Amtliche Begründung zur InsVV, abgedruckt in Haarmeyer/Wutzke/Förster, InsVV, 4. A., S. 43).

In der Begründung zu § 10 InsVV hieß es, dass die Tätigkeiten des vorläufigen Insolvenzverwalters, des Sachwalters und des Treuhänders im vereinfachten Verfahren in vieler Hinsicht mit der Tätigkeit des Insolvenzverwalters vergleichbar seien. Daraus ist abgeleitet worden, dass für die Struktur, Berechnung und Festsetzung der Vergütung des vorläufigen Insolvenzverwalters, des Sachwalters und des Treuhänders im vereinfachten Verfahren in weitem Umfang die entsprechenden Vorschriften wie bei der Vergütung des Insolvenzverwalters gelten könnten (Amtliche Begründung zur InsVV, abgedruckt in Haarmeyer/Wutzke/Förster, InsVV, 4. A., S. 60). Dies war in sich bereits widersprüchlich. Bereits die Begründung des Verordnungsgebers wies selbst auf die gegenüber dem Insolvenzverwalter eingeschränkten Tätigkeitsbereiche des vorläufigen Verwalters, des Sachwalters und des Treuhänders hin (Amtliche Begründung zur InsVV, abgedruckt in Haarmeyer/Wutzke/Förster, InsVV, 4. A., S. 42). Die Tätigkeitsbereiche der in § 10 angesprochenen Vergütungsberechtigten waren von vornherein gerade nicht vergleichbar (vgl. Büttner, ZVI 2013, 289 ff.). Es bestand und besteht keine Strukturgleichheit (vgl. ausführlich Büttner, ZVI 2013, 289 ff.).

II. Vorläufiger Verwalter

Die Vergütungsregeln für den Verwalter wurden gleichwohl i. R. d. §§ 10, 11 in einer den Besonderheiten angepassten Weise auf den **vorläufigen Insolvenzverwalter** übertragen (BGHZ 146, 165, 171 = ZIP 2001, 296).

BGH, ZInsO 2006, 811, 813 ging – im Gegensatz zu BGHZ 146, 165, 175 = ZIP 2001, 296 – davon aus, dass eine grds. Strukturgleichheit zwischen dem vorläufigen und dem endgültigen Verwalter bestünde; daher sollten die Anrechnungsregeln nach § 1 Abs. 2 vollständig auf die Berechnungsgrundlage des vorläufigen Verwalters Anwendung finden. Die Entscheidung ist aber durch die Zweite Verordnung zur Änderung der InsVV v. 21.12.2006 (BGBl. I S. 3389; Abdruck in ZInsO 2007, 27) überholt. Tatsächlich ist erst durch diese Verordnung eine Annäherung der Struktur erfolgt. Der Verordnungsgeber hat darin einen Erfolgsbezug der Vergütung des vorläufigen Verwalters hergestellt. Eine Bewertung der vorläufigen Verwaltung hinsichtl. der Vergütung aus sich heraus (vgl. dazu grundlegend BGHZ 146, 165, 174 f. = ZIP 2001, 296) war nicht mehr vorgesehen bzw. möglich. Zuvor war die Verwaltervergütung mindestens in Bezug auf die Berechnungsgrundlage erfolgsbezogen (so auch BGH, ZInsO 2006, 811, 814; vgl. nun auch BGH, ZInsO 2011, 1422,

1424 zum Erfolgsbezug in § 3 Abs. 1 Buchst. b), während die vorläufige Verwaltervergütung als tätigkeitsbezogen verstanden werden konnte.

7 § 63 Abs. 3 InsO nennt nunmehr die gesetzlich verankerte Anspruchsgrundlage für die Vergütung des vorläufigen Verwalters. Diese wurde durch Art. 1 Nr. 12 des Gesetzes zur Verkürzung des Restschuldbefreiungsverfahrens und zur Stärkung der Gläubigerrechte vom 15.07.2013 (BGBl. I, 2379) angefügt. Auch die Berechnungsgrundlage der Vergütung wird nunmehr – teilweise – unmittelbar im Gesetz benannt. Die Berechnungsgrundlage weicht von derjenigen des Insolvenzverwalters ab (Vermögen statt Insolvenzmasse). Auf die Vergütung des vorläufigen Verwalters ist § 1 nicht mehr anwendbar (vgl. § 63 InsO Rdn. 71; a. A. Haarmeyer/Mock § 10 Rn. 5).

8 Entgegen dem Wortlaut ist die Vorschrift daher so zu lesen, dass nur die Vorschriften der §§ 2 bis 9 für den vorläufigen Verwalter anwendbar sein sollen, soweit in § 63 Abs. 3 InsO nichts Abweichendes bestimmt ist.

III. Andere Vergütungen

9 Die auf den Verwalter bezogenen Vergütungsregeln sind auch für den **Sachwalter** und den **Treuhänder** nach § 313 InsO i. R. d. §§ 12, 13 in einer den jeweiligen Besonderheiten angepassten Weise übertragen worden. Entsprechendes galt für den Sonderverwalter, der als solcher gesetzlich ohnehin nicht geregelt ist (BGH, ZInsO 2010, 399, 400).

10 Der Treuhänder nach § 313 InsO ist durch das Gesetz zur Verkürzung des Restschuldbefreiungsverfahrens und zur Stärkung der Gläubigerrechte vom 15.07.2013 (BGBl. I, 2379) für die ab dem 01.07.2014 beantragten Verfahren abgeschafft worden.

11 Richtig wäre es gewesen, den Sachwalter ebenfalls isoliert zu betrachten und ihm eine Sonderregelung zuzugestehen. Auch er hat keine Verwertungskompetenz; die Tätigkeit ist mit der des Insolvenzverwalters nicht vergleichbar (Büttner, ZVI 2013, 289, 299). Die Tätigkeit des Sachwalters ist mit derjenigen des vorläufigen Verwalters strukturverwandt. Auch insofern sind nur die Vorschriften der §§ 2-9 entsprechend anwendbar.

12 Der vorläufige Sachwalter ist ungeregelt. Damit kann seine Vergütung nicht an § 1 orientiert ermittelt werden. Es ist keine Insolvenzmasse im Sinne von § 1 vorhanden. Es geht um Vermögen, das beaufsichtigt wird. § 1 InsVV kann daher nicht anwendbar sein. §§ 2, 3 können nicht anwendbar sein, wenn, wie hier vertreten, die Vergütung des vorläufigen Sachwalters nach Stunden zu berechnen ist (vgl. § 12 Rdn. 21 ff.).

13 Für den Sonderinsolvenzverwalter ist ein standardisiertes Abstellen auf die Regelungen in §§ 1 bis 9 nicht sinnvoll. Der Auftrag, der sich unterschiedlich gestalten kann, bestimmt die Tätigkeit.

C. Reformbestrebungen

14 Aktuelle Reformbestrebungen des Verordnungsgebers oder des Gesetzgebers sind nicht bekannt. Das Vergütungsrecht ist aber allgemein im Umbruch (vgl. § 63 Rdn. 3). Dies zeigen die vorliegenden Reformentwürfe. Es wurden Diskussionsentwürfe des sog. »Gläubigerforums« veröffentlicht (vgl. ZInsO 2013, 2424 ff.; ZInsO 2014, 650 ff.; vgl. hierzu Smid, ZInsO 2014, 878 f). Weiter liegt ein Diskussionsentwurf für ein Insolvenzrechtliches Vergütungsgesetz (InsVG) der Arbeitsgemeinschaft der NIVD e.V, vor (ZInsO 2014, 941 ff. vgl. hierzu Smid, ZInsO 2014, 1247 ff.). Durch den VID e. V. ist ebenfalls ein Entwurf für eine gesetzliche Regelung erfolgt (ZInsO 2014, 1254 ff., Beilage, ZIP 28/2014, 14 ff.; vgl. hierzu Smid, ZInsO 2014, 1247 ff.).

15 Der Vorschlag des »Gläubigerforums« lässt § 10 unverändert (»Gläubigerforum«, ZInsO 2014, 650, 654). Hingegen wird bei den Vorschlägen des VID und des NIVD jeweils der vorläufige Sachwalter, auf den die Vorschriften entsprechend angewendet werden sollen, ergänzend erwähnt (vgl. VID, ZInsO 2014, 1254, 1259 = Beilage ZIP 28/2014, 14, 18; NIVD, ZInsO 2014, 941, 945).

§ 11 Vergütung des vorläufigen Insolvenzverwalters

(1) ¹Für die Berechnung der Vergütung des vorläufigen Insolvenzverwalters ist das Vermögen zugrunde zu legen, auf das sich seine Tätigkeit während des Eröffnungsverfahrens erstreckt. ²Vermögensgegenstände, an denen bei Verfahrenseröffnung Aus- oder Absonderungsrechte bestehen, werden dem Vermögen nach Satz 1 hinzugerechnet, sofern sich der vorläufige Insolvenzverwalter in erheblichem Umfang mit ihnen befasst. ³Eine Berücksichtigung erfolgt nicht, sofern der Schuldner die Gegenstände lediglich aufgrund eines Besitzüberlassungsvertrages in Besitz hat.

(2) ¹Wird die Festsetzung der Vergütung beantragt, bevor die von Absatz 1 Satz 1 erfassten Gegenstände veräußert wurden, ist das Insolvenzgericht spätestens mit Vorlage der Schlussrechnung auf eine Abweichung des tatsächlichen Werts von dem der Vergütung zugrunde liegenden Wert hinzuweisen, sofern die Wertdifferenz 20 vom Hundert bezogen auf die Gesamtheit dieser Gegenstände übersteigt.

(3) Art, Dauer und der Umfang der Tätigkeit des vorläufigen Insolvenzverwalters sind bei der Festsetzung der Vergütung zu berücksichtigen.

(4) Hat das Insolvenzgericht den vorläufigen Insolvenzverwalter als Sachverständigen beauftragt zu prüfen, ob ein Eröffnungsgrund vorliegt und welche Aussichten für eine Fortführung des Unternehmens des Schuldners bestehen, so erhält er gesondert eine Vergütung nach dem Justizvergütungs- und -entschädigungsgesetz.

Übersicht

	Rdn.
A. Normzweck	1
B. Norminhalt	2
I. Abs. 1	2
1. Berechnungsgrundlage (Satz 1)	2
a) Entwicklung	2
b) Vermögen	3
2. Hinzurechnung weiterer Werte (Satz 2)	4
3. Keine Einbeziehung: Besitzüberlassungsverträge (Satz 3)	18
II. Wertabweichungen (Abs. 2)	23
1. Allgemeines	24
2. Zeitpunkt	25
3. Adressat	28
4. Inhalt	34
III. Zu- und Abschläge nach Art, Dauer und Umfang der Tätigkeit (Abs. 3)	40
1. Zuschläge	41
2. Abschläge	48
IV. Entgelt Sachverständiger (Abs. 4)	50
1. Honorar	51
2. Auslagen	53
3. USt	55
4. Versagung, Erlöschen, Rechtsmittel, Verjährung	56
C. Reformbestrebungen	61
I. Berechnungsgrundlage	63
II. Staffel	66
III. Zu-/Abschläge	69
IV. Korrektur	72
V. Mindestvergütung	73
VI. Sachverständiger	74

A. Normzweck

1 Die Vorschrift benennt in Abs. 1 Satz 1 ebenfalls die Berechnungsgrundlage (vgl. dazu den Wortlaut von § 63 Abs. 3 Satz 2 InsO). Vorgaben zur Einbeziehung weiterer Gegenstände in die Berechnungsgrundlage werden in Abs. 1 Satz 2 benannt. In Abs. 1 Satz 3 wird klargestellt, welche Gegenstände nicht in der Berechnungsgrundlage zu berücksichtigen sind. Es wird die Korrekturmöglichkeit einer erfolgten Festsetzung beschrieben (Abs. 2). Art, Dauer und Umfang der Tätigkeit als zu berücksichtigende Kriterien der Vergütungsfestsetzung werden benannt (Abs. 3). Für das Entgelt des Sachverständigen ist in Abs. 4 eine Verweisung genannt.

B. Norminhalt

I. Abs. 1

1. Berechnungsgrundlage (Satz 1)

a) Entwicklung

2 Die höchst streitige Entwicklung der Berechnungsgrundlage ist bei § 63 InsO Rdn. 69 f. in Grun zügen dargestellt. Wg. weiterer Hinweise vgl. 4. A. § 11 Rdn. 37 ff.

b) Vermögen

3 Es soll das Vermögen zugrunde gelegt werden, auf das sich die Tätigkeit des vorläufigen Verwalte während des Eröffnungsverfahrens erstreckte. Das der vorläufigen Verwaltung unterliegende Ve mögen ist auch in der Neuregelung von § 63 Abs. 3 Satz 1 InsO ausdrücklich als Berechnungsgrun lage angesprochen worden. Es ist daher auf die dortige Darstellung unter Rdn. 68 ff. zu verweise Vermögen wird insofern zunächst in Satz 1 - wie sich dann aus Satz 2 ergibt - verstanden als Summe der nicht mit Rechten Dritter belasteten Posten (HK-Keller § 11 Rn. 17 f.). Es handelt si um die Basisberechnungsgrundlage oder kleine Berechnungsgrundlage (vgl. § 63 InsO Rdn. 72).

2. Hinzurechnung weiterer Werte (Satz 2)

4 Zu der Basisberechnungsgrundlage (s.o Rdn. 4) sollen nach Satz 2 die Werte kommen, mit den der vorläufige Verwalter sich erheblich beschäftigt hat, auch wenn sie nach der Eröffnung Absond rungsrechten unterliegen oder sogar fremd sind (Aussonderungsrechte). Damit zeigt sich, dass e die Summe aus der kleinen Berechnungsgrundlage und der Hinzurechnung die vollständige od große Berechnungsgrundlage bilden soll.

5 Der BGH hatte die Frage der Einbeziehung von Aussonderungsrechten bis zu der Entscheidur vom 15.11.2012 offen gelassen (BGH, ZInsO 2013, 44, 45). Der BGH hat § 11 Abs. 1 Satz InsVV a. F. von der Ermächtigungsgrundlage insoweit als nicht gedeckt und deshalb nichtig anges hen, als Gegenstände in die Berechnungsgrundlage einbezogen wurden, an denen Aussonderun rechte bestehen (BGH, ZInsO 2013, 44, 46). Würden nicht im Eigentum des Schuldners stehend Gegenstände in die Berechnungsgrundlage einbezogen, führe dies zu einem Systemwechsel (BGI ZInsO 2013, 44, 47), bzw. verletze die Strukturgleichheit im Vergütungsrecht. Der BGH hat es a systemwidrig bezeichnet, der Festsetzung der Vergütung schuldnerfremde Gegenstände zugrunde zu legen und nach ihrem Wert den dem vorläufigen Verwalter gebührenden Anteil an der Masse z berechnen, wenn von vornherein klar sei, dass der Wert dieser Gegenstände zur Befriedigung vo Masseverbindlichkeiten gerade nicht zur Verfügung steht. Stünde objektiv von vornherein fest, da ein Gegenstand bei Eröffnung nicht zur Insolvenzmasse gehören würde, überschreite seine gleich wohl angeordnete Einbeziehung in die Berechnungsgrundlage die Grenzen der entsprechende Anwendung der Ermächtigung (BGH, ZInsO 2013, 44, 47 unter ausdrücklichem Hinweis a Raebel, FS Gero Fischer, 2008, S. 459, 479 ff.).

6 Der BGH hat es als systemwidrig bezeichnet, der Festsetzung der Vergütung schuldnerfremd Gegenstände zugrunde zu legen und nach ihrem Wert den dem vorläufigen Verwalter gebührend Anteil an der Masse zu berechnen, wenn von vornherein klar sei, dass der Wert dieser Gegenständ zur Befriedigung von Masseverbindlichkeiten gerade nicht zur Verfügung steht. Stünde objekti von vornherein fest, dass ein Gegenstand bei Eröffnung nicht zur Insolvenzmasse gehören würde überschreite seine gleichwohl angeordnete Einbeziehung in die Berechnungsgrundlage die Grenze der entsprechenden Anwendung der Ermächtigung (BGH, ZInsO 2013, 44, 47 unter ausdrück lichem Hinweis auf Raebel, FS Gero Fischer, 2008, S. 459, 479 ff.).

7 Die Beschlussempfehlung des Bundestages hat ausdrücklich darauf abgestellt, dass der Gefahr ein Masseauszehrung durch die Vergütung des vorläufigen Verwalters ausreichend vorgebeugt sei, we die mit Aus- und Absonderungsrechten belasteten Gegenstände zusätzlich nur dann zu erfasse

...ien, wenn der vorläufige Verwalter sich erheblich mit ihnen beschäftigt habe (Beschlussempfeh-
...ng und Bericht des Rechtsausschusses des Bundestages, BT Drucksache 17/13535, S. 43; zur
...heblichen Befassung vgl. bei Rdn. 8 ff.).

Mit Absonderungsrechten belastete Gegenstände des eigenen Vermögens und fremde Gegenstände 8
...llen demnach in die Berechnungsgrundlage eingehen, wenn eine erhebliche Befassung stattfindet.
...s fehlen Vorgaben des Gesetzgebers, was als erhebliche Befassung verstanden werden soll.

Die Erheblichkeit der Befassung war bereits in der Begründung der 2. Änderungsverordnung (vgl. 9
InsO 2007, 29) das entscheidende Merkmal. Auch der Verordnungsgeber hatte keine Vorgaben
...ur Erheblichkeit formuliert. Kriterien konnten insofern nur Rechtsprechung und Literatur anbie-
...en.

...ur negativen Bestimmung der erheblichen Befassung ist die nennenswerte Tätigkeit herangezogen 10
...orden; was nur nennenswert ist, ist nicht erheblich. Routinetätigkeiten, die mit geringem Auf-
...and erledigt werden können, sollen noch nicht einmal nennenswert sein. Routinetätigkeiten liegen
...anach vor, wenn Gegenstände in Besitz genommen und inventarisiert werden, wenn eine Prüfung
...folgt, wie die Eigentumsverhältnisse liegen, welche der verwalteten Gegenstände mit Fremdrech-
...en belastet sind und um welche Fremdrechte es sich handelt (BGH, ZInsO 2006, 811, 815; ZInsO
2006, 1160, 1161 f.) sowie bei der Prüfung von Versicherungsschutz (BGH, ZInsO 2006, 811,
815). Als nennenswerte Tätigkeit war eine Befassung mit dem fremden Recht als solchem nicht not-
...endig (LG Dresden, ZInsO 2002, 369). Die aktive Sicherung von Besitz oder sonstigen Rechten
...es Schuldners konnte genügen (vgl. LG Potsdam, ZIP 2005, 914, 915). Die Inbesitznahme von
Grundstücken und die Nutzung von Immobilien im Rahmen einer Geschäftsfortführung ist als
...ennenswerte Tätigkeit gesehen worden (LG Cottbus, ZInsO 2009, 2114, 2116).

Es ist unzutreffend, auf die Routine abzustellen. Routinetätigkeiten können sich je nach dem damit 11
...erbundenen Aufwand als nennenswerte oder als erhebliche Befassung erweisen (vgl. bei Rdn. 12).
Das Abstellen auf Routinetätigkeiten leistet keine Abgrenzung im Hinblick auf Erheblichkeit.

Auch eine Vielzahl von sog. Routinetätigkeiten kann sich zu einem enormen Anfall von Tätigkeiten 12
...erdichten. Routine könnte daher bei entsprechendem Sachverhalt auch als erhebliche Befassung
...nzusehen sein (vgl. LG Cottbus, ZInsO 2009, 2114, 2117; ähnl. wohl FK-Lorenz § 11 Rn. 19, 42).

Eine erhebliche Befassung des vorläufigen Insolvenzverwalters mit Aus- und Absonderungsrechten 13
...at die Rspr. anerkannt, wenn den Verwalter die darauf entfallende Tätigkeit über das gewöhnliche
Maß hinaus in Anspruch genommen hat (BGH, ZInsO 2006, 1160, 1162); entscheidend sei der
...eal gestiegene Arbeitsaufwand in diesem Bereich (BGH, ZInsO 2003, 790; ZInsO 2006, 1160,
1162). In Betracht kommt **jede Tätigkeit**, abhängig von dem mit ihr verbundenen Arbeitsanfall,
...ithin auch Routine. Diesen entsprechend zu dokumentieren ist Aufgabe des Verwalters; spätes-
...ens im Beschwerdeverfahren (BGH, ZInsO 2009, 495, 496).

Als erheblich wird grds. die vertiefte Befassung mit dem behaupteten – fremden – Recht an sich 14
...ngesehen werden. Dies gilt besonders dann, wenn das behauptete Recht substanziiert, unter Mit-
...eilung einer entsprechenden Sachverhaltsgrundlage bestritten wird (BGH, ZInsO 2010, 730, 731;
ZInsO 2006, 811, 814). Auch wenn das Recht anerkannt wird, wird eine insoweit vorausgegangene
...ertiefte Prüfung als erhebliche Befassung anzusehen sein. Die Befassung mit dem behaupteten
Recht steht der Befassung mit dem Vermögensgegenstand selbst gleich (BGH, ZInsO 2009, 495,
496). Beides ist jeweils allein ausreichend (BGH, ZInsO 2009, 495, 496).

Aus der Rechtsprechung sind keine Beispiele für Befassungen mit Aussonderungsrechten zu erken- 15
...en, die als erheblich anerkannt worden wären. Objektiv schuldnerfremdes Vermögen soll dann
...n die Berechnungsgrundlage einbezogen werden können, soweit die Rechtslage bei Beginn der
Tätigkeit des vorläufigen Verwalters unklar gewesen sei (Vill, FS Gero Fischer, S. 547, 552). Bei
Finanzierungsleasingverträgen mit Kaufoption hat der Schuldner den Besitz am Leasinggut auch
...ach Ausübung der Option, aber vor Übereignung nur aufgrund des laufenden Leasingvertrages.
Das Aussonderungsrecht des Leasinggebers ist unberührt. Anders könnte es nur sein, wenn der

Schuldner die Gegenleistung bereits erbracht hat, weil dann das Aussonderungsrecht nicht me durchgesetzt werden kann. Dann wäre nicht offensichtlich, dass das Aussonderungsgut nicht z Masse gehören wird (Vill, FS Gero Fischer, S. 547, 557). Wegen der Offensichtlichkeit der Frem heit vgl. bei Rdn. 19 f.

16 Beispiele für anerkannte erhebliche Befassungen mit Absonderungsrechten liegen vor. Eine erhe liche Befassung wurde anerkannt, wenn ein Grundpfandgläubiger die Zwangsversteigerung ein schuldnereigenen Immobilie betreibt und der vorläufige Verwalter mit diesem darüber verhande ob von der Zwangsvollstreckung Abstand genommen wird. Erhebliche Tätigkeit wurde ang nommen worden, wenn die einstweilige Einstellung der Zwangsvollstreckung nach § 30d Abs. ZVG erwirkt wurde. Eine erhebliche Belastung wurde angenommen, wenn eine belastete Imm bilie zugleich vermietet ist und dem vorläufigen Verwalter die Mietverwaltung obliegt, ohne da dadurch das verwaltete Vermögen angereichert würde (BGH, ZInsO 2006, 811, 815; ZInsO 200 1160, 1162; BGH, ZInsO 2009, 495, 496). Intensive Sicherungsmaßnahmen für Immobilien (L Cottbus, ZInsO 2009, 2114, 2117) sind als erheblich angesehen worden. Die Verhandlung m dem Grundpfandgläubiger über die freihändige Verwertung sollte nicht als erhebliche Befassu berücksichtigungsfähig sein, wenn die Verhandlungen auch nach Eröffnung geführt werden kon ten, sofern das Gericht nicht einer Vorverlagerung in das Eröffnungsverfahren zustimmte (A Hamburg, ZInsO 2007, 260).

17 Die Einbeziehung von Gegenständen, an denen Aussonderungsrechte bestehen oder die mit Abso derungsrechten belastet sind, sollte aber aus grundsätzlichen Erwägungen unterbleiben. Die Vo schrift nach Satz 2 kann nicht angewendet werden. Es zeigt sich ein tiefgreifendes konzeptionelle Problem des Vergütungsrechts. Die Rechtsprechung hatte die Kriterien für die Gewährung ein Zuschlags nach § 3 Abs. 1 für die Beurteilung der Erheblichkeit der Befassung mit Absonderungs rechten übernommen. Damit hat sich das Problem eines - fiktiven - Normalverfahrens bis do fortgesetzt. Es gab nie ein nachgewiesenes oder nachweisbares Normalverfahren (vgl. § 2 Rdn. 1 ff). Auf der Annahme eines Normalverfahrens beruhen aber die Zuschläge nach § 3 Abs. 1. Sie sin ihrerseits fiktiv (vgl. § 3 Rdn. 2 ff.). Wenn die Kriterien der Zuschläge die Basis der Entscheidun für die Einbeziehung in die Berechnungsgrundlage wegen erheblicher Befassung sind, ist auch d Berechnungsgrundlage von einer Fiktion bestimmt. Damit würden dann jedenfalls durchschnittlic 30% der Berechnungsgrundlagen von Fiktionen beeinflusst (vgl. bei § 2 Rdn. 25 zu dem Umfan der Absonderungsrechte; der Verordnungsgeber ist 1998 noch von 80% Absonderungsrechten aus gegangen). Dies kann nicht richtig sein. Hinzu kommt, dass es nicht einleuchten kann, bei eine - nach der jedenfalls in der Rechtsprechung bestehenden Ansicht - reinen Tätigkeitsvergütung (vg § 63 Rdn. 59 ff.), den Umfang der Tätigkeit (erhebliche Befassung) zum Kriterium der Berech nungsgrundlage zu machen. Dies erscheint in sich widersprüchlich. Aus der erheblichen Tätigkei mögen Zuschläge begründet werden können (vgl. Rdn. 40 ff.). Die Tätigkeit bestimmt aber nich die Berechnungsgrundlage. Auch bei einer erfolgsbezogenen Vergütung wirkt die Ermittlung de Berechnungsgrundlage aus einer Tätigkeit falsch. »Befassung« ist aber ohnehin kein erfolgsbezoge nes Kriterium.

3. Keine Einbeziehung: Besitzüberlassungsverträge (Satz 3)

18 Satz 3 ist wortgleich mit § 11 Abs. 1 Satz 4 a. F. Nach der hier vertretenen Sicht (s. o. Rdn. 17) bedar es des Korrektivs in Satz 3 nicht. Das Korrektiv wurde geschaffen, weil leicht als fremd zu erken nende Gegenstände nicht einbezogen werden sollen (vgl. krit. zu dem Begriff »Besitzüberlassungs verträge« K/P/B-Prasser/Stoffler § 11 Rn. 50).

19 Bei Miete, Pacht und Leihe (Gebrauchsüberlassung) sowie bei der Verwahrung soll leicht erkennba sein, dass es sich um schuldnerfremde Gegenstände handele (Begr. 2. ÄndVO InsVV in ZInsC 2007, 29).

20 Ob es tatsächlich immer so einfach ist, die Verhältnisse zu erkennen, ist zweifelhaft. Ein Eigen tumsvorbehalt für eine gestundete Kaufpreisforderung, der ein Aussonderungsrecht gewähr

würde, und die Leihe können wirtschaftlich austauschbar sein (Scholz/K. Schmidt [10. A.] §§ 32a, GmbHG a. F. Rn. 130, unter Hinweis auf BGHZ 68, 312). Wenn die Überlassung von Sachwerten im Rahmen von z. B. Pacht oder Miete durch einen Gesellschafter nur Folge einer verdeckten oder offenen Kreditsicherung eines Gesellschafters ist (vgl. Baumbach-Hueck/Fastrich Anh. § 30 GmbHG Rn. 56), wird die Einbeziehung der Gegenstände oder die der hierauf bezogenen Ansprüche in die Berechnungsgrundlage erfolgen müssen. Gleiches gilt bei sale-and-lease-back Konstellationen unter Beteiligung eines Gesellschafters (Haarmeyer/Mock § 11 Rn. 81).5

Geben oder beinhalten die Besitzüberlassungsverträge eine verwertbare Position (gewerbliche Zwischenmiete, Mietvertrag mit Gestattung der teilweisen oder vollständigen Weitervermietung oder Untervermietung, Mietkauf) wären die hierauf bezogenen Werte bei erheblicher Befassung (zur Ablehnung s. o. Rdn. 17) in die Berechnungsgrundlage einzustellen. 21

Operating-Leasing und Finanzierungs-Leasing ohne Kaufoption unterfallen wohl Satz 3 (vgl. Baumbach/Hueck/Fastrich Anh. § 30 GmbHG Rn. 56). Eine Einbeziehung in die Berechnungsgrundlage kann - unabhängig von der hier vertretenen Ansicht (s. o. Rdn. 17) - nicht erfolgen (a. A. K/P/B-Prasser/Stoffler § 11 Rn. 53). 22

II. Wertabweichungen (Abs. 2)

Die Vorschrift des § 11 Abs. 2 InsVV wurde geändert. Satz 1 der Vorschrift bezieht sich – nach der Änderung von § 11 Abs. 1 – nunmehr auf das in § 11 Abs. 1 Satz genannte Vermögen. Die Befugnis des Gerichts in § 11 Abs. 2 Satz 2 InsVV zur Änderung wurde gestrichen. Es handelt sich um eine Folgeänderung. Denn diese Befugnis ist nunmehr als gesetzliche Regelung in der neuen Vorschrift des § 63 Abs. 3 InsO vorgesehen. 23

1. Allgemeines

Es kann auf die Ausführungen zu § 63 Abs. 3 Satz 4 InsO (dort Rdn. 97 ff.) verwiesen werden. 24

2. Zeitpunkt

Die Pflicht besteht, sobald ein Ergebnis bekannt ist, das von der Prognose im Vergütungsantrag abweicht. Die Pflicht kann – spätestens – mit der Einreichung der Schlussrechnung noch erfüllt werden. 25

Bei erheblicher Laufzeit des Verfahrens kann durch eine auf einer überhöhten Berechnungsgrundlage beruhende Vergütungsfestsetzung und die spät erfüllte Hinweispflicht bzgl. der Abweichung erheblicher Schaden für die Masse durch entgangene Zinsen entstehen. Da die Erfüllung mit der Schlussrechnung noch pflichtgemäß ist, wird daraus kein Schadensersatzanspruch nach § 60 InsO gegen den Verwalter abgeleitet werden können. 26

Bestehen Wertabweichungen, wäre durch den Verwalter ggf. auch spätestens mit dem Hinweis auf die Wertabweichungen dazu vorzutragen, dass bzw. inwieweit die Wertabweichungen auf unvorhersehbaren nachträglichen Entwicklungen beruhen (vgl. dazu Haarmeyer, ZInsO 2007, 73, 76). 27

3. Adressat

Durch die Anknüpfung an die Schlussrechnung wird erkennbar, dass direkt nur der Verwalter, der die Schlussrechnung einreicht, verpflichtet sein kann. Die Begründung erwähnte den vormaligen vorläufigen Verwalter als Adressat (Begr. 2. ÄndVO InsVV in ZInsO 2007, 29). Wird der vorläufige Verwalter nicht zum endgültigen Verwalter bestellt, hat er keine Möglichkeit zu beurteilen, welche Verwertungen vorgenommen wurden und wie die Ergebnisse sich zu den Prognosen verhalten. Dann kann er auch nicht verpflichtet sein. Die Begründung legt den Normalfall zugrunde, dass der vorläufige Verwalter auch zum endgültigen Verwalter bestellt wird und das gesamte Verfahren durchführt (vgl. Begr. ZInsO 2007, S. 30). 28

29 Aber auch wenn der die Schlussrechnung einreichende Verwalter nicht der vormalige vorläufige Verwalter ist, läuft die Vorschrift nicht leer (a. A. Begr. ZInsO 2007, S. 30). Der Verwalter, der die Schlussrechnung einreicht, hatte seit seiner Bestellung die Möglichkeit zu überprüfen, ob und inwieweit die Prognosen bzgl. der Vermögensgegenstände, die dem Vergütungsantrag des vorläufigen Verwalters zugrunde lagen, eintraten oder Wertabweichungen bestanden. Daher ist auch dieser Verwalter verpflichtet (Vill, FS Fischer, S. 547, 561; a. A. FK-Lorenz § 11 Rn. 64).

30 Können Gläubigerausschussmitglieder erkennen, dass die zugrunde gelegten Werte nicht realisiert wurden und insofern eine Abweichung besteht, durch die die Bagatellgrenze (vgl. Rdn. 34 f.) überschritten wird, sind diese als verpflichtet anzusehen, den Verwalter aufzufordern, die Abweichung anzuzeigen oder dem Gericht einen Hinweis zu erteilen. Dies ist aus § 69 Satz 1 InsO abzuleiten.

31 Kann das Gericht aus der Aktenlage erkennen, dass eine Wertabweichung oberhalb der Bagatellgrenze jedenfalls nahe liegt, ist es i. R. d. Aufsicht gem. § 58 Abs. 1 Satz 2 InsO verpflichtet, den Verwalter zur Stellungnahme aufzufordern. Ein Tätigwerden »von Amts wegen« zur Änderung der Vergütung ist nicht denkbar (a. A. FK Lorenz § 11 Rn. 67).

32 Gläubiger können den Gläubigerausschuss, den Verwalter und das Gericht auf tatsächliche oder vermeintliche negative Abweichungen, die die Bagatellgrenze überschreiten, hinzuweisen, da dies der unmittelbaren Wahrnehmung ihrer Interessen entspricht. Erhält das Gericht solche Hinweise, wird es den Verwalter zur Stellungnahme nach § 58 Abs. 1 Satz 2 InsO auffordern müssen.

33 Sofern der Verwalter zunächst vorsichtig taxiert hat und bessere Ergebnisse erzielte, die die Bagatellgrenze übersteigen, wird er die Pflicht gern als Recht verstehen. Neben dem Hinweis muss er einen Antrag wegen der erhöhten Vergütung einreichen.

4. Inhalt

34 Abweichungen zwischen den Werten, die bei der Festsetzung der Vergütung des vorläufigen Verwalters angesetzt wurden und den später realisierten Werten sind anzuzeigen. Bagatellabweichungen sind unbeachtlich. Die **Bagatellgrenze** ist ab 20 % überschritten. Es ist nicht die Abweichung bei einzelnen Gegenständen zu offenbaren. Minderergebnisse und Mehrerlöse bei einzelnen Positionen können sich ausgleichen. Entscheidend ist nur die Summe.

35 Nach dem Wortlaut ist nur die Gesamtheit der Gegenstände i. S. v. Abs. 1 Satz 1 relevant. Wenn der Gesamtwert dieser Gegenstände (unbelastetes Vermögen) nach dem Antrag um 20 % zu den Verwertungserlösen differiert, besteht die Hinweispflicht. Dies ist - unabhängig von der hier vertretenen Sicht zur Hinzurechnung nach Satz 2 (vgl. Rdn. 17), dass die mit Aussonderungsrechten oder Absonderungsrechten belasteten Gegenstände wegen der darin liegenden Verlängerung der Fiktion des Normalverfahrens nicht in die Berechnungsgrundlage einzubeziehen sind - unter verschiedenen Gesichtspunkten abzulehnen.

36 Die Hinweispflicht müsste sich (s. o. Rdn. 35; Rdn. 17) auch auf die Verwertungsergebnisse bzw. Wertabweichungen der Gegenstände nach Abs. 1 Satz 2 erstrecken, auch wenn dies nach dem Wortlaut nicht vorgesehen ist (FK-Lorenz § 11 Rn. 62; HK-Keller § 11 Rn. 45; Haarmeyer/Mock § 11 Rn. 90; a. A. H/W/F, InsVV § 11 Rn. 52). Bereits in der amtlichen Begründung der VergVO 1998 hat der Verordnungsgeber festgestellt, dass eine Vielzahl der vorgefundenen Vermögensgegenstände fremden Rechten unterliegen. Danach handelte es sich um 80 % (vgl. Begr., Abdruck in H/W/F, InsVV, S. 44, wg. aktueller Werte im Hinblick auf Absonderungsrechte vgl. Frind, ZInsO 2011, 169, 174; vgl. auch Blersch/Bremen, Beilage ZIP 28/2014, 1, 3: ca. 30 %). Gegenstände, die fremden Rechten unterliegen, bilden daher einen relevanten Teil der Berechnungsgrundlage. Wären auf diese Gegenstände bezogene unzutreffende Bewertungen bei der Hinweispflicht nicht berücksichtigt, wäre dies einer Korrektur entzogen. Damit liefe die Vorschrift leer (a. A. H/W/F, InsVV § 11 Rn. 52).

37 Der Entwurf für die Änderungsverordnung (Abdruck in ZInsO 2006, 1135) bezog in die Hinweispflicht gerade ausdrücklich nur die Gegenstände ein, die Aus- und Absonderungsrechten unter-

egen. Ihre Einbeziehung ist sachgerecht (Keller, Vergütung, Rn. 600; a. A. H/W/F, InsVV § 11 n. 52; Haarmeyer, ZInsO 2007, 73, 76).

Bei mit Absonderungsrechten belasteten Gegenständen, die im eröffneten Verfahren noch vorhanden sind, hat der Verwalter ein Verwertungsrecht. Die Erlöse fließen den Gläubigern, mit Ausnahme der Kostenbeiträge zu. Dies ist aber kein Grund, die in die Berechnungsgrundlage einbezogenen Gegenstände für die Hinweispflicht nicht zu berücksichtigen (a. A. H/W/F, InsVV § 11 Rn. 52; Haarmeyer, ZInsO 2007, 73, 76). 38

Durch das Verwertungsrecht ist es für den Verwalter nachzuvollziehen, welche Erlöse tatsächlich – in Verhältnis zu dem Ansatz im Vergütungsantrag – erzielt wurden. Selbst wenn der Verwalter dem Gläubiger die Verwertung überlässt, hat er über die Abrechnung über den Feststellungsbeitrag die Möglichkeit, zu beurteilen, welcher Wert berechtigt zugrunde zu legen ist. 39

Auch Gegenstände, die im Eröffnungsverfahren herausgegeben wurden und in die Berechnungsgrundlage eingestellt wurden, sind zu berücksichtigen (Vill, FS Gero Fischer 547, 562; a. A. K/P/B-Prasser/Stoffler § 11 Rn. 117). 39a

II. Zu- und Abschläge nach Art, Dauer und Umfang der Tätigkeit (Abs. 3)

Es kommen Zu- und Abschläge über Absatz 3 in Betracht. 40

1. Zuschläge

Die fehlende Bezugnahme auf § 63 Abs. 1 Satz 2 InsO hindert nicht, Zuschläge als möglich anzusehen (vgl. K/P/B-Prasser/Stoffler § 11 Rn. 59 ff.; HK-Keller § 11 Rn. 36 ff.; zweifelnd Haarmeyer/Mock § 11 InsVV Rn. 51; Haarmeyer, InsBüro 2014, 106, 110; a. A. Haarmeyer/Mock § 11 Rn. 42). Der Verordnungsgeber hatte auf § 63 Abs. 1 Satz 2 InsO für die Begründung von Zuschlägen nicht Bezug genommen (vgl. Entwurf Begründung InsVV, Abdruck in: ZIP 1998, 1460, 1466). Die ohnehin über § 10 eröffnete entsprechende Anwendung von § 3 Abs. 1 reicht insofern aus. Die Festsetzung einer erhöhten Vergütung kann nicht mit der Begründung abgelehnt werden, die Erhöhung der Vergütung sei im Hinblick auf eine **nach Eröffnung angezeigte Masseunzulänglichkeit** den Gläubigern nicht zuzumuten (BGH, ZInsO 2004, 265, 267). Es gibt auch keine Kappungsgrenze (AG Chemnitz, ZIP 2001, 1473; AG Göttingen, ZVI 2005, 103, 104; Jaeger-Schilken § 63 Rn. 45; vgl. Begr. 2. ÄndVO InsVV in ZInsO 2007, 29). Liegen entsprechende Erschwernisgründe vor, ist auch eine Vergütung festzusetzen, die die Vergütung des Verwalters übersteigt (Keller, Vergütung, Rn. 36; Keller, EWiR 2002, 115, 116; Keller, DZWIR 2005, 292, 294; a. A. Uhlenbruck-Uhlenbruck [12.A] § 22 Rn. 235). Vergütung des vorläufigen und des endgültigen Verwalters bilden weder bei Personidentität der Verwalter noch abseits von solcher Identität eine Einheit im Sinne von 100% Vergütung für zwei Tätigkeiten (a. A. Haarmeyer/Mock § 11 Rn. 40 f, 53). 41

Dauer ist kein geeignetes Merkmal für einen Zuschlag. Die Dauer des eröffneten Verfahrens allein soll per se ohnehin kein Zuschlagsgrund sein (BGH, ZInsO 2010, 1504; ZInsO 2010, 1949, 1950). Die überlange Verfahrensdauer im eröffneten Verfahren kann aber einen Zuschlag rechtfertigen, wenn dadurch der Verwalter stärker als im Insolvenzverfahren allgemein üblich in Anspruch genommen worden ist (BGH, ZInsO 2010, 2409, 2410). Es gibt keine valide empirische Untersuchung zur Verfahrensdauer im Eröffnungsverfahren (vgl. bei § 3 zum eröffneten Verfahren unter Rdn. 24). Wegen der fehlenden Bezugsgrößen können Zuschläge nicht auf die Dauer gestützt werden. In Betracht kommt der Umfang der Tätigkeit. Damit wäre jede Tätigkeit zuschlagsgeeignet. Es käme allein auf den Umfang an. Die Rechtsprechung hat den real gestiegenen Arbeitsaufwand als Kriterium für einen Zuschlag verwendet (BGH, IX ZB 246/11, juris; BGH, ZInsO 2012, 753, 754; BGH; ZInsO 2006, 642, 645; BGH, ZInsO 2003, 790). Eine signifikante Abweichung vom Tätigkeitsumfang im Normalverfahren soll nach dieser Rechtsprechung vorliegen müssen, damit ein Zuschlag gerechtfertigt sei (BGH, IX ZB 246/11, Textziffer 2, juris). Es müsse ein - recht verstandenes - Missverhältnis im Vergleich zur Regelvergütung vorliegen, das für jede sachkundige Person erkennbar sei (BGH, XI ZB 246/11, Textziffer 2, juris). Erschwernisse i. S. v. § 3 Abs. 1 sollen 42 als unmittelbare Erhöhungen des maßgeblichen Bruchteils zu berücksichtigen sein, wenn zu deren tatsächliche Voraussetzungen ausreichend vorgetragen worden sind und entsprechend beantragt worden ist. Die Zuschläge sollen einheitlich auf die Berechnungsgrundlage zu beziehen sein (vgl. BGHZ 146, 165, 179 = ZIP 2001, 296). Es sind gleiche Zuschläge zu gewähren, wenn den vorläufigen Verwalter in gleicher Weise wie den endgültigen Verwalter erschwerende Umstände treffen (BGH, ZInsO 2004, 1350; ZInsO 2004, 909, 910; a. A. Vill, FS Gero Fischer, S. 547, 559, nur bei vergleichbarer Bemessungsgrundlage). Zuschläge auf die Vergütung sollen erst dann vorzunehmen sein, wenn eine Abweichung vom Normalfall (s. dazu § 2 Rdn. 14 ff.; § 63 Rdn. 81) vorliegt, die eine Abweichung von der Regelvergütung von mindestens 5 % rechtfertigt (BGH, ZInsO 2006, 642, 644). Die Vorgaben der Rechtsprechung sind insofern scheingenau (vgl. bei § 3 Rdn. 6). Weil es keinen belastbaren Begriff des Normalverfahrens oder des Normalfalls und des dortigen Tätigkeitsumfanges (vgl. bei § 2 Rdn. 14 ff,) gibt, gibt es keine nachvollziehbare Begründung für Zuschläge aus dem Umfang einer Tätigkeit. Die Zuschläge haben damit auch keinen Bezugspunkt. Sie hängen dann sozusagen in der Luft. Sie sind selbst ebenfalls fiktiv, weil sie eine fiktive Basis haben (vgl. § Rdn. 6). Es bleibt damit jeweils subjektiv gefühlte Angemessenheit, wenn eine Vergütung bestimmt wird. Auf den Umfang der Tätigkeit kann jedenfalls nicht abgestellt werden. Die Unterscheidung in quantitative bezogene Zuschläge und erfolgsorientierte Zuschläge beim vorläufigen Verwalter (vgl. Haarmeyer/Mock § 11 Rn. 106 ff., 111 ff.) löst dieses Problem nicht auf. Es fehlen für quantitativ bezogene Zuschläge gerade die Vergleichsgrößen, um einen erhöhten Umfang - fiktionsfrei - beschreiben oder erkennen zu können. Erfolgsorientierte Zuschläge lassen sich nicht umsetzen. Es ist unklar, ob der spätere Erfolg den Zuschlag rechtfertigt oder die Art der Tätigkeit, weil sie auf den Erfolg orientiert war.

43 Die Art der Tätigkeit war nach der Ansicht des historischen Verordnungsgebers das Merkmal, um die starke vorläufige Verwaltung von der schwachen vorläufigen Verwaltung zu unterscheiden (vgl. Amtliche Begründung InsVV, Abdruck in Haarmeyer/Mock S. 499). Dieser Unterschied besteht nicht (vgl. Rdn. 2). Das Merkmal »Art der Tätigkeit« kann unter dem Gesichtspunkt zugelassener - oder zulässiger - Erledigung originärer Verwalteraufgaben zur Begründung von Zuschlägen herangezogen werden. Die Erledigung originärer Verwalteraufgaben kann sanierungsbezogen oder verwertungsbezogen verstanden werden. Darin spiegeln sich dann die Bewertungsmaßstäbe aus § 19 InsO und die Entscheidungsmöglichkeiten (Fortführung oder Zerschlagung).

44 Zu den sanierungsbezogenen Tätigkeiten gehört die Fortführung. Die Fortführung des Unternehmens des Schuldners gehört - genau wie damit in Verbindung oder im Zusammenhang zu sehende Tätigkeiten - nicht zu den Regelaufgaben eines vorläufigen Insolvenzverwalters (a. A. Haarmeyer/Mock § 11 Rn. 116). Die - durchdachte, sinnvolle (vgl. hierzu Haarmeyer/Mock § 11 Rn. 112).- **Fortführung** ist daher eine Art der Tätigkeit, die Zuschläge möglich macht. Der schwache vorläufige Verwalter ist zur Unternehmensfortführung berechtigt (BGH, ZInsO 2006, 595 anders zuvor LG Hamburg, ZInsO 2003, 1094, 1095). Die Führung des Tagesgeschäftes durch den vorläufigen Verwalter unmittelbar kann ebenfalls geeignet sein, einen Zuschlag zu begründen (Jaeger-Gerhardt § 22 InsO Rn. 237). Die **notwendige enge Zusammenarbeit mit dem Schuldner** kann ähnl. aufwendig sein, als würde der Verwalter das Unternehmen selbst führen (BGH, ZInsO 2006, 595). Auch die **Ausübung des Zustimmungsvorbehalts** im Zusammenhang mit der Fortführung kann einen Zuschlag rechtfertigen (BGH, ZInsO 2007, 147, 148); auch nur annähernd lückenlose Aufzeichnungen sind nicht zu verlangen (BGH, ZInsO 2006, 143, 144). Es reicht aus, wenn nach der Darlegung des vorläufigen Verwalters plausibel erscheint, in welchem Umfang er von dem Zustimmungsvorbehalt Gebrauch machen musste. Die Begleitung einer Fortführung in – nur – geringem Umfang rechtfertigt keinen Abschlag (BGH, ZInsO 2007, 147, 148). Auch Bemühungen um eine Sanierung des Schuldners gehören nicht zu den Regelaufgaben eines vorläufigen Insolvenzverwalters. Delegiert der vorläufige Insolvenzverwalter einen Teil solcher Tätigkeiten auf Dritte, die vom Schuldner vergütet werden, kann ein Zuschlag gekürzt oder gar versagt werden (BGH, ZInsO 2010, 730, 731; LG Heilbronn, ZInsO 2011, 1958). Neben einem Zuschlag für die Fortführung soll ein weiterer Zuschlag für den Aufwand im Zusammenhang mit der Finanzbuchhaltung und Implementierung neuer betriebswirtschaftlicher Steuerungselemente unzulässig

sein, da diese Tätigkeiten dem Kernbereich der Unternehmensfortführung zuzurechnen sei (LG Heilbronn, ZInsO 2011, 352). Bei erheblicher Befassung mit Gegenständen, die der Schuldner lediglich aufgrund eines Besitzüberlassungsvertrages i. S. v. § 11 Abs. 1 Satz 3 in Besitz hat (bspw. Verhandlungen mit dem Vermieter des für die Fortführung benötigten Grundstückes), kommen Zuschläge in Betracht (H/W/F, InsVV § 11 Rn. 45; Keller, Vergütung, Rn. 585; Graeber, ZInsO 2007, 133, 135). In Betracht kommt auch die **Mitwirkung** an einer zum Zwecke der Sanierung schon im Eröffnungsverfahren durchgeführten **Übertragung** des schuldnerischen Unternehmens, wenn das Insolvenzgericht dieser Mitwirkung zugestimmt hat (vgl. BGH, ZInsO 2006, 257). Die Zustimmung des Gerichtes wird in schriftlicher Form eingeholt und erteilt werden müssen. Die Erteilung der Zustimmung setzt voraus, dass die solchermaßen vorgenommene Verwertung bereits im Antragsverfahren notwendig war, da sie nicht lediglich zur Anreicherung der Masse vorgenommen werden darf (BGH, ZInsO 2006, 257, 259). War sie nicht notwendig, wird ein Zuschlag zu versagen sein (a. A. Pluta/Heidrich, DZWIR 2006, 341, 343, die davon ausgehen, dass eine formelle Berechtigung bereits vergütungsrechtlich ausreichend ist). Eine Tätigkeit im Zusammenhang mit der Prüfung oder der Erstellung eines Insolvenzplans ist per se sanierungsbezogen und nicht im Fortführungszusammenhang. Tätigkeiten insoweit sind zuschlagsfähig (Haarmeyer/ Mock § 11 Rn. 125).

45 **Verwertung** von Warenbeständen unter Zeitdruck, Notverkauf, sonst mit gerichtlicher Zustimmung (LG Bamberg, ZInsO 2005, 477, 479); **Übertragung** von Beteiligungen, die die Schuldnerin hält und die sonst an Wert verlieren würden (Notverkauf, sonst mit gerichtlicher Zustimmung) sind zuschlagsgeeignet.

46 Die Beschäftigung mit Aussonderungsrechten oder Absonderungsrechten kann sowohl Sanierungsbezug als auch Verwertungsbezug haben. Jedenfalls kommen Zuschläge von der Art der Tätigkeit her in Betracht.

47 Nach der hier vertretenen Sicht können die Zuschläge nicht über prozentuale Anteile an der Regelvergütung bestimmt werden (Fiktion). Zuschläge werden daher über die Art der Tätigkeit und die für die Tätigkeitsart marktüblichen Stundensätze zu entgelten sein. Wenn Stundensätze zur Kontrolle der Höhe von Zuschlägen herangezogen werden können (vgl. Haarmeyer/Mock § 11 Rn. 121, zu Stundensätzen sanierungserfahrener Rechtsanwälte, Wirtschaftsprüfer, Unternehmensberater in Höhe von 350,00 € - 700,00 € und Tagespauschalen von 1.500,00 € - 2.500,00 €), können auch Stundensätze direkt genutzt werden, um den Zuschlag zu bestimmen. Dies ist mit der Sonderstellung der Vergütung des vorläufigen Verwalters nach § 63 Abs. 3 konform. Die Vergütung des vorläufigen Verwalters unterliegt nicht der Bindung an ein System der Vergütung unter den Vorgaben nach § 63 Abs. 1 Satz 2 InsO (vgl. bei § 63 InsO Rdn. 91). Stundensätze können die Art der Tätigkeit im Einzelfall angemessen vergüten. Über Stundensätze sind auch Korrekturen möglich, wenn im Einzelfall eine Berechnungsgrundlage - trotz der hier vertretenen beschränkenden Auslegung von Abs. 1 Satz 2 - zu hoch erscheinen sollte (vgl. bei § 63 InsO Rdn. 91).

In der Literatur werden stattdessen - wegen der anderen Sichtweise - teilweise Tabellen für prozentual ausgedrückte Zuschläge bei der Vergütung des vorläufigen Verwalters als Orientierungshilfen angeboten (vgl. FK-Lorenz § 3 Rn. 60).

2. Abschläge

48 Abschläge auf eine Vergütung sollen erst dann vorzunehmen sein, wenn eine Abweichung vom Normalfall (s. dazu § 2 Rdn. 14 ff.) vorliegt, die eine Abweichung von der Regelvergütung von mindestens 5 % rechtfertigt (BGH, ZInsO 2006, 642, 644). Das ist aber eine Scheingenauigkeit und fiktiv (vgl. § 3 Rdn. 2 ff.; s. o. Rdn. 41).

49 Abschläge müssen bei dem vorläufigen Verwalter möglich sein, wenn eine sehr kurze Dauer des Amtes zu berücksichtigen ist. Dauer ist zwar kein taugliches Kriterium für Zuschläge, für einen Abschlag aber ohne weiteres verwendbar. Abschläge im Hinblick auf die Art der Tätigkeit sind nicht

denkbar. Der Umfang der Tätigkeit erscheint kein taugliches Kriterium, weil auch für Zuschlä
hier nicht auf den Umfang abgestellt worden ist (vgl. Rdn. 42).

IV. Entgelt Sachverständiger (Abs. 4)

50 Die Vorschrift verweist für die Tätigkeit des vorläufigen Verwalters, der zugleich als Sachverstän
ger durch das Gericht beauftragt wurde, auf die Vorschriften des **JVEG**. Die Vorschriften des JVE
sind auch in den Fällen anzuwenden, in denen nur ein Sachverständiger bestellt wird (sog. isoliert
Sachverständiger).

1. Honorar

51 Das JVEG ist zuletzt durch das Gesetz vom 23.07.2013 (BGBl. I, 2586) geändert worden.
nennt in § 9 Abs. 1 Honorargruppen, für die Stundensätze von 65,00 bis 125,00 € vorgesehen sin
Für das Gutachten im Insolvenzverfahren ist weiterhin **keine Honorargruppe** in § 9 Abs. 1 JVE
genannt. Zur früheren Regelung vgl. Vorauflage Rn. 148 ff. Außerhalb der Honorargruppen sie
§ 9 Abs. 2 JVEG im Fall des § 22 Abs. 1 Satz 2 Nr. 3 InsO ein Stundenhonorar von 80,00 € vo
Dementsprechend ist die Honorierung des **starken vorläufigen Verwalters** weiter unstreitig.

Streitig war die Anwendung von § 9 Abs. 2 JVEG auf den schwachen vorläufigen Verwalter, d
zugleich als Sachverständiger beauftragt wurde, sowie auf den isolierten Sachverständigen (vgl. Vo
auflage mit umfangreichen Nachweisen in Rn. 151 ff.)

52 An den isolierten Sachverständigen sind qualitativ die gleichen Anforderungen zu stellen, wie a
den vorläufigen Verwalter (LG Hamburg, ZInsO 2011; 1078, 1079). Für den isolierten Sachve
ständigen sowie den schwachen vorläufigen Verwalter ist nach billigem Ermessen der Stundensa
festzulegen. (vgl. § 9 Abs. 1 JVEG). Die Darstellung des Vorliegens des Insolvenzgrunds der Übe
schuldung im Strafverfahren kommt einer Unternehmensbewertung sehr nahe (vgl. OLG Düsse
dorf, NZI 2006, 716). Dies gilt auch im Insolvenzeröffnungsverfahren. Daher ist die Honora
gruppe 11 (Unternehmensbewertung) einschlägig. Es ist ein Stundensatz von 115,00 € anzusetze
(a. A. AG Stuttgart, 3 IN 806/13, juris: 105,00 €; AG Darmstadt, ZInsO 2013, 2400: 95,00 €).

2. Auslagen

53 In §§ 5 bis 7, 12 JVEG werden die Auslagen im Detail geregelt. § 7 JVEG enthält eine Auffang
regelung, da alle in §§ 5, 6 und 12 JVEG nicht besonders erwähnten notwendigen baren Auslage
nach § 7 Abs. 1 ersetzt werden sollen.

54 Kosten, die dem Sachverständigen für die Einschaltung eines weiteren Sachverständigen zur Ermitt
lung des Wertes bestimmter Gegenstände entstehen, werden nach § 7 Abs. 1 JVEG zu ersetzen sein
soweit sie notwendig waren. Notwendig können sie nur geworden sein, wenn das Ergebnis zu de
vom Gericht benannten Fragestellungen hiervon abhing (a. A. AG Hamburg, ZIP 2014, 338: de
Auftrag ist durch das Gericht an den vorzuschlagenden weiteren Sachverständigen für ein Honora
zwischen 75,00 € und 90,00 € zu erteilen; teilweise Aufgabe von AG Hamburg, ZInsO 2006, 448)

3. USt

55 Die auf die Vergütung (Honorar und Auslagen) entfallende USt wird nach § 12 Abs. 1 Satz Nr.
JVEG gesondert ersetzt.

4. Versagung, Erlöschen, Rechtsmittel, Verjährung

56 Erstellt der Sachverständige sein Gutachten nicht selbst oder liegt nicht wenigstens erkennba
die Gesamtverantwortung für das Gutachten bei dem bestellten Sachverständigen, wird in einen
Antragsverfahren ein neues Gutachten nicht in Auftrag gegeben werden können; auch der erstel
lende Mitarbeiter kann nicht nachträglich zum Gutachter avancieren (anders wohl Hofmann, ZI

006 1080, 1083). Das Gericht wird daher gezwungen sein, das Gutachten zu verwenden. Gleichwohl könnte der Gebührenanspruch zu versagen sein.

Drei Monate nach Eingang des Gutachtens erlischt der Anspruch (§ 2 Abs. 1 Nr. 1 JVEG), sofern er nicht geltend gemacht wurde. 57

Der Gutachter kann nach § 4 Abs. 1 JVEG einen Antrag auf richterliche Festsetzung stellen. 58

Durch Art. 1 Nr. 4 des Gesetzes zur Einführung einer Rechtsbehelfsbelehrung im Zivilprozess und zur Änderung anderer Vorschriften vom 05.12.2012 (BGBl. I, S. 2418) ist § 232 ZPO geändert worden. Die Erteilung einer Rechtsbehelfsbelehrung mit der Erteilung des Auftrags an den Sachverständigen dürfte nicht ausreichend sein. Der zu Belehrende muss die Belehrung im Zusammenhang mit der Entscheidung, die er möglicherweise angreifen will zur Kenntnis nehmen. Daher muss über die Rechtsbehelfe belehrt werden, wenn über den Vergütungsantrag des Sachverständigen entschieden wird. 59

Gegen die Festsetzung ist die **Beschwerde** zulässig (§ 4 Abs. 3 JVEG), wenn der Beschwerdewert 200,00 € übersteigt (§ 4 Abs. 3 JVEG). Die Versagung eines Gebührenanspruchs ist ebenfalls mit der Beschwerde nach § 4 Abs. 3 JVEG anzufechten. Wird nicht nach § 4 Abs. 4 Satz 1 JVEG abgeholfen, ist dem LG vorzulegen; **weitere Beschwerde** kann nach § 4 Abs. 5 JVEG zum OLG zugelassen werden (vgl. hierzu OLG Koblenz, ZInsO 2006, 31).

Verjährung tritt 3 Jahre nach Ablauf des Kalenderjahres, in dem das Gutachten eingereicht wurde, ein (§ 2 Abs. 3 Satz 1 JVEG). Durch den Antrag auf gerichtliche Festsetzung ist die Verjährung gehemmt (§ 2 Abs. 3 Satz 3 JVEG). Die Verjährung wird nicht von Amts wegen berücksichtigt (§ 2 Abs. 3 Satz 4 JVEG). 60

C. Reformbestrebungen

Wegen früherer Reformbestrebungen wird auf die Vorauflage (Rdn. 167) verwiesen. Auf die durch das Gesetz zur Verkürzung des Restschuldbefreiungsverfahrens und zur Stärkung der Gläubigerrechte vom 15.07.2013 (BGBl. I, 2379). erfolgten Änderungen kann ebenfalls verwiesen werden. 61

Aktuelle Reformbestrebungen des Verordnungsgebers oder des Gesetzgebers sind nicht bekannt. Das Vergütungsrecht ist allerdings insgesamt im Umbruch (vgl. bei § 63 Rdn, 3). Dies zeigen auch die verschiedenen, vorgelegten Reformvorschläge. Es wurden Diskussionsentwürfe des sog. »Gläubigerforums« veröffentlicht (vgl. ZInsO 2013, 2424 ff.; ZInsO 2014, 650 ff.; vgl. hierzu Smid, ZInsO 2014, 878 f.).).Weiter ist der Diskussionsentwurf für ein Insolvenzrechtliches Vergütungsgesetz (InsVG) der Arbeitsgemeinschaft der NIVD e.V, vorgelegt worden (ZInsO 2014, 941 ff. vgl. hierzu Smid, ZInsO 2014, 1247 ff.). Letztlich ist seitens des VID e.V. ein Entwurf für ein Gesetz zur Insolvenzrechtlichen Vergütung erfolgt (Beilage, ZIP 28/2014, 14 ff.; ZInsO 2014, 1254 ff.; vgl. hierzu Smid, ZInsO 2014, 1247 ff.). Es zeigen sich stark unterschiedliche Ansätze. Der Entwurf des Gläubigerforums will eine Vergütung der Tätigkeit des vorläufigen Verwalters nur noch bei besonderen Anforderungen und/oder im Falle der nicht erfolgenden Eröffnung vorsehen (»Gläubigerforum«, ZInsO 2014, 650, 655). Dies ist unklar. Die Vorschläge des VID und des NIVD gehen weiter von einer eigenständig zu vergütenden Tätigkeit des vorläufigen Verwalters aus. 62

I. Berechnungsgrundlage

Der Vorschlag des NIVD sieht ausdrücklich die volle Einbeziehung der mit Aus-und Absonderungsrechten belasteten Gegenstände in die Berechnungsgrundlage vor; insolvenzspezifische Ansprüche sind nach dem Vorschlag in der Berechnungsgrundlage - mit ihrem Verkehrswert - zu berücksichtigen (NIVD, ZInsO 2014, 941, 945 f.). 63

Der VID sieht eine mit dem Insolvenzverwalter einheitliche Berechnungsgrundlage vor. Die Berechnungsgrundlage für die Vergütung des Insolvenzverwalters ist in dem Entwurf des VID in § 1 des dortigen Entwurfs bestimmt. § 1 ist für den vorläufigen Verwalter entsprechend anwendbar 64 über die Vorschrift von § 10. § 10 ist die erste Vorschrift im neu geschaffenen dritten Abschnitt. Danach gelten die Vorschriften des ersten Abschnitts - also auch § 1 - entsprechend, soweit in §§ 1 bis 13 nichts anderes bestimmt ist. Die Berechnungsgrundlage für den vorläufigen Verwalter ist das Vermögen des Schuldners einschließlich der mit Absonderungsrechten belasteten Gegenstände. Mit Aussonderungsrechten belastete Gegenstände sind nicht einbezogen. Für die Berechnungsgrundlage sind auch insolvenzspezifische Ansprüche heranzuziehen (VID, ZInsO 2014, 1254, 1259 = Beilage, ZIP 28/2014, 14, 18). Ansprüche aus § 129 ff. InsO sowie § 64 GmbHG sind daher zu berücksichtigen (vgl. Blersch / Bremen, Beilage ZIP 28/2014, 1, 10).

65 Die Berechnungsgrundlage ist in dem Vorschlag des »Gläubigerforums« für den vorläufigen Verwalter nicht genau benannt. Es wird nur ausgeführt, dass der Wert der geprüften und festgestellten Aus- und Absonderungsrechte sowie der ermittelten Anfechtungs- und Haftungsansprüche in Höhe jeweils von 10% der festgestellten Werte in die Berechnungsgrundlage erhöhend eingehen. Dies gilt nur dann, wenn der vorläufige Verwalter sich mit diesen Themen oder Fragestellungen innerhalb des Eröffnungsverfahrens in erheblichem Umfang befasst hat (»Gläubigerforum«, ZInsO 2014, 650, 655).

II. Staffel

66 Über § 10 des Vorschlages des NIVD ist § 2 anwendbar. Da der Vorschlag keinen Anteil der Staffelvergütung nach § 2 für den vorläufigen Verwalter ausweist, ist davon auszugehen, dass der vorläufige Verwalter den vollen Satz nach § 2 Abs. 1 des dortigen Vorschlages erhalten soll.

67 Der vorläufige Insolvenzverwalter erhält eine sog. Grundvergütung nach dem Entwurf des VID in Höhe von 25 % der Grundvergütung des Insolvenzverwalters nach § 2 Abs. 2 des dortigen Vorschlages (VID, ZInsO 2014, 1254, 1259 = Beilage ZIP 28/2014, 14, 18). Wegen der Staffelung der Grundvergütung ist auf die Darstellung bei § 2 Rn. 50 zu verweisen.

68 Kommt es zu einer Vergütung der Tätigkeit des vorläufigen Insolvenzverwalters, soll er nach dem Entwurf des »Gläubigerforums« 25 % der Vergütung nach § 2 Abs. 1 (vgl. dazu unter § 2 Rdn. 49) erhalten (»Gläubigerforum«, ZInsO 2014, 650, 655).

III. Zu-/Abschläge

69 Die Regelung in § 11 Abs. 3 soll in dem Entwurf des NIVD gestrichen werden (NIVD, ZInsO 2014, 941, 945). Über § 10 sind die Vorschriften des ersten Teils anwendbar; also können auch Zu- oder Abschläge nach § 3 des dortigen Vorschlages festgesetzt werden.

70 Die Zuschläge, die in dem Entwurf des VID für den Verwalter vorgesehen sind, kommen auch für den vorläufigen Verwalter in Betracht, da über § 10 die Vorschrift des dortigen § 3 anwendbar ist (VID, ZInsO 2014, 1254, 1259 = Beilage, ZIP 28/2014, 14, 18). Auch der umsatzbezogene Zuschlag aus § 3 Abs. 1 des Vorschlages kommt für den vorläufigen Verwalter zur Anwendung (Blersch/Bremen, Beilage ZIP 28/2014, 1, 11). Wegen der Zuschläge für den Verwalter in dem Entwurf des VID ist auf die Darstellung bei § 3 Rdn. 60 ff. zu verweisen. Wegen der über § 10 des Entwurfs denkbaren Abschläge ist auf die Darstellung bei § 3 Rdn. 67 zu verweisen.

71 Nach dem Vorschlag des »Gläubigerforums« sind Zuschläge für die Tätigkeit des vorläufigen Verwalters sind möglich. Dies ergibt sich aus der Verweisung in § 10 des Entwurfes, die der jetzigen Fassung von § 10 InsVV entspricht (»Gläubigerforum«, ZInsO 2014, 650, 655). Die Zuschläge sind allerdings über eine unklare Verweisung auf § Abs. 2 des Vorschlages mit einem Deckel in Höhe von 50% der Vergütung nach § 2 Abs. 1 versehen (»Gläubigerforum«, ZInsO 2014, 650, 655). Dies würde bei dem vorläufigen Verwalter bedeuten, dass dieser lediglich in Höhe von 12,5 % der Vergütung nach § 2 Abs. 1 einen Zuschlag erhalten kann. Abschläge sind in diesem Entwurf nicht vorgesehen.

V. Korrektur

Der Vorschlag des VID betont, dass erst eine Wertdifferenz von mehr als 20 % bei der Berechnungsgrundlage wegen späterer Verwertung der Gegenstände eine Hinweispflicht gegenüber dem Insolvenzgericht begründen soll (VID, ZInsO 2014, 1254, 1259 = Beilage, ZIP 28/2014, 14, 19). 72

Die Regelungen in § 11 Abs. 2 soll dagegen in dem Entwurf des NIVD gestrichen werden (NIVD, ZInsO 2014, 941, 945). Auch das »Gläubigerforum« will auf § 11 Abs. 2 verzichten (»Gläubigerforum«, ZInsO 2014, 650, 655).

V. Mindestvergütung

Keiner der Vorschläge enthält gesonderte Ausführungen zu der Mindestvergütung des vorläufigen Verwalters. Wegen der allgemeinen Regelung ist auf die Darstellung bei § 2 Rdn. 53 zu verweisen. 73

VI. Sachverständiger

In den Vorschlägen von NIVD und »Gläubigerforum« wird Absatz 4 zu Absatz 2 (NIVD, ZInsO 2014, 941, 945 f.; »Gläubigerforum«, ZInsO 2014, 650, 655). Bei dem Vorschlag des VID bleibt die Vorschrift als Absatz 4 erhalten. 74

§ 12 Vergütung des Sachwalters

(1) Der Sachwalter erhält in der Regel 60 vom Hundert der für den Insolvenzverwalter bestimmten Vergütung.

(2) Eine den Regelsatz übersteigende Vergütung ist insbesondere festzusetzen, wenn das Insolvenzgericht gemäß § 277 Abs. 1 der Insolvenzordnung angeordnet hat, dass bestimmte Rechtsgeschäfte des Schuldners nur mit Zustimmung des Sachwalters wirksam sind.

(3) § 8 Abs. 3 gilt mit der Maßgabe, dass an die Stelle des Betrags von 250 Euro der Betrag von 125 Euro tritt.

Übersicht	Rdn.			Rdn.
A. Normzweck	1	C.	Regelungslücke: Vorläufiger Sachwalter	11
B. Norminhalt	2	I.	Vergütungsansatz	11
I. Allgemeines	2	II.	Verfahren	26
II. Regelvergütung (Abs. 1)	3	D.	Reformbestrebungen	28
III. Zuschläge (Abs. 2)	7	I.	Sachwalter	30
IV. Auslagen (Abs. 3)	9	II.	Vorläufiger Sachwalter	33
V. Festsetzung	10			

A. Normzweck

Die Regelung füllt § 274 Abs. 1 i. V. m. §§ 63, 64 InsO aus. Sie ist durch die Verweisung in § 270a Abs. 1 Satz 2 InsO auch für den vorläufigen Sachwalter – entsprechend, mit Einschränkungen – anzuwenden. 1

B. Norminhalt

I. Allgemeines

Zur Entstehung als Tätigkeitsvergütung s. § 63 InsO Rdn. 18; zur Fälligkeit und Verjährung vgl. § 63 InsO Rdn. 27. Über § 10 sind die Vorschriften des ersten Abschnitts entsprechend anzuwenden; wegen des vorausgesetzten Antrags und wegen der Festsetzung durch Beschluss vgl. § 64 InsO Rdn. 1. Wegen der Bekanntmachung und der Zustellung des Beschlusses wird auf § 64 InsO 2

Rdn. 24 f. verwiesen; zur sofortigen Beschwerde s. § 64 InsO Rdn. 26 ff. Über § 10 ergibt sich auch dass ein Vorschuss möglich ist.

II. Regelvergütung (Abs. 1)

3 In der **Eigenverwaltung** bleibt dem Schuldner die Verwaltungs- und Verfügungsbefugnis erhalten Er hat eine Vielzahl von Rechten und Pflichten (vgl. §§ 277, 279, 281 Abs. 1 Satz 1, 281 Abs. 2 Satz 1, 281 Abs. 3 Satz 1, 282 InsO). Der Tätigkeitskreis des Sachwalters ist beschränkt. Dies rechtfertigt nach der amtlichen Begründung die Regelvergütung i. H. v. 60 % der Verwaltervergütung (Amtl. Begründung, Abdruck bei H/W/F, InsVV, S. 62). Dabei ist allerdings der Begriff des Normalverfahrens – unausgesprochen – berücksichtigt worden.

4 Das Normalverfahren ist aber eine bloße Fiktion vgl. ausführlich bei § 2 Rdn. 14 ff.). Ein fiktiver Begriff kann nicht herangezogen werden, um eine angemessene Vergütung zu beschreiben. Es kann aus dieser Fiktion nicht die Regelvergütung des Sachwalters angemessen abgeleitet werden. Es ist weder nachvollziehbar, noch zu erklären, warum der Verordnungsgeber zu einem Anteil von 60 % der Verwaltervergütung gekommen ist. Es gab keine Untersuchungen, die einen solchen Anteil belegen könnten. Erst im Juni 1998 erfolgt die Anhebung von ursprünglich vorgesehenen 50 % auf den wert von 60 % (vgl. Entwurf Begründung InsVV, ZIP 1998, 1460, 1466). Der Bruchteil, dem lediglich zugrunde liegt, dass der Sachwalter als »geschrumpfter Verwalter« anzusehen ist, ist mithin willkürlich bestimmt worden (Büttner, ZVI 2013, 289, 299).

5 Richtig wäre es daher gewesen, den Sachwalter im Zuge des Gesetzes zur Verkürzung des Restschuldbefreiungsverfahrens und zur Stärkung der Gläubigerrechte vom 15.07.2013 (BGBl. I, 2379 ff.) ebenfalls – wie den vorläufigen Verwalter – vergütungsrechtlich gesondert zu betrachten. Auch er hat keine Verwertungskompetenz; die Tätigkeit ist nicht vergleichbar mit der des endgültigen Insolvenzverwalter und es gilt kein Überschussprinzip (Büttner, ZVI 2013, 289, 299). Diese Möglichkeit wurde nicht genutzt.

6 **Berechnungsgrundlage** des Sachwalters ist der Wert der Masse, die sich aus der Schlussrechnung des Schuldners gem. § 281 Abs. 3 Satz 2 InsO ergibt. Bei der Berechnung der Masse ist § 1 Abs. 2 Nr. 1 nicht anwendbar, da der Schuldner das Verwertungsrecht an Gegenständen hat, die mit Absonderungsrechten belastet sind. § 1 Abs. 2 Nr. 4a bei der Berechnung der maßgeblichen Masse jedenfalls dann nicht anzuwenden, wenn der Sachwalter nicht das Recht nach § 275 Abs. 2 InsO ausgeübt hat. Die Vergütung ist nach § 2 zu ermitteln.

III. Zuschläge (Abs. 2)

7 Beispielhaft (»insbesondere«) wird für den endgültigen Sachwalter der Fall der Anordnung der Zustimmungsbedürftigkeit für bestimmte Rechtsgeschäfte gem. § 277 Abs. 1 Satz 1 InsO genannt. Diese Anordnung rechtfertigt eine Vergütung, die die Regelvergütung übersteigt. Zuschläge rechtfertigen auch die Wahrnehmung der Kassenführung, die Erstellung eines Insolvenzplans, die beratende Mitwirkung an einem Insolvenzplan und die Überwachung eines Plans gem. §§ 275 Abs. 2, 284 Abs. 1 Satz 1, 2, Abs. 2 InsO (FK-Lorenz § 12 Rn. 10; H/W/F, InsVV, § 12 Rn. 11; a. A. Haarmeyer/Mock § 12 Rn. 10 bei der Überwachung). Ein Normalverfahren ist Fiktion. Zuschläge nach § 3, die über § 10 möglich erscheinen, sind ebenfalls lediglich fiktiv abgeleitet. Sie können allenfalls Plausibilisierungsversuche für subjektive Angemessenheitsvorstellungen darstellen (vgl. hierzu § 2 Rdn. 14 f. 28 f.; § 3 Rdn. 2 ff.).

8 Abschläge sollen nach § 3 möglich sein. Sie wiederholen aber die Problematik des nie ermittelten oder definierten Normalverfahrens und knüpfen an fiktiven Gegebenheiten an (s. o. Rdn. 7; vgl. wegen der Fiktion bei § 2 Rdn. 14 ff., § 3 Rdn. 2 ff.)

V. Auslagen (Abs. 3)

Die Pauschale ist auf 125,00 € für die Monate der Tätigkeit fixiert. Die Auslagenpauschale ist auf 30 % der Regelvergütung begrenzt.

VI. Festsetzung

Da dem Sachwalter außer in den Fällen des § 275 Abs. 2 InsO ein Entnahmerecht fehlt, sind Vergütung, Auslagen und USt ggü. dem Schuldner vollstreckbar festzusetzen (Keller, Vergütung, Rn. 686).

C. Regelungslücke: Vorläufiger Sachwalter

I. Vergütungsansatz

Die Vergütung und der Auslagenersatz des vorläufigen Sachwalters sind völlig ungeregelt. Warum der Gesetzgeber bei seiner Neuordnung des Rechts der Vergütung des vorläufigen Verwalters im Zuge des Gesetzes zur Verkürzung des Restschuldbefreiungsverfahrens und zur Stärkung der Gläubigerrechte vom 15.07.2013 (BGBl. I, 2379) nicht auch die Vergütung und die Auslagen des vorläufigen Sachwalters geregelt hat, ist nicht zu erklären. Die Regelungslücke war offensichtlich. Der konzeptionelle Mangel ist offensichtlich.

Die Vergütung des vorläufigen Sachwalters wird wegen der fehlenden Regelungen aus der Anknüpfung an §§ 11, 12 abgeleitet. Es wird angenommen, dass ihm die Vergütung i. H. d. prozentualen Satzes des Sachwalters zustehen würde (AG Hamburg, ZInsO 2014, 569; AG Göttingen, ZInsO 2012, 2413; Budnik, NZI 2014, 247, 252). Nach anderer Auffassung ist – wie im Verhältnis zwischen dem Insolvenzverwalter und dem vorläufigen Insolvenzverwalter - ein weiterer Bruchteil zu bilden. Der vorläufige Sachwalter soll demnach 25 % der Vergütung des Sachwalters, mithin 15 % der Vergütung des Insolvenzverwalters erhalten (AG Essen, ZInsO 2014, 464; AG Köln, ZInsO 2013, 741, 742; LG Bonn ZInsO 2013, 2341; K/P/B-Pape § 270a InsO Rn. 26; Mock, ZInsO 2014, 67, 68; Mock ZInsO 2014, 571, 572; Haarmeyer, ZInsO 2013, 2343, 2344). Eine weitere Ansicht bestimmt den Bruchteil für die Vergütung des vorläufigen Sachwalters entsprechend zur Vergütung des vorläufigen Verwalters; es werden 25 % angesetzt (Karsten Schmidt-Undritz § 270a InsO Rn. 4; Zimmer, ZInsO 2012, 1658, 1661 f.; Schur, ZIP 2014, 757, 761).

Hiergegen sprechen verschiedene Erwägungen.

Eine entsprechende Anwendung der Regelungen für den Sachwalter oder den vorläufigen Verwalter ist nicht möglich. Es würde sich jeweils um eine Verlängerung der Fiktionskette handeln. Es gibt schon keinen Normalfall des Insolvenzverwalters. Bereits die Annahme eines Normalfalles bei dem Insolvenzverwalter beruht auf einer Fiktion (vgl. Rdn. 4; § 2 Rdn. 14 ff.). Die aus der Insolvenzverwaltervergütung abgeleitete Bruchteilsvergütung des Sachwalters ist - in erhöhtem Maße - fiktiv. Sie ist willkürlich abgeleitet. Wenn der vorläufige Sachwalter einen Prozentsatz einer an sich schon nicht nachvollziehbaren - willkürlich bestimmten fiktiven - Vergütung des Sachwalters erhält, kann das nicht zu richtigen Ergebnissen führen. Auch die Vergütung des vorläufigen Insolvenzverwalters beruht auf einer Fiktion und ist willkürlich in Höhe von 25 % der Verwaltervergütung bestimmt (wg. der Fiktion vgl. § 63 Rdn. 80 ff.). Die Anknüpfung hieran verbietet sich wegen der Häufung der Fiktionen ebenfalls. Das Vergütungsrecht im Insolvenzverfahren muss den Widerstreit unterschiedlicher grundrechtlicher Belange organisieren; einerseits Art. 12 GG, andererseits Art. 14 GG. Diese zwingende, ständige Normenkollision kann nicht angemessen über Fiktionen geleistet werden. Sie kann ganz besonders nicht über Ableitungen der Ableitung aus einer Fiktion geleistet werden (vgl. bei § 2 Rdn. 35).

Der Pflichten- und Tätigkeitskreis des vorläufigen Sachwalters erscheint zunächst durch die in § 270a Abs. 1 Satz 2 InsO vorgesehene, entsprechende Anwendung von §§ 274, 275 InsO mit dem rgm. Aufgabenkreis des Sachwalters übereinzustimmen. Tatsächlich ist der Pflichten- und Tätigkeitskreis andersartig. Es ist insbesondere nicht von einem eingeschränkten Tätigkeitskreis auszugehen (Budnik, NZI 2014, 247, 250; a. A. Mock, ZInsO 2014, 67, 68).

16 Zu beachten ist insofern, dass der vorläufige Sachwalter verpflichtet ist, den Eintritt der Zahlungsunfähigkeit dem Insolvenzgericht ggü. unverzüglich anzuzeigen (vgl. § 270b Abs. 3 Satz 2 InsO). Dies ist eine neuartige Aufgabenstellung. Das setzt einerseits eine unmittelbare tägliche Kontrolle der Liquiditätsplanung der Schuldnerin wegen des flexiblen Schwellenwertes in § 17 InsO im Hinblick auf eine demnächst mehr als 10 % übersteigende Lücke (vgl. dazu BGHZ 163, 134 Leitsatz 2) – unter Berücksichtigung der »Bugwellenproblematik« (vgl. dazu Ganter, ZInsO 2011, 2297) – voraus. Dies setzt andererseits eine entsprechende tägliche Kontrolle des tatsächlichen Liquiditätsstatus wegen der möglicherweise bereits überschrittenen 10 % Grenze (vgl. BGHZ 163, 134 Leitsatz 3) voraus. Beide Kontrolltätigkeiten sind mit keinem anderen Amt nach der InsO vergleichbar. Form und genauer Umfang des Inhaltes der etwaigen Anzeige nach § 270b Abs. 3 Satz 1 InsO ergeben sich aus der Vorschrift nicht. Es ist davon auszugehen, dass eine einfache Mitteilung ohne nachvollziehbare Begründung nicht ausreichen kann. Die Anzeige wird inhaltlich der Bescheinigung nach § 270b Abs. 1 Satz 3 InsO entsprechen, bzw. den Anforderungen an ein Eröffnungsgutachten, jedenfalls im Hinblick auf den Insolvenzgrund »Zahlungsunfähigkeit« genügen müssen. Dieses Gutachten (»Anzeige«) muss in den Grundzügen vorbereitet sein und täglich angepasst werden, um es tatsächlich ohne Verzug vorlegen zu können.

17 Der vorläufige Sachwalter ist zu Beginn seiner Tätigkeit zu einer Analyse der günstigeren Lösung verpflichtet. Er ist verpflichtet, die Kosten einer vorläufigen Insolvenzverwaltung und der summierten Kosten der vorläufigen Eigenverwaltung und der vorläufigen Sachwaltung einander gegenüberzustellen (AG Hamburg, ZInsO 2014, 569). Daraus kann der vorläufige Gläubigerausschuss ableiten, inwieweit er von seinen Rechten aus § 270b Abs. 4 Nr. 2 InsO Gebrauch macht.

18 Der vorläufige Sachwalter muss den Zahlungsverkehr des Schuldners überwachen (AG Hamburg, ZInsO 2014, 569). Dies gilt besonders dann, wenn der Schuldner von ihm nach Antragstellung begründete Verbindlichkeiten im Wege des Bargeschäftes befriedigt (AG Hamburg, ZInsO 2014, 569). Der vorläufige Sachwalter hat zu überwachen, dass keine Altverbindlichkeiten befriedigt werden (AG Hamburg, ZInsO 2014, 569).

19 Auch die Befriedigung der vom Schuldner mit Einzelermächtigung des Insolvenzgerichtes begründeten Masseverbindlichkeiten ist zu kontrollieren (AG Hamburg, ZInsO 2014, 569). Die Überprüfung der Insolvenzfestigkeit des Treuhandkontos zu der Absicherung der Masseverbindlichkeiten wird verlangt (AG Hamburg, ZInsO 2014, 569).

20 Der vorläufige Sachwalter ist verpflichtet, dem Verbot der Schlechterstellung (vgl. § 245 Abs. 1 Nr. 1 InsO) dadurch Rechnung zu tragen, dass eine Vergleichsrechnung transparent und plausibel aufgestellt wird (AG Hamburg, ZInsO 2014, 569). Dabei sind - später zu realisierende - Haftungs- und Anfechtungsansprüche neben der Möglichkeit einer übertragenden Sanierung auszuloten (AG Hamburg, ZInsO 2014, 569).

21 Die Komplexität der Tätigkeit erfordert einen anderen Vergütungsansatz, als bei dem endgültigen Sachwalter oder dem vorläufigen Insolvenzverwalter. Eine generalisierende Betrachtung ist nicht möglich (a. A. AG Hamburg, ZInsO 2014, 569, 570). Es ist im Einzelfall zu entscheiden (zur Einzelfallentscheidung vgl. bei § 2 Rdn. 35 f). Für das Nachtragsverteilungsverfahren, bei dem es sich um ein selbständiges, gesondert zu vergütendes Verfahren handelt, hatte der Verordnungsgeber auch keine Regelvergütung vorgesehen. Auch die vorläufige Sachwaltung ist ein selbständiges, gesondert zu vergütendes Verfahren. Auch hier fehlt eine Vorgabe des Verordnungsgebers zum Regelsatz. Bei der Nachtragsverteilung besteht eine ständige Rechtsprechung, dass die Vergütung dort einzelfallbezogen festzulegen ist (BGH, ZInsO 2011, 2049, 2051; BGH, NZI 2009, 259, 260; BGH, ZInsO 2006, 1205). Auch bei dem vorläufigen Sachwalter ist dies sachgerecht. Die Einzelfallentscheidung bei dem vorläufigen Sachwalter führt zu der im Vergütungsrecht zu verwirklichenden Einzelfallgerechtigkeit (zur Einzelfallgerechtigkeit vgl. bei § 2 Rdn. 35 f.; ablehnend zur Einzelfallgerechtigkeit bei dem vorläufigen Sachwalter unter dem Gesichtspunkt der Rechts-

…cherheit: AG Hamburg, ZInsO 2014, 569, 570; dem zustimmend Budnik, NZI 2014, 247, 248). Wenn die angemessene Vergütung des vorläufigen Sachwalters nicht durch arithmetische Operationen auf fiktiver Basis, sondern durch eine Gesamtschau unter Berücksichtigung der Umstände des Einzelfalls gefunden werden soll (Budnik, NZI 2014, 247, 252), handelt es sich nur um eine anders formulierte Einzelfallentscheidung. Die - hier ausdrücklich vertretene - Einzelfalllösung liegt in der Festlegung eines Stundensatzhonorars. Diese Lösung ermöglicht einzelfallgerechte Entscheidungen.

22 Die Bemessung der Vergütung nach dem exakten Zeitaufwand war als dem System des § 63 Abs. 1 Satz 3 InsO i.V.m. § 3 InsVV fremd angesehen und deswegen abgelehnt worden (BGH, ZInsO 2009, 1511, 1512). Es ist unzweifelhaft, dass es sich bei dem Vergütungsrecht der InsO und der InsVV nicht um ein System handelt; es handelt sich um eine Dauerbaustelle (vgl. Büttner, ZVI 2013, 289 ff.). Wenn es je um ein System handelte, besteht dieses System - jedenfalls für den vorläufigen Verwalter - nicht mehr. Der Gesetzgeber hat durch das Gesetz zur Verkürzung des Restschuldbefreiungsverfahrens und zur Stärkung der Gläubigerrechte vom 15.07.2013 (BGBl. I, 2379) in § 63 InsO eine Sonderregelung für den vorläufigen Verwalter als Abs. 3 angefügt. Diese geht der bisherigen Bezugsnorm des § 63 Abs. 1 InsO vor. Nach § 63 Abs. 3 InsO erhält der vorläufige Verwalter nun in der Regel 25 % der Vergütung des Insolvenzverwalters, bezogen auf das Vermögen, das der vorläufigen Verwaltung unterlag. Es ist durch die Verwendung der Formulierung »in der Regel« nicht nur eine Abweichung in der Höhe des Satzes nach oben oder unten möglich. Auch andere Begründungen der Vergütung sind bei dem vorläufigen Verwalter möglich. Dies schließt auch eine Vergütung nach dem Stundenaufwand ein (vgl. dazu bei § 63 InsO Rdn. 87). Der vorläufige Sachwalter steht aber ohnehin außerhalb des - angeblichen - Vergütungssystems. Er kann daher auch nach Stundensätzen vergütet werden. Dies zeigt die festgestellte Regelungslücke (vgl. Rdn. 11). Ergänzend kann darauf verwiesen werden, dass eine angemessene Zeitvergütung bei der Überwachung der Planerfüllung gem. § 6 Abs. 2 - anstelle einer Staffelvergütung - anerkannt wurde (H/W/F, InsVV § 6 Rn. 17). Es ist nicht ersichtlich, warum dann die Tätigkeit des vorläufigen Sachwalters nicht ebenfalls nach Stundensätzen vergütet werden sollte.

23 Soweit gegen die Vergütung nach Stundensätzen der Hinweis erteilt wurde, dass der Verwalter eine im Einzelfall nicht auskömmliche Vergütung im Hinblick auf den Grundsatz der Querfinanzierung hinzunehmen habe (BGH, ZInsO 2012, 300; BGH, ZInsO 2009, 1511, 1512) kann das für den vorläufigen Sachwalter nicht gelten (zur Querfinanzierung allgemein vgl. bei § 2 Rdn. 36). Eine Querfinanzierung kann es – als Gedanken – bei der Vergütung des vorläufigen Sachwalters angesichts einer weder gesetzlich, noch durch den Verordnungsgeber, geregelten Materie nicht geben. Die vorhandene Regelungslücke widerspricht der Annahme eines Plans. Bei bestehenden Regelungslücken kann nicht zugleich eine Querfinanzierung mitgedacht worden sein. Es kann auch keine Systemimmanenz der Querfinanzierung (so aber Haarmeyer/Mock § 2 Rn. 7 Haarmeyer/Mock vor § 1 Rn. 2) geben. Der vorläufige Sachwalter muss daher auch nichts hinnehmen. Er hat Anspruch auf eine in dem konkreten Fall auskömmliche Vergütung.

24 Ein Stundensatz von 500,00 € ist angesichts der Komplexität nicht unangemessen und dürfte auskömmlich sein. Dieser Satz kann und muss im Einzelfall (s.o. bei Rdn. 22) bestimmt werden. Unsicherheiten entstehen dadurch nicht (a.A. generell, ohne Bezug zum vorläufigen Sachwalter HK-Keller, § 63 InsO Rn. 15). Es entspricht üblicher anwaltlicher Praxis nach Stundensätzen abzurechnen (vgl. generell ablehnend zu Stundensätzen Smid, ZInsO 2014, 1247, 1252; Blersch/Bremen, Beilage ZIP 28/2014, 1). Der durchschnittlich vereinbarte Stundensatz von Rechtsanwälten in Deutschland lag nach einer Studie des Soldan Instituts für Anwaltsmanagement 2006 allerdings bei 182,00 € (Saenger/Uphoff, NJW 2014, 1412 m.w.N. in Fn. 3). Es ist aber anerkannt, dass erfolgreiche Rechtsanwälte ein gehobenes Einkommen erwarten dürfen (BGHZ 184, 209, 237 f. = BGH, NJW 2010, 1364, 1372). Dies erfordert im Regelfall ein Zeithonorar von 250,00 € je Stunde (BGHZ 184, 209, 238 = BGH, NJW 2010, 1364, 1372). Bereits im Jahr 1989 sollen renommierte Wirtschaftsanwälte Stundenhonorare von 500 bis 750 DM verlangt und erhalten haben (BGHZ 184, 209, 238 = BGH, NJW 2010, 1364, 1372 unter Hinweis auf Gerold/Schmidt/Madert, RVG, 18. A., § 3 Rn. 9). Im Jahre 2007 wurde bereits ein Stundenhonorar von 500,00 € nicht als unangemessen beanstandet (vgl. BGHZ 174, 186 ff). In Großkanzleien sind Stundensätze von 500,00 € ohnehin nicht unüblich (Saenger/Uphoff, NJW 2014, 1412 mit weiteren Nachweisen in Fußno 4). Im Zusammenhang kann darauf verwiesen werden, dass eine angemessene Zeitvergütung b der Überwachung der Planerfüllung gem. §6 Abs. 2 bereits vor geraumer Zeit mit 400,00–600,00 je Stunde anerkannt wurde (H/W/F, InsVV §6 Rn. 17). Stundensätze von 350,00 € -700,00 sowie Tagespauschalen von 1.500,00 € - 2.500,00 € für sanierungserfahrens Rechtsanwälte, Wir schaftsprüfer und Unternehmensberater werden bei der Vergütung des vorläufigen Verwalters der Betriebsfortführung jedenfalls als Vergleichsmaßstab herangezogen (Haarmeyer/Mock § 1 Rn. 121). Dies ist auch als Maßstab für den vorläufigen Sachwalter heranzuziehen.

25 Überlegungen zu der anzunehmenden Berechnungsgrundlage des vorläufigen Sachwalters sind b dieser Lösung obsolet. Ansonsten wird zur Berechnungsgrundlage vertreten, dass auf das Vermöge abzustellen sei, auf das sich die Tätigkeit des vorläufigen Sachwalters erstreckte (AG Hambur ZInsO 2014, 569, 571; AG Essen, ZInsO 2014, 464; AG Köln, ZInsO 2013, 741, 742; Budni NZI 2014, 247, 251), wobei dann Gegenstände, die mit Aus- und Absonderungsrechten belast sind, nicht einbezogen werden sollen (Graeber/Graeber, §12 Rn. 14; Mock, ZInsO 2014, 67, 6 Budnik, NZI 2014, 247, 252; a. A. Schur, ZIP 2014, 757, 761). Die Anwendung von §§ 2,3 i ebenfalls obsolet. Wegen der Zuschläge nach anderer Ansicht vgl. Schur, ZIP 2014, 757, 763 ff.

II. Verfahren

26 Der Beschluss über die Vergütung und die Auslagen ergeht nach §64 InsO. Auf die dortigen al gemeinen Vorgaben ist zu verweisen.

27 Bei dem vorläufigen Sachwalter kann sich ergeben, dass eine Eröffnung nicht nachfolgt. Das Inso venzgericht muss in diesen Fällen jedenfalls gem. §26a InsO in entsprechender Anwendung d Kompetenz zur Festsetzung der Vergütung haben (AG Hamburg, ZInsO 2014, 569; AG Göttir gen, ZInsO 2012, 2413). Wird die Festsetzung über einen Stundensatz vorgenommen (s. o. Rd 21 ff.) ergibt sich eine Problematik im Hinblick auf die Feststellung der relevanten Masse bei der nicht eröffneten Verfahren (vgl. hierzu MK-Stephan, §12 Rn. 25) von vornherein nicht. Dem wär sonst aber auch durch eine Schätzung zu begegnen (AG Essen, ZInsO 2014, 464).

D. Reformbestrebungen

28 Reformbestrebungen des Verordnungsgebers oder des Gesetzgebers sind nicht bekannt. Das Ver gütungsrecht befindet sich aber im Umbruch (vgl. §63 Rdn. 3). Dies zeigen auch die vorliegende Reformentwürfe (s. u. Rdn. 29 ff.).

29 Es wurden Diskussionsentwürfe des sog. »Gläubigerforums« veröffentlicht (ZInsO 2013, 2424 ff. ZInsO 2014, 650 ff.; vgl. hierzu Smid, ZInsO 2014, 878 f.).). Weiter ist der Diskussionsentwurf fü ein Insolvenzrechtliches Vergütungsgesetz (InsVG) der Arbeitsgemeinschaft der NIVD e.V, vor gelegt worden (ZInsO 2014, 941 ff. vgl. hierzu Smid, ZInsO 2014, 1247 ff.). Durch den VID e. V ist ebenfalls ein Gesetzesvorschlag erfolgt (ZInsO 2014, 1254 ff.; Beilage, ZIP 28/2014, 14 ff.; vg hierzu Smid, ZInsO 2014, 1247 ff.).

I. Sachwalter

30 Nach dem Vorschlag des VID soll die Vergütung des Sachwalters in einem eigenen - zweiten Abschnitt als §9a geregelt werden. Dies würde dazu führen, dass §10 für den Sachwalter nich mehr greifen würde. Die entsprechende Anwendung der Vorschriften des ersten Abschnitts (§§ 1-9 wird daher ausdrücklich erwähnt. Berechnungsgrundlage ist der Wert des Vermögens des Schuld ners nach §1 des Vorschlages. Die Höhe des Staffelsatzes beträgt 60% der Grundvergütung, di ein Insolvenzverwalter ohne Anordnung der Eigenverwaltung beanspruchen könnte (VID, ZInsC 2014, 1254, 1259 = Beilage, ZIP 28/2014, 14, 18). Zuschläge sind begrenzt auf die dortige Rege lung nach §3 Abs. 1 (Fortführungszuschlag nach gestaffelten Umsatzerlösen), wenn der Sachwalte

alle eingehenden Gelder entgegennimmt und Zahlungen leistet (VID, ZInsO 2014, 1254, 1259 = Beilage, ZIP 28/2014, 14, 18).

Nach dem Diskussionsentwurf des »Gläubigerforums« erhält der Sachwalter unverändert 60% der Vergütung des Insolvenzverwalters. Eine erhöhte Vergütung setzt alternativ voraus, dass nach § 277 Abs. 1 InsO angeordnet wurde, dass bestimmte Rechtsgeschäfte nur mit Zustimmung des Sachwalters wirksam sind oder die Gläubigerversammlung einer Erhöhung zugestimmt hat (»Gläubigerforum«, ZInsO 2014, 650, 655). 31

Nach der Vorstellung des NIVD ist eine explizit eigenständige Vergütung des Sachwalters vorgesehen. Daher soll bei dem Sachwalter die Berechnungsgrundlage für die Vergütung zusammengesetzt sein aus verschiedenen Bestandteilen. Zum einen handelt es sich um die nach § 1 des Vorschlags zu ermittelnde Berechnungsgrundlage für die Tätigkeit aus § 280 InsO (Verwirklichung Haftung nach §§ 92, 93 InsO; Verwirklichung der Anfechtung nach §§ 129 ff. InsO) und 50% der nach § 1 ermittelten Berechnungsgrundlage aus den nicht über den ersten Teil erfassten Tätigkeiten (NIVD, ZInsO 2014, 941, 946). Auf die so ermittelte Berechnungsgrundlage wird die Staffelvergütung nach § 2 bezogen. Zu- und Abschläge nach § 3 des Vorschlags sind möglich. Regelbeispiel für einen Zuschlag ist die Anordnung des Zustimmungsvorbehaltes für den Sachwalter (NIVD, ZInsO 2014, 941, 946). Die Auslagenpauschale soll 125,00 € betragen (NIVD, ZInsO 2014, 941, 946). 32

I. Vorläufiger Sachwalter

Der VID vergibt in seinem Entwurf eine eigene Vorschrift für die Vergütung des vorläufigen Sachwalters (§ 12). Die Höhe der Vergütung des vorläufigen Sachwalters wird in dem Vorschlag des VID aus der dortigen Grundvergütung des endgültigen Sachwalters abgeleitet (s. o. Rdn. 30); demnach erhält der vorläufige Sachwalter 15% der Insolvenzverwaltervergütung nach § 2 Abs. 1 (VID, ZInsO 2014, 1254, 1259 = Beilage ZIP 28/2014, 14). Zu- und Abschläge sind möglich. Den sog. umsatzbezogenen Zuschlag nach der dortigen Vorschrift des § 3 Abs. 1 erhält er nur, soweit er den Zahlungsverkehr an sich gezogen und die entsprechende Verantwortung im Rahmen der Unternehmensführung übernommen hat (Blersch/Bremen, Beilage ZIP 28/2014, 1,11; vgl. den Wortlaut von § 12 Abs. 3 einerseits in Beilage, ZIP 28/2014, 14, 18 und andererseits in ZInsO 2014, 1254, 1260). 33

Der vorläufige Sachwalter erhält nach dem Diskussionsentwurf des »Gläubigerforums« ebenfalls 15% der Insolvenzverwaltervergütung (Gläubigerforum, ZInsO 2014, 650, 655). Die Erhöhungsmöglichkeiten bestehen wie bei dem Sachwalter (vgl. »Gläubigerforum«, ZInsO 2014, 650, 655; s. o. Rdn. 31). 34

Der Entwurf des NIVD leitet die Vergütung des vorläufigen Sachwalters aus der Vergütung des Sachwalters ab. Er erhält 25% der zusammengesetzten Vergütung des Sachwalters (NIVD, ZInsO 2014, 941, 946). Zu- und Abschläge sind möglich; die Limitierung der Auslagenpauschale ist auch hier vorgesehen (NIVD, ZInsO 2014, 941, 946). 35

§ 13 Vergütung des Insolvenzverwalters im Verbraucherinsolvenzverfahren

Werden in einem Verfahren nach dem Neunten Teil der Insolvenzordnung die Unterlagen nach § 305 Absatz 1 Nummer 3 der Insolvenzordnung von einer geeigneten Person oder Stelle erstellt, ermäßigt sich die Vergütung nach § 2 Absatz 2 Satz 1 auf 800 Euro.

§ 13 i. d. F. vor dem 01.07.2014 *Vergütung des Treuhänders im vereinfachten Insolvenzverfahren*

(1) ¹*Der Treuhänder erhält in der Regel 15 vom Hundert der Insolvenzmasse.* ²*Ein Zurückbleiben hinter dem Regelsatz ist insbesondere dann gerechtfertigt, wenn das vereinfachte Insolvenzverfahren vorzeitig beendet wird.* ³*Haben in dem Verfahren nicht mehr als 5 Gläubiger ihre Forderungen angemeldet, so soll*

§ 13 InsVV Vergütung des Insolvenzverwalters im Verbraucherinsolvenzverfahren

die Vergütung in der Regel mindestens 600 Euro betragen. [4]Von 6 bis zu 15 Gläubigern erhöht sich die Vergütung für je angefangene 5 Gläubiger um 150 Euro. [5]Ab 16 Gläubiger erhöht sich die Vergütung angefangene 5 Gläubiger um 100 Euro.

(2) §§ 2 und 3 finden keine Anwendung.

Übersicht

	Rdn.
A. Normzweck	1
B. Norminhalt	2
I. Verfahren aus Anträgen seit dem 01.07.2014	2
II. Verfahren aus Anträgen vor dem 01.07.2014	5
1. Allgemeines	5
2. Regelvergütung (Abs. 1 Satz 1, 2)	6
a) Berechnungsgrundlage (Satz 1)	6
b) Minderung (Satz 2)	
3. Mindestvergütung (Abs. 1 Satz 3 bis 5)	1
4. Anwendbarkeit §§ 2, 3 (Abs. 2)?	1
5. Auslagen	1
6. Vergütung und Auslagen vorläufiger Treuhänder	
C. Reformbestrebungen	1

A. Normzweck

1 Der Zweck der Normen und der jeweilige Inhalt der Normen unterscheiden sich je nach dem Zeitpunkt des gestellten Antrages.

In Verfahren, bei denen der Antrag vor dem 01.07.2014 gestellt wurde, wird die Regelung in § 31. Abs. 1 Satz 3 InsO i. V. m. § 63 Abs. 1 InsO ausgefüllt. Für diese Verfahren ist die Regelung weiter anzuwenden.

Das Gesetz zur Verkürzung des Restschuldbefreiungsverfahrens und zur Stärkung der Gläubigerrechte vom 15.07.2013 (BGBl. I, 2379) hat insofern einen Paradigmenwechsel gebracht. Durch die Abschaffung von § 313 InsO war die Vorschrift in ihrer alten Fassung nicht mehr notwendig. Nach § 2 Abs. 2 Satz 1 würde aber nunmehr - bei Anträgen, die seit dem 01.07.2014 gestellt werden - die Vergütung mindestens 1.000 € betragen. Diese Vergütung wird gekürzt. Dies ist der jetzige Zweck.

B. Norminhalt

I. Verfahren aus Anträgen seit dem 01.07.2014

2 Systematisch gehört die Vorschrift als Ergänzung zu § 2 Abs. 2. Es wäre insofern richtig gewesen in § 2 Abs. 2 einen Halbs. anzufügen, aus dem hervorgeht, dass die Mindestvergütung im Verbraucherinsolvenzverfahren nicht gelten soll, sofern eine geeignete Person oder Stelle eingeschaltet war. Stattdessen ist die Kürzung der Mindestvergütung hier untergebracht worden (vgl. bei Rdn. 4, 17). Bereits bei der ungekürzten Ausgangsgröße nach § 2 Abs. 2 besteht Grund zu der Annahme, dass die Vergütung unangemessen niedrig ist (vgl. § 2 Rdn. 46, vgl. dort auch zu Reformbestrebungen unter Rdn. 53).

3 In der Regel werden die Unterlagen nach § 305 Abs. 1 Nr. 3 InsO von einer geeigneten Person oder Stelle erstellt. Der Verordnungsgeber war der Auffassung, dass diese Vorarbeiten eine Kürzung der Vergütung nach § 2 Abs. 2 Satz 1 um 20 % rechtfertigen würde. Die Regelmindestvergütung für das Verbraucherinsolvenzverfahren ist daher nunmehr auf 800,00 € fixiert.

4 Dies ist unangemessen. Die gekürzte Regelvergütung stellt zwar gegenüber der Regelvergütung nach § 13 InsVV in der früheren Fassung eine Erhöhung dar (s. unter Rdn. 5 ff.). Vorausgegangen ist aber die Feststellung der Verfassungswidrigkeit in der Entscheidung des BGH vom 01.01.2004 (BGH, ZInsO 2004, 263, im Anschluss an BGH, ZInsO 2004, 257) sowie die Änderung der Vorschrift durch die Verordnung zur Änderung der InsVV vom 04.10.2004 (BGBl. I, S. 2569). Die frühere Regelmindestvergütung wurde damit gerechtfertigt, dass beträchtliche Kostenunterschiede zwischen dem Regelverfahren und dem vereinfachten Verfahren bestünden (BGH, ZInsO 2008, 555, 557). Damit kann nicht mehr argumentiert werden, da das Verbraucherinsolvenzverfahren jetzt in

der Struktur und Aufgabenstellung des Verwalters mit dem Regelinsolvenzverfahren übereinstimmt (Büttner, ZVI 2013, 289, 301). Minimum ist Minimum; dies wäre als Devise angemessen gewesen (Büttner, ZVI 2013, 2889, 301). Die in der Vorschrift versteckte Kappung einer Mindestvergütung überzeugt nicht (vgl. wegen Reformbestrebungen bei Rdn. 17).

II. Verfahren aus Anträgen vor dem 01.07.2014

1. Allgemeines

Zur Entstehung als Tätigkeitsvergütung s. § 63 InsO Rdn. 20, zur Fälligkeit und Verjährung vgl. § 63 InsO Rdn. 27 f. Über § 10 sind die Vorschriften des ersten Abschnitts entsprechend anzuwenden; wegen der Festsetzung durch Beschluss ist auf § 64 InsO Rdn. 17 verwiesen. Hinsichtlich der Erläuterungen zu Bekanntmachung und Zustellung des Beschlusses vgl. bei § 64 InsO Rdn. 24 ff., zu den Rechtsmitteln vgl. § 64 InsO Rdn. 26 ff. Hinsichtlich der USt wird auf § 7 verwiesen. **5**

Stirbt der Schuldner während des laufenden Verfahrens, steht dem Treuhänder nicht die Vergütung des Insolvenzverwalters zu, sofern er nicht zum Nachlassinsolvenzverwalter bestellt wird (BGH, ZInsO 2008, 453).

2. Regelvergütung (Abs. 1 Satz 1, 2)

a) Berechnungsgrundlage (Satz 1)

Auszugehen ist von der Summe der Einnahmen und des Zuerwerbs, denn die Vorschrift enthält keine Sonderregelung, sodass für die Bestimmung der Masse § 1 gilt (vgl. BGH, ZInsO 2005, 760; OLG Schleswig, ZInsO 2001, 180, 181; a. A. wohl LG Essen 7 T 241/10, juris). Besonderheiten sind zu berücksichtigen: Wenn keine Liquidation, sondern eine Fortführung stattfindet, ist dies weder von § 1 Abs. 1 Satz 1 noch von § 1 Abs. 1 Satz 2 erfasst; aus dem Rechtsgedanken von § 1 Abs. 1 Satz 2 ergibt sich dann, dass das Anlagevermögen der Insolvenzmasse hinzuzurechnen ist (BGH, ZInsO 2005, 760). Soweit der Treuhänder ein Unternehmen fortführt oder die Fortsetzung der selbstständigen Tätigkeit des Schuldners begleitet oder duldet, ist § 1 Abs. 2 Nr. 4b anwendbar (BGH, ZInsO 2005, 760). **6**

In der Liquidation ist § 1 Abs. 2 Nr. 1 nicht anwendbar, da die Verwertung durch den absonderungsberechtigten Gläubiger betrieben wird (vgl. § 313 Abs. 3 Satz 1 InsO). Unanwendbar ist auch § 1 Abs. 2 Nr. 2. Gibt das Insolvenzgericht gem. § 314 Abs. 1 Satz 2 InsO a. F. dem Schuldner auf, einen konkreten Betrag an den Treuhänder zu zahlen, ist § 1 Abs. 2 Nr. 5 nicht – auch nicht entsprechend – anwendbar. Es handelt sich nicht um einen Vorschuss oder Zuschuss, sondern um den Ersatz der Masse, weil von der Verwertung abgesehen wurde. **7**

Von der so ermittelten Masse beträgt die Vergütung i. d. R. 15 %. Ausgangspunkt des Verordnungsgebers (vgl. Amtl. Begründung Abdruck in: H/W/F S. 42 ff., 63) war die Überlegung, dass der Aufgabenkreis des anstelle des Insolvenzverwalters im vereinfachten Insolvenzverfahren tätigen Treuhänders erheblich reduziert sei und deshalb rgm. eine auf 15 % des Wertes der Insolvenzmasse geminderte Vergütung gerechtfertigt sei (BGH, ZInsO 2011, 2052, 2053). Der Verordnungsgeber hat aber nicht ausgeschlossen, dass bei atypischen Sachverhalten – wie einer längerfristigen Betriebsfortführung – eine Abweichung nach oben stattfindet, sodass dann ein Zuschlag auf die Regelvergütung in Betracht kommt (BGH, ZInsO 2005, 760, 761). **8**

b) Minderung (Satz 2)

Es sind Abschläge in Ausnahmefällen möglich (vgl. BGH, ZInsO 2005, 760, 761; LG Chemnitz, ZInsO 2008, 1266). Eine Ausnahme liegt vor, wenn es zu einer vorzeitigen Beendigung des vereinfachten Verfahrens kommt; es ist insofern eine vergleichsweise kurze Dauer des Verfahrens nicht vorausgesetzt (BGH, ZInsO 2006, 1159, 1160). Eine Ausnahme liegt vor, wenn der Treuhänder kaum tätig werden musste, weil kein verwertbares Vermögen vorhanden war oder kein Gläubiger **9**

Forderungen zur Tabelle angemeldet hat (LG Berlin, NZI 2009, 777, 778; vgl. LG Essen 7 T 241/10, juris: 1 Gläubiger).

3. Mindestvergütung (Abs. 1 Satz 3 bis 5)

10 In nahezu allen Fällen wird das Verfahren auf Kostenstundung eröffnet und der Treuhänder erzielt keine Insolvenzmasse; daher ist typischerweise die Mindestvergütung, die bei den ab 01.01.2004 eröffneten Verfahren 600,00 € beträgt, als »eigentliche Regelvergütung« einschlägig (vgl. Keller NZI 2005, 23, 28; zu der früheren verfassungswidrigen Regelung vgl. 4. A. Rdn. 4 ff.). Die nach Satz 1 vorgesehene Vergütung ist mit der Mindestvergütung, ohne Erhöhungen wegen der Gläubigerzahl, zu vergleichen. Erst bei einer Masse von 4.001,00 € wird die Regelvergütung mit 615,00 € höher sein, als die Mindestvergütung (Keller, NZI 2005, 23, 28).

11 Die Mindestvergütung kann sich nach der Zahl der im Verfahren vorliegenden Forderungsanmeldungen gestaffelt erhöhen. Die Zahl der Gläubiger wäre auf die Zahl der rechtlich selbstständigen, vorliegenden Anmeldungen zu beziehen (Keller, NZI 2005, 23, 24; a. A. BGH, ZInsO 2011, 1251, zu § 2 Abs. 2). Werden von Gläubigern angemeldete Forderungen im Laufe des Verfahrens zurückgenommen, sind diese Anmeldungen gleichwohl mit zu zählen, da sich die Tätigkeit des Verwalters bis zur Rücknahme der Anmeldungen auch auf diese Forderungen erstreckte (Keller, Vergütung, Rn. 423; a. A. LG Dessau-Roßlau ZVI 2014, 280; AG Potsdam, ZInsO 2006, 933; H/W/F, InsVV § 13 Rn. 11). Für die Berücksichtigung der Erhöhung kommt es nicht darauf an, ob die angemeldeten Forderungen am Ende des Verfahrens anerkannt wurden oder endgültig bestritten blieben (a. A. AG Potsdam, ZInsO 2006, 1262).

4. Anwendbarkeit §§ 2, 3 (Abs. 2)?

12 Abs. 2 scheint die Anwendung von §§ 2 und 3 nach dem Wortlaut auszuschließen (so noch BGH, ZInsO 2004, 263, 264). Da aber der Verordnungsgeber für die Möglichkeit einer atypischen Sachverhaltskonstellation Abweichungen von der Regelsatzvergütung vorsah (vgl. Begründung, Abdruck in H/W/F, InsVV, S. 63), bedeutet die Unanwendbarkeit von § 3 nur, dass die dortigen Regelfälle keine Anwendung finden, sondern dass – allerdings nur – in besonders gelagerten Ausnahmefällen Zuschläge und Abschläge möglich sind (BGH, ZInsO 2011, 2052, 2053). Im Verhältnis zur Größe des Verfahrens wenige, einfach zu erstellende Steuererklärungen sollen mit der Regelvergütung abgegolten sein (BGH, ZInsO 2013, 2511; vgl. im Zusammenhang bei § 63 InsO Rdn. 18 sowie bei § 2 Rdn. 14 ff. wegen der Fiktion, die einem Normalverfahren zugrunde liegt und den Folgerungen bei § 2 Rdn. 28 f. und § 3 Rdn. 2 ff.).

Die Regelvergütung nach Abs. 1 Satz 1 übersteigt die Regelvergütung nach der Staffel des § 2 Abs. 1 ab einem Betrag von ca. 160.000,00 € (BGH, ZInsO 2011, 2052, 2053). Der Verordnungsgeber hat durch Abs. 2 die Anwendung des § 2 Abs. 1 ausdrücklich ausgeschlossen (BGH, ZInsO 2011, 2052, 2053; a. A. AG Düsseldorf, ZInsO 2008, 155; LG Offenburg, ZInsO 2005, 481, 482 im Zuge einer Nachtragsverteilung). Weicht die sich nach der Regel des Abs. 1 Satz 1 ergebende Vergütung erheblich von den Vorstellungen des Verordnungsgebers ab, soll ein Abschlag geprüft werden (BGH, ZInsO 2011, 2052, 2053). Bei der Regelvergütung soll es in diesen Fällen verbleiben, wenn erhebliche Erschwernisse ggü. dem normalen Tätigkeitsbild des Treuhänders vorliegen, die der Tätigkeit eines Insolvenzverwalters im Normalverfahren zumindest entsprechen oder, bei weiter steigender Berechnungsgrundlage, diese übersteigen. Anzumerken ist, dass es kein definiertes Normalverfahren gibt. Es handelt sich um eine Fiktion. Zu der Problematik des Normalverfahrens, das auf einer Fiktion beruht, ist erneut auf § 2 Rdn. 14 ff., 29 zu verweisen.

5. Auslagen

13 Der Treuhänder erhält wegen § 10 Auslagenersatz nach § 4 (AG Potsdam, ZInsO 2001, 189). Gleiches gilt entsprechend für den vorläufigen Treuhänder.

Der Treuhänder kann die pauschale Erstattung nach § 8 Abs. 3 beanspruchen; die Auslagenpauschale nach § 8 Abs. 3 ist auf die Regelvergütung nach Abs. 1 Satz 1 zu beziehen (AG Göttingen, DZWIR 2005, 86; a.A. AG Potsdam, ZInsO 2006, 1262, 1263). Wird die Mindestvergütung angesetzt, sind es max. 30 % des ggf. wegen der Gläubigerzahl erhöhten Betrags; vgl. § 8 Abs. 3 a.A. AG Bamberg, ZInsO 2005, 204; AG Köln, NZI 2006). 14

Werden Zustellungen nach § 8 Abs. 3 InsO auf den Treuhänder übertragen, kann der Treuhänder Ersatz, aber keinen Zuschlag erhalten (BGH, ZInsO 2013, 894). Die Höhe des Ersatzes bemisst sich außerhalb der sonstigen Zuschlagstatbestände durch einen angemessenen Betrag pro Zustellung, der nach dem tatsächlichen Aufwand geschätzt werden kann (BGH, ZInsO 2013, 894; vgl. BGH, ZInsO 2012, 753).

5. Vergütung und Auslagen vorläufiger Treuhänder

Der vorläufige Treuhänder ist eine vom BGH anerkannte Rechtsfigur (vgl. BGH, VuR 2007, 470, 471). Er ist in analoger Anwendung von §§ 21, 22 InsO zu bestellen (BGH, VuR 2007, 470, 471). Für eine angemessene Vergütung des vorläufigen Treuhänders (§ 306 Abs. 2 Satz 1 InsO) ist § 11 analog anzuwenden (LG Berlin, ZVI 2011, 192, 193; OLG Köln, ZInsO 2001, 128; AG Rosenheim, ZInsO 2001, 218; offen gelassen in: BGH, VuR 2007, 470, 471). Es handelt sich insofern um die auf die dritte Ebene verlängerte Fiktionskette (vgl. § 2 Rdn. 14 ff.; Rdn. 29). Ausgangspunkt ist das Normalverfahren des Verwalters, das § 2 Abs. 1 zugrunde liegt; darauf bezieht sich das angebliche Normalverfahren des vorläufigen Verwalters, aus dem dann der vorläufige Treuhänder abgeleitet ist. 15

Berechnungsgrundlage ist die verwaltete Masse. Die Höhe der Vergütung richtet sich nach dem Leistungsbild der entfalteten Tätigkeit (vgl. BGH, ZInsO 2003, 748, 749). Auch dies ist eine fiktive Bestimmung (vgl. § 2 Rdn. 14 ff.; Rdn. 29). Ein Bruchteil von 15 % wurde anerkannt (AG Köln, NZI 2000, 143, 144; LG Koblenz, ZInsO 2001, 24; a.A. AG Rosenheim, ZInsO 2001, 218: 25 %). Bei masselosen oder massearmen Verfahren ist die Regelmindestvergütung von 600,00 € zu gewähren (LG Berlin, ZVI 2011, 192, 193).

Auch der vorläufige Treuhänder kann die pauschalierten Auslagen beanspruchen.

C. Reformbestrebungen

Reformbestrebungen des Verordnungsgebers oder des Gesetzgebers sind nicht bekannt. Das Vergütungsrecht befindet sich in einem Umbruch (vgl. § 63 Rdn. 3). Dies zeigen die konkreten Vorschläge von VID (ZInsO 2014, 1254 ff.; Beilage ZIP 28/2014, S. 14 ff.), NIVD (ZInsO 2014, 941 ff.) und »Gläubigerforum« (ZInsO 2013, 2424 ff; ZInsO 2014, 650 ff.). 16

Die Vorschläge in den einzelnen Konzepten zu der Norm ergeben zusammengefasst, dass - derzeit übereistimmend - 1.000,00 € als Vergütung vorgeschlagen werden. 17

Nach dem Entwurf des NIVD wird die Vorschrift gestrichen (NIVD, ZInsO 2014, 941, 946); dadurch kommt es zu einer Vergütung von 1.000,00 €, weil dies durch § 2 Abs. 2 so vorgegeben ist. 18

VID (VID, ZInsO 2014, 1254, 1260; ZIP Beilage 28/2014, 14, 19) und »Gläubigerforum« (»Gläubigerforum«, ZInsO 2014, 650, 656) stimmen im Ergebnis überein. Auch dort wird jeweils ein Betrag von 1.000,00 € vorgesehen. Der Unterschied zwischen diesen Ansätzen liegt in einem jeweils anderen Ausgangspunkt. Bei dem Vorschlag des VID ist es eine Ermäßigung der nach dem dortigen Vorschlag höheren Mindestvergütung nach § 2, die 2.000,00 € beträgt (VID, ZInsO 2014, 1254, 1255; ZIP Beilage 28/2014, 14, 15), 19

Bei dem Entwurf des »Gläubigerforums« ist es eine Erhöhung der derzeit bestehenden Mindestvergütung. Diese scheint aber darauf zu beruhen, dass der Text des dortigen Entwurfs noch an dem Wortlaut von § 13 a. F. orientiert ist. Möglicherweise ist der Text in dem Reformvorschlag an die veränderte Ausgangslage nach dem Gesetz zur Verkürzung des Restschuldbefreiungsverfahrens und 20 zur Stärkung der Gläubigerrechte vom 15.07.2013 (BGBl. I, 2379) nicht angepasst worden. Dafür spricht jedenfalls, dass der Wortlaut von § 13 a. F. komplett -mit Ausnahme des Betrages für die Vergütung - übernommen worden ist. Eigentlich sehen die Programmsätze des »Gläubigerforums« eine deutliche Erhöhung der Mindestvergütungen vor (vgl. ZInsO 2014, 650); § 2 Abs. 2 dieses Entwurfs geht auch von einer Mindestvergütung von 2.500,00 € aus (vgl. ZInsO 2014, 650, 651). Insofern passen die Werte - möglicherweise noch - nicht zusammen.

Dritter Abschnitt Vergütung des Treuhänders nach § 293 der Insolvenzordnung

§ 14 Grundsatz

(1) Die Vergütung des Treuhänders nach § 293 der Insolvenzordnung wird nach der Summe der Beträge berechnet, die auf Grund der Abtretungserklärung des Schuldners (§ 287 Abs. 2 der Insolvenzordnung) oder auf andere Weise zur Befriedigung der Gläubiger des Schuldners beim Treuhänder eingehen.

(2) Der Treuhänder erhält
1. von den ersten 25.000 Euro 5 vom Hundert,
2. von dem Mehrbetrag bis 50.000 Euro 3 vom Hundert und
3. von dem darüber hinausgehenden Betrag 1 vom Hundert.

(3) [1]Die Vergütung beträgt mindestens 100 Euro für jedes Jahr der Tätigkeit des Treuhänders [2]Hat er die durch Abtretung eingehenden Beträge an mehr als 5 Gläubiger verteilt, so erhöht sich diese Vergütung je 5 Gläubiger um 50 Euro.

Übersicht	Rdn.		Rdn
A. Normzweck	1	III. Mindestbetrag (Abs. 3)	5
B. Norminhalt	2	C. Reformbestrebungen	9
I. Berechnungsgrundlage (Abs. 1)	2	I. Vergütungsstaffel	11
II. Vergütungssätze (Abs. 2)	4	II. Mindestvergütung	12

A. Normzweck

1 Berechnungsgrundlage und Staffel der Vergütung des Treuhänders nach § 293 InsO sowie die Mindestvergütung sind benannt.

B. Norminhalt

I. Berechnungsgrundlage (Abs. 1)

2 Eine Entscheidung des Gerichts nach § 291 Abs. 2 InsO ist Voraussetzung (BGH, ZInsO 2004, 142). Berechnungsgrundlage ist die Summe der Beträge, die aufgrund der Abtretungserklärung gem. § 287 Abs. 2 Satz 1 InsO bzw. nach § 295 Abs. 1 Nr. 2, 4 sowie § 295 Abs. 2 InsO sowie aufgrund Leistungen Dritter bei dem Treuhänder während der Dauer des Restschuldbefreiungsverfahrens eingehen (LG Mönchengladbach, ZInsO 2007, 1044, 1045). Zahlungen Dritter auf die Mindestvergütung sowie Zahlungen des Schuldners nach § 298 Abs. 1 InsO fließen nicht ein (HK-Keller § 14 Rn. 3).

3 Während § 293 Abs. 1 Satz 2 InsO vorsieht, dass dem Zeitaufwand und dem Umfang der Tätigkeit bei der Vergütung Rechnung zu tragen sei, wird starr auf die Summe der vereinnahmten Beträge abgestellt. Entstehen Zusatzbelastungen, z. B. gerichtliche Durchsetzung und Vollstreckung abgetretener Beträge gegen den Verpflichteten, rechtfertigt dies Zuschläge (FK-Lorenz § 14 Rn. 7; H/W/F, § 14 Rn. 7).

I. Vergütungssätze (Abs. 2)

Die Vergütungssätze orientieren sich an der Vergütung des Zwangsverwalters (amtl. Begründung, Abdruck bei H/W/F, InsVV S. 65). Da nicht auszuschließen ist, dass während der Wohlverhaltensphase beim Treuhänder Beträge eingehen, die zu einer höheren Vergütung nach Abs. 2 führen, ist die Vergütung des Treuhänders nicht auf die Mindestvergütung des § 14 Abs. 3 InsVV beschränkt BGH, ZVI 2013, 79). 4

II. Mindestbetrag (Abs. 3)

Das BMJ hat den Mindestbetrag (Satz 1) bewusst niedrig gewählt, um die Restschuldbefreiung nicht an diesem Punkt scheitern zu lassen (amtl. Begründung Abdruck bei H/W/F, InsVV S. 65). 5

Durch die Verordnung zur Änderung der InsVV v. 04.10.2004 (BGBl. I, S. 2569) wurde die Erhöhung bei Verteilung der durch Abtretung oder in sonstiger Weise zur Befriedigung der Gläubiger eingegangenen Beträge an mehr als fünf Gläubiger um 50,00 € je fünf Gläubiger als Satz 2 angefügt, da der Treuhänder gezwungen sein könne, für eine Mindestvergütung von 100,00 € für jedes Jahr der Tätigkeit auch noch die eingehenden Beträge ggf. an eine Vielzahl von Gläubigern zu verteilen (vgl. Begründung in ZVI 2004, 638, 644). Der Treuhänder soll zumindest die sich aus Abs. 3 ergebende Vergütung erhalten. Zu vergleichen sind daher einerseits die Mindestvergütung und die Vergütung aus Abs. 1, 2, bezogen auf die gesamte Dauer der Tätigkeit. Die höhere Vergütung ist festzusetzen (BGH ZInsO 2011, 247, 248). Die Erhöhung der Vergütung um jeweils 50,00 € pro fünf Gläubiger setzt voraus, dass die eingegangenen Beträge in dem zu prüfenden Jahr der Tätigkeit an mehr als fünf Gläubiger verteilt wurden. Der Zuschlag fällt dann jeweils an, wenn an weitere (fünf) Gläubiger verteilt wurde (BGH, ZInsO 2011, 247, 248). Die Regelvergütung nach Abs. 2 kann nicht zusätzlich zu Abs. 3 Satz 2 verlangt werden (BGH, ZInsO 2011, 247, 248). 6

Bei Stundung wird durch die subsidiäre Haftung der Staatskasse die Mindestvergütung für den Treuhänder sichergestellt (§ 293 Abs. 2 i. V. m. § 63 Abs. 2 InsO). 7

Die Regelung findet für die Tätigkeit des Treuhänders ab dem 07.10.2004 Anwendung; davor galt die frühere Fassung (BGH, ZInsO 2011, 247; a. A. LG Saarbrücken, NZI 2010, 696 f.; LG Augsburg, ZInsO 2010, 351). Das Restschuldbefreiungsverfahren ist selbstständig. Durch § 19 Abs. 1 ist keine Übergangsregelung getroffen worden (BGH, ZInsO 2011, 247). 8

C. Reformbestrebungen

Zu früheren Bestrebungen vgl. 2. Aufl. 9

Aktuelle Reformbestrebungen des Verordnungsgebers oder des Gesetzgebers sind nicht bekannt. Das Vergütungsrecht befindet sich aber allgemein im Umbruch (vgl. § 63 InsO Rdn. 3). Es wurden Diskussionsentwürfe des sog. »Gläubigerforums« veröffentlicht (vgl. ZInsO 2013, 2424 ff.; ZInsO 2014, 650 ff.; vgl. hierzu Smid, ZInsO 2014, 878 f.).). Weiter ist der Diskussionsentwurf für ein Insolvenzrechtliches Vergütungsgesetz (InsVG) der Arbeitsgemeinschaft der NIVD e.V, vorgelegt worden (ZInsO 2014, 941 ff. vgl. hierzu Smid, ZInsO 2014, 1247 ff.). Durch den VID e. V. ist ebenfalls ein Entwurf für die Tätigkeit des Gesetzgebers (ZInsO 2014, 1254 ff., Beilage, ZIP 28/2014, 14 ff.; vgl. hierzu Smid, ZInsO 2014, 1247 ff.). Die Entwürfe sehen jeweils Anpassungen der Mindestvergütung als auch der Staffel vor. 10

I. Vergütungsstaffel

Der VID will auf die ersten 25.000,00 € 10% ansetzen, auf den Mehrbetrag bis 50.000,00 € dann 6% und bei darüberhinausgehenden Beträgen 2% gewähren (VID, ZInsO 2014, 1254, 1260 = Beilage ZIP 28/2014, 14, 19). Der Vorschlag des »Gläubigerforums« staffelt bei den entsprechenden Beträgen auf 7,5%, 5% und 2,5% (Gläubigerforum, ZInsO 2014, 650, 656); der Vorschlag des NIVD geht von einer Staffel aus, die bei den entsprechenden Werten 6% und dann 4% vorsieht 11 und für die es auf der letzten Stufe bei der bestehenden Regelung bleibt (NIVD, ZInsO 2014, 941, 946).

II. Mindestvergütung

12 Der Vorschlag des VID stimmt mit dem des »Gläubigerforums« hinsichtlich der Höhe der Mindestvergütung überein. Es soll eine Anhebung auf 200,00 € erfolgen (VID, ZInsO 2014, 1254, 1260 = Beilage, ZIP 28/2014, 14, 19; Gläubigerforum, ZInsO 2014, 650, 656). Der Vorschlag des NIVD sieht eine Anhebung auf 250,00 € vor (NIVD, ZInsO 2014, 941, 946).

§ 15 Überwachung der Obliegenheiten des Schuldners

(1) ¹Hat der Treuhänder die Aufgabe, die Erfüllung der Obliegenheiten des Schuldners zu überwachen (§ 292 Abs. 2 der Insolvenzordnung), so erhält er eine zusätzliche Vergütung. ²Dies beträgt regelmäßig 35 Euro je Stunde.

(2) ¹Der Gesamtbetrag der zusätzlichen Vergütung darf den Gesamtbetrag der Vergütung nach § 14 nicht überschreiten. ²Die Gläubigerversammlung kann eine abweichende Regelung treffen.

Übersicht	Rdn.		Rdn.
A. Normzweck	1	II. Grenze der Überwachungsvergütung	
B. Norminhalt	2	(Abs. 2)	
I. Überwachungsvergütung (Abs. 1)	2	C. Reformbestrebungen	

A. Normzweck

1 Die Vorschrift ergänzt § 14 durch Benennung des Stundensatzes und des Höchstbetrags.

B. Norminhalt

I. Überwachungsvergütung (Abs. 1)

2 Der Treuhänder ist nur verpflichtet, die Erfüllung der Obliegenheiten des Schuldners zu überwachen, wenn die zusätzliche Vergütung gedeckt ist oder vorgeschossen wird (§ 292 Abs. 2 Satz 3 InsO). Mit der Verordnung zur Änderung der InsVV v. 04.10.2004 (BGBl. I, S. 2569) wurde der Stundensatz von 15,00 € auf 35,00 € erhöht.

3 Bei der Überwachung handelt es sich nicht um eine hoch qualifizierte Tätigkeit; wegen des Kostenrechtsmodernisierungsgesetzes v. 05.05.2004 (BGBl. I, S. 718, 776) und der Zwangsverwalterverordnung v. 19.12.2003 (BGBl. I, S. 2804) wurden die Stundensätze erhöht (Begründung in ZVI 2004, 638, 644).

4 Aufgrund der Übergangsregelung in § 19 war der alte Stundensatz von 15,00 € noch auf diejenigen Tätigkeiten in der Wohlverhaltensperiode anzuwenden, die vor Inkrafttreten der Verordnung v. 04.10.2004 erbracht worden sind (vgl. Begründung zu § 19 in: ZVI 2004, 638, 644).

5 Für Verfahren, in denen der Treuhänder Tätigkeiten in der Wohlverhaltensperiode seit dem 01.01.2004 erbracht hat, ist der **erhöhte Stundensatz von 35,00 €** maßgeblich (vgl. Begründung zu § 19 in: ZVI 2004, 638, 644).

II. Grenze der Überwachungsvergütung (Abs. 2)

6 Das BMJ wollte ausdrücklich eine über die Verdopplung hinausgehende Erhöhung der Sätze (vgl. Begründung zu § 19 in: ZVI 2004, 638, 644). Fällt lediglich die Mindestvergütung nach § 14 Abs. 3 i. H. v. 100,00 € an, wirkt sich die Erhöhung der Stundensätze nicht aus (vgl. Blersch, ZIP

2004, 2311, 2317). Nur sofern die Mindestvergütung nicht anfällt, kann die Vergütung nach § 14 die zusätzliche Vergütung begrenzen. Satz 1 ist daher einschränkend auszulegen.

Satz 2 gibt der **Gläubigerversammlung** die Möglichkeit, eine abweichende Regelung zu treffen. 7

Stehen keine Mittel zur Verfügung, um die Zusatzvergütung zu zahlen, muss der Treuhänder die Gläubigerversammlung auffordern, einen Vorschuss zu zahlen. Er hat insofern darzulegen, dass die Vergütung aus den Eingängen nicht gedeckt werden kann; wurde von der Gläubigerversammlung eine von Abs. 2 Satz 2 abweichende Regelung getroffen, muss der Treuhänder den erforderlichen Zeitaufwand schätzen und diese Schätzung begründen (FK-Lorenz § 15 Rn. 6). 8

C. Reformbestrebungen

Reformbestrebungen des Verordnungsgebers oder des Gesetzgebers sind nicht bekannt. Das Vergütungsrecht ist allgemein im Umbruch (vgl. bei § 63 InsO Rdn. 3). Es wurden Diskussionsentwürfe des sog. »Gläubigerforums« veröffentlicht (vgl. ZInsO 2013, 2424 ff.; ZInsO 2014, 650 ff.; vgl. hierzu Smid, ZInsO 2014, 878 f.). Weiter ist der Diskussionsentwurf für ein Insolvenzrechtliches Vergütungsgesetz (InsVG) der Arbeitsgemeinschaft der NIVD e.V, vorgelegt worden (ZInsO 2014, 941 ff. vgl. hierzu Smid, ZInsO 2014, 1247 ff.). Durch den VID e. V. ist ebenfalls ein Vorschlag für eine gesetzliche Regelung vorgelegt worden (ZInsO 2014, 1254 ff., Beilage, ZIP 28/2014, 14 ff.; vgl. hierzu Smid, ZInsO 2014, 1247 ff.). 9

Die Entwürfe sehen eine Anhebung des Stundensatzes auf 40,00 € (NIVD, ZInsO 2014, 650, 656), 50,00 € (VID, ZInsO 2014, 1254, 1260) sowie auf 75,00 € je Stunde vor (Gläubigerforum, ZInsO 2014, 650, 656). 10

§ 16 Festsetzung der Vergütung. Vorschüsse

(1) ¹Die Höhe des Stundensatzes der Vergütung des Treuhänders, der die Erfüllung der Obliegenheiten des Schuldners überwacht, wird vom Insolvenzgericht bei der Ankündigung der Restschuldbefreiung festgesetzt. ²Im Übrigen werden die Vergütung und die zu erstattenden Auslagen auf Antrag des Treuhänders bei der Beendigung seines Amtes festgesetzt. ³Auslagen sind einzeln anzuführen und zu belegen. ⁴Soweit Umsatzsteuer anfällt, gilt § 7 entsprechend.

(2) ¹Der Treuhänder kann aus den eingehenden Beträgen Vorschüsse auf seine Vergütung entnehmen. ²Diese dürfen den von ihm bereits verdienten Teil der Vergütung und die Mindestvergütung seiner Tätigkeit nicht überschreiten. ³Sind die Kosten des Verfahrens nach § 4a der Insolvenzordnung gestundet, so kann das Gericht Vorschüsse bewilligen, auf die Satz 2 entsprechend Anwendung findet.

Übersicht	Rdn.			Rdn.
A. Normzweck	1	1. Grundvergütung		3
B. Norminhalt	2	2. Überwachungsvergütung		6
I. Stundensatz (Abs. 1 Satz 1)	2	3. Festsetzung.		8
II. Verfahren für Vergütung, Auslagen (Abs. 1 Satz 2 bis 4)	3	III. Vorschuss (Abs. 2).		10
		C. Reformbestrebungen		13

A. Normzweck

§§ 14, 15 werden durch die Benennung des Verfahrens für Vergütung und Vorschuss ergänzt. 1

B. Norminhalt

I. Stundensatz (Abs. 1 Satz 1)

2 Das Gericht setzt den **Stundensatz** des Treuhänders, der die Überwachung der Erfüllung der Obliegenheiten übernommen hat, bei der Ankündigung der Restschuldbefreiung von Amts wegen fes[t]. Die Ankündigung der Restschuldbefreiung spricht der **Rechtspfleger** aus, wenn kein Versagungs[antrag] gestellt ist (§ 18 Abs. 1 Nr. 2 RPflG) und kein Richtervorbehalt besteht (§ 18 Abs. 2 RPflG). Der Rechtspfleger entscheidet unter Beachtung dieser Voraussetzungen auch über den Stundensat[z] (FK-Lorenz § 16 Rn. 7). Es handelt sich um einen **Beschluss** nach § 64 Abs. 1 i.V. m. § 293 Abs. [2] InsO; der Beschluss ist **zu begründen**. Aus der Begründung müssen die Kriterien hervorgehe[n], die das Gericht bei der Bestimmung der Höhe des Stundensatzes zugrunde legte (BK-Blersch § 1[6] Rn. 11).

II. Verfahren für Vergütung, Auslagen (Abs. 1 Satz 2 bis 4)

1. Grundvergütung

3 Die Vergütung nach § 14 (Grundvergütung) sowie Auslagen werden auf Antrag des Treuhänders be[i] Beendigung des Amtes festgesetzt. Davor ist der Antrag unzulässig (BK-Blersch § 16 Rn. 14). Da[s] Amt endet gem. § 299 InsO vorzeitig, wenn nach §§ 296, 297 oder 298 InsO die Restschuldbe[-]freiung versagt wird. Das Amt endet auch mit der Rechtskraft einer Entscheidung nach § 300 Ins[O] daneben aus allgemeinen Gründen (Tod oder Entlassung des Treuhänders sowie Tod des Schuldner[s] oder vollständige Befriedigung der Gläubiger).

4 Der **Antrag** muss einen **konkreten Betrag** benennen, die **USt** ausweisen und die **Berechnungs[-]grundlage** nach § 14 Abs. 1 nachvollziehbar darlegen. Bei Beendigung des Amtes ist Rechnung gem. § 292 Abs. 3 Satz 1 InsO zu legen. Damit stehen dem Gericht die notwendigen Unterlagen zu[r] Verfügung (FK-Lorenz § 16 Rn. 7).

5 Die Auslagen sind getrennt zu beantragen und einzeln nachzuweisen. § 8 Abs. 3 gilt wegen Satz [2] nicht.

2. Überwachungsvergütung

6 Der Antrag wegen der Vergütung nach § 15 sollte mit dem Antrag wegen § 14 gemeinsam gestell[t] werden (H/W/F, InsVV § 16 Rn. 4; a. A. Haarmeyer/Mock § 16 Rn. 5). Er muss einen bezifferte[n] Betrag für Vergütung und Auslagen und ggf. USt enthalten.

7 Basis ist der **Festsetzungsbeschluss über den Stundensatz**. Der Treuhänder muss die von ihm auf[-]gewandten Stunden nachweisen. Es gibt keine Möglichkeit der Schätzung. Pauschalen sind nich[t] zulässig (Haarmeyer/Mock § 16 Rn. 5; H/W/F, InsVV § 16 Rn. 4). Die Überwachungstätigkeiten sind mit Datum, Dauer und genauer Beschreibung nachzuweisen, sodass der Treuhänder ständig **Stundennachweise** führen muss (FK-Lorenz § 16 Rn. 11). Der Treuhänder hat darzustellen, welche Vorschüsse er bereits ohne vorherige Zustimmung des Gerichts entnommen hat (FK-Lorenz § 1[6] Rn. 13).

3. Festsetzung

8 Zuständig ist jeweils der **Rechtspfleger**, soweit kein Richtervorbehalt besteht (FK-Lorenz § 1[6] Rn. 14 f.). Er entscheidet durch **Beschluss**. Rechtliches Gehör ist zu gewähren (vgl. zum rechtlichen Gehör allgemein bei § 64 InsO Rdn. 11 ff.). Wegen der Bekanntmachung und Zustellung an die Beschwerdeberechtigten ist auf § 64 InsO Rdn. 24 ff. zu verweisen.

9 Gegen die jeweiligen Beschlüsse ist die **Beschwerde** nach § 293 Abs. 2 i. V. m. § 64 Abs. 3 InsO (vgl. § 64 InsO Rdn. 26 ff.) für den Treuhänder, den Schuldner sowie die Gläubiger aus dem rechtskräf[-]tigen Schlussverzeichnis gem. § 292 Abs. 1 InsO gegeben.

III. Vorschuss (Abs. 2)

Nach **Satz 1** kann der Treuhänder aus nach § 287 Abs. 2 InsO oder auf andere Weise zur Befriedigung der Gläubiger eingegangenen Geldern Vorschüsse auf die Vergütung **ohne** Zustimmung des Gerichts entnehmen. Die entnommenen Beträge dürfen nicht den bereits verdienten Teil der Vergütung und nicht die Mindestvergütung übersteigen (**Satz 2**). Entstandene **Auslagen** können ebenfalls entnommen werden (Amtl. Begründung, Abdruck bei H/W/F, InsVV S. 67). 10

Bei **Kostenstundung** (Satz 3) setzen Vorschüsse die Bewilligung des Gerichts voraus; die Grenzen aus Satz 2 sind zu beachten. Die Änderung durch die Verordnung v. 04.10.2004 (BGBl. I, S. 2569) vollzog die Rechtsprechung nach (vgl. LG Essen, ZInsO 2003, 989); § 19 hindert deswegen nicht die Anwendung auf Altfälle (AG Marburg/Lahn, ZInsO 2005, 38; a. A. FK-Lorenz § 16 Rn. 26). 11

Wird der Vorschuss versagt, ist die **Erinnerung** nach § 11 Abs. 2 RPflG gegeben. 12

C. Reformbestrebungen

Wegen früherer Reformbestrebungen vgl. 2. Aufl. Aktuelle Reformbestrebungen des Verordnungsgebers oder des Gesetzgebers sind nicht bekannt. Allgemein ist ein Umbruch im Vergütungsrecht zu erkennen (vgl. bei § 63 InsO Rdn. 3). Es wurden Diskussionsentwürfe des sog. »Gläubigerforums« veröffentlicht (vgl. ZInsO 2013, 2424 ff.; ZInsO 2014, 650 ff.; vgl. hierzu Smid, ZInsO 2014, 878 f.).).Weiter ist der Diskussionsentwurf für ein Insolvenzrechtliches Vergütungsgesetz (InsVG) der Arbeitsgemeinschaft der NIVD e.V, vorgelegt worden (ZInsO 2014, 941 ff. vgl. hierzu Smid, ZInsO 2014, 1247 ff.). Durch den VID e. V. ist ebenfalls ein Vorschlag für eine gesetzliche Regelung vorgelegt worden (ZInsO 2014, 1254 ff., Beilage, ZIP 28/2014, 14 ff.; vgl. hierzu Smid, ZInsO 2014, 1247 ff.). 13

Der VID schlägt vor, dass die Festsetzung auf Antrag des Treuhänders bei Beendigung des Amtes -statt bei Ankündigung der Restschuldbefreiung - erfolgt (VID, ZInsO 2014, 1254, 1260 = Beilage, ZIP 28/2014, 14, 19).

Der Entwurf des »Gläubigerforums« zeigt keinen Änderungsbedarf auf (ZInsO 2014, 650, 656).

Der Vorschlag des NIVD will bei den Fällen der Verfahrenskostenstundung hinsichtlich eines Vorschusses das Ermessen des Gerichts wegen der Festsetzung beseitigen; das Gericht hat danach einen Vorschuss bei einem entsprechenden Antrag festzusetzen.

Vierter Abschnitt Vergütung der Mitglieder des Gläubigerausschusses

§ 17 Berechnung der Vergütung

(1) ¹Die Vergütung der Mitglieder des Gläubigerausschusses beträgt regelmäßig zwischen 35 und 95 Euro je Stunde. ²Bei der Festsetzung des Stundensatzes ist insbesondere der Umfang der Tätigkeit zu berücksichtigen.

(2) ¹Die Vergütung der Mitglieder des vorläufigen Gläubigerausschusses für die Erfüllung der ihm nach § 56a und § 270 Absatz 3 der Insolvenzordnung zugewiesenen Aufgaben beträgt einmalig 300 Euro. ²Nach der Bestellung eines vorläufigen Insolvenzverwalters oder eines vorläufigen Sachwalters richtet sich die weitere Vergütung nach Absatz 1.

Übersicht	Rdn.
A. Normzweck	1
B. Norminhalt	2
I. Antrag (ungeschriebenes, allgemeines Merkmal)	2
II. Abs. 1	12
1. Satz 1 (Stunden)	12
a) Stundensatz (Rahmen)	12
b) Stundenzahl	13

	c) Pauschal	15		h) Fehlende Kostendeckung aus der Masse	36
	d) Art der Vergütung	17	III.	Abs. 2	37
2.	Satz 2 (Festsetzung)	18	1.	Satz 1 (Fixum wegen Tätigkeit nach § 56a InsO; § 270a Abs. 3 InsO)	37
	a) Zuständigkeit; rechtliches Gehör	18			
	b) Ausschluss/Verwirkung	20	2.	Satz 2 (Stunden)	45
	c) Fälligkeit/Verjährung	25	3.	Festsetzung	46
	d) Stundensatz (Umfang der Tätigkeit)	26	C.	**Reformbestrebungen**	48
	e) Pauschale	32	I.	Stundensätze	49
	f) Beschluss/Rechtsmittel	33	II.	Vergütungsvereinbarungen	52
	g) Vorschuss	35			

A. Normzweck

1 § 73 Abs. 1 Satz 1 InsO als Anspruchsgrundlage wird durch § 17 ausgefüllt. Die Vorschrift ist geändert worden durch das Gesetz zur weiteren Erleichterung der Sanierung von Unternehmen (ESUG) vom 07.12.2011 (BGBl. I, S. 2582 ff.). Der bisherige Wortlaut ist unverändert zu Abs. 1 geworden. Abs. 2 ist neu angefügt worden (s. Rdn. 32 ff.). Durch Artikel 5 Nr. 5 des Gesetzes vom 15.07.213 (BGBl I, 2379) wurde mit Wirkung vom 01.07.2014 der redaktionelle Fehler in Absatz 2 Satz 1 (statt § 56a war § 56 Absatz 2 InsO erwähnt) behoben.

B. Norminhalt

I. Antrag (ungeschriebenes, allgemeines Merkmal)

2 Die Vorschriften in Abs. 1 und 2 sind teilweise aufeinander bezogen. Sie betreffen aber ganz unterschiedliche Verfahrenssituationen und folgen einer unterschiedlichen Systematik. Es kann trotzdem allg. zum Erfordernis eines Antrages auf Folgendes hingewiesen werden:

3 Ein Antrag ist – als ungeschriebenes Tatbestandsmerkmal – immer vorausgesetzt. **Vergütungsvereinbarungen** mit dem Verwalter sind dagegen **unzulässig** (AG Duisburg, NZI 2004, 325, 37). Dies gilt de lege lata. Vergütungsvereinbarungen in der Gläubigerversammlung, die hinsichtlich der Höhe der Vergütung der Mitglieder des Gläubigerausschusses an die Höhe der Vergütung des Verwalters gekoppelt werden, sind für das Gericht nicht bindend (LG Aurich, ZInsO 2014, 343, 357). Eine Beschlussfassung im Termin nach § 156 InsO wäre – ohne entsprechende Ankündigung in der Ladung – nicht wirksam. Findet eine solche Koppelung – trotzdem – statt, ergibt sich die Angemessenheit der Vergütung der Mitglieder des Gläubigerausschusses nicht aus der Angemessenheit der Verwaltervergütung (a. A. LG Aurich, ZInsO 2014, 343, 357, vgl. hierzu unten bei Rdn. 29 f.). De lege ferenda müssen Vereinbarungen in der Gläubigerversammlung im Hinblick auf die Vergütung der Mitglieder eines Gläubigerausschusses zugelassen werden (vgl. zu der ähnlichen Situation bei der Frage der Vergütungsvereinbarung wegen der Vergütung des Verwalters bei § 63 InsO Rdn. 22 f.; vgl. auch bei Rdn. 52 wegen der Reformbestrebungen). Die Gläubiger müssen in der Gläubigerversammlung (Termin nach § 156 InsO) selbst entscheiden können, wie sie die Mitwirkung im Ausschuss, also die Tätigkeit ihrer Interessenvertreter, vergüten wollen. Das können sie mutmaßlich besser, als das bisher allein zur Entscheidung berufene Gericht.

4 Der Antrag sollte im zeitlichen Zusammenhang mit dem Ende der Tätigkeit als Mitglied im Gläubigerausschuss gestellt werden. Der Zeitpunkt der Beendigung der Tätigkeit steht im Zusammenhang mit den unterschiedlichen Formen des Gläubigerausschusses, die in der InsO vorgesehen sind. Das Amt eines Mitgliedes im Gläubigerausschuss im Eröffnungsverfahren (vorläufiger Gläubigerausschuss nach § 21 Abs. 2 Nr. 1a InsO) endet – im Regelfall – mit der Entscheidung des Gerichtes über den Insolvenzantrag (Eröffnung oder Abweisung). Es mag sein, dass der vorläufige Gläubigerausschuss erneut personengleich (im eröffneten Verfahren) bestellt wird (Interimsgläubigerausschuss; vgl. Frind, ZInsO 2011, 2249, 2250). Dies ist nicht gewiss und auch ohne Einfluss auf den zu stellenden Vergütungsantrag. Nach der beendeten Tätigkeit der Mitglieder im vorläufigen

Gläubigerausschuss kann der Antrag für die Vergütung dieser Mitglieder gestellt werden. Dies gilt auch für die Vergütungen nach Abs. 2 (hierzu bei Rdn. 37 ff.). Das Amt der Mitglieder in dem (nach der Eröffnung) gem. § 67 InsO durch das Gericht – interimistisch – bestellten Gläubigerausschuss endet (i. d. R.) mit der Bestellung des Gläubigerausschusses durch die Gläubigerversammlung gem. § 68 InsO. Nach Beendigung der Mitgliedschaft kann der Antrag für die Vergütungen der Mitglieder des interimistischen Gläubigerausschusses gestellt werden (Vergütungen nach Abs. 1, hierzu unter Rdn. 12 ff.).

Der Gläubigerausschuss im eröffneten Verfahren ist der endgültige Gläubigerausschuss (vgl. Frind, ZInsO 2011, 2249, 2251). I. d. R. endet das Amt eines Mitgliedes des endgültigen, in der Gläubigerversammlung nach § 68 InsO bestellten, Gläubigerausschusses mit der Beendigung des Verfahrens. Es bietet sich daher hier an, die Vergütung zu beantragen, nachdem die Schlussrechnung des Verwalters von den Mitgliedern des Gläubigerausschusses geprüft wurde (vgl. § 66 Abs. 2 InsO); spätestens 2 Wochen vor dem Schlusstermin (vgl. H/W/F, InsVV § 17 Rn. 13; Haarmeyer/Mock § 17 Rn. 20).

Antragsberechtigt ist das einzelne Mitglied für seinen jeweils individuellen Anspruch. Der Verwalter sollte nicht für die Mitglieder des Gläubigerausschusses aufgrund deren Angaben deren individualisierte Ansprüche geltend machen; dies entspricht nicht der Aufgabenverteilung zwischen dem Ausschuss und dem Verwalter (vgl. AG Duisburg, NZI 2004, 325, 327; Uhlenbruck-Uhlenbruck § 73 InsO Rn. 28). 5

Der jeweilige Antrag ist auf die Festsetzung eines konkreten Betrags zu richten. Dies gilt auch, wenn die Vergütung – wie bei Abs. 2 Satz 1 scheinbar festliegt (s. dazu bei Rdn. 37 ff.). Ein Antrag auf eine angemessene, in das Ermessen des Gerichtes gestellte Vergütung ist aber nicht unzulässig (H/W/F, InsVV § 17 Rn. 12; Haarmeyer/Mock § 17 Rn. 19). Sind sämtliche Tatsachen vorgetragen, die dem Gericht die Festsetzung der Vergütung ermöglichen, reicht dies aus (Uhlenbruck-Uhlenbruck § 73 InsO Rn. 29). 6

Das Mitglied hat die aufgewandten Stunden i. R. d. Antrags nach Abs. 1, oder nach Abs. 2 Satz 2 darzulegen bzw. nachzuweisen. Aufzeichnungen über den Zeitaufwand sind dem Antrag beizufügen (vgl. FK-Lorenz § 17 Rn. 19; H/W/F, InsVV § 17 Rn. 14). Die Aufzeichnung von Stunden kann unzumutbar erscheinen (AG Duisburg, NZI 2004, 325). Ob und inwiefern das Gericht Nachweise und sonstige Unterlagen zur Vergütungsfestsetzung anzufordern hat, steht in seinem pflichtgemäßen Ermessen (LG Aurich, ZInsO 2014, 343, 248 f.). Fehlen Stundennachweise, ist der Antrag nicht unzulässig, sondern zu ergänzen. Ein entsprechender Hinweis ist vom Gericht zu erteilen (Uhlenbruck-Uhlenbruck § 73 InsO Rn. 17). Ggf. ist durch das Gericht zu schätzen (AG Duisburg, NZI 2004, 325). 7

Soll nicht nach Zeitaufwand abgerechnet werden, muss der Antrag die Gründe für die andere Bemessungsgrundlage konkret benennen (vgl. Rdn. 15 ff.). 8

Es ist auch konkret anzugeben, warum eine Abweichung von dem Pauschalbetrag nach Abs. 2 Satz 1 begehrt wird. 9

Wegen der USt wird auf § 18 Rdn. 7 verwiesen. 10

Wegen des Auslagenanspruchs der Mitglieder von Gläubigerausschüssen wird auf § 18 Rdn. 2 ff. verwiesen. 11

II. Abs. 1

1. Satz 1 (Stunden)

a) Stundensatz (Rahmen)

Zur Vergütung des zeitlichen Aufwands (vgl. § 73 Abs. 1 Satz 2 InsO) liegt die Bandbreite der Stundensätze seit der ÄnderungsVO v. 04.10.2004 (BGBl. I, S. 2569) zwischen 35,00 bis 95,00 € (zuvor 12

25 bis 50 €). Die Erhöhung erfolgte, nachdem in der ZwangsverwalterVO v. 19.12.2003 (BGBl. I S. 2804) sowie in Art. 2 des Kostenrechtsmodernisierungsgesetzes v. 05.05.2004 (BGBl. I, S. 718, 776) die Stundensätze erhöht worden waren (vgl. Begründung in ZVI 2004, 638, 644; wegen der Reformbestrebungen im Hinblick auf Stundensätze wird auf Rdn. 49 ff. verwiesen). Es gibt keine Pflicht der Mitglieder des Gläubigerausschusses zur Enthaltsamkeit (K/P/B-Prasser § 17 Rn. 8). Es ist nicht zwingend, von einer Stundenvergütung auszugehen (vgl. BGH, ZInsO 2009, 2165, 2166; vgl. Zimmer, ZIP 2013, 1309, 1315). Wegen Abweichungen vom Rahmen vgl. daher einerseits bei Rdn. 15, 31 (Pauschale) und andererseits bei Rdn. 26 ff. (andere Stundensätze).

b) Stundenzahl

13 Erfasst sind alle Zeiten, die berechtigt aufgewandt werden; eingeschlossen sind Aktenstudium, Vor-, Nachbereitung von Sitzungen, etc. Erkennbar überflüssige und unnötige Tätigkeiten sind nicht vergütungsfähig (LG Göttingen, ZInsO 2005, 143). Dem Mitglied ist auch die Zeit zu vergüten, die es darauf verwandt hat, aufsichtsrechtliche Maßnahmen gegen den Verwalter zu prüfen oder ggf. zu erwirken (LG Göttingen, ZInsO 2005, 143). Nachgewiesene Stunden können nicht pauschal (»zu viel«) zurückgewiesen werden.

14 Werden keine Stundennachweise - z. B. wegen Unzumutbarkeit - vorgelegt, ist anhand der Akte und Erfahrungswerten - durch das Gericht zu schätzen (AG Duisburg, NZI 2004, 325; Uhlenbruck-Uhlenbruck § 73 InsO Rn. 28).

c) Pauschal

15 Trotz des scheinbar entgegenstehenden Wortlauts kommt ein Pauschalhonorar statt des Stundenhonorars in besonders gelagerten Fällen in Betracht (BGH, ZInsO 2009, 2165, 2166). Als **besonders gelagerter Fall** ist nicht nur ein sog. **Großverfahren**, sondern auch ein masseloses Verbraucherinsolvenzverfahren anzusehen (BGH, ZInsO 2009, 2165: masseloses Verbraucherinsolvenzverfahren). Entscheidend ist, dass eine angemessene Vergütung über die in § 73 Abs. 1 Satz 2 InsO genannten Bemessungskriterien nicht herbeigeführt werden kann (BGH, ZInsO 2009, 2165, 2166).

16 Eine Pauschalhonorierung kommt auch bei der Vergütung nach Abs. 2 Satz 2 in Betracht. Dies ergibt sich aus dem Verweis auf Abs. 1, für den nach den oben genannten Grundsätzen anerkannt ist, dass pauschal honoriert werden kann.

d) Art der Vergütung

17 Die Vergütung der Mitglieder des Gläubigerausschusses ist - unabhängig davon, ob nach Stunden oder Pauschal vergütet wird - eine Tätigkeitsvergütung (MK-Nowak § 73 InsO Rn. 3; a. A. Jaeger-Gerhardt § 73 InsO Rn. 3; MK-Stephan/Riedel § 73 InsO Rn. 8; MK-Stephan § 17 Rn. 7: Aufwandsentschädigung auf der Basis von Stundensätzen).

2. Satz 2 (Festsetzung)

a) Zuständigkeit; rechtliches Gehör

18 Zuständig ist der **Rechtspfleger**, soweit kein Richtervorbehalt besteht. Der Rechtspfleger kann Täter einer Untreuehandlung bei der Festsetzung der Vergütung sein (Weyand, ZInsO 2014, 359; vgl. LG Aurich, ZInsO 2014, 343 ff.).

19 Einer **Anhörung** der Gläubigerversammlung bedarf es, wie nach § 91 Abs. 1 Satz 2 KO (LG Göttingen, ZInsO 2005, 48; a. A. Jaeger-Gerhardt § 73 InsO Rn. 1). Die Anhörung ist notwendig, Gelegenheit zur Stellungnahme ist rgm. im Schlusstermin zu geben. Der Verwalter hat Anspruch auf **rechtliches Gehör** (H/W/F, InsVV § 17 Rn. 27; Haarmeyer/Mock § 17 Rn. 34; a. A. FK-Lorenz § 17 Rn. 22). Der Schuldner hat Anspruch auf rechtliches Gehör (FK-Lorenz § 17 Rn. 22; H/W/F, InsVV § 17 Rn. 27; Haarmeyer/Mock § 17 Rn. 34; vgl. zum rechtlichen Gehör bei § 64 InsO Rdn. 11 ff.).

b) **Ausschluss/Verwirkung**

Liegt keine ordnungsgemäße Bestellung vor, ist eine Vergütung ausgeschlossen (BK-Blersch § 17 Rn. 6). Wurde eine Frist zur Annahme des Amtes gesetzt, ist ein Anspruch ausgeschlossen, wenn die Annahme nicht fristgerecht erklärt wurde (LG Duisburg, NZI 2004, 95). Bei einer Abwahl i. S. v. § 68 Abs. 2 InsO besteht für die bis dahin geleistete Tätigkeit ein Anspruch (BK-Blersch § 17 Rn. 6). Gleiches gilt für das nach § 70 InsO entlassene Mitglied. 20

Ein Anspruch ist nicht ausgeschlossen, wenn die Tätigkeit durch das Mitglied im Rahmen seiner bezahlten Arbeitszeit als Beamter oder angestellter Mitarbeiter einer Behörde, eines institutionellen Gläubigers (PSV) oder eines sonstigen Gläubigers oder als Mandatsträger (RA, WP, StB) erbracht wird. 21

Von **Mandatsträgern** (RA, WP, StB), die in Ausübung des Mandats Mitglied des Gläubigerausschusses werden, sind – unabhängig von dem Mandat – die Interessen aller Gläubiger zu wahren. Die Wahrnehmung dieser Tätigkeit wird vergütet. Die jeweilige Gebührenordnung, die im Verhältnis zum Mandanten gilt, kann eine Honorierung dieser Tätigkeit nicht vorsehen. Schon deswegen ergibt sich keine Doppelvergütung. Daher besteht der volle Anspruch auf die Vergütung für die Tätigkeit innerhalb des Gläubigerausschusses (Uhlenbruck-Uhlenbruck § 73 InsO Rn. 11; a. A. FK-Lorenz § 17 Rn. 18). 22

Selbst wenn ein angestellter oder verbeamteter Mitarbeiter eines Gläubigers das Honorar nach Vereinbarung oder nach Vorschrift im Innenverhältnis abführen muss, hat dies mit der erbrachten, aus der Masse zu entgeltenden Tätigkeit nichts zu tun; daher besteht selbst bei einer Abführungspflicht im Innenverhältnis ein Vergütungsanspruch (FK-Lorenz § 17 Rn. 17; Haarmeyer/Mock § 17 Rn. 36; Keller, Vergütung Rn. 770; Gundlach/Schirrmeister, ZInsO 2008, 896 ff. [für Beamte]). 23

Gläubigerausschussmitglieder können ihren Vergütungsanspruch ausnahmsweise bei schweren Pflichtverstößen strafrechtlicher Art verwirken (vgl. zu der entsprechenden Konstellation für den Verwalter bei § 63 InsO Rdn. 31). 24

c) **Fälligkeit/Verjährung**

Der Anspruch entsteht mit der Tätigkeit fortlaufend. Fälligkeit tritt jeweils mit dem Ende der Tätigkeit ein. Der nicht festgesetzte Anspruch **verjährt** nach § 195 BGB in 3 Jahren. Der Beginn der Verjährung ergibt sich aus § 199 Abs. 1 BGB. Der Antrag auf Festsetzung hemmt die Verjährung in entsprechender Anwendung von § 204 Abs. 1 Nr. 1 BGB n. F. Der festgesetzte Anspruch verjährt in 30 Jahren (§ 197 Abs. 1 Nr. 3 BGB). Die Einrede können der Schuldner und einzelne Insolvenzgläubiger erheben; bis zur Aufhebung des Verfahrens ist der Verwalter zur Einrede berechtigt (MK-Stephan/Riedel § 73 InsO Rn. 13). 25

d) **Stundensatz (Umfang der Tätigkeit)**

Die Festsetzungskompetenz des Gerichts bezieht sich zunächst auf die Grundentscheidung zwischen Stundenfestsetzung oder Pauschalabrechnung. Wird auf Stundensatz entschieden, ist nach Satz 2 bei der Festsetzung des Stundensatzes der »Umfang der Tätigkeit« (vgl. § 73 Abs. 1 Satz 2 InsO) zu berücksichtigen. Unter »Umfang der Tätigkeit« ist die Schwierigkeit des Verfahrens unter Berücksichtigung der persönlichen Qualifikation und Intensität der Mitwirkung zu verstehen (K/P/B-Prasser § 17 Rn. 1; Jaeger-Gerhardt § 73 InsO Rn. 9; K/P/B-Lüke § 73 InsO Rn. 8; Uhlenbruck-Uhlenbruck § 73 InsO Rn. 6). Es geht um das individuelle Leistungsbild und die leistungsangemessene Vergütung im Einzelfall. 26

Der vorhandene Rahmen in Satz 1 gibt eine – praktisch nicht brauchbare – Orientierung. Die Stundensätze berücksichtigen nicht das Risiko der übernommenen Tätigkeit unter einem gemeinschaftlichen Haftungsmaßstab (vgl. dazu OLG Rostock, ZInsO 2004, 814, 816). Es kann dahinstehen, ob die Bandbreite der Stundensätze durch den Verordnungsgeber vorgesehen wurde, um mit dem höchsten vorgesehenen Satz Ausnahmeverfahren mit einem Jahresumsatz über 1 Mio. € und mehr 27 als neun Mitarbeitern zu erfassen (vgl. dazu Zimmer, ZIP 2013, 1309, 1312). Der Verordnungsgeber hat die Größenordnungen der Unternehmen nicht – jedenfalls nicht erkennbar – reflektiert. Die Stundensätze sind – selbst wenn dies geschehen wäre – unangemessen niedrig. Der Rahmen kann daher nach unten nicht unterschritten werde (a. A. FK-Lorenz § 17 Rn. 12 f.; MK-Stephan § 17 Rn. 20). 35 € werden bereits für nicht hoch qualifizierte Tätigkeiten gewährt (vgl. Begründung zur Änderung InsVV, ZVI 2004, 638, 644; wegen der Reformbestrebungen im Hinblick auf Stundensätze wird auf Rdn. 49 ff. verwiesen).

28 Der Rahmen kann und muss aber nach oben überschritten werden (vgl. bereits AG Braunschweig, ZInsO 2005, 870). Eine Überschreitung des Stundensatzes nach Satz 1 um das 30-fache stellt keinen Rechtsfehler dar (LG Aurich, ZInsO 2014, 343, 354). Ohne eine Möglichkeit den Rahmen – auch deutlich – zu überschreiten, wäre, insb. bei Großverfahren, kein qualifiziertes Mitglied für der Ausschuss zu gewinnen (a. A. AG Duisburg, NZI 2004, 325, 326 f.). Da den Mitgliedern des Ausschusses auch die Zweckmäßigkeitskontrolle des Handelns des Verwalters obliegt (vgl. dazu OLG Rostock, ZInsO 2004, 814, 816), muss eine Qualifikation vorhanden sein, die der des Verwalters fachlich annähernd entspricht. Dies muss sich auch in den Stundensätzen niederschlagen. **Stundensätze von 500 €** können – in Abhängigkeit von den Aufgaben in dem Verfahren – angemessen sein (vgl. bereits AG Braunschweig, ZInsO 2005, 870: 200 € bei Spezialisten; AG Detmold, NZI 2008 505 f.: 300,00 €; FK-Schmitt § 73 InsO Rn. 6; a. A. FK-Lorenz § 17 Rn. 11: 300,00 €). Im Jahre 2007 wurde bereits ein Stundenhonorar von 500,00 € für anwaltliche Tätigkeiten nicht als unangemessen beanstandet (vgl. BGHZ 174, 186 ff). In Großkanzleien sind Stundensätze von 500,00 € ohnehin nicht unüblich (Saenger/Uphoff, NJW 2014, 1412 mit weiteren Nachweisen in Fußnote 4). Im Zusammenhang kann darauf verwiesen werden, dass eine angemessene Zeitvergütung bei der Überwachung der Planerfüllung gem. § 6 Abs. 2 bereits vor geraumer Zeit mit 400,00–600,00 € je Stunde anerkannt wurde (H/W/F, InsVV § 6 Rn. 17; vgl. auch Haarmeyer/Mock § 11 Rn. 121, mit dem Hinweis auf Honorare von 350,00 €- 700,00 € für sanierungserfahrene Anwälte, Wirtschaftprüfer, Unternehmensberater, bzw. Tagespauschalen von 1.500,00 €- 2.500,00 € als Vergleichsmaßstab der Vergütung des vorläufigen Verwalters in Fortführungen). Gegen eine entsprechende Vergütung der Überwachungstätigkeit eines Gläubigerausschussmitgliedes können insofern keine Bedenken bestehen (wg. der Reformbestrebungen im Hinblick auf Stundensätze wird auf Rdn. 49 ff. verwiesen).

29 Der Stundensatz nicht durch Mittelung zwischen dem höchsten und dem niedrigsten in Satz 1 angegebenen Wert festgestellt werden (a. A. AG Braunschweig, ZInsO 2005, 870; H/W/F, InsVV § 17 Rn. 20; Haarmeyer/Mock § 17 Rn. 28; K/P/B-Prasser § 17 Rn. 5; MK-Stephan § 17 Rn. 19). Eine solche »**modifizierte Normalvergütung**« (a. A. AG Braunschweig, ZInsO 2005, 870) oder ein Normalfall ist nicht vorgesehen (a. A. K/P/B-Prasser § 17 Rn. 5). Ein Normalfall kann nicht unter Berufung auf das Normalverfahren des Verwalters bestimmt werden (a. A. FK-Lorenz § 17 Rn. 7; K/P/B-Prasser § 17 Rn. 6; MK-Stephan § 17 Rn. 19). Wegen des vollständig fiktiven Charakters des sog. Normalverfahrens bei der Vergütung des Verwalters wird auf § 2 Rdn. 14 ff. verwiesen. Eine Übertragung der Fiktion ist auch lediglich Fiktion; dies kann nicht zu angemessenen Vergütungen führen. Es gibt auch für Mitglieder eines Gläubigerausschusses keine definierte oder nachvollziehbar belegte »Normalvergütung« (a. A. MK-Stephan § 17 Rn. 19; vgl. Zimmer, ZIP 2013, 1309, 1312 zum Durchschnitt der Verfahren). Eine Stundensatzvergütung kann ohnehin nicht in Einklang mit der degressiv gestaffelten Vergütung des Verwalters nach § 2 Abs. 1 gebracht werden (wg. der Reformbestrebungen im Hinblick auf Stundensätze wird auf Rdn. 49 ff. verwiesen).

30 Da auch Zuschläge für den Verwalter nicht indizieren, dass Erschwernisse für die Mitglieder des Gläubigerausschusses bestehen (**a. A.** BK-Blersch § 17 Rn. 17; FK-Lorenz § 17 Rn. 7; MK-Stephan § 17 Rn. 19 f.), ist eine analoge Anwendung von § 3 zur Erhöhung des Stundensatzes nicht möglich (a. A. AG Braunschweig, ZInsO 2005, 870, 871; FK-Lorenz § 17 Rn. 7; MK-Stephan § 17 Rn. 19). Überdies ist auch zu beachten, dass die Zuschläge nach § 3 lediglich fiktiv sind (vgl. § 3 Rdn. 2 ff.). Der Stundensatz ist vielmehr individuell unter **Berücksichtigung der Schwierigkeit des konkreten Verfahrens und der Qualifikation des Mitglieds** einzeln festzusetzen (Keller, Vergütung, Rn. 775).

Bei mehreren Gläubigerausschüssen, die in einem verfahrensübergreifenden Zusammenhang stehen und personenidentisch besetzt sind, ist der Stundensatz jeweils für das Verfahren einzeln zu ermitteln (Haarmeyer, ZInsO 2003, 940; AG Duisburg, ZIP 2003, 1640; NZI 2004, 325, 327). Allerdings mag gerade in solchen Fällen ein pauschalierter Satz für die zusammenhängenden Verfahren nahe liegen (vgl. zur Pauschale Rdn. 32). **31**

e) Pauschale

Wird durch das Gericht in Ausübung der Festsetzungskompetenz die Grundentscheidung für eine Pauschale (zur Berechtigung der Pauschale s. bei Rdn. 15 ff.) getroffen, ist die Pauschale an einem durch das Gericht zu bildenden Stundensatz – als **Angemessenheitskontrolle** – zu überprüfen (Uhlenbruck-Uhlenbruck § 73 Rn. 15). Es ist nicht möglich, einen prozentualen Bruchteil der Verwaltervergütung zu gewähren; § 73 InsO nimmt nicht auf § 63 InsO Bezug (AG Duisburg, ZIP 2003, 1640, 164). Es ist die eigene Leistung des Mitglieds des Ausschusses zu vergüten (LG Aurich, ZInsO 2013, 631, 633); a. A. wohl BGH, ZInsO 2009, 2165, 2166; LG Aurich, ZInsO 2014, 343, 356). Eine Pauschale anhand der Aufsichtsratsvergütung des Aufsichtsrats bei der Schuldnerin vor dem Insolvenzantrag ist ebenfalls nicht möglich (a. A. AG Duisburg, ZIP 2003, 1640;). Die Aufsichtsratsvergütung hat keinen Bezug zu der Tätigkeit unter den Bedingungen des Insolvenzverfahrens (Haarmeyer, ZInsO 2003, 940). Nach der Empfehlung des Deutsche Corporate Governance Kodex Nr. 5.4.5 besteht eine Erfolgsorientierung der Aufsichtsratsvergütung (vgl. Gehling, ZIP 2005, 549). Auch insoweit würde nicht die eigene Leistung des Mitglieds des Gläubigerausschusses vergütet werden. **32**

f) Beschluss/Rechtsmittel

Die Festsetzung erfolgt durch Beschluss; § 64 InsO ist entsprechend anzuwenden (§ 73 Abs. 2 InsO). Wegen der Bekanntmachung und der Zustellung wird auf die Erläuterungen zu § 64 InsO Rdn. 24 ff. verwiesen. Der Beschluss ist zu begründen. Die **Begründung** muss nachvollziehen lassen, welcher Stundensatz – oder welcher Pauschalbetrag – als angemessen festgelegt wurde. Der festgesetzte Nettobetrag sowie die i. d. R. anfallende **USt** sind auszuweisen (s. § 18 Rdn. 3). **33**

Rechtsmittel ist die **sofortige Beschwerde** (§ 64 Abs. 3 i. V. m. § 73 Abs. 2 InsO). Allgemein zur Beschwerde vgl. § 64 InsO Rdn. 26 ff. Der Verwalter ist beschwerdeberechtigt (MK-Stephan § 17 Rn. 42; a. A. FK-Lorenz § 17 Rn. 25). Die entsprechende Anwendung führt dazu, dass die einzelnen Mitglieder des Ausschusses Rechtsmittel einlegen können, soweit sie beschwert sind. Schuldner und jeder Insolvenzgläubiger sind unter allgemeinen Voraussetzungen beschwerdebefugt (FK-Lorenz § 17 Rn. 25; MK-Stephan § 17 Rn. 42). Der Kreis der zur Beschwerde Befugten ist aber - wie allgemein - noch weiter (vgl. § 64 Rdn. 29 ff.). **34**

g) Vorschuss

Das Recht auf einen Vorschuss ist einhellig anerkannt; mit Ausnahme des Entnahmerechts ist § 9 entsprechend anzuwenden (H/W/F, InsVV § 18 Rn. 7). Ein Vorschuss kann nach dem gleichen Zeitablauf und auch i. Ü. nach den gleichen Kriterien wie bei dem Verwalter begehrt werden (a. A. Haarmeyer/Mock § 18 Rn. 7 f. H/W/F, InsVV § 18 Rn. 8). Rechtliches Gehör ist nicht zu gewähren (FK-Lorenz § 17 Rn. 28; MK-Stephan § 17 Rn. 29; a. A. MK-Nowak § 73 InsO Rn. 12). Wird der Vorschuss versagt, ist die Erinnerung nach § 11 Abs. 2 RPflG gegeben. Die Gewährung eines Vorschusses bindet das Gericht bei der Festsetzung der endgültigen Vergütung nicht (vgl. BGH, ZInsO 2011, 1133, 1134 zum Vorschuss bei der Verwaltervergütung). **35**

h) Fehlende Kostendeckung aus der Masse

Bei Stundung (§ 4a InsO) haftet die Staatskasse (§ 73 Abs. 2 i. V. m. § 63 Abs. 2 InsO). Ist eine hinreichende Masse – zunächst – noch nicht vorhanden, aber keine Stundung bewilligt, kann die Entlassung des Mitgliedes aus dem Amt auf eigenen Antrag berechtigt sein, weil es dem Mitglied **36** des Gläubigerausschusses nicht – auch nicht vorübergehend – zugemutet werden kann, tätig zu sein, ohne dass sein Vergütungsanspruch gesichert ist (vgl. BGH, ZInsO 2012, 826, 827 zu der nicht gesicherten Aufbringung der Kosten für die Haftpflichtversicherung aus der Masse; bei § 1 Rdn. 4).

III. Abs. 2

1. Satz 1 (Fixum wegen Tätigkeit nach § 56a InsO; § 270a Abs. 3 InsO)

37 Nach § 56a InsO ist dem vorläufigen Gläubigerausschuss durch das Gericht Gelegenheit zu geben sowohl zu den Anforderungen, die an den Verwalter zu stellen sind, als auch zu der Person des Verwalters Stellung zu nehmen. Der vorläufige Gläubigerausschuss hat also die Möglichkeit, dem Insolvenzgericht eine Stellungnahme zu unterbreiten, die inhaltlich so aufbereitet ist, dass sie dem Entscheidungsprozess des Gerichtes dient. Vorgegeben ist eine feste Pauschale von 300,00 € für diese Tätigkeit. Diese könnte verstanden werden als Pauschale für den gesamten vorläufigen Gläubigerausschuss, sodass die Mitglieder sich diese Pauschale teilen müssten (Frind, ZInsO 2011, 373, 377). Dies kann nicht gewollt sein. Die Formulierung muss dahin verstanden werden, dass den **einzelnen Mitgliedern** des Ausschusses **jeweils** eine Vergütung von einmalig 300,00 € für die Tätigkeit in dieser Phase zustehen soll (K/P/B-Prasser § 17 Rn. 21). Wird von faktisch notwendigen – um ein Patt zu vermeiden – fünf Mitgliedern eines vorläufigen Ausschusses ausgegangen, ergeben sich vorherzusehende Aufwendungen von 1.500,00 €.

38 Die Höhe des Fixbetrages soll eine **Auszehrung** der Masse **vermeiden** (vgl. Begründung Bundesrat Drucksache 127/1, S. 64). Dieses Motiv entspricht zwar der Interessenlage der gesamten Gläubigerschaft. Unberücksichtigt geblieben ist aber, dass der vorläufige Gläubigerausschuss überhaupt erst zu einer konstituierenden Sitzung mittels Einladung zusammentreten muss (vgl. Frind, ZInsO 2011, 373, 378). Allein der Zeitaufwand im Zusammenhang mit der Terminierung und Koordinierung bei einem fünfköpfigen Gremium ist nicht zu unterschätzen. Der vorläufige Gläubigerausschuss muss sich bei Gelegenheit einer ersten Sitzung – vor jeder Erörterung in der Sache – zunächst eine interne Struktur geben. Es wird eine Geschäftsordnung festzulegen sein (vgl. dazu Ingelmann/Ide/Steinwachs, ZInsO 2011, 1059 ff.). Erforderlich wird es sein, die Kommunikationswege, u. a. mit dem Gericht zu bestimmen. Praktisch wird zu klären sein, wer die Äußerung des Ausschusses – einschließlich Begründung, ggf. unter Berücksichtigung von Alternativvorschlägen und Minderheitsvoten der Mitglieder – im Namen des Ausschusses (nach einer Beschlussfassung) erstellt und sie in schriftlicher Form – ggf. auch per E-Mail – dem Gericht zuleitet. Schon die Erstellung eines Beschlusses des vorläufigen Gläubigerausschusses mit einer Begründung wird einen ganz erheblichen Zeitaufwand bedeuten. Der **Abwägungsprozess** selbst, der zu der Stellungnahme führt, wird zusätzlich ein Vielfaches des Zeitaufwandes aus der reinen Konstituierung und der Abfassung des Beschlusses und seiner Begründung bedeuten.

39 Eine Beschränkung der Vergütung auf einmalig 300,00 € pro Person führt daher **nicht** zu einer **angemessenen Vergütung** der höchst verantwortungsvollen, das weitere Verfahren beeinflussenden Tätigkeit. Der Verordnungsgeber hat mit der Beschränkung der Vergütung zum Ausdruck gebracht, dass gerade die Tätigkeit, zu den Anforderungen an den Verwalter Stellung zu nehmen absichtlich niedrig bewertet werden soll. Dies widerspricht der Idee des ESUG. Wenn die Gläubigerbeteiligung gestärkt werden soll, darf nicht die Vergütung für die Mitglieder des Organs der Gläubiger unangemessen niedrig sein. Eine Vergütung von einmalig 300,00 € könnte nur dann angemessen sein, wenn stillschweigend akzeptiert und zugrunde gelegt würde, dass die Entscheidungen bereits erörtert und getroffen worden sind, ehe der Ausschuss bestellt wurde und sich der Ausschuss konstituierte. Die Vergütung wäre dann eine verkappte – immer noch zu geringe – Aufwandsentschädigung für vorangegangene Zeiten. Vortätigkeiten außerhalb des Verfahrens dürfen aber nicht innerhalb des Verfahrens vergütet werden.

40 Um die **tatsächlich** nach der Bestellung des vorläufigen Gläubigerausschusses **erbrachte Tätigkeit** im Zusammenhang mit den Anforderungen an die Auswahl und die Person des Verwalters ein-

schließlich der Kommunikation mit dem Gericht angemessen zu vergüten, ist es richtig, nicht mit einem Fixum von 300,00 € zu vergüten. Es sollte entweder eine Pauschale beantragt und bewilligt werden, oder die Stundensätze gem. Abs. 1 als Orientierungsrahmen mit Erhöhungsmöglichkeiten (vgl. Rdn. 26 ff.) herangezogen werden.

Nach § 270 Abs. 3 InsO ist dem vorläufigen Gläubigerausschuss Gelegenheit zur Äußerung zu dem Antrag auf Eigenverwaltung zu geben. Vorgegeben ist auch hier eine feste Pauschale von 300,00 €. Auch insoweit sollte die Auszehrung der Masse verhindert werden. Diese Vergütung kann nicht ausreichend sein, um eine **sachangemessene, unabhängige und unvoreingenommene Beschäftigung durch qualifizierte Personen** mit dem Antrag und der Verfahrensführung unter dem Instrument der Eigenverwaltung angemessen zu vergüten. 41

Denkbar ist auch, dass die Bestellung eines vorläufigen Sachwalters im Hinblick auf Anforderungen und Person in dem vorläufigen Gläubigerausschuss diskutiert werden soll. Jedenfalls wird dies alles arbeitsintensiv sein. Daher kann die vorgesehene Vergütung nicht angemessen sein. 42

Wegen der Höhe der angemessenen Vergütung gelten die obigen Überlegungen (Rdn. 40). 43

Soweit den Mitgliedern des vorläufigen Gläubigerausschusses Auslagenansprüche entstehen, ist auf § 18 Rdn. 2 ff. zu verweisen. 44

2. Satz 2 (Stunden)

Sobald ein vorläufiger Verwalter oder ein vorläufiger Sachwalter bestellt wurde, soll die Vergütung der Mitglieder des vorläufigen Gläubigerausschusses für aufgewandte Stunden nach Abs. 1 erfolgen. Die Begründung spricht nur an, dass es in der Phase dann voraussichtlich arbeitsintensiver würde. 45

Diese Zäsur ist nicht verständlich. Zu erwarten ist, dass die Phase der Stellungnahmen des vorläufigen Gläubigerausschusses genauso arbeitsintensiv ist, wie die nachfolgende Tätigkeit. Es kann nicht vorhergesehen werden, wie häufig Tagungen oder Beschlussfassungen zu den in Betracht kommenden Fragen notwendig sind. Alleine durch das einzubeziehende Studium (s. dazu bei Rdn. 13) von Unterlagen, Verträgen, betriebswirtschaftlichen Plandaten etc. ist ein erheblicher Anfall von Stunden in kurzer Zeit zu erwarten. Die sorgfältige Durchsicht vorhandener oder zur Verfügung gestellter Dokumente wird notwendig sein, damit der vorläufige Gläubigerausschuss unterstützen und beraten kann (vgl. § 69 InsO). In welchem Umfang Stunden zu erwarten sind, kann nicht vorhergesehen werden. Dies wird sich auch nicht generell einschätzen lassen. Jedes Verfahren wird andere Erfordernisse mit sich bringen. Diese sind vorzutragen und abzuwägen.

3. Festsetzung

Die Vergütungsansprüche der Mitglieder eines vorläufigen Gläubigerausschusses entstehen mit der Tätigkeit vor der Eröffnung. Sie sind nicht als Verfahrenskosten in § 54 Nr. 2 InsO erfasst. Daher handelt es sich danach um Insolvenzforderungen. Das Insolvenzgericht könnte diese dann nicht festsetzen. Es kann angenommen werden, dass es sich insofern um ein redaktionelles Versehen des Gesetzgebers handelt. Die Vergütungsansprüche der Mitglieder des vorläufigen Gläubigerausschusses im Eröffnungsverfahren werden daher im nachfolgenden, eröffneten Verfahren als Masseverbindlichkeiten anzusehen und durch das Insolvenzgericht festzusetzen sein. 46

Kommt es nicht zur Eröffnung, wird § 26a InsO entsprechend für eine Festsetzung heranzuziehen sein. Wegen des Rechtsmittels ist auf § 64 InsO Rdn. 26 zu verweisen. 47

C. Reformbestrebungen

Zu früheren Reformbestrebungen vgl. 2. Aufl. Aktuelle Reformbestrebungen des Verordnungsgebers oder des Gesetzgebers sind nicht bekannt (vgl. aber allgemein zum Umbruch im Vergütungsrecht bei § 63 InsO Rdn. 3). Es wurden Diskussionsentwürfe des sog. »Gläubigerforums« veröffentlicht (vgl. ZInsO 2013, 2424 ff.; ZInsO 2014, 650 ff.; vgl. hierzu Smid, ZInsO 2014, 48

878 f.). Weiter ist der Diskussionsentwurf für ein Insolvenzrechtliches Vergütungsgesetz (InsVG der Arbeitsgemeinschaft der NIVD e.V, vorgelegt worden (ZInsO 2014, 941 ff. vgl. hierzu Smid ZInsO 2014, 1247 ff.). Durch den VID e.V. ist ist ebenfalls ein Vorschlag für eine gesetzliche Regelung vorgelegt worden (ZInsO 2014, 1254 ff., Beilage, ZIP 28/2014, 14 ff.; vgl. hierzu Smid ZInsO 2014, 1247 ff.).

I. Stundensätze

49 Der Entwurf des VID e.V. sieht für die Mitglieder des vorläufigen Gläubigerausschusses und die Mitglieder des endgültigen Ausschusses jeweils eine Grundvergütung von 100,00 € je Stunde vor. Es wird die Möglichkeit eingeräumt, über die Regelung wegen Zuschlägen und Abschlägen nach § 3 Anpassungen vorzunehmen (VID, ZInsO 2014, 1254, 1261).

50 Die Vorschläge des NIVD sehen eine regelmäßige Vergütung von zwischen 65,00 € und 300,00 € je Stunde vor. Die Bemessung der Stundensätze ist danach an die Schwierigkeit des Verfahrens und die persönliche Qualifikation des Mitgliedes gekoppelt. Eine pauschalierte Vergütungsbemessung wird ausdrücklich abgelehnt (NIVD, ZInsO 2014, 941, 947).

Diese Regelungen sollen entsprechend für den vorläufigen Gläubigerausschuss angewendet werden.

51 Das sog. »Gläubigerforum« stimmt ganz wesentlich in der Richtung mit dem Vorschlag des NIVD überein. Der Stundensatz wird hier zwischen 65,00 € und 250,00 € bestimmt. Dieser Satz steht in Abhängigkeit zu den Schwierigkeiten des Verfahrens und der Qualifikation des Mitgliedes. Eine Überschreitung des Stundensatzes ist - nach den dortigen Kriterien für Zuschläge des Verwalters - möglich. Eine pauschalierte Vergütung ohne Stundennachweis wird abgelehnt. Ausdrücklich wird vorgesehen, dass jedes Mitglied eines Ausschusses einen gesonderten Antrag einreichen muss.

Das Mitglied im vorläufigen Gläubigerausschuss (§ 56a, § 270a Abs. 3 InsO) erhält eine Vergütung von 1.000,00 €.

II. Vergütungsvereinbarungen

52 Lediglich der Entwurf des VID sieht vor, dass auch für die Vergütung der Mitglieder des Gläubigerausschusses eine Vereinbarung getroffen werden kann (Beilage, ZIP 28/2014, 14, 20; anders noch ZInsO 2014, 1254, 1261). Allerdings soll die vorgesehene Vergütungsvereinbarung wohl nur die Möglichkeit eröffnen, Mitglieder für den Gläubigerausschuss zu gewinnen, die keine Gläubiger sind (Blersch/Bremen, Beilage ZIP 28/2014, 1, 12). Mit der Vergütungsvereinbarung soll nicht von der gesetzlichen Regel nach unten abgewichen werden können. Die Mehrheitserfordernisse richten sich nach dem Vorschlag des VID nach § 57 Satz 2 InsO (Beilage, ZIP 28/2014, 14, 20).

§ 18 Auslagen, Umsatzsteuer

(1) Auslagen sind einzeln anzuführen und zu belegen.

(2) Soweit Umsatzsteuer anfällt, gilt § 7 entsprechend.

Übersicht

	Rdn.		Rdn.
A. Normzweck	1	II. Umsatzsteuer (Abs. 2)	7
B. Norminhalt	2	III. Prüfung, Entscheidung	9
I. Auslagen (Abs. 1)	2	C. Reformbestrebungen	13

A. Normzweck

1 Das Verfahren wegen des Auslagenersatzes der Mitglieder von Gläubigerausschüssen ist benannt. Wegen der USt erfolgt eine Verweisung.

3. Norminhalt

Auslagen (Abs. 1)

Vorausgesetzt wird ein Antrag, da keine Entscheidung von Amts wegen erfolgt. Auslagen sind die konkret im Zusammenhang mit der Wahrnehmung des Amtes als Mitglied eines vorläufigen, interimistischen oder endgültigen Gläubigerausschusses entstandenen Aufwendungen wie Fahrtkosten, Telefon, Haftpflichtversicherung (H/W/F, InsVV § 18 Rn. 3; Haarmeyer/Mock § 18 Rn. 3). Angemessen sind Auslagen, bei denen das Mitglied des Gläubigerausschusses bei verständiger Würdigung, unter Berücksichtigung seiner Erkenntnismöglichkeiten, annehmen konnte, dass sie notwendig sind, um das Amt sachgerecht auszuüben (vgl. MK-Stephan § 18 InsVV Rn. 3). Die Auslagen sind grundsätzlich einzeln zu nennen und zu belegen. Sie müssen den konkreten Verfahrensbezug erkennen lassen. Die Mitglieder der genannten Ausschüsse tragen jeweils im Hinblick auf die entstandenen Auslagen die Beweislast (MK-Nowak, 2. A. § 18 Rn. 2).

Auslagen für das Mitglied – praktisch aber wohl nur für das Kollegialorgan als solches – können sich auch aus der Beauftragung eines wirtschaftlichen oder rechtlichen Berufsträgers (Rechtsanwaltes, Wirtschaftsprüfers, Steuerberaters) ergeben. Die Stellungnahme von Sachverständigen zu technischen Details oder einem bestimmten Verfahren oder Marktsegment kann ebenfalls ohne weiteres wichtig werden. Gleichfalls sind Aufwendungen für Übersetzungen von Urkunden und anderen Schriftstücken ggf. als Auslagen zu ersetzen. Dies hilft aber für die praktische Arbeit im Ausschuss nicht. Es ist dem Mitglied oder den Mitgliedern nicht zuzumuten, für die Tätigkeit notwendige Stellungnahmen, Gutachten oder Urkunden und ggf. deren Übersetzung zunächst selbst zu beschaffen und – ggf. anteilig – zu begleichen, um dann einen Erstattungsanspruch zu verfolgen. Vielmehr muss hier die Masse diese Aufwendungen direkt tragen. Die Mitglieder des Gläubigerausschusses müssten insoweit die Möglichkeit erhalten, für ihre Tätigkeit in angemessenem Rahmen Masseverbindlichkeiten begründen zu können, die dann durch den Verwalter aus der Masse zu begleichen sind (vgl. zu Reformbestrebungen bei Rdn. 13).

Im Einverständnis mit dem Gericht ist die Entrichtung von Prämien für die Haftpflichtversicherung der Mitglieder eines Gläubigerausschusses aus der Masse anerkannt (BK-Blersch, § 18 Rn. 7; Vallender, WM 2002, 2440, 2449; wohl auch BGH, ZInsO 2012, 826). Wenn qualifizierte Mitglieder für einen Ausschuss gewonnen werden sollen, muss ihnen wenigstens Sicherheit über einen aus dem verwalteten Vermögen getragenen Versicherungsschutz gewährleistet werden. Die Mitglieder eines Ausschusses dürfen insofern nicht auf den Auslagenersatz verwiesen werden. Das ist weder für die Masse praktikabel, noch für das einzelne Mitglied. Im Ergebnis ist die Versicherung des gesamten Ausschusses über einen Versicherer günstiger, als die Erstattung von Prämien als getätigte Auslagen der einzelnen Mitglieder. Es ist nicht vorstellbar, dass die Mitglieder eines Gläubigerausschusses eine angemessene Versicherung wünschen, das Gericht aber eine solche Maßnahme ablehnt (a. A. MK-Stephan § 18 InsVV Rn. 7). Da es sich bei der Entnahme für die angemessene Versicherung der Mitglieder nicht um eine insolvenzzweckwidrige Maßnahme handeln kann, ist das Einverständnis des Gerichts für die Entnahme aus der Masse generell zu unterstellen. Wenn die Gläubiger, in deren Interesse das Verfahren geführt wird, eine Versicherung wollen, darf das Gericht nicht entscheiden, dass eine Versicherung nicht notwendig ist. Entscheidet das Gericht trotzdem in diesem sinne, kann die Tätigkeit in dem Ausschuss nicht zugemutet werden. Die Fortsetzung der Tätigkeit als Mitglied des Gläubigerausschusses kann jedenfalls unzumutbar sein, wenn nicht gesichert ist, dass die Kosten einer angemessenen Haftpflichtversicherung für diese Tätigkeit von der Masse getragen werden können. Dann liegt ein wichtiger Grund für die – vom Mitglied selbst beantragte – Entlassung vor (BGH, ZInsO 2012, 826). Die Tätigkeit ist auch unzumutbar, wenn die Masse zwar ausreicht, die Auslagen zu decken, das Gericht aber die Erstattung der Beträge untersagt. Es ist den Mitgliedern eines Gläubigerausschusses auch nicht zuzumuten, dass am Ende des Verfahrens über die zunächst verauslagten Prämien durch das Gericht entschieden wird (a. A. Haarmeyer/Mock § 18 Rn. 5).

Wird die Erstattung von Versicherungsprämien als Auslagen dennoch relevant, ist zu beachten, dass ein konkreter Verfahrensbezug nicht erkennbar wird, wenn das Mitglied eines vorläufigen Gläubi-

gerausschusses eine Haftpflichtversicherung für sämtliche Verfahren mit vorläufigen Gläubigeraus
schüssen allg. abgeschlossen hat oder eine solche Tätigkeit in den allg. Haftpflichtversicherungsver
trag eines Mitgliedes eines vorläufigen Gläubigerausschusses einbezogen ist. Nur sofern das Mandat
im Rahmen eines vorläufigen Gläubigerausschuss einzeln nachweisbar versichert wurde, handelt e
sich – Angemessenheit unterstellt – um erstattungsfähige Auslagen.

6 Wird nach den oben genannten Grundsätzen (Rdn. 3f.) vorgegangen, bleiben als Auslagen Klein
posten, wie z. B. Büromaterial, gefahrene Kilometer etc. Diese können geschätzt in die Gesamtauf
stellung eingehen (H/W/F, InsVV § 18 Rn. 2; Haarmeyer/Mock § 18 Rn. 3). **Gefahrene Kilomete**
sind dabei mit den Sätzen der Steuerverwaltung abzurechnen (LG Göttingen, ZIP 2005, 590).

II. Umsatzsteuer (Abs. 2)

7 Die Vergütung unterliegt i. d. R. der **USt** (AG Duisburg, ZInsO 2004, 1047; a.A. Jaeger-Gerhard
§ 73 InsO Rn. 15: Nachweis der USt-Pflicht). Die Tätigkeit im Ausschuss entspricht der Tätigkei
im Aufsichtsrat (weisungsungebundene Überwachung); dies rechtfertigt die Analogie zu der Ver
gütung für Aufsichtsratsmitglieder bei der AG, für die dies anerkannt ist (AG Duisburg, ZInsC
2004, 1047; Schmittmann, ZInsO 2004, 1048). Das Mitglied muss daher in seinem Antrag
darlegen, ob ein Befreiungstatbestand (vgl. § 19 Abs. 1 UStG) gegeben ist (AG Duisburg, ZInsC
2004, 1047). Ein Mitglied eines vorläufigen Insolvenzgläubigerausschusses hat im Zusammenhang
mit der Berichtigung einer gerichtlichen Entscheidung hinsichtlich der Vergütungsfestsetzung der
einzelnen Mitglieder aus §§ 18 Abs. 2, 7 InsVV einen Anspruch auf Nachfestsetzung der USt auf
die ihm zuerkannte Nettovergütung, wenn seine Umsatzsteuerpflicht durch die Bescheinigung des
jeweiligen Finanzamts für das Festsetzungsverfahren hinreichend glaubhaft nachgewiesen ist (LG
Aurich, 4 T 205/10, Juris).

8 Der Auslagenersatz folgt hinsichtl. der USt der Vergütung.

III. Prüfung, Entscheidung

9 Beantragte Auslagen sind rechnerisch und auf Angemessenheit (s. o. zur Angemessenheit Rdn. 2)
zu prüfen.

10 Wegen der USt kommt es nicht auf den Ausweis in der Rechnung an, da diese ggü. dem Verwalter
und nicht ggü. dem Gericht zu stellen ist; daher ist zu prüfen, ob ein Befreiungstatbestand eingreift
(a. A. Schmittmann, ZInsO 2004, 1048).

11 Die Entscheidung über die Auslagen erfolgt durch Beschluss (vgl. § 17 Rdn. 33; Rechtsmittel ist
die **sofortige Beschwerde** (vgl. § 17 Rdn. 34). Für die Mitglieder eines vorläufigen Gläubigeraus
schusses besteht die Schwierigkeit, dass weder die Vergütung noch Auslagen als Verfahrenskosten
direkt nach § 54 Nr. 2 InsO angesehen werden können (vgl. bei § 17 Rdn. 46). Es handelt sich um
Redaktionsversehen. Im nachfolgenden, eröffneten Verfahren werden die Auslagen als Masseerbindlichkeiten anzusehen sein.

12 Kommt es nicht zur Eröffnung, werden die Auslagen von Mitgliedern eines vorläufigen Gläubi
gerausschusses über die entsprechende Anwendung von § 26a InsO durch das Insolvenzgericht
festzusetzen sein.

C. Reformbestrebungen

13 Reformbestrebungen des Verordnungsgebers oder des Gesetzgebers sind nicht bekannt (vgl. all
gemein zum Umbruch im Vergütungsrecht bei § 63 InsO Rdn. 3). Es wurden Diskussionsentwürfe
des sog. »Gläubigerforums« veröffentlicht (vgl. ZInsO 2013, 2424ff.; ZInsO 2014, 650ff.; vgl.
hierzu Smid, ZInsO 2014, 878f.). Weiter ist der Diskussionsentwurf für ein Insolvenzrechtliches
Vergütungsgesetz (InsVG) der Arbeitsgemeinschaft der NIVD e.V. vorgelegt worden (ZInsO 2014,
941 ff. vgl. hierzu Smid, ZInsO 2014, 1247 ff.). Durch den VID e. V. ist ebenfalls ein Vorschlag für

eine gesetzliche Regelung vorgelegt worden (ZInsO 2014, 1254 ff., Beilage, ZIP 28/2014, 14 ff.; vgl. hierzu Smid, ZInsO 2014, 1247 ff.).

Der Diskussionsentwurf des »Gläubigerforums« schlägt keine Veränderungen vor (Gläubigerforum, ZInsO 2014, 650, 657). Der Vorschlag des VID sieht bei entsprechender Zustimmung des Gerichts ein Entnahmerecht aus der Masse für die Mitglieder des Gläubigerausschusses bei hohen Auslagen vor (VID, ZInsO 2014, 1254, 1261); die Vorschläge des NIVD beinhalten ein Recht, einen Vorschuss auf die Auslagen zu erlangen (NIVD, ZInsO 2014, 941, 947).

Der Diskussionsentwurf des Gläubigerforums schlägt keine Veränderungen vor (Gläubigerforum, ZInsO 2014, 650, 657). Die Programmsätze des VID sehen bei entsprechender Zustimmung des Gerichts ein Entnahmerecht aus der Masse bei hohen Auslagen vor (VID, ZInsO 2014, 1254, 1261); die Vorschläge des NIVD beinhalten ein Recht, einen Vorschuss auf die Auslagen zu erlangen (NIVD, ZInsO 2014, 941, 947).

Fünfter Abschnitt Übergangs- und Schlussvorschriften

§ 19 Übergangsregelung

(1) Auf Insolvenzverfahren, die vor dem 1. Januar 2004 eröffnet wurden, sind die Vorschriften dieser Verordnung in ihrer bis zum In-Kraft-Treten der Verordnung vom 4. Oktober 2004 (BGBl. I S. 2569) am 7. Oktober 2004 geltenden Fassung weiter anzuwenden.

(2) Auf Vergütungen aus vorläufigen Insolvenzverwaltungen, die zum 29. Dezember 2006 bereits rechtskräftig abgerechnet sind, sind die bis zum Inkrafttreten der Zweiten Verordnung zur Änderung der Insolvenzrechtlichen Vergütungsverordnung vom 21. Dezember 2006 (BGBl. I S. 3389) geltenden Vorschriften anzuwenden.

(3) Auf Insolvenzverfahren, die vor dem 1. März 2012 beantragt worden sind, sind die Vorschriften dieser Verordnung in ihrer bis zum Inkrafttreten des Gesetzes vom 7. Dezember 2011 (BGBl. I, S. 2582) am 1. März 2012 geltenden Fassung weiter anzuwenden.

(4) Auf Insolvenzverfahren, die vor dem 1. Juli 2014 beantragt worden sind, sind die Vorschriften dieser Verordnung in ihrer bis zum Inkrafttreten des Gesetzes vom 15. Juli 2013 (BGBl. I, S. 2379) am 1. Juli 2014 geltenden Fassung weiter anzuwenden.

Übersicht	Rdn.		Rdn.
A. Normzweck	1	III. Abs. 3	5
B. Norminhalt	2	IV. Abs. 4	6
I. Abs. 1	2	V. Sonstiges	12
II. Abs. 2	4		

A. Normzweck

Es soll klargestellt werden, welche Vorschriften ab welchem Zeitpunkt gelten. 1

B. Norminhalt

I. Abs. 1

§§ 2 Abs. 2, 13 Abs. 1 Satz 3 i. d. F. v. 19.08.1998 waren seit dem 01.01.2004 verfassungswidrig (BGH, ZInsO 2004, 257, 263). Der Verordnungsgeber hat weitere Vorschriften durch die Verordnung zur Änderung der InsVV v. 04.10.2004 (BGBl. I, S. 2569) geändert. Die Übergangsregelung enthält den ausdrücklichen Willen des Verordnungsgebers, dass für die bis zum 31.12.2003 eröffneten Verfahren das frühere Recht anzuwenden ist (BGH, ZInsO 2005, 253; ZIP 2005, 675 [Ls.]). 2

3 Obwohl die Vorschrift im jetzigen Abs. 1 nur eröffnete Verfahren, nicht aber Insolvenzeröffnungsverfahren behandelt, hat der BGH nicht angenommen, dass für das Insolvenzeröffnungsverfahren bis zum 06.10.2004 die vorherige Fassung der Verordnung anwendbar sein sollte (BGH, ZInsO 2006, 1206). Durch die Änderungsverordnung vom 04.10.2004 ist für ab dem 01.01.2004 eröffnete Insolvenzverfahren eine Begrenzung des Pauschsatzes für Auslagen eingeführt worden. Diese verstößt für Insolvenzverfahren, die bei Inkrafttreten der Änderungsverordnung am 07.10.2004 noch andauerten, nicht gegen das verfassungsrechtliche Rückwirkungsverbot, denn es handelt sich um eine unechte Rückwirkung (BGH, ZInsO 2012, 2411).

II. Abs. 2

4 Die Übergangsvorschrift des Abs. 2 wurde durch die 2. VO zur Änderung der InsVV v. 21.12.2006 (BGBl I S. 3389) eingefügt. Sie sollte verhindern, dass nach § 11 Abs. 2 Vergütungen für vorläufige Verwaltungen nachträglich abgeändert werden, die bereits vor dem Inkrafttreten der Neuregelung rechtskräftig festgesetzt waren. Die Änderungen des § 11 Abs. 1 sollten auf alle noch n.rk. festgesetzten Vergütungen bezogen werden (Haarmeyer, ZInsO 2007, 73, 77). Der BGH wendet aber auf alle Vergütungen aus vorläufigen Verwaltungen, die vor dem 29.12.2006 begannen und endeten, § 11 Abs. 1 in der früheren Fassung weiter an (BGH, ZInsO 2008, 1321, 1322; ZInsO 2010, 110).

III. Abs. 3

5 Abs. 3 ist durch das Gesetz zur weiteren Erleichterung der Sanierung von Unternehmen (ESUG) vom 07.12.2011 (BGBl. I, S. 2582) angefügt worden.

IV. Abs. 4

6 Abs. 4 ist durch Art. 5 Nr. 6 des Gesetzes zur Verkürzung des Restschuldbefreiungsverfahrens und zur Stärkung der Gläubigerrechte vom 15.07.2013 (BGBl. I, 2379) angefügt worden. Diese Änderung ist am 01.07.2014 in Kraft getreten. Dies ergibt sich aus Art. 9 des Gesetzes zur Verkürzung des Restschuldbefreiungsverfahrens und zur Stärkung der Gläubigerrechte vom 15.07.2013 (BGBl. I, 2379).

7 Die Fassung von Abs. 4 ist missglückt.

8 § 3 ist ab dem 01.07.2014 um einen Tatbestand in Buchst. e) ergänzt worden.

9 Unproblematisch erscheint die Änderung von § 13. Alle Verbraucherinsolvenzverfahren, die bis einschließlich zum 30.06.2014, 24:00 h beantragt wurden, sind weiter nach § 13 InsVV a. F. zu behandeln, Die Verfahren nach dem Neunten Teil der InsO, die ab dem 01.07.2014 beantragt werden, sind nach § 2 InsVV mit der Besonderheit der verringerten Mindestvergütung nach § 13 (n. F.) zu behandeln.

10 Die geänderte Vorschrift nach § 17 Abs. 2 gilt ab dem 01.07.2014.

11 Problematisch ist die Änderung im Hinblick auf die vorläufige Verwaltung. Alle ab dem 19.07.2013 beantragten Regelverfahren mit dann angeordneter vorläufiger Verwaltung sind wegen der Vergütung des vorläufigen Verwalters nach § 63 Abs. 3 InsO i. V. m. § 11 n. F. zu behandeln. Dies ergibt sich aus dem durch Art. 6 Nr. 2 des Gesetzes zur Verkürzung des Restschuldbefreiungsverfahrens und zur Stärkung der Gläubigerrechte vom 15.07.2013 in das EGInsO eingefügten Art. 103h. Dies kollidiert mit Absatz 4; danach wäre § 11 in der neuen Fassung erst ab dem 01.07.2014 anwendbar. Art. 9 Satz 1 des Gesetzes zur Verkürzung des Restschuldbefreiungsverfahrens und zur Stärkung der Gläubigerrechte vom 15.07.2013 (BGBl. I, 2379 ff.) sieht ausdrücklich vor, dass die Änderungen in § 63 InsO und § 11 am 01.07.2014 in Kraft traten. Damit geht Abs. 4 ins Leere (HK-Keller § 63 InsO Rn. 66; HK-Keller § 19 Rn. 8).

V. Sonstiges

Für Verfahren nach der KO, VerglO und GesO gilt weiter die VergVO.   12

§ 20 Inkrafttreten

Diese Verordnung tritt am 1. Januar 1999 in Kraft.

Es handelt sich um den auf das Inkrafttreten der InsO abgestimmten Zeitpunkt.   1

Verordnung zur Einführung von Formularen für das Verbraucherinsolvenzverfahren und das Restschuldbefreiungsverfahren (Verbraucherinsolvenzformularverordnung – VbrInsFV)

vom 17. Februar 2002 (BGBl. I S. 703), zuletzt geändert durch Artikel 1 Nr. 1 V. v. 23.06.2014 (BGBl. I S. 825)

§ 1 Formulare

(1) Für die im Verbraucherinsolvenzverfahren nach § 305 Abs. 1 der Insolvenzordnung zu stellenden Anträge und für die von den Beteiligten vorzulegenden Bescheinigungen, Verzeichnisse und Pläne werden die folgenden, in der Anlage bestimmten Formulare eingeführt:
1. Antrag auf Eröffnung des Insolvenzverfahrens nach § 305 der Insolvenzordnung mit Antrag auf Erteilung der Restschuldbefreiung nach § 287 Abs. 1 der Insolvenzordnung,
2. Anlagen zum Antrag auf Eröffnung des Insolvenzverfahrens:
   a) Personalbogen mit Angaben zur Person des Schuldners,
   b) Bescheinigung über das Scheitern des außergerichtlichen Einigungsversuchs nach § 305 Abs. 1 Nr. 1 der Insolvenzordnung,
   c) Abtretungserklärung nach § 287 Abs. 2 der Insolvenzordnung,
   d) Zusammenfassung des wesentlichen Inhalts des Vermögensverzeichnisses nach § 305 Abs. 1 Nr. 3 der Insolvenzordnung (Vermögensübersicht),
   e) Verzeichnis des vorhandenen Vermögens und des Einkommens nach § 305 Abs. 1 Nr. 3 der Insolvenzordnung mit Ergänzungsblättern (Vermögensverzeichnis),
   f) Verzeichnis der Gläubiger und Verzeichnis der gegen den Schuldner gerichteten Forderungen nach § 305 Abs. 1 Nr. 3 der Insolvenzordnung (Gläubiger- und Forderungsverzeichnis),
   g) Schuldenbereinigungsplan nach § 305 Abs. 1 Nr. 4 der Insolvenzordnung.

(2) Den Formularen ist ein Hinweisblatt beizufügen, das deren wesentlichen Inhalt kurz erläutert.

§ 2 Zulässige Abweichungen

Folgende Abweichungen von den in der Anlage bestimmten Formularen und dem Hinweisblatt sind zulässig:
1. Berichtigungen, die auf einer Änderung von Rechtsvorschriften beruhen;
2. Ergänzungen oder Anpassungen des Hinweisblattes zu den Formularen, soweit solche mit Rücksicht auf die Erfahrungen mit den Formularen geboten sind.

§ 3 Inkrafttreten

Diese Verordnung tritt am 1. März 2002 in Kraft.

Übersicht	Rdn.			Rdn.
A. Allgemeines	1	II.	Formularzwang	5
B. Norminhalt	3	III.	Ausnahmen	9
I. Formulare	3			

A. Allgemeines

§ 305 Abs. 5 Satz 1 InsO enthält eine Ermächtigungsgrundlage für das Bundesministerium der Justiz zur Einführung eines **einheitlichen Antragsformulars** für die im Verbraucherinsolvenzverfahren mit dem Insolvenzantrag vorzulegenden Unterlagen. Gem. § 305 Abs. 5 Satz 2 InsO sind

1

diese Formulare von dem Schuldner zwingend bei der Antragsstellung zu verwenden. Dadurch soll sichergestellt werden, dass die für die Bearbeitung von Verbraucherinsolvenzanträgen notwendigen Angaben vollständig und geordnet bei den Gerichten eingehen und dort zügig bearbeitet werden können (s. die Begründung zum Gesetzesentwurf BR-Drucks. 1105/1). Bemerkenswert ist, dass sich die Verordnungsermächtigung dem Wortlaut nach nur auf die gem. § 305 Abs. 1 Nr. 1 bis 3 vorzulegenden Verzeichnisse erstreckt, nicht auf Nr. 4 (Schuldenbereinigungsplan; vgl. dazu die Kommentierung zu § 305 n. F. Rdn. 32).

1a Obwohl die Ermächtigungsgrundlage bereits von Anfang an in der am 01.01.1999 in Kraft getretenen InsO vorgesehen war, dauerte es noch über 3 Jahre, bis das BMJ von dieser Möglichkeit Gebrauch machte und die verschiedenen von Landesministerien, Gerichten und Schuldnerberatungsstellen entworfenen und zuvor in der Praxis verwandten Antragsformulare durch ein eigenes verbindliches Formular ersetzte. Am 01.03.2002 trat die VerbrInsVV in Kraft. Sie wurde nunmehr im Zuge des Gesetzes zur Verkürzung des Restschuldbefreiungsverfahrens und zur Stärkung der Gläubigerrechte vom 15.07.2013 (BGBl. I S. 2379) angepasst und in Verordnung zur Einführung von Formularen für das Verbraucherinsolvenzverfahren und das Restschuldbefreiungsverfahren (Verbraucherinsolvenzformularverordnung – VbrInsFV) umbenannt. Da für den Schuldner als Antragsteller im Verbraucherinsolvenzverfahren nach § 305 Abs. 5 Satz 2 Insolvenzordnung (InsO) Formularzwang besteht, sind die Verbraucherinsolvenzvordruckverordnung und die Vordrucke anzupassen, um Schuldnern auch künftig eine gesetzeskonforme Antragstellung zu ermöglichen. Die Änderung wird auch zum Anlass genommen, die durch das Justizkommunikationsgesetz vom 22.03.2005 (BGBl. I S. 837, 851) eingeführte einheitliche Terminologie zu übernehmen und nunmehr den Begriff Formular zu verwenden. Zudem ist § 114 InsO aufgehoben worden, mit der die Privilegierung von Vorausverfügungen und Verfügungen im Rahmen von Einzelzwangsvollstreckungsmaßnahmen zum 01.07.2014 entfallen wird. Da insofern die Erklärung nach § 287 Abs. 2 Satz 2 InsO nicht mehr erforderlich sein wird, war § 1 Abs. 1 Nummer 2 Buchstabe c) VbrInsVV zu ändern.

2 Vorschläge für deutlich übersichtlichere und weniger umfangreiche Formulare (z. B. Vorschlag von Grote/Weinhold für ein vereinfachtes Antragsformular, bestehend aus einem Hauptblatt und acht Seiten Anlagen, abgedruckt in ZInsO 2000, Beilage 1/2000 zu Heft 5) wurden nicht aufgenommen (krit. hierzu Pape ZInsO 2002, 806). So umfassen die Formulare neben dem Hauptblatt, auf dem sich der Schuldner zur Stellung des Eröffnungs- und des Restschuldbefreiungsantrags erklärt, noch insgesamt 30 Seiten Anlagen (Anlagen 1 bis 7C). Ein Hinweisblatt erläutert den wesentlichen Inhalt der Formulare.

B. Norminhalt

I. Formulare

3 Die Formulare beinhalten Vorgaben für den Eröffnungsantrag sowie die von den Schuldnern nach § 305 Abs. 1 Nr. 1 bis 4 InsO beizufügenden Bescheinigungen, Erklärungen, Verzeichnisse und Pläne (zu den inhaltlichen Anforderungen an die Angaben s. Ausführungen zu § 305 InsO Rdn. 11 bis 27). Im Einzelnen sind dies:
– das **Hauptblatt**, auf dem der Eröffnungsantrag zu stellen ist, der Schuldner sich zur Beantragung der Restschuldbefreiung zu erklären hat, die beigefügten Anlagen anzugeben sind und der Schuldner auf seine Auskunfts- und Mitwirkungspflichten hingewiesen wird,
– ein Personalbogen (**Anlage 1**),
– Formulare für die Bescheinigung über das Scheitern des außergerichtlichen Einigungsversuchs (**Anlage 2**; von der geeigneten Person oder Stelle i. S. v. § 305 Abs. 1 Nr. 1 InsO auszufüllen) sowie die Angabe der Gründe hierfür (**Anlage 2 A**),
– für den Fall der Beantragung der Restschuldbefreiung Formulare für die Abtretungserklärung (**Anlage 3**),
– ein Formular für die Erstellung der Vermögensübersicht (**Anlage 4**),
– Formulare für die Erstellung des Vermögensverzeichnisses (**Anlagen 5 A bis 5 K**),

– ein Formular für das Gläubiger- und Forderungsverzeichnis (**Anlage 6**) sowie
– Formulare hinsichtlich des gerichtlichen Schuldenbereinigungsplans und zwar für allgemeine Angaben über den Typ des gewählten Schuldenbereinigungsvorschlags und die beteiligten Gläubiger (**Anlage 7**), Musterpläne (**Anlagen 7 A**), ergänzende Regelungen, insb. bzgl. Sicherungsrechten (**Anlage 7 B**) sowie bei Bedarf für Erläuterungen des Schuldenbereinigungsvorschlags (**Anlage 7 C**).

Zu beachten ist, dass **keine Formulare** für **die Beantragung des Verfahrenskostenstundung** (§ 4a InsO) und der **Zustimmungsersetzung** im gerichtlichen Schuldenbereinigungsverfahren (§ 309 InsO) vorgesehen sind (krit. hierzu Schmerbach NZI 2002, 197). Diese Erklärungen sind den Formularen also ggf. noch hinzuzufügen, wobei viele Gerichte hierfür eigene Formulare entworfen haben. Ein Benutzungszwang besteht insofern jedoch nicht. 4

Formulare für den **außergerichtlichen Einigungsversuch** gibt es ebenfalls nicht. Es ist aber naheliegend, sich dabei an den Formularen für den gerichtlichen Plan zu orientieren.

II. Formularzwang

Benutzt der Schuldner für die Abgabe der nach § 305 Abs. 1 Nr. 1 bis 4 InsO erforderlichen Erklärungen, Bescheinigungen, Verzeichnisse und Pläne die hierfür vorgesehenen amtlichen Formulare nicht, so sind die Unterlagen unvollständig i. S. d. § 305 Abs. 3 Satz 1 InsO, sodass nach erfolgloser Ergänzungsaufforderung durch das Gericht nach Ablauf der Monatsfrist der Antrag als zurückgenommen gilt. Einen hiergegen gerichteten Rechtsbehelf gibt es für den Schuldner nicht (vgl. § 305 Rdn. 30). 5

Der **Eröffnungsantrag** selbst kann auch in anderer Weise – unter Beachtung des **Schriftformerfordernisses** (§ 305 Abs. 1 Satz 1 InsO) – eingereicht werden. Zwar wird er von § 1 Abs. 1 Nr. 1 genannt und auf dem Hauptblatt der Formulare ist der Antrag auch bereits vorformuliert, ein dahin gehender Benutzungszwang ist jedoch nicht von der Verordnungsermächtigung des § 305 Abs. 5 InsO gedeckt (KPB-Wenzel § 305 InsO Rn. 45). 6

Die Formulare dürfen zwar grds. weder gestalterisch noch inhaltlich ergänzt werden (s. a. das Hinweisblatt unter »Allgemeine Hinweise«). Dennoch ist eine allzu strenge Handhabung zu vermeiden, solange die für die zügige Bearbeitung durch die Gerichte erforderliche Einheitlichkeit der Unterlagen im Wesentlichen gewährleistet ist. Zu weitgehend ist es jedenfalls, mit dem AG Köln (ZVI 2002, 370) die Verwendung solcher Formulare als unzulässig anzusehen, die sich von den amtlichen Formularen lediglich durch den Aufdruck des Namenszuges einer beim Ausfüllen verwendeten Verbraucherinsolvenzsoftware unterscheiden (zweifelnd auch Andres/Leithaus § 305 InsO Rn. 30), weil dies letztlich auf einen sachlich nicht gerechtfertigten – gleichsam zum Selbstzweck erhobenen – Formalismus hinausliefe. 7

Nach hier vertretener Auffassung ist aufgrund der Unvollständigkeit der Verordnungsermächtigung zumindest zweifelhaft, ob der Schuldner verpflichtet ist, die Formulare für den Schuldenbereinigungsplan zu verwenden (vgl. Kommentierung zu § 305 Rdn. 32). Jedenfalls besteht hinsichtlich **des besonderen Teils des gerichtlichen Schuldenbereinigungsplans**, der den eigentlichen Schuldenbereinigungsvorschlag beinhalten soll, **kein Zwang** zur Benutzung der Formulare (Preuß Rn. 60; Pape ZInsO 2002, 806, 807; ders. ZInsO 2003, 61, 62; Mäusezahl, ZVI 2002, 201; a. A. AG Köln, Hinweisschreiben v. 05.09.2002, angeführt im Beschwerdeverfahren vom LG Köln ZInsO 2003, 93; AG Kleve, Hinweisschreiben v. 10.04.2002, ZVI 2002, 200). Zwar enthalten die Formulare Musterpläne für einen Plan mit Einmalzahlungen oder festen Raten bzw. für einen Plan mit flexiblen Raten (Anlagen 7A), aufgrund der Gestaltungsfreiheit des Schuldners müssen diese jedoch nicht zwingend verwendet werden, sondern stellen lediglich Gestaltungsvorschläge dar. Dies ergibt sich auch aus dem Hinweisblatt zu den Formularen (Punkt 70), demzufolge der erste Musterplan bei einmaliger Zahlung oder mehreren regelmäßigen Zahlungen von dem Schuldner verwandt werden kann. Im Hinblick auf die fehlende Rechtsschutzmöglichkeit bei Eintritt der Rücknahmefiktion 8 sollte im Zweifel die jeweilige Praxis bei dem für den Antrag zuständigen Gericht in Erfahrung gebracht werden.

III. Ausnahmen

9   Nach § 2 sind in zwei Fällen Abweichungen von den amtlichen Formularen zulässig. Zum einen dürfen die Formulare im Hinblick auf **Rechtsänderungen** berichtigt werden. Zum anderen ist es zulässig, das Hinweisblatt – nicht die Formulare selbst! – mit Rücksicht auf die **Erfahrungen mit den Formularen** zu ergänzen oder anzupassen, wodurch ermöglicht werden soll, auf in der Praxis beim Ausfüllen der Formulare häufiger auftretende Fehler oder Unstimmigkeiten zu reagieren (s. die Begründung zum Gesetzesentwurf, BT-Drucks. 1105/1).

Inkrafttreten **§ 3 VbrInsFV**

1	Vorname und Name
Antrag auf Eröffnung des Insolvenzverfahrens (§ 305 InsO) des / der	Straße und Hausnummer
	Postleitzahl und Ort
	Telefon tagsüber
	Verfahrensbevollmächtigte(r)

2 An das Amtsgericht
– Insolvenzgericht –

in _____

3 **I. Eröffnungsantrag**

Ich stelle den **Antrag, über mein Vermögen das Insolvenzverfahren zu eröffnen.** Nach meinen Vermögens- und Einkommensverhältnissen bin ich nicht in der Lage, meine bestehenden Zahlungspflichten, die bereits fällig sind oder in absehbarer Zeit fällig werden, zu erfüllen.

4 **II.1. Restschuldbefreiungsantrag**

☐ Ich **stelle** den **Antrag auf Restschuldbefreiung** (§ 287 InsO). (Nummer II. 2. **ist** auszufüllen.)

☐ Ich stelle **keinen** Antrag auf Restschuldbefreiung. (Nummer II. 2 ist **nicht** auszufüllen)

II. 2. Erklärung zum Restschuldbefreiungsantrag

Ich **erkläre**,

a) dass ich einen Antrag auf Restschuldbefreiung

☐ bisher nicht gestellt habe. (Nummern II.2. b), c) sind **nicht** auszufüllen.)
☐ bereits gestellt habe am

_____
(Datum, Az., Gericht - Nummer II. 2. **b**) ist auszufüllen.)

b) dass mir Restschuldbefreiung

☐ erteilt wurde am

_____
(Datum, Az., Gericht - Nummer II. 2. **c**) ist **nicht** auszufüllen.)

☐ versagt wurde am

_____
(Datum, Az., Gericht - Nummer II. 2. **c**) ist auszufüllen.)

c) dass die Versagung der Restschuldbefreiung erfolgte auf Grund

☐ rechtskräftiger Verurteilung in dem Zeitraum zwischen Schlusstermin und Aufhebung des Insolvenzverfahrens oder in dem Zeitraum zwischen Beendigung des Insolvenzverfahrens und dem Ende der Abtretungsfrist wegen einer Insolvenzstraftat zu einer Geldstrafe von mehr als 90 Tagessätzen oder einer Freiheitsstrafe von mehr als drei Monaten (§ 297 InsO).

☐ vorsätzlicher oder grob fahrlässiger Verletzung der Auskunfts- und Mitwirkungspflichten nach der Insolvenzordnung (§ 290 Abs. 1 Nr. 5 InsO).

☐	vorsätzlich oder grob fahrlässig unrichtiger oder unvollständiger Angaben in der nach § 287 Abs. 1 Satz 3 InsO abzugebenden Erklärung und im Vermögens-, Gläubiger- und Forderungsverzeichnis und der Vermögensübersicht (§ 290 Abs. 1 Nr. 6 InsO).
☐	Verletzung der Erwerbsobliegenheit ab Beginn der Abtretungsfrist bis zur Beendigung des Insolvenzverfahrens (§ 290 Abs. 1 Nr. 7 InsO).
☐	einer Obliegenheitsverletzung im Zeitraum zwischen Beendigung des Insolvenzverfahrens und dem Ende der Abtretungsfrist (§ 296 InsO).
☐	eines erst nach dem Schlusstermin oder nach Einstellung nach Anzeige der Masseunzulänglichkeit bekannt gewordenen Versagungsgrundes nach § 290 Abs. 1 Nr. 5, 6, 7 InsO.

5 | **III. Anlagen**

Personalbogen	(Anlage 1)	☒
Bescheinigung über das Scheitern des außergerichtlichen Einigungsversuchs mit außergerichtlichem Plan	(Anlage 2)	☒
Gründe für das Scheitern des außergerichtlichen Plans	(Anlage 2 A)	☒
Abtretungserklärung nach § 287 Abs. 2 InsO	(Anlage 3)	☐
Vermögensübersicht	(Anlage 4)	☒
Vermögensverzeichnis mit den darin genannten Ergänzungsblättern	(Anlage 5)	☒
Gläubiger - und Forderungsverzeichnis	(Anlage 6)	☒
Schuldenbereinigungsplan für das gerichtliche Verfahren:		
Allgemeiner Teil	(Anlage 7)	☒
Besonderer Teil – Musterplan mit Einmalzahlung/festen Raten	(Anlage 7 A)	☐
oder Besonderer Teil – Musterplan mit flexiblen Raten	(Anlage 7 A)	☐
oder Besonderer Teil – Plan mit sonstigem Inhalt	(Anlage 7 A)	☐
Besonderer Teil – Ergänzende Regelungen	(Anlage 7 B)	☒
Erläuterungen zur vorgeschlagenen Schuldenbereinigung	(Anlage 7 C)	☐
Sonstige: _____		☐

6 | **IV. Auskunfts- und Mitwirkungspflichten**

Als Schuldner bin ich gesetzlich verpflichtet, dem Insolvenzgericht über alle das Verfahren betreffenden Verhältnisse vollständig und wahrheitsgemäß Auskunft zu erteilen, insbesondere über alle Umstände, deren Mitteilung zur Entscheidung über meine Anträge erforderlich ist (§§ 20, 97 InsO).

Können solche Auskünfte durch Dritte, insbesondere durch Banken und Sparkassen, sonstige Kreditinstitute, Versicherungsgesellschaften, Sozial- und Finanzbehörden, Sozialversicherungsträger, Rechtsanwälte, Notare, Steuerberater und Wirtschaftsprüfer erteilt werden, so obliegt es mir, auf Verlangen des Gerichts alle Personen und Stellen, die Auskunft über meine Vermögensverhältnisse geben können, von ihrer Pflicht zur Verschwiegenheit zu befreien.

7 | **V. Versicherung**

☐ **Ich versichere die Richtigkeit und Vollständigkeit meiner Angaben zu Nummer II. 2. Buchstabe b und c.**

Mir ist bekannt, dass vorsätzliche Falschangaben strafbar sein können und dass mir die Restschuldbefreiung versagt werden kann, wenn ich vorsätzlich oder grob fahrlässig unrichtige oder unvollständige Angaben gemacht habe (§ 290 Absatz 1 Nummer 6 InsO).

8

_____   _____
(Ort, Datum)   (Unterschrift)

Amtliche Fassung 7/2014

Inkrafttreten § 3 VbrInsFV

Anlage 1
zum Eröffnungsantrag des / der _____

Personalbogen: Angaben zur Person

9

Name		Akademischer Grad
Vorname(n) (Rufnamen unterstreichen)		Geschlecht ☐ männlich ☐ weiblich
Geburtsname		früherer Name
Geburtsdatum	Geburtsort	
Wohnanschrift Straße		Hausnummer
Postleitzahl	Ort	
Telefon (privat)		Mobil
Telefax		E-Mail

10 **Familienstand**
☐ ledig ☐ verheiratet seit ____ ☐ eingetragene Lebenspartnerschaft begründet seit ____ ☐ beendet seit ____ ☐ geschieden seit ____ ☐ getrennt lebend seit ____ ☐ verwitwet seit ____

11 **Unterhaltsberechtigte Personen**
☐ nein ☐ ja, Anzahl: _____, davon minderjährig: _____
(Einzelheiten siehe Ergänzungsblatt 5 J)

12 **Beteiligung am Erwerbsleben**

Erlernter Beruf

Zurzeit oder zuletzt tätig als

ehemals selbständig ☐ Nein ☐ Ja, als
☐ zurzeit unselbständig beschäftigt als
　☐ Arbeiter(in)
　☐ Angestellte(r)
　☐ Beamter/Beamtin
　☐ Aushilfe
　☐ Sonstiges, und zwar: _____

Verbindlichkeiten aus Arbeitsverhältnissen ☐ Nein ☐ Ja
☐ zurzeit keine Beteiligung am Erwerbsleben, weil
　☐ Rentner(in)/Pensionär(in) seit _____
　☐ arbeitslos seit _____
　☐ Schüler(in) / Student(in) bis _____
　☐ Hausmann/Hausfrau
　☐ Sonstiges, und zwar: _____

13 **Verfahrensbevollmächtigte(r)**

☐ für das Verfahren insgesamt
☐ für den aus der Vollmacht ersichtlichtlichen Teil des Verfahrens
☐ Vollmacht liegt an
☐ Vollmacht wird nachgereicht

Name		Akademischer Grad
Vorname	Beruf	
ggf. Bezeichnung der geeigneten Stelle		
Straße		Hausnummer
Postleitzahl	Ort	
Telefon	Telefax	
E-Mail		
Geschäftszeichen	Sachbearbeiter(in)	

Amtliche Fassung 7/2014　　Eigenantrag Verbraucherinsolvenz: Personalbogen (Anlage 1),

§ 3 VbrInsFV Inkrafttreten

Anlage 2
zum Eröffnungsantrag des / der _____

Bescheinigung über das Scheitern des außergerichtlichen Einigungsversuchs
(§ 305 Abs. 1 Nr. 1 InsO)

- Die Anlage 2 ist von der geeigneten Person oder Stelle auszufüllen -

14	**I. Bezeichnung der geeigneten Person oder Stelle**	Name: _____ Straße: _____ Hausnummer: _____ Postleitzahl: _____ Ort: _____ Ansprechpartner: _____
15	**II. Behördliche Anerkennung der geeigneten Person oder Stelle**	☐ Ja Anerkennende Behörde: _____ Datum des Bescheids: _____ Aktenzeichen: _____ ☐ Nein, die Eignung ergibt sich jedoch aus folgenden Umständen: ☐ Rechtsanwalt ☐ Notar ☐ Steuerberater ☐ Sonstiges: _____
16	**III. Außergerichtlicher Einigungsversuch**	1. Der außergerichtliche Plan vom _____ ist beigefügt. 2. Allen im Gläubigerverzeichnis benannten Gläubigern ist dieser Plan übersandt worden. ☐ Ja ☐ Nein. Begründung: _____ 3. Der Einigungsversuch ist endgültig gescheitert am _____ . 4. Die wesentlichen Gründe für das Scheitern des Plans ergeben sich aus der Darstellung in der Anlage 2 A.
17	**IV. Bescheinigung**	Ich bescheinige/Wir bescheinigen auf der Grundlage persönlicher Beratung und eingehender Prüfung der Einkommens- und Vermögensverhältnisse, dass die Schuldnerin bzw. der Schuldner ☐ mit meiner/unserer Unterstützung erfolglos versucht hat, eine außergerichtliche Einigung mit den Gläubigern über die Schuldenbereinigung auf der Grundlage eines Plans zu erzielen.

_____   _____
(Ort, Datum)   (Unterschrift/Stempel der bescheinigenden Person oder Stelle)

Amtliche Fassung 7/2014

Anlage 2A
zum Eröffnungsantrag des / der _____

Gründe für das Scheitern des außergerichtlichen Schuldenbereinigungsplans
(§ 305 Abs. 1 Nr. 1 InsO)

I. **Wesentliche Gründe für das Scheitern des Einigungsversuchs**	☐ Nicht alle Gläubiger haben dem ihnen übersandten außergerichtlichen Plan zugestimmt. 1. Anteil der zustimmenden Gläubiger nach Köpfen: _____ Gläubiger von _____ Gläubigern 2. Anteil der zustimmenden Gläubiger nach Summen: _____ EUR von _____ EUR 3. Anteil der Gläubiger ohne Rückäußerung: _____ Gläubiger von _____ Gläubigern Als maßgebliche Gründe für die Ablehnung des Plans wurden genannt: ☐ Nachdem die Verhandlungen über die außergerichtliche Schuldenbereinigung aufgenommen wurden, ist die Zwangsvollstreckung betrieben worden von: _____ Aktenzeichen des Gerichts oder Gerichtsvollziehers: _____ Amtsgericht: _____	
II. **Beurteilung des außergerichtlichen Einigungsversuchs und Aussichten für das gerichtliche Schuldenbereinigungsverfahren**	Der gerichtliche Plan unterscheidet sich von dem außergerichtlichen Plan ☐ nicht. ☐ in folgenden Punkten: Nach dem Verlauf des außergerichtlichen Einigungsversuchs halte ich die Durchführung des gerichtlichen Schuldenbereinigungsplanverfahrens für ☐ aussichtsreich. ☐ nicht aussichtsreich. Begründung:	

Amtliche Fassung 7/2014

§ 3 VbrInsFV Inkrafttreten

Anlage 3
zum Eröffnungsantrag des / der _____

Abtretungserklärung nach § 287 Abs. 2 InsO

- Die Anlage ist nur einzureichen, wenn auf dem Hauptblatt Restschuldbefreiung beantragt worden ist -

I. **Erläuterungen zur Abtretungserklärung**	Die nachfolgende Abtretung umfasst alle Bezüge aus einem Dienstverhältnis oder an deren Stelle tretende laufende Bezüge, also: - jede Art von Arbeitseinkommen, Dienst - und Versorgungsbezüge der Beamten, Arbeits- und Dienstlöhne, Arbeitsentgelt für Strafgefangene, - Ruhegelder und ähnliche fortlaufende Einkünfte, die nach dem Ausscheiden aus dem Dienst - oder Arbeitsverhältnis gewährt werden, sonstige Vergütungen für Dienstleistungen aller Art, die die Erwerbstätigkeit des Zahlungsempfängers vollständig oder zu einem wesentlichen Teil in Anspruch nehmen, - Bezüge, die ein Arbeitnehmer zum Ausgleich für Wettbewerbsbeschränkungen für die Zeit nach Beendigung seines Dienstverhältnisses beanspruchen kann, - Hinterbliebenenbezüge, die wegen des früheren Dienst- oder Arbeitsverhältnisses gezahlt werden, Renten, die auf Grund von Versicherungsverträgen gewährt werden, wenn diese Verträge zur Versorgung des Versicherungsnehmers oder seiner unterhaltsberechtigten Angehörigen geschlossen worden sind, - Renten und sonstige laufende Geldleistungen der Sozialversicherungsträger oder der Bundesagentur für Arbeit im Fall des Ruhestands, der teilweisen oder vollständigen Erwerbsunfähigkeit oder der Arbeitslosigkeit, - alle sonstigen, den genannten Bezügen rechtlich oder wirtschaftlich gleichstehenden Bezüge. Wenn Sie in dem Zeitraum zwischen Beendigung des Insolvenzverfahrens und dem Ende der Abtretungsfrist eine selbständige Tätigkeit ausüben, sind Sie verpflichtet, die Insolvenzgläubiger durch Zahlungen an den gerichtlich bestellten Treuhänder so zu stellen, wie wenn Sie ein angemessenes Dienstverhältnis eingegangen wären (§ 295 Abs. 2 InsO).
II. **Abtretungserklärung**	**Für den Fall der gerichtlichen Bestimmung eines Treuhänders (§ 288 Satz 2 InsO) trete ich hiermit meine pfändbaren Forderungen auf Bezüge aus einem Dienst verhältnis oder an deren Stelle tretende laufende Bezüge für die Zeit von sechs Jahren nach Eröffnung des Insolvenzverfahrens (Abtretungsfrist) an den Treuhänder ab.**

20

_____ _____
(Ort, Datum) (Unterschrift)

Amtliche Fassung 7/2014   Eigenantrag Verbraucherinsolvenz: Abtretungserklärung (Anlage 3), **Seite 1** von 1

Inkrafttreten **§ 3 VbrInsFV**

Anlage 4
zum Eröffnungsantrag des / der _____

Vermögensübersicht
(Übersicht des vorhandenen Vermögens und des Einkommens, § 305 Abs. 1 Nr. 3 InsO)

[21] I. Erklärung zur Vermögenslage

Hiermit erkläre ich, dass ich über folgendes Vermögen und Einkommen verfüge.

☐ Weitergehende Angaben habe ich in den Ergänzungsblättern zum Vermögensverzeichnis (Anlagen 5 A ff.) gemacht.

[22]

1.	Vermögen	Ja	gemäß Ergänzungsblatt	Wert in EUR (Gesamtbetrag)	Sicherungsrechte (Ergänzungsblatt 5 H)	Nein
1.1	Bargeld *(auch in ausländischer Währung)*	☐	–		☐ nein ☐ ja, in Höhe von _____ EUR	☐
1.2	Guthaben auf Girokonten, Sparkonten, Spar- und Bausparverträgen, Wertpapiere, Schuldbuchforderungen, Darlehensforderungen	☐	5 A		☐ nein ☐ ja, in Höhe von _____ EUR	☐
1.3	Bescheidene Lebensführung übersteigende Hausratsgegenstände, Möbel, Fernseh- und Videogeräte, Computer, sonstige elektronische Geräte, wertvolle Kleidungsstücke, sonstige wertvolle Gebrauchsgegenstände (z. B. Kamras, Waffen, optische Geräte u.Ä.), wertvolle Bücher (Anzahl, Gesamtwert)	☐	5 B		☐ nein ☐ ja, in Höhe von _____ EUR	☐
1.4	Bauten auf fremden Grundstücken (z. B. Gartenhaus, Verkaufsstände etc.)	☐	5 B		☐ nein ☐ ja, in Höhe von _____ EUR	☐
1.5	Privat genutzte Fahrzeuge (PKW, LKW, Wohnwagen, Motorräder, Mopeds usw.)	☐	5 B		☐ nein ☐ ja, in Höhe von _____ EUR	☐
1.6	Forderungen gegen Dritte (Außenstände, rückständiges Arbeitseinkommen, Forderungen aus Versicherungsverträgen, Rechte aus Erbfällen)	☐	5 C		☐ nein ☐ ja, in Höhe von _____ EUR	☐
1.7	Grundstücke, Eigentumswohnungen und Erbbaurechte, Rechte an Grundstücken	☐	5 D		☐ nein ☐ ja, in Höhe von _____ EUR	☐
1.8	Aktien, Genussrechte oder sonstige Beteiligungen an Kapitalgesellschaften, Personengesellschaften oder Genossenschaften	☐	5 E		☐ nein ☐ ja, in Höhe von _____ EUR	☐
1.9	Rechte oder Ansprüche aus Urheberrechten, immaterielle Vermögensgegenstände (z. B. Patente)	☐	5 F		☐ nein ☐ ja, in Höhe von _____ EUR	☐
1.10	Sonstiges Vermögen	☐	5 F		☐ nein ☐ ja, in Höhe von _____ EUR	☐

[23]

2.	Monatliche Einkünfte	Ja	gemäß Ergänzungsblatt	Betrag monatlich netto in EUR	Sicherungsrechte Dritter (Ergänzungsblatt 5 H)	Nein
2.1	Durchschnittliches Arbeitseinkommen (netto) einschließlich Zulagen und Zusatzleistungen	☐	5 G		☐ nein ☐ ja, in Höhe von _____ EUR	☐
2.2	Arbeitslosenunterstützung (Arbeitslosengeld, Grundsicherung für Arbeitsuchende etc.)	☐	5 G		☐ nein ☐ ja, in Höhe von _____ EUR	☐
2.3	Krankengeld	☐	5 G		☐ nein ☐ ja, in Höhe von _____ EUR	☐
2.4	Rentenversicherungen, Betriebsrenten, Versorgungsbezüge (aus öffentlicher Kasse)	☐	5 G		☐ nein ☐ ja, in Höhe von _____ EUR	☐
2.5	Private Renten-, Spar- und sonstige Versicherungsverträge	☐	5 G		☐ nein ☐ ja, in Höhe von _____ EUR	☐
2.6	Sonstige Sozialleistungen (wie z. B. Sozialhilfe, Kindergeld, Elterngeld, Betreuungsgeld, Wohngeld etc.)	☐	5 G		☐ nein ☐ ja, in Höhe von _____ EUR	☐
2.7	Sonstige monatliche Einkünfte (wie z. B. Einkünfte aus Unterhaltszahlungen)	☐	5 G		☐ nein ☐ ja, in Höhe von _____ EUR	☐

Amtliche Fassung 7/2014   Eigenantrag Verbraucherinsolvenz: Vermögensübersicht (Anlage 4), **Seite 1** von 2

§ 3 VbrInsFV Inkrafttreten

[24]

3.	Jährliche Einkünfte	Ja	gemäß Ergänzungsblatt	Betrag jährlich netto in EUR	Sicherungsrechte Dritter (Ergänzungsblatt 5 H)	Nein
3.1	Einkünfte aus nichtselbständiger Tätigkeit (z. B. Weihnachtsgeld, Tantiemen, sonstige Gratifikationen usw.)	☐	5 G		☐ nein ☐ ja, in Höhe von _____ EUR	☐
3.2	Einkünfte aus Vermietung und Verpachtung	☐	5 G		☐ nein ☐ ja, in Höhe von _____ EUR	☐
3.3	Einkünfte aus Kapitalvermögen	☐	5 G		☐ nein ☐ ja, in Höhe von _____ EUR	☐
3.4	Sonstige jährliche Einkünfte	☐	5 G		☐ nein ☐ ja, in Höhe von _____ EUR	☐

[25]

4.	Sonstiger Lebensunterhalt	☐ Ich habe keine bzw. keine ausreichenden regelmäßigen Einkünfte nach Ziffer 2 und 3. Den notwendigen Lebensunterhalt bestreite ich durch: _____

[26]

5.	Regelmäßig wiederkehrende Zahlungsverpflichtungen	Ja	gemäß Ergänzungsblatt	Betrag monatlich in EUR	Nein
5.1	Unterhaltsverpflichtungen	☐	5 J	☐ Naturalunterhalt für ___ Personen ☐ Barunterhalt für ___ Personen in Gesamthöhe von _____ EUR	☐
5.2	Wohnkosten (Miete etc.)	☐	5 J	_____ EUR	☐
5.3	Sonstige wesentliche Verpflichtungen	☐	5 J	_____ EUR	☐

[27]

II. Erklärung zur Vermögenslosigkeit	☐ Hiermit erkläre ich, dass ich mit Ausnahme des unter Nummer I. 4 bezeichneten Lebensunterhalts weder über die vorstehend aufgeführten Vermögenswerte noch über sonstige Vermögenswerte verfüge (Vermögenslosigkeit).

[28]

| III. Erklärung zu Schenkungen und Veräußerungen | Ich habe in den letzten vier Jahren vor dem Antrag auf Eröffnung des Insolvenzverfahrens Geld, Forderungen oder Gegenstände verschenkt (gebräuchliche Gelegenheitsgeschenke geringen Werts sind nicht anzugeben). | ☐ nein
☐ ja, im Gesamtwert von _____ EUR
gemäß Ergänzungsblatt 5 K |
| | Ich habe in den letzten zwei Jahren Vermögensgegenstände an nahestehende Personen veräußert. | ☐ nein
☐ ja, im Gesamtwert von _____ EUR
gemäß Ergänzungsblatt 5 K |

[29]

IV. Versicherung (§ 305 Abs. 1 Nr. 3 InsO)	Die **Richtigkeit und Vollständigkeit der in dieser Vermögensübersicht enthaltenen Angaben** versichere ich. Mir ist bekannt, dass vorsätzliche Falschangaben strafbar sein können und dass mir die Restschuldbefreiung versagt werden kann, wenn ich vorsätzlich oder grob fahrlässig unrichtige oder unvollständige Angaben gemacht habe (§ 290 Abs. 1 Nr. 6 InsO).

_____   _____
(Ort, Datum)   (Unterschrift)

Inkrafttreten **§ 3 VbrInsFV**

Anlage 5 **zum Eröffnungsantrag des / der** _____	
Vermögensverzeichnis (Verzeichnis des vorhandenen Vermögens und des Einkommens, § 305 Abs. 1 Nr. 3 InsO)	
I. **Erklärung zum** **Vermögensver-** **zeichnis**	Hinsichtlich meines Vermögens und meiner Einkünfte nehme ich auf die Angaben in der Vermögensübersicht Bezug. ☐ Ich ergänze diese Angaben entsprechend den beiliegenden und in der Vermögensübersicht bereits bezeichneten Ergänzungsblättern: ☐ 5 A (Guthaben auf Konten, Wertpapiere, Schuldbuchforderungen, Darlehensforderungen) ☐ 5 B (Hausrat, Mobiliar, Wertgegenstände und Fahrzeuge) ☐ 5 C (Forderungen, Rechte aus Erbfällen) ☐ 5 D (Grundstücke, Eigentumswohnungen und Erbbaurechte, Rechte an Grundstücken) ☐ 5 E (Beteiligungen, Aktien, Genussrechte) ☐ 5 F (Immaterielle Vermögensgegenstände, sonstiges Vermögen) ☐ 5 G (Laufendes Einkommen) ☐ 5 H (Sicherungsrechte Dritter und Zwangsvollstreckungsmaßnahmen) ☐ 5 J (Regelmäßig wiederkehrende Verpflichtungen) ☐ 5 K (Schenkungen und entgeltliche Veräußerungen) **Ich versichere, dass ich in den nicht beigefügten Ergänzungsblättern keine Angaben zu machen habe.**
II. **Versicherung** **(§ 305 Abs. 1** **Nr. 3 InsO)**	Die **Richtigkeit und Vollständigkeit der in diesem Vermögensverzeichnis und den beigefügten Ergänzungsblättern enthaltenen Angaben** versichere ich. Mir ist bekannt, dass vorsätzliche Falschangaben strafbar sein können und dass mir die Restschuldbefreiung versagt werden kann, wenn ich vorsätzlich oder grob fahrlässig unrichtige oder unvollständige Angaben gemacht habe (§ 290 Abs. 1 Nr. 6 InsO).

_____   _____
(Ort, Datum)   (Unterschrift)

§ 3 VbrInsFV Inkrafttreten

Ergänzungsblatt 5 A
zum Vermögensverzeichnis des / der _____

Guthaben auf Konten, Wertpapiere, Schuldbuchforderungen, Darlehensfordrungene

31	1.	**Guthaben auf Konten** (Bezeichnung der Kontonummern, genaue Bezeichnung der Konto führenden Stelle)	Stichtag	Guthaben in EUR
	1.1 / 1.1.1	Girokonten (z. B. Gehaltskonto)		
	1.2 / 1.2.1	Termin - oder Festgeldkonten		
	1.3 / 1.3.1	Fremdwährungsgeldkonten		
	1.4 / 1.4.1	Sparkonten, Sparverträge		
	1.5 / 1.5.1	Raten - und Bausparverträge		
	1.6 / 1.6.1	Sonstige Spareinlagen		

32	2.	**Wertpapiere, Schuldbuchforderungen, sonstige Darlehensforderungen** (genaue Bezeichnung: Name des Papiers, Typ, Serie, WKN, ggf. Name der Depotbank mit Depot - Nr., Fälligkeitsdatum, Name und Anschrift des Schuldners)	Stichtag	Kurs - oder Verkehrswert in EUR
	2.1 / 2.1.1	Investmentfondsanteile		
	2.2 / 2.2.1	Pfandbriefe, Sparbriefe und ähnliche festverzinsliche Wertpapiere, Obligationen		
	2.3 / 2.3.1	Schuldbuchforderungen		
	2.4 / 2.4.1	Wechselforderungen		
	2.5 / 2.5.1	Scheckforderungen		
	2.6 / 2.6.1	Forderungen aus Hypotheken oder Grundschulden		
	2.7 / 2.7.1	Gesellschafterdarlehen		
	2.8 / 2.8.1	Sonstige Forderungen aus Darlehen oder ähnlichen Geldanlagen		

Amtliche Fassung 7/2014   Eigenantrag Verbraucherinsolvenz: Ergänzungsblatt 5 A zum Vermögensverzeichnis, **Seite 1** von 1

Inkrafttreten **§ 3 VbrInsFV**

Ergänzungsblatt 5 B
zum Vermögensverzeichnis des / der _____

Hausrat, Mobiliar, Wertgegenstände und Fahrzeuge

	1. Hausrat, sonstiges Mobiliar oder Wertgegenstände	Wert in EUR
1.1 1.1.1	Bescheidene Lebensführung übersteigende Hausratsgegenstände, Möbel, Fernseh - und Videogeräte, Computer, sonstige elektronische Geräte, wertvolle Kleidungsstücke, sonstige wertvolle Gebrauchsgegenstände (z. B. Kameras, Waffen, Sportgeräte, optische Geräte u.Ä.)	
1.2 1.2.1	Sonstige Wertgegenstände (wie z. B. wertvolle Bücher, Kunstobjekte, Musikinstrumente, Uhren, Schmuck, Sammlungen, Gegenstände aus Edelmetall, Edelsteine, Perlen, Goldmünzen etc.)	
1.3 1.3.1	Bauten auf fremden Grundstücken (z. B. Gartenhaus, Verkaufsstände etc.)	

	2. **Kraftfahrzeuge** (Bitte Typ/Fabrikat, Kennzeichen, Baujahr, km-Leistung und Aufbewahrungsort der Fahrzeugbriefe angeben)	Wert in EUR
2.1 2.1.1	PKW	
2.2 2.2.1	LKW	
2.3 2.3.1	Wohnwagen, Anhänger u.Ä.	
2.4 2.4.1	Motorräder, Mopeds u.Ä.	
2.5 2.5.1	Land - und forstwirtschaftliche Maschinen, Geräte u.Ä.	

	3. Erklärung zu unpfändbaren Gegenständen
	☐ Die Gegenstände unter laufender Nummer _____ werden zur Fortsetzung der Erwerbstätigkeit benötigt. Begründung:

Amtliche Fassung 7/2014   Eigenantrag Verbraucherinsolvenz: Ergänzungsblatt 5 B zum Vermögensverzeichnis, **Seite** 1 von 1

§ 3 VbrInsFV Inkrafttreten

Ergänzungsblatt 5 C
zum Vermögensverzeichnis des / der _____

Forderungen (z. B. aus Versicherungsverträgen), Rechte aus Erbfällen

			Wert in EUR
	1.	**Forderungen**	
36	1.1	**Forderungen aus Versicherungsverträgen** *(Name und Anschrift der Versicherungsgesellschaft oder Kasse und Vertragsnummer, Versicherungsleistung bzw. Beitragserstattung, ggfs. Rückkaufwert, Name des Begünstigten)*	
		Kapital - Lebensversicherungsverträge, Sterbekassen	
		private Rentenversicherungen	
		private Krankenversicherung	
		sonstige Versicherungen *(z.B. Ansprüche gegen Hausrat-, Haftpflichtversicherung, sonstige verwertbare Versicherung)*	
37	1.2	**Rückständiges Arbeitseinkommen**	
		Name / Firma, vollständige Anschrift des Arbeitgebers, *Art des rückständigen Einkommens (z. B. Urlaubsgeld, Weihnachtsgeld, rückständiger Lohn von - bis)*	
	1.2.1		
38	1.3	**Steuererstattungsansprüche**	
		Finanzamt	
		Steuernummer / Die Steuererklärung wurde zuletzt abgegeben für das Kalenderjahr	
39	1.4	**Sonstige Zahlungsansprüche, z. B. aus Schadensfällen oder aus noch nicht erfüllten Verträgen**	
		Name / Firma, vollständige Anschrift des Schuldners *Art des Zahlungsanspruchs (genaue Bezeichnung des Rechtsgrunds; ggf. Angaben zur Einbringlichkeit der Forderung)*	
	1.4.1		
40	**2.**	**Rechte und Ansprüche aus Erbfällen**	Wert in EUR
		(Bezeichnung der Beteiligung bzw. des Anspruchs, z. B. Erbengemeinschaft, Pflichtteilsanspruch, Beteiligung an einer fortgesetzten Gütergemeinschaft etc.)	

Amtliche Fassung 7/2014   Eigenantrag Verbraucherinsolvenz: Ergänzungsblatt 5 C zum Vermögensverzeichnis, **Seite 1** von 1

Inkrafttreten **§ 3 VbrInsFV**

**Ergänzungsblatt 5 D
zum Vermögensverzeichnis des / der** _____

Grundstücke, Eigentumswohnungen und Erbbaurechte, Rechte an Grundstücken

|41|

1. Genaue Bezeichnung des Grundvermögens *(evtl. gesonderte Aufstellung oder Grundbuchauszüge beifügen)*

lfd. Nr.	Lage des Objektes (Straße, Ort), Nutzungsart	Grundbuchbezeichnung (Amtsgericht, Grundbuchbezirk, Band, Blatt)	Eigentums- anteil	Verkehrswert in EUR (ca.)
1.1 1.1.1	Eigentum an Grundstücken oder Eigentumswohnungen			
1.2 1.2.1	Erbbaurechte			
1.3 1.3.1	Grunddienstbarkeiten, Nießbrauchsrechte			
1.4 1.4.1	Sonstige im Grundbuch eingetragene Rechte			

|42|

2. Belastungen dieses Grundvermögens *(evtl. gesonderte Aufstellung oder Grundbuchauszüge beifügen)*

lfd. Nr. zu 1.	Art der Belastung	Grundbuch- eintragung in a) Abteilung b) lfd. Nr.	Name des Gläubigers	Wert der derzeitigen Belastung in EUR

|43|

3. Ist die Zwangsversteigerung oder -verwaltung dieses Grundstückes angeordnet?

lfd. Nr. zu 1.	Zwangs- versteigerung	Zwangs- verwaltung	Zuständiges Amtsgericht (mit Geschäftszeichen)
	☐	☐	
	☐	☐	
	☐	☐	
	☐	☐	

Amtliche Fassung 7/2014   Eigenantrag Verbraucherinsolvenz: Ergänzungsblatt 5 D zum Vermögensverzeichnis, **Seite 1** von 1

§ 3 VbrInsFV Inkrafttreten

Ergänzungsblatt 5 E
zum Vermögensverzeichnis des / der _____

Beteiligungen (Aktien, Genussrechte, sonstige Beteiligungen)

44 | **1. Aktien, Genussrechte und sonstige Beteiligungen an Kapitalgesellschaften** (AG, GmbH, KGaA)
- evtl. gesonderte Aufstellung oder Depotauszug beifügen -

lfd. Nr.	a) Beteiligungsform b) Name und Anschrift der Gesellschaft c) WKN, Depot-Nr. und -bank bzw. Registergericht mit HRB-Nr.	Nennbetrag je Gesellschaft in EUR	Kurs- bzw. Verkehrswert in EUR	Fällige Gewinnansprüche in EUR
1.1				

45 | **2. Beteiligung an Personengesellschaften**
(oHG, KG, Partnerschaftsgesellschaft, Gesellschaft des bürgerlichen Rechts, EWIV u.Ä.)
- evtl. gesonderte Aufstellung beifügen -

lfd. Nr.	a) Name und Anschrift der Gesellschaft b) Eingetragen im Register des Amtsgerichts unter HRA-Nr. c) Beteiligungsform	Nennbetrag je Gesellschaft in EUR	Verkehrswert in EUR	Fällige Gewinnansprüche in EUR
2.1				

46 | **3. Beteiligungsform als stiller Gesellschafter**
- evtl. gesonderte Aufstellung beifügen -

lfd. Nr.	a) Name und Anschrift des Unternehmens b) Eingetragen im Register des Amtsgerichts c) unter HRA/HRB-Nr.	Nennbetrag je Gesellschaft in EUR	Verkehrswert in EUR	Fällige Gewinnansprüche in EUR
3.1				

47 | **4. Beteiligungen an Genossenschaften** (auch Anteile von Genossenschaftsbanken, Spar- und Darlehnskassen)
- evtl. gesonderte Aufstellung beifügen -

lfd. Nr.	a) Name und Anschrift der Genossenschaft b) Eingetragen im Register des Amtsgerichts c) unter Nr.	Geschäftsguthaben in EUR	Fällige Gewinnansprüche in EUR
4.1			

Amtliche Fassung 7/2014 Eigenantrag Verbraucherinsolvenz: Ergänzungsblatt 5 E zum Vermögensverzeichnis, **Seite 1** von 1

Ergänzungsblatt 5 F
zum Vermögensverzeichnis des / der _____

Immaterielle Vermögensgegenstände und sonstiges Vermögen

48 | **1.** | **Immaterielle Vermögensgegenstände**
(z. B. Urheber-, Patent-, Verlags- oder ähnliche Rechte)

lfd. Nr.	Genaue Bezeichnung und - soweit registriert - Angabe der Registerbehörde (z. B. Deutsches Patentamt), des Geschäftszeichens der Registerbehörde; Angaben über Nutzungsverträge u.Ä.	Wert in EUR
1.1		

49 | **2.** | **Sonstiges Vermögen**

lfd. Nr.		Wert in EUR
2.1		

Amtliche Fassung 7/2014 — Eigenantrag Verbraucherinsolvenz: Ergänzungsblatt 5 F zum Vermögensverzeichnis, **Seite 1** von 1

§ 3 VbrInsFV Inkrafttreten

Ergänzungsblatt 5 G
zum Vermögensverzeichnis des / der _____

Laufendes Einkommen

[50] **I. Einkünfte aus nichtselbständiger Arbeit und sonstigen Dienstverhältnissen**

Berufliche Tätigkeit (Aufgabenbereich)	Berufliche Tätigkeit					
Genauer Name (Firma) und Anschrift des Arbeitgebers oder der sonstigen auszahlenden Stelle	Name / Firma					
	Straße				Hausnummer	
	PLZ		Ort			
	Personal - Nr. o.Ä.					

☐ Lohn- oder Gehaltsbescheinigungen der letzten 2 Monate sind beigefügt

			Zahlungsweise	Abzweigungsbetrag bei Pfändung oder Abtretung in EUR	Auszahlungsbetrag in EUR
1. Arbeitseinkommen	☐ Nein	☐ Ja	monatlich		
2. Zulagen (durchschnittlich)	☐ Nein	☐ Ja	monatlich		
3. Zusätzliche Leistungen des Arbeitgebers (z. B. vermögenswirksame Leistungen)	☐ Nein	☐ Ja	monatlich		
4. Weihnachtsgeld	☐ Nein	☐ Ja	jährlich		
5. Urlaubsgeld	☐ Nein	☐ Ja	jährlich		
6. Einkünfte aus sonstigen Dienstverhältnissen, Aufwandsentschädigungen und gewinnabhängige Tantiemen	☐ Nein	☐ Ja	monatlich		
			jährlich		
7. Abfindungen bei Beendigung eines Dienst- oder Arbeitsverhältnisses	☐ Nein	☐ Ja	gesamt		

[51] **II. Einkünfte im Rahmen des Ruhestands**

			Abzweigungsbetrag bei Pfändung oder Abtretung in EUR	monatlicher Auszahlungsbetrag in EUR
1. Leistungen der gesetzlichen Rentenversicherung	☐ Nein	☐ Ja, auszahlende Stelle und Geschäftszeichen:		
		☐ Rentenbescheid ist beigefügt		
2. Versorgungsbezüge	☐ Nein	☐ Ja, auszahlende Stelle und Geschäftszeichen:		
		☐ Versorgungsbescheid ist beigefügt.		
3. Betriebsrenten	☐ Nein	☐ Ja, auszahlende Stelle und Geschäftszeichen:		
		☐ Rentenbescheid ist beigefügt		

Amtliche Fassung 7/2014 Eigenantrag Verbraucherinsolvenz: Ergänzungsblatt 5 G zum Vermögensverzeichnis, **Seite 1** von 3

				Abzweigungsbetrag bei Pfändung oder Abtretung in EUR	monatlicher Auszahlungs-betrag in EUR
4. Sonstige fortlaufende Einkünfte infolge des Ausscheidens aus einem Dienst- oder Arbeitsverhältnis	☐ Nein	☐ Ja, auszahlende Stelle und Geschäftszeichen: ☐ Nachweis ist beigefügt			
5. Renten aus privaten Versicherungs- oder Sparverträgen	☐ Nein	☐ Ja, auszahlende Stelle und Vertrags-Nr.: ☐ Nachweis ist beigefügt			

III. Unterhaltszahlungen

☐ Nein ☐ Ja		Abzweigungsbetrag bei Pfändung oder Abtretung in EUR	monatlicher Auszahlungs-betrag in EUR
Name, vollständige Anschrift der unterhaltspflichtigen Person(en)			

IV. Leistungen aus öffentlichen Kassen

			Abzweigungsbetrag bei Pfändung oder Abtretung in EUR	monatlicher Auszahlungs-betrag in EUR
1. Arbeitslosengeld (ALG I)	☐ Nein	☐ Ja, auszahlende Stelle und Geschäftszeichen: ☐ Bewilligungsbescheid ist beigefügt		
2. Grundsicherung für Arbeitsuchende (z. B. ALG II)	☐ Nein	☐ Ja, auszahlende Stelle und Geschäftszeichen: ☐ Bewilligungsbescheid ist beigefügt		
3. Krankengeld	☐ Nein	☐ Ja, auszahlende Stelle und Geschäftszeichen: ☐ Bewilligungsbescheid ist beigefügt		
4. Sozialhilfe	☐ Nein	☐ Ja, auszahlende Stelle und Geschäftszeichen: ☐ Bewilligungsbescheid ist beigefügt		
5. Wohngeld	☐ Nein	☐ Ja, auszahlende Stelle und Geschäftszeichen: ☐ Bewilligungsbescheid ist beigefügt		
6. Kindergeld	☐ Nein	☐ Ja, auszahlende Stelle und Geschäftszeichen: ☐ Bewilligungsbescheid ist beigefügt		

Amtliche Fassung 7/2014 Eigenantrag Verbraucherinsolvenz: Ergänzungsblatt 5 G zum Vermögensverzeichnis, **Seite 2** von 3

§ 3 VbrInsFV Inkrafttreten

7. Berufs- oder Erwerbsunfähigkeitsrenten	☐ Nein	☐ Ja, auszahlende Stelle und Geschäftszeichen: ☐ Bewilligungsbescheid ist beigefügt			
8. Hinterbliebenen-, Unfall-, Kriegsopferrenten	☐ Nein	☐ Ja, auszahlende Stelle und Geschäftszeichen: ☐ Bewilligungsbescheid ist beigefügt			
9. Sonstige Leistungen aus öffentlichen Kassen	☐ Nein	☐ Ja, auszahlende Stelle und Geschäftszeichen: ☐ Bewilligungsbescheid ist beigefügt			

54 | **V. Einkünfte aus Vermietung und Verpachtung**

☐ Nein ☐ Ja

Bezeichnung des Miet- oder Pachtobjekts; *Name und Anschrift der Mieter oder Pächter*	monatlich	jährlich	Abzweigungsbetrag bei Pfändung oder Abtretung in EUR	Einkünfte in EUR
	☐	☐		
	☐	☐		
	☐	☐		

55 | **VI. Zinseinkünfte und sonstige laufende Einkünfte**

☐ Nein ☐ Ja

genaue Bezeichnung der Einkunftsart; *Name und Anschrift der zahlungspflichtigen Person oder Stelle*	monatlich	jährlich	Abzweigungsbetrag bei Pfändung oder Abtretung in EUR	Einkünfte in EUR
	☐	☐		
	☐	☐		
	☐	☐		
	☐	☐		
	☐	☐		

Amtliche Fassung 7/2014 — Eigenantrag Verbraucherinsolvenz: Ergänzungsblatt 5 G zum Vermögensverzeichnis, **Seite 3** von 3

Inkrafttreten **§ 3 VbrInsFV**

**Ergänzungsblatt 5 H
zum Vermögensverzeichnis des / der** _____

Sicherungsrechte Dritter und Zwangsvollstreckungsmaßnahmen

1. Eigentumsvorbehalte, Sicherungsübereignungen

lfd. Nr.	Gegenstand	Datum des Vertrags	Name und Anschrift des Verkäufers bzw. Sicherungsnehmers	Restschuld (ca.) in EUR
1.1				

2. Lohnabtretungen, Sicherungsabtretungen

lfd. Nr.	Abgetretene Forderung (z. B.: Lohn/Gehalt bei Fa. ..., Ansprüche aus Lebensversicherung ...)	Abtretung ist offen gelegt	pfändbarer Teil wird abgeführt	Datum der Abtretung	Name und Anschrift des Lohn- bzw. Sicherungsabtretungsgläubigers	gegenwärtige Höhe der gesicherten Schuld (ca.) in EUR
2.1		☐	☐			
		☐	☐			
		☐	☐			

3. Freiwillige Verpfändungen

lfd. Nr.	Verpfändeter Gegenstand bzw. verpfändete Forderung	Datum der Verpfändung	Name und Anschrift des Pfandgläubigers	gegenwärtige Höhe der gesicherten Schuld (ca.) in EUR
3.1				

4. Zwangsvollstreckungen und Pfändungen

lfd. Nr.	Gegenstand und Datum der Zwangsvollstreckung / Pfändung (mit Angabe von Gerichtsvollzieher und DR-Nr. des Pfändungsprotokolls bzw. von Gericht und Aktenzeichen des Pfändungs- und Überweisungsbeschlusses)	Datum der Pfändungsmaßnahme	Name und Anschrift des Gläubigers	Restschuld (ca.) in EURa
4.1				

Amtliche Fassung 7/2014 — Eigenantrag Verbraucherinsolvenz: Ergänzungsblatt 5 H zum Vermögensverzeichnis, **Seite** 1 von 1

§ 3 VbrInsFV Inkrafttreten

Ergänzungsblatt 5 J
zum Vermögensverzeichnis des / der _____

Regelmäßig wiederkehrende Verpflichtungen

60	I. Unterhaltsleistungen an Angehörige	Name, Vorname und Geburtsdatum, Anschrift (nur, wenn sie von Ihrer Anschrift abweicht)	Familienverhältnis (Kind, Ehegatte, Eltern, Lebenspartner, usw.)	Unterhaltsleistung	Eigene Einnahmen der Empfänger
		1.		☐ Naturalunterhalt ☐ Barunterhalt, monatlich EUR	☐ Nein ☐ Ja, monatlich netto EUR ☐ Nicht bekannt
		2.		☐ Naturalunterhalt ☐ Barunterhalt, monatlich EUR	☐ Nein ☐ Ja, monatlich netto EUR ☐ Nicht bekannt
		3.		☐ Naturalunterhalt ☐ Barunterhalt, monatlich EUR	☐ Nein ☐ Ja, monatlich netto EUR ☐ Nicht bekannt
		4.		☐ Naturalunterhalt ☐ Barunterhalt, monatlich EUR	☐ Nein ☐ Ja, monatlich netto EUR ☐ Nicht bekannt
		5.		☐ Naturalunterhalt ☐ Barunterhalt, monatlich EUR	☐ Nein ☐ Ja, monatlich netto EUR ☐ Nicht bekannt

61	II. Wohnkosten	Wohnungsgröße in qm	Kaltmiete monatlich in EUR	Nebenkosten monatlich in EUR	Gesamtmiete monatlich in EUR	Ich zahle darauf monatlich EUR	Mitbewohner zahlen monatlich EUR

62	III. Weitere	Art der Verpflichtung bzw. außergewöhnlichen Belastung (z. B. Lebensversicherungsbeiträge, Verpflichtungen aus Kredit-, Abzahlungskauf- oder Leasingverträgen, Pflege- und Krankheitsaufwendungen)	Monatliche Höhe der Verpflichtung bzw. Belastung in EUR	Mitverpflichtete zahlen darauf monatlich in EUR

Amtliche Fassung 7/2014 — Eigenantrag Verbraucherinsolvenz: Ergänzungsblatt 5 J zum Vermögensverzeichnis, **Seite 1** von 1

Inkrafttreten **§ 3 VbrInsFV**

Ergänzungsblatt 5 K
zum Vermögensverzeichnis des / der _____

Schenkungen und entgeltliche Veräußerungen
(§§ 132, 133, 134 InsO)

1. Unentgeltliche Veräußerung von Vermögensgegenständen (Schenkungen)

☐ Ich habe in den letzten 4 Jahren vor dem Antrag auf Eröffnung des Insolvenzverfahrens folgende Geldbeträge, Forderungen oder Gegenstände verschenkt (gebräuchliche Geschenke von geringem Wert sind nicht anzugeben):

lfd. Nr.	Name und Anschrift des Empfängers	Datum	Gegenstand	Wert in EUR
1.1				

2. Entgeltliche Veräußerung von Vermögensgegenständen an nahestehende Personen

☐ Ich habe in den letzten 2 Jahren vor dem Antrag auf Eröffnung des Insolvenzverfahrens folgender nahestehenden Person folgende Vermögensgegenstände (auch Forderungen) entgeltlich veräußert:

lfd. Nr.	Name der nahestehenden Person (§ 138 InsO)	Datum	Gegenstand	Wert in EUR
2.1	☐ Ehegatte oder Lebenspartner (vor, während oder nach der Ehe oder Lebenspartnerschaft)			
2.2	☐ Lebensgefährte oder andere Personen, die mit mir in häuslicher Gemeinschaft leben oder im letzten Jahr vor der Veräußerung gelebt haben			
2.3	☐ Kinder oder Enkelkinder			
2.4	☐ meine oder meines Ehegatten Eltern, Großeltern, Geschwister und Halbgeschwister			
2.5	☐ Ehegatten der zuvor genannten Pers			

Amtliche Fassung 7/2014 — Eigenantrag Verbraucherinsolvenz: Ergänzungsblatt 5 K zum Vermögensverzeichnis, **Seite 1** von 2

§ 3 VbrInsFV Inkrafttreten

2.6	☐ Juristische Personen (z.B. AG, GmbH, KGaA) oder Gesellschaften ohne Rechtspersönlichkeit (z.B. oHG, KG) bei denen ich oder eine der in Nrn. 2.1 bis 2.5 genannten Personen als Mitglied des Vertretungs- oder Aufsichtsorgans, als persönlich haftender Gesellschafter oder zu mehr als einem Viertel an deren Kapital beteiligt bin.			
2.7	☐ Sonstige nahestehenden Personen Erläuterung:			

Anlage 6
zum Eröffnungsantrag des / der _____

Gläubiger - und Forderungsverzeichnis
(Verzeichnis der Gläubiger und Verzeichnis der gegen den Schuldner gerichteten Forderungen, § 305 Abs. 1 Nr. 3 InsO)

lfd. Nr. des Gläubigers im SB-Plan AT	Name/Kurzbezeichnung des Gläubigers (vollständige Angaben im Allgemeinen Teil des Schuldenbereinigungsplans)	Nahestehende Person (§ 138)	Hauptforderung in EUR (je Hauptforderung eine Zeile)	Zinsen Höhe in EUR	Zinsen berechnet bis zum	Kosten in EUR	Forderungsgrund; ggf. Angaben zum Bestand und zur Berechtigung der Forderung (Hinsichtlich der Angaben zu Hauptforderung, Zinsen, Kosten, Forderungsgrund und Titulierung kann durch einen Hinweis in der Spalte „Forderungsgrund" auf beigefügte Forderungsaufstellungen der Gläubiger Bezug genommen werden (§ 305 Abs. 2 Satz 1 InsO).	Forderung tituliert	Summe aller Forderungen des Gläubigers in EUR
		☐						☐	
		☐						☐	
		☐						☐	
		☐						☐	
		☐						☐	
		☐						☐	
		☐						☐	
		☐						☐	
		☐						☐	
		☐						☐	
		☐						☐	
		☐						☐	
		☐						☐	

Amtliche Fassung 7/2014

Eigenantrag Verbraucherinsolvenz: Gläubiger- und Forderungsverzeichnis (Anlage 6), **Seite 1**

§ 3 VbrInsFV Inkrafttreten

lfd. Nr. des Gläubigers im SB-Plan AT	Name/Kurzbezeichnung des Gläubigers *(vollständige Angaben im Allgemeinen Teil des Schuldenbereinigungsplans)*	Nahestehende Person (§ 138)	Hauptforderung in EUR (je Hauptforderung eine Zeile)	Zinsen Höhe in EUR	Zinsen berechnet bis zum	Kosten in EUR	Forderungsgrund; ggf. Angaben zum Bestand und zur Berechtigung der Forderung *Hinsichtlich der Angaben zu Hauptforderung, Zinsen, Kosten, Forderungsgrund und Titulierung kann durch einen Hinweis in der Spalte „Forderungsgrund" auf beigefügte Forderungsaufstellungen der Gläubiger Bezug genommen werden (§ 305 Abs. 2 Satz 1 InsO).*	Forderung tituliert	Summe aller Forderungen des Gläubigers in EUR
		☐						☐	
		☐						☐	
		☐						☐	
		☐						☐	
		☐						☐	
		☐						☐	
		☐						☐	
		☐						☐	
		☐						☐	
		☐						☐	
		☐						☐	

Versicherung Die **Richtigkeit und Vollständigkeit der in diesem Gläubiger- und Forderungsverzeichnis enthaltenen Angaben** versichere ich. Mir ist bekannt, dass vorsätzliche Falschangaben strafbar sein können und dass mir die Restschuldbefreiung versagt werden kann, wenn ich vorsätzlich oder grob fahrlässig unrichtige oder unvollständige Angaben gemacht habe (§ 290 Abs. 1 Nr. 6 InsO).

_____ _____
(Ort, Datum)   (Unterschrift)

Amtliche Fassung 7/2014

Eigenantrag Verbraucherinsolvenz: Gläubiger- und Forderungsverzeichnis (Anlage 6), **Seite 2**

Inkrafttreten **§ 3 VbrInsFV**

Anlage 7 **zum Eröffnungsantrag des / der**	Vorname und Name
	Straße und Hausnummer
	Postleitzahl und Ort
	Verfahrensbevollmächtigte(r)

Schuldenbereinigungsplan für das gerichtliche Verfahren
(§ 305 Abs. 1 Nr. 4 InsO)
Allgemeiner Teil

Neben diesem Allgemeinen Teil besteht der Schuldenbereinigungsplan aus dem Besonderen Teil (Anlagen 7 A und 7 B). Dort sind für jeden Gläubiger die angebotenen besonderen Regelungen zur angemessenen Bereinigung der Schulden dargestellt. Ergänzende Erläuterungen zur vorgeschlagenen Schuldenbereinigung können in der Anlage 7 C erfolgen.

Datum des Schuldenbereinigungsplans: _____

Unter Berücksichtigung der Gläubigerinteressen sowie meiner Vermögens-, Einkommens- und Familienverhältnisse biete ich den nachstehenden Gläubigern zur Bereinigung meiner Schulden folgenden Schuldenbereinigungsplan an:

- ☐ Plan mit Einmalzahlung oder festen Raten gemäß dem in Anlage 7 A beiliegenden Plan und den in Anlage 7 B aufgeführten ergänzenden Regelungen
- ☐ Plan mit flexiblen Raten gemäß dem in Anlage 7 A beiliegenden Plan und den in Anlage 7 B aufgeführten ergänzenden Regelungen
- ☐ Sonstiger Plan (als Anlage 7 A beigefügt) mit den in Anlage 7 B aufgeführten ergänzenden Regelungen
- ☐ Erläuterungen zur vorgeschlagenen Schuldenbereinigung (Anlage 7 C)

Beteiligte Gläubiger

lfd. Nr.	Gläubiger (möglichst in alphabetischer Reihenfolge)	Verfahrensbevollmächtigte(r) für das Insolvenzverfahren	Summe aller Forderungen des Gläubigers in EUR	Anteil an der Gesamtverschuldung in
1.	Name, Vorname bzw. Firma	Name, Vorname, Firma		
	Straße, Hausnummer	Straße, Hausnummer		
	Postleitzahl, Ort	Postleitzahl, Ort		
	Geschäftszeichen	Geschäftszeichen		
	gesetzlich vertreten durch			
2.	Name, Vorname bzw. Firma	Name, Vorname, Firma		
	Straße, Hausnummer	Straße, Hausnummer		
	Postleitzahl, Ort	Postleitzahl, Ort		
	Geschäftszeichen	Geschäftszeichen		
	gesetzlich vertreten durch			
3.	Name, Vorname bzw. Firma	Name, Vorname, Firma		
	Straße, Hausnummer	Straße, Hausnummer		
	Postleitzahl, Ort	Postleitzahl, Ort		
	Geschäftszeichen	Geschäftszeichen		
	gesetzlich vertreten durch			

Amtliche Fassung 7/2014   Eigenantrag Verbraucherinsolvenz: SBP Allgemeiner Teil (Anlage 7), **Seite 1**

§ 3 VbrInsFV Inkrafttreten

lfd. Nr.	Gläubiger	Verfahrensbevollmächtigte(r) für das Insolvenzverfahren	Summe aller Forderungen des Gläubigers in EUR	Anteil an der Gesamtsamtverschuldung in %
	Name, Vorname bzw. Firma	Name, Vorname, Firma		
	Straße, Hausnummer	Straße, Hausnummer		
	Postleitzahl, Ort	Postleitzahl, Ort		
	Geschäftszeichen	Geschäftszeichen		
	gesetzlich vertreten durch			
	Name, Vorname bzw. Firma	Name, Vorname, Firma		
	Straße, Hausnummer	Straße, Hausnummer		
	Postleitzahl, Ort	Postleitzahl, Ort		
	Geschäftszeichen	Geschäftszeichen		
	gesetzlich vertreten durch			
	Name, Vorname bzw. Firma	Name, Vorname, Firma		
	Straße, Hausnummer	Straße, Hausnummer		
	Postleitzahl, Ort	Postleitzahl, Ort		
	Geschäftszeichen	Geschäftszeichen		
	gesetzlich vertreten durch			
	Name, Vorname bzw. Firma	Name, Vorname, Firma		
	Straße, Hausnummer	Straße, Hausnummer		
	Postleitzahl, Ort	Postleitzahl, Ort		
	Geschäftszeichen	Geschäftszeichen		
	gesetzlich vertreten durch			
	Name, Vorname bzw. Firma	Name, Vorname, Firma		
	Straße, Hausnummer	Straße, Hausnummer		
	Postleitzahl, Ort	Postleitzahl, Ort		
	Geschäftszeichen	Geschäftszeichen		
	gesetzlich vertreten durch			
	Name, Vorname bzw. Firma	Name, Vorname, Firma		
	Straße, Hausnummer	Straße, Hausnummer		
	Postleitzahl, Ort	Postleitzahl, Ort		
	Geschäftszeichen	Geschäftszeichen		
	gesetzlich vertreten durch			

Amtliche Fassung 7/2014

Eigenantrag Verbraucherinsolvenz: SBP Allgemeiner Teil (Anlage 7), **Seite 2**

Anlage 7 A
zum Eröffnungsantrag des / der _____

Schuldenbereinigungsplan für das gerichtliche Verfahren
Besonderer Teil
- Musterplan mit Einmalzahlung bzw. festen Raten -

Datum des Schuldenbereinigungsplans: _____

In Verbindung mit den ergänzenden Regelungen gemäß Anlage 7 B biete ich den im Plan genannten Gläubigern zur angemessenen und endgültigen Bereinigung meiner Schulden die folgende Regelung an:

Gesamtverschuldung in EUR	Gesamtregulierungsbetrag in EUR	Gesamtregulierungsquote in %	Monatliche Gesamtrate in EUR

Zahlungsweise und Fälligkeit

Anzahl der Raten: _____

☐ Sonderzahlungen (z. B. pfändbarer Teil des Weihnachtsgeldes)

Zahlungsweise: ☐ einmalig ☐ monatlich zum _____

Anzahl der Sonderzahlungen: _____

Beginn der Zahlungen: _____

lfd. Nr. des Gläubigers im SB-Plan AT	Name/Kurzbezeichnung des Gläubigers (vollständige Angaben im Allgemeinen Teil des Schuldenbereinigungsplans)	Hauptforderung in EUR	Zinsen Höhe in EUR	Zinsen berechnet bis zum	Kosten in EUR	Forderung gesichert	Zahlungsweise und Fälligkeit (nur soweit nicht einheitlich wie oben angegeben) Anzahl der Raten	Zahlungsweise und Fälligkeit p.m./p.a. zum ...	Höhe der festen Rate oder Einmalzahlung in EUR	jeweilige Höhe der Sonderzahlung(en)	Summe aller Zahlungen auf die Forderung in EUR	Regulierungsquote auf die Forderung in %
						☐						
						☐						
						☐						
						☐						

Amtliche Fassung 7/2014

Eigenantrag Verbraucherinsolvenz: SBP Besonderer Teil (Anlage 7 A – feste Raten), **Seite 1**

§ 3 VbrInsFV Inkrafttreten

lfd. Nr. des Gläubigers im SB-Plan AT	Name/Kurzbezeichnung des Gläubigers (vollständige Angaben im Allgemeinen Teil des Schuldenbereinigungsplans)	Hauptforderung in EUR	Zinsen		Kosten in EUR	Forderung gesichert	Zahlungsweise und Fälligkeit (nur soweit nicht einheitlich wie oben angegeben)		Höhe der festen Rate oder Einmalzahlung in EUR	jeweilige Höhe der Sonderzahlung(en)	Summe aller Zahlungen auf die Forderung in EUR	Regulierungsquote auf die Forderung in %
			Höhe in EUR	berechnet bis zum			Anzahl der Raten	p.m./p.a. zum ...				
						☐						
						☐						
						☐						
						☐						
						☐						
						☐						
						☐						
						☐						
						☐						
						☐						
						☐						
						☐						
						☐						
						☐						
						☐						
						☐						

Amtliche Fassung 7/2014 — Eigenantrag Verbraucherinsolvenz: SBP Besonderer Teil (Anlage 7 A – feste Raten), **Seite 2**

Inkrafttreten **§ 3 VbrInsFV**

Anlage 7 A
zum Eröffnungsantrag des / der _____

Schuldenbereinigungsplan für das gerichtliche Verfahren
Besonderer Teil
- Musterplan mit flexiblen Raten -

Datum des Schuldenbereinigungsplans: _____

In Verbindung mit den ergänzenden Regelungen gemäß Anlage 7 B biete ich den in den Plan genannten Gläubigern zur angemessenen und endgültigen Bereinigung meiner Schulden die folgende Regelung an:

Gesamtverschuldung in EUR: _____

Zahlungsweise und Fälligkeit:
- Gesamtlaufzeit in Monaten
- Beginn der Laufzeit

Der Zahlbetrag ergibt sich aus
☐ dem jeweils pfändbaren Teil meines Einkommens gemäß §§ 850c ff. ZPO.
☐ den ergänzenden Regelungen in Anlage 7 B.

derzeit pfändbarer Teil des Einkommens in EUR: _____

Zahlungsweise
☐ monatlich zum _____
☐

lfd. Nr. des Gläubi-gers im SB-Plan AT	Name / Kurzbezeichnung des Gläubigers (vollständige Angaben im Allgemeinen Teil des Schuldenbereinigungsplans)	Hauptforderung in EUR	Zinsen Höhe in EUR	Zinsen berechnet bis zum	Kosten in EUR	Forderung gesichert	Zahlungsweise und Fälligkeit (nur soweit nicht einheitlich wie oben angegeben) Anzahl der Raten	p.m./p.a. zum ...	erstmals am ...	Anteil der Forderung am Zahlbe-trag in %
						☐				
						☐				
						☐				
						☐				
						☐				

Amtliche Fassung 7/2014

Eigenantrag Verbraucherinsolvenz: SBP Besonderer Teil (Anlage 7 A – flexible Raten), **Seite 1**

§ 3 VbrInsFV Inkrafttreten

lfd. Nr. des Gläubigers im SB-Plan AT	Name / Kurzbezeichnung des Gläubigers (vollständige Angaben im Allgemeinen Teil des Schuldenbereinigungsplans)	Hauptforderung in EUR	Zinsen		Kosten in EUR	Forderung gesichert	Zahlungsweise und Fälligkeit (nur soweit nicht einheitlich wie oben angegeben)			Anteil der Forderung am Zahlbetrag in %
			Höhe in EUR	berechnet bis zum			Anzahl der Raten	p.m./p.a. zum ...	erstmals am ...	
						☐				
						☐				
						☐				
						☐				
						☐				
						☐				
						☐				
						☐				
						☐				
						☐				
						☐				
						☐				
						☐				
						☐				
						☐				

Amtliche Fassung 7/2014

Eigenantrag Verbraucherinsolvenz: SBP Besonderer Teil (Anlage 7 A – flexible Raten), **Seite 2**

Anlage 7 B
zum Eröffnungsantrag des / der _____

Schuldenbereinigungsplan für das gerichtliche Verfahren

Besonderer Teil

- Ergänzende Regelungen -

Datum des Schuldenbereinigungsplans: _____

[72] **Ergänzende Regelungen**
(insbesondere Sicherheiten der Gläubiger, § 305 Abs. 1 Nr. 4 Halbsatz 3)

Es sollen folgende ergänzende Regelungen gelten (für die Sicherheiten der Gläubiger, z. B. Sicherungsabtretungen, Bürgschaften, vereinbarte oder durch Zwangsvollstreckung erlangte Pfandrechte, müssen Regelungen erfolgen):

Anlage 7 C
zum Eröffnungsantrag des / der _____

Schuldenbereinigungsplan für das gerichtliche Verfahren

Erläuterungen zur vorgeschlagenen Schuldenbereinigung

Datum des Schuldenbereinigungsplans: _____

[73] Erläuterungen zur vorgeschlagenen Schuldenbereinigung

Amtliche Fassung 7/2014   Eigenantrag Verbraucherinsolvenz: SBP Besonderer Teil (Anlage 7 C), **Seite 1**

Hinweisblatt
zu den Formularen für das Verbraucherinsolvenzverfahren und das Restschuldbefreiungsverfahren

Lesen Sie bitte die nachfolgenden Hinweise vor dem Ausfüllen der Antrags formulare **sorgfältig** durch. Füllen Sie die Formulare unter Beachtung der Hinweise **vollständig und gewissenhaft** aus. Wenn Sie beim Ausfüllen Schwierigkeiten haben, kann Ihnen in vielen Fällen die geeignete Person oder Stelle, die das Scheitern des außergerichtlichen Einigungsversuchs bescheinigt hat, behilflich sein. Allgemeine Fragen können Sie aber auch an das zuständige Insolvenzgericht richten.

Wenn Sie die amtlichen Formulare **nicht vollständig** ausgefüllt abgeben, besteht die Gefahr, dass **Ihr Antrag auf Eröffnung des Insolvenzverfahrens unter Umständen als zurückgenommen gilt**.

Allgemeine Hinweise

Die Formulare für das Verbraucherinsolvenz- und Restschuldbefreiungsverfahren können Sie mit dem Computer, mit der Schreibmaschine oder handschriftlich – bitte **in lesbarer Druckschrift** – ausfüllen. Da es sich um amtliche Formulare handelt, **sind inhaltliche oder gestalterische Änderungen oder Ergänzungen nicht zulässig. Sollte der Raum im Formular nicht ausreichen, können Sie die Angaben auf einem besonderen Blatt machen.** In dem betreffenden Feld des Formulars ist dann auf das beigefügte Blatt hinzuweisen.

Die vollständig ausgefüllten Formulare sind zunächst ohne Abschriften (Kopien) bei dem zuständigen Insolvenzgericht einzureichen. Wenn das Insolvenzgericht die Durchführung des *gerichtlichen Schuldenbereinigungsplanverfahrens* ⇨ 66 anordnet, werden Sie gesondert aufgefordert, Abschriften des gerichtlichen Schuldenbereinigungsplans (Anlage 7, Anlage 7 A und Anlage 7 B) und der Vermögensübersicht (Anlage 4) in der für die Zustellung an die Gläubiger erforderlichen Anzahl nachzureichen. **Stellen Sie deshalb unbedingt sicher, dass Sie eine vollständige, inhaltsgleiche Kopie der an das Gericht übersandten Antragsunterlagen bei Ihren Verfahrensunterlagen behalten.**

Hauptblatt
(Eröffnungsantrag)

1 In der Kopfzeile des Hauptblattes tragen Sie bitte nur Ihren **Vor- und Nachnamen mit Postanschrift und der Telefonnummer, unter der Sie tagsüber in der Regel erreichbar sind**, sowie ggf. den Namen Ihres Verfahrensbevollmächtigten ein; **die vollständigen Angaben** zu Ihrer Person und zu Ihrem Verfahrensbevollmächtigten **werden in der Anlage 1 (Personalbogen) erfasst**. Bitte setzen Sie Ihren **Vor- und Nachnamen** auch in die **Kopfzeile aller Anlagen zum Eröffnungsantrag** ein.

2 Das für Ihren Insolvenzantrag **zuständige Amtsgericht** wird Ihnen in aller Regel von der geeigneten Person oder Stelle, die das Scheitern des außergerichtlichen Einigungsversuchs bescheinigt hat, genannt. Sie können das zuständige Insolvenzgericht aber auch bei jedem Amtsgericht erfragen.

3 Mit dem **Eröffnungsantrag** erklären Sie, dass Sie nach Ihrer Einschätzung zahlungsunfähig sind oder dass Zahlungsunfähigkeit unmittelbar bevorsteht. Auf Grund des Eröffnungsantrags kann das Gericht alle Maßnahmen ergreifen, die erforderlich sind, um Ihr noch vorhandenes Vermögen zu sichern. Kommt es auf Grund Ihres Eröffnungsantrags zur Eröffnung des Insolvenzverfahrens, so wird ein **Insolvenzverwalter** eingesetzt, der Ihr pfändbares Vermögen und Einkommen an die Gläubiger verteilt. Nach Abschluss dieser Verteilung wird das Insolvenzverfahren aufgehoben und es schließt sich, wenn Sie einen Antrag auf Restschuldbefreiung gestellt haben, die so genannte *Wohlverhaltensperiode* ⇨ 20 an.

4 Der **Antrag auf Restschuldbefreiung** kann nur in Verbindung mit einem eigenen Eröffnungsantrag gestellt werden. Er ist aber **nicht Voraussetzung** für die **Durchführung des Insolvenzverfahrens**, sodass Sie an dieser Stelle eindeutig erklären müssen, ob Sie einen Restschuldbefreiungsantrag stellen oder nicht. Wenn das Insolvenzverfahren nicht bereits durch einen erfolgreichen *gerichtlichen Schuldenbereinigungsplan* ⇨ 66 beendet wird, können Sie die Befreiung von Ihren Verbindlichkeiten nur durch einen Antrag auf Restschuldbefreiung oder durch ein Insolvenzplanverfahren erlangen. Andernfalls können die Gläubiger ihre Forderungen, die nicht im Insolvenzverfahren erfüllt worden sind, nach Aufhebung des Insolvenzverfahrens weiterhin geltend machen. **Von der Restschuldbefreiung ausgenommen sind die in § 302 InsO genannten Forderungen, insbesondere** also Forderungen aus vorsätzlich begangener unerlaubter Handlung, aus rückständigem gesetzlichen Unterhalt, den Sie vorsätzlich pflichtwidrig nicht gewährt haben, aus einem Steuerschuldverhältnis, wenn Sie damit wegen einer Steuerstraftat (Steuerhinterziehung, § 370 Abgabenordnung [AO]; gewerbsmäßiger, gewaltsamer und bandenmäßiger Schmuggel, § 373 AO; Steuerhehlerei, § 374 AO) rechtskräftig verurteilt worden sind, sowie Geldstrafen.

Wenn Sie den Antrag auf Restschuldbefreiung stellen, müssen Sie zu Nummer II. 2. a) weiter erklären, ob Sie bereits früher einen solchen gestellt haben. Ist dies nicht der Fall, müssen Sie die Nummern II. 2. b) und c) nicht mehr ausfüllen.

Haben Sie hingegen bereits früher einen Antrag auf Restschuldbefreiung gestellt, geben Sie dies unter Nennung des Datums, des Aktenzeichens und des betroffenen Gerichts an. In diesem Fall erklären Sie zu Nummer II. 2. b) zudem, ob und wann Ihnen die Restschuldbefreiung erteilt oder versagt wurde.

Wurde die Restschuldbefreiung versagt, muss auch noch der konkrete Versagungsgrund unter Nummer II. 2. c) angegeben werden. Den betreffenden Versagungsgrund können Sie dem Beschluss des Gerichts entnehmen. Eine Insolvenzstraftat liegt vor bei einer Verurteilung wegen Bankrotts, §§ 283, 283a Strafgesetzbuch (StGB), wegen Verletzung der Buchführungspflicht, § 283b StGB, und wegen Gläubigerbegünstigung, §283c StGB. Die Versagung der Restschuldbefreiung nach §§ 287 Abs. 1 Satz 3, 290 Abs. 1 Nr. 6 InsO liegt vor, wenn Sie bereits in einem früheren Verfahren die zu Nummer II. 2. geforderten Angaben vorsätzlich oder grob fahrlässig unrichtig oder unvollständig erklärt haben.

|5| Diejenigen **Anlagen**, die Sie Ihrem Insolvenzantrag zwingend beifügen müssen, sind bereits angekreuzt. Wenn Sie einen Restschuldbefreiungsantrag stellen, ist zusätzlich die **Abtretungserklärung (Anlage 3)** beizufügen. Als **Anlage 7 A** müssen Sie als **Besonderen Teil des Schuldenbereinigungsplans** entweder einen der beiden *Musterpläne* ⇨ |70|, |71| oder einen sonstigen Plan beifügen. Wenn Sie neben den in **Anlage 7 B** enthaltenen *Ergänzenden Regelungen* weitere Erläuterungen zu dem Schuldenbereinigungsplan machen wollen, können Sie die **Anlage 7 C** einreichen.

Welche **Ergänzungsblätter zum Vermögensverzeichnis** Sie beifügen, geben Sie nur im *Vermögensverzeichnis (Anlage 5)* ⇨ |30| an.

|6| Auf Grund Ihrer **gesetzlichen Auskunfts- und Mitwirkungspflicht** sind Sie nicht nur verpflichtet, selbst vollständig Auskunft über Ihre Vermögensverhältnisse zu erteilen; Ihnen obliegt es auch, auf Verlangen des Gerichts Dritte von ihrer Pflicht zur Verschwiegenheit zu entbinden. Ein Verstoß gegen diese Obliegenheit kann zur **Versagung der Restschuldbefreiung** führen.

|7| Machen Sie die **Angaben zu Nummer II. 2. Buchstabe b und c sorgfältig und umfassend**, da Sie deren **Richtigkeit** und **Vollständigkeit zu versichern haben**. Geben Sie diese Erklärung und Versicherung nicht ab, ist Ihr Antrag auf Restschuldbefreiung unzulässig. Machen Sie insoweit vorsätzlich oder grob fahrlässig unrichtige oder unvollständige Angaben, kann Ihnen die Restschuldbefreiung versagt werden. Bei vorsätzlich falschen Angaben können Sie sich wegen Betruges nach § 263 StGB strafbar machen.

|8| Ihre **eigenhändige Unterschrift** ist Voraussetzung für einen wirksamen Eröffnungsantrag. Bitte **unterschreiben Sie auch die Anlagen** zum Eröffnungsantrag, wenn dies in den Formularen vorgesehen ist, nämlich die Abtretungserklärung, die Vermögensübersicht, das Vermögensverzeichnis sowie das Gläubiger- und Forderungsverzeichnis.

Anlage 1
(Personalbogen: Angaben zur Person)

|9| Bitte geben Sie hier Ihre **Personalien** vollständig an, dabei ist die Angabe der Namen, des Geburtsdatums und der Wohnanschrift unbedingt erforderlich, während die weiteren Angaben (z.B. Telefon, Telefax) freiwillig sind. Teilen Sie dem Gericht unverzüglich mit, wenn sich Ihr Name, Ihre Anschrift oder sonstige von Ihnen gemachte Angaben im Laufe des Verfahrens ändern.

|10| Bei den Angaben zu Ihrem **Familienstand** geben Sie bitte ggf. das **genaue Datum** Ihrer Eheschließung, Scheidung usw. an.

|11| Wenn Sie anderen Personen **Unterhalt** (hierunter fällt auch der sogenannte „Naturalunterhalt" in Form von Unterkunft und Verpflegung) gewähren, geben Sie hier bitte **die Anzahl der unterhaltsberechtigten Personen** an und teilen Sie mit, ob darunter auch minderjährige Kinder sind; alle weiteren Angaben werden im Ergänzungsblatt 5 J zum Vermögensverzeichnis ⇨ |60| erfasst.

|12| Ihren **erlernten Beruf** sollten Sie so genau wie möglich angeben, ebenso Ihre derzeitige oder letzte **berufliche Tätigkeit**, wenn diese von Ihrem erlernten Beruf abweicht. Sollten Sie früher selbständig tätig waren, müssen Sie Ihre ehemalige selbständige Tätigkeit genau bezeichnen. Sollten Sie im **Zeitpunkt der Antragstellung noch selbständig** tätig sein, müssen Sie die Eröffnung des **Regelinsolvenzverfahrens** beantragen. Die Formulare für das Verbraucherinsolvenzverfahren sind **in diesem Fall nicht** auszufüllen.

|13| Wenn Sie einen **Verfahrensbevollmächtigten** oder eine Verfahrensbevollmächtigte für das Insolvenzverfahren haben, teilen Sie bitte zunächst mit, ob sich die Vollmacht über das gesamte Verfahren erstreckt oder auf einen Teil des Verfahrens beschränkt ist. Angehörige einer als geeignet anerkannten Stelle können unabhängig von den Voraussetzungen des Rechtsdienstleistungsgesetzes für das Insolvenzverfahren bevollmächtigt werden.

Sie können eine **schriftliche Vollmacht, aus der sich der Umfang der Bevollmächtigung ergibt**, beifügen. Die Vollmacht kann auch nachgereicht werden.

Anlage 2
(Bescheinigung über das Scheitern des außergerichtlichen Einigungsversuchs)

Die **Anlage 2 ist nicht von Ihnen, sondern von einer geeigneten Person oder Stelle** auf der Grundlage persönlicher Beratung und eingehender Prüfung Ihrer Einkommens- und Vermögensverhältnisse **auszufüllen**. In der Regel wird das die Person oder Stelle sein, die den außergerichtlichen Einigungsversuch begleitet hat. Der außergerichtliche Einigungsversuch darf **im Zeitpunkt des Insolvenzantrags nicht länger als sechs Monate zurückliegen**.

[14] Neben dem **Namen und der Anschrift der geeigneten Person oder Stelle** sollte insbesondere bei Schuldnerberatungsstellen der Name der Person angegeben werden, die als **Ansprechpartner** für das außergerichtliche Verfahren zuständig war.

[15] In denjenigen Bundesländern, die eine **behördliche Anerkennung** der geeigneten Stellen eingeführt haben, sind die Einzelheiten der Anerkennung mitzuteilen; im Übrigen ist die Eignung **kurz** darzulegen.

[16] Hier ist zunächst das **Datum des außergerichtlichen Schuldenbereinigungsplans** einzusetzen; der außergerichtliche Plan **muss** der Bescheinigung in **Kopie beigefügt werden**. Wenn der außergerichtliche Plan – ausnahmsweise – nicht allen Gläubigern übersandt wurde, ist dies zu begründen. Das **Ergebnis des außergerichtlichen Schuldenbereinigungsversuchs** ist mit dem **Zeitpunkt des endgültigen Scheiterns** mitzuteilen.

[17] Die abschließende Bescheinigung ist **von der geeigneten Person oder einem Angehörigen der geeigneten Stelle** (also nicht von Ihnen) **zu unterschreiben**. Wenn ein Stempel vorhanden ist, sollte dieser zusätzlich zu der Unterschrift verwendet werden.

Anlage 2 A
(Gründe für das Scheitern des außergerichtlichen Schuldenbereinigungsplans)

[18] Die **wesentlichen Gründe für das Scheitern des Einigungsversuchs** müssen von Ihnen kurz dargelegt werden, wobei die Anlage 2 A **im Zusammenwirken mit der geeigneten Person oder Stelle**, die das Scheitern des außergerichtlichen Schuldenbereinigungsversuchs bescheinigt, ausgefüllt werden kann.

Wenn der Einigungsversuch gescheitert ist, weil nicht alle Gläubiger zugestimmt haben, ist zunächst der **Anteil der ausdrücklich zustimmenden Gläubiger** mitzuteilen. Hilfreich für die Beurteilung der Erfolgsaussichten des gerichtlichen Schuldenbereinigungsverfahrens ist auch die **Angabe der Anzahl derjenigen Gläubiger, die sich zu dem außergerichtlichen Plan nicht geäußert haben**. Die wesentlichen Gründe, die von den Gläubigern zur Begründung ihrer Ablehnung genannt wurden, sollten kurz zusammengefasst werden.

Wenn der Einigungsversuch auf Grund der **Einleitung von Vollstreckungsmaßnahmen** als gescheitert gilt (§ 305a InsO), sind der Name des vollstreckenden Gläubigers, das Aktenzeichen des Gerichts und/oder des Gerichtsvollziehers sowie das zuständige Amtsgericht zu bezeichnen.

[19] Um die **Aussichten für die Durchführung des gerichtlichen Schuldenbereinigungsplanverfahrens** beurteilen zu können, ist es für das Gericht zunächst hilfreich, zusammengefasst zu erfahren, **ob und in welchen Punkten sich der gerichtliche von dem außergerichtlichen Schuldenbereinigungsplan unterscheidet**. Wesentliche Unterschiede sollten kurz angeführt werden.

Darüber hinaus kann **Ihre Einschätzung, ob die Durchführung des gerichtlichen Schuldenbereinigungsverfahrens aussichtsreich erscheint**, für die Entscheidung des Gerichts von Bedeutung sein.

Anlage 3
(Abtretungserklärung nach § 287 Abs. 2 InsO)

[20] Die **Abtretungserklärung** müssen Sie dem Eröffnungsantrag **immer dann beifügen**, wenn Sie einen **Restschuldbefreiungsantrag** stellen. **Die Abtretungserklärung müssen Sie eigenhändig unterschreiben**. Auf der Grundlage der Abtretungserklärung wird Ihr pfändbares Einkommen nach der Aufhebung des Insolvenzverfahrens für die Dauer der Wohlverhaltensperiode, die **grundsätzlich sechs Jahre nach der Eröffnung des Insolvenzverfahrens (Abtretungsfrist)** endet, an den **Treuhänder** abgeführt und von diesem an Ihre Gläubiger verteilt.

§ 3 VbrInsFV Inkrafttreten

Die Abtretungsfrist kann früher enden und die Abtretung damit für die Zukunft gegenstandslos werden, wenn Ihnen auf Ihren Antrag hin vorzeitig Restschuldbefreiung erteilt wurde.

- Die Restschuldbefreiung wird bereits **nach fünf Jahren** erteilt, wenn zumindest die Kosten des Verfahrens gezahlt werden.
- Werden die Verfahrenskosten gezahlt und ist dem Insolvenzverwalter oder Treuhänder innerhalb von drei Jahren seit Eröffnung des Insolvenzverfahrens ein Betrag zugeflossen, der eine Befriedigung der Forderungen der Insolvenzgläubiger in Höhe von mindestens 35 Prozent erlaubt, kann die Restschuldbefreiung schon **nach drei Jahren** erlangt werden.
- Meldet im Verfahren kein Insolvenzgläubiger eine Forderung an oder werden die Forderungen aller Insolvenzgläubiger befriedigt und auch alle sonstigen Masseverbindlichkeiten neben den Verfahrenskosten gezahlt, kann **jederzeit** Restschuldbefreiung erteilt werden.

Bitte lesen Sie die in der Anlage 3 enthaltenen **Erläuterungen zur Abtretungserklärung** gründlich durch. Liegen Abtretungen oder freiwillige Verpfändungen – **nicht** Forderungspfändungen auf Grund eines Pfändungs- und Überweisungsbeschlusses – vor, geben Sie dies bitte im *Einzelnen im Ergänzungsblatt 5 H zum Vermögensverzeichnis* ⇨ 57 , 58 an.

Dort können Sie auch ggf. Kopien der Abtretungsvereinbarungen beifügen.

Anlage 4
(Vermögensübersicht)

21 Die Vermögensübersicht enthält mit Ihrer **Erklärung zur Vermögenslage** die gedrängte Zusammenfassung Ihres gesamten Vermögens und Einkommens. Sie dient den Gläubigern, denen das *Vermögensverzeichnis* ⇨ 30 nicht zugestellt wird, und dem Gericht dazu, sich einen **raschen und im Wesentlichen vollständigen Überblick über Ihre Vermögenssituation** zu verschaffen. In der Regel müssen Sie die Angaben in der Vermögensübersicht durch **weitergehende Angaben** in den *Ergänzungsblättern 5 A bis 5 K zum Vermögensverzeichnis* ⇨ 31 - 64 ergänzen. Bitte achten Sie darauf, dass die Angaben in dieser Anlage mit denjenigen in den Ergänzungsblättern **übereinstimmen** müssen. Wenn Sie staatliche Leistungen bereits beantragt haben, Ihnen diese aber noch nicht bewilligt wurden, geben Sie auch dies hier und in dem Ergänzungsblatt 5 G an.

22 Ihre Angaben zum **Vermögen** erfassen außer Ihrem **Bargeld** alle Vermögensgegenstände, die in den *Ergänzungsblättern 5 A bis 5 F zum Vermögensverzeichnis* ⇨ 31 - 49 aufgeführt sind. Um die Angaben vollständig und richtig zu machen, sollten Sie daher **diese Anlagen vor dem Ausfüllen sorgfältig durchgehen**. Der **Wert der Vermögensgegenstände** ist in der Vermögensübersicht jeweils mit dem **Gesamtbetrag** einer Vermögensgruppe anzugeben. Wenn Vermögensgegenstände **mit Sicherungsrechten Dritter belastet** sind (z. B. Pfändungen, Sicherungsabtretungen an Ihre Bank, Eigentumsvorbehalte, Grundschulden), ist in der Spalte „Sicherungsrechte Dritter" der derzeitige, ungefähre **Wert der Belastung**, der sich in der Regel aus der Höhe Ihrer restlichen Verbindlichkeit ergibt, anzugeben. Genaue Angaben zu den Sicherungsrechten machen Sie bitte in dem *Ergänzungsblatt 5 H zum Vermögensverzeichnis* ⇨ 56 .

23 Um die Angaben zu Ihren **monatlichen Einkünften** vollständig machen zu können, gehen Sie bitte zunächst das *Ergänzungsblatt 5 G zum Vermögensverzeichnis* ⇨ 50 - 53 sorgfältig durch. Geben Sie dann jeweils den **Nettogesamtbetrag** der Einkünfte an. Wenn die Einkünfte mit **Sicherungsrechten Dritter belastet** sind (insbesondere Gehaltspfändungen und -abtretungen), ist in der Spalte „Sicherungsrechte" die ungefähre Höhe der gesicherten Schuld einzusetzen. Bestehen Sicherungsrechte zu Gunsten mehrerer Gläubiger, so sind diese zusammenzurechnen. Genaue Angaben zu den Sicherungsrechten machen Sie bitte in dem *Ergänzungsblatt 5 H zum Vermögensverzeichnis* ⇨ 56 - 59 .

24 Ihre **jährlichen Einkünfte** umfassen **alle sonstigen, regelmäßigen Einkünfte**, die im Einzelnen im Ergänzungsblatt 5 G zum Vermögensverzeichnis ⇨ 50 , 54 , 55 aufgeführt werden und hier mit ihrem **Jahresnettogesamtbetrag** anzugeben sind.

25 Wenn Ihre Einkünfte nicht ausreichen, um Ihren Lebensunterhalt zu bestreiten, geben Sie bitte hier an, durch welche Zuwendungen Sie Ihren **notwendigen Lebensunterhalt** bestreiten. Wenn Sie Unterstützungsleistungen von dritter Seite (z. B. durch Angehörige oder Freunde) erhalten, sind diese genau zu bezeichnen (Unterkunft, Verpflegung etc.); Bargeldzuwendungen sind mit ihrer monatlichen Durchschnittshöhe anzugeben.

26 Ihre **regelmäßig wiederkehrenden Zahlungsverpflichtungen**, insbesondere die von Ihnen **tatsächlich erbrachten** Unterhaltsleistungen und Mietzahlungen, werden im *Ergänzungsblatt 5 J zum Vermögensverzeichnis* ⇨ 60 - 62 erfasst und hier zusammengefasst.

27 Die **Erklärung zur Vermögenslosigkeit** können Sie nur abgeben, wenn Sie im Vermögensverzeichnis und in den Ergänzungsblättern **keine Angaben** zu machen haben, weil Sie **weder über Vermögen noch über regelmäßge Einkünfte** (hierunter fällt auch der Bezug von Sozialhilfe) verfügen und Ihren notwendigen Lebensunterhalt ausschließlich durch die unter 25 erläuterten Leistungen bestreiten.

| 28 | Wenn Sie in dem *Ergänzungsblatt 5 K zum Vermögensverzeichnis* ⇨ | 63 |-| 64 | Angaben zu **Schenkungen und Veräußerungen** zu machen haben, sind diese hier mit ihrem **Gesamtwert** anzugeben.

| 29 | Gemäß § 305 Abs. 1 Nr. 3 Halbsatz 2 InsO müssen Sie Ihren Angaben in der Vermögensübersicht, im Vermögensverzeichnis und im Gläubiger- und Forderungsverzeichnis die Erklärung beifügen, dass die darin enthaltenen Angaben richtig und vollständig sind. Die Richtigkeit und Vollständigkeit Ihrer Angaben versichern Sie mit Ihrer **Unterschrift**. Bitte **prüfen Sie daher jeweils besonders sorgfältig, ob Sie die Fragen zutreffend und umfassend beantwortet haben**. Wenn Sie bewusst oder aus Nachlässigkeit falsche oder unvollständige Angaben gemacht haben, kann Ihnen auf Antrag eines Gläubigers die **Restschuldbefreiung versagt** werden. Wer bewusst falsche oder unvollständige Angaben macht, um einen Vermögensvorteil (z. B. die Restschuldbefreiung) zu erlangen, macht sich **wegen Betruges strafbar**.

Anlage 5
(Vermögensverzeichnis)

| 30 | Das **Verzeichnis Ihres Vermögens und Einkommens** besteht aus den Angaben, die Sie in der Vermögensübersicht gemacht haben, und aus den weitergehenden Angaben in den *Ergänzungsblättern zum Vermögensverzeichnis* ⇨ | 31 |-| 64 |, wenn Sie hierauf in der Vermögensübersicht Bezug genommen haben. **Ergänzungsblätter, in denen Sie keine Angaben zu machen haben**, weil Sie die entsprechenden Fragen in der Vermögensübersicht mit „Nein" beantwortet haben, **brauchen Sie nicht beizufügen**.

Ergänzungsblatt 5 A
(Guthaben auf Konten, Wertpapiere, Schuldbuchforderungen, Darlehensforderungen)

| 31 | Bitte geben Sie zunächst den **genauen Namen des Kreditinstituts** (Bank, Sparkasse usw.) an, bei dem Sie das jeweilige Konto unterhalten, sodann die **genaue Kontonummer** und zu Nr. 1.2 bis 1.6 zusätzlich die **Art des Kontos**. Bei Termin-, Tagesgeld- oder Festgeldkonten sowie bei Sparkonten und Ratensparverträgen ist zusätzlich der genaue Zeitpunkt der **Fälligkeit der Einlagen** anzugeben. In die Spalte „Stichtag" tragen Sie bitte den Zeitpunkt ein, zu dem Sie den Kontostand ermittelt haben. Dabei sollte die Angabe zeitnah zum Insolvenzantrag erfolgen, also zum Zeitpunkt der Antragstellung möglichst nicht älter als drei Wochen sein. Bei **Konten, die im Soll geführt werden**, ist dies in der Spalte „Guthaben" durch ein **vorangestelltes, deutlich sichtbares Minuszeichen** kenntlich zu machen. **Geschäftsanteile an Genossenschaftsbanken** sind in dem *Ergänzungsblatt 5 E* ⇨ | 47 | anzugeben. **Zinseinkünfte** tragen Sie bitte in dem *Ergänzungsblatt 5 F* ⇨ | 55 | ein.

| 32 | Bitte geben Sie hier an, falls Sie **Wertpapiere** besitzen, falls Ihnen **offene Scheck- oder Wechselforderungen** zustehen oder falls Sie sonstige – auch private – **Darlehensforderungen gegen Dritte** geltend machen können. Wenn bei Wertpapieren vorhanden, sollte die **WKN** (Wertpapier-Kennnummer, auch WPKN) angegeben werden. **Aktien** sind als Beteiligungen an Kapitalgesellschaften in dem *Ergänzungsblatt 5 E* ⇨ | 44 | aufzuführen. Wenn Sie ein **Depot** unterhalten, geben Sie bitte die **Depot-Nr.** und den Namen der Bank oder Einrichtung an, die das Depot führt.

Ergänzungsblatt 5 B
(Hausrat, Mobiliar, Wertgegenstände und Fahrzeuge)

| 33 | Anzugeben sind alle **Wertgegenstände, die sich dauerhaft in Ihrem Besitz befinden**; auf die Eigentumsverhältnisse ist ggf. im *Ergänzungsblatt 5 H zum Vermögensverzeichnis* ⇨ | 56 | einzugehen. Bitte geben Sie, wenn Sie **wertvollen Hausrat** besitzen, insbesondere also bei höherwertigen Stereoanlagen, Computern, Fernsehgeräten und anderen Geräten der Unterhaltungselektronik, **das ungefähre Alter der Geräte sowie deren Neupreis** an; der von Ihnen geschätzte **Zeitwert** ist in der Spalte „Wert" einzusetzen. Gleiches gilt für wertvolle Kleidungsstücke (insbesondere echte Pelze), Sportgeräte (z. B. Rennräder oder Sportboote) und alle übrigen Wertgegenstände in Ihrem Besitz.

| 34 | Anzugeben sind alle **Kraftfahrzeuge, die sich dauerhaft in Ihrem Besitz befinden**. Ggf. ist auf den **gesonderten Aufbewahrungsort des Kraftfahrzeugbriefs** hinzuweisen; auf die Eigentumsverhältnisse ist ggf. im *Ergänzungsblatt 5 H zum Vermögensverzeichnis* ⇨ | 56 | einzugehen.

| 35 | Wenn Sie die aufgeführten Gegenstände zur **Fortsetzung Ihrer Erwerbstätigkeit** benötigen, können Sie dies hier angeben und kurz begründen.

Ergänzungsblatt 5 C
(Forderungen, Rechte aus Erbfällen)

§ 3 VbrInsFV Inkrafttreten

36 Wenn Sie **private Lebensversicherungen**, **Berufsunfähigkeits-** oder **Rentenversicherungen** abgeschlossen haben, besteht, auch wenn die Versicherungsleistungen noch nicht fällig sind, für den Fall der Auflösung des Versicherungsvertrags in der Regel ein **Anspruch auf Auszahlung des Rückkaufwertes**. Bitte ermitteln Sie daher bei solchen Versicherungen möglichst den derzeitigen Rückkaufwert. Die **Versicherungsbeiträge** hinsichtlich dieser Versicherungen müssen Sie als regelmäßige Zahlungsverpflichtung im *Ergänzungsblatt 5 J* ⇨ 62 angeben. Im Übrigen können Forderungen aus Versicherungsverträgen etwa bestehen wegen **Beitragsrückerstattungen** oder wegen **Erstattungsansprüchen aus der Haftpflicht-, Hausrat- oder privaten Krankenversicherung**.

37 Wenn Sie noch **Ansprüche gegen Ihren derzeitigen oder einen früheren Arbeitgeber** haben, die **nicht als laufende Einkünfte** in *Ergänzungsblatt 5 G zum Vermögensverzeichnis* ⇨ 50 anzugeben sind, geben Sie hier bitte die vollständige Anschrift des Arbeitgebers sowie die Art und die Höhe der geschuldeten Leistungen an.

38 Geben Sie bitte nicht nur bereits durch Bescheid **festgestellte Steuererstattungsansprüche** an, sondern teilen Sie auch mit, wenn Sie auf Grund einer abgegebenen Steuererklärung **mit einer Steuererstattung rechnen**.

39 Hier sind **alle sonstigen Zahlungsansprüche** anzugeben, die nicht - wie etwa Ihre Rückzahlungsansprüche aus einem privaten Darlehen *(Ergänzungsblatt 5 A zum Vermögensverzeichnis)* ⇨ 32 - bereits in einer anderen Rubrik erfasst werden. Hierunter fällt z. B. auch der Anspruch auf Rückzahlung einer von Ihnen geleisteten **Mietkaution**. Ggf. können Sie hier auch Angaben zur **Einbringlichkeit des Zahlungsanspruchs** machen, wenn etwa der Zahlungsanspruch von dem Gegner bestritten wird oder wenn sich der Schuldner der Forderung im Vermögensverfall befindet.

40 Wenn Ihnen nach einem **Erbfall** möglicherweise Rechte **als Erbe bzw. Miterbe** oder **Pflichtteilsansprüche** zustehen, teilen Sie bitte die Art und den ungefähren Wert Ihres Anspruchs auch dann mit, wenn die Rechtsnachfolge noch ungeklärt ist.

Ergänzungsblatt 5 D
(Grundstücke, Eigentumswohnungen, Rechte an Grundstücken)

41 Geben Sie bitte zunächst die **Lage des Grundbesitzes** sowie die **Nutzungsart** (selbst bewohnt, vermietet, verpachtet, gewerblich genutzt, leer stehend usw.) an. Teilen Sie dann die **genaue Grundbuchbezeichnung** mit oder fügen Sie einen **vollständigen, inhaltlich aktuellen Grundbuchauszug** bei. In der Spalte „Eigentumsanteil" tragen Sie bitte „1/1" ein, wenn Ihnen der Grundbesitz allein gehört; bei mehreren Eigentümern ist der entsprechende Bruchteil anzugeben (1/2, 1/4, 1/9 usw.). Bei **Eigentumswohnungen** ist **nur der Eigentumsanteil an dem Sondereigentum** anzugeben. Den **Verkehrswert** können Sie - etwa unter Zugrundelegung des von Ihnen gezahlten Kaufpreises – **schätzen**.

42 Die **Belastungen des Grundvermögens** (Grundschulden, Hypotheken usw.) ergeben sich entweder aus dem von Ihnen **beigefügten Grundbuchauszug** oder sie sind aus einem inhaltlich aktuellen Grundbuchauszug in die Rubrik zu übernehmen. Auch wenn Sie einen Grundbuchauszug beigefügt haben, müssen Sie den **derzeitigen Wert jeder Belastung**, das ist die Höhe, in der die zugrunde liegende Darlehensforderung einschließlich Zinsen und Kosten noch besteht, in der dafür vorgesehenen Spalte eintragen.

43 Wenn die **Zwangsversteigerung** des Grundvermögens betrieben wird oder wenn **Zwangsverwaltung** angeordnet wurde, sind hier das zuständige **Amtsgericht** und das **Geschäftszeichen** anzugeben.

Ergänzungsblatt 5 E
(Beteiligungen)

44 Wenn Sie Aktien oder sonstige Beteiligungen an Kapitalgesellschaften besitzen, geben Sie bitte neben der Beteiligungsform (Aktie usw.) Namen und Anschrift der Gesellschaft und – wenn vorhanden – die **WKN** (Wertpapier-Kennnummer, auch WPKN) sowie ggf. **die Depot-Nr.** und den **Namen der Depotbank** an. **Registergericht und HRB-Nr.** sind etwa **bei GmbH-Beteiligungen** anzugeben.

45 Wenn Sie **Gesellschafter** einer offenen Handelsgesellschaft (oHG), einer Partnerschaftsgesellschaft, einer Europäischen Wirtschaftlichen Interessenvereinigung (EWIV) oder einer Gesellschaft bürgerlichen Rechts (GbR) bzw. Komplementär oder Kommanditist einer Kommanditgesellschaft (KG) sind, sind hier die erforderlichen Angaben – auch zum Wert des Gesellschaftsanteils – zu machen.

46 Wenn Sie an einer Kapital- oder einer Personengesellschaft als sogenannter **stiller Gesellschafter** beteiligt sind, müssen Sie dies hier angeben.

47 Eine **Beteiligung an einer Genossenschaft** liegt auch vor, wenn Sie bei einer **Genossenschaftsbank** (Volksbank, Raiffeisenbank, Sparda-Bank usw.) ein Konto besitzen und zu diesem Zweck einen **Geschäftsanteil** erworben haben.

Ergänzungsblatt 5 F
(Immaterielle Vermögensgegenstände und sonstiges Vermögen)

48 Wenn Sie Inhaber von **Urheber- oder Leistungsschutzrechten** oder Inhaber von **Patenten, Mustern** oder sonstigen **gewerblichen Schutzrechten** sind, geben Sie die Einzelheiten hier bitte so genau wie möglich an.

49 Bitte geben Sie hier Ihr **sonstiges Vermögen** an, wenn dies nicht bereits in einer anderen Rubrik erfragt worden ist.

Ergänzungsblatt 5 G
(Laufendes Einkommen)

50 Bitte bezeichnen Sie, wenn Sie derzeit **Einkünfte aus nichtselbständiger Arbeit** haben, zunächst Ihre **genaue Tätigkeit**. Wenn sich Ihr Tätigkeitsbereich in den vergangenen zwei Jahren wesentlich geändert hat, weisen Sie darauf bitte hin. Geben Sie sodann **Namen und Anschrift Ihres Arbeitgebers** an und teilen Sie – wenn vorhanden – auch die **Personal-Nr.** mit, unter der Sie bei Ihrem Arbeitgeber geführt werden. Um Ihre Angaben zu belegen, können Sie die **Verdienstbescheinigungen der letzten zwei Monate** beifügen.

1. Tragen Sie hier bitte Ihr **regelmäßiges Monatseinkommen** mit dem **Auszahlungsbetrag** (also abzüglich Steuern, Sozialabgaben und ggf. einbehaltener Pfändungs- bzw. Abtretungsbeträge) ein. Werden Beträge auf Grund von Pfändungen oder Lohnabtretungen einbehalten, so tragen Sie den **Abzweigungsbetrag** bitte ebenfalls ein. Nähere Angaben zu Pfändungen und Abtretungen machen Sie in diesem Fall bitte im *Ergänzungsblatt 5 H* ⇨ **57** - **59**.

2. Wenn Sie **regelmäßige Zulagen** (Überstunden-, Nachtzuschläge usw.) erhalten, geben Sie bitte den **durchschnittlichen Monatsbetrag** ebenfalls mit dem Auszahlungsbetrag und ggf. mit dem Abzweigungsbetrag ein.

3. Wenn Ihr Arbeitgeber Ihn en **zusätzliche Leistungen** gewährt (z. B. vermögenswirksame Leistungen, Fahrtkostenzuschüsse, Verpflegungs- oder Unterkunftszuschüsse), tragen Sie diese bitte hier ein.

4. und 5. Wenn Sie im laufenden oder im vergangenen Jahr **Weihnachtsgeld** oder **Urlaubsgeld** erhalten haben, tragen Sie die zuletzt erhaltenen Zahlungen bitte hier ein.

6. Wenn Sie im Rahmen Ihrer Beschäftigung oder eines sonstigen Dienstverhältnisses **Tantiemen, Provisionen** oder zusätzliche **Aufwandsentschädigungen** erhalten, sind diese hier anzugeben, und zwar bei monatlicher Zahlungsweise in der Rubrik „monatlich", im Übrigen in der Rubrik „jährlich".

7. Wenn Sie infolge der Beendigung Ihres Arbeitsverhältnisses einmalig oder vorübergehend **Abfindungszahlungen** oder **Zahlungen aus einem Sozialplan** erhalten, geben Sie diese Zahlungen hier bitte **mit ihrem Gesamtbetrag** an.

51 Wenn Sie **Altersrente, Ruhestandsbezüge** oder sonstige **rentenähnliche Leistungen** erhalten, tragen Sie diese bitte hier mit ihrem **Auszahlungsbetrag** (also abzüglich Steuern, Sozialabgaben und ggf. einbehaltener Pfändungs- bzw. Abtretungsbeträge) ein. Werden Beträge auf Grund von Pfändungen oder Lohnabtretungen einbehalten, so tragen Sie den **Abzweigungsbetrag** bitte ebenfalls ein. Nähere Angaben zu Pfändungen und Abtretungen machen Sie in diesem Fall bitte im *Ergänzungsblatt 5 H* ⇨ **57** - **59**. Berufs- und Erwerbsunfähigkeitsrenten sowie *Hinterbliebenen- und Unfallrenten* tragen Sie bitte weiter unten in der Rubrik *Leistungen aus öffentlichen Kassen* ⇨ **53** ein.

52 Wenn Sie **laufende Unterhaltszahlungen** (Barunterhalt) erhalten, sind Name und Anschrift der unterhaltspflichtigen Person(en) sowie die Höhe des regelmäßig gezahlten Unterhalts anzugeben. Werden Beträge auf Grund von Pfändungen oder Lohnabtretungen einbehalten, so tragen Sie den **Abzweigungsbetrag** bitte ebenfalls ein.

53 Hier sind Ihre regelmäßigen **Leistungen aus öffentlichen Kassen** anzugeben, also insbesondere **Arbeitslosengeld** sowie alle **Sozialleistungen** und alle **Renten mit Ausnahme der Altersrente**, die als *Leistung der Rentenversicherung* ⇨ **51** zu erfassen ist. Werden Beträge auf Grund von Pfändungen oder

Lohnabtretungen einbehalten, so tragen Sie den **Abzweigungsbetrag** bitte ebenfalls ein.

| 54 | Wenn Sie einen Gegenstand, ein Grundstück oder eine Wohnung **verpachten oder vermieten** (auch Untermiete), geben Sie hier bitte zunächst das Miet- oder Pachtobjekt sowie Namen und Anschrift der Mieter oder Pächter an. Ihre **Einkünfte** geben Sie bitte mit dem monatlichen oder jährlichen **Gesamtbetrag** (Bruttomiete einschließlich aller Vorauszahlungen auf Nebenkosten etc.) an.

| 55 | Wenn Sie **Zinseinkünfte** haben, geben Sie den ungefähren Jahresbetrag dieser Einkünfte hier an. Daneben ist hier Raum für **weitere laufende Einkünfte**, die nicht in einer anderen Rubrik erfasst sind.

Ergänzungsblatt 5 H
(Sicherungsrechte Dritter und Zwangsvollstreckungsmaßnahmen)

| 56 | Wenn Sie Gegenstände (z. B. Ihren PKW) **unter Eigentumsvorbehalt erworben** oder **zur Sicherung übereignet** haben, geben Sie dies bitte hier an. Teilen Sie auch mit, wie hoch die gesicherte **Restschuld** derzeit noch ist. Nähere Angaben zum Wert des Sicherungsgegenstands machen Sie bitte im *Ergänzungsblatt 5 B* ⇨ | 33 | - | 34 |.

| 57 | Gleiches gilt, wenn Sie (etwa zur Sicherung eines Bankkredits) **Ihren Lohn** oder sonstige Forderungen **abgetreten** haben. Geben Sie hier bitte zusätzlich an, ob die Abtretung bei Ihrem Arbeitgeber offengelegt ist, und ob der pfändbare Teil der Einkünfte abgeführt wird. Die **Höhe des Abzweigungsbetrags** ergibt sich aus Ihren Angaben im *Ergänzungsblatt 5 G* ⇨ | 50 | - | 55 |.

| 58 | Wenn Sie Gegenstände oder Forderungen **freiwillig verpfändet** haben (z. B. in einem **Pfandleihhaus**), geben Sie dies bitte hier an. Teilen Sie auch mit, wie hoch die gesicherte **Restschuld** ist. Nähere Angaben zum Wert des Sicherungsgegenstands machen Sie bitte im *Ergänzungsblatt 5 B* ⇨ | 33 | - | 34 |.

| 59 | Wenn Gegenstände im Wege der Zwangsvollstreckung **vom Gerichtsvollzieher gepfändet** wurden oder wenn Ihr Lohn oder sonstige Forderungen durch einen **Pfändungs- und Überweisungsbeschluss** des Vollstreckungsgerichts gepfändet wurde, ist dies im Einzelnen hier anzugeben. Die **DR-Nr.** (das ist das Aktenzeichen des Gerichtsvollziehers) ergibt sich aus dem Pfändungsprotokoll, **Name und Aktenzeichen des Vollstreckungsgerichts** befindet sich auf der Ihnen zugestellten Ausfertigung des Pfändungs- und Überweisungsbeschlusses.

Ergänzungsblatt 5 J
(Regelmäßig wiederkehrende Verpflichtungen)

| 60 | Wenn Sie dritten Personen **tatsächlich regelmäßigen Unterhalt leisten**, geben Sie hier bitte die Personalien der Unterhaltsempfänger, das Familienverhältnis sowie Art und Höhe der regelmäßigen Unterhaltsleistung an. Wenn die Empfänger eigene Einnahmen haben, ist die Höhe dieser Einnahmen – wenn bekannt – mitzuteilen.

| 61 | Ihre **Wohnkosten** ergeben sich in der Regel aus Ihrem **Mietvertrag**. Anzugeben sind die darin ausgewiesene Kaltmiete und die Mietnebenkosten. Wenn die Nebenkosten nicht gesondert ausgewiesen werden, ist in der Rubrik „Kaltmiete" die Gesamtmiete und in der Rubrik „Nebenkosten" ein Strich einzutragen. Wenn neben Ihnen weitere Personen Teile der Miete zahlen, ist neben Ihrer Mietzahlung der Anteil Ihrer Mitbewohner anzugeben. Eine von Ihnen geleistete **Mietkaution** ist als *sonstiger Zahlungsanspruch* ⇨ | 39 | weiter oben zu erfassen.

| 62 | **Weitere regelmäßige Zahlungsverpflichtungen** sind nur aufzuführen, wenn es sich nicht um unwesentliche Ausgaben im Rahmen der normalen Lebensführung handelt. Anzugeben sind etwa Verpflichtungen aus **Kredit-, Abzahlungskauf- oder Leasingverträgen** sowie **Lebensversicherungsbeiträge** ⇨ | 36 | und **außergewöhnliche Belastungen** (z. B. Mehraufwendungen bei Vorliegen einer Behinderung, regelmäßige Pflege- und Krankheitsaufwendungen usw.).

Ergänzungsblatt 5 K
(Schenkungen und entgeltliche Veräußerungen)

| 63 | Wenn Sie in den vergangenen vier Jahren **Geld- oder Sachgeschenke** von nicht geringem Wert gemacht haben, die nach Ihren Lebensverhältnissen nicht als übliche Gelegenheitsgeschenke (Geburtstags-, Weihnachtsgeschenke usw.) anzusehen sind, müssen Sie hier den Empfänger sowie Gegenstand und Wert der Geschenke angeben.

Inkrafttreten **§ 3 VbrInsFV**

64 Wenn Sie innerhalb der vergangenen zwei Jahre Gegenstände oder Forderungen an eine der im Antragsformular im Einzelnen aufgeführten **nahestehenden Personen veräußert** haben, müssen Sie ebenfalls den Empfänger, den veräußerten Gegenstand und den Wert dieses Gegenstandes bzw. der von Ihnen erhaltenen Gegenleistung mitteilen. Wenn Ihnen nahestehende Personen im Sinne des § 138 InsO betroffen sind, welche nicht bereits unter die Nummern 2.1 bis 2.6 fallen, geben Sie dies einschließlich einer Erläuterung des Verhältnisses zu Ihnen unter Nummer 2.7 an.

Anlage 6
(Gläubiger- und Forderungsverzeichnis)

65 In dem Gläubiger- und Forderungsverzeichnis müssen Sie **alle Ihre Gläubiger mit allen gegen Sie gerichteten Forderungen** aufführen. Dabei genügt hier die **Kurzbezeichnung des Gläubigers**; die vollständigen Angaben zu den Gläubigern müssen Sie im *Allgemeinen Teil des Gerichtlichen Schuldenbereinigungsplans* ⇨ 69 erfassen. Achten Sie bitte darauf, dass die **lfd. Nr.** des Gläubigers im Schuldenbereinigungsplan und im Gläubigerverzeichnis jeweils übereinstimmt.

Zu jedem Gläubiger müssen Sie die Forderungen erfassen, die gegen Sie geltend gemacht werden, auch wenn Sie eine Forderung für unbegründet halten. Wenn ein Gläubiger **mehrere rechtlich selbständige Forderungen** gegen Sie geltend macht, ist **jede Hauptforderung in eine neue Zeile** nach folgendem Beispiel einzutragen:

lfd. Nr.	Name des Gläubigers	Hauptforderung	Zinsen Höhe bis zum	Kosten	Forderungsgrund	Summe aller Forderungen
1	Mustermann	12.600,00	504,00 18.1.14	366,00	Vertrag vom …	
		6.000,00			Schadenersatz wegen …	19.470,00
2	Musterfrau GmbH	3.000,00	66,00 18.1.14	15,00	Warenlieferung vom …	3.081,00

Die einzelnen Forderungen sind nach dem Betrag der **Hauptforderung** den hierauf beanspruchten **Zinsen** und den vom Gläubiger geltend gemachten **Kosten** aufzuschlüsseln. Bei der **Berechnung der Zinsen** sollte möglichst für alle Gläubiger ein **einheitlicher Stichtag** zugrunde gelegt sein. Der Tag, bis zu dem die Zinsen berechnet sind, ist anzugeben. Wenn Sie die Forderung ganz oder teilweise für unbegründet halten, können Sie dies in der Spalte „Forderungsgrund" anmerken. In der letzten Spalte ist die **Summe aller Forderungen eines Gläubigers** einschließlich aller Zinsen und Kosten anzugeben.

Die **zweite Seite** des Gläubiger- und Forderungsverzeichnisses müssen Sie bei einem handschriftlichen Ausfüllen wegen der darauf befindlichen **Versicherung nach § 305 Abs. 1 Nr. 3 InsO** auch einreichen, wenn alle Angaben zu Gläubigern und Forderungen auf der ersten Seite Platz finden. Sollten mehr als 26 Forderungen einzutragen sein, kann die erste Seite des Verzeichnisses kopiert und eingelegt werden. Wenn das Formular mit dem Computer ausgefüllt wird, dürfen hier nach Aufhebung des Dokumentenschutzes Zeilen eingefügt oder gelöscht werden.

Anlage 7
(Schuldenbereinigungsplan für das gerichtliche Verfahren – Allgemeiner Teil)

Der **gerichtliche Schuldenbereinigungsplan** enthält Ihre Vorschläge zu einer einvernehmlichen Einigung mit Ihren Gläubigern. Wenn das Gericht eine solche Einigung für möglich hält, ordnet es die Durchführung des gerichtlichen Schuldenbereinigungsplanverfahrens an. Es verzichtet auf die Durchführung, wenn eine Einigung unwahrscheinlich ist. Vor der Entscheidung des Gerichts erhalten Sie Gelegenheit zur Stellungnahme.

Eine **Annahme des Schuldenbereinigungsplans** im gerichtlichen Verfahren ist auch nach dem Scheitern eines inhaltsgleichen außergerichtlichen Einigungsversuchs möglich, **weil im gerichtlichen Verfahren das Schweigen der Gläubiger als Zustimmung zu dem Plan gilt**. Das Gericht kann zudem die Einwendungen einzelner Gläubiger gegen den Antrag eines Gläubigers durch eine Zustimmung ersetzen, wenn die Mehrheit der Gläubiger dem Plan zugestimmt hat und die zustimmenden Gläubiger mehr als die Hälfte der Summe der gesamten Forderungen auf sich vereinigen.

66 Sie müssen in der Kopfzeile des Schuldenbereinigungsplans Ihren **Namen** und Ihre **vollständige Anschrift** einsetzen, weil der angenommene Schuldenbereinigungsplan wie ein gerichtlicher Vergleich einen Vollstreckungstitel darstellt, in dem die Beteiligten vollständig erfasst sein müssen.

67 Als **Datum des Schuldenbereinigungsplans** setzen Sie bitte zunächst das Datum des Insolvenzantrags ein. Wenn Sie im Verlauf des gerichtlichen Verfahrens einen **geänderten Schuldenbereinigungsplan** einreichen, ist hier jeweils das Datum der aktuellen Fassung einzusetzen.

68 In der **inhaltlichen Gestaltung** des Schuldenbereinigungsplans sind Sie weitgehend frei. Das Gesetz bestimmt lediglich, dass der Plan **Regelungen über die Sicherheiten der Gläubiger** enthalten muss.

Deshalb sind neben dem *Allgemeinen Teil* stets auch die *ergänzenden Regelungen (Anlage 7 B)* ⇨ 72 einzureichen. Ob Sie für Ihr Angebot an die Gläubiger daneben den *Musterplan mit Einmalzahlung oder festen Raten* ⇨ 70 , den *Musterplan mit flexiblen Raten* ⇨ 71 oder einen von diesen abweichenden *sonstigen Plan* verwenden, ist Ihnen freigestellt. Für **Gestaltung und Inhalt eines sonstigen Plans** bestehen **keine zwingenden Vorgaben**. Sie sollten aber stets darauf achten, dass sich aus dem Plan genau ergibt, wem Sie welche Leistungen zu welchem Zeitpunkt anbieten. Der Plan sollte präzise, verständlich und nachvollziehbar sein, damit Ihre Gläubiger und das Gericht zweifelsfrei erkennen können, **welche Rechte und Pflichten durch den Plan begründet werden**. Bitte beachten Sie auch, dass Ihren Gläubigern außer dem Plan nur die Vermögensübersicht zugestellt wird, sodass **sich alle wesentlichen Informationen zu Ihren Verbindlichkeiten** auch aus dem Plan ergeben sollten.

69 Jeder Ihnen **bekannte Gläubiger** ist mit seiner **vollständigen, zustellungsfähigen Anschrift** und, soweit - etwa bei Gesellschaften (GmbH, KG usw.) oder bei Minderjährigen - geboten, unter **Angabe des gesetzlichen Vertreters anzugeben**. Die **Angabe von Postfachanschriften ist nicht zulässig**. Wenn Ihnen ein Verfahrensbevollmächtigter des Gläubigers bekannt ist, können Sie diesen gleichfalls hier angeben. Die Gläubiger sind fortlaufend zu nummerieren. Aus Gründen der Übersichtlichkeit empfiehlt es sich, die Gläubiger **in alphabetischer Reihenfolge** zu sortieren. Zu jedem Gläubiger ist die **Gesamthöhe seiner Forderungen** sowie deren **prozentualer Anteil an der Gesamtverschuldung** mitzuteilen. **Bitte achten Sie darauf, dass Sie die Nummerierung** auch im *Gläubiger- und Forderungsverzeichnis* ⇨ 65 und im *Besonderen Teil des Schuldenbereinigungsplans* ⇨ 70 , 71 **einheitlich verwenden**.

Anlage 7 A
(Schuldenbereinigungsplan für das gerichtliche Verfahren
Besonderer Teil – Musterplan mit Einmalzahlung oder festen Raten)

70 Den **Musterplan mit Einmalzahlung bzw. festen Raten** können Sie verwenden, wenn Sie Ihren Gläubigern eine einmalige oder mehrere regelmäßige (meist monatliche) Zahlungen anbieten. Bitte geben Sie in der dem eigentlichen Zahlungsplan vorangestellten Rubrik zunächst Ihre **Gesamtverschuldung** (die Summe aller Forderungen Ihrer Gläubiger aus dem *Gläubiger- und Forderungsverzeichnis*), den **Gesamtregulierungsbetrag** (die Summe aller im Plan angebotenen Zahlungen) sowie die sich hier aus ergebende **Gesamtregulierungsquote** an. Bei Ratenzahlungen geben Sie bitte auch an, wie hoch die **monatliche Gesamtrate** (die Summe Ihrer monatlichen Zahlungen) ist.

Für die Durchführung des Plans besonders wichtig ist die Angabe der **Anzahl der Raten**, der **Zahlungsweise** und des **Zahlungsbeginns**. Auch **Sonderzahlungen**, die Sie zusätzlich zu den regulären Ratenzahlungen leisten wollen, sind hier genau zu bezeichnen. Wenn diese Angaben **für alle Gläubiger** in gleicher Weise gelten, machen Sie die Angaben bitte **nur in der** hierfür vorgesehenen **allgemein gültigen** Rubrik „Zahlungsweise und Fälligkeit". Nur wenn für einzelne Gläubiger unterschiedliche Regelungen gelten sollen, müssen Sie die Spalte „Zahlungsweise und Fälligkeit" für diese Gläubiger ausfüllen.

Bitte beachten Sie bei der **Bestimmung des Zahlungsbeginns**, dass Sie die Zahlungen erst aufnehmen können, wenn das Gericht die **Annahme des Schuldenbereinigungsplans** festgestellt hat. Es empfiehlt sich daher, für den Beginn der Zahlungen keinen festen Zeitpunkt, sondern **eine auf die Annahme des Schuldenbereinigungsplans bezogene Regelung** vorzusehen (z. B.: „monatlich zum 3. Werktag, erstmals in dem auf die Feststellung der Annahme des Schuldenbereinigungsplans folgenden Monat").

Geben Sie in dem nachfolgenden Zahlungsplan nach der **lfd. Nr.** aus dem *Allgemeinen Teil des Schuldenbereinigungsplans* ⇨ 69 und der **Kurzbezeichnung** des Gläubigers die **Forderungen des Gläubigers**, wie im *Gläubiger- und Forderungsverzeichnis* ⇨ 65 erläutert, **jeweils nach Hauptforderung, Zinsen und Kosten aufgeschlüsselt** an. Die Aufschlüsselung dient hier zur Information der übrigen Gläubiger, denen das Gläubiger- und Forderungsverzeichnis nicht zugestellt wird. Geben Sie bitte auch an, ob die Forderung des Gläubigers **gesichert ist** (z. B. durch eine Lohnabtretung, eine Sicherungsübereignung, ein Pfandrecht oder eine Bürgschaft oder Mithaftung Dritter). Wenn dies der Fall ist, **müssen Sie** in den *Ergänzenden Regelungen (Anlage 7 B)* ⇨ 72 angeben, inwieweit diese Sicherungsrechte von dem **Plan berührt werden**.

Aus Gründen der Einheitlichkeit und Übersichtlichkeit sind auch im Schuldenbereinigungsplan **mehrere rechtlich selbständige Hauptforderungen eines Gläubigers** getrennt aufzuführen. Entsprechend ist die **Höhe der Einmalzahlung oder Rate für jede Forderung gesondert** anzugeben. Auch kann die **Regulierungsquote** (der prozentuale Anteil aller von Ihnen angebotenen Zahlungen an der Gesamtforderung des Gläubigers) bei mehreren Hauptforderungen eines Gläubigers unterschiedlich sein (etwa wegen nur teilweise bestehender Sicherungsrechte oder bei einer Forderung, deren Berechtigung Sie nicht oder nur teilweise anerkennen).

Anlage 7 A
**(Schuldenbereinigungsplan für das gerichtliche Verfahren
Besonderer Teil – Musterplan mit flexiblen Raten)**

|71| Der **Musterplan mit flexiblen Raten** ist für die Fälle gedacht, in denen Sie Ihren Gläubigern keine festen Raten anbieten können oder wollen. Die Grundlage für die Berechnung der flexiblen Raten bildet dabei der **pfändbare Teil Ihres Einkommens**. Sie können Ihren Gläubigern **zusätzlich** zu dem pfändbaren Einkommensteil auch einen **Teil Ihres unpfändbaren Einkommens** anbieten oder bestimmen, dass Ihnen nach einer gewissen Laufzeit des Plans ein Teil des pfändbaren Einkommens verbleiben soll. Wenn der von Ihnen angebotene Zahlbetrag nicht dem jeweils pfändbaren Teil Ihres Einkommens entsprechen soll, müssen Sie dies in einer *Ergänzenden Regelung (Anlage 7 B)* ⇨ |72| eindeutig bestimmen.

Bitte geben Sie beim flexiblen Plan zunächst Ihre **Gesamtverschuldung** (die Summe aller Forderungen Ihrer Gläubiger aus dem *Gläubiger- und Forderungsverzeichnis*) sowie den **derzeit pfändbaren Teil Ihres Einkommens** an.

Für die Durchführung des Plans besonders wichtig ist die Angabe der **Gesamtlaufzeit des Plans**, der **Zahlungsweise** und des **Beginns der Laufzeit**. Wenn diese Angaben **für alle Gläubiger** in gleicher Weise gelten, machen Sie die Angaben bitte **nur in der** hierfür vorgesehenen **allgemein gültigen Rubrik** „Zahlungsweise und Fälligkeit". Nur wenn für einzelne Gläubiger unterschiedliche Regelungen gelten sollen, müssen Sie Spalte „Zahlungsweise und Fälligkeit" für diese Gläubiger ausfüllen.

Bitte beachten Sie bei der **Bestimmung des Beginns der Laufzeit**, dass Sie Zahlungen erst aufnehmen können, wenn das Gericht die **Annahme des Schuldenbereinigungsplans** festgestellt hat. Es empfiehlt sich daher, für den Beginn der Laufzeit keinen festen Zeitpunkt, sondern **eine auf die Annahme des Schuldenbereinigungsplans bezogene Regelung** vorzusehen (z. B.: „monatlich zum 3. Werktag, erstmals in dem auf die Feststellung der Annahme des Schuldenbereinigungsplans folgenden Monat").

Geben Sie in dem nachfolgenden Zahlungsplan nach der **lfd. Nr.** aus dem *Allgemeinen Teil des Schuldenbereinigungsplans* ⇨ |69| und der **Kurzbezeichnung** des Gläubigers bitte zunächst an, ob die Forderung des Gläubigers **gesichert ist** (z. B. durch eine Lohnabtretung, eine Sicherungsübereignung, ein Pfandrecht oder eine Bürgschaft oder Mithaftung Dritter). Wenn dies der Fall ist, **müssen Sie** in den *Ergänzenden Regelungen (Anlage 7 B)* ⇨ |72| regeln, **inwieweit diese Sicherungsrechte von dem Plan berührt werden**.

Sodann sind die **Forderungen des Gläubigers**, wie im *Gläubiger- und Forderungsverzeichnis* ⇨ |65| erläutert, **jeweils nach Hauptforderung, Zinsen und Kosten aufgeschlüsselt** anzugeben. Die Aufschlüsselung dient hier zur Information der übrigen Gläubiger, denen das Gläubiger- und Forderungsverzeichnis nicht zugestellt wird.

Aus Gründen der Einheitlichkeit und Übersichtlichkeit sind auch im Schuldenbereinigungsplan **mehrere Forderungen eines Gläubigers** getrennt aufzuführen. Auch kann der **Anteil des Gläubigers am Zahlbetrag** bei mehreren Hauptforderungen eines Gläubigers unterschiedlich sein (etwa wegen nur teilweise bestehender Sicherungsrechte oder bei einer Forderung, deren Berechtigung Sie nicht oder nur teilweise anerkennen).

Anlage 7 B
**(Schuldenbereinigungsplan für das gerichtliche Verfahren
Besonderer Teil – Ergänzende Regelungen)**

|72| Wenn Forderungen der Gläubiger **gesichert sind** (z. B. durch eine Lohnabtretung, eine Sicherungsübereignung, ein Pfandrecht, eine Bürgschaft oder Mithaftung Dritter), müssen Sie hier regeln, **inwieweit diese Sicherungsrechte von dem Plan berührt werden**. Sie können hier z. B. bestimmen, dass während der Laufzeit alle **Pfändungsmaßnahmen und Abtretungen ruhen sowie nach vollständiger Erfüllung des Plans wegfallen**. Auch können Sie regeln, ob und in welchem Umfang die **Mithaftung anderer Personen** (z. B. Bürgen) entfallen soll.

Wenn gegen Sie die Zwangsvollstreckung betrieben wird und das Gericht im Anschluss an Ihren Insolvenzantrag die **Zwangsvollstreckung vorläufig einstellt**, sollten Sie hier auch regeln, ob die vorläufig nicht an die Gläubiger ausgezahlten Pfändungsbeträge beim Zustandekommen des Schuldenbereinigungsplans an die Pfändungsgläubiger ausgekehrt oder im Rahmen des Zahlungsplans anteilig an die Gläubiger verteilt werden sollen.

Ob und in welchem Umfang Sie darüber hinaus **ergänzende Regelungen** in Ihren Schuldenbereinigungsplan aufnehmen, ist Ihnen überlassen. Über die vielfältigen Gestaltungsmöglichkeiten kann Sie die Person oder Stelle beraten, die den außergerichtlichen Schuldenbereinigungsversuch begleitet hat. In Betracht kommen insbesondere **Verschlechterungs- oder Besserungsklauseln**, die einerseits Sie bei einer Verschlechterung Ihrer wirtschaftlichen Situation davor schützen, Ihre Zahlungsverpflichtungen aus dem Plan nicht mehr erfüllen zu können, andererseits den Gläubigern das Recht geben, bei einer deutlichen Besserung Ihrer Vermögensverhältnisse eine Anpassung der Zahlungen zu verlangen. Sinnvoll im Hinblick auf die mögliche **Zustimmungsersetzung durch das Insolvenzgericht** kann darüber hinaus die Aufnahme einer **Verfallklausel** sein, wonach die Gesamtforderung Ihrer Gläubiger für den Fall, dass Sie Ihre Zahlungspflichten aus dem Plan nicht erfüllen, unter bestimmten Voraussetzungen wieder in voller Höhe auflebt.

Anlage 7 C
**(Schuldenbereinigungsplan für das gerichtliche Verfahren
Erläuterungen zur vorgeschlagenen Schuldenbeeinigung)**

|73| Die **Erläuterungen zur vorgeschlagenen Schuldenbereinigung** sind **kein notwendiger Bestandteil des Schuldenbereinigungsplans**. Sie dienen dazu, einzelne Regelungen des Schuldenbereinigungsplans für die Gläubiger verständlich zu machen. So kann es sich beispielsweise empfehlen, die quotenmäßige Besserstellung eines Gläubigers zu erklären, um Einwendungen der schlechtergestellten Gläubiger entgegenzuwirken.

Verordnung zu öffentlichen Bekanntmachungen in Insolvenzverfahren im Internet (InsOBekV)

Vom 12.02.2002 (BGBl. I S. 677), zuletzt geändert durch Art. 2 des Gesetzes zur Vereinfachung des Insolvenzverfahrens vom 13.04.2007 (BGBl. I S. 509)

§ 1 Grundsatz

¹Öffentliche Bekanntmachungen in Insolvenzverfahren im Internet haben den Anforderungen dieser Verordnung zu entsprechen. ²Die Veröffentlichung darf nur die personenbezogenen Daten enthalten, die nach der Insolvenzordnung oder nach anderen Gesetzen, die eine öffentliche Bekanntmachung in Insolvenzverfahren vorsehen, bekannt zu machen sind.

Die InsOBekV vom 12.02.2002 (BGBl. I S. 677) regelt Inhalt, Umfang und die näheren Einzelheiten der öffentlichen Bekanntmachungen im Internet. Sie ist am 21.02.2002 in Kraft getreten.

Die Verordnung beruht auf der durch Art. 1 Abs. 2 des Gesetzes vom 26.10.2001 (BGBl. I S. 2710) in § 9 Abs. 2 Satz 2 InsO geschaffenen Ermächtigung und ist seither durch Art. 12 Abs. 3 des Gesetzes über elektronische Handelsregister und Genossenschaftsregister sowie das Unternehmensregister (EHUG) vom 10.11.2006 (BGBl. I S. 2553) mit Wirkung vom 01.01.2007 und durch Art. 2 des Gesetzes zur Vereinfachung des Insolvenzverfahrens vom 17.04.2007 (BGBl. I S. 509 ff.) mit Wirkung vom 01.07.2007 geändert worden.

Mangels einer gesetzlichen Verordnungsermächtigung regelt die InsOBekV z. Zt. nicht die Datenübermittlung an das Unternehmensregister im Zusammenhang mit öffentlichen Bekanntmachungen in Insolvenzverfahren, weil der Gesetzgeber die durch Art. 12 Abs. 2 des EHUG vom 10.11.2006 in § 9 Abs. 2 Satz 2 InsO eingefügte Verordnungsermächtigung durch das Gesetz zur Vereinfachung des Insolvenzverfahrens versehentlich wieder gestrichen hat.

Die Verordnung gilt in ihrer jetzigen Fassung gem. Art. 103c Abs. 1 Satz 1 EGInsO für alle öffentlichen Bekanntmachungen in Insolvenzverfahren, die ab dem 01.07.2007 erfolgen, und nicht nur für ab diesem Zeitpunkt eröffnete Verfahren. Der Gesetzgeber hat durch den mit dem Gesetz zur Neuregelung des Rechtsberatungsrechts vom 12.12.2007 (BGBl. I S. 2840) eingefügten Art. 103c Abs. 1 Satz 2 EGInsO klargestellt, dass in den vor dem 01.07.2007 eröffneten Verfahren die vom Gericht vorzunehmenden öffentlichen Bekanntmachungen (unbeschadet des Art. 103c Abs. 2 EGInsO) nur noch nach Maßgabe des § 9 erfolgen sollen und damit den aufgekommenen Unsicherheiten, ob in diesen Verfahren zusätzlich noch die nach früherem Recht vorgesehenen Bekanntmachungen im Bundesanzeiger erfolgen mussten (dafür Sternal, NJW 2007, 1909, 1911; dagegen AG Duisburg, NZI 2007, 531; Schmerbach, Insbüro 2007, 202, 204), den Boden entzogen.

Mit der nunmehr erfolgten Änderung der InsOBekV hat der Gesetz- und Verordnungsgeber den **Paradigmenwechsel i. R. d. öffentlichen Bekanntmachung** weg von den traditionellen Printmedien, namentlich den Amtsblättern, dem Bundesanzeiger sowie lokalen Tageszeitungen, hin zum Internet weiterverfolgt. Die regelmäßige öffentliche Bekanntmachung in Insolvenzverfahren erfolgt vorbehaltlich landesrechtlich bestimmter weiterer Veröffentlichungen (§ 9 Abs. 2 Satz 1 InsO) nur noch im Internet. Die den Beteiligten an Insolvenzverfahren und den betroffenen Zeitungsverlagen eingeräumte Übergangsfrist bis zum 31.12.2008 (Art. 103c Abs. 2 EGInsO), binnen derer Veröffentlichungen zusätzlich **in einem am Wohnort oder Sitz des Schuldners periodisch erscheinenden Blatt** erfolgen konnten, ist abgelaufen.

Die öffentliche Bekanntmachung im Internet war zunächst nur **als Alternative** neben der öffentlichen Bekanntmachung in dem für amtliche Bekanntmachungen des Gerichts bestimmten Blatt vorgesehen. Zusätzlich hatte die auszugsweise öffentliche Bekanntmachung bestimmter grundlegender Entscheidungen im Bundesanzeiger zu erfolgen (§§ 30 Abs. 1 Satz 2, 34 Abs. 3 Satz 2, 200 Abs. 2 Satz 2, 215 Abs. 1 Satz 3, 258 Abs. 3 Satz 3 InsO a. F.).

§ 2 InsOBekV Datensicherheit, Schutz vor Missbrauch

Als erstes Bundesland machte Nordrhein-Westfalen zum 01.07.2002 von der Möglichkeit der Internetveröffentlichung Gebrauch. Auf der 74. Justizministerkonferenz vom 11./12.06.2003 wurde de[r] Ausbau dieser Plattform zur zentralen Internetveröffentlichung für alle Bundesländer beschlosse[n]. Seitdem haben bis zum 01.09.2005 sukzessive alle übrigen Bundesländer von der Möglichkeit de[r] Internetveröffentlichung Gebrauch gemacht (vgl. zu den jeweiligen Zeitpunkten die Länderübersicht auf www.insolvenzbekanntmachungen.de).

3 Öffentliche Bekanntmachungen im Internet, die in einem Insolvenzverfahren erfolgen, dürfen nu[r] nach Maßgabe der §§ 2 bis 4a erfolgen und sind aus Gründen des Datenschutzes auf diejenige[n] persönlichen Daten beschränkt, die nach der InsO oder anderen Gesetzen, die eine öffentlich[e] Bekanntmachung in Insolvenzverfahren vorsehen (vgl. § 8b Abs. 2 Nr. 11 HGB), bekannt z[u] machen sind.

§ 2 Datensicherheit, Schutz vor Missbrauch

(1) ¹Durch geeignete technische und organisatorische Maßnahmen ist sicherzustellen, das[s] die Daten
1. bei der elektronischen Übermittlung von dem Insolvenzgericht oder dem Insolvenzverwalte[r] an die für die Veröffentlichung zuständige Stelle mindestens fortgeschritten elektronisch sig[-] niert werden,
2. während der Veröffentlichung unversehrt, vollständig und aktuell bleiben,
3. spätestens nach dem Ablauf von zwei Wochen nach dem ersten Tag der Veröffentlichung nur noch abgerufen werden können, wenn die Abfrage den Sitz des Insolvenzgerichts und mindestens eine der folgenden Angaben enthält:
   a) den Familiennamen,
   b) die Firma,
   c) den Sitz oder Wohnsitz des Schuldners,
   d) das Aktenzeichen des Insolvenzgerichts oder
   e) Registernummer und Sitz des Registergerichts.

²Die Angaben nach Satz 1 Nr. 3 Buchstabe a bis e können unvollständig sein, sofern sie Unterscheidungskraft besitzen.

(2) ¹Als Ergebnis der Abfrage nach Absatz 1 Satz 2 darf zunächst nur eine Übersicht über die ermittelten Datensätze übermittelt werden, die nur die vollständigen Daten nach Absatz 1 Satz 1 Nr. 3 Buchstabe a bis e enthalten darf. ²Die übrigen nach der Insolvenzordnung zu veröffentlichenden Daten dürfen erst übermittelt werden, wenn der Nutzer den entsprechenden Datensatz aus der Übersicht ausgewählt hat.

1 Die Vorschrift dient der Datensicherheit und dem Schutz vor Missbrauch.

2 Zum Schutz der unversehrten Übermittlung schreibt die Verordnung nunmehr – gegen den Widerstand des Bundesrates im Gesetzgebungsverfahren – mindestens eine **fortgeschrittene elektronische Signierung** vor. Die Verordnung nimmt damit auf § 2 Nr. 1 des Signaturgesetzes vom 16.05.2001 (BGBl. I S. 876) Bezug. Im Gegensatz zu der bisher ausreichenden einfachen Signatur ermöglicht die fortgeschrittene elektronische Signatur, dass diese ausschließlich dem Signaturschlüssel-Inhaber zugeordnet wird, die Identifizierung des Signatur-Schlüssels möglich ist und die Signatur mit Mitteln erzeugt wird, die der Signaturschlüssel-Inhaber unter seiner alleinigen Kontrolle halten kann. Zudem wird die Signatur mit den Daten, auf die sie sich bezieht, so verknüpft, dass deren nachträgliche Veränderung erkennbar ist. Die erhöhten Anforderungen an die Signatur erhöhen zwar die Sicherheit der Übermittlung. Auf der anderen Seite ist nicht zu verkennen, dass die Pflicht zur fortgeschrittenen Signatur sowohl aufseiten der Insolvenzgerichte als auch auf der Seite des Betreibers der Website www.insolvenzbekanntmachungen.de zu einem **verstärkten administrativen Aufwand** und damit letztlich zu erhöhten Kosten für die Bundesländer führt. Ob die Gerichtskosten von

,00 € pro Internetveröffentlichung (Nr. 9004 KV GKG) damit noch ausreichend bemessen sind, bleibt abzuwarten.

Aus Gründen des Datenschutzes hat der Verordnungsgeber die Regelung beibehalten, dass bei einer **uneingeschränkten Suche** die Daten nicht länger als 2 Wochen nach dem 1. Tag der Veröffentlichung angezeigt werden. Dies stellt bei nicht sicher zu identifizierenden Schuldnern eine Einschränkung ggü. der zeitlich unbegrenzten – wenn auch mühevollen – Einsichtnahme in den Bundesanzeiger bzw. das Amtsblatt dar (FK-Schmerbach § 9 Rn. 21). Für die **Spezialsuche** bedarf es neben der Angabe des Insolvenzgerichts der Angabe des Familiennamens, der Firma, des Sitzes oder Wohnsitzes des Schuldners, des Aktenzeichens des Insolvenzgerichts oder der Registernummer und des Sitzes des Registergerichts. Unvollständige Eingaben sind jedoch ausreichend, wenn sie Unterscheidungskraft besitzen. 3

Nach den Bestimmungen in Satz 1 Nr. 3 ist es nicht untersagt, dass bei der Veröffentlichung im Internet nicht nur der Familienname, sondern auch **der Vorname** eingegeben wird, da die Eingabe des Familiennamens **nur ein Mindesterfordernis** darstellt und der Schuldner gem. § 9 Abs. 1 Satz 2 zur Wirksamkeit der öffentlichen Bekanntmachung genau zu bezeichnen ist (BGH, ZInsO 2014, 88 Rn. 11). 3a

Ebenfalls aus Datenschutzgründen erfolgt zunächst nur die **Anzeige einer Übersicht** der vorhandenen Datensätze, die jeweils nur die Angaben gem. Satz 1 Nr. 3 erkennen lässt. Die weiteren nach der InsO öffentlich bekannt zu machenden Daten kann der Nutzer erst bei Auswahl des betreffenden Datensatzes ansehen. 4

§ 3 Löschungsfristen

(1) ¹Die in einem elektronischen Informations- und Kommunikationssystem erfolgte Veröffentlichung von Daten aus einem Insolvenzverfahren einschließlich des Eröffnungsverfahrens wird spätestens sechs Monate nach der Aufhebung oder der Rechtskraft der Einstellung des Insolvenzverfahrens gelöscht. ²Wird das Verfahren nicht eröffnet, beginnt die Frist mit der Aufhebung der veröffentlichten Sicherungsmaßnahmen.

(2) Für die Veröffentlichungen im Restschuldbefreiungsverfahren einschließlich des Beschlusses nach § 289 der Insolvenzordnung gilt Absatz 1 Satz 1 mit der Maßgabe, dass die Frist mit Rechtskraft der Entscheidung über die Restschuldbefreiung zu laufen beginnt.

(3) Sonstige Veröffentlichungen nach der Insolvenzordnung werden einen Monat nach dem ersten Tag der Veröffentlichung gelöscht.

Die Vorschrift regelt die gem. der Verordnungsermächtigung vorzusehenden Löschungsfristen (§ 9 Abs. 2 Satz 3 InsO). 1

Durch das Gesetz zur Vereinfachung des Insolvenzverfahrens wurden **die Löschungsfristen auf 6 Monate verlängert**. Die Änderung erfolgte vor dem Hintergrund der Erfahrungen aus der Praxis, wonach sich die Löschungsfrist von einem Monat als zu kurz erwiesen hatte, um die Öffentlichkeit ausreichend zu informieren. Durch die verlängerte Frist wird der durch die öffentliche Bekanntmachung angestrebte **Schutz des Wirtschaftsverkehrs** gestärkt. Hinzu kommt, dass die Insolvenzgerichte durch die Verlängerung der Löschungsfrist deutlich von Gläubigeranfragen **entlastet** werden. 2

Die **Frist beginnt** für eröffnete Verfahren einen Monat nach deren rechtskräftiger Beendigung. Kommt es nicht zur Eröffnung (z. B. bei der Abweisung oder Rücknahme des Insolvenzantrags), beginnt die Frist ab Aufhebung der veröffentlichten Sicherungsmaßnahmen (vgl. § 23 InsO). Für die öffentliche Bekanntmachung des Beschlusses über die **Abweisung mangels Masse (§ 26 Abs. 1 Satz 4 InsO)** ist aus den in Rdn. 2 genannten Gründen auch in den Fällen, in denen keine zu veröffentlichenden Sicherungsmaßnahmen angeordnet worden waren, entsprechend Abs. 1 Satz 1 von einer Löschungsfrist von 6 Monaten und nicht von nur einem Monat gem. Abs. 3 auszugehen (FK-Schmerbach § 9 Rn. 24; Pianowski, ZInsO 2008, 308, 313). Die in Rdn. 2 genannten 3

Gründe lassen den mit der verlängerten Löschungsfrist verbundenen Eingriff in das informationelle Selbstbestimmungsrecht des Schuldners als gerechtfertigt erscheinen. Wegen der bestehenden Unsicherheiten – auch hinsichtlich des Anknüpfungspunkts für die Fristberechnung – wäre hier eine Klarstellung des Verordnungsgebers wünschenswert.

4　Nach Abs. 2 gilt Abs. 1 Satz 1 in **Restschuldbefreiungsverfahren** einschließlich Beschlüssen nach § 289 InsO (Entscheidung über den Antrag des Schuldners auf Restschuldbefreiung) entsprechend mit der Maßgabe, dass die Frist hier mit der Rechtskraft der Entscheidung über die Restschuldbefreiung zu laufen beginnt. Die Regelung dient nicht der Festlegung einer von § 35 Abs. 2 Satz 2 Nr. 4 BDSG abweichenden Löschungsfrist für die Mitteilung über die Erteilung von Restschuldbefreiungen (KG, ZVI 2014, 100 Rn. 17; OLG Frankfurt am Main, Beschl. v. 22.10.2012, 4 U 190/11 Rn. 21). § 3 ist nicht lex specialis zu § 35 BDSG (LG Dessau-Roßlau, ZVI 2014, 103).

5　Für die nicht unter Abs. 1 und 2 fallenden sonstigen Veröffentlichungen nach der InsO (z. B. die Vergütung des Insolvenzverwalters, § 64 Abs. 2 Satz 1) verbleibt es hingegen gem. Abs. 3 bei der Löschungsfrist von einem Monat nach dem Tag der Veröffentlichung.

§ 4　Einsichtsrecht

Die Insolvenzgerichte haben sicherzustellen, dass jedermann von den öffentlichen Bekanntmachungen in angemessenem Umfang unentgeltlich Kenntnis nehmen kann.

1　Die Vorschrift stellt die Möglichkeit für jedermann sicher, von den öffentlichen Bekanntmachungen im Internet unentgeltlich Kenntnis zu nehmen.

2　Die Konzentration der öffentlichen Bekanntmachung im Internet darf nicht dazu führen, diejenigen Personen oder Unternehmen, die nicht über einen Internetzugang verfügen, von der Möglichkeit zur Kenntnisnahme auszuschließen. Die in § 9 Abs. 1 Satz 3 InsO enthaltene Bekanntmachungsfiktion lässt sich ebenfalls nur vor dem Hintergrund rechtfertigen, dass jedermann **die Möglichkeit** hat, von einer öffentlichen Bekanntmachung im Internet Kenntnis zu nehmen. Daher besteht die **Verpflichtung** für die Insolvenzgerichte, hierfür die Voraussetzungen zu schaffen.

3　Die **nähere Ausgestaltung** obliegt den Insolvenzgerichten. Die Praxisrelevanz der Vorschrift ist gering, da entsprechende Anfragen – wenn überhaupt – nur äußerst selten vorkommen (FK-Schmerbach § 9 Rn. 25).

§ 4a　Anwendbares Recht

Die §§ 2 bis 4 gelten entsprechend für den Datenabruf über das Unternehmensregister (§ 8b des Handelsgesetzbuchs).

1　Die durch das Gesetz über elektronische Handelsregister und Genossenschaftsregister sowie das Unternehmensregister (EHUG) vom 10.11.2006 neu eingeführte Vorschrift erstreckt die Geltung der §§ 2 bis 4 auch auf die öffentliche Bekanntmachung in Insolvenzverfahren über das neu geschaffene **zentrale Unternehmensregister**.

2　Gem. § 8b HGB können unter www.unternehmensregister.de ab dem 01.01.2007 wesentliche publikationspflichtige Daten eines Unternehmens (z. B. Handelsregistereintragungen, Jahresabschlüsse, gesellschaftsrechtliche Bekanntmachungen etc.) auf einer zentralen Internetseite abgerufen werden. Zu dem Katalog der über die Internetseite des Unternehmensregisters zugänglichen Daten gehören gem. § 8b Abs. 2 Nr. 11 HGB auch Bekanntmachungen nach § 9 InsO, ausgenommen Verfahren nach dem 9. Teil der InsO (Verbraucherinsolvenzverfahren und sonstige Kleinverfahren).

3　§ 4a stellt sicher, dass für die öffentlichen Bekanntmachungen auf beiden zentralen Internetseiten dieselben Vorschriften zur Gewährleistung der Datensicherheit und zur Verhinderung des Miss-

...rauchs, dieselben Löschungsfristen und dieselben Einsichtsrechte gelten. Dies ist im Hinblick auf die identischen Inhalte nur konsequent.

5 Inkrafttreten

Diese Verordnung tritt am Tage nach der Verkündung in Kraft.

Die Verordnung ist am 20.02.2002 erstmalig verkündet worden und einen Tag später in Kraft getreten. In ihrer derzeit geltenden Fassung ist die Verordnung mit dem Gesetz zur Vereinfachung des Insolvenzverfahrens vom 13.04.2007 (BGBl. I S. 509) verkündet worden und am 01.07.2007 in Kraft getreten.

Insolvenzstrafrecht

A. Vorbemerkung zum Insolvenzstrafrecht

I. Entwicklung der Insolvenzen und der Insolvenzstrafbarkeit

In den letzten zehn Jahren ist die Zahl der Insolvenzen zunächst sprunghaft gestiegen. Im Vergleich zu den Vorjahren fällt die Zahl der Insolvenzverfahren nunmehr. Sie hält sich aber dennoch auf einem konstant hohen Niveau.(Quelle: Statistisches Jahrbuch 2013; statistisches Bundesamt). So gab es im Jahr 2012 insgesamt 150.298 Insolvenzverfahren, davon 28.297 Unternehmensinsolvenzen.

Die weiterhin hohe Zahl der Insolvenzverfahren täuscht allerdings darüber hinweg, dass ein Großteil davon, insbesondere der strafrechtlich interessante Bereich der Unternehmensinsolvenzen, lediglich eine die Kosten des Verfahrens deckende Masse ausweist, eine quotale Gläubigerbefriedigung jedoch nicht erfolgt. Dies ist aber gerade das Ziel des Gesetzgebers, das u. a. durch die Vorverlagerung des Insolvenzzeitraums, aber auch durch Sanierungsanreize verwirklicht werden soll. Nicht berücksichtigt ist schließlich, dass eine erhebliche Anzahl an Insolvenzantragsverfahren mangels einer die Kosten des Verfahrens deckenden Masse nicht eröffnet wird.

Mit zeitlicher Verzögerung findet der Anstieg der Insolvenzen auch Niederschlag in strafrechtlichen Ermittlungsverfahren und Verurteilungen (vgl. Pelz, Strafrecht in Krise und Insolvenz, Einführung Rn. 6). So wurden im Jahr 2010 lediglich 11.707 Fälle von Insolvenzstraftaten erfasst. Die Dunkelziffer wird erheblich höher liegen (vgl. Pelz, Strafrecht in Krise und Insolvenz, Einführung Rn. 6). Da der Schutzzweck des klassischen Insolvenzstrafrechtes und der strafbewehrten Insolvenzverschleppung die Sicherung der Insolvenzmasse im Interesse der gesamten Gläubigerschaft ist (BGH NJW 2001, 1874), korrespondiert das Insolvenzstrafrecht mit dem Schutzzweck der InsO an einer geordneten und gleichmäßigen Befriedigung der Gläubigeransprüche (Wabnitz/Janovsky-Beck, Handbuch des Wirtschafts- und Steuerstrafrechts, Kap. 8 Rn. 21 und 24). Es stellt sich die Frage, warum das gesetzgeberische Ziel einer besseren Verteilungsgerechtigkeit bisher nicht erreicht wurde.

Ein Grund ist, dass die Insolvenzschuldner oder ihre Organe eine strafrechtliche Verfolgung nicht fürchten bzw. in der Interessenabwägung des Schuldners die Folgen der strafbewehrten Handlung (Geldstrafe, Bewährungsstrafe) meistens hinter die Konsequenzen eines rechtzeitigen Insolvenzantrages zurücktreten (Wabnitz/Janovsky-Köhler, Handbuch des Wirtschafts- und Steuerstrafrechts, Kap. 9 Rn. 2; Pelz, Strafrecht in Krise und Insolvenz, Einleitung Rn. 7 f.). Dieser Einstellung der potenziellen Insolvenzschuldner kann nur dann entgegengewirkt werden, wenn zum einen das Bewusstsein der Unternehmer einen Wandel erfährt, nämlich in der rechtzeitigen Antragstellung eine Sanierungschance (§§ 1, 270 a, b InsO) zu sehen, zum anderen die Folgen der verspäteten Antragstellung spürbarer werden. Dabei kann auch die intensive Zusammenarbeit mit Insolvenzverwaltern für die Staatsanwaltschaft erhebliche Vorteile bringen, wird jedoch trotz entsprechender Anregungen selten genutzt (vgl. Bittmann-Bittmann, Insolvenzstrafrecht, Vorwort V., der Versäumnisse eher auf Verwalterseite rügt).

In diesem Zusammenhang ist immer wieder str., ob den Strafverfolgungsbehörden bei der Ermittlung von Insolvenzstraftaten oder Straftaten im Zusammenhang mit Insolvenzverfahren die Beschlagnahme von Geschäftsunterlagen der Schuldner gem. § 98 StPO beim Insolvenzverwalter zusteht. Dies wird in der Lit. teilweise bejaht (Bittmann-Bittmann, Insolvenzstrafrecht, § 1 Rn. 268; Pelz, Strafrecht in Krise und Insolvenz, Rn. 698 m. w. N.).Zu beachten ist aber, dass die Beschlagnahme der Unterlagen die Durchführung des Insolvenzverfahrens erheblich behindern kann (LG Neubrandenburg, NJW 2010,692). Überzeugend ist der Verweis auf die Verhältnismäßigkeit von Zwangsmaßnahmen (Weyand ZInsO 2008, 24, 27) mit der Folge, dass die Inbesitznahmen der Geschäftsunterlagen dann rechtswidrig sind, wenn die Sichtung beim Insolvenzverwalter unproblematisch ist und die Unterlagen durch den Verwalter gesichert und verwahrt werden (Weyand a. a. O.). Die Einsetzung von Zwangsmitteln wird daher regelmäßig nur dann vertretbar, wenn der

§ 283 StGB Bankrott

Insolvenzverwalter die gebotene Zusammenarbeit verweigert (Wabnitz/Janovsky-Köhler, Handbuch des Wirtschafts- und Steuerstrafrechts, Kap. 9 Rn. 439.) oder die Ermittlungsarbeiten sogar behindert. Es ist oft ausreichend beim Insolvenzverwalter die Unterlagen oder Kopien anzufordern (LG Neubrandenburg, NJW 2010, 692), zumal auch der Insolvenzverwalter ein Interesse an der Mehrung der Masse und damit an einer Zusammenarbeit mit den Ermittlungsbehörden hat (Wabnitz/Janovsky-Müller, Kap. 6, Rn. 21, Kap. 9, Rn. 438).

II. Die Darstellung des Insolvenzstrafrechts

4   Ziel dieser Bearbeitung ist es, die Insolvenzstrafrechtsnormen praxisnah und verständlich darzustellen, bei gleichzeitiger Berücksichtigung der Veränderungen durch die Einführung der InsO. Dabei wird die Darstellung auch von der strengen Kommentierung abweichen und Handbuchcharakter annehmen, wenn dies dem vorgenannten Ziel förderlich ist. Einen aktuellen Schwerpunkt erfährt das Insolvenzstrafrecht durch die zunehmende Fokussierung auf die Strafbarkeit von Beratern und (vorläufigen) Insolvenzverwaltern und den Änderungen, die sich durch das Inkrafttreten des MoMiG (Gesetz zur Modernisierung des GmbH-Rechts und zur Bekämpfung von Missbräuchen) zum 01.11.2008 und des ESUG (Gesetz zur weiteren Erleichterung der Sanierung von Unternehmen) zum 01.03.2012 ergeben, der in der Kommentierung angemessen berücksichtigt wird.

Diese Bearbeitung differenziert nach **Insolvenzstraftaten im engeren Sinne** und **Insolvenzstraftaten im weiteren Sinne**.

Zu den Insolvenzstraftaten i. e. S. zählen die vom Gesetzgeber im 24. Abschnitt des besonderen Teils des Strafgesetzbuchs normierten Paragrafen §§ 283 bis 283d StGB und die außerhalb des Strafgesetzbuches befindlichen Strafnorm der § 15a Abs. 4 und Abs. 5 InsO zur Insolvenzverschleppung die die § 401 Abs. 1 Nr. 2 AktG, § 84 Abs. 1 Nr. 2 GmbHG, § 148 Abs. 1 Nr. 2 GenG und §§ 130b HGB ersetzen.

Insolvenzstraftaten i. w. S. stellen alle allg. Straftatbestände dar, die im Zusammenhang mit einer bevorstehenden oder eingetretenen Insolvenz zum Nachteil von Gläubigern, Staat und Dritten begangen werden (LK/Tiedemann vor § 283 Rn. 2; Wabnitz/Janovsky-Köhler, Handbuch des Wirtschafts- und Steuerstrafrechts, Kap. 9 Rn. 3). Von diesen werden nachfolgend behandelt die §§ 263, 266 und 266a StGB. Nicht zum Insolvenzstrafrecht gehört das Bilanzstraf- und Ordnungswidrigkeitenrecht der §§ 331 bis 334 HGB (Wabnitz/Janovsky-Köhler, Handbuch des Wirtschafts- und Steuerstrafrechts, Kap. 9 Rn. 3). Es ist daher nicht Gegenstand dieser Bearbeitung.

B. Insolvenzstrafrecht im engeren Sinne

§ 283 Bankrott

(1) Mit Freiheitsstrafe bis zu fünf Jahren oder mit Geldstrafe wird bestraft, wer bei Überschuldung oder bei drohender oder eingetretener Zahlungsunfähigkeit
1. Bestandteile seines Vermögens, die im Falle der Eröffnung des Insolvenzverfahrens zur Insolvenzmasse gehören, beiseite schafft oder verheimlicht oder in einer den Anforderungen einer ordnungsgemäßen Wirtschaft widersprechenden Weise zerstört, beschädigt oder unbrauchbar macht,
2. in einer den Anforderungen einer ordnungsgemäßen Wirtschaft widersprechenden Weise Verlust- oder Spekulationsgeschäfte oder Differenzgeschäfte mit Waren oder Wertpapieren eingeht oder durch unwirtschaftliche Ausgaben, Spiel oder Wette übermäßige Beträge verbraucht oder schuldig wird,
3. Waren oder Wertpapiere auf Kredit beschafft und sie oder die aus diesen Waren hergestellten Sachen erheblich unter ihrem Wert in einer den Anforderungen einer ordnungsgemäßen Wirtschaft widersprechenden Weise veräußert oder sonst abgibt,

4. Rechte anderer vortäuscht oder erdichtete Rechte anerkennt,
5. Handelsbücher, zu deren Führung er gesetzlich verpflichtet ist, zu führen unterläßt oder so führt oder verändert, daß die Übersicht über seinen Vermögensstand erschwert wird,
6. Handelsbücher oder sonstige Unterlagen, zu deren Aufbewahrung ein Kaufmann nach Handelsrecht verpflichtet ist, vor Ablauf der für Buchführungspflichtige bestehenden Aufbewahrungsfristen beiseite schafft, verheimlicht, zerstört oder beschädigt und dadurch die Übersicht über seinen Vermögensstand erschwert,
7. entgegen dem Handelsrecht
   a) Bilanzen so aufstellt, daß die Übersicht über seinen Vermögensstand erschwert wird, oder
   b) es unterläßt, die Bilanz seines Vermögens oder das Inventar in der vorgeschriebenen Zeit aufzustellen, oder
8. in einer anderen, den Anforderungen einer ordnungsgemäßen Wirtschaft grob widersprechenden Weise seinen Vermögensstand verringert oder seine wirklichen geschäftlichen Verhältnisse verheimlicht oder verschleiert.

(2) Ebenso wird bestraft, wer durch eine der in Absatz 1 bezeichneten Handlungen seine Überschuldung oder Zahlungsunfähigkeit herbeiführt.

(3) Der Versuch ist strafbar.

(4) Wer in den Fällen
1. des Absatzes 1 die Überschuldung oder die drohende oder eingetretene Zahlungsunfähigkeit fahrlässig nicht kennt oder
2. des Absatzes 2 die Überschuldung oder Zahlungsunfähigkeit leichtfertig verursacht,
wird mit Freiheitsstrafe bis zu zwei Jahren oder mit Geldstrafe bestraft.

(5) Wer in den Fällen
1. des Absatzes 1 Nr. 2, 5 oder 7 fahrlässig handelt und die Überschuldung oder die drohende oder eingetretene Zahlungsunfähigkeit wenigstens fahrlässig nicht kennt oder
2. des Absatzes 2 in Verbindung mit Absatz 1 Nr. 2, 5 oder 7 fahrlässig handelt und die Überschuldung oder Zahlungsunfähigkeit wenigstens leichtfertig verursacht,
wird mit Freiheitsstrafe bis zu zwei Jahren oder mit Geldstrafe bestraft.

(6) Die Tat ist nur dann strafbar, wenn der Täter seine Zahlungen eingestellt hat oder über sein Vermögen das Insolvenzverfahren eröffnet oder der Eröffnungsantrag mangels Masse abgewiesen worden ist.

Übersicht

	Rdn.
A. Schutzzweck der Norm	1
B. Strafrechtliche und insolvenzrechtliche Relevanz	2
C. Normcharakter	3
D. Tatbestandsvoraussetzungen	5
I. Allgemeine Tatbestandsvoraussetzungen: Täter-Krise	5
II. Tathandlungen gem. Abs. 1 Nr. 1 bis Nr. 8	9
1. Tathandlung nach Abs. 1 Nr. 1 StGB	10
2. Tathandlung nach Abs. 1 Nr. 2, 1. Alt.	17
3. Tathandlung nach Abs. 1 Nr. 2, 2. Alt.	18
4. Tathandlung nach Abs. 1 Nr. 3	19
5. Tathandlung nach Abs. 1 Nr. 4	20
6. Tathandlung nach Abs. 1 Nr. 5	22
7. Tathandlung nach Abs. 1 Nr. 6	25
8. Tathandlung nach Abs. 1 Nr. 7	26
9. Tathandlung nach Abs. 1 Nr. 7a	27
10. Tathandlung nach Abs. 1 Nr. 7b	28
11. Tathandlung nach Abs. 1 Nr. 8	31
III. Herbeiführen der Krise gem. Abs. 2	32
IV. Objektive Strafbarkeitsbedingungen gem. Abs. 6	34
V. Subjektiver Tatbestand	38
VI. Versuch gem. Abs. 3	40
VII. Fahrlässigkeit	41
E. Konkurrenzen	42
F. Verjährung	46
G. Täterschaft und Teilnahme	47
I. Besondere Tätergruppen	49
II. Berater als Täter/Teilnehmer	53
III. Ausländische Gesellschaften	53a
H. Strafbarkeit des (vorläufigen) Insolvenzverwalters	54
I. Der (vorläufige) Sachwalter	57

§ 283 StGB Bankrott

A. Schutzzweck der Norm

1 Geschütztes Rechtsgut ist die **Sicherung der Insolvenzmasse** im Interesse der gesamten Gläubigergemeinschaft (BGH, NZI 2010, S 698; SS-Heine Vor. §§ 283 ff. Rn. 2), wobei es ausreicht, dass ei Gläubiger vorhanden ist (BGH, ZInsO 2001, 666). Im Hinblick auf den Sinn der Vorschrift sche den wertlose Gegenstände als taugliches Tatobjekt aus (Weyand/Diversy, Insolvenzdelikte, Rn. 63

B. Strafrechtliche und insolvenzrechtliche Relevanz

2 Das Bundeslagebild Wirtschaftskriminalität 2012 hat in dem Jahr 3.7329 vollendete Fälle des Ban krotts gem. § 283 festgestellt (S. 16 des Berichts). Der besonders schwere Fall des Bankrotts wurd im Jahr 2011 in 39 Fällen registriert. Außerdem wurden 185 Fälle der Gläubigerbegünstigun verzeichnet; Schuldnerbegünstigung lag in 56 Fällen vor (S. 17 des Berichts). Der durch Insolvenz straftaten verursachte Schaden in 2012 liegt nach dem Bericht bei 1.87 Mrd. €, was ein Anstieg un 22 % gegenüber dem Vorjahr 2011 mit einem Schaden von 1,53 Mrd. € bedeutet.

Der Straftatbestand des Bankrotts ist die die zentrale Bestimmung des im StGB geregelten Insol venzstrafrechts. Bei den §§ 283 ff. StGB handelt es sich somit um Insolvenzstrafrecht **i. e. S.** (Wab nitz/Janovsky-Köhler, Handbuch des Wirtschafts- und Steuerstrafrechts, Kap. 7 Rn. 90; Vorbem Rn. 2). Die Norm dürfte nach Abkehr des BGH von der Interessentheorie (vgl. Rdn. 43) in de Praxis noch weiter an Bedeutung gewinnen, sodass auch die organschaftlichen Vertreter von Kapi talgesellschaften als Täter haften können.

C. Normcharakter

3 § 283 stellt acht Tathandlungen unter Strafe; Abs. 1 Nr. 1 bis 4 sowie Nr. 8 sind **Vermögensdelikte** während Abs. 1 Nr. 5 bis 7 sowie § 283b **Buchführungs- und Bilanzverstöße** zum Gegenstanc haben. Abs. 1 enthält **abstrakte Gefährdungsdelikte**. Für die Tatbestandserfüllung reicht es dem entsprechend aus, dass eine der aufgeführten Bankrotthandlungen vorgenommen wird Abs. 2 StGE stellt hingegen ein **Erfolgsdelikt** dar, bei dem durch die Tathandlung der Erfolg, d. h. die Über schuldung oder Zahlungsunfähigkeit, herbeigeführt wird (Krause, NStZ 1999, 161).

Einzelne Tatbestände (Abs. 1 Nr. 5, 1. Alt. sowie Nr. 7b) setzen ein pflichtwidriges Unterlassen vo raus und sind damit **echte Unterlassungsdelikte** (LK-Tiedemann, Vor § 283 Rn. 84). Im Übriger handelt es sich um **Tätigkeitsdelikte** (Wabnitz/Janovsky-Köhler, Handbuch des Wirtschafts- und Steuerstrafrechts, Kap. 7 Rn. 92; a. A. Fischer, Vor § 283 Rn. 3).

4 § 283 ist ein **Sonderdelikt**, da der Täter ein **Schuldner** in der Krise sein muss (LK-Tiedemann, Vor § 283 StGB Rn. 59). Bei Nr. 5 und Nr. 7 setzt die Norm darüber hinaus noch Handlungspflichter voraus, die nur bei **Kaufleuten** bestehen. Täter dieser Tatbestände kann damit nur ein Kaufmann i. S. d. HGB sein, der zudem Schuldner in der Krise ist und eine Bankrotthandlung vornimmt bzw. die von Nr. 5, 1. Alt. und Nr. 7b geforderte Handlung unterlässt.

Die Insolvenzstraftaten stellen in mehrfacher Hinsicht Sonderdelikte dar. **Mitwirkende Dritte** kön nen lediglich Anstifter oder Gehilfen sein, da in ihrer Person die **besonderen persönlichen Merkmale** i. S. d. § 28 nicht verwirklicht sind (Weyand/Diversy, Insolvenzdelikte, Rn. 20). Zu beachten ist die Zurechnungsnorm des § 14 »Handeln für einen anderen«, wenn eine Gesellschaft Schuldnerin ist. da nur deren Vertretungsberechtigter in seiner Eigenschaft als Vertreter oder Organe tauglicher Täter sein kann. Das betrifft z. B. Gesellschafter, Aufsichtsräte, Bevollmächtigte (ausführlich s. dazu vgl. SS-Heine, § 283 Rn. 4a) Erfasst sind auch die Organe ausländischer Gesellschaften mit inländi schem Sitz, insb. die Ltd. (SS-Heine, a. a. O. Rn. 65) Vgl. zu Vertreter der Gesellschaft Rdn. 49 und zu Erfüllung des TB durch EU-Auslandsgesellschaften Rdn. 53a f.

Bankrott § 283 StGB

D. Tatbestandsvoraussetzungen

I. Allgemeine Tatbestandsvoraussetzungen: Täter-Krise

Täter des Abs. 1 ist diejenige Person, die sich in der wirtschaftlichen Krise **befindet**. Daher kann jeder Schuldner Täter sein (Fischer, Vor § 283 Rn. 18; Weyand/Diversy, Insolvenzdelikte, Rn. 20 f.). Daran ändert auch die Einführung des Verbraucherinsolvenzverfahrens (§§ 304 ff. InsO) nichts. Nach der Entscheidung des BGH (BGH, ZInsO 2001, 666 m. zust. Anm. Krause, NStZ 2002, 42; a. A. Röhm, ZInsO 2003, 535) ist dadurch lediglich faktisch eine Erweiterung des Täterkreises erfolgt. § 283 kommt allerdings nicht in Betracht, wenn der Schuldenbereinigungsplan durch die Gläubiger eines Verbraucherinsolvenzverfahrens angenommen wurde (Weyand/Diversy, Insolvenzdelikte, Rn. 30).

▶ Hinweis:

*Praktische Relevanz bei Verbraucherinsolvenzverfahren haben die §§ 283 ff. insb. i. R. d. Restschuldbefreiung. Hier erlangen sie wegen der §§ 297, 290 InsO Bedeutung; aufgrund einer rechtskräftigen Verurteilung wegen einer Straftat gem. §§ 283 bis 283c kann es zu einer **Versagung der Restschuldbefreiung** kommen. Einer Verurteilung steht einer Verwarnung mit Strafvorbehalt (§ 59 StGB) gleich (AG Flensburg, unveröffentl. Beschl. v. 19.03.2007 – 56 JN 200/04). Voraussetzung ist, dass die von § 290 Abs. 1 Nr. 1 InsO erfasste Straftat im Zusammenhang mit dem vorliegenden Insolvenzverfahren steht (Weyand/Diversy, Insolvenzdelikte, Rn. 30 f. m. w. N.; AG Göttingen, ZInsO 2002, 686). Liegt ein Versagungsgrund gem. § 290 Abs. 1 Nr. 1 InsO vor, ist zudem die Stundung der Verfahrenskosten gem. § 4a InsO ausgeschlossen (vgl. Dawe, § 4a InsO Rdn. 15).*

Voraussetzung für die Tathandlungen des § 283 ist, dass diese **während** einer **Krise** erfolgen, d. h. bei **Zahlungsunfähigkeit**, **Überschuldung** oder bei **drohender Zahlungsunfähigkeit**.

Nach § 17 InsO wird der Schuldner **zahlungsunfähig**, wenn er nicht in der Lage ist, die fälligen Zahlungspflichten zu erfüllen (zur Abgrenzung der Zahlungsunfähigkeit von der Zahlungsstockung vgl. BGH, ZInsO 2005, 807).

Überschuldung liegt nach der Definition des § 19 InsO vor, wenn das Vermögen des Schuldners die bestehenden Verbindlichkeiten nicht mehr deckt. Zu beachten ist, dass der Gesetzgeber mit dem FMStG v. 17.10.2008 (BGBl. I 2008, 1982) zur modifizierten, zweistufigen Feststellungsmethode zurück kehrte, sodass neben der Unterdeckung auch die Fortführungsprognose entscheidend ist. Nach einer zunächst beschlossenen Befristung des FMStG hob der Gesetzgeber diese auf und der neue »alte« Überschuldungsbegriff gilt dauerhaft (vgl. Weyand/Diversy, Insolvenzdelikte, S. 48). Mit der ab dem 01.01.2014 geltenden Fassung fügte der Gesetzgeber in § 19 Abs. 2 die Prognose in Satz 2 ein, der nun noch ausdrücklicher vorgibt: »bei der Bewertung des Vermögens des Schuldners ist jedoch die Fortführung des Unternehmens zugrunde zu legen, wenn diese nach den Umständen überwiegend wahrscheinlich ist.« Die Folge ist, dass eine positive Fortführungsprognose fortan wieder eine Überschuldung tatbestandlich ausschließt (Zur Frage, ob § 19 InsO auch auf sog. »Altfälle«, d. h. für Straftaten, die vor Einführung des § 19 InsO im Jahr 2008 beendet waren, anwendbar ist Weyand/Diversy, Insolvenzdelikte, S. 49 f.).

Zahlungsunfähigkeit droht, wenn der Schuldner voraussichtlich nicht in der Lage sein wird, die bestehenden Zahlungspflichten bei Fälligkeit zu erfüllen. Diese Tatbestandsalternative wird aber bis auf Weiteres von untergeordneter Bedeutung bleiben (Reck, ZInsO 1999, 195, 197) weil zumindest zweifelhaft ist, ob sie den Erfordernissen des Strafrechts, insb. dem Bestimmtheitsgebot, gerecht werden kann. Für die Ermittlungsbehörden ist damit der Krisennachweis über das normale Maß hinaus erschwert (Müller-Gugenberger/Bieneck-Bieneck, Wirtschaftsstrafrecht, § 76 Rn. 74 ff.). Der Prognosezeitraum umfasst grds. das laufende und das folgende Kalenderjahr und beinhaltet, dass der Schuldner in diesem Zeitraum nicht zahlungsunfähig wird. Der Überschuldungstatbestand wurde damit dauerhaft entschärft (vgl. Schröder, § 18 InsO). Innerhalb dieses Zeitraums muss die Wahrscheinlichkeit des Eintritts der Zahlungsunfähigkeit bei über 50 % liegen. Rechtspolitisch ist fraglich, ob der »freiwillige« Antragsgrund der drohenden Zahlungsunfähigkeit dessen Hauptanliegen es ist durch frühzeitige Antragstellung Sanierungen im Insolvenzverfahren zu erleichtern eine Strafbarkeit auslösen sollte, da die Eröffnung des Verfahrens automatisch die Strafbarkeitsbedingung nach § 283 Abs. 6 StGB auslöst (vgl. Schönke/Schröder-Heine StGB § 283 Rn. 53). Es spricht daher einiges dafür, dass bei einer Normänderung an dieser Tatbestandsalternative nicht mehr festgehalten wird, zumal bei einer an dem Zivilrecht orientierten Definition der Zahlungsunfähigkeit ein erweiterter Zeitraum der strafrechtlichen Prüfung unterzogen wird.

Aufgrund der Gleichheit der gesetzgeberischen Intention und **des Schutzzwecks der Normen** kann von einer grds. gleichen Auslegung der im Insolvenzstrafrecht und im Insolvenzrecht verwendeten Begriffe der Überschuldung und Zahlungsunfähigkeit ausgegangen werden (vgl. zum Meinungsstand Fischer, Vor § 283 Rn. 6; BGH, wistra 2007, 312; Müller-Gugenberger/Bieneck-Bieneck § 70 Rn. 56c; Bork/Koschmieder-Hartung, Fachanwaltshandbuch InsolvenzR, Rn. 22.1 bis 22.47 zu Unterschieden und Feststellungsmethoden). Die grds. gebotene Definitionsanwendung der InsO (vgl. Rdn. 6) gilt auch für das Krisenmerkmal der **drohenden Zahlungsunfähigkeit** (Müller-Gugenberger/Bieneck-Bieneck, Wirtschaftsstrafrecht, § 75 Rn. 48).

7 In der Rechtsprechung und der Literatur werden z. T. unter bewusster Abgrenzung zur zivilrechtlichen Definition der Krisengründe veränderte Feststellungskriterien herangezogen (vgl. für die eingeschränkte Akzessorietät Böttger/Verjans, WiPr; Kap. 4 Rn. 11 zum Meinungsstand). Aus Gründen der Einheitlichkeit, der Nachvollziehbarkeit und des gleich gelagerten Schutzes der Insolvenzmasse zugunsten der Gläubigergemeinschaft ist aber eine Ausrichtung des strafrechtlichen Krisenbegriffes an den zivilrechtlichen Krisenbegriff unter Berücksichtigung der zivilrechtlichen Rechtsprechung geboten. Etwaige Härten (vgl. Böttger/Verjans, WiPr, Kap. 4, Rn. 12; Dannecker/Knierim/Hagmeier-Dannecker-Hagmeier 1, Rn. 72 bzgl. Zahlungsunfähigkeit) können bei der Prüfung der Vorwerfbarkeit abgemildert werden. Ein weiteres faktisches Regulativ, gerade bei »Verbraucherinsolvenzen« ist der faktische Zusammenhang zwischen dem Eintritt der objektiven Strafbarkeitsbedingung und der strafbaren Handlung, die einer unvertretbaren Vorverlagerung des Strafbarkeitszeitraumes entgegen wirkt (so aber Böttger/Verjans, WiPr, Kap. 4, Rn. 12).

Aus diesem Grund wird auf die Kommentierung zu diesen Vorschriften verwiesen (vgl. Schröder, §§ 17, 19 InsO mit Mustern zur Zahlungsunfähigkeits- und Überschuldungsprüfung; § 17 InsO Rdn. 36; § 19 InsO Rdn. 56). In der Praxis orientieren sich die Strafverfolgungsbehörden zur Feststellung der Zahlungsunfähigkeit oft an wirtschaftskriminalistischen Warnzeichen wie Vollstreckungsbescheiden, fruchtlosen Pfändungen u. a. Diese Ermittlungsmethode hat der BGH ausdrücklich gebilligt (BGH, wistra 2003, 232; zu den kriminalistischen Merkmalen ausführlich Achenbach/Ransiek-Wegner, Handbuch Wirtschaftsstrafrecht, 7. Teil 1 Rn. 93). Zudem ist das Krisenmerkmal »Überschuldung« auf natürliche Personen nur eingeschränkt anwendbar und hat daher in der strafrechtlichen Praxis nur eine untergeordnete Bedeutung.

▶ Hinweis:

Bei den **strafrechtlichen Feststellungen** *zur Überschuldung oder Zahlungsunfähigkeit sind die durch eine Bankrotthandlung entzogenen Vermögensgegenstände dem Vermögen des Schuldners nicht mehr hinzuzurechnen, selbst wenn die Möglichkeit besteht, die Verfügungsgewalt über den Vermögensgegenstand jederzeit wiederzuerlangen (OLG Frankfurt am Main, wistra 1997, 2743). Auf der anderen Seite ist unerheblich woher Vermögensgegenstände stammen oder Geldzuflüsse erfolgen (BGH, wistra 2007, 308), sodass auch deliktisch erworbene Güter berücksichtigt werden.*

8 Die Krise definiert zugleich den **Zeitraum**, innerhalb dessen eine Tathandlung nach § 283 strafbar ist (Fischer, Vor § 283 Rn. 16). Der Tatzeitraum beginnt mit der Entstehung des Krisenmerkmals und endet mit dem Abschluss der Krise, d. h. wenn der Täter seine Zahlungsfähigkeit wieder hergestellt oder seine Überschuldung behoben hat (SS-Heine § 283 Rn. 59; zu den Voraussetzungen der Beendigung der tatbestandlichen Krise vgl. LK-Tiedemann Vor § 283 Rn. 90). Eine kurzfristige Behebung der Krise, zumindest der Zahlungsunfähigkeit, ist unbeachtlich.

dementsprechend ist auch nicht erforderlich, dass Gläubigeridentität hinsichtl. der Tathandlung und der Zahlungseinstellung besteht (vgl. Rdn. 35). Der **zeitliche Zusammenhang** ist auch dann gegeben, wenn die Gläubigerforderungen zum Zeitpunkt der Tathandlung oder mit ihrer Vollendung durch Eingehung neuer Verbindlichkeiten getilgt werden (SS-Heine, § 283 Rn. 59).

▶ **Hinweis:**
*Zweifel an der Beendigung der Krise gehen zulasten des Täters (OLG Hamburg, NJW 1987, 1342). Der Täter wird dementsprechend substanziiert darlegen müssen, dass die **Krise längerfristig behoben war**.*

I. Tathandlungen gem. Abs. 1 Nr. 1 bis Nr. 8

Die Tat des Abs. 1 Nr. 1 bis Nr. 8 ist mit Abschluss der Bankrotthandlung vollendet beendet ist die Tathandlung mit Eintritt der objektiven Bedingungen gem. Abs. 6 (Fischer, § 283 Rn. 33), 9

1. Tathandlung nach Abs. 1 Nr. 1 StGB

Tathandlungen sind das **Beiseiteschaffen, Verheimlichen, Zerstören, Beschädigen** sowie das **Unbrauchbarmachen** von **Vermögensbestandteilen** des Schuldners, die im Fall der Insolvenzeröffnung zur Insolvenzmasse gehören (SS-Heine, § 283 Rn. 2; zum Begriff der Insolvenzmasse vgl. Kommentierung InsO Lüdtke, § 35 InsO) oder während des Insolvenzverfahrens hinzuerlangt werden (Fischer, § 283 Rn. 3; Lüdtke, § 35 InsO Rdn. 14.). Unpfändbare Vermögensbestandteile (§ 36 InsO) erfüllen die Tatbestandsvoraussetzung nicht (Fischer, § 283 Rn. 3a) 10

Beiseiteschaffen ist jede Handlung, die einen Vermögensbestandteil durch räumliches Verschieben oder Verändern der rechtlichen Lage dem Zugriff der Gläubiger entzieht oder diesen erheblich erschwert (SS-Heine § 283 Rn. 4; OLG Frankfurt am Main, NStZ 1997, 551). 11

Voraussetzung ist nach teleologischer Reduktion des Wortlauts, dass die Verschiebung den Rahmen einer **ordnungsgemäßen Wirtschaft grob widerspricht** (BGH, NZI 2010, 698, 700). 12

Unter den Anforderungen einer ordnungsgemäßen Wirtschaft ist jede wirtschaftlich vernünftige Zielsetzung zu verstehen, d. h. die Erfüllung handelsrechtlicher Anforderungen an ein ordentliches kaufmännisches Verhalten (LK-Tiedemann, Vor § 283 Rn. 101 ff., 111 ff.). Die genauen Anforderungen hängen von der inneren und äußeren Situation des betroffenen Unternehmens, der Nähe zur Überschuldung und Zahlungsunfähigkeit im Unternehmensgegenstand sowie der Branchenüblichkeit ab (Pelz, Strafrecht in Krise und Insolvenz, Rn. 276; Reck, Insolvenzstraftaten und deren Vermeidung, Rn. 410). Selbst das Verschieben von liquiden Mitteln auf ein Fremdkonto kann danach unbeachtlich sein, wenn die Gelder zu Firmenzwecken verwandt werden (BGH, wistra 1996, 70).

Unternehmerische Risiken sind umso eher gerechtfertigt, je geordneter die wirtschaftliche Lage eines Unternehmens ist (Pelz, Strafrecht in Krise und Insolvenz, Rn. 276).

Dieser Maßstab gilt nur eingeschränkt für den typischen **Verbraucher** (SS-Heine, § 283 Rn. 7a; Pelz, Strafrecht in Krise und Insolvenz, Rn. 277). Die bloße Verletzung einer vertraglich festgelegten Einschränkung der Privatautonomie, etwa im Rahmen eines Kreditvertrags, genügt nicht (LK-Tiedemann Vor § 283 Rn. 110). Der Verbraucher muss aber bei **offenkundigen Anzeichen für den Eintritt der Krise sein privates Wirtschaftsverhalten anpassen**, wie ein Kaufmann (SS-Heine, § 283 Rn. 7a; Pelz, Strafrecht in Krise und Insolvenz, Rn. 277). Die Grenzen der Anpassung sind zumindest dann gegeben, wenn die Pfändungsgrenze erreicht wird (Müller-Gugenberger/Bieneck-Bieneck, Wirtschaftsstrafrecht, § 78 Rn. 15).

▶ **Rechtsprechungsbeispiele:** 13

- Veräußerung ohne (entsprechenden) Gegenwert (BGH, NJW 1953, 1152; JZ 1979, 76),
- Einziehung von Forderungen über fremde Konten (BGH bei Herlan GA 1959, 340),

- Einziehung von Forderungen für den eigenen Verbrauch (BGH bei Herlan GA 1961, 358)
- Übertragung eines Vermögenswerts ohne Gegenleistung auf ein zu diesem Zweck gegründetes Unternehmen im Eigentum des Täters (BGH, JZ 1979, 76),
- nicht gerechtfertigte Sicherungsübereignung (BGH bei Holtz MDR 1979, 457),
- Überweisung von Geldern auf »schwarze« Auslandskonten (BGH, NStZ 1981, 259).
- Transfer von Geldern auf Fremdkonten (BGH, NZI 2010, 698, 699)

(Beispiele für Handlungen, die kein Beiseiteschaffen darstellen, vgl. Bittmann-Bittmann, Insolvenzstrafrecht, § 12 Rn. 103).

▶ **Hinweis:**

Nach geänderter Rechtsprechung wendet der BGH bei Vermögensverschiebungen durch Schuldner die keine Einzelunternehmer sind, die Interessenformel nicht mehr an. Eine Strafbarkeit gem. § 283 ist danach gegeben, unabhängig davon, ob der Täter im schuldnerischen Interesse handelt oder nicht (ausführl. dazu Rdn. 42 f.).

14 **Verheimlichen** ist der Versuch, das Vorhandensein eines Vermögensbestandteils der Kenntnis des Gläubigers bzw. des (vorläufigen) Insolvenzverwalters zu entziehen (SS-Heine § 283 Rn. 5; Weyand/Diversy, Insolvenzdelikte, Rn. 67; OLG Frankfurt am Main NStZ 1997, 551). Ein Verheimlichen liegt auch dann vor, wenn der Schuldner dem (vorläufigen) Insolvenzverwalter unrichtige Angaben zu Fragen macht, die ein Anfechtungsrecht klären könnten. Ein bloßes **Verschweigen** reicht für die Tatalternative aus, wenn eine Handlungspflicht besteht (SS-Heine § 283 Rn. 5; zur Frage der Tatbegehung durch **Unterlassen** auch KTS 84, 644). Nach Insolvenzantragstellung trifft den Schuldner bzw. dessen Organ eine umfassende Auskunftspflicht (§§ 20, 97 InsO) deren Nichterfüllung das Tatbestandsmerkmal erfüllt (Böttger/Verjans WiPr Kap. 4 Rn. 56).

15 ▶ **Rechtsprechungsbeispiele:**

Die Nichtangabe eines Vermögensgegenstandes ggü. dem Insolvenzverwalter, der in den Unterlagen des Schuldners nicht verzeichnet war, auch ohne besondere Aufforderung (BGH, GA 1956, 123).

(Weitere Beispiele aus der Lit. bei Bittmann-Bittmann, Insolvenzstrafrecht, § 12 Rn. 114 bis 116; zur Auskunftspflicht vgl. Wendler/Herchen, § 97 InsO).

16 Die Handlungsalternativen **Zerstören, Beschädigen und Unbrauchbarmachen** sind Unterfälle des Beiseiteschaffens und haben kaum praktische Bedeutung; sie beziehen sich nur auf Sachen und müssen in einer der ordnungsgemäßen Wirtschaft zuwiderlaufenden Weise begangen worden sein (vgl. mit Beispielen Bittmann-Bittmann, Insolvenzstrafrecht, § 12 Rn. 117, 118).

2. Tathandlung nach Abs. 1 Nr. 2, 1. Alt.

17 Ein **Verlustgeschäft** liegt nur vor, wenn es von vornherein auf eine Vermögensminderung angelegt ist und zu einer Vermögenseinbuße führt, das Geschäft also schon nach der **Vorauskalkulation** bei der Gegenüberstellung der Einnahmen und Ausgaben einen Vermögensverlust bewirkt (SS-Heine § 283 Rn. 9; Weyand/Diversy, Insolvenzdelikte, Rn. 73). **Spekulationsgeschäfte** sind Geschäfte mit einem besonders großen Risiko, die in der Hoffnung auf einen größeren als den sonst üblichen Gewinn und um den Preis eingegangen werden, möglicherweise einen größeren Verlust zu erleiden (SS-Heine § 283 Rn. 10; Weyand/Diversy, Insolvenzdelikte, Rn. 73)

Differenzgeschäfte sind Geschäfte i. S. v. § 764 BGB (SS-Heine § 283 Rn. 11) sowie, einem Teil der Lit. zufolge, Börsentermingeschäfte (Fischer, § 283 Rn. 9). Dem Täter muss es bei Vertragsschluss auf die Zahlung der Differenz zwischen An- und Verkaufspreis, nicht auf die Lieferung der Ware ankommen (SS-Heine § 283 Rn. 11; Weyand/Diversy, Insolvenzdelikte, Rn. 73). Zu den **Wertpapieren** zählen nur Order- und Inhaberpapiere, nicht Namenspapiere (SS-Heine § 283 Rn. 8).

Die vorgenannten Geschäfte müssen **eingegangen**, d. h. abgeschlossen werden. Der Abschluss muss im Widerspruch zu den Grundsätzen einer **ordnungsgemäßen Wirtschaft** (vgl. Rdn. 12) stehen.

Damit ist erforderlich, dass das Geschäft von vornherein unvertretbar ist; maßgebend sind die konkreten Umstände des Einzelfalls (SS-Heine § 283 Rn. 12). **Das allg. unternehmerische Risiko wird nicht erfasst** (LK-Tiedemann, § 283 Rn. 54 ff. m. w. N.).

So kann ein Verlustgeschäft in einem Konjunkturtief gerechtfertigt sein, um Arbeitsplätze zu erhalten (SS-Heine, § 283 Rn. 12). Eine weitere Einschränkung erfolgt, wenn sich das Risiko eines Spekulations- oder Differenzgeschäftes nicht verwirklicht hat und damit die geschützten Rechtsgüter eine Besserstellung (Fischer, § 283 Rn. 10) oder zumindest keinen wesentlichen Verlust erfahren haben.

3. Tathandlung nach Abs. 1 Nr. 2, 2. Alt.

Unwirtschaftlich sind die das Notwendige und Übliche übersteigenden Ausgaben, die für den in Betracht kommenden Zeitraum zum Vermögen des Täters in keinem angemessenen Verhältnis stehen (BGH, NJW 1953, 1480). Es kommt nicht darauf an, ob die Ausgaben privaten oder Geschäftszwecken gedient haben (SS-Heine, § 283 Rn. 17). Für die **Abgrenzung** zum Merkmal Beiseiteschaffen (Abs. 1 Nr. 1) ist allein der mit der Verfügung **verfolgte Zweck** maßgeblich; geht es darum, Vermögensgegenstände dem Zugriff der Gläubiger zu entziehen, handelt es sich um ein Beiseiteschaffen, folgt die Verfügung i. R. d. Geschäftstätigkeit zu betrieblichen Zwecken, z. B. zur Bezahlung von Löhnen, Lieferanten, Steuern etc., handelt es sich um wirtschaftliche Ausgaben (vgl. Pelz, Strafrecht in Krise und Insolvenz, Rn. 258). Die Begriffe **Spiel oder Wette** sind i. S. v. § 762 BGB zu verstehen. Auch die Beteiligung an einer Lotterie wird erfasst (Fischer, § 283 Rn. 12). 18

Sämtliche Tatbestandsmerkmale setzen voraus, dass **übermäßige Beträge verbraucht**, d. h. die Leistungsfähigkeit des Täters übersteigende Ausgaben getätigt werden (Fischer, § 283 Rn. 13). Soweit das Kriterium der **Unwirtschaftlichkeit** erfüllt ist, handelt es sich gleichzeitig um übermäßige Beträge i. S. d. Norm (SS-Heine, § 283 Rn. 17).

Schuldig werden bedeutet die Belastung des Vermögens mit Verbindlichkeiten.

Der BGH bejaht ein »Schuldig werden« durch Spiel erst für den Fall, dass die Spielschuld in ein verbindliches Rechtsverhältnis umgewandelt ist (Fischer, § 283 Rn. 13).

4. Tathandlung nach Abs. 1 Nr. 3

Die Tathandlungsalternative verlangt ein **Beschaffen** von Waren oder Wertpapieren **auf Kredit** (ohne sofortige Bezahlung; der Fall sofortiger Zahlung mithilfe eines anderen Kredites kann unter Nr. 8 fallen; Fischer, § 283 Rn. 14). Hierzu zählt auch die Warenbeschaffung unter Eigentumsvorbehalt (Bork/Koschmieder-Hartung, Fachanwaltshandbuch InsolvenzR, Rn. 22.69). Weiter müssen die erworbenen Waren entgegen einer ordnungsgemäßen Wirtschaft und damit jedenfalls erheblich unter ihrem Wert wiederveräußert werden (**Verschleuderung**). Die Anforderungen an eine ordnungsgemäße Wirtschaft sind nicht verletzt, wenn es sich z. B. um ein Lockangebot handelt, etwa um Räumungsverkäufe, sowie um Verkäufe, die die Konkurrenzfähigkeit wahren sollen (Fischer, § 283 Rn. 15). 19

5. Tathandlung nach Abs. 1 Nr. 4

Rechte Anderer werden **vorgetäuscht**, wenn der Täter sich ggü. einem Dritten auf ein nicht bestehendes Recht eines Anderen beruft (SS-Heine § 283 Rn. 25). **Erdichtete neutrale Rechte** werden **anerkannt**, wenn der Schuldner durch eine in irgendeiner Form abgegebene Erklärung kundtut, dass sie ihm ggü. bestehen (SS-Heine § 283 Rn. 26). Der Täter muss dabei mit dem angeblichen Gläubiger **kollusiv zusammenwirken** (SS-Heine § 283 Rn. 26). Nr. 4 setzt **keine** tatsächliche **Verkürzung der Masse** voraus, sondern die unübliche Vergrößerung der Passiva (LK-Tiedemann, § 283 Rn. 81). Die Handlung muss aber grds. geeignet sein, sich nachteilig auf die Gläubigerinteressen auszuwirken, um den Tatbestand zu erfüllen (SS-Heine § 283 Rn. 24). Wird das Aktivvermögen 20 reduziert, tritt die Norm rgm. hinter Nr. 1 oder Nr. 8 zurück (Bittmann-Bittmann, Insolvenzstrafrecht, § 12 Rn. 140).

21 ▶ **Rechtsprechungsbeispiele:**
– *Anerkenntnis einer eingeklagten aber nicht bestehenden Forderung, um den Vollstreckungszugriff zu verhindern (BGH, KTS 2000, 123),*
– *Darstellen eines den Gläubigerzugriff verhindernden, nicht bestehenden Rechtsverhältnisses (RGZ 64, 141).*

6. Tathandlung nach Abs. 1 Nr. 5

22 Tatbestandliche Voraussetzung ist eine **handelsrechtliche Pflicht zum Führen von Handelsbüchern** (SS-Heine § 283 Rn. 29; Müller-Gugenberger/Bieneck-Bieneck, Wirtschaftsstrafrecht, § 82 Rn. 6). Diese ergibt sich aus den §§ 238 ff. HGB. Zur Buchführung gem. § 238 HGB ist jeder **Kaufmann** verpflichtet (§§ 1, 2, 3 HGB). Die Buchführungspflicht gilt nicht für Nichtkaufleute, z. B. Kleingewerbetreibende und Freiberufler, auch wenn sie gem. § 5 HGB zu Unrecht eingetragen sind (Baumbach/Hopt, § 238 HGB Rn. 7). Anders verhält es sich jedoch, wenn sich der Kleingewerbetreibende ins Handelsregister **eintragen lässt** (SS-Heine § 283 Rn. 29). Soweit ein **Ist-Kaufmann** durch Reduzierung seines Geschäftsbetriebs die Kaufmannseigenschaft verliert, erlischt auch die Buchführungspflicht. Trotz der Eintragung ins Handelsregister entfällt damit auch die Strafbarkeit, § 5 HGB ist unbeachtlich (vgl. Wabnitz/Janovsky-Köhler, Handbuch des Wirtschafts- und Steuerstrafrechts, Kap. 7 Rn. 129).

23 § 238 HGB stellt auf die **Grundsätze ordnungsgemäßer Buchführung** ab, die bei der Buchführung berücksichtigt werden müssen. Diese Grundsätze haben sich gewohnheitsrechtlich entwickelt (Weyand/Diversy, Insolvenzdelikte, Rn. 88). Sie sind erfüllt, wenn einem sachverständigen Dritter **innerhalb angemessener Zeit ein Überblick** über die Geschäftsvorfälle und die Lage des Unternehmens vermittelt wird (§ 238 Abs. 1 Satz 2 HGB) und die Geschäftsvorfälle sich in ihrer **Entstehung und Abwicklung verfolgen** lassen (§ 238 Abs. 1 Satz 3 HGB). § 239 Abs. 2 HGB verlangt zudem die Eintragung in Bücher sowie die sonst erforderlichen Aufzeichnungen vollständig, richtig, zeitgerecht und geordnet vorzunehmen.

Welche **Handelsbücher** i. E. zu führen sind, lässt das HGB offen. Dies können Sachkonten sein sowie Kassenbücher, Bilanzen oder Inventarverzeichnisse (Weyand/Diversy, Insolvenzdelikte, Rn. 89).

Aber auch eine reine **EDV-gestützte Buchführung** ohne papiergebundene Unterlagen kann eine »ordnungsgemäße Buchführung« darstellen (BGH, NStZ 1998, 247). Die Strafbarkeit liegt dann in der Nichtpflege oder Verfälschung der Datenbanken. Letztendlich ist alles, was eine Übersicht über die Vermögenslage und die Handelsgeschäfte des Schuldners geordnet ermöglicht, Handelsbuch (Fischer, § 283 Rn. 21). Träger der Buchführungspflicht ist zunächst die **schuldnerische Unternehmensführung**, also der Einzelunternehmer, die vertretungsberechtigten Gesellschafter einer Personenhandelsgesellschaft und die Mitglieder des vertretungsberechtigten Organs einer juristischen Person (Müller-Gugenberger/Bieneck-Bieneck, Wirtschaftsstrafrecht, § 82 Rn. 17). Das eigenhändige Führen ist nicht erforderlich, vielmehr muss eine sorgfältige Auswahl und Überwachung des Buchführers erfolgen.

24 **Tathandlungen** (Beispiele bei Bork/Koschmieder-Hartung, Fachanwaltshandbuch InsolvenzR, Rn. 22.78) sind das **Unterlassen** (1. Alt.) des Führens von Handelsbüchern sowie das **so Führen** oder **so Verändern** (2. Alt.), dass der von § 238 Abs. 1 HGB geforderte **klare Überblick** über die Geschäftsvorfälle und über die Lage des Unternehmens z. Zt. der Zahlungseinstellung oder der Insolvenzeröffnung erschwert wird (Fischer, § 283 Rn. 23). **Erschweren** ist gegeben, wenn auch ein sachverständiger Dritter die Lage des Unternehmens nicht innerhalb angemessener Zeit feststellen kann (BGH, NStZ 2002, 327).

> **Hinweis:**
>
> Mit wenigen Ausnahmen werden praktisch bei allen Insolvenzschuldnern **Buchführungsverstöße** festgestellt werden können (Bork/Koschmieder-Hartung, Fachanwaltshandbuch InsolvenzR, Rn. 22.75 m. w. N.). Diese erhebliche Bedeutung in der Praxis führt allerdings nicht zu entsprechenden Ermittlungsverfahren oder Verurteilungen. Bei ca. 39.000 Unternehmensinsolvenzen im Jahr 2012 erfolgten lediglich 1.014 Verurteilungen wegen Buchführungsdelikten (vgl. Bundeslagebild Wirtschaftskriminalität, S. 8). Da Verstöße gegen die Buchhaltungs- und Bilanzierungspflichten aber **erhebliche Auswirkungen** haben, sind Sachverständige in Insolvenzverfahren und Insolvenzverwalter gehalten, die Strafverfolgungsbehörden darauf hinzuweisen.

7. Tathandlung nach Abs. 1 Nr. 6

Tatgegenstand sind die **tatsächlich geführten Handelsbücher**. **Täter** sind daher alle Schuldner, die Bücher führen (Weyand/Diversy, Insolvenzdelikte, Rn. 93), mithin die gesetzlich hierzu verpflichteten Kaufleute, sowie **Freiberufler** und **Privatleute**, obwohl sie nicht buchführungspflichtig sind. Die h. M. wendet die Vorschrift bei Letzteren allerdings einschränkend an, weil der Unrechtsmaßstab immer noch die kaufmännischen Pflichten sind (statt vieler SS-Heine § 283 Rn. 39 zum Meinungsstand; Fischer, § 283 Rn. 24). **Weitere Tatgegenstände** sind Unterlagen, zu deren Aufbewahrung ein Kaufmann nach Handelsrecht verpflichtet ist, § 257 Abs. 1 HGB (z. B. Inventare, Bilanzen sowie Handelskorrespondenz). Die **Tathandlung** besteht im Beiseiteschaffen, Verheimlichen, Zerstören oder Beschädigen (vgl. die Ausführungen zu Abs. 1 Nr. 1). Diese Handlungen müssen vor Ablauf der Aufbewahrungsfrist vorgenommen worden sein (vgl. § 257 Abs. 4 und 5 HGB).

25

> **Hinweis:**
>
> Die Norm schließt eine Strafbarkeitslücke im Verhältnis zu Abs. 1 Nr. 5 und erweitert den Täterkreis. Die Aufbewahrungsfristen betragen z. Zt. grds. **10 Jahre** für Lohn- und Buchhaltungsunterlagen. Sie erlangt immer größere praktische Bedeutung, da insb. bei Firmenbestattungen die Täter dazu übergehen, die betreffenden Unterlagen zu vernichten oder beiseite zu schaffen, vgl. zuletzt BGH, NZG 2013, 337.

8. Tathandlung nach Abs. 1 Nr. 7

Die **Bilanzierungspflichten** sind Ausübung der allg. Buchführungspflicht, §§ 242 bis 256 HGB (vgl. Rdn. 22 zu Abs. 1 Nr. 5). Tathandlungen der Tatbestandsalternativen müssen **entgegen dem Handelsrecht**, insb. die für das Unternehmen jeweils geltenden besonderen Vorschriften, erfolgt sein. Täter ist daher nur der **Vollkaufmann** (SS-Heine § 283 Rn. 44). Berater (z. B. Steuerberater) können somit nur Gehilfe sein, vgl. Rdn. 53). Es gelten die Grundsätze einer **ordnungsgemäßen Buchführung** gem. § 243 Abs. 1 HGB. Gem. § 243 Abs. 2 HGB muss die Bilanz zudem klar und übersichtlich sein. Es gelten die Grundsätze der **Bilanzwahrheit** (die vollständige Erfassung, Bezeichnung und Behandlung der einzelnen Bilanzpositionen), **Bilanzklarheit** (Erkennbarkeit der zugrunde liegenden wirtschaftlichen Sachverhalte) und **Bilanzkontinuität** (die Herleitung der Jahresabschlüsse muss auf der fortlaufenden Buchführung beruhen). Die Vorschrift ist lex specialis zu Nr. 5 und hat erhebliche praktische Bedeutung.

26

9. Tathandlung nach Abs. 1 Nr. 7a

Dieser Tatbestand regelt die Verstöße gegen die vorgenannten Bilanzierungsgrundsätze; die Strafvorschrift umfasst sämtliche Bilanzen (Wabnitz/Janovsky-Köhler, Handbuch des Wirtschafts- und Steuerstrafrechts, Kap. 7 Rn. 138; a. A. Pelz, Strafrecht in Krise und Insolvenz, Rn. 380, wonach nur die Handelsbilanz, nicht aber die weiteren Bestandteile des JA und die Steuerbilanz, von der Norm umfasst ist). **Übernimmt** jemand in einer wirtschaftlichen Krisensituation ein Handelsgewerbe, so erfüllt er den Tatbestand der Norm, wenn er nicht **unverzüglich ein Inventar oder eine Eröffnungsbilanz** aufstellt (SS-Heine § 283 Rn. 45). Weitere Tatbestandsvoraussetzung ist, dass die **Übersicht** über den wahren Vermögensstand des Kaufmanns durch die mangelnde Bilanzierung **erschwert**

27

werden muss. Hierfür gelten die gleichen Maßstäbe wie bei der mangelhaften Buchführung (vgl. Rdn. 22, Weyand/Diversy, Insolvenzdelikte, Rn. 98). Es muss ein bestimmter **Schweregrad** des Mangels erreicht sein; eine unwesentliche Abweichung aufgrund von Bilanzierungsmängeln ist nicht tatbestandsmäßig (LK-Tiedemann, § 283 Rn. 135; Pelz, Strafrecht in Krise und Insolvenz, Rn. 389).

10. Tathandlung nach Abs. 1 Nr. 7b

28 Die Vorschrift stellt das **Unterlassen** einer **rechtzeitigen** Aufstellung der Bilanz des Vermögens oder des Inventars unter Strafe.

Die nicht rechtzeitige Feststellung sowie die unterlassene Prüfung der Bilanz ist nicht strafbar (SS/Heine § 283 Rn. 44). Strafbar ist nur der **Verstoß gegen die Fristen zur Aufstellung** der Bilanz. Damit kommt es allein auf die Nichteinhaltung der handelsrechtlichen Fristvorschriften an (Pelz, Strafrecht in Krise und Insolvenz, Rn. 390; Müller-Gugenberger/Bieneck-Bieneck, Wirtschaftsstrafrecht, § 82 Rn. 45). Die Frist beginnt mit dem **Schluss des Geschäftsjahrs** (§ 242 Abs. 1 Satz 1 HGB).

Es gelten z. Zt. folgende Fristen:

▶ **Praxistipp**

– AG, KGaA, GmbH	drei Monate	§ 264 Abs. 1 Satz 2 HGB
– kleine Kapitalgesellschaften	sechs Monate	§ 264 Abs. 1 Satz 3 HGB
– EK, OHG, KG	sechs Monate	§ 243 Abs. 3 i. V. m. § 264 Abs. 1 Satz 3 HGB

Die Einteilung der Größenverhältnisse ergibt sich aus § 267 HGB.

Da für Personenhandelsgesellschaften (mit natürlich haftenden Personen) sowie Einzelkaufleute keine besonderen Fristen gelten, ist die Generalnorm des § 243 Abs. 3 HGB einschlägig, welche die Erstellung in einer dem ordnungsmäßigen Geschäftsgang entsprechenden Zeit fordert (Weyand/Diversy, Insolvenzdelikte, Rn. 104).

Der Schuldner genügt seiner Pflicht, wenn er die Bilanz **rechtzeitig anfertigt** und sie durch eine nach außen erkennbare Handlung **anerkennt** (Müller-Gugenberger/Bieneck-Bieneck, Wirtschaftsstrafrecht, § 82 Rn. 45).

Die Strafbarkeit wird nicht dadurch beseitigt, dass die Bilanz letztendlich doch, wenn auch später, erstellt wurde (BayObLG, wistra 1990, 201). Das Unterlassen der Bilanzerstellung ist nicht strafbar, wenn die tatbestandliche Krise erst eintritt, nachdem die handelsrechtliche Frist zur Aufstellung der Bilanz abgelaufen ist (BGH, wistra 1998, 105; **a. A.** Müller-Gugenberger/Bieneck-Bieneck, Wirtschaftsstrafrecht, § 82 Rn. 47a, der einen Versuch annimmt, wenn die Frist nach Insolvenzeröffnung ablief und eine Vollendung, wenn es anschließend zu einer Ablehnung mangels Masse kommt), es sei denn, der Täter hätte aufgrund des nahenden Fristablaufs vorbereitende Maßnahmen treffen müssen (BGH, NStZ 1992, 182).

29 Ein pflichtwidriges Unterlassen liegt nicht vor, wenn es dem Täter rechtlich oder tatsächlich **unmöglich** ist, die Bilanz anzufertigen (Fischer, § 283 Rn. 29b; Wabnitz/Janovsky-Köhler, Handbuch des Wirtschafts- und Steuerstrafrechts, Kap. 7 Rn. 147). Ist der Schuldner aus fachlichen und finanziellen Gründen zur Erstellung einer Bilanz nicht in der Lage (BGH, NStZ 2003, 546) oder hat er Dritte mit der Erstellung der Bilanz beauftragt und sich damit durch Übergabe der Unterlagen der Möglichkeit begeben, eine eigenständige Bilanz zu erstellen (BGH, NStZ 2000, 206), ist Nr. 7 nicht erfüllt.

Diese Rspr. wird aber dadurch eingeschränkt, dass trotz Zahlungsunfähigkeit vorhandene Mittel **vorrangig** zur Erfüllung öffentlicher Pflichten eingesetzt werden müssen (h. M.; LK-Tiedemann, § 283 StGB Rn. 119). Darunter fallen sowohl Buchführungs- und Bilanzierungspflichten als auch die Abführung von Arbeitnehmeranteilen (Bork/Koschmieder-Hartung, Fachanwaltshandbuch InsolvenzR, Rn. 22.83). Zu Letzterem vgl. § 266a.

▶ **Rechtsprechungsbeispiele:** 30

– Verstoß gegen die Bilanzierungspflicht (KG, Beschl. v. 26.02.2001 – [5] 1 Ss 241/00[34/00]),
– Erschwerung der Übersicht über den Vermögensstand der Schuldnerin (BGH, NStZ 2002, 327),
– Unmöglichkeit der Pflichtenerfüllung (KG, wistra 2002, 313),
– Nachholung verfristeter Bilanzierung (BayObLG, wistra 2003, 30)
– Unmöglichkeit der Bilanzerstellung (BGH, wistra 2007, 308) und KG, NJW 2007, 3449

11. Tathandlung nach Abs. 1 Nr. 8

Abs. 1 Nr. 8 ist ein **als Generalklausel** formulierter Tatbestand (Fischer, § 283 Rn. 30). In der Rspr. 31
war die Vorschrift bisher ohne Bedeutung (Bork/Koschmieder-Hartung, Fachanwaltshandbuch InsolvenzR, Rn. 22.108). Die Norm erlangt jedoch als Auffangtatbestand an Gewicht hinsichtl. des Verbergens der wirklichen geschäftlichen Verhältnisse des Schuldners, da die Kasuistik insoweit Lücken aufweist (SS-Heine, § 283 Rn. 49). Der BGH scheint daher dazu überzugehen, insb. die sog. Firmenbestattungen auch unter diesen Auffangtatbestand zu fassen (vgl. grundsätzlich BGH, NStZ 2009, 635 und BGH, NGZ 2013, 397), da die verschleiernden Maßnahmen (über Beteiligungsverhältnisse/faktische GF etc.) ggf. zivilrechtlich unwirksam sind und lediglich der Vereitelung von Gläubigeransprüchen dienen sollen (vgl. Pelz, Strafrecht in Krise und Insolvenz, Rn. 321). Dies gilt auch bei unrichtigen Darstellungen in geschäftlichen Mitteilungen für Kapitalanleger (LK-Tiedemann, § 283 Rn. 155 ff. mit weiteren Beispielen).

Die dem Tatbestand zugedachte Ergänzungsfunktion wird dadurch herbeigeführt, dass das Merkmal **in einer anderen Weise** den übrigen Handlungsmöglichkeiten der Nr. 1 bis 7 als »ähnliches Agieren« ausgelegt wird (Weyand/Diversy, Insolvenzdelikte, § 283 Rn. 106). Der Tatbestand ist erfüllt, wenn der Täter seinen **Vermögensstand verringert** oder seine **geschäftlichen Verhältnisse verheimlicht** oder **verschleiert**. Alle Tathandlungsmöglichkeiten müssen in einer den Anforderungen an eine ordnungsgemäße Wirtschaft **grob** widersprechenden Weise erfolgen (Fischer, § 283 Rn. 30; SS-Heine § 283 Rn. 49). Bagatellfälle scheiden somit aus (SS-Heine, § 283 Rn. 49).

Eine **Vermögensminderung** findet durch die Verminderung der Aktiva oder eine Vergrößerung der Passiva statt (SS-Heine, § 283 Rn. 49; Pelz, Strafrecht in Krise und Insolvenz, Rn. 318). Eine vorsätzliche Vermögensminderung liegt vor, wenn ohne das branchenübliche Mindestmaß an Übersicht und Planung gewirtschaftet wird (Fischer, § 283 Rn. 30a).

III. Herbeiführen der Krise gem. Abs. 2

Sämtliche Tathandlungen sind auch strafbar, wenn sie nicht während der Krise begangen werden, 32
sondern die Krise **Folge der Bankrotthandlung** ist (SS-Heine § 283 Rn. 54; OLG Frankfurt am Main, NStZ 1997, 551). **Mitursächlichkeit** genügt.

Der für die Erfolgszurechnung erforderliche **Kausalzusammenhang** besteht, wenn die Handlung des Täters in irgendeiner Weise für den konkreten Erfolg ursächlich geworden ist (Schönke-Schröder-Lenckner-Eisele Vor § 13 StGB Rn. 73 m. w. N. zur conditio-sine-qua-non-Formel). Als **Tathandlung** kommt jede der in Abs. 1 genannten Bankrotthandlungen in Betracht, wobei Nr. 5 bis 7 rgm. mangels Kausalität ausscheiden (Fischer, § 283 StGB Rn. 31; a. A. LK-Tiedemann, § 283 StGB Rn. 181 mit dem Beispiel, dass durch eine verspätete oder unterlassene Bilanzerstellung ein Darlehen gekündigt wird; rgm. wird aber bei einer Tathandlung gem. Nr. 7b bereits die Krise vorliegen).

▶ **Rechtsprechungsbeispiel:** 33

Bankrott durch unordentliche Buchführung (BGH, NStZ 1998, 247)

IV. Objektive Strafbarkeitsbedingungen gem. Abs. 6

34 Abs. 6 stellt nach allg. Auffassung eine objektive Strafbarkeitsbedingung dar. Nach dem Wortlaut der Norm muss zwingend für eine Strafbarkeit eines der in Abs. 6 genannten Alternativen erfüllt sein: Der Täter muss entweder seine **Zahlung eingestellt** haben oder es muss über sein Vermögen ein **Insolvenzverfahren eröffnet** bzw. eine gerichtliche Entscheidung über die **Abweisung des Eröffnungsantrags mangels Masse** getroffen worden sein (vgl. Schröder zu § 17 Abs. 2 InsO »Zahlungseinstellung«; § 26 InsO »Abweisung mangels Masse«; § 27 InsO »Eröffnungsbeschluss«).

Die durch das Insolvenzgericht insoweit getroffene Entscheidung wirkt unmittelbar in das Strafverfahren hinein. Der Betroffene kann sich auf Fehler im zivilrechtlichen Verfahren nicht berufen. Die Entscheidung des Insolvenzgerichts entfaltet für das Strafverfahren **umfassende präjudizielle Wirkung** (h. M.; LK-Tiedemann, Vor § 283 Rn. 162 m. w. N.).

Weder Vorsatz noch Fahrlässigkeit müssen sich auf Abs. 6 erstrecken (h. M.; SS-Heine, § 283 Rn. 59 m. w. N.). Ebenso wenig ist eine kausale Verknüpfung zwischen der tatbestandlichen Handlung und dem Eintritt der objektiven Bedingung der Strafbarkeit erforderlich (Achenbach/Ransiek-Wegner, Handbuch Wirtschaftsstrafrecht, 7. Kap. 1 Rn. 111; BayObLG, wistra 2003, 357, 358).

35 In den Fällen des **Abs. 1** genügt es, wenn ein **äußerlicher Zusammenhang** zwischen der Krise und den objektiven Bedingungen der Strafbarkeit besteht (BGH, NStZ 2008, 401; SS-Heine, Vor § 283 Rn. 17), ein Kausalzusammenhang ist nicht erforderlich (anders bei Abs. 2, wo dieser Bedingung für die Erfolgszurechnung ist, Rdn. 32). Hat der Täter zwar während der Krise gehandelt, wurde jedoch zwischenzeitlich die Zahlungsfähigkeit wieder hergestellt und damit die Krise überwunden, und erfolgt erst danach der Eintritt einer der objektiven Strafbarkeitsbedingungen, entfällt das Strafbedürfnis (BGH, NJW 1979, 1484; LK-Tiedemann, Vor § 283 Rn. 90 ff; a. A. Trüg/Habetha, wistra 2007, 365, 367 ff.).

An das Zusammenhangserfordernis werden keine hohen Anforderungen gestellt. Selbst die zeitliche Nähe zum Eintrittszeitpunkt der Strafbarkeitsbedingung ist hinreichend. Jedenfalls ist ein solcher Zusammenhang dann gegeben, wenn Gläubigerforderungen, die zum Zeitpunkt der Bankrotthandlung bestanden, zum Zeitpunkt des Bedingungseintritts immer noch bestehen (BGH a. a. O.). Darüber hinaus ist dieser tatsächliche Zusammenhang aber auch dann anzunehmen, wenn grds. die gleichen Gläubiger oder die gleichen Vermögenswerte betroffen sind, unabhängig davon, ob die konkrete Gläubigerforderung mittlerweile getilgt wurde (vgl. Rdn. 8) bzw. eine Vermögensposition in ihrem Bestand verändert ist. Bei Aufhebung des Insolvenzverfahrens durch einen Insolvenzplan (§ 258 InsO) bleibt das Strafbarkeitsbedürfnis bestehen, da der Straftatbestand und die objektive Strafbarkeitsbedingung weiterhin erfüllt sind (zu der Problematik vgl. LK-Tiedemann, Vor § 283 Rn. 90; a. A. Wabnitz/Janovsky-Beck, Handbuch des Wirtschafts- und Steuerstrafrechts, Kap. 6 Rn. 64). Auch die Aufhebung des Insolvenzverfahrens durch einen Insolvenzplan wird rgm. nur eine quotale Befriedigung der Gläubiger zur Folge haben, sodass der Schutzzweck des Gesetzes weiterhin tangiert ist. Die Einschränkung der Strafbarkeit wird im Rahmen einer strafprozessualen Lösung über §§ 153 ff. StPO ermöglicht (Achenbach/Ransiek-Wegner, Handbuch Wirtschaftsstrafrecht, 7. Kap. 1 Rn. 112). Gleiches gilt auch, wenn die Strafbarkeitsbedingung aufgrund eines **Eigenantrags** des Schuldners wegen **drohender Zahlungsunfähigkeit** (§ 18 InsO) eintritt. Die für die Einleitung des Insolvenzverfahrens notwendige Krise stellt grds. eine für das Strafbedürfnis ausreichende schwere Gefährdung der geschützten Interessen dar (SS-Heine, § 283 Rn. 59; a. A. Wabnitz/Janovsky-Beck, Handbuch des Wirtschafts- und Steuerstrafrechts, Kap. 6 Rn. 88; vgl. auch Rdn. 6). Der frühzeitig erfolgte Eigenantrag ermöglicht jedoch die Anwendung der §§ 153 ff. StPO.

▶ Hinweis:

> Für den Fall, dass ein Zusammenhang nicht gegeben ist, bleibt als Auffangtatbestand der § 283b StGB für den Anwendungsbereich von § 283 Abs. 1 Nr. 5, 6 und 7 (vgl. § 283b Rdn. 1).

36 Eine Bankrotthandlung ist für den **Einzelschuldner** auch dann strafbar, wenn sie **nach Eintritt einer objektiven Strafbarkeitsbedingung** erfolgt (BGHSt 1, 186), sofern eine derartige Handlung

icht faktisch oder durch die Normen der InsO ausgeschlossen ist (BGH, wistra 1991, 305; LK-Tiedemann, Vor § 283 Rn. 96; Wabnitz/Janovsky-Köhler, Handbuch des Wirtschafts- und Steuerstrafrechts, Kap. 7 Rn. 116; Pelz, Strafrecht in Krise und Insolvenz, Rn. 231).

§ 155 InsO (Rechnungslegungspflicht des Insolvenzverwalters) schließt Abs. 1 Nr. 5, 6 und 7 aus (KG, NJW-RR 1998, 472). Aufgrund des Verlustes der Verfügungsbefugnis über das Vermögen (§ 80 InsO) können die Bankrotthandlungen des Abs. 1 Nr. 2 und 3 vom Schuldner nicht mehr erfüllt werden (BGH, wistra 1991, 305). Gleiches gilt nach Anordnung der vorläufigen Insolvenzverwaltung gem. § 21 Abs. 2 Nr. 2, 1. Alt. InsO mit **allgemeinem Verfügungsverbot**. § 155 InsO gilt hingegen nicht für den (schwachen) vorläufigen Insolvenzverwalter. Verweigert dieser die Erfüllung der Buchführungs- und Bilanzpflichten, ist der Schuldner zwar weiterhin bilanzpflichtig, aber wegen (rechtlicher) Unmöglichkeit nicht strafbar (Bittmann-Joecks, Insolvenzstrafrecht, § 23 Rn. 5), vgl. zur Strafbarkeit des (vorl.) Insolvenzverwalters, Rdn. 54 ff.

Bei einem Verstoß des Schuldners gegen die **Auskunftspflichten** gem. § 97 InsO liegt die Tathandlung des **Verheimlichens** vor (Wabnitz/Janovsky-Köhler, Handbuch des Wirtschafts- und Steuerstrafrechts, Kap. 7 Rn. 313; LK-Tiedemann, § 283 Rn. 38a). Dient das Verheimlichen nur der Aufrechterhaltung einer bereits vor Eröffnung des Insolvenzverfahrens herbeigeführten rechtswidrigen Besitzlage (Beiseiteschaffen), liegt ein tateinheitlicher Bankrott vor (Wabnitz/Janovsky-Köhler, Handbuch des Wirtschafts- und Steuerstrafrechts, Kap. 7 Rn. 313).

Umstritten ist, ob auch die nach § 14 (»Handeln für einen anderen«) vertretungsberechtigten Gesellschafter oder Geschäftsführer Bankrotthandlungen **nach Insolvenzeröffnung** erfüllen können. Dabei ist zunächst danach zu differenzieren, um welche Bankrotthandlungen es sich handelt.

Soweit auch der Einzelschuldner eine Bankrotthandlung nach Eröffnung des Insolvenzverfahrens nicht mehr begehen kann, gilt das Gleiche für Geschäftsführer oder vertretungsberechtigte Gesellschafter. Damit scheiden die Bankrotthandlungen nach Abs. 1 Nr. 5, 6 und 7 wegen § 155 InsO und die Bankrotthandlung gem. Abs. 1 Nr. 2 und 3 wegen § 80 InsO unzweifelhaft aus (vgl. Rdn. 36).

Darüber hinaus wird aber die Anwendung des § 14 (vgl. Rdn. 44) nach Eröffnung des Insolvenzverfahrens auch für die weiteren Tathandlungsalternativen abgelehnt, da mit dem Übergang der Verwaltungs- und Verfügungsbefugnis die Vertretungsbefugnis des Organs auf die Wahrnehmung bankrottstrafrechtlich untauglicher Gemeinschuldneraufgaben beschränkt wird. Auch nach Anordnung der vorläufigen Verwaltung mit allg. Verfügungsverbot gem. §§ 21, 22 InsO verliert der geschäftsführende Dritte demnach seine Stellung als Zurechnungsobjekt nach § 14 (Müller-Gugenberger/Bieneck-Bieneck, Wirtschaftsstrafrecht, § 77 Rn. 16 mit Verweis auf BGH, NJW 1993, 1278, der dies allerdings ausdrücklich offenlässt; Wabnitz/Janovsky-Köhler, Handbuch des Wirtschafts- und Steuerstrafrechts, Kap. 7 Rn. 317; a. A. Bittmann-Bittmann, Insolvenzstrafrecht, § 12 Rn. 35).

An praktischer Bedeutung für Kapitalgesellschaften zumindest in Form der Vermögensverfügung haben die Bankrottstraftaten nunmehr für Geschäftsführer, Vorstände und faktische Geschäftsführer erlangt. Nachdem der BGH seine Rechtsprechung zur **Interessenformel** aufgegeben hat, ist der Straftatbestand auch für Kapitalgesellschaften bzw. deren organschaftlichen Vertreter einschlägig, vgl. Rdn. 43.

Erfasst werden auch Bankrotthandlungen **nach Insolvenzantragsabweisung** mangels Masse (Fischer, Vor § 283 Rn. 15; BGHSt 7, 146), wenn weiterhin Zahlungseinstellung vorliegt (Bork/Koschmieder-Hartung, Fachanwaltshandbuch InsolvenzR, Rn. 22.123).

V. Subjektiver Tatbestand

Der subjektive Tatbestand setzt nach Abs. 1 und 2 Vorsatz voraus, **bedingter Vorsatz** genügt (SS-Heine § 283 Rn. 55; LK-Tiedemann, § 283 Rn. 188). Der Vorsatz muss sich auf **alle Tatbestandsmerkmale** beziehen, auch auf das Vorhandensein der Krise bzw. deren Verursachung durch die Bankrotthandlung (SS-Heine, § 283 Rn. 56).

Nicht vom Vorsatz umfasst sein muss der Eintritt der objektiven Strafbarkeitsbedingungen (LK-Tiedemann, § 283 Rn. 188a).

39 Der Vorsatz bezieht sich auch auf die außerstrafrechtlichen Rechtsnormen und Pflichten des Handels- und Insolvenzrechts. Umstritten ist allerdings, ob eine Kenntnis der diese Pflichten **begründenden Tatsachen** ausreicht oder ob der Täter positive Kenntnis hinsichtl. der Normen und Pflichten haben und eine entsprechende Wertung vornehmen muss (vgl. zum Meinungsstand Pelz, Strafrecht in Krise und Insolvenz, Rn. 325 ff.; LK-Tiedemann, § 283 Rn. 188a). Hinsichtlich der echten Unterlassungsdelikte (Abs. 1 Nr. 5 und 7b) stellt die Unkenntnis der handelsrechtlichen Pflicht nach der Rechtsprechung einen den Vorsatz nicht ausschließenden Gebotsirrtum dar (BGH NJW 1981, 354). Im Übrigen reicht die **Kenntnis** der das Tatbestandsmerkmal begründenden Umstände, da ansonsten der einfältige und desinteressierte Täter privilegiert würde, was mit dem Schutzzweck der Norm nicht vereinbar ist (zur weiteren Irrtumsproblematik vgl. Pelz, Strafrecht in Krise und Insolvenz, Rn. 327 f. und Rn. 352 ff. mit Rechtsprechungsbeispielen).

VI. Versuch gem. Abs. 3

40 Der Versuch eines Bankrotts gem. Abs. 1 und 2 ist gem. Abs. 3 strafbar. Für die **Vollendung** kommt es im Fall des Abs. 1 ausschließlich auf die Bankrotthandlungen, im Fall des Abs. 2 auf den Eintritt der Zahlungsunfähigkeit oder der Überschuldung an. Die objektive Strafbarkeitsbedingung des Abs. 6 StGB ist hierfür **ohne Bedeutung** (SS-Heine, § 283 Rn. 63). Nach Tatvollendung kann der Täter seine Tat nicht mehr mit strafbefreiender Wirkung rückgängig machen (SS-Heine § 283 Rn. 63). Der bloße Abschluss eines schuldrechtlichen Vertrages zum Beiseiteschaffen von Gegenständen ist aber rgm. Vorbereitungshandlung (vgl. SS-Heine, § 283 Rn. 64 m. w. N.; **a. A.** Wabnitz/Janovsky-Köhler, Handbuch des Wirtschafts- und Steuerstrafrechts, Kap. 7 Rn. 162, der bei entsprechendem Vorschreiten auf dinglicher Ebene – erfolgte Auflassung und Antrag beim Grundbuchamt auf Eintragung – bereits den Versuch bejaht).

VII. Fahrlässigkeit

41 Fahrlässige Nichtkenntnis der Überschuldung, Zahlungsunfähigkeit oder drohenden Zahlungsunfähigkeit wird gem. **Abs. 4 Nr. 1** bestraft, wenn der Täter vorsätzlich gem. Abs. 1 Nr. 1 bis 8 handelt (Wabnitz/Janovsky-Köhler, Handbuch des Wirtschafts- und Steuerstrafrechts, Kap. 7 Rn. 161; SS-Heine, § 283 Rn. 57). **Abs. 4 Nr. 2** greift ein, wenn der Täter vorsätzlich die Handlungen nach Abs. 1 Nr. 1 bis 8 vorsätzlich begeht und dadurch seine Überschuldung oder Zahlungsunfähigkeit leichtfertig verursacht, Abs. 2 (Wabnitz/Janovsky-Köhler, Handbuch des Wirtschafts- und Steuerstrafrechts, Kap. 7 Rn. 160). **Leichtfertig** ist ein Handeln des Täters, das in grober Achtlosigkeit verkennt, dass damit die Krise herbeigeführt wird (SS-Heine § 283 Rn. 57). Abs. 4 Nr. 1 ist ein reines Fahrlässigkeitsdelikt, wohingegen Abs. 4 Nr. 2 i. V. m. § 11 Nr. 2 ein **Vorsatzdelikt** ist. Die Krise stellt eine **besondere Folge** i. S. d. Vorschrift dar (Wabnitz/Janovsky-Köhler, Handbuch des Wirtschafts- und Steuerstrafrechts, Kap. 7 Rn. 160).

Strafbarkeit gem. **Abs. 5 Nr. 1** ist gegeben, wenn der Täter seine Krisensituation kennt oder fahrlässig nicht kennt und eine Tathandlung gem. Abs. 1 Nr. 2, 5 oder 7 fahrlässig begangen wurde (SS-Heine § 283 Rn. 58). Die übrigen Tathandlungen sind, sofern fahrlässig begehbar, straffrei (Wabnitz/Janovsky-Köhler, Handbuch des Wirtschafts- und Steuerstrafrechts, Kap. 7 Rn. 161). **Abs. 5 Nr. 2** erfasst den Fall, dass die Krise wenigstens leichtfertig verursacht wird und – im Gegensatz zu Abs. 4 Nr. 2 – die Bankrotthandlung i. S. d. Abs. 1 Nr. 2, 5, 7 ebenfalls fahrlässig begangen wurde.

E. Konkurrenzen

42 Besondere Bedeutung hat die Abgrenzung des § 283 zum Untreuetatbestand bei Vermögensverschiebungen, wenn der Täter geschäftsführender Dritter gem. § 14 (vgl. dazu ausführl. Rdn. 37), d. h. der Geschäftsführer oder ein geschäftsführender Gesellschafter des Schuldners, ist (terminologisch eigentlich »Schuldnerin«, da es sich um Gesellschaften handelt).

begeht dieser Täter, der **nicht** der (Einzel-)schuldner ist, eine **Vermögensverschiebung**, so kann der Tatbestand des Abs. 1 Nr. 1, 8 oder der des § 266 (»Untreue«) verwirklicht sein.

Nachdem der BGH seine Rechtsprechung zur **Interessenformel** aufgegeben hat, ist nicht mehr auf das subjektive Interesse des Vertreters für die Tätereigenschaft abzustellen (s. a. Kommentierung zu § 266 Rdn. 6) Nach der Interessentheorie des BGH war über die Zurechnungsnorm des § 14 Abs. 1 darauf abzustellen, ob der Täter im **Interesse des Schuldners** gehandelt hat. In diesem Fall war der Bankrotttatbestand erfüllt. Handelte der Täter dagegen im **eigenen Interesse** bzw. dem eines nicht mit dem Schuldner identischen Dritten, war der Tatbestand der Untreue erfüllt. Der BGH leitete diese Abgrenzung aus dem Schutzzweck des § 283, die Gläubigergemeinschaft, ab. § 266 bezwecke hingegen zumindest auch den Schutz des Vermögensinhabers (BGHSt 28, 371 = NJW 1980, 406). Aus der Zurechnungsnorm des § 14 Abs. 1 ergab sich, dass der Täter als Vertreter oder als Vertretungsberechtigter des Schuldners handeln musste. Dies tat er nur dann, wenn er im **Interesse der Gesellschaft** und nicht in seinem eigenen Interesse tätig wurde. Gleiches folgte auch aus § 14 Abs. 2, da die Beauftragung gerade ein **Handeln für einen anderen** voraussetzt. Handelte der Täter sowohl im Interesse des Schuldners als auch eigennützig, kommt Tateinheit zwischen Untreue und Bankrotthandlung in Betracht (zuletzt BGH, NZG 2009, 673, 675). In dem genannten Beschluss griff der BGH gleichzeitig in einem obiter dictum die allgemeine Kritik an der Interessenformel auf und deutete eine mögliche Abkehr von seiner Rechtsprechung an. In einer Grundsatzentscheidung hat der BGH die Interessentheorie nun endgültig aufgegeben (BGH, NJW 2012, 2366, 2367 ff.) und klargestellt, dass eine Strafbarkeit nach § 283 StGB nicht (mehr) voraussetzt, dass die Tathandlung im Interesse der Gesellschaft liegt. Danach ist bei einem »Handeln im Geschäftskreis des Vertretenen« das Organ der Gesellschaft grundsätzlich eine Strafbarkeit gem. § 283 und § 266 StGB möglich (vgl. BGH, NJW 2012, 2366, 2369, in dem Fall wurde der Angkl. neben § 283 StGB zur Beihilfe zur Untreue verurteilt).

Nach Aufgabe der Interessenformel muss der Bankrotttatbestand nunmehr auch bei existenzgefährdenden Eingriffen (mithin, wenn der Eingriff eine gravierende gesellschaftsrechtliche Pflichtverletzung darstellt), auch wenn sie im Einverständnis der Gesellschafter erfolgen, neben § 266 Anwendung finden. Der BGH bejaht bei Kapitalgesellschaften in st. Rspr. (BGH = NJW 1987, 1710) trotz Einwilligung der Gesellschafter ein »Eigeninteresse« (vgl. dazu ausführl. § 266 Rdn. 7) des handelnden Vertreters, mit der Folge, dass § 283 trotz Erfüllung der tatbestandlichen Voraussetzungen auch bei Zustimmung aller Gesellschafter grds. keine Anwendung fand. Eine Verurteilung kam nur nach § 266 in Betracht (a. A. Kasiske, wistra 2005, 81). Da es auf das subjektive Interesse des organschaftlichen Vertreters nicht mehr ankommt, muss in letzter Konsequenz der Tatbestand des § 283 immer dann erfüllt sein, wenn der Täter **im Geschäftskreis des Vertreten** tätig wird (Fischer, § 283 Rn. 4c), mithin im Namen des Vertretenen bzw. mit Bindungswirkung für ihn handelt oder im Bereich dessen Pflichtenerfüllung tätig wird (Weyand/Diversy, Insolvenzdelikte, S. 81). Bei der Zurechnung kommt es somit nur noch auf das rechtsgeschäftliche oder faktische Handeln des Geschäftsführers an. (vgl. so ausdrücklich BGH, NJW 2012, 2366, 2369; Fischer, § 283 StGB Rn. 4c; a. A. Brand, NZG 2012, 1134, 1137, der diese Unterscheidung für nicht sachgerecht erachtet; vgl. auch Rdn. 49). Eine Strafbarkeit nach § 283 und § 266 StGB ist nunmehr in Tateinheit möglich. Begründet hat der BGH dies mit der unterschiedlichen Schutzrichtung beider Straftatbestände. Ein Eingriff in das Gesellschaftsvermögen kann daher gleichzeitig verschiedene Rechtsgüter beeinträchtigen, die durch die unterschiedlichen Strafvorschriften geschützt sind (BGH a. a. O.).

Damit hat sich auch die Bewertung eines Risikogeschäfts (Abs. 1 Nr. 2), bei dem die Gefahr des Verlustes größer ist als die Gewinnaussicht, geändert. Erfolgte sie früher nicht im Interesse des Schuldners (vgl. BGH, wistra 1982, 148), kommt es nunmehr hierauf nicht mehr an.

Es war allerdings damals schon fraglich, ob bei »Schuldnergesellschaften« überhaupt ein »Eigeninteresse« vorausgesetzt werden konnte, da diese letztendlich nur ein rechtliches Vehikel für die Vermögensinteressen der Gesellschafter darstellen.

44 Mit **Eröffnung des Insolvenzverfahrens** geht die Verwaltungs- und Verfügungsbefugnis auf den Insolvenzverwalter über. Ab diesem Zeitpunkt kann keine wirksame Einwilligung mehr erteilt werden (BGH, NStZ 1991, 432). Da ab diesem Zeitpunkt auch eine Zurechnung der Tätereigenschaft über § 14 nicht mehr möglich ist (vgl. Rdn. 37), scheidet ein Bankrott stets aus.

Ebenso scheidet eine Untreuestrafbarkeit immer aus, wenn das Insolvenzverfahren eröffnet oder ein vorläufiges Verwaltungs- und Verfügungsverbot erlassen wurde, da ab diesem Zeitpunkt eine **Vermögensfürsorgepflicht** nicht mehr besteht (BGH, NStZ 1991, 432; 1998, 192; Kommentierung zu § 266 Rdn. 6; **a. A.** Bittmann/Rudolph, wistra 2000, 401).

Bei eigennützigen Vermögensverschiebungen greift dann rgm. eine Bestrafung wegen **Diebstahls, Unterschlagung oder Betrugs**. Die Rspr. wendet die Interessenformel stets bei **Vermögensverschiebungen** an.

45 Das nachfolgende Schaubild veranschaulicht die Anordnung der »starken« vorläufigen Verwaltung mit allg. Verfügungsverbot gem. § 21 Abs. 2 Nr. 2, 1. Alt. InsO.

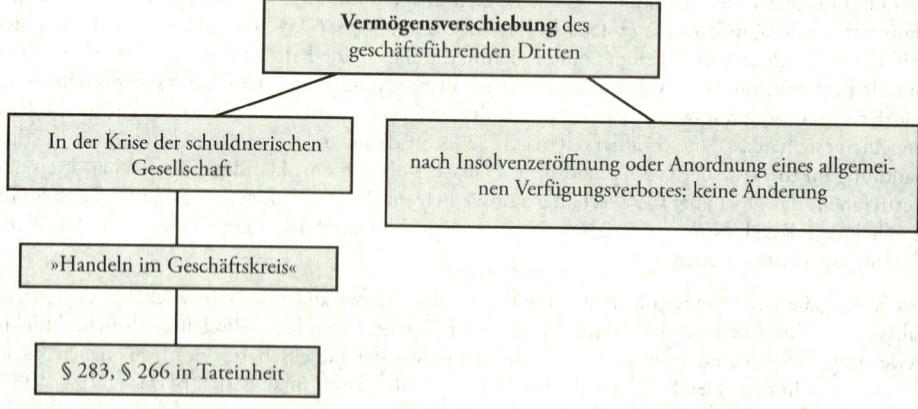

▶ Hinweis:

Eine Verurteilung des Angeklagten gem. § 283 und § 266 zieht eine Amtsunfähigkeit (§ 6 GmbHG, § 76 Abs. 3 AktG) nach sich. Bei § 266 sind aber der Versuch und die fahrlässige Begehung der Tat straffrei. Weitere Straftaten, die eine Geschäftsführersperre nach sich ziehen, sind § 15a Abs. 4 InsO, §§ 283 bis 283d, 265b, 966a, 264, 264a StGB, § 82 GmbHG, §§ 399, 400 AktG.

Bei **Buchhaltungsmanipulationen** in eigenem Interesse soll aber Abs. 1 Nr. 5 erfüllt sein (BGH, wistra 1995, 146; zu den sonstigen Konkurrenzproblematiken vgl. SS-Heine § 283 Rn. 66 ff.).

F. Verjährung

46 Bankrottdelikte sind mit **Vollendung** der Bankrotthandlung nach Abs. 1 bzw. mit Eintritt des Erfolgs nach Abs. 2 vollendet, bei den Buchführungs- und Bilanzdelikten erst mit Ablauf der Ausstellungsfristen (Pelz, Strafrecht in Krise und Insolvenz, Rn. 355). **Beendigung** liegt erst mit Eintritt der objektiven Strafbarkeitsbedingung des Abs. 6 vor (Pelz, Strafrecht in Krise und Insolvenz, Rn. 356). Mit der Beendigung beginnt die **strafrechtliche Verjährungsfrist** zu laufen. Hat der Täter die Tat nach Eintritt der objektiven Bedingung begangen, beginnt die Verjährungsfrist mit Vollendung. Sie beträgt **5 Jahre** (§ 78 Abs. 3 StGB).

G. Täterschaft und Teilnahme

47 § 283 ist ein Sonderdelikt. Der Täter muss **Schuldner** in der Krise sein (LK-Tiedemann, Vor § 283 Rn. 59; Fischer, Vor § 283 Rn. 18). Die Beschränkung des Täterkreises erfolgt aus der Wirkung der objektiven Strafbarkeitsbedingung gem. Abs. 6. Der Täter muss »seine« Zahlung eingestellt haben,

über »**sein Vermögen**« muss das Insolvenzverfahren eröffnet bzw. ein entsprechender Eröffnungsantrag abgelehnt worden sein (LK-Tiedemann, § 283 Rn. 60). Dementsprechend zählt zum Täterkreis zunächst die **natürliche Person**, auch in Form des Verbrauchers (BGH, ZInsO 2001, 666). Die Täterschaft wird aber eingeschränkt durch die Normen des Insolvenzrechts (vgl. ausführl. Rdn. 36).

Das nachfolgende Schaubild stellt vereinfacht den Verlust der Tätereigenschaft beim Insolvenzschuldner durch die Normen der InsO dar: 48

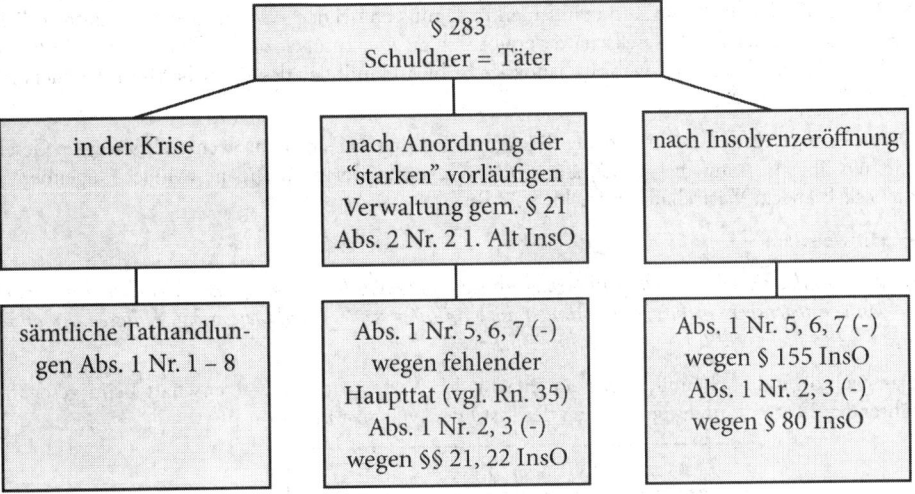

I. Besondere Tätergruppen

Kapitalgesellschaften sind nicht Täter i. S. d. § 283 (Weyand/Diversy, Insolvenzdelikte, Rn. 35). 49
Täter ist vielmehr das **vertretungsberechtigte Organ** der juristischen Person. Die Zurechnung der tatbestandsvoraussetzenden Krisenmerkmale erfolgt über § 14. Dies gilt ebenso für die Zurechnung der objektiven Strafbarkeitsbedingungen des Abs. 6 (BGH, NStZ 1995, 347). Hinsichtlich der Bankrotthandlungen, die keine Vermögensverschiebung (vgl. Rdn. 42) beinhalten, ist die objektive Verbindung der Tathandlung mit dem Aufgaben- und Pflichtenkreis des Organs oder Vertreters für eine Zurechnung nach § 14 ausreichend (Müller-Gugenberger/Bieneck-Bieneck, Wirtschaftsstrafrecht, § 77 Rn. 19 m.w.N.). § 14 gilt auch für **Liquidatoren** von Kapitalgesellschaften (OLG Frankfurt am Main, BB 1977, 312). Ihre Verantwortbarkeit kann sogar über die Beendigung der Gesellschaft hinausgehen, wenn de Liquidator vertraglich oder gerichtlich Verwahrpflichten nach § 74 Abs. 1 GmbHG auferlegt wurden (Müller-Gugenberger/Bieneck-Bieneck, Wirtschaftsstrafrecht, § 76 Rn. 104).

Beim **fehlerhaft bestellten** Geschäftsführer erfolgt die strafrechtliche Zuordnung der Bankrottdelikte gem. § 14 Abs. 3, da die Unwirksamkeit der Bestellung strafrechtlich ohne Bedeutung ist (Wabnitz/Janovsky-Köhler, Handbuch des Wirtschafts- und Steuerstrafrechts, Kap. 7 Rn. 282). **Faktische Geschäftsführung** durch tatsächliches Gerieren ist gegeben, wenn die **Sechs-von-acht-Kriterien-Theorie** (BayObLG, NJW 1997, 1936; vgl. Kommentierung zu § 15a InsO Rdn. 31) erfüllt ist. Obwohl die Voraussetzungen einer strafrechtlichen Zurechnung gem. § 14 nicht gegeben sind, ist der faktische Geschäftsführer tauglicher Täter hinsichtl. sämtlicher Bankrottdelikte (st. Rspr. seit BGH, NJW 1966, 2225; Weyand/Diversy, Insolvenzdelikte, S. 39 f.). Die Strafbarkeit des »formellen« Geschäftsführers richtet sich danach, inwieweit er von dem faktischen Geschäftsführer beherrscht wird oder gänzlich untätig bleibt (vgl. Müller-Gugenberger/Bieneck-Bieneck, Wirtschaftsstrafrecht, § 77 Rn. 22; KG, wistra 2002, 313). Dies gilt allerdings nur eingeschränkt für Unterlassungsdelikte (Abs. 1 Nr. 5 und Nr. 7b), da in dem formellen Bestellenlassen zum Geschäftsführer ein **Übernahmeverschulden** vorliegt, das bei Buchführungs- und Bilanzverstößen zur Straf-

§ 283 StGB Bankrott

barkeit zumindest wegen Fahrlässigkeit führt (Müller-Gugenberger/Bieneck-Bieneck, Wirtschaftsstrafrecht, § 77 Rn. 23 m. w. N.).

50 Bei **Personengesellschaften** sind Täter die geschäftsführenden Gesellschafter (Müller-Gugenberger/Bieneck-Bieneck, Wirtschaftsstrafrecht, § 77 Rn. 9 ff.), für die KG dementsprechend nur der Komplementär. Die strafrechtliche Verantwortung des Kommanditisten erfolgt über § 14 Abs. 2, wenn er die Geschäfte der Schuldnerin führt. Bei der **GmbH & Co. KG** ist der GmbH-Geschäftsführer Täter, wenn er die Geschäfte der KG führt (BGH, NJW 1964, 505; LK-Tiedemann, Vor § 283 Rn. 65 m. w. N.). Die Tatbestandsmerkmale müssen bei der KG vorliegen. Die strafrechtliche Verantwortung der BGB-Gesellschafter ergibt sich aus der Insolvenzrechtsfähigkeit der GbR gem. § 11 Abs. 2 Nr. 1 InsO (vgl. Wabnitz/Janovsky-Köhler, Handbuch des Wirtschafts- und Steuerstrafrechts, Kap. 7 Rn. 98).

Damit erfolgt eine Zurechnung der Bankrotthandlung bei allen insolvenzrechtsfähigen Gesellschaften über § 14 auf die geschäftsführenden Gesellschafter oder Organe (Müller-Gugenberger/Bieneck-Bieneck, Wirtschaftsstrafrecht, § 77 Rn. 7).

▶ **Hinweis:**

§ 283 findet bei allen Gesellschaftsformen Anwendung. Das heißt, dass Bankrotthandlungen in Form von Vermögensverschiebungen zumindest auch im Interesse des Schuldners erfolgen müssen. Ansonsten ist § 283 nicht erfüllt (vgl. auch Rdn. 42 ff.).

51 Das nachfolgende Schaubild stellt vereinfacht den **Verlust der Tätereigenschaft** beim geschäftsführenden Dritten durch die Normen der InsO dar (vgl. ausführl. Rdn. 36).

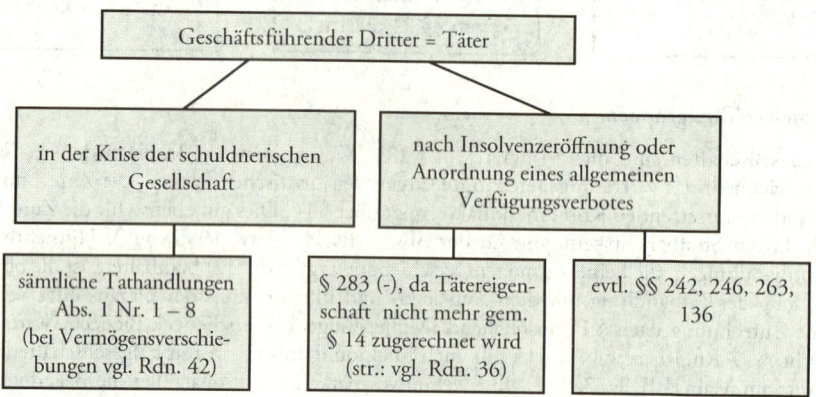

52 Als Täter des § 283 kommen auch **Angestellte** eines Unternehmens oder **externe Personen** in Betracht. Voraussetzung ist gem. § 14 Abs. 2 Nr. 1, dass die Person **beauftragt** ist, den Betrieb ganz oder z. T. zu **leiten**. Gem. § 14 Abs. 2 Nr. 2 ist der Beauftragte strafbar, wenn er bestimmte **betriebsbezogene Aufgaben** wahrnimmt.

Der Steuerberater oder der Buchhalter sind daher Täter nach Abs. 1 Nr. 5, 6 oder 7. Der Dritte muss den Auftrag **ausdrücklich** erhalten haben und in **eigener Verantwortung** wahrnehmen. Die Kontrolle durch den Unternehmer schließt die Strafbarkeit nach § 283 nicht aus; Fischer, Vor § 283 Rn. 24. **Mittäterschaft** ist bei Einzelpersonen/Einzelkaufleuten ausgeschlossen. Geschäftsführende Gesellschafter bei Personengesellschaften oder Organe von Kapitalgesellschaften **haften gemeinschaftlich** rgm. gem. Abs. 1 Nr. 5, 1. Alt. und Nr. 7b trotz geschäftsinterner Aufgabenverteilung (BGH, NStZ 1988, 247). **Teilnahme** erfolgt bei Abs. 1, 2 und 4 nach allg. Regeln, für die Fahrlässigkeitstatbestände ist die Teilnahme ausgeschlossen (Fischer, § 283 Rn. 38; SS-Heine, § 283 Rn. 65). § 28 findet Anwendung (Fehlen besonderer persönlicher Merkmale; LK-Tiedemann, § 283 Rn. 228; Fischer, § 283 Rn. 38; a. A. SS-Heine, § 283 Rn. 65).

I. Berater als Täter/Teilnehmer

Besondere Verantwortung und damit auch die strafrechtliche Konsequenz seines Tuns trägt der Berater des Schuldners. Die Strafbarkeit als Täter oder Teilnehmer ergibt sich nach allg. strafrechtlichen Abgrenzungskriterien (Sundermeyer/Gruber, DStR 2000, 929). In vielen Fällen ermöglicht erst die Rechtskenntnis des Beraters die Bankrotthandlung des Schuldners. Der **Rechtsanwalt** oder **Steuerberater** ist gem. Abs. 1 Nr. 1 im Wege des Beiseiteschaffens strafbar durch Zur-Verfügung-Stellen von Sicherungsübereignungsverträgen, die absprachegemäß rückdatiert werden (Weyand/Diversy, Insolvenzdelikte, Rn. 205). 53

Die **Übernahme** von Buchführungs- und Bilanzierungspflichten führt zur Strafbarkeit des Beraters, wenn er aufgrund ausdrücklichen Auftrags die Aufgaben eigenverantwortlich übernommen hat und diese nicht oder schlecht ausführt. Die strafbare rechtliche Verantwortung entfällt nur durch rechtzeitig (vor Eintritt der objektiven Strafbarkeitsbedingung) erfolgte **Mandatsniederlegung** (vgl. Weyand/Diversy, Insolvenzdelikte, Rn. 205).

▶ Hinweis:

*Die **Zurückbehaltung von Unterlagen** des Schuldners wegen ausstehender Honorarforderungen erfüllt den Bankrottstraftatbestand des Abs. 1 Nr. 5 und 7. Ein Zurückbehaltungsrecht i. S. d. § 273 BGB an den Buchhaltungsunterlagen besteht wegen der erheblichen Informationsfunktionen der handelsrechtlichen Aufzeichnungen **nicht** (BGH, DStR 1988, 580; OLG Hamm, ZIP 1987, 1330; a. A. LG Cottbus, ZInsO 2002, 635).*

Der **Teilnahme** zum Bankrott macht sich strafbar, wer als Rechtsanwalt die rechtlichen Voraussetzungen für einen asset deal in der Krise schafft, bei dem der Gegenanspruch gewollt mit erheblichen Risiken behaftet ist (AG Ingolstadt, Urt. v. 28.05.2004 – 8 Ls 31 Js 5828/04, n. rkr.).

Die rein rechtliche bzw. steuerrechtliche **objektive Beratung** ist nicht als Teilnahme strafbar, wenn der Berater nicht damit rechnen kann, dass der Beratene seine Auskünfte in strafbarer Weise oder sonst missbräuchlich verwendet (vgl. BGH, wistra 1999, 459; wistra 2000, 340; LG Wuppertal, wistra 1999, 473).

▶ Hinweis:

*Erkennt der externe Berater, dass das Handeln des Haupttäters auf eine strafbare Handlung abzielt, so ist sein Tatbeitrag Beihilfehandlung. Hält der Berater es für möglich, dass sein Beitrag zur Begehung einer Straftat genutzt wird, ist sein Handeln nur dann strafbar, wenn das von ihm erkannte Risiko so hoch ist, dass seine Hilfeleistung angelegt ist, den **besonders tatgeneigten Täter zu fördern** (BGH, wistra 2000, 340). Zur Beweiserleichterung sollten Gespräche mit »derartigen« Mandanten vorsorglich zu zweit vorgenommen werden.*

III. Ausländische Gesellschaften

Die Problematik der Strafbarkeit der Organe ausländischer Gesellschaften i. R. d. Insolvenzstrafrechts wurde bereits für die private limited Company und § 84 Abs. 1 Nr. 2 umfassend diskutiert, ist jetzt aber durch die Einführung des Straftatbestandes des § 15a Abs. 4 InsO für den Fall der Insolvenzverschleppung nach überwiegender Ansicht gelöst (vgl. Kommentierung zum Insolvenzstrafrecht § 15a InsO Rdn. 5 f. und 43). 53a

Die grds. Frage – ob die gem. Art. 49, 54 AEUV garantierte Niederlassungsfreiheit durch die Gläubigerschutzregeln der §§ 283 ff., 266, 266a StGB eingeschränkt werden, ist damit jedoch nicht geklärt. 53b

Das AG Stuttgart (wistra 2008, 226) hat u. a. (vgl. unten § 15a Abs. 4, 5 InsO Rdn. 4 und 22) den »shadow director« einer Ltd. (vergleichbar mit dem »faktischen« Geschäftsführer), der auch nach englischem Recht dem »director« entspricht, gem. § 283 Nr. 5, 7b i. V. m. § 283 Abs. 6 des vorsätzlichen Bankrotts schuldig gesprochen. Eine Einschränkung der europarechtlichen Niederlassungsfreiheit sah das Gericht als nicht gegeben an, da die vom »shadow director« geführte Ltd. weder nach deutschem noch nach britischem Recht ihrer Verpflichtung zur fristgemäßen Bilanzerstellung nachgekommen war. Die Frage, ob die Niederlassungsfreiheit beeinträchtigt wird, wenn allein die Pflichten des deutschen Handelsrechts betroffen sind, konnte offengelassen werden. Es spricht aber einiges für die in der Lit. vertretene Auffassung, die §§ 238 ff. HGB unionsrechtskonform auszulegen (vgl. Radtke/Hoffmann, EuZW 09, 406 f.). Haben EU-Auslandsgesellschaften ihren faktischem Sitz in Deutschland (dazu Gross/Schork, NZI 06, 11 f.) kommen an die Nichterfüllung einer Pflicht zur Buchführung oder Bilanzierung anknüpfende Straftatbestände (z. B. § 283 Abs. 1 Nr. 5, 7b) nur zur Anwendung, wenn die Pflicht nach dem Recht keines der betroffenen Mitgliedstaaten erfüllt worden ist (vgl. SS-Heine, Vor. § 283 Rn. 1c).

H. Strafbarkeit des (vorläufigen) Insolvenzverwalters

54 Eine Strafbarkeit des sachverständigen **Gutachters** (§ 5 InsO) wird rgm. mangels Täterqualität nicht in Betracht kommen (Pelz, Strafrecht in Krise und Insolvenz, Rn. 289), Teilnahme ist aber denkbar (Richter, NZI 2002, 121). Strafbar nach den Bankrottvorschriften können aber der vorläufige Insolvenzverwalter und der Insolvenzverwalter sein.

55 Der **schwache** vorläufige Insolvenzverwalter gem. § 21 Abs. 2 Nr. 2, 2. Alt. InsO hat rgm. keine Verwaltungs- und Verfügungsbefugnis über das Vermögen des Schuldners (Mischform kommt vor, vgl. Kommentierung zu §§ 21, 22 InsO). Verweigert der vorläufige Verwalter die Zustimmung zu strafbewehrten Pflichten des Schuldners, ist er mangels strafbarer Haupttat **nicht als Teilnehmer** strafbar (Bittmann-Joecks, Insolvenzstrafrecht, § 23 Rn. 5). Die **Tätereigenschaft** fehlt, da die von § 14 Abs. 2 StGB geforderte Betriebsleitung (1. Alt.) oder Eigenverantwortung (2. Alt.) gerade nicht vorgesehen ist (vgl. § 22 Abs. 1 Nr. 2 InsO). Deshalb ist in diesen Fällen Straffreiheit anzunehmen (Schäferhoff/Gerster, ZIP 2001, 905; a. A. Richter, NZI 2002, 121, wonach ein Unterlassungsdelikt vorliegt, das über § 14 StGB zugerechnet wird). Der schwache vorläufige Insolvenzverwalter steht aber in der ständigen Gefahr, sich wie ein faktischer Geschäftsführer zu gerieren (Bittmann-Joecks, Insolvenzstrafrecht, § 23 Rn. 10). Der »unwillige« oder »unfähige« Schuldner verleitet dazu, gerade in der schwierigen Anfangsphase der vorläufigen Insolvenzverwaltung, über die gerichtlich angeordneten Sicherungsbefugnisse hinauszugehen. Geht dies soweit, dass z. B. die **Sechs-von-acht-Kriterien-Theorie** (vgl. Kommentierung zu § 15a InsO Rdn. 31) anwendbar wird, kann der schwache vorläufige Insolvenzverwalter strafrechtlich als faktischer Geschäftsführer haften (Bittmann-Joecks, Insolvenzstrafrecht, § 23 Rn. 10).

Der **starke** vorläufige Insolvenzverwalter ist aufgrund des allg. Verfügungsverbotes gem. § 21 Abs. 2 Nr. 2, 1. Alt. InsO dem endgültigen Insolvenzverwalter praktisch gleichgestellt, sodass sich die Ausführungen zur Strafbarkeit entsprechen (Wabnitz/Janovsky-Köhler, Handbuch des Wirtschafts- und Steuerstrafrechts, Kap. 7 Rn. 321).

56 Die strafrechtliche Verantwortung des Schuldners wird dem **Insolvenzverwalter** gem. § 14 Abs. 2 zugerechnet (Richter, NZI 2002, 121; **a. A.** KPB-Kübler § 155 InsO Rn. 74, 74a bis d, der eine Zurechnung ausschließt). Wesentliche Verantwortung trifft den Insolvenzverwalter hinsichtl. der **Buchführungspflichten**, deren Verletzung grds. Abs. 1 Nr. 5 und Nr. 7 erfüllen kann (zum Meinungsstand Bork/Koschmieder-Hartung, Fachanwaltshandbuch InsolvenzR, Rn. 22.253 ff.). Es muss differenziert werden: Zur Aufarbeitung der Buchhaltung aus der Zeit **vor Insolvenzeröffnung** ist der Insolvenzverwalter nicht verpflichtet, wenn die vorhandene Masse entweder nicht ausreicht oder die Aufarbeitung sinnlos ist (Uhlenbruck-Maus § 155 InsO Rn. 11). Der Insolvenzverwalter bleibt straffrei.

Für die Zeit **nach Eröffnung** des Insolvenzverfahrens ist der Insolvenzverwalter zur internen und externen Rechnungslegung (§§ 151 bis 155 InsO) verpflichtet. Allerdings wird seine strafrechtliche Verantwortung hinsichtl. der Buchführungspflichten gem. § 155 InsO durch die (finanziellen und zeitlichen) Möglichkeiten zur Buchführung eingeschränkt (Hess/Weiß/Wienberg § 155 InsO Rn. 25; Wimmer/Boochs § 155 InsO Rn. 19).

Wird z. B. ein Unternehmen nicht oder nur in sehr eingeschränktem Maß fortgeführt, genügt die interne Rechnungslegung dem Schutz der Gläubiger (vgl. § 66 InsO Rdn. 10), sodass ein Verstoß gegen die externe Rechnungslegungspflicht das Strafbedürfnis des Gesetzgebers nicht erfüllt (§ 155 InsO Rdn. 5; vgl. KPB-Kübler § 155 InsO Rn. 74; a. A. Bork/Koschmieder-Hartung, Fachanwaltshandbuch InsolvenzR, Rn. 22.256). Es entspricht vielmehr der Vermögensbetreuungspflicht des Insolvenzverwalters, die vorhandene Masse nicht sinnlos zu reduzieren (§ 155 InsO Rdn. 4).

▶ Hinweis:

Insgesamt haben Bankrottstraftaten des (vorläufigen) Insolvenzverwalters nur geringe praktische Bedeutung.

I. Der (vorläufige) Sachwalter

Mit Inkrafttreten des ESUG (BGBl. I 2011, S. 2528) wurden die Möglichkeiten der Insolvenzabwicklung in Eigenverwaltung erheblich erleichtert. Wurde die Eigenverwaltung angeordnet (§ 270 InsO), so treffen den Sachwalter im eröffneten Verfahren Pflichten gem. §§ 274 InsO. Nach § 275 InsO hat er die Zustimmungsbefugnis über vom Schuldner eingegangene Verbindlichkeiten. Wie im Fall des »schwachen« vorl. Insolvenzverwalters (Rdn. 55) kann der Sachwalter die Zustimmung zu strafbewehrten Pflichten des Schuldners ablehnen, da er mangels strafbarer Haupttat **nicht als Teilnehmer** strafbar ist. Der Sachwalter hat weitere rechtsgeschäftsbezogene Berechtigungen nach § 277 InsO, wenn das Gericht die Zustimmungsbedürftigkeit angeordnet hat (vgl. zu den Obliegenheiten des SachwaltersFiebig, §§ 270 ff.). Aus diesen Pflichten ergibt sich auch für den Sachwalter eine Vermögensbetreuungspflicht für das schuldnerische Vermögen. Dies gilt ebenso für den vorläufigen Sachwalter, da für diesen die §§ 274, 275 InsO entsprechende Anwendung finden und seine Rechtsstellung – und damit dessen Pflichten – die des Sachwalters im eröffneten Verfahren entspricht. Zweifelhaft ist allerdings, ob sich daraus auch eine strafrechtliche Verantwortung ableiten lässt (vgl. auch § 266 Rdn. 19, ff. und § 263 Rdn. 17).

57

§ 283a Besonders schwerer Fall des Bankrotts

¹In besonders schweren Fällen des § 283 Abs. 1 bis 3 wird der Bankrott mit Freiheitsstrafe von sechs Monaten bis zu zehn Jahren bestraft. ²Ein besonders schwerer Fall liegt in der Regel vor, wenn der Täter
1. aus Gewinnsucht handelt oder
2. wissentlich viele Personen in die Gefahr des Verlustes ihrer ihm anvertrauten Vermögenswerte oder in wirtschaftliche Not bringt.

§ 283a enthält keinen eigenen Straftatbestand, sondern stellt eine **Strafzumessungsvorschrift** für besonders schwere Fälle des vollendeten oder versuchten Bankrotts nach § 283 Abs. 1 bis Abs. 3 dar (LK-Tiedemann, § 283a Rn. 1). Die Vorschrift erhöht das Mindest- und Höchstmaß der nach § 283 vorgesehenen Strafe (SS-Heine, § 283a Rn. 1). Die aufgeführten Regelbeispiele haben nur indizielle Bedeutung und sind nicht abschließend (SS-Heine, § 283a Rn. 2; Fischer, § 283a Rn. 6).

1

Ein besonders schwerer Fall ist erfüllt, wenn der Täter aus **Gewinnsucht** handelt (zur Definition vgl. SS-Heine, § 283a Rn. 4; LK-Tiedemann, § 283a Rn. 3).

Gemäß Satz 2 Nr. 2 ist ein Regelbeispiel erfüllt, wenn **wissentlich viele Personen in die Gefahr des Verlusts ihrer anvertrauten Vermögenswerte oder in wirtschaftliche Not** gebracht werden. Nicht erforderlich ist die Gefahr eines Gesamtverlusts, es genügt die Gefahr für einen großen Teil der anvertrauten Werte (SS-Heine, § 283a Rn. 5). »Viele Personen« setzt eine größere Anzahl voraus, zumindest mehr als **zehn** Personen (BGH, wistra 2001, 59; Fischer, § 283a Rn. 3; h. M.).

2

Sonstige besonders schwere Fälle neben den Regelbeispielen müssen eine den Umständen nach vergleichbare Schwere aufweisen (SS-Heine, § 283a Rn. 7; Weyand/Diversy, Insolvenzdelikte, Rn. 123). Dies ist insb. denkbar bei **Großinsolvenzen** bei Kreditinstituten (Fischer, § 283 Rn. 3),

§ 283c StGB Gläubigerbegünstigung

bei **Firmenbestattern** (Wabnitz/Janovsky-Köhler, Handbuch des Wirtschafts- und Steuerstrafrechts, Kap. 7 Rn. 303) sowie bei gesteuerten Insolvenzverfahren von mehreren oder größeren Unternehmen zur systematischen Bereicherung des Täters (Müller-Gugenberger/Bieneck-Bieneck Wirtschaftsstrafrecht, § 78 Rn. 55, Weyand/Diversy, Insolvenzdelikte, Rn. 123).

Ein besonders schwerer Fall wird demnach auch dann anzunehmen sein, wenn ein konzernähnlich gesteuerter Unternehmensverbund, dessen Gesellschaften aber aufgrund der Bestellung von »Strohgeschäftsführern« und »Strohgesellschaftern« rechtlich selbstständig sind, von vornherein auf die Einziehung unlauteren Gewinns angerichtet ist.

§ 283b Verletzung der Buchführungspflicht

(1) Mit Freiheitsstrafe bis zu zwei Jahren oder mit Geldstrafe wird bestraft, wer
1. Handelsbücher, zu deren Führung er gesetzlich verpflichtet ist, zu führen unterläßt oder so führt oder verändert, daß die Übersicht über seinen Vermögensstand erschwert wird,
2. Handelsbücher oder sonstige Unterlagen, zu deren Aufbewahrung er nach Handelsrecht verpflichtet ist, vor Ablauf der gesetzlichen Aufbewahrungsfristen beiseite schafft, verheimlicht, zerstört oder beschädigt und dadurch die Übersicht über seinen Vermögensstand erschwert,
3. entgegen dem Handelsrecht
   a) Bilanzen so aufstellt, daß die Übersicht über seinen Vermögensstand erschwert wird, oder
   b) es unterläßt, die Bilanz seines Vermögens oder das Inventar in der vorgeschriebenen Zeit aufzustellen.

(2) Wer in den Fällen des Absatzes 1 Nr. 1 oder 3 fahrlässig handelt, wird mit Freiheitsstrafe bis zu einem Jahr oder mit Geldstrafe bestraft.

(3) § 283 Abs. 6 gilt entsprechend.

1 Die Norm stellt einen Auffangtatbestand zu § 283 dar (Müller-Gugenberger/Bieneck-Bieneck, Wirtschaftsstrafrecht, § 82 Rn. 57). Sie entspricht im Wesentlichen den Vorschriften des § 283 Abs. 1 Nr. 5, 6 und 7, mit dem Unterschied, dass ein Handeln in der Krise **nicht vorliegen** muss oder **nicht nachgewiesen** zu werden braucht (vgl. zur Krise § 283 Rdn. 5; zur Abgrenzungsproblematik Müller-Gugenberger/Bieneck-Bieneck, Wirtschaftsstrafrecht, § 82 Rn. 58). Für die Strafbarkeit gem. Abs. 3 der Eintritt der **objektiven Strafbarkeitsbedingungen** des § 283 Abs. 6 erforderlich. Eine tatsächliche Verknüpfung zwischen dem Buchführungsdelikt und der Strafbarkeitsbedingung ist nicht erforderlich (vgl. § 283 Rdn. 33).

2 Die Tathandlungen entsprechen den Tathandlungen des § 283 Abs. 1 Nr. 5, 6 und 7, mit dem Unterschied, dass gem. Abs. 1 Nr. 2 der Täter im Gegensatz zu § 283 Abs. 1 Nr. 6 konkret **aufbewahrungspflichtig** für die Bücher sein muss. Täter dieser Handlungsalternative kann dementsprechend **nur der Kaufmann** sein, für den § 257 HGB unmittelbar gilt (SS-Heine, § 283b Rn. 3; Fischer, § 283b Rn. 4).

§ 283c Gläubigerbegünstigung

(1) Wer in Kenntnis seiner Zahlungsunfähigkeit einem Gläubiger eine Sicherheit oder Befriedigung gewährt, die dieser nicht oder nicht in der Art oder nicht zu der Zeit zu beanspruchen hat, und ihn dadurch absichtlich oder wissentlich vor den übrigen Gläubigern begünstigt, wird mit Freiheitsstrafe bis zu zwei Jahren oder mit Geldstrafe bestraft.

(2) Der Versuch ist strafbar.

(3) § 283 Abs. 6 gilt entsprechend.

Gläubigerbegünstigung § 283c StGB

Übersicht

		Rdn.			Rdn.
A.	Normcharakter	1	III.	Inkongruenz	6
B.	Tatbestandsvoraussetzungen	2	IV.	Subjektiver Tatbestand/Versuch	7
I.	Allgemeine Tatbestandsvoraussetzungen	2	**C.**	**Täterschaft/Teilnahme**	8
II.	Handlungserfolg	5	**D.**	**Besondere Fallgruppen**	10

A. Normcharakter

Die Norm ist im Vergleich zum Strafrahmen des § 283 ein den Täter privilegierender Tatbestand (BGH, NStZ 1996, 543; SS-Heine, § 283c Rn. 1). Die Privilegierung wird damit begründet, dass durch die Tathandlung **nicht** das der Gläubigergesamtheit zur Verfügung stehende Vermögen entzogen wird, sondern nur die nach den Insolvenzvorschriften vorgesehene Art der Verteilung missachtet wird (SS-Heine, § 283c Rn. 1; LK-Tiedemann, § 283c Rn. 1). Der Schuldner schafft zwar Vermögensbestandteile beiseite, verwendet diese aber zur Befriedigung eines Gläubigers. Die Vorschrift ist damit **lex specialis zu § 283 Abs. 1 Nr. 1** (h. M. Fischer, § 283c Rn. 1). Sie stellt zugleich ein **Erfolgsdelikt** dar, bei dem der Versuch unter Strafe gestellt ist (Wabnitz/Janovsky-Köhler, Handbuch des Wirtschafts- und Steuerstrafrechts, Kap. 7 Rn. 166).

B. Tatbestandsvoraussetzungen

I. Allgemeine Tatbestandsvoraussetzungen

Voraussetzung ist zunächst, dass der Schuldner sich in einer **Krise** befindet, wobei im Gegensatz zu § 283 Abs. 1 Nr. 1 bereits **eingetretene Zahlungsunfähigkeit** vorliegen muss (SS-Heine, § 283c Rn. 14; Pelz, Strafrecht in Krise und Insolvenz, Rn. 426; letztendlich Gesetzeswortlaut; zur Zahlungsunfähigkeit vgl. Kommentierung zu § 17 InsO; § 283 Rdn. 5 ff.).

Täter der Gläubigerbegünstigung ist jeder Schuldner, bei Gesellschaften erfolgt die Zurechnung über § 14 StGB. Auf die Interessenformel des BGH (vgl. § 283 Rdn. 43) kommt es nicht an, da die Gläubigerbegünstigung grds. immer im (Mit-) Interesse des Schuldners erfolgt (Müller-Gugenberger/Bieneck-Richter, Wirtschaftsstrafrecht, § 79 Rn. 7).

Gläubiger i. S. d. Vorschrift ist neben dem **Insolvenzgläubiger** sowohl der **Absonderungsberechtigte** gem. §§ 50 ff. InsO (z. B. der Sicherungseigentümer) als auch der **Massegläubiger** gem. §§ 53 ff. InsO (Fischer, § 283c Rn. 2).

Der begünstigte Gläubiger darf aber nicht zugleich Insolvenzschuldner sein oder i. S. d. Insolvenzstrafrechts für diesen handeln, wie z. B. der Geschäftsführer einer juristischen Person (BGH, NJW 1987, 1710; LK-Tiedemann § 283c Rn. 10; a. A. Hendel, NJW 1977, 1943). Die Gläubigerstellung muss bei Eintritt der Zahlungsunfähigkeit noch nicht bestanden haben (BGH, NStZ 1998, 179; h. M.). Der nicht geschäftsführende Kommanditist ist ebenfalls Gläubiger nach § 283c (BGH, NStZ 1996, 543).

Ist der Gläubiger Gesellschafter einer schuldnerischen Kapitalgesellschaft oder einer ihr gleichgestellten Personengesellschaft und macht **eigenkapitalersetzende Darlehensforderungen** geltend, so ist er nicht Gläubiger i. S. d. Vorschrift (BGH, BB 1980, 223; h. M.). Der Täter macht sich dementsprechend wegen eines Bankrottdelikts oder der Untreue strafbar. An diesem Ergebnis änderte auch die Insolvenzrechtsreform nichts, die in § 39 Abs. 1 Nr. 5 InsO Forderungen auf Rückgewähr kapitalersetzender Darlehen als **nachrangige Insolvenzforderungen** festlegt. Die nachrangigen Gläubiger nehmen an einer Verteilung der Insolvenzmasse rgm. nicht teil, sodass die Begünstigung des Gesellschafter-Gläubigers das zur Verteilung zur Verfügung stehende Vermögen der Insolvenzgläubiger schmälert und nicht lediglich ungerecht verteilt (Müller-Gugenberger/Bieneck-Richter, Wirtschaftsstrafrecht, § 79 Rn. 12 ff.; a. A. Achenbach/Ransiek-Wegner, Handbuch Wirtschaftsstrafrecht, 7. Teil 1 Rn. 225 mit der nicht überzeugenden Begr., die Ausklammerung des Gesellschafters erfolge aus der Furcht vor Beweisschwierigkeiten).

Nicht zu den Gläubigern zählt auch der **Aussonderungsberechtigte**, da dessen Anspruch einen Gegenstand betrifft, der nicht zum Vermögen des Schuldners gehört (§ 35 InsO) und damit nicht zur Masse (LK-Tiedemann § 283c Rn. 6). Der Aussonderungsberechtigte nimmt hinsichtl. seines Aussonderungsrechts nicht am Insolvenzverfahren teil. Soweit er darüber hinausgehende Ansprüche hat, ist er allerdings Gläubiger i. S. d. § 283c. Die Begünstigung der Schadensersatzansprüche eines Eigentumsvorbehaltsgläubigers verwirklicht den Tatbestand der Norm.

4   **Tathandlung** ist das **Gewähren einer Sicherheit** (1. Alt.) an einen Gläubiger oder die **Befriedigung eines Gläubigers** (2. Alt.), die dieser nicht oder nicht in der Art oder nicht zu der Zeit zu beanspruchen hatte (**inkongruente Deckung**; SS-Heine, § 283c Rn. 2; § 131 InsO Rdn. 4 ff.). Diese Regelung stimmt fast wortgenau mit der Formulierung im § 131 Abs. 1 InsO überein, sodass die Rspr. zur Inkongruenz nach InsO Anwendung findet (Wabnitz/Janovsky-Köhler, Handbuch des Wirtschafts- und Steuerstrafrechts, Kap. 7 Rn. 169; Müller-Gugenberger/Bieneck-Richter, Wirtschaftsstrafrecht, § 79 Rn. 21).

Eine **Sicherheit** wird einem Gläubiger gewährt, wenn ihm eine bevorzugte Rechtsstellung hinsichtl. seiner Befriedigung eingeräumt wird (SS-Heine, § 283c Rn. 4), d. h. wenn dieser eine Rechtsstellung erhält, die »ihm die Möglichkeit eröffnet, eher, besser oder gewisser befriedigt zu werden, als er es zu beanspruchen hat« (LK-Tiedemann, § 283c Rn. 13; Fischer, § 283c Rn. 5). Ob die Verschaffung der Sicherheit zivilrechtlich wirksam bzw. dauerhaft ist, ist unbeachtlich, da die Gläubiger durch derartige Verfügungen in gleicher Weise wie durch wirksame Geschäfte gefährdet sind. Demnach ist auch eine Sicherung ausreichend, die nur u. U. wirksam ist oder wird (LK-Tiedemann, § 283c Rn. 13; Fischer, § 283c Rn. 5).

Befriedigung erhält der Gläubiger durch Erfüllung seiner Forderungen oder durch die Annahme einer Leistung als Erfüllung oder an Erfüllungs statt (§§ 362 ff. BGB). Ein **Gewähren** liegt nur vor, wenn der bevorzugte Gläubiger mitwirkt, d. h. den Vorteil angenommen hat (h. M.; Fischer, § 283c Rn.; LK-Tiedemann § 283c Rn. 17).

II. Handlungserfolg

5   Die Begünstigung muss dem Gläubiger einen Vorteil verschafft haben, der die übrigen Gläubiger zudem benachteiligt (Bittmann-Bittmann, Insolvenzstrafrecht, § 14 Rn. 40, 42). Nur wenn aufgrund der Vorteilserlangung des begünstigten Gläubigers zugleich die Insolvenzgläubiger eine geringere Quote erhalten oder ein absonderungsberechtigter Gläubiger geringer befriedigt wird, ist der Nachteil eingetreten (BGH, KTS 2000, 123; Wabnitz/Janovsky-Köhler, Handbuch des Wirtschafts- und Steuerstrafrechts, Kap. 7 Rn. 172). Dementsprechend ist der Tatbestand nicht erfüllt, wenn der Gläubiger eine gleichwertige Gegenleistung erbringt (BGH, ZIP 2003, 810, 811; Pelz, Strafrecht in Krise und Insolvenz, Rn. 442).

III. Inkongruenz

6   (Vgl. Kommentierung zu § 131 InsO.) **Nicht zu beanspruchen** hat der Gläubiger die Sicherheit oder Befriedigung, wenn der Schuldner die Leistung verweigern oder die Rechtsgrundlage des Anspruchs beseitigen kann und auch der Insolvenzverwalter demnach den Anspruch nicht ohne Weiteres zu erfüllen braucht (SS-Heine, § 283c Rn. 9). **Nicht in der Art** besteht der Anspruch bei Leistung an Erfüllungs statt oder erfüllungshalber, z. B. bei der Abtretung von Forderungen (SS-Heine, § 283c Rn. 10). **Nicht zu der Zeit** besteht der Anspruch, wenn eine betagte Forderung, d. h. eine begründete, aber nicht fällige Forderung, vor Fälligkeit, oder wenn eine aufschiebend bedingte Forderung vor Eintritt der Bedingung erfüllt wird (SS-Heine, § 283c Rn. 11).

IV. Subjektiver Tatbestand/Versuch

7   Der subjektive Tatbestand erfordert **Vorsatz** und hinsichtl. der Zahlungsunfähigkeit und der Begünstigung **direkten** Vorsatz (h. M.; Bittmann-Bittmann, Insolvenzstrafrecht, § 14 Rn. 51 und mit ausführl. Darstellung der Irrtumsproblematik in Rn. 52). Der **Versuch** der Gläubigerbegünsti-

...gung ist nach Abs. 2 strafbar. Der Beginn der unmittelbaren Tatbestandsverwirklichung (§ 22) ist dann gegeben, wenn der Täter die für die **inkongruente Deckung erforderliche Handlung** vornimmt, z. B. durch Übergabe einer Abtretungserklärung an den Gläubiger.

Die Erstellung der Abtretungserklärung ist **straffreie Vorbereitungshandlung**. Geht der Täter irrtümlich davon aus, zahlungsunfähig zu sein, liegt ein strafloses **Wahndelikt** vor (LK-Tiedemann § 283c Rn. 35). Die Gläubigerbegünstigung ist nur strafbar, wenn eine objektive Strafbarkeitsbedingung gem. § 283 Abs. 6 vorliegt (Abs. 3; vgl. § 283 Rdn. 34).

C. Täterschaft/Teilnahme

Ein Außenstehender kann nur Teilnehmer sein (vgl. § 283 Rdn. 4 und 47 ff.). Für die Teilnahme an einer Gläubigerbegünstigung gelten die allg. Voraussetzungen der §§ 26, 27 (vgl. Fischer, § 283c Rn. 10). Der begünstigte Gläubiger kann sich allerdings nur dann der Teilnahme strafbar machen, wenn sich seine Handlung nicht auf die bloße Annahme einer vom Schuldner freiwillig angebotenen Leistung (sog. **notwendige Teilnahme**) beschränkt (vgl. BGH, NJW 1993, 1278). Wirkt der begünstigte Gläubiger also **darüber hinaus** anstiftend oder fördernd auf den Haupttäter ein, so überschreitet er den straflosen Rahmen der gesetzesnotwendigen Teilnahme an der Tat (SS-Heine, § 283c Rn. 21).

8

Das **Überschreiten** der notwendigen Teilnahme durch einen Gläubiger kommt in Betracht, wenn insolvenzantragstellende Krankenkassen oder Finanzämter nach Antragstellung von dem Schuldner befriedigt werden (vgl. Frind/Schmidt, ZInsO 2001, 1133 m. w. N.). Dabei stellt sich der Sachverhalt rgm. so dar, dass z. B. eine vollstreckende Krankenkasse nach einem fruchtlosen Pfändungsversuch den Antrag auf Eröffnung des Insolvenzverfahrens über das Vermögen eines Schuldners stellt. Während des Insolvenzantragsverfahrens erfolgt dann eine (Teil-) Befriedigung der Krankenkasse durch den Schuldner, die daraufhin den Antrag für erledigt erklärt oder zurücknimmt. Nach Frind/Schmidt (a. a. O.) kann die Annahme der Gläubigerbefriedigung eine Beihilfe zu § 283c darstellen.

9

Zwar handelt es sich bei der Befriedigung eines Gläubigers durch den Schuldner nach dessen Insolvenzantrag um eine gem. § 283c tatbestandsmäßige **inkongruente Deckung** (vgl. BGH, ZIP 2004, 319) und damit rgm. um eine Gläubigerbegünstigung, wenn sich der Schuldner weiterhin in der Krise befindet (vgl. Rdn. 2). Problematisch ist jedoch, ob der Gläubiger, der den Antrag auf Eröffnung des Insolvenzverfahrens stellt, bereits eine die notwendige Teilnahme überschreitende Handlung begeht. Dies ist zunächst aus mehreren Gründen zu verneinen. Allein die Insolvenzantragstellung oder das Drohen mit der Insolvenzantragstellung stellt keinen Rechtsmissbrauch dar (vgl. allg. SS-Eser-Bosch, § 253 Rn. 11). Vielmehr verhält sich der Gläubiger nur so, wie es ihm das Gesetz gestattet (vgl. BGH, ZIP 2004, 319). Darüber hinaus ist eine Handlung als Teilnahme zur Haupttat nur dann geeignet, wenn sie diese fördert (SS-Heine, § 27 Rn. 8) oder der Täter zur Tat bestimmt wird (SS-Heine, § 26 Rn. 4). Das Ziel eines Antrags auf Insolvenzeröffnung ist aber gerade die Vermeidung individueller Gläubigerbefriedigungen und damit als Beihilfehandlung für § 283c ungeeignet. Die Teilnahmehandlung liegt vielmehr erst in der **Inaussichtstellung der »belohnenden« Rücknahme des Insolvenzantrags** unter der Voraussetzung der (Teil-) Befriedigung der antragsbegründenden Verbindlichkeit (vgl. SS-Heine, § 26 Rn. 7 zur Inaussichtstellung von »Belohnungen«).

Allein die Inkongruenz der Befriedigungshandlung und die Rücknahme des Insolvenzantrages lassen indes nicht den Schluss zu, dass der Gläubiger hier über die gesetzesnotwendige Teilnahmehandlung hinaus auch **Beihilfe** zur Gläubigerbegünstigung **leisten wollte**. Die Entscheidung darüber hängt allein von der Zielrichtung des Gläubigervorsatzes ab, der sich aufgrund der Antragstellung zunächst auf die Eröffnung des Insolvenzverfahrens beziehen wird. Wollte sich der Gläubiger darüber hinaus auch die Befriedigung seiner Gläubigerforderung als Option bewahren, muss sich dieser Vorsatz für eine strafrechtliche Betrachtung in irgendeiner Art und Weise manifestieren. **Indizien** für einen derartigen Teilnahmevorsatz liegen etwa vor, wenn dies aus Schriftstücken oder protokollierten Äußerungen ersichtlich ist (vgl. Frind/Schmidt, ZInsO 2001, 1133) oder wenn der Gläubiger die teilweise **Befriedigung** seiner Forderung oder den Abschluss einer Ratenzahlungsvereinbarung für die Abgabe seiner Erledigungserklärung ausreichen lässt (vgl. § 14 InsO Rdn. 52). In diesen Fällen kommt es dem Gläubiger offensichtlich nicht auf die Eröffnung des Insolvenzverfahrens, sondern auf die missbräuchliche individuelle Befriedigung seiner Forderung an (vgl. BGH, ZIP 2004, 319 vgl. Uhlenbruck-Uhlenbruck § 14 InsO Rn. 85; Frind/Schmidt a. a. O.).

D. Besondere Fallgruppen

10   Nach der neuen Rspr. des BGH (ZIP 1998, 477) ist bei der **Befriedigung eines Kontokorrentkredits** in der Krise zu differenzieren:

Soweit die Befriedigung eine geduldete Überziehung des eingeräumten Kredits betrifft, liegt Kongruenz vor, da dieser Darlehensanteil fällig ist. Wenn hingegen der ungekündigte vertragsgemäße Kredit zurückgeführt wird, besteht Inkongruenz und damit eine Gläubigerbegünstigung (ausführl. Bork/Koschmieder-Hartung, Fachanwaltshandbuch InsolvenzR, Rn. 22.141).

§ 283d Schuldnerbegünstigung

(1) Mit Freiheitsstrafe bis zu fünf Jahren oder mit Geldstrafe wird bestraft, wer
1. in Kenntnis der einem anderen drohenden Zahlungsunfähigkeit oder
2. nach Zahlungseinstellung, in einem Insolvenzverfahren oder in einem Verfahren zur Herbeiführung der Entscheidung über die Eröffnung des Insolvenzverfahrens eines anderen

Bestandteile des Vermögens eines anderen, die im Falle der Eröffnung des Insolvenzverfahrens zur Insolvenzmasse gehören, mit dessen Einwilligung oder zu dessen Gunsten beiseite schafft oder verheimlicht oder in einer den Anforderungen einer ordnungsgemäßen Wirtschaft widersprechenden Weise zerstört, beschädigt oder unbrauchbar macht.

(2) Der Versuch ist strafbar.

(3) In besonders schweren Fällen ist die Strafe Freiheitsstrafe von sechs Monaten bis zu zehn Jahren. Ein besonders schwerer Fall liegt in der Regel vor, wenn der Täter
1. aus Gewinnsucht handelt oder
2. wissentlich viele Personen in die Gefahr des Verlustes ihrer dem anderen anvertrauten Vermögenswerte oder in wirtschaftliche Not bringt.

(4) Die Tat ist nur dann strafbar, wenn der andere seine Zahlungen eingestellt hat oder über sein Vermögen das Insolvenzverfahren eröffnet oder der Eröffnungsantrag mangels Masse abgewiesen worden ist.

1   Die Schuldnerbegünstigung hat in der Praxis sehr geringe Bedeutung (Weyand/Diversy, Insolvenzdelikte, Rn. 143; Bork/Koschmieder-Hartung, Fachanwaltshandbuch InsolvenzR, Rn. 22.156). Die **Tathandlung** entspricht der des § 283 Abs. 1 Nr. 1 (vgl. § 283 Rdn. 10), mit der Einschränkung, dass der **Täter nicht der Schuldner** sein kann (Wabnitz/Janovsky-Köhler, Handbuch des Wirtschafts- und Steuerstrafrechts, Kap. 7 Rn. 184), sondern ein außenstehender Dritter (Fischer, § 283d Rn. 2) die Tathandlung begeht. Hinzutreten muss, dass der Täter
   – mit **Einwilligung** des in der Krise Befindlichen handelt. Einwilligung des Schuldners bedeutet, dass derjenige, dessen Einverständnis zu den **geplanten** Tathandlungen vorliegt, dieses bereits im Voraus ausdrücklich oder mittelbar erklärt haben muss; eine nachträgliche Genehmigung reicht nicht aus (LK-Tiedemann, § 283d Rn. 14). Duldet der Schuldner, dass ein Dritter Bestandteile der Insolvenzmasse aus dem schuldnerischen Betrieb entfernt, liegt eine **konkludente** Einwilligung vor (Weyand/Diversy, Insolvenzdelikte, Rn. 138).

2   Mangelt es an der Einwilligung des Schuldners, kann nach § 283d nur bestraft werden, wer
   – zugunsten des Schuldners (eine Kenntnis dessen ist nicht erforderlich, SS-Heine, § 283d, 4) handelt; dies erfordert ein Handeln in dessen Interesse und mit der Intention, diesem auf Kosten der Gesamtheit der Gläubiger einen Vermögensvorteil zu erhalten oder zukommen zu

lassen (Weyand/Diversy, Insolvenzdelikte, Rn. 139). Unerheblich ist es, ob der Täter neben der Fremdbegünstigung auch seinen eigenen Vorteil verfolgt (BGH bei Herlan GA 1967, 265).

In subjektiver Hinsicht ist **Vorsatz** erforderlich. Im Fall des Abs. 1 Nr. 1 muss der Täter direkten Vorsatz hinsichtl. der drohenden oder eingetretenen Zahlungsunfähigkeit haben. Der **Versuch** ist gem. Abs. 2 strafbar. Die objektive **Strafbarkeitsbedingung** des Abs. 4 ist sinngemäß dahin gehend abgewandelt, dass sie sich nicht auf den Täter, sondern auf den Schuldner bezieht, für den der Täter handelt (Fischer, § 283d Rn. 10).

§ 15a Antragspflicht bei juristischen Personen und Gesellschaften ohne Rechtspersönlichkeit

(1) ¹Wird eine juristische Person zahlungsunfähig oder überschuldet, haben die Mitglieder des Vertretungsorgans oder die Abwickler ohne schuldhaftes Zögern, spätestens aber drei Wochen nach Eintritt der Zahlungsunfähigkeit oder Überschuldung, einen Eröffnungsantrag zu stellen. ²Das Gleiche gilt für die organschaftlichen Vertreter der zur Vertretung der Gesellschaft ermächtigten Gesellschafter oder die Abwickler bei einer Gesellschaft ohne Rechtspersönlichkeit, bei der kein persönlich haftender Gesellschafter eine natürliche Person ist; dies gilt nicht, wenn zu den persönlich haftenden Gesellschaftern eine andere Gesellschaft gehört, bei der ein persönlich haftender Gesellschafter eine natürliche Person ist.

(2) Bei einer Gesellschaft im Sinne des Absatzes 1 Satz 2 gilt Absatz 1 sinngemäß, wenn die organschaftlichen Vertreter der zur Vertretung der Gesellschaft ermächtigten Gesellschafter ihrerseits Gesellschaften sind, bei denen kein persönlich haftender Gesellschafter eine natürliche Person ist, oder sich die Verbindung von Gesellschaften in dieser Art fortsetzt.

(3) Im Fall der Führungslosigkeit einer Gesellschaft mit beschränkter Haftung ist auch jeder Gesellschafter, im Fall der Führungslosigkeit einer Aktiengesellschaft oder einer Genossenschaft ist auch jedes Mitglied des Aufsichtsrats zur Stellung des Antrags verpflichtet, es sei denn, diese Person hat von der Zahlungsunfähigkeit und der Überschuldung oder der Führungslosigkeit keine Kenntnis.

(4) Mit Freiheitsstrafe bis zu drei Jahren oder mit Geldstrafe wird bestraft, wer entgegen Absatz 1 Satz 1, auch in Verbindung mit Satz 2 oder Absatz 2 oder Absatz 3, einen Eröffnungsantrag nicht, nicht richtig oder nicht rechtzeitig stellt.

(5) Handelt der Täter in den Fällen des Absatzes 4 fahrlässig, ist die Strafe Freiheitsstrafe bis zu einem Jahr oder Geldstrafe.

(6) Auf Vereine und Stiftungen, für die § 42 Absatz 2 des Bürgerlichen Gesetzbuchs gilt, sind die Absätze 1 bis 5 nicht anzuwenden.

Übersicht	Rdn.		Rdn.
A. Vorbemerkung	1	III. Subjektiver Tatbestand	11
B. Deliktscharakter	2	F. Rechtswidrigkeit/Schuld	16
C. Schutzzweck der Norm	3	G. Vollendung/Verjährung	20
D. Insolvenzrechtliche Bedeutung	4	H. Täterschaft/Teilnahme	22
E. Tatbestandsvoraussetzungen	5	I. Betroffene Unternehmen und Antrags-	
I. Allgemeine Tatbestandsvoraussetzungen	5	pflichtige Vertreter	36
II. Tathandlung	7		

▶ **Hinweis:**

*Es werden hier nur die strafrechtlich relevanten **Abs. 4 und 5** kommentiert. Eine Darstellung der Abs. 1 bis 3 findet sich oben im Rahmen der Kommentierung zur Insolvenzordnung.*

§ 15a InsO Antragspflicht bei juristischen Personen und Gesellschaften ohne Rechtspersönlichkeit

A. Vorbemerkung

1 Mit Inkrafttreten des MoMiG (BGBl. I 2008, S. 2026) wurde die in zahlreichen Gesetzen gesondert geregelte Insolvenzantragspflicht durch § 15a neu normiert. Zugleich wurden auch die Strafrechtsnormen (§ 84 GmbHG, § 401 AktG, § 148 GenG, § 130b, § 177a HGB) in den Abs. 4 und 5 dieser Vorschrift rechtsformübergreifend geregelt. Neben dem grundsätzlichen Bedürfnis an einer einheitlichen Regelung der Insolvenzantragspflicht an zentraler Stelle sollen durch die Normierung insb. zivil- und strafrechtliche Lücken geschlossen werden (Weyand, ZInsO 2008, 703). Durch Einführung des ESUG (BGBl. I 2011, S. 2528) wurden die Abs. 1 und 4 sprachlich an den § 13 InsO angepasst und das Wort Insolvenzantrag jeweils durch den Begriff Eröffnungsantrag ersetzt. In Abs. 2 wurde mit Einfügung des *persönlich haftenden* Gesellschafters klargestellt, dass eine Suspendierung der Insolvenzantragspflicht nur bei einem persönlich haftenden Gesellschafter möglich ist.

Die Norm orientiert sich im Wesentlichen an den Regelungen der durch sie ersetzten Vorschriften. Es wird daher unterstellt, dass die für diese Vorschriften gültige Rspr. sowie herrschende Literaturmeinung auch für § 15a Abs. 4 und Abs. 5 uneingeschränkt Anwendung findet. Die neu hinzugekommenen Tatbestandsalternativen wurden in der Kommentierung berücksichtigt.

B. Deliktscharakter

2 Der Tatbestand der »Insolvenzverschleppung« gem. Abs. 4 und 5 stellt, ebenso wie die ursprünglichen Strafvorschriften der rechtsformabhängigen Einzelgesetze, keine eigenständige, unabhängige Strafvorschrift dar, sondern setzt sich aus einem sachlich – rechtlichen Handlungsgebot und der eigentlichen Strafnorm zusammen. Abs. 4 ist ein echtes **Unterlassungsdelikt** (Scholz-Tiedemann Vor §§ 82 ff. Rn. 32), da sich das strafbare Verhalten in dem Unterlassen der (richtigen) Antragstellung erschöpft. Es handelt sich außerdem um ein **Sonderdelikt**, da Täter nur die in Abs. 1, 2 und 3 der Vorschrift aufgezählten Personen sein können (Roth/Altmeppen-Altmeppen, Vor § 64 GmbHG Rn. 90). Gleichzeitig ist die Teilnahme bei einer vorsätzlichen Verletzung der Antragspflicht als Gehilfe oder Anstifter möglich.

Schließlich stellt die Vorschrift auch ein **abstraktes Gefährdungsdelikt** dar, da es nicht auf einen konkreten Gefährdungserfolg oder Vermögensschaden ankommt h. M.; Michalski-Danneker § 84 GmbHG Rn. 15 ff.; BGH, NJW 1960, 1677; BGH, NJW 1980, 406, 408. Strittig ist, ob bei Nachweis einer fehlenden Gläubiger- oder Gesellschaftergefährdung die Strafbarkeit entfällt (bejahend: Scholz-Tiedemann 9. Aufl. 2002 § 84 GmbHG Rn. 7, 9, da »formale« Ordnungsinteressen nicht im Vordergrund stünden, sondern primär die Vermögensinteressen der Gläubiger der Gesellschaft als geschütztes Rechtsgut anzusehen seien). Dem ist jedenfalls bei Kenntnis der Gläubiger über den Vermögensverlust zuzustimmen. Zu beachten ist, dass bei Antragstellung eines Gläubigers, auch dieser bis zur rechtskräftigen Entscheidung zur Rücknahme seines Antrags berechtigt ist. Für den Schuldner lebt dann die eigene strafbewehrte Antragspflicht wieder auf (Michalski-Danneker § 84 GmbHG Rn. 90).

C. Schutzzweck der Norm

3 Abs. 4 nimmt Bezug auf die Abs. 1 bis 3. Schutzgut der Vorschrift ist daher primär das Vermögensinteresse aller gegenwärtigen Gläubiger der GmbH sowie potenzieller Neugläubiger, die erst nach dem Zeitpunkt des erforderlichen Insolvenzantrags Gesellschaftsgläubiger werden (h. M.; Begr. RegE BT-Drucks. 16/6140 S. 55; Scholz-Tiedemann Vor §§ 82 ff. GmbHG Rn. 30; z. T. werden weiter gehende Auffassungen vertreten, so etwa BGH, NJW 1982, 1952).

D. Insolvenzrechtliche Bedeutung

4 In der strafrechtlichen Praxis hatten bereits die Einzelgesetze zur Insolvenzverschleppung erhebliche Bedeutung. Es ist absehbar, dass die Insolvenzantragspflicht des § 15a und ihre strafrechtliche Sanktionsnorm noch mehr in den Mittelpunkt zivil- und strafrechtlichen Interesses rücken wird. Das liegt daran, dass zum einen der Täterkreis erweitert wurde und zudem mit dieser Norm

Auslandsgesellschaften, wie z. B. die »Privat Company Limited by Shares« (Ltd.) nunmehr dem Regelungscharakter dieses Gesetzes unterfallen sollen. Ob diese Vorschrift tatsächlich geeignet ist, auch Organe ausländischer Gesellschaften zu erfassen, ist seit Einführung des MoMiG wegen der europarechtlich geschützten Niederlassungsfreiheit (vgl. dazu Rdn. 22, 43) umstritten (vgl. Hirte, ZInsO 2008, 689; Bischoff, ZInsO 2009, 164. Zur aktuellen Übersicht des Streitstands Klön/Scharper, ZIP 2013, 49, 50 f. m. w. N.).

E. Tatbestandsvoraussetzungen

I. Allgemeine Tatbestandsvoraussetzungen

Taugliche **Täter** dieses Sonderdelikts sind 5
- die Mitglieder des Vertretungsorgans oder die Abwickler juristischer Personen (§ 15a Abs. 1);
- die organschaftlichen Vertreter und zur Vertretung der Gesellschaft ermächtigten Gesellschafter oder Abwickler einer Gesellschaft ohne Rechtspersönlichkeit, bei der kein persönlich haftender Gesellschafter eine natürliche Person ist (§ 15a Abs. 1 Satz 2, Abs. 2);
- jeder Gesellschafter einer GmbH sowie jedes Mitglied des Aufsichtsrates einer Aktiengesellschaft oder einer Genossenschaft soweit diese Gesellschaften **führungslos** sind (§ 15a Abs. 3).

Weitere Tatbestandsvoraussetzung ist eine **Antragspflicht**. Diese setzt wiederum **Zahlungsunfähig-** 6
keit und/oder **Überschuldung** voraus (vgl. Kommentierung zu §§ 17, 19 InsO).

II. Tathandlung

Die Tathandlung unterscheidet mehrere Alternativen. Zum einen wird das Unterlassen der Stellung 7
des Insolvenzantrags bzw. das nicht rechtzeitige Stellen des Insolvenzantrags unter Strafe gestellt. Dies entspricht dem Regelungsinhalt des bisherigen Rechts (Weyand, ZInsO 2008, 702; vgl. unten Rdn. 14).

Als weitere und neue Tatbestandsalternative sieht das Gesetz eine Bestrafung vor, wenn der Insolvenzantrag »**nicht richtig**« gestellt wird. Was darunter zu verstehen ist, hat der Gesetzgeber offengelassen. Ausdrückliche Formvorschriften, die den **Inhalt** des Insolvenzantrags bestimmen, sind in der InsO nicht normiert. § 13 Abs. 1 InsO sieht ausdrücklich die Schriftform für den Insolvenzantrag vor, sodass ein nicht schriftlich eingereichter Antrag (nicht schriftlich bedeutet z. B. elektronisch oder zu Protokoll der Geschäftsstelle, vgl. NR-Mönning § 13 Rn. 31) kein Antrag i. S. d. § 15a InsO und dementsprechend nicht unter dieser Tatbestandsalternative zu subsumieren ist (vgl. Rdn. 7; a. A. Weyand, ZInsO 2010, 359, 360, der Anträge, die die formalen Aspekte nicht berücksichtigten, als »nicht richtig« i. S. d. § 15a Abs. 4 InsO einstuft).

»Nicht richtig« gestellte Anträge können daher nur Anträge sein, die **inhaltlich** nicht den Mindestanforderungen genügen, um »zulässig« i. S. d. InsO zu sein. Diese Mindestanforderungen hat der BGH in einer Entscheidung vom 12.12.2002 festgehalten (BGH, NZI 2003, 147; vgl. auch BGH, ZInsO 2007, 887). Danach ist ein Antrag auf Eröffnung des Insolvenzverfahrens nur **zulässig**, wenn er Tatsachen mitteilt, die die wesentlichen Merkmale eines Eröffnungsgrundes erkennen lassen. Strittig ist, ob der Antragsteller inhaltlichen Anforderungen genügen muss. Teilweise wird vertreten, dass nach Willen des Gesetzgebers die mit Einführung des ESUG (BT-Drucks. 17/5712) erfolgten Ergänzungen des § 13 InsO die Anforderungen an einen »richtigen« Antrag i. S. d. der Norm konkretisieren sollten (vgl. Marotzke, DB 2012, 560, 566; a. A. Lutter/Hommelhoff-Kleindiek Anh zu § 64 GmbHG Rn. 87). Unklar bleibt, ob damit jede fehlende oder unrichtige Angabe zu einer strafrechtlichen Haftung führt (vgl. Linker, § 15a Rdn. 18), oder nur solche, die die zwingenden Vorschriften des § 13 InsO verletzten (vgl. Marotzke, DB 2012, 560, 566). Hält das Insolvenzgericht den Antrag für unzureichend begründet, muss das Gericht einen entsprechenden Hinweis erteilen. Hilft der verpflichtete Antragsteller einem inhaltlichen Mangel innerhalb der gesetzten Frist nicht ab, kann der Insolvenzantrag als unzulässig zurückgewiesen werden (vgl. § 13 InsO Rdn. 30 ff.). Ob die Tatbestandsalternative eine besondere eigenständige Bedeutung erlangen wird erscheint zweifelhaft (Weyand, ZInsO 2008, 702).

8   Die Tathandlung liegt im **Unterlassen der Stellung des Insolvenzantrags** (zum Insolvenzantra, vgl. § 13 InsO). Nach Eintritt von Überschuldung und/oder Zahlungsunfähigkeit besteht für di Antragstellung eine **Höchstfrist von 3 Wochen**, in der außergerichtliche Sanierungschancen geprüf werden (Eingehend Poerztgen, ZInsO 2008, 944). Dass es sich um eine Maximalfrist handel: ergibt sich aus dem Merkmal »spätestens« (Lutter/Hommelhoff-Kleindiek Anh zu § 64 GmbHC Rn. 55). Diese Höchstfrist darf auch nicht wegen vermeintlich »sinnvoller« Sanierungsversuche (Uhlenbruck, ZInsO 1998, 250), z. B. wegen einer angeblich bevorstehenden Kapitalerhöhun; (vgl. Scholz-Tiedemann, Vor §§ 82 GmbHG Rn. 46) überschritten werden (vgl. aber zur Recht fertigung Rdn. 16). Nur wenn die Krise innerhalb der Drei-Wochen-Frist beseitigt wird, entfällt di Antragspflicht (Scholz-Schmidt, Anh § 64 GmbHG Rn. 36).

9   Die Drei-Wochen-Frist darf nur mit triftigem Grund ausgeschöpft werden, bei **schuldhaften Zögern** tritt die Antragspflicht bereits eher ein (Scholz-Schmidt Anh § 64 GmbHG Rn. 32). Ein **Gläubigerantrag** befreit den Geschäftsführer nicht von der Antragspflicht (h. M.; BGH, ZIP 2008 2308; Lutter/Hommelhoff-Kleindiek Anh zu § 64 GmbHG Rn. 48, vgl. Rn. 2). Nur durch den **Eigenantrag** dokumentiert der Geschäftsführer nach außen, dass ein Insolvenzgrund vorliegt und entspricht damit seiner Antragspflicht.

10 Für **die Fristwahrung genügt** die Antragstellung; die Einreichung **weiterer Unterlagen** ist zunächst nicht erforderlich (BayObLG, GmbHR 2000, 672). Werden die erforderlichen Unterlagen jedoch trotz Aufforderung des Gerichts nicht nachgereicht, so kann es zu einer Abweisung des Antrags kommen. Dann entsteht eine neue Antragspflicht, die bei Nichtbeachtung Strafbarkeit zur Folge hat (Maurer, wistra 2003, 174; a. A. Achenbach/Ransiek-Wegner, Handbuch Wirtschaftsstrafrecht, 7. Teil 2 Rn. 45 m. w. N., wonach das zuständige Gericht im Rahmen seiner Amtsermittlungspflicht Auskunftsansprüche durchzusetzen hat). Dasselbe gilt, wenn der Geschäftsführer einen einmal gestellten Antrag wieder zurücknimmt. Stellt sich **nach Abweisung des Insolvenzantrags** mangels Masse heraus, dass verteilungsfähiges Vermögen vorhanden ist, entsteht eine neue Antragspflicht für das Organ (vgl. Scholz-Schmidt, Anh § 64 GmbHG Rn. 31, in der Begründung missverständlich). Diese Antragspflicht ist allerdings nicht strafbewehrt (BGH, ZIP 2008, 2308; BGH, NZG 2009, 33, 35). Da die Insolvenzgründe bereits zum Zeitpunkt des »ersten« Insolvenzantrages gegeben waren, steht einer Strafbarkeit das Analogieverbot (Art. 103 Abs. 2 GG) entgegen.

III. Subjektiver Tatbestand

11 Der Täter muss **vorsätzlich** handeln, wobei bedingter Vorsatz ausreicht (Scholz-Tiedemann, Vor 82 ff. GmbHG Rn. 55 f.). Dies bedeutet nach bisheriger **h. M.**, dass sich der Tätervorsatz auf die Zahlungsunfähigkeit und/oder Überschuldung beziehen muss (Bittmann-Bittmann, Insolvenzstrafrecht, § 11 Rn. 112). **Unkenntnis oder Fehleinschätzung der Krisenmerkmale lassen als Tatbestandsirrtum gem. § 16 Abs. 1 Satz 1 StGB den Vorsatz entfallen** (Scholz-Tiedemann, Vor 82 ff. GmbHG Rn. 55). Für den Vorsatzausschluss spielt es keine Rolle, ob der Täter dabei über Tatsachen oder Rechtsfragen irrt: Auch die unrichtige Bewertung von Aktiva und Passiva und die falsche Prognose der Dauer erheblicher Zahlungsschwierigkeiten lassen den Vorsatz entfallen (Scholz-Tiedemann, Vor §§ 82 ff. GmbHG Rn. 55). Dies bedeutet, dass der Vorsatz selbst dann ausgeschlossen ist, wenn der Täter maßgebliche Tatsachen, wie z. B. die Pfändung durch Gerichtsvollzieher, die Nichtabführung von Sozialversicherungsbeiträgen oder die bilanzielle Überschuldung, kennt, aber daraus **nicht den Schluss zieht**, dass auch Zahlungsunfähigkeit und/oder Überschuldung vorliegt (Scholz-Tiedemann Vorauﬂ. § 84 GmbHG Rn. 45; a. A. Bittmann-Bittmann, Insolvenzstrafrecht, § 11 Rn. 112). **In diesem Fall bleibt nur die Möglichkeit der Bestrafung wegen fahrlässiger Begehung (vgl. § 16 Abs. 1 Satz 2 StGB).**

12 Diese strenge Voraussetzung führt dazu, dass bei komplizierten Rechtsfragen, etwa hinsichtl. der Einordnung von Rangrücktrittserklärungen im Überschuldungsstatus, zur Tatsachenkenntnis auch die **Rechtskenntnis** hinzukommen muss (Scholz-Tiedemann Vor §§ 82 ff. GmbHG Rn. 55; Achenbach/Ransiek-Wegner, Handbuch Wirtschaftsstrafrecht, 7. Teil 2 Rn. 60). Die überzeugendere **Gegenansicht** (vgl. Lutter/Hommelhoff-Kleindiek, Anh zu § 64 Rn. 69) hält bei Zahlungs-

nfähigkeit die Kenntnis des Geschäftsführers für nicht erforderlich und lässt bei Überschuldung Offensichtlichkeit genügen. Die h. M. verletzt den Schutzzweck der Norm und führt zu masselosen Insolvenz(-antrags-)verfahren. Der gesetzgeberische Wille, über eine Verschärfung der Insolvenzgründe (vgl. BGH, ZInsO 2005, 807, der bei einer 10%igen Liquiditätsunterdeckung für einen Zeitraum von mehr als 3 Wochen Zahlungsunfähigkeit annimmt) gerade bei Kapitalgesellschaften eine frühere Antragstellung zu erreichen, wird von der h. M. außer Acht gelassen.

Allerdings wird dieser Rechtsstreit für die strafrechtliche Praxis ohne wesentliche Bedeutung sein (Wabnitz/Janovsky-Köhler, Handbuch des Wirtschafts- und Steuerstrafrechts, Kap. 7 Rn. 46). Der Geschäftsführer ist jedenfalls verpflichtet, bei **Krisenanzeichen** seine Zahlungsunfähigkeit oder das Nichtbestehen einer Überschuldung notfalls durch Dritte feststellen zu lassen (vgl. Scholz-Tiedemann, Vor §§ 82 ff. GmbHG Rn. 60), um den Fahrlässigkeitsvorwurf zu vermeiden (vgl. Rdn. 14). 13

▶ Hinweis:

*Die **Kenntnis der Antragspflicht** gehört nicht zum Vorsatz. Die Unkenntnis der Antragspflicht stellt einen Gebotsirrtum i. S. d. § 17 StGB dar. Da von einem Organ einer juristischen Person erwartet wird, dass er die Insolvenzantragspflicht kennt, wird der Irrtum rgm. vermeidbar sein (BGH, wistra 1984, 178).*

Der **Fahrlässigkeitsvorwurf** bezieht sich auf sämtliche Tatbestandsmerkmale des Abs. 4 i. V. m. 14 Abs. 1 bis 3. Er setzt dementsprechend voraus, dass die Krise für ein Organ erkennbar und dessen Unkenntnis objektiv pflichtwidrig war (Scholz-Tiedemann, Vor §§ 82 ff. GmbHG Rn. 58). Maßstab hinsichtlich der Frage des Fahrlässigkeitsvorwurfes ist die Sorgfalt eines ordentlichen Geschäftsführers, zu dessen Pflichten es gehört, die wirtschaftliche Lage des Unternehmens laufend im Blick zu haben, bei Anhaltspunkten für eine Krise einen Vermögensstatus zu erstellen sowie im Fall einer rechnerischen Überschuldung zu prüfen, ob eine positive Fortführungsprognose besteht (OLG Hamm, BeckRS 2010, 00984). Der Täter hat demnach stets eine **Verpflichtung zur Überprüfung** der Unternehmenssituation, wenn **Krisenanzeichen** vorliegen (OLG Düsseldorf, NZI 1999, 156; vgl. Rdn. 14), um den Fahrlässigkeitsvorwurf zu vermeiden. Gegebenenfalls muss sich der Pflichtige durch sachkundige Dritte einen Überblick über das Vermögen und die Liquidität der Gesellschaft verschaffen (Müller-Gugenberger/Bieneck-Richter, Wirtschaftsstrafrecht, § 84 Rn. 54, m. w. N.). Diese Krisenanzeichen können bei den o. g. gravierenden Vorfällen (vgl. § 283, Rdn. 6) von geschäftsführenden Organen nicht mehr ohne Verstoß gegen seine Pflichten übersehen werden. Darüber hinaus können aber auch »weichere Faktoren«, wie z. B. die mehrfache Ablehnung von zusätzlichen Krediten, der Verlust von größeren Auftraggebern oder ein über Jahre hinweg zu verfolgender Umsatzrückgang ohne Möglichkeiten zur Konsolidierung, die Pflicht zur Überprüfung der wirtschaftlichen Situation der Schuldnerin fordern.

Insbesondere handelt der Täter fahrlässig, wenn er irrtümlich von der Beseitigung einer vorher 15 festgestellten Überschuldung ausgeht, wenn er bei Kenntnis der Insolvenzgründe vergisst, den Insolvenzantrag rechtzeitig zu stellen oder diesen sorgfaltswidrig verzögert oder wenn ihm bei Übernahme einer Organstellung ein Übernahmeverschulden (vgl. Rdn. 8) vorgehalten werden kann (zu den Beispielen: Scholz-Tiedemann Vor 82 ff. GmbHG Rn. 62 und Rn. 71; Bittmann-Bittmann, Insolvenzstrafrecht, § 11 Rn. 115; OLG Düsseldorf GmbHR 1999, 479).

▶ Hinweis:

Selbst wenn mit der wohl h. M. davon ausgegangen wird, dass eine vorsätzliche Bestrafung nach Abs. 4 nur bei positiver Kenntnis der Zahlungsunfähigkeit und Überschuldung bejaht werden kann, führt die Insolvenzverschleppung bei Unkenntnis rgm. zu einer Bestrafung wegen Fahrlässigkeit nach Abs. 5 (Bittmann-Bittmann, Insolvenzstrafrecht, § 11 Rn. 115).

F. Rechtswidrigkeit/Schuld

Hinsichtlich der Rechtfertigungsgründe gelten die allgemeinen strafrechtlichen Grundsätze (Wabnitz/Janovsky-Köhler, Handbuch des Wirtschafts- und Steuerstrafrechts, Kap. 7 Rn. 42). In Betracht 16 kommt die **rechtfertigende Pflichtenkollision**. Das Interesse an der Fortführung des Unternehmens und an der Erhaltung der vorhandenen Arbeitsplätze ist an sich **notstandsfähig** i. S. d. § 34 StGB. Ein wesentliches Überwiegen ggü. der Antragspflicht wird aber rgm. nicht anzunehmen sein, da der Gesetzgeber die Lösung des Interessenkonflikts i. R. d. Insolvenzverfahrens vorgeschrieben hat, z. B. durch ein Insolvenzplanverfahren (Wabnitz/Janovsky-Köhler, Handbuch des Wirtschafts- und Steuerstrafrechts, Kap. 7 Rn. 42).

17 Das Versäumnis der Antragstellung wird daher nur in ganz besonderen **Ausnahmefällen** notstandsfähig sein. Denkbar ist, dass sich dem Geschäftsführer **außergewöhnliche** Sanierungschancen bieten, die allerdings innerhalb der Drei-Wochen-Frist nicht umgesetzt werden können. Etwa, wenn sich die Chance eines nichtöffentlich ausgehandelten außergerichtlichen Sanierungsvergleich (»Gläubigerpool«) ergibt (vgl. Wabnitz/Janovsky-Köhler, Handbuch des Wirtschafts- und Steuerstrafrechts, Kap. 7 Rn. 42 m. w. N.) oder die kurzfristige Finanzierung eines Sanierungskonzepts von den beteiligten Kreditinstituten in Aussicht gestellt wird.

18 Nur in extremen Fällen können die Organe daher davon ausgehen, dass das Interesse am Erhalt des Unternehmens und der Arbeitsplätze ggü. dem Interesse an der gesetzgeberisch gewollten Einhaltung der dreiwöchigen Antragsfrist (vgl. Rdn. 16 f.) wesentlich überwiegt (vgl. SS-Perron, § 34 Rn. 35). Bei der Güterabwägung wird aber unbedingt berücksichtigt werden müssen, wie **kurzfristig** sich das sanierende Ereignis an den Ablauf der Drei-Wochen-Frist anschließt und welche **konkrete** Ausgestaltung es bereits hat. Das Risiko des Geschäftsführers, eine fehlerhafte Güterabwägung vorzunehmen, ist daher rgm. sehr hoch.

19 Der Irrtum des Täters darüber, dass ein vermeintlich taugliches Sanierungskonzept die Rechtswidrigkeit der Insolvenzverschleppung entfallen lässt, stellt als Erlaubnisirrtum einen Verbotsirrtum dar (Fischer, § 16 Rn. 26; § 17 Rn. 4), der gem. § 17 StGB rgm. vermeidbar sein wird.

Irrt der Täter über die maßgeblichen Tatsachen, z. B. durch eine fehlerhafte Bewertung der Vermögenslage oder Aufstellung einer unzutreffenden Prognose, liegt ein Tatbestandsirrtum vor, § 16 Abs. 1 Satz 2 StGB, der den Vorsatz entfallen lässt und nur Raum für eine fahrlässige Tatbegehung lässt (Bittmann-Bittmann, Insolvenzstrafrecht, § 11 Rn. 113), vgl. Rdn. 11.

G. Vollendung/Verjährung

20 Die Insolvenzverschleppung ist in dem Zeitpunkt vollendet, in dem die gebotene Handlung hätte vorgenommen werden müssen, d. h. spätestens nach Ablauf der Drei-Wochen-Frist (BGHSt 28, 371 = NJW 1980, 406). Es kommt somit auf die Insolvenzreife und das unverzügliche Handeln des Antragspflichtigen an. Die Beendigung tritt ein, wenn der Grund zur Antragstellung entfallen ist, ein anderes Vertretungsorgan einen Antrag gestellt hat, das Verfahren eröffnet oder mangels Masse nicht eröffnet wurde (Wabnitz/Janovsky-Köhler, Handbuch des Wirtschafts- und Steuerstrafrechts, Kap. 7 Rn. 50).

Da es an einer ausdrücklichen gesetzlichen Regelung i. S. d. § 23 Abs. 1 StGB fehlt, ist der Versuch der vorsätzlichen Insolvenzverschleppung nicht strafbar.

21 Die Verjährung beginnt mit Beendigung der Tat (§ 78a StGB). Die Vorsatztat verjährt nach 5 Jahren (§ 78 Abs. 3 Nr. 4 StGB), die Fahrlässigkeitstat innerhalb von 3 Jahren (§ 78 Abs. 3 Nr. 5 StGB).

H. Täterschaft/Teilnahme

22 Erfasst werden sollen die Organe juristischer Personen wie Vorstandsmitglieder, Geschäftsführer, Liquidatoren, Gesellschafter und Aufsichtsräte (vgl. im Einzelnen Linker, § 15a Rdn. 8). Umstritten ist, ob nunmehr auch Organe von Auslandsgesellschaften, die ihren **Mittelpunkt der hauptsächlichen Interessen** in Deutschland haben, hinzu zu zählen sind. Dogmatisch entscheidend ist die kollisionsrechtliche Einordnung der Insolvenzantragspflicht. (Klön/Scharper, ZIP 2013, 49 m. w. N.) Ordnet man sie als eine gesellschaftsrechtliche Norm ein, wird die europarechtlich garantierte Niederlassungsfreiheit berührt, sodass (nur) das Recht des Herkunftslands einschlägig ist. Bei

Zuordnung zum Insolvenzstatut folgt die internationale Zuständigkeit deutscher Gerichte für die Verfahrenseröffnung über den Anwendungsbereich der Art. 3, 4 Abs. 1 EuInsVO (eingehend dazu Radtke/Hoffmann, EuZW 2009, 404). Teilweise wird auch eine deliktsrechtliche Qualifikation vertreten, die zu einer Anwendung der Rom-II-VO führt. Die und die (zivilrechtliche) Insolvenzverschleppungshaftung richtet sich dann nach dem Recht des Staates richtet, in dem der Schaden eingetreten ist (Klön/Scharper, ZIP 2013, 49).

Für eine insolvenzrechtliche Qualifikation spricht der ausdrückliche Wille des Gesetzgebers, die zahlreichen Insolvenzantragspflichten der einzelnen Gesellschaftsgesetze zentral in einer Norm zu verorten, da Sinn und Zweck der Insolvenzantragspflicht die rechtzeitige Einleitung des Insolvenzverfahrens und damit der Schutz sowohl der Altgläubiger vor weiterer Verringerung der Haftungsmasse als auch der Neugläubiger vor Vertragsabschluss mit notleidenden Gesellschaften gerichtet ist (vgl. Rdn. 3; Begr. RegE BT-Drucks. 16/6140 S. 55). Außerdem kommt eine Rechtfertigung der Beschränkung der Niederlassungsfreiheit in Betracht, da zum einen auf eine Scheinauslandsgesellschaft regelmäßig die gesellschaftsrechtlichen Regelungen des Gründungsstaates nicht greifen werden. Gleichzeitig fällt bei Abwägung die Beschränkung der Niederlassungsfreiheit gering aus, weil die Antragspflicht nur bei einem Fehlverhalten ausgelöst wird. Damit steht das Allgemeininteresse an der Niederlassungsfreiheit dem Gläubigerschutzgedanken nicht entgegen.

Offen ist, ob das Analogieverbot strafrechtlichen Verfolgung der Vertretungsorgane ausländischer juristischer Personen entgegensteht (Wilk/Stewen, wistra 2011, 161, 164). Zumindest werden die rechtlichen Grundlagen dieser ausländischen Gesellschaften bei der Prüfung der Strafbarkeit für die Strafverfolgung herangezogen werden müssen (vgl. AG Stuttgart, wistra 2008, 226).

Für den Fall, dass die Gesellschaft auch über Vermögen im Ausland verfügt oder dort auch geschäftlichen Aktivitäten nachgeht, kommt zumindest ein Partikularverfahren nach § 354 InsO in Betracht, mit der Folge, dass in diesen Fällen eine Insolvenzantragspflicht nach deutschem Recht besteht (vgl. Schwab, DStR 2010, 333, 336 m. w. N.).

Tauglicher **Täter** dieses Sonderdeliktes gem. Abs. 1 und 2 sind die Organe der insolventen Gesellschafter bzw. der zur Vertretung berechtigte Gesellschafter. Entscheidend ist, wer nach den sachlich-rechtlichen Vorschriften, auf die Abs. 4 verweist, den Antrag stellen muss (Wabnitz/Janovsky-Köhler, Handbuch des Wirtschafts- und Steuerstrafrechts, Kap. 7 Rn. 21). Auf die zivilrechtlich wirksame Bestellung des Vertretungsorgans kommt es nicht an (h. M.; Roth/Altmeppen § 84 GmbHG Rn. 5). Davon betroffen ist außerdem der faktische Geschäftsführer wegen fehlerhafter Bestellung und der sonstige faktische Geschäftsführer aufgrund faktischer Betrachtungsweise (h. M.; BGH, NJW 2000, 2285, vgl. Rdn. 28 ff.). Gleiches gilt für den formellen Geschäftsführer, vgl. LG Hildesheim v. 09.10.2010 – 25 KLS 5443 JS – zitiert nach juris.

▶ **Hinweis:**
Die nachfolgenden strafbewehrten Sachverhalte für GmbH-Geschäftsführer finden uneingeschränkt Anwendung auf Vorstände und Liquidatoren. Sofern »Führungslosigkeit« i. S. d. Abs. 3 gegeben ist, sind die Grundsätze der Strafbarkeit auch auf Gesellschafter und Aufsichtsräte zu übertragen.

Bei **mehreren** Organen ist **jeder** persönlich für die Antragstellung verantwortlich. Die Erfüllung der Antragspflicht wirkt zugunsten aller Pflichtigen (Wabnitz/Janovsky-Köhler, Handbuch des Wirtschafts- und Steuerstrafrechts, Kap. 7 Rn. 29).

Zum Antrag ist auch der **nicht alleinvertretungsberechtigte** »Geschäftsführer« verpflichtet, da es auf die gesellschaftsvertragliche Regelung nicht ankommt (BGH, wistra 1990, 97; Scholz-Tiedemann Vor §§ 82 ff. GmbHG Rn. 32). Auch die **interne Aufgabenverteilung** entbindet den einzelnen Geschäftsführer nicht von der Antragspflicht (BGH, wistra 1990, 97). Jedoch kann bei strikter Trennung zwischen kaufmännischer und technischer Geschäftsführung u. U. mangels Kenntnis von der Krise der Vorsatz entfallen (Wabnitz/Janovsky-Köhler, Handbuch des Wirtschafts- und Steuerstrafrechts, Rn. 31; vgl. dazu Rdn. 34 ff.). Eine bloße Behauptung, man habe als »Techniker« den kaufmännischen Teil der Geschäftsführung unterschätzt, wirkt sich hingegen nicht strafmildernd

25 Der **ehemalige** Geschäftsführer kommt als Täter grds. nicht in Betracht (Scholz-Tiedemann Vor §§ 82 GmbHG Rn. 35). Etwas anderes gilt nur dann, wenn er sein Amt in **Kenntnis der Krise niederlegt** oder abberufen wird (Michalski-Nerlich, § 64 GmbHG Rn. 20; BGHSt 2, 53). Scheidet er **nach Eintritt der Krise** aus, so ist zunächst festzustellen, ob die dreiwöchige Antragsfrist bereits abgelaufen war. In diesem Fall ist der Geschäftsführer zweifelsfrei strafbar. Scheidet der »Geschäftsführer« vor Ende der Antragsfrist aus, so ist er grds. verpflichtet, den Insolvenzantrag vor seinem Ausscheiden zu stellen oder einen etwaigen neuen »Geschäftsführer« zu veranlassen, den Antrag zu stellen (Wabnitz/Janovsky-Köhler, Handbuch des Wirtschafts- und Steuerstrafrechts, Kap. 7 Rn. 34 m. w. N.; BGHSt 2, 53). Ist dem Geschäftsführer jedoch bewusst, dass kein neuer Geschäftsführer bestellt wird (Beispiel: Geschäftsführer ist zugleich Alleingesellschafter), erfolgt die **Amtsniederlegung zur Unzeit** und ist damit rechtsmissbräuchlich und unwirksam. Die Insolvenzantragspflicht bleibt in diesem Fall bestehen (BGH, NJW 2003, 3787; Bittmann-Bittmann, Insolvenzstrafrecht § 11 Rn. 39). Im Zweifel wird es nicht darauf ankommen, ob der ausscheidende Geschäftsführer auf den neuen Geschäftsführer einzuwirken versucht oder sich ernsthaft um eine außergerichtliche Sanierung bemüht (Scholz-Tiedemann Vor §§ 82 ff. GmbHG Rn. 34), sondern nur darum, ob der Insolvenzantrag rechtzeitig, d. h. zumindest innerhalb der Drei-Wochen-Frist, gestellt wurde. Die Veräußerung von Gesellschaftsanteilen an einen »Firmenbestatter« und die Abberufung des Geschäftsführers durch denselben führt nach Ansicht des LG Potsdam (wistra 2005, 193) zur Nichtigkeit der Abberufung wegen vorsätzlicher Gläubigerbenachteiligung (§ 241 Nr. 4 AktG analog). Die Strafbarkeit wird jedoch rgm. mangels Vorsatz gem. § 16 StGB (Tatbestandsirrtum) ausgeschlossen sein (BGH, NJW 2003, 3787).

26 Ist dies nicht der Fall, hat sich das ausgeschiedene Vertretungsorgan der Insolvenzverschleppung strafbar gemacht (Wabnitz/Janovsky-Köhler, Handbuch des Wirtschafts- und Steuerstrafrechts, Kap. 7 Rn. 34; **a. A.** BGH, NJW 1952, 554). Strafbar macht sich damit zugleich der in der Krise neu bestellte »Geschäftsführer«, der nicht unverzüglich innerhalb der Insolvenzantragsfrist Strafantrag stellt. Die Berufung auf eine fehlende Übergabe und eine ungeordnete Buchhaltung hindert aufgrund eines im Amtsantritt zu sehenden **Übernahmeverschuldens** die Strafbarkeit nicht (Bittmann-Bittmann, Insolvenzstrafrecht, § 11 Rn. 41).

27 Die **Weisungen der Gesellschafter** an ein Vertretungsorgan, einen Antrag auf Eröffnung des Insolvenzverfahrens zu unterlassen, sind rechtswidrig und damit unwirksam. Ihre Befolgung führt vielmehr zur Strafbarkeit des Organs (Scholz-Schmidt Anh § 64 GmbHG Rn. 37; BGH, GmbHR 2003, 544; Scholz-Tiedemann, Vor §§ 82 ff. GmbHG Rn. 36). Die **Gesellschafter** können selbst nicht Täter i. S. d. Vorschrift sein, sofern sie nicht in die Rolle des faktischen »Geschäftsführers« geraten (Müller-Gugenberger/Bieneck-Richter, Wirtschaftsstrafrecht, § 84 Rn. 32, in der Begründung missverständlich) oder die Gesellschaft führungslos ist (Abs. 3 Rdn. 27a). Genauso wenig können Mitglieder der gesellschaftsrechtlichen Überwachungsorgane, z. B. des Beirats gem. § 52, Täter i. S. d. Vorschrift sein, es sei denn die Ausnahmeregelung des Abs. 3 greift ein (Rdn. 27a).

▶ Hinweis:

*Bei der Feststellung der Überschuldung kommt es nicht auf die in der Handelsbilanz ausgewiesene Überschuldung an. Abzustellen ist allein auf eine aus der Handelsbilanz abgeleitete **Überschuldungsbilanz** (Lutter/Hommelhoff-Kleindiek, Anh zu § 64 GmbHG Rn. 17).*

27a Eine zusätzliche Erweiterung des Täterkreises erfährt die strafbare Insolvenzverschleppung durch Abs. 3. Danach sind bei Führungslosigkeit einer GmbH die Gesellschafter, bei Aktiengesellschaften oder Genossenschaften die Mitglieder des Aufsichtsrates zur Stellung des Antrags verpflichtet. Es handelt sich um einen Auffangtatbestand zu Abs. 1 und 2 der Vorschrift (vgl. Linker, § 15a Rdn. 1). Eingeschränkt wird die Antragspflicht dadurch, dass der Gesellschafter bzw. das Mitglied des Aufsichtsrates positive Kenntnis von der Zahlungsunfähigkeit oder der Überschuldung und der Führungslosigkeit haben muss.

allgemeine Tatbestandsvoraussetzung des subsidiären Abs. 3 ist demnach die »Führungslosigkeit« der Gesellschaft. »Führungslosigkeit« liegt gem. § 10 Abs. 2 InsO vor, wenn die Gesellschaft keinen organschaftlichen Vertreter hat. Das heißt, ein gesellschaftliches Organ der Gesellschaft wurde entweder nie bestellt oder abbestellt oder hat sein Amt niedergelegt oder ist verstorben. »Führungsunwilligkeit« oder »Führungsverhinderung« ist nicht »Führungslosigkeit« (a. A. Gehrlein, BB 2008, 846). Maßgeblich ist, dass der organschaftlicher Vertreter tatsächlich oder rechtlich nicht mehr existiert; allein die Tatsache eines »unbekannten Aufenthaltes« genügt dieser Anforderung nach Ansicht des AG Hamburg nicht (vgl. AG Hamburg, NZG 2009, 157 m. Anm. Mock, EWIR 2009, 245; a. A. Gehrlein, BB 2008, 846, 848; Müller-Gugenberger/Bienack-Richter, Wirtschaftsstrafrecht, § 84 Rn. 35; Passarge/Brete, ZInsO 2011, 1293, 1297 ff., die eine weite Auslegung des Begriffs fordern und auch das Fehlen aus faktischen Gründen wegen »nachhaltiger Unerreichbarkeit«, »Abtauchen« und »bekanntes Absetzen ins Ausland« darunter fassen). Die positive Kenntnis der Insolvenzgründe und der »Führungslosigkeit« schließt eine fahrlässige Begehung aus. Täter kann jeder Gesellschafter sein, eine Beschränkung auf Gesellschafter mit mehr als 10% Stammkapital widerspricht dem Wortlaut des Gesetzes. Zudem wäre bei einer Verteilung der Geschäftsanteile auf Splitteranteile eine Insolvenzantragspflicht und eine Strafbarkeit der Gesellschafter ausgeschlossen.

Besondere Bedeutung hat die **faktische** Geschäftsführung, da auch faktische Organmitglieder der Strafandrohung des Abs. 4 unterliegen. Bei der faktischen Geschäftsführung muss zwischen dem **nicht wirksam (fehlerhaft) bestellten** und dem **faktischen** Vertretungsorgan durch tatsächliches **Gerieren** unterschieden werden. Letzterer ist insb. vom **Strohmann** abzugrenzen, der ebenfalls Täter sein kann (vgl. Wabnitz/Janovsky-Köhler, Handbuch des Wirtschafts- und Steuerstrafrechts, Kap. 7 Rn. 282 ff.).

28

Der **fehlerhaft bestellte** »Geschäftsführer« ist nach h. M. zweifelsfrei nach § 15a Abs. 4 strafbar. (Lutter/Hommelhoff-Kleindiek Anh § 64 GmbHG Rn. 89 i. V. m. § 84 GmbHG Rn. 6).

29

Faktische Geschäftsführung aufgrund **tatsächlicher Übernahme wesentlicher Tätigkeiten** wird dann angenommen, wenn der faktische »Geschäftsführer« **bestimmenden Einfluss** (s. u. Hinweis) auf Geschäftsvorgänge hat (BGH, ZInsO 2002, 582; BGH, NJW 2000, 2285), d. h. tatsächliche faktische Verfügungsmacht ausübt. Nach früherer Rspr. galt dies ganz klar auch für den Strohmann, der hinter dem formell bestellten Geschäftsführer die tatsächliche Leitung der Gesellschaft übernahm (BGH, NJW 1983, 240). Es kam insoweit nur auf die tatsächliche Ausübung an. Der BGH scheint davon in seiner neueren Rechtsprechung abgewichen zu sein, da er als zusätzliches Merkmal ein »eigenes Handeln im Außenverhältnis« (vgl. BGH, NZG 2008, 468, 469 m. w. N.) fordert. Ein solches Erfordernis wäre jedoch abzulehnen, da ansonsten in solchen Konstellationen nur eine Strafbarkeit des Strohmannes als formell bestelltes Organ verbliebe (vgl. Rdn. 34) und den Schutzinteressen der Strafnorm nicht gerecht werden würde. Es bleibt abzuwarten, ob der BGH von dieser Voraussetzung wieder abdrückt.

30

▶ **Hinweis:**

31

*Bestimmender Einfluss ist gegeben, wenn **6 von 8 Kriterien** im Bereich der faktischen (Mit-) Geschäftsführung liegen:*
- *Bestimmung der Unternehmenspolitik,*
- *Unternehmensorganisation,*
- *Einstellung von Mitarbeitern,*
- *Gestaltung der Geschäftsbeziehung zu Vertragspartnern,*
- *Verhandlung mit Kreditgebern,*
- *Gehaltshöhe,*
- *Entscheidung in Steuerangelegenheiten,*
- *Steuerung der Buchhaltung.*

(Vgl. zum Ganzen BayObLG 1997, 38 = NJW 1997, 1936; ähnl. BGH, NJW 1983, 240.)

§ 15a InsO Antragspflicht bei juristischen Personen und Gesellschaften ohne Rechtspersönlichkeit

32 **Alleinige** faktische Geschäftsführung ist nicht erforderlich, wenn der faktische »Geschäftsführer« eine **überragende** Bedeutung (BGH, NJW 1983, 240) hat, zumindest aber dominierend geschäftsführende Aufgaben wahrnimmt (BGH, wistra 1984, 178; Fischer § 14 Rn. 18; Wabnitz/Janovsky-Köhler, Handbuch des Wirtschafts- und Steuerstrafrechts, Kap. 7 Rn. 280, ausführl. m. w. N.).

33 Problematisch ist jedoch, dass derjenige, der aufgrund »tatsächlichen Gerierens« als faktischer Geschäftsführer der zivilrechtlichen (§ 64 GmbHG) und der strafrechtlichen Haftung unterliegt, trotz seiner Tätereigenschaft nach h. M. kein Antragsrecht hat, da es an einem Bestellungsakt fehlt (vgl. Linker, § 15 InsO Rdn. 13 m. w. N.). Aus Gründen der formalen Rechtssicherheit lässt sich daher für diesen faktischen Geschäftsführer kein Antragsrecht begründen. Der faktische Geschäftsführer muss, um einer Strafbarkeit zu entgehen, entweder auf seine Bestellung hinwirken, einen bestellten Geschäftsführer zur Antragstellung bewegen oder durch sofortige Einstellung seiner Tätigkeit die Gesellschafter zwingen, einen »neuen« Geschäftsführer ordnungsgemäß zu berufen (vgl. § 15 Rdn. 16 f. InsO). Nicht ausreichend ist demnach der Versuch der Antragstellung und dessen Zurückweisung durch das Insolvenzgericht, da das sachlich-rechtliche Handlungsgebot nicht erfüllt wurde.

34 Beim **Strohmann** hingegen handelt es sich um das tatsächlich bestellte und ins Handelsregister eingetragene Organ, der aber tatsächliche Geschäftsführungsgewalt nicht oder nicht allein besitzt. Die Ausübung der Geschäftsführung durch einen Dritten entbindet den Strohmann nicht von der **Insolvenzantragspflicht** (Scholz-Tiedemann, Vor §§ 82 ff. Rn. 32).

▶ Rechtsprechungsbeispiele:
- BGH, wistra 2004, 272 zum faktischen Geschäftsführer und der Sechs-von-acht-Kriterien-Theorie,
- BGH, NJW 1994, 2220 zur Berücksichtigung von Krisenmerkmalen,
- BGH, NJW 1990, 2560 zur Generalverantwortung mehrerer Geschäftsführer in Krisensituationen,
- BGH, GmbHR 2005, 1425 Teilnahme zur Insolvenzverschleppung und Haftung.

35 Praxisrelevant ist die Teilnahme am Delikt für Rechtsanwälte, Notare und Steuerberater, die als Sanierer beratend tätig werden und Sanierungspläne mit Hinweisen zur wirtschaftlichen Situation versenden, um für ein Finanzmoratorium zu bitten. Solche Vorgehensweisen können schon eine Beihilfehandlung darstellen, weil sie den Tatererfolg fördern oder erleichtern. Eine Anstiftung liegt bspw. vor, wenn der Geschäftsführer von dem Beirat angewiesen wird, die Antragstellung zu unterlassen (vgl. mit weiteren Beispielen: Achenbach/Ransiek-Wegner, Handbuch Wirtschaftsstrafrecht, 7. Teil 2 Rn. 68 m.w.V.).

I. Betroffene Unternehmen und Antragspflichtige Vertreter

36 Die Betroffenen Gesellschaften sind gem. Abs. 1 Satz 1 **juristische Personen** und solche ohne Rechtspersönlichkeit, bei der **kein persönlich haftender Gesellschafter eine natürliche Person** ist (Abs. 1 Satz 2, Abs. 2). Daraus ergibt sich rgm. eine Antragspflicht für Kapitalgesellschaften. Personengesellschaften, bspw. die OHG und die GbR ohne persönliche Gesellschafter, sind ebenfalls von der Norm erfasst. Entscheidend ist, dass auch keine mittelbare Beteiligung vorliegt, etwa wenn an einer an der OHG beteiligten Gesellschafter ebenfalls keine persönliche haftende natürliche Person ist (vgl. Scholz-Schmidt Anh § 64 GmbHG Rn. 18 ff.). Der Antragspflicht unterliegen auch Kommanditgesellschaften, wobei sie hier mit dem Unterschied gilt, dass lediglich die Komplementärin keine natürliche Person sein darf. Typischer Fall ist die **GmbH & Co. KG**. In diesem Fall ist zu beachten, dass mit der Insolvenz der Handelsgesellschaft rgm. auch die Insolvenz der Komplementär-GmbH einhergeht.

Hinweis:

*Bei Kenntnis der Zahlungsunfähigkeit der GmbH & Co. KG muss, um eine Verurteilung wegen Insolvenzverschleppung bei jeder Gesellschaft zu vermeiden, rgm. **für die Komplementär-GmbH und die KG rechtzeitig Insolvenzantrag gestellt werden.***

Ob eine Antragspflicht auch für Stiftungen und Vereine gilt, ist noch nicht abschließend geklärt. (vgl. Achenbach/Ransiek-Wegner, Handbuch Wirtschaftsstrafrecht, 7. Teil 2 Rn. 22). Bezüglich des Verein ist strittig, ob die in § 42 Abs. 2 Satz 1 BGB geregelte Insolvenzantragspflicht auch nach § 15 Abs. 4 InsO strafbewehrt ist. Die h. M. lehnt dies (eingehend Brand/Reschke, NJW 2009, 2343) unter Verweis auf den Willen des Gesetzgebers ab, der § 42 Abs. 2 BGB gehe als *lex specialis* vor. (a. A. Achenbach/Ransiek-Wegner, Handbuch Wirtschaftsstrafrecht, 7. Teil 2 Rn. 22). Dieselbe Problematik stellt sich auch bei der Stiftung, für welche über § 86 Satz 1 BGB ebenfalls § 42 Abs. 2 BGB Anwendung findet. 37

Bei der **Aktiengesellschaft** trifft die Pflicht den Vorstand bzw. gem. § 268 Abs. 2 Satz 1 AktG den Liquidator. Antragsverpflichtet ist jedes einzelne Vorstandsmitglied und/oder das faktische Vorstandsmitglied (vgl. Rdn. 5 ff.). 38

Bei der **Kommanditgesellschaft auf Aktien** trifft die Pflicht den persönlich haftenden Gesellschafter zum Antrag auf Eröffnung des Insolvenzverfahrens. 39

Bei der **Genossenschaft** trifft die Pflicht zur Antragstellung den Vorstand oder die Liquidatoren. **Überschuldung** liegt nur dann vor, wenn die Genossen Nachschüsse bis zur Haftungssumme zu leisten haben und die Überschuldung ein Viertel des Gesamtbetrags der Haftungssumme aller Genossen übersteigt (§ 98 Nr. 1 GenG), wenn die Genossen keine Nachschüsse zu leisten haben (§ 98 Nr. 2 GenG) oder wenn die Genossenschaft aufgelöst ist (§ 98 Nr. 3 GenG). 40

Wird bereits vor Abschluss des notariellen Gründungsvertrages einer GmbH die Geschäftstätigkeit aufgenommen (**Vorgründungsgesellschaft**), entsteht rgm. eine OHG oder BGB-Gesellschaft – je nachdem, ob ein kaufmännisches Handelsgewerbe i. S. v. § 1 Abs. 2 HGB betrieben wird (Scholz-Tiedemann § 84 GmbHG Rn. 86). Diese Gesellschaften sind **insolvenzfähig** gem. § 11 Abs. 2 Nr. 1 InsO, eine **Antragspflicht besteht jedoch nicht** (h. M. Roth/Altmeppen-Altmeppen Vor § 64 GmbHG Rn 10). 41

Ist bereits eine **Vor-GmbH/Vorgesellschaft** (GmbH nach Abschluss des notariellen Gesellschaftsvertrages, aber vor Eintragung in das Handelsregister) gegründet, so ist diese ebenfalls insolvenzfähig (vgl. Kommentierung zu § 11 InsO). Die Strafrechtsvorschrift des Abs. 4 findet allerdings **keine** Anwendung (Roth/Altmeppen-Altmeppen Vor § 64 GmbHG Rn 10; a. A. Schäfer, GmbHR 1993, 717; Scholz-Schmidt Anh § 64 GmbHG Rn. 17), da eine Strafbarkeitsausdehnung auf die Vorgesellschaft aufgrund der in § 11 Abs. 2 normierten Handelndenhaftung und der Vorbelastungshaftung der Gesellschaft nicht zwingend erscheint. 42

Fraglich war bis 01.11.2008, ob § 84 Abs. 1 Nr. 2 GmbHG a. F. auch auf den »director« einer private limited company (Ltd.), Organ einer Gesellschaftsform englischen Rechts mit beschränkter Haftung, Anwendung finden kann. Nach den grundlegenden Entscheidungen des EuGH »Überseering« (EuGH, ZIP 2002, 2037) und »inspire art« (EuGH, ZIP 2003, 1885) kann eine englische Ltd. i. R. d. Niederlassungsfreiheit ihren Sitz nach Deutschland verlegen, ohne ihren Rechtsstatus zu verlieren (Art. 49, 54 AEUV). Diese Bestätigung der Gründungstheorie führt dazu, dass eine Anwendung deutschen Rechts auf die englische Ltd. ausgeschlossen ist, soweit dadurch deren Niederlassungsfreiheit nach Art. 49 AEUV beeinträchtigt wird. Eine Beeinträchtigung war nach überwiegender Ansicht (Inst, ZIP 2006, 1251; a. A. LG Kiel, ZIP 2006, 1248) dann gegeben, wenn § 64 GmbHG auf den »director« einer Ltd. angewandt wurde. Damit war auch eine Strafbarkeit gem. § 84 Abs. 1 Nr. 2 ausgeschlossen. 43

Die Strafbarkeit des »directors« konnte daher nur nach allgemeinen deliktischen Vorschriften (§§ 263, 266, 283 StGB) erfolgen. Die Strafbarkeit wegen Insolvenzverschleppung soll seit dem

01.11.2008 aus dem rechtsformneutralen § 15a Abs. 4 InsO möglich sein (vgl. Rdn. 5 f.). Dies kann dann der Fall sein, wenn nach dem maßgeblichen Insolvenzstatut das deutsche Insolvenzrecht anwendbar ist. Diese Voraussetzung ist gem. Art. 3, 4 I EuInsVO gegeben, wenn die private limited company den Mittelpunkt ihrer hauptsächlichen Interessen in Deutschland hat vgl. Rdn. 4 und 22.

C. Insolvenzstrafrecht im weiteren Sinn

§ 263 Betrug

(1) Wer in der Absicht, sich oder einem Dritten einen rechtswidrigen Vermögensvorteil zu verschaffen, das Vermögen eines anderen dadurch beschädigt, daß er durch Vorspiegelung falscher oder durch Entstellung oder Unterdrückung wahrer Tatsachen einen Irrtum erregt oder unterhält, wird mit Freiheitsstrafe bis zu fünf Jahren oder mit Geldstrafe bestraft.

(2) Der Versuch ist strafbar.

(3) In besonders schweren Fällen ist die Strafe Freiheitsstrafe von sechs Monaten bis zu zehn Jahren. Ein besonders schwerer Fall liegt in der Regel vor, wenn der Täter
1. gewerbsmäßig oder als Mitglied einer Bande handelt, die sich zur fortgesetzten Begehung von Urkundenfälschung oder Betrug verbunden hat,
2. einen Vermögensverlust großen Ausmaßes herbeiführt oder in der Absicht handelt, durch die fortgesetzte Begehung von Betrug eine große Zahl von Menschen in die Gefahr des Verlustes von Vermögenswerten zu bringen,
3. eine andere Person in wirtschaftliche Not bringt,
4. seine Befugnisse oder seine Stellung als Amtsträger mißbraucht oder
5. einen Versicherungsfall vortäuscht, nachdem er oder ein anderer zu diesem Zweck eine Sache von bedeutendem Wert in Brand gesetzt oder durch eine Brandlegung ganz oder teilweise zerstört oder ein Schiff zum Sinken oder Stranden gebracht hat.

(4) § 243 Abs. 2 sowie die §§ 247 und 248a gelten entsprechend.

(5) Mit Freiheitsstrafe von einem Jahr bis zu zehn Jahren, in minder schweren Fällen mit Freiheitsstrafe von sechs Monaten bis zu fünf Jahren wird bestraft, wer den Betrug als Mitglied einer Bande, die sich zur fortgesetzten Begehung von Straftaten nach den §§ 263 bis 264 oder 267 bis 269 verbunden hat, gewerbsmäßig begeht.

(6) Das Gericht kann Führungsaufsicht anordnen (§ 68 Abs. 1).

(7) Die §§ 43a und 73d sind anzuwenden, wenn der Täter als Mitglied einer Bande handelt, die sich zur fortgesetzten Begehung von Straftaten nach den §§ 263 bis 264 oder 267 bis 269 verbunden hat. § 73d ist auch dann anzuwenden, wenn der Täter gewerbsmäßig handelt.

Übersicht	Rdn.		Rdn.
A. Schutzzweck der Norm	1	E. Strafbarkeit des (vorläufigen) Insolvenz-	
B. Insolvenzrechtliche Bedeutung	2	verwalters	14
C. Tatbestandsvoraussetzungen	3	F. Strafbarkeit der Berater	16
I. Objektiver Tatbestand	3	G. Strafbarkeit des (vorläufigen) Sachwal-	
II. Subjektiver Tatbestand	11	ters	17
D. Versuch/Regelbeispiele/Verjährung	13		

A. Schutzzweck der Norm

1 § 263 schützt ausschließlich das wirtschaftliche Vermögen des Opfers vor Täuschung. Die Dispositionsfreiheit des Vermögensinhabers oder Allgemeininteressen sind nicht vom Schutzbereich erfasst (Fischer, § 263 Rn. 3).

B. Insolvenzrechtliche Bedeutung

Der Betrugstatbestand gehört zum **Insolvenzstrafrecht im weiteren Sinn** (vgl. Vorbem. Rn. 2). Die wesentliche insolvenzrechtliche Bedeutung entwickelt die Strafnorm bei drohender oder bereits eingetretener Zahlungsunfähigkeit oder bei Überschuldung (**Krise**). In dieser Bearbeitung wird deshalb die strafrechtliche Relevanz des § 263 zunächst auf den Zeitraum vom Beginn der Krise schuldnerischer Gesellschaften oder Einzelunternehmen bis zur Eröffnung eines Insolvenzverfahrens beschränkt. Da es aber auch nicht Ziel dieser Kommentierung sein soll, jegliches betrügerische Verhalten in diesem Zeitraum darzustellen, wird eine weiter gehende Einschränkung dahin gehend vorgenommen, dass gerade über die Krise der Gesellschaft in strafrechtlich relevanter Weise getäuscht wurde.

Regelmäßig wird der Tatbestand des Betrugs daher in Form des Lieferanten- bzw. Warenkreditbetrugs vorliegen, wenn weiterhin Waren oder Werkleistungen bei bereits eingetretener Krise bestellt wurden. Diese Bestellungen erfolgten entweder in der meist vagen Hoffnung, sich durch den Kauf von Waren die Produktion weiter aufrecht zu halten und den Zusammenbruch zu vermeiden, oder um Vermögenswerte beiseite zu schaffen (Wabnitz/Janovsky-Köhler, Handbuch des Wirtschafts- und Steuerstrafrechts, Kap. 7 Rn. 194). Jede Bestellung auf Ziel im Zeitraum der Krise kann daher den Tatbestand des § 263 verwirklichen, wenn die Befriedigung des Lieferanten nicht mehr erfolgt.

Schließlich wird das strafrechtliche Verhalten des (vorläufigen) Insolvenzverwalters kommentiert, soweit es eigene insolvenzrechtliche Bedeutung gewinnt und nicht nur »gelegentlich« eines Verfahrens erfolgt.

C. Tatbestandsvoraussetzungen

I. Objektiver Tatbestand

Der Täter muss nach den Voraussetzungen des Tatbestands beim Opfer einen Irrtum hervorrufen, der kausal für eine durch das Opfer vorgenommene Vermögensverfügung ist. Diese wiederum muss kausal für den Vermögensschaden sein (vgl. SS-Cramer-Perron, § 263 Rn. 5; Fischer § 263 Rn. 5). Wesentliche Tatbestandsvoraussetzung ist zunächst, die Täuschung des Täters über **Tatsachen**. Die Tathandlung setzt ein **aktives Tun** oder ein **konkludentes Verhalten** mit Erklärungswert voraus (Fischer, § 263 Rn. 14).

Praktische Relevanz hat im Vorfeld von Unternehmensinsolvenzen der Lieferantenbetrug als Eingehungsbetrug. Dabei erklärt der Täter bei Vertragsabschluss ausdrücklich oder konkludent ggü. einem Lieferanten, dass er bei **Fälligkeit zahlungsfähig** und **zahlungswillig** ist. Damit täuscht der Täter letztlich über seine Kreditwürdigkeit (LK-Tiedemann, § 263 Rn. 38).

In der Regel erklärt der Täter bei Vertragsschluss konkludent ggü. dem Lieferanten durch Vornahme der Bestellung, er werde bei Fälligkeit der aus der Bestellung resultierenden Rechnung zahlungs*fähig* und zahlungs*willig* sein. Ob bei Vornahme der Bestellung das Unternehmen noch zahlungsfähig war, ist grds. unerheblich, denn es kommt entscheidend auf die (prognostizierte) **künftige (objektive) wirtschaftliche Situation** an (Wabnitz/Janovsky-Köhler, Handbuch des Wirtschafts- und Steuerstrafrechts, Kap. 7 Rn. 196), vgl. Rdn. 11.

War der Täter bereits im **Zeitpunkt der Bestellung objektiv zahlungsunfähig**, liegt rgm. eine Täuschungshandlung vor. An einer solchen fehlt es nur dann, wenn der Schuldner damit rechnen konnte, zum Fälligkeitszeitpunkt wieder leistungsfähig zu sein; eine vage Hoffnung reicht hierfür nicht (Pelz, Strafrecht in Krise und Insolvenz, Rn. 551). Eine **Überschuldung** (vgl. § 19 InsO), auch im rechtlichen Sinne (vgl. § 15a InsO; Rdn. 6.), zum Zeitpunkt des Vertragsschlusses schließt nicht aus, dass die notwendige Liquidität zur Bezahlung fälliger Verbindlichkeiten vorhanden ist (**a. A.** Bork/Koschmieder-Hartung, Fachanwaltshandbuch InsolvenzR, Rn. 22.216).

§ 263 StGB Betrug

▶ **Hinweis:**

*Jede Täuschungshandlung, auch die konkludente als Unterfall zur aktiven Tathandlung, verlangt einen Erklärungsinhalt. Daher stellt die **bloße Entgegennahme** einer vereinbarten Leistung keine dahin gehende Erklärung dar, dass der Empfänger noch leistungsfähig ist oder zukünftig sein wird (vgl. SS-Cramer-Perron § 263 Rn. 17a).*

5   Die Täuschung ist auch durch **Unterlassen** möglich. Entweder wird die Entstehung eines Irrtums über die Zahlungsfähigkeit nicht verhindert oder ein bereits bestehender Irrtum wird nicht aufgeklärt (SS-Cramer-Perron, § 263 Rn. 18; zu den weiteren Voraussetzungen für eine Betrugshandlung durch Unterlassen vgl. Fischer, § 263 Rn. 38 ff.). Voraussetzung für die tatbestandliche Verwirklichung ist dementsprechend eine **Aufklärungspflicht**. Diese Pflicht lässt sich allerdings **nicht** aus dem allgemeinen Grundsatz von **Treu und Glauben** i. S. v. § 242 BGB herleiten. Sie kann sich nur aufgrund **besonderer Umstände** des jeweiligen Einzelfalls ergeben, d. h. wenn über das normale Vertragsverhältnis hinaus ein besonderes Vertrauensverhältnis zwischen den Vertragsparteien begründet wurde (BGH, wistra 1988, 262). Die bloße Anstößigkeit des Schweigens genügt nicht, es müssen weitere besondere Umstände hinzutreten (Bittmann-Schulze, Insolvenzstrafrecht, § 1 Rn. 18).

Da im allgemeinen Geschäftsverkehr keine strafbewährten Aufklärungspflichten für den Fall einer Verschlechterung der wirtschaftlichen Situation bestehen, muss das Obliegen einer solchen Aufklärungspflicht explizit festgestellt werden (BGH, wistra 1988, 262). Dabei ist zu differenzieren, wann die Vermögensverschlechterung eintrat und wie die Rechtsbeziehungen zwischen den Vertragspartnern ausgestaltet sind. Die Höhe des täuschungsbedingten Schadens ist für die Frage, ob eine Aufklärungspflicht bestand, nicht maßgeblich (LK-Tiedemann, § 263 Rn. 18; Fischer, § 263 Rn. 51). Besondere Umstände können aber die **positive Kenntnis von der Zahlungsunfähigkeit** sein (vgl. Rdn. 4) oder eine **langjährige Geschäftsbeziehung**, bei der der Vertragspartner im Vertrauen auf die Zahlungsfähigkeit des Schuldners nicht unerheblichen Warenkredit gewährt (BGH, wistra 1988, 262).

6   ▶ **Rechtsprechungsbeispiele:**

- besonderes Vertrauensverhältnis aufgrund Konzernvereinbarung (Beherrschungsvertrag; Cash-Management; BGH, ZInsO 2001, 1051);
- eine Treuepflicht bei schlichter Entgegennahme von Werkleistungen trotz Kenntnis möglicher Zahlungsunfähigkeit, wenn zum Zeitpunkt der Auftragserteilung die Kenntnis fehlte (BGH, wistra 1988, 262);
- Aufklärungspflicht des Geschäftsführers einer GmbH bei erkennbarer Überschuldung (BGH, DB 1988, 1060).

7   Die Täuschungshandlung muss bei dem Getäuschten einen **Irrtum** hervorrufen oder unterhalten (SS-Cramer-Perron, § 263 Rn. 32). Dieser Irrtum liegt bei dem Lieferanten rgm. dann vor, wenn er bei Eingehung des Vertrags davon ausgeht, dass der Geschäftspartner zum Zeitpunkt der Fälligkeit die Gegenleistung erbringen wird oder er zumindest das Ausfallrisiko als gering einschätzt (Wabnitz/Janovsky-Köhler, Handbuch des Wirtschafts- und Steuerstrafrechts, Kap. 7 Rn. 199).

An einem derartigen Irrtum kann es fehlen, wenn bei laufender Geschäftsbeziehung trotz **erheblich offener** Rechnungen weitere Warenlieferungen durch das Opfer ausgeführt werden. In solch einem Fall ist die Annahme eines Irrtums zwar nicht ausgeschlossen, aber auch nicht zwingend (Fischer, § 263 Rn. 56). Im rgm. Geschäftsbetrieb wird eine Lieferung nicht erfolgen, wenn nicht zumindest die Chance einer Realisierung der Forderung besteht. Hieraus ergibt sich umgekehrt ein Indiz gegen die Ursächlichkeit der Täuschung für die Warenlieferung. Ein Motiv für weitere Vermögensverfügungen des Lieferanten kann sein, dass er bewusst einen Kredit gewährt, um die sich ihm aufdrängende drohende Insolvenz des Schuldners abzuwenden, oder dass es ihm auf die Richtigkeit der Behauptung gar nicht ankommt (Fischer, § 263 Rn. 56). **Dieses bewusst eingegangene Risiko schließt einen Irrtum aus.**

aufgrund seines Irrtums muss das Opfer eine **Vermögensverfügung** vornehmen, die den ursächlichen Zusammenhang zwischen Irrtum und daraus resultierendem Vermögensschaden herstellt (SS-Cramer-Perron, § 263 Rn. 54). 8

Durch die Vermögensverfügung muss zu diesem Zeitpunkt ein **Vermögensschaden** eingetreten sein (Fischer § 263 Rn. 88). 9

Besteht zum Zeitpunkt der Bestellung bereits Zahlungsunfähigkeit oder tritt die Zahlungsunfähigkeit kurz danach ein, ist der Vermögensschaden in aller Regel die offene Forderung, mit der der Lieferant ausfällt. Problematisch ist es, wenn der Täter bereits **vor Eintritt der Zahlungsunfähigkeit** zur Zahlungsunfähigkeit s. Schröder, § 17 InsO) oder noch früher handelt und durch die Lieferung eine Zahlungsunfähigkeit zunächst vermeidet. Da bei der Lieferung von Waren gegen Kredit immer ein gewisses Risiko besteht, d. h. bei Warenlieferung eine Gefährdung des vereinbarten Kaufpreisanspruchs nicht auszuschließen ist, liegt ein Betrugsschaden nur dann vor, wenn im **Zeitpunkt der Vermögensverfügung** bei lebensnaher wirtschaftlicher Betrachtungsweise die Vermögensgefährdung einer Wertminderung gleichkommt (BGH, NJW 1970, 1932). Man spricht dann von der **schadensgleichen Vermögensgefährdung**.

Maßgeblich dafür, ob es sich um eine Vermögensgefährdung oder das allgemeine Geschäftsrisiko handelt, ist, ob die Erfüllungswahrscheinlichkeit der aus der Bestellung und Lieferung resultierenden Forderungen deutlich **unter** dem ausdrücklich zugesicherten oder aber konkludent behaupteten durchschnittlich **Branchenüblichen** liegt (Wabnitz/Janovsky-Köhler, Handbuch des Wirtschafts- und Steuerstrafrechts, Kap. 7 Rn. 202). Allgemeine Feststellungen zum zulässigen Geschäftsrisiko gibt es nicht. Nicht jede Lieferung in der Krise des Bestellers stellt eine schadensgleiche Vermögensgefährdung dar, allerdings kommt der Feststellung der Krise zum Zeitpunkt der Bestellung starke Indizwirkung zu (vgl. Müller-Gugenberger/Bieneck-Hebenstreit, Wirtschaftsstrafrecht, § 85 Rn. 44). Tritt nach der Entscheidung des BGH (ZInsO 2005, 807) bei 10 %iger Liquiditätsunterdeckung grds. (vgl. Schröder, § 17, Rdn. 4) bereits Zahlungsunfähigkeit ein, wird mit dieser engen Begriffsauslegung ein wesentlicher Teil der Lieferantenbetrugsfälle erfasst.

Ein Vermögensschaden ist immer dann zu verneinen, wenn der Vertragspartner über eine **wirtschaftlich gleichwertige Sicherheit** verfügt (BGH, NJW 1986, 1183) oder wenn es sich um ein Zug-um-Zug-Geschäft handelt (BGH, NStZ 1998, 85).

▶ Beispiele: 10
- Verzichtet der Gläubiger wegen einer Täuschungshandlung auf die Durchsetzung seiner Forderungen, liegt Betrug nur vor, wenn die Forderungen zum Zeitpunkt des Verzichts (teil-)werthaltig sind (BGH, ZInsO 2003, 519);
- Befriedigt der Täter die Forderung eines Lieferanten nach der »Loch-auf-Loch-zu-Methode« mit dem Erlös aus dem Verkauf von gegen Kredit gelieferten Waren eines anderes Lieferanten, sind rgm. beide Bestellungen Betrugshandlungen (vgl. Wabnitz/Janovsky-Köhler, Handbuch des Wirtschafts- und Steuerstrafrechts, Kap. 7 Rn. 203);
- Ein Fall der vermögensschadengleichen Vermögensgefährdung kann auch dann gegeben sein, wenn eine Kapitalgesellschaft nach Überschuldung, aber vor Zahlungsunfähigkeit Waren auf Ziel bestellt, ohne auf die Überschuldung hinzuweisen (Müller-Gugenberger/Bieneck-Hebenstreit, Wirtschaftsstrafrecht, § 85 Rn. 42). Die Gefährdung liegt darin, dass bereits das Vorliegen des Insolvenzgrundes die Gefahr einer Insolvenzeröffnung und damit einer lediglich quotalen Befriedigung in sich birgt (Bork/Koschmieder-Hartung, Fachanwaltshandbuch InsolvenzR, Rn. 22.216).

II. Subjektiver Tatbestand

Hinsichtlich der Erfüllung sämtlicher Tatbestandsmerkmale ist **bedingter Vorsatz** ausreichend. 11
Der Täter muss die vorgespiegelte Tatsache für unwahr halten oder ihre Unwahrheit in Kauf nehmen. Die Kenntnis einer »potentiellen« Gefährdungslage genügt hierbei noch nicht (Fischer,

§ 263 Rn. 180 f.). Probleme bereitet dabei, dass der Täter bei Vorspiegelung der Zahlungsfähigkeit über eine **innere Tatsache** täuscht. Dem Handelnden muss also **nachgewiesen werden**, dass die konkludent behauptete Prognose über seine künftige Bonität objektiv falsch war und er subjektiv bei der Bestellung zumindest mit bedingtem Vorsatz von seiner Zahlungsunfähigkeit ausgegangen ist (Wabnitz/Janovsky-Köhler, Handbuch des Wirtschafts- und Steuerstrafrechts, Kap. 7 Rn. 196). Für die Feststellung der objektiven Vermögenslage lässt die Rspr. auch äußere Beweisanzeichen genügen, wie Steuer- und Sozialversicherungsrückstände, die Häufigkeit von gerichtlichen Mahnbescheiden sowie fruchtlose Pfändungsversuche u. Ä. (vgl. BGHR, StGB § 283 »Zahlungsunfähigkeit 3«; Wabnitz/Janovsky-Beck, Handbuch des Wirtschafts- und Steuerstrafrechts, Kap. 6 Rn. 8 m. w. N. – zur Feststellung der Zahlungsunfähigkeit i. S. d. § 283 StGB).

12 Außerdem muss der Täter in **rechtswidriger Bereicherungsabsicht** handeln, mithin sich oder einem Dritten einen Vermögensvorteil verschaffen wollen (Fischer, § 263 StGB Rn. 186). Ein rechtswidriger Vermögensvorteil ist die Kehrseite zum Vermögensschaden (**Stoffgleichheit**). Daher stellt jede günstigere Gestaltung der Vermögenslage einen Vermögensvorteil dar, wenn der Täter **keinen Anspruch** darauf hat (SS-Cramer-Perron, § 263 Rn. 167 f., 172).

D. Versuch/Regelbeispiele/Verjährung

13 Der **Versuch** ist gem. Abs. 2 strafbar. Im Fall eines Eingehungsbetrugs kann ein täuschendes Vertragsangebot, gerichtet auf eine irrtumsbedingte Vermögensverschiebung, bereits einen Betrugsversuch darstellen (vgl. Fischer, § 263 Rn. 197 f.) Die Bestrafung wegen versuchten Betrugs greift auch dann ein, wenn eigentlich ein Kreditbetrug gem. § 265b vorliegt, da nach höchstrichterlicher Rspr. die Verurteilung wegen Betrugs vorgeht (vgl. BGH, wistra 1998, 183).

Gewerbsmäßig gem. Abs. 3 Nr. 1 handelt, wer sich aus **wiederholter** Tatbegehung eine nicht nur vorübergehende Einnahmequelle von einigem Umfang verschafft, ohne dass er daraus ein »kriminelles Gewerbe« zu machen braucht. Ein **Vermögensverlust** in **größerem Ausmaß** gem. Abs. 3 Nr. 2 ist dann gegeben, wenn die objektiv zu bestimmende Schadenshöhe außergewöhnlich hoch ist. Dabei wird im Regelfall von 50.000,00 € auszugehen sein (Bittmann-Schulze, Insolvenzstrafrecht, § 15 Rn. 67). Bei Abs. 3 Nr. 3 – das Versetzen in wirtschaftliche Not – ist unklar, ob mit einer »anderen Person« nur eine **natürliche** Person gemeint ist, oder ob auch juristische Personen erfasst werden (Schönke/Schröder-Cramer-Perron, § 263 StGB Rn. 188e).

Die **Verjährung** beginnt nicht bereits mit der Täuschungshandlung, sondern mit Beendigung der Tat und damit erst mit Erfüllung des (vollständigen) Vermögensschadens, (SS-Cramer-Perron § 263 Rn. 193).

E. Strafbarkeit des (vorläufigen) Insolvenzverwalters

14 Ob sich der (vorläufige) Insolvenzverwalter gem. § 263 eines Lieferantenbetrugs strafbar machen kann, hängt neben den allg. Tatbestandsvoraussetzungen im Wesentlichen davon ab, in welcher Funktion der (vorläufige) Insolvenzverwalter bei Lieferantenbestellungen tätig wurde. Es ist daher zu unterscheiden:
– Der Insolvenzverwalter kann mit Eröffnung des Insolvenzverfahrens nach den allgemeinen Voraussetzungen (vgl. Rdn. 4, 5) einen Lieferantenbetrug begehen. Eine Strafbarkeit kann mithin dann gegeben sein, wenn der Insolvenzverwalter zum Zeitpunkt der Bestellung konkludent erklärt hat, im Zeitpunkt der Fälligkeit der aus der Bestellung resultierenden Rechnung zahlungsfähig und zahlungswillig zu sein (vgl. Rdn. 4). Allerdings muss der Insolvenzverwalter seine Geschäftspartner **nicht auf insolvenzspezifische Gefahren des Geschäfts hinweisen** (Wessing, NZI 2003, 1, 8 f.). Eine Pflicht, sich als besonders »gefährlicher Geschäftspartner« zu offenbaren, um eine konkludente Täuschungshandlung zu vermeiden, besteht für den Insolvenzverwalter nicht. Anders ist der Fall nur dann zu beurteilen, wenn **dieser wider besseren Wissens ausdrücklich behauptet**, die Masse sei leistungsfähig. In diesem Fall wird trotz der persönlichen Haftung (vgl. § 61 InsO) eine Bestrafung wegen Betrugs vertreten (Wessing a. a. O.).

Dieser Ansicht ist zuzustimmen, da das Realisierungsrisiko eine schadensgleiche Vermögensgefährdung darstellt (vgl. Rdn. 9), die zur Verwirklichung des Tatbestands führt.

Für den **starken** vorläufigen Insolvenzverwalter gelten die gleichen Grundsätze wie für den Insolvenzverwalter, da die Verwaltungs- und Verfügungsbefugnis gem. § 22 InsO auf ihn übergegangen ist. Auch er macht sich nach den allgemeinen Voraussetzungen strafbar und auch er hat keine besondere Offenbarungspflicht ggü. seinen Geschäftspartnern.

Beim **schwachen** vorläufigen Insolvenzverwalter ist gem. § 21 Abs. 2 Nr. 2, 2. Alt. InsO zu differenzieren: 15
- Da die Verwaltungs- und Verfügungsbefugnis nicht auf ihn übertragen wurde, ist Handelnder immer noch der Schuldner. Täuscht dieser die Lieferanten darüber, dass ihre Lieferungen nach Anordnung der vorläufigen Verwaltung bezahlt werden, so ist er auch Täter i. S. d. § 263.
- Hat hingegen der (schwache) vorläufige Verwalter persönliche Zahlungszusagen an die Lieferanten gegeben, begründet er damit zugleich seine persönliche Haftung für den Fall, dass der Schuldner nicht zahlungsfähig oder eine Begleichung aufgrund der Eröffnung des Insolvenzverfahrens nicht mehr möglich ist (Bittmann-Gerloff, Insolvenzstrafrecht, § 25 Rn. 46). Strafrechtlich bleibt die Garantiezusage aber ohne Konsequenzen für den vorläufigen Insolvenzverwalter, da dieser rgm. davon ausging, im Zeitpunkt der Fälligkeit noch die Möglichkeit zu haben, die Forderung begleichen zu dürfen und zahlungsfähig zu sein. Es fehlt dementsprechend rgm. an einer Täuschungshandlung (vgl. Rdn. 4).

Ein **Betrugsvorwurf** für den (schwachen) vorläufigen Insolvenzverwalter kann sich aber dann ergeben, wenn er Bestellungen des Schuldners genehmigt, obwohl er weiß, dass die rechtzeitige Bezahlung der Lieferanten **vor Verfahrenseröffnung** (vgl. zur Problematik § 266 Rdn. 13) nicht mehr gesichert ist (vgl. zur Kenntnis des GF über die Zahlungsunfähigkeit BGH, wistra 1998, 177). Das kann insb. bei Bestellungen und Lieferungen kurz vor Insolvenzeröffnung der Fall sein. Da diese nach Eröffnung des Insolvenzverfahrens nicht mehr befriedigt werden dürfen (vgl. auch § 266 Rdn. 13), ist eine Täuschungshandlung anzunehmen, wenn es der vorläufige Insolvenzverwalter bei der Zustimmung oder Genehmigung der Bestellung gerade darauf abgesehen hatte, den Lieferanten in die »Insolvenzeröffnungsfalle« laufen zu lassen. Eine eigenhändige Beteiligung an der tatbestandlichen Ausführungshandlung, etwa eine Unterschrift unter der Bestellung, setzt die tatbestandliche Beteiligung nicht voraus (BGH, wistra 1992, 181).

Als Täter kraft Tatherrschaft kommt auch derjenige in Betracht, der durch Organisationsstrukturen bestimmte Rahmenbedingungen ausnutzt, die regelhafte Abläufe auslösen, selbst wenn der in Bezug auf die Bestellung Handelnde keine Kenntnis von der drohenden Zahlungsunfähigkeit hat (BGH, NJW 1998, 767). Lässt der vorläufige Verwalter den Schuldner Materialien bestellen, deren Bezahlung dann aufgrund der Eröffnung nicht mehr möglich ist, hat er den Ablauf des Insolvenzverfahrens und die Wirkung des Insolvenzrechts ausgenutzt, um mittels des Schuldners als vertrautem Geschäftspartner der Lieferanten über das mit Eröffnung eintretende Zahlungsverbot zu täuschen. In diesem Fall ist dem vorläufigen Insolvenzverwalter als »Hintermann« die Tatbestandsverwirklichung zurechenbar (BGH, NJW 1998, 767).

Erfolgt die Bezahlung dieser Verbindlichkeiten (insolvenzrechtlich: Insolvenzforderungen) durch den zum Insolvenzverwalter ernannten »ehemaligen« vorläufigen Insolvenzverwalter **nach Eröffnung** des Insolvenzverfahrens, macht dieser sich möglicherweise wegen **Untreue** in Tateinheit mit Bankrott strafbar (vgl. § 266 Rdn. 14 und § 283 Rdn. 43).

▶ Hinweis:

*Zur Vermeidung seiner Strafbarkeit kann der vorläufige Insolvenzverwalter hinsichtl. der auf seine Veranlassung begründeten, aber voraussichtlich nicht mehr vor Eröffnung des Insolvenzverfahrens bezahlbaren Leistungen beim Insolvenzgericht vor Begründung der Leistung entweder die Anordnung der **starken vorläufigen Insolvenzverwaltung** gem. § 21 Abs. 2 Nr. 2, 1. Alt. InsO oder eine **Ermächtigung** beantragen. Die aus diesen Leistungen resultierenden Forderungen können dann aufgrund ihres Charakters als Masseverbindlichkeit auch nach Eröffnung des Insolvenzverfahrens* *beglichen werden (vgl. Schröder, § 21 InsO). Nach den Hamburger Leitlinien (vgl. ZIP 2004, 24) ist in Ausnahmefällen auch die Errichtung eines gesonderten Treuhandkontos zugunsten dieser Gläubiger möglich, s. zum Ganzen auch Bittmann-Gerloff, Insolvenzstrafrecht, § 25 Rn. 50 ff.).*

F. Strafbarkeit der Berater

16 Im Zusammenhang mit manipulierten Jahresabschlüssen kommt eine Betrugsstrafbarkeit in Betracht, wenn der Mandant den Kreditgebern »frisierte« Bilanzen vorlegt. In diesen Fällen begeht der Unternehmer, der die Unrichtigkeit kennt, einen (versuchten) Betrug bzw. Kreditbetrug.

Jeder Steuerberater/Wirtschaftsprüfer, der eine bewusst »geschönte« Bilanz erstellt und seinen Klienten überlässt, muss damit rechnen, dass der Jahresabschluss Geschäftspartnern zur weiteren Finanzierung vorgelegt wird. Maßstab des Beraters dafür, wann eine Beihilfe vorliegt, ist, dass er erkennen kann, dass der Beratene seine Leistungen missbräuchlich verwendet (vgl. BGH, wistra 2000, 340; ausführl. § 283 Rdn. 53). Bei der Erstellung einer »geschönten« Bilanz oder einer vergleichbaren »frisierten« Leistung liegt die Erkenntnis bereits in der Art der Beratungsleistung. Der Berater macht sich damit rgm. der **Beihilfe** strafbar (vgl. Weyand, ZInsO 2000, 413).

G. Strafbarkeit des (vorläufigen) Sachwalters

17 Eine Strafbarkeit des Sachwalters (vgl. ausführlich § 266 Rdn. 19 ff.) nach § 263 kommt nur bei Überschreitung seiner Befugnisse in Betracht. Der Sachwalter haftet nicht für die Nichterfüllung von Masseverbindlichkeiten, da § 274 Abs. 1 InsO nicht auf § 61 InsO verweist. Das entspricht dem Grundgedanken der Eigenverwaltung, wonach dem Schuldner die Massebegründungskompetenz zusteht. Diese kann im Rahmen des Schutzschirmverfahren (§ 270b InsO) sogar uneingeschränkt für den Schuldner eingeräumt werden. Für eine strafrechtliche Verfolgung des Sachwalters ist in diesem Fall kein Raum, da er selbst keine Masseverbindlichkeiten begründet. Ein (Eingehungs-) betrug käme nur dann in Betracht, wenn der Sachwalter seine Kompetenzen hier überschreiten würde.

§ 266 Untreue

(1) Wer die ihm durch Gesetz, behördlichen Auftrag oder Rechtsgeschäft eingeräumte Befugnis, über fremdes Vermögen zu verfügen oder einen anderen zu verpflichten, mißbraucht oder die ihm kraft Gesetzes, behördlichen Auftrags, Rechtsgeschäfts oder eines Treueverhältnisses obliegende Pflicht, fremde Vermögensinteressen wahrzunehmen, verletzt und dadurch dem, dessen Vermögensinteressen er zu betreuen hat, Nachteil zufügt, wird mit Freiheitsstrafe bis zu fünf Jahren oder mit Geldstrafe bestraft.

(2) § 243 Abs. 2 und die §§ 247, 248a und 263 Abs. 3 gelten entsprechend.

Übersicht

		Rdn.
A.	Schutzzweck der Norm	1
B.	Insolvenzrechtliche Relevanz	2
C.	Normcharakter	3
D.	Tatbestand	4
E.	Täterschaft/Teilnahme	5
I.	Vertreter von Kapital- und Personengesellschaften	6
II.	(Vorläufiger) Insolvenzverwalter und Sachwalter	9
1.	Schwacher vorläufiger Insolvenzverwalter	10
2.	Starker vorläufiger Insolvenzverwalter	14
3.	Der (vorläufige) Sachwalter	19
III.	Teilnahme	22
F.	Sonstige Tatbestandsvoraussetzungen	23

A. Schutzzweck der Norm

1 § 266 dient nach seiner Zielrichtung – im Unterschied zu den §§ 283 ff. – nicht dem Gläubigerschutz, sondern bezweckt allein den **Schutz des Vermögens**, das der Pflichtige zu **betreuen** hat

BVerfG, NJW 2010, 3209). Insbesondere im Fall der Krise und der Insolvenz **juristischer Personen** schützt die Vorschrift das Gesellschaftsvermögen gegen Minderung von innen, rgm. seitens des Geschäftsführers, und bei Personengesellschaften das Vermögen der Mitgesellschafter vor derartigen Nachteilen. Dies ist grds. nur möglich, wenn die Forderungen der Gläubiger vertragsgemäß erfüllt werden, sodass sich § 266 rgm. auch zugunsten der Gläubiger auswirkt (vgl. Bittmann-Bittmann, Insolvenzstrafrecht, § 16 Rn. 4). Besondere Ausprägung erfährt die **erweiterte Schutzfunktion** zugunsten der Gläubiger nach Eröffnung des Insolvenzverfahrens durch **die Treuepflicht des Insolvenzverwalters**. Sie besteht im Wesentlichen ggü. den Insolvenzgläubigern, den Massegläubigern sowie den sonstigen Berechtigten, vgl. Rdn. 9.

B. Insolvenzrechtliche Relevanz

Der Unrechtstatbestand hat besondere insolvenzrechtliche Bedeutung, da er nach der **Interessenformel** des BGH rgm. vorliegt, wenn § 283 ausscheidet (§ 283 Rdn. 44; Interessenformel Rdn. 43). Darüber hinaus entwickelt er strafrechtliche Bedeutung für den (vorläufigen) Insolvenzverwalter, sobald dieser seine gesetzlichen Treuepflichten verletzt. In dieser Bearbeitung wird deshalb die strafrechtliche Relevanz der Norm auf den Zeitraum von Beginn der Krise schuldnerischer Gesellschaften bis zur Einsetzung eines Insolvenzverwalters beschränkt. Mit Inkrafttreten des ESUG (BGBl. I 2011, S. 2528) wurden die Möglichkeiten der Insolvenzabwicklung in Eigenverwaltung erheblich erleichtert. Die Aufsicht hält der Sachwalter, welcher nach schuldnerischen Antrag (§ 270 Abs. 1 InsO) und Stattgabe des Gerichts (§ 270 Abs. 2 Nr. 1 InsO) von diesem bestellt wird (§ 270c InsO), vgl. zu den Voraussetzungen Kommentierung zur InsO Fiebig, §§ 270 ff. InsO. Auch dieser unterliegt der Vermögensbetreuungspflicht und kann u. U. ebenfalls tauglicher Täter sein, vgl. Rdn. 9 ff.

Hinsichtlich der Verwirklichung der strafrechtlichen Norm außerhalb der Krise wird auf die klassischen Kommentierungen verwiesen. Aus diesem Grund werden auch die Tatbestandsmerkmale nur eingeschränkt abgehandelt.

C. Normcharakter

§ 266 stellt ein **Sonderdelikt** dar. Taugliche Täter können mithin nur die zur Tatzeit Betreuungspflichtigen sein (Achenbach/Ransiek-Seier, Handbuch Wirtschaftsstrafrecht, 5. Teil 2 Rn. 61).

D. Tatbestand

Der objektive Tatbestand setzt sich aus dem **Missbrauchstatbestand** (1. Alt.) und dem **Treuebruchtatbestand** (2. Alt.) zusammen. Der Missbrauchstatbestand ist lex specialis zum Treuebruchtatbestand (Fischer, § 266 Rn. 6a). Wesentlich ist nach der Rspr., dass eine **Vermögensbetreuungspflicht** vorliegt (Fischer, § 266 Rn. 6a). Wenn diese vorliegt, wird in der Praxis der Rspr. rgm. offengelassen, welche Untreuealternative einschlägig ist (Achenbach/Ransiek-Seier, Handbuch Wirtschaftsstrafrecht, 5. Teil 2 Rn. 39 m. w. N.). Die Vermögensbetreuungspflicht liegt immer dann vor, wenn jemand aufgrund einer konkreten Pflicht zur **Wahrnehmung fremder Vermögensinteressen** verpflichtet ist. Dabei muss es sich um eine **Hauptpflicht oder zumindest um eine wesentliche** Pflicht von **einiger Dauer** und einem **gewissen Umfang** handeln (vgl. die ausführl. Darstellung bei Bittmann-Bittmann, Insolvenzstrafrecht, § 16 Rn. 10 ff.; mit Verweisen auf Rspr.: Müller-Gugenberger/Bieneck-Schmied, Wirtschaftsstrafrecht, § 31 Rn. 107 ff.). Dem Täter muss zudem ein Entscheidungsspielraum bleiben (Fischer, § 266 Rn. 37).

▶ Hinweis:

Die einzelnen Kriterien, die eine Vermögensbetreuungspflicht begründen, sind nicht als Tatbestandsmerkmale zu verstehen. Das Fehlen eines Kriteriums kann deshalb durch eine besondere Ausprägung eines anderen Aspekts ausgeglichen werden. Wesentlich ist die Herrschaft über fremdes Vermögen, verbunden mit der Möglichkeit, auf dieses Vermögen einwirken zu können (Bittmann-Bittmann, Insolvenzstrafrecht, § 16 Rn. 13).

§ 266 StGB Untreue

§ 266 setzt den Eintritt eines **Nachteils** voraus. Unter Nachteil ist jede durch die Tathandlung verursachte Vermögenseinbuße zu verstehen (SS-Perron § 266 Rn. 40) sowie die Unterlassung der Mehrung des betreuten Vermögens (BGH, wistra 2003, 379). Ausreichend für einen Nachteil ist auch eine **schadensgleiche Vermögensgefährdung** (BVerfG, NJW 2009, 2370; SS-Perron § 266 Rn. 45 m. w. N.). In der Literatur wird diese Schadenskonstellation wegen Ihrer Unschärfe teilweise kritisch bewertet, weil es u. a. wegen des weiter gefassten Handlungsbegriffs zu einer Vorverlagerung des Schadens in den Gefährdungsbereich führen kann (Achenbach/Ransiek-Seier, Handbuch Wirtschaftsstrafrecht, 5. Teil 2 Rn. 179 ff., mit ausführlicher Besprechung aktueller BGHSt-Rspr. Fischer, § 266 Rn. 159 ff.

Zwischen dem eingetretenen Nachteil und der Vermögensbetreuungspflicht muss **Kausalität** der gestalt bestehen, dass der Nachteil gerade auf den konkreten Pflichtverstoß zurückzuführen ist (Bittmann-Bittmann, Insolvenzstrafrecht, § 16 Rn. 41).

E. Täterschaft/Teilnahme

5 An Bedeutung hat der § 266 für Geschäftsführer von juristischen Personen und vertretungsberechtigte Gesellschafter von Personengesellschaften, verloren, da der BGH das Ausschließlichkeitsprinzip der **Interessenformel** – nach der bei einer Vermögensverschiebung entweder § 283 oder § 266 erfüllt ist – aufgegeben hat und eine Bestrafung in diesen Fällen rgm. nur nach § 283 StGB in Betracht kommt, vgl. Rdn. 6. Allerdings lässt das Verbot der Befriedigung von Insolvenzgläubigern nach Eröffnung des Insolvenzverfahrens (vgl. BGH, ZInsO 2002, 819) § 266 weiterhin besondere Aktualität widerfahren (dazu ausführl. Rdn. 15 f.).

I. Vertreter von Kapital- und Personengesellschaften

6 Nach früherer Rspr. des BGH und seiner **Interessenformel** stellte eine Vermögensverschiebung nach Eintritt der Krise (vgl. § 283 Rdn. 43) eine Untreue dar, wenn der Täter im **eigenen Interesse** bzw. im Interesse eines nicht mit dem Schuldner identischen Dritten gehandelt hat. Eine Verurteilung nach § 283 StGB war hingegen ausgeschlossen (zuletzt BGH, NZG 2009, 673, 675). Dies wurde damit begründet, dass der Täter gem. § 14 Abs. 1 »als Vertreter« handeln muss, was er nur im Interesse der Gesellschaft und nicht im eigenen Interesse tun könne. Zudem diene § 283 dem Schutz der Gläubiger, während der Untreuetatbestand zumindest auch den Vermögensinhaber schütze. In dem genannten Beschluss griff der BGH in einem obiter dictum die allgemeine Kritik an der Interessenformel auf und deutete eine mögliche Abkehr von seiner Rechtsprechung an (vgl. Kommentierung zu § 283 StGB Rdn. 43).

In einer Grundsatzentscheidung hat der BGH die Interessentheorie nun endgültig aufgegeben (BGH, NJW 2012, 2366, 2367 ff.) und klargestellt, dass eine Strafbarkeit nach § 283 StGB nicht (mehr) voraussetzt, dass die Tathandlung im Interesse der Gesellschaft liegt. Danach ist bei einem »Handeln im Geschäftskreis des Vertretenen« das Organ der Gesellschaft grundsätzlich eine Strafbarkeit gem. § 283 und § 266 StGB in Tateinheit möglich (BGH, NJW 2012, 2366, 2369 – in dem vorliegenden Fall wurde der Angekl. neben § 283 StGB zur Beihilfe [§ 27] der Untreue verurteilt, vgl. auch Kommentierung zu § 283 StGB Rn. 43). Begründet hat der BGH dies mit der unterschiedlichen Schutzrichtung beider Straftatbestände. Ein Eingriff in das Gesellschaftsvermögen kann daher gleichzeitig verschiedene Rechtsgüter beeinträchtigen, die durch die unterschiedlichen Strafvorschriften geschützt sind (BGH a. a. O.).

Verfolgt der Täter gleichzeitig die Interessen der schuldnerischen Gesellschaft und auch eigennützige Interessen, ist somit Tateinheit möglich (BGH = NJW 1981, 1793) Bei Personengesellschaften jedoch mit der Einschränkung, dass eine Strafbarkeit entfällt, wenn die Gesellschafter mit der Vermögensverschiebung von vornherein einverstanden sind (BGH, wistra 1998, 264).

Eine Untreuestrafbarkeit scheidet **nach Insolvenzeröffnung** oder bei Anordnung einer vorläufigen Insolvenzverwaltung mit **allgemeinem Verfügungsverbot** gem. § 21 Abs. 1 Nr. 2, 1. Alt. InsO aus, da ab diesem Zeitpunkt keine Vermögensfürsorgepflicht für den Geschäftsführer mehr besteht

BGH, NStZ 1998, 192; Bittmann-Rudolph, wistra 2000, 401). Es bleibt dann lediglich eine Bestrafung wegen Diebstahls, Unterschlagung, Verstrickungsbruchs oder Betrugs (zu der Frage, ob eine Bankrottstraftat in Form der Vermögensverschiebung nach Eröffnung des Insolvenzverfahrens noch möglich ist, vgl. § 283 Rdn. 43 ff.).

Die **Einwilligung** aller Gesellschafter schließt grds. den Tatbestand der Untreue aus (Fischer, § 266 Rn. 93a), da die Pflichtwidrigkeit des Handelns entfällt. Handelt es sich um eine Personengesellschaft, kommt aber eine Strafbarkeit nach § 283 StGB in Betracht (BGH, wistra 1987, 100). Bei Kapitalgesellschaften ist das Einverständnis dann wirkungslos, wenn die Existenz, die Liquidität oder besondere entgegenstehende Interessen der GmbH **gefährdet** werden (Wabnitz/Janovsky-Köhler, Handbuch des Wirtschafts- und Steuerstrafrechts, Kap. 7 Rn. 215; BGH, NJW 2012, 2366, 2369). Im Ergebnis sind somit Verfügungen im Einvernehmen mit den Gesellschaftern (zumeist handelt es sich um verdeckte Gewinnausschüttungen oder um die Rückzahlung eigenkapitalersetzender Gesellschafterdarlehen) dann als Untreue strafbar, wenn sich die GmbH in der **Krise** befindet oder diese durch die Tathandlung herbeigeführt oder verstärkt wird (BGH, wistra 1984, 71; Wabnitz/Janovsky-Köhler, Handbuch des Wirtschafts- und Steuerstrafrechts, Kap. 7 Rn. 215). Das ist insb. der Fall, wenn das Stammkapital gefährdet ist (BGH, NStZ 96, 540), da hier gegen zwingendes Recht verstoßen wird oder bei konkreten **Existenz gefährdenden Eingriffen** (BGH, NZG 2000, 107), weil hier ein Insolvenzrisiko geschaffen bzw. die bestehende Insolvenzreife vertieft würde (vgl. zum Ganzen Müller-Gugenberger/Bieneck-Schmid, Wirtschaftsstrafrecht, § 31 Rn. 82 ff.). Fraglich war, ob auch die reine Liquiditätsgefährdung das Einverständnis der Gesellschafter einschränkt (vgl. im Folgenden Rdn. 7 a. E.).

Dieses Ergebnis findet sich in der Entscheidung des BGH zum Fall Bremer Vulkan (ZInsO 2005, 177; vgl. auch Kasiske, wistra 2005, 81) wieder. Der 5. Strafsenat hat der geschädigten GmbH das Bestehen eines eigenen Existenzinteresses, das nicht der Dispositionsbefugnis der Gesellschafter unterliegt, grds. zugestanden. Der **existenzvernichtende Eingriff** in das Vermögen einer abhängigen Tochtergesellschaft führt demnach zu einer Bestrafung der Gesellschafter bzw. deren Organe gem. §§ 266, 14 wegen Verletzung einer Vermögensbetreuungspflicht. Auf die Einwilligung der Gesellschafter kommt es folgerichtig nicht an. Eine Existenzgefährdung reicht aus. Diese ist grds. zu bejahen, wenn der GmbH das einer Zweckbindung unterliegende Vermögen (§ 30 GmbHG), nunmehr das »Stammkapital«, das sie zur Erfüllung ihrer Verbindlichkeiten benötigt, ohne angemessenen Ausgleich entzogen wird (BGH, ZInsO 2005, 311).

Neues Gewicht erhielt der Untreuetatbestand durch die Rspr. des BGH zur Gewährung von **Gesellschafterdarlehen** (BGH, ZIP 2004, 263). Nach dieser Entscheidung war der **Geschäftsführer** einer Gesellschaft haftbar, wenn er den Gesellschaftern ein Darlehen gewährt, das nicht allein aus den freien Gewinnrücklagen erfolgt und damit **das Stammkapital berührt**. Der BGH sah allein in der Auszahlung der Gelder eine Liquiditätsgefährdung der Gesellschaft und damit eine Gefährdung des Stammkapitals. Mit Wirksamkeit des MoMiG hat diese Rspr. keinen Bestand mehr. Durch die Rückkehr zur bilanziellen Betrachtungsweise verstößt eine Zahlung an die Gesellschafter nicht gegen § 30 GmbHG, wenn die Gesellschaft den Darlehensanspruch gegen ihre Gesellschafter als vollwertige Gegenleistung aktivieren kann (Aktivtausch). § 266 ist daher in den Fällen der Gewährung aufsteigender Gesellschafterdarlehen nur erfüllt, wenn der Darlehensanspruch nicht werthaltig ist (vgl. K. Schmidt, GmbHR 2008, 449). Mit Einführung des MoMiG hat außerdem die Problematik der vorzeitigen Rückgewähr von Gesellschafterdarlehen an Bedeutung verloren, da mit Aufhebung der §§ 32a, 32b GmbHG das Rückgewährverbot entfiel. Es ist aber ist weiterhin das Verbot der Existenzgefährdung zu beachten, sodass insbesondere nach § 64 Satz 3 GmbHG keine Rückzahlungen erfolgen dürfen, wenn dies erkennbar zur Zahlungsunfähigkeit der Gesellschaft führen würde. (Müller-Gugenberger/Bieneck-Richter, Wirtschaftsstrafrecht, § 31 Rn. 83b).

7a Die Rspr. des BGH zu Eingriffen in das einer Zweckbindung unterliegende Gesellschaftsvermögen führt zu folgenden strafrechtlichen Konsequenzen:

Geschäftsführer	Auszahlungen entgegen § 30	Existenzvernichtende Eingriffe
- zivilrechtlich	§§ 43, 30 GmbHG (bereits bei Gefährdung der liquiden Haftengesetze	§§ 43 Abs. 2, 3, 30 GmbHG (Billigung des Eingriffs
- strafrechtlich	§ 266 InsO - eigenes geschütztes Existenzrecht der Gesellschaft - keine tatbestandsausschließende Einwilligung durch die Gesellschafter	§ 266 StGB - eigenes geschütztes Existenzrecht der Gesellschaft - keine tatbestandsausschließende Einwilligung durch die Gesellschafter
Gesellschafter - zivilrechtlich	§§ 30, 31 GmbHG	§ 128 HGB; § 826 BGB
- strafrechtlich	§ 266 StGB Vermögensbetreuungspflicht:	
	(+) Wenn sich das betreute Vermögen in der alleinigen Eingriffssphäre des Gesellschafters befindet (BGH NJW 2004, 2248, 2253)	(-) möglicherweise Teilnahmedelikt

8 ▶ **Weitere Rechtsprechungsbeispiele:**
- Unbeachtlichkeit fehlender Schädigung der Gläubiger, da die Nachteilszufügung keine Quotenverschlechterung darstellt (BGH, ZIP 1987, 845);
- Umleitung von Geldern auf ein heimliches Konto als konkrete Gefährdung (BGH, NStZ 2000, 206);
- Nichteinforderung offener Stammeinlagen (BGH, NJW 1989, 112);
- besonders schwerer Fall der Untreue bei Liquiditätsentzug von mehr als 400,00 € (BGH, 22.03.2006 – 5 StR 475/05).

II. (Vorläufiger) Insolvenzverwalter und Sachwalter

9 Der Umfang der Vermögensbetreuungspflicht des Insolvenzverwalters ist umstritten und davon abhängig, wem ggü. eine **Treuepflicht** besteht. Die Pflicht bezieht sich grds. auf das anvertraute Vermögen des Schuldners. Sie besteht ggü. dem Insolvenzschuldner (§ 11), den Insolvenzgläubigern (§ 38 InsO), den Massegläubigern (§ 53 InsO) sowie den absonderungsberechtigten Gläubigern (§ 49 InsO; vgl. Schramm NStZ 2000, 398 f.; differenzierend Bittmann-Joecks, Insolvenzstrafrecht, § 23 Rn. 14, was allein schon die §§ 49 bis 53, 60 Abs. 1, 74 ff., 80 i. V. m. §§ 187 ff. InsO deutlich machen). Die **Verletzung** der Treuepflicht hängt im Wesentlichen von den Bindungen ab, denen der Insolvenzverwalter im Innenverhältnis unterliegt (Schramm, NStZ 2000, 398, 399): Er hat für die Sorgfalt eines ordentlichen und gewissenhaften Insolvenzverwalters einzustehen (§ 60 Abs. 1

atz 2 InsO) und die Beschlüsse des Gläubigerausschusses (§ 67 InsO) bzw. der Gläubigerversammlung (§ 74 InsO) zu berücksichtigen. Die Berücksichtigung der Interessen von absonderungsberechtigten Gläubigern (§§ 168, 169 InsO) sowie die Regelungen eines Insolvenzplans (§ 217 InsO) geben weitere Vorgaben.

Schwacher vorläufiger Insolvenzverwalter

Der schwache vorläufige Insolvenzverwalter (§ 21 Abs. 2 Nr. 2, 2. Alt. InsO) ist grds. nicht treuepflichtig, soweit die Verwaltungs- und Verfügungsbefugnis gänzlich beim Schuldner verbleibt (Bittmann-Joecks, Insolvenzstrafrecht, § 23 Rn. 22). Hat das Insolvenzgericht gem. § 21 Abs. 2 Nr. 2, 2. Alt. InsO angeordnet, dass Verfügungen des Schuldners der Zustimmung des vorläufigen Insolvenzverwalters bedürfen, wird eine Vermögensbetreuungspflicht des vorläufigen Insolvenzverwalters daher grds. nicht begründet, obwohl die vermögensrechtliche Bestimmungsmacht des Schuldners eingeschränkt ist (Bittmann-Joecks, Insolvenzstrafrecht, § 23 Rn. 22; a. A. Schramm, NStZ 2000, 398, vgl. aber Rdn. 11 ff.). Die Kriterien für die Feststellung einer Treuepflicht (vgl. Rdn. 4) des schwachen vorläufigen Insolvenzverwalters, d. h. ein hohes Maß an Selbstständigkeit, die wirtschaftliche Bedeutung seiner Tätigkeit und die Dauer (so Schramm a. a. O.), sind rgm. nicht erfüllt (Bittmann-Joecks, Insolvenzstrafrecht, § 23 Rn. 22). Treuhänderische Pflichten des schwachen vorläufigen Verwalters für absonderungsberechtigte Dritte hat der BGH zivilrechtlich bereits verneint (ZInsO 2000, 330).

10

Eine Treuepflicht kann sich aber aus einer **faktischen Betrachtungsweise** ergeben (Schramm, NStZ, 2000, 398, 401; vgl. zur faktischen Geschäftsführung des vorläufigen Insolvenzverwalters § 84 GmbHG Rn. 28). Von der normativen Kraft des Faktischen geht das Gesetz nach § 266 selbst aus (»Treueverhältnis«) und diese ist auch bei Untreuehandlungen des faktischen Geschäftsführers weitgehend anerkannt (vgl. Schramm, NStZ, 2000, 398, 401).

11

Der Umfang der Treuepflicht des vorläufigen Insolvenzverwalters mit Zustimmungsvorbehalt richtet sich dann danach, welche Aufgaben er tatsächlich übernommen hat (Schramm a. a. O.). Geriert sich der schwache vorläufige Insolvenzverwalter wie ein vorläufiger Insolvenzverwalter mit Verwaltungs- und Verfügungsbefugnis oder übernimmt er die Geschäftsleitung des schuldnerischen Unternehmens, so hat er im Innenverhältnis Herrschaftsmacht über fremdes Vermögen (Bittmann-Joecks, Insolvenzstrafrecht, § 23 Rn. 24; Schramm, NStZ 2000, 399). **Die freiwillige Übernahme der Garantenstellung begründet die Treuepflicht.**

Eine Treuepflicht des (vorläufigen) Insolvenzverwalters besteht auch hinsichtl. der von ihm aus Forderungserlösen oder sonstigen Verwertungshandlungen eingenommenen Gelder (vgl. Schramm, NStZ 2000, 399). Diese werden üblicherweise auf einem dem Gericht mitzuteilenden Anderkonto, gesondert vom sonstigen Vermögen der Schuldnerin, verwahrt. Richtet der (vorläufige) Insolvenzverwalter neben dem offiziellen Anderkonto noch weitere Konten (z. B. »Treuhandkonten«) ein oder verfügt er die eingenommenen Gelder auf Konten, die weder vom Insolvenzgericht genehmigt wurden noch diesem bekannt sind, stellt sich die Frage, ob die Anreicherung dieser Konten »außerhalb des Insolvenzverfahrens« mit Geldern des Schuldners eine Untreuehandlung darstellt (zum Treuhandkonto vgl. Frind, ZInsO 2004, 471 m. w. N.).

12

Grundsätzlich gilt, dass in der bloßen pflichtwidrigen Eigenermächtigung des Treunehmers (vorläufiger Insolvenzverwalter) noch kein Vermögensschaden zu sehen ist, wenn Mittel für die Erfüllung von Aufgaben verwendet werden, die der Vermögensinhaber gleichermaßen hätte wahrnehmen müssen und diesem dadurch notwendige Aufwendungen erspart werden (vgl. BGH, NJW 1995, 603), etwa wenn Forderungen aus der Zeit der Betriebsfortführung vor Verfahrenseröffnung bedient werden (vgl. auch Rdn. 13).

Anders stellt sich allerdings die Sachlage dar, wenn die Mittel insolvenzzweckwidrig verwendet werden, da der (vorläufige) Insolvenzverwalter dann seine »Vertretungsmacht« missbraucht, z. B. indem er die Gelder als Sicherheit für eigene Darlehen verwendet (vgl. BGH, wistra 1988, 191), auf seinen Geschäftskonten dem Zugriff Dritter aussetzt (vgl. BGH, NStZ 1997, 124) oder gezielt zur Befriedigung von ihm genehmen Altgläubigern des Schuldners einsetzt.

13 Fraglich ist, ob bereits in der Anlage und »Speisung« eines nicht genehmigten »Treuhand«-Kontos ein **Gefährdungsschaden** zu sehen ist. Treuhandkonten werden während des (vorläufigen) Insolvenzverfahrens z. B. mit dem Zweck eingerichtet, für eine Betriebsfortführung notwendige Lieferanten nicht durch die Eröffnung des Insolvenzverfahrens oder durch eine Masseunzulänglichkeit zu (erneut geschädigten) Quotengläubigern zu machen (vgl. Frind, ZInsO 2004, 471). Die Bildung »schwarzer«, d. h. nicht vom Insolvenzgericht genehmigter, Konten ist vergleichbar mit der Bildung »schwarzen Kassen«, durch die pflichtwidrig Teile des betreuten Vermögens dem Zugriff des Treugebers entzogen werden, da der Insolvenzverwalter eigenmächtig und unkontrolliert über die von ihm zu betreuenden Gelder auf diesem Treuhandkonto verfügen kann (zur Einrichtung von »schwarzen Kassen« Fischer § 266 Rn. 74 ff.). Allein die Einrichtung solcher »schwarzer Kassen« soll daher einen Gefährdungsschaden begründen (Fischer, § 266 Rn. 78; LG Bonn, NStZ 2001, 377). Diese Ansicht wird jedoch für die »öffentliche Verwaltung« mit dem Hinweis abgelehnt, dass es für die Annahme eines Vermögensschadens oder eines Gefährdungsschadens auf den **Verwendungszweck** ankommt, für den das Konto eingerichtet wurde (SS-Perron, § 266 Rn. 45c ff.). Soll das Kontoguthaben nicht (insolvenz-)zweckwidrig verwandt werden, liegt keine Gefährdung des betreuten Vermögens vor. Letzterer Ansicht ist auch hinsichtl. der Einrichtung nicht genehmigter Treuhandkonten in der Insolvenzverwaltung zuzustimmen, da die »Speisung« dieser Konten nicht grds. einen Verstoß gegen die Vermögensbetreuungspflicht des (vorläufigen) Insolvenzverwalters darstellt.

Unerlässlich ist allerdings, dass der Insolvenzverwalter bei Schließung des Kontos dem Insolvenzgericht die insolvenzzweckgemäße Verwendung der Treuhandgelder nachweist (vgl. Frind, ZInsO 2004, 471).

2. Starker vorläufiger Insolvenzverwalter

14 Der **starke vorläufige Verwalter** ist gem. § 21 Abs. 2 Nr. 2, 1. Alt. InsO nach allg. Auffassung tauglicher Täter des § 266, da seine Position der des endgültigen Insolvenzverwalters im Wesentlichen entspricht (SS-Perron § 266 Rn. 25 m. w. N.). Der **Insolvenzverwalter** ist aufgrund seiner beherrschenden Dispositionsbefugnis über das Schuldnervermögen den wesentlichen Verfahrensbeteiligten ggü. vermögensbetreuungspflichtig (vgl. Rdn. 9).

Der Umfang der Vermögensbetreuungspflicht richtet sich nach den Bindungen, denen der Insolvenzverwalter im Innenverhältnis unterliegt, z. B. den Anordnungen des Insolvenzgerichts und den Vorschriften der InsO (vgl. Rdn. 9). Als Pflichtverstöße kommen zum einen **Masse verkürzende** Handlungen in Betracht, wie die Verschleuderung von Massegegenständen und die Verschiebung von Geldern auf das private Konto (vgl. Schramm, NStZ 2000, 399), oder die Nichteinziehung eines Masseanspruchs (vgl. BGH, NJW 1983, 461 hinsichtl. der strengen subjektiven Anforderungen, wenn der Täter nicht eigennützig handelt). Die hohen Anforderungen an den Nachweis der inneren Tatseite, die die Rspr. beim fremdnützigen Täter verlangt, werden eine strafbare Untreue des Insolvenzverwalters bei der Nichteinziehung von Forderungen oder beim Abschluss von Vergleichen rgm. ausschließen. Zum anderen kann aber auch die **insolvenzzweckwidrige Begründung von Masseverbindlichkeiten** einen Pflichtverstoß darstellen. Andererseits beinhaltet die Pflicht, das Insolvenzverfahren ohne größere Verzögerungen abzuschließen und Schlussrechnung zu erstellen, keine besondere Treuepflicht i. S. d. § 266, sondern eine allgemeine sonstige Pflicht, deren Unterlassen nicht zur Strafbarkeit führt (OLG Frankfurt am Main, MDR 1994, 1232).

Allerdings ist der (vorläufige) Insolvenzverwalter nicht nur zur Sicherung, Erhaltung und Verteilung des vorhandenen Vermögens verpflichtet, sondern auch zur **Betriebsfortführung** (§§ 22, 157 InsO). Damit hat er kaufmännische Aufgaben wahrzunehmen, die per se Risiken in sich bergen. Dies ist grds. zulässig und stellt keine treuepflichtwidrige Vermögensverletzung dar (vgl. Müller-Gugenberger/Bieneck-Schmied, Wirtschaftsstrafrecht, § 31 Rn. 163 mit einer ausführl. Darstellung zum Risikogeschäft).

Untreue **§ 266 StGB**

rweitert wird die Strafbarkeit des **Insolvenzverwalters** durch die Rspr. des BGH zur Befriedigung   15
on Insolvenzforderungen durch den Insolvenzverwalter (BGH, ZInsO 2002, 819).

eistungen von Gläubigern aus der Zeit vor Eröffnung des Insolvenzverfahrens sind Insolvenzorderungen (BGH, ZInsO 2002, 819), auch wenn sie mit Zustimmung des sog. »schwachen« vorufigen Insolvenzverwalters während der vorläufigen Insolvenzverwaltung begründet wurden (zu ragen des Betrugs vgl. § 263 Rdn. 14). Die Gläubiger dieser Forderungen dürfen nach Eröffnung es Insolvenzverfahrens aus der Insolvenzmasse nur noch die ihnen zustehende Quote erhalten. ine vollständige Befriedigung ist rechtswidrig.

)ie vollständige Befriedigung einzelner Insolvenzforderungen in einem Insolvenzverfahren kann eben der möglichen Haftung des Insolvenzverwalters bei **vorsätzlichem** Handeln auch eine Jntreuehandlung gem. § 266 darstellen. Die grds. Vermögensbetreuungspflicht des Insolvenzverwalters besteht ggü. den Insolvenzgläubigern auch in der Einhaltung der Verteilungsgerechtigkeit em. §§ 187 ff. InsO. Eine unrechtmäßige Minderung der zu verteilenden Masse stellt eine **Treuepflichtverletzung** dar (vgl. Rdn. 12).

)er Insolvenzverwalter, der mit einer gesetzlich gewollten, aber risikoreichen Betriebsfortführung ls ehemaliger vorläufiger Verwalter die verteilbare Masse erhöht hat, setzt sich demnach durch die 3efriedigung »schuldnertreuer« Lieferanten aus der Zeit der (schwachen) vorläufigen Insolvenzverwaltung nicht allein der persönlichen Haftung, sondern auch der Strafandrohung des § 266 aus.

)a der vorläufigen Insolvenzmasse aber auch eine Gegenleistung der Gläubiger zugeflossen ist   16
Schadenskompensation), kann, bei einer einheitlichen Betrachtung der Vermögenslage vor und nach der Insolvenzeröffnung, die Verneinung eines Vermögensnachteils tatbestandsausschließende Wirkung haben (vgl. Bittmann-Gerloff, Wirtschaftsstrafrecht, § 25 Rn. 49 zur faktischen Masseverbindlichkeit; zur grds. Frage der Schadenskompensation durch den Zufluss gleichwertiger wirtschaftlicher Vorteile vgl. Fischer, § 266 Rn. 164 ff.).

Zumindest aus strafrechtlicher Sicht erscheint es unverhältnismäßig einen Vermögensschaden zu bejahen, da die Masse und damit rgm. auch die Gläubigerforderungen durch die Betriebsfortführung einen Wertzuwachs erfahren haben. Ohne die rechtliche Zäsur der Verfahrenseröffnung wäre es unzweifelhaft, dass dem schuldnerischen Vermögen durch die Bezahlung des Lieferanten kein Schaden entsteht, sondern nur ein bereits eingetretener wirtschaftlicher Vorteil ausgeglichen wird. Als Folge der BGH-Rspr. wird aber das Vorliegen eines Vermögensschadens i. S. d. § 266 angenommen werden müssen. Es ist deshalb davon auszugehen, dass bei **vorsätzlicher Befriedigung von Insolvenzforderungen**, die aus der Zeit der Betriebsfortführung während der vorläufigen Verwaltung stammen, **der Untreuetatbestand erfüllt ist.**

Der evtl. **Schadensersatzanspruch** der Gläubigergemeinschaft gegen den handelnden Insolvenzverwalter stellt grds. keinen adäquaten Vermögensausgleich dar, der die Strafbarkeit entfallen lässt (SS-Perron § 266 Rn. 42), es sei denn, der Insolvenzverwalter hält ständig eigene liquide Mittel zum Ausgleich des Schadens bereit (vgl. Fischer § 266 Rn. 168).

Dieses Ergebnis ist unbillig. Geht man davon aus, dass die Befriedigung von Altforderungen durch einen vorläufigen Insolvenzverwalter von einer mutmaßlichen Einwilligung des Vermögensinhabers gedeckt ist, wenn die Leistung der Betriebserhaltung dient (vgl. Schmidt/Roth, ZInsO 2006, 177), muss dies auch für die Befriedigung von Insolvenzgläubigern gelten, deren gleichwertige Leistung der Insolvenzmasse unzweifelhaft – wenn auch im vorläufigen Verfahren – zugutegekommen ist. Die tatbestandsausschließende Einwilligung kann daher unterstellt werden.

▶ Hinweis:

Einen sicheren Lösungsweg, um die »Weiterlieferer« im Eröffnungsverfahren zu schützen, bieten nur die richterliche Anordnung einer starken vorläufigen Insolvenzverwaltung, die aufgrund des Übergangs der Verwaltungs- und Verfügungsbefugnis allerdings ultima ratio sein soll, oder die schwierig zu handhabende Einzelermächtigung (vgl. Schmidt/Roth, ZInsO 2006, 177; § 263

Borchardt

Rdn. 14 f.). Zudem lässt sich die »nachträgliche« Genehmigung der Gläubigerbefriedigung durch die Gläubigerversammlung sowohl die Haftung als auch die Strafbarkeit entfallen, da in diesen Fällen eine tatbestandsausschließende Einwilligung der Gläubiger vorliegt.

16a Problematisch ist die Beurteilung der Strafbarkeit des Insolvenzverwalters, wenn dieser nach Anzeige der **Masseunzulänglichkeit** (§ 208 InsO) die zwingende Befriedigungsanordnung des § 209 InsO verletzt. Masseunzulänglichkeit liegt vor, wenn die Insolvenzmasse nicht ausreicht, um nach Begleichung der Verfahrenskosten (§ 54 InsO) auch die sonstigen Masseverbindlichkeiten (§ 55 InsO) zu befriedigen (vgl. § 208 InsO Rdn. 2; vgl. dazu die verschärfte Rechtsprechung des BGH, ZInsO 2010, 2323; BGH, ZInsO 2010, 2188 bei faktischer Masseunzulänglichkeit).

Befriedigt der Insolvenzverwalter einzelne Altmassegläubiger, etwa um seine persönliche Haftung zu vermeiden (vgl. § 61 InsO), so kann darin zugleich die Verwirklichung des Untreuetatbestandes liegen. Eine mutmaßliche Einwilligung der sonstigen Altmassegläubiger kann in diesem Fall gerade nicht unterstellt werden, da alle Altmassegläubiger gleichermaßen eine Leistung zur Masse erbracht haben.

17 Bei »**kick-back-Geschäften**« ist der Insolvenzverwalter nur dann strafbar, wenn der Insolvenzmasse ein Schaden zugefügt wurde. Ein derartiges Geschäft liegt vor, wenn der Insolvenzverwalter für die Masse einen Auftrag erteilt (z. B. die Erstellung von Steuererklärungen) und der Auftragnehmer mittelbar (über Gewinnausschüttungen an den gesellschaftsrechtlich beteiligten Insolvenzverwalter) oder unmittelbar an dem Auftragshonorar partizipiert.

Ein Schaden der Insolvenzmasse ist zu verneinen, wenn dem »kick-back-Geschäft« öffentlich-rechtliche Gebührenbestimmungen oder Preisbindungen zugrunde liegen und für die Zahlung des Geldbetrags aus der Masse eine »echte« Gegenleistung erfolgte (so LG Magdeburg, wistra 2002, 150 bei teilweisem Rückfluss von Anwaltsgebühren auf ein Privatkonto des Insolvenzverwalters). Die Untreuehandlung kann auch bei »kick-back-Geschäften« deshalb nur vorliegen, wenn die Zuwendungen an den Insolvenzverwalter eine Gegenleistung für **pflichtwidrige** Dispositionen (**Unter-Preis-Verkäufe** u. Ä.) darstellen (Weyand/Diversy, Insolvenzdelikte, Rn. 226; Wessing, NZI 2003, 1). In der Lit. wird z. T. vertreten, dass sei den Untreuetatbestand verwirklichendes »kick-back-Geschäft« bereits dann vorliegt, wenn der Insolvenzverwalter Gesellschaften, an denen er beteiligt ist, für bestimmte Tätigkeiten beauftragt (Wessing, NZI 2003, 1). Diese Ansicht ist grds. zu weitgehend und wird auch durch die Entscheidungen der Rspr. zur Verteilung von Aufträgen i. R. der Insolvenzverwaltung nicht bestätigt (BGH, ZInsO 2004, 1348). In diesem Zusammenhang kann Untreue aber immer dann in Betracht kommen, wenn der Insolvenzverwalter besondere Vergütungen ggü. der Insolvenzmasse abrechnet, obwohl dies aufgrund der Sachlage nicht gerechtfertigt ist (Bittmann-Gerloff, Insolvenzstrafrecht, § 24 Rn. 28).

Aufgrund der schwierigen Beurteilungskriterien, wann eine besondere Vergütung gerechtfertigt ist, ist eine Strafbarkeit nur in den Fällen anzunehmen, in denen für alle Seiten **offenkundig** ist, dass keine besondere Sachkunde für die Bearbeitung der Aufgaben notwendig war (§ 5 InsO). In anderen Fällen dürfte insb. die subjektive Tatbestandsseite schwer nachweisbar sein (Bittmann-Gerloff, Insolvenzstrafrecht, § 24 Rn. 28).

18 Der Insolvenzverwalter ist je nach Umfang des Insolvenzverfahrens berechtigt, zusätzliche Hilfskräfte zulasten der Insolvenzmasse einzusetzen oder Dienst- bzw. Werkverträge mit Gesellschaften zu vereinbaren, an denen er beteiligt ist (vgl. § 4 InsVV Rdn. 6; MK-Nowak § 4 InsVV Rn. 6). Dies ergibt sich auch aus den gesetzlichen Regelungen der §§ 4 und 5 InsVV, die eine Sondervergütung an den Insolvenzverwalter grds. zulassen (vgl. § 4 InsVV Rdn. 7; KPB-Eickmann § 4 InsVV Rn. 39a). In Zweifelsfällen ist der Insolvenzverwalter allerdings verpflichtet, dies dem Insolvenzgericht anzuzeigen, um Vergütungsreduzierungen zu vermeiden, da die Insolvenzgerichte in der Praxis dazu neigen, zweifelhafte Sondervergütungen von der Insolvenzverwaltervergütung abzuziehen.

Eine Untreue des Insolvenzverwalters kommt bei berechtigtem Einsatz von Dritten nur dann in Betracht, wenn er unangemessen hohe Vergütungssätze, die weder durch den Aufwand noch durch sonstige Besonderheiten der abzuwickelnden Aufgabe gerechtfertigt sind, vereinbart. Der Verwalter ist als Vermögensverwalter der Masse verpflichtet, nur angemessene und ortsübliche Entgelte zu vereinbaren (Bittmann-Gerloff, Insolvenzstrafrecht, § 24 Rn. 14). Dies ist grds. gewährleistet, wenn nach den einschlägigen Gebührenordnungen abgerechnet wird.

Der (vorläufige) Sachwalter

Mit Inkrafttreten des ESUG (BGBl. I 2011, S. 2528) wurden die Möglichkeiten der Insolvenzabwicklung in Eigenverwaltung erheblich erleichtert. Wurde das Verfahren auf Eigenverwaltung eröffnet, treffen den Sachwalter Aufsichtspflichten nach den §§ 270 ff. InsO. Der Sachwalter hält über die schuldnerische Geschäftsführung die Aufsicht und prüft dessen wirtschaftliche Lage (§ 274 Abs. 2 InsO). Er wird nach schuldnerischem Antrag (§ 270 Abs. 1 InsO) und Stattgabe des Gerichts (§ 270 Abs. 2 Nr. 1 InsO) von diesem bestellt (§ 270c InsO), vgl. zu den Voraussetzungen Kommentierung zur InsO Fiebig, §§ 270 ff. InsO. 19

Insbesondere hat er – soweit angeordnet – die Zustimmungsbefugnis über vom Schuldner eingegangene nicht zum normalen Geschäftsbetrieb gehörende Verbindlichkeiten gem. § 275 Abs. 1 InsO. Wie im Fall des »schwachen« vorl. Insolvenzverwalters (Rdn. 10) kann der Sachwalter die Zustimmung zu strafbewehrten Pflichten des Schuldners ablehnen, da er mangels strafbarer Haupttat **nicht als Teilnehmer** strafbar ist. Auch ein unterlassener Widerspruch i. S. d. § 275 Abs. 1, 2. Alt. InsO kann keine Teilnahme an einer strafbaren Haupttat begründen, da solche Verbindlichkeiten *per se* nicht zum »gewöhnlichen Geschäftsbetrieb« i. S. d. Vorschrift gehören. Ordnet das Gericht die Zustimmungsbedürftigkeit nach § 277 InsO an, könnte sich grds. daraus eine strafrechtliche Verantwortung ergeben (vgl. Weyand/Diversy, Insolvenzdelikte, Rn. 223). Allerdings ist die Anordnung des Gerichts auf die Zustimmung einzelner Rechtsgeschäfte gerichtet, sodass es nur in konstruierten Fällen zu einer täterschaftlichen Stellung des Sachwalters führen dürfte. 20

Größere Relevanz dürfte in der Praxis die grundsätzliche Überwachungspflicht des Sachwalters i. S. d. § 274 InsO haben. Wird die Pflicht verletzt, kommt zumindest bei einer gravierenden Pflichtverletzung des Eigenverwalters bzw. dessen Organe (vgl. hierzu Thole/Brinkmann, ZIP 2013, 1097) eine entsprechende Haftung nach § 60 InsO (vgl. § 274 Abs. 1 InsO) in Betracht. Trotzdem ist zweifelhaft, ob selbst strafbewehrte Handlungen des Schuldners eine Strafbarkeit des Sachwalters als Teilnehmer begründen können.

Für den vorläufigen Sachwalter gilt Entsprechendes. Dieser wird im Rahmen des Schutzschirmverfahrens nach § 270b InsO bestellt, gilt, da auf ihn die §§ 274, 275 InsO entsprechende Anwendung finden und seine Rechtsstellung – und damit dessen Pflichten – die des Sachwalters im eröffneten Verfahren gleicht. 21

III. Teilnahme

Nachdem der BGH seine Rechtsprechung zur Interessenformel aufgegeben hat, kommt bei einer täterschaftlichen Verurteilung nach § 283 StGB die Beihilfe zur Untreue in Tateinheit in Betracht, vgl. BGH, NJW 2012, 2366, 2369. 22

F. Sonstige Tatbestandsvoraussetzungen

Für den **subjektiven Tatbestand** genügt bedingter Vorsatz (SS-Perron § 266 Rn. 49). Der **Versuch** ist nicht strafbar, ebenso wenig die **fahrlässige** Begehung. 23

Vollendet ist die Untreue mit dem Eintritt des Vermögensnachteils, auch in Form der Vermögensgefährdung. **Beendigung** tritt bei endgültigem Vermögensverlust ein (Fischer § 266 Rn. 150, 187).

§ 266a StGB Vorenthalten und Veruntreuen von Arbeitsentgelt

§ 266a Vorenthalten und Veruntreuen von Arbeitsentgelt

(1) Wer als Arbeitgeber der Einzugsstelle Beiträge des Arbeitnehmers zur Sozialversicherung einschließlich der Arbeitsförderung, unabhängig davon, ob Arbeitsentgelt gezahlt wird, vorenthält wird mit Freiheitsstrafe bis zu fünf Jahren oder mit Geldstrafe bestraft.

(2) Ebenso wird bestraft, wer als Arbeitgeber
1. der für den Einzug der Beiträge zuständigen Stelle über sozialversicherungsrechtlich erhebliche Tatsachen unrichtige oder unvollständige Angaben macht oder
2. die für den Einzug der Beiträge zuständige Stelle pflichtwidrig über sozialversicherungsrechtlich erhebliche Tatsachen in Unkenntnis lässt

und dadurch dieser Stelle vom Arbeitgeber zu tragende Beiträge zur Sozialversicherung einschließlich der Arbeitsförderung, unabhängig davon, ob Arbeitsentgelt gezahlt wird, vorenthält

(3) Wer als Arbeitgeber sonst Teile des Arbeitsentgelts, die er für den Arbeitnehmer an einen anderen zu zahlen hat, dem Arbeitnehmer einbehält, sie jedoch an den anderen nicht zahlt und es unterlässt, den Arbeitnehmer spätestens im Zeitpunkt der Fälligkeit oder unverzüglich danach über das Unterlassen der Zahlung an den anderen zu unterrichten, wird mit Freiheitsstrafe bis zu fünf Jahren oder mit Geldstrafe bestraft. Satz 1 gilt nicht für Teile des Arbeitsentgelts, die als Lohnsteuer einbehalten werden.

(4) In besonders schweren Fällen der Absätze 1 und 2 ist die Strafe Freiheitsstrafe von sechs Monaten bis zu zehn Jahren. Ein besonders schwerer Fall liegt in der Regel vor, wenn der Täter
1. aus grobem Eigennutz in großem Ausmaß Beiträge vorenthält,
2. unter Verwendung nachgemachter oder verfälschter Belege fortgesetzt Beiträge vorenthält oder
3. die Mithilfe eines Amtsträgers ausnutzt, der seine Befugnisse oder seine Stellung missbraucht

(5) Dem Arbeitgeber stehen der Auftraggeber eines Heimarbeiters, Hausgewerbetreibenden oder einer Person, die im Sinne des Heimarbeitsgesetzes diesen gleichgestellt ist, sowie der Zwischenmeister gleich.

(6) In den Fällen der Absätze 1 und 2 kann das Gericht von einer Bestrafung nach dieser Vorschrift absehen, wenn der Arbeitgeber spätestens im Zeitpunkt der Fälligkeit oder unverzüglich danach der Einzugsstelle schriftlich
1. die Höhe der vorenthaltenen Beiträge mitteilt und
2. darlegt, warum die fristgemäße Zahlung nicht möglich ist, obwohl er sich darum ernsthaft bemüht hat.

Liegen die Voraussetzungen des Satzes 1 vor und werden die Beiträge dann nachträglich innerhalb der von der Einzugsstelle bestimmten angemessenen Frist entrichtet, wird der Täter insoweit nicht bestraft. In den Fällen des Absatzes 3 gelten die Sätze 1 und 2 entsprechend.

Übersicht	Rdn.		Rdn.
A. Schutzzweck der Norm	1	IV. Subjektiver Tatbestand	20
B. Insolvenzrechtliche Relevanz	2	V. Besonders schwerer Fall gem. Abs. 4	22
C. Normcharakter	4	VI. Persönlicher Aufhebungsgrund gem. Abs. 6/strafbefreiende Selbstanzeige	23
D. Tatbestandsvoraussetzungen gem. Abs. 1, 2	5	VII. Sonstige Tatbestandsmerkmale	24
I. Allgemeine Tatbestandsvoraussetzungen	5	**E. Strafbarkeit des (vorläufigen) Insolvenzverwalters**	25
II. Tathandlungen	12		
III. Unmöglichkeit und Zumutbarkeit	16		

A. Schutzzweck der Norm

1 Geschützte Rechtsgüter sind in Abs. 1 und 2 vor allem **das Interesse der Solidargemeinschaft** an der Sicherstellung des Aufkommens der Mittel (BGH, NStZ 2010, 216) für die Sozialversicherung

sowie in Abs. 3 das **Vermögen der Arbeitnehmer** (Fischer, § 266a Rn. 2). Die dogmatische Einordnung der Beitragsvorenthaltung als Sonderfall der Untreue ist daher fehlerhaft, es handelt sich vielmehr um einen Straftatbestand sui generis (Achenbach/Ransiek-Bente, Handbuch Wirtschaftsstrafrecht, 12. Teil 2 Rn. 7).

B. Insolvenzrechtliche Relevanz

§ 266a ist **Schutzgesetz** i. S. v. § 823 Abs. 2 BGB (BGH, NStZ 1997, 125; Fischer, § 266 Rn. 2); weit höhere praktische Bedeutung als die Strafverfolgung haben Schadensersatzklagen, insb. gegen Geschäftsführer von Kapitalgesellschaften.

Der überwiegende Teil der Rspr. zu § 266a stammt daher von Zivilgerichten (Fischer, § 266a Rn. 2). Auffällig ist dabei, dass straf- und zivilrechtliche Entscheidungen auseinanderfallen können (Achenbach/Ransiek-Bente, Handbuch Wirtschaftsstrafrecht, 12. Teil 2 Rn. 4). § 266a ist ein typischerweise in **der Krise von Unternehmen** verwirklichter Straftatbestand. Um das Unternehmen aufrechtzuerhalten, wird Liquidität auf Kosten der Sozialversicherungsträger und damit der Allgemeinheit generiert (Wabnitz/Janovsky-Köhler, Handbuch des Wirtschafts- und Steuerstrafrechts, Kap. 7 Rn. 221). Die Strafjustiz ist deshalb mit Fällen des § 266a nahezu ausschließlich dann befasst, wenn die Beitragsrückstände in einer Unternehmenskrise auftreten (Bittmann-Bittmann, Insolvenzstrafrecht, § 21 Rn. 2). Die forensische Bedeutung des § 266a zeigt sich darin, dass etwa ein Drittel der verfolgten Wirtschaftsstrafsachen Straftaten des Vorenthaltens von Arbeitsentgelt zum Gegenstand haben (Bittmann-Bittmann, Insolvenzstrafrecht, § 21 Rn. 11).

C. Normcharakter

§ 266a ist ein **Sonderdelikt**, da Täter nur die aufgeführten Personen sein können.

D. Tatbestandsvoraussetzungen gem. Abs. 1, 2

I. Allgemeine Tatbestandsvoraussetzungen

Der objektive Tatbestand des Abs. 1 – erweitert hinsichtl. des Täterkreises durch Abs. 4 – setzt das **Vorenthalten von Pflichtbeiträgen** des Arbeitnehmers zur Sozialversicherung oder zur Bundesanstalt für Arbeit (seit dem 01.01.2004 »Bundesagentur für Arbeit«) durch **Arbeitgeber** oder **gleichgestellte Personen** voraus (SS-Perron § 266a Rn. 3).

Täter i. S. v. Abs. 1 bis 3 können nur der **Arbeitgeber** und die nach Abs. 5 gleichgestellten Personen, ferner deren Vertretungsberechtigte i. S. d. § 14 StGB sein. Arbeitgeber ist bei öffentlich-rechtlichen wie bei privatrechtlichen Arbeitsverhältnissen der Dienstberechtigte gem. §§ 611 ff. BGB (Fischer, § 266a Rn. 4 f. mit Merkmalen der Arbeitnehmerstellung). Unabhängig von der zwischen den Parteien vereinbarten vertraglichen Gestaltung ist aber auch Arbeitgeber, wer Scheinselbstständige und damit sozialversicherungs- und lohnsteuerpflichtige Arbeitnehmer beschäftigt (BGH, NStZ 2010, 337).

Der **Insolvenzverwalter** ist Arbeitgeber aufgrund des Übergangs des Verfügungsrechts gem. § 80 InsO (Fischer, § 266a Rn. 6). Strittig ist, ob dies auch für den **vorläufigen Insolvenzverwalter** gilt. Zumindest für den **starke vorläufige Verwalter** muss die Arbeitgeberstellung bejaht werden, da gem. § 21 Abs. 2 Nr. 2, 1. Alt. InsO die Verwaltungs- und Verfügungsbefugnis auf ihn übergeht (Wabnitz/Janovsky-Köhler, Handbuch des Wirtschafts- und Steuerstrafrechts, Kap. 7 Rn. 225). Für den **schwachen vorläufigen Verwalter** ist dies zu verneinen, da sich in diesem Fall die Tätigkeit auf die Vermögenssicherung und die Vorbereitung des Insolvenzverfahrens beschränkt, vgl. § 21 Abs. 1 InsO (SS-Perron, § 266a Rn. 11, der die Arbeitgeberstellung des vorl. Insolvenzverwalters aus diesem Grund insgesamt ablehnt). Vgl. auch Rdn. 25 f.

Bei **juristischen Personen** und **rechtsfähigen Personengesellschaften** ergibt sich die strafrechtliche Zurechnung der Verantwortlichkeit des maßgeblichen Vertretungsberechtigten über § 14 Abs. 1 StGB (Bitter, ZInsO 2010, 1561, 1570).

9 Eine interne Zuständigkeitsregelung bei **mehrköpfiger Geschäftsführung** befreit die nach dieser Regelung nicht zuständigen Geschäftsführer **nicht** von der Verantwortung und Haftung (BGH NZG 2008, 628, 629). Der BGH spricht von einer **Allzuständigkeit** der Geschäftsführung (BGH NJW 1997, 130). Dieser Grundsatz gilt bei kleineren Unternehmen unbeschränkt. Der zuständige Geschäftsführer kann sich nicht damit entlasten, dass er die ordnungsgemäße Begleichung der Arbeitnehmerbeiträge Mitarbeitern oder einem Dritten überlassen hat (Warrikoff, ZInsO 2003, 973).

Bei größeren Unternehmen oder Konzernstrukturen muss der nach der internen Geschäftsordnung **unzuständige Geschäftsführer** nur dann eingreifen, wenn Anhaltspunkte dafür bestehen, dass der zuständige Geschäftsführer seinen Verpflichtungen nicht nachkommt. Insoweit treffen auch ihn **Überwachungspflichten**. Diese konkretisieren sich vor allem **in finanziellen Krisensituationen**. Der BGH weist in der oben zitierten Entscheidung darauf hin, dass sich in solchen Situationen auch die unzuständigen Geschäftsführer gezielt um die pflichtgemäße Abführung der Arbeitnehmerbeiträge kümmern müssen (vgl. BGH, ZInsO 2004, 39).

Die Verantwortlichkeit des Vertretungsberechtigten endet mit Anordnung der starken vorläufigen Insolvenzverwaltung, spätestens mit Eröffnung des Insolvenzverfahrens (Bittmann-Bittmann, Insolvenzstrafrecht, § 21 Rn. 23). Die gleichen Grundsätze gelten für den Vorstand einer Aktiengesellschaft, die ressortmäßige Aufgabenverteilung ändert daran nichts (Wabnitz/Janovsky-Köhler, Handbuch des Wirtschafts- und Steuerstrafrechts, Kap. 7 Rn. 224).

10 Täter kann auch der **faktische Geschäftsführer** sein (BGH, NStZ 2002, 547; vgl. Wabnitz/Janovsky-Köhler, Handbuch des Wirtschafts- und Steuerstrafrechts, Kap. 7 Rn. 282 ff.; OLG Koblenz NZG 2010, 471, 472; a. A. SS-Perron, § 266a Rn. 11). Der mit kaufmännischen Angelegenheiten befasste faktische Geschäftsführer ist über § 14 Abs. 1 StGB strafrechtlich für die nicht ordnungsgemäße Abführung der Arbeitnehmeranteile verantwortlich, sofern er die kaufmännischen Angelegenheiten eigenständig erledigt (Achenbach/Ransiek-Bente, Handbuch Wirtschaftsstrafrecht, 12. Teil, 2 Rn. 12). Der faktische Geschäftsführer und der formelle Geschäftsführer können **nebeneinander** taugliche Täter sein (BGH, ZIP 2002, 2143). **Nicht als Täter kommt der Scheingeschäftsführer** einer GmbH in Betracht, der über **keinerlei Kompetenzen** verfügt und damit nicht auf die rechtliche und wirtschaftliche Entwicklung der Gesellschaft Einfluss nehmen kann (OLG Hamm NStZ-RR 2001, 173; Fischer, § 266a Rn. 5).

11 Abs. 1 erfasst **lediglich den vom Arbeitnehmer zu erbringenden Anteil am Gesamtsozialversicherungsbeitrag**, zu dessen Einbehaltung vom Bruttolohn der Arbeitgeber gem. §§ 28e, g SGB IV verpflichtet ist (SS-Perron, § 266a Rn. 4). Dementsprechend werden von § 266a nicht die Sozialversicherungsbeiträge erfasst, die der Arbeitgeber allein zu tragen hat, d. h. vor allen Dingen die Beiträge zur Unfallversicherung (§§ 150 ff. SGB VII). Auch bei den Minijobs auf 400,00 €-Basis hat der Arbeitgeber die **Pauschbeträge** zur Kranken- und Rentenversicherung allein zu tragen.

In den Fällen der Nichtabführung der Sozialversicherungsbeiträge kommt es häufig gleichzeitig zu einer **Nichtzahlung des Lohns** an die Arbeitnehmer. Es kommt für die Bestrafung nur darauf an, dass die Arbeitnehmeranteile nicht abgeführt wurden. Da die Abs. 2 und 3 der Vorschrift in der Praxis nur geringe Bedeutung haben, beschränkt sich die Kommentierung auf § 226a Abs. 1.

II. Tathandlungen

12 Der Arbeitgeber muss die Arbeitnehmerbeiträge der Einzugsstelle **vorenthalten**. Dies ist der Fall, wenn er es ganz oder teilweise unterlässt, die geschuldeten Beiträge spätestens bis zum **Ablauf des Fälligkeitstages** abzuführen (SS-Perron, § 266a Rn. 5). Das Vorenthalten muss **nicht auf Dauer** erfolgen, sodass auch die befristete »Kreditbeschaffung bei der Sozialversicherung« im Fall eines Zahlungsengpasses des Arbeitgebers grds. Strafbarkeit nach sich zieht (Wabnitz/Janovsky-Köhler, Handbuch des Wirtschafts- und Steuerstrafrechts, Kap. 7 Rn. 232). Die Fälligkeit der Beitragsschuld tritt am drittletzten Bankarbeitstag vor Ablauf des entgeltauslösenden Beschäftigungsmonats ein (§ 23 Abs. 1 SGB IV).

eine **Stundung** durch die Einzugsstelle schiebt die Fälligkeit hinaus (Fischer, § 266a Rn. 11a). Die Einzugsstellen haben sich bei Stundungsvereinbarungen am Wirtschaftlichkeitsgebot zu orientieren § 76 SGB IV). Kann der Arbeitgeber wegen seiner Situation keine werthaltige Sicherheit leisten, so müssen sämtliche Stundungen über mehr als einen Monat die Ausnahme bleiben (Bittmann-Bittmann, Insolvenzstrafrecht, § 21 Rn. 60). **Nachträgliche** Stundungsvereinbarungen lassen die Strafbarkeit unberührt. 13

Leistet der Arbeitgeber vor oder bei Fälligkeit weniger als die geschuldete Gesamtsumme der Arbeitnehmer- und Arbeitgeberanteile, so gilt die Beitragsverfahrensverordnung (welche die BeitrittszahlungsVO 2006 ablöste; BGBl. 1138). Danach werden Teilzahlungen gleichmäßig auf fällige Arbeitnehmer- und Arbeitgeberteile angerechnet. Zur Vermeidung der Strafbarkeit muss der Arbeitgeber eine hiervon abweichende **Tilgungsbestimmung** dahin gehend treffen, dass die Zahlungen vollständig auf die Arbeitnehmerbeiträge anzurechnen sind. 14

▶ Hinweis:

Bei Fehlen einer ausdrücklichen Erklärung zur Tilgungsbestimmung entfällt die Strafbarkeit nicht. Insbesondere ist darin keine konkludente Tilgungsbestimmung zu sehen, obwohl dies dem offensichtlichen Interesse des Arbeitgebers entspricht. Auch eine konkludente Tilgungsbestimmung muss »greifbar« in Erscheinung getreten sein (BGH, NZI 2001, 546; Fischer § 266a Rn. 11).

Die Ansicht des BGH (a. a. O.) ist nicht unumstritten, zumal eine aktuelle höchstrichterlich strafrechtliche Entscheidung zu dieser Thematik nicht vorliegt. Die Problematik hat auch nicht durch die Einführung des Abs. 2 an Bedeutung verloren, da dieser an das Vorliegen weiterer Tatbestandsmerkmale anknüpft (a. A. Fischer, § 266a Rn. 11). Die Beitragsverfahrensverordnung regelt zwar für den Fall einer fehlenden Tilgungsbestimmung die gleichmäßige Verteilung der eingegangenen Teilzahlungen auf Arbeitnehmer- und Arbeitgeberanteile, jedoch ist fraglich, ob diese Verordnung, d. h. letztendlich die Einzugsstelle, durch eine Buchungsanweisung über die Strafbarkeit des Arbeitgebers entscheiden kann. Im Zweifel ist vielmehr davon auszugehen, dass der Arbeitgeber in Kenntnis der Rechtslage auch stillschweigend stets die für ihn günstigste Tilgungsvariante wählt (mit überzeugenden Argumenten vgl. Klam, ZInsO 2005, 1250).

Der neu eingefügte Tatbestand des Abs. 2 hat in der Praxis bisher nur geringe Bedeutung. Er stellt das Vorenthalten von Arbeitgeberbeiträgen zur Sozialversicherung unter Strafe (Fischer § 266a Rn. 19). Die Regelung gilt als nicht geglückt, da unkritisch die tatbestandlichen Voraussetzungen des § 370 AO übernommen wurden (vgl. Rönnau/Kirch-Heim, wistra 2005, 321 mit überzeugenden Argumenten). 15

▶ Hinweis:

Das Nichtabführen von Arbeitgeberanteilen zur Sozialversicherung ist seit dem 23.07.2004 strafbar (vgl. dazu das Schwarzarbeiterbekämpfungsgesetz – SchwarzArbG vom 23.07.2004, BGBl. I S 1842)!

III. Unmöglichkeit und Zumutbarkeit

Das Vorenthalten der Beiträge bzw. das Unterlassen ihrer Zahlung setzt nach allgemeinen Grundsätzen voraus, dass dem Täter die Abführung der Beiträge möglich und zumutbar ist (BGH, NJW 2005, 3650 f.; OLG Celle, NJW 2001, 2985, 2986). **Unmöglichkeit** liegt vor, wenn der Täter aus **tatsächlichen** Gründen (z. B. Krankheit) oder **rechtlichen** Gründen (Anordnung der starken vorläufigen Verwaltung oder Eröffnung des Insolvenzverfahrens, vgl. Rdn. 25) verhindert ist, die entsprechenden Dispositionen zu treffen (SS-Perron, § 266a Rn. 10). Unmöglichkeit i. d. S. ist auch dann gegeben, wenn der Arbeitgeber im maßgeblichen Zeitpunkt zahlungsunfähig ist (BGH, ZInsO 2007, 265; NStZ 2002, 547; Wabnitz/Janovsky-Köhler, Handbuch des Wirtschafts- und Steuerstrafrechts, Kap. 7 Rn. 240). 16

17 **Unmöglichkeit bedingende Zahlungsunfähigkeit** ist allerdings nur dann gegeben, wenn dem Arbeitgeber die Mittel nicht mehr zur Verfügung stehen, um ganz konkret die fälligen Arbeitnehmeranteile zur Sozialversicherung abzuführen (BGH, NJW 2002, 1123). Das bedeutet, dass von einer die Strafbarkeit ausschließenden Unmöglichkeit nur dann auszugehen ist, wenn der Schuldner aus Geldmangel zu **überhaupt keinen Zahlungen** mehr (ausgenommen »unwesentliche Kleinzahlungen) in der Lage ist. Der Pflicht zur Abführung der Arbeitnehmeranteile kommt ein **absoluter Vorrang** vor anderen Verbindlichkeiten zu (BGHZ 134, 304 = NJW 1997, 1237). Der Arbeitgeber muss zur Vermeidung strafbaren Verhaltens noch vorhandene Mittel **zuallererst** dazu verwenden, die Arbeitnehmeranteile zur Sozialversicherung abzuführen (BGH, NStZ 2002, 54 mit Verweis auf BGH, ZIP 2002, 261; Wabnitz/Janovsky-Köhler, Handbuch des Wirtschafts- und Steuerstrafrechts, Kap. 7 Rn. 240). Die Strafbarkeit des Geschäftsführers gem. Abs. 1, § 14 Abs. Nr. 1 StGB wird nicht durch die Unmöglichkeit der Leistungsfähigkeit im Fälligkeitszeitpunkt ausgeschlossen, wenn nach den Grundsätzen der »omissio libera in causa« ein **pflichtwidriges Verhalten im Vorfeld** der Zahlungsunfähigkeit festzustellen ist. Dies ist insb. daran zu erkennen, dass sich der handlungspflichtige Täter durch Begleichung anderer Verbindlichkeiten vorsätzlich seiner Handlungsmöglichkeit beschnitten hat (BGH, ZInsO 2007, 265; BGH, NJW 2002, 2480; a. A. Kiethe, ZIP 2003, 1957).

Aufgrund der Vorrangstellung der Sozialversicherungsbeiträge ist der Arbeitgeber notfalls sogar verpflichtet, durch **besondere Maßnahmen** (Aufstellung eines Liquiditätsplans und Bildung von Rückstellungen) die Zahlung zum Fälligkeitszeitpunkt sicherzustellen (BGH = NJW 1997, 130 mit der Pflicht, ggf. Lohnkürzungen vorzunehmen). Unmöglichkeit soll gegeben sein, wenn dem Arbeitgeber die liquiden Mittel im Wege der Zwangsvollstreckung »weggepfändet« werden oder dem Schuldner ein Drittschuldner ohne Kompensation ausfällt (Bittmann-Bittmann, Insolvenzstrafrecht, § 21 Rn. 80). Dies wird allerdings wegen des üblicherweise pflichtwidrigen Verhaltens im Vorfeld nur selten eintreten. Das pflichtwidrige Verhalten **früherer Arbeitgeber** kann dem Arbeitgeber aber grds. nicht zugeordnet werden (BGH, NJW 2002, 1122).

18 Der Arbeitgeber ist nicht strafbar, wenn er aufgrund einer **rechtfertigenden Pflichtenkollision** die Abführung der Sozialversicherungsbeiträge der Arbeitnehmer unterlässt (BGH, NJW 2003, 3787). Der BGH sieht für Geschäftsführer einer GmbH in dem Schutzzweck des § 64 Satz 1 GmbHG und § 266a einen Wertungswiderspruch mit der Folge, dass während der **dreiwöchigen Insolvenzantragsfrist** nach diesem zivilrechtlichen Verständnis die Nichtabführung der Arbeitnehmerbeiträge **gerechtfertigt war**. Im Umkehrschluss führt die Beitragszahlung zur Haftung des Geschäftsführers, der sich damit in einer Zwickmühle zwischen zivilrechtlicher und strafrechtlicher Tatbestandsverwirklichung befand. Diese Frist galt als Höchstfrist, die mit Kenntnisnahme durch das Organ beginnt und dazu dient, den Organen der Gesellschaft die Möglichkeit für Sanierungsversuche zu lassen (BGH, GmbHR 2005, 1419; zum Ganzen ausführl. vgl. Bittmann-Bittmann, Insolvenzstrafrecht, § 21 Rn. 91 ff. Einschränkend stellte der BGH in Zivilsachen jedoch klar, dass sich der Geschäftsführer jedenfalls dann nicht auf eine Pflichtenkollision berufen kann, wenn er trotz der Insolvenzreife Zahlungen an andere Gesellschaftsgläubiger leistet, die nicht mit der Sorgfalt eines ordentlichen Geschäftsmannes vereinbar sind (BGH, NZG 2010, 305, 306; BGH, NZG 2009, 295) oder wenn er die Insolvenzantragspflicht ungenutzt verstreichen lässt (BGH, NZG 2009, 32).

Damit hat sich auch der früher herrschende Streit zwischen dem BGH für Straf- und Zivilsachen über die Haftung des Geschäftsführers erledigt, nachdem der II. Zivilsenat mit Urt. v. 14.05.2007 seine frühere Rspr., aufgab.

▶ **Hinweis:**

> Jedenfalls mit Ablauf der Drei-Wochen-Frist des § 15a InsO entfällt ex nunc die rechtfertigende Wirkung, die aufgrund der Pflichtenkollision entstanden ist. Es muss daher mit Fristende Insolvenz angemeldet werden, um eine Haftung zu vermeiden.

Die Abführung der Arbeitnehmeranteile ist auch nicht deshalb unzumutbar, weil die Zahlung nach einer etwaigen Insolvenzeröffnung **anfechtbar** sein könnte (Bittmann-Bittmann, Insolvenzstrafrecht, § 21 Rn. 98).

Stellt sich allerdings im Nachhinein (nach Eröffnung des Insolvenzverfahrens) heraus, dass der Insolvenzverwalter die Zahlung erfolgreich angefochten hätte, entfällt mangels Schaden nicht nur die Haftung auf Schadensersatz (BGH, NJW 2011, 1133, 1134; a. A. BFH, ZIP 2009, 122, 123, demnach die bloße Möglichkeit der Insolvenzanfechtung nicht daran hindert, den durch die pflichtwidrige Nichtabführung eingetretenen Steuerausfall dem Geschäftsführer zuzurechnen und diesen nach § 69 Satz 1 i. V. m. § 34 I AO haften zu lassen) sondern wirkt sich auch strafmildernd aus (Bittmann-Bittmann, Insolvenzstrafrecht, § 21 Rn. 99). Auf die grds. strafbewährte Pflicht zur Abführung der Arbeitnehmerbeiträge hat die Frage der möglichen Anfechtung jedoch keinen Einfluss (BGH, NJW 2011, 1133, 1134; BGH, GmbHR 2005, 1419). In der Beratungspraxis wird daher häufig empfohlen, dass der Arbeitgeber die Krankenkasse zunächst über seine Zahlungsunfähigkeit informiert (Abs. 6) und danach die Arbeitnehmeranteile überweist. § 266a ist damit nicht erfüllt, vgl. Rdn. 23. Zugleich wird der Insolvenzverwalter die Zahlung nach Insolvenzeröffnung anfechten, sodass auch eine Haftung z. B. gem. § 823 Abs. 2 BGB i. V. m. § 64 Satz 1 GmbHG vermieden wird.

V. Subjektiver Tatbestand

Der subjektive Tatbestand setzt in allen Fällen **bedingten Vorsatz** voraus (h. M.). Das Bewusstsein und der Wille, von der gebotenen Abführung der Sozialversicherungsbeiträge bei Fälligkeit abzusehen, sind dabei vorhanden, wenn der Arbeitgeber eine für möglich gehaltene Beitragsvorenthaltung billigt und nicht auf die Erfüllung der Ansprüche der Sozialversicherungsträger hinwirkt (BGH, NZG 2008, 628, 629; OLG Koblenz, NZG 2010, 471, 472). Eine weiter gehende Bereicherungs- oder Entschädigungsabsicht ist nicht erforderlich (SS-Perron, § 266a Rn. 17). **Die Hoffnung auf Stundung schließt den Vorsatz nicht aus.**

Bei einer Vereinbarung über Ratenzahlung handelt der Arbeitgeber vorsätzlich, wenn er keine Rückstellung bildet, um die Raten einzuhalten (Warrikoff, ZInsO 2003, 973)

Im Fall der Unmöglichkeit der Zahlung zum Fälligkeitszeitpunkt setzt die **Zurechnung eines Vorverschuldens** voraus, dass der Täter die Anzeichen von Liquiditätsproblemen, welche besondere Maßnahmen zur Sicherstellung der Zahlungsfähigkeit erforderten, erkannt hat (Fischer, § 266a Rn. 18). Er muss die **Zuspitzung** der wirtschaftlichen Situation und die daraus resultierende Gefährdung der Zahlungsunfähigkeit **kennen** oder **billigend in Kauf** nehmen (BGH, NJW 2002, 1123).

V. Besonders schwerer Fall gem. Abs. 4

Grober Eigennutz ist gegeben, wenn der Täter sich bei der Tat in besonders anstößigem Maß vom Streben nach seinem Vorteil leiten lässt. Die Anstößigkeit des Verhaltens kann sich aus der besonderen Skrupellosigkeit ggü. den Arbeitnehmern ergeben, wenn diese unter Hinweis auf die Beitragszahlungspflicht zu Entgeltstundungen veranlasst werden (Fischer, § 266a Rn. 27). Sie kann sich auch aus einem kollusiven Zusammenwirken ergeben, das durch ein gesteigertes Ausmaß an krimineller Energie geprägt ist (BGH, NStZ 2010, 216).

VI. Persönlicher Aufhebungsgrund gem. Abs. 6/strafbefreiende Selbstanzeige

Nach Abs. 6 kann das Gericht von einer **Bestrafung absehen**, wenn der Arbeitgeber spätestens im Zeitpunkt der Fälligkeit oder unverzüglich danach der Einzugsstelle **schriftlich** die Höhe der vorenthaltenen Beiträge mitteilt und darlegt, warum die fristgerechte Zahlung nicht möglich ist, obwohl er sich ernstlich darum bemüht. Entrichtet der Arbeitgeber die Beiträge dann später, entfällt gem. Abs. 6 Satz 2 die Strafe. Bei insolventen Unternehmen scheitert jedoch eine Straffreiheit nach Abs. 6 Satz 2 in aller Regel an der schlechten wirtschaftlichen Situation (Wabnitz/Janovsky-Köhler, Handbuch des Wirtschafts- und Steuerstrafrechts, Kap. 7 Rn. 251).

VII. Sonstige Tatbestandsmerkmale

24 Nebenfolge einer Verurteilung nach § 266a ist der **Ausschluss von öffentlichen Aufträgen**, falls das Gericht eine Freiheitsstrafe von mehr als 3 Monaten oder eine Geldstrafe von über 90 Tagen verhängt (§ 21 Abs. 1 Nr. 4 des Gesetzes zur Bekämpfung der Schwarzarbeit).

Die Verjährung beginnt gem. § 78a StGB mit der Beendigung der Tat, d. h. sobald die Pflicht zum Handeln entfällt (SS-Perron, § 266a Rn. 31).

E. Strafbarkeit des (vorläufigen) Insolvenzverwalters

25 Der **schwache vorläufige Insolvenzverwalter mit Zustimmungsvorbehalt** gem. § 21 Abs. 2 Nr. 2, 2. Alt. InsO ist mangels Tätereigenschaft nicht strafbar, vgl. Rdn. 7. Nach Richter (NZI 2002, 121) kommt er allerdings **als Unterlassungstäter** in Betracht, wenn er die gebotene Zustimmung zur Abführung der Arbeitnehmeranteile unterlässt. Zumindest im **Insolvenzgeldvorfinanzierungszeitraum** kann dies somit nicht gelten, da die Verpflichtung zur Abführung in diesem Zeitraum nicht besteht.

Aber auch außerhalb dieses Zeitraums führt das **Unterlassen** der erforderlichen Zustimmung nicht zur Strafbarkeit. Diese setzt gem. § 13 StGB eine Garantenpflicht des schwachen vorläufigen Insolvenzverwalters voraus, d. h., dass dieser eine rechtliche Handlungspflicht hat, den Eintritt des strafrechtlichen Erfolges zu verhindern (s. zum Ganzen: Schäferhoff/Gerster, ZIP 2001, 905). Zwar ist ein Amtsträger (als solcher ist der vorläufige Insolvenzverwalter mit seiner Bestellung anzusehen, vgl. § 11 Abs. 1 Nr. 2c) auch ein Garant i. S. d. § 13, die Garantenstellung ist jedoch beschränkt auf die ihm mit diesem Amt übertragenen Pflichten. Die Pflichten des schwachen vorläufigen Verwalters mit Zustimmungsvorbehalt sind jedoch Sicherungspflichten, die allein eine nachteilige Veränderung in der Vermögenslage des Schuldners verhüten sollen (vgl. § 21 Abs. 1 Satz 1 InsO; MK-Haarmeyer, § 21 InsO Rn. 49). Daraus lässt sich eine Garantenstellung für das Rechtsgut des § 266a nicht entnehmen. Täter des § 266a bleibt in diesem Zeitraum der Schuldner (a. A. Wabnitz Janovsky-Köhler, Handbuch des Wirtschafts- und Steuerstrafrechts, Kap. 7 Rn. 224, der auch den [vorläufigen] Verwalter als strafrechtlich Verantwortlichen einordnet, soweit dieser die Zustimmung zur Zahlung der Gesamtsozialversicherungsbeiträge verweigert).

▶ **Hinweis:**

Der Schuldner kann aufgrund einer Zustimmungsverweigerung des vorläufigen Insolvenzverwalters die Arbeitnehmeranteile nicht abführen, sodass ihm die gem. § 266a gebotene Handlung nicht möglich ist. Die Tatbestandsvoraussetzungen der Norm sind damit nicht erfüllt (Rdn. 5 ff. 16). Eine Strafbarkeit entfällt (zur Frage der Haftung des vorläufigen Insolvenzverwalters vgl. § 60 InsO).

26 Der **starke vorläufige Insolvenzverwalter** gem. § 21 Abs. 2 Nr. 2, 1. Alt. InsO besitzt ebenso wie der endgültige Insolvenzverwalter Täterqualität i. S. d. Vorschrift. Er ist dann nach § 266a strafbar, wenn er außerhalb des **Insolvenzgeldvorfinanzierungszeitraums** (max. 3 Monate) Arbeitnehmerleistungen in Anspruch nimmt, jedoch die Sozialversicherungsbeiträge nicht abführt (Richter, NZI 2002, 121; i. E. Röpke/Rothe, NZI 2004, 430; **a. A.** Schäferhoff/Gerstner, ZIP 2001, 905, die die Strafbarkeit des starken vorläufigen Insolvenzverwalters grds. verneinen). Die **Vermeidung der Haftung** und damit auch der Strafbarkeit des vorläufigen starken oder des endgültigen Insolvenzverwalters erfolgt durch die Beendigung des Beschäftigungsverhältnisses. Der (vorläufige) Insolvenzverwalter ist jedoch nicht gezwungen, das Schuldnerunternehmen sofort zu schließen und »blindlings« evtl. vorhandene Vermögenswerte zu zerschlagen.

Er kann sich vielmehr in **angemessener Zeit einen Überblick** verschaffen (OLG Schleswig, ZIP 1985, 556, das in dem Einzelfall eine Sechs-Wochen-Frist für angemessen hielt). Nach a. A. entbindet die Laufzeit der Prüfungspflicht den (vorläufigen) Insolvenzverwalter jedoch nicht von seiner Abführungspflicht. Seine Strafbarkeit entfällt demnach nur, wenn vor seiner Bestellung keine Vorsorge für die Abführung der Arbeitnehmeranteile getroffen worden ist (Richter, NZI 2002,

1, 123). Diese Ansicht ist wegen der grds. **Betriebsfortführungs- und Erhaltungspflicht** des rläufigen Insolvenzverwalters gem. §§ 1, 22 InsO abzulehnen.

Hinweis:

Ist der (starke vorläufige) Insolvenzverwalter aufgrund langer Kündigungsfristen oder fehlender Liquidität zur Abführung der Arbeitnehmeranteile nicht in der Lage, muss er den Arbeitnehmern rechtzeitig kündigen oder sie freistellen und Masseunzulänglichkeit gem. § 208 InsO (gilt nur für den Insolvenzverwalter) anzeigen.

aglich ist, ob der **Insolvenzverwalter** nach Eröffnung des Insolvenzverfahrens aufgrund seiner rpflichtung zur Betriebsfortführung (vgl. §§ 1, 157 InsO) wegen **rechtfertigender Pflichtenkollion** im Ausnahmefall straffrei bleibt, wenn er es unterlässt, die Arbeitnehmeranteile abzuführen. war wird dieser Rechtfertigungsgrund von der h. M. (vgl. SS-Perron, § 266a Rn. 18) genau wie r Notstand gem. § 34 grds. mit Verweis auf Abs. 6 als nicht ausreichend angesehen und der BGH at in einer Entscheidung aus dem Jahr 2002 (BGHSt 47, 318 = NJW 2002, 2480) ausdrückh die **Höherwertigkeit** des strafrechtlichen Schutzes ggü. zivilrechtlichen Handlungspflichten tont. Jedoch können gerade im Bereich des Wirtschaftsstrafrechts **schwerwiegende zivilrechthe Aspekte** nicht unberücksichtigt bleiben (vgl. Wabnitz/Janovsky-Köhler, Handbuch des Wirthafts- und Steuerstrafrechts, Kap. 7 Rn. 42 m. w. N.); Schmidt EWiR 2002, 1017). Auch wenn der solvenzverwalter über einen (vorläufigen) Gläubigerausschuss eine Betriebsstilllegung erwirken ann oder durch die Anzeige der Masseunzulänglichkeit und Freistellung der Arbeitnehmer Mittel sitzt, die seine zivil- und strafrechtliche Verantwortlichkeit ausschließen können, so sind doch ortführungsszenarien denkbar, die es dem Insolvenzverwalter in Ausnahmesituationen nicht mehr rmöglichen, die Arbeitnehmeranteile abzuführen. Dies ist insb. vorstellbar, wenn Sanierungs- oder eräußerungskonzepte scheitern (vgl. Scholz/Tiedemann § 84 GmbHG Rn. 20 ff.). In diesen Fällen ann der Insolvenzverwalter sich rechtfertigend auf seine Betriebserhaltungs- und Fortführungsflicht berufen (i. E. auch A. Schmidt a. a. O.).

Übersicht: Mögliche Kollision der Zahlungspflicht gem. Abs. 1 mit sonstigen Pflichten

Kollisionszeitraum	Liquiditäts-Schwierigkeiten	Insolvenzantragsfrist bei Kapitalgesellschaften	Vorläufiges Insolvenzverfahren	Eröffnetes Insolvenzverfahren
Problem	Schuldner kann nicht mehr **alle** fälligen Rechnungen voll umfänglich befriedigen	Geschäftsführer/Vorstand darf die Masse nicht schmälern (z. B. § 64 Satz 1 GmbHG)	Betriebserhaltungs- und Fortführungspflicht des **starken** vorläufigen Insolvenzverwalters	Betriebsfortführungspflicht des Insolvenzverwalters
Rechtsprechung	BGHZ 134, 304 = NJW 1997, 1237; vgl. Rdn. 17: absoluter Vorrang der Pflicht zur Zahlung der AN-Anteile	BGH, NJW 2007, 2118, 2120; vgl. Rdn. 18, 19: Die Abführung der Arbeitnehmerbeiträge ist grds. in der insolvenzrechtlichen Krise mit den Pflichten eines ordentlichen Geschäftsführers vereinbar. Die Erfüllung strafbewehrter Pflichten durch den Geschäftsführer ist stets gerechtfertigt (zuletzt BGH, ZIP 2008, 2311)	OLG Schleswig, ZIP 1985, 556; vgl. Rdn. 26: Zahlungspflicht des starken vorläufigen Verwalters erst nach angemessener Einarbeitungszeit	Keine Rspr.; vgl. Rdn. 27: evtl. aber Rechtfertigung der Nichtzahlung gem. den Grundsätzen der rechtfertigenden Pflichtenkollision

Stichwortverzeichnis

Halbfett gedruckte Ziffern verweisen auf den Paragraph bzw. Artikel und mager gedruckte Ziffern auf die Randnummer der Kommentierung.

Abdingbarkeit, der § **103** ff. § **103** 53; § **105** 12; § **106** 22; § **108** 24; § **109** 44
Abdingbarkeit, der §§ **103** ff. § **112** 15; § **113** 92; § **119** 1 ff.
Abfindung § **35** 231; § **113** 17 ff.
– Sozialplan § **123** 5; § **124** 7
Abfindungsanspruch § **55** 46
Abgesonderte Befriedigung
– Nachweis des Ausfalls bei § **190** 13
– Nachweis des Ausfalls bei Verzicht § **190** 11
– Prozessaufnahme § **86** 9
– Zinsen § **39** 8
– Zinszahlung § **169** 1 ff.
– Zwangsversteigerung § **165** 4 ff., 19 ff.
– Zwangsverwaltung § **165** 7 ff., 24
– Zwangsvollstreckung Vor § **49** 27; § **166** 24
– Zwangsvollstreckungsmaßnahmen nach dem Erbfall § **321** 1 ff.
Ablösung, von Insolvenzmasse Anh C § **311** 2
Abschläge
– Beispiele § **3** InsVV 2
Abschlagsverteilung
– absonderungsberechtigte Gläubiger § **190** 10, 15 f.
– aufschiebend bedingte Forderungen § **191** 9
– Einwendungsberechtigte § **194** 5 f.
– Einwendungsfrist § **194** 7
– Entscheidung über Einwendungen § **194** 9 ff.
– Erhebung von Einwendungen § **194** 2 ff., 8
– Festsetzung des Bruchteils § **195** 1 ff.
– Mitteilung an Gläubiger § **195** 6 f.
– nachrangige Insolvenzgläubiger § **187** 1 f., 8
– Rechtsmittel § **195** 8 f.
– Vollzug der Verteilung § **187** 9 f.
– Voraussetzungen § **187** 5 f.
– Zustimmung des Gläubigerausschusses § **187** 11
Absonderung
– Anrechnung Verwertungserlös § **52** 6
– Anwartschaftsrecht § **47** 63; Vor § **49** 6a; § **50** 3
– aufschiebend bedingter Erwerb § **50** 12
– Auskunftspflicht des Gläubigers § **170** 11
– Auskunftspflicht des Insolvenzverwalters § **167** 2 ff.; § **172** 5
– Besicherung künftiger Insolvenzforderungen Vor § **49** 17
– Besicherung von Masseforderungen Vor § **49** 14, 18; § **51** 19, 34a, 36
– Bestimmtheitsgrundsatz § **50** 2; § **51** 33
– Beteiligungsrecht § **50** 8; § **166** 20
– bewegliche Sache § **50** 2, 18; § **166** 4 ff.; § **167** 3; § **168** 2
– Dauerschuldverhältnis Vor § **49** 7 ff.
– Durchsetzung der Absonderungsrechte § **49** 23
– einstweilige Verfügung Vor § **49** 27
– Enthaftung § **49** 4 ff.
– erbrechtlicher Anspruch § **50** 10
– Erfüllungswahl des Insolvenzverwalters Vor § **49** 9; § **51** 13, 18 f., 34a, 36
– Erzeugnisse und Bestandteile § **50** 2
– Forderung § **50** 5, 19; § **51** 24; § **166** 14 ff.; § **167** 3; § **168** 2
– Forderung gegen Haftpflichtversicherer § **51** 54
– freihändige Veräußerung § **165** 11 ff.; § **166** 7, 12
– Früchte § **50** 18
– Gebrauchsmusterrecht § **166** 20
– Gegenstand, Anwartschaftsrecht
  – Forderung § **51** 32
– Gesellschafterdarlehen Vor § **49** 20; § **52** 3
– gesicherte Forderung Vor § **49** 16 ff.; § **50** 31
– gewerbliches Schutzrecht § **50** 9; § **166** 20
– Grundpfandrecht § **49** 10c
– Herausgabe absonderungsfähiger Gegenstände § **129** 55
– Hinterlegung Vor § **49** 19
– Inhaberpapier § **50** 2
– Insolvenzgläubiger § **38** 8 f.
– Internationales Insolvenzrecht Vor § **49** 31
– kalte Zwangsverwaltung § **165** 14 f.
– Klage des Absonderungsberechtigten Vor § **49** 26
– künftiger Gegenstand Vor § **49** 6a; § **50** 12
– Lebensversicherung § **51** 25 f.; § **171** 7
– Marke § **166** 20
– Massegläubiger Vor § **49** 14, 18; § **51** 19, 34a, 50; § **165** 3, 26, 29
– Miet- und Pachtzins Vor § **49** 7; § **165** 3, 7, 14
– Miet- und Pachtzinsforderungen § **49** 10 ff.
– Mietkaution § **50** 6
– Mitteilung der Veräußerungsabsicht § **168** 1 ff.
– nachträgliche Besicherung durch Insolvenzverwalter Vor § **49** 14
– Nutzungsrecht des Insolvenzverwalters § **172** 2 ff.
– Orderpapier § **50** 2
– Patent § **166** 20
– Pflichten des Insolvenzverwalters Vor § **49** 25
– Rangfolge der Befriedigung bei unbeweglichen Gegenständen § **49** 11 ff.
– Restschuldbefreiungsverfahren Vor § **49** 23 f.
– Rückschlagsperre § **50** 22; § **165** 3, 28
– Sachgesamtheit § **50** 2
– Scheinbestandteil § **166** 4
– Schiffe/Schiffsbauwerke/Luftfahrzeuge § **49** 22

2659

Stichwortverzeichnis

- Surrogat Vor § 49 3
- Tiere § 166 4
- Tilgungsbestimmungsrecht Vor § 49 18a
- Traditionspapier § 50 2
- Übersicherung Vor § 49 20
- unbewegliche Gegenstände § 49 2
- unbeweglicher Gegenstand § 165 1 ff.
- unpfändbare Forderung § 50 4, 19, 24
- unpfändbare Sache § 50 3, 23; § 166 4a
- Untermiet- und Pachtzins § 165 7
- Urheberrecht § 166 20
- Verarbeitung/Verbindung/Vermischung Vor § 49 14, 22
- Vergütungsanspruch aus Werkvertrag § 51 33
- Verjährung des Erlösanspruchs § 170 6
- Versicherungsforderung § 49 10e
- Verteilung § 52 5 f.
- Verwertungsrecht des Gläubigers § 166 11 ff., 18 ff.; § 173 2 ff.
- Verwertungsrecht des Insolvenzverwalters § 166 5 ff., 14 ff.
- Verwertungsverbot Vor § 49 28; § 166 23
- Verzicht Vor § 49 23; § 50 14; § 52 7
- wertausschöpfende Belastung § 129 65, 90
- Wertpapier § 50 7
- Wertverlustausgleich § 165 33; § 172 4 f., 11 ff.
- zeitliche Schranken Vor § 49 4 ff.
- Zinszahlung § 165 33
- Zubehör § 50 2, 18; § 165 25, 39; § 166 4

Absonderung, Absonderungsberechtigte als Anfechtungsgegner
- Ausfall § 52 1 ff.
- Gesamtgut § 332 1
- Insolvenzgläubiger § 41 10 ff.

Absonderungsberechtigte
- als Anfechtungsgegner § 130 4

Absonderungsberechtigte Gläubiger
- Gläubigerverzeichnis § 152 7

Absonderungsberechtigter
- Insolvenzplan § 223 1 ff.
- Pflichten § 60 21
- Verwertung § 170 9

Absonderungsberechtigter Gläubiger
- Stimmrechtsfestsetzung § 76 11

Absonderungsrecht § 22 46 ff.; § 84 17
- Ablösung durch Insolvenzverwalter § 166 8
- AGB-Pfandrecht § 50 5
- Arrestvollziehung § 50 16
- Aufnahme eines Passivprozesses § 22 171
- Begründung durch Handlung des Schuldners Vor § 49 6 ff.
- Begründung durch Insolvenzverwalter Vor § 49 12 ff.
- Begründung im Insolvenzeröffnungsverfahren § 47 54 ff.; Vor § 49 15; § 51 10, 21, 38
- Betroffenheit von Sicherungsmaßnahmen § 21 5, 69c ff.
- dingliches Recht am Grundstück § 49 18

- Eigentümergrundschuld § 49 18; § 165 3, 5
- Erlöschen Vor § 49 21 ff.; § 50 13 f., 25, 32 ff.
- erweiterter Eigentumsvorbehalt § 51 12 ff., 18
- Feststellungskostenbeitrag § 49 14
- gesetzliches Pfandrecht § 50 26 ff., 36; § 166 1
- Grundpfandrecht § 49 4 ff., 18
- grundstücksbezogene Belastungen Vor § 49 10
- handelsrechtliches Zurückbehaltungsrecht § 51 51
- Herausgabe im Eröffnungsverfahren § 21 69c f
- im Eröffnungsverfahren § 22 46 ff.
- Kanzleiabwickler § 51 55
- Kollision zwischen Absonderungsrechten Vor § 49 19; § 50 11, 21, 37; § 51 42 ff.
- Kontokorrentvorbehalt § 51 12
- Kosten in der Zwangsverwaltung § 49 13
- Lieferant von Düngemitteln und Saatgut § 49 17
- Nutzungsbefugnis im Eröffnungsverfahren § 21 69a
- öffentliche Abgaben § 51 52
- öffentliche Grundstückslasten § 49 16; § 165 3 12
- persönlicher Anspruch § 49 19; § 165 3
- Pfandrecht an beweglichen Sachen § 50 2
- Pfandrecht an eigener Schuld § 50 5
- Pfandrecht an Rechten § 50 4 ff.; § 166 16
- Pfändungspfandrecht § 50 15 ff.; § 166 12, 19
- Pfändungspfandrecht an beweglicher Sache § 50 18; § 166 12
- Pfändungspfandrecht an Forderungen und Rechten § 50 19; § 166 16, 18 f.
- Schaffung künftiger § 22 97
- schwache vorläufige Verwaltung § 22 108 ff.
- Sicherungsabtretung § 47 31 ff., 54a; § 51 24 ff., § 166 14
- Sicherungsübereignung § 47 31 ff.; § 51 2 ff., 4 ff., 6; § 165 25; § 166 12, 19
- starke vorläufige Verwaltung § 22 46 ff.
- Treuhandkontenmodell § 22 101
- vergütungsrechtliche Berücksichtigung § 22 15
- verlängerter Eigentumsvorbehalt mit Verarbeitungsklausel § 51 17 ff.
- verlängerter Eigentumsvorbehalt mit Vorausabtretungsklausel § 51 34 ff.
- Vermieterpfandrecht und Verpächterpfandrecht § 50 27 ff.
- Versicherungspflicht § 22 34
- vertragliches Pfandrecht § 50 2 ff.; § 166 12
- Vollstreckungsverbot § 21 56
- Vorpfändung § 50 16
- Werkunternehmerpfandrecht § 50 36; § 51 44
- Wohngeld § 49 15
- Zurückbehaltungsrecht des § 273 BGB § 51 49
- Zurückbehaltungsrecht des Massegläubigers § 51 50
- Zurückbehaltungsrecht wegen nützlicher Verwendungen § 51 47 ff.

Stichwortverzeichnis

ostimmung
Gruppe von Anteilsinhabern §246a 1
otretung §103 34, 50; §106 17; §110 5
Bezüge aus Dienstverhältnis Anh §311 5 f.
künftiger Rechte §91 11
Vorausabtretung §81 10
otretungserklärung §287 17 ff.
Abtretungsfrist §287 25
Altfallregelung §287 26
Bezüge aus Dienstverhältnis §287 20
Form §287 22
Inhalt §287 19
Rechtsnatur §287 18
Zeitpunkt §287 24
otretungsverbot §36 16 ff.; §287 28
bwahl
Vorauswahl-Liste §57 8
bwehrklausel
Eigentumsvorbehalt §47 11
bweisung mangels Masse
Akteneinsicht §4 36 ff.
Auflösung juristischer Personen §31 11 ff.
Bekanntmachung §26 61 ff.
berufsrechtliche Folgen §26 66
Beschwerde §26 69; §34 2 ff.
Eigenantrag §34 13
Eintragung ins Schuldnerverzeichnis §26 42 ff.
Entziehung der Gewerbeerlaubnis §26 66
erneuter Insolvenzantrag §26 17, 71 f.
freie Masse §26 14
gesellschaftsrechtliche Folgen §26 64
Handelsregister §31 11 ff.
Kosten §26 67 f.
Masseverbindlichkeiten, Berücksichtigung von §26 23
notwendige Verwaltungskosten §26 24 ff.
öffentliche Bekanntmachung §9 11
Prognoseentscheidung §26 5 f.
Prognosezeitraum §26 27 ff.
Prüfung des Insolvenzgutachtens §26 12
Rechnungslegungspflicht §22 10
rechtliches Gehör §26 58 ff.
Rechtsmittel §26 69; §34 2 ff.
Register §31 11 ff.
Verfahrenskosten §26 18 ff.
Verfahrenskostendeckung §26 3 ff.
Verfahrenskostenvorschuss §26 31 ff.
Zustellung §26 61
Abweisungsbeschluss
- Insolvenzantrag
  – Bekanntmachung §26 61
  – Mitteilungen §26 61
  – Zustellung §26 61
  – Übermittlung §31 11
Abwicklungsanordnung, der BaFin §17 9; §19 41a
Abwicklungsvertrag §113 28
Adhäsionsverfahren, strafprozessuales

– Prozessunterbrechung Vor §85 25a
AG
– Insolvenzverfahren
– Ablehnung mangels Masse §11 12
  – Eröffnung §11 12
AGB
– Abwehrklausel §47 11
»Aircraft« Art. 3 EuInsVO 87
Akkreditiv §116 17
Akteneinsicht §4 30 ff.; §154 7
– Amtshilfe §4 39
– Art der Gewährung §4 43
– Auskunft §4 52 f.
– Beteiligtenbegriff §4 32 ff.
– durch Beteiligte §4 40 ff.
– durch Dritte §4 45 ff.
– Gegenstand §4 41
– im eröffneten Verfahren §4 34
– im Eröffnungsverfahren §4 33
– nach Abweisung mangels Masse §4 36 ff.
– nach Beendigung des Verfahrens §4 35 ff.
– rechtliches Gehör §4 46 f.
– Rechtsmittel §4 44, 50
– Zuständigkeit §4 42, 48
Aktiengesellschaft
– Einlagen der Gesellschafter §35 73 ff., 90
– Führungslosigkeit §15 10 ff.; §15a 19 ff.
– Gesellschafterhaftung §35 173 ff.
– Insolvenz des Gesellschafters §35 138 ff.
– Insolvenzantragsberechtigte §15 5
– Insolvenzantragspflicht §15a 3, 8, 19
– Insolvenzverschleppung §35 192 ff.
– Kapitalaufbringung §35 180
– Kapitalerhaltung §35 183
– Masseschmälerung §35 194
– Organhaftung §35 191 ff.
Aktiva §19 19 ff.
– Absonderungsrecht §19 36
– aktive Rechnungsabgrenzungsposten §19 33
– Ansprüche gegen Gesellschafter und Geschäftsführer §19 24 ff., 34
– Aufrechnungsrecht §19 36
– Aussonderungsrecht §19 36
– ausstehende Einlage §19 23
– Bewertung §19 19 ff.
– Bewertungsgrundsätze §19 19
– Drittsicherheit §19 34, 42
– Finanzanlagen §19 30
– Forderungen §19 32
– immaterielle Vermögensgegenstände §19 28
– Ingangsetzungsaufwendungen §19 35
– Insolvenzverschleppungshaftung §19 25
– Kapitalerhaltung §19 24
– Kapitalersatz §19 24
– Masseschmälerungshaftung §19 25
– Organhaftung §19 24
– Sachanlagen §19 29
– Vorräte §19 31

2661

Aktivprozess § 85 2; § 86 2
Allgemeiner Gerichtsstand
- juristische Personen und Gesellschaften § 3 19
- natürliche Personen § 3 18

Altersteilzeit § 38 43; § 55 49; § 113 14 f., 49; Anh § 113 21

Altersvorsorge § 35 211 ff.; § 36 38b

Altgläubiger, Gesamtschaden § 92 11

Altmassegläubiger
- Vollstreckungsverbot § 210 3

Amtsentlassung
- vorl. Verwalter § 22 6

Amtsermittlung § 5 1 ff.
- Anhörung des Schuldners § 5 19 f.
- Beginn § 5 3
- Beschwerdeverfahren § 5 7 f.
- Eigenantrag § 5 4, 26
- Ermittlungsmittel § 5 10 ff.
- eröffnetes Verfahren § 5 7 ff.
- Eröffnungsverfahren § 13 1, 4, 32
- Geschäftsunterlagen § 5 21 f.
- Grenzen § 5 26 ff.
- im Beschwerdeverfahren § 6 28
- örtliche Zuständigkeit § 3 4
- Pflicht § 5 2
- Reichweite § 5 6 f.
- Sachverständiger § 5 14 ff.
- Unauffindbarkeit § 5 6 f.
- Urkunden und Auskünfte § 5 21 ff.
- Zeugen § 5 11 ff.

Amtsermittlungsgrundsatz Art. 3 EuInsVO 54 ff.

Amtsermittlungspflicht § 16 10; § 34 15
- Abweisung mangels Masse § 26 12, 56
- Auskunfts- und Mitwirkungspflichten § 20 1 ff.
- Eigenverwaltung § 270 23
- Umfang im Beschwerdeverfahren § 34 7

Amtshaftung § 56 22; Art. 102 § 2 EGInsO 2; Art. 102 § 4 EGInsO 5a; Art. 10 EuInsVO 5

Amtshilfe
- Akteneinsicht § 4 39

Amtstheorie § 22 8

Anderkonto § 149 9
- Insolvenzmasse § 35 32

Änderungskündigung § 113 55

Aneignungsrecht
- Aussonderungsrecht § 47 6

Anerkennung
- Insolvenzverfahren
    - Verstoß gegen Ordre Public Art. 26 EuInsVO 1 ff.

Anerkennung, Insolvenzverfahren Vor § 335 20; Art. 16 EuInsVO 1 ff.

Anfechtbare Rechtshandlung
- vorläufigen Insolvenzverwalters § 22 180 ff.

Anfechtbarkeit
- Rechtsbeschwerde
    - Nichtzulassung § 7 5
    - Zulassung § 7 5

Anfechtung
- Einlagenrückgewähr bei stiller Gesellschaft § 136 3 ff.
- Lastschriftzahlung § 82 24
- Prozessaufnahme § 86 8
- Rechtsfolgen § 135 72 f.
- Verdachtsklage § 5 31
- von Rechtshandlungen Anh B § 311 4

Anfechtung der Aufrechnungsmöglichkeit
- Absonderungsrecht § 96 16 ff.
- Anfechtungsgrund § 96 19 ff.
- Gläubigerbenachteiligung § 96 14 ff.
- Rechtsfolge § 96 24
- Verjährung § 96 25

Anfechtungsgegner
- Leistungsverhältnis (bereicherungsrechtliche Wertung) § 134 25
- subjektive Anfechtungsvoraussetzungen § 130 16 ff.

Anfechtungsklage Vor § 85 16a; § 143 109
- Rechtsweg § 143 110 ff.

Anfechtungsprozess
- Aufhebung des Insolvenzplans § 259 13 ff.

Anfechtungsrecht
- Rechtsnatur Vor § 129 1 ff.
- Verschärfung des § 1 21
- Zweck Vor § 129 1 ff.

Anhörung
- Anordnung vorläufiger Postsperre § 21 67 f.
- des Schuldners § 5 19 f., § 10 1 ff.
    - bei Führungslosigkeit § 10 11 ff.
    - Entbehrlichkeit § 10 6
    - Nachholung § 10 4
    - Pflicht zur § 10 2 f.
    - Vertreter § 10 8
- des Schuldners, Amtsermittlung § 5 19 f.
- Führungslosigkeit § 10 12
- Verwalterauswahl § 56a 12
- weiterer Insolvenzantragsberechtigten einer juristischen Person/Gesellschaft ohne Rechtspersönlichkeit bei Eigenantrag § 15 15 f.

Anhörung, des Schuldners
- Anordnung von Sicherungsmaßnahmen § 21 77
- bei Abweisungsbeschluss § 26 58 ff.
- Haftanordnung § 21 74 f.
- zum Eröffnungsbeschluss § 27 4

Anhörungszeitpunkt § 56a 12

Anlagegesellschaft
- Gesamtschadensersatzanspruch § 92 11a

Anleihegläubiger
- Insolvenzverfahren Anh § 38 18

Anmeldung
- Nachranggläubiger, verspätete Aufforderung § 177 16
- nachträgliche
    - Rechtsbehelf § 177 17
- nachträgliche Änderungen in der Anmeldung § 177 15

Stichwortverzeichnis

...ordnung der Eigenverwaltung
  Voraussetzungen § 270 2 ff.
  Zustimmungsbedürftigkeit § 277 2 ff.
...ordnungsgrund § 21 3 ff.
...ordnungskompetenz § 149 10
...ordnungspflicht § 21 24 ff.
...ordnungsrecht
  Gericht § 58 4
...ordnungsvoraussetzungen § 21 2
...nscheinsvollmacht § 55 4b
...nspruchsgrundlage
  Vergütung
  – vorläufiger Verwalter § 63 2
...nstalt des öffentlichen Rechts
  Insolvenzfähigkeit § 12 3 ff.
...nteilsinhaber
  Stimmrecht § 238a 3
...nteilsrechte
  Insolvenzplan § 225a 4 ff.
...ntrag § 16 InsVV 3
  Betriebsveräußerung unter Wert § 163 6
  Restschuldbefreiung § 4a 7
  Stundung § 4a 6
  Untersagung bedeutsamer Rechtshandlungen § 161 3
...ntragsausschuss
  vorläufiger Gläubigerausschuss § 22a 10
...ntragsberechtigung § 16 5 ff.
  Nachlassinsolvenzverfahren § 317 1 ff.
  Wegfall der § 16 15
...ntragsbindung § 16 12
...ntragsforderung § 16 9 ff.
  öffentlich-rechtliche § 16 9a
  streitig § 16 9
...nwaltsvertrag § 116 5
...nwartschaftsrecht Art. 7 EuInsVO 4
  Absonderung Vor § 49 6a; § 50 3; § 51 4
  Insolvenzmasse § 35 48
  Pfändbarkeit § 50 3
  Sicherungsübertragung § 51 4
...potheke § 36 47
...rbeitgeberfunktion § 113 5 f.
...rbeitnehmer
  – Abfindungsanspruch § 55 46
  – Insolvenzeröffnungsantrag § 13 41
  – Insolvenzgeld § 12 9
  – Insolvenzplan § 222 24 f.
  – Schadensersatzanspruch § 55 45
  – Urlaubsanspruch § 55 47
...rbeitnehmeranspruch § 38 35, 40 ff.
...rbeitnehmererfindung § 35 114
...rbeitseinkommen
  – des Insolvenzschuldners
  – verschleiertes § 36 36
  – Pfändung § 36 32
...rbeitseinkommen des Insolvenzschuldners § 35 231; § 36 23 ff.
...rbeitsentgelt § 113 11 ff.

Arbeitskraft § 35 36
Arbeitslosengeld § 35 234
– Sperrzeit § 113 26a
Arbeitsrecht § 80 28
– Arbeitszeugnis § 80 28
– Betriebsübergang § 22 117
– Erteilung eines Arbeitszeugnisses § 22 121
– im Eröffnungsverfahren § 22 115 ff.
– Insolvenzgeldvorfinanzierung § 22 122 ff.
– Kündigungsbefugnis § 22 115 f.
– Kündigungsrecht § 80 28
– Neueinstellung § 80 28
– vorläufige Insolvenzverwaltung, Kündigungsschutzklage § 22 119
  – Nachteilsausgleichsanspruch § 22 120
  – Unterbrechung des Kündigungsrechtsstreits § 22 119
– vorläufiger Insolvenzverwalter
  – rechtliche Stellung § 22 115 ff.
Arbeitsverhältnis § 113 1; Anh § 113 2 ff.
– Befristung § 113 31a
Arbeitsvertrag Art. 10 EuInsVO 1 ff.
– Freistellung § 55 41
Arbeitszeitkonto § 47 47; § 55 50
Arbeitszeugnis § 113 20
Aufforderung, an Drittschuldner § 28 10
– an Gläubiger § 28 1 ff.
  – Mitteilung von Mobiliarsicherheiten § 28 5
  – zur Forderungsanmeldung § 28 2
Aufhebung der Eigenverwaltung § 272 2 ff.
Aufhebung der Stundung § 4c 1
Aufhebung des Eröffnungsbeschlusses § 34 19 ff.
– Bekanntmachung § 34 25 ff.
– Mitteilungen § 34 26
– Wirkung § 34 19 ff.
Aufhebung des Insolvenzverfahrens § 200 1 ff., 19
– anhängige Feststellungs- und Aktivprozesse § 200 3
– Aufhebung der Vollstreckungsverbote § 200 16
– Aufhebungsbeschluss § 200 5
– Beendigung der Verjährungshemmung § 200 17
– bei angeordneter Nachtragsverteilung § 200 13
– Benachrichtigung öffentlicher Register § 200 10
– Benachrichtigung weiterer Beteiligter § 200 11
– Eintritt der Rechtswirkung § 200 15
– Ende der Insolvenzverwaltertätigkeit § 200 13
– Ende des Gläubigerausschusses § 200 14
– Insolvenzplan § 258 1 ff.
– Rechtsbehelf § 200 22 f.
– Rechtsfolgen § 200 12
– Rechtsfolgen für Schuldner § 200 13
– Rückgabe restlicher Massegegenstände § 200 20 f.
– schwebende Prozesse § 200 18
– Verfahren mit Restschuldbefreiung § 200 16
– Veröffentlichung des Beschlusses § 200 7 ff.
– Voraussetzungen § 200 2
– Wirksamwerden des Beschlusses § 200 6

2663

- Zeitpunkt §200 2
Aufhebung eines Beschlusses der Gläubigerversammlung §78 1 ff.
- Antragsstellung §78 1 ff.
- Form der Entscheidung §78 10
- Konflikt zum Mehrheitsprinzip §78 8
- nichtige Beschlüsse §78 6
- öffentliche Bekanntmachung §78 13
- Rechtsmittel §78 14 ff.
- Voraussetzungen §78 6

Aufhebung von Sicherungsmaßnahmen §21 76 ff.; §25 1 ff.
- Beschwerde §21 80, 82 f.
- Beschwerderecht des vorläufigen Insolvenzverwalters §22 208
- öffentliche Bekanntmachung §23 13; §25 2
- Rechte und Pflichten des vorläufigen Insolvenzverwalters §25 7 ff.
- Verbindlichkeiten aus dem Eröffnungsverfahren §25 7 ff.

Aufhebungsvertrag §113 26
Auflösend bedingte Forderung §191 2
Aufnahme
- eines unterbrochenen Rechtsstreits §180 14 ff.

Aufnahme eines unterbrochenen Rechtsstreits, als Feststellungsprozess
- Parteirollen §179 46

Aufnahme von Rechtsstreitigkeiten
- Absonderungsrecht §24 22
- Aussonderungsrecht §24 22
- Masseverbindlichkeit §24 22

Aufrechnung §24 10; §103 33, 49; §110 11; Art. 3 EuInsVO 71; Art. 6 EuInsVO 1 ff.
- Anfechtbarkeit §130 8, 43; §131 6, 33; §140 11; §142 15; §143 37
- Anfechtung der Aufrechnungsmöglichkeit §96 24
- Bezüge aus Dienstverhältnis Anh §311 7
- durch aufwendungsersatzberechtigte Erben §323 3
- durch Insolvenzverwalter Vor §94 10
- durch Massegläubiger Vor §94 9
- durch Massegläubiger nach §324 Abs. 1 Nr. 1 bis 6 §324 9
- durch minderberechtigte Gläubiger §327 7
- Gesamtschaden §92 38 ff.
- grenzüberschreitende Insolvenzen Vor §94 12
- im Eröffnungsverfahren Vor §94 11
- Insolvenzanfechtung §129 7, 85
- Insolvenzantragsverfahren §55 93
- Masseunzulänglichkeit §208 19; §209 15
- mit Ansprüchen aus §144 §144 11
- nach erteilter Restschuldbefreiung §294 15
- persönliche Gesellschafterhaftung §93 48 ff.
- Restschuldbefreiungsverfahren, allgemeines Aufrechnungsverbot §294 14
- Steuererstattungsansprüche §294 14
- Sonderabkommen

- Rechtsfolge §294 13

Aufrechnungsberechtigte Gläubiger §152 9
Aufrechnungsverbot
- Masseunzulänglichkeit §210 6

Aufschiebend bedingte Forderung §191 1 ff.
Aufsicht
- gerichtliche
  - vorläufiger Insolvenzverwalter §22 6 ff.

Aufsicht bei erledigenden Zahlungen §58 4a
Aufsicht des Insolvenzgerichts §58 1 ff.
- bei eingesetztem Gläubigerausschuss §58 6
- Dauer §58 7
- Grundsätze ordnungsmäßiger Insolvenzverwaltung §58 4
- Maßnahmen §58 8 f.
- Rechnungslegung / Schlussrechnung §58 5
- Rechtsmittel §58 12
- Reichweite §58 2
- Transparenzgebot §58 4
- Treuhandkonten §58 4c
- Zwangsgeld §58 10, 12

Aufsichtsrat §15 5
- Aufgaben und Pflichten der Mitglieder Anh §3 Abschn. I 6
- Bestellung/Abberufung Anh §35 Abschn. I 20
- Bestellung/Abberufung von Mitgliedern Anh §35 Abschn. I 5
- fakultativer Anh §35 Abschn. I 2, 17 ff.
- Haftungsfreistellung Anh §35 Abschn. I 32
- Insolvenzverschleppung Anh §35 Abschn. I 31
- Kontrollfunktion Anh §35 Abschn. I 21
- nach DrittelbG Anh §35 Abschn. I 4
- nach InvestmentG Anh §35 Abschn. I 13
- nach MitbestErgG Anh §35 Abschn. I 12
- nach MitbestG Anh §35 Abschn. I 8
- nach MontanMitbestG Anh §35 Abschn. I 11
- obligatorischer Anh §35 Abschn. I 3
- Sorgfaltsmaßstab Anh §35 Abschn. I 26
- Sorgfaltspflicht/Haftung Anh §35 Abschn. I 7
- Treuepflicht Anh §35 Abschn. I 22
- Verantwortlichkeit nach Auflösung Anh §35 Abschn. I 24
- Verletzung der Überwachungspflicht Anh §35 Abschn. I 28
- Verschwiegenheitspflicht Anh §35 Abschn. I 22
- Verstoß gegen Verschwiegenheitspflicht Anh §35 Abschn. I 30
- Vertretung der Gesellschaft Anh §35 Abschn. I 23
- Zustimmungsbedürftige Geschäfte Anh §35 Abschn. I 29

Aufsichtsratsmitglied
- Haftung Anh §35 Abschn. I 1 ff.

Aufstellungspflicht §155 12
Auftrag §103 6; §115 1 ff.
Aufträge
- Insolvenzverwalter §4 InsVV 37

Stichwortverzeichnis

ıfzehrung vorinsolvenzlicher Vollstreckungstitel § 201 10 ff.
ısbildungsverhältnis § 113 83
ıseinandersetzungsguthaben § 84 7
ısfall bei abgesonderter Befriedigung
  Nachweis § 190 13
ısfallbürge § 44 6
ısfallforderung, Insolvenzplan § 256 1 ff.
ısfallhaftung
  ausgeschiedener Gesellschafter Anh § 35 Abschn. B 79
ıskunfts- und Mitwirkungspflicht, des Schuldners
  im Eröffnungsverfahren § 97 2
  im Nachlassinsolvenzverfahren Vor § 315 13, 15
  in der Wohlverhaltensperiode § 97 2
ıskunftsanspruch § 38 25
  Anfechtungsgegner § 143 88
  der Gläubigerversammlung § 79 1
  Erzwingung, ggü. Verwalter § 79 10
  ggü. Schuldner § 79 9
  Grenzen der Auskunftserteilung § 79 8
  Informationsfreiheitsgesetz § 5 30a
  Stufenklage § 143 118
ıskunftserteilung
  an Gläubiger § 156 9
ıskunftsklage Vor § 85 14
ıskunftspflicht § 16 11; § 20 1 f.; § 22 190; § 97 1 ff.
  Abwickler § 101 3
  Adressat § 20 7
  aktive § 97 10
  Angestellte des Schuldners § 101 5
  Art und Weise der Auskunftserteilung § 97 11
  Aufsichtsrat § 101 3
  Auskunftsberechtigt § 97 20
  Auskunftspflichtiger § 97 3
  außerhalb einer Versammlung § 79 5 ff.
  – des Gläubigers § 170 11
  – des Insolvenzverwalters § 47 70
  – des Insolvenzverwalters, Wertverlust § 172 5
  – des Schuldners § 22 197
  – Durchsetzung § 20 12; § 97 13
  – Führungslosigkeit § 101 3a
  – Geschäftsführer § 101 3
  – Geschäftsunterlagen § 97 4
  – ggü. vorläufigem Insolvenzverwalter § 22 190 ff.
  – Gläubigerversammlung § 79 2
  – Inhalt § 97 7
  – Insolvenzverwalter § 60 17
  – Kleininsolvenzverfahren § 20 6
  – Nachforschungen § 97 9
  – Nachlassinsolvenzverfahren Vor § 315 15
  – Organmitglieder § 101 3
  – Organmitglieder, ausgeschiedene § 101 4
  – persönlich haftende Gesellschafter § 101 3
  – persönlich haftender Gesellschafter, ausgeschiedener § 101 4

– Rechtsmittel § 20 19
– Restschuldbefreiungshinweis § 20 2
– Sachverständiger § 20 7
– Schuldner § 5 19
– Schweigepflicht § 97 8
– strafrechtlich relevante Tatsachen § 97 14
– Umfang § 22 190; § 97 7
– unselbstständige Nebenpflichten § 97 4
– Verbraucherinsolvenzverfahren § 20 6
– Verpflichtete § 16 11
– Verschwiegenheitspflicht § 16 11; § 22 198; § 97 3
– Verwertungsverbot § 97 14
– Voraussetzungen § 20 3 ff.
– vorbereitende Maßnahmen § 97 4
– vorläufige Eigenverwaltung § 20 6a
– vorläufige Postsperre § 21 63 ff.
– vorläufiger Insolvenzverwalter § 22 2
– Vorstand § 101 3
– wirtschaftliche Verhältnisse des Auskunftspflichtigen § 97 12
– Zulässigkeit des Insolvenzantrags § 20 3
Auskunftspflicht des Insolvenzverwalters
– Aufwendungsersatz § 47 70
– Aussonderungsgut § 47 70
– Einsichtnahme § 47 70
Auskunftspflicht des Insolvenzverwalters,
– Zumutbarkeit § 47 70
Auskunftspflicht des Insolvenzverwalters, Absonderungsgut § 167 1 ff.
– Aufwendungsersatz § 167 7
– Auskunftsklage § 167 6
– Einsichtnahme § 167 4, 5
– Ersetzungsbefugnis § 167 5
– gegenüber Aus- und Absonderungsberechtigten § 80 18
– gegenüber Insolvenzgericht § 80 17
– gegenüber Schuldner § 80 19
– Sachstandsanfragen der Gläubiger § 80 17
– vom Schuldner begründete § 80 17
– Zumutbarkeit § 167 4, 5
Auskunftsplicht
– Durchsetzung § 22 202 f.
– Stundungsantrag § 4a 32
Auskunftsrecht
– Steuergeheimnis § 155 31
Auskunftsverweigerung § 98 8
– unrichtige Auskünfte § 98 8
Auslagen
– Antrag § 18 InsVV 2
– Beschluss § 8 InsVV 37
– Gläubigerausschuss § 18 InsVV 2
  – Aufträge § 18 InsVV 3 f.
  – Beweislast § 18 InsVV 7
  – Kleinposten § 18 InsVV 6
– Insolvenzverwalter
  – Honorare für besondere Aufgaben § 4 InsVV 10

Stichwortverzeichnis

- Insolvenzverwalter
  - Beschluss § 8 InsVV 24 ff.
  - Kostenstundung § 63 2
  - Vorschuss § 9 InsVV 4
- Masseverbindlichkeiten § 63 42
- Sachwalter § 12 InsVV 9
- Treuhänder im Restschuldbefreiungsverfahren § 16 InsVV 5
- vorläufiger Insolvenzverwalter § 22 16
- vorläufiger Verwalter § 63 112

Auslagenersatz
- vorläufiger Sachwalter § 12 InsVV 11

Auslagenersatz des Insolvenzverwalters
- Anspruchsgrundlage § 63 1

Auslagenpauschale § 8 InsVV 45
- unechte Rückwirkung § 8 InsVV 46

Ausländische Gesellschaft
- Insolvenzantragspflicht § 15a 4

Ausländische Währung § 45 19 ff.

Auslandsbezug vor § 129 19 ff.
- Insolvenzgründe § 17 31 ff.; § 19 51 ff.
- qualifizierter Art. 1 EuInsVO 7

Ausschlagung
- Erbschaft § 83 6

Ausschöpfung des Insolvenzgeldzeitraums § 1 25

Ausschusszusammensetzung
- Besetzungsprüfung § 22a 1

Außergerichtlicher Einigungsversuch § 305 2 ff.
- Anpassungsklauseln § 305 3
- erfolgreiche Einigung § 305 7
- ernstliches Bemühen § 305 6, 16
- Frist für Bescheinigung § 305 18
- geeignete Person oder Stelle § 305 13 ff.
- gerichtliche Prüfung des Planinhalts § 305 19
- Grundsatz der Privatautonomie § 305 2
- Kostenerstattung § 310 2 f.
- Nullpläne § 305 6
- Planinhalt § 305 2 ff.
- Scheitern § 305 16
  - Bescheinigung § 305 12 ff.
  - Darlegung der Gründe § 305 19
- Schuldnerberatungsstellen § 305 14
- Sicherheiten § 305 3
- Steuerschulden § 305 5
- Zwangsvollstreckung § 305 17

Außerordentliche Kündigung
- Dienstverhältnis § 113 25

Aussetzung der Verwertung
- Ablehnung der Aussetzung Art. 33 EuInsVO 8
- Antragsrecht Art. 33 EuInsVO 2
- Aufhebung Art. 33 EuInsVO 11 ff.
- Beschwerde Art. 33 EuInsVO 16
- Wirkung der Aussetzung Art. 33 EuInsVO 9

Aussetzung der Verwertung, Antragsrecht Art. 102 § 10 EGInsO 1; Art. 3 EuInsVO 66

Aussonderung
- Ablösung von Aussonderungsrechten § 129 55
- Anordnung des Aussonderungsverbots § 47 74

- Arbeitszeitkonto § 47 47
- Auskunftspflicht des Insolvenzverwalters § 47 7
- Aussonderung im Insolvenzeröffnungsverfahren § 47 74 ff.
- Aussonderungsklage § 47 77 ff.
- Baugeld § 47 48a
- bei Gütergemeinschaft § 37 9, 10, 13
- Betriebliche Altersversorgung § 47 62 ff.
- bewegliche Sache § 47 4
- Beweislast § 47 81
- Direktversicherung § 47 48, 62 ff.
- Doppeltreuhand § 47 37
- Erbbaurecht § 49 2
- Eigentumsvorbehalt § 107 21
- einstweilige Verfügung § 47 80
- Erfüllung des Aussonderungsanspruchs § 47 71
- Forderung § 47 18
- Früchte § 47 5
- Gegenstand, Anderkonto § 47 41
- Gemeinschaftskonto § 47 45
- Gesellschafter § 47 68a
- Grundstück § 47 4, 10
- Herausgabe aussonderungsfähiger Gegenstände § 129 55
- Immobiliarvollstreckung, Haftungsverband § 49 3
- Insolvenz des Treuhänders § 47 38
- internationales Insolvenzrecht § 47 82
- Konto mit Drittbegünstigungsklausel § 47 44
- Mietkautionskonto § 47 42
- Nutzungsrecht des Insolvenzverwalters § 47 72; § 172 13
- Nutzungsrecht des vorläufigen Insolvenzverwalters § 47 75, 76 f.; § 172 13a ff.
- Pensions-/Unterstützungskasse § 47 63
- Prüfungspflicht des Insolvenzverwalters § 47 66 f.
- Prüfungszeitraum § 47 67
- Rückdeckungsversicherung § 47 63
- Scheinbestandteil § 47 5
- Sicherungspflicht § 47 72
- Sperrkonto § 47 43
- Surrogat § 47 5
- Treuhandkonto des vorläufigen Insolvenzverwalters § 47 50 ff.
- Treuhandkonto in Bankinsolvenz § 47 46
- unbewegliche Sache § 47 4
- unpfändbares Schuldnervermögen § 47 59
- Verzicht § 47 69
- Wertverlustausgleich § 172 13 ff.
- Wohnungs- und Teileigentum § 49 2
- Zinszahlungspflicht § 169 7a
- Zubehör § 47 5

Aussonderung, Abholung § 47 71 f.

Aussonderungsanspruch
- Prozessunterbrechung Vor § 85 12

Aussonderungsberechtigte
- Insolvenzplan § 217 3

2666

Stichwortverzeichnis

ussonderungsberechtigte Gläubiger
Gläubigerverzeichnis § 152 6
ussonderungsberechtigter
Pflichten § 60 20
ussonderungsrecht
Aneignungs- und Wegnahmerecht § 47 6
Aufnahme eines Passivprozesses § 22 171
Behandlung bei schwacher vorläufiger Verwaltung § 22 108 ff.
Behandlung bei starker vorläufiger Verwaltung § 22 42 ff.
beschränktes dingliches Recht § 47 7
Besitz § 47 9
Betroffenheit von Sicherungsmaßnahmen § 21 5, 69c ff.
Bezugsrecht, eingeschränkt widerrufliches § 47 62c
Bezugsrecht, unwiderrufliches § 47 62a
Bezugsrecht, widerrufliches § 47 62b
Doppeltreuhand § 47 37
einfacher Eigentumsvorbehalt § 47 11; § 166 1
erbrechtlicher Anspruch § 47 17
erweiterter Eigentumsvorbehalt § 47 11; § 51 13, 16
Factoring § 47 19 ff.
Firma § 47 22a
Geldkredit § 47 14a
Gesamthandseigentum § 47 10
gewerbliches Schutzrecht § 47 22a
Heimfallanspruch § 47 8
Herausgabe im Eröffnungsverfahren § 21 69c
im Eröffnungsverfahren § 21 69a ff.; § 22 42 ff.
Kommissionsgeschäft § 47 24 f.
Leasing § 47 27 f.
Lizenz § 47 22a
Miteigentum § 47 10
mittelbare Stellvertretung § 47 23
nachgeschalteter Eigentumsvorbehalt § 47 16
Nutzungsbefugnis im Eröffnungsverfahren § 21 69d
obligatorischer Herausgabeanspruch § 47 29
Rückgewähranspruch aus Anfechtung § 47 30; § 143 87
Sicherungsabtretung § 47 31 ff.; § 51 31
Sicherungsübereignung § 47 31 ff.; § 51 11
Sicherungsübertragung § 47 49
Speditionsgeschäft § 47 26
Treuhandverhältnis § 47 34 ff.
Unterlassungsanspruch § 47 60
Urheberrecht § 47 22a
vergütungsrechtliche Berücksichtigung § 22 15
verlängerter Eigentumsvorbehalt mit Verarbeitungsklausel § 47 15; § 51 18, 23
verlängerter Eigentumsvorbehalt mit Vorausabtretungsklausel § 47 15; § 51 34, 35
Vermieter § 108 21
Verschaffungsanspruch § 47 29
Versicherung für fremde Rechnung § 47 61

– Versicherungspflicht § 22 34
– Vollstreckungsverbot § 21 58
– Vorausabtretungsklausel § 51 41
– weitergeleiteter Eigentumsvorbehalt § 47 16
– Wertpapierverwahrung § 47 64
Aussonderungsrechte
– Haftung des Insolvenzverwalters bei Verlust § 48 4
Austauschpfändung § 36 21 f.
Auswahl, Insolvenzverwalter
– Sicherungsmaßnahme § 21 24 ff.
Auswahlermessen, des Gerichts § 21 24
Auswechselung der Unternehmensführung § 270 22 ff.
Auszahlungsverbot, gesellschaftsrechtliches § 17 12 f.
»Automold« Art. 102 § 2 EGInsO 4; Art. 2 EuInsVO 7, 9; Art. 3 EuInsVO 7, 86; Art. 4 EuInsVO 29; Art. 27 EuInsVO 12; Art. 29 EuInsVO 3
Avalkreditvertrag § 116 20

BAFin
– Anhörung bei Verwalterauswahl § 56 26a
Bankgeheimnis § 22 165
Bankinsolvenz Vor § 335 12; § 340 1; Art. 1 EuInsVO 4; Art. 9 EuInsVO 2
Bankkonto § 35 32, 168 f., 224 ff.; § 36 38
Bankrott (Insolvenzstrafrecht) § 283 StGB 1 ff.
– Abweisung mangels Masse § 283 StGB 34
– Anerkennung erdichteter Rechte § 283 StGB 20
– Angestellter eines Unternehmens § 283 StGB 52
– beiseite schaffen § 283 StGB 11
– Berater des Schuldners § 283 StGB 53
– beschädigen § 283 StGB 16
– Beschaffen auf Kredit § 283 StGB 19
– besonders schwerer Fall § 283a StGB 1 f.
– Bilanzierungspflichten § 283 StGB 26, 53
– Buchführungspflichten § 283c StGB 1 f.
– Buchhaltungsmanipulation § 283 StGB 45
– Differenzgeschäft § 283 StGB 17
– Eröffnung des Insolvenzverfahrens § 283 StGB 34
– fahrlässige Begehung § 283 StGB 41
– fehlerhaft bestellter Geschäftsführer § 283 StGB 49
– Führen von Handelsbüchern § 283 StGB 22 ff.
– Generalklausel § 283 StGB 31
– geschütztes Rechtsgut § 283 StGB 1
– Gewinnsucht § 283a StGB 1
– Gläubigerbegünstigung § 283c StGB 1 ff.
– GmbH & Co.KG § 283 StGB 50
– handeln für einen anderen § 283 StGB 37
– Herbeiführen der Krise § 283 StGB 32
– Interessenformel § 283 StGB 43 ff.
– Kapitalgesellschaften § 283 StGB 49
– Kausalzusammenhang § 283 StGB 35
– Kongruenzen § 283 StGB 42 ff.

2667

- Krise § 283 StGB 6 ff.
- Leichtfertigkeit § 283 StGB 41
- Mittäterschaft § 283 StGB 52
- Normcharakter § 283 StGB 3 f.
- objektive Strafbarkeitsbedingungen § 283 StGB 34 ff.
- Personengesellschaften § 283 StGB 50
- sachverständiger Gutachter § 283 StGB 54
- Schuldnerbegünstigung § 283d StGB 1 f.
- Spekulationsgeschäft § 283 StGB 17
- Strafbarkeit § 283 StGB 41
- Strafbarkeit (vorl.) Insolvenzverwalter § 283 StGB 54 ff.
- strafrechtliche Relevanz § 283 StGB 2
- subjektiver Tatbestand § 283 StGB 38 f.
- Tatbestandsvoraussetzungen § 283 StGB 5 ff.
- Täter § 283 StGB 5
- Tätergruppen § 283 StGB 49 ff.
- Täterschaft § 283 StGB 47 ff.
- Tathandlungen § 283 StGB 6 ff.
- Teilnahme § 283 StGB 47 ff.
- unbrauchbar machen § 283 StGB 16
- unwirtschaftliche Ausgaben § 283 StGB 18
- verheimlichen § 283 StGB 14, 36
- Verjährung § 283 StGB 46
- Verlustgeschäft § 283 StGB 17
- Vermögensminderung § 283 StGB 31
- Verschleudern § 283 StGB 19
- Versuch § 283 StGB 40
- Vorsatz § 283 StGB 38 f.
- Vortäuschung Rechte anderer § 283 StGB 20
- Zahlungseinstellung § 283 StGB 34
- zerstören § 283 StGB 16

Bankverträge § 116 7 ff.
Bargeld § 35 224
Bargeschäft § 129 60; § 130 6; § 131 2; § 133 8; § 142 1 ff.
- Ausschluss der Anfechtbarkeit § 142 13
- Dienstleistungen eines Rechtsanwalts § 142 21a
- Gleichwertigkeit § 142 10 ff.
- Unmittelbarkeit § 142 5 ff.

Baugeld § 36 17; § 47 48a
Bauhandwerksicherungshypothek § 106 2
Baukostenvorschuss § 110 6
Bauträgervertrag § 106 19
Bedingung § 38 33
- auflösend § 35 47
- aufschiebend § 35 47; § 42 12 ff.

Befangenheit § 4 12 ff.
- Insolvenzverwalter § 4 14
- Rechtspfleger § 4 13
- Richter § 4 13
- Sachverständiger § 4 14
- Urkundsbeamter § 4 13
- vorläufiger Insolvenzverwalter § 4 14

Befangenheitsrüge bei Entlassungsanhörung § 59 10

Befreiungs- und Regressansprüche Anh § 35 Abschn. A 8
Befriedigung § 130 8; § 131 4 ff.
- abgesonderte § 190 11 ff.
- Altmasseverbindlichkeit § 209 8
- der Insolvenzgläubiger § 156 7
- Ermöglichen der Befriedigung § 130 9 f.; § 140 19
- nicht in der Art zu beanspruchende Befriedigung § 131 8 ff.
- nicht in der Zeit zu beanspruchende Befriedigung § 131 18 f.
- nicht zu beanspruchende Befriedigung § 131 4 ff.
- Verbindlichkeit aus Erfüllungswahl § 209 5

Befristung
- Arbeitsverhältnis § 113 31a f.

Beglaubigung
- Tabellenauszug § 179 53

Beherrschungs- oder Gewinnabführungsvertrag Anh § 35 Abschn. E 18
- Cash-Pool Anh § 35 Abschn. E 34

Beiordnung
- Stundungsverfahren § 4a 1

Bekanntmachung § 23 1 ff.
- Abweisungsbeschluss § 26 61
- Änderungen § 27 37
- Aufhebung der Verfügungsbeschränkung § 25 2
- Berichtigungen § 27 38
- Beschwerde bei Ablehnung Art. 102 § 7 EGInsO 1
- Beweislast § 350 1; Art. 24 EuInsVO 4
- Bundesanzeiger § 30 7
- Einstellungsbeschluss Art. 102 § 4 EGInsO 4, 8
- Ergänzungen § 27 37
- Ermessen Art. 21 EuInsVO 2
- Eröffnungsbeschluss § 30 2 ff.
- Kosten Art. 23 EuInsVO 1
- öffentliche § 30 2; Art. 102 § 1 EGInsO 10; Art. 102 § 4 EGInsO 8; Art. 102 § 5 EGInsO 1; Art. 3 EuInsVO 67; Art. 21 EuInsVO 1, 4, 7
- öffentliche, Eigenverwaltung § 273 1 ff.
- Pflicht bei Niederlassungen Art. 21 EuInsVO 4
- Verfügungsbeschränkung § 23 2 ff.
- Veröffentlichung § 23 3
- Weiterleitungspflicht Art. 102 § 6 EGInsO 4

Belegenheitsstaat
- Folgen für Zuständigkeit Art. 102 § 1 EGInsO 10; Art. 25 EuInsVO 13; Art. 31 EuInsVO 15
- Insolvenzrecht Art. 5 EuInsVO 7 f.; Art. 8 EuInsVO 4 f.; Art. 18 EuInsVO 8
- materielles Recht § 336 1; Art. 5 EuInsVO 6, 13; Art. 8 EuInsVO 4; Art. 10 EuInsVO 3; Art. 14 EuInsVO 3
- Sicherungsmaßnahmen § 344 2
- Statutenwechsel Art. 7 EuInsVO 7
- Verwertungsverfahren Art. 18 EuInsVO 9

Stichwortverzeichnis

elegenheitsstaat, Folgen für Zuständigkeit
Art. 102 § 6 EGInsO 1
Insolvenzrecht Art. 18 EuInsVO 10
eraterhaftung Anh § 35 Abschn. K 1 ff.
Pflichtverletzung Anh § 35 Abschn. K 2
Vertragliche Ansprüche Anh § 35 Abschn. K 2
eratervertrag § 116 5
erechnungsgrundlage § 16 InsVV 3
Masseverbindlichkeiten § 1 InsVV 26
– Einsatz besonderer Sachkunde § 1 InsVV 27
– Unternehmensfortführung § 1 InsVV 28
Vergütung
– vorläufiger Verwalter § 63 2
Zahlungen
– Dritter § 1 InsVV 36
ereicherung
ungerechtfertigte
– im Eröffnungsverfahren § 22 89
ereicherungsanspruch § 53 13
ereitschaftspflicht § 97 24
erichtigung
der Tabelle § 183 7
erichtstermin § 29 2 ff.; § 156 1 ff.
- Auskunftserteilung an einzelne Gläubiger § 156 9
- Berichterstattung des Insolvenzverwalters § 156 1
- Berichtsinhalte § 156 4
- Eigenverwaltung § 281 3 f.
- Form des Berichts § 156 3
- Grenzen der Beschlussfassung § 157 10
- schriftliches Verfahren § 29 2
- Tagesordnung § 29 2
- Verbindung mit Prüfungstermin § 29 8
- Verzicht § 29 9
erufsbetreuer
Bestellung § 56 9c
erufsgrundsätze und Grundsätze ordnungsgemäßer Verwaltung § 56 1d
erufsrecht
– Eigenverwaltung § 270 9
erufsunfähigkeitsversicherung § 35 210
eschäftigungs- und Qualifizierungsgesellschaften Vor § 113 23 ff.
eschlagnahme
- strafprozessuale § 148 18
- von Unterlagen § 21 6 f.
eschlussverfahren § 126 1 ff.; § 127 1 ff.
- Betriebsrat § 126 2 f.
- Betriebsübergang § 127 5; § 128 1 ff.
- Eigenverwaltung § 126 10
eschwerde § 6 1 ff.
- Abhilfe § 34 27
- Ablehnung der Bekanntmachung Art. 102 § 7 EGInsO 1
- Abweisung mangels Masse § 34 2 ff.
- Angriffs- und Verteidigungsmittel § 34 7a, 15
- Aufhebung des Eröffnungsbeschlusses § 34 19 ff.

– Aufhebung von Sicherungsmaßnahmen § 21 80, 82 f.; § 22 208
– Aussetzung der Vollziehung § 34 28
– Begründetheit § 34 7 ff., 15 ff.
– Beschwer § 34 6, 12
– Beschwerdeberechtigung § 34 4, 11
– Beschwerdegericht § 34 5
– Eigenverwaltung
  – Anfechtbarkeit der Anordnung bzw. Ablehnung § 270 49 ff.
– Eigenverwaltung, Anfechtbarkeit der Anordnung bzw. Ablehnung § 34 9
– einstweilige Anordnungen § 34 28
– Eröffnung durch Beschwerdegericht § 34 30
– Form § 34 5
– Frist § 34 5, 14
– Fristbeginn § 34 14
– gegen Abweisungsbeschluss § 34 2 ff.
– gegen Erledigungsfeststellung § 34 9
– gegen Eröffnungsbeschluss § 27 39 f.; § 34 9 ff.
– gegen Eröffnungszeitpunkt § 27 7; § 34 9
– gegen Haftanordnung § 21 75
– gegen Handlungen des vorläufigen Insolvenzverwalters § 21 84; § 22 209
– gegen Sachverständigenbestellung § 21 8, 27
– gegen Sicherungsmaßnahmen § 21 11, 82 f.
  – Aufhebung § 21 80
– gegen Verfahrenseröffnung § 34 9 ff.
– gegen vorläufige Postsperre § 21 68
– isolierte Beschwerde § 34 9
– Kompetenzkonflikt Art. 102 § 3 EGInsO 3, 4; Art. 102 § 4 EGInsO 1, 4; Art. 3 EuInsVO 21
– Kosten § 34 31
– Rechtsbeschwerde § 34 32 f.
– Statthaftigkeit § 34 2
– Verfahrensfehler § 34 7, 17
– Zulässigkeit § 34 2 f., 9 ff.
Beschwerdeberechtigung
– Nachlassinsolvenzverfahren § 317 6
Beschwerderecht
– Staatskasse § 4d 1
Beseitigungsanspruch
– Aussonderungsrecht § 47 60
Besitz
– Aussonderungsrecht § 47 9
Besitzerstellung § 148 13
Besitzrecht § 107 10 ff.
Besondere Aufgabe
– Ermittlung Anfechtungen/Haftung § 4 InsVV 14
– Finanzbuchhaltung § 4 InsVV 12
– Lohnbuchführung § 4 InsVV 13
Besondere Aufgaben
– Delegation
  – umfangreicher steuerlicher Aufgaben § 4 InsVV 9
– juristische Aufgaben § 4 InsVV 4
– steuerliche Aufgaben § 4 InsVV 8

2669

– Zwangsvollstreckungen § 4 InsVV 7
Besserungsschein § 38 21
Bestatter § 3 35 ff.; § 98 19
Bestellung
– »starker Gutachter« § 21 29
– Sachverständiger
    – vorläufiger Insolvenzverwalter § 22 6 f.
– Sachwalter § 274 3
– vorläufiger Insolvenzverwalter
    – Verfügungsverbot § 21 40 ff.
    – Zustimmungsvorbehalt § 21 40 ff.
Bestellung, Sachverständiger § 21 30
– vorläufiger Insolvenzverwalter § 21 28 ff.
    – Erforderlichkeit § 21 30 ff.
    – Kostendeckung § 21 37
Bestellungsentscheidung § 56 26
– Anfechtbarkeit § 56 29
Bestellungsurkunde § 56 1e
Bestimmtheitsgebot
– Übereignung von Sicherungseigentum § 51 5
Bestimmungsrecht § 149 11
Bestreiten
– angemeldeter Insolvenzforderungen § 179 5
– durch mehrere § 179 39 ff.
– mehrfaches § 179 39
– vorläufiges § 179 14
Bestreiten, angemeldeter Insolvenzforderungen
– durch den Insolvenzverwalter § 179 5 f.
– durch den Schuldner § 179 5 f.; § 184 2 ff.
– durch einen Insolvenzgläubiger § 179 5
Bestrittene Forderung
– Ausschlussfrist für die Berücksichtigung bei Verteilung § 189 6
– Feststellung durch Verwaltungsakt § 185 3
Bestrittene Forderung,
– Akteneinsicht § 4 34
Bestrittene Forderung, Ausschlussfrist für die Berücksichtigung bei Verteilung
– Begriff § 179 5
Betagte Forderungen § 38 32; § 41 5
Beteiligte
– im Feststellungsprozess § 179 33 ff.
– Insolvenzgläubiger § 179 36 ff.
– Insolvenzverwalter § 179 34 f.
Beteiligte im Feststellungsprozess
– Schuldner § 184 6 f.
Beteiligter
– Akteneinsicht § 4 33 ff.
– Begriff § 4 32
Beteiligung
– am Unternehmenserwerber § 162 1
Beteiligung, am Unternehmenserwerber
– Veräußerung § 160 8
Beteiligungen § 35 137 ff.
Beteiligungsrechte
– Pfändbarkeit § 50 8
Betreibungslast § 179 2
– bei nicht titulierten Forderungen § 179 2, 20

– bei titulierten Forderungen § 179 2, 21 ff.
Betreuer
– eines Insolvenzantragsberechtigten § 15 3
Betriebliche Altersversorgung § 45 14 ff.; § 47 62 ff.; **Anh** § 113 12
Betriebsänderung Vor § 121 9 ff.; § 125 4
– Beschlussverfahren § 126 6 f.
– Unterrichtung Betriebsrat **Vor** § 121 4 ff.; § 122 3 ff.
Betriebsbedingte Kündigung § 113 45 ff.
Betriebsfortführung § 35 245 ff.; § 60 36
– Eigenverwaltung § 270 4
– Entscheidung über § 157 7
– Eröffnungsverfahren § 22 57 ff., 112 ff.; § 22a 1
– Freiberufler § 35 104
– Insolvenzverwalter § 56 16 f
– Masseunzulänglichkeit § 208 16
– Masseverbindlichkeit § 55 22
– nach Insolvenzeröffnung § 50 34a
– Pfandrechte § 50 34
– übertragende Sanierung § 157 8
– Veräußerungsabsicht § 168 4
– vorläufiger Gläubigerausschuss § 22a 5
Betriebsrat
– Anhörung § 113 73 ff.
– Beschlussverfahren § 126 2 f.
– Kündigungsschutz § 113 79 ff.
– Mitwirkungsrecht **Vor** § 121 4 ff.; § 122 3 ff.
– Restmandat **Vor** § 121 8
Betriebsstilllegung § 113 48; **Vor** § 121 9 f.
– im Eröffnungsverfahren § 22 41, 57, 61 ff.
Betriebsübergang § 22 117; **Vor** § 113 1 ff.; § 157 9
– Anwendung § 613a BGB **Vor** § 113 15 ff.
– Aufhebungsverträge **Vor** § 113 21 f.
– Beschäftigungs- und Qualifizierungsgesellschafter **Vor** § 113 23 ff.
– Betriebliche Altersversorgung **Vor** § 113 16
– Betriebsteil **Vor** § 113 5 ff.
– Kündigung **Vor** § 113 12 ff.; § 127 5
– Prämie **Vor** § 113 17
– Unterrichtung **Vor** § 113 9
– Widerspruch **Vor** § 113 10
Betriebsveräußerung
– an besonders Interessierte § 162 1
– bedeutsame Rechtshandlung § 160 6
– Interessenausgleich § 128 1
– unter Wert § 163 1
– vor dem Berichtstermin § 158 5
Betriebsveräußerung, an besonders Interessierte
– im Eröffnungsverfahren § 22 41
Betriebsvereinbarung § 120 1 ff.
Betrug (Insolvenzstrafrecht)
– Berater § 263 StGB 16
Betrug (Insolvenzstrafrecht)
– Absicht rechtswidriger Bereicherung § 263 StGB 12
– insolvenzrechtliche Bedeutung § 263 StGB 2

Stichwortverzeichnis

Irrtum §263 StGB 7
objektiver Tatbestand §263 StGB 3 ff.
Regelbeispiele §263 StGB 13
Sachwalter, vorläufiger §263 StGB 17
Schutzzweck der Norm §263 StGB 1
Steuerberater §263 StGB 16
Strafbarkeit des (vorl.) Insolvenzverwalters §263 StGB 14 f.
subjektiver Tatbestand §263 StGB 11
Tatbestandsvoraussetzungen §263 StGB 3 ff.
Täuschungshandlung §263 StGB 3 ff.
Verjährung §263 StGB 13
Vermögensschaden §263 StGB 9
Vermögensverfügung §263 StGB 8
Versuch §263 StGB 13
Vorsatz §263 StGB 11
Wirtschaftsprüfer §263 StGB 16
Beurkundung
  Prüfergebniss §178 14
Beurkundungskosten §55 12
Bewegliche Sachen
- Insolvenzmasse §35 131 ff., 202 ff.; 261
Beweisanordnung, Anfechtbarkeit §6 8; §16 19
Beweiserleichterungen §130 18; §131 43
Beweislast §19 58
- Aussonderung §47 81
- bezüglich der Eröffnungsvoraussetzungen §16 16 f.; §17 39
- Unterbilanz Anh §35 Abschn. A 18
- Zinszahlungspflicht §169 3
Beweislast, Aussonderung
- bezüglich der Eröffnungsvoraussetzungen §18 19
- drohende Zahlungsunfähigkeit §18 19
- Einhaltung der Verwertungsvorschriften §168 10
Bewertung §151 5
Bewertungsgrundsätze §151 16
Bezugsrecht §47 62a ff.
Bilanz
- Nichtige §155 7
Bilanzierungspflicht
- bei Unternehmensfortführung §155 11
Börsentermingeschäft §104 8
»BRAC-Budget« Art. 1 EuInsVO 7; Art. 3 EuInsVO 7, 78
»Brochier« Art. 3 EuInsVO 92
Bruchteilsgemeinschaft §35 21; §84 5
- Insolvenzfähigkeit §11 29
Buchführungspflicht §155 24
- bei Unternehmensfortführung §155 11
- Verletzung §283b StGB 1
Bugwellentheorie §17 16
Bundesanstalt für Finanzdienstleistungsaufsicht
- Abwickler §15 5
- Abwicklungsanordnung §15 5
- alleiniges Insolvenzantragsrecht §15 5
- Anhörung des Schuldners §15 5

- Insolvenzanzeigepflicht §15a 5
Bundesarbeitskreis Insolvenzgerichte e. V. §56 3c
Bürge, Insolvenzantragsrecht
- Rechte §44 1 ff.
Bürgschaft §38 45; §43 8 f.; §103 6, 8, 36
Business Judgement Rule §60 29 f., 38

Cash-Pool Anh §35 Abschn. D 8
- Beherrschungs- oder Gewinnabführungsvertrag Anh §35 Abschn. E 34
Cash-Pooling §131 3, 9
»Centros« Art. 4 EuInsVO 16
»Ci4net. com Inc.« Art. 3 EuInsVO 79
Claims-made-Prinzip Anh §35 Abschn. J 20 ff.
»Collins & Aikman« Art. 3 EuInsVO 29, 88
COMI Vor §335 5; Art. 3 EuInsVO 2 ff.; Art. 43 EuInsVO 1
- »Aircraft« Art. 3 EuInsVO 87
- »Automold« Art. 3 EuInsVO 7, 86
- »BRAC-Budget« Art. 3 EuInsVO 7, 78
- »Ci4net. com Inc.« Art. 3 EuInsVO 79
- »Collins & Aikman« Art. 3 EuInsVO 7, 88
- »Crisscross Telecommunications Group« Art. 3 EuInsVO 77
- »EMTEC« Art. 3 EuInsVO 90
- »Enron« Art. 3 EuInsVO 7, 76
- »ISA/Daisytek« Art. 3 EuInsVO 7, 21, 74
- »Parmalat/Eurofood« Art. 102 §3 EGInsO 1; Art. 3 EuInsVO 2, 4, 6, 7, 66, 69, 80 f.; Art. 31 EuInsVO 16
- »Rover« Art. 3 EuInsVO 7, 89
- »Vierländer Bau Union Ltd.« Art. 3 EuInsVO 75
- Verlegung bei mehreren Insolvenzanträgen Art. 3 EuInsVO 30
- Verlegung nach Insolvenzantragstellung Art. 3 EuInsVO 29
company voluntary arrangement Art. 25 EuInsVO 3
Compliance §60 33
»Crisscross Telecommunications Group« Art. 3 EuInsVO 77

D&O-Versicherung Anh §35 Abschn. J 1 ff.
- Bindungswirkung Anh §35 Abschn. J 7
- claims-made-Prinzip Anh §35 Abschn. J 20
- Deckungskonzept Anh §35 Abschn. J 2
- Freistellungsanspruch Anh §35 Abschn. J 11
- Haftpflichtprozess Anh §35 Abschn. J 9
- Insolvenzklausel Anh §35 Abschn. J 17
- Obliegenheitsverletzung Anh §35 Abschn. J 18
- Trennungsprinzip Anh §35 Abschn. J 5
- Vorsatzausschlussklausel Anh §35 Abschn. J 16
Darlegungs- und Beweislast
- Insolvenzanfechtung
  - unentgeltliche Leistung §134 42
Darlehen
- Aufnahme §160 10
- Gesellschafterdarlehen Vor §49 20

2671

– Insolvenzmasse § 35 153 f.
Darlehensvertrag § 103 6 f.; § 108 1 ff., 22 ff.
– Ersatzaussonderung § 48 11
Dauerschuldverhältnis § 55 26; § 105 5; § 108 1 ff.
– Insolvenzforderung § 38 34
Dauerschuldverhältniss
– Absonderung **Vor** § 49 7 ff.
Debt-Equity-Swap
– Abfindung für Altgesellschafter § 225a 29
– Bezugsrechtsausschluss § 225a 26
– Differenzhaftung § 225a 39
– Fortsetzungsbeschluss § 225a 32
– Insolvenzplan § 225a 11 ff.; § 254 14
– Kapitalherabsetzung § 225a 15
– Sachkapitalerhöhung § 225a 20
– Schuldverschreibung **Anh** § 38 115
– Steuerrechtliche Folgen § 225a 40
– Zustimmung der betroffenen Gläubiger § 225a 33
»Deko Marty« **Art. 3 EuInsVO** 94; **Art. 13 EuInsVO** 10
Depotvertrag § 116 19
Derivate § 104 6, 8
Devisentermingeschäft § 104 6 ff.
Dienstaufsichtsbeschwerde § 56 44
Dienstbarkeit § 35 128
Dienstnehmer
– Schadensersatz bei Kündigung durch Insolvenzverwalter § 113 40
Dienstverhältnis § 103 6, 8; § 108 1; § 113 1 ff., 8 ff.
– Abfindung § 113 17 ff.
– Abtretung Bezüge **Anh** § 311 1 ff.
– Abwicklungsvertrag § 113 28
– Altersteilzeit § 113 14, 49
– Änderungskündigung § 113 55
– Arbeitszeugnis § 113 20
– Aufhebungsvertrag § 113 26
– Aufrechnung **Anh** § 311 1 ff.
– Betriebsübergang **Vor** § 113 1 ff.
– Entgelt § 113 11
– freies § 113 9
– GmbH-Geschäftsführer § 113 8
– Jahressonderzahlung Insolvenzgeld
 – Jahressonderzahlung **Anh** § 113 20
– Kündigung, außerordentlich § 113 25
– Kündigung, betriebsbedingt § 113 45 ff.
– Kündigung, verhaltensbedingt § 113 56
– Kündigungsausschluss § 113 30
– Kündigungserklärung § 113 37 ff.
– Kündigungsfrist § 113 32 ff.
– Kündigungsschutz § 113 42 ff.
– Massenentlassungsanzeige § 113 65 ff.
– Nachkündigung § 113 36
– Prämien § 113 16
– Sonderkündigungsrecht § 113 30 ff.
– Sonderkündigungsschutz § 113 78 ff.
– Sozialauswahl § 113 50

– Urlaubsabgeltung § 113 16
– Vorstandsmitglied AG § 113 8
– Wettbewerbsverbot § 113 93
– Wiedereinstellungsanspruch § 113 53 f.
Dienstverhältnis / Kündigung, personenbedingt § 113 56
Dienstvertrag § 38 35
DIN ISO 9000 § 1 42
Direktversicherung § 35 158 ff., 211
Doppelberücksichtigungsgrundsatz § 43 2
Doppelinsolvenz § 143 87a
Drittschuldner
– Zahlungsaufforderung § 23 5
Drittschuldnerzustellung § 23 5
Drittstaaten Vor § 335 14 f., 20 ff.; **Art. 1 EuInsVO** 7; **Art. 20 EuInsVO** 6
Drohende Zahlungsunfähigkeit § 18 1 ff.
– Antragsberechtigung § 18 1, 4, 11 ff.
– Antragsbindung § 16 13; § 18 4
– Anwendungsbereich § 18 5
– Beweislast § 18 19
– Definition § 18 5 ff.
– Fälligkeit § 18 6 f.
– Juristische Personen § 18 11 ff.
– Kredit- und Finanzdienstleistungsinstitute § 18 11
– Liquiditätsplan § 18 15
– Personengesellschaften § 18 11 ff.
– Prognosezeitraum § 18 9 f.
– Prüfungsmethoden § 18 15 f.
– Prüfungsumfang § 18 6 ff.
– Versicherungsunternehmen § 18 4
– Voraussetzungen § 18 4 ff.
– Zahlungspflicht § 18 6
Duldungsvollmacht § 55 4b
Durchgriffshaftung Anh § 35 Abschn. G 1
Durchsuchung § 21 7, 13

Edelmetallgeschäft § 104 7
Effektengeschäft § 116 18
EGInsO Art. 2 EuInsVO 8; **Art. 3 EuInsVO** 7, 9, 21, 74, 83
Eheliche Gütergemeinschaft § 84 15
Eheliche Güterstände § 37 1 ff.
EHUG
– öffentliche Bekanntmachung § 9 4
Eidesstattliche Versicherung § 20 18; § 98 2 ff.; § 153 7
– Eidesformel § 98 5
– Rechtsmittel § 153 30
– Strafbewehrung § 153 32
– Vermögensverzeichnis § 153 19 ff.
– Zuständigkeit für Abnahme § 98 5
– Zuständigkeit für Anordnung § 98 4
– Zwangsmittel § 153 29
Eigenantrag
– Abweisung mangels Masse
 – bei Führungslosigkeit § 15 10 ff.

bei führungslosen juristischen Personen § 4 20a
Insolvenzeröffnung
- Erledigung § 14 67
Prozesshandlung § 13 3 ff.
Restschuldbefreiungsverfahren § 20 15
…igenantrag, Abweisung mangels Masse
§ 15a 19 ff.; § 34 13
…igenantrag, fehlende Mitwirkung
Amtsermittlung § 5 26
Zwangsmittel § 5 26
…igenkapitalersatz § 35 184; § 39 17 ff.; § 43 15 f.;
§ 135 94 ff.; Art. 3 EuInsVO 72; Art. 4
EuInsVO 23 f., 30; Art. 32 EuInsVO 4
…igenkapitalersetzende Sicherheit § 135 137 f.
Absonderung Vor § 49 20
Ausfall § 52 3
Aussonderung § 47 68
Nutzungsüberlassung § 165 8
…igentümergrundschuld
- Absonderungsrecht § 165 5
…igentumsvorbehalt § 35 148; § 103 13, 26, 35 f.;
§ 105 9; § 107 1 ff.; § 112 5; Art. 5 EuInsVO 4;
Art. 7 EuInsVO 1 ff.; Art. 41 EuInsVO 1
- Abwehrklausel § 47 11
- einfacher § 47 11 ff.; § 131 35
  - Aussonderung § 47 11 ff.
  - Ersatzaussonderung § 48 17
  - Ersatzaussonderung § 48 20
  - Kollision § 51 43
- erweiterter § 47 11 ff.; § 51 12 ff.
  - Absonderung § 51 12 ff.
  - Ersatzabsonderung § 51 15
  - Ersatzaussonderung § 51 15
- im Eröffnungsverfahren § 22 44
- nachgeschalteter § 47 16
- verlängerter § 91 11; § 129 58, 96; § 131 35,
§ 140 14a
- verlängerter mit Verarbeitungsklausel § 47 15;
§ 51 17 ff.
  - Absonderung § 51 18
  - Absonderung § 51 21
  - Aussonderung § 51 18
  - Ersatzabsonderung § 51 21
- verlängerter mit Vorausabtretungsklausel
§ 51 32 ff.
  - Absonderung § 51 34a ff.
  - Aussonderung § 47 15
  - Aussonderung § 51 34
  - Aussonderung § 51 35
  - Aussonderung § 51 41
  - Ersatzabsonderung § 51 39
  - Ersatzaussonderung § 48 18
  - Ersatzaussonderung § 48 21
  - Ersatzaussonderung § 51 34a
  - Ersatzaussonderung § 51 35
  - Kollision § 51 44 ff.
- weitergeleiteter § 47 16

Eigentumsvorbehaltsware, Veräußerung/Verarbeitung § 22 44
Eigenverwalter
- Haftung § 60 46b
Eigenverwaltung Art. 3 EuInsVO 86; Art. 27
EuInsVO 12 ff.
- Ablehnung
  - Begründung § 270 49 ff.
  - Rechtsmittel § 270 50 ff.
- Amtsermittlungspflicht § 270 23
- Anfechtung vor
  - nachträgliche § 271 1 ff.
  - Voraussetzungen § 270 2 ff.
- Anordnung
  - Rechtsfolgen § 270 31
  - Verfahrensfragen § 270 48
  - Verfügungsbefugnis § 270 32
  - Verwaltungsbefugnis § 270 32
  - Voraussetzungen § 270 2 ff.
- Anordnung von Sicherungsmaßnahmen
§ 270a 2
- Antrag
  - offensichtliche Aussichtslosigkeit § 270a 3
  - Schuldner § 270 13 ff.
- Antrag auf Aufhebung
  - des Sachwalters § 272 13
  - eines Einzelgläubigers § 272 4
  - Schuldnerantrag § 272 11
- Antragsrücknahme § 270a 39
- Anwendbarkeit des § 240 ZPO § 270 46
- Anwendungsfälle § 270 2 ff.
- Aufhebung § 272 2 ff.
  - Anhörung § 272 10
  - Antrag § 272 2 f.
  - Rechtsfolgen § 272 16
  - Verfahrensfragen § 272 19
- Aufhebung von Amtswegen § 272 13
- Auflösung der Gesellschaft § 270 39
- Austausch der Geschäftsführung durch »Insolvenzfachleute« § 56 26f
- Auswechselung der Unternehmensführung
§ 270 22 ff.
- Begründung von Masseverbindlichkeiten
§ 270a 34
- Berichtstermin § 29 7; § 281 3 f.
- Berufsrecht § 270 9
- Betriebsfortführung § 270 4
- »Eigenverwalter« § 270 33
- Entstehungsgeschichte Vor § 270 3 ff.
- Erfüllungswahl § 278 2 f.
- Eröffnungsantrag § 270 15
- Eröffnungsbeschluss § 27 25
- Eröffnungsverfahren § 270a 1 ff.
- ESUG Vor § 270 7
- Feststellungsklage § 283 3
- Feststellungspauschale § 282 3
- Forderungsprüfung § 283 3
- gerichtliche Mitteilungspflicht § 31 8

2673

- Gesamtschaden §92 36
  - Geltendmachung §280 2
- gesellschaftsrechtliche Wirkung §270 37
- Gläubigerausschuss
  - Rechte und Pflichten §276 4
- Gläubigerausschuss, Mitwirkung §276 2 ff.
- Gläubigereinfluss auf Anordnung §270 29
- Gläubigerverzeichnis §281 3 f.
- Haftung
  - des eigenverwaltenden Schuldners §270 42
- Haftung des Schuldners §270a 38
- Haftung von Organen §270a 38
- Handlungen des bisherigen Insolvenzverwalters §271 11
- Hauptinsolvenzverfahren §270 16
- Hinterlegung von Schutzschrift §270 27
- Initiativrecht §284 1
- Insolvenzanfechtung Vor §129 13; §280 2
- Insolvenzplan §218 13; §284 1 ff.
- insolvenzzweckwidrige Handlungen §270 35
- Kassenführung §275 12
- Liquidationsverfahren §270 5 f.
- Masseunzulänglichkeit
  - Anzeige §285 2 f.
- Masseverbindlichkeit §270 40
- Masseverzeichnis §281 3 f.
- Mitwirkung der Überwachungsorgane §276a 1
- Nachlassinsolvenzverfahren §270 12
- nachträgliche Anordnung §271 1 ff.
- natürliche Person §270 8 ff.
- öffentliche Bekanntmachung §273 1 ff.
- örtliche Zuständigkeit §3 15a
- Postsperre §99 1
- privater Lebensunterhalt §278 1
- Prognoseentscheidung §270 19
- Prozessaufnahme §85 25
- Prozessführung §80 40
- Prozessunterbrechung Vor §85 2
- Rechnungslegung §281 3 f.
- Recht zur Einberufung einer Gläubigerversammlung §270 47
- Reform Vor §270 7
- Sachwalter §274 3 ff.
  - Aufgaben und Befugnisse §274 8 ff.
  - Bestellung §270c 1
  - Bestellung §274 3
  - Mitwirkung §275 2 ff.
  - Vergütung §12 InsVV 1 ff.
- Schutzschirmverfahren §270b 10
- Sekundärinsolvenzverfahren §270 7, 16
- Standesrecht §270 9
- steuerliche Organschaft §270 41
- Struktur Vor §270 1
- »Überwachungsfunktion« §276a 3
- Unabhängigkeit des Sachwalters §56 26f
- Unpfändbarkeit §278 2
- Unterhalt §278 2 ff.
- Abgrenzung zu pfändungsfreiem Einkommen §278 2
- Entnahmebefugnis des Schuldners §278 6 ff.
- Masseunzulänglichkeit §278 10
- Unterrichtung der Gläubiger §281 3 f.
- Verbraucherinsolvenz §165 41
- Verbraucherinsolvenzverfahren §270 3
- Verfahrensfragen §270a 41
- Vermögensübersicht §281 3 f.
- Verwalterauswahl §56a 11
- Verwertung
  - Kosten §282 3
- Verwertungsbeiträge §282 3
- Verwertungsrecht §282 3 f.
- Vorlagerecht §284 1
- vorläufige
  - Eröffnungsverfahren §55 94
- vorläufiger Gläubigerausschuss §67 3
- vorläufiger Sachwalter §270a 4 ff.
- Widerspruchsrecht §275 4 ff.
- Zahlungszusagen §270 40
- Zustimmungsbedürftigkeit
  - Aufhebung der Anordnung §277 14
  - Bestimmtheit der Anordnung §277 5
  - generelle §277 6
  - Rechtsfolgen der Anordnung §277 10
  - Voraussetzungen der Anordnung §277 2
- Zustimmungserfordernis §275 4 ff.
- Zustimmungsvorbehalt
  - Prüfungsvorbehalt des Gerichts §277 8

Eigenverwaltung, vorläufige
- Auskunftspflicht §20 6a
- Mitwirkungspflicht §20 6a

Eigenverwaltungsverfahren
- Veröffentlichung §23 3
- vorläufiger Gläubigerausschuss §22a 2a

Einkommensteuer §38 54; §55 62; §165 40a

Einkünfte
- wiederkehrende §160 9

Einlageanspruch
- Verjährung Anh §35 Abschn. B 9

Einlageforderung
- Abtretung Anh §35 Abschn. B 7
- Ausschluss des Gesellschafters Anh §35 Abschn. B 38
- Kaduzierung Anh §35 Abschn. B 29
- Pfändung Anh §35 Abschn. B 7

Einsichtnahme §154 7

Einsichtsrecht
- InsOBekV §4 InsOBekV 1
- Insolvenzplan §234 4

Einstandspflicht des Staates §63 2

Einstellung
- Geschäftsbetrieb Art. 3 EuInsVO 32 ff.

Einstellungsverfahren §211 2 ff.

Einwendung gegen Verteilungsverzeichnis §194 1 ff.
- Einwendungsberechtigte §194 5 f.

Entscheidung §194 9ff.
Erhebung der Einwendung §194 2ff.
Frist §194 7
irrtümlich unberücksichtigte Gläubiger §194 14
Rechtsmittel §194 12f.
Verfahren §194 8
Einzelermächtigung §1 44ff.; §21 44; §22 82, 90ff.; §55 23
 Gruppenermächtigung §22 93
 Projektermächtigung §22 93
 Prüfungsumfang §22 93
 Verwalterhaftung §22 223f.
 Vorrangermächtigung §22 96
Einzelrechtsnachfolge
– Insolvenzanfechtung §145 9ff.
Einziehung §91 27
Einziehungsermächtigung §35 168, 225f.; §48 38
Einziehungsermächtigungsverfahren §22 157
Elternzeit §113 89f.
E-Mail
– Postsperre §99 7, 12
»EMBIC« Art. 3 EuInsVO 82
»EMTEC« Art. 3 EuInsVO 90
Energielieferungsverträge §105 2, 5
»Enron« Art. 102 §2 EGInsO 3; Art. 3 EuInsVO 7, 9, 76
Enthaftung §49 4ff.
– Zubehör §49 5
Enthaftungserklärung §109 23ff.
Entlassungsantrag
– Schuldner §59 2b
– Verwalter §59 2a
Enumerationsprinzip §6 8ff.
Erbbaurecht §35 125
– Aussonderung §49 2
Erbengemeinschaft §35 220; §84 14
– Insolvenzfähigkeit §316 6
– Übergang zur insolvenzfähigen GbR §316 7
Erbrechtliche Ansprüche §38 14
Erbrechtliche Ansprüche, des Insolvenzschuldners §35 37, 215ff.
– ggü. dem Insolvenzschuldner §38 16
Erbschaft §35 220, 239; §83 3ff.
– Annahme §83 3
– Ausschlagung §83 6f.; §129 8, 45
– fortgesetzte Gütergemeinschaft §129 8
– Gesamtrechtsnachfolge §145 6
– Pflichtteil §129 8
– Testamentsvollstreckung §83 5
– Verfügungsbeschränkung §83 15
– Verzicht §129 8
Erbschaftskauf §330 1ff.
Erbschaftskauf, Insolvenzmasse im Nachlassinsolvenzverfahren §330 3
– Rechtsstellung des Erbschaftskäufers §330 2
Erfindungen §35 112
Erfolgsbezug §63 10

Erfolgshonorar §63 10
Erforderlichkeit, der Sicherungsmaßname §21 14ff., 30
Erfüllungsverlangen §55 11
Erfüllungswahl §103 1ff., 17ff.
– Eigenverwaltung §278 2f.
Erhaltungsaussichten
– Darstellung im Berichtstermin §156 6
Erledigung
– Insolvenzeröffnungsantrag §14 67ff.
Erledigungszahlungen §22 37; §24 4f.
Erlösverteilung
– Verwertung §165 13
Ermächtigungsverwalter §61 4
Ermächtigungswirkung der §§92, 93, bei Gesamtschadensliquidation §92 31ff., 37
– bei persönlicher Gesellschafterhaftung §93 31ff., 39f.
erneutes Wahlrecht §57 3
Eröffnungsantrag
– Abweisung mangels Masse §139 12
  – Kenntnis des Anfechtungsgegners §130 24ff.
  – Berechnung der Anfechtungsfristen §139 6ff.
– Eigenverwaltung §270 15
– für erledigt erklärter §139 13ff.
– Kenntnis des Anfechtungsgegners §130 16
– Kosten
  – Insolvenzantrag §54 15
– maßgeblicher §139 10ff.
– rechtskräftig abgewiesener §139 12
– Wiederaufnahme §311 1
  – Verfahrensfragen §311 3
– Zurücknahme §139 13ff.
Eröffnungsantrag, Abweisung mangels Masse
– Zahlung an Antragsteller §131 13
Eröffnungsbeschluss §27 1ff.
– Änderung §27 36f.
– Anhörung des Schuldners §27 4
– Aufforderung an Drittschuldner §28 10
– Aufforderung zur Forderungsanmeldung §28 2
– Aufforderung zur Mitteilung von Mobiliarsicherheiten §28 5
– Aufforderungen an Beteiligte §27 21; §28 1ff.
– Aufhebung §34 19ff.
  – Bekanntmachung §34 25
  – Mitteilungen §34 25
– Begründung §27 16
– Bekanntmachung §9 7; §27 29f.; §30 2ff.
– Berichtigung §27 36f., 38
– berufsrechtliche Folge §27 35
– Beschwerde §34 9ff.
– Bestimmung von Berichtstermin §29 2
– Bestimmung von Prüfungstermin §29 2
– Bezeichnung des Schuldners §27 10f.
– durch Beschwerdegericht §34 30ff.
– Eigenverwaltung §27 25
– ergänzender Inhalt §27 21f.
– Ergänzung §27 36f.

Stichwortverzeichnis

- Eröffnungszeitpunkt § 27 5 ff.
- EuInsVO § 27 44 ff.
- fakultativer Inhalt § 27 23 f.
- gesellschaftsrechtliche Folge § 27 34
- Gläubigerversammlung, Hinweis auf Beschlussunfähigkeit § 27 21
- Handelsregister, Übermittlung § 31 2 ff.
- Inhalt § 27 10 ff.
- Kleininsolvenzverfahren § 27 25 f.
- Kostenentscheidung § 27 19
- Mitteilungspflicht
  - des Gläubigers § 28 7
  - Schadensersatz § 28 8
- Mitteilungspflichten des Gerichts § 27 29 f.
- rechtliches Gehör § 27 4
- Rechtsbehelfe § 27 39 f.; § 34 9 ff.
- Rechtskraft § 27 41 ff.; Art. 3 EuInsVO 23
- Rechtswirkungen § 27 31 ff.
- Register, Übermittlung § 31 2 ff.
- Restschuldbefreiungsantrag § 30 4 a
- schriftliches Verfahren § 27 21
- sofortige Beschwerde § 6 17
- sofortige Beschwerde gegen § 6 17
- Tagesordnung Gläubigerversammlung § 27 21
- Terminsbestimmung § 29 1
  - Fehler § 29 5
- Verbraucherinsolvenz § 27 25
- Verwalterbestellung § 56 31
- Vollstreckungsschutz § 27 40 a
- Voraussetzungen § 27 2 ff.
- Vordatierung § 27 8
- Vorlage eines Insolvenzplans § 29 6
- Wiederaufnahme des Verfahrens § 27 42
- Wirksamwerden § 27 27 f.
- Zustellung § 27 29 f.; § 30 11 ff.
- zwingender Inhalt § 27 10 ff.

Eröffnungsbeschlusses
- Nichtigkeit des Art. 6 EuInsVO 7
- Rechtshandlungen Art. 13 EuInsVO 2

Eröffnungsgrund
- Amtsermittlungspflicht § 16 10
- Antragsberechtigung § 16 5 ff., 15
- Antragsbindung § 16 12 f.
- Anwendungsbereich § 17 2 f.; § 18 6 ff.; § 19 2 ff.
- Auskunftspflicht § 16 11
- Beschwerdeverfahren § 16 14
- Beweislast § 16 16
- Eingriffsrechtfertigung § 16 3
- einziger Gläubiger § 16 8
- Feststellungszeitpunkt § 16 14
- Glaubhaftmachung § 16 9 f.
- Kleininsolvenzverfahren § 16 17
- Mitwirkungspflicht § 16 11
- öffentlich-rechtliche Forderungen § 16 9 b
- Prüfungsmethode § 17 34 ff.; § 18 15 ff.; § 19 54 ff.
- Prüfungsumfang § 16 12 f.
- Prüfungszeitpunkt § 16 14 f.

- Rechtsmittel § 16 19
- Regelungsgehalt § 16 4
- Schweigen des Schuldners § 16 10
- Sekundärinsolvenzverfahren § 16 18
- streitige Forderung § 16 9 f.
- titulierte Forderung § 16 9 a
- Verbraucherinsolvenzverfahren § 16 17
- Verschwiegenheitspflicht § 16 11
- Voraussetzungen § 16 3
- vorläufig vollstreckbare Forderung § 16 9 a
- Wegfall § 16 14 f.
- Zeitpunkt § 16 14
- Zugeständnis des Schuldners § 16 10

Eröffnungsverfahren
- Auslagen § 13 71 ff.
- außergerichtliche Kosten § 13 74 ff.
- Betriebsfortführung § 22 a 1
- Forderungseinziehung § 22 53
- Gebühren § 13 70 ff.
- Gerichtskosten § 13 69 ff.
- Gläubigerausschusses § 67 1 ff.
- Kostenschuldner § 13 77 ff.
- Weiterlieferer bei Betriebsfortführung § 142 19

Eröffnungszeitpunkt § 27 5 ff.

Erörterungs- und Abstimmungstermin § 235 1 ff.
- Ablauf § 235 11 ff.
- Abstimmung § 243 1 ff.; § 244 2 f., 10
- Abstimmung, erforderliche Mehrheit § 244 1 ff.
- Bekanntmachung § 235 2 ff.
- Bestimmung § 235 2 ff.
- Ladung § 235 7 ff.
- Vorlage des Insolvenzplanes § 29 6

Erörterungstermin
- Festlegung der Stimmrechte § 237 2 ff.

Ersatzabsonderung § 48 30 ff.
- Abrechnung § 48 40
- Einziehungsermächtigung § 48 38 ff.
- erweiterter Eigentumsvorbehalt § 51 15
- Forderungseinzug § 48 36, 38 f.; § 166 16 b
- Sicherung von Ersatzabsonderungsrechten § 47 58 a; § 48 38 a
- Sicherungsabsetzung § 51 29
- Sicherungsübereignung § 51 10
- verlängerter Eigentumsvorbehalt mit Vorausabtretungsklausel § 51 39
- verpfändete Forderung § 166 16 b
- Verwertung von Zubehör § 49 4 ff.
- Verwertungsvereinbarung § 48 35 a
- Weiterveräußerungsermächtigung § 48 37 a
- zweite Ersatzabsonderung § 48 30

Ersatzabsonderungsrecht
- Forderungseinziehung im Eröffnungsverfahren § 22 53 f.

Ersatzaussonderung § 48 5 ff.
- Anfechtungsansprüche der Insolvenzmasse § 48 23
- Bargeld § 48 25, 28
- Darlehensvertrag § 48 11

Stichwortverzeichnis

einfacher Eigentumsvorbehalt § 48 17, 20
Einziehung auf Anderkonto des Insolvenzverwalters § 48 29
Einziehung auf Schuldnerkonto § 48 26 f.
Einziehungsermächtigung § 48 15
erweiterter Eigentumsvorbehalt § 48 22; § 51 15
– Forderungseinzug § 48 8
– Gesamtveräußerung § 48 22
– Kassenbestand § 48 25, 28
– unwirksame Veräußerung § 48 9
– Verarbeitungsgestattung § 48 14
– Verbindung/Vermischung/Verarbeitung § 48 8
– Vergütungsanspruch aus Werkvertrag § 48 22
– verlängerter Eigentumsvorbehalt mit Vorausabtretungsklausel § 48 18, 21; § 51 34, 34a, 35
– Weiterveräußerungsermächtigung § 48 16 ff.
– Zwangsvollstreckung § 48 8
– zweite Ersatzaussonderung § 48 6
Ersatzfreiheitsstrafe § 39 12
Ersitzung § 91 23
Erstattungsanspruch
– des Vorschussleistenden § 26 46
– Verjährung § 26 55
Erstattungsanspruch, des Anfechtungsgegners § 144 20 ff.
Erstes Anfordern
– Zahlungsansprüche § 180 10a
Erstgespräch
– Insolvenzverfahren § 56 16e
Ertragsteuern § 165 40 a
Erwerbsobliegenheit § 287b 2; § 295 3 ff.
– Erwerb von Todes wegen § 295 10 ff.
– Mitteilungs- und Auskunftspflichten § 295 14 ff.
– Verfahren § 296 15 ff.
– Wohlverhaltensphase § 295 1
ESUG 2012 § 1 14
EuInsVO Vor § 335 4
EUInsVO
– Durchführungsbestimmungen Art. 3 EuInsVO 27
– Reform
– Kommissionsvorschlag Art. 1 EuInsVO 9 ff.
»Eurofood«
– Urteil Art. 3 EuInsVO 81
Europäische Wirtschaftliche Interessenvereinigung (EWIV), Insolvenzantragsberechtigte
– persönliche Gesellschafterhaftung § 93 3
»Eurotunnel« Art. 3 EuInsVO 17, 91
EWIV § 84 10
– Insolvenzantragsberechtigte § 15 5
– Insolvenzantragspflicht § 15a 2
– Insolvenzfähigkeit § 11 41
Exequatur § 353 1; Art. 102 § 8 EGInsO 1; Art. 22 EuInsVO 3; Art. 25 EuInsVO 11
Existenzminimum
– Unterhalt des Schuldners § 100 3
Existenzvernichtender Eingriff § 19 26
– Geltendmachung der Haftung § 93 7

Existenzvernichtung/Durchgriff § 11 InsVV 60
Existenzvernichtungshaftung Anh § 35 Abschn. F 1; Art. 4 EuInsVO 22
– Rechtsfolgen Anh § 35 Abschn. F 24

Factoring § 47 19 ff.; § 103 7; § 116 5; § 129 98; § 142 21
Faktischer organschaftlicher Vertreter
– Begriff § 15 12
– Insolvenzantragsrecht § 15 11 ff.
Familienrechtliche Ansprüche § 38 14
Familienrechtliche Ansprüche, des Insolvenzschuldners § 35 37, 215 ff.
– ggü. dem Insolvenzschuldner § 38 14 f.; § 40 1 ff.
Fehlerhafte Gesellschaft, persönliche Gesellschafterhaftung § 93 3
Festsetzung der Vergütung § 64 1 ff.
– Antrag § 64 2 ff.
– Zuschläge § 64 3
– Bekanntmachung § 64 24
– Beschleunigungsgebot § 64 19
– Beschluss
– Vollstreckungstitel § 64 17
– Entnahme vor Rechtskraft § 64 19
– Prüfung § 64 16
– Rechtsbehelfsbelehrung § 64 21
– Reformbestrebungen § 64 64
– sofortige Beschwerde § 64 26
– Sonderinsolvenzverwalter § 64 1
– vorläufiger Sachwalter § 64 1
– Zuständigkeit § 64 5, 6
– Zustellung § 64 25
Feststellung
– bei nicht titulierten Forderungen § 179 2, 20
– bei titulierten Forderungen § 179 2, 21 ff.
– durch Verwaltungsakt § 185 3
– im Urkunden-/Wechsel- und Scheckprozess § 180 10
– Inhaltsänderung einer Forderung durch Feststellung § 201 10 ff.
– Kostenfestsetzungsverfahren § 180 13
– Nachweis des Betreibens der Feststellung § 189 7
– Schiedsverfahren § 180 11 f.
– Umfang § 181 1
– von Steuerforderungen § 185 4 ff.
– von Zahlungsansprüchen auf erstes Anfordern § 180 10a
– Wirkung auf Insolvenzforderung § 201 8
Feststellung zur Tabelle § 178 1 ff.
– Beseitigung des Widerspruchs § 178 12 f.
– Bestreiten des Verwalters unter Vorbehalt § 178 9
– Beurkundung des Prüfungsergebnisses § 178 14 ff.
– gerichtlicher Feststellungsvermerk § 178 17 f.
– isolierter Widerspruch gegen Anmeldung als unerlaubte Handlung § 178 11
– Nachlassinsolvenzverfahren § 178 19

2677

Stichwortverzeichnis

- Rechtsbehelfe § 178 22 f.
- Rechtswirkungen § 178 2 ff., 19 ff.
- Teilfeststellung § 178 7
- Titulierungswirkung der Tabelleneintragung § 178 2
- Verfahren § 178 6
- Widerspruch § 178 8
- Widerspruchsberechtigte § 178 5

Feststellungsbescheid
- nach Insolvenzeröffnung § 185 5
- vor Insolvenzeröffnung § 185 5

Feststellungsklage Vor § 85 15; § 85 3
- Antrag bei titulierten Forderungen § 184 11d
- Antragsformulierung § 179 50 f.
- auf Deliktattribut, Verjährung § 184 13a
- Aufnahme unterbrochener Prozesse § 179 22; § 180 14 ff.
- Auswirkungen der Beendigung/Aufhebung des Insolvenzverfahrens auf § 179 47 ff.
- besondere Rechtswege § 185 2
- besondere Sachurteilsvoraussetzungen § 181 1
- Beteiligte § 179 33 ff.
- Beteiligtenwechsel § 179 33 ff.
- des Gläubigers nach isoliertem Schuldnerwiderspruch gegen deliktischen Schuldgrund § 184 12 ff.
- des Gläubigers nach Schuldnerwiderspruch § 184 6 ff.
  - Antragsformulierung § 184 6a
- Eigenverwaltung § 283 3
- Feststellungsinteresse § 179 16; § 184 9
- Frist § 184 14
- gegen isolierten Widerspruch § 184 13
- Grundurteil § 181 10
- isolierte § 184 13
- Kostenentscheidung § 183 11 ff.
- Kostenerstattung des bestreitenden Insolvenzgläubigers § 183 9 f.
- Kostenfestsetzungsverfahren § 180 13
- Massegläubiger § 53 19
- Monatsfrist § 184 11b
- Nebenintervention § 179 43 f.
- negative Feststellungsklage des Bestreitenden § 179 24
- Parteirollen nach Aufnahme § 179 46
- Rechtskraft des Urteils § 183 2 ff.
- Rechtsnatur und Gegenstand § 179 16 ff.
- Schiedsverfahren § 180 11
- Schlichtungsverfahren, vorgeschriebenes § 180 6
- Streitgegenstand § 184 10
- Streitgenossenschaft § 179 39 ff.
- Streitwert § 184 15
- Tabellenberichtigung nach Urteil § 183 7 f.
- Tenor des Urteils/Formulierungsbeispiele § 179 50 f.
- Titulierter Schuldgrund § 184 16 ff.
- Widerklage § 179 45
- Widerspruch des Schuldners § 182 3 ff.

- Zahlungsansprüche auf erstes Anfordern § 180 10a
- Zuständigkeit § 179 4; § 180 4; § 185 2; § 202

Feststellungskosten § 49 14

Feststellungslast
- bei nicht titulierten Forderungen § 179 2
- bei titulierten Forderungen § 179 2, 21 ff.

Feststellungspauschale, Eigenverwaltung § 282 3

Feststellungsprozess
- Aufnahme bei nicht titulierten Forderungen § 184 6
- Klageänderung § 181 7
- parteierweiternde Aufnahme § 179 42
- Parteirollen bei Aufnahme nach Unterbrechung § 179 46
- Titelvorlage im Original § 179 30
- Unterbrechung § 180 3
- Verfahrensfragen § 181 7

Feststellungszeitpunkt § 16 14 f.
»**Filialverwaltung**« § 56 11
Finanzanlage § 35 137 ff.
Finanzleistungen § 104 1 ff.
Finanzmärkte Art. 9 EuInsVO 1, 4
Finanzmarktkrise § 17 21a
Finanzmarktstabilisierungsgesetz § 19 1b
Finanzplan § 17 35 ff.; § 18 15
Finanzsicherheiten § 104 7
Finanzsicherheitenrichtlinie
- Sicherungsmaßnahmen § 21 70 ff.

Finanzstatus § 17 37
Firma
- Insolvenzmasse § 35 108 ff.
- Verkauf durch Insolvenzverwalter § 80 15

Firmenbestattung § 3 31 f., 35 ff.; § 133 41a
Fixgeschäft § 104 3
FMStG 2008 § 1 12
Forderung
- auflösend bedingte § 191 2
- aufschiebend bedingte § 191 1
- aufschiebend befristete § 191 6
- Ausfallforderung § 256 1 ff.
- Ausschlussfrist für die Berücksichtigung bei der Verteilung § 179 5
- Ausschlussfrist für die Berücksichtigung bei Verteilung § 189 6
- Bestreiten durch mehrere § 179 39
- bestrittene § 179 2 ff.
  - Insolvenzplan § 256 1 ff.
- Feststellung durch Verwaltungsakt § 185 3
- Geltendmachung nach Aufhebung des Insolvenzverfahrens § 201 1 ff.
- Nachforderungsrecht § 201 1
- Nachhaftung bei fehlender Anmeldung § 201 4
- nicht angemeldete § 256 4
- Rücknahme des Widerspruchs § 179 3
- streitige § 179 5
- titulierte § 179 26
- Verjährung § 201 19

Stichwortverzeichnis

Verteilungsverzeichnis § 189 1
vorläufiges Bestreiten § 179 14
orderungen
auflösend bedingte
– betagte § 38 32
aufschiebend bedingte § 191 5 ff.
bestrittene § 179 11 ff.
Inhaltsänderung durch Feststellung § 201 10 ff.
Insolvenzmasse § 35 149 ff.
nachträgliche Berücksichtigung
– Zustimmung des Gläubigerausschusses § 192 9
– Rechtsnachfolge bei angemeldeten und bestrittenen Forderungen § 179 37 f.
– zweckgebundene § 36 17
orderungen, auflösend bedingte
– betagte § 41 5
Forderungsabtretung, Einziehung im Eröffnungsverfahren § 22 51 ff.
Forderungsanmeldung § 20 3; § 174 1; § 355 2, 4; Art. 3 EuInsVO 72; Art. 4 EuInsVO 30; Art. 20 EuInsVO 3, 8, 12; Art. 32 EuInsVO 2 ff.; Art. 34 EuInsVO 4; Art. 41 EuInsVO 1
– Anmeldefrist § 28 2 ff.
– Anmeldung nachrangiger Forderungen § 174 31
– Anmeldungsberechtigte § 174 2 ff.
– Aufforderung an Gläubiger § 28 2
– Beweispflicht § 174 12
– durch (ausl.) Gläubiger § 20 3; § 355 2, 4; Art. 3 EuInsVO 72; Art. 4 EuInsVO 30; Art. 20 EuInsVO 3, 8, 12; Art. 32 EuInsVO 2 ff.; Art. 34 EuInsVO 4; Art. 41 EuInsVO 1
– durch Insolvenzverwalter § 341 1; Art. 32 EuInsVO 3 ff.; Art. 39 EuInsVO 2 ff.
– elektronische Übermittlung § 174 9
– Entscheidung des Gerichts § 174 25, 27 f.
– Forderung aus unerlaubter Handlung § 174 14
– Form § 174 7 ff.
– Formalienprüfung § 174 21
– Frist § 174 11
– Hinweis auf vorsätzlich begangene unerlaubte Handlung § 174 16 f.
– Inhalt § 174 14 ff.
– Insolvenzplan § 174 13a
– nach Ablauf der Anmeldefrist § 174 11
– nachrangige Gläubiger § 174 32 ff.
– Prüfungskompetenz des Verwalters § 174 22 ff.
– Rücknahme § 174 20
– Sammelanmeldung § 174 15a
– Schuldurkunden § 174 13
– Steuerforderungen § 174 6
– Unterhaltsforderungen § 174 14
– Unterlassen des Hinweises auf unerlaubte Handlung
  – Währung § 174 19
– Verjährung § 174 30
– Verwalter verweigert Aufnahme § 174 26

– Widerspruch des Schuldners gegen unerlaubte Handlung § 174 18
– Wirkung der Anmeldung § 174 29
Forderungseinziehung
– Eröffnungsverfahren § 22 53
Forderungseinzug
– Anordnung § 166 23
– nach Insolvenzeröffnung § 171 8a
– vor Insolvenzeröffnung § 171 8b
Forderungsinkasso
– Pflichten des Insolvenzverwalters § 60 12
Forderungspfändung
– Anzeige § 81 9
Forderungsprüfung
– fehlende Urkunden § 178 6
– Masseforderungen § 178 6
– Widerspruch § 178 5
Forderungsprüfung, Eigenverwaltung § 283 3
Forderungsverzeichnis § 305 24
– Insolvenzeröffnungsantrag des Schuldners § 13 28
Forderungszession, Einziehung im Eröffnungsverfahren § 22 109
Fortbestehensprognose § 19 12 ff.
Fortführung
– des Unternehmens § 157 7
Fortführungspflicht, des vorläufigen Insolvenzverwalters § 22 30
Fortführungsprognose § 19 6 ff.; § 22 72 ff.
Fortführungswert § 151 20
Fortführungswert, Ermittlung des § 19 21
– Substanzwert § 19 21
Fortgesetzte Gütergemeinschaft § 37 15 ff.; § 83 11 ff.; Vor § 129 17; § 332 1 ff.
– Ablehnung der Fortsetzung der Gütergemeinschaft § 332 1
– Auseinandersetzung der Gütergemeinschaft § 332 8
– Gesamtgut und Insolvenzmasse § 332 7
– Insolvenzantragsrecht § 332 2
– Insolvenzeröffnungsgründe § 332 4
– Insolvenzgläubiger § 332 6
– Insolvenzmasse § 332 7
– Kollision mit sonstigen Insolvenzverfahren § 332 9
– örtliche Zuständigkeit § 332 3
– Schuldner § 332 5
– Zugehörigkeit des Nachlasses zum Gesamtgut § 331 5
Fortsetzungsbeschluss § 225a 32
Forum shopping § 3 15a
Forum Shopping Art. 3 EuInsVO 35, 37, 38 ff.
Forum shopping
– Verwalterbestellung § 56 41d
Frachtvertrag § 103 7
Freiberufler
– Aufgabe/Veräußerung der Praxis § 129 43
– Insolvenzmasse § 35 102 ff., 240 ff.

2679

Stichwortverzeichnis

Freiberufler, Aufgabe/Veräußerung der Praxis
– Rechtsanwaltshonorar § 131 18a
Freigabe § 35 52 ff., 240 ff.; § 36 8; § 129 114
– Arten der Freigabe § 35 52 ff., 254
– der Mietwohnung § 109 20 ff., 23 ff.
– durch den vorläufigen Insolvenzverwalter § 22 35
– Durchführung § 35 66 ff., 252 ff.
– Gesamtschadensersatzansprüche § 92 35
– im Nachlassinsolvenzverfahren Vor § 315 7
– in der Gesellschaftsinsolvenz § 35 64
– modifizierte § 35 265
– Nachlassinsolvenz § 35 63
– Neuerwerb § 35 229, 240 ff.
– öffentliche Bekanntmachung § 35 268
– persönliche Gesellschafterhaftung § 93 37
– Rechtsfolgen § 35 69 ff.
– selbstständige Tätigkeit § 35 240 ff.; § 60 13a; § 103 54
– Wirkung § 55 31
– Zulässigkeit § 35 60 ff.
Freistellungsanspruch
– Aufrechnung § 95 13
– D&O-Versicherung Anh § 35 Abschn. J 11 ff.
Fremdantrag
– bei führungslosen juristischen Personen § 4 20a
– Hinweispflicht § 20 16
Fremdbesitz § 148 16
Frist
– Beschwerdefrist § 6 22
Fruchterwerb § 91 25
Führungslosigkeit § 10 11 ff.; § 15 10 ff.; § 15a 19 ff.
– Anhörung § 10 12 f.
– Beschwerderecht bei § 6 16a
– Insolvenzeröffnungsantrag § 13 12; § 15 11
– Antragsrücknahme § 13 67
– Rücknahme des Eigenantrags § 5 5
– Zustellungen § 8 4a
Fund § 91 24
Funktionelle Zuständigkeit
– Evokationsrecht § 2 11
– Rechtspfleger § 2 8 ff.
– Richter § 2 9
– Richtervorbehalt § 2 11
– Übertragung auf Rechtspfleger § 2 12

Garantieversprechen § 43 10 f.
GbR
– Insolvenzfähigkeit § 11 20, 30; § 316 7
Gebäudeversicherung § 35 156; § 49 10e
Gebrauchsmuster § 35 115
Gebrauchsüberlassung § 108 3
Gebühren
– Insolvenzplanverfahren § 54 18
– Restschuldbefreiungsverfahren § 54 18
Gefährdungshaftung § 55 69
Gefahrenbeseitigungsanspruch

– öffentlich-rechtliche § 55 72
Gegenseitiger Vertrag § 103 5 ff.
– Aufforderung zur Wahlrechtsausübung § 103 24 ff.; § 107 16
– Erfüllungsablehnung § 103 38 ff.
– Erfüllungswahl § 103 17 ff., 29 ff.
– Insolvenzaufrechnung § 95 14 ff., 31 f.
– Schadensersatz wg. Nichterfüllung § 103 41 ff.
– Vertragsstrafe § 103 30
Gehaltsanspruch
– Insolvenzeröffnung § 22 115
Geheißperson § 82 5
Geistiges Eigentum
– Insolvenzmasse § 35 111
Geldstrafe § 39 12 ff.
Gemeinschaftseigentum
– Massezugehörigkeit § 84 1
Gemeinschaftskonto § 84 16
Genossenschaft § 35 77, 146
– Führungslosigkeit § 4 20a; § 15 10 ff.; § 15a 19 ff.
– Insolvenz des Genossen § 35 146
– Insolvenzantragsberechtigter § 15 5
– Insolvenzantragspflicht § 15a 3, 8, 19
– Insolvenzfähigkeit § 11 7
– Insolvenzverfahren
  – Ablehnung mangels Masse § 11 12
  – Eröffnung § 11 12
– Insolvenzverschleppung § 35 192 f.
– Masseschmälerung § 35 194
– Überschuldung § 19 3
– Vorgenossenschaft § 11 16
– Vorgründung § 11 14
Genossenschaftsanteile § 109 35 ff.
Genossenschaftsinsolvenz § 149 31, § 207 28
Gericht
– Insolvenzplan
  – Bestätigung § 252 1 ff.
  – Minderheitenschutz § 251 1 ff.
  – Planüberwachung § 262 4
– Prüfung des Insolvenzplans § 250 1 ff.
– Zurückweisung des Insolvenzplans § 231 1 ff.
Gerichtliches Schuldenbereinigungsverfahren § 305 5
– Abänderungsklage § 308 5
– ablehnende Stellungnahme § 307 6 f.
– Änderung oder Ergänzung § 307 10 ff.
– Anhörung des Schuldners § 306 5 f.
– Annahme des Schuldenbereinigungsplans § 308 2
– Aufforderung zur Stellungnahme § 307 5
– Aufrechnungsmöglichkeit § 309 21
– Ausschlussgründe § 309 9 ff.
– Bedingte Zustimmung § 307 7
– Beschluss § 308 4
– Besserungsklausel § 309 20
– Einzureichende Abschriften § 307 2
– Entscheidung über Durchführung § 306 4 ff.

Stichwortverzeichnis

- Erforderliche Änderung § 307 10 ff.
- Finanzamt § 309 6, 21
- Forderung aus unerlaubter Handlung § 309 22 f.
- Formularzwang §§ 1-3 VbrInsFV 8
- Fortsetzung des Eröffnungsverfahrens § 306 9; § 307 14; § 308 3
- Gläubigergruppen § 309 12
- Gläubigervertreter § 309 6
- Inkassounternehmen § 307 6 f.
- Kosten § 308 10a
- Kostenerstattung § 310 2 f.
- Mietforderung § 309 13
- nicht aufgeführte Forderung § 307 5, 11
- nicht aufgeführte Forderungen § 308 8
- Nullplan § 306 7; § 309 20
- privilegierte Forderung § 309 22
- Prozessvergleich § 308 5
- Prüfungs- und Ergänzungsobliegenheit § 307 5
- Prüfungsumfang des Gerichts § 308 4
- Rechtsmittel § 307 13; § 308 6
- Rücknahmefiktion § 308 7
- Ruhen des Eröffnungsverfahrens § 306 1 ff.
- Sachliche Rechtfertigung für Ungleichbehandlung § 309 11 ff.
- Schweigen § 307 8
- Sicherheiten § 309 13
- Sicherungsmaßnahmen § 306 11; § 308 7
- Streit über Wirksamkeit des Plans § 308 5
- Summenmehrheit § 309 7
- unangemessene Beteiligung § 309 10 ff.
- Unbekannter Aufenthaltsort § 307 4
- Unterhaltsforderung § 309 13
- Verletzung von Mitwirkungsobliegenheiten § 308 9
- Vertretung der Gläubiger § 307 2
- vorherige Zahlung § 309 13
- Vornahme der Änderung § 307 14
- Wiederauflebungs- und Verfallsklausel § 309 19
- Wirkung des Plans § 308 5
- Zulässigkeit des Eröffnungsantrags § 306 2
- Zustellung der Abschriften § 307 2 ff.
- Zustellung des Beschlusses § 308 6
- Zustimmung § 309 3
- Zustimmungsersetzung
  - Anhörung § 309 24
    - Verfahren § 309 24 ff.
  - Antrag § 309 8
  - benannter Gläubiger § 309 2
  - Beschluss § 309 27
  - Glaubhaftmachung § 309 34
  - Kopfmehrheit § 306 7
  - Kopfmehrheit § 307 10
  - Kopfmehrheit § 309 2
  - Kostenentscheidung § 309 27a
  - Prognose § 309 14 ff.
  - sofortige Beschwerde § 309 28
  - Summenmehrheit § 306 7
  - Summenmehrheit § 307 10
  - Summenmehrheit § 309 2
  - Versagung der Restschuldbefreiung § 309 18 f.
  - Wirtschaftliche Schlechterstellung § 309 14 ff.
  - zweifelhafte Forderung § 309 29 ff.
  - Zustimmungsersetzung Kopfmehrheit § 309 5 f.
  - Zustimmungsersetzung, Anhörung
    - Darlegung § 309 25 f.
    - Glaubhaftmachung § 309 25 f.
  - Zustimmungsfiktion § 307 8 f.
  - zweifelhafte Forderung § 309 4

Gerichtliches Schuldenbereinigungsverfahren,
- wiederholte Änderung § 307 15

Gerichtliches Schuldenbereinigungsverfahren, Abänderungsklage
- Plan § 305 26

Gerichtskosten
- Insolvenzverfahren § 54 5

Gerichtsstand
- allgemeiner § 3 17
- Konzerninsolvenz § 3 40 ff.
- nach Registerlöschung § 3 21
- Sitzverlegung GmbH oder AG § 3 20

Gerichtsstandsvereinbarung § 3 2; § 143 116

Gesamtgläubiger § 44 10

Gesamtgut § 37 2 ff.
- Insolvenzfähigkeit § 11 45
- Kollision mit sonstigen Insolvenzverfahren § 332 9
- Zugehörigkeit des Nachlasses zum Gesamtgut § 331 5

Gesamtgutverwaltung
- gemeinsame § 37 12
- Insolvenz des allein verwaltenden Ehegatten § 37 7
- Insolvenz des nicht verwaltenden Ehegatten § 37 10

Gesamthänderinsolvenz, grundbuchliche Eintragung § 32 6 ff.

Gesamthandseigentum § 47 10

Gesamtrechtsnachfolge
- Insolvenzanfechtung § 145 3

Gesamtschaden
- Geltendmachung
  - Eigenverwaltung § 280 2 f.
- Liquidation § 92 1 ff.
  - Altgläubiger § 92 11
  - Aufrechnung durch Ersatzpflichtigen § 92 38
  - Aufrechnung durch Gläubiger § 92 39
  - Aufrechnung durch Insolvenzverwalter § 92 40
  - Begriff § 92 14
  - Eigenverwaltung § 92 36
  - Einziehungs- und Prozessführungsbefugnis § 92 26
  - Einziehungs- und Prozessführungsbefugnis § 92 31 ff.
  - Empfangszuständigkeit § 92 41
  - Entwertung von Patronatserklärungen § 92 6

2681

Stichwortverzeichnis

- Entwertung von Patronatserklärungen § 92 19
- Ermächtigungswirkung des § 92 § 92 31 ff.
- Eröffnungsverfahren § 92 37
- Freigabemöglichkeit § 92 35
- Geltendmachung durch Insolvenzverwalter § 92 31 ff.
- Haftung des Insolvenzverwalters/Sonderverwalter (§ 92 Satz 2) § 92 52 ff.
- Individualschaden § 92 17 ff.
- Insolvenzgläubiger § 92 10 f.
- Klageerhebung/Prozessführung § 92 66 ff.
- Konkurrenz mit Individualschaden § 92 20
- Leistungen an den Gläubiger § 92 41 ff.
- Massegläubiger § 92 12 f.
- Neugläubiger § 92 45 ff.
- prozessuale Wahlmöglichkeiten des Insolvenzverwalters § 92 63 f.
- Schadensberechnung bei Insolvenzverschleppung § 92 21 ff.
- Schutz des Gläubigers § 92 28 ff.
- Sondermasse/Bildung § 92 15
- Sondermasse/Bildung § 92 33 f.
- Sperrwirkung des § 92 § 92 26 ff.
- Verfahrensfragen § 92 59 ff.
- Verfahrensunterbrechung/Aufnahmemöglichkeiten § 92 60 ff.
- Verfügungsbefugnis § 92 26
- Zwangsvollstreckung § 92 71 ff.
- nach Verfahrenseröffnung entstandene § 92 9
- Rechtsfolgen § 92 25

Gesamtschadensanspruch
- Anwendbarkeit auf Anlagegesellschaft § 92 11a

Gesamtschuldner § 43 5 ff.; § 44 1 ff.

Geschäftsbesorgungsvertrag § 113 8; § 116 1 ff.

Geschäftsbetrieb
- Einstellung des Art. 3 EuInsVO 32

Geschäftsbücher § 36 40 ff.; § 148 22

Geschäftsführer
- Haftung § 35 191 ff.
- Haftungserweiterung Anh § 35 Abschn. E 32

Geschäftsführerhaftung Anh § 35 Abschn. H 1, 60 ff.
- Anspruchsinhalt Anh § 35 Abschn. H 24 ff.
- Aufrechnung durch Geschäftsführer Anh § 35 Abschn. H 23
- Haftungsfreistellung Anh § 35 Abschn. H 69
- Handeln aufgrund eines Gesellschafterbeschlusses Anh § 35 Abschn. H 22
- Handeln aufgrund eines Vergleichs Anh § 35 Abschn. H 22
- Handeln aufgrund eines Verzichts Anh § 35 Abschn. H 22
- pflichtwidriges Verhalten Anh § 35 Abschn. H 62
- präventiver Kapitalschutz Anh § 35 Abschn. H 27
- Quotenvorbehalt Anh § 35 Abschn. H 25
- Rechtsfolgen Anh § 35 Abschn. H 66
- Verjährung Anh § 35 Abschn. H 32, 72
- Voraussetzung Anh § 35 Abschn. H 5 ff.
- Voraussetzungen Anh § 35 Abschn. H 61
- Zeitpunkt der Zahlung Anh § 35 Abschn. H 5 ff.
- Zuständigkeit Anh § 35 Abschn. H 32a

Geschäftsführung ohne Auftrag § 55 67; § 103 6; § 115 10

Geschäftsführungsbefugnis
- nach Auflösung der Gesellschaft § 118 3

Geschäftsunterlagen § 5 22
- und Auskunftspflicht § 97 4

Geschenk § 134 38 ff.

Geschmacksmuster § 35 116; § 166 20

Gesellschaft
- Auflösung § 11 26
- ausländische Rechtsform Art. 4 EuInsVO 10
- faktische § 11 23
- Insolvenzeröffnung § 80 33
- persönliche Haftung der Gesellschafter § 11 25, 33
- Scheingesellschaft § 11 24
- stille
  - Insolvenzfähigkeit § 11 28

Gesellschaft bürgerlichen Rechts § 84 7; § 118 2 ff.
- Einlagen der Gesellschafter § 35 73 ff., 91 ff.
- Gesellschafterhaftung § 35 187 ff.
- Glaubhaftmachung Insolvenzgrund § 14 33
- Insolvenz des Gesellschafters § 35 142 ff.
- Insolvenzantragsberechtigter § 15 5
- Insolvenzantragspflicht § 15a 13
- Kapitalersatz § 135 9
- persönliche Gesellschafterhaftung § 93 1 ff.
- Tod des Gesellschafters Vor § 315 9, 10
- Vorgründung § 11 14

Gesellschaft ohne Rechtspersönlichkeit
- Insolvenzantragsberechtigte § 15 5
- Insolvenzfähigkeit § 11 20

Gesellschaft ohne Rechtspersönlichkeit, Auflösung
- persönliche Gesellschafterhaftung § 93 1 ff., 3

Gesellschafter
- Antragsrecht und -pflicht bei Führungslosigkeit § 4 20a
- Außenhaftung bei materieller Unterkapitalisierung Anh § 35 Abschn. F 37
- Ersatzempfangsvertreter bei Führungslosigkeit § 4 20a
- Haftungsumfang Anh § 35 Abschn. A 15
- persönlich haftender Gesellschafter
  - Insolvenzantragsrecht § 15 5
  - Privatvermögen § 14 33
- persönlich haftender Gesellschafter, Anhörung § 15 15
- Insolvenzantragspflicht § 15a 19 ff.

Gesellschafter, Auskunftspflicht
- persönlich haftender Gesellschafter, Anhörung
- Befreiung im Insolvenzplan § 93 82

Stichwortverzeichnis

- Parallelsicherheiten (insb. Bürgschaft) § 93 9 ff.
- Parallelsicherheiten (insb. Bürgschaft) § 93 69 ff.

Gesellschafterbesicherte Drittdarlehen § 135 39 ff.
- Bargeschäft § 135 48
- Doppelbesicherung § 135 42
- Ersetzungsbefugnis § 135 51
- Erstattungspflicht § 135 49
- gleichgestellte Forderungen § 135 45
- gleichgestellte Personen § 135 45
- Jahresfrist § 135 44, 47
- kapitalersetzende Sicherheitengewährung § 135 197 ff.
- Kleinbeteiligtenprivileg § 135 71
- Rechtsfolgen § 135 49 ff.
- Sanierungsprivileg § 135 71
- Übergangsrecht § 135 87 ff.
- Verfahrensfragen § 135 75 ff.
- Voraussetzungen § 135 44 ff.

Gesellschafterdarlehen Vor § 49 20
- Insolvenzanfechtung § 143 86a
  - Anspruchskonkurrenzen § 135 81 f.
  - Bargeschäft § 135 35
  - Befriedigung § 135 31
  - Darlegungs- und Beweislast § 135 76 ff.
  - Darlehensforderung § 135 14
  - dogmatische Grundlage § 135 8 f.
  - erfasste Gesellschaften § 135 10 ff.
  - EuInsVO § 135 75
  - Gerichtsstand § 135 75
  - Gesellschafter § 135 14 ff.
  - gleichgestellte Forderungen § 135 19 ff.
  - gleichgestellte Personen § 135 24 ff.
  - gleichgestellte Rechtshandlungen § 135 21 ff.
  - Kleinbeteiligtenprivileg § 135 71 ff.
  - Normzweck § 135 8 f.
  - Rechtsfolgen § 135 36 ff.
  - Rechtshandlung § 135 27
  - Sanierungsprivileg § 135 71 ff.
  - Scheinauslandsgesellschaften § 135 12
  - Sicherung § 135 29 ff.
  - Übergangsrecht § 135 87 ff.
  - Verfahrensfragen § 135 75 ff.

Gesellschafterdarlehen, Insolvenzanfechtung
- Erstattungspflicht § 135 49
- Gläubigerbenachteiligung § 135 34

Gesellschafterhaftung § 35 173 ff.; Art. 4 EuInsVO 13, 22 ff.
- Durchgriffshaftung Anh § 35 Abschn. G 1
- Einziehungs- und Prozessführungsbefugnis § 93 26, 31 ff.
- Empfangszuständigkeit § 93 51
- Ermächtigungswirkung des § 93 § 93 31 ff.
- Eröffnungsverfahren § 93 39 f.
- existenzvernichtender Eingriff § 35 186; Anh § 35 Abschn. F 1; § 93 7
- Freigabemöglichkeit § 93 37
- Geltendmachung § 93 1 ff.
- akzessorische Gesellschafterhaftung § 93 5 ff.
- Art und Umfang der Inanspruchnahme durch Insolvenzverwalter § 93 54 ff.
- Aufrechnung durch Gesellschafter § 93 48
- Aufrechnung durch Gläubiger § 93 49
- Aufrechnung durch Insolvenzverwalter § 93 50
- Ausfall-/Doppelberücksichtigungsprinzip § 93 67 f.
- ausgeschiedener Gesellschafter § 93 8
- ausgeschiedener Gesellschafter § 93 21 ff.
- ausgeschiedener Gesellschafter § 93 30
- durch Insolvenzverwalter § 93 31 ff.
- durch Insolvenzverwalter § 93 34 ff.
- Eigenverwaltung § 93 38
- Einwendungen des Gesellschafters § 93 43 ff.
- Gesellschafterstellung § 93 43 ff.
- Haftung für Insolvenzforderungen § 93 13
- Haftung für Masseverbindlichkeiten § 93 14 ff., 41 f.
- Haftung für Sozialplanforderungen § 93 17, 42
- Haftung für Verfahrenskosten § 93 18
- Insolvenz des Gesellschafters (»Doppelinsolvenz«) § 93 64 ff.; § 143 87a
- Insolvenzplanverfahren § 93 80
- Internationale Zuständigkeit § 93 89a
- keine Insolvenz des Gesellschafters § 93 55 ff.
- Klageerhebung/Prozessführung § 93 84 ff.
- Leistungen an einzelne Gesellschaftsgläubiger § 93 51 ff.
- nicht akzessorische Gesellschafterhaftung § 93 9 ff.
- örtliche Zuständigkeit § 93 89a
- Parallelsicherheiten (dingliche/persönliche) § 93 9 ff., 69 ff.
- persönliche
  - Einbeziehung bei Zahlungsunfähigkeitsprüfung § 17 25
  - persönliche, Einbeziehung bei Überschuldungsprüfung § 19 24 ff., 34
- prozessuale Möglichkeiten des Insolvenzverwalters § 93 83
- Rechtfolgen § 93 25
- Rechtswegzuständigkeit § 93 86 ff.
- Schutz des Gläubigers § 93 28 ff.
- Sondermasse/Ausschüttung § 93 80 ff.
- Sondermasse/Bildung § 93 22, 72, 74, 75 ff.
- Sperrwirkung des § 93 § 93 26 ff.
- Unterbilanzhaftung § 35 178
- Verfahrensfragen § 93 83 ff.
- Verfahrenskostendeckung § 93 19 f.
- Verfahrensunterbrechung/Aufnahmemöglichkeiten § 93 83
- Verfügungsbefugnis § 93 26
- Vergleichs-/Verzichtsbefugnis des Insolvenzverwalters § 93 35 ff.

2683

- Vermögensvermischung § 35 186; **Anh § 35 Abschn. G** 1 ff.; § 93 7
- Vollstreckungsverbot § 21 59
- Zwangsvollstreckung § 93 90 ff.

Gesellschafterinsolvenz § 35 137 ff.

Gesellschaftsinsolvenz
- Ansprüche der Gesellschafter § 38 10 ff.
- ausstehende Einlagen § 35 73 ff.
- Eigenkapitalersatz § 35 184; § 39 17 ff.
- existenzvernichtender Eingriff § 35 186
- Firma § 35 108 ff.
- Prozessaufnahme § 85 27
- verdeckte Sacheinlage § 35 85

Gesellschaftsinsolvenz,
- Kapitalkonto § 35 93

Gesellschaftsinsolvenz, Ansprüche der Gesellschafter
- Eigenkapitalersatz § 43 15 f.

Gesellschaftsstatut Art. 4 EuInsVO 9 ff.

Gesellschaftsvermögen
- Begriff **Anh § 35 Abschn. F** 9
- Entzug **Anh § 35 Abschn. F** 10

Gesellschaftsvertrag § 103 8; § 118 2 ff.

Gesellschaftsvertragliche Fortsetzungsklauseln § 118 2

Gesetz zur Verkürzung des Restschuldbefreiungsverfahren Anh § 311 1 ff.

Gesetz zur Verkürzung des Restschuldbefreiungsverfahrens und zur Stärkung der Gläubigerrechte 2014 § 1 15

Gesonderter Abstimmungstermin § 241 1 ff.
- Abstimmung § 243 1 ff.
- Anlass § 241 2
- Ladung § 241 8
- Rechtsbehelf § 241 10
- schriftliche Abstimmung § 242 1 ff.
- Teilnahmeberechtigung § 241 6

Gestaltungsklage Vor § 85 16

Gestaltungsrecht
- Insolvenzforderungen § 38 17

Gestreckte Verfügung § 81 8 ff.
- bedingte Rechtsübertragung § 91 5
- bedingtes Recht § 91 9
- betagtes Recht § 91 10
- Eigentumsvorbehalt § 91 6
- Grundstücksgeschäfte § 81 9
- Vorausabtretung § 81 10

Gewerbesteuer § 38 54

Gewerbesteuerpflicht
- Insolvenzverwalter § 56 16g

Gewerbeuntersagung Art. 4 EuInsVO 25

Gewerbliches Schutzrecht
- Pfändbarkeit § 50 9

Girovertrag § 116 8

Glaubhaftmachung § 15 15 ff.; § 16 9 f.
- Insolvenzantragsvoraussetzungen § 14 4 ff.

Gläubiger von Schuldverschreibungen Anh § 38 1

Gläubigerantrag
- absonderungsberechtigter Gläubiger § 14 47
- als Druckmittel § 14 52
- Anhörung des Schuldners § 14 54 ff.
- Auswechseln einer Forderung § 14 13
- Bagatellforderung § 14 53
- bedingte Forderung § 14 8
- betagte Forderung § 14 8
- einredebehaftete Forderung § 14 10
- Finanzamt § 14 41 ff.
- gegen führungslose Gesellschaft § 4 20a
- gepfändete oder verpfändete Forderung § 14 11
- Glaubhaftmachung § 14 4 ff.
- Insolvenzeröffnung
  - Erledigung § 14 67a
- Missbrauch § 14 52
- nachrangige Forderung § 14 48
- Nachschieben einer Forderung § 14 13
- nicht titulierte Forderung § 14 14
- öffentlich-rechtliche Forderung § 14 37 ff.
- rechtliches Interesse § 14 44 ff.
- Sozialversicherungsträger § 14 37 ff.
- Teilforderung § 14 12
- titulierte Forderung § 14 19
- Zustellung § 14 57

Gläubigerantrag, absonderungsberechtigter Gläubiger
- Nachlassgläubiger § 317 5

Gläubigerauschuss
- Abwahl § 68 3

Gläubigerausschuss
- »vor-vorläufiger« Ausschuss § 67 2
- »vor-vorläufiger« Gläubigerausschuss § 1 51, § 22 203; § 69 8
- Abmahnung § 70 2 f.
- Abstimmung
  - Einstimmigkeitserfordernis § 72 3
  - Mehrheit § 72 3
  - Protokollführung § 72 7
- Abstimmungsmodus § 72 2
- Abstimmungsverbote § 72 4
- Änderung der Zusammensetzung § 68 2
- Anhörung vor Einsetzung des Sonderinsolvenzverwalters § 56 42h
- Antragstellung durch Verwalter § 73 2
- Aufgabenabgrenzung nach Verfahrensstadium § 69 3
- Aufgabenverteilung § 69 2
- Auflösung § 68 3
- Auslagen § 17 InsVV 11
  - Aufträge § 18 InsVV 3 f.
  - Beweislast § 18 InsVV 2
  - Haftpflichtversicherung § 18 InsVV 4
  - Kleinposten § 18 InsVV 6
- Ausschlussgründe § 67 7
- Begründung Masseverbindlichkeit § 69 3
- Behörden als Mitglieder § 67 6
- Beschlussfähigkeit § 72 2
- Bestellungsverfahren § 68 2

Stichwortverzeichnis

- Bestimmungsrecht § 149 17
- Eigenverwaltung
  - Mitwirkung § 276 2 ff.
- Eigenverwaltung, Rechte und Pflichten § 276 4
- Einladung § 72 6
- Einsetzung eines vorläufigen § 21 39d
- endgültiger § 67 2
- Entlassung § 70 1 ff.
  - Antrag § 70 3
  - Beschwerdefähigkeit § 70 4
  - milderes Mittel § 70 3
  - sofortiger Vollzug § 70 4 f.
- Entlassungsantrag eines Mitgliedes § 70 3c
- Entlassungsgründe § 70 3
  - eingestellter Geschäftsbetrieb- Eröffnungsverfahren § 70 3
  - Informationsweitergabe § 70 3
  - Interessenkollision § 70 3b
  - Pflichtverstoß § 70 3a
  - Überzeugung § 70 3
  - Versicherung § 70 3
- Entlassungszuständigkeit
  - sofortige Beschwerde § 70 5
- Erhöhung der Vergütung § 73 5
- Erkundigungspflicht
  - Delegation § 71 3
  - Verhinderungsgründe § 71 3
- Eröffnetes Verfahren
  - Haftung § 71 2b
- Eröffnungsverfahren § 67 2
- Ersatzmitglied § 70 5
- fehlerhafte Beschlüsse § 72 5
- Festsetzungsverfahren § 73 8
- Formen § 67 2
- gerichtliche Kontrolle § 68 4
- Geschäftsordnung § 72 6
- Gewerkschaftsmitglieder § 67 7
- Gläubigerselbstversammlung § 68 1
- Haftpflichtversicherung § 71 7
- Haftung
  - Erkundigungspflicht § 71 3
  - Eröffnetes Verfahren § 71 2b
  - Eröffnungsverfahren § 71 2a
  - Gesamtschadenshaftung § 71 6
  - Haftungsmaßstab § 71 4
  - Hilfsperson § 71 4
  - Verschuldensmaßstab § 71 4
  - Verwaltermitauswahl § 71 2a
  - Zweckmäßigkeitskontrolle § 71 2a
- Haftung ggü. Masse § 149 30
- Haftungsansprüche
  - Aufrechnung § 71 6
  - Aufrechnung mit Vergütungsansprüche § 71 6
  - Verjährung § 71 6
- Haftungsbegrenzung § 71 5
- Haftungsbegrenzung des vorl. Verwalters durch Zustimmung § 67 2; § 69 8 f.
- Haftungsgefahr § 69 8

- Haftungsvoraussetzungen § 71 2
- Insolvenzplan
  - Planüberwachung § 262 4
- Insolvenzplan, Mitwirkung § 218 14
- Interessenkollision § 70 2
- Interims-Ausschuss § 67 2
- interne Organisation § 69 2
- Interventionspflicht § 69 8
- juristische Personen als Mitglieder § 67 6
- Kassenprüfung § 69 4
- Kontrolle des Verwalters § 69 4
- Mehrheit § 72 2
- Mitgliederpflichten § 69 2
- Mitwirkung bei Verteilung § 187 11; § 195 3
- Pauschalvergütung § 17 InsVV 15
- Pflichtenstellung § 71 2
- Pflichtverletzung § 56 42
- Pflichtverstoß
  - Kausalität § 71 5
- Poolvertreter § 68 4
- präsumtiver Ausschuss § 56a 12
- Protokollübersendung an Gericht § 72 7
- Prüfung Vergütung Verwalter § 69 4
- Prüfung Zweckmäßigkeit § 69 4
- Rechtsmittel § 73 9
- Schadensersatz, Verschulden § 70 4
- Schlussrechnungsprüfung § 69 4
- Stellungnahme im Berichtstermin § 156 8
- Stellungnahme zum Insolvenzplan § 232 1 ff.
- Stimmberechtigung § 72 2
- Teilnahmerecht Insolvenzgericht § 69 11
- Unterstützung Insolvenzverwalter § 69 3
- unwirksame Beschlüsse § 72 5
- Vergütung § 17 InsVV 2 ff., 18 ff.; § 73 1 ff., 2
  - Abwicklung nach KWG § 73 1
  - Anhörung § 73 8
  - Anspruch gegen Staatskasse § 73 8
  - Anspruchsinhaber § 73 2
  - Aufzeichnungen § 73 3
  - Auslagen § 73 7
  - Ausschluss § 17 InsVV 20
  - Ausschussvergütung § 73 2
  - Bekanntmachung § 73 8
  - Bemessungsgrundlagen § 73 2
  - entsprechende Anwendung der InsVV § 73 1
  - Erhöhung der Vergütung § 73 5
  - Festsetzungsverfahren § 73 8
  - im Eröffnungsverfahren § 73 5
  - Orientierung an der Verwaltervergütung § 73 4
  - Pauschale § 17 InsVV 32
  - rechtliches Gehör § 17 InsVV 19
  - Rechtsmittel § 73 9
  - Schätzung § 73 3
  - Stundensatz § 17 InsVV 12
  - Stundensatz-Spanne § 73 3
  - Tätigkeitsvergütung § 17 InsVV 2
  - Tätigkeitsvergütung § 73 2

2685

- Überschreiten des Stundensatzes § 73 5
- Umfang der Tätigkeit § 17 InsVV 26
- Umsatzsteuer § 17 InsVV 10
- Umsatzsteuer § 18 InsVV 7
- Vergütungshöhe § 73 3
- Verjährung § 73 2
- Versicherung § 73 7
- Verwirkung § 17 InsVV 24
- Vorschuss § 17 InsVV 25
- Vorschuss § 73 6
- Zeitpunkt § 73 8
- Vergütungsanspruch der Mitglieder § 54 25
- Vergütungsvereinbarung § 17 InsVV 3
- Verhältnis zum Gericht § 69 11
- Verstoß gegen Pflichten § 70 2
- Verwalterauswahl
  - Anhörung § 56a 12
- Verwaltungsbefugnis
  - Anlage § 149 1
  - Hinterlegung § 149 1
- vorläufiger § 56a 10
- Vorschussantrag § 73 6
- Wahlvorgang § 68 2
- Zeitraum der Mitgliedschaft § 68 3
- Zustimmung § 160 4
  - Anfechtungsklage § 143 109
- Zustimmung, bei nachträglicher Berücksichtigung
  - zur Unternehmensstilllegung § 158 7
  - zur Unternehmensveräußerung § 158 7
- Zustimmung, bei nachträglicher Berücksichtigung von Forderungen in der Verteilung § 192 9
- Zustimmungsfragen § 69 6
- Zweckmäßigkeitskontrolle § 58 3b; § 69 11

Gläubigerausschuss Abstimmung
- Protokolle § 72 7

Gläubigerautonomie § 1 50 ff.; § 57 1; § 69 1

Gläubigerbegünstigung § 283c StGB 1 ff.
- Befriedigung eines Kontokorrentkredits § 283c StGB 10
- Handlungserfolg § 283c StGB 5
- Inkongruenz § 283c StGB 6
- Tatbestandsvoraussetzungen § 283c StGB 2 ff.
- Täter § 283c StGB 2
- Täterschaft § 283c StGB 8 f.
- Tathandlung § 283c StGB 4
- Teilnahme § 283c StGB 8 f.
- Versuch § 283c StGB 7
- Vorsatz § 283c StGB 7

Gläubigerbenachteiligung
- (hypothetische) Kausalität § 129 37 ff., 90, 111; § 132 9 ff.; § 133 10
- Anfechtung § 129 12
- Arten § 129 72 ff.
- Baugeld § 129 70
- Beeinträchtigung des Gläubigerzugriffs § 129 60 ff.
- bei fehlgeschlagener Sanierung § 129 101

- Darlegungs- und Beweislast § 129 118
- Grundpfandrechte § 129 99
- Kenntnis des Anfechtungsgegners § 133 20 ff.
- Lösungsklausel § 129 80
- maßgeblicher Zeitpunkt § 129 36
- mittelbare § 129 78 ff.; § 132 9
- Treuhandverhältnisse § 129 100
- Umsatzsteuer § 129 65
- unentgeltliche Leistung § 134 35
- unmittelbare § 129 73 ff.; § 132 9 ff.; § 133 38, 47
- Verkürzung des Schuldnervermögens § 129 40 ff
- wertausschöpfende Belastung § 129 65

Gläubigerbenachteiligungsvorsatz § 133 11 ff.
- Beweisanzeichen § 133 31 ff.
- Kenntnis/Kennenmüssen des Anfechtungsgegners § 133 20 ff., 42
- maßgeblicher Zeitpunkt § 133 19

Gläubigerbeteiligung
- Bestellungsentscheidung § 56 38
- Prüfung
  - einstimmiger Vorschlag § 56a 20
- Treuhänderauswahl § 56a 6
- Übermittlung
  - Ausschuss-Protokoll § 56a 20
- Verwalterauswahl § 56a 6, 10a, 11, 13, 20
  - Abwahl im Eröffnungsverfahren § 56a 28
  - Anhörung § 56a 12
  - Begründung bei Nicht-Bestellung durch Gericht § 56a 34
  - generelle Eignung § 56a 25a
  - Protokollierung § 56a 34
  - Rechtsmittel bei Nicht-Bestellung § 56a 34
  - Schutzschirmverfahren § 56a 24
  - Unabhängigkeitsprüfung / Musterfragebogen § 56a 25b
- Verwalterauswahl Abwahl im Schutzschirmverfahren § 56a 28
- Verwalterauswahl, Anforderungsprofil § 56a 17
- Verwalterauswahl, historische Entwicklung § 56a 2
- Verwalterauswahl, mehrfache Anhörung § 56a 15
- Verwalterauswahl, Vorgespräche § 56a 7
- Verwalterauswahl-nachteilige Verzögerung § 56a 19

»**Gläubigerforum**« § 4 InsVV 37

Gläubigergleichbehandlungsgrundsatz § 1 17

Gläubigerinteressen
- europäischer Wettbewerb der Systeme § 56a 4

Gläubigerschaft
- multipolare Interessen § 56a 3
- vorgerichtliches Sanierungsverfahren § 56a 3

Gläubigerselbstverwaltung § 68 1; § 74 1; § 76 5, 8, 13; § 78 1 U

Gläubigerversammlung § 1 51; § 74 1 ff.; § 160 5
- Ablauf § 76 2
- Absonderungsberechtigte Gläubiger § 74 11

Stichwortverzeichnis

- Abwahlrecht des Insolvenzverwalters § 57 2
- Anfechtung nach Beschlussfassung § 76 14
- Antrag
  - auf Aufhebung der Eigenverwaltung § 272 2
- Antragsbegründung § 75 4
- Antragsberechtigte § 75 1 f., 5 f.
- Antragsrecht, Gläubigergruppen § 75 6 f.
- Antragstellung § 75 3
- Aufhebung eines Beschlusses § 78 1 ff.
- Auskunftsanspruch § 79 1 ff.
- Auskunftspflicht § 79 2
- Berechnung der Summenmehrheit § 76 9
- Beschluss, gemeinsames Gläubigerinteresse § 78 11
- Beschlüsse
  - Antragsrecht gegen Beschlüsse § 69 9
- Beschlussfähigkeit § 76 7
- Beschlussfassung § 76 7, 13; § 149 19
  - im Berichtstermin § 157 1
  - verfehltes Quorum § 77 14
  - zur Stilllegung § 158 7
  - zur Veräußerung § 160 7
- Betriebsveräußerung unter Wert § 163 5
- Bindungswirkung der Versammlung an ihre Entscheidungen § 76 7
- Eigenverwaltung
  - Antrag § 271 1
  - Beschlusskompetenz § 271 5
- Einberufung § 74 1 ff.; § 75 2 ff., 11
- Entscheidung über Anträge auf Einberufung § 75 12
- Entscheidung über Antragsrecht § 75 9 f.
- Entscheidungskompetenz § 160 1
- erneutes Wahlrecht § 57 3
- Eröffnungsbeschluss § 27 21
- Forderungsanmeldung § 75 10
- Funktionelle Zuständigkeit § 74 5
- Gläubigerautonomie § 74 1; § 76 5, 8, 13
- Großgläubiger § 75 8
- Informationsrecht § 79 2
- Initiativrecht auf Einberufung § 75 2
- Insolvenzgläubiger § 74 11
- Insolvenzplan § 218 9 ff.
- Insolvenzverwalter § 74 11
- Kassenprüfung § 79 11
- keine Beschlussfähigkeit § 76 8
- Kopfmehrheit § 76 9; § 272 3
- Ladungsfrist § 74 8
- Leitung durch Gericht § 76 1 ff.
- letzte Gläubigerversammlung § 197 1 ff.
- Massarmut § 207 19
- Massegläubiger § 74 13
- Mitglieder Gläubigerausschuss § 74 11
- Mitwirkungsbefugnis § 74 1 f.
- nachrangige Insolvenzgläubiger § 74 11
- Neutralitätspflicht des Gerichts § 75 4; § 76 2
- Neuwahlantrag § 57 2
- öffentliche Bekanntmachung § 74 6, 8 f.
- Öffentlichkeitsgrundsatz § 74 14; § 76 2
- Organ der Gläubigerselbstverwaltung § 76 5
- Ort der Versammlung § 74 6, 10
- Protokollierung § 76 3
- Rechtsbehelf § 74 15
- Sachwalter § 74 11
- schriftliches Verfahren § 74 4
- Schuldner § 74 11
- Schuldverschreibung Anh § 38 25
- Sitzungspolizei § 76 4
- Sonderinsolvenzverwalter § 74 11
- Stimmberechtigung § 76 10
- Stimmberechtigung der absonderungsberechtigten Gläubiger § 76 11
- Stimmenthaltung § 76 9
- Summenmehrheit § 272 3
- Tagesordnung § 74 6
- Teilnehmender Personenkreis § 74 11
- Treuhänder § 74 11
- Unterhaltsgewährung § 100 3
- unwirksame Beschlüsse § 76 15
- unwirksame Beschlussfassung § 74 7
- Vertagung § 74 9; § 75 2
- Verzicht auf Mitwirkungsbefugnisse § 76 8
- Zeitpunkt § 74 6
- Zulassung zur Teilnahme § 74 14
- Zustimmungsfunktion bei Beschlussunfähigkeit § 160 3a

Gläubigerverzeichis § 151 2
Gläubigerverzeichnis § 152 1 ff.; § 305 23
- absonderungsberechtigte Gläubiger § 152 7
- aufrechnungsberechtigte Gläubiger § 152 9
- aussonderungsberechtigte Gläubiger § 152 6
- Eigenverwaltung § 281 3 f.
- Gliederung § 152 11
- Inhalt § 152 4
- Insolvenzeröffnungsantrag des Schuldners § 13 28

Globalzession § 21 69 h ff.; § 22 51 ff., 109; § 24 7 ff.; § 91 11; § 129 65c; § 130 40; § 140 14, 14a, 35; § 142 18; § 143 75

GmbH
- Aufsichtsrat nach DrittelbG **Anh § 35 Abschn. I** 4
- Aufsichtsrat nach InvestmentG **Anh § 35 Abschn. I** 13
- Aufsichtsrat nach MitbestErgG **Anh § 35 Abschn. I** 12
- Aufsichtsrat nach MitbestG **Anh § 35 Abschn. I** 8
- Aufsichtsrat nach MontanMitbestG **Anh § 35 Abschn. I** 11
- Bareinlage
  - Erlass **Anh § 35 Abschn. B** 6
  - Fälligkeit **Anh § 35 Abschn. B** 3
  - Stundung **Anh § 35 Abschn. B** 6
  - Tilgungsbestimmung **Anh § 35 Abschn. B** 4
  - Zahlungsempfänger **Anh § 35 Abschn. B** 5

Stichwortverzeichnis

- Bareinlagepflicht Anh § 35 Abschn. B 1
- Bedeutung der Gegenleistung Anh § 35 Abschn. E 10
- Beherrschungsvertrag Anh § 35 Abschn. E 18
- bei Mantelkauf Anh § 35 Abschn. A 21
- Bestellung/Abberufung der Aufsichtsratsmitglieder Anh § 35 Abschn. I 20
- Bestellung/Abberufung von Aufsichtsratsmitgliedern Anh § 35 Abschn. I 5
- Cash-Pool Anh § 35 Abschn. D 8
- Darlehensgewährung Anh § 35 Abschn. E 20
- Einlage
  - Beweislast für Erfüllung Anh § 35 Abschn. B 8
  - Hin- und Herzahlen Anh § 35 Abschn. D 1 ff.
- Einlageanspruch
  - Verjährung Anh § 35 Abschn. B 9
- Einlageforderung
  - Abtretung Anh § 35 Abschn. B 7
  - Pfändung Anh § 35 Abschn. B 7
- Einlagen der Gesellschafter § 35 73 ff., 78 ff.
- Einlagepflicht
  - verdeckte Sacheinlage Anh § 35 Abschn. C 18
  - Verjährung Anh § 35 Abschn. C 29
- Erfüllungswirkung
  - Hin- und Herzahlen Anh § 35 Abschn. D 15
- Erstattungsanspruch
  - Anspruchsinhaber Anh § 35 Abschn. E 29
- fakultativer Aufsichtsrat Anh § 35 Abschn. I 2, 17 ff.
- Führungslosigkeit § 15 10 ff.; § 15a 19 ff.
- Gegenstand der Kapitalbindung Anh § 35 Abschn. E 6
- Geschäftsführerhaftung § 35 191 ff.
- Gesellschafterhaftung § 35 173 ff.
- Gesellschaftsmantel
  - Haftungsvermeidung Anh § 35 Abschn. A 24 f.
  - Offenlegung Anh § 35 Abschn. A 24 f.
- Gesellschaftsvermögen Anh § 35 Abschn. E 4
- Gewinnabführungsvertrag Anh § 35 Abschn. E 18
- Grundsatz der Gleichbehandlung bei Bareinlagen Anh § 35 Abschn. B 2
- Haftung der Aufsichtsratsmitglieder Anh § 35 Abschn. I 1 ff.
- Haftung des Aufsichtsrats Anh § 35 Abschn. I 7
- Haftungsbeschränkung nach § 31 Abs. 2 GmbHG Anh § 35 Abschn. E 31
- Haftungsumfang bei fehlender Offenlegung Anh § 35 Abschn. A 28
- Her- und Hinzahlen Anh § 35 Abschn. D 7
- Hin- und Herzahlen
  - klassisches Anh § 35 Abschn. D 5
- Insolvenz des Gesellschafters § 35 138 ff.
- Insolvenzantragsberechtigte § 15 5, 10 ff.
- Insolvenzantragspflicht § 15a 3, 19
- Insolvenzfähigkeit § 11 7
- Insolvenzverfahren
  - Ablehnung mangels Masse § 11 12
  - Eröffnung § 11 12
- Insolvenzverschleppung § 35 192
- Kapitalaufbringung § 35 73 ff., 174 ff.; Anh § 35 Abschn. D 3 ff.
- Kapitalerhaltung § 35 181; Anh § 35 Abschn. E 1 ff.
  - Auszahlungsverbot Anh § 35 Abschn. E 27
- Kapitalerhöhung Anh § 35 Abschn. B 12 ff.
  - Fälligkeit Anh § 35 Abschn. B 3
- Leistung an Gesellschafter Anh § 35 Abschn. E 14
- Mantelverwendung Anh § 35 Abschn. A 22
- Masseschmälerung § 35 194
- obligatorischer Aufsichtsrat Anh § 35 Abschn. I 3
- Rückgewähranspruch Anh § 35 Abschn. E 10, 20
- Sacheinlage Anh § 35 Abschn. C 1 ff.
- Stammkapital Anh § 35 Abschn. E 4, 5
- Unterbilanz § 35 178
- verdeckte Sacheinlage Anh § 35 Abschn. B 10; Anh § 35 Abschn. C 4
  - Anrechnungswirkung Anh § 35 Abschn. C 19
  - Beweislast Anh § 35 Abschn. C 28
  - Einlagepflicht Anh § 35 Abschn. C 18
  - Gesellschafterforderungen Anh § 35 Abschn. C 9
  - Gesellschaftergeschäft Anh § 35 Abschn. C 7
  - Mehr-/Minderheitenkonflikte Anh § 35 Abschn. C 32
  - Sacheinlagefähigkeit Anh § 35 Abschn. C 11
  - Umgehungsabrede Anh § 35 Abschn. C 12
- Vereinbarung vor Einlageleistung Anh § 35 Abschn. D 9
- Vorauszahlung
  - Kapitalerhöhung Anh § 35 Abschn. B 12
- Vorbelastungshaftung
  - Mantelgründung Anh § 35 Abschn. A 23
  - Vorratsgründung Anh § 35 Abschn. A 23
- Voreinzahlung Anh § 35 Abschn. B 10 ff.
  - Offenlegung Anh § 35 Abschn. B 20
- Vorgesellschaft § 15 5
- Vor-GmbH § 35 177
- Vorgründungsgesellschaft § 11 14; § 15 5; § 35 176
- Vorrats-GmbH Anh § 35 Abschn. A 21
- Vorratsgründung
  - Haftungsvermeidung Anh § 35 Abschn. A 24 f.
  - Offenlegung Anh § 35 Abschn. A 24 f.
  - wirtschaftliche Neugründung Anh § 35 Abschn. A 26
  - Haftungsumfang bei fehlender Offenlegung Anh § 35 Abschn. A 28

GmbH & Co. KG

Stichwortverzeichnis

– Gesellschafterhaftung § 35 187
– Insolvenzfähigkeit § 11 27
– Insolvenzverschleppung § 35 192
– Kapitalerhaltung § 35 190
– Masseschmälerung § 35 194
– Überschuldungsstatus der Komplementär-GmbH § 19 48

GmbH & Co. KG, Auflösung und Vollbeendigung
– Insolvenzantragsberechtigte § 15 8 ff.
– Insolvenzantragsfrist § 15a 15 ff.
– Insolvenzantragspflicht § 15a 13

GmbH, Auflösung
– Führungslosigkeit § 10 11 ff.
– Geschäftsführerhaftung Anh § 35 Abschn. H
– Insolvenzantragsfrist § 15a 15 ff.
– Insolvenzantragspflicht § 15a 8
– Vorgesellschaft § 11 16

»Grau-Verwaltung« § 56 16h

Grundbuch
– ausländisches Grundvermögen § 32 30 f.
– Eintragungsverfahren § 32 19 f.
– Gesamthänderinsolvenz § 23 11; § 32 6 ff.
– Grundbuchsperre § 32 17 f.
– grundstücksgleiche Rechte § 32 4
– Grundstücksrechte, sonstige § 32 13 ff.
– Insolvenzvermerk § 32 2 ff.
– Kosten der Eintragung bzw. Löschung § 32 34
– Löschung des Insolvenzvermerks § 32 25 ff.
– Rechtswirkung der Eintragung des Insolvenzvermerks § 32 16 ff.
– Unrichtigkeit § 88 16
– Verfügungsbeschränkung § 23 7

Gründerhaftung Anh § 35 Abschn. A 1 ff.

Grunderwerbsteuer
– freihändige Veräußerung § 165 37
– Zwangsversteigerung § 165 37

Grundpfandrecht § 35 129; § 106 2
– Absonderung § 49 4a, 10c, 18; § 165 3
– Abtretung § 91 16
– Bewilligung § 91 15
– Gläubigerbenachteiligung § 129 99
– Mietforderungen § 129 65d; § 140 14a
– Rangänderung § 91 18
– Valutierung § 91 17

Grundsatz des Gemeinschaftsvertrauens § 353 1

Grundsteuer § 38 56

Grundstück § 35 122
– Aussonderung § 47 4
– bei ausländischen Verfahren in Dtl. belegenes Art. 8 EuInsVO 4
– wesentliche Bestandteile § 35 133

Grundstückskaufvertrag § 103 11; § 106 1 ff.

Gruppenermächtigung § 22 93

Gütergemeinschaft § 19 2; § 37 1 ff.; § 333 1 ff.
– Beendigung § 37 4
– Beendigung der Gütergemeinschaft § 333 8
– Ehegatte als Gläubiger § 333 5
– eheliche § 84 15

– forgesetzte § 83 11 ff.
– fortgesetzte *siehe dort* § 332 1
– Insolvenzfähigkeit § 11 44
– Gesamtgut und Insolvenzmasse § 332 7
– Insolvenz § 37 3
– Insolvenzanfechtung § 333 7
– Insolvenzantragsrecht § 333 2
– Insolvenzeröffnungsgründe § 333 3
– Insolvenzgläubiger § 333 5
– Insolvenzmasse § 333 6
– Insolvenzplan § 334 3
– Kollision mit sonstigen Insolvenzverfahren § 332 9
– Liquidation § 333 8
– persönliche Haftung der Ehegatten § 334 2
– Schuldner § 333 4
– Zahlungsunfähigkeit § 333 3
– Zugehörigkeit des Nachlasses zum Gesamtgut § 331 5

Güterrechtsvertrag § 134 32

Güterstand § 37 1 ff.

Gütertrennung § 35 216; § 37 19

Gutglaubensschutz § 24 12
– Leistung an Schuldner § 82 28
– Verfügungsbeschränkung § 81 18

Gutgläubiger Erwerb § 349 1; Art. 102 § 7 EGInsO 1; Art. 3 EuInsVO 67; Art. 21 EuInsVO 1; Art. 22 EuInsVO 1

Haft
– Kosten § 98 17

Haftbefehl § 98 7 ff.
– Anhörung § 98 14

Haftpflichtprozess
– D&O-Versicherung Anh § 35 Abschn. J 9

Haftpflichtversicherung § 18 InsVV 2; § 35 156, 165
– Insolvenzverwalter § 60 41
– zusätzliche § 4 InsVV 40 ff.

Haftung
– des eigenverwaltenden Schuldners § 270 42
– des Insolvenzverwalters
  – Anerkennung Art. 25 EuInsVO 5 f.
  – Ausübung von Gläubigerrechten Art. 32 EuInsVO 5
  – Unterlassung von Eintragungen Art. 102 § 7 EGInsO 1
  – Verletzung der Kooperationspflichten Art. 31 EuInsVO 20
– des Insolvenzverwalters für Verletzung von Absonderungsrechten § 50 34
– des Sachwalters § 274 21
– GmbH-Geschäftsführer Anh § 35 Abschn. H 1 ff.
– Hinterlegungsstelle § 149 28
– Insolvenzverwalter § 92 52
– Nachlassinsolvenzverfahren Vor § 315 2
– Verletzung von Absonderungsrechten § 49 4a

2689

Stichwortverzeichnis

- Vor-Gesellschafterhaftung Anh § 35 Abschn. A 9
- vorläufiger Verwalter § 60 45

Haftung des Insolvenzverwalters
- Verletzung von Auskunftspflichten § 167 7

Haftung, ausgeschiedener Gesellschafter § 93 8, 21 ff., 30
- des Gesamtguts § 332 1
- des Insolvenzverwalters
  - Einstellung vor hinr. Verwertung Art. 102 § 4 EGInsO 3
  - Rechtsgeschäfte im Ausland Art. 18 EuInsVO 11
  - Unterlassung von Eintragungen Art. 3 EuInsVO 68
  - Unterlassung von Eintragungen Art. 21 EuInsVO 6
  - Verletzung des § 168 § 168 11
- für Geschäftsverbindlichkeiten im Nachlassinsolvenzverfahren Vor § 315 3
- mehrerer Personen § 43 1 ff.

Haftungsbeschränkung, der Erben Vor § 315 2

Haftungsrecht des Insolvenzgläubigers an der Masse § 179 17

Haftungsschuldner
- Masseverbindlichkeit § 53 24

Haftungsverband
- Immobiliarvollstreckung § 49 3

Hamburger Leitlinien § 1 45

Handelnden-Haftung bei Vor-GmbH Anh § 35 Abschn. A 5 ff.

Handelsrecht, Handlungsvollmacht § 80 31
- Kaufmannseigenschaft § 80 31
- Prokura § 80 31

Handelsvertreter § 55 53; Anh § 113 2; § 116 5

Handlung
- Insolvenzverwalter § 55 4
- vertretbare § 38 26

Handlung, Insolvenzverwalter
- vertretbare § 45 8

Hauptinsolvenzverfahren
- allgemein Vor § 335 5 ff.
- Anerkennung Art. 17 EuInsVO 1 ff.
- Bedeutung für andere Verfahren Art. 102 § 3 EGInsO 1 ff.; Art. 102 § 4 EGInsO 1 ff.
- Eigenverwaltung § 270 16
- Prozessführungsbefugnis Art. 18 EuInsVO 4
- Umdeutung des Eröffnungsantrags Art. 102 § 3 EGInsO 6

Hauptinsolvenzverfahren, allgemein
- parallele Eröffnungen Art. 3 EuInsVO 21 ff.

Hauptinsolvenzverwalter
- Antrag
  - aus Aussetzung der Verwertung Art. 33 EuInsVO 2

Hauptsitz
- Unternehmen Art. 2 EuInsVO 9

Hausrat § 36 48 ff.

- Insolvenzmasse § 35 202

HBeglG 2011 § 1 13

Heimfallanspruch § 47 8

Herausgabeanspruch § 148 27
- schuldrechtlicher § 45 5

Herausgabepflicht
- Insolvenzverwalter
  - entlassener § 58 11

»**Hettlage**« Art. 102 § 2 EGInsO 4; Art. 2 EuInsVO 8; Art. 3 EuInsVO 7, 9, 66, 83

»**Hin und Herzahlen**« § 35 86

Hin- und Herzahlen Anh § 35 Abschn. D 1 ff.

»**Hin und Herzahlen**«
- Erfüllungswirkung Anh § 35 Abschn. D 15
- Liquider Rückgewähranspruch Anh § 35 Abschn. D 13

Hinterlegung § 149 1 ff.
- Absonderung Vor § 49 19
- bürgerlich-rechtliche § 198 5
- insolvenzrechtliche § 198 2
- Kostenschuldner § 198 3
- Pflichten der Hinterlegungsstelle § 149 22
- Überschuss bei Schlussverteilung § 199 4
- Zinsabschlagsteuer § 149 12
- Zurückzubehaltende Beträge § 198 1 f.

Hinterlegungsstelle § 149 9, 20
- Haftung § 149 28

Hinweispflicht
- Anmeldung einer Forderung wg. unerlaubter Handlung § 175 9
- des Insolvenzgerichts gegenüber dem Schuldner § 184 4
- Eigenantrag § 20 15
- Fremdantrag § 20 16
- Regelinsolvenzverfahren § 20 14
- Restschuldbefreiung § 20 13
- Restschuldbefreiungsantrag § 20 2
- Verbraucherinsolvenzverfahren § 20 14
- Zugang des Hinweises § 20 17

Hoffmann'sche Formel § 41 19

Honorar
- Sachverständiger § 11 InsVV 50

Honorarforderungen
- Insolvenzmasse § 35 151 f.

»**HUKLA**« Art. 3 EuInsVO 84

Immaterialgüterrechte § 35 94 ff.
- Insolvenzanfechtung § 129 53

Immobiliarvollstreckung § 21 61
- Haftungsverband § 49 3

Individualschaden § 92 17 ff.

Informationsfreiheitsgesetz § 5 30a

Informationspflicht
- Insolvenzverwalter § 60 17

Informationspflichten
- Insolvenzverwalter § 60 38

Informationsrecht
- Gläubigerversammlung § 79 2

2690

Stichwortverzeichnis

nhaltsänderung einer Insolvenzforderung durch Feststellung § 201 10 ff.
nitiativrecht § 284 1 ff.
nkassozession § 35 32
nkongruente Deckung § 130 6; § 131 3 ff.; § 133 32, 36; § 142 4
nolvenzverwalter
– Urteil, gegen ihn erlassenes § 80 41
InsOÄndG 2001 § 1 8
InsOBekV
– Datenschutz § 2 InsOBekV 1 ff.
– Einsichtsrecht § 4 InsOBekV 1 ff.
– Löschungsfristen § 3 InsOBekV 1 ff.
Insolvency Judgement Rule § 60 29 f.
Insolvenz
– Beendigung von Dienstverhältnissen § 113 21
– Dienstverhältnis § 113 1 ff.
– Gesellschaftsauflösung § 118 2
– grenzüberschreitende, Aussonderung § 47 82
– Insolvenzverschleppung § 15a 1
– Kündigungsschutz § 113 42
– Mieterinsolvenz § 109 1
– Ordnungsrecht § 80 37
– Schuldner als Vermieter § 110 2
– Schuldverschreibungen Anh § 38 1 ff.
– Sicherungsnehmer § 51 11
– Sicherungsübereignung § 51 6 ff.
– Vermieterinsolvenz § 108 9
– Vorbehaltskäufer § 107 4 ff.
Insolvenzanderkonto
– Fehlzahlung § 48 29a
Insolvenzanfechtung § 35 26 f., 172; Vor § 129 1 ff.; § 129 1; Art. 3 EuInsVO 37; Art. 4 EuInsVO 7; Art. 5 EuInsVO 10 f.; Art. 6 EuInsVO 7; Art. 7 EuInsVO 6; Art. 13 EuInsVO 1 ff., 12
– Abgrenzung zu § 138 BGB Vor § 129 8
– Abgrenzung zu § 88 Vor § 129 10
– Abgrenzung zu § 96 Abs. 1 Nr. 3 Vor § 129 11
– Abgrenzung zu Anfechtungsansprüchen nach AnfG, BGB und AktG Vor § 129 4 ff.
– Absonderungsberechtigte als Anfechtungsgegner § 130 4
– als Widerspruchsgrund des Insolvenzverwalters § 179 11 f.
– Änderungsvertrag § 143 106
– anfechtbare Prozesshandlung § 143 45 ff.
– anfechtbare Unterlassung § 143 44
– Anfechtungsgegner § 130 3; § 143 7 ff.
  – Erstattungsanspruch § 144 20
  – Gegenleistung § 144 17
– Anfechtungsklage § 143 110 ff.
  – nach Masseunzulänglichkeit § 143 123
  – Zustimmung des Gläubigerausschusses § 143 109
– anfechtungsrechtlicher Durchgriff § 129 31
– Anfechtungsvoraussetzungen
  – gem. § 135 a. F. § 135 106

– Anfechtungszeitraum § 133 9
– Ansprüche des Anfechtungsgegners § 144 1 ff.
– Aufgabe/Veräußerung freiberuflicher Praxis § 129 43
– Aufrechnung § 129 7
– Aufrechnungsmöglichkeit § 96 9 ff.
– Ausschluss § 142 13
– außerhalb des Regelinsolvenzverfahrens Vor § 129 12
– Bargeschäft § 142 1 ff.
– Beeinträchtigung des Gläubigerzugriffs § 129 60
– Befriedigung Altforderung § 22 113, 182 ff.
– Befriedigung eines Anspruchs § 130 8
– Berechnung des Anfechtungszeitraumes § 139 1 ff.
– Bereicherung
  – Herausgabe § 143 84
– Besonderheiten bei der Gütergemeinschaft § 333 7
– Beweiserleichterung § 130 59
  – vorsätzliche Benachteiligung § 133 26
– Beweislastumkehr § 130 59; § 133 43
  – vorsätzliche Benachteiligung § 133 26
– Bezugsberechtigung von Lebensversicherungen Vor § 315 12
– Darlegungs- und Beweislast § 130 55; § 145 28
  – Gegenleistung § 144 24
  – vorsätzliche Benachteiligung § 133 24
– Deckung § 130 1
– Deckungshandlung
  – Zeitpunkt § 131 36 ff.
– Doppelinsolvenz § 143 87a
– Druckzahlung § 130 50; § 131 15 f.
– Eigenverwaltung Vor § 129 13; § 280 2
– Einrede der Anfechtbarkeit § 143 33, 98; § 146 13 ff.
– Einzelrechtsnachfolge § 145 9 ff.
– Erbe § 145 6
– Erbschaftsausschlagung § 129 8
– Erfüllungshandlungen § 132 5
– Erlöschen des Anfechtungsrechts § 143 99
– Eröffnungsantrag § 130 14
– Eröffnungsverfahren Vor § 129 12
– Factoring § 129 98
– Finanzsicherheiten § 21 70; § 130 51
– Firmenaufgabe § 129 51
– Folgen § 143 35
– Forderungsabtretung § 129 98
– Frist
  – Beginn § 139 5 ff.
  – Berechnung § 139 1 ff.
  – gegen Rechtsnachfolger § 145 1 ff.
– Geltendmachung § 143 4
– gerichtliche Zuständigkeit § 143 111
– Gerichtsstandsvereinbarung § 143 116
– Gesamtrechtsnachfolge § 145 3 ff.
– Gesellschafterdarlehen § 135 1 ff.; § 143 86a

- Gläubigerbenachteiligende Rechtshandlung § 131 2
- Gläubigerbenachteiligung § 129 12, 37 ff.; § 133 10
  - Arten § 129 72 ff.
  - gleichwertige Gegenleistung § 142 1 ff.
  - Lösungsklausel § 129 80
  - Rückauflassungsklausel § 129 80
  - unmittelbare § 132 1 ff.
  - unmittelbare § 132 9
  - vorsätzliche § 133 2
- Gläubigerbenachteiligungsvorsatz § 133 11
- grenzüberschreitende Verfahren Vor § 129 21
- Haftungsmilderung § 145 21
- Handlungen des (vorl.) Insolvenzverwalters § 129 19
- Handlungen des Rechtsvorgängers § 129 24
- Immaterialgüterrechte § 129 53
- inkongruente Befriedigung § 131 4
- inkongruente Deckung § 130 6
- Inkongruente Deckung § 131 1 ff.
- inkongruente Deckung § 133 33, 36; § 142 4
  - Beweiserleichterung § 131 43
  - Darlegungs- und Beweislast § 131 42
- inkongruente Deckungshandlung § 131 3 ff.
- inkongruente Sicherung § 131 20 ff.
- Insolvenz des Anfechtungsgegners § 143 87
- Insolvenzplan § 144 25
- Insolvenzplanverfahren Vor § 129 14
- internationale Zuständigkeit § 339 1
- Kapitalersatz § 135 94 ff.
- kapitalersetzende Nutzungsüberlassung § 135 123 ff.
- kapitalersetzende Sicherheitengewährung § 135 197 ff.
- Kenntnis der Zahlungsunfähigkeit § 130 17
- Kenntnis hinsichtlich des Eröffnungsantrags § 130 24
- Klageantrag § 143 118
- Klageerhebung § 146 10
- kongruente Deckung § 130 6; § 133 34 f.
- Kostentragung § 143 125
- Kreditinstitut Vor § 129 18
- Lastschriftwiderruf § 22 162
- Leistungsverweigerungsrecht § 146 13 ff.
- maßgeblicher Zeitpunkt § 129 36
- mittelbare Zuwendungen § 129 29
- nach Anzeige der Masseunzulänglichkeit § 129 39; § 143 123
- Nachlassinsolvenz Vor § 129 16
- nahestehende Person § 138 1 ff.
- Nichtberücksichtigung von Ansprüchen § 17 24
- Prozesshandlung § 129 11
- Prozesskostenhilfe § 143 126
- Realakte § 129 10
- Rechte des Schuldners
  - Einschränkung oder Beendigung § 143 40
- Rechtsgeschäft
  - des Schuldners § 132 3
- Rechtsfolgen § 143 1 ff.
  - Rückgewährschuldverhältnis § 143 2 ff.
- rechtsgeschäftsähnliche Handlung § 129 9
- Rechtshandlung § 129 2 ff.
  - bedingte/befristete § 140 32
  - des schwachen vorläufigen Insolvenzverwalters § 22 183 ff.
  - Handelnder § 129 18 ff.
  - nichtige § 129 12
  - unwirksame § 129 12
  - Vornahmezeitpunkt § 130 15
  - Vornahmezeitpunkt § 140 1 ff.
- Rechtshandlung der Erben § 322 1 ff.
- Rechtshandlung durch Unterlassung § 132 14
- Rechtshängigkeit § 143 121
- Rechtsnachfolge
  - Geltendmachung § 145 26
  - nahestehende Person § 145 19
  - Unentgeltlichkeit § 145 20
- Rechtsnatur Vor § 129 1
- Registereintragung
  - Vornahmezeitpunkt § 140 20 ff.
- Rückabwicklung
  - anwendbare Vorschriften § 143 47
  - Beweisfragen § 143 89
  - dingliche Rechte § 143 32
- Rückabwicklung der Vermögensminderung § 143 8
- Rückgewähr
  - Arten § 143 11
- Rückgewähranspruch Vor § 129 3
  - Abtretbarkeit § 143 92
  - Konkurrenz § 143 101
  - Nutzungen § 143 48 ff.
  - Surrogate § 143 56
  - unentgeltliche Leistungen § 143 83
  - ungerechtfertigte Bereicherung § 143 47
  - Verpfändbarkeit § 143 92
  - Verwendungen des Anfechtungsgegners § 143 51 ff.
- Rückgewährschuldverhältnis § 143 2
- Sanierungsmaßnahmen § 129 101
- schiedsvertragliche Vereinbarung § 143 117
- Schuldnervermögen
  - unpfändbares § 129 48
- Schuldnervermögen durch Arbeitskraft § 129 42
- Schuldnervermögen durch Straftat § 129 41b
- Schuldtitel § 141 1
- Sicherung § 130 7
- Sicherung des Anfechtungsrechts § 143 124
- subjektive Anfechtungsvoraussetzungen § 130 16 ff.
- Teilanfechtung § 143 96
- Übergangsregelungen Vor § 129 22 ff.
- Übersicht Vor § 129 25
- unentgeltliche Leistung § 134 2 ff.
  - Beurteilungszeitpunkt § 134 16

Stichwortverzeichnis

- Darlegungs- und Beweislast § 134 42
- gebräuchliches Gelegenheitsgeschenk § 134 38
- Gläubigerbenachteiligung § 134 35
- Haftungsumfang § 134 37
- Leistungsempfänger § 134 7
- teilweise Unentgeltlichkeit § 134 20
- Tilgung fremder Schulden § 134 25
- Unentgeltlichkeit § 134 13
- verdeckte Schenkung § 134 20
- Zeitraum § 134 36
- Unternehmensübertragung § 129 50
- Verbraucherinsolvenzverfahren Vor § 129 15
- Verjährung § 146 1 ff.
- Verkürzung des Schuldnervermögens § 129 40 ff.
- Vermächtnis
  - Ausschlagung § 129 8
- Verrechnung im Kontokorrent § 142 15
- Vertrag zugunsten Dritter § 129 32 ff.
- Verwendungsersatzanspruch § 143 51
  - Zurückbehaltungsrecht § 143 53
- vollstreckbare Schuldtitel § 141 1
- Vollstreckungsabwehrklage § 143 33
- Vollstreckungshandlung § 143 46
- von Bezugsrechten § 129 32 ff.
- von Rechtshandlungen erwirkt durch Zwangsvollstreckungsmaßnahmen § 141 6
- von Unterlassungen § 129 15 ff.
- vorläufige Insolvenzverwaltung
  - Geltendmachung § 22 179
  - Geltendmachung § 22 181
  - vergütungsrechtliche Behandlung § 22 15
- vorläufige Insolvenzverwaltung, Geltendmachung § 22 33, 82
- vorläufiger Insolvenzverwalter
  - Verzicht § 22 181a
- vorsätzliche Benachteiligung § 133 2
- Wertersatz § 143 57 ff.
  - Aufrechnung § 143 72
  - Zurückbehaltungsrecht § 143 72
- Wiederaufleben der Forderung des Anfechtungsgegners § 144 2
- Zahlungseinstellung § 17 26
- Zahlungsunfähigkeit des Schuldners § 130 12
- Zuständigkeit Art. 13 EuInsVO 10

Insolvenzantrag § 16 3
- Abweisung mangels Masse § 26 1 ff.
  - Abweisungsbeschluss § 26 56
  - Abweisungsbeschluss § 26 61
  - Auskünfte im Schuldnerverzeichnis § 26 45
  - Eintragung ins Schuldnerverzeichnis § 26 42 ff.
  - erneuter Antrag § 26 17
  - erneuter Insolvenzantrag § 26 71
  - Erstattungsanspruch § 26 46
  - freie Masse § 26 14
  - Gutachten § 26 12
  - Insolvenzgeld § 26 66

- Kosten § 26 67
- PKH § 26 16
- rechtliches Gehör § 26 58
- Rechtsmittel § 26 69
- sonstige Masseverbindlichkeiten § 26 23
- Verfahrenskosten § 26 5
- Verfahrenskosten § 26 18
- Verfahrenskostendeckung § 26 27
- Verfahrenskostenstundung § 26 41
- Verfahrenskostenvorschuss § 26 31
- Vermögen des Schuldners § 26 9
- Verwaltungskosten, notwendige § 26 24
- Wirkungen der Abweisung § 26 64
- Auskunftspflicht § 20 3 ff.
- Kosten
  - Eröffnungsantrag § 54 15
- nicht rechtzeitiges Stellen § 15a 7
- Rücknahme bei Führungslosigkeit § 5 5
- Unterlassen § 15a 7
- Verlegung des COMI Art. 3 EuInsVO 29 ff.
- Verletzung der Insolvenzantragspflicht § 26 55a
- Zeitpunkt der Antragstellung Art. 3 EuInsVO 9 f.
- Zulassung § 20 5

Insolvenzantragsbefugnis, Erbe § 317 2; § 330 4
- Gesamtgut § 318 1 ff.; § 332 2; § 333 2
- gesamtgutanteilsberechtigte Abkömmlinge § 332 2
- Gesamtgutsgläubiger § 332 2; § 333 2
- Gesamtgutsverwalter § 332 2
- Miterben § 317 3
- Nachlassgläubiger § 317 5
- Nachlasspfleger § 317 4
- Nachlassverwalter § 317 4
- Testamentsvollstrecker § 317 4
- Überlebende Ehegatten § 332 2

Insolvenzantragsfrist § 15a 15 ff.
- Nachlassgläubiger § 319 1 f.

Insolvenzantragspflicht
- Aufsichtsrat § 15a 19 ff.
- Beginn § 15a 26
- der organschaftlichen Vertreter § 15a 8 ff.
- des Erben § 317 7
- Ende § 15a 31
- Gesellschafter § 15a 19 ff.
- nach Amtsniederlegung oder Abberufung § 15a 11
- Nachlass § 15a 6
- Nachlassverwalter § 317 7

Insolvenzantragstellung
- Vorgespräche § 56a 7

Insolvenzantragsverfahren
- Aufrechnung § 55 93
- Einzug von Altforderungen § 55 92
- vorläufige Eigenverwaltung § 55 94

Insolvenzanzeigepflicht

2693

Stichwortverzeichnis

- ggü. BaFin, für Kredit- und Finanzdienstleistungsunternehmen, Bausparkassen und Versicherungsunternehmen § 15a 5

Insolvenzaufrechnung § 96 16
- Absonderungsberechtigte Vor § 94 7
- Anwendungsbereich Vor § 94 5
- Aufrechnungsverbot § 94 10; § 95 3, 35 ff.; § 96 3 f., 8 f., 9
- Aufrechnungsvollzugsvereinbarung § 94 12
- Dauerschuldverhältnis § 95 24
- Eröffnungsverfahren Vor § 94 11
- Freistellungsanspruch § 95 13
- Fremdwährung § 95 38 f.
- Gegenforderung des Insolvenzgläubigers § 95 4
- gegenseitiger Vertrag § 95 14 ff., 31 f.
- Gläubiger, öffentlich-rechtlicher § 94 6 f.
- haftungsrechtliche Gegenseitigkeit Vor § 94 8
- Insolvenzverwalter Vor § 94 10
- Interbankenverrechnung § 96 2
- Kontokorrentverrechnung § 94 13; § 95 29; § 96 21
- Konzernverrechnungsklausel § 94 14
- kraft Gesetzes § 94 2 ff.
- kraft Vereinbarung § 94 11 ff.
- Lastschrift § 95 30
- Leistungsträger, sozialversicherungsrechtliche § 94 7; § 96 7
- Massegläubiger Vor § 94 9
- nachrangige Insolvenzgläubiger Vor § 94 6
- Prozessaufrechnung § 94 18 ff.
- Rechtsnachfolge § 94 4
- Schadensersatzanspruch § 95 11
- Sicherungszession § 94 4 f.; § 96 5 f.
- Steuerforderung § 94 6; § 95 19, 34; § 96 7
- Vergleich § 95 33
- Verrechnungsvereinbarung, antizipierte § 94 13
- Zahlungsanspruch § 95 11

Insolvenzausverkauf § 80 13

Insolvenzbedingte Lösungsklauseln § 109 44; § 112 15; § 119 1 ff.

Insolvenzbeschlag § 35 6; § 148 18
- Beendigung § 200 13
- Massezugehörigkeit § 159 2
- Unternehmen § 35 94
- Zeitpunkt § 148 19

Insolvenzeröffnung
- Arbeitsrecht § 80 28 ff.
- Auslagen § 13 71 ff.
- außergerichtliche Kosten § 13 74 ff.
- Fortsetzungsbeschluss § 225a 32
- Gebühren § 13 70 ff.
- Gerichtskosten § 13 69 ff.
- Gesellschaftsrecht § 80 33
- Handelsrecht § 80 31 ff.
- Kostenschuldner § 13 77 ff.
- Kündigungsgrund § 80 28
- nach Forderungseinzug § 171 8a
- vor Forderungseinzug § 171 8b

- Zulässigkeit bei Nachlassinsolvenz § 316 1 ff.

Insolvenzeröffnungsantrag
- Amtsermittlungspflicht § 5 2 ff.
- Anforderungen § 13 3 ff.
- Antraginhalt § 15a 18 ff.
- Antragsbefugnis
  - Gläubiger § 14 1
- Antragsberechtigte § 15 5 ff.
- Antragsberechtigung § 13 25
- Antragsfrist § 15a 15 ff.
- Antragshäufung § 13 22
- Antragsobliegenheit § 15a 7
- Antragspflicht § 15a 2 ff.
  - Beginn § 15a 26
  - Ende § 15a 31
  - Führungslosigkeit § 15a 19
  - juristische Person ohne Rechtspersönlichkeit § 15a 1 ff.
  - spezialgesetzliche § 15a 5
- Antragsrücknahme § 13 50 ff.
  - Führungslosigkeit § 13 67
  - Gläubigerantrag § 13 56
  - mehrgliedrige Vertretung § 13 62
  - Schuldnerantrag § 13 59
  - Sicherungsmaßnahmen § 13 55
  - Wechsel des alleinigen organschaftlichen Vertreters § 13 60
- Antragsverpflichtete § 15a 8 ff.
- Arbeitnehmer § 13 41
- Bedingung § 13 4
- Beweisfragen § 17 39
- Bezeichnung der Beteiligten § 13 8 ff.
- der BaFin § 13 37
- des Gläubigers § 13 36 ff.
- des Schuldners § 13 26
  - Forderungsverzeichnis § 13 28
  - Gläubigerverzeichnis § 13 28
  - Restschuldbefreiung § 13 33
  - Sperrfrist § 13 33
- durch Betreuer § 15 3
- Eigenantrag
  - Erledigung § 14 67
  - juristische Person § 15 1 ff.
- Eröffnungsgrund § 17 2 ff.
  - Glaubhaftmachung § 14 23
- faktischer organschaftlicher Vertreter § 15 15
- Fälligkeit § 17 7 ff.
- Forderung § 14 6 ff.
- Fortführung trotz Erfüllung der Insolvenzforderung § 14 83
- Führungslosigkeit § 13 12; § 15 11
- Glaubhaftmachung § 14 4 ff.
- Gläubigerantrag § 13 17
  - absonderungsberechtigter Gläubiger § 14 47
  - Anhörung des Schuldners § 14 54 ff.
  - Bagatellforderung § 14 53
  - Erledigung § 14 67a
  - Forderung § 14 6 ff.

2694

Stichwortverzeichnis

- Forderung § 14 52 ff
- Glaubhaftmachung § 14 4
- Missbrauch § 14 52 ff.
- nachrangige Forderung § 14 48 ff.
- öffentlich-rechtliche Gläubiger § 14 37 ff.
- rechtliches Interesse § 14 44 ff
- Rechtsschutzinteresse § 14 50 ff.
- Voraussetzungen § 14 3 ff.
- Zulassung § 14 56
- Insolvenzkostenhilfe § 13 43 ff.
- Krankenkassen § 13 40
- Liquiditätslücken § 17 17
- mehrheitliches Antragrecht § 15 18
- Missbrauch § 14 52
- mit Auslandsbezug § 17 31
- Nichtberücksichtigung der persönlichen Gesellschafterhaftung § 17 25
- Notvertreter § 13 14
- öffentlich-rechtliche Gläubiger § 14 37 ff.
- PKH § 13 43 ff.
- Prozesshandlung § 13 3 ff.
- PSVaG § 13 42
- rechtliches Interesse § 14 44 ff.
- Schutzschrift § 14 58
- Sonderfälle § 13 37
- Unterdeckung § 17 16
- Unterhaltsanspruch § 15a 7
- Verfahrensarten § 13 21
- Verfahrensfragen § 17 34
- Wegfall der Antragsbefugnis § 15a 11
- Zahlungsaufstockung § 17 15
- Zahlungsunfähigkeit § 17 1 ff.
- Zahlungsunfähigkeitsprüfung § 17 34
- Zulassung § 14 56
  - Verfahrensfragen § 14 96
- Zustellung § 14 57

Insolvenzeröffnungsantrag, Amtsermittlungspflicht
- Antragsberechtigung § 317 2 ff.
- des Erben § 317 2

Insolvenzeröffnungsgrund
- Gesamtgutsinsolvenzverfahren der fortgesetzten Gütergemeinschaft § 332 4
- Gesamtgutsinsolvenzverfahren der gemeinschaftlich verwalteten Gütergemeinschaft § 333 3
- Glaubhaftmachung § 14 23 ff.; § 15 15 f.
- Insolvenzeröffnungsantrag § 14 6 ff.; § 15 15 f.
- Nachlassinsolvenzverfahren § 320 2, 3, 4

Insolvenzeröffnungsverfahren
- Anordnung des Forderungseinzugs § 166 23; § 170 13
- Anordnung des Nutzungsrechts § 47 75; § 169 4; § 172 11, 13a
- Anordnung vorläufiger Maßnahmen § 21 2 ff.
- Antragsbefugnis
  - juristische Personen § 18 11
  - Personengesellschaft § 18 11
- Aussonderung § 47 74 ff.
- Ausverkauf § 50 34
- Begründung von Absonderungsrechten **Vor** § 49 15; § 51 10, 21, 38 f.
- bestehende Zahlungspflichten § 18 6
- Dispositionsmaxime und Privatautonomie § 13 1
- drohende Zahlungsunfähigkeit
  - Ermittlungsmethoden § 18 15
- einfacher Eigentumsvorbehalt § 48 17
- Eröffnungsgrund
  - Schuldnerantrag § 18 4
- Ersatzaussonderungsrecht § 48 17 ff.
- erweiterter Eigentumsvorbehalt § 51 15
- Fortgeltende Verfügungsermächtigung § 48 37
- Herausgabepflicht des vorläufigen Insolvenzverwalters § 47 74 ff.
- Kostenbeitrag § 170 12, 13
- Nutzungsrecht des vorläufigen Insolvenzverwalters § 47 76 ff.; § 172 11 f., 13a ff.
- Prognosezeitraum § 18 9
- Schuldnerantrag § 18 4
- Sicherungsabtretung § 51 29
- Sicherungsübereignung § 51 10
- Treuhandkonto des vorläufigen Insolvenzverwalters § 47 50 f.
- Überschuldung § 19 1 ff.
  - positive Fortführungsprognose § 19 6
  - Prüfungsreihenfolge § 19 6
- Überschuldungsprüfung § 19 54
- Verfolgungsrecht des Vermieters § 50 33a
- verlängerter Eigentumsvorbehalt mit Verarbeitungsklausel § 51 21
- Vermieter- und Verpächterpfandrecht § 50 30, 34
- Verwertungsvereinbarung § 48 35a; § 170 12
- Vollstreckungsschutz § 165 32
- Wertverlustausgleich § 172 4 f., 11 ff.
- Zahlungsunfähigkeit
  - drohende § 18 1 ff.
- Zinszahlung § 169 4, 7a

Insolvenzeröffnungsverfahren V Vollstreckungsschutz § 165 34

Insolvenzeröffnungsverfahren,
- Nutzungsrecht des vorläufigen Insolvenzverwalters § 47 75

Insolvenzeröffnungsverfahren, Anhörung § 15 15 f.
- Anordnung des Forderungseinzugs § 48 36
- Herausgabepflicht des vorläufigen Insolvenzverwalters § 166 24
- Herausgabevollstreckung des Gläubigers § 166 24
- Kostenbeitrag § 166 22 f.
- Verwertung durch vorläufigen Insolvenzverwalter § 166 22 f.
- Verwertungsvereinbarung § 166 22 f.

Insolvenzfähigkeit Art. 1 EuInsVO 3; Art. 3 EuInsVO 49; Art. 17 EuInsVO 3; Art. 27 EuInsVO 6

Stichwortverzeichnis

- Aktiengesellschaft §11 7
- Anstalt des öffentlichen Rechts §12 3
- Bruchteilsgemeinschaft §11 29
- Ende
  - Gesellschaft ohne Rechtspersönlichkeit §11 48
  - juristische Person §11 48
  - natürliche Person §11 46
- Erbengemeinschaft §316 6
- EWIV §11 41
- fortgesetzte Gütergemeinschaft §11 44
- GbR §11 20, 30; §316 7
- Genossenschaft §11 7
- Gesamtgut §11 45
- Gesellschaft bürgerlichen Rechts §11 51 f.
- Gesellschaften ohne Rechtspersönlichkeit §11 20 ff.
- Gewerkschaften §12 8a
- GmbH §11 7 ff.
- GmbH & Co. KG §11 27
- juristische Person §11 7 ff.
- juristische Person des öffentlichen Rechts §12 3
- juristische Personen §11 7 ff.
- KG §11 7 f.
- KGaA §11 7
- Kirchen §12 4
- Krankenkasse §11 19; §12 8
- Nachlassinsolvenz §11 43
- nicht rechtsfähiger Verein §11 9
- OHG §11 14; §316 7
- Parteien §12 8a
- Partenreederei §11 20
- Partenreederei §11 38
- Partnerschaftsgesellschaft §11 20, 37
- Rechts- und Parteifähigkeit von EU-Gesellschaften §11 7
- rechtsfähiger Verein §11 7
- Rundfunkanstalten des öffentlichen Rechts §12 5
- societa europaea §11 7
- Stiftung §11 7; §12 3, 6
- Vorgesellschaft §11 16
- Vorgründungsgesellschaft §11 14
- Wohnungseigentümergemeinschaft §11 18

Insolvenzforderung §45 8, §87 2 ff.
- Abgrenzung zu Masseverbindlichkeiten §38 31
- Abzinsung §41 17 ff., 23
- Ansprüche aus Mietverhältnis §55 31 ff.
- Ansprüche aus Pachtverhältnis §55 31 ff.
- bedingte §38 33; §42 1 ff.; §95 8
- befristete §38 32; §41 7
- »Begründetheit« §38 28
- betagte §38 32 f.; §41 5
- Bürgschaft §43 8 f.; §44 1 ff.
- Dauerschuldverhältnis §38 34
- erbrechtliche Ansprüche §38 16
- Eröffnungszeitpunkt §38 28
- familienrechtliche Ansprüche §38 14 f.
- Gesamtgläubiger §44 10
- Gesamtschuld §43 5 ff.; §44 1 ff.
- Gestaltungsrecht §38 17
- Herausgabeanspruch §45 5
- Mängelbeseitigungsansprüche §45 6
- nachrangige §39 1 ff.
- nachrangige Forderungen §39 4 ff.
  - Kosten der Verfahrensteilnahme §39 9
  - Säumniszuschläge §39 5
  - Zinsen §39 5
- nicht fällige §41 1 ff.
- Provisionsansprüche des Handelsvertreters §55 53
- Schadensersatzansprüche §38 46
- Schätzung §45 4 ff.
- Steuerschulden §55 59
- Umrechnung §45 19 f.
- Unterhaltsanspruch §40 1 ff.
- Unterlassungsanspruch §38 18; §45 9
- unvertretbare Handlung §38 23 ff.
- verjährter Anspruch §38 22
- Vermögensanspruch §38 13
- vertretbare Handlung §38 26
- Vollstreckung §80 42
- vorläufiges Bestreiten §87 9; §179 14
- wiederkehrende Leistungen §46 1 ff.
- Wohngeldansprüche §55 38

Insolvenzforderungen
- Gesellschafterhaftung §93 13

Insolvenzfreie Schuldverhältnisse §103 8

Insolvenzgeld §35 233; Anh §113 1 ff.
- Abfindung Anh §113 22
- Abweisung mangels Masse §26 66
- Altersteilzeit Anh §113 21
- Anspruchsübergang Anh §113 28
- Antrag Anh §113 24
- Arbeitnehmer §12 9; Anh §113 2
- Arbeitnehmerbegriff §22 123
- Ausschlussfrist Anh §113 24
- bei juristischen Personen des öffentlichen Rechts §12 9
- Berechtigung, Organe juristischer Personen §22 123
- betriebliche Altersversorgung Anh §113 12
- Erarbeitungsprinzip Anh §113 15 ff.
- Höhe Anh §113 11 ff.
- Insolvenzereignis Anh §113 5 f.
- Urlaubsabgeltung Anh §113 22
- Verfahren Anh §113 24 ff.
- Vorfinanzierung Anh §113 29 ff.
- Vorschuss Anh §113 25
- Zeitraum Anh §113 9 f.

Insolvenzgeldbescheinigung Anh §113 27

Insolvenzgeldvorfinanzierung §21 35; §22 122 ff.
- Ausschöpfung des Insolvenzgeldeseitraums §22 134
- Erhaltungsprognose §22 129 ff.
- Forderungsrang §22 27

Stichwortverzeichnis

- Kosten der § 22 133
- Rechtliche Ausgestaltung § 22 127
- revolvierende § 22 134
- Umfang § 22 124 f.
- Voraussetzungen § 22 129 ff.
- Zeitraum § 22 124

Insolvenzgericht
- Amtshaftung § 58 2
- Anwendungsfälle des Aufsichtsrechts § 58 4
- Aufsicht
  - personelle Kapazität § 58 3c
  - Rechnungslegung § 58 5
  - Rechtsmittel § 58 12
  - Schlussrechnung § 58 5
  - Treuhandkonto § 58 4c
  - Zwangsgeld § 58 12
- Aufsicht über Verwalter § 58 3
- Aufsichtspflicht Art. 31 EuInsVO 22
- Aufsichtsrecht
  - Befangenheitsanträge § 58 8
  - bei erledigten Zahlungen § 58 4a
  - Dauer § 58 7
  - entlassener Insolvenzverwalter § 58 10
  - Gegenstand § 58 3
  - Handhabung § 58 6
  - Maßnahmen § 58 8
  - Rechtsmittel § 58 10
  - Reichweite § 58 2
  - Sachstandsberichte § 58 8
  - Zwangsgeld § 58 10
- forum shopping § 56 41d
- Haftpflichtversicherung Verwalter § 58 3a
- Hinweispflichten ggü. Schuldner § 184 4
- Insolvenzzweckwidrige Handlung § 58 3
- Kontinuität der Aufsicht § 58 3a
- Prüfung der Vergütungsfestsetzung § 58 5b
- Prüfungsumfang Schlussrechnungslegung § 58 8
- Rechtmäßigkeitskontrolle § 58 3b
- Verfahrenseinstellung, Masseunzulänglichkeit § 207 20
- Vergütungsbeschluss § 73 2
- Weisungsbefugnis ggü. Insolvenzverwalter § 58 3
- Zuständigkeit § 56 41d
  - Vollstreckungserinnerung § 148 3
- Zweckmäßigkeitskontrolle § 58 3b

Insolvenzgericht / Aufsicht in Verfahren ohne Gläubigerausschuss § 58 1

Insolvenzgericht Aufsicht
- Sonderinsolvenzverwalter § 58 8

Insolvenzgerichte
- Informationsaustausch § 56 3c

Insolvenzgläubiger § 38 1 ff.; § 130 3 ff.
- Abgrenzung zu Massegläubiger § 38 31
- Absonderungsrecht § 38 8 f.; § 41 10 ff.
- als Beteiligter im Feststellungsprozess § 179 36
- Anhörung Anh C § 311 3
- Arbeitnehmer § 38 40 ff.
- Befriedigung § 156 7

- Befugnis § 38 58
- Begriff § 38 3 ff.
- bei Gütergemeinschaft § 37 5
- Beschränkung § 38 59
- Bürgen § 38 45
- dinglicher Gläubiger § 38 7
- Gesamtgläubiger § 44 10
- Gesamtgut einer fortgesetzten Gütergemeinschaft § 332 6
- Gesamtgut einer gemeinschaftlich verwalteten Gütergemeinschaft § 333 5
- Gleichbehandlung § 55 2
- Insolvenzplan
  - Wirkung § 254 3
- Insolvenzplan, Erklärung § 230 5 f.
- Nachlassinsolvenzverfahren § 317 5; § 319 1 ff.
- nachrangiger § 39 1 ff.
- persönlicher Gläubiger § 38 7
- Rechte im Insolvenzplan § 224 1
- Stimmrecht § 237 4
- und Beteiligtenbegriff § 4 32
- Vollstreckungsverbot § 89 5
- Zinsanspruch § 39 5 ff.
- Zwangsvollstreckung vor Insolvenzeröffnung § 88 1 ff.

Insolvenzgutachten § 22 69

Insolvenzklausel Anh § 35 Abschn. J 17

Insolvenzkostenhilfe
- Eröffnungsantrag
  - Gläubiger § 13 4

Insolvenzmasse
- Abtretungsverbot § 36 16
- allgemeines Persönlichkeitsrecht § 35 35
- Änderung der Pfändbarkeit
  - Eigentum Vor § 315 6
  - Ersatzansprüche des Erben Vor § 315 6
  - Surrogation § 35 70
- Anlagevermögen § 35 94 ff.
  - immaterielle Vermögensgegenstände § 35 94 ff.
- Anspruch auf Zugewinnausgleich § 35 217
- Ansprüche aus Organhaftung § 35 195
- Ansprüche gegen Versicherung § 35 155 ff.
- Anwartschaftsrechte § 35 48
- Arbeitnehmererfindung § 35 114
- Arbeitseinkommen
  - Pfändung § 36 32
  - verschleiertes § 36 36
- Arbeitskraft § 35 36
- ausstehende Einlagen § 35 73 ff.
  - Kapitalgesellschaf § 35 78
  - Personengesellschaften § 35 91
- Austauschpfändung § 36 21
- Bankkonto § 35 168
- Bargeld § 35 167
- bedingter Erwerb § 35 47
- Begriff § 35 4 ff.
- beschränkt dingliche Rechte § 35 23

2697

Stichwortverzeichnis

- Besonderheiten in der Insolvenz natürlicher Personen § 35 201
- Bestandteil der § 35 11
- Beteiligungen an Gesellschaften § 35 137 ff.
- bewegliche Sachanlagen § 35 131
- Darlehensrückzahlungsanspruch § 35 153
- Dienstbarkeit § 35 127 f.
- dingliche Rechte § 35 17 ff.
- dingliche Wohnrechte § 35 127
- Eigentum § 83 3
- Eingentumsvorbehalt § 35 148
- einzelne Gegenstände § 35 72
- Erbbaurecht § 35 125
- erbrechtliche Ansprüche § 35 37
- Erbschaft § 35 220; § 83 3
- Erfindungen § 35 112
- familienrechtliche Ansprüche § 35 37
- Firma § 35 108
- Forderungen § 35 149 ff.
  - Pfändbarkeit § 35 149 ff.
- fortgesetzte Gütergemeinschaft § 37 15; § 83 11
- freiberufliche Praxen § 35 102 ff.
- Freigabe § 35 52 ff.; § 35 240 ff.
  - Durchführung § 35 66
  - Folgen § 35 69
  - in der Gesellschaftsinsolvenz § 35 64
  - Nachlassinsolvenz § 35 63
  - Zulässigkeit § 35 60
- Freigabe im Ordnungsrecht § 80 39
- Funktion § 38 1 f.
- Gebrauchsmuster § 35 115
- geistiges Eigentum § 35 111 ff.
- Genossenschaftsanteile § 35 146
- Gesamtgut § 37 1 ff.
- Gesamtgutverwaltung
  - gemeinsame § 37 12
  - Insolvenz des allein verwaltenden Ehegatten § 37 7
  - Insolvenz des nicht verwaltenden Ehegatten § 37 10
- Gesamthandsvermögen § 35 22
- Geschmacksmuster § 35 116
- Gesellschaftsanteil an Personengesellschaft § 84 7
- Gestaltungsrechte § 35 25
- Gewerbebetrieb § 35 97
- Grundpfandrecht § 35 129
- grundstücksgleiche Rechte § 35 122
- Gütergemeinschaft § 37 3 ff.
- Haftungszuweisung § 35 14
- Hausrat § 35 202
- Honorarforderung § 35 151
- Immobilien § 35 122
- Insolvenz natürlicher Personen
  - Altersversorgung § 35 207
  - Arbeitseinkommen § 35 231
  - Bankguthaben § 35 224
  - Bargeld § 35 224
  - erbrechtliche Ansprüche § 35 215
  - familienrechtliche Ansprüche § 35 215
  - Freigabe einer selbstständigen Tätigkeit § 35 240
  - Insolvenzgeld § 35 233
  - Massesurrogation § 35 229
  - Neuerwerb § 35 228 ff.
  - selbstständige § 35 232
  - sonstige Rechte § 35 227
  - sonstiger Rechtserwerb § 35 236
  - Sozialleistungen § 35 234 ff.
  - Steuererstattungen § 35 223
  - Versicherungsansprüche § 35 207
- Insolvenzanfechtung § 35 172
- Insolvenzbeschlag § 35 6 ff.
- Insolvenzforderung § 38 13
- Insolvenzverfahren natürlicher Personen
  - Besonderheiten § 35 201
  - bewegliche Sachen § 35 201a
  - Grundvermögen § 35 201a
- Internet-Domain § 35 121
- Kaduzierung Anh § 35 Abschn. B 26
- Kapitalgesellschaftsanteile § 35 138
- Kaution § 108 15
- Kfz § 35 203
- Kostenerstattung bei Untersagungsantrag § 163 7
- liquide Mittel § 35 167 ff.
- Lizenz § 35 119
- Marken § 35 117
- massefreier Hausrat § 36 48
- Masseschmälerung § 35 194
- Massezugehörigkeit
  - Streit § 35 272
- Nachlassinsolvenz § 35 8
- Namensrechte § 35 36
- Neuerwerb § 35 49 ff.
- Nießbrauch § 35 127
- Patente § 35 113
- Patronatserklärung § 35 166
- Personengesellschaftsanteile § 35 142
- Pfändbarkeit § 36 1 ff.
  - Abtretungsverbote § 36 16
  - Änderung § 35 43
  - Verfahrensfragen § 36 51 ff.
  - Voraussetzung § 35 38
  - zweckgebundene Forderung § 36 16 ff.
- Pfändungsschutz
  - Verzicht § 36 19
- Pfändungsschutzvorschriften § 36 8
- Pflichtteil § 83 8
- Pflichtteilsanspruch § 35 221
- P-Konto
  - Unpfändbarkeit § 36 38a
- Prozessunterbrechung Vor § 85 11
- Rechtsbehelf § 35 272 ff.; § 36 51 ff.
- Rechtsnatur § 35 4
- Schiffe § 35 130

2698

Stichwortverzeichnis

- Schuldbefreiungsansprüche § 35 165
- Schuldnervermögen § 35 14, 34
- Sicherungseigentum § 35 134
- Sicherungsrecht § 35 23, 30, 134
- Sicherungsübereignung § 35 148
  - Pfändungsschutz § 36 20a
- Software § 35 135
- Sonderaktiva § 35 170
- Sondermasse § 35 7
- sonstige immaterielle Vermögensgegenstände § 35 120
- sonstige Vermögensgegenstände § 35 162
- Spielberechtigung § 35 120
- Steuererstattungen § 35 162
- subjektive Rechte § 35 15 ff.
- Surrogation § 35 50 f., 70, 236 ff., 258
- Tiere § 35 204
- Umfang § 35 1
- Umlaufvermögen § 35 147
- unpfändbare Gegenstände § 36 1 ff.
- Unpfändbarkeit § 36 7 ff., 39
- Unterhalt des Schuldners § 100 1
- Unterhaltsansprüche § 35 218
- Unterlassungsansprüche § 35 164
- Unternehmen § 35 94
- Urheberrecht § 35 118
- Vermächtnis § 35 220; § 83 10
- Verteilung § 211 4
- Verwertung § 159 1
- Verwertung beweglicher Gegenstände § 157 1
- Vorerbschaft § 83 13
- Vorkaufsrecht § 35 163
- Vorräte § 35 147
- Vorsteuererstattungsansprüche § 7 InsVV 7
- wesentlicher Bestandteil eines Grundstücks § 35 133
- Wohnungseigentum § 35 124
- Zeitpunkt des Erwerbs § 35 46
- Zugehörigkeit trotz Unpfändbarkeit § 36 39
- Zuweisung aufgrund Gläubigergleichbehandlung § 35 26
- Zweck § 38 1 f.
- zweckgebundene Forderung § 36 16

Insolvenzmasse, Änderung der Pfändbarkeit § 80 23
- Eigentum § 80 23
- fortgesetzte Gütergemeinschaft § 332 7
- gemeinschaftlich verwaltetes Gesamtgut der Gütergemeinschaft § 333 6
- Haftungsmasse des Nachlassinsolvenzverfahrens Vor § 315 4 ff.
- Handelsgeschäft des Erblassers Vor § 315 7
- Kanzlei oder Praxis des ehemals freiberuflichen Erblassers Vor § 315 8
- Lebensversicherungsansprüche Vor § 315 12
- Mitgliedschaft des Erblassers in Personengesellschaften Vor § 315 9

Insolvenzplan § 355 3 ff.; Art. 102 § 9 EGInsO 1; Art. 17 EuInsVO 7; Art. 25 EuInsVO 3; Art. 27 EuInsVO 10 f.; Art. 31 EuInsVO 10; Art. 34 EuInsVO 1 ff.
- Abfindung für Altgesellschafter § 225a 29, 58
- Absonderungsberechtigter § 190 8; § 223 1 ff.
  - Gruppenbildung § 222 8 ff.
- Abstimmung, erforderliche Mehrheit § 244 1 ff.
- Abstimmungstermin bei Masseunzulänglichkeit § 210a 9
- Adressatenkreis § 220 8
- Änderung des Plans § 240 1 ff.
  - Berechtigter § 240 2
  - gesonderter Abstimmungstermin § 241 9
  - Rechtsbehelf § 240 1 ff.
  - Umfang § 240 3 ff.
  - Verfahren § 240 1 ff.
- Anlagen § 229 1 ff.
- Anlagen zum Plan § 230 1 ff.
- Annahme bei Masseunzulänglichkeit § 210a 10
- Anteilsrechte § 225a 4 ff.
- Anwendungsbereich Vor § 217 4 ff.
- Anzeigepflicht § 262 1 ff.
- Arbeitnehmer § 222 24 f.
- Aufhebung des Insolvenzverfahrens § 258 1 ff.
  - Anfechtungsprozess § 259 13 ff.
  - Berichtigung von Masseverbindlichkeit § 258 11 ff.
  - gesellschaftsrechtliche Folgen § 259 18
  - Nachtragsverteilung § 259 7
  - Prozessführungsbefugnis § 259 11 ff.
  - Schlussrechnung § 258 4
  - Verfahren § 258 19 f.
  - Verfügungsrecht § 259 6
  - Vermögensübergang auf den Insolvenzverwalter § 259 9
  - Voraussetzung § 258 3 ff.
  - Voraussetzungen § 258 6
  - weitere Wirkungen § 259 18 ff.
  - Wirkungen § 259 1 ff.
- Aufhebungsbeschluss
  - Wirkung § 259 1
- Aufrechnungsberechtigte Gläubiger Vor § 94 11a; § 227 5
- Auftrag § 218 9 ff.
- Ausarbeitungsauftrag § 157 11
- Ausfallforderung § 256 1 ff.
- Ausschluss von Stimmrechten § 238a 33
- Aussetzung der Verwertung § 233 1 ff.
- Aussonderungsberechtigter § 217 3
- Austrittsrecht für Altgesellschafter § 225a 58
- Bedingung § 249 1 ff.
- bei Masseunzulänglichkeit § 208 18; § 210a 3; Vor § 217 11
- Bestätigung
  - Bekanntgabe § 252 1 ff.
- Bestätigung durch Insolvenzgericht § 248 1 ff.
- Beteiligte

- Wirkung § 254 3
- Beteiligter § 217 3; § 221 3
- Bevollmächtigung des Insolvenzverwalters § 221 11
- Change-of-Control-Klausel § 225a 54
- darstellender Teil § 220 1 ff.
- Debt-Equity-Swap § 225a 11 ff.; § 254 14
- dispositiver Bereich § 217 2 ff.
- Eigenverwaltung § 218 13; § 284 1 ff.
- Eingriff in Anteils- oder Mitgliedschaftsrechte § 225a 7
- Einsichtsrecht § 234 4
- Erklärung eines Dritten § 230 8 ff.
- Erörterungs- und Abstimmungstermin § 235 1 ff.
  - Ablauf § 235 11 ff.
  - Abstimmung § 243 1 ff.
  - Abstimmung § 244 2 f.
  - Abstimmung § 244 10
  - Bekanntmachung § 235 2 ff.
  - Bestimmung § 235 2 ff.
  - Ladung § 235 7 ff.
- Erörterungstermin bei Masseunzulänglichkeit § 210a 9
- Festlegung der Stimmrechte § 237 2 ff.
- Forderungsanmeldung § 174 13a
- Forderungskauf § 226 10
- Form § 218 7
- Fortsetzungsbeschluss § 225a 32
- freiwillige Planunterwerfung § 221 5
- Gegenstandsbegriff § 228 2
- Gericht, Prüfung § 250 1 ff.; § 251 1 ff.
- Gesellschafter § 221 3; § 230 3 ff.
- gesonderter Abstimmungstermin § 241 1 ff.
  - Abstimmung § 243 1 ff.
  - Anlass § 241 2
  - Ladung § 241 8
  - Rechtsbehelf § 241 10
  - schriftliche Abstimmung § 242 1 ff.
  - Teilnahmeberechtigung § 241 6
- gestaltender Teil § 221 1 ff.
- Gläubigerausschuss, Mitwirkung § 218 14
  - Stellungnahme § 232 1 ff.
- Gleichbehandlungsgrundsatz § 226 1 ff.
- Gliederung § 219 1 ff.
- Gruppe von Anteilsinhabern, Zustimmung § 246a 1
- Gruppenbildung § 222 1 ff.
  - Anleihegläubiger § 222 20a
  - Arbeitnehmer § 222 24 f.
  - Besondere Anwendungsfälle § 222 20
  - Debt-Equity-Swap § 222 19
  - Erläuterung § 220 4
  - fakultative Gruppe § 222 15 ff.
  - Finanzamt § 222 22
  - Forderungen aus unerlaubter Handlung § 222 21
  - geringfügig Beteiligte § 222 26 ff.
  - Kleingläubiger § 222 26 ff.
  - nicht angemeldete Forderungen § 222 23
  - Prüfung § 222 29
  - Prüfung § 231 10
  - Rückgriffsgläubiger § 244 6
  - sachgerechte Abgrenzung § 222 16 ff.
  - zwingende Gruppe § 222 6 ff.
- Gruppenbildung bei Masseunzulänglichkeit § 210a 7
- Gütergemeinschaft § 334 3
- Haftung des Insolvenzschuldners § 217 6
- Haftung des Schuldners nach Abschluss des Planverfahrens § 227 1
- Haftungsbefreiung für den Schuldner § 227 2
- Haftungsbefreiung für Gesellschafter § 227 8 ff.
- im Schlusstermin § 197 16
- Insolvenzgläubiger, Erklärung § 230 5 f.
- Insolvenzschuldner
  - Widerruf der Zustimmung § 247 6 ff.
  - Zustimmung § 247 1 ff.
- Insolvenzverwalter
  - Haftung § 261 4
  - Haftung § 262 6
- Insolvenzverwalter, Haftung
  - Stellungnahme § 232 1 ff.
- kammergebundener Beruf Vor § 217 9
- Kapitalerhöhung § 245 13
- Konzern Vor § 217 10
- Kosten der Erstellung § 218 4a
- Kreditrahmen § 264 1 ff.
  - Bekanntmachung § 267 1 ff.
  - Fehlerhaftigkeit § 264 10 ff.
  - Rechtsfolge § 264 8 ff.
  - Rechtsfolge § 265 1 ff.
  - Rechtsfolge § 266 1 ff.
  - Voraussetzung § 264 3
- Kündigungsschutz für Vertragspartner § 225a 51
- länderübergreifend Vor § 217 10
- Liquidationsplan Vor § 217 6
- Liquiditätsrechnung § 229 1 ff.
- Massearmut Vor § 217 11
- Masseverbindlichkeit § 231 21; § 258 11 ff.
- mehrere Pläne § 218 5; § 235 5
- Minderheitenschutz § 251 1 ff.
  - Antrag § 251 2 ff.
  - Nachbesserungsklausel § 251 12
  - Rechtsbehelf § 251 27
  - Schlechterstellung § 251 9 ff.
  - Widerspruch § 251 6
- Mischgruppe § 222 14
- Missbrauchsrisiken bei Masseunzulänglichkeit § 210a 4
- Mitgliedschaftsrechte § 225a 4 ff.
- Mitwirkung § 218 14
- Nachrang § 39 66; § 266 1 ff.
- nachrangiger Insolvenzgläubiger
  - Gruppenbildung § 222 11
- nachrangiger Insolvenzgläubiger, Gruppenbildung

– Zustimmung § 246 1 ff.
– Negativbeschluss § 218 11
– Neugläubiger, Nachrang § 265 1
– nicht angemeldete Forderung § 229 6; § 256 4
– Niederlegung § 234 1 ff.
– Obstruktionsverbot § 245 1 ff.
  – angemessene Beteiligung § 245 8 ff.
  – Gruppenmehrheit § 245 18 ff.
  – Schlechterstellungsverbot § 245 5 ff.
  – Verfahrensablauf § 245 20 ff.
– persönlicher Anwendungsbereich Vor § 217 8
– Planberichtigung § 221 13
  – Bestätigungsverfahren § 248a 3
  – gerichtliche Bestätigung § 248a 1 ff.
– Plan-Bilanz § 229 1 ff.
– Plan-GuV § 229 1 ff.
– Planinhalt bei Masseunzulänglichkeit § 210a 5
– Planüberwachung § 260 1 ff.; § 261 1 ff.
  – Anzeigepflicht § 262 1 ff.
  – Aufhebung § 268 1 ff.
  – Bekanntmachung § 267 1 ff.
  – Gegenstand § 260 4 ff.
  – Gericht § 261 7
  – Gläubigerausschuss § 261 6
  – Haftung § 261 4
  – Kosten § 269 1 ff.
  – Kreditrahmen § 264 1 ff.
  – Kreditrahmen § 265 1 ff.
  – Kreditrahmen § 266 1 ff.
  – Pflichtverletzung § 261 4
  – Planüberwacher § 261 1 ff.
  – Rechtsstellung § 261 6
  – Sperrwirkung für Insolvenzgeld § 260 7
  – Übernahmegesellschaft § 260 5
  – Übernahmegesellschaft § 261 2
  – Umfang § 262 1 ff.
  – zustimmungsbedürftiges Geschäft § 263 1 ff.
– Planvorlage bei Masseunzulänglichkeit § 210a 6
– prepackaged plan Vor § 217 9
– Prüfungstermin § 236 1 ff.
– Rechte der Insolvenzgläubiger § 224 1
– Rechte der nachrangigen Insolvenzgläubiger § 225 1
– Rechtsmittel bei Masseunzulänglichkeit § 210a 4
– Rechtsänderung § 221 7 ff.
– Rechtsbeschwerde § 253 29
– Rechtsnatur Vor § 217 3
– Rücknahme § 218 15
– sachenrechtliches Verhältnis § 228 1 ff.
– salvatorische Klausel § 251 12
– salvatorische Klauseln § 226 5 ff.
– Sanierungsgewinn § 227 6
– Sanierungsplan Vor § 217 4
– Schlussrechnung § 258 4
– schriftliche Abstimmung § 242 1 ff.
– sofortige Beschwerde § 253 1 ff.
  – Abhilfeverfahren beim Insolvenzgericht § 253 23
  – Antragsteller § 253 6
  – Begründetheit § 253 21
  – Beschwer § 253 9 ff.
  – Beschwerdeverfahren bei LG § 253 24
  – Beteiligte § 253 7
  – formelle Beschwer § 253 10
  – Frist § 253 5
  – Planvorlage durch Schuldner § 253 10
  – Planvorlage durch Verwalter § 253 11
  – Rechtskraftwirkung § 253 22
  – Rechtsschutzinteresse § 253 8
  – Verfahrensbeteiligung § 253 4
  – Zulässigkeit § 253 2 ff.
  – Zuständigkeit § 253 3
– Stellungnahme § 232 1 ff.
– Stimmliste § 239 1 ff.
– streitige Forderung § 256 1 ff.
– Übertragungsplan Vor § 217 5
– unlautere Annahme § 250 11 ff.
– Unternehmensfortführung § 230 2
– unzulässiges Abkommen § 226 7
– Verbotsgesetz § 226 6
– Verbraucherinsolvenzverfahren Vor § 217 8
– Verfahrensablauf Vor § 217 11 ff.
– Verfahrensabwicklung § 217 8
– Verfahrensleitender Plan Vor § 217 7a; § 250 8
– Vergleichsrechnung § 220 7
– Verjährungsfrist von Forderungen § 259b 2 ff.
– Vermögensübersicht § 229 1 ff.
– Versagung der Bestätigung § 250 1 ff.
– Verstoß gegen Verfahrensvorschrift § 250 1 ff.
  – Art § 250 4 ff.
  – Behebbarkeit § 250 10
  – Stimmrechtsfestsetzung § 250 5
  – Wesentlichkeit § 250 7 ff.
– Verteilung § 217 5
– Verwertung § 217 10
– Vollstreckung § 221 2; § 257 1 ff.
  – Gläubiger § 257 7
  – Insolvenzschuldner § 257 8
  – Rechtsbehelf § 257 11
  – Titel § 257 5
  – Voraussetzung § 257 2 ff.
  – wiederaufgelebte Forderung § 257 9
  – Zuständigkeit § 257 4
– Vollstreckungsschutz § 259a 1 ff.
– Vorlage § 29 6; § 218 1 ff.
– Vorlage durch Insolvenzverwalter § 218 3
– Vorlage durch Schuldner § 218 4
– Vorlage durch vorläufigen Insolvenzverwalter § 218 3
– Vorlageberechtigung § 218 2 ff.
– Vorlagezeitpunkt § 230 10
– Widerruf beigefügter Erklärungen § 230 13
– Wiederaufleben der Forderung § 255 1 ff., 3 ff.
  – Erheblichkeit § 255 6 ff.

2701

- Folgen der Insolvenzeröffnung § 255 11 ff.
- Folgen des Rückstandes § 255 9 f.
- Verschulden § 255 8 f.
- Wiederauflebensklausel § 255 1
- Wirkung § 254 1 ff.
  - gesellschaftsrechtliche Maßnahmen § 254a 5 ff.
  - ggü. Mithaftenden § 254 8
  - Umfang § 254b 2
  - Willenserklärung § 254a 2 ff.
  - zwangsweise Unterworfene § 254 5
- Wirkung der Erklärungen § 230 10
- Wirkungsentfaltung
  - Zeitpunkt § 254 2
- Zurückweisung § 231 1 ff.
  - Antrag § 231 22 ff.
  - Behebung § 231 14 ff.
  - Rechtsbehelf § 231 28 ff.
  - Unerfüllbarkeit § 231 19 ff.
  - Verfahren § 231 25 ff.
  - von Amts wegen zu beachtende Gründe § 231 3 ff.
- Zurückweisung des Plans bei Masseunzulänglichkeit § 210a 8
- Zuständigkeit für Planverfahren § 218 8
- Zustimmungsbedürftiges Geschäft § 263 1 ff.
  - Bekanntmachung § 267 1 ff.
- Zustimmungsfiktion § 245 3 ff.
- Zustimmungsvorbehalt § 263 2 ff.
- Zwangsversteigerung § 233 5a
- zwangsweise Planunterwerfung § 221 6
- zwingender Bereich § 217 7

Insolvenzplanverfahren § 144 25
- Beteiligte § 217 12
- Gebühren § 54 18
- gerichtliche Mitteilungspflicht § 31 7
- Haftung des Insolvenzverwalters § 60 46
- Insolvenzanfechtung Vor § 129 14
- Kosten § 54 18
- Massearmut § 210a 3
- persönliche Gesellschafterhaftung § 93 82
- Zuständigkeit Vor § 217 14

Insolvenzrecht
- europäischer Wettbewerb der Systeme § 56a 4
- internationales Vor § 335 1
- Sanierungsfunktion § 56 15c

Insolvenzrichter
- Führung von Vorauswahl-Liste § 56 7
- Verwalterauswahl § 56 1

Insolvenzsachverständiger
- Kernaufgaben § 56 16d

Insolvenzschulder
- Haftung § 90 12

Insolvenzschuldern
- gestreckte Verfügung § 81 8
- Leistung an Dritte bei Verfügungsbeschränkung § 82 5
- Übergabe beweglicher Sachen § 81 9

Insolvenzschuldner
- aufschiebend bedingte Übereignungen § 81 9
- Banküberweisung § 81 12; § 82 7
- Besitz § 80 23
- Eigentum § 80 23
- Erbschaft, Ausschlagung § 83 6
- Ermächtigung zur Prozessführung § 80 46
- Forderungspfändung § 81 9
- Genehmigung unwirksamer Verfügungen durch Insolvenzverwalter § 81 16
- Haftung im Insolvenzplanverfahren § 217 6
- Haftung nach Verfahrensende § 80 24
- Insolvenzplan
  - Zustimmung § 247 1 ff.
- Lastschriftgenehmigung § 82 21
- Lastschriftverfahren § 82 17
- Leistung an Erfüllungs statt § 82 4
- Leistungen an diesen § 82 3 ff.
- Miteigentumsanteil an Grundstücken § 84 5
- Nachhaftung § 53 27; § 184 1
- Nachhaftung bei Ausfallforderungen § 201 7a
- Nachhaftung bei öffentlich-rechtlichen Ansprüchen § 201 7
- Nachhaftung ggü. Massegläubigern § 201 5
- Partei eines Rechtsstreits Vor § 85 4
- Prozessführungsbefugnis § 83 8
- Rechts- und Geschäftsfähigkeit § 80 59
- Rechtsfolgen der Verfügungsbeschränkung § 81 14
- Rechtsgeschäftsähnliche Handlungen § 81 6
- Rechtsstellung § 80 57 ff.
- Scheck § 82 12 f.
- Tod Vor § 315 16
- Umfang der Verfügungsbeschränkung § 80 57 f.; § 81 4 ff.
- Verfügung über künftige Bezüge § 81 22
- Verfügung über massefremdes Vermögen § 81 13
- Verfügungen Dritter § 81 11
- Verpflichtungsgeschäfte § 81 5
- Vorausabtretung § 81 10
- Wechsel § 82 14 f.
- Zeitpunkt der Verfügung § 81 7
- Zeuge § 80 43
- Zeugnisverweigerungsrecht § 80 43

Insolvenzsicherung
- Altersteilzeit § 113 15

Insolvenzstatistikgesetz § 1 14f; § 27 30; § 31 15; § 56 15d

Insolvenzstraftat § 297 3
- Widerruf der Restschuldbefreiung § 303 5

Insolvenzursachen § 156 5 ff.
- Darstellung im Berichtstermin § 156 6

Insolvenzverfahren
- Vollstreckungsverbot § 89 3 ff.

Insolvenzverfahren
- Ablehnung der Eröffnung
  - Rechtsmittel § 34 1
- Ablehnung mangels Masse

Stichwortverzeichnis

- AG § 11 12
- Genossenschaft § 11 12
- GmbH § 11 12
- KGaA § 11 12
- Verein § 11 12
- Abweisung
  - Eintragung ins Schuldnerverzeichnis § 26 42
  - Abweisungsbeschluss § 26 56
- Anerkennung Art. 26 EuInsVO 1 ff.
  - Prüfung durch Register Art. 102 § 6 EGInsO 1
  - Veröffentlichung Art. 102 § 5 EGInsO 4
  - Verstoß gegen Ordre Public § 343 2
- Anfechtung
  - von Rechtshandlungen § 129 1
- Anleihegläubiger Anh § 38 18
- Anmeldung aufschiebend bedingter Forderungen § 191 5
- Annexverfahren
  - internationale Zuständigkeit Art. 102 § 1 EGInsO 11
- anwendbares Recht § 335 1
- Anwendbarkeit der ZPO § 4 2
- Anwendung von § 613a BGB Vor § 113 15
- Aufhebung § 200 1 ff.
- Aufhebung, Rechte der Gläubiger § 201 2 ff.
- Auslandsbezug § 19 51
- Ausschluss der Anwendbarkeit der ZPO § 4 9
- Beendigung, Auswirkung auf Feststellungsprozess § 179 47
- bei Eröffnung »schwebende Verträge« § 103 1
- Beraterhaftung Anh § 35 Abschn. K 1 ff.
- Beschwerde gegen die Verfahrenseröffnung § 34 2
- bestrittene Forderung § 179 2 ff.
- Betriebsübergang § 22 117
- Durchführung § 54 16
- Einsetzung eines Sachverständigen § 56 2
- Einstellung Art. 102 § 4 EGInsO 1
- Einstellungsverfahren § 212 2
- Einstellungsverfahren bei Masseunzulänglichkeit § 211 2
- Einstellungsvoraussetzungen, Nachweis § 212 4
- Eröffnung
  - AG § 11 12
  - Antragsbefugnis des Gläubigers § 14 1
  - Berücksichtigung sonstiger Masseverbindlichkeiten § 26 23
  - Eigenantrag § 13 1
  - Eintragung ins Grundbuch § 32 2
  - Fremdantrag § 13 1
  - Genossenschaft § 11 12
  - GmbH § 11 12
  - KGaA § 11 12
  - sonstige Mitteilungspflichten § 31 14
  - Verein § 11 12
- Eröffnungsantrag
  - Antragsberechtigung § 13 25

- Antragshäufung § 13 22
- Antragsrücknahme § 13 50 ff.
- Antragsrücknahme, Führungslosigkeit § 13 67
- Antragsrücknahme, Gläubigerantrag § 13 56
- Antragsrücknahme, Gläubigerantrag § 13 60
- Antragsrücknahme, Schuldnerantrag § 13 59
- Arbeitnehmer § 13 41
- Bezeichnung der Beteiligten § 13 8 ff.
- der BaFin § 13 37
- des Gläubigers § 13 36 ff.
- des Schuldners § 13 26
- des Schuldners, Forderungsverzeichnis § 13 28
- des Schuldners, Gläubigerverzeichnis § 13 28
- des Schuldners, Restschuldbefreiung § 13 33
- Form § 13 3
- Führungslosigkeit § 13 12
- Gesetz zur Harmonisierung des Zeugenschutzes § 13 11
- Gläubigerantrag § 13 17
- Insolvenzkostenhilfe § 13 4
- Insolvenzkotenhilfe § 13 43 ff.
- Krankenkassen § 13 40
- Notvertreter § 13 14
- PKH § 13 43 ff.
- Prozessfähigkeit § 13 5
- PSVaG § 13 42
- Sonderfälle § 13 37
- Verfahrensarten § 13 21
- Eröffnungsbeschluss § 27 1
  - internationale Zuständigkeit Art. 102 § 2 EGInsO 1
- Eröffnungsgrund § 16 2 ff.
  - gerichtliche Feststellung § 16 8
  - Glaubhaftmachung § 14 23
- Eröffnungsverfahren
  - Auslagen § 13 71 ff.
  - außergerichtliche Kosten § 13 74 ff.
  - Gebühren § 13 70 ff.
  - Gerichtskosten § 13 69 ff.
  - Kostenschuldner § 13 77 ff.
- Eröffnungszeitpunkt § 27 5
  - Beschwerde § 27 7
- europäische Verordnung Vor § 335 4
- fortgesetzte Gütergemeinschaft § 11 44
- funktionelle Zuständigkeit § 2 8
- Gegenstandswert § 54 11
- Genossenschaft § 207 28
- Gerichtskosten § 54 5
- Gesamtgut bei fortgesetzter Gütergemeinschaft § 11 45
- Gläubigerbefriedigung
  - gleichmäßige § 1 17
- GOI § 56 15g
- höchstpersönliche Bearbeitung des Verfahrens § 59 5
- Innerstaatlicher Rechtsweg Art. 3 EuInsVO 26
- Insolvenzbeschlag § 35 6 ff.

2703

Stichwortverzeichnis

- Insolvenzfähigkeit § 11 1
  - juristische Person § 11 7
  - natürliche Person § 11 5
- internationales
  - Anerkennung § 343 1
  - Herausgabepflicht § 342 1
  - Unterbrechungswirkung § 352 2
  - Zuständigkeit § 348 1
- Kosten § 53 8; § 54 1 ff., 5; § 209 3
  - Ermittlung § 4a 23
  - Kostenschuldner § 54 12
  - Rückzahlungsanspruch § 54 14
  - Stundung § 4a 1
  - Vergütungsanspruch der Gläubigerausschussmitglieder § 54 25
  - Vergütungsanspruch des Insolvenzverwalters § 54 19
- Kreditinstitut Vor § 129 18
- Kreditinstitute § 340 1
- Leistungsklage § 184 17
- lex fori concursus § 335 1
- mehrere Mieter § 109 19
- mit Auslandsbezug § 16 18; § 17 31
- Nachforderungsrecht § 201 1
- Nachlassinsolvenz § 11 43
- Nichteröffnung
  - Vergütung des vorl. Insolvenzverwalters § 26a 1
- öffentliche Bekanntmachung Art. 102 § 5 EGInsO 3
- Ordnungsfunktion § 1 21
- Parteifähigkeit § 11 3
- Partikularverfahren § 335 2
- Prozessfähigkeit § 11 4
- Recht des Belegenheitsstaates § 336 1
- Rechtshandlungen nach Verfahrenseröffnung § 147 1 ff.
- sachliche Zuständigkeit § 2 1 ff.
- Sonderinsolvenz § 35 7
- Sonderinsolvenzen § 11 42
- Sozialplan § 123 1 ff.
- Strukturgleichheit § 60 1
- Universalitätsgrundsatz § 335 2
- unsausweichliche Verwaltungskosten § 209 3
- Unterhalt des Schuldners § 100 1
- Untreue gem. § 266 StGB § 266 StGB 2
- vereinfachtes § 88 19
- Verfahreneinstellung auf Antrag des Schuldners § 213 2 ff.
- Verfahreneinstellung, Rechtsfolgen § 213 9
- Verfahreneinstellung, Rechtsmittel § 216 2 ff.
- Verfahreneinstellung, Zustimmung aller Insolvenzgläubiger § 213 4
- Verfahrensarten § 13 21
- Verfahrensaufhebung § 201 1
- Verfahrensbeendigung § 80 47
- Verfahreneinstellung, Bekanntmachung § 215 2
- Verfahreneinstellung, Rechtsfolgen § 212 7; § 215 3
- Verfahreneinstellung, Restschuldbefreiung § 215 7
- Verfahreneinstellung, Sicherung von Masseansprüchen § 214 7
- Verfahrensfähigkeit § 11 1
- Verfahrenskostendeckung § 26 27
- Verfahrenskostenstundung § 26 41
- Verfahrenskostenvorschuss § 26 31 ff.
- Vergabe von Steuernummern § 55 85
- Versicherungsunternehmen § 340 1
- Verwaltervorschlagrecht § 56a 6
- Verwalterwechsel § 80 47
- Verweisung auf ZPO § 4 8
- von Firmengruppen § 56 41a
- Wegfall der Insolvenzgründe § 212 2
- Widerruf des Sozialplanes § 124 1 ff.
- Widerspruchsrecht bei Verfahreneinstellung § 214 5
- Zulässigkeit § 11 1
- Zuständigkeit § 348 1
  - internationale Art. 102 § 1 EGInsO 1
- Zwangsvollstreckungsmaßnahmen vor Eröffnung § 88 1 ff.

Insolvenzverfahren, ausländisches
- Prozessunterbrechung Vor § 85 3

Insolvenzverfahren, Eröffnung
- Prozessunterbrechung Vor § 85 1

Insolvenzvermerk
- bei Grundstücken § 32 3
- bei grundstücksgleichen Rechten § 32 4
- bei sonstigen Grundstücksrechten § 32 13 ff.
- Eintragungsverfahren § 32 19 ff.
- EuInsVO § 32 31; § 33 4, 7, 10
- Gesamthänderinsolvenzen § 32 8 ff.
- grundbuchliche Eintragung § 32 3 ff.
- Grundbuchsperre § 32 17 ff.
- im Markenregister § 33 8 ff.
- im Register f. Pfandrechte an Luftfahrzeugen § 33 5 ff.
- im Schiffs-/Schiffsbauregister § 33 2 ff.
- Kosten § 32 34
- Löschung § 32 25 ff.
- Rechtsbehelfe § 32 33
- Rechtswirkungen § 32 16 ff.

Insolvenzverschleppung § 35 192 f.
- Gesamtschaden, Geltendmachung § 92 7, 21 ff., 45 ff.
- Neugläubigerschaden § 92 45 ff.
- Quotenschaden § 92 7, 21 ff.
- zivilrechtliche Haftung Art. 4 EuInsVO 19

Insolvenzverschleppung (Insolvenzstrafrecht) § 15a 1 ff.
- Aktiengesellschaften § 15a 38
- Genossenschaft § 15a 40
- insolvenzrechtliche Bedeutung § 15a 4
- Kommanditgesellschaft auf Aktien § 15a 39

Stichwortverzeichnis

- Rechtwidrigkeit § 15a 16
- Schuld § 15a 16
- subjektiver Tatbestand § 15a 11 ff.
- Tatbestandsvoraussetzungen § 15a 5 ff.
- Täter § 15a 5 ff.
- Täterschaft § 15a 22 ff.
- Teilnahme § 15a 22 ff.
- Verjährung § 15a 20
- Vor-GmbH § 15a 43
- Vorgründungsgesellschaft § 15a 41
- Vorsatz § 15a 11

Insolvenzverschleppungshaftung § 19 25, Anh § 35 Abschn. H 38 ff.
- Antragsverpflichteter Anh § 35 Abschn. H 42
- Beginn der Haftung Anh § 35 Abschn. H 46
- Rechtsfolgen Anh § 35 Abschn. H 48
- Verjährung Anh § 35 Abschn. H 53a

Insolvenzverwalte
- Planüberwachung § 261 1 ff.

Insolvenzverwalter
- »de-listing« § 56 25
- »Filialverwaltung« § 56 11
- »Grau-Verwalter« § 56 11
- »Hamburger Leitlinien« § 56 19b
- »Heidelberger Leitlinien« § 56 19b
- »privates Amt« § 56 1c; § 60 24
- Aberkennung der Unabhängigkeit § 56 26g
- Abgabe von Steuererklärungen § 155 25
- Ablösung des Absonderungsrechts § 166 8
- abstrakte Feststellungsklage § 56 8a
- abstrakte Fortsetzungsbeststellungsklage § 56 8a
- Abwahl
  - Ersatz über § 78 InsO § 57 14
- Abwahlrecht § 57 2 f., 13
  - Herausgabepflichten- § 58 11
  - Zuständigkeit § 57 7
    Unabhängigkeit § 57 9
- Abwahlrecht, Amtstheorie § 80 7
- Abwahlrecht, Organtheorie § 80 6
- Abwahlrecht, Theorienstreit § 80 4 ff.
- Abwahlrecht, Vertretertheorie § 80 5
- als Beruf § 56 5
- als Beteiligter im Feststellungsprozess § 179 34
- Amtsannahme § 56 39
- Amtsende § 56 39
- Amtsniederlegung § 56 39; § 59 1
- Anderkonto § 48 29
- Anfechtbarkeit von Handlungen des (vorl.) Insolvenzverwalters § 132 8
- Antragsrecht gegen Beschlüsse Gläubigerversammlung § 69 9
- Anwendbares Standesrecht § 56 5
- Anwesenheitspflicht im Prüfungstermin § 176 5
- Anzeige der Masseunzulässigkeit § 60 23
- Anzeige der Massenunzulänglichkeit § 208 3
- Anzeigepflicht bei Interessenkollision § 56 26c
- Arbeitsauslastung § 56 16
- Arbeitsrechtliche Haftung § 60 26

- Aufrechnung Vor § 94 10
- Auskunftspflicht § 60 17; § 80 17 ff.
- Auskunftspflicht über Absonderungsgut § 167 1 ff.
- Auslagen § 54 19
  - Beschluss § 8 InsVV 24 ff.
  - Kostenstundung § 63 2
  - Vorschuss § 9 InsVV 4
  - Vorschuss bei Kostenstundung § 9 InsVV 12
- Auslagenersatz
  - Anspruchsgrundlage § 63 1
- ausländischer
  - Antragsbefugnis § 356 4
  - Registereintragung § 346 1 f.
  - Unterrichtungspflicht § 347 1
- Ausschöpfung des Insolvenzgeldzeitraums § 1 25
- Außenhaftung § 60 8
- Bedarf § 56 23 f.
- Befangenheit § 4 14
- Befugnisse während der Postsperre § 99 14
- Begründung eines Vermieterpfandrechts § 50 30
- Begründung von Masseverbindlichkeiten § 55 4a; § 60 31
- Berichterstattung § 156 1
- Berichtigung von Steuererklärungen § 155 27
- Beschwerde § 6 6
- Beschwerdeberechtigung Gläubiger gegen Versagungsentscheidung § 57 13
- Beschwerderecht gegen Abwahl § 57 14
- Besitzerstellung § 148 13
  - Verwalterwechsel § 148 25
- besondere Aufgaben
  - Aufträge an Unternehmen § 4 InsVV 37
- besondere unternehmerische Pflichten § 60 33
- Bestandsschutz für bereits gelistete § 56 25b
- Bestätigung des neu gewählten § 57 6 f., 13
- Bestellung im Eröffnungsbeschluss § 56 31
- Bestellungsentscheidung
  - Gläubigerbeteiligung § 56 38
- Bestellungsurkunde § 56 1e, 39
- Beteiligtenunabhängige Haftung § 60 22
- Betriebsfortführung § 56 16f; § 60 36
- Bevollmächtigung, Insolvenzplan § 221 11
- Bewerbung nach Verfahrensarten § 56 7f
- Bewerbungsverfahren § 56 7 ff.
- Bewerbungsverfahren für ausländische Bewerber § 56 7d
- Buchungskonto § 56 15e
- Büroausstattung § 56 15
- Business Judgement Rule § 60 29
- Compliance § 60 33
- Delegationsmöglichkeiten § 56 16c ff.
- Delegationsverbot § 56 16c ff.
- Eignungsprüfung § 57 6
- Einschätzungsprärogative § 60 36
- Einzelermächtigung § 55 23
- Ende des Amtes § 200 13
- entlassener

2705

- Herausgabepflichten § 58 11
- Entlassung § 59 1
- Entlassungsantrag § 59 2a
- Entlassungsgrund § 56 26h
- Entlassungsbeweis, Liquiditätsrechnung § 61 13 ff.
- Entscheidungskompetenz der Gläubigerversammlung § 160 1
- Erfüllungswahl **Vor § 49** 9
- Ermächtigung § 60 31
- Ermächtigungsverwalter § 61 4
- Erstgespräch § 56 16e
- faktisches de-listing § 56 8a
- Festsetzung des Bruchteils bei Abschlagsverteilung § 195 2 ff., 6
- Feststellung der Masseunzulänglichkeit § 208 3
- Firma als geschätztes Namensrecht § 80 14 f.
- Firma, Verkauf § 80 15
- freiberufliche Praxis § 80 16
- freihändige Veräußerung § 165 11
- freihändiger Verkauf § 166 7
- Freistellung § 151 25
- Fremdbesitz § 148 16
- funktionelle Zuständigkeit für Bestellung § 2 10
- Genehmigung von Schuldnerhandeln § 82 32
- Genehmigung von Schuldnerverfügungen § 81 16
- gerichtliche Bestellungsentscheidung § 57 6
- Gesamtschaden § 56 41
- Gesamtschadensanspruch
  - Bestellung eines Sonderverwalters § 56 42
- Gewährung des vorläufigen Unterhalts § 100 7
- Gewerbesteuerpflicht § 56 16g
- Gläubigerverzeichnis, Erstellung § 151 2; § 152 1
- Grundbuch
  - Eintragungsantrag § 32 21
- Grundsatz der Strukturgleichheit im Insolvenzverfahren § 60 1
- Haftpflichtversicherung § 58 3a; § 60 41
  - zusätzliche § 4 InsVV 40 ff.
- Haftung § 92 52; § 194 14; § 199 6
  - Entlassung bei Nichterfüllung von Masseverbindlichkeiten § 61 13
  - pflichtwidrige Verzögerung der Verteilung § 195 5
  - pflichtwidrige Verzögerung der Verteilung § 196 3
  - Unterlassung von Eintragungen Art. 102 § 7 EGInsO 1
- Haftung für begründete Masseverbindlichkeiten § 61 8
- Haftung für die Begründung von Masseverbindlichkeiten § 61 3
- Haftung für die Verletzung von Auskunftspflichten § 167 7
- Haftung für Dritte § 60 40 ff., 42
- Haftung für Personal des Schuldners § 60 43

- Haftung für Tabellenführung § 174 25
- Haftung für Umweltschäden § 60 25
- Haftung für Verteilung § 187 11
- Haftung ggü. Beteiligten des Insolvenzverfahrens § 60 5 ff.
- Haftung ggü. Hinterlegungsstelle § 149 29
- Haftung im Insolvenzplanverfahren § 60 46
- Haftung, Kausalität § 60 37
- Haftung, Schlussverteilung § 196 10
- Haftung, Sorgfalt und Pflichtenkreis § 60 9
- Haftung, Verjährung § 62 2 f.
- Haftung, Verschulden § 60 38
- Haftungsansprüche, Verfahrensfragen § 60 50 ff.
- Haftungsbegrenzung des vorl. Verwalters durch Zustimmung § 69 8 f.
- Haftungserleichterung durch Zustimmungen Gläubigerausschuss § 67 2; § 69 8 f.
- Haftungskonkurrenz § 60 40 ff.
- Haftungsverantwortung, abgestufte § 60 2
- Haftungsvermeiungsklausel § 60 49
- Handlung § 55 4
- Hauptinsolvenzverwalter
  - Vorschlagsrecht Art. 34 EuInsVO 2
- Herausgabevollstreckung § 148 27
- Honorarabführungsvertrag § 56 17c
- Honorare für besondere Aufgaben § 4 InsVV 10
- Inbesitznahme der Insolvenzmasse § 148 1 ff.
- Informations- und Mitteilungspflichten § 60 17
- Informationspflichten § 60 38
- Innenhaftung § 60 7
- Insolvency Judgement Rule § 60 29
- Insolvenzanfechtung von Handlungen des (vorl.) Insolvenzverwalters § 129 19 ff.
- Insolvenzausverkäufe § 80 13
- Insolvenzbeschlag, Freigabe § 80 44
- Insolvenzgeldbescheinigung Anh § 113 27
- Insolvenzplan, Mitwirkung § 218 3, 14
- Insolvenzplan, Vorlage § 218 3
- insolvenzspezifische Pflichten § 58 3
- Insolvenztabelle § 175 1 ff.
- Interessenkollisionen § 56 17b
- Interventionspflicht des Verwalters gegen Beschlüsse § 69 10
- Inventur § 151 3
- juristische Aufgaben § 4 InsVV 4
- Kasse § 48 28
- Kernaufgaben § 56 16d
- Konformitätserklärung § 56 19b
- konkrete Fortsetzungsfeststellungsklage § 56 8b
- Kontrolle des § 69 4, 10
- Korrelat Handlung und Haftung § 60 1
- Kosten
  - Sondervergütungsanspruch § 54 22
- Kostenstundung § 63 2
- Leitungsfunktion, Haftung § 60 32
- Massearmut
  - steuerrechtliche Haftung § 155 33
- Massearmut, Beurteilungsspielraum § 207 8

Stichwortverzeichnis

- Massesicherung § 80 10
- Masseverbindlichkeit, Begründung § 61 2
- Masseverbindlichkeit, Nichterfüllung § 61 1 ff.
- Masseverzeichnis
  - Gliederung § 151 13
- Masseverzeichnis, Erstellung § 151 1
- Mietvertrag
  - Sonderkündigungsrecht § 109 3
- Mitteilung der Veräußerungsabsicht § 168 2 ff.
- Mitwirkungsrechte Art. 32 EuInsVO 8
- Nachtragsverteilung, Berechnungsgrundlage § 6 InsVV 3
- Neuwahl
  - Interessenkonflikt § 57 9
- Nichtberücksichtigung von Massegläubigern § 206 8
- Nichterfüllung der Qualitätskriterien § 56 25b
- Normalvergütung § 2 InsVV 5
- Nutzungspflicht § 169 2
- Nutzungsrecht § 169 2; § 172 2 ff.
- Obliegenheiten, allgemeine und besondere § 60 10 ff.
- Obliegenheiten, besondere § 60 31
- Öffentlichkeitsarbeit § 58 4d
- Organisationsumfeld § 56 15
- Partei kraft Amtes § 60 3
- Patienten-/Mandantenakten § 80 16
- persönliche Bearbeitung § 56 16
- Pfandverkauf § 166 10
- Pflichten bei Absonderung Vor § 49 25
- Pflichten bei Forderungsinkasso § 60 12
- Pflichten bei Mieterinsolvenz § 108 16
- Pflichten bei Prozessführung § 60 12
- Pflichten des Aussonderungsberechtigter § 60 20
- Pflichten gegenüber Sicherungsgläubiger § 80 11
- Pflichten ggü. Absonderungsberechtigten § 60 21
- Pflichten ggü. Aus- und Absonderungsberechtigten § 60 18
- Pflichten ggü. Aussonderungsberechtigten § 60 19
- Pflichtverletzung § 92 9
- Pflichtverletzung, Planüberwachung § 261 4
- PKH § 1 22
- Planberichtigung § 248a 1 ff.
  - Bestätigungsverfahren § 248a 3
- Planerstellung § 218 3
- Planüberwachung § 260 1 ff.
  - Anzeigepflicht § 262 1 ff.
  - Haftung § 262 6
- Planvorbereitung § 56 26e
- Poolverwalter § 56 17d
- Primärhaftung § 60 2
- Primärverpflichtung § 60 2
- Primärverpflichtung der Masse § 60 3
- Prozesskostenhilfe § 80 48
- Prüfung des Versicherungsschutzes § 148 31
- Prüfungspflicht auf Aussonderunsgrechte § 47 66
- Rechnungserstellung § 155 29
- Rechnungslegung § 58 5
- Rechte/Pflichten § 80 9 ff.
- Rechtnungslegung § 66 2 ff.
- Rechtsmissbräuchliche Handlung § 55 5 f.
- Rechtsstellung § 56 39, 40; § 80 3
  - Amtstheorie § 56 40
- Rechtsstellung im Prozess § 80 40
- Risikomanagementsystem § 60 29
- Rückabwicklung bei Widerspruch gegen Lastschriftverkehr § 82 25
- Rückforderungsansprüche wegen Fehlzahlung § 48 29a
- Rücktritt vom Amt § 56 39
- Sanierungsberatung § 56 5
- Sanierungskonzept § 60 36
- Sanierungsverwalter § 60 36
- Schadensersatz des Dienstnehmers § 113 40
- Schadensersatz für Begründung von Masseverbindlichkeiten § 61 9
- Schadensersatzpflicht § 51 9
- Schlussbericht § 66 7
- Schlussbilanz § 66 6
- Schlussrechnung § 56 15e; § 58 5; § 66 5
- Schlussverzeichnis § 66 8
- Schutzschirmverfahren § 56 5
- schwacher vorläufiger, steuerrechtliche Stellung § 155 20
- Selbstkontrahieren § 80 25
- Siegelung § 150 2 ff.
  - Entsiegelung § 150 6
  - Kosten § 150 7
- Sonderinsolvenzverwalter § 56 41
- Sonderkündigungsrecht Mietvertrag § 109 3
- Sondervergütungsanspruch § 54 22
- Sorgfaltspflichten § 60 30
- sozialrechtliche Haftung § 60 26
- standardisierter Kontenrahmen § 56 15e
- starker vorläufiger Insolvenzverwalter § 155 19
- Stellungnahme zum Insolvenzplan § 232 1 ff.
- steuerliche Aufgaben § 4 InsVV 8
- steuerliche Haftung § 60 27
- steuerliche Pflichten bei Massearmut § 155 30
- steuerrechtliche Pflichten § 80 36
- steuerrechtliche Stellung § 155 18 ff.
- Strafbarkeit § 283 StGB 54
- Strafbarkeit wegen Betrug § 263 StGB 14
- Tätigkeitsvergütung § 63 8
- Teilungsversteigerung § 84 5
- Titelumschreibung § 80 41
- Transparenz § 60 31
- Treuepflichten § 60 38
- Treuhandkonto § 55 23
- Treuhandmodell § 60 31
- Übernahme der Insolvenzmasse § 148 1

2707

- Übertragung der Zustellungen § 8 13 ff.
- Umfang des Schadensersatzanspruches § 60 39
- Unabhängigkeit § 56 17 f., 26b ff., 26e
- Unternehmen, nicht stillgelegtes § 80 14
- Unternehmensfortführung § 148 34
- Unternehmenskontrolle § 60 29
- Unternehmensleitungsfunktion, Haftung § 60 32
- Unternehmensorganisation § 60 36
- Unterrichtung des Schuldners § 158 8; § 161 2
- Unterrichtung über Insolvenzverfahrenseröffnung Art. 40 EuInsVO 1
- Unterrichtungspflicht
  - Unverzüglichkeit Art. 31 EuInsVO 4
- Untersuchungspflicht § 60 33
- Untreue, § 266 StGB § 266 StGB 9
- Urkunde über Bestellung § 56 39
- Verbindlichkeit aus Erfüllungswahl § 209 5
- verbundene Anwaltskanzlei § 56 17d
- Verbürgung für Masseverbindlichkeiten § 56 26d
- Verfahrensabwicklungspflicht § 60 36
- Verfahrenskennzahlen § 56 15d
- Vergütung § 3 InsVV 5; § 8 InsVV 7; § 63 1
  - Abfindung von Aus- und Absonderungsrechten § 1 InsVV 24
  - Abschläge § 3 InsVV 4
  - Abschläge § 3 InsVV 25
  - Absonderungsrechte § 1 InsVV 17
  - allgemeine Geschäftskosten § 4 InsVV 2
  - Angemessenheit § 2 InsVV 2
  - Angemessenheit § 3 InsVV 1
  - Anspruchsgrundlage § 63 1
  - Antrag § 8 InsVV 2
  - Aufrechnung § 1 InsVV 25
  - Berechnungsgrundlage § 1 InsVV 2 ff.
  - Bestellung vorläufiger Verwalter als Abschlagsgrund § 3 InsVV 27
  - Dauer des Verfahrens § 3 InsVV 24
  - degressive Staffelvergütung § 2 InsVV 2
  - Delegation § 4 InsVV 3
  - Dienst- oder Werkverträge für besondere Aufgaben § 4 InsVV 3 ff.
  - Einsatz besonderer Sachkunde § 5 InsVV 2 ff.
  - Faustregeltabellen § 3 InsVV 3
  - fortgeschrittene Masseverwertung § 3 InsVV 32
  - Gesamtwürdigung (Verhältnis Zu-/Abschläge) § 3 InsVV 48
  - große Masse bei geringer Anforderung § 3 InsVV 34
  - Insolvenzplan § 1 InsVV 7
  - Katalog Zuschläge § 3 InsVV 7
  - Kostenstundung § 63 2
  - Masseermittlung bei § 212 InsO § 1 InsVV 10
  - Masseermittlung bei § 213 InsO § 1 InsVV 11
  - Masseverbindlichkeit § 63 4
  - Methode zur Masseermittlung § 1 InsVV 16

- Nachtragsverteilung § 6 InsVV 2 ff.
- Nachtragsverteilung § 205 9
- Normalverfahren § 2 InsVV 5 ff.
- Planüberwachung § 6 InsVV 9 ff.
- Rechnungserstellung § 7 InsVV 4
- Regelsätze
  - Abweichungen § 2 InsVV 2
- Schätzung nach § 287 ZPO § 1 InsVV 6
- Umsatzsteuer § 7 InsVV 1 ff.
- Umsatzsteuerausweis § 7 InsVV 2
- Umsatzsteuersatz § 7 InsVV 6
- Verbraucherinsolvenzverfahren § 13 InsVV 2 ff.
- Vergleichsrechnung § 1 InsVV 18
- Vorschuss § 9 InsVV 2 ff.
- Vorschüsse von Dritten § 1 InsVV 36
- vorzeitige Beendigung des Verfahrens § 3 InsVV 33
- vorzeitiges Ausscheiden § 1 InsVV 12
- vorzeitiges Ende des Amtes § 3 InsVV 33
- Zuschläge § 3 InsVV 8
- Zuschläge, Normalverfahren § 3 InsVV 2
- Zuschüsse zur Erfüllung eines Insolvenzplans § 1 InsVV 36
- Vergütungsanspruch § 54 19
- Vergütungsantrag
  - Zeitpunkt § 8 InsVV 5
- Vergütungsvorschuss
  - Amtshaftungsanspruch § 9 InsVV 14
  - Berechnungsgrundlage § 9 InsVV 2
  - berechtigtes Interesse § 9 InsVV 5
  - Erteilung der gerichtlichen Zustimmung § 9 InsVV 5 ff.
  - gerichtliche Zustimmung § 9 InsVV 2
  - Haftung § 9 InsVV 15
  - rechtliches Gehör § 9 InsVV 3
  - Rechtsmittel § 9 InsVV 13
  - schuldhafte Versagung § 9 InsVV 14
  - Zuschläge § 9 InsVV 2
- Verhinderung § 56 41
- Verkehrssicherungspflicht § 60 28
- Vermögensübersicht, Erstellung § 151 2
- Versagung der Bestellung, Begründung § 57 13
- Verschulden § 60 38
- Verschuldenszurechnung § 80 27
- Verschwiegenheitspflicht § 56 22
- Verteilung § 60 16
- Verteilungsverfahren § 187 1 ff.
- Vertrauen als Auswahlkriterium § 56 22
- Vertrauensschadenshaftung § 60 24
- vertretbare Handlung § 38 26
- Verwalterwechsel § 148 25
- Verwaltung der Masse § 148 30
- Verwertung § 80 12; § 166 5 ff.; § 170 4
- Verwertung vor Berichtstermin § 60 14
- Verwertungshandlung § 208 16
- Verwertungspflicht des § 159 1
- Verzeichnisse

Stichwortverzeichnis

- Niederlegungsverpflichtung § 154 3
- Vollstreckung § 80 41
- Vollstreckungsmaßnahmen gegen § 58 4
- Vorauswahl-Liste
  - Plausibilität der Berücksichtigung § 56 8
- Vorbefassung § 56 26b
- Vorberatung § 56 26g
- Vorenthalten von Arbeitsentgelt, Strafbarkeit § 266a StGB 25
- vorläufiges Bestreiten der Forderung § 178 9
- vorläufiges Bestreiten von Ansprüchen § 87 9
- vor-vorläufiger Gläubigerausschuss § 67 2
- Vorziehen der Entscheidung über eine Abwahl § 57 2
- Wahlrecht § 103 1 ff.
- Weisungsbefugnis § 58 3, 6; § 74 1
- Widerklage § 179 45
- Widerspruch im Lastschriftverfahren § 82 20
- Widerspruch, Rückabwicklung § 82 25
- Widerspruchsgründe bei bestrittener Forderung § 179 11
- wiederholte Anzeige der Masseunzulänglichkeit § 210 5
- Wirksamkeit von Rechtshandlungen des § 164 1
- Wirkung der Neuwahl § 57 15
- wirtschaftliche Beteiligung an Unternehmen § 56 26c
- Wirtschaftsprüfungsunternehmen § 56 17d
- zeitliche Begrenzung § 57 2
- Zertifizierungsverfahren § 56 15g
- Zinszahlungsverpflichtung § 169 2
- zurechenbare Handlung § 155 39
- Zuschläge
  - kein Ermessen § 3 InsVV 9
- Zustellung § 80 26
- Zustimmung der Gläubigerversammlung § 160 3
- Zustimmungsfiktion bei Beschlussunfähigkeit § 160 3a
- Zwangsversteigerung § 165 19
- Zwangsvollstreckung § 4 InsVV 7
- zweckwidriges Verwalterhandeln § 80 21 f.
- Zwischenrechnungslegung § 66 9
- Entlastung
- Prognose § 61 15
- Gesamtschuldnerische Haftung § 60 40 ff.

Insolvenzverwalter, Abwahlrecht
- Gesamtschaden § 92 31 ff.
- Haftung
  - Nachtragsverteilung § 205 6
- persönliche Gesellschafterhaftung § 93 31 ff.

Insolvenzverwalter, vorläufiger
- Haftung § 60 45
- Haftung für die Begründung von Masseverbindlichkeiten § 61 4
- Prozessaufnahme § 85 6; § 86 5, 13
- Prozesskostenhilfe § 80 49
- starker Vor § 85 1

»Insolvenzverwalterkammer« § 56 12a

Insolvenzverwalters
- Haftung für Verlust von Aussonderungsrechten § 48 4
- Nutzungsrecht an Aussonderungsgut § 47 75 ff.

Insolvenzverwaltervergütung
- Masseunzulänglichkeit
  - Priorität § 63 5

Insolvenzverwaltung
- starke vorläufige § 22 19
- vorläufige
  - schwache § 22 80

Insolvenzzweckwidrigkeit § 1 56; § 164 4
»Inspire Art« Art. 4 EuInsVO 15, 18
Institute i. S. v. § 1 KWG Vor § 129 19
»Interedil« Art. 3 EuInsVO 95

Interessenausgleich Vor § 121 1 ff.
- Änderung der Sachlage § 125 23
- Beschlussverfahren § 126 1 ff.; § 127 1 ff.; § 128 1 ff.
- Betriebsübergang § 128 1 ff.
- Beweiserleichterungen § 125 11 ff.
- Einigungsstellenverfahren § 121 1; § 122 13
- Kündigungsschutz § 125 1 ff.
- mit Namensliste § 125 7 ff.
- Sozialauswahl § 125 15 ff.
- Verhandlungen Vor § 121 4 ff.
- Zustimmungsersetzung § 122 8 ff.

Internet-Domain § 35 121
Internetveröffentlichung § 1 InsOBekV 1 ff.; § 9 3 ff.
Inventur § 151 3
»ISA/Daisytek« Vor § 335 2
Istmasse § 35 1

Jahresabschlussprüfung § 155 14
Juristische Person § 19 2 ff.
- Antragsbefugnis § 18 11 ff.
  - Führungslosigkeit § 10 11 ff.
  - Führungslosigkeit § 15 10 ff.
  - Insolvenzantragsberechtigte § 15 10 ff.
  - Insolvenzantragspflicht § 15a 1 ff.
- Auflösung § 31 13
- Führungslosigkeit § 15a 19 ff.
- Insolvenzantragsberechtigte § 15 5
- Insolvenzeigenantrag durch Berechtigte § 15 5 ff.
- Insolvenzeröffnungsantrag § 15 1 ff.
- Insolvenzfähigkeit § 11 7 ff.
- Nachgesellschaft (Löschung) § 15 5

Juristische Person des öffentlichen Rechts
- Ausgleichsansprüche für Arbeitnehmer § 12 9
- landesrechtlicher Ausschluss § 12 6
- verfassungsrechtlicher Ausschluss § 12 4

Kaduzierung Anh § 35 Abschn. B 26 ff.
- Ausfallhaftung des ausgeschiedenen Gesellschafters Anh § 35 Abschn. B 79

2709

Stichwortverzeichnis

- Ausschluss des Gesellschafters **Anh § 35 Abschn. B** 38
- Einlageforderung **Anh § 35 Abschn. B** 29
- Haftung der Mitgesellschafter **Anh § 35 Abschn. B** 83
- Haftung der Rechtsvorgänger **Anh § 35 Abschn. B** 60
- Versteigerung des Geschäftsanteils **Anh § 35 Abschn. B** 68

Kanzleiabwickler § 35 104; § 51 55
Kapitalaufbringung § 35 73 ff., 174 ff.
Kapitalerhaltung § 35 181 ff.
- Allgemeines **Anh § 35 Abschn. E** 1 ff.
- Auszahlung (Begriff) **Anh § 35 Abschn. E** 12
- Auszahlungsverbot **Anh § 35 Abschn. E** 27
- Bedeutung der Gegenleistung **Anh § 35 Abschn. E** 10
- Einbeziehung bei Überschuldungsprüfung § 19 24
- Erstattungspflicht **Anh § 35 Abschn. E** 28
- Gegenstand der Kapitalbindung **Anh § 35 Abschn. E** 6
- Haftungsbeschränkung **Anh § 35 Abschn. E** 31
- November-Urteil **Anh § 35 Abschn. E** 10
- Stammkapital **Anh § 35 Abschn. E** 5

Kapitalersatz § 135 94 ff.
- Abzugsmöglichkeit § 135 113 f.
- anfechtbare Rechtshandlungen § 135 175 ff.
- Anfechtung § 135 106 ff.
- Anfechtungsvoraussetzungen § 135 106 ff.
- Anspruchskonkurrenzen § 135 225 ff.
- Anwendungsbereich § 135 98 ff.
- ausgeschiedener Gesellschafter § 135 119
- Befriedigung § 135 177
- Darlegungs- und Beweislast § 135 217 ff.
- Darlehen § 135 107 ff.
- Darlehen im Insolvenz(eröffnungs)verfahren § 135 117
- Darlehensgewährung § 135 109 f.
- Dienstleistung § 135 140
- dogmatische Grundlage § 135 97
- Erkennbarkeit der Krise § 135 112 ff.
- EU-Beihilfen § 135 173
- EuGVVO § 135 214
- EuInsVO § 135 213
- Finanzierungsfolgenverantwortung § 135 97
- Finanzplankredit § 135 193 ff.
- Fortgeltung § 135 87 ff., 94 ff.
- Geltung § 135 87 ff., 94 ff.
- Gerichtsstand § 135 211 ff.
- Gesellschafter § 135 118 ff.
- Gläubigerbenachteiligung § 135 182
- gleichgestellte Forderungen § 135 122 ff.
- Gleichstellung in persönlicher Hinsicht § 135 142 ff.
- Gleichstellung in sachlicher Hinsicht § 135 123 ff.
- GmbH & Co. KG § 135 186
- Grundlagen § 135 95 ff.
- Insolvenzreife § 135 155
- Kleinbeteiligtenprivileg § 135 164 ff.
- Kleinbeteiligung § 39 55 ff.
- Kreditunwürdigkeit § 135 156 ff.
- Krise § 135 151 ff.
- Liquidationsmöglichkeit § 135 113 f.
- mittelbare Beteiligung § 135 144
- MoMiG § 135 3 ff.
- nahe Angehörige § 135 142 ff.
- neuer Gesellschafter § 135 120
- Novellenregeln § 135 95, 98
- Nutzungsüberlassung § 135 123 ff.
- Rechtsfolgen der Anfechtung § 135 183 ff., 191 ff.
- Rechtsnachfolger § 135 121
- Rechtsprechungsregeln § 135 95, 98
- Reform § 135 3 ff.
- Sanierungsprivileg § 39 48 ff.; § 135 169 ff.
- Scheinauslandsgesellschaft § 135 101
- Sicherheitengewährung § 135 137, 197 ff.
- Sicherung § 135 176
- Übergangsrecht § 135 87 ff.
- Überlassungsunwürdigkeit § 135 162 f.
- Überschuldungsprüfung § 19 43 f.
- Unternehmensbeteiligungsgesellschaften (UBG) § 135 174
- verbundene Unternehmen § 135 145 ff.
- Vereinbarung § 135 115
- Vergleichsbefugnis des Insolvenzverwalters § 135 230
- Zahlungsunfähigkeitsprüfung § 17 13
- Zweckbestimmung § 135 116

Kapitalersetzende Nutzungsüberlassung § 135 123 ff.
Kapitalersetzende Sicherheiten § 135 137 f.
Kapitalersetzendes Darlehen § 135 94 ff., 107 ff.
Kassageschäft § 104 8
Kassenführung
- Eigenverwaltung § 275 12

Kassenprüfung
- durch Gläubigerversammlung § 79 11

Kauf- und Tauschvertrag § 103 7, 13; § 107 1 ff.
Kaution § 108 13, 15, 20; § 109 32
Kautionsversicherungsvertrag § 103 8; § 116 20
Kenntnis
- Zurechnung § 82 29

Kennzahlen § 1 42
Kfz-Steuer § 55 65
KG
- Insolvenzfähigkeit § 11 20

KGaA
- Insolvenzantragspflicht § 15a 3, 8
- Insolvenzfähigkeit § 11 7
- Insolvenzverfahren
  - Ablehnung mangels Masse § 11 12
  - Eröffnung § 11 12

KGaA, Insolvenzantragsberechtigte § 15 5

Stichwortverzeichnis

– Insolvenzantragspflicht § 15a 24
Kindergeld § 35 234
Kirchen
– Insolvenzfähigkeit § 12 4
Klageänderung
– Zulässigkeit im Feststellungsprozess § 181 7
Klauselerteilung
– Klagen § 202 4 ff.
– Rechtsbehelfe § 202 3 ff.
– Tabellenauszug § 184 16b
– Verfahren § 201 9; § 202 2 f.
Kleinbeteiligtenprivileg § 39 55 ff.; § 135 71 ff.
Kleininsolvenzverfahren
– Auskunftspflicht § 20 6
– Berichtstermin § 29 7
– Eröffnung § 13 21
– Eröffnungsbeschluss § 27 25
– Eröffnungsgrund § 16 17
– Postsperre § 99 1 ff.
– schriftliches Verfahren § 5 33 ff.
– Sicherungsmaßnahmen § 21 20
– Terminbestimmung § 29 5
Kollisionen
– Poolvereinbarung § 51 60
– Prioritätsprinzip § 50 11, 21, 37, 42
– zwischen Eigentumsvorbehalt und Factoring § 51 46
– zwischen Eigentumsvorbehalt und Sicherungsabtretung § 51 45 f.
– zwischen Pfandrecht und Sicherungsübereignung § 50 37
– zwischen Pfandrechten § 50 11, 21, 37
– zwischen Sicherungsübereignung und Grundpfandrecht § 51 42a
Kollisionen, Poolvereinbarung
– Prioritätsprinzip **Vor** § 49 19
– zwischen Eigentumsvorbehalt und Sicherungsübereignung § 51 43 f.
– zwischen Eigentumsvorbehalt und Werkunternehmerpfandrecht § 51 44
Kollusion § 133 40
Kommanditgesellschaft § 84 7
– Einlagen der Gesellschafter § 35 73 ff., 91 ff.
– Gesellschafterhaftung § 35 187 ff.
– Insolvenz des Gesellschafters § 35 142 ff.
– Insolvenzantragsberechtigte § 15 5
– Insolvenzantragspflicht § 15a 13 f.
– Insolvenzfähigkeit § 11 20 ff.
Kommanditgesellschaft auf Aktien (KGaA)
– Insolvenzantragspflicht § 15a 8
Kommanditgesellschaft auf Aktien (KgaA)
– Insolvenzantragspflicht § 15a 24
Kommanditgesellschaft auf Aktien (KGaA), persönliche Gesellschafterhaftung § 93 3
Kommissionsvertrag § 103 7; § 116 5
Kongruente Deckung § 130 6; § 133 34 f.
Konkurrentenklage § 56 34
– Suspensiveffekt § 56 35

– Verwalterauswahl § 56 6, 31
Konsignationslagervertrag § 103 22
Kontinuität Aufsicht § 58 3a
Kontokorrent-Saldo § 91 13
Kontokorrentvertrag § 116 10
Kontosperre § 129 9; § 130 45
Konzerninsolvenz Vor § 335 2 ff.; Art 1 EuInsVO 5; Art 2 EuInsVO 7; Art. 3 EuInsVO 7, 39
– Empfehlungen der UNICITRAL § 56 41b
– forum shopping § 56 41d
– Gerichtsstand § 3 40 ff.; § 56 41d
– Konsolidation der Massen § 56 41a
– örtliche Zuständigkeit § 3 15
– Reformbestrebungen § 3 40 ff.
– Regelung auf europäischer Ebene § 56 41
– Verwalterbestellung § 56 41b
Konzerninsolvenzrecht
– europäisches **Art. 1 EuInsVO** 10 ff.
Konzernverrechnungsklausel § 96 7
Kooperationspflicht Art. 31 EuInsVO 3
Kopfmehrheit § 309 5 f.
Körperschaft des öffentlichen Rechts, Insolvenzfähigkeit § 12 6
Körperschaftsteuer § 38 54
Kosten
– Aktivprozess § 86 20
– der Teilnahme am Insolvenzverfahren § 39 9 ff., 70
– des Eröffnungsverfahrens § 5 18, 24
– des Untersagungsantrags § 163 7
– Feststellungsprozess § 183 11
– Haftkosten § 98 17
– Insolvenzplanverfahren § 54 18
– Insolvenzverfahren § 54 1 ff., 5, 11; § 209 3
– Kostenerstattung § 163 7
– Kostenerstattungsansprüche § 207 16
– Kündigungsschutzklage § 126 18
– Nachlasskosten § 324 6
– Passivprozess § 86 20
– Planüberwachung § 269 1 ff.
– Prozessaufnahme § 86 20
– Prozesskosten
  – Masseverbindlichkeit § 55 55 ff.
– Prüftermin § 177 14
– Rechtsbeschwerde § 7 24
– Rechtsstreit § 105 5
– Restschuldbefreiungsverfahren § 54 18
– Sachverständiger § 5 18
– Siegelung § 150 7
– sofortige Beschwerde § 6 30
– Verfahrenskosten § 85 11, 29; § 86 20
– Verfahrenskosten, Masseermut § 207 5
– Wiedereinsetzung in den vorigen Stand § 186 9
– ZPO § 4 22
– Zwangsverwaltung § 49 13
– zwangsweise Vorführung § 98 17
Kostenbeitrag

2711

Stichwortverzeichnis

- Bruttoerlös § 170 3; § 171 3, 7
- Erhaltungskosten § 170 5
- Feststellungskosten § 49 14; § 165 5, 13, 17, 22, 25, 40; § 166 13, 18, 23; § 170 5, 8, 11, 13; § 171 2 f.
- Insolvenzeröffnungsverfahren § 170 12 f.
- Poolvereinbarung § 51 61
- Übererlös § 170 7
- Verwertung durch Gläubiger § 170 8; § 173 3
- Verwertung von Lebensversicherungsverträgen § 171 7
- Verwertungskosten § 170 5, 8, 11; § 171 4 ff.

Kostenfestsetzungsverfahren
- Feststellungsprozess § 180 13

Kostenhilfe
- Nachlassinsolvenzverfahren § 317 8

Kostenrechnung
- Masseunzulänglichkeit § 208 4

Kostenschuldner § 54 12

Kostenstundung
- Kostendeckungsprognose § 4a 37
- Restschuldbefreiung
  - Antragsstellung § 4a 9
  - Mittel-Zweck-Beziehung § 4a 1
  - Nachwirkungsrechtsprechung § 4a 17
- Restschuldbefreiungsantrag
  - »Deliktsforderungen« § 4a 7, 11
  - Rücknahme § 4a 11
  - Rücknahmefiktion § 4a 17
  - Umgehungstatbestand § 4a 13
  - Verfahrensmissbrauch § 4a 13
  - Zulässigkeit § 4a 10
  - Zweckverfehlung § 4a 11
- Sondervermögen § 4a 5
- Verfahrensabschnitt
  - Begriff § 4a 23
- verfahrensineffizientes Schuldnerverhalten § 4a 2
- Vermögensbegriff § 4a 24
- wirtschaftlicher Neuanfang § 4a 1

Kraftfahrzeug § 35 131, 203
Kraftfahrzeugsteuer § 38 57
Krankengeld § 35 234
Krankenkasse
- Insolvenzfähigkeit § 11 19; § 12 8

Krankenversicherung § 35 209
Kreditderivat § 104 8
Kreditinstitut
- Überschuldung § 19 4

Kreditverhältnis § 22 166
Kreditwesengesetz, Abwicklungsanordnung der BaFin § 17 9; § 19 41a

Kündigung
- Änderungskündigung § 113 55
- Anhörung des Betriebsrates § 113 73
- Ausbildungsverhältnis § 113 83
- außerordentliche § 113 25
- betriebsbedingt § 113 45 ff.
- Betriebsübergang § 127 5
- Betriebsvereinbarung § 120 1 ff.
- Dienstvertrag, Kündigungsfrist § 113 32
- Elternzeit § 113 89
- Kostenerstattungsanspruch bei Kündigung § 126 18
- Kündigungsausschluss § 113 30
- Kündigungsschutzklage Vor § 113 20
- Mietvertrag § 109 3 ff.; § 112 1
- Mutterschutz § 113 89
- ordentlich § 113 21
- ordentlich Dienstverhältnis
  - Beendigung in der Insolvenz § 113 21
- Personenbedingt § 113 56
- Schwerbehinderte § 113 85 ff.
- Sozialauswahl § 113 50
- Verhaltensbedingte § 113 56
- Vermutung der Betriebsbedingtheit § 125 13
- wegen Betriebsübergang Vor § 113 12

Kündigungsbefugnis, des vorläufigen Insolvenzverwalters § 22 29

Kündigungserklärung § 113 37 ff.
Kündigungsschutz § 113 78 ff.
- Betriebsrat § 113 79 ff.
- in der Insolvenz § 113 42 ff.
- Interessenausgleich § 125 1 ff.

Kündigungsschutzprozess § 113 57
- Beweislastverteilung § 113 62 f.
- Klagefrist § 113 57 ff.

Kündigungssperre § 112 1 ff.

Lagebericht
- Pflicht zur Aufstellung § 155 13

Lagergeschäft § 103 7
Landwirtschaftlicher Betrieb § 36 47
Lästigkeitsprämie § 165 13a
Lastschrift § 35 168, 225 f.
- Abbuchungsauftragsverfahren § 82 17
- Anfechtung der Lastschriftstornierung § 82 22
- Anfechtung der Lastschriftzahlung § 82 24
- Belastungsbuchung § 22 158
- Einziehungsermächtigungsverfahren § 82 18
- Genehmigung § 82 21
- Genehmigungsfiktion § 22 159; § 82 21
- Haftung § 22 160 f.
- Insolvenz des Zahlungsempfängers § 82 27
- Insolvenzanfechtung § 22 162
- konkludente Genehmigung § 82 21a
- Schweigen als Genehmigung § 22 159; § 82 21a
- SEPA-Lastschriftverfahren § 82 22
- Widerspruch durch vorl. Insolvenzverwalter § 22 157 ff., § 82 22
- Widerspruchsfrist § 82 23
- Widerspruchsrecht § 82 20, 22

Lastschriftverfahren § 116 13 ff.
- Anfechtbarkeit von Zahlungen § 130 47 ff.; § 133 2; § 140 10, 36
- Insolvenzanfechtung von Zahlungen § 129 59, 84

Stichwortverzeichnis

Lastschriftwiderruf § 35 168, 225 f.
Leasing § 47 27 f.; § 91 12
Leasingvertrag § 103 7; § 107 3 s. Mietvertrag § 108 1, 3, 5 ff.
Lebensversicherung § 35 158 ff., 210 ff.; § 47 62 ff.; § 51 25 f.; § 171 7
Lebensversicherungsanspruch
- Nachlassinsolvenzverfahren Vor § 315 12
Leihe § 103 6
Leistung
- an Gläubiger, bei Gesamtschaden § 92 41 ff.
- bei persönlicher Gesellschafterhaftung § 93 51 ff.
- an Schuldner, bei Verfügungsbeschränkung § 24 15 ff.
- an Geheißperson § 82 5
- an Vertreter § 82 5
- des Schuldners § 134 2 ff.
- Gutglaubensschutz bei Leistung an Schuldner § 82 28
- wiederkehrende § 46 1 ff.
Leistungsbefreiung
- Massezufluss § 82 31
- Rechtsfolgen § 82 33
Leistungsklage Vor § 85 14
- gegen Schuldner während des Insolvenzverfahrens § 184 17
- Massegläubiger § 53 19
Leistungsvornahme
- Maßgeblicher Zeitpunkt § 82 6
lex rei contractus Vor § 335 6
Liquidation
- Gesamtschaden § 92 1 ff.
Liquidationsgesellschaft, Insolvenzantragsrecht § 15 5
Liquidationsverfahren Art. 1 EuInsVO 2; Art. 2 EuInsVO 2; Art. 3 EuInsVO 42 ff., Art. 2/ EuInsVO 10; Art. 37 EuInsVO 2; § 356 2
- Eigenverwaltung § 270 5 f.
Liquidationswert § 151 17
Liquidationswert, Ermittlung § 19 22
Liquider Rückgewähranspruch Anh § 35 Abschn. D 13
Liquiditätsbeschaffung
- Möglichkeit § 17 20
Liquiditätskennzahl § 17 17 f.
Liquiditätslücke, geringfügige § 17 17 ff.
Liquiditätsplan § 17 35; § 18 15 ff.; § 158 8
Liquiditätsrechnung § 61 13 ff.
Lizenz § 35 119
Lizenzgebühren § 55 54
Lizenzvertrag § 103 7
Lohnanspruch
- Insolvenzeröffnung § 22 115
Lohnsteuer § 38 55; § 55 64
Löschungsfristen
- InsoBekV § 3 InsOBekV 1 ff.
Lösungsklausel § 103 15; § 104 14; § 119 1 ff.

- Insolvenzanfechtung § 129 80
Lottogewinn § 35 236

Maklervertrag § 116 5
Mangelhafte Leistung § 103 12 f.; § 105 7
Mantelgesellschaft § 35 179
Marken § 35 117
- Insolvenzvermerk im Markenregister § 33 8 ff.
Markenansprüche § 55 54
Marktkonformität des Insolvenzverfahrens § 1 2
Massarmut
- Gläubigerversammlung § 207 19
Masse
- Gemeinschaftseigentum § 84 1
- Inbesitznahme durch Verwalter § 148 1 ff.
- Massekostenrechnung § 207 7
- Übernahme durch Verwalter § 148 1
- Vermögensbegriff § 148 4
Masseanspruch
- Geltendmachung § 53 16; § 55 30
- Sicherung bei Verfahrenseinstellung § 214 7
- Vorwegbefriedigung § 53 14
- Zahlungsklage § 53 16
Massearmut § 55 30; § 208 2
- Aufbewahrungspflicht § 207 26
- Begriff § 207 2
- Bestimmung des Verfahrenskostenvorschusses § 207 13
- Beurteilungsspielraum des Insolvenzverwalters § 207 8
- Einschätzungsprärogative § 207 8
- Ermittlung der Kostendeckung § 207 6
- Feststellung § 207 3 f.
- gerichtliche Überprüfung § 207 10
- gesellschaftsrechtliche Folgen § 207 26
- Insolvenzplan Vor § 217 11
- Insolvenzplanverfahren § 210a 3 ff.
- Insolvenzverwalter
  - steuerliche Haftung § 155 33
- Insolvenzverwalter, persönliche steuerliche Stellung § 155 32
- Kostenvorschuss § 207 12 ff.
- Massekostenvorschuss § 1 19
- Massekostenrechnung § 207 7
- Nachtragsverteilung § 203 20
- oktroyierte Masseverbindlichkeit § 155 40
- Prozesskostenhilfe § 207 8
- Rechnungslegung § 155 5
- Schlussrechnungslegung § 207 23
- steuerliche Pflichten des Insolvenzverwalters § 155 30
- Verfahrenseinstellung § 207 18 ff.
- Verfahrenskosten § 207 5
- Verfahrenskosten, Stundung nach Antrag gem. § 4a § 207 17
- Verfügungsbefugnis § 207 26
- Verteilung § 207 21a
- Vollstreckungsverbot § 210 7

2713

Massebestandteil
- teilweiser Vor § 85 13

Massedarlehen
- Kopplung an Bestellung einer bestimmten Person § 56 26d
- Kopplung an bestimmten vorläufigen Sachwalter § 56 26f

Masseforderung
- Absonderung Vor § 49 14
- Besicherung Vor § 49 14
- Forderungsprüfung § 178 6

Masseforderung, Erstattungsanspruch des Anfechtungsgegners § 144 22

Massegegenstand
- Rechtserwerb nach Verfahrenseröffnung § 91 2

Massegegenstände
- Rückgabe bei Aufhebung des Insolvenzverfahrens § 200 20

Massegläubiger
- Akteneinsicht § 4 34
- Aufrechnung § 209 15
- Ausschluss von Befriedigung § 206 1 ff.
  - Auswirkung § 206 6 f.
  - stufenweise Wirkung § 206 5
  - Verfahren § 206 2 f.
  - Zeitpunkt für Ausschluss § 206 4
- Begriff § 53 3
- Bereicherungsanspruch § 53 13
- Feststellungsklage § 53 19
- Gesamtschaden § 92 12
- Insolvenzaufrechnung Vor § 94 9
- keine Einwendungsberechtigung bei Verteilungsverzeichnis § 194 6
- Leistungsklage § 53 19
- Privilegierung § 53 1
- Restschuldbefreiungsverfahren § 299 3 f.
- Stimmrecht § 77 2
- Unterhaltsanspruch § 209 11
- zu Unrecht nicht berücksichtigte § 206 8
- Zwangsvollstreckung § 90 2

Massekosten
- Kostenerstattungsansprüche § 207 16
- Schätzung § 152 10

Massekostenvorschuss § 54 14
Massekredit § 22 166
Masselosigkeit § 208 2
Massenentlassungsanzeige § 113 65
Masseschmälerung § 35 194
Masse-Steuernummer § 55 85
Masseunzulänglichkeit § 208 1 ff., 2
- Altmassengläubiger § 208 3, 7
- Anfechtungsprozess trotz Masseunzulänglichkeit § 143 123
- Anzeige § 60 23; § 208 7
  - Eigenverwaltung § 285 2 f.
  - Rechtsfolgen § 285 5
- Aufrechnungsverbot § 210 6
- Aufrechnung § 208 19
- Auswirkung auf die Verfahrensabwicklung § 208 15
- Beseitigung § 208 14
- Besonderheiten bei wiederholt angezeigter § 209 7
- Betriebsfortführung § 208 16
- Eigenverwaltung
  - Unterhalt § 278 10
- Einstellungsverfahren § 211 2
- Feststellung durch Insolvenzverwalter § 208 3
- Gläubigerbenachteiligung § 129 39
- im Eröffnungsverfahren § 22 25
- Insolvenzplan § 208 18, Vor § 217 11
- Insolvenzplanverfahren § 210a 3 ff.
- Masseunzulänglichkeitsrechnung § 208 9
- Nachlassinsolvenzverfahren, Rand § 324 9
- Neumassenverbindlichkeit § 208 13
- öffentliche Bekanntmachung § 208 20
- Ordnungsrecht § 80 39
- Prozesskostenhilfe § 208 15
- Rechnungslegung § 66 10; § 155 5
- Rechnungslegungspflicht § 208 17
- Rechtsmittel gegen Anzeige § 208 22
- Restschuldbefreiung § 211 8
- Restschuldbefreiungsverfahren § 289 2; § 301 3
- sontiger Rechtserwerb § 210 6
- Steuererklärungspflicht § 208 17
- temporäre § 208 10
- Überprüfung durch das Gericht § 208 12
- unausweichliche Verwaltungskosten § 209 3
- Verfahrensfrage § 208 20
- Verteilung der Insolvenzmasse bei Verfahrenseinstellung § 211 4
- Verteilungsprinzip § 209 2
- Verwertungshandlung § 208 16
- Vollstreckungsverbot § 208 13
- weitere nochmalige Anzeige der MUZ § 208 11

Masseunzulässigkeit
- erneute § 210 4

Masseuzulänglichkeit
- gewillkürte Masseverbindlichkeiten § 208 3

Masseverbindlichkeit § 324 1 ff.
- Abgrenzung zur Insolvenzforderung § 38 31
- Altmasseverbindlichkeit § 209 8
- Anspruch aus Arbeitsverhältnis § 209 12
- Arbeitsvertrag § 55 39
- Auflage nach § 30e ZVG § 165 33
- Auflage nach § 153b ZVG § 165 34
- aus Dauerschuldverhältnis § 209 6
- aus Dauerschuldverhältnissen § 55 17
- aus dem Eröffnungsverfahren § 209 9
- aus Einzelermächtigung § 22 90
- aus Erfüllungswahl § 209 5
- aus Eröffnungsverfahren § 22 23 ff., 87 ff.
- Beerdigungskosten § 324 4
- Begriff § 53 5
- Begründung § 53 15; § 55 4a; § 60 31
  - vorl. Insolvenzverwalter § 22 87

Stichwortverzeichnis

- Begründung durch Insolvenzverwalter § 61 2
- Bereicherung der Masse § 55 18
- Bereicherungsanspruch § 209 13
- Betriebsfortführung § 55 22
- Darlehensaufnahme § 160 10
- Dauerschuldverhältnis § 55 26
- Dienstverträge § 55 39
- durch Handlung des Insolvenzverwalters § 55 4
- durch Organbeschluss § 55 8
- Erfüllungsverlagen § 55 11
- Erstattungsansprüche des Erben § 324 3
- Gefährdungshaftung § 55 68
- Geltendmachung § 55 30
- GoA § 55 67
- Haftung des Insolvenzschuldners § 90 12 f.
- Haftungsschuldner § 53 24
- Insolvenzplan § 231 21; § 258 11 ff.
- Kosten der Todeserklärung § 324 4
- Kosten des Insolvenzverfahrens § 53 8
- kraft Gesetzes § 55 8
- Lizenzansprüche § 55 54
- Markenansprüche § 55 54
- Massearmut § 55 30
- Mietzahlung § 55 32
- Nachlasskosten § 324 5
- Nachteilsausgleich § 165 34; § 168 9
- Neumasseverbindlichkeit § 209 4
- Nichterfüllung § 61 1 ff.
- öffentlich-rechtlicher Gefahrenbeseitigungsanspruch § 55 72
- oktroyierte § 55 17; § 155 40; § 209 10
- ordnungsrechtliche Verantwortung § 55 72
- Patentansprüche § 55 54
- persönliche Verbürgung durch Insolvenzverwalter § 56 26d
- Pflichtverletzung des Verwalters § 55 68
- Prozesskosten § 55 55 ff.
- Rechtsverletzung § 55 80
- Rückforderungsanspruch § 209 14
- Rückstufung § 55 29
- selbstständige Tätigkeit des Insolvenzschuldners § 35 246
- Sicherung durch Absonderungsrecht **Vor** § 49 14, 18; § 51 19, 34a, 36
- Sonderumlage WEG § 55 38
- sonstige § 53 9
- Sozialplananspruch § 209 12
- Steuern § 155 38
- Steuerschulden § 55 59, 82
- Todeserklärung § 324 5
- Treuhänder § 61 6
- Umsatzsteuer § 171 10 ff.
- Unterhaltsanspruch § 209 11
- Urheberrechtsansprüche § 55 54
- Verarbeitung § 172 9
- Verbindlichkeiten aus Rechtsgeschäften des Nachlasspflegers/Nachlassverwalters/Testamentsvollstreckers § 324 6
- Verbindlichkeiten des Erben ggü. einem Nachlasspfleger/Testamentsvollstrecker/ausschlagenden Erben § 324 8
- Verbindung § 172 9
- Verkehrssicherungspflicht § 55 72
- Verlust von Aussonderungsrechten § 48 4
- Verlust von Absonderungsrechten § 49 4a; § 51 9; § 172 9
- Vermischung § 172 9
- Vollstreckungsverbot § 90 2 ff.
- vorläufiger Insolvenzverwalter § 55 24
- WEG § 55 38
- Wertverlustausgleich § 165 33; § 172 5, 11
- Zeitpunkt der Begründung § 55 7
- Zinszahlung § 165 33; § 169 8
- Zurückbehaltungsrecht des Massegläubigers § 51 50

Masseverbindlichkeiten
- Begründung
  - Eigenverwaltung § 270a 34
  - Begründung durch Sachwalter, Haftung § 61 5
  - Beurkundungskosten § 55 12
  - Gesellschafterhaftung § 93 14
  - gewillkürte § 208 3
  - oktroyierte § 208 2
  - Schutzschirmverfahren § 270b 32
  - Sekundärinsolvenzverfahren Art. 27 EuInsVO 15a
- sonstige § 55 2 ff.
- Verteilungsprinzip § 209 2

Masseverzeichnis § 151 1, 2
- Eigenverwaltung § 281 3 f.
- Gliederung § 151 13

Massezufluss
- Leistungsbefreiung § 82 31

Massezugehörigkeit
- Insolvenzbeschlag § 159 2

Massunzulänglichkeit
- Anzeige § 208 3
- drohende § 208 9
- Kostenrechnung § 208 4
- Verfahrenskosten § 208 6

Massverbindlichkeit
- Prozessaufnahme § 86 11

Miet- und Pachtverträge § 103 6 f.

Mieterinsolvenz § 108 16 ff.

Mieterinsolvenz ff. § 109 1

Mietkaution § 55 36
- Absonderung § 50 6
- Pfändbarkeit § 50 6
- Verwertung § 165 13

Mietsache
- Erhaltungspflicht § 55 37
- Räumung § 55 31

Mietverhältnis § 55 31

Mietvertrag § 108 1 ff., 3
- Insolvenz des Mieters § 38 38 f.
- Kaution § 108 13

2715

Stichwortverzeichnis

- Kündigung §109 6; §112 1ff.
  - Form §109 7
  - Frist §109 9
  - Rechtsfolgen §109 11
  - Schadensersatz wegen vorzeitiger Beendigung §109 15
- mehrere Mieter §109 19
- Mietzins §108 17ff.
- Nebenkosten
  - Wohnraummietvertrag §108 17
- Nebenpflichten §108 18
- Räumung §108 18
- Rechtspacht §108 4,2
- Rücktritt §109 39ff.
- Schuldner als Vermieter, Insolvenz §110 2
- Veräußerung des Mietobjekts §111 1ff.
- Wohnung des Schuldners §109 20

Mietvertrag, Abwicklung
- Insolvenz des Mieters §38 35

Mietzins
- Absonderung Vor §49 7; §165 3

Mietzinsforderung
- Absonderung §49 10ff.

Miteigentum §35 21; §47 10; §50 2

Miteigentum an Grundstücken
- Teilungsversteigerung §84 5

Mitgliedschaftsrechte
- Insolvenzplan §225a 4ff.

Mithaftung §43 1ff.

Mitteilungspflicht
- des dt. Insolvenzgerichts Art. 102 §4 EGInsO 8
- des Gläubigers §28 2ff.
  - Schadensersatzpflicht §28 8
- des Schuldners bei Stundung §4b 9
- gerichtliche §31 2ff., 7; §32 16f.
  - Abweisungsbeschluss §31 11ff.
  - Aufhebung des Eröffnungsbeschlusses §34 25f.
  - bei Eigenverwaltungsantrag §31 8
  - bei Insolvenzplan §31 7
  - bei Verfahrenseinstellung §31 9
  - Eröffnungsbeschluss §27 29ff.
- Insolvenzverwalter §60 17
- Mobiliarsicherheiten §28 7

Mittelbare Zuwendung §143 7e, 10; §144 9

Mittellosigkeit
- Stundungsantrag §4a 1

Mitwirkung
- Eigenverwaltung
  - Gläubigerausschuss §276 2ff.
- Eigenverwaltung, Gläubigerausschuss
  - Sachwalter §275 2ff.
- Gläubigerausschuss §276 2ff.
- Sachwalter §275 2ff.

Mitwirkungspflicht §16 11; §20 1; §22 190ff.; §97 21; §148 29
- Angestellte des Schuldners §101 5
- Betriebsfortführung §97 6

- des Schuldners §22 199
- Durchsetzung §20 12; §22 202f.
- Führungslosigkeit §101 3a
- Mitwirkungspflichtiger §97 3
- Organmitglieder §101 3
- persönlich haftende Gesellschafter §101 3
- Rechtsmittel §20 19
- Schuldner §5 19
- Umfang §97 5
- Unentgeltlichkeit §97 5
- Verschwiegenheitspflicht §97 3
- vorläufige Eigenverwaltung §20 6a
- vorläufige Postsperre §21 65
- vorläufiger Insolvenzverwalter §22 2

Mitwirkungsrecht
- Gericht §58 4

Mobiliarsicherheiten
- Aufforderung zur Mitteilung im Eröffnungsbeschluss §28 5

MoMiG §10 11ff.; §39 17ff.
MoMiG 2008 §1 11
Mündliche Verhandlung §5 36ff.
Mutterschutz §55 43; §113 89f.

Nacherbfolge §329 1f.
Nachfestsetzung §8 InsVV 11
Nachforderungsrecht
- Insolvenzgläubigers §201 1f.

Nachgesellschaft
- Insolvenzantragsrecht §15 5

Nachhaftung
- des Insolvenzschuldners §201 1ff.
  - ggü. Massegläubigern §201 5f.
- für bestrittene Forderung §201 4
- für nicht angemeldete Forderungen §201 4
- Insolvenzschuldners §53 27
- Verjährung der festgestellten Forderung §201 19

Nachhaftung des Insolvenzschuldners §184 1
- bei Ausfallforderungen §201 7af.

Nachhaltigkeit der Inhaltsänderung einer Insolvenzforderung §201 10ff.

Nachkündigung §113 36
Nachlassinsolvenz §190 8
- Insolvenzverfahren §11 43
- Prozessaufnahme §85 26

Nachlassinsolvenzverfahren §83 9; Vor §315 1ff.
- Abweisung des Eröffnungsantrags Vor §315 2
- anfechtbare Handlungen des Erben §322 1ff.
- anfechtbare Handlungen verfügungsberechtigter Massegläubiger des §324 §324 9
- Annahme der Erbschaft §316 2
- Ansprüche der Erben §326 1ff.
- Antragsberechtigung §317 1ff.; §318 1ff.; §330 4
- Antragsfrist §319 1ff.
- Auflagen §327 4
- Aufrechnung §323 3; §324 9; §327 7
- Aufwendungen des Erben §323 1f.

Stichwortverzeichnis

- ausgeschlossene Gläubiger §327 6
- Auskunftspflicht §97 3
- Beerdigungskosten §324 4
- Begriff Vor §315 1
- Beschwerdeberechtigung §317 6
- Doppelinsolvenz §331 4
- drohende Zahlungsunfähigkeit §320 3
- Eigenverwaltung §270 12
- Erbenhaftung, unbeschränkter §316 3
- Erbeninsolvenz §331 2, 4
- Erbfallschulden §325 3
- Erblasserschulden §325 2
- Erbschaftskauf §330 1 ff.
- Erbteil §316 5
- Eröffnungsgrund §320 1 ff.
- Freigabe §35 63
- Gesamtgut §332 9
- Gesamtinsolvenz §331 3
- Gläubigerantrag §317 4; §319 1 f.
- grundbuchliche Eintragung des Insolvenzvermerks §32 2
- Haftung für Geschäftsverbindlichkeiten Vor §315 3
- Haftungsbeschränkung Vor §315 2
- Haftungsmasse Vor §315 4 ff.
- Insolvenzanfechtung Vor §315 12; §322 1 ff.
- Insolvenzantragspflicht §15a 6; §317 7
- Insolvenzmasse §35 8; Vor §315 4 ff.
- Insolvenzplan Vor §315 1
- Insolvenzverwalter Vor §315 14
- Inventaruntreue Vor §315 6
- Kosten der Todeserklärung §324 4
- Kostenhilfe §317 8
- Lebensversicherungsansprüche Vor §315 12
- Masseverbindlichkeiten §324 1 ff.
- Mehrheit von Erben Vor §315 13
- Mitgliedschaft in Personengesellschaft Vor §315 9
- Mitwirkungspflicht §97 3
- nach Tod des Insolvenzschuldners Vor §315 16
- Nacherbfolge §329 1 ff.
- Nachlasserbenschulden §325 5
- Nachlasskosten §324 5, 6
- Nachlasspfleger Vor §315 15; §317 4, 7; §324 7, 8
- Nachlassteilung §316 4
- Nachlassverbindlichkeiten §325 1 ff.; §326 3
- Nachlassverwalter Vor §315 15; §317 4, 7; §324 7, 8
- Nachlassverwaltungsschulden §325 4
- nachrangige Verbindlichkeiten §327 1 ff.
- OHG Vor §315 11
- örtliche Zuständigkeit §3 2; §315 1 f.
- Pflichtteilsansprüche §322 2
- Pflichtteilsrechte §327 3
- Pflichtteilsvermächtnis §327 5
- Prozesskostenhilfe §4 28; §317 8
- Rang bei Masseunzulänglichkeit §324 9
- Schuldner Vor §315 13
- sonstige Verfahrensbeteiligte Vor §315 14
- Surrogation Vor §315 6
- Tabellenfeststellung §178 19
- Testamentsvollstrecker Vor §315 15; §317 4, 7; §324 7, 8
- Überschuldung §19 2; §320 4
- Unterhaltsansprüche §325 2
- Vermächtnis §327 4
- Verschollene Vor §315 16
- Vorerbe §329 1 f.
- Weiterverkauf der Erbschaft §330 5
- Zahlungsunfähigkeit §320 2
- Zulässigkeit der Eröffnung §316 1 ff.
- Zurückbehaltungsrecht §323 1 f.
- Zurückgewährte Gegenstände §328 1 ff.
- Zwangsvollstreckungsmaßnahmen §321 1 ff.; §325 6

Nachlasskosten §324 6
Nachlasspfleger
- Bestellung §56 9c

Nachlassverbindlichkeiten §325 1 ff.; §326 3
- Erbfallschulden §325 3
- Erblasserschulden §325 2
- Nachlasserbenschulden §325 5
- Nachlassverwaltungsschulden §325 4

Nachlassverwalter/-pfleger Vor §315 15; §317 4, 7; §324 7, 8

Nachrang Art. 3 EuInsVO 72; Art. 4 EuInsVO 30; Art. 32 EuInsVO 4

Nachranggläubiger
- Berücksichtigung bei Abschlagsverteilung §187 8
- Mitwirkung bei Einwendungsverfahren §194 5
- Stimmrecht §77 2
- Überschuss bei Schlussverteilung §199 4
- verspätete Forderungsanmeldung §177 16

Nachrangige Verbindlichkeiten §327 1 ff.
- ausgeschlossene Gläubiger §327 6
- Pflichtteilsrechte §327 3
- Pflichtteilsvermächtnis §327 5
- Vermächtnisse und Auflagen §327 4

Nachrangiger Insolvenzgläubiger §39 1 ff.
- Befriedigung §39 4, 77
- Befugnis §39 72 ff.
- Beschränkung §39 71
- Forderungsprüfung §39 73 ff.
- Gläubigerversammlung §39 76
- Insolvenzplan §39 66, 78
  - Zustimmung §246 1 ff.
- Nachlassinsolvenz §39 68
- Rechte im Insolvenzplan §225 1

Nachteilsausgleich §165 34

Nachträgliche Anmeldung §177 1 ff.
- Anmeldefrist keine Ausschlussfrist §177 1, 3, 8
- Anmeldung erst im Termin §177 9
- besonderer Prüfungstermin §177 10
- Inhalt und Bekanntgabe §177 11

- kein Widerspruch gegen Mitprüfung § 177 8
- Kosten § 177 14
- schriftliches Verfahren § 177 13
- Terminierung des besonderen Prüfungstermins § 177 12
- verspätet angemeldete Forderungen § 177 3 ff.
- Widerspruch § 177 6 f.
- Widerspruch des Schuldners § 177 6

Nachträgliche Berücksichtigung von Forderungen § 192 1 ff.
- Antragserfordernis § 192 8

Nachtragsliquidator
- Insolvenzantragsberechtigter § 15 5

Nachtragsverteilung § 203 1 ff.; § 211 5
- anhängige Klagen § 196 6
- anordnende Entscheidung § 204 5
- Anordnungsentscheidung im Ermessen des Gerichts § 203 15 f.
- Antrag und Anordnung § 203 4 f.; § 204 4
- Aufhebung des Insolvenzplans § 259 7
- billiges Ermessen § 6 InsVV 4
- Durchführung § 205 1 ff.
  - Voraussetzung für Beginn § 205 2
- gerichtliche Anordnung § 203 11
- Grundlage Schlussverzeichnis § 203 1; § 205 3
- Haftung des Insolvenzverwalters § 205 6
- Insolvenzverwalter
  - Berechnungsgrundlage § 6 InsVV 3
- Insolvenzverwalter, Vergütung § 205 9
- Kostenvorschuss § 203 17
- Massezufluss aus nachträglich ermittelten Gegenständen § 203 9 f.
- Massezufluss aus zurückfließenden Beträgen § 203 8
- Massezufluss aus zuvor hinterlegten Beträgen § 203 7
- öffentliche Bekanntmachung § 203 14; § 205 4
- Prozesskostenbefugnis § 80 47
- Rechnungslegung des Insolvenzverwalters § 205 7 f.
- Rechtsmittel, ablehnende Entscheidung § 204 2 f.
  - anordnende Entscheidung § 204 5 f.
- Verfahren § 203 12 ff.; § 205 4 f.
  - bei Einstellung wegen Masseamut § 203 20
  - bei Einstellung wegen Masseunzulänglichkeit § 203 19
  - bei geringer Masse § 203 16 f.
  - bei vormals eingestellten Verfahren § 203 18
- Vergütung des Insolvenzverwalters § 6 InsVV 2 ff.; § 203 9
- Verhältnismäßigkeit § 203 15 f.
- Voraussetzung für Anordnung § 203 6
- Vorbehalt bereits im Schlusstermin § 203 2
- Zeitpunkt der Anordnung § 203 3
- Zustellung des Beschlusses, ablehnende Entscheidung § 204 2

Nachwirkungsrechtsprechung § 4a 14

- Anwendbarkeit § 4a 2

Nahestehende Person § 145 19
- als Unternehmenserwerber § 162 4

Namen(srechte) § 35 36

Naturalobligation § 38 20

Natürliche Person
- Eigenverwaltung § 270 8 ff.
- Stundungsantrag § 4a 5

Nebenfolgen einer Straftat oder Ordnungswidrigkeit § 39 12 ff.

Nebenintervention
- Feststellungsprozess § 179 43 f.

Neuerwerb § 35 49 ff., 228 ff.; § 96 8
- Arbeitseinkommen § 35 231 f.; § 36 23 ff.
- bei Selbstständigen § 35 232, 240 ff.
- des Schuldners, Durchführung des Schlusstermins § 196 7
- Freigabe § 35 271
- Umfang § 35 53

Neugläubiger § 35 58; § 38 3, 28; § 40 7
- Neugläubigerschaden bei Insolvenzverschleppung § 92 45 ff.

Neumassegläubiger
- Vollstreckung § 210 4

Neumasseverbindlichkeit § 209 4

Nicht erfüllte Verträge § 103 9 ff.

Nichtigkeit des Eröffnungsbeschlusses, Rechtshandlungen Art. 102 § 2 EGInsO 2; Art. 3 EuInsVO 61; Art. 4 EuInsVO 7; Art 7 EuInsVO 6

Nichtigkeitsklage Vor § 85 16a

Niederlassung
- Begriff Art. 2 EuInsVO 6 ff.
  - Zuständigkeit Art. 102 § 1 EGInsO 6 ff.
- Eintragung Art. 4 EuInsVO 25 ff.
- Insolvenzantragspflicht Art. 4 EuInsVO 27 ff.
- Scheingesellschaften Art. 4 EuInsVO 14 ff.
- Voraussetzung für Sekundär- und Territorialverfahren Art. 3 EuInsVO 42 ff.; Art. 5 EuInsVO 13; § 344 2; § 354 1 ff.

Niederlassung, Begriff Art. 3 EuInsVO 23; Art. 27 EuInsVO 4, 7

Niederlegung
- Insolvenzplan § 234 1 ff.

Niederlegungsverpflichtung § 154 3

Nießbrauch § 35 24, 127

Normalverfahren
- qualitative Bestimmung § 2 InsVV 16
- quantitative Bestimmung § 2 InsVV 19

Notgeschäftsführer/-vorstand/-vertreter, für Schuldner
- und Verfahrenspfleger § 13 14 ff.

Notgeschäftsführung § 115 7 ff.; § 116 23; § 117 9

Nullplan § 305 6; § 306 7; § 309 20

Nutzungsrecht § 35 23

Nutzungsrecht des Insolvenzverwalters
- Insolvenzeröffnungsverfahren § 172 13a, 17
- Nutzung von Aussonderungsgut § 47 72

- Verarbeitung § 172 6 ff.
- Verbindung § 172 3, 6 ff.
- Verbrauch § 172 3
- Vermischung § 172 3, 6 ff.
- Verwertungsvereinbarung § 172 14 ff.
- Wertverlustausgleich § 172 4 f.

Nutzungsrecht des Insolvenzverwalters, Aussonderungsgut § 172 13 ff.
- Freigabeanspruch bei Wertzuwachs § 172 10
- Insolvenzeröffnungsverfahren § 172 11 f.
- Verarbeitung § 172 3
- Zinszahlung § 169 2 ff.

Nutzungsüberlassung § 135 52 ff.
- Ausgleichsanspruch § 135 69
- Aussonderungssperre § 135 59 ff.
- Dauer d. Aussonderungssperre § 135 65 f.
- Doppelinsolvenz § 135 62
- erhebliche Bedeutung f. Unternehmensfortführung § 135 63
- Gegenstand § 135 59 f.
- gleichgestellte Dritte § 135 61
- kapitalersetzende § 135 123 ff.
- Kleinbeteiligtenprivileg § 135 71
- Leistungsstörungen § 135 67
- Sanierungsprivileg § 135 71
- Überlassungsunwürdigkeit § 135 162 f.
- Verhältnis zu §§ 103, 108 ff. § 135 56 ff.
- vorzeitige Nutzungsbeendigung § 135 55
- Zwangsverwaltung § 135 62

Oder-Konto § 116 11
Offenkundigkeitsprinzip § 47 40
Offenlegungspflicht § 155 12
Öffentliche Bekanntmachung § 9 1 ff.
- Abgrenzung zur Zustellung § 8 2
- Abweisung mangels Masse § 9 11
- Bestellung vorläufiger Sachwalter § 9 2a
- Eigenverwaltung § 273 1 ff.
- Einsichtsrecht § 4 InsOBekV 1 ff.
- Freigabe § 35 268
- Fristberechnung § 9 7
- InsOBekV
  - Mindestforderernis § 2 InsOBekV 1
- InsOBekV, Datenschutz § 2 InsOBekV 1 ff.
- Internet § 9 3 ff.
- notwendiger Inhalt § 9 7
- Pflicht zur § 9 2
- Rechtsbehelfsbelehrung § 6 24a; § 9 12
- regelmäßige § 9 3 ff.
- Unternehmensregister § 9 4
- weitere Veröffentlichungen § 9 9 f.
- Wiedereinsetzung § 9 12
- Wirkung § 9 12

Öffentlichkeitsarbeit § 80 65 ff.
- Insolvenzverwalter § 58 4d

OHG § 84 7; § 118 2
- Einlagen der Gesellschafter § 35 73 ff., 91 ff.
- Gesellschafterhaftung § 35 187 ff.

- Insolvenz des Gesellschafters § 35 142 ff.
- Insolvenzantragsberechtigte § 15 5
- Insolvenzantragspflicht § 15a 13
- Insolvenzfähigkeit § 11 20 ff.; § 316 7
- Kapitalersatz § 135 9
- Nachlassinsolvenzverfahren Vor § 315 11

Optionsgeschäft § 104 7
Ordnungsfunktion
- Prozesskostenhilfe § 1 22
- Verschärfung des Anfechtungsrechts § 1 21

Ordnungsrecht
- Adressat der Ordnungsverfügung § 80 37
- Allgemeines § 80 37 f.
- Einordnung Insolvenzforderung/Masseverbindlichkeit § 80 38
- Freigabe § 80 39
- Masseunzulänglichkeit § 80 39

Ordnungswidrigkeit, Auskunftspflicht
- Nebenfolgen § 39 12 ff.

Ordre public
- Versagung der Anerkennung Art. 3 EuInsVO 59; Art. 26 EuInsVO 1 ff.

Ordre public, Grundrechte, Versagung der Anerkennung Art. 3 EuInsVO 74; Art. 16 EuInsVO 3

Organhaftung § 19 24; § 35 191
Organschaftlicher Vertreter § 15 6
- Anhörung zum Eröffnungsantrag § 15 15 f.
- Ausscheiden § 15 4
- faktischer § 15 11 ff.
- fehlerhafte Bestellung § 15 11 ff.
- Führungslosigkeit § 10 11 ff.
- Insolvenzantragsberechtigter § 15 5
- Insolvenzantragspflicht § 15a 8 ff.
- interne Zuständigkeit § 15a 10

Örtliche Zuständigkeit § 3 1 ff.; § 315 1 f.
- Abwicklungsmaßnahmen § 3 12
- Allgemeiner Gerichtsstand § 3 17
- Amtsermittlungspflicht § 3 4 ff.
- Eigenverwaltung § 3 15a
- Firmenbestattung § 3 35 ff.
- Gesamtgutsinsolvenzverfahren § 332 3
- Konzerninsolvenz § 3 15
- maßgeblicher Zeitpunkt § 3 7
- mehrere Zuständigkeiten § 3 23 ff.
- Nachlassinsolvenzverfahren § 4 28
- persönlich haftender Gesellschafter § 3 14
- positiver Kompetenzkonflikt § 3 24
- Prioritätsprinzip § 3 24
- Schutzschirmverfahren § 3 15a
- selbstständigen wirtschaftlichen Tätigkeit § 3 8 ff.
- Verweisung § 3 27 ff.
  - Bindungswirkung § 3 30
  - Willkür § 3 31 ff.
- Zuständigkeitsbestimmung § 3 34
- Vorgehen bei unklarer § 3 5 f.
- Wahlrecht § 3 25

2719

Stichwortverzeichnis

- wirtschaftliche Tätigkeit § 3 12
- Zeugenschutzprogramm § 3 18

Pacht s. Mietvertrag § 108 1
Pachtverhältnis § 55 31
Pachtvertrag § 38 35
Pachtzins
- Absonderung Vor § 49 7; § 165 3

Pachtzinsforderung
- Absonderung § 49 10 ff.

»Parmalat/Eurofood« Art. 102 § 3 EGInsO 1; Art. 3 EuInsVO 2, 4, 6, 7, 66, 69, 80 f.; Art. 31 EuInsVO 16

Partei- und Prozessfähigkeit
- ZPO § 4 20

Partenreederei
- Auflösung § 11 40 ff.
- Haftung der Mitreeder § 11 39
- Insolvenzantragsberechtigte § 15 5
- Insolvenzfähigkeit § 11 20, 38

Partenreederei, Auflösung
- persönliche Gesellschafterhaftung § 93 3

Partikularinsolvenzverfahren § 17 33; § 19 53; § 35 9

Partikularverfahren Vor § 335 8, 16; § 335 2; § 354 1 ff.; Art. 102 § 1 EGInsO 7; Art. 102 § 2 EGInsO 2; Art. 3 EuInsVO 44 ff.; Art. 36 EuInsVO 1; Art. 37 EuInsVO 2 f.; Art. 38 EuInsVO 3
- Antragsrecht des Insolvenzverwalters, Restschuldbefreiung § 355 1

Partnergesellschaft § 11 35
Partnerschaftsgesellschaft § 118 2
- Insolvenzantragsrecht § 15 5
- Insolvenzfähigkeit § 11 20, 37 ff.

Passiva, atypisch stille Gesellschaft § 19 44
- bedingte Verbindlichkeit § 19 40
- betagte Verbindlichkeit § 19 40
- Bewertung § 19 37 ff.
- drittgesicherte Verbindlichkeit § 19 42
- Eigenkapitalersetzende Gesellschafterleistung § 19 43
- Eigenkapitalpositionen gemäß HGB § 19 38
- Eventualverbindlichkeiten § 19 45
- passive Rechnungsabgrenzungsposten § 19 46
- Pensionsverpflichtungen § 19 40
- rechtshängige Verbindlichkeit § 19 41
- Rückstellungen § 19 37
- Sozialplankosten, künftige § 19 39
- streitige Verbindlichkeit § 19 41
- typisch stille Gesellschaft § 19 44
- Verfahrenskosten § 19 39
- vorläufig vollstreckbare Forderung § 19 41

Passivprozess § 86 2
Patentansprüche § 55 54
Patente § 35 113; § 166 20
Patronatserklärung § 43 10 f.; Anh § 35 Abschn. L 83 ff.; § 129 95

- Ansprüche wegen Entwertung/Geltendmachung § 92 6, 19
- Arten Anh § 35 Abschn. L 2 ff,
- Beendigung Anh § 35 Abschn. L 17
- Haftung Anh § 35 Abschn. L 2 ff., 9 ff.
- harte Anh § 35 Abschn. L 6
- Insolvenz Anh § 35 Abschn. L 15
- Insolvenzmasse § 35 166
- Kündigung Anh § 35 Abschn. L 17
- weiche Anh § 35 Abschn. L 3

Pension § 35 212, 231; § 38 36; § 45 13 ff.
Pensions-Sicherungs-Verein a.G. (PSV) § 45 15 ff.
- Ersatzzahlungen für Arbeitnehmer § 12 9

Personengesellschaft § 84 7 ff.
- Antragsbefugnis § 18 11 ff.

Pfandrecht
- an beweglichen Sachen § 50 19
- bewegliche Sachen § 50 2 f.; § 91 14
- Erlöschen § 50 13
- gesetzliches § 50 26 ff.
- rechtsgeschäftliches § 50 2
- Werkunternehmerpfandrecht § 50 36

Pfandrecht, bewegliche Sachen § 166 12, 16 f.
- Forderungen § 50 4 ff.

Pfandrechte
- Kollision § 50 11

Pfändung § 130 42; § 131 17, 26; § 140 17
- Anschlusspfändung § 131 28
- durch dinglichen Gläubiger § 165 3
- gesetzliche Pfandrechte § 131 24; § 140 13
- Gläubigerbenachteiligung § 129 92
- Kontopfändung § 130 42
- künftiger Forderungen § 130 42; § 131 26; § 140 13, 17
- unpfändbare Sachen § 166 4a
- Vorpfändung § 50 16; § 131 29; § 140 17

Pfändungspfandrecht § 50 15
- Erlöschen § 50 25
- strafprozessuale Sicherungsmaßnahmen § 50 15a ff.

Pfändungsschutz § 36 8 ff.
- Austauschpfändung § 36 21 f.
- im Eröffnungsverfahren § 22 56, 111
- Verzicht des Schuldners § 36 19 f.

Pfändungsschutzkonto § 116 9
Pfandverkauf § 166 10
Pflichtteilsanspruch § 35 221; § 83 5, 8; § 327 3
Pflichtteilsansprüche
- Nachlassinsolvenzverfahren § 322 2

Pflichtverletzung
- Insolvenzverwalter § 92 9

Pflichtverteidiger § 56 9c
»PIN« Art. 3 EuInsVO 16
»PIN-Holding« Art. 3 EuInsVO 93
P-Konto
- Unpfändbarkeit § 36 38a

Planüberwachung
- Aufhebung § 268 1 ff.

Stichwortverzeichnis

lanverfahren
vorläufiger Gläubigerausschuss § 67 3
oolvereinbarung § 51 56 ff.
 Absonderung § 51 57, 58
 Aussonderung § 51 57, 58
 Bestimmbarkeit § 51 57, 59
 Insolvenzeröffnungsverfahren § 47 54a; § 51 62
 Insolvenzverwalter als Poolbeteiligter § 51 61
 Mehrwert § 51 61
 Priorität zwischen Poolbeteiligten § 51 60
 Umvalutierung § 51 59
oolvertrag § 129 94; § 131 20
oolverwalter § 56 17d
ostsendung
– Begriff § 99 7
ostsperre § 99 1 ff.
– Anhörung § 99 5
– Anordnungsverfahren § 99 11
– Aufhebung § 99 13
– Befugnisse des Insolvenzverwalters § 99 14
– Befugnisse des Sachverständigen § 99 14
– Erforderlichkeit § 99 2
– Rechtsmittel § 99 15
– Verhältnismäßigkeit § 99 3
– Verschwiegenheitspflichten § 99 4
– vorläufige § 21 63
– Wirkungsdauer § 99 13
ostsperrung
– Email § 99 7
räsumtiver Ausschuss § 56a 12
rioritätsgrundsatz Art. 102 § 3 EGInsO 1; Art. 3 EuInsVO 22 ff., 58, 87
rivatinsolvenz
– Verwalterauswahl § 56 7f
rivatinsolvenzverfahren
– Reform § 56 2
rojektermächtigung § 22 93
rokurist § 117 3
rotokollierung
– des Prüfungstermins § 176 14
rotokollierung, der Gläubigerversammlung § 76 3
rovider
– Postsperre § 99 12
rovision Anh § 113 19
– eines Handelsvertreters Anh § 113 19
rozess
– Aktivprozess § 86 2
– Passivprozess § 86 2
rozessaufnahme
– abgesonderte Befriedigung § 86 9 f.
– Ablehnung der Aufnahme § 85 21 ff.
– Aktivprozess § 85 2 ff.
– Anfechtungsanspruch § 86 8
– Beendigung des Insolvenzverfahrens § 85 30
– Befugnis bei Aktivprozess § 85 6
– Befugnis bei Passivprozess § 86 15 f.
– Eigenverwaltung § 85 6, 25
– Form § 85 7; § 86 17
– Freigabe § 86 23
– Gesellschaftsinsolvenz § 85 27
– Kostenverteilung § 85 11 ff., 29; § 86 20 ff.
– Massenbindlichkeit § 86 11
– Nachlassinsolvenz § 85 26
– negative Feststellungsklage § 85 3
– Passivprozess § 86 2 ff.
– Treuhänder § 85 6
– Unterlassungsanspruch § 85 3; § 86 7
– unvertretbare Handlung § 86 14
– Verzögerung der Aufnahme § 85 18
– vorl. Insolvenzverwalter § 85 6, 16; § 86 5, 13
– Widerklage § 85 5
– Wirkung § 86 19
Prozessaufrechnung § 94 18 ff.
Prozessfähigkeit
– führungslose juristische Person § 4 20a
Prozessführung
– Insolvenzverwalter § 80 40
– Pflichten des Insolvenzverwalters § 60 12
Prozessführungsbefugnis
– Aufhebung des Insolvenzplans § 259 11 ff.
– Nachtragsverteilung § 80 47
– Verwalterwechsel § 80 47
Prozesskosten § 55 55 ff.
– bei Klagerücknahme und vorläufigem Bestreiten § 179 15
– erledigter Feststellungsrechtsstreit bei vorläufigem Bestreiten § 179 15
Prozesskostenhilfe § 22 172
– Allgemeines § 80 48
– Anfechtungsprozess § 143 126
– Antrag § 80 49, 56
– Bedürftigkeit der Masse § 80 50
– Beiordnung eines Rechtsanwalts § 4 29
– eröffnetes Verfahren § 4 27 f.
– Eröffnungsantrag § 4 29
– Eröffnungsverfahren § 4 29
– Gläubiger § 4 29
– Insolvenzverwalter § 80 48
– Massearmut § 207 8
– Masseunzulänglichkeit § 80 50; § 208 15
– Nachlassinsolvenzverfahren § 4 28; § 317 8
– Ordnungsfunktion § 1 22
– Schuldner § 4 27
– Stundung § 4 27
– Teilklage § 80 49
– Unterbrechung Vor § 85 17
– Unzumutbarkeit der Kostenaufbringung § 80 55
– vorläufiger Insolvenzverwalter § 80 49
– wirtschaftlich Beteiligte § 80 51 ff.
– ZPO § 4 26 ff.
Prozesskostenvorschuss
– Gerichtsstand § 80 40
– Rechtsstellung im Prozess § 80 40
– Verfahrensbeendigung vor Prozessende § 85 30
Prozesskostenvorschuss, durch den Ehegatten

Stichwortverzeichnis

- Verfahrensbeendigung vor Prozessende § 80 47
Prozessstandschaft Vor § 85 7
Prozessunterbrechung
- arbeitsgerichtliche Verfahren Vor § 85 25
- Arrestverfahren Vor § 85 17
- Auskunftsklage Vor § 85 14
- ausl. Insolvenzverfahren Vor § 85 3
- Aussonderungsanspruch Vor § 85 12
- Beschwerdeverfahren Vor § 85 17
- Dauer Vor § 85 35
- Eigenverwaltung Vor § 85 2
- Einstweiliges Verfügungsverfahren Vor § 85 17
- Ende Vor § 85 36
- Feststellungsklage Vor § 85 15; § 85 3,
- finanzgerichtliche Verfahren Vor § 85 23
- Freiwillige Gerichtsbarkeit Vor § 85 21
- Gestaltungsklage Vor § 85 16
- Kostenfestsetzungsverfahren Vor § 85 17
- Kostenverteilung bei Aufnahme § 85 11 ff.
- Kündigungsschutzklage Vor § 85 25
- Leistungsklage Vor § 85 14
- Mahnverfahren Vor § 85 17
- nachrangige Insolvenzforderung Vor § 85 11
- Nichtzulassungsbeschwerde Vor § 85 17
- Prozesshandlungen des Gegners Vor § 85 29 ff.
- Prozesshandlungen des Gerichtes Vor § 85 32 ff.
- Prozessstandschaft Vor § 85 7
- Prozessvergleich, Fristenlauf Vor § 85 27
- Rechtsfolgen Vor § 85 26
- Rechtshängigkeit vor Insolvenzeröffnung Vor § 85 9
- Schiedsgerichtsverfahren Vor § 85 20
- schwache vorläufige Insolvenzverwaltung § 22 174 ff.
- selbstständiges Beweisverfahren Vor § 85 18
- sozialgerichtliche Verfahren Vor § 85 23
- starke vorläufige Insolvenzverwaltung § 22 167
- strafprozessuales Adhäsionsverfahren Vor § 85 25a
- Streitgenossenschaft Vor § 85 5 ff.
- Streithelfer Vor § 85 8
- Streitwertfestsetzung Vor § 85 17
- teilweise Massebestandteil Vor § 85 13
- Unterlassungsklage Vor § 85 14; § 85 3
- Verbandstreitigkeiten Vor § 85 16a
- verwaltungsgerichtliche Verfahren Vor § 85 22
- Verwaltungsverfahren Vor § 85 24
- Vollstreckbarkeitsverfahren Vor § 85 19
- vorläufige Insolvenzverwaltung Vor § 85 1
- Widerklage § 85 5
- Zwangsvollstreckung Vor § 85 17
Prozessunterbrechung PKH-Verfahren Vor § 85 17
Prüftermin
- Anwesenheit des Schuldners § 176 6
- Anwesenheitspflicht des Insolvenzverwalters § 176 5
- Kosten § 177 14

Prüfung
- Schlussverzeichnis § 197 7
Prüfung Schlussverzeichnis § 188 10
Prüfungstermin § 29 2 ff.; § 176 1 ff.
- Abschlagsverteilung § 187 5
- bei Eigenverwaltung § 176 13
- Bestreiten einer Forderung § 176 11 ff.
- Erhebung des Widerspruchs § 176 11 ff.
- Gegenstand der Prüfung § 176 8 f.
- Insolvenzplan § 236 1 ff.
- Leitung § 176 3
- Protokollierung des Ergebnisses § 176 14
- Teilnehmer § 176 4
- Terminbestimmung § 29 2 f.; § 176 2
- Umfang der Prüfung § 176 9 f.
- Verbindung mit Berichtstermin § 29 8; § 176 2
- Widerspruch des Schuldners § 176 13

Qualitätsmanagementsysteme § 1 42
Quorum
- Beschwerde § 75 14
Quote
- Zurückbehaltung § 189 1 f.; § 190 1
Quotenausschüttung
- Rechtsgrundlose § 190 14
Quotenschaden § 35 193; § 43 21
- Berechnung bei Insolvenzverschleppung § 92 21 ff.
- Insolvenzverschleppung § 92 7
- Verhältnis zum Individualschaden § 92 45 ff.

Rahmenvertrag § 104 10 f.
Rangrücktritt § 19 43 ff.; § 39 63 ff.
Ratenfestsetzung § 4b 6
Ratenzahlung
- nach gewährter Stundung § 4b 3
Räumungstitel § 148 29
Räumungsvollstreckung § 21 62
Rechnungslegung
- Adressat § 66 3
- bei Unternehmenseinstellung § 155 10
- handelsrechtliche Rechnungslegung § 155 3 ff.
- Insolvenzverwalter § 66 2 ff.
- Massearmut § 155 5
- masseunzulängliche Verfahren § 66 10
- Masseunzulänglichkeit § 155 5; § 208 7
- Nachtragsverteilung § 205 7 f.
- Prüfung durch das Insolvenzgericht § 66 11
- Prüfung durch Sachverständige § 66 13
- Prüfung, Gläubigerausschuss § 66 15
- Schlussbericht § 66 7
- Schlussbilanz § 66 6
- Schlussrechnung § 66 5
- Schlussrechnungspflicht § 66 19
- Schlussverzeichnis § 66 8
- Verteilungsverzeichnis, Endabrechnung § 66 20
- Zwischenrechnungslegung § 66 9
Rechnungslegung, Adressat

Stichwortverzeichnis

- Eigenverwaltung § 281 3 f.

Rechnungslegungspflicht
- Abweisung mangels Masse § 22 10
- vorläufige Insolvenzverwaltung
  - Art und Umfang § 22 10 ff.
  - gerichtliche Aufsicht § 22 10
  - handelsrechtliche Rechnungslegungspflicht § 22 13
  - steuerrechtliche Rechnungslegungspflicht § 22 13
  - Treuhandkonto § 22 98 ff.
- vorläufige Insolvenzverwaltung, Adressat § 22 9
- vorläufiger Insolvenzverwalter § 22 9 ff.

Rechnungslegungspflicht, Abweisung mangels Masse
- vorläufige Insolvenzverwaltung
  - Vermögensverzeichnisse § 22 10

Rechnunsgelegung
- Massekostenarmut § 66 10

echtliches Gehör § 17 InsVV 18

Rechtliches Gehör § 21 67

Rechtmittel
- Bestätigung des Insolvenzplans § 253 1 ff.
- Postsperre § 99 15

Rechtsänderung
- Insolvenzplan § 221 7 ff.

Rechtsanwalt
- Herausgabe der Handakte § 5 22

Rechtsbehelf
- Abhelung der Forderungseintragung § 175 11
- Aufhebung des Insolvenzverfahrens § 200 22 f.
- Klauselerteilung § 202 3 ff.
- nachträgliche Anmeldung einer Forderung § 177 17
- nicht Aufnahme in das Verteilungsverzeichnis § 189 8
- Schlussverteilung § 196 15
- Stimmrechtsentscheidung § 77 18

Rechtsbehelfsbelehrung § 6 24a
- öffentliche Bekanntmachung § 6 24a
- Wiedereinsetzung § 6 24a

Rechtsbeschwerde § 7 2 ff.
- Abhilfe § 7 12
- außerordentliche § 7 5
- Begründung § 7 15 ff.
- Beschwer § 7 14
- besondere Zulässigkeitsvoraussetzungen § 7 6 ff.
- Entscheidung § 7 23 f.
- Entscheidungszeitpunkt § 7 20
- Form § 7 12
- Frist § 7 13
- gegen Aufhebung des Eröffnungsbeschlusses § 34 32
- Kosten § 7 24
- nachträgliche Zulassung § 7 4
- Nichtzulassung
  - Anfechtbarkeit § 7 5
- Statthaftigkeit § 7 2 ff.
- Verfahren § 7 18 ff.
- Zulassung § 7 4
  - Anfechtbarkeit § 7 5
  - Schweigen § 7 4
  - Zuständigkeit § 7 12

Rechtsfolgen
- verspäteter Nachweis § 189 8

Rechtsgeschäftsähnliche Handlung § 81 6

Rechtshandlung § 129 2 ff.
- Anweisung § 129 31, 83
- bedingte/befristete Rechtshandlung § 140 32 ff.
- besonders bedeutsame § 160 1
- des Insolvenzverwalters § 164 1
- Eintragung im Grundbuch § 140 20 ff.; § 147 1 ff.
- Erfüllung § 130 8; § 132 5; § 140 6
- Gesamtvorgänge § 129 117
- Handelnder § 129 18 ff.; § 132 3; § 133 2
- mehraktige Rechtshandlungen § 140 20 ff.
- nach Verfahrenseröffnung vorgenommene Rechtshandlungen § 147 1 ff.
- Prozesshandlungen § 129 11; § 143 45
- Realakte § 129 10
- Rechtsgeschäft des Schuldners § 132 3
- Rechtsgeschäfte § 129 5 ff.
- rechtsgeschäftsähnliche Handlungen § 129 9
- unwirksame § 129 12
- vorläufige Untersagung § 161 1
- Vornahmezeitpunkt § 129 36; § 130 15; § 140 1 ff.
- Wirksamkeit bei Verstoß gegen §§ 160 bis 163 § 164 1
- wirtschaftlich neutrale § 129 63

Rechtskraft
- Eröffnungsbeschluss Art. 2 EuInsVO 4; Art. 3 EuInsVO 23
- Erstreckung § 183 2 ff.
- Feststellungsurteil § 183 2 ff.
- formelle § 6 32
- materielle § 6 32

Rechtskraft, Eröffnungsbeschluss Art. 16 EuInsVO 3

Rechtskraftwirkung § 80 41

Rechtsmissbrauch § 55 5 f.

Rechtsmittel § 34 1 ff.
- Ablehnung der Verfahrenseröffnung § 34 2 ff.
- Aufhebungsentscheidung § 78 14
- Auskunftspflicht § 20 19
- Bestellung eines vorläufigen Insolvenzverwalters § 22 207 ff.
- Beweisanordnung § 16 19
- Eintragung des Insolvenzvermerks § 32 33 f.
- Eröffnungsbeschluss § 27 39 f.
- im Eröffnungsverfahren § 22 207 ff.
- Mitwirkungspflicht § 20 19
- Sicherungsmaßnahme § 21 82 ff.
- Verfahrenseröffnung § 27 39 ff.
- Versagung des Insolvenzplans § 253 1 ff.

2723

Stichwortverzeichnis

- vorläufige Postsperre §21 68
- Wiederaufnahme des Verfahrens §34 34

Rechtsnachfolge
- bei angemeldeten und bestrittenen Forderungen §179 37 f.

Rechtsnachfolger
- Anfechtung gegen Rechtsnachfolger §145 1 ff.

Rechtspacht §108 4,2

Rechtspfleger
- Befangenheit §4 13
- Beschwerde gegen Entscheidungen des §6 13

Rechtspfleger, Befangenheit
- funktionelle Zuständigkeit §2 8 ff.

Rechtsstreit
- Kosten §105 5

Rechtsstreit, Auswirkung der Eröffnung §352 3; Art. 15 EuInsVO 1 ff.

Rechtsverletzung
- Haftung §55 80

Rechtsvorgänger
- Insolvenzanfechtung von Handlungen §129 24

Rechtswahl Art. 3 EuInsVO 14, 38; Art. 6 EuInsVO 5, 8; Art. 10 EuInsVO 2, 4; Art. 13 EuInsVO 8, 12

Rechtswegzuständigkeit, bei persönlicher Gesellschafterhaftung §93 86 ff.

Reformbestrebungen §1 7 ff.

Reformen der InsO §1 7 ff.

Regelinsolvenzverfahren
- Hinweispflicht §20 14
- Insolvenzanfechtung Vor §129 12

Registereintragung Art. 102 §1 EGInsO 10; Art. 102 §4 EGInsO 8; Art. 102 §6 EGInsO 1 ff.; Art. 5 EuInsVO 5; Art. 11 EuInsVO 1 ff.; Art. 14 EuInsVO 1 ff.; §31 2 ff.; §336 1; §346 1 f.
- Anpassung an ausl. Recht Art. 22 EuInsVO 5
- Aufhebung der Verfügungsbeschränkung §23 13
- Eintragungsantrag §23 8
- Eintragungsreihenfolge §23 10
- Gesamthänderinsolvenz §23 11
- Kosten Art. 23 EuInsVO 1
- Löschung des Insolvenzvermerks Art. 102 §4 EGInsO 4
- Marken Art. 12 EuInsVO 1
- Markenregister §33 6 ff.
- Register f. Pfandrecht an Luftfahrzeugen §33 5 ff.
- Schiffs-/Schiffsbauregister §33 2 ff.
- Verfügungsbeschränkung §23 6 ff.

Registerfragen Art. 4 EuInsVO 25

Regressforderung §38 45; §44 1 ff.

Rente §35 210, 212 ff., 227, 231, 234, 238; §36 28; §38 36; §45 13 ff.

Rentenversicherung §35 213 f.

Restschulbefreiungsverfahren
- Verfahrensgang §286 4

- vorzeitige Erteilung §300a 1 ff.
- Vergütung des Verwalters §300a 5
- Zuordnung des Neuerwerbs §300a 3 ff.

Restschuldbefreiung §207 27
- Absonderungsrecht §301 7
- als Verfahrensziel §1 35 ff.
- Altverfahren Anh A §303a 1
- Abtretungserklärung Anh I §303a 1
- Ankündigungsbeschluss Anh G §303a 1 ff.
- Antragsrecht Anh B §303a 1
- ausgenommene Forderungen Anh N §303a 1
- Ausschüttungen, Höhe Anh H §303a 2
- Entscheidung des Gerichts Anh M §303a 1 ff.
- Obliegenheiten Anh J §303a 1
- Treuhänder Anh H §303a 1 ff.
- Verfahrenskosten, Stundung Anh H §303a 3
- Versagung Anh F §303a 1 ff.
- Verstoß gegen Obliegenheiten Anh K §303a 1
- vorzeitige Beendigung Anh L §303a 1 ff.
- Zwangsvollstreckung Anh I §303a 1
- Anhörung zum Antrag im Schlusstermin §197 15
- Antrag §4a 7; §20 13
- Aufrechnung §301 10
- Aussonderungsanspruch §301 7
- Beschwerde gegen Stundungsablehnung oder Aufhebung §4d 1
- Darlehensforderung §302 10 f.
- echte und unechte §1 29 f.
- Eigenantrag §20 15
- Einstellung des Insolvenzverfahrens §215 7
- Erfasste Forderungen §301 2
- Ermessensentscheidung Anh C §311 4
- Forderung aus unerlaubter Handlung §302 1, 2 ff.
- Gefährdung Anh C §311 5
- Geldstrafen §302 8
- gerichtliche Hinweispflicht §20 2
- Hinweispflicht §20 13
- Insolvenzgläubiger §301 2
- keine Forderungsanmeldung §299 3
- Laufzeit der Abtretungserklärung §302 11
- Masseunzulänglichkeit §211 8; §301 3
- Masseverbindlichkeit §299 3 f.
- Neugläubiger §301 7
- nicht erfasste Forderungen §301 8
- Nichtangemeldete Forderung §301 2
- privilegierte Forderung §302 1 ff.
- Rechtsfolge der Erteilung §301 1 ff.
- Schuldnerschutz §1 28
- Schuldnerverzeichnis
  - Eintragung §303a 1
- Steuerforderung §301 6
- Steuerschulden §302 2 ff.
- Stundungsausschluss, erweiterter §4a 18
- Umwandlung der Forderungen §301 9

Stichwortverzeichnis

- Unterhaltsforderung § 301 4; § 302 2 ff.
- Unterlassungsanspruch § 301 7
- Verfahrenskosten
  - Ermittlung § 4a 23
- Versagung
  - nachträglich bekannt gewordene Gründe § 297a 1 ff.
  - Obliegenheitsverletzung § 296 10 ff.
- Versagung (Erklärung b. Stundungsantrag) **Anh C § 311** 4
- Vollstreckbarkeit § 302 9 ff.
- vorzeitige Erteilung § 299 3 f.
- Wirkung der Erteilung § 301 1 ff.
- zeitlicher Anwendungsbereich § 286 6
- Zinsen § 301 5
- Zuständigkeit § 2 9

Restschuldbefreiungsverfahren
- Absonderung **Vor § 49** 23
- Abtretungserklärung § 287 17 ff.
- Altverfahren
  - Entscheidung des Gerichts **Anh D § 303a** 1 ff.
  - Erteilung **Anh E § 303a** 1 ff.
  - Vorschlagsrecht **Anh C § 303a** 1
- Anhörung § 289 2 f.
- Antrag § 306 12
  - Angaben zur Mittelherkunft § 300 13
  - des Schuldners § 287 2
  - Eigener Insolvenzantrag des Schuldners § 287 9
  - Erklärung über Zulässigkeitsvoraussetzungen § 287 7
  - Fehlender Eröffnungsantrag § 287 13
  - Fehlender Eröffnungsantrag des Schuldners § 306 12 ff.
  - Form § 287 4 f.
  - Hinweis § 287 11
  - Inhalt § 287 3
  - Nachholung § 287 10
  - Nachholung § 305 20
  - Rücknahme § 287 6
  - Rücknahme § 287a 13
  - Verbraucherinsolvenzverfahren § 305 20
- Antrag des Schuldners § 305 20
- Aufrechnung
  - allgemeines Aufrechnungsverbot § 294 14
- Aufrechnungsverbot
  - nach erteilter Restschuldbefreiung § 294 15
  - Steuererstattungsanspruch § 294 14
- Besonderheiten im Verbraucherinsolvenzverfahren § 287 5, 16; § 305 20
- Eingangsentscheidung § 287a 2
- Entscheidung über
  - Anhörung § 300 3
- Eröffnungsbeschluss § 30 4a
- Ersetzung des Schlusstermins § 289 3
- Erwerbsobliegenheit § 287b 2
- fehlende Anmeldung von Insolvenzforderungen § 300 6
- fehlende Befriedigung von Insolvenzforderungen § 300 6
- Gebühren § 54 18
- Herkunftsbescheinigung § 300 13
- Hinweispflicht des Gerichts § 305 20
- juristische Person § 286 7
- Kosten § 54 18
- Massegläubiger
  - nicht befriedigte § 289 4
  - natürliche Person § 286 8 f.
- Präklusionswirkung § 303 10
- quotale Befriedigung § 300 7
- Rückforderungsanspruch § 301 20
- Rückriffsmöglichkeiten, Ausschluss § 301 19
- Sicherheiten § 301 13 ff.
- Sonderabkommen
  - Sondervorteil § 294 10
  - Verbot § 294 9 ff.
- Sperrfristen § 287a 6
- Tod des Schuldners § 300 4
- Treuhänder § 288 1 ff.
  - Mindestbetrag § 14 InsVV 5
- Verfahrensgang § 286 2
- Verfahrenskostendeckung § 289 2; § 300 11
- Verfahrensziel § 286 1
- Verfassungsmäßigkeit § 286 3, 5
- Versagung § 286 2; § 290 1 ff.
  - Amtsermittlungspflicht § 296 9
  - Antrag § 290 2 f.
  - Antragsberechtigung § 296 3 f.
  - Antragsberechtigung § 297 2
  - Aufforderung durch das Gericht § 298 5
  - Bagatellverstoß § 296 11
  - Beeinträchtigung der Gläubigerbefriedigung § 296 11
  - Darlegungslast § 296 6 f.
  - Erfüllung der Obliegenheiten § 296 1
  - Form § 296 5
  - Frist § 296 5
  - Glaubhaftmachung § 296 6 ff.
  - Glaubhaftmachung § 297 2
  - Heilung des Obliegenheitsverstoßes § 296 13
  - Insolvenzstraftaten § 297 1 ff.
  - Kausalzusammenhang § 296 11
  - Mindestvergütung des Treuhänders § 298 1 ff.
  - Obliegenheitsverletzung, Fahrlässigkeit § 296 14
  - Obliegenheitsverletzung, Vorsatz § 296 14
  - Rechtsmittel § 290 52
  - Verfahren § 296 15 ff.
  - weitergegebenes Wissen § 296 5
  - Wissensvertreter § 296 5
  - Zeitpunkt § 290 5
- Versagungsantrag § 290 2; § 300 15
  - Amtsermittlung § 290 12
  - Glaubhaftmachung § 290 10
  - Kosten § 290 55
  - Kosten § 300 19

2725

- Rücknahme § 290 9
- verspätete § 290 8
- Zurückweisung § 290 6
- Versagungsgrund
  - Deckung der Mindestvergütung des Treuhänders § 298 3 ff.
  - fehlerhafte Erklärung § 290 43 ff.
  - fehlerhafte Verzeichnisse § 290 43 ff.
  - Kenntnis § 296 5
  - Leistungsbeziehung/-vermeidung § 290 22
  - Strafhaft § 196 6
  - subjektive Voraussetzungen § 290 24
  - Verletzung der Erwerbsobliegenheit § 290 49 ff.
  - Verletzung von Auskunfts- und Mitwirkungspflichten § 290 34 ff.
  - Vermögensverschwendung § 290 26 ff.
  - Verzögerung des Insolvenzverfahrens § 290 26 ff.
  - vor Beginn Wohlverhaltensperiode § 290 1
  - während der Wohlverhaltensphase § 290 1
  - Wohlverhaltensphase § 295 1
  - Zeitpunkt § 290 23
- Versagungsgründe § 290 13 ff.
  - Insolvenzstraftat § 290 15
  - unrichtige oder unvollständige Angaben § 290 16 ff.
- Versagungsverfahren
  - Aufforderung durch den Treuhänder § 298 4
  - Entscheidung des Gerichts § 296 16
  - Entscheidung des Gerichts § 297 5
  - Entscheidung des Gerichts § 298 7
  - Kosten § 297 6
  - Kosten § 298 7
  - Mitwirkungsobliegenheiten § 296 18
- Vollstreckungsfragen § 301 11
- Vollstreckungsverbot § 294 2 ff.
  - absonderungsberechtigter Gläubiger § 294 4
  - Neugläubiger § 294 4
  - Rechtsbehelf § 294 8
  - Umfang § 294 7
  - Zeitraum § 294 5
  - Zeitraum § 294 6
- vorzeitige Beendigung
  - Abtretungserklärung § 299 5
  - Amt des Treuhänders § 299 2
  - Amt des Treuhänders Abtretung § 299 6
  - Antragsrücknahme § 299 2
  - Einstellungsbeschluss § 299 4
  - Erledigterklärung § 299 2
  - Gläubigerrechte § 299 7
  - Tod des Schuldners § 299 2
  - Versagung der Restschuldbefreiung § 299 2
  - vorzeitige Erteilung der Restschuldbefreiung § 299 3
- vorzeitige Erteilung § 300 5
- vorzeitige Erteilung nach 3 Jahren § 300 7
- vorzeitige Erteilung nach 5 Jahren § 300 11

- Widerruf § 303 2 ff.
  - Beeinträchtigung der Gläubigerbefriedigung § 303 4
  - Fristen § 303 7
  - Glaubhaftmachung § 303 8
  - Insolvenzstraftat § 303 5
  - nachträgliche Kenntnis § 303 5 f.
  - nachträgliche Kenntnis § 303 9
  - Obliegenheitsverletzung § 303 3
  - Präklusionswirkung § 303 5 f.
  - Verletzung von Auskunfts- oder Mitwirkungspflichten § 303 6
- Widerruf, Anhörung
  - Erheblichkeit § 303 4
- Wirkung § 286 9
- Wohlverhaltensperiode § 286 4
- Wohlverhaltensphase
  - 6-Jahres Frist § 300 2; § 295 1, 2
  - Ablauf § 300 2 ff.
  - Ablehnung zumutbarer Tätigkeit § 295 9
  - Arbeitsplatzverlust § 295 5
  - Auskunfts- und Mitwirkungspflichten § 295 14 ff.
  - Auskunftspflicht § 295 21
  - Ausübung angemessener Erwerbstätigkeit § 295 4 ff.
  - Beschäftigungswechsel § 295 5
  - Beschäftigungswechsel § 295 15
  - Bewerbung § 295 7 f.
  - Erbschaft § 295 10 ff.
  - Erwerb von Todes wegen § 295 10 ff.
  - Erwerbsloser Schuldner § 295 7 f.
  - Erwerbsobliegenheit § 295 3 ff.
  - Leistung an Treuhänder § 295 22
  - Obliegenheitsverletzung § 296 10 ff.
  - Schenkung § 295 10
  - Studium § 295 5
  - Verheimlichen von Vermögen § 295 18
  - Vollzeitbeschäftigung § 295 5
  - Weiterbildungsmaßnahmen § 295 5
  - Wohnsitzwechsel § 295 5
  - Wohnsitzwechsel § 295 15 f.
- Zulässigkeitsvoraussetzungen § 287a 6

Restschuldbefreiungsverfahren,
- Versagung
  - Antragsberechtigung § 298 2
  - Wohlverhaltensphase
    - Bemühung um angemessene Tätigkeit § 295 7 f.

Restschuldbefreiungsverfahren, Anhörung
- sofortige Beschwerde § 298 8

Restschuldversicherung § 35 208

Richter
- Befangenheit § 4 13

Richterliche Überzeugung § 16 8 ff.

»**Rover**« Art. 3 EuInsVO 7. 13, 89; Art. 4 EuInsVO 6a; Art. 10 EuInsVO 6; Art. 29 EuInsVO 5

Stichwortverzeichnis

.ückabwicklungsschuldverhältnis § 103 7
.ückdeckungsversicherung § 47 63
.ückgewähranspruch Anh § 35 Abschn. E 10;
§ 103 51
Abtretbarkeit § 143 92 ff.
Anspruchsgegner § 143 7 ff.
Anspruchsinhaber § 143 4
Aussonderung § 47 30
Begründung und Tilgung von Verbindlichkeiten
§ 143 35 ff.
Bösgläubigkeit § 143 86
- Duldung der Zwangsvollstreckung § 143 13
- Einrede der Anfechtbarkeit § 143 33
- Einschränkung/Beendigung von Rechten
§ 143 40 ff.
- Entstehung Vor § 129 3; § 143 2
- Erlöschen § 143 99 f.
- Ersatzaussonderung § 48 23
- Ersatzrückgewähranspruch § 137 5 ff.
- Feststellungsklage § 143 119
- Gegenleistung § 144 19
- Gegenstand der Rückgewähr § 143 8 ff.
- Geltendmachung § 143 4 f.
- gerichtliche Zuständigkeit § 143 111 ff.
- Grundurteil § 143 122
- Haftungsmilderung bei unentgeltlichem Erwerb
§ 143 83 ff.
- Insolvenz des Anfechtungsgegners § 143 87
- Klagschrift § 143 118
- Konkurrenzen § 143 101 ff.
- Kosten der Rückgewähr § 143 14
- Leistungen an den Schuldner § 143 39
- Leistungsklage § 143 118
- Nutzungen § 143 48 ff.
- Prozesshandlungen § 143 45
- Rechtshängigkeit § 143 121
- Rechtsnatur § 143 2
- Rechtsweg § 143 110
- Rückgewähr beweglicher Sachen § 143 16 ff.
- Rückgewähr von Grundstücksrechten
§ 143 19 ff.
- Rückgewähr von Unterlassungen § 143 44
- Rückübertragung der Belastung von Sachen und
Rechten § 143 32 ff.
- Rückübertragung sonstiger Rechte § 143 26 ff.
- Rückübertragung von Forderungen § 143 22 ff.
- Rückübertragung von Unternehmen § 143 31
- Sicherung des Rückgewähranspruches § 143 124
- Stufenklage § 143 118
- Surrogate § 143 56
- Verjährung § 146 1 ff.
- Verpfändbarkeit § 143 95
- Verwendungen § 143 51 ff.
- Vollstreckungsabwehrklage § 143 33, 120
- Vorteilsausgleichung § 129 113; § 143 70
- Wahlrecht § 143 66
- Wiederaufleben von Sicherheiten § 144 13 ff.
- Zurückbehaltungsrecht § 143 53

Rückgriffsanspruch § 38 45; § 43 1 ff.; § 44 1 ff.
Rückgriffsrecht
- Wechsel § 137 3
Rückschlagsperre § 88 13; § 89 9; § 110 7;
§ 131 11
- Verlängerung Anh A § 311 4
Rücktritt § 103 30; § 105 11; § 107 12 f., 19
Rückzahlung
- gestundeter Beträge § 4b 1
Rundfunkanstalt des öffentlichen Rechts § 12 5

Sacheinlage
- Unternehmergesellschaft Anh § 35 Abschn.
C 26
- verdeckte § 35 85
Sachliche Zuständigkeit § 2 1 ff.
- abweichende Regelungen § 2 6a
- Konzentration, Amtsgericht § 2 2
- Rechtshilfeersuchen § 2 7
- vollstreckungsrechtliche Entscheidungen § 2 2
Sachverständiger § 5 14 ff.; § 20 7; § 21 8, 27;
§ 151 23
- Amtsermittlung § 5 14 ff.
- Befangenheit § 4 14 f.
- Befugnisse § 5 15
- Befugnisse während Postsperre § 99 14
- Haftung § 5 17; § 22 219; § 60 48
- Hilfskräfte § 5 17
- Honorar § 11 InsVV 50
- Kosten § 5 18
- Prüfungsaufgaben § 22 68 ff.
- Vergütung § 5 17; § 22 70
Sachwalter
- Antragsbefugnis
  - Aufhebung der Eigenverwaltung § 272 13
  - Anzeigepflicht bei drohenden Nachteilen
  § 274 18
- Auslagen § 12 InsVV 9
- Aufgaben § 274 8
- Ausübung der Prüfungs- und Kontrollpflichten
§ 274 12
- Befugnisse § 274 8
- Begründung von Masseverbindlichkeiten,
Haftung § 61 5
- Berechnungsgrundlage § 12 InsVV 6
- Bestellung § 21 39a; § 270c 1; § 274 3, 4
  - Schutzschirmverfahren § 274 7
- Eigenverwaltung § 274 3 ff.
  - Insolvenzanfechtung § 280 2
- Gesamtschaden
  - Geltendmachung § 280 2 f.
- Haftung § 60 46a; § 274 21
- Kassenführung
  - Eigenverwaltung § 275 12
- Masseunzulänglichkeit
  - Anzeige § 285 2 f.
  - Anzeigepflicht § 285 6
- Mitwirkung

2727

- Eingehung von Verbindlichkeiten § 275 2
- Prüfung der wirtschaftlichen Lage § 274 9
- Rechte und Pflichten § 274 3
- Rechtsstellung § 274 3 ff.
- Regelvergütung § 12 InsVV 3
- Schutzschirmverfahren § 56 26e
  - Aufsicht § 270b 29
- steuerrechtliche Stellung § 155 21
- Strafbarkeit § 263 StGB 17
- Tätigkeitsvergütung § 63 19
- Überwachung der Geschäftsführung § 274 10
- Überwachung der Mittel für die Lebensführung § 274 11
- Untreue, § 266 StGB § 266 StGB 9
- Vergütung § 12 InsVV 2 ff.; § 274 24
  - Abschläge § 12 InsVV 8
  - Höhe § 12 InsVV 3
  - Regelvergütung § 12 InsVV 3
  - Vorschuss § 9 InsVV 11
  - Zuschläge § 12 InsVV 7
- Vergütungsantrag
  - Zeitpunkt § 8 InsVV 8
- vorläufiger § 270a 4 ff.; § 283 StGB 57
  - Vergütung § 12 InsVV 11

Sachwalter, Anfechtung
- Übertragung der Zustellung § 8 17

Sanierung
- angemessene Vergütung § 129 102; § 132 11; § 142 22
  - Ausschluss des Benachteiligungsvorsatzes § 133 18
  - Gläubigerbenachteiligung bei fehlgeschlagener Sanierung § 132 12
- Evidenzkontrolle
  - Schutzschirmverfahren § 270b 7
- Gläubigerbenachteiligung § 129 101

Sanierung, angemessene Vergütung
- Ausschluss des Benachteiligungsvorsatzes § 133 41

Sanierungsfunktion § 1 23 ff.; § 56 15c
Sanierungsgewinn § 55 66
Sanierungskonzept § 60 36
Sanierungsmaßnahmen § 22 76 ff.
Sanierungsprivileg § 39 38 ff., 48 ff.; § 135 71 ff.
Sanierungsprüfung § 22 72 ff.
- im Eröffnungsverfahren § 22 79

Sanierungsverfahren
- außergerichtliches § 56a 3
- vorgerichtliches § 56a 3

Sanierungsverwalter § 60 36
Säumniszuschlag § 39 8a
Schadensersatz
- für Begründung von Masseverbindlichkeiten § 61 9
- Insolvenzforderung § 38 46 ff.; § 113 40
- Insolvenzmasse § 35 238
- wegen Nichterfüllung § 103 41
- wegen Nichterfüllung, Verjährung § 103 52

- wegen vorzeitiger Vertragsbeendigung § 109 15 ff.

Schadensersatz, Insolvenzforderung § 45 11
- Insolvenzmasse § 35 227

Schadensersatzanspruch
- Arbeitnehmer § 55 45
- gegen Insolvenzverwalter, Umfang § 60 39
- Pflichtverletzung aus Beratervertrag Anh § 35 Abschn. K 2
- Verwalterentlassung § 59 12c

Scheck § 130 46; § 131 9, 34; § 137 13 ff.; § 140 6
Scheckinkasso § 130 46; § 140 11
Scheckvertrag § 116 16
Scheckzahlung § 82 12 f.; § 137 1 ff.
Scheinauslandsgesellschaft § 19 2; § 135 12, 101
»Scheinauslandsgesellschaft« Art. 4 EuInsVO 9
Scheinbestandteil § 166 4
Schenkung § 35 239; § 39 15 f.
- unter Auflagen § 134 7
- verdeckte § 134 20, 21

Schenkungsversprechen § 103 8
Schiedsgerichtsverfahren Vor § 85 20
Schiedsverfahren
- Feststellungsklage § 180 11

Schiedsvertrag § 103 8; § 143 117
Schiff § 35 130
- Insolvenzvermerk im Schiffs(bau)register § 33 2 ff.

Schlussbericht § 66 7
Schlussbilanz § 66 6; § 155 8
Schlussrechnung § 66 5
- Erörterung im Schlusstermin § 197 8
- Insolvenzplan § 258 4

Schlussrechnung, Erörterung im Schlusstermin § 197 6
Schlussrechnungslegung
- bei Einstellungsverfahren § 211 3
- Massearmut § 207 23

Schlusstermin § 197 1 ff.
- Anhörung zum Restschuldbefreiungsantrag § 197 15
- Bestimmung § 197 3
- Einwendungen, gegen Schlussverzeichnis § 197 9 ff.
- Erörterung u. Prüfung der Schlussrechnung § 197 6
- Insolvenzplanvorlage im Termin § 197 16
- nicht verwertbare Gegenstände § 197 13 f.
- Präklusion geprüfter Forderungen § 197 10
- Rechtsmittel § 197 17 f.
- Säumnis des Gläubigers § 197 12
- Terminierung § 197 4 f.

Schlussverteilung § 196 1 ff., 8 ff.
- absonderungsberechtigte Gläubiger § 190 10 ff.
- anhängige Feststellungsprozesse § 196 6
- aufschiebend bedingte Forderungen § 191 10
- Auszahlung § 196 13
- Bestimmung, Zustimmung § 196 6

Stichwortverzeichnis

laufende Feststellungsklage § 196 6
Nachweis auf Verzicht auf abgesonderte Befriedigung § 190 11
Neuerwerb § 196 7
Rechtsbehelf § 196 15
Überschuss § 199 1
Verfahren § 196 12 f.
Voraussetzung § 196 3 ff.
Widerruf der Zustimmung § 196 11
zu berücksichtigende Forderungen § 196 14
Zustimmung des Gerichts § 187 11
chlussverzeichnis
 Insolvenzverwalter § 66 8
chmerzensgeld § 35 227, 238
chriftliches Verfahren § 5 33 ff.
 bei nachträglichen Anmeldungen § 177 5, 10, 13
chuldbefreiungsanspruch § 35 165; § 38 27; § 45 7
chuldenbereinigung
 Ablehnungsfiktion § 305a 2
 Scheitern § 305a 2
chuldenbereinigungsplan § 305 26
 Einwendungen § 311 1
 Wiederaufnahme des Eröffnungsantrags § 311 1
chuldenbereinigungsverfahren
 Beiordnung eines Rechtsanwalts § 4a 40
 Formularzwang §§ 1-3 VbrInsFV 8
 Ruhen des Eröffnungsverfahrens § 306 1
 Verfahrensfragen § 311 3
chuldner
 Antrag auf Eigenverwaltung § 270 13
 Anwesenheit im Prüfungstermin § 176 6
 Auskunfts- und Mitwirkungspflicht § 5 19
 Haftung nach Abschluss des Insolvenzplans § 227 1
 Haftungsbefreiung Insolvenzplan § 227 2
 Handeln für Antragsberechtigten § 13 5; § 15 3
 Nachhaftung § 184 1
 Nachhaftung bei öffentlich-rechtlichen Ansprüchen § 201 7
 Nachhaftung ggü. Massegläubigern § 201 5
 unentgeltliche Leistung § 39 15 f.
 unerlaubte Handlung § 36 28; § 38 49
 Unterrichtung über Maßnahmen gem. § 160 § 161 2
 Verfügungsrecht
 – Aufhebung des Insolvenzverfahrens § 259 6
 – Widerspruch gegen titulierte Forderung § 184 10
 Wiedereinsetzung in den vorigen Stand im Prüfungstermin § 176 6
chuldner, Auskunfts- und Mitwirkungspflicht
 unerlaubte Handlung § 38 36
chuldnerbegünstigung § 283d StGB 1 f.
chuldnerbeteiligung
 Kontrollverlust § 56a 8
 Verwalterauswahl § 56a 8

Schuldnerschutz § 1 27 ff.
– Restschuldbefreiung § 1 28 ff.
Schuldnervermögen
– Arbeitnehmeranteile zur Sozialversicherung § 129 56
– Arbeitskraft § 129 42
– befreiende Schuldübernahme § 129 71
– durch Straftaten erlangtes § 129 41b
– Firma § 129 51
– Freigabe § 129 114
– Immaterialgüterrechte § 129 53
– Konzessionsrechte § 129 47
– Lohnsteuer § 129 57
– Markenrechte § 129 52
– Personenstand § 129 44
– Persönlichkeitsrechte § 129 42
– Überziehungskredit § 129 49
– unpfändbares § 129 48
– Unternehmen § 129 50
– Urheberrechte § 129 47
– zweckbestimmtes § 129 70
Schuldnerverzeichnis § 303a 1
Schuldverschreibung Anh § 38 1 ff.
– Aggregation mehrerer Anh § 38 120
– Debt-Equity-Swap Anh § 38 115
– Gläubigerversammlung Anh § 38 25
– Gleichbehandlungsgebot Anh § 38 118
– Restrukturierung Anh § 38 112
Schuldverschreibungen
– grenzüberschreitende Bezüge Anh § 38 121
– Rechtsstellung der Anleihegläubiger Anh § 38 113
– Restrukturierung Anh § 38 103 ff.
– verfahrensrechtliche Besonderheiten Anh § 38 23
Schutzrechte Art. 12 EuInsVO 1
Schutzschirmverfahren § 270b 1 ff.
– Anordnungsvoraussetzungen § 270b 2
– Antragsverfahren § 270b 2
– Aufhebung der Anordnung § 270b 36
– Aufsicht durch vorläufigen Sachwalter § 270b 29
– Begründung von Masseverbindlichkeiten § 270b 32
– Dauer § 270b 24 ff.
– Eigenverwaltung § 270b 10
– Eintritt der Zahlungsunfähigkeit § 270b 41
– Eröffnungsgrund § 270b 4
– örtliche Zuständigkeit § 3 15a
– Postsperre § 99 1
– Rechtsfolgen § 270b 24 ff.
– Sanierungsfähigkeit
 – Evidenzkontrolle § 270b 7
– Umfang § 270b 24 ff.
– Unabhängigkeit des Sachwalters § 56 26e, 26f
– ungeschriebene Anordnungsvoraussetzung § 270b 10
– Verfahrensfragen § 270b 45
– Veröffentlichung § 23 3

2729

- Verwalterauswahl § 56a 11
  - Abwahlmöglichkeiten § 56a 28
  - Gläubigerbeteiligung § 56a 24
- vorläufiger Gläubigerausschuss § 22a 2a, 3

Schutzschrift
- Hinterlegung für den Fall der Eigenverwaltung § 270 27

Schwache vorläufige Insolvenzverwaltung § 22 80 ff.
- Begründung von Masseverbindlichkeiten § 22 87 ff.
- Einzelermächtigung § 22 90 ff.
- steuerrechtliche Stellung § 22 146 ff.
- Verpflichtungsgeschäft § 22 86

Schweigepflicht
- Auskunftspflicht § 97 8

Schwerbehinderte § 113 85 ff.
Scoring-Verfahren § 1 42
Sekundärinsolvenzverfahren § 16 18; § 17 32; § 19 52; Vor § 335 8 ff.; § 356 1 f.; Art. 3 EuInsVO 43
- am Hauptsitz Art. 2 EuInsVO 9
- Anerkennung des Hauptverfahrens Art. 27 EuInsVO 3
- Anhörungsrecht des Insolvenzverwalters Art. 33 EuInsVO 15
- Antragsrecht des Geschäftsführers Art. 4 EuInsVO 29 ff.
- Befugnisse des Sekundärverwalters Art. 27 EuInsVO 15
- Eigenverwaltung § 270 7, 16; Art. 27 EuInsVO 12 ff.
- Eröffnung
  - Antragsrecht Art. 29 EuInsVO 2
- Gläubigerrechte Art. 32 EuInsVO 1 ff.
- Insolvenzantrag Art. 27 EuInsVO 2
- Insolvenzgrund Art. 27 EuInsVO 5
- Insolvenzplan Art. 27 EuInsVO 10; Art. 102 Art. 9 EGInsO 1
- internationale Zuständigkeit Art. 27 EuInsVO 4
- Kompetenzkonflikte Art. 102 § 3 EGInsO 1 ff.
- Kooperation Art. 31 EuInsVO 3 ff.
- Kostenvorschuss Art. 30 EuInsVO 1
- Liquidationsverfahren Art. 27 EuInsVO 10
- Masseverbindlichkeiten Art. 27 EuInsVO 15a
- nachträgliche Eröffnung eines Hauptverfahrens Art. 37 EuInsVO 1 ff.
- Sicherungsmaßnahmen § 38 1 ff.; § 344 1 f.; Art. 33 EuInsVO 6
- Verfahrenseröffnung Art. 27 EuInsVO 1 ff.
- Verfahrensfragen Art. 27 EuInsVO 16; Art. 32 EuInsVO 9 ff.
- Verfahrenskostendeckung Art. 27 EuInsVO 8
- Vermeidung von Strafbarkeit Art. 4 EuInsVO 27
- Voraussetzungen nach nationalem Recht Art. 27 EuInsVO 6

Sekundärverfahren
- Aussetzung der Verwertung Art. 33 EuInsVO 1

Selbstständige Tätigkeit des Insolvenzschuldners § 35 232, 240 ff.
- Freigabe § 35 240 ff.
- Masseverbindlichkeiten § 35 246, 249 f.
- Verwalterhaftung § 35 269 ff.

Selbstständige wirtschaftliche Tätigkeit § 3 8 ff.
SEPA-Lastschrift § 116 13 ff.
SEPA-Lastschriftverfahren § 82 22
Sicherheitenbestellung
- durch vorläufigen Insolvenzverwalter § 22 59, 9

Sicherheitseinbehalt § 103 31
Sicherstellungsanspruch § 87 4
Sicherungsabtretung § 35 30; § 51 24 ff.; § 166 14
- Absonderung § 47 54a; § 51 24 ff.
- Aussonderung § 47 31 ff.; § 51 31
- befreiende Leistung § 166 15, 23
- Ersatzabsonderung § 48 38 f.; § 166 16b
- Kollision § 51 45 ff.

Sicherungsbeschluss
- Bekanntmachung § 23 2 f.
- Ersatzabsonderung § 21 76 f.
- Übermittlung an Registergerichte § 23 6
- Zustellung § 23 5

Sicherungseigentum
- Übereignung § 51 5

Sicherungsmaßnahmen
- »Firmenbestattung« § 21 6 ff., 34, 72 ff.
- Absonderungsrechte § 21 69a ff.
- allgemeines Verfügungsverbot § 21 40 ff.
- Amtshaftung § 21 90
- Angemessenheit § 21 22 f.
- Anordnungsgrund § 21 3 ff.
- Anordnungspflicht § 21 24 ff.
- Anordnungsverfahren § 21 76 ff.
- Anordnungsvoraussetzungen § 21 14 ff.
- Aufenthaltsbeschränkende Maßnahmen § 21 69m
- Aufhebung § 21 80 f.; § 25 1
  - öffentliche Bekanntmachung § 25 2 ff.
- Ausgleichszahlungen § 21 69e
- Aussonderungsrechte § 21 69a ff.
- Beschlagnahme § 21 69m
- besonderer Zustimmungsvorbehalt § 21 41
- besonderes Verfügungsverbot § 21 41
- Betretungsrechte § 21 69m
- Betretungsverbote § 21 69m
- Betriebsfortführung § 21 45
- Durchsuchung § 21 7
- Durchsuchung bei Dritten § 21 13
- Eingriff in organschaftliche Stellung § 21 69m
- Einzelermächtigung § 21 44; § 22 90 ff.
- Einzelfallprüfung § 21 15
- Einzelzwangsvollstreckungsverbot § 21 51 ff.
- Erforderlichkeit § 21 14 ff.
- EuInsVO § 21 91 ff.
- Finanzsicherheitenrichtlinie § 21 70 f.
- Forderungsabtretung § 21 69h ff.
- Fortsetzungsfeststellungsklage § 21 82

Stichwortverzeichnis

gegen den Schuldner § 21 6 ff.
gegen Dritte § 21 11 ff.
Generalklausel § 21 2 ff.
Geschäftsräume, Durchsuchung § 21 7
ggü. Sicherungszessionar § 21 69h
Grenzen § 21 6
Insolvenzgeldvorfinanzierung § 21 35
Kleinforderung § 21 19
Kleininsolvenzverfahren § 21 20
kollidierende Sicherungsanordnungen § 21 47, 81
Konkrete Gefahr § 21 16
Kontosperre gegen Dritte § 21 13
Kosten § 21 85 ff.
Nutzungsbefugnis § 21 69d ff.
Nutzungsentgelt § 21 69e
rechtliches Gehör § 21 74, 77
Rechtsbehelfe § 21 82 ff.
Rechtsbehelfsbelehrung § 21 78
Routinemäßige Anordnung § 21 15
Sachverständiger § 21 8, 27
schwache vorläufige Insolvenzverwaltung § 21 29, 42 ff.
Sicherungsbedürfnis, Glaubhaftmachung § 21 16 f.
Sicherungsbeschluss § 21 78
Sicherungsumfang § 21 5
Siegelung § 21 69m
sonstige Sicherungsmaßnahmen § 21 69m
starke vorläufige Insolvenzverwaltung § 21 29, 42 ff.
strafprozessuale Vollstreckungsmaßnahmen § 21 62a
umfassende Handlungsermächtigung § 21 43; § 22 88
unpfändbares Vermögen § 21 5
Unterlagenbeschlagnahme § 21 7
Urkundenvorlage § 21 13
Verbraucherinsolvenzverfahren § 21 20
Verhältnismäßigkeit § 21 22 ff.
Verwertungsstopp § 21 69c ff.
Vollstreckungsschutz § 21 82
vorläufiger Insolvenzverwalter § 21 28 ff.
Wertersatz § 21 69e
Wohnräume § 21 7
Zinsen § 21 69e
Zulässigkeit des Insolvenzantrags § 21 2
Zwangsmaßnahmen § 21 9
Sicherungsnehmer
- Insolvenz § 51 11
Sicherungsrecht § 103 35 f., 50
- Auffüllen von § 131 21
- Austausch von § 129 68
- bedingt auf den Insolvenzfall § 133 39
- Deckungsanfechtung § 130 7
- Entstehungszeitpunkt § 140 12 ff.
- Ermöglichung der Sicherung § 130 9; § 140 19
- Ersatzgegenstände § 129 89

- Finanzsicherheiten § 130 51 ff.
- gesetzliche Sicherungsansprüche § 131 23
- nachträglich vereinbarte § 131 20
- nicht zu beanspruchende § 131 20 ff.
- Sicherung eigener Verbindlichkeiten § 134 23
- Sicherung fremder Verbindlichkeiten § 134 27 f.
- Verwertung § 129 93
- Wiederaufleben § 144 13 ff.
Sicherungsübereignung § 35 30, 134, 148; § 36 20a; § 51 4 ff.; § 108 5 f.
- Absonderung § 51 4 ff.
- Aussonderung § 47 31 ff.; § 51 11
- Ersatzabsonderung § 51 10
- Ersatzsicherheiten § 51 8
- Insolvenz § 51 6 ff.
- Kollision § 50 37; § 51 42a ff.
- nach Insolvenzeröffnung § 51 7
- Verarbeitungsklausel § 51 9
- Verwertung durch Gläubiger § 166 12
- Vorausabtretung § 51 7
Sicherungsübertragung § 47 49; § 51 2
- Anwartschaftsrecht § 51 4
Sicherungszession § 94 4 f.; § 96 5
Siegelbruch § 150 8
Siegelung § 150 2 ff.
- Entsiegelung § 150 6
- Rechtsmittel § 150 9
societa europaea
- Insolvenzfähigkeit § 11 7
Societas Europa Art. 4 EuInsVO 21a
Sofortige Beschwerde § 6 1 ff.
- Abhilfe § 6 25 ff.
- Amtsermittlungspflicht § 6 28
- aufschiebende Wirkung § 6 27
- Ausnahmen vom Enumerationsprinzip § 6 8
- bei Verstoß gegen Sperrwirkung gem. § 92 § 92 71
- bei Verstoß gegen Sperrwirkung gem. § 93 § 93 94
- Beschwer, formelle § 6 17
- Beschwer, materielle § 6 17
- Beschwerdeberechtigung § 6 16
- Beschwerdeberechtigung bei Führungslosigkeit § 6 16a
- Entscheidung § 6 28 ff.
  - Wirksamkeit § 6 31
- Entscheidungszeitpunkt § 6 28a
- Eröffnungsbeschluss § 6 17
- Form § 6 20 f.
- Frist § 6 22 ff.
- Gegenvorstellung § 6 14
- Insolvenzplan § 253 1 ff.
- Kosten § 6 30
- Maßnahmen der Amtsermittlung § 6 6
- Nicht insolvenzspezifische Entscheidungen § 6 9
- Rücknahmefiktion § 6 7
- Sachverhaltsdarstellung § 6 29
- Staatskasse § 4d 4

2731

- Statthaftigkeit § 6 2 ff.
- Stundungsablehnung oder Aufhebung § 4d 1
- Verfahren § 6 15 ff.
- verfahrensmäßige Überholung § 6 18
- vollstreckungsrechtliche Entscheidungen § 6 11
- Zuständigkeit § 6 28

Software § 35 135
Sollmasse § 35 1
Sonderaktiva § 35 170 ff.
Sonderinsolvenz § 35 7 ff.
- Sonderinsolvenzverwalter § 56 41

Sonderinsolvenzen
- Insolvenzverfahren § 11 42

Sonderinsolvenzverwalter § 56 41
- Ablehnung der Einsetzung § 56 42a
- Anhörung des Gläubigerausschusses § 56 42h
- Gesamtschaden (§ 92 Satz 2) § 92 52 ff.
- Gesamtschadensanspruch, Geltendmachung § 56 42
- Konzerninsolvenz § 56 41a
- Rechtsmittel gegen die Einsetzung § 56 42e
- Sonderinsolvenzmasse § 56 42b
- Vergütung § 56 42d; § 64 1
  - Anspruch
    - Festsetzung § 63 21
  - Anspruch § 63 21
  - Anspruch § 63 21
- Zuständigkeit für Einsetzung § 56 42b

Sonderinsolvenzverwaltung
- Entlassung des bisherigen Verwalters § 56 42g
- Tod des bisherigen Verwalters § 56 42g

Sonderkonto § 149 11
Sonderkündigungsrecht des Erwerbers § 111 5
Sonderkündigungsschutz § 113 78
Sondermasse § 35 10
- bei Gesamtschadensliquidation § 92 15, 33 f.
- bei persönlicher Gesellschafterhaftung § 93 22, 72, 74, 75 ff.

Sondervergütungsanspruch § 54 22
Sondervermögen der öffentlichen Hand, Eigenbetrieb § 12 7
Sonderverwalter
- Vergütung
  - Vorschuss § 9 InsVV 11

Sozialauswahl § 113 50 ff.; § 125 15 ff.
- grob fehlerhaft § 125 15

Sozialhilfe § 35 234
Sozialleistung § 35 234; § 36 13
Sozialplan § 123 1 ff.; § 129 8; § 132 5; § 134 29
- Abschlagszahlung § 123 8
- Begrenzung § 123 6 ff.
- Erzwingbarkeit § 123 2
- Gleichbehandlungsgrundsatz § 123 5
- Insolvenzforderung § 124 7
- insolvenznaher § 124 2 ff.
- Masseverbindlichkeit § 123 8
- Vollstreckungsverbot § 123 9
- Widerruf § 124 1 ff.

Sozialversicherungsbeitrag
- Nichtabführen und Zahlungsunfähigkeit § 130 21

Sozialversicherungsträger
- Insolvenzantrag § 14 37 ff.

Speditionsvertrag § 116 5
Sperrfristrechtsprechung
- Anwendbarkeit § 4a 2

Sperrwirkung der §§ 92, 93, bei Gesamtschadensliquidation § 92 26 ff., 37
- bei persönlicher Gesellschafterhaftung § 93 26 ff., 39 f.

Sperrzeit
- Arbeitslosengeld § 113 26a

Sperrzeit, Arbeitslosengeld § 113 25
Spiegelbildprinzip § 343 1
Sportverein § 35 120
Sprache, Unterrichtung der Gläubiger Art. 102 § 11 EGInsO 1; Art. 42 EuInsVO 1 f.

Staatliche Haftung
- Ausnahme § 63 4

Staatshaftung Art. 102 § 4 EGInsO 5a; Art. 10 EuInsVO 5

Staatskasse
- Beschwerderecht § 4d 1
- sofortige Beschwerde § 4d 4

Standesrecht
- Eigenverwaltung § 270 9

Starke vorläufige Insolvenzverwaltung
- Prozessrecht § 22 167 ff.
- steuerrechtliche Pflichten § 22 136 ff.

Statutenwechsel Art. 7 EuInsVO 7
Stellungnahmerechte § 156 8
Steuerberater
- Herausgabe der Geschäftsunterlagen § 5 22

Steuerberatervertrag § 116 5
Steuererklärung
- Abgabe durch Insolvenzverwalter § 155 25
- Berichtigung durch Insolvenzverwalter § 155 27

Steuererklärungen Anh B § 311 3
Steuererstattung § 35 162, 223
Steuerforderung § 96 7
- Feststellung von § 185 4 ff.
- Insolvenzaufrechnung § 95 19
- Wirkung nach Tabellenfeststellung § 178 21a

Steuergeheimnis § 22 141, 151; § 155 31
Steuergläubiger
- Insolvenzantrag § 14 41

Steuerliche Nebenleistungen § 55 90a
Steuerliche Organschaft § 270 41; § 275 2
Steuerrecht
- im Eröffnungsverfahren § 22 135 ff.
  - starke vorläufige Insolvenzverwaltung § 22 136 ff.
- persönliche Verwalterhaftung § 22 145
- schwache vorläufige Insolvenzverwaltung § 22 146 ff.

Steuerrecht, im Eröffnungsverfahren

Stichwortverzeichnis

Umsatzsteuer § 22 143 ff.
Steuerschulden
Insolvenzforderung § 55 59
Masseverbindlichkeit § 55 59
Masseverbindlichkeiten § 55 82
Stiftung
des öffentlichen Rechts
– Insolvenzfähigkeit § 12 3
– Insolvenzfähigkeit § 12 6
Insolvenzantragsberechtigte § 15 5
– Insolvenzantragspflicht § 15a 2
Insolvenzfähigkeit § 11 7
Insolvenzverschleppung § 35 192 f.
Vorstiftung § 11 17
Stille Gesellschaft § 38 11; § 84 11
– Anspruchskonkurrenzen § 136 18
– Auflösung § 136 2
– Ausschluss der Anfechtung § 136 14
– besondere Vereinbarung § 136 6 ff.
– Darlegungs- und Beweislast § 136 17
– Einlagenrückgewähr § 136 3 ff.
– Erlass des Verlustanteils § 136 3, 11
– fehlerhafte Gesellschaft § 136 4
– Fremdkapital § 136 3
– Gerichtsstand § 136 16
– Gläubigerbenachteiligung § 136 13
– Innengesellschaft § 136 3
– Insolvenzantragsberechtigte § 15 5
– Insolvenzeröffnung beim Geschäftsinhaber § 136 2, 5
– Jahresfrist § 136 8
– MoMiG § 136 2
– partiarisches Darlehen § 136 3
– Rechtsfolgen der Anfechtung § 136 15
– typisch stille Gesellschaft § 19 44
Stille Lasten § 19 19
Stille Reserven § 19 19
Stilllegung
– des Unternehmens § 157 4
– Grund für § 158 4
– sofortige § 157 5
– sukzessive § 157 6
– Unterrichtung des Schuldners § 158 8
– Untersagung § 158 3, 8
– Zustimmung des Gläubigerausschusses § 158 7
Stilllegung, des Unternehmens
– vor dem Berichtstermin § 158 1 ff.
Stimmliste § 239 1
Stimmrecht § 77 1 ff.
– Absonderungsberechtigte § 77 13
– Änderung der Gerichtsentscheidung § 77 9
– Anteil an AG § 238a 12
– Anteil an GmbH § 238a 7
– Anteilsinhaber § 238a 3
– aufschiebend bedingte Forderung § 77 12
– Aussonderungsberechtigte § 77 2
– Berücksichtigung angemeldeter Forderungen § 77 6 ff.
– Berücksichtigung ungeprüfter Forderungen § 77 16
– Bestreiten durch Schuldner § 77 4
– bestrittene Forderung § 77 5
– des Insolvenzverwalters Art. 32 EuInsVO 8; § 341 1 f.
– Einigung in der Gläubigerversammlung § 77 7
– Entscheidung des Gerichts § 77 8
– Entscheidung des Richters § 77 20
– Entscheidung, Zumessung des Gerichts § 77 8
– festgestellter Forderung § 77 4
– Feststellung § 237 2 ff.
– Genossenschaftsmitglied § 238a 24
– Gruppe von Anteilsinhaber § 246a 1
– Insolvenzgläubiger § 237 4
– keine Einigung in der Gläubigerversammlung § 77 8
– Massegläubiger § 77 2
– Nachranggläubiger § 77 2
– Personengesellschaft § 238a 19
– Rechtsbehelf § 77 18
– Stimmbindungsvertrag § 238a 30
– Stimmrechtsausschluss § 238a 29
– Stimmrechtsverbot § 77 11
– Stimmrechtsvollmacht § 238a 31
– Vereinsmitglied § 238a 27
– weitere Gläubigerversammlung § 77 19
– weitere Gläubigerversammlung bzw. Aufhebung des Beschlusses § 77 21
– Widerruf der abgegebenen Stimme § 243 6
– Wirkung der Entscheidung auf nachfolgende Gläubigerversammlungen § 77 15
Strafbarkeit des Geschäftsführers Art. 4 EuInsVO 21, 27
Straftat
– Nebenfolgen § 39 12 ff.
Streitgenossenschaft
– im Feststellungsprozess § 179 39 ff.
– Prozessunterbrechung bei Insolvenz Vor § 85 5
Streithelfer
– Insolvenzeröffnung Vor § 85 8
Streitwert
– Feststellungsklage § 182 7 ff.
– Feststellungsklage des Schuldners § 184 7
– im Verwaltungsverfahren § 185 9
– relevanter Zeitpunkt für Festsetzung § 182 11
– Streitwertbeschluss, Korrektur § 182 12
Stundung § 110 5
– Ablehnung § 4d 1
– Antrag
– – Form § 4a 6
– Aufhebung § 4c 1; § 4d 1
– – Fallgruppen § 4c 2
– – Rechtsfolgen § 4c 32
– – Versagung oder Widerruf der Restschuldbefreiung § 4c 24
– Zahlungsverzug § 4c 18
– Zweckverfehlung § 4c 25

2733

Stichwortverzeichnis

- Aufhebungsgründe § 4c 2, 5
- Aufhebungsverfahren § 4c 30
- Beiordnung eines Rechtsanwalts § 4a 40
- der Verfahrenskosten § 1 31
- Erklärung über persönliche Verhältnisse § 4c 12
- Erklärung über wirtschaftliche Verhältnisse § 4c 12
- erweiterter Stundungsausschluss § 4a 14
- fehlende Voraussetzungen § 4c 16
- Insolvenzplan § 4a 12
- Insolvenzverfahren
  - Einstellung § 4a 12
- Mitteilungspflichten des Schuldners § 4b 9
- Ratenfestsetzung § 4b 6
- Restschuldbefreiung
  - Vorwirkungsrechtsprechung § 4a 16
- Stundungsverlängerung § 4b 3
- Umfang § 4a 37
- unrichtige Angaben § 4c 7
- unterlassene Angaben § 4c 7
- Verfahrensfragen § 4a 48
- Verfahrenskosten
  - Höhe § 4b 2
  - Rückzahlung § 4b 1
- Verlängerung § 4b 2
- Verletzung der Erwerbsobliegenheit § 4c 20
- Voraussetzungen § 4a 5 ff.
- Wirkung § 4a 45
- Zweckverfehlung § 4a 11

Stundungsantrag
- Auskunftspflicht des Schuldners § 4a 31
- Einmalzahlung § 4a 30
- pfändbares Vermögen § 4a 25
- Verfahrenskostendeckung
  - Insolvenzanfechtung § 4a 25
  - Kostenbeiträge § 4a 25
  - Neuerwerb § 4a 25
  - Rücklagenbildung § 4a 25
- Versagungsgrund § 4a 36

Stundungsausschluss
- erweiterter § 4a 14

Stundungsregelung § 4b 1 ff.
Stundungsvereinbarung, Anforderungen an § 17 10
Stundungsverfahren § 4a 1
Stundungsverlängerung § 4b 3 ff.
- Antrag § 4b 8
- Voraussetzungen § 4b 4

Subsidiärhaftung
- Staatskasse § 63 2

Substanzwert § 19 21
Subvention § 38 51
Sukzessivlieferungsvertrag § 38 37; § 103 22; § 105 5

Tabelle § 175 1 ff.
- Aufbau und Inhalt § 175 2
- Berichtigung § 175 6

- Berichtigung nach Feststellung § 183 7 f.
- Einsichtnahme durch Beteiligte § 175 7 f.
- Feststellung zur Tabelle § 178 1
- Führung durch Insolvenzverwalter § 175 1, 4
- Führung nach Prüfungstermin § 175 4
- Hinweispflicht des Gerichts an Schuldner wg. unerlaubter Handlung § 175 9
- nachrangige Forderungen § 175 3
- Niederlegung § 175 7
- Rechtsbehelf bei Ablehnung der Forderungseintragung § 175 11

Tabellenauszug
- Beglaubigter § 179 53
- bei Ausfallforderungen § 179 53; § 201 7a f.
- Erteilung der Vollstreckungsklausel § 201 9; § 202 2 f.
- Klauselerteilung § 184 16b
- Vollstreckungstitel § 201 8 f.

Tagebücher § 35 35, 205
Tarifvertrag § 103 8; § 113 31
Teilbarkeit § 103 44; § 105 4 f.
- Umsatzsteuer § 105 4

Teilerfüllung § 55 14
Teilleistungen § 103 33 ff., 40, 44 ff.; § 105 6 ff.
Teilungsversteigerung § 84 5
Tenor
- Formulierungsbeispiele § 179 50 ff.
- Leistungstenor im Feststellungsrechtsstreit § 179 19

Termin, Bestimmung § 29 2 ff.
Terminsbestimmung § 29 1 ff.
- Eigenverwaltung § 29 7
- Fehlen § 29 5
- Vorlage eines Insolvenzplans § 29 6

Territorialinsolvenzverfahren Vor § 335 7 ff.; § 355 2 ff.; Art. 3 EuInsVO 42 ff.; Art. 4 EuInsVO 2 f.; Art. 17 EuInsVO 6 f.
- Forderungsanmeldung
  - nachträgliche Eröffnung Art. 18 EuInsVO
- Forderungsanmeldung, nachträgliche Eröffnung Art. 39 EuInsVO 1

Testamentsvollstrecker
- Nachlassinsolvenzverfahren Vor § 315 15
- Nachlassinsolvenzverfahren, Antragsberechtigung § 317 4

Testamentsvollstreckung § 35 222; § 83 5
Tiere § 35 204
Tilgung
- fremder Schulden § 134 25

Tilgung fremder Schulden § 143 38
Titelaufzehrung § 201 10 ff.
Titelumschreibung § 80 41 ff.
Titulierte Forderung § 179 26 ff.
Tochtergesellschaft Art. 2 EuInsVO 7 f.
Tod des Insolvenzschuldners Vor § 315 16
Transfergesellschaft § 157 10
Transparenz der Geldflüsse § 58 4c
Treuepflichten

Stichwortverzeichnis

Insolvenzverwalter § 60 38
Treuhand
Anfechtungsgegner § 134 8
Gläubigerbenachteiligung § 129 55, 100
Treuhand, Anfechtungsgegner
Rückgewähranspruch gegen Treuhänder § 143 63
Zurechnung treuhänderisch gehaltener Gesellschaftsanteile § 138 26
Treuhänder § 56a 6; Anh B § 311 2
Ablehnung der Überwachungsaufgabe § 292 10
Aufsicht § 292 14
Auslagen § 293 6 f.
Begründung von Masseverbindlichkeiten § 61 6
Entlassung § 292 13
Fehlende Kostendeckung § 293 5; § 298 3
Haftung § 60 47; § 292 15
Insolvenz
Aussonderung § 47 38
Kostendeckung § 292 12
Mindestvergütung § 293 2; § 298 2 ff.
Prozessaufnahme § 85 6
Rechnungslegung § 292 13
Rechtsnatur des Treuhandverhältnisses § 292 6
Restschuldbefreiungsverfahren
 – Aufforderung an die Gläubigerversammlung auf Vorschuss § 15 InsVV 8
 – Auslagen § 16 InsVV 5
 – Beschlüsse der Gläubigerversammlung § 15 InsVV 7
 – Entnahmerecht § 16 InsVV 10
 – Erinnerung § 16 InsVV 12
 – Grundvergütung § 16 InsVV 3 f.
 – Kostenstundung § 16 InsVV 11
 – Mindestbetrag § 14 InsVV 5
 – Reformbestrebungen § 14 InsVV 9 ff.
 – Stundensätze § 15 InsVV 4 f.
 – Überwachungsvergütung § 15 InsVV 2 f.
 – Überwachungsvergütung § 16 InsVV 6 f.
 – Vergütung § 14 InsVV 9
 – Vergütung § 293 2
 – Vergütung, Reformbestrebungen § 16 InsVV 13
- Restschuldbefreiungsverfahren,
 – Vergütung, Festsetzung § 16 InsVV 8 f.
- Sekundäranspruch gegen die Staatskasse § 293 8
- steuerrechtliche Stellung § 155 22, 23
- Tätigkeitsvergütung § 63 20
- Übertragung der Zustellungen § 8 17
- Überwachung des Schuldners § 293 3
- Überwachung des Treuhänders § 292 13
- Umsatzsteuer § 293 6
- Unterrichtung des Arbeitgebers § 292 2
- Vergütung § 14 InsVV 2 ff.; § 292 10 f.; § 293 1 ff.
 – Berechnungsgrundlage § 14 InsVV 2
- Verhalten während der Wohlverhaltensperiode § 292 1

– Verkürzung der Treuhandphase § 292 9
– Verteilung
 – Aussetzung § 292 8
 – Verteilung der Gelder § 292 5
 – Verwahrung der Gelder § 292 5
 – vorläufiger § 21 38; § 22 5; § 306 11
 – Vorschlagsrecht § 288 1 f.
 – Vorschuss § 292 10 f.; § 293 4, 7
 – vorzeitige Beendigung § 293 2; § 299 7
 – Zuständigkeit § 292 11
Treuhänderbestellung § 56 2
Treuhandkonto § 22 98 ff.; § 47 41, 50 ff.; § 55 23; § 58 4c
– Aufsicht § 58 4c
– Rechnungslegung § 22 103
Treuhandmodell § 60 31
Treuhandverhältnis § 35 30 ff.
– Aussonderung § 47 34 ff.
– Insolvenzeröffnungsverfahren § 47 50 ff.
– Kundenvorauszahlung § 47 56 f.
– Offenkundigkeitsprinzip § 47 40
– Unmittelbarkeitsprinzip § 47 40
– Vermögenssteuerungsprinzip § 47 40
– Verwertungserlös § 47 58 f.
– Weiterlieferer in Betriebsfortführung § 47 52 ff.
Treuhandvertrag § 116 5

Übergangsregelungen Vor § 129 22 ff.
– Vergütung § 19 InsVV 1 ff.
Überschaubare Vermögensverhältnisse
– Abschläge § 3 InsVV 37
Überschuldung
– Abgrenzung zur bilanziellen Überschuldung § 19 59
– Aktiva, Bewertung der § 19 19 ff.
– Anwendungsbereich § 19 2 ff.
– Auslandsbezug § 19 2, 51 ff.
– Begriff(e) § 19 1 ff.
– Beseitigung, Maßnahmen zur § 19 49 f.
– Beweislast § 19 58 f.
– Bewertungsgrundsätze § 19 19 ff.
– bilanzielle Überschuldung § 19 59
– Drittsicherheiten § 19 42
– Eventualverbindlichkeiten § 19 45
– Finanzanlagen § 19 30
– Finanzmarktstabilisierungsgesetz § 19 1b ff.
– Forderungen § 19 32
– Fortführungsprognose § 19 12 ff.
– Fortführungswert § 19 21
– Genossenschaft § 19 3
– Gesellschafterhaftung, persönliche § 19 27
– GmbH & Co. KG § 19 2, 47
– Gütergemeinschaft § 19 2
– haftungsbeschränkte Rechtsträger § 19 1a
– Handelsbilanz § 19 59
– immaterielle Vermögensgegenstände § 19 28
– Indizien § 19 59
– Insolvenzanfechtungsansprüche § 19 34

2735

Stichwortverzeichnis

- Kreditinstitut § 19 4
- Liquidationswert § 19 22
- MoMiG § 19 42 f.
- Nachlassinsolvenzverfahren § 19 2; § 320 4
- Partikularinsolvenzverfahren § 19 53
- Passiva, Bewertung der § 19 37 ff.
- persönliche Gesellschafterhaftung § 19 27
- Prognosezeitraum § 19 18
- Prüfungsmethode § 19 54 ff.
- Rangrücktritt § 19 43 ff.
- Rückstellungen § 19 37
- Sanierungs-/Unternehmenskonzept § 19 17
- Scheinauslandsgesellschaften § 19 2
- Sekundärinsolvenzverfahren § 19 52
- Stichtag § 19 11
- Stille Gesellschaft § 19 44
- Stille Lasten § 19 19
- Stille Reserven § 19 19
- streitige Verbindlichkeit § 19 41
- titulierte Forderung § 19 41
- Überschuldungsbeseitigung, Maßnahmen zur § 19 49 ff.
- Überschuldungsstatus § 19 47 f.
- Überschuldungsstatus der KG § 19 47
- Überschuldungsstatus der Komplementär-GmbH § 19 48
- Unternehmergesellschaft (UG) haftungsbeschränkt § 19 2
- zweistufige Überschuldungsbegriffe § 19 6 ff.

Überschuldungsstatus
- Anfechtungsanspruch § 19 34
- der KG § 19 47
- der Komplementär-GmbH § 19 48

Überschuss bei Schlussverteilung § 199 1 ff.
- Besonderheit bei juristischer Person § 199 2, 5
- Herausgabe an Schuldner § 199 3
- Verteilung § 199 6
- Voraussetzung § 199 4

»Überseering« Art. 4 EuInsVO 17

Übertragende Sanierung
- Betriebsfortführung § 157 8
- Betriebsübergang § 157 9
- Haftungsrisiken § 157 9
- Transfergesellschaft § 157 10

Überwachungsvergütung § 15 InsVV 2 f.
- Grenzen § 15 InsVV 6

Überweisung § 81 12; § 82 7 ff.
Überweisungsvertrag § 116 12
Umlaufvermögen § 35 147 ff.
Umrechnung von Insolvenzforderungen § 45 19 ff.
Umsatzbesteuerungsverfahren § 55 86
Umsatzsteuer § 38 53; § 55 60; § 143 80; § 165 38 ff.; § 170 5, 11; § 171 8 ff.
- Doppelumsatz § 171 11 ff., 13b
- Dreifachumsatz § 171 13c
- Einfachumsatz § 171 10, 12b, 13, 13d
- Freigabe an den Schuldner § 165 38; § 171 15
- Teilbarkeit § 105 4

- Verwertung durch Gläubiger § 165 39; § 171 11 ff., 13b; § 173 3
- Verwertung durch Insolvenzverwalter § 165 38, 39; § 171 10
- Verwertung durch Schuldner § 171 13c, 13d
- Verwertung durch vorläufigen Insolvenzverwalter § 171 13, 13a
- Verwertung im Insolvenzeröffnungsverfahren § 171 13b
- Verwertung unbeweglicher Gegenstände § 165 38 f.
- Verwertung von Zubehör § 165 39
- Verwertungskostenbeitrag § 165 40; § 171 16 f.
- vorläufiger Insolvenzverwalter § 22 142
- Wertverlustausgleich § 172 5

Unausweichliche Verwaltungskosten § 63 5
UNCITRAL-Modellgesetz Vor § 335 21
Und-Konto § 35 169; § 116 11
Unentgeltliche Leistung des Schuldners § 39 15 f.
Unentgeltlichkeit § 134 13 ff.
- des Erwerbs des Rechtsnachfolgers § 145 20
- Haftungsmilderung § 143 83 ff.; § 145 21
- Irrtum § 134 19
- maßgeblicher Zeitpunkt § 134 16
- teilweise Unentgeltlichkeit § 134 20

Unentgeltlichkeit, Verzicht im Vergleichswege § 134 17a

Unerlaubte Handlung
- des Schuldners § 36 28; § 38 49

Unerlaubte Handlung des Schuldners § 38 36
Unfallversicherung § 35 210
Ungerechtfertigte Bereicherung
- im Eröffnungsverfahren § 22 89

Universalitätsgrundsatz Vor § 335 5; § 335 2; Art. 3 EuInsVO 42
Unmittelbarkeitsprinzip § 47 40
Unpfändbare Sachen § 166 4a
Unpfändbares Vermögen § 35 38 ff.; § 47 59
Unrichtige Angaben
- Auskunftsverweigerung § 98 8

Unterbeteiligung § 84 13
Unterbilanz
- Beweislast Anh § 35 Abschn. A 18

Unterbilanzhaftung § 35 178; Anh § 35 Abschn. A 11, 12
- Kapitalaufbringungsregeln Anh § 35 Abschn. A 14
- Verjährung Anh § 35 Abschn. A 19

Unterbrechung von Rechtsstreitigkeiten § 24 19
Unterdeckung § 17 16
Unterhalt
- des Schuldners § 100 1 ff.
  - Eigenverwaltung § 278 2 ff.
  - Eigenverwaltung
    - Masseunzulänglichkeit § 278 10
- Eigenverwaltung
  - Entnahmebefugnis des Schuldners § 278 6 ff.
- Existenzminimum § 100 3

Familienmitglieder § 100 6
vorläufiger § 100 7 f.
Unterhalt, des Schuldners
Zahlung im Eröffnungsverfahren § 22 36
Unterhaltsanspruch
gegenüber dem Insolvenzschuldner § 36 28 f.
Massegläubiger § 209 11
Unterhaltsanspruch, des Insolvenzschuldners § 35 218 f.
Insolvenzantrag § 15a 7
Unterlassung § 129 15 ff.; § 132 14; § 133 6; § 134 4; § 140 18; § 143 44
Unterlassungsanspruch § 85 3; § 86 7
  Aussonderungsrecht § 47 60
  gegenüber dem Insolvenzschuldner § 38 18; § 45 9
  Insolvenzmasse § 35 164
Unterlassungsklage Vor § 85 14
Unterlassungspflicht § 97 24
Untermietvertrag § 108 4, 1
Unternehmen
– Teil der Insolvenzmasse § 35 94 ff.
Unternehmensbestatter § 98 18 f.
Unternehmensbeteiligung
– Veräußerung § 160 8
Unternehmensfortführung § 148 34
– im Eröffnungsverfahren § 22 57 ff., 112 ff.
Unternehmensregister
– öffentliche Bekanntmachung § 9 4
Unternehmensstilllegung
– Zustimmung durch Gläubigerausschuss § 158 7
Unternehmensübertragung § 129 50
Unternehmensveräußerung
– an besonders Interessierte § 162 1
– bedeutsame Rechtshandlung § 160 6
– unter Wert § 163 1
– vor dem Berichtstermin § 158 5
– Zustimmung durch Gläubigerausschuss § 158 7
Unternehmergesellschaft
– Sacheinlage Anh § 35 Abschn. C 26
Unterrichtung
– des Schuldners § 161 2
Unterrichtung, der Gläubiger
– über Stilllegung § 158 5
Unterrichtungspflicht Art. 31 EuInsVO 3
Unterrichtungspflicht des Insolvenzverwalters, Unverzüglichkeit Art. 40 EuInsVO 1
Untersagung
– der Stilllegung § 158 3
– der Veräußerung § 158 5
– Untersagungsantrag § 158 9
– Untersagungsbeschluss § 158 10
Unterstützungspflicht § 97 21
– Zumutbarkeit § 97 21a
Untervollmacht § 117 3
Untreue § 17 InsVV 18
Untreue § 266 StGB
– (vorl.) Insolvenzverwalter § 266 StGB 9 ff.

– »kick-back-Geschäft« § 266 StGB 17
– insolvenzrechtliche Relevanz § 266 StGB 2
– Normcharakter § 266 StGB 3
– objektiver Tatbestand § 266 StGB 4
– Schutzzweck der Norm § 266 StGB 1
– schwacher vorl. Insolvenzverwalter § 266 StGB 10 ff.
– starker vorl. Insolvenzverwalter § 266 StGB 14 ff.
– subjektiver Tatbestand § 266 StGB 23
– Täterschaft § 266 StGB 5 ff.
– Teilnahme § 266 StGB 5 ff.
– Versuch § 266 StGB 23
– Vertreter Kapital- und Personengesellschaften § 266 StGB 6 ff.
Unvertretbare Handlungen § 38 23 ff.
Unwirksamkeitsanordnungen § 35 266
Urheberrecht § 35 118; § 166 20
Urheberrechtsansprüche § 55 54
Urkunden-/Wechsel- und Scheckprozess
– Feststellungsklage § 180 10
Urlaubsabgeltung § 113 16
Urlaubsabgeltungsanspruch § 38 41
Urlaubsanspruch § 38 40
– Arbeitnehmer § 55 47

Verarbeitung Vor § 49 14, 22; § 51 17 ff.; § 91 22; § 172 3, 6 ff., 9
Verarbeitungsklausel § 47 15
– Sicherungsübereignung § 51 9
Veräußerung
– freihändige § 165 11
– unbeweglicher Gegenstand § 160 7
– Unternehmensbeteiligung § 160 8
– wiederkehrende Einkünfte § 160 9
Veräußerung, unter Wert § 163 3
Veräußerungsabsicht
– Mitteilung § 168 2 ff.
Verbandstreitigkeiten Vor § 85 16a
Verbindung Vor § 49 14, 22; § 91 22; § 172 3, 6 ff., 9
Verbraucherinsolvenz § 1 15
– Eröffnungsbeschluss § 27 25
– gerichtliches Schuldenbereinigungsverfahren §§ 1-3 VbrInsFV 4
– Verfahrenskostenstundung §§ 1-3 VbrInsFV 4
– Verwertung § 165 41; § 170 14
– Zwangsvollstreckung vor Eröffnung des Insolvenzverfahren § 88 19
Verbraucherinsolvenzformularverodnung §§ 1-3 VbrInsFV 1 ff.
Verbraucherinsolvenzverfahren § 304 1 ff.
– aktive Selbstständige § 304 5, 5a
– Antrag
– – allgemeine Zulässigkeitsvoraussetzungen § 304 10
– – allgemeine Zulässigkeitsvoraussetzungen § 305 10

2737

- Bezugnahme auf Forderungsaufstellung § 305 27
- Ergänzung der Unterlagen § 305 28 ff.
- Fremdantrag § 306 12 ff.
- Hinweis des Gerichts bei Fremdantrag § 287 14
- Hinweis des Gerichts bei Fremdantrag § 306 12 f.
- inhaltliche Überprüfung der Unterlagen § 305 19
- inhaltliche Überprüfung der Unterlagen § 305 28
- Rücknahmefiktion § 305 29 f.
- Rücknahmefiktion § 306 10
- schriftliche Versicherung der Vollständigkeit und Richtigkeit § 305 25
- Unterlagen § 305 11 ff.
- Vollständigkeit der Unterlagen § 305 28 ff.
- Vordrucke § 305 10
- Vordrucke § 305 32
- Antragsformular, einheitliches §§ 1-3 VbrInsFV 1
- Antragspflicht § 305 9
- Auskunftspflicht § 20 6
- Ausübung des Anfechtungsrechts Vor § 129 16
- Beschwerde gegen Rücknahmefiktion des Eröffnungsantrages § 6 7
- ehemalige Selbstständige § 304 6
- Eigenantrag § 304 10 f.
- Eigenverwaltung § 270 3
- Eröffnung § 13 21
- Eröffnungsantrag § 305 8
  - Form §§ 1-3 VbrInsFV 6
  - Vorgaben §§ 1-3 VbrInsFV 3
- Eröffnungsgründe § 16 17
- Forderungen aus Arbeitsverhältnissen § 304 8
- Formular § 305 32
- Formulare
  - Vorgaben für den Eröffnungsantrag §§ 1-3 VbrInsFV 3
- Formularzwang §§ 1-3 VbrInsFV 5
- Geschäftsführer § 304 5b
- Gesellschafter § 304 5b
- Hinweispflicht § 20 14
- Insolvenzanfechtung Vor § 129 15
- Insolvenzplan Vor § 217 8
- natürliche Personen § 304 3
- nebenberuflich Selbstständige § 304 5a
- Postsperre § 99 1 ff.
- Restschuldbefreiungsverfahren § 287 5
- Rücknahmefiktion § 6 7
- Sicherungsmaßnahmen § 21 20
- Terminsbestimmung § 29 7
- überschaubare Vermögensverhältnisse § 304 7
- Verbraucher § 304 4
- Verfahrenswahl § 304 9 ff.; § 306 12
- Vertretung des Schuldners § 305 31
- Verwalter
- Vergütung § 13 InsVV 2 ff.
- Verwalterauswahl § 56 16e
- Verwalterbestellung § 56 2
- Verwertung § 166 26
- vorläufiger Treuhänder § 22 5

Verdeckte Sacheinlage § 35 85; Anh § 35 Abschn. C 1
- Abgrenzung Hin- und Herzahlen Anh § 35 Abschn. C 14
- Anrechnungswirkung Anh § 35 Abschn. C 19
- Fallgruppe Gesellschaftergeschäft Anh § 35 Abschn. C 7
- Fallgruppe Verwendung von Gesellschafterforderungen Anh § 35 Abschn. C 9
- Heilungsmöglichkeit Anh § 35 Abschn. C 25
- Mehr-/Minderheitenkonflikte Anh § 35 Abschn. C 32
- Umgehungsabrede Anh § 35 Abschn. C 12

Verein § 35 76
- Insolvenzantragsberechtigte § 15 5
- Insolvenzantragspflicht § 15a 2
- Insolvenzfähigkeit § 11 7, 14
- Insolvenzverfahren
  - Ablehnung mangels Masse § 11 12
  - Eröffnung § 11 12
- Insolvenzverschleppung § 35 192 f.
- Masseschmälerung § 35 194
- nicht rechtsfähiger
  - Insolvenzfähigkeit § 11 9

Vereinfachte Verwertung Anh C § 311 2
Vereinfachtes Insolvenzverfahren § 311 3
- Ausübung des Anfechtungsrechts § 143 4

Vereinsvertrag § 103 8
Verfahrensbeendigung Art. 34 EuInsVO 1
Verfahrenseinstellung § 213 2 ff.
- Beschluss des Insolvenzgerichts § 207 20
- Beschwerdeberechtigung § 216 2
- öffentliche Bekanntmachung § 215 2
- Rechtsmittel § 207 22
- Rechtsfolgen § 215 3
- Rechtsmittel § 216 2
- Restschuldbefreiung § 207 27; § 215 7
- Zeitpunkt § 207 21

Verfahrenseröffnung
- Gesamtschaden nach Eröffnung § 92 9
- Leistung bei Kenntnis Art. 24 EuInsVO 1 ff.

Verfahrenskosten § 4b 1
- Behandlung bei persönlicher Gesellschafterhaftung § 93 18 ff.
- bei vorzeitiger Einstellung zugunsten anderen Verfahrens Art. 102 § 4 EGInsO 2
- Berücksichtigung bei Überschuldungsprüfung § 19 39
- Kostenlast bei Abweisung § 21 85 f.
- Kostenlast für Sicherungsmaßnahmen § 21 86 ff.
- Kostenvorschuss § 207 12
- Masseunzulänglichkeit § 208 6
- Sekundärinsolvenzverfahren Art. 27 EuInsVO 8

Stundung § 1 31 ff.
Stundung nach Antrag gem. § 4a § 207 17
Verfahrenskostendeckung § 4a 22; § 26 27
Verfahrenskostenstundung § 4a 22; § 26 41
Verfahrenskostenvorschuss § 26 31; § 207 13
Verfahrenspfleger, für Schuldner § 13 14 ff.
Verfahrensunterbrechung, anhängiger Gesamtschadensersatzprozesse § 92 59
anhängiger Gesellschafterhaftungsprozesse § 93 83
Verfahrenszahlen
Anstieg § 1 31 ff.
Verfahrensziel
Justiziabilität § 1 55 f.
Verfall § 91 27
Verfrühungsschaden § 113 40
Verfügung, Dritter § 81 11
Verfügungsbefugnis
Grenzen der § 22 20 f.
Insolvenzzweckwidrigkeit § 22 21
vorläufiger Insolvenzverwalter § 22 19 ff.
Verfügungsbeschränkung
Anordnung § 21 40 ff.; § 22 84 ff.
Aufhebung § 24 13
Aufrechnung § 24 10
Banküberweisung § 81 12
Bekanntmachung § 23 2
Bekanntmachung der Aufhebung § 23 13
Beweiserleichterung § 81 25
Eintragung § 23 7 ff.
Erbschaftsgegenstände § 83 15
Erledigungserklärung § 24 4
Genehmigung des vorläufigen Insolvenzverwalters § 24 11
Genehmigung durch Insolvenzverwalter § 81 16
Gesellschafterliste § 23 7
gestreckte Verfügung § 81 8
Globalzession § 24 7 ff.
Gutglaubensschutz § 24 12; § 81 18
Insolvenzschuldner § 80 57
Kenntnis § 24 15
kollidierende Verfügungsbeschränkungen § 24 2
Leistung an den Schuldner § 24 15 ff.
Leistung an Dritten § 82 5
Leistung an Erfüllungs statt § 82 4
Leistung an Geheißperson § 82 5
massefremdes Vermögen § 81 13
prozessuale Wirkung § 24 19
Prozessunterbrechung § 24 22 ff.
Rechtsfolgen § 81 14
rechtsgeschäftsähnliche Handlung § 81 6
Schuldner § 81 4
Umfang § 24 3
unpfändbares Vermögen § 24 3
Verfügung über künftige Bezüge § 81 22
Verfügungen Dritter § 81 11
Verpflichtungsgeschäft § 81 5
Vorausverfügung § 24 7 ff.
– Wirkung § 24 2 ff.
– Zeitpunkt der Verfügung § 81 7
Verfügungsbeschränkung, Anordnung
– Eintragungsreihenfolge § 23 11
– kollidierende Verfügungsbeschränkungen § 21 81
Verfügungsermächtigung § 117 5
– fortgeltende § 48 37
Verfügungsverbot
– allgemeines § 21 40 ff.; § 129 21
– besonderes § 21 41
Verfügungsverbot, allgemeines
– Aufrechnung § 21 49
– Gutglaubensschutz § 21 50
– Rechtswirkung § 21 47
– Umfang § 21 46
– Unwirksamkeit § 80 62 ff.
– Vorausverfügung § 21 48
Vergleich § 103 7; § 160 11
Vergütung
– Abwickler nach KWG § 73 1
– Amtshaftung § 63 25
– angemessene § 63 34
– Antrag
 – Inhalt § 8 InsVV 12
 – Leistungsbild § 8 InsVV 21
– Aufrechnung § 63 26
– Ausschluss § 63 30
– Begrenzung
 – Berechnungsgrundlage § 1 InsVV 2
– Berechnungsgrundlage § 63 37
 – abschließende Regelung von Abzugsposten § 1 InsVV 16
– Berechnungsgrundlage Sachwalter § 63 41
– Berechnungsgrundlage Schlussrechnung Änderung § 63 38
– Berechnungsgrundlage Sonderverwalter § 63 41
– Berechnungsgrundlage vorläufiger Verwalter § 63 40
– Berechnungsgrundlage vorläufiger Sachwalter § 63 41
– Berechnungsgrundlage vorzeitiges Ausscheiden § 63 39
– Beschluss § 8 InsVV 37
– Begründung § 8 InsVV 39
– besondere Aufgaben § 4 InsVV 4 ff.
– Einnahmen
 – spätere Einnahmen § 1 InsVV 3
 – vorausgesehene § 1 InsVV 3
– entsprechende Anwendung § 1 bis 9 InsVV § 10 InsVV 1
– entsprechende Anwendung §§ 1 bis 9 InsVV § 10 InsVV 3
– entsprechende Anwendung der InsVV § 73 1
– Erfolgsbezug § 63 33
– ergänzende Festsetzung § 63 38
– Erinnerung § 64 53
– Ermächtigungsgrundlage § 65 9

Stichwortverzeichnis

- Erweiterung
  - Berechnungsgrundlage § 1 InsVV 2
  - Berechnungsgrundlage § 1 InsVV 3
- Fälligkeit § 63 27
- Festsetzung § 64 2 ff.
- Festsetzung von Amts wegen § 8 InsVV 3
- Gläubigerausschuss
  - Antrag § 17 InsVV 3
  - Vergütungsvereinbarungen § 17 InsVV 3
- Höhe »Sättigungsgrenze« § 63 36
- Insolvenzverwalter
  - Anspruchsgrundlage § 63 1
  - Antrag § 8 InsVV 2
  - Erfolgsbezug § 63 8
  - Schätzungen § 1 InsVV 6
  - Überwachung der Planerfüllung § 6 InsVV 9 ff.
- Leistungsbild § 8 InsVV 33
- Massezuflüsse nach Aufhebung des Verfahrens § 1 InsVV 4
- Massezuflüsse nach Einreichung der Schlussrechnung § 1 InsVV 3
- Massezuflüsse nach Schlusstermin § 1 InsVV 4
- materielle Verfahrenseinheit § 63 50
- Minderung § 63 33
- Prüfungskompetenz
  - Insolvenzgericht § 8 InsVV 29
- Rechtliches Gehör § 64 11
- Rechtsbeschwerde § 64 55
- Rechtskraft § 64 57
- Regelsätze
  - Abweichungen § 63 34
- Sachverständiger § 22 18
  - keine Ersatzvergütung § 63 56
- Sachwalter § 12 InsVV 1 ff.
  - Abschläge § 12 InsVV 8
  - Zuschläge § 12 InsVV 7
- Schlussrechnung § 1 InsVV 2
  - Hinweispflicht § 1 InsVV 5
- sofortige Beschwerde
  - Abhilferecht § 64 51
  - Beschwerdebefugnis § 64 29
  - Frist § 64 40
  - Hilfsantrag § 64 52
- Sonderinsolvenzverwalter § 64 1
- staatliche Ausfallhaftung § 22 17
- Strukturgleichheit § 10 InsVV 4
- Stundung
  - analoge Anwendung bei nachfolgender Aufhebung § 63 46
  - Regelungslücke bei nachfolgender Aufhebung der Stundung § 63 46
  - subsidiäre Haftung § 63 46
  - Vertrauensschutz § 63 46
- vergleichbare Tätigkeiten § 10 InsVV 4
- Vergütungspflicht
  - geschützter Anspruch § 63 4
- Vergütungsvereinbarungen § 63 22
- Verjährung § 63 28
  - ausgeschiedener Verwalter § 63 29
- Verordnungsermächtigung § 65 1
- Verwalter im Verbraucherinsolvenzverfahren § 13 InsVV 2 ff.
- Verwirkung § 63 31
- vorläufiger
  - Verwalter Erfolgsbezug § 63 63
- vorläufiger Insolvenzverwalter § 22 14 ff.
  - Vorschuss § 9 InsVV 10
- vorläufiger Sachwalter § 12 InsVV 11
  - Berechnungsgrundlage § 12 InsVV 25
  - Zuschläge § 12 InsVV 25
- vorläufiger Verwalter
  - Abänderungsbefugnis § 63 97
  - Abschlag § 63 55
  - Angemessenheit § 63 51
  - Berechnungsgrundlage § 63 68
  - Berechnungsgrundlage Hinzurechnung § 63 77
  - Entscheidungsvorbehalt § 63 99
  - gerichtliches Ermessen § 63 98
  - Grundvergütung (Bruchteil) § 63 78
  - kein Überschussprinzip § 63 57
- Vorläufiger Verwalter
  - keine reine Tätigkeitsvergütung § 63 59
- vorläufiger Verwalter
  - Masseverbindlichkeit § 63 49
  - Normalverfahren § 63 81
  - Verjährung § 63 60
  - Vorschuss Höhe § 63 60
- Vorschuss § 63 24
- Zeitpunkt
  - Antrag § 1 InsVV 3
- Zentralnorm § 63 1
- Zweitantrag § 8 InsVV 10

Vergütung vorläufiger
- Verwalter
  - Hinweispflicht § 8 InsVV 7

Vergütungsantrag
- Darlegung
  - Verträge, besondere Aufgaben § 8 InsVV 23
- Insolvenzverwalter
  - Berechnungsgrundlage § 8 InsVV 15
  - Einnahmen und Ausgaben der Fortführung § 8 InsVV 16
- Prüfung
  - Amtsermittlung § 8 InsVV 26
- Sachwalter
  - Berechnungsgrundlage § 8 InsVV 18
  - Umsatzsteuer § 8 InsVV 25
  - Verjährung § 8 InsVV 28
- vorläufiger Insolvenzverwalter, Mitteilung Wertabweichungen
  - Zeitpunkt § 8 InsVV 4
- vorläufiger Verwalter
  - Berechnungsgrundlage § 8 InsVV 17

Vergütungsfestsetzung

… bei Nichteröffnung §26a 2
Prüfung durch das Insolvenzgericht §58 5b
Vergütungsrecht
Umbruch
– Reformbestrebungen §63 3
Vergütungsvorschuss
Haftung §9 InsVV 15
Insolvenzverwalter
– Amtshaftung §9 InsVV 14
– Berechnungsgrundlage §9 InsVV 2
– berechtigtes Interesse §9 InsVV 5 ff.
– Erteilung der gerichtlichen Zustimmung §9 InsVV 5
– gerichtliche Zustimmung §9 InsVV 2
– Rechtsmittel §9 InsVV 13
– Zuschläge §9 InsVV 2
– Insolvenzverwalter,
– rechtliches Gehör §9 InsVV 3
– schuldhafte Versagung §9 InsVV 14
Verhältnis Primärverfahren
– Sekundärverfahren §63 7
Verhältnismäßigkeit, Sicherungsmaßnahme §21 14 ff., 22 ff.
Verjährung
– Anfechtung gegen Rechtsnachfolger §145 27
– Anfechtungsanspruch §146 1 ff.
– Erlösanspruch §170 6
– festgestellter Forderungen §201 19
– Feststellungsklage auf Deliktattribut §184 13 a
– Forderungsanmeldung §174 30
– Insolvenzplanforderungen §259b 2 ff.
– Insolvenzverschleppung (Insolvenzstrafrecht) §15a 20
– Insolvenzverwalterhaftung §62 2 f.
– Unterbilanzhaftung Anh §35 Abschn. A 19
Verkehrssicherungspflicht
– Masseverbindlichkeit §55 72
Verlagsvertrag §103 7
Verlängerter Eigentumsvorbehalt mit Vorausabtretungsklausel §51 38 f.
Verlängerung
– der Stundung §4b 2
Verlustdeckungshaftung Anh §35 Abschn. A 9 f.
Vermächtnis §35 220, 239; §83 10; §129 45; §327 4, 5
– Ausschlagung §129 8
Vermieter
– Aussonderungsrecht §108 21
Vermieterinsolvenz §108 9 ff.; §110 1 ff.; §111 1 ff.
Vermieterpfandrecht
– »eingebrachte« Gegenstände §50 27 ff., 29; §55 31; §91 4, 17; §109 18
– Begründung im Insolvenzeröffnungsverfahren §50 30
– Erlöschen §50 32 ff.
Vermischung Vor §49 14; §91 22
Vermögen

– unpfändbares §35 38 ff.; §36 1 ff.
Vermögensbegriff §148 4
Vermögenstrennungsprinzip §47 40
Vermögensübersicht §151 2; §305 22
– Eigenverwaltung §281 3 f.
Vermögensvermischung §93 6
Vermögensvermischungshaftung Anh §35 Abschn. G 1 ff.
Vermögensverzeichnis §305 21
– Aufbau §153 10
– eidesstattliche Versicherung §153 19
– Erstellung §153 1 ff.
– Frist §153 9
– Grundsätze der ordnungsgemäßen Buchführung und Bilanzierung §153 5
– Rechnungslegungspflicht §22 9 f.
– Stichtagsprinzip §153 7
– Wertermittlung §153 6
Veröffentlichung
– Eigenverwaltungsverfahren §23 3
– Schutzschirmverfahren §23 3
Veröffentlichungen Anh A §311 2
Verordnungsermächtigung
– Verfassungswidrigkeit §65 2
– Vergütung §65 1 ff.
Verpfändung
– AGB-Banken/Sparkassen §140 12
Verpfändung, AGB-Banken/Sparkassen §131 22
Verpflichtungsgeschäft
– Insolvenzschuldner §81 5
Verrechnung im Kontokorrent §129 85; §130 41; §131 33; §142 15
Verschlechterung der Vermögensverhältnisse §112 12; §119 4
Verschwiegenheitspflicht
– des Dritten §16 11
– des Schuldners §22 198
– Insolvenzverwalter §56 22
– Postsperre §99 4
Versicherung
– Anfechtung von Bezugsrechten §134 11; §143 10
– unmittelbare Gläubigerbenachteiligung §132 10
Versicherungsforderung §49 10e
Versicherungsinsolvenz Vor §335 12; Art. 1 EuInsVO 4; Art. 9 EuInsVO 2
Versicherungsunternehmen §340 1
Versicherungsvertrag §35 155 ff.; §103 7
Versorgungsanwartschaft §45 16 ff.
Verspätungszuschlag §39 14
Versteigerung Art. 18 EuInsVO 9
Verteilung
– Antrag bei gesetzwidriger Nichtberücksichtigung §192 8
– auflösend bedingte Forderung §191 2
– aufschiebend bedingte Forderungen §191 1 ff.
– aufschiebend befristete Forderung §191 6

2741

Stichwortverzeichnis

- Ausschlussfrist für Forderungen § 189 6
- Aussetzung wegen Insolvenzplan § 233 1
- Berücksichtigung von absonderungsberechtigte Gläubiger § 190 1 ff.
- gesetzeswidrig nicht berücksichtigte Gläubiger § 192 6
- Insolvenzplan § 217 5
- Insolvenzverwalter § 60 16
- vereinfachte Anh C § 311 2
- Zustimmung des Gläubigerausschusses § 192 9

Verteilungen
- gesetzmäßig nicht berücksichtige Gläubiger § 192 5
- nachträgliche Berücksichtigung § 192 1 ff.

Verteilungsverfahren § 187 1 ff.
- Ablauf der Verteilung § 187 9
- Abschlagsverteilung § 187 5
- Arten der Verteilung § 187 2
- Aussetzen der Verwertung § 187 4

Verteilungsverzeichnis § 188 1 ff.
- Änderungen § 193 1 ff.
  - Übersicht § 193 4
- aufzunehmende Forderungen § 188 6
  - Übersicht § 188 6
- Ausschluss von Forderungen § 177 12; § 188 4 ff.; § 197 5, 10
- Berichtigung des Verzeichnisses § 193 5 f.
- Berichtigung nach Nachweis des Betreibens der Feststellung einer Forderung § 189 8
- bestrittene, nicht titulierte Forderung § 189 1
- Drei-Tages-Frist § 193 2
- Einwendungen § 194 1
- Erhebung von Einwendungen durch Gläubiger § 188 14
- getilgte Forderungen § 188 8
- Grundlage für Verteilungen § 188 2 f.
- Inhalt und Wirkung § 188 4 f., 7
- Niederlegung auf der Geschäftsstelle § 188 10 f.
- öffentliche Bekanntmachung § 188 12 f.
- Prüfung durch Gericht § 188 10
- Rechtsbehelf § 188 14 f.
- Rechtsbehelfe gegen verweigerte Berichtigung § 189 8
- Übersicht über Änderungen § 193 3 f.
- Unterlassen der Aufnahme einer aufzunehmenden Forderung § 188 9

Vertrag zugunsten Dritter
- Anfechtung § 129 32 ff.
  - Gegenstand der Rückgewähr § 143 10

Vertrag zugunsten Dritter, Anfechtung
- Gegenstand der Rückgewähr § 134 9
- Vornahmezeitpunkt § 140 5

Vertrag, entgeltlicher § 133 44 f.
Vertragshändlervertrag § 116 5
Vertragsübernahme § 103 7
Vertragsverhältnisse
- vorläufige Insolvenzverwaltung § 22 28 f.

Vertrauensschadenshaftung
- Insolvenzverwalter § 60 24

Vertretbare Handlung § 38 26; § 45 8
Vertreter
- vollmachtsloser § 117 10

Veruntreuen von Arbeitsentgelt § 266a StGB 1 ff.
Verwahrvertrag § 103 7 f.
Verwalter»markt« § 56 1a
Verwalterauswahl
- »Ausbildungsklausel« § 56 3a
- »Bewertungsverfahren« § 56 15g
- »de-listing« § 56 25
- »Heidelberger Leitlinien« § 56 16d
- »Offene oder geschlossene« Liste § 56 10
- »Preiswert-Liste« § 56 36
- »Scheinliste« § 1 42, § 56 9, 37
- Ablehnung § 56 22a
- Ablehnungsbescheid § 56 20
- Ablehnungsgründe § 56 9a, 21a
- Altersgrenze § 56 13c
- Amtshaftung § 56 22
- amtswegige Ermittlungen § 56 13b
- amtswegiges Ermittlungsverfahren § 56 7b
- Anforderungsprofil § 56a 9, 17
- Anhörung § 56a 12
- Anhörung der BAFin § 56 26a
- Anhörung des vorläufigen Gläubigerausschusses § 56 26a
- Anhörungsrechte § 56 2
- Ankreuzlistenbewerbung § 56 37
- Antwort des vorläufigen Ausschusses § 56a 13
- Arbeitsauslastung § 56 16
- Arbeitskapazität § 56 2
- ausländische Insolvenzverwalterfirma § 56 1b
- ausländischer Insolvenzverwalter § 56 1c
- Auswahlbegründung § 56 32 f.
- Auswahlentscheidung
  - Gestaltung § 56 30
  - Rechtsnatur § 56 30
- Auswahlkriterien § 56 1d, 9, 12 ff.
- Auswahlkriterien des Insolvenzrichters § 56 1
- Auswahlkriterium § 56 22
- Auswahlverfahren § 56 1a, 3 f.
- Bedarf als Auswahlkriterium § 56 23 f.
- Bedarfsregelung § 56 23
- Berufs- und Zulassungsordnung § 56 1d
- Berufsgrundsätze § 56 19
- Bestandsschutz für bereits gelistete Insolvenzverwalter § 56 25b
- Bestellungsablauf § 56 2
- Bestellungsentscheidung § 56 26
  - Anfechtbarkeit § 56 29
  - Anfechtbarkeit § 56 34
  - Gläubigerbeteiligung § 56 38
- Bestellungsurkunde § 56 1e
- Bewerberangaben
  - amtswegige Ermittlungen § 56 13b
- Bewerbungen aus dem europäischen Ausland § 102a EGInsO 1 ff.

Stichwortverzeichnis

- Bewerbungsgespräch § 56 21
- Bewerbungsverfahren § 56 7 ff.
  - Antragsgegner § 56 7b
- Bewerbungsverfahren für ausländische Bewerber § 56 7d
- Bonität § 56 15b
- Bundesverfassungsgerichtsentscheidung v. 23.5.2006 § 56 6
- Bundesverfassungsgerichtsentscheidung v. 3.8.2004 § 56 4
- de-listing § 56 22
- Doppelprüfung § 56a 23
- Eigenverwaltung § 56a 11
- einstimmiger Vorschlag § 56a 20
- Ermittlungsbefugnis des Insolvenzgerichts § 56 9b
- Europäischen Dienstleistungsrichtlinie § 56 1c
- gerichtsübergreifende Kriterien § 56 12b
- gesetzliches Zulassungsverfahren § 56 12a
- Gläubigerautonomie § 57 1
- Gläubigerbeteiligung § 56a 6, 11
  - Abwahlmöglichkeit im Eröffnungsverfahren § 56a 28
  - Abwahlmöglichkeit im Schutzschirmverfahren § 56a 28
  - Begründung bei Nicht-Bestellung durch Gericht § 56a 34
  - generelle Eignung § 56a 25a
  - Musterfragebogen § 56a 25b
  - Protokollierung § 56a 34
  - Rechtsmittel bei Nicht-Bestellung § 56a 34
  - Unabhängigkeitsprüfung § 56a 25b
- GOI § 56 12b
- Grundsätze ordnungsgemäßer Verwaltung (GOI) § 56 19
- Haftpflichtversicherung § 56 15b
- historische Entwicklung § 56a 2
- Insolvenzstatistikgesetz § 56 15d
- Interessenkollision § 56 17c
- ISO-Zertifizierung § 56 15c
- juristische Personen § 56 1b
- Justizverwaltungsakt § 56 7
- Kategorisierung § 56 34 f.
- konkrete Arbeitskapazität § 56 27
- konkrete Auswahlkriterien bei Bestellungsentscheidung § 56 26
- konkrete Konkurrentenklage § 56 6, 34
- Konkurrentenklage § 56 31, 34
- Konzentrationsmaxime § 56 3a
- Konzerninsolvenzen § 56 41
- Kooperationsbereitschaft § 56 22
- Kriterienkatalog § 56 9b, 36 f.
- länger andauernde Nicht-Bestellung § 56 25a
- Leistungskriterium § 56 15c
- mehrfache Anhörung § 56a 15
- Mindestauslastung § 56 23 ff.
- nach ESUG - praktische Erfahrungen § 56a 10a
- nachteilige Verzögerung § 56a 19
- natürliche Personen § 56 1b
- Offenbarungspflicht § 56 17b
- Ortsnähe § 56 14 f.
- persönliche Bearbeitung § 56 16
- persönliche Eignung § 56 13
  - Fachanwaltstitel § 56 13
  - Fähigkeit zu mediativer Tätigkeit § 56 13
- persönliche Integrität § 56 13b
- praktische Erfahrung § 56 13a
- präsumtiver Ausschuss § 56a 12
- Privatinsolvenz § 56 7f
- Probephase § 56 21a, 22b
- Qualitätsabfragen § 56 21
- Qualitätskriterien § 56 15c
- Regionalnähe § 56 14
- Sanierungsfunktion des Insolvenzrechts § 56 15c
- Schuldnerbeteiligung § 56a 8
- Schutzschirmverfahren § 56a 11
  - Gläubigerbeteiligung § 56a 24
- Seitenbefassung § 56 17c
- Treuhänder § 56a 6
- Treuhänderbestellung § 56 2
- Überlastung des Insolvenzverwalters § 56 16b
- Übermittlung durch Gläubigerausschuss § 56a 20
- Unabhängigkeit § 56 17 f., 26b ff.
- Verbraucherinsolvenzverfahren § 56 2, 16e
- Verwaltervorschlagrecht § 56a 6
- Verzicht auf Anhörung § 56a 19
- Vorauswahl
  - Kriterien § 56 12
- Vorauswahlkriterien § 56 9
- Vorauswahl-Liste § 56 4 ff.
  - Auswahlermessen des Gerichts § 56 9a
  - Bedeutung § 56 6
  - Beurteilungsspielraum des Gerichts § 56 9a
  - Lisungsvorgehen § 56 9
  - Vorauswahl-Listengestaltung § 56 7
- Vorbefassung § 56 17c, 26b
- Vorberatung § 56 26g
- Vorgespräch § 56a 11
- vorgezogene Bestenauslese § 56 9a
- vorläufiger Gläubigerausschuss § 56 2, § 56a 10
- vorläufiger Insolvenzverwalter § 22 6 f.
- Vorstrafen § 56 13b
- Zertifizierungsverfahren § 56 15g
- Zulassungsordnung § 56 12a
- zweistufige Bestellung § 56 2

Verwalterauswahl, Arbeitskapazität
- Gläubigerbeteiligung § 56 36 f.

Verwalterbestellung
- forum shopping § 56 41d
- im Eröffnungsbeschluss § 56 31
- Konzerninsolvenz § 56 41b
- Rechtsmittel § 56 44
- Zuständigkeit § 56 43 ff.
  - Amtshaftung § 56 43
  - funktionelle § 56 43

2743

Stichwortverzeichnis

– Verbraucherinsolvenz § 56 43
– vorbereitende Tätigkeit § 56 43
Verwalterentlassung
– Anlässe für § 59 3 f.
– Antragsberechtigung § 59 2
  – Gläubigerausschuss/ Gläubigerversammlung § 59 2
– Befangenheitsantrag § 59 10
– Beispiele § 59 6
– bisherige Handlungen § 59 12a
– Entlassungsantrag
  – Eigenantrag § 59 2a
  – Schuldner § 59 2b
– Entlassungsregelung § 59 1
– Entlassungsverfahren § 59 7 ff.
– Erstreckung auf andere Amtspositionen § 59 1 ff.
– gesetzlich geregelte Inhabilitäten § 59 6
– Gründe
  – höchstpersönliche Bearbeitung des Verfahrens § 59 5
– Gründe für § 59 5 f.
– rechtliches Gehör § 59 8
– Rechtsfolgen § 59 12a
– Rechtsmittel § 59 9 f.
– Schadenersatzansprüche § 59 12c
– Verfahren des Rechtsmittelgerichtes § 59 11
– Verfahren nach Entscheidung des Rechtsmittelgerichtes § 59 11
– Vergütung § 59 12a
– Zuständigkeit § 59 7
Verwalterentlassung / Überzeugung des Gerichtes § 59 4
Verwalterhaftung § 35 269
– Betriebsfortführung § 22 221
– Entlastungsbeweis § 22 222
– Eröffnungsverfahren
  – Lastschriftwiderruf § 22 225
  – steuerrechtliche Haftung § 22 217
  – Vermögensschadenhaftpflichtversicherung § 22 220
  – zivilrechtliche Haftung § 22 216
– sozialrechtliche Haftung § 22 218
– Unterlassener Lastschriftwiderruf § 22 160
– Verletzung insolvenzspezifischer Pflichten § 22 214
– Verletzung steuerrechtlicher Pflichten § 22 145
– vorläufiger Insolvenzverwalter § 22 213 ff.
Verwalterhaftung, Eröffnungsverfahren
– Einzelermächtigung § 22 223
Verwaltervorschlagrecht § 56a 6
Verwalterwechsel § 80 47
Verwaltungsverfahren Vor § 85 24
Verweisung § 3 27 ff.
– Amtsermittlung § 3 31
– Bindungswirkung § 3 30
– Firmenbestattung § 3 31 f., 35 ff.
– Willkür § 3 30
– Zuständigkeitsbestimmung § 3 34

Verwertung
– Ablösung durch Insolvenzverwalter § 166 8
– Altlasten § 165 17
– Aussetzung wegen Insolvenzplan § 233 1
– Berechtigung zur Verwertung § 190 18
– Betriebsfortführung § 168 4
– bewegliche Sache § 166 4 ff.; § 167 3; § 168 2; § 172 2
– beweglicher Gegenstand § 166 1 ff.
– des Schuldnervermögens Anh B § 311 8
– durch Absonderungsberechtigten § 170 9
– durch Massegläubiger § 165 3
– durch persönlichen Gläubiger § 165 3
– durch Veräußerung § 159 4
– durch vorläufigen Insolvenzverwalter § 170 12 f.
– Eigenverwaltung § 165 41; § 282 3
– Einkommensteuer § 165 40a
– Erlösverteilung § 165 6, 7, 12, 13 ff., 14; § 170 6
– Forderung § 167 3; § 168 2
– freihändige Veräußerung durch Insolvenzverwalter § 165 11 ff.
– freihändiger Verkauf durch Insolvenzverwalter § 166 7; § 168 2
– Glaubhaftmachung des mutmaßlichen Ausfalls § 190 16
– Grunderwerbsteuer § 165 37
– Insolvenzmasse § 159 1 ff.
– Insolvenzplan § 217 10
– Insolvenzverwalter § 80 12
– kalte Zwangsverwaltung § 165 14 ff.
– Kostenbeitrag § 165 13, 17, 22, 25, 40
– Lästigkeitsprämie § 165 13a
– Massegläubiger § 165 26, 29
– Mietkaution § 165 13
– Mitteilung der Veräußerungsabsicht § 168 3 f.
– Nachteilsausgleich § 165 34
– nicht rechtzeitige § 190 22
– Notverkauf § 168 2
– persönlicher Gläubiger § 165 28
– Pfändung durch dinglichen Gläubiger § 49 10d; § 165 3
– Rangklassen § 49 11 ff.
– Rückschlagsperre § 165 28
– schwer verwertbare Gegenstände § 190 22
– Titelumschreibung § 165 26
– Übererlös § 170 7
– Übergang des Verwertungsrechts auf Insolvenzverwalter § 173 4 ff.
– Umsatzsteuer § 165 38 f.; § 171 8
– unbeweglicher Gegenstand § 165 1 ff.
– verbotene Eigenmacht § 166 11
– Verbraucherinsolvenzverfahren § 165 41; § 170 14
– vereinfachte Anh C § 311 2
– Verjährung der Erlösansprüche § 170 6
– Verjährung des Erlösanspruchs § 170 6
– Verwertungsbeschränkungen § 159 9
– Verwertungserlös § 170 2 f.

Stichwortverzeichnis

- Verwertungsrecht des Gläubigers § 166 11 ff.; § 173 2
- Verwertungsvereinbarung § 165 12, 13 ff., 14, 18; § 170 4, 12
- Vollstreckungsschutz für Insolvenzverwalter § 165 32 ff.
- Vollstreckungsschutz für Schuldner § 165 36
- von Vermögensgegenständen § 159 3
- vor Berichtstermin § 60 14
- Wertverlustausgleich § 165 33; § 172 4 f.
- Zinszahlung § 165 33
- Zubehör § 165 25, 39
- Zwangsversteigerung durch Gläubiger § 165 4 ff.
- Zwangsversteigerung durch Insolvenzverwalter § 165 19 ff.
- Zwangsverwaltung durch Gläubiger § 165 7 ff.
- Zwangsverwaltung durch Insolvenzverwalter § 165 24

Verwertung, beweglicher Gegenstand
- Aufwendungsersatz § 170 5
- Ausverkauf § 50 34, 34a
- Besitz § 166 5
- Betriebsfortführung § 50 34 ff.; § 166 22
- der Insolvenzmasse § 157 1
- Finanzinstrumente § 166 21
- Finanzsicherheiten § 166 21
- Forderung § 166 14 ff.
- Forderungseinzug durch Gläubiger § 166 19
- Forderungseinzug durch Insolvenzverwalter § 166 14 ff.
- Freigabe durch Insolvenzverwalter § 166 9, 17
- freihändige Verwertung durch Gläubiger § 166 12
- Hinweisrecht des Gläubigers § 168 5 ff.
- Mitbesitz § 166 5
- mittelbarer Besitz § 166 5
- Nachteilsausgleich § 168 9, 11
- Pfandreife § 166 16a
- Pfandverkauf durch Gläubiger § 166 12
- Pfandverkauf durch Insolvenzverwalter § 166 10
- Selbsteintritt des Gläubigers § 168 7
- Teilnehmer an Abrechnungssystemen § 166 21
- unbeweglicher Gegenstand
  - Erlösverteilung § 165 23
  - Freigabe durch Insolvenzverwalter § 165 16 ff.
  - Kostenbeitrag § 165 5
- Verbraucherinsolvenzverfahren § 166 26
- Verletzung von Verwertungsvorschriften § 166 13
- Versteigerung durch Gläubiger § 166 12
- Verwertungsfrist § 166 25
- Verwertungsrecht des Gläubigers § 166 18 ff.
- Verwertungsrecht des Insolvenzverwalter § 166 5 ff., 14 ff.
- Verwertungsvereinbarung § 166 22, 23
- Zwangsversteigerung durch Insolvenzverwalter § 166 10

Verwertungskosten § 171 7

Verwertungsmaßnahmen
- Abgrenzung zu Verwaltungstätigkeit § 22 39
  - im Eröffnungsverfahren § 22 107
- im Eröffnungsverfahren § 22 38 ff.

Verwertungsverbot § 83 15; § 166 23; **Anh B** § 311 9
- Absonderung **Vor** § 49 28
- Auskunftspflicht § 97 14
- Fernwirkung § 97 15

Verwertungsvereinbarung § 48 35a; § 50 34; § 51 13, 18, 61, 62; § 165 12, 13 ff., 14, 18; § 166 22, 23; § 170 4; § 172 5, 14 f.

Verwertungszustimmungsbeschluss § 1 49

Verzeichnisse
- Einsichtnahme § 154 7
- Niederlegungsverpflichtung § 154 3

Verzicht
- auf abgesonderte Befriedigung § 190 11 ff.
- auf Pflichtteil § 134 34
- auf Grundpfandrechte § 143 41
- Erklärung ggü. dem Verwalter § 190 12

Verzicht, auf abgesonderte Befriedigung
- auf Grundpfandrechte § 143 81

Verzug § 107 13; § 112 8 ff.; § 119 4

»Vierländer Bau Union Ltd.« Art. 3 EuInsVO 75

vis attractiva concursus § 179 4; § 180 1; § 202 1

Vollmacht § 117 1 ff.
- Anscheinsvollmacht § 55 4b
- Duldungsvollmacht § 55 4b
- Geschäftsführer § 117 4
- Prokurist § 117 3
- Prozessvollmacht § 117 6
- Stimmrechtsvollmacht § 238a 31
- Untervollmacht § 117 3
- Vorstandsmitglieder § 117 4

Vollmachtloser Vertreter § 117 10

Vollstreckbarkeit § 353 1; Art. 25 EuInsVO 10 ff.

Vollstreckung
- gegen Insolvenzverwalter § 58 4
- Insolvenzforderung § 80 41
- vollstreckbare Schuldtitel § 179 26

Vollstreckungsbefehl, europäischer Art. 25 EuInsVO 14

Vollstreckungserinnerung § 21 60; § 148 23, 29
- bei Verstoß gegen Sperrwirkung gem. § 92 § 92 71
- bei Verstoß gegen Sperrwirkung gem. § 93 § 93 92 f.
- Zuständigkeit § 148 3, 38

Vollstreckungsmaßnahmen § 352 2; § 353 1; Art. 20 EuInsVO 6; Art. 25 EuInsVO 2, 10 f.

Vollstreckungsschutz § 165 31
- Abänderung § 259a 12
- Aufhebung § 259a 12
- Insolvenzplan § 259a 1 ff.

Vollstreckungstitel
- Aufzehrung früherer Vollstreckungstitel § 201 10 ff.

2745

Stichwortverzeichnis

- Erteilung der Vollstreckungsklausel § 201 9; § 202 2 f.

Vollstreckungsverbot § 89 3
- Absonderungsrecht § 21 56
- Altmassegläubiger § 210 3
- Anzeige der Masseunzulänglichkeit § 210 2
- Arrestvollziehung § 21 54
- Aussonderungsrecht § 21 58
- Eidesstattliche Versicherung § 21 55
- erneute Masseunzulänglichkeit § 210 4
- erweitertes § 89 15 ff.
- Herausgabevollstreckung § 21 54
- Insolvenzgläubiger § 89 5
- Massearmut § 210 7
- Masseunzulänglichkeit § 208 13
- Masseverbindlichkeiten § 90 2 ff.
- Neumassegläubiger § 210 4
- Offenlegung einer Forderungszession § 21 57
- Räumungsvollstreckung § 21 54
- Rechtsbehelfe § 89 17 ff.; § 90 11
- Verbot von Einzelzwangsvollstreckungsmaßnahmen § 21 51 ff.
- Vollstreckungserinnerung § 21 60
- Vollziehung einer einstweiligen Verfügung § 21 54
- wegen Geldforderung § 21 54
- wiederholte Masseunzulänglichkeit § 210 5
- Zwangsvollstreckung gg. persönl. haftende Gesellschafter § 21 59

Vollstreckungsverbot, Absonderungsrecht
- Masseunzulänglichkeit, einfache Anzeige
  - wiederholte Anzeige § 210 5

Vorabentscheidungsverfahren Vor § 335 11; Art. 3 EuInsVO 26, 31

Vorausabtretung
- Sicherungsübereignung § 51 7

Vorausabtretungsklausel § 47 15
- verlängerter Eigentumsvorbehalt § 48 18

Vorausverfügung § 24 7 f.; § 110 1 ff., 4 ff.

»Vorauswahl-Liste« § 56 4

Vorauswahl-Liste § 56 7 ff.
- Abwahl des Insolvenzverwalters § 57 8
- Auswahlermessen des Gerichts § 56 9a
- Beurteilungsspielraum des Gerichts § 56 9a
- Ermittlungsbefugnis des Insolvenzrichters § 56 9b
- geschlossene Liste § 56 10
- Kriterienkatalog § 56 9b
- Listungsvorgehen § 56 9
- offene Vorauswahl-Liste § 56 10
- Rechtsmittel § 56 44

Vorbehaltskäufer
- Insolvenz § 107 4 ff.

Vorenthalten von Arbeitsentgelt (Insolvenzstrafrecht) § 266a StGB 1 ff.
- besonders schwerer Fall § 266a StGB 22
- persönlicher Aufhebungsgrund § 266a StGB 23

- Strafbarkeit des (vorl.) Insolvenzverwalters § 266a StGB 25 ff.
- strafbefreiende Selbstanzeige § 266a StGB 23
- subjektiver Tatbestand § 266a StGB 20 f.
- Tatbestandsvoraussetzungen § 266a StGB 5 ff.
- Täter § 266a StGB 6 ff.
- Tathandlungen § 266a StGB 12 ff.
- Unmöglichkeit und Zumutbarkeit § 266a StGB 16 ff.
- Verjährung § 266a StGB 24

Vorerbe § 329 1 f.

Vorerbschaft § 35 18, § 83 13 ff.

Vorführung
- Kosten § 98 17
- zwangsweise § 98 7 ff.

Vorgesellschaft
- Insolvenzantragsberechtigte § 15 5
- Insolvenzfähigkeit § 11 16

Vorgesellschaft, Insolvenzantragsberechtigte
- persönliche Gesellschafterhaftung § 93 3, 6

Vor-GmbH Anh § 35 Abschn. A 3
- Eintragung Anh § 35 Abschn. A 11
- Haftung Anh § 35 Abschn. A 5 ff.
- Haftung im Außenverhältnis Anh § 35 Abschn. A 10
- Handelnden-Haftung Anh § 35 Abschn. A 5 ff.
- Unterbilanzhaftung Anh § 35 Abschn. A 11
- Vertretung Anh § 35 Abschn. A 4
- Voreinzahlung Anh § 35 Abschn. B 10 ff.
- Vor-Gesellschafterhaftung Anh § 35 Abschn. A 9

Vorgründungsgesellschaft § 35 176; Anh § 35 Abschn. A 1 ff.
- Insolvenzantragsberechtigte § 15 5
- Insolvenzfähigkeit § 11 14
- Voreinzahlung Anh § 35 Abschn. B 10 ff.

Vorkaufsrecht § 35 163
- dinglich § 106 10 ff.
- schuldrechtlich § 106 10

Vorlagerecht § 284 1 ff.

Vorläufige Insolvenzverwaltung
- Absonderungsrechte § 21 69a ff.; § 22 46 ff., 108
- Aussonderungsrechte § 21 69a ff.; § 22 42 ff., 108
- Auswirkung auf Vertragsverhältnisse § 22 28
- Beendigung § 22 210 ff.
- Betriebsfortführung § 22 57 ff., 112 ff.
- Betriebsstilllegung § 22 61 ff.
- Betriebsveräußerung § 22 41
- Buchhaltungs- u. Geschäftsunterlagen § 22 31a, 105
- Eigentumsvorbehaltsware § 22 44
- Eigenverwaltung § 22 5
- Einzelermächtigung § 22 90 ff.
- Einziehung sicherungsabgetretener Forderungen § 21 69h ff.; § 22 51 ff.
- Einziehung sicherungszedierter Forderungen § 22 109

Stichwortverzeichnis

- Erledigungszahlungen § 22 37, 106
- Ersatzabsonderungsrecht § 22 54
- EuInsVO § 22 227 f.
- Fehlüberweisungen § 22 24
- irrtümliche Zahlungen § 22 89
- Kosten § 22 17
- Kündigungsschutzklage § 22 119
- laufender Geschäftsbetrieb § 21 33 f.
- Masseunzulänglichkeit § 22 25
- Nachteilsausgleichsanspruch § 22 120
- Pfändungsschutz § 22 56
- Prozessunterbrechung Vor § 85 1
- Rechtsbehelfe § 22 207 ff.
- schwache vorläufige Insolvenzverwaltung § 21 29; § 22 3, 80 ff.
- Sicherungsmaßnahmen § 21 28 ff.
- Siegelung § 22 32, 105
- starke § 22 19 ff.
- starke vorläufige Insolvenzverwaltung § 21 29; § 22 3
- Treuhandkontenmodell § 22 98 ff.
- ungerechtfertigte Bereicherung § 22 24, 89
- unpfändbare Vermögensgegenstände § 22 56, 111
- Vergütung
  - Berechnungsgrundlage § 11 InsVV 2
- Vertragsverhältnisse, Auswirkungen § 22 104
- Verwertungsmaßnahmen § 22 38 ff., 106
- vorläufiger Gläubigerausschuss § 22 203 ff.
- vorläufiger Sachwalter § 22 5
- vorläufiger Treuhänder § 21 38

Vorläufige Postsperre § 21 63 ff., § 99 3
- Anordnungsvoraussetzungen § 21 65
- Aufhebung § 99 13
- isolierte Anordnung § 21 66
- rechtliches Gehör § 21 67
- Rechtsmittel § 21 68
- Umfang § 21 64
- Wirkungsdauer § 99 13

Vorläufiger Gläubigerausschuss
- »vor-vorläufiger« Ausschuss § 67 1 ff.

vorläufiger Gläubigerausschuss
- Anhörung zur Verwalterauswahl § 56 26a
- Antrag
  - Zulässigkeitsvoraussetzungen § 22a 12

Vorläufiger Gläubigerausschuss
- Antragsausschuss § 22a 2

vorläufiger Gläubigerausschuss
- Antragsausschuss § 22a 10, 11
- Antragsberechtigung § 22a 11

Vorläufiger Gläubigerausschuss
- Anzahl der Mitglieder § 67 4

vorläufiger Gläubigerausschuss
- Aufforderung zur Mitgliederbenennung § 22a 22
- Aufgaben § 22a 8
- Aufgabenbandbreite § 22a 19

Vorläufiger Gläubigerausschuss

- Ausschlussgründe § 67 7
- Berechtigung zur Mitgliedschaft § 67 5

vorläufiger Gläubigerausschuss
- Bescheidungsfrist des Gerichts § 22a 23
- Bescheidungsweise des Gerichts § 22a 23
- Besetzung § 22a 14
- Bestellungsentscheidung des Gerichts § 22a 14

Vorläufiger Gläubigerausschuss
- Beteiligungsbereitschaft § 22a 2b

vorläufiger Gläubigerausschuss
- Betriebsfortführungsverfahren § 22a 5
- Bindung des Gerichtes an Vorschläge § 22a 9b
- Eigenantrag mit laufendem Geschäftsbetrieb § 22a 5

Vorläufiger Gläubigerausschuss
- Eigenverwaltung § 67 3
- Eigenverwaltungs- und Schutzschirmverfahren § 22a 2a

vorläufiger Gläubigerausschuss
- Eingestellter Geschäftsbetrieb § 22a 17

Vorläufiger Gläubigerausschuss
- Einsetzung § 21 39d
- Einsetzungsbremse § 22a 16
- Einverständniserklärung § 22a 13
- Entscheidungsbasis § 13 Abs. 1 § 22a 5
- Entscheidungszeitpunkt des Gerichtes § 22a 14

Vorläufiger Gläubigerausschuss
- Eröffnungsverfahren § 22 203

vorläufiger Gläubigerausschuss
- Gewerkschaftsvertreter § 22a 14
- Haftpflichtversicherung § 22a 19 f.

Vorläufiger Gläubigerausschuss
- Haftungsgefahr § 69 8

vorläufiger Gläubigerausschuss
- Hilfestellung zur Mitgliederfindung für Gericht § 22a 22

Vorläufiger Gläubigerausschuss
- Kenntnisse § 67 5

vorläufiger Gläubigerausschuss
- Kosten-Nutzen-Abwägung § 22a 18
- Mitwirkung bei der Verwalterauswahl § 22a 8

Vorläufiger Gläubigerausschuss
- Mitwirkungsbefugnisse § 69 5

vorläufiger Gläubigerausschuss
- Nachbesetzung § 22a 14
- Nachbesserungspflicht § 22a 5
- Nachforschungspflicht des Gerichtes zu Schuldnerangaben § 22a 5
- nachteilige zeitliche Verzögerung § 22a 21

Vorläufiger Gläubigerausschuss
- Pflichtausschuss § 22a 2, 3
- Planverfahren § 67 3
- Praxiserfahrungen § 22a 1

vorläufiger Gläubigerausschuss
- Rechtsmittel bei Ablehnung/Gegenvorstellung § 22a 24
- Repräsentativbesetzung § 22a 12

2747

Stichwortverzeichnis

- Repräsentativfunktion § 22a 9
- **Vorläufiger Gläubigerausschuss**
  - Schutzschirmverfahren § 22a 3
- **vorläufiger Gläubigerausschuss**
  - Sicherungsmaßnahmen § 22a 5
  - Stundensatzvergütung § 22a 19
  - sukzessive Besetzung § 22a 9
- **Vorläufiger Gläubigerausschuss**
  - Verwalterbestellung § 56 2
  - Zeitraum der Mitgliedschaft § 67 8
- **vorläufiger Gläubigerausschuss**
  - Zusammensetzung § 22a 9
- **Vorläufiger Insolvenzverwalter** § 22 1 ff.
  - Abbuchungsauftrag § 22 156
  - Amtsstellung § 22 8
  - Anderkonto
    - Sonderkonto § 22 30
  - Anfechtbarkeit von Rechtshandlungen des § 22 180 ff.
  - Arbeitsverhältnis
    - Lohn- und Gehaltsansprüche § 22 115
    - rechtliche Stellung § 22 115 ff.
  - Arten vorläufiger Insolvenzverwaltung § 22 3 ff.
  - Aufsicht § 22 7
  - Aus- und Absonderungsrechte
    - künftige § 22 108
  - Auskunftsrecht § 22 2, 190
  - Auslagen § 22 16
  - Auswahl § 22 6
  - Bankgeheimnis § 22 165
  - Bankrecht § 22 152 ff.
  - Befangenheit § 4 14; § 22 68
  - Begründung von Masseverbindlichkeiten § 22 23 ff.
  - Bestellung § 22 6
  - Betreten der Geschäftsräume § 22 184
  - Betreten der Geschäftsräume des Schuldners § 22 191
  - Betreten der Privaträume § 22 192
  - Betriebsfortführung § 22 57 ff., 112 ff.
  - Einsicht in Geschäftsunterlagen § 22 194 ff.
  - Einzelermächtigung § 22 90 ff.
  - Einziehungsermächtigung § 22 157
  - Erteilung eines Arbeitszeugnisses § 22 121
  - Fortführungsaussichten, Prüfung § 22 72 ff.
  - Fortführungspflicht § 22 30, 57 ff., 112
  - Freigabe von Vermögenswerten § 22 35
  - Genehmigung § 24 11
  - Girokonto § 22 152 ff.
  - Haftung § 60 45; § 22 213 ff.
  - Haftung für die Begründung von Masseverbindlichkeiten § 61 4
  - Haftungsbegrenzung des vorl. Verwalters durch Zustimmung § 69 8 f.
  - Inbesitznahme § 22 31
  - Insolvenzanfechtung § 22 33, 105
    - Verzicht § 22 181a
- Insolvenzgeldvorfinanzierung § 21 35; § 22 27, 122 ff.
- Insolvenzgutachten § 22 69
- Insolvenzplan § 218 3
- Inventarisierung § 22 32
- Kassenverkehr § 22 164
- Klageerhebung § 22 172
- Kontokorrentabrede § 22 153
- Kündigungsbefugnis § 22 29, 118
- Lastschriften § 22 155 ff.
- Lastschriftwiderruf § 22 157 ff.
- Lastschriftwiderspruch § 22 155 ff.
- Leistung unter Anfechtungsvorbehalt § 22 181 ff.
- Massekredit § 22 60, 112, 166
- Masseverbindlichkeit § 55 24
- Masseverbindlichkeiten
  - Begründung § 22 87 ff.
- Mitwirkungsanspruch § 22 2, 190 ff.
- Nutzungsrecht § 172 11 ff.
- Prozessaufnahme § 85 6; § 86 5, 13
- Prozesskostenhilfe § 22 172
- Prozessrecht § 22 167 ff.
- Prozessunterbrechung § 22 167 ff.
- Prüfungsaufgaben § 22 68 ff., 114
- Rechnungslegung § 22 9 ff.
- Rechte und Pflichten bei Aufhebung von Sicherungsmaßnahmen § 25 7 ff.
- Rechtsnatur des Verwalteramtes § 22 8
- Rederecht Art. 31 EuInsVO 10; Art. 32 EuInsVO 8
- Rückzahlungsansprüche wegen Fehlzahlung § 48 29a
- Sachverständigentätigkeit § 22 114
- Sanierungsprüfung § 22 72 ff.
- Scheckverkehr § 22 164
- schwache vorläufige Insolvenzverwaltung § 22 80 ff.
- schwacher § 155 20
- Sicherheitenbestellung § 22 59, 97
- Sicherung des Schuldnervermögens § 22 30 ff.
- sofortige Beschwerde § 26a 5
- starke vorläufige Insolvenzverwaltung § 22 19 ff.
- starker **Vor** § 85 1; § 155 19
- Steuergeheimnis § 22 151
- Steuerrecht § 22 135 ff.
- Strafbarkeit § 283 StGB 54
- Strafbarkeit wegen Betrug § 263 StGB 14
- Treuhandkontenmodell § 22 98 ff.
- Übergang der Verfügungsbefugnis § 22 19
- Übertragung der Zustellungen § 8 13 ff.
- Überweisungen § 22 154
- Umsatzsteuer § 22 142 ff.
- Unterhaltszahlungen § 22 36, 105
- Untreue, § 266 StGB § 266 StGB 9 ff,
- Vergütung § 22 14 ff.; § 63 2
  - Abschläge § 11 InsVV 48

- Abweichungen in der Berechnungsgrundlage § 11 InsVV 34
- Bagatellabweichungen in der Berechnungsgrundlage § 11 InsVV 34
- Berechnungsgrundlage § 11 InsVV 2
- erhebliche Befassung § 11 InsVV 8
- erhebliche Befassung § 11 InsVV 11 ff.
- Hinzurechnung § 11 InsVV 4
- Nichteröffnung des Verfahrens § 26a 1
- Vermögen § 11 InsVV 3
- Vorschuss § 9 InsVV 10
- Wertabweichungen § 11 InsVV 23
- Zu- und Abschläge § 11 InsVV 40
- Zuschläge § 11 InsVV 41
- Vergütungsantrag, Zeitpunkt § 8 InsVV 4
- Vermögensschadenhaftpflichtversicherung § 22 220
- Verpflichtungsgeschäfte, Abschluss § 22 86
- Versicherungspflicht § 22 34
- Verwertung § 166 22; § 170 12
- Verwertungsmaßnahmen § 22 107
- Vorenthalten von Arbeitsentgelt, Strafbarkeit § 266a StGB 25
- Wahlrecht § 103 2
- WpHG § 22 22

Vorläufiger Sachwalter § 270a 4 ff.
- Bestellung § 21 39a
- öffentliche Bekanntmachung § 9 2a
- Strafbarkeit § 263 StGB 17
- Tätigkeitsvergütung § 63 19
- Vergütung § 12 InsVV 11
- Vergütungsantrag
- Zeitpunkt § 8 InsVV 9

Vorläufiger Unterhalt § 100 7 f.

Vorläufiger Verwalter
- Berechnungsgrundlage
- Schätzung § 63 90
- Berechnungsgrundlage (Stichtag/Zeitraum) § 63 92
- Erhöhung Mindestvergütung § 63 111
- gesonderte Vergütung § 63 52
- Mindestvergütung § 63 110
- Vergütungsänderung
- Beschluss § 8 InsVV 38
- Vergütungsantrag
- Zeitpunkt § 8 InsVV 6

Vorläufiges Bestreiten § 87 9; § 179 14 ff.
- Prozesskosten bei Erledigung/Anerkenntnis nach vorläufigem Bestreiten § 179 15 ff.

Vorleistung § 103 45 ff.; § 105 6 ff.

Vormerkung § 91 19; § 106 1 ff.; § 131 31; § 140 30 f.; § 336 1; § 349 2; Art. 5 EuInsVO 5
- Eintragung § 106 7

Vormundschaftlicher Betreuer
- Bestellung § 56 9c

Vorrangermächtigung § 22 96

Vorräte § 35 147

Vorratsgesellschaft § 35 179

Vorsatzausschlussklausel Anh § 35 Abschn. J 16

Vorschussleistender
- Erstattungsanspruch § 26 46

Vorwegbefriedigung
- Masseanspruch § 53 14

Vorwirkungsrechtsprechung § 4a 14; § 4c 6
- Anwendbarkeit § 4a 2

Währung, ausländische § 45 19

Währungsgeschäft § 104 7

Warentermingeschäft § 104 7

Wechsel § 131 9; § 137 1 ff.
- Rückgriffsrecht § 137 3
- Zahlung auf einen Wechsel § 137 2

Wechselzahlung § 82 14 f.

WEG-Gemeinschaft § 55 38

Wegnahmerecht
- Aussonderungsrecht § 47 6

Weiterleitungspflicht Art. 102 § 6 EGInsO 4

Weiterveräußerungsermächtigung § 48 37a

Werk- und Werklieferungsvertrag § 103 7, 31 f.

Werklieferungsvertrag § 107 1

Werkvertrag § 113 10

Werkvertrag, Teilbarkeit § 105 4 f.

Wertausgleich § 172 4

Wertberechnung § 151 16

Wertermittlung § 153 6

Wertersatz, anfechtungsrechtlicher § 129 112; § 143 57 ff.
- Aufrechnung § 143 72
- Begründung und Tilgung von Verbindlichkeiten § 143 77 ff.
- Belastung von Sachen und Rechten § 143 76
- Berechnung § 143 67 ff.
- für Nutzungen § 143 82
- Mitverschulden des Insolvenzverwalters § 143 65
- Übertragung von Sachen und Rechten § 143 73 ff.
- Unmöglichkeit der Rückgewähr in Natur § 143 57 ff.
- Unvermögen § 143 59
- Verschlechterung § 143 60
- Vorteilsausgleichung § 129 113; § 143 70
- Wahlrecht § 143 66
- Zurückbehaltungsrecht § 143 72

Wertminderung § 169 6

Wertpapier
- Pfändbarkeit § 50 7

Wertpapierpensionsgeschäft § 104 8

Wettbewerbsverbot § 103 7; § 113 93

Widerklage § 85 5
- Feststellungsprozess § 179 45

Widerruf
- abgegebene Stimme § 243 6
- Erklärungen zum Insolvenzplan § 230 13
- Sozialplan § 124 1 ff.

Widerspruch

- bei Mängeln der Forderungsanmeldung § 179 10
- Beseitigung § 178 12
- des Insolvenzverwalters gegen Qualifikation als Insolvenzforderung § 179 5 f.
- des Schuldners § 184 2 ff.
- des Schuldners gegen Feststellung § 182 3 ff.
- des Schuldners gegen Qualifikation als Insolvenzforderung § 179 5 f.
- eines Insolvenzgläubigers gegen Qualifikation als Insolvenzforderung § 179 5 f.
- eines nachrangigen Insolvenzgläubigers
  - gegen die Qualifikation als Insolvenzforderung § 179 8
- Erhebung gegen Feststellung zur Tabelle § 178 8
- Feststellung zur Tabelle § 178 5
- Feststellungsklage des Gläubigers § 184 13
- gegen angemeldete Insolvenzforderung § 179 5
- gegen deliktischen Schuldgrund § 184 12 ff.
- gegen Forderung, Rücknahme § 179 3
- isolierter § 184 12
- Minderheitenschutz
  - Widerspruch § 251 6
- Rücknahme bei Bedenken gegen die Qualifikation als Insolvenzforderung § 179 16
- Widerspruchsgründe § 179 11 ff.; § 184 13a

Widerspruchsgründe
- Insolvenzanfechtung § 179 12 f.

Widerspruchsrecht
- bei Einstellung des Insolvenzverfahrens § 214 5

Wiedereinsetzung
- öffentliche Bekanntmachung § 9 12
- Prüftermin § 176 6
- Rechtsbehelfsbelehrung § 6 24a

Wiedereinsetzung in den vorigen Stand § 186 1 ff.
- Folgen bei Gewährung § 186 7
- Gläubigersäumnis im Schlusstermin § 197 12
- Kosten § 186 9
- Rechtsmittel gegen die Entscheidung § 186 8
- Verfahren § 186 4 ff.
- Verschulden des Schuldners § 186 2 f.

Wiedereinstellungsanspruch § 113 53 f.
Wiederkehrende Leistung § 46 1 ff.
Wiederkehrschuldverhältnis § 38 37
Winterreifen § 35 237
Wirkungserstreckung Art. 5 EuInsVO 7; Art. 17 EuInsVO 1 ff.
Wissensvertreter § 82 29
Wohlverhaltensphase
- Auskunftspflicht § 295 21
- Beschäftigungswechsel § 295 15
- Erwerb von Todes wegen § 295 10
- Erwerbsobliegenheit § 295 3 ff.
- Insolvenzstraftaten § 297 1 ff.
- Klauselerteilung § 201 9
- Leistung an Treuhänder § 295 22
- Mitwirkungsobliegenheiten § 296 18
- Obliegenheiten § 295 1 ff.

- Obliegenheitsverletzung
  - Verschulden § 296 14
- Verheimlichen von Vermögen § 295 18
- Versagung der Restschuldbefreiung § 295 1
- Versagungsantrag
  - Verfahren § 296 15
- Wohnsitzwechsel § 295 15

Wohngeld § 49 15; § 55 38
Wohnraummietvertrag § 109 20 ff.
- Kaution § 109 32
- Kündigung § 109 30
- Nebenkosten § 109 29
- Räumung § 109 31

Wohnrecht § 35 127
Wohnungs- und Teileigentum
- Aussonderungsrecht § 49 2

Wohnungsbaugenossenschaft § 109 35 ff.
Wohnungseigentum § 35 21, 124
Wohnungseigentümergemeinschaft
- Insolvenzfähigkeit § 11 18

Zahlungsanspruch auf erstes Anfordern
- Feststellungsprozess § 180 10a

Zahlungsaufforderung
- Kaduzierung Anh § 35 Abschn. B 39
- Zustellung § 23 5

Zahlungsauftrag § 116 12
Zahlungsdiensterahmenvertrag § 116 8
Zahlungseinstellung § 17 26 ff.
- Beseitigung § 17 30
- Indizien § 17 29
- Insolvenzanfechtung § 17 26
- Liquiditätsbeschaffung § 17 24
- Zahlungsmittel § 17 14

Zahlungsklage
- Masseanspruch § 53 16

Zahlungsstockung § 17 15 ff.
- Abgrenzung zur Zahlungsunfähigkeit § 17 15

Zahlungssysteme Art. 9 EuInsVO 1 ff.
Zahlungsunfähigkeit § 17 1 ff.; § 130 12 ff.; § 131 37; § 132 19; § 133 32; § 320 2
- Abgrenzung zur Zahlungsstockung § 17 15
- Anwendungsbereich § 16 2 f.; § 17 2
- Anwendungsbereich außerhalb der InsO § 17 3
- Auslandsbezug § 17 31 ff.
- Begriff § 17 3 f.
- Berücksichtigung der Gesellschafterhaftung § 17 25
- Beseitigung § 17 30
- Beweislast § 17 39 ff.
- drohende § 130 20; § 133 21, 26 ff.
- Durchsetzbarkeit § 17 11 ff.
- Eigenkapitalersatz § 17 13
- Einwendungen § 17 11 ff.
- ernstliches Einfordern § 17 8
- erzwungene Stundung § 17 13c
- fällig werdende Zahlungspflichten § 17 16, 35 f.
- Fälligkeit § 17 9 ff.

Stichwortverzeichnis

- Finanzmarktkrise § 17 21a
- Finanzplan § 17 35 f.
- Finanzstatus § 17 37
- geringfügige Liquiditätslücke § 17 17 ff.
- Gesellschafterhaftung, persönliche § 17 25
- gesellschaftsrechtliches Auszahlungsverbot § 17 12
- Gütergemeinschaft § 333 3
- Insolvenzanfechtungsansprüche § 17 24
- insolvenzrechtlicher Begriff § 17 3
- Kenntnis des Anfechtungsgegners § 130 17 ff.; § 133 26 ff.
- Liquiditätsbeschaffung, Möglichkeit zur § 17 14, 24
- Liquiditätskennzahl § 17 18
- Liquiditätslücke, geringfügige § 17 17 ff.
- Nachlassinsolvenzverfahren § 320 2
- Nachrangvereinbarungen § 17 12
- öffentlich-rechtliche Forderungen § 16 9b; § 17 9
- Partikularinsolvenzverfahren § 17 33
- Prüfungsmethode § 17 34 ff.
- Prüfungsumfang § 17 34
- Prüfungszeitraum § 17 35
- Sekundärinsolvenzverfahren § 17 32
- streitige Forderungen § 16 9 ff.; § 17 6 f.
- Stundung § 17 10
- titulierte Forderungen § 16 9a; § 17 6 f.
- Unterdeckung § 17 16
- verfügbare Zahlungsmittel § 17 14
- Vollstreckungsverzicht § 17 10
- Zahlungseinstellung § 17 26 ff.
- Zahlungspflichten § 17 5 ff.
- Zahlungsstockung § 17 15
- Zahlungsverweigerung § 17 14
- Zahlungsziel § 17 9
- Zeitraumilliquidität § 17 18

Zahlungsverzug § 112 8 ff.
Zahnersatz § 35 237
Zeuge
- Zeugnisverweigerungsrecht § 4 60; § 5 13
Zeugenschutzprogramm § 3 18
Zeugnisverweigerungsrecht § 80 43
Zinsabschlagsteuer § 149 12
Zinsanspruch § 39 5 ff., 70
Zinsen, Höhe/Beginn § 143 49
Zinszahlung
- Höhe § 169 6
- Umfang § 169 6
Zinszahlungsverpflichtung § 169 2
ZPO
- Anwendbarkeit § 4 2 ff.
- Ausschluss der Anwendbarkeit § 4 9
- Vorrang InsO § 4 8
ZPO, Anwendbarkeit
- Akteneinsicht § 4 30 ff.
- Befangenheit § 4 12 ff.
- Einzelfälle § 4 54 ff.
- Kostenvorschriften § 4 22 ff.
- Parteifähigkeit § 4 22
- Prozessfähigkeit § 4 22
- Prozesskostenhilfe § 4 26 ff.
- Vertretung § 4 21
- Zuständigkeit § 4 10 f.

Zubehör § 35 133; § 47 5; § 50 2, 18; § 51 4; § 165 25, 39; § 166 4
- Enthaftung § 49 5 ff.
Zugewinnausgleich § 35 217
Zugewinngemeinschaft § 35 216; § 37 19 f.
Zurechnung von Kenntnis § 82 29
Zurückbehaltung
- der Quote § 191 1
- Quote § 189 1 f.; § 190 1
Zurückbehaltung der Quote § 189 8
Zurückbehaltungsrecht § 116 21
- kaufmännisches § 91 4
- Nachlassinsolvenzverfahren § 323 1, 2
Zuschlag
- arbeitsrechtliche Fragestellungen § 3 InsVV 19
- Degressionsausgleich § 3 InsVV 18
- Hausverwaltung § 3 InsVV 17
- Insolvenzplan § 3 InsVV 21
Zuschläge
- Beispiele § 3 InsVV 2
- Methode § 3 InsVV 8
- Vergütung § 3 InsVV 8
  - Normalverfahren § 3 InsVV 2
Zuschlagsbegründende Situationen
- Katalog § 3 InsVV 23
Zuständigkeit
- »forum shopping« § 3 15a; § 16 InsVV 8; § 17 InsVV 18
- bei Feststellungsklage § 180 1 f.; § 185 8; § 202 1
- Feststellungsklage § 179 4; § 180 4; § 185 2
- Insolvenzplanverfahren Vor § 217 14; § 218 8
- internationale, Gesellschafterhaftung § 93 89a
- örtkucgem Gesellschafterhaftung § 93 89a
- örtliche § 3 1 ff.
- örtliche, Gesamtgutsinsolvenzverfahren § 332 3
- örtliche, Nachlassinsolvenzverfahren § 315 1
- Restschuldbefreiungsverfahren § 2 9
- Vollstreckungserinnerung § 148 38
- ZPO § 4 10
Zuständigkeit, bei Feststellungsklage
- funktionelle § 2 8 ff.
Zustellung § 8 1 ff.; Art. 102 § 11 EGInsO 2
- Abweisungsbeschluss § 27 29
- Adressat § 8 4a
- an Insolvenzverwalter § 80 26
- Arten § 8 6 ff.
- Aufgabe zur Post § 8 8
- Ausland § 8 9
- bei Führungslosigkeit § 8 4a
- Eröffnungsbeschluss § 30 11 ff.
- förmliche § 8 6
- Insolvenzantrag § 14 57

Stichwortverzeichnis

- öffentliche § 8 9
- Personen unbekannten Aufenthalts § 8 10 f.
- Übertragung auf Insolvenzverwalter § 8 13 ff.
  - Amtspflicht § 8 18
  - Vergütung § 8 18
- Verhältnis zur öffentlichen Bekanntmachung § 8 2
- von Amts wegen § 8 3 f.
- Zuständigkeit für § 8 5

Zustellungen § 3 InsVV 11; § 8 InsVV 13

Zustellungsentgelt
- Beschluss § 8 InsVV 37

Zustimmung
- bedeutsame Rechtshandlung § 160 1
- Unternehmensstilllegung § 158 1
- Zustimmungsfiktion § 160 3a

Zustimmungsbedürftigkeit
- Eigenverwaltung
- Aufhebung der Anordnung § 277 14
  - Bestimmtheit der Anordnung § 277 5
  - Prüfungsbefugnis des Gerichts § 277 8
  - Rechtsfolgen der Anordnung § 277 10
  - Voraussetzungen der Anordnung § 277 2
- generelle § 277 6

Zustimmungsersetzung
- Kostenentscheidung § 309 27a

Zustimmungsersetzung, gerichtliche § 309 1 ff.

Zustimmungsvorbehalt
- allgemeiner § 21 40 ff.; § 22 84 ff.
- besonderer § 21 41

Zuwendung
- mittelbare
- Insolvenzanfechtung § 129 29

Zwangsgeld § 39 12 ff.

Zwangsmaßnahme § 20 18

Zwangsmaßnahmen § 21 9, 72
- Beugemaßnahmen § 21 73
- Erforderlichkeit § 21 73
- im Eröffnungsverfahren § 21 72 ff.

Zwangsmittel § 153 29

Zwangsversteigerung § 159 4; § 165 1, 4 ff., 19 ff.
- Ablösung § 165 22
- Beschlagnahme § 49 4 ff., 8; § 165 4, 20
- Doppelausgebot § 165 21, 22
- Dreifachausgebot § 165 22
- einstweilige Einstellung § 165 31 ff.
- Erlösverteilung § 165 6, 23; § 49 12 ff.
- geringstes Gebot § 165 5, 20 ff.
- Grunderwerbsteuer § 165 37
- Insolvenzplan § 233 5a
- Kostenbeitrag § 165 5, 22
- Umsatzsteuer § 165 38 ff.
- Verwalterversteigerung § 165 19 ff.
- Wertverlustausgleich § 165 33
- Zinszahlung § 165 33
- Zubehör § 165 25
- Zuschlag § 165 6, 21, 22

Zwangsverwalter
- Bestellung § 56 9c

Zwangsverwalter-Liste § 56 9c

Zwangsverwaltung
- »kalte« § 108 14; § 110 7; § 159 4; § 165 14
- Beschlagnahme § 49 4 ff., 8; § 165 7, 14
- Betriebsfortführung § 165 7
- einstweilige Einstellung § 165 34
- Erlösverteilung § 49 12 ff., § 165 7
- Kosten § 49 13
- Nachteilsausgleich § 165 34

Zwangsvollstreckung § 88 5; § 89 3
- als Rechtshandlung i. S. d. § 133 § 133 6 f.
- Anfechtbarkeit von durch Zwangsvollstreckungsmaßnahmen erwirkten Rechtshandlungen § 141 6
- Auslandsvermögen § 89 11
- Beschlagnahme nach StPO § 88 6
- durch Absonderungsgläubiger § 89 6
- durch Massegläubiger § 90 2 ff.
- durch Neugläubiger § 89 7
- Einzelrechtsnachfolge § 145 13
- Ersatzaussonderung § 48 8
- Ersatzfreiheitsstrafe § 89 4
- Erteilung der Vollstreckungsklausel zu Feststellungstitel § 201 9; § 202 2 f.
- in die Masse § 53 19
- Inkongruenz § 131 11 ff., 26; § 133 35
- Kontopfändung § 88 10, 13
- maßgeblicher Zeitpunkt für die Anfechtbarkeit § 140 17
- Maßnahmen nach dem Erbfall § 321 1 ff.
- Planforderung § 257 2
- Rechtsbehelfe § 89 17
- Rechtsbehelfe, im Rahmen der Klauselerteilung § 202 3 ff.
- Rückgewähr § 143 46
- Sicherungshypothek § 88 5, 10, 13, 16
- Verstrickung, öffentl.-rechtl. § 88 14
- Vorpfändung § 88 10; § 89 4
- wegen Gesamtschadensersatzansprüchen § 92 71
- wegen persönlicher Gesellschafterhaftung § 93 90 ff.

Zweckgebundene Forderungen § 36 17

Zweckmäßigkeitskontrolle § 58 3b